Hier finden Sie die Formulare (ohne Anmerkungen) zum Download:

https://ch.beck.de/beckpformb-15a

So funktioniert das Herunterladen:
- Rufen Sie bitte die oben genannte Internetseite in Ihrem Browser auf. Bitte beachten Sie hierbei die Groß- und Kleinschreibung!
- Geben Sie bitte im entsprechenden Feld diesen persönlichen Freischaltcode ein:

42DB-F374-4FEC

- Speichern Sie die Datei(en) auf Ihrer Festplatte.

Eine Weiterverbreitung der heruntergeladenen Daten ist nicht gestattet und würde einen strafbewehrten Verstoß gegen das Urheberrechtsgesetz darstellen.

Bei Fragen stehen wir Ihnen gern zur Verfügung.
Sie erreichen uns per E-Mail unter hotline@beck.de.

Beck'sches Prozessformularbuch

Beck'sches Prozessformularbuch

Herausgegeben von

Prof. Dr. Peter Mes

Rechtsanwalt in Düsseldorf

Bearbeitet von:

Dr. Frank Baumann, LL.M., Rechtsanwalt und Fachanwalt für Versicherungsrecht in Hamm; *Prof. Dr. Emanuel Burkhardt*, Rechtsanwalt in Stuttgart; *Dr. Janko Büßer*, Richter am Hanseatischen Oberlandesgericht; *Dr. Oliver Elzer*, Richter am Kammergericht, Berlin; *Dr. Detlev Fischer,* Richter am Bundesgerichtshof a.D., Karlsruhe; *Dr. Pascal Friton, LL.M.* Rechtsanwalt und Fachanwalt für Vergaberecht in Berlin; *Dr. Nicola Gragert*, Rechtanwältin und Fachanwältin für Arbeitsrecht in Hamburg; *Dr. Mathias Grandel*, Rechtsanwalt und Fachanwalt für Familienrecht in Augsburg; *Dr. Annegret Harz*, Rechtsanwältin und Fachanwältin für Miet- und Wohnungseigentumsrecht in München; *Dr. Friedrich Ludwig Hausmann*, Rechtsanwalt in Berlin; *Prof. Dr. Heribert Johlen*, Rechtsanwalt und Fachanwalt für Verwaltungsrecht in Köln; *Dr. Matthias Karl, LL.M.*, Rechtsanwalt in Stuttgart; *Dr. Max Klasse,* Rechtsanwalt in Berlin; *Bernhard F. Klinger* (†), Rechtsanwalt und Fachanwalt für Erbrecht in München; *Jens Künzel, LL.M.*, Rechtsanwalt in Düsseldorf; *Ingo Lahn*, Rechtsanwalt und Rechtsanwalt für Erbrecht in Hilden; *Dirk Loycke*, Rechtsanwalt in Stuttgart; *Prof. Dr. Peter Mes*, Rechtsanwalt in Düsseldorf; *Michael Nickel*, Rechtsanwalt und Fachanwalt für Insolvenzrecht in Hamburg; *Dr. Ingo Oellerich*, Richter am Finanzgericht in Münster; *Dr. Hans-Joachim Prieß, LL.M.*, Rechtsanwalt in Berlin; *Dr. Patrick Schäfer,* Sektionsleiter, Europarat, Straßburg; *Prof. Dr. Carsten Schütz*, Direktor des Sozialgerichts in Fulda; *Prof. Dr. Dr. h.c. Rolf A. Schütze*, Rechtsanwalt in Stuttgart; *Dr. Christian Sippel,* Rechtsanwalt in Heidelberg; *Prof. Dr. Ralf Sinz*, Dipl.-Kfm., Rechtsanwalt und Fachanwalt für Insolvenzrecht in Köln/Hannover; *Dr. Nikolaus Stackmann,* Vorsitzender Richter am Oberlandesgericht, München; *Dr. Uta Stenzel,* Rechtsanwältin und Fachanwältin für Urheber- und Medienrecht in Berlin; *Christian Strahl*, Rechtsanwalt in München; *Dr. Martin Tonner*, Richter am Hanseatischen Oberlandesgericht; *Dr. Marcus Vogeler,* Rechtsanwalt und Fachanwalt für Medizinrecht in Hannover; *Tim Wybitul*, Rechtsanwalt und Fachanwalt für Arbeitsrecht in Frankfurt; *Dr. Alexander Zahn*, Dipl.-Betriebswirt (BA), Rechtsanwalt und Fachanwalt für Bau- und Architektenrecht in Reutlingen; *Dr. Stefan Zeyher*, Rechtsanwalt in Mannheim; *Dr. Ole Ziegler,* Rechtsanwalt und Fachanwalt für Medizinrecht und für Handels- und Gesellschaftsrecht, Mediator in Frankfurt; *Patrick Zimmermann, LL.M.,* Rechtsanwalt in Stuttgart; *Prof. Dr. Holger Zuck*, Rechtsanwalt in Stuttgart

15. Auflage 2022

C.H.BECK

Zitiervorschlag: BeckPFormB/Bearbeiter Form. Anm.

www.beck.de

ISBN 978 3 406 76307 6

Wilhelmstraße 9, 80801 München
Druck: Druckerei C.H. Beck Nördlingen
(Adresse wie Verlag)

Satz: Reemers Publishing Services GmbH, Krefeld
Umschlaggestaltung: Kunst oder Reklame, München

CO_2 neutral
chbeck.de/nachhaltig

Gedruckt auf säurefreiem, alterungsbeständigem Papier
(hergestellt aus chlorfrei gebleichtem Zellstoff)

Vorwort zur 15. Auflage

Wer mit diesem Werk seit langem arbeitet oder auch nur das nachfolgende Vorwort zur 1. Auflage liest, erkennt, dass diese neue Auflage schon ungeachtet ihres Inhalts Besonderheiten bietet. Das Werk besteht seit mehr als 4 Jahrzehnten und es handelt sich um die 15. Auflage. Auf beides sind der Verlag, der Herausgeber und die mitwirkenden Autoren stolz.

Der seit der 10. Auflage 2006 für das Erbrecht (II.L.) allein verantwortliche Autor Berhard F. Klinger, Rechtsanwalt und Fachanwalt für Erbrecht in München, ist nach Manuskriptabgabe für diese Neuauflage am 13. September 2021 verstorben. Verlag und Herausgeber danken ihm für seine immer wertvolle Mitwirkung.

Es sind einige Autoren/Autorinnen ausgeschieden und durch neue ersetzt. Rechtsanwalt Ingo Lahn betreut den zuvor genannten Teil von Klinger gemeinsam mit diesem. An die Stelle von Dr. Hans Goll (I.O. *Rechtsmittel und Rechtsbehelfe*, I.P. *Klagen betreffend die Urteilswirkung*) ist Herr Dr. Janko Büßer getreten, der seit langem prozessuale Kapitel des Werks allein betreut. Rechtsanwältin Dr. Catharina Götz, München, wurde in ihrem Teil II.P. UWG durch Herrn Rechtsanwalt Jens Künzel, LL.M., Düsseldorf, ersetzt. Den Bereich von Rechtsanwältin Eva-Maria Löhner (II.R. *Presse- und Medienrecht*) hat zusätzlich Rechtsanwalt Prof. Dr. Emanuel Burckhardt, beide aus Stuttgart, übernommen, so dass er nunmehr für das gesamte Kapitel II.R. verantwortlich zeichnet. Rechtsanwalt Dr. Heino Rück, Mannheim, ist ausgeschieden, so dass das zuvor gemeinsam von ihm mit Rechtsanwalt Dr. Stefan Zeyher, ebenfalls Mannheim, bearbeitete *Gesellschaftsrecht* (II.M.) von diesem allein betreut wird.

Besonders zu erwähnen sind Vorsitzender Richter am Landessozialgericht Niedersachsen-Bremen Karl Schulte und Dr. Klaus Wilde, Vize-Präsident an eben diesem Landessozialgericht. Beide haben langjährig den Sozialgerichtsprozess (VIII.) in Textbeispielen dargestellt: Dr. Wilde seit der 1. Auflage 1980, an seiner Seite sodann seit der 10. Auflage 2006 Schulte. Prof. Dr. Siegbert F. Seeger, Finanzgerichtspräsident a.D., hat ebenfalls wie Dr. Wilde seit der 1. Auflage 1980 dieses Werk mitgestaltet und war alleiniger Autor des *Finanzgerichtsprozesses* (VII.).

Es wird darauf hingewiesen, dass zum Teil ausgeschiedene Autoren noch neben den neuen im Inhaltsverzeichnis und in den Fußzeilen erwähnt sind. Das ist der Fortgeltung ihres wissenschaftlichen Beitrags geschuldet. Verlag und Herausgeber danken allen ausgeschiedenen Autoren und Autorinnen für ihre langjährige wertvolle Mitarbeit an diesem von so vielen Bearbeitern gestalteten Gemeinschaftswerk.

Neu sind einige Autoren hinzugekommen.

Rechtsanwalt Tim Wybitul, Frankfurt, betreut den neu aufgenommenen Teil II.T. *Datenschutzrecht* und Richter am Finanzgericht Dr. Ingo Oellerich hat den *Finanzgerichtsprozess* von Herrn Prof. Dr. Seeger übernommen. Der *Sozialgerichtsprozess* wird nunmehr von Prof. Dr. Carsten Schütz, Direktor des Sozialgerichts Fulda, allein betreut.

Dass jedes Textbeispiel und jede Anmerkung in dieser Neuauflage auf dem Prüfstand waren, ist selbstverständlich. Zahlreiche Gesetzesänderungen aus der abgelaufenen wurden eingearbeitet. Exemplarische seien genannt: KostRÄG, WEMoG, MoPeG, GeschGehG, SanInsFoG, BetriebsrätemodernisierungsG und die sog. COVID-19 Gesetzgebung.

Zahlreiche neue Formulare wurden in das Werk aufgenommen.

Gänzlich neu ist die Darstellung II.T. *Datenschutzrecht* aus der Feder des neuen Autors Tim Wybitul. Ebenfalls neu ist ein Textbeispiel zu II.P.13. betreffend das *Recht des*

Geschäftsgeheimnisses aus der Feder von Jens Künzel. Einige weitere Formulare sind neu aufgenommen worden, z.B. I.F.7. *Antrag auf Verhandlung im Wege der Bild- und Tonübertragung,* geschuldet durch die COVID-19-Pandemie, Formulare im *Recht der Rechtsmittel und Rechtsbehelfe*, z.B. in Form einer *Berufungsrücknahme*, einer *Nichtzulassungsbeschwerde* und einer *Revisionsschrift*. Ebenfalls neu das Form. I.S.14., nämlich ein *Antrag auf Zurückweisung der Vollstreckbarerklärung eines Schiedsspruchs und Hilfsantrag auf Aufhebung desselben,* ferner neu im Bereich des Internationalen Zivilprozessrechts die Anträge betreffend *Geltendmachung ausländischer Rechtshängigkeit nach Art. 33 Ia VO* und auf *Vollstreckbarerklärung nach dem deutsch-britischen Anerkenntnis und Vollstreckungsabkommen* (I.U.18) sowie ein *Antrag auf Klauselerteilung für eine ausländische Entscheidung nach AVAG* (I.U.19, sämtliche aus der Feder von Prof. Rolf A. Schütze). Ebenfalls neu aufgenommen sind Formulare zum *Mietrecht* (II.B.). Z.B. II.B.16. *Klage des Maklers auf Zahlung einer Käuferprovision (Wohnimmobilie)* und II.B.18. *Klage des Mieters auf Rückzahlung einer unzulässigen Kaution.* Insgesamt drei neue Textbeispiele gibt es in II.H. *Bank- und Kapitalmarktrecht.* Jeweils neu *Leistungs- und Feststellungsklage nach Widerruf Kfz-Finanzierungsdarlehen* (II.H.3.), *Musterfeststellungsklage gegen Bank wegen Zinsanpassungsklausel Sparbuch* (II.H.7.) und *Zahlungsklage einer Bank oder Sparkasse nach Kündigung der Geschäftsbeziehung eines Kontokorrentkontos bzw. eines Darlehens*, alle verfasst von Dr. Stackmann. Bedingt durch das WEGMoG wurde der Teil zum *Wohnungseigentumsrecht* (Dr. Elzer) grundlegend überarbeitet und durch neue Formulare aktualisiert, z.B. in II.J.6. *Beschlussersetzungsklage und* II.J.15. *Klage gegen die Gemeinschaft der Wohnungseigentümer auf Ladung zur Versammlung*. Insgesamt fünf neue Textbeispiele finden sich im Teil von Klinger/Lahn II.L. *Erbrecht*, wie beispielsweise ein *Antrag auf Anordnung der Nachlassverwaltung*, eine *Stufenklage auf Auskunft und Rechenschaftslegung gegen einen bevollmächtigten Miterben*, eine *Klage des Erben gegen die Erblasserbank auf Auskunft*, ein *Antrag des beklagten Erben auf Aufnahme eines Haftungsbeschränkungsvorbehalts in den Urteilstenor* und schließlich ein *Antrag auf Entlassung des Testamentsvollstreckers*. Das von Zeyher bearbeitete *Gesellschaftsrecht* II.M. wartet mit mehreren neuen Textbeispielen auf. Es handelt sich um insgesamt 7 neue Texte zum *Gesellschaftsrecht* (II.M.), z.B. Textbeispiel für Schiedsklagen und Anträgen dort (II.M.16., II.M.41. und II.M.42.). Im *Kartellrecht* (II.N. – Karl) gibt es ein neues Textbeispiel in II.N.22., nämlich ein *Antrag auf Kronzeugenbehandlung nach § 81 iVm § 81h Abs. 1 GWB*. Die Zahl der Beispiele ließe sich erhöhen. Aus Raumgründen wird davon abgesehen.

Den Mitarbeitern des Verlages gilt mein besonderer Dank, dabei insbesondere dem zuständigen Lektor Rechtsanwalt Dr. Thomas Schäfer und Frau Christina Neuhaus.

Bearbeitungsstand ist etwa Mai/Juni 2021, teilweise später.

Sämtliche Formulare sind – wie schon bei der Vorauflage – im Downloadbereich des Verlags per Freischaltcode abrufbar.

Auch in dieser Auflage sind Verbesserungsvorschläge und Anregungen berücksichtigt, die Verlag, Herausgeber und Autoren aus den Kreisen der Benutzer erhalten haben. Dafür sind sie dankbar und hoffen ein weiteres Mal auf ein wohlwollendes wie auch kritisches Interesse.

Düsseldorf, im Oktober 2021 *Peter Mes*

Vorwort zur 1. Auflage

Prozess und Prozessrecht dienen der Verwirklichung des materiellen Rechts. Die zunehmende Spezialisierung des materiellen und des Prozessrechts sowie die Ausformung bestimmter spezifischer prozessualer Gestaltungsformen für Sondermaterien des Rechts erschweren einen zuverlässigen Überblick über die materiellen und prozessualen Besonderheiten der einzelnen Rechtsgebiete und eine sichere Geltendmachung der jeweiligen Ansprüche. Vielfach treten daher Hemmungen und Verzögerungen der Rechtsverwirklichung nur deshalb ein, weil es dem Rechtsuchenden, insbesondere auch seinem anwaltlichen Vertreter Schwierigkeiten bereitet, Klagen, Anträge und Rechtsbehelfe entsprechend den materiell- und prozessrechtlichen Notwendigkeiten zu gestalten und zu formulieren. Hier unternehmen Verlag, Verfasser und Herausgeber mit Vorlage dieses Prozessformularbuchs den Versuch, dem Prozesspraktiker Hilfestellung zu leisten. Um es dem Benutzer zu ermöglichen, auch Prozesse in nicht vertrauten Rechtsmaterien sachgerecht zu führen, stellen Richter und Anwälte ihr Erfahrungswissen zur Verfügung. In dem hier vorgelegten Prozessformularbuch sind Vorschläge zur Formulierung und Gestaltung von Klagen, Anträgen und Rechtsbehelfen für den Zivil-, den Arbeitsgerichts-, den Verwaltungsgerichts-, den Sozialgerichts- und den Finanzgerichtsprozess enthalten. Des Weiteren sind Anträge und Rechtsbehelfe zum Verfassungsrecht behandelt. Da nicht nur der Feststellung des materiellen Rechts im Prozess Bedeutung zukommt, sondern in gleichem Maße die Fragen der Vermeidung eines Prozesses und die der Durchsetzung von gerichtlichen Entscheidungen in der Praxis hohen Rang haben, sind – soweit möglich – insbesondere auch Formularvorschläge für die vorprozessuale und außergerichtliche Behandlung eines Streitfalles und Anträge und Rechtsbehelfe des Zwangsvollstreckungs- sowie des gesamten Insolvenzrechts aufgenommen. Die Formularvorschläge enthalten, soweit erforderlich, auch den dazugehörigen Tatsachenvortrag und die rechtliche Begründung. Die den Formularen beigefügten Anmerkungen sollen die zum Verständnis notwendigen prozessualen und materiellen Gesichtspunkte darlegen und alternative Gestaltungsformen aufweisen, darüber hinaus aber auch weiterführende Literatur vermitteln. Es versteht sich von selbst, dass die Fülle der in der Prozesspraxis zu meisternden Tatbestände in einem Prozessformularbuch auch nicht annähernd erschöpfend behandelt werden kann. Der Benutzer ist deshalb gehalten, anhand der in diesem Buch niedergelegten Gestaltungsvorschläge in eigener Verantwortung die angemessene Formulierung zu finden.

Das vorliegende Prozessformularbuch stellt ein Pendant zum „Beck'schen Formularbuch zum Bürgerlichen, Handels- und Wirtschaftsrecht" dar. Die Herausgeber danken allen Autoren für ihre Mitarbeit und dem Verlag für die Betreuung bei der Herstellung des Werkes. Für Anregungen und Verbesserungsvorschläge sind Herausgeber, Verfasser und Verlag dankbar.

Im August 1980 *Horst Locher Peter Mes*

Inhaltsverzeichnis

I. Das allgemeine Zivilprozessverfahren

A. Mandatsverhältnis

B. Mahnverfahren

C. Prozesskostenhilfe

D. Klageerhebung

E. Klageerwiderung

F. Zustellungen, Fristen und Termine

K. Besonderheiten bezüglich des Streitgegenstands

L. Anträge und Erklärungen im Prozessverlauf

M. Beendigung des Prozesses durch Parteiprozesshandlungen

N. Anträge zum Urteil

O. Rechtsmittel und Rechtsbehelfe

P. Klagen betreffend die Urteilswirkung

Q. Urkunden-, Wechsel- und Scheckprozess

R. Arrest und einstweilige Verfügung

S. Schiedsverfahren

T. Mediation

U. Internationales Zivilprozessrecht

D. Reiserecht

E. Geschäftsbesorgung, Bürgschaftsrecht

F. Unerlaubte Handlung, Gefährdungshaftung, Produkthaftung, Verkehrsunfälle, Versicherungsrecht, Arzthaftungsrecht

Unerlaubte Handlung und Gefährdungshaftung

Verkehrsunfälle

Arzthaftungsrecht

Produkthaftungsrecht

Versicherungsrecht

G. Handels- und Vertriebsrecht

H. Bank- und Kapitalmarktrecht

I. Sachenrecht

J. Wohnungseigentumsrecht

K. Familiensachen

Abstammungssachen und Verfahren auf Kindesunterhalt

Ehesachen, insbesondere Scheidung

Elterliche Sorge und Umgangsrecht

Unterhaltsachen

Güterrechtssachen, Ehewohnung und Hausrat

Versorgungsausgleich

Lebenspartnerschaften

L. Erbrecht

M. Gesellschaftsrecht

N. Kartellrecht

Verwaltungsverfahren

Kartellordnungswidrigkeitenverfahren

Verfahren in Bürgerlichen Rechtsstreitigkeiten

O. Vergaberecht

P. Gesetz gegen den unlauteren Wettbewerb und Geschäftsgeheimnisschutzgesetz

Gesetz gegen den unlauteren Wettbewerb

Geschäftsgeheimnisschutzgesetz

Q. Patent-, Gebrauchsmuster-, Design-, Gemeinschaftsgeschmacksmuster-, Kennzeichen- und Urheberrecht

Patent- und Gebrauchsmusterrecht

S. Musterfeststellung

T. Datenschutzrecht

III. Zwangsvollstreckung, Anfechtungsgesetz, Insolvenzordnung

A. Allgemeines Vollstreckungsrecht

Allgemeine Vollstreckungsvoraussetzungen

Rechtsbehelfe in der Zwangsvollstreckung

B. Zwangsvollstreckung wegen Geldforderungen

Zwangsvollstreckung in bewegliche Sachen und Vermögensauskunft

Zwangsvollstreckung in Forderungen und Rechte

Vollstreckungsschutz bei laufenden Bezügen

Zwangshypothek

Zwangsversteigerung

Zwangsverwaltung

C. Zwangsvollstreckung wegen sonstiger Ansprüche

Herausgabe beweglicher Sachen

Herausgabe von Immobilien

Vornahme vertretbarer Handlungen

Vornahme unvertretbarer Handlungen

Erzwingung von Unterlassung und Duldungen

D. Besonderheiten der Arrest- und Verfügungsvollstreckung

E. Anfechtungsgesetz

F. Insolvenzrecht

IV. Der Arbeitsgerichtsprozess

A. Leistungsklagen der Arbeitnehmer mit den häufigsten Beklagtenformen im Rubrum

B. Klagen des Arbeitnehmers und Klageerwiderungen im Zusammenhang mit der Beendigung des Arbeitsverhältnisses

C. Anträge und Klagen des Arbeitgebers

D. Rechtsbehelfe und Rechtsmittel im Arbeitsgerichtsverfahren

E. Betriebsverfassungsrechtliche Anträge

F. Rechtsmittel im Beschlussverfahren

V. Das Verwaltungsstreitverfahren

A. Außergerichtliche Rechtsbehelfe und sonstige Rechtshandlungen

B. Klageverfahren erster Instanz

C. Rechtsmittel

F. Anträge im Vollstreckungsverfahren

G. Normenkontrollverfahren nach § 47 VwGO

VI. Verfassungsrecht

VII. Der Finanzgerichtsprozess

Einspruch

Kostenfestsetzung und Prozesskostenhilfe

VIII. Der Sozialgerichtsprozess

Vorverfahren (§§ 77 ff. SGG)

Klage (Klagearten)

Berufung (§§ 143 ff. SGG)

Revision (§§ 160 ff. SGG)

Wiederaufnahme des Verfahrens (§§ 179 ff. SGG)

Beschwerde (§§ 172 ff. SGG)

IX. Rechtsschutz vor den Gerichten der Europäischen Union

X. Rechtsschutz vor dem Europäischen Gerichtshof für Menschenrechte

Bearbeiter der 15. Auflage

Dr. Frank Baumann	II.F.	Unerlaubte Handlung, Gefährdungshaftung, Produkthaftung, Verkehrsunfälle, Versicherungsrecht, Arzthaftungsrecht (Formulare 23–30)
Prof. Dr. Emanuel H. Burkhardt	II.R.	Presse- und Medienrecht
Dr. Janko Büßer	I.B.	Mahnverfahren
	I.E.	Klageerwiderung
	I.F.	Zustellung, Fristen und Termine
	I.G.	Versäumnisverfahren/Entscheidung nach Lage der Akten
	I.J.	Besonderheiten bezüglich der Parteien
	I.K.	Besonderheiten bezüglich des Streitgegenstands
	I.M.	Beendigung des Prozesses durch Parteiprozesshandlungen
	I.O.	Rechtsmittel und Rechtsbehelfe
	I.P.	Klagen betreffend die Urteilswirkung
Dr. Oliver Elzer	II.J.	Wohnungseigentumsrecht
Dr. Detlev Fischer	II.B.	Miet- und Maklerrecht (Formulare 15–19)
Dr. Pascal Friton, LL.M.	II.O.	Vergaberecht (zusammen mit Dr. Friedrich Ludwig Hausmann und Dr. Hans-Joachim Prieß, LL.M.)
Dr. Nicola Gragert	IV.	Der Arbeitsgerichtsprozess
Dr. Mathias Grandel	II.K.	Familiensachen
Dr. Annegret Harz	II.B.	Miet- und Maklerrecht (Formulare 1–14)
Dr. Friedrich Ludwig Hausmann	II.O.	Vergaberecht (zusammen mit Dr. Hans-Joachim Prieß, LL.M. und Dr. Pascal Friton, LL.M.)
Prof. Dr. Heribert Johlen	V.	Das Verwaltungsstreitverfahren
Dr. Matthias Karl, LL.M.	II.N.	Kartellrecht
Dr. Max Klasse	IX.	Rechtsschutz vor den Gerichten der Europäischen Union (zusammen mit Dr. Hans-Joachim Prieß, LL.M.)
Bernhard F. Klinger (†)	II.L.	Erbrecht (zusammen mit Ingo Lahn)

Jens Künzel, LL.M.	II.P.	Gesetz gegen den unlauteren Wettbewerb und Geschäftsgeheimnisschutzgesetz
Ingo Lahn	II.L.	Erbrecht (zusammen mit Bernhard F. Klinger (†))
Dirk Loycke	II.G.	Handels- und Vertriebsrecht (zusammen mit Patrick Zimmermann, LL.M.)
Prof. Dr. Peter Mes	II.Q.	Patent-, Gebrauchsmuster-, Design-, Kennzeichen- und Urheberrecht
Michael Nickel	III.A.–D.	Zwangsvollstreckung
Dr. Ingo Oellerich	VII.	Der Finanzgerichtsprozess
Dr. Hans-Joachim Prieß, LL.M.	II.O.	Vergaberecht (zusammen mit Dr. Friedrich Ludwig Hausmann und Dr. Pascal Friton, LL.M.)
	IX.	Rechtsschutz vor den Gerichten der Europäischen Union (zusammen mit Dr. Max Klasse)
Dr. Patrick Schäfer	X.	Rechtsschutz vor dem Europäischen Gerichtshof für Menschenrechte
Prof. Dr. Carsten Schütz	VIII.	Der Sozialgerichtsprozess
Prof. Dr. Dr. h.c. Rolf A. Schütze	I.S.	Schiedsgerichtsverfahren
	I.U.	Internationales Zivilprozessrecht
Prof. Dr. Ralf Sinz	III.F.	Insolvenzrecht
Dr. Christian Sippel	III.E.	Anfechtungsgesetz
Dr. Nikolaus Stackmann	II.H.	Bank- und Kapitalmarktrecht
Dr. Uta Stenzel	II.D.	Reiserecht
Christian Strahl	I.A.	Mandatsverhältnis
	I.R.	Arrest und einstweilige Verfügung
Dr. Martin Tonner	I.C.	Prozesskostenhilfe
	I.D.	Klageerhebung
	I.H.	Beweisverfahren
	I.I.	Besonderheiten bezüglich des Gerichts
	I.L.	Anträge und Erklärungen im Prozessverlauf
	I.N.	Anträge zum Urteil
	I.Q.	Urkunden-, Wechsel- und Scheckprozess
	II.S.	Musterfeststellungsverfahren
Dr. Marcus Vogeler	II.F.	Unerlaubte Handlung, Gefährdungshaftung, Produkthaftung, Verkehrsunfälle, Versicherungsrecht, Arzthaftungsrecht (Formulare 18–22)

Tim Wybitul	II.T.	Datenschutzrecht
Dr. Dipl.-Bw. (BA) Alexander Zahn	II.A.	Kaufrecht
	II.C.	Werkvertragsrecht
	II.E.	Geschäftsbesorgung, Bürgschaftsrecht
	II.F.	Unerlaubte Handlung, Gefährdungshaftung, Produkthaftung, Verkehrsunfälle, Versicherungsrecht, Arzthaftungsrecht (Formulare 1–17)
	II.I.	Sachenrecht
Dr. Stefan Zeyher	II.M.	Gesellschaftsrecht
Dr. Ole Ziegler	I.T.	Mediation
Patrick Zimmermann, LL.M.	II.G.	Handels- und Vertriebsrecht (zusammen mit Dirk Loycke)
Prof. Dr. Holger Zuck	VI.	Verfassungsrecht

Abkürzungsverzeichnis

a.	auch
aA	andere(r) Ansicht/Auffassung
aaO	am angegebenen Ort
abgedr.	abgedruckt
abl.	ablehnend
ABl.	Amtsblatt
Abs.	Absatz
Abschn.	Abschnitt
Abt.	Abteilung
abw.	abweichend
AcP	Archiv für die civilistische Praxis (Band u. Seite)
Adler/Düring/Schmaltz	Adler/Düring/Schmaltz ua, Rechnungslegung und Prüfung der Unternehmen, 1995 Loseblatt (§§, Tz.)
ADSp	Allgemeine Deutsche Spediteurbedingungen
AdV.	Aussetzung der Vollziehung
aE	am Ende
Änd.	Änderung
ÄndG	Gesetz zur Änderung
aF	alte Fassung
AfA	Absetzung für Abnutzung
AFG	Arbeitsförderungsgesetz
AfP	Archiv für Presserecht
AG	Aktiengesellschaft; Amtsgericht
AGB	Allgemeine Geschäftsbedingungen
AgrarR	Zeitschrift für das gesamte Recht der Landwirtschaft, der Agrarmärkte und des ländlichen Raumes (Jahr u. Seite)
AktG	Aktiengesetz
AktO	Aktenordnung
Alg.	Arbeitslosengeld
allg.	allgemein
allgM	allgemeine Meinung
Alt.	Alternative
Altmeppen	Altmeppen, GmbH-Gesetz, Kommentar, 10. Aufl. 2021 (§§, Rn.)
aM	andere Meinung
amtl.	amtlich
ANBA	Amtliche Nachrichten der Bundesanstalt für Arbeit
AnfG	Anfechtungsgesetz
Anh.	Anhang
AngKG	Gesetz über die Fristen für die Kündigung von Angestellten
Anm.	Anmerkung
AnwBl.	Anwaltsblatt (Jahr u. Seite)
Anz.	Anzeiger
AO	Anordnung
AO 1977	Abgabenordnung vom 16. März 1976 (BGBl. I 1976, 613)

AOAnpG	Gesetz zur Anpassung von Gesetzen an die Abgabenordnung
AP	Arbeitsrechtliche Praxis, Nachschlagewerk des Bundesarbeitsgerichts (Jahrgang u. Seite; seit 1954 Gesetzesstelle u. Entscheidungsnr.)
ArbGG	Arbeitsgerichtsgesetz
ArbN	Arbeitnehmer
ArbPlSchG	Arbeitsplatzschutzgesetz
ArbRSamml.	Arbeitsrechtssammlung mit Entscheidung des Reichsarbeitsgerichts, der Landesarbeitsgerichte und Arbeitsgerichte (Band u. Seite)
ArbuR	Arbeit und Recht
ArchPR	Archiv presserechtlicher Entscheidungen
arg.	argumentum (siehe zum Beweis)
Art.	Artikel
Assmann/Schneider/Mülbert	Assmann/Schneider/Mülbert (Hrsg.), Wertpapierhandelsgesetz: WpHG, 7. Aufl. 2019
AsylVfG	Asylverfahrensgesetz
ATV	Allgemeine technische Vorschriften für Bauleistungen
AÜG	Gesetz zur Regelung der gewerbsmäßigen Arbeitnehmerüberlassung
Aufl.	Auflage
ausf.	ausführlich
AusfG	Ausführungsgesetz
AuslG	Ausländergesetz
AVG	Angestelltenversicherungsgesetz
AVO	Ausführungsverordnung
AVO (RHeimStG)	Ausführungsverordnung zum Reichsheimstättengesetz
AWD	Außenwirtschaftsdienst des Betriebs-Beraters
Az.	Aktenzeichen
AZO	Arbeitszeitordnung
B	Bundes-
Bad.-Württ.	Baden-Württemberg
BAG	Bundesarbeitsgericht
BAGGS	Bundesarbeitsgericht Großer Senat
BAnstArb.	Bundesanstalt für Arbeit
Bärmann/Seuß WE-Praxis	Bärmann/Seuß, Praxis des Wohnungseigentums, 7. Aufl. 2017
Bassenge/Roth	Bassenge/Roth, FGG/RpflG, 12. Aufl. 2009
Basty Bauträgervertrag	Basty, Der Bauträgervertrag, 10. Aufl. 2020
BauGB	Baugesetzbuch
Baumbach/Hefermehl/Casper	Baumbach/Hefermehl, Wechselgesetz und Scheckgesetz, 24. Aufl. 2020
Baumbach/Hopt	Baumbach/Hopt, Handelsgesetzbuch, 40. Aufl. 2021
Baumbach/Hueck/*Bearbeiter*	Baumbach/Hueck, GmbH-Gesetz, 22. Aufl. 2019 (§§, Rn.)
baupol.	baupolizeilich
Baur/Stürner SachenR	Baur/Stürner, Lehrbuch des Sachenrechts, 18. Aufl. 2009
BauR	Baurecht (Jahr u. Seite)
BaWüAGBGB	baden-württembergisches Ausführungsgesetz zum BGB
bay.	bayerisch
Bay.	Bayern

BayObLG	Bayerisches Oberstes Landesgericht, auch Entscheidungssammlungen in Zivilsachen
BayVBl.	Bayerisches Verwaltungsblatt
BB	Betriebs-Berater (Jahr u. Seite)
BBG	Bundesbeamtengesetz
BBiG	Berufsbildungsgesetz
Bd.	Band
BeamtVG	Beamtenversorgungsgesetz
Bechtold/Bosch	Bechtold/Bosch, GWB, 9. Auflage 2018
BeckFormB BHW	Beck'sches Formularbuch z. Bürgerlichen, Handels- u. Wirtschaftsrecht, 13. Aufl. 2019
BeckFormB FamR	Beck'sches Formularbuch Familienrecht, 5. Aufl. 2017
BeckOK BGB	Beck'scher Online-Kommentar BGB 59. Edition 2021, Bamberger/Roth/Hau/Poseck 4. Aufl. 2018-2020
BeckOK GmbHG	Beck'scher Online-Kommentar GmbHG, 49. Edition 2021
Beck VOB/B	Jagenburg/Ganten/Motzke, Beck'scher VOB-Kommentar Teil B, 3. Aufl. 2013
BEG	Bundesentschädigungsgesetz
begl.	beglaubigt
Begr.	Begründung
Beigel.	Beigeladene/r
Beil.	Beilage
BekM.	Bekanntmachung
Benkard PatG	Benkard, Patentgesetz, Gebrauchsmustergesetz, 11. Aufl. 2015
Ber.	Berichtigung
Bergerfurth/Rogner Ehescheidungsprozess	Bergerfurth/Rogner, Der Ehescheidungsprozess und die anderen Eheverfahren, 15. Aufl. 2006
BerHG	Beratungshilfegesetz
bes.	besonders
Beschl.	Beschluss
Beschw.	Beschwerde
bestr.	bestritten
BestVerz.	Bestandsverzeichnis
Betr.	Betreff
BetrAVG	Gesetz zur Verbesserung der betrieblichen Altersversorgung
BetrVG	Betriebsverfassungsgesetz
BeurkG	Beurkundungsgesetz
BeurkÄndG	Beurkundungsänderungsgesetz
BewG	Bewertungsgesetz
Bf.	Beschwerdeführer
BFH	Bundesfinanzhof
BFH – EntlastG	Gesetz zur Entlastung des Bundesfinanzhofs vom 8. Juli 1975 (BGBl. I 1975, 1861)
BG	Beamtengesetz (der Länder)
BGB	Bürgerliches Gesetzbuch
BGBl.	Bundesgesetzblatt
BGH	Bundesgerichtshof
BGHZ	Entscheidungen des Bundesgerichtshofs in Zivilsachen
BImSchG	Bundesimmissionsschutzgesetz
BinnSchG	Binnenschifffahrtsgesetz

Binz/Sorg GmbH & Co. KG	Binz/Sorg, Die GmbH & Co. KG, 12. Aufl. 2018
BiRiLiG	Bilanzrichtliniengesetz
BKartA	Bundeskartellamt
BKGG	Bundeskindergeldgesetz
BKV	Berufskrankheitenverordnung
Bl.	Blatt
Blank/Börstinghaus Miete	Börstinghaus, Mietminderungstabelle, 6. Aufl. 2020
BlGBW	Blätter für Grundstücks-, Bau- und Wohnrecht (Jahr u. Seite)
BLHAG	Baumbach/Lauterbach/Hartmann/Anders/Gehle, Zivilprozessordnung, 79. Aufl. 2021
BMAS	Bundesministerium für Arbeit und Soziales
BMF	Bundesministerium der Finanzen
BMinG	Bundesministergesetz
BMJV	Bundesministerium der Justiz und für Verbraucherschutz
BMT-G	Bundesmanteltarifvertrag gemeindlicher Verwaltungen und Betriebe
BMWi	Bundesministerium für Wirtschaft und Energie
BNotK	Bundesnotarkammer
BNotO	Bundesnotarordnung
Börstinghaus Mietminderungstabelle	Börstinghaus, Mietminderungstabelle, 4. Aufl. 2017
Böttcher	Böttcher, 6. Aufl. 2016, ZVG (§§, Rn.)
Böttcher/Zartmann/Faut Stille Ges.	Böttcher/Zartmann/Faut, Stille Gesellschaft und Unterbeteiligung, 4. Aufl. 1985
Borgmann/Jungk/Schwaiger Anwaltshaftung	Borgmann/Jungk/Schwaiger, Anwaltshaftung, 6. Aufl. 2020
Boruttau	Fischer/Loose/Meßbacher-Hönsch/Viskorf Grunderwerbsteuergesetz, 19. Aufl. 2019 (§§, Rn.)
BPersVG	Bundespersonalvertretungsgesetz
BPflVO	Bundespflegesatzverordnung
BRAO	Bundesrechtsanwaltsordnung
BRAGO	Bundesrechtsanwaltsgebührenordnung
BR-Drs.	Bundesrats-Drucksache
Braun	Braun, Insolvenzordnung, 8. Aufl. 2020
Breithaupt	Breithaupt, Sammlung von Entscheidungen aus dem Sozialrecht
BremGBl.	Gesetzblatt (Bremen)
BRRG	Beamtenrechtsrahmengesetz
BRS	Baurechtsammlung
BSG	Bundessozialgericht
BSGE	Bundessozialgericht (Entscheidungssammlung, Band und Seite)
BSHG	Bundessozialhilfegesetz
Bsp.	Beispiel
Bspw.	beispielsweise
BStBl.	Bundessteuerblatt
BT	Bundestag; Besonderer Teil
BT-Drs.	Bundestags-Drucksache
Bub/Treier MietR-HdB	Bub/Treier, Handbuch der Geschäfts- und Wohnraummiete, 5. Aufl. 2019
Buchst.	Buchstabe

Büro	Das Juristische Büro (Jahr u. Seite)
BUrlG	Bundesurlaubsgesetz
II. BV	VO über wohnungswirtschaftliche Berechnungen (zweite Berechnungsverordnung)
BayVBl.	Bayerische Verwaltungsblätter (Jahr u. Seite)
BVerfG	Bundesverfassungsgericht
BVerfGE	Entscheidungen des Bundesverfassungsgerichts
BVerfGG	Bundesverfassungsgerichtsgesetz
BVerwG	Bundesverwaltungsgericht
BVerwGE	Bundesverwaltungsgerichtsentscheidungen
BVFG	Bundesvertriebenengesetz
BVG	Bundesversorgungsgesetz
BVSG-Saarland	Gesetz Nr. 768 über einen Bergmannsversorgungsschein im Saarland
BVSG-Niedersachsen	Gesetz über einen Bergmannsversorgungsschein im Lande Niedersachsen
BVSG-NRW	Gesetz über einen Bergmannsversorgungsschein in NRW
BWNotZ	Mitteilungen aus der Praxis. Zeitschrift für das Notariat in Baden-Württemberg (Jahr u. Seite)
bzgl.	bezüglich
BZRG	Bundeszentralregister
bzw.	beziehungsweise
ca.	circa
Co.	Companie
DAG	Deutsche Angestelltengewerkschaft
DAngVers	Die Angestelltenversicherung. Zeitschrift der Bundesversicherungsanstalt für Angestellte
DAVorm.	Der Amtsvormund (Jahr u. Seite)
DB	Der Betrieb (Jahr u. Seite)
DDR	Deutsche Demokratische Republik
DE-AS	Deutsche Auslegeschrift
DE-BP	Deutsches Bundespatent
DE-GM	Deutsches Bundesgebrauchsmuster
DE-OS	Deutsche Offenlegungsschrift
Demharter	Demharter, Grundbuchordnung, 32. Aufl. 2021
DE-PS	Deutsche Patentschrift
ders.	derselbe
dgl.	dergleichen, desgleichen
DGB	Deutscher Gewerkschaftsbund
DGVZ	Deutsche Gerichtsvollzieherzeitung (Jahr u. Seite)
dh	das heißt
DIN	Deutsche Industrienorm
dingl.	dinglich
Dipl.-Ing.	Diplom-Ingenieur
DJ	Deutsche Justiz (Jahr u. Seite)
DM	Deutsche Mark
DNotZ	Deutsche Notar-Zeitschrift (Jahr u. Seite)
DNotZBayB	Bayerische Beilage zur Deutschen Notarzeitschrift
DÖV	Die Öffentliche Verwaltung
DONot	Dienstordnung für Notare
DR	Deutsches Recht (Jahr u. Seite)
DRiG	Deutsches Richtergesetz
DRiZ	Deutsche Richterzeitung (Jahr u. Seite)

DRZ .... Deutsche Rechtszeitschrift (Jahr u. Seite)
DVBl. .... Deutsches Verwaltungsblatt
DVO .... Durchführungsverordnung
DWW .... Deutsche Wohnungswirtschaft (Jahr u. Seite)

e. .... eines
EA und eAO .... Einstweilige Anordnung
EBJS .... Ebenroth/Boujong/Joost/Strohn, Handelsgesetzbuch, 4. Aufl. 2020
ebd. .... ebenda
EDV .... Elektronische Datenverarbeitung
EFG .... Entscheidungen der Finanzgerichte
EG .... Einführungsgesetz; Europäische Gemeinschaft, Vertrag zur Gründung der Europäischen Gemeinschaft
EGAO .... Einführungsgesetz zur Abgabenordnung
EGBGB .... Einführungsgesetz zum Bürgerlichen Gesetzbuch
EGGVG .... Einführungsgesetz zum Gerichtsverfassungsgesetz
eGmbH .... Eingetragene Genossenschaft mit beschränkter Haftung
EGMR .... Europäischer Gerichtshof für Menschenrechte
EGMR-E .... Deutschsprachige Sammlung der Rechtsprechung des Europäischen Gerichtshofs für Menschenrechte
EGZVG .... Einführungsgesetz zum Zwangsversteigerungsgesetz
EheG .... Ehegesetz
EheRG .... Gesetz zur Reform des Ehe- und Familienrechts
Einf. .... Einführung
Einl. .... Einleitung
einschl. .... einschließlich
einstw. .... einstweilig
EKMR .... Europäische Kommission für Menschenrechte
elterl. .... elterliche
Emde .... Emde (Hrsg.), Vertriebsrecht, 3. Aufl. 2014
Emmerich/Sonnenschein Miete .... Emmerich/Sonnenschein, Miete, 11. Aufl. 2014
EMRK .... Europäische Konvention zum Schutz der Menschenrechte und Grundfreiheiten
EntlG .... Entlastungsgesetz
entspr. .... entspricht, entsprechend
EP .... Europäisches Parlament
E-PS .... Europäische Patentschrift
EPÜ .... Europäisches Patentübereinkommen
ER .... Europäischer Rat
ErbStDVO .... Erbschaftsteuerdurchführungsverordnung
ErbStG .... Erbschaftsteuer- und Schenkungsteuergesetz
Erman/*Bearbeiter* .... Erman, Handkommentar zum Bürgerlichen Gesetzbuch, 16. Aufl. 2020 (§§, Rn.)
Erwgr. .... Erwägungsgrund
EStDV .... Einkommensteuerdurchführungsverordnung
EStG .... Einkommensteuergesetz
EStR .... Einkommensteuerrichtlinien
etc .... et cetera (und so weiter)
EuGH .... Europäischer Gerichtshof
EuGÜbk .... Übereinkommen der Europäischen Gemeinschaft über die gerichtliche Zuständigkeit und die Vollstreckung gerichtlicher Entscheidungen in Zivil- und Handelssachen (BGBl. 1972 II S. 774)

EuZVO	Verordnung (EG) Nr. 1348/2000 über die Zustellung gerichtlicher und außergerichtlicher Schriftstücke im Ausland in Zivil und Handelssachen in den Mitgliedstaaten (Abl. Nr. 324/79)
eV	eingetragener Verein
EV	Einigungsvertrag vom 31.8.1990 (BGBl. II S. 889); Eigentumsvorbehalt
evtl.	eventuell
EWG	Europäische Wirtschaftsgemeinschaft
Eyermann	Eyermann, Verwaltungsgerichtsordnung, 15. Aufl. 2019 (§§, Rn.)
EzA	Stahlhacke, Entscheidungen zum Arbeitsrecht
f., ff.	Folgende Seite bzw. Seiten
Fa.	Firma
FA	Finanzamt
FAKomm MietR	Schmid/Harz, FA-Kommentar Mietrecht, 6. Aufl. 2020
FamFG	Gesetz über das Verfahren in Familiensachen und in den Angelegenheiten der freiwilligen Gerichtsbarkeit (BGBl. 2008 II S. 2586)
FamRÄndG	Familienrechtsänderungsgesetz
FamRZ	Zeitschrift für das gesamte Familienrecht (Jahr u. Seite)
FG	Finanzgericht; Festgabe
FGG	Gesetz über die Angelegenheiten der freiwilligen Gerichtsbarkeit
FGO	Finanzgerichtsordnung
FDK Vorl. Rechtsschutz	Finkelnburg/Dombert/Külpmann, Vorläufiger Rechtsschutz im Verwaltungsstreitverfahren, 7. Aufl. 2017
Fitting	Fitting/Engels/Schmidt/Trebinger/Linsenmaier, Betriebsverfassungsgesetz mit Wahlordnung, 30. Aufl. 2020 (§§, Rn.)
FlNr.	Flurnummer
Flohr/Wauschkuhn	Flohr/Wauschkuhn, Vertriebsrecht, 2. Aufl. 2018
Flume BGB AT I 1	Flume, Allgemeiner Teil des bürgerlichen Rechts, Bd. I, 1. Teil, Die Personengesellschaft, 1977
FlSt.	Flurstück
FlStNr.	Flurstücknummer
Fn.	Fußnote
fob	free on board (frei an Bord)
FRG	Fremdrentengesetz
FR-PS	Französische Patentschrift
Form.	Formular
Fuchs	Fuchs, Wertpapierhandelsgesetz: WpHG, 2. Aufl. 2016
Gagel	Gagel SGB II/SGB III, Grundsicherung und Arbeitsförderung, Kommentar, 82. Aufl. 2021
GAnwZ	Bayerische Geschäftsanweisung für Zivilsachen
Gaul/Schilken/Becker-Eberhard ZVR	Gaul/Schilken/Becker-Eberhard, Zwangsvollstreckungsrecht, 12. Aufl. 2010
GB	Grundbuch
GBO	Grundbuchordnung
GB-PS	Britische Patentschrift

GBVfg	Allgemeine Verfügung über die Einrichtung und Führung des Grundbuchs
GdB	Grad der Behinderung
geb.	geboren
GebrMG	Gebrauchsmustergesetz
Geimer IntZivilProzR	Geimer, Internationales Zivilprozessrecht, 8. Aufl. 2019
Geimer/Schütze IntRechtsverkehr	Geimer/Schütze/Hau, Der Internationale Rechtsverkehr in Zivil- und Handelssachen, 62. Aufl. 2021
gem.	gemäß
GemSOGB	Gemeinsamer Senat der Obersten Gerichtshöfe des Bundes
GenG	Genossenschaftsgesetz
GerNov	Gerichtsstandnovelle
Gerold/Schmidt	Gerold/Schmidt, RVG, Kommentar, 25. Aufl. 2020
GerVollz.	Gerichtsvollzieher oder Der Gerichtsvollzieher (Jahrgang u. Seite)
Ges.	Gesetz
GesBl.	Gesetzblatt
GeschmMG	Geschmacksmustergesetz
GewA	Gewerbearchiv (Jahr u. Seite)
GewO	Gewerbeordnung
GewStG	Gewerbesteuergesetz
gez.	gezeichnet
GG	Grundgesetz
ggf.	gegebenenfalls
Giesler	Giesler, Praxishandbuch Vertriebsrecht, 3. Aufl. 2018
GK	Große Kammer (des EGMR)
GKG	Gerichtskostengesetz
GK-MitbestG/*Bearbeiter*	Gemeinschaftskommentar zum Mitbestimmungsgesetz, herausgegeben von Fabricius ua, 1976, Loseblatt (§§, Rn.)
GleichberG	Gleichberechtigungsgesetz
GmbH	Gesellschaft mit beschränkter Haftung
GmbHG	Gesetz betr. die Gesellschaften mit beschränkter Haftung
GmbHRdsch.	Rundschau für GmbH (Jahr u. Seite)
GO	Geschäftsordnung, Gemeindeordnung
GOA	Gebührenordnung für Architekten
Göppinger/Rakete-Dombek Vereinbarungen Ehescheidung	Göppinger/Rakete-Dombek , Vereinbarungen anlässlich der Ehescheidung, 11. Aufl. 2018
Graf-Schlicker	Graf-Schlicker, InsO, 5. Aufl. 20
grds.	grundsätzlich
GrdstVG	Grundstückverkehrsgesetz
Grdz.	Grundzüge
GrESt	Grunderwerbsteuer
GrEStDV	Durchführungsverordnung zum Grunderwerbsteuergesetz
GrEStEigWoG	Gesetz zur Grunderwerbsteuerbefreiung beim Erwerb von Einfamilienhäusern, Zweifamilienhäusern und Eigentumswohnungen v. 11.7.77, BGBl. I 1218
GrEStG	Grunderwerbsteuergesetz

GRUR (Int.)	Gewerblicher Rechtsschutz und Urheberrecht (Jahr u. Seite) – (Internationale Ausgabe)
GRUR-RR	Gewerblicher Rechtsschutz und Urheberrecht/Rechtsprechungs-Report (Jahr u. Seite)
GrZS	Großer Senat in Zivilsachen
GS	Gedenkschrift; Gedächtnisschrift
GStW	Gebührenstreitwert
GVBl.	Gesetz- und Verordnungsblatt
GVG	Gerichtsverfassungsgesetz
GVGA	Geschäftsanweisung für Gerichtsvollzieher
GVKostG	Gerichtsvollzieherkostengesetz
GV NW	Gesetz- und Verordnungsblatt für das Land Nordrhein-Westfalen
GVO	Gruppenfreistellungsverordnung; Grundverordnung
GWB	Gesetz gegen Wettbewerbsbeschränkungen
GWBG	Grunsky/Waas/Benecke/Greiner, Arbeitsgerichtsgesetz, 8. Aufl. 2014
hA	herrschende Ansicht/Auffassung
Hachenburg/*Bearbeiter*	Hachenburg, Kommentar zum Gesetz betreffend die Gesellschaften mit beschränkter Haftung, 8. Aufl. 1992-1997 (§§, Rn.)
HaftPflG	Haftpflichtgesetz
Halbs.	Halbsatz
HandwO	Handwerksordnung
HausratsVO	Hausratsverordnung
HdB	Handbuch
Henssler/Prütting	Henssler/Prütting, BRAO, 5. Aufl. 2019
Herold-Tews/Merkel Sozialgerichtsprozess	Herold-Tews/Merkel, Der Sozialgerichtsprozess, 7. Aufl. 2017
Herrmann/Heuer/Raupach	Herrmann/Heuer/Raupach, Einkommensteuer- und Körperschaftsteuergesetz, Loseblatt, 303. Aufl. 2021(§§ EStG, KStG u. Nebengesetze, Rn.)
Hess	Hessisch, hessisches
Hesselmann/Tillmann/ Müller-Thuns GmbH-HdB	Hesselmann/Tillmann/Müller-Thuns, Handbuch der GmbH & Co., 22. Aufl. 2019 (Rn.)
Heymann/Kötter	Heymann/Kötter, Handelsgesetzbuch, 4. (21. Gesamt-) Aufl. 1971 (§§, Rn.)
HFR	Höchstrichterliche Finanzrechtsprechung
HGB	Handelsgesetzbuch
Hillach/Rohs	Hillach/Rohs, Handbuch des Streitwertes in Zivilsachen, 9. Aufl. 1995
hins.	hinsichtlich
HK-MediationsG	Klowait/Gläßer, Mediationsgesetz, 2. Aufl. 2018
HK-SGG	Berchtold, SGG, Handkomm. 6. Aufl. 2021
hL	herrschende Lehre
hM	herrschende Meinung
HOAI	Verordnung über die Honorare für Leistungen der Architekten und Ingenieure (Honorarordnung für Architekten und Ingenieure) vom 4.3.1991 (BGBl. I 533)
HOW	Harris/O'Boyle/Warbrick, Law of the European Convention on Human Rights, 4. Aufl. 2018
HöfeO	Höfeordnung
HöfeVfO	Verfahrensordnung für Höfesachen

Hopt/Wiedemann	Hopt/Wiedemann, Aktiengesetz, Großkommentar, 4. Aufl. 2012 (§§, Rn.)
HReg.	Handelsregister
HRR	Höchstrichterliche Rechtsprechung (Jahr u. Nr.)
hrsg.	herausgegeben
HRV	Handelsregisterverfügung
Hüffer/Koch	Hüffer/Koch, Aktiengesetz, 15. Aufl. 2021
HUÜ	Haager Übereinkommen über das auf Unterhaltsverpflichtungen gegenüber Kindern anzuwendende Recht (1956); Haager Übereinkommen über das auf Unterhaltspflichten anzuwendende Recht (1973)
HZPA (HZPrAbk)	Haager Zivilprozessabkommen (1905)
HZPÜ	Haager Übereinkommen über den Zivilprozess (1954)
IAO	Internationale Arbeitsorganisation
ICCPR	Internationaler Pakt über bürgerliche und politische Rechte 1966
idÄnd.	in der Änderung
idF	in der Fassung
idR	in der Regel
iE	im Einzelnen
IG	Industrie-Gewerkschaft
IHK	Industrie- und Handelskammer
iHv	in Höhe von
iL	in Liquidation
ILO	International Labour Organization
InfAuslR	Informationsbrief Ausländerrecht (Jahr u. Seite)
info also	Informationen zum Arbeitslosenrecht (Jahr u. Seite)
Ingenstau/Korbion	Ingenstau/Korbion, VOB, 21. Aufl. 2019
insbes.	insbesondere
IPrax	Praxis des Internationalen Privat- und Verfahrensrechts (Jahr u. Seite)
iRd	im Rahmen des/der
iS	im Sinne
iSd	im Sinne des/der
iSv	im Sinne von
iÜ	im Übrigen
iVm	in Verbindung mit
iW	Im Wesentlichen
iwS	im weiteren Sinne
JArbSchG	Gesetz zum Schutze der arbeitenden Jugend (Jugendarbeitsschutzgesetz)
Jauernig/Hess ZivProzR	Jauernig/Hess, Zivilprozessrecht, 30. Aufl. 2011
Jauernig/Berger ZwangsVollstrR/InsR	Jauernig/Berger, Zwangsvollstreckungsrecht, 23. Aufl. 2010
JBeitrO	Justizbeitreibungsordnung
Jennißen/*Bearbeiter*	Jennißen, Wohnungseigentumsgestz, 6. Aufl. 2019
jew.	jeweils
JFG	Jahrbuch für Entscheidungen in Angelegenheiten der Freiwilligen Gerichtsbarkeit und des Grundbuchrechts
JMBl.	Justizministerialblatt
JR	Juristische Rundschau (Jahr u. Seite)
jur.	juristisch

JurA	Juristische Analysen (Jahr u. Seite)
JuS	Juristische Schulung (Jahr u. Seite)
Justiz	Die Justiz (Jahr u. Seite)
JVBl.	Justizverwaltungsblatt (Jahr u. Seite)
JVEG	Justizvergütungs- und Entschädigungsgesetz
JW	Juristische Wochenschrift (Jahr u. Seite)
JZ	Juristen-Zeitung (Jahr u. Seite)
KAG	Kommunalabgabengesetz
Kallmeyer	Kallmeyer, Umwandlungsgesetz, 7. Aufl. 2020
Kap.	Kapitel, Kapital
KapErhG	Gesetz über steuerrechtliche Maßnahmen bei Erhöhung des Nennkapitals aus Gesellschaftsmitteln und bei Überlassung von eigenen Aktien an Arbeitnehmer
Kapp/Ebeling	Kapp/Ebeling, Kommentar zum Erbschaftsteuer- und Schenkungsteuergesetz (Loseblattsammlung), 61. Aufl. 2019
KassKomm	Kasseler Kommentar Sozialversicherungsrecht, 114. Aufl. 2021
kath.	katholisch
Keidel	Keidel, FamFG, Kommentar, 20. Aufl. 2020
Kfb	Kostenfestsetzungsbeschluss
KfH	Kammer für Handelssachen
Kfv	Kostenfestsetzungsverfahren
Kfz	Kraftfahrzeug
KG	Kommanditgesellschaft; Kammergericht
KGaA	Kommanditgesellschaft auf Aktien
KGJ	Jahrbuch für Entscheidungen des Kammergerichts
KHG	Krankenhausfinanzierungsgesetz
KJHG	Kinder- und Jugendhilfegesetz
kläger.	klägerisch(es)
Kloth Private Unfallversicherung	Kloth, Private Unfallversicherung, 2. Aufl. 2014
KMK-HSchR-NF	Kultusministerkonferenz, Sammlung hochschulrechtlicher Entscheidungen, neue Fassung
KnAT	Knappschafts-Angestelltentarifvertrag
Knobbe-Keuk BilStR	Knobbe-Keuk, Bilanz und Unternehmenssteuerrecht, 9. Aufl. 1993
KO	Konkursordnung
Kölner Komm AktG	Kölner Kommentar zum Aktiengesetz, herausgegeben von Zöllner/Noack, 3. Aufl. 2004 ff. (§§, Rn.)
Komm.	Kommentar
KonsG	Konsulargesetz
Kopp/Ramsauer	Kopp/Ramsauer, Verwaltungsverfahrensgesetz, 22. Aufl. 2021 (§§, Rn.)
Kopp/Schenke	Kopp/Schenke, Verwaltungsgerichtsordnung, 27. Aufl. 2020 (§§, Rn.)
Korintenberg	Korintenberg, GNotKG, Kommentar, 21. Aufl. 2020
KostO	Kostenordnung
KOV	Die Kriegsopferversorgung (Jahr u. Seite)
Krafka RegisterR	Krafka, Registerrecht, 11. Aufl. 2019
Krasney/Udsching SGVerf-HdB	Krasney/Udsching/Groth, Handbuch des sozialgerichtlichen Verfahrens, 7. Aufl. 2016

KR/*Bearbeiter* .... Etzel/Bader/Fischermeier ua Gemeinschaftskommentar zum Kündigungsschutzgesetz und sonstigen kündigungsschutzrechtlichen Vorschriften, 12. Aufl. 2019
KRG .... Kontrollratsgesetz
KRsp. .... Rechtsprechung zum Kostenrecht, Entscheidungssammlung
KSchG .... Kündigungsschutzgesetz
K. Schmidt .... Karsten Schmidt, Insolvenzordnung, 19. Aufl. 2016
KStG .... Körperschaftsteuergesetz
KStZ .... Kommunale Steuer-Zeitschrift (Jahr u. Seite)
KTS .... Konkurs-, Treuhand- und Schiedsgerichtswesen (Jahr u. Seite)
Küppersbusch/Höher
Personenschaden .... Küppersbusch/Höher, Ersatzansprüche bei Personenschäden, 13. Aufl. 2020
Küstner/Thume VertriebsR-
HdB II .... Küstner/Thume (Hrsg.), Handbuch des gesamten Vertriebsrechts, Bd. 1: Das Recht des Handelsvertreters (ohne Ausgleichsrecht), 9. Aufl. 2014
KV .... Kostenverzeichnis (Anlage zum GKG)
KVStDV .... Kapitalverkehrsteuer-Durchführungsverordnung
KVStG .... Kapitalverkehrsteuergesetz

Lachmann
Schiedsgerichtspraxis-HdB ..... Lachmann, Handbuch für die Schiedsgerichtspraxis, 4. Aufl. 2016
LAG .... Landesarbeitsgericht; Lastenausgleichsgesetz
LAG Nds .... Landesarbeitsgericht Niedersachsen
lfd. .... laufend
LG .... Landgericht
Linck/Krause/Bayreuther .... Linck/Krause/Bayreuther, Kündigungsschutzgesetz, 16. Aufl. 2019
Lgb. .... Lagebuchnummer
lit. .... litera (= Buchstabe)
Lit. .... Literatur
Littbarski Haftpflichtver-
sicherung AHB .... AHB: Kommentar; allgemeine Versicherungsbedingungen für die Haftpflichtversicherung (AHB)
LJM .... Landesjustizministerium
LJV .... Landesjustizverwaltung
LKartB .... Landeskartellbehörde
LKV .... Landes- und Kommunalverwaltung (Jahr u. Seite)
LM .... Das Nachschlagewerk des Bundesgerichtshofs in Zivilsachen, herausgegeben von Lindenmaier und Möhring (Gesetzesstelle u. Entscheidungsnr.)
LohnFzG .... Lohnfortzahlungsgesetz
LPachtG .... Landpachtgesetz
LPG .... Landespressegesetz
LSG .... Landessozialgericht
LSG Nds-Brem .... Landessozialgericht Niedersachsen-Bremen
LSG RhPf .... Landessozialgericht Rheinland-Pfalz
LSG SchlH .... Landessozialgericht Schleswig-Holstein
LStDVO .... Lohnsteuerdurchführungsverordnung
LStR .... Lohnsteuerrichtlinien
LuftfzRG .... Gesetz über Rechte an Luftfahrzeugen

LuftVG	Luftverkehrsgesetz
Lutter	Lutter, Umwandlungsgesetz, 6. Aufl. 2019
Lutter/Hommelhoff	Lutter/Hommelhoff, GmbH-Gesetz, 20. Aufl. 2019
LVwVfG	Landesverwaltungsverfahrensgesetz
LwErbR	Landwirtschaftserbrecht
LwVG	Gesetz über das Verfahren in Landwirtschaftssachen
m.	mit
MaBV	Makler- und BauträgerVO
MAH ErbR	Scherer, Münchener Anwaltshandbuch Erbrecht, 5. Aufl. 2018
MAH FamR	Schnitzler, Münchener Anwaltshandbuch Familienrecht, 5. Aufl. 2020
MB	Mahnbescheid
MdE	Minderung der Erwerbsfähigkeit
MDR	Monatsschrift für Deutsches Recht (Jahr u. Seite)
ME	Miteigentum
MedR	Medizinrecht (Jahr u. Seite)
Mes	Mes, PatG, 5. Aufl. 2020
MKLS SGG	Meyer-Ladewig/Keller/Leitherer/Schmidt, Sozialgerichtsgesetz, Kommentar, 13. Aufl. 2020
MHRG	Gesetz zur Regelung der Miethöhe
MietRÄndG	Mietrechtsänderungsgesetz
mglw.	möglicherweise
Min.	Ministerium
Mio.	Million(en)
MitbestG	Gesetz über die Mitbestimmung der Arbeitnehmer
Mitt	Mitteilungen(en)
MittBayNot	Mitteilungen des Bayerischen Notarvereins, der Notarkasse und der Landesnotarkammer Bayern (Jahr u. Seite)
MittRhNotK	Mitteilungen der Rheinischen Notarkammer
MMV	Mustermietvertrag
MPFormB BauR	Koeble, Münchener Prozessformularbuch, Bd. 2, Privates Bau- und Architektenrecht, 5. Aufl. 2018
MSF VertriebsR-HdB	Martinek/Semler/Flohr, Hdb. des Vertriebsrechts, 4. Aufl. 2016
MTV	Manteltarifvertrag
MüKoAktG	Münchener Kommentar zum Aktiengesetz, 5. Aufl. 2018-2021 (§§, Rn.)
MüKoBGB	Münchener Kommentar zum Bürgerlichen Gesetzbuch, 8. Aufl. 2018-2021 (§§, Rn.)
MüKoHGB	Münchener Kommentar zum Handelsgesetzbuch: HGB, 5. Aufl. 2020
MünchHdB AG	Münchener Handbuch des Gesellschaftsrechts Bd. 4, Aktiengesellschaft, 5. Aufl. 2020 (§§, Rn.)
MuSchG	Gesetz zum Schutz der erwerbstätigen Mutter
Musielak/Voit	Musielak/Voit, Zivilprozessordnung, 18. Aufl. 2021
mwN	mit weiteren Nachweisen
MWSt	Mehrwertsteuer
mWv	mit Wirkung vom
Nachf.	Nachfolger
Nachw.	Nachweise
NÄG	Namensänderungsgesetz

NBildUG	Niedersächsisches Gesetz über den Bildungsurlaub für den Arbeitnehmer
NdsRpfl.	Niedersächsische Rechtspflege (Jahr u. Seite)
nF	neue Fassung
NJW	Neue Juristische Wochenschrift
NJW-RR	Neue Juristische Wochenschrift – Rechtsprechungs-Report Zivilrecht (Jahr u. Seite)
NJW-spezial	Neue Juristische Wochenschrift – spezial (Jahr u. Seite)
NMV	Neubaumietenverordnung
Nr.	Nummer
NRW	Nordrhein-Westfalen
NStZ	Neue Zeitschrift für Strafrecht (Jahr u. Seite)
NTS	Nato-Truppenstatut
NVwZ	Neue Zeitschrift für Verwaltungsrecht (Jahr u. Seite)
NVwZ-RR	Neue Zeitschrift für Verwaltungsrecht Rechtsprechungs-Report Verwaltungsrecht (Jahr u. Seite)
NWB	Neue Wirtschaftsbriefe
NWVBl.	Nordrhein-Westfälische Verwaltungsblätter (Jahr u. Seite)
NZA	Neue Zeitschrift für Arbeits- und Sozialrecht (Jahr u. Seite)
NZB	Nichtzulassungsbeschwerde
NZS	Neue Zeitschrift für Sozialrecht (Jahr u. Seite)
o.	oben, oder
oa	oben angegeben(e/es/er)
oÄ	oder Ähnliche/s
ÖTV	Gewerkschaft Öffentliche Dienste, Transport u. Verkehr
OFD	Oberfinanzdirektion
OGHbrZ	Oberster Gerichtshof für die britische Zone
OHG	Offene Handelsgesellschaft
OLG	Oberlandesgericht
OLGZ	Entscheidungen der Oberlandesgerichte in Zivilsachen
OVG	Oberverwaltungsgericht
p. a.	pro anno
Palandt	Palandt, Bürgerliches Gesetzbuch, 80. Aufl. 2021 (§§, Rn.)
PatAnwO	Patentanwaltsordnung
PatG	Patentgesetz
Pause Bauträgerkauf	Pause Bauträgerkauf und Baumodelle, 6. Aufl. 2018
PersGes.	Personengesellschaft
PflVersG	Pflichtversicherungsgesetz
phG	persönlich haftender Gesellschafter
PMZ	Blatt für Patent-, Muster- und Zeichenwesen (Jahr u. Seite)
pol.	polizeilich
Pos.	Position
ppa.	per procura
ProzBev.	Prozessbevollmächtigte(r)
PStG	Personenstandsgesetz
PWW	Prütting/Wegen/Weinreich, BGB, 15. Aufl. 2020

RA	Rechtsanwalt
RabelsZ	Rabels Zeitschrift für ausländisches und internationales Privatrecht
RAL	Reichsausschuss für Lieferbedingungen
RBerG	Rechtsberatungsgesetz
RdA	Recht der Arbeit (Jahr u. Seite)
RDG	Rechtsdienstleistungsgesetz
Rd L	Recht der Landwirtschaft (Jahr u. Seite)
Rdz.	Randziffer
Redeker/von Oertzen	Redeker/von Oertzen, Verwaltungsgerichtsordnung, 16. Aufl. 2014 (§§, Rn.)
RegEntw.	Regierungsentwurf
Reichert GmbH & Co. KG	Reichert, GmbH & Co. KG, 8. Aufl. 2021
Reichert VereinsR-HdB	Reichert/Schimke/Dauernheim, Handbuch des Vereins- und Verbandsrechts, 14. Aufl. 2018 (Rn.)
Rev.	Revision
RG	Reichsgericht
RGBl.	Reichsgesetzblatt
RGRK/*Bearbeiter*	BGB-Kommentar, herausgegeben von Reichsgerichtsräten und Bundesrichtern, 12. Aufl. 1974 ff. (§§, Rn.)
RGZ	Entscheidungen des Reichsgerichts in Zivilsachen
RHeimStG	Reichsheimstättengesetz
Richardi BetrVG	Richardi, Betriebsverfassungsgesetz, 16. Aufl. 2018 (§§, Rn.)
Riedel/Sußbauer	Riedel/Sußbauer, Rechtsanwaltsvergütungsgesetz, 10. Aufl. 2015
RIW/AWD	Recht der internationalen Wirtschaft, Außenwirtschaftsdienst des „Betriebs-Berater“ (Jahr u. Seite)
RMBeschrG	Rechtsmittelbeschränkungsgesetz
Rn.	Randnummer
Rosenberg/Schwab/Gottwald ZivilProzR	Rosenberg/Schwab/Gottwald, Zivilprozessrecht, 18. Aufl. 2018
Rowedder/Schmidt-Leithoff/*Bearbeiter*	Rowedder/Schmidt-Leithoff, GmbHG, Kommentar, 6. Aufl. 2017 (§§, Rdn.)
Rpfleger	Der Deutsche Rechtspfleger (Jahr u. Seite)
RPflG	Rechtspflegergesetz
RRA	Reiserecht aktuell (Jahr u. Seite)
RRG	Rentenreformgesetz
Rspr.	Rechtsprechung
RU	Regelunterhalt
RuStAG	Reichs- und Staatsangehörigkeitsgesetz
RVG	Rechtsanwaltsvergütungsgesetz
RVO	Rechtsverordnung; Reichsversicherungsordnung (SozR)
S.	Seite(n), Satz
s.	siehe
SAE	Sammlung arbeitsrechtlicher Entscheidungen (Jahr u. Seite)
Sauter/Schweyer/Waldner eV	Sauter/Schweyer/Waldner, Der eingetragene Verein, 21. Aufl. 2021
SchadErsAnspr.	Schadensersatzanspruch
Schaub ArbR-HdB	Schaub, Arbeitsrechts-Handbuch, 18. Aufl. 2019

Schaub ArbRFV-Formb.	Schaub/Schrader/Straube/Vogelsang, Arbeitsrechtliches Formular- und Verfahrenshandbuch, 12. Aufl. 2017
ScheckG	Scheckgesetz
SchiffsR	Schiffsrecht
SchiffsRegR	Schiffsregisterrecht
SchiffsRegO	Schiffsregisterordnung
Schlechtriem/Schwenzer	Schlechtriem/Schwenzer, Kommentar zum Einheitlichen UN-Kaufrecht – CISG, 7. Aufl. 2019
Schlegelberger	Schlegelberger, Handelsgesetzbuch Kommentar, bearb. v. Geßler, Hefermehl, Hildebrand, Schröder, 5. Aufl. 1973 ff. (§§, Rn.)
Schmidt HmbKo InsR	Schmidt, Hamburger Kommentar zum Insolvenzrecht, 7. Aufl. 2018
Schmidt-Futterer	Schmidt-Futterer, Mietrecht Großkommentar, 14. Aufl. 2019
Schneider/Herget	Schneider/Herget, Streitwert-Kommentar, 14. Aufl. 2015
Schoch/Schneider	Schoch/Schneider, VwGO, Kommentar, 40. Aufl. 2021
Scholz	Scholz, Kommentar zum GmbH-Gesetz, 12. Aufl. 2018
Scholz/Fischer GmbHG	Scholz/Fischer, Klein-Kommentar zum GmbH-Gesetz, 8. Aufl. 1977 (§§, Rn.)
Schütze	Schütze, SGB X, Kommentar, 9. Aufl. 2020
Schütze/Thümmel Schiedsgericht	Schütze/Thümmel, Schiedsgericht und Schiedsverfahren, 7. Aufl. 2021
Schwab/Walter	Schwab/Walter, Schiedsgerichtsbarkeit, 7. Aufl. 2005
SchwBG	Schwerbehindertengesetz
Schwintowski/ Brömmelmayer	Schwintowski/Brömmelmeyer (Hrsg.), Praxiskommentar zum Versicherungsvertragsrecht, 3. Aufl. 2017
SE	Europäische Aktiengesellschaft (Societas Europaea)
SeemG	Seemannsgesetz
Semler/Stengel/Leonard	Semler/Stengel/Leonard, Umwandlungsgesetz, 5. Aufl. 2021 (§§, Rn.)
SG	Sozialgericht
SGb	Die Sozialgerichtsbarkeit (Jahr u. Seite)
SGB	Sozialgesetzbuch
SGG	Sozialgerichtsgesetz
SGV NW	Sammlung des bereinigten Gesetz- und Verordnungsblattes für das Land Nordrhein-Westfalen
SJZ	Süddeutsche Juristenzeitung (Jahr u. Seite)
s. o.	siehe oben
Soergel/*Bearbeiter*	Soergel, Kommentar zum Bürgerlichen Gesetzbuch, 14. Aufl. 2021
sog.	so genannt
SozR	Sozialrecht, Rspr. u. Schrifttum, bearbeitet v. den Richtern des BSG; Zitierweise der vorliegenden vier Ausgaben: a) 1955 bis 1973: zB BSG SozR Nr. 2 zu § 160 SGG b) 1974 bis 1989: zB BSG SozR 1500 § 160 Nr. 2 c) 1990 bis 2002: zB BSG SozR 3–1500 § 160 Nr. 2 ab 2003: zB BSG SozR 4-1500 § 160 Nr. 2
SozSich	Soziale Sicherheit. Zeitschrift für Arbeit und Soziales, hrsg. v. DGB
Sp.	Spalte
spät.	spätestens

städt.	Städtisch(e)
Stahlhacke/Preis/Vossen Kündigung	Stahlhacke/Preis/Vossen, Kündigung und Kündigungsschutz im Arbeitsverhältnis, 11. Aufl. 2015
Standesamt	Das Standesamt (Jahr u. Seite)
Staub	Staub, Handelsgesetzbuch, Großkommentar, 5. Aufl. 2009 (§§, Rdn.)
Staudinger/*Bearbeiter*	Staudinger, Kommentar zum Bürgerlichen Gesetzbuch, 18. Aufl. 2018 (§§, Rn.)
Stein/Jonas/*Bearbeiter*	Stein/Jonas, bearbeitet von Pohle, Grunsky, Leipold, Münzberg, Schlosser und Schumann, Kommentar zur ZPO, 23. Aufl. 2014
Steinert/Theede/Knop Zwangsvollstreckung	Steinert/Theede/Knop, Zwangsvollstreckung in das bewegliche Vermögen, 9. Aufl. 2013
Stöber/Rellermeyer Forderungspfändung	Stöber/Rellermeyer, Forderungspfändung, 17. Aufl. 2019
Stöber	Stöber, Zwangsvollstreckung in das unbewegliche Vermögen, 9. Aufl. 2010
Stöber ZVG-HdB	Stöber, Zwangsversteigerungsgesetz, 22. Aufl. 2019
StPO	Strafprozessordnung
streitgen.	streitgenössisch
str.	streitig, strittig
stRspr	ständige Rechtsprechung
StrVollzG	Strafvollzugsgesetz
StVG	Straßenverkehrsgesetz
StVO	Straßenverkehrsordnung
StVZO	Straßenverkehrs-Zulassungs-Ordnung
su.	siehe unten
Sudhoff Gesellschaftsvertrag	Sudhoff, Der Gesellschaftsvertrag der GmbH, 8. Aufl. 1992
Sudhoff Personengesellschaften	Sudhoff, Personengesellschaften, 8. Aufl. 2004
SVG	Soldatenversorgungsgesetz
SWSD Vertragshändlervertrag	Schultze/Wauschkuhn/Spenner/Dau, Der Vertragshändlervertrag, 5. Aufl. 2015
teilw.	teilweise
Thomas/Putzo	Thomas/Putzo, Zivilprozessordnung, 42. Aufl. 2021 (§§, Rn.)
Timme	Timme, Wohnungseigentumsgesetz WEG, 2. Aufl. 2014
Toussaint	Toussaint, Kostengesetze, Kommentar, 51. Aufl. 2021
TÜV	Technischer Überwachungsverein
TVG	Tarifvertragsgesetz
TVöD	Tarifvertrag öffentlicher Dienst
Tz.	Textziffer
u.	und, unter, unten
ua	unter andere, unter anderem
uÄ	und Ähnliches
UÄndG	Unterhaltsänderungsgesetz
UB	Unbedenklichkeitsbescheinigung
Überbl.	Überblick

Übers.	Übersicht
Ulmer/Brandner/Hensen	Ulmer/Brandner/Hensen, Kommentar zum AGBG, 12. Aufl. 2016
UmstG	Umstellungsgesetz
UmwG	Umwandlungsgesetz
UmwStG	Umwandlungssteuergesetz
UN	United Nations
unstr.	unstreitig
UnterhRAbändG	Gesetz zur vereinfachten Abänderung von Unterhaltsrenten
UPR	Umwelt- und Planungsrecht (Jahr u. Seite)
UrhG	Urheberrechtsgesetz
UR	Urkundenrolle
URNr.	Urkundenrollennummer
Urt.	Urteil
UStG	Umsatzsteuergesetz
usw	und so weiter
uU	unter Umständen
UWG	Gesetz gegen den unlauteren Wettbewerb
v.	vom, von
VAHRG	Gesetz zur Regelung von Härten im Versorgungsausgleich
VB	Vollstreckungsbescheid
VerBAV	Veröffentlichungen des Bundesaufsichtsamtes für das Versicherungswesen
VereinfNov	Gesetz zur Vereinfachung und Beschleunigung gerichtlicher Verfahren (Vereinfachungsnovelle)
VerfGH	Verfassungsgerichtshof
VerfOEGMR	Verfahrensordnung des Europäischen Gerichtshofs für Menschenrechte
VerglO	Vergleichsordnung
VerlG	Verlagsgesetz
VermBildG	Vermögensbildungsgesetz
VersAufsG	Versicherungsaufsichtsgesetz
VerschG	Verschollenheitsgesetz
VersR	Versicherungsrecht (Jahr u. Seite)
VersU	Versäumnisurteil
VG	Verwaltungsgericht
v. Gamm	von Gamm, Gesetz gegen den unlauteren Wettbewerb, 3. Aufl. 1993; Geschmacksmustergesetz, 2. Aufl. 1989
VGFGEntlastG	Gesetz zur Entlastung der Gerichte in der Verwaltungs- und Finanzgerichtsbarkeit vom 31. März 1978 (BGBl. I 1978, 446)
VGH	Verwaltungsgerichtshof
vgl.	vergleiche
VgV	Verordnung über die Vergabe öffentlicher Aufträge
vH	von Hundert
VO	Verordnung
VOB	Verdingungsordnung für Bauleistungen
VOL	Verdingungsordnung für Leistungen – ausgenommen Bauleistungen
vollst.	vollständig
Vorb.	Vorbemerkung
VR	Vereinsregister

VRS .... Verkehrsrechtliche Sammlung
VU .... Versäumnisurteil
vT. .... von Tausend
VV .... Vergütungsverzeichnis (Anlage 1 zum RVG)
VVaG .... Versicherungsverein auf Gegenseitigkeit
VVG .... Gesetz über den Versicherungsvertrag
VW .... Versicherungswirtschaft
VwGO .... Verwaltungsgerichtsordnung
VwVfG .... Verwaltungsverfahrensgesetz
VwVG .... Verwaltungsvollstreckungsgesetz
VwZG .... Verwaltungszustellungsgesetz
VZS .... Vereinigte Zivilsenate

WährG .... Währungsgesetz
WDR .... Westdeutscher Rundfunk
WE .... Wohnungseigentum
WeinWiG .... Weinwirtschaftsgesetz
WEG .... Wohnungseigentumsgesetz
Westermann/Wertenbruch PersGes-HdB .... Westermann/Wertenbruch, Handbuch der Personengesellschaften, Loseblatt, 79. Aufl. 2021 (Rdn., röm. Ziff., arab. Ziff.)
Weyland .... Weyland, Bundesrechtsanwaltsordnung, BRAO, 10. Aufl. 2019
WG .... Wechselgesetz
WGB .... Wohnungsgrundbuch
Wieczorek/Schütze .... Wieczorek/Schütze, Zivilprozessordnung und Nebengesetze (Gesamtwerk), 4. Aufl. 2012
Windbichler GesR .... Windbichler, Gesellschaftsrecht, 24. Aufl. 2017
WKS .... Wißmann/Kleinsorge/Schubert, Mitbestimmungsgesetz, 5. Aufl. 2017 (§§, Rn.)
WKSchG .... Wohnraumkündigungsschutzgesetz
WM .... Wohnungswirtschaft und Mietrecht (Jahr u. Seite)
WoBindG .... Wohnungsbindungsgesetz
WohnbauG .... Wohnungsbaugesetz
WoModG .... Wohnungsmodernisierungsgesetz
WPflG .... Wehrpflichtgesetz
WPM .... Wertpapier-Mitteilungen (Jahr u. Seite)
WRP .... Wettbewerb in Recht und Praxis (Jahr u. Seite)
WuW/E .... Wirtschaft und Wettbewerb. Entscheidungssammlung zum Kartellrecht
WZG .... Warenzeichenrecht

ZAbkNTS .... Zusatzabkommen zum Nato-Truppenstatut
zB .... zum Beispiel
ZBR .... Zeitschrift für Beamtenrecht (Jahr u. Seite)
ZbR .... Zurückbehaltungsrecht
ZfA .... Zeitschrift für Arbeitsrecht (Jahr u. Seite)
ZfBR .... Zeitschrift für deutsches und internationales Baurecht (Jahr u. Seite)
ZFSH/SGB .... Sozialrecht in Deutschland und Europa, früher: Zeitschrift für Sozialhilfe und Sozialgesetzbuch (Jahr u. Seite)
ZGR .... Zeitschrift für Unternehmens- und Gesellschaftsrecht (Jahr u. Seite)

z. Hd.	zu Händen
ZHR	Zentralblatt für Handelsrecht (Jahr u. Seite)
Ziemons/Binnewies AG-HdB	Ziemons/Binnewies, Handbuch der Aktiengesellschaft, Loseblatt, 87. Aufl. 2021 (Rn., röm. Ziff., arab. Ziff.)
Ziff.	Ziffer
ZIP	Zeitschrift für die gesamte Insolvenzpraxis
ZMR	Zeitschrift für Miet- und Raumrecht (Jahr u. Seite)
Zöller	Zöller, Kommentar zur ZPO, 33. Aufl. 2020
ZPO	Zivilprozessordnung
ZRHO	Rechtshilfeordnung in Zivilsachen
ZSEG	Gesetz über die Entschädigung von Zeugen und Sachverständigen
zT	zum Teil
zus.	zusammen
ZSEG	Zeugen- und Sachverständigen-Entschädigungs-Gesetz
ZVG	Zwangsversteigerungsgesetz
ZZP	Zeitschrift für Zivilprozess (Band u. Seite)
zzt.	zurzeit

I. Das allgemeine Zivilprozessverfahren

A. Mandatsverhältnis

1. Allgemeine Mandatsbedingungen

der Kanzlei

.....

(im Weiteren: „Rechtsanwälte")

Für Verträge mit den Rechtsanwälten, die auf die Erteilung von rechtlichem Rat und Auskunft, eine anwaltliche Geschäftsbesorgung (zB außergerichtliche Vertretung des Mandanten, Erstellung von Verträgen etc) oder die Vertretung des Auftraggebers in einem gerichtlichen oder behördlichen Verfahren zum Gegenstand haben (nachfolgend: „Mandat" oder „Beratungsleistung"), gelten folgende allgemeine Mandatsbedingungen;[1] diese gelten auch für die Vertragsanbahnung sowie Folgeverträge mit dem Auftraggeber (nachfolgend „Mandant"):

1. Zustandekommen und Umfang des Mandats

Ein Mandat kommt durch die Annahme eines entsprechenden Angebots des Mandanten zustande. Vertragspartner des Mandanten ist die og Kanzlei; sofern nicht durch schriftliche Vereinbarung ausdrücklich vereinbart, besteht kein Anspruch auf die Bearbeitung durch einen bestimmten Rechtsanwalt oder Mitarbeiter der Rechtsanwälte.

Der Umfang des Mandats ergibt sich aus dem durch den Mandatsantrag des Mandanten begrenzten Mandatsvertrag. Sofern nicht durch schriftliche Vereinbarung ausdrücklich anders vereinbart

a) bezieht sich die Beratungsleistung ausschließlich auf das Recht der Bundesrepublik Deutschland,

b) umfasst die Beratungsleistung keine steuerrechtliche Beratung (steuerliche Auswirkungen hat der Mandant durch fachkundige Dritte, zB Fachanwalt für Steuerrecht, Steuerberater, Wirtschaftsprüfer, auf eigene Veranlassung und Kosten klären zu lassen und etwaige steuerrechtliche Gestaltungsanforderungen den Rechtsanwälten rechtzeitig mitzuteilen bzw. durch die steuerlichen Berater des Mandanten mitteilen zu lassen,

c) wird die Beratungsleistung ausschließlich gegenüber dem Mandanten erbracht, die Rechtsanwälte übernehmen gegenüber Dritten keine Haftung oder Verantwortlichkeit, soweit diese nicht durch schriftliche Vereinbarung ausdrücklich in den Schutzbereich des Mandats einbezogen werden,[2]

d) sind die Rechtsanwälte zur Einlegung von Rechtsmitteln (zB Berufung gegen ein erstinstanzliches Urteil) und Rechtsbehelfen nur dann verpflichtet, soweit dies durch schriftliche Vereinbarung ausdrücklich als Mandatsinhalt vereinbart wurde.

2. Pflichten der Rechtsanwälte

Eine Verpflichtung zum Tätigwerden der Rechtsanwälte besteht frühestens mit Annahme des Mandats und nach Ablauf eines etwaigen Widerrufsrechts bzw. vor dessen Ablauf mit einem ausdrücklichen Verlangen des Mandanten mit dem Inhalt

„Ich verlange ausdrücklich, dass die Rechtsanwälte bereits vor Ablauf der 14-tägigen Widerrufsfrist mit der Mandatsbearbeitung beginnen und stimme einem entsprechenden Beginn der Mandatsbearbeitung zu.
Die Rechtsanwälte haben mich darauf hingewiesen, dass mein Widerrufsrecht schon vor Ablauf der 14-tägigen Widerrufsfrist erlischt, wenn die Rechtsanwälte zuvor ihre anwaltliche Leistung vollständig erbracht haben.“[3]

Im Rahmen ihres Tätigwerdens werden die Rechtsanwälte insbesondere folgende Leistungen erbringen:

a) Rechtliche Prüfung
Die Rechtsanwälte werden die Rechtssache des Mandanten sorgfältig prüfen, ihn über das Ergebnis der Prüfung unterrichten und gegenüber Dritten die Interessen des Mandanten im jeweils beauftragten Umfang rechtlich vertreten;

b) Verschwiegenheit
Die Rechtsanwälte sind berufsrechtlich zur Verschwiegenheit verpflichtet. Diese Pflicht bezieht sich auf alles, was den Rechtsanwälten iRd Mandats durch den Mandanten anvertraut oder sonst bekannt wird. Insoweit steht den Rechtsanwälten grds. ein Zeugnisverweigerungsrecht zu. Die Rechtsanwälte sind jedoch berechtigt, zur Erfüllung eigener steuerlicher Pflichten den Finanzbehörden die Mandatsbeziehung (Name, Adresse, Umsatzsteuer-ID des Mandanten, Gegenstand des Mandats und Höhe der Vergütung) offenzulegen.
Keine Verschwiegenheitsverpflichtung gilt bei der Inanspruchnahme einer Rechtsschutzversicherung des Mandanten, s. Ziff. 5;

c) Verwahrung von Geldern
Für den Mandanten eingehende Gelder werden die Rechtsanwälte treuhänderisch verwahren und – vorbehaltlich Ziff. 4 und 5 – unverzüglich auf schriftliche Anforderung des Mandanten an die von ihm benannte Stelle ausbezahlen;

d) Datensicherheit
Die Rechtsanwälte werden alle verhältnismäßigen und zumutbaren Vorkehrungen gegen Datenverlust und Zugriffe unbefugter Dritter auf Daten des Mandanten treffen und laufend dem jeweils bewährten Stand der Technik anpassen.

3. Obliegenheiten des Mandanten[4]

Die Mandatsbearbeitung erfordert die Beachtung insbesondere der folgenden Obliegenheiten des Mandanten:

a) Umfassende Information
Der Mandant wird die Rechtsanwälte über alle mit dem Auftrag zusammenhängenden Tatsachen vollständig und wahrheitsgemäß informieren und ihnen sämtliche mit dem Auftrag zusammenhängende Unterlagen und Daten in geordneter Form übermitteln. Der Mandant wird während der Dauer des Mandats nur in Abstimmung mit den Rechtsanwälten mit Gerichten, Behörden, der Gegenseite oder sonstigen Beteiligten in Kontakt treten und sämtliche von diesen während der Mandatsbearbeitung erhaltene Informationen an die Rechtsanwälte weiterleiten;

b) Vorsorge bei Abwesenheit und Adressänderung
Der Mandant wird die Rechtsanwälte bei Änderung seiner Kontaktdaten umgehend informieren und bei einer Unerreichbarkeit von mehr als einer Woche für eine Vertretung sorgen;

c) Prüfung von Mitteilungen der Rechtsanwälte
Die Rechtsanwälte dürfen den Angaben des Mandanten ohne eigene Nachprüfung vertrauen und die vom Mandanten mitgeteilten Tatsachen ihrer Sachbearbeitung zugrunde legen. Der Mandant wird die ihm von den Rechtsanwälten übermittelten Nachrichten, Entwürfe und Schreiben der Rechtsanwälte sorgfältig daraufhin über-

prüfen, ob die darin enthaltenen Sachverhaltsangaben wahrheitsgemäß und vollständig wiedergegeben sind;

d) Die Übermittlung der personenbezogenen Daten des Mandanten für Speicherung und Verarbeitung iRd des erteilten Mandats.[4]

4. Vergütung[5]

Die Abrechnung des Mandats erfolgt nach dem Rechtsanwaltsvergütungsgesetz (RVG), soweit nicht eine individuelle Vergütungsvereinbarung mit den Rechtsanwälten geschlossen wurde. Die für die Tätigkeit der Rechtsanwälte nach dem RVG anfallenden Gebühren richten sich, mit Ausnahme von Strafsachen oder bestimmten sozialrechtlichen Angelegenheiten, nach dem Gegenstandswert des Mandats und/oder nach einer gesondert vereinbarten Vergütungsvereinbarung.

Werden in außergerichtlichen Angelegenheiten niedrigere als die im RVG vorgesehenen Gebühren vereinbart, so ist eine solche Vereinbarung nur verbindlich, wenn sie mindestens in Schrift- oder Textform geschlossen wurde.

Der Mandant wird darauf hingewiesen, dass in arbeitsgerichtlichen Streitigkeiten außergerichtlich sowie in der ersten Instanz kein Anspruch auf Erstattung der Anwaltsgebühren oder sonstiger Kosten gegen die gegnerische Partei besteht; in solchen Verfahren trägt unabhängig vom Ausgang jede Partei ihre Kosten selbst. Dies gilt grds. auch für Kosten in Verfahren der freiwilligen Gerichtsbarkeit.

Der Mandant ist verpflichtet, auf Anforderung der Rechtsanwälte einen angemessenen Vorschuss zu leisten und nach Beendigung des Mandats die Zahlungsansprüche der Rechtsanwälte vollständig auszugleichen; dies gilt unabhängig davon, ob dem Mandanten in diesem Zusammenhang Zahlungs- bzw. Erstattungsansprüche gegen eine Rechtsschutzversicherung, die Gegenseite oder Dritte zustehen.

Zur Sicherung der Zahlungsansprüche der Rechtsanwälte gegen den Mandanten tritt der Mandant hiermit sämtliche gegenüber der Gegenseite, seiner Rechtsschutzversicherung oder sonstigen Dritten bestehende, auf Zahlung von Geld gerichtete Ansprüche an die dies annehmenden Rechtsanwälte ab.

5. Rechtsschutzversicherung[6]

Sofern der Mandant die Inanspruchnahme einer von ihm unterhaltenen Rechtsschutzversicherung wünscht und die Rechtsanwälte beauftragt, Versicherungsleistungen in Anspruch zu nehmen, sind die Rechtsanwälte unwiderruflich von ihrer Verschwiegenheitsverpflichtung befreit.

Der Mandant wird darauf hingewiesen, dass durch die Einholung der Kostendeckungszusage durch den Rechtsanwalt eine Geschäftsgebühr nach VV 2300 RVG aus dem Gegenstandswert anfällt. Gegenstandswert sind die voraussichtlich zu erwartenden Kosten für diejenige Angelegenheit, für die Kostendeckung angefragt wird.

Das Bestehen einer Rechtsschutzversicherung führt zu keiner Änderung der Vertrags- und Leistungsbeziehung zwischen dem Mandanten und den Rechtsanwälten; die Rechtsanwälte werden ihre Leistung ausschließlich für und gegenüber dem Mandanten erbringen und in Rechnung stellen, der Mandant wird umgekehrt die geschuldete Vergütung gegenüber den Rechtsanwälten begleichen. Bei den Rechtsanwälten eingehende Erstattungsleistungen werden die Rechtsanwälte umgehend an den Mandanten auskehren, soweit durch den Mandanten kein Zahlungsrückstand bei den Rechtsanwälten besteht.

Der Mandant wird darauf hingewiesen, dass eine Versicherungsleistung im Hinblick auf die Vergütung der Rechtsanwälte in der Regel nur die gesetzlichen Mindestgebühren nach dem Rechtsanwaltsvergütungsgesetz abzüglich eines nach dem Versicherungsvertrag vereinbarten Selbstbehalts umfasst und die Versicherungsleistung idR nicht zu einer vollständigen Deckung seines finanziellen Aufwands für die anwaltliche Beratung und Vertretung führt.

Der Mandant ist einverstanden, dass die Rechtsanwälte gem. § 86 Versicherungsvertragsgesetz iVm den Allgemeinen Rechtsschutzbedingungen der Rechtsschutzversicherer idR

Kostenerstattungen in dem Umfang unmittelbar an die Rechtsschutzversicherung auskehren, in dem die Rechtsschutzversicherung Leistungen gegenüber dem Mandanten erbracht hat.

6. Kommunikation[7]

Soweit nicht durch schriftliche Vereinbarung ausdrücklich ein bestimmter Kommunikationsweg und ggf. Vorkehrungen gegen Zugriffe Dritter vereinbart wurden, kommen die Rechtsanwälte ihrer Informationspflicht durch die Nutzung eines der vom Mandanten mitgeteilten Kommunikationsweges nach. Die insoweit vom Mandanten mitgeteilten Kontaktdaten sind bis zur Mitteilung einer Änderung maßgeblich.

Der Mandant wird darauf hingewiesen, dass insbesondere die Kommunikation per E-Mail nicht vor Zugriffen Dritter geschützt ist, sofern bei Sender und Empfänger nicht technische Vorkehrungen (insbesondere Verschlüsselung, keine Verwendung des HTML-Formats) getroffen wurden.

7. Haftungsbeschränkung[8]

Die Haftung der Rechtsanwälte aus dem zwischen ihnen und dem Mandanten bestehenden Mandat auf Ersatz eines durch einfache Fahrlässigkeit verursachten Schadens ist auf 1.000.000,00 EUR beschränkt (§ 52 Abs. 1 S. 1 Ziff. 2 Bundesrechtsanwaltsordnung). Diese Haftungsbeschränkung gilt nicht bei grob fahrlässiger oder vorsätzlicher Schadensverursachung, ferner nicht für eine Haftung für schuldhaft verursachte Schäden wegen der Verletzung des Lebens, des Körpers oder der Gesundheit einer Person.

Die Rechtsanwälte haben eine Haftpflichtversicherung abgeschlossen, die je Versicherungsfall ..... Mio. EUR abdeckt (maximal ..... Mio. EUR pro Versicherungsjahr). Sofern der Mandant wünscht, eine über diesen Betrag hinausgehende Haftung abzusichern, besteht für jeden Einzelfall die Möglichkeit einer Zusatzversicherung, die auf Wunsch und Kosten des Mandanten abgeschlossen werden kann.

8. Abtretung

Rechte aus dem Mandat dürfen nur nach vorheriger schriftlicher Zustimmung der Rechtsanwälte abgetreten werden.

9. Schlichtungsstelle[9] und Gerichtsstand

Zuständige Verbraucherschlichtungsstelle in Deutschland für vermögensrechtliche Streitigkeiten aus einem Mandatsverhältnis ist die Schlichtungsstelle der Rechtsanwaltschaft, Rauchstraße 26, 10787 Berlin. Die Rechtsanwälte sind nicht verpflichtet, an einem Streitbeilegungsverfahren vor einer Verbraucherschlichtungsstelle teilzunehmen. Für den Fall, dass Meinungsverschiedenheiten mit einem sachbearbeitenden Rechtsanwalt nicht beigelegt werden können, bietet die Kanzlei der Rechtsanwälte eine interne Streitschlichtung an.

Als Gerichtsstand wird der Sitz der Rechtsanwälte vereinbart, sofern der Mandant Unternehmer ist oder der Mandant nach Erteilung seines Mandatsauftrags seinen Wohnsitz oder gewöhnlichen Aufenthaltsort aus dem Gebiet der Bundesrepublik Deutschland verlegt oder sein Wohnsitz oder gewöhnlicher Aufenthalt im Zeitpunkt der Klageerhebung nicht bekannt ist.

Leistungsort der Rechtsanwälte ist der Sitz der Kanzlei der Rechtsanwälte, es sei denn, es wird schriftlich ein anderer Leistungsort ausdrücklich vereinbart.

10. Schlussbestimmungen

Die nachfolgenden Datenschutzhinweise (Anlage 1) und die Informationen zu einem Widerrufsrecht bei Fernabsatzverträgen (Anlage 2) sind wesentliche Bestandteile dieser allgemeinen Mandatsbedingungen.

Für alle vertraglichen Beziehungen zwischen dem Mandanten und den Rechtsanwälten gilt ausschließlich das materielle Recht der Bundesrepublik Deutschland.

Sollte eine dieser Mandatsbestimmungen unwirksam oder undurchführbar sein oder werden, wird dadurch die Wirksamkeit der übrigen Regelungen nicht berührt. Anstelle der unwirksamen oder undurchführbaren Regelung verpflichten sich die Parteien, eine Regelung zu vereinbaren, die dem wirtschaftlichen Gehalt der unwirksamen Regelung am Nächsten kommt.

Anlage 1 (Datenschutzhinweise)[10]

Verantwortlicher iSd Datenschutzgesetze ist

.....

Der Datenschutzbeauftragte[11] **der Rechtsanwälte ist**

.....

Kontaktaufnahme des Mandanten

Bei einer Kontaktaufnahme des Mandanten werden die vom Mandanten übermittelten personenbezogenen Daten gespeichert. Diese Daten werden ausschließlich für die Beantwortung der Anfrage verarbeitet. Rechtsgrundlage für die Verarbeitung ist Art. 6 Abs. 1 lit. f) DSGV-O bzw. Art. 6 Abs. 1 lit. b) DSG-VO, wenn die Anfrage auf einen Vertragsschluss gerichtet ist. Die Daten werden gelöscht, wenn der Zweck der Verarbeitung wegfällt, zB die Anfrage abschließend beantwortet ist. Mündet die Anfrage in ein Mandatsverhältnis, werden die Daten spätestens nach Ablauf der gesetzlichen Aufbewahrungsfristen gelöscht.

Soziale Aktivitäten, rechtliche Information und Kanzleiveranstaltungen[12]

Wir nutzen personenbezogene Daten (Name, Geburtsdatum, E-Mail-Adresse, Anschrift), um Mandanten zum Geburtstag zu gratulieren, über aktuelle rechtliche Entwicklungen zu informieren, zu Kanzleiveranstaltungen einzuladen sowie für den Versand von Weihnachtskarten. Rechtsgrundlage für diese Verarbeitung ist Art. 6 Abs. 1 lit. f) DSG-VO.

Sie können der Verarbeitung Ihrer personenbezogenen Daten zu diesen Zwecken jederzeit per E-Mail an ..... widersprechen. Die Daten werden gelöscht, wenn Sie der Verarbeitung widersprochen haben oder der Zweck der Verarbeitung weggefallen ist und wir nicht aus gesetzlichen Gründen zu einer weiteren Speicherung verpflichtet sind.

Rechte des Mandanten

Dem Mandanten (nachfolgend „betroffene Person") stehen im Zusammenhang mit der Verarbeitung seiner personenbezogenen Daten die folgenden Rechte zu:

1. Auskunftsrecht (Art. 15 DSG-VO)

(1) Die betroffene Person hat das Recht, von dem Verantwortlichen eine Bestätigung darüber zu verlangen, ob sie betreffende personenbezogene Daten verarbeitet werden; ist dies der Fall, so hat sie ein Recht auf Auskunft über diese personenbezogenen Daten und auf folgende Informationen:

a) die Verarbeitungszwecke;

b) die Kategorien personenbezogener Daten, die verarbeitet werden;

c) die Empfänger oder Kategorien von Empfängern, gegenüber denen die personenbezogenen Daten offengelegt worden sind oder noch offengelegt werden, insbesondere bei Empfängern in Drittländern oder bei internationalen Organisationen;

d) falls möglich, die geplante Dauer, für die die personenbezogenen Daten gespeichert werden, oder, falls dies nicht möglich ist, die Kriterien für die Festlegung dieser Dauer;

e) das Bestehen eines Rechts auf Berichtigung oder Löschung der sie betreffenden personenbezogenen Daten oder auf Einschränkung der Verarbeitung durch den Verantwortlichen oder eines Widerspruchsrechts gegen diese Verarbeitung;

f) das Bestehen eines Beschwerderechts bei einer Aufsichtsbehörde;

g) wenn die personenbezogenen Daten nicht bei der betroffenen Person erhoben werden, alle verfügbaren Informationen über die Herkunft der Daten;

h) das Bestehen einer automatisierten Entscheidungsfindung einschließlich Profiling gemäß Art. 22 Abs. 1 und Abs. 4 DSG-VO und – zumindest in diesen Fällen – aussagekräftige Informationen über die involvierte Logik sowie die Tragweite und die angestrebten Auswirkungen einer derartigen Verarbeitung für die betroffene Person.

(2) Werden personenbezogene Daten an ein Drittland oder an eine internationale Organisation übermittelt, so hat die betroffene Person das Recht, über die geeigneten Garantien gemäß Art. 46 DSG-VO im Zusammenhang mit der Übermittlung unterrichtet zu werden.

2. Recht auf Berichtigung (Art. 16 DSG-VO)

Die betroffene Person hat das Recht, von dem Verantwortlichen unverzüglich die Berichtigung sie betreffender unrichtiger personenbezogener Daten zu verlangen. Unter Berücksichtigung der Zwecke der Verarbeitung hat die betroffene Person das Recht, die Vervollständigung unvollständiger personenbezogener Daten – auch mittels einer ergänzenden Erklärung – zu verlangen.

3. Recht auf Löschung (Art. 17 DSG-VO)

(1) Die betroffene Person hat das Recht, von dem Verantwortlichen zu verlangen, dass sie betreffende personenbezogene Daten unverzüglich gelöscht werden, und der Verantwortliche ist verpflichtet, personenbezogene Daten unverzüglich zu löschen, sofern einer der folgenden Gründe zutrifft:

a) Die personenbezogenen Daten sind für die Zwecke, für die sie erhoben oder auf sonstige Weise verarbeitet wurden, nicht mehr notwendig.

b) Die betroffene Person widerruft ihre Einwilligung, auf die sich die Verarbeitung gemäß Art. 6 Abs. 1 lit. a) oder Art. 9 Abs. 2 lit. a) DS-GVO stützte, und es fehlt an einer anderweitigen Rechtsgrundlage für die Verarbeitung.

c) Die betroffene Person legt gemäß Art. 21 Abs. 1 DS-GVO Widerspruch gegen die Verarbeitung ein und es liegen keine vorrangigen berechtigten Gründe für die Verarbeitung vor, oder die betroffene Person legt gemäß Art. 21 Abs. 2 DSG-VO Widerspruch gegen die Verarbeitung ein.

d) Die personenbezogenen Daten wurden unrechtmäßig verarbeitet.

e) Die Löschung der personenbezogenen Daten ist zur Erfüllung einer rechtlichen Verpflichtung nach dem Unionsrecht oder dem Recht der Mitgliedstaaten erforderlich, dem der Verantwortliche unterliegt.

f) Die personenbezogenen Daten wurden in Bezug auf angebotene Dienste der Informationsgesellschaft gemäß Art. 8 Abs. 1 DSG-VO erhoben.

(2) Hat der Verantwortliche die personenbezogenen Daten öffentlich gemacht und ist er gemäß Absatz 1 zu deren Löschung verpflichtet, so trifft er unter Berücksichtigung der verfügbaren Technologie und der Implementierungskosten angemessene Maßnahmen, auch technischer Art, um für die Datenverarbeitung Verantwortliche, die die personenbezogenen Daten verarbeiten, darüber zu informieren, dass eine betroffene Person von ihnen die Löschung aller Links zu diesen personenbezogenen Daten oder von Kopien oder Replikationen dieser personenbezogenen Daten verlangt hat.

(3) Die Absätze 1 und 2 gelten nicht, soweit die Verarbeitung erforderlich ist

a) zur Ausübung des Rechts auf freie Meinungsäußerung und Information;

b) zur Erfüllung einer rechtlichen Verpflichtung, die die Verarbeitung nach dem Recht der Union oder der Mitgliedstaaten, dem der Verantwortliche unterliegt, erfordert, oder zur Wahrnehmung einer Aufgabe, die im öffentlichen Interesse liegt oder in Ausübung öffentlicher Gewalt erfolgt, die dem Verantwortlichen übertragen wurde;

c) aus Gründen des öffentlichen Interesses im Bereich der öffentlichen Gesundheit gemäß Art. 9 Abs. 2 lit. h) und i) sowie Art. 9 Abs. 3 DSG-VO;

d) für im öffentlichen Interesse liegende Archivzwecke, wissenschaftliche oder historische Forschungszwecke oder für statistische Zwecke gemäß Art. 89 Abs. 1 DSG-VO, soweit das in Absatz 1 genannte Recht voraussichtlich die Verwirklichung der Ziele dieser Verarbeitung unmöglich macht oder ernsthaft beeinträchtigt, oder
e) zur Geltendmachung, Ausübung oder Verteidigung von Rechtsansprüchen.

4. Recht auf Einschränkung der Verarbeitung (Art. 18 DSG-VO)

(1) Die betroffene Person hat das Recht, von dem Verantwortlichen die Einschränkung der Verarbeitung zu verlangen, wenn eine der folgenden Voraussetzungen gegeben ist:
a) die Richtigkeit der personenbezogenen Daten von der betroffenen Person bestritten wird, und zwar für eine Dauer, die es dem Verantwortlichen ermöglicht, die Richtigkeit der personenbezogenen Daten zu überprüfen,
b) die Verarbeitung unrechtmäßig ist und die betroffene Person die Löschung der personenbezogenen Daten ablehnt und stattdessen die Einschränkung der Nutzung der personenbezogenen Daten verlangt;
c) der Verantwortliche die personenbezogenen Daten für die Zwecke der Verarbeitung nicht länger benötigt, die betroffene Person sie jedoch zur Geltendmachung, Ausübung oder Verteidigung von Rechtsansprüchen benötigt, oder
d) die betroffene Person Widerspruch gegen die Verarbeitung gemäß Art. 21 Abs. 1 DSG-VO eingelegt hat, solange noch nicht feststeht, ob die berechtigten Gründe des Verantwortlichen gegenüber denen der betroffenen Person überwiegen.

(2) Wurde die Verarbeitung gemäß Abs. 1 eingeschränkt, so dürfen diese personenbezogenen Daten – von ihrer Speicherung abgesehen – nur mit Einwilligung der betroffenen Person oder zur Geltendmachung, Ausübung oder Verteidigung von Rechtsansprüchen oder zum Schutz der Rechte einer anderen natürlichen oder juristischen Person oder aus Gründen eines wichtigen öffentlichen Interesses der Union oder eines Mitgliedstaats verarbeitet werden.

(3) Eine betroffene Person, die eine Einschränkung der Verarbeitung gemäß Absatz 1 erwirkt hat, wird von dem Verantwortlichen unterrichtet, bevor die Einschränkung aufgehoben wird.

5. Recht auf Datenübertragbarkeit (Art. 20 DSG-VO)

(1) Die betroffene Person hat das Recht, die sie betreffenden personenbezogenen Daten, die sie einem Verantwortlichen bereitgestellt hat, in einem strukturierten, gängigen und maschinenlesbaren Format zu erhalten, und sie hat das Recht, diese Daten einem anderen Verantwortlichen ohne Behinderung durch den Verantwortlichen, dem die personenbezogenen Daten bereitgestellt wurden, zu übermitteln, sofern
a) die Verarbeitung auf einer Einwilligung gemäß Art. 6 Abs. 1 lit. a) oder Art. 9 Abs. 2 lit. a) DS-GVO oder auf einem Vertrag gemäß Art. 6 Abs. 1 lit. b) DSG-VO beruht und
b) die Verarbeitung mithilfe automatisierter Verfahren erfolgt.

Artikel 17 DSG-VO bleibt unberührt.

(2) Bei der Ausübung ihres Rechts auf Datenübertragbarkeit gemäß Abs. 1 hat die betroffene Person das Recht, zu erwirken, dass die personenbezogenen Daten direkt von einem Verantwortlichen einem anderen Verantwortlichen übermittelt werden, soweit dies technisch machbar ist und die Rechte und Freiheiten anderer Personen nicht beeinträchtigen werden

(3) Dieses Recht gilt nicht für eine Verarbeitung, die für die Wahrnehmung einer Aufgabe erforderlich ist, die im öffentlichen Interesse liegt oder in Ausübung öffentlicher Gewalt erfolgt, die dem Verantwortlichen übertragen wurde.

6. Widerspruchsrecht (Art. 21 DSG-VO)

(1) Die betroffene Person hat das Recht, aus Gründen, die sich aus ihrer besonderen Situation ergeben, jederzeit gegen die Verarbeitung sie betreffender personenbezogener Daten, die aufgrund von Art. 6 Abs. 1 lit. e) oder f) DSG-VO erfolgt, Widerspruch einzulegen; dies gilt auch für ein auf diese Bestimmungen gestütztes Profiling. Der Verantwortliche verarbeitet die personenbezogenen Daten nicht mehr, es sei denn, er kann zwingende schutzwürdige Gründe für die Verarbeitung nachweisen, die die Interessen, Rechte und Freiheiten der betroffenen Person überwiegen, oder die Verarbeitung dient der Geltendmachung, Ausübung oder Verteidigung von Rechtsansprüchen.

(2) Werden personenbezogene Daten verarbeitet, um Direktwerbung zu betreiben, so hat die betroffene Person das Recht, jederzeit Widerspruch gegen die Verarbeitung sie betreffender personenbezogener Daten zum Zwecke derartiger Werbung einzulegen; dies gilt auch für das Profiling, soweit es mit solcher Direktwerbung in Verbindung steht.

(3) Widerspricht die betroffene Person der Verarbeitung für Zwecke der Direktwerbung, so werden die personenbezogenen Daten nicht mehr für diese Zwecke verarbeitet.

(4) Die betroffene Person muss spätestens zum Zeitpunkt der ersten Kommunikation mit ihr ausdrücklich auf das in den Absätzen 1 und 2 genannte Recht hingewiesen werden; dieser Hinweis hat in einer verständlichen und von anderen Informationen getrennten Form zu erfolgen.

(5) Im Zusammenhang mit der Nutzung von Diensten der Informationsgesellschaft kann die betroffene Person ungeachtet der Richtlinie 2002/58/EG ihr Widerspruchsrecht mittels automatisierter Verfahren ausüben, bei denen technische Spezifikationen verwendet werden.

(6) Die betroffene Person hat das Recht, aus Gründen, die sich aus ihrer besonderen Situation ergeben, gegen die sie betreffende Verarbeitung sie betreffender personenbezogener Daten, die zu wissenschaftlichen oder historischen Forschungszwecken oder zu statistischen Zwecken gemäß Artikel 89 Absatz 1 erfolgt, Widerspruch einzulegen, es sei denn, die Verarbeitung ist zur Erfüllung einer im öffentlichen Interesse liegenden Aufgabe erforderlich.

7. Recht auf Beschwerde bei einer Aufsichtsbehörde (Art. 77 DSG-VO)

Jede betroffene Person hat unbeschadet eines anderweitigen verwaltungsrechtlichen oder gerichtlichen Rechtsbehelfs das Recht auf Beschwerde bei einer Aufsichtsbehörde, insbesondere in dem Mitgliedstaat ihres Aufenthaltsorts, ihres Arbeitsplatzes oder des Orts des mutmaßlichen Verstoßes, wenn die betroffene Person der Ansicht ist, dass die Verarbeitung der sie betreffenden personenbezogenen Daten gegen diese Verordnung verstößt.

Anlage 2 (Widerrufsrecht bei Fernabsatzverträgen)[13]

Sofern der Mandant Verbraucher iSd § 13 BGB ist, das Mandat ausschließlich unter Einsatz von Fernkommunikationsmitteln iSd § 312c Abs. 2 BGB zustande kam und der Vertragsschluss im Rahmen eines von den Rechtsanwälten für den Fernabsatz organisierten Vertriebs- und Dienstleistungssystem erfolgte, steht dem Mandanten ein Widerrufsrecht zu.

Widerrufsbelehrung

Widerrufsrecht

Sie haben das Recht, binnen vierzehn Tagen ohne Angabe von Gründen diesen Vertrag zu widerrufen.

Die Widerrufsfrist beträgt vierzehn Tage ab dem Tag des Vertragsabschlusses.

Um Ihr Widerrufsrecht auszuüben, müssen Sie uns (Name der Kanzlei, Anschrift, Telefonnummer, Telefaxnummer und E-Mail-Adresse) mittels einer eindeutigen Erklä-

rung (zB ein mit der Post versandter Brief, Telefax oder E-Mail) über Ihren Entschluss, diesen Vertrag zu widerrufen, informieren. Sie können dafür das beigefügte Muster-Widerrufsformular verwenden, das jedoch nicht vorgeschrieben ist.
Zur Wahrung der Widerrufsfrist reicht es aus, dass Sie die Mitteilung über die Ausübung des Widerrufsrechts vor Ablauf der Widerrufsfrist absenden.
Folgen des Widerrufs
Wenn Sie diesen Vertrag widerrufen, haben wir Ihnen alle Zahlungen, die wir von Ihnen erhalten haben, einschließlich der Lieferkosten (mit Ausnahme der zusätzlichen Kosten, die sich daraus ergeben, dass Sie eine andere Art der Lieferung als die von uns angebotene, günstigste Standardlieferung gewählt haben), unverzüglich und spätestens binnen vierzehn Tagen ab dem Tag zurückzuzahlen, an dem die Mitteilung über Ihren Widerruf dieses Vertrags bei uns eingegangen ist. Für diese Rückzahlung verwenden wir dasselbe Zahlungsmittel, das Sie bei der ursprünglichen Transaktion eingesetzt haben, es sei denn, mit Ihnen wurde ausdrücklich etwas anderes vereinbart; in keinem Fall werden Ihnen wegen dieser Rückzahlung Entgelte berechnet.
Haben Sie verlangt, dass die Dienstleistungen während der Widerrufsfrist beginnen sollen, so haben Sie uns einen angemessenen Betrag zu zahlen, der dem Anteil der bis zu dem Zeitpunkt, zu dem Sie uns von der Ausübung des Widerrufsrechts hinsichtlich dieses Vertrags unterrichten, bereits erbrachten Dienst Leistungen im Vergleich zum Gesamtumfang der im Vertrag vorgesehenen Dienstleistungen entspricht.
Verlust des Widerrufsrechts
Ihr Widerrufsrecht erlischt vor Ablauf der Widerrufsfrist, wenn wir auf Ihre ausdrückliche Zustimmung hin mit der Ausführung der Leistungen begonnen haben und die Leistungen vor Ablauf der Widerrufsfrist vollständig erbracht wurden.

Ort, Datum
. . . . .
Mandant(en)

Anlage 3 (Aufforderung Leistungserbringung vor Ablauf der Widerrufsfrist)

In Kenntnis der vorstehenden Widerrufsbelehrung verlange ich als Auftraggeber ausdrücklich, dass die Rechtsanwälte . . . . . mit ihrer Leistungserbringung bereits vor Ablauf der Widerrufsfrist beginnen. Mir ist bekannt, dass ich bei Widerruf bereits erbrachte Leistungen zu bezahlen habe und bei vollständiger Vertragserfüllung durch die Rechtsanwälte mein Widerrufsrecht verliere.

Ort, Datum
. . . . .
Mandant(en)

Anmerkungen

1. Im Ausgangspunkt sind die allgemeinen Mandatsbedingungen für Mandanten gedacht, die wenig Erfahrung mit einer anwaltlichen Beratung und Interessenvertretung haben. Mit dem Form. wird auf zentrale Gesichtspunkte der Mandatsbearbeitung (zB Verschwiegenheitsverpflichtung der Rechtsanwältin/des Rechtsanwalts und erforderliche Mitwirkung des Mandanten) hingewiesen, was einerseits Vertrauen und eine effektive Mandatsbearbeitung ermöglicht, andererseits Konflikte mit dem Mandanten vermeiden kann. Es empfiehlt sich schon wegen deren Charakter als allgemeine Geschäftsbedingungen, die Mandatsbedingungen mit dem Mandanten zu erörtern und sich die Kenntnisnahme der Mandatsbedingungen bestätigen zu lassen.

Grds. schulden Rechtsanwälte eine umfassende rechtliche Beratung, was zB die Prüfung ausländischen Rechts und – bei entsprechenden Anhaltspunkten – steuerliche Auswirkungen einschließt. Es ist deshalb ratsam, diese Bereiche vom Beratungsumfang auszunehmen. Allgemeine Mandatsbedingungen werden hierzu jedoch nicht ausreichen, vielmehr sollten bereits bei der Mandatsannahme der genaue Mandatsgegenstand und die Reichweite der Beratungspflicht (schriftlich) festgelegt werden. Insbesondere im Hinblick auf die Vermeidung einer Drittschutzhaftung, die Erfüllung eigener steuerlicher Pflichten der Rechtsanwälte, die Abtretung von Zahlungsansprüchen und den Pflichtenkreis im Zusammenhang mit einer Rechtsschutzversicherung enthält das Form. Anregungen, die über den Grundbereich der Mandatsbearbeitung hinausgehen und regelungsbedürftig sind.

Durch die seit dem 25.5.2018 geltende getretene DSG-VO hat der Datenschutz einen neuen Stellenwert erhalten. Die bestehenden Informationspflichten wurden deutlich ausgeweitet und lassen sich im Fließtext der Mandatsbedingungen nicht sinnvoll darstellen, weswegen die Auslagerung in eine Anlage erfolgte.

Als weitere Anlage wurde eine Widerrufsbelehrung für Verbraucher bei Fernabsatzverträgen aufgenommen. Bis zur Entscheidung BGH NJW 2021, 304 war umstritten, ob bei Anwaltsverträgen mit Verbrauchern im Fernabsatz nach § 312g iVm § 355 BGB ein 14-tägiges Recht zum freien Widerruf gilt. Wie erwartet hat der BGH einer anderweitigen Rechtsprechung der Instanzengerichten nunmehr eine Absage erteilt und – wie ua für Makler, vgl. BGH NJW 2017, 1024 und NJW-RR 2017, 368 – eine wortgetreue Umsetzung der Fernabsatzregeln gefordert. Voraussetzung für die Anwendbarkeit der Fernabsatzregeln ist das Vorliegen eines für den Fernabsatz organisierten Vertriebs- oder Dienstleistungssystems. Bei einem Rechtsanwalt ist dies der Fall, wenn er seine Kanzlei so organisiert hat, dass gerade für die von ihm erstrebten Mandate typischerweise weder für die Vertragsverhandlungen noch für den Abschluss des Mandatsvertrags eine gleichzeitige, persönliche Anwesenheit von Mandant und Anwalt erforderlich ist und der Anwalt eine Mandatserteilung unter ausschließlicher Verwendung von Fernkommunikationsmitteln im Außenverhältnis gegenüber Dritten aktiv bewirbt.

Die Darlegungs- und Beweislast für das *Nichtvorliegen* eines für den Fernabsatz organisierten Vertriebs- oder Dienstleistungssystems hat der Rechtsanwalt. Für ein Fernabsatzsystem ist die Art und Weise, wie Vertragsverhandlungen, ein Vertragsangebot, eine Vertragsannahme und die hierfür erheblichen Umstände innerhalb des Unternehmens im Hinblick auf den Einsatz von Fernkommunikationsmitteln organisatorisch behandelt werden. Der Umstand, dass nicht jedes mit Fernkommunikationsmitteln unterbreitete Vertragsangebot angenommen wird oder jedem interessierten Mandanten stets ein Angebot zum Abschluss eines Mandatsvertrags unter ausschließlicher Verwendung von Fernkommunikationsmitteln unterbreitet wird, steht lt. BGH der Annahme eines Fernabsatzsystems nicht entgegen.

Im Streitfall wird es mit erheblichen Unsicherheiten verbunden sein, das Nichtvorliegen eines Fernabsatzsystems zu beweisen. Bis zu einer näheren Klärung der Merkmale eines anwaltlichen Fernabsatzsystems ist der für Rechtsanwälte mit Verbrauchern als Mandanten und einem telefonisch oder per E-Mail zustande gekommenen Mandat der sicherste Weg, eine Bestätigung des Mandats mit Wiedergabe des Vertragsinhalts (§ 312f Abs. 2 S. 1 BGB) mit den Pflichtangaben gem. Art. 246a § 1 EGBGB zu übersenden und eine Widerrufsbelehrung vorzusehen.

Das Formular enthält keine Regelung zu entgegenstehenden Auftragsbedingungen des Mandanten; für diesen Fall sollte vereinbart werden, dass Geschäftsbedingungen des Mandanten nur dann Anwendung finden, wenn dies schriftlich zwischen den Parteien vereinbart wurde.

Die im Voraus getroffene AGB-Einbeziehungsabrede muss den Anforderungen des§ 305 Abs. 2 BGB genügen. Sicherer ist es, die Geltung der Mandatsbedingungen im Falle weiterer Aufträge trotz dieser Klausel erneut gesondert zu vereinbaren.

2. Eine solche Schutzwirkung wurde beispielsweise zugunsten eines GmbH-Gesellschafters angenommen aus einem Mandat zwischen einer GmbH und einem Rechtsanwalt, der die GmbH hinsichtlich einer Kapitalzuführung im Wege der verdeckten Sacheinlage beraten sollte (BGH NJW 2000, 725). Weitere Fälle, bei denen Anwaltsverträge Schutzwirkung zugunsten Dritter entfalten können, hat der BGH in NJW 2010, 1360 (1361) und NJW 2018, 608 entschieden.

3. Zum Widerrufsrecht → Anm. 1. Typischerweise wird in der Mandatserteilung bei eilbedürftigen Angelegenheiten die Aufforderung zum sofortigen Tätigwerden enthalten sein. Dies ändert nichts daran, dass bei einem Widerrufsrecht eine Bestätigung des Mandanten gem. § 356 Abs. 4 S. 1 BGB nebst einem Verlangen nach § 357 Abs. 8 S. 1 BGB erforderlich ist, um einen Vergütungs- bzw. Wertersatzanspruch der Rechtsanwälte zu wahren.

Mit der nachfolgenden Aufzählung werden allgemeine Vertrags- und Berufspflichten der Rechtsanwältin/des Rechtsanwalts (vgl. § 43a Abs. 2u. 5 BRAO; §§ 2, 4 BORA) beschrieben. Das Erfordernis einer schriftlichen Anweisung des Mandanten zur Auszahlung von Fremdgeldern (Ziff. 3. c) schützt vor Missverständnissen und der Gefahr fehlender Erfüllungswirkung von Auszahlungen. Die Verpflichtung, Vorkehrungen zur Datensicherheit zu treffen (Ziff. 3. d), ist nunmehr in Art. 32 Abs. 1 lit.b DSG-VO geregelt und war zuvor eine aus der anwaltlichen Verschwiegenheitsverpflichtung folgende Pflicht.

4. Im Unterschied zum früheren Recht ist Grundlage für die Datenverarbeitung nicht eine datenschutzrechtliche Einwilligung (geregelt in (iSd?) Art. 4 Ziff. 11 DSG-VO), sondern der zugrundeliegende Mandatsvertrag (vgl. Art. 6 Abs. 1 Unterabs. 1 Lit.b DS-GVO). Dies gilt auch nach Beendigung des Mandats aufgrund von nachwirkenden Pflichten, die gleichermaßen eine Rechtsgrundlage für die Verarbeitung der personenbezogenen Daten darstellen. Aufgrund der freien Widerrufbarkeit von Einwilligungen sollte vermieden werden, die Datenverarbeitung lediglich auf eine Einwilligung zu stützen.

Aufgrund des eindeutigen Wortlauts von Art. 6 Abs. 1 Unterabs. 1 Lit.b DSG-VO sind Rechtsanwälte auch im Bereich von Vertragsanbahnungen nicht auf eine datenschutzrechtliche Einwilligung angewiesen. Praktische Relevanz hat dies für den Nachweis einer unverzüglichen Ablehnung eines Mandatsantrags, um eine Schadensersatzpflicht (§ 44 S. 2 BRAO) der Rechtsanwältin/des Rechtsanwalts zu vermeiden.

5. Vielen Mandanten ist nicht bewusst, dass Rechtsanwälte weder das Ausfallrisiko eines Kostenerstattungsanspruchs übernehmen, noch bereit sind, den Zahlungszeitpunkt ihrer Honorare von der Erstattung eines Dritten abhängig zu machen. Die mit dem Formular vorgeschlagenen Regelungen können einen Anlass dafür abgeben (zum Anlass genommen werden?), Prozessrisiken auch im Hinblick auf die Solvenz eines erstattungspflichtigen Gegners mit dem Mandanten zu erörtern.

Der Gebührenhinweis ist wegen § 49b Abs. 5 BRAO sowie aufgrund besonderer Umstände des Einzelfalles nach Treu und Glauben (§ 242 BGB) erforderlich (BGH NJW 1998, 3486 (3487); OLG München DStRE 2017, 1271 Rn. 74 ff.). Bei Verletzung dieser Hinweispflicht macht sich die Rechtsanwältin/der Rechtsanwalt unter Umständen schadensersatzpflichtig (BGH BeckRS 2008, 25044 Rn. 2; zur Beweislast: BGH NJW 2008, 371 (LS); 2007, 2332 (2332)). Die Notwendigkeit eines Hinweises auf die Besonderheiten der Kostenerstattung in arbeitsgerichtlichen Verfahren resultiert aus § 12a Abs. 1 S. 2 ArbGG.

6. Mit Bestehen einer Rechtsschutzversicherung gehen Mandanten oftmals davon aus, dass damit alle finanziellen Themen – von der Anfrage der Rechtsschutzversicherung bis zur Deckung der Angelegenheit – erledigt sind. Das Formular leistet hierzu Aufklärung und löst ua den Interessenskonflikt bei Kostenerstattungen des Gegners nach einer Versicherungsleistung. § 86 VVG iVm den (vielfach unterschiedlichen) ARB der Versicherer will die Rechtsanwältin/den Rechtsanwalt zum Treuhänder der Interessen der Versicherung machen und ihn zur unmittelbaren Auszahlung an die Versicherung veranlassen. So gerechtfertigt das sachlich sein mag (der Mandant ist aus dem Versicherungsvertrag zweifellos verpflichtet, Erstattungen des Gegners an seine Versicherung zu leisten), es stellt einen Widerspruch zur alleinigen vertraglichen Bindung des Rechtsanwalts an seinen Mandanten und die Gebundenheit an die Weisungen des Mandanten dar. Die Regelung stellt insoweit sicher, dass die Rechtsanwältin/der Rechtsanwalt auf der Grundlage der zuvor mit dem Mandanten vereinbarten Mandatsbedingungen nicht gegen Berufspflichten verstößt.

7. Die Regelung soll sicherstellen, dass sich die Rechtsanwältin/der Rechtsanwalt ohne weitere Nachforschung darauf verlassen darf, die ihm benannten Kommunikationsmittel, insbesondere E-Mail und Fax, zu benutzen, auch wenn bei diesen Übermittlungswegen Dritte im Regelfall leichter Kenntnis von nicht für sie bestimmten Inhalten nehmen können. Damit wird klargestellt, dass eine entsprechende Vorsorge ausschließlich in der Sphäre des Mandanten liegt.

8. Die Regelung macht von der Haftungsbegrenzungsmöglichkeit des § 52 Abs. 1 S. 1 Ziff. 2 BRAO Gebrauch. Dieses Privileg korrespondiert mit dem Bestehen eines entsprechenden Versicherungsschutzes, dessen Umfang zur Wahrung des Transparenzgebots in den Mandatsbedingungen angegeben werden sollte. Ausführlich zur Haftungsbeschränkungsvereinbarung → Form. I.A.3.

9. Rechtsanwälte sind nach Maßgabe der Richtlinie über alternative Streitbeilegung in Verbraucherangelegenheiten (Richtlinie 2013/11/EU; sog. Alternative Dispute Resolution- oder ADR-Richtlinie) seit 1.2.2017 verpflichtet, über diese – nicht verpflichtende – Möglichkeit einer Streitbeilegung zu informieren. Einzelheiten → Form. I.A.4 Anm. 1, 7.

10. Jede Rechtsanwältin und jeder Rechtsanwalt sowie jede Rechtsanwaltsgesellschaft (§ 59c BRAO), die allein oder gemeinsam mit anderen über die Zwecke und Mittel der Verarbeitung von personenbezogenen Daten entscheidet, ist nach der Definition von Art. 4 Nr. 7 DSG-VO sog. Verantwortlicher und hat die Einhaltung der Anforderungen der DSG-VO sicherzustellen.

Die Voraussetzungen für die Rechtmäßigkeit der Verarbeitung der personenbezogenen Daten des Mandanten sind in Art. 6 DSG-VO geregelt. Für die Verarbeitung von Mandantendaten liegt die Rechtsgrundlage regelmäßig im zugrundeliegenden Mandatsvertrag (Art. 6 Abs. 1 Unterabs. 1 Lit.b DSG-VO) und – entgegen dem früheren Regelungsansatz – nicht in einer datenschutzrechtlichen Einwilligung. Diese sollte wegen den Anforderungen von Art. 7 und/oder Art. 8 DSG-VO vermieden werden. Stattdessen empfiehlt sich eine Niederlegung des Mandatsvertrags, wie hier in Form von Mandatsbedingungen.

Bereits bei der Datenerhebung sind dem (zukünftigen) Mandanten bestimmte Informationen über die Verarbeitung seiner Daten zu geben. Es muss darauf hingewiesen werden, wo die Informationen leicht zugänglich sind (zB Hinweis auf eine (wie hier) vorhandene Anlage zu allgemeinen Mandatsbedingungen oder Hinweis auf die Abrufbarkeit auf der Homepage der Rechtsanwälte). Kurioserweise wäre auch ein Gegner über die Erhebung seiner Daten zu informieren, wenn nicht der deutsche Gesetzgeber mit § 29 Abs. 1 und Abs. 2 Bundesdatenschutzgesetz (BDSG) vom 30.6.2017 diese offenkundig widersinnige Verpflichtung eingeschränkt hätte.

Der Mandant ist ferner über seine Rechte im Zusammenhang mit der Verarbeitung seiner Daten umfassend zu informieren, vgl insbesondere Art. 13 DSG-VO; auch diese

Verpflichtung erfüllt die Anlage. Das Formular enthält jedoch keinen Hinweis auf das datenschutzrechtliche Widerrufsrecht. Dieses ist nur relevant, wenn die Datenverarbeitung auf der Grundlage einer entsprechenden Einwilligung erfolgt, was vorliegend vermieden werden soll. Sofern eine Datenverarbeitung auch auf einer entsprechenden Einwilligung beruht, wäre die Anlage um folgenden Hinweis zu ergänzen:

„Widerrufsrecht

Die betroffene Person hat das Recht, ihre datenschutzrechtliche Einwilligungserklärung jederzeit zu widerrufen. Durch den Widerruf der Einwilligung wird die Rechtmäßigkeit der aufgrund der Einwilligung bis zum Widerruf erfolgten Verarbeitung nicht berührt."

11. Ein Datenschutzbeauftragter ist zu benennen, wenn mindestens zwanzig Personen ständig mit der automatisierten Verarbeitung personenbezogener Daten beschäftigt sind (Art. 37 DSG-VO, erweitert durch § 38 Abs. 1 BDSG-neu). Voraussetzung hierfür ist, dass mindestens zwanzig Personen mit der Datenverarbeitung beschäftigt sind, also am PC sitzen (Jede Teilzeitkraft zählt als eine Person). Für die Berechnung müssen die Inhaber der Kanzlei nicht gezählt werden, wohl aber angestellte Anwälte. Neu ist die Pflicht gem. Art. 37 Abs. 7 DSG-VO, die Kontaktdaten des Datenschutzbeauftragten nicht nur zu veröffentlichen, sondern auch an die Aufsichtsbehörde zu melden.

Als Datenschutzbeauftragter kann ein Angestellter der Kanzlei oder ein Externer bestellt werden. Für angestellte Datenschutzbeauftragte gelten besondere Kündigungsschutzregelungen. Inhaber, Partner und gesetzliche Vertretungsorgane dürfen nicht zu Datenschutzbeauftragten bestellt werden (keine Selbstüberwachung).

12. Die Nutzung von Mandantendaten für Kanzleiveranstaltungen ist nicht mit der Erfüllung eines Mandatsvertrags gerechtfertigt, wohl aber liegt es iSv Art. 6 Abs. 1 Unterabs. 1 Lit. f) DS-GVO im berechtigten Interesse der Rechtsanwälte, in gesellschaftlicher Hinsicht Kontakt mit ihren Mandanten zu halten. Etwaigen entgegenstehenden Interessen des Mandanten wird durch Hinweis auf sein jederzeitiges Widerspruchsrecht Geltung verschafft.

13. Zum Bestehen eines Widerrufsrechts bei einem im Fernabsatz (zB Telefon, E-Mail) zustande gekommenen Anwaltsvertrag s auch → Anm. 1 und 3 sowie *Härting*, NJW 2016, 2937 und *Ernst* NJW 2014, 817, nunmehr höchstrichterlich geklärt mit BGH NJW 2021, 304.

2. Vergütungsvereinbarung

Vergütungsvereinbarung[1]

Zwischen

.....

(im Weiteren: „Mandant")

und

.....

(im Weiteren: „Rechtsanwälte")

kommt folgende Vergütungsvereinbarung zustande:

I. Mandatsgegenstand, Tätigkeit des Anwalts[2]

.....

II. Vergütung

1. **Die Abrechnung der Tätigkeit der Rechtsanwälte erfolgt unter minutengenauer Erfassung nach Zeitaufwand.[3] Es ist je sachbearbeitenden Rechtsanwalt[4] folgender Stundensatz vereinbart:**
   . . . . . EUR
   Dies gilt auch für die Vertretung in gerichtlichen Angelegenheiten, es sei denn, das sich unter Zugrundelegung des vorstehenden Stundensatzes ergebende Honorar unterschreitet die für diese Tätigkeit vorgesehenen gesetzlichen Gebühren. In diesem Fall sind die gesetzlichen Gebühren geschuldet.[5]
2. **Ohne Mandatsbearbeitung angefallene Reisezeiten des Rechtsanwalts werden mit der Hälfte des obigen Stundensatzes berechnet. Verauslagte Reisekosten sind durch den Mandanten zu erstatten.[6]**
3. **Die Rechtsanwälte erhalten auf sämtliche nach dieser Vereinbarung geschuldete Zahlungen Umsatzsteuer in jeweils gesetzlicher Höhe.[7]**
4. **Eine Anrechnung der Vergütung auf gesetzliche Gebühren aus einer vorherigen oder nachfolgenden Tätigkeit wird ausgeschlossen.[8]**
5. **Die Rechtsanwälte dürfen angemessene Vorschusszahlungen in Rechnung stellen.[9]**
6. **Soweit Kosten und Auslagen vorstehend nicht geregelt sind, gelten die Bestimmungen der Nr. 7000 ff. des Vergütungsverzeichnisses (VV RVG).[10]**

Die vorstehende Vergütungsvereinbarung weicht von den gesetzlichen Gebühren gem. Rechtsanwaltsvergütungsgesetz (RVG) ab. Jene Gebühren richten sich nach dem Gegenstandswert,[11] welcher sich grds. nach dem wirtschaftlichen Interesse des Mandanten bemisst.

Die hier vereinbarten Honorare können die gesetzlichen Gebühren übersteigen. Insofern wird der Mandant darauf hingewiesen, dass die gegnerische Partei, ein Verfahrensbeteiligter oder die Staatskasse im Falle einer Kostenerstattung regelmäßig nicht mehr als die gesetzliche Vergütung erstatten muss.[12]

Ort, Datum

. . . . .

Mandant(en)

. . . . .

Rechtsanwälte

Anmerkungen

1. Nach dem geänderten Willen des Gesetzgebers (vgl. BT-Drs. 16/8384, S. 10) muss eine (nicht vom Auftraggeber verfasste) Honorarvereinbarung nicht mehr zwingend als „Vergütungsvereinbarung" bezeichnet werden. Nach wie vor ist die Honorarvereinbarung (Gegenleistung) – mit Ausnahme der Auftragserteilung (Leistung) – deutlich von anderen Vereinbarungen abzusetzen und darf nicht in der Vollmacht enthalten sein (§ 3a Abs. 1 S. 2 RVG). „Andere Vereinbarungen" sind zB Haftungsbeschränkungen, die Bearbeitung durch einen bestimmten Anwalt usw. Zweifelhaft ist das Vorliegen einer „anderen Vereinbarung" für Vereinbarungen, die auf die Vergütung bezogen sind, zB Gerichtsstandsvereinbarungen für Vergütungsklagen aus dem Mandatsverhältnis (vgl. *Winkler/Teubel* in Mayer/Kroiß, RVG, 8. Aufl. 2021, § 3a Rn. 39). Nach BGH NJW 2016, 1596 (LS) ist eine Vergütungsvereinbarung von anderen Vereinbarungen mit Ausnahme der Auftragserteilung abgegrenzt, wenn der Vertrag die Vergütungsvereinbarung in einem gesonderten und entsprechend gekennzeichneten Abschnitt oder Paragraphen regelt. Deutlich ist dieses Absetzen, wenn die Vergütungsvereinbarung optisch eindeutig von den anderen im Vertragstext enthaltenen Bestimmungen – mit

Ausnahme der Auftragserteilung – abgegrenzt ist. Der Gesamteindruck äußerer Homogenität schadet insoweit. Für das Formular ergeben sich aus dieser Rspr. keine Anwendungsbereiche, weil es keine über die notwendigen gesetzlichen Bestandteile einer Vergütungsvereinbarung (Mandatsgegenstand, Vergütung und Hinweis) hinausgehenden Elemente enthält. Sollen andere Bestandteile hinzukommen, wäre eine Hervorhebung durch eigene Gliederungsabschnitte (zB „A. Vergütungsvereinbarung", Seitenumbruch, „B. Sonstige Vereinbarungen") oder eine grafische Hervorhebung (zB Umrahmung) praktikabel.

Die Erklärung des Auftraggebers muss lediglich in Textform iSd § 3a Abs. 1 S. 1 RVG, § 126b S. 1 BGB (daher Fax, Kopie, E-Mail – sogar SMS – möglich) abgegeben werden.

Begrifflich liegt eine Vergütungsvereinbarung nur dann vor, wenn unabhängig davon eine gesetzliche Vergütung besteht; fehlt es – wie bei Beratung, Gutachten und Mediation – an einer gesetzlich festgelegten (primären) Vergütung, bedarf es überhaupt der Schaffung einer vertraglichen Gebührengrundlage (folgerichtig vom Gesetzgeber als „Gebührenvereinbarung" bezeichnet), wofür § 34 RVG eine spezielle Regelung enthält (vgl. Gerold/Schmidt RVG § 3a Rn. 3).

Begrifflich liegt eine „Vergütungsvereinbarung" nur dann vor, wenn unabhängig von ihr eine gesetzliche Vergütung vorgesehen ist. Fehlt es – wie bei Beratung, Gutachten und Mediation – an einer solchen gesetzlich festgelegten (primären) Vergütung, muss überhaupt erst vertraglich eine Gebührengrundlage geschaffen werden (folgerichtig vom Gesetzgeber als „Gebührenvereinbarung" bezeichnet), für die § 34 RVG eine spezielle Regelung enthält. Bei einer „Gebührenvereinbarung" bedarf es weder der Textform noch muss sie von anderen Regelungen deutlich abgesetzt sein, § 3a Abs. 1 S. 4 RVG, wobei das Gebührenvolumen bei einem Verbraucher auf 190 EUR (Erstberatung) bzw. 250 EUR (schriftliches Gutachten) beschränkt ist, § 34 Abs. 1 S. 3 RVG.

2. Zunächst ist es zweckmäßig, vor Regelung der Gegenleistung die Leistung zu bestimmen. Dies hat den Vorteil, dass einerseits die Angelegenheit iSv § 15 RVG abgrenzbar definiert und andererseits Art und ggf. Umfang der anwaltlichen Tätigkeit festgelegt wird (was insb. haftungsrechtlich bedeutsam ist).

3. Die Vereinbarung von Stundenhonoraren ist zweckmäßig und überwiegend üblich (dazu und zur Höhe von Stundensätzen vgl. AnwBl 2006, 473; *Deckenbrock* NJW 2020, 1776). Das für den Mandanten nach wie vor intransparente Pauschalsystem des RVG bedarf eingehender Erläuterung, wird es als Grundlage einer Vergütungsvereinbarung (zB „das Doppelte der gesetzlichen Gebühren" oder durch Vereinbarung eines höheren Gegenstandswerts) gewählt. Demgegenüber hat die Zeitvergütung den Vorteil der Nachvollziehbarkeit, Aufwandsbezogenheit und Vergleichbarkeit mit der Abrechnungspraxis anderer Berufsstände.

Nachteilig ist allerdings der Nachweis des geleisteten Zeitaufwands im Streitfall, da der BGH den Protokollierungs- und Nachweisaufwand deutlich heraufgesetzt hat (BGH NJW 2010, 1364 Rn. 76–88); erforderlich ist eine mit aussagekräftigen, individuellen Positionen versehene Zeiterfassung. Der im Streitfall beweispflichtige Anwalt hat im Honorarprozess den Inhalt der gefertigten Aufzeichnungen zudem konkret schriftsätzlich darzulegen (BGH NJW 2010, 1364 Rn. 76–88). Inwieweit Klauseln zulässig sind, die auf entsprechende Beweiserleichterung abzielen, ist fraglich (vgl. *Winkler/Teubel* in Mayer/Kroiß, RVG, 8. Auflage 2021, § 3a, Rn. 98). Sofern der Mandant ein berechtigtes Interesse daran hat, den Gesamtaufwand überschaubar zu halten bzw. als „vertrauensbildende Maßnahme" kann bspw. vorgesehen werden, dass sich der Stundensatz ab einer bestimmten Anzahl von Stunden auf einen niedrigeren Satz reduziert oder das Honorar kann insgesamt begrenzt werden.

Mittlerweile ist geklärt, dass ein 15-Minuten-Abrechnungstakt jedenfalls gegenüber Verbrauchern als eine nach § 307 BGB unangemessene Benachteiligung formularmäßig nicht vereinbart werden kann (vgl. BGH NJW 2020, 1811 Rn. 24); zutreffend hat das OLG Schleswig (BeckRS 2009, 16600) allerdings auf einen für Steuerberater bei Zeitgebühren geltenden 30-Minuten-Takt des § 13 S. 2 StBGebV hingewiesen.

Erfolgshonorare sind nach § 4a Abs. 1 S. 1 RVG nur im Einzelfall und nur dann zulässig, wenn der Auftraggeber aufgrund seiner wirtschaftlichen Verhältnisse bei verständiger Betrachtung ohne die Vereinbarung eines Erfolgshonorars von der Rechtsverfolgung abgehalten würde. Für derartige Vereinbarungen gelten die besonderen Anforderungen des § 4a RVG. Niedrigere als die gesetzlichen Vergütungen sind gem. § 4 Abs. 1 S. 1 RVG nur in außergerichtlichen Angelegenheiten und nur unter den Voraussetzungen des § 4 Abs. 1 S. 2 RVG zulässig.

4. Bei der Tätigkeit mehrerer Rechtsanwälte sollte klargestellt werden, dass sich der Stundensatz je tätigen Rechtsanwalt versteht.

5. Als angemessen angesehen wird grds. ein Stundensatz von 250 EUR (Gerold/Schmidt RVG § 3a Rn. 28, während nach *Winkler/Teubel* in Mayer/Kroiß, RVG, 8. Aufl. 2021, § 3a, Rn. 129 die konkreten Umstände des Einzelfalls zu berücksichtigen seien). Bei einer Vergütung, die das Fünffache der gesetzlichen Höchstgebühren übersteigt, spricht eine tatsächliche Vermutung für eine unangemessen hohe Vergütung (BGH NJW 2005, 2142 (LS) für Strafsachen; BGH BeckRS 2016, 20620 und OLG Hamburg BeckRS 2018, 51081 für zivilrechtliche Mandate). Die Regelung zur Vergütung in gerichtlichen Angelegenheiten kann deshalb erforderlich sein, weil § 49b Abs. 1 S. 1 BRAO iVm § 4 Abs. 1 S. 1 RVG niedrigere als die gesetzlichen Gebühren nur in außergerichtlichen Angelegenheiten zulässt.

6. Auch über Auslagen können entsprechende Vereinbarungen getroffen werden. Gerade in diesem Bereich sind die Sätze des RVG unangemessen.

7. Die Tragung der Umsatzsteuer durch den Mandanten nebst dynamischem Gesetzesverweis sollte stets enthalten sein, da im Zweifel – auch bei vorsteuerabzugsberechtigten Mandanten – eine Bruttovergütung vereinbart ist (BGH NJW 2002, 2312 (2312); OLG München NJW-RR 1993, 415 (415)), aus der der Rechtsanwalt die Umsatzsteuer zu bestreiten hätte.

8. Eine solche Klarstellung empfiehlt sich schon zur Vermeidung von Missverständnissen. Die Verwerfungen im Zusammenhang mit der Rspr. zur Anrechnung der vorgerichtlich entstandenen Geschäftsgebühr auf die Verfahrensgebühr des gerichtlichen Verfahrens (BGH NJW 2008, 1323) wurden durch den seit dem 1.9.2009 geltenden § 15a RVG beseitigt (→ Form. I.A.10 Anm. 4). Da eine Anrechnung gem. § 15a RVG in beide Richtungen (vorherige oder nachfolgende Tätigkeit) möglich ist, sollte auch das klargestellt werden.

9. Die Regelung gibt inhaltlich § 9 RVG wieder und weist den Mandanten gleichzeitig auf die wichtige Vorschussnahme hin.

10. Die ergänzende Vereinbarung der VV 7000 ff. RVG ist insb. sinnvoll für die Dokumentenpauschale (VV 7000 RVG), Post- und Telekommunikationspauschale (VV 7002 RVG) und Fahrtkosten mit dem eigenen Auto (VV 7003 RVG).

11. Der Hinweis ist wegen § 49b Abs. 5 BRAO notwendig.

12. Dieser Hinweis resultiert aus § 3a Abs. 1 S. 3 RVG und ist praktisch bedeutsam, wenn eine höhere als die gesetzliche Vergütung vereinbart wird.

3. Haftungsbeschränkungsvereinbarung

Vertrag über Haftungsbegrenzung[1]
Zwischen

Herrn/Frau/Firma . . . . .

und

den Rechtsanwälten . . . . .

wird folgendes vereinbart:

1. Zwischen Herrn/Frau/Firma . . . . . und Herrn/Frau/Firma . . . . . haben Verhandlungen über den Abschluss eines Geschäftsraummietvertrags stattgefunden. Das Ergebnis dieser Verhandlungen wurde den Rechtsanwälten zur Ausarbeitung der zivilrechtlichen Umsetzung übergeben. Für die Erstellung des Mietvertrags sollen allein die den Rechtsanwälten vom Mandanten mitgeteilten Verhandlungsergebnisse maßgeblich sein. Der Auftrag ist beschränkt auf die Anwendung des materiellen Rechts der Bundesrepublik Deutschland, dessen ausschließliche Geltung im zu erstellenden Vertrag vereinbart werden soll. Nicht vom Auftrag umfasst ist die Vertragsgestaltung im Hinblick auf steuerrechtliche Auswirkungen.[2]
2. Die Haftung der Rechtsanwälte für fahrlässig verursachte Schäden aus dem zwischen ihnen und dem Mandanten vorstehend bezeichneten Mandatsvertrag[3] wird auf 1.000.000 EUR (in Worten: eine Million EUR)[4] begrenzt.
3. Ansprüche des Mandanten auf Schadensersatz aus dem zwischen ihm und den Rechtsanwälten bestehenden Vertragsverhältnis verjähren in drei Jahren. Die Verjährungsfrist beginnt mit Ende des Kalenderjahres, in dem der Anspruch entstanden ist und der Mandant von den Anspruch begründenden Umständen und der Person des Schuldners Kenntnis erlangt hat oder ohne grobe Fahrlässigkeit eine solche Kenntnis erlangen musste. Unabhängig von einer solchen Kenntnis des Mandanten tritt die Verjährung jedoch spätestens sechs Jahre nach Beendigung des Mandats ein. Dies gilt nicht bei vorsätzlichem oder grob fahrlässigem Handeln der Rechtsanwälte oder deren gesetzlicher Vertreter oder Erfüllungsgehilfen und für Schadensersatzansprüche, die auf der Verletzung des Lebens, des Körpers, der Gesundheit oder der Freiheit beruhen.[5]
4. Mündliche Nebenabreden bestehen nicht. Sollten einzelne Bestimmungen dieser Vereinbarung ganz oder teilweise unwirksam oder undurchführbar sein, so wird hiervon die Wirksamkeit dieser Vereinbarung iÜ nicht berührt.[6] Die Parteien verpflichten sich ggf. anstelle der unwirksamen/undurchführbaren Bestimmung eine Bestimmung zu vereinbaren, die in rechtlich zulässiger Weise dem rechtlich und wirtschaftlich Gewollten möglichst nahe kommt. Entsprechendes gilt für den Fall einer ergänzungsbedürftigen Lücke.

. . . . ., den . . . . .

. . . . . | . . . . .
Mandant[7] | Rechtsanwälte[8]

Anmerkungen

Der Regierungsentwurf eines Gesetzes zur Neuregelung des Berufsrechts der anwaltlichen und steuerberatenden Berufsausübungsgesellschaften sowie zur Änderung weiterer

Vorschriften im Bereich der rechtsberatenden Berufe ("große BRAO-Reform") sieht – zusätzlich zur Versicherung des einzelnen Rechtsanwalts – für Gesellschaften, in denen Rechtsanwälte ihren Beruf ausüben, eine Verpflichtung zum Abschluss einer Berufshaftpflichtversicherung vor. Von der Neuregelung sind in erster Linie Gesellschaften in der Rechtsform einer Gesellschaft bürgerlichen Rechts und Partnerschaftsgesellschaften ohne begrenzte Berufshaftung betroffen. Für Gesellschaften bürgerlichen Rechts soll die Mindestversicherungssumme 500.000 EUR (§ 59o Abs. 3 BRAO-RegE) und für Partnerschaftsgesellschaften, in denen nicht mehr als zehn Personen anwaltlich tätig sind, 1. 000.000 EUR (§ 59o Abs. 2 BRAO-RegE) betragen. Dies hat erhebliche Auswirkungen auf die Möglichkeit einer vertraglichen Haftungsbeschränkung, denn diese richtet sich im – in der Praxis einzig relevanten Anwendungsbereich einer Haftungsbeschränkung durch allgemeine Geschäftsbedingungen – nach der Mindestversicherungssumme. Mit der Einführung einer Versicherungspflicht für Rechtsanwaltsgesellschaften wird damit nicht mehr die Mindestversicherungssumme des Rechtsanwalts von 250.000 Euro maßgeblich sein, sondern die vorgenannten Mindestversicherungssummen der Gesellschaft bürgerlichen Recht bzw. der Partnerschaftsgesellschaft. Um eine wirksame Haftungsbeschränkung vereinbaren zu können, reicht (als dem Vierfachen der Mindestversicherungssumme) eine Berufshaftpflichtversicherung über 1.000.000 EUR nicht mehr aus, erforderlich wäre eine Berufshaftpflichtversicherung über 2.000.000 EUR bzw. 4.000.000 EUR, also dem Doppelten bzw. Vierfachen des bisherigen Umfangs. Damit wird die Möglichkeit von vertraglichen Enthaftungen weiter abgebaut. Warum der Gesetzgeber die einfachen, klaren und ausgewogenen Regelungen zur Berufshaftpflichtversicherung (§ 67 Steuerberatungsgesetz) und vertraglichen Begrenzung von Ersatzansprüchen (§ 67a Steuerberatergesetz) nicht für Rechtsanwälte übernimmt, ist nicht nachvollziehbar. Die Untersuchung von *Köhler*, Haftungsfreizeichnung durch Angehörige der freien Berufe und ihre Grenzen, Universität zu Köln, 2018 hat überzeugend aufgezeigt, dass diese Ungleichbehandlung gegen Art. 3 GG verstößt.

1. Das Formular beinhaltet eine Haftungsbeschränkung durch vorformulierte Vertragsbedingungen nach Maßgabe des § 52 Abs. 1 Nr. 2 BRAO. Hierauf findet grds. das AGB-Recht Anwendung. In der Lit. wird die Auffassung vertreten, wegen § 305c Abs. 1 BGB müsste die Haftungsbegrenzung in einer getrennten Urkunde enthalten sein (vgl. Weyland/*Träger* BRAO, 10. Auflage 2020, § 52 Rn. 12). Gegen diese Auffassung spricht die systematische Stellung von § 52 Abs. 2 S. 2 BRAO. Eine Trennung der Urkunden, insb. von Vollmacht, Vergütungsvereinbarung und Haftungsbegrenzungsvereinbarung ist aber (sofern nicht ohnehin ein anderweitiges Trennungsgebot besteht, vgl. § 3a Abs. 1 S. 2 RVG) der „sicherste Weg".

Eine gegenständlich vereinbarte Haftungsbegrenzung richtet sich nach § 52 Abs. 1 BRAO. Sie führt dazu, dass das Haftungsvolumen gegenüber dem Rechtsanwalt bzw. einer Rechtsanwaltssozietät, insoweit bzgl. des Gesellschaftsvermögens und der gesamtschuldnerischen Haftung der Sozien, auf den Begrenzungsbetrag verringert wird (vgl. Weyland/*Böhnlein* BRAO § 52 Rn. 15).

Eine Enthaftung in personeller Hinsicht – nicht sachbearbeitender Sozien (nicht jedoch des Gesellschaftsvermögens) – ermöglicht § 52 Abs. 2 S. 2 BRAO, was zunächst eine entsprechende Vereinbarung über die Beschränkung der Haftung auf den sachbearbeitenden Rechtsanwalt einer Sozietät erfordert und in getrennter Urkunde eine gesonderte Zustimmungserklärung des Mandanten, § 52 Abs. 2 S. 3 BRAO. Bei Partnerschaftsgesellschaften besteht eine solche Haftungskonzentration auf den bearbeitenden Rechtsanwalt (unbeschadet der Haftung des Gesellschaftsvermögens) von Gesetzes wegen, § 8 Abs. 2 PartGG.

Aufgrund einer (über § 52 Abs. 1 BRAO hinaus) nicht möglichen Enthaftung des Gesellschaftsvermögens geht eine Haftungskonzentration gem. § 52 Abs. 2 S. 2 BRAO aber ins Leere, wenn das Gesellschaftsvermögen nicht ausreicht und im Gesellschaftsvertrag nicht die Nachschusspflicht aus § 735 BGB abbedungen wurde.

Bei Mandaten mit außergewöhnlich hohen Haftungsrisiken besteht zusätzlich die Möglichkeit, das einzelne Mandat höher zu versichern, wobei in der Praxis Mandanten häufig bereit sind, die hierfür anfallenden Prämien ganz oder zum Teil zu übernehmen.

2. Die Haftungsbegrenzung darf sich nur auf ein konkretes Mandat beziehen. Dieses ist gegenüber anderen Aufträgen abzugrenzen, weswegen eine entsprechende Individualisierung notwendig ist.

Eine „Haftungsbeschränkung" sollte vorrangig durch eine möglichst konkrete Definition des Auftrags realisiert werden (vgl. Weyland/*Böhnlein* BRAO § 52 Rn. 20), da eine Beratungspflicht grds. nur in den Grenzen des – hier ausnahmsweise beschränkt als Werkvertrag – erteilten Mandats besteht. So kann die anwaltliche Tätigkeit bspw. auf die Erstellung eines Vertrags unter Zugrundelegung eines bestimmten Verhandlungsergebnisses der Parteien eingeschränkt werden mit der Folge, dass eine weitergehende Sachverhaltsaufklärung nicht zum anwaltlichen Pflichtenkreis gehört (BGH NJW 1996, 2929 (2931)). Möglich ist auch die Beschränkung des Mandats auf die Prozessvertretung (BGH NJW 1993, 2045) sowie die Prüfung von Restitutionsansprüchen wegen einer bestimmten Vermögensposition (BGH NJW 1998, 3050). Für die Erteilung eines unbeschränkten Auftrags ist im Streitfall der Mandant beweispflichtig (BGH NJW 1996, 2929 (2931)). Die Beratungspflicht des Rechtsanwaltes erstreckt sich allerdings auch bei eingeschränkten Mandaten auf offenkundige Gefahren, die zwar außerhalb des Mandats liegen, aber mit ihm in genügend engem Zusammenhang stehen (vgl. *Borgmann* NJW 2000, 2953 ff.) sowie auf die ggf. gegebene Erforderlichkeit der Einschaltung eines Spezialisten, worauf hinzuweisen ist (vgl. Weyland/*Böhnlein* BRAO § 52 Rn. 20).

Nicht möglich ist eine „Rahmen-Haftungsbegrenzung" für eine Vielzahl von Aufträgen eines Mandanten: Während solches bei § 52 Abs. 1 Nr. 1 BRAO ersichtlich am Einzelfallerfordernis scheitert, wird es für § 52 Abs. 1 Nr. 2 BRAO regelmäßig an einer Einbeziehung der Haftungsbeschränkung im Zusammenhang mit dem konkreten Einzelmandat fehlen (vgl. Palandt/*Grüneberg* BGB § 305 Rn. 28, 44).

3. § 52 Abs. 1 BRAO betrifft „Ansprüche des Auftraggebers aus dem zwischen ihm und dem Rechtsanwalt bestehenden Vertragsverhältnis". Nicht erfasst sind daher insb. Verträge, die anwaltsfremde Leistungen zum Gegenstand haben sowie außervertragliche Ansprüche (vgl. Henssler/Prütting/*Diller* BRAO § 52 Rn. 13).

4. Der zutreffende, von der jeweiligen Mindestversicherung abhängige, Haftungsbetrag (s. o. Anmerkung vor 1) ergibt sich aus § 52 Abs. 1 Nr. 2 BRAO. Das Transparenzgebot des § 307 Abs. 1 S. 2 BGB erfordert die Angabe des konkreten Betrags. Die vorangestellten Klarstellungen sind § 309 Nr. 7 BGB geschuldet. Zwar wird in der Lit. ganz überwiegend vertreten, dass § 52 Abs. 1 Nr. 2 BRAO als Spezialregelung die Vorschriften in §§ 307 Abs. 1 und 2, 308, 309 konkretisiert (zB Fischer/Vill/Fischer/Rinkler/Chab § 1 Rn. 511). Sicherer ist aber jedenfalls die vorgeschlagene Gestaltung (vgl. vgl. Henssler/Prütting/*Diller* BRAO § 52 Rn. 51).

Keinen Wirksamkeitsbedenken unterliegt obige Haftungsbegrenzung durch Allgemeine Geschäftsbedingungen auf den vierfachen Betrag der Mindestversicherungssumme für Fälle einfacher Fahrlässigkeit, sofern entsprechender Versicherungsschutz besteht. Umstritten ist der Zeitpunkt, zu dem diese Deckung vorliegen muss: Nach einer Ansicht soll es der Zeitpunkt der den Haftungsfall auslösenden Pflichtverletzung (vgl. Henssler/Prütting/*Diller* BRAO § 52 Rn. 54) sein. Üblicherweise sehen Berufshaftpflichtversicherungen die Beschränkung der Leistungsverpflichtung auf eine jährliche Anzahl von Versicherungsfällen vor. Nachdem das Vorliegen und der Zeitpunkt eines Haftungsfalls häufig schwer und stets nur nachträglich – mit Eintritt eines Schadens – feststellbar sind, bestünde bei vorangegangener Ausschöpfung der Versicherungsleistung Gefahr, im konkreten Haftungsfall nicht nur ohne Versicherungsschutz dazustehen, sondern auch die betragsmäßige Begrenzung des Haftungsumfangs zu verlieren. Würde man den Wortlaut des § 52 Abs. 1 Nr. 2 BRAO dahingehend auffassen, dass der Rechtsanwalt für jeglichen Haftungsfall (abstrakt) versichert sein muss, würde eine jährliche Leistungsbegrenzung auf eine bestimmte Anzahl von Versicherungsfällen die Möglichkeit einer Haftungsbegrenzung durch allgemeine Geschäftsbedingungen gänzlich zunichte machen. Einzig richtig ist daher, auf den (nominalen) Versicherungsschutz im Zeitpunkt der Vereinbarung der Haftungsbeschränkung abzustellen (vgl. *Chab*, AnwBl 2006, 205 (206); *Blattner* AnwBl 5/2013, 300 (304)).

Da eine klare Grenzziehung zwischen einfacher und grober Fahrlässigkeit in der bisherigen Rspr. nicht erfolgt ist (vgl. Henssler/Prütting/*Diller* BRAO § 52 Rn. 55) und Verletzungen des Anwaltsvertrags in der Rspr. ohne Auseinandersetzung mit dem Verschuldensgrad häufig als grob fahrlässig bewertet werden (vgl. Nachw. bei *Reinelt* ZAP (2000) Fach 23, 491; *Zugehör* in FS Kreft, 2004, 131; Henssler/Prütting/*Diller* BRAO § 52 Rn. 3 mwN), besteht ein praktisches Bedürfnis dafür, die Haftung auch für ein „grob fahrlässiges" Anwaltsverschulden begrenzen zu können. In allgemeinen Geschäftsbedingungen wird dies Rechtsanwälten – im Gegensatz zu Steuerberatern, § 67a StBerG und Wirtschaftsprüfern, § 54a WPO – ohne sachliche Rechtfertigung (vgl. Henssler/Prütting/*Diller* BRAO § 52 Rn. 54 mwN) versagt, während mit § 52 Abs. 1 Nr. 1 BRAO nur „im Einzelfall" durch schriftliche Vereinbarung mit dem Mandanten eine Begrenzung jeglicher Fahrlässigkeitshaftung erreicht werden kann. In einer solchen Einzelfallvereinbarung kann die Haftung auf die Höhe der Mindestversicherungssumme (250.000 EUR gem. § 51 Abs. 4 BRAO; 2.500.000 EUR bei Rechtsanwaltsgesellschaften iSd § 59c Abs. 1 BRAO gem. § 59j Abs. 2 S. 1 BRAO) beschränkt werden. Bedauerlicherweise ranken sich um § 52 Abs. 1 Nr. 1 BRAO – den Ausschluss grober Fahrlässigkeit hat der Gesetzgeber immerhin als Ausgangsfall geregelt – zahlreiche rechtliche Diskussionen, denen gelegentlich das Missverständnis zugrundezuliegen scheint, bei Rechtsanwälten handle es sich um Versicherungsgesellschaften.

§ 52 Abs. 1 Nr. 1 BRAO hat nur dann einen sinnvollen Anwendungsbereich, wenn hierunter Einmalbedingungen und nicht Individualvereinbarungen zu verstehen sind (so auch *Hartung*, BORA/FAO Berufs- und Fachanwaltsordnung, 6. Aufl. 2016 § 52 Rn. 9 ff.; Henssler/Prütting/*Diller* BRAO § 52 Rn. 21 mwN; Fischer/Vill/Fischer/Rinkler/Chab Rn. 478 ff. mwN). Es sind keine Anhaltspunkte dafür ersichtlich, warum § 52 BRAO nicht autonom auszulegen wäre. Der erste Satz in § 52 Abs. 1 BRAO spricht unzweideutig dafür, dass die Regelung im Ausgangspunkt die Beschränkung jeglichen Grads von Fahrlässigkeit zum Ziel hat. Insbes. ist für § 52 Abs. 1 Nr. 1 BRAO mangels der Formulierung eines „oder" nicht der Gegensatz zur Nr. 2 zu entnehmen, dass „im Einzelfall" eine Individualvereinbarung und nicht auch eine Einmalbedingung bedeute. Die wirksame Einbeziehung einer schriftlichen Einmalbedingung hat zur Folge, dass diese vereinbart ist, also eine „Vereinbarung" iSv § 52 Abs. 1 Nr. 1 BRAO vorliegt. Für eine wirksame Einbeziehung einer Einmalbedingung wird vereinzelt eine umfassende Aufklärung des Mandanten für erforderlich gehalten, richtigerweise ist eine Aufklärungspflicht – und mit ihr eine Haftungsanknüpfung durch die Hintertür – zu verneinen (vgl. Henssler/Prütting/*Diller* BRAO § 52 Rn. 42 mwN).

Hartnäckig hält sich die überwiegende Auffassung, bei § 52 Abs. 1 Nr. 1 BRAO sei unter „Vereinbarung im Einzelfall" eine Individualvereinbarung gem. §§ 305 Abs. 1 S. 3, 305a BGB zu verstehen. Für das Vorliegen einer Individualvereinbarung müsste der Rechtsanwalt seine Haftungsbeschränkungsvereinbarung als einen „gesetzesfremden Kerngehalt" ernsthaft zur Disposition gestellt haben, während umgekehrt der Verwendungsgegner die reale Möglichkeit hätte erhalten müssen, den Inhalt der Vereinbarung nach seinen Wünschen zu modifizieren (stRspr, BGH NJW 2013, 856). Diese Einwirkungsmöglichkeit hätte der Rechtsanwalt bei Vorliegen Allgemeiner Geschäftsbedingungen – welches bei gedrucktem Klauselwerk prima facie angenommen wird (BGH BGHZ 118, 238) – zu beweisen (BGH NJW 1998, 2600), woran wiederum strenge Anforderungen zu stellen sind (vgl. Palandt/*Grüneberg* BGB § 305 Rn. 23). Ein solcher Nachweis wird für den Rechtsanwalt eine kaum überwindbare Hürde darstellen (vgl. Palandt/*Grüneberg* BGB § 305 Rn. 18 ff.).

Es mutet abwegig an, eine mit § 52 Abs. 1 Nr. 1 BRAO vorliegende gesetzliche Regelung als einen gesetzesfremden Inhalt anzusehen. Das Gegenteil ist richtig, nämlich eine vom Gesetzgeber gewollte und ausgewogene gesetzliche Regelung im Bereich der Anwaltstätigkeit. Die Regelung berücksichtigt den Umstand, dass Rechtsanwälte das volle Haftungsrisiko eines Mandats tragen, ohne gleichermaßen an seinem wirtschaftlichen Erfolg teilzuhaben.

Einmalbedingungen sind vorformulierte Vertragsbedingungen, die nur zur einmaligen Verwendung bestimmt sind und damit begrifflich keine allgemeinen Geschäftsbedingungen darstellen (§ 305 Abs. 1 S. 1 BGB). Hierzu ist es – sowohl gegenüber einem Unternehmer wie iErg gegenüber einem Verbraucher als Verwendungsgegner – ausreichend, die Haftungsbeschränkungsvereinbarung streng bezogen auf die Besonderheiten des konkreten Mandats abzufassen (BGH NJW-RR 2002, 13). Um den Einzelfallcharakter einer solchen Vereinbarung herauszustellen, empfiehlt es sich, den Hintergrund, die Interessenlage und sonstige Motive für die Haftungsbeschränkung darzulegen. Gründe für eine Haftungsbegrenzung können bspw. der außergewöhnlich komplexe Sachverhalt, die besonders schwierige rechtliche Materie, Bezüge zu ausländischen Rechtsordnungen, das hohe Haftungsrisiko, eine besondere Eilbedürftigkeit oder sonstige besondere Risiken der Rechtssache sein.

Sicherer geht, wer seine Einmalbedingung aushandelt (dazu eingehend Henssler/Prütting/*Diller* BRAO § 52 Rn. 23), also ernsthaft zur Disposition stellt. In der Praxis kann dies bspw. dadurch geschehen, indem dem Mandanten ein Stundensatz mit und ohne Haftungsvergütung zur Wahl gestellt wird; wirtschaftlich bleibt es sich gleich, ob ein Haftungsrisiko auf Kosten des Mandanten extern versichert wird oder die Versicherung vom Anwalt getragen wird und er einen höheren Stundensatz erhält oder ob mit einer Haftungsbegrenzungsvereinbarung ein Stundensatzes ohne Risikoprämie herauskommt, was die für den Mandanten wirtschaftlichste Lösung darstellt.

Außerhalb § 52 BRAO stehende Haftungsverkürzungen (zB Vereinbarung über den Ausschluss der Haftung für Büropersonal, Modifizierung der Aufbewahrungspflicht gem. § 50 Abs. 2 S. 1 BRAO) unterliegen zunächst als Einmalbedingung gegenüber Verbrauchern wegen § 310 Abs. 3 Nr. 2 BGB, iÜ als Allgemeine Geschäftsbedingungen einer Inhaltskontrolle nach § 307 Abs. 1 und 2 BGB (bei Unternehmern) bzw. nach §§ 307 ff. BGB (bei Verbrauchern). An die Wirksamkeit über § 52 BRAO hinausgehender Haftungsprivilegierungen werden daher hohe Anforderungen zu stellen sein.

5. § 52 BRAO enthält keinen „numerus clausus" zulässiger Haftungsklauseln (vgl. Henssler/Prütting/*Diller* BRAO § 52 Rn. 88). Für die abweichende Regelung der Verjährungsfrist besteht häufig ein beidseitiges Bedürfnis nach Rechtssicherheit und kann grds. durch allgemeine Geschäftsbedingungen geregelt werden (vgl. Palandt/*Ellenberger* BGB § 202 Rn. 12; Henssler/Prütting/*Diller* BRAO § 52 Rn. 89). Einerseits kommt den Verjährungsregeln Leitbildfunktion iSv § 307 Abs. 2 Nr. 1 BGB zu, andererseits sollte durch die Gesetzesänderung die Vertragsfreiheit im Verjährungsrecht gestärkt werden. IErg hat dies zur Folge, dass eine gesetzliche Verjährungsfrist nicht lediglich verkürzt werden darf (so schon für § 51b BRAO: BGHZ 97, 25; BGH NJW 1990, 2465; NJW-RR 1991, 599). Es dürfte aber möglich sein, die kurze relative Frist grds. unangetastet zu lassen, jedoch durch eine verkürzte absolute Frist zu begrenzen (vgl. Palandt/*Ellenberger* BGB § 202 Rn. 16). Im Form. gewählt wurde eine absolute Frist von sechs Jahren, was der früheren Rechtslage (drei Jahre gem. § 51b BRAO und abhängig von der Fallgestaltung weitere drei Jahre wegen Sekundärhaftung aufgrund angeblicher Verpflichtung des Rechtsanwalts zur Aufklärung gegen sich selbst) entspricht. Dies müsste einer Inhaltskontrolle standhalten. Was über Jahre hinweg als interessengerecht angesehen wurde, kann nicht grob unangemessen sein (so auch Henssler/Prütting/*Diller* BRAO § 52 Rn. 89 mwN, der für die Verkürzung von Verjährungsfristen bei grober Fahrlässigkeit allerdings § 309 Nr. 7b BGB problematisiert).

6. Da die Rspr. bei Haftungsbeschränkungsvereinbarungen unwirksame Klauseln nicht auf den Inhalt einer an sich noch zulässigen Gesamtvereinbarung reduziert, sondern die Klauseln insgesamt als unwirksam behandelt, empfiehlt sich die Vereinbarung einer salvatorischen Klausel (gegen deren AGB-Verwendung allerdings ebenfalls Bedenken erhoben werden, vgl. *Grziwotz* ZfIR 2001, 1033; OLG Celle WM 1994, 393, dazu *Reinelt* Sonderheft der ZAP 2002, 52 (58)).

7. Für eine Haftungsbeschränkung durch allgemeine Geschäftsbedingungen (§ 52 Abs. 1 Nr. 2 BRAO) erforderlich ist deren Einbeziehung gem. § 305 Abs. 2 BGB. Diese erfolgt – nicht zuletzt aus Beweisgründen – durch Unterzeichnung des Mandanten.

8. Soll eine Haftungsbeschränkung für den Einzelfall getroffen werden (§ 52 Abs. 1 Nr. 1 BRAO), ist das Schriftformerfordernis des § 126 Abs. 2 BGB einzuhalten. Dazu bedarf es grds. der Unterzeichnung durch den Mandanten und den Rechtsanwalt auf derselben Urkunde.

4. Impressum Anwaltswebsite

Impressum[1]

Anbieterinformation	**Anbieter der Website . . . . . und der über diese Website aufrufbaren Seiten in den sozialen Netzwerken („. . . . .“ . . . . ., und . . . . .) ist die Dr. Anton, Berta und Cäsar Rechtsanwälte Partnerschaft. Die Gesellschaft ist im Partnerschaftsregister des Amtsgerichts München unter der Nummer PR . . . . . eingetragen. Als Kurzbezeichnung iSv § 9 Berufsordnung für Rechtsanwälte (BORA) führt die Gesellschaft die Bezeichnung „Anton Rechtsanwälte“.[2] Geschäftssitz der Anton Rechtsanwälte ist Tal 33, 80331 München, Deutschland (Telefon +49 . . . . ., Telefax +49 . . . . ., E-Mail . . . . .). Partner iSd § 3 Abs. 2 Nr. 2 Partnerschaftsgesellschaftsgesetz (PartGG)[3] der Anton Rechtsanwälte sind die Rechtsanwälte Dr. Angelika Anton, Friedhelm Berta, Ulrike Cäsar und Max Dora.**
Umsatzsteueridentifikationsnummer[4]	**Die Umsatzsteueridentifikationsnummer der Anton Rechtsanwälte nach § 27a UStG lautet DE . . . . .**
Berufszulassung und Aufsichtsbehörde[5]	**Die Anwälte von Anton Rechtsanwälte sind als Rechtsanwälte in der Bundesrepublik Deutschland zugelassen und Mitglieder der zuständigen Rechtsanwaltskammern als Zulassungs- und Aufsichtsbehörden.**

	Die Rechtsanwälte Dr. Anton und Berta sind Mitglieder der Rechtsanwaltskammer München, Tal 33, 80331 München, Telefon +49 89 532944-0, Telefax +49 89 532944-28. Rechtsanwältin Cäsar ist Mitglied der Hanseatischen Rechtsanwaltskammer Hamburg, Valentinskamp 88, 20355 Hamburg, Telefon +49 40 357441-0, Telefax +49 40 357441-41.
Berufsrechtliche Regelungen[6]	Für die Rechtsanwälte von Anton Rechtsanwälte gelten im Wesentlichen folgende berufsrechtliche Regelungen: • die Bundesrechtsanwaltsordnung (BRAO) • die Berufsordnung der Rechtsanwälte (BORA) • das Gesetz über die Vergütung der Rechtsanwältinnen und Rechtsanwälte (Rechtsanwaltsvergütungsgesetz – RVG) • die Fachanwaltsordnung (FAO) • die Berufsregeln der Rechtsanwälte der Europäischen Gemeinschaft (CCBE-Berufsregeln) Diese berufsrechtlichen Regelungen können auf der Internetseite der Bundesrechtsanwaltskammer unter www.brak.de abgerufen werden.
Berufshaftpflichtversicherung	Die Rechtsanwälte von Anton Rechtsanwälte unterhalten die erforderliche Berufshaftpflichtversicherung bei der . . . . . Versicherungs-Aktiengesellschaft, Marie-Curie-Straße 28, 60439 Frankfurt (Telefon +49 . . . . ., Telefax +49 . . . . ., E-Mail . . . . .). Der räumliche Geltungsbereich des Versicherungsschutzes umfasst Tätigkeiten in den Mitgliedsländern der Europäischen Union und genügt mindestens den Anforderungen des § 51 BRAO.
Online-Streitbeilegung und Verbraucherstreitbeilegung[7]	Die Europäische Kommission stellt eine Plattform zur Online-Streitbeilegung bereit, die unter http://ec.europa.eu/consumers/odr abrufbar ist. Zuständige Verbraucherschlichtungsstelle in Deutschland für vermögensrechtliche Streitigkeiten aus einem Mandatsverhältnis ist die Schlichtungsstelle der Rechtsanwaltschaft, Neue Grünstraße 17, 10179 Berlin, www.schlichtungsstelle-der-rechtsanwaltschaft.de. Wie jede andere Rechtsanwaltskanzlei sind Anton Rechtsanwälte nicht verpflichtet, an einem Streitbeilegungsverfahren vor einer Verbraucherschlichtungsstelle teilzunehmen. Für den Fall, dass eine Meinungsverschiedenheit mit einem sachbearbeitenden Rechtsanwalt von Anton Rechtsanwälte nicht beigelegt werden kann, bieten wir eine interne Streitschlichtung an. Wenden Sie sich hierzu an Rechtsanwalt Max Dora Anton Rechtsanwälte Tal 33

	80331 München **Telefon +49 . . . . .** **E-Mail . . . . .**
Verantwortliche Person für redaktionelle Inhalte[8]	**Verantwortlich für die redaktionellen Inhalte der Website . . . . . und der über diese Website aufrufbaren redaktionellen Inhalte in den sozialen Netzwerken (. . . . ., ..., und . . . . .) ist** **Ulrike Cäsar** **Bleichenbrücke 9** **20354 Hamburg** **Telefon +49 . . . . .** **E-Mail: . . . . .**
Haftung für Inhalte[9]	**Die Inhalte auf der Website . . . . . und die über diese Website aufrufbaren Inhalte in den sozialen Netzwerken (. . . . ., ..., und . . . . .) stellen keine Rechtsberatung dar. Jegliche Haftung im Zusammenhang mit der Nutzung von Inhalten der Website . . . . . und von über diese Website aufrufbaren Inhalten in den sozialen Netzwerken (. . . . ., ..., und . . . . .) oder das Vertrauen auf deren Richtigkeit ist ausgeschlossen.**
Anwendbares Recht	**Die rechtlichen Hinweise auf dieser Seite sowie alle Fragen und Streitigkeiten im Zusammenhang mit dieser Website und den über diese Website aufrufbaren Seiten in den sozialen Netzwerken (. . . . ., ..., und . . . . .) unterliegen dem Recht der Bundesrepublik Deutschland.**

Anmerkungen

1. Das Formular berücksichtigt die gem. § 5 Abs. 1 Telemediengesetz (TMG) bestehenden allgemeinen Informationspflichten einer Rechtsanwaltskanzlei sowie die aus § 2 Abs. 1 Ziff. 11 Dienstleistungs-Informationspflichten-Verordnung (DL-InfoV) folgende Verpflichtung, vor Erbringung einer Anwaltsdienstleistung in bestimmter Weise über die Berufshaftpflichtversicherung zu informieren. Insofern ist es zweckmäßig, solche Informationen auf der Website der Rechtsanwaltskanzlei abrufbar zu halten. Dass Inhalte von Rechtsanwälten auf sozialen Medien wie Xing, Twitter, Facebook oder LinkedIn der Impressumpflicht unterliegen, ist seit 2014 bekannt (vgl. OLG Düsseldorf MMR 2014, 393). Um diese praktikabel umzusetzen, kann auf dem Social-Media-Account das Impressum der Kanzlei-Website (welches wiederum die Social-Media-Präsenzen in Bezug nimmt) verlinkt werden (vgl. *Remmertz* MMR 2018, 507 und *Lichtnecker* MMR 2018, 512). Der EU-Gesetzgeber hat es sich zur Aufgabe gemacht, Verbrauchern eine einfache, effiziente, schnelle und kostengünstige Möglichkeit der außergerichtlichen Beilegung inländischer und grenzüberschreitender Streitigkeiten zu ermöglichen. Insbesondere im Hinblick auf Dienstleistungsverträge wurden hierzu die Verordnung über die Online-Streitbeilegung in Verbraucherangelegenheiten (Verordnung (EU) Nr. 524/2013; sog. Online Dispute Resolution- oder ODR-Verordnung) sowie die Richtlinie über alternative Streitbeilegung in Verbraucherangelegenheiten (Richtlinie 2013/11/EU; sog. Alternative Dispute Resolution- oder ADR-Richtlinie) geschaffen, die seit 9.1.2016 (ODR-Verordnung) bzw. 1.2.2017 (ADR-Richtlinie) gelten. Die in diesem Zusammenhang geschaffenen Informationspflichten sind im Formular ebenfalls berücksichtigt.

Ferner behandelt das Formular eine allgemeine Impressumangabe bzgl. redaktioneller Inhalte, einen Haftungsausschluss sowie eine Regelung zum anwendbaren Recht.

2. Die Angabe der Kurzbezeichnung im Impressum ist nicht verpflichtend, aber insbesondere für die nachfolgenden Angaben zweckmäßig. Nach § 9 BORA muss die Kurzbezeichnung einheitlich geführt werden, dh andere Kurzformen sind im Sinne der berufsrechtlich geforderten Firmenwahrheit und -klarheit zu vermeiden.

3. Der Begriff „Partner" wird, insbesondere von Verbrauchern als Adressaten einer Anwaltsdienstleistung, nicht notwendig im Sinne einer Gesellschafterstellung und/oder Vertretungsberechtigung verstanden, weswegen mit dem Formular der Verweis auf die entsprechende Norm des PartGG empfohlen wird.

4. Die Angabe der Umsatzsteueridentifikationsnummer ist eine Pflichtangabe, sofern eine solche für die Rechtsanwaltskanzlei existiert. Die abgesetzte Nennung dient denjenigen, die eine einfache oder qualifizierte Bestätigungsanfrage (für Deutschland beim Bundeszentralamt für Steuern) vornehmen wollen, s. für eine einfache Bestätigung https://evatr.bff-online.de/eVatR/index_html.

5. Sofern keine einheitliche Kammerzugehörigkeit besteht, ist für jeden Partner/Sozius der Kanzlei die Zugehörigkeit zur jeweiligen Kammer nebst deren Kontaktangaben anzugeben. Gleiches gilt bei unterschiedlichen Berufshaftpflichtversicherern für die jeweiligen Partner/Sozien.

6. Für die Erfüllung der Informationspflicht bzgl. der berufsrechtlichen Regelungen wird ein allgemeiner Hinweis nebst Angabe eines Links, unter dem diese Regelungen abrufbar sind, ausreichend sein. Das Formular folgt dennoch der ganz überwiegenden Praxis, die wesentlichen berufsrechtlichen Regelungen zu benennen.

7. Gegenwärtig sind die vom EU-Gesetzgeber geschaffenen außergerichtlichen Streitbeilegungsinstrumentarien ohne Relevanz für die Rechtsanwälte. Da bezüglich der außergerichtlichen Streitbeilegungsinstrumentarien jedoch eine Informationspflicht besteht, ist die überwiegend anzutreffende Praxis, bereits im Impressum eine Ablehnung der Teilnahme an einer solchen Streitbeilegung zu erklären, nachvollziehbar.

Eine solche Erklärung wird einen Verbraucher möglicherweise weder davon abhalten, eine Streitbeilegungsstelle anzurufen, noch die Einleitung eines Streitbeilegungsverfahrens verhindern können. Das Formular stellt mit der gewählten Formulierung klar, dass Rechtsanwälte generell nicht zur Teilnahme an Schlichtungsverfahren verpflichtet sind, bietet aber für den konkreten Verwender eine eigene Schlichtung an.

8. Rechtsanwälte informieren auf ihren Websites vielfach über aktuelle rechtliche Themen und nehmen hierzu Stellung. Auch wenn dies in erster Linie zur Veranschaulichung der Kompetenz der Kanzlei und ihrer Tätigkeitsfelder dient, sind solche Beiträge Ausdruck der Meinungsfreiheit und redaktionelle Inhalte ihrer Verfasser. Insofern kann es sinnvoll sein, einen (presse-)rechtlich „Verantwortlichen" (an der Verantwortlichkeit des Anbieters gem. § 5 TMG ändert sich dadurch nichts) zu benennen, der die Veröffentlichungstätigkeit der Kanzlei koordiniert und zB bei Fehldarstellungen in der Lage ist, kurzfristig Korrekturen vorzunehmen.

9. Nachdem ungeachtet des Übermittlungswegs jegliche Verlautbarung von Rechtsanwälten zu rechtlichen Themen eine Rechtsdienstleistung darstellen kann, bedarf es der Klarstellung, dass eine allgemeine Kanzlei-Website keine Rechtsberatung darstellt.

5. Datenschutzhinweise Anwaltswebsite

Datenschutzhinweise[1]

Verantwortlicher[2] iSd Datenschutzgesetze ist

.....

Der Datenschutzbeauftragte[3] der Rechtsanwälte ist

.....

Mit diesen Datenschutzhinweisen informieren wir Sie (im nachfolgenden Text auch als „Nutzer“ oder „betroffene Person“ angesprochen) in allgemeiner Weise über die Datenverarbeitung in unserer Kanzlei und in besonderer Weise über die Datenverarbeitung im Rahmen eines Aufrufs unserer Website, bei einer Kontaktaufnahme über unser Website-Kontaktformular, Kontaktaufnahmen per E-Mail oder Telefon sowie im Rahmen einer Registrierung für den Bezug unseres Newsletters. Ferner informieren wir Sie über unsere Onlinepräsenzen in sozialen Medien und über Ihre Rechte im Hinblick auf die Verarbeitung Ihrer Daten. Begrifflich ist mit „Datenverarbeitung“ stets die Verarbeitung personenbezogener Daten gemeint.

1. Allgemeine Hinweise zur Datenverarbeitung[4]

1.1 Kategorien von personenbezogenen Daten

Wir verarbeiten folgende Kategorien von personenbezogenen Daten:

- **Bestandsdaten (zB Namen, Adressen, Funktionen, Organisationszugehörigkeit etc);**
- **Kontaktdaten (zB E-Mail, Telefon-/Faxnummern etc);**
- **Inhaltsdaten (zB Texteingaben, Bilddateien, Videos etc);**
- **Nutzungsdaten (zB Zugriffsdaten);**
- **Meta-/Kommunikationsdaten (zB IP-Adressen).**

1.2 Empfänger bzw. Kategorien von Empfängern von personenbezogenen Daten

Sofern wir im Rahmen unserer Verarbeitung Daten anderen Personen und Unternehmen wie Webhostern, Auftragsverarbeitern oder Dritten offenbaren, sie an diese übermitteln oder ihnen sonst Zugriff auf die Daten gewähren, erfolgt dies auf Grundlage einer gesetzlichen Erlaubnis (zB wenn eine Übermittlung der Daten an Dritte gem. Art. 6 Abs. 1 Unterabs. 1 lit. b DS-GVO zur Vertragserfüllung erforderlich ist), wenn die Betroffenen eingewilligt haben oder eine rechtliche Verpflichtung dies vorsieht.

1.3 Dauer der Speicherung personenbezogener Daten

Das Kriterium für die Dauer der Speicherung von personenbezogenen Daten ist die jeweilige gesetzliche Aufbewahrungsfrist. Nach Ablauf der Frist werden die entsprechenden Daten gelöscht, sofern sie nicht mehr zur Zweckerreichung, Vertragserfüllung oder Vertragsanbahnung erforderlich sind.

1.4 Übermittlungen in Drittländer

Sofern wir Daten in einem Drittland (dh außerhalb der Europäischen Union (EU) oder des Europäischen Wirtschaftsraums (EWR)) verarbeiten oder dies im Rahmen der Inanspruchnahme von Diensten Dritter oder der Offenlegung bzw. Übermittlung von Daten an Dritte geschieht, erfolgt dies nur, wenn es zur Erfüllung unserer (vor-)vertraglichen Pflichten, auf Grundlage Ihrer Einwilligung, aufgrund einer rechtlichen Verpflichtung oder auf Grundlage unserer berechtigten Interessen geschieht. Vorbehaltlich gesetz-

licher oder vertraglicher Erlaubnisse verarbeiten wir oder lassen wir die Daten in einem Drittland nur beim Vorliegen der besonderen Voraussetzungen der Art. 44 ff. DS-GVO verarbeiten, dh die Verarbeitung erfolgt zB auf Grundlage besonderer Garantien, wie der offiziell anerkannten Feststellung eines der EU entsprechenden Datenschutzniveaus oder Beachtung offiziell anerkannter spezieller vertraglicher Verpflichtungen (so genannte „Standardvertragsklauseln").

2. Datenverarbeitung im Rahmen des Besuchs unserer Website

2.1 Protokolldateien[5]

Bei jedem Zugriff durch eine betroffene Person auf unsere Website werden allgemeine Daten und Informationen in den Logfiles unseres Systems gespeichert:

- Datum und Uhrzeit des Abrufs (Zeitstempel);
- Anfragedetails und Zieladresse (Protokollversion, HTTP-Methode, Referer, User-Agent-String);
- Name der abgerufenen Datei und übertragene Datenmenge (angefragte URL inkl. Query-String, Größe in Byte);
- Meldung, ob der Abruf erfolgreich war (HTTP Status Code).

Bei der Nutzung dieser allgemeinen Daten und Informationen ziehen wir keine Rückschlüsse auf die betroffene Person. Es erfolgt keine personenbezogene Auswertung oder eine Auswertung der Daten zu Marketingzwecken oder eine Profilbildung. Die IP-Adresse wird in diesem Zusammenhang nicht gespeichert.

Rechtsgrundlage für die vorübergehende Speicherung der Daten ist Art. 6 Abs. 1 Unterabs. 1 lit. f DS-GVO. Die Erfassung der Daten zur Bereitstellung der Website und die Speicherung der Daten in Logfiles ist für den sicheren Betrieb unserer Website zwingend erforderlich. Es besteht folglich seitens der betroffenen Person keine Widerspruchsmöglichkeit.

2.2 Schadsoftware-Erkennung und Protokolldatenauswertung

Wir erheben Protokolldaten, die beim Betrieb von Kommunikationstechnik unserer Kanzlei anfallen und werten diese automatisiert aus, soweit dies zum Erkennen, Eingrenzen oder Beseitigen von Störungen oder Fehlern bei der Kommunikationstechnik oder zur Abwehr von Angriffen auf unsere Informationstechnik bzw. zur Erkennung und Abwehr von Schadprogrammen erforderlich ist.

Rechtsgrundlage für die vorübergehende Speicherung und Auswertung der Daten ist Art. 6 Abs. 1 Unterabs. 1 lit. f DS-GVO. Die Speicherung und Auswertung der Daten sind zur Bereitstellung der Website und für deren sicheren Betrieb zwingend erforderlich. Es besteht folglich seitens der betroffenen Person keine Widerspruchsmöglichkeit.

2.3 Cookies[6]

Auf unserer Website werden sogenannte Cookies eingesetzt. Cookies sind kleine Textdateien, die zwischen Webbrowser und Hosting-Server ausgetauscht werden. Cookies werden auf dem Rechner des Nutzers gespeichert und von diesem an unsere Seite übermittelt. In dem jeweils genutzten Webbrowser können Sie die Verwendung von Cookies durch eine entsprechende Einstellung einschränken oder grundsätzlich verhindern. Bereits gespeicherte Cookies können jederzeit gelöscht werden. Werden Cookies für unsere Website deaktiviert, kann dies dazu führen, dass die Website nicht im kompletten Umfang angezeigt oder verwendet werden kann.

Die Rechtsgrundlage für die Verarbeitung personenbezogener Daten unter Verwendung von Cookies ist Art. 6 Abs. 1 Unterabs. 1 lit. f DS-GVO.

2.4 Hosting

Die von uns in Anspruch genommenen Hosting-Leistungen dienen der Zurverfügungstellung der folgenden Leistungen: Infrastruktur- und Plattformdienstleistungen, Rechenkapazität, Speicherplatz und Datenbankdienste, Sicherheitsleistungen sowie technische Wartungsleistungen, die wir zum Zwecke des Betriebs unserer Website einsetzen.

Hierbei verarbeiten wir bzw. unsere Auftragsverarbeiter Bestandsdaten, Kontaktdaten, Inhaltsdaten, Vertragsdaten, Nutzungsdaten sowie Meta- und Kommunikationsdaten von Nutzern unserer Website auf Grundlage unserer berechtigten Interessen an einer effizienten und sicheren Zurverfügungstellung dieses Onlineangebotes gem. Art. 6 Abs. 1 Unterabs. 1 lit. f DS-GVO iVm Art. 28 DS-GVO (Abschluss eines Vertrages zur Auftragsverarbeitung).

3. Datenverarbeitung im Rahmen der Kontaktaufnahme[7]

3.1 Kontaktaufnahme per E-Mail

Die Kontaktaufnahme mit unserer Kanzlei per E-Mail ist über die auf unserer Website veröffentlichten E-Mail-Adressen möglich.
Soweit Sie diesen Kontaktweg verwenden, werden die von Ihnen übermittelten Daten (zB Name, Vorname, Anschrift), zumindest jedoch die E-Mail-Adresse sowie die in der E-Mail enthaltenen Informationen nebst den von Ihnen übermittelten personenbezogenen Daten zum Zwecke der Kontaktaufnahme und Bearbeitung Ihres Anliegens gespeichert.
Zudem werden folgende Daten durch unser System erhoben:
- **IP-Adresse des aufrufenden Rechners;**
- **Datum und Uhrzeit der E-Mail.**

Die Rechtsgrundlage für die Verarbeitung personenbezogener Daten im Rahmen uns übermittelter E-Mails ist Art. 6 Abs. 1 Unterabs. 1 lit. b bzw. lit. f DS-GVO.

3.2 Kontaktaufnahme per Website-Kontaktformular

Soweit Sie das auf unserer Website bereitgestellte Kontaktformular zur Kommunikation verwenden, ist die Angabe Ihres Namens und Vornamens sowie Ihrer E-Mail-Adresse erforderlich. Ohne diese Daten kann Ihr per Kontaktformular übermitteltes Anliegen nicht bearbeitet werden. Die Angabe der Anschrift ist optional und ermöglicht uns, soweit von Ihnen gewünscht, die Bearbeitung Ihres Anliegens auf postalischem Weg.

Zudem werden folgende Daten durch unser System erhoben:
- **IP-Adresse des aufrufenden Rechners;**
- **Datum und Uhrzeit der Registrierung.**

Die Rechtsgrundlage für die Verarbeitung personenbezogener Daten im Rahmen uns übermittelter Kontaktformulare ist Art. 6 Abs. 1 Unterabs. 1 lit. b bzw. lit. f DS-GVO.

3.3 Kontaktaufnahme per Brief und Telefax

Sofern Sie uns einen Brief oder ein Telefax senden, werden die von Ihnen übermittelten Daten (zB Name, Vorname, Anschrift) und die im Brief bzw. Telefax enthaltenen Informationen nebst den von Ihnen übermittelten personenbezogenen Daten zum Zwecke der Kontaktaufnahme und Bearbeitung Ihres Anliegens gespeichert.

Die Rechtsgrundlage für die Verarbeitung personenbezogener Daten im Rahmen uns gesendeter Briefe und Telefaxe ist Art. 6 Abs. 1 Unterabs. 1 lit. b bzw. lit. f DS-GVO.

4. Datenverarbeitung bei Bezug unseres Newsletters[8]

Wenn Sie sich in unseren Newsletter-Verteiler eintragen, werden Ihre E-Mail-Adresse sowie der von Ihnen gewählte Newsletter von uns auf einem Server gespeichert.

Zudem werden systemseitig folgende Daten bei der Anmeldung erhoben:

- IP-Adresse des aufrufenden Rechners;
- Datum und Uhrzeit der Registrierung.

Für die Verarbeitung der Daten wird im Rahmen des Anmeldevorgangs Ihre Einwilligung eingeholt und auf diese Datenschutzerklärung verwiesen. Die Verarbeitung der Daten erfolgt auf Grundlage Ihres Einverständnisses nach Art. 6 Abs. 1 Unterabs. 1 lit. a DS-GVO und im Rahmen des berechtigten Interesses nach Art. 6 Abs. 1 Unterabs. 1 lit. f DS-GVO.

Wir verwenden diese Daten ausschließlich für den Versand des Newsletters. Wir geben Ihre Daten nicht an Dritte weiter und nutzen sie auch nicht für sonstige eigene Zwecke. Bei der Registrierung werden Ihre Daten auf unseren Servern gespeichert. Sodann wird eine Nachricht mit einem Link zur Bestätigung der Registrierung an die angegebene E-Mail-Adresse generiert (sog. Double-Opt-In-Verfahren). Soweit Sie die Registrierung nicht durch den Link in dieser E-Mail bestätigen, werden die Daten nach 24 Stunden gelöscht. Erst durch Bestätigung des Links in der E-Mail werden ihre Daten zum Newsletter-Versand für die Dauer der Nutzung unseres Angebots gespeichert. Dadurch wird sichergestellt, dass der Newsletter von Ihnen und nicht von einem Dritten angefordert wurde.

Soweit Sie mit der Speicherung der Daten zu diesem Zweck nicht mehr einverstanden sind und somit unser Angebot nicht mehr nutzen möchten, können Sie sich jederzeit von unserem Newsletter abmelden. Zu diesem Zweck findet sich in jedem Newsletter ein entsprechender Link. Die von Ihnen zum Newsletterbezug angegebenen personenbezogenen Daten werden dann gelöscht.

5. Onlinepräsenz in sozialen Medien[9]

Wir unterhalten Onlinepräsenzen in den sozialen Netzwerken (. . . . ., ... und . . . . .), um die dort aktiven Nutzerinnen und Nutzer über unsere Leistungen zu informieren und bei Interesse über die Plattformen zu kommunizieren. Unsere Social Media Kanäle können nur über einen externen Link abgerufen werden. Sobald Sie unser Social Media Profil in dem jeweiligen Netzwerk aufrufen, gelten dort die Geschäftsbedingungen und Datenverarbeitungsrichtlinien der jeweiligen Betreiber.

Wir haben keinen Einfluss auf die Erhebung der Daten und deren weitere Verwendung durch die sozialen Netzwerke. Es bestehen keine Erkenntnisse darüber, in welchem Umfang, an welchem Ort und für welche Dauer die Daten gespeichert werden, inwieweit die Netzwerke bestehenden Löschpflichten nachkommen, welche Auswertungen und Verknüpfungen mit den Daten vorgenommen werden und an wen die Daten weitergegeben werden. Wir machen daher ausdrücklich darauf aufmerksam, dass Ihre Daten (zB persönliche Informationen, IP-Adresse) von den Betreibern der Netzwerke entsprechend ihrer Datenverwendungsrichtlinien abgespeichert und für geschäftliche Zwecke genutzt werden.

Wir verarbeiten Daten im Hinblick auf Social Media Präsenzen insofern, als über diese bspw. Kommentare oder Direktnachrichten an uns gerichtet werden. Rechtsgrundlage für die Verarbeitung der Daten nach einer Einwilligung des Nutzers ist Art. 6 Abs. 1 Unterabs. 1 lit. a DS-GVO.

6. Ihre Rechte[10]

Als betroffene Person stehen Ihnen im Zusammenhang mit der Verarbeitung Ihrer personenbezogenen Daten die folgenden Rechte zu:

6.1 Auskunftsrecht gem. Art. 15 DS-GVO

(1) Die betroffene Person hat das Recht, von dem Verantwortlichen eine Bestätigung darüber zu verlangen, ob sie betreffende personenbezogene Daten verarbeitet werden; ist dies der Fall, so hat sie ein Recht auf Auskunft über diese personenbezogenen Daten und auf folgende Informationen:

a) die Verarbeitungszwecke;
b) die Kategorien personenbezogener Daten, die verarbeitet werden;
c) die Empfänger oder Kategorien von Empfängern, gegenüber denen die personenbezogenen Daten offengelegt worden sind oder noch offengelegt werden, insbesondere bei Empfängern in Drittländern oder bei internationalen Organisationen;
d) falls möglich, die geplante Dauer, für die die personenbezogenen Daten gespeichert werden, oder, falls dies nicht möglich ist, die Kriterien für die Festlegung dieser Dauer;
e) das Bestehen eines Rechts auf Berichtigung oder Löschung der sie betreffenden personenbezogenen Daten oder auf Einschränkung der Verarbeitung durch den Verantwortlichen oder eines Widerspruchsrechts gegen diese Verarbeitung;
f) das Bestehen eines Beschwerderechts bei einer Aufsichtsbehörde;
g) wenn die personenbezogenen Daten nicht bei der betroffenen Person erhoben werden, alle verfügbaren Informationen über die Herkunft der Daten;
h) das Bestehen einer automatisierten Entscheidungsfindung einschließlich Profiling gemäß Art. 22 Abs. 1 und Abs. 4 DS-GVO und – zumindest in diesen Fällen – aussagekräftige Informationen über die involvierte Logik sowie die Tragweite und die angestrebten Auswirkungen einer derartigen Verarbeitung für die betroffene Person.

(2) Werden personenbezogene Daten an ein Drittland oder an eine internationale Organisation übermittelt, so hat die betroffene Person das Recht, über die geeigneten Garantien gemäß Artikel 46 DS-GVO im Zusammenhang mit der Übermittlung unterrichtet zu werden.

6.2 Recht auf Berichtigung gem. Art. 16 DS-GVO

Die betroffene Person hat das Recht, von dem Verantwortlichen unverzüglich die Berichtigung sie betreffender unrichtiger personenbezogener Daten zu verlangen. Unter Berücksichtigung der Zwecke der Verarbeitung hat die betroffene Person das Recht, die Vervollständigung unvollständiger personenbezogener Daten – auch mittels einer ergänzenden Erklärung – zu verlangen.

6.3 Recht auf Löschung gem. Art. 17 DS-GVO

(1) Die betroffene Person hat das Recht, von dem Verantwortlichen zu verlangen, dass sie betreffende personenbezogene Daten unverzüglich gelöscht werden, und der Verantwortliche ist verpflichtet, personenbezogene Daten unverzüglich zu löschen, sofern einer der folgenden Gründe zutrifft:

a) Die personenbezogenen Daten sind für die Zwecke, für die sie erhoben oder auf sonstige Weise verarbeitet wurden, nicht mehr notwendig.
b) Die betroffene Person widerruft ihre Einwilligung, auf die sich die Verarbeitung gemäß Art. 6 Abs. 1 lit. a) oder Art. 9 Abs. 2 lit. a) DS-GVO stützte, und es fehlt an einer anderweitigen Rechtsgrundlage für die Verarbeitung.
c) Die betroffene Person legt gemäß Art. 21 Abs. 1 DS-GVO Widerspruch gegen die Verarbeitung ein und es liegen keine vorrangigen berechtigten Gründe für die Verarbeitung vor, oder die betroffene Person legt gemäß Art. 21 Abs. 2 DS-GVO Widerspruch gegen die Verarbeitung ein.
d) Die personenbezogenen Daten wurden unrechtmäßig verarbeitet.

e) Die Löschung der personenbezogenen Daten ist zur Erfüllung einer rechtlichen Verpflichtung nach dem Unionsrecht oder dem Recht der Mitgliedstaaten erforderlich, dem der Verantwortliche unterliegt.
f) Die personenbezogenen Daten wurden in Bezug auf angebotene Dienste der Informationsgesellschaft gemäß Art. 8 Abs. 1 DS-GVO erhoben.

(2) Hat der Verantwortliche die personenbezogenen Daten öffentlich gemacht und ist er gemäß Absatz 1 zu deren Löschung verpflichtet, so trifft er unter Berücksichtigung der verfügbaren Technologie und der Implementierungskosten angemessene Maßnahmen, auch technischer Art, um für die Datenverarbeitung Verantwortliche, die die personenbezogenen Daten verarbeiten, darüber zu informieren, dass eine betroffene Person von ihnen die Löschung aller Links zu diesen personenbezogenen Daten oder von Kopien oder Replikationen dieser personenbezogenen Daten verlangt hat.

(3) Die Absätze 1 und 2 gelten nicht, soweit die Verarbeitung erforderlich ist
a) zur Ausübung des Rechts auf freie Meinungsäußerung und Information;
b) zur Erfüllung einer rechtlichen Verpflichtung, die die Verarbeitung nach dem Recht der Union oder der Mitgliedstaaten, dem der Verantwortliche unterliegt, erfordert, oder zur Wahrnehmung einer Aufgabe, die im öffentlichen Interesse liegt oder in Ausübung öffentlicher Gewalt erfolgt, die dem Verantwortlichen übertragen wurde;
c) aus Gründen des öffentlichen Interesses im Bereich der öffentlichen Gesundheit gemäß Art. 9 Abs. 2 lit. h) und i) sowie Art. 9 Abs. 3 DS-GVO;
d) für im öffentlichen Interesse liegende Archivzwecke, wissenschaftliche oder historische Forschungszwecke oder für statistische Zwecke gemäß Art. 89 Abs. 1, soweit das in Absatz 1 genannte Recht voraussichtlich die Verwirklichung der Ziele dieser Verarbeitung unmöglich macht oder ernsthaft beeinträchtigt, oder
e) zur Geltendmachung, Ausübung oder Verteidigung von Rechtsansprüchen.

6.4 Recht auf Einschränkung der Verarbeitung gem. Art. 18 DS-GVO

(1) Die betroffene Person hat das Recht, von dem Verantwortlichen die Einschränkung der Verarbeitung zu verlangen, wenn eine der folgenden Voraussetzungen gegeben ist:
a) die Richtigkeit der personenbezogenen Daten von der betroffenen Person bestritten wird, und zwar für eine Dauer, die es dem Verantwortlichen ermöglicht, die Richtigkeit der personenbezogenen Daten zu überprüfen,
b) die Verarbeitung unrechtmäßig ist und die betroffene Person die Löschung der personenbezogenen Daten ablehnt und stattdessen die Einschränkung der Nutzung der personenbezogenen Daten verlangt;
c) der Verantwortliche die personenbezogenen Daten für die Zwecke der Verarbeitung nicht länger benötigt, die betroffene Person sie jedoch zur Geltendmachung, Ausübung oder Verteidigung von Rechtsansprüchen benötigt, oder
d) die betroffene Person Widerspruch gegen die Verarbeitung gemäß Art. 21 Abs. 1 DS-GVO eingelegt hat, solange noch nicht feststeht, ob die berechtigten Gründe des Verantwortlichen gegenüber denen der betroffenen Person überwiegen.

(2) Wurde die Verarbeitung gemäß Absatz 1 eingeschränkt, so dürfen diese personenbezogenen Daten – von ihrer Speicherung abgesehen – nur mit Einwilligung der betroffenen Person oder zur Geltendmachung, Ausübung oder Verteidigung von Rechtsansprüchen oder zum Schutz der Rechte einer anderen natürlichen oder juristischen Person oder aus Gründen eines wichtigen öffentlichen Interesses der Union oder eines Mitgliedstaats verarbeitet werden.

6.5 Recht auf Datenübertragbarkeit gem. Art. 20 DS-GVO

(1) Die betroffene Person hat das Recht, die sie betreffenden personenbezogenen Daten, die sie einem Verantwortlichen bereitgestellt hat, in einem strukturierten, gängigen und maschinenlesbaren Format zu erhalten, und sie hat das Recht, diese Daten einem anderen Verantwortlichen ohne Behinderung durch den Verantwortlichen, dem die personenbezogenen Daten bereitgestellt wurden, zu übermitteln, sofern

a) die Verarbeitung auf einer Einwilligung gemäß Art. 6 Abs. 1 lit. a) oder Art. 9 Abs. 2 lit. a) DS-GVO oder auf einem Vertrag gemäß Art. 6 Abs. 1 lit. b) DS-GVO beruht und

b) die Verarbeitung mithilfe automatisierter Verfahren erfolgt.

(2) Bei der Ausübung ihres Rechts auf Datenübertragbarkeit gemäß Absatz 1 hat die betroffene Person das Recht, zu erwirken, dass die personenbezogenen Daten direkt von einem Verantwortlichen einem anderen Verantwortlichen übermittelt werden, soweit dies technisch machbar ist.

Das Recht gemäß Absatz 1 darf die Rechte und Freiheiten anderer Personen nicht beeinträchtigen.

Dieses Recht gilt nicht für eine Verarbeitung, die für die Wahrnehmung einer Aufgabe erforderlich ist, die im öffentlichen Interesse liegt oder in Ausübung öffentlicher Gewalt erfolgt, die dem Verantwortlichen übertragen wurde.

6.6 Widerspruchsrecht gem. Art. 21 DS-GVO

Die betroffene Person hat das Recht, aus Gründen, die sich aus ihrer besonderen Situation ergeben, jederzeit gegen die Verarbeitung sie betreffender personenbezogener Daten, die aufgrund von Art. 6 Abs. 1 lit. e) oder f) DS-GVO erfolgt, Widerspruch einzulegen; dies gilt auch für ein auf diese Bestimmungen gestütztes Profiling. Der Verantwortliche verarbeitet die personenbezogenen Daten nicht mehr, es sei denn, er kann zwingende schutzwürdige Gründe für die Verarbeitung nachweisen, die die Interessen, Rechte und Freiheiten der betroffenen Person überwiegen, oder die Verarbeitung dient der Geltendmachung, Ausübung oder Verteidigung von Rechtsansprüchen.

Im Zusammenhang mit der Nutzung von Diensten der Informationsgesellschaft kann die betroffene Person ungeachtet der Richtlinie 2002/58/EG ihr Widerspruchsrecht mittels automatisierter Verfahren ausüben, bei denen technische Spezifikationen verwendet werden.

6.7 Widerrufsrecht gem. Art. 7 Abs. 3 DS-GVO

Die betroffene Person hat das Recht, ihre datenschutzrechtliche Einwilligungserklärung jederzeit zu widerrufen. Durch den Widerruf der Einwilligung wird die Rechtmäßigkeit der aufgrund der Einwilligung bis zum Widerruf erfolgten Verarbeitung nicht berührt.

6.8 Recht auf Beschwerde bei einer Aufsichtsbehörde gem. Art. 77 DS-GVO

Jede betroffene Person hat unbeschadet eines anderweitigen verwaltungsrechtlichen oder gerichtlichen Rechtsbehelfs das Recht auf Beschwerde bei einer Aufsichtsbehörde, insbesondere in dem Mitgliedstaat ihres Aufenthaltsorts, ihres Arbeitsplatzes oder des Orts des mutmaßlichen Verstoßes, wenn die betroffene Person der Ansicht ist, dass die Verarbeitung der sie betreffenden personenbezogenen Daten gegen diese Verordnung verstößt.

Anmerkungen

1. Seit dem 25.5.2018 gilt die Europäische Datenschutz-Grundverordnung (Verordnung (EU) 2016/679 vom 27.4.2016, DS-GVO). Ergänzt wird die DS-GVO durch das neue Bundesdatenschutzgesetz vom 30.6.2017 (BDSG). Darüber hinaus sind zahlreiche datenschutzrechtliche Bestimmungen im anwaltlichen Berufsrecht (zB § 50 BRAO zur

Handakte) zu beachten. Aktuell in der Diskussion ist die bisherige ePrivacy-Richtlinie (RL 2002/58/EG), die durch eine EU-Verordnung ersetzt werden soll (und erhebliche Einschränkungen von Werbemöglichkeiten mit sich bringen könnte, vgl. zum aktuellen Stand MMR-Aktuell 2019, 421793 und Stögmüller, Die Entwicklung des IT-Rechts im Jahr 2020, NJW 2020, 3762 Rn. 5).

Die in der DS-GVO niedergelegten Grundsätze unterscheiden sich im Ergebnis nicht von der bisherigen Rechtslage: Die mit Art. 5 Abs. 1 DS-GVO geforderte Rechtmäßigkeit der Datenverarbeitung, ihre Transparenz und Zweckbindung, das Erfordernis der Datenminimierung sowie die Gewährleistung von Integrität und Vertraulichkeit waren auch vor dem 28.5.2018 zu beachten.

Neu (und in der Praxis schwer umzusetzen) ist hingegen die mit Art. 5 Abs. 2 und Art. 24 Abs. 1 S. 1 DS-GVO eingeführte Nachweis- und Rechenschaftspflicht, die insbesondere die Erstellung eines Verzeichnisses der Verarbeitungstätigkeiten (Art. 30 Abs. 1 DS-GVO) erfordert. In diesem Zusammenhang hat jede Rechtsanwaltskanzlei, die Leistungen gegenüber im Gebiet der Europäischen Union befindlichen Personen anbietet (vgl. Art. 3 DS-GVO), die wesentlichen Verarbeitungstätigkeiten (zB der Verarbeitungsschritte der Daten von Mandanten, Gegnern und sonstigen Beteiligten, über die Anwaltswebsite erhobenen Daten, Gehaltsabrechnung Mitarbeiter usw.) gem. Art. 30 Abs. 1 DS-GVO in einem Verzeichnis darzustellen. Eine erste Hilfestellung hierzu (und zu den anderen durch die DS-GVO ausgelösten Pflichten) liefert ua der im C.H.Beck Verlag erschienene und vom Bayerischen Landesamt für Datenschutzaufsicht herausgegebene Leitfaden *Kranig/ Ehmann*, Erste Hilfe zur DS-GVO für Unternehmen und Vereine sowie die von der Bundesrechtsanwaltskammer herausgegebene und auf www.brak.de abrufbare Checkliste für Rechtsanwältinnen und Rechtsanwälte zur DS-GVO.

Gegenstand dieses Formulars sind die in diesem Zusammenhang auf einer Anwaltswebsite vorzuhaltenden Informationen, die sich von den Datenschutzhinweisen im Rahmen eines erteilten Mandats (→ Form. I.A.1 (Anlage 1).) in etlichen Punkten unterscheiden.

Gem. § 13 Abs. 1 S. 1 Telemediengesetz (TMG) hat ein Websitebetreiber den Nutzer zu Beginn des Nutzungsvorgangs über Art, Umfang und Zwecke der Erhebung und Verwendung personenbezogener Daten in allgemein verständlicher Form zu unterrichten, sofern eine solche Unterrichtung nicht bereits erfolgt ist (was nur bei bestehenden Mandanten, die zB gem. → Form. I.A.1 (Anlage 1) vor Aufruf der Website informiert wurden, möglich wäre, nicht aber bei Erstaufrufern der Anwaltswebsite).

Die Informationen müssen zudem präzise und auf der Website leicht zugänglich sein (Art. 12 Abs. 1 S. 1 Hs. 1 DS-GVO). Als „personenbezogene Daten" gelten im Übrigen nicht nur offensichtlich persönliche Informationen (zB Name, Anschrift oder E-Mail), sondern auch die IP-Adresse eines Internetnutzers oder das Wissen, welche Seiten ein Nutzer im Internet aufgerufen hat. Demnach erhebt jede Website personenbezogene Daten, weswegen eine Ausnahme von der Pflicht, eine Datenschutzerklärung bereitzuhalten, faktisch nicht gegeben ist.

Inhaltlich wurden die bereits bestehenden Informationspflichten durch die DS-GVO dahingehend erweitert, dass nunmehr auch über die Erhebung von Daten (Art. 13 und 14 DS-GVO) sowie die Auskunftsrechte (Art. 15 DS-GVO) informiert werden muss. Das Formular enthält die für eine Anwaltswebsite typischen Datenverarbeitungsvorgänge und ist modular aufgebaut, sodass Hinweise zu ggf. nicht angebotenen Diensten (zB Bereitstellung eines Kontaktformulars, Registrierung für einen Newsletter oder die Präsenz in sozialen Medien) ohne weiteres gestrichen werden können.

2. → Form. I.A.1 Anm. 10.

3. → Form. I.A.1 Anm. 11.

4. Die allgemeinen Hinweise zur Datenverarbeitung dienen einerseits der Ordnung und Systematisierung der Datenverarbeitung (und insoweit dem Transparenzgebot) und andererseits als allgemeiner Teil für die nachfolgenden besonderen Bestimmungen, soweit es um Dritte als Empfänger von Daten (zB Auftragsverarbeiter), die Speicherdauer von Daten und die Übermittlung von Daten in Drittländer geht.

5. Die Protokollierung des Zugriffs auf die Website, die Speicherung der hierbei erhobenen Daten sowie deren Verarbeitung im Rahmen von Virenscannern ist technisch notwendig und von den berechtigten Interessen des Websitebetreibers gedeckt. Insofern ist im Hinblick auf eine Webpräsenz Art. 6 Abs. 1 Unterabs. 1 lit. f DS-GVO die am häufigsten eingreifende Erlaubnisnorm für die Datenverarbeitung.

6. Cookies (vgl. EuGH NJW 2019, 3433; BGH NJW 2020, 2540) sind für den Betrieb einer Website nahezu unvermeidlich und gelten im Allgemeinen als harmlos. Bestimmte Arten von Cookies können aber auch für Webanalysedienste oder als Tracking-Tool eingesetzt werden. Entsprechendes findet bei Google Analytics statt. Das Cookie bewirkt hierbei eine Übermittlung der IP-Adresse an Google, die im Zweifelsfall an einen Google-Server in den USA übertragen wird. Der Einsatz eines IP-Anonymisierers auf der Anwaltswebsite kann wiederum verhindern, dass Google insoweit ein persönliches Datum erhält. In jedem Fall wäre ein Nutzer einer Website, die Google Analytics einsetzt, über diese Vorgänge zu informieren.

7. Die auf einer Anwaltswebsite üblicherweise angebotenen Kommunikationswege werden in Datenschutzhinweisen häufig nicht dargestellt. Dazu besteht aber insbesondere aufgrund der Umstellung auf IP-Telefonie Anlass, weil weil dort intensive Protokollierungen erfolgen.. Insofern stellt das Formular nur einen Anfang dar. Wünschenswert wäre es, die Datenverarbeitungsprozesse bei Telekommunikationsanlagen im Einzelnen zu kennen und entsprechend darstellen zu können.

8. Für den Bezug eines Newsletters kommt die „klassische" Einwilligung gem. Art. 6 Abs. 1 Unterabs. 1 lit. a DS-GVO zum Einsatz, denn weder eine Vertragsbeziehung noch überwiegende Interessen könnten einen Newsletter-Versand rechtfertigen. Das dargestellte Double-Opt-In-Verfahren sollte ausnahmslos zum Einsatz kommen. Zwar bietet auch Double-Opt-In keine Sicherheit für die Identität des Bestellers, denn dieser kann sich Zugang zur E-Mail-Adresse des wahren Berechtigten verschafft haben. Allerdings stellt sie im Hinblick auf die eingesetzten Kommunikationsmedien Website/E-Mail das anerkannte Maß einer zumutbaren Verifizierung der Identität des Bestellers im Hinblick auf die Einholung seiner datenschutzrechtlichen Einwilligung dar.

9. Kritisch zu sehen sind Onlinepräsenzen von Rechtsanwaltskanzleien in sozialen Netzwerken. Es ist nicht zu übersehen, dass gerade im Bereich des Recruitings eine aktive Präsenz von hohem Nutzen sein kann. Nachdem jedoch nicht bekannt ist, was mit den Daten auf einer sozialen Plattform geschieht, sollte ein kanzleiinternes Regelwerk zumindest Grundsätze zu einer möglichst sparsamen Datenüberlassung formulieren und ausdrücklich auf die mit einer Nutzung von sozialen Netzwerken verbundenen Gefahren hinweisen.

Nachdrücklich abzuraten ist von einer Verlinkung sozialer Netzwerke auf einer Kanzleiwebsite, insbesondere mittels Plugins. Plugins sehen zwar ansprechend aus, sie sammeln jedoch die Daten der Besucher einer Anwaltswebsite, und zwar auch dann, wenn diese kein Benutzerkonto beim jeweiligen sozialen Netzwerk haben.

10. Bei der Nennung der Rechte des Nutzers ist in diesem Formular im Unterschied zu → Form. I.A.1 (Anlage 1) auch das Recht zum Widerruf einer zuvor erklärten datenschutzrechtlichen Einwilligung genannt, denn im Gegensatz zu dort kann das Bestehen einer Vertragsbeziehung (Art. 6 Abs. 1 Unterabs. 1 lit. b DS-GVO) nicht angenommen werden und würde für den Newsletter-Bezug auch nicht ausreichen.

6. Außergerichtliche Vollmacht

Vollmacht[1]

Der Unterzeichner erteilt hiermit

(Name, Anschrift der bevollmächtigten Kanzlei)

Vollmacht zur Vertretung in der Sache:

(Name Mandant) . / . (Name Gegner)[2]

wegen: Mietverhältnis, insb. Kündigung des Mietvertrags vom . . . . . . über die Räume (Straße), (PLZ) (Ort); Geltendmachung rückständiger Miete[3]

Die Vollmacht umfasst insb. die Befugnis

- **zur umfassenden Geltendmachung von Ansprüchen des Vollmachtgebers;**
- **zur Begründung und Aufhebung von Vertragsverhältnissen und zur Abgabe einseitiger Willenserklärungen, insb. Kündigung (ordentlich wie außerordentlich), Ausübung von Wahlrechten, Rücktritt, Anfechtung, Widerruf;[4]**
- **zu außergerichtlichen Verhandlungen zur Vermeidung eines Rechtsstreits;**
- **zur Stellung eines Insolvenzantrags und Vertretung im Insolvenzverfahren;[5]**
- **zur Vornahme von Zustellungen;[6]**
- **zur Erteilung von Vollmachten an Dritte;**
- **zur Einsichtnahme und Vervielfältigung von Akten und Dokumenten sowie zur Erhebung, Verarbeitung und Nutzung von personenbezogenen Daten des Vollmachtgebers;[7]**
- **zur Befragung von Personen, insb. Amtsträger, Sachbearbeiter und Zeugen;[8]**
- **zur Entgegennahme von Zahlungen, Wertsachen und Urkunden;[9]**
- **zur Hinterlegung eines Testaments,[10]**

. . . . ., den . . . .

(Unterschrift Vollmachtgeber)

Anmerkungen

1. Eine außergerichtliche Vollmacht hat – anders als die Prozessvollmacht gem. §§ 80 ff. ZPO – keinen gesetzlich festgelegten Umfang. Der Rechtsanwalt hat deshalb durch die Fassung der ihm erteilten Vollmacht sicherzustellen, dass sein Handeln im Außenverhältnis durch seinen Mandanten gestattet ist. Dies ist im Regelfall nur durch eine auf das Mandat abgestimmte Vollmacht gewährleistet. Aus diesem Grund ist von der Verwendung von Blanko-Vollmachten abzuraten, insbesondere da diesbezüglich Streit entstehen kann, ob der Rechtsanwalt das Blankett abredegemäß ausgefüllt hat (zur Beweislast BGH NJW-RR 1989, 1323 (1324); NJW 1988, 2741 (2741)).

Schließlich können auch psychologische Gesichtspunkte eine Rolle spielen. Ein Mandant, der lediglich einen Zahlungsanspruch durchsetzen will, ist möglicherweise irritiert, wenn der Rechtsanwalt im Rahmen einer Einheitsvollmacht scheinbar zur Antragstellung in Scheidungs- und Scheidungsfolgesachen befugt ist. Umgekehrt kann einem Gegner mittels einer entsprechenden Vollmacht deutlich gemacht werden, dass der Rechtsanwalt nicht nur zur Ergreifung von Durchsetzungsmaßnahmen, sondern auch zur Stellung eines Insolvenzantrags befugt ist.

Bei der Abfassung und Verwendung der Vollmacht ist für einseitige Rechtsgeschäfte insb. § 174 BGB zu beachten. Die Vollmacht muss die Befugnis zur Vornahme des vorgesehenen einseitigen Rechtsgeschäfts beinhalten (→ Anm. 3, 4). Zudem ist die Vollmachtsurkunde im Original vorzulegen, bei Untervertretung auch die Vollmacht des Hauptvertreters (BGH NJW 2013, 297 (298)). Weder ist hierzu eine beglaubigte Kopie (BGH NJW 1981, 1210 (1210)), noch ein Telefax (OLG Hamm NJW 1991, 1185 (1185 f.); BGH NJW-RR 2018, 116 (118)), noch das Angebot, die Originalurkunde beim Bevollmächtigten einzusehen (vgl. Palandt/*Ellenberger* BGB § 174 Rn. 5; OLG München BeckRS 2019, 25925 Rn. 35), ausreichend. Es empfiehlt sich deshalb, vorsorglich eine größere Anzahl von Vollmachten gegenzeichnen zu lassen, wenn nicht ausgeschlossen werden kann, dass sich der Rechtsanwalt gegenüber mehreren Gegnern oder Behörden als Bevollmächtigter wird ausweisen müssen.

Für die Zustellung einer Erklärung im Rahmen eines einseitigen Rechtsgeschäfts von Anwalt zu Anwalt (§ 14 BORA bzw. § 195 ZPO) sollte darauf geachtet werden, dass das Empfangsbekenntnis nicht nur die Zustellung des die Erklärung beinhaltenden Schriftstücks, sondern auch die Zustellung der mit diesem übermittelten Originalvollmacht bestätigt. Wird hingegen im Rahmen einer Räumungsklage erstmals eine Kündigung des Mietverhältnisses ausgesprochen, ist es erforderlich (aber auch ausreichend), die zur Kündigung befähigende Originalvollmacht zu den Gerichtsakten einzureichen (vgl. Palandt/*Ellenberger* BGB § 174 Rn. 5; LG Tübingen NJW-RR 1991, 972).

2. In Einzelfällen ist besonderes Augenmerk auf die Angabe des Anspruchsgegners zu legen.

Zu denken ist hierbei an Ansprüche gegenüber einer Vielzahl von Gesellschaften, die einen ähnlichen oder identischen Namen aufweisen; hier ist der Gegner so weit zu individualisieren, dass eine Verwechslung ausgeschlossen werden kann (zB durch Angabe der Handelsregisternummer).

Bei anderen Sachverhalten (zB Maklerfällen mit Vertragsschluss durch einen Dritten, vgl. BGH NJW-RR 1998, 411) kann es als Vorstufe der Vollmachtserteilung erforderlich sein, die Passivlegitimation des Gegners umfassend zu prüfen. Von einer Anspruchsstellung ohne hinreichende Individualisierung ist abzuraten, da der Mandant insofern Gefahr läuft, einer negativen Feststellungsklage ausgesetzt zu werden. Diese Gefahr lässt sich – worauf der Mandant hingewiesen werden sollte – nicht ausschließen, sofern der Gegner nicht eindeutig feststeht und die Aufgabe des Rechtsanwalts gerade darin besteht, den verantwortlichen Schadensverursacher bspw. durch ein selbständiges Beweisverfahren zu ermitteln. In solchen Fällen sollte die Vollmacht gegenüber allen in Betracht kommenden Schädigern ausgestellt werden.

3. Eine ausschließlich weite Fassung des Mandatsgegenstands ist nicht der sicherste Weg, da hierdurch Auslegungsspielräume eröffnet werden. Zwar hat bspw. das LG München II in NJW-RR 1987, 1164 (1164) – entgegen der Vorinstanz – entschieden, dass eine mit dem Zusatz „wegen Mietverhältnis" ausgefüllte Formularvollmacht ausreichend ist, die Bevollmächtigung für ein Mieterhöhungsverlangen nachzuweisen. Zwingend ist dieses Verständnis aber nicht. Für die Praxis empfiehlt es sich daher, zunächst das grundlegende Rechtsverhältnis (zB „wegen Gesellschaftsverhältnis") anzugeben und dieses sodann beispielhaft mit vorgesehenen Maßnahmen zu konkretisieren (zB „insbesondere Geltendmachung von Gewinnansprüchen").

Hierbei ist wiederum darauf zu achten, dass der Vollmachtgegenstand nicht zu eng gefasst wird und sich unter Berücksichtigung der danach aufgezählten Befugnisse der gewünschte Vollmachtumfang ergibt. In LG Berlin NJW-RR 2002, 1450 legte der Rechtsanwalt eines Vermieters eine Vollmacht mit dem Eintrag „wegen fristloser Kündigung" vor; im weiteren Text war Vollmacht insb. zur Abgabe von Kündigungen erteilt. Für eine auf dieser Grundlage erklärte ordentliche Kündigung hat das LG Berlin den

Vollmachtnachweis versagt, da die weitere Aufzählung im Vollmachttext den Vollmachtgegenstand „außerordentliche Kündigung" konkretisiere, nicht aber um die Befugnis zur ordentlichen Kündigung erweitere.

4. Das Formularbeispiel gibt deshalb im Betreff das grundlegende Rechtsverhältnis („Mietverhältnis") an, welches auf den Ausspruch einer Kündigung und die Geltendmachung rückständiger Miete konkretisiert wird. Im Weiteren umfasst der Vollmachttext (als weitere Konkretisierung) die Befugnis, eine ordentliche wie eine außerordentliche Kündigung auszusprechen.

5. In Forderungssachen kann sich im Rahmen der Mandatsbearbeitung ergeben, dass der Gegner einen Insolvenzgrund gem. §§ 16 ff. InsO verwirklicht. Damit kann es für den Mandanten in Frage kommen, einen Insolvenzantrag zu stellen. Ein Antrag auf Eröffnung des Insolvenzverfahrens ist keine Maßnahme der Forderungsdurchsetzung. Würde ein Insolvenzantrag lediglich als Druckmittel eingesetzt, um Zahlungen oder die Anerkennung einer zweifelhaften Forderung zu erhalten, wäre dieser mangels rechtlichen Interesses an der Eröffnung des Insolvenzverfahrens unzulässig (vgl. Uhlenbruck/*Wegener* InsO § 14 Rn. 71 ff.). Daraus ergibt sich, dass die Befugnis zur umfassenden Geltendmachung von Ansprüchen des Vollmachtgebers noch keine Bevollmächtigung für das Stellen eines Insolvenzantrags enthält. Erforderlich ist daher eine auf die Insolvenzantragstellung bezogene Bevollmächtigung.

Diese umfasst wiederum nicht auch die Forderungsanmeldung oder sonstige Vertretungshandlungen im Insolvenzverfahren (vgl. Uhlenbruck/*Sinz* InsO § 174 Rn. 19), weswegen auch hierzu (extra/gesondert?) zu bevollmächtigen ist.

6. Es kann für einen im Ausland ansässigen Mandanten (insb. in Wettbewerbssachen) rechtlich vorteilhaft sein, gerade keinen inländischen Bevollmächtigten mit erleichterten Zustellungsmöglichkeiten nach § 14 BORA bereitzuhalten (vgl. BGH NJW 2015, 3672). Wird dies durch den beauftragten Rechtsanwalt übersehen, kann hieraus ein erhebliches Haftungsrisiko erwachsen.

Für den Regelfall der Vertretung einer inländischen Partei ist das Formular um die Entgegennahme von Zustellungen zu erweitern, um die Anwendbarkeit von § 12 BORA und eine unmittelbare Beratung des Mandanten sicherzustellen.

7. Neben der Einsichtnahme in körperliche Dokumente hat die Erhebung und Verarbeitung von personenbezogenen Daten praktische Relevanz, wozu eine ausdrückliche Bevollmächtigung ratsam ist. Andernfalls könnten dem Rechtsanwalt bspw. sowohl der Zugriff auf eine für den Mandanten bestimmte Online-Datenbank als auch die Sicherung der dortigen Daten von dem Provider verweigert werden.

Im Verhältnis zum Mandanten ist dem Rechtsanwalt die Erhebung, Verarbeitung und Nutzung von personenbezogenen Daten auf Grundlage des bestehenden Mandats gestattet, Art. 6 Abs. 1 Unterabs. 1 lit. b DS-GVO. Große Bedeutung hat daher die Festlegung und Dokumentation des Mandats, etwa im Rahmen allgemeiner Mandatsbedingungen (→ Form. I.A.1).

8. Der Rechtsanwalt kann für die Bearbeitung des Mandats – neben der Beschaffung von Akten und Daten – auf Auskünfte von Personen angewiesen sein, was eine entsprechende Bevollmächtigung erforderlich macht.

9. Ein Gegner will verständlicherweise sichergehen, dass seinen Leistungen Erfüllungswirkung zukommt. Insofern sollte die Vollmacht auch die Inkassobefugnis des Rechtsanwalts vorsehen.

10. Soll für den Mandanten ein Testament beim Nachlassgericht hinterlegt werden, muss die Vollmacht ausdrücklich hierauf ausgestellt sein. Neben dem Datum der letztwilligen Verfügung müssen in der Vollmacht neben dem vollständigen Namen des Testators auch dessen Geburtsname, Geburtsdatum, Geburtsort und Geburtsregisternummer (sofern die Geburtsregisternummer nicht vorliegt, ersatzweise die Kopie der Geburts- oder Heiratsurkunde oder des Familienbuches) in der Vollmacht angegeben sein, dessen genaue Anschrift sowie der Wert des Vermögens.

7. (Erweiterte) Zivilprozessvollmacht

Vollmacht[1]

An

(Name, Anschrift der bevollmächtigten Kanzlei)

wird hiermit in Sachen

(Name Mandant) ./. (Name Gegner)[2]

wegen: . . . .[3]

ua mit den Befugnissen gem. §§ 81, 82 ZPO Vollmacht zur Vertretung in Verfahren vor den ordentlichen Gerichten (§§ 12–13a GVG) erteilt, insb.[4]

1. zur Prozessführung nach der Zivilprozessordnung und des Arbeitsgerichtsgesetzes, insb. in Erkenntnis- und Zwangsvollstreckungsverfahren sowie Verfahren der freiwilligen Gerichtsbarkeit und des einstweiligen Rechtsschutzes;

2. zur Stellung von Insolvenzanträgen und zur Vertretung in Insolvenzverfahren einschließlich der Befugnis, Forderungen anzumelden und zu bestreiten sowie eine Insolvenzquote in Empfang zu nehmen;[5]

3. zur Antragstellung in Scheidungs- und Scheidungsfolgesachen, zum Abschluss von Vereinbarungen über Scheidungsfolgen, zur Stellung von Anträgen auf Erteilung von Renten- und sonstigen Versorgungsauskünften sowie zur Antragstellung in Kindschaftssachen;[6]

4. zur Vertretung in sonstigen Verfahren und außergerichtlichen Verhandlungen in Bezug auf den Vollmachtgegenstand, insb. zum Abschluss eines außergerichtlichen Vergleichs;

5. zur Begründung und Aufhebung von Vertragsverhältnissen und zur Abgabe und Entgegennahme einseitiger Willenserklärungen, insb. Kündigung (ordentlich wie außerordentlich), Ausübung von Wahlrechten, Rücktritt, Anfechtung, Widerruf;[7]

einschließlich außergerichtlicher Verhandlungen durch Vertrag iSv Nr. 1000 Abs. 1 VV RVG.[8] In Prozesskostenhilfe- und Verfahrenskostenhilfe-Antragsverfahren beschränkt sich die Vollmacht auf das Bewilligungsverfahren und endet mit rechtskräftiger Entscheidung in der Hauptsache oder sonstiger Beendigung des Hauptsacheverfahrens; sie erfasst nicht ein Überprüfungsverfahren nach § 120a ZPO.[9]

Die Vollmacht erstreckt sich ferner auf alle Verfahren vor den Verfassungsgerichten (§ 37 RVG), vor dem Gerichtshof der Europäischen Gemeinschaften (§ 38 RVG) und vor dem Europäischen Gerichtshof für Menschenrechte (§ 38a RVG).

Allgemein umfasst die Vollmacht die Befugnis[10]

- **zur Vornahme und Entgegennahme von Zustellungen;[11]**
- **zur Bestellung eines Unterbevollmächtigten sowie eines Bevollmächtigten für höhere Instanzen;**
- **zur Einsichtnahme und Vervielfältigung von Akten und Dokumenten sowie zur Erhebung, Verarbeitung und Nutzung von Daten;[12]**
- **zur Befragung von Personen, insb. Amtsträger, Sachbearbeiter und Zeugen;[13]**

- **zur Entgegennahme von Zahlungen, Wertsachen und Urkunden sowie deren Hinterlegung.**

. . . ., den . . . . . **. . . . .**

(Unterschrift Vollmachtgeber)

Anmerkungen

1. Erteilt ein Mandant Vollmacht, in seinem Namen Prozess zu führen, ist dies eine Prozesshandlung mit der Folge, dass für die Vollmacht im Außenverhältnis grds. Prozessrecht (§§ 78–89 ZPO) zur Anwendung kommt. Materielles Recht (§§ 164 ff. BGB) greift für die Prozessvollmacht hingegen nur, soweit hierauf verwiesen wird oder es allgemeine Rechtsgedanken enthält (BGH NJW 2003, 963 (964); 2004, 844 (844); OLG Jena BeckRS 2020, 9286 Rn. 83; LG Frankfurt a. M. BeckRS 2020, 39694 Rn. 38). Eine Bezeichnung als „Prozessvollmacht" ist nicht erforderlich. Die Vollmachterteilung leitet in einem weiteren Sinn den Prozess ein, insb. mit der Folge eines gesetzlich festgelegten Vollmachtumfangs (§§ 81, 82 ZPO), der Haftung des Rechtsanwalts (§§ 85 Abs. 2, 89 Abs. 1 S. 3 ZPO) und dem Erfordernis, im anhängigen Verfahren an ihn zuzustellen (§ 172 Abs. 1 S. 1 ZPO).

Jede prozessuale Vollmacht geht im Innenverhältnis mit einer materiell-rechtlichen Vollmacht einher, weswegen Umfang und Wirkungsdauer der Vollmachten unterschiedlich sein können (vgl. Zöller/*Althammer* ZPO § 80 Rn. 2). Aus diesem Grund versucht das Form., allgemeine und prozessuale Vollmacht in Einklang zu bringen, indem die materiell-rechtliche Vollmacht lediglich den Umfang der Prozessvollmacht aufnimmt (→ Anm. 4), ohne (ausschließlich) Prozessvollmacht zu sein. Insofern ist das Formular sowohl für die außergerichtliche und – bei Meinungsänderung des Mandanten – spätere gerichtliche Vertretung geeignet.

Spätestens im Falle der gerichtlichen Vertretung des Mandanten sollte die Prozessvollmacht nicht nur urkundlich vorliegen, sondern im Original oder in öffentlicher Beglaubigung (BGH NJW 2007, 772 (773); BeckRS 2019, 35145 LS und Rn. 1) auch zu den Gerichtsakten gegeben werden, ua aus den folgenden Gründen:

- Grds. folgt aus § 88 Abs. 2 ZPO, dass die Vollmacht nur auf Rüge des Gegners zu prüfen ist; wegen §§ 547 Nr. 4, 579 Abs. 1 Nr. 4 ZPO darf (ggf. muss) das Gericht bei Zweifeln allerdings von Amts wegen die Hereingabe der schriftlichen Vollmacht verlangen (OLG Saarbrücken NJW 1970, 1464 (1464); OLG Hamburg NJW-RR 1988, 1182 (1183); BFH NJW 1997, 1029 (1030); BGH NJW 2001, 2095 (2096); OLG Hamm NJOZ 2013, 1139);
- die Vollmachtrüge des Gegners ist in jeder Lage des Verfahrens möglich. Diese hat entweder eine Vertagung zur Beibringung oder eine vorläufige Zulassung zur Prozessführung (ggf. nur gegen Sicherheitsleistung) zur Folge. In letzterem Fall kann gem. § 89 Abs. 2 ZPO bis zum Ablauf der Frist für die Beibringung der Genehmigung keine gerichtliche Entscheidung ergehen. Die Vollmachtrüge führt daher in jedem Fall zu einer Verfahrensverzögerung. (vgl. Zöller/*Althammer* ZPO § 89 Rn. 6);
- die vorläufige Zulassung zur Prozessführung birgt die Gefahr, dass der nachweislose Anwalt (nicht die von ihm vertretene Partei) zum Ersatz der durch seine einstweilige Zulassung entstandenen Kosten verurteilt wird (vgl. Zöller/*Althammer* ZPO § 89 Rn. 8);
- gelingt bis zum Schluss der mündlichen Verhandlung der Vollmachtnachweis nicht oder verbleiben Zweifel, ergeht ein abweisendes/Rechtsmittel verwerfendes Prozessur-

teil (vgl. Gemeinsamer Senat der Obersten Gerichtshöfe des Bundes in BGHZ 91, 111 (115) = NJW 1984, 2149);
- kann der betroffene Anwalt nicht nachweisen, dass sein Tätigwerden durch die Partei veranlasst wurde, werden ihm (zusätzlich) die Kosten des Rechtsstreits auferlegt (BGH NJW 1993, 1865; BeckRS 2008, 16746 Rn. 2; OLG Frankfurt a.M. NJW-RR 2016, 1270; Zöller/*Althammer* ZPO § 88 Rn. 11 mwN).

2. → Form. I.A.6 Anm. 2.

3. → Form. I.A.6 Anm. 3.

4. Wie in Anm. 1 ausgeführt, wird lediglich auf den gesetzlich festgelegten Umfang einer Prozessvollmacht Bezug genommen. Der Wortlaut „insbesondere" stellt dabei klar, dass sich der Vollmachtumfang hierin nicht erschöpft, sondern im weiteren Text zusätzliche Befugnisse eingeräumt werden.

5. Eine allgemeine Prozessvollmacht genügt nicht, weil die Insolvenz nicht zur Zwangsvollstreckung iSv § 81 ZPO gehört (vgl. Uhlenbruck/*Sinz* InsO § 174 Rn. 21). Nach aA (vgl. zum Streitstand Musielak/Voit/*Weth* ZPO, 18.Auflage 2021, § 81, Rn. 2) sollen nicht titulierte Forderungen unter § 81 ZPO zu fassen sein, nicht aber bereits titulierte Forderungen. Der sicherste Weg ist deshalb, für Insolvenzverfahren eine ausdrückliche Bevollmächtigung erteilen zu lassen; andernfalls besteht die Gefahr, dass bspw. im Rahmen einer vorläufigen Forderungsanmeldung im ersten Termin zur Gläubigerversammlung und der Feststellung des Stimmrechts der anwaltlich vertretene Mandant auf Vollmachtrüge hin bei wichtigen Entscheidungen nicht mitstimmen könnte.

6. Nach § 114 Abs. 5 FamFG ist in Ehesachen eine besondere, auf das Verfahren gerichtete Vollmacht erforderlich.

7. → Form. I.A.6 Anm. 4, in Erweiterung der dortigen Fassung wird mit dem vorliegenden Formular auch zur Entgegennahme einseitiger Willenserklärungen ermächtigt.

8. § 81 ZPO legt mit einer – nicht abschließenden – Aufzählung den Umfang der Prozessvollmacht fest; darin nicht genannte, gleichwohl gegebene Befugnisse sind in Zöller/*Vollkommer* ZPO § 81 Rn. 2 ff. zusammengestellt. In dem Formular wurde aus Platzgründen davon abgesehen, jegliche nach § 81 ZPO gegebene Befugnisse aufzuführen. Aufgenommen wurden aus Gründen der Rechtssicherheit für den bevollmächtigten Rechtsanwalt die Einigung iSv VV1000 Abs. 1 RVG (§ 81 ZPO nennt nur den Vergleich) und (weiter unten) das Hinterlegungsverfahren.

9. Eine derartige Beschränkung der Vollmacht ist nach OLG Brandenburg BeckRS 2014, 01150 und LAG Köln NZA-RR 2019, 499 Rn. 1 zulässig und führt dazu, dass im Überprüfungsverfahren unmittelbar an den Mandanten zugestellt werden muss.

10. → Form. I.A.6 Anm. 6; in Erweiterung zu dort wird mit dem vorliegenden Formular zur Entgegennahme von Zustellungen ermächtigt.

11. → Form. I.A.6 Anm. 7.

12. → Form. I.A.6 Anm. 8.

13. → Form. I.A.6 Anm. 9; für die Vereinnahmung etwaiger Hauptsachezahlungen ist die gesonderte Bevollmächtigung erforderlich, da der gesetzliche Vollmachtumfang auf die Empfangnahme von Kostenerstattungen beschränkt ist, § 81 letzter Halbsatz ZPO.

8. Bitte um Mandatsübernahme

Sehr geehrte(r) Herr Kollege/Frau Kollegin,
ich bitte Sie namens und in Vollmacht der von mir ständig vertretenen Firma A darum, ein Mandat zu übernehmen.[1] Die Firma A wurde von der Firma B mit der in Kopie anliegenden Klage überzogen. Das wirksam als zuständig vereinbarte Landgericht ..... hat Termin auf ..... bestimmt und eine Frist zur Klageerwiderung bis ..... gesetzt. In der Anlage füge ich einen Entwurf für die Klageerwiderung bei mit der Bitte um Überprüfung, ggf. Ergänzung nach Ihrem Ermessen und Einreichung bei Gericht.[2] Die Korrespondenz bitte ich mit mir zu führen.[3] Für eine Bestätigung der Übernahme des Mandats wäre ich dankbar.[4] Sollten Sie an der Übernahme oder Durchführung des Mandats verhindert sein, bitte ich um schnellstmögliche Mitteilung.[5]

Rechtsanwalt/Rechtsanwältin

Anmerkungen

1. Das Muster beinhaltet eine vollständige Mandatsübertragung. Wegen der Aufhebung des Lokalisierungsgrundsatzes sowie des Entfallens der Einschränkung der Postulationsfähigkeit vor den Oberlandesgerichten ist diese aus rechtlicher Sicht nur noch für Revisionsverfahren vor dem BGH erforderlich. Begrifflich wird der Vertrauensanwalt durch die Mandatsübertragung zum Verkehrs- oder (synonym) Korrespondenzanwalt.

Alternativen zur vollständigen Mandatsübertragung sind entweder eine bloße Unterbevollmächtigung durch den Vertrauensanwalt im eigenen Namen zur Wahrnehmung eines Termins zur mündlichen Verhandlung oder eine entsprechende eingeschränkte Bevollmächtigung im Namen des Mandanten.

2. Der Prozessbevollmächtigte ist auch dann für den Inhalt der Schriftsätze voll verantwortlich, wenn der Verkehrsanwalt die Fertigung der Schriftsätze übernommen hat (OLG Frankfurt a. M. NJW-RR 2003, 709 (710); BGH NJW 2006, 3496 Rn. 10 f.; OLG Hamm BeckRS 2012, 1044 (1044)). Daneben haftet der Verkehrsanwalt (BGH NJW 2002, 1417).

3. a) In gebührenrechtlicher Hinsicht gilt Folgendes:

aa) Die Gebühr für die Tätigkeit des Korrespondenzanwaltes findet sich in VV 3400 RVG. Sie kann in sämtlichen Instanzen anfallen. Neben dieser Gebühr kann der Korrespondenzanwalt auch weitere Gebühren, etwa nach VV 3401 RVG, VV 3402 RVG, oder die Einigungsgebühr nach VV 1003, 1004 und 1000 RVG verdienen.

An der Erhöhung der Verfahrensgebühr nimmt er nicht teil. Seine Gebühr bleibt auf den Satz von 1,0 begrenzt.

Der neben dem Korrespondenzanwalt tätige Hauptbevollmächtigte erhält die gesetzlichen Gebühren ohne Einschränkungen.

bb) Der Unterbevollmächtigte, dessen Tätigkeit auf die Terminsvertretung beschränkt ist, erhält eine Verfahrensgebühr in Höhe der Hälfte der dem Verfahrensbevollmächtigten zustehenden Verfahrensgebühr (VV 3401 RVG). Zusätzlich erhält er eine Terminsgebühr nach VV 3402 RVG in Höhe der einem Verfahrensbevollmächtigten zustehenden Terminsgebühr. Ferner kann er eine Einigungsgebühr verdienen, wenn er an einer Einigung mitwirkt.

Der Hauptbevollmächtigte erhält in der Regel eine 1,3 Verfahrensgebühr nach VV 3100 RVG. Eine Terminsgebühr erhält er in aller Regel nicht, weil er keine entsprechende Tätigkeit ausübt. Eine Einigungsgebühr erhält der Hauptbevollmächtigte unter den üblichen Voraussetzungen.

b) Eine Vereinbarung über die interne Teilung der angefallenen Gebühren ist sowohl im Verhältnis Korrespondenz-/Prozessanwalt, als auch zwischen Haupt- und Unterbevollmächtigtem zulässig und in Fällen, in welchen der Korrespondenzanwalt die Schriftsätze stempelfertig liefert, verbreitet und üblich. Hierin liegt keine unzulässige Gewährung eines finanziellen Vorteils für die Vermittlung eines Auftrages gem. § 49b Abs. 3 S. 1 BRAO. Gem. § 49b Abs. 3 S. 2 u. 3 BRAO darf eine über VV 3400 RVG hinausgehende Tätigkeit eines anderen Rechtsanwalts angemessen honoriert werden, sofern die Honorierung der Verantwortlichkeit und dem Haftungsrisiko der beteiligten Rechtsanwälte sowie den sonstigen Umständen Rechnung trägt. Nach § 22 BORA ist eine hälftige Teilung aller gesetzlichen Gebühren ohne Rücksicht auf die Erstattungsfähigkeit in der Regel angemessen. Die Vereinbarung einer Gebührenteilung darf jedoch gem. § 49b Abs. 3 S. 4 BRAO nicht zur Voraussetzung einer Mandatserteilung gemacht werden. Unzulässig ist die Vereinbarung einer Gebührenteilung jedoch für Rechtsanwälte, die ausschließlich beim BGH zugelassen sind (vgl. § 49b Abs. 3 S. 6 BRAO).

Eine Gebührenteilungsvereinbarung zwischen Verkehrs- und Prozessanwalt ist bei Fehlen einer klaren Regelung dahingehend auszulegen, dass der Prozessbevollmächtigte die Hälfte der entstandenen Gebühren erhält und nur den verbleibenden Rest der tatsächlich eingegangenen Gebühren an den Verkehrsanwalt abführen muss (so jedenfalls unter Zugrundelegung der BRAGO LG Göttingen NJW-RR 1997, 1150; vgl. zur Gebührenteilung unter Anwälten auch LG Arnsberg NJW-RR 2001, 1144 (1145)).

In Fällen, in denen (anders als in obigem Beispiel) zwischen Mandant und Terminsvertreter kein Vertragsverhältnis begründet wird, weil der Prozessbevollmächtigte den Auftrag zur Terminswahrnehmung im eigenen Namen erteilt, sollen Absprachen, wonach intern nur die tatsächlich festsetzbaren Kosten abgerechnet werden können, zulässig sein. Erhält der Terminsvertreter hiernach weniger als die gesetzlichen Gebühren, so stellt dies keinen Verstoß gegen § 49b BRAO dar (BGH NJW 2001, 753 (754); NJW 2006, 3569 Rn. 14).

In Fällen der Mandatsübertragung durch die Partei (vertreten durch deren Vertrauensanwalt) dürften derartige Absprachen bzw. diesbezügliche Angebote hingegen wettbewerbswidrig sein und somit auch die Gefahr einer Abmahnung begründen.

c) Die Frage, ob und inwieweit die durch die Einschaltung mehrerer Anwälte verursachten Kosten gem. § 91 ZPO erstattungsfähig sind, dürfte durch die Grundsatzentscheidung BGH NJW 2003, 898 weitgehend geklärt sein (vgl. aktuell zur Erstattungsfähigkeit BGH NJW 2012, 2888; NJW-RR 2014, 763 Rn. 8 ff.; OLG Stuttgart NJOZ 2018, 959; OLG Hamm BeckRS 2019, 38868; *Schneider* NJW-Spezial 2020, 413).

Nach dieser Entscheidung ist die Zuziehung eines am Wohn- oder Geschäftsort der auswärtigen Partei ansässigen Rechtsanwaltes regelmäßig zur zweckentsprechenden Rechtsverfolgung notwendig iSd § 91 Abs. 2 S. 1 HS. 2 ZPO.

Die Kosten eines Unterbevollmächtigten, der für den auswärtigen Prozessbevollmächtigten die Vertretung in der mündlichen Verhandlung übernommen hat, sind erstattungsfähig, soweit sie die durch die Tätigkeit des Unterbevollmächtigten ersparten, erstattungsfähigen Reisekosten des Prozessbevollmächtigten nicht wesentlich (10 %) übersteigen.

Übertragen auf die Kosten eines Korrespondenzanwaltes (vgl. hierzu OLG München NJW-RR 2011, 1207; BGH NJW 2012, 938 für ausländischen Verkehrsanwalt; BGH NJW 2015, 633) müsste dies bedeuten, dass dessen Kosten erstattungsfähig sind, soweit sie nicht höher sind als die Kosten eines Unterbevollmächtigten oder die Reisekosten des Prozessbevollmächtigten, die durch eine eigene Terminswahrnehmung am auswärtigen

Gericht entstanden wären. Maßgeblich für die Vergleichsrechnung sind die jeweils niedrigeren Kosten.

Der Vertrauensanwalt sollte dennoch zumindest den nicht prozesskundigen Mandanten vor Einschaltung eines Prozessanwalts bzw. in Fällen der Erteilung einer Untervollmacht bereits bei Mandatserteilung auf die Entstehung nicht unerheblicher und auch im Falle des gänzlichen Obsiegens nicht oder nur teilweise abwälzbarer Mehrkosten hinweisen. Insbes. an die Annahme eines stillschweigenden Abschlusses eines Verkehrsanwaltsvertrages für die Berufungsinstanz sind hohe Anforderungen zu stellen (vgl. BGH NJW 1991, 2084 (2085 f.); OLG Koblenz NJW-RR 1993, 695 ff.).

Sofern Prozesskostenhilfe bewilligt wurde, ist der erstinstanzliche Vertrauensanwalt außerdem zu dem Hinweis verpflichtet, dass die Tätigkeit als Verkehrsanwalt nicht von der PKH-Bewilligung gedeckt ist. Unterlässt der Anwalt eine entsprechende rechtzeitige Aufklärung, so kann er wegen unvollständiger Beratung seinen Gebührenanspruch auf dem Regresswege verlieren. Zur Beiordnung eines Verkehrsanwalts im Rahmen von PKH (§ 121 Abs. 4 ZPO): BGH NJW 2004, 2749; KG NJW 2010, 1362; OLG München BeckRS 2015, 14659; LAG Hamm BeckRS 2018, 2206. Zur Beiordnung eines Unterbevollmächtigten im Rahmen von PKH: ebenfalls BGH NJW 2004, 2749, sowie OLG Köln BeckRS 2012, 12075; OLG Hamm NJOZ 2014, 1109; OLG Frankfurt a. M. BeckRS 2015, 20615.

4. Erst mit dem rechtzeitigen Eingang dieser Bestätigung wird der Verkehrsanwalt von der Haftung für die Versäumung der Klageerwiderungsfrist oder der Terminswahrnehmung frei. Die Fristenkontrolle trifft nämlich im Zweifel sowohl den Prozess- als auch den Verkehrsanwalt (vgl. zB BGH NJW 1997, 3245). Außerdem hat der Verkehrsanwalt erkennbaren Fehlern des Prozessbevollmächtigten entgegenzuwirken (vgl. BeckOKG/*Teichmann*, Stand 2021, BGB § 675 Rn. 962 f.

5. Ein solcher Zusatz erscheint insb. dann zweckmäßig, wenn der Vertrauensanwalt der Partei den zu beauftragenden Anwalt nicht kennt und nur aus dem Anwaltsverzeichnis entnommen hat. Jeder Anwalt kann aus tatsächlichen oder rechtlichen Gründen an der Übernahme oder Durchführung des Mandats verhindert sein, bspw. wegen einer Interessenkollision (vgl. § 43a Abs. 4 BRAO).

9. Mandatsübernahmebestätigung

Sehr geehrte(r) Herr Kollege/Frau Kollegin,

ich bestätige dankend die Übernahme des Mandats.[1] Die Klageerwiderung wurde heute eingereicht. Den entsprechenden Schriftsatz vom . . . . . . füge ich bei.[2] Den Termin am . . . . . . werde ich wahrnehmen und berichten. Das beigefügte Vollmachtsformular erbitte ich durch die Partei unterzeichnet zurück.[3] Für die Vermittlung eines Gebührenvorschusses iHv . . . . . . wäre ich dankbar.[4]

Rechtsanwalt/Rechtsanwältin

Anmerkungen

1. Anders als dem Notar steht es dem Rechtsanwalt mit Ausnahme der in § 48 Abs. 1 BRAO genannten Fälle grds. frei, ob er einen Auftrag zur Prozessvertretung annimmt oder nicht. Erst mit Zugang der Mandatsübernahmebestätigung beim bevollmächtigten Korrespondenzanwalt kommt der Mandatsvertrag zwischen Partei und Prozessbevollmächtigtem zustande. Der Rechtsanwalt kann sich allerdings schadensersatzpflichtig machen, wenn er den Auftrag nicht annehmen will und die Ablehnung nicht unverzüglich erklärt (§ 44 S. 2 BRAO).

2. Die Übermittlung ermöglicht dem Korrespondenzanwalt die lückenlose Fortführung der Handakte.

3. Für die Fassung der Prozessvollmachts-Formulare → Form. I.A.7. Die Vorlage der Prozessvollmacht ist zwar in der Regel nur auf Rüge des Gegners erforderlich (§ 88 Abs. 2 ZPO), im eigenen Interesse sollte der Anwalt seine Prozessvollmacht jedoch jederzeit nachweisen können (→ Form. I.A.7 Anm. 1).

4. Gem. § 9 RVG kann der Rechtsanwalt von seinem Auftraggeber für die entstandenen und die voraussichtlich entstehenden Gebühren und Auslagen einen angemessenen Vorschuss verlangen.

Für die Gebühren des Prozessbevollmächtigten haftet der Korrespondenzanwalt weder zivilrechtlich noch berufsrechtlich.. Anders verhält es sich, wenn der Korrespondenzanwalt den Auftrag im eigenen Namen erteilt sowie nach internationalen Standesregeln. Die Berufsregeln der Rechtsanwälte der Europäischen Union (CCBE-Berufsregeln) sehen in 5.7. vor, dass der Rechtsanwalt, der sich nicht darauf beschränkt, seinem Mandanten einen ausländischen Kollegen zu benennen oder das Mandat zu vermitteln, sondern eine Angelegenheit einem ausländischen Kollegen überträgt oder diesen um Rat bittet, persönlich zur Zahlung des Honorars verpflichtet ist, wenn Zahlungen vom Mandanten nicht erlangt werden können. Hiervon können allerdings von Anfang an abweichende Vereinbarungen getroffen werden.

10. Kündigung des Mandatsverhältnisses durch den Anwalt und Anzeige der Niederlegung

Sehr geehrter Herr/Sehr geehrte Frau . . . . .,

nachdem Sie mein Vorschussersuchen bis heute trotz Mahnung ignoriert haben, sehe ich mich nicht in der Lage, weiter für Sie tätig zu sein. Ich lege daher das Mandat nieder.[1] Die Niederlegung habe ich gegenüber dem Landgericht . . . . . angezeigt. Anbei finden Sie die Rechnung für meine bis dato erfolgte Tätigkeit. Die Vorschussanforderung ist damit hinfällig.[2] Ich weise noch einmal darauf hin, dass der Termin zur mündlichen Verhandlung ansteht am . . . . . Ich werde diesen Termin nicht wahrnehmen. Sofern für Sie kein anderer Anwalt auftritt, müssen Sie mit dem Erlass eines Versäumnisurteils gegen sich rechnen.[3]

Mit freundlichen Grüßen

Rechtsanwalt

Anmerkungen

1. Die Kündigung des Mandats mit der Folge der Beendigung des Geschäftsbesorgungsvertrages zwischen Mandant und Anwalt ist grds. jederzeit möglich. Kündigt der Anwalt jedoch ohne wichtigen Grund zur Unzeit, macht er sich nach § 627 Abs. 2 S. 2 BGB schadensersatzpflichtig. Wenn die Kündigung nicht zur Unzeit geschieht, also so, dass sich der Mandant rechtzeitig einen anderen Anwalt suchen und diesen mit der Terminswahrnehmung oder anderen notwendigen Prozesshandlungen beauftragen kann,

kann die Kündigung nach § 627 Abs. 2 S. 1 BGB auch ohne wichtigen Grund erfolgen (zum Gebührenanspruch in diesen Fällen vgl. §§ 628 BGB, 15 Abs. 4 RVG).

2. Die Kündigung des Mandatsverhältnisses führt grds. zu einem Erlöschen der Vollmacht. Wurde die Bevollmächtigung dem Gegner oder dem Gericht bereits mitgeteilt, so besteht die Vollmacht entgegen des unvollständigen Wortlauts von § 87 Abs. 1 Alt. 1 ZPO im Parteiprozess so lange fort, bis ihr Widerruf sowohl dem Gegner als auch dem Gericht angezeigt wird. Im Anwaltsprozess ist darüber hinaus die Anzeige der Bestellung eines anderen Anwalts erforderlich, um die Prozessvollmacht zum Erlöschen zu bringen, § 87 Abs. 1 Alt. 2 ZPO. V Bis dahin sind Zustellungen wirksam und vom bisherigen Anwalt entgegenzunehmen (§ 172 Abs. 1 ZPO).

Bis zur vollständigen Zahlung der Gebühren und Auslagen kann der Rechtsanwalt grds. die Handakten zurückhalten (§ 50 Abs. 3 S. 1 BRAO). Da fraglich sein kann, ob mit Mandatsbeendigung noch ein Vorschussanspruch besteht, jedenfalls aber eine Berechnung für die Ausübung des Zurückbehaltungsrechts erforderlich ist (vgl. Henssler/Prütting/*Offermann-Burckart* BRAO § 50 Rn. 81 ff.), empfiehlt sich die Übermittlung einer Berechnung nach Maßgabe von § 10 Abs. 1 S. 1, Abs. 2 RVG. Nach § 50 Abs. 3 S. 2 BRAO darf das Zurückbehaltungsrecht jedoch nicht geltend gemacht werden, soweit die Vorenthaltung der Handakten oder einzelner Schriftstücke nach den Umständen unangemessen wäre. Ergänzt wird diese Vorschrift durch § 17 BORA. Danach kann einem berechtigten Interesse des Mandanten auf Herausgabe der Akten bei Geltendmachung eines Zurückbehaltungsrechts dadurch Rechnung getragen werden, dass dem Mandanten Kopien überlassen oder – falls erforderlich – Originale an einen vom Mandanten zu beauftragenden Rechtsanwalt zu treuen Händen herausgegeben werden.

3. Die Aufklärung über unmittelbar anstehende Erfordernisse stellt eine nachvertragliche Pflicht dar.

11. Mandatsbeendigungsschreiben

Sehr geehrte(r) Frau/Herr . . . . .,

in der oben genannten Angelegenheit betrachten wir das Mandat als erledigt, da die Gegenseite den geltend gemachten Zahlungsanspruch nebst den geltend gemachten Kostenerstattungsansprüchen erfüllt hat.[1]

Weitere Maßnahmen, insbes. . . . . ., möchten Sie, wie Sie mir telefonisch mitteilten, bis auf weiteres nicht ergreifen. Höchst vorsorglich möchte ich Sie dennoch darauf hinweisen, dass solche Ansprüche innerhalb von drei Jahren ab Entstehung des Anspruchs und Kenntnis bzw. grob fahrlässiger Unkenntnis von den anspruchsbegründenden Umständen und der Person des Schuldners, gerechnet ab dem Schluss des Jahres, in dem die vorgenannte Kenntnis vorliegt, verjähren. Aus Vorsichtsgründen sollte daher vorliegend von Verjährung zum . . . . . ausgegangen werden. Aufgrund der Beendigung des Mandates werden wir diese Frist nicht überwachen und weitere Tätigkeiten nur im Falle der ausdrücklichen Erteilung eines entsprechenden Auftrages entfalten.[2]

Damit wir die Akte bei uns ablegen können, geben wir Ihnen zu unserer Entlastung das Original des notariellen Kaufvertrages vom . . . . . zurück.[3]

Für die Übertragung des Mandates und die angenehme Zusammenarbeit dürfen wir uns nochmals bedanken.

Rechtsanwalt/Rechtsanwältin

Anmerkungen

1. Das Mandatsbeendigungsschreiben dient hauptsächlich dazu, den Rechtsanwalt im Hinblick auf Schadensersatzansprüche wegen etwaiger Berufsversehen abzusichern. Mit diesem Schreiben wird insb. der Zeitpunkt der Mandatsbeendigung dokumentiert, was für die kenntnisunabhängige absolute Verjährungsfrist des § 199 Abs. 3 S. 1 Ziff. 1 BGB von Bedeutung ist.

2. Falls das Ergreifen weiterer Maßnahmen nahe liegt oder sogar vom ursprünglichen Auftrag umfasst war, sollte die Abstandnahme hiervon aus Gründen der Absicherung ebenfalls dokumentiert werden. Da die Rspr. von umfangreichen nachvertraglichen Verpflichtungen des Rechtsanwaltes ausgeht (vgl. BGH NJW 1984, 431 – Rückgabe Originalunterlagen und Hinweis auf Verjährung; BGH NJW 1997, 1302 – Hinweis auf Verjährung; BGH BeckRS 2011, 24368, Rn. 3 f. – Unterrichtung über erfolgte Zustellung und Zustellungsdatum; OLG Brandenburg BeckRS 2021, 5603, Rn. 43 – Rückgabe Originalunterlagen und Hinweis auf Verjährung), empfiehlt sich in einem solchem Fall der Hinweis auf eine etwa drohende Verjährung. In Fällen, in denen der Mandant erklärt hat, weitere Maßnahmen lediglich vorerst nicht ergreifen zu wollen, ist ein solcher Hinweis dringend geboten. Ggf. sollte aber gleichzeitig klargestellt werden, dass die Frist nicht überwacht wird und dass weitere Tätigkeiten nur bei ausdrücklicher Auftragserteilung vorgenommen werden.

3. Vor der Aktenablage sollte sorgfältig geprüft werden, ob die Akte Originalunterlagen des Mandanten enthält. Die Rückgabe derartiger Unterlagen sollte durch eindeutige Bezeichnung ebenfalls dokumentiert werden.

12. Abrechnung Räumungsklage/gesonderter Räumungsfristantrag Abrechnung außergerichtliche Tätigkeit (Kündigung)

Abrechnung[1]

Gebührenstreitwert Räumung: 12.000 EUR[2]

Satz	Gebührenart	Tatbestand	
1,3	Geschäftsgebühr	VV 2300 RVG, § 13 RVG	865,80 EUR
	Auslagenpauschale	VV 7002 RVG	20,00 EUR
1,3	Verfahrensgebühr	VV 3100 RVG, § 13 RVG	865,80 EUR
0,65	Anrechnung Geschäftsgebühr	VV 2300, Vorb. 3 Abs. 4 S. 1 RVG, § 13 RVG[3, 4]	– 432,90 EUR
1,2	Terminsgebühr	VV 3104 RVG, § 13 RVG	799,20 EUR
1,0	Einigungsgebühr	VV 1003 RVG, § 13 RVG	666,00 EUR
	Auslagenpauschale	VV 7002 RVG	20,00 EUR
	Zwischensumme		2.803,90 EUR
	Umsatzsteuer (19 %)	VV 7008 RVG	532,74 EUR
	Gesamt		3.336,64 EUR

Streitwert Räumungsfristverfahren: 3.000 EUR[5]

Satz	Gebührenart	Tatbestand	
1,0	Verfahrensgebühr	VV 3334 RVG, § 13 RVG[6]	222,00 EUR

1,2	**Terminsgebühr**	Vorb. 3.3.6 iVm VV 3104 RVG, § 13 RVG	266,40 EUR
	Auslagenpauschale	VV 7002 RVG	20,00 EUR
	Zwischensumme		508,40 EUR
	Umsatzsteuer (19 %)	VV 7008 RVG	96,60 EUR
	Gesamt		605,00 EUR

Anmerkungen

1. Dem Formular liegt folgender Sachverhalt zugrunde: Der Rechtsanwalt ist zunächst mit der (noch nicht abgerechneten) Kündigung eines Wohnraummietvertrags beauftragt. Der Mietvertrag läuft auf unbestimmte Zeit. Die monatliche Miete beträgt 1.220 EUR, wovon 220 EUR auf die monatliche Vorauszahlung für die Betriebskosten entfallen. Die Betriebskostenvorauszahlung wird jährlich abgerechnet. Später erhält der Rechtsanwalt den Auftrag, Räumungsklage zu erheben. Das Verfahren wird durch Vergleich unter Vereinbarung eines Räumungstermins und Tragung der Verfahrenskosten durch den Mieter beendet. Zwei Wochen vor dem vereinbarten Räumungstermin beantragt der Mieter eine Räumungsfrist von drei Monaten. Hierüber wird nach mündlicher Verhandlung durch das Gericht entschieden.

2. Gemäß § 41 Abs. 1 u. 2 GKG bildet das jährliche Nettogrundentgelt den Wert des Streitgegenstands einer Räumungsklage. Für die Gebührenstreitwertberechnung bleiben damit Betriebskostenvorauszahlungen außer Betracht. Eine Ausnahme gilt gem. § 41 Abs. 1 S. 2 GKG lediglich für nicht abzurechnende Betriebskostenpauschalen.

Auswirkungen hat dies zudem auf den Zuständigkeitsstreitwert bei Geschäftsraummietsachen (anders als bei Wohnraummietsachen, § 23 Nr. 2a GVG). Dieser richtet sich nach § 8 ZPO und ergibt sich grds. aus dem Gebührenstreitwert des GKG. Im Gegensatz zu § 41 GKG wirken sich aber bei § 8 ZPO Nebenleistungen streitwerterhöhend aus, sofern sie als Teil des Entgelts für die Gebrauchsüberlassung anzusehen sind (vgl. Zöller/*Herget* ZPO § 8 Rn. 6). Dies ist bspw. bei Schönheitsreparaturen der Fall.

Bei Geschäftsraummietverhältnissen für § 41 GKG und § 8 ZPO gleichermaßen relevant ist außerdem der Ansatz der auf das Nettogrundentgelt entfallenden Umsatzsteuer; für die Streitwertberechnung zutr. bejaht wird dies durch den Beschluss des OLG Celle BeckRS 2008, 23744; *M. J. Schmid* IMR 2008, 432; Musielak/Voit/*Heinrich* ZPO, 18. Auflage 2021, § 8 Rn. 5.

3. Umstritten war, ob mit einer außergerichtlichen Kündigung und nachfolgend beauftragter Räumungsklage eine (= dieselbe) Angelegenheit iSv § 15 RVG gegeben ist, mit der Folge, dass die Geschäftsgebühr für die außergerichtliche Tätigkeit auf die Verfahrensgebühr im Räumungsrechtsstreit teilweise angerechnet werden muss (vgl. Rechtsprechungs- und Literaturhinweise in der 11. Aufl.). Mit BGH NJW 2007, 2050 wurde entschieden, dass eine Angelegenheit iSd § 15 RVG vorliegt, mithin eine Anrechnung zu erfolgen hat.

4. Jene Anrechnung der Geschäfts- auf die Verfahrensgebühr hatte nach der Rspr. des BGH zur Folge, dass im Kostenfestsetzungsverfahren nur eine entsprechend verminderte Verfahrensgebühr festgesetzt werden konnte (lag hingegen keine außergerichtliche Tätigkeit vor, verblieb es bei einer unverminderten Festsetzung der Verfahrensgebühr). Für die verbleibende Geschäftsgebühr bestand kein prozessualer, sondern nur ein materieller Kostenerstattungsanspruch, der ggf. in einem gesonderten Klageverfahren durchgesetzt werden musste. Dies führte zu Verkomplizierungen im Kostenfestsetzungsverfahren und unnötigen Folgeprozessen.

Diese Problematik hat der Gesetzgeber mit § 15a Abs. 1 RVG beseitigt. Danach ist die Verfahrensgebühr im Kostenfestsetzungsverfahren auch dann in voller Höhe festzusetzen, wenn eine auf sie anrechenbare Geschäftsgebühr entstanden ist (→ Form. I.A.15).

5. Für den Gebührenstreitwert des Räumungsfristantrags ist gem. § 41 Abs. 1 GKG das Entgelt für die Dauer der beantragten Räumungsfrist maßgeblich. Für die Bestimmung des maßgeblichen Entgelts → Anm. 2.

6. Sofern der Antrag auf Gewährung einer angemessenen Räumungsfrist (bei Räumungsvergleichen nach § 794a Abs. 1 ZPO, sonst nach § 721 ZPO) vor Schluss der mündlichen Verhandlung gestellt wird und das Gericht auch hierüber entscheidet, liegt eine einheitliche, nicht gesondert abrechnungsfähige Angelegenheit vor.

Entscheidet das Gericht jedoch nach Abschluss des Räumungsrechtsstreits oder wird der Räumungsfristantrag nach Abschluss eines Räumungsvergleichs gestellt, liegt eine gesonderte Angelegenheit vor. Dann greift VV 3334 RVG, der als eigenständiger Gebührentatbestand nur zur Anwendung kommt, wenn ein mit der Hauptsache nichtverbundenes Verfahren vorliegt (vgl. *Gierl* in Mayer/Kroiß RVG, 8. Aufl. 2021, VV 3334 Rn. 1 ff.). Von der dort vorgesehenen 1,0 Verfahrensgebühr erhält der Anwalt bei vorzeitiger Beendigung unter den Voraussetzungen von VV 3337 Anm. 1, 2 RVG nur einen Satz von 0,5.

Sofern eine mündliche Verhandlung stattfindet, ist die gem. VV Vorb. 3.3.6 iVm 3104 RVG anfallende Terminsgebühr mit 1,2 stets höher als die Verfahrensgebühr, da VV 3334 RVG in VV 3332 RVG nicht genannt ist und VV 3334 RVG im Gegensatz zu VV 3333 RVG einen Ausschluss der Terminsgebühr nicht kennt (vgl. *Gierl* in Mayer/Kroiß RVG, 8. Aufl. 2021, VV 3334 Rn. 9).

13. Abrechnung außergerichtliche Tätigkeit, Mahnverfahren, Klage erster Instanz, Anerkenntnis

Abrechnung[1]

I. Außergerichtliche Vertretung

Gegenstandswert: 8.000 EUR

Satz	Gebührenart	Tatbestand	
1,5	Geschäftsgebühr[2]	VV 2300 RVG, § 13 RVG	753,00 EUR
0,3	Erhöhung der Geschäftsgebühr	VV 1008 RVG, § 13 RVG	150,60 EUR
	Auslagenpauschale	VV 7002 RVG	20,00 EUR
	Zwischensumme		923,60 EUR
	Umsatzsteuer (19 %)	VV 7008 RVG	175,48 EUR
	Gesamt		1.099,08 EUR

II. Mahnverfahren

Gegenstandswert: 4.000 EUR

Satz	Gebührenart	Tatbestand	
1,0	Verfahrensgebühr	VV 3305 RVG, § 13 RVG	278,00 EUR
0,3	Erhöhung der Verfahrensgebühr	VV 1008 RVG, § 13 RVG	83,40 EUR
	Auslagenpauschale	VV 7002 RVG	20,00 EUR
	Zwischensumme		381,40 EUR
0,75	Anrechnung Geschäftsgebühr	VV Vorb. 3 Abs. 4 RVG aus 4.000 EUR[3]	208,50 EUR
	Zwischensumme		172,90 EUR
	Umsatzsteuer (19 %)	VV 7008 RVG	32,85 EUR
	Gesamt		205,75 EUR

III. Klageverfahren

Gegenstandswert: 8.000 EUR

Satz	Gebührenart	Tatbestand	
1,3	Verfahrensgebühr	VV 3100 RVG, § 13 RVG	652,60 EUR
0,3	Erhöhung der Verfahrensgebühr	VV 1008 RVG, § 13 RVG	150,60 EUR
1,2	Terminsgebühr[4]	VV 3104 RVG, § 13 RVG	602,40 EUR
	Auslagenpauschale	VV 7002 RVG	20,00 EUR
	Zwischensumme		1.425,60 EUR
1,3	Anrechnung (nach VV 1008 RVG erhöhte) Verfahrensgebühr Mahnverfahren	VV 3305 RVG aus 4.000 EUR[5]	361,40 EUR
0,75	Anrechnung Geschäftsgebühr	VV Vorb. 3 Abs. 4 RVG aus 8.000 EUR abzgl. bereits angerechneter 0,75 aus 4.000 EUR[6, 7]	168,00 EUR
	Zwischensumme		896,20 EUR
	Umsatzsteuer (19 %)	VV 7008 RVG	170,28 EUR
	Gesamt		1.066,48 EUR

Anmerkungen

1. Dem Formular liegt folgender Sachverhalt zugrunde: Der Rechtsanwalt macht zunächst außergerichtlich für zwei Gesamtgläubiger eine Forderung über 8.000 EUR geltend. Die Sache ist besonders umfangreich und schwierig. Nach erfolgloser außergerichtlicher Beitreibung erhält der Rechtsanwalt den Auftrag, zur Ersparnis von Kosten lediglich einen Teilbetrag von 4.000 EUR durch Mahnbescheid geltend zu machen. Nach Widerspruch wird das streitige Verfahren durchgeführt. Unter Erweiterung des Mahnbescheidsantrags werden dann die ursprünglichen 8.000 EUR eingeklagt. Vor Anberaumung einer mündlichen Verhandlung erkennt der Gegner die Klage am 11.7.2021 in voller Höhe an.

2. Eine Erhöhung der Geschäftsgebühr liegt im billigen Ermessen des Rechtsanwalts. Das Ergebnis der Ermessensausübung ist grds. verbindlich (vgl. *Winkler* in Mayer/Kroiß RVG,

8. Aufl. 2021, § 14, Rn. 54). Im Streitfall hat der Rechtsanwalt im Verhältnis zum Mandanten zu beweisen, dass die von ihm getroffene Bestimmung der Billigkeit entspricht.

Die für die Ermessensausübung leitenden Bemessungskriterien richten sich in Zivilsachen nach dem Umfang der anwaltlichen Tätigkeit, deren Intensität, der Bedeutung der Angelegenheit, dem Haftungsrisiko und den Vermögensverhältnissen des Auftraggebers (vgl. *Winkler*, in: Mayer/Kroiß, RVG, 8.Auflage 2021, Rn. 11; Besonderheiten gelten bei Verkehrsunfallsachen und Strafsachen, *Winkler* in Mayer/Kroiß, RVG, 8. Aufl. 2021, Rn. 13).

§ 10 RVG fordert für die Gebührenrechnung keine Darlegung der Ermessensausübung. Wenigstens für die Abrechnung gegenüber rechtsschutzversicherten Mandanten ist dies aber zu empfehlen. Bei der Rechnungserstellung sollte insb. bei Rahmengebühren auf eine zutreffende Berechnung geachtet werden, da eine Rechnungsstellung die Ermessensausübung verbraucht und damit Nachforderungen grds. ausgeschlossen sind (vgl. *Winkler* in Mayer/Kroiß RVG, 8. Aufl. 2021, Rn. 52 ff.; OLG Celle, BeckRS 2019, 30039).

3. Die Anrechnung der Geschäftsgebühr im Mahnverfahren erfolgt nur in dem Umfang, in welchem sich die außergerichtliche Tätigkeit im Mahnverfahren fortsetzt, Vorb. 3 Abs. 4 S. 4 VV RVG. Dies ist nur im Hinblick auf einen Teilstreitwert von 4.000 EUR der Fall. Nach Vorb. 3 Abs. 4 S. 1 VV RVG ist die Hälfte der Geschäftsgebühr anzurechnen, was zur Anrechnung einer (durch Nr. 1008 VV RVG erhöhten) Gebühr von 0,9 führen würde. Vorb. 3 Abs. 4 S. 1 VV RVG begrenzt die Anrechnung jedoch auf einen Höchstsatz von 0,75.

4. Im Beispielsfall sind eine Verfahrens- und eine Terminsgebühr entstanden. Das Gesetz regelt in VV 3104 Abs. 1 Nr. 1 Var. 2 RVG mit dem Verweis auf § 307 ZPO einen Sonderfall, wonach die Terminsgebühr auch dann anfällt, wenn es wegen § 307 S. 2 ZPO einer mündlichen Verhandlung gerade nicht bedarf; in den übrigen Fällen von VV 3104 Abs. 1 Nr. 1 RVG ist das Absehen von einer zwingend vorgeschriebenen mündlichen Verhandlung Tatbestandsvoraussetzung.

5. VV 3305 RVG bestimmt die volle Anrechnung der (durch VV 1008 RVG erhöhten) Verfahrensgebühr.

6. Da sich die Geschäftsgebühr nun doch in vollem Umfang (also im Hinblick auf einen Wert von 8.000 EUR) im gerichtlichen Verfahren fortsetzt, ist diese nach VV Vorb. 3 Abs. 4 RVG im Umfang von 0,75 anzurechnen. Hiervon abzusetzen ist die bereits erfolgte Anrechnung der 0,75-Gebühr aus einem Wert von 4.000 EUR.

7. Im Kostenfestsetzungsverfahren ist gem. § 15a Abs. 1 RVG trotz Anrechnung der Geschäftsgebühr die volle Verfahrensgebühr festzusetzen (→ Anm. 4; → Form. I.A.15).

14. Abrechnung außergerichtliche Tätigkeit, Klageauftrag, Einigung vor Klageerhebung

Abrechnung[1]

Gegenstandswert: 100.000 EUR

Satz	Gebührenart	Tatbestand	
1,3	**Geschäftsgebühr[2]**	**VV 2300 RVG, § 13 RVG**	**2.151,50 EUR**
	Auslagenpauschale	**VV 7002 RVG**	**20,00 EUR**
0,8	**Verfahrensgebühr[3]**	**VV 3101 Nr. 1 RVG, § 13 RVG**	**1.324,00 EUR**

0,65	**Anrechnung Geschäftsgebühr**	**VV 2300, Vorb. 3 Abs. 4 S. 1 RVG, § 13 RVG**	**1.075,75 EUR**
1,2	**Terminsgebühr**[4]	**VV 3104 iVm Vorb. 3 Abs. 3 S. 1 Hs. 1 Var.. 3 RVG**	**1.986,00 EUR**
1,5	**Einigungsgebühr**[5]	**VV 1000 Abs. 1 RVG**	**2.482,50 EUR**
	Auslagenpauschale	**VV 7002 RVG**	**20,00 EUR**
	Zwischensumme		**6.908,25 EUR**
	Umsatzsteuer (19 %)	**VV 7008 RVG**	**1.312,57 EUR**
	Gesamt		**8.220,82 EUR**

Anmerkungen

1. Dem Formular liegt folgender Sachverhalt zugrunde: Der Rechtsanwalt ist zunächst außergerichtlich beauftragt, eine Darlehensforderung in Höhe von 100.000 EUR geltend zu machen. Nach umfassender Prüfung und fruchtloser Korrespondenz durch einfache und knapp gehaltene Forderungsschreiben erhält der Rechtsanwalt Klageauftrag. Daraufhin findet eine Besprechung mit dem Gegner statt, in welcher der Rechtsanwalt den Inhalt einer möglichen Einigung aufzeigt. Ohne dessen Teilnahme einigen sich die Parteien in einem späteren Gespräch im Wesentlichen wie es der Rechtsanwalt vorgeschlagen hat. Daraufhin unterbleibt die Einreichung einer Klageschrift.

2. Es ist eine (volle) Geschäftsgebühr nach VV 2300 RVG entstanden. Auch wenn sich die nach außen erkennbare Tätigkeit des Rechtsanwalts auf Schreiben einfacherer Art beschränkte, kommt VV 2301 RVG (Gebührensatz 0,3) nicht zur Anwendung. Maßgeblich für die Abgrenzung von VV 2300 RVG und VV 2301 RVG ist allein der iSv VV 2301 RVG beschränkte Auftrag an den Rechtsanwalt, ein „einfaches Schreiben" zu erstellen. Ist der Rechtsanwalt hingegen ohne Einschränkungen zur Tätigkeit beauftragt (Regelfall), kommt VV 2301 RVG nicht zur Anwendung (so grdl. BGH NJW 1983, 2451 (2452); *Winkler/Teubel*, in: Mayer/Kroiß RVG, 8. Auflage 2021, VV 2301, Rn. 2 ff.; BGH NJW 2019, 1759, Rn. 20; OLG Brandenburg, GRUR-RR 2019, 159, Rn. 30).

Ohnedies erscheint die Regelung des VV 2301 RVG verfehlt. Einem Mandanten wird im Hinblick auf die Kostenrisiken einer auf die Feststellung des Nichtbestehens der Forderung gerichteten Klage (und etwaiger Folgerisiken für den Mandanten) stets zu raten sein, die Substanz seiner Forderung rechtlich prüfen zu lassen (zu Umfang der Prüfungspflichten bei VV 2301 bzw. VV 2300 RVG: BGH NJW 2015, 3793, Rn. 14), bevor entsprechende Schreiben an die Gegenseite gerichtet werden. Klärt der Rechtsanwalt über solche Risiken nicht auf (wozu er mangels umfassenden Auftrags kaum in der Lage sein kann), macht er sich ggf. schadensersatzpflichtig. Die rechtspolitisch verfehlte VV 2301 RVG führt zu einer unnötigen Belastung der Gerichte mit negativen Feststellungsklagen durch unsubstantiierte Forderungsberühmungen.

3. Der Rechtsanwalt hatte den Auftrag zur Klageerhebung erhalten, zu dessen Umsetzung es jedoch aufgrund der späteren Einigung der Parteien nicht kam. Dies löst gem. VV 3101 Nr. 1 RVG eine reduzierte) Verfahrensgebühr aus. Es sollte deshalb darauf geachtet werden, den Umfang des Mandats (vgl. → Anm. 2) und einen Klageauftrag eindeutig zu klären und zur Akte zu dokumentieren.

4. Mit der Regelung in VV Vorb. 3 Abs. 3 S. 1 Hs. 1 Var. 3, S. 3 Nr. 2 RVG honoriert der Gesetzgeber Gespräche mit der Gegenseite, die nach einem Verfahrensauftrag geführt werden und auf Vermeidung oder Erledigung eines Gerichtsverfahrens gerichtet sind. Dagegen fällt nach dem Wortlaut von Vorb.3 Abs. 1 S. 1 RVG keine Terminsgebühr an, findet eine solche Besprechung bspw. vor einem später erteilten Verfahrensauftrag statt, auf den es durch Schriftverkehr (und Fortwirken der Besprechung) zur Einigung und Vermeidung des Rechtsstreits kommt.

Nach der Rechtsprechung des 5. Zivilsenats des BGH sollte die Entstehung einer Terminsgebühr gleichwohl ausgeschlossen sein, wenn das Gerichts grds. ohne mündliche Verhandlung entscheidet (BGH NJW 2007, 1461) oder für das gerichtliche Verfahren eine mündliche Verhandlung nicht vorgeschrieben ist (BGH NJW 2007, 2644). Andere Senate des BGH schlossen sich dieser „Rechtsfortbildung" contra legem nicht bzw. nicht einschränkungslos an (vgl. BGH NJW 2012, 459; BGH NJW-RR 2012, 314). Mit der durch das 2. Kostenrechtsmodernisierungsgesetz erfolgten Umformulierung in VV Vorb.3 Abs. 3 RVG ist ausdrücklich klargestellt, dass sich die außergerichtliche Besprechung nicht auf ein Verfahren beziehen muss, für das eine mündliche Verhandlung vorgeschrieben ist. Nachdem der Meinungsstreit für Altfälle noch erhebliche praktische Relevanz hat, wird auf die Darstellung des Streitstandes von *Müller-Rabe*, in: Gerold/Schmidt RVG, 25. Auflage 2021, Vorb.3 VV Rn. 142–161 verwiesen. Darin wird überzeugend dargelegt, dass die vorgenannte Rechtsprechung, der das OLG Dresden (AGS 2008, 333), das OLG Düsseldorf (AGS 2011, 322), das OLG Köln (JurBüro 2012, 21) und das OLG München (AnwBl 2011, 590) nicht gefolgt sind, falsch ist.

Für den Anfall der Gebühr ist wenigstens erforderlich, dass ein Verfahrensauftrag erteilt wurde (vgl. *Mayer* in Mayer/Kroiß RVG, 8. Aufl. 2021, VV 3104 Rn. 9). Für den Fall eines unbedingten Klageauftrags hat der BGH in NJW-RR 2007, 720 entschieden, dass die Terminsgebühr auch ohne nachfolgenden Rechtsstreit entstehen kann (vgl. auch OLG Brandenburg BeckRS 2021, 10074, Rn. 3; AG Brandenburg BeckRS 2020, 21690, Rn. 153). Die Einholung einer Prozessvollmacht (vgl. → Form. A.I.5) ist für einen Verfahrensauftrag nicht ausreichend, da die Vollmacht lediglich das Können im Außenverhältnis, nicht aber das durch den Auftrag bestimmte Dürfen im Innenverhältnis bestimmt.

Bislang nicht geklärt ist, wann eine Besprechung nach VV Vorb. 3 Abs. 3 S. 1 iVm S. 3 Nr. 2 RVG auf die Vermeidung oder Erledigung eines Verfahrens „gerichtet" ist (vgl. *Müller-Rabe* in Gerold/Schmidt RVG, 25. Auflage 2021, VV Vorb. 3 Rn. 164 ff.). Eine bloße Teilnahme scheint nicht auszureichen. Der Gesetzeswortlaut legt nahe, dass die Besprechung mit dem Willen geführt werden muss, ein Verfahren zu vermeiden oder zu erledigen. Läge dieser Wille bei einem Rechtsanwalt als Besprechungsteilnehmer nicht vor und käme es gleichwohl zu diesem Ergebnis, würde die Terminsgebühr bei ihm nicht anfallen. Das Erfordernis einer Ursächlichkeit der Besprechung für die Vermeidung oder Erledigung eines Rechtsstreits (wie bei der „Mitwirkung" nach VV 1000 RVG) ist dem Wortlaut hingegen nicht zu entnehmen.

5. Im Beispielsfall entsteht eine volle 1,5 Einigungsgebühr gem. VV 1000 Abs. 2 iVm Abs. 1 RVG. Hätte der Rechtsanwalt bereits Klage eingereicht, würde sich die Einigungsgebühr gem. VV 1003 auf 1,0 reduzieren (und dafür die volle Verfahrensgebühr gem. VV 3100 RVG entstehen).

Für den Anfall einer Einigungsgebühr gem. VV 1000 RVG ist die „Mitwirkung" des Rechtsanwalts notwendig. Dies erfordert eine Ursächlichkeit der anwaltlichen Tätigkeit für das Zustandekommen, nicht aber dessen Anwesenheit bei der Festlegung einer Einigung. Der Rechtsanwalt verdient eine Einigungsgebühr auch dann, wenn er seinem Mandanten lediglich rät, einen konkreten gerichtlichen Einigungsvorschlag anzunehmen (vgl. *Müller-Rabe* in Gerold/Schmidt RVG, 25. Aufl. 2021, VV 1000 Rn. 249) oder vom Widerruf eines abgeschlossenen Vergleichs abrät (*Winkler* in Mayer/Kroiß RVG, 8. Aufl. 2021, § 34 Rn. 30).

Im Beispielsfall hindert die abweichende Einigungsvereinbarung der Parteien das Entstehen einer Einigungsgebühr nicht, da die Einigung im Großen und Ganzen dem Rat des

Rechtsanwalts entsprach. Eine fehlende Ursächlichkeit hat der Auftraggeber zu beweisen, sofern der Einigung Verhandlungen vorangegangen sind (vgl. *Müller-Rabe* in Gerold/ Schmidt RVG, 25. Aufl. 2021, VV 1000 Rn. 286; LG Offenburg NJW-Spezial 2010, 252 (252)).

15. Gebührenanrechnung nach § 15a RVG

Abrechnung[1]

I. Außergerichtliche Vertretung

Gegenstandswert: 20.000 EUR

Satz	Gebührenart	Tatbestand	
1,3	Geschäftsgebühr	VV 2300 RVG, § 13 RVG	1.068,60 EUR
	Auslagenpauschale	VV 7002 RVG	20,00 EUR
	Zwischensumme		1.088,60 EUR
	Umsatzsteuer (19 %)	VV 7008 RVG	206,83 EUR
	Gesamt		1.295,43 EUR

II. Klageverfahren

Klageantrag über Hauptsache 20.000 EUR und vorstehende Kosten der außergerichtlichen Vertretung. Beklagter beansprucht Gegenforderung über 15.000 EUR. Vergleich, wonach der Beklagte an den Kläger noch 6.023,16 EUR zu bezahlen habe.

III. Kostenfestsetzung[2]

Gegenstandswert: 20.000 EUR

Satz	Gebührenart	Tatbestand	
1,3	Verfahrensgebühr	VV 3100 RVG, § 13 RVG	1.068,60 EUR
0,65	Anrechnung Geschäftsgebühr[3]	VV Vorb. 3 Abs. 4 RVG aus 20.000 EUR	534,30 EUR
1,2	Terminsgebühr	VV 3104 RVG, § 13 RVG	986,40 EUR
	Auslagenpauschale	VV 7002 RVG	20,00 EUR
	Zwischensumme		1.540,70 EUR
	Umsatzsteuer (19 %)	VV 7008 RVG	292,73 EUR
	Gesamt		1.833,43 EUR

Anmerkungen

1. Mit BGH NJW 2008, 1323 wurde die Möglichkeit beseitigt, im Kostenfestsetzungsverfahren die Festsetzung der vollen Verfahrensgebühr zu erlangen, sofern vorher eine außergerichtliche Vertretung stattgefunden hatte. Nach Auffassung des BGH verhinderte die bereits in voller Höhe entstandene Geschäftsgebühr den Anfall der späteren Verfahrensgebühr ebenfalls in voller Höhe, weswegen diese im Kostenfestsetzungsverfahren nicht mehr ungekürzt beansprucht werden konnte.

§ 15a Abs. 1 RVG ermöglicht (wieder), die Verfahrensgebühr (oder jede andere anrechnungsrelevante Gebühr) in voller Höhe festsetzen zu lassen. Damit ist die lästige Praxis des Einklagens vorher entstandener Anrechnungsgebühren obsolet geworden.

Weitere Anrechnungsprobleme erzeugte der BGH in NJW 2011, 2509 und AnwBl 2017, 558, der bei mehreren Anrechnungen zu dem erstaunlichen Ergebnis gelangte, dass mehr anzurechnen als anteilig entstanden war. Dies konnte dazu führen, dass eine Verfahrensgebühr aufgrund mehrfacher Anrechnungen vollständig aufgezehrt wurde. Dies veranlasste dem Gesetzgeber, mit dem Kostenrechtsänderungsgesetz 2021 und der Einführung eines neuen § 15a Abs. 2 RVG (der bisherige Absatz 2 wurde Absatz 3) zum erneuten Versuch, Anrechnungsprobleme in den Griff zu bekommen. Die Bestimmung soll eine Deckelung der Anrechnungen erreichen, wie sich dies aus dem der Vorbemerkung 3 Abs. 4 VV zugrunde liegenden Grundgedanken ergibt (vgl. *Winkler* in Mayer/Kroiß RVG, 8. Aufl. 2021, § 15a Rn. 39). Zahlreiche Beispiele für die jeweilige Berechnung der Anrechnung finden sich in *Müller-Rabe* in Gerold/Schmidt RVG, 25. Aufl. 2021, Vorb.3 VV Rn. 326 ff.

Nachdem unter Anwendung von § 15a Abs. 1 und 2 RVG bestimmt wurde, was festgesetzt werden kann, regelt § 15a Abs. 3 RVG hiervon drei (abschließende) Ausnahmen: Hatte der Gegner bspw. die Geschäftsgebühr schon in voller Höhe erstattet, darf nur die verminderte Verfahrensgebühr festgesetzt werden, vgl. § 15a Abs. 3 Var. 1 RVG. Dasselbe würde gelten, wenn für die Geschäftsgebühr bereits ein Vollstreckungstitel bestünde, vgl. § 15a Abs. 3 Var. 2 RVG.

Dritte Ausnahme ist die Festsetzung beider Gebühren in einem Verfahren, vgl. § 15a Abs. 3 Var. 3 RVG. Für eine Geschäfts- und Verfahrensgebühr ist dies nicht einschlägig, bspw. aber für die jeweiligen Verfahrensgebühren eines selbständigen Beweisverfahrens und eines nachfolgenden Klageverfahrens: Gem. § 15a Abs. 1 RVG entstehen beide Gebühren in voller Höhe; sollen sie auch beide in einem Verfahren festgesetzt werden (OLG München RVGreport 2009, 467; OLG Koblenz, BeckRS 2011, 23253 (23253)), ist über § 15a Abs. 3 Var. 3 RVG bei der Kostenfestsetzung die Anrechnung gem. VV Vorb. 3 Abs. 5 zu berücksichtigen.

Für die Abrechnung gegenüber dem Mandanten kann der Rechtsanwalt hingegen uneingeschränkt wählen, welche Gebühr er in voller Höhe und welche er um die Anrechnung vermindert geltend macht (vgl. *Winkler* in Mayer/Kroiß, RVG, 8. Aufl. 2021, § 15a, Rn. 1). Praktische Auswirkung hat dieses Wahlrecht, wenn für die Gebühren unterschiedliche Schuldner bestehen, die früher entstandene Gebühr bereits verjährt ist oder nur für die Geschäftsgebühr, nicht aber für die Verfahrensgebühr eine Rechtsschutzversicherung des Mandanten besteht. Dieses Wahlrecht ist erst dann verbraucht, wenn eine Gebühr in voller Höhe nicht nur abgerechnet, sondern auch bezahlt wurde (vgl. *Müller-Rabe* in Gerold/Schmidt RVG, 25. Aufl. 2021, § 15a Rn. 12 aE). Bei unterschiedlichen Schuldnern bzw. Bestehen einer Rechtsschutzversicherung empfiehlt es sich, im eigenen Interesse bzw. im Interesse des Mandanten die Rechnungsstellung daraufhin abzustimmen.

Von der allgemeinen Schwierigkeit der Anwendung von Anrechnungsregeln abgesehen, bestehen in Bezug auf § 15a RVG im Wesentlichen zwei Streitfälle: Die Frage der Anrechnung bei einem Gesamtvergleich (dazu dieses Form.) und inwiefern Kostenfestsetzungsanträge ohne ausdrückliche Bestimmung der Anrechnung auszulegen sind. Nach Auffassung von *Müller-Rabe* in Gerold/Schmidt RVG, 25. Aufl. 2021, § 15a Rn. 65 ist ein Kostenfestsetzungsantrag ohne ausdrückliche Bestimmung der Anrechnung stets in einem dem Erstattungsberechtigten wirtschaftlich günstigeren Sinn auszulegen. Praktische Bedeutung hat dies insb. in Fällen, bei denen aus unterschiedlichen Streitwerten und Obsiegensquoten Erstattungsansprüche im Hinblick auf die jeweilige Verfahrensgebühr bestehen (häufig bei selbständigen Beweisverfahren mit Teilunterliegen aus dem höheren Wert und vollem Obsiegen im nachfolgenden Klageverfahren aus dem reduzierten Wert). Während nach dem Beispiel in von *Müller-Rabe* in Gerold/Schmidt RVG § 15a Rn. 65

die volle Verfahrensgebühr aus dem Klageverfahren zzgl. der um die Anrechnung verminderten quotalen Verfahrensgebühr aus dem selbständigen Beweisverfahren beansprucht werden kann (wobei unklar erscheint, ob Vorb. 3 Abs. 5 VV eine gegenüber § 15a RVG ggf. vorrangige Richtungsbestimmung der Anrechnung vornimmt), erfolgt nach *Hansens* (RVGreport 2009, 201 (206) Bsp. 18) eine quotale Festsetzung allein aus der Verfahrensgebühr des selbständigen Beweisverfahrens (während die Verfahrensgebühr des Klageverfahrens durch Anrechnung vollständig untergeht).

2. Der Rechtsanwalt macht für seinen Mandanten außergerichtlich eine Forderung über 20.000 EUR geltend. Diese Hauptforderung sowie die im Rahmen seiner außergerichtlichen Tätigkeit entstandenen Gebühren machte er nachfolgend klageweise geltend. Der Beklagte beruft sich auf eine Gegenforderung über 15.000 EUR. Im Termin zur mündlichen Verhandlung schließen die Parteien einen Vergleich über die Zahlung von 6.023,16 EUR durch den Beklagten.

Im Kostenfestsetzungsverfahren bestehen unterschiedliche Auffassungen dazu, inwiefern die Verfahrensgebühr durch den Kläger in voller Höhe festgesetzt werden kann oder nach Auffassung des Beklagten ein Gesamtvergleich vorliegt, dh ein Vergleich der die außergerichtliche Geschäftsgebühr mitumfasse, weswegen diese auf die Verfahrensgebühr anzurechnen sei.

Nach einer Ansicht scheidet eine Anrechnung der Geschäftsgebühr aufgrund eines Gesamtvergleichs (§ 15a Abs. 3 Var.2 RVG) aus, wenn zweifelhaft ist, in welcher Höhe diese in einem Vergleichsbetrag enthalten sei (BGH NJW 2011, 861 (861, 862); OLG Karlsruhe NJW-Spezial 2010, 379 (379); OLG Koblenz, NJW-RR 2014, 768 (768); OLG Düsseldorf, BeckRS 2017, 141604, Rn. 4ff; aA OLG Saarbrücken NJW-Spezial 2010, 92 (93)). Dagegen soll dem Gegner weder eine generelle Abgeltungsklausel noch eine Formulierung im Vergleich, wonach die Geschäftsgebühr mitumfasst und abgegolten sei, helfen (vgl. BGH NJW-Spezial 2010, 379 (379); *Müller-Rabe* in Gerold/Schmidt RVG § 15a Rn. 48; aA OLG Stuttgart NJW-RR 2011, 504 mit abl. Anm. *Hansens;* vgl. auch OLG Bamberg, BeckRS 2014, 1924 (1924)).

Ist im Vergleich hingegen ausdrücklich bestimmt, in welcher Höhe eine Geschäftsgebühr im Vergleichsbetrag enthalten ist, ist nach Maßgabe von § 15a Abs. 3 Var.2 RVG eine Anrechnung auf die Verfahrensgebühr vorzunehmen (OLG Karlsruhe NJW-Spezial 2010, 379 (379); OLG München FamRZ 2010, 831 Rn. 16 ff.; OLG Bamberg AGS 2018, 295 = RVGreport 2018, 262); vgl. auch OLG Koblenz, NJW-RR 2014, 768 (768); offen gelassen in OLG Düsseldorf, BeckRS 2017, 141604, Rn. 6).

3. Die Anrechnung erfolgt außerdem, wenn sich die Anrechnung und ihre Höhe aus den Umständen bestimmen lässt (vgl. BGH NJW-Spezial 2010, 379; OLG Koblenz NJW-RR 2011, 431 (431)). Das ist hier der Fall: Auf eine Hauptforderung nebst außergerichtlichen Kosten von 21.023,16 EUR unter Abzug der Gegenforderung von 15.000 EUR ergibt sich der Vergleichsbetrag von 6.023,16 EUR.

Daraus folgt aber auch, dass eine geringfügige Abweichung (zB Rundung des Vergleichsbetrags) die Möglichkeit der Berufung des Erstattungspflichtigen auf eine Anrechnung beseitigen würde. Um dies zu vermeiden, ist dem Rechtsanwalt des Erstattungspflichtigen zu empfehlen, im Vergleich klarzustellen, dass der Vergleichsbetrag die Hauptsacheforderung sowie die Geschäftsgebühr der vorgerichtlichen Tätigkeit erfüllt (§ 15a Abs. 3 Var. 1 RVG) oder den Betrag für die im Vergleichsbetrag enthaltene Geschäftsgebühr auszuweisen, § 15a Abs. 3 Var. 2 RVG (vgl. *Müller-Rabe* in Gerold/Schmidt RVG, 25. Aufl. 2021, § 15a Rn. 56, 379; vgl. auch OLG Koblenz, NJW-RR 2014, 768 (768)).

16. Festsetzung der Vergütung nach § 11 RVG

An das
Landgericht München I[1]
– Zivilkammer –
Postfach
80316 München
Aktenzeichen:
In Sachen
. . . . . .
Prozessbevollmächtigter: . . . . . .
gegen
. . . . . .
Prozessbevollmächtigter: . . . . . .
bitte ich, gem. § 11 RVG die vom Kläger an den Unterzeichner nach § 11 RVG zu zahlenden Kosten wie folgt festzusetzen:[2]
. . . . . .
Ich bitte auszusprechen, dass der festzusetzende Betrag von der Einreichung des Gesuchs an mit 5 Prozentpunkten über dem Basiszinssatz zu verzinsen ist.[3]
Das Mandatsverhältnis zum Kläger ist durch meine Kündigung des Anwaltsvertrages vom . . . . . . – in Fotokopie in der Anlage – beendet. Der Kläger hat trotz mehrfacher schriftlicher Aufforderung keinen Kostenvorschuss bezahlt. Mit der Kündigung des Mandats habe ich die in Fotokopie anliegende Kostenrechnung an den Kläger übersandt.
Rechtsanwalt

Anmerkungen

1. Zuständig ist grds. das Gericht des ersten Rechtszuges. Dies gilt auch für die Festsetzung der im Mahnverfahren entstandenen Kosten, so dass hier nicht etwa das Mahngericht zuständig ist.

2. Die Festsetzung der Gebühren nach § 11 RVG gegen den Auftraggeber ist nur für die in einem gerichtlichen Verfahren entstandene Vergütung möglich. Neben den Gebühren des VV RVG sind nach § 42 RVG festgestellte Pauschgebühren und gem. § 670 BGB zu ersetzende Aufwendungen, soweit diese zu den Kosten des gerichtlichen Verfahrens zählen, festsetzbar. Bei Rahmengebühren können gem. § 11 Abs. 8 RVG nur die Mindestgebühren festgesetzt werden. Etwas anderes gilt bei ausdrücklicher Zustimmung des Mandanten zur Höhe der in Ansatz gebrachten Rahmengebühr, wenn die Zustimmungserklärung vorgelegt wird. Vereinbarte Vergütungen sind hingegen nicht festsetzbar, auch nicht bzgl. desjenigen Teils, der der Höhe nach den gesetzlichen Gebühren entspricht.

Voraussetzung für den Antrag ist die Fälligkeit der Vergütung. Diese tritt gem. § 8 Abs. 1 S. 1 RVG erst mit Erledigung oder Beendigung der Angelegenheit ein. Spätestens gleichzeitig mit dem Antrag nach § 11 RVG muss eine der Vorschrift des § 10 RVG entsprechende Kostenberechnung eingereicht werden.

Soweit (daher Teilfestsetzung möglich) der Mandant außerhalb des Gebührenrechts liegende Einwendungen erhebt, wird die Festsetzung gem. § 11 Abs. 5 S. 1 RVG abgelehnt und der Anwalt muss den Gebührenanspruch ggf. einklagen. In diesem Fall ist Vorsicht geboten im Hinblick auf die Verjährung. Gem. § 11 Abs. 7 RVG hemmt der

Festsetzungsantrag die Verjährung gleichermaßen wie eine Klage. Bei Scheitern der Festsetzung aufgrund von Einwendungen außerhalb des Gebührenrechts endet die Hemmung sechs Monate nach Scheitern des Kostenfestsetzungsverfahrens (§ 204 Abs. 2 S. 1 BGB).

Erhebt der Mandant bereits außergerichtlich Einwendungen außerhalb des Gebührenrechts, so kann, jedenfalls soweit der Gebührenanspruch von den Einwendungen betroffen ist, der Klageweg sofort beschritten werden, § 11 Abs. 5 S. 2 RVG. Anderenfalls fehlt nach herrschender Auffassung für eine Vergütungsklage bzw. einen Mahnbescheid das Rechtsschutzbedürfnis in dem Umfang, in dem die weniger aufwendige Vergütungsfestsetzung möglich wäre (*Mayer* in Mayer/Kroiß RVG, 8. Aufl. 2021, § 11 Rn. 143; einschränkend *Reinelt* ZAP 2008, Fach 24, 1123). Für eine schlüssige Honorarklage muss deshalb dargelegt werden, warum eine Festsetzung nach § 11 nicht möglich ist (vgl. *Mayer* in Mayer/Kroiß RVG, 8. Aufl. 2021, § 11 Rn. 143.).

Sofern der Mandant auf die Kosten des Anwalts teilweise Zahlungen geleistet hat, ist dies im Kostenfestsetzungsgesuch anzugeben. Bereits getilgte Beträge sind nach § 11 Abs. 1 S. 2 RVG abzusetzen.

Sollte der Mandant nach Fälligkeit des Honoraranspruchs, aber vor Festsetzung der Kosten Teilzahlungen geleistet haben, hat der Rechtsanwalt mangels näherer Bestimmung die Möglichkeit, die Teilzahlung gem. § 367 Abs. 1 BGB zunächst auf die Verzugszinsen zu verrechnen und dann erst auf seine Vergütung, wenn der Auftraggeber dagegen im Kostenfestsetzungsverfahren keine Einwendungen erhebt.

3. Die Verzinsung der Gebührenforderung gegen den eigenen Mandanten wird auch iRd § 11 RVG nur auf Antrag ausgesprochen (vgl. *Mayer* in Mayer/Kroiß RVG, 8. Aufl. 2021, § 11 Rn. 72). Sie richtet sich bei zivilprozessualen Verfahren nach § 11 Abs. 2 S. 3 RVG iVm § 104 Abs. 1 S. 2 ZPO.

17. Mediationsvereinbarung

zwischen

Konfliktbeteiligtem zu 1) . . . . .

und

Konfliktbeteiligtem zu 2) . . . . .

und

Mediator . . . . .

1. Unter den Konfliktbeteiligten ist es zu Auseinandersetzungen im Zusammenhang mit dem Nachlass der Eltern der Beteiligten gekommen. Die Konfliktbeteiligten sind als Abkömmlinge gesetzliche Erben nach dem Tode ihrer Mutter, welche von dem vorverstorbenen Vater der Konfliktparteien testamentarisch als Alleinerbin eingesetzt wurde. Die Mutter der Konfliktparteien hat fünf Jahre vor ihrem Tod unentgeltlich ein Grundstück auf den Konfliktbeteiligten zu 1) übertragen. Dieses Grundstück bildete den Großteil des Vermögens der Mutter der Konfliktparteien. Gegenstand der Auseinandersetzung unter den Parteien ist der Ausgleich dieser Zuwendung im Verhältnis der Konfliktparteien. Weitere gesetzliche Erben sind nicht vorhanden.

Die Konfliktbeteiligten bilden eine Erbengemeinschaft. Abgesehen von der Frage des Ausgleichs im Hinblick auf das dem Konfliktbeteiligten zu 1) zugewendete Grundstück bestehen über die Auseinandersetzung der Erbengemeinschaft keine Meinungsverschiedenheiten.[1]

2. Die Parteien streben an, ihren Konflikt unter Durchführung eines Mediationsverfahrens beizulegen. Hierzu haben die Parteien den og Mediator ausgewählt. Dem Mediator sind keine Umstände bekannt, die seine Unabhängigkeit und Neutralität in Bezug auf das Mediationsverfahren beeinträchtigen könnten.[2]
3. Für das Mediationsverfahren gelten folgende Grundsätze:[3]
   a) Die Parteien arbeiten freiwillig und eigenverantwortlich an einer Konfliktlösung; der unabhängige und neutrale Mediator hat hierbei keine Entscheidungsbefugnis, er unterstützt die Parteien lediglich in fachlicher Hinsicht und führt durch das Mediationsverfahren.[4]
   b) Der Mediator ist den Parteien gleichermaßen verpflichtet; er fördert die Kommunikation der Parteien und gewährleistet ihre Einbindung in die Mediation. Getrennte Gespräche mit einer Partei darf der Mediator nur im allseitigen Einverständnis führen.[5]
   c) Das Mediationsverfahren ist auf die vorgenannten Personen, also die Parteien und den Mediator, beschränkt; weitere Personen dürfen in das Mediationsverfahren nur dann einbezogen werden, wenn alle Parteien hiermit einverstanden sind.[6]
   d) Der Mediator und die Parteien sind gem. § 4 MediationsG gesetzlich zur Verschwiegenheit verpflichtet. Darüber hinaus unterliegt der Mediator als Rechtsanwalt berufsrechtlich der Verschwiegenheit (§ 18 BORA iVm § 43a Abs. 2 BRAO). Keine Verschwiegenheitsverpflichtung besteht für offenkundige oder keiner Geheimhaltung bedürfende Tatsachen sowie für die Parteien insofern und insoweit
      - als die Offenlegung des Inhalts einer im Mediationsverfahren etwaig erzielten Vereinbarung zur Umsetzung oder Vollstreckung dieser Vereinbarung erforderlich ist,
      - als die Offenlegung aus vorrangigen Gründen der öffentlichen Ordnung (ordre public) geboten ist, insb. um eine Gefährdung des Wohles eines Kindes oder eine schwerwiegende Beeinträchtigung der physischen oder psychischen Integrität einer Person abzuwenden.

      Eine Befreiung des Mediators von seiner anwaltlichen Schweigepflicht kann nur durch sämtliche Parteien des Mediationsverfahrens erfolgen.[7]
   e) Die Parteien können die Mediation jederzeit beenden. Der Mediator kann die Mediation beenden, insb. wenn er der Auffassung ist, dass eine eigenverantwortliche Kommunikation oder eine Einigung der Parteien nicht zu erwarten ist.[8]
   f) Der Mediator wird die Konfliktparteien bei der Ermittlung sowie der Festlegung auf ein durch die Parteien erarbeitetes Ergebnis unterstützen und darauf hinwirken, dass die Parteien eine etwaige Vereinbarung in Kenntnis der Sachlage treffen, ihren Inhalt verstehen und auf die Möglichkeit einer Überprüfung durch externe Berater hinweisen. Mit Zustimmung der Parteien kann eine etwaig erzielte Einigung in einer Abschlussvereinbarung dokumentiert werden.[9]
4. Das Honorar des Mediators ist in einer gesonderten Vergütungsvereinbarung geregelt.[10]

. . . ., den . . . .

. . . .
(Konfliktbeteiligter zu 1)) (Konfliktbeteiligter zu 2))

. . . .
Mediator

Anmerkungen

1. Die Darstellung des Konfliktes darf keinesfalls einseitig die Interessen und Ziele einer Konfliktpartei berücksichtigen, sondern muss neutral abgefasst sein. Obwohl die Darstellung des Konfliktstoffes deshalb oft Schwierigkeiten bereitet, sollte eine möglichst genaue Erfassung im eigenen Interesse des Anwaltsmediators erfolgen. Der Mediationsvertrag ist nämlich als Vertrag mit einem Rechtsanwalt einzuordnen, sodass die Tätigkeit des Rechtsanwaltes gem. § 18 BORA auch bei der Durchführung von Mediationen den Regeln des anwaltlichen Berufsrechts unterliegt. Daraus folgt insbesondere, dass der Mediator weder vor noch nach der Mediation als Anwalt einer der Konfliktparteien tätig sein darf, auch nicht im Zusammenhang mit dem Abschluss eines Vergleichs (§ 3 Abs. 1 S. 1 BORA). Insoweit hat der dies ebenfalls regelnde § 3 Abs. 2 MediationsG für Rechtsanwälte kaum einen Anwendungsbereich.

Der Rechtsanwalt kann als Mediator im Ausgangspunkt zwar nicht gegen das Verbot der Vertretung widerstreitender Interessen verstoßen, weil er als Mediator die Interessen beider Parteien wahrnimmt. Dass Satzungs- und Gesetzgeber dies jedoch nicht so sehen, folgt daraus, dass die Mediation in § 18 BORA und § 34 RVG geregelt ist. Tatsächlich vertritt der Mediator aber nicht gegenläufige Interessen, sondern das gemeinsame Interesse der Konfliktbereinigung. Diese Aufgabe ist aber – was in der bisherigen Praxis gelegentlich übersehen wurde – in keiner Weise vereinbar mit der späteren Vertretung einer Konfliktpartei. Daher konnte der Anwalt auch nach bisheriger Rechtslage nach Beendigung einer Mediation nicht ohne Verstoß gegen das Verbot der Vertretung widerstreitender Interessen für eine der Parteien als Vertreter tätig werden, zB beim Prozessvergleich auftreten. Nunmehr spricht § 3 Abs. 2 S. 2 MediationsG ausdrücklich ein solches Tätigkeitsverbot aus.

Mit § 3 Abs. 3 MediationsG wird dieses Verbot in personeller Hinsicht auf Mitglieder einer Berufsausübungsgemeinschaft (zB Sozietät, Partnerschaftsgesellschaft, Anwalts-GmbH usw) sowie einer Bürogemeinschaft (!) ausgeweitet. § 3 Abs. 3 MediationsG ist hierbei § 3 Abs. 2 S. 1 BORA nachgebildet, § 3 Abs. 4 MediationsG der Regelung in § 3 Abs. 2 S. 2 BORA. Ausweislich der Gesetzesbegründung (BT-Drs. 17/5335, S. 16) waren dem Gesetzgeber allerdings die schon für § 3 Abs. 2 S. 1 BORA bestehenden verfassungsrechtlichen Bedenken (vgl. Henssler/Prütting/*Henssler* BRAO § 3 BORA Rn. 15) im Falle von Bürogemeinschaften nicht bewusst; wenn schon für Bürogemeinschaften (bei Fehlen einer beruflichen Zusammenarbeit) ein Tätigkeitsverbot wegen angeblicher Vertretung widerstreitender Interessen in höchstem Maße fragwürdig ist, ist dies noch weniger nachvollziehbar bei der Mediation und späteren anwaltlichen Vertretung einer Partei durch ein Mitglied einer Bürogemeinschaft.

Auch der Anwaltsmediator hat sich unverzüglich zu erklären, falls er den Auftrag ablehnen will, § 44 S. 1 BRAO iVm § 18 BORA. Teilweise wird sogar eine über § 44 BRAO hinausgehende Pflicht angenommen, die Parteien ggf. darauf hinzuweisen, dass der Vorgang nicht mediationstauglich sei (hingegen ist nach *Töben* RNotZ 2013, 321 (323) ein Vorbehalt der Mediationsfähigkeit generell abzulehnen). In Anlehnung an die Entscheidung BGH NJW 1990, 2127, welche sich auf die Verpflichtung des Rechtsanwaltes, unter bestimmten Umständen von einem Schiedsgerichtsverfahren abzuraten, bezieht, ist auch im Rahmen eines Mediationsvertrages in bestimmten Fällen von einer Pflicht auszugehen, die Beschreitung des Rechtsweges anzuraten. Stellt sich die Mediationsuntauglichkeit erst nach Annahme des Auftrages heraus, so ist hierüber ebenfalls sofort zu belehren; ein Schaden aus fehlender Belehrung kann insb. dadurch entstehen, dass Ansprüche zwischenzeitlich verfristen. Der Anwaltsmediator hat daher immer auch zu prüfen, welche rechtlichen Belange der Parteien berührt sein können. Die sorgfältige Erfassung des Streitstoffes, um einerseits sämtliche betroffene Aspekte zu bedenken und andererseits den Gegenstand des Mediationsverfahrens einzugrenzen, ist daher im eigenen Interesse geboten. Sonst besteht bspw. die Gefahr, dass eine Partei später behauptet, sie hätte den Weg der Mediation gar nicht erst beschritten, wenn sie gewusst hätte, dass weitere, nicht in dem Mediationsvertrag aufgeführte Gegenstände regelungsbedürftig gewesen wären.

2. → Anm. 5; die Unabhängigkeit und Neutralität des Mediators ist unverzichtbare Voraussetzung für ein Mediationsverfahren. ISv § 3 Abs. 1 S. 1MediationsG sieht das Formular eine entsprechende Erklärung des Mediators vor.

3. Vgl. § 2 Abs. 2 MediationsG; die Niederlegung der zentralen Grundsätze ist ein erster verbindlicher Schritt auf dem Weg zu einer Einigung und deren Grundlage.

4. Vgl. § 1 Abs. 2 MediationsG; die Darstellung der Rollenverteilung iRd Mediationsverfahrens dient einerseits der Festlegung des Pflichtenkreises des Mediators, anderseits soll den Konfliktparteien insb. der Grundsatz der Freiwilligkeit und Eigenverantwortlichkeit bewusst gemacht werden, um falsche Vorstellungen über die Struktur des Mediationsverfahrens auszuräumen.

5. Der Mediator muss nicht nur von Gesetzes wegen Neutralität wahren, sondern auch, um das Vertrauen beider Parteien zu erwerben und zu erhalten. Dazu gehört insb. die in § 2 Abs. 3 MediationsG normierte Gleichbehandlung der Parteien. Inhaltlich erfordert dies Zurückhaltung in der Sache. Davon abgesehen können die Parteien zur Wahrung ihrer Einzelinteressen, insb. auch zur Vermittlung der notwendigen rechtlichen Informationen, Beratungsanwälte einschalten. Darauf ist durch den Mediator gem. § 2 Abs. 6 S. 2 MediationsG ausdrücklich hinzuweisen.

Die strikte Rollentrennung zwischen Parteivertreter und Mediator ist auch bei innergerichtlichen Mediationsverfahren bedeutsam: So kann der dortige Mediator bspw. nicht die Berufungsbegründungsfrist für die Parteien verlängern; wird dies übersehen, kann auch keine Wiedereinsetzung gewährt werden (BGH NJW 2009, 1149).

6. Vgl. § 2 Abs. 4 MediationsG.

7. Eine der wichtigsten Errungenschaften des MediationsG ist die in § 4 gesetzlich normierte Verschwiegenheitspflicht aller am Verfahren Beteiligten. Erst dies ermöglicht die Offenheit der Konfliktparteien im Umgang miteinander und die Beseitigung von Nachteilen im Falle des Scheiterns des Mediationsverfahrens. Da fraglich sein kann, ob ein Rechtsanwalt als Mediator gem. § 4 Nr. 1 u. 2 MediationsG von seiner anwaltlichen Schweigepflicht entbunden ist, wurde auf das etwaige Erfordernis einer Entbindung hingewiesen. Davon abgesehen erscheint es problematisch, einen Mediator als Wahrer des ordre public anzusehen und ihn dem Konflikt der Beurteilung des Vorliegens der Voraussetzungen auszusetzen.

8. Die jederzeitige Beendigung der Mediation auf Wunsch eines Beteiligten war stets ein wesentliches Merkmal einer Mediationsvereinbarung, da andernfalls der Grundsatz der Freiwilligkeit schwerlich gewahrt werden konnte. Nunmehr ist dies mit § 2 Abs. 5 MediationsG normiert. Dabei ist besonders zu begrüßen, dass dem Mediator nicht nur die (voraussetzungslose) Möglichkeit eines durch ihn erfolgenden Abbruchs des Verfahrens, sondern auch Entscheidungsleitlinien hierfür an die Hand gegeben werden.

9. Vgl. § 2 Abs. 6 MediationsG.

10. In § 34 RVG ist ein gesonderter Gebührentatbestand für den Anwalt als Mediator aufgeführt. Gem. § 34 Abs. 1 S. 1 RVG wird dem Rechtsanwalt empfohlen, auf eine Gebührenvereinbarung hinzuwirken. Gem. § 34 Abs. 1 S. 2 RVG soll sich die Gebühr nach den Vorschriften des bürgerlichen Rechts richten, wenn keine Vereinbarung getroffen

worden ist. Daher ist eine entsprechende Vereinbarung unbedingt ratsam. Da der erforderliche Zeitaufwand in der Regel nicht absehbar ist, empfiehlt sich ein Stundenhonorar, welches auch die Vor- und Nachbereitung der Sitzungen berücksichtigt. Da der Zeitpunkt der Beendigung des Mediationsvertrages nicht festgelegt ist, empfiehlt sich ferner eine Fälligkeitsregelung. Sachgerecht erscheint eine Honorartragungspflicht der Parteien zu gleichen Teilen. Denkbar ist auch eine gesamtschuldnerische Haftung. IÜ wird verwiesen auf → Form. I.A.2.

18. Beratungshilfe

Stempel des Rechtsanwalts

.....

Geschäftsnummer des Amtsgerichts
Eingangsstempel des Amtsgerichts

An das
Amtsgericht .....[1]
.....
Postleitzahl, Ort

Die Beratungshilfe wird beantragt von (Name, Vorname, ggf. Geburtsname)	Beruf, Erwerbstätigkeit	Geburtsjahr	Familienstand
Anschrift (Straße, Hausnummer, Postleitzahl, Wohnort) Tagsüber telefonisch erreichbar unter Nr.			

(A) **Es wird Beratungshilfe in folgender Angelegenheit beantragt:[2]**

(B) **Eine Rechtsschutzversicherung tritt für den vorliegenden Fall nicht ein.**

Eine andere Möglichkeit, kostenlose Beratung und Vertretung in Anspruch zu nehmen (zB als Mitglied eines Mietvereins, einer Gewerkschaft oder einer anderen Organisation) besteht in dieser Angelegenheit nicht.[3]

Wenn Sie laufende Leistungen zum Lebensunterhalt nach dem Bundessozialhilfegesetz beziehen und den letzten Bescheid des Sozialamtes beifügen, sind Angaben zu (C) und (G) entbehrlich, sofern das Gericht nicht etwas anderes anordnet.

(C)

Meine monatlichen Einkünfte belaufen sich auf brutto: ..... EUR, netto: ..... EUR
Mein Ehegatte oder Lebenspartner hat monatliche Einkünfte von netto: ..... EUR

(D) **Die Wohnkosten für die von mir gemeinsam mit . . . . . Personen bewohnte Wohnung in Größe von . . . . . m² betragen monatlich insgesamt . . . . . EUR.**

(E)

Angehörige, denen Sie Unterhalt gewähren		**Geburtsdatum**	**Familienverhältnis (zB Ehegatte, Lebenspartner, Kind, Schwiegermutter)**	**Wenn Sie den Unterhalt ausschließlich durch Zahlung gewähren: Monatsbeitrag in EUR**	**Haben die Angehörigen eigene Einnahmen? (zB Ausbildungsvergütung, Unterhaltszahlungen vom anderen Elternteil)**	
Name, Vorname (Anschrift nur, wenn sie von Ihrer Anschrift abweicht)						
1					**Nein ❐**	**Ja, EUR mtl. netto** . . . . .
2					**Nein ❐**	**Ja, EUR mtl. netto** . . . . .
3					**Nein ❐**	**Ja, EUR mtl. netto** . . . . .
4					**Nein ❐**	**Ja, EUR mtl. netto** . . . .

(E)

<table>
<tr><td colspan="2">Angehörige, denen Sie Unterhalt gewähren</td><td>Geburtsdatum</td><td>Familienverhältnis (zB Ehegatte, Lebenspartner, Kind, Schwiegermutter)</td><td>Wenn Sie den Unterhalt ausschließlich durch Zahlung gewähren: Monatsbeitrag in EUR</td><td colspan="2">Haben die Angehörigen eigene Einnahmen? (zB Ausbildungsvergütung, Unterhaltszahlungen vom anderen Elternteil)</td></tr>
<tr><td colspan="2">Name, Vorname (Anschrift nur, wenn sie von Ihrer Anschrift abweicht)</td><td></td><td></td><td></td><td colspan="2"></td></tr>
<tr><td>5</td><td></td><td></td><td></td><td></td><td>Nein ❒</td><td>Ja, EUR mtl. netto
.....</td></tr>
</table>

(F)

<table>
<tr><td colspan="3">Ist Vermögen vorhanden? ❒ Nein
❒ Ja, in diesem Fall bitte nachstehende weitere Angaben:</td></tr>
<tr><td colspan="2"></td><td>Verkehrswert oder Guthabenbetrag</td></tr>
<tr><td>Grundvermögen
❒ Nein ❒ Ja</td><td>Bezeichnung nach Lage, Größe, Nutzungsart</td><td></td></tr>
<tr><td>Bank-, Spar-, Bausparguthaben, Wertpapiere
❒ Nein ❒ Ja</td><td>Bezeichnung der Bank, Sparkasse oder des sonstigen Kreditinstituts; bei Bausparguthaben bitte Auszahlungstermin und Verwendungszweck angeben</td><td></td></tr>
</table>

Sonstige Vermögenswerte (einschließlich Bargeld); Haushalt, Kleidung, Berufsgegenstände, soweit nicht Luxus, bleiben außer Betracht	Bezeichnung des Gegenstandes	
Verbindlichkeiten (bitte nur ausfüllen, wenn Vermögenswerte angegeben)		Restbetrag in EUR
Art der Verbindlichkeit, Bezeichnung des Gläubigers, Verwendungszweck		

(G)	Als besondere Belastung mache ich geltend: Besondere Belastung (zB Mehrausgaben für körperbehinderte Angehörige) bitte begründen. Die Angaben sind zu belegen.[4]

In der Angelegenheit, für die ich Beratungshilfe beantrage, ist mir bisher Beratungshilfe weder gewährt noch durch das Amtsgericht versagt worden.

Ein gerichtliches Verfahren war oder ist nicht anhängig.

Ich versichere, dass meine Angaben vollständig und wahr sind.
Das Hinweisblatt zu diesem Vordruck habe ich erhalten.

Belege zu folgenden Angaben haben vorgelegen:

❒ Bewilligungsbescheid für laufende Hilfe zum Lebensunterhalt
❒ Einkünfte
❒ Sonstiges:

. . . . .
. . . . .

Ort, Datum
. . . . .
. . . . .
(Unterschrift des Antragstellers)

Ort, Datum
. . . . .
. . . . .
(Unterschrift des Rechtspflegers/Rechtsanwalts[5, 6])

Anmerkungen

1. Ein bundeseinheitlicher Beratungshilfeantrag ist abrufbar unter https://justiz.de/service/formular/f_allgemeines/index.php. Der Antrag gilt gem. § 12 Abs. 1 BerHG nicht in den Ländern Bremen und Hamburg; in Hamburg hilft die Öffentliche Rechtsauskunft-

und Vergleichsstelle, den Einwohnern Bremens steht die Arbeitnehmerkammer, der die öffentliche Rechtsberatung übertragen ist, zur Verfügung. In Berlin besteht gem. § 12 Abs. 2 BerHG die Wahl, die dort eingeführte öffentliche Rechtsberatung und Beratungshilfe oder BerHG-Beratungshilfe in Anspruch zu nehmen.

Im übrigen Bundesgebiet ist das Amtsgericht zuständig für die Entscheidung über den Antrag auf Gewährung von Beratungshilfe, in dessen Bezirk der Rechtsuchende seinen allgemeinen Gerichtsstand hat, § 4 Abs. 1 S. 1 BerHG. Der Antrag kann mündlich oder schriftlich gestellt werden, § 4 Abs. 2 S. 1 BerHG. Die Amtsgerichte händigen auf Anfrage entsprechende Antragsformulare aus, die dem obigen Beispiel entsprechen und die in § 4 Abs. 3 BerHG nF geforderten Glaubhaftmachungen vorsehen.

2. Aus der Sachverhaltsdarstellung muss hervorgehen, dass Hilfe für die Wahrnehmung von Rechten beantragt wird und es sich also nicht um einen Fall allgemeiner Lebensberatung handelt. Beratungshilfe kommt in Betracht für die außergerichtliche Wahrnehmung von Rechten sowie im obligatorischen Güteverfahren nach § 15a EGZPO, § 1 Abs. 1 BerHG. Beratungshilfe wird in allen rechtlichen Angelegenheiten gewährt, § 2 Abs. 2 S. 1 BerHG. Beratungshilfe kann auch im Zusammenhang mit einem Insolvenzverfahren gewährt werden, insb. zu der Frage, ob und wie ein Insolvenzantrag zu stellen ist (Uhlenbruck/*Pape* InsO § 4 Rn. 22). Für Personen, die eine Restschuldbefreiung nach den §§ 286 ff. InsO erlangen können, finden die §§ 4a–d InsO Anwendung, wonach die Kosten des Insolvenzverfahrens bis zur Restschuldbefreiung gestundet werden können. Die Stundung umfasst auch die im vorläufigen Insolvenzverfahren und im Schuldenbereinigungsplanverfahren entstandenen Auslagen, § 4a Abs. 1 S. 2, 3 InsO. In Straf- und Ordnungswidrigkeitssachen wird lediglich Beratung gewährt, nicht jedoch Vertretung durch einen Rechtsanwalt, § 2 Abs. 2 S. 2 BerHG.

Beratungshilfe kann auch im Rahmen eines Prozesskostenhilfebewilligungsverfahrens, insb. zur Einreichung eines PKH-Antrags, gewährt werden. Ausgeschlossen ist Beratungshilfe in Angelegenheiten, in denen das Recht anderer Staaten anzuwenden ist, wenn der Sachverhalt keinen Inlandsbezug aufweist, § 2 Abs. 3 BerHG. Der persönliche Anwendungsbereich der Beratungshilfe erstreckt sich auch auf juristische Personen.

Im Umfang ihrer Befugnis zur Rechtsberatung für die Beratungshilfe „mit ins Boot" genommen sind seit der Reform des Beratungshilferechts Steuerberater, Steuerbevollmächtigte, Wirtschaftsprüfer, vereidigte Buchprüfer und Rentenberater, § 3 Abs. 1 S. 2 BerHG.

3. Voraussetzung für die Gewährung von Beratungshilfe ist, dass dem Rechtsuchenden keine anderen Möglichkeiten zur Erlangung einer Hilfe zur Verfügung stehen, deren Inanspruchnahme ihm zumutbar ist, § 1 Abs. 1 Nr. 2 BerHG. Die Inanspruchnahme anderweitiger Hilfe ist insb. dann zumutbar, wenn eine Beratung durch Vereine, Verbände, Gewerkschaften, deren Mitglied der Rechtsuchende ist, erfolgen kann. Außerdem hat der Rechtsuchende sich vorrangig an die zuständige Behörde zu wenden, wenn diese zur Erteilung von Auskünften verpflichtet ist, zB bzgl. der Beratung in einer Asylangelegenheit im Hinblick auf die Stellung eines Folgeantrages (AG Westerburg NJW-RR 1999, 1448).

Ferner darf die Inanspruchnahme der Beratungshilfe nicht mutwillig erscheinen, § 1 Abs. 1 Nr. 3 BerHG. Ein Antrag erscheint nach der neuen Legaldefinition in § 1 Abs. 3 BerHG mutwillig, wenn Beratungshilfe in Anspruch genommen wird, obwohl ein Rechtsuchender, der keine Beratungshilfe beansprucht, bei verständiger Würdigung aller Umstände der Rechtsangelegenheit davon absehen würde, sich auf eigene Kosten rechtlich beraten oder vertreten zu lassen. Bei der Beurteilung der Mutwilligkeit sind die Kenntnisse und Fähigkeiten des Antragstellers sowie seine besondere wirtschaftliche Lage zu berücksichtigen.

4. Der Rechtsuchende hat seine Bedürftigkeit darzulegen und glaubhaft zu machen, § 4 Abs. 3 BerHG. Diese liegt vor, wenn nach den Vorschriften der Zivilprozessordnung Prozesskostenhilfe ohne einen eigenen Beitrag zu den Kosten zu gewähren wäre, § 1 Abs. 2 S. 1 BerHG. Bedürftig ist nicht, wer in der betreffenden Angelegenheit rechtsschutzversichert ist oder einen entsprechenden Barunterhaltsanspruch hat. Zur Glaubhaftmachung der Bedürftigkeit sind vorzulegen: Lohn-/Gehaltsabrechnung, Kontoauszüge, Nachweis über regelmäßige Zahlungen wie Miete etc, Nachweis über das Vermögen, insb. Immobilien. Nach § 4 Abs. 4 BerHG kann das Amtsgericht die Abgabe einer eidesstattlichen Versicherung zur Glaubhaftmachung verlangen. Die Vorlage eines aktuellen Sozialhilfebescheides ersetzt in der Regel sonstige Nachweise.

5. Anwaltspflichten: Die Tätigkeit des Anwalts besteht in Beratung und – soweit erforderlich – in Vertretung, § 2 Abs. 1 BerHG. Gem. § 49a BRAO ist der Anwalt zur Übernahme der Beratungshilfe verpflichtet. Nach § 16 Abs. 1 BORA muss er außerdem bei begründetem Anlass auf die Möglichkeit von Beratungshilfe hinweisen. Verletzt er diese Hinweispflicht, so macht er sich schadensersatzpflichtig. Die Übernahme der Beratungshilfe kann im Einzelfall aus wichtigem Grund abgelehnt werden, § 49a Abs. 1 S. 2 BRAO. Als wichtiger Grund in Betracht kommen bspw. Krankheit, die Gründe des § 45 BRAO, Unmöglichkeit der Schaffung eines Vertrauensverhältnisses. Allgemeine Arbeitsüberlastung sowie die Tatsache, dass die Kanzlei sich mit dem gefragten Rechtsgebiet nicht befasst, dürften hingegen als wichtiger Grund nicht ausreichen (Henssler/Prütting/*Henssler* BRAO § 49a Rn. 13).

Die Ablehnung des Mandates ist gem. § 44 BRAO unverzüglich zu erklären. Für eine Mandatsniederlegung ist ebenso wie für die Ablehnung des Mandates ein wichtiger Grund erforderlich, da anderenfalls der Zweck des § 49a BRAO nicht erreicht werden könnte.

Liegen die Voraussetzungen der Gewährung von Beratungshilfe vor, so stellt das Amtsgericht, sofern es die Beratung nicht selbst vornimmt, einen Berechtigungsschein für eine Beratungshilfe durch einen Rechtsanwalt nach Wahl des Rechtsuchenden aus. Der Rechtsuchende kann auch unmittelbar einen Rechtsanwalt aufsuchen, § 7 BerHG, und den Antrag auf Beratungshilfe nachträglich stellen. Allerdings handelt der Anwalt, der vor Beantragung von Beratungshilfe zunächst tätig wird, im Hinblick auf seinen Vergütungsanspruch gegen die Staatskasse auf eigenes Risiko (LG Hannover NJW-RR 2000, 1370), wenn nicht für den Antragsteller Eilbedürftigkeit vorlag, derentwegen eine vorherige Antragstellung unzumutbar war, § 6 Abs. 2 BerHG nF. Will er dieses Risiko nicht eingehen, so muss er entweder selbst den Beratungshilfeantrag aufnehmen und die Bewilligungsvoraussetzungen prüfen oder aber den Rechtsuchenden vor Tätigwerden zwecks Ausstellung eines Berechtigungsscheines zunächst an das zuständige Amtsgericht verweisen.

Kosten und Gebühren

6. Die – gegenstandswertunabhängige – Höhe der Gebühren ergibt sich aus VV Teil 2 Abschn. 5 RVG. Gegenüber dem Rechtsuchenden hat der Anwalt einen Gebührenanspruch iHv 15 EUR, welchen er nach den Verhältnissen des Rechtsuchenden erlassen kann, VV 2500 RVG. Auslagen auf die Beratungshilfegebühr darf der Anwalt nicht berechnen (vgl. Anm. zu VV 2500 RVG). Da das RVG die Umsatzsteuer als Auslagentatbestand behandelt (vgl. VV 7008 RVG), darf diese nicht zusätzlich erhoben werden. Gleichwohl muss der Anwalt sie abführen.

Daneben erhält der Anwalt regelmäßig von der Staatskasse:

Eine Beratungsgebühr iHv 35 EUR gem. VV 2501 RVG für die Erteilung eines mündlichen oder schriftlichen Rates.

Eine Geschäftsgebühr iHv 85 EUR gem. VV 2503 RVG für die außergerichtliche Vertretung des Rechtsuchenden.

Bei entsprechender Tätigkeit eine gesonderte Einigungs- oder Erledigungsgebühr iHv 150 EUR gem. VV 2508 RVG.

Da bei hohen Gegenstandswerten das Haftungsrisiko in keinem Verhältnis zu den Gebührenansprüchen steht, sollte eine Haftungsbegrenzungsvereinbarung getroffen werden, → Form. I.A.3.

Ist der Gegner zur Erstattung der Kosten für die Vertretung verpflichtet, so hat er die vollen gesetzlichen Gebühren zu bezahlen. Der Anspruch geht gem. § 9 BerHG auf den Rechtsanwalt über. Durch den Gesetzgeber seit 1.1.2014 eingeführt ist die Möglichkeit, die Bewilligung der Beratungshilfe unter bestimmten Voraussetzungen nachträglich aufzuheben, sofern die Bewilligung nicht länger als ein Jahr zurückliegt, s. § 6a und § 8a BerHG.

B. Mahnverfahren

1. Antrag auf Erlass eines Mahnbescheids

Schrifttum: Conrad, Das zivilprozessuale Mahnverfahren, JuS 2009, 688; *Hein,* Der Mahn- und Vollstreckungsbescheidsantrag, JuS 2018, 1269; *Klose,* Die Hemmung der Verjährung durch den Antrag auf Erlass eines Mahnbescheids, MDR 2010, 11; *König,* Elektronisches Mahnverfahren in der Praxis, 2009; *Nistler,* Aus der Praxis: Mahnverfahren oder ordentliches Klageverfahren, JuS 2011, 990; *Petzold,* Die Erfüllung im Mahnverfahren, NJW 2019, 822; *Pioch,* Die verjährungshemmende Wirkung des Mahnbescheids, MDR 2016, 863; *Ruess,* Die Erstattung der Kosten des Mahnverfahrens, NJW 2006, 1915; *Schneider,* Gerichtskosten im zivilrechtlichen Mahnverfahren, NJW 2020, 378; *Seggewiße,* Streitverkündung im Mahnverfahren, NJW 2006, 3037; *Sonnentag,* Streitverkündung im Mahnverfahren, MDR 2006, 188.

Zum Europäischen Mahnverfahren: Röthel/Sparmann, Das europäische Mahnverfahren, WM 2007, 1101; *Salten,* Das europäische Mahnverfahren, MDR 2008, 1141; *Sujecki,* Das europäische Mahnverfahren, NJW 2007, 1622

1. Das Mahnverfahren empfiehlt sich für die gerichtliche Geltendmachung von Zahlungsansprüchen in Euro, die voraussichtlich nicht bestritten werden. Es führt schneller zu einem Titel, da es keine mündliche Verhandlung erfordert; es ist billiger als das Klageverfahren, da nur eine halbe Gerichtsgebühr erhoben wird (KV Nr. 1110) und zudem auch bei Streitwerten über 5.000 EUR kein Anwaltszwang besteht; es ist einfacher, da nur ein Form. auszufüllen ist, was online geschehen kann. IÜ vermeidet der Gläubiger den Umweg über das Güteverfahren, soweit es nach Landesrecht gem. § 15a EGZPO eingeführt ist; diese Ausnahme gilt sowohl für das Mahnverfahren selbst (§ 15a Abs. 1 EGZPO) als auch für die Durchführung des streitigen Verfahrens (§ 15a Abs. 2 Nr. 5 EGZPO). Das Mahnverfahren ist nicht zu empfehlen, wenn zu erwarten ist, dass der Gegner Widerspruch einlegt; Mahnverfahren und Überleitung in das streitige Verfahren sind umständlicher als die Verfahrenseinleitung durch Klagerhebung. Ist also mit einem Widerspruch zu rechnen, sollte gleich Klage erhoben werden, es sei denn, der Gläubiger will das nach Landesrecht vorgeschaltete Güteverfahren vermeiden. Für das Mahnverfahren kann Prozesskostenhilfe beantragt werden (BGH NJW-RR 2017, 1470).

Unzulässig ist das Mahnverfahren in den folgenden fünf Fällen:

a) Der Anspruch beruht auf einem Verbraucherdarlehen nach §§ 491 ff. BGB mit einem effektiven Jahreszins von mehr als zwölf Prozentpunkten über dem Basiszinssatz (§ 688 Abs. 2 Nr. 1 ZPO). Maßgeblich ist der Zeitpunkt des Vertragsschlusses.

b) Der Anspruch hängt noch von einer Gegenleistung ab (Vorleistung oder Zug-um-Zug-Leistung, anders bei Vorleistungspflicht des Antragsgegners), § 688 Abs. 2 Nr. 2 ZPO. Enthält der Mahnantrag die bewusst wahrheitswidrige Erklärung, dass die Gegenleistung bereits erbracht sei, kann die spätere Berufung auf die durch Zustellung des Mahnbescheids eingetretene Verjährungshemmung rechtsmissbräuchlich sein (BGH NJW 2015, 3160).

c) Der Mahnbescheid müsste öffentlich zugestellt werden, § 688 Abs. 2 Nr. 3 ZPO. Stellt sich erst nach Einleitung des Mahnverfahrens heraus, dass der Mahnbescheid nicht zugestellt werden kann, ist eine Abgabe an das Streitgericht nicht möglich (BGH NJW 2004, 2453; OLG Köln MDR 2004, 1376; OLG Hamm MDR 1999, 1523).

d) Der Anspruch geht auf Zahlung in ausländischer Währung, § 688 Abs. 1 ZPO, also nicht auf Zahlung in Euro. Im sog Auslandsmahnverfahren nach dem AVAG (s. unter e) kann der Mahnbescheid auch auf Zahlung in ausländischer Währung gehen. IÜ kann der Gläubiger eine Fremdwährungsschuld für das Mahnverfahren in Euro umrechnen, auch dann wird die Verjährung durch Zustellung des Mahnbescheids unterbrochen (BGH NJW 1988, 1964).

e) Der Mahnbescheid müsste im Ausland zugestellt werden, § 688 Abs. 3 ZPO. Hiervon gibt es Ausnahmen:
- Das Europäische Mahnverfahren nach § 1087 ff. ZPO gestattet eine Zustellung in den Mitgliedsstaaten der Europäischen Union (§§ 688 Abs. 4, 1089 Abs. 2 ZPO).
- Der Mahnbescheid kann unter der Geltung des Anerkennungs- und Vollstreckungsausführungsgesetzes in der Fassung der Bekanntmachung v. 30.11.2015 (AVAG, BGBl. I 2146) in einem anderen Vertrags- und Mitgliedsstaat zugestellt werden (§§ 688 Abs. 3 ZPO iVm 32 AVAG).
- Die Auslandszustellung ist außerdem für Unterhaltsansprüche (§ 75 Auslandsunterhaltsgesetz – AUG), für Güterrechtssachen (§ 30 IntGüRVG) und für Erbschaftsansprüche (§ 30 Abs. 1 IntErbRVG) zugelassen.

2. Das Mahnverfahren ist auch für Ansprüche gegeben, die zur sachlichen Zuständigkeit der Arbeitsgerichte gehören. Zu den Abweichungen gegenüber §§ 688 ff. ZPO vgl. § 46a ArbGG. Rechtsanwälte sind hier nicht gezwungen, den Antrag auf elektronischem Wege zu stellen, § 702 Abs. 2 S. 2 ZPO gilt nicht. Auch Zahlungsansprüche aus dem WEG können im Wege des Mahnverfahrens geltend gemacht werden.

3. Die Benutzung der amtlichen Form, sei es auf elektronischem Wege, sei es in Papierform mit dem amtlichen Vordruck, ist nach § 703c Abs. 2 ZPO zwingend vorgeschrieben. Die Nichtbeachtung des Formularzwangs oder die Wahl eines falschen Formulars machen den Antrag unzulässig. Das konventionelle, nicht maschinelle Mahnverfahren mit dem früher verwendeten Durchschreibesatz ist bundesweit abgeschafft. Für die in § 703b ZPO vorgesehene maschinelle Bearbeitung des Mahnverfahrens durch das Gericht ist ein besonderer Vordruck eingeführt worden. Die Automation ist inzwischen in allen Bundesländern bei zentralen Mahngerichten eingeführt, so

a) für Baden-Württemberg beim AG Stuttgart,
b) für Bayern beim AG Coburg,
c) für Berlin und Brandenburg beim AG Wedding,
d) für Bremen beim AG Bremen,
e) für Hamburg und Mecklenburg-Vorpommern beim AG Hamburg,
f) für Hessen beim AG Hünfeld,
g) für Niedersachsen beim AG Uelzen,
h) für Nordrhein-Westfalen beim AG Hagen (OLG-Bezirke Hamm, Düsseldorf) und beim AG Euskirchen (OLG-Bezirk Köln),
i) für Rheinland-Pfalz und Saarland beim AG Mayen,
j) für Sachsen-Anhalt, Sachsen und Thüringen beim AG Aschersleben, Zweigstelle Staßfurt
k) für Schleswig-Holstein beim AG Schleswig.

Die Zuständigkeitskonzentration erfasst auch Auslandsmahnverfahren nach § 703d ZPO (BGH NJW 1993, 2752). Soweit Firmen mit umfangreichem Inkasso ihrerseits das Mahnverfahren im Wege der maschinellen Datenverarbeitung, zB durch Übermittlung eines Datenträgers, betreiben wollen, ist dies im Rahmen der genannten Verordnungen zur Zeit noch bei einigen Mahngerichten möglich. Hierzu sollten mit dem zuständigen Mahngericht Absprachen über den Datenträgeraustausch oder eine Übertragung per E-Mail getroffen werden. Zum genauen Ablauf des automatisierten Mahnverfahrens und zum Stand der maschinellen Bearbeitung in den Bundesländern haben die Justizverwaltungen der Länder eine instruktive „Informationsschrift und Anwendungshilfe“ herausgegeben, die bei den Mahngerichten angefordert werden kann, aber auch auf der Internetseite der Mahngerichte als Download zur Verfügung steht. Aktuelle Informationen können unter „www.mahngerichte.de“ abgerufen werden.

4. Der Antrag auf Erlass eines Europäischen Zahlungsbefehls im Europäischen Mahnverfahren nach §§ 1087 ff. ZPO ist auf einem Formblatt zu stellen, das im Anhang zur EuMahnverfVO vorgegeben ist. Anwaltszwang besteht nicht. Zuständig ist das AG Wedding in Berlin (§ 1087 ZPO). Dort können Informationen eingeholt werden. Das Amtsgericht Wedding ist auch ausschließlich zuständig, wenn der Antragsteller seinen Sitz/Wohnsitz im Ausland hat. Soll der Mahnbescheid in einem der Mitglieds- oder Vertragsstaaten nach § 1 AVAVG (vgl. Ziff. 1e) zugestellt werden, ist die Benutzung des Vordrucks zwar nicht vorgeschrieben, aber zweckmäßig. Die Zuständigkeit für das Mahnverfahren richtet sich dann nach dem Gericht, das für ein streitiges Verfahren zuständig sein würde. Diese Zuständigkeit (zB Unfallort gem. § 20 StVG, Erfüllungsort gem. § 29 Abs. 1 iVm § 269 BGB, Vereinbarung gem. § 38 ZPO, jeweils iVm den Vorschriften des EuGVVO bzw. des jeweiligen Übereinkommens) ist kurz zu begründen. Auch für Mahnbescheide, die nach Art. 32 des Zusatzabkommens zum Nato-Truppenstatut v. 1.8.1959 (BGBl. 1961 II 1183 (1218)) zuzustellen sind, sind Vordrucke nicht eingeführt, können aber verwendet werden, auch wenn sie nicht maschinell bearbeitet werden.

5. Der Mahnantrag ist sorgfältig und vollständig auszufüllen. Der Rechtspfleger hat den Antrag auf offensichtliche Fehler und Unstimmigkeiten bei den gesetzlich geforderten Angaben zu überprüfen und ihre Richtigstellung zu veranlassen (BGH NJW 1984, 242). Unvollständige oder ungenaue Angaben werden allerdings bei online gestelltem Mahnantrag nicht angenommen, auf dem Bildschirm erscheint jeweils eine Fehlermeldung. Das Barcode-Verfahren oder das Online/EGVP-Verfahren schützen vor falsch ausgefüllten Mahnanträgen.

6. Konventionelles Mahnverfahren mit maschineller Bearbeitung:

Antragsteller, die nicht durch einen Rechtsanwalt vertreten werden und auch keine Person iSd § 690 Abs. 3 S. 2 ZPO sind, können nach wie vor Mahnanträge in Papierform stellen. Hierfür ist der durch VO des Bundesministers der Justiz festgelegte Vordruck idF v. 1.7.2017 zu verwenden. Dieser Vordruck ist zB im Schreibwarenhandel erhältlich. Der aktuelle Vordruck besteht aus einem grünen Blatt, dessen Vorder- und Rückseite auszufüllen sind. Dazu gibt es ein amtliches Hinweisblatt mit Erläuterungen zur Ausfüllung des Antrags. Die folgenden Anmerkungen ergänzen die Hinweise des Hinweisblattes und folgen seiner Gliederung:

a) Der **Antragsteller** ist mit nicht abgekürztem Vornamen, Nachnamen und vollständiger Anschrift einzutragen. Firmen, juristische Personen etc werden in einer besonderen Rubrik erfasst. Ist auf der Gläubigerseite eine weitere Person vorhanden, kann diese den Anspruch als weiterer Antragsteller geltend machen. Darüber hinaus können weitere Antragsteller in einer mit dem Antrag fest verbundenen Liste bezeichnet werden. Gesetzliche Vertreter von natürlichen Personen (zB Eltern) oder von juristischen Personen sind in einer besonderen Rubrik mit Vertreterstellung, Namen und Anschrift anzugeben.

b) Der **Antragsgegner** ist in gleicher Weise zu bezeichnen. Mit dem Mahnbescheid können mehrere Antragsgegner in Anspruch genommen werden. Regelmäßig wird es sich um Gesamtschuldner handeln, was in dem vorgesehenen Kästchen zu vermerken ist.

c) Bei der **Bezeichnung des Anspruchs** müssen Haupt- und Nebenforderungen gesondert und einzeln angegeben werden (§ 690 Abs. 1 Nr. 3 ZPO). Die Bezeichnung der Hauptforderung ist dem Hauptforderungskatalog zu entnehmen, der die in Betracht kommenden Ansprüche alphabetisch aufführt. Der Katalog ist auf der Rückseite der Hinweise zum Vordruck abgedruckt. Soll mit der Zustellung des Mahnbescheids die

Verjährung gehemmt werden, ist es erforderlich, den geltend gemachten Anspruch durch seine Kennzeichnung von anderen Ansprüchen so abzugrenzen, dass er Grundlage eines der materiellen Rechtskraft fähigen Vollstreckungstitels sein kann und dem Schuldner die Beurteilung möglich ist, ob er sich gegen den Anspruch zur Wehr setzen will (BGH NJW 2020, 3653). Die Katalognummer ist im Antragsformular anzugeben. Nur wenn der Anspruch im Katalog nicht vorhanden ist, kann er in der Rubrik „sonstiger Anspruch" bezeichnet werden. Handelt es sich um eine abgetretene Forderung, ist der Zedent anzugeben.

Hinsichtlich der **Nebenforderungen** unterscheidet der Vordruck zwischen

- laufenden Zinsen, also Zinsen, die mit Zinssatz und Zinsbeginn angegeben werden; es können Zinsen auf unterschiedliche Geldbeträge und für unterschiedliche Zeiträume erfasst werden;
- ausgerechneten Zinsen, dh Zinsen, die für einen bestimmten Zinszeitraum als Geldbetrag geltend gemacht werden;
- Auslagen des Antragstellers, das sind zB Kosten für Vordrucke, Porto etc; nicht anzugeben sind die Gerichtskosten, die berechnet das Mahngericht;
- anderen Nebenforderungen, damit sind durch den Verzug des Antragsgegners entstandene vorgerichtliche Kosten gemeint.

Diese Nebenforderungen dürfen nicht der Hauptforderung zugeschlagen werden. Aus dem Rahmen fallende Beträge werden vom Programm aussortiert und vom Rechtspfleger einer besonderen Prüfung unterzogen Der Rechtspfleger hat insoweit eine (eingeschränkte) Prüfungskompetenz. Vor allem übermäßige Nebenforderungen und überhöhte Inkassokosten können zu Beanstandungen führen.

d) In der nächsten Spalte ist das für das streitige Verfahren sachlich (§ 23 GVG) und örtlich (§§ 13, 17, 18 ZPO) **zuständige Gericht** einzutragen. Ist das Landgericht zuständig, ist zu überlegen, ob der Anspruch vor die Kammer für Handelssachen gehört (→ Form. I. D.2 Anm. 2), und die Zahl 3 in das Kästchen einzutragen. Ein entsprechender Antrag kann noch in der Anspruchsbegründung nachgeholt werden, allerdings nur in der Frist nach § 697 Abs. 1 ZPO (OLG Nürnberg Rpfleger 1995, 369). Besteht ein ausschließlicher Gerichtsstand (zB im Fall des § 29a ZPO), sollte das betreffende Gericht eingetragen werden; andernfalls droht eine Weiterverweisung mit späterer Kostenbelastung nach § 281 Abs. 3 S. 2 ZPO. Besteht ein besonderer oder vereinbarter Gerichtsstand und will der Antragsteller den Rechtsstreit nicht am Wohnsitzgericht des Antragsgegners führen, muss er bereits jetzt das zuständige andere Gericht bezeichnen. Nach Abgabe hat er keine Möglichkeit mehr, durch eine Weiterverweisung an das Gericht des besonderen oder vereinbarten Gerichtsstandes zu gelangen; er hat sein Wahlrecht nach § 35 ZPO verbraucht (BGH NJW 1993, 1273). Eine Ausnahme besteht nur für den Fall, dass beide Parteien übereinstimmend die Abgabe an ein anderes Gericht verlangen (§ 696 Abs. 1 S. 1, § 700 Abs. 3 S. 1 ZPO). Hat der Antragsteller offenkundig (§ 291 ZPO) missbräuchlich ein unzuständiges Gericht bezeichnet, zB sein Wohnsitzgericht, liegt ein Grund vor, den Antrag zurückzuweisen; vorher ist ihm Gelegenheit zur Nachbesserung zu geben (§ 691 Abs. 1 S. 2 ZPO).

Probleme können sich bei Antragsgegnern mit unterschiedlichem allgemeinen Gerichtsstand ergeben. Hier sollten getrennte Mahnbescheide beantragt werden. Es ist aber auch zulässig, nach Abgabe des Rechtsstreits in der Anspruchsbegründung die Bestimmung des zuständigen Gerichts nach § 36 Abs. 1 Nr. 3 ZPO zu beantragen (OLG Hamm NJW-RR 2015, 315). Sind deutsche Gerichte für ein Mahnverfahren international zuständig, das gegen einen im Ausland wohnhaften Antragsgegner geführt werden soll, kann unter den Voraussetzungen des § 36 Abs. 1 Nr. 3 ZPO ein Gerichtsstand für ein (gemeinsames) Mahnverfahren bestimmt werden, das sich auch gegen einen weiteren Antragsgegner mit inländischen Wohnsitz richten soll (OLG Hamm BeckRS 2020, 6924).

e) Für den Fall des Widerspruchs kann in derselben Zeile schon jetzt die **Durchführung des streitigen Verfahrens** beantragt werden. Hierzu geben die Hinweise keine Erläuterung. Das streitige Verfahren wird nach § 696 Abs. 1 ZPO nur auf Antrag durchgeführt, dieser Antrag kann auch nach Einlegung des Widerspruchs gestellt werden.

f) **Prozessbevollmächtigter:** Diese Spalte ist weitgehend bedeutungslos, da Rechtsanwälte den Vordruck nicht benutzen dürfen, sondern Mahnanträge idR online ausfüllen müssen.

g) Werden Ansprüche aus einem **Verbraucherdarlehensvertrag** nach §§ 491 ff. BGB geltend gemacht, sind mit Rücksicht auf § 688 Abs. 2 Nr. 1 ZPO in der nächsten Spalte besondere Angaben notwendig. Ua ist der effektive Jahreszins anzugeben, der nicht über 12 % liegen darf. Andernfalls wird der Mahnbescheid nicht erlassen.

h) Die **Angabe des zuständigen Mahngerichts** ist gem. § 690 Abs. 1 Nr. 2 ZPO zu treffen. Der Antrag muss an eines der in → Anm. 3 bezeichneten Mahngerichte gerichtet sein. Ausschließlich zuständig ist das Mahngericht, in dessen Zuständigkeitsbereich der Antragsteller seinen allgemeinen Gerichtsstand (§§ 13, 17, 18 ZPO) hat, § 689 Abs. 2 S. 1 ZPO; das gilt auch dann, wenn für den Anspruch ein anderer ausschließlicher Gerichtsstand gegeben ist. Ein vom unzuständigen Gericht erlassener Mahnbescheid ist wirkungslos, er kann nicht Grundlage eines Vollstreckungsbescheids sein (BGH NJW 1990, 1119); Abgabe oder Verweisung sind nicht möglich. Wurde die Forderung durch die Zweigniederlassung einer juristischen Person begründet, so ist allein der Sitz der Hauptniederlassung maßgeblich (BGH NJW 1978, 321). Hat der Antragsteller im Inland keinen allgemeinen Gerichtsstand, so ist das Amtsgericht Wedding in Berlin zuständig (§ 689 Abs. 2 S. 2 ZPO; s. o. Ziff. 4). Dies gilt auch dann, wenn eine ausländische Firma in der Bundesrepublik eine Zweigniederlassung hat (BGH NJW 1991, 110); anders nur bei Niederlassungen ausländischer Versicherungsgesellschaften (BGH NJW 1979, 1785). Hat auch der Antragsgegner keinen allgemeinen Gerichtsstand im Inland, so ist für das Mahnverfahren das Amtsgericht zuständig, das für das streitige Verfahren – zB als Ort der unerlaubten Handlung gem. § 32 ZPO – zuständig sein würde (§ 703d Abs. 2 ZPO, BGH NJW 1981, 2647). Gesamtgläubiger mit unterschiedlichem allgemeinen Gerichtsstand können in entsprechender Anwendung des § 35 ZPO wählen, bei welchem ihrer Gerichte das Mahnverfahren durchgeführt werden soll (BGH NJW 1978, 321).

i) Der Mahnantrag ist vom Antragsteller oder seinem Vertreter zu unterschreiben. Mit der **Unterschrift** wird zugleich die Erklärung abgegeben, dass der Anspruch von keiner Gegenleistung abhängt oder diese bereits erbracht ist (§§ 688 Abs. 2 Nr. 2, 690 Abs. 1 Nr. 4 ZPO, vgl. Ziff. 1b). Enthält der Mahnantrag die bewusst wahrheitswidrige Erklärung, dass die Gegenleistung bereits erbracht sei, kann die spätere Berufung auf die durch Zustellung des Mahnbescheids eingetretene Verjährungshemmung rechtsmissbräuchlich sein (BGH NJW 2015, 3160).

j) **Monierung** unrichtiger Angaben: Der Mahnantrag wird durch ein EDV-Programm auf Vollständigkeit, Zulässigkeit und in gewissen Grenzen auf Plausibilität überprüft. Mängel sind häufig und führen dazu, dass der Mahnbescheid nicht erlassen wird. Der Antragsteller erhält dann ein sog Monierungsschreiben, mit dem ihm die fehlenden oder inkorrekten Angaben mitgeteilt werden. Dem Schreiben liegt eine vorbereitete, auf die Ergänzung oder Berichtigung zugeschnittene Monierungsantwort bei. Nur mit diesem Antwortschreiben kann die Beanstandung behoben werden. Erst nach vollständiger Beantwortung des Monierungsschreibens wird das Verfahren fortgesetzt.

k) **Weiteres Verfahren:** Wenn der Antrag – ggf. nach Monierung – ordnungsgemäß ausgefüllt und dem Mahngericht übersandt ist, wird der Mahnbescheid in Form eines Computerausdrucks erlassen. Der Mahnbescheid wird dem Antragsgegner von Amts wegen zugestellt, ohne dass ein Gerichtskostenvorschuss einzuzahlen ist (§ 12 Abs. 3 S. 2 GKG). Auf der Rückseite des Mahnbescheids erhält der Antragsgegner allgemeine

Hinweise zur Zahlung, zu eventuellen Ratenzahlungen, zum Verhalten bei Zahlungsunfähigkeit und zum Widerspruchsverfahren. Außerdem ist ein Vordruck für den Widerspruch beigefügt.

7. Elektronisches Mahnverfahren

Rechtsanwälte sind dazu verpflichtet, Mahnanträge in nur maschinell lesbarer Form zu stellen (§ 690 Abs. 3 ZPO). Dazu sind unterschiedlichen Verfahrensarten entwickelt worden, mit denen Mahnanträge zu erstellen und an das zuständige Mahngericht zu übermitteln sind:

- Barcodeverfahren
  Der Mahnantrag wird online ausgefüllt, auf Papier ausgedruckt, unterschrieben und dem Mahngericht übersandt.
- Online/EGVP-Verfahren
  Der Mahnantrag wird online ausgefüllt, mit einer Signaturkarte signiert und per EGVP versendet.
- Übermittlung mit Hilfe von spezieller Branchensoftware per EGVP, Datenträger ua
  Der Mahnantrag wird mithilfe einer speziellen Branchensoftware erstellt und entweder per EGVP oder, je nach Ausgestaltung durch das Mahngericht, mit Datenträger, als E-Mail-Anhang oder im Tar/Web-Verfahren übermittelt.

Im Folgenden werden das Barcodeverfahren und das Online/EGVP-Verfahren näher beschrieben. Der dazu online auszufüllende Mahnantrag ist ein von der Justiz der Bundesländer zur kostenlosen Nutzung zur Verfügung gestelltes interaktives Formular, mit dem der Antrag auf Erlass eines Mahnbescheids im Internet ausgefüllt werden kann. Die Antragsdaten können danach an das zuständige Mahngericht entweder verschlüsselt und signiert über das Internet übermittelt oder auf Papier gedruckt und per Post übersandt werden. Die Antragsdaten werden bei der Eingabe inhaltlich überprüft, so dass fehlerhafte Anträge weitgehend vermieden werden. Für das Verfahren sowie die maschinelle Bearbeitung durch das Mahngericht gelten für alle Bundesländer einheitliche Regeln. Die Koordinierung erfolgt durch eine Stelle beim Justizministerium Baden-Württemberg.

Von der Form der Datenerfassung und Datenübermittlung abgesehen, unterliegen die Verfahren denselben rechtlichen Regeln wie das konventionelle Verfahren. Insoweit wird auf die Anmerkungen zum konventionellen Verfahren verweisen.

8. Barcodeverfahren

Der Antragsteller benötigt hierfür lediglich einen Computer mit Internetzugang und einen Drucker. Über die Internetseite „www.online-mahnantrag.de" wird der Antrag auf Erlass des Mahnbescheids in mehreren Schritten ausgefüllt. Dazu sind nur wenige Angaben erforderlich, die über das Menü abgefordert werden. Erläuterungen werden jeweils über den Button „Hilfe" gegeben. In einem letzten Schritt ist der Antrag auf weißem Papier auszudrucken, damit er unterschrieben und an das Mahngericht übermittelt werden kann. Dabei erhält der Antrag einen sog Barcode, der dem Verfahren seinen Namen gegeben hat. Im Mahngericht wird der Barcode maschinell eingelesen. Das Verfahren empfiehlt sich vor allem für Rechtsanwälte, die Mahnanträge nicht in großer Zahl zu stellen haben.

Die einzelnen Schritte:
a) Nach Aufruf der Internetseite „www.online-mahnantrag.de" erscheint zunächst die folgende Seite, die allgemeine Hinweise enthält und der Auswahl des Mahngerichts dient (hierzu Ziff. 6a).

Hilfe

In welchem Bundesland haben Sie Ihren Sitz/Wohnsitz?

Wo möchten Sie den Antrag stellen?

Hamburg

Antragsteller mit Sitz/Wohnsitz im Ausland wählen "Berlin".
Creditors with seat/residence abroad choose "Berlin".

Am ersten Mittwoch im Monat von 8:00-10:00 steht Ihnen der Online-Mahnantrag zwecks Wartung nicht zur Verfügung. Zu Beginn des Wartungszeitraums nicht fertiggestellte Anträge müssen unter Umständen systemseitig zur Sicherstellung der Wartung abgebrochen werden.
Für eine dauerhafte Verfügbarkeit der Anwendung und des Internet-Übertragungsweges kann keine Gewähr übernommen werden.
In Einzelfällen kann es zu system- oder internetbedingten Ausfallzeiten kommen.
Hinweis: Vermeiden Sie bei der Arbeit mit dem Online-Mahnantrag Arbeitspausen von mehr als 30 Minuten. Wenn Sie länger als 30 Minuten nicht mit dem Online-Mahnantrag arbeiten, wird die Session auf dem Server beendet und Ihre erfassten Daten gehen verloren.
Benutzen Sie bitte nicht den Zurück-Button des Browsers.
Der Browser kennt nicht den Status der Anwendung. Falsche Anzeigen sind die Folge.

Hotline:
Bei **fachlichen** - nicht technischen! - **Fragen zum gerichtlichen Mahnverfahren** oder insbesondere zu bereits beantragten Mahnverfahren wenden Sie sich bitte **ausschließlich an die Mahngerichte**: Ansprechpartner

Bei **technischen Fragen** wenden Sie sich bitte zunächst an den Hersteller der betroffenen Komponente.

weiter

Dazu gibt es folgende erläuternde Hilfe:

Bundeslandauswahl

Zuständig für das Mahnverfahren ist in der Regel das Amtsgericht, in dessen Bezirk der Antragsteller seinen Wohnsitz/Sitz hat. Bitte beachten Sie die im Lande geltenden Verordnungen, die die Mahnverfahren aus den Bezirken mehrerer oder aller Amtsgerichte des Landes bestimmten Gerichte zuweisen. Der Online-Mahnantrag ermittelt automatisch das zuständige Amtsgericht (Zentrales Mahngericht).

Wenn Sie Ihren Wohnsitz/Sitz im Ausland haben, ist für Sie das Amtsgericht *Wedding in Berlin* zuständig.

Wählen Sie nun aus der Liste dasjenige Bundesland aus, in welchem der Antrag gestellt werden soll. In der Regel wählen Sie das Bundesland aus, in dem Sie ihren Wohnsitz haben.

Haben Sie ein Bundesland ausgewählt, klicken Sie auf die weiter-Schaltfläche.

b) Nach Anklicken des Buttons „weiter“ erscheint die Seite, mit der die Versandart ausgewählt wird. Hier entscheidet sich, ob die Barcode-Methode gewählt wird oder der Antrag über EGVP versendet werden soll.

Antrag auf Erlass eines Mahnbescheids

Versandart

Bitte wählen Sie zunächst, ob Sie die zu erstellenden Antragsdaten an das Mahngericht signiert über das Internet übermitteln oder auf Papier drucken und per Post übersenden möchten:

◉ **Druck auf Papier (Barcode)**
Sie benötigen eine funktionierende Installation des Adobe Acrobat Reader und einige Blätter weißes Din A4 - Papier.

Hier bekommen Sie den kostenlosen Adobe Acrobat Reader: Get Adobe Acrobat Reader

○ **Versand per Internet**
Sie benötigen eine Signaturkomponente, eine Signaturkarte und ein Kartenlesegerät um Anträge per Internet versenden zu können.

Signaturkomponente EGVP-Classic-Client (Installer-Variante)
Die Bereitstellungen einer Sende- und Empfangskomponente wird künftig den Softwareherstellern überlassen. Der Support für den EGVP-Classic-Client (EGVP-Installer) wird jedoch bis zum 31.12.2016 fortgeführt.
Weitere Einzelheiten und eine Downloadmöglichkeit finden Sie unter www.egvp.de

Signaturkomponente Governikus Communicator Justiz Edition
Den Download der Governikus Communicator Justiz Edition und weitere Informationen finden Sie auf den Seiten der Governikus KG.

○ **Download zum Individualversand vom lokalen PC (für beA-Nutzer, etc.)**
Nach dem Download müssen Sie selbst für die elektronische Signatur des Antrags und die Übermittlung der EDA-Datei an das zuständige Mahngericht Sorge tragen.

○ **Antragstellung unter Nutzung des neuen Personalausweises**
oder des elektronischen Aufenthaltstitels (elektronischer Identitätsnachweis nach § 18 des Personalausweisgesetzes oder § 78 Absatz 5 des Aufenthaltsgesetzes) Diese Funktion steht **ab dem 1.1.2018** zur Verfügung.

Personalausweis mit Online-Ausweisfunktion

Sie benötigen einen Personalausweis oder einen elektronischen Aufenthaltstitel mit freigeschalteter Online-Ausweisfunktion (eID-Funktion), einen Kartenleser für die Online-Ausweisfunktion und die AusweisApp2.

zurück weiter

c) Für das Barcodeverfahren ist die Rubrik „Druck auf Papier" auszuwählen. Über den Button „weiter" öffnet sich die Seite, die die acht erforderlichen Schritte für den Antrag auf Erlass eines Mahnbescheids nennt:

Antrag auf Erlass eines Mahnbescheids

Hilfe

Der Antrag auf Erlass eines Mahnbescheids ist in 8 Schritte aufgeteilt.

1. Schritt: Prozessbevollmächtigten erfassen (sofern vorhanden)
2. Schritt: Antragstellerdaten erfassen
3. Schritt: Antragsgegner erfassen
4. Schritt: Anspruch/Forderung erfassen
5. Schritt: Auslagen und Nebenforderung erfassen (sofern vorhanden)
6. Schritt: Allgemeine Angaben zum Antrag
7. Schritt: Überprüfen der Antragsdaten
8. Schritt: Druck/Antragsabgabe

Geben Sie zu jedem Schritt die erforderlichen Daten ein. Mit bestätigen Sie Ihre Eingabe und gelangen zum jeweils nächsten Schritt oder Teilschritt.
Haben Sie schon Daten erfaßt, möchten aber von vorne beginnen, so betätigen Sie "Neuer Antrag" auf dieser Seite. Alle bisher erfassten Daten werden dann gelöscht.

zurück weiter neuer Antrag

1. Schritt: Hier geht es um die Erfassung eines Prozessbevollmächtigten. Dazu wird auf der anschließenden Seite abgefragt, für wen der Antrag erfasst werden soll. Die betreffende Seite ist in drei Kategorien eingeteilt:
- Rechtsanwälte oder andere Prozessbevollmächtigte des Antragstellers,
- Rechtsanwälte in eigener Sache,
- Antragsteller, die das Verfahren ohne Prozessbevollmächtigten durchführen.

Antrag auf Erlass eines Mahnbescheids

Hilfe

Für wen erfassen Sie diesen Antrag?

Ich bin Prozessbevollmächtigter (z.B. Rechtsanwalt) des Antragstellers.
Ordnungsgemäße Bevollmächtigung versichere ich.

weiter

Ich bin Rechtsanwalt/Rechtsbeistand und stelle den Antrag in eigener Sache.

weiter

Ich bin Antragsteller.

weiter

Beispielhaft wird die Seite „Prozessbevollmächtigter des Antragstellers" wiedergegeben, die durch Anklicken des Buttons „weiter" erscheint. Hier können die Angaben für die unterschiedlichen Bevollmächtigten eingegeben werden, und zwar getrennt nach
- Rechtsanwälten/Rechtsbeiständen,
- Rechtsanwaltsgesellschaften,

- natürlichen Personen (Herr/Frau),
- registrierten Inkassounternehmen und Verbraucherverbänden.

Als Beispiel ist das Muster für einen Einzelanwalt ausgefüllt. Probleme kann der Name von Rechtsanwaltsgesellschaften bereiten. Hinweise dazu ergeben sich aus den Erläuterungen, die über „Hilfe" aufgerufen werden können. Bei häufiger Antragstellung wird empfohlen, sich beim zuständigen Mahngericht eine Kennziffer zuteilen zu lassen, die in der entsprechenden Rubrik eingetragen werden kann. Unter dieser Kennziffer sind die Daten des Rechtsanwalts beim Mahngericht hinterlegt.

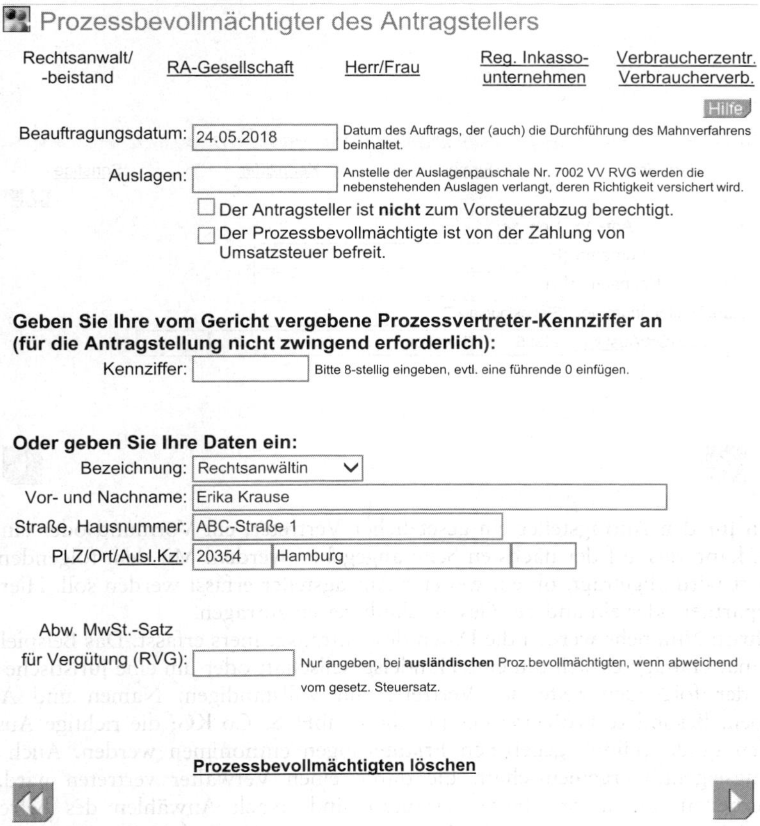

Prozessbevollmächtigter des Antragstellers

Rechtsanwalt/ -beistand | RA-Gesellschaft | Herr/Frau | Reg. Inkasso-unternehmen | Verbraucherzentr. Verbraucherverb.

Hilfe

Beauftragungsdatum: 24.05.2018 — Datum des Auftrags, der (auch) die Durchführung des Mahnverfahrens beinhaltet.

Auslagen: — Anstelle der Auslagenpauschale Nr. 7002 VV RVG werden die nebenstehenden Auslagen verlangt, deren Richtigkeit versichert wird.

☐ Der Antragsteller ist **nicht** zum Vorsteuerabzug berechtigt.

☐ Der Prozessbevollmächtigte ist von der Zahlung von Umsatzsteuer befreit.

Geben Sie Ihre vom Gericht vergebene Prozessvertreter-Kennziffer an (für die Antragstellung nicht zwingend erforderlich):

Kennziffer: — Bitte 8-stellig eingeben, evtl. eine führende 0 einfügen.

Oder geben Sie Ihre Daten ein:

Bezeichnung: Rechtsanwältin

Vor- und Nachname: Erika Krause

Straße, Hausnummer: ABC-Straße 1

PLZ/Ort/Ausl.Kz.: 20354 Hamburg

Abw. MwSt.-Satz für Vergütung (RVG): — Nur angeben, bei **ausländischen** Proz.bevollmächtigten, wenn abweichend vom gesetz. Steuersatz.

Prozessbevollmächtigten löschen

2. Schritt: Jetzt werden die Daten des Antragstellers erfasst. Das ausgewählte Muster geht von einer natürlichen Person als Gläubiger aus. Dazu zählen auch nicht im Handelsregister eingetragene Einzelkaufleute. Geht es um eine Firma oder um einen sonstigen Antragsteller, ist die entsprechende Seite aufzurufen. Für jede Art des Antragstellers können Erläuterungen über „Hilfe" abgerufen werden, die Zweifelsfragen klärt. Abkürzungen, zB des Vornamens, sind nicht erlaubt. Firmen sollten vollständig mit der im Handelsregister eingetragenen Bezeichnung angegeben werden. Die Richtigkeit der Postleitzahl wird automatisch überprüft. Wenn Gesamtgläubiger, wie zB Eheleute, einen Anspruch geltend machen, ist zunächst nur einer von beiden aufzuführen.

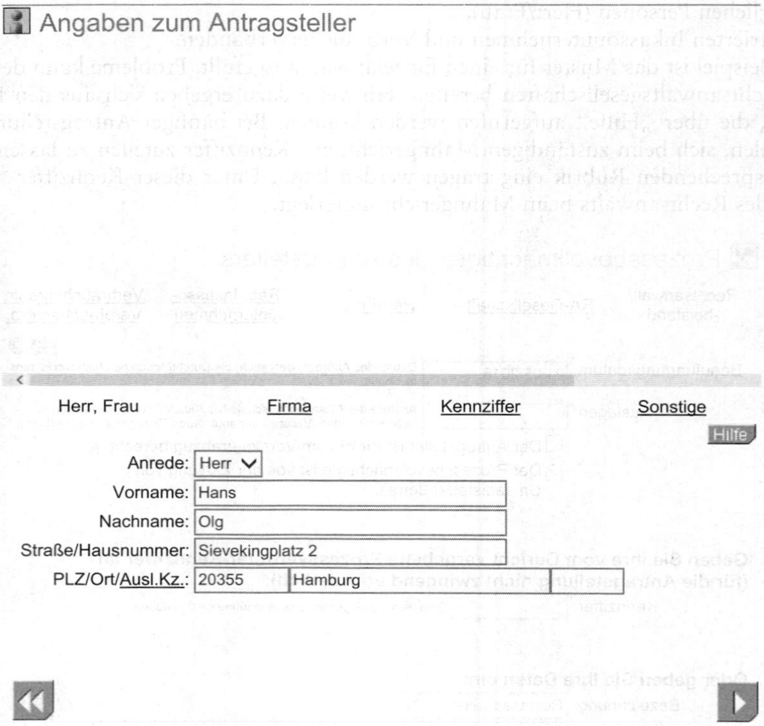

Sofern für den Antragsteller ein gesetzlicher Vertreter, ein Vormund oder ein Pfleger handelt, kann das auf der nächsten Seite angegeben werden. Mit dem folgenden letzten Teilschritt wird abgefragt, ob ein weiterer Antragsteller erfasst werden soll. Hier ist ggf. der Ehepartner oder ein anderer Gesamtgläubiger einzutragen.

3. Schritt: Nunmehr werden die Daten des Antragsgegners erfasst. Das Beispiel betrifft eine Firma. Handelt es sich um eine Handelsgesellschaft oder um eine juristische Person, ist auf der folgenden Seite der Vertreter mit vollständigem Namen und Anschrift anzugeben. Besondere Probleme bereitet die GmbH & Co KG; die richtige Ausfüllung kann den unter „Hilfe" gegebenen Erläuterungen entnommen werden. Auch für die Wohnungseigentümergemeinschaft, die durch einen Verwalter vertreten wird, gelten Besonderheiten, die unter „Hilfe" erläutert sind. Nach Anwählen des betreffenden Buttons können weitere gesetzliche Vertreter angegeben werden. Die letzte Seite fragt ab, ob ein weiterer Antragsgegner erfasst werden soll. Hier wäre ein weiterer Schuldner anzugeben, der neben dem ersten Antragsgegner als Gesamtschuldner in Anspruch genommen wird. Liegt keine Gesamtschuld vor, empfiehlt es sich, die Teilschuld in getrennten Mahnverfahren geltend zu machen (→ Anm. 6 dort Buchst. b).

4. Schritt: Dieser Schritt, mit dem der Anspruch zur Hauptsache erfasst wird, hat besondere Bedeutung. Auf der ersten Seite geht es um die Weichenstellung für die Art des Mahnverfahrens. Hier ist anzugeben, ob es sich um ein

- reguläres Mahnverfahren,
- Urkunden-Mahnverfahren,
- Scheck-Mahnverfahren oder
- Wechsel-Mahnverfahren handelt.

Das folgende ausgefüllte Muster betrifft ein normales Mahnverfahren. Dazu werden die Anspruchsdaten abgefragt, die nach § 690 Abs. 1 Nr. 3 ZPO zur Individualisierung des Anspruchs erforderlich sind (→ Anm. 6 dort Buchst. d). Hierfür hält das System einen Katalog von mehr als siebzig möglichen Ansprüchen bereit. Wenn das Kästchen in der ersten Zeile angeklickt wird, erscheint die alphabetisch geordnete Liste der Anspruchsarten, aus der der zutreffende Anspruch ausgewählt werden kann. Sollte der Anspruch in der Liste nicht erfasst sein, geht es um einen „sonstigen Anspruch". Im nächsten Feld ist auszufüllen, durch welches Schriftstück der Anspruch gegenüber dem Antragsgegner bezeichnet worden ist, zB Rechnung, Aufstellung, Schreiben etc. Auch dafür hält das System eine Liste bereit. Ein Datum ist hier nicht anzugeben. Falls die zutreffende Bezeichnung nicht enthalten ist, ist das Stichwort „andere" aus der Liste zu wählen und die zutreffende Bezeichnung in der daneben stehenden Rubrik einzutragen. In der nächsten Zeile soll die Rechnungsnummer oder eine ähnliche Bezeichnung angegeben werden, zB Kundennummer, Versicherungsnummer etc. Wenig einleuchtend ist die nächste Zeile ausgestaltet: Hier soll das Datum des Anspruchs („Anspruch vom . . . . . bis . . . . .") eingetragen werden. Das ergibt nur Sinn für Mietforderungen und andere wiederkehrende Leistungen. Das Feld „Anspruch vom . . . . ." muss aber in jedem Fall ausgefüllt werden. Hier kann das Vertragsdatum, aber wohl auch das Datum der oben angegebenen Rechnung, des Mahnschreibens etc angegeben werden. In der untersten Zeile ist der Betrag der Forderung in Euro einzugeben; die Angabe einer anderen Währung ist nicht möglich. Zinsen sind hier nicht einzutragen.

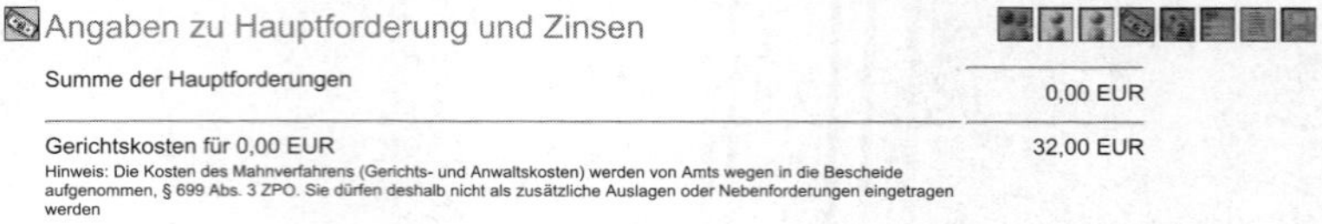

Angaben zu Hauptforderung und Zinsen

Summe der Hauptforderungen 0,00 EUR

Gerichtskosten für 0,00 EUR 32,00 EUR

Hinweis: Die Kosten des Mahnverfahrens (Gerichts- und Anwaltskosten) werden von Amts wegen in die Bescheide aufgenommen, § 699 Abs. 3 ZPO. Sie dürfen deshalb nicht als zusätzliche Auslagen oder Nebenforderungen eingetragen werden

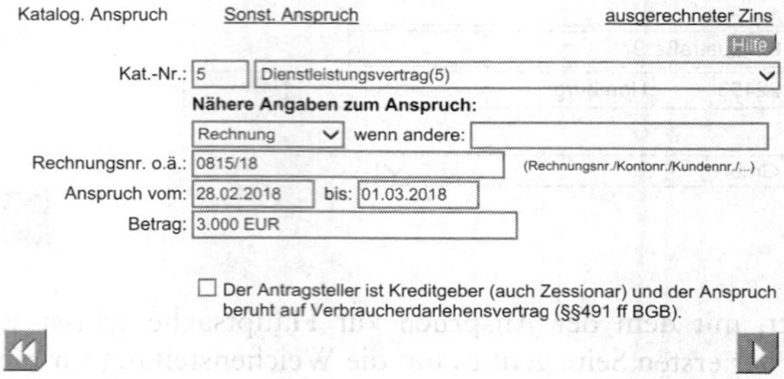

Katalog. Anspruch | Sonst. Anspruch | ausgerechneter Zins

Hilfe

Kat.-Nr.: 5 Dienstleistungsvertrag(5)

Nähere Angaben zum Anspruch:

Rechnung wenn andere:

Rechnungsnr. o.ä.: 0815/18 (Rechnungsnr./Kontonr./Kundennr./...)

Anspruch vom: 28.02.2018 bis: 01.03.2018

Betrag: 3.000 EUR

☐ Der Antragsteller ist Kreditgeber (auch Zessionar) und der Anspruch beruht auf Verbraucherdarlehensvertrag (§§491 ff BGB).

Nach Anklicken der Schaltfläche „weiter“ können erfasst werden

- eine Abtretung des Anspruchs,
- Zinsansprüche als Nebenansprüche,
- weitere Hauptansprüche,
- ausgerechnete Zinsen.

Nur über die Rubrik „Zinsansprüche als Nebenforderungen“ ist es möglich, die üblichen Zinsen auf die Hauptforderung geltend zu machen. Näheres ergibt sich aus dem folgenden Muster. Möglich ist es auch, Zinsansprüche in wechselnder Höhe für verschiedene Zeiträume geltend zu machen. Hinweise zu den Zinsen sind über den Button „Hilfe“ zugänglich.

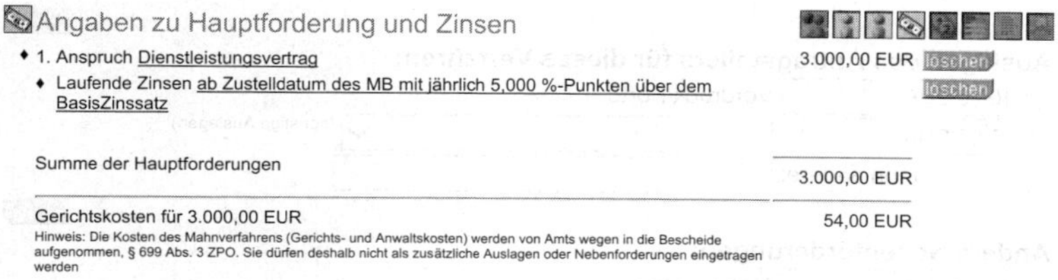

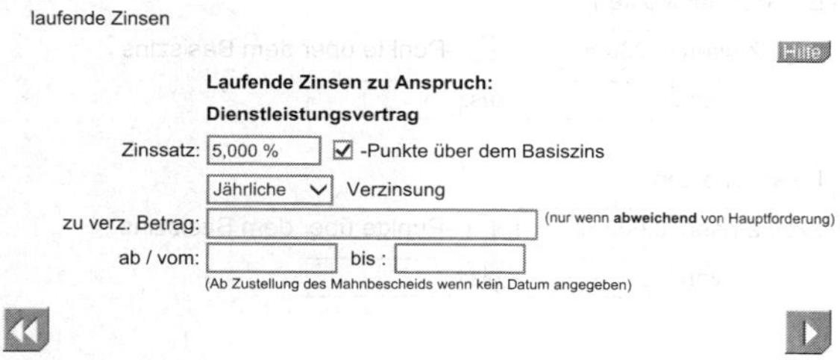

5. Schritt: An dieser Stelle können die Auslagen des Antragstellers angegeben werden. Die in den Mahnbescheid aufzunehmenden Gerichtskosten und Anwaltsgebühren berechnet das Gericht, sie brauchen nicht eingetragen zu werden. Gemeint sind nur die weiteren vorgerichtlichen Kosten, die aus Verzug verlangt werden können, also zB Kosten für Mahnschreiben, Anfragen beim Einwohnermeldeamt etc.

Auslagen des Antragstellers für dieses Verfahren:

0,00 EUR Vordruck/Porto

0,00 EUR (sonstige Auslagen)

wenn andere:

Andere Nebenforderungen:

0,00 EUR Mahnkosten

zzgl. Zinsen: 0,000 % ☐ -Punkte über dem Basiszins

von: bis:

0,00 EUR Auskünfte

zzgl. Zinsen: 0,000 % ☐ -Punkte über dem Basiszins

von: bis:

0,00 EUR Bankrücklastkosten

zzgl. Zinsen: 0,000 % ☐ -Punkte über dem Basiszins

von: bis:

0,00 EUR Inkassokosten

zzgl. Zinsen: 0,000 % ☐ -Punkte über dem Basiszins

von: bis:

0,00 EUR Anwaltsvergütung für vorgerichtl. Tätigkeit

zzgl. Zinsen: 0,000 % ☐ -Punkte über dem Basiszins

von: bis:

Gegenstandswert der vorgerichtl. Tätigkeit: 0,00 EUR

Vorgerichtl. Tätigkeit umfangreich/schwierig: ☐

Auf die Verfahr.gebühr Nr. 3305 VV RVG ist anzurechnen

(ohne Auslagen und ohne MwSt.): 0,00 EUR

Sonstige Nebenforderungen anlegen/bearbeiten

Dort können auch die Anwaltsgebühren für die vorgerichtliche Tätigkeit und deren evtl. höherer Gegenstandswert aufgeführt werden. Zudem kann erklärt werden, welcher Betrag auf die Verfahrensgebühr anzurechnen ist.

Auf der nächsten Seite ist das für die Durchführung des streitigen Verfahrens sachlich und örtlich zuständige Gericht anzugeben (§ 690 Abs. 1 Nr. 5). Das kann auch das Gericht eines besonderen oder vereinbarten Gerichtsstands sein (vgl. Ziff. 6d zum konventionellen Verfahren).

6. Schritt: Hier können allgemeine Angaben hinzugefügt werden, so das Geschäftszeichen des Anwalts und der Antrag, im Fall des Widerspruchs das streitige Verfahren durchzuführen (zur Zweckmäßigkeit → Anm. 6 dort Buchst. e). Notwendig sind die Angaben zur Gegenleistung. Hängt der Anspruch noch von einer Gegenleistung ab, kann kein Mahnbescheid ergehen (→ Anm. 6 dort Buchst. i). Auf dieser Seite kann auch ein Antrag auf Prozesskostenhilfe gestellt werden. Die Erklärung über die persönlichen und wirtschaftlichen Verhältnisse nach § 117 Abs. 2 ZPO kann bereits mit dem Antrag an das Mahngericht beigefügt werden. Spätestens ist sie auf Aufforderung des Gerichts einzureichen. Weitere Einzelheiten ergeben sich aus dem folgenden Muster und den über „Hilfe" zu erhaltenden Hinweisen.

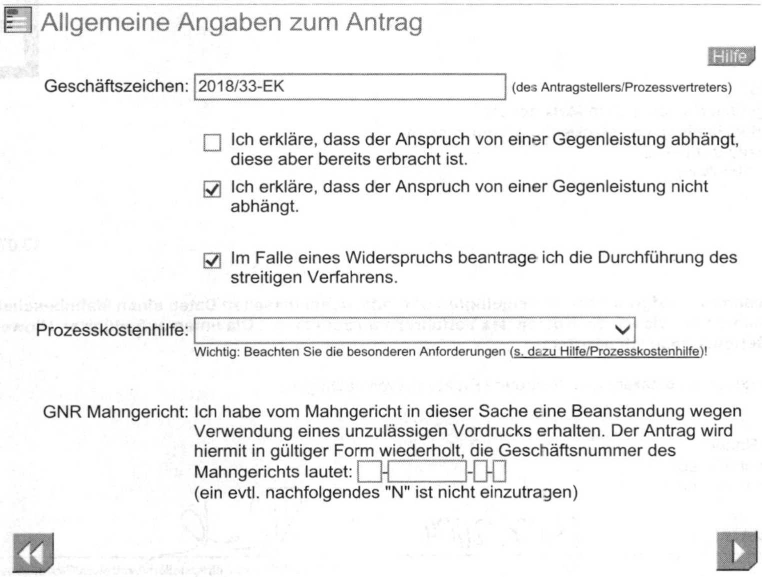

Allgemeine Angaben zum Antrag

Hilfe

Geschäftszeichen: 2018/33-EK (des Antragstellers/Prozessvertreters)

☐ Ich erkläre, dass der Anspruch von einer Gegenleistung abhängt, diese aber bereits erbracht ist.

☑ Ich erkläre, dass der Anspruch von einer Gegenleistung nicht abhängt.

☑ Im Falle eines Widerspruchs beantrage ich die Durchführung des streitigen Verfahrens.

Prozesskostenhilfe:

Wichtig: Beachten Sie die besonderen Anforderungen (s. dazu Hilfe/Prozesskostenhilfe)!

GNR Mahngericht: Ich habe vom Mahngericht in dieser Sache eine Beanstandung wegen Verwendung eines unzulässigen Vordrucks erhalten. Der Antrag wird hiermit in gültiger Form wiederholt, die Geschäftsnummer des Mahngerichts lautet: ☐-☐-☐-☐

(ein evtl. nachfolgendes "N" ist nicht einzutragen)

Auf der folgenden Seite kann das Bankkonto des Prozessbevollmächtigten oder des Antragstellers eingegeben werden.

7. Schritt: Dieser Schritt dient der Überprüfung der Antragsdaten. Hier sind alle bisher gemachten Angaben in einer vollständigen Übersicht aufgeführt. Zu jedem Punkt können nach Anklicken des jeweiligen Buttons Ergänzungen und Korrekturen vorgenommen werden.

8. Schritt: Zuletzt wird ein Ausdruck in Papierform erstellt. Das geschieht in der Form, wie der Antrag dem Mahngericht übermittelt werden soll. Dazu ist das Feld „drucken" auf der nächsten Seite anzuklicken.

d) Das fertige Dokument wird zunächst als PDF-Datei angezeigt. Sodann ist es auf übliche Weise auszudrucken, und zwar unbedingt auf weißem Papier, damit der Ausdruck maschinenlesbar ist. Der Ausdruck hat vier Seiten. Die erste Seite ist das Anschreiben an das Mahngericht, das mit Ort, Datum und Unterschrift zu versehen ist. Die Seiten 2 und 3 enthalten die Angaben zum Antrag auf Erlass des Mahnbescheids. Die vierte Seite enthält den Barcode, der vom Mahngericht maschinell eingelesen wird. Es ist darauf zu achten, dass der Barcode beim Versenden per Post nicht beschädigt wird, sonst kann der Mahnbescheid nicht erlassen werden.

Antrag auf Erlass eines Mahnbescheids - Deckblatt - Seite 1 von 4

Peter Raabe
gegen Austria Versicherungs AG

maschinell lesbarer Antrag für das automatisierte Verfahren - 001 BARC0001 269884 5D3D647

B

An das
Amtsgericht Hamburg-Gem.Mahngericht
d.Länder Hamburg und Mecklenburg-Vorpommern-
Max-Brauer-Allee 89
22765 Hamburg

13.07.2009

Ich beantrage, aufgrund der im beigefügten Barcode verschlüsselten Daten einen Mahnbescheid zu erlassen und in diesen die Kosten des Verfahrens aufzunehmen. Die unten aufgeführten Hinweise des Gerichts habe ich beachtet.

Absender (Antragsteller / ges. Vertreter / Prozessbevollmächtigter):

Herr
Peter Raabe
Bogenstraße 95
20144 Hamburg

Hamburg — 13.07.2009

Ort — Datum — Unterschrift des Antragstellers/Vertreters/Prozessbevollm.

Hinweise des Gerichts:

1. Dieses Anschreiben muss unterschrieben und zusammen mit dem Kontrollausdruck (Seiten 2 bis 3) sowie dem anschließenden Barcode-Ausdruck (Seiten 4 bis 4) beim zuständigen Mahngericht eingereicht werden. Die Übermittlung des Antrags per Fax oder E-Mail ist unzulässig. Verwenden Sie zum Druck ausschließlich weißes Standardpapier der Größe DIN A 4 (80g/qm) und versenden Sie die Unterlagen, ohne sie zu knicken.

2. Die rechts oben angegebene Nummer (001 BARC0001 269884 5D3D647) muss auf allen Seiten identisch sein, der Antrag darf nur aus 4 Seiten bestehen. Nachträgliche Ergänzungen, Veränderungen oder Streichungen des Textes oder Barcodes sind unzulässig. Bei erforderlichen Änderungen geben Sie bitte die Daten neu ein und drucken den Antrag für das Gericht erneut aus.

3. Ist eine Druckseite fehlerhaft gedruckt, verschmutzt oder nicht lesbar, so drucken Sie bitte den gesamten Antrag erneut aus.

4. Beachten Sie auch die Hinweise in der Internetanwendung www.online-mahnantrag.de zu Papier, Druck und Versand.

Die Nichtbeachtung der Hinweise gefährdet die maschinelle Lesbarkeit (§ 690 Abs. 3 ZPO) und kann damit die Bearbeitung des Antrags verzögern, zu Beanstandungen oder zur Zurückweisung führen (§ 691 ZPO).

Antrag auf Erlass eines Mahnbescheids — Seite 1

Antrag auf Erlass eines Mahnbescheids **Seite 2 von 4**
Peter Raabe
gegen Austria Versicherungs AG
- **maschinell lesbarer Antrag für das automatisierte Verfahren** - **001 BARC0001 269884 5D3D647**

Verfahrenswährung: **EUR**

Antragsteller
1. Antragsteller
Anrede: **Herr**
Vorname: **Peter**
Nachname: **Raabe**
Straße: **Bogenstraße 95**
PLZ/Ort/Nation: **20144 Hamburg**

Antragsgegner
1. Antragsgegner
Rechtsform: **AG**
Name: **Austria Versicherungs AG**
Straße: **Bismarckplatz 1**
PLZ/Ort/Nation: **60601 Frankfurt**

Prozessgericht
Anschrift: **Landgericht Hamburg**
20348 Hamburg

1. Gesetzlicher Vertreter
Funktion: **Vorstandsvorsitzender**
Name: **Dr. Max Endruweit**
Straße: **Bismarckplatz 1**
PLZ/Ort/Nation: **60601 Frankfurt**

2. Gesetzlicher Vertreter
Funktion: **Mitglied des Vorstandes**

3. Gesetzlicher Vertreter
Funktion: **Mitglied des Vorstandes**
Name: **Alexander Foerster**
Straße: **Bismarckplatz 1**
PLZ/Ort/Nation: **60601 Frankfurt**

Ansprüche
Summe der Hauptforderungen: **36.715,10 EUR**
1. Katalogisierbarer Anspruch
Anspruch: **Schadenersatz aus Unfall/Vorfall**
(Katalog-Nr. 29)
Mitteilungsform: **Aufstellung**
Rechnungsnummer: **Vers.-Nr. xxxxxxx**
ab/vom: **10.03.2009**
Betrag: **18.357,55 EUR**

Antrag auf Erlass eines Mahnbescheids **Seite 2**

Antrag auf Erlass eines Mahnbescheids **Seite 3 von 4**
Peter Raabe
gegen Austria Versicherungs AG
- maschinell lesbarer Antrag für das automatisierte Verfahren - **001 BARC0001 269884 5D3D647**

1. Zinsangaben: Laufende Zinsen
Zinssatz: **5,000 %-Punkte jährlich über dem Basiszinssatz**
aus Betrag: **18.357,55 EUR**
ab/vom: **20.03.2009**

2. Katalogisierbarer Anspruch
Anspruch: **Schadenersatz aus Unfall/Vorfall (Katalog-Nr. 29)**
Mitteilungsform: **Aufstellung**
Rechnungsnummer: **Vers.-Nr. xxxxxxx**
ab/vom: **10.03.2009**
Betrag: **18.357,55 EUR**

1. Zinsangaben: Laufende Zinsen
Zinssatz: **5,000 % jährlich**
aus Betrag: **18.357,55 EUR**
ab/vom: **20.03.2009**

Auslagen/Nebenforderungen
Auslagen des Antragstellers
Vordruck/Porto: **5,00 EUR**
Sonstige Auslagen: **12,00 EUR**
Sonstige Auslagen Bezeichnung: **HR-Auskunft**

Allgemeine Angaben
Geschäftszeichen: **RA/Ni 30/09**
Ich erkläre, dass der Anspruch von einer Gegenleistung nicht abhängt.
Im Falle eines Widerspruchs beantrage ich die Durchführung des streitigen Verfahrens.
Für dieses Verfahren wird Prozesskostenhilfe beantragt.

Zuständiges Mahngericht
Amtsgericht Hamburg-Gem.Mahngericht
d.Länder Hamburg und Mecklenburg-Vorpommern-
22765 Hamburg

Antrag auf Erlass eines Mahnbescheids **Seite 3**

Antrag auf Erlass eines Mahnbescheids **Seite 4 von 4**

Peter Raabe

gegen Austria Versicherungs AG

- maschinell lesbarer Antrag für das automatisierte Verfahren - 001 BARC0001 269884 5D3D647

001BARC00012698845D3D647001002002004

Vermerke des Gerichts:

Dezernat | Eingangsdatum (TT.MM.JJ) | Bearbeitungsdatum

Bearbeitungsschlüssel | Zusatzzchl.

Betrag EUR (Schlüssel 16/17) | Früheres Eingangsdatum (Schl. 52)

Antrag auf Erlass eines Mahnbescheids **Seite 4**

Die weitere Bearbeitung des Mahnverfahrens geschieht, wie bisher, in Papierform.

9. Online/EGVP-Verfahren

Auch bei diesem Verfahren werden die für den Mahnbescheidsantrag erforderlichen Daten über ein menügesteuertes Programm eingegeben. Die Erfassung der erforderlichen Angaben erfolgt ähnlich wie beim Barcodeverfahren. Für die Online-Übermittlung an das Mahngericht sind bestimmte technische Voraussetzungen an Hardware und Software erforderlich. Der Computer muss eine bestimmte Kapazität aufweisen. Die erforderlichen Softwareprogramme (EGVP und JRE) können kostenlos aus dem Internet heruntergeladen werden. Einzelheiten ergeben sich über die Internetseite www.egvp.de. Dort finden sich detaillierte Angaben zu den rechtlichen Grundlagen, den technischen Voraussetzungen, zu den Downloads etc sowie Antworten auf häufig gestellte Fragen. Außerdem sind eine Signaturkarte und ein passendes Kartenlesegerät erforderlich; damit wird die manuelle Unterschrift ersetzt. Auch hierzu ergeben sich die erforderlichen Informationen über die Internetseite www.egvp.de unter dem Stichwort „Technische Voraussetzungen".

Die Datenerfassung unterscheidet sich nicht von der im Barcodeverfahren. Eingangs ist bei der Versandart der Button „Versand per Internet" anzuwählen. Die Schritte eins bis sieben sind identisch. Im achten Schritt wird über das folgende Bild die Übertragung vorbereitet. Außerdem kann ein Ausdruck des Mahnbescheidsantrags für die Akten erstellt werden.

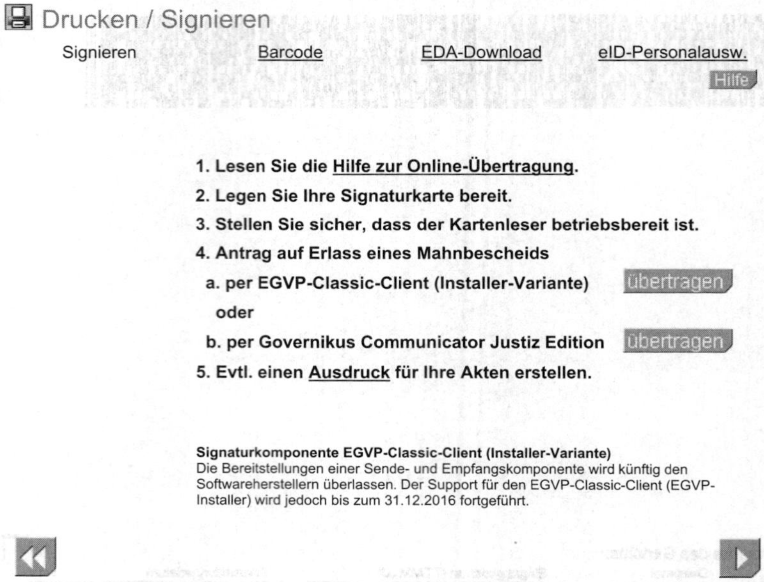

Durch Anwählen des Feldes „übertragen" wird der Antrag im EGVP-Postfach gespeichert. Anschließend muss der Antrag signiert werden. Das setzt voraus, dass die Signaturkarte in das mit dem Computer verbundene Kartenlesegerät gesteckt wird. Über den Button „Signieren" auf der Funktionsleiste wird die Signatur erzeugt. Dazu ist eine PIN-Nummer einzugeben. Anschließend kann der signierte Mahnbescheidsantrag über das EGVP-Postfach durch Anwählen des entsprechenden Buttons der Funktionsleiste versandt werden. Bei erfolgreicher Versendung erhält der Absender eine Eingangsbestätigung. Die technischen Einzelheiten des Signierens und Versendens können über www.egvp.de, aber auch über „Hilfe" in der Menüleiste abgefragt werden, sie werden auch von *König* Elektron. Mahnverfahren, anschaulich beschrieben.

10. Kosten und Gebühren

An Gerichtskosten entsteht eine 0,5-Gebühr, mindestens 36 EUR (KV 1110). Die Zahlung eines Gerichtskostenvorschusses ist erst für den Erlass des Vollstreckungsbescheids erforderlich (§ 12 Abs. 3 S. 2 GKG). Der Antragstellervertreter erhält eine 1,0-Gebühr (VV 3305). Vertritt er mehrere Antragsteller (zB Eheleute), kann er die erhöhte Gebühr nach VV 1008 verlangen.

Für das Mahnverfahren kann Prozesskostenhilfe beantragt werden. Die Prüfung der Erfolgsaussichten beschränkt sich auf die Zulässigkeit des Mahnantrags. Die hinreichende Erfolgsaussicht des Antrags kann nicht allein deshalb verneint werden, weil ein Widerspruch des Antragsgegners zu erwarten ist; das allein macht den Antrag auch nicht mutwillig (BGH NJW 2019, 3079; aA BGH NJW-RR 2017, 1469; BGH BeckRS 2018, 619).

Die im Mahnverfahren entstandene 0,5-Gerichtsgebühr wird nach Überleitung in das streitige Verfahren angerechnet, allerdings nach dem Wert des Streitgegenstandes, der in das streitige Verfahren übergeht (KV 1210 Abs. 1 S. 1). Auch die Anwaltsgebühr für das Mahnverfahren wird auf die später entstehende Verfahrensgebühr angerechnet (VV 3305). War der Streitwert vor Einleitung des Mahnverfahrens höher, etwa weil der Antragsgegner zum Teil gezahlt hat, hat nach der amtlichen Vorb. 3 Abs. 4 zu VV 3100 eine Anrechnung stattzufinden.

11. Fristen und Rechtsmittel

Die Zustellung des Mahnbescheids wahrt Fristen und hemmt die Verjährung (§ 204 Abs. 1 Nr. 3 BGB). Diese Wirkung tritt nach § 691 Abs. 2 ZPO bereits mit der Einreichung des ordnungsgemäß ausgefüllten Mahnantrags ein, wenn dessen Zustellung demnächst erfolgt (BGH NJW 1995, 2230; NJW 1995, 3380). Kann der Mahnbescheid aufgrund einer unzutreffenden Anschrift des Antragsgegners nicht zugestellt werden, gilt die Zustellung in entsprechender Anwendung des § 691 Abs. 2 ZPO noch als demnächst, wenn sie innerhalb eines Monats nach Zugang der Mitteilung der Unzustellbarkeit erfolgt (BGH MDR 2002, 1085). Die unwirksame Zustellung des Mahnbescheids hindert den Eintritt der Verjährungshemmung auch dann nicht, wenn der Anspruchsinhaber für die wirksame Zustellung alles aus seiner Sicht Erforderliche getan hat, der Anspruchsgegner in unverjährter Zeit von dem Erlass des Mahnbescheids und seinem Inhalt Kenntnis erlangt und die Wirksamkeit der Zustellung ebenfalls in unverjährter Zeit in einem Rechtsstreit geprüft wird; dann befinden sich die Parteien in derselben Situation wie bei ordnungsgemäßer Zustellung (BGH NJW-RR 2010, 1438). Unbedingt erforderlich ist aber, dass der geltend gemachte Anspruch im Mahnantrag hinreichend individualisiert ist, allerdings soll es genügen, einen Gesamtbetrag geltend zu machen, der später aufgegliedert wird (BGH NJW-RR 1996, 885); mehrere Einzelforderungen müssen aber hinreichend individualisiert werden (BGH NJW 2001, 305). Dabei muss der Anspruch durch seine Kennzeichnung von anderen Ansprüchen so unterschieden und abgegrenzt werden, dass er Grundlage eines der materiellen Rechtskraft fähigen Vollstreckungstitels sein kann und dem Schuldner die Beurteilung ermöglicht, ob er sich gegen den Anspruch zur Wehr setzen will (BGH NJW-RR 2010, 1455). Es ist aber nicht erforderlich, dass die geltend gemachten Ansprüche für Dritte erkennbar sind, es reicht, wenn der Antragsgegner erkennen kann, auf welchen Lebenssachverhalt die Forderung gestützt wird (BGH NJW 2011, 613). Wird der Mahnantrag zurückgewiesen, tritt eine Hemmung nur ein, wenn innerhalb eines Monats nach Zustellung des Beschlusses Klage eingereicht wird (§ 691 Abs. 2 ZPO). IÜ gelten die gleichen Grundsätze wie bei Einreichung einer Klage (→ Form. I.D.1 Anm. 27). Anders als bei der Klageerhebung wird die Verjährung nicht schon durch Einreichung des Antrags beim unzuständigen Gericht gehemmt, es sei denn, dass er an das zuständige Gericht gerichtet war (BGH NJW 1990, 1368). Zu beachten ist auch, dass der Antragsteller nach Zustellung des Mahnbescheids nicht untätig sein darf: Die Hemmung endet, wenn das Mahnverfahren nach Widerspruch nicht betrieben wird

(§ 204 Abs. 2 BGB). Der Antrag auf Abgabe an das Mahngericht stellt nur dann ein Weiterbetreiben iSd § 204 Abs. 2 BGB dar, wenn der Antragsteller zugleich den Gerichtskostenvorschuss einzahlt (§ 12 Abs. 3 S. 3 GKG), von dessen Zahlung das Mahngericht die Abgabe bereits in der Widerspruchsmitteilung abhängig gemacht hatte (BeckOK BGB/Henrich, BGB § 204 Rn. 66).

Rechtsmittel bei Zurückweisung des Mahnantrags: sofortige Erinnerung des Antragstellers binnen einer Notfrist von zwei Wochen ab Zustellung des Beschlusses, § 11 Abs. 2 RPflG; im Ausnahmefall des § 691 Abs. 3 ZPO sofortige Beschwerde nach § 567 ZPO.

Bei Erlass des Mahnbescheids: Einziger Rechtsbehelf des Antragsgegners ist der Widerspruch (→ Form. I.B.2).

2. Widerspruch gegen Mahnbescheid

Mahnsache — Antragsteller: Vor- und Nachname/Firmenbezeichnung
Antragstellersysteme GmbH

gegen — Antragsgegner: Vor- und Nachname/Firmenbezeichnung
Andreas Testmann

wegen: Warenlieferung-en
*****11.243,77 EUR

Beleg wird maschinell gelesen.
Bitte deutlich schreiben.

Zeilen-Nummer	Datum des Widerspruchs	Geschäftsnummer des Amtsgerichts
1		02-0057026-0-8

An das
Amtsgericht Stuttgart
– Mahnabteilung –

70154 Stuttgart

Hinweis für den Antragsgegner
Bitte überlegen Sie sorgfältig, ob Sie im Recht sind, und beachten Sie die Hinweise des Gerichts zum Mahnbescheid.

Widerspruch

Gegen den im Mahnbescheid geltend gemachten Anspruch erhebe ich Widerspruch.

2 ☐ ◁ Ich widerspreche dem Anspruch **insgesamt.**

3 ☐ ◁ Ich widerspreche nur einem **Teil** des Anspruchs, und zwar

	der Hauptforderung wegen eines **Teilbetrages** von	den Zinsen	den laufenden Zinsen, soweit sie nachstehenden Zinssatz übersteigen	den Verfahrenskosten	den anderen Nebenforderungen wegen eines Betrages von
4	EUR einschließlich der auf diesen Teil der Hauptforderung entfallenden Zinsen und Verfahrenskosten.	☐ ◁ **insgesamt.**	% jährlich	☐ ◁ **insgesamt.**	EUR

Hier abtrennen!

Nur bei Änderung der Anschrift des Antragsgegners: Die Anschrift lautet richtig bzw. jetzt
5 Straße, Hausnummer – bitte kein Postfach! – | Postleitzahl | Ort | Ausl. Kz.

Gesetzlicher Vertreter des Antragsgegners — Unterzeichnender erhebt den Widerspruch als gesetzlicher Vertreter des Antragsgegners.
6 Stellung (z. B. Geschäftsführer, Vater, Mutter, Vormund) | Straße, Hausnummer – bitte kein Postfach! –
7 Vor- und Nachname | Postleitzahl | Ort | Ausl. Kz.

Prozessbevollmächtigter des Antragsgegners — Unterzeichnender erhebt den Widerspruch als Prozessbevollmächtigter des Antragsgegners. **Ordnungsgemäße Bevollmächtigung wird versichert.**
8 ☐ ◀ 1 = Rechtsanwalt, 2 = Rechtsanwälte, 3 = Rechtsbeistand, 4 = Herr, Frau, 5 = Rechtsanwältin, 6 = Rechtsanwältinnen
9 Vor- und Nachname
10 Straße, Hausnummer – bitte kein Postfach! – | Postleitzahl | Ort | Ausl. Kz.

11 **Geschäftszeichen des Antragsgegners / Prozessbevollmächtigten**

12 Bezeichnung des Absenders

Unterschrift des Antragsgegners bzw. seines ges. Vertreters oder Prozessbevollmächtigten

JMB1 /2 BW JMB1 /2R Fassung 1.1.02 blind

Bitte Hinweise zu diesem Vordruck beachten!

Anmerkungen

1. Der Antragsgegner sollte auf den zugestellten Mahnbescheid reagieren, und zwar – je nachdem, ob er den Anspruch ganz oder teilweise für begründet hält – durch Zahlung oder Widerspruch (hierzu *Petzold*, Die Erfüllung im Mahnverfahren, NJW 2019, 822). Andernfalls riskiert er einen Vollstreckungsbescheid, aus dem der Antragsteller sofort vollstrecken kann und durch den ihm weitere Kosten entstehen, insb. eine 0,5-Rechtsanwaltsgebühr gem. VV 3308; diese Kosten hätte er auch dann zu tragen, wenn er nach Einspruch gegen den Vollstreckungsbescheid den Rechtsstreit iÜ gewinnen sollte (§ 700 Abs. 1, § 344 ZPO). Zahlung oder Widerspruch müssen binnen zwei Wochen beim Antragsteller bzw. beim Gericht eingegangen sein (§ 692 Abs. 1 Nr. 3 ZPO); eine Fristüberschreitung ist unschädlich, wenn der Widerspruch noch eingeht, bevor der Vollstreckungsbescheid verfügt ist (§ 694 Abs. 1 ZPO), ein danach eingehender Widerspruch wird als Einspruch behandelt (§ 694 Abs. 2 S. 1 ZPO, → Form. B.4). Für die Überlegungen vor Einlegung des Widerspruchs sind zunächst die Hinweise auf der Rückseite der dem Antragsgegner zugestellten Ausfertigung des Mahnbescheids zu beachten.

Der Antragsgegner kann den Widerspruch bis zum Beginn seiner mündlichen Verhandlung zur Hauptsache im streitigen Verfahren (§ 137 Abs. 1 ZPO) ganz oder teilweise zurücknehmen, solange kein Versäumnisurteil gegen ihn ergangen ist (§ 697 Abs. 4 S. 1 ZPO). Der Antragsteller kann sodann den Erlass eines Vollstreckungsbescheids beantragen; ist die Sache bereits an das Prozessgericht abgegeben worden, ist dieses für den Erlass des Vollstreckungsbescheids zuständig (§ 699 Abs. 1 S. 3 ZPO). Der Antragsteller muss den Antrag auf Erlass des Vollstreckungsbescheids jedoch binnen sechs Monaten seit Zustellung des Mahnbescheids stellen (§ 701 S. 1 ZPO). Der Ablauf dieser Frist ist allerdings für den Zeitraum zwischen Einlegung des Widerspruchs und Rücknahme gehemmt (OLG Nürnberg NJW-RR 2013, 1337).

2. Mit dem Mahnbescheid wird dem Antragsgegner ein Vordruck für den Widerspruch zugestellt. Der Widerspruch kann aber auch auf andere Weise schriftlich oder zu Protokoll der Geschäftsstelle des Mahngerichts erhoben werden (§§ 702, 129a ZPO). Im Interesse einer zügigen Bearbeitung empfiehlt es sich jedoch, den Vordruck zu verwenden. Der Antragsgegner kann den Widerspruch gem. § 697 Abs. 4 ZPO später wieder zurücknehmen; dies hat zur Folge, dass der Antragsteller einen Vollstreckungsbescheid erwirken kann; für die Durchführung des streitigen Verfahrens fehlt dann das Rechtsschutzinteresse. Eine Begründung des Widerspruchs ist nicht erforderlich. Sie kann allerdings zweckmäßig sein, um auf diesem Wege den Antragsteller auf Irrtümer in seiner Berechnung oder auf nicht berücksichtigte Zahlungen hinzuweisen. Allerdings enthält das Form. für den Widerspruch keinen Raum für eine Begründung; sie ist auf einem gesonderten Blatt hinzuzufügen. Das Mahngericht prüft die Erheblichkeit der Widerspruchsbegründung nicht. Eine Begründung des Widerspruchs macht die spätere Erwiderung des Beklagten auf die Anspruchsbegründung im streitigen Verfahren nicht entbehrlich. Der Antragsgegner kann mit dem Widerspruch – oder auch später – seinerseits die Durchführung des streitigen Verfahrens beantragen (§ 696 Abs. 1 S. 1 ZPO). Dies empfiehlt sich, wenn der Antragsteller den Antrag nicht gestellt hat oder wenn der Antragsgegner ein besonderes Interesse an einer schnellen Prozessführung hat, zB wenn er einen Anscheinsbeweis widerlegen muss und sich hierbei auf Zeugen stützen will. Der Vordruck enthält allerdings keine Rubrik für diesen Antrag; er muss gesondert gestellt werden.

Die auszufüllenden Zeilen des Vordrucks sind fortlaufend nummeriert. Zu den einzelnen Angaben:

Zeilen 2, 3 u. 4: Der Vordruck unterscheidet zwischen einem Widerspruch, der die gesamte Forderung im Mahnbescheid betrifft, und einem teilweisen Widerspruch. Entsprechend ist entweder das Kästchen in der Zeile 2 oder das in der Zeile 3 anzukreuzen. Der teilweise Widerspruch kann sich beziehen auf die Hauptforderung nebst Zinsen, auf die verschiedenen Nebenforderungen oder auch nur auf Nebenforderungen. Hierfür sind in Zeile 4 die entsprechenden Angaben zu machen. Wird nur wegen eines Teils des Anspruchs Widerspruch eingelegt, muss der Antragsgegner damit rechnen, dass der Antragsteller wegen des übrigen Teils einen Vollstreckungsbescheid erwirkt; er sollte den nicht bestrittenen Teil der Forderung zahlen, bevor ein solcher Antrag gestellt wird. Wichtig ist, dass der Widerspruch genau erkennen lässt, gegen welchen Teil des Hauptanspruchs und der Nebenforderungen er sich richtet (BGH NJW 1983, 633); andernfalls wird der Widerspruch als unbeschränkt behandelt.

Zeilen 5–7: Hier kann der Antragsgegner eine Änderung seiner Anschrift oder auch seinen gesetzlichen Vertreter eingeben. Diese Zeilen müssen nicht notwendig ausgefüllt werden.

Zeilen 8–11: In diese Zeilen ist der Prozessbevollmächtigte des Antragsgegners mit Namen und Anschrift einzutragen. Die Vertretung durch einen Rechtsanwalt ist nicht notwendig, für den Widerspruch besteht kein Anwaltszwang, auch wenn der Rechtsstreit später an das Landgericht abzugeben wäre. Ist dem Prozessbevollmächtigten durch das zentrale Mahngericht eine Kennziffer zugeteilt worden, unter der seine Daten hinterlegt sind, kann diese in Zeile 9 eingetragen werden.

Zeile 12: Hier ist zunächst die genaue Bezeichnung des Antragsgegners mit Anschrift einzutragen; dafür kann ein Stempel benutzt werden. Im letzten Feld haben der Antragsgegner bzw. sein gesetzlicher Vertreter oder der Prozessbevollmächtigte den Widerspruch zu unterzeichnen. Ein Widerspruch ohne Unterschrift kann als unwirksam angesehen werden (str.; vgl. Musielak/Voit/*Voit*, ZPO § 694 Rn. 2; offengelassen von BGH NJW 1987, 2588). Einlegung durch moderne Kommunikationsmittel ist möglich.

Kosten und Gebühren

3. Nach Erhebung des Widerspruchs wird die Sache auf Antrag des Antragstellers erst an das für das streitige Verfahren zuständige Gericht abgegeben, wenn der Antragsteller die volle Gebühr nach KV 1210 GKG gezahlt hat. Wenn der Antragsgegner die Abgabe beantragt hat, entsteht nicht nur keine Vorauszahlungspflicht, sondern der Gegner haftet generell nicht für die Gerichtskosten (OLG Koblenz BeckRS 2015, 13368).

4. Der Rechtsanwalt erhält für die Vertretung des Antragsgegners im Mahnverfahren eine 0,5-Gebühr (VV 3307 RVG). Eine spezielle Widerspruchsgebühr gibt es nicht. Bei mehreren Auftraggebern gilt VV 1008 RVG. Die Gebühr wird auf die Verfahrensgebühr in einem nachfolgenden Rechtsstreit angerechnet.

Fristen und Rechtsmittel

5. Will der Antragsgegner vermeiden, dass ein Vollstreckungsbescheid ergeht, muss er den Widerspruch binnen zwei Wochen nach Zustellung des Mahnbescheids einlegen; der Widerspruch kann auch später noch erhoben werden, solange der Vollstreckungsbescheid nicht verfügt ist (§ 694 Abs. 1 S. 2 ZPO, → Anm. 1). Ein danach eingelegter Widerspruch gilt als Einspruch gegen den Vollstreckungsbescheid (§ 694 Abs. 2 ZPO). Das gilt auch für einen rechtzeitigen Widerspruch, der vom Mahngericht übersehen wurde (BGH NJW 1983, 633). Bei Zustellung des Mahnbescheids im Ausland, aber im Geltungsbereich des AVAG (→ Form. I.B.1 Anm. 1), beträgt die Widerspruchsfrist nach § 32 Abs. 3 AVAG einen Monat. Die Einspruchsfrist gegen den Europäischen Zahlungsbefehl beträgt 30 Tage (Art. 16 Abs. 2 EuMahnverfVO). Im Mahnverfahren vor dem Arbeitsgericht ist der Widerspruch binnen nur einer Woche einzulegen (§ 46a Abs. 3 ArbGG).

3. Antrag auf Erlass des Vollstreckungsbescheids

Mahnsache — Antragsteller: Vor- und Nachname/Firmenbezeichnung

gegen — Antragsgegner: Vor- und Nachname/Firmenbezeichnung

wegen

Beleg wird maschinell gelesen.
Bitte füllen Sie den Vordruck **gut lesbar** aus.

Dieser Antrag darf nicht vor Ablauf von zwei Wochen nach dem (Zustellung des Mahnbescheids) gestellt werden. Ab 1.1.2018 **nicht mehr verwendbar** für Rechtsanwälte und registrierte Inkassodienstleister.

Zeilen-Nummer

1 **Datum des Antrags** | **Geschäftsnummer des Amtsgerichts** | A

Antrag auf Erlass eines Vollstreckungsbescheids

Ich beantrage, Vollstreckungsbescheid zu erlassen und in diesen die weiteren Kosten des Verfahrens aufzunehmen. Falls der Antragsgegner gegen einen Teil des Anspruchs Widerspruch erhoben hat, beantrage ich, Vollstreckungsbescheid zu erlassen, soweit dem Anspruch nicht widersprochen wurde.

MUSTER

Zahlungen auf den Mahnbescheid
Hinweis: Die Zeilen 2 und 5 müssen immer ausgefüllt werden.

2 1 = es wurden keine Zahlungen auf den MB geleistet.
2 = es wurden folgende Zahlungen auf den MB geleistet.

3 am | Betrag EUR | am | Betrag EUR | am | Betrag EUR

4 am | Betrag EUR | am | Betrag EUR | am | Betrag EUR

5 1 = Die Zustellung des Vollstreckungsbescheids soll vom Gericht veranlasst werden.
2 = Ich möchte den Vollstreckungsbescheid selbst durch einen Gerichtsvollzieher zustellen lassen und beantrage, mir den Bescheid für diesen Zweck in Ausfertigung zu übergeben.

Weitere Auslagen des Antragstellers für dieses Verfahren, soweit bisher nicht angegeben:

6 Betrag EUR — Porto, Telefon | Betrag EUR — Sonstige Kosten | Bezeichnung der Art

7 Ich beantrage auszusprechen, dass die Kosten des Verfahrens ab Erlass des Vollstreckungsbescheids mit 5%-Punkten über dem jeweiligen Basiszinssatz zu verzinsen sind. | Betrag EUR | Bei Rechtsanwalt oder Rechtsbeistand: Anstelle der Auslagenpauschale (Nr. 7002 VV RVG) werden die nebenstehenden Auslagen verlangt. Deren Richtigkeit versichert wird.

Der Antragsgegner hat jetzt folgende Anschrift:

8 Straße, Hausnummer – bitte kein Postfach! – | Postleitzahl | Ort | Ausl. Kz.

Nur, falls die Bezeichnung des Antragsgegners (Namensangabe) einen Schreibfehler oder eine ähnliche offenbare Unrichtigkeit enthält:
Die Bezeichnung lautet richtig:

9 Vorname/Vollständige Bezeichnung der Firma

10 Nachname/Fortsetzung der Bezeichnung der Firma | Bei juristischer Person, OHG und KG Rechtsform wiederholen

– Nur ausfüllen, wenn eine Zustellung unter der Anschrift des Antragsgegners nicht möglich ist –
Die Zustellung soll an folgenden gesetzlichen Vertreter des Antragsgegners erfolgen:
Hinweis: Falls Sie hier einen bisher nicht genannten gesetzlichen Vertreter eintragen, werden alle zuvor benannten gesetzlichen Vertreter des Antragsgegners durch diese Angabe ersetzt.

11 Stellung (z.B. Geschäftsführer) | Vor- und Nachname

12 Straße, Hausnummer – bitte kein Postfach – | Postleitzahl | Ort | Ausl. Kz.

– Nur ausfüllen, wenn bisher benannte gesetzliche Vertreter nicht mehr zutreffend sind –
Der Antragsgegner wird jetzt gesetzlich vertreten durch (diese Eintragung ersetzt bisherige Angaben zum gesetzlichen Vertreter des Antragsgegners):

13 Stellung (z.B. Geschäftsführer) | Vor- und Nachname

14 Straße, Hausnummer – bitte kein Postfach – | Postleitzahl | Ort | Ausl. Kz.

15 Bezeichnung des Absenders | **Unterschrift des Antragstellers/Vertreters/Prozessbevollmächtigten**

JZN1 /3 NRW Fassung 01.07.2017 JZN1 /3R BW

Anmerkungen

1. Der Antrag ist regelmäßig an das Mahngericht zu richten, nicht an das Gericht, das für die Durchführung des streitigen Verfahrens zuständig ist. Es bestehen jedoch mehrere Ausnahmen: Nimmt der Beklagte den Widerspruch zurück, nachdem der Rechtsstreit an das Prozessgericht abgegeben wurde (vgl. § 697 Abs. 4 ZPO; → Form. I.B.2 Anm. 1), oder stellt sich der Widerspruch nach Abgabe als unwirksam heraus (BGH NJW 1998, 235), so wird der Vollstreckungsbescheid vom Prozessgericht erlassen (§ 699 Abs. 1 S. 3 ZPO). Dasselbe gilt, wenn der Beklagte nur hinsichtlich eines Teils Widerspruch eingelegt hat und der Rechtsstreit wegen dieses Teils abgegeben wurde. In diesen Fällen kann der Vollstreckungsbescheid auch beim Landgericht zu beantragen sein. Ist der Mahnbescheid von einem unzuständigen Gericht erlassen worden, kann dieses den Vollstreckungsbescheid nicht erlassen, die Mahnsache aber auch nicht verweisen; der Antragsteller muss dann beim zuständigen Mahngericht einen neuen Mahnbescheid beantragen (BGH NJW 1990, 1119).

2. Über die Zustellung des Mahnbescheids an den Antragsgegner erhält der Antragsteller eine Zustellungsnachricht, die das Datum der Zustellung enthält (§ 693 Abs. 2 ZPO). Gleichzeitig wird dem Antragsteller ein Vordruck für den Antrag auf Erlass des Vollstreckungsbescheids übersandt, der bereits mit der Geschäftsnummer des Mahngerichts, dem Betreff (zB Warenlieferung) und der Rücksendeanschrift versehen ist. Sofern der Mahnbescheid gegen mehrere Antragsgegner erlassen wurde, erhält der Antragsteller für jeden einen gesonderten Vordruck. Ein Durchschriftexemplar für die eigenen Akten befindet sich auf der Rückseite der Zustellungsnachricht. Die Verwendung dieses Vordrucks ist zwingend. Es ist dem Antragsteller allerdings nicht verwehrt, in besonderen Fällen, etwa bei Verlust des Blattes oder wenn das Form. bereits für einen anderen Teil des Anspruchs benutzt wurde, den Antrag in anderer Form zu stellen; er muss dann aber die im Form. vorgesehenen Angaben enthalten, insb. die Erklärung, ob und welche Zahlungen auf den Mahnbescheid geleistet wurden (§ 699 Abs. 1 S. 2 ZPO).

Zu den Eintragungen in die Zeilen des Vordrucks:

Zeile 1: Das Datum des Antrags muss eingetragen werden. Der Erlass des Vollstreckungsbescheids kann nicht schon mit dem Mahnbescheidsantrag beantragt werden (§ 699 Abs. 1 S. 2 ZPO). Der Antrag ist erst nach Ablauf der Widerspruchsfrist zulässig, also frühestens nach Ablauf der am Tag nach der Zustellung beginnenden Zweiwochenfrist.

Zeilen 2–5: In der Zeile 2 ist entweder zu kennzeichnen, dass der Antragsgegner keine Zahlungen geleistet hat (dann ist die Ziff. 1 einzutragen), oder zu vermerken, dass der Antragsgegner nur die in den Zeilen 3–5 einzutragenden Zahlungen geleistet hat (dann ist die Ziff. 2 einzugeben). Die Zeile 2 und ggf. die Zeilen 3–5 müssen ausgefüllt sein. Der Anwalt sollte seinem Mandanten unmissverständlich deutlich machen, dass eingehende Zahlungen unverzüglich mitgeteilt werden müssen, um Kostennachteile zu vermeiden. Auch das Datum der Zahlung ist unbedingt anzugeben, da sonst der zu vollstreckende Zinsanspruch nicht berechnet werden kann.

Zeile 6: Auch diese Zeile muss ausgefüllt werden. Der Antragsgegner hat die Wahl, ob er den Vollstreckungsbescheid von Amts wegen zustellen lassen möchte oder ob er die Zustellung selbst durch einen Gerichtsvollzieher veranlassen will. Für Rechtsanwälte dürfte sich die Zustellung im Parteibetrieb empfehlen, um das Verfahren unter Kontrolle zu haben, den Zeitpunkt der Zustellung bestimmen zu können und um erforderlichenfalls gleichzeitig mit der Zustellung durch den Gerichtsvollzieher die Vollstreckung versuchen zu können (vgl. hierzu Musielak/Voit/*Voit*, ZPO § 699 Rn. 7). Durch die Beauftragung des Gerichtsvollziehers mit der Zustellung entsteht eine 0,3-Gebühr (vgl. VV 3309 RVG). Eine öffentliche Zustellung ist, anders als beim Mahnbescheid, möglich (§ 699 Abs. 4 S. 3 ZPO).

Zeilen 7 und 8: Hier kann der Antragsteller bzw. der Prozessbevollmächtigte seine weiteren Auslagen geltend machen und zusätzlich eintragen, ob er sie verzinst haben will. Es dürfen nur Beträge angegeben werden, die erst nach Beantragung des Mahnbescheids entstanden sind. Gerichtskosten oder Anwaltsgebühren für das Mahnverfahren sind nicht anzugeben. Sie werden vom Gericht automatisch berechnet und hinzugesetzt.

Zeilen 9–14: Diese Zeilen sind nur für Daten vorgesehen, die sich gegenüber den Angaben im Mahnantrag geändert haben, zB eine neue Anschrift oder eine Änderung in der gesetzlichen Vertretung. Die Ausfüllung ist nicht notwendig. Wird die Änderung der Bezeichnung des Antragsgegners wegen offensichtlicher Unrichtigkeit beantragt (Berichtigung des Passivrubrums), sind die erforderlichen Nachweise beizufügen.

Zeile 15: Hier kann zunächst die Bezeichnung des Absenders eingegeben werden, und zwar auch mit einem Stempelabdruck. Ist der Prozessbevollmächtigte erst nach Stellung des Mahnantrags bestellt worden, so ist die Vertretung durch besonderes Anschreiben an das Mahngericht anzuzeigen. Der Prozessbevollmächtigte wird dann in den Vollstreckungsbescheid aufgenommen. Unabdingbar ist die eigenhändige Unterschrift in Zeile 16.

Kosten und Gebühren

3. Weitere Gerichtskosten entstehen nicht.

4. Der Rechtsanwalt erhält für den Antrag auf Erlass des Vollstreckungsbescheids eine 0,5-Gebühr (VV 3308 RVG) nach dem Wert der Hauptforderung, wenn sich die Hauptforderung durch Teilzahlung reduziert hat, nach dem verminderten Wert. Diese Gebühr wird nicht auf die im nachfolgenden Streitverfahren entstehenden Gebühren angerechnet. Bei mehreren Antragstellern gilt VV 1008 RVG, wenn nicht bereits die Gebühr nach VV 3305 RVG erhöht wurde. Neben der Verfahrensgebühr nach VV 3305 kann die Gebühr nach VV 3308 RVG nicht entstehen, wenn der Antragsgegner rechtzeitig Widerspruch gegen den Mahnbescheid eingelegt hatte, wohl aber, wenn der Vollstreckungsbefehl zu Unrecht nicht erlassen wird (OLG Hamburg MDR 2000, 356) oder der Widerspruch zurückgenommen wurde.

Fristen und Rechtsmittel

5. Der Antrag darf frühestens zwei Wochen nach Zustellung des Mahnbescheids gestellt werden (→ Anm. 2 zu Zeile 1); er muss spätestens sechs Monate danach gestellt sein, sonst wird der Mahnbescheid wirkungslos, § 701 ZPO. Der Ablauf dieser Frist ist allerdings für den Zeitraum zwischen Einlegung des Widerspruchs und Rücknahme gehemmt (OLG Nürnberg NJW-RR 2013, 1337). Das Zustellungsdatum ist aus der Zustellungsnachricht des Mahngerichts ersichtlich (§ 693 Abs. 2 ZPO).

6. Bei Zurückweisung des Antrags ist die sofortige Beschwerde nach § 11 Abs. 1 RPflG iVm § 567 ZPO gegeben, auch bei teilweiser Zurückweisung wegen Absetzung geltend gemachter Kosten. Gegen den erlassenen Vollstreckungsbescheid steht dem Antragsgegner nur der Einspruch nach §§ 338, 700 Abs. 1 ZPO zu (→ Form. I.B.4).

4. Einspruch gegen Vollstreckungsbescheid

An das
Amtsgericht Hamburg-Altona
Mahnabteilung
Geschäfts-Nr. . . . .
In der Mahnsache

Olg gegen Atlas GmbH

wird gegen den Vollstreckungsbescheid vom . . . . ., der Antragsgegnerin zugestellt am . . . . .[1, 2, 3, 4]

Einspruch

eingelegt.
Außerdem wird beantragt,

die Zwangsvollstreckung aus dem Vollstreckungsbescheid ohne Sicherheitsleistung einzustellen.[5]

In Hinblick auf den Einstellungsantrag wird beantragt,

die Sache unverzüglich an das Amtsgericht Hamburg abzugeben.[6]

Dieses Gericht wird gebeten, über den Einstellungsantrag sofort zu entscheiden.

Begründung:

Der Vollstreckungsbescheid hätte nicht ergehen dürfen, denn die Antragsgegnerin hatte bereits eine Woche nach Zustellung des Mahnbescheids Widerspruch eingelegt.

Beweis: Anliegende Kopie der Durchschrift des Widerspruchs

Dieser Widerspruch ist offenbar bei Erlass des Vollstreckungsbescheids übersehen worden. Der Vollstreckungsbescheid ist daher iSd § 719 Abs. 1 S. 2 ZPO gesetzwidrig ergangen, so dass die Zwangsvollstreckung ohne Sicherheitsleistung einzustellen ist.
Ihre sachlichen Einwendungen wird die Antragsgegnerin nach Abgabe des Rechtsstreits gegenüber dem Prozessgericht geltend machen, sobald der Antragsteller seinen Anspruch begründet hat.
(Unterschrift)[7, 8, 9]

Schrifttum: Fischer, Probleme bei Widerspruch und Einspruch im Mahnverfahren, MDR 1998, 885; *Siemon*, Doppelsäumnis nach Einspruch gegen Vollstreckungsbescheid, JuS 2008, 605.

Anmerkungen

1. Vordrucke gem. § 703c ZPO für den Einspruch gegen einen Vollstreckungsbescheid sind bisher nicht eingeführt, das ist auch nicht beabsichtigt.

2. Es handelt sich um den Einspruch gegen den Vollstreckungsbescheid → Form. I.B.3, wobei unterstellt wird, dass – was in der Praxis leider vorkommt – der Widerspruch bei Erlass des Vollstreckungsbescheids übersehen wurde.

3. Für Frist (Notfrist von zwei Wochen ab Zustellung) und Form (Einspruchsschrift) des Einspruchs gegen einen Vollstreckungsbescheid gelten die Vorschriften für den

Einspruch gegen ein Versäumnisurteil, § 700 Abs. 1 iVm §§ 338 ff. ZPO (→ Form. I.G.3). Der Einspruch kann auch hier vor der Zustellung eingelegt werden. Es bestehen jedoch folgende Besonderheiten:

a) Die Einspruchsfrist beginnt auch, wenn der Vollstreckungsbescheid im Wege der Parteizustellung (§ 699 Abs. 4 ZPO) zugestellt wird (OLG Koblenz NJW 1981, 408). Kann der Nachweis der wirksamen (Partei-) Zustellung des Vollstreckungsbescheids an die Beklagte nicht erbracht werden, geht dies zu Lasten des Klägers (OLG Koblenz BeckRS 2013, 8258).
b) Der Einspruch ist nicht beim Prozessgericht, sondern beim Mahngericht einzureichen, es sei denn, dass der Vollstreckungsbescheid vom Prozessgericht erlassen wurde (zB bei Rücknahme des Widerspruchs nach Abgabe oder bei nur teilweisem Widerspruch, Abgabe und Vollstreckungsbescheid hinsichtlich des Restes, vgl. § 699 Abs. 1 S. 3 ZPO).
c) Der Einspruch bedarf keiner Begründung, § 340 Abs. 3 ZPO gilt nicht; die Einwendungen gegen den Anspruch braucht der Antragsgegner erst mit der Erwiderung auf die Anspruchsbegründung mitzuteilen.
d) Auch bei Streitwerten über 5.000 EUR besteht kein Anwaltszwang, und zwar selbst dann nicht, wenn der Vollstreckungsbescheid durch das Landgericht (zB in der unter b dargestellten Konstellation) erlassen wurde (vgl. Musielak/Voit/*Voit* ZPO § 700 Rn. 4).
e) Bei Zustellung im Ausland (vgl. § 183 ZPO) oder bei öffentlicher Zustellung (§§ 185 ff. ZPO) wird die Einspruchsfrist nach § 339 Abs. 2 iVm § 700 Abs. ZPO durch das Gericht bestimmt.
f) Im Mahnverfahren vor dem Arbeitsgericht beträgt die Einspruchsfrist nur eine Woche (§ 46a Abs. 1, § 59 ArbGG).

4. Wenn der Vollstreckungsbescheid nicht von Amts wegen, sondern im Parteibetrieb zugestellt wurde, ist diese Mitteilung wichtig, denn sonst ist für das Gericht nicht zu erkennen, ob der Einspruch rechtzeitig eingelegt wurde. In diesem Fall empfiehlt es sich außerdem, Unterlagen, aus denen sich das Datum der Zustellung ergibt, also zB den Zustellvermerk des Postzustellers auf dem übergebenen Schriftstück, einzureichen, denn das Gericht wird die Zwangsvollstreckung nicht einstellen, wenn es den Einspruch für unzulässig hält.

5. Für die Einstellung der Zwangsvollstreckung gelten §§ 719, 707 iVm § 700 Abs. 1 ZPO. Wie bei einem Versäumnisurteil (→ Form. I.G.3 Anm. 2, 7) kommt eine Einstellung ohne Sicherheitsleistung nur in den beiden in § 719 Abs. 1 S. 2 ZPO genannten Fällen, von denen hier der erste vorliegt, oder im Fall des § 707 Abs. 1 S. 2 ZPO in Betracht. Ob neben § 719 ZPO die Voraussetzungen des § 707 Abs. 1 S. 2 ZPO gegeben sein müssen, ist streitig (dagegen OLG Stuttgart NJW-RR 2003, 713; OLG Celle MDR 1999, 1345; wohl auch OLG Frankfurt a. M. NJW-RR 1998, 1450; aA OLG Köln NJW-RR 2002, 428; OLG Hamburg NJW 1979, 1464 und KG NJW 1984, 316u. MDR 1985, 330; vgl. hierzu auch BVerfG NJW-RR 2004, 934). Im Fall des § 707 Abs. 1 S. 2 ZPO und im Fall der unverschuldeten Säumnis ist es erforderlich, dass der Antragsgegner die Voraussetzungen glaubhaft macht (→ Form. I.G.3 Anm. 7). In allen anderen Fällen kann die Zwangsvollstreckung nur gegen Sicherheitsleistung eingestellt werden, wobei das Gericht überlegen wird, ob der Einspruch zulässig ist und in der Sache aussichtsreich erscheint. Wenn der Antragsgegner daher Einstellung der Zwangsvollstreckung beantragt und keiner der Sonderfälle des § 719 Abs. 1 S. 2 ZPO vorliegt, ist es immer zu empfehlen, die sachlichen Gründe für den Einspruch mitzuteilen. Ein Antrag, die Sicherheit durch Bankbürgschaft leisten zu können, braucht nicht gestellt zu werden; der Schuldner kann die Sicherheitsleistung auch ohne besonderen Ausspruch durch die Bürgschaft eines Kreditinstitutes erbringen (§ 108 Abs. 1 S. 2 ZPO). Über den Einstellungsantrag entscheidet nicht das Mahngericht, sondern – nach Abgabe – das Prozessgericht.

6. Weiteres Verfahren: Gem. § 700 Abs. 3 S. 1 ZPO gibt das Gericht den Rechtsstreit an das im Mahnbescheid bezeichnete Gericht ab und unterrichtet beide Parteien hiervon. Die Abgabenachricht enthält das Datum der Abgabe, die Mitteilung, dass Einspruch eingelegt wurde, das Eingangsdatum des Einspruchs und die Bezeichnung des Gerichts, an das abgegeben wurde. Dieses Gericht ist durch die Abgabe nicht an seine Zuständigkeit gebunden. Der Antragsteller kann allerdings keine Verweisung mehr an das Gericht eines besonderen oder vereinbarten Gerichtsstands erreichen, er hat sein Wahlrecht aus § 35 ZPO mit dem Mahnantrag verbraucht. Im Beispielsfall kommt eine Weiterverweisung des Rechtsstreits an das zuständige Amtsgericht in Betracht, wenn der Streitwert durch die Zahlung vor Erlass des Vollstreckungsbescheids unter 5.000 EUR gesunken ist (§ 700 Abs. 3 iVm § 696 Abs. 5 ZPO; KG MDR 2002, 1148). Das Prozessgericht erhält nicht die Originalunterlagen, sondern einen Aktenausdruck, der alle maschinell erfassten Daten des Mahnverfahrens wiedergibt. Nach der Abgabe wird das streitige Verfahren ähnlich wie nach Widerspruch gegen den Mahnbescheid (§ 700 Abs. 3–6 ZPO; → Form. I.B.7), aber mit einer Besonderheit eingeleitet: Geht die Anspruchsbegründung nicht ein, muss das Prozessgericht einen Einspruchstermin anberaumen, wenn es den Einspruch für zulässig hält (§ 700 Abs. 5 ZPO).

7. Der Einspruch muss handschriftlich unterzeichnet sein (BGH NJW 1987, 2588), sofern nicht eine der von der Rspr. anerkannten Ersatzformen vorliegt (zB Telefax, vgl. BGH NJW 1987, 2589). Der Mangel der Unterschrift ist nicht heilbar.

Kosten und Gebühren

8. Mit Einlegung des Einspruchs wird die halbe Gerichtsgebühr nach KV 1210 GKG fällig. Es besteht aber keine Vorschusspflicht. Der Rechtsanwalt ist, anders als bei Einlegung des Widerspruchs, nicht auf die 0,5-Gebühr nach VV 3308 RVG beschränkt, sondern erhält die Verfahrensgebühr nach VV 3100 RVG.

Fristen und Rechtsmittel

9. Der Einspruch muss in der Notfrist von zwei Wochen ab Zustellung des Vollstreckungsbescheids eingelegt werden (§§ 700, 339 ZPO), → Anm. 3. Die Einspruchsfrist beginnt nur bei wirksamer Zustellung (BGH NJW 2011, 2218), die Zustellung an einen Prozessunfähigen ist jedoch wegen der Möglichkeit einer Nichtigkeitsklage nach §§ 586 Abs. 1, 579 Abs. 1 Nr. 4 ZPO wirksam (BGH NJW 2014, 937). Bei unverschuldeter Fristversäumung kommt eine Wiedereinsetzung in Betracht → Form. I.G.5). Dabei wird ein Fehlen des Verschuldens vermutet, wenn der Vollstreckungsbescheid keine oder eine fehlerhafte Rechtsbehelfsbelehrung (§ 232 ZPO) enthält (§ 233 S. 2 ZPO). Verfolgt der Gläubiger eine erhebliche Forderung mit einem Mahnbescheid, muss der Schuldner, der tatsächlich Kenntnis vom Mahnbescheid erhält und keinen Widerspruch gegen den Mahnbescheid einlegt, erst ab einer Frist von sechs Monaten ab der Zustellung des Mahnbescheids nicht mehr mit weiteren Zustellungen rechnen (BGH NJW-RR 2019, 124).

5. Urkunden-, Wechsel- und Scheck-Mahnbescheid

1. Für Ansprüche, die gem. § 592 ZPO durch Wechsel, Scheck oder andere Urkunden bewiesen werden können, stellt die Zivilprozessordnung in § 703a ZPO ein besonderes Mahnverfahren zur Verfügung. Neben den üblichen Vorzügen des Mahnverfahrens bietet es die Möglichkeit, mit geringerem Kostenaufwand in das Nachverfahren des Urkundenprozesses zu gelangen, wenn der Antragsgegner seinen Widerspruch gem. § 703a Abs. 2 Nr. 4 ZPO beschränkt. Allerdings sollte der Antragsteller, wenn mit einem unbeschränkten Widerspruch zu rechnen ist, überlegen, ob er nicht im Klageverfahren schneller zu einem Vorbehaltsurteil gem. § 599 ZPO kommt (→ Form. I.Q Anm. 1, 3, 5), und dies gegen den möglichen Kostenvorteil abwägen. Wählt der Antragsteller das Mahnverfahren, sind Wechsel, Scheck oder die sonstigen Urkunden nicht wie im Klageverfahren mit dem Mahnantrag einzureichen; dies geschieht erst später mit der Anspruchsbegründung. Aus Schecks, die keinen Vorlegungsvermerk tragen – fraglich auch bei Schecks, die im sog beleglosen Scheckeinzugsverfahren der Banken geltend gemacht wurden –, kann ein Scheckanspruch im streitigen Verfahren nicht erhoben werden → Form. I.Q.5 Anm. 1).

2. Rechtsanwälte müssen den Antrag auf Erlass eines Urkunden-, Scheck oder Wechselmahnbescheids online ausfüllen (§ 690 Abs. 3 S. 2 ZPO). Auch andere Antragsteller sollten entsprechend verfahren. Die ersten vier Schritte sind mit denen für den normalen Mahnantrag identisch. Hierzu wird auf die Anmerkungen → Form. I.B.1 verwiesen. Als für das streitige Verfahren zuständiges Gericht kann bei Wechseln und Schecks auch das Gericht des Zahlungsorts (§ 603 ZPO iVm Art. 1 Nr. 5 WG, Art. 1 Nr. 4 ScheckG) eingetragen werden. Zu Beginn des vierten Schrittes, der der Erfassung des Anspruchs dient, erscheint folgendes Bild:

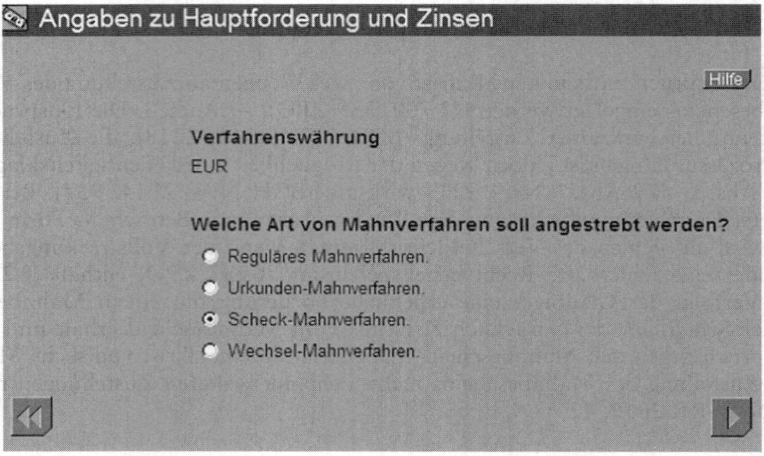

Hier ist anzuklicken, ob es sich um ein Urkunden-, Scheck- oder Wechselmahnverfahren handelt. Nur wenn das geschieht, kann das streitige Verfahren im Urkunden-, Wechsel- oder Scheckprozess (§§ 592 ff. ZPO) mit den prozessualen Vorteilen für den Kläger durchgeführt werden. Die weiteren Schritte sind ähnlich vorgegeben wie beim gewöhnlichen Antrag.

6. Widerspruch gegen Urkunden-, Wechsel- und Scheck-Mahnbescheid

An das
Amtsgericht Stuttgart
– Mahnabteilung –
70154 Stuttgart
In der Mahnsache .....
Geschäftsnummer .....
zeige ich an, dass ich die Antragsgegnerin vertrete. Ordnungsgemäße Bevollmächtigung wird versichert.
Gegen den Mahnbescheid[1, 2] v. ...., der Antragsgegnerin zugestellt am ....., erhebe ich

Widerspruch.

Der Widerspruch richtet sich gegen den ganzen Anspruch, beschränkt sich aber auf den Antrag, der Antragsgegnerin die Ausführung ihrer Rechte im Nachverfahren vorzubehalten.[3, 4]
Rechtsanwältin

Anmerkungen

1. Diese Form des Widerspruchs ist nur gegenüber einem Mahnbescheid möglich, der ausdrücklich als Urkunden-, Wechsel- oder Scheck-Mahnbescheid bezeichnet ist, § 703a ZPO. Die üblichen Widerspruchsformulare sehen keinen beschränkten Widerspruch vor. Die Beschränkung ist daher entweder auf einem gesonderten Blatt als Anlage mitzuteilen oder, wie hier vorgeschlagen, in einem gesonderten Schriftsatz.

2. Die Bedeutung des beschränkten Widerspruchs liegt darin, dass er den Parteien ermöglicht, schneller und billiger – nämlich ohne einen streitigen Urkundenprozess führen zu müssen – in das Nachverfahren zu gelangen (§ 703a Abs. 2 Nr. 4 iVm § 600 ZPO). Der auf Antrag des Antragstellers zu erlassende Vollstreckungsbescheid ergeht unter dem Vorbehalt, dass dem Antragsgegner die Ausführung seiner Rechte im Nachverfahren vorbehalten bleibt, er entspricht damit dem Vorbehaltsurteil des § 599 ZPO. Der beschränkte Widerspruch empfiehlt sich für den Antragsgegner immer dann, wenn er im Urkundenprozess keine Einwendungen geltend machen will oder kann (→ Form. I. Q.2 Anm. 1).

3. Die Formulierung entspricht der Fassung des § 703a Abs. 2 Nr. 4 ZPO.

4. Weiteres Verfahren: Auf den beschränkten Widerspruch hin kann der Antragsteller nur einen Vorbehalts-Vollstreckungsbescheid beantragen. Die anschließende Überleitung in das streitige Verfahren erfordert keinen Einspruch des Antragsgegners, vielmehr hat jede Partei das Recht, die Durchführung des streitigen Verfahrens zu beantragen, was zur Abgabe gem. § 696 Abs. 1 ZPO führt. Die Abgabe auf Antrag des Klägers setzt nach § 12 Abs. 3 S. 3 Hs. 2 GKG voraus, dass dieser zunächst den weiteren Gerichtskostenvorschuss (bei unverändertem Streitwert 2,5 Gebühren nach diesem Wert, KV 1210) einzahlt, was ihm mit der Benachrichtigung vom Widerspruch aufgegeben wird. Der Beklagte kann ohne Kosten in den Urkundenprozess überleiten. Für das Nachverfahren nach Abgabe gilt § 600 ZPO entspr. (→ Form. I.Q.7; → Form. I.Q.8).

7. Anspruchsbegründung nach Widerspruch und Überleitung in das streitige Verfahren

An das
Amtsgericht Hamburg[1, 2, 3]
Geschäfts-Nr. . . . .
In Sachen
Olg
Prozessbevollmächtigte: Rechtsanwältin . . . . .
gegen
1. Atlas GmbH, vertreten durch . . . . .
Prozessbevollmächtigte: Rechtsanwältin . . . . .
zeige ich innerhalb der gesetzten Frist[4] an, dass der Kläger im streitigen Verfahren durch mich vertreten wird. Es wird gebeten, einen baldigen Termin zur mündlichen Verhandlung zu bestimmen,[5] in dem ich beantragen werde:[6]

Die Beklagte wird verurteilt, an den Kläger 3.000,00 EUR nebst Zinsen iHv 5 Prozentpunkten über dem Basiszinssatz seit (Zustellung des Mahnbescheids) zu zahlen.[7]

Für den Fall, dass das Gericht das schriftliche Vorverfahren anordnet und die Beklagte nicht innerhalb der Frist ihre Verteidigungsbereitschaft anzeigt, wird beantragt,
gegen die Beklagte ein Versäumnisurteil ohne mündliche Verhandlung zu erlassen.

Begründung:[8, 9]

. . . . .[10, 11]

Schrifttum: Schneider, Fingierte Klagerücknahme – Der neue § 697 II 2 ZPO; NJW 2020, 2454.

Anmerkungen

1. Das Beispiel knüpft an den Mahnbescheid in → Form. I.B.1 an, wobei unterstellt wird, dass der Rechtsstreit auf den Widerspruch der Beklagten an das Amtsgericht Hamburg abgegeben wurde (→ Form. I.B.2).

2. Legt der Antragsgegner gegen den Mahnbescheid Widerspruch ein, wird der Rechtsstreit nicht von Amts wegen, sondern nur auf Antrag einer der Parteien in das streitige Verfahren übergeleitet. Dieser Antrag wird vom Kläger regelmäßig bereits im Mahnantrag (Kästchen Nr. 1 des Vordrucks) gestellt. Eine Abgabe kommt nicht in Betracht, wenn der Mahnbescheid durch ein unzuständiges Amtsgericht erlassen wurde; der Antragsteller muss dann den Antrag zurücknehmen und beim zuständigen Mahngericht erneut stellen (BGH NJW 1990, 1119). Weitere Voraussetzung für die Abgabe auf Antrag des Klägers ist, dass dieser den weiteren Gerichtskostenvorschuss, bei unverändertem Streitwert also 2,5 Gebühren nach diesem Wert, einzahlt (§ 12 Abs. 3 GKG iVm KV 1210). Bei einer Reduzierung des Streitwertes werden die weiteren Gebühren nach dem Streitwert berechnet, mit dem die Sache in das Prozessverfahren übergeht (KV 1210 S. 1 Hs. 2). Diese Vorschusspflicht trifft nur den Kläger, nicht den Beklagten, der im Widerspruch oder später die Abgabe beantragt; er kann ohne Kosten in das streitige Verfahren überleiten. Die Abgabe an das im Mahnbescheid bezeichnete Gericht wird beiden Parteien durch das Mahngericht

formlos mitgeteilt, § 696 Abs. 1 S. 3 ZPO. Die Abgabe an ein anderes Gericht ist möglich, wenn die Parteien sie noch vor Abgabe übereinstimmend beantragen (§ 696 Abs. 1 S. 1 ZPO). Das Prozessgericht fordert nach Eingang der Akten den Kläger auf, die Anspruchsbegründung einzureichen und hierzu – wenn der Rechtsstreit an ein Landgericht abgegeben wurde – einen Rechtsanwalt zu bestellen, § 697 Abs. 1 iVm § 253 ZPO.

3. Die Anspruchsbegründung ist an das Prozessgericht zu richten. Allerdings ist es zT üblich geworden, die Anspruchsbegründung bereits dem Mahngericht zu übermitteln und mit dem Antrag auf Abgabe und der Einzahlung des Vorschusses zu verbinden. Diese Handhabung kann zu einem schnelleren Verfahrensablauf führen und auch sonst zweckmäßig sein. Ist die an das Mahngericht gerichtete Anspruchsbegründung von der Partei selbst verfasst, so genügt es, wenn der Anwalt hierauf schriftsätzlich und mündlich Bezug nimmt (BGH NJW 1982, 2002); andernfalls muss das Gericht den Kläger auffordern, die Anspruchsbegründung durch einen Anwalt einzureichen (BGH NJW-RR 1994, 889).

4. Das Streitgericht setzt dem Antragsteller eine Frist von nur zwei Wochen, § 697 Abs. 1 ZPO; darauf muss sich der Kläger rechtzeitig einstellen, wobei eine Fristversäumung grds. unschädlich ist (*Hogenschurz* MDR 2014, 1055; → Anm. 10). Ohne Anspruchsbegründung ist die Klage dann unzulässig, wenn die Angaben im Mahnbescheid nicht ausreichen, um dem Begründungserfordernis des § 253 Abs. 2 Nr. 2 ZPO zu genügen (OLG München NJW-RR 2019, 886 Rn. 20).

5. Nach Eingang der Anspruchsbegründung verfährt das Gericht wie nach Eingang einer Klage (§ 697 Abs. 2 ZPO). Es kann nach § 275 ZPO einen frühen ersten Termin bestimmen oder nach § 276 ZPO das schriftliche Vorverfahren anordnen (→ Form. I.D.1 Anm. 13).

6. Es empfiehlt sich schon aus Gründen der Kontrolle und besseren Übersicht, den Antrag auszuformulieren. Die bloße Ankündigung, den Antrag „aus dem Mahnbescheid" zu stellen, soll mangels Bestimmtheit nicht genügen. Zur Antragsfassung iÜ vgl. die Beispiele zur Klageschrift.

7. Bleibt der Antrag in der Anspruchsbegründung hinter der Forderung des Mahnbescheids zurück, bspw. im Hinblick auf die Zinsen, gilt nach § 697 Abs. 3 S. 2 ZPO die Klage insoweit als zurückgenommen, wenn der Antragsteller zuvor durch das Mahngericht über diese Folge belehrt oder durch das Streitgericht darauf hingewiesen wurde. Dies kann bei richtigem Verständnis aber nur im Rahmen des Abgabeantrags gelten (vgl. *Schneider* NJW 2020, 2454, auch zu weiteren Kritikpunkten an dieser Vorschrift).

8. Im Landgerichtsverfahren sollte der Schriftsatz in entsprechender Anwendung des § 253 Abs. 3 ZPO eine Äußerung dazu enthalten, ob Bedenken gegen die Übertragung auf den Einzelrichter bestehen.

9. Die Begründung des Anspruchs entspricht der in der Klageschrift. Sie muss vollständig sein und kann nicht durch Bezugnahme auf die Angaben im Mahnbescheid ergänzt werden. Zu Einwendungen im Widerspruch ist unter Beweisantritt Stellung zu nehmen.

Kosten und Gebühren

10. → Anm. 2. Nach KV 1210 GKG kommt es auf den Wert bei Eingang der Akten an. Zur Erstattungsfähigkeit der vor Abgabe entstandenen Anwaltsgebühren → Form. I.B.1.

Bei einem Anwaltswechsel zwischen Mahnverfahren und Abgabe an das Prozessgericht gilt § 91 Abs. 2 S. 2 ZPO (BGH NJW 2018, 871).

Fristen und Rechtsmittel

11. Für den Beginn der vom Gericht gesetzten Zweiwochenfrist gilt § 270 S. 2 ZPO. Die Aufforderung bedarf nicht der förmlichen Zustellung, sondern geschieht durch Übersendung durch die Post. Als Tag des Zugangs gilt im Ortsbereich der folgende, im übrigen Bereich der zweite Werktag nach Übersendung der Aufforderung. Der Antragsteller braucht die nach § 697 Abs. 1 ZPO gesetzte Frist nicht einzuhalten, wenn er das Verfahren nicht weiterbetreiben will. Die mit der Zustellung des Mahnbescheids eingetretene Hemmung der Verjährung endet dann sechs Monate nach Zugang der Aufforderung (§ 204 Abs. 2 BGB; BGH NJW 2010, 1662). Das Gericht darf von sich aus keine Anordnungen treffen und nur auf Antrag des Antragsgegners einen Termin bestimmen (§ 697 Abs. 3 ZPO; BayVerfGH NJW-RR 2011, 1211). In diesem Fall wird dem Antragsteller noch einmal eine Frist zur Anspruchsbegründung gesetzt, die er dann unbedingt einhalten sollte. Andernfalls droht eine Zurückweisung seines Vorbringens nach § 296 Abs. 1 iVm § 697 Abs. 3 S. 2 ZPO (OLG Nürnberg NJW-RR 2000, 445) oder eine Abweisung der Klage.

Die Abgabe ist unanfechtbar (§ 696 Abs. 1 S. 3 ZPO).

8. Anspruchsbegründung nach Einspruch gegen Vollstreckungsbescheid

An das
Amtsgericht Hamburg
Geschäfts-Nr. . . . .
In Sachen
. . . . .
zeige ich innerhalb der gesetzten Frist an, dass die Klägerin im streitigen Verfahren[1, 2] durch mich vertreten wird. Es wird gebeten, einen baldigen Termin zur mündlichen Verhandlung zu bestimmen, in dem ich beantragen werde:

Der Vollstreckungsbescheid vom . . . . . wird aufrechterhalten.[3]

Begründung:

Zur Zulässigkeit des Einspruchs der Beklagten wird zunächst mitgeteilt, dass der Vollstreckungsbescheid am . . . . . zugestellt wurde. Die Zustellungsurkunde wird im Termin vorgelegt werden.

In der Sache wird zur Begründung des Anspruchs Folgendes ausgeführt:[4] . . . .[5]

Anmerkungen

1. Es handelt sich um das streitige Verfahren nach Einspruch gegen den Vollstreckungsbescheid, → Form. I.B.4.

2. Die Überleitung in das streitige Verfahren ist ähnlich geregelt wie die nach Widerspruch gegen den Mahnbescheid (→ Form. I.B.7). Allerdings gibt das Mahngericht bei Einspruch gegen den Vollstreckungsbescheid die Sache, ohne dass es eines Antrags bedarf, an das im Mahnbescheid bezeichnete Gericht ab, § 700 Abs. 3 S. 1 ZPO. Auf übereinstimmenden Antrag der Parteien ist auch hier die Abgabe an ein anderes Gericht möglich. Es besteht keine Vorschusspflicht der Parteien gem. § 12 Abs. 3 GKG. Die Abgabe wird den Parteien formlos mitgeteilt, § 700 Abs. 3 iVm § 696 Abs. 1 S. 3 ZPO. Dem Antragsteller wird die Einspruchsschrift von Amts wegen zugestellt (§ 700 Abs. 1 iVm § 340a ZPO). Für das Gericht, an das die Sache abgegeben wurde, gelten wiederum die Vorschriften des § 697 Abs. 1 u. 4 ZPO. Auch wenn es der Beklagte ist, der sich gegen einen Titel wendet, muss zunächst der Kläger innerhalb der gesetzten Frist seinen Anspruch begründen. Bei Abgabe an ein Landgericht muss er hierfür einen Rechtsanwalt bestellen. Dies gilt auch, wenn der Rechtsstreit auf Grund einer vor Abgabe geleisteten Zahlung inzwischen zur sachlichen Zuständigkeit des Amtsgerichts gehören würde, es sei denn, das Landgericht verweist den Rechtsstreit nach Anhörung der Parteien ohne mündliche Verhandlung an das Amtsgericht.

3. Die Fassung des Antrags beruht auf §§ 700 Abs. 1, 343 S. 1 ZPO.

4. Die Anspruchsbegründung muss auch in diesem Fall einer Klageschrift entsprechen. Wenn der Beklagte im Termin nicht erscheint, kann ein zweites Versäumnisurteil nur ergehen, wenn der Anspruch mit der Anspruchsbegründung schlüssig vorgetragen und diese dem Beklagten rechtzeitig zugestellt wurde (§ 700 Abs. 6 ZPO).

Weiteres Verfahren: Spätestens nach Eingang der Anspruchsbegründung prüft das Gericht, ob der Einspruch form- und fristgerecht eingelegt wurde; andernfalls kann es ihn durch Urteil ohne mündliche Verhandlung als unzulässig verwerfen (§ 700 Abs. 1, 4, § 341 ZPO; → Form. I.G.4). Ist der Einspruch zulässig, bestimmt das Gericht nach § 700 Abs. 4 ZPO einen frühen ersten Termin (§ 275 ZPO) oder ordnet das schriftliche Vorverfahren an (§ 276 ZPO). Im letzteren Fall kann gem. § 700 Abs. 4 S. 2 ZPO kein (zweites) Versäumnisurteil nach § 331 Abs. 3 ZPO ergehen. Daher braucht der Beklagte auch keine Verteidigungsanzeige abzugeben.

Fristen und Rechtsmittel

5. Geht die Anspruchsbegründung nicht innerhalb der gesetzten Frist ein, hat das Gericht unverzüglich Termin zu bestimmen (§ 700 Abs. 5 ZPO). Gleichzeitig setzt es dem Antragsteller noch einmal eine Frist zur Anspruchsbegründung; diese Frist sollte unbedingt eingehalten werden, es droht sonst eine Zurückweisung des Vorbringens nach § 296 Abs. 1 ZPO (§ 700 Abs. 5 iVm § 697 Abs. 3 S. 2 ZPO).

Die Abgabe ist unanfechtbar (§ 700 Abs. 3, § 696 Abs. 1 S. 3 ZPO).

9. Antrag auf Verwerfung des Einspruchs gegen Vollstreckungsbescheid

An das
Amtsgericht Hamburg
In Sachen

.....

wird beantragt,[1, 2]

den Einspruch gegen den Vollstreckungsbescheid ohne mündliche Verhandlung als unzulässig zu verwerfen und der Beklagten die Kosten des Einspruchs aufzuerlegen.

Begründung[3]

Der Vollstreckungsbescheid vom ..... wurde der Beklagten am ..... zugestellt, wie sich aus der anliegenden beglaubigten Abschrift der Zustellungsurkunde ergibt. Der Ein-

spruch der Beklagten datiert vom . . . . . und ist erst am . . . . . bei Gericht eingegangen; er ist damit verspätet.

. . . . .[4, 5]

Anmerkungen

1. Ziel des Schriftsatzes ist es, eine Verwerfung des Einspruchs ohne mündliche Verhandlung durch Urteil zu erreichen (§ 700 Abs. 4, § 341 Abs. 2 ZPO). Der Antrag empfiehlt sich insb., wenn der Kläger den Vollstreckungsbescheid selbst zugestellt hat. In diesem Fall kennt das Gericht das Zustellungsdatum nicht, kann also der Akte nicht entnehmen, dass der Einspruch verspätet ist und die Voraussetzungen für eine Entscheidung nach § 341 Abs. 2 ZPO gegeben sind.

Hat das Gericht bereits Termin bestimmt, kann gleichzeitig beantragt werden, den Termin aufzuheben, damit ohne mündliche Verhandlung entschieden werden kann. In jedem Fall hat das Gericht dem Beklagten Gelegenheit zur Stellungnahme zu geben. Bleibt der Termin bestehen, ist aber der Beklagte säumig, so kann kein zweites Versäumnisurteil ergehen; der Einspruch ist vielmehr durch ein normales (kontradiktorisches) Urteil zu verwerfen (BGH MDR 1995, 629).

2. Die Fassung des Antrags ergibt sich aus § 341 Abs. 2 S. 1 ZPO. Entscheidet das Gericht nach mündlicher Verhandlung, ist derselbe Antrag zu stellen.

3. Der Kläger hat nur darzulegen, dass der Einspruch verspätet ist. Die Einspruchsfrist beträgt zwei Wochen und beginnt mit der Zustellung des Vollstreckungsbescheids (§ 700 Abs. 1 iVm § 339 Abs. 1 ZPO). Entscheidend ist also das Zustellungsdatum, welches sich im Falle der Parteizustellung aus der Urkunde des Gerichtsvollziehers ergibt.

Kosten und Gebühren

4. Das Urteil löst keine weiteren Gerichtskosten aus. Der Anwalt erhält eine Terminsgebühr nach VV 3104 RVG nur, wenn es zur mündlichen Verhandlung kommt. VV 3105 RVG ist nicht einschlägig.

Fristen und Rechtsmittel

5. Das Urteil ist, auch wenn es ohne mündliche Verhandlung ergangen ist, mit den gewöhnlichen Rechtsmitteln (Berufung oder Revision) anfechtbar.

C. Prozesskostenhilfe

1. Antrag des Klägers auf Bewilligung von Prozesskostenhilfe und Beiordnung eines Rechtsanwalts

An das
Landgericht[1, 2, 3, 4, 5]

Antrag auf Prozesskostenhilfe[6] und Klageentwurf[7]

In der Sache
. . . . .
beantrage ich namens und in Vollmacht des Antragstellers,[8]

1. dem Antragsteller für die erste Instanz Prozesskostenhilfe zu bewilligen,[9]
2. dem Antragsteller zur vorläufig unentgeltlichen Wahrnehmung seiner Rechte den Unterzeichnenden als Rechtsanwalt beizuordnen.[10]
3. die Bekanntgabe des PKH-Gesuchs an den Gegner unabhängig von den Erfolgsaussichten zu veranlassen.[11]

Begründung:[13]

1. Der Antragsteller ist nach seinen persönlichen und wirtschaftlichen Verhältnissen außerstande, die Kosten des beabsichtigten Rechtsstreits aufzubringen. Einzusetzendes Einkommen iSv § 115 Abs. 1 ZPO ist nicht vorhanden, so dass er nicht durch monatliche Raten zu den Kosten beitragen kann. Auch eigenes Vermögen steht ihm nicht zur Verfügung. Dies ergibt die anliegende
   Erklärung des Antragstellers über seine persönlichen und wirtschaftlichen Verhältnisse vom . . . . . (Datum) (Anlage 1).[12]
   Die erforderlichen Belege sind der Erklärung beigefügt.
2. Die beabsichtigte Klage hat hinreichende Aussicht auf Erfolg und ist auch nicht mutwillig. Hierzu wird auf den anliegenden
   Klageentwurf (Anlage 2)
   verwiesen.
3. Der zu Ziff. 3 gestellte Antrag hat das Ziel, auf jeden Fall die Verjährung zu hemmen, selbst wenn das Gericht die Erfolgsaussichten verneinen sollte. Das setzt die Bekanntgabe des PKH-Gesuchs voraus (BGH NJW 2008, 1939).

Sofern das Gericht weitere Darlegungen oder Beweisantritte für erforderlich hält, wird um eine Auflage gebeten.[14, 15, 16, 17, 18, 19]

Bezeichnung, Ort und Geschäftsnummer des Gerichts:

Erklärung über die persönlichen und wirtschaftlichen Verhältnisse bei Prozess- oder Verfahrenskostenhilfe

– Belege sind in Kopie durchnummeriert beizufügen –

A Angaben zu Ihrer Person

Name, Vorname, ggf. Geburtsname	Beruf, Erwerbstätigkeit	Geburtsdatum	Familienstand
Anschrift (Straße, Hausnummer, Postleitzahl, Wohnort)		Tagsüber tel. erreichbar unter Nummer	
Sofern vorhanden: Gesetzlicher Vertreter (Name, Vorname, Anschrift, Telefon)			

B Rechtsschutzversicherung/Mitgliedschaft

1. Trägt eine Rechtsschutzversicherung oder eine andere Stelle/Person (z. B. Gewerkschaft, Mieterverein, Sozialverband) die Kosten Ihrer Prozess- oder Verfahrensführung? Beleg Nummer

☐ Nein ☐ Ja:

In welcher Höhe? Wenn die Kosten in voller Höhe von einer Versicherung oder anderen Stelle/Person getragen werden, ist die Bewilligung von Prozess- oder Verfahrenskostenhilfe nicht möglich und damit die Beantwortung der weiteren Fragen nicht erforderlich.

2. Wenn nein: Besteht eine Rechtsschutzversicherung oder die Mitgliedschaft in einem Verein/einer Organisation (z. B. Gewerkschaft, Mieterverein, Sozialverband), der/die die Kosten der beabsichtigten Prozess- oder Verfahrensführung tragen oder einen Prozessbevollmächtigten stellen könnte? Beleg Nummer

☐ Nein ☐ Ja:

Bezeichnung der Versicherung/des Vereins/der Organisation. Klären Sie möglichst vorab, ob die Kosten getragen werden. Bereits vorhandene Belege über eine (Teil-)Ablehnung seitens der Versicherung/des Vereins/der Organisation fügen Sie dem Antrag bei.

C Unterhaltsanspruch gegenüber anderen Personen

Haben Sie Angehörige, die Ihnen gegenüber gesetzlich zur Leistung von Unterhalt verpflichtet sind (auch wenn tatsächlich keine Leistungen erfolgen)? z. B. Mutter, Vater, Ehegatte/Ehegattin, eingetragene(r) Lebenspartner/Lebenspartnerin Beleg Nummer

☐ Nein ☐ Ja:

Name des Unterhaltsverpflichteten. Bitte geben Sie auf einem weiteren Exemplar dieses Formulars seine persönlichen und wirtschaftlichen Verhältnisse an, sofern diese nicht bereits vollständig aus den folgenden Abschnitten ersichtlich sind.

D Angehörige, denen Sie Bar- oder Naturalunterhalt gewähren

Name, Vorname, Anschrift (sofern sie von Ihrer Anschrift abweicht)	Geburtsdatum	Verhältnis (z. B. Ehegatte, Kind, Mutter)	Monatsbetrag in EUR, soweit Sie den Unterhalt nur durch Zahlung gewähren	Haben diese Angehörigen eigene Einnahmen? z. B. Ausbildungsvergütung, Unterhaltszahlung vom anderen Elternteil usw.	Beleg Nummer
1				☐ Nein ☐ Ja: mtl. EUR netto	
2				☐ Nein ☐ Ja: mtl. EUR netto	
3				☐ Nein ☐ Ja: mtl. EUR netto	
4				☐ Nein ☐ Ja: mtl. EUR netto	
5				☐ Nein ☐ Ja: mtl. EUR netto	

- Allgemeine Fassung - ZP 1a – Erklärung über die persönlichen und wirtschaftlichen Verhältnisse bei Prozess- oder Verfahrenskostenhilfe – gen. 04.2017 – Justizvollzugsanstalt Bochum 1

Wenn Sie laufende Leistungen zum Lebensunterhalt nach dem Zwölften Buch Sozialgesetzbuch (Sozialhilfe) beziehen und den aktuellen Bescheid einschließlich des Berechnungsbogens vollständig beifügen, müssen Sie die Abschnitte E bis J nicht ausfüllen, es sei denn, das Gericht ordnet dies an.

E Bruttoeinnahmen

Belege (z. B. Lohnbescheinigung, Steuerbescheid, Bewilligungsbescheid mit Berechnungsbogen) müssen in Kopie beigefügt werden.

1. Haben Sie Einnahmen aus (bitte die monatlichen Bruttobeträge in EUR angeben)

			Beleg Nummer				Beleg Nummer
Nichtselbständiger Arbeit?	☐ Nein	☐ Ja: mtl. EUR brutto		Unterhalt?	☐ Nein	☐ Ja: mtl. EUR brutto	
Selbständiger Arbeit/ Gewerbebetrieb/ Land- und Forstwirtschaft?	☐ Nein	☐ Ja: mtl. EUR brutto		Rente/Pension?	☐ Nein	☐ Ja: mtl. EUR brutto	
Vermietung und Verpachtung?	☐ Nein	☐ Ja: mtl. EUR brutto		Arbeitslosengeld?	☐ Nein	☐ Ja: mtl. EUR brutto	
Kapitalvermögen?	☐ Nein	☐ Ja: mtl. EUR brutto		Arbeitslosengeld II?	☐ Nein	☐ Ja: mtl. EUR brutto	
Kindergeld/ Kinderzuschlag?	☐ Nein	☐ Ja: mtl. EUR brutto		Krankengeld?	☐ Nein	☐ Ja: mtl. EUR brutto	
Wohngeld?	☐ Nein	☐ Ja: mtl. EUR brutto		Elterngeld?	☐ Nein	☐ Ja: mtl. EUR brutto	

2. Haben Sie andere Einnahmen? auch einmalige oder unregelmäßige

Wenn Ja, bitte Art, Bezugszeitraum und Höhe angeben
z.B. Weihnachts-/Urlaubsgeld jährlich, Steuererstattung jährlich, BAföG mtl.

	☐ Nein	☐ Ja	Beleg Nummer
	EUR brutto		
	EUR brutto		

3. Hat Ihr Ehegatte/eingetragener Lebenspartner bzw. Ihre Ehegattin/eingetragene Lebenspartnerin Einnahmen aus
(bitte die monatlichen Bruttobeträge in EUR angeben)

			Beleg Nummer				Beleg Nummer
Nichtselbständiger Arbeit?	☐ Nein	☐ Ja: mtl. EUR brutto		Unterhalt?	☐ Nein	☐ Ja: mtl. EUR brutto	
Selbständiger Arbeit/ Gewerbebetrieb/Land- und Forstwirtschaft?	☐ Nein	☐ Ja: mtl. EUR brutto		Rente/Pension?	☐ Nein	☐ Ja: mtl. EUR brutto	
Vermietung und Verpachtung?	☐ Nein	☐ Ja: mtl. EUR brutto		Arbeitslosengeld?	☐ Nein	☐ Ja: mtl. EUR brutto	
Kapitalvermögen?	☐ Nein	☐ Ja: mtl. EUR brutto		Arbeitslosengeld II?	☐ Nein	☐ Ja: mtl. EUR brutto	
Kindergeld/ Kinderzuschlag?	☐ Nein	☐ Ja: mtl. EUR brutto		Krankengeld?	☐ Nein	☐ Ja: mtl. EUR brutto	
Wohngeld?	☐ Nein	☐ Ja: mtl. EUR brutto		Elterngeld?	☐ Nein	☐ Ja: mtl. EUR brutto	

4. Hat Ihr Ehegatte/eingetragener Lebenspartner bzw. Ihre Ehegattin/eingetragene Lebenspartnerin andere Einnahmen? auch einmalige oder unregelmäßige

Wenn Ja, bitte Art, Bezugszeitraum und Höhe angeben
z.B. Weihnachts-/Urlaubsgeld jährlich, Steuererstattung jährlich, BAföG mtl.

	☐ Nein	☐ Ja	Beleg Nummer
	EUR brutto		
	EUR brutto		

5. Falls zu den Einnahmen alle Fragen verneint werden: Auf welche Umstände ist dies zurückzuführen? Wie bestreiten Sie Ihren Lebensunterhalt? Angaben hierzu sind auf einem gesonderten Blatt beizufügen!

2

F Abzüge

Art der Abzüge bitte kurz bezeichnen (z. B. Lohnsteuer, Pflichtbeiträge, Lebensversicherung). Belege müssen in Kopie beigefügt werden.

1. Welche Abzüge haben Sie?		Beleg Nummer	2. Welche Abzüge hat Ihr Ehegatte/eing. Lebenspartner bzw. Ihre Ehegattin/eingetragene Lebenspartnerin?		Beleg Nummer
Steuern/Solidaritätszuschlag	EUR mtl.		Steuern/Solidaritätszuschlag	EUR mtl.	
Sozialversicherungsbeiträge	EUR mtl.		Sozialversicherungsbeiträge	EUR mtl.	
Sonstige Versicherungen	EUR mtl.		Sonstige Versicherungen	EUR mtl.	
Fahrt zur Arbeit (Kosten für öffentliche Verkehrsmittel oder einfache Entfernung bei KFZ-Nutzung)	EUR mtl./KM		Fahrt zur Arbeit (Kosten für öffentliche Verkehrsmittel oder einfache Entfernung bei KFZ-Nutzung)	EUR mtl./KM	
Sonstige Werbungskosten/Betriebsausgaben	EUR mtl.		Sonstige Werbungskosten/Betriebsausgaben	EUR mtl.	

G Bankkonten/Grundeigentum/Kraftfahrzeuge/Bargeld/Vermögenswerte

Verfügen Sie oder Ihr Ehegatte/Ihre Ehegattin bzw. Ihr eingetragener Lebenspartner/Ihre eingetragene Lebenspartnerin allein oder gemeinsam über …

1. Bank-, Giro-, Sparkonten oder dergleichen? Angaben zu allen Konten sind auch bei fehlendem Guthaben erforderlich.			Beleg Nummer
☐ Nein	☐ Ja: Art des Kontos, Kontoinhaber, Kreditinstitut	Kontostand in EUR	
2. Grundeigentum? z. B. Grundstück, Haus, Eigentumswohnung, Erbbaurecht			Beleg Nummer
☐ Nein	☐ Ja: Größe, Anschrift/Grundbuchbezeichnung, Allein- oder Miteigentum, Zahl der Wohneinheiten	Verkehrswert in EUR	
3. Kraftfahrzeuge?			Beleg Nummer
☐ Nein	☐ Ja: Marke, Typ, Baujahr, Anschaffungsjahr, Allein- oder Miteigentum, Kilometerstand	Verkehrswert in EUR	
4. Bargeld oder Wertgegenstände? z. B. wertvoller Schmuck, Antiquitäten, hochwertige elektronische Geräte			Beleg Nummer
☐ Nein	☐ Ja: Bargeldbetrag in EUR, Bezeichnung der Wertgegenstände, Allein- oder Miteigentum	Verkehrswert in EUR	
5. Lebens- oder Rentenversicherungen?			Beleg Nummer
☐ Nein	☐ Ja: Versicherung, Versicherungsnehmer, Datum des Vertrages/Handelt es sich um eine zusätzliche Altersvorsorge gem. Einkommensteuergesetz, die staatlich gefördert wurde („Riester-Rente")?	Rückkaufswert in EUR	
6. sonstige Vermögenswerte? z. B. Bausparverträge, Wertpapiere, Beteiligungen, Forderungen			Beleg Nummer
☐ Nein	☐ Ja: Bezeichnung, Allein- oder Miteigentum	Verkehrswert in EUR	

3

					Beleg Nummer
H	**Wohnkosten** Belege sind in Kopie beizufügen (z. B. Mietvertrag, Heizkostenabrechnung, Kontoauszüge)				
	1. Gesamtgröße des Wohnraums, den Sie allein oder gemeinsam mit anderen Personen bewohnen: (Angabe in Quadratmeter)				
	2. Zahl der Zimmer:		**3. Anzahl der Personen, die den Wohnraum insgesamt bewohnen:**		
	4. Nutzen Sie den Raum als Mieter oder in einem ähnlichen Nutzungsverhältnis? Wenn ja, bitte die nachfolgenden Angaben in EUR pro Monat ergänzen		☐ Nein	☐ Ja	
	Miete ohne Nebenkosten	Heizungskosten	Übrige Nebenkosten	0,00 Gesamtbetrag	Ich allein zahle davon
	5. Nutzen Sie den Raum als Eigentümer, Miteigentümer oder Erbbauberechtigter? Wenn ja, bitte die nachfolgenden Angaben in EUR pro Monat ergänzen		☐ Nein	☐ Ja	
	Zinsen und Tilgung	Heizungskosten	Übrige Nebenkosten	0,00 Gesamtbetrag	Ich allein zahle davon

				Beleg Nummer
	6. Genaue Einzelangaben zu der Belastung aus Fremdmitteln bei Nutzung als (Mit-)Eigentümer usw. z. B. Datum des Darlehensvertrages, Darlehensnehmer, Kreditinstitut, Darlehensrate pro Monat, Zahlungen laufen bis ...			
		Restschuld in EUR	Zinsen und Tilgung mtl.	
		Restschuld in EUR	Zinsen und Tilgung mtl.	

					Beleg Nummer
I	**Sonstige Zahlungsverpflichtungen** Angabe, an wen, wofür, seit wann und bis wann die Zahlungen geleistet werden z. B. Ratenkredit der ... Bank vom ... für ..., Raten laufen bis ... / Belege (z. B. Darlehensvertrag, Zahlungsnachweise) sind in Kopie beizufügen				
		Restschuld in EUR	Gesamtbelastung mtl.	Ich allein zahle davon	
		Restschuld in EUR	Gesamtbelastung mtl.	Ich allein zahle davon	
		Restschuld in EUR	Gesamtbelastung mtl.	Ich allein zahle davon	

			Beleg Nummer
J	**Besondere Belastungen** Angaben sind zu belegen, z. B. Mehrausgaben für körperbehinderten Angehörigen und Angabe des GdB/Mehrbedarfe gemäß § 21 SGB II und § 30 SGB XII		
		Ich allein zahle davon	
		Ich allein zahle davon	

K **Ich versichere hiermit, dass meine Angaben vollständig und wahr sind. Das Hinweisblatt zu diesem Formular habe ich erhalten und gelesen.**

Mir ist bekannt, dass unvollständige oder unrichtige Angaben die Aufhebung der Bewilligung von Prozess- oder Verfahrenskostenhilfe und eine Strafverfolgung nach sich ziehen können. Das Gericht kann mich auffordern, fehlende Belege nachzureichen und meine Angaben an Eides statt zu versichern.

Mir ist auch bekannt, dass ich während des Gerichtsverfahrens und innerhalb eines Zeitraums von vier Jahren seit der rechtskräftigen Entscheidung oder der sonstigen Beendigung des Verfahrens verpflichtet bin, dem Gericht wesentliche Verbesserungen meiner wirtschaftlichen Lage oder eine Änderung meiner Anschrift unaufgefordert und unverzüglich mitzuteilen. Bei laufenden Einkünften ist jede nicht nur einmalige Verbesserung von mehr als 100 Euro (brutto) im Monat mitzuteilen. Reduzieren sich geltend gemachte Abzüge, muss ich dies ebenfalls unaufgefordert und unverzüglich mitteilen, wenn die Entlastung nicht nur einmalig 100 Euro im Monat übersteigt. Ich weiß, dass die Bewilligung der Prozess- oder Verfahrenskostenhilfe bei einem Verstoß gegen diese Pflicht aufgehoben werden kann, und ich dann die gesamten Kosten nachzahlen muss.

Anzahl der beigefügten Belege:		
Ort, Datum	Unterschrift der Partei oder Person, die sie gesetzlich vertritt	Aufgenommen: Unterschrift/Amtsbezeichnung

4

Schrifttum: Biallaß, Die Erklärung zum Pkh-Antrag im elektronischen Rechtsverkehr, NJW 2020, 2941; *Bobenhausen,* Prozesskostenhilfe für die Zwangsvollstreckung, Rpfleger 1984, 394; *Brete/Gehlen,* Prozesskostenhilfe für den Insolvenzverwalter, ZInsO

2014, 1777; *Büttner,* Prozesskostenhilfe – Restriktive Tendenzen in Rechtsprechung und Gesetzgebung, AnwBl. 2007, 477; *Burgard,* Berücksichtigung des Vermögens beim Antrag auf Prozesskostenhilfe, NJW 1990, 3240; *Christl,* Harmonisierung der Prozesskostenhilfe-Freibeträge, ZRP 2017, 240; *Dölting,* Die Vier-Raten-Grenze im Pkh-Bewilligungsverfahren, NJW 2016, 207; *Dornhöfer,* Umfang von PKH-Bewilligung und Anwaltsbeiordnung, NJW 2009, 1397; *Fischer,* Zulässigkeit der Bewilligung von „PKH im PKH-Verfahren" und Bemessung der Anwaltsgebühren, MDR 2008, 477; *Dürbeck,* Die Entwicklung der Rechtsprechung zur Prozesskosten- und Beratungshilfe im Jahr 2019, MDR 2020, 462; *Fischer,* Prozesskostenhilfe – Anwaltsbeiordnung und „Mehrkostenverbot", MDR 2002, 729; *Fischer,* Zivilprozess – Prozesskostenhilfe für einstweiligen Rechtsschutz und Hauptsache?, MDR 2011, 642; *Gottschalk/Dürbeck,* Prozess- und Verfahrenskostenhilfe, Beratungshilfe, 8. Aufl. 2016; *Götsche,* Die neue Verfahrenskostenhilfe nach dem FamFG, FamRZ 2009, 383; *Groß,* Beratungshilfe/Prozesskostenhilfe/Verfahrenskostenhilfe, 12. Aufl. 2015; *Gundlach/Frenzel/Schmidt,* Die Gewährung von Prozesskostenhilfe an den Insolvenzverwalter, NJW 2003, 2412; *Hees/Freitag,* Prozesskostenhilfe für Insolvenzverwalter – Anspruchsvolle Einzelfallprüfung, NZI 2017, 377; *Henke,* Verfassungsrechtliche Anforderungen an fachgerichtliche Prozesskostenhilfeentscheidungen, ZZP 123, 193 (2010), *Klose,* Aktuelle Probleme der Prozesskostenhilfe, DRiZ 2011, 244; *König,* Prozesskostenhilfe im Verbraucherinsolvenzverfahren, NJW 2000, 2485; *Künkel,* Prozesskostenhilfe und Beratungshilfe, FPR 2003, 567; *Küpper/Heinze,* Prozesskostenhilfe für einen vom Insolvenzverwalter geführten Masseprozess unter der Geltung der InsO, ZinsO 2007, 680; *Lappe,* Volle Gerichtskostenfreiheit des unterlegenen PKH-Beklagten, NJW 1999, 3173; *ders.,* Prozesskostenhilfe bei mehreren Auftraggebern, MDR 1986, 113; *Lissner/Dietrich/Eilzer/Germann/Kessel,* Beratungs- und Prozess-, Verfahrenskostenhilfe, 2010; *Meßling,* Prozesskostenhilfe in der Corona-Krise, NJW 2020, 2005; *Nickel,* Änderungen im Bereich der Prozesskostenhilfe, MDR 2005, 729; *ders.,* Die Entwicklung der Rechtsprechung zur Prozesskostenhilfe im Jahr 2006, MDR 2007, 749; *ders.,* Die Entwicklung der PKH-Rechtsprechung bis Mitte 2008, MDR 2008, 1113; *ders.,* Die Berücksichtigung von Kindergeld in der PKH, MDR 2009, 298; *ders.,* Die Entwicklung der PKH-Rechtsprechung bis Mitte 2009, MDR 2009, 1154; *ders.,* Aktuelle Entwicklungen in der Rechtsprechung zur Prozesskostenhilfe, MDR 2010, 1227; *ders.,* Aktuelle Entwicklungen in der Rechtsprechung zur Prozesskostenhilfe, MDR 2011, 1334; *ders.,* PKH – Das neue Prozesskostenhilferecht, MDR 2013, 890; *ders.,* Pkh-Antragstellung – (k)ein Buch mit sieben Siegeln, NJW 2016, 853; *ders.,* Der Pkh-Antrag für den höheren Rechtszug, NJW 2016, 2308; *ders.,* Die Behandlung der Unterhaltsfreibeträge für Ehegatten in der Prozesskostenhilfe, NJW 2017, 868; *ders.,* Die Anrechnung gezahlten Kindesunterhalts auf den Prozesskostenhilfe-Unterhaltsfreibetrag, NJW 2017, 1929; *Pentz,* Keine Bewilligung von Prozesskostenhilfe nach Erledigung der Hauptsache, NJW 1985, 1820; *Philippi,* Bedürfigkeit, Erfolgsaussicht und fehlende Mutwilligkeit als Voraussetzungen für die Bewilligung von Prozesskostenhilfe in Familiensachen, FPR 2002, 513; *Rönnebeck,* Streitgenossen – Prozesskostenhilfe zum Billigtarif, NJW 1994, 2273; *Ruppert,* Prozesskostenhilfe bei Nebenklage im Revisionsverfahren, MDR 1995, 556; *Saenger,* Sachliche Zuständigkeit für den Antrag auf Prozesskostenhilfe, MDR 1999, 850; *Schneider,* Wesentliche Angaben im Pkh-Bewilligungsverfahren, NJW 2014, 1287; *Schneider,* Wesentliche Änderungen im Bereich der Prozesskostenhilfe zum 1.1.2014, Rpfleger 2014, 233; *Schneider,* Reisekosten – Aktuelle Rechtsprechung zur Kostenerstattung und zur Abrechnung in PKH- und VKH-Mandaten, ZAP 2017, 593; *ders.,* Differenzvergütung des PKH-Anwalts bei Beiordnung in verschiedenen Instanzen oder bei Beiordnung mehrerer Anwälte, JurBüro 2018, 113; *Schoreit/Groß,* Beratungshilfe, Prozesskostenhilfe, Verfahrenskostenhilfe, 11. Aufl. 2012; *Schwill,* Prozesskostenhilfe – Praxisrelevante Probleme des Beschwerdeverfahrens, MDR 2016, 1241; *Seggewiße,* Die Entwicklung der Rechtsprechung zur Prozesskosten-, Verfahrenskosten- und Beratungshilfe im Jahre 2020, MDR 2021, 397; *Sieg,* Zum Rechtsschutz auf Staatskosten, NJW 1992, 2992; *Steinert,* Kostenschätzung im Prozesskostenhilfeverfahren, NJW 1995, 642; *Stockmann,* Prozesskostenhilfe im Zivilprozess, JuS 2006, 233; *Toussaint,* Rechtsmittel für die auf Prozesskostenhilfe angewiesene Partei, NJW 2014, 3209; *Trippel,* Anwaltliche Pflichtverletzungen bei der Prozesskostenhilfe, NJW 2010, NJW-aktuell Nr. 47, 84; *Timme,* „Entschärfte" Änderungen im Prozesskosten- und Beratungshilferecht, NJW 2013, 3057; *Wendenburg,* Prozesskostenhilfe für juristische Personen – § 116 ZPO auf dem Prüfstand des EuGH, DZWiR 2011, 95; *Wielgoß,* Prozesskostenhilfe für das Mahnverfahren, NJW 1991, 2070; *Zimmermann,* Prozesskosten- und Verfahrenskostenhilfe, 5. Aufl. 2016; *Zuck,* Verfassungsrechtliche Rahmenbedingungen der zivilprozessualen Prozesskostenhilfe, NJW 2012, 37.

Anmerkungen

1. Vorbemerkung. Das am 1.1.2014 in Kraft getretene Gesetz zur Änderung des Prozesskostenhilfe- und Beratungshilferechts (BGBl. I 3533) hat zu zahlreichen Änderungen im Prozesskostenhilfe- und Beratungshilferecht geführt (zu den Änderungen im Einzelnen siehe Vorauflage Anmerkung 1). Seither ist das Recht der Prozesskostenhilfe weitgehend unverändert geblieben, es wurde lediglich durch das Gesetz zur Regelung der Wertgrenze für die Nichtzulassungsbeschwerde in Zivilsachen, zum Ausbau der Spezialisierung bei den Gerichten sowie zur Änderung weiterer zivilrechtlicher Vorschriften (BGBl. 2019 I 2633) § 127 Abs. 3 S. 2 ZPO dahingehend geändert, dass die sofortige Beschwerde der Staatskasse gegen die Bewilligung von PKH nunmehr auch in Verfahren bei Bewilligung der PKH an juristische Personen oder an eine Partei kraft Amtes möglich ist (zuvor war dies nicht möglich: BGH ZIP 2016, 437).

2. Das Muster betrifft Prozesskostenhilfe für eine zivilgerichtliche Klage. Prozesskostenhilfe kann darüber hinaus für fast jedes Verfahren vor jedem Gericht bewilligt werden, sowohl für den Antragsteller als auch für den Antragsgegner. Das gilt für das selbständige Beweisverfahren nach §§ 485 ff. ZPO (OLG Saarbrücken MDR 2003, 1436; Zöller/*Herget* ZPO § 490 Rn. 5), für die Zwangsvollstreckung, für Arrest und einstweilige Verfügung, für den Zwischenrechtsstreit über die Verweigerung der Entnahme einer DNA-Probe (OLG Hamburg NJW-RR 2010, 155), nicht für den Antrag auf Restschuldbefreiung im Verbraucherinsolvenzverfahren, hier sehen §§ 4a–d InsO eine eigene Regelung vor (vgl. Thomas/Putzo/*Seiler* ZPO § 114 Rn. 1a). Das FamFG enthält in den §§ 76 ff. eine eigenständige Regelung über die Verfahrenskostenhilfe, die jedoch, von einer geringfügigen Ausnahme bei der Anwaltsbeiordnung abgesehen (§§ 78 Abs. 2, 138 FamFG), derjenigen der ZPO entspricht, auf die auch generell verwiesen wird (§ 76 Abs. 1 FamFG). Im Strafverfahren kann gem. § 379 Abs. 3 StPO der Privatkläger (zur Frage der Beiordnung eines Anwalts hierfür BVerfG NJW 1983, 1599) und gem. § 395 Abs. 1 StPO auch der Nebenkläger (OLG Frankfurt a. M. NJW 1986, 2587) Prozesskostenhilfe erhalten. Für das Schiedsgerichtsverfahren ist Prozesskostenhilfe ausgeschlossen (OLG Stuttgart BauR 1983, 486), ist jedoch der Kläger außerstande, die erforderlichen Vorschüsse einzuzahlen, kann er die staatlichen Gerichte anrufen und dort Prozesskostenhilfe beantragen (vgl. *Sieg* NJW 1992, 2992). Für das Verfahren auf Aufhebung (§ 1059 ZPO) oder Vollstreckbarerklärung (§ 1060 ZPO) des Schiedsspruchs ist Prozesskostenhilfe möglich. Umstritten ist die Frage, ob bereits für das – oft langwierige und aufwändige – Bewilligungsverfahren Prozesskostenhilfe gewährt werden kann (vgl. Thomas/Putzo/*Seiler* ZPO § 114 Rn. 1a). Das wird überwiegend verneint (BGH NJW 1984, 2106; 2004, 2595 (2596); 2010, 3101; OLG Köln FamRZ 2015, 1314; aA bei schwierigen Fragen tatsächlicher oder rechtlicher Art OLG Bamberg NJW-

RR 2005, 652); wenn aber der Rechtsstreit im Bewilligungsverfahren durch Vergleich erledigt werden soll oder gem. § 118 Abs. 2 ZPO Zeugen oder Sachverständige vernommen werden, kann hierfür Prozesskostenhilfe und auch die Beiordnung eines Anwalts bewilligt werden (OLG Nürnberg NJW-RR 1998, 864; OLG Düsseldorf NJW-RR 1996, 838; OLG Köln FamRZ 1993, 1472; OLG München MDR 1987, 239; OLG Koblenz JurBüro 1991, 1645; OLG Bamberg FamRZ 1995, 939). Umstritten ist aber, ob in diesem Fall Prozesskostenhilfe für das gesamte PKH-Verfahren (so OLG München MDR 2003, 1382; OLG Hamm MDR 2004, 832; OLG Koblenz FamRZ 2009, 1232; Zöller/*Schultzky* ZPO § 118 Rn. 15 mwN; Musielak/Voit/*Fischer* ZPO § 118 Rn. 6) oder nur für den Vergleich bewilligt werden kann (so BGH NJW 2004, 2595; zur Erweiterung der bewilligten Verfahrenskostenhilfe auf einen Mehrvergleich BGH NJW 2018, 1679).

In folgenden Fällen kommt Prozesskostenhilfe nicht in Betracht:

a) wenn eine Rechtsschutzversicherung besteht (BGH MDR 1982, 126), auch nicht, wenn der Versicherer die Deckung wegen fehlender Erfolgsaussicht verweigert (BGH NJW-RR 1987, 1343); bei Bewilligung für ein Rechtsmittel entfällt die Bedürftigkeit erst mit der Deckungszusage (BGH NJW 1991, 109),
b) wenn, zB im Arbeitsgerichtsprozess, gewerkschaftlicher Rechtsschutz besteht (LAG Hamm NZA 2005, 544; vgl. Zöller/*Schultzky* ZPO § 115 Rn. 62),
c) wenn der Antragsteller einen durchsetzbaren Unterhaltsanspruch auf einen Prozesskostenvorschuss gegen seine Eltern oder gegen seinen Ehegatten besitzt (BGH NJW-RR 2004, 1662; OLG Jena FamRZ 1998, 1302; OLG Koblenz FamRZ 1997, 679; OLG München FamRZ 1996, 1021; OVG Münster NJW-RR 1999, 1235; das kann auch für volljährige Kinder gelten (BGH NJW 2005, 1722), nicht aber bei einer Klage auf Anfechtung der Ehelichkeit (OLG Frankfurt MDR 1983, 760; OLG Hamburg NJW-RR 1996, 1; aA OLG Celle NJW-RR 1995, 6); manche Gerichte halten auch Großeltern für prozesskostenvorschusspflichtig (OLG Koblenz NJW-RR 1997, 263; aA Zöller/*Schultzky* ZPO § 115 Rn. 60); zwischen geschiedenen Eheleuten besteht kein Anspruch auf Prozesskostenvorschuss (BGH NJW 1984, 291; OLG Frankfurt a. M. FamRZ 1993, 1465; Zöller/*Schultzky* ZPO § 115 Rn. 60), hingegen soll er gegenüber einem Lebensgefährten bestehen können (OLG Koblenz NJW-RR 1992, 1348; aA OLG Köln FamRZ 88, 306; Zöller/*Schultzky* ZPO § 115 Rn. 60); die Vorschusspflicht entfällt, wenn der Ehegatte selbst Prozesskostenhilfe beanspruchen könnte, sei es auch unter Ratenzahlung (BSG MDR 1994, 512; OLG Oldenburg MDR 1994, 618),
d) wenn der Antragsteller einen Anspruch auf Prozesskostenvorschuss gegen den Sozialhilfeträger hat (BGH NJW 2008, 1950),
e) wenn die Prozesskosten das einsetzbare Vermögen und/oder 4 Monatsraten nicht übersteigen, § 115 Abs. 4 ZPO.

Der Insolvenzverwalter kann Prozesskostenhilfe unter den Voraussetzungen des § 116 S. 1 Nr. 1 ZPO erhalten (hierzu *Ringstmeier/Homann* ZIP 2005, 284; *Küpper/Heinze* ZinsO 2007, 680). Der Insolvenzverwalter hat keinen Anspruch auf PKH für die Durchsetzung von Anfechtungsansprüchen, die nicht dazu geeignet sind, eine bereits eingetretene Massekostenarmut zu beheben (BGH NJW-RR 2009, 1346). Einer juristischen Person kann Prozesskostenhilfe nur unter erheblich eingeschränkten Voraussetzungen gewährt werden, nämlich wenn auch die wirtschaftlich Beteiligten – das sind zB die Erben im Aktivprozess des Insolvenzvollstreckers, die Gesellschafter, nicht aber die Kleinbeteiligten oder die Kleingläubiger – die Kosten nicht aufbringen können und wenn die Unterlassung der Rechtsverfolgung allgemeinen Interessen zuwiderlaufen würde, § 116 Nr. 2 ZPO (BGH NJW 1986, 2058; OLG München JurBüro 1986, 127; BGH NJW 1991, 702); in der Insolvenz der juristischen Person gelten die erleichterten Voraussetzungen des § 116 Nr. 1 ZPO (BGH NJW 1993, 135; 1994, 3170). Auch die Wohnungseigentümergemeinschaft kann unter den Voraussetzungen des § 116 S. 1 Nr. 2 ZPO PKH erhalten, allerdings nur dann, wenn die Kosten des Rechtsstreits weder von ihr noch von den Wohnungseigentümern aufgebracht werden können (BGH NJW-RR 2019, 723 Rn. 11).

Für den Kläger ist es zweckmäßig, den Antrag auf Prozesskostenhilfe mit der Klageschrift zu verbinden; hierbei ist – was in der Praxis oft nicht beachtet wird und zu Rückfragen führt – deutlich zu machen, ob die Klage nur für den Fall der Bewilligung der Prozesskostenhilfe oder unabhängig davon erhoben sein soll (vgl. Thomas/Putzo/*Seiler* ZPO § 117 Rn. 2–4; Zöller/*Schultzky* ZPO § 117 Rn. 11; BGH NJW-RR 2005, 1015; 2007, 1515 für die Berufung). Die erste Möglichkeit hat den Vorteil, dass der Kläger die Rechtsauffassung des Gerichts „testen" und sich die Erhebung der Klage noch überlegen kann, wenn das Gericht die Erfolgsaussicht verneint; hierdurch wird unnötiger Kostenaufwand vermieden und eine Verzögerung des Bewilligungsverfahrens bis zur Entscheidungsreife des Rechtsstreits (abschreckendes Bsp. OLG Oldenburg NJW-RR 1991, 189) ausgeschlossen. Die „Veranlassung der Bekanntgabe" des erstmaligen Antrags hemmt die Verjährung genauso wie die Klageerhebung (§ 204 Nr. 14 BGB). Wie bei § 167 ZPO tritt diese Wirkung bereits mit Einreichung des PKH-Antrags ein, wenn die Bekanntgabe, dh die förmliche Zustellung oder die formlose Zusendung, demnächst veranlasst wird (vgl. Palandt/*Ellenberger* BGB § 204 Rn. 32); diese Voraussetzungen dürften nur erfüllt sein, wenn das Gesuch vollständig ist und auch die Unterlagen nach § 117 ZPO enthält (BGH NJW 2010, 3101 (3102); OLG Brandenburg NJW-RR 1999, 1296; OLG Hamm NJW-RR 1999, 1678; für ein Rechtsmittelverfahren BGH NJW 2017, 735), das Prozesskostenhilfeverfahren vom Antragsteller auch gefördert wird und Verzögerungen nicht von ihm zu vertreten sind (BGH NJW 1987, 3120; NJW-RR 1991, 573). Die Zustellung des Gesuchs führt nicht zur Rechtshängigkeit, was wiederum für die Wahrung von Fristen, Prozesszinsen und den Abänderungszeitpunkt bei Klagen nach § 323 ZPO von Bedeutung sein kann. Bei Abänderungsklagen dürfte sich meist sofortige Klageerhebung empfehlen, da der Antrag auf Prozesskostenhilfe nicht der Erhebung der Klage iSd § 323 Abs. 3 ZPO gleichsteht (vgl. Thomas/Putzo/*Hüßtege* ZPO § 323 Rn. 31 mwN; OLG Bamberg NJW-RR 1992, 1413). Prozesskostenhilfe kann noch nach Klageerhebung bis zum Abschluss der jeweiligen Instanz beantragt werden, ihre Bewilligung ist jedoch rückwirkend nur bis zur formgerechten Antragstellung möglich (→ Anm. 9).

3. Die Bewilligung der Prozesskostenhilfe befreit den Kläger einstweilen von der Zahlung der Gerichtskosten und der Anwaltsgebühren (§ 122 ZPO). Er kann also eine Klage erheben, ohne einen Gerichtskostenvorschuss gem. § 12 GKG zu leisten; sein Rechtsanwalt hat keinen Gebührenanspruch gegen ihn, sondern gegen die Staatskasse (§§ 45 ff. RVG). Die Partei ist außerdem von Vorschüssen für Zeugen, Sachverständige etc befreit. Die Prozesskostenhilfe erfasst auch notwendige Reisekosten der Partei (OLG Stuttgart MDR 1985, 852; Zöller/*Schultzky* ZPO § 122 Rn. 8), die Vergleichsgebühr für einen außergerichtlichen Vergleich (BGH NJW 1988, 494) und die Kosten eines Verkehrsanwalts, wenn dieser nach § 121 Abs. 3 ZPO beigeordnet wurde. Jedoch bleibt der Partei ein nicht unerhebliches Risiko: sie muss, wenn sie unterliegt, dem Gegner dessen Kosten erstatten (§ 123 ZPO).

Ob die Partei im Bewilligungsbeschluss verpflichtet wird, monatliche Zahlungen zu den Prozesskosten zu leisten, ergibt sich aus § 115 Abs. 1 ZPO. Hierzu wird das einzusetzende Einkommen der Partei ermittelt, indem von ihren Einkünften die sich aus § 115 Abs. 1 S. 3 Nr. 1–5 ZPO ergebenden Beträge abgesetzt werden. Wird eine tatsächlich bestehende und zumutbare Erwerbstätigkeit offenkundig leichtfertig nicht genutzt, wird das nicht erzielte Einkommen fiktiv hinzugerechnet (BGH NJW 2009, 3658). Die Höhe der nach § 115 Abs. 1 S. 3 Nr. 1 Buchst. b, 2 maßgebenden Beträge wird jährlich bekannt gemacht. Der verbleibende Differenzbetrag ist das einzusetzende Einkommen, aus dem sich die Höhe der Monatsraten ergibt. Die Zahl der Raten ist, unabhängig von der Zahl der Rechtszüge, auf 48 begrenzt. Die früher in § 115 Abs. 2 ZPO enthaltene Tabelle ist durch das Gesetz zur Änderung des Prozesskostenhilfe- und Beratungshilferechts abgeschafft worden. Nunmehr ist die Hälfte des einzusetzenden Einkommens maßgeblich. Die neue Regelung soll Ungerechtigkeiten beseitigen, indem Sprünge, wie sie sich aus der bisherigen Tabelle ergeben konnten, zukünftig vermieden werden (*Timme* NJW 2013, 3057).

Daneben hat die Partei ihr Vermögen zur Prozessführung einsetzen, soweit dies zumutbar ist (§ 115 Abs. 3 ZPO). Dazu gehört auch eine Kapital-Lebensversicherung, sofern diese nicht dazu dient, eine Sozialbedürftigkeit im Alter zu vermeiden (BGH NJW 2010, 2887 (2888)). Die Höhe der Raten und des Vermögensbeitrags setzt das Gericht mit der Bewilligung fest (§ 120 Abs. 1 ZPO). Bei der Bestimmung von Zahlungen aus dem Vermögen muss das Gericht deren genaue Höhe angeben und den Zeitpunkt der Zahlung festlegen (OLG Köln NJW-RR 2001, 644). Mit dem Tod der Partei erlischt die Prozesskostenhilfe (OLG Frankfurt a. M. NJW 1996, 776).

4. Im Anwaltsprozess ist der bedürftigen Partei, wenn ihr Prozesskostenhilfe bewilligt wird, ein Rechtsanwalt beizuordnen (§ 121 Abs. 1 ZPO). Üblicherweise wird bereits das Gesuch um Prozesskostenhilfe von einem Rechtsanwalt eingereicht, der hiermit zugleich seine Beiordnung beantragt. Im Amtsgerichtsprozess gilt § 121 Abs. 2 ZPO: Das Gericht muss auf Antrag beiordnen, wenn die Gegenseite anwaltlich vertreten ist oder wenn es dem Gericht zur Wahrnehmung der Rechte sonst erforderlich scheint. Regelmäßig erforderlich ist die Beiordnung im vereinfachten Verfahren nach §§ 240, 249 FamFG (Thomas/Putzo/*Seiler* ZPO § 121 Rn. 5 mwN).

5. Das Gesuch ist beim Prozessgericht zu stellen; wenn es mit einer Klage verbunden ist, also bei dem Gericht, das für den Rechtsstreit örtlich und sachlich zuständig wäre (§ 117 Abs. 1 ZPO). Der Antrag kann auch vor der Geschäftsstelle eines jeden Amtsgerichts zu Protokoll abgegeben werden (§ 129a ZPO); das Amtsgericht leitet ihn an das zuständige Gericht weiter.

6. Zur Form des Gesuchs vgl. § 117 ZPO. Es handelt sich um einen bestimmenden Schriftsatz, der unterschrieben sein muss (BGH NJW 1994, 2097). Der Antrag kann auch per Telefax übermittelt werden, dann muss aber die Kopiervorlage unterzeichnet sein und auch die Unterschrift auf dem Fax wiedergegeben werden (BGH NJW 1994, 2097).

7. Will der Kläger nicht zugleich mit dem Antrag Klage erheben, kann er das zB dadurch kennzeichnen, dass er – wie hier – die Klageschrift nur als Klageentwurf bezeichnet, dass er die Klageschrift nicht unterschreibt (wohl aber den Antrag), dass er Prozesskostenhilfe ausdrücklich für eine beabsichtigte Klage beantragt oder dass er erklärt, die Klage nur so weit zu erheben, wie Prozesskostenhilfe bewilligt wird (vgl. Thomas/Putzo/*Seiler* ZPO § 117 Rn. 3; Zöller/*Schultzky* ZPO § 117 Rn. 11 f.). Ob die Erklärung ausreicht, dass der Rechtsstreit nur durchgeführt werden soll, wenn PKH bewilligt wird, ist zweifelhaft (BGH NJW-RR 2007, 1565 für die Berufung). Bei gleichzeitiger Einreichung von Prozesskostenhilfegesuch und Klage muss der Kläger damit rechnen, dass das Gericht ohne Rückfrage die Zustellung der Klage und damit die Klageerhebung veranlassen wird, wenn er nicht deutlich und unmissverständlich zum Ausdruck gebracht hat, dass die Klage nur für den Fall der Prozesskostenhilfe als erhoben gelten soll (OLG Zweibrücken NJW-RR 2001, 1653; OLG München NJW-RR 1998, 205).

8. Für das Bewilligungsverfahren besteht auch beim Landgericht kein Anwaltszwang, so dass die Partei den Antrag selbst stellen kann.

9. Die Bewilligung erfolgt jeweils für eine Instanz ausschließlich der Zwangsvollstreckung (§ 119 ZPO). Eine rückwirkende Bewilligung ist, auch noch nach Beendigung des Rechtsstreits, möglich, jedoch nur bis zu dem Zeitpunkt, in dem ein formgerechter Antrag vorlag (BGH NJW 1982, 446; 1985, 921; OLG Frankfurt a. M. NJW-RR 1995, 703; aA OLG Oldenburg NJW-RR 1991, 189; Zöller/*Schultzky* ZPO § 119 Rn. 4 f.). Im

Zweifel ist der Bewilligungsbeschluss auch so auszulegen. Eine Rückwirkung auf diesen Zeitpunkt setzt aber voraus, dass die erforderlichen Unterlagen beigelegen haben (OLG Düsseldorf NJW 1991, 1186). Für die Zwangsvollstreckung muss die Prozesskostenhilfe gesondert beantragt werden, zuständig ist das Vollstreckungsgericht (BGH NJW 1979, 1048; vgl. Zöller/*Schultzky* ZPO § 119 Rn. 23). Die Bewilligung erfasst alle Vollstreckungshandlungen im Bezirk des Vollstreckungsgerichts (§ 119 Abs. 2 ZPO).

10. Wird der Antragsteller noch nicht anwaltlich vertreten, sollte er hier den Rechtsanwalt seiner Wahl bezeichnen; das Gericht muss diesen beiordnen, wenn Anwaltszwang besteht (§ 121 Abs. 1 ZPO). Das gilt auch im Parteiprozess, wenn die Vertretung durch einen Rechtsanwalt erforderlich erscheint oder wenn der Gegner durch einen Rechtsanwalt vertreten ist (§ 121 Abs. 2 ZPO). Abweichend hiervon regelt § 78 Abs. 2 FamFG, dass eine Beiordnung nur dann zulässig ist, wenn wegen der Schwierigkeit der Sach- und Rechtslage die Vertretung durch einen Rechtsanwalt erforderlich erscheint. Allerdings hat der BGH entschieden, dass obwohl der Grundsatz der Waffengleichheit kein allein entscheidender Gesichtspunkt für die Beiordnung eines Rechtsanwalts im Rahmen der Verfahrenskostenhilfe mehr ist, der Umstand der anwaltlichen Vertretung anderer Beteiligter ein Kriterium für die Erforderlichkeit zur Beiordnung eines Rechtsanwalts wegen der Schwierigkeit der Sach- und Rechtslage sein kann (BGH NJW 2010, 3029). Das gilt stets im Vaterschaftsanfechtungsverfahren (BGH NJW 2012, 2586). Hingegen ist es verfassungsrechtlich nicht geboten, einer Seite einen Anwalt beizuordnen, wenn die andere Seite durch einen Behördenvertreter vertreten ist (BVerfG NJW 1988, 2597). Ein Gesamtschuldner hat keinen Anspruch auf einen eigenen Anwalt (OLG Köln MDR 2005, 106). Die Gerichte sind zT recht kleinlich (zB OLG München MDR 1999, 301); so wird die Beiordnung in Verfahren mit Amtsermittlung abgelehnt, auch wenn der Gegner anwaltlich vertreten ist (KG NJW-RR 2001, 900; OLG Hamm FamRZ 1984, 1245; OLG Nürnberg NJW-RR 1995, 388; dagegen OLG Hamm MDR 1997, 1153 für das FGG-Verfahren; BVerfG NJW 1997, 2103 für das sozialgerichtliche Verfahren; vgl. Thomas/Putzo/*Seiler* ZPO § 121 Rn. 6 mwN). Beigeordnet werden entweder nur ein Rechtsanwalt oder eine Anwaltssozietät, gleich ob es sich um eine GbR, Partnerschaftsgesellschaft oder eine LLP handelt (BGH NJW 2009, 440). Nennt der Antragsteller keinen Rechtsanwalt, wählt das Gericht einen aus. Wohnt die Partei nicht am Ort des Prozessgerichts, kann ihr unter den Voraussetzungen des § 121 Abs. 4 ZPO zusätzlich ein Verkehrsanwalt beigeordnet werden; das geschieht insb. in Familiensachen (zB BGH NJW 2004, 2749; OLG Köln FamRZ 2008, 525). Will die Partei den ihr vertrauten ortsansässigen Anwalt, keinen Anwalt am Prozessgericht, beauftragen, kommt eine Beiordnung „zu den Bedingungen eines beim Prozessgericht zugelassenen Anwalts" in Betracht (OLG Karlsruhe NJW 2005, 2718; OLG Hamm MDR 2001, 832), allerdings nicht gegen den Willen des auswärtigen Anwalts (OLG Köln NJOZ 2005, 2880).

11. Dieser Antrag hat den Zweck, in jedem Fall eine Hemmung der Verjährung gem. § 204 Abs. 1 Nr. 14 BGB zu erreichen. Denn nach der Rspr. des BGH (NJW 2008, 1939) tritt die Hemmung nicht ein, wenn das Gericht den Antrag zurückweist, ohne ihn der Gegenseite bekanntzugeben. Dem Antrag, die Bekanntgabe an den Gegner zu veranlassen, auch wenn das Gericht die Erfolgsaussichten verneinen sollte, muss stattgegeben werden (BGH NJW 2008, 1939).

12. Der Antragsteller hat hier durch Beifügung einer Erklärung über seine persönlichen und wirtschaftlichen Verhältnisse seine Bedürftigkeit darzulegen (OLG Koblenz FamRZ 2019, 299). Für diese Erklärung ist im Hinblick auf § 117 Abs. 3 S. 1 ZPO iVm der Prozesskostenhilfeformularverordnung (PKHFV v. 6.1.2014, BGBl. I 34) zwingend das – hier abgedruckte – PKH-Formular nach der Anlage zur PKHFV zu verwenden (§ 1 Abs. 1 PKHFV; hierzu *Schneider* NJW 2014, 1287). Ein elektronisches Formular existiert noch nicht, wäre aber sicher im Zuge der Einführung des elektronischen Rechtsverkehrs zu begrüßen und bereits jetzt auf Grundlage des § 130c ZPO zulässig (*Biallaß* NJW 2020, 2941 (2943)).

Die Tatsache, dass über das Vermögen des Antragstellers das Insolvenzverfahren eröffnet worden ist, macht die Ausfüllung des Vordrucks nicht entbehrlich (BGH NJW 2002, 2793). Dem Vordruck sind allgemeine Hinweise für die Erklärung sowie spezielle Ausfüllhinweise zu den einzelnen Rubriken beigefügt. Dort finden sich auch Angaben über die Art der einzureichenden Belege. Die Belege sind unbedingt beizufügen, da sonst die sofortige Zurückweisung des Antrags droht (OLG Oldenburg NJW 1981, 1793; weniger streng BGH VersR 1981, 59). Von Rechts wegen müsste das Gericht eine Frist zur Vervollständigung setzen (Zöller/*Schultzky* ZPO § 117 Rn. 27). Die Erklärung bedarf der Unterschrift; ihr Fehlen kann nach der Rspr. des BGH (NJW 1986, 62) unschädlich sein. Auch sonst bleibt das unvollständige Ausfüllen des Vordrucks folgenlos, wenn die Lücken durch übersichtliche Belege geschlossen werden können (BGH NJW 1986, 62). Die Instanzgerichte entscheiden zT strenger (OLG Nürnberg NJW 1985, 1563). Ein Steuerbescheid für ein zurückliegendes Jahr, auch wenn es der Letzte ist, reicht nicht immer aus (BGH NJW-RR 1991, 637).

Von der Verwendungspflicht gibt es zwei Ausnahmen, weil der Vordruck in diesen Fällen ungeeignet wäre (*Schneider* NJW 2014, 1287; Thomas/Putzo/*Seiler* ZPO § 117 Rn. 7):

1. wenn die Erklärung von einer Partei kraft Amtes, einer juristischen Person oder einer parteifähigen Vereinigung abzugeben ist (§ 1 Abs. 2 PKHFV),
2. wenn ein minderjähriges unverheiratetes Kind in einer Abstammungs- oder Unterhaltssache oder wegen der Vollstreckung eines Unterhaltsanspruchs PKH bzw. VKH beantragt (§ 2 PKHFV).

Zur Berechnung des einzusetzenden Einkommens verweist § 115 Abs. 1 S. 3 Nr. 1 Buchst. a ZPO auf § 82 Abs. 2 SGB XII (abgedr. bei Thomas/Putzo/*Seiler* ZPO § 115 Rn. 4; Musielak/Voit/*Fischer* ZPO § 115 Rn. 58). Durch das Kostenrechtsänderungsgesetz vom 21.12.2020 (BGBl. 2020 I 3229) sind § 115 Abs. 1 S. 3 Nr. 1 Buchst. b u. Nr. 2 ZPO so geändert worden, dass sich die Höhe der Freibeträge nunmehr nach dem Regelsatz des Bundes errechnet, es sei denn, am Wohnsitz der Partei gelten höhere Regelsätze. Der Gesetzgeber hat sich dazu entschieden, bei den Freibeträgen für die Unterhaltspflichtigen nach deren Alter zu differenzieren. S. hierzu iE die PKH-Bekanntmachung 2021 v. 28.12.2020 (BGBl. 2020 I 3344). Wieweit der Antragsteller eigenes Vermögen für die Prozessführung einzusetzen hat, bestimmt sich nach § 90 SGB XII (abgedr. bei Musielak/Voit/*Fischer* ZPO § 115 Rn. 59). Diese Vorschrift ist in den Ausfüllhinweisen zum Vordruck berücksichtigt. Die mit dem Gesetz für den erleichterten Zugang zu sozialer Sicherung und zum Einsatz und zur Absicherung sozialer Dienstleister aufgrund des Coronavirus SARS-CoV-2 (Sozialschutzpaket I) vom 27.3.2020 (BGBl. 2020 I 575) eingeführten – erheblich vereinfachten – Regelungen zur Vermögensprüfung bei Sozialhilfeempfängern (§ 141 Abs. 2 SGB XII) gelten wegen des PKH-Verweises in der ZPO nur auf § 90 SGB XII nicht für die Vermögensprüfung bei der PKH (*Meßling* NJW 2020, 2005 (2006)). Auf Verlangen des Gerichts hat der Antragsteller die Angaben zu seinen wirtschaftlichen Verhältnissen glaubhaft zu machen (§ 118 Abs. 2 ZPO). Da § 2 Abs. 2 PKHFV eine vereinfachte Erklärung für den Fall laufenden Sozialhilfebezugs vorsieht, wonach Antragsteller ua keine Angaben zum Vermögen machen müssen, wenn sie der Erklärung den zum Zeitpunkt der Antragstellung aktuellen Bewilligungsbescheid des Sozialamts beifügen, und weder die Vorschrift noch der oben abgedruckte Formularvordruck an die geänderte Rechtslage angepasst wurden, wird in der Corona-Krise voraussichtlich verstärkt § 2 Abs. 2 letzter Hs. PKHFV zur Anwendung kommen, wonach das Gericht die Vorlage von Nachweisen trotz vorgelegten Sozialhilfebescheids anordnen kann (*Meßling* NJW 2020, 2005 (2006)). Macht der Kläger ein fremdes Recht geltend, kommt es idR, aber nicht immer, auf die wirtschaftlichen Verhältnisse des Rechtsinhabers an (BGH NJW 1990, 1053; OLG Celle NJW 1987, 783). Bei Abtretung des

Klageanspruchs ist auf den Zessionar abzustellen, es sei denn, ein triftiger Grund für die Abtretung ist nicht zu erkennen (OLG Koblenz MDR 1999, 831; OLG Celle NJW-RR 1999, 579; KG MDR 2004, 710). Das gilt auch für eine in Prozessstandschaft erhobene Klage (BGH VersR 1992, 594) oder für die Klage eines nur vorgeschobenen Miterben auf Leistung an die Miterbengemeinschaft (OLG Saarbrücken NJW 2009, 2070).

Die Erklärung wird einschließlich aller Belege in ein besonderes Beiheft, nicht in die Prozessakte selbst, genommen. Sie dürfen dem Gegner nur mit Zustimmung der Partei zugänglich gemacht werden, wie § 117 Abs. 2 S. 2 ZPO ausdrücklich vorschreibt. Die gleiche Regelung gilt auch für die Teile der Beschlussgründe, die sich mit den persönlichen und wirtschaftlichen Verhältnissen befassen (§ 127 Abs. 1 S. 3 ZPO). Durch die Neufassung des § 118 ZPO und des § 77 FamFG ist ein alter Streitstand in der Lit. geklärt: Der Gegner soll zukünftig grds. auch zu den wirtschaftlichen Voraussetzungen einer Gewährung von Prozesskostenhilfe gehört werden. Was „Gelegenheit zur Stellungnahme" im Detail bedeutet, ist allerdings weiter unklar (*Timme* NJW 2013, 3057 (3058)).

13. In dem Antrag ist das Streitverhältnis unter Angabe der Beweismittel so darzustellen, dass sich die hinreichende Erfolgsaussicht der Klage ergibt. Das geschieht am besten in Form einer Klageschrift (→ Form. I.D.1), und auch inhaltlich nicht nur summarisch, denn nach Ablehnung der Prozesskostenhilfe hat eine nachgebesserte Klage auf eigene Kosten kaum je Erfolg. Der Antragsteller sollte auch vortragen, dass der Beklagte durch sein Verhalten Anlass zur Klageerhebung gegeben hat, da die Rechtsverfolgung sonst als mutwillig iSd § 114 Abs. 2 ZPO erscheinen kann. Mit der PKH-Reform 2013 wurde in § 114 Abs. 2 ZPO erstmals eine Legaldefinition der Mutwilligkeit eingeführt. Danach ist die Rechtsverfolgung oder Rechtsverteidigung mutwillig, wenn eine Partei, die keine Prozesskostenhilfe beansprucht, bei verständiger Würdigung aller Umstände von der Rechtsverfolgung oder Rechtsverteidigung absehen würde, obwohl eine hinreichende Aussicht auf Erfolg besteht (BGH NJW-RR 2017, 127). Die Neuregelung setzt die bisherige Rspr. um, eine inhaltliche Änderung ist damit nicht verbunden (Thomas/Putzo/*Seiler* ZPO § 114 Rn. 7). Die Rspr. nimmt Mutwilligkeit etwa an, wenn die Vollstreckung auf Dauer aussichtslos ist (OLG Hamm NJW-RR 1999, 1737; OLG Düsseldorf NJW-RR 1998, 503; OLG Celle NJW 1997, 532). Die Erfolgsaussicht ist im Laufe des Verfahrens auf Verlangen des Gerichts glaubhaft zu machen (§ 118 Abs. 2 ZPO). Die Vernehmung von Zeugen und Sachverständigen ist idR ausgeschlossen. Eine vorweggenommene Beweiswürdigung von Zeugenaussagen durch das Gericht ist nur in engen Grenzen zulässig (BGH NJW 1988, 267; BVerfG NJW 1997, 2745; 2003, 2976), aber in der Praxis nicht selten (zB OLG Hamm NJW-RR 2000, 1669; OLG Köln NJW-RR 2001, 791; OLG Koblenz NJW-RR 1992, 706 (707)); wenn sich der Kläger zum Beweis nur auf eine Parteivernehmung des den Klagevortrag bestreitenden Gegners beruft, kann er nicht mit einer Bewilligung rechnen (OLG Köln NJW-RR 1997, 636). Nach der Rspr. des BVerfG (NJW 1997, 2102; 2000, 2098; 2010, 3083 (3084)) darf die Prüfung der Erfolgsaussicht nicht dazu führen, den eigentlichen Prozess in das Bewilligungsverfahren vorzuverlagern; schwierige und ungeklärte Rechtsfragen sollen nicht im PKH-Verfahren durchentschieden werden (BVerfG NJW 2013, 1727; 2010, 1657; so auch BGH NJW-RR 2004, 1662; NJW 1998, 82). Das BVerfG hat auch verschiedentlich beanstandet, dass die Instanzgerichte einen zu strengen Maßstab an die Erfolgsprüfung anlegen und damit nicht die Chancengleichheit der unterbemittelten Partei herstellen (BVerfG NJW 1991, 413; 2000, 1936; 2003, 2976; NJW-RR 2002, 1069). So läuft es dem Gebot der Rechtsschutzgleichheit zuwider, wenn der unbemittelten Partei wegen des Fehlens der Erfolgsaussichten PKH verweigert wird, obwohl eine Beweisaufnahme ernsthaft in Betracht kommt und keine konkreten und nachvollziehbaren Anhaltspunkte dafür vorliegen, dass die Beweisaufnahme mit großer Wahrscheinlichkeit zum Nachteil des Antragstellers ausgehen würde (BVerfG NJW 2010, 288 (289)). Das Gericht kann die Parteien zur mündlichen Erörterung laden, nach dem Gesetz allerdings nur, wenn eine Einigung zu erwarten ist (§ 118 Abs. 1 S. 3 ZPO).

Vor der Bewilligung erhält der Gegner rechtliches Gehör (§ 118 Abs. 1 S. 1 ZPO). Falls die Anhörung des Gegners zB wegen besonderer Eilbedürftigkeit der Sache untunlich ist, sollte der Antragsteller darauf hinweisen.

Kosten und Gebühren

14. Das Bewilligungsverfahren ist gerichtsgebührenfrei; bei Ablehnung der Prozesskostenhilfe haftet der Antragsteller für entstandene Auslagen – zB für die Vernehmung von Zeugen oder Sachverständigen – nach KV 9005 GKG.

15. Der Anwalt erhält im Bewilligungsverfahren eine 1,0 Verfahrensgebühr nach VV 3335 RVG; sie ist auf die im späteren Prozess entstehenden Gebühren anzurechnen, § 16 Nr. 2 iVm § 15 Abs. 2 RVG. Kommt es zu einem Vergleich im Bewilligungsverfahren (§ 118 Abs. 1 S. 3 ZPO), erhält der Rechtsanwalt eine 1,0 Einigungsgebühr nach VV 1003 RVG. Eine Terminsgebühr für die mündliche Erörterung nach § 118 Abs. 1 S. 2 ZPO ist nicht vorgesehen. Durch das Kostenrechtsänderungsgesetz 2021 (dazu: *Mayer* NJW 2021, 345) wurde § 48 Abs. 1 S. 2 RVG dahingehend geändert, dass, wenn sich die Beiordnung auf den Abschluss eines Vertrags iSd Nr. 1000 VV erstreckt oder die Beiordnung oder Bewilligung der Prozesskostenhilfe hierauf beschränkt ist, der Anspruch gegen die Staatskasse alle gesetzlichen Gebühren und Auslagen umfasst, die durch die Tätigkeiten entstehen, die zur Herbeiführung der Einigung erforderlich sind. § 48 Abs. 1 S. 2 RVG bestimmt nunmehr für alle Verfahrensarten, dass der Vergütungsanspruch gegen die Staatskasse im Fall der Erstreckung der Beiordnung auf den Abschluss eines Vergleichs alle gesetzlichen Gebühren und Auslagen umfasst, die durch die Tätigkeiten entstehen, die zur Herbeiführung der Einigung erforderlich sind. Bislang hatte ein Teil der Oberlandesgerichte die Auffassung vertreten, dass bei einem Vergleich außerhalb der in § 48 Abs. 3 RVG genannten Angelegenheiten über nicht rechtshängige Ansprüche kein Anspruch auf Erweiterung der Beiordnung und auf die Differenzverfahrens- und Differenzterminsgebühr aus dem Mehrwert der verglichenen, nicht rechtshängigen Ansprüche besteht (OLG Dresden BeckRS 2015, 19410; vgl. aber auch BGH NJW 2018, 1679, wonach einem beigeordneten Rechtsanwalt in einer selbständigen Familiensache sämtliche durch einen Mehrvergleich ausgelöste Gebühren zu erstatten sind). Die Höhe der Gebühren des beigeordneten Rechtsanwalts ergibt sich aus dem durch das Kostenrechtsänderungsgesetz 2021 geänderten § 49 RVG; die Höchstgebühr beträgt danach, auch bei Streitwerten über 50.000 EUR, 659 EUR. Das Gericht darf den Streitwert nicht zur Schonung öffentlicher Kassen absenken (BVerfG NJW 2005, 2980). Bei mehreren Auftraggebern erhöht sich die Verfahrensgebühr gem. VV 1008 RVG. Wird Prozesskostenhilfe bewilligt, kann der beigeordnete Anwalt Gebührenansprüche nicht gegen die Partei geltend machen, § 45 Abs. 1 RVG; das gilt auch für Ansprüche, die vor der Beiordnung entstanden waren, soweit der Gebührentatbestand nach der Beiordnung erneut verwirklicht wird. Wenn der Rechtsanwalt also schon vor seiner Beiordnung beauftragt war, kann er von seinem Mandanten die Differenz zwischen den bereits entstandenen gewöhnlichen Gebühren und den Gebühren nach § 49 RVG idR nicht verlangen. Auf die Gebühren nach § 45 RVG steht ihm nach § 47 RVG ein Anspruch auf Vorschuss aus der Staatskasse zu.

16. Kostenerstattung: Im Bewilligungsverfahren entstandene Rechtsanwaltsgebühren des Gegners hat der Antragsteller, auch wenn die Prozesskostenhilfe abgelehnt wird, nicht zu erstatten (§ 118 Abs. 1 S. 4 ZPO). Das gilt auch bei Rücknahme eines PKH-Antrags (OLG Karlsruhe FamRZ 2016, 1480). Anders ist dies aber, wenn eine zugleich mit dem PKH-Antrag anhängig gemachte Klage zurückgenommen wird, dann gilt § 269

Abs. 3 S. 3 ZPO (Zöller/*Schultzky* ZPO § 118 Rn. 18; aA OLG München NJW-RR 2001, 1437; Thomas/Putzo/*Seiler* ZPO § 118 Rn. 12). Hinsichtlich der Gerichtskosten trifft den Kläger keine Kostenerstattungspflicht; das gilt – entgegen einer jahrelangen früheren Praxis – auch für den mittellosen, im Prozess unterlegenen Beklagten (BVerfG NJW 1999, 3186); anders soll es bei Kostenaufhebung im Vergleich sein (OLG Nürnberg NJW 2000, 370). Auch iÜ ist hinsichtlich der Kostenerstattung aus der Sicht der obsiegenden und auch der unterliegenden Partei manches unklar (vgl. Thomas/Putzo/*Seiler* ZPO § 118 Rn. 12). Fraglich ist auch, ob der Kostenerstattungsanspruch die Differenz zu den Wahlanwaltsgebühren erfasst (OLG Düsseldorf NJW-RR 1998, 287 mwN).

Fristen und Rechtsmittel

17. Zur Unterbrechung und Hemmung von Verjährungsfristen → Anm. 2 u. 11. Das Prozesskostenhilfegesuch kann auch die Klagefrist nach § 12 Abs. 3 VVG aF wahren, wenn die Bekanntgabe an den Antragsgegner demnächst iSd § 204 Abs. 1 Nr. 14 BGB veranlasst wird (BGH NJW 1987, 255).

18. Gegen die Bewilligung der Prozesskostenhilfe hat der Gegner kein Rechtsmittel (§ 127 Abs. 2 S. 1 ZPO); er kann lediglich Gegenvorstellungen erheben oder unter den Voraussetzungen des § 124 ZPO eine Aufhebung der Bewilligung beantragen. Die Staatskasse kann gegen die Bewilligung sofortige Beschwerde einlegen, aber nur mit der Behauptung, die Partei müsse nach ihren persönlichen und wirtschaftlichen Verhältnissen Zahlungen leisten (§ 127 Abs. 3 ZPO). Gemäß § 127 Abs. 3 S. 2 ZPO ist die sofortige Beschwerde der Staatskasse gegen die Bewilligung von PKH nunmehr auch in Verfahren bei Bewilligung der PKH an juristische Personen oder an eine Partei kraft Amtes möglich (zuvor war dies nicht möglich: BGH ZIP 2016, 437).

19. Dem Antragsteller steht, wenn die Bewilligung versagt wird, die sofortige Beschwerde zu (→ Form. I.C.8). Das gilt auch, wenn er mit der Festsetzung der Raten nicht einverstanden ist, die Beiordnung seines Anwalts abgelehnt wurde etc

2. Antrag des Beklagten auf Bewilligung von Prozesskostenhilfe und Beiordnung eines Rechtsanwalts

An das
Landgericht
Klageerwiderung und Antrag auf Prozesskostenhilfe[1, 2, 3]
In der Sache
. . . . .
zeige ich an, dass ich den Antragsgegner vertrete. Ich werde beantragen,[4]
1. die Klage abzuweisen,
2. . . . . .
Außerdem wird beantragt,[5]

dem Beklagten Prozesskostenhilfe für die Rechtsverteidigung zu gewähren und ihm den Unterzeichnenden als Rechtsanwalt beizuordnen.

Begründung:[6]

1. Dem Kläger steht der geltend gemachte Anspruch nicht zu . . . . . (ist auszuführen).

2. Zur Bewilligung der Prozesskostenhilfe reicht der Beklagte in der Anlage die Erklärung über seine persönlichen und wirtschaftlichen Verhältnisse sowie die erforderlichen Belege ein.

Die Erfolgsaussicht seiner Rechtsverteidigung ergibt sich aus den Ausführungen zu 1. Sofern das Gericht weitere Darlegungen oder Beweisantritte für erforderlich hält, wird um eine Auflage gebeten.[7]

Anmerkungen

1. Dem Beklagten kann in gleicher Weise wie dem Kläger Prozesskostenhilfe gewährt werden, die Anmerkungen zum vorangehenden Formular gelten entsprechend. Erfolgsaussicht für die Rechtsverteidigung besteht immer dann, wenn die Klage unschlüssig ist oder wenn der Beklagte das Vorbringen des darlegungs- und beweispflichtigen Klägers substantiiert bestritten hat, nicht aber dann, wenn er mit Nichtwissen bestreitet, ohne dass die Voraussetzungen des § 138 Abs. 4 ZPO vorliegen (OLG Celle NJW-RR 1997, 290). Wenn über die vom Kläger darzulegenden Anspruchsvoraussetzungen Beweis zu erheben ist, besteht idR hinreichende Erfolgsaussicht (BVerfG NJW 2008, 1060). Eine Beweisantizipation, dh eine Vorabwürdigung der noch nicht erhobenen Beweise, ist nur in engen Grenzen zulässig (BVerfG NJW 2008, 1060; NJW 2003, 2976). In der Praxis werden an die Erfolgsaussicht zuweilen geringere Anforderungen gestellt als beim Kläger (OLG Frankfurt MDR 1987, 61), auch um dem Kläger kein langwieriges Bewilligungsverfahren aufzunötigen. Die Rechtsverteidigung kann auch Erfolg versprechend sein, wenn der Beklagte unter Protest gegen die Kosten anerkennt (OLG Hamm FamRZ 2003, 459). Für ein bedingungsloses Anerkenntnis kann Prozesskostenhilfe nicht bewilligt werden, auch nicht für einen Klagabweisungsantrag bei berechtigter Erledigungserklärung des Klägers (vgl. Musielak/Voit/*Fischer* ZPO § 114 Rn. 18). Im Vaterschaftsfeststellungsprozess wird die Rechtsverteidigung nur dann als Erfolg versprechend angesehen, wenn der Beklagte ernsthafte Zweifel an seiner Vaterschaft darlegen kann (OLG Hamburg NJW-RR 2000, 1605; aA OLG Karlsruhe NJW-RR 1999, 1456). Dem Beklagten ist PKH auch nach Klagerücknahme zu bewilligen, wenn eine aussichtsreiche Rechtsvereidigung und ein PKH-Antrag zuvor erfolgt waren (BGH MDR 2010, 402).

2. Die Beiordnung eines Rechtsanwalts ist im landgerichtlichen Verfahren zwingend, sollte aber auch im Amtsgerichtsprozess vor allem beantragt werden, wenn der Kläger durch einen Rechtsanwalt vertreten wird (vgl. § 121 Abs. 2 ZPO).

3. Klageerwiderung und Antrag auf Prozesskostenhilfe werden idR so miteinander verbunden, dass der Beklagte bereits jetzt auf die Klage erwidert und hierfür Prozesskostenhilfe beantragt. Etwas anderes gilt, wenn der Beklagte im Anwaltsprozess noch nicht anwaltlich vertreten ist und daher nur das Gesuch einreichen, nicht aber auf die Klage wirksam erwidern kann.

4. Zu den Anträgen des Beklagten → Form. I.E.1, → Form. I.E.2.

5. → Form. I.C.1 Anm. 9, 10.

6. Der Beklagte legt die Erfolgsaussicht seiner Rechtsverteidigung, auch wenn er noch nicht formell auf die Klage erwidert, am besten in einer der Klageerwiderung nach §§ 130, 277 ZPO entsprechenden Weise dar (→ Form. I.E.4). Zur Erklärung über seine persönlichen und wirtschaftlichen Verhältnisse → Form. I.C.1 Anm. 12.

Kosten und Gebühren

7. Vgl. die Hinweise zu → Form. I.C.1 Anm. 14–16.

3. Antrag des Berufungsklägers auf Prozesskostenhilfe und Beiordnung eines Rechtsanwalts

An das
Oberlandesgericht[1, 2]

Antrag auf Prozesskostenhilfe[3]

In der Sache

. . . . .

ist der Beklagte durch Urteil des Landgerichts . . . . . vom . . . . ., Geschäfts-Nr. . . . . ., zugestellt am . . . . ., zur Zahlung von . . . . . EUR verurteilt worden, wie sich aus der beigefügten beglaubigten Abschrift des Urteils ergibt.[4] Der Beklagte beabsichtigt, gegen dieses Urteil Berufung einzulegen, sieht sich jedoch nicht in der Lage, die Kosten für das Rechtsmittelverfahren aus eigenen Mitteln aufzubringen. Aus diesem Grund wird beantragt,

dem Beklagten Prozesskostenhilfe für den zweiten Rechtszug zu bewilligen und ihm den Unterzeichnenden als Prozessbevollmächtigten beizuordnen.[5]

Der Beklagte reicht außerdem eine Erklärung über seine persönlichen und wirtschaftlichen Verhältnisse vom . . . . . mit den erforderlichen Belegen ein. Eine entsprechende Erklärung hat der Beklagte bereits in erster Instanz vorgelegt; seine persönlichen und wirtschaftlichen Verhältnisse sind unverändert.[6]

Die hinreichende Erfolgsaussicht ergibt sich aus dem anliegenden Entwurf der Berufungsbegründung.[7]

Der Beklagte beabsichtigt, nach Entscheidung des Senats über die Prozesskostenhilfe einen Antrag auf Wiedereinsetzung zu stellen.[8, 9, 10, 11]

Schrifttum: Bernau, Die Rechtsprechung des BGH zur Wiedereinsetzung in den vorigen Stand, NJW 2016, 1999; *Bräuer,* Prozesskostenhilfe bei der Berufung, AnwBl. 2009, 301; *Fischer,* Prozesskostenhilfe – Bewilligung für die Berufungsinstanz bei Erfolgsaussichten unterhalb der Berufungsgrenze, MDR 2007, 437; *Fölsch,* Rechtsmitteleinlegung unter der Bedingung der Bewilligung von Prozesskostenhilfe, NJW 2009, 2796; *Kramer,* ZPO-Reform – Prozesskostenhilfe und Berufungsfristen nach neuem Recht, MDR 2003, 434; *Nickel,* Wiedereinsetzungsprobleme nach Bewilligung von PKH, NJ 2009, 93; *Schultz,* Rechtsmittelbegründungsfrist und Prozesskostenhilfe, NJW 2004, 2329; *Toussaint,* Rechtsmittel für die auf Prozesskostenhilfe angewiesene Partei, NJW 2014, 3209.

Anmerkungen

1. Prozesskostenhilfe wird nur für eine Instanz bewilligt, sie muss für das Rechtsmittelverfahren – ohne Rücksicht auf den Prozessausgang – erneut beantragt werden (§ 119 ZPO). Der Rechtsmittelkläger hat, ähnlich wie im Falle der Klageerhebung, die Möglichkeit, das Rechtsmittel einzulegen und hierfür zugleich Prozesskostenhilfe zu

beantragen (BGH NJW-RR 1987, 376; 2007, 1565; die Berufungseinlegung unter der Bedingung der Bewilligung von PKH ist dagegen unzulässig: BGH FamRZ 2011, 29; NJW-RR 2019, 1081) oder (so das Beispiel) zunächst nur den Antrag auf Prozesskostenhilfe für ein beabsichtigtes Rechtsmittel zu stellen. Dies bietet den Vorteil, die Rechtsauffassung des Rechtsmittelgerichts zu erfahren, ohne das volle Kostenrisiko zu tragen. Allerdings wird nach § 520 Abs. 2 S. 1 ZPO auch die Berufungsbegründungsfrist bereits mit der Zustellung des Urteils in Lauf gesetzt, diese Frist kann also ablaufen, obgleich ein Antrag auf Prozesskostenhilfe für die Berufung gestellt und ohne dass Berufung eingelegt wurde. Hingegen bedeutet es im Hinblick auf die Berufungsfrist kein Risiko, dass das Gericht über den Antrag auf Prozesskostenhilfe regelmäßig erst nach ihrem Ablauf (§ 517 ZPO: 1 Monat) entscheiden wird, denn wenn eine Partei aus finanziellen Gründen die Berufung nicht durchführen kann und deshalb die Berufungsfrist versäumt, hat sie einen Anspruch auf Wiedereinsetzung (→ Form. I.F.2); das gilt auch dann, wenn ihr die Prozesskostenhilfe mangels Erfolgsaussicht des Rechtsmittels versagt wird (stRspr, BGH NJW 1999, 2823). Allerdings muss der Antragsteller vernünftigerweise annehmen dürfen, dass er zur rechtzeitigen Berufungseinlegung finanziell nicht in der Lage ist und er die wirtschaftlichen Voraussetzungen hierfür ordnungsgemäß dargetan hat (BGH NJW 1997, 1078; 2001, 2720 (2721); 2002, 2793; MDR 2020, 118; MDR 2020, 211); hier liegt ein Risiko. Eine Checkliste, was in diesen Fällen zu tun ist, findet sich bei *Toussaint*, NJW 2014, 3209 (3211). Wurde der Partei bereits für den ersten Rechtszug Prozesskostenhilfe bewilligt, kann sie allerdings bei im Wesentlichen gleichen Angaben zu den Vermögensverhältnissen erwarten, dass auch das Gericht des zweiten Rechtszugs sie als bedürftig ansehen wird (BGH NJW-RR 2000, 1387).

Beschränkt sich der Berufungskläger auf den Prozesskostenhilfeantrag, muss er drei Fristen beachten: Zum einen muss der Antrag innerhalb der Berufungsfrist – auch noch am letzten Tag (BGH NJW 1987, 440 (441); 1994, 2097; MDR 2021, 319) – gestellt werden; das Gesuch muss vollständig sein (BGH FamRZ 2004, 1437; NJW 2001, 2720 (2721); 1997, 1078 mwN: sonst bei Ablehnung der Prozesskostenhilfe keine Wiedereinsetzung) und beim zuständigen Gericht (BGH NJW 1987, 440) eingereicht werden. Zum anderen muss nach Kenntnis der Entscheidung über die Prozesskostenhilfe die Wiedereinsetzungsfrist (§ 234 Abs. 1 S. 1 ZPO: zwei Wochen) eingehalten werden (→ Form. I.F.2 Anm. 2). Zum Dritten muss die Partei die Begründungsfrist nach § 520 Abs. 2 ZPO beachten. Hier wirkt es sich aus, dass die Berufungsbegründungsfrist nicht mehr an die Einlegung der Berufung, sondern an die Zustellung des Urteils geknüpft ist. In der Praxis wird die Frist daher, wenn das Berufungsgericht über die Prozesskostenhilfe für die Berufung entscheidet, idR bereits abgelaufen sein. Dieses Problem hat der Gesetzgeber des 1. JuMoG dadurch zu lösen versucht, dass die Frist für die Wiedereinsetzung bei der Versäumung von Rechtsmittelbegründungsfristen nicht mehr zwei Wochen, sondern einen Monat beträgt (§ 234 Abs. 1 S. 2 ZPO) und dass bei versäumter Berufungsfrist die Frist zur Nachholung der Berufungsbegründung erst mit der Entscheidung über den Wiedereinsetzungsantrag beginnt (BGH NJW 2007, 3354; NJW 2014, 2442 (2443)). Das bedeutet für die Wahrung der Berufungsbegründungsfrist in den verschiedenen denkbaren Fallkonstellationen:

a) Bei PKH-Bewilligung nach Ablauf der Berufungsfrist: Die Partei muss innerhalb von zwei Wochen nach Mitteilung des PKH-Beschlusses Wiedereinsetzung gegen die Versäumung der Berufungsfrist beantragen und gleichzeitig Berufung einlegen (§ 236 Abs. 2 S. 2 ZPO). Sie muss außerdem innerhalb eines Monats (§ 234 Abs. 1 S. 2 ZPO), gerechnet vom gleichen Zeitpunkt (BGH NJW 2011, 153), Wiedereinsetzung gegen die Versäumung der Berufungsbegründungsfrist beantragen und die Berufung gleichzeitig begründen.
b) Bei PKH-Ablehnung nach Ablauf der Berufungsfrist: Die Partei hat zunächst eine Frist von drei bis vier Tagen, um zu überlegen ob gleichwohl Berufung eingelegt werden

soll (BGH NJW-RR 2009, 789; NJW 2013, 2822 (2823); Zöller/*Greger* ZPO § 234 Rn. 8; Thomas/Putzo/*Hüßtege* ZPO § 234 Rn. 8a; Musielak/Voit/*Grandel* ZPO § 234 Rn. 5). Nach Ablauf dieser Überlegungsfrist beginnt die Wiedereinsetzungsfrist; innerhalb von zwei Wochen muss die Partei also Wiedereinsetzung beantragen und die Berufung einlegen. Die Frist beginnt frühestens mit Zugang der Entscheidung, kann aber auch bereits früher beginnen, wenn der Antragsteller auf Grund eines Hinweises des Gerichts sicher davon ausgehen musste, dass die PKH versagt werden wird (BGH NJW 2009, 854), etwa weil er auf fehlende Bedürftigkeit (BGH NJW-RR 2010, 424) oder fehlende PKH-Unterlagen (OLG Rostock MDR 2009, 1357) hingewiesen wurde. Die Wiedereinsetzungsfrist für die Versäumung der Berufungsbegründung beträgt wiederum einen Monat. Ob der Partei auch hier eine zusätzliche Überlegungsfrist zuzubilligen ist oder ob die Frist mit der Bekanntgabe des ablehnenden PKH-Beschlusses beginnt (so Zöller/*Greger* ZPO § 234 Rn. 8), ist ungeklärt; die Partei sollte daher von einer Monatsfrist ab Zugang der PKH-Entscheidung ausgehen.

c) Bei Bewilligung oder Ablehnung der PKH innerhalb der Berufungsbegründungsfrist: In diesem Fall könnte die Partei die Berufung noch innerhalb der gesetzlichen Frist begründen. Ein Wiedereinsetzungsantrag kommt vor Ablauf der Frist nicht in Betracht. Hier ist der Partei zu empfehlen, vorsorglich einen Verlängerungsantrag nach § 520 Abs. 2 S. 2 ZPO zu stellen. Verbleiben ihr nach Mitteilung des PKH-Beschlusses nur zwei Tage (so der Fall BGH NJW 2004, 2902), darf sie aber nicht auf einen Verlängerungsantrag verwiesen werden; sie hat dann zumindest die Monatsfrist des § 234 Abs. 1 S. 2 ZPO. Offen gelassen hat der BGH aber die Frage nach der Rechtslage, wenn von der Berufungsbegründungsfrist noch eine Woche oder mehr verblieben wäre; jedenfalls dann sollte daher ein Verlängerungsantrag gestellt werden.

d) Wird die Berufung unbedingt eingelegt und der Prozesskostenhilfeantrag erst anschließend gestellt, beginnt die Berufungsbegründungsfrist mit Zustellung des Urteils (§ 520 Abs. 2 S. 1 ZPO). Nach Bewilligung der Prozesskostenhilfe verbleibt dem Antragsteller aber die Monatsfrist des § 234 Abs. 1 S. 2 ZPO, um die Berufungsbegründung nachzuholen (BGH NJW 2006, 2857 (2858); 2007, 3354 (3355)). Begründet der Antragsteller die Erfolgsaussichten des PKH-Antrags mit dem Entwurf einer vollständigen Berufungsbegründung, muss er die endgültige Begründungsschrift unbedingt innerhalb der Begründungsfrist einreichen. Denn nach der strengen Rspr. des BGH (NJW 2008, 2855) kommt eine Wiedereinsetzung wegen Versäumung der Frist nicht in Betracht, da dann die Mittellosigkeit für die Fristversäumung nicht kausal geworden sein soll (anders, wenn PKH mangels Erfolgsaussicht des Rechtsmittels abgelehnt wurde: BGH NJW-RR 2019, 899).

Mit dieser Regelung hat der Gesetzgeber die Gleichstellung mit einer bemittelten Partei nicht erreicht, zumal die Monatsfrist des § 234 Abs. 1 S. 2 ZPO nicht verlängert werden kann (BGH NJW-RR 2009, 1583). Es wird daher die Ansicht vertreten, dass die vorher ergangene, großzügigere Rspr. (BGH NJW 2003, 3275; NJW 2003, 3782) fortgilt (so *Fölsch* MDR 2004, 1029 (1032); *Schultz* NJW 2004, 2329 (2334)). Hiervon kann aber der Berufungskläger angesichts der neueren Rspr. (BGH NJW 2006, 2857) nicht ausgehen.

2. Wird Prozesskostenhilfe für ein Rechtsmittelverfahren beantragt, ist das jeweilige Rechtsmittelgericht zuständig. Auch der Partei selbst wird zugemutet, sich danach zu erkundigen, welches Gericht das ist; sendet sie das Gesuch an ein falsches Gericht, kann ihr später keine Wiedereinsetzung gewährt werden (BGH MDR 1987, 315). Allerdings gilt auch hier § 129a ZPO: Die Partei kann den Antrag vor der Geschäftsstelle eines jeden Amtsgerichts zu Protokoll stellen. Anwaltszwang besteht nicht.

3. Das Beispiel geht davon aus, dass der Beklagte in 1. Instanz verurteilt wurde und für die Berufung Prozesskostenhilfe begehrt. Hätte der Gegner Berufung eingelegt, wäre dem Berufungsbeklagten ohne weitere Prüfung der Erfolgsaussichten Prozesskostenhilfe zu bewilligen (§ 119 Abs. 1 S. 2 ZPO; Ausnahmen vgl. Thomas/Putzo/*Seiler* ZPO § 119 Rn. 13). Die Versagung kann gegen das Willkürverbot verstoßen (BVerfG NJW 2005, 409). Will der Antragsteller, wie im Beispiel, zunächst nur den Antrag auf Prozesskostenhilfe stellen, sollte er sich hüten, den Antrag als Berufung zu bezeichnen oder ihm ein als Berufung bezeichnetes und unterschriebenes Schriftstück beizufügen; die Rspr. verlangt jeden vernünftigen Zweifel ausschließende Erklärungen, wenn die Berufung gleichwohl nicht eingelegt sein soll (BGH NJW-RR 2000, 879; NJW 1988, 2056; NJW-RR 2019, 1081).

4. Der Rechtsstreit ist genau zu bezeichnen. Die Übersendung des Urteils kann sich empfehlen (vgl. § 519 Abs. 3 ZPO). Das Zustellungsdatum ist für die Berechnung der Berufungsfrist, die eingehalten sein muss, wichtig.

5. → Form. I.C.1 Anm. 10. Es kommt nur die Beiordnung eines beim Rechtsmittelgericht zugelassenen Anwalts in Betracht.

6. Grds. muss der Antragsteller die Erklärung in der 2. Instanz unter Verwendung des Vordrucks nach der PKHFV (Prozesskostenhilfeformularverordnung v. 6.1.2014, BGBl. I 34) erneut abgeben, auch wenn dies bereits in der 1. Instanz geschehen ist und er dort Prozesskostenhilfe erhalten hat. Das gilt jedenfalls, wenn sich seine Verhältnisse verändert haben (BGH VersR 1981, 61). Fraglich ist, ob eine Bezugnahme verbunden mit der Erklärung ausreicht, dass die persönlichen und wirtschaftlichen Verhältnisse unverändert sind. Nach der Rspr. des BGH darf in der Rechtsmittelinstanz die Vorlage einer ordnungsgemäß ausgefüllten Vordruckerklärung nur dann durch die Bezugnahme auf einen in der Vorinstanz vorgelegten Vordruck ersetzt werden, wenn zugleich unmissverständlich mitgeteilt wird, dass seitdem keine Änderungen eingetreten sind (BGH FamRZ 2004, 1961; NJW 2001, 2720; NJW 1997, 1078; FamRZ 2013, 1650: auch bei lückenhaft ausgefülltem Vordruck). Die Instanzrechtsprechung ist zT strenger (OLG Oldenburg NJW 1981, 1793). Da es für den Antragsteller darum geht, innerhalb der Berufungsfrist einen vollständigen Antrag zu stellen (→ Anm. 1aE), sollte er sicherheitshalber eine neue Erklärung einreichen und auch die Belege beifügen; das gilt vor allem, wenn die alte Erklärung längere Zeit zurückliegt.

Bewilligt das Berufungsgericht Prozesskostenhilfe unter Anordnung von Ratenzahlungen, so wird damit die Ratenzahlungsanordnung der Vorinstanz gegenstandslos (BGH NJW 1983, 944).

7. Die Rspr. des BGH hat sich für das alte Berufungsrecht auf den Standpunkt gestellt, dass eine Begründung des PKH-Antrags nicht erforderlich sei (BGH NJW-RR 2001, 1146; NJW 1993, 732; 2009, 1423). Diese Ansicht wird jedoch von der Rspr. der Instanzgerichte, zumal unter Geltung des neuen Berufungsrechts, nicht geteilt (OLG Schleswig OLGR 2004, 666; OLG Celle MDR 2003, 470; OLG Dresden MDR 2003, 1443; OLG Saarbrücken FamRZ 1993, 715). Der Antragsteller hat danach jedenfalls in Grundzügen aufzuzeigen, weshalb und in welchen Punkten das erstinstanzliche Urteil angegriffen werden soll. Es dürfte zweckmäßig sein, die Erfolgsaussichten in Form einer Berufungsbegründungsschrift darzulegen, die später ohnehin erforderlich wird. Zu deren Inhalt → Form. I.O.2.

8. → Form. I.F.2.

Kosten und Gebühren

9. Vgl. die Hinweise → Form. I.C.1 Anm. 14–16. Im Rechtsmittelverfahren erhöhen sich die Gebühren gem. VV 3200 RVG.

Fristen und Rechtsmittel

10. Der Antrag muss vollständig innerhalb der Berufungsfrist (idR einen Monat nach Zustellung des Urteils, § 517 ZPO) gestellt sein, → Anm. 1. Wird der Antrag nicht mit der Berufung verbunden, muss der Berufungskläger nach Bewilligung oder Ablehnung der Prozesskostenhilfe die Wiedereinsetzungsfrist beachten (→ Form. I.F.2 Anm. 2). Außerdem muss der Antragsteller auf die Einhaltung der Berufungsbegründungsfrist oder ihre Verlängerung achten; die Berufungsbegründungsfrist läuft ohne Rücksicht auf den PKH-Antrag und den späteren Wiedereinsetzungsantrag (BGH NJW 1989, 1155). Ist die Berufungsbegründungsfrist vor der PKH-Entscheidung abgelaufen, gilt für den Wiedereinsetzungsantrag und die Berufungsbegründung die Monatsfrist des § 234 Abs. 1 S. 2 ZPO (→ Anm. 1).

11. Gegen die Ablehnung der Bewilligung durch das Berufungsgericht ist kein Rechtsmittel gegeben (§ 567 Abs. 1 ZPO).

4. Antrag auf Änderung der Ratenzahlungsanordnung

An das
Landgericht[1, 2]
In der Sache
. . . . .
wird beantragt,[3]
den Bewilligungsbeschluss vom . . . . . mit Wirkung vom 31.12.20 . . . . . insoweit zu ändern, als dem Kläger die Zahlung monatlicher Raten auferlegt wurde.

Begründung:[4]

Mit Beschl. v. . . . . . hat die Kammer dem Kläger Prozesskostenhilfe unter Zahlung monatlicher Raten von 95 EUR bewilligt. Seit dem 31.12.20 . . . . . haben sich die wirtschaftlichen Verhältnisse des Klägers entscheidend verschlechtert. Sein damaliger Arbeitgeber hat ihn zum 31.12.20 . . . . . entlassen. Der Kläger bezieht seitdem Arbeitslosengeld in Höhe von monatlich 800 EUR, wie sich aus dem in Kopie beigefügten
Bescheid vom . . . . .
ergibt. In Hinblick auf die bestehenden Unterhaltsverpflichtungen und die unveränderten sonstigen Belastungen hat der Kläger daher nach der Tabelle keinen Beitrag zu den Prozesskosten zu leisten.
Der Kläger geht davon aus, dass bis zur Entscheidung über den Antrag keine Raten zu zahlen sind; er wäre hierzu auch außerstande.
Sollte das Gericht eine neue Erklärung gem. § 117 Abs. 2 ZPO für erforderlich halten, wird um einen Hinweis gebeten.
Rechtsanwalt[5, 6]

Anmerkungen

1. Nach § 120a Abs. 1 ZPO kann die Partei bei einer Verschlechterung ihrer wirtschaftlichen Verhältnisse eine Änderung des Beschlusses beantragen (vgl. Thomas/Putzo/*Seiler* ZPO § 120a Rn. 10). Diesem Antrag hat das Gericht unter Beachtung von § 115 Abs. 2 ZPO zu entsprechen. Voraussetzung ist, dass sich die wirtschaftliche Situation nach Stellung des ursprünglichen Antrags so verändert hat, dass eine geringere Rate zu zahlen ist. Beruht die Veränderung auf der Erhöhung der nach § 115 Abs. 1 S. 3 Nr. 1 Buchst. b u. Nr. 2 ZPO ermittelten Beträge (→ Form. I.C.1 Anm. 12), ist sie nur dann zu berücksichtigen, wenn sie zu einem Wegfall der Ratenzahlung führt (§ 120a Abs. 1 S. 2 ZPO; das wird praktisch nur bei geringen Raten vorkommen. Nicht der Antrag nach § 120a Abs. 1 ZPO, sondern die Beschwerde nach § 127 Abs. 2 ZPO ist der richtige Weg, wenn das Gericht im Bewilligungsbeschluss zu Unrecht Raten angeordnet oder die Raten zu hoch angesetzt hat.

Der Antrag kann und sollte auch gestellt werden, wenn der Partei gem. § 124 Nr. 5 ZPO bereits die Prozesskostenhilfe wegen Nichtzahlung der Raten entzogen oder die Entziehung angedroht wurde.

2. Zuständig ist das Gericht, das den Bewilligungsbeschluss erlassen hat. Die Entscheidung wird vom Rechtspfleger des Prozessgerichts getroffen; ob das auch noch nach Rechtskraft gilt, ist streitig (dafür Thomas/Putzo/*Seiler* ZPO § 120a Rn. 3).

3. Der Antrag hat – je nach Sachlage – zum Ziel, eine Herabsetzung der Raten zu erreichen oder die Ratenzahlungsanordnung ganz zu beseitigen. Das Gericht kann die Aufhebung oder die Herabsetzung rückwirkend bis zum Eintritt der Veränderung aussprechen; eine Rückwirkung bis zum Zeitpunkt des ursprünglichen Beschlusses ist nicht zulässig (vgl. Thomas/Putzo/*Seiler* ZPO § 120a Rn. 12).

4. Hier hat die Partei zu begründen und zu belegen, dass sich ihre wirtschaftliche Situation verschlechtert hat. Die Einreichung einer neuen Erklärung gem. § 117 Abs. 2 ZPO dürfte nicht erforderlich sein, wenn die Partei die Veränderung in geeigneter Weise belegt (zB durch Bescheid über Arbeitslosengeld, Arbeitslosenhilfe, Sozialhilfe, durch neue Lohn- oder Gehaltsbescheinigungen, durch Nachweis weiterer Unterhaltsberechtigter etc) und iÜ erklärt, dass sich gegenüber den früheren Angaben nichts geändert hat. Ein Problem kann daraus entstehen, dass die Ratenzahlungsanordnung bis zur Entscheidung fortbesteht, dem Kläger also bei Nichtzahlung eine Entziehung gem. § 124 Nr. 5 ZPO drohen kann. Jedoch wird der gem. § 20 Nr. 4c RPflG für die Entziehung zuständige Rechtspfleger mit seinem Beschluss warten, bis über den Antrag entschieden ist (vgl. Zöller/*Schultzky* ZPO § 124 Rn. 22); ein anderes Verfahren wäre rechtswidrig und mit der Beschwerde angreifbar.

Kosten und Gebühren

5. Gerichtskosten entstehen nicht. Für die Rechtsanwaltsgebühren gilt § 16 Nr. 3 RVG.

Fristen und Rechtsmittel

6. Der Antrag ist zulässig, solange noch Raten zu begleichen sind, also auch nach rechtskräftigem Abschluss des Verfahrens (vgl. § 120a Abs. 1 S. 4 ZPO; OLG Köln MDR 1994, 1045).

Gegen den ganz oder zT ablehnenden Beschluss des Rechtspflegers ist die sofortige Beschwerde nach § 127 Abs. 2 S. 2, § 567 ZPO gegeben. Der Gegner hat kein Beschwerderecht.

5. Sofortige Beschwerde gegen den Änderungsbeschluss nach § 120a Abs. 1 ZPO

An das

Landgericht[1, 2]

In der Sache

. . . . .

hat der Rechtspfleger mit Beschl. v. . . . . . angeordnet, dass der Kläger die nach dem Vergleich vom . . . . . von ihm zu tragenden Prozesskosten an die Staatskasse zu zahlen hat. Gegen diesen Beschluss wird

sofortige Beschwerde[3]

eingelegt.

Begründung[4]

Es ist zutreffend, dass der Kläger vom Beklagten den nach dem vor der Kammer geschlossenen Vergleich zu zahlenden Betrag von 5.000 EUR inzwischen erhalten hat. Damit ist aber keine Änderung der Verhältnisse im Sinne des § 120a Abs. 1 ZPO eingetreten.

1. Bei dem Vergleichsbetrag handelt es sich um ein dem Kläger zustehendes Schmerzensgeld, das nicht zu dem nach § 115 Abs. 3 ZPO für die Prozessführung einzusetzenden Vermögen gehört.

2. Darüber hinaus hat der Rechtspfleger nicht berücksichtigt, dass der verlangte Geldbetrag nach § 115 Abs. 3 ZPO iVm § 90 Abs. 2 SGB XII zum Schonvermögen zählt. Dem Kläger steht ein Freibetrag von 5.000 EUR zu (§ 1 der VO zu § 90 Abs. 2 Nr. 9 SGB XII), der sich um jeweils 500 EUR für seine Ehefrau und seine beiden Kinder erhöht.
Den Restbetrag benötigt der Kläger dringend, um eine notwendige Reparatur seines PKW, auf den er beruflich angewiesen ist, durchführen zu können (§ 90 Abs. 2 Nr. 5 SGB XII). Ein Kostenvoranschlag liegt an.

Rechtsanwalt[5]

Anmerkungen

1. § 120a Abs. 1 ZPO ist die Nachfolgevorschrift des § 120 Abs. 4 ZPO aF. Das Gericht soll danach eine Änderung der Bewilligung regelmäßig in Erwägung ziehen. Zu diesem Zweck wird eine Pflicht der Parteien statuiert, über eine Verbesserung der Vermögensverhältnisse unaufgefordert zu informieren. Zu einer Änderung führen nur wesentliche Verbesserungen des Einkommens. § 120a Abs. 2 S. 2 ZPO enthält eine Definition der Wesentlichkeit, danach sind nur Änderungen des Bruttoeinkommens über 100 EUR relevant. Die Mitteilungspflicht besteht vier Jahre und entfällt sodann. Verletzungen der Mitteilungspflicht können zu einer Aufhebung der Bewilligung führen. Zur Überprüfung kann das Gericht jederzeit eine Erklärung anfordern, wobei die Partei auch über den Wechsel ihrer Anschrift informieren muss. Auf die Mitteilungspflichten wird die bedürftige Partei ausdrücklich mit einem Formular hingewiesen. Die Überprüfung der Änderung der wirtschaftlichen Verhältnisse gehört zum ursprünglichen PKH-Verfahren, so dass die ursprüngliche Prozessvollmacht des Anwalts auch für dieses Überprüfungsverfahren gilt (zum Ganzen *Timme* NJW 2013, 3057 (3058)).

2. Eine Änderung zum Nachteil der Partei kann nach § 120a Abs. 1 ZPO zum Inhalt haben, dass

- die festgesetzten Raten erhöht werden,
- erstmals Raten festgesetzt werden,
- der aus dem Vermögen zu zahlende Betrag erhöht wird,
- erstmals ein Betrag aus dem Vermögen zu zahlen ist.

Das Beispiel betrifft den letztgenannten Fall; es knüpft an die Praxis der Gerichte an, eine Zahlung auf die von der Partei zu tragenden Prozesskosten anzuordnen, nachdem sie die Klageforderung ganz oder zum Teil realisiert hat. Diese Rspr. wird durch § 120a Abs. 3 ZPO kodifiziert. Danach kann eine wesentliche Verbesserung der wirtschaftlichen Verhältnisse insb. dadurch eintreten, dass die Partei durch die Rechtsverfolgung oder Rechtsverteidigung etwas erlangt. Eine solche Situation kann insb. bei teilweisem Erfolg im Urteil oder im Vergleich eintreten, auch – wie im Beispiel – bei einem Vergleich im Bewilligungsverfahren. Insbes. wenn dem Kläger vor dem Vergleichsabschluss Prozesskostenhilfe ohne Einschränkung bewilligt wurde, aber Gebühren nach dem Vergleich nicht mehr entstehen können, führt die Änderung praktisch zu einer rückwirkenden Aufhebung der Bewilligung. Gleichwohl wird eine solche Anordnung grds. für zulässig gehalten (KG MDR 1990, 450; OLG Zweibrücken MDR 1997, 885; OLG Celle MDR 2001, 230); das gilt auch bei einem Abfindungsvergleich im Kündigungsschutzprozess (LAG Nürnberg MDR 2000, 588).

3. Gegen den Beschluss des Rechtspflegers ist nach § 11 Abs. 1 RPflG das nach den allgemeinen Verfahrensvorschriften zulässige Rechtsmittel gegeben. Das ist nicht mehr die Erinnerung, sondern die sofortige Beschwerde nach §§ 127 Abs. 2 S. 2, 567 ZPO (vgl. Zöller/*Schultzky* ZPO § 127 Rn. 29).

4. Die Beschwerde ist damit zu begründen, dass keine wesentliche Änderung der maßgebenden persönlichen und wirtschaftlichen Verhältnisse eingetreten ist. Sie kann nach § 120a Abs. 3 S. 1 ZPO nicht mehr darauf gestützt werden, dass Zahlungen auf Grund des Prozesses, für den Prozesskostenhilfe bewilligt wurde, nicht zu berücksichtigen sind (OLG Koblenz MDR 2005, 107; Thomas/Putzo/*Seiler* ZPO § 120a Rn. 9). Das gilt auch für Zahlungen aufgrund eines Prozessvergleichs (→ Anm. 1). Die Partei kann sich aber immer darauf berufen, dass das erworbene Vermögen nicht verwertbar iSv § 90 SGB XII ist. Schmerzensgeld zählt, wie aus analoger Anwendung von § 83 Abs. 2 SGB XII gefolgert wird, regelmäßig nicht zu dem nach § 115 Abs. 3 ZPO einzusetzenden Vermögen (hM, vgl. Zöller/*Schultzky* ZPO § 115 Rn. 88 mwN; Musielak/Voit/*Fischer* ZPO § 121a Rn. 7; Thomas/Putzo/*Seiler* ZPO § 120a Rn. 9; aA OLG Jena MDR 2000, 852). Eine Ausnahme besteht, wenn von einem hohen Schmerzensgeld verhältnismäßig geringe Prozesskosten zu zahlen sind und dem Geschädigten der wesentliche Teil verbleibt (OLG Karlsruhe MDR 2010, 1345). Darüber hinaus bleibt ein Freibetrag von zumindest 5.000 EUR nach § 90 Abs. 2 Nr. 9 SGB XII immer unangetastet; dieses Schonvermögen erhöht sich für jeden Unterhaltsberechtigten, zzt. um je 500 EUR (vgl. Zöller/*Schultzky* ZPO § 115 Rn. 82). Für einen Nachzahlungsbeschluss ist weiter erforderlich, dass die Freigrenze nicht nur unerheblich überschritten wird (OLG Celle MDR 2001, 230). Geldbeträge, die zur Instandhaltung von für die Erwerbstätigkeit notwendigen Gegenständen erforderlich sind, brauchen gleichfalls nicht eingesetzt zu werden (§ 90 Abs. 2 Nr. 5 SGB XII). Es kann sich auch empfehlen, den über die Freigrenze hinausgehenden Betrag zur Anschaffung angemessenen Hausrats (§ 90 Abs. 2 Nr. 4 SGB XII) oder zur Rückführung von fälligen Krediten zu verwenden. Die erneute Kreditaufnahme kann vom Gericht kaum verlangt werden; in Betracht käme, wegen des von Zins- und Tilgungsleistungen entlasteten Einkommens, wohl nur eine Erhöhung/erstmalige Festsetzung von Raten, wobei sich die Partei günstiger stehen dürfte. Gibt allerdings die Partei in Kenntnis des Abänderungsverfahrens die erlangten Vermögenswerte weg, indem

sie damit nicht vorrangige anderweitige Verbindlichkeiten tilgt, so muss sie sich so behandeln lassen, als stünden ihr die Mittel noch zur Verfügung (OLG Zweibrücken MDR 1997, 885). Darüber hinaus kann die Partei versuchen, eine besondere Härte nach § 90 Abs. 3 SGB XII geltend zu machen.

Fristen und Rechtsmittel

5. Die sofortige Beschwerde ist fristgebunden (§ 569 Abs. 1 ZPO). Die Frist beträgt nach § 127 Abs. 2 S. 3 ZPO einen Monat; sie beginnt mit Bekanntgabe des Änderungsbeschlusses.

6. Antrag auf Beiordnung eines Rechtsanwalts für eine auswärtige Beweisaufnahme

An das
Landgericht[1, 2]
In der Sache
. . . . .
wird beantragt,[3]
dem Beklagten zur Wahrnehmung des vor dem ersuchten Richter stattfindenden Termins zur Beweisaufnahme den dort zugelassenen Rechtsanwalt R beizuordnen.

Begründung:[4]

Die den Rechtsstreit entscheidende Beweisaufnahme soll gem. Beschluss des Gerichts vom . . . . . im Wege der Rechtshilfe vor dem Amtsgericht X stattfinden. Dem Kläger selbst ist es aus zeitlichen und finanziellen Gründen nicht möglich und zumutbar, diesen Termin wahrzunehmen. Der Prozessbevollmächtigte des Klägers sieht sich angesichts der großen Entfernung und wegen anderer Termine gleichfalls außerstande, den Kläger dort zu vertreten; das wäre auch weit unwirtschaftlicher als die Beauftragung eines dortigen Rechtsanwalts. Die Beiordnung erscheint auch deswegen sachgerecht, weil damit zu rechnen ist, dass die Gegenseite einen Unterbevollmächtigten beauftragen wird.
Um eine baldige Entscheidung wird gebeten, damit der dortige Rechtsanwalt rechtzeitig beauftragt und informiert werden kann.[5, 6]

Anmerkungen

1. Vgl. § 121 Abs. 4 ZPO. Die Parteien haben das Recht, sich durch einen Rechtsanwalt im Beweistermin vor dem ersuchten Richter vertreten zu lassen. Wenn besondere Umstände dies erfordern (vgl. Zöller/*Schultzky* ZPO § 121 Rn. 32), kann der bedürftigen Partei hierzu ein besonderer Rechtsanwalt beigeordnet werden. Das kann zB der Fall sein, wenn die Reisekosten höher wären als die Kosten des Unterbevollmächtigten (BGH MDR 2004, 1374). Voraussetzung ist, dass der Partei Prozesskostenhilfe bewilligt und ihr bereits ein Rechtsanwalt beigeordnet wurde. Hat der Anwalt Gründe, den auswärtigen Termin selbst wahrzunehmen, sollte er rechtzeitig einen Antrag nach § 46 Abs. 2 RVG stellen. An die Feststellung des Gerichts, dass die Reise zum auswärtigen Termin erforderlich war, ist die Staatskasse gebunden (näher Gerold/Schmidt/*Müller-Rabe* RVG § 46 Rn. 32 f.).

2. Zuständig ist das Prozessgericht, nicht etwa das Rechtshilfegericht.

3. Die Partei sollte im Antrag einen bestimmten Rechtsanwalt vorschlagen, um dem Gericht die Auswahl zu ersparen und die Entscheidung zu beschleunigen.

4. Hier sind die besonderen Umstände, die die Beiordnung erfordern, darzulegen.

Kosten und Gebühren

5. Der beigeordnete Rechtsanwalt erhält eine 0,65 Verfahrensgebühr nach VV 3401 RVG. Diese Gebühr und seine Auslagen sind notwendig iSd § 91 ZPO und damit erstattungsfähig, wie sich aus der Tatsache der Beiordnung ergibt (aA für die Beiordnung eines Verkehrsanwalts OLG Koblenz NJW-RR 1999, 727).

Fristen und Rechtsmittel

6. Bei Ablehnung sofortige Beschwerde gem. § 127 Abs. 2 ZPO.

7. Antrag auf einstweilige Anordnung zur Leistung eines Prozesskostenvorschusses

An das
Amtsgericht
– Familiengericht[1, 2] –

Antrag auf einstweilige Anordnung

In der Unterhaltssache
des minderjährigen Peter Schmidt, vertreten durch seine Mutter Lore Schmidt,
Prozessbevollmächtigter: Rechtsanwalt . . . . .
gegen
Herrn Hans Schmidt . . . . .
beantrage ich namens und in Vollmacht des Antragstellers,
dem Antragsgegner im Wege der einstweiligen Anordnung gem. § 246 FamFG aufzugeben, für die gleichzeitig eingereichte Klage einen Prozesskostenvorschuss in Höhe von . . . . . EUR an den Antragsteller zu leisten.[3]

Begründung:[4]

Der Beklagte ist der eheliche Vater des Klägers. Die Ehe ist geschieden, das Sorgerecht steht gemäß
Beschl. v. . . . . . (Anlage 1)
der Mutter zu. Der Beklagte ist durch
Scheidungsvergleich vom . . . . . (Anlage 2)
verpflichtet worden, für das Kind . . . . . EUR monatlich zu zahlen. Sein damaliges Einkommen betrug . . . . . EUR. Inzwischen ist der Beklagte in seiner Firma zum Prokuristen aufgestiegen und verdient laut anliegender
Verdienstbescheinigung vom . . . . . EUR (Anlage 3).
Der Antragsteller, der ohne weiteres Einkommen und ohne Vermögen ist, reicht gegen den Antragsgegner gleichzeitig eine Abänderungsklage ein, mit der er eine monatliche

Zahlung von insgesamt ..... EUR begehrt. Der Antragsgegner hat eine erhöhte Zahlung mit
Schreiben vom ..... (Anlage 4)
verweigert.
Für den erforderlichen Rechtsstreit steht dem Kläger ein Anspruch auf einen Prozesskostenvorschuss zu, der sich wie folgt berechnet .....[5]
Rechtsanwalt[6, 7, 8]

Schrifttum (zT noch zu § 127a ZPO aF): Caspary, Der Anspruch auf Prozesskostenvorschuss, NJW 2005, 2577; *Bißmaier,* Der Prozesskostenvorschuss in der familiengerichtlichen Praxis, FamRZ 2002, 863; *Heistermann,* Das Spannungsverhältnis von Prozesskostenvorschussanspruch und Verfahrenskostenhilfe, FPR 2009, 403; *Huber,* Prozessuale Geltendmachung des Anspruchs auf Prozesskostenvorschuss, FamRZ 2002, 1541.

Anmerkungen

1. Das Beispiel betrifft die einstweilige Anordnung nach § 246 FamFG, früher § 127a ZPO. Nach dieser Vorschrift kann das Gericht auf Antrag die Zahlung eines Kostenvorschusses für ein gerichtliches Verfahren anordnen. Die Neuregelung reicht weiter als § 127a ZPO aF, da sie zugleich die Vorschussregelungen in § 620 Nr. 10 (Kostenvorschuss für Ehesachen) und § 621d ZPO aF (Vorschuss für andere Familiensachen) aufnimmt. Da dem Antragsteller, wenn ihm gegen den Antragsgegner ein Anspruch auf einen Prozesskostenvorschuss zusteht, Prozesskostenhilfe versagt sein kann (→ Form. I. C.1 Anm. 2), empfiehlt sich dieser vereinfachte Weg, zumal an die Erfolgsaussichten der Klage möglicherweise geringere Anforderungen gestellt werden als nach § 114 ZPO. Anders als nach altem Recht (§ 127a Abs. 2 S. 2 iVm § 620a Abs. 2 ZPO aF) ist der Antrag nicht erst zulässig, wenn das gerichtliche Verfahren bereits anhängig ist. Es kann aber schon aus Zeitgründen zweckmäßig sein, die Klage, wenn sie nicht schon anhängig ist, gleichzeitig ohne Zahlung eines Gerichtskostenvorschusses einzureichen. Daneben hat der Antragsteller die Möglichkeit, eine selbständige Klage auf Zahlung eines Prozesskostenvorschusses zu erheben (BGH NJW 1979, 1508); wegen der Eilbedürftigkeit empfiehlt sich aber idR die einstweilige Anordnung. Der Anspruch auf den Prozesskostenvorschuss selbst ergibt sich nicht aus § 246 FamFG, sondern aus dem Unterhaltsrecht, nämlich für Ehegatten aus § 1360a Abs. 4 BGB (vgl. Palandt/*Brudermüller* BGB § 1360a Rn. 7), bei Getrenntleben iVm § 1361 Abs. 4 BGB, für Kinder aus § 1610 BGB (vgl. Palandt/*Brudermüller* BGB § 1610 Rn. 14 f.), für volljährige, in der Ausbildung befindliche Kinder nach § 1360a Abs. 4 BGB analog (BGH NJW 2005, 1722); er besteht nicht zwischen geschiedenen Ehegatten (BGH NJW 1984, 291). Ausnahmsweise soll auch der Unterhaltskläger verpflichtet sein, dem anderen Ehegatten einen Prozesskostenvorschuss zu leisten (OLG Zweibrücken NJW-RR 1999, 796). Nach Beendigung des Prozesses kann die Zahlung eines Prozesskostenvorschusses nicht mehr verlangt werden (BGH NJW 1985, 2265).

Das Verfahren der einstweiligen Anordnung dürfte sich nach den Vorschriften der §§ 231 ff. FamFG richten, ergänzend nach den im Allgemeinen Teil geregelten Bestimmungen (§§ 49 ff. FamFG), auch wenn § 246 FamFG nicht ausdrücklich auf letztere verweist.

2. Zuständig ist nach § 232 FamFG das Gericht des ersten Rechtszugs der Unterhaltssache. Wird der Kostenvorschuss für das Rechtsmittelverfahren verlangt, dürfte, wie nach altem Recht, das Oberlandesgericht zuständig sein (BGH NJW 1981, 2305).

3. Im Antrag ist der Betrag des verlangten Prozesskostenvorschusses zu beziffern.

4. Hier ist vorzutragen, dass eine unter §§ 231 FamFG fallende Unterhaltsklage anhängig oder beabsichtigt ist. Nach § 51 Abs. 1 S. 2 FamFG hat der Antragsteller den Antrag zu begründen und die Voraussetzungen glaubhaft zu machen. Es ist nicht klar, wieweit das auch für § 246 FamFG gilt, da nach dessen Abs. 1 die einstweilige Anordnung „abweichend von § 49" getroffen werden kann und die Beteiligten gegenüber dem Gericht eine verfahrensrechtliche Auskunftspflicht haben. Vorsichtshalber sollte der Antragsteller die Voraussetzungen für den Unterhaltsanspruch und die Weigerung des Antragsgegners glaubhaft machen. Dazu gehörte nach altem Recht auch die Darlegung, dass die Unterhaltsklage nicht mutwillig oder aussichtslos ist (näher hierzu Palandt/*Brudermüller* BGB § 1360a Rn. 15). Wieweit für den Anspruch auf Prozesskostenvorschuss in gleicher Weise wie bei der Prozesskostenhilfe auf die hinreichende Erfolgsaussicht abzustellen ist (so BGH NJW 2001, 1646 für das alte Recht), bedarf noch der Klärung (dafür: Palandt/*Brudermüller* BGB § 1360a Rn. 15).

5. Der Kostenvorschuss erfasst die Gerichts- und Rechtsanwaltskosten sowohl für die beabsichtigte Klage (zunächst jedenfalls 3,0 Gerichtsgebühren sowie für den Anwalt die Verfahrensgebühr nach VV 3100 RVG und die Terminsgebühr nach VV 3104 RVG, zusammen also 2,5 Gebühren) als auch für die einstweilige Anordnung (vgl. Palandt/*Brudermüller* BGB § 1360a Rn. 17). Wenn der Antragsgegner den Betrag nicht in einer Summe, sondern nur in Raten leisten kann, schließt das einen Anspruch auf Prozesskostenvorschuss nicht aus (BGH NJW-RR 2004, 1662 (1663)).

Kosten und Gebühren

6. Die Gerichtskosten richten sich nach dem Kostenverzeichnis zum Familiengerichtskostengesetz (FamGKG). Danach entsteht für das Verfahren eine 1,5-Gebühr (KV 1420). Die Höhe der Gebühr richtet sich nach dem in § 28 FamGKG geregelten Verfahrenswert, der sich wiederum nach der Höhe des verlangten Kostenvorschusses richtet.

7. Für den Rechtsanwalt ist das Verfahren nach § 18 Nr. 1 RVG eine besondere Angelegenheit, es entstehen die gewöhnlichen Gebühren. Für die Kostentragung gelten §§ 80 ff. FamFG. Für die Kostenfestsetzung verweist § 85 FamFG auf die Vorschriften der §§ 103–107 ZPO.

Fristen und Rechtsmittel

8. Die Entscheidung ist unanfechtbar, § 57 S. 1 FamFG.

8. Sofortige Beschwerde gegen die Ablehnung der Prozesskostenhilfe

An das
Landgericht[1, 2]
In der Sache
. . . . .
wird für den Kläger gegen die die Prozesskostenhilfe ablehnende Entscheidung der Kammer

sofortige Beschwerde[3]

eingelegt mit dem Antrag,

1. dem Kläger für die erste Instanz rückwirkend auf den Zeitpunkt der Antragstellung Prozesskostenhilfe zu gewähren[4]
2. den Unterzeichnenden als Rechtsanwalt beizuordnen.[5]

Begründung:[6]

1. Das Gericht hätte die hinreichende Erfolgsaussicht der Klage nicht verneinen dürfen. Es hat das Klagevorbringen tatsächlich und rechtlich unzutreffend gewürdigt . . . . . (ist auszuführen).
2. Da der Rechtsstreit in der Hauptsache weiter betrieben wird und inzwischen weitere Kosten angefallen sind, hat der Kläger ein Interesse daran, dass ihm die Prozesskostenhilfe mit Rückwirkung auf den Zeitpunkt der Antragstellung bewilligt wird. Das ist geboten, weil der Antrag formgerecht gestellt wurde und die erforderlichen Unterlagen beigefügt waren (BGH NJW 1982, 446).

Rechtsanwalt[7, 8, 9]

Schrifttum: Burkiczak, Die Beschwerde gegen negative Prozesskostenhilfeentscheidungen der Sozialgerichte, NJW 2010, 407; *Büttner,* Die Beschwerde gegen eine Prozesskostenhilfe-Entscheidung und Prozesskostenhilfe in der Berufungsinstanz, FPR 2002, 498; *Schwill,* Prozesskostenhilfe – Praxisrelevante Probleme des Beschwerdeverfahrens, MDR 2016, 1241; *Toussaint,* Rechtsmittel für die auf Prozesskostenhilfe angewiesene Partei, NJW 2014, 3209; *Zimmer,* Die Beschwerdefrist der „armen Partei" im Prozesskostenhilfeverfahren, FamRZ 2005, 1145.

Anmerkungen

1. Dem Formular liegt der Sachverhalt zugrunde, dass die Prozesskostenhilfe im Laufe des Rechtsstreits beantragt und versagt wurde, der Prozess aber weiter betrieben wird.

Die Beschwerde ist gem. § 127 Abs. 2 ZPO statthaft gegen die ablehnende Entscheidung der ersten Instanz, gegen den bewilligenden Beschluss nur, soweit er die Anordnung von Monatsraten oder Zahlungen aus dem Vermögen enthält, eine Beiordnung ablehnt oder den Antragsteller sonstwie beschwert; sie ist auch statthaft, wenn Prozesskostenhilfe entgegen dem Antrag nicht rückwirkend gewährt wurde (OLG München MDR 1987, 240). Der Antragsgegner ist grundsätzlich nicht beschwerdebefugt (BGH NJW 2016, 1520; Musielak/Voit/*Fischer* ZPO § 127 Rn. 16). Für das Beschwerderecht der Staatskasse gilt § 127 Abs. 3 ZPO. Auch wenn die Prozesskostenhilfe erst mit dem Urteil abgelehnt wurde, ist nur die Beschwerde gegeben. Sie ist immer erforderlich, wenn der Antragsteller noch keine Klage erhoben hat, sich aber mit dem ablehnenden

Beschluss nicht zufrieden geben will. Ist bereits Klage erhoben, hat der Kläger zwei Möglichkeiten: Er kann die voraussichtlich ungünstige Entscheidung der ersten Instanz abwarten und später Prozesskostenhilfe für die Berufung beantragen, oder er kann – wie vorgeschlagen – Beschwerde einlegen, auf diese Weise schon jetzt die Auffassung des Berufungsgerichts erkunden und evtl. noch eine Gebührenbefreiung für die erste Instanz erwirken. Wird die Berufungssumme nicht erreicht, ist die Beschwerde ausgeschlossen, soweit das Gericht nicht die persönlichen und wirtschaftlichen Verhältnisse für die Bewilligung verneint hat (§ 127 Abs. 2 S. 2 Hs. 2 ZPO). Die Beschwerde ist auch ausgeschlossen, wenn die Hauptsacheentscheidung aus anderen Gründen unanfechtbar ist (BGH NJW 2005, 1659); ein Instanzenzug, der über den der Hauptsache hinausreicht, kann mit der Beschwerde nicht eröffnet werden (OLG Karlsruhe NJOZ 2007, 1789; OLG Stuttgart FamRZ 2009, 531). Die Partei hat dann nur noch die Möglichkeit, Gegenvorstellung zu erheben. Ein Beschwerdewert hinsichtlich der Kosten gem. § 567 Abs. 2 ZPO braucht nicht erreicht zu sein (vgl. Zöller/*Schultzky* ZPO § 127 Rn. 32; Thomas/Putzo/*Seiler* ZPO § 127 Rn. 3).

Mit der Beschwerde kann der Antragsteller erreichen, dass ihm Prozesskostenhilfe rückwirkend gewährt wird, und zwar bis auf den Zeitpunkt, an dem der Antrag formgerecht und vollständig gestellt wurde (BGH NJW 1982, 446; 1985, 921; Zöller/*Schultzky* ZPO § 119 Rn. 4). Auch nach Abschluss der Instanz kann eine Beschwerde noch zulässig sein (vgl. Zöller/*Schultzky* ZPO § 127 Rn. 34). Das gilt insb. in dem Fall, dass das Gericht erst zusammen mit der Hauptsache über den Prozesskostenhilfeantrag entschieden hat (OLG Brandenburg MDR 1999, 54). Die Beschwerde soll allerdings unzulässig sein, wenn das die Klage abweisende Urteil bereits rechtskräftig geworden ist (OLG Köln MDR 1994, 950; OLG Frankfurt a. M. MDR 1998, 494; OLG Karlsruhe NJW-RR 2000, 1680; aA OLG Karlsruhe NJW-RR 2001, 656).

Die Beschwerde kann auch zulässig sein, wenn sich das Gericht mit der Entscheidung über den Antrag über Gebühr Zeit lässt (OLG Celle MDR 1985, 591; OLG Köln FamRZ 2000, 1588), nach überwiegender Meinung aber nur, wenn das Gericht die Entscheidung so verzögert, dass dies der Ablehnung gleichkommt (KG MDR 1998, 64; OLG Hamburg NJW-RR 1989, 1022). Auch gegen eine Beweisaufnahme im Prüfungsverfahren, die die Beweisaufnahme im Hauptverfahren praktisch vorwegnimmt, kann eine Beschwerde statthaft sein, wenn sie iE wie die Versagung von Prozesskostenhilfe wirkt (OLG Köln MDR 1999, 444).

2. Die Beschwerde ist entweder bei dem Gericht einzulegen, das die Prozesskostenhilfe versagt hat, oder beim Beschwerdegericht (§ 569 Abs. 1 S. 1 ZPO); es empfiehlt sich die Einlegung beim Gericht der Vorinstanz, das ohnehin noch über die Abhilfe nach § 572 ZPO zu entscheiden hat. Regelmäßig hat die Beschwerde einen Stillstand des Rechtsstreits zur Folge, da die Akten dem Beschwerdegericht übersandt werden. Anwaltszwang besteht nicht (§ 569 Abs. 3 Nr. 2 ZPO).

3. Die Beschwerde wird durch Einreichung einer Beschwerdeschrift erhoben, die den Formalien des § 569 Abs. 2 ZPO genügen muss; sie kann aber auch zu Protokoll der Geschäftsstelle erklärt werden (§ 569 Abs. 3 ZPO). Sie ist als sofortige Beschwerde fristgebunden, aber abweichend von § 569 Abs. 1 S. 1 ZPO in einer Frist von einem Monat zu erheben (§ 127 Abs. 2 S. 3 ZPO). Die Frist beginnt mit der Zustellung der ablehnenden Entscheidung oder mit deren Verkündung im Termin (§ 569 Abs. 1 S. 2 ZPO). Es handelt sich um eine Notfrist, im Falle einer Versäumung bleibt also die Wiedereinsetzung nach §§ 233 ff. ZPO. Wird die Frist versäumt, kann versucht werden, in der ersten Instanz einen neuen PKH-Antrag mit zusätzlicher Begründung zu stellen. Denn die ablehnende Entscheidung erlangt keine materielle Rechtskraft (BGH NJW 2004, 1805). Allerdings kann einem erneuten Antrag das Rechtsschutzinteresse fehlen, wenn er auf denselben Lebenssachverhalt gestützt wird (BGH 2004, 1805).

4. Sofern bereits ein Urteil erlassen wurde und damit die Kosten und Gebühren im Wesentlichen entstanden sind, hat die Beschwerde nur Sinn, wenn sie zu einer rückwirkenden Bewilligung führt (→ Anm. 1 aE). In einem solchen Fall kann es sich für den Antragsteller zusätzlich empfehlen, gleichzeitig oder jedenfalls vor Ablauf der Rechtsmittelfrist Prozesskostenhilfe für die Berufung zu beantragen.

5. Wenn das Beschwerdegericht den vorinstanzlichen Beschluss abändert, ist es auch befugt, den von der Partei gewählten Rechtsanwalt beizuordnen (OLG Köln MDR 1983, 323 (324)), es kann die Beiordnung aber auch der Vorinstanz überlassen (OLG Karlsruhe MDR 1992, 1178). Beiordnung eines Anwalts und Bewilligung der Prozesskostenhilfe für das Beschwerdeverfahren sind hingegen unzulässig (OLG Nürnberg NJW 1982, 288; OLG Karlsruhe JurBüro 1994, 606 mwN).

6. Hier hat die Partei die Gründe darzulegen, aus denen sich, im Gegensatz zur Auffassung im angefochtenen Beschluss, die hinreichende Erfolgsaussicht ergibt. Der Antragsteller kann seine Beschwerde auch auf neues Vorbringen stützen. Allerdings wird die Ansicht vertreten (OLG Karlsruhe MDR 1989, 918), dass in einem solchen Fall das Rechtsschutzinteresse fehle, weil ein neuer Prozesskostenhilfeantrag gestellt werden könne. Diese Ansicht ist falsch, denn das erstinstanzliche Gericht hatte ja im Abhilfebeschluss die Möglichkeit, unter Berücksichtigung des neuen Vorbringens anders zu entscheiden, ist jedoch bei seiner Ablehnung geblieben.

Kosten und Gebühren

7. Für das Beschwerdeverfahren entsteht eine Gerichtsgebühr von 66 EUR, jedoch nur, wenn die Beschwerde verworfen oder zurückgewiesen wird (KV 1812). Der Rechtsanwalt erhält eine 0,5 Verfahrensgebühr gem. VV 3500 RVG nach dem Streitwert der Hauptsache. Eine Kostenerstattung findet auch für den Gegner nach der ausdrücklichen Anordnung in § 127 Abs. 4 ZPO nicht statt. Dennoch ist die Frage streitig, ob die in der Hauptsache obsiegende Partei oder auch ihr obsiegender Gegner die Beschwerdekosten im Kostenfestsetzungsverfahren des Hauptprozesses geltend machen kann. Die wohl überwiegende Meinung hält eine Erstattung der Kosten des erfolgreichen Beschwerdeführers, der auch im Hauptverfahren obsiegt, nicht für möglich (OLG Hamburg MDR 2002, 910; OLG München NJW-RR 2001, 1437; OLG Koblenz MDR 1995, 101; vgl. iÜ zur Kostenerstattung → Form. I.C.1 Anm. 16; Zöller/*Schultzky* ZPO § 118 Rn. 17 f. mwN).

Fristen und Rechtsmittel

8. Die Beschwerde ist innerhalb einer Notfrist von einem Monat einzulegen, die mit der Zustellung der Entscheidung beginnt (→ Anm. 3).

9. Gegen die Beschwerdeentscheidung ist grds. die Rechtsbeschwerde nach § 574 ZPO gegeben, allerdings nur, wenn das Beschwerdegericht sie zugelassen hat (§ 574 Abs. 1 Nr. 2 ZPO). Die Zulassung wiederum setzt nach § 574 Abs. 3 ZPO voraus, dass die Rechtssache grds. Bedeutung hat oder der Fortbildung des Rechts oder der Sicherung einer einheitlichen Rspr. dient. In diesen Fällen müsste das Gericht aber, soweit es um die Erfolgsaussicht der Rechtsverfolgung geht, bereits dem Prozesskostenhilfeantrag stattgeben (BGH NJW 2003, 1116; NJW-RR 2004, 1662). Nach dieser Rspr. darf die Rechtsbeschwerde nur zugelassen werden, wenn Fragen des Verfahrens oder der persönlichen Voraussetzungen zu entscheiden sind. Gegen die Verneinung der Erfolgsaussicht durch das Beschwerdegericht bleibt daher nur noch eine Gegenvorstellung. In seltenen Ausnahmefällen, bei „greifbarer Gesetzeswidrigkeit", hat die Rspr. früher eine weitere Beschwerde zum BGH zugelassen (BGH NJW 1993, 135; NJW 1997, 3318; NJW 1999, 1404), mit Einführung des § 321a ZPO hat der BGH aber diesen Weg versperrt (BGH NJW 2002, 1577).

D. Klageerhebung

1. Grundmuster einer Klageschrift mit Begründung (Zahlungsklage an das Landgericht mit Anregung eines frühen ersten Termins und Einverständnis mit Übertragung auf den Einzelrichter)

An das
Landgericht
München I, Zivilkammer[1, 2]

Klage

der Kommanditgesellschaft in Firma Meyer & Wittrock, vertreten durch den persönlich haftenden Gesellschafter Hans Meyer,[3] Feldstraße 1, 80355 München,[4]
Klägerin
Prozessbevollmächtigter: Rechtsanwalt . . . . .
gegen
den Werbegrafiker Peter Meister,[5] Karlstraße 9, 80801 München,
Beklagter
Prozessbevollmächtigter: Rechtsanwalt . . . . .[6]
wegen Kaufpreis[7]
Streitwert: 12.000 EUR[8]
Namens und in Vollmacht der Klägerin erhebe ich Klage und werde beantragen:
1. Der Beklagte wird verurteilt, an die Klägerin 12.000 EUR nebst Zinsen in Höhe von 9,5 % seit dem 2.4.20 zu zahlen.[9]
2. Der Beklagte trägt die Kosten des Rechtsstreits.[10]
3. Das Urteil ist notfalls gegen Sicherheitsleistung vorläufig vollstreckbar,[11]

hilfsweise für den Fall des Unterliegens,
Vollstreckungsschutz.[12]
Vorab wird beantragt,
von einer Güteverhandlung abzusehen, weil bereits ein erfolgloser Güteversuch stattgefunden hat.[13]
Die Bescheinigung der Kfz-Schlichtungsstelle der Handwerkskammer . . . . . liegt bei.
Im Übrigen wird angeregt, einen frühen ersten Termin zu bestimmen.[14] Sofern das Gericht das schriftliche Vorverfahren anordnet, wird für den Fall der Fristversäumnis beantragt,
den Beklagten durch Versäumnisurteil ohne mündliche Verhandlung zu verurteilen.[15]
Einer Entscheidung der Sache durch den Einzelrichter stehen aus Sicht der Klägerin keine Gründe entgegen.[16]

Begründung:[17]

Die Klägerin, die einen Im- und Export betreibt, verlangt vom Beklagten den restlichen Kaufpreis für einen gebrauchten Firmenwagen. Auf eine Annonce der Klägerin suchte der Beklagte den Betrieb der Klägerin am 13.2.20 . . . . . auf und ließ sich von deren Fahrer, Herrn A, das Fahrzeug vom Typ Daimler-Benz ML 320, amtl. Kennzeichen . . . . .,

vorführen. Nach einer Probefahrt entschloss sich der Beklagte zum Kauf und unterzeichnete einen von Herrn A vorbereiteten Kaufvertrag.

Beweis: Kaufvertrag vom 13.2.20 . . . .[18] – Anlage 1 –[19]

Nach dem Vertrag betrug der Kaufpreis 20.000 EUR, hiervon waren bei Übergabe 8.000 EUR zu zahlen, die restlichen 12.000 EUR wurden bis zum 1.4.20 . . . . . gestundet.

Beweis: Kaufvertrag (Anlage 1)

Der Wagen wurde am 14.2.20 . . . . . auf den Beklagten zugelassen und ihm gegen Zahlung von 8.000 EUR übergeben.[20] Den Restbetrag von 12.000 EUR hat der Beklagte trotz Mahnschreiben vom 5.4. und 30.4.20 . . . . ., die als
Anlagen 2 u. 3[21]
überreicht werden, nicht beglichen.
Der Beklagte wird vermutlich einwenden,[22]dass der Wagen mangelhaft sei. Hiermit kann der Beklagte jedoch nicht gehört werden, denn er hat das Fahrzeug kraft ausdrücklicher vertraglicher Vereinbarung „gekauft wie besehen und unter Ausschluss jeglicher Gewährleistung".

Beweis: Kaufvertrag (Anlage 1)

Damit scheiden Gewährleistungsansprüche aus. Vorsorglich wird aber schon jetzt bestritten, dass der Wagen bei Übergabe Mängel aufwies, die über einen normalen Verschleiß hinausgingen. Im Übrigen waren dem Beklagten Alter und Zustand des Fahrzeugs bekannt, denn er hat in Anwesenheit des Fahrers Herrn A Karosserie und Motor sorgfältig untersucht und sich auch den Kraftfahrzeugbrief und den Kraftfahrzeugschein zeigen lassen. Zusicherungen über den Zustand des Fahrzeugs sind nicht abgegeben worden.

Beweis: Zeugnis des Angestellten A (ladungsfähige Anschrift)

Der Zinsanspruch steht der Klägerin als Verzugsschaden zu.[23] Der Beklagte befindet sich seit dem 1.4.20, dem vereinbarten Zahlungsdatum, in Verzug. Die Klägerin nimmt seit dieser Zeit ständig Bankkredit in einer die Klagforderung übersteigenden Höhe zu einem Zinssatz von mindestens 9,5 % in Anspruch,

Beweis: anliegende Zinsbescheinigung der X-Bank (Anlage 4)

den sie um den eingeklagten Betrag zurückgeführt hätte. Zumindest stehen der Klägerin nach § 288 Abs. 1 BGB Zinsen in Höhe von 5 Prozentpunkten über dem Basiszinssatz zu.
Beglaubigte und einfache Abschrift liegen an.[24]
Rechtsanwalt[25, 26, 27, 28]

Schrifttum: Ahrens, Mediationsgesetz und Güterichter – Neue gesetzliche Regelungen der gerichtlichen und außergerichtlichen Mediation, NJW 2012, 2465; *Bacher,* Elektronisch eingereichte Schriftsätze im Zivilprozess, NJW 2009, 1548; *ders.*, Der elektronische Rechtsverkehr im Zivilprozess, NJW 2015, 2753; *Bitter,* Die Crux mit der obligatorischen Streitschlichtung nach § 15a EGZPO, NJW 2005, 1235; *Deckenbrock/Jordans,* Neue Entwicklungen bei der obligatorischen Streitschlichtung nach § 15a EGZPO, MDR 2009, 1202; *Degen,* Mahnen und Klagen per E-Mail, NJW 2008, 1473; *Doms,* Neue ZPO – Umsetzung in der anwaltlichen Praxis, NJW 2002, 779; *Francken,* Der Entwurf des Gesetzes zur Förderung der Mediation und die gerichtsinterne Mediation im arbeitsgerichtlichen Verfahren, NZA 2011, 1001; *Franzen,* Vermeidbare Prozesse, NJW 1982, 1854; *Greger,* Die von der Landesjustizverwaltung anerkannten Gütestellen: Alter Zopf mit Zukunftschancen, NJW 2011, 1478; *Jost*/Kempe, E-Justice in Deutschland, NJW 2017, 2705; *Kammerlohr/Kroiß,* Anwaltliche Tätigkeit im Zivilprozess, 2006; *Kesper/Ory*, Der zeitliche Fahrplan zur Digitalisierung von Anwaltschaft und Justiz, NJW 2017, 2709; *Kiesel,* Das Gesetz zur Beschleunigung fälliger Zahlungen, NJW 2000, 1673;

Kleffmann, Die ladungsfähige Anschrift der Parteien als Erfordernis ordentlicher Klageerhebung, NJW 1989, 1142; *Köbler,* Schriftsatz per E-Mail – Verfahrensrechtliche Fallen, MDR 2009, 357; *Kunz-Schmidt,* Unterschriftserfordernis für bestimmende Schriftsätze im Zivilprozess, NJW 1987, 1298; *Lange,* Der frühe erste Termin als Vorbereitungstermin, NJW 1986, 1728; *Leuering,* Das beA und bestimmende Schriftsätze, NJW 2019, 2739; *Michel/von der Seipen,* Der Schriftsatz des Anwalts im Zivilprozess, 6. Aufl. 2004; *Müller,* Neue Rechtsbegriffe im Zustellungsrecht, NJW 2017, 2713; *Petershagen,* Der neue Basiszinssatz der ZPO, NJW 2002, 1455; *Schellhammer,* Zivilprozessreform und erste Instanz, MDR 2001, 1081; *Schindler,* Praktische Probleme mit den technischen Vorgaben im elektronischen Rechtsverkehr, NJW 2020, 2943; *Schneider,* Die Klage im Zivilprozess, 3. Aufl. 2007; *Schultzky,* Die „kleine" ZPO-Reform 2020, MDR 2020, 1; *Seutemann,* Anforderungen an den Sachvortrag der Parteien, MDR 1997, 615; *Treffer,* Die Wahl der richtigen Verfahrensart, MDR 1999, 721; *Viefhus,* Das Gesetz über die Verwendung elektronischer Kommunikationsformen in der Justiz, NJW 2005, 1009; *Zimmermann,* Der Zins im Zivilprozess, JuS 1991, 229.

Anmerkungen

1. Das Formular betrifft eine herkömmliche, in Schriftform eingereichte Klageschrift. Zu beachten ist, dass seit dem 1.1.2018 der elektronische Rechtsverkehr mit den Gerichten eröffnet ist. Der vollständig neu gefasste § 130a ZPO bestimmt insoweit, dass vorbereitende Schriftsätze und deren Anlagen, schriftlich einzureichende Anträge und Erklärungen der Parteien sowie schriftlich einzureichende Auskünfte, Aussagen, Gutachten, Übersetzungen und Erklärungen Dritter als elektronisches Dokument eingereicht werden können. Alles, was in schriftlicher Form von den Parteien, ihren Bevollmächtigten und Dritten eingereicht werden kann, kann damit künftig als elektronisches Dokument an das Gericht übermittelt werden (Thomas/Putzo/*Seiler* ZPO § 130a Rn. 1). Das betrifft insbesondere auch Klageschriften (§ 253 Abs. 4 ZPO; Thomas/Putzo/*Seiler* ZPO, § 130a Rn. 2; *Leuering* NJW 2019, 2739). Die Nutzung war bisher freiwillig, wird jedoch nunmehr ab dem 1.1.2022 verpflichtend, dh Rechtsanwälte und Behörden in Zivilsachen müssen ab dem 1.1.2022 Schriftsätze und deren Anlagen sowie schriftlich einzureichende Anträge und Erklärungen in allen Fällen elektronisch einreichen (§ 130d Abs. 1 ZPO; *Kesper/Ory* NJW 2017, 2709 (2711)).

Entscheidend für den elektronischen Rechtsverkehr ist, dass die Kommunikationspartner identifizierbar sind und die Datenübermittlung sicher erfolgt. Das elektronische Dokument muss für die Bearbeitung durch das Gericht geeignet sein (§ 130a Abs. 2 S. 1 ZPO). Ist das Dokument nicht geeignet und kommt der Absender nicht in den Genuss der Eingangsfiktion des § 130a Abs. 6 S. 2 ZPO ist der Eingang unwirksam und das Gericht muss den Eingang zurückweisen (*Schindler* NJW 2020, 2943 (2944)). Die Neufassung des § 130a ZPO durch das Gesetz zur Regelung der Wertgrenze für die Nichtzulassungsbeschwerde in Zivilsachen, zum Ausbau der Spezialisierung bei den Gerichten sowie zur Änderung weiterer zivilprozessrechtlicher Vorschriften zum 1.1.2020 stellt durch die Verwendung des Plurals „elektronische Dokumente" in § 130a Abs. 1 ZPO klar, dass Schriftsätze und Anlagen nicht in einem gemeinsamen elektronischen Dokument zusammengefasst werden müssen, sondern einzeln versandt werden können (*Schultzky* MDR 2020, 1 (5)). Die für die Übermittlung und Bearbeitung geeigneten technischen Rahmenbedingungen werden durch die Verordnung über die technischen Rahmenbedingungen des elektronischen Rechtsverkehrs und über das besondere elektronische Behördenpostfach vom 24.11.2017 (ERVV, abgedruckt bei Thomas/Putzo/*Seiler* ZPO Anh. § 130a) näher bestimmt. Gemäß § 2 Abs. 1 ERVV muss das Dokument in druckbarer, kopierbarer und, soweit technisch möglich, durchsuchbarer Form im PDF-Format übermittelt werden. Für Anlagen gelten diese strengen Anforderungen nicht, sie können – was häufig erforderlich sein wird – auch in Dateiformaten wie WAV, MP3, MPEG oder AVI, also in nicht durchsuchbarer Form übermittelt werden (*Schindler* NJW 2020, 2942 (2945)).

Gemäß § 130a Abs. 3 ZPO bestehen zwei Alternativen für die Übermittlung elektronischer Dokumente (Musielak/*Stadler* ZPO § 130a Rn. 3): Entweder muss das elektronische Dokument, sofern es einen bestimmenden Schriftsatz enthält, mit qualifizierter elektronischer Signatur versehen sein, oder – insoweit neu – muss es eine einfache Signatur enthalten und auf einem sicheren Übermittlungsweg übertragen werden. Bei Verwendung der einfachen Signatur reicht es, wenn durch Einfügen in das elektronische Dokument eine Wiedergabe der Unterschrift dieser Person angebracht wird (Musielak/*Stadler* ZPO § 130a Rn. 6 mwN). Als sicheren Übermittlungsweg hat der Gesetzgeber in § 130a Abs. 4 ZPO zum einen die Kommunikation über den seit dem Jahr 2012 eröffneten Postfach- und Versanddienst eines De-Mail-Kontos, zum anderen zusätzlich das besondere elektronische Anwalts- oder Notarpostfach (beA) gemäß § 31a BRAO bzw. § 78n BNotO sowie das besondere elektronische Behördenpostfach vorgesehen. Diese Voraussetzungen gelten gemäß § 130a Abs. 3 S. 2 ZPO nicht für Anlagen, die vorbereitenden Schriftsätzen beigefügt sind.

Das Gericht muss den Absender gem. § 130a Abs. 6 S. 1 ZPO unverzüglich darauf hinweisen, wenn das elektronische Dokument zur Bearbeitung nicht geeignet ist. Reicht der Absender das Dokument dann in einer geeigneten Form nach und macht glaubhaft, dass es mit dem zuerst eingereichten Dokument inhaltlich übereinstimmt, gilt das Dokument gem. § 130a Abs. 6 S. 2 ZPO zu dem Zeitpunkt der früheren Einreichung als zugegangen. Die Vorschrift ist damit an weit geringere Anforderungen geknüpft als die Wiedereinsetzung in den vorigen Stand (*Schindler* NJW 2020, 2943 (2945)). Allerdings können nur Mängel hinsichtlich der technischen Anforderungen nach § 130a Abs. 2 ZPO geheilt werden, nicht dagegen Formfehler iSv § 130a Abs. 3 und 4 ZPO (*Schindler* NJW 2020, 2943 (2945)). Die Hinweispflicht des Gerichts besteht nur einmal. Ist das Dokument bei einer zweiten Einreichung immer noch fehlerhaft, ist § 130a Abs. 6 ZPO nicht anwendbar (BAG NJW 2020, 1694 Rn. 10).

2. Die genaue Bezeichnung des Gerichts gehört zu den Formalien der Klageschrift, § 253 Abs. 2 Nr. 1 ZPO. Die Zuständigkeitsgrenze zwischen Amts- und Landgericht liegt bei 5.000 EUR (§ 23 Nr. 1 GVG). Der Kläger sollte besonders prüfen, ob der Anspruch nicht zur Zuständigkeit der Kammer für Handelssachen gehört (→ Form. I.D.2), und in diesem Fall seinen Antrag, den Rechtsstreit dort zu verhandeln, bereits in der Klageschrift stellen (§ 96 Abs. 1 GVG). Sofern der Geschäftsverteilungsplan eines Landgerichts bestimmte Klagen besonderen Kammern zuweist (zB Wettbewerbssachen, Verkehrszivilsachen, Bankensachen, Bausachen), sollte in der Klageschrift deutlich gemacht werden, dass die Klage vor diese Kammer gehört. Die Annahmestelle des Landgerichts ist nicht immer in der Lage, dies zu erkennen, was zu zeitraubenden Abgaben innerhalb des Gerichts führen kann.

3. Besondere Sorgfalt ist auf die Bezeichnung der Parteien zu verwenden; eine unzureichende Bezeichnung kann zu Schwierigkeiten in der Zwangsvollstreckung führen. Es gilt § 130 Nr. 1 ZPO. Bei juristischen Personen ist die Angabe der „gesetzlichen Vertreter" erforderlich, es sind also bei einer GmbH der Geschäftsführer (namentliche Benennung nach BGH NJW 1993, 2811 (2813) nicht notwendig, aber gleichwohl ratsam), bei einer Aktiengesellschaft und bei einem Verein die Vorstandsmitglieder, bei einer OHG oder KG die persönlich haftenden Gesellschafter aufzuführen. Sollen ein Kaufmann unter seiner Firma (§ 17 Abs. 2 HGB), eine Handelsgesellschaft oder eine juristische Person verklagt werden, ist unbedingt zu empfehlen, die genaue Firmenbezeichnung und die Namen des Inhabers bzw. der gesetzlichen Vertreter vorher durch eine Auskunft beim Handelsregister festzustellen (bei Vereinen entsprechend im Vereinsregister, bei Genossenschaften im Genossenschaftsregister). Stellt sich später heraus, dass die Bezeichnung unrichtig oder unvollständig war, ist eine Berichtigung erforderlich, die unbedingt beantragt werden sollte (→ Form. I.J.4).

4. Der Kläger muss seine ladungsfähige Anschrift angeben; verweigert er dies ohne zureichenden Grund, ist die Klage unzulässig (vgl. auch zu Ausnahmen, BGH NJW 1988, 2114; MDR 2004, 1014; BVerwG NJW 1999, 2608; BFH NJW 2001, 1158; *Kleffmann* NJW 1989, 142; einschränkend Zöller/*Greger* ZPO § 253 Rn. 8). Diese Anforderung der Rspr. bedeutet keinen Verfassungsverstoß (BVerfG NJW 1996, 1272). Ändert sich die Anschrift im Laufe des Prozesses, ohne dass der anwaltlich vertretene Kläger die neue Anschrift nennt, führt dies nicht zur Unzulässigkeit (BGH NJW-RR 2009, 1009; NJW 2013, 1681).

5. Von der genauen und zutreffenden Bezeichnung des Beklagten hängen die Zustellung der Klage und später die Vollstreckung ab. Es gilt das in → Anm. 3 Gesagte entsprechend. Als Anschrift des Beklagten kann uU auch seine Arbeitsstelle genügen (BGH NJW 2001, 885); nicht ausreichend ist dagegen die Angabe eines Postfachs (Zöller/*Greger* ZPO § 253 Rn. 8 mwN).

6. Sofern in der vorprozessualen Korrespondenz ein Rechtsanwalt seine Zustellungsbevollmächtigung für den Gegner mitgeteilt hat, ist er hier aufzuführen. Das gilt aber nicht schon dann, wenn der Anwalt den Beklagten vorprozessual oder in anderer Sache vertreten hatte, ohne mitzuteilen, dass ihm die Klage zugestellt werden könne.

7. Eine Kurzbezeichnung des Streitgegenstands in dieser Weise ist üblich, allerdings nicht notwendig (zB Schadensersatz, Unterhalt, Auskunft, Herausgabe etc).

8. Die Angabe des Streitwerts soll enthalten sein, da hiervon die sachliche Zuständigkeit und die Höhe des Gerichtskostenvorschusses abhängen, vgl. § 253 Abs. 3 Nr. 2 ZPO. Ist durch die Klageerhebung eine Frist zu wahren, sollte der Streitwert unbedingt angegeben werden, da sich sonst die Klagezustellung zurechenbar verzögern kann (§ 167 ZPO, BGH NJW 1994, 1073). Bei Klagen auf Zahlung einer bestimmten Geldsumme ist die Angabe nicht erforderlich, aber üblich.

9. Das Fehlen eines bestimmten Antrags (§ 253 Abs. 2 Nr. 2 ZPO) macht die Klage unzulässig. Die Formulierung ist bei Zahlungsklagen unproblematisch, Schwierigkeiten können sich aber zB bei Klagen auf Herausgabe, Vornahme einer Handlung oder Feststellung ergeben.

10. Über die Kosten entscheidet das Gericht auch ohne Antrag (§ 308 Abs. 2 ZPO), der Kostenantrag ist jedoch allgemein üblich. Für den Fall, dass es später nur noch um die Kosten geht, kann er Bedeutung erlangen.

11. Auch über die vorläufige Vollstreckbarkeit hat das Gericht ohne Antrag zu erkennen; es kann aber sinnvoll sein, dem Gericht nahe zu bringen, dass das Urteil ohne Sicherheitsleistung des Klägers für vorläufig vollstreckbar zu erklären ist. Besondere Anträge des Gläubigers nach §§ 710, 711 S. 3 ZPO, das Urteil ohne Sicherheitsleistung für vorläufig vollstreckbar zu erklären, sind zweckmäßigerweise bereits in der Klageschrift zu stellen; sie müssen gem. § 714 ZPO jedenfalls vor Schluss der mündlichen Verhandlung gestellt sein. Allerdings versprechen die Anträge nur Erfolg, wenn die tatsächlichen Voraussetzungen glaubhaft gemacht werden. Im angenommenen Fall wäre das Urteil für den Kläger im Fall des Obsiegens nur gegen Sicherheitsleistung vorläufig vollstreckbar, da der Gegenstand der Verurteilung den Betrag von 1.250 EUR übersteigen würde (§§ 708 Nr. 11, 709 ZPO).

Will der Kläger seine Sicherheitsleistung nicht durch Hinterlegung, sondern durch Bankbürgschaft erbringen, ist dies nach § 108 S. 2 ZPO ohne gerichtliche Bestimmung möglich; die Sicherheitsleistung kann durch die schriftliche, unwiderrufliche, unbedingte und unbefristete Bürgschaft eines im Inland zum Geschäftsbetrieb befugten Kreditinstituts geleistet werden. Auch die Bürgschaft der Bank eines EU-Staates kann geeignet sein (OLG Hamburg NJW 1995, 2859; vgl. Zöller/*Herget* ZPO § 108 Rn. 7); hierzu bedarf es aber einer besonderen gerichtlichen Anordnung. Zur Übergabe oder Zustellung der Bürgschaftsurkunde an den Gegner vgl. Zöller/*Herget* ZPO § 108 Rn. 11; Thomas/Putzo/*Hüßtege* ZPO § 108 Rn. 11, jeweils mit Nachw. Eine Zustellung des Originals der Bürgschaftsurkunde von Anwalt zu Anwalt ist ausreichend (OLG Koblenz JurBüro 2001, 213). Manche Gerichte ordnen die gerichtliche Hinterlegung der Bürgschaftsurkunde an. Die Bürgschaft muss gegenüber der Bank verzinst werden, die dadurch entstandenen Kosten sind Prozesskosten, also von der unterliegenden Partei zu tragen (OLG München MDR 1999, 1525, str.), nach aA handelt es sich um Kosten der Zwangsvollstreckung (vgl. Zöller/*Geimer* ZPO § 788 Rn. 5). Zur Rückgabe der Bürgschaft BGH NJW 1979, 417; ist der Anlass für die Sicherheitsleistung entfallen, sollte die Bürgschaftsurkunde unverzüglich vom Gegner zurückgefordert werden (BGH NJW 1990, 2129). Möglich ist es auch, den Austausch einer beigebrachten Prozessbürgschaft gegen die gleichwertige eines anderen Kreditinstituts zu fordern (BGH NJW 1994, 1351). Entscheidungen über Art und Höhe der Sicherheitsleistung sind (eingeschränkt) anfechtbar, vgl. Thomas/Putzo/*Hüßtege* ZPO § 108 Rn. 16, 17.

12. Für den Fall seines Unterliegens kann der Kläger den Schutzantrag nach § 712 ZPO (auch Antrag auf „Befugung" genannt) stellen. Hierzu ist Glaubhaftmachung der tatsächlichen Voraussetzungen erforderlich, § 714 Abs. 2 ZPO. Nach § 714 Abs. 1 ZPO kann der Antrag nur bis zum Schluss der mündlichen Verhandlung gestellt werden; wird der Antrag in erster Instanz versäumt, ist streitig, ob er noch in der Berufungsinstanz nachgeholt werden kann (so zB OLG Stuttgart MDR 1998, 858; aA KG MDR 2000, 478; Zöller/*Herget* ZPO § 714 Rn. 1; diff. OLG Hamburg MDR 1994, 1246). Umstritten ist weiter, ob die Versäumung des Antrags in erster Instanz auch einem Einstellungsantrag nach §§ 707, 719 Abs. 1 ZPO entgegensteht (KG MDR 2000, 1455; Zöller/*Herget* ZPO § 719 Rn. 1 mwN). Wegen dieser unsicheren Rechtslage sollte der Antrag nach § 712 ZPO unbedingt im ersten Rechtszug gestellt werden.

13. Mit § 278 Abs. 2 ZPO hat der Gesetzgeber angeordnet, dass der mündlichen Verhandlung zum Zwecke der gütlichen Beilegung des Rechtsstreits eine Güteverhandlung vorauszugehen hat. Sowohl der frühe erste Termin (§§ 272 Abs. 2, 275 ZPO) als auch der Haupttermin nach schriftlichem Vorverfahren (§§ 272 Abs. 1, 276 ZPO) haben regelmäßig damit zu beginnen und werden erst bei Erfolglosigkeit mit der streitigen mündlichen Verhandlung fortgesetzt (§ 279 Abs. 1 ZPO). Diese vorgeschaltete Güteverhandlung, zu der die Parteien persönlich geladen und angehört werden, bedeutet für Anwälte, Gericht und Parteien zeitraubenden, vergeblichen Aufwand, wenn eine gütliche Einigung von vornherein nicht in Betracht kommt. In einem solchen Fall sollten die Parteien dies dem Gericht rechtzeitig vor dem Termin anzeigen und beantragen, von einer Güteverhandlung und ggf. auch von der Anordnung des persönlichen Erscheinens abzusehen. § 278 Abs. 2 S. 1 ZPO sieht diese Möglichkeit vor, wenn bereits ein Einigungsversuch vor einer außergerichtlichen Gütestelle stattgefunden hat. Das betrifft vor allem Bagatellstreitigkeiten (vermögensrechtliche Streitigkeiten bis 750 EUR, Nachbarstreitigkeiten und Streitigkeiten wegen Ehrverletzung), für die der Landesgesetzgeber nach § 15a EGZPO bestimmt hat, dass die Erhebung der Klage erst zulässig ist, wenn ein außergerichtlicher Einigungsversuch bei einer anerkannten Gütestelle stattgefunden hat. Die meisten Länder haben entsprechende Gesetze verabschiedet (vgl. *Greger* NJW 2011, 1478; Zöller/*Heßler* EGZPO § 15a Rn. 27; Thomas/Putzo/*Hüßtege* EGZPO § 15a Rn. 9). In Betracht kommen aber auch freiwillige Einigungsversuche in anderen Streitigkeiten oder bei sonstigen Gütestellen, die eine Streitbeilegung betreiben, zB bei Schlichtungsstellen von Verbänden oder Kammern oder auch vor einem Notar. Die Bescheinigung über den erfolglosen Einigungsversuch hat der Kläger mit der Klage einzureichen (§ 15a Abs. 1 S. 2 EGZPO für das dort vorgesehene Verfahren). Eine ohne den vorgesehenen Einigungsversuch erhobene Klage ist unzulässig; eine Nachholung im Prozess ist nicht möglich (BGH NJW 2005, 437; zu Umgehungsmöglichkeiten vgl. *Bitter* NJW 2005, 1235). Trifft ein schlichtungsbedürftiger Anspruch im Wege der Klagehäufung mit einem nicht schlichtungsbedürftigen Anspruch zusammen, entfällt die Schlichtungspflicht nicht (BGH NJW-RR 2009, 1239). Die zum außergerichtlichen Einigungsversuch getroffenen Landesregelungen sind mit Art. 19 Abs. 4 GG vereinbar (BVerfG NJW-RR 2007, 1073 für NRW).

Das nach langem rechtspolitischen Streit verabschiedete Gesetz zur Förderung der Mediation und anderer Verfahren der außergerichtlichen Konfliktbeilegung vom 21.7.2012 (BGBl. I 1577) sieht in § 278 Abs. 5 S. 1 ZPO vor, dass das Gericht die Parteien für die Güteverhandlung sowie für weitere Güteversuche vor einen hierfür bestimmten und nicht entscheidungsbefugten Richter (Güterichter) verweisen kann (vgl. *Ahrens* NJW 2012, 2465). Ob das Verfahren an einen Güterichter verwiesen wird, steht im Ermessen des erkennenden Gerichts. Die Güteverhandlung iSd § 278 Abs. 2 S. 1 ZPO ist damit vor dem erkennenden Gericht, aber auch vor einem besonderen Güterichter zulässig. Der Güterichter kann gem. § 278 Abs. 5 S. 2 ZPO alle Methoden der Konfliktbeilegung einschließlich der Mediation einsetzen. Mit dieser Regelung ist klargestellt, dass der Güterichter als Ausdruck seiner Methodenfreiheit auch ein vollständiges Mediationsverfahren durchführen kann (*Ahrens* NJW 2012, 2465 (2469)). Mediation ist damit nach wie vor eine zulässige richterliche Aufgabe. Da der Güterichter nicht entscheidungsbefugt ist, kann dazu kein Mitglied des zur Entscheidung berufenen Spruchkörpers bestimmt werden. Der Güterichter muss aber dem gleichen Gericht iSd Justizverwaltungskörpers angehören wie der Spruchkörper. Die Geschäftsverteilungspläne der Gerichte müssen künftig den jeweils zuständigen Güterichter bestimmen. Da der Güterichter nicht von den Parteien ausgewählt wird, ist er nicht Mediator iSd neuen Mediationsgesetzes, dessen Vorschriften daher nicht auf ihn anwendbar sind. § 278a ZPO sieht als dritte Variante der Güteverhandlung iSd § 278 Abs. 2 S. 1 ZPO vor, dass das Gericht den Parteien eine Mediation oder ein anderes Verfahren der außergerichtlichen Konfliktbeilegung vorschlagen kann, womit in erster Linie das Gericht an die Möglichkeit einer Mediation erinnert werden soll (Thomas/Putzo/*Reichold* ZPO § 278a Rn. 1). Entscheiden sich die Parteien für die Durchführung einer Mediation oder eines anderen Verfahrens der außergerichtlichen Konfliktbeilegung, ordnet das Gericht das Ruhen des Verfahrens an (§ 278a Abs. 2 ZPO). § 253 Abs. 3 ZPO sieht in Nr. 1 vor, dass die Klageschrift die Angabe enthalten soll, ob der Klageerhebung der Versuch einer Mediation oder eines anderen Verfahrens der außergerichtlichen Konfliktbeilegung vorausgegangen ist. Als Verfahrensberater muss der Rechtsanwalt seinen Mandanten über die Alternativen zum streitigen Gerichtsverfahren beraten und auch das Potenzial eines Güterichterverfahrens erörtern. Verletzt der Anwalt diese Pflicht, muss er ggf. haften (vgl. *Ahrens* NJW 2012, 2465 (2469)).

Zum Absehen von der Güteverhandlung nach § 278 Abs. 2 ZPO bei erkennbarer Aussichtslosigkeit → Form. I.F.6.

14. Ob das Gericht einen frühen ersten Termin oder das schriftliche Vorverfahren anordnet, liegt in seinem Ermessen (§ 272 Abs. 2 ZPO). Das Gericht wird jedoch die Anregung des Klägers beachten. Die Verfahrensart ist unabhängig davon, ob der Rechtsstreit durch die Kammer oder den Einzelrichter verhandelt wird. In der Praxis wird vom schriftlichen Vorverfahren weniger Gebrauch gemacht, die Verfahrensart kann aber von Kammer zu Kammer und auch innerhalb einer Kammer unter den Einzelrichtern unterschiedlich sein. Der frühe erste Termin empfiehlt sich für den Kläger immer dann, wenn abzusehen ist, dass sich der Rechtsstreit ganz oder zum Teil im ersten Termin erledigt, wenn er einen gerichtlichen Vergleich in der Güteverhandlung nach § 278 ZPO anstrebt, wenn er an einer baldigen Erörterung des Rechtsstreits mit dem Gericht interessiert ist, wenn der Streit bereits durch ein vorgeschaltetes Prozesskostenhilfeverfahren geklärt ist oder wenn die Vorbereitung des Rechtsstreits durch ein schriftliches Vorverfahren aus anderen Gründen überflüssig erscheint (vgl. Thomas/Putzo/*Reichold* ZPO § 272 Rn. 4). Wenn allerdings bekannt ist, dass beim angerufenen Amts- oder Landgericht Termine erst nach Monaten stattfinden, kann ein schriftliches Vorverfahren wegen der Möglichkeit, ohne Termin ein Versäumnisurteil oder Anerkenntnisurteil zu erwirken, günstiger sein. Andererseits birgt das schriftliche Vorverfahren bei streitigem Prozessverlauf stets die Gefahr der Verschleppung. Zur Prozessförderungspflicht der Parteien für den frühen ersten Termin BGH NJW 1983, 575. Bei Wahl eines frühen ersten Termins können sich die Parteien nicht darauf verlassen, dass noch ein weiterer Haupttermin stattfinden wird (BGH NJW 1983, 575; 1987, 499), anders aber, wenn es sich ersichtlich um einen Durchlauftermin handelt (BVerfG NJW 1985, 1149; BGH NJW 1987, 500; BayVerfGH NJW 1990, 502; vgl. Zöller/*Greger* ZPO § 296 Rn. 5).

15. Dieser Antrag kann bereits in der Klage gestellt werden (§ 331 Abs. 3 S. 2 ZPO). Das sollte, auch wenn der Kläger einen frühen ersten Termin anregt, stets geschehen; denn ordnet das Gericht dennoch das schriftliche Vorverfahren an, würde ein weiterer Schriftsatz erforderlich, was die Entscheidung verzögert.

16. Die Erklärung ist gem. § 253 Abs. 3 Nr. 3 ZPO erforderlich. Eine Übertragung der Sache durch die Zivilkammer auf den Einzelrichter gem. § 348a ZPO („obligatorischer Einzelrichter") kommt in Betracht, wenn dieser ein Richter auf Probe ist oder wenn es sich um eine Spezialkammer handelt, der im Geschäftsverteilungsplan Streitigkeiten aus den in § 348 Abs. 1 Nr. 2 ZPO genannten Sachgebieten zugewiesen sind. In allen anderen Fällen entscheidet regelmäßig ein Mitglied der Kammer als Einzelrichter („originärer Einzelrichter" gem. § 348 ZPO). In den in § 348 Abs. 3 ZPO genannten Fällen hat der Einzelrichter die Sache allerdings der Kammer zur Entscheidung über die Übernahme vorzulegen. Das geschieht in den Fällen des § 348 Abs. 3 S. 1 Nr. 1 und 2 ZPO selten, was zur Verletzung des Gebots des gesetzlichen Richters und Aufhebung in der Rechtsmittelinstanz führen kann (vgl. die Fälle BGH NJW 2003, 1254; 2003, 3712). Nur in den in Nr. 1 u. 2 bezeichneten Fällen (besondere Schwierigkeit, grundsätzliche Bedeutung) kann eine Übernahme durch die Kammer stattfinden. Auch ein übereinstimmender Antrag der Parteien (vgl. Nr. 3) führt nur unter diesen Voraussetzungen zur Übernahme. Anträge, den Rechtsstreit der Kammer zur Übernahme vorzulegen, müssen also entsprechend begründet werden. Zu berücksichtigen ist aber auch, dass ein Haupttermin vor dem Einzelrichter meist schneller zu erreichen ist als vor der Kammer. In den Fällen des § 348a ZPO wird der frühe erste Termin oft noch vor der Kammer stattfinden, da die Einzelrichtererklärung des Beklagten nach § 277 Abs. 1 S. 2 ZPO im Zeitpunkt der Terminierung noch nicht vorliegt. Will der Kläger keine Verhandlung vor dem Einzelrichter oder strebt er eine Übernahme durch die Kammer an, sollte er seine Gründe darlegen. Die Übertragung auf den Einzelrichter oder die Übernahme durch die Kammer stehen aber im Ermessen der Kammer. Deren Entscheidung ist unanfechtbar (§ 348 Abs. 2, 4, § 348a Abs. 3 ZPO), sie kann auch nicht mit der Berufung angegriffen werden.

17. Die Klagebegründung muss die bestimmte Angabe des Gegenstands und des Grundes des erhobenen Anspruchs enthalten, die zur Begründung der Anträge dienenden tatsächlichen Verhältnisse angeben und die Beweismittel, derer sich der Kläger zum Nachweis tatsächlicher Behauptungen bedienen will, bezeichnen (§ 253 Abs. 2 Nr. 2 iVm § 130 Nr. 3, 5 ZPO). Für die Zulässigkeit der Klage reicht es aus, dass der Anspruch als solcher identifizierbar ist (BGH NJW-RR 2005, 216; 2004, 639). Die Klage kann aber in der Sache nur Erfolg haben, wenn der Anspruch schlüssig dargelegt ist. Hierzu ist es zweckmäßig, dass der Kläger die materiell-rechtliche Anspruchsgrundlage (hier § 433 Abs. 2 BGB) zum Ausgangspunkt nimmt und zu deren Tatbestandsmerkmalen (Kaufvertrag einschließlich Vereinbarung des Kaufpreises) die erforderlichen Tatsachen vorträgt. Dabei genügt nicht die bloße Rechtsbehauptung, dass die Parteien einen Kaufvertrag geschlossen haben, vielmehr ist zur Schlüssigkeit näher darzulegen, wann, zwischen welchen Personen und auf welche Weise dies geschehen ist (Substantiierungspflicht, vgl. näher BGH NJW 1984, 310; NJW 1984, 2888; WM 1985, 736; NJW 1991, 2707 (2709); NJW-RR 1993, 189; NJW 2012, 1647 (1648)). Genauer Sachvortrag und entsprechende Beweisanträge sind insb. ratsam, soweit die Darlegungs- und Beweislast beim Kläger liegt (hierzu grds. BGH NJW 1986, 2426 (2427); NJW 1997, 128 (129)) oder sich die Tatsache innerhalb seines eigenen Wahrnehmungsbereichs ereignet hat (BGH NJW 1996, 1826 (1827); MDR 1999, 440; MDR 1999, 1371; MDR 2000, 592). Vom nicht darlegungspflichtigen Prozessgegner kann ein substantiiertes Bestreiten nur gefordert werden, wenn dem Behauptenden eine weitere Substantiierung nicht möglich oder nicht zumutbar ist, während jener alle wesentlichen Tatsachen kennt und es ihm zumutbar ist, nähere Angaben zu machen (BGH NJW 1999, 714 unter II 2 mwN; MDR 2001, 1249). Für den Kläger ist es grds. ausreichend, wenn er Tatsachen vorträgt, die iVm einem Rechtssatz geeignet sind, das geltend gemachte Recht als in seiner Person entstanden erscheinen zu lassen; genügt das Parteivorbringen diesen Anforderungen an die Substantiierung, so kann der Vortrag weiterer Einzeltatsachen nur verlangt werden, wenn diese, insb. im Hinblick auf das Vorbringen des Gegners, für die Rechtsfolgen von Bedeutung sind (stRspr, zB BGH NJW-RR 1998, 1409; NJW 1999, 1859 (1860); MDR 1999, 1371). Der Grad der Wahrscheinlichkeit des geschilderten Sachverhalts soll für den Umfang der Darlegung ohne Bedeutung sein (BGH NJW-RR 2003, 69 (70)). Die Instanzgerichte stellen allerdings oft Anforderungen, die mit dieser Rspr. des BGH schwer zu vereinbaren sind. Es empfiehlt sich daher, eher mehr als weniger Details zu den anspruchsbegründenden Tatsachen vorzutragen. Der Kläger darf auch nur vermutete Tatsachen behaupten und unter Beweis stellen, wenn er zuverlässiges Wissen anders nicht erlangen kann (BGH NJW-RR 1988, 1529, NJW 1995, 1160; NJW 1995, 2111). Die Grenze ist überschritten, wenn Behauptungen „ins Blaue hinein" aufgestellt werden oder „aus der Luft gegriffen" sind; dieser Vorwurf ist jedoch nur gerechtfertigt, wenn für eine Behauptung jegliche tatsächliche Anhaltspunkte fehlen (BGH NJW-RR 2003, 69 (70)).

Es empfiehlt sich, die klagebegründenden Tatsachen in historischer Reihenfolge darzustellen. Eine rechtliche Qualifizierung des Anspruchs ist nicht erforderlich. Rechtsausführungen sind nicht notwendig und häufig auch überflüssig. Soweit die Parteien nicht besonderen Anlass haben, das Gericht von einer bestimmten Rechtsansicht zu überzeugen, und es nicht um Rechtsfragen von grundsätzlicher Bedeutung oder um Spezialfragen geht, sollten sie sich auf kurze Hinweise, ggf. unter Angabe einschlägiger Rspr. und Lit., beschränken. Allerdings können knappe Hinweise auf Rspr. und Lit. insb. dann sinnvoll sein, wenn es sich um eine Spezialmaterie handelt und das erkennende Gericht hiermit selten befasst ist.

18. Die Beweismittel sind gem. § 130 Nr. 5 ZPO zu bezeichnen, spätere Nachholung ist möglich (BVerfG NJW 1993, 1319). Urkunden sind nicht nur zu bezeichnen, sondern vorzulegen (§ 420 ZPO). Es genügt die Einreichung einer Kopie, das Original sollte jedoch im Termin vorgelegt werden können. Problematisch kann die Frage sein, ob sich der Kläger zur Individualisierung des Klagegrunds (§ 253 Abs. 2 Nr. 2 ZPO) damit begnügen darf, auf eine in Bezug genommene übersichtliche Anlage zu verweisen. Der BGH (NJW-RR 2004, 639) bejaht dies, betont aber auch, dass die Gerichte nicht verpflichtet sind, umfangreiche Anlagenkonvolute durchzuarbeiten, um die Ansprüche zu konkretisieren.

19. Es ist zweckmäßig, dass die Parteien ihre Anlagen unterschiedlich bezeichnen, zB der Kläger mit Zahlen, der Beklagte mit Buchstaben oder der Kläger mit K 1, 2 usw. und der Beklagte mit B 1, 2 usw.

20. Die Übergabe der Kaufsache ist keine Anspruchsvoraussetzung, in Hinblick auf die zur Zug-um-Zug-Verurteilung führende Einrede des nichterfüllten Vertrags und als maßgeblicher Zeitpunkt für den Beginn der Sachmängelhaftung sollte sie jedoch bei Kaufpreisklagen stets vom Kläger vorgetragen werden.

21. Es ist zu empfehlen, nicht nur Mahnschreiben, sondern die gesamte prozesserhebliche Korrespondenz dem Gericht vorzulegen.

22. Ob der Kläger bereits in der Klageschrift auf mögliche Einwendungen des Beklagten eingehen soll, ist Frage des Einzelfalls. Wenn dessen Einwendungen jedoch abzusehen sind, kann dadurch eine schriftsätzliche Entgegnung auf die Klageerwiderung entbehrlich werden und zur Straffung des Prozesses beitragen; dies kann auch den Beklagten veranlassen, seinen Standpunkt zu überdenken. Zudem wird dem Gericht eine gezielte Vorbereitung des Rechtsstreits erleichtert. In jedem Fall sollte der Kläger bereits zum Zeitpunkt der Klageerhebung wissen, was er auf die Einwendungen des Beklagten erwidern will und welche (Gegen-)Beweise ihm zur Verfügung stehen, sowie die erforderlichen Informationen hierzu gesammelt haben. Denn die Klageerwiderung kann Anlass zu einer weiteren Aufgliederung und Ergänzung der Sachdarstellung bieten (BGH NJW 1986, 1826 (1827)) und der Kläger kann nicht damit rechnen, dass das Gericht ihm zur Entgegnung auf die Klageerwiderung mehr als zwei Wochen Zeit gibt. Im angenommenen Fall dient das Vorbringen des Klägers dazu, Gewährleistungsansprüche wegen vertraglicher Vereinbarung (§ 444 BGB) auszuschließen und Kenntnis des Käufers (§ 442 BGB) zu behaupten.

23. Dem Kläger stehen in jedem Fall Verzugszinsen iHv 5 Prozentpunkten über dem Basiszinssatz nach § 288 Abs. 1 BGB ab Verzugsbeginn zu. Der Basiszinssatz beträgt nach § 247 Abs. 1 BGB 3,62 %, hat aber seitdem stark geschwankt. Jeweils zum 1.1. und 1.7. eines Jahres wird er angepasst. Zurzeit ist er mit -0,88 % (Stand: 1.1.2021) sogar negativ (näher zu den wechselnden Zinssätzen *Petershagen* NJW 2002, 1455; *Meier/Grünebaum* MDR 2002, 748). Der Kläger kann jedoch nach § 288 Abs. 4 BGB einen weitergehenden Verzugsschaden wegen Inanspruchnahme eines Bankkredites geltend machen. Zum Beleg dieses Zinsschadens, der jedenfalls in Hochzinsphasen höher liegen kann als 5 Prozentpunkte über dem Basiszinssatz, sollte bereits in der Klageschrift, und nicht erst auf Bestreiten des Beklagten, eine Zinsbescheinigung der Bank eingereicht werden. Ob der Kläger auch ohne nähere Darlegung einen höheren Zinssatz verlangen kann, ist fraglich. Nach der Rspr. des BGH (NJW 1984, 371) braucht der Zahlungsverzug des Schuldners nicht für die Kreditaufnahme ursächlich zu sein; es genügt also, eine Kreditaufnahme in Höhe der Klageforderung darzulegen. Wenn der Beklagte bestreitet, ist, jedenfalls bei Nichtkaufleuten, eine nähere Darlegung erforderlich (BGH NJW-RR 1991, 1406; vgl. Palandt/*Grüneberg* BGB § 288 Rn. 14). Zum Teil wird auch die Darlegung des Klägers verlangt, dass ihm eine Rückzahlung des Kredits möglich und von ihm beabsichtigt war (OLG Saarbrücken NJW-RR 2008, 1126).

Bei wechselnder Höhe der Kreditzinsen kann der Antrag wie folgt lauten:

„. . . . nebst Zinsen in Höhe von
9,5 % vom 2.4.20 . . bis zum 31.5.20 . .
10 % vom 1.6.20 . . bis zum 3.8.20 . .

10,5 % seit dem 4.8.20 . . zu zahlen."

Da dem Kläger Verzugszinsen jedenfalls nach § 288 Abs. 1 BGB zustehen, dürfte auch der Zusatz „mindestens aber in Höhe von 5 Prozentpunkten über dem Basiszinssatz seit dem 2.4.20 . . . . ." hinreichend bestimmt und damit zulässig sein. Nicht erforderlich ist es, die Höhe des Basiszinssatzes anzugeben.

Bei mehreren Forderungen mit unterschiedlichem Verzugsbeginn oder bei zu berücksichtigenden Teilzahlungen kann der Zinsantrag lauten:

„. . . . . nebst Zinsen in Höhe von 9,5 %
auf 20.000 EUR vom 3.8.20 . . bis 31.3.20 . .,
auf 14.000 EUR vom 1.4.20 . . bis 20.7.20 . .,
auf 10.000 EUR vom 21.7.20 . . bis 30.11.20 . .,
und auf 5.000 EUR seit dem 1.12.20 . . zu zahlen."

24. Die Klageschrift selbst kommt zur Gerichtsakte. Für jeden Beklagten hat der Kläger eine beglaubigte Abschrift der Klageschrift beizufügen, die dem oder den Beklagten gem. § 271 ZPO zugestellt wird (§ 253 Abs. 5 ZPO). Auch die Anlagen zur Klageschrift sind in der erforderlichen Zahl beizufügen. Das gilt nicht für elektronisch übermittelte Dokumente sowie für Anlagen, die dem Gegner in Urschrift oder in Abschrift vorliegen (§ 133 Abs. 1 ZPO). In Anwaltsprozessen ist es üblich, außer den beglaubigten Abschriften jeweils eine einfache Abschrift beizufügen. Dabei empfiehlt es sich, den Beglaubigungsvermerk auf der beglaubigten Abschrift voll zu unterschreiben; denn die vergessene Unterschrift unter der Klage kann dadurch bei gleichzeitiger Einreichung der beglaubigten Abschrift ersetzt werden (BGH NJW 2008, 2592). Unterbleibt die Einreichung von Abschriften, so werden diese, gegen Auslagenberechnung, bei Gericht gefertigt oder vom Kläger angefordert. Letzteres kann die Zustellung verzögern und die Vorwirkung nach § 167 ZPO gefährden. Bei elektronischer Einreichung der Klageschrift muss das Dokument, sofern es einen bestimmenden Schriftsatz enthält, mit qualifizierter elektronischer Signatur nach dem Signaturgesetz versehen sein, sonst ist es nicht formgerecht (BGH NJW 2010, 2134). Dabei darf ein Dritter die Signatur mit der Signaturkarte des Rechtsanwalts nur dann vornehmen, wenn der Rechtsanwalt den Inhalt des Schriftsatzes geprüft und sich zu eigen gemacht hat (BGH NJW 2011, 1294). Zur Einführung des elektronischen Rechtsverkehrs → Anm. 1.

25. Die Klageschrift muss von einem zugelassenen Rechtsanwalt unterschrieben sein. Zur Bedeutung der Unterzeichnung „i. V." und „i. A." (genügt nicht) BGH NJW 1988, 210; NJW 2020, 618. Ein zugelassener Anwalt kann aber wirksam mit dem Zusatz „für Rechtsanwalt XY, nach Diktat verreist" unterzeichnen. Die Unterschrift selbst muss Mindestanforderungen genügen, dh erkennen lassen, dass sie aus Buchstaben zusammengesetzt ist und individuelle Züge trägt, BGH NJW 1989, 588 mwN; großzügiger BGH NJW 1992, 243; NJW 1997, 3380; NJW 2005, 3775; NJW-RR 2013, 1395; BAG NJW 2001, 316; BFH NJW 1987, 343; Lesbarkeit ist aber nicht erforderlich (Thomas/Putzo/*Seiler* ZPO § 129 Rn. 8). Das Gericht darf aber die Unterschrift eines Rechtsanwalts, die es längere Zeit nicht beanstandet hat, nicht ohne Hinweis als unzureichend ansehen (BVerfG NJW 1988, 2787; BGH WM 2015, 1081). Ein Handzeichen, das erkennbar nur eine Namensabkürzung (Paraphe) darstellt, genügt nicht (BGH NJW 1994, 55).

In Hinblick auf den technischen Fortschritt hat die Rspr. Ausnahmen vom Unterschriftserfordernis zugelassen. So ist die Übermittlung eines bestimmenden Schriftsatzes per Telefax in allen Gerichtsbereichen zulässig (BGH NJW 2006, 2784). Die Nachsendung des Originals ist nach hM nicht erforderlich, aber wegen gelegentlich abweichender Rspr. (vgl. Zöller/*Greger* ZPO § 130 Rn. 18c) empfehlenswert und auch üblich. Bestimmende Schriftsätze können außerdem formwirksam durch elektronische Übertragung einer Textdatei mit eingescannter Unterschrift des Prozessbevollmächtigten auf ein Faxgerät des Gerichts übermittelt werden (Gemeinsamer Senat der obersten Gerichtshöfe des Bundes, NJW 2000, 2340). Die E-Mail gehört zu den elektronischen Dokumenten und fällt daher nicht unter § 130 ZPO, sondern unter § 130a ZPO, so dass es insb. einer qualifizierten elektronischen Signatur nach dem Signaturgesetz oder einer einfachen Signatur und einem gesicherten Übertragungsweg bedarf (→ Anm. 1). Wenn allerdings eine PDF-Datei per E-Mail übersandt und von der Geschäftsstelle ausgedruckt wird, soll dem Unterschriftserfordernis entsprochen sein (BGH NJW 2008, 2649; aA BSG NJW 2017, 1197; Zöller/*Greger* ZPO § 130 Rn. 18d).

Kosten und Gebühren

26. Die Klage wird erst nach Einzahlung des Gerichtskostenvorschusses (3,0 Gebühren nach KV 1210) zugestellt, § 12 GKG. Die Gerichtskasse fordert den Vorschuss für die eingereichte Klage an. Der Kläger kann den Vorschuss auch selbst berechnen und entweder bei der Gerichtskasse (die den Empfang auf der Klageschrift quittiert) einzahlen oder in Gerichtskostenmarken entrichten. In den Fällen des § 14 GKG entfällt die Vorschusspflicht; das gilt insb., wenn dem Kläger Prozesskostenhilfe bewilligt wurde oder er glaubhaft macht, dass ihm die alsbaldige Zahlung aus besonderen Gründen nicht möglich ist oder eine Verzögerung einen nicht oder nur schwer zu ersetzenden Schaden bringen würde (§ 14 Nr. 1, 3 GKG).

27. Für das Gericht entsteht im Klageverfahren je Instanz eine dreifache Gebühr (KV 1210), die sich bei nichtstreitiger Beendigung auf eine Gebühr ermäßigen kann (KV 1211). Auslagen für Zustellungen werden nur noch erhoben, soweit in einem Rechtszug mehr als zehn Zustellungen anfallen (KV 9002). Für den Anwalt entstehen idR die Verfahrensgebühr iHv 1,3 (VV 3100) und die Terminsgebühr iHv 1,2 (VV 3104); zusätzlich kann eine Einigungsgebühr iHv 1,5 (VV 1000) anfallen. Bereits die Güteverhandlung löst die Terminsgebühr aus (OLG Celle NJW 2009, 1219; Gerold/Schmidt/*Müller-Rabe* RVG VV Vorb. 3 Rn. 16). Nach Vorb. 3 III Var. 3 VV-RVG entsteht die Terminsgebühr auch für Besprechungen, die zur Erledigung oder Vermeidung eines Verfahrens führen, mit Ausnahme von Besprechungen mit dem Auftraggeber. Nach der Rspr. des BGH gilt dies nicht für Verfahren, in denen eine mündliche Verhandlung nicht vorgeschrieben ist, zB NZB gem. § 544 ZPO (NJW 2007, 1461), Entscheidungen nach § 522 Abs. 2 ZPO (NJW 2007, 2644; 2012, 314), PKH-Bewilligungsverfahren (NJW 2012, 1294; kritisch zum Ganzen *Schneider* NJW 2012, 2711). Die Höhe der Gerichts- und Rechtsanwaltsgebühren richtet sich nach dem Streitwert (§ 3 GKG; § 2 RVG). Der genaue Betrag der jüngst durch das Kostenrechtsänderungsgesetz 2021 (dazu: *Mayer*, NJW 2021, 345) erhöhten Gebühren ergibt sich aus den Gebührentabellen (Anl. 2 zu § 34 GKG bzw. Anl. 2 zu § 13 RVG). Nach § 15a Abs. 2 S. 1 RVG ist, wenn mehrere Gebühren teilweise auf dieselbe Gebühr anzurechnen sind, der anzurechnende Betrag auf jede anzurechnende Gebühr gesondert zu ermitteln. Nach § 15a Abs. 2 S. 2 RVG darf bei Wertgebühren der Gesamtbetrag der Anrechnung denjenigen Anrechnungsbetrag nicht übersteigen, der sich ergeben würde, wenn eine Gebühr anzurechnen wäre, die sich aus dem Gesamtbetrag der betroffenen Wertteile nach dem höchsten für die Anrechnung einschlägigen Gebührensatz berechnet. Nach § 15a Abs. 2 S. 3 RVG darf bei Betragsrahmengebühren der Gesamtbetrag der Anrechnung den für die Anrechnung bestimmten Höchstbetrag nicht übersteigen. Hintergrund dieser gesetzlichen Neuregelung ist die Rechtsprechung des BGH (NJW-RR 2015, 189; NJW 2017, 1821), bei der Anrechnung der Geschäftsgebühr auf die Verfahrensgebühr nicht auf fiktive Geschäftsgebühren zurückzugreifen, sondern bei der Anrechnung mehrerer Geschäftsgebühren für verschiedene vorgerichtliche Tätigkeiten auf die Verfahrensgebühr eines gerichtlichen Verfahrens alle entstandenen Geschäftsgebühren in der tatsächlichen Höhe anteilig auf die Verfahrensgebühr anzurechnen, was zT dazu führen konnte, dass dem Anwalt wirtschaftlich gesehen keine Verfahrensgebühr mehr zustand. Sämtliche Prozesskosten – einschließlich der Auslagen für Zeugen und Sachverständige etc – fallen idR der unterliegenden Partei zur Last (§ 91 ZPO), die dem siegreichen Gegner dessen Kosten zu erstatten hat.

Fristen und Rechtsmittel

28. Prozessuale Fristen sind für die Klageerhebung nicht zu beachten. Jedoch können materielle Fristen (Verjährungsfristen, Ausschlussfristen) einzuhalten sein. Zu deren Wahrung genügt die Einreichung der Klageschrift bei Gericht, wenn die Zustellung, gemessen am Tag des Fristablaufs (BGH NJW 1995, 2230), „demnächst" (hierzu BGH NJW 1986, 1347; NJW 1993, 2320; NJW 2011, 1227; NJW-RR 2012, 527) erfolgt, § 167 ZPO. Kann die Klage nicht mehr vor Fristablauf zugestellt werden, muss der Kläger aber alles tun, um eine nicht nur geringfügige Verzögerung der Zustellung zu vermeiden (BGH NJW 1992, 1820; NJW 1994, 1073; NJW-RR 1995, 254); er sollte insb. den Gerichtskostenvorschuss bereits mit Klageeinreichung oder doch unverzüglich nach Aufforderung (nach BGH NJW 1986, 1347; NJW 1993, 2811 ausreichend) leisten, die Parteien genau bezeichnen (zustellungsfähige Anschrift des Beklagten!; BGH NJW 1992, 1820 (1822)) und die sonstigen Formalien erfüllen. Die lange Dauer einer Zustellung im Ausland geht nicht zu seinen Lasten (BGH NJW 1988, 411; vgl. *Pfennig* NJW 1989, 2172); nach ordnungsgemäßer Klageeinreichung darf der Kläger abwarten, welche Auflagen ihm das Gericht zur Bewirkung der Auslandszustellung machen wird (BGH NJW 2003, 2830). Grds. hemmt die Klage die Verjährung nur hinsichtlich des Streitgegenstands, nicht hinsichtlich weiterer Teilbeträge (BGH NJW 1988, 1854) oder weiterer Schäden, auch wenn diese erst später entstehen (vgl. – auch zu Ausnahmen – BGH NJW 1988, 965).

Kein Rechtsmittel gibt es gegen die Entscheidung des Gerichts, das Verfahren des frühen ersten Termins oder des schriftlichen Vorverfahrens einzuschlagen, vgl. KG MDR 1985, 416; Thomas/Putzo/*Reichold* ZPO § 272 Rn. 2. Terminiert das Gericht aber gar nicht oder so spät, dass es einer Versagung des Rechtsschutzes gleichkommt, oder kommt es sonst zu einem Verfahrensstillstand, ist die sofortige Beschwerde zulässig (vgl. Zöller/*Feskorn* ZPO § 216 Rn. 21; OLG Karlsruhe NJW 1984, 985; OLG Hamburg NJW-RR 1989, 1022). Zur Anfechtbarkeit der Übertragung auf den Einzelrichter → Anm. 15a E.

2. Grundmuster einer Klageschrift mit Begründung (Zahlungsklage an das Landgericht, Kammer für Handelssachen, mit Anregung des schriftlichen Vorverfahrens)

An das
Landgericht[1]
Kammer für Handelssachen[2]

Klage

der Firma Druckerei X, eingetragener Kaufmann,
Inhaber X . . . . . (vollständiger Name und Firmenanschrift)
Prozessbevollmächtigter: Rechtsanwalt . . . . .
gegen
1. **die Druckerei Y KG, vertreten durch den persönlich haftenden Gesellschafter Y (vollständiger Name und Firmenanschrift)**
2. **den persönlich haftenden Gesellschafter der Beklagten zu 1), den Kaufmann Y (vollständiger Name und Firmen- oder Privatanschrift)[3]**

wegen Werklohn
Streitwert: 17.250 EUR
Namens und in Vollmacht der Klägerin erhebe ich Klage und werde beantragen:
1. **Die Beklagten werden wie Gesamtschuldner[4] verurteilt, an die Klägerin 17.250 EUR nebst Zinsen in Höhe von 9 Prozentpunkten über dem Basiszinssatz seit dem 1.4.20 . . . . .[5] zu zahlen.**
2. **(. . . . . Kosten, Vollstreckbarkeit)[6]**

Es wird angeregt, das schriftliche Vorverfahren[7] anzuordnen. Für den Fall der Fristversäumung wird beantragt,
gegen den Beklagten ein Versäumnisurteil ohne mündliche Verhandlung zu erlassen.[8]
Mit einer Entscheidung durch den Vorsitzenden ist die Klägerin einverstanden.[9]

Begründung:[10]

Die Klägerin hatte in längerer Geschäftsbeziehung für die Beklagte zu 1) Druckaufträge ausgeführt. Im Januar 20 . . . . . hatte die Beklagte zu 1) von einem ihrer Kunden, der Firma F, den Auftrag, 10.000 Werbeprospekte herzustellen. Aus Kapazitätsgründen war die Beklagte zu 1) nicht in der Lage, diesen Auftrag selbst auszuführen. Ihr Prokurist Herr P rief daher den Inhaber der Klägerin am 15.2.20 . . . . . an und fragte, ob die Klägerin diesen Auftrag für sie übernehmen könne. Nachdem der Inhaber der Klägerin wegen der kurzen Frist zunächst abgelehnt hatte, erklärte er sich auf das Drängen des P schließlich hierzu bereit. Herr P überbrachte dem Inhaber der Klägerin noch am selben Tag die Druckunterlagen. Hierbei wurde zwischen beiden, in Anwesenheit des Angestellten Herrn A der Klägerin, ein Preis von 1.500 EUR pro 1.000 Stück zzgl. MwSt vereinbart.

Beweis: Zeugnis des Angestellten Herrn A (ladungsfähige Anschrift)

Die Auslieferung sollte am 28.2.20 . . . . . unmittelbar an den Kunden der Beklagten zu 1) erfolgen.

Beweis: wie vor.

Am 28.2.20 . . . . . lieferte die Klägerin die Ware vertragsgemäß aus, auf dem Lieferschein wurde vom Kunden der Beklagten zu 1) ordnungsgemäßer Empfang bescheinigt.

Beweis: Lieferschein vom 28.2.20 . . . . .
(Anlage 1)

Unter dem 1.3.20 . . erteilte die Klägerin der Beklagten zu 1) ihre entsprechend der vereinbarten Vergütung aufgemachte Rechnung.

Beweis: Rechnung vom 1.3.20 . . . . .
(Anlage 2)

Die Beklagte zu 1) weigert sich zu Unrecht, die Rechnung zu begleichen. Sie hat in der vorprozessualen Korrespondenz zum einen eingewandt,[11] nicht sie, sondern ihr Kunde, die Firma F, sei Vertragspartner der Klägerin geworden, die Klägerin müsse sich also an die Firma F wenden. Dies widerspricht jedoch den vertraglichen Vereinbarungen, denn der Prokurist der Beklagten zu 1) brachte mit keinem Wort zum Ausdruck, dass der Auftrag im Namen und mit Vollmacht für diese Firma erteilt werde.

Beweis: (unter Protest gegen die Beweislast):[12] Zeugnis des Herrn A, bereits benannt

Die Beklagte zu 1) hat zum anderen geäußert, dass der Preis überhöht sei. Dies ist unerheblich, da die Vergütung, wie bereits unter Beweis gestellt ist, vereinbart wurde, ist aber im Übrigen auch unzutreffend. Vorsorglich bezieht sich die Klägerin zum Beweis dafür, dass die berechnete Vergütung üblich und angemessen ist,[13] auf das
Gutachten eines Sachverständigen.

In einem ihrer Schreiben hat sich die Beklagte zu 1) außerdem auf Mängel berufen, diese Rüge war jedoch verspätet und unspezifiziert. Im Übrigen sind die Prospekte von der Klägerin einwandfrei hergestellt und übergeben worden.

Beweis: 1. Augenschein
2. Gutachten eines Sachverständigen.

Die zwischen den Parteien über diese Punkte gewechselten Schreiben werden zur Information des Gerichts als
Anlage 3 (Schreiben der Klägerin vom . . . . .),
Anlage 4 (Schreiben der Beklagten zu 1) vom . . . . .),
Anlage 5 (Schreiben der Klägerin vom . . . . .)
eingereicht. Mit Schreiben vom . . . . .
Anlage 6
setzte die Klägerin der Beklagten zu 1) eine letzte Zahlungsfrist zum 1.11.20 . . . . .

Der Beklagte zu 2) haftet der Klägerin für die Forderung gegen die Beklagte zu 1) gem. § 161 Abs. 2, § 128 HGB.

Der Zinsanspruch ergibt sich aus Verzug; denn die Beklagte hat nicht binnen 30 Tagen nach Zugang der Rechnung (1.3.20 . . . . .) geleistet (§ 286 Abs. 3, § 288 BGB).[13]

Zwei beglaubigte Abschriften und eine einfache Abschrift liegen bei.[14]

Rechtsanwalt[15, 16, 17]

Schrifttum: Gräve/Salten, Neues Firmenrecht – Die Bezeichnung der Einzelkaufleute im Zivilprozess, MDR 2003, 1097.

Anmerkungen

1. Zu den Formalien der Klageschrift wird zunächst auf das → Form. I.D.1 verwiesen. Die Parteibezeichnung der Klägerin beruht auf § 19 Abs. 1 Nr. 1 HGB.

2. Macht der Kläger eine Handelssache iSd § 95 GVG – hier liegt ein Fall des § 95 Abs. 1 Nr. 1 GVG vor – beim LG anhängig, steht es zunächst in seinem Belieben, ob er den Rechtsstreit vor die Zivilkammer oder die Kammer für Handelssachen bringt. Wählt er die

Kammer für Handelssachen, muss er dies in der Klageschrift beantragen (§ 96 Abs. 1 GVG). Eine spätere Verweisung von der Zivilkammer an die Kammer für Handelssachen ist nur auf Antrag des Beklagten zulässig (→ Form. I.I.1). Weil dies zu einer Prozessverzögerung führen würde, sollte der Kläger idR die Kammer für Handelssachen gleich anrufen. Im Übrigen kann es ein Vorteil sein, dass der Rechtsstreit durch einen in Handelssachen erfahrenen Vorsitzenden Richter am LG verhandelt und (mit-)entschieden wird und dass zwei im Wirtschaftsleben erfahrene ehrenamtliche Richter mitwirken.

3. Bei Zahlungsklagen gegen eine OHG, KG oder GbR empfiehlt es sich regelmäßig, den oder die persönlich haftenden Gesellschafter mit zu verklagen. Gemäß § 128 HGB, bei der KG iVm § 161 Abs. 2 HGB, haftet der persönlich haftende Gesellschafter für die Verbindlichkeiten der Gesellschaft. Ebenso haftet ein GbR-Gesellschafter entsprechend § 128 HGB (BGHZ 146, 341). Der Kläger erhält so einen weiteren Schuldner, der zudem als Zeuge ausscheidet. Gesellschaft und Gesellschafter sind einfache Streitgenossen (BGH NJW 1988, 2113).

4. Gesellschaft und persönlich haftender Gesellschafter werden im Prozess wie Gesamtschuldner behandelt (Baumbach/Hopt/*Roth* HGB § 128 Rn. 39 mwN).

5. Vgl. → Anm. 23 zu → Form. I.D.1. Wenn beide Parteien keine Verbraucher iSd § 13 BGB sind, kann der Kläger auf die Vergütungsforderung Zinsen iHv 9 Prozentpunkten über dem Basiszinssatz verlangen. Die Formulierung des Zinsantrags beruht auf § 288 Abs. 2 BGB. Sprachlich weniger korrekt, aber hinreichend ist die Formulierung „9 % über dem Basiszinssatz" (OLG Hamm NJW 2005, 2238).

6. → Form. I.D.1 Anm. 10, 11.

7. → Form. I.D.1 Anm. 14. Das schriftliche Vorverfahren mag für die Kammer für Handelssachen eher geeignet sein, weil hier der Rechtsstreit ohnehin durch den Vorsitzenden so weit zu fördern ist, dass er in einer mündlichen Verhandlung vor der Kammer entschieden werden kann (§ 349 Abs. 1 ZPO). Regt der Kläger das schriftliche Vorverfahren an, muss er besonders darauf achten, dass sein Anspruch auch in allen Nebenforderungen schlüssig ist. Andernfalls kann das Gericht ein schriftliches Versäumnisurteil höchstens als Teilurteil – dann aber ohne Kostenentscheidung – erlassen, wegen des Rests wird ein umständliches Verfahren erforderlich. Allerdings sieht § 128 Abs. 3 ZPO in der Fassung durch das Gesetz zur Regelung der Wertgrenze für die Nichtzulassungsbeschwerde in Zivilsachen vom 12.12.2019 nunmehr vor, ohne mündliche Verhandlung zu entscheiden, wenn nur noch Kosten oder Nebenforderungen streitig sind.

8. → Form. I.D.1 Anm. 15.

9. Die Vorschriften über den Einzelrichter können für die Kammer für Handelssachen wegen ihrer besonderen Besetzung nicht gelten. Im Einverständnis der Parteien kann der Vorsitzende jedoch an Stelle der Kammer entscheiden (§ 349 Abs. 3 ZPO). Dieses Einverständnis kann bereits in der Klageschrift erteilt werden. Da es grundsätzlich unwiderruflich ist (Zöller/*Greger* ZPO § 349 Rn. 19; Musielak/Voit/*Wittschier* ZPO § 349 Rn. 19 mwN), sollte die Erklärung idR erst abgegeben werden, wenn der Prozessverlauf für die Partei in etwa einzuschätzen ist. Das Einverständnis erfasst die Endentscheidung und alle vorbereitenden Entscheidungen.

10. Zur Klagebegründung allg. → Form. I.D.1 Anm. 17 ff. Die vom Kläger vorzutragenden Tatbestandsvoraussetzungen der Anspruchsgrundlage § 631 BGB sind Vertragsschluss, Vereinbarung der verlangten Vergütung oder ihre Angemessenheit und Fälligkeit der Vergütung (§ 641 BGB, idR Abnahme oder Verpflichtung des Bestellers zur Abnahme und vergebliche Fristsetzung gem. § 640 Abs. 2 S. 1 BGB).

11. Wenn Einwendungen bereits bekannt sind, empfiehlt es sich zur Straffung des Prozessstoffs, auf sie unter Beweisantritt einzugehen (→ Form. I.D.1 Anm. 22).

12. Die Beweislast für das Handeln in fremdem Namen tragen die Beklagten, es handelt sich um einen Gegenbeweisantrag. Hierauf kann das Gericht auf diese oder ähnliche Weise hingewiesen werden.

13. Es handelt sich um Hilfsvorbringen des Klägers, der damit rechnen muss, dass er die von ihm behauptete, von den Beklagten bestrittene Vergütungsvereinbarung nicht wird beweisen können. In diesem Fall kann der Kläger die übliche Vergütung iSd § 632 Abs. 2 BGB verlangen. Die Darlegungs- und Beweislast dafür, dass die verlangte Vergütung für die Herstellung des Werks üblich und iRd Üblichen angemessen ist (BGH NJW 1985, 1895), trifft ihn. Daher ist sein Beweisantritt erforderlich.

14. Verzug tritt nach § 286 Abs. 3 BGB auch ohne Mahnung ein, wenn der Schuldner nicht binnen 30 Tagen, nachdem die fällige Zahlung in Rechnung gestellt wurde, leistet. Die Höhe der Verzugszinsen ergibt sich aus § 288 Abs. 1 BGB. Nimmt der Kläger Bankkredit zu einem höheren Zinssatz in Anspruch, könnte er diesen als weitergehenden Schaden nach § 288 Abs. 4 BGB geltend machen. Die Darlegung, dass der Kläger wegen der Klageforderung einen höher zu verzinsenden Kredit in Anspruch genommen hat, ist bei Kaufleuten nicht erforderlich (BGH BB 1965, 305; NJW-RR 1993, 793), aber gleichwohl zu empfehlen. Der Nachweis, dass der Kredit bei rechtzeitiger Zahlung zurückgeführt worden wäre, braucht jedenfalls bei Kaufleuten nicht geführt zu werden (BGH NJW-RR 1991, 793). Mehrwertsteuer auf die Zinsen kann der Kläger nicht verlangen; vereinnahmte Verzugszinsen unterliegen nicht der Umsatzsteuer (EuGH NJW 1983, 505; OLG Frankfurt a. M. NJW 1983, 394). Der Kläger kann als Verzugsschaden auch entgangene Anlagezinsen geltend machen, deren Verlust er allerdings konkret darlegen und ggf. beweisen muss (vgl. Palandt/*Grüneberg* BGB § 288 Rn. 13). Daneben stehen einem Kaufmann in der Zeit zwischen Fälligkeit und Verzug – also in Hinblick auf § 284 Abs. 3 BGB meist nur für einen Monat – Fälligkeitszinsen iHv 5 % nach §§ 352, 353 HGB zu. Dieser Zinsanspruch kann wichtig werden, wenn der Beklagte den Zugang der Rechnung bestreiten sollte.

15. Da die Klageschrift beiden Beklagten zuzustellen ist, ist für jeden eine beglaubigte Abschrift erforderlich. Das gilt nicht bei der Einreichung von elektronischen Dokumenten.

Kosten und Gebühren

16. Vgl. die Hinweise zu → Form. I.D.1 Anm. 26, 27. Für das schriftliche Vorverfahren gilt grds. nichts Besonderes, allerdings entsteht die Terminsgebühr erst später im Haupttermin.

Fristen und Rechtsmittel

17. Vgl. die Hinweise zu → Form. I.D.1 Anm. 28.

3. Positive Feststellungsklage

An das
Landgericht

Klage[1, 2]

In der Sache
des Alfred M. . . . . ,
gegen
den Hans-Jürgen M. . . . . ,
vorläufiger Streitwert 100.000 EUR,[3]
erhebe ich Klage und werde beantragen:[4]

1. Es wird festgestellt, dass der Kläger berechtigt ist, dem Beklagten wegen des im notariellen Testament vom . . . . . unter § 5 aufgeführten Vorfalls, nämlich des durch Strafurteil des Landgerichts Frankfurt vom 12.5.20. . . . . , Aktenzeichen . . . . . festgestellten Betrugs, den Pflichtteil zu entziehen.
2. . . . .

Begründung[5]

Der Kläger ist Gesellschafter eines alteingesessenen Familienunternehmens, der Fa. . . . . , die jetzt in Form einer GmbH & Co. KG betrieben wird. Seine pflichtteilsberechtigten Erben sind seine Ehefrau Margarethe M., sein älterer Sohn Georg M. und sein jüngerer Sohn Hans-Jürgen M., der Beklagte. Mit notariellem Testament vom . . . . ,

Anlage 1

hat der Kläger seine Ehefrau zur Vorerbin und seinen älteren Sohn Georg M. zum Nacherben eingesetzt. Seinem jüngeren Sohn, dem Beklagten, hat der Kläger in § 5 des Testaments den Pflichtteil entzogen und die hierfür maßgeblichen Gründe im Testament angegeben. Hierzu ist folgendes auszuführen:

Der Beklagte war früher, zusammen mit dem Kläger und dessen älterem Sohn, an der Firma M. beteiligt und zugleich als Mitgeschäftsführer der Komplementär-GmbH tätig. Hauptgesellschafter des Unternehmens war damals der Kläger, der Beklagte und sein Bruder hielten Kommanditanteile. Der Beklagte hat in dieser Position das in ihn gesetzte Vertrauen des Klägers ständig missbraucht und das Unternehmen des Klägers und damit auch sein Vermögen fast ruiniert. Seine Pflichtverletzungen gipfelten in einem Subventionsbetrug, für den der Beklagte durch Urteil der Wirtschaftsstrafkammer des LG Frankfurt (Aktenzeichen . . . . . .) zu Freiheitsstrafe und Geldstrafe verurteilt wurde.

Eine Kopie des rechtskräftigen Urteils vom . . . . . wird als

Anlage 2

überreicht. Damit hat der Beklagte sich eines schweren vorsätzlichen Vergehens gegen den Kläger schuldig gemacht, das nach § 2333 Nr. 2 BGB zur Entziehung des Pflichtteils berechtigt. Diese Verfehlung führte zum Bruch der Parteien.

Den Vorfall hat der Kläger nicht im Sinne des § 2337 BGB verziehen. Die Parteien haben sich seitdem nicht mehr gesehen.

Dem Kläger geht es mit seiner Feststellungsklage darum, Klarheit darüber zu gewinnen, wie er letztwillig verfügen kann. Insbesondere muss er wissen, ob nach seinem Tod Pflichtteilszahlungen an den Beklagten zu leisten sind, die von den Erben aus der Firma entnommen werden müssten. Das begründet sein rechtliches Interesse im Sinne des § 256 ZPO (BGH NJW 1990, 911).

Rechtsanwalt

Schrifttum: Assmann, Erbrechtliche Prozesse zu Lebzeiten, ZZP 111, 357; *Gomille,* Feststellungsklage über die Nichtigkeit des Ehevertrags, NJW 2008, 274; *Kummer,* Klage des Pflichtteilsberechtigten auf Feststellung der Unwirksamkeit des Pflichtteilsentzugs, ZEV 2004, 274; *Macke,* Aufeinandertreffen von negativer und positiver Feststellungsklage im Schadensersatzprozess, NJW 1990, 1651; *Menke,* Die negative Feststellungsklage in der wettbewerbsrechtlichen Praxis, WRP 2012, 55; *Pawlowski,* Das Verhältnis von Feststellungs- und Leistungsklage, MDR 1988, 630; *Piekenbrock,* Bindungswirkung von Feststellungsurteilen im Schadensersatzprozess, MDR 1998, 201; *Scherer,* Verzug und Feststellungsklage, JR 2001, 441; *Schnauder,* Feststellungsklage nach Widerruf eines Verbraucherdarlehens, JZ 2018, 22; *Schröder,* Negative Feststellungsklage vs. Leistungsklage, WRP 2012, 183; *Thole,* Negative Feststellungsklagen, Insolvenztorpedos und EuInsVO, ZIP 2012, 605; *Winkler,* Überlegungen zur Konkurrenz von Feststellungsklage und Klage auf zukünftig fällig werdenden Mietzins, ZMR 2008, 94.

Anmerkungen

1. Es handelt sich um eine Feststellungsklage nach § 256 Abs. 1 ZPO, die darauf gerichtet ist, das Bestehen eines Rechtsverhältnisses positiv festzustellen. Gegenstand der Feststellung können – abgesehen vom seltenen Fall der Urkundenfeststellung – auf Vertrag oder Gesetz beruhende Rechtsbeziehungen oder auch einzelne Ansprüche aus einer solchen Rechtsbeziehung sein. Das Rechtsverhältnis muss regelmäßig zwischen den Parteien bestehen, ausnahmsweise kann auch auf Feststellung eines Rechtsverhältnisses zu einem Dritten geklagt werden (BGH NJW 1993, 2539). Auf Feststellung eines künftigen Rechtsverhältnisses kann nicht geklagt werden (BGH NJW-RR 2001, 957), auf Feststellung eines beendeten Rechtsverhältnisses nur, wenn sich aus der Feststellung Folgen für Gegenwart oder Zukunft ergeben (BAG NJW 1997, 3396; BGH NJW-RR 2016, 1404). Die Klage auf Feststellung eines aufschiebend bedingten Rechtsverhältnisses kann allerdings zulässig sein (BGH NJW-RR 2005, 637). Zulässig ist die Klage auf Feststellung, dass der Schuldner eine Forderung mangels Fälligkeit derzeit nicht erfüllen muss, dies setzt jedoch voraus, dass er die geforderte Leistung noch nicht erbracht hat (BGH NJW 2012, 2659 (2661)). Nicht zulässig ist die Feststellung von Tatsachen oder von einzelnen Tatbestandsvoraussetzungen einer Anspruchsnorm (vgl. Thomas/Putzo/*Reichold* ZPO § 256 Rn. 10). Auch die Feststellung der Wirksamkeit oder Unwirksamkeit von Willenserklärungen oder sonstigen Rechtshandlungen kann nicht verlangt werden (BGH NJW 1990, 911), ebenso wenig die Feststellung von Vorfragen und Berechnungsgrundlagen des streitigen Anspruchs (BGH NJW 1995, 1097). Die Klage kann auch nicht auf Feststellung gerichtet werden, dass der Schuldner (BGH NJW 2000, 2280) oder der Gläubiger (BGH NJW 2000, 2663) in Verzug geraten ist; eine solche Klage wäre nicht auf Feststellung eines Rechtsverhältnisses, sondern nur auf eine Vorfrage für die begehrte Rechtsfolge gerichtet. Abweichend hiervon wird wegen der Schwierigkeiten der Vollstreckung bei Zug-um-Zug-Leistungen eine auf Feststellung des Annahmeverzugs gerichtete Feststellungsklage für zulässig gehalten (BGH NJW 2000, 2664); das Feststellungsurteil dient dann als öffentliche Urkunde iSd §§ 756, 765 ZPO. Ebenso kann der Kläger mit Rücksicht auf § 850f Abs. 2 ZPO den Zahlungsantrag mit einem Feststellungsantrag verbinden, dass der Beklagte eine vorsätzliche unerlaubte Handlung begangen hat (BGH NJW 2003, 515); wenn der Zahlungstitel das nicht aussagt, kann er die Feststellungsklage auch nachträglich erheben (BGH NJW 2003, 515).

Weitere Voraussetzung für die Zulässigkeit der Feststellungsklage ist, dass der Kläger ein Interesse an alsbaldiger Feststellung durch richterliche Entscheidung hat; es liegt nach der von der Rspr. benutzten Formel vor, wenn das behauptete Recht des Klägers durch eine gegenwärtige Unsicherheit gefährdet ist und das erstrebte Urteil geeignet ist, diese Gefahr zu beseitigen (BGH NJW 1986, 2507; NJW-RR 2008, 1495; 2010, 750 (751)).

Bei einer positiven Feststellungsklage liegt die Gefährdung idR schon darin, dass der Beklagte das Recht des Klägers ernsthaft bestreitet, oder auch darin, dass Verjährung droht. Das Feststellungsinteresse fehlt grds., wenn bereits eine Leistungsklage möglich ist (BGH NJW 1984, 1118 (1119) mwN; die Möglichkeit einer Klage auf zukünftige Leistung steht aber nicht entgegen, BGH NJW 1986, 2507). Auch die Möglichkeit, eine Stufenklage mit zunächst unbeziffertem Leistungsantrag zu erheben, kann einer Feststellungsklage entgegenstehen (BGH NJW 1996, 2097; anders BGH NJW 2003, 3274 für den gewerblichen Rechtsschutz). Die positive Feststellungsklage kommt vor allem dann in Betracht, wenn der Umfang des Anspruchs noch nicht feststeht, so im Schadensersatzprozess oder auch im Deckungsprozess gegen den Versicherer (BGH MDR 2001, 214), wenn der Anspruch noch nicht fällig ist oder wenn sich aus dem gefährdeten Recht aus sonstigen Gründen noch kein bestimmter Anspruch ableiten lässt.

Zur Feststellungsklage bei noch nicht bezifferbaren Schadensersatzansprüchen → Form. I.D.4, zur Zwischenfeststellungsklage → Form. I.D.13, zur negativen Feststellungsklage → Form. I.E.8.

2. Das Beispiel betrifft eine Klage auf Feststellung, dass dem klagenden Erblasser das Recht zusteht, einem Abkömmling den Pflichtteil nach § 2333 BGB zu entziehen. Die Rspr. bejaht hierfür ein Feststellungsinteresse des Erblassers (BGH NJW 1974, 1084; 1990, 911 (912); OLG Hamburg NJW 1988, 977). Geklärt ist nunmehr gleichfalls die vom BGH (NJW 1990, 911 (912)) offen gelassene Frage, ob auch der Pflichtteilsberechtigte vor Eintritt des Erbfalls eine Feststellungsklage gegen den Erblasser, der die Entziehung verfügt hat, erheben kann; das Feststellungsinteresse wird vom BGH (NJW 2004, 1874) bejaht. Eine vom Erblasser erhobene Feststellungsklage kann nach dessen Tod der Erbe nicht ohne weiteres fortsetzen; er müsste die Klage ändern (BGH FamRZ 1990, 145).

Ein Erblasser, der einem Pflichtteilsberechtigten den Pflichtteil in der Form des § 2336 BGB entzogen hat, hat zwei Möglichkeiten: Er kann untätig bleiben und den Streit seinen Erben überlassen, oder er kann noch zu Lebzeiten selbst klären, ob die Entziehung wirksam ist. Da sein Erbe im Rechtsstreit mit dem Pflichtteilsberechtigten die Entziehungsgründe zu beweisen haben würde (§ 2336 Abs. 3 BGB), dieser Beweis aber bei langem zeitlichen Abstand schwierig werden kann, dürfte es sich meist empfehlen, die Frage gleich zu klären. Das gilt vor allem, wenn der Beweis durch Zeugenaussagen zu führen ist.

3. Bei der Bemessung des Streitwerts ist gegenüber der Leistungsklage ein Abschlag von idR 20 % vorzunehmen (BGH NJW-RR 2009, 156; Thomas/Putzo/*Hüßtege* ZPO § 3 Rn. 65; Zöller/*Herget* ZPO § 3 Rn. 16.76 – Feststellungsklagen). Dies gilt nicht, wenn der Wert der Beschwer für einen Anspruch festzusetzen ist, der unter § 8 ZPO fällt (BGH NJW-RR 2009, 156). Im Einzelfall kann der Abschlag auch höher sein, zB bei Unwahrscheinlichkeit, dass der Anspruch auch durchgesetzt werden kann (BGH NJW-RR 2009, 156; Thomas/Putzo/*Hüßtege* ZPO § 3 Rn. 65).

4. Der Antrag der Feststellungsklage ist stets so zu formulieren, dass bei einem antragsgemäß ergehenden Urteil über den Umfang der Rechtskraft kein Zweifel bestehen kann (BGH NJW 2001, 445 (447)). Im Beispielsfall darf der Antrag nicht dahin formuliert werden, die Wirksamkeit oder Unwirksamkeit der Entziehung festzustellen. Ein solcher Antrag wäre nicht auf Feststellung eines Rechtsverhältnisses gerichtet (BGH NJW 1990, 911). Gegenstand der Feststellungsklage ist vielmehr das Recht des Klägers als künftigem Erblasser, dem Beklagten den Pflichtteil zu entziehen. Wichtig ist es dabei, den Antrag auf konkrete Gründe zu beziehen. Bei der umgekehrten Feststellungsklage des Pflichtteilsberechtigten gegen den Erblasser müsste der Antrag lauten:

„festzustellen, dass der Beklagte nicht das Recht hat, dem Kläger aus dem im Testament vom . . . . genannten Grund den Pflichtteil zu entziehen.“

5. Hier hat der Erblasser die Entziehungsgründe, für deren Vorliegen er nach § 2336 Abs. 3 BGB beweispflichtig ist, iE vorzutragen und unter Beweis zu stellen. Das Problem liegt darin, nicht nur ein schweres vorsätzliches Vergehen vorzutragen, sondern auch darzulegen, dass sich die Verfehlung konkret gegen den Erblasser richtet. Der Kläger sollte auch vortragen, dass er die Entziehung formgerecht erklärt hat. Das kann nach § 2336 BGB nur durch letztwillige Verfügung geschehen, in der der Sachverhalt konkret und zutreffend anzugeben ist (OLG Düsseldorf NJW-RR 1996, 520). Es genügt nicht, im Testament auf andere, nicht in Testamentsform errichtete Schriftstücke zu verweisen (vgl. Palandt/*Weidlich* BGB § 2336 Rn. 3).

4. Leistungsklage mit unbeziffertem Antrag (Schmerzensgeld), verbunden mit Feststellungsklage

An das
Landgericht

Klage

des selbständigen Handelsvertreters K
Prozessbevollmächtigter: RA . . . . .
gegen
die A-Versicherungs-AG . . . . .
wegen: Schadensersatz und Feststellung[1, 2]
Vorläufiger Streitwert:[3] 16.000 EUR
Namens und in Vollmacht des Klägers erhebe ich Klage und werde beantragen:

1. Die Beklagte wird verurteilt, an den Kläger
a) ein über den gezahlten Betrag von 1.000 EUR hinausgehendes angemessenes Schmerzensgeld[4]
b) eine angemessene merkantile Wertminderung[5]
zu zahlen, jeweils nebst Zinsen in Höhe von 5 Prozentpunkten über dem Basiszinssatz seit
Rechtshängigkeit.[6]

2. Es wird festgestellt,[7] dass die Beklagte verpflichtet ist, dem Kläger allen weiteren materiellen und immateriellen[8] Schaden zu ersetzen, der dem Kläger aus dem Verkehrsunfall mit dem Versicherungsnehmer der Beklagten V. . . . . . am . . . . . in . . . . . noch entstehen wird, soweit der Anspruch nicht auf einen Sozialversicherungsträger oder andere Dritte übergegangen ist.[9]

3. . . . . . (Kosten,[10] Vollstreckbarkeit)

Es wird weiter beantragt,
den Streitwert hinsichtlich der Anträge zu 1. und 2. möglichst bald festzusetzen.[11]

Begründung:

Der Versicherungsnehmer der Beklagten, Herr V. . . . . ., hat, was zwischen den Parteien unstreitig ist, am . . . . . in . . . . . durch eine Vorfahrtverletzung einen Verkehrsunfall verursacht, bei dem das Fahrzeug des Klägers stark beschädigt wurde und der Kläger erhebliche Verletzungen erlitt. Die Beklagte hat den Sachschaden des Klägers einschließlich seines bisher entstandenen Verdienstausfalls im Wesentlichen reguliert und zum Ausgleich seiner Verletzungen ein – allerdings viel zu geringes – Schmerzensgeld von 1.000 EUR geleistet. Sie verweigert jedoch die Befriedigung der weiteren berechtigten Ansprüche des Klägers.

4.

a) Dem Kläger steht ein erheblich höheres Schmerzensgeld zu.[12] Er hat durch den Unfall folgende Verletzungen und Beeinträchtigungen erlitten: . . . . .

Beweis: 1. ärztliche Atteste vom . . . . . (Anlagen 1, 2)
2. Zeugnis der behandelnden Ärzte X, Y, die der Kläger hiermit von ihrer ärztlichen Schweigepflicht entbindet.
Die Verletzungen machen heute noch regelmäßige Arztbesuche mit schmerzhafter Behandlung erforderlich.

Beweis: wie vor.
Die Rechtsprechung hat in vergleichbaren Fällen ein Schmerzensgeld von 4.000–5.000 EUR zugesprochen . . . . . (Rechtsprechungshinweise). Angesichts der im Strafverfahren festgestellten rücksichtslosen Fahrweise des Versicherungsnehmers der Beklagten

Beweis: Beiziehung der Strafakte . . . . .
und der verzögerlichen Regulierung durch die Beklagte stellt sich der Kläger für die bis heute erlittenen Beeinträchtigungen einen Betrag von insgesamt 5.000 EUR vor,[13] überlässt die genaue Bestimmung jedoch dem Ermessen des Gerichts.[14]

b) Der Kläger kann weiter einen Ausgleich dafür verlangen, dass sein Pkw durch den Unfall eine Wertminderung erfahren hat.[15] Der Wagen war am . . . . . erstmals zugelassen und wies zur Zeit des Unfalls eine Kilometerleistung von . . . . . auf. Er war zuvor unfallfrei. Durch den Unfall wurden tragende Teile beschädigt, wie sich aus dem von der Beklagten selbst eingeholten Sachverständigengutachten ergibt.

Beweis: Gutachten vom . . . . .
(Anlage 3)

Der Kläger geht von einem merkantilen Minderwert von 1.000 EUR aus, überlässt dessen genaue Bestimmung jedoch der Schadensschätzung durch das Gericht.

5. Der Kläger kann derzeit nicht absehen, welche materiellen und immateriellen Schäden ihm auf Grund des Unfalls noch entstehen werden.[16]

a) Es ist nicht auszuschließen, dass zu seiner endgültigen Genesung ein Krankenhausaufenthalt erforderlich wird oder dass er seinem Beruf wegen sonstiger unfallbedingter Gesundheitsschäden, insbesondere auch Spätfolgen, zukünftig nur vermindert nachgehen kann.

Beweis: 1. Attest vom . . . . . (Anlage 2)
2. Zeugnis des behandelnden Arztes X
3. Sachverständigengutachten

In diesem Fall könnte er von der Beklagten Ersatz seiner zusätzlichen Aufwendungen und seines Verdienstausfalls verlangen.

b) Durch eine Fortdauer der Behandlung, insbesondere durch einen späteren Krankenhausaufenthalt, würden dem Kläger Beeinträchtigungen entstehen, die ein weiteres Schmerzensgeld rechtfertigen.

Da die Beklagte sich mit Schreiben vom . . . . .

– Anlage 4 –

geweigert hat, die Verpflichtung, deren Feststellung begehrt wird, anzuerkennen, ist Klage geboten.[17]

Rechtsanwalt[18, 19]

Schrifttum: Butzer, Prozessuale und kostenrechtliche Probleme beim unbezifferten Klageantrag, MDR 1992, 539; *Dunz,* Der unbezifferte Leistungsanspruch nach der heutigen Rechtsprechung des Bundesgerichtshofs, NJW 1984, 1734; *Heß/Burmann,* Die Feststellungsklage im Schadensersatzprozess, NJW-Spezial 2005, 255; *Heß,* Das (Teil-) Schmerzensgeld, NJW-Spezial 2004, 63; *Mümmler,* Streitwert der unbezifferten Leistungsklage, AnwBl. 1985, 649; *Röhl,* Der unbezifferte Klageantrag, ZZP 85, 52; *Schmidt,* Der unbezifferte Leistungsantrag und sein Streitwert, MDR 1968, 886; *Schneider,* Die Bindung des Gerichts an eine Wertvorstellung des Schmerzensgeldklägers, MDR 1985, 992; *Terbille,* Die Schmerzensgeldteilklage – anwaltliche Pflicht oder risikobehaftet?, VersR 2005, 37; vgl. iÜ → Form. I.D.3.

Anmerkungen

1. Vom Erfordernis des bestimmten Antrags (§ 253 Abs. 2 Nr. 2 ZPO) kann ua dann abgesehen werden, wenn die Bezifferung eines Schadensersatzanspruchs von der Ausübung des richterlichen Ermessens oder einer richterlichen Schätzung gem. § 287 ZPO abhängt (BGH NJW 1967, 1420; NJW 1999, 353 (354); zuletzt BGH WRP 2009, 745; weitere Fälle vgl. Thomas/Putzo/*Reichold* ZPO § 253 Rn. 12; einschränkend Zöller/*Greger* ZPO § 253 Rn. 14a). Das gilt insb. für Klagen auf Schmerzensgeld (BGH NJW 1996, 2425 (2427)) und für Entschädigungsklagen nach § 15 Abs. 2 AGG (BAG NJW 2010, 2970 (2971)). Ein unbezifferter Zahlungsantrag ist auch zulässig für die Geltendmachung von Regelunterhalt im Verfahren des minderjährigen Kindes gem. § 249 FamFG (Thomas/Putzo/*Reichold* ZPO § 253 Rn. 12). Der Vorteil des unbezifferten Klagantrags: Das Gericht, dessen Schätzung schwer voraussehbar ist, wird nicht durch einen bezifferten Antrag nach oben festgelegt, gleichzeitig wird das Kostenrisiko, vor allem in Hinblick auf § 92 Abs. 2 ZPO, verringert (vgl. Zöller/*Herget* ZPO § 92 Rn. 12; Musielak/Voit/*Foerste* § 256 Rn. 14).

2. Es handelt sich um eine positive Feststellungsklage, für die gem. § 256 Abs. 1 ZPO das rechtliche Interesse immer dann gegeben ist, wenn sich ein Schaden noch nicht beziffern lässt oder noch in der Entwicklung begriffen ist (vgl. Zöller/*Greger* ZPO § 256 Rn. 7a; Musielak/Voit/*Foerste*, § 256 Rn. 14). Ihr Sinn liegt vor allem darin, die Verjährung auch für solche Ansprüche zu hemmen (§ 204 Abs. 1 BGB), die noch nicht mit der Leistungsklage geltend gemacht werden können. Wird die Feststellung der Pflicht zum Ersatz künftigen Schadens aus einer bereits eingetretenen Rechtsgutsverletzung beantragt, so reicht für das Feststellungsinteresse die Möglichkeit eines Schadenseintritts aus, die nur verneint werden darf, wenn aus der Sicht des Klägers bei verständiger Würdigung kein Grund besteht, mit dem Eintritt eines Schadens wenigstens zu rechnen (BGH NJW 2001, 1431; NJW-RR 2007, 601). Für die Zulässigkeit genügt es also, wenn die Verjährung droht und künftige Schadensfolgen auch nur entfernt möglich sind. In der Sache muss der Feststellungskläger darlegen und beweisen, dass die Voraussetzungen eines Schadensersatzanspruchs gegeben sind, der zu den befürchteten zukünftigen Schäden führen kann (BGH NJW-RR 2007, 601). Ob auch eine gewisse Wahrscheinlichkeit für den Schadenseintritt gegeben sein muss, hat der BGH (NJW-RR 2007, 601; NJW-RR 2010, 750) offen gelassen. Andere Senate haben eine solche Wahrscheinlichkeit verlangt (BGH NJW 1992, 698; BGHZ 166, 84 (90); BGH BeckRS 2012, 07966). Eine gewisse Wahrscheinlichkeit sollte also dargelegt werden. Bei ungewissem Schadenseintritt soll das Feststellungsinteresse fehlen, solange keine Verjährungsfrist läuft (BGH NJW 1993, 648). Die Feststellungsklage soll aber dann zulässig sein, wenn die Höhe des Schadens erst in einer aufwändigen Beweisaufnahme geklärt werden müsste (BGH NJW 2000, 1256 (1257)). Es steht auch nicht entgegen, dass eine teilweise Bezifferung des Gesamtschadens schon bei Klageerhebung möglich wäre (BGH NJW 1984, 1552 (1554)). Wird eine Bezifferung im Lauf des Rechtsstreits, auch in der zweiten Instanz, möglich, kann der

Kläger von der Feststellungsklage zur Leistungsklage übergehen (BGH NJW 1985, 1784; NJW 1992, 2296). Er kann aber auch den Feststellungsantrag weiterverfolgen (BGH NJW 1978, 210; NJW-RR 2004, 79 (81)). Eine Berufung nur zu dem Zweck, vom Feststellungsantrag auf den Leistungsantrag überzugehen, kann der Kläger nicht einlegen (BGH NJW 1988, 827). Zum Umfang der Rechtskraftwirkung eines Feststellungsurteils im späteren Leistungsprozess BGH NJW 1979, 1046; NJW 1982, 2257; NJW-RR 2005, 1517; Zöller/*Vollkommer* ZPO § 322 Rn. 6 ff.). Trotz Rechtskraft kann auch eine „wiederholende" Feststellungsklage zulässig sein, aber nur wenn sie unerlässlich ist, um die drohende Verjährung zu verhindern (BGH MDR 2003, 1067).

3. Der Streitwert für die unbezifferten Anträge und für die Feststellungsklage bedarf der richterlichen Festsetzung gem. § 3 ZPO, § 61 GKG; die vom Kläger gem. § 253 Abs. 3 Nr. 2 ZPO und § 61 GKG anzugebende Höhe, nach der er den Gerichtskostenvorschuss einzahlt, kann daher nur vorläufig sein. Der Kläger sollte hierbei nicht „sparen", sondern von dem ausgehen, was er sich tatsächlich als Schadensersatz vorstellt. Beim Streitwert der Feststellungsklage ist ein Abschlag von idR 20 % vom Schaden, den der Kläger erwartet, vorzunehmen (BGH NJW-RR 2009, 156; 1991, 509; Thomas/Putzo/*Hüßtege* ZPO § 3 Rn. 65). Die Wertangabe hat Bedeutung für die Wertfestsetzung durch das Gericht (OLG Köln MDR 1985, 154); sie hindert den Kläger aber nicht, Beschwerde einzulegen, falls das Gericht später den Gebührenstreitwert auf diesen Betrag festsetzt (vgl. § 61 S. 2 GKG).

4. Zur Vermeidung einer Teilabweisung sind bereits geleistete Zahlungen anzugeben. Es ist zT üblich, in den Antrag die Formulierung aufzunehmen „mindestens aber . . . . . EUR". Das wird jedoch von der Rspr. nicht verlangt (BGH NJW 1967, 1420; offen gelassen von OLG Celle NJW 1977, 343), der Kläger begibt sich damit nur in Gefahr, dass der Streitwert nach seinen Mindestvorstellungen festgesetzt und seine Berufungsmöglichkeit eingeschränkt wird (BGH VersR 1979, 472; NJW 2002, 212). Andererseits wird das Gericht durch die Angabe eines Mindestbetrags nicht gehindert, ein erheblich höheres Schmerzensgeld zuzuerkennen (BGH NJW 1996, 2425 (2427); NJW 2002, 3769). Verfehlt wäre es auch, den Betrag des Schmerzensgelds niedriger anzugeben, als man es tatsächlich begehrt; damit würde sich der Kläger einer Berufungsmöglichkeit begeben, wenn das Gericht den genannten Betrag zuspricht (lehrreiche Beispiele: BGH NJW 1999, 1339; NJW-RR 2004, 863). Möglich ist aber eine auf die bereits entstandenen Verletzungsfolgen beschränkte Teilklage, verbunden mit einer Feststellungsklage für zukünftiges Schmerzensgeld (BGH NJW 2004, 1243).

5. Auch die Wertminderung unterliegt der freien Schadensschätzung gem. § 287 ZPO, so dass ein unbezifferter Antrag zulässig ist. Will sich der Kläger ein Mitverschulden oder die Betriebsgefahr seines Pkw anrechnen lassen, sollte er den Antrag mit den Worten „unter Berücksichtigung einer Mithaftungsquote von 50 %" ergänzen, um eine teilweise Klageabweisung mit Sicherheit zu vermeiden.

6. Zuweilen wird übersehen, dass dem Kläger auch bei unbeziffertem Antrag Prozesszinsen ab Rechtshängigkeit zustehen (BGH NJW 1965, 531), deren Höhe sich aus §§ 291 S. 2, 288 Abs. 1 S. 2 BGB ergibt; er kann auch weitergehende Zinsansprüche geltend machen (BGH NJW 1995, 733; OLG Köln NJW 1997, 3099).

7. Das Rechtsverhältnis und der sich daraus ergebende Anspruch, den der Kläger festgestellt haben möchte, sind möglichst genau zu bezeichnen. Der Antrag ist auf Ersatz künftig entstehenden Schadens gerichtet, damit erfasst ist der Schaden ab Klageeinreichung, nicht erst ab Schluss der mündlichen Verhandlung, ohne dass dies im Antrag bezeichnet zu werden braucht (BGH NJW 2000, 3287).

8. Die Unterscheidung dient der Klarstellung, setzt aber voraus, dass in beider Hinsicht ein Schaden entstehen kann. Die in Frage kommenden Schadenspositionen braucht der

Kläger nicht in den Antrag aufzunehmen. Hat der Kläger bereits ein Urteil erstritten, dass allgemein die Schadensersatzpflicht des Beklagten feststellt, so kann der Kläger daneben noch ein rechtliches Interesse für einen auf Ersatz einer bestimmten Schadensposition gerichteten speziellen Feststellungsantrag haben (BGH NJW 1999, 3774). In diesem Fall muss er die konkrete Schadensposition bezeichnen.

9. Diese Einschränkung sollte vorgenommen werden. Hat der Geschädigte auf Grund des Unfalls Ansprüche auf Sozialversicherungsleistungen, was auch bei Selbständigen der Fall sein kann, steht der Schadensersatzanspruch insoweit nicht ihm, sondern dem Sozialversicherungsträger zu (§ 116 SGB X, vgl. Palandt/*Grüneberg* BGB Rn. 112 ff. vor § 249). Bestehen solche Ansprüche nicht, ist die Einschränkung unschädlich. Entsprechendes gilt für die Klagen von Beamten.

10. Zusätzlich kann es sich empfehlen, an dieser Stelle, in der Klagebegründung oder auch im Termin auf § 92 Abs. 2 Nr. 2 ZPO hinzuweisen, da die Möglichkeiten dieser Vorschrift dem Gericht nicht immer geläufig sind.

11. Bei unbeziffertem Antrag sollte der Kläger stets auf umgehende Streitwertfestsetzung durch das Gericht drängen. Der Kläger kann sich dann überlegen, ob er sich aus Kostengründen den Betragsvorstellungen des Gerichts anschließt oder an seinen abweichenden Vorstellungen festhält und erforderlichenfalls sein Begehren abweichend formuliert, um sich die Möglichkeit einer Berufung offenzuhalten (OLG Celle NJW 1977, 343); → Anm. 3.

12. Hier sind die tatsächlichen Grundlagen des Schmerzensgeldanspruchs darzulegen und unter Beweis zu stellen, die dem Gericht die Ausübung seines Ermessens iSd § 253 Abs. 2 BGB ermöglichen (BGH NJW 1966, 780; NJW 1982, 340; NJW 1996, 2425 (2427)). Insbes. sind Höhe und Maß der Lebensbeeinträchtigung sowie der Grad des Verschuldens vorzutragen (BGH NJW 1995, 1438). Wichtig ist, dass der Kläger alle Verletzungsfolgen einbezieht, mit denen er rechnen muss; denn einer Nachforderung wegen später eintretender, aber bereits vorhersehbarer Schäden steht die Rechtskraft des Urteils entgegen (BGH NJW 1988, 2300; näher Zöller/*Vollkommer* ZPO § 322 Rn. 13), das soll selbst dann gelten, wenn das Urteil den Beklagten zusätzlich zum Ersatz des künftigen immateriellen Schadens verpflichtet hat (BGH NJW 1980, 2754).

13. Der Betrag oder zumindest seine Größenordnung sind so genau wie möglich anzugeben (BGH NJW 1992, 311; 1996, 2427), sonst ist die Klage wegen § 253 Abs. 2 Nr. 2 ZPO unzulässig (BGH NJW 1982, 340; 1984, 1807 (1809)). Dadurch wird das Gericht nicht gehindert, einen Betrag zuzusprechen, der über die angegebene Größenordnung hinausgeht (BGH NJW 1996, 2427). Nicht zu empfehlen ist es, einen Mindestbetrag zu nennen, denn wenn das erstinstanzliche Urteil diese Mindestforderung zuspricht, der Kläger sie aber nun für zu gering hält, ist eine Berufung mangels Beschwer unzulässig (BGH NJW 1993, 2875; NJW-RR 2004, 863).

14. Diese Klarstellung kann zweckmäßig sein, um die Möglichkeit des § 92 Abs. 2 Nr. 2 ZPO zu erhalten, wenn das Gericht weniger zuspricht (BGH LM § 249 (Gb) BGB Nr. 3). Unterschreitet das Urteil den vorgestellten Betrag um mehr als 20 %, kommt es zu einer Kostenteilung (OLG Düsseldorf NJW-RR 1995, 955).

15. Zur Begründung des merkantilen Minderwerts (vgl. Palandt/*Grüneberg* BGB § 251 Rn. 14) gelten die Hinweise in den → Anm. 13, 14 entsprechend.

16. Für das rechtliche Interesse an alsbaldiger Feststellung muss der Kläger darlegen, dass künftige Schadensfolgen möglich sind (BGH NJW 1991, 2707) und die Verjährung droht (BGH NJW 1993, 648). Für die Begründetheit ist möglichst darzulegen und unter

Beweis zu stellen, dass der weitere Schadenseintritt wahrscheinlich ist (BGH NJW 1991, 2707 u. NJW-RR 2007, 601; NJW-RR 2010, 750; → Anm. 2). Die Feststellungsklage ist nur dann unbegründet, wenn aus der Sicht des Klägers bei verständiger Beurteilung kein Grund bestehen kann, mit Spätfolgen zu rechnen (BGH VersR 1989, 1055); an die Darlegungen werden also keine hohen Anforderungen gestellt. Die Wirkung des Feststellungsurteils beschränkt sich auf später eintretende, noch nicht vorhersehbare Spätschäden; andere Schäden muss der Kläger bereits mit der Leistungsklage berücksichtigen (BGH NJW 1980, 2754; NJW 1988, 2300).

17. Der Kläger sollte die Feststellungsklage erst erheben, wenn der Beklagte sich geweigert hat, seine Verpflichtung anzuerkennen. Andernfalls besteht die Gefahr des sofortigen Anerkenntnisses mit der Kostenfolge aus § 93 ZPO.

Kosten und Gebühren

18. Vgl. die Hinweise zu → Form. I.D.1 Anm. 26, 27; für die Feststellungsklage gilt nichts Besonderes. Zu den Kostenvorteilen des unbezifferten Antrags s. o. → Anm. 1, 14; zum Streitwert → Anm. 3.

Fristen und Rechtsmittel

19. Die positive Feststellungsklage hemmt die Verjährung hinsichtlich der Ansprüche, deren Feststellung begehrt wird (§ 204 Abs. 1 Nr. 1 BGB). Die Hemmung endet sechs Monate, nachdem das Verfahren beendet wird oder in Stillstand geraten ist, weil die Parteien es nicht mehr betreiben (§ 204 Abs. 2 BGB; zur Frage, wann ein Stillstand durch Nichtbetrieb vorliegt, BGH NJW 1999, 3774 (3775)). Wird der Anspruch rechtskräftig festgestellt, gilt die dreißigjährige Verjährungsfrist nach § 197 Abs. 1 Nr. 3 ZPO (vgl. Palandt/*Ellenberger* BGB § 197 Rn. 7); in diesem Fall muss der Geschädigte nicht den Ablauf der für den Anspruch geltenden Verjährungsfrist fürchten, er kann sich mit der Leistungsklage Zeit lassen.

5. Klage auf Vornahme einer Handlung

An das
Amtsgericht

Klage[1]

In der Sache

. . . . .

Streitwert: 2.000 EUR[2]
erhebe ich Klage und werde beantragen:[3]

1. Der Beklagte wird verurteilt,
   a) die auf dem Grundstück des Beklagten . . . . . an der Grenze zum Grundstück des Klägers . . . . . befindliche Buchenhecke auf die Höhe von 1,80 m zurückzuschneiden,
   b) die auf das Grundstück des Klägers herüberragenden Zweige der Hecke zu beseitigen.

2. . . . . . (Kosten, vorläufige Vollstreckbarkeit).

Es wird weiter beantragt,
von einer Güteverhandlung nach § 278 Abs. 2 S. 1 ZPO abzusehen.[4]

Begründung:

Der Kläger legt zunächst in der Anlage die Bescheinigung der Gütestelle vor, aus der sich ergibt, dass zwischen den Parteien ein erfolgloser Einigungsversuch stattgefunden hat.[5]
In der Sache wird ausgeführt[6]**. . . . .**

Schrifttum: Koch, Nachbarrechtlicher Ausgleichsanspruch gegen den Eigentümer bei mittelbarer Verantwortlichkeit, MDR 2018, 961; *Wenzel,* Der Störer und seine verschuldensunabhängige Haftung im Nachbarrecht, NJW 2005, 241.

Anmerkungen

1. Klagen auf Vornahme einer Handlung kommen vor allem vor, wenn es um die Erfüllung von Nebenpflichten aus einem Vertrag (zB Mietvertrag, Arbeitsvertrag) geht, sind aber auch – so das Beispiel – im Nachbarrecht häufig. Voraussetzung ist eine Eigentumsbeeinträchtigung im Sinne des § 1004 Abs. 1 S. 1 BGB, die vom Eigentümer nicht zu dulden ist. Die Klage auf Beseitigung der Störung wird nicht dadurch ausgeschlossen, dass der Eigentümer auch nach § 910 BGB vorgehen könnte (BGH NJW 2004, 603). Statt im Klageweg die Vornahme der Beseitigung zu verlangen, hat der Kläger nach der Rspr. des BGH (BGH NJW 2004, 603) auch die Möglichkeit, die Beseitigung selbst vorzunehmen und den Beklagten nach § 812 Abs. 1 BGB auf Zahlung der Kosten zu verklagen. Jedoch kann der Beweis der Beeinträchtigung schwerer fallen, wenn sie bereits beseitigt ist. Zu den Kosten der Beseitigung gehört auch die Wiederherstellung des ursprünglichen Zustands, zB des Wegs (BGH NJW 2004, 603).

2. Der Streitwert richtet sich nach dem Interesse des Klägers an der Vornahme der Handlung unter Berücksichtigung der Kosten für die Vornahme (Zöller/*Herget* ZPO § 3 Rn. 16 „Vornahme von Handlungen"). Es wird oft im Interesse des Klägers liegen, den Streitwert über die Berufungsgrenze zu heben.

3. Bei der Formulierung der Anträge ist genau darauf zu achten, dass ein entsprechendes Urteil einen vollstreckungsfähigen Inhalt hätte. Ein Beispiel für ungenügende Bestimmtheit und damit Unzulässigkeit des Antrags bietet BGH WM 1982, 68. Die Vollstreckung wäre im angenommenen Fall nach § 887 ZPO zu betreiben (zur Abgrenzung gegenüber § 888 ZPO vgl. Musielak/Voit/*Lackmann*, § 887 Rn. 9). Mit dem Ermächtigungsbeschluss nach § 887 ZPO kann zugleich beantragt werden, den Schuldner zur Vorauszahlung der für die Ersatzvornahme erforderlichen – bestimmt anzugebenden – Kosten zu verurteilen.

4. Bei einem Nachbarstreit wie diesem ist § 15a EGZPO iVm den entsprechenden landesrechtlichen Vorschriften zu beachten. Danach ist die Klage in den meisten Bundesländern erst zulässig, nachdem versucht worden ist, den Streit vor einer staatlich eingerichteten oder anerkannten Gütestelle einvernehmlich beizulegen. In diesem Fall geht der mündlichen Verhandlung keine Güteverhandlung nach § 278 Abs. 2 ZPO voraus. Hierauf sollte das Gericht in geeigneter Form hingewiesen werden. Allerdings ist das Gericht nicht gehindert, in der mündlichen Verhandlung eine gütliche Beilegung des Rechtsstreits nach § 278 Abs. 1 ZPO zu versuchen. Sieht das Landesrecht einen Einigungsversuch vor einer Gütestelle vor (zum Gesetzgebungsstand vgl. Zöller/*Heßler* EGZPO § 15a Rn. 27), ist die Klage unzulässig, wenn dieser nicht vorausgegangen ist; eine Nachholung im Prozess ist ausgeschlossen (BGH NJW 2005, 437; BVerfG NJW-RR 2007, 1073). Zu

Umgehungsmöglichkeiten vgl. *Bitter* NJW 2005, 1235; eine Klagerweiterung im Lauf des Rechtsstreits erfordert keinen neuen Schlichtungsversuch (BGH NJW-RR 2005, 501).

5. Wenn eine außergerichtliche Streitbeilegung iSd § 15a EGZPO stattgefunden hat, hat der Kläger die Bescheinigung der Gütestelle über den erfolglosen Einigungsversuch mit der Klage einzureichen (§ 15a Abs. 1 S. 2 EGZPO).

6. Hinsichtlich des Antrags zu 1a) ist zu begründen, dass die Verpflichtung des Beklagten aus § 1004 BGB iVm dem Bauordnungsrecht des betreffenden Bundeslands folgt. Entscheidend ist hierbei, ob das Bauordnungsrecht nachbarschützenden Charakter hat (Palandt/*Herrler* BGB § 903 Rn. 17; BGH NJW 1997, 55). Beispiel für nachbarschützende Norm im Bauordnungsrecht: BGH NJW 1985, 2825 (2826); für nicht nachbarschützende Norm im Bauplanungsrecht: BGH NJW 1983, 1795 (1797), vgl. aber BVerwG NJW 1994, 1546. Stehen Bestimmungen des Naturschutzes einer Beseitigung entgegen, muss der Nachbar die Beeinträchtigung hinnehmen (BGH NJW 1993, 925). Zur Begründung des Antrags zu 1a) hat der Kläger darzulegen, dass sich die Hecke auf dem Grundstück des Beklagten an der Grenze zu seinem Grundstück befindet und die Höhe von 1,80 m überschreitet. Zur Begründung des Antrags zu 1b) muss der Kläger die Voraussetzungen des § 910 Abs. 1 S. 2 BGB vortragen, also insb. das Setzen einer angemessenen Frist. Auch ist das Maß der Beeinträchtigung vorzutragen, und zwar sowohl in Hinblick auf § 910 Abs. 2 BGB als auch – für beide Anträge – in Hinblick auf den Streitwert. Vgl. iÜ → Form. II.I.10.

Eine Klage dieser Art lässt sich nicht nur auf einen Verstoß gegen das öffentliche Baurecht stützen. Liegt eine vom Nachbarn ausgehende rechtswidrige Störung des Eigentums vor, kann nach § 1004 BGB die Beseitigung verlangt werden, wenn der Nachbar Störer ist und der Eigentümer nicht zur Duldung verpflichtet ist. Das gilt zB bei Kontaminierung des Nachbargrundstücks (BGH NJW 2005, 1308) oder bei Eingriffen in den eingerichteten und ausgeübten Gewerbebetrieb (OLG Köln NJW 2007, 1215). Nicht dagegen hinsichtlich der von Bäumen ausgehenden Immissionen, wenn der Grundstückseigentümer die für die Anpflanzung bestehenden landesrechtlichen Abstandsregeln eingehalten hat (BGH NJW 2020, 607). Im Verhältnis Vermieter/Mieter ist zu beachten, dass der Beseitigungsanspruch allein aus § 541 BGB folgt, nicht aus § 1004 BGB (BGH NJW 2007, 2180). Zur Störerhaftung des Eigentümers für Brandfolgen am Nachbarhaus infolge von Reparaturarbeiten vgl. BGH NJW 2018, 1542.

6. Klage auf Unterlassung

An das
Amtsgericht[1, 2, 3]
In der Sache

. . . . .

Streitwert: . . . . .[4]

erhebe ich Klage und werde beantragen:

1. **Der Beklagte wird verurteilt, es zu unterlassen, ein Funkgerät in einer Weise zu betätigen, die den Rundfunk- und Fernsehempfang des Klägers beeinträchtigt.[5]**
2. **Dem Beklagten wird angedroht, dass für jeden Fall der Zuwiderhandlung ein Ordnungsgeld bis zur Höhe von 250.000 EUR und für den Fall, dass dieses nicht beigetrieben werden kann, eine Ordnungshaft oder eine Ordnungshaft bis zu sechs Monaten gegen ihn festgesetzt wird.[6]**
3. **. . . . . (Kosten, vorläufige Vollstreckbarkeit)**

Begründung:[7]

Der Kläger ist Eigentümer eines Fernsehgeräts sowie eines Rundfunkgeräts, die er in seiner Wohnung regelmäßig benutzt. Seit einigen Wochen machen sich während des Abendprogramms häufige starke, über längere Zeit anhaltende Störungen im Fernseh- und Radioempfang bemerkbar, für die zunächst weder der Kläger noch ein von ihm zu Rate gezogener Fachmann eine Erklärung besaß. Nunmehr hat der Kläger durch mehrere Personen erfahren, dass die Störungen durch ein vom Beklagten betätigtes Funkgerät ausgelöst werden und der Beklagte sich hieraus sogar einen Spaß macht. Dies hat der Beklagte mehrfach gegenüber den nachbenannten Zeugen geäußert.

Beweis: Zeugnis X Y.

Außerdem ist der Beklagte verschiedentlich von der Zeugin Z. beim Funken beobachtet worden, und zwar zu folgenden Zeiten: . . . . .

Beweis: Zeugnis der Z.

Dafür, dass zur selben Zeit sein Fernsehbild und der Rundfunkempfang unerträglich gestört wurden, bezieht sich der Kläger zum Beweis auf das

Zeugnis seiner Ehefrau . . . . .

Der Kläger hat den Beklagten mit Schreiben vom . . . . .

– Anlage 1 –

abgemahnt, ohne dass die Störungen aufhörten.

Schrifttum: Baetge, Unverlangte E-Mail-Werbung zwischen Lauterkeits- und Deliktsrecht, NJW 2006, 1037; *Dehner,* Zur Duldungspflicht eines Bauvorhabens, NZM 2005, 172; *Derleder,* Gemeinschaftsnutzung in Mietshäusern und Wohnungseigentumsanlagen, NJW 2007, 812; *Dietrich,* Rechtsfragen zur E-Mail-Werbung: Wann ist Werbung zulässig und wie wird ein Unterlassungsantrag formuliert? GWR 2012, 102; *Grotheer,* Der eigentumsrechtliche Unterlassungsanspruch nach § 1004 BGB als Schutz vor Konkurrenten, GRUR 2006, 110; *Hirtz,* Der Nachweis der Wiederholungsgefahr bei Unterlassungsansprüchen, MDR 1988, 182; *Jestaedt,* Die Vollstreckung aus Unterlassungstiteln nach § 890 ZPO bei Titelfortfall, WRP 1981, 433; *Martens/Appelbaum,* Rechtliche Vorgaben bei Errichtung, Änderung und Betrieb von Mobilfunkstationen, NZM 2002, 642; *von Gamm,* Konkrete Fassung des Unterlassungstitels, NJW 1969, 85; *Wenzel,* Der Störer und seine verschuldensunabhängige Haftung im Nachbarrecht, NJW 2005, 241.

Anmerkungen

1. Unterlassungsklagen haben praktische Bedeutung vor allem im Wettbewerbs-, Patent-, Urheber- und Presserecht sowie zum Schutz des allgemeinen Persönlichkeitsrechts, jedoch auch zur Abwehr allgemeiner Beeinträchtigungen der absoluten Rechte des § 823 Abs. 1 BGB und sonstiger geschützter Rechtsgüter (vgl. Palandt/*Herrler* BGB § 1004 Rn. 4). Mehrfach hat sich die Rspr. mit der Beobachtung des Grundstücksnachbarn durch eine Videokamera befasst (OLG Köln NJW 2009, 1827; OLG Karlsruhe WuM 2000, 128; LG Bielefeld NJW-RR 2008, 327), wogegen eine Unterlassungsklage möglich ist. Eine solche Klage kann mit einer Schadensersatzklage, bei schwerwiegenden Eingriffen in das Persönlichkeitsrecht auch wegen Schmerzensgeld (OLG Köln NJW 2009, 1827), verbunden werden. Eine Störung, die einen Unterlassungsanspruch begründet, hat die Rspr. ebenso in Fällen der Zusendung unerwünschten Werbematerials (BGH NJW 1989, 902), auch durch politische Parteien (KG NJW 2002, 379; BVerfG 2002, 2938), angenommen sowie bei unerwünschten Anzeigenblättern (OLG Stuttgart NJW-

RR 1994, 502). Im Beispielsfall (vgl. dazu *Dehner,* Nachbarrecht, 7. Aufl. 1996, § 16 Fn. 7) geht es gleichfalls um den Eigentumsschutz, der allerdings – was bei Klagen dieser Art stets zu beachten ist – durch § 906 BGB beschränkt wird; der Eigentümer kann sich nur gegen eine wesentliche Beeinträchtigung wehren (vgl. hierzu Palandt/*Herrler* BGB § 906 Rn. 13). Zur Frage, inwieweit ein Nachbar Lärmimmissionen durch Musikveranstaltungen hinnehmen muss, BGH NJW 2003, 3699; zum Abwehrrecht des Nachbarn gegen Mobilfunksendeanlagen BGH NJW 2004, 3701; OVG Lüneburg NVwZ 2001, 456; BVerfG NJW 2002, 1638.

Mit der Unterlassungsklage soll eine künftige Störung abgewendet werden, dennoch ist § 259 ZPO nicht anwendbar, die Voraussetzungen ergeben sich allein aus § 1004 BGB (Palandt/*Herrler* BGB § 1004 Rn. 31). Nach dem Gesetzeswortlaut muss eine Wiederholungsgefahr gegeben sein, jedoch kann auch eine erstmals drohende Beeinträchtigung genügen; die vorbeugende Unterlassungsklage ist auch als präventive Maßnahme möglich (OLG Zweibrücken NJW 1992, 1242; OLG Hamm NJW-RR 1995, 1399). Liegt bereits ein rechtswidriger Eingriff vor, spricht eine tatsächliche Vermutung für die Wiederholungsgefahr (BGH NJW 2004, 1035 (1036)). In einer Reihe gesetzlich geregelter Fälle ist zusätzlich eine Abmahnung erforderlich (zB § 541 BGB, vgl. Palandt/*Herrler* BGB § 1004 Rn. 3). Im Verhältnis Vermieter/Mieter kann der Beseitigungsanspruch nicht auf § 1004 BGB, nur auf § 541 BGB gestützt werden (BGH NJW 2007, 2180; vgl. Palandt/*Weidenkaff* BGB § 541 Rn. 1).

2. Soweit es sich um eine Streitigkeit aus dem Nachbarrecht nach § 906 BGB iSd § 15a Abs. 1 Nr. 2 EGZPO handelt, ist ein Einigungsversuch vor einer Gütestelle vorzuschalten, wenn das Landesrecht dies vorsieht (→ Form. I.D.5 Anm. 4).

3. Die sachliche Zuständigkeit bei Unterlassungsklagen (AG oder LG) hängt nicht mehr davon ab, ob es sich um eine vermögensrechtliche oder nichtvermögensrechtliche Streitigkeit handelt. Maßgeblich ist allein der Streitwert.

4. Der nach § 3 ZPO zu schätzende Streitwert richtet sich nach dem Interesse des Klägers am Verbot der beeinträchtigenden Handlung (vgl. Thomas/Putzo/*Hüßtege* ZPO § 3 Rn. 152). Eine Wertangabe oberhalb der Berufungsgrenze kann im Interesse des Klägers liegen. Bei Klageabweisung richtet sich der Beschwerdewert nach dem Abwehrinteresse an der konkret behaupteten Störung.

5. Beim Klageantrag ist besonders darauf zu achten, dass er dem Bestimmtheitsgebot des § 253 Abs. 2 Nr. 2 ZPO genügt. Er darf sich nicht in abstrakten Formulierungen erschöpfen („die Störung des Eigentums zu unterlassen"), sondern muss konkret gefasst sein. Das gilt insb. für das Presse- und Wettbewerbsrecht (BGH NJW 1991, 1114; NJW-RR 1993, 937). Bei Unterlassungsklagen gegen Immissionen ist die Rspr. im Hinblick auf die Schwierigkeit, das Maß unzulässiger Beeinträchtigung zu beschreiben, großzügiger (BGH NJW 1993, 1656); es genügt ein Antrag, der den Gesetzeswortlaut wiederholt (BGH NJW 1999, 356), die Probleme werden dann allerdings in das Vollstreckungsverfahren hineingetragen. Mit dem Unterlassungsantrag darf nicht mehr verlangt werden, als zur Abwehr einer nicht unwesentlichen (vgl. § 906 Abs. 1 BGB) Beeinträchtigung erforderlich ist, andernfalls riskiert der Kläger eine Teilabweisung. Verfehlt wäre es zB, dem Beklagten das Funken überhaupt untersagen zu wollen.

6. Es ist zulässig (§ 890 Abs. 2 ZPO) und zweckmäßig, die Androhung bereits in das Urteil aufnehmen zu lassen. Die Androhung erfolgt allein auf Antrag des Gläubigers, nicht des Schuldners (BGH MDR 2018, 1018 Rn. 7 ff.). Versäumt der Kläger dies, ist – nach Anhörung des Schuldners – ein besonders zu beantragender Beschluss des Prozessgerichts der ersten Instanz erforderlich, der dem Schuldner erneut zugestellt werden muss

(Zöller/*Seibel* ZPO § 890 Rn. 12). Die Androhung muss die Ordnungsmittel nach Art und Höchstmaß bezeichnen; dem sollte der Antrag entsprechen.

7. Hier muss der Kläger eine Beeinträchtigung seines Eigentums darlegen, die nicht unwesentlich iSd § 906 Abs. 1 BGB ist. Er muss außerdem die Wiederholungsgefahr darlegen, die jedoch nach mehrfachen Störungen idR zu vermuten ist (vgl. Palandt/*Herrler* BGB § 1004 Rn. 32), so dass das Schwergewicht auf die Darlegung der vergangenen Beeinträchtigungen gelegt werden sollte. Wird Unterlassung eines drohenden Erstverstoßes verlangt (→ Anm. 1), ist darzustellen, dass diese Erwartung nach den Umständen des Falls genügt. Zweckmäßig ist es weiter, den Beklagten vor Klageerhebung schriftlich abzumahnen, auch wenn dies hier nicht Anspruchsvoraussetzung ist. Eine vergebliche Abmahnung verdeutlicht die Wiederholungsgefahr und schließt § 93 ZPO aus.

7. Klage auf Herausgabe mit Fristsetzung und Schadensersatz

An das
Landgericht

Klage[1, 2]

In der Sache
. . . . .
Streitwert:[3] 250.000 EUR
erhebe ich namens und in Vollmacht des Klägers Klage und werde beantragen:
1. **Der Beklagte wird verurteilt, das Ölgemälde „Roter Hahn“ von Otto Dix, signiert mit Datum 29.6.1935, an den Kläger herauszugeben.[4]**
2. **Dem Beklagten wird zur Herausgabe eine Frist von 4 Wochen nach Rechtskraft des Urteils gesetzt.[5]**
3. **Der Beklagte wird für den Fall, dass die Frist fruchtlos abläuft, verurteilt, 250.000 EUR nebst Zinsen in Höhe von 5 Prozentpunkten über dem Basiszinssatz seit Fristablauf zu zahlen.[6]**
4. **. . . . . (Kosten, vorläufige Vollstreckbarkeit)**

Begründung:[7]

Der Kläger ist Kunstsammler, der Beklagte Kunsthändler. Der Kläger hat dem Beklagten am . . . . . mehrere Ölbilder, darunter das im Antrag zu 1) bezeichnete Bild, zur Verfügung gestellt, die jener in seiner Kunstgalerie ausstellte.

Beweis: . . . . .

Diese Bilder hat der Kläger aus privaten Gründen mehrfach zurückgefordert und auch nach und nach zurückerhalten, mit Ausnahme jedoch des streitigen Bilds. Eine letzte schriftliche Mahnung des Klägers vom . . . . .

– Anlage 1 –

war vergeblich. Der Kläger, der es für möglich hält, dass der Beklagte das Bild nicht mehr in Besitz hat, verlangt in erster Linie Herausgabe des Bilds. Gleichzeitig macht er von seinem Recht Gebrauch, dem Beklagten schon im Urteil eine Frist zur Herausgabe zu setzen, nach deren Ablauf er die Leistung ablehnt (§ 281 Abs. 1 S. 1 BGB). Nach Ablauf der Frist kann der Kläger Schadensersatz statt der Leistung verlangen, den er schon jetzt mit seinem Antrag zu 3) verfolgt. Denn der Kläger muss befürchten, dass sich der Beklagte im Sinne des § 259 ZPO der Rückgabe des Bilds entziehen will; der Kläger hat nämlich in Erfahrung gebracht, dass der Beklagte das streitige Bild einem Herrn X zu veräußern suchte.

Beweis: Zeugnis des X.

Die Höhe des Schadens ergibt sich aus der als

– Anlage 2 –

überreichten Expertise des Kunstexperten . . . . . vom . . . . .

Rechtsanwalt

Schrifttum: Gsell, Rechtskräftiges Leistungsurteil und Klage auf Schadensersatz statt der Leistung, JZ 2004, 115; *Kaiser,* Schuldrechtsreform – Der „Einwand des Unvermögens" und der „unechte Hilfsantrag" nach Wegfall des § 283 BGB aF., MDR 2004, 311; *Schur,* Schadensersatz nach rechtskräftiger Verurteilung zur Leistung, NJW 2002, 2518; *Wieser,* Gleichzeitige Klage auf Leistung und auf Schadensersatz aus § 281 BGB, NJW 2003, 2432.

Anmerkungen

1. Die Verbindung der Anträge auf Herausgabe mit Fristsetzung und Schadensersatz ist vor allem sinnvoll, wenn der Kläger vorrangig an der Wiedererlangung seines Eigentums interessiert ist, er aber nicht weiß, ob dem Beklagten die Herausgabe noch möglich ist, ob er also auf einen Schadensersatzanspruch beschränkt ist. Wenn dem Kläger der Ersatzanspruch genügt, kann er dem Beklagten vorprozessual eine Frist nach § 281 Abs. 1 BGB setzen, nach Fristablauf Schadensersatz verlangen und diesen Anspruch einklagen. Der Herausgabeanspruch ist dann nach § 281 Abs. 4 BGB ausgeschlossen. Solange der Primäranspruch noch nicht ausgeschlossen ist, kann der Kläger auf Herausgabe klagen. Er muss (und kann, § 264 Nr. 3 ZPO) die Klage allerdings auf Schadensersatz nach § 283 BGB umstellen, wenn sich im Laufe des Prozesses die Unmöglichkeit der Herausgabe ergibt und der Beklagte die Unmöglichkeit nach §§ 276 ff., 287 BGB zu vertreten hat. Der in erster Linie angestrebte Herausgabetitel gibt dem Kläger die Möglichkeit, mit Hilfe des Gerichtsvollziehers nach der streitigen Sache zu forschen; die Vollstreckung richtet sich nach § 883 ZPO.

2. Denkbar, aber problematisch ist auch eine Verbindung der Klage auf Herausgabe (bzw. Klage auf Vornahme einer Handlung) mit einem Hilfsantrag auf Schadensersatz „für den Fall, dass die Unmöglichkeit der Herausgabe im Prozess festgestellt wird", also ohne den Antrag auf Fristsetzung. Sobald der Beklagte Unmöglichkeit einwendet, kann der Kläger auch bei dieser Fassung entscheiden, ob er diese unstreitig stellen und nur noch den Schadensersatzanspruch verfolgen will, oder ob er beim Herausgabeantrag bleibt. Allerdings kann der Kläger damit nicht erreichen, dass sowohl der Herausgabeanspruch als auch der Schadensersatzanspruch tituliert werden.

3. Vgl. § 6 ZPO. Maßgeblich ist der Betrag, der sich bei Veräußerung der Sache erzielen ließe (Verkehrswert, BGH NJW-RR 1991, 1210).

4. Die Sache ist so genau zu bezeichnen, dass sie vom Gerichtsvollzieher zweifelsfrei zu identifizieren ist. Kann die Sache nur unzureichend beschrieben werden, ist es sinnvoll, eine Zeichnung oder ein Foto beizufügen, die für den Gerichtsvollzieher die Identifizierung erleichtert.

5. Die Fassung dieses Antrags beruht auf § 281 Abs. 1 S. 1 BGB. Die Verbindung von Herausgabeantrag und Antrag auf Fristsetzung ist gem. § 255 ZPO zulässig (Musielak/Voit/*Foerste* ZPO § 255 Rn. 5); sie bereitet den Schadensersatzanspruch vor. Hat der Kläger ein besonderes Interesse am Erhalt der Sache, sollte er die Frist so bemessen, dass ihm ausreichend Zeit bleibt, in der Vollstreckung den Verbleib der Sache aufzuklären. Ist er nur am Erhalt der Sache, nicht am Schadensersatz interessiert, sollte er nur den Antrag zu 1) stellen; denn der Anspruch auf Herausgabe wäre nach § 281 Abs. 4 BGB ausgeschlossen, sobald der Gläubiger statt der Leistung Schadensersatz verlangt hat.

6. Der Antrag beruht auf § 281 Abs. 1 S. 1 iVm § 280 Abs. 1 BGB. Dass er mit den übrigen Anträgen zu einer Klage verbunden werden kann, wird von der hM auch für die Rechtslage nach Streichung des § 283 BGB aF durch die Schuldrechtsreform bejaht, wenn für den Schadensersatzanspruch die Voraussetzungen des § 259 ZPO vorliegen (vgl. Zöller/*Greger* ZPO § 255 Rn. 3; Thomas/Putzo/*Reichold* ZPO § 255 Rn. 5; Musielak/Voit/*Foerste* ZPO § 255 Rn. 5; *Kaiser* MDR 2004, 311; *Wieser* NJW 2003, 2432). Wichtig ist es, den Antrag so zu formulieren, dass er nicht als bereits jetzt gestelltes Schadensersatzverlangen mit der Folge des § 281 Abs. 4 BGB ausgelegt werden kann. Antragsfassungen wie zB „Im Unvermögensfalle" sollten vermieden werden, da sie zu Schwierigkeiten bei der Erteilung der vollstreckbaren Ausfertigung führen können (§ 726 Abs. 1 ZPO; vgl. allerdings OLG Hamburg MDR 1972, 1040). Unangebracht wäre ein Antrag auf „Herausgabe . . . . ., hilfsweise Zahlung", wenn der Kläger den Zahlungstitel zusätzlich zum Herausgabetitel erwirken will.

7. Der Kläger muss hier neben seinem Herausgabeanspruch und dem bedingten Schadensersatzanspruch einschließlich der Schadenshöhe vor allem die Voraussetzungen des § 259 ZPO darlegen (hierzu Thomas/Putzo/*Reichold* ZPO § 259 Rn. 2, 3). Vom Vorliegen der Voraussetzungen dieser Vorschrift hängt das Rechtsschutzbedürfnis für den Antrag zu 3) ab. Dafür ist es wichtig, den Beklagten schon vor Klageerhebung in Verzug gesetzt zu haben, was überdies seine Haftung für zufällige Unmöglichkeit nach § 287 BGB eröffnet. Der Kläger sollte zudem im Hinblick auf § 281 Abs. 4 BGB deutlich machen, dass er zunächst nur Herausgabe und nur für den Fall, dass der Beklagte nicht leistet, Schadensersatz verlangt.

8. Klage auf Abgabe einer Willenserklärung

An das
Landgericht

Klage[1, 2]

In der Sache

. . . . .

Streitwert:[3] 12.000 EUR

erhebe ich namens und in Vollmacht des Klägers Klage und werde beantragen:6

1. Der Beklagte wird verurteilt, zu erklären, dass das Eigentum am Pkw Audi A 6, amtliches Kennzeichen B – MT 100, Fahrgestell-Nr. . . . . ., auf den Kläger übergehen soll.[4]

2. Der Beklagte wird weiter verurteilt, mit Rechtskraft des Urteils den Kraftfahrzeugbrief für das Fahrzeug an den Kläger herauszugeben.[5]

3. . . . . . (Kosten, vorläufige Vollstreckbarkeit[6])

Begründung:[7]

Der Kläger hat dem Beklagten zur Sicherung einer Darlehensforderung über 18.000 EUR nebst 8 % Zinsen seinen Pkw Audi A 6, amtliches Kennzeichen B – MT 100, Fahrgestell-Nr. . . . . ., übereignet und den Kraftfahrzeugbrief für dieses Fahrzeug ausgehändigt. Hierüber haben die Parteien am . . . . . einen schriftlichen Sicherungsvertrag abgeschlossen, der als

– Anlage 1 –

überreicht wird. Nach § 8 dieses Vertrags ist der Beklagte als Sicherungsnehmer verpflichtet, das Sicherungsgut nach Rückzahlung des Darlehens an den Kläger zurück zu übereignen. Der Kläger hat den Darlehensbetrag nebst Zinsen an den Beklagten überwiesen. Dieser weigert sich jedoch, dem Kläger das Kraftfahrzeug zu übereignen und den Kraftfahrzeugbrief auszuhändigen. Die Korrespondenz der Parteien hierüber (Schreiben des Klägers vom . . . ., Schreiben des Beklagten vom . . . . .) ergibt sich aus den

– Anlagen 2 und 3 –.

Der Wert des Kraftfahrzeugs (Baujahr 20 . . . ., Kilometerstand: . . . . .) beträgt ca. 12.000 EUR.

Rechtsanwalt

Anmerkungen

1. Das Formular betrifft die Übereignung einer beweglichen Sache.

2. Die Besonderheit dieser Klageart ist, dass es nicht zu einer Vollstreckung kommt, denn die Willenserklärung gilt mit Rechtskraft des Urteils als abgegeben (§ 894 ZPO). Nur die Kostenentscheidung des Urteils kann vollstreckt werden. Die Klage auf Abgabe einer Willenserklärung kommt vor allem in Betracht, wenn der begehrte Rechtserwerb von der Abgabe einer rechtsgeschäftlichen Erklärung oder einer Erklärung gegenüber einer Behörde (Grundbuchamt, Hinterlegungsstelle) abhängt (zu den einzelnen Fällen vgl. Zöller/*Seibel* ZPO § 894 Rn. 3), und auf diese Erklärung ein Anspruch besteht. Auch aus einem verbindlichen Vorvertrag kann auf Abgabe der auf Abschluss des Hauptvertrags gerichteten Willenserklärung geklagt werden. Bei einem schon in einem Vorvertrag vollständig ausformulierten künftigen Hauptvertrag besteht allerdings nach der Rspr. des BGH (NJW 2001, 1272) kein Rechtsschutzbedürfnis für eine Klage auf Abgabe eines Angebots durch den Verpflichteten. Der Berechtigte hat vielmehr mit seinem Klageantrag ein eigenes Angebot zu unterbreiten und dessen Annahme durch den Verpflichteten zu verlangen. Ist die abzugebende Willenserklärung nach materiellem Recht formbedürftig, muss der Kläger nicht beantragen, dass die Erklärung zB in notariell beurkundeter Form abzugeben ist; das Urteil ersetzt die Form (vgl. Zöller/*Seibel* ZPO § 894 Rn. 8; OLG Köln NJW-RR 2000, 880). Handelt es sich um eine empfangsbedürftige Erklärung, die nicht gegenüber dem Kläger, sondern gegenüber einem Dritten, auch einer Behörde, abzugeben ist, so tritt die materiell-rechtliche Wirkung der Erklärung erst ein, wenn dem Dritten das rechtskräftige Urteil zugeleitet wird (Thomas/Putzo/*Seiler* ZPO § 894 Rn. 9). Zu beachten ist, dass nur die Willenserklärung des Schuldners als abgegeben gilt; der erstrebte schuldrechtliche oder dingliche Vertrag (Einigung, Auflassung) kommt erst zustande, wenn auch der Kläger oder der Dritte seine Erklärung formgerecht abgegeben hat. Hängt der Vertrag noch von einer Genehmigung ab, braucht ein entsprechender Vorbehalt nicht in den Antrag aufgenommen zu werden (BGH NJW 1982, 881 für die Genehmigung nach § 2 GrdstVG). Geht es um einen Gesellschafterbeschluss, ist außer der rechtskräftigen Verurteilung des verklagten Gesellschafters ein der Satzung entsprechender Beschluss der übrigen Gesellschafter erforderlich (BGH NJW-RR 1989, 1056).

Im angenommenen Fall handelt es sich um die zur Übereignung erforderliche Einigung gem. § 929 S. 2 BGB, auf die der Sicherungsgeber nach Tilgung der zu sichernden Forderung entsprechend der hier getroffenen Abrede einen Anspruch hat (vgl. Palandt/*Herrler* BGB § 930 Rn. 28). Ist der Kläger nicht bereits Besitzer der Sache, muss er zusätzlich beantragen, den Beklagten zur Übergabe (Herausgabe iSd § 883 ZPO) zu verurteilen.

3. Bei einer Klage auf Rückübertragung des Sicherungseigentums richtet sich der Streitwert nach dem Betrag der zu sichernden Forderung; wenn die Sache – wie hier – einen geringeren Wert hat, ist dieser maßgeblich (vgl. Zöller/*Herget* ZPO § 6 Rn. 6).

4. Der Antrag muss zweifelsfrei ergeben, welche Erklärung mit Rechtskraft des Urteils als abgegeben gelten soll. Geht es – wie hier – um die Übereignung einer Sache, ist diese genau zu bezeichnen.

5. Das Recht am Brief folgt dem Recht am Kraftfahrzeug (§ 952 BGB). Da das Eigentum am Kraftfahrzeug erst bei Rechtskraft übergeht, kann Herausgabe des Briefs wohl erst zu diesem Zeitpunkt verlangt werden.

6. Urteile auf Abgabe einer Willenserklärung haben wegen § 894 ZPO keinen vollstreckungsfähigen Inhalt (vgl. Zöller/*Seibel* ZPO § 894 Rn. 6); die Entscheidung über die vorläufige Vollstreckbarkeit betrifft idR nur die Kosten. Daher wird das Urteil oft ausdrücklich nur wegen der Kosten für vorläufig vollstreckbar erklärt. Etwas anderes gilt aber bei den Urteilen des § 895 ZPO (zB auf Auflassung oder Eintragungsbewilligung); sie dürfen nicht nur wegen der Kosten für vorläufig vollstreckbar erklärt werden, damit die Eintragung einer Vormerkung oder eines Widerspruchs als bewilligt gelten kann. In einem solchen Fall sollte ausdrücklich beantragt werden, das Urteil nicht nur wegen der Kosten für vorläufig vollstreckbar zu erklären. Das Gleiche gilt für die Anmeldung zum Handelsregister nach § 16 HGB.

7. Der Kläger muss vortragen, dass der Beklagte zur Rückübertragung des Sicherungseigentums auf Grund der getroffenen Abrede verpflichtet ist, und hierzu vor allem darlegen, dass die gesicherte Forderung nebst Zinsen durch Erfüllung erloschen ist. Das weitere Vorbringen betrifft den Streitwert. Es kann sich auch empfehlen, das Gericht darauf aufmerksam zu machen, dass das Urteil (wenn keiner der in → Anm. 6 genannten Sonderfälle vorliegt) nur wegen der Kosten vorläufig vollstreckbar ist und für die Höhe einer etwa zu leistenden Sicherheit allein die Kostenentscheidung maßgeblich ist.

9. Klage auf Duldung

An das
Landgericht

Klage[1, 2]

In der Sache

. . . . .

Streitwert:[3]. . . . .

erhebe ich namens und in Vollmacht des Klägers Klage und werde beantragen:

1. Der Beklagte wird verurteilt zu dulden, dass der Kläger eine Abwasserleitung über das Grundstück . . . . . des Beklagten zum Abwasserrohr der Gemeinde in einer vom Gericht zu bestimmenden Richtung[4] verlegt und unterhält.

2. Dem Beklagten wird angedroht, dass für jeden Fall der Zuwiderhandlung ein Ordnungsgeld bis zur Höhe von 250.000 EUR und für den Fall, dass dieses nicht beigetrieben werden kann, eine Ordnungshaft oder eine Ordnungshaft bis zu 6 Monaten gegen ihn festgesetzt wird.[5]

3. . . . . . (Kosten, vorläufige Vollstreckbarkeit)

Begründung:[6]

. . . . .

Anmerkungen

1. Das Beispiel betrifft eine Klage auf Duldung eines Notwegrechts nach § 917 BGB (hierzu zuletzt BGH NZM 2013, 204; NJW-RR 2009, 515; NJW-RR 2010, 445; → Form. II.I.7). Zur gleich gelagerten Klage auf Duldung der Verlegung von Breitbandkabeln nach § 57 TKG vgl. BGH WM 2005, 194. Zur Klage auf Duldung der Zwangsvollstreckung aus einer Hypothek → Form. II.I.12.

2. Die Duldungsklage gegen den Eigentümer ist das Gegenstück zur Unterlassungsklage des Eigentümers. Sie kommt vor allem im Nachbarrecht vor, und zwar dann, wenn der Eigentümer iSd § 1004 Abs. 2 BGB zur Duldung verpflichtet ist (vgl. zu den einzelnen Fällen Palandt/*Herrler* BGB § 1004 Rn. 35 ff.). Das ist insb. bei rechtmäßigen Eingriffen in das Eigentum des Nachbarn der Fall. Dessen Duldungspflicht kann zB aus §§ 906 ff. BGB folgen (BGH NJW 1991, 2826 (2827)), aus dem nachbarlichen Gemeinschaftsverhältnis (BGH NJW 2000, 1719; NJW 2020, 607 Rn. 14 f.), aber auch aus öffentlich-rechtlichen Normen, zB des Naturschutzrechts (BGH NJW 1993, 925; OLG Düsseldorf NJW 1989, 1807). Auch der das Eigentum eines anderen beeinträchtigende Störer kann auf Duldung der Beseitigung durch den Eigentümer in Anspruch genommen werden (BGH NJW 2007, 432). Im Verhältnis Vermieter/Mieter ist eine Abmahnung erforderlich; für Erhaltungs- und Modernisierungsmaßnahmen gilt § 554 BGB.

Für die Vollstreckung ist, wie bei der Unterlassungsklage, § 890 ZPO maßgeblich.

3. Für die Bestimmung des Streitwerts gilt über § 3 ZPO die Regelung für Grunddienstbarkeiten in § 7 ZPO (BGH NJW-RR 2017, 209 Rn. 5; Zöller/*Herget* ZPO § 3 Rn. 16.123 – Notweg). Bei Verurteilung zur Duldung bemisst sich die Beschwer nach dem Interesse daran, die Handlung nicht dulden zu müssen (BGH NJW-RR 2010, 1081; Thomas/Putzo/*Hüßtege* ZPO § 3 Rn. 44).

4. Die Richtung des Notwegs, hier in Form der Abwasserleitung, braucht der Kläger nicht anzugeben, sie wird vom Gericht durch Gestaltungsurteil bestimmt (§ 917 Abs. 1 S. 2 BGB). Gleichwohl empfiehlt es sich, konkrete Angaben über Richtung und Umfang der Benutzung, hier also Lage, Art und Größe der beabsichtigten Abwasserleitung zu machen; das Gericht kann das aus eigener Kenntnis schwer beurteilen.

5. Zu diesem Antrag → Form. I.D.6 Anm. 6.

6. Zu den Tatsachen, die der Kläger zugunsten des beanspruchten Notwegrechts darlegen muss, BGH NJW 1964, 1321; NJW 1980, 585. Die Beweislast für die Duldungspflicht liegt beim Störer (BGH NJW 1989, 1032). Auch der Duldungsklage sollte eine Abmahnung des Eigentümers vorangehen und mit der Klage vorgetragen werden (OLG Karlsruhe MDR 1981, 939; → Form. I.D.6 Anm. 6).

10. Klage auf künftige Leistung

An das
Amtsgericht

Klage

In der Sache
. . . . .
erhebe ich Klage[1] und werde beantragen:[2]

1. **Der Beklagte wird verurteilt, an den Kläger 1.000 EUR nebst Zinsen in Höhe von 5 Prozentpunkten über dem Basiszinssatz seit dem 1.3.20 . . . . . und dem 1.6.20 . . . . . jeweils auf 500 EUR zu zahlen.**
2. **Der Beklagte wird weiter verurteilt, am 1.9.20 und am 1.12.20 . . . . . jeweils 500 EUR nebst Zinsen in Höhe von 5 Prozentpunkten über dem Basiszinssatz seit diesen Tagen[3] zu zahlen.**
3. **. . . . . (Kosten, vorläufige Vollstreckbarkeit)**

Begründung:[4]

Der Beklagte hat vom Kläger im Januar 20 . . . . . ein zinsloses Darlehen über 2.000 EUR erhalten. Nach dem schriftlichen Darlehensvertrag vom 15.1.20 . . . . .

– Anlage 1 –

sollte die Rückzahlung in Raten von 500 EUR am 1.3., 1.6., 1.9. und 1.12.20 . . . . . erfolgen. Der Beklagte hat die ersten beiden Raten bei Fälligkeit nicht gezahlt und auf Mahnungen nicht reagiert. Insoweit ist der Beklagte entsprechend dem Antrag zu 1) zu verurteilen.

Der Kläger hat Anlass zur Befürchtung, dass der Beklagte auch die weiteren Raten nicht begleichen wird. Er macht daher von der gem. § 257 ZPO gegebenen Möglichkeit Gebrauch, mit seinem Antrag zu 2) künftige Zahlung dieser Raten zu verlangen.

Zinsen stehen dem Kläger aus §§ 284, 286, 288 BGB zu.

Rechtsanwalt

Schrifttum: Henssler, Die Klage auf künftige Leistung im Wohnraummietrecht, NJW 1989, 138; *Roth,* Die Klage auf künftige Leistung nach §§ 257–259 ZPO, ZZP 1985, 287; *Winkler,* Überlegungen zur Konkurrenz von Feststellungsklage und Klage auf zukünftig fällig werdenden Mietzins, ZMR 2008, 94.

Anmerkungen

1. Klagen auf künftige Leistung kommen in der Praxis selten vor, sind aber insb. zweckmäßig, wenn der Kläger Anlass zur Annahme hat, der Beklagte werde seine kalendermäßig bestimmte Leistung (Zahlung oder Räumung) nicht erbringen. § 257 ZPO gibt dem Kläger die Möglichkeit, sich bereits vor Fälligkeit einen Titel zu verschaffen, um bei Fälligkeit sofort vollstrecken zu können. Die Vorschrift gilt zum einen für Geldforderungen, die nicht von einer Gegenleistung abhängen; sie ist damit nicht auf künftige Mietzahlungen anwendbar, weil im Gegenzug noch der Gebrauch der Mietsache zu gewähren ist; es kann dann aber die Klage nach § 259 ZPO zulässig sein (vgl. *Henssler* NJW 1989, 138 (140)). Zum anderen ist § 257 ZPO nach seinem Wortlaut für Ansprüche auf künftige Räumung anwendbar, aber nicht, wenn es um Grundstücke oder Räume zu Wohnzwecken geht; auch hier ist § 259 ZPO einschlägig (Zöller/*Greger* ZPO § 259

Rn. 2), dazu hat der Kläger zusätzlich die Besorgnis der Leistungsentziehung darzulegen. Im Übrigen sollte der Kläger nur auf noch nicht fällige Leistung klagen, wenn der Beklagte Anlass zur Klageerhebung gegeben hat; sonst geht er das Risiko ein, im Falle des Anerkenntnisses gem. § 93 ZPO die Kosten tragen zu müssen.

2. Ist zweifelhaft, ob die Voraussetzungen für eine Klage auf künftige Leistung vorliegen, sollte der Kläger zum Antrag zu 2), wenn der Beklagte seine Leistungspflicht bestritten hat, hilfsweise einen Feststellungsantrag stellen. Er kann nicht sicher sein, dass das Gericht den Antrag auf künftige Leistung von sich aus in einen Feststellungsantrag umdeutet, was nach der Rspr. des BGH geboten wäre (BGH NJW-RR 2006, 1485). Werden im Lauf des Rechtsstreits weitere Raten fällig, sollte der Kläger den Antrag nicht mehr auf zukünftige Leistung richten, sondern auf einen normalen Zahlungsantrag umstellen; allerdings kann auch ohne Antragsänderung ein unbedingtes Urteil ergehen (vgl. Zöller/*Greger* ZPO § 257 Rn. 6).

3. Zinsen können erst ab Fälligkeit der künftigen Raten verlangt werden, auch Prozesszinsen stehen dem Kläger nicht vorher zu, § 291 S. 1 Hs. 2 BGB.

4. Der Kläger muss neben dem Anspruch selbst auch die Voraussetzungen des § 257 ZPO, von denen die Zulässigkeit der Klage abhängt, darlegen. Er sollte außerdem vortragen, dass der Beklagte Anlass zur Klageerhebung gegeben hat (hier durch Nichtzahlung früherer Raten). Die Beweislast iRd § 93 ZPO trägt ausnahmsweise der Kläger (Zöller/*Greger* ZPO § 257 Rn. 6).

11. Stufenklage

An das
Landgericht
Kammer für Handelssachen[1, 2]

Klage

In der Sache
. . . . .
Streitwert: . . . .[3]
erhebe ich namens und in Vollmacht des Klägers Stufenklage und werde beantragen:

1. Der Beklagte wird verurteilt

a) der Klägerin Auskunft darüber zu erteilen, welche Geschäfte über Kraftfahrzeugzubehör er in der Zeit von . . . . . bis . . . . . geschlossen hat, sowie die schriftlichen Bestellungen hierüber vorzulegen,[4]

b) erforderlichenfalls die Richtigkeit und Vollständigkeit seiner Angaben an Eides Statt zu versichern,[5]

c) an die Klägerin Schadensersatz in einer nach Erteilung der Auskunft noch zu bestimmenden Höhe nebst Zinsen in Höhe von 5 Prozentpunkten über dem Basiszinssatz seit Rechtshängigkeit zu zahlen.[6]

2. . . . . (Kosten, vorläufige Vollstreckbarkeit)

Begründung:[7]

Die Klägerin vertreibt Kraftfahrzeug-Zubehör über Handelsvertreter. Der Beklagte war für sie bis zum . . . . . als selbständiger Handelsvertreter tätig. Seine Provisionen betrugen im Monatsdurchschnitt mehr als 2.000 EUR. Die Rechtsbeziehungen der Parteien waren durch den Handelsvertretervertrag vom . . . . .

– Anlage 1 –

geregelt, ein Exemplar des vom Beklagten unterzeichneten Vertrags wurde ihm bei Vertragsbeginn ausgehändigt. Nach § 12 des Vertrags war dem Beklagten für 2 Jahre nach Vertragsende der Verkauf von Kraftfahrzeugzubehör für eigene Rechnung oder für Rechnung eines Dritten gegen Zahlung einer Entschädigung verboten. Der Beklagte schied am . . . . . bei der Klägerin aus; zum Ausgleich für das Wettbewerbsverbot zahlte ihm die Klägerin eine Entschädigung von . . . . . EUR.

Beweis: Quittung vom . . . . . (Anlage 2).

Die Klägerin hat von zweien ihrer Kunden zufällig erfahren, dass der Beklagte ihnen in der Verbotszeit Kraftfahrzeugzubehör für ein Konkurrenzunternehmen verkaufte, wie sich aus den anliegenden Schreiben der Kunden im Einzelnen ergibt.

Beweis: 1. Schreiben der Kunden vom . . . . ., (Anlagen 3 und 4);
2. Zeugnis der . . . . .

Die Klägerin hat daher begründeten Anlass zu der Annahme, dass der Beklagte noch weitere Geschäfte geschlossen hat. Hierdurch ist der Klägerin ein vom Beklagten vorsätzlich verursachter Schaden entstanden, denn die Geschäfte hätte sie sonst selbst gemacht. Den Schaden kann die Klägerin jedoch erst beziffern, wenn sie die einzelnen verbotswidrigen Geschäfte kennt.

Die Klägerin hat vergeblich versucht, vom Beklagten die verlangte Auskunft zu erhalten; dieser hat wahrheitswidrig erklärt, keine Geschäfte abgeschlossen zu haben.

Beweis: Schreiben des Beklagten vom . . . . . (Anlage 5).

Dieses Verhalten des Beklagten macht den Antrag der Klägerin, die Richtigkeit und Vollständigkeit der Auskunft an Eides Statt zu versichern, notwendig.[8]

Den Zahlungsantrag wird die Klägerin beziffern, sobald der Beklagte die Auskunft erteilt hat.[9]

Um baldige Festsetzung des Streitwerts wird gebeten.[10]

Rechtsanwalt[11, 12]

Schrifttum: Bernreuther, Die Stufenklage und ihre Erledigung, JA 2001, 490; *Emde,* Abrechnung und Buchauszug als Informationsrechte des Handelsvertreters, MDR 2003, 1151; *Huber*, Grundwissen – Zivilprozessrecht: Stufenklage, JuS 2019, 1057; *Nissen/Elzer*, Besonderheiten der Stufenklage in der Berufungsinstanz, MDR 2019, 1099; *Peters,* Die Entscheidungen in der Stufenklage, ZZP 1998, 67; *Rixecker,* Die Erledigung im Verfahren der Stufenklage, MDR 1985, 633; *Schäuble,* Die Stufenklage gem. § 254 ZPO, JuS 2011, 506; *Schneider,* Verhandlung und Entscheidung bei der Stufenklage, MDR 1969, 624; *Schneider,* Streitwert und Gebühren bei der Stufenklage, Rpfleger 1977, 92; *Schulte,* Verurteilung zur Auskunftserteilung – Bemessung von Rechtsmittelbeschwer und Kostenstreitwert, MDR 2000, 805; *Weiss/Brückerhoff*, Der Auskunftsanspruch im unternehmerischen Verkehr, ZIP 2021, 885.

Anmerkungen

1. Die Stufenklage gem. § 254 ZPO ermöglicht es, einen Anspruch auf Rechnungslegung, Vorlage eines Vermögensverzeichnisses oder Erteilung einer Auskunft (1. Stufe) mit dem Anspruch auf Abgabe einer eidesstattlichen Versicherung (2. Stufe) und dem noch unbestimmten Leistungsantrag (3. Stufe) in einer Klage zu verbinden. Der Vorteil liegt für den Kläger – neben der Prozessökonomie – darin, dass er auf diese Weise die Rechtshängigkeit seines noch unbestimmten Leistungsantrags erreichen (BGH NJW-RR 1995, 513) und damit vor allem die Hemmung der Verjährung herbeiführen kann (BGH

NJW-RR 1995, 770) Das gilt zunächst in voller Höhe des unbezifferten Leistungsanspruchs (BGH NJW-RR 1995, 770), letztlich allerdings nur in der Höhe, in der der Anspruch nach Erteilung der Auskunft später beziffert wird (BGH NJW 1992, 2563). Die Auskunftsklage allein hemmt nicht die Verjährung des Zahlungsanspruchs (vgl. Palandt/*Ellenberger* BGB § 204 Rn. 2). Zudem kann mit einer Stufenklage die sachliche Zuständigkeit des LG, die für den Auskunftsanspruch allein oft nicht gegeben ist, eher begründet werden (Wertaddition, → Anm. 3).

Die Stufenklage hat praktische Bedeutung vor allem für Unterhalts- und Erbschaftsansprüche (→ Form. II.L.5), für die Herausgabepflicht aus Geschäftsbesorgungsverträgen nach § 667 BGB, aber auch für Schadensersatzansprüche, bei denen der Verpflichtete, nicht aber der Berechtigte, die zur Berechnung des Anspruchs erforderlichen Umstände kennt (vgl. Palandt/*Grüneberg* BGB § 259 Rn. 1, 15). Die Möglichkeit einer Stufenklage mit unbeziffertem Leistungsantrag macht eine Feststellungsklage unzulässig; ihr fehlt das Rechtsschutzinteresse (BGH NJW 1996, 2097, anders für den Bereich des gewerblichen Rechtsschutzes BGH NJW 2003, 3274). Der Auskunftsanspruch und der Anspruch auf eidesstattliche Versicherung sind Hilfsansprüche zur Bestimmung des Zahlungsanspruchs; unzulässig ist die Stufenklage daher, wenn die Auskunft nicht dazu dient, den Leistungsanspruch bestimmbar zu machen, sondern dem Kläger sonstige Informationen über seine Rechtsverfolgung verschaffen soll (BGH NJW 2000, 1645).

2. Innerhalb des LG ist bei Ansprüchen aus Handelsvertreterverträgen die Kammer für Handelssachen zuständig. Für Einfirmenvertreter, die im Monatsdurchschnitt nicht mehr als 1.000 EUR verdienen, ist die Zuständigkeit des Arbeitsgerichts gegeben (§ 5 Abs. 3 ArbGG, vgl. Baumbach/Hopt/*Hopt* HGB § 84 Rn. 45 f.).

3. Für den Zuständigkeitsstreitwert, den der Kläger hier anzugeben hat (§ 253 Abs. 3 Nr. 2 ZPO), wird nach § 5 ZPO der Wert aller Stufen zusammengerechnet (str., vgl. Zöller/*Herget* ZPO § 3 Rn. 16.158 – Stufenklage; Thomas/Putzo/*Hüßtege* ZPO § 3 Rn. 141; aA *Lappe* NJW 2004, 2412). Dabei wird das Gericht den Streitwert des unbestimmten Leistungsanspruchs nach den objektiv zu würdigenden Angaben des Klägers festsetzen (vgl. *Schneider* MDR 1988, 358). Der Streitwert des Auskunftsanspruchs beträgt je nach Sachlage $^{1}/_{10}$ bis $^{1}/_{4}$ des Werts des Leistungsanspruchs (*Schneider* MDR 1988, 358; BGH FamRZ 1984, 1029; NJW 1997, 1016), er ist gem. § 3 ZPO unter Berücksichtigung seiner Bedeutung für den Leistungsanspruch festzusetzen (BGH JurBüro 1983, 1182); maßgeblicher Zeitpunkt ist die Einreichung der Klage. Für den Antrag auf eidesstattliche Versicherung ist maßgeblich, welche zusätzliche Auskunft der Kläger hierdurch zu erhalten meint (Zöller/*Herget* ZPO § 3 Rn. 16.58 – Eidesstattliche Versicherung; OLG Rostock NJW-RR 2013, 1015).

4. Im Termin wird zunächst nur der Auskunftsantrag gestellt. Erst wenn über ihn entschieden oder er sonst erledigt ist, kann der Antrag auf der nächsten Stufe gestellt und über ihn verhandelt werden. Wird mit dem Auskunftsantrag die Vorlage von Urkunden oder Belegen verlangt, müssen diese im Klagantrag möglichst genau bezeichnet sein, sonst ist die Klage unzulässig (BGH NJW 1983, 1056). Weiß der Kläger, um welche Urkunden oder Belege es geht, sollte er ihre Vorlage verlangen, denn eine Vollstreckung aus dem Auskunftstitel auf Vorlage bestimmter, darin nicht bezeichneter Belege soll unzulässig sein (BGH NJW 1983, 1056; anders für erbrechtliche Auskunftstitel OLG Hamburg FamRZ 1988, 1213; Palandt/*Weidlich* BGB § 2314 Rn. 10). Ob neben einem Rechnungslegungsantrag noch Raum für einen weitergehenden Auskunftsanspruch ist, ist Sache des Einzelfalls (BGH NJW 1985, 1694).

In anderen Fällen könnte dieser Antrag lauten:

(Der Beklagte wird verurteilt),
„dem Kläger über die Ausführung des Auftrags vom ..... über ..... Rechenschaft abzulegen“ (§ 666 BGB);
„dem Kläger einen Buchauszug über alle in der Zeit vom ..... bis ..... im Raum Schleswig-Holstein geschlossenen Geschäfte einschließlich der Folgegeschäfte sowie der direkt oder über andere Vertreter zustande gekommenen Geschäfte zu erteilen“ (Klage des Bezirksvertreters, § 87c HGB);
„dem Kläger und seinem Miterben X ein Bestandsverzeichnis über den Nachlass des am ..... verstorbenen Herrn ..... vorzulegen sowie über den Verbleib der Erbschaftsgegenstände Auskunft zu erteilen“ (Klage des Erben gegen den Erbschaftsbesitzer, §§ 2018, 2027, 260 BGB); → Form. II.4;
„den Klägern durch Vorlage eines Verzeichnisses Auskunft über sein Vermögen und seine Einkünfte und Ausgaben in der Zeit vom ..... bis ..... zu erteilen sowie eine Verdienstbescheinigung seines Arbeitgebers für diesen Zeitraum einzureichen“ (Unterhaltsklage, §§ 1580, 1605 BGB), → Form. II.K.12.

Der Antrag der ersten Stufe kann nicht mehr gestellt werden, wenn der Beklagte vor oder während des Prozesses eine formell ordnungsgemäße Auskunft erteilt hat, mag sie auch nach Meinung des Klägers unvollständig oder unrichtig sein; der Streit darüber ist mit dem Antrag auf Leistung der eidesstattlichen Versicherung zu führen (BGH LM § 254 ZPO Nr. 3 u. 6). Eine Ergänzung der Auskunft kann nur unter besonderen Umständen verlangt werden (BayObLG NJW-RR 2002, 1381; Palandt/*Grüneberg* BGB § 260 Rn. 16, für erbrechtliche Auskunftsansprüche Palandt/*Weidlich* BGB § 2314 Rn. 8). Ergibt die ordnungsgemäße Auskunft, dass kein Anspruch besteht, kann der Kläger versuchen, eine übereinstimmende Erledigungserklärung der gesamten Stufenklage zu erreichen, auch wenn keine Erledigung des Leistungsanspruchs eingetreten ist (BGH NJW 1994, 2895; OLG Brandenburg MDR 2003, 893); andernfalls sollte er die Klage zurücknehmen (vgl. Zöller/*Greger* ZPO § 254 Rn. 15), was zudem kostengünstiger ist als die übereinstimmende Erledigung. Es besteht nicht die Möglichkeit, entgegen § 269 Abs. 3 ZPO dem Beklagten die Kosten aufzuerlegen (BGH NJW 1994, 2895; OLG Hamm NJW-RR 1991, 1407; aA OLG München MDR 1990, 636); eine Ausnahme gilt nach § 243 FamFG bei Unterhaltsklagen. Dem Kläger kann jedoch ein materiell-rechtlicher Kostenerstattungsanspruch aus § 286 BGB zustehen, den er noch im selben Rechtsstreit im Wege der Feststellungsklage geltend machen kann (BGH NJW 1994, 2895). Haben die Parteien in diesem Fall die Hauptsache übereinstimmend für erledigt erklärt, kann im Rahmen der Kostenentscheidung nach § 91a ZPO der materielle Kostenerstattungsanspruch des Klägers berücksichtigt werden (OLG Koblenz NJW-RR 1997, 7).

5. Dieser Antrag kann nach hM bereits in der Klageschrift, also vor Erledigung des Auskunftsantrags gestellt werden, auch wenn er erst nach Erteilung der Auskunft Bedeutung erlangt (Zöller/*Greger* ZPO § 254 Rn. 10). Zur Abgabe der eidesstattlichen Versicherung ist der Beklagte jedoch nur verpflichtet, wenn ein begründeter Verdacht besteht, dass die Auskunft nicht mit der erforderlichen Sorgfalt erteilt wurde (§§ 259 Abs. 2, 260 Abs. 2 BGB, vgl. Palandt/*Grüneberg* BGB § 259 Rn. 13). Deshalb ist in den meisten Fällen zu empfehlen, den Antrag noch nicht jetzt, sondern erst nach Abgabe der Auskunft bzw. nach Vorlage des Verzeichnisses zu stellen, wenn dieser Verdacht besteht, und den Antrag zunächst nur anzudrohen, oder, wie vorgeschlagen, mit der Einschränkung „erforderlichenfalls“ zu versehen. Hat der Beklage bereits vorprozessual eine Auskunft erteilt, die den Verdacht fehlender Sorgfalt begründet, kann der Kläger diesen Antrag auch als ersten Antrag einer dann nur zweistufigen Stufenklage stellen.

6. Der Antrag kann auch insoweit unbestimmt sein, als der Kläger nicht sagen muss, ob er die Herausgabe von Gegenständen, Geld oder aber Schadensersatz verlangen will; das kann er dem Ergebnis der Auskunft überlassen (BGH NJW 2003, 2748). Ist zweifelhaft, ob die Auskunft einen Leistungsanspruch ergibt, sollte der Kläger seinen unbezifferten Antrag (wenn er nicht die Verjährung hemmen muss) noch nicht stellen, sondern das Ergebnis des Auskunftsanspruchs abwarten. Andernfalls kann der Kläger zur Vermeidung eines abweisenden Urteils gezwungen sein, die Leistungsklage zurückzunehmen; denn eine Erledigung ist nicht eingetreten (BGH NJW 1994, 2895; zur Kostenfolge → Anm. 4). Soweit ein Teil des Anspruchs bereits feststeht und der Kläger nur noch ergänzende Auskünfte für den Rest benötigt, kann und sollte er den unbestimmten Leistungsantrag mit einem bezifferten Antrag verbinden, der außerhalb der Stufenklage steht (BGH NJW-RR 2003, 68; Thomas/Putzo/*Reichold* ZPO § 254 Rn. 4).

7. Im angenommenen Fall hat der Kläger darzulegen, dass ein begründeter Verdacht für einen Verstoß gegen ein nach § 90a HGB vereinbartes Wettbewerbsverbot besteht, der den Beklagten zum Schadensersatz verpflichtet (vgl. Palandt/*Grüneberg* BGB § 260 Rn. 10; BAG NJW 1967, 1879). Vorab ist klarzustellen, dass nicht das Arbeitsgericht, sondern das LG sachlich zuständig ist, dass also der Beklagte mehr als 1.000 EUR pro Monat verdient hat (→ Anm. 2).

8. Hiermit legt der Kläger den für den Antrag auf der zweiten Stufe erforderlichen Verdacht dar, dass die Auskunft nicht sorgfältig erteilt wurde.

9. Weiteres Verfahren: Über jede Stufe wird abgesondert und nacheinander verhandelt und durch Teilurteil ohne Kostenentscheidung entschieden, über die letzte Stufe (Zahlungsantrag) durch Schlussurteil. Nur wenn die Klage unzulässig ist, der Anspruch dem Grunde nach nicht besteht oder die freiwillig erteilte Auskunft keinen Leistungsanspruch ergibt, wird die Klage insgesamt abgewiesen. Erteilt der Beklagte, ohne dass es zu einer Verurteilung auf der ersten Stufe kommt, freiwillig eine formell ordnungsgemäße Auskunft, sollte der Kläger den Auskunftsantrag in der Hauptsache für erledigt erklären und auf die nächste Stufe übergehen, und zwar auch dann, wenn die Auskunft seines Erachtens unvollständig ist; das gilt nicht, wenn einer der Fälle vorliegt, in denen er eine Ergänzung der Auskunft verlangen kann (→ Anm. 4). Umstritten ist, wie zu verfahren ist, wenn der Beklagte sich der Erledigungserklärung nicht anschließt (vgl. Zöller/*Greger* ZPO § 254 Rn. 12). Zum Teil wird die Ansicht vertreten, dass nicht nach den Grundsätzen der einseitigen Erledigung zu verfahren ist, sondern der Kläger ohne Erledigungserklärung auf die nächste Stufe übergehen kann (OLG Düsseldorf NJW-RR 1996, 1408); der BGH hat die Frage offen gelassen (BGH NJW 1999, 2520 (2522)). Ergibt die Auskunft, dass kein Leistungsanspruch besteht, sollte der Kläger die Klage zurücknehmen (→ Anm. 4). Wird der Beklagte durch Teilurteil zur Erteilung der Auskunft verurteilt, ist die Vollstreckung nach § 888 ZPO zu betreiben (Thomas/Putzo/*Reichold* ZPO § 254 Rn. 2). Entsprechendes gilt für den Antrag auf Leistung der eidesstattlichen Versicherung. Nach Abschluss einer Stufe geht das Verfahren auf der nächsten Stufe erst weiter, wenn der Kläger dies beantragt; diesen Antrag sollte der Kläger, auch in Hinblick auf die Hemmung der Verjährung (§ 204 Abs. 2 BGB, BGH MDR 1992, 1180), möglichst bald stellen. Das Gericht ist an sein Auskunftsurteil auf der nächsten Stufe nicht gebunden; es kann zB den Zahlungsanspruch in Abweichung von seiner früheren Beurteilung mangels Rechtsgrunds abweisen (BGH NJW 1985, 1349 (1350)). Weiteres Vorbringen des Beklagten kann sich also lohnen. Zum Verfahren im Übrigen vgl. Zöller/*Greger* ZPO § 254 Rn. 11.

10. Hierauf sollte der Kläger drängen, um überprüfen zu können, ob seine Streitwertvorstellungen mit denen des Gerichts übereinstimmen.

Kosten und Gebühren

11. Gerichts- und Rechtsanwaltsgebühren entstehen in derselben Instanz nur einmal, auch wenn über die verschiedenen Stufen getrennt verhandelt und entschieden wird. Maßgebend für den Gebührenstreitwert ist der höchste der verbundenen Ansprüche (§ 44 GKG), also idR der Zahlungs- oder Herausgabeanspruch. Auch der Gebührenstreitwert bestimmt sich nach den Erwartungen zzt. der Klageerhebung (zu Einzelheiten vgl. *Schneider* MDR 1988, 358; Zöller/*Greger* ZPO § 254 Rn. 17). Unerheblich ist, ob die Auskunft später zu einem niedrigeren Anspruch führt. Wird aber nur über den Auskunftsanspruch mündlich verhandelt, entsteht die Terminsgebühr des Anwalts aus VV 3104 nur nach dessen Streitwert. Ergibt die Auskunft, dass kein Anspruch besteht, und nimmt der Kläger die Klage mit der Folge des § 269 Abs. 3 ZPO zurück, so ist streitig, ob der durch Teilurteil zur Auskunft verurteilte Beklagte nach § 92 ZPO einen Teil der Kosten trägt (→ Anm. 4).

Fristen und Rechtsmittel

12. Ein Teilurteil, welches das Gericht über die 1. oder die 2. Stufe erlässt, ist mit den gewöhnlichen Rechtsmitteln anfechtbar. Vor Erledigung des Rechtsmittels zu einer früheren Stufe kann nicht über eine spätere entschieden werden (vgl. Thomas/Putzo/*Reichold* ZPO § 254 Rn. 6). Das Rechtsmittelgericht muss den Rechtsstreit dann zur Verhandlung und Entscheidung über die späteren Stufen an die Vorinstanz zurückverweisen (BGH NJW 1982, 236). Eine Berufung des Beklagten gegen das Auskunftsurteil kann an der niedrigen Festsetzung des Rechtsmittelstreitwerts scheitern: nach stRspr (BGH NJW 1995, 664; NJW 1999, 2049) ist maßgeblich auf den Aufwand an Zeit und Kosten, den die Erfüllung des titulierten Anspruchs erfordert, sowie auf ein etwaiges Geheimhaltungsinteresse der verurteilten Partei abzustellen; danach wird der Wert oft unter 600 EUR anzusetzen sein. Entsprechendes gilt auch für die Beschwer des zur eidesstattlichen Versicherung verurteilten Beklagten (BGH NJW 2000, 3073; NJW 1991, 1833). Wird nicht nur der Auskunftsantrag, sondern die Stufenklage insgesamt abgewiesen, bemisst sich die Beschwer des Klägers nicht nur nach einem Bruchteil, sondern nach dem vollen Wert des Hauptanspruchs (BGH NJW 2002, 71). Hält das Berufungsgericht nach vollständiger Abweisung der Stufenklage den Antrag auf der ersten Stufe für begründet, gilt § 538 Abs. 2 S. 1 Nr. 4 ZPO: Eine Zurückverweisung setzt voraus, dass eine Partei sie beantragt (BGH NJW 2006, 2626; NJW 2009, 431).

12. Teilklage

An das
Amtsgericht[1, 2]

Klage

in der Sache

. . . .

erhebe ich namens und in Vollmacht des Klägers Klage und werde beantragen:

1. **Die Beklagten werden als Gesamtschuldner verurteilt, an den Kläger 2.000 EUR nebst Zinsen in Höhe von 5 Prozentpunkten über dem Basiszinssatz seit dem . . . . . zu zahlen.**
2. **. . . . .**

Begründung:

Der Kläger macht gegen den Beklagten zu 1) als Halter und Fahrer und gegen die Beklagte zu 2) als dessen Haftpflichtversicherer Schadensersatzansprüche aus einem Verkehrsunfall geltend[3]. . . . .
(ist auszuführen)
Durch den Unfall sind dem Kläger folgende Schäden entstanden[4]

1. Reparaturkosten	**4.000 EUR**
2. merkantiler Minderwert	**800 EUR**
3. Nutzungsausfall	**200 EUR**
4. Verdienstausfall	**300 EUR**
5. Unkostenpauschale	**20 EUR**
6. Schmerzensgeld	**1.000 EUR**
Gesamtschaden	**6.320 EUR**

Dem Kläger steht zumindest ein Ersatzanspruch in Höhe von 50 % (3.160 EUR) zu.[5] Hiervon verlangt der Kläger aus Kostengründen[6] zunächst nur 2.000 EUR. Und zwar werden in erster Linie – jeweils zur Hälfte des genannten Schadensbetrags – der Schmerzensgeldanspruch, dann der Ersatz des merkantilen Minderwerts, der Verdienstausfall, die Nutzungsausfallentschädigung, schließlich die Reparaturkosten und zuletzt die Unkostenpauschale geltend gemacht.[7]
Rechtsanwalt[8]

Schrifttum: Adam, Die Abschichtung von Prozessstoff im Zivilprozess, ZZP 2020, 701; *Diercks,* Ist eine Teilklage kostengünstig?, MDR 1995, 1099; *Haunschild,* Mit Teilklagen Gebühren sparen, AnwBl 1998, 509; *Heß,* Das (Teil-)Schmerzensgeld, NJW-Spezial 2004, 63; *Huber,* Zwischenfeststellungsklage bei offener Teilklage und Sachantrag, JuS 2003, 490; *Pawlowski,* Die bestimmte Angabe des Gegenstandes und des Grundes bei Teilklagen, ZZP 78, 307; *Schlößer/Mucke,* Die Verweisung auf eine Teilklage im PKH-Verfahren, MDR 1998, 753; *Sonntag,* Zulässigkeit von Teilklagen aus werkvertraglichen Schussrechnungen, NZBau 2008, 361; *Terbille,* Die Schmerzensgeldteilklage – anwaltliche Pflicht oder risikobehaftet?, VersR 2005, 37.

Anmerkungen

1. Eine nur teilweise Geltendmachung seiner Ansprüche kann sich für den Kläger zB empfehlen, wenn er das Prozessrisiko gering halten möchte, wenn an der Liquidität des Beklagten und damit an der Möglichkeit der Kostenerstattung Zweifel bestehen oder auch als kostengünstiger Test für die Gesamtforderung. Auch kann eine Teilklage den Vorteil bieten, dass der Prozess beim Amtsgericht zu führen ist, der Kläger also ohne Anwalt prozessieren kann. Unzulässig ist es aber, einen Anspruch gleichzeitig in mehreren Prozessen geltend zu machen und dadurch die Zuständigkeit des Amtsgerichts zu begründen; das Gericht wird die Klagen verbinden, das Landgericht bleibt sachlich zuständig.

Bei einer Teilklage muss der Kläger mehrere Punkte besonders beachten:

- Zum einen wird die Verjährung nur hinsichtlich des eingeklagten Teilbetrags gehemmt, nicht hinsichtlich des weitergehenden Anspruchs (BGH NJW 1988, 1854), das gilt auch für eine sog verdeckte Teilklage (BGH NJW-RR 2008, 521); sie hemmt die Verjährung idR nicht für nachgeschobene Mehrforderungen (vgl., auch zu Ausnahmen von dieser Regel, BGH NJW 2002, 2167). Allerdings kann eine Teilklage die Ausschlussfrist nach § 12 Abs. 3 VVG aF wahren (BGH NJW-RR 1991, 736). Die

Verjährung nach § 204 Abs. 1 Nr. 1 BGB wird jedoch auch bei Versicherungsleistungen nur im Umfang des bezifferten Antrags gehemmt (BGH NJW 2009, 1950 für die Unfallversicherung).

- Zum anderen ist, wenn sich der Anspruch aus mehreren Forderungen zusammensetzt, genau zu bestimmen, wie sich der eingeklagte Teilbetrag errechnet (→ Anm. 7).
- Außerdem muss der Kläger damit rechnen, dass der Beklagte hinsichtlich des über den Teilanspruch hinausgehenden Anspruchs mit einer negativen Feststellungswiderklage antwortet. Er sollte also mit der Behauptung einer höheren Forderung vorsichtig sein.
- Erhebt der Kläger eine Teilklage, weil dem Beklagten in Höhe des Rests ein aufrechenbarer Gegenanspruch zusteht, sollte er vor oder mit Klageerhebung die Aufrechnung erklären; andernfalls kann der Beklagte gegen die Klageforderung aufrechnen (BGH NJW-RR 1994, 1203), was den Kläger mit Kosten belastet.
- Schließlich sollte der Kläger dem Gericht deutlich machen, dass er nur einen Teilanspruch geltend macht; denn bei einer sog verdeckten Teilklage kann eine nachfolgende Klage wegen des Restanspruchs aus Rechtskraftgründen unzulässig sein (BGH NJW 1994, 3165; 1997, 1990).

2. Das Amtsgericht ist zuständig, da der Streitwert unter 5.000 EUR liegt. Bei Teilklagen bestimmt sich der Streitwert nicht nach dem Gesamtbetrag, den der Kläger für sich in Anspruch nimmt, sondern nach dem eingeklagten Betrag (Zöller/*Herget* ZPO § 3 Rn. 16.159 – Teilklage; Thomas/Putzo/*Hüßtege* ZPO § 3 Rn. 142; zum Gebührenstreitwert vgl. § 36 GKG).

3. Zum Schadensersatzprozess bei Kraftfahrzeugunfällen → Form. II.F.13.

4. Die Schäden sind im Einzelnen unter Einreichung der Belege darzulegen und unter Beweis zu stellen.

5. Hiermit erklärt der Kläger, dass er vom Gesamtschaden nur 50 % in Anspruch nimmt. Er sollte sich hüten, eine höhere Mithaftung des Beklagten zu behaupten, wenn er selbst daran zweifelt; denn er gewinnt damit nichts, kann jedoch leicht eine negative Feststellungsklage des Beklagten provozieren, der er unterliegt. Der vom Kläger zugestandene Mithaftungsanteil ist nicht vom eingeklagten Betrag, sondern vom Gesamtschaden abzuziehen (Zöller/*Greger* ZPO § 253 Rn. 16).

6. Es empfiehlt sich, die Gründe, die den Kläger zu einer Teilklage veranlassen, anzugeben, um Rechtsnachteile (→ Anm. 1) zu vermeiden; mit dem Wunsch nach sachlicher Zuständigkeit des Amtsgerichts darf die Teilklage nicht begründet werden.

7. Eine Teilklage genügt nach der Formel des BGH dem Bestimmtheitserfordernis des § 253 Abs. 2 Nr. 2 ZPO nur, wenn erkennbar ist, welcher Teil des Gesamtanspruchs Gegenstand der Klage sein soll (BGH NJW-RR 2003, 1075; NJW 1994, 460). Hat die Klage mehrere prozessual selbständige Ansprüche zum Gegenstand, ist sie nur hinreichend bestimmt, wenn der Kläger die Reihenfolge angibt, in der das Gericht diese Ansprüche prüfen soll; sonst lässt sich der Streitgegenstand und damit später die materielle Rechtskraft nicht bestimmen (stRspr, vgl. BGH NJW 2000, 3718; NJW 2008, 3142). Nicht erforderlich ist es, die Klagesumme auf die einzelnen Positionen einer Rechnung aufzuteilen, wenn diese nur unselbständige Rechnungsposten einer einheitlichen Forderung darstellen (BGH MDR 2003, 824 (825) zur Schlussrechnung). Zur bestimmten Angabe des Anspruchsgegenstands muss der Kläger daher bezeichnen, wie sich der Teilbetrag von 2.000 EUR aus den einzelnen Forderungen, die zusammen den Betrag von 3.160 EUR ergeben, zusammensetzt (BGH NJW 1990, 2068 (2069)). Das kann dadurch geschehen, dass die Forderungen in einer bestimmten Reihenfolge geltend gemacht werden, dass jede Forderung zu einem Teil erhoben wird oder durch Vermischung beider Methoden. Die erste Bestimmungsart dürfte sich am meisten empfehlen, da sie die Gelegenheit bietet, unsichere Forderungen, für die besondere Voraussetzungen gegeben sein müssen oder deren Bestimmung vom Ermessen des Gerichts abhängt, prüfen zu lassen, das Prozessrisiko jedoch gering zu halten.

Hinsichtlich des nur zum Teil geltend gemachten Schmerzensgelds ergeben sich bei einer offenen Teilklage keine Probleme. Da die Schmerzensgeldforderung auf Zahlung einer Geldsumme gerichtet ist, ist sie grds. teilbar (BGH NJW 2004, 1243 (1244)). Auch eine Teilklage, die ausdrücklich auf die bereits eingetretenen Verletzungsfolgen beschränkt wird, ist zulässig (BGH NJW 2004, 1243 (1244)). Wenn noch nicht absehbare Beeinträchtigungen in der Zukunft möglich sind, ist dies ein geeigneter Weg, um dem Einwand der Rechtskraft zu begegnen (vgl. *Terbille* VersR 2005, 37).

Kosten und Gebühren

8. Gerichts- und Rechtsanwaltsgebühren entstehen nur auf die eingeklagte Teilforderung (→ Anm. 2). Macht der Kläger die Restforderung in einem zweiten Prozess geltend, entstehen wegen der Degression der Gebührentabellen insgesamt mehr Kosten, als wenn der Kläger nur einen Prozess geführt hätte. Ist die Aufteilung in mehrere Prozesse willkürlich, kann das Gericht die Erstattung der hierdurch entstandenen Mehrkosten versagen (Zöller/*Herget* ZPO § 91 Rn. 13.62, – Mehrheit von Prozessen).

13. Zwischenfeststellungsklage

An das
Landgericht
In der Sache
. . . . .
erweitert der Kläger seine Klage[1, 2] mit dem Antrag,
festzustellen, dass der zwischen den Parteien vor dem Notar N in Hamburg am . . . . . geschlossene Grundstückskaufvertrag, Urkunden-Rolle Nr. . . . . ., wirksam ist,
hilfsweise,[3]
festzustellen, dass die Beklagte sich auf die Unwirksamkeit des Vertrags nicht berufen kann.

Begründung:[4]

Die Beklagte hat gegenüber dem vom Kläger aus dem Grundstückskaufvertrag erhobenen Anspruch unter anderem eingewandt, der Kaufvertrag sei in Hinblick auf die Rechtsprechung des BGH (BGH NJW 1979, 1984) unwirksam, weil die Baubeschreibung des zu errichtenden Hauses nicht Gegenstand der Beurkundung vor dem Notar geworden und nicht verlesen worden sei. Da damit sämtliche Rechte des Klägers aus dem Kaufvertrag, nicht nur der hier streitige Anspruch, entfallen würden, ist das Rechtsschutzbedürfnis für eine Zwischenfeststellungsklage nach § 256 Abs. 2 ZPO gegeben.
Der Antrag ist auch begründet:

1. **Der Vertrag ist wirksam beurkundet worden. Die Baubeschreibung ist zwar nicht Teil der Niederschrift geworden, jedoch wurde sie dieser als Anlage beigefügt. Zudem verweist die Niederschrift in § 8 ausdrücklich auf die Baubeschreibung, die damit nach § 9 Abs. 1 S. 2 BeurkG als in der Niederschrift enthalten gilt. Die Baubeschreibung ist, wie aus der Urkunde ersichtlich, auch mitverlesen worden.**

   Beweis: Zeugnis des Notars . . . . .

2. Jedenfalls kann sich die Beklagte nach Treu und Glauben nicht auf die Unwirksamkeit des Vertrags berufen, so dass zumindest dem Hilfsantrag stattzugeben ist .....

Rechtsanwalt

Schrifttum: Schneider, Die Zulässigkeit der Zwischenfeststellungs(wider)klage, MDR 1973, 270.

Anmerkungen

1. Die Zwischenfeststellungsklage (§ 256 Abs. 2 ZPO) kann nicht selbständig, sondern nur im Lauf eines Rechtsstreits erhoben werden. Sie empfiehlt sich, wenn nur ein Teil der Ansprüche aus einem Vertrag oder einem anderen Rechtsverhältnis rechtshängig, aber die Wirksamkeit des gesamten Vertrags im Streit ist. Beide Parteien können dann auf Feststellung klagen, dass der gesamte Vertrag wirksam bzw. unwirksam ist, die Rechtskraft des Urteils also hierauf erstrecken und damit weitere Prozesse vermeiden; zum Sinn der Zwischenfeststellungsklage BGH MDR 1995, 310; NJW 2007, 82 (83). Sie kann, je nach Parteirolle, auf das Bestehen oder Nichtbestehen des Rechtsverhältnisses gerichtet sein, also als positive oder negative Zwischenfeststellungsklage erhoben werden. Für die Zulässigkeit genügt die bloße Möglichkeit, dass der Vertrag oder das Rechtsverhältnis über den gegenwärtigen Streit hinaus Bedeutung gewinnen kann (BGH NJW 1977, 1637; NJW 1983, 1791; NJW 1994, 1353). Die Zwischenfeststellungsklage ist aber unzulässig, wenn sie nicht auf die Klärung der Rechtsbeziehungen der Parteien, sondern nur auf die Klärung einer Vorfrage für diese Rechtsbeziehungen gerichtet ist (BGH NJW 1985, 1959). Sie ist auch unzulässig, wenn das Urteil über die Hauptklage die Rechtsbeziehungen der Parteien vollständig regelt (BGH NJW 2007, 82 (83)). Eine nach § 256 Abs. 1 ZPO unzulässige, selbständige Feststellungsklage kann, wenn sie um eine Leistungsklage erweitert wird, zu einer zulässigen Zwischenfeststellungsklage werden (BGH NJW-RR 1990, 318 (320)). Zur Beweislast und zur beschränkten Rechtskraftwirkung BGH NJW 1994, 1353 (1354).

Das Beispiel geht von dem Sachverhalt aus, dass der Käufer Ansprüche aus einem Grundstückskaufvertrag geltend macht, der nach Auffassung des Verkäufers unwirksam beurkundet wurde (BGH NJW 1979, 1984).

2. Die Zwischenfeststellungsklage wird vom Kläger durch Klageerweiterung, vom Beklagten im Wege der Widerklage erhoben. Für die Klageerhebung gilt in beiden Fällen die Erleichterung des § 261 Abs. 2 ZPO. Ist der Rechtsstreit vor dem Amtsgericht anhängig, kann die Zwischenfeststellungsklage zur sachlichen Unzuständigkeit und zur Verweisung an das Landgericht führen. Der Antrag auf Zwischenfeststellung nach § 256 Abs. 2 ZPO kann auch hilfsweise für den Fall der Abweisung des Hauptantrags gestellt werden (BGH MDR 1992, 965). Auch im Rahmen einer Stufenklage kann eine Zwischenfeststellungsklage erhoben und mit dem Auskunfts- oder Rechnungslegungsanspruch verbunden werden (BGH MDR 1999, 563).

3. Für den Fall, dass das Bestehen oder Nichtbestehen des Rechtsverhältnisses vom Gericht nicht festgestellt wird, bleibt noch die Möglichkeit, dass der Feststellungskläger mit einer Einrede zum gleichen Ziel kommt. Daher empfiehlt sich ein entsprechender Hilfsantrag. Im angenommenen Fall geht es um die Einrede der unzulässigen Rechtsausübung (OLG München NJW 1979, 2157).

4. Für die Zulässigkeit hat der Feststellungskläger zwei besondere Voraussetzungen darzulegen: Die Entscheidung des Hauptanspruchs muss vom Bestehen oder Nichtbestehen des Rechtsverhältnisses abhängig sein, außerdem muss die konkrete Möglichkeit bestehen, dass weitere Ansprüche aus dem Rechtsverhältnis erwachsen (Vorgreiflichkeit, BGH NJW-RR 2010, 640 (642); NJW 1981, 228 (229); Thomas/Putzo/*Reichold* ZPO § 256 Rn. 32 ff.; → Anm. 1). Ein besonderes Feststellungsinteresse wie nach § 256 Abs. 1 ZPO braucht nicht vorzuliegen. In der Sache muss der Feststellungskläger das Rechtsverhältnis oder sein Nichtbestehen vortragen. Hinsichtlich Darlegungs- und Beweislast gilt das Gleiche wie für den Hauptsacheprozess (BGH MDR 1995, 310).

14. Klage auf Entschädigung wegen überlanger Verfahrensdauer

An das
Hanseatische Oberlandesgericht[1, 2]
14. Zivilsenat[3]

Klage[4]

des Hans Meyer,[5] Feldstraße 22, 20149 Hamburg,
Kläger
Prozessbevollmächtigter: Rechtsanwalt[6]. . . . .
gegen
die Freie und Hansestadt Hamburg,[7] vertreten durch die Behörde für Justiz und Gleichstellung, diese vertreten durch den Präses, Drehbahn 36, 20354 Hamburg,
Beklagte
wegen Entschädigung wegen überlanger Verfahrensdauer
Streitwert: 1.310,50 EUR[8]
Namens und in Vollmacht des Klägers erhebe ich Klage und werde beantragen:

1. **Es wird festgestellt, dass die Verfahrensdauer in dem Verfahren . . . . . unangemessen war.[9]**
2. **Die Beklagte wird verurteilt, an den Kläger 110,50 EUR nebst Zinsen in Höhe von 5 Prozentpunkten über dem Basiszinssatz seit Rechtshängigkeit zu zahlen.[10]**
3. **Die Beklagte trägt die Kosten des Rechtsstreits.**
4. **Das Urteil ist notfalls gegen Sicherheitsleistung vorläufig vollstreckbar.**

Begründung:[11]

Der Kläger hat gegen die Beklagte einen Anspruch auf Entschädigung wegen überlanger Verfahrensdauer in dem Rechtsstreit des Klägers vor dem LG Hamburg gegen die Sparkasse S. In diesem Rechtsstreit macht der Kläger Schadensersatzansprüche wegen fehlerhafter Anlageberatung geltend. Es handelt sich um einen einfach gelagerten Sachverhalt, der dem zuständigen Gericht auf Grund einer Vielzahl vergleichbarer Fälle bereits hinlänglich bekannt ist.

In dem genannten Ausgangsverfahren hat der Kläger am 23.6.2014 Klage erhoben. Mit Verfügung vom 30.6.2014 wurde ein schriftliches Vorverfahren angeordnet. Der Beklagten wurde eine Klageerwiderungsfrist von sechs Wochen gesetzt. Nach Ablauf dieser Frist sind keine verfahrensfördernden Verfügungen des Gerichts mehr ergangen. Eine mündliche Verhandlung ist bis zum heutigen Tag nicht anberaumt worden. Mehrfache Sachstandsanfragen und Hinweise des Klägers auf die verzögerte Förderung des Verfahrens wurden mit dem pauschalen Hinweis auf die Überlastung der zuständigen Kammer beantwortet.

Beweis: Einsichtnahme in die Gerichtsakte zum Az . . . . .

Am 30.6.2016 hat der Kläger die Verzögerungsrüge gem. § 198 Abs. 3 GVG erhoben. Darin hat er insb. darauf hingewiesen, dass er psychisch durch die bereits zum damaligen Zeitpunkt überlange Verfahrensdauer erheblich belastet ist.

Beweis: Schreiben des Prozessbevollmächtigten des Klägers vom 30.6.2016
– Anlage 1 –

Auch auf dieses Schreiben erfolgte lediglich der pauschale Hinweis des Gerichts, dass eine Förderung des Verfahrens wegen einer Vielzahl weiterer vorrangig zu fördernder Verfahren derzeit nicht möglich sei.

In dem Verhalten des Gerichts liegt eine unangemessene Verzögerung des Verfahrens um wenigstens 12 Monate, so dass dem Kläger gem. § 198 Abs. 2 S. 3 GVG mindestens ein Entschädigungsanspruch in Höhe von 1.200 EUR zusteht.

Mit Schreiben v. 30.12.2016 wurde sodann die Beklagte vorprozessual aufgefordert, dem Kläger eine angemessene Entschädigung zu zahlen. Hierfür sind Anwaltskosten in Höhe von 110,50 EUR (1,3 Geschäftsgebühr auf einen Gegenstandswert von 1.200 EUR) angefallen. Die Beklagte hat mit Schreiben vom 11.2.2017 die Zahlung einer Entschädigung abgelehnt, so dass Klageerhebung geboten ist.

Von einer Aussetzung[12] sollte abgesehen werden, da dem Kläger ansonsten weitere materielle und immaterielle Nachteile drohen.

Rechtsanwalt[13, 14, 15, 16]

Schrifttum: Althammer, Schmerzensgeld wegen überlanger Dauer von Zivilverfahren, JZ 2011, 446; *Althammer/Schäuble*, Effektiver Rechtsschutz bei überlanger Verfahrensdauer – Das neue Gesetz aus zivilrechtlicher Perspektive, NJW 2012, 1; *Heine*, Überlange Gerichtsverfahren – Die Entschädigungsklage nach § 198 GVG, MDR 2012, 327; *Link/van Dorp*, Rechtsschutz bei überlangen Gerichtsverfahren, 2012; *Lückemann*, Überlange Gerichtsverfahren – Schimäre oder Alltagsrealität?, MDR 2016, 961; *Magnus*, Das neue Gesetz über den Rechtsschutz bei überlangen Gerichtsverfahren und strafrechtlichen Ermittlungsverfahren, ZZP 2012, 75; *Remus*, Amtshaftung bei verzögerter Amtstätigkeit des Richters, NJW 2012, 1403; *Roller*, Rechtsschutz bei überlangen Verfahren – eine Zwischenbilanz, DRiZ 2015, 66; *Schenke*, Die Klage auf Feststellung der unangemessenen Dauer eines gerichtlichen Verfahrens, NJW 2015, 433; *Schlick*, Schadensersatz und Entschädigung bei überlangen Gerichtsverfahren, WM 2016, 485; *Steinbeiß-Winkelmann*, Amtshaftungsansprüche wegen überlanger Verfahrensdauer?, NJW 2014, 1276; *Steinbeiß-Winkelmann/Ott*, Rechtsschutz bei überlangen Gerichtsverfahren, 2013; *Steinbeiß-Winkelmann/Sporrer*, Rechtsschutz bei überlangen Gerichtsverfahren – Eine Zwischenbilanz anhand der Rechtsprechung, NJW 2014, 177.

Anmerkungen

1. Vgl. §§ 198–201 GVG. Durch das Gesetz über den Rechtsschutz bei überlangen Gerichtsverfahren und strafrechtlichen Ermittlungsverfahren vom 24.11.2011 (BGBl. I 2302, geändert durch Art. 1 Nr. 6 des Gesetzes v. 6.12.2011, BGBl. I 2554) wurde ein 17. Titel in das GVG eingefügt, der das vom Europäischen Gerichtshof für Menschenrechte festgestellte „strukturelle Problem Deutschlands bei der Vermeidung überlanger Gerichtsverfahren" durch nationales Recht beseitigen, eine wirksame Beschwerde iSd Art. 13 EMRK einführen und die durch den EGMR festgestellte Konventionsverletzung iSd Art. 46 EMRK beheben soll (vgl. EGMR NJW 2010, 3355 Rn. 71 ff.; *Remus* NJW 2012, 1403 (1408)). Neben dieser verschuldensunabhängigen Verzögerungshaftung bleiben verschuldensabhängige Amtshaftungsansprüche weiter anwendbar (dazu *Remus* NJW 2012, 1403; *Steinbeiß-Winkelmann* NJW 2014, 1276).

Nach § 198 Abs. 1 S. 1 GVG wird angemessen entschädigt, wer infolge unangemessener Dauer eines Gerichtsverfahrens als Verfahrensbeteiligter einen Nachteil erleidet. Zum Begriff des Gerichtsverfahrens → Form. I.L.9 Anm. 4). Gem. § 198 Abs. 5 GVG kann nach vorheriger Verzögerungsrüge (→ Form. I.L.9) Klage zur Durchsetzung des Anspruchs nach § 198 Abs. 1 GVG erhoben werden. Ein Entschädigungsanspruch gem. § 198 Abs. 1 S. 1 GVG besteht unter folgenden Voraussetzungen:

a) Aktivlegitimation: Der Entschädigungsanspruch steht gem. § 198 Abs. 1 S. 1 GVG nur einem Verfahrensbeteiligten zu. Zu den Einzelheiten → Anm. 5.
b) Passivlegitimation: → Anm. 7.
c) Unangemessene Verfahrensdauer: Hierbei handelt es sich um die zentrale Voraussetzung des Entschädigungsanspruchs. Eine unangemessene Verfahrensdauer ist anzunehmen, wenn ein Verfahren nicht innerhalb angemessener Frist gem. Art. 6 Abs. 1 S. 1 EMRK bzw. Art. 2 Abs. 1 iVm Art. 20 Abs. 3 GG erledigt ist, dh wenn eine Abwägung aller Umstände ergibt, dass die aus den genannten Normen folgende Verpflichtung des Staates, Gerichtsverfahren in angemessener Zeit zu einem Abschluss zu bringen, verletzt ist. Demgemäß knüpft der Wortlaut des § 198 Abs. 1 S. 2 GVG an die einschlägige Rspr. des BVerfG und des EGMR an. Maßgeblich sind demnach insb. die Schwierigkeit und die Bedeutung des Verfahrens. Im Rahmen Letzterer sind insb. die Auswirkungen einer langen Verfahrensdauer für die Beteiligten zu berücksichtigen. Weiter kann auch die Bedeutung des Verfahrens für die Allgemeinheit, zB eines Musterprozesses, bei der Abwägung zu berücksichtigen sein. Auch das Verhalten der Verfahrensbeteiligten und Dritter ist zu berücksichtigen. So wirkt sich insb. eine Mitverantwortung des Verfahrensbeteiligten auf die Frage der Unangemessenheit der Verfahrensdauer aus, wobei den Verfahrensbeteiligten solche Verzögerungen nicht vorgeworfen werden sollen, die daraus resultieren, dass vom Gesetz bereitgestellte Verfahrensrechte (zB Antrag auf Fristverlängerung, Richterablehnung) genutzt werden. Eine generelle Festlegung, wann ein Verfahren unverhältnismäßig lange dauert, ist nach der Rspr. des BGH nicht möglich und würde im Bereich der ordentlichen Gerichtsbarkeit bereits an der Vielgestaltigkeit der Verfahren und prozessualen Situationen scheitern (BGH NJW 2014, 220 Rn. 25 ff.; 2014, 789 Rn. 37 ff.; 2014, 939 Rn. 36 ff.; 2014, 1183 Rn. 26 ff.; 2014, 1816 Rn. 31 ff.). Der Gesetzgeber hat bewusst von der Einführung bestimmter Grenzwerte für die Dauer unterschiedlicher Verfahrenstypen abgesehen. Der Verzicht auf allgemeingültige Zeitvorgaben schließt es auch aus, die Angemessenheit der Verfahrensdauer allein anhand statistischer Durchschnittswerte zu ermitteln (BGH NJW 2014, 220 Rn. 25 ff.; 2014, 789 Rn. 37 ff.; 2014, 939 Rn. 36 ff.; 2014, 1183 Rn. 26 ff.; 2014, 1816 Rn. 31 ff.). Eine unangemessene Verfahrensdauer liegt vor, wenn sie eine Grenze überschritten hat, die sich auch unter Berücksichtigung gegenläufiger rechtlicher Interessen für die Betroffenen als sachlich nicht mehr gerechtfertigt und unverhältnismäßig darstellt (BGH NJW 2014, 220 Rn. 25 ff.; 2014, 789 Rn. 37 ff.; 2014, 939 Rn. 36 ff.; 2014, 1183 Rn. 26 ff.; 2014, 1816 Rn. 31 ff.; 2015, 1312). Bezugspunkt für die Beurteilung der Angemessenheit ist als maßgeblicher Zeitraum die in § 198 Abs. 6 Nr. 1 GVG definierte Gesamtverfahrensdauer. Dazu gehört das gesamte Gerichtsverfahren durch alle Instanzen (Musielak/Voit/*Wittschier* GVG § 198 Rn. 3), auch das Anhörungsrügeverfahren, das mit zum Hauptverfahren gehört (BGH FamRZ 2017, 1071; Thomas/Putzo/*Hüßtege* GVG § 198 Rn. 4). Verzögerungen, die in einem Stadium des Verfahrens oder bei einzelnen Verfahrensabschnitten eingetreten sind, können innerhalb einer späteren Phase des Verfahrens kompensiert werden (BGH NJW 2014, 220 Rn. 25 ff.; 2014, 789 Rn. 37 ff.; 2014, 939 Rn. 36 ff.; 2014, 1183 Rn. 26 ff.; 2014, 1816 Rn. 31 ff.). Dem Gericht muss in jedem Fall eine ausreichende Vorbereitungs- und Bearbeitungszeit zur Verfügung stehen, die der Schwierigkeit und Komplexität der Rechtssache angemessen Rechnung trägt. Zur Ausübung seiner verfahrensgestaltenden Befugnisse ist ihm ein weiter Gestaltungsspielraum zuzubilligen. Dementsprechend wird

die Verfahrensführung des Richters im nachfolgenden Entschädigungsprozess nicht auf ihre Richtigkeit, sondern nur auf ihre Vertretbarkeit überprüft. Letztere darf nur verneint werden, wenn bei voller Würdigung auch der Belange einer funktionstüchtigen Rechtspflege das richterliche Verhalten nicht mehr verständlich ist (BGH NJW 2014, 220 Rn. 25 ff.; 2014, 789 Rn. 37 ff.; 2014, 939 Rn. 36 ff.; 2014, 1183 Rn. 26 ff.; 2014, 1816 Rn. 31 ff.). Allerdings ist es für die Beurteilung der Angemessenheit der Verfahrensdauer unerheblich, ob der einzelne Richter pflichtwidrig gehandelt hat, oder ob ihn ein Verschulden trifft. Deshalb kann auch eine Überlastung des Gerichts oder eine angespannte Personalsituation den Vorwurf der überlangen Verfahrensdauer nicht entkräften (*Althammer/Schäuble* NJW 2012, 1 (2)). Verzögerungen durch Sachverständige sind dem Gericht anzulasten (EGMR BeckRS 2009, 19415).

d) Erhobene Verzögerungsrüge: Die Verzögerungsrüge ist formale Voraussetzung für den Entschädigungsanspruch. Sie kann nicht prophylaktisch, sondern wirksam erst dann erhoben werden, wenn Anlass zur Besorgnis besteht, dass das Verfahren nicht in angemessener Zeit abgeschlossen werden kann (vgl. zur Verzögerungsrüge → Form. I. L.9). An die Form der Rüge sind keine zu hohen Anforderungen zu stellen, es hat eine wohlwollende Auslegung anhand des Rechtsschutzziels zu erfolgen (BVerfG NJW 2016, 2018).

e) Rechtsfolge: Der Anspruchsteller kann Ersatz des kausalen materiellen und immateriellen Schadens verlangen. Bei der Bemessung des Ausgleichs sind die §§ 249 ff. BGB heranzuziehen (krit. *Althammer/Schäuble* NJW 2012, 1 (3); Musielak/Voit/*Wittschier* GVG § 198 Rn. 7). Allerdings kann gem. § 198 Abs. 1 S. 1 GVG keine vollständige, sondern nur eine angemessene Entschädigung verlangt werden. Wegen der Einzelheiten → Anm. 9, 10.

2. Für Klagen auf Entschädigung gegen ein Land (§ 200 S. 1 GVG) ist gem. § 201 Abs. 1 S. 1 GVG das OLG zuständig, in dessen Bezirk das streitgegenständliche Verfahren durchgeführt wurde. Werden ausnahmsweise mehrere Länder verklagt, weil der Rechtsstreit länderübergreifend abgegeben wurde, hat der Kläger die Wahl, welches der zuständigen Oberlandesgerichte er anruft (BT-Drs. 17/3802, 25). Zuständig für die Klage auf Entschädigung gegen den Bund ist der BGH (§ 201 Abs. 1 S. 2 GVG). Aufgrund der Verweisungen in den §§ 9 Abs. 2 S. 2 ArbGG, 155 S. 2 FGO, 202 S. 2 SGG, 173 S. 2 VwGO ist in der Arbeitsgerichtsbarkeit das LAG, in der Finanzgerichtsbarkeit der BFH, in der Sozialgerichtsbarkeit das LSG und in der Verwaltungsgerichtsbarkeit das OLG bzw. der VGH zuständig (Musielak/Voit/*Wittschier* GVG §§ 199–201 Rn. 3).

Gem. § 201 Abs. 1 S. 3 GVG sind die angeordneten Zuständigkeiten ausschließliche. Dies verhindert eine Prorogation gem. § 38 ZPO und eine Zuständigkeitsbegründung kraft rügeloser Einlassung gem. § 39 ZPO (§ 40 Abs. 2 S. 1 Nr. 2, S. 2 ZPO).

3. Zuständig ist der Senat. Gem. § 201 Abs. 2 S. 2 GVG ist eine Entscheidung durch den Einzelrichter ausgeschlossen. Nach dem neu eingeführten § 41 Nr. 7 ZPO ist im Entschädigungsverfahren ein Richter kraft Gesetzes ausgeschlossen, der im ursprünglichen Verfahren mitgewirkt hat.

4. Gem. § 201 Abs. 2 S. 1, 2 GVG gelten die Vorschriften über das Verfahren vor dem Landgericht im ersten Rechtszug und die dort geltenden Verfahrensgrundsätze (§§ 253 ff. ZPO) entsprechend.

5. Aktivlegitimation: Der Entschädigungsanspruch steht gem. § 198 Abs. 1 GVG nur einem Verfahrensbeteiligten zu. Das ist nach § 198 Abs. 6 Nr. 2 GVG jede Partei und jeder Beteiligte eines Gerichtsverfahrens mit Ausnahme der Verfassungsorgane, der Träger öffentlicher Verwaltung und sonstiger öffentlicher Stellen, soweit diese nicht in Wahrnehmung eines Selbstverwaltungsrechts am Verfahren beteiligt sind. Parteien und Beteiligte sind auch Antragsteller und Antragsgegner im Verfahren auf Gewährung einstweiligen Rechtsschutzes sowie in Verfahren zur Bewilligung von Prozess- oder Verfahrenskostenhilfe. Die aus der freiwilligen Gerichtsbarkeit bekannte, lediglich materielle Beteiligung genügt nicht. Allerdings ist derjenige, der die Hinzuziehung als Beteiligter im Verfahren beantragt, zB nach § 7 Abs. 5 FamFG, schon im Zwischenverfahren über die Hinzuziehung Beteiligter und damit aktivlegitimiert (*Althammer/Schäuble* NJW 2012, 1). Sonstigen in das Verfahren einbezogenen Personen (zB Zeugen, Sachverständige, Prozessbevollmächtigte im eigenen Namen) kommt dagegen keine Aktivlegitimation zu (BT-Drs. 17/3802, 23). Damit scheidet auch eine Anwendung des § 198 GVG auf den Nebenintervenienten aus (*Althammer/Schäuble* NJW 2012, 1).

6. Für die Geltendmachung des Entschädigungsanspruchs besteht stets – anders als bei der Verzögerungsrüge – Anwaltszwang (BT-Drs. 17/3802, 25): Die Parteien müssen sich vor dem OLG durch Anwälte (§ 78 Abs. 1 S. 1 ZPO) und vor dem BGH durch einen beim BGH zugelassenen Rechtsanwalt (§ 78 Abs. 1 S. 3 ZPO) vertreten lassen.

7. Passivlegitimiert ist das jeweilige Land für Ersatzansprüche wegen Nachteilen, die auf Grund von Verzögerungen bei Gerichten des Landes eintreten, bzw. der Bund unter den gleichen Voraussetzungen für Verzögerungen bei Bundesgerichten (§ 200 GVG).

8. Streitwert: Im konkreten Beispiel setzt sich der Streitwert aus den Beträgen für den immateriellen Nachteil (Verzögerung von einem Jahr entspricht 1.200 EUR, vgl. § 198 Abs. 2 S. 3 GVG) und den materiellen Nachteil (110,50 EUR Rechtsanwaltskosten für die vorprozessuale Geltendmachung des Entschädigungsanspruchs) zusammen.

9. Nachteil iSd § 198 Abs. 1 S. 1 GVG sind neben materiellen Schäden sämtliche kausalen immateriellen Folgen eines überlangen Verfahrens. Neben der seelischen Unbill durch die lange Verfahrensdauer sind als Nachteile bspw. auch körperliche Beeinträchtigungen oder Rufschädigungen anzusehen, insb. auch die Entfremdung eines Kinds von einem Elternteil in einem nicht in angemessener Zeit abgeschlossenen Sorgerechtsstreit (BT-Drs. 17/3802, 19). Hat das Verfahren unangemessen lang gedauert, wird nach § 198 Abs. 2 S. 1 GVG ein Nachteil, der nicht Vermögensnachteil ist, widerlegbar vermutet. Diese Vermutungsregelung trägt der Tatsache Rechnung, dass der Beweis eines nicht auf das Vermögen bezogenen Nachteils oft nur schwer oder gar nicht zu führen ist (BT-Drs. 17/3802, 19). Gem. § 198 Abs. 2 S. 3 GVG beträgt die Entschädigung für immaterielle Schäden pauschal 1.200 EUR für jedes Jahr der Verzögerung. Die Pauschalierung dient der Vermeidung von Streitigkeiten über die Höhe der Entschädigung. Diese orientiert sich an der Praxis des EGMR. Für Zeiträume unter einem Jahr erfolgt eine zeitanteilige Berechnung (BT-Drs. 17/3802, 20). § 198 Abs. 2 S. 4 GVG eröffnet für Ausnahmefälle die Möglichkeit, von den Pauschalen nach oben oder unten abzuweichen.

Gem. § 198 Abs. 2 S. 2 GVG kann eine Entschädigung für immaterielle Nachteile nur beansprucht werden, soweit nicht nach den Umständen des Einzelfalls Wiedergutmachung auf andere Weise ausreichend ist. Dieser Ausschluss gilt nicht für den Anspruch auf Ersatz eines Vermögensnachteils (BT-Drs. 17/3802, 19). Gem. § 198 Abs. 4 GVG ist Wiedergutmachung auf andere Weise insb. möglich durch die Feststellung des Entschädigungsgerichts, dass die Verfahrensdauer unangemessen war. Diese Feststellung setzt keinen Antrag voraus und kann in schwerwiegenden Fällen neben der Entschädigung ausgesprochen werden. Gem. § 198 Abs. 4 S. 3 Hs. 2 kann die Feststellung auch in Fällen getroffen werden, in denen eine Entschädigung nicht verlangt werden kann, weil die Verzögerungsrüge zu früh oder gar nicht erhoben wurde.

Der auf Ersatz immaterieller Nachteile gerichtete Antrag muss nicht beziffert werden, da § 198 Abs. 2 S. 4 GVG eine Billigkeitsregelung und § 198 Abs. 4 GVG keinen abschließenden Rechtsfolgenkatalog enthält. Der Antrag kann auf die Feststellung beschränkt werden, dass die Verfahrensdauer unangemessen war. Voraussetzung für diese

Feststellung ist jedoch neben der unangemessenen Verfahrensdauer das Vorliegen eines kausalen immateriellen Nachteils (*Althammer/Schäuble* NJW 2012, 1 (6)).

10. Der zu ersetzende kausale materielle Nachteil muss durch die Verfahrensdauer im Verantwortungsbereich des in Anspruch genommenen Rechtsträgers verursacht sein. Nachteil und Ursächlichkeit sind vom Geschädigten nachzuweisen. Der Entschädigungsanspruch umfasst als Vermögensnachteile insb. auch Kostenerhöhungen im Ausgangsverfahren aufgrund der Verzögerung, entgangenen Gewinn und die notwendigen Anwaltskosten für die vorprozessuale Verfolgung des Entschädigungsanspruchs (BT-Drs. 17/3802, 19). Im konkreten Beispiel werden lediglich diese vorprozessualen Kosten als materieller Nachteil geltend gemacht.

11. Darlegungsanforderungen: Im Verfahren vor dem OLG und dem BGH gilt der Beibringungsgrundsatz. Der Kläger muss die Tatsachen, die eine unangemessene Dauer des Verfahrens begründen, vortragen und ggf. beweisen. Dies gilt nur mit Einschränkungen für solche Umstände, die in den Bereich der Justiz fallen und dem Einblick des Klägers entzogen sind (Musielak/Voit/*Wittschier* GVG §§ 199–201 Rn. 8). Der Kläger muss weiter vortragen und ggf. beweisen, dass er im Ausgangsverfahren eine Verzögerungsrüge erhoben hat, die den Voraussetzungen des § 198 Abs. 3 GVG genügt; insb. muss er darlegen, dass die Rüge nicht zu früh erfolgte.

12. Aussetzung, § 201 Abs. 3 S. 1 GVG: Die Vorschrift gibt dem Entschädigungsgericht die Möglichkeit, nach seinem Ermessen das Entschädigungsverfahren auszusetzen, bis das Ausgangsverfahren rechtskräftig abgeschlossen ist (BT-Drs. 17/3802, 25). Die Aussetzung selber richtet sich nach den §§ 148 ff. ZPO (Musielak/Voit/*Wittschier* GVG §§ 199–201 Rn. 12).

Kosten und Gebühren

13. Hinsichtlich der Kosten gelten grds. die §§ 91 ff. ZPO. Besteht ein Entschädigungsanspruch nicht oder nicht in der geltend gemachten Höhe, wird aber eine unangemessene Verfahrensdauer festgestellt, entscheidet das Gericht gem. § 201 Abs. 4 GVG über die Kosten nach billigem Ermessen.

14. Für die Gerichtsgebühren gilt: Findet das Verfahren vor dem OLG statt, fällt die Verfahrensgebühr gem. KV 1212 GKG an; für das Verfahren vor dem BGH fällt die Gebühr gemäß KV 1214 GKG an. Eine Ermäßigung findet in den Fällen der KV 1213 GKG bzw. 1215 statt. Die Entschädigungsklage ist vorschusspflichtig, §§ 12a, 12 Abs. 1 GKG.

Fristen und Rechtsmittel

15. Die Klage kann gem. § 198 Abs. 5 S. 1 GVG frühestens sechs Monate nach Erhebung der Verzögerungsrüge gem. § 198 Abs. 3 S. 1 GVG und muss gem. § 198 Abs. 5 S. 2 GVG spätestens sechs Monate nach Eintritt der Rechtskraft der Entscheidung, die das Verfahren beendet, oder einer anderen Erledigung des Verfahrens erhoben werden. Hierbei handelt es sich um eine absolute Ausschlussfrist, die unabhängig von der Kenntnis des Anspruchsinhabers vom Fristbeginn beginnt. Die Klage kann während des noch laufenden Ausgangsverfahrens erhoben werden (*Althammer/Schäuble* NJW 2012, 1 (6)). Ist dies der Fall, kann allerdings das Entschädigungsgericht das Verfahren nach § 201 Abs. 3 S. 1 GVG aussetzen (→ Anm. 12).

16. Gegen die Entscheidung des OLG findet die Zulassungsrevision nach § 543 ZPO statt; die NZB nach § 544 ZPO ist entsprechend anzuwenden (§ 201 Abs. 2 S. 3 GVG).

E. Klageerwiderung

1. Vertretungsanzeige mit Ankündigung der Anträge bei frühem ersten Termin

In der Sache

. . . .

zeige ich an, dass ich die Beklagte vertrete.[1, 2]

Vom Termin am . . . . habe ich Kenntnis.

Ich werde beantragen,[3]

die Klage abzuweisen.[4]

Einer Entscheidung der Sache durch den Einzelrichter stehen keine Gründe entgegen.[5]

IÜ widerspricht die Beklagte dem Antrag der Klägerin, von einer Güteverhandlung nach § 278 ZPO abzusehen; die Beklagte ist zu einer Streitbeilegung auf vernünftiger Basis bereit.[6]

Die materielle Klageerwiderung wird innerhalb der hierzu gesetzten Frist eingereicht.[7]

Rechtsanwältin

Anmerkungen

1. Wenn dem Beklagten die Klageschrift zugestellt worden ist, muss zunächst festgestellt werden, welche Anordnungen das Gericht getroffen hat, ob es insb. das Verfahren des frühen ersten Termins (§ 275 ZPO) gewählt oder das schriftliche Vorverfahren (§ 276 ZPO) angeordnet hat (→ Form. I.D.1 Anm. 13). Das Beispiel geht von der Bestimmung eines frühen ersten Termins aus (zum schriftlichen Vorverfahren → Form. I.E.2). Mit der Terminsbestimmung nach § 272 Abs. 2 ZPO setzt das Gericht dem Beklagten entweder eine Frist zur Klageerwiderung oder gibt ihm auf, unverzüglich auf die Klageschrift zu erwidern. In beiden Fällen geht es für den Beklagten darum, innerhalb kurzer Zeit seine Verteidigung gegen die Klage durch Beschaffen und Zusammenstellen der erforderlichen Informationen unter Einschluss der Beweismittel vorzubereiten, um die Frist einhalten zu können.

2. Wenn die materielle Klageerwiderung bei Erhalt des Mandats nicht sofort fertiggestellt werden kann, empfiehlt es sich für den Rechtsanwalt, zumindest die Vertretung gegenüber Gericht und Gegner anzuzeigen. Damit ist gewährleistet, dass künftige Mitteilungen oder Zustellungen unmittelbar an ihn ergehen.

3. Die Anträge sollten hier nur angekündigt werden, wenn bereits feststeht, dass und ggf. in welcher Höhe der Klage entgegengetreten werden soll. Dies gilt insb. im Hinblick auf § 93 ZPO. Sobald der Beklagte in einem Schriftsatz den Klageanspruch in Abrede stellt, kann er nicht mehr damit rechnen, dass das Gericht ein späteres Anerkenntnis als „sofort" ansieht (vgl. BGH NJW 2019, 1525) (→ Form. I.E.3 Anm. 2).

4. Die häufig anzutreffenden Anträge zu den Kosten und zur vorläufigen Vollstreckbarkeit müssen nicht gestellt werden, das Gericht entscheidet über beides von Amts wegen (§§ 308 Abs. 2, 708, 709 ZPO). Der Beklagte braucht auch nicht zu beantragen, eine von ihm etwa zu leistende Sicherheit durch eine Bankbürgschaft erbringen zu dürfen. Nach § 108 Abs. 1 S. 2 ZPO ist das auch ohne gerichtliche Anordnung möglich.

5. Diese Erklärung braucht der Beklagte nicht schon jetzt, sondern erst mit der materiellen Klageerwiderung abzugeben (§ 277 Abs. 1 S. 2 ZPO, → Form. I.E.4). Hierzu wird er mit der Anordnung nach § 275 oder § 276 ZPO aufgefordert.

6. Die nach § 278 Abs. 2 ZPO obligatorische Güteverhandlung unterbleibt nur, wenn bereits ein Einigungsversuch vor einer anerkannten Gütestelle nach § 15a EGZPO stattgefunden hat oder wenn die Güteverhandlung erkennbar aussichtslos wäre. Wenn der Beklagte eine Güteverhandlung vermeiden möchte, sollte er die Gründe hierfür frühzeitig darlegen (→ Form. I.F.4). Ist der Beklagte hingegen, im Gegensatz zum Kläger, an einer vorgeschalteten Güteverhandlung interessiert oder sieht er Chancen für eine Einigung, sollte er dem Antrag des Klägers widersprechen. In der gerichtlichen Praxis ist die Frage, ob eine Güteverhandlung vorgeschaltet werden soll oder nicht, idR kein Problem. Meist lädt das Gericht zur Güteverhandlung und zugleich zur anschließenden mündlichen Verhandlung (vgl. § 279 Abs. 1 ZPO). Im Termin wird dann ggf die Aussichtslosigkeit festgestellt und alsbald in die streitige Verhandlung übergegangen.

7. Anträge auf Fristverlängerung gem. § 224 ZPO sollten frühzeitig gestellt werden (→ Form. I.F.3). Kann der Beklagte voraussehen, dass er innerhalb der Klageerwiderungsfrist nicht vollständig wird erwidern können, ist ein solcher Antrag dringend zu empfehlen; es ist immer einfacher, eine Fristverlängerung zu begründen, als verspätetes Vorbringen gem. § 296 Abs. 1 ZPO zu entschuldigen.

2. Vertretungs- und Verteidigungsanzeige bei schriftlichem Vorverfahren

In der Sache

. . . . .

zeige ich an, dass die Beklagten zu 1) und 2) von mir vertreten werden.[1]

Die Beklagten wollen sich gegen die Klage verteidigen.[2]

Es wird beantragt zu erkennen:

Die Klage wird abgewiesen.[3]

Die materielle Klageerwiderung wird innerhalb der hierzu gesetzten Frist[4] eingereicht.

Rechtsanwältin[5]

Anmerkungen

1. Vgl. zunächst die Anmerkungen → Form. I.E.1. Hat das Gericht das schriftliche Vorverfahren angeordnet, muss der Beklagte die ihm vom Gericht gesetzten Fristen beachten: zum einen die gesetzlich vorgegebene Frist zur Verteidigungsanzeige, zum anderen die Klageerwiderungsfrist, die mindestens zwei weitere Wochen, insgesamt also jedenfalls vier Wochen beträgt.

2. Bei Anordnung des schriftlichen Vorverfahrens muss diese Erklärung gem. § 276 Abs. 1 ZPO binnen einer Notfrist von zwei Wochen abgegeben werden, wenn der Beklagte ein schriftliches Versäumnisurteil gem. § 331 Abs. 3 ZPO vermeiden will (→ Form. I.G.1). Ist die Frist bereits verstrichen, aber von einem Versäumnisurteil noch nichts bekannt, sollte die Erklärung unverzüglich nachgereicht werden; wenn sie noch eingeht, bevor das unterschriebene Versäumnisurteil der Geschäftsstelle übergeben wird, darf das Versäumnisurteil nicht erlassen werden (§ 331 Abs. 3 S. 1 Hs. 2 ZPO).

Die Frist zur Anzeige der Verteidigungsabsicht kann nicht verlängert werden, da sie eine Notfrist ist (§ 224 Abs. 1 ZPO). Eine Wiedereinsetzung bei unverschuldeter Fristversäumung ist zwar möglich, meistens aber zwecklos, da das Versäumnisurteil nur im Wege des Einspruchs aufgehoben werden kann (vgl. KG NJW-RR 1997, 56). Lediglich für den kurzen Zeitraum, in dem sich das Versäumnisurteil vor Zustellung auf der Geschäftsstelle befindet, kommt Wiedereinsetzung in Betracht. Teilweise wird der Wiedereinsetzungsantrag darüber hinaus im Hinblick auf die einstweilige Einstellung der Zwangsvollstreckung nach § 707 Abs. 1 ZPO empfohlen (vgl. Musielak/Voit/*Foerste* ZPO § 276 Rn. 9).

Das Versäumnisurteil nach § 331 Abs. 3 ZPO kann auch in der Zeit vom 1.7. bis 31.8. ergehen, in der ein Terminsverlegungsantrag ohne Begründung erfolgreich wäre.

3. Den Klageabweisungsantrag sollte der Beklagte nur dann stellen, wenn er bereits sicher ist, dass und in welcher Höhe er der Klage entgegengetreten will. Sinnvoller ist es aber auch in diesem Fall, nur die Verteidigungsbereitschaft anzuzeigen und den Sachantrag der Klageerwiderung vorzubehalten. Andernfalls wäre ein späteres Anerkenntnis kein kostengünstiges „sofortiges" mehr iSv § 93 ZPO (vgl. BGH NJW 2019, 1525).

4. Ein Antrag auf Verlängerung der Klageerwiderungsfrist (→ Form. I.F.3) sollte bereits jetzt gestellt werden. Eine Hemmung der nach § 276 Abs. 1 S. 2 ZPO gesetzten Klageerwiderungsfrist findet auch in der Zeit vom 1.7. bis 31.8. nicht statt.

Kosten und Gebühren

5. Die Verteidigungsanzeige löst keine Anwaltsgebühr aus. Ergeht im schriftlichen Vorverfahren auf Antrag des Klägers ein Versäumnisurteil nach § 331 Abs. 3 ZPO, erhält sein Anwalt eine 0,5-Gebühr (VV 3105 Abs. 1 Nr. 2 RVG).

3. Verteidigungsanzeige und Teilanerkenntnis unter Protest gegen die Kosten bei schriftlichem Vorverfahren

In der Sache[1]

. . . . .

zeige ich an, dass die Beklagten zu 1) und 2) von mir vertreten werden.

Die Beklagten erkennen den Anspruch iHv 5.950 EUR nebst Zinsen seit Rechtshängigkeit an.[2] **Hierbei gehen die Beklagten davon aus, dass der Klägerin allenfalls eine Vergütung von 5.000 EUR zzgl. 19 % Mehrwertsteuer zusteht.**[3]

Das Anerkenntnis erfolgt unter Protest gegen die Kosten.[4] **Die tatsächlichen Voraussetzungen des § 93 ZPO werden die Beklagten in der Klageerwiderung darlegen.**

Soweit der Anspruch nicht anerkannt wird, wollen sich die Beklagten gegen die Klage verteidigen[5] **und werden beantragen:**

Die Klage wird abgewiesen.

Die materielle Klageerwiderung wird innerhalb der gesetzten Frist eingereicht.[6]

Rechtsanwältin[7]

Schrifttum: Arz, Das sofortige Anerkenntnis im Rahmen von Zug-um-Zug-Verurteilungen, NJW 2014, 2828; *Golz/Schneidenbach*, Erfüllung und Anerkenntnis durch den Beklagten – Anerkenntnis als „Falle"?, JA 2019, 291; *Kapitza/Kammer*, Anerkennen oder Versäumnisurteil erdulden?, JuS 2008, 882, *König*, Anerkenntnis statt Säumnis – Nach dem RVG vielfach ein anwaltlicher Kunstfehler, NJW 2005, 1243; *Leube*, Das sofortige Anerkenntnis, JA 2015, 768.

Anmerkungen

1. Das Form. knüpft an die Klageschrift gem. → Form. I.D.2 an.

2. Es handelt sich um ein Anerkenntnis, das im schriftlichen Vorverfahren auf die Aufforderung gem. § 276 Abs. 1 S. 1 ZPO abgegeben wird. Dieses Anerkenntnis führt, auch ohne einen entspr. Antrag des Klägers, zu einem (Teil-)Anerkenntnisurteil, das keiner mündlichen Verhandlung bedarf, § 307 ZPO (→ Form. I.M.9). Hat der Beklagte dem Kläger keinen Anlass zur Klageerhebung gegeben, wird das Gericht dem Kläger die Kosten des Rechtsstreits nach § 93 ZPO auferlegen. Allerdings muss ein solches sofortiges Anerkenntnis nicht bereits in der Verteidigungsanzeige abgegeben werden. Es kann auch noch in der Klageerwiderung erklärt werden, solange die Verteidigungsanzeige keinen Klageabweisungsantrag enthält (BGH NJW 2019, 1525; → Form. I.E.2). Ein sofortiges Anerkenntnis einer Geldforderung liegt auch dann vor, wenn der Beklagte nicht sofort bezahlt (OLG Koblenz NJW 2016, 2964; str.).

Die Frage, ob der Beklagte ganz oder zum Teil anerkennen oder keine Verteidigungsanzeige einreichen und ein Versäumnisurteil gegen sich ergehen lassen soll, ist für ihn aus Kostengründen von Bedeutung. Neben der Möglichkeit des § 93 ZPO bietet das Anerkenntnis gegenüber einer streitigen Verurteilung den Vorteil, dass sich die dreifache Gerichtsgebühr nach KV Nr. 1210 auf die einfache Gebühr ermäßigt (KV Nr. 1211), allerdings nur bei vollständigem, nicht bei teilweisem Anerkenntnis. Die Terminsgebühr entsteht auch für ein Anerkenntnis im schriftlichen Vorverfahren und ermäßigt sich nicht (KV 3104 Abs. 1 Ziff. 1; OLG Stuttgart NJW-RR 2005, 1735), anders beim Versäumnisurteil, dort beträgt sie 0,5 (KV Nr. 3105), das gilt auch im schriftlichen Vorverfahren (Abs. 1 Nr. 2). Ist der Kläger anwaltlich vertreten, ist ein vollständiges Anerkenntnis bei einem niedrigen Streitwert günstiger *(Kapitza/Kammer* JuS 2008, 882*)*. In anderen Konstellationen wäre das Anerkenntnis ein „anwaltlicher Kunstfehler" (*König* NJW 2005, 1243).

3. Ob der Anwalt ein Teil-Anerkenntnis abgeben sollte, ist auch eine taktische Frage; erkennt er, dass ein Teil der Klageforderung nicht zu bestreiten ist, kann es günstig sein, diesen Teil nicht anzuerkennen, sondern als „Vergleichsmasse" für eine spätere Einigung im Streit zu halten. Auch wegen des zuvor dargestellten geringen Kostenvorteils empfiehlt sich ein Teil-Anerkenntnis vor allem dann, wenn die Voraussetzungen des § 93 ZPO geltend gemacht werden können. Es muss deutlich werden, welcher Teil des Anspruchs anerkannt wird. Macht der Kläger mehrere Ansprüche geltend (zB mehrere Forderungen aus unterschiedlichen Verträgen oder auch Schadensersatz in Form von Sachschaden, Verdienstausfall, Schmerzensgeld etc), muss eindeutig erkennbar sein, welche dieser Einzelforderungen das Anerkenntnis in welcher Höhe erfasst. Das Anerkenntnis kann auch in der Weise eingeschränkt werden, dass der Anspruch nur Zug um Zug gegen Erbringen einer Gegenleistung anerkannt wird. Ein Anerkenntnisurteil kann dann aber nur ergehen, wenn der Kläger seinen Sachantrag auf eine Zug-um-Zug-Verurteilung umstellt (vgl. BGH NJW 1989, 1934); tut er das nicht, können sich für ihn ungünstige Kostenfolgen ergeben.

4. Regelmäßig hat das Anerkenntnis des Beklagten zur Folge, dass er gem. §§ 91, 92 ZPO die Kosten zu tragen hat. Mit dieser Formulierung kündigt der Beklagte an, dass er die Kostenfolge des § 93 ZPO herbeiführen möchte. Hierauf muss er bereits mit diesem Schriftsatz hinweisen, denn sonst wird, jedenfalls wenn er den Anspruch in vollem Umfang anerkennt, ein Anerkenntnisurteil ohne mündliche Verhandlung nach § 307 ZPO mit einer Kostenentscheidung zu seinen Lasten ergehen.

5. Diese Erklärung ist notwendig, um ein Teil-Versäumnisurteil gem. § 331 Abs. 3 ZPO hinsichtlich des nicht anerkannten Anspruches zu vermeiden.

6. In der Klageerwiderung müssen auch die tatsächlichen Voraussetzungen des § 93 ZPO (kein Anlass zur Klageerhebung, → Form. I.M.8) dargelegt und unter Beweis gestellt werden.

Kosten und Gebühren

7. Zu den Kostenvorteilen des Anerkenntnisses für den Beklagten und zu § 93 ZPO → Anm. 2, 4; → Form. I.M.8.

4. Materielle Klageerwiderung (Grundmuster mit Begründung)

An das
Landgericht München I
Kammer für Handelssachen
In der Sache[1, 2]
. . . .
vertrete ich die Beklagten zu 1) und 2).
Ich werde beantragen:[3]
die Klage abzuweisen.
Mit einer Entscheidung durch den Vorsitzenden sind die Beklagten einverstanden.[4]

Begründung:[5, 6]

Der Beklagte ist nicht passivlegitimiert (1.). Die verlangte Vergütung ist unangemessen hoch (2.) und nicht fällig (3.). Außerdem hat die Klägerin das Werk mangelhaft hergestellt (4.).[7]

1. **Es ist richtig, dass am 15.2.2021 zwischen der Angestellten A für die Klägerin und der Prokuristin P der Beklagten ein Vertrag über den Druck von 10.000 Werbeprospekten der Firma F zustande kam. Frau P hat diesen Vertrag jedoch nicht im Namen der Beklagten zu 1), sondern ausdrücklich im Namen und in Vollmacht der Firma F geschlossen. Dies hat sie bereits bei dem Telefonat am Vormittag erklärt und bei der von der Klägerin geschilderten mündlichen Vereinbarung wiederholt.**

   Beweis: Zeugnis der Frau P. . . . . .[8]
   (ladungsfähige Anschrift)

   Einwendungen sind hiergegen weder von der Inhaberin der Klägerin noch von ihrer Angestellten erhoben worden.

   Beweis: Zeugnis der Frau P

   Damit trifft die Verpflichtung aus dem Vertrag nicht die Beklagte zu 1). Sie hat auch nicht etwa eine Vergütung von der Firma F für die Herstellung der Prospekte verlangt oder erhalten.

2. Eine bestimmte Vergütung wurde weder telefonisch noch mündlich vereinbart. Zwar hat Frau A zunächst einen Preis von 1.500 EUR pro 1.000 Stück genannt, auf den Einwand von Frau P, dass dies zu teuer sei, hat sie jedoch erwidert, dass man den Preis noch einmal durchkalkulieren müsse.

Beweis: Zeugnis der Frau P

Die übliche und angemessene Vergütung für einen derartigen Auftrag liegt bei höchstens 900 EUR pro 1.000 Stück.

Beweis: (unter Protest gegen die Beweislast[9]):
Gutachten eines Sachverständigen

Eine höhere Vergütung ergibt sich auch nicht daraus, dass der Auftrag besonders eilig war; die Klägerin hatte immerhin zwei Wochen – und damit ausreichend – Zeit.

3. Die Beklagte weist außerdem darauf hin, dass die Vergütung noch nicht fällig ist, denn weder die Firma F noch die Beklagte haben das Werk der Klägerin abgenommen. Auch die Voraussetzungen für eine Abnahmefiktion nach § 640 Abs. 2 S. 1 BGB liegen nicht vor.

4. Schließlich hat die Klägerin die Arbeiten mangelhaft ausgeführt.[10] Dies hat die Firma F gegenüber der Klägerin mehrfach gerügt, und zwar ua mit Schreiben vom . . . . ., die als Anlagen B 1 und B 2[11] eingereicht werden. Die darin ausgesprochenen Rügen (Farbabweichungen, ungenau übereinander gedruckte Farben bei fast allen Prospekten) hat sich die Beklagte später in ihrem bereits von der Klägerin als Anlage K 4 überreichten Schreiben vom . . . . . vorsorglich zu Eigen gemacht. Die Rügen wurden außerdem von der Prokuristin der Beklagten zu 1) bereits in einem früheren Telefonat mit der Inhaberin der Klägerin am . . . . . erhoben.

Beweis: Zeugnis der Frau P

Zum Beweis dafür, dass fast alle Prospekte die genannten Mängel aufwiesen und die gesamte Lieferung damit unbrauchbar war, beziehen sich die Beklagten auf

1. Zeugnis der Angestellten der Firma F,
2. Sachverständigengutachten.

Die Mängel berechtigten die Beklagte zu 1) – vorausgesetzt, sie wäre Vertragspartnerin – zum Rücktritt vom Vertrag, der hiermit vorsorglich ausgesprochen wird.

5. Der Zinsanspruch wird nach Grund und Höhe bestritten.[12]

Rechtsanwältin

Schrifttum: Baudewin/Wegner, Die Präklusion im Zivilprozess, NJW 2014, 1479; *Dötsch*, Die Erklärung mit Nichtwissen als „Substantiierungsfalle", MDR 2014, 1363; *Fischer*, Die Berücksichtigung „nachgereichter Schriftsätze" im Zivilprozess, NJW 1994, 1315; *Nicoli*, Die Erklärung mit Nichtwissen, JuS 2000, 584; *Schneider*, Präklusionsrecht – Gefahrenstellen und Abwehrreaktionen im Überblick, MDR 2002, 684.

Anmerkungen

1. Die vorgeschlagene Fassung einer Klageerwiderung (§ 277 ZPO) ist sowohl bei Anordnung eines frühen ersten Termins als auch bei schriftlichem Vorverfahren oder als Erwiderung auf die Anspruchsbegründung nach vorangegangenem Mahnverfahren möglich. Für die Förmlichkeiten der Klageerwiderung enthält die ZPO keine besondere Vorschrift, es gilt aber § 130 ZPO. Dem Beklagten wird durch das Gericht regelmäßig eine Frist zur Klageerwiderung gesetzt worden sein (§§ 275 Abs. 1 S. 1, 276 Abs. 1 S. 2 ZPO), die mindestens zwei Wochen (§ 277 Abs. 3 ZPO), bei schriftlichem Vorverfahren mindestens vier Wochen (§ 276 Abs. 1 S. 2 ZPO) betragen muss. Diese Frist sollte unbedingt eingehalten werden, denn bereits im frühen ersten Termin kann verspätetes Vorbringen des Beklagten grds. gem. § 296 Abs. 1 ZPO zurückgewiesen werden (BGH NJW-RR 2005, 1296), es sei denn, es handelt sich bei dem frühen ersten Termin erkennbar um einen Durchlauftermin (BVerfG NJW 1992, 299), nach der Sach- und Rechtslage kommt eine Erledigung in diesem Termin ohnehin nicht in Betracht (BGH NJW-RR 2005, 1296) oder das Gericht hätte eine Verzögerung durch vorbereitende Maßnahmen oder rechtzeitige Hinweise nach § 273 ZPO vermeiden können (BGH NJW 1989, 717; BVerfG NJW 1987, 2003). Das Gericht ist aber nicht verpflichtet, die in der Klageschrift benannten Zeugen schon vor Eingang der Klageerwiderung gem. § 273 ZPO zu laden, um eine Verzögerung zu vermeiden (BGH NJW 1987, 499). Nach schriftlichem Vorverfahren muss der Beklagte noch eher mit einer Zurückweisung verspäteten Vorbringens rechnen.

Die Fristsetzung ist in Hinblick auf § 296 Abs. 1 ZPO unwirksam,

- wenn sie nicht vom Vorsitzenden verfügt ist,
- wenn die notwendigen Belehrungen fehlen (BGH NJW 1991, 2773),
- wenn die Fristsetzung nicht förmlich zugestellt wurde (BVerfG NJW-RR 1994, 254), anders, wenn die Fristsetzung im Termin verkündet wurde.

Zur Möglichkeit der Fristverlängerung vgl. § 224 ZPO. Grds. muss sich der Beklagte aber darüber im Klaren sein, dass er sich nur innerhalb der gesetzten Frist verteidigen und ihm nach Fristablauf jede weitere Verteidigung abgeschnitten sein kann (BGH NJW 1991, 2773).

2. Das Beispiel knüpft an die Klageschrift gemäß → Form. I.D.2 und die Verteidigungsanzeige gemäß → Form. I.E.2 an.

3. Zu den Anträgen und der Einzelrichtererklärung → Form. I.E.1. Sind die Anträge bereits in der Verteidigungsanzeige angekündigt, brauchen sie nicht wiederholt zu werden.

4. Vgl. § 349 Abs. 3 ZPO.

5. In der Klageerwiderung hat der Beklagte seine Verteidigungsmittel vorzubringen, soweit es nach der Prozesslage einer sorgfältigen und auf Förderung des Verfahrens bedachten Prozessführung entspricht (§ 277 Abs. 1 S. 1 ZPO). Verteidigungsmittel des Beklagten sind vor allem das Bestreiten des Klägervortrags zu den Anspruchsvoraussetzungen, Tatsachenbehauptungen zu Einwendungen und Einreden sowie die Benennung der Beweismittel (§ 282 Abs. 1 ZPO).

Der Beklagte muss sich zu allen vom Kläger vorgetragenen erheblichen Tatsachen erklären (§ 138 Abs. 2 ZPO).

- Unterlässt er dies, wird das Gericht das entsprechende Vorbringen des Klägers seiner Entscheidung als unstreitig zugrunde legen (§ 138 Abs. 3 ZPO).
- Der Beklagte kann die Richtigkeit der klägerischen Tatsachenbehauptungen zugestehen (§ 288 Abs. 1 ZPO). Hieran ist er dann allerdings auch gebunden, wenn es unzutreffend war, es sei denn, er hat sich geirrt; in diesem Fall kann er sein Geständnis widerrufen, muss hierbei allerdings sowohl die Unwahrheit des Geständnisses als auch den Irrtum beweisen (§ 290 S. 1 ZPO). Eine Partei, die die Urkunde, auf die sie sich beruft, nicht kennt, unterliegt keinem erheblichen Irrtum (BGH NJW 2011, 2794).
- Der Beklagte kann den Tatsachenvortrag des Klägers aber auch bestreiten, jedoch nicht wider besseres Wissen (§ 138 Abs. 1 ZPO). Dass eine Partei einen tatsächlichen Umstand für unerheblich hält, berechtigt sie nicht, insoweit falsche Angaben zu machen (BGH NJW 2011, 2794). Als unwahr erkannte Informationen seiner Partei darf auch der Rechtsanwalt nicht vortragen, er darf aber Informationen seiner Partei weitergeben, auch wenn er an ihrer Richtigkeit zweifelt (BVerfG NJW 2003, 3263).

Der Anwalt sollte dabei aber bedenken, dass es die Position seines Mandanten erheblich verschlechtert, wenn sich später die Unrichtigkeit seines Vortrags herausstellt.

- Ob sich der Beklagte auf ein pauschales Leugnen beschränken darf, hängt davon ab, wie substantiiert sich der Kläger erklärt hat (vgl. BGH NJW 2018, 1089). Gegenüber einem einfachen Vortrag des Klägers kann sich der Beklagte auf ein pauschales Leugnen beschränken. Ein substantiiertes Bestreiten ist aber auch in diesem Fall erforderlich, wenn die darlegungspflichtige Partei außerhalb des von ihr vorzutragenden Geschehens steht und keine nähere Tatsachenkenntnis besitzt, während der Gegner die wesentlichen Tatsachen kennt und ihm eine Erklärung darüber zumutbar ist (sekundäre Darlegungslast, BGH NJW-RR 2015, 1279). Das Gleiche gilt, wenn dem Beklagten durch das Gericht eine Auflage gemacht oder ein Hinweis gegeben wurde (zur Frage der Darlegungslast und Substantiierung → Form. I.D.1 Anm. 16).
- Tatsachen, die sich nicht auf eigene Handlungen oder auf den Gegenstand eigener Wahrnehmungen beziehen, darf der Beklagte mit Nichtwissen bestreiten (§ 138 Abs. 4 ZPO). Ein solches Bestreiten mit Nichtwissen ist auch zulässig, wenn die Partei alle Erkenntnisquellen über einen in ihrem Bereich liegenden Vorgang ausgeschöpft hat. Insbesondere trifft die Partei eine Erkundigungspflicht, wenn die maßgebenden Tatsachen Personen bekannt sind, die unter ihrer Anleitung, Aufsicht oder Verantwortung tätig geworden sind (BGH BeckRS 2011, 04467). Ein Bestreiten mit Nichtwissen ist auch dann zulässig, wenn die Partei den in Rede stehenden Vorgang vergessen hat (BGH NJW-RR 2002, 612); dabei muss sie das Vergessen aber nachvollziehbar und plausibel darlegen (OLG Naumburg NJW-RR 2013, 564; OLG Hamm BeckRS 2011, 22831). Könnte der Beklagte auch mit Nichtwissen bestreiten, weil die behaupteten Tatsachen weder eigene Handlungen noch Gegenstand eigener Wahrnehmung waren, führt der Versuch, das Bestreiten näher zu begründen, auch dann nicht zur Unbeachtlichkeit des Bestreitens mit Nichtwissen, wenn er dabei Behauptungen ins Blaue aufstellt (vgl. BGH BeckRS 2018, 34954).

Für das Vorbringen von Einwendungen und Einreden genügt es nicht, eine bloße Rechtsbehauptung aufzustellen, wie zB, die Forderung sei erloschen. Vielmehr muss der Beklagte bestimmte Tatsachen behaupten, die einen Lebensvorgang ergeben, aus dem rechtlich das Erlöschen durch Erfüllung, Aufrechnung, Erlass etc zu entnehmen ist (BGH NJW 1997, 128). Der mit der Prozessführung betraute Rechtsanwalt ist seinem Mandanten gegenüber verpflichtet, dafür einzutreten, dass die zu Gunsten des Mandanten sprechenden tatsächlichen und rechtlichen Gesichtspunkte so umfassend wie möglich ermittelt und bei der Entscheidung des Gerichts berücksichtigt werden (BGH NJW 2009, 987). Dabei darf er sich nicht ohne Weiteres mit dem begnügen, was sein Auftraggeber ihm an Informationen liefert, sondern muss um zusätzliche Aufklärung bemüht sein, wenn den Umständen nach für eine zutreffende rechtliche Einordnung die Kenntnis weiterer Tatsachen erforderlich und deren Bedeutung für den Mandanten nicht ohne Weiteres ersichtlich ist (BGH NJW 2013, 2965).Trägt der Rechtsanwalt unvollständig vor, haftet er für eine falsche Entscheidung des Gerichts, für die sein Fehler mitursächlich geworden ist (BGH BeckRS 2010, 26524). Insbesondere muss der Rechtsanwalt prüfen, ob das Verteidigungsvorbringen tatsächlich zu einer jedenfalls teilweisen Klageabweisung führen kann, oder ob es sich lediglich um äquipollentes Vorbringen handelt, dass sich der Kläger zulasten des Beklagten zu Eigen machen könnte (vgl. BGH NJW 2018, 2412). Riskant wäre es, Vorbringen aus taktischen Gründen zurückzuhalten (BGH MDR 1991, 240). Ist der Beklagte jedoch der gesicherten Überzeugung, dass die Klage unschlüssig ist oder eine seiner Einwendungen offensichtlich durchgreift, kann es genügen, auf die Unschlüssigkeit hinzuweisen bzw. das Vorbringen im Wesentlichen auf diese Einwendung zu beschränken. Jedoch sollten dann die übrigen Einwendungen zumindest genannt und mit dem Hinweis verbunden werden, dass hierzu mehr vorgetragen wird, sofern das Gericht es für erforderlich hält (→ Anm. 10).

Wenn es angezeigt ist, muss der Rechtsanwalt auch Rechtsausführungen machen. Mit Rücksicht auf das auch bei Richtern nur unvollkommene rechtliche Erkenntnisvermögen und die niemals auszuschließende Möglichkeit des Irrtums ist es die Pflicht des Rechtsanwalts, nach Kräften dem Aufkommen von Irrtümern und Versehen des Gerichts zu begegnen. Der Rechtsanwalt muss alles – einschließlich Rechtsausführungen – vorbringen, was die Entscheidung günstig beeinflussen kann. Insbesondere muss der Anwalt zum Beispiel auf die höchstrichterliche Rechtsprechung hinweisen (zum ganzen Absatz BGH NJW-RR 2017, 540).

6. In der Klageerwiderung sind Rügen, die die Zulässigkeit der Klage betreffen (vgl. § 282 Abs. 3 ZPO) voranzustellen. In der Gliederung seines sachlichen Vorbringens sollte der Beklagte zur besseren Übersicht der Klageschrift folgen und anschließend seine Einwendungen und Einreden vorbringen. Offensichtlich durchgreifende Einwendungen (zB Erfüllung, Verwechslung des Schuldners, eindeutige Verjährung) sollte er jedoch voranstellen.

7. Bei einer umfangreichen Klageerwiderung kann es sich empfehlen, die einzelnen Einwendungen unter Hinweis auf die Gliederungspunkte in einem einleitenden Satz zu nennen.

8. Der Beklagte hat bereits in der Klageerwiderung seine Beweismittel zu bezeichnen. Das ist insb. erforderlich, wenn ihn die Beweislast trifft, wie hier für die Tatsache des Handelns in fremdem Namen (§ 164 Abs. 2 BGB).

9. → Form. I.D.2 Anm. 11.

10. Ist sich der Beklagte sicher, dass seine übrigen Einwendungen bereits zur Verteidigung ausreichen, könnte er auf eine nähere Darlegung der Mängel verzichten und etwa fortfahren: „Hierauf wird es jedoch nach Meinung des Beklagten nicht mehr ankommen. Hält das Gericht eine nähere Darlegung der Mängel und ihrer rechtzeitigen Rüge für erforderlich, wird um eine entsprechende Auflage gebeten." Zu dieser Auflage wäre das Gericht dann gem. §§ 139, 278 Abs. 3 ZPO verpflichtet (vgl. Thomas/Putzo/*Seiler* ZPO § 277 Rn. 7).

11. Zur Bezeichnung der Anlagen → Form. I.D.1 Anm. 18.

12. Am Schluss einer Klageerwiderung – zuweilen auch in ähnlicher Form als Einleitung – findet sich oft der Satz: „Im Übrigen wird der Sachvortrag des Klägers bestritten, soweit er nicht ausdrücklich zugestanden wurde". Ein solches Bestreiten entspricht nicht der Erklärungspflicht des Beklagten und ist bedeutungslos.

5. Primäraufrechnung des Beklagten

In der Sache[1]
des . . . . .
gegen
Rechtsanwalt X
beantrage ich für den Beklagten,
die Klage abzuweisen.

Begründung[2]

. . . . .

Es ist zutreffend, dass der Beklagte den Kläger im Rahmen eines Prozesses gegen ..... vertreten und von der damaligen Beklagten einen Betrag von 5.000 EUR eingezogen hat. Dieser Betrag ist jedoch geringer als der Betrag der Anwaltsgebühren, die der Kläger dem Beklagten aus einer Reihe von Aufträgen noch schuldet. Gemäß Gebührenrechnung vom ....., die als

Anlage B 1

eingereicht wird, beläuft sich die Forderung des Beklagten gegen den Kläger auf 6.437,78 EUR. Einwendungen gegen diese Rechnung hat der Kläger nicht erhoben. Der Beklagte rechnet mit seinen Honoraransprüchen gegen den Klageanspruch auf .....

Rechtsanwalt[3]

Schrifttum: Büßer, Die „Flucht" des Beklagten vor der Präklusion seiner Prozessaufrechnung, JuS 2009, 319; *Feser*, Die Aufrechnung im Prozess – eine Frage des Zeitpunkts, JA 2008, 525; *Huber*, Prozessaufrechnung des Beklagten, JuS 2008, 1050; *Leichsenring*, Die Rücknahme der Prozessaufrechnung, NJW 2013, 2155; *Wolf*, Die Prozessaufrechnung, JA 2008, 673 ff., 753 ff.

Anmerkungen

1. Wenn die Klageforderung zu Recht besteht, der Beklagte aber eine Gegenforderung besitzt, sollte er aus Kostengründen die Aufrechnung nicht hilfsweise erklären (→ Form. I.E.7 Anm. 5). Der Klageabweisungsantrag ist in einem solchen Fall vielmehr damit zu begründen, dass die Klageforderung ganz oder zum Teil durch Aufrechnung erloschen ist (§ 389 BGB). Hierbei ist zu unterscheiden:

- Hat der Beklagte die materiell-rechtliche Aufrechnungserklärung bereits vor dem Prozess abgegeben, beruft er sich darauf, dass die Klage von Anfang an unbegründet war. Wenn die Aufrechnungslage gegeben war, heißt das, dass die Klage abzuweisen ist und der Kläger die Kosten zu tragen hat. Einer erneuten Aufrechnungserklärung bedarf es nicht. Eine Erledigung der Hauptsache ist dann nicht eingetreten, weil die Klage von Anfang an unbegründet war.
- Erklärt der Beklagte die Aufrechnung erstmals im Prozess, handelt es sich um eine sog Primäraufrechnung, dh, sie ist nicht hilfsweise für den Fall erklärt, dass der Beklagte mit seinen anderen Einwendungen nicht durchdringt. Jetzt ist es für den Kläger sachgerecht, die Hauptsache für erledigt zu erklären. Trotz der materiell-rechtlichen Rückwirkung der Aufrechnung (§ 389 BGB) stellt erst die Aufrechnungserklärung das „erledigende Ereignis" dar (BGH NJW 2003, 3134; hierzu *Feser* JA 2008, 525; → Form. I.M.13 Anm. 4).

Aus dieser Rechtslage ergibt sich für den Beklagten, dass er nach Möglichkeit die Aufrechnung sofort nach Entstehung der Aufrechnungslage erklären sollte, nämlich bevor er durch eine Klage auf die Gegenforderung in Anspruch genommen wird. Erklärt er die Aufrechnung erst im Prozess, muss er damit rechnen, dass der Kläger die Hauptsache für erledigt erklärt und er als Beklagter die Kosten zu tragen hat. Auf keinen Fall sollte er der Erledigung widersprechen; denn dann wird das Gericht die Erledigung feststellen (BGH NJW 2003, 3134) mit der Folge, dass ihm die dann höheren Kosten nach § 91 ZPO auferlegt werden (→ Form. I.M.13). Schließt er sich aber der Erledigung an, können ihn zwar auch die Kosten nach § 91a ZPO treffen, da die Klage zunächst begründet war. Allerdings kann iRd billigen Ermessens zu berücksichtigen sein, ob es dem Beklagten zuzumuten war, die Aufrechnung bereits vorgerichtlich zu erklären (→ Form. I.M.11).

Die Aufrechnung führt nicht zur Rechtshängigkeit; auch mit einer bereits rechtshängigen Forderung kann aufgerechnet werden, allerdings darf der Zweitprozess nicht bis zur Entscheidung über die Gegenforderung im Erstprozess ausgesetzt werden (OLG Frankfurt a. M. NJW 2015, 2512). Die Aufrechnung – auch die unzulässige (BGH NJW 1982, 1516) – hemmt die Verjährung des Anspruchs (§ 204 Abs. 1 Nr. 5 BGB), allerdings nur in Höhe der Klageforderung. Die Aufrechnungserklärung gegenüber dem Zessionar hemmt die Verjährung des Anspruchs auch gegenüber dem Zedenten (BGH NJW 2008, 2429). Die Hemmung endet sechs Monate nach Beendigung des Prozesses oder Stillstand des Verfahrens (§ 204 Abs. 2 BGB). Die Hemmung tritt selbst dann ein, wenn die Aufrechnung mangels Gegenseitigkeit (BGH MDR 1981, 662) oder aus einem anderen Grund (BGH NJW 2008, 2429) nicht durchgreifen sollte. Die Zulässigkeit der Aufrechnung mit einer Gegenforderung, die aus demselben dem UN-Kaufrecht unterliegenden Vertragsverhältnis wie die Hauptforderung stammt, richtet sich nach UN-Kaufrecht (BGH NJW 2015, 867). Mit einer rechtswegfremden Gegenforderung kann nur aufgerechnet werden, wenn diese Gegenforderung rechtskräftig festgestellt oder unstreitig ist (OLG Nürnberg BeckRS 2015, 15037). Wie zu verfahren ist, wenn für die zur Aufrechnung gestellte Gegenforderung eine Schiedsgerichtsvereinbarung getroffen wurde, ist streitig. Nach einer Ansicht ist die Aufrechnung unzulässig (OLG Zweibrücken MDR 2014, 1368), nach der Gegenauffassung soll der lediglich Zivilprozess bis zur Entscheidung des Schiedsgerichts ausgesetzt werden (OLG Celle BeckRS 2016, 04997 mit umfassender Darstellung des Sach- und Streitstands).

2. Der Beklagte muss das Bestehen der Forderung und die Aufrechnungslage, vor allem Gegenseitigkeit und Gleichartigkeit, iE darlegen, und zwar schon in der Klageerwiderung (BGH NJW 1984, 1964). Er darf sich nicht dem Risiko aussetzen, dass sein diesbezügliches Vorbringen als verspätet zurückgewiesen wird, denn dann ist die Forderung gem. § 322 Abs. 2 ZPO rechtskräftig aberkannt (BGH NJW-RR 1991, 971). Das gilt auch, wenn das Urteil die Frage, ob die Aufrechnung zulässig ist, offenlässt oder verneint, aber dennoch auf die Aufrechnungsforderung sachlich eingeht (vgl. BGH NJW 1984, 218; 1988, 3210). Erkennt der Beklagte, dass seine Prozessaufrechnung problematisch ist, kann er sie zurücknehmen (BGH NJW-RR 1991, 156; NJW 2009, 1071), und zwar ohne nachteilige Kostenfolgen.

Im Berufungsrechtszug kann die Prozessaufrechnung nur unter den Voraussetzungen des § 533 ZPO erklärt werden. Neben der Sachdienlichkeit bzw. der Einwilligung des Gegners kommt es darauf an, ob für die Entscheidung über die Aufrechnung ein auch nur teilweise neuer – streitiger – Sachverhalt zugrunde zu legen ist (§ 533 Nr. 2 ZPO).

Im Beispielsfall geht es um die Frage, ob die Aufrechnung nach Treu und Glauben ausgeschlossen ist. Das Problem besteht darin, dass der Anwalt die Forderungen des Klägers treuhänderisch eingezogen hat und der Treuhänder gegen den gegen ihn gerichteten Herausgabeanspruch gewöhnlich nicht aufrechnen darf. Gleichwohl ist der Anwalt idR nicht gehindert, sich zugunsten seiner Honoraransprüche aus nicht zweckgebundenen Fremdgeldern zu befriedigen, und zwar auch dann, wenn die Honoraransprüche nicht den Auftrag betreffen, aus dem der Anwalt Fremdgelder vereinnahmt hat (BGH NJW 2007, 2640). Etwas anderes gilt nur, wenn die besondere Art des Mandates eine Aufrechnung als mit Treu und Glauben unvereinbar erscheinen lässt (BGH NJW 1995, 1425; vgl. MüKoBGB/*Schlüter*, BGB § 387 Rn. 60). Das wäre zB der Fall, wenn der Anwalt das Geld als Treuhänder empfangen hätte.

Kosten und Gebühren

3. Wenn der Beklagte erstmals im Prozess die Aufrechnung erklärt, trägt er ein erhebliches Kostenrisiko im Hinblick auf die zu erwartende Erledigungserklärung des

Klägers (→ Anm. 1). Bei der Primäraufrechnung wird der Gebührenstreitwert nicht nach § 45 Abs. 3 GKG erhöht.

6. Widerklage und Drittwiderklage

An das
Landgericht München I
In der Sache[1, 2, 3, 4]
1. der Meyer & Wittrock KG, Feldstraße 1, 80355 München,
Klägerin und Widerbeklagte,[5]
Prozessbevollmächtigter: Rechtsanwalt . . . . .
2. des persönlich haftenden Gesellschafters der Klägerin, Herrn Hans Meyer, Feldstraße 1, 80355 München,
Drittwiderbeklagter,[6]
gegen
Peter Meister, Karlstraße 9, 80801 München
Beklagter und Widerkläger,[6]
Prozessbevollmächtigter: Rechtsanwalt . . . . .
zeige ich an, dass ich den Beklagten vertrete.
Es wird beantragt,
die Klage abzuweisen.
Gleichzeitig erhebe ich Widerklage[7]) und Drittwiderklage[8]) mit dem Antrag,
die Klägerin sowie den Drittwiderbeklagten als Gesamtschuldner zu verurteilen, an den Beklagten 8.000 EUR nebst Zinsen iHv 5 Prozentpunkten über dem Basiszinssatz seit der Zustellung dieses Schriftsatzes Zug um Zug gegen Rückgabe des Pkw Daimler-Benz 240 T, amtl. Kennzeichen . . . . ., FIN . . . . . an die Klägerin zu zahlen.
Beglaubigte Abschriften zur Zustellung an die Klägerin und den Drittwiderbeklagten sowie eine Abschrift der Klage nebst Anlagen für diesen liegen an.[9]
Begründung:
Die Klage ist unbegründet.
1. Der Beklagte hat den mit der Klägerin geschlossenen Kaufvertrag wegen arglistiger Täuschung angefochten, außerdem ist er wegen Nichteinhaltung der im Vertrag garantierten Beschaffenheit vom Vertrag zurückgetreten.
. . . . . (ist auszuführen).
2. Aufgrund der Anfechtung und des Rücktritts kann der Beklagte Rückzahlung der unstreitig geleisteten Anzahlung von 8.000 EUR verlangen. Diesen Anspruch macht er mit seiner Widerklage geltend. Weitere Schadensersatzansprüche behält sich der Kläger vor.
3. Bei dem Drittwiderbeklagten handelt es sich um den persönlich haftenden Gesellschafter der Klägerin, der dem Beklagten für die Rückzahlung des Kaufpreises gem. § 128 S. 1 HGB haftet.
Rechtsanwalt[10]

Schrifttum: Fellner, Zulässigkeit der Drittwiderklage und die örtliche Zuständigkeit des Gerichts der Klage für den Drittwiderbeklagten, MDR 2011, 146; *Foerste*, Drittwiderklage gegen unliebsame Zeugen?, MDR 2016, 1124; *Gounalakis*, Flucht in die Widerklage – Eine wirksame Umgehung der Präklusionsvorschriften?, MDR 1997, 216;

Huber, Die Widerklage, JuS 2007, 1979; *Koch*, Wider- und Drittwiderklage, JA 2013, 95; *Lühl*, Die Rechtsprechung des Bundesgerichtshofs zur Drittwiderklage, JA 2015, 374; *Pfuhl*, Das prozessuale Instrument der Drittwiderklage in Bauprozessen, NJOZ 2015, 521; *Schneider,* Prozesstaktischer Einsatz der Widerklage MDR 1998, 21; *Schöler*, Die isolierte Drittwiderklage als legitimes Instrument der Prozesstaktik, MDR 2011, 522; *Skusa*, Die isolierte Drittwiderklage gegen Zedenten, NJW 2011, 2697; *Wagner*, Die Widerklage, JA 2014, 655.

Anmerkungen

1. Das Formular knüpft an die Klage gemäß → Form. I.D.1 und die Klageerwiderung gemäß → Form. I.E.4 an.

2. Hat der Beklagte gegen den Kläger einen fälligen Gegenanspruch auf Zahlung, stellt sich für ihn die Frage, ob er ihn zur Aufrechnung stellen, im Wege der Widerklage geltend machen oder gesondert einklagen soll. Besteht die gleichartige Klageforderung, ist die Prozessaufrechnung am zweckmäßigsten (→ Form. I.E.5 → Form. I.E.7). Besteht sie nicht, ist die Aufrechnungsforderung höher als die Klageforderung oder ist die Aufrechnung vertraglich oder gesetzlich ausgeschlossen, kann sich die Erhebung einer Widerklage empfehlen. Das gilt natürlich auch dann, wenn die Forderungen nicht gleichartig sind. Hierfür spricht die Prozessökonomie, und zwar vor allem dann, wenn beide Ansprüche dasselbe Rechtsverhältnis betreffen. Dann hat der Beklagte das Privileg, seine Widerklage dort erheben zu können, wo er verklagt wurde, also idR am Gericht seines allgemeinen Gerichtsstands (§ 33 ZPO). Rühmen sich zwei Parteien gegenseitiger Ansprüche, kann es deshalb sinnvoll sein, die Klage der Gegenseite abzuwarten, um die Gegenansprüche im Wege der Widerklage am Gericht des eigenen Wohnsitzes geltend zu machen (*Schneider* MDR 1998, 21). Ein Gerichtskostenvorschuss braucht, auch wenn die Widerklageforderung erheblich höher ist als die der Klage, nicht geleistet zu werden (§ 12 Abs. 2 Nr. 1 GKG), auch wenn die Gebühren sofort fällig werden (§ 6 GKG). Die Widerklage bietet zudem die Möglichkeit, einen beim Amtsgericht anhängigen Rechtsstreit in die sachliche Zuständigkeit des Landgerichts zu bringen (§ 506 ZPO); Voraussetzung ist allerdings, dass die Widerklage die landgerichtliche Zuständigkeit erreicht; eine Wertaddition von Klage und Widerklage findet für den Zuständigkeitsstreitwert nicht statt (§ 5 Hs. 2 ZPO). Für den Kostenstreitwert wird hingegen grds. addiert (§ 45 Abs. 1 S. 1 GKG, Ausnahme S. 3). Deshalb kann es sinnvoll sein, das Ergebnis der Klage als Test für die Widerklage abzuwarten. Dabei ist zu beachten, dass eine Widerklage nicht mehr erhoben werden kann, wenn die Rechtshängigkeit der Klageforderung weggefallen ist, also auch nicht mehr, wenn nur noch die Kostenentscheidung aussteht (BGH NJW-RR 2001, 60). Eine solche unzulässige Widerklage würde vom Gericht als eigenständige Klage behandelt werden müssen, so dass zB ein Kostenvorschuss einzuzahlen wäre. Der Gegenstand der Widerklage darf nicht anderweitig rechtshängig sein. Verfolgt der Beklagte den Anspruch zwar im Mahnverfahren, sind nach Widerspruch die Verfahrensakten aber noch nicht beim Prozessgericht eingegangen, ist die Widerklage zulässig; allerdings scheitert dann die Durchführung des Klageverfahrens nach Abgabe durch das Mahngericht an der Rechtshängigkeit der Widerklage (OLG Düsseldorf BeckRS 2009, 27396). Soll die Gegenforderung in einem selbständigen Verfahren eingeklagt werden, kann es sich empfehlen, eine Zwischenfeststellungswiderklage zu erheben (§ 256 Abs. 2 ZPO), um die Rechtskraft der Entscheidung über die Klage auf die tragenden Gründe auszuweiten. Die erforderliche Vorgreiflichkeit der Zwischenfeststellungswiderklage fehlt, wenn die Klage zur Hauptsache unabhängig davon abgewiesen wird, ob das zwischen den Parteien streitige Rechtsverhältnis besteht (BGH NJW-RR 2010, 640).

Auch die internationale Zuständigkeit kann sich aus § 33 ZPO ergeben (BGH NJW-RR 1987, 228). Im Geltungsbereich der EuGVVO ist das Gericht der Klage zuständig, wenn die Widerklage auf denselben Vertrag oder Sachverhalt wie die Klage selbst gestützt wird (Art. 8 Nr. 3 EuGVVO).

3. Die Widerklage bietet dem Beklagten die Möglichkeit, weitere Personen in den Rechtsstreit hineinzuziehen (sog Drittwiderklage). So empfiehlt es sich, bei der Klage einer OHG oder KG mit der Widerklage auch die gem. § 128 HGB persönlich haftenden Gesellschafter zu verklagen. Die Hineinziehung eines Dritten kommt außerdem in Betracht, wenn der Beklagte in einem Verkehrsunfallprozess seine Widerklage auf den Haftpflichtversicherer erstrecken möchte oder sonst eine mithaftende Person belangen will. Auch eine Drittwiderklage gegen den Zedenten der Klageforderung kann zulässig sein (BGH NJW 2008, 2852; 2007, 1753). Dass hierdurch für den Kläger der Dritte als Zeuge ausfällt, hat der Kläger idR hinzunehmen (BGH NJW 1987, 3138).

Eine Drittwiderklage ist unter den folgenden Voraussetzungen zulässig (vgl. hierzu die Darstellung bei Musielak/Voit/*Heinrich*, ZPO § 33 Rn. 21a):

- Sie muss sich auch gegen den Kläger richten (zur isolierten Drittwiderklage unter 4.).
- Sie muss unbedingt erhoben werden.
- Kläger und Dritter müssen Streitgenossen sein.
- Es müssen die Voraussetzungen der Parteierweiterung vorliegen (§ 263 ZPO analog). Es muss also entweder der Dritte in die Erhebung der Widerklage einwilligen oder das Gericht sie für sachdienlich halten.
- Klage und Widerklage müssen in einem rechtlichen Zusammenhang stehen, und zwar auch dann, wenn sich die Zuständigkeit des Prozessgerichts für die Widerklage schon ohne Rückgriff auf den auch hier anwendbaren § 33 ZPO begründen lässt.
- Die Drittwiderklage muss schriftsätzlich erhoben werden.

Als Widerklage unzulässig ist die so bezeichnete Klage eines bislang unbeteiligten Dritten, die als „normale“ Klage behandelt wird, aber ggf. verbunden werden kann (OLG Stuttgart MDR 2012, 1186).

4. Eine Widerklage, die sich nur gegen den Dritten richtet (sog isolierte Drittwiderklage), ist grds. unzulässig (BGH NJW 2021, 1093). Hiervon lässt der BGH Ausnahmen zu, wenn die Gegenstände von Klage und Drittwiderklage tatsächlich und rechtlich eng miteinander verknüpft sind und keine schutzwürdigen Interessen des Drittwiderbeklagten durch seine Einbeziehung in den Prozess verletzt werden (BGH NJW 2021, 1093). Dies hat der BGH vor allem für Fälle bejaht, in denen die Widerklage gegen den Zedenten der Klageforderung erhoben wird (BGH NJW 2019, 1610; vgl. auch die Zusammenfassung in BGH NJW 2014, 1670). Ebenfalls zulässig ist die isolierte Drittwiderklage des Leasingnehmers gegen den Verkäufer aus abgetretenem Recht des auf Zahlung klagenden Leasinggebers (BGH NJW 2021, 1093). In diesen Konstellationen ist 33 ZPO auf die isolierte Drittwiderklage analog anwendbar (BGH NJW 2011, 460; auch hierzu *Fellner* MDR 2011, 146). Dagegen ist eine isolierte Drittwiderklage des vom Bauherrn auf Schadensersatz in Anspruch genommenen Generalplaners gegen die von ihm beauftragten Fachplaner auf Freistellung von den geltend gemachten Schadensersatzansprüchen des Bauherrn unzulässig (BGH NJW 2014, 1670).

5. Zwar ist die Widerklage eine selbständige Klage, hinsichtlich der Bezeichnung der Parteien und des Gerichts sind ihre Voraussetzungen jedoch erleichtert, § 261 Abs. 2 ZPO. Es müssen nur die Erfordernisse des § 253 Abs. 2 Nr. 2 ZPO gewahrt werden. Die Widerklage kann auch in der Form des Urkundenprozesses erhoben werden (BGH NJW 2002, 751; → Form. I.Q.1). Im Urkundenprozess selbst ist eine Widerklage dagegen unstatthaft (§ 595 Abs. 1 ZPO).

6. Da es sich gegenüber dem Dritten um eine neue Klage handelt, die ihm zugestellt werden muss, sind er und der Widerkläger gem. § 130 Nr. 1 ZPO mit ladungsfähiger Anschrift zu bezeichnen.

7. Für die Erhebung der Widerklage ist eine förmliche Klageschrift nicht erforderlich. Sie kann nach § 261 Abs. 2 ZPO entweder durch Zustellung des sie enthaltenden Schriftsatzes oder in der mündlichen Verhandlung (dann gilt § 297 ZPO) erhoben werden; das kann grds. bis zum Schluss der mündlichen Verhandlung geschehen; eine Zurückweisung nach § 296 ZPO droht nicht, da die Widerklage kein Angriffs- und Verteidigungsmittel darstellt. Die Widerklage kann deshalb prozesstaktisch eingesetzt werden, wenn die Präklusion verspäteten Vortrags droht (sog Flucht in die Widerklage, *Büßer* JuS 2009, 319). Eine Widerklage, die nach Schluss der mündlichen Verhandlung erhoben wird, ist grds. unzulässig, da Sachanträge gem. § 297 ZPO bis zum Schluss der mündlichen Verhandlung gestellt werden müssen (BGH NJW 2000, 2512). Im Berufungsverfahren kann eine Widerklage nur unter den Voraussetzungen von § 533 ZPO erhoben werden, dabei aber auch auf Tatsachenstoff gestützt werden, der in erster Instanz zwar vorgetragen worden, für die Entscheidung über die Klage aber unerheblich war (BGH NJW-RR 2012, 429).

Wird die Widerklage in einem Schriftsatz erhoben, sollte der Antrag auf der ersten Seite gestellt werden, damit ihn das Gericht nicht übersieht und versehentlich nicht zustellt.

8. Die Drittwiderklage bedarf als selbständige Klage immer der Zustellung (§ 253 Abs. 1 ZPO).

9. Da für den Dritten dieser Schriftsatz nur im Zusammenhang mit der Klage verständlich wird, ist ihm auch eine Abschrift der Klage zuzustellen.

Kosten und Gebühren

10. Die Zustellung der Widerklage hängt, auch wenn die Widerklageforderung höher ist als die der Klage, nicht von der Zahlung eines Gerichtskostenvorschusses ab (§ 12 Abs. 2 Nr. 1 GKG); gleichwohl entsteht die Kostenschuld mit Einreichung der Widerklage iHv 3,0 Gebühren (OLG München MDR 2003, 1077), allerdings nur bezogen auf den Mehrbetrag bei Zugrundelegung eines einheitlichen Streitwertes nach § 45 Abs. 1 S. 1 GKG. Über die Widerklage ist auch dann zu verhandeln, wenn der Kläger keinen ausreichenden Kostenvorschuss geleistet hat. Hinsichtlich der Kosten und Gebühren werden Klage und Widerklage nicht getrennt behandelt, die Streitwerte werden vielmehr grds. zusammengerechnet (§ 45 Abs. 1 S. 1 GKG, Ausnahme in Abs. 3), so dass der Kostenaufwand geringer ist als bei einer gesonderten Klage. Die Drittwiderklage verursacht – abgesehen von der Erhöhung der Verfahrensgebühr nach VV 1008 RVG – keine besonderen Kosten, soweit der Dritte sich durch den Rechtsanwalt des Klägers mitvertreten lässt (was meist der Fall ist) und das Gericht die Verfahren nicht trennt.

7. Hilfsaufrechnung und Hilfswiderklage

In der Sache[1, 2,]

. . . .

wird beantragt:

Die Klage wird abgewiesen.

Hilfsweise wird Widerklage erhoben mit dem Antrag:

Die Klägerin wird verurteilt, an die Beklagte 6.283 EUR nebst Zinsen iHv 5 Prozentpunkten über dem jeweiligen Basiszinssatz seit Zustellung dieses Schriftsatzes zu zahlen.[3]

Begründung:

1. Der Klägerin steht der geltend gemachte Zahlungsanspruch nicht zu.
. . . . . (ist auszuführen).

2. Für den Fall, dass das Gericht dieser Auffassung der Beklagten nicht folgt, erklärt die Beklagte die Aufrechnung mit einem Kaufpreisanspruch iHv 6.283 EUR aus einer Lieferung vom . . . .[4, 5]
. . . . . (ist auszuführen).

3. Nur für den Fall, dass das Gericht der unter 1. dargestellten Auffassung der Beklagten folgt und die Klage ohne Rückgriff auf die Gegenforderung abweist oder dass das Gericht die Aufrechnung aufgrund der Allgemeinen Geschäftsbedingungen der Klägerin für unzulässig hält, erhebt die Beklagte in Bezug auf diese Forderung die Widerklage.[6]

4. Rechtsanwältin[7]

Schrifttum: Busse, Aufrechnung bei internationalen Prozessen vor deutschen Gerichten, MDR 2001, 729; *Büßer,* Die „Flucht" des Beklagten vor der Präklusion seiner Prozessaufrechnung, JuS 2009, 319; *Gaa,* Die Aufrechnung mit einer rechtswegfremden Gegenforderung, NJW 1997, 3343; *Huber,* Prozessaufrechnung des Beklagten, JuS 2008, 1050; *Leichsenring,* Die Rücknahme der Prozessaufrechnung, NJW 2013, 2155; *Musielak,* Die Aufrechnung des Beklagten im Zivilprozess, JuS 1994, 817.

Anmerkungen

1. Verglichen mit der Widerklage, ist die Prozessaufrechnung (→ Form. I.E.5) der einfachere Weg, eine Gegenforderung im Prozess geltend zu machen.

Übersteigt die Aufrechnungsforderung die Klageforderung, kann sich zur Abwendung der Verjährung hinsichtlich des überschießenden Teils eine Widerklage empfehlen. Macht der Kläger nur eine Teilforderung geltend, kommt für den Beklagten, wenn er gegen die Gesamtforderung aufrechnet, eine negative Feststellungswiderklage hinsichtlich des überschießenden Restes in Betracht. Der Beklagte kann auch dann aufrechnen, wenn der Kläger nur eine um die Gegenforderung reduzierte Teilklage erhoben hat, ohne aber die Aufrechnung ausdrücklich oder konkludent erklärt zu haben (BGH NJW-RR 1994, 1203); auf diese Weise kann der Beklagte einen eigentlich verlorenen Prozess gewinnen.

2. Eine Hilfswiderklage ist nach stRspr zulässig, wenn die Antragstellung vom Eintritt eines innerprozessualen Ereignisses abhängt (BGH NJW 1996, 2306), bspw. wenn sie für den Fall erhoben wird, dass die Widerklage mit dem Hauptantrag erfolglos ist, es sich also um einen Hilfsantrag zum Widerklageantrag handelt. Die Hilfswiderklage kann aber auch für den Fall erhoben werden, dass die Klage erfolglos (zB BGH NJW-RR 1998, 1409) oder erfolgreich (zB BGH NJW 1996, 2165) ist. In der Praxis ist die Hilfswiderklage vor allem im Zusammenhang mit der Aufrechnung zweckmäßig, nämlich

- für den Fall, dass das Gericht die Aufrechnung wegen eines vertraglichen oder gesetzlichen Aufrechnungsverbots für unzulässig hält, oder
- für den Fall, dass das Gericht die Klageforderung abweist, ohne dabei die im Wege der Hilfsaufrechnung geltend gemachte Aufrechnungsforderung zu verbrauchen.

3. Wird die Hilfswiderklage in einem Schriftsatz erhoben, sollte der Antrag auf der ersten Seite gestellt werden, damit ihn das Gericht nicht übersieht und versehentlich nicht zustellt.

4. Der Beklagte sollte sich genau überlegen, ob er die Aufrechnungserklärung unbedingt oder lediglich hilfsweise abgeben will. Die Primäraufrechnung (→ Form. I.E.5) ist angebracht, wenn es sich um die einzige Einwendung des Beklagten handelt (BGH NJW-RR 1999, 1736). Hat der Beklagte jedoch noch andere Erfolg versprechende Verteidigungsmittel, sollte er die Aufrechnung nur hilfsweise für den Fall erklären, dass die anderen Einwendungen nicht durchgreifen. Andernfalls läuft er Gefahr, dass das Gericht über seine Primäraufrechnung entscheidet und die Gegenforderung damit verbraucht (§ 389 BGB), obwohl die Verteidigung des Beklagten auch aus anderen Gründen erfolgreich gewesen wäre. Hat er keine weiteren Einwendungen, ist die Primäraufrechnung auch kostengünstiger, da sie den Gebührenstreitwert nicht erhöht. Dagegen werden bei der Hilfsaufrechnung der Wert der Klageforderung und der Gegenforderung (bis zur Höhe der Klageforderung) addiert, soweit eine Entscheidung über die Hilfsaufrechnung ergeht (§ 45 Abs. 3 GKG).

5. Die Aufrechnungsforderung muss nach Grund und Höhe so bestimmt dargelegt werden wie eine Klageforderung. Der Bestimmtheitsgrundsatz des § 253 Abs. 2 ZPO gilt auch für die Prozessaufrechnung (BGH NJW 2002, 2182). Der Beklagte kann auch mehrere Forderungen, deren Summe die Klageforderung übersteigt, zur Aufrechnung stellen. In diesem Fall sollte angegeben werden, in welcher Reihenfolge die Forderungen zur Aufrechnung gestellt werden (BGH NJW 2000, 958). Fehlt eine solche Bestimmung, gilt die gesetzliche Tilgungsreihenfolge nach § 396 Abs. 1 iVm § 388 Abs. 2 BGB (BGH NJW 2009, 1071). Wenn der Beklagte eine unsichere Forderung überprüft haben möchte, empfiehlt es sich, sie voranzustellen. Allerdings hat das für den Fall, dass das Gericht die Forderung für unbegründet hält, Kostennachteile, die der Beklagte eher vermeiden kann, wenn er die sichere Forderung an die Spitze stellt. Nicht zulässig ist es, mehrere unselbständige Teilbeträge einer Forderung in einem Eventualverhältnis zur Aufrechnung zu stellen (BGH NJW-RR 1995, 508).

Der Beklagte muss außerdem die weiteren materiell-rechtlichen Voraussetzungen darlegen, insb. Gegenseitigkeit und Gleichartigkeit. An der Gleichartigkeit fehlt es, wenn die Gegenforderung in ausländischer Währung zu erfüllen ist. In diesem Fall kann der Beklagte nur ein Zurückbehaltungsrecht geltend machen, das zur Zug-um-Zug-Verurteilung führt (BGH NJW-RR 1999, 1739).

6. Die Wirksamkeit eines in AGB enthaltenen Aufrechnungsverbots, das bspw. im Werkvertragsrecht häufig vorkommt, kann zweifelhaft sein (hierzu MüKoBGB/*Wurmnest* BGB § 309 Nr. 3 Rn. 7 ff.); auch in einem solchen Fall empfiehlt es sich, die Aufrechnung mit einer Hilfswiderklage zu verbinden (BGH NJW 1961, 1862).

Kosten und Gebühren

7. Die Hilfsaufrechnung spielt für den Streitwert und damit für die Höhe der Gebühren nur eine Rolle, wenn das Gericht die Klageforderung für begründet und die Aufrechnung für zulässig hält (§ 45 Abs. 3 GKG; → Anm. 5). Auch für den Anwalt des Beklagten ist allein die Klageforderung maßgeblich, wenn es nicht zur Entscheidung über die Hauptsache kommt (BGH NJW 2009, 231). Entscheidet das Gericht über mehrere Gegenforderungen, deren Summe die Klageforderung übersteigt, kann sich der Streitwert mehr als verdoppeln. War die Klageforderung begründet und hat nur die Hilfsaufrechnung zur Klageabweisung geführt, sind die Kosten nach § 92 ZPO zu teilen (Musielak/Voit/*Flockenhaus* ZPO § 92 Rn. 2). Die Hilfswiderklage ist für die Kosten erst von Bedeutung, wenn der Eventualfall eingetreten ist; dann gilt für den Gebührenstreitwert § 45 Abs. 1 GKG (→ Form. I.E.5).

8. Negative Feststellungswiderklage gegenüber Teilklage

An das

Amtsgericht

In der Sache[1, 2, 3]

. . . . .

zeige ich an, dass ich die Beklagte zu 1) vertrete. Ich werde beantragen,
die Klage abzuweisen.

Gleichzeitig erhebe ich Widerklage mit dem Antrag,
festzustellen, dass der Klägerin auch der weitere Anspruch von 1.155 EUR aus dem Verkehrsunfall zwischen den Parteien am . . . . . nicht zusteht.[4]

Begründung:[5]

. . . . .[6]

Schrifttum: Gottwald, Negative Feststellungsklage und prozessuale Gerechtigkeit, MDR 2016, 936; *Gürich,* Verjährungsrechtliche Auswirkungen der negativen Feststellungsklage, MDR 1980, 359; *Hoene,* Negative Feststellungsklage, WRP 2008, 44; *Macke,* Aufeinandertreffen von negativer und positiver Feststellungsklage im Schadensersatzprozess, NJW 1990, 1651; *Pawlowski,* Zum Verhältnis von Feststellungs- und Leistungsklage, MDR 1988, 630; *Schroers,* Negative Feststellungsklage und Schadensersatz, VersR 1973, 404; *Steinbeck,* Ist die negative Feststellungsklage Hauptsache im Sinne von § 937 ZPO?, NJW 2007, 1783; Thole, Aktuelle Entwicklungen bei der negativen Feststellungsklage, NJW 2013, 1192; *Tiedtke,* Zur Rechtskraft eines die negative Feststellungsklage abweisenden Urteils, NJW 1983, 201 u. NJW 1990, 1697.

Anmerkungen

1. Das Formular knüpft an die Teilklage gemäß → Form. I.D.12 an.

2. Gem. § 256 Abs. 1 ZPO kann die Klage auch auf die Feststellung des Nichtbestehens eines Rechtsverhältnisses gerichtet sein. Eine solche negative Feststellungsklage bietet dem angeblichen Schuldner die Möglichkeit, selbst vor Gericht aktiv zu werden und eine rechtskraftfähige Klärung des streitigen Anspruchs zu erreichen. Das Rechtsverhältnis, dessen Nichtbestehen festgestellt werden soll, kann auch ein einzelner Anspruch sein (zB unerlaubte Handlung, BGH NJW 1984, 1556). Das nach § 256 ZPO erforderliche Feststellungsinteresse ist vor allem dann gegeben, wenn sich der Feststellungsbeklagte ernsthaft eines Anspruchs gegen den Feststellungskläger „berühmt". Ein solches Berühmen eines Anspruchs liegt bereits dann vor, wenn eine Partei geltend macht, aus dem bestehenden Rechtsverhältnis könne sich unter bestimmten Voraussetzungen, deren Eintritt noch ungewiss sei, ein Anspruch für sie ergeben (BGH NJW 2019, 520). Es genügt, wenn der Kläger ausdrücklich nur einen Teil des behaupteten Anspruchs geltend macht. Das Feststellungsinteresse wird selbst dann bejaht, wenn der Gegner erklärt, er werde die Entscheidung über die Teilklage als verbindlich für die restliche Forderung anerkennen (BGH NJW-RR 1988, 749; NJW 1993, 2609). Hingegen reicht ein bloßes Schweigen oder passives Verhalten im Allgemeinen nicht aus (BGH NJW 1995, 2032). Besonders zu beachten ist, dass die negative Feststellungsklage den Gegner nicht hindert, seinerseits Leistungswiderklage zu erheben (BGH NJW 1994, 3107). Die Folge ist, dass der negativen Feststellungsklage das Rechtsschutzinteresse entzogen wird, sobald die positive Leistungsklage nicht mehr einseitig zurückgenommen werden kann (dh nach streitiger Verhandlung, § 269 Abs. 1 ZPO, BGH NJW 1987, 2680; 2006, 515); die Leistungsklage kann auch eine Unterlassungsklage sein (BGH NJW 1999, 2516). Die Feststellungsklage wird zum Teil unzulässig, soweit mit der Leistungsklage nur ein Teil der von der Feststellungsklage erfassten Ansprüche geltend gemacht wird (BGH NJW 1999, 1544). Hingegen ist eine positive Feststellungsklage unzulässig, wenn der Beklagte bereits eine negative Feststellungsklage erhoben hat (BGH NJW-RR 2001, 447). Auf die Erhebung der Leistungsklage muss der Beklagte reagieren: Er muss dann die Feststellungsklage in der Hauptsache für erledigt erklären und sich gegen die Leistungsklage wenden. Das gilt allerdings nur bei identischem Streitgegenstand beider Klagen (BGH NJW 1984, 1556); eine Ausnahme besteht auch dann, wenn die Leistungsklage, im Gegensatz zur negativen Feststellungsklage, noch nicht entscheidungsreif ist (BGH NJW 1997, 870). Im Zweifel sollte der Beklagte einen Hinweis des Gerichts erbitten. Im Geltungsbereich der EuGVVO gibt es keinen Vorrang der Leistungsklage gegenüber der negativen Feststellungsklage (BGH NJW 1997, 870), hier gilt das Prinzip der Priorität.

Die prozessualen Folgen der negativen Feststellungsklage sind umstritten: Nach der Rspr. darf das Gericht sie nur abweisen, wenn der Anspruch feststeht (BGH NJW 1993, 1716). Die Urteilsformel hat dann nicht nur die Klage abzuweisen, sondern den Anspruch zu bezeichnen, dessen Nichtbestehen der Beklagte festgestellt haben wollte, denn wenn die Klage rechtskräftig abgewiesen ist, ist das Bestehen dieser Forderung positiv festgestellt (BGH NJW 1986, 2508; NJW 1995, 1757). Wird das Nichtbestehen der Forderung festgestellt oder bleibt ihr Bestehen unklar, muss der Feststellungsklage stattgegeben werden (BGH NJW 2012, 3294); mit Rechtskraft dieses Urteils steht fest, dass der Anspruch nicht besteht.

3. Die negative Feststellungsklage wird hier als Widerklage erhoben, es gelten § 261 Abs. 2 ZPO und die weiteren Bestimmungen zur Widerklage, → Form. I.E.6.

4. Der Antrag bezieht sich hier auf die Differenz zwischen dem behaupteten und dem mit der Leistungsklage geltend gemachten Anspruch. Zu beachten ist, dass bei einer negativen Feststellungsklage der einfache Antrag auf Feststellung, dass der Kläger dem Beklagten nichts schulde, unzulässig ist (BGH NJW 1984, 1556 mwN). Es bedarf vielmehr der Angabe des konkreten Schuldgrundes und Schuldgegenstandes, damit die Rechtskraftwirkung eindeutig ist (BGH NJW-RR 1994, 1272).

5. Der Feststellungskläger hat vor allem darzulegen, dass der Gegner eine Forderung für sich in Anspruch nimmt. IÜ befindet er sich in der Beweisposition des Beklagten bei der Leistungsklage: Die Darlegungs- und Beweislast für das Bestehen des Anspruchs trifft nicht ihn, sondern den Gegner (BGH NJW 1993, 1716; OLG Stuttgart NJW 1981, 2581 für eine die Unterhaltspflicht leugnende Feststellungsklage).

Kosten und Gebühren

6. Der Gebührenstreitwert der negativen Feststellungsklage entspricht der Höhe der Forderung, deren Nichtbestehen festgestellt werden soll; der für positive Feststellungsklagen übliche Abschlag ist nicht vorzunehmen (BGH NJW-RR 2009, 156).

9. Schiedseinrede

An das
Landgericht
In der Sache
. . . . .
erhebe ich vorab[2] die Einrede des Schiedsgerichtsverfahrens[1] und beantrage,
die Klage als unzulässig abzuweisen.[3]

Begründung[4, 5]

Die Parteien, die beide Vollkaufleute sind, haben in einer besonderen Urkunde einen der Formvorschrift des § 1031 ZPO entsprechenden Schiedsvertrag geschlossen

Beweis: Schiedsvertrag vom . . . . . (Anlage 1).

Der Schiedsvertrag erfasst auch die von der Klägerin geltend gemachte Forderung . . . . . (ist ggf. auszuführen). Die erhobene Klage ist daher vor den staatlichen Gerichten unzulässig.

Rechtsanwältin

Anmerkungen

1. Macht der Kläger einen Anspruch geltend, über den nach einer zwischen den Parteien bestehenden wirksamen Schiedsgerichtsklausel von einem Schiedsgericht zu entscheiden wäre, hat der Beklagte zwei Möglichkeiten: Er kann sich auf den Rechtsstreit vor dem staatlichen Gericht, das die Schiedsklausel von Amts wegen nicht beachtet, einlassen; er kann sich aber auch auf den Schiedsvertrag berufen und so die Unzulässigkeit der Klage bewirken (§ 1032 Abs. 1 ZPO). Erhebt er die Schiedseinrede, ist ein späterer Feststellungsantrag nach § 1032 Abs. 2 ZPO unzulässig (OLG München MDR 2012, 120; OLG Naumburg BeckRS 2013, 13035).

Die Einrede ist in folgenden Fällen unbeachtlich:

a) wenn der Kläger auf Grund nach Vertragsschluss eingetretener Umstände die Kostenvorschüsse für das Schiedsgerichtsverfahren (Gericht und Anwalt) nicht aufbringen kann (BGH NJW 1980, 2136), insb. wenn er Prozesskostenhilfe in Anspruch nehmen muss (BGH NJW 1988, 1215; NJW 2000, 3720), eine Kündigung des Schiedsvertrages ist nicht erforderlich; die Schiedseinrede greift aber durch, wenn der Beklagte zur Leistung der vom Kläger zu erbringenden Vorschüsse bereit ist;

b) wenn das Schiedsgericht seine Zuständigkeit verneint und die Schiedsklage abgewiesen hat (OLG Karlsruhe BeckRS 2019, 37453);
c) wenn der Schiedsvertrag aus wichtigem Grund gekündigt wurde;
d) wenn es sich um einen Wechsel- oder Scheckprozess handelt (BGH NJW 1994, 136, str.); gewöhnliche Urkundenprozesse können aber vor einem Schiedsgericht geführt werden (BGH NJW 2006, 779);
e) wenn ihr aus besonderen Gründen die Einrede der Arglist entgegensteht, so wenn der Beklagte im Schiedsverfahren die Wirksamkeit der Schiedsgerichtsvereinbarung bestritten hatte (BGH BeckRS 2021, 10927 Rn. 18) oder wenn der Beklagte die vom Schiedsgericht geforderten Kostenvorschüsse nicht leistet, aber gleichwohl die Schiedseinrede erhebt (BGH NJW 1988, 1215).

Zum Schiedsgerichtsverfahren → Form. I.S. 1.

2. Die Einrede sollte schon innerhalb der Klageerwiderungsfrist erhoben werden, sie muss nach § 1032 Abs. 1 ZPO jedenfalls bis zum Beginn der mündlichen Verhandlung des Beklagten zur Hauptsache, also vor dem Stellen seiner Anträge (§ 137 Abs. 1 ZPO), vorgebracht werden (BGH NJW-RR 2021, 376). Auf die Einrede ist § 295 ZPO anwendbar (BGH BeckRS 2021, 8031). Nach Erlass eines Versäumnisurteils im schriftlichen Vorverfahren gegen den Beklagten muss dieser die Schiedseinrede in der Einspruchsfrist erheben (BGH NJW-RR 2021, 376). Ist die Vorinstanz der Einrede nicht gefolgt, muss sie der Beklagte im Rechtsmittelverfahren wiederholen (BGH BeckRS 2018, 35497).

Die Erhebung der Einrede ist an keine Form gebunden; es genügt, dass der Beklagte seinen Willen hinreichend zum Ausdruck bringt, dass die Sachentscheidung nicht von dem staatlichen Gericht, sondern von einem Schiedsgericht getroffen werden soll (BGH BeckRS 2018, 35497).

3. Das Gericht hat die Klage als unzulässig abzuweisen (§ 1032 ZPO), falls der Kläger sie nicht zurücknimmt. Eine Verweisung an das Schiedsgericht ist nicht möglich, auch nicht, wenn es sich um ein institutionalisiertes Schiedsgericht handelt.

4. Hier ist zu begründen, dass ein den Bestimmungen der §§ 1029–1031 ZPO entsprechender Schiedsvertrag zustande gekommen ist (zur Abgrenzung zum Schiedsgutachten vgl. OLG Brandenburg NJW-RR 2014, 405). Welche Ansprüche von einer Schiedsvereinbarung erfasst werden, ist durch Auslegung festzustellen. Bei der Ermittlung dieses Parteiwillens ist insbesondere die Interessenlage beider Seiten zu berücksichtigen. Dies führt dazu, dass eine Schiedsklausel im Allgemeinen weit auszulegen ist, auch um eine in der Regel unerwünschte Aufspaltung des Rechtswegs zu vermeiden (OLG Karlsruhe BeckRS 2018, 42747). Der Vertrag ist vorzulegen, die bloße Behauptung einer Schiedsklausel genügt nicht. Die Beweislast liegt beim Beklagten. Eine besondere Urkunde ist für die Wirksamkeit der Schiedsvereinbarung nicht erforderlich, es sei denn, ein Verbraucher (§ 13 BGB) ist an ihr beteiligt (§ 1031 Abs. 5 ZPO). Die Schiedsklausel kann auch in einem Testament enthalten sein (§ 1066 ZPO). Sind die Formerfordernisse des § 1031 ZPO nicht erfüllt, ist die Schiedsvereinbarung ungültig; das gilt auch, wenn sich ein Verbraucher auf die Schiedsabrede beruft, während der Unternehmer die Unwirksamkeit geltend macht (BGH NJW 2011, 2976). Eine mündliche Schiedsvereinbarung genügt auch unter Kaufleuten nicht. Zustandekommen und Wirksamkeit einer Schiedsvereinbarung bemessen sich im Kollisionsfall nach den Regeln des deutschen IPR (BGH NJW-RR 2011, 1350). Die Schiedsabrede selbst ist kein Verbrauchervertrag, Art. 29 Abs. 1 EGBGB wird jedoch analog angewendet; für die Form der Schiedsvereinbarung gilt das Recht des Aufenthaltsortes des Verbrauchers, ohne dass ein Günstigkeitsvergleich stattfindet (BGH NJW-RR 2012, 49). Die Schiedsklausel kann auch dann wirksam sein, wenn Einzelheiten zur Zuständigkeit und Zusammensetzung des Schiedsgerichts sowie zum Verfahren selbst einem gesonderten Schiedsvertrag vorbehalten waren, der nicht geschlossen wurde (OLG Karlsruhe BeckRS 2012, 5996). Ein Insolvenzverwalter ist an die Schiedsabrede des Schuldners gebunden, wenn er vertragliche Rechte geltend macht; dies gilt auch, wenn der Verwalter gem. § 166 Abs. 2 InsO eine zur Sicherheit eingezogene Forderung einzieht (BGH MDR 2013, 1193).

5. Die Einrede einer Schiedsvereinbarung nach § 1032 Abs. 1 ZPO kann auch gegenüber einer Widerklage erhoben werden (BGH BeckRS 2021, 10927 Rn. 18).

F. Zustellungen, Fristen und Termine

1. Antrag auf öffentliche Zustellung von Klageschrift und Ladung

An das
Landgericht
In der Sache
. . . . .
wird auf die Mitteilung des Gerichts, dass die Ladung nicht zugestellt[1] werden konnte, beantragt,
1. den Termin vom . . . . . aufzuheben,[2]
2. einen neuen Termin zu bestimmen
und die öffentliche Zustellung der Klageschrift und der Ladung zu diesem Termin zu bewilligen.[3] Um eine Entscheidung ohne mündliche Verhandlung wird gebeten.[4]

Begründung:[5]

Der Aufenthalt der Beklagten ist unbekannt. Wie sich aus der Mitteilung des Gerichts ergibt, ist die Beklagte nach Auskunft der Post unbekannt verzogen. Dies wird durch die als
– Anlage K 1 –
beigefügte schriftliche Erklärung ihrer Vermieterin vom . . . . . bestätigt, wonach die Beklagte ihre bisherige Wohnung ohne Angabe einer neuen Anschrift unter Hinterlassung von Mietschulden aufgegeben habe. Die Vermieterin hat darin weiter erklärt, dass ihr keine Personen bekannt seien, die um den Aufenthalt der Beklagten wissen könnten.
Eine Anfrage beim Einwohnermeldeamt blieb, wie aus der
– Anlage K 2 –
ersichtlich ist, erfolglos.
Rechtsanwältin[6, 7]

Schrifttum: Gaul, Nichtigkeitsklage bei erschlichener oder fehlerhaft bewilligter öffentlicher Zustellung wegen Gehörsverletzung, JZ 1993, 1088; *Kaiser*, Anwaltliche Handlungsalternativen bei einem „untergetauchten" Gegner, NJW 2009, 1575; *Nastansky*, Die fehlerhafte öffentliche Zustellung und ihre Auswirkungen auf Rechtsbehelfe, Verjährung und Kosten, MDR 2017, 128.

Anmerkungen

1. Bei unausführbarer Zustellung an den Gegner ist die öffentliche Zustellung gem. §§ 185–188 ZPO die einzige Möglichkeit, zu einem Titel zu gelangen. Die öffentliche Zustellung ist zulässig

- bei unbekanntem Aufenthalt, § 185 Nr. 1 ZPO,
- bei unausführbarer Auslandszustellung, § 185 Nr. 3 ZPO,
- bei aussichtsloser Auslandszustellung, § 185 Nr. 3 ZPO (BGH NJW-RR 2009, 855; OLG Köln NJW-RR 1998, 1683), wobei ein Zeitraum von sechs bis neun Monaten

nicht ausreicht (BGH NJW-RR 2009, 855), auch ein Jahr soll noch keine unzumutbare Verzögerung darstellen (OLG Köln MDR 2008, 1061),
- bei exterritorialer Wohnung,
- an juristische Personen, die zur Anmeldung einer inländischen Anschrift zum Handelsregister verpflichtet (zB nach § 10 Abs. 1 GmbHG), aber postalisch nicht erreichbar sind (§ 185 Nr. 2 ZPO).

Eine öffentliche Zustellung ist in jeder Verfahrensart der ZPO mit Ausnahme des Mahnverfahrens möglich, auch im Eilverfahren (OLG Düsseldorf BeckRS 2017, 127421; OLG Bamberg NJW-RR 2013, 1279) und in der Zwangsvollstreckung (BGH MDR 2003, 708). Allerdings kann ein Versäumnisurteil nicht als europäischer Vollstreckungstitel bestätigt werden, wenn die Klageschrift nur öffentlich zugestellt wird, denn das erfüllt nicht die Mindestvoraussetzungen nach Art. 12 Abs. 1, 14 EuVT-VO; Art. 14 Abs. 2 EuVT-VO bestimmt, dass die Zustellung nicht erfolgen darf, wenn die Anschrift des Schuldners nicht mit Sicherheit ermittelt werden kann; eine Zustellungsfiktion entsprechend § 188 ZPO existiert nicht (KG BeckRS 2011, 19801).

IRd § 168 ZPO hat das Gericht auch über die öffentliche Zustellung von Amts wegen zu entscheiden (BGH NJW 2007, 303, 304). Die Partei kann sich aber nicht darauf verlassen, dass das Gericht ohne Antrag tätig wird und die Voraussetzungen von sich aus ermittelt. Die Bewilligung der öffentlichen Zustellung durch das Gericht erfolgt durch Beschluss. Ausführung, Inhalt und Zeitpunkt der öffentlichen Zustellung sind in §§ 186–188 ZPO geregelt. Der BGH lehnt die Wirksamkeit der öffentlichen Zustellung ab, wenn die Voraussetzungen nach § 185 ZPO nicht vorliegen und das Gericht dies hätte erkennen können (BGH NJW 2002, 827; BayObLG NJW-RR 2000, 145). Wenn allerdings der Empfänger zielgerichtet versucht hat, die Zustellung zu verhindern, kann er sich nicht auf die Unwirksamkeit berufen (BGH NJW 2008, 1310; OLG Karlsruhe NJW-RR 2013, 1471). Hat der Antragsteller die öffentliche Zustellung mit falschen Angaben erschlichen, ohne dass das Gericht dies erkennen konnte, ist die Zustellung gleichwohl wirksam (BGH NJW 2003, 1326). Der Gegner kann sich auch nicht mit einer Nichtigkeitsklage analog § 579 Abs. 1 Nr. 4 ZPO wehren (BGH NJW 2007, 303). Die Rspr. hilft dem Zustellungsempfänger damit, dass dann, wenn die Voraussetzungen einer öffentlichen Zustellung für das Gericht erkennbar nicht vorlagen, die Rechtsmittelfristen nicht in Gang gesetzt werden (BGH NJW 2007, 303). Sonst bleibt ihm nur die Möglichkeit der Wiedereinsetzung, die allerdings durch die Jahresfrist des § 234 Abs. 3 ZPO begrenzt ist (OLG Hamm NJW 1998, 497). Außerdem kann er sich mit § 826 BGB gegen den erschlichenen Titel zur Wehr setzen (BGH NJW 2003, 1326).

2. Die Terminsaufhebung ist idR erforderlich, weil die öffentliche Zustellung erhebliche Zeit erfordert.

3. Es ist darauf zu achten, dass sowohl die Zustellung der Klageschrift als auch die der Ladung bewilligt wird; andernfalls kann im Termin kein Versäumnisurteil ergehen.

4. Die mündliche Verhandlung ist freigestellt, § 186 Abs. 1 S. 2 ZPO, und meist entbehrlich.

5. Im Erkenntnisverfahren darf eine öffentliche Zustellung nur angeordnet werden, wenn die begünstigte Partei alle der Sache nach geeigneten und ihr zumutbaren Nachforschungen angestellt hat, um eine öffentliche Zustellung zu vermeiden, und ihre ergebnislosen Bemühungen gegenüber dem Gericht dargelegt hat (BGH NJW-RR 2013, 307; zur Darlegung des unbekannten Aufenthalts Musielak/Voit/*Wittschier* ZPO § 185 Rn. 2). Eine unter Verstoß gegen § 185 ZPO angeordnete öffentliche Zustellung löst die Zustellungsfiktion des § 188 ZPO jedenfalls dann nicht aus und setzt damit keine Frist in Lauf, wenn die öffentliche Zustellung bei sorgfältiger Prüfung der Unterlagen nicht hätte angeordnet werden dürfen (BGH BeckRS 2020, 41055).

Da die öffentliche Zustellung einer Klageschrift unmittelbar das rechtliche Gehör und die Rechtsverfolgungs- und Rechtsverteidigungsmöglichkeiten der Partei berührt, gelten hier strenge Anforderungen (BGH NJW 2012, 1645). Die Anfrage beim Einwohnermeldeamt allein genügt grds. nicht (vgl. BGH NJW 2012, 3582; OLG Karlsruhe NJW-RR 2013, 1471); neben Anfragen beim Einwohnermeldeamt und bei der Post sind ggf. auch Nachforschungen zB bei Verwandten, Nachbarn, beim Vermieter oder dem letzten Arbeitgeber erforderlich (OLG Karlsruhe NJW-RR 2013, 1471; OLG Frankfurt a. M. NJW 2013, 2913). Dabei kann sogar die Einschaltung eines Privatdetektivs geboten sein (OLG Frankfurt a. M. NJW 2013, 2913). Zur Glaubhaftmachung genügt allerdings ein Schreiben der Staatsanwaltschaft, aus dem hervorgeht, dass der Aufenthalt unbekannt ist (BGH BeckRS 2017, 101486). Geht es um die Zustellung eines Pfändungs- und Überweisungsbeschlusses, soll die Vorlage einer aktuellen Auskunft des Einwohnermeldeamtes und der Postfiliale genügen (BGH NJW 2003, 1530). Soll die öffentliche Zustellung an eine GmbH erfolgen (→ Anm. 1), ist es nicht erforderlich, die Privatanschrift des Geschäftsführers zu ermitteln; es genügt der Inhalt des Handelsregisters (BGH BeckRS 2017, 115558; KG MDR 2011, 125). Ein Rechtsanwalt, der Kenntnis von einer zustellungsfähigen Anschrift hat, aber gleichwohl für einen Mandanten die öffentliche Zustellung beantragt, handelt sittenwidrig (OLG Düsseldorf NJW-RR 2000, 875). Das Gericht darf die öffentliche Zustellung nicht mit der Begründung ablehnen, dass die internationale Zuständigkeit oder eine andere Prozessvoraussetzung fehlten (vgl. OLG Köln MDR 2003, 230).

Kosten und Gebühren

6. Auslagen für die Veröffentlichung der Benachrichtigung im elektronischen Bundesanzeiger und ggf. in anderen Blättern (vgl. § 187 ZPO) werden vom Gericht in voller Höhe erhoben (KV 9004 GKG). Für den Rechtsanwalt ist das Verfahren mit der Gebühr nach VV 3100 RVG abgegolten.

Fristen und Rechtsmittel

7. Gegen den ablehnenden Beschluss sofortige Beschwerde gem. § 567 Abs. 1 Nr. 2 ZPO; der bewilligende Beschluss ist unanfechtbar. Lagen die Voraussetzungen für die Bewilligung nicht vor, kommt eine Wiedereinsetzung in Betracht, wenn die durch die Zustellung in Lauf gesetzte Frist versäumt wird (vgl. OLG Köln NJW-RR 1993, 446). Das gilt insb., wenn der Antragsteller die öffentliche Zustellung in Kenntnis des Aufenthaltsorts erwirkt hat (BGH NJW 1992, 2280).

Soll mit der öffentlichen Zustellung eine Frist in Gang gesetzt werden, beginnt diese grds. einen Monat nach Aushang des zuzustellenden Schriftstücks (§ 188 S. 1 ZPO).

2. Antrag auf Zustellung im Ausland und Festsetzung der Einlassungsfrist

An das
Landgericht

Klage

In der Sache
. . . . .
erhebe ich namens der Klägerin Klage und beantrage,
. . . . .
Es wird weiter beantragt,
die Zustellung der Klageschrift und der Ladung im Ausland zu vermitteln,[1, 2] sowie die Einlassungsfrist für die Beklagte auf einen Monat festzusetzen.[3] Eine Übersetzung der Klageschrift ist beigefügt.[4]
Außerdem wird beantragt,
gegenüber der Beklagten anzuordnen, innerhalb einer angemessenen Frist einen Zustellungsbevollmächtigten im Inland zu benennen.[5]

Begründung:

. . . . .[6]

Schrifttum: Fabig/Windau, Übersetzungen bei Auslandszustellung innerhalb der EU?, NJW 2017, 2502; Heger, Europa ganz praktisch – Das Gesetz zur Verbesserung der grenzüberschreitenden Forderungsdurchsetzung und Zustellung, DStR 2009, 435; *Heidrich,* Amts- und Parteizustellungen im Internationalen Rahmen, EuZW 2005, 743; *Kondring,* Voraussetzungen, Wirkung, Wirksamkeit und Rechtswirkung der Zustellung, IPRax 2007, 138.

Anmerkungen

1. Für Zustellungen im Ausland gilt § 183 ZPO. Maßgeblich ist zunächst die Europäische Zustellungs-Verordnung (EuZVO) (bzw. das entsprechende Abkommen der EU mit Dänemark; Abs. 1 S. 1 Nr. 1, 2). Die EuZVO findet keine Anwendung, wenn die Anschrift des Empfängers des Schriftstücks unbekannt ist (Art. 1 Abs. 2 EuZVO) oder der Empfänger einen inländischen Bevollmächtigen bestellt hat. Die Zustellung kann grundsätzlich per Einschreiben mit Rückschein erfolgen (Art. 14 EuZVO). Zum Nachweis der Zustellung genügt der Rückschein (§ 1068 ZPO). Darüber hinaus sind völkerrechtliche Verträge zu beachten (§ 183 Abs. 2 S. 1 ZPO), vor allem das Haager Zustellungsübereinkommen (HZÜ). Die Art der Zustellung richtet sich nach dem Übereinkommen. Dürfen danach Schriftstücke unmittelbar durch die Post zugestellt werden (vgl. bspw. Art. 10a HZÜ), wird wiederum per Einschreiben mit Rückschein zugestellt (§ 183 Abs. 2 S. 2 ZPO); der Rückschein genügt auch hier als Zustellungsnachweis (§ 183 Abs. 5 S. 1). Ansonsten erfolgt die Zustellung durch die Behörden des ersuchten Staates (§ 183 Abs. 2 Satz 2 Hs. 2) oder auf dem diplomatischen Weg (§ 183 Abs. 3).

Wird ein rechtskräftiges Urteil im Ausland nicht für vollstreckbar erklärt, weil es nur im Wege der Aufgabe zur Post gem. §§ 183, 184 ZPO zugestellt worden ist, so hat der Kläger unter dem Gesichtspunkt des effektiven Rechtsschutzes auf Antrag Anspruch auf eine zusätzliche Zustellung des Urteils im förmlichen Rechtshilfewege; eine nochmalige Einspruchsfrist wird dadurch jedoch nicht ausgelöst (BGH NJW-RR 2013, 435; OLG Stuttgart NJW-RR 2011, 1631).

2. Da Klageschrift und Ladung grds. von Amts wegen zuzustellen sind, wird auch die Zustellung im Ausland von Amts wegen vermittelt. Die Art und Weise der Zustellung ist unterschiedlich geregelt. Es empfiehlt sich, vor Einreichung der Klageschrift beim jeweiligen Gericht in Erfahrung zu bringen, in welcher Anzahl und Form Abschriften eingereicht werden sollen, ob es zweckmäßig ist, der Klageschrift Anlagen beizufügen, wieweit eine Übersetzung erforderlich ist und wer diese veranlasst (→ Anm. 4), welche Kosten entstehen und wie lange die Zustellung dauern wird. Es ist eine Frage des Einzelfalls, ob nicht, selbst wenn ein deutsches Gericht zuständig wäre, eine Klage vor dem ausländischen Gericht durch einen dortigen Rechtsanwalt vorzuziehen ist. Bei unzumutbarer Dauer oder Scheitern der Auslandszustellung ist zu überlegen, ob eine Bewilligung der öffentlichen Zustellung beantragt werden soll (§ 185 Nr. 2 ZPO, BGH NJW-RR 2009, 855; OLG Köln NJW-RR 1998, 1683; zur öffentlichen Zustellung → Form. I.F.1).

3. Vgl. § 274 Abs. 3 S. 2 ZPO. Der Antrag soll sicherstellen, dass das Gericht die von Amts wegen vorzunehmende Bestimmung der Einlassungsfrist auf einen Monat nicht unterlässt, was ua ein Versäumnisurteil verhindern würde.

4. Ob die Klageschrift zugleich in übersetzter Fassung eingereicht werden sollte, hängt von den Sprachkenntnissen des Empfängers ab, die der Kläger am besten einschätzen kann (ausführlich zur Übersetzung *Fabig/Windau* NJW 2017, 2502). Im Anwendungsbereich der EU-Zustellungsverordnung ist der Empfänger berechtigt, die Annahme zu verweigern, wenn die Klage in einer Sprache verfasst ist, die er nicht versteht und die nicht die Amtssprache des Empfangsstaats ist (Art. 8 EuZVO). In diesem Fall müsste die Übersetzung nachgeholt und die Klage erneut zugestellt werden (Art. 8 Abs. 3 S. 1 EuZVO). Damit droht allerdings grundsätzlich keine Fristversäumung, weil für die Fristwahrung die erste Zustellung maßgeblich bleibt (Art. 8 Abs. 3 S. 3 EuZVO). Die eintretende Verzögerung steht auch der Annahme einer Demnächst-Zustellung nach § 167 ZPO nicht entgegen (BGH BeckRS 2021, 6258).

5. Dieser Antrag betrifft die Zustellung späterer Schriftstücke, für die nach § 184 Abs. 1 ZPO eine erleichterte Zustellung möglich ist. Wenn der Gegner einen inländischen Zustellungsbevollmächtigten benennt, kann an diesen zugestellt werden (§ 184 Abs. 1 ZPO). Andernfalls kann das Gericht anordnen, dass der Gegner innerhalb einer angemessenen Frist einen Zustellungsbevollmächtigten benennt. Kommt der Gegner dieser Anordnung nicht nach, können spätere Zustellungen durch Aufgabe des Schriftstückes zur Post bewirkt werden (§ 184 Abs. 1 S. 2 ZPO). § 184 ZPO greift nur ein, wenn schon ein Prozessrechtsverhältnis besteht, gilt also nicht für die Klagezustellung (BGH NJW 2013, 387). Die unterbliebene Zustellung von Anlagen zur Klage steht der Begründung eines Prozessrechtsverhältnisses jedenfalls dann nicht entgegen und berührt die Zustellung der Klage nicht, wenn die Anlagen dem Beklagten ohnehin bekannt sind, und auch dann nicht, wenn aufgrund des vorprozessualen Sachstandes das Informationsbedürfnis des Beklagten durch die fehlenden Anlagen nicht oder nur unwesentlich beeinträchtigt wird (OLG Stuttgart BeckRS 2011, 26261). Im Anwendungsbereich der EuZVO gilt § 184 ZPO nicht (BGH NJW 2011, 1885). Eine spätere Klageerhöhung sollte jedenfalls nicht durch Aufgabe zur Post zugestellt werden, selbst wenn dies möglich wäre (vgl. BGH NJW 2012, 2588); das könnte eine Vollstreckung im Ausland gefährden. Hierfür sollte der Kläger vielmehr die Zustellung nach § 183 ZPO beantragen.

Kosten und Gebühren

6. Auslagen können insb. durch Kosten des Rechtshilfeverkehrs mit dem Ausland entstehen (KV 9013 GKG); sie werden in voller Höhe erhoben. Die Kosten der Übersetzung durch das Gericht trägt im Anwendungsbereich der EuZVO ebenfalls der Kläger (Art. 5 Abs. 2 EuZVO).

3. Antrag auf Fristverlängerung

An das
Landgericht
In der Sache
. . . .
zeige ich an, dass ich die Beklagte vertrete.
Ich werde beantragen:
1. Die Klage wird abgewiesen.[3]
2. . . . .
IÜ wird beantragt,
die Frist zur Klageerwiderung um zwei Wochen zu verlängern.[1, 2, 4]

Begründung:[5]

Die Beklagte ist durch die Klageerhebung überrascht worden. Bei Zustellung der Klageschrift befand sie sich unmittelbar vor Antritt einer nicht aufschiebbaren Reise, von der sie am . . . . zurückkehren wird. Eine hinreichende Information ihrer Prozessbevollmächtigten war ihr vorher nicht mehr möglich.
Rechtsanwältin[6, 7]

Anmerkungen

1. Eine Verlängerung von gesetzlichen und richterlichen Fristen ist nach § 224 Abs. 2 ZPO aus erheblichen Gründen möglich, für Notfristen jedoch ausgeschlossen. Gesetzliche Fristen können nur verlängert werden, wenn dies im Gesetz besonders bestimmt ist, zB in § 340 Abs. 3 S. 2 ZPO für die Einspruchsbegründungsfrist. Die Fristverlängerung kann nicht allein damit begründet werden, dass die Frist in die Ferienzeit vom 1.7. bis 31.8. fällt (anders § 227 Abs. 3 ZPO für die Terminsverlegung). Das Gesetz verlangt Glaubhaftmachung des Grundes, sie ist jedoch in der Praxis meist nicht in der Form des § 294 ZPO erforderlich, anders jedoch, wenn das Gericht eine Glaubhaftmachung ausdrücklich verlangt (vgl. Musielak/Voit/*Stadler* ZPO § 224 Rn. 3, 4). Dem Antragsteller ist zu raten, vor Fristablauf beim Gericht in Erfahrung zu bringen, ob dem Antrag stattgegeben wird; ist dies nicht der Fall, muss er sich zur Vermeidung von Rechtsnachteilen innerhalb der Frist äußern, soweit ihm dies möglich ist.

2. Eine Abkürzung von richterlichen und gesetzlichen Fristen ist nach § 224 Abs. 2 ZPO gleichfalls möglich, in der Praxis aber selten. Zum Antrag auf Abkürzung der Einlassungsfrist → Form. I.Q.3 Anm. 9.

3. Der Sachantrag sollte nur gestellt werden, wenn ein Anerkenntnis nicht in Betracht kommt, → Form. I.E.3.

4. Der Antrag ist schriftlich zu stellen (BGH NJW 1985, 1558); er unterliegt dem Anwaltszwang. Er kann per Post gestellt werden; Verzögerungen oder sonstige Fehler bei Beförderung oder Zustellung dürfen der Partei nicht als Verschulden zugerechnet werden; sie darf darauf vertrauen, dass Postlaufzeiten eingehalten werden (BGH NJW-RR 2011, 702). Dem Antrag muss unmissverständlich zu entnehmen sein, dass eine Fristverlängerung begehrt wird. Der Antrag, das Ruhen des Verfahrens anzuordnen, enthält grds. nicht zugleich einen Antrag auf Verlängerung einer laufenden Berufungsbegründungsfrist (BGH NJW-RR 2010, 275). Enthält der Antrag ein konkretes Datum, bis zu dem die Frist verlängert werden soll, kann der Rechtsanwalt nicht davon ausgehen, dass das Gericht die Frist darüber hinaus bis zum spätestmöglichen Zeitpunkt verlängert (vgl. zur Verlängerung der Berufungsbegründungsfrist BGH NJW-RR 2020, 313). Ein nur telefonischer Antrag ist unwirksam, der Verlängerungsbeschluss heilt aber einen solchen Mangel (BGH NJW-RR 2010, 275). Auf eine telefonisch durchgegebene Verlängerung darf sich der Anwalt verlassen (BGH NJW 1998, 1155). Die Klageerwiderungsfrist gem. § 277 Abs. 3 ZPO, um die es im Beispiel geht, ist eine richterliche Frist iSd § 224 Abs. 2 ZPO. Hat das Gericht bereits einen Termin bestimmt, der im Falle der Fristverlängerung sinnlos wäre, empfiehlt sich eine Verbindung mit einem Antrag auf Terminsverlegung → Form. I.F.4; OLG Hamm NJW-RR 1992, 121).

5. Hier sind die erheblichen Gründe iSd § 224 Abs. 2 ZPO darzulegen. Ein unbegründeter Antrag hat keine Aussicht auf Erfolg. Die Begründung muss ausschließen, dass der Antrag auf Fristverlängerung gestellt wird, weil der Rechtsanwalt verspätet beauftragt oder nicht rechtzeitig informiert wurde, obwohl dies zumutbar gewesen wäre. Erhebliche Gründe für eine Fristverlängerung sind zB Arbeitsüberlastung (BVerfG NJW 2000, 1634), Erkrankung des Personals oder auch Schwierigkeiten bei der Informationsbeschaffung (vgl. Musielak/Voit/*Stadler* ZPO § 224 Rn. 3, 4). Zusätzlich kann es zweckmäßig sein, das Einverständnis des Gegners mit der Fristverlängerung einzuholen und dem Gericht mitzuteilen; das Gericht ist zwar nicht an das Einvernehmen der Parteien gebunden, wird es aber berücksichtigen (§ 227 Abs. 1 Nr. 3 ZPO entspr.). Einem Antrag auf wiederholte Fristverlängerung darf das Gericht nur nach Anhörung des Gegners stattgeben (§ 225 Abs. 2 ZPO). In einem solchen Fall empfiehlt es sich immer, vorher das kollegiale Einverständnis des Gegners herbeizuführen und vorzutragen (zur konkludenten Zustimmung OLG Dresden BeckRS 2017, 114769). Eine Fristverlängerung, die das Gericht unter der Bedingung bewilligt, dass die Zustimmung des Gegners vorliegt, ist auch dann wirksam, wenn die Bedingung nicht eintritt (BGH NJW-RR 2017, 1019).

Bei einem ersten Antrag auf Verlängerung der Berufungsbegründungsfrist darf der Antragsteller regelmäßig darauf vertrauen, dass die Frist verlängert wird, wenn der Antrag auf erhebliche Gründe (§ 520 Abs. 2 S. 3 ZPO) gestützt wurde, an die keine hohen Anforderungen gestellt werden dürfen (BGH NJW 2017, 2041). Es besteht deshalb auch keine Pflicht des Rechtsanwalts, sich beim Gericht zu erkundigen, ob der Verlängerungsantrag rechtzeitig eingegangen ist und ihm stattgegeben werde (BGH NJW-RR 2017, 1532). Wird die Verlängerung nicht gewährt, kann ihm Wiedereinsetzung bewilligt werden (BGH NJW 2017, 2041).

Fristen und Rechtsmittel

6. Der Antrag muss vor Ablauf der Frist gestellt sein. Es genügt, wenn er bis zum Ablauf des letzten Tages der Frist bei Gericht eingegangen ist (BGH NJW 2003, 3419 für die Berufungsbegründungsfrist). Dann ist eine Verlängerung auch noch nach Fristablauf möglich. Eine Verlängerung gesetzlicher Fristen nach deren Ablauf ist schon begrifflich nicht möglich (BGH NJW-RR 2017, 577). Der Antrag sollte schon im Hinblick auf eine

mögliche Ablehnung so rechtzeitig gestellt werden, dass noch innerhalb der Frist über ihn entschieden werden kann.

7. Die Ablehnung des Antrags ist unanfechtbar, § 225 Abs. 3 ZPO. Gegen die vom Gericht gewährte Verlängerung hat der Gegner ebenfalls kein Rechtsmittel (OLG Frankfurt a. M. BB 2011, 1602).

Ist die Frist abgelaufen bzw. nicht verlängert worden, sollte der Rechtsanwalt prüfen, ob er nicht schnellstmöglich trotzdem einen Schriftsatz einreicht, denn die Zurückweisung des verspäteten Vorbringens droht nur, wenn die Zulassung zu einer Verzögerung der Erledigung des Rechtsstreits führt (§ 296 Abs. 1, 2 ZPO). Nach dem sog absoluten Verzögerungsbegriff ist das der Fall, wenn der Rechtsstreit bei Zulassung des verspäteten Angriffs- oder Verteidigungsmittels länger dauern würde als bei Zurückweisung (BGH NJW 1983, 575). Insbes. dann, wenn das Gericht noch keinen Termin anberaumt hat, wird also der verspätete Vortrag Berücksichtigung finden.

4. Antrag auf Absehen von der Güteverhandlung nach § 278 ZPO

An das
Landgericht
In Sachen
. . . . .
wird, nachdem die Beklagte auf die Klage erwidert hat, beantragt,

von einer Güteverhandlung nach § 278 Abs. 2 ZPO[1, 2] und der Anordnung des persönlichen Erscheinens nach § 278 Abs. 3 ZPO[3] abzusehen.

Begründung:[4]

Eine Güteverhandlung zwischen den Parteien ist zum gegenwärtigen Zeitpunkt aussichtslos. Die Parteien streiten, wie aus der Klage und der Klageerwiderung deutlich wird, um die Frage, ob die mangelhafte Wärmedämmung auf einer fehlerhaften Planung durch die Architekten oder auf mangelhafter Bauausführung durch die Beklagte beruht, und über die weitere Frage, ob die Beklagte ggf. die fehlerhafte Planung erkennen konnte und hierauf hätte hinweisen müssen. Diese Fragen sind nur durch einen Sachverständigen zu beantworten. Ohne dass die Ursachen des Baumangels und die Verantwortlichkeit hierfür geklärt werden, hat eine Güteverhandlung keinen Sinn, die Klägerin wird sich ohne diese Klärung nicht auf eine gütliche Beilegung einlassen.

Es wird angeregt, einen Beweisbeschluss ohne mündliche Verhandlung nach § 358a Nr. 4 ZPO zu erlassen.[5]

Rechtsanwältin[6, 7]

Anmerkungen

1. Nach § 278 Abs. 2 S. 1 ZPO hat der mündlichen Verhandlung zum Zwecke der gütlichen Beilegung des Rechtsstreits grds. eine Güteverhandlung vorauszugehen. Das gilt sowohl für den frühen ersten Termin (§§ 272 Abs. 2, 275 ZPO) als auch für den Haupttermin nach schriftlichem Vorverfahren (§§ 272 Abs. 1, 276 ZPO). Nach der Konzeption des Gesetzgebers handelt es sich nicht um einen gesondert zu bestimmenden Termin, sondern um den (ersten) Verhandlungstermin, der mit der Güteverhandlung beginnt und regelmäßig mit der streitigen mündlichen Verhandlung fortgesetzt wird (§ 279 Abs. 1 ZPO). Diese vorgeschaltete Güteverhandlung ist auch deshalb mit zeitlichem Aufwand

verbunden, weil die Parteien persönlich geladen und unter umfassender Erörterung des Streitstoffes gehört werden sollen (§ 278 Abs. 2 S. 3 ZPO). Für Gericht, Anwälte und Parteien ergibt sich daraus, dass ein längerer Zeitraum für den Termin vorzusehen und einzuplanen ist. Wenn aber abzusehen ist, dass dieser Aufwand wegen fehlender Einigungsmöglichkeiten nutzlos sein wird, sollten die Parteien versuchen, das Gericht zu veranlassen, auf eine Güteverhandlung und die Anordnung des persönlichen Erscheinens zu verzichten. § 278 Abs. 2 S. 1 ZPO sieht ein Absehen von der Güteverhandlung zum einen vor, wenn bereits ein Einigungsversuch vor einer außergerichtlichen Gütestelle stattgefunden hat (das betrifft vor allem Bagatellstreitigkeiten, → Form. I.D.1 Anm. 12), zum anderen wird das Gericht von seiner gesetzlich angeordneten Verpflichtung zur Güteverhandlung frei, wenn die Güteverhandlung erkennbar aussichtslos erscheint. Dabei kommt es allerdings nicht auf die Sicht einer Partei an; maßgeblich ist die Sicht des Gerichts, das nicht an die Erklärungen der Parteien gebunden ist. Jedoch wird es die Erfolgsaussicht verstärken, wenn die Gegenpartei einen entsprechenden Antrag stellt.

2. Der Antrag kann bereits in der Klageschrift, sollte aber jedenfalls vor Bestimmung des Termins gestellt werden. Allerdings kann das Gericht die Frage, ob eine Einigung aussichtslos ist, erst entscheiden, wenn der Beklagte seinen Standpunkt vorgetragen hat. Auch für den Kläger dürfte es in einem Fall dieser Art ratsam sein, erst abzuwarten, wie sich der Beklagte auf die Klage einlässt. Selbstverständlich kann der Antrag auch vom Beklagten gestellt werden, dann sinnvollerweise mit der Klageerwiderung. Auch wenn das Gericht bereits terminiert hat, kann sich der Antrag noch empfehlen, um das Gericht über die begrenzten Einigungsmöglichkeiten zu informieren und eine bessere zeitliche Planung zu ermöglichen.

3. Das Gericht soll das persönliche Erscheinen beider Parteien anordnen (§ 278 Abs. 3 ZPO). Der Grund für die Anordnung entfällt, wenn eine Güteverhandlung nicht stattfindet, wobei immer noch eine Anordnung nach § 141 Abs. 1 ZPO in Betracht kommt. Hat das Gericht bereits terminiert, empfiehlt es sich, den Antrag auf Absehen von der Güteverhandlung mit der Bitte zu verbinden, die Partei von ihrer Pflicht zum persönlichen Erscheinen zu entbinden. Falls das Gericht gleichwohl das persönliche Erscheinen anordnet, hat die Partei die Möglichkeit, einen Vertreter zu entsenden, der zur Aufklärung des Tatbestandes in der Lage und zur Abgabe der gebotenen Erklärungen und zu einem Vergleichsabschluss ermächtigt ist (§ 278 Abs. 2 iVm § 141 Abs. 3 ZPO). Ein solcher instruierter Vertreter kann auch der Prozessbevollmächtigte sein, der dann aber tatsächlich in der Lage sein muss, zur Aufklärung des Sachverhalts nach § 141 Abs. 1 ZPO beizutragen. Ein Vertreter, der nur erläutern kann, was ihm die Partei berichtet hat, ist in Fällen, in denen es auf den detaillierten Gegenstand und Inhalt bei strittigen Besprechungen und Verhandlungen ankommt, von vornherein ungeeignet, weil er dem Gericht nicht den erforderlichen persönlichen Eindruck vermitteln kann; hier droht der Partei ein Ordnungsgeld (OLG Stuttgart NJW-RR 2014, 447; zum Ordnungsgeld → Form. I.H.9 Anm. 2).

4. Hier ist darzulegen, warum jedenfalls zurzeit keine Chance zur gütlichen Streitbeilegung besteht. Die Rspr. hat bisher noch keinen Katalog von Gründen herausgebildet, wann die Güteverhandlung erkennbar als aussichtslos erscheint. In folgenden Fällen kann der Antrag Erfolg haben (vgl. Musielak/Voit/*Foerste* ZPO § 278 Rn. 2–4):
- wenn die Parteien einen Musterprozess führen wollen oder es ihnen allein darum geht, eine für sie bedeutsame Rechtsfrage rechtskräftig zu klären;
- wenn die Parteien übereinstimmend erklären, dass sie eine gütliche Beilegung des Rechtsstreits durch das Gericht ablehnen werden;
- wenn der Beklagte sich seiner begründeten Zahlungspflicht erkennbar entziehen will;
- wenn die Entscheidung des Rechtsstreits von der Klärung einer tatsächlichen Frage abhängt, zu der ein Sachverständigengutachten eingeholt werden muss, auf das die

Parteien nicht verzichten wollen (so der Beispielsfall); hier kann aber nach Einholung des Gutachtens ein Güteversuch nachgeholt werden.

Die Prozessparteien müssen damit rechnen, dass die Rspr. in der Frage der erkennbaren Aussichtslosigkeit keine einheitliche Linie finden wird. In allen genannten Fällen hat eine Güteverhandlung gleichwohl stattzufinden, wenn der Gegner sie beantragt.

5. Wenn, wie im Beispielsfall, die Entscheidung allein von dem Ergebnis eines Sachverständigengutachtens abhängt, kann auch ohne vorherige mündliche Verhandlung ein Beweisbeschluss nach § 358a ZPO zweckmäßig und prozessökonomisch sein. Im Haupttermin kann dann das Sachverständigengutachten erörtert werden und auch der Versuch einer gütlichen Einigung Erfolg versprechend sein.

Kosten und Gebühren

6. Die Reisekosten der Partei zum Termin sind erstattungsfähig, und zwar idR auch dann, wenn das persönliche Erscheinen nicht angeordnet wurde (OLG Celle NJW 2003, 2994). Der Rechtsanwalt erhält für die Vertretung in der Güteverhandlung keine besonderen Gebühren; jedoch entsteht eine volle Terminsgebühr nach VV 3104 RVG. Das gilt auch für die Verhandlung vor einem durch Gerichtsbeschluss eingesetzten Richtermediator (OLG Celle NJW 2009, 1219). Endet die Güteverhandlung mit einem Vergleich, erhält der Anwalt die Einigungsgebühr nach VV 1000 RVG. Die Gerichtsgebühr ermäßigt sich auf 1,0 (KV 1211 Nr. 3 GKG), im Berufungsverfahren auf 2,0 (KV 1222 Nr. 3 GKG).

Fristen und Rechtsmittel

7. Sowohl die Entscheidung, mit der von einem Gütetermin abgesehen wird, als auch die Verfügung, mit der der Gütetermin bestimmt wird, sind unanfechtbar.

5. Antrag auf Terminsverlegung bei Terminskollision

In der Sache

. . . .

beantrage ich,

den Termin zur Beweisaufnahme auf eine Zeit nach 12.00 Uhr oder einen anderen Terminstag zu verlegen.[1]

Begründung:[2]

Die diesen Fall allein bearbeitende und allein informierte Unterzeichnerin ist zur Terminszeit verhindert. Sie nimmt zur selben Zeit einen anderen Beweistermin in der Sache . . . . . wahr, der bereits länger bestimmt war und für den sie in gleicher Weise unabkömmlich ist. Eine Vertretung würde in beiden Fällen dem Wunsch der Mandantin widersprechen und erschiene angesichts des komplizierten Prozessstoffes auch nicht als sachdienlich. Der Antrag wird im versicherten Einverständnis mit der Gegenseite gestellt.

Rechtsanwältin[3, 4]

Schrifttum: U. Fischer, Konfliktzone gerichtliche Terminsbestimmung – a never ending story?, AnwBl 2017, 246; *F. Fischer*, Terminsverlegung bzw. Entschuldigung wegen Krankheit, MDR 2011, 467; *Klose*, Die Folgen der Corona-Krise für die Versäumnis von Fristen und Terminen im Zivilprozess, NJ 2020, 191; *Schneider,* Terminsverlegung, NJW 2006, 886.

Anmerkungen

1. Nach § 227 Abs. 1 ZPO kann ein Termin aus erheblichen Gründen, die auf Verlangen glaubhaft zu machen sind (Abs. 2), aufgehoben oder verlegt werden. Der Antrag sollte unverzüglich nach Erhalt der Ladung gestellt werden, nicht erst kurz vor dem Termin, wenn die Verlegung für das Gericht ärgerlich und die Bereitschaft hierzu gering ist. Der Antrag unterliegt dem Anwaltszwang.

2. Der erhebliche Grund ist darzulegen und auf Verlangen des Gerichts glaubhaft zu machen (§ 227 Abs. 2 ZPO).

Insbesondere die Verhinderung eines Prozessbevollmächtigten birgt Konfliktstoff (vgl. zur Ablehnung einer Terminsverlegung unter Hinweis auf eine Prozessverschleppungsabsicht BGH NJW-RR 2019, 695). Bei vorhersehbarer Abwesenheit (Krankheit, Kur, Urlaub, Fortbildungsveranstaltung etc) muss grundsätzlich für Vertretung gesorgt werden (Musielak/Voit/*Stadler*, ZPO § 227 Rn. 5). Hierdurch dürfen die Interessen des Mandanten aber nicht beeinträchtigt werden. Bei einer Terminskollision sollte die andere Sache nach Gericht, Aktenzeichen, Terminsort und Terminszeit bezeichnet werden. Insbes. unter Anwälten empfiehlt es sich, das Einvernehmen mit dem Gegner herzustellen und mitzuteilen. Es reicht zwar allein nicht aus (§ 227 Abs. 1 Nr. 3 ZPO), kann aber mit anderen Tatsachen zusammen einen erheblichen Grund ergeben. Die Terminskollision eines sozietätsangehörigen Verfahrensbevollmächtigten begründet ohne Darlegung einer Verhinderung aller Anwälte der Sozietät keinen offensichtlich vorliegenden Grund für eine Terminsverlegung (OLG Brandenburg NJW-RR 2019, 448).

Eine Erkrankung ist so substantiiert darzulegen, dass das Gericht in der Lage ist, die Verhandlungsfähigkeit der Partei zu beurteilen; die Vorlage einer inhaltsleeren Arbeitsunfähigkeitsbescheinigung reicht schon deshalb nicht aus, weil Arbeitsunfähigkeit nicht gleichbedeutend ist mit Verhandlungsunfähigkeit (OLG Köln MDR 2014, 299; zur unvorhergesehenen Erkrankung des Prozessbevollmächtigten vgl. OLG Hamm NJW-RR 2019, 118).

Kosten und Gebühren

3. Hat die Partei die Verlegung des Termins durch ihr Verschulden veranlasst, sind ihr die hierdurch verursachten Kosten aufzuerlegen, § 95 ZPO, § 38 GKG.

Fristen und Rechtsmittel

4. Sowohl die Verlegung als auch die Ablehnung sind grds. unanfechtbar (§ 227 Abs. 4 S. 3 ZPO). Kommt aber die Verlegung oder ihre Versagung einer Verweigerung des Rechtsschutzes gleich, kann eine sofortige Beschwerde entspr. § 252 ZPO zulässig sein, wenn eine willkürliche Ungleichbehandlung vorliegt (KG MDR 2008, 226; vgl. auch OLG Brandenburg MDR 2009, 406). Dies soll auch gelten, wenn das Verfahren entgegen einem Ruhens- oder Aussetzungsgesuch fortgesetzt wird (OLG Köln BeckRS 2017, 132887). Die Verweigerung einer begründeten Terminsverlegung kann auch eine Ablehnung des Richters rechtfertigen (OLG München NJW-RR 2002, 862). Unabhängig davon kann das Gericht seine Entscheidung jederzeit abändern, so dass eine begründete Gegenvorstellung erfolgreich sein kann.

6. Antrag auf Terminsverlegung in der Ferienzeit

In der Sache

. . . . .

beantrage ich,

den auf den 10.7.2021 bestimmten Termin auf einen Zeitpunkt nach dem 1.8.2021 zu verlegen.[1, 2]

Begründung:[3]

Der Rechtsstreit betrifft keinen der unter § 227 Abs. 3 Nr. 1–8 ZPO genannten Ansprüche. Ein besonderes Beschleunigungsbedürfnis ist nicht gegeben. Die Unterzeichnende ist vom 2.–20.7.2021 im Urlaub, so dass einer Terminierung ab dem 1.8.2021 nichts im Wege steht.

Rechtsanwältin[4, 5]

Schrifttum: Soehring, Anspruch auf Terminsverlegung: Das Schattendasein von § 227 Abs. 3 ZPO, NJW 2001, 3319.

Anmerkungen

1. Die Gerichte sind nicht gehindert, in der Ferienzeit zu terminieren. Die Parteien haben aber nach § 227 Abs. 3 S. 1 ZPO das Recht, Terminsverlegung zu beantragen, ohne dass hierfür ein erheblicher Grund nach Abs. 1 vorliegen muss. Etwas anderes gilt nur dann, wenn es sich um die in § 227 Abs. 3 S. 2 Nr. 1– 8 ZPO genannten Sachen handelt, zB wenn das Verfahren besonderer Beschleunigung bedarf, nachdem die Erledigung durch unabweisbare Terminsänderung verzögert und obendrein durch Flucht in die Säumnis verschleppt worden ist (BGH NJW 2010, 2440). Für den Antrag besteht Anwaltszwang.

2. Das Gericht wird den Termin regelmäßig auf einen Zeitpunkt nach dem 31.8. verlegen. Wenn aus der Sicht der Partei eine frühere Verhandlung möglich und sinnvoll ist, sollte sie das anzeigen. Insoweit kann sich eine Abstimmung mit dem Gegner empfehlen. Falls die Partei gehindert ist, an bestimmten weiteren Tagen zu einem Termin zu erscheinen, sollte sie das hier mitteilen.

3. Der Antragsteller braucht keine Begründung dafür zu geben, warum er verhindert ist; es genügt eine Terminierung in der Ferienzeit. Auch eine Glaubhaftmachung kann – offenbar im Gegensatz zur Praxis mancher Gerichte (vgl. *Soehring* NJW 2001, 3319) –, nicht verlangt werden. Eine nähere Begründung des Antrags empfiehlt sich aber, wenn der Gegner behauptet, es handele sich um einen Rechtsstreit iSd § 227 Abs. 3 S. 2 Nr. 1–8 ZPO, oder wenn ein besonderes Beschleunigungsbedürfnis vorgetragen wurde oder solcher Vortrag zu erwarten ist. Betrifft der Rechtsstreit eine Sache nach § 227 Abs. 3 S. 2 Nr. 1–8 ZPO oder ist dies zweifelhaft, kann der Kläger eine Verlegung erreichen, wenn er vorsorglich einen erheblichen Grund nach § 227 Abs. 1 ZPO vorträgt und erforderlichenfalls glaubhaft macht.

Fristen und Rechtsmittel

4. Der Antrag ist innerhalb einer Woche zu stellen (§ 227 Abs. 3 S. 1 ZPO). Die Frist beginnt entweder mit Zugang der Terminsladung oder mit der Verkündung der die

Terminsbestimmung enthaltenden Entscheidung. Diese kurze Frist ist auch bei Terminsbestimmungen zu beachten, die lange im Voraus getroffen werden; sie zwingt den Rechtsanwalt zu frühzeitiger Urlaubsplanung. Wird die Frist versäumt, bleibt nur noch ein Antrag nach § 227 Abs. 1 ZPO → Form. I.F.5).

5. Die Entscheidung ist grds. unanfechtbar (§ 227 Abs. 4 ZPO), kann allerdings auf Gegenvorstellung jederzeit abgeändert werden. In besonderen Fällen kann, wenn die Ablehnung einer Verweigerung des Rechtsschutzes gleichkommt, eine Beschwerde entsprechend § 252 ZPO in Betracht kommen (→ Form. I.F.5).

7. Antrag auf Verhandlung im Wege der Bild- und Tonübertragung

An das
Landgericht
In Sachen
. . . . .

beantrage ich, dass das Gericht es den Parteien und ihren Bevollmächtigten gemäß § 128a Abs. 1 S. 1 ZPO[1] gestattet,[2] sich während der mündlichen Verhandlung am . . . . . an einem anderen Ort[3] aufzuhalten und dort Verfahrenshandlungen vorzunehmen.

Begründung:

Die Unterzeichnerin muss am Nachmittag des Terminstages an einer seit längerem anberaumten und unaufschiebbaren Verhandlung vor dem OLG am Ort ihres Kanzleisitzes teilnehmen. Es ist ihr deshalb nicht möglich, an diesem Tag den Termin in der vorliegenden Sache vor Ort wahrzunehmen. Um eine Terminsverlegung zu verhindern, bietet es sich an, dass die Unterzeichnerin online an der Verhandlung teilnimmt.

Rechtsanwältin[4, 5]

Schrifttum: Greger, Möglichkeiten und Grenzen der Videokommunikation im zivil-, familien- und arbeitsgerichtlichen Verfahren, MDR 2020, 957; *Köbler*, Die Videoverhandlung im Zivilprozess – Vorschlag einer Neuregelung, NJW 2021, 1072; *Mantz/Spoenle*, Corona-Pandemie: Die Verhandlung per Videokonferenz nach § 128a ZPO als Alternative zur Präsenzverhandlung, MDR 2020, 637; *Windau*, Die Verhandlung im Wege der Bild- und Tonübertragung, NJW 2020, 2753.

Anmerkungen

1. Die Regelungen zur Verhandlung im Wege der Bild- und Tonübertragung in § 128a ZPO wurden zum 1.1.2002 eingeführt, fristeten aber lange Jahre ein Schattendasein, das mit Beginn der COVID-19-Pandemie im Frühjahr 2020 abrupt endete. Die pandemiebedingten Kontaktbeschränkungen führten dazu, dass die Gerichte häufig Präsenzverhandlungen absagten und dort, wo es die technischen Voraussetzungen zuließen, verstärkt von der Anwendung des § 128a ZPO Gebrauch machten. Ein Anspruch der Parteien auf eine entsprechende technische Ausstattung der Gerichte besteht nicht (so zu § 102a Abs. 1 VwGO BVerwG BeckRS 2020, 8326). Die benutzte Technik kann aber auch im Privateigentum der Richter stehen (KG NJW 2020, 3665).

2. Die Anordnung der Verhandlung im Wege der Bild-Ton-Übertragung steht im Ermessen des Gerichts (zur Ermessensreduzierung in Pandemiezeiten *Windau* NJW 2020,

2753). Sie kann von Amts wegen und auf Antrag einer Partei erfolgen, auch ohne Zustimmung der Parteien, da es diesen unbenommen bleibt, im Gerichtssaal zu erscheinen. Das Gericht muss ohnehin in voller Besetzung im Saal anwesend sein, um den Öffentlichkeitsgrundsatz zu wahren.

Die Vorschrift ist auch auf die Güteverhandlung anwendbar (str.).

Gemäß § 128a Abs. 2 ZPO können Zeugen, Sachverständige und die Parteien ebenfalls im Wege der Bild-Ton-Übertragung vernommen werden.

3. Der „andere Ort" iSv § 128a Abs. 1 S. 1 ZPO muss sich nicht im Gericht befinden, sondern kann nach nahezu einhelliger Auffassung auch der Kanzleisitz oder das „Homeoffice" der Rechtsanwälte sein (ausführlich LAG Düsseldorf BeckRS 2021, 3353 und BeckRS 2021, 4281, jeweils mit zahlreichen Nachweisen aus dem Schrifttum). Maßgeblich ist allein, dass eine störungsfreie Durchführung der mündlichen Verhandlung und eine Übertragung von Bild und Ton sichergestellt sind. Ob das auch für entsprechende Orte im Ausland gelten kann, ist noch ungeklärt (vgl. hierzu *Windau* NJW 2020, 2753). Regelmäßig wird von den Rechtsanwälten auch an dem „anderen Ort" eine Robe zu tragen sein.

Sollte das Gericht in dem Beschluss, mit dem es die Online-Verhandlung angeordnet hat, den „anderen Ort" genau bestimmt haben („in den Kanzleiräumen"), ist es ratsam, sich auch dort aufzuhalten. Ein Versäumnisurteil dürfte allerdings nicht drohen, wenn an einem noch anderen Ort eine reibungslose Teilnahme ebenfalls gewährleistet ist.

Kosten und Gebühren

4. Nach KV 9019 GKG wird von den Gerichten eine Pauschale von 15,00 EUR je angefangener halber Stunde für die „Inanspruchnahme von Videokonferenzverbindungen" erhoben.

Rechtsmittel

5. Weder die Gestattung noch die Ablehnung des Antrags sind anfechtbar (§ 128a Abs. 3 S. 2 ZPO).

8. Antrag auf Berichtigung des Protokolls

In der Sache

. . . .

beantrage ich,

das Protokoll der Sitzung vom . . . . . in folgenden Punkten zu berichtigen:[1]

1. **Zu Beginn des Protokolls muss es statt**
   „die Parteien erklärten die Hauptsache iHv 200 EUR nebst Zinsen übereinstimmend für erledigt"
   heißen
   „Die Parteien erklärten die Hauptsache iHv 2.000 EUR nebst Zinsen seit dem . . . . . übereinstimmend für erledigt".
2. **Die anschließend wiedergegebene Erklärung der Prozessbevollmächtigten der Beklagten lautet nicht**
   „die Beklagte hat an die Klägerin am . . . . . 200 EUR gezahlt",

sondern
„Der Haftpflichtversicherer der Beklagten hat an die Klägerin zu Händen ihrer Prozessbevollmächtigten am . . . . . 2.000 EUR gezahlt".

3. **Der Antrag auf Einholung eines Sachverständigengutachtens wurde nicht von der Prozessbevollmächtigten der Klägerin, sondern der Beklagten gestellt.**
4. **Im Anschluss an das Teil-Anerkenntnis der Beklagten/an die Teil-Rücknahme der Klägerin fehlt der Vermerk „vorgelesen und genehmigt",[2] obwohl das Anerkenntnis/die Rücknahme vorgelesen und genehmigt wurden.**
5. **Nach Vernehmung der Zeugin Z. haben die Parteien gem. § 285 Abs. 1 ZPO streitig zum Beweisergebnis verhandelt. Das hätte nach § 160 Abs. 2 ZPO in das Protokoll aufgenommen werden müssen.[3]**

Die gegnerische Prozessbevollmächtigte schließt sich dem Antrag an und wird dies dem Gericht noch selbst erklären.[4]

Rechtsanwältin[5, 6, 7]

Anmerkungen

1. Nach jedem Termin sollte das Protokoll auf mögliche Fehler durchgesehen werden, um Nachteile für den Mandanten zu verhindern. Ggf. muss ein Antrag auf Protokollberichtigung gestellt werden (§ 164 Abs. 1 ZPO). Das Protokoll hat die Förmlichkeiten der Verhandlung zu enthalten und erbringt hierfür Beweis (§ 165 Satz 1 ZPO). Ist die Protokollierung unterblieben, steht fest, dass die Förmlichkeiten nicht gewahrt wurden (BGH NJW 2012, 2354; OLG Brandenburg BeckRS 2018, 24775). Hier sollte schon im Termin auf Protokollierung bestanden, jedenfalls aber ein Widerspruch angebracht werden (§ 160 Abs. 4 ZPO → Form. I.F.9 Anm. 2).

Zu den Förmlichkeiten iSv § 165 ZPO gehören vor allem:

- die Angaben nach § 160 Abs. 1 ZPO;
- die wesentlichen Vorgänge nach § 160 Abs. 2 ZPO, soweit sie den äußeren Ablauf der Verhandlung betreffen;
- Antragstellung und Inhalt der Anträge nach § 160 Abs. 3 Nr. 2 ZPO;
- Feststellungen über Verkündungen;
- die Tatsache, dass eine Beweisaufnahme stattgefunden hat.

Nicht unter § 165 ZPO fallen der Inhalt von Parteierklärungen (Anerkenntnis, Verzicht, Vergleich), Erledigungserklärungen, Geständnisse, Klagerücknahme und -verzicht (str., aA Musielak/Voit/*Stadler* ZPO § 165 Rn. 2). Das Vorbringen der Parteien und ihre Prozesserklärungen werden durch den Tatbestand des Urteils bewiesen, der nur durch anderweitige Feststellungen im Protokoll entkräftet werden kann (§ 314 ZPO).

2. Anerkenntnis, Verzicht, Rücknahme, Vergleich und andere in § 160 Abs. 3 ZPO aufgeführte Prozesshandlungen sind den Parteien aus dem Protokoll bzw. aus der vorläufigen Aufzeichnung vorzulesen oder vom Tonträger abzuspielen und von ihnen zu genehmigen; anschließend ist im Protokoll zu vermerken, dass das geschehen ist (§ 162 Abs. 1 ZPO). Das Fehlen des Vermerks macht die Erklärung zwar nicht unwirksam (BGH NJW-RR 2007, 1451), sie lässt sich aber nicht mehr durch das Protokoll beweisen, Abgabe und Inhalt müssen anderweitig festgestellt werden (BGH NJW 1989, 1934). Das gilt auch für einen Prozessvergleich, der die notarielle Beurkundung nach § 127a BGB ersetzt (BGH NJW 1999, 2806). Unzulässig ist die Berichtigung eines vorgelesenen und genehmigten Vergleichsprotokolls, wenn Erklärungen eingefügt werden sollen, die nicht vorgelesen und genehmigt wurden (vgl. OLG Hamm OLGZ 1983, 89).

3. Nach der Rspr. des BGH (NJW 1990, 121) muss als wesentlicher Vorgang der Verhandlung iSv § 160 Abs. 2 ZPO in das Protokoll aufgenommen werden, dass die Parteien nach der Vernehmung von Zeugen, Sachverständigen, Parteien gem. § 285 Abs. 1 ZPO über das Ergebnis der Beweisaufnahme verhandelt haben und dass das Gericht gem. § 279 Abs. 3 ZPO erneut den Sach- und Streitstand und das Ergebnis der Beweisaufnahme mit den Parteien erörtert hat. Andernfalls wird vermutet, dass das nicht geschehen ist; darin kann ein Verfahrensmangel iSd § 531 Abs. 2 Nr. 2 ZPO liegen.

4. Da die Parteien vor der Berichtigung des Protokolls zu hören sind, ist das Verfahren zeitraubend. Es kann sich daher empfehlen, den Antrag mit dem gegnerischen Rechtsanwalt abzustimmen und diesen zu veranlassen, sich dem Antrag anzuschließen; dadurch wird die Anhörung des Gegners überflüssig.

Kosten und Gebühren

5. Besondere Gerichts- oder Rechtsanwaltsgebühren entstehen nicht.

Fristen und Rechtsmittel

6. Der Antrag ist nicht fristgebunden, er kann jederzeit, auch noch nach Einlegung eines Rechtsmittels, gestellt werden (BGH NJW 2016, 1083). Er sollte aber unverzüglich nach Erhalt des Protokolls erfolgen. Mängel der Protokollierung, die verzichtbare Fehler betreffen, müssen wegen des Risikos der Heilung spätestens in der nächsten mündlichen Verhandlung gerügt werden (§ 295 ZPO).

7. Kein Rechtsmittel gegen den berichtigenden Beschluss (BGH NJW-RR 2005, 214). Gegen die Ablehnung der Berichtigung ist die sofortige Beschwerde gegeben, aber nur, soweit es nicht um die inhaltliche Richtigkeit des Protokolls geht (OLG Frankfurt a. M. NJW-RR 2013, 574).

9. Antrag auf Protokollberichtigung wegen eines rechtlichen Hinweises

An das

Landgericht

In Sachen

. . . . .

beantrage ich für die Beklagte,

> **in das Protokoll der Sitzung vom . . . . . den rechtlichen Hinweis aufzunehmen, dass das Vorbringen der Klägerin zum Verschulden der Beklagten bisher unsubstanziiert und nicht unter Beweis gestellt sei.**[1, 2, 3]

Begründung:[4]

Die Kammer hat der Klägerin in der mündlichen Verhandlung den im Antrag bezeichneten Hinweis erteilt; er ist nach § 139 Abs. 4 S. 1 ZPO aktenkundig zu machen und daher in das Protokoll aufzunehmen oder auf andere Weise in den Akten zu dokumentieren.

Rechtsanwältin

Anmerkungen

1. Zum Protokollberichtigungsantrag im Allgemeinen vgl. → Form. I.8

Nach § 139 Abs. 4 S. 1 ZPO muss das Gericht Hinweise so früh wie möglich erteilen und aktenkundig machen (zu Inhalt und Umfang der Aufklärungs- und Hinweispflichten vgl. *Nober/Ghassemi-Tabar* NJW 2017, 2365). Die weitreichende Bedeutung der Vorschrift ergibt sich aus § 139 Abs. 4 S. 2, 3 ZPO. Danach kann die Erteilung eines notwendigen tatsächlichen und/oder rechtlichen Hinweises nur durch den Inhalt der Akten bewiesen werden. Gegen den Inhalt der Akten ist nur der Nachweis der Fälschung zulässig. Demnach wird der Anwalt dem Terminsprotokoll auch insoweit große Aufmerksamkeit schenken müssen. Der Antrag kann auch für die Partei sinnvoll sein, die sich auf einen unzureichenden Vortrag oder Beweisantritt der Gegenpartei berufen will, um dieser die Möglichkeit zu nehmen, unter Berufung auf die Verletzung der Hinweispflicht neue Tatsachen vortragen zu können, sei es in derselben Instanz oder vor allem in der Berufungsinstanz (§ 531 Abs. 2 ZPO). Die Berichtigung des Protokolls beweist nur den Hinweis, gibt dem Gegner aber nicht ohne Weiteres die Möglichkeit, nunmehr auf den Hinweis weiter vorzutragen, es sei denn, er hatte einen Antrag nach § 139 Abs. 5 ZPO gestellt, dessen Protokollierung gleichfalls unterblieben ist (→ Form. I.F.11 Anm. 1).

2. Dem förmlichen Antrag auf Protokollberichtigung kann ein Antrag nach § 160 Abs. 4 S. 1 ZPO vorausgehen. Die Parteien können danach bis zum Schluss der mündlichen Verhandlung beantragen, dass bestimmte Vorgänge oder Äußerungen, so insb. gerichtliche Hinweise, in das Protokoll aufgenommen werden. Um das Verfahren ua durch die mit der Anhörung des Gegners verbundene Zeitverzögerung nicht unnötig in die Länge zu ziehen, empfiehlt es sich, zunächst von dieser Möglichkeit Gebrauch zu machen. Das Gericht kann die Aufnahme eines nach § 139 Abs. 1–3 ZPO erteilten Hinweises nicht ablehnen. Lehnt das Gericht gleichwohl ab, hat die Partei das Recht, einen förmlichen Beschluss über die Ablehnung nach § 160 Abs. 4 ZPO herbeizuführen; jedenfalls dieser Beschluss ist in das Protokoll aufzunehmen (§ 160 Abs. 4 S. 3 ZPO).

3. Der richterliche Hinweis sollte so genau wie nach den Umständen erforderlich dokumentiert werden. Nicht notwendig ist die Aufnahme des vollen Wortlauts. Angesichts der weitreichenden Beweiskraft des Akteninhalts (§ 139 Abs. 4 S. 2, 3 ZPO) ist es allerdings ratsam, bei Zweifeln eher auf eine ausführliche Dokumentation zu drängen.

4. Der Antragsteller muss lediglich begründen, dass ein Hinweis nach § 139 Abs. 1–3 ZPO erteilt wurde. In diesem Fall ist das Gericht verpflichtet, den Hinweis aktenkundig zu machen. Es liegt nahe, dies im Wege der Protokollberichtigung zu veranlassen. Dem Interesse des Antragstellers ist allerdings auch Genüge getan, wenn der Hinweis auf andere geeignete Weise, zB durch einen Aktenvermerk oder durch einen Hinweisbeschluss, aktenkundig gemacht wird; das kann auch noch im Tatbestand des Urteils geschehen, wenn zugleich ausgeführt wird, dass die Protokollierung versehentlich unterblieben ist (BGH NJW 2011, 76).

10. Antrag auf Erklärungsfrist nach § 283 ZPO

An das
Landgericht
In Sachen[1, 2]
. . . . .
ist der Klägerin der Schriftsatz der Beklagten vom . . . . . erst heute, also drei Tage vor dem Termin zur mündlichen Verhandlung,[3] **zugestellt worden. Darin trägt die Beklagte erstmals nähere Tatsachen zu der von ihr behaupteten Gegenforderung vor, mit der sie gegen die Klageforderung aufrechnen will. Die Klägerin kann zu diesem neuen Vorbringen nicht rechtzeitig zum Termin Stellung nehmen.**
Für den Fall, dass das Gericht das neue Vorbringen für erheblich halten sollte, wird nach § 283 ZPO beantragt,
der Klägerin im Termin eine Schriftsatzfrist von zwei Wochen einzuräumen.[4]
IÜ wird schon jetzt beantragt,
das neue Vorbringen der Beklagten zurückzuweisen.[5]
Rechtsanwältin

Schrifttum: Baudewin/Wegner, Die Präklusion im Zivilprozess, NJW 2014, 1479; *Büßer*, Die „Flucht" des Beklagten vor der Präklusion seiner Prozessaufrechnung, JuS 2009, 319; Nassall, Wenn das Wörtchen „kann" nicht wär' – ZPO-Präklusionsvorschriften und richterliche Ermessensausübung, NJW 2020, 1939; *Schäfer*, Schriftsatznachlass zum Zwecke der Beweiswürdigung?, NJW 2013, 654; *Stackmann*, Schriftsatz- und Schriftsatzfristprobleme, NJW 2011, 3537.

Anmerkungen

1. Das Beispiel betrifft die häufige Situation, dass eine Partei kurz vor oder in dem Termin mit neuen Angriffs- oder Verteidigungsmitteln überrascht wird, die möglicherweise erheblich sind. Gem. § 283 S. 1 ZPO hat sie sich in der mündlichen Verhandlung zu dem neuen Tatsachenvortrag zu erklären. Ist sie hierzu aufgrund der Kurzfristigkeit nicht in der Lage, kann sie einen Schriftsatznachlass beantragen (§ 283 S. 1 ZPO). Das Gericht muss dann die nachgereichte Erklärung für seine Entscheidung berücksichtigen. Riskant wäre es, das neue Vorbringen, ohne nähere Informationen zu besitzen, einfach zu bestreiten; das kann sich rächen, wenn später ein Verstoß gegen die Wahrheitspflicht (§ 138 Abs. 1 ZPO) offenbar wird. Ein Fehler wäre es auch, wenn die Partei – was in der Praxis oft zu beobachten ist – nur beantragt, das neue Vorbringen als verspätet zurückzuweisen: Eine Zurückweisung würde nämlich voraussetzen, dass die Erledigung des Rechtsstreits bei Berücksichtigung des neuen Vorbringens verzögert würde; eine Verzögerung kann aber überhaupt nur eintreten, wenn das verspätete Vorbringen streitig ist (→ Anm. 5).

2. Eine vergleichbare Regelung enthält § 139 Abs. 5 ZPO. Danach ist einer Partei ein Schriftsatznachlass zu gewähren, wenn ihr eine sofortige Erklärung zu einem gerichtlichen Hinweis nicht möglich ist. Grds. darf das Gericht seine Entscheidung nur dann auf einen von der Partei übersehenen oder von ihr für unerheblich gehaltenen Gesichtspunkt stützen, wenn es darauf hingewiesen und Gelegenheit zur Äußerung gegeben hat (§ 139 Abs. 2 ZPO). Erteilt das Gericht den Hinweis erst in der mündlichen Verhandlung und

kann sich die Partei hierzu – was die Regel sein wird – nicht sofort äußern, muss das Gericht die mündliche Verhandlung dann vertagen, soweit dies im Einzelfall sachgerecht erscheint, ins schriftliche Verfahren übergehen oder, wenn von der betroffenen Partei nach § 139 Abs. 5 ZPO beantragt, einen Schriftsatznachlass gewähren (BGH BeckRS 2019, 35637). Den Antrag, die Erklärung zum gerichtlichen Hinweis nach § 139 Abs. 5 ZPO innerhalb einer Frist nachbringen zu können, muss die Partei vor Schluss der mündlichen Verhandlung stellen. Versäumt die Partei den Antrag, bleibt ihr nur noch der unsichere Weg über § 156 ZPO (vgl. hierzu → Form. I.F.11).

3. Für die Frage, ob einer Partei neues Vorbringen rechtzeitig mitgeteilt wurde, ist im Anwaltsprozess § 132 ZPO maßgeblich. Danach muss ein Schriftsatz mit neuem Vorbringen eine Woche vor dem Termin zugestellt werden können, die Gegenerklärung des Beklagten drei Tage vor der mündlichen Verhandlung. Hat der Gegner diese Fristen nicht eingehalten, bedarf der Antrag im Allgemeinen keiner näheren Begründung. Kann die Partei die sehr knappe Frist des § 132 ZPO für eine Gegenerklärung nicht einhalten, sollte sie die Gründe hierfür spätestens im Termin näher erläutern.

4. Es genügt, wenn der Antrag ohne Ankündigung erstmals in der mündlichen Verhandlung gestellt wird. Notwendig ist er allerdings nur, wenn das Gericht das neue Vorbringen für erheblich hält. Wenn sich die Partei in diesem Punkt nicht sicher ist, sollte sie den Antrag auf jeden Fall zu Protokoll nehmen lassen. Erkennt die Partei nicht, dass ein Antrag nach § 283 ZPO sachdienlich wäre, müsste das Gericht ihn nach § 139 ZPO nahelegen (BGH NJW 1985, 1539). Geht der nachgelassene Schriftsatz erst nach Ablauf der gesetzten Frist ein, kann das Gericht ihn noch berücksichtigen (§ 283 S. 2 ZPO; zur entsprechenden Anwendung auf § 139 Abs. 5 ZPO vgl. BGH NJW-RR 2014, 505); das wird das Gericht insb. dann tun, wenn die Partei die Verspätung hinreichend entschuldigt. Vortrag, der nicht durch den Schriftsatznachlass gedeckt ist, wird bei der Entscheidung grds. nicht berücksichtigt (§ 296a ZPO, OLG Stuttgart AG 2013, 599).

5. Für die Zurückweisung des verspäteten Vortrags kommt § 296 Abs. 1 und Abs. 2 ZPO in Betracht. § 296 Abs. 1 ZPO setzt voraus, dass der Beklagte eine der dort genannten Fristen versäumt hat, während Abs. 2 an einen Verstoß gegen die allgemeine Prozessförderungspflicht aus § 282 ZPO anknüpft. Im vorliegenden Beispiel hätte die Aufrechnung bereits innerhalb der Klageerwiderungsfrist erklärt werden müssen (§ 277 Abs. 1 Satz 1 ZPO). In beiden Alternativen des § 296 ZPO muss aber hinzukommen, dass die Zulassung des verspäteten Vorbringens die Erledigung des Rechtsstreits verzögern würde. Das ist allerdings immer schon dann der Fall, wenn er bei Zulassung länger dauern würde als bei Zurückweisung; dagegen ist es grundsätzlich unerheblich, ob der Rechtsstreit bei rechtzeitigem Vorbringen ebenso lange gedauert hätte (BGH NJW 2012, 2808; zu den Einschränkungen dieses absoluten Verzögerungsbegriffs Musielak/Voit/*Huber* ZPO § 296 Rn. 14). Das ist regelmäßig dann der Fall, wenn das neue Angriffs- oder Verteidigungsmittel eine Beweisaufnahme erforderlich macht, die nicht sofort durchgeführt werden kann, weil die verspätet vortragende Partei über kein präsentes Beweismittel verfügt. Da eine Beweisaufnahme nur über streitige erhebliche Tatsachen stattfindet, kommt es maßgeblich darauf an, wie sich der Gegner zum verspäteten Vorbringen erklärt. Kann er sich nicht im Termin erklären, wird das Gericht mit der Bewilligung der Schriftsatzfrist zugleich einen Verkündungstermin anberaumen. Sodann ist es nicht gehindert, das neue Vorbringen, wenn es durch den nachgereichten Schriftsatz streitig geworden ist, im Urteil als verspätet zurückzuweisen (BGH NJW 1985, 1556). Der Beklagte kann dies nur durch eine „Flucht in die Säumnis" oder – vor allem bei verspäteter Prozessaufrechnung – in die Widerklage im Termin verhindern (hierzu *Büßer* JuS 2009, 319).

11. Antrag auf Wiedereröffnung der mündlichen Verhandlung

An das
Landgericht
In Sachen
. . . . .

beantrage ich, die am . . . . . geschlossene mündliche Verhandlung wieder zu eröffnen,[1, 2] den Verkündungstermin aufzuheben und einen neuen Verhandlungstermin zu bestimmen.[3]

Begründung:[4]

Im Termin hat das Gericht die Klägerin darauf hingewiesen, dass sie am Eintritt des Schadens ein Mitverschulden treffen könne. Hierbei handelte es sich um einen neuen Gesichtspunkt iSv § 139 Abs. 2 ZPO . . . . . (ist auszuführen). Die Klägerin hatte daraufhin ausweislich des Protokolls beantragt, ihr eine Schriftsatzfrist nach § 139 Abs. 5 ZPO einzuräumen. Das Gericht hat diesem Antrag nicht entsprochen, sondern nur Gelegenheit gegeben, sich im Termin zu erklären. Die Klägerin war jedoch nicht in der Lage, im Termin zur Frage des Mitverschuldens näher vorzutragen. Hierzu mussten erst weitere Informationen eingeholt werden . . . . . Damit liegen die Voraussetzungen des § 156 Abs. 2 Nr. 1 ZPO vor.

Zur Frage des Mitverschuldens kann die Klägerin nunmehr Folgendes vortragen:
. . . . .[5]

Anmerkungen

1. Der Schriftsatz wird im Zeitraum zwischen dem Schluss der mündlichen Verhandlung und dem Verkündungstermin eingereicht und soll das Gericht davon abhalten, eine nachteilige Entscheidung zu verkünden, sondern stattdessen die mündliche Verhandlung wiederzueröffnen. Nach Schluss der mündlichen Verhandlung können immer noch Rechtsansichten vorgetragen werden, grundsätzlich nicht mehr jedoch neue Angriffs- und Verteidigungsmittel (§ 256a S. 1 ZPO). Das gilt nicht für Vortrag in einem nachgelassenen Schriftsatz (S. 2 iVm §§ 283, 139 Abs. 5 ZPO). Hat das Gericht erst im Termin einen rechtlichen Hinweis erteilt, ohne Schriftsatznachlass zu gewähren, und erkennt es aus einem nicht nachgelassenen Schriftsatz der betroffenen Partei, dass diese sich offensichtlich in der mündlichen Verhandlung nicht ausreichend hat erklären können, ist gem. § 156 Abs. 2 Nr. 1 ZPO die mündliche Verhandlung wiederzueröffnen (BGH NJW 2011, 76). Hierauf zielt der Antrag im Beispiel ab. Auch nach Vernehmung eines Sachverständigen, der erstmals zu schwierigen Sachfragen gehört wurde, kann die Stellungnahme der Partei Anlass geben, die mündliche Verhandlung wieder zu eröffnen (BGH NJW 2009, 2604). Ebenso kann das Vorbringen in einem gem. § 283 ZPO oder § 139 Abs. 5 ZPO nachgelassenen Schriftsatz zur Wiedereröffnung der mündlichen Verhandlung führen, auch dann, wenn der Schriftsatz erst nach Ablauf der Frist eingegangen ist (§ 283 S. 2 ZPO; zur entsprechenden Anwendung auf § 139 Abs. 5 ZPO vgl. BGH NJW-RR 2014, 505). → Form. F.I.10 Anm. 1, 2.

2. Das Gericht hat über die Wiedereröffnung der mündlichen Verhandlung von Amts wegen zu entscheiden. Eines Antrags der betroffenen Partei bedarf es daher grds. nicht. Er ist aber dringend zu empfehlen, wenn die Partei davon ausgehen muss, dass das Gericht ohne Wiedereröffnung durch Urteil zu ihren Lasten entscheiden wird. Der Antrag hat die

Funktion, das Gericht auf den Verfahrensverstoß, der die Wiedereröffnung begründet, noch einmal deutlich hinzuweisen. In der Sache handelt es sich um eine Anregung, über die nicht förmlich entschieden zu werden braucht. Der Antrag sollte möglichst bald nach dem Termin gestellt werden, nicht erst, wenn das Gericht bereits dabei ist, die Entscheidung, die verhindert werden soll, abzufassen.

3. Das Gericht muss nicht notwendig einen neuen Termin bestimmen; es kann auch zunächst den Parteien Gelegenheit geben, weiter vorzutragen, es kann einen Hinweisbeschluss erlassen oder das schriftliche Verfahren anregen. Auch eine Beweisanordnung kann in Frage kommen.

4. Die Partei hat hier eine Verletzung der Hinweis- und Aufklärungspflicht nach § 139 Abs. 1–3 ZPO konkret darzulegen; außerdem muss sie vortragen, dass sie ohne ihr Verschulden nicht imstande war, auf den Hinweis im Termin einzugehen, und ihr deshalb eine Schriftsatzfrist einzuräumen war. Dafür ist Voraussetzung, dass sie einen entsprechenden Antrag im Termin gestellt hat, auf dessen Protokollierung sie Wert legen muss. Die Partei sollte außerdem die Erklärungen, die sie im Termin noch nicht imstande war, abzugeben, iE unter Beweisantritt vortragen. Falls sie dazu noch eine kurze weitere Frist benötigt, sollte sie ihr Vorbringen innerhalb dieser Frist ankündigen und erklären, warum sie noch nicht abschließend Stellung nehmen kann.

Kosten und Gebühren

5. Gegen die Wiedereröffnung der mündlichen Verhandlung gibt es kein Rechtsmittel, auch nicht gegen die Ablehnung, die ohnehin erst im Endurteil begründet wird.

G. Versäumnisverfahren/Entscheidung nach Lage der Akten

1. Antrag auf Erlass eines Versäumnisurteils im schriftlichen Vorverfahren

An das
Landgericht
In der Sache[1, 2]
. . . . .
nimmt die Klägerin auf den Hinweis des Gerichts ihren Zinsanspruch, soweit er die Zeit vor Rechtshängigkeit betrifft, zurück.[3]
IÜ wird, da eine Verteidigungsanzeige der Beklagten bisher nicht vorliegt, beantragt, ein Versäumnisurteil ohne mündliche Verhandlung zu erlassen.[4]
Rechtsanwältin[5, 6]

Schrifttum: Allg. zum Säumnisverfahren: *Habel,* Kostenerstattung bei vorangegangenem Versäumnisurteil, NJW 1997, 2359; *Kapitza/Kammer,* Anerkennen oder Versäumnisurteil erdulden? JuS 2008, 882; *König,* Anerkenntnis statt Säumnis, nach dem RVG vielfach ein anwaltlicher Kunstfehler, NJW 2005, 1243; *Schroeder/Riechert,* Nochmals: Anerkenntnis statt Säumnis? – Systemwidrige Auswirkungen des RVG auf die Prozesstaktik, NJW 2005, 2187; *Stadler/Jarsumbek, Das* Versäumnisverfahren nach §§ 330 ff. ZPO, insb. das zweite Versäumnisurteil, JuS 2006, 34, JuS 2006, 134.

Zum Versäumnisurteil im schriftlichen Vorverfahren: *Rau,* Versäumnisurteil im schriftlichen Vorverfahren – Berechnung der Einspruchsfrist, MDR 2001, 794; *Stieper,* Das unechte Versäumnisurteil im schriftlichen Vorverfahren, JR 2005, 397; *Stoffel,* Versäumnisurteil im schriftlichen Vorverfahren nach Verteidigungsanzeige?, NJW 1997, 2372; *Zugehör,* Einspruch gegen ein Versäumnisurteil im schriftlichen (Vor-)Verfahren vor Zustellung?, NJW 1992, 2261.

Anmerkungen

1. Gem. § 128 Abs. 4 ZPO kann das Gericht Urteile grds. nur nach mündlicher Verhandlung erlassen. Die mündliche Verhandlung beginnt mit dem Stellen der Anträge (§ 137 Abs. 1 ZPO). Damit sich der Beklagte nicht durch Fernbleiben im Termin oder durch Nichtverhandeln der Verurteilung entziehen kann, kommt in diesen Konstellationen der Erlass eines Versäumnisurteils in Betracht (§§ 331, 333 ZPO). Hat der Beklagte in einem früheren Termin verhandelt, kann der Rechtsstreit durch eine Entscheidung nach Lage der Akten entschieden werden (§ 331a ZPO; → Form. I.G.7).

Ein Versäumnisurteil kann auch gegen den Kläger ergehen; in diesem Fall wird die Klage abgewiesen (§ 330 ZPO). Fehlt es an der sachlichen oder örtlichen Zuständigkeit des Gerichts, besteht für den Beklagten nach hM die Möglichkeit, Klageabweisung als unzulässig durch streitiges Prozessurteil zu erreichen (BGH NJW 1961, 2207). Er kann aber auch Klageabweisung in der Sache durch Versäumnisurteil gem. § 330 ZPO beantragen, soweit die Zuständigkeit gem. § 39 ZPO prorogierbar ist (also zB nicht bei einer nichtvermögensrechtlichen Streitigkeit, § 40 Abs. 2 ZPO; hier kommt nur Klageabweisung als unzulässig in Betracht, BGH NJW 1961, 2207). Eine Verweisung des Rechtsstreits ist für den Beklagten nur im Ausnahmefall des § 506 ZPO zu erreichen. Ist ein Mahnverfahren vorangegangen und hat der Kläger keine Anspruchsbegründung eingereicht, wird die Klage nicht durch Versäumnisurteil, sondern durch streitiges Urteil als unzulässig abgewiesen, wenn der nach Abgabe aus dem Mahnverfahren rechtshängige Klageanspruch anhand der Angaben aus dem Mahnbescheid und den dort zulässigerweise in Bezug genommen Unterlagen nicht individualisierbar ist und damit den Anforderungen des § 253 Abs. 2 Nr. 2 ZPO nicht entspricht (OLG München NJW-RR 2019, 886).

Erscheinen oder verhandeln beide Parteien nicht, kann das Gericht die Verhandlung vertagen oder das Ruhen des Verfahrens anordnen (§ 251a Abs. 3 ZPO). Fand bereits ein Termin statt, kommt wiederum eine Entscheidung nach Lage der Akten in Betracht (§§ 331a, 251a Abs. 1 ZPO).

Versäumnisurteile werden vom Gericht regelmäßig schon im Termin verkündet und bedürfen keiner Begründung (§ 313b Abs. 1 ZPO; Ausnahme: Zustellung im Ausland). Der Kläger erlangt also schneller als sonst einen Titel, der zudem ohne Sicherheitsleistung und Abwendungsbefugnis vorläufig vollstreckbar ist (§ 708 Nr. 2 ZPO). Der Kläger sollte außerdem den Weg der vereinfachten Kostenfestsetzung gem. § 105 ZPO gehen und sofort nach dem Termin den Kostenfestsetzungsantrag einreichen, damit der Festsetzungsbeschluss noch auf das Urteil gesetzt werden kann. Ist mit der Säumnis des Beklagten zu rechnen, sollte der Kläger den Festsetzungsantrag bereits im Termin einreichen.

Für jedes Versäumnisurteil müssen die folgenden Voraussetzungen vorliegen (§ 335 ZPO):

a) Zulässigkeit der Klage, insb. örtliche und sachliche Zuständigkeit des Gerichts (zur Darlegung der Kaufmannseigenschaft für eine Gerichtsstandsvereinbarung OLG Frankfurt MDR 1981, 762)

b) rechtzeitige und ordnungsgemäße Ladung des Beklagten (bei verkündeten Terminen nicht erforderlich, § 218 ZPO);

c) Nichterscheinen oder Nichtverhandeln (§ 333 ZPO); ein Verhandeln liegt nicht schon dann vor, wenn die Partei nur Ablehnungsgründe anbringt oder die Aussetzung beantragt (BGH MDR 1986, 1021); die Säumnis kann beseitigt werden, wenn sich die Partei bis zum Schluss der mündlichen Verhandlung doch noch zum Verhandeln entschließt (BGH NJW 1993, 861), kann aber nicht durch Zurücknahme eines bereits gestellten Antrags herbeigeführt werden (OLG Frankfurt MDR 1982, 153; zum teilweisen Nichtverhandeln vgl. BGH NJW 2002, 145); erscheint eine Partei zum Gütetermin nicht, kann gegen sie in der sich anschließenden mündlichen Verhandlung (§ 279 Abs. 1 ZPO) ein Versäumnisurteil ergehen, wenn zugleich zur mündlichen Verhandlung geladen wurde. Im Anwaltsprozess kann (und muss) ein Versäumnisurteil auch dann ergehen, wenn der Antrag dem Gegner vor dem Termin nicht angekündigt worden ist. Der Anwalt darf deshalb nicht darauf vertrauen, der Prozessbevollmächtigte der Gegenseite werde kein Versäumnisurteil beantragen (vgl. OLG Düsseldorf MDR 2012, 556). Auch das Gericht kann dem Rechtsanwalt, der bei Ausbleiben seines Kollegen ein Versäumnisurteil beantragt, dieses nicht aus standesrechtlichen Gründen versagen (BGH NJW 1991, 42; OLG Stuttgart NJW 1994, 1884). Hingegen wird das Gericht das Versäumnisurteil erst nach Ablauf einer Wartezeit, die üblicherweise 15 Minuten beträgt, erlassen; aus gegebenem Anlass kann sich diese Zeit verlängern (BGH NJW 1999, 724; OLG Rostock MDR 1999, 626; vgl. aber auch OLG Düsseldorf MDR 2012, 556: Der Beklagtenvertreter war im Einspruchstermin vor dem Landgericht 16 Minuten zu spät erschienen, woraufhin ein Zweites Versäumnisurteil gegen ihn ergangen ist.) Zum Zweiten Versäumnisurteil → Form. I.G.6.

d) Ein Versäumnisurteil kann nicht ergehen, wenn das Gericht Kenntnis davon hat, dass die Partei oder ihr Rechtsanwalt ohne Verschulden am Erscheinen verhindert ist (§ 337 ZPO). Der Anwalt muss aber alles Zumutbare tun, um dem Gericht seine Verhinderung rechtzeitig mitzuteilen. Die Rspr. kann in dieser Frage sehr streng sein (vgl. BGH NJW 2006, 448; 2009, 687). Eine Terminsversäumung ist nicht unverschuldet, wenn der Anwalt das Empfangsbekenntnis über die Ladung unterzeichnet und zurückgesandt hat, ohne sicherzustellen, dass der Termin auch im Kalender notiert worden ist (OLG Köln BeckRS 2014, 17783). Bei kurzfristiger Erkrankung des Anwalts genügt es, wenn er dies dem Gericht ca. drei Stunden vor dem Termin per Fax mitgeteilt und dabei auf den Termin und die sofortige Vorlage hingewiesen hat (OLG Saarbrücken BeckRS 2015, 07017). In der Regel wird ihm auch ein kurzer Telefonanruf zuzumuten sein (BGH NJW-RR 2016, 60). Nach Auffassung des BGH findet § 337 S. 1 Var. 2 ZPO auch dann Anwendung, wenn die erschienene Partei nicht verhandelt (§ 333 ZPO) und die darin liegende Säumnis unverschuldet ist (BGH NJW 2016, 3248).

Beantragt der Kläger trotz Fehlens einer der vorstehenden Voraussetzungen den Erlass eines Versäumnisurteils, wird das Gericht diesen Antrag durch Beschluss zurückweisen. Hiergegen ist die sofortige Beschwerde statthaft (§ 336 Abs. 1 S. 1 ZPO; → Form. I.G.2). Erlässt das Gericht ein eigentlich unzulässiges Versäumnisurteil, wirkt sich das nur im Rahmen der Kostenentscheidung des § 344 ZPO und beim Vollstreckungsschutzantrag nach § 719 Abs. 1 S. 2 ZPO aus.

Ein Versäumnisurteil gegen den Beklagten kann darüber hinaus nur ergehen, wenn die Klage schlüssig ist (§ 331 Abs. 2 ZPO; zum Urkundenprozess und § 597 Abs. 2 ZPO vgl. die Darstellung bei Musielak/Voit/*Voit* ZPO § 597 Rn. 11 ff.). Beantragt der Kläger trotz (teilweiser) Unschlüssigkeit den Erlass eines Versäumnisurteils, wird die Klage (insoweit) durch sog unechtes Versäumnisurteil abgewiesen. Hiergegen ist nicht der Einspruch, sondern nur die Berufung statthaft. Hat der Kläger auf schriftlichen Hinweis des Gerichts seinen unschlüssigen Vortrag ergänzt, darf ein Versäumnisurteil nur ergehen, wenn dieser Vortrag dem Beklagten rechtzeitig, dh innerhalb der zweiwöchigen Einlassungsfrist nach § 274 Abs. 3 ZPO, mitgeteilt worden war (§ 335 Abs. 1 Nr. 3 ZPO).

Gegen das Versäumnisurteil ist der Einspruch statthaft (§ 338 ZPO). Er muss binnen der Notfrist von zwei Wochen ab Zustellung des Urteils eingelegt werden (§ 339 ZPO). Ist der Einspruch unzulässig, wird er durch Urteil ohne mündliche Verhandlung verworfen (§ 341 ZPO). Ist der Einspruch zulässig, beraumt das Gericht einen Einspruchstermin an (§ 341a ZPO). Der Rechtsstreit wird dann in die Lage zurückversetzt, in der er sich vor Eintritt der Säumnis befand (§ 342 ZPO). Ist die Partei, gegen die das Versäumnisurteil ergangen ist, auch im Einspruchstermin säumig, ergeht ein sog Zweites Versäumnisurteil, mit dem der Einspruch verworfen wird (§ 345 ZPO). Hiergegen ist die Berufung statthaft, die jedoch nur darauf gestützt werden darf, dass keine schuldhafte Säumnis vorgelegen habe (§ 514 Abs. 2 ZPO; → Form. I.G.6). Zum Einspruchsverfahren → Form. I.G.3.

In bestimmten Situationen kann es für eine Partei taktisch klug sein, keinen Antrag zu stellen und ein Versäumnisurteil gegen sich ergehen zu lassen (sog Flucht in die Säumnis). Dieses Vorgehen kann zB die Präklusion verspäteten Tatsachenvortrags zu Angriffs- oder Verteidigungsmitteln (§ 296 ZPO) verhindern, denn im Einspruchstermin können zB die verspätet angebotenen Zeugen vernommen werden, so dass die Zulassung dieses Beweisantritts nicht zur Verzögerung der Erledigung des Rechtsstreits führt (hierzu ausführlich *Büßer* JuS 2009, 319). Die „Flucht in die Säumnis" gelingt jedoch nicht mehr, wenn der Sachantrag zunächst gestellt, anschließend aber „zurückgenommen, widerrufen oder korrigiert" wird, denn Sachanträge sind nicht widerruflich (OLG München MDR 2011, 384). Ebenfalls nicht möglich ist die „Flucht in die Säumnis" im Einspruchstermin, da gegen das dann ergehende Zweite Versäumnisurteil kein Einspruch mehr statthaft ist

(§ 345 ZPO). Hier kommt allenfalls für den Beklagten eine „Flucht in die Widerklage“ in Betracht (*Büßer* JuS 2009, 319; → Form. I.E.6 Anm. 7).

2. Im schriftlichen Vorverfahren kann ein Versäumnisurteil ohne mündliche Verhandlung ergehen, wenn der Beklagte entgegen § 276 Abs. 1 S. 1 ZPO nicht binnen der Notfrist von zwei Wochen seine Verteidigungsbereitschaft anzeigt (§ 331 Abs. 3 ZPO; zur Verteidigungsanzeige → Form. I.E.2). Das setzt voraus, dass ihm diese Frist mitgeteilt und er über die Folgen der Versäumung gem. § 276 Abs. 2 ZPO belehrt wurde (§ 335 Abs. 1 Nr. 4 ZPO). Zur Frage, wann es für den Beklagten in einem aussichtslosen Rechtsstreit günstiger ist, den Klageanspruch anzuerkennen, → Form. I.E.3.

3. Ist die Klage im Hinblick auf Nebenforderungen (Zinsen, vorgerichtliche Anwaltskosten etc) unschlüssig, kann sie das Gericht ohne mündliche Verhandlung insoweit abweisen, wenn es den Kläger hierauf hingewiesen hat (§ 331 Abs. 3 S. 3 ZPO). Es ergeht dann ein Teilversäumnisurteil über den schlüssigen Teil der Klage und ein streitiges Teilurteil (sog unechtes Versäumnisurteil) über die Nebenforderungen. Ergänzt der Kläger auf den Hinweis seine Klage, muss das Gericht dem Beklagten diesen Vortrag zunächst übermitteln (§ 335 Abs. 1 Nr. 3 ZPO). Um diese Verzögerung und die Gefahr, dass der Beklagte seine Verteidigungsbereitschaft doch noch anzeigt (§ 331 Abs. 3 S. 1 Hs. 1 ZPO), zu verhindern, kann der Kläger seine Klage auf den schlüssigen Teil durch Rücknahme reduzieren.

4. Der Erlass eines Versäumnisurteils ist auch im schriftlichen Vorverfahren nur auf Antrag des Klägers zulässig (§ 331 Abs. 1 S. 1 Hs. 1 ZPO). Es empfiehlt sich daher, diesen Antrag bereits in der Klageschrift zu stellen (→ Form. I.D.1):

„*Für den Fall, dass das Gericht das schriftliche Vorverfahren anordnet und der Beklagte nicht fristgerecht seine Verteidigungsbereitschaft anzeigt, beantragt der Kläger den Erlass eines Versäumnisurteils gemäß § 331 Abs. 3 ZPO.*“

Andernfalls sollte er diesen Antrag spätestens nach Übermittlung der Anordnung des schriftlichen Vorverfahrens (§ 276 Abs. 1 S. 1 Hs. 2 ZPO) nachholen und nicht etwa abwarten, bis die Frist zur Einreichung der Verteidigungsanzeige für den Beklagten verstrichen ist. Gem. § 331 Abs. 3 S. 1 Hs. 2 ZPO kann der Beklagte den Erlass des Versäumnisurteils bis zur Übergabe des fertigen Urteils an die Geschäftsstelle durch (verspätete) Einreichung der Verteidigungsanzeige verhindern. Der Antrag setzt voraus, dass in der Klageschrift oder in einem späteren Schriftsatz ein bestimmter Sachantrag gestellt wurde. Der Antrag auf Erlass des Versäumnisurteil muss dem Beklagten nicht vor Erlass des Versäumnisurteils zugestellt werden.

Kosten und Gebühren

5. Durch ein Versäumnisurteil im schriftlichen Vorverfahren ermäßigen sich die Gerichtskosten (3,0) nicht. Der Anwalt erhält auch ohne mündliche Verhandlung eine Terminsgebühr nach VV 3105 RVG iHv 0,5 (Anm. zu VV 3105 Abs. 1 Nr. 2). Dies gilt selbst dann, wenn das Versäumnisurteil ohne entsprechenden Antrag des Klägers ergangen ist (BGH NJW 2017, 1483). Eine vereinfachte Kostenfestsetzung ist auch hier möglich. Die Kosten der Säumnis muss die Partei, gegen die das Versäumnisurteil ergangen ist, grundsätzlich auch dann tragen, wenn es später aufgehoben wird (§ 344 ZPO).

Fristen und Rechtsmittel

6. Mit der Zustellung des Versäumnisurteils beginnt die zweiwöchige Einspruchsfrist (§ 339 Abs. 1 ZPO). Dabei ist bei Erlass im schriftlichen Vorverfahren die spätere Zustellung maßgeblich. Zu den Einzelheiten des Einspruchsverfahrens → Form. I.G.3.

2. Sofortige Beschwerde gegen die Zurückweisung des Antrags auf Erlass eines Versäumnisurteils

An das
Amtsgericht[1, 2]
In der Sache
. . . . .
lege ich gegen den in der mündlichen Verhandlung am . . . . . . erlassenen Beschluss,[3] mit dem die Verhandlung vertagt wurde,[4]

sofortige Beschwerde

ein mit dem Antrag,

1. den Vertagungsbeschluss aufzuheben,
2. die Sache an das Amtsgericht zurückzuverweisen und hierbei anzuordnen, dass unverzüglich ein neuer Termin zur Entscheidung über den Antrag auf Versäumnisurteil bestimmt und die Beklagte zu diesem Termin nicht geladen wird.[5]

Das Amtsgericht wird gebeten, die Akten unverzüglich dem Landgericht zur Entscheidung zuzuleiten und die Beklagte vor der Entscheidung über die sofortige Beschwerde nicht zu dem im Beschl. v. . . . . . . bestimmten Termin zu laden.[6]

Begründung:[7]

1. Gegen die vom Amtsgericht ausgesprochene Vertagung nach § 337 ZPO ist nach allgemeiner Meinung die sofortige Beschwerde gem. § 336 ZPO zulässig.

2. Das Amtsgericht hat die Vertagung in Hinblick auf ein bei der Akte befindliches Schreiben der Beklagten ausgesprochen, in dem diese mitteilte, dass sie zwei Tage vor dem Terminstag ihren Jahresurlaub antrete und daher zum Termin nicht erscheinen könne. Die vom Amtsgericht der Entscheidung zugrunde gelegte Auslegung des § 337 ZPO ist fehlerhaft, denn die Beklagte war trotz ihres Urlaubs nicht am Erscheinen verhindert. Sie hätte sich nämlich im Termin durch einen Rechtsanwalt oder eine andere Person ihres Vertrauens vertreten lassen können und müssen. Hierauf ist sie auch durch das gerichtsübliche Ladungsformular ausdrücklich hingewiesen worden.

Rechtsanwältin[8, 9]

Anmerkungen

1. Das Gericht weist den Antrag auf Erlass eines Versäumnisurteils durch Beschluss zurück, wenn der Erlass unzulässig ist (§ 336 Abs. 1 S. 1 ZPO). Hiergegen ist die sofortige Beschwerde statthaft, und zwar nicht nur in den Fällen des § 335 Abs. 1 ZPO, sondern auch und insb. bei Vertagung der Verhandlung gem. § 337 ZPO (OLG Hamm NJW-RR 1991, 703; OLG Dresden NJW-RR 1996, 246). Gegen die Ablehnung eines Antrags auf Entscheidung nach Lage der Akten ist die sofortige Beschwerde unstatthaft (§ 336 Abs. 2 ZPO). Mit der sofortigen Beschwerde kann der Antragsteller erreichen, dass das Prozessgericht einen neuen Termin bestimmt, zu dem der Gegner nicht geladen wird (§ 336 Abs. 1 S. 2 ZPO; bei der Vertagung müsste er gem. § 337 S. 2 ZPO geladen werden) und in dem es bei seiner Entscheidung über den Antrag auf Versäumnisurteil an die Rechtsauffassung des Beschwerdegerichts gebunden ist. Erscheint allerdings der Prozessgegner ohne Ladung im neuen Termin, so ist er zur Verhandlung zuzulassen (OLG Hamm NJW-RR 1991, 703).

2. Die sofortige Beschwerde könnte gem. § 569 Abs. 1 S. 1 ZPO auch beim Beschwerdegericht, im Beispielsfall also beim Landgericht, eingelegt werden. Zur Beschleunigung empfiehlt jedoch idR die Einlegung beim Prozessgericht, da sich dort die Akten befinden und das Gericht sofort über die Abhilfe entscheiden kann (§ 572 Abs. 1 ZPO). Dies gibt zudem die Möglichkeit, weitere Anträge zu stellen, die die Verfahrensleitung vor Übersendung der Akten an das Beschwerdegericht betreffen.

3. Der Tag des Fristbeginns – hier: Verkündung, meist Zustellung – sollte stets genannt werden. Die Zweiwochenfrist des § 569 Abs. 1 S. 1 ZPO ist eine Notfrist iSd §§ 224, 233 ZPO.

4. Ein mit der sofortigen Beschwerde anfechtbarer („stillschweigender") Beschluss liegt auch vor, wenn der Antrag auf Versäumnisurteil nicht ausdrücklich zurückgewiesen wird, sondern das Gericht nur die Vertagung ausspricht.

5. Da das Beschwerdegericht das Versäumnisurteil nicht selbst erlassen kann – es würde bei Einspruch eine Instanz verloren gehen –, muss es nach § 572 Abs. 3 ZPO zurückverweisen (BGH NJW 1995, 2563). Hierbei hat es die nach seiner Rechtsauffassung erforderlichen Anordnungen zu treffen.

6. Der Beschwerdeführer sollte das Prozessgericht veranlassen, sich einstweilen jeder Maßnahme gegenüber dem Gegner zu enthalten, damit dieser für den Fall eines erfolgreichen Rechtsmittels vom Fortgang des Verfahrens nach Möglichkeit nichts erfährt. Auch im Beschwerdeverfahren ist die säumige Partei nicht zu hören.

7. Die sofortige Beschwerde muss darauf gestützt werden, dass der Erlass des Versäumnisurteils zu Unrecht abgelehnt wurde. In der Sache geht es meist um die Frage, ob die Partei ohne Verschulden am Erscheinen im Termin verhindert war. Dabei kommt es nicht darauf an, ob das Gericht den Entschuldigungsgrund vor Erlass des Versäumnisurteils kannte. Es gelten die von der Rspr. zur Wiedereinsetzung entwickelten Grundsätze entsprechend (BGH NJW 2004, 2309). Danach hätte das Rechtsmittel wohl nur Aussicht auf Erfolg, wenn der Beklagte die Ladung vor seinem Urlaub erhalten hatte und sein persönliches Erscheinen nicht erforderlich war, nicht aber, wenn das Gericht dem Beklagten bereits fälschlich mitgeteilt hatte, er brauche nicht zu kommen. Beruht das Nichterscheinen auf der Verspätung eines öffentlichen Verkehrsmittels, kann das die Säumnis entschuldigen. Der Anwalt muss aber eine gewisse Pufferzeit einplanen (BGH NJW 2007, 2047 betr. Flugzeug). Er muss zudem alles Zumutbare tun, um dem Gericht rechtzeitig seine Verhinderung mitzuteilen (BGH NJW 2006, 448; 2009, 687; OLG Düsseldorf MDR 2012, 556).

Kosten und Gebühren

8. Gerichtsgebühren entstehen nur, wenn die Beschwerde verworfen oder zurückgewiesen wird (Gebühr nach KV 1811 GKG von 66 EUR). Der Anwalt erhält im Beschwerdeverfahren eine Verfahrensgebühr iHv 0,5 (VV 3500 RVG).

Fristen und Rechtsmittel

9. Die sofortige Beschwerde ist binnen einer Notfrist von zwei Wochen einzulegen, § 569 Abs. 1 ZPO. Die Frist beginnt gem. § 569 Abs. 1 S. 2 ZPO mit der Zustellung oder, wenn es an einer Zustellung der Entscheidung fehlt, fünf Monate nach der Verkündung.

Gegen den Beschluss des Beschwerdegerichts ist unter den Voraussetzungen des § 574 ZPO die Rechtsbeschwerde gegeben.

3. Einspruch gegen Versäumnisurteil mit Antrag auf Einstellung der Zwangsvollstreckung

An das
Landgericht[1, 2, 3]
In der Sache
. . . . .[4]
wird gegen das am . . . . . verkündete Versäumnisurteil, der Beklagten zugestellt am . . . . .,[5]

Einspruch[6]

eingelegt.
Außerdem wird beantragt,
die Zwangsvollstreckung aus dem Versäumnisurteil ohne Sicherheitsleistung, hilfsweise gegen Sicherheitsleistung, einstweilen einzustellen.[7]
In der Sache wird beantragt:
1. Das Versäumnisurteil vom . . . . . wird aufgehoben und die Klage abgewiesen.[8]
2. Die Kosten des Rechtsstreits – einschließlich der Säumniskosten[9] – trägt die Klägerin.

Begründung:[10]

1. Die Zwangsvollstreckung aus dem Versäumnisurteil ist gem. § 719 Abs. 1 S. 2 ZPO ohne Sicherheitsleistung einzustellen, denn das Versäumnisurteil ist gesetzwidrig ergangen. Nachdem der Widerspruch gegen den Mahnbescheid nicht durch die Beklagte persönlich, sondern durch ihre Prozessbevollmächtigte erhoben wurde, hätte gem. § 172 ZPO auch die Terminsladung an diese zugestellt werden müssen.[11] Dieser Verstoß machte die Zustellung unwirksam, so dass es an einer ordnungsgemäßen Ladung fehlte.
2. Zur Sache wird in Erwiderung auf die Klageschrift wie folgt vorgetragen: . . . . .
Rechtsanwältin[12, 13, 14, 15]

Schrifttum: Schneider, Kosten der Säumnis, NJW 2019, 556

Anmerkungen

1. Der Einspruch (§ 338 ZPO) ist der einzige Rechtsbehelf gegen ein erstes Versäumnisurteil, selbst wenn es gesetzwidrig ergangen sein sollte. Eine Wiedereinsetzung gegen die Versäumung des Termins gibt es nicht. Die Berufung gem. § 514 Abs. 2 ZPO ist nur gegen ein Zweites Versäumnisurteil statthaft, gegen ein erstes Versäumnisurteil auch dann nicht, wenn kein Fall der Säumnis vorlag (§ 514 Abs. 1 ZPO; BGH NJW 1994, 665). Wird allerdings ein „weiteres" (erstes) Versäumnisurteil irrig als „Zweites" bezeichnet, ist nach dem Meistbegünstigungsprinzip auch der Einspruch statthaft (BGH NJW 1997, 1498; OLG Frankfurt a. M. NJW-RR 2011, 216). Ist das Urteil als Versäumnisurteil bezeichnet, stellt es sich aber nach seinem Inhalt als streitiges Urteil dar, ist auch die Berufung gegeben (BGH NJW 1999, 583), es sei denn, es ist auf den ebenfalls eingelegten Einspruch hin durch weiteres Urteil des erstinstanzlichen Gerichts aufrechterhalten worden (KG BeckRS 2015, 14577). Handelt es sich um ein unechtes Versäumnisurteil, ist der Einspruch unstatthaft. Der verurteilten Partei ist im Zweifelsfall zu empfehlen, sich für die Wahl des Rechtsbehelfs an der Bezeichnung des Urteils zu orientieren, denn eine inkorrekte Bezeichnung durch das Gericht kann nicht zu ihren Lasten gehen (BGH WM 1981, 829). Liegt aber eindeutig ein Versäumnisurteil vor, ist es, auch wenn es nicht ausdrücklich als Versäumnisurteil bezeichnet wurde, nur mit dem Einspruch anfechtbar (BGH NJW-RR 1995, 257). Bleibt unklar, was für ein Urteil das Gericht erlassen wollte, sollten sowohl Einspruch als auch Berufung eingelegt werden. Zur Frist und Form des Einspruchs vgl. §§ 339, 340 ZPO.

2. Das Versäumnisurteil ist für den Kläger gem. § 708 Nr. 2 ZPO ohne Sicherheitsleistung und ohne Abwendungsmöglichkeit des Beklagten vorläufig vollstreckbar. Diese Folgen kann der Beklagte nicht bereits durch den Einspruch beseitigen, sondern nur über einen Einstellungsantrag gem. §§ 719, 707 ZPO, den er zweckmäßigerweise mit dem Einspruch verbindet. In aller Regel wird es nur zu einer Einstellung gegen Sicherheitsleistung kommen (→ Anm. 7). Zur Einstellung der Zwangsvollstreckung aus einem Vollstreckungsbescheid → Form. I.B.4 Anm. 5.

3. Der Einspruch ist immer bei dem Gericht einzulegen, das das Versäumnisurteil erlassen hat, § 340 Abs. 1 ZPO.

4. Für die formellen Erfordernisse der Einspruchsschrift (§ 340 Abs. 2 ZPO) gilt nichts anderes als nach § 519 Abs. 2 ZPO für den notwendigen Inhalt der Berufungsschrift (BGH NJW-RR 1999, 998). Nach stRspr des BGH ist dem nur entsprochen, wenn bis zum Ablauf der Einspruchsfrist angegeben ist, für wen und gegen wen der Einspruch eingelegt werden soll (BGH NJW 1998, 3499 mwN). Allerdings lässt die Rspr. die Zulässigkeit nicht an Formalien scheitern, wenn das wirklich Gewollte deutlich wird (BGH NJW-RR 1999, 998). Auch wenn ein Prozessbevollmächtigter den Einspruch in der „Ich-Form" einlegt, kann es grds. keinen Zweifel geben, dass er dies für die Partei tut (BGH NJW 2010, 3779).

5. Vgl. § 340 Abs. 2 Nr. 1 ZPO; die Einspruchsschrift muss die Bezeichnung des Urteils enthalten, gegen das der Einspruch gerichtet wird. Das Datum der Zustellung ergibt sich für das Gericht aus der in der Akte befindlichen Zustellungsurkunde bzw. dem Empfangsbekenntnis. Zur Kontrolle sollte das Datum in der Einspruchsschrift genannt werden.

6. Vgl. § 340 Abs. 2 Nr. 2 ZPO. Die Einspruchsschrift sollte das Wort „Einspruch" enthalten; jedenfalls muss die säumige Partei unzweideutig zum Ausdruck bringen, dass sie das Versäumnisurteil nicht gegen sich gelten lassen will und eine Fortsetzung des Rechtsstreits verlangt (BGH NJW-RR 1994, 1213). Die säumige Partei kann den Einspruch auf einen Teil des Anspruchs beschränken. Der Umfang des Einspruchs ist dann in Antrag und Begründung so deutlich zu machen, dass der Streitgegenstand des rechtskräftigen und des noch streitigen Teils genau erkennbar ist. Der Teileinspruch bei einem Versäumnisurteil gegen den Beklagten könnte lauten:

„In der Sache . . . . .
wird gegen das Versäumnisurteil vom . . . . .

Einspruch

eingelegt, soweit die Beklagte verurteilt wurde, an die Klägerin 3.281,76 EUR nebst Zinsen iHv 5 Prozentpunkten über dem jeweiligen Basiszinssatz seit Rechtshängigkeit zu zahlen.“

Bei Versäumnisurteil gegen den Kläger:

„. . . . .wird gegen das Versäumnisurteil vom . . . . .

Einspruch

eingelegt, soweit die Klage hinsichtlich des Anspruchs von 5.000 EUR seit dem . . . . . abgewiesen wurde.“

7. Eine Einstellung ohne Sicherheitsleistung kommt nur in den beiden in § 719 Abs. 1 S. 2 Hs. 2 ZPO genannten Ausnahmefällen (gesetzwidriges VU, unverschuldete Säumnis) oder im Fall des § 707 Abs. 1 S. 2 ZPO in Betracht. Ob bei gesetzwidrigem Versäumnisurteil die Voraussetzungen des § 707 Abs. 1 S. 2 ZPO zusätzlich vorliegen müssen, ist in der Rspr. umstritten (dagegen: OLG Stuttgart NJW-RR 2003, 713; OLG Celle MDR 1999, 1345; dafür: OLG Hamburg NJW 1979, 1464; OLG Köln NJW-RR 2002, 428; KG NJW 1984, 316; MDR 1985, 330). Bei unverschuldeter Säumnis sowie im Fall des § 707 Abs. 1 S. 2 ZPO sind die Voraussetzungen glaubhaft zu machen. Die Entscheidung über die Einstellung der Zwangsvollstreckung – sei es mit oder ohne Sicherheitsleistung – wird weiter davon abhängen, ob der Einspruch zulässig ist und auch in der Sache aussichtsreich erscheint. Trägt der Beklagte mit dem Einspruch keine oder nur unerhebliche Einwendungen vor, kann er nicht mit einer Einstellung rechnen.

8. Die Einspruchsschrift sollte auch die Sachanträge des Einspruchsführers enthalten, vgl. § 130 Nr. 2 ZPO. Die richtige Formulierung ergibt sich aus § 343 ZPO. Hat der Beklagte auf die Klage bisher nicht erwidert, muss er dieselben Anträge stellen und Erklärungen abgeben wie in der Klageerwiderung → Form. I.E.4.

9. Grds. muss auch in der Einspruchsschrift kein Antrag zur Kostenverteilung gestellt werden (§ 308 Abs. 2 ZPO). Eine Ausnahme gilt, wenn das Versäumnisurteil nicht in gesetzlicher Weise ergangen ist, denn dann trägt die säumige Partei die Kosten der Säumnis nur, wenn sie den Rechtsstreit verliert (§ 344 ZPO). Ist der Einspruchsführer der Auffassung, das Versäumnisurteil sei nicht in gesetzlicher Weise ergangen, weil die prozessualen oder sachlichen Voraussetzungen nicht gegeben waren oder gegen §§ 335, 337 ZPO verstoßen wurde, sollte er das Gericht hierauf besonders hinweisen.

10. Die Begründung ist nicht Zulässigkeitsvoraussetzung für den Einspruch, fehlt sie aber, droht Zurückweisung späteren Vorbringens gem. § 296 Abs. 1 ZPO (§ 340 Abs. 3 S. 3 ZPO). Eine solche Präklusion soll aber nur zulässig sein, wenn die säumige Partei bei der Zustellung des Versäumnisurteils nach § 340 Abs. 3 S. 4 ZPO über diese Folge belehrt wurde (OLG Naumburg BeckRS 2010, 13757). Erkennt die säumige Partei, dass sie die Frist aus besonderen Gründen nicht einhalten kann, sollte sie vor Fristablauf einen Antrag auf Verlängerung stellen (§ 340 Abs. 3 S. 2 ZPO). In der Einspruchsbegründung sollten zunächst, soweit erforderlich, der Einstellungsantrag begründet und seine Voraussetzungen glaubhaft gemacht werden. Sodann sind etwaige Zulässigkeitsrügen vorzubringen. Der sachliche Inhalt der Einspruchsbegründung hängt vom Stand des Verfahrens ab. Hat der Beklagte die Klageerwiderungsfrist versäumt, sollte er ein Versäumnisurteil gegen sich ergehen lassen und die Erwiderung mit dem Einspruch vortragen. Mit dieser „Flucht in die Säumnis“ vermeidet er die Zurückweisung seines Vorbringens als verspätet (§ 296 Abs. 1 ZPO; vgl. OLG Celle BeckRS 2020, 10891), wenn auch der Beklagte dadurch eine Verzögerungsgebühr nach § 38 GKG riskiert (OLG Celle NJW-RR 2007, 1726). Hat der Anwalt seinem Mandanten geraten, durch Flucht in die Säumnis die Zurückweisung verspäteten Vorbringens zu vermeiden, ist er ohne weitere Weisung verpflichtet, Einspruch gegen das Versäumnisurteil einzulegen (BGH NJW 2002, 290).

11. Ist der Widerspruch gegen einen Mahnbescheid durch einen Prozessbevollmächtigten eingelegt worden, muss die Terminsladung auch an diesen zugestellt werden (§ 172 ZPO; zur Beweislast für einen Verstoß BGH NJW 1981, 1673).

12. Der Einspruch muss entweder mit qualifizierter elektronischer Signatur versandt werden oder mit einfacher Signatur auf einem sicheren Übermittlungsweg (§§ 130d S. 1, 130a Abs. 2 ZPO).

Kosten und Gebühren

13. Das Verfahren vor und nach Einspruch ist eine Gebühreninstanz; Gerichts- und Rechtsanwaltsgebühren können insgesamt nur einmal entstehen. War bereits vor Erlass des Versäumnisurteils eine Terminsgebühr entstanden, kann sie nach Einspruch nicht noch einmal anfallen (§ 15 Abs. 2 RVG). Auch für die nicht streitige Verhandlung, auf die das Versäumnisurteil ergangen ist, erhält der Anwalt die 0,5-Terminsgebühr nach VV 3105 nicht zusätzlich (*Schneider* NJW 2019, 556). Die durch die Säumnis verursachten Kosten – also die Auslagen des Gegners und des Gerichts – hat nach § 344 ZPO regelmäßig die säumige Partei zu tragen, auch wenn sie obsiegt. Hierunter fällt jedoch nicht die verpasste Kostenersparnis des Klägers für einen Vergleich nach KV 1211 Nr. 3 GKG (OLG Köln NJW 2019, 614). Zu Ausnahmen → Anm. 9. Der Antrag auf Einstellung der Zwangsvollstreckung gehört nach § 19 Abs. 1 Nr. 11 RVG zum Rechtszug.

Fristen und Rechtsmittel

14. Die Einspruchsfrist beträgt – auch vor dem Amtsgericht – zwei Wochen, im Arbeitsgerichtsprozess eine Woche (§ 59 ArbGG). Sie ist eine Notfrist mit den sich aus §§ 224, 233 ZPO ergebenden Konsequenzen. Die Verlängerungsmöglichkeit in § 340 Abs. 3 ZPO bezieht sich nicht auf die Einspruchsfrist, nur auf die Begründungsfrist. Die Frist beginnt mit der Zustellung des Versäumnisurteils. Gemeint ist bei verkündeten Versäumnisurteilen die Zustellung gem. § 317 Abs. 1 ZPO an die unterliegende Partei, bei schriftlichen Versäumnisurteilen die letzte Amtszustellung gem. § 310 Abs. 3 ZPO (hier beginnt die Frist erst, wenn das Urteil beiden Parteien zugestellt ist, BGH NJW 1994, 3359). Die Zustellung durch den Gegner zum Zwecke der Zwangsvollstreckung gem. § 750 Abs. 1 S. 2 ZPO ist für den Fristbeginn unerheblich; anders beim Einspruch gegen den Vollstreckungsbescheid (→ Form. I.B.4 Anm. 3). Für den Fristbeginn ist nicht Voraussetzung, dass das Versäumnisurteil eine Rechtsmittelbelehrung nach § 232 ZPO enthält, die fehlende Belehrung kann aber im Rahmen einer möglichen Wiedereinsetzung eine Rolle spielen § 233 S. 2 ZPO (→ Form. I.G.5). Bei Zustellung des Versäumnisurteils im Ausland (vgl. § 183 ZPO) oder bei öffentlicher Zustellung (§§ 185 ff. ZPO) wird die Einspruchsfrist nach § 339 iVm § 700 Abs. 1 ZPO durch das Gericht bestimmt. Die Zustellung eines entgegen § 313b Abs. 3 ZPO nicht mit Tatbestand und Entscheidungsgründen versehenen, im Ausland geltend zu machenden Versäumnisurteils setzt regelmäßig die Einspruchsfrist in Gang (OLG Celle NJW-RR 2019, 63). Wird ein rechtskräftiges Urteil im Ausland nicht für vollstreckbar erklärt, weil es nur im Wege der Aufgabe zur Post gem. §§ 183, 184 ZPO zugestellt worden ist, so hat der Kläger unter dem Gesichtspunkt des effektiven Rechtsschutzes auf Antrag Anspruch auf eine zusätzliche Zustellung des Urteils im förmlichen Rechtshilfewege; eine nochmalige Einspruchsfrist wird dadurch jedoch nicht ausgelöst (BGH NJW 2011, 522; OLG Stuttgart NJW-RR 2011, 1631).

15. Wird der Einspruch durch Urteil als unzulässig verworfen (§ 341 ZPO; vgl. das folgende Formular), steht der säumigen Partei die Berufung zu. Das gilt auch bei Verwerfung durch ein Zweites Versäumnisurteil nach § 345 ZPO, wobei die Berufung (zunächst) nur darauf gestützt werden kann, dass keine verschuldete Säumnis vorlag (§ 514 Abs. 2 ZPO; ausf. → Form. I.G.6). Gegen ein Urteil, das den Einspruch für zulässig hält und das Versäumnisurteil aufhebt oder aufrechterhält, sind die allgemeinen Rechtsmittel gegeben. Beschlüsse über Anträge auf Einstellung der Zwangsvollstreckung sind gem. § 707 Abs. 2 ZPO unanfechtbar. Allerdings kann das Gericht seinen Einstellungsbeschluss auf Gegenvorstellung jederzeit abändern; auch eine Rüge nach § 321a ZPO kommt in Betracht (BGH NJW 2004, 2224 für den gleichgelagerten Fall des § 769 ZPO).

4. Antrag auf Verwerfung des unzulässigen Einspruchs durch Urteil ohne mündliche Verhandlung

An das
Landgericht
In der Sache
. . . . .
wird beantragt,

den Einspruch der Beklagten ohne mündliche Verhandlung als unzulässig zu verwerfen.[1, 2]

Begründung:

Die Beklagte ist durch Versäumnisurteil v. 9.4.2021 zur Zahlung verurteilt worden. Wie sich aus der Mitteilung des Gerichts v. 7.5.2021 ergibt,[3] **wurde ihr das Urteil am 14.4.2021 zugestellt, während der Einspruch erst am 30.4.2021 einging. Damit ist der Einspruch verspätet und gem. §§ 339, 341 ZPO unzulässig. Es wird gebeten, von einer Terminierung abzusehen und über den Einspruch gem. § 341 Abs. 2 ZPO durch Urteil ohne mündliche Verhandlung zu entscheiden.**
Rechtsanwältin[4, 5]

Anmerkungen

1. § 341 Abs. 2 ZPO eröffnet die Möglichkeit, zwar durch Urteil, aber ohne mündliche Verhandlung über einen unzulässigen Einspruch zu entscheiden. Dieses Verfahren bedeutet für den Gegner der säumigen Partei eine Vereinfachung, die er anregen sollte, wenn er die Unzulässigkeit des Einspruchs erkennt. Ob das Gericht ohne mündliche Verhandlung entscheidet, steht allerdings in seinem Ermessen. Da bei der Einspruchsprüfung nur selten schwierige tatsächliche oder rechtliche Fragen auftreten, ist die mündliche Verhandlung in der Regel entbehrlich. § 341 Abs. 2 ZPO gilt auch bei unzulässigem Einspruch gegen einen Vollstreckungsbescheid (§ 700 Abs. 1 ZPO; → Form. I.B.9). Will das Gericht ohne mündliche Verhandlung entscheiden, hat es zunächst dem Einspruchsführer rechtliches Gehör zu gewähren; es vergeht also zwischen Antrag und Entscheidung einige Zeit.

2. Die Fassung des Antrags ergibt sich aus § 341 Abs. 1 S. 2 ZPO. Der Einspruch wird ohne Sachprüfung und ohne Rücksicht darauf verworfen, ob das erste Versäumnisurteil ordnungsgemäß zustande gekommen ist (BGH NJW-RR 2007, 1363). Das Urteil ist ohne Sicherheitsleistung und ohne Abwendungsbefugnis vorläufig vollstreckbar (§ 708 Nr. 3 ZPO).

3. Gem. § 340a ZPO wird dem Gegner der säumigen Partei die Einspruchsschrift zugestellt, außerdem wird ihm mitgeteilt, wann das Versäumnisurteil zugestellt und der Einspruch eingelegt wurde. Er kann also immer erkennen, ob der Einspruch rechtzeitig war, und auch, ob er etwa im Anwaltsprozess nur durch die Partei selbst eingelegt wurde.

Kosten und Gebühren

4. Das Urteil löst keine weiteren Gerichtsgebühren aus. Wird der Einspruch ohne mündliche Verhandlung verworfen, erhält der Anwalt keine weiteren Gebühren.

Fristen und Rechtsmittel

5. Das Urteil ist, auch wenn es ohne mündliche Verhandlung ergangen ist, mit der Berufung anfechtbar.

5. Antrag auf Wiedereinsetzung bei Versäumung der Einspruchsfrist

An das
Landgericht[2]

Einspruch und Wiedereinsetzungsantrag[1, 3]

In der Sache

. . . . .

lege ich gegen das Versäumnisurteil vom . . . . . Einspruch ein und beantrage,

das Versäumnisurteil vom . . . . . aufzuheben und die Klage abzuweisen.

Gleichzeitig beantrage ich,

der Beklagten gegen die Versäumung der Einspruchsfrist Wiedereinsetzung in den vorigen Stand zu gewähren[4]

sowie

die Zwangsvollstreckung aus dem Versäumnisurteil, notfalls gegen Sicherheitsleistung, einzustellen.[5]

Es wird angeregt, das Verfahren zunächst auf die Verhandlung und Entscheidung über den Wiedereinsetzungsantrag zu beschränken.[6]

Begründung:[7, 8, 9, 10]

1. Der Beklagten ist Wiedereinsetzung in den vorigen Stand zu gewähren, denn die Fristversäumung beruhte allein auf einem Versehen der bis dahin stets zuverlässigen Kanzleiangestellten A der Unterzeichnerin.[11, 12]

Der Beklagten wurde das Versäumnisurteil des Gerichts am 21.4.2021 zugestellt. Am 22.4.2021 erteilte sie der Unterzeichnerin das Mandat, sie in dieser Sache gerichtlich zu vertreten. Daraufhin wies die Unterzeichnerin ihre Büroangestellte A an, die Einspruchsfrist im Fristenkalender zu notieren. Die Überwachung von Notfristen ist im Büro der Unterzeichnerin so organisiert, dass die zuständige Rechtsanwältin vor Ausstellung des Empfangsbekenntnisses auf der Urteilsausfertigung die Rechtsmittelfrist vermerkt und den Vorgang an die zuständige Büroangestellte weiterleitet.[13] Diese notiert die Frist in einem besonderen Fristenkalender und trägt zusätzlich eine Woche vor Fristablauf eine Vorfrist ein, jeweils mit einem auffälligen Hinweis (zB „Einspruchsfrist").[14] Außerdem wird die Eintragung im Fristenkalender in den Handakten vermerkt.[15] Bei Ablauf der

Vorfrist wird die Sache der sachbearbeitenden Rechtsanwältin mit einem auffälligen Vermerk „Fristsache“ gesondert vorgelegt. Am Morgen des Fristablaufs wird die Erledigung überprüft und die Sache, wenn sie noch nicht erledigt ist, noch einmal mit einem auffälligen Aufkleber „heute Fristablauf“ in derselben Weise vorgelegt. Vor Büroschluss wird kontrolliert, ob alle Fristsachen erledigt sind; erst dann wird die Frist gelöscht.[16] Die Eintragung und die Kontrolle der Fristen obliegt der Angestellten A.[17] In diesem Fall hat sie versehentlich nur die Vorfrist notiert und als gewöhnliche Frist behandelt, was dazu führte, dass die Unterzeichnerin die Akte bei Ablauf der Vorfrist ohne den sonst üblichen Fristvermerk mit der normalen Vorlage erhielt. Am Tag des Fristablaufes wurde sie nicht erinnert. Erst am 5.5.2021 fiel der Fristablauf auf, als die Sache im normalen Geschäftsgang bearbeitet werden sollte.

Bei der Angestellten A handelt es sich um eine geschulte und zuverlässige Bürokraft, die, wie regelmäßige Kontrollen der Unterzeichnerin ergeben haben, den Kalender seit über zwei Jahren sorgfältig und fehlerlos geführt hat.

Zur Glaubhaftmachung wird die Richtigkeit der Angaben, soweit sie die Wahrnehmung der Unterzeichnerin betreffen, anwaltlich versichert.[18] Außerdem wird als

– Anlage 1 –

eine eidesstattliche Versicherung der Frau A eingereicht.[19]

2. In der Sache wird der Einspruch wie folgt begründet:[20]

. . . .

Rechtsanwältin[21, 22, 23]

Schrifttum: Bacher, Das besondere elektronische Anwaltspostfach, MDR 2017, 613; *Deckenbrock*, Die Haftung des Anwalts für gerichtliche Fehler, NJW 2018, 1636; *Günther*, Haftungsfallen rund ums beA, NJW 2020, 1785; *Hartmann*, Die neue Rechtsbehelfsbelehrung im Zivilprozess, MDR 2013, 61; *Hupka/Krämer*, Die Zustellung im Zivilverfahren, JA 2012, 448; *Klotz*, Wiedereinsetzung in den vorigen Stand bei fehlerhafter Telefax-Übermittlung fristgebundener Schriftsätze, MDR 2011, 581; *Koch*, Die Glaubhaftmachung beim Antrag auf Wiedereinsetzung, NJW 2016, 2994; *ders.*, Anforderungen an die Postausgangskontrolle im Rahmen der Wiedereinsetzung in den vorigen Stand, NJW 2014, 2391; *Rohwetter-Kühl*, Die Rechtsprechung des BGH zur Wiedereinsetzung in den vorigen Stand, zuletzt NJW 2021, 2005; *Toussaint*, Fristversäumung wegen Erkrankung des Anwalts, NJW 2014, 200; *Vossler*, Rechtsprechungsübersicht zur Wiedereinsetzung in den vorigen Stand, zuletzt MDR 2020, 573.

Anmerkungen

1. Nach § 230 ZPO ist eine Partei, die eine Prozesshandlung versäumt, mit dieser Handlung ausgeschlossen. Hätte die Prozesshandlung innerhalb einer Notfrist oder in § 233 S. 1 ZPO weiter genannten Fristen vorgenommen werden müssen, kommt die Wiedereinsetzung in den vorigen Stand in Betracht. Auch Wiedereinsetzung in die schuldlos versäumte Wiedereinsetzungsfrist ist möglich (BGH NJW 2011, 153). Gegen die Versäumung eines Termins, der Widerspruchsfrist gegen den Mahnbescheid oder sonstiger Fristen kommt eine Wiedereinsetzung nicht in Betracht.

Der Antrag auf Wiedereinsetzung ist nicht erforderlich, wenn die Notfrist nicht wirksam in Gang gesetzt wurde (BGH NJW 2011, 2218; zur Zustellung nach Niederlegung des Mandats BGH NJW 2008, 234). Der Anwalt sollte deshalb zunächst prüfen, ob die Zustellung des Schriftstücks ordnungsgemäß war, insb., ob sie an den richtigen Empfänger und in der vom Gesetz angeordneten Art und Weise (§§ 177 ff. ZPO) erfolgt ist.

- Die Zustellungsurkunde ist eine öffentliche Urkunde (§ 182 Abs. 1 S. 2 ZPO) und begründet deshalb den vollen Beweis der Zustellungsart und des Zustellungszeitpunkts (§ 418 Abs. 1 ZPO). Der Gegenbeweis ist nach § 418 Abs. 2 ZPO zulässig, muss aber zur vollen Überzeugung des Gerichts erbracht werden. Das zugestellte Schriftstück muss in der Urkunde nicht bezeichnet werden. Zur Klärung, welches Schriftstück zugestellt wurde, sind neben den Angaben in der Zustellungsurkunde die sonstigen Umstände des Falls, wie die Verfügungen des Gerichts, zu würdigen (BGH BeckRS 2020, 2121).
- Das Empfangsbekenntnis ist keine öffentliche, aber eine privatschriftliche Urkunde, die vollen Beweis für die Zustellung erbringt. Der Gegenbeweis ist auch hier zulässig. Dafür muss aber jede Möglichkeit ausgeschlossen sein, dass die Angaben des Empfangsbekenntnisses richtig sein können (BGH BeckRS 2019, 28498).
- Wurde der fristgebundene Schriftsatz rechtzeitig eingereicht, obwohl er nach dem Eingangsstempel des Gerichts verspätet ist, muss der Anwalt das Datum der Eingangsbestätigung widerlegen, wobei das Gericht bei der Aufklärung mitzuwirken hat (BGH NJW-RR 2020, 499). Genügt dem Gericht die anwaltliche Versicherung nicht, muss es den Anwalt auch ohne ausdrücklichen Beweisantritt als Zeugen vernehmen (BGH NJW-RR 2020, 499).
- Für den Fall, dass der Partei die angesprochenen Beweise nicht gelingen, sollte sie hilfsweise einen Wiedereinsetzungsantrag stellen (BGH NJW-RR 2010, 489).

Ein Wiedereinsetzungsantrag muss nicht ausdrücklich gestellt werden, er kann auch stillschweigend in einem Schriftsatz enthalten sein, wenn konkludent zum Ausdruck gebracht wird, das Verfahren trotz verspäteter Einreichung der Rechtsmittel- oder Begründungsschrift fortsetzen zu wollen (BGH NJW-RR 2019, 1394). Ein Wiedereinsetzungsantrag ist nicht erforderlich, wenn die Partei die versäumte Prozesshandlung nachgeholt hat und die Gründe für die unverschuldete Fristversäumung aktenkundig sind (BGH NJW-RR 2000, 1590; BGH NJW-RR 2001, 77). Gleichwohl sollte in jedem Fall ein ausdrücklicher Antrag gestellt werden. Die Glaubhaftmachung der Wiedereinsetzungsgründe kann noch im Laufe des Verfahrens erfolgen (§ 236 Abs. 2 Hs. 2 ZPO), jedoch sollten die Mittel der Glaubhaftmachung bereits in der Antragsschrift bezeichnet werden. Der Gegner hat im Wiedereinsetzungsverfahren Anspruch auf rechtliches Gehör (BVerfG NJW 1982, 2234). Wenn sich die Partei nicht sicher ist, ob das eingelegte Rechtsmittel wegen Versäumung der Rechtsmittelfrist unzulässig ist, kann sie das Rechtsmittel verfolgen, aber für den Fall der Unzulässigkeit hilfsweise einen Antrag auf Wiedereinsetzung stellen (BGH NJW 2008, 693).

Die Form des Wiedereinsetzungsantrags muss derjenigen der versäumten Prozesshandlung entsprechen, richtet sich also bei Versäumung eines Rechtsbehelfs nach den dafür geltenden Vorschriften, bei Einspruch nach § 340 ZPO, bei Berufung nach § 519 ZPO, bei der Berufungsbegründungsfrist nach § 520 ZPO.

2. Zuständig ist gem. § 237 ZPO das Gericht, das über die nachgeholte Prozesshandlung zu entscheiden hat, bei versäumtem Einspruch also das Gericht, das das Versäumnisurteil erlassen hat. Bei versäumtem Einspruch gegen einen Vollstreckungsbescheid sind Wiedereinsetzungsantrag und Einspruch an das Mahngericht zu richten, das die Sache an das im Mahnbescheid bezeichnete Gericht abgibt. Geht der Antrag beim falschen Gericht ein, ist dieses lediglich im Rahmen des ordentlichen Geschäftsgangs zur Weiterleitung verpflichtet (BGH NJW-RR 2018, 314; vgl. aber NJW-RR 2017, 687). Scheitert die rechtzeitige Weiterleitung daran, dass auf dem Schriftsatz ein falsches Aktenzeichen angegeben ist, kommt eine Wiedereinsetzung nicht in Betracht (OLG Hamm BeckRS 2015, 08162).

3. Die versäumte Prozesshandlung, hier der Einspruch, ist innerhalb der Wiedereinsetzungsfrist nachzuholen (§ 236 Abs. 2 S. 2 ZPO). Sie sollte mit dem Wiedereinsetzungsantrag verbunden werden. Mit dem nachgeholten Einspruch sind Anträge und Einspruchsbegründung in der auch sonst erforderlichen Weise vorzutragen (→ Form. I.G.3). Geschieht dies nicht mit dem Wiedereinsetzungsantrag, ist es innerhalb der Wiedereinsetzungsfrist nachzuholen, da sonst Präklusion droht.

4. Der Gegenantrag geht dahin, „den Wiedereinsetzungsantrag zurückzuweisen und den Einspruch als unzulässig zu verwerfen", oder, wenn der Gegner den Antrag für unzulässig hält, „den Wiedereinsetzungsantrag und den Einspruch als unzulässig zu verwerfen".

5. Vgl. §§ 707, 719 ZPO. Eine Einstellung ohne Sicherheitsleistung ist nur dann zulässig, wenn das Versäumnisurteil nicht in gesetzlicher Weise ergangen ist oder die säumige Partei glaubhaft macht, dass ihre Säumnis unverschuldet war (§ 719 Abs. 1 S. 2 ZPO). Ob es darüber hinaus auch auf die Voraussetzungen des § 707 Abs. 1 S. 2 ZPO ankommt, ist streitig (vgl. die Nachweise bei Musielak/Voit/*Lackmann* ZPO § 719 Rn. 6). Anträge hinsichtlich der Art der Sicherheitsleistung können und sollten bereits hier gestellt werden. Der Antragsteller kann nicht mit einer Einstellung rechnen, wenn entweder der Wiedereinsetzungsantrag oder der Einspruch aussichtslos ist oder noch nicht begründet wird. Vgl. iÜ → Form. I.G.3.

6. Diese Möglichkeit sieht § 238 Abs. 1 S. 2 ZPO vor. Das Gericht wird hiervon jedoch nur ausnahmsweise Gebrauch machen, bspw. wenn der Wiedereinsetzungsgrund aufgeklärt werden muss. Will das Gericht die Wiedereinsetzung allerdings versagen, ist eine abgesonderte Entscheidung hierüber unzweckmäßig. Eine Entscheidung über den Antrag auf Wiedereinsetzung in den vorigen Stand vor Ablauf der Wiedereinsetzungsfrist kann den Anspruch des Antragstellers auf rechtliches Gehör verletzen und die Zulassung der Rechtsbeschwerde begründen (BGH NJW-RR 2018, 1149).

7. Die Partei muss ohne ihr Verschulden – Vorsatz und grobe Fahrlässigkeit – gehindert gewesen sein, die versäumte Notfrist einzuhalten (§ 233 S. 1 ZPO). Die Prüfung erfolgt von Amts wegen, also auch dann, wenn der Gegner sich zu den vorgetragenen Wiedereinsetzungsgründen nicht äußert oder diese gar unstreitig stellt (BGH NJW-RR 2017, 308). Die Partei muss für eigenes Verschulden sowie dasjenige ihres gesetzlichen Vertreters (§ 51 Abs. 2 ZPO) und ihres Prozessbevollmächtigten (§ 85 Abs. 2 ZPO) einstehen. Auch wenn der Prozessbevollmächtigte aus dem Mandatsvertrag der Partei gegenüber für Fehler seiner Kanzleiangestellten einzustehen hat (§ 278 BGB), muss sich die Partei im Prozess deren Verschulden nicht zurechnen lassen. Insoweit kommt aber wiederum ein Anwaltsverschulden in Form eines Organisationsverschuldens in Betracht. Der Rechtsanwalt muss in einem Fall dieser Art konkret darlegen, dass nicht ihm, sondern seinem ansonsten zuverlässigen Büropersonal ein Versehen unterlaufen ist und sich der Fehler trotz ausreichender Anleitung und Überwachung ereignet hat; die pauschale Behauptung, einer bewährten Angestellten sei ein Versehen unterlaufen, genügt nicht (BGH NJW 2012, 2201; → Anm. 11). Tragen die zur Begründung des Wiedereinsetzungsantrags gemachten Angaben diesen Anforderungen nicht Rechnung, deutet das nicht auf Unklarheiten oder Lücken des Vortrags hin, die aufzuklären oder zu füllen wären, sondern erlaubt den Schluss darauf, dass entsprechende organisatorische Maßnahmen gefehlt haben; eine Hinweispflicht des Gerichts besteht deshalb nicht (BGH BeckRS 2019, 14834 Rn. 15).

Wird Wiedereinsetzung mit der Behauptung begehrt, ein fristgebundener Schriftsatz sei auf dem Postweg verloren gegangen, ist sie nur dann zu gewähren, wenn der Antragsteller auf der Grundlage einer aus sich heraus verständlichen, geschlossenen Schilderung der tatsächlichen Abläufe bis zur rechtzeitigen Aufgabe des in Verlust geratenen Schriftsatzes zur Post darlegt und glaubhaft macht, dass der Verlust mit überwiegender Wahrscheinlichkeit nicht im Verantwortungsbereich der Partei oder ihres Prozessbevollmächtigten eingetreten ist (BGH NJW-RR 2019, 950).

Erkennbar unklare oder ergänzungsbedürftige Angaben in einem Wiedereinsetzungsantrag, deren Aufklärung nach § 139 ZPO geboten gewesen wäre, können nach Fristablauf erläutert und vervollständigt werden (BGH NJW-RR 2019, 502).

Bleibt nach den mit dem Wiedereinsetzungsantrag vorgetragenen und glaubhaft gemachten Tatsachen zumindest die Möglichkeit offen, dass die Fristversäumnis auf einem Verschulden der Partei oder einem ihr zuzurechnenden Verschulden ihres Prozessbevollmächtigten beruht, ist die Wiedereinsetzung zu versagen (BGH NJW-RR 2020, 122).

8. Gemäß § 233 S. 2 ZPO wird vermutet, dass die Partei ohne ihr Verschulden daran gehindert war, die versäumte Frist einzuhalten, wenn eine erforderliche Rechtsbehelfsbelehrung unterblieben oder fehlerhaft war. Nach § 232 S. 2 ZPO muss auch ein Versäumnisurteil, das vom Landgericht erlassen wurde, eine Belehrung über den Einspruch enthalten. Ein Rechtsanwalt kann Vertrauen in die Richtigkeit einer Rechtsbehelfsbelehrung nur in solchen Fällen in Anspruch nehmen, in denen die inhaltlich fehlerhafte Rechtsbehelfsbelehrung zu einem unvermeidbaren, zumindest aber zu einem nachvollziehbaren und daher verständlichen Rechtsirrtum geführt hat. Die Fristversäumung ist mithin auch in den Fällen einer unrichtigen Rechtsbehelfsbelehrung nicht unverschuldet, wenn diese offenkundig falsch gewesen ist und deshalb – ausgehend von dem bei einem Rechtsanwalt vorauszusetzenden Kenntnisstand – nicht einmal den Anschein der Richtigkeit zu erwecken vermochte (BGH NJW 2021, 784 Rn. 7).

9. Das Verschulden der Partei an der Fristversäumung ist an einem subjektiven Sorgfaltsmaßstab zu messen. Maßgeblich sind die persönlichen Verhältnisse der Partei, der nur das jeweils Zumutbare abverlangt werden kann (BGH NJW 1985, 1711).

- Die Erkrankung der Partei kann eine Wiedereinsetzung rechtfertigen, wenn die Partei krankheitsbedingt nicht mehr in der Lage war, den Rat eines Rechtsanwalts einzuholen und diesen sachgemäß zu unterrichten. Dies setzt allerdings voraus, dass selbst eine telefonische Verständigung über einen fristgerecht einzureichenden Einspruch mit dem Verfahrensbevollmächtigten nicht möglich war (BGH NJW-RR 2019, 1394). Bei der Beantragung einer Wiedereinsetzung wegen psychischer Beeinträchtigungen durch den Tod des Ehepartners ist darzulegen, welcher Art und Schwere die durch die Depressionen bedingten kognitiven Einschränkungen waren und wann sie erstmals und in der Folgezeit auftraten sowie über welchen Zeitraum und dass dies so unvorhersehbar war, dass hierfür keine Vorkehrungen getroffen werden konnten (BGH BeckRS 2019, 21198).
- Im Regelfall müssen für die Zeit vorübergehender Abwesenheit von einer ständigen Wohnung keine besonderen Vorkehrungen hinsichtlich möglicher Zustellungen getroffen werden, denn der Betroffene darf damit rechnen, dass ihm bei Frist- oder Terminsversäumnissen Wiedereinsetzung in den vorigen Stand oder anderweitig eine nachträgliche Möglichkeit zu rechtlichem Gehör gewährt wird (BGH BeckRS 2019, 15624). Anders verhält es sich, wenn der Betroffene den Eingang an ihn gerichteter Schriftstücke in der Zeit seiner Abwesenheit erwarten musste (BGH BeckRS 2019, 15624). Ist er an einem gerichtlichen Verfahren beteiligt oder hat er konkrete Anhaltspunkte dafür, dass ein solches gegen ihn beginnen und während seiner Abwesenheit Fristen in Lauf gesetzt oder Termine bestimmt werden, so obliegt es ihm, seinen Posteingang zu kontrollieren und für eine rechtzeitige Erledigung fristwahrender Handlungen zu sorgen (BGH BeckRS 2019, 15624).

10. Das Verschulden eines Prozessbevollmächtigten ist an einem objektiven Sorgfaltsmaßstab zu messen. Dabei ist nicht von der äußersten und größtmöglichen Sorgfalt auszugehen, sondern von der von einem ordentlichen Rechtsanwalt zu fordernden üblichen Sorgfalt (BGH NJW-RR 2016, 126). Ein Rechtsanwalt, der die Frist zur Einlegung oder

Begründung eines Rechtsmittels bis zum letzten Tag ausschöpft, hat wegen des damit erfahrungsgemäß verbundenen Risikos erhöhte Sorgfalt aufzuwenden, um die Einhaltung der Frist sicherzustellen (BGH NJW 2015, 171). Nach Zustellung eines Urteils liegt ein die Wiedereinsetzung in die versäumte Rechtsmittelfrist ausschließendes Verschulden regelmäßig bereits darin, dass der Prozessbevollmächtigte das Empfangsbekenntnis ohne Überprüfung auch nur der Handakte unterzeichnet und zurückreicht, wenn andernfalls die Fristversäumung aufgefallen wäre (BGH BeckRS 2020, 25240).

Die Zurechnung des Anwaltsverschuldens gem. § 85 Abs. 2 ZPO erfolgt auch für Personen, die vom Prozessbevollmächtigten der Partei beauftragt wurden. Hierzu zählen der Sozius, angestellte Anwälte, Unterbevollmächtigte, Verkehrsanwälte und von diesen beauftragte juristische Mitarbeiter (hierzu und zu Ausnahmen sowie zu weiteren Personen ausführlich Musielak/Voit/*Weth* ZPO § 85 Rn. 12 ff.). Hat eine Partei mehrere anwaltliche Vertreter, so haftet sie für das Verschulden eines jeden von ihnen (OLG Rostock BeckRS 2013, 10206).

Ein Rechtsanwalt muss allgemeine Vorkehrungen dafür treffen, dass das zur Wahrung von Fristen Erforderliche auch dann unternommen wird, wenn er unvorhergesehen ausfällt. Er muss seinem Personal die notwendigen allgemeinen Anweisungen für einen solchen Fall geben. Ist er als Einzelanwalt ohne eigenes Personal tätig, muss er zumutbare Vorkehrungen für einen Verhinderungsfall treffen (zum Vorstehenden insgesamt BGH NJW 2020, 157).

- Auf einen krankheitsbedingten Ausfall muss sich der Rechtsanwalt dann durch konkrete Maßnahmen vorbereiten, wenn er einen solchen Ausfall vorhersehen kann. Wird er unvorhergesehen krank, muss er nur das unternehmen, was ihm zur Fristwahrung dann noch möglich und zumutbar ist (BGH NJW 2020, 157). Der krankheitsbedingte Ausfall des Rechtsanwalts am letzten Tag der Frist rechtfertigt deshalb für sich genommen noch keine Wiedereinsetzung. An einer schuldhaften Fristversäumung fehlt es nur dann, wenn infolge der Erkrankung weder kurzfristig ein Vertreter eingeschaltet noch ein Verlängerungsantrag gestellt werden konnte; dies ist glaubhaft zu machen (BGH BeckRS 2021, 5756).
- Eine erhebliche Arbeitsüberlastung des Rechtsanwalts kann eine Wiedereinsetzung nur dann ausnahmsweise rechtfertigen, wenn sie plötzlich und unvorhersehbar eingetreten ist und durch sie die Fähigkeit zu konzentrierter Arbeit erheblich eingeschränkt wird (BGH NJW 2013, 2035).

11. Für die Begründung des Wiedereinsetzungsgesuches verlangt die Rspr. vom Anwalt eine sorgfältige und genaue Darstellung, die die organisatorischen Vorkehrungen und die tatsächlichen Abläufe verständlich und geschlossen schildert und verdeutlicht, auf welchen Umständen die Fristversäumung beruht (BGH BeckRS 2015, 20732). Die Darlegung muss innerhalb der Wiedereinsetzungsfrist erfolgen. Zwar kann das Vorbringen nach Fristablauf vervollständigt werden, soweit es erkennbar unklar oder ergänzungsbedürftig war (BGH NJW 2014, 77), neues Vorbringen hat das Gericht jedoch nicht zu berücksichtigen, auch nicht in der Rechtsbeschwerde (BGH NJW 2004, 367), zumal wenn es im Widerspruch zur ursprünglichen Sachdarstellung steht (BGH NJW 1991, 1892; 1997, 1709). Das Gericht darf den Antrag nicht vor Ablauf der Wiedereinsetzungsfrist ablehnen, verstößt es hiergegen, liegt eine Verletzung des Anspruchs auf rechtliches Gehör aber nur dann vor, wenn der Rechtsanwalt substanziiert darlegen kann, dass er vor Ablauf der Wiedereinsetzungsfrist noch weiter erheblich vorgetragen hätte (BGH NJW 2012, 2201).

Die Anforderungen, die die Rechtsprechung an eine wirksame Organisation des Fristenwesens stellt, sind bekannt und müssen einem Anwalt auch ohne richterliche Hinweise geläufig sein. Tragen die zur Begründung des Wiedereinsetzungsantrags gemachten Angaben diesen Anforderungen nicht Rechnung, deutet das nicht auf Unklarheiten oder Lücken des Vortrags hin, die aufzuklären oder zu füllen wären, sondern erlaubt den Schluss darauf, dass entsprechende organisatorische Maßnahmen gefehlt haben (BGH BeckRS 2019, 14834).

- Regelmäßig anfallende Büroarbeiten darf ein Rechtanwalt auf zuverlässige Mitarbeiter delegieren, wenn er durch allgemeine, unmissverständliche Anordnungen dafür gesorgt hat, dass Fehler nach Möglichkeit vermieden werden (BGH BeckRS 2019, 14473).
- Ein Rechtsanwalt darf grundsätzlich darauf vertrauen, dass eine Büroangestellte, die sich bisher als zuverlässig erwiesen hat, eine konkrete Einzelanweisung befolgt. Deshalb ist er im Allgemeinen nicht verpflichtet, sich anschließend über die Ausführung seiner Weisung zu vergewissern. Wird die Anweisung nur mündlich erteilt, müssen allerdings ausreichende Vorkehrungen dagegen getroffen werden, dass die Erledigung in Vergessenheit gerät. Dafür genügt die klare und präzise Anweisung, die Erledigung sofort vorzunehmen, insbesondere wenn zudem eine weitere allgemeine Büroanweisung bestand, einen solchen Auftrag stets vor allen anderen auszuführen. Die Gefahr, dass eine solche sofort auszuführende Weisung sogleich vergessen oder aus sonstigen Gründen nicht befolgt wird, macht eine nachträgliche Kontrolle ihrer Ausführung dann nicht erforderlich. Der Rechtsanwalt muss dagegen, wenn er nicht die sofortige Ausführung seiner Anweisung anordnet, durch allgemeine Weisung oder besonderen Auftrag Vorkehrungen gegen das Vergessen treffen (zum ganzen Absatz BGH BeckRS 2019, 14834).

12. Die Rspr. stellt sehr hohe Anforderungen an die Kanzleiorganisation, mit der die Eintragung und Beachtung der Fristen sichergestellt werden muss, wofür allein der Anwalt die Verantwortung trägt (BGH NJW-RR 2011, 138). Die hierzu ergangene Rspr. ist kaum zu überblicken. Dennoch muss der Anwalt sich gerade hier auf dem Laufenden halten (BGH BeckRS 2014, 759). Einen jährlichen Überblick über die einschlägigen Entscheidungen des BGH gibt die NJW (zuletzt *Rohwetter-Kühl* NJW 2021, 2005; vgl. auch *Vossler* MDR 2020, 573).

IE muss der Anwalt innerhalb der Wiedereinsetzungsfrist vortragen und glaubhaft machen:

a) die Organisation des Büros in Bezug auf die Wahrung von Notfristen und Rechtsmittelbegründungsfristen (Eintragung nebst Vorfrist, Löschung, Kontrolle einschl. Postausgangskontrolle);
b) alle zwischen Beginn und Ende der versäumten Frist liegenden Umstände, die für die Frage bedeutsam sind, wie und durch wessen Verschulden die konkrete Frist versäumt wurde;
c) die Umstände, aus denen sich die Wahrung der Zwei-Wochenfrist bzw. der Monatsfrist nach Behebung des Hindernisses ergibt; dabei kommt es vor allem auf den Zeitpunkt an, zu dem die Fristversäumung erkannt wurde oder hätte erkannt werden können;
d) die Zuverlässigkeit und Überwachung des betreffenden Angestellten.

Im Wesentlichen muss der Rechtsanwalt im Fristenwesen Folgendes beachten:

- Überlässt der Rechtsanwalt die Berechnung und Notierung von Fristen einer gut ausgebildeten, als zuverlässig erprobten und sorgfältig überwachten Bürokraft, hat er die erforderliche eigenverantwortliche Gegenkontrolle so zu organisieren, dass es ihm anhand der Vermerke in der Handakte auch möglich ist zu überprüfen, ob die notierten Fristen richtig berechnet sind (BGH NJW-RR 2014, 440). Zu den zur Ermöglichung einer Gegenkontrolle erforderlichen Vorkehrungen im Rahmen der Fristenkontrolle gehört insb., dass die Rechtsmittelfristen in der Handakte notiert werden und die Handakte durch entsprechende Erledigungsvermerke oder auf sonstige Weise erkennen lässt, dass die Fristen in den Fristenkalender eingetragen worden sind (BGH NJW-RR 2014, 440). Dies gilt auch, wenn die Handakte allein elektronisch geführt wird (BGH NJW

2014, 3102). Die Fristenkontrolle muss jedoch nur gewährleisten, dass der fristwahrende Schriftsatz rechtzeitig hergestellt und postfertig gemacht wird.

- Bei der Fristeingabe in den elektronischen Fristenkalender muss eine Kontrolle durch einen Ausdruck der eingegebenen Einzelvorgänge oder eines Fehlerprotokolls erfolgen (BGH NJW 2019, 1456).
- Bei Stellung eines Fristverlängerungsantrags muss als zusätzliche Fristensicherung auch das hypothetische Ende der beantragten Fristverlängerung bei oder alsbald nach Einreichung des Verlängerungsantrags im Fristenbuch eingetragen, als vorläufig gekennzeichnet und rechtzeitig, spätestens nach Eingang der gerichtlichen Mitteilung, überprüft werden, damit das wirkliche Ende der Frist festgestellt werden kann; zugleich mit der Eintragung des beantragten (voraussichtlichen) Fristenendes ist hierfür auch eine Vorfrist einzutragen (BGH NJW-RR 2018, 1325).
- Der Rechtsanwalt muss das Büropersonal anweisen, anhand der Ausgangspost und gegebenenfalls der Akten zu überprüfen, ob die im Fristenkalender als erledigt gekennzeichneten Schriftsätze tatsächlich abgesandt worden sind (BGH BeckRS 2019, 14473). Diese nochmalige, selbständige und abschließende Kontrolle muss gewährleisten, dass geprüft wird, welche fristwahrenden Schriftsätze hergestellt, abgesandt oder zumindest versandfertig gemacht worden sind und ob diese mit den im Fristenkalender vermerkten Sachen übereinstimmen (BGH NJW-RR 2020, 52). Besteht die allgemeine Kanzleianweisung, nach der Übermittlung eines Schriftsatzes per Telefax anhand des Sendeprotokolls zu prüfen, ob die Übermittlung vollständig sowie an den richtigen Empfänger erfolgt ist, und die Frist im Fristenkalender erst anschließend zu streichen, muss das Sendeprotokoll bei der allabendlichen Erledigungskontrolle nicht – erneut – inhaltlich überprüft werden (BGH NJW 2021, 1467 Rn. 13).
- Der Rechtsanwalt ist nicht verpflichtet, durch Stichproben eine allgemeine Anweisung zur Ausgangskontrolle der Schriftsätze zu überwachen, wenn glaubhaft gemacht ist, dass die mit dieser Aufgabe betraute Bürokraft während ihrer langjährigen Tätigkeit noch nie eine Frist versäumt hatte und es sich um einen einmaligen Fehler handelte (BGH NJW-RR 2020, 1129).
- Die Begründung des Wiedereinsetzungsantrags muss die tatsächlichen Abläufe durch eine lückenlose, nicht nur auf allgemeine Vermutungen oder Erfahrungswerte gegründete Darstellung des Weges des konkreten Schriftstücks in den dafür vorgesehenen Postausgangskorb als der letzten Station auf dem Weg zum Adressaten enthalten und den hinreichend sicheren Schluss erlauben, dass das Schriftstück nach der Unterschrift durch den Prozessbevollmächtigten nur in das Ausgangsbehältnis gelangt sein konnte und nicht unterwegs liegen geblieben, verloren gegangen oder fehlgeleitet worden war (BGH NJW-RR 2019, 950).
- Nach einer Übermittlung per Telefax muss anhand des Sendeprotokolls überprüft werden, ob der Schriftsatz vollständig und an das richtige Gericht übermittelt worden ist; dabei darf sich die Kontrolle des Sendeberichts nicht darauf beschränken, die auf diesem ausgedruckte Faxnummer mit der zuvor aufgeschriebenen, zB bereits in den Schriftsatz eingefügten Nummer zu vergleichen, vielmehr muss der Abgleich anhand einer zuverlässigen Quelle, etwa anhand eines geeigneten Verzeichnisses, vorgenommen werden, um auch Fehler bei der Ermittlung aufdecken zu können (BGH NJW-RR 2020, 122).
- Dem Erfordernis, durch organisatorische Anweisungen sicherzustellen, dass Fehler bei der Ermittlung der Faxnummer erkannt werden, kann allerdings auch durch die Anweisung genügt werden, die im Sendebericht ausgedruckte Faxnummer mit der schriftlich niedergelegten zu vergleichen, wenn sichergestellt ist, dass diese ihrerseits zuvor aus einer zuverlässigen Quelle ermittelt worden ist. Dies setzt aber voraus, dass zusätzlich die generelle Anweisung besteht, die ermittelte Faxnummer vor der Versendung auf eine Zuordnung zu dem vom Rechtsanwalt bezeichneten Empfangsgericht

zu überprüfen. Der Sendebericht muss dann nicht mehr zusätzlich mit der zuverlässigen Ausgangsquelle verglichen werden. Infolge des vorangegangenen Abgleichs der auf den Schriftsatz übertragenen Faxnummer mit der zuverlässigen Ausgangsquelle ist die Nummer auf dem Schriftsatz nach diesem Abgleich selbst als ausreichend zuverlässige Quelle anzusehen (zum ganzen Absatz BGH BeckRS 2021, 10630 Rn. 27).

- Einem Auszubildenden darf die Faxübermittlung fristwahrender Schriftsätze nur dann übertragen werden, wenn dieser mit einer solchen Tätigkeit vertraut ist und eine regelmäßige Kontrolle seiner Tätigkeit keine Beanstandungen ergeben hat; bei Fehlen einer konkreten Einzelanweisung müssen allgemeine organisatorische Regelungen in der Anwaltskanzlei bestehen, die die Beachtung dieser Voraussetzungen und eine wirksame Kontrolle der Faxübermittlung durch den Auszubildenden gewährleisten. (BGH NJW 2014, 225).
- Bei der Übermittlung eines fristgebundenen Schriftsatzes per Telefax muss der Absender die Belegung des Empfangsgeräts des Gerichts durch andere eingehende Sendungen – insbesondere auch in den Abend- und Nachtstunden – in Rechnung stellen und zusätzlich zur eigentlichen Sendedauer eine Zeitreserve („Sicherheitszuschlag") von etwa 20 Minuten einplanen, um gegebenenfalls durch Wiederholung der Übermittlungsvorgänge einen Zugang des zu übersendenden Schriftsatzes bis zum Fristablauf zu gewährleisten (BGH NJW-RR 2018, 1529).
- Für die Ausgangskontrolle des besonderen elektronischen Anwaltspostfachs bei fristgebundenen Schriftsätzen genügt jedenfalls nicht die Feststellung, dass die Versendung irgendeines Schriftsatzes mit dem passenden Aktenzeichen an das Gericht erfolgt ist, sondern anhand des zuvor sinnvoll vergebenen Dateinamens ist auch zu prüfen, welcher Art der Schriftsatz war (BGH NJW 2020, 1809; zu Haftungsfallen im Zusammenhang mit dem beA *Günther* NJW 2020, 1785). Bleibt die automatisierte Eingangsbestätigung des Gerichts aus, muss sich der Rechtsanwalt um eine Klärung der Ursache kümmern und eine erneute Übermittlung, ggf. auf anderem Wege, versuchen (OLG Koblenz NJW 2020, 1823 Rn. 5). Generell muss er sein Büropersonal anweisen, dass bei Übermittlung von Daten per beA stets der Erhalt der Eingangsbestätigung zu kontrollieren ist; diesbezüglich muss er zumindest stichprobenweise Überprüfungen durchführen (BAG NJW 2019, 2793 Rn. 23). Wenn bei der Erstellung einer qualifizierten elektronischen Signatur ein Warnsymbol aufleuchtet, hat der Prozessbevollmächtigte sich über die Bedeutung des Symbols zu informieren oder durch Kontrolle der Signatur im besonderen elektronischen Anwaltspostfach zu vergewissern, dass eine ordnungsgemäße Signatur vorliegt (OLG Braunschweig NJW 2021, 1604).
- Scheitert die Übermittlung eines fristgebundenen Schriftsatzes an der temporären Belegung oder Störung des Telefaxempfangsgeräts des Gerichts, darf der Prozessbevollmächtigte der Partei nicht ohne Weiteres mehrere Stunden vor Ablauf des letzten Tages der Frist zusätzliche Übermittlungsversuche einstellen (BGH NJW 2019, 3310: letzter Versuch 20 Uhr). Wenn sich herausstellt, dass eine Telefax-Verbindung aus unvorhersehbaren, nicht zu vertretenden Gründen nicht zustande kommt, bleibt der Rechtssuchende nämlich verpflichtet, alle dann noch möglichen und zumutbaren Maßnahmen zu ergreifen, um die Frist einzuhalten (BGH NJW-RR 1996, 1275). Die Benutzung des besonderen elektronischen Anwaltspostfachs nach gescheiterter Übermittlung per Telefax ist jedenfalls dann kein zumutbarer, nur geringfügigen Aufwand verursachender alternativer Übermittlungsweg, wenn der Prozessbevollmächtigte der Partei das besondere elektronische Anwaltspostfach bisher nicht aktiv zum Versand von Schriftsätzen genutzt hat und mit seiner Nutzung nicht vertraut ist (BGH NJW 2021, 390; vgl. hierzu aber auch OLG Dresden NJW 2019, 3312 Rn. 8). Das kann allerdings nicht mehr gelten, wenn die aktive beA-Nutzung verpflichtend geworden ist (vgl. § 130d ZPO). Ein Patentanwalt, der kurz vor Ablauf der dafür maßgeblichen Frist feststellt, dass die Telefax-Übermittlung einer Berufungsbegründung in einem Patentnichtigkeits-

verfahren wegen nicht von ihm zu vertretender technischer Probleme voraussichtlich scheitern wird, ist nicht verpflichtet, nach einem Rechtsanwalt zu suchen, der den Versand für ihn über das besondere elektronische Anwaltspostfach vornehmen kann (BGH NJW 2020, 2194 Rn. 19).

- Auch die Unterschriftenkontrolle darf der Rechtsanwalt einer zuverlässigen Bürokraft überlassen. Ist eine solche allgemeine Anweisung nicht zu beanstanden, kommt ein Verschulden des Rechtsanwalts nicht in Betracht, wenn die Unterschriftenkontrolle im Einzelfall nicht funktioniert hat (BGH BeckRS 2021, 2285). Ob es sich beim Einscannen der Unterschrift des Klägervertreters in die als Computer-Fax übermittelte Berufungsschrift um eine einfache, von einem Rechtsanwalt zulässigerweise auf sein Büropersonal übertragbare Verrichtung oder um eine vom Rechtsanwalt selbst zu erledigende Tätigkeit handelt, hat der BGH bislang offengelassen (BGH NJW-RR 2021, 373).
- Dem Prozessbevollmächtigten einer Partei ist ein Verschulden an einer Fristversäumung dann nicht anzulasten, wenn zwar die allgemeinen organisatorischen Vorkehrungen oder Anweisungen für eine Fristwahrung unzureichend sind, er aber einer Kanzleikraft, die sich bislang als zuverlässig erwiesen hat, eine konkrete Einzelanweisung erteilt, die bei Befolgung die Fristwahrung gewährleistet hätte (BGH NJW-RR 2018, 1325).

13. Vor Unterzeichnung und Rücksendung des Empfangsbekenntnisses muss der Prozessbevollmächtigte anhand der Handakte überprüfen, ob die Fristen notiert wurden (BGH BeckRS 2020, 25240).

14. Bei Prozesshandlungen, deren Vornahme ihrer Art nach mehr als nur einen geringen Aufwand an Zeit und Mühe erfordert, wie dies regelmäßig bei Rechtsmittelbegründungen der Fall ist, ist außer dem Datum des Fristablaufs noch eine grundsätzlich etwa einwöchige Vorfrist zu notieren (BGH BeckRS 2020, 31055). Die Vorfrist dient dazu sicherzustellen, dass auch für den Fall von Unregelmäßigkeiten und Zwischenfällen noch eine ausreichende Überprüfungs- und Bearbeitungszeit bis zum Ablauf der zu wahrenden Frist verbleibt. Die Eintragung einer Vorfrist bietet eine zusätzliche Fristensicherung. Sie kann die Fristwahrung in der Regel selbst dann gewährleisten, wenn die Eintragung einer Rechtsmittelbegründungsfrist versehentlich unterblieben ist

15. Zu den zur Ermöglichung einer Gegenkontrolle erforderlichen Vorkehrungen im Rahmen der Fristenkontrolle gehört insbesondere, dass die Rechtsmittelfristen in der Handakte notiert werden und die Handakte durch entsprechende Erledigungsvermerke oder auf sonstige Weise erkennen lässt, dass die Fristen in den Fristenkalender eingetragen worden sind (BGH NJW-RR 2020, 939).

16. Der Rechtsanwalt muss hinreichende organisatorische Vorkehrungen treffen, dass Fristen im Fristenkalender erst dann gestrichen werden, wenn die fristwahrende Handlung auch tatsächlich erfolgt oder jedenfalls soweit gediehen ist, dass von einer fristgerechten Vornahme auszugehen ist (BGH NJW-RR 2014, 634).

17. Ein Rechtsanwalt darf regelmäßig sein voll ausgebildetes, als zuverlässig erprobtes und sorgfältig überwachtes Personal mit der Notierung und Überwachung von Fristen betrauen (BGH NJW-RR 2016, 505). Er hat aber durch geeignete organisatorische Maßnahmen sicherzustellen, dass die Fristen zuverlässig festgehalten und kontrolliert werden (BGH NJW-RR 2014, 440).

18. Eine Glaubhaftmachung durch anwaltliche Versicherung genügt (BGH NJW-RR 2017, 1266). Von ihrer Richtigkeit ist grundsätzlich auszugehen. Dies gilt lediglich dann nicht, wenn konkrete Anhaltspunkte es ausschließen, den geschilderten Sachverhalt mit überwiegender Wahrscheinlichkeit als zutreffend zu erachten (BGH NJW-RR 2020,

501). Es ist zweckmäßig, dass der Rechtsanwalt, der die Wiedereinsetzungsgründe glaubhaft machen kann, den Termin selbst wahrnimmt, damit er notfalls als präsenter Zeuge vernommen werden kann (§ 294 Abs. 2 ZPO).

19. Die eidesstattliche Versicherung der Angestellten oder der Partei darf nicht lediglich auf den Schriftsatz des Anwalts Bezug nehmen (BGH NJW 1996, 1682). Der Anwalt hat auch darauf zu achten, dass sein schriftsätzliches Vorbringen und seine eidesstattliche Versicherung bzw. die der Partei sich entsprechen; Widersprüche gehen zu Lasten der Partei (BGH NJW 2002, 1429). Allerdings muss das Gericht hierauf hinweisen und Gelegenheit zur Nachbesserung geben (BGH NJW-RR 2020, 501).

20. → Anm. 3.

Kosten und Gebühren

21. Das Verfahren verursacht keine besonderen Gerichts- und Rechtsanwaltsgebühren, es sei denn, der Anwalt ist nur mit der Wiedereinsetzung beauftragt (dann 0,8 Verfahrensgebühr nach VV 3403 RVG). Die durch das Verfahren entstandenen Auslagen des Gerichts und der Parteien trägt der Antragsteller ohne Rücksicht auf den Erfolg des Antrags, soweit sie nicht durch einen unbegründeten Widerspruch des Gegners entstanden sind (§ 238 Abs. 4 ZPO).

Fristen und Rechtsmittel

22. Der Rechtsanwalt muss zwei Fristen beachten:

- Die Wiedereinsetzung muss innerhalb von zwei Wochen beantragt werden, nachdem das Hindernis behoben ist (§ 234 ZPO), dh nicht erst, nachdem dem Antragsteller die Fristversäumung bekannt geworden ist, sondern bereits nachdem seine Unkenntnis nicht mehr unverschuldet ist. Bei der Vertretung durch einen Rechtsanwalt beginnt die Frist spätestens in dem Zeitpunkt, in dem der Anwalt bei Anwendung der unter den gegebenen Umständen zu erwartenden Sorgfalt die eingetretene Säumnis hätte erkennen können (BGH NJW 2020, 1525).
- Außerdem ist die Ausschlussfrist von einem Jahr zu beachten (§ 234 Abs. 3 ZPO; zu den Ausnahmen Musielak/Voit/*Grandel* ZPO § 234 Rn. 6).
- Wird die Wiedereinsetzungsfrist schuldlos versäumt, ist auch insoweit Wiedereinsetzung möglich (BGH NJW 2013, 697).
- Kann der Anwalt nicht ausschließen, dass das Fristversäumnis auf sein Verschulden zurückgeht, ist er nach § 5 Abs. 2 Nr. 1.1 AVB-RSW verpflichtet, unverzüglich, spätestens innerhalb einer Woche, seinen Haftpflichtversicherer (in Textform) zu informieren.

23. Gegen die Gewährung der Wiedereinsetzung gibt es kein Rechtsmittel, § 238 Abs. 3 ZPO, selbst wenn die Rechtsbeschwerde fälschlich zugelassen wurde (BGH NJW 2003, 211); das gilt auch, wenn durch Zwischenurteil entschieden wird. Wird der Anspruch des Gegners auf rechtliches Gehör verletzt, kommt eine Anhörungsrüge nach § 321a ZPO in Betracht; sie kann nur erfolgreich sein, wenn die Wiedereinsetzung darauf beruht, dass dem Gegner rechtliches Gehör versagt wurde (BGH NJW-RR 2009, 642), wenn also sein Vorbringen zur Zurückweisung des Antrags geführt hätte.

Bei Versagung der Wiedereinsetzung im Endurteil sind die gewöhnlichen Rechtsmittel gegeben. Wenn das Gericht die Wiedereinsetzung ablehnt und den Einspruch nach § 341 Abs. 2 ZPO durch Urteil verwirft, ist die Berufung das richtige Rechtsmittel.

Bei gesonderter Entscheidung über das Wiedereinsetzungsgesuch muss diese mit dem statthaften Rechtsmittel – sofortige Beschwerde – angegriffen werden, weil andernfalls die Entscheidung über den Wiedereinsetzungsantrag rechtskräftig und für die Entscheidung über die Verwerfung des Rechtsmittels bindend wird (BGH NJW 2017, 1554). Innerhalb der Wiedereinsetzungsfrist können Wiedereinsetzungsgründe nachgeschoben werden (BGH NJW 2017, 1554).

6. Berufungsschrift gegen Zweites Versäumnisurteil

An das
Oberlandesgericht . . . . .

Berufung[1, 2, 3]

In Sachen

. . . . .

lege ich namens und im Auftrag der Beklagten gegen das am 11.5.2021 verkündete und mir am 12.5.2021 zugestellte Zweite Versäumnisurteil des Landgerichts . . . . .

Berufung

ein und beantrage,

das Versäumnisurteil des Landgerichts . . . . . v. 11.5.2021 aufzuheben und die Klage abzuweisen; hilfsweise, das Versäumnisurteil v. 11.5.2021 aufzuheben und den Rechtsstreit an das Landgericht zurückzuverweisen.[4]

Begründung:

Das Landgericht hat zu Unrecht ein Zweites Versäumnisurteil gegen die Beklagte erlassen. Dass ich im Einspruchstermin am 11.5.2021 nicht anwesend war, ist unerheblich. Diese Säumnis war unverschuldet. Der Einspruchstermin war vom Gericht nicht ordnungsgemäß anberaumt worden. Es ist unzulässig, einen solchen Termin bereits vor Eingang des Einspruchs anzuberaumen, wie es das Landgericht vorliegend am Schluss der mündlichen Verhandlung v. 5.3.2021 getan hat, in der ich für den Beklagten bewusst keinen Antrag gestellt hatte.[5]

Rechtsanwalt

Schrifttum: Stadler/Jarsumbek, Das Versäumnisverfahren gemäß §§ 330 ff. ZPO, insb. das zweite Versäumnisurteil, JuS 2006, 34; JuS 2006, 134

Anmerkungen

1. Ausf. zu den Formalien der Berufungs- und Berufungsbegründungsschrift → Form. I. O.1.

2. Ein Zweites Versäumnisurteil kann sowohl nach Einspruch gegen ein Versäumnisurteil gegen den Kläger oder den Beklagten als auch nach Einspruch gegen einen Vollstreckungsbescheid ergehen (§ 345 ZPO, für den Vollstreckungsbescheid iVm § 700 Abs. 1 ZPO). Das Zweite Versäumnisurteil setzt außer dem darauf gerichteten Antrag zunächst eine Säumnis des Gegners im Einspruchstermin trotz rechtzeitiger und ordnungsgemäßer Ladung voraus. Dabei kann die Einhaltung einer längeren Wartezeit als beim ersten Versäumnisurteil geboten sein (OLG Rostock MDR 1999, 626; vgl. aber OLG Düsseldorf MDR 2012, 556: Der Beklagtenvertreter war im Einspruchstermin vor dem Landgericht 16 Minuten zu spät erschienen, woraufhin ein Zweites Versäumnisurteil gegen ihn ergangen ist.). Nicht mehr zu prüfen ist, ob das Versäumnisurteil rechtsfehlerfrei ergangen ist, insbesondere kommt es nicht darauf an, ob die Klage bei Erlass des ersten Versäumnisurteils schlüssig war (BGH NJW-RR 2020, 575; NJW 2018, 3252). Erscheint die Partei nach rechtzeitigem Einspruch gegen das erste Versäumnisurteil erneut nicht zur mündlichen Verhandlung über den Einspruch oder erscheint sie zwar, ist aber nicht ordnungsgemäß vertreten oder verhandelt nicht, hat das Gericht nur noch die Voraussetzungen der wiederholten Säumnis, insbesondere die ordnungsgemäße Ladung zum Termin, zu prüfen, bevor es nach § 345 ZPO den Einspruch durch zweites Versäumnisurteil zu verwerfen hat (BGH NJW-RR 2020, 575). Anders ist die Rechtslage nach Einspruch gegen einen Vollstreckungsbescheid: Hier darf der Einspruch durch ein Zweites Versäumnisurteil nur verworfen werden, wenn die Klage schlüssig ist (§ 700 Abs. 6 ZPO); außerdem ist zu prüfen, ob der Vollstreckungsbescheid auch iÜ rechtmäßig ergangen ist (BGH NJW 1999, 2599; 1982, 888).

3. Die Berufung gegen ein Zweites Versäumnisurteil kann nur darauf gestützt werden, dass die Säumnis im Einspruchstermin unverschuldet war (§ 514 Abs. 2 ZPO); sie kann nicht darauf gestützt werden, dass bei Erlass des ersten Versäumnisurteils keine Säumnis vorgelegen habe (BGH NJW 1986, 2113). Die Berufung gegen ein zweites Versäumnisurteil kann auch nicht darauf gestützt werden, dass Restitutionsgründe des § 580 Nr. 7b ZPO vorliegen (BGH BeckRS 2011, 24939). Die Berufungssumme von 600 EUR braucht dagegen nicht erreicht zu sein (§ 514 Abs. 2 S. 2 ZPO; anders in der Arbeitsgerichtsbarkeit, BAG MDR 1989, 850). Die Verschuldensfrage ist nach denselben Maßstäben zu beurteilen wie bei der Wiedereinsetzung in den vorigen Stand (BGH NJW 1999, 2120; 2007, 2047). An die schuldlose Versäumung des Termins durch einen Rechtsanwalt stellt die Instanzrechtsprechung zT strenge Anforderungen (zB OLG Köln MDR 1998, 617; KG MDR 1999, 185; OLG Naumburg MDR 1999, 186). Wird ein weiteres (erstes) Versäumnisurteil irrig als Zweites Versäumnisurteil bezeichnet, kann der Betroffene nach dem Meistbegünstigungsgrundsatz dieses Urteil mit dem Einspruch und/oder der Berufung angreifen (BGH NJW 1997, 1448; OLG Frankfurt a. M. NJW-RR 1992, 1468). Im umgekehrten Fall, wenn ein weiteres erstes Versäumnisurteil erlassen wird, obwohl richtigerweise ein Zweites Versäumnisurteil hätte ergehen müssen, kann nach dem Grundsatz der Meistbegünstigung auch ein Einspruch zulässig sein (BGH NJW 1997, 1448).

4. Ist das Berufungsgericht der Auffassung, das Zweite Versäumnisurteil sei zu Unrecht ergangen, darf es auf Antrag einer Partei unter Aufhebung des Urteils den Rechtsstreit an das Ausgangsgericht zurückverweisen (§ 538 Abs. 2 S. 1 Nr. 6 ZPO). Will das Berufungsgericht hiervon keinen Gebrauch machen, sondern selbst in der Sache entscheiden, müssen die Parteien dieselben Anträge stellen, mit denen sie bei ordnungsgemäßem erstinstanzlichen Verfahren im Einspruchstermin verhandelt hätten (§ 343 ZPO).

Kann der Berufungskläger nicht schlüssig mangelndes Verschulden an der Versäumung des Einspruchstermins darlegen, ist die Berufung als unzulässig zu verwerfen (OLG Hamm BeckRS 2016, 03022; OLG Köln BeckRS 2014, 17783).

5. Der Erlass eines Zweiten Versäumnisurteils wegen Säumnis des Einspruchsführers im Einspruchstermin setzt ua voraus, dass dieser Termin ordnungsgemäß anberaumt wurde. Der Einspruchstermin ist nur dann wirksam anberaumt, wenn die Terminierung nach Eingang des Einspruchs erfolgt und nicht bereits am Schluss des Termins der Säumnis (BGH BeckRS 2015, 18834; NJW 2011, 928). Die Ladung zum Einspruchstermin gegen einen Vollstreckungsbescheid ist auch dann wirksam, wenn der Beklagte nicht auf die Folgen eines Zweiten Versäumnisurteils hingewiesen wurde (BGH MDR 2010, 1340).

7. Entscheidung nach Lage der Akten

An das
Landgericht
In der Sache
. . . . .
wird die Beklagte nach Kenntnis der Klägerin zum Fortsetzungstermin am . . . . . nicht erscheinen.
Die Kläger wiederholt daher den Antrag aus der Klageschrift[3] und beantragt,
eine Entscheidung nach Lage der Akten zu erlassen.[1, 2, 4]
Die Parteien haben bereits im Termin vom . . . . . streitig verhandelt. Weiteres erhebliches Vorbringen der Beklagten ist nicht zu erwarten, es wäre ohnehin als verspätet zurückzuweisen.
Für den Fall, dass das Gericht eine Entscheidung nach Lage der Akten ablehnt, wird hilfsweise beantragt werden,[5]
ein Versäumnisurteil zu erlassen.
Rechtsanwältin[6, 7]

Anmerkungen

1. Statt eines Versäumnisurteils kann die erschienene Partei auch eine Entscheidung nach Lage der Akten beantragen (§ 331a ZPO). Das ist zu empfehlen, wenn ein Einspruch des Säumigen gegen das Versäumnisurteil zu erwarten wäre und der Erschienene an einer Förderung des Verfahrens oder an einer abschließenden Entscheidung durch streitiges Urteil interessiert ist. Ein Urteil nach Lage der Akten kann nur ergehen, wenn in einem früheren Termin streitig zur Sache verhandelt wurde (§ 331a S. 2 iVm § 251a Abs. 2 ZPO). Im Berufungsverfahren reicht eine Verhandlung vor dem vorbereitenden Einzelrichter aus (vgl. OLG Karlsruhe MDR 1995, 637). Nach Auffassung des BAG soll sogar eine Verhandlung vor Zurückverweisung genügen, soweit lediglich das Berufungsurteil, nicht jedoch auch das Verfahren aufgehoben wurde (BAG NJW 2015, 365). Stellt der Erschienene den Antrag, sollte er sicher sein, dass die auf Grund des Akteninhalts zu treffende Entscheidung für ihn günstig ist. Klagebegründendes Vorbringen, das dem Beklagten nicht unter Wahrung der Einlassungsfrist zugestellt wurde, kann nicht berücksichtigt werden. Das Gericht kann jedoch bei Säumnis einer Partei geladene Zeugen oder Sachverständige vernehmen und das Ergebnis für die Entscheidung nach Lage der Akten verwerten (BGH NJW 2002, 301).

2. Aus der Sicht des Gerichts ist die gegenüber dem Erlass eines Versäumnisurteils aufwändigere Entscheidung nach Lage der Akten vor allem dann sinnvoll, wenn ein Einspruch gegen das Versäumnisurteil zu erwarten wäre, während die Sache über § 331a ZPO gleich und endgültig erledigt werden kann. Das heißt für den Anwalt, dass er es sich, wenn bereits mündlich verhandelt wurde, gut überlegen muss, ob er in die Säumnis flüchtet; er riskiert den endgültigen Verlust des Prozesses.

3. Außer dem Prozessantrag auf Entscheidung nach Lage der Akten ist auch der Sachantrag zu stellen, über den das Gericht zu entscheiden hat. Entsprechendes gilt für den Klageabweisungsantrag des Beklagten. Der Antrag kann sich auf einen Teil des Anspruchs beschränken; das ist zB zweckmäßig, wenn das Gericht die Klage nur zT für entscheidungsreif hält. Hinsichtlich des Restes kann dann, Schlüssigkeit der Klage vorausgesetzt, auf Antrag ein Versäumnisurteil ergehen.

4. Auch dieser Antrag wird idR nicht schriftsätzlich angekündigt, sondern im Termin gestellt, wenn der Gegner nicht erscheint. Steht sein Nichterscheinen schon vorher fest, kann es sinnvoll sein, den Antrag mit Schriftsatz anzukündigen, damit sich das Gericht vorbereiten kann. Die Entscheidung kann ein Beschluss, zB ein Beweisbeschluss, oder ein ganz oder zT stattgebendes oder abweisendes Urteil sein. Der Antragsteller kann seinen Antrag nicht in der Form einschränken, dass er für den Fall eines ungünstigen Urteils nicht gestellt sein soll. Ob das Gericht eine Entscheidung nach Lage der Akten verkündet, steht in seinem Ermessen. Ein Urteil kann nicht am Schluss des Verhandlungstermins, sondern erst in einem besonderen Verkündungstermin, der frühestens zwei Wochen später stattfinden darf, ergehen (§ 251a Abs. 2 ZPO). In dieser Zeit hat der Gegner, dem der Verkündungstermin formlos mitgeteilt wird, Gelegenheit, glaubhaft zu machen, dass er den Verhandlungstermin ohne Verschulden versäumt hat.

5. Lehnt das Gericht die Entscheidung ab, kann der Erschienene immer noch ein Versäumnisurteil beantragen. Der Hilfsantrag ist für den Fall sinnvoll, dass das Gericht die Sache zur Entscheidung nimmt, ohne sich auf eine Entscheidung nach Lage der Akten festgelegt zu haben. Lehnt es dann im Verkündungstermin die Entscheidung nach Lage der Akten ab, muss es das Versäumnisurteil erlassen, ohne dass eine weitere mündliche Verhandlung erforderlich wird.

Kosten und Gebühren

6. Der Rechtsanwalt erhält die volle Terminsgebühr.

Fristen und Rechtsmittel

7. Die Ablehnung eines Antrags auf Entscheidung nach Lage der Akten ist unanfechtbar, § 336 Abs. 2 ZPO. Gegen die Entscheidung nach Lage der Akten haben die Parteien dieselben Rechtsmittel wie sonst auch; ein Einspruch wäre nicht statthaft.

H. Beweisverfahren

1. Antrag auf Vernehmung von Zeugen

An das
Landgericht
In der Sache
.....
bezieht sich der Kläger zum Beweis[1] für den von ihm vorgetragenen Unfallhergang[2] auf die Zeugen
1. Herrn Andreas Wentz, Marienstraße 3, 70249 Stuttgart,[3]
2. Herrn Meyer, ladungsfähige Anschrift nur dem Beklagten bekannt,[4]
3. NN (ladungsfähige Anschrift wird nachgereicht),[5]
4. Frau Rita Berger, Südwall 21, 31254 Hannover,
5. Frau Tüley Özgörgün, Birkenallee 17, 70249 Stuttgart.

Der Zeuge Herr Wentz hat über den Unfallhergang seinerzeit eine Skizze gemacht. Es wird beantragt,
dem Zeugen aufzugeben, diese Skizze zum Termin mitzubringen.[6]

Bei dem Zeugen Herrn Meyer handelt es sich um den Fahrer des Fahrzeugs, das zur Zeit des Unfalls hinter dem Fahrzeug des Beklagten fuhr. Der Beklagte hat sich die Anschrift dieses Zeugen notiert, dem Kläger ist sie unbekannt. Der Kläger beantragt,
dem Beklagten unter Fristsetzung aufzugeben, die Anschrift des Zeugen Herrn Meyer anzugeben.

Bei dem Zeugen NN handelt es sich um den Fahrer eines weiteren Fahrzeugs, dessen Namen der Kläger bemüht ist, über das zuständige Straßenverkehrsamt zu ermitteln.

Hinsichtlich der Zeugin Frau Berger wird beantragt,
sie vorab im Wege der Rechtshilfe vor dem Amtsgericht Hannover zu vernehmen.[7]

Frau Özgörgün hat den Unfall im Fahrzeug des Klägers miterlebt.[8] Sie ist Türkin. Da sie nur unzureichend Deutsch spricht, wird beantragt, zu ihrer Vernehmung einen Dolmetscher der türkischen Sprache hinzuzuziehen.[9]

Zum Beweis für die dargelegten Unfallverletzungen und die sich daraus ergebenden Beschwerden, den Heilungsverlauf, die Dauer der Arbeitsunfähigkeit sowie den Behandlungszeitraum bezieht sich der Kläger auf das Zeugnis des

Dr. med. Hans Schüler ..... (ladungsfähige Anschrift),

den der Kläger hierfür von seiner Verschwiegenheitspflicht entbindet.[10] Es wird angeregt, eine schriftliche Beantwortung der Beweisfrage anzuordnen, da Gegenstand der Vernehmung eine Auskunft bildet, die der Zeuge voraussichtlich anhand seiner ärztlichen Unterlagen geben kann.[11]

Rechtsanwalt[12, 13]

Schrifttum: Arntzen, Psychologie der Zeugenaussage, 5. Aufl. 2011; *Baumgärtel,* Ausforschungsbeweis und „Behauptung ins Blaue hinein“, MDR 1995, 987; *Bender/Nack/Treuer,* Tatsachenfeststellung vor Gericht, 4. Aufl. 2014; *Deckers,* Glaubwürdigkeit kindlicher Zeugen, NJW 1999, 1365; *Dötsch,* Auslandszeugen im Zivilprozess,

MDR 2011, 269; *Eichele/Klinge* Das Beweisbuch für den Anwalt, 2002; *Einmahl,* Zeugenirrtum und Beweismaß im Zivilprozess, eine Fallstudie am Beispiel des Verkehrsunfallprozesses, NJW 2001, 469; *Fellmer,* Tatsachenfeststellung in der ersten Instanz – Bedeutung für das Berufungsverfahren und Korrekturmöglichkeiten, MDR 2003, 721; *Foerste,* Parteiische Zeugen im Zivilprozess, NJW 2001, 321; *Foerste,* Lauschzeugen im Zivilprozess, NJW 2004, 262; *Gießler,* Vernehmung des nicht geladenen Zeugen, NJW 1991, 2885; *Gottschalk,* Der Zeuge N.N., NJW 2005, 2939; *Grüneberg,* Ordnungsmittel gegen einen ausgebliebenen Zeugen, MDR 1992, 326; *Heistermann,* Vorschussanordnung vor der Beweisaufnahme – Folgen der fehlerhaften Zahlung, MDR 2001, 1085; *Helle,* Der Telefonzeuge im Zivilprozeß, JR 2000, 353; *Jäckel*, Aktuelle Entwicklungen im zivilprozessualen Beweisrecht, MDR 2018, 1037; *ders.*, Aktuelle Entwicklungen im zivilprozessualen Beweisrecht, MDR 2020, 317; *ders.*, Aktuelle Entwicklungen im zivilprozessualen Beweisrecht, MDR 2021, 465; *Kassebohm,* Zeugen richtig befragen, NJW 2009, 200; *Kiethe,* Zulässigkeit von Beweisantritten bei Behauptungen auf Grundlage einer zivilrechtlichen Vermutungsbasis, MDR 2003, 1325; *Kirchhoff,* Der Verkehrsunfall im Zivilprozeß – von der Schwierigkeit, Zeugen zu glauben, MDR 1999, 1473; *Kirchhoff,* Zur Würdigung von Zeugenaussagen, MDR 2010, 791; *Kluth/Böckmann,* Die zivilprozessuale Partei im Zeugenmantel, MDR 2002, 616; *Lenz/Meurer,* Der heimliche Zeuge im Zivilprozeß, MDR 2000, 73; *Laumen,* Der Beweisantrag im Zivilprozess, MDR 2020, 145; *ders.*, Die Ablehnung von Beweisanträgen im Zivilprozess, MDR 2020, 193; *ders.*, Die sekundäre Behauptungslast, MDR 2019, 193; *ders.*, Der Anscheinsbeweis im Straßenverkehrsrecht (Teil 1), MDR 2020, 1345; *ders.*, Der Anscheinsbeweis im Straßenverkehrsrecht (Teil 2), MDR 2020, 1415; *Luckey,* Widerklage gegen Dritte – Zeugen zum Abschuss freigegeben? MDR 2002, 743; *Metz*, Die schriftliche Zeugenvernehmung im Zivilprozess, MDR 2020, 1094; *Meyke,* Die Funktion der Zeugenaussage im Zivilprozeß, NJW 1989, 2032; *Meyke,* Plausibilitätskontrolle und Beweis, NJW 2000, 2230; *Reinecke,* Der Zeuge N.N. in der zivil- und arbeitsgerichtlichen Praxis, MDR 1990, 767; *Sasse/Dege,* Keine Möglichkeit zur außergerichtlichen Beschränkung des Äußerungsprivilegs des Zeugen, MDR 2020, 1038; *Schneider,* Beweisrechtsverstöße in der Praxis, MDR 1998, 997; *Schultzky*, Die „kleine" ZPO-Reform 2020, MDR 2020, 1; *Stockmann,* Prozessuale Konsequenzen des Fernbleibens von Zeugen im Zivilrechtsstreit, JuS 2008, 974; *Tiedemann,* Erstinstanzlicher Verzicht auf Zeugen im reformierten Berufungsverfahren, MDR 2008, 237; *Zuck,* Verfassungsrechtliche Rahmenbedingungen des zivilprozessualen Beweisverfahrens – Zeugenbeweis, NJW 2010, 3494.

Anmerkungen

1. Der Zeugenbeweis ist die in der Praxis häufigste Beweisart, zu einer sicheren Beweisführung jedoch nur in Grenzen geeignet (vgl. *Foerste* NJW 2001, 321; Stein/Jonas/*Berger* ZPO Vor § 373 Rn. 13 f.). Zeuge kann nur sein, wer nicht Partei des Rechtsstreits ist oder als Partei zu vernehmen wäre (wie zB der Inhaber einer Firma, der Geschäftsführer einer GmbH, der Vorstand eines Vereins, der persönlich haftende Gesellschafter einer OHG oder KG; vgl. näher Zöller/*Greger* ZPO Vor § 373 Rn. 5 ff.). Auch der Streitgenosse kann idR nicht Zeuge sein, BGH NJW 1983, 2508, sondern als Zeuge nur über Tatsachen vernommen werden, die ausschließlich andere Streitgenossen betreffen (BGH NJW-RR 1991, 256; Zöller/*Greger* ZPO Vor § 373 Rn. 7). Der Zedent kann Zeuge sein, seine Aussage unterliegt aber besonders kritischer Würdigung (BGH NJW 2001, 826 (827)). Als Zeuge kommt iÜ nur in Betracht, wer in Bezug auf das Beweisthema konkrete Wahrnehmungen gemacht hat, und zwar in zulässiger Weise; das ist zweifelhaft bei heimlichem Mithören über eine Bürosprechanlage oder Mithöreinrichtung (BGH NJW 2003, 1727; vgl. Zöller/*Greger* ZPO § 286 Rn. 15a f.; *Lenz/Meurer* MDR

2000, 73); eine heimlich aufgenommene Tonaufzeichnung wäre nicht verwertbar (BGH NJW 1982, 277; 1988, 1016; BayObLG NJW 1990, 197). Das gilt auch für einen heimlich in den Besprechungsraum geführten Lauscher (BGH NJW 1991, 1180). Allerdings ist die Frage der Verwertbarkeit in diesen Fällen stets auf Grund einer Interessen- und Güterabwägung nach den Umständen des Einzelfalls zu entscheiden (BVerfG NJW 2002, 3619 (3624); BGH NJW 1994, 2289 (2292); *Foerste* NJW 2004, 262). Zur Abgrenzung des Zeugen vom Sachverständigen BGH NJW 2013, 3571 (3572); NJW 1993, 1796 (1797); NJW 2007, 2122 Rn. 12; Thomas/Putzo/*Reichold* ZPO Vor § 373 Rn. 1, zur Person des sachverständigen Zeugen vgl. § 414 ZPO; BGH NJW 2013, 3571 (3572); OLG Karlsruhe DAR 2006, 571; OLG Düsseldorf BauR 2000, 1243; BauR 2000, 1538; OLG Hamm MDR 1988, 418.

Der Zeugenbeweis setzt, soweit der Verhandlungsgrundsatz gilt, immer einen Antrag der beweispflichtigen Partei voraus. In der Praxis der Instanzgerichte werden viele Zeugenbeweisantritte als unerheblich, unsubstantiiert oder auch als verspätet zurückgewiesen. Die Gerichte nehmen oft eine vorweggenommene Plausibilitätskontrolle vor, auch wenn dies mit der Rspr. des BGH (vgl. zB BGH MDR 2002, 963; NZG 2005, 45) nicht in Einklang steht. Hierauf muss sich der Anwalt einstellen. Er sollte möglichst jede Tatsache, die er nicht durch Urkunden belegen kann, unter Beweis stellen und den Beweisantritt sorgfältig und unübersehbar formulieren, und zwar nicht erst, wenn die Tatsache streitig geworden ist, sondern bereits in der Klageschrift oder der Klageerwiderung (§ 130 Nr. 5 ZPO). Der Anwalt sollte sich auch nicht erst am Schluss einer längeren Sachverhaltsdarstellung für alles auf einen Zeugen beziehen, sondern die Tatsachen trennen und jeweils Beweis antreten. Zu den Beweisantritten der Gegenseite sind, soweit vorhanden, schon vor der Beweisanordnung des Gerichts Gegenzeugen zu benennen; stehen keine zur Verfügung, kann es sich empfehlen, sich auf denselben Zeugen zu beziehen, um ihm damit deutlich zu machen, dass er nicht Zeuge einer Partei ist. Wegen der durch §§ 529, 531 ZPO begrenzten Möglichkeiten, neue Angriffs- und Verteidigungsmittel einzuführen, können im Berufungsrechtszug zusätzliche Zeugen kaum noch benannt werden (vgl. *Fellmer* MDR 2003, 721). Das bedeutet für den Rechtsanwalt, dass er möglichst vor Prozessbeginn die Beweismittel durch Information bei seinem Mandanten sammeln muss, nicht erst dann, wenn er binnen kurzer Frist einen Zeugen benennen muss.

2. Gem. § 373 ZPO gehört zum Beweisantritt die Bezeichnung der Tatsachen, über welche der Zeuge vernommen werden soll. Hieran kranken in der Praxis viele Beweisanträge. Unzureichend ist es zB, den Umstand, dass eine Sache „gekauft“ wurde, unter Beweis zu stellen, denn hierbei handelt es sich nicht um eine Tatsache, sondern um den aus Tatsachen gezogenen rechtlichen Schluss. Stattdessen wäre konkret anzugeben, wie sich der Vertragsschluss abgespielt hat, und deutlich zu machen, über welche dieser Einzeltatsachen der Zeuge vernommen werden soll. Die Beweiserhebung kann abgelehnt werden, wenn die unter Beweis gestellten Tatsachen so ungenau bezeichnet sind, dass ihre Erheblichkeit nicht beurteilt werden kann, oder wenn sie erkennbar aus der Luft gegriffen sind (BGH NJW 1991, 2707; NJW-RR 1994, 377; vgl. *Baumgärtel* MDR 1995, 987); nicht erforderlich ist die nähere Angabe von Begleitumständen, soweit die Einzelheiten für die Rechtsfolge nicht von Bedeutung sind (BGH NJW-RR 1995, 724). Der Vortrag weiterer Einzeltatsachen kann idR nicht verlangt werden (BGH NJW-RR 2007, 1404). Fraglich kann sein, wieweit mit dem Beweisantritt darzulegen ist, wie der Zeuge die in sein Wissen gestellte Tatsache erfahren hat. Das wird für die beweiserhebliche Tatsache jedenfalls dann nicht verlangt, wenn sich die zu beweisende Tatsache außerhalb der Sphäre der beweispflichtigen Partei ereignet haben soll (BGH NJW 1996, 1826 (1827); GRUR 2021, 651 Rn. 11 ff.); anders ist es aber beim Indizienbeweis: hier ist darzulegen, auf Grund welcher Tatsache der Zeuge entsprechende Kenntnis erlangt hat (BGH NJW 1983, 2034; NJW-RR 1993, 443; NJW 1999, 3115). Der Beweisantrag, einen Dritten als

Zeuge zu einer nicht seine Person betreffenden inneren Tatsache zu vernehmen, muss mit dem schlüssigen Vortrag verbunden werden, aufgrund welcher Umstände der Zeuge hierzu etwas aussagen kann (BGH BeckRS 2019, 11447 Rn. 24). Da aber die Instanzgerichte zuweilen Anforderungen an die Substantiierung eines Beweisantritts stellen, die nach der Rspr. des BGH übertrieben sind (vgl. zB BGH NJW-RR 2008, 1311; NJW-RR 2007, 1404; NJW-RR 1991, 446; NJW 1991, 2707 (2709)), ist dringend zu empfehlen, vorzutragen, woher der Zeuge die Kenntnis hat, und auch die Begleitumstände näher darzulegen. Besonders schwierig ist der Beweisantritt bei inneren Tatsachen (Vorsatz, Kenntnis, Absichten, gemeinsame Vorstellungen etc); obwohl die Rspr. des BGH dies nicht verlangt (BGH MDR 1992, 1084), sollten nach Möglichkeit zusätzliche Indizien unter Beweis gestellt werden, aus denen auf die innere Tatsache geschlossen werden kann. Wird ein Zeuge für eine nicht in seiner Person eingetretene innere Tatsache benannt, muss dargelegt werden, woher er Kenntnis von der inneren Tatsache hat (BGH NJW 1996, 1678 (1679)). Indizzeugen, die nicht den zu beweisenden Vorgang selbst beobachtet haben, aber an den anschließenden Gesprächen beteiligt waren, sind grds. zu vernehmen (BGH NJW-RR 1990, 1276). Voraussetzung für die Beweiserhebung über Indiztatsachen ist allerdings, dass sie – ihre Richtigkeit unterstellt – das Gericht von der Wahrheit der Haupttatsache überzeugen würden (BGH NJW 1989, 2947). Das Übergehen eines Beweisantritts kann ein Verstoß gegen Art. 103 GG sein (BVerfG NJW 2004, 2663; NJW 2000, 945; BGH GRUR 2021, 651; vgl. *Zuck* NJW 2005, 3753).

Weitere Zeugenbeweisantritte → Form. I.E.2.

3. Zeugen müssen mit ladungsfähiger Anschrift benannt werden, dazu gehört idR auch der vollständige Name. Der Beweisführer sollte die Privatanschrift, nicht die Arbeitsanschrift angeben, auch wenn sie genügen kann (BGH NJW 2001, 875); die oft gebrauchte Formulierung „zu laden über den Kläger/Beklagten“ wird nicht von allen Gerichten akzeptiert (LG Hagen MDR 1984, 1024; Musielak/Voit/*Huber* ZPO § 373 Rn. 10). Die Angabe eines Postfachs ist nicht ausreichend (BVerwG NJW 1999, 2608). Allerdings liegt nach der Rspr. des BGH (NJW 1993, 1926 (1927)) auch bei fehlender oder unrichtiger Anschrift ein beachtlicher Beweisantritt vor. Das Gericht darf den Beweisantritt nicht einfach übergehen, sondern muss eine Frist nach § 356 ZPO setzen; dabei kommt es nicht auf Verschulden der Partei an (BVerfG NJW 2000, 945; BGH NJW 1993, 1926). Stellt sich heraus, dass die Anschrift nicht mehr zutrifft, muss das Gericht eine Frist zur Beibringung der richtigen Anschrift setzen (BVerfG NJW 1984, 1026). Die Fristsetzung ist unwirksam, wenn sie nicht förmlich zugestellt wird, eine Heilung nach § 189 ZPO ist nicht möglich (BGH NJW 1989, 227). Nach Ablauf der Frist kann das Beweismittel unbenutzbar werden. Auch bei Angabe der Anschrift nach Fristablauf hat das Gericht den Zeugen noch zu laden, wenn dadurch keine Verzögerung eintritt (BVerfG NJW-RR 1994, 700). Andernfalls bleibt die Möglichkeit, ihn zu sistieren (BGH NJW 1998, 761 (762)). Das sollte allerdings schriftsätzlich angekündigt werden, damit Gericht und Gegner sich vorbereiten können; sonst kann sich eine Verzögerung ergeben, die zur Zurückweisung als verspätet führt.

4. Das Gericht ist dem Beweisführer bei der Beschaffung der ladungsfähigen Anschrift nicht behilflich. Kennt der Gegner jedoch die dem Beweisführer unbekannte Anschrift eines Zeugen, kann dieser verpflichtet sein, sie zu offenbaren. Unterlässt er dies ohne triftigen Grund, kann das Gericht hieraus im Rahmen der Beweiswürdigung Schlüsse zu seinem Nachteil ziehen („Beweisvereitelung“, BGH NJW-RR 2008, 982; NJW 1960, 821; NJW-RR 1996, 1534; Thomas/Putzo/*Reichold* ZPO § 286 Rn. 17 ff.; eing. *Peters* ZZP 82, 200).

5. Kennt der Beweisführer Namen und Anschrift nicht, kann er den Zeugen einstweilen mit „N.N.“ (zB) bezeichnen (BGH NJW 1998, 2368). Er sollte aber sicherheitshalber erklären, warum er den Zeugen trotz seiner Bemühungen noch nicht benennen kann.

Andernfalls besteht die Gefahr, dass das Gericht den Beweisantritt übergeht oder nach § 296 ZPO zurückweist (BGH NJW 1983, 1905 (1908); NJW 1989, 227; Zöller/*Greger* ZPO § 356 Rn. 4), auch wenn das Gericht eigentlich nach § 356 ZPO vorgehen müsste (BGH NJW 1993, 1926; Musielak/Voit/*Huber* ZPO § 373 Rn. 10); zum Verfahren nach § 356 ZPO → Anm. 3. In jedem Fall empfiehlt es sich, Namen und Anschrift unverzüglich nachzureichen.

6. Der Zeuge ist verpflichtet, sich mit Hilfe der ihm zugänglichen Unterlagen auf seine Aussage vorzubereiten (vgl. Zöller/*Greger* ZPO Vor § 373 Rn. 3). Diese Verpflichtung ist gesetzlich festgelegt (§ 378 Abs. 1 ZPO). Soweit ihm das zumutbar ist, hat der Zeuge diese Unterlagen – in Betracht kommen zB Skizzen, Aufzeichnungen über Gespräche und Telefonate, Geschäftspapiere – zum Termin mitzubringen. Das dient allerdings nur der Unterstützung und Erläuterung seiner Aussage; eine Vorlegungspflicht gegenüber Parteien und Gericht folgt daraus nicht, sie besteht nur nach §§ 142, 429 ZPO (§ 378 Abs. 1 S. 2 ZPO). Bei Verletzung dieser Zeugenpflicht drohen dem Zeugen nach § 390 ZPO Ordnungsgeld und die Auferlegung der Mehrkosten des Verfahrens; allerdings nur nach vorheriger Androhung. Wenn die Partei daher weiß, dass dem Zeugen solche Unterlagen zur Verfügung stehen, sollte sie zweckmäßigerweise einen solchen Antrag stellen, damit das Gericht den Zeugen entsprechend laden kann. Stellt sich im Beweistermin heraus, dass der Zeuge ohne Unterlagen nichts Konkretes sagen kann, sollte der Beweisführer Vertagung und erneute Ladung des Zeugen mit Anordnung nach § 378 ZPO beantragen. Handelt es sich bei dem Zeugen um einen Angestellten des Gegners, so kann es sich zusätzlich empfehlen, die Vorlegung entsprechender Geschäftsunterlagen durch den Gegner gem. § 421 ZPO zu beantragen.

7. Vgl. § 375 Abs. 1 Nr. 3 ZPO. Es handelt sich um eine Anregung; die Anordnung steht im Ermessen des Gerichts, das einerseits den Kostenaufwand, andererseits die Bedeutung der Aussage berücksichtigen wird. Nachteilig an der Vernehmung im Wege der Rechtshilfe ist, dass entweder ein weiterer Prozessbevollmächtigter am Wohnsitz des Zeugen beauftragt werden muss (zur Kostenerstattung vgl. Zöller/*Herget* ZPO § 91 Rn. 13.24 – Beweistermin), Reisekosten des Rechtsanwalts oder der Partei entstehen oder aber keine Möglichkeit besteht, an den Zeugen Fragen zu richten und auf den Inhalt des zuweilen dürftigen Vernehmungsprotokolls Einfluss zu nehmen. Wird die Vernehmung im Wege der Rechtshilfe angeordnet, sollte die Partei zu erreichen suchen, dass diese vor dem Beweistermin des Prozessgerichts stattfindet; auf diese Weise erübrigt sich dort ein weiterer abschließender Verhandlungstermin. Es kann sich weiter empfehlen, in einem besonderen Schriftsatz an das Rechtshilfegericht Fragen zu nennen, die das Gericht dem Zeugen stellen soll. Das Rechtshilfegericht darf die Vernehmung nicht mit der Begründung ablehnen, die Voraussetzungen hätten nicht vorgelegen (BAG NJW 2001, 2196).

8. Entgegen einer früher verbreiteten Praxis ist die Aussage von Unfallzeugen, die Beifahrer der Partei gewesen sind, nicht bereits aufgrund dieses Umstands ohne Beweiswert (BGH NJW 1988, 566). Das Verbot der vorweggenommenen Beweiswürdigung gilt auch hier. Das Gericht muss also den Beweis erheben und durch eine individuelle Würdigung des Ergebnisses der Zeugenaussagen feststellen, ob der behauptete Unfallhergang bewiesen ist oder nicht. Darüber hinaus soll es gegen den Grundsatz der freien Beweiswürdigung verstoßen, wenn der Tatrichter die Glaubwürdigkeit eines Zeugen alleine deshalb verneint, weil der Zeuge einer der Prozessparteien nahe steht und bei seiner Vernehmung keine Umstände zutage getreten sind, die die von vornherein angenommenen Bedenken gegen die Glaubwürdigkeit des Zeugen zerstreut hätten (BGH NJW 1995, 955). Dieser Grundsatz bedeutet allerdings nicht, dass dem Zeugen ohne weiteres mehr zu glauben ist als der gegnerischen Partei (OLG Karlsruhe NJW-RR 1998, 789; Zöller/*Greger* ZPO § 286 Rn. 13).

9. Ist ein Zeuge oder eine sonstige am Prozess beteiligte Person der deutschen Sprache nicht mächtig, muss das Gericht nach § 185 GVG einen Dolmetscher hinzuziehen (vgl. BVerwG NJW 1990, 3102; Zöller/*Lückemann* GVG § 185 Rn. 1). Um prozessualen Leerlauf zu vermeiden, sollte der Beweisführer dessen Ladung rechtzeitig anregen. Allerdings ist ein fehlender Hinweis hierauf kein Grund, den Beweisantrag abzulehnen (OLG Hamm MDR 2000, 657). Im Termin ist darauf zu achten, dass der Dolmetscher sich auf seinen allgemein geleisteten Eid beruft (§ 189 Abs. 2 GVG) oder vor der Vernehmung vereidigt wird (§ 189 Abs. 1 GVG). Die Nichtvereidigung bedeutet einen unheilbaren Verfahrensverstoß (BGH NJW 1987, 260) und macht eine erneute Vernehmung in der Berufung erforderlich (BGH NJW 1994, 941 (942)).

10. Ärzte und andere Personen in besonderen Vertrauensstellungen (zB Rechtsanwälte, Wirtschaftsprüfer etc) können gem. § 383 Abs. 1 Nr. 4 und 6 ZPO ihr Zeugnis verweigern, soweit ihre Verschwiegenheitspflicht reicht. Beim Rechtsanwalt umfasst diese Pflicht auch Zufallswissen, das im Rahmen der beruflichen Tätigkeit erlangt wurde (BGH NJW 2011, 1077 (1078)). Sie müssen daher durch den Betroffenen von dieser Pflicht entbunden werden. Besteht die Verschwiegenheitspflicht gegenüber dem Beweisführer, kann die Befreiung bereits in der Benennung als Zeuge gesehen werden (Zöller/*Greger* ZPO § 385 Rn. 11). Der Prozessgegner ist nicht ohne weiteres gehalten, einen Zeugen, der ihm gegenüber schweigepflichtig ist, zu entbinden; ist seine Weigerung jedoch vorwerfbar und missbilligenswert, können hieraus unter dem Gesichtspunkt der Beweisvereitelung beweisrechtliche Schlüsse zu seinem Nachteil gezogen werden (BGH NJW-RR 1996, 1534; 1988, 962 (964); Zöller/*Greger* ZPO § 385 Rn. 13).

11. Vgl. § 377 Abs. 3 S. 1 ZPO. Dieses vereinfachte Verfahren sollte angeregt werden, wenn der Zeuge schreibgewandt ist, er im Termin doch nur das sagen würde, was in seinen Büchern steht, und an seiner Neutralität nicht gezweifelt wird. Das Einverständnis der Parteien ist nicht erforderlich. Auch in anderen Fällen kann eine Zeugenaussage schriftlich eingeholt werden, wenn das Gericht dies im Hinblick auf den Inhalt der Beweisfrage und die Person des Zeugen für ausreichend hält (§ 377 Abs. 3 ZPO; vgl. *Metz* MDR 2020, 1094). Das kann zB bei im Ausland wohnenden Zeugen zweckmäßig sein. Die Richtigkeit der Aussage ist nicht mehr an Eides Statt zu versichern. Das Gericht kann nach Eingang der schriftlichen Aussage die Ladung der Zeugen anordnen. Das sollte die Partei beantragen, wenn sie Fragen an den Zeugen stellen will.

Kosten und Gebühren

12. Das Gericht verlangt meist gem. § 379 ZPO vom Beweisführer einen Vorschuss für die nach den Vorschriften des JVEG zu leistende Zeugenentschädigung und setzt hierzu eine Frist (näher *Schmid* MDR 1982, 94; *Sass* MDR 1985, 96). Die Frist muss angemessen sein (zwei Wochen sind dabei zu kurz: OLG Frankfurt a. M. NJW-RR 2010, 71). Den angeforderten Vorschuss sollte die Partei innerhalb der gesetzten Frist zahlen, sonst unterbleibt die Ladung, was zwar nicht rechtlich, aber faktisch einen Ausschluss mit dem Beweismittel bedeuten kann (vgl. hierzu und zur Ladung eines solchen Zeugen in der höheren Instanz BGH NJW 1982, 2560, BGH NJW 1998, 761); allerdings führt die verspätete Zahlung oder die Nichtzahlung nicht ohne weiteres, sondern nur unter den Voraussetzungen des § 296 Abs. 2 ZPO (Verzögerung und grobe Nachlässigkeit) zum Ausschluss des Beweismittels (BVerfG NJW 2000, 1327; NJW-RR 2004, 1150; BGH NJW 2011, 526; KG NZV 2007, 45); auch kann die Partei den Zeugen zum Beweistermin noch sistieren (BGH NJW 1998, 761 (762)). Haben beide Parteien sich auf einen Zeugen berufen, ist die Partei vorschusspflichtig, die die Beweislast trägt (BGH NJW 1999, 2823). Die Vorschusspflicht entfällt, wenn der Beweisführer eine Erklärung des

Zeugen vorlegt, in der dieser auf eine Entschädigung verzichtet. Diese Erklärung kann allerdings widerruflich sein (OLG Düsseldorf NJW-RR 1997, 826). Vielfach lassen die Gerichte anstelle des Vorschusses eine Erklärung des Rechtsanwalts des Beweisführers genügen, mit der die „Gebührenhaftung" übernommen wird (dh die Haftung für den Erstattungsanspruch der Staatskasse nach Zeugenentschädigung) oder sich der Anwalt für die Kosten „stark sagt" (OLG Düsseldorf NJW-RR 1997, 826). Zu den Kosten einer Zeugenvernehmung im Wege der Rechtshilfe → Anm. 7.

Fristen und Rechtsmittel

13. Gegen den Beweisbeschluss, der die Beweiserhebung anordnet, gibt es kein Rechtsmittel. Die betroffene Partei hat nur die Möglichkeit, Gegenvorstellungen zu erheben und eine Änderung des Beweisbeschlusses nach § 360 ZPO zu beantragen. Das gilt auch für die Anordnung einer Vernehmung im Wege der Rechtshilfe bzw. das Absehen hiervon. Allerdings kann ein Beweisbeschluss, der den Vortrag der Parteien übergeht, die Besorgnis der Befangenheit des erkennenden Richters begründen und zudem die Niederschlagung der mit dem Beweisbeschluss verbundenen Kosten nach sich ziehen (OLG München NJW-RR 2020, 1406). Kein Befangenheitsgrund besteht dagegen, wenn der Beweisbeschluss auch auf eine Gegenvorstellung hin nicht begründet wird, da dies gesetzlich nicht vorgesehen ist (OLG Dresden NJW-RR 2021, 59 Rn. 15).

2. Entschuldigung des nicht erschienenen Zeugen mit Antrag auf Aufhebung des Ordnungsmittelbeschlusses

An das

Landgericht

In der Sache

. . . . .

zeige ich an, dass ich den Zeugen X anwaltlich vertrete,[1, 2] und beantrage,

den Beschluss des Einzelrichters/der Kammer vom . . . . ., in dem dem Zeugen die Kosten auferlegt[3] und Ordnungsmittel gegen ihn festgesetzt wurden, aufzuheben

sowie die Vollstreckung aus dem Beschluss bis zur Entscheidung über den Antrag einzustellen.[4]

Hilfsweise wird gegen den am . . . . . zugestellten Beschl. v. . . . . . Beschwerde eingelegt.[5]

Begründung:[6]

Der Zeuge X konnte im Termin nicht erscheinen, da er von der Ladung erst nach dem Termin Kenntnis erhielt. In der Zeit vom . . . . . bis . . . . . befand er sich auf einer Urlaubsreise, erst nach seiner Rückkehr fand er die Ladung vor. Dies wird mit der anliegenden

eidesstattlichen Versicherung des Zeugen vom . . . . .

glaubhaft gemacht.

Rechtsanwalt[7, 8]

Schrifttum: Sasse/Dege, Keine Möglichkeit zur außergerichtlichen Beschränkung des Äußerungsprivilegs des Zeugen, MDR 2020, 1038.

Anmerkungen

1. Kann ein Zeuge aus zwingenden Gründen zum Beweistermin nicht erscheinen, sollte er dies dem Gericht unverzüglich – notfalls auch telefonisch während der sich verzögernden Anreise (OLG Nürnberg NJW-RR 1999, 788) – mitteilen, damit ein Ordnungsmittelbeschluss gem. § 381 Abs. 1 S. 1 ZPO unterbleibt. Die Gründe für seine Verhinderung (Beispiele bei Zöller/*Greger* ZPO § 381 Rn. 3) hat er auf Verlangen des Gerichts glaubhaft zu machen. Hierzu genügt ein aussageloses ärztliches Attest nicht ohne weiteres (OLG Nürnberg NJW-RR 1999, 940; OLG Saarbrücken NJOZ 2007, 5039). Erfolgt die Entschuldigung nicht rechtzeitig, muss der Zeuge auch glaubhaft machen, dass ihn an der Verspätung der Anzeige kein Verschulden trifft. Andernfalls kann er nach § 381 ZPO selbst dann mit einem Ordnungsgeld belegt werden, wenn er einen Entschuldigungsgrund hat (BFH BB 2007, 2110; Zöller/*Greger* ZPO § 381 Rn. 4; anders nach altem Recht, OLG Frankfurt a. M. NJW-RR 2000, 446). Das Beispiel geht davon aus, dass der Zeuge die Ladung nicht erhalten hat und ein Ordnungsmittelbeschluss bereits ergangen ist. Der Zeuge hat dann die Wahl, sich nachträglich zu entschuldigen und Aufhebung des Beschlusses zu beantragen (§ 381 Abs. 1 S. 2 ZPO) oder sofortige Beschwerde einzulegen (→ Anm. 5). Die nachträgliche Entschuldigung kann schriftlich, zu Protokoll der Geschäftsstelle oder erst im folgenden Termin vorgebracht werden (§ 381 Abs. 2 ZPO); zur Vermeidung einer Vollstreckung aus dem Beschluss sollte der Zeuge aber nicht bis zum Termin warten.

2. Der Zeuge kann sich anwaltlich vertreten lassen, Anwaltszwang besteht jedoch nicht, auch nicht für eine Beschwerde (§ 381 Abs. 2 iVm §§ 78 Abs. 3, 569 Abs. 3 Nr. 3 ZPO), soweit sie statthaft ist.

3. Gem. § 380 Abs. 1 S. 1 ZPO werden dem unentschuldigt ausgebliebenen Zeugen die hierdurch verursachten Kosten auferlegt. Auch diese Anordnung ist aufzuheben, wenn der Zeuge sich nachträglich entschuldigt. Hat er allerdings versäumt, seine Verhinderung rechtzeitig vor dem Termin anzuzeigen, kann die Anordnung bestehen bleiben. Gegen einen nicht erschienenen Zeugen darf kein Ordnungsgeld verhängt werden, wenn in dem entsprechenden Termin ein prozessbeendender Vergleich geschlossen wird (OLG Dresden BeckRS 2020, 28857 Rn. 5). Zum Umfang der vom Zeugen zu tragenden Kosten vgl. OLG Celle NJW-RR 2009, 503.

4. Oft wird das Gericht über den Antrag nicht sofort, sondern erst nach Anhörung des Zeugen im nächsten Termin entscheiden. Daher ist es zweckmäßig, das Gericht darauf hinzuweisen, dass die Vollstreckung aus dem Ordnungsmittelbeschluss bis zur Entscheidung zurückzustellen ist. Legt der Zeuge Beschwerde ein, folgt die aufschiebende Wirkung aus § 570 Abs. 1 ZPO. Nach Erlass des Endurteils können Ordnungsmittel nicht mehr verhängt werden (vgl. OVG Bremen NJW 1980, 1180).

5. Es ist dringend zu empfehlen, den Antrag nach § 381 Abs. 1 S. 2 ZPO mit einer förmlichen sofortigen Beschwerde zu verbinden. Damit kann der Zeuge nach der Neufassung des Beschwerderechts nicht mehr bis zur Entscheidung über den Antrag warten, weil sie nach §§ 567, 569 ZPO fristgebunden ist (vgl. Zöller/*Greger* ZPO § 381 Rn. 6).

6. Gem. § 381 Abs. 1 S. 1 ZPO ist glaubhaft zu machen (§ 294 ZPO), dass dem Zeugen die Ladung nicht zugegangen ist. Glaubhaftmachung erübrigt sich, wenn der Zeuge zB unter einer unrichtigen Anschrift geladen wurde (Musielak/Voit/*Huber* ZPO § 381 Rn. 5). Es genügt eine Glaubhaftmachung im nächsten Beweistermin (§ 381 Abs. 2 ZPO), jedoch riskiert der Zeuge dann die vorherige Vollstreckung des Ordnungsgelds. Der Antrag kann uU damit begründet werden, dass die Vernehmung überflüssig oder unergiebig gewesen wäre (OLG Hamm NJW-RR 2013, 384; OLG Frankfurt a. M. NJOZ 2008, 4804; Thomas/Putzo/*Reichold* ZPO § 380 Rn. 9).

Kosten und Gebühren

7. Der Zeuge hat für seine notwendigen Auslagen einen Anspruch auf Erstattung gegen die Staatskasse nach §§ 19, 5–7 JVEG. Dazu können auch die Kosten eines erfolgreichen Antrags nach § 381 Abs. 1 ZPO gehören (Musielak/Voit/*Huber* ZPO § 381 Rn. 7). Diese Kosten zählen zu den Kosten des Rechtsstreits iSv § 91 ZPO, sind also von der unterliegenden Partei zu tragen (BGH NJW-RR 2007, 1364 Rn. 23; Zöller/*Greger* ZPO § 380 Rn. 10, Thomas/Putzo/*Reichold* ZPO § 380 Rn. 12, jeweils mwN).

Fristen und Rechtsmittel

8. Statt des Antrags kann der Zeuge sich auch auf die sofortige Beschwerde nach §§ 380 Abs. 3, 567, 569 ZPO gegen den Ordnungsmittelbeschluss beschränken (→ Anm. 5). Weist das Gericht den Antrag nach § 381 ZPO zurück, ist fraglich, ob hiergegen eine eigene Beschwerde eröffnet ist (verneinend Zöller/*Greger* ZPO § 381 Rn. 6). Im Zeitpunkt der Ablehnung des Antrags dürfte aber die Frist für eine Beschwerde nach § 380 Abs. 3 ZPO abgelaufen sein. Daher empfiehlt es sich, den Antrag mit der Beschwerde zu verbinden (→ Anm. 5). Gegen die Aufhebung des Ordnungsmittelbeschlusses gibt es kein Rechtsmittel (OLG Hamm NJW-RR 1987, 815), jedoch kann der Beschluss, der die Auferlegung der Kosten aufhebt, von den Parteien mit der Beschwerde angefochten werden (Zöller/*Greger* ZPO § 381 Rn. 6).

3. Antrag auf Entscheidung über Zeugnisverweigerungsrecht

An das

Landgericht

In der Sache

. . . . .

wird für den Kläger als Beweisführer beantragt,

durch Zwischenurteil zu entscheiden, dass die Zeugnisverweigerung des Zeugen Dr. med. Schüler nicht rechtmäßig ist.[1, 2]

Begründung:[3]

Der vom Kläger benannte Zeuge hat sein Zeugnis mit der Begründung verweigert, dass er als Arzt zur Verschwiegenheit verpflichtet sei und von dieser Pflicht nach dem Tod seines Patienten auch durch die Erben oder sonstige Personen nicht mehr entbunden werden könne. Diese Auffassung ist unrichtig. Da sowohl die Personen, die dem Erblasser nahe standen, als auch dessen Erben den Zeugen von seiner Verschwiegenheitspflicht befreit haben, ist er zur Aussage verpflichtet. Im Übrigen erstreckt sich das Zeugnisverweigerungsrecht des Arztes nicht auf die unter Beweis gestellten Tatsachen, wie eine Auslegung des mutmaßlichen Erblasserwillens unter Wahrung seiner schutzwürdigen Belange ergibt

. . . . .

Rechtsanwalt[4, 5]

Schrifttum: Bartsch, Die postmortale Schweigepflicht des Arztes beim Streit um die Testierfähigkeit des Patienten, NJW 2001, 861; *Groß,* Neuregelung des journalistischen Zeugnisverweigerungsrechts, NJW 1975, 1763; *Hamm,* Vom Grundrecht der Medien auf das Fischen im Trüben, NJW 2001, 265; *Lenckner,* Aussagepflicht, Zeugnisverweigerungsrecht und Schweigepflicht, NJW 1965, 321; *Leopold,* Das Zeugnisverweigerungsrecht, NJW-Spezial 2005, 231; *Mann,* Anwaltsprivileg und Zeugnisverweigerungsrecht des unternehmensinternen Syndikus, DB 2011, 978; *Sasse/Dege,* Keine Möglichkeit zur außergerichtlichen Beschränkung des Äußerungsprivilegs des Zeugen, MDR 2020, 1038.

Anmerkungen

1. Hat sich ein Zeuge gem. § 386 ZPO auf ein Zeugnisverweigerungsrecht berufen, kann die beweisführende Partei einen Zwischenstreit über die Zeugnisverweigerung herbeiführen (§ 387 ZPO), wenn sie das Recht dazu bestreitet. Kommt der Aussage entscheidende Bedeutung zu, sollte sie das versuchen. Wenn durch Zwischenurteil rechtskräftig festgestellt ist, dass kein Zeugnisverweigerungsrecht besteht, muss der Zeuge aussagen; andernfalls verhängt das Gericht Ordnungsmittel und verurteilt ihn zu den durch seine Weigerung verursachten Kosten (§ 390 Abs. 1 ZPO), und zwar ohne dass es eines Antrags bedarf. Wichtig ist, dass der Beweisführer den Antrag vor rügeloser Verhandlung zur Hauptsache stellt, da er sonst sein Recht gem. § 295 ZPO verliert (BGH LM § 295 ZPO Nr. 9). Geht es um das Zeugnisverweigerungsrecht nach § 384 ZPO, darf der Zeuge die Aussage nicht schlechthin verweigern, sondern nur die Antwort auf Fragen, die ihn in einen Konflikt iSd Vorschrift bringen (BGH NJW 1994, 197). In einem solchen Fall sollte der Beweisführer versuchen, die Beantwortung der unverfänglichen Fragen zu erreichen, ohne dass es zu einem formellen Zwischenstreit kommt.

2. Ein formeller Antrag ist nicht erforderlich, es genügt, dass die Partei, die den Zeugen benannt hat, auf seiner Vernehmung besteht. Das sollte sie allerdings auch aus Kostengründen nur tun, wenn sie das Zeugnisverweigerungsrecht mit guten Gründen bezweifeln kann. Über den Zwischenstreit wird durch Zwischenurteil entschieden. Parteien sind der Beweisführer und der Zeuge.

3. Der Beweisführer sollte darlegen, dass sich der Zeuge zu Unrecht auf ein Zeugnisverweigerungsrecht aus §§ 383, 384 ZPO oder aus anderen Vorschriften berufen hat. Für den angenommenen Fall ist dies streitig (vgl. *Bartsch* NJW 2001, 861). Auch ohne Befreiung von der Verschwiegenheitspflicht kann der Arzt zur Aussage über die Testierfähigkeit (BGH NJW 1983, 2895; BayObLG NJW 1987, 1492; NJW-RR 1991, 1287) und zur Vorlage der Krankenhausunterlagen des Verstorbenen (BGH NJW 1983, 2627) verpflichtet sein. Für den Honorarprozess des Arztes, Anwalts oder Steuerberaters gelten Besonderheiten (OLG Stuttgart MDR 1999, 192; OLG Brandenburg MDR 2002, 905). Zum Zeugnisverweigerungsrecht des Steuerberaters nach dem Tod des Mandanten vgl. OLG Stuttgart MDR 1983, 236. Der Rechtsanwalt hat kein Zeugnisverweigerungsrecht bzgl. solchen Wissens, das er nur anlässlich seiner beruflichen Tätigkeit erlangt hat, ohne dass ein innerer Zusammenhang mit dem Mandat besteht, wie es zB bei solchem Wissen der Fall ist, das der Rechtsanwalt als wartender Zuhörer einer Gerichtsverhandlung erwirbt, die mit seinem Mandat nichts zu tun hat (BGH NJW 2011, 1077 (1078)).

Der Insolvenzverwalter kann den Rechtsanwalt des Gemeinschuldners von der Verschwiegenheitspflicht befreien (OLG Düsseldorf NJW-RR 1994, 958). Ein auf Geschäftsgeheimnisse gestütztes Zeugnisverweigerungsrecht nach § 383 Abs. 1 Nr. 6 ZPO besteht nur, wenn die Geheimhaltung einige Bedeutung für die Wettbewerbsfähigkeit des

Unternehmens hat (OLG München NJW-RR 1998, 1495). Der Notar hat ein umfangreiches Zeugnisverweigerungsrecht, das sich nicht auf die eigentliche Beurkundung beschränkt (BGH NJW 2005, 1948). Ein Zeuge, der in zweiter Instanz erneut vernommen werden soll, kann die Aussage in Hinblick auf ein Strafverfahren wegen unrichtiger Aussage im ersten Rechtszug verweigern, BGH NJW 2008, 2038. Das Berufungsgericht kann dann aber die erstinstanzliche Aussage anders würdigen, ohne den Zeugen zu vernehmen (BGH NZM 2007, 562).

Kosten und Gebühren

4. Für die Parteien des Rechtsstreits entstehen durch das Verfahren bis zum Zwischenurteil keine Gerichts- und Rechtsanwaltsgebühren. Für das Beschwerdeverfahren gelten KV 1812 GKG und VV 3500 RVG. Lässt sich der Zeuge durch einen Rechtsanwalt vertreten, richten sich dessen Gebühren nach dem RVG; zum Streitwert vgl. Zöller/*Herget* ZPO § 3 Rn. 16.216 – Zeugnisverweigerung. Wird festgestellt, dass der Zeuge die Aussage zu Recht verweigert hat, hat die Partei, die das Recht bestritten hat, dessen Kosten zu tragen (OLG Hamburg MDR 1987, 847); bei unberechtigter Weigerung trägt der Zeuge die Kosten.

Fristen und Rechtsmittel

5. Wird die Zeugnisverweigerung im Zwischenstreit durch Zwischenurteil für begründet erklärt, steht der beweisführenden Partei die sofortige Beschwerde zu, § 387 Abs. 3 ZPO; wird die Weigerung für unbegründet erklärt, ist der Zeuge beschwerdeberechtigt, nicht aber die Gegenpartei (OLG Frankfurt MDR 1983, 236 mwN).

4. Antrag auf Sachverständigengutachten

An das

Landgericht

In der Sache

. . . . .

bezieht sich der Kläger zum Beweis für seine Behauptung,[1, 2] dass die Bewegungsfähigkeit seines linken Beins erheblich eingeschränkt ist und dass es sich hierbei um eine Spätfolge des missglückten operativen Eingriffs handelt, auf das

schriftliche Gutachten eines chirurgischen Sachverständigen.[3]

Weiter wird beantragt,

dem Krankenhaus K . . . . . gem. § 144 ZPO aufzugeben, dem Gericht die den Kläger betreffenden Krankenunterlagen vorzulegen,

damit sie dem Sachverständigen zur Verfügung gestellt werden können.[4] Der Kläger befreit die Ärzte des Krankenhauses insoweit von ihrer Verschwiegenheitspflicht.

In Hinblick auf die Auswahl des Sachverständigen wird ausdrücklich gebeten, keinen Arzt aus den hiesigen Krankenhäusern zu bestellen, um eine unvoreingenommene Begutachtung zu gewährleisten.[5]

Außerdem wird schon jetzt angeregt, dem zu bestellenden Sachverständigen die für Art und Umfang seiner Tätigkeit erforderlichen Weisungen zu erteilen und insbesondere

zu bestimmen, welche unfallbedingten Beschwerden und welchen Operationsverlauf er zugrunde legen soll.[6]

Rechtsanwalt[7, 8]

Schrifttum: Bayerlein, Praxishandbuch Sachverständigenrecht, 5. Aufl. 2015; *Bleutge,* Die Hilfskräfte des Sachverständigen – Mitarbeiter ohne Verantwortung?, NJW 1985, 1185; *Fellmer,* Sachverständigenvergütung – Versagung wegen zögerlicher Auftragsbearbeitung, MDR 2012, 260; *Frahm,* Der Sachverständigenbeweis im Arzthaftungsprozess, MedR 2019, 117; *Freyberger,* Rekonstruktion eines Verkehrsunfalls – Typische Probleme mit Sachverständigengutachten, MDR 2000, 1281; *Heistermann,* Vorschussanordnung vor der Beweisaufnahme – Folgen der fehlerhaften Zahlung, MDR 2001, 1085; *Heß/Burmann,* Der Sachverständigenbeweis bei Haftpflichtprozessen, NJW 2019, 492; *Hund,* Der Steuerberater als Sachverständiger, DStR 1997, 1264; *Jäckel,* Aktuelle Entwicklungen im zivilprozessualen Beweisrecht, MDR 2018, 1037; MDR 2020, 317; MDR 2021, 465; *Jankowski,* Der Ortstermin im Zivilprozessrecht und der Eingriff in die Unverletzlichkeit der Wohnung, NJW 1997, 3347; *Jorzig,* Arzthaftungsprozess – Beweislast und Beweismittel, MDR 2001, 481; *Leupertz/Hettler,* Der Bausachverständige vor Gericht: Praxisleitfaden, 2. Aufl. 2013; *Milde,* Die Ablehnung eines Sachverständigen im Zivilprozess, NJW 2018, 1149; *Müller,* Beweislast und Beweisführung im Arzthaftungsprozeß, NJW 1997, 3049; *Olzen,* Das Verhältnis von Richtern und Sachverständigen im Zivilprozeß, ZZP 1980, 66; *Peters,* Sachverständigeneid ohne Gerichtsbeschluß?, NJW 1990, 1832; *Quaisser,* Der Kfz-Sachverständige, NJW-Spezial 2012, 137; *Rath,* § 411a ZPO und seine Auswirkungen auf den Personenschadensprozess, VersR 2005, 890; *Schlüter,* Der Sachverständige in der Wohnungseigentumsverwaltung, ZWE 2011, 390; *Schobel,* Die Einbindung fachlicher Expertise in den Zivilprozess, MDR 2014, 1003; *Schultzky,* Die „kleine" ZPO-Reform 2020, MDR 2020, 1; *Schwanitz/Aengenvoort,* Kostenvorschuss durch den Streitverkündeten, NZBau, 2007, 212; *Sendler,* Richter und Sachverständige, NJW 1986, 2907; *Stamm,* Zur Rechtsstellung des Sachverständigen im Zivilprozess und den daraus resultierenden Möglichkeiten zur Verbesserung der Zusammenarbeit mit dem Gericht, ZZP 2011, 433; *Steffan,* Unfallrekonstruktion – neueste Erkenntnisse, DAR 2008, 637; *Stöber,* Umfang der Ersatzfähigkeit von Sachverständigenkosten bei Mitverschulden des Geschädigten, DAR 2011, 625; *Wasner,* Die Haftung des gerichtlichen Sachverständigen, NJW 1986, 119; *Woitkewitsch,* Erstattungsfähigkeit von Sachverständigenkosten, MDR 2020, 386; *Wortmann,* Quotelung von Sachverständigenkosten im Mitverschuldensfall? NJW 2011, 3482; *Zuck,* Verfassungsrechtliche Rahmenbedingungen des zivilprozessualen Beweisverfahrens – Sachverständigenbeweis, NJW 2010, 3622.

Anmerkungen

1. Die Einholung eines Sachverständigengutachtens ist erforderlich, wenn dem Gericht die Fachkunde fehlt, um aus den vorgetragenen Tatsachen schließen zu können, ob der Anspruch gegeben ist oder nicht. Sachverständige werden insb. hinzugezogen, wenn es um die Feststellung geht, ob mangelhaft geleistet wurde, welche Vergütung für eine Leistung angemessen ist, wie sich ein Schaden ereignet hat, welchen Wert eine beschädigte Sache besaß, ob eine Verletzungshandlung für Folgeschäden ursächlich ist, ob jemand Vater eines Kindes ist, ob eine Person geschäftsfähig ist, ob eine Unterschrift von einer bestimmten Person stammt, aber auch für die Fragen, ob ein Handelsbrauch besteht, ob – im Wettbewerbsrecht – eine bestimmte Verkehrsauffassung herrscht oder

zur Ermittlung ausländischen Rechts (BGH NJW 1975, 2142; 1994, 2959). Die Beweiskraft eines Sachverständigengutachtens hängt wesentlich von der richtigen Auswahl der Person und von der Qualität seiner Ausführungen ab. Meist wird das Gericht dazu neigen, dem Ergebnis des Sachverständigen zu folgen; ohne Ergänzungsgutachten oder Erläuterung im Termin darf es idR nicht abweichen (BGH NJW 1981, 2578; NJW 1989, 2948; NJW 1997, 1446). Nachteilig am Sachverständigenbeweis ist, dass er viel Zeit kostet und den Rechtsstreit erheblich verteuern kann.

2. Gem. § 403 ZPO wird der Beweis durch die Bezeichnung der durch den Sachverständigen zu begutachtenden Punkte angetreten. Hier stellen die Instanzgerichte zuweilen übertriebene Anforderungen an die Substantiierung (hingegen BVerfG NJW 1991, 2824); die Behauptung nur vermuteter Tatsachen kann ausreichen (BGH NJW 1995, 1160). Die Instanzgerichte neigen manchmal dazu, ihr eigenes nicht sachkundiges Verständnis an die Stelle eines Sachverständigengutachtens zu setzen (zB BGH NJW 1993, 2378; NJW 1997, 1640; NJW 1999, 1860, VersR 2007, 1008; NJW-RR 2008, 434). Hierauf sollte sich der Beweisführer einstellen und nach Möglichkeit genau bezeichnen, welcher konkrete sachverständige Aufschluss durch das Gutachten erbracht werden soll.

3. Ein besonderer Antrag der Partei ist zur Beweiserhebung nicht erforderlich, da das Gericht den Sachverständigen auch ohne Antrag hinzuziehen müsste (§§ 144 Abs. 1, 273 Abs. 2 Nr. 4, 287 ZPO); will das Gericht den Sachverständigenbeweis nicht von Amts wegen erheben, muss es zumindest darauf hinweisen, dass es einen Antrag erwartet (vgl. Thomas/Putzo/*Reichold* ZPO Vorb. 3 § 402; BGH NJW 1991, 493 (495); NJW 1993, 1796). Dennoch sollte der Antrag gestellt werden, um darauf hinzuwirken, dass der zu begutachtende Punkt nicht übergangen wird. Im Übergehen des Antrags kann ein Verstoß gegen das rechtliche Gehör liegen (BGH NJW-RR 2008, 303; 2008, 1311). Ob das Gericht eine schriftliche Begutachtung anordnet (§ 411 ZPO), steht in seinem Ermessen; in der Praxis ist es die Regel. Hält die Partei bei einer einfachen Beweisfrage die – meist schneller durchzuführende – mündliche Vernehmung eines Sachverständigen für ausreichend oder bei einer schwierigen Frage ein schriftliches Gutachten für erforderlich, sollte sie eine entsprechende Anregung geben. Erstattet der Sachverständige sein Gutachten in der mündlichen Verhandlung zu schwierigen Fragen, kann die Partei beantragen, hierzu nach Erhalt des Protokolls Stellung nehmen zu dürfen. Dieses Recht steht ihr zu (BGH NJW 2009, 2604).

4. Nach § 144 Abs. 1 ZPO kann das Gericht im Rahmen der Begutachtung durch Sachverständige anordnen, dass auch ein Dritter Gegenstände und Unterlagen, die für die Beweiserhebung erheblich sind, vorzulegen hat. Darunter fallen auch Krankenunterlagen, die im Rahmen einer Beweisaufnahme nach § 402 ff. ZPO benötigt werden (Zöller/*Greger* ZPO § 404a Rn. 4; OLG Oldenburg NJW-RR 1997, 535). Der Dritte kann die Vorlegung nur verweigern, wenn sie unzumutbar ist oder ihm ein Zeugnisverweigerungsrecht zusteht (§ 144 Abs. 2 ZPO); daher ist die Entbindung von der Verschwiegenheitspflicht erforderlich. Zur Frage, wieweit der Sachverständige von sich aus die Ermittlung des Sachverhalts betreiben darf, vgl. Zöller/*Greger* ZPO § 404a Rn. 3 ff. Anstelle der bislang in § 144 Abs. 1 ZPO genannten Begutachtung durch Sachverständige ist in der seit dem 1.1.2020 geltenden Neufassung die „Hinzuziehung von Sachverständigen" vorgesehen. Die Beiziehung steht im Ermessen des Gerichts und ist von einem Antrag der Parteien unabhängig, sie kann sogar gegen deren Willen geschehen (*Schultzky* MDR 2020, 1 (4)). Der Gesetzgeber stellt mit der Neuregelung klar, dass insbesondere bei komplexen Sachverhalten ein Sachverständiger nicht als Beweismittel beauftragt, sondern verfahrensbegleitend als Berater des Gerichts hinzugezogen werden kann (*Jäckel* MDR 2020, 317 (319)). Daneben bleibt die von Amts wegen angeordnete förmliche Begutachtung weiter möglich. Gemäß § 144 Abs. 3 ZPO nF gelten die Vorschriften über die Auswahl und Ablehnung von Sachverständigen (§§ 404, 406 ZPO) entsprechend.

5. Die beweispflichtige Partei hat nicht das Recht, mit Bindung für das Gericht einen bestimmten Sachverständigen zu benennen; die Auswahl trifft das Gericht (§ 404 ZPO). Einigen sich allerdings die Parteien auf eine bestimmte Person, muss das Gericht sie ernennen (§ 404 Abs. 4 ZPO). Da von der richtigen Auswahl viel abhängt, sollte die Partei auch sonst versuchen, auf die Auswahl eines geeigneten Sachverständigen Einfluss zu nehmen und insb. Gründe anführen, die für oder gegen die Beauftragung eines bestimmten Sachverständigen oder einer Gruppe von Sachverständigen sprechen. Das Gericht ist zwar verpflichtet, den Parteien vor der Bestellung des Sachverständigen Gelegenheit zur Stellungnahme zu geben, es ist aber immer einfacher, vor der Auswahl des Sachverständigen Einfluss auf seine Person zu nehmen, als die Bestellung nachträglich zu korrigieren. Es empfiehlt sich daher, frühzeitig auf die erforderlichen Spezialkenntnisse hinzuweisen.

6. Viele Gutachten kranken daran, dass der Sachverständige von einem unrichtigen Sachverhalt ausgeht, zu unerheblichen Fragen Stellung nimmt oder Verfahrensfehler zB in Hinblick auf die Beteiligung der Parteien begeht. § 404a ZPO gibt dem Gericht konkrete Möglichkeiten an die Hand, die Tätigkeit des Sachverständigen zu leiten; hiervon machen die Gerichte aber wenig Gebrauch. Insbes. für die beweispflichtige Partei kann es sich daher empfehlen, dem Gericht zweckmäßige Anordnungen nahezulegen. Ist der Sachverhalt, auf dessen Grundlage das Gutachten erstellt werden soll, streitig – so im angenommenen Fall –, darf das Gericht entweder noch kein Gutachten einholen (BGH NJW 1988, 3016) oder es muss dem Sachverständigen mitteilen, von welchem Sachverhalt er auszugehen hat (BGH NJW-RR 2008, 767). Geschieht das nicht im Beweisbeschluss, sollte die Partei auf eine entsprechende Ergänzung drängen. Auch ein Termin zur Einweisung des Sachverständigen nach § 404a Abs. 5 ZPO kann sinnvoll sein und beantragt werden. Benutzt der Sachverständige Geschäftsunterlagen, die nur ihm, aber nicht Gericht und Gegner zur Verfügung gestellt werden, ist das Gutachten unverwertbar (BGH MDR 1992, 466).

Ist zur Vorbereitung des Gutachtens – zB in Bauprozessen – eine Ortsbesichtigung durch den Sachverständigen erforderlich, empfiehlt sich folgender Zusatz:

„Es wird weiter beantragt,
dem Sachverständigen aufzugeben, die Parteien zu der von ihm anzusetzenden Ortsbesichtigung hinzuzuziehen und ihnen den Termin rechtzeitig mitzuteilen."

Ob der Sachverständige ohne eine entsprechende Anordnung verpflichtet ist, den Parteien die Teilnahme an seinen Ermittlungen zu gestatten, kann fraglich sein (vgl. Zöller/*Greger* ZPO § 404a Rn. 9). Jedenfalls wird den Parteien und auch einem von ihnen ausgewählten sachkundigen Vertreter das Recht eingeräumt, beim Ortstermin anwesend zu sein (OLG München NJW 1984, 807). Die Parteien sollten dieses Recht wahrnehmen. Nach § 404a Abs. 4 ZPO bestimmt das Gericht über die Beteiligung der Parteien; auf eine entsprechende Anordnung sollten sie hinwirken; denn Sachverständige sind in Verfahrensfragen nicht immer zuverlässig. Das Betreten der Wohnung eines Dritten darf das Gericht nur nach dessen vorheriger Anhörung und mit dessen Billigung anordnen (§ 144 Abs. 1 S. 3 ZPO; BVerfG NJW 1987, 2500).

Kosten und Gebühren

7. Die Hinweise zu → Form. I.H.1 Anm. 12 gelten entsprechend. Auch für die Sachverständigenkosten besteht eine Vorschusspflicht der beweispflichtigen Partei

(§ 379 iVm § 402 ZPO); sie gilt nicht, wenn das Gericht von Amts wegen ein Gutachten einholt (§ 17 Abs. 3 GKG; BGH NJW 2000, 743; Zöller/*Greger* ZPO § 144 Rn. 6). Haben sich beide Parteien auf einen Sachverständigen bezogen, hat derjenige den Vorschuss zu leisten, der die Beweislast trägt (BGH NJW 1999, 2823). Die gesetzte Frist sollte eingehalten werden; allerdings führt die Versäumung der Frist nicht automatisch zum Ausschluss des Beweismittels (BVerfG NJW 1996, 1533; OLG Hamm NJW-RR 1996, 1151). Die Höhe der Entschädigung ist für die meisten Tätigkeiten eines Sachverständigen gesetzlich festgelegt (§§ 9, 10 JVEG nebst Anlagen 1 und 2). Im Einvernehmen der Parteien kann nach § 13 JVEG eine höhere Vergütung gewährt werden. In der Praxis ist oft fraglich, wieweit die Kosten des Sachverständigen von den Parteien zu tragen sind, wenn der Vorschuss wesentlich überschritten wird. Hat der Sachverständige seine Pflicht verletzt, darauf hinzuweisen, dass der Vorschuss erheblich überschritten wird (§ 8a Abs. 2 JVEG), kann das zur Versagung der darüber hinaus gehenden Entschädigung führen (BayObLG NJW-RR 1998, 1294; OLG Düsseldorf NJW-RR 1992, 1087). Als Grenze wird eine Überschreitung des Vorschusses um 20 % angesehen. Die Entschädigung wird aber nicht gekürzt, wenn die Begutachtung trotz eines Hinweises durchgeführt worden wäre (OLG Nürnberg NJW-RR 2003, 791; Zöller/*Greger* ZPO § 413 Rn. 8). Wenn das Gutachten fehlerhaft, unverwertbar oder zT überflüssig ist, kann das den Entschädigungsanspruch mindern oder beseitigen (vgl. Zöller/*Greger* ZPO § 413 Rn. 5; OLG Düsseldorf NJW-RR 1996, 189; OLG München MDR 2002, 57). Die Ergänzungsbedürftigkeit des Gutachtens rechtfertigt es nicht ohne Weiteres, dem Sachverständigen die Vergütung vorzuenthalten (BGH GRUR 2009, 120). Eine Haftung des Sachverständigen gegenüber den Parteien, auch für die Kosten, kommt bei fehlerhaften Gutachten unter den Voraussetzungen des § 839a BGB in Betracht; Voraussetzung ist immer, dass eine gerichtliche Entscheidung ergeht, die dem fehlerhaften Gutachten folgt (MüKoBGB/*Wagner* § 839a Rn. 28).

Fristen und Rechtsmittel

8. Die Beweisanordnung selbst ist unanfechtbar; das gilt auch – von besonderen Fallkonstellationen abgesehen – für Anordnungen des Gerichts nach § 404a Abs. 4 ZPO (BGH NJW-RR 2009, 995). Auch gegen die Bestellung des Sachverständigen ist kein Rechtsmittel gegeben. Die Parteien sollten aber Gründe, die gegen die vom Gericht ausgewählte Person sprechen, im Wege der Gegenvorstellung geltend machen und darüber hinaus prüfen, ob Ablehnungsgründe bestehen (vgl. § 406 ZPO, → Form. I.H.6). Gegen die dem Sachverständigen gewährte Entschädigung steht den Parteien während des Rechtsstreites kein Beschwerderecht zu; sie können ihre Interessen später im Verfahren nach § 66 GKG wahrnehmen (BGH NJW 1984, 870; OLG Oldenburg FamRZ 1994, 1354). Hat das Gericht die Entschädigung nach § 4 JVEG festgesetzt, hat der Sachverständige bei zu niedriger Festsetzung ein Beschwerderecht (§ 4 Abs. 3 JVEG); das Gleiche gilt für die Staatskasse bei zu hoher Festsetzung.

5. Antrag auf mündliche Vernehmung des Sachverständigen nach schriftlichem Gutachten mit Antrag auf Ortsbesichtigung

An das
Landgericht
In der Sache
. . . . .
wird, nachdem dem Kläger das schriftliche Sachverständigengutachten zugegangen ist, beantragt,
den Sachverständigen zur Erläuterung seines Gutachtens zu laden und zu diesem Zweck einen Ortstermin an der Baustelle anzuberaumen.[1, 2, 3]

Begründung:[4]

Das Sachverständigengutachten ist in folgenden Punkten unrichtig bzw. bedarf der weiteren Erläuterung: . . . . .
Um dem Gericht die technischen Fragen anschaulich zu machen, erscheint es dem Kläger sinnvoll, den Sachverständigen zu diesen Punkten an Ort und Stelle zu vernehmen.
Sollte der Sachverständige im Termin gegenüber seinem schriftlichen Gutachten neue und ausführlichere Beurteilungen abgeben, wird schon jetzt beantragt,
dem Kläger Gelegenheit zu geben, hierzu in einem weiteren Schriftsatz Stellung zu nehmen.[5]
Dem Kläger wird es nicht möglich sein, zu den technischen Spezialfragen bereits im Termin angemessen Stellung zu nehmen.
Rechtsanwalt

Schrifttum: Ankermann, Das Recht auf mündliche Befragung des Sachverständigen, NJW 1985, 1204; *Jankowski,* Der Ortstermin im Zivilprozessrecht und der Eingriff in die Unverletzlichkeit der Wohnung, NJW 1997, 3347; *Kamphausen,* Zur mündlichen Gutachtenerläuterung in Bausachen, BauR 2007, 807; *Pantle,* Die Anhörung des Sachverständigen, MDR 1989, 312; *Plagemann,* Sachverständigenanhörung im Sozialgerichtsverfahren, NJW 1992, 400; *Schrader,* Die Ladung des Sachverständigen zur Erläuterung seines Gutachtens, NJW 1984, 2806.

Anmerkungen

1. Ist das Gutachten für eine Partei ungünstig, aber nicht überzeugend, hat der Anwalt zwei Möglichkeiten: er kann eine ergänzende Stellungnahme zu den kritischen Punkten anregen oder beantragen, den Sachverständigen zur Erläuterung seines Gutachtens zu laden. Meist empfiehlt es sich, die Einwendungen gegen das Gutachten iE darzulegen und zugleich die Ladung des Sachverständigen zum Termin zu beantragen. Das Gericht wird idR so reagieren, dass es dem Sachverständigen den Schriftsatz zur Stellungnahme übersendet und ihn zum Termin lädt, denn ein konkludent gestellter Antrag reicht bereits aus (BGH NJW-RR 2021, 76 Rn. 63). In speziellen Prozessen um schwierige technische oder wissenschaftliche Fragen, so etwa in Bauprozessen oder Arzthaftungsprozessen, muss der Anwalt allerdings davon ausgehen, dass die entscheidenden Richter, sofern sie nicht besondere Experten sind, nicht die Sachkunde besitzen, die technischen oder medizinischen Fragen des Falls zu überblicken und eine fachkundige Beweiswürdigung des Gutachtens vorzunehmen. Hier ist es die Aufgabe des Anwalts, das Sachverständigen-

gutachten, erforderlichenfalls mithilfe eines schnell in Auftrag zu gebenden Privatgutachtens, zu überprüfen und dem Gericht die Schwächen und Fehler des Gutachtens zu veranschaulichen. Legt der Anwalt ein schriftliches Parteigutachten vor, wird das Gericht auch dieses dem Sachverständigen zur Stellungnahme übersenden.

Dem Antrag auf Ladung des Sachverständigen (nicht auch: von diesem herangezogene Hilfspersonen, vgl. OLG Saarbrücken VersR 2020, 1448 (1450)) muss das Gericht entsprechen (BVerfG NJW 1998, 2273; BGH NJW 1998, 162; 1997, 802; 1994, 2959), und zwar auch dann, wenn das Gericht die schriftliche Begutachtung für vollständig und überzeugend hält, und keinen Erörterungsbedarf sieht (BGH NJW-RR 2007, 212; 2006, 1503; 2003, 208; VersR 2004, 1579). Anders ist es nach dieser Rspr. nur, wenn der Antrag rechtsmissbräuchlich ist oder nicht rechtzeitig gestellt wird. Nach § 411 Abs. 4 ZPO kann das Gericht den Parteien eine Frist für Einwendungen, Anträge (zB auf Ladung des Sachverständigen) und Fragen setzen; verspätetes Vorbringen kann dann nach § 296 Abs. 1 ZPO zurückgewiesen werden. Auch sonst ist der Antrag so rechtzeitig vor dem Termin zu stellen, der auf die Übersendung des schriftlichen Gutachtens an die Parteien folgt, dass der Sachverständige noch geladen werden kann (vgl. Zöller/*Greger* ZPO § 411 Rn. 7 mwN). Ein schriftliches Ergänzungsgutachten macht die Vernehmung im Termin nicht entbehrlich, wenn die Partei den Antrag mit sachlichen Einwendungen begründet (BGH NJW 1986, 2886). Hat der Sachverständige eine Hilfsperson eingeschaltet (in der Praxis häufig, aber nur begrenzt zulässig, vgl. BGH NJW 1985, 1399 (1400); OLG Frankfurt MDR 1983, 849), empfiehlt es sich, jedenfalls auch dessen Anhörung zu beantragen. Das Gericht kann auch ohne Antrag verpflichtet sein, den Sachverständigen zum Termin zu laden oder ihn schriftlich zu fragen, so zB bei Widersprüchen oder Unklarheiten im schriftlichen Gutachten (BGH NJW 1997, 794; NJW 1997, 1638; NJW 1996, 1597; Zöller/*Greger* ZPO § 411 Rn. 7) oder bei Widersprüchen zu einem Privatgutachten (BGH NJW-RR 1998, 1527 (1528); 1994, 219; BVerfG NJW 1997, 122). Das gilt iRd § 529 ZPO auch für das Berufungsgericht, wenn es das Gutachten anders würdigen will als die erste Instanz (BGH NJW 1993, 2380), wenn die erste Instanz dem Antrag nicht nachgekommen ist (BGH NJW 1997, 788) oder wenn das erstinstanzliche Gericht die Vernehmung des Sachverständigen nicht protokolliert hat (BGH MDR 2001, 1311). Einem erstmals in zweiter Instanz gestellten Antrag ist auch dann nachzukommen, wenn er entscheidungserhebliche, vom erstinstanzlichen Gericht übersehene Gesichtspunkte betrifft (BGH NJW 2004, 2829). Zum Verfahren bei unvollständigen, unklaren und zweifelhaften Gutachten BGH NJW-RR 1988, 764.

2. Hierbei handelt es sich um einen Antrag auf Augenschein gem. § 371 ZPO, der sich vor allem in Bauprozessen, aber auch sonst, wenn die Entscheidung einer Beweisfrage durch den unmittelbaren optischen (oder akustischen etc) Eindruck erleichtert wird, empfiehlt. Zur Einnahme des Augenscheins kann, auch wenn kein Sachverständigenbeweis angeordnet ist, immer ein Sachverständiger hinzugezogen werden (§ 372 Abs. 1 ZPO).

3. Zur Veranschaulichung des Gutachtens ist es oft günstig, entweder das zu begutachtende Objekt zum Termin mitzubringen oder – vor allem in Bauprozessen – einen Ortstermin anzuregen. Wenn die Parteien übereinstimmend einen solchen Antrag stellen, wird das Gericht sich dem kaum entziehen.

4. Dem Antrag auf Vernehmung des Sachverständigen ist nach hM bereits dann stattzugeben, wenn die Partei lediglich erklärt, Fragen stellen zu wollen (vgl. *Pantle* MDR 1989, 312). Es genügt jedenfalls, allgemein anzugeben, in welcher Richtung eine weitere Aufklärung gewünscht wird (BGH NJW-RR 2006, 1503). Zur Sicherheit und um dem Vorwurf des Rechtsmissbrauchs zu begegnen, sollte jedoch kurz begründet werden, warum die Erläuterung des Gutachtens für notwendig gehalten wird (Zöller/*Greger* ZPO

§ 411 Rn. 5). Es kann sich auch empfehlen, die Fragen, die dem Sachverständigen gestellt werden sollen, in einem vorbereitenden Schriftsatz zu formulieren; auch wenn das nach der Rspr. des BGH nicht erforderlich ist (BGH NJW-RR 2007, 212). Das Gericht kann sich dann gezielt vorbereiten und sich die Fragen, soweit sie zulässig sind (§ 402 iVm § 397 ZPO), zu eigen machen. Hält das Gericht die angekündigten Fragen für unerheblich, soll es von der Ladung absehen können (OLG Oldenburg NJW-RR 1999, 178; OLG Hamm MDR 1985, 593); das ist allerdings mit der genannten Rspr. des BGH, die Rechtsmissbrauch verlangt (→ Anm. 1), kaum vereinbar. Auch nach Auffassung des BVerfG (NJW 1998, 2273) reicht es zur Ablehnung des Antrags nicht aus, dass das Gericht die Einwendungen für unerheblich hält.

5. Gibt der Sachverständige im Termin neue und ausführlichere Beurteilungen ab, hat das Gericht der nicht sachkundigen Partei Gelegenheit zu geben, hierzu in einem nachzulassenden Schriftsatz Stellung zu nehmen (BGH NJW 1988, 2302; 2009, 2604). Es muss uU auch die mündliche Verhandlung wiedereröffnen. Einen entsprechenden Antrag sollte die Partei schon im Termin nach der Vernehmung des Sachverständigen stellen; sie kann dieses Recht sonst verlieren (BGH NJW 1988, 2303). Bei Sachverständigengutachten zu medizinischen Fragen oder zu anderen komplexen Vorgängen, die besondere Sachkunde erfordern, hat die Partei die Möglichkeit, ein Privatgutachten einzuholen, um sachgerecht Stellung nehmen zu können. Kann das Privatgutachten erst vorgelegt werden, nachdem das Gericht schon entschieden hat, muss das Berufungsgericht die darauf gestützten Einwendungen zulassen (BGH NJW 2006, 152).

6. Ablehnung des Sachverständigen und Antrag auf Einholung eines weiteren Gutachtens

An das
Landgericht

Ablehnungsgesuch

In der Sache
. . . . .
wird der Sachverständige . . . . . wegen Besorgnis der Befangenheit abgelehnt.[1, 2, 3]
Weiter wird beantragt,
das Gutachten eines weiteren Sachverständigen einzuholen.[4]
Das Gericht wird außerdem gebeten, den bisherigen Sachverständigen nicht zu entschädigen, da sein Gutachten durch die selbst verschuldete Ablehnung nicht verwertbar ist.[5]

Begründung:[6]

1. Der Kläger hat soeben erfahren, dass der Sachverständige vom Beklagten, offenbar unter dem Eindruck des für ihn günstigen Gutachtens, den Auftrag erhalten hat, die Mängel, für die der Kläger verantwortlich sein soll, zu beseitigen, und diesen Auftrag bereits ausgeführt hat. Damit hat der Sachverständige seine Stellung als neutraler Gutachter parteiisch missbraucht und hieraus noch Gewinn gezogen. Der Kläger muss befürchten, dass der Sachverständige bereits sein schriftliches Gutachten parteiisch erstattete, dass er aber zumindest nicht mehr in der Lage sein wird, sein Gutachten im Termin auf die Fragen des Klägers objektiv zu erläutern.
Zur Glaubhaftmachung wird eine
eidesstattliche Versicherung des . . . . vom . . . . .
eingereicht. Dieser Zeuge hat beobachtet, wie die Leute des Sachverständigen beim

Beklagten tätig waren, und dies dem Kläger am . . . . . mitgeteilt. Daraus ergibt sich auch, dass der Kläger den Ablehnungsgrund nicht früher geltend machen konnte. Der Sachverständige hat den vorgetragenen Sachverhalt gegenüber dem Unterzeichneten im Übrigen telefonisch zugegeben.

2. Da eine Erläuterung des Gutachtens durch den Sachverständigen im Termin, auf die der Kläger einen Anspruch hat, nicht mehr möglich sein wird, hält der Kläger zur Frage, wer für den Mangel verantwortlich ist, die Einholung eines weiteren Gutachtens für erforderlich.

Rechtsanwalt[7, 8, 9]

Schrifttum: Fezer, Die Folgen der Sachverständigenablehnung für die Verwertung seiner Wahrnehmungen, JR 1990, 397; *Kahlke,* Der Sachverständige der Berufungsinstanz, ZZP 94 (1981), 50; *Milde,* Die Ablehnung eines Sachverständigen im Zivilprozess, NJW 2018, 1149; *Müller,* Die Ablehnung des Sachverständigen im Beweissicherungsverfahren, NJW 1982, 1961; *Schneider,* Befangenheitsablehnung eines Sachverständigen nach Einreichung des Gutachtens, MDR 1975, 353; *Schulze,* Ablehnung von Sachverständigen im Beweissicherungsverfahren, NJW 1984, 1019; *Völker,* Die Ablehnung des Sachverständigen im ZPO-/FGG-/FamFG-Verfahren, FPR 2008, 287.

Anmerkungen

1. Sachverständige können gem. § 406 ZPO aus den gleichen Gründen wie Richter (Ausnahme: § 406 Abs. 1 S. 2 ZPO) abgelehnt werden. Wie bei der Richterablehnung kommt es nicht darauf an, ob der Sachverständige tatsächlich befangen ist; maßgeblich ist vielmehr, ob eine Partei bei vernünftiger Würdigung aller Umstände Anlass hat, an seiner Unvoreingenommenheit zu zweifeln. Auf die Anmerkungen in → Form. I.L.8 wird verwiesen. Typische Ablehnungsgründe sind besondere Beziehungen des Sachverständigen zu einer Partei, auch als Angestellter oder Beamter (BVerwG NJW 1999, 965; OLG Saarbrücken MDR 2008, 226), seine frühere Tätigkeit als Privatgutachter in derselben Sache (OLG Düsseldorf NJW 1997, 1428; OLG Celle NJW-RR 1995, 1404) oder Fälle mangelnder Neutralität wie zB die nicht offen gelegte Kontaktaufnahme mit nur einer Partei (OLG Saarbrücken MDR 2005, 233; OLG Dresden VersR 2007, 237), Überschreitung des Gutachtenauftrags (OLG Saarbrücken NJW-RR 2008, 1087; weniger streng OLG Köln NJW-Spezial 2012, 334), regelmäßige Geschäftsbeziehungen zur Kanzlei des gegnerischen Anwalts oder der Umstand, dass der Sachverständige bei der Vorbereitung seines Gutachtens, etwa bei der Besichtigung des zu begutachtenden Gegenstands, nur eine Partei hinzuzieht (OLG Koblenz MDR 2004, 231; OLG München NJW-RR 1998, 1687; OLG Karlsruhe MDR 2010, 1148; anders wenn er beide Parteien nicht hinzuzieht, OLG Dresden NJW-RR 1997, 1354; OLG Nürnberg MDR 2007, 237). Ein Ablehnungsgrund kann in der langjährigen kollegialen Zusammenarbeit zwischen dem medizinischen Sachverständigen und dem behandelnden Arzt liegen (OLG Jena NJW-RR 2021, 191 Rn. 18 ff.). Übliche Geschäftskontakte reichen nicht ohne weiteres aus (BGH NJW 2005, 2858; OLG München BeckRS 2012, 02009). Auch Lücken oder Unzulänglichkeiten im schriftlichen Gutachten rechtfertigen für sich allein nicht die Ablehnung des Sachverständigen wegen Befangenheit (BGH NJW-RR 2011, 1555). Kein Befangenheitsgrund besteht, wenn ein Sachverständiger die von ihm festgestellten Mängel zusammenfassend als „Pfusch am Bau" bezeichnet (OLG Rostock MDR 2020, 1503), er mitteilt, er müsse für eine ergänzende Stellungnahme erneut die Gerichtsakte studieren, wisse aber bereits, dass sich „mit hoher Wahrscheinlichkeit" keine neuen Erkenntnisse ergeben werden (OLG Braunschweig BeckRS 2020, 24218).

Zu weiteren Beispielen vgl. Zöller/*Greger* ZPO § 406 Rn. 8; Musielak/Voit/*Huber* ZPO § 406 Rn. 11; vgl. auch das Beispiel in → Form. I.L.8).

Besondere Probleme ergeben sich, wenn der Sachverständige auf Kritik einer Partei an seinem Gutachten heftig und unangemessen reagiert. An sein Verhalten dürfen nicht die gleichen Maßstäbe angelegt werden wie bei einem Richter, zumal die Kritik der Partei, für die das Gutachten ungünstig ist, auch bewusst provozierend sein kann, um einen Ablehnungsgrund zu schaffen (vgl. Zöller/*Greger* ZPO § 406 Rn. 9; OLG Düsseldorf NJW-RR 1997, 1353; OLG München BeckRS 2011, 26666; strenger OLG Köln MDR 2002, 53; OLG Oldenburg NJW-RR 2000, 1166; KG VersR 2009, 566). Die Frage der Ablehnung stellt sich besonders, wenn der Privatgutachter einer Partei als sachverständiger Zeuge vernommen wird; denn hier liegt eine Parteilichkeit nahe. Ein sachverständiger Zeuge kann zwar nicht nach § 406 ZPO abgelehnt werden. Soll der Gutachter aber auch fachliche Bewertungen vornehmen, wird er zum Sachverständigen und kann dann auch abgelehnt werden (OLG Düsseldorf BauR 2000, 1243; 2000, 1538).

Für das Gesuch besteht kein Anwaltszwang (§ 406 Abs. 2 S. 3 iVm § 78 Abs. 3 ZPO).

2. Ob das Gericht ein weiteres Gutachten einholt, liegt gem. § 412 ZPO grds. in seinem Ermessen. Die Ablehnung des Sachverständigen vor Beendigung seines Gutachtenauftrags – hierzu gehört auch die Erläuterung des Gutachtens im Termin – verpflichtet das Gericht jedoch zur Einholung eines weiteren Gutachtens (Thomas/Putzo/*Reichold* ZPO § 412 Rn. 1), wobei die Verwertung des bereits vorliegenden schriftlichen Gutachtens Ermessensfrage ist. Vom Sonderfall der Ablehnung abgesehen muss das Gericht, bevor es ein weiteres Gutachten einholt, zunächst versuchen, die Beweisfrage mithilfe des ersten Sachverständigen zu beantworten, dh entweder durch ein Ergänzungsgutachten oder durch eine Vernehmung im Termin Lücken des Gutachtens, Widersprüche, Zweifel und Einwendungen der Parteien zu klären; auch wenn das Gutachten bestrittene oder widerlegte Tatsachen (sog Anknüpfungstatsachen) als feststehend zugrundelegt, ist dies zunächst mit demselben Sachverständigen richtig zu stellen (BGH NJW 1997, 1446). Das Gutachten eines weiteren Sachverständigen hat das Gericht in folgenden Fällen einzuholen (immer noch grundlegend BGH NJW 1970, 946 (949); vgl. Zöller/*Greger* ZPO § 412 Rn. 2):

a) Wenn das Gutachten – auch nach Ergänzung oder Erläuterung (BGH NJW 1981, 2009; 1997, 1446) – von unzutreffenden tatsächlichen Voraussetzungen ausgeht,
b) wenn das Gutachten in sich oder mehrere Gutachten untereinander erhebliche Widersprüche enthalten, die sich nach Erläuterung nicht ausräumen lassen (BGH NJW 1994, 1596 (1597); NJW-RR 2009, 387; VersR 2009, 499; WuM 2012, 164),
c) wenn das Gutachten unvollständig ist und vom beauftragten Sachverständigen nicht vervollständigt werden kann (BGH NJW 1996, 730),
d) wenn die Sachkunde des ersten Gutachters zweifelhaft ist (BayObLG NJW 1986, 2893),
e) wenn das urkundenbeweislich verwertete Gutachten aus einem Vorprozess zur Beantwortung der Beweisfrage nicht ausreicht (BGH NJW 2000, 3072; 1997, 3381),
f) wenn der neue Gutachter über überlegene Forschungsmittel verfügt (BGH VersR 1980, 533).

Ein weiteres Gutachten kann auch erforderlich sein, wenn eine besonders schwierige Frage zu entscheiden ist, wenn widerstreitende Gerichtsgutachten (BGH NJW 1987, 442; NJW-RR 2009, 387) oder Privatgutachten (BGH NJW 1990, 759; NJW-RR 2009, 1192) vorliegen oder wenn das Gutachten grobe Mängel aufweist (BGH NJW 1970, 949; VersR 1980, 533). Die zu § 244 Abs. 4 StPO entwickelten Grundsätze gelten entspr. (BGH NJW 1970, 949; VersR 1980, 533). Einwendungen der Partei gegen ein Gutachten, zumal wenn sie durch ein Privatgutachten unterstützt werden, können das

Gericht zu weiterer Aufklärung verpflichten (BGH NJW-RR 1988, 764; NJW 1993, 2382; NJW-RR 2000, 44).

3. Die Ablehnung ist erst nach Ernennung des Sachverständigen möglich. Steht die Person des Sachverständigen schon vorher fest und sind einer Partei Ablehnungsgründe bekannt, sollte sie diese dem Gericht darlegen und versuchen, bereits seine Ernennung zu verhindern. Auf jeden Fall sind bekannte Ablehnungsgründe vor der Vernehmung, spätestens aber zwei Wochen nach Verkündung der Zustellung des Ernennungsbeschlusses geltend zu machen (§ 406 Abs. 2 S. 1 ZPO). Bei späterer Ablehnung ist glaubhaft zu machen, dass der Ablehnungsgrund nicht früher geltend gemacht werden konnte (§ 406 Abs. 2 S. 2 ZPO); das betrifft vor allem Ablehnungsgründe, die erst durch die Tätigkeit der Sachverständigen entstehen. Glaubhaftmachung ist nicht erforderlich, soweit der Zeitpunkt aktenkundig ist.

4. Die Einholung eines neuen Gutachtens ist nicht von einem Antrag abhängig. Um das Gericht gezielt zu veranlassen, sich mit dieser Frage zu befassen, sollte die betroffene Partei jedoch einen ausdrücklichen Antrag stellen.

5. Ist das Gutachten infolge einer begründeten Ablehnung des Sachverständigen nicht verwertbar, kann er je nach Lage des Falles, insb. bei grob fahrlässiger Herbeiführung des Ablehnungsgrunds, seinen Anspruch auf Entschädigung nach §§ 1 ff. JVEG verlieren (BGH NJW 1976, 1154; OLG Koblenz MDR 2004, 832; OLG München NJW-RR 1998, 1687; OLG Düsseldorf NJW-RR 1997, 1353; OLG Celle NJW-RR 1996, 1086). Der Antrag soll sicherstellen, dass das Gericht den Sachverständigen nicht grundlos entschädigt und der Streit hierüber in das Kostenverfahren getragen wird.

6. Der Ablehnungsgrund ist darzulegen und gem. § 294 ZPO glaubhaft zu machen; hierzu kann die Partei keine eigene eidesstattliche Versicherung abgeben (§ 406 Abs. 3 ZPO). Auch die Voraussetzungen des § 406 Abs. 2 S. 2 ZPO sind hier glaubhaft zu machen.

Zur Einholung eines weiteren Gutachtens sollte dargelegt werden, dass einer der in → Anm. 2 genannten Fälle gegeben ist.

Kosten und Gebühren

7. Für das Ablehnungsverfahren bis zum Beschluss werden keine Gerichts- oder Rechtsanwaltsgebühren erhoben. Für das Beschwerdeverfahren gilt KV 1812, eine Erstattung außergerichtlicher Kosten findet nicht statt (str., OLG Brandenburg MDR 2002, 1092 mwN). Der Beschwerdewert ist umstritten (nach überwiegender Ansicht der volle Wert oder ein Bruchteil der Hauptsache, OLG Koblenz NJW-RR 1998, 1222 mwN; Zöller/*Herget* ZPO § 3 Rn. 16.6 – Ablehnung). Zur Entschädigung des abgelehnten Sachverständigen → Anm. 5. Einen eigenen Anspruch gegen den abgelehnten Sachverständigen auf Freihaltung von den Kosten für das Gutachten hat die beweisführende Partei nicht (BGH MDR 1984, 305). Für die Stellungnahme zum Ablehnungsgesuch kann der Sachverständige zu entschädigen sein (OLG Frankfurt MDR 1993, 484; OLG Köln FamRZ 1995, 101).

Fristen und Rechtsmittel

8. Das Ablehnungsgesuch ist idR vor der Vernehmung des Sachverständigen zu stellen, bei schriftlichem Gutachten vor dessen Einreichung und spätestens zwei Wochen nach Verkündung oder Zustellung des Ernennungsbeschlusses (§ 406 Abs. 2 S. 1 ZPO). Eine spätere Ablehnung ist jedoch zulässig, wenn sie vorher mangels Kenntnis des

Ablehnungsgrunds nicht geltend gemacht werden konnte und dies glaubhaft gemacht wird (§ 406 Abs. 2 S. 2 ZPO). Das Gesuch muss dann unverzüglich (OLG Köln MDR 1983, 412: alsbald) nach Kenntnis des Ablehnungsgrunds gestellt werden (vgl. Thomas/Putzo/*Reichold* ZPO § 406 Rn. 7; OLG Koblenz NJW-RR 1992, 1470). Hat das Gericht den Parteien eine Frist zur Stellungnahme zum Gutachten gesetzt, genügt es im Allgemeinen, den sich erst aus dem Gutachten ergebenden Ablehnungsgrund innerhalb dieser Frist geltend zu machen (BGH NJW 2005, 1869; OLG Düsseldorf OLGR 2001, 469; OLG Koblenz NJW-RR 1999, 72; OLG Saarbrücken NJW-RR 2008, 1087; aA OLG München VersR 2003, 1594; Zöller/*Greger* ZPO § 406 Rn. 11 mwN). Der Anwalt muss das Gutachten also sofort nach Erhalt auf etwaige Ablehnungsgründe durchsehen, wenn er nicht in Gefahr geraten will, sie zu verlieren; mehr als ein Monat ist zu spät (OLG Düsseldorf NJW-RR 1998, 933). Wird der Sachverständige im selbständigen Beweisverfahren tätig, ist er bereits hier, nicht erst im späteren Hauptprozess, abzulehnen (vgl. Thomas/Putzo/*Reichold* ZPO § 487 Rn. 6 mwN).

9. Gegen den Beschluss, der die Ablehnung für unbegründet hält, hat der Antragsteller die sofortige Beschwerde, § 406 Abs. 5 ZPO. Ob mit der Beschwerde weitere Ablehnungsgründe vorgebracht werden können, ist streitig (OLG Saarbrücken MDR 2005, 233 mwN). Hält das Gericht die Ablehnung für begründet, ist nach § 406 Abs. 5 ZPO kein Rechtsmittel gegeben; Auch eine Anhörungsrüge oder eine außerordentliche Beschwerde sollen nicht statthaft sein (OLGR Hamm 2007, 456). Anders kann es sein, wenn dem Gegner kein rechtliches Gehör gewährt wurde (OLG Frankfurt MDR 1984, 323). Gegen die Ablehnung der Einholung eines weiteren Gutachtens gem. § 412 ZPO ist – auch im selbständigen Beweisverfahren – kein Rechtsmittel gegeben (BGH MDR 2010, 767; WuM 2012, 47). Will eine Partei sich dagegen wenden, dass sie von der Gerichtskasse mit den Kosten des abgelehnten Sachverständigen belastet wurde, hat sie nur die Kostenerinnerung nach § 66 GKG, sie kann nicht den Sachverständigen direkt in Anspruch nehmen (BGH NJW 1984, 870).

7. Urkundenbeweisantritt mit Antrag auf Vorlegung der Urkunde

An das
Landgericht
In der Sache
. . . . .
wird weiter vorgetragen, dass von dem zwischen den Parteien geschlossenen Vertrag, aus dem sich der Anspruch des Klägers ergibt, zwei Ausfertigungen hergestellt wurden. Die erste Ausfertigung hat der Kläger erhalten, die zweite Ausfertigung wurde dem Beklagten ausgehändigt. Zum Beweis für den von ihm vorgetragenen Vertragsinhalt legt der Kläger eine

Kopie seiner Ausfertigung des Vertrags vom . . . . . (Anlage 1)

vor. Das Original wird im Termin vorgelegt werden.[1, 2]
Die Parteien haben nachträglich am . . . . . die Zahlungskonditionen dahin geändert, dass die Fälligkeit der Raten hinausgeschoben wurde, jedoch eine Verzinsung von 10 % auf die damals noch offene Forderung von . . . . EUR eintreten sollte. Diese Vereinbarung wurde auf der Vertragsausfertigung des Beklagten vermerkt und unterzeichnet. Zum Beweis hierfür beantragt der Kläger,

dem Beklagten die Vorlegung dieser Vertragsausfertigung innerhalb einer Frist von zwei Wochen aufzugeben.[3]

Die Vorlegungspflicht ergibt sich aus § 810 BGB.

Zur Glaubhaftmachung dafür, dass auf der Vertragsausfertigung eine entsprechende Vereinbarung festgehalten wurde, überreicht der Kläger eine

eidesstattliche Versicherung vom . . . . . (Anlage 2).[4]

Soweit der Beklagte die Hauptforderung von . . . . . EUR in Zweifel zieht und sich hierfür auf eine in seinen Händen befindliche zusammen mit dem Kläger aufgestellte schriftliche Abrechnung vom . . . . . bezieht, beantragt der Kläger,

dem Beklagten die Vorlage dieser Abrechnung aufzugeben.[5]

Aus ihr wird sich ergeben, dass der Kläger die Hauptforderung richtig berechnet hat. Die Vorlegungspflicht des Beklagten beruht insoweit auf § 423 ZPO.
Rechtsanwalt[6]

Schrifttum: Becht, Der Beweis der Echtheit einer Urkunde im Urkundenprozess, NJW 1991, 1993; *Berger,* Beweis mit elektronischen Dokumenten, NJW 2005, 1016; *Britz,* Urkundenbeweisrecht und Elektroniktechnologie, 1996; *Schneider,* Die Urkundenvorlage im Prozess, MDR 1992, 20.

Anmerkungen

1. Urkunden sind von besonderer Beweiskraft für Erklärungen oder Vereinbarungen. Die formelle Beweiskraft von Privaturkunden, um die es meist geht, wird durch §§ 416, 440 ZPO gesichert. Die Beweisregel des § 416 ZPO greift ein, wenn die Urkunde, also insb. die Unterschrift, echt ist (BGH NJW 1988, 2741; NJW-RR 1993, 1379 (1380)). Das hat derjenige zu beweisen, der sich auf die Urkunde beruft (§ 440 Abs. 1 ZPO, BGH NJW 1995, 1683). Dem Unterzeichner steht der Gegenbeweis offen, dass der Text über der Unterschrift abredewidrig, zB durch Blankettmissbrauch, ausgefüllt wurde (BGH NJW 1995, 1683) oder die Urkunde vor Begebung abhandengekommen ist (BGH NJW-RR 2006, 847). Die Vermutung des § 440 Abs. 2 ZPO gilt auch bei einer Blankounterschrift (BGH NJW 1986, 3086), nicht aber bei „Oberschrift" am oberen Rand eines Formulars (BGH NJW 1991, 497 für den Überweisungsauftrag) oder bei Unterschrift neben dem Urkundentext („Nebenschrift", BGH NJW 1992, 829). Auf eine Unterzeichnung, die als bloße Namensabkürzung erscheint (Paraphe), können die Vermutung des § 440 Abs. 2 ZPO und die Beweisregel des § 416 ZPO nicht gestützt werden (BGH NJW-RR 2007, 351).

Die inhaltliche Bedeutung der Urkunde (materielle Beweiskraft) unterliegt zwar der freien Beweiswürdigung gem. § 286 ZPO (BGH NJW 1993, 1379 (1380)), jedoch haben Urkunden, in denen eine rechtsgeschäftliche Erklärung aufgenommen wurde, die Vermutung der Vollständigkeit und Richtigkeit für sich (vgl. Palandt/*Ellenberger* BGB § 125 Rn. 21 mwN), an den Gegenbeweis stellt die Praxis oft strenge Anforderungen. Äußere Mängel der Urkunde können ihre formelle Beweiskraft aufheben (§ 419 ZPO, BGH NJW 1980, 893); die Bedeutung der Urkunde ist dann aber iRd § 286 ZPO zu würdigen (BGH NJW 1988, 60 (62)). Wie der Urkundenbeweis anzutreten ist, hängt davon ab, ob sich die Urkunde in den Händen des Beweisführers, des Gegners oder eines Dritten (§ 428 ZPO) befindet. Eine andere Form des Urkundenbeweises ist die Beiziehung von Akten, welche bei einem anderen Gericht oder einer Verwaltungsbehörde geführt werden. Sind solche Akten – zB eines Vorprozesses, eines Strafverfahrens oder eines Verwaltungsverfahrens in gleicher Sache – einschlägig, sollte die Beiziehung beantragt oder das Gericht zumindest hierauf hingewiesen werden. Auch ein früher zur Beweisfrage erstattetes Gutachten kann verwertet werden, und zwar nicht nur im Wege des Urkundenbeweises (BGH NJW 1987, 2300), sondern auch im Wege des Sachverständigenbeweises nach § 411a ZPO (vgl. hierzu *Rath* VersR 2005, 890). Ein vorhandenes Gutachten sollte daher, wenn es günstig ist, überreicht werden. Den Parteien bleibt aber die Möglichkeit, die mündliche Anhörung des Sachverständigen in diesem Verfahren zu beantragen.

2. Hat der Beweisführer die Urkunde in Händen, wird der Beweis durch Vorlage im Prozess angetreten (§ 420 ZPO). Unzulässig, wenn auch in der Praxis häufig, ist daher ein Beweisantrag zB mit dem Inhalt: „Zum Beweis bezieht sich der Kläger auf den Vertrag vom . . . . .“ Vorzulegen ist idR das Original der Urkunde, nicht eine Abschrift (Ausnahme: § 435 ZPO) oder Kopie. Die Ablichtung einer Urkunde ist keine Urkunde (BGH NJW 1992, 829 (830)), und nur das Original entfaltet die Beweiskraft des § 416 ZPO (BGH NJW-RR 1993, 1379 (1380)). Jedoch kann sich die Vorlage des Originals erübrigen, wenn der Gegner nach Vorlage der Kopie nicht bestreitet, dass das Original den Inhalt der Kopie hat. Um nicht den Verlust der Urkunde zu riskieren, ist es ratsam, mit dem Schriftsatz zunächst nur eine Kopie einzureichen; im Termin sollte das Original aber immer vorgelegt werden können.

3. Ist die Urkunde im Besitz des Gegners, muss der Beweisführer beantragen, dem Gegner die Vorlage aufzugeben (§ 421 ZPO). Voraussetzung für eine entsprechende Anordnung des Gerichts ist, dass der Gegner dem Beweisführer gem. § 422 ZPO zur Vorlage verpflichtet ist. Das ist immer der Fall, wenn die Urkunde ein Rechtsverhältnis zwischen den Parteien beurkundet (§ 810 BGB; weitere Bsp. bei Thomas/Putzo/*Reichold* ZPO § 422 Rn. 4). Zum Inhalt des Vorlegungsantrags vgl. die Aufzählung in § 424 Nr. 1–5 ZPO. Wichtig ist insb., dass die Tatsache bezeichnet wird, die durch die Urkunde bewiesen werden soll; diese Tatsache muss erheblich sein. Allerdings dürfen die Anforderungen an die Begründung des Antrags nicht überspannt werden; Sinn der Regelung ist, es dem Gericht durch die Angaben der Partei zu ermöglichen, die Entscheidungserheblichkeit, die Beweiseignung sowie die Vorlagepflicht zu beurteilen (BGH NJW 1989, 717 (719)). Eine Fristsetzung ist nicht erforderlich, aber zweckmäßig. Das Verfahren nach der Anordnung des Gerichts auf Vorlegung ergibt sich aus §§ 425 ff. ZPO. Legt der Gegner die Urkunde trotz Anordnung nicht vor, kann das Gericht die vom Antragsteller vorgelegte Kopie als richtig ansehen oder auch den behaupteten Inhalt der Urkunde als bewiesen annehmen (§ 427 ZPO).

4. Die Anspruchsvoraussetzungen, die die Vorlegungspflicht begründen, hier also die Voraussetzungen des § 810 BGB, sind gem. § 424 Nr. 5 ZPO glaubhaft zu machen (§ 294 ZPO).

5. Eine besondere Vorlagepflicht entsteht, wenn sich der Gegner seinerseits im Prozess auf eine in seinen Händen befindliche Urkunde bezieht, diese aber nicht vorlegt (§ 423 ZPO, prozessuale Vorlegungspflicht). Auf Antrag hat ihm das Gericht, wenn es auf die Urkunde ankommt, die Vorlegung aufzugeben. Für diesen Antrag gilt wiederum § 424 ZPO. Eine besondere Glaubhaftmachung ist nicht erforderlich, da der Vorgang aktenkundig ist.

Fristen und Rechtsmittel

6. Der Streit um die Verpflichtung des Beweisgegners, eine Urkunde vorzulegen, kann durch Zwischenurteil gem. § 303 ZPO entschieden werden; ein solches Urteil kann nicht selbständig, nur zusammen mit dem Endurteil angefochten werden (vgl. Musielak/Voit/*Musielak* ZPO § 303 Rn. 7; Thomas/Putzo/*Reichold* ZPO § 303 Rn. 7).

8. Antrag auf Vorlegung der Urkunde durch Dritte

An das
Landgericht
In der Sache
.....
wird für den Kläger gem. §§ 428, 142 ZPO beantragt,[1, 2]
anzuordnen, dass Herr X ..... (genaue Anschrift) den in seinem Besitz befindlichen mit dem Beklagten geschlossenen Kaufvertrag über den LKW ..... (genaue Bezeichnung) von Juli 2000 im Original vorlegt.

Begründung:[3]

Der Beklagte hat behauptet, nicht im Besitz des Kaufvertrags zu sein, mit dem er den streitigen LKW vom Voreigentümer erworben hatte. Dem Kläger ist es gelungen, den Voreigentümer ausfindig zu machen, einen Herrn X. Dieser hat telefonisch erklärt, im Besitz des Kaufvertrags zu sein, mit dem er den LKW im Juli 2000 an den Beklagten veräußert hat, hat allerdings den Vertrag trotz Mahnung des Klägers, die als

Anlage 1

in Kopie beigefügt wird, nicht zur Verfügung gestellt. Aus dem Vertrag wird sich ergeben, dass der Beklagte den LKW bereits mit einem erheblich höheren Kilometerstand (150.000) gekauft hatte, als er gegenüber dem Kläger angegeben hat, und dass der Beklagte dies beim Verkauf an den Kläger wusste und somit arglistig handelte. Die Vorlage des Vertrags ist Herrn X ohne weiteres zumutbar. Damit sind die Voraussetzungen für eine Vorlegungsanordnung gegeben.
Zur Glaubhaftmachung dafür, dass Herr X telefonisch den Besitz des Kaufvertrags, der einen Kilometerstand von 150.000 ausweist, bestätigt hat, überreicht der Kläger eine
eidesstattliche Versicherung vom ..... (Anlage 2).[4]
Hilfsweise beruft sich der Kläger für die Tatsache, dass der Beklagte den LKW ausweislich des Kaufvertrags von Herrn X mit einem Kilometerstand von mehr als 150.000 verkauft hatte, auf das
Zeugnis des Herrn X
und beantragt außerdem, diesem nach § 378 ZPO aufzugeben, den Kaufvertrag zum Beweistermin mitzubringen.[5]
Rechtsanwalt[6]

Schrifttum: Becker, Die Pflicht zur Urkundenvorlage nach § 142 ZPO und das Weigerungsrecht der Parteien, MDR 2008, 1309; *Kapoor,* Die neuen Vorlagepflichten für Urkunden und Augenscheinsgegenstände in der Zivilprozessordnung, 2009; *Zekoll/Bolt,* Die Pflicht zur Vorlage von Urkunden im Zivilprozess – Amerikanische Verhältnisse in Deutschland?, NJW 2002, 3129.

Anmerkungen

1. Die ZPO-Reform von 2002 hat die Möglichkeiten des Beweisführers, den Beweis mit einer Urkunde zu führen, die sich in Händen eines Dritten befindet, erheblich erleichtert. Nach altem Recht musste der Beweisführer beantragen, ihm eine Frist zur Herbeischaffung der Urkunde zu bestimmen, und innerhalb dieser Frist die Urkunde vom Dritten im Klageweg beschaffen (§ 429 ZPO aF). Diese umständliche Möglichkeit besteht nach wie vor (Antrag nach § 428 S. 1 ZPO), sie wird aber auch in Zukunft nicht praktisch werden. Nach der Neufassung des § 428 S. 2 ZPO kann die Partei in solchen Fällen einen Antrag an das Gericht stellen, nach § 142 ZPO anzuordnen, dass der Dritte die in seinem Besitz befindlichen Urkunden oder sonstigen Unterlagen vorlegt. Mit diesem Antragsrecht hat der Gesetzgeber eine erste, vorsichtige Annäherung an das „discovery"-Verfahren der USA vorgenommen. Für den Dritten besteht kraft Gesetzes eine prozessuale Vorlegungspflicht, ein materiell-rechtlicher Vorlegungsanspruch des Beweisführers ist nicht erforderlich (Zöller/*Feskorn* ZPO § 429 Rn. 1). Voraussetzung ist nur, dass dem Dritten die Vorlegung zumutbar ist und er kein Zeugnisverweigerungsrecht hat. Allerdings kann die Vorlegung nicht verlangt werden, wenn sich der Dritte dadurch schaden könnte, etwa weil er dann Ansprüche gegen sich selbst zu befürchten hätte (BGH NJW 2007, 155). Die Nichtbefolgung der Anordnung führt für den Dritten wie bei einem Zeugen, der sich zu Unrecht auf ein Zeugnisverweigerungsrecht beruft, zur Verhängung von Ordnungsmitteln und zur Verurteilung der durch seine Weigerung verursachten Kosten (§ 142 Abs. 2 S. 2 iVm § 390 Abs. 1 ZPO), und zwar ohne dass es eines Antrags bedarf.

2. Im Antrag ist die Person des Dritten mit Namen und zustellungsfähiger Anschrift genau zu bezeichnen. Auch die Urkunde muss so bezeichnet werden, dass kein Zweifel bestehen kann, was der Dritte vorzulegen hat (§§ 424 Abs. 1 Nr. 1, 430 ZPO). Das Gericht kann eine solche Anordnung auch von Amts wegen treffen (§ 142 Abs. 1 ZPO), hierzu kann es sogar verpflichtet sein (BGH NJW-RR 2007, 106). Auf eine Initiative des Gerichts sollte die Partei aber nicht vertrauen.

3. Die Begründung des Antrags muss den Bestimmungen der §§ 430, 424 ZPO Rechnung tragen. Es sind insb. die Tatsachen zu bezeichnen, die durch die Urkunde bewiesen werden sollen (Beweiserheblichkeit), außerdem ist der Inhalt der Urkunde möglichst vollständig zu bezeichnen. Schließlich ist darzulegen, dass sich die Urkunde in Händen des Dritten befindet. Zur Vorlegungspflicht des Dritten (§§ 430, 424 Abs. 1 Nr. 5 ZPO) genügt der Hinweis auf § 142 ZPO. Obwohl das Gesetz dies nicht verlangt, dürfte es außerdem ratsam sein vorzutragen, dass der Dritte die Urkunde trotz Mahnung freiwillig nicht herausgegeben hat; andernfalls könnte das Rechtsschutzinteresse fraglich sein.

4. Nach § 430 ZPO ist glaubhaft zu machen (§ 294 ZPO), dass sich die Urkunde in Händen des Dritten befindet.

5. Hierbei handelt es sich um einen alternativen Weg, den der Kläger einschlagen kann, wenn der Vorlegungsantrag nicht erfolgreich ist. Er kann den Dritten als Zeugen dafür benennen, dass die streitigen Tatsachen Gegenstand der Vereinbarung waren. Dieser Weg kann allerdings nur zum Erfolg führen, wenn der Dritte bei der Errichtung der Urkunde zugegen war. Das Gericht sollte dem Zeugen in einem solchen Fall aufgeben, die einschlägigen Unterlagen, hier den Kaufvertrag, mitzubringen; das sollte der Beweisführer zusätzlich beantragen (→ Form. I.H.1 Anm. 6). Einfacher ist allerdings das Verfahren nach § 142 ZPO, weil es einen Beweistermin erspart.

Fristen und Rechtsmittel

6. Bestreitet der Dritte die Voraussetzungen des § 142 Abs. 2 ZPO, kann über seine Verpflichtung zur Vorlegung durch Zwischenurteil entschieden werden (§§ 142 Abs. 2 S. 2, 387 ZPO). Wird im Zwischenurteil die Vorlagepflicht verneint, hat der Antragsteller ein Beschwerderecht, andernfalls ist der Dritte beschwerdeberechtigt, nicht aber die andere Partei.

9. Antrag auf Parteivernehmung und Anhörung der eigenen Partei

An das
Landgericht
In der Sache
. . . . .
hat der Beklagte im Einzelnen dargelegt, dass er das vom Kläger vorgelegte Vertragsformular blanco unterzeichnet und der Beklagte es abredewidrig ausgefüllt hat. Für diese Darstellung spricht eine ganze Reihe von Indizien und auch das Verhalten des Klägers nach Vertragsschluss . . . . . (ist auszuführen). Sofern das Gericht von diesem Ergebnis noch nicht überzeugt sein sollte, wird beantragt,

den Beklagten nach § 448 ZPO als Partei zu vernehmen.[1, 2, 3]

Da es sich um ein Vier-Augen-Gespräch handelt und der Beklagte in Beweisnot ist, ist eine solche Vernehmung nach der Rechtsprechung des BGH (BGH NJW 1999, 363) und des BVerfG (NJW 2001, 2531) angezeigt.
Sollte das Gericht die Voraussetzungen für eine Vernehmung nach § 448 ZPO nicht für gegeben halten, bezieht sich der Beklagte hilfsweise zum Beweis auf die

Vernehmung des Klägers als Partei.[4]

Für diesen Fall wird angeregt, den Beklagten nach § 141 ZPO anzuhören und dem Kläger ggf. gegenüberzustellen.[5] **Der Beklagte wird im nächsten Termin persönlich erscheinen.**
Rechtsanwalt[6]

Schrifttum: Coester-Waltjen/Oberhammer, Parteiaussage und Parteivernehmung am Ende des 20. Jahrhunderts, ZZP 2000, 269, 295; *Hülsmann,* Kein Geständnis während der Parteivernehmung, NJW 1997, 617; *Kappenhagen,* Der Geschäftsführer als Zeuge – Chancen der Beweisführung bei Vier-Augen-Gesprächen, BB 2006, 506; *Lange,* Parteianhörung und Parteivernehmung, NJW 2002, 476; *Meyke,* Zur Anhörung der Parteien im Zivilprozeß, MDR 1987, 358; *Noethen,* Parteivernehmung oder Parteianhörung bei einem allein zwischen den Parteien geführten Vier-Augen-Gespräch, NJW 2008, 234; *Schlosser,* EMRK und Waffengleichheit im Zivilprozeß, NJW 1995, 1404; *Schlosser,* Waffengleichheit durch Möglichkeit der Parteivernehmung als Beweismittel, MDR 2004, 453; *Schmidt,* Die Begründung der Ablehnung einer Parteivernehmung nach § 448 ZPO, MDR 1992, 637; *Schöpflin,* Die Parteianhörung als Beweismittel, NJW 1996, 2134; *Wittschier,* Die Parteivernehmung (§§ 447, 448 ZPO) im Lichte der Entscheidung des Europäischen Gerichtshofs für Menschenrechte vom 27.10.1993, DRiZ 1997, 247; *Zuck,* Verfassungsrechtliche Rahmenbedingungen des zivilprozessualen Beweisverfahrens – Parteivernehmung, NJW 2010, 3764.

Anmerkungen

1. Eine Beweisaufnahme durch Vernehmung der Partei ist in drei Fällen möglich:
a) wenn der Gegner dies beantragt (§ 445 ZPO),
b) wenn die Partei selbst dies beantragt und – seltener Fall – der Gegner zustimmt (§ 447 ZPO),
c) von Amts wegen gem. § 448 ZPO, wenn für die Richtigkeit des Tatsachenvortrags dieser Partei eine gewisse Wahrscheinlichkeit spricht („einiger Beweis“ muss erbracht

sein) und die Partei in Beweisnot ist (BGH NJW 1989, 3222; NJW 1990, 1721; NJW-RR 1991, 983; NJW-RR 1994, 636; Zöller/*Greger* ZPO § 448 Rn. 4).

In der Praxis häufig, aber selten erfolgreich, ist die Parteivernehmung auf Antrag des beweispflichtigen Gegners. Sie dient idR nur dazu, nichts unversucht zu lassen, wenn andere Beweismittel fehlen oder nicht ausgereicht haben. Demgegenüber haben die Parteivernehmung nach § 448 ZPO und die Anhörung der Partei gegenüber Zeugen der Gegenpartei durch die Entscheidung des EGMR v. 27.10.1993 (NJW 1995, 1413) eine Aufwertung erfahren.

2. Das Gericht kann die Parteien in jeder Lage des Verfahrens zur Aufklärung des Sachverhalts anhören und hierzu ihr persönliches Erscheinen anordnen, § 141 ZPO. Die Anhörung ist kein Beweismittel, ihr Ergebnis fließt aber in die Beweiswürdigung mit ein. Ihre Anregung kann zweckmäßig sein, wenn die unmittelbare Schilderung der Ereignisse durch die Partei im Termin eine stärkere Überzeugungskraft verspricht. Leistet die Partei der Ladung zum persönlichen Erscheinen nicht Folge, kann gegen sie ein Ordnungsgeld wie gegen einen nicht erschienenen Zeugen festgesetzt werden, jedoch nur bei einem entsprechenden Hinweis in der Ladung. Das gilt nicht, wenn die Partei einen instruierten, mit Vollmachten versehenen Vertreter entsendet, der zur Aufklärung des Sachverhalts in der Lage ist (§ 141 Abs. 3 ZPO; BGH VersR 2005, 382). Das Gericht muss nicht ankündigen, welche Fragen es ihm stellen will (OLG Frankfurt a. M. NJW 1991, 2090; vgl. Zöller/*Greger* ZPO § 141 Rn. 10). Bei juristischen Personen kann das Ordnungsgeld nur gegen diese selbst, nicht jedoch gegen den nicht erschienenen gesetzlichen Vertreter festgesetzt werden (BGH BeckRS 2017, 109427; Musielak/Voit/*Stadler* ZPO § 141 Rn. 12). Ordnet das Gericht das Erscheinen eines besonderen bevollmächtigten und sachorientierten Vertreters an, was bei juristischen Personen vorkommt, muss es angeben, zu welchen Punkten es eine Aufklärung für erforderlich hält (BGH VersR 2005, 382).

3. In Fällen dieser Art empfiehlt es sich, das Gericht auf die – oft nicht beachtete – Möglichkeit hinzuweisen, die eigene Partei gem. § 448 ZPO zu vernehmen (BGH NJW-RR 1994, 636; enger OLG München NJW-RR 1996, 958). Denn nach dem Urteil des EGMR (NJW 1995, 1413) verlangt es die Waffengleichheit im Prozess, dass immer dann, wenn bei Verhandlungen auf der einen Seite nur die Partei selbst oder ihr Organ beteiligt war, auf Seiten des Gegners aber ein Vertreter (Zeuge), auch die persönliche Darstellung der Partei bei der Beweiswürdigung zu berücksichtigen ist (vgl. *Schlosser* NJW 1995, 1404; *Schöpflin* NJW 1996, 2134). Das kann sowohl im Wege einer Vernehmung nach § 448 ZPO als auch über eine Anhörung nach § 141 ZPO geschehen. Von der einen oder anderen Möglichkeit hat das Gericht insb. bei der Beweiserhebung über den Inhalt eines Vier-Augen-Gesprächs Gebrauch zu machen (BVerfG NJW 2001, 2531; BGH NJW 2011, 2889; 1999, 363). Allerdings hat der BGH diese Pflicht inzwischen erheblich eingeschränkt. So helfen die genannten Grundsätze der beweispflichtigen Partei nicht, wenn bei dem Gespräch Zeugen anwesend waren, die nicht der Gegenpartei zuzurechnen sind (BGH NJW 1997, 3230; 1999, 352) oder wenn das Gespräch zwischen der Partei und einem Dritten geführt wurde (BGH NJW 2002, 2247). Voraussetzung für die Vernehmung nach § 448 ZPO ist weiter, dass eine Würdigung des Parteivorbringens und der bisherigen Beweisaufnahme eine gewisse Wahrscheinlichkeit – eine überwiegende Wahrscheinlichkeit ist nicht erforderlich, BGH NJW-RR 2006, 61 – für die bestrittene Behauptung erbringt. Das setzt keine vorangegangene Beweisaufnahme voraus, auch aus Indizien, der Lebenserfahrung oder auch der Anhörung der Partei kann sich diese Wahrscheinlichkeit ergeben (vgl. Zöller/*Greger* ZPO § 448 Rn. 4). Andererseits soll die Notwendigkeit einer Parteivernehmung oder Anhörung entfallen, wenn Indizien die Aussage des gegnerischen Zeugen stützen (BGH NJW 2003, 3636).

Wenn das Gericht den Zeugen der anderen Seite gehört hat, aber von sich aus keine Parteivernehmung oder Anhörung anordnet, muss die Partei initiativ werden (BVerfG

NJW 2008, 2170). Zunächst sollte sie das Gericht auf die Verpflichtung, bei einem Vier-Augen-Gespräch die Partei zumindest anzuhören, hinweisen. Falls das nicht zum Erfolg führt, sollte die Partei von sich aus ihre Darstellung des Gesprächs vortragen. Dazu ist sie berechtigt.

4. Zum Beweisantrag vgl. § 445 Abs. 1 ZPO. Dem Antrag wird erst entsprochen, wenn der Beweis mit anderen Beweismitteln nicht geführt ist oder andere Beweise nicht angetreten sind. Hält das Gericht die Tatsache bereits für bewiesen, ist der Antrag nicht zu berücksichtigen (§ 445 Abs. 2 ZPO). Die Parteivernehmung erfordert immer einen förmlichen Beweisbeschluss (§ 450 Abs. 1 S. 1 ZPO), der allerdings auch noch im Beweistermin ergehen kann. Zum Beweistermin muss das Gericht die Partei selbst, nicht nur durch ihren Prozessbevollmächtigten, laden (§ 450 Abs. 1 S. 2 ZPO). Im angenommenen Fall führt die gesetzliche Beweisregel der §§ 416, 440 ZPO nicht zur Unzulässigkeit der Parteivernehmung, dem Unterzeichner steht der Nachweis eines Blankettmissbrauchs durch alle Beweismittel offen (BGH NJW 1988, 2741).

5. Soll die Parteivernehmung des Gegners Erfolg versprechen, empfiehlt es sich, eine Gegenüberstellung mit der eigenen Partei herbeizuführen. Ist die Partei im Beweistermin anwesend, wird das Gericht sie idR anhören. Außerdem hat sie, was die Gerichte nicht immer beachten, ein persönliches Fragerecht nach § 451 iVm § 397 ZPO; hierauf sollte sie der Anwalt vorbereiten.

Kosten und Gebühren

6. Eine Vorschusspflicht des Beweisführers besteht, anders als beim Zeugenbeweis nach § 379 ZPO, nicht. Die Reisekosten der Partei sind erstattungsfähig (vgl. Zöller/*Herget* ZPO § 91 Rn. 13.79 – Reisekosten).

10. Antrag im selbständigen Beweisverfahren

An das
Landgericht

Antrag im selbständigen Beweisverfahren[1, 2]

des . . . . .
Antragstellers,
Verfahrensbevollmächtigter: . . . . .[3]
gegen[4]
1. A-Versicherungs-AG . . . . .
2. B . . . . .
Antragsgegner,
Vorläufiger Streitwert:[5] **17.000 EUR**
Namens und in Vollmacht des Antragstellers beantrage ich,
im Wege der Beweissicherung ohne mündliche Verhandlung das schriftliche Gutachten[6] **eines Kraftfahrzeug-Sachverständigen über folgende Fragen einzuholen:**[7]
1. Am Heck des Pkw Daimler-Benz 230 MA – DL 100 des Antragstellers befinden sich folgende Unfallschäden: . . . . . (näher zu bezeichnen),

2. Die Schäden sind durch das Auffahren des Antragsgegners zu 2) mit seinem Pkw Opel Omega LU – AA 200 auf das Heck des zu 1.) bezeichneten Pkw am . . . ., nicht durch einen früheren Unfall verursacht worden.
3. Zur Wiederherstellung des Fahrzeugs in einer Fachwerkstatt sind Kosten iHv . . . . EUR erforderlich.

Das Gericht wird gebeten, einen geeigneten, von der Handwerkskammer zu benennenden Sachverständigen zu bestellen, nicht aber die Sachverständigen . . . . .[8]

Begründung:[9]

Der Antragsteller ist Halter des Pkw Daimler-Benz 230 mit dem amtlichen Kennzeichen MA – DL 100. Am 24.2.20 . . fuhr der Antragsgegner zu 2. mit seinem bei der Antragsgegnerin zu 1. versicherten Pkw Opel Omega LU – AA 200 auf das vor einer roten Ampel haltende Fahrzeug des Antragstellers auf. Die Antragsgegnerin zu 1. hat eine Regulierung der vom Antragsteller mit Schreiben vom . . . . . genannten Schäden bis heute mit der Behauptung abgelehnt, die Schäden seien zum Teil nicht auf diesen Unfall zurückzuführen, sondern älteren Datums. Das ist unrichtig.

Der Antragsteller hatte bereits vor dem Unfall ein neues Fahrzeug gekauft und den streitigen Wagen in Zahlung gegeben. Das neue Fahrzeug ist inzwischen eingetroffen, so dass er den beschädigten Altwagen aus der Hand geben muss. Der Antragsteller hat also ein rechtliches Interesse daran, dass der Sachschaden am Fahrzeug, dessen Ursache und der Beseitigungsaufwand festgestellt werden (§ 485 Abs. 2 ZPO). Er geht im Übrigen davon aus, dass sich durch eine Klärung der Beweisfragen ein sonst erforderlich werdender Rechtsstreit erübrigt.

Zur Glaubhaftmachung[10] des rechtlichen Interesses an der Feststellung überreicht der Antragsteller

1. Kaufvertrag vom . . . . . über das Neufahrzeug und die Inzahlungnahme des streitigen Wagens,
2. Schreiben der Verkäuferfirma vom . . . . ., in dem der Antragsteller zur Abnahme des Neuwagens aufgefordert wird,
3. eidesstattliche Versicherung des Antragstellers vom . . . . .

Das streitige Fahrzeug befindet sich noch auf dem Grundstück des Antragstellers in . . . . . Der Kläger ist bereit, es dem Sachverständigen zur Besichtigung vorzuführen.

Den Antrag auf eine spätere Vernehmung des Sachverständigen im Termin behält sich der Antragsteller vor.[11]

Falls das Gericht die Beauftragung des Sachverständigen von einem Kostenvorschuss abhängig macht, wird gebeten, dessen Höhe unverzüglich – auch telefonisch – mitzuteilen.[12]

Rechtsanwalt[13, 14, 15, 16]

Schrifttum: Bockey, Das selbständige Beweisverfahren im Arzthaftungsrecht, NJW 2003, 3453; *Cuypers,* Das selbständige Beweisverfahren, NJW 1994, 1985; *Cuypers,* Feststellungen in selbständigen Beweisverfahren, MDR 2004, 244; *Fischer,* Selbständiges Beweisverfahren – Zuständigkeits- und Verweisungsfragen, MDR 2001, 608; *Gartz,* Präklusion verfristeter Einwendungen aus einem selbständigen Beweisverfahren für den nachfolgenden Hauptprozess, BauR 2011, 906; *Gartz,* Verjährungsprobleme beim selbständigen Beweisverfahren, NZBau 2010, 676; *Geffert,* Der Einzelrichter im selbständigen Beweisverfahren, NJW 1995, 506; *Graf/Johannes/Schwuchow,* Zur Zulässigkeit von Beweisfragen zur ärztlichen Aufklärungspflicht im selbständigen Beweisverfahren, VersR 2020, 1355; *Herget,* Kostenentscheidung im selbständigen Beweisverfahren, MDR 1991, 314; *Klein,* Die relative Präklusion von nicht im selbständigen Beweisverfahren geltend gemachten Einwendungen, NZBau 2012, 8; *Knacke,* Der Streitwert im Beweissicherungsverfahren, NJW 1986, 36; *Kunze,* Streitverkündung im selbständigen Beweisverfahren, NJW 1996, 102 u. NJW 1997, 1290; *Pauly,* Das selbständige Beweisverfahren in der Baurechts-Praxis, MDR 1997, 1087; *Rehborn,* Selbständiges Beweisverfahren im Arzthaftungsrecht?, MDR 1998, 16; *Schmitz,* Einzelne Probleme des gerichtlichen Beweissicherungsverfahrens in Bausachen, BauR 1981, 40; *Schneider,* Das selbständige Beweisverfahren in Zugewinnsachen, NJW-Spezial 2011, 731; *Schneider,* Gerichtskostenfreiheit im selbständigen Beweisverfahren nach dem FamFG?, FamRZ 2009, 1802; *Schreiber,* Das selbständige Beweisverfahren, NJW 1991, 2600; *Seibel,* Selbständiges Beweisverfahren kontra Privatgutachten, BauR 2010, 1668; *Warfsmann,* Feststellungen zum Zustand von Sachen im selbständigen Beweisverfahren, DAR 2005, 686.

Anmerkungen

1. Gem. §§ 485 ff. ZPO kann eine Partei die Begutachtung durch einen Sachverständigen, die Vernehmung von Zeugen und die Einnahme eines Augenscheins durch das Gericht auch unabhängig von einem Rechtsstreit oder vor der Beweisaufnahme in einem anhängigen Rechtsstreit erreichen. Das Ergebnis der Beweiserhebung steht einer Beweisaufnahme im Rechtsstreit vor dem Prozessgericht gleich. Der Sinn des Verfahrens liegt darin, Beweise, die später im Prozess nicht mehr oder nur schwer erhoben werden könnten, vorab zu sichern. Vor allem setzt die schriftliche Begutachtung durch einen Sachverständigen in den in § 485 Abs. 2 ZPO genannten Fällen nur voraus, dass die Partei ein rechtliches Interesse an der Feststellung hat. Damit kann das Verfahren zur Vermeidung eines langwierigen Prozesses beitragen und eine vorprozessuale Einigung fördern, zumal der (zulässige, BGH NJW 1983, 1901; MDR 1993, 868) Antrag die Verjährung des Hauptanspruchs hemmt, § 204 Abs. 1 Nr. 7 BGB. Allerdings ist § 204 Abs. 2 BGB zu beachten: Die Hemmung endet mit der Beendigung des Beweisverfahrens, dh mit Übersendung des Gutachtens an die Parteien, wenn weder das Gericht eine Frist zur Stellungnahme setzt noch eine mündliche Erläuterung des Gutachtens stattfindet, andernfalls nach Fristablauf bzw. nach Erläuterung (BGH NJW 2002, 1640; OLG Düsseldorf NJW-RR 1996, 1527), nicht erst nach Ablauf einer angemessenen Frist nach Eingang des Gutachtens (so aber ein Teil der oberlandesgerichtlichen Rspr., OLG Köln NJW-RR 1997, 1220). Allerdings wird die Hemmung hinausgeschoben, wenn auf Einwendungen der Parteien ein Ergänzungsgutachten eingeholt wird (BGH NJW 2002, 1640). Das rechtliche Interesse ist bereits dann gegeben, wenn die Feststellung einen Rechtsstreit vermeiden kann (§ 485 Abs. 2 S. 2 ZPO). Auch hiervon abgesehen wird der Begriff des rechtlichen Interesses weit verstanden; nur wenn evident ist, dass der behauptete Anspruch keinesfalls bestehen kann, ist es zu verneinen (BGH NJW 2004, 3488; OLG Stuttgart MDR 2005, 347). Auf die Erfolgsaussichten des späteren Prozesses kommt es grds. nicht an (OLG Köln NJW-RR 1996, 573; diff. OLG Hamm NJW-RR 1998, 933), auch nicht auf die mögliche Verjährung des Hauptanspruchs (OLG Düsseldorf MDR 2001, 50). Nicht statthaft ist es, mit dem eingeholten Sachverständigengutachten einen Urkundenprozess zu führen (BGH NJW 2008, 523).

Das Beispiel betrifft einen Antrag auf schriftliche Begutachtung nach § 485 Abs. 2 ZPO. Damit kann der Antragsteller erreichen, dass bei Personenschäden, Sachschäden oder Sachmängeln der Zustand (Nr. 1), die Ursache (Nr. 2) und der Beseitigungsaufwand (Nr. 3) festgestellt werden. Das selbständige Beweisverfahren bietet damit nicht nur die Möglichkeit, die tatsächlichen Voraussetzungen für einen Anspruch festzustellen, sondern auch hinsichtlich des Umfangs des Gewährleistungs- oder Schadensersatzanspruchs die Formulierung einer schlüssigen Klage vorzubereiten. Dabei können auch Inhalt und Umfang der ärztlichen Schweigepflicht Gegenstand eines selbständigen Beweisverfahrens sein (BGH NJW 2020, 2273; NJW-RR 2020, 1005). Für die Einnahme eines Augenscheins, die Vernehmung von Zeugen (OLG Nürnberg NJW-RR 1998, 575) und die (auch mündliche) Begutachtung durch einen Sachverständigen in anderen Fällen gelten die strengeren Voraussetzungen des § 485 Abs. 1 ZPO: der Gegner muss zustimmen oder es muss zu besorgen sein, dass das Beweismittel verloren geht oder seine Benutzung erschwert wird. In der Praxis geht der Antrag meist auf Einholung eines schriftlichen Gutachtens. Besondere Bedeutung hat das Verfahren zur Vorbereitung von Bauprozessen (→ Form. II.C.15). Auch in Wohnungseigentumssachen kann ein selbständiges Beweisverfahren durchgeführt werden (BayObLG NJW-RR 1996, 528). Den Inhalt des Gesuchs schreibt § 487 ZPO vor. Streitig ist, ob auch bei Arzthaftungsansprüchen ein selbständiges Beweisverfahren zulässig ist (dafür zB OLG Düsseldorf NJW 2000, 3438; OLG Saarbrücken NJW 2000, 3439; dagegen OLG Köln NJW 1999, 875; OLG Stuttgart NJW 1999, 874; vgl. *Rehborn* MDR 2004, 371 (375); diff. BGH NJW 2003, 1741).

2. Ist noch kein Rechtsstreit anhängig, ist der Antrag bei dem Gericht zu stellen, das nach dem Vorbringen des Antragstellers in der Hauptsache zuständig wäre (§ 486 Abs. 2 ZPO). Handelt es sich nicht um den allgemeinen Gerichtsstand des Beklagten, muss er den abweichenden Gerichtsstand schlüssig vortragen und glaubhaft machen (§ 487 Nr. 4 ZPO). In Hinblick auf die sachliche Zuständigkeit ist darzulegen, wie hoch der Streitwert der Hauptsache ist; insb. im Grenzbereich zwischen Amts- und Landgericht ist hier Sorgfalt geboten, eine Glaubhaftmachung allerdings nur erforderlich, wenn das Gericht sie verlangt (vgl. *Fischer* MDR 2001, 609). Hat der Antragsteller ein unzuständiges Gericht angerufen, ist eine Verweisung nach § 281 ZPO möglich (BGH NJW-RR 2010, 891; Thomas/Putzo/*Reichold* ZPO § 281 Rn. 1). Auch eine Gerichtsstandsbestimmung nach § 36 ZPO kommt in Betracht (BayObLG NJW-RR 1998, 209). Nur in Fällen dringender Gefahr ist auch die Zuständigkeit des Amtsgerichts gegeben, in dessen Bezirk sich die zu begutachtende Sache oder die zu vernehmende Person befindet (§ 486 Abs. 3 ZPO). Ist bereits Klage eingereicht, so ist der Antrag – außer in Fällen dringender Gefahr – an das Prozessgericht zu richten. Im angenommenen Fall ist das Landgericht als Gericht der Hauptsache sachlich zuständig.

Bei getrenntem Beweis- und Hauptsacheverfahren hat der Antragsteller ein Interesse daran, dass über die Hauptsache nicht entschieden wird, bevor das Beweisverfahren abgeschlossen ist. In solchen Fällen kann das Hauptsacheverfahren bis zur Erledigung des selbständigen Beweisverfahrens ausgesetzt werden (BGH NJW-RR 2007, 307; 2007, 456). Für den Antragsteller kann sich also zusätzlich ein Aussetzungsantrag empfehlen.

3. Es besteht grds. kein Anwaltszwang (§ 78 Abs. 3 iVm § 486 Abs. 4 ZPO). Nur wenn es vor dem Landgericht oder Oberlandesgericht zu einer mündlichen Verhandlung kommt, ist anwaltliche Vertretung erforderlich (vgl. Zöller/*Herget* ZPO Vor § 485 Rn. 4).

4. Vgl. § 487 Nr. 1 ZPO. Der Antrag ist gegen den Gegner des anhängigen oder beabsichtigten Prozesses zu richten, das kann auch der Bürge des Schuldners sein (OLG Frankfurt MDR 1991, 987). Kommen mehrere Verursacher in Betracht, kann der Antrag gegen sie alle gerichtet werden (OLG Frankfurt MDR 1994, 1244). Auf Identität der Parteien ist besonders zu achten, denn nur dann steht nach § 493 ZPO die Beweiserhebung einer Beweisaufnahme vor dem Prozessgericht gleich. Wird das Verfahren gegen den falschen Schuldner gerichtet, ist, wie bei anderen Verfahrensfehlern, uU eine Verwertung des Gutachtens im Urkundenbeweis (OLG Frankfurt MDR 1985, 1032; Zöller/*Herget* ZPO § 493 Rn. 5) oder auch nach § 411a ZPO möglich; sonst bleibt eine Vernehmung des Sachverständigen als sachverständiger Zeuge. Unter der Voraussetzung des § 494 ZPO kann der Antrag auch gegen einen unbekannten Gegner gerichtet werden, hemmt dann aber nicht die Verjährung (BGH NJW 1980, 1458). Eine Streitverkündung (→ Form. I.J.2) ist zulässig (BGH NJW 1997, 859; aA noch *Cuypers* NJW 1994, 1991 mwN). Sie hat zur Folge, dass gegenüber dem Streitverkündeten die Nebeninterventionswirkung nach § 68 ZPO eintritt und ihm gegenüber die Verjährung gehemmt wird, § 204 Abs. 1 Nr. 6 BGB (BGH NJW 1997, 859 zum alten Verjährungsrecht).

5. Für die sachliche Zuständigkeit ist der Streitwert der Hauptsache maßgeblich. Auch der Gebührenstreitwert richtet sich nach dem Wert des Hauptprozesses. Den Streit, ob der volle Hauptsachewert oder nur ein Bruchteil des Anspruchs maßgeblich ist, hat der BGH im ersteren Sinne entschieden (NJW 2004, 3488; vgl. Zöller/*Herget* ZPO § 3 Rn. 16.149 – Selbständiges Beweisverfahren mwN; *Schneider* MDR 1998, 255). Maßgeblich ist dabei nicht der bei Verfahrenseingang angegebene Wert, sondern der nach Einholung des Gutachtens sich ergebende Wert (BGH NJW 2004, 3489; Zöller/*Herget* ZPO § 3 Rn. 16.149 – Selbständiges Beweisverfahren mwN), also zB die Höhe der vom Sachverständigen geschätzten Mängelbeseitigungskosten (OLG Frankfurt a. M. NJW-RR 2000, 2364; OLG Karlsruhe NJW-RR 2011, 22) oder auch die Kosten, die entstanden wären, wenn die behaupteten Mängel festgestellt worden wären.

6. Nach § 485 Abs. 2 ZPO kann nur die schriftliche Begutachtung angeordnet werden. Im Fall des § 485 Abs. 1 ZPO wäre auch eine mündliche Begutachtung möglich; dem Bedürfnis nach Verwertbarkeit im Hauptprozess dürfte auch dann idR die Einholung eines schriftlichen Gutachtens entsprechen.

7. Gem. § 487 Nr. 2 ZPO sind die Tatsachen, die Gegenstand des Gutachtens sein sollen, zu bezeichnen. Nicht erforderlich ist hingegen, dass der Anspruch, den das Gutachten stützen soll, schlüssig dargelegt wird (vgl. – auch zu Ausnahmen – BGH NJW 2004, 3488). Auch an die Substantiierung des Beweisthemas dürfen nicht zu hohe Anforderungen gestellt werden, weil das genaue Schadensbild ja erst festgestellt werden soll. Dennoch gilt das Verbot des Ausforschungsbeweises; so erwartet die Rspr. eine genaue Darstellung der erkennbaren Mängel (OLG Köln MDR 2000, 226) oder verlangt, dass der Verfahrensgegenstand zweifelsfrei abgrenzbar ist und der Sachverständige abschätzen kann, was auf ihn zukommt (KG NJW-RR 2000, 468). In Hinblick auf die Verwertbarkeit des Gutachtens empfiehlt es sich, die Beweisfragen genau zu formulieren, denn die Gerichte übernehmen den Antrag oft ohne nähere Prüfung in den Beweisbeschluss. Das Gericht prüft insb. nicht, ob die Beweisfragen für den Prozess erheblich sind, soweit sich der Antrag iRd § 485 Abs. 2 ZPO hält. Im Beispielsfall ist der Antrag zu 1), bei dem es um die Feststellung des Zustands einer beschädigten Sache geht, unproblematisch (§ 485 Abs. 2 S. 1 Nr. 1 ZPO). Die Beweisfrage zu 2) dürfte nach § 485 Abs. 2 S. 1 Nr. 2 ZPO zulässig sein. Die Zulässigkeit des Antrags zu 3) ergibt sich aus § 485 Abs. 2 S. 1 Nr. 3 ZPO. Eine Ausweitung des Beweisthemas ist ohne Risiko möglich, wenn der Gegner dem Beweissicherungsantrag zustimmt (vgl. § 485 Abs. 1 ZPO).

8. Gem. § 487 Nr. 3 ZPO ist der Sachverständige nicht vom Antragsteller zu benennen, nur das Beweismittel ist anzugeben. Die Person des Sachverständigen wird vom Gericht bestimmt; die Parteien haben allerdings die Möglichkeit, sich auf einen von beiden als geeignet angesehenen Sachverständigen zu einigen (§§ 492 Abs. 1, 404 Abs. 4 ZPO). Will der Antragsteller Sachverständige ausschließen, mit denen er schlechte Erfahrungen gemacht hat, sollte er das hier angeben. Von der Qualität des Sachverständigen hängt der Beweiswert des Gutachtens im Hauptprozess ab. Eine Ablehnung des Sachverständigen ist möglich (§§ 406, 492 Abs. 1 ZPO, → Form. I.H.6), soweit nicht ein besonderes Eilinteresse entgegensteht. Der Ablehnungsantrag ist in der Frist des § 406 Abs. 2 ZPO zu stellen und kann nicht bis zum Hauptprozess zurückgestellt werden (Zöller/*Greger* ZPO § 406 Rn. 1; OLG Köln NJW-RR 1993, 63; OLG Düsseldorf NJW-RR 1998, 933).

9. Hier ist kurz zu schildern, worum es geht, und insb. darzulegen, dass die Voraussetzungen des § 485 ZPO gegeben sind. Im angenommenen Fall hat der Antragsteller nicht das besondere Sicherungsinteresse nach § 485 Abs. 1 ZPO, sondern nur das rechtliche Interesse an der Feststellung nach § 485 Abs. 2 ZPO zu begründen. Nach der Rspr. des BGH (MDR 1992, 780) genügt für die Darlegung des rechtlichen Interesses, dass ein Rechtsverhältnis und ein möglicher Prozessgegner ersichtlich sind. Es empfiehlt sich immer, darauf hinzuweisen, dass die Feststellung der Vermeidung eines Rechtsstreits dienen kann (§ 485 Abs. 2 S. 2 ZPO; diese Voraussetzung ist weit auszulegen, OLG Bamberg NJW-RR 1995, 893), das rechtliche Interesse ist aber nicht nur dann gegeben (OLG Frankfurt MDR 1991, 989).

10. Nach § 487 Nr. 4 ZPO hat der Antragsteller die Tatsachen, die die Zulässigkeit des selbständigen Beweisverfahrens betreffen – hier das rechtliche Interesse an den Feststellungen nach § 485 Abs. 2 S. 1 Nr. 1–3 ZPO – und die Zuständigkeit des Gerichts (→ Anm. 2, 5) glaubhaft zu machen.

11. Wenn eine Partei es beantragt, muss das Gericht einen Termin bestimmen, in dem der Sachverständige sein Gutachten erläutert (§ 492 Abs. 1 iVm § 411 Abs. 3 ZPO; BGH MDR 2006, 287). Insoweit gelten die gleichen Grundsätze wie beim Sachverständigenbeweis im ordentlichen Verfahren (→ Form. I.H.5).

12. Der Hinweis dient der Beschleunigung. Nach §§ 492, 402, 379 ZPO kann das Gericht die Beauftragung des Sachverständigen von der Einzahlung eines Kostenvorschusses abhängig machen. Hiervon machen die Gerichte regelmäßig Gebrauch. Die Höhe des Vorschusses muss das Gericht erst vom Sachverständigen erfragen, um den Betrag dann anfordern zu können; hierdurch geht Zeit verloren, die in dringenden Fällen auch durch Einzahlung eines geschätzten Vorschusses oder, bei Anwälten, durch „Übernahme der Haftung" verkürzt werden kann.

Kosten und Gebühren

13. An Gerichtskosten entsteht, ggf. neben den im späteren Hauptprozess zu erhebenden Gebühren, eine 1,0 Gebühr (KV 1610 GKG), hinzu kommen die Kosten des Sachverständigen, für die ein Vorschuss einzuzahlen ist, → Anm. 12. Der Rechtsanwalt erhält die Verfahrensgebühr nach VV 3100 GKG und die Terminsgebühr nach VV 3104 RVG, nicht aber für die Teilnahme an einem Ortstermin des Sachverständigen (VV Vorb. Teil 3 Abs. 3). Die wegen desselben Streitgegenstands entstandene Geschäftsgebühr nach VV 2300 RVG wird auf die Verfahrensgebühr des selbständigen Beweisverfahrens angerechnet (BGH NJW-RR 2008, 1528). In Bezug auf den Hauptprozess stellt das selbständige Beweisverfahren eine besondere Angelegenheit dar. Nur die Verfahrensgebühr wird angerechnet (VV Vorb. Teil 3 Abs. 5). Der Beschluss des Gerichts nach § 490 ZPO enthält keine Kostenentscheidung. Der Antragsteller kann eine Kostenerstattung nur erreichen, indem er die Hauptsache anhängig macht; die Kostenerstattung im Hauptprozess setzt allerdings voraus, dass es dort auf die Beweiserhebung ankommt (OLG Koblenz NJW-RR 1994, 1277) und Identität zwischen Beweisverfahren und Hauptprozess besteht (BGH NJW 1996, 1749 (1751); OLG München MDR 2000, 603). Dabei genügt es, wenn der Streitgegenstand teilweise identisch ist (BGH NJW 2007, 1279 (1282)). Wird die Hauptsacheklage später zurückgenommen, werden die Kosten des selbständigen Beweisverfahrens von der Kostenentscheidung nach § 269 Abs. 3 S. 2 ZPO erfasst (BGH NJW 2007, 1279; BeckRS 2020, 30872). Eine Kostenentscheidung nach billigem Ermessen nach § 269 Abs. 3 S. 3 ZPO kommt dagegen nicht in Betracht (BGH BeckRS 2020, 30872). Bei einem Anwaltswechsel für den Hauptprozess kann die Kostenerstattung problematisch sein (OLG München NJW-RR 2000, 657). Der Antragsgegner muss, wenn es nicht zu einem Hauptprozess kommt, idR den Weg über § 494a ZPO gehen (→ Form. I.H.12). Zum Streitwert → Anm. 5.

Fristen und Rechtsmittel

14. Zur Hemmung der Verjährung durch den Antrag → Anm. 1.

15. Einwendungen gegen das Gutachten müssen die Parteien innerhalb der vom Gericht gesetzten Frist geltend machen; benötigt die Partei mehr Zeit, etwa weil sie privat ein Gegengutachten einholen will, sollte sie unbedingt eine Fristverlängerung beantragen. Hat das Gericht keine Frist gesetzt, sind Einwendungen in angemessener Frist, die nach OLG München MDR 2001, 531 höchstens 2 Monate beträgt, mitzuteilen, zumindest ist in dieser Frist mitzuteilen, dass noch Stellung genommen werden soll und warum das nicht eher geschehen kann.

16. Der stattgebende Beschluss ist wie ein gewöhnlicher Beweisbeschluss unanfechtbar, § 490 Abs. 2 S. 2 ZPO. Auch die Auswahl des Sachverständigen kann nicht mit der Beschwerde angefochten werden (OLG München MDR 1992, 520). Allerdings kann das Gericht den Beschluss abändern. Daher kann es sich für den Gegner empfehlen, Einwendungen gegen die Zulässigkeit, das Beweisthema oder die Person des Sachverständigen im Wege der Gegenvorstellung geltend zu machen oder eine Erweiterung des Beschlusses – auch durch einen Gegenbeweisantrag (OLG München NJW-RR 1996, 1277; → Form. I.H.11) – zu beantragen. Lehnt das Gericht nach Einholung des Gutachtens die Beauftragung eines weiteren Gutachtens nach § 412 ZPO ab, ist dieser Beschluss gleichfalls unanfechtbar (BGH MDR 2010, 767; WuM 2012, 47; OLG Köln NJW-RR 2000, 729). Der Beschluss, mit dem das Gericht die Beweiserhebung im selbständigen Beweisverfahren ablehnt, unterliegt der sofortigen Beschwerde nach § 567 Abs. 1 Nr. 2 ZPO. Gegen die Anforderung des Kostenvorschusses durch das Gericht ist, wie sonst auch, kein Rechtsmittel gegeben (BGH NZBau 2009, 444). Es bleibt auch hier nur der Weg der Gegenvorstellung.

11. Gegenantrag im selbständigen Beweisverfahren

An das
Landgericht
In der Sache
. . . . .
legen die Antragsgegner das von der Antragsgegnerin zu 1) in Auftrag gegebene Gutachten des Kfz-Sachverständigen A . . . . . vor.[1] Diesem Gutachten liegen Fotos bei, aus denen sich die Unfallschäden am Fahrzeug des Antragsgegners zu 2) im Einzelnen ergeben. Der Sachverständige gelangt zu dem Ergebnis, dass nach Art und Umfang der Schäden am Fahrzeug des Antragsgegners zu 2) die Schäden am PKW des Antragstellers zum Teil nicht durch den streitigen Zusammenstoß verursacht sein können. Die Antragsgegner beantragen daher, dem vom Gericht zu beauftragenden Sachverständigen dieses Gutachten zur Verfügung zu stellen und den Beweisbeschluss gegenbeweislich dahin zu erweitern, dass,[2]

- **die Schäden am PKW des Antragstellers zum Teil nicht durch den Zusammenstoß mit dem Fahrzeug des Antragsgegners zu 2) verursacht sind, jedenfalls ein früherer Zusammenstoß als Ursache in Betracht kommt,**
- **der Anteil der vom Antragsgegner zu 2) verursachten Schäden am Gesamtschaden nur EUR . . . . . beträgt.**

Hilfsweise wird beantragt,
dem Sachverständigen A diese Fragen vorzulegen und ihm die Ergänzung seines Gutachtens aufzugeben.
Diese Erweiterung ist erforderlich, um eine vollständige Beweiserhebung über die zwischen den Parteien zu klärenden Fragen zu erreichen, und Voraussetzung für die vom Antragsteller erstrebte Einigung.[3]
Rechtsanwalt[4]

Anmerkungen

1. Der Antragsgegner im selbständigen Beweisverfahren muss das Verfahren nicht über sich ergehen lassen, sondern er hat eigene Rechte, die er auch wahrnehmen sollte, damit nicht ein ungünstiges Beweisergebnis den Ausgang des Hauptprozesses zu Unrecht präjudiziert. Das Gericht gibt dem Antragsgegner regelmäßig Gelegenheit zur schriftlichen Stellungnahme zum Antrag, es sei denn, dass eine besondere Eilbedürftigkeit entgegensteht. Der Antragsgegner sollte zunächst prüfen, ob die örtliche und sachliche Zuständigkeit gegeben sind und ob die übrigen Zulässigkeitsvoraussetzungen nach §§ 485, 487 ZPO vorliegen; ggf. sollte er Einwendungen erheben. Vor allem sollte ihm daran gelegen sein, dass der Sachverständige mit sachgerechten und vollständigen Beweisfragen befasst wird. Hierzu kann er auf Präzisierung und Änderung von ungeeigneten Fragen drängen. Darüber hinaus hat der Antragsgegner auch das Recht, eine Erweiterung der Beweisfragen oder der Beweismittel zu beantragen; das kann im Wege des Gegenbeweises geschehen (vgl. Zöller/*Herget* ZPO § 485 Rn. 3). Der Antragsgegner kann auch das Ergebnis des Beweisverfahrens abwarten und einen Antrag auf Vernehmung des Sachverständigen stellen, dem das Gericht idR entsprechen muss. Er kann auch bei ungünstigem Ausgang ein Privatgutachten einholen und mit dessen Hilfe dem Sachverständigen im Hauptprozess Vorhaltungen machen oder versuchen, die Beauftragung eines weiteren Sachverständigen nach § 412 ZPO zu erreichen. Erfahrungsgemäß ist es aber nicht einfach, ein vorhandenes gerichtliches Gutachten mit Erfolg anzugreifen; eine frühzeitige Steuerung im Beweisverfahren dürfte daher der geeignetere Weg sein.

2. Nach überwiegender Rspr. (OLG München NJW-RR 1996, 1277; weitere Nachw. bei Zöller/*Herget* ZPO § 485 Rn. 3) kann der Antragsgegner des selbständigen Beweisverfahrens grds. Gegenbeweisanträge stellen, die den Beweisbeschluss erweitern. Voraussetzung ist, dass ein sachlicher Zusammenhang mit dem vom Antragsteller formulierten Beweisthema besteht, die Beweisfragen vom gleichen Sachverständigen beurteilt werden können und die Einbeziehung in die Beweisaufnahme zu keiner wesentlichen Verzögerung führt (OLG Nürnberg NJW-RR 2001, 859). Die Gegenanträge dürfen allerdings nicht dazu führen, dass es sich praktisch um ein Beweisverfahren auf Antrag des Gegners handelt. Möglich ist es aber, zu den Beweisfragen des Antragstellers jeweils alternative Fragen zu stellen (OLG Hamburg MDR 2001, 1012). Die Gegenmeinung (BLHAG/*Hartmann* ZPO § 487 Rn. 8) führt zu dem unpraktischen Ergebnis, dass der Gegner gezwungen wird, einen eigenen Beweissicherungsantrag zu stellen.

3. Auch der Antragsgegner sollte darlegen, dass er ein rechtliches Interesse iSd § 485 Abs. 2 ZPO an der Beantwortung seiner Beweisfragen durch eine schriftliche Begutachtung hat.

Kosten und Gebühren

4. Wenn der Antragsgegner eigene Beweisanträge stellt, wird das dazu führen, dass das Gericht einen anteiligen Kostenvorschuss von ihm anfordert (OLG Koblenz NJW-RR 1997, 1024). Dann ist aber auch eine Kostenerstattung über den Hauptsacheprozess möglich (→ Form. I.H.12).

12. Antrag auf Klageerhebung im selbständigen Beweisverfahren und Kostenantrag des Gegners

An das
Landgericht
In der Sache
. . . . .
wird für die Antragsgegner beantragt,[1, 2, 3]

1. gegenüber dem Antragsteller anzuordnen, dass dieser binnen einer Frist von zwei Wochen Klage zu erheben hat,
2. nach Ablauf der Frist auszusprechen, dass der Antragsteller die den Antragsgegnern entstandenen Kosten zu tragen hat.

Begründung:[4]

Die Beweiserhebung im selbständigen Beweisverfahren ist beendet; denn der Antragsteller hat innerhalb der nach § 411 Abs. 4 ZPO gesetzten Frist/innerhalb eines angemessenen Zeitraumes keine (weiteren) Einwendungen gegen das Gutachten erhoben und auch keine (weiteren) ergänzenden Fragen oder sonstige Anträge zum Gutachten gestellt. Damit sind die Voraussetzungen für eine Anordnung nach § 494a Abs. 1 ZPO gegeben. Eine Frist von zwei Wochen erscheint als angemessen.
Für den Fall, dass der Antragsteller keine Klage erhebt, wird schon jetzt der Kostenantrag nach § 494a Abs. 2 ZPO gestellt. Es wird angeregt, ohne mündliche Verhandlung zu entscheiden.
Rechtsanwalt[5, 6, 7]

Anmerkungen

1. Da das selbständige Beweisverfahren keine Kostenentscheidung kennt, stellt sich für den anwaltlich vertretenen Antragsgegner die Frage, wie er eine Kostenerstattung erreichen kann, wenn das Verfahren ganz oder zum Teil für ihn günstig ausgegangen ist. Dieses Problem wird vom Gesetzgeber zum Teil durch die Regelung in § 494a ZPO gelöst. Danach kann der Antragsgegner eine Entscheidung über die Kosten des selbständigen Beweisverfahrens herbeiführen, und zwar

- entweder dadurch, dass er den Antragsteller nach § 494a Abs. 1 ZPO zur Klageerhebung im Hauptprozess zwingt, um dort eine Kostenentscheidung zu erreichen, die die Kosten des selbständigen Beweisverfahrens erfasst,
- oder dadurch, dass er, wenn der Antragsteller keine Klage erhebt, eine Kostenentscheidung nach § 494a Abs. 2 ZPO erwirkt.

Darüber hinaus gibt die Vorschrift dem Beklagten die Möglichkeit, auf den Beginn des Hauptprozesses Einfluss zu nehmen und Verzögerungen zu vermeiden. Nicht erstrebenswert ist es für den Antragsgegner, mit seinem Antrag Einwendungen des Antragstellers gegen das Gutachten zu provozieren, welche die Beendigung des Beweisverfahrens hinauszögern. Der Antrag empfiehlt sich daher vor allem, wenn eine vom Gericht nach § 411 Abs. 4 S. 2 ZPO gesetzte Frist verstrichen ist. Der Antragsgegner sollte daher schon bei Eingang des für ihn günstigen Gutachtens gegenüber dem Gericht anregen, dem Antragsteller eine solche Frist zu setzen.

2. § 494a ZPO regelt die Fälle, in denen eine Kostenentscheidung zu Lasten des Antragstellers sachgerecht ist, nicht abschließend. Ein Beschluss, dass der Antragsteller die dem Gegner im selbständigen Beweisverfahren entstandenen Kosten zu tragen hat, kann auch beantragt werden,

- wenn der Antrag nach § 485 ZPO zurückgenommen wird (BGH BauR 2005, 133; Zöller/*Herget* ZPO § 91 Rn. 13.87, Selbständiges Beweisverfahren); ist allerdings ein Hauptsacheverfahren anhängig, kann die Kostenentscheidung nur dort getroffen werden (BGH NJW-RR 2005, 1015),
- wenn das Verfahren vor seiner vollständigen Durchführung vom Antragsteller nicht weiter betrieben wird (OLG München NJW-RR 2001, 768; OLG Celle NJW-RR 1998, 1079; aA OLG Köln NJW-RR 2001, 1650),

Hingegen kann in folgenden Fällen keine Kostenentscheidung nach § 494a Abs. 2 ZPO ergehen:

- wenn das selbständige Beweisverfahren vor seiner Beendigung übereinstimmend für erledigt erklärt wird (BGH NJW 2007, 3721); auch eine Kostenentscheidung nach § 91a ZPO ist dann nicht möglich,
- wenn die Hauptsacheklage zurückgenommen wird; jedoch werden die Kosten des selbständigen Beweisverfahrens von der Kostenentscheidung nach § 269 Abs. 3 S. 2 ZPO erfasst (BGH NJW 2007, 1279; anders noch zB OLG Frankfurt a. M. NJW-RR 2004, 70),
- wenn mehrere Antragsteller das selbständige Beweisverfahren durchgeführt haben, der Antragsgegner aber nur von einem Antragsteller mit der Hauptsacheklage in Anspruch genommen wird (BGH NJW-RR 2008, 330),
- wenn die Hauptsacheklage zwar nach der gem. § 494a Abs. 1 ZPO gesetzten Frist, aber vor Erlass der Kostenentscheidung nach § 494a Abs. 2 ZPO erhoben wird (BGH NJW 2007, 3357).

3. Beide Anträge können miteinander verbunden werden. Der Antragsgegner kann den Antrag zu 2) auch erst nach Fristablauf stellen. Ob für den Antrag auf Klageerhebung Anwaltszwang besteht, ist streitig (OLG Zweibrücken NJW-RR 1996, 573; OLG Düsseldorf NJW-RR 1999, 509; Zöller/*Herget* ZPO § 494a Rn. 6). Die vorgeschlagene Formulierung der Anträge entspricht dem Gesetzeswortlaut. Die Frist bestimmt das Gericht; insoweit handelt es sich um eine Anregung. Hält der Antragsteller die Frist für zu kurz, weil er zB noch mehr Zeit zur Vorbereitung der Klage benötigt, kann er eine Verlängerung der Frist beantragen (§ 224 Abs. 2 ZPO). Die Klage kann auch als Widerklage erhoben werden (BGH NJW-RR 2003, 1240). Sind die vom Sachverständigen festgestellten Mängel vor Klageerhebung beseitigt worden, muss der Antragsteller statt der dann unbegründeten Leistungsklage eine Feststellungsklage erheben (BGH NJW-RR 2004, 1580). Eine Prozessaufrechnung steht der Klageerhebung iSd § 494a Abs. 1 ZPO nicht gleich (OLG Düsseldorf MDR 1994, 201; OLG Köln NJW-RR 1997, 1295). Erhebt der Antragsteller eine Hauptsacheklage, die hinter dem Gegenstand des Beweisverfahrens zurückbleibt, ist eine Teilkostenentscheidung nach § 494a Abs. 2 ZPO, entgegen einer früher verbreiteten Meinung, unzulässig (BGH NJW 2004, 3121). Dem Antragsteller können aber im Hauptprozess die Kosten des nicht geltend gemachten Teils auferlegt werden (BGH NJW 2004, 3121; NZBau 2003, 276 (278)); das sollte der Antragsgegner unbedingt beantragen, da er nur so zu einer teilweisen Kostenerstattung kommt. Die

Anträge nach § 494a Abs. 1 u. 2 ZPO können auch vom Streithelfer gestellt werden (OLG Karlsruhe NJW-RR 2001, 214). Stellt nur einer von mehreren Antragsgegnern den Antrag auf Fristsetzung zur Klageerhebung, so kann nur zu seinen Gunsten eine Kostenentscheidung ergehen (OLG Stuttgart NJW-RR 2001, 863). Der Antrag ist unzulässig, wenn der Antragsgegner vorher die festgestellten Mängel behoben hat (BGH NJW-RR 2003, 454).

4. Der Antrag kann erst gestellt werden, wenn das selbständige Beweisverfahren beendet ist; das braucht der Antragsgegner nur kurz zu begründen, denn der Sachverhalt ergibt sich aus der Gerichtsakte. Beendigung ist eingetreten, wenn das Gutachten den Parteien mitgeteilt wurde und die in § 411 Abs. 4 ZPO genannte angemessene oder vom Gericht gesetzte Frist verstrichen ist, ohne dass Einwendungen erhoben, Ergänzungsfragen gestellt, die Vernehmung im Termin beantragt oder sonstige die Begutachtung betreffende Anträge gestellt sind. Andernfalls ist das Verfahren nach Erledigung der Einwendungen oder Anträge beendet. Über den Kostenantrag kann nach § 128 Abs. 4 ZPO ohne mündliche Verhandlung entschieden werden; das sollte der Antragsgegner anregen. Die Kostenentscheidung unterbleibt, wenn der Hauptsacheanspruch erfüllt und deshalb die Klage gegenstandslos ist (vgl. Zöller/*Herget* ZPO § 494a Rn. 5).

Kosten und Gebühren

5. Gerichtskosten entstehen, über die bereits im selbständigen Beweisverfahren angefallenen Gebühren hinaus, nicht. Auch der Anwalt erhält für den Antrag nach § 494a Abs. 1 ZPO keine weiteren Gebühren, für den Antrag nach Abs. 2 nur, wenn darüber mündlich verhandelt wird; der Streitwert richtet sich dann nach den Kosten des selbständigen Beweisverfahrens (vgl. Zöller/*Herget* ZPO § 494a Rn. 8; anders OLG München NJW-RR 2000, 1728). Hinsichtlich der umstrittenen Frage der Bindungswirkung der Kostenentscheidung nach § 494a Abs. 2 ZPO für den Fall der späteren Klageerhebung hat das OLG München entschieden, dass diese nur vorläufigen Charakter hat und durch die spätere Kostenentscheidung in einem Hauptsacheverfahren ersetzt wird (OLG München BeckRS 2021, 326).

Fristen und Rechtsmittel

6. Beide Anträge sind nicht fristgebunden. Allerdings handelt ein Anspruchsgegner rechtsmissbräuchlich, der nach Abschluss eines selbständigen Beweisverfahrens mit seinem Antrag auf Erhebung der Klage über eine angemessene Überlegungsfrist hinaus so lange wartet, bis der etwaige Anspruch des Anspruchstellers verjährt ist (BGH NJW 2010, 1460). Überdies sollte der Kostenantrag unmittelbar nach Fristablauf gestellt werden. Wird die Klage noch nach Fristablauf, aber vor Erlass des Beschlusses erhoben, kann das Gericht den Kostenbeschluss nicht mehr erlassen (BGH NJW 2007, 3257; vgl. Zöller/*Herget* ZPO § 494a Rn. 4a; aA OLG Frankfurt a. M. NJW-RR 2001, 862).

7. Bei Ablehnung der Anordnung hat der Antragsgegner die einfache Beschwerde nach § 567 Abs. 1 ZPO. Gegen den Kostenbeschluss steht dem Antragsteller, bei Zurückweisung dem Antragsgegner die sofortige Beschwerde zu (§ 494a Abs. 2 S. 2 ZPO).

I. Besonderheiten bezüglich des Gerichts

1. Antrag auf Verweisung an die Kammer für Handelssachen

An das
Landgericht[1]
In der Sache
. . . . .
zeige ich an, dass ich den Beklagten vertrete.
Der Beklagte will sich gegen die Klage verteidigen[2] und wird beantragen,
die Klage abzuweisen.
Vorab wird beantragt,[3]
den Rechtsstreit von der Zivilkammer an die Kammer für Handelssachen zu verweisen.[4]
Begründung:[5]
Der Kläger macht Ansprüche aus einem Scheck geltend (§ 95 Abs. 1 Nr. 3 GVG).
Rechtsanwalt[6, 7, 8]

Schrifttum: Brandi-Dohrn, Die Zuständigkeit der Kammer für Handelssachen bei mehrfacher Klagebegründung, NJW 1981, 2453; *Fischer,* Willkürliche Verweisungsbeschlüsse – Aktuelle Rechtsprechung zur Bindungswirkung, MDR 2002, 1401; *Fuchs,* Aktuelle Fragen und Rechtsprechung im Zusammenhang mit der Verweisung des Rechtsstreits von der Zivilkammer an die Kammer für Handelssachen, GWR 2020, 280; *Gaul,* Das Zuständigkeitsverhältnis der Zivilkammer zur Kammer für Handelssachen bei gemischter Klagenhäufung und handelsrechtlicher Widerklage, JZ 1984, 60; *Hövel,* Die Rüge der Unzuständigkeit der Zivilkammer als (konkludent gestellter) Verweisungsantrag an die Kammer für Handelssachen, NJW 2001, 345; *Köhler/Hudetz,* Commercial Courts – Staatliche Konkurrenz für die Schiedsgerichtsbarkeit?, BB 2020, 2179; *Podszun/Rohner,* Die Zukunft der Kammern für Handelssachen, NJW 2019, 131; *Schneider,* Verweisungsantrag an die Kammer für Handelssachen in der Berufungsbegründungsschrift?, NJW 1997, 992.

Anmerkungen

1. Voraussetzung für die Verweisung ist, dass beim LG eine Kammer für Handelssachen gebildet wurde (§§ 93, 94 GVG). Der Antrag beruht auf § 98 GVG. Ist der Rechtsstreit vor der Zivilkammer anhängig, hat also der Kläger die Klageschrift nicht an die Kammer für Handelssachen gerichtet, kann der Antrag nur vom Beklagten gestellt werden. Ihm muss stattgegeben werden, wenn eine Handelssache iSd § 95 GVG vorliegt, es sei denn, der Beklagte stützt sich auf § 95 Abs. 1 Nr. 1 GVG, ohne im Handelsregister eingetragen zu sein (§ 98 Abs. 1 S. 2 GVG). Ist einer von mehreren Ansprüchen (objektive Klagehäufung) keine Handelssache oder ist einer von mehreren Beklagten (subjektive Klagehäufung) kein Kaufmann und wird er auch nicht als persönlich haftender Gesellschafter nach § 128 HGB in Anspruch genommen, ist die Kammer für Handelssachen unzuständig (vgl. Zöller/*Lückemann* GVG § 95 Rn. 2). Das gilt auch, wenn nur die

Widerklage eine Handelssache ist und selbst dann, wenn das LG nur durch Erhebung einer solchen Widerklage nach § 506 ZPO zuständig geworden ist (§ 98 Abs. 2 GVG). Zur Zweckmäßigkeit der Verweisung → Form. I.D.2 Anm. 2; der Beklagte sollte sie nur beantragen, wenn er sich eine für die Entscheidung des Falls besser geeignete Kammer verspricht. Ist eine Verweisung von der Kammer für Handelssachen an die Zivilkammer vorausgegangen, kann eine Rückverweisung nicht beantragt werden; die erste Verweisung ist bindend (§ 102 S. 2 GVG). Etwas anderes gilt, wenn sie auf Willkür oder Versagung rechtlichen Gehörs beruht (vgl. Zöller/*Lückemann* GVG § 102 Rn. 6). Die Bindungswirkung tritt auch hinsichtlich der örtlichen Zuständigkeit ein, wenn die Zivilkammer sie geprüft und bejaht hat (BayObLG NJW-RR 2003, 356). Die Weiterverweisung an das Gericht eines anderen Rechtswegs bleibt möglich (BAG NJW 1993, 1878).

Kommt es zur Verweisung, sollen Anordnungen der verweisenden Kammer auch nach Verweisung ihre Wirksamkeit behalten, so die Setzung einer Klageerwiderungsfrist nach § 275 Abs. 1 S. 1 ZPO oder § 276 Abs. 1 S. 2 ZPO iVm § 296 Abs. 1 ZPO (OLG Frankfurt a. M. NJW-RR 1993, 1084). Der Beklagte muss also die gesetzten Fristen beachten, erforderlichenfalls sollte er eine Fristverlängerung beantragen.

2. Hat die Zivilkammer das schriftliche Vorverfahren angeordnet, sollte der Beklagte unbedingt anzeigen, ob und wie weit er sich gegen die Klage verteidigen will. Die Fristsetzung wird durch den Verweisungsantrag, auch wenn er berechtigt ist, nicht gegenstandslos.

3. Der Antrag auf Verweisung des Rechtsstreits von der Zivilkammer an die Kammer für Handelssachen (und umgekehrt) ist nur vor der Verhandlung zur Hauptsache zulässig, § 101 Abs. 1 S. 1 GVG. IdR bedeutet dies, dass der Verweisungsantrag vor Stellung der Anträge (§ 137 Abs. 1 ZPO) zulässig ist, allerdings soll sich das Verhandeln nicht nur auf das Verhandeln zur Hauptsache beschränken, sondern in einem weiten Sinn zu verstehen sein und auch die Erörterung von Vorfragen zB zur Zulässigkeit erfassen (OLG Hamburg NJW-RR 2012, 634 (635)); das gilt aber nicht bereits für die Güteverhandlung (OLG Hamburg NJW-RR 2012, 634 (636)). Wurde dem Beklagten eine Frist zur Klageerwiderung nach § 275 Abs. 1 S. 1 ZPO oder nach § 276 Abs. 1 S. 2 ZPO gesetzt, der Antrag aber nicht innerhalb der Frist gestellt und die Verspätung nicht hinreichend entschuldigt, kommt eine Verweisung nicht mehr in Betracht (§ 101 Abs. 1 S. 2 GVG). Eine nach Fristablauf oder ohne Antrag ausgesprochene Verweisung ist aber bindend, soweit sie nicht die Willkürgrenze überschreitet (vgl. Zöller/*Lückemann* ZPO § 102 Rn. 6). Die Entscheidung ergeht durch Beschluss entspr. § 281 Abs. 1 ZPO, eine mündliche Verhandlung ist nicht erforderlich (§ 101 Abs. 2 GVG). Anträge, die das von der Kammer für Handelssachen einzuschlagende Verfahren betreffen, sollte der Beklagte bereits hier stellen.

4. Wenn der Rechtsstreit auf Antrag des Klägers nach § 96 GVG an die Kammer für Handelssachen gelangt ist, aber keine Handelssache betrifft, kann der Beklagte Verweisung an die Zivilkammer beantragen (§§ 97, 99 GVG). In diesem Fall ist auch eine Verweisung von Amts wegen möglich (§§ 97 Abs. 2, 99 Abs. 2 GVG); sie soll auch dann möglich sein, wenn der Beklagte nicht in das Handelsregister eingetragen ist (KG NJW-RR 2009, 469; aA OLG Düsseldorf NJW-RR 2001, 1220). Der Kläger hat auch hier kein Antragsrecht.

5. Hier ist darzulegen, dass einer der Fälle des § 95 GVG vorliegt. Geht es um die Kaufmannseigenschaft, sollte immer ein Handelsregisterauszug eingereicht werden. Wurde dem Beklagten von der Zivilkammer eine Frist zur Klageerwiderung gesetzt, sollte er zugleich seine Einwendungen in der Form des § 277 ZPO mit dem Verweisungsantrag verbinden, um für eine Zurückweisung als verspätet keinen Anlass zu geben.

Kosten und Gebühren

6. Durch die Verweisung entstehen keine zusätzlichen Kosten und Gebühren (§ 4 Abs. 1 GKG, § 20 RVG).

Fristen und Rechtsmittel

7. Hat die Zivilkammer dem Beklagten eine Frist zur Klageerwiderung oder zur Berufungserwiderung gesetzt, so muss der Antrag innerhalb dieser Frist gestellt werden, § 101 Abs. 1 S. 2 u. 3 GVG; andernfalls droht Zurückweisung nach § 296 Abs. 3 ZPO (LG Heilbronn MDR 2003, 231). Das gilt entsprechend für Berufungen gegen Urteile des Amtsgerichts, die vor die Kammer für Handelssachen gehören (§ 100 GVG). Hier ist der Antrag innerhalb der zur Berufungserwiderung gesetzten Frist zu stellen (§ 101 Abs. 1 S. 2 GVG). Auch wenn die Frist verlängert wird, sollte der Antrag aus Gründen prozessualer Vorsicht innerhalb der nicht verlängerten Frist gestellt werden, da streitig ist, ob der Antrag nur innerhalb der ursprünglichen Frist zulässig ist (dafür LG Heilbronn MDR 2003, 231; LG München MDR 2009, 647; für Zulässigkeit des Antrags innerhalb der verlängerten Frist: OLG München MDR 2009, 946; LG Düsseldorf MDR 2005, 709). Einer Verweisung nach Ablauf der Frist kann die Bindungswirkung fehlen (OLG Brandenburg NJW-RR 2001, 63), so dass angesichts des vorstehend skizzierten Streits der Antrag besser in der nicht verlängerten Frist gestellt werden sollte.

8. Die Entscheidung über die Verweisung ist unanfechtbar, § 102 GVG. Beruht der Verweisungsbeschluss auf Willkür oder auf Versagung rechtlichen Gehörs, kommt wie bei Verweisungen nach § 281 ZPO (→ Form. I.I.2 Anm. 8) eine außerordentliche Beschwerde in Betracht (OLG Hamburg NJW-RR 2012, 634 (635); OLG München NJW-RR 1995, 957; Zöller/*Lückemann* ZPO § 102 Rn. 4; Thomas/Putzo/*Hüßtege* GVG § 102 Rn. 2). Dies gilt ungeachtet der Einführung des § 321a ZPO, obwohl die Rspr. nunmehr die sog außerordentliche Beschwerde wegen greifbarer Gesetzeswidrigkeit (BGH NJW 2002, 1577; 2003, 3137; BVerfG NJW 2003, 1924) verneint. Hat sich das zweite Gericht gleichfalls bindend für unzuständig erklärt, kann der Kläger auch einen Antrag nach § 36 Abs. 1 Nr. 6 ZPO stellen (OLG Brandenburg NJW-RR 2001, 63; KG NJW-RR 2009, 469; → Form. I.I.5). Mit der Berufung kann nicht geltend gemacht werden, dass statt der Kammer für Handelssachen die Zivilkammer zuständig gewesen wäre oder umgekehrt (BGH NJW 2002, 3634).

2. Antrag auf Verweisung bei örtlicher Unzuständigkeit

An das
Landgericht Hamburg

Verweisungsantrag[1, 2]

In der Sache
der Fa. K GmbH, Hamburg
gegen
den Kaufmann B, Dortmund
hält der Kläger, nachdem der Beklagte die Einrede der örtlichen Unzuständigkeit erhoben hat,[3] **seine bisherigen Anträge aufrecht.**

Hilfsweise[4] wird beantragt,

den Rechtsstreit an das Landgericht Dortmund, Kammer für Handelssachen, zu verweisen.[5]

Begründung:[6]

Die Klägerin hat in der Klageschrift im Einzelnen dargelegt, dass beide Parteien Vollkaufleute im Sinne des § 38 ZPO sind und sie durch Unterwerfung des Beklagten unter die Verkaufs- und Lieferungsbedingungen der Klägerin in ständiger Geschäftsbeziehung Hamburg als Gerichtsstand vereinbart haben. Sollte das Gericht der nach Ansicht der Klägerin unzutreffenden Auffassung sein, dass es an einer wirksamen Gerichtsstandsvereinbarung fehlt, wird entsprechend dem Hilfsantrag um Verweisung gebeten.

Rechtsanwalt[7, 8]

Schrifttum: Fischer, Willkürliche Verweisungen – Aktuelle Rechtsprechung zur Bindungswirkung, NJW 2002, 3634; *Fischer,* Entwicklungen und Entscheidungen zur Willkür von Verweisungen iRd § 281 ZPO, MDR 2009, 486; *Gergen,* Zuständigkeitsrüge nach Ablauf der Klageerwiderungsfrist (§§ 39, 281, 296, 696 ZPO; Art. 24 EuGVVO), JuS 2003, 486; *Metz,* Anerkenntnisurteil bei fehlender Zuständigkeit?, MDR 2020, 391; *Scherer,* Anfechtbarkeit und Bindungswirkung von Verweisungsbeschlüssen nach § 281 ZPO, ZZP 1997, 176; *Tombrink,* Was ist „Willkür" – Die „willkürliche" Verweisung des Rechtsstreits an ein anderes Gericht, NJW 2003, 2364; *Wettig/Kiparsky,* Wiederaufleben des fliegenden Gerichtsstands contra legem!?, CR 2021, 177; *Womelsdorf,* Verweisungsbeschlüsse – Unwirksamkeit wegen Abweichung von Oberlandesgericht-Rechtsprechung, MDR 2001, 1161.

Anmerkungen

1. Wird im landgerichtlichen Verfahren die örtliche oder sachliche Unzuständigkeit vom Beklagten zu Recht gerügt, kann der Kläger durch einen Antrag auf Verweisung an das zuständige Gericht eine Klagerücknahme oder eine Klageabweisung als unzulässig vermeiden. Unterbleibt die Rüge bis zur streitigen mündlichen Verhandlung, wird das Gericht gem. § 39 ZPO durch Prorogation zuständig (anders im Amtsgerichtsprozess, § 39 S. 2 iVm § 504 ZPO). Ob es für den Beklagten genügt, die Rüge im ersten Termin zu erheben oder ob er die Rüge bereits in der Klageerwiderung erheben muss, ist str. (vgl. Zöller/*Schultzky* ZPO § 39 Rn. 5; BGH NJW 1997, 397 (398) mwN lässt die Frage für Inlandsfälle offen). Die Verweisung wird gem. § 281 Abs. 2 ZPO durch bindenden Beschluss ausgesprochen. Das neue Gericht ist allerdings nicht gebunden, wenn dem Antragsgegner kein rechtliches Gehör gewährt wurde (BVerfG NJW 1982, 2367), wenn der Beschluss nicht durch den gesetzlichen Richter erlassen wurde oder wenn der Beschluss auf Willkür beruht, weil ihm jede rechtliche Grundlage fehlt (BGH NJW-RR 2011, 1364; NJW-RR 2011, 891 für das selbständige Beweisverfahren; NJW-RR 2006, 1309; NJW 2006, 847; NJW 2003, 3201). Hierzu genügt es nicht, dass die Verweisung auf einem Rechtsirrtum beruht oder sonst fehlerhaft ist (BGH NJW-RR 2008, 1309). Die Grenze zur Willkür ist überschritten, wenn das verweisende Gericht eine Norm im Verweisungsbeschluss nicht erörtert, die eindeutig seine Zuständigkeit begründet (BGH NJW-RR 2011, 1364; KG NJW-RR 2008, 1023). Eine Verweisung von einem zuständigen Gericht an ein anderes gleichfalls zuständiges Gericht ist unzulässig; mit der Klageerhebung hat der Kläger sein Wahlrecht zwischen mehreren zuständigen Gerichten verbraucht (BayObLG NJW-RR 1991, 187; Thomas/Putzo/*Hüßtege* ZPO § 35 Rn. 2). Eine nach Rechtshängigkeit getroffene Vereinbarung über die Zuständigkeit eines anderen Gerichts ist unbeachtlich (vgl. Thomas/Putzo/*Reichold* ZPO § 281 Rn. 2; das gilt auch im selbständigen Beweisverfahren: BGH NJW-RR 2010, 891). Das gilt erst recht für eine Zuständigkeitsvereinbarung nach Verweisung (vgl. Zöller/*Greger* ZPO § 281 Rn. 18). Stellt der Kläger keinen Verweisungsantrag, droht ihm die Abweisung der Klage als unzulässig; hiergegen ist Berufung möglich, § 513 Abs. 2 ZPO erfasst diesen Fall nicht.

Der Beschluss kann nach § 128 Abs. 4 ZPO ohne mündliche Verhandlung ergehen. Die Verweisung setzt voraus, dass das verweisende Gericht bei Eintritt der Rechtshängigkeit unzuständig war (§ 261 Abs. 3 Nr. 2 ZPO), also bei Klageerhebung weder ein allgemeiner noch ein besonderer Gerichtsstand vorlag. Vor Zustellung der Klage kann ein Verweisungsbeschluss nicht ergehen (BGH NJW-RR 1997, 1161), es kommt aber eine formlose Abgabe des Rechtsstreits an das zuständige Gericht in Betracht (vgl. Zöller/*Greger* ZPO § 281 Rn. 7). Im Prozesskostenhilfeverfahren kann eine Verweisung nach § 281 Abs. 2 ZPO ausgesprochen werden; jedoch gilt die Bindungswirkung nicht für die spätere Hauptsache (BGH NJW-RR 1991, 1342; OLG Stuttgart MDR 2004, 1377; KG NJOZ 2006, 2054).

Der Rechtsstreit vor dem verweisenden Gericht und dem Empfangsgericht bildet eine Einheit (vgl. Zöller/*Greger* ZPO § 281 Rn. 15a). Anordnungen des Erstgerichts bleiben wirksam; das soll auch für die Klageerwiderungsfrist nach § 275 Abs. 1 S. 1 und § 276 Abs. 1 S. 1 ZPO mit der Sanktion des § 296 Abs. 1 ZPO gelten (OLG Frankfurt a.M. NJW-RR 1993, 1084). Auch die Gewährung von Prozesskostenhilfe (OLG Düsseldorf NJW-RR 1991, 63) und die Einzelrichteranordnung (OLG Koblenz MDR 1986, 153) wirken fort. Eine Rückverweisung ist auch bei fehlerhafter Erstverweisung grds. nicht statthaft, anders nur bei willkürlichen oder das rechtliche Gehör versagenden Verweisungsbeschlüssen (vgl. Zöller/*Greger* ZPO § 281 Rn. 17 mwN). Beruht der Verweisungsbeschluss hinsichtlich der Bezeichnung des Gerichts auf einem offensichtlichen Irrtum, kommt eine Berichtigung durch das verweisende Gericht nach § 319 ZPO in Betracht (BGH NJW-RR 1993, 700).

2. Der Antrag kann in einem vorbereitenden Schriftsatz, aber auch erst im Termin gestellt werden. Antragsberechtigt ist nur der Kläger. Es besteht kein Anwaltszwang (§ 281 Abs. 2 S. 1 iVm § 78 Abs. 3 ZPO).

3. Vor Geltendmachung der Unzuständigkeit durch den Beklagten ist der Antrag unnötig, da die Zuständigkeit noch gem. § 39 S. 1 ZPO durch rügelose Einlassung auf die Klage begründet werden könnte und der Kläger die Rüge des Beklagten nicht herausfordern sollte. Wird die Rüge erst nach Ablauf der Klageerwiderungsfrist erhoben, sollte der Kläger Zurückweisung als verspätet nach §§ 282 Abs. 3, 296 Abs. 3 ZPO beantragen; ob der Beklagte mit der Rüge bis zum Termin warten kann, ist allerdings streitig (→ Anm. 1).

4. Der Antrag wird hilfsweise für den Fall gestellt, dass das Gericht sich für örtlich unzuständig hält. Der Hilfsantrag hat den Vorteil, dass der Kläger es einerseits dem Gericht noch einmal nahe bringen kann, die Zuständigkeit zu bejahen und über die Sache zu entscheiden, er aber andererseits eine Klageabweisung als unzulässig vermeidet. Ist abzusehen, dass es zu einer Verweisung kommt, und will der Kläger sich hiermit abfinden, sollte er gleichzeitig eine Entscheidung ohne mündliche Verhandlung (§ 128 Abs. 4 ZPO) anregen.

5. Das Gericht, an das zu verweisen ist, sollte genau bezeichnet werden. Ist dem Kläger das zuständige Gericht nicht bekannt, so genügt der Antrag, „den Rechtsstreit an das für den allgemeinen Gerichtsstand des Beklagten zuständige Gericht zu verweisen". Besteht ein ausschließlicher Gerichtsstand, muss Verweisung an dieses Gericht beantragt werden. Im Übrigen hat der Kläger unter mehreren zuständigen Gerichten die Wahl (§ 281 Abs. 1 S. 2 ZPO). Er kann auch einen gestaffelten Verweisungsantrag stellen (zB Antrag auf Verweisung an das Gericht A, hilfsweise an das Gericht B). Eine Verweisung an ein ausländisches Gericht ist nicht möglich. Im Rechtsmittelverfahren kommt nur eine Verweisung an das zuständige Gericht des ersten Rechtszugs in Betracht, nicht an das Rechtsmittelgericht (BGH MDR 1983, 214; Zöller/*Greger* ZPO § 281 Rn. 9); allerdings hindert § 513 Abs. 2 ZPO das Berufungsgericht idR, den Rechtsstreit unter Aufhebung der angefochtenen Entscheidung an ein anderes erstinstanzliches Gericht zu verweisen (BGH NJW-RR 2005, 501). Das Gericht kann eine abgesonderte Verhandlung und Entscheidung (durch Zwischenurteil) über die Frage der Zuständigkeit anordnen, § 280 ZPO. Entsprechende Anträge können von den Parteien gestellt werden – sinnvoll zB, um bei unsicherer Zuständigkeitslage bindend Klarheit zu erhalten –, die Anordnung steht jedoch im Ermessen des Gerichts.

6. Stellt der Kläger einen Hilfsantrag, sollte er zunächst die Zuständigkeit des angerufenen Gerichts begründen und nachweisen, soweit dies nicht schon geschehen ist (zB durch Vorlage der Gerichtsstandsvereinbarung oder von Belegen für die Kaufmannseigenschaft). Wird Verweisung an ein anderes Gericht als das des allgemeinen Gerichtsstands beantragt, ist dessen Zuständigkeit darzulegen und nachzuweisen. Oft wird eine Begründung des Verweisungsantrags nicht nötig sein, da er sich von selbst versteht.

Kosten und Gebühren

7. Die durch die Anrufung des unzuständigen Gerichts entstandenen Mehrkosten, vor allem die durch Beauftragung eines weiteren Rechtsanwalts entstandenen notwendigen Anwaltsgebühren, treffen den Kläger, auch wenn er in der Hauptsache obsiegt (§ 281 Abs. 3 ZPO; zum Begriff der Mehrkosten vgl. Zöller/*Herget* ZPO § 91 Rn. 13.109 – Verweisung). Enthält das Urteil keine entsprechende Kostenentscheidung, muss der Beklagte binnen zwei Wochen eine Urteilsergänzung gem. § 321 ZPO beantragen (Zöller/*Herget* ZPO § 91 Rn. 13.109 – Verweisung; → Form. I.N.3); wenn die Kostenentscheidung mit § 281 Abs. 3 ZPO begründet wurde und der Ausspruch nur im Tenor fehlt, ist auch eine Berichtigung im einfacheren Verfahren nach § 319 ZPO möglich (OLG Hamm NJW-RR 2000, 1524). Allerdings soll im Kostenfestsetzungsverfahren auch ohne Ausspruch im Urteil geprüft werden können, ob die Mehrkosten notwendig waren (str., vgl. Zöller/*Herget* ZPO § 91 Rn. 13.109 – Verweisung mwN; OLG Düsseldorf NJW-RR 1999, 799; OLG Naumburg MDR 2001, 1136).

Fristen und Rechtsmittel

8. Der Verweisungsbeschluss ist gem. § 281 Abs. 2 ZPO unanfechtbar. Hiervon hat ein Teil der Rspr. eine Ausnahme gemacht, wenn dem Beschluss jede gesetzliche Grundlage fehlt oder wenn er auf einer Versagung des rechtlichen Gehörs beruht (vgl. Thomas/Putzo/*Reichold* ZPO § 281 Rn. 12; OLG München NJW-RR 1995, 957; aA KG NJW-RR 1997, 250; offen gelassen von BGH NJW-RR 2000, 173). Es ist fraglich ob dies nach Einführung des § 321a ZPO noch gilt, denn die Rspr. verneint nunmehr die sog außerordentliche Beschwerde gegen greifbar gesetzeswidrige Entscheidungen (BGH NJW 2002, 1577; NJW 2003, 3137; BVerfG NJW 2003, 1924). Der sichere Weg wäre also eine Gegenvorstellung oder eine Rüge nach § 321a ZPO (→ Form. I.N.5). Für Verweisungen an die Kammer für Handelssachen wird die außerordentliche Beschwerde etwa zugelassen von OLG Hamburg NJW-RR 2012, 634 (635); → Form. I.I.1 Anm. 7). Eine andere Frage ist es, ob dem Verweisungsbeschluss die Bindungswirkung fehlt; das ist bei willkürlichen Verweisungen der Fall (BGH NJW 2002, 3634; → Anm. 1). Verweist der Beschluss an ein falsches Gericht, kann eine Berichtigung nach § 319 ZPO möglich sein (→ Anm. 1 a E.). Erklärt sich auch das Empfangsgericht für unzuständig, kann eine

Gerichtsstandsbestimmung nach § 36 Abs. 1 Nr. 6 ZPO beantragt werden. Ein die Verweisung ablehnender Beschluss wird für unanfechtbar gehalten (Thomas/Putzo/*Reichold* ZPO § 281 Rn. 11; OLG Oldenburg MDR 1992, 518).

3. Antrag auf Verweisung wegen sachlicher Unzuständigkeit

An das

Amtsgericht Hamburg

Verweisungsantrag[1]

In der Sache

. . . .

beantragt der Kläger,[2]

den Rechtsstreit ohne mündliche Verhandlung an das LG Hamburg, Zivilkammer, zu verweisen.[3]

Begründung:[4]

Nachdem der Beklagte mit einem über den Betrag von 5.000 EUR hinausgehenden Anspruch Widerklage erhoben hat, gehört der Rechtsstreit zur sachlichen Zuständigkeit des Landgerichts und ist gem. § 506 ZPO auf Antrag des Klägers zu verweisen.

Rechtsanwalt[5]

Schrifttum: Cuypers, Die Streitwertbemessung und Zuständigkeit des Gerichts, MDR 2012, 381; *Möller,* Der gesetzliche Richter im Zivilprozess – Anwaltliche Wahl- und Gestaltungsmöglichkeiten (Teil 1), NJW 2009, 3632; *Schneider,* Analoge Anwendung des § 506 ZPO in der landgerichtlichen Berufungsinstanz?, MDR 1997, 221.

Anmerkungen

1. Vgl. zunächst → Form. I.I.2 Anm. 1, 2. Der Antrag ist erforderlich, wenn statt des angerufenen Landgerichts das Amtsgericht oder umgekehrt statt des Amtsgerichts das Landgericht zuständig ist. Die sachliche Zuständigkeit ergibt sich in der Regel aus dem Streitwert (§§ 23, 71 GVG). Maßgeblicher Zeitpunkt für dessen Feststellung ist die Einreichung der Klage, nicht ihre Zustellung (§ 4 Abs. 1 ZPO); bei vorangegangenem Mahnverfahren kommt es auf den Eingang der Akten beim Streitgericht an (OLG Frankfurt a. M. NJW-RR 1996, 1403; vgl. Zöller/*Seibel* ZPO § 696 Rn. 7). Eine Reduzierung des Werts nach diesem Zeitpunkt ist für die sachliche Zuständigkeit bedeutungslos. Im Verhältnis zwischen Amts- oder Landgericht, Familiengericht und freiwilliger Gerichtsbarkeit gilt nicht § 281 ZPO sondern § 17a Abs. 1–5 GVG (Thomas/Putzo/*Reichold* ZPO § 281 Rn. 3, 4). Eine Vereinbarung der sachlichen Zuständigkeit gem. § 38 ZPO ist möglich, nicht jedoch bei ausschließlicher Zuständigkeit des Amtsgerichts bzw. des Landgerichts (§ 40 Abs. 2 ZPO). Oft wird die Verweisung erforderlich, weil das zunächst angerufene Gericht den Streitwert so festgesetzt hat, dass er zur sachlichen Zuständigkeit des nicht angerufenen Amtsgerichts bzw. Landgerichts führt. Gegen diesen Beschluss gibt es kein Rechtsmittel (OLG München MDR 1998, 1242; OLG Karlsruhe MDR 2003, 1071; OLG Stuttgart MDR 2007, 422; Zöller/*Herget* ZPO § 3 Rn. 7); wenn Gegenvorstellungen des Klägers nicht zur Abhilfe führen und eine Prorogation nicht möglich ist, bleibt nur die Verweisung.

Das Beispiel betrifft den Fall, dass erst nachträglich durch Klageerweiterung oder Widerklage ein landgerichtlicher Streitwert erreicht wird (§ 506 ZPO). Wird die Klage erst vor der Berufungskammer des Landgerichts erweitert, kann weder an die erstinstanzlich zuständige Zivilkammer (KG NJW-RR 2000, 804; aA LG Hamburg NJW-RR 2001, 932) noch an das Oberlandesgericht (BGH NJW 1996, 2378) verwiesen werden. Jedoch soll eine Abgabe von der Berufungskammer an die Zivilkammer möglich sein (Zöller/*Herget* ZPO § 506 Rn. 4). Durch eine Verbindung mehrerer Prozesse nach § 147 ZPO kann der Fall des § 506 ZPO nicht herbeigeführt werden (aA AG Neukölln MDR 2005, 772).

2. Im Fall des § 506 ZPO kann der Antrag von beiden Parteien, nicht nur vom Kläger gestellt werden; dies muss vor weiterer mündlicher Verhandlung geschehen. Das Antragsrecht bleibt aber erhalten, wenn der nach § 504 ZPO erforderliche Hinweis des Gerichts fehlt (hM, vgl. Thomas/Putzo/*Reichold* ZPO § 504 Rn. 1).

3. Das Gericht, an das verwiesen werden soll, sollte genau bezeichnet werden. Falls die Kammer für Handelssachen zuständig ist, hat der Kläger bereits vor dem Amtsgericht Verweisung an sie zu beantragen (§ 96 Abs. 2 GVG). Fehlt auch die örtliche Zuständigkeit, ist es möglich und sinnvoll, den Antrag auf Verweisung an das sachlich zuständige Gericht mit dem auf Verweisung an das örtlich zuständige Gericht zu verbinden. Beruht die sachliche Unzuständigkeit allerdings, wie im Beispielsfall, auf der vom Beklagten erhobenen Widerklage, kommt nur eine Verweisung an das übergeordnete Landgericht in Betracht; denn dieses ist nach § 33 ZPO örtlich zuständig (OLG Zweibrücken NJW-RR 2000, 590). Wenn das verweisende Amtsgericht auch die Frage der örtlichen Zuständigkeit geprüft hat, ist die Verweisung auch insoweit bindend (BayObLG NJW-RR 1996, 956). Ist zweifelhaft, ob das angerufene oder ein anderes Gericht sachlich zuständig ist, sollte auch hier ein Hilfsantrag gestellt werden (→ Form. I.I.2 Anm. 4).

4. Hier ist die sachliche Unzuständigkeit des angerufenen Gerichts zu begründen und die sachliche, ggf. auch die örtliche Zuständigkeit des Gerichts, an das verwiesen werden soll, darzulegen und nachzuweisen, sofern sie sich nicht – wie hier – von selbst ergibt. Im Fall des § 506 ZPO ist zu beachten, dass für den Zuständigkeitsstreitwert der Wert von Klage und Widerklage nicht zusammengerechnet wird (§ 5 ZPO); eine Verweisung kommt nur in Betracht, wenn Klage oder Widerklage einen landgerichtlichen Streitwert erreichen. Die Verweisung betrifft immer den gesamten Rechtsstreit, auch soweit er vorher durch ein Teilversäumnisurteil entschieden wurde; über den Einspruch hat also das Landgericht zu entscheiden (OLG Zweibrücken NJW-RR 1998, 1606).

Kosten und Gebühren

5. Vgl. die Hinweise in → Form. I.I.2 Anm. 7.

4. Antrag auf Vorabentscheidung über die Zulässigkeit des Rechtswegs mit Hilfsantrag auf Verweisung

An das
Landgericht Hamburg[1, 2, 3]
In der Sache
Jensen ./. Freie und Hansestadt Hamburg
beantragt der Kläger, nachdem die Beklagte die Zulässigkeit des Rechtswegs gerügt hat, vorab zu entscheiden, dass der Rechtsweg zu den ordentlichen Gerichten zulässig ist.[4]
Hilfsweise wird beantragt,
den Rechtsstreit an das Verwaltungsgericht Hamburg zu verweisen.[5]

Begründung:[6]

Der Kläger hat bereits in der Klageschrift dargelegt, dass für den geltend gemachten Anspruch der Rechtsweg zu den ordentlichen Gerichten gegeben ist. Nachdem die Beklagte aber die Zulässigkeit des Rechtswegs ausdrücklich gerügt hat, ist nach § 17a Abs. 3 GVG vorab über die Zulässigkeit des Rechtswegs zu entscheiden.
Sollte das Gericht die Zulässigkeit des Rechtswegs verneinen, müsste der Kläger seine Klage vor dem Verwaltungsgericht verfolgen. Für diesen Fall wird der Hilfsantrag gestellt.
Rechtsanwalt[7, 8, 9]

Schrifttum: Boin, Die Prüfung der Rechtswegfrage im Sinne des § 17a GVG durch das Rechtsmittelgericht, NJW 1998, 3747; *Brücker,* Bindung des Rechtsmittelgerichts an den Rechtsweg im Fall der unterbliebenen oder verspäteten Rechtswegrüge?, NJW 2006, 13; *Fischer,* Aktuelle Entscheidungen zur Unwirksamkeit von Verweisungsbeschlüssen, MDR 2020, 75; *Jaeger;* Die Zuständigkeit des ArbG und Geltung des Kündigungsschutzes für Geschäftsführer, NZA 1998, 961; *Kissel,* Neues zur Gerichtsverfassung, NJW 1991, 945; *Kissel,* Die neuen §§ 17 bis 17b GVG in der Arbeitsgerichtsbarkeit, NZA 1995, 345; *Krohn,* Ende des Rechtswegwirrwarrs: Kein Verwaltungsrechtsschutz unterhalb der Schwellenwerte, NZBau 2007, 493; *Mayerhofer,* Rechtsweg oder sachliche Zuständigkeit?, NJW 1992, 1602; *Ressler,* Zur vereinfachenden Wirkung der Verfahrensvorschriften über die Bestimmung des Gerichtszweiges, JZ 1994, 1035; *Windau,* Das Güterichterverfahren im prozessualen Kontext – sinnvolle Ergänzung oder Fremdkörper, jM 2019, 52.

Anmerkungen

1. Für das Verhältnis der Gerichtsbarkeiten untereinander und die Verweisung an das Gericht eines anderen Rechtswegs gilt nicht § 281 ZPO, sondern § 17a GVG. In der Praxis geht es meist um das Verhältnis der Zivilgerichte zur Arbeitsgerichtsbarkeit (vgl. zB BGH NJW-RR 2011, 1497; NJW 2010, 873; 1999, 648; BAG 1999, 3069) – hierbei handelt es sich seit Neufassung der §§ 17 ff. GVG und § 48 ArbGG nicht mehr um eine Frage der sachlichen Zuständigkeit (vgl. Zöller/*Lückemann* GVG Vor §§ 17 ff. Rn. 10) – oder, wie im Beispiel, zur Verwaltungsgerichtsbarkeit. §§ 17 ff. GVG sind entsprechend anwendbar für das Verhältnis der ordentlichen streitigen zur freiwilligen Gerichtsbarkeit (BGH NJW 2003, 1032; NJW-RR 2005, 721) und der freiwilligen zu einer anderen

Gerichtsbarkeit (OLG Hamm NJW 1992, 2642). § 17a GVG gilt auch in den Verfahren des vorläufigen Rechtsschutzes (BGH NJW 2001, 2181; NJW-RR 2005, 142).

2. Ist die Zulässigkeit des Rechtswegs zweifelhaft, hängt das weitere Verfahren davon ab, wie das Gericht diese Frage beantwortet. Hält es den Rechtsweg für unzulässig, spricht das Gericht dies durch Beschluss aus und verweist den Rechtsstreit gleichzeitig an das zuständige Gericht des zulässigen Rechtswegs (§ 17a Abs. 2 GVG). Zu einem klagabweisenden Urteil kann es also nicht mehr kommen. Die Verweisung ist bindend, auch wenn sie auf einem schwerwiegenden Fehler beruht (BGH MDR 2011, 253; NJW 2003, 2990; MDR 2004, 587). Nach der Rspr. des BAG (MDR 2003, 1010) soll das bei willkürlicher Verweisung anders sein. Hält das Gericht den Rechtsweg für zulässig, kann es das durch Beschluss vorab aussprechen (§ 17a Abs. 3 S. 1 GVG); es hat vorab (nicht erst im Urteil, BGH NJW 1999, 651) zu entscheiden, wenn eine Partei, wie im Beispiel, die Zulässigkeit des Rechtswegs gerügt hat (§ 17a Abs. 3 S. 2 GVG). In beiden Fällen erfordert der Beschluss keine mündliche Verhandlung, er ist nach ausdrücklicher gesetzlicher Anordnung (§ 17a Abs. 4 S. 1, 2 GVG) zu begründen.

3. Die Entscheidung ergeht grds. durch das Gericht erster Instanz, nach § 17a Abs. 5 GVG kann das Rechtsmittelgericht die Zulässigkeit des Rechtswegs nicht mehr prüfen. Wenn die erste Instanz jedoch entgegen § 17a Abs. 3 S. 2 GVG trotz Rüge keine Vorabentscheidung getroffen hat, kann auch das Berufungsgericht die Frage noch prüfen und ggf. durch Beschluss verweisen (BGH NJW 1996, 591; 1998, 2057; BVerwG NJW 1994, 956). Wenn aber das erstinstanzliche Gericht mangels Rüge von einer Vorabentscheidung abgesehen hat, ist das Rechtsmittelgericht nach § 17a Abs. 5 GVG an die stillschweigend angenommene Zulässigkeit des Rechtswegs gebunden (BGH NJW 2008, 49).

4. Ein Antrag auf Vorabentscheidung ist nicht erforderlich, die Parteien können sie aber bei unklarer Rechtslage anregen. Das kann sinnvoll sein, um die Zulässigkeitsfrage mit Bindungswirkung zu klären (vgl. Thomas/Putzo/*Hüßtege* GVG § 17a Rn. 16). Wenn eine Partei die Zulässigkeit des Rechtswegs rügt, zwingt sie dadurch das Gericht, durch Beschluss vorab zu entscheiden (§ 17a Abs. 3 S. 2 GVG). Der Beklagte sollte die Rüge innerhalb der Klageerwiderungsfrist (§ 282 Abs. 3 ZPO) erheben, sonst kann sie unbeachtlich sein (Zöller/*Lückemann* GVG § 17a Rn. 6).

5. Anders als bei § 281 ZPO hängt die Verweisung nicht von einem Antrag ab; das Gericht spricht nicht nur die Unzulässigkeit des beschrittenen Rechtswegs, sondern auch die Verweisung an das zuständige Gericht des zulässigen Rechtswegs von Amts wegen aus (§ 17a Abs. 2 S. 1 GVG); der Antragsteller sollte das zuständige Gericht daher genau bezeichnen.

6. Hier sollte der Kläger, wenn er in erster Linie vor dem Gericht des eingeschlagenen Rechtswegs bleiben möchte, dessen Zulässigkeit begründen. Die Rspr. (BGH NJW 1996, 3012; BAG NJW 1997, 542) verlangt vom Kläger, dass er die Tatsachen, die die Zulässigkeit des Rechtswegs begründen, schlüssig vorträgt. Kommt eine Verweisung an verschiedene Gerichtszweige in Betracht, sollte er das ausführen; in diesem Fall hat er die Wahl (§ 17a Abs. 2 S. 2 GVG). Das Gleiche gilt, wenn zB bei einer Verweisung an die ordentliche Gerichtsbarkeit mehrere Gerichte auf Grund allgemeinen oder besonderen Gerichtsstands zuständig sind. Hat der Antragsteller sein Wahlrecht noch nicht verbraucht, kommt eine Weiterverweisung innerhalb des anderen Rechtswegs in Betracht (BAG NJW 1996, 742; Zöller/*Lückemann* GVG § 17a Rn. 2).

Kosten und Gebühren

7. Der Beschluss nach § 17a Abs. 2, 3 GVG enthält keine Kostenentscheidung, anders der Beschwerdebeschluss nach § 17 Abs. 4 GVG (BGH NJW 1993, 2541). Nach Verweisung werden dem Kläger die durch die Anrufung des zunächst angegangenen Gerichts entstandenen Mehrkosten im Urteil auferlegt. § 17b Abs. 2 GVG entspricht § 281 Abs. 3 ZPO (→ Form. I.I.2 Anm. 7).

Fristen und Rechtsmittel

8. Für die Rüge nach § 17a Abs. 3 S. 2 GVG gilt § 282 Abs. 3 ZPO: Sie ist vor der Verhandlung zur Hauptsache vorzubringen und, wenn dem Beklagten eine Klageerwiderungsfrist gesetzt ist, innerhalb der Frist geltend zu machen.

9. Gegen Beschlüsse nach § 17a GVG, die die Zulässigkeit des Rechtswegs verneinen (Abs. 2) oder bejahen (Abs. 3), ist die sofortige Beschwerde gegeben; sie regelt sich nach der Verfahrensordnung der jeweiligen Gerichtsbarkeit. In der ordentlichen Gerichtsbarkeit ist die sofortige Beschwerde nach §§ 567, 569 ZPO gegeben; der Beschwerdewert bemisst sich nach einem Bruchteil der Hauptsache (vgl. Zöller/*Lückemann* GVG § 17a Rn. 20). Die Beschwerde kann nicht damit begründet werden, dass innerhalb des anderen Rechtswegs ein anderes Gericht örtlich oder sachlich zuständig ist (BAG NJW 1996, 742); denn der Kläger kann die Weiterverweisung beantragen. Hat das Gericht des ersten Rechtszugs im Endurteil die Zulässigkeit ausdrücklich oder stillschweigend bejaht, lässt sich hierauf keine Berufung stützen (BGH NJW 2008, 49; 1994, 387; BAG NJW 1996, 3430). Anders ist es, wenn eine Partei die Zulässigkeit des Rechtswegs gerügt hatte (BGH NJW 1993, 470; 1999, 651). Ein nach § 17a GVG ergangener Beschluss, mit dem ein Gericht den zu ihm beschrittenen Rechtsweg für unzulässig erklärt und an das Gericht eines anderen Rechtswegs verwiesen hat, ist einer weiteren Überprüfung entzogen, sobald er unanfechtbar geworden ist (BGH NJOZ 2019, 487).

5. Antrag auf Bestimmung des zuständigen Gerichts

An das
Oberlandesgericht Celle[1, 2, 3]
In der Sache
. . . . .
stellt der Kläger[4] den Antrag,
das Amtsgericht Peine als das zuständige Gericht zu bestimmen.[5]

Begründung:[6]

Der Kläger hat gegen den Beklagten beim Amtsgericht München einen Mahnbescheid erwirkt. Nach Widerspruch des Beklagten hat das Mahngericht das Verfahren an das für den Wohnsitz des Beklagten zuständige Amtsgericht Peine abgegeben. Dieses Gericht hatte der Kläger im Mahnbescheidsantrag als für das Streitverfahren zuständig bezeichnet. Auf Antrag des Klägers hat das Amtsgericht Peine den Rechtsstreit durch Beschl. v. . . . . . an das Amtsgericht München als Gericht des Erfüllungsorts verwiesen. Das Amtsgericht München hat den Rechtsstreit an das Amtsgericht Peine durch Beschl. v. . . . . . zurückverwiesen, weil die Verweisung rechtswidrig gewesen sei. Damit haben sich zwei Gerichte im Sinne des § 36 Abs. 1 Nr. 6 ZPO rechtskräftig für unzuständig erklärt. Nach Auffassung des Klägers war der Verweisungsbeschluss des Amtsgerichts Peine nicht bindend, so dass es als zuständiges Gericht zu bestimmen ist.
Rechtsanwalt[7, 8, 9]

Schrifttum: Althammer, Negativer Kompetenzkonflikt zwischen Abteilungen desselben Amtsgerichts, NJW 2002, 3522; *Bornkamm,* Die Gerichtsstandsbestimmung nach §§ 36, 37 ZPO, NJW 1989, 2713; *Cuypers,* Gerichtsbestimmung für mehrere Beklagte, MDR 2009, 657; *Ewers,* Schwarzer Peter (§ 36 Nr. 6 ZPO, 5, § 46 Abs. 2 FGG), FamRZ 1999, 74; *Fischer,* Neues zu Zuständigkeits- und Verweisungsfragen, MDR 2000, 301; *ders.,* Willkürliche Verweisungsbeschlüsse – Aktuelle Rechtsprechung zur Bindungswirkung, MDR 2002, 1401; *ders.,* Aktuelle Entscheidungen zur Unwirksamkeit von Verweisungsbeschlüssen, MDR 2020, 75; *Vollkommer,* Zeitliche Grenzen der Zuständigkeitsbestimmung bei Streitgenossenschaft, MDR 1987, 804; *Vossler,* Die gerichtliche Zuständigkeitsbestimmung für mehrere Beklagte, NJW 2006, 117.

Anmerkungen

1. Der Antrag beruht auf einem negativen Kompetenzkonflikt nach § 36 Abs. 1 Nr. 6 ZPO, wie er in der Praxis zB nach vorausgegangenem Mahnverfahren vorkommt. Der Beispielsfall ist der Entscheidung BGH NJW 1993, 1273 nachgebildet. § 36 Abs. 1 Nr. 6 ZPO gilt nicht nur für Streitigkeiten über die örtliche, sondern auch über die sachliche und die funktionelle Zuständigkeit. Von den weiteren in § 36 ZPO erfassten Situationen spielt nur noch der Fall des § 36 Abs. 1 Nr. 3 ZPO in der Praxis eine Rolle: Der Kläger will mehrere Streitgenossen in einem Prozess in Anspruch nehmen, die Streitgenossen haben jedoch einen unterschiedlichen allgemeinen und keinen gemeinsamen besonderen Gerichtsstand. Beispiele hierzu aus der Rspr.: BGH NJW-RR 2011, 929; NJW 2006, 699; NJW 2008, 3789; NJW-RR 2008, 1514 (1516)).

2. Eine Bestimmung des zuständigen Gerichts ist, in entsprechender Anwendung des § 36 Abs. 1 Nr. 6 ZPO, auch möglich bei Zuständigkeitsstreit zwischen Zivilkammer und Kammer für Handelssachen (KG NJW-RR 2008, 1023 (1024)), zwischen Familiengericht und Zivilkammer/Zivilabteilung bzw. Familiensenat und allgemeinem Senat des OLG (BGH NJW 1983, 47), zwischen Familiengericht und Vormundschaftsgericht (BGH FamRZ 1982, 745), zwischen zwei Gerichten der freiwilligen Gerichtsbarkeit (BGH NJW 1988, 2739); weitere Beispiele bei Zöller/*Schultzky* ZPO § 36 Rn. 29. Kompetenzkonflikte zwischen Spruchkörpern desselben Gerichts, zB erstinstanzlicher Kammer und Berufungskammer, sind hingegen nicht nach § 36 Abs. 1 Nr. 6 ZPO, sondern durch das Präsidium des Gerichts zu entscheiden (BGH NJW 2000, 80; NJW 2003, 3636 (3637)). Bei einem negativen Kompetenzkonflikt von Gerichten verschiedener Gerichtsbarkeiten ist die Vorschrift idR nicht anwendbar (BGH NJW 2003, 2990; NJW-RR 2016, 378); etwas anderes kann bei extremen Rechtsverstößen gelten (BGH NJW 2003, 2990; BAG MDR 2003, 1010). Voraussetzung ist immer, dass die Streitsache rechtshängig, nicht nur anhängig ist (BGH NJW-RR 1996, 254; aA in einem Ausnahmefall OLG Brandenburg MDR 2002, 536) und dass zwei Gerichte sich rechtskräftig für unzuständig erklärt haben. Es genügt ein Verweisungsbeschluss des ersten Gerichts und ein gleichfalls unanfechtbarer Rück- oder Weiterverweisungsbeschluss des zweiten Gerichts (BayObLG NJW-RR 1991, 188) oder auch nur die Rücksendung der Akten (BGH NJW-RR 1992, 1154). Für eine Zuständigkeitsbestimmung entspr. § 36 Abs. 1 Nr. 6 ZPO ist kein Raum, wenn eines der angegangenen Gerichte ausgeführt hat, es erachte sich für funktionell und örtlich zuständig, sehe sich aber mangels formellen Verweisungsbeschlusses daran gehindert, in der Sache selbst tätig zu werden (BGH BeckRS 2011, 21282). Grds. ist auch erforderlich, dass eines der beiden Gerichte wirklich zuständig ist (BGH NJW 1995, 534; Thomas/Putzo/*Hüßtege* ZPO § 36 Rn. 18). Der Rechtsstreit kann jedoch durch die Zuständigkeitsbestimmung auch an ein drittes, ausschließlich zuständiges Gericht verwiesen werden (BGH NJW 1980, 1282 (1283); NJW 1995, 534). Zum Verfahren, wenn die zweite Verweisung nicht bindend ist, vgl. BGH NJW 1989, 461.

3. Zur Entscheidung ist das im Rechtszug nächsthöhere gemeinsame Gericht zuständig, also zB das LG für die AG seines Bezirks oder das OLG für die LG oder für AG aus mehreren Landgerichtsbereichen seines Bezirks. Handelt es sich um Gerichte mehrerer Oberlandesgerichtsbezirke, ist nicht der BGH anzurufen, sondern das OLG des Gerichts, das als erstes mit der Sache befasst war (§ 36 Abs. 2 ZPO). Das Mahngericht, das die Sache an das Streitgericht abgegeben hat, war nicht iSd Vorschrift mit der Sache befasst (BayObLG NJW-RR 1999, 1294). Daher ist im Beispielsfall nicht das OLG München, sondern das für das AG Peine zuständige OLG Celle anzurufen. Ist noch kein Gericht mit der Sache befasst gewesen, was insb. in Fällen des § 36 Abs. 1 Nr. 3 ZPO die Regel ist, ist das Gericht zuständig, das als erstes um die Bestimmung ersucht wird (BayObLG NJW-RR 1999, 1296); es muss aber ein OLG sein, in dessen Bezirk eines der in Betracht kommenden Gerichte liegt (OLG Karlsruhe NJW 1998, 3359). Bei Gerichten verschiedener Gerichtsbarkeiten ist das Bundesgericht zuständig, das als erstes zur Zuständigkeitsbestimmung angerufen wird (BGH NJW 2001, 3631; BAG NJW 1996, 413).

4. Der Antrag kann von beiden Parteien gestellt werden, also auch vom Beklagten (OLG Düsseldorf NJW-RR 1990, 1021; Thomas/Putzo/*Hüßtege* ZPO § 37 Rn. 1), anders im Fall des § 36 Nr. 3; dort ist nur der Kläger antragsberechtigt (BGH NJW 1987, 439; NJW 1990, 2751). Auch eines der Gerichte kann die Sache dem für die Bestimmung zuständigen Gericht vorlegen (BGH NJW 1985, 2537; NJW 1993, 1273; Thomas/Putzo/*Hüßtege* ZPO § 37 Rn. 1). Im Fall des § 36 Abs. 1 Nr. 3 ZPO kann der Antrag auch bereits vor Rechtshängigkeit gestellt werden. § 36 Abs. 1 Nr. 6 ZPO setzt einen Rechtsstreit voraus, ist allerdings im PKH-Verfahren (BGH NJW-RR 2010, 209; NJW-RR 1994, 706; OLG Dresden NJW 1999, 797) und auch im Mahnverfahren (BGH NJW-RR 1993, 2752) anwendbar.

5. Das Gericht, das der Kläger für zuständig hält, braucht im Antrag nicht genannt zu werden, das entscheidende Gericht wäre hieran auch nicht gebunden. Auch die Bestimmung eines dritten Gerichts als zuständig ist möglich (BGH NJW 1980, 1282).

6. Die Begründung kann kurz gefasst sein, denn der Sachverhalt ergibt sich aus den Gerichtsakten, die das Gericht beiziehen wird. Im Fall des § 36 Abs. 1 Nr. 3 ZPO muss sorgfältig dargelegt werden, dass die Beklagten Streitgenossen sind.

Kosten und Gebühren

7. Im Verfahren nach §§ 36, 37 ZPO entstehen keine Gerichtskosten, im Beschwerdeverfahren entsteht eine Gebühr nach KV 1812. Für den Anwalt gehört das Verfahren zum Rechtszug, § 19 Abs. 1 S. 2 Nr. 3 RVG, ist er nicht Prozessbevollmächtigter, erhält er eine 0,8 Gebühr nach VV 3403 RVG. Diese Kosten sind Kosten des Rechtsstreits; das gilt nicht, wenn der Antrag abgelehnt wird (BayObLG NJW-RR 2000, 141). Streitwert ist ein Bruchteil der Hauptsache (vgl. Zöller/*Herget* ZPO § 3 Rn. 16.47 – Bestimmungsverfahren).

Fristen und Rechtsmittel

8. Der Antrag auf Bestimmung der Zuständigkeit hemmt die Verjährung (§ 204 Abs. 1 Nr. 13 BGB), was insb. im Fall des § 36 Abs. 1 Nr. 3 ZPO wichtig sein kann. Auch ein erfolgloser Antrag kann die Verjährung hemmen (BGH NJW 2004, 3772). Die Hemmung entfällt, wenn nicht innerhalb von drei Monaten nach Erledigung des Gesuchs

Klage erhoben wird oder der Antrag, für den die Gerichtsstandsbestimmung zu erfolgen hat, gestellt wird. Die Hemmung soll nur nach sachlicher Entscheidung über das Gesuch eintreten (Palandt/*Ellenberger* BGB § 204 Rn. 28). Sicherheitshalber sollte der Kläger daher im Fall des § 36 Abs. 1 Nr. 3 ZPO, wenn Verjährung droht und er sich der Voraussetzungen für eine sachliche Entscheidung nicht sicher ist, eine Klage vor dem möglicherweise unzuständigen Gericht einreichen; auch sie unterbricht die Verjährung.

9. Der Beschluss, mit dem das zuständige Gericht bestimmt wird, ist unanfechtbar, § 37 Abs. 2 ZPO. Der Beschluss, der den Antrag zurückweist, ist mit der sofortigen Beschwerde anfechtbar (§ 567 Abs. 1 Nr. 2 ZPO), wenn ihn das LG erlassen hat, mit der zugelassenen Rechtsbeschwerde (§ 574 Abs. 1 Nr. 2 ZPO), wenn das OLG oder das LG als Berufungsinstanz (BGH MDR 2003, 1307) entschieden haben.

J. Besonderheiten bezüglich der Parteien

1. Prozessführungsbefugnis (gewillkürte Prozessstandschaft)

An das
Landgericht

Klage

In der Sache

.....

Namens der Klägerin[1] erhebe ich Klage und beantrage:
Die Beklagte wird verurteilt, an die Firma Autohaus Hoyer, Inhaber Karla Hoyer, 35012 Kassel, Hochallee 16, 18.381,36 EUR nebst Zinsen iHv 5 Prozentpunkten über dem jeweiligen Basiszinssatz seit Rechtshängigkeit zu zahlen.[2]

Begründung:[3]

1. Die Beklagte hat, wie unter 2. näher dargelegt wird, schuldhaft einen Verkehrsunfall verursacht, bei dem das Fahrzeug der Klägerin beschädigt wurde. Die Klägerin ließ das Fahrzeug bei ihrer Werkstatt, der Firma Autohaus Hoyer, zum Preis von 18.381,36 EUR reparieren. Mit Erklärung vom .....

– Anlage K 1 –

trat die Klägerin ihren Schadensersatzanspruch hinsichtlich der Reparaturkosten an diese Firma ab. Gleichzeitig ermächtigte die Firmeninhaberin die Klägerin durch mündliche Absprache, die Forderung gerichtlich geltend zu machen.

Beweis: Zeugnis der Frau Hoyer
(vollständige Anschrift)

Das Interesse der Klägerin an der gerichtlichen Geltendmachung der Forderung im eigenen Namen ergibt sich daraus, dass sie die Reparaturrechnung selbst begleichen muss, wenn die Beklagte nicht an die Reparaturfirma leistet.

2. Zur Begründung des Anspruchs wird Folgendes ausgeführt: .....

Rechtsanwältin[4]

Schrifttum: Balzer, Die Darlegung der Prozeßführungsbefugnis und anderer Sachurteilsvoraussetzungen, NJW 1992, 2721; *Boecken/Krause,* Globalzession und gewillkürte Prozeßstandschaft bei nachfolgender Vermögenslosigkeit des Schuldners, NJW 1987, 420. *Klinck,* Die Vergleichsbefugnis des Prozessstandschafters, WM 2006, 417; *Schmitt-Gaedke/Arz,* Einziehungsberechtigung und Prozessführungsbefugnis, JA 2016, 770; *Vollkommer,* Verfahrensunterbrechung nach § 240 ZPO bei Prozeßstandschaft und Sicherungszession, MDR 1998, 1296; *Wieser,* Gründe gemeinschaftlicher Prozessführungsbefugnis, JuS 2000, 197.

Anmerkungen

1. Zur Prozessführung befugt ist grds. nur der Inhaber des eingeklagten Rechts. Ohne Vorliegen der Prozessführungsbefugnis darf in der Sache nicht entschieden werden (BGH

NJW 2000, 738). In bestimmten Konstellation bestimmt das Gesetz, dass nicht (nur) der Inhaber, sondern auch bzw. nur ein Dritter den Aktivprozess führen darf, der dann das fremde Recht im eigenen Namen geltend macht (sog gesetzliche Prozessstandschaft). Darüber hinaus kann eine Prozessstandschaft auch mit dem Inhaber des Rechts vereinbart werden (sog gewillkürte Prozessstandschaft). Die Klage eines Prozessstandschafters hemmt die Verjährung des Anspruchs (§ 204 Abs. 1 Nr. 1 BGB; BGH NJW 2010, 856). Da ein Prozessrechtsverhältnis nur zum Prozessstandschafter besteht, kann der Anspruchsinhaber Zeuge sein.

Gesetzliche Prozessstandschafter sind zB die Parteien kraft Amtes, also Insolvenzverwalter, Zwangsverwalter (BGH NZM 2005, 532), Testamentsvollstrecker und Nachlassverwalter, und die vom Gesetz Ermächtigten (zB für die Geltendmachung von Kindesunterhalt bei getrennt lebenden Eltern, § 1629 Abs. 3 BGB). Auch § 265 Abs. 2 ZPO regelt einen Fall der gesetzlichen Prozessstandschaft. Erfolgt die Übertragung des streitgegenständlichen Rechts bzw. der streitgegenständlichen Sache auf den Dritten nach Rechtshängigkeit, bleibt dem Kläger die Prozessführungsbefugnis erhalten. Er muss jedoch seinen Antrag auf Leistung an den Dritten umstellen (BGH NJW 1979, 924; NJW-RR 1986, 1182). § 265 Abs. 2 S. 1 ZPO findet auch dann Anwendung, wenn der Kläger lediglich Prozessstandschafter des Rechtsinhabers ist (BGH BeckRS 2017, 13640).

Gewillkürte Prozessstandschaft liegt vor, wenn der Rechtsinhaber den Kläger zur gerichtlichen Geltendmachung im eigenen Namen ermächtigt und der Kläger ein eigenes schutzwürdiges Interesse daran besitzt, das auch ein wirtschaftliches sein kann (BGH NJW 1995, 3186; zu den gängigen Konstellationen in der Praxis Musielak/Voit/*Weth* ZPO § 51 Rn. 28, 29). Wenn die Prozessführungsbefugnis zweifelhaft sein kann, sollte der Kläger zur Sicherheit versuchen, sich die Klageforderung abtreten bzw. das Recht übertragen zu lassen, und zwar vor Ablauf der Verjährungsfrist (vor Abtretung keine Hemmung der Verjährung!). Auch die Ermächtigung kann noch nach Rechtshängigkeit erteilt werden (BGH NJW 1995, 3186); sie erlischt, wenn über das Vermögen des Ermächtigenden das Insolvenzverfahren eröffnet wird (§ 115 InsO, BGH NJW 2000, 738). Der Kläger benötigt dann eine Ermächtigung des Insolvenzverwalters (BGH NJW 1987, 3121).

Aus der Sicht des Beklagten kann eine Klage in gewillkürter Prozessstandschaft problematisch sein, wenn der Kläger vermögenslos ist und er daher um seinen späteren Kostenerstattungsanspruch fürchten muss. Eine solche Situation kann sich ergeben, wenn eine Bank als Sicherungsnehmerin bei zweifelhaften Forderungen ihren vermögenslosen Zedenten klagen lässt. Dieser Gesichtspunkt kann eine in Prozessstandschaft erhobene Klage unzulässig machen (BGH NJW 1990, 1117), so zB bei einer überschuldeten GmbH, die keine Aussichten hat, ihre Geschäfte fortzuführen (BGH NJW 1986, 850). Das gilt allerdings nicht, wenn der Vermögensverfall erst im Laufe des Rechtsstreits eingetreten ist (BGH NJW-RR 2011, 1690) oder bei Vorliegen besonderer Umstände (BGH NJW 2003, 2232). Einer vermögenslosen natürlichen Person, die die Forderung an die Bank abgetreten hat, wird das schutzwürdige Interesse nicht abgesprochen (BGH NJW 1999, 1717). Anders soll es nur bei missbräuchlicher Ermächtigung sein, die der Beklagte aber kaum wird beweisen können.

2. Der Antrag muss idR auf Leistung an den Rechtsinhaber gerichtet sein. Eine weitergehende Ermächtigung wird in einem Fall dieser Art kaum erteilt werden. Etwas anderes gilt bei einer Inkassozession.

3. Der Kläger muss zur Zulässigkeit der Klage die Ermächtigung und sein eigenes Interesse darlegen und erforderlichenfalls beweisen. Die Ermächtigung muss sich auf einen abtretbaren Anspruch beziehen; Ausnahmen gelten jedoch für die Ansprüche aus §§ 862, 894, 985 und 1004 BGB (BGH NJW 2017, 486). Als Ermächtigung kann das stillschweigende Einverständnis mit der Prozessführung genügen (BGH NJW 1979, 924), grds. ist aber im Interesse des Prozessgegners erforderlich, dass die Ermächtigung im Prozess offengelegt wird (BGH NJW 1988, 1585). Eine unwirksame Abtretung kann uU in eine Einziehungsermächtigung umgedeutet werden (BGH NJW 1987, 3121). Die isolierte Abtretung eines Herausgabe- und Räumungsanspruchs des Eigentümers ist materiell-rechtlich als Einziehungsermächtigung und prozessual als Ermächtigung zur Prozessführung auszulegen (BGH BeckRS 2017, 13640). Zum Widerruf der Ermächtigung während des Prozesses BGH NJW 2015, 2425. Für das eigene Interesse reicht die Darlegung aus, dass die Entscheidung des Rechtsstreits Einfluss auf die eigene Rechtslage hat. Es muss sich aber auf den geltend gemachten Anspruch beziehen, das Interesse an einer wirtschaftlichen und technisch erleichterten Prozessführung reicht hierfür nicht aus (BGH NJW 2017, 487).

Kosten und Gebühren

4. Zur Frage des Risikos der Kostenerstattung bei vermögenslosem Prozessführer → Anm. 1. Prozesskostenhilfe kann in aller Regel nur gewährt werden wenn weder der Prozessführer noch der Rechtsinhaber im Stande ist, die Prozessführungskosten aufzubringen.

2. Streitverkündung

An das

Landgericht

Streitverkündung[1, 2]

In der Sache

. . . .

wird der D-GmbH . . . .[3]

der Streit verkündet mit der Aufforderung, dem Rechtsstreit auf Seiten der Klägerin beizutreten.[4]

Das Gericht wird gebeten, diesen Schriftsatz nebst anliegender Kopie der Klageschrift und der Klageerwiderung der Streitverkündeten alsbald zuzustellen.[5]

Begründung:[6]

Die Klägerin verlangt von der Beklagten Schadensersatz wegen mangelhafter Estrich-Arbeiten im Keller ihres Hauses. In ihrer Klageerwiderung hat die Beklagte eingewandt, dass die vorhandenen Schäden nicht auf mangelhafte Arbeit ihrer Leute, sondern auf Fehler der Streitverkündeten zurückzuführen seien. Die Streitverkündete hatte im Auftrag der Klägerin Abdichtungsarbeiten am Fundament des Hauses ausgeführt. Für den Fall, dass der Einwand der Beklagten zutrifft und die Klägerin aus diesem Grunde im Prozess gegen die Beklagte unterliegt, hätte sie gegen die Streitverkündete einen Anspruch auf Schadloshaltung.

Der Stand des Prozesses ergibt sich aus der anliegenden beglaubigten Ablichtung der Klageschrift und der Klageerwiderung.

Das Gericht hat das schriftliche Vorverfahren angeordnet, jedoch bisher keinen Haupttermin bestimmt und auch sonst keine prozessleitenden Anordnungen getroffen.[7]

Rechtsanwältin[8]

Schrifttum: Althammer/Würdinger, Die verjährungsrechtlichen Auswirkungen der Streitverkündung, NJW 2008, 2620; *Bischof,* Praxisprobleme der Streitverkündung, MDR 1999, 787; *Fricke,* Zur Zulässigkeit von Nebenintervention und Streitverkündung im Arrestverfahren und Verfahren der einstweiligen Verfügung, BauR 1978, 257; *Ghassemi-Tabar/Eckner,* Streitverkündung – Rechtsprechungsüberblick zu Möglichkeiten, Wirkungen und Kosten, MDR 2012, 1136; *Klose,* Chancen und Risiken der Streitverkündung, NJ 2008, 249; *Knöringer,* Die Streitverkündung, §§ 72–74 ZPO, JuS 2007, 335; *Krüger/Rahlmeyer,* Die Streitverkündung im Zivilprozess, JA 2014, 202; *Kunze,* Streitverkündung im selbständigen Beweisverfahren, NJW 1996, 102; NJW 1997, 1290; *Neumann,* Die Streitverkündung im Haftungsprozess gegen den Frachtführer, TransportR 2005, 51; *Seggewiße,* Streitverkündung im Mahnverfahren, NJW 2006, 3037; *Sohn,* Grundlagen des Gesamtschuldnerausgleichs, NJW 2019, 2579; *ders.*, Haftungsfalle Streitverkündung, BauR 2007, 1308; *Thora*, Die Streitverkündung – vielschichtig und haftungsträchtig, NJW 2019, 3624.

Anmerkungen

1. Die Streitverkündung bringt dem Verkündenden zwei Vorteile: Zum einen wird die Verjährung des Anspruchs gegen den Verkündungsempfänger mit der Zustellung der Streitverkündungsschrift gehemmt (§ 204 Abs. 1 Nr. 6 BGB), zum anderen wird der Streitverkündete durch die Interventionswirkung weitgehend an die Ergebnisse des Vorprozesses gebunden, und zwar auch dann, wenn er dem Rechtsstreit nicht beitritt (§§ 68, 74 Abs. 3 ZPO) oder auf Seiten des Gegners der den Streit verkündenden Partei beitritt (BGH BeckRS 2020, 39397). Im Hinblick auf diese Vorteile kann der Rechtsanwalt im Zivilprozess sogar verpflichtet sein, einem Dritten den Streit zu verkünden (BGH NJW 2012, 674 mwN).

Die Hemmungswirkung tritt nur bei einer zulässigen Streitverkündung ein (BGH NJW 2008, 519). Hierfür ist es erforderlich, dass der Grund der Streitverkündung angegeben, also ein Anspruch iSd § 72 ZPO dargelegt wird (BGH NJW 2008, 519). Die bloße Übersendung von Schriftsätzen reicht nicht (BGH NJW 2002, 1414). Die Hemmung erfasst nur den konkret bezeichneten Anspruch (BGH NJW 2008, 519), beschränkt sich allerdings nicht auf die mit der Urteilsformel ausgesprochene Entscheidung über den erhobenen Anspruch, sondern ergreift die gesamten tatsächlichen und rechtlichen Grundlagen des Urteils (BGH NJW 2012, 674). Sie tritt bereits mit Eingang der Streitverkündung ein, wenn die Zustellung iSd § 167 ZPO demnächst erfolgt (BGH NJW 1994, 203); hierfür ist nicht erforderlich, dass die Verjährungsfrist zwischen Eingang der Streitverkündung bei Gericht und Zustellung abgelaufen ist (BGH NJW 2010, 856). Die Hemmung endet sechs Monate nach der rechtskräftigen Entscheidung oder einer anderen Beendigung des Rechtsstreits (§ 204 Abs. 2 BGB); bei Erhebung der Klage gegen den Streitverkündeten innerhalb dieser Frist bleibt die Hemmung also bestehen. Für die Wahrung von Ausschlussfristen genügt eine Streitverkündung nicht (BGH NJW-RR 2006, 619 für die Klagefrist nach Art. 29 Abs. 1 WarschAbk). Wird die Verjährung durch Zustellung einer Streitverkündungsschrift gehemmt und wendet sich die unterlegene Partei mit einer Anhörungsrüge gegen das rechtskräftige Endurteil dieses Rechtsstreits, so wird der Verjährungseintritt gegenüber dem Streitverkündeten durch die Dauer des Rügeverfahrens nicht weiter hinausgeschoben (BGH NJW 2012, 3087).

Die Bindungswirkung nach § 68 ZPO erfasst alle tragenden Feststellungen des Urteils im Vorprozess. Hierzu gehören die im Tenor ausgesprochene Rechtsfolge und die Richtigkeit der Entscheidung, zu der die Feststellung und rechtliche Beurteilung der Tatsachen einschließlich der präjudiziellen Rechtsverhältnisse zählt (BGH BeckRS 2020, 39397). Tritt der Gegner die streitbefangene Forderung nach Zustellung der Streitverkündung ab, wirkt § 68 auch gegenüber dem Zessionar (BGH BeckRS 2020, 39397). Die Bindungswirkung gilt nicht hinsichtlich derjenigen Tatsachen, die im ersten Prozess zu Ungunsten der den Streit verkündenden Partei festgestellt worden sind; sie ist jedoch nicht teilbar und kann dem Streitverkündeten nicht lediglich hinsichtlich ungünstiger Umstände unter Weglassung günstiger Teile entgegengehalten werden (BGH NJW 2019, 1748);

Zugunsten des Dritten findet die Bindungswirkung ihre Grenzen dort, wo ihm im Vorprozess „die Hände gebunden" waren (§ 68 Hs. 2 ZPO). Das gilt jedoch dann nicht, wenn er dem Rechtsstreit auf Seiten des Gegners der den Streit verkündenden Partei beigetreten ist (BGH BeckRS 2020, 39397).

Keine Bindungswirkung nach § 68 ZPO besteht, wenn:

- die Hauptpartei den Prozess in der Zeit vor dem möglichem Beitritt mangelhaft geführt hat (Alt. 1), was bspw. zur Präklusion von Angriffs- und Verteidigungsmitteln geführt hat;
- die Hauptpartei die Prozessführung des Nebenintervenienten durch die eigene Prozessführung behindert hat (Alt. 2), bspw. durch ein Anerkenntnis;
- die Hauptpartei Angriffs- und Verteidigungsmittel, die dem Nebenintervenienten unbekannt waren, absichtlich oder durch grobes Verschulden nicht geltend gemacht hat (Abs. 3), bspw. durch einen Verzicht auf die Einrede der Verjährung;
- der Nebenintervenient Tatsachenvortrag oder Prozesserklärungen im Vorprozess nicht geltend machen konnte, weil er sich andernfalls in Widerspruch zum Vortrag der Hauptpartei gesetzt hätte (§ 67 ZPO).

Für den Kläger kommt die Streitverkündung vor allem dann in Betracht, wenn Unklarheit über die Verursachung eines Mangels oder eines Schadens besteht (wie im Beispielsfall). Zu den Ansprüchen auf „Schadloshaltung" iSv § 72 Abs. 1 ZPO gehören neben Rückgriffsansprüchen auch Ansprüche gegen Dritte, die im Vorprozess anstelle der beklagten Partei alternativ als Schuldner in Betracht kamen (BGH BeckRS 2020, 39397). Dagegen ist eine Streitverkündung des Klägers an einen weiteren Gesamtschuldner unzulässig (BGH NJW 2015, 559).

Für den Beklagten kann es neben Rückgriffsansprüchen, bspw. gegen Lieferanten, vor allem um die Innenausgleichsansprüche gegen Gesamtschuldner gehen. Hier ist zu beachten, dass diese Ansprüche bereits mit der Hauptforderung entstehen, so dass der Ablauf der Verjährungsfrist droht. Dabei ist die Streitverkündung auch an einen mitverklagten Gesamtschuldner zulässig, da zwischen den einfachen Streitgenossen kein Prozessrechtsverhältnis besteht und sich die Rechtskraft einer Verurteilung deshalb nicht auf den einfachen Streitgenossen bezieht (BGH NJW 2019, 1751; allg. *Sohn* NJW 2019, 2579).

Prozessbevollmächtigte können „Dritte" sein; § 72 Abs. 2 S. 2 ZPO gilt dann nicht (BGH NJW 2011, 1078; OLG Köln NJW 2015, 3317). Ausgeschlossen ist eine Streitverkündung gegen den gerichtlich bestellten Sachverständigen (§ 72 Abs. 2 ZPO) und den Prozessgegner.

2. Zur Form vgl. § 73 ZPO. Eine Streitverkündung, die die Form des § 73 ZPO nicht wahrt, führt die Interventionswirkung nicht herbei. Der Streit kann nicht unter einer Bedingung oder „hilfsweise" verkündet werden (BGH NJW-RR 1989, 766). Zur Angabe des Grundes der Streitverkündung ist es erforderlich, einen der Fälle des § 72 ZPO darzulegen. Außerdem ist dem Streitverkündeten der genaue Streitstand des Prozesses mitzuteilen. Die Streitverkündung kann bereits mit der Klageschrift erklärt werden. Zu ihrer Wirksamkeit genügt es, dass der Rechtsstreit anhängig ist (BGH NJW 1985, 328). Sie ist bis zur rechtskräftigen Entscheidung möglich, also auch noch nach Verkündung eines rechtsmittelfähigen Urteils. Allerdings tritt die Nebeninterventionswirkung nur ein, soweit der Dritte noch in der Lage war, Angriffs- und Verteidigungsmittel geltend zu machen (OLG Köln MDR 1983, 409). Das kann wegen der Beschränkung neuen Tatsachenvorbringens nach §§ 529, 531 ZPO den Wert der Streitverkündung beeinträchtigen. Es empfiehlt sich also immer eine frühzeitige Streitverkündung (vgl. § 74 Abs. 3 ZPO). Auch im selbständigen Beweisverfahren nach §§ 485 ff. ZPO ist eine Streitverkündung zulässig (BGH NJW 1997, 859). Das setzt voraus, dass der Dritte zum Streitverkünder in einem Rechtsverhältnis steht, auf welches das Ergebnis der Beweiserhebung unmittelbar oder mittelbar rechtlich einwirkt (BGH NJW 2016, 1020). Die Bindungswirkung erfasst dann grundsätzlich jedes Beweisergebnis, das im Verhältnis zum Antragsgegner von rechtlicher Relevanz ist (BGH NJW 2015, 559). Auch im gerichtlichen Mahnverfahren ist eine Streitverkündung zulässig (BGH NJW 2006, 773).

Hat der Beklagte den Streit verkündet, muss er mit dem Regress gegen den Streitverkündeten nicht bis zum Abschluss des Rechtsstreits und zum anschließenden Prozess warten. Er kann auch gegen seinen Streithelfer (und den Kläger) Widerklage im ersten Prozess erheben (BGH NJW 1996, 196). Dieser Weg empfiehlt sich, wenn der Beklagte mit seiner Verurteilung rechnen muss und sein Regressanspruch aussichtsreich ist.

3. Der Dritte ist wie eine Partei zu bezeichnen; da ihm die Streitverkündung zugestellt werden muss (§ 73 S. 2 ZPO), ist seine zustellungsfähige Anschrift anzugeben.

4. Diese Aufforderung ist gesetzlich nicht vorgeschrieben, aber üblich (vgl. § 74 Abs. 1 ZPO).

5. Die Zustellung erfolgt von Amts wegen. Es empfiehlt sich, dem Streitverkündeten zur Orientierung über den Streitstand sämtliche Schriftsätze, Beschlüsse und Protokolle zuzuleiten, damit er später die Nebeninterventionswirkung nicht gem. § 68 Hs. 2 ZPO abwenden kann. Eine Aussetzung des Prozesses bis zur Zustellung der Streitverkündungsschrift kommt nicht in Betracht (BGH BeckRS 2018, 11567).

6. Hier muss der Kläger den Grund der Streitverkündung und die Lage des Rechtsstreits angeben. Er muss also darlegen, dass er für den Fall seines Unterliegens einen Anspruch auf „Schadloshaltung“ gegen den Streitverkündeten hätte. Die erhobenen Ansprüche müssen in gegenständlicher Weise bezeichnet und hinreichend individualisiert sein (BGH NJW 2008, 519). Es fehlt an einer ausreichenden Angabe des Grundes der Streitverkündung, wenn sich aus der Streitverkündungsschrift nicht hinreichend klar ergibt, wegen welcher konkreten Pflichtverletzung und bzgl. welcher einzelnen Mängel Ansprüche erhoben werden (OLG Hamm BeckRS 2011, 01909). Soweit er dem Streitverkündeten keine Abschriften der gewechselten Schriftsätze und des sonstigen Akteninhalts zuleitet, muss der Verkündende außerdem den Sach- und Streitstand darstellen. Die Streitverkündung ist nur zulässig, wenn der Streitverkündete die Frage beurteilen kann, ob er beitreten soll oder nicht (BGH NJW 2002, 1414). Ein Risiko der Streitverkündung besteht darin, dass ihre Zulässigkeit erst im Folgeprozess geklärt wird (BGH NJW 2008, 519). Jedoch ist die Streitverkündung nicht nur dann zulässig, wenn die Feststellungen mit Sicherheit für den Zweitprozess verwertbar sind. Es genügt vielmehr, dass der Streitverkünder zu der Annahme berechtigt ist, die im Vorprozess zu treffenden Feststellungen könnten einen Folgeprozess ganz oder teilweise entbehrlich machen (BGH NJW 2009, 1488). IÜ muss die Hauptpartei verhindern, dass der Streitverkündete Angriffs- oder Verteidigungsmittel aus Unkenntnis oder wegen zu später Kenntnis nicht geltend machen kann; das würde die Interventionswirkung nach § 68 ZPO einschränken.

7. Der Streitverkündete sollte außerdem über den zukünftigen Prozessverlauf (Terminsbestimmung, Beweisanordnungen, Auflagen) informiert werden.

Kosten und Gebühren

8. Die Streitverkündung ist mit nur einem geringen Kostenrisiko verbunden. Tritt der Dritte nicht bei, wird der Prozess ohne Rücksicht auf ihn fortgesetzt (§ 74 Abs. 2 ZPO). Zusätzliche Kosten entstehen dadurch nicht. Nach einem Beitritt wird der Dritte zum Nebenintervenienten (→ Form. I.J.3). Für die ihm entstehenden Kosten gilt § 101 Abs. 1

ZPO. Danach trägt die Hauptpartei die Kosten des Nebenintervenienten nur für den seltenen Fall, dass der Beitritt auf Seiten des Gegners erfolgt.

3. Beitritt eines Nebenintervenienten

An das
Landgericht

Nebenintervention[1, 2]

In der Sache

. . . . .

erkläre ich namens und in Vollmacht der Streitverkündeten:[3]

Die Streitverkündete tritt dem Rechtsstreit auf Seiten der Klägerin[4] als Nebenintervenientin bei.

Sie schließt sich dem in der Klageschrift gestellten Antrag an[5] und beantragt außerdem, der Beklagten die durch die Nebenintervention verursachten Kosten aufzuerlegen.[6]

Ergänzend zur Klagebegründung wird Folgendes vorgetragen:[7]

1. Die Abdichtungsarbeiten sind von der Nebenintervenientin entsprechend den Vergabebedingungen unter Beachtung der DIN-Vorschriften ausgeführt worden.

Beweis: Sachverständigengutachten

2. Zur Ausführung der Estrich-Arbeiten durch die Beklagte ist vorzutragen, dass . . . .

Rechtsanwältin[8, 9, 10]

Schrifttum: Schmeel, Die Ermittlung des Streitwerts der Nebenintervention, MDR 2012, 13.

Anmerkungen

1. Der Beitritt als Nebenintervenient erfolgt meist gem. § 74 ZPO auf eine Streitverkündung hin (so das Beispiel, das an das vorangehende Form. anknüpft), jedoch kann auch sonst jeder, der ein rechtliches Interesse am Obsiegen einer Partei hat, dem Rechtsstreit auf Seiten dieser Partei beitreten (§ 66 ZPO, Fallgruppen bei Musielak/Voit/*Weth* ZPO § 66 Rn. 7 ff.). Der Zweck der Nebenintervention liegt für den Beitretenden darin, den Ausgang des Rechtsstreits in seinem Sinne beeinflussen zu können, da er iRd § 67 ZPO selbständig Angriffs- und Verteidigungsmittel geltend machen kann. Der Nebenintervenient kann auch selbständig Rechtsmittel einlegen, ist allerdings an die Rechtsmittelfrist der Hauptpartei gebunden (→ Anm. 10). Ein Streitverkündeter sollte daher von der Beitrittsmöglichkeit immer dann Gebrauch machen, wenn er befürchtet, dass der Rechtsstreit von „seiner" Partei schlecht geführt wird, denn die Nebeninterventionswirkung des § 68 ZPO tritt auch ein, wenn er nicht beigetreten ist (§ 74 Abs. 3 ZPO). Liegt eine Streitverkündung vor, reicht dies zur Zulässigkeit der Nebenintervention aus (OLG Hamm NJW-RR 1988, 155 mwN). In anderen Fällen sollte der Beitretende sein rechtliches Interesse prüfen, da die Nebenintervention bei Nichtvorliegen gem. § 71 ZPO auf seine Kosten zurückgewiesen werden kann. Allein eine im Hinblick auf den laufenden Prozess getroffene Vereinbarung mit einer Partei begründet kein Interventionsinteresse (OLG Köln BeckRS 2012, 09423). Auch im selbständigen Beweisverfahren wird eine

Nebenintervention seit BGH NJW 1997, 859 allgemein als zulässig angesehen. Dasselbe gilt für echte Streitverfahren in der freiwilligen Gerichtsbarkeit (OLG Hamm NJW-RR 1996, 336).

2. Der Beitritt erfolgt durch einen Schriftsatz beim Prozessgericht in der in § 70 ZPO bestimmten Form. Die Rspr. ist zT großzügig; auch die Vornahme einer eigenen Prozesshandlung, so der Berufung, kann als Beitritt ausgelegt werden (BGH NJW 1994, 1537, NJW 2001, 1217). Der Beitritt kann aber nicht unter einer Bedingung erklärt werden (BGH NJW-RR 1989, 766). Liegt eine Streitverkündung vor, genügt zur Angabe des Interesses an der Nebenintervention der Hinweis hierauf. Im Fall des § 66 ZPO muss das Interesse näher dargelegt werden. Tritt der Nebenintervenient auf Seiten des Beklagten bei, ist das rechtliche Interesse bezüglich der Verteidigung gegen die Klage und bezüglich einer Widerklage selbständig zu prüfen (BGH NJW 2018, 3016 Rn. 18).

3. Ist einem Dritten der Streit verkündet worden, stellt sich für ihn die Frage, wie er sich zur Wahrung seiner Rechte verhalten soll. Dabei kann eine schnelle Reaktion erforderlich sein, wenn der Rechtsstreit fortgeschritten ist oder es darum geht, ob nach Verurteilung der Hauptpartei ein Rechtsmittel einzulegen ist. Wichtig ist zunächst, dass sich der Streitverkündete über den genauen Stand des Rechtsstreits informiert. Hierzu sollte er, falls ihm nicht Kopien des gesamten relevanten Akteninhalts nebst Anlagen übermittelt wurden, Akteneinsicht nehmen. Dazu ist er nach § 299 ZPO berechtigt. Ergibt die Prüfung, dass seine spätere Inanspruchnahme in Betracht kommt, ist zu entscheiden, ob er den Prozess als stiller Beobachter verfolgen will oder ob er beitritt. Nur auf die letztgenannte Weise erreicht er, dass ihm die künftigen Verfügungen des Gerichts und die Schriftsätze beider Parteien zugestellt werden und er aktiv zugunsten seiner Hauptpartei eingreifen kann. Auch die Kostenerstattung durch den Gegner der Hauptpartei (→ Anm. 8) setzt seinen Beitritt voraus.

4. Die Partei, der beigetreten werden soll, ist zu bezeichnen. Der Streitverkündete kann auch auf Seiten der Gegenpartei beitreten, wenn er ein rechtliches Interesse iSd § 66 ZPO an deren Obsiegen hat; gegenüber der Hauptpartei gilt dies als Nichtbeitritt iSv § 74 Abs. 2 ZPO (BGH NJW 2004, 1521). Ein Beitritt auf beiden Seiten ist hingegen unzulässig (OLG München BeckRS 2011, 17703). Eine Rücknahme der Nebenintervention ist in der Form des § 269 Abs. 2 ZPO möglich. Danach kann der Nebenintervenient der anderen Partei beitreten.

5. Der Nebenintervenient kann sich die Anträge seiner Partei zu Eigen machen oder auch weitergehende Anträge stellen; er kann sich auch auf eine rein passive Haltung beschränken. Auch dann sind ihm alle Schriftsätze, Ladungen, Auflagen und Hinweise durch das Gericht zuzustellen.

6. Über die Kosten entscheidet das Gericht von Amts wegen, der Antrag soll sicherstellen, dass das Gericht die Kosten des Nebenintervenienten nicht übersieht, wie dies häufiger vorkommt. Die Kosten der Nebenintervention zählen nicht zu den Kosten des Rechtsstreits und müssen deshalb gesondert tenoriert werden (BGH NJW 2015, 557).

7. Hier sollte der Nebenintervenient vor allem Tatsachen vortragen und Beweisanträge stellen, die zur Inanspruchnahme des Beklagten führen und eine „Schadloshaltung" des Klägers an ihm verhindern (oder im Falle des Beitritts auf Seiten des Beklagten dem Anspruch des Klägers entgegenstehen und den Regress des Beklagten verhindern). Er darf sich jedoch grds. nicht in Widerspruch zum Vorbringen und zu den Prozesshandlungen der Hauptpartei setzen (§ 67 ZPO). Eine Ausnahme gilt, wenn nur der Nebenintervenient Berufung einlegt und die Hauptpartei untätig bleibt (BGH NJW 2009, 2679).

Kosten und Gebühren

8. Soweit dem Gegner der Hauptpartei die Kosten des Rechtsstreits auferlegt werden, trägt er auch die der Nebenintervention; anderenfalls trägt sie der Nebenintervenient selbst (vgl. § 101 Abs. 1 ZPO, Grundsatz der Kostenparallelität). Dies gilt auch dann, wenn die Hauptpartei in einem Vergleich zwar einen Teil der Kosten des Rechtsstreits übernommen hat, aber keine außergerichtlichen Kosten des Klägers (OLG Frankfurt a. M. MDR 2013, 54). Gegen die Hauptpartei hat der Nebenintervenient auch dann keinen Kostenerstattungsanspruch, wenn diese die Klage zurücknimmt (OLG Köln NJW-RR 1995, 1251). Erfolgt der Beitritt erst nach Urteilserlass, kann der Nebenintervenient die ihm entstandenen Kosten der I. Instanz nicht erstattet verlangen (OLG Naumburg BeckRS 2012, 02519).

Ist die Streitverkündung für den Nebenintervenienten erkennbar grundlos erfolgt, ergeht keine Kostenentscheidung zu seinen Gunsten nach § 101 Abs. 1 ZPO (OLG Zweibrücken NJW-RR 2015, 1210). Werden die Kosten des Rechtsstreits in einem Beschluss nach § 91a ZPO gegeneinander aufgehoben, muss der Nebenintervenient seine Kosten selbst tragen (OLG Köln MDR 2014, 1107).

Unterbleibt ein Kostenausspruch, muss der Nebenintervenient nach § 319 oder § 321 ZPO vorgehen. Für die Abgrenzung, die im Hinblick darauf, dass der Antrag nach § 321 ZPO fristgebunden ist (Abs. 2), Relevanz hat, kommt es darauf an, ob sich eine versehentliche Abweichung des vom Gericht Erklärten von dem von ihm Gewollten aus dem Zusammenhang des Urteils oder Beschlusses selbst oder zumindest aus den Vorgängen deutlich ergibt und damit auch für Dritte ohne weiteres erkennbar ist, oder ob ein bestimmter Anspruch vom Gericht – auch versehentlich – nicht gewollt war (BGH BeckRS 2013, 07167; hierzu auch OLG Frankfurt a. M. BeckRS 2018, 1171). Die Frist des § 321 Abs. 2 ZPO beginnt erst mit der Zustellung an den Nebenintervenienten, auch wenn das Urteil zwischen den Parteien schon rechtskräftig ist (BGH NJW-RR 2005, 295).

Schließen die Parteien einen Vergleich, ohne den Nebenintervenienten einzubeziehen, gilt die Kostenregelung des Vergleichs auch für den Nebenintervenienten; ein Kostenerstattungsanspruch des Nebenintervenienten besteht in derselben Höhe wie der der unterstützten Hauptpartei gegen den Gegner (BGH NJW 2011, 3721). Ist der Nebenintervenient dem Vergleich nicht beigetreten, kann er einen Kostenbeschluss des Gerichts herbeiführen, der ihm eine Kostenerstattung ermöglicht (vgl. OLG Nürnberg MDR 2001, 415; OLG Düsseldorf NJW-RR 1998, 1691). Wenn die Kosten im Vergleich gegeneinander aufgehoben wurden, hat der Nebenintervenient keinen Kostenerstattungsanspruch (BGH NJW-RR 1995, 1159; hierzu auch OLG Karlsruhe NJW 2019, 943). Regelt ein Vergleich, dem der Nebenintervenient ausdrücklich zugestimmt hat, nur die Verteilung der Kosten des Rechtsstreits, ohne die Kosten der Nebenintervention zu erwähnen, schließt dies regelmäßig einen prozessualen Kostenerstattungsanspruch aus (BGH NJW 2016, 1893). Hat der Beklagte sich verpflichtet, keinen Kostenantrag zu stellen, hat der auf der Seite des Klägers beigetretene Nebenintervenient keinen Kostenerstattungsanspruch (OLG Jena BeckRS 2018, 1371). Einigen sich die Parteien im Vergleich darauf, dass das Gericht über die Kosten gem. § 91a ZPO entscheiden soll, ist es nicht ermessensfehlerhaft, dem Gegner der unterstützen Hauptpartei die Kosten des Streithelfers entsprechend § 101 Abs. 1 ZPO gemäß der Kostenverteilung zwischen den Hauptparteien aufzuerlegen (OLG Hamm BeckRS 2021, 10424).

9. Durch die Nebenintervention entstehen, abgesehen von Auslagen für Zustellungen (KV 9002 GKG), keine weiteren Gerichtskosten. Auch die Anwälte der Hauptparteien erhalten keine zusätzlichen Gebühren. Der Anwalt des Nebenintervenienten erhält die Verfahrensgebühr nach VV 3100 RVG und ggf. die Terminsgebühr nach VV 3104 RVG.

Der Streitwert der Nebenintervention entspricht grundsätzlich dem Streitwert der Hauptsache, wenn der Nebenintervenient am Prozess im gleichen Umfang beteiligt ist wie die Partei, der er beigetreten ist (BGH NJW-RR 2016, 831; hierzu auch OLG Hamm NJW-RR 2020, 253). Beschränkt sich der Beitritt auf bestimmte Streitgegenstände oder Mängelkomplexe, beschränkt sich auch sein Interesse am Obsiegen der unterstützten Partei auf diesen Teilkomplex; der Streitwert der Nebenintervention bemisst sich dann nach diesem Komplex (OLG München BauR 2011, 1369).

Fristen und Rechtsmittel

10. Beide Parteien können gem. § 71 ZPO beantragen, die Nebenintervention zurückzuweisen, insb. mit der Begründung, dass ein rechtliches Interesse iSd § 66 ZPO fehle. Das gilt auch im selbständigen Beweisverfahren (BGH NJW 2016, 1018). Über einen solchen Zwischenstreit wird durch Zwischenurteil entschieden, gegen das sofortige Beschwerde stattfindet, §§ 71 Abs. 2, 567 ZPO (Frist: zwei Wochen, § 569 ZPO), jedoch dann nicht, wenn es vom Landgericht als Rechtsmittelgericht oder vom Oberlandesgericht erlassen wird, selbst wenn die Rechtsbeschwerde im Zwischenurteil zugelassen worden ist (BGH NJW-RR 2013, 490). Bei versäumter Nebenintervention ist eine Wiedereinsetzung ausgeschlossen (BGH NJW 1991, 229). Der Nebenintervenient, der Rechtsmittel gegen die zum Nachteil der Hauptpartei ergangene Entscheidung einlegen will, muss die Rechtsmittelfrist beachten: sie beginnt nicht mit Zustellung an ihn, sondern mit Zustellung an die Hauptpartei (BGH NJW 2001, 1355). Das gilt auch für die Frist zur Einlegung der Rechtsbeschwerde gegen den die Berufung als unzulässig verwerfenden Beschluss des Berufungsgerichts, wenn sich die Hauptpartei bereits im Berufungsverfahren nicht mehr aktiv beteiligt hat (BGH NJW-RR 2013, 1400). Lediglich bei streitgenössischer Nebenintervention nach § 69 ZPO beginnt die Frist mit Zustellung an den Nebenintervenienten (BGH NJW-RR 1997, 919).

4. Antrag auf Parteiberichtigung

An das
Landgericht

Schriftsatz

In der Sache
X-GmbH
gegen
A-AG,
wird auf die Auflage des Gerichts mitgeteilt, dass die Klägerin durch die Geschäftsführer X und Y (vollständiger Name) vertreten wird.[1, 2, 3]

Es wird beantragt,

das Aktivrubrum entsprechend zu ergänzen.

Es wird weiter beantragt,

das Passivrubrum dahin zu berichtigen, dass nicht die A-GmbH, sondern die A-AG Beklagte ist.[4]

Begründung:

Der Unterzeichnerin ist beim Abfassen der Klageschrift ein bedauerlicher Fehler unterlaufen, indem sie die Beklagte als GmbH bezeichnet hat, obwohl es sich um eine AG handelt. Diese Falschbezeichnung kann berichtigt werden, ohne dass es einer Parteiänderung bedarf.

Rechtsanwältin

Schrifttum: Burbulla, Parteiberichtigung, Parteiwechsel und Verjährung, MDR 2007, 439; *Heßeler*, Die Aktiv- und Passivlegitimation – alles ganz einfach!?, NJW 2021, 996; *Kempe/Antochewicz*, Die fehlerhafte Beklagtenbezeichnung in der Klageschrift, NJW 2013, 2797; *Schuschke,* Parteiberichtigung und Parteiänderung im wohnungseigentumsrechtlichen Verfahren, NZM 2009, 417; *Weimann/Terheggen,* Die nicht existente Partei, NJW 2003, 1298.

Anmerkungen

1. Wird eine Partei unrichtig oder unvollständig bezeichnet, so beeinträchtigt das weder die Aktiv-/Passivlegitimation noch die Prozessführungsbefugnis (BGH NJW 1997, 1236). Die Unrichtigkeit oder Unvollständigkeit kann jederzeit – auch noch in der Revisionsinstanz – auf Antrag oder von Amts wegen berichtigt oder ergänzt werden. Hieran muss den Parteien in Hinblick auf die Vollstreckung gelegen sein. Das Gericht wird idR von sich aus auf eine korrekte und vollständige Parteibezeichnung drängen. Das Verfahren ist unproblematisch, wenn es nur um ergänzende Angaben geht (so das Beispiel hinsichtlich des Aktivrubrums). Problematisch, aber besonders wichtig ist die Berichtigung, wenn der Kläger den Beklagten so bezeichnet hat, dass dessen Identität zweifelhaft sein kann (so das Beispiel hinsichtlich des Passivrubrums). Wenn die aus der Klage zu entnehmende Identität nicht gewahrt bleibt, ist eine Berichtigung nicht möglich, es kommt dann nur eine Parteiänderung mit den sich daraus ergebenden Nachteilen in Betracht (→ Form. I.J.5). Wer als Partei anzusehen ist, ist nach dem objektiv erkennbaren Inhalt der Klageschrift oder Rechtsmittelschrift und der sonst vorliegenden Unterlagen aus der Sicht der Empfänger (Gericht und Gegner) zu bestimmen (BGH NJW-RR 2013, 394; dort auch zur näheren Abgrenzung von Berichtigung der Parteibezeichnung und Parteiwechsel) Im Zweifel sollte der Antrag auf Parteiberichtigung mit einem hilfsweisen Parteiwechsel verbunden werden (BGH NJW 2011, 503).

2. Zur Berichtigung der Parteibezeichnung im Urteil → Form. I.N.2. Es ist immer zu empfehlen, die Berichtigung nicht erst nach Vorliegen des Urteils, sondern spätestens im Verhandlungstermin herbeizuführen. Liegt das Urteil vor, ist zu prüfen, ob die berichtigte Parteibezeichnung mit dem Rubrum des Urteils übereinstimmt.

3. Zur vollständigen Parteibezeichnung gehört die Angabe der „gesetzlichen Vertreter", § 130 Nr. 1 ZPO.

4. Auch hierin dürfte noch eine Berichtigung, keine Parteiänderung zu sehen sein, denn bei unrichtiger äußerer Bezeichnung ist grds. die Person als Partei angesprochen, die erkennbar durch die Parteibezeichnung betroffen werden soll, also der hinter der Falschbezeichnung stehende „wahre Rechtsträger" (BGH NJW-RR 2004, 51; 1995, 764).

Es ist stets zu empfehlen, die richtige Parteibezeichnung durch einen Handelsregisterauszug oder sonst in geeigneter Weise glaubhaft zu machen.

5. Antrag auf Parteiwechsel

An das
Landgericht
In der Sache
. . . . .
wird die Klage nunmehr[1, 2] statt gegen Frau B persönlich gegen die
B-GmbH, vertreten durch die Geschäftsführerin, Frau B, ... (vollständige Anschrift)
gerichtet.[3, 4]

Die Klägerin stellt auch gegenüber der neuen Beklagten

den Antrag aus der Klageschrift,

jedoch mit der Maßgabe, dass Zinsen erst seit Zustellung dieses Schriftsatzes an die neue Beklagte geltend gemacht werden.

Es wird gebeten, einen neuen Termin zur Verhandlung gegen die jetzige Beklagte zu bestimmen[5] und ihr mit der Terminsladung diesen Schriftsatz und die anliegenden beglaubigten Abschriften der Klage, der Klageerwiderung und des Terminsprotokolls vom . . . . . zuzustellen.[6]

Sofern das Gericht der Auffassung sein sollte, dass für den Parteiwechsel die Zustimmung der ausscheidenden Beklagten erforderlich ist,[7] wird beantragt,

der Beklagten eine Frist zur Erklärung zu setzen, ob sie dem Parteiwechsel zustimmt.

Allerdings ist die Klägerin der Auffassung, dass es allein auf die Sachdienlichkeit des Parteiwechsels ankommt, die hier vorliegt, da es sich bei der ausscheidenden Beklagten um die Hauptgesellschafterin und Geschäftsführerin der neuen Beklagten handelt. Bei dieser Sachlage wäre eine Verweigerung der Zustimmung iÜ rechtsmissbräuchlich.

Rechtsanwältin[8, 9]

Schrifttum: Burbulla, Parteiberichtigung, Parteiwechsel und Verjährung, MDR 2007, 439; *Heßeler*, Die Aktiv- und Passivlegitimation – alles ganz einfach!?, NJW 2021, 996; *Fischer,* Parteiwechsel auf der Klägerseite, JuS 2009, 38; *Gruschwitz*, Die Parteiänderung im Zivilprozess, JA 2012, 689; *Hansens,* Gebührenrechtliche Auswirkungen des gewillkürten Parteiwechsels, JurBüro 1997, 518.

Anmerkungen

1. Ist die Möglichkeit einer Parteiberichtigung (→ Form. I.J.5) versperrt, bleibt dem Kläger, wenn ihm die Aktivlegitimation oder dem Beklagten die Passivlegitimation fehlt, noch die Möglichkeit des „gewillkürten" Parteiwechsels. Dessen grundsätzliche Zulässigkeit ist trotz Fehlens einer gesetzlichen Regelung anerkannt, wenn auch hinsichtlich der dogmatischen Einordnung umstritten. Die Gerichtspraxis behandelt ihn idR wie eine Klageänderung, so dass die Zulässigkeit in entsprechender Anwendung von § 263 ZPO von der Einwilligung des neuen Beklagten oder der Sachdienlichkeit der Änderung abhängt. Gegenüber einer neuen Klage bietet der Parteiwechsel den Vorteil, dass der bisherige Prozessstoff meist verwendet werden kann und dass zumindest zusätzliche Gerichtsgebühren nicht anfallen. Die Kosten des ausscheidenden Beklagten treffen immer den Kläger (was auf Antrag entspr. § 269 Abs. 3, 4 ZPO auszusprechen ist).

2. Fehlt dem Kläger die Aktivlegitimation und liegt auch kein Fall zulässiger Prozessstandschaft vor (→ Form. I.J.1), empfiehlt sich auf der Klägerseite statt des Parteiwechsels ein einfacherer und kostensparender Weg: Der Kläger sollte sich die Klageforderung abtreten bzw. das Recht übertragen lassen. Dies kann der Beklagte nicht verhindern; der Kläger muss dann nur noch befürchten, dass der Beklagte den Anspruch mit der Kostenfolge des § 93 ZPO anerkennt. Im Falle einer Rechtsnachfolge während des Rechtsstreits ist ein Klägerwechsel auf den Rechtsnachfolger nicht erforderlich (§ 265 Abs. 2 S. 1 ZPO) und auch nur mit Zustimmung des Beklagten möglich (§ 265 Abs. 2 S. 2 ZPO); Sachdienlichkeit genügt nicht (BGH NJW 1996, 2799). Ein Parteiwechsel auf der Klägerseite vor Rechtshängigkeit erfordert nicht die Zustimmung des Beklagten (OLG Celle NJW-RR 1998, 206). Vor Parteiwechsel auf Klägerseite muss kein erneutes obligatorisches Schlichtungsverfahren durchgeführt werden (BGH NJW-RR 2010, 1726). Auch der Klägerwechsel in der Berufungsinstanz wird wie eine Klageänderung behandelt (BGH NJW 1994, 3358; 2003, 2172; vgl. aber OLG Nürnberg BeckRS 2016, 12181). Er dürfte daher meist an der Hürde des § 533 ZPO scheitern. Der Klägerwechsel setzt immer eine zulässige Berufung voraus; der alte Kläger, dessen Klage mangels Aktivlegitimation abgewiesen wurde, kann aber nur formell Berufung einlegen und, innerhalb der Berufungsbegründungsfrist, die materielle Berufungsbegründung dem neuen Kläger überlassen (BGH NJW 2003, 2172). Es muss aber immer der in der ersten Instanz verfolgte Klageanspruch zumindest teilweise weiterverfolgt werden (BGH NJW 2003, 2172).

3. Das Beispiel geht von dem in der Praxis nicht ungewöhnlichen Fall aus, dass jemand für eine juristische Person gehandelt hat, aber persönlich verklagt wird. Eine Parteiberichtigung dürfte dann nicht durchsetzbar sein. Der Kläger könnte sie allerdings zunächst beantragen und erst bei Ablehnung den ungünstigeren Weg des Parteiwechsels gehen.

4. Voraussetzung für den Parteiwechsel auf Seiten des Beklagten, um den es in der Praxis meist geht, ist die Erklärung des Klägers in einem bestimmenden Schriftsatz oder zu Protokoll (§ 261 Abs. 2 ZPO; BGH NJW 2010, 3376), dass die Klage nunmehr gegen einen anderen Beklagten gerichtet werde. Der neue Beklagte ist gem. § 130 Nr. 1 ZPO zu bezeichnen. Zur Frage, ob der alte Beklagte zustimmen muss, → Anm. 7. Die Zustimmung des neuen Beklagten ist für die Fortführung des Prozesses nur bei mangelnder Sachdienlichkeit erforderlich und wird bei einer rügelosen Einlassung im Termin fingiert (§ 267 ZPO analog). Stimmt der neue Beklagte zu, ist er an die bestehende Prozesslage gebunden. Ein Parteiwechsel in der Berufungsinstanz setzt grds. die Zustimmung des neuen Beklagten voraus, dessen Weigerung kann aber rechtsmissbräuchlich sein (BGH NJW 1987, 1946; 1998, 1496). Eine Berufung nur mit dem Ziel, einen anderen Beklagten in Anspruch zu nehmen, ist unzulässig (BGH NJW 1988, 2540; → Anm. 2). Begründet der Kläger die Berufung gegen den alten Beklagten und beantragt er zugleich einen Parteiwechsel, zu dem es mangels Zustimmung nicht kommt, liegt eine zulässige Berufung gegen den alten Beklagten vor (BGH NJW 1998, 1496).

5. Auch wenn der Beklagte den Rechtsstreit so annimmt, wie er ihn vorfindet, ist zumindest ein neuer Termin zur streitigen Verhandlung erforderlich.

6. Das ist Voraussetzung dafür, dass der Prozessstoff gegenüber dem neuen Beklagten Geltung hat und uU im Termin ein Versäumnisurteil gegen ihn ergehen kann. Hat der Prozessbevollmächtigte des Beklagten vorher erklärt, dass er – was in Fällen dieser Art häufig ist – auch den neuen Beklagten vertritt, erübrigt sich die erneute Zustellung. Für den Rechtsanwalt des Klägers empfiehlt sich daher eine entsprechende Nachfrage beim Gegner und ggf. die Mitteilung an das Gericht:

„Die Prozessbevollmächtigte der Gegenseite hat mitgeteilt, dass sie auch die neue Beklagte vertritt."

7. Ist noch nicht streitig verhandelt, ist die Zustimmung des alten Beklagten jedenfalls dann nicht erforderlich, wenn das Gericht den Wechsel für sachdienlich hält. Ansonsten ist sie entbehrlich, wenn sie rechtsmissbräuchlich verweigert wird (BGH NJW 1987, 1946).

Kosten und Gebühren

8. Die Verfahrensgebühr des Gerichts nach KV 1210 fällt nicht noch einmal an. Für den eintretenden Beklagten entstehen die Rechtsanwaltsgebühren von neuem. Wird der neue Beklagte durch denselben Rechtsanwalt vertreten, erhält dieser die Vergütung nur einmal (§ 7 Abs. 1 RVG), jedoch erhöht sich die Verfahrensgebühr um 30 % nach VV 1008 (BGH NJW 2007, 769). Zur Kostenerstattung des ausscheidenden Beklagten und des Beklagten gegen den ausscheidenden Kläger → Anm. 1.

Fristen und Rechtsmittel

9. Soll mit der Klage eine Frist gewahrt werden, muss der Parteiwechsel innerhalb der Frist erfolgen (OLG Oldenburg BeckRS 2001, 30161881 für die Frist nach § 12 Abs. 3 VVG).

Über die Zulässigkeit des Parteiwechsels kann durch Zwischenurteil gem. § 280 Abs. 2 ZPO entschieden werden (BGH NJW 1981, 989). Dieses Urteil kann, jedenfalls bei einem Parteiwechsel auf der Beklagtenseite in der Berufungsinstanz, mit den gewöhnlichen Rechtsmitteln angefochten werden (BGH NJW 1981, 989). Auch die ausgeschiedene Partei kann gegen das Zwischenurteil oder gegen das Endurteil, welches den Wechsel für zulässig hält, Rechtsmittel einlegen.

6. Parteierweiterung (subjektive Klageerweiterung)

An das
Landgericht

Klageerweiterung[1, 2]

In der Sache

. . . . .

wird die Klage gegen
Marga Klemm, Jarrestraße 63, 22303 Hamburg
erweitert. Es wird nunmehr beantragt:

Die Beklagten werden als Gesamtschuldner verurteilt, an die Klägerin . . . . . EUR nebst Zinsen iHv 5 Prozentpunkten über dem jeweiligen Basiszinssatz seit dem . . . . . zu zahlen.

Es wird gebeten,
der neuen Beklagten mit diesem Schriftsatz die anliegende beglaubigte Abschrift der Klageschrift und der Klageerwiderung zuzustellen,[3]
sie zum neuen Termin zu laden
und ihr persönliches Erscheinen zum Termin anzuordnen, damit sie der Klägerin gegenübergestellt werden kann.

Begründung:[4]

In ihrer Klageerwiderung hat die Beklagte erklärt, nicht sie habe die Klägerin anlässlich des Streits niedergeschlagen, dies sei vielmehr die jetzige Beklagte zu 2) gewesen. Die

Klägerin behauptet nunmehr, dass die Beklagten sie gemeinschaftlich niedergeschlagen haben oder zumindest beide an der Schlägerei beteiligt waren.

Beweis: . . . . .

Beide Beklagten haften der Klägerin daher jedenfalls aus § 830 Abs. 1 S. 2 BGB.

IÜ wird auf das Vorbringen in der Klageschrift Bezug genommen.

Rechtsanwältin[5, 6]

Anmerkungen

1. Eine Parteierweiterung ist in der ersten Instanz immer möglich, sofern alte und neue Partei Streitgenossen iSd §§ 59, 60 ZPO sind. Auf der Klägerseite kann sie durch sog Drittwiderklage des Beklagten herbeigeführt werden (BGH NJW 1996, 196; BGH NJW-RR 2008, 176; → Form. I.E.5), auf der Beklagtenseite erfolgt sie durch Erweiterung der Klage (so das Beispiel). Auch die Parteierweiterung wird von der Rspr. als Klageänderung behandelt. Sie muss deshalb sachdienlich sein oder der neue Beklagte muss eingewilligt haben. In zweiter Instanz müssen zudem die Voraussetzungen des § 533 Nr. 2 ZPO gegeben sein.

Die Parteierweiterung auf der Beklagtenseite ist insb. zweckmäßig, wenn der Kläger versäumt hat, einen Streitgenossen mitzuverklagen oder dieser erst im Lauf des Prozesses namhaft geworden ist. Sie kann sich auch empfehlen, wenn der Beklagte behauptet, ein anderer sei der richtige Schuldner, der Kläger aber keinen Parteiwechsel herbeiführen möchte, weil er sich in diesem Punkt nicht sicher ist oder weil eine Haftung als Gesamtschuldner in Betracht kommt. Die neue Partei kann in Bezug auf Tatsachen, die ihren Prozess betreffen, nicht mehr Zeuge sein (BGH NJW 1983, 2508). Die Parteierweiterung sollte möglichst frühzeitig herbeigeführt werden, da die Prozessergebnisse, zB eine Beweisaufnahme, gegenüber der neuen Partei nicht ohne Weiteres wirksam werden; andernfalls ist auch mit einer Trennung des Prozesses gem. § 145 ZPO zu rechnen. Auch eine Ergänzung oder Wiederholung der Beweisaufnahme unter Beteiligung des neuen Beklagten kommt in Betracht (BGH NJW 1996, 196). Vor der Parteierweiterung muss bei einfachen Streitgenossen ein obligatorisches Schlichtungsverfahren durchgeführt werden, andernfalls ist die Klage unzulässig (BGH NJW-RR 2010, 1725).

2. Die Klageerweiterung muss hinsichtlich des neuen Beklagten den Formalien einer Klageschrift entsprechen, da ihm gegenüber ein neues Prozessverhältnis begründet wird. Er ist gem. § 130 Nr. 1 ZPO zu bezeichnen.

3. Dem neuen Beklagten sollte im Interesse der Beschleunigung der bisherige Prozessstoff zugänglich gemacht werden. Dies gilt insb. für die Klageschrift, auf die sich der Kläger auch ihm gegenüber bezieht, und die weiteren Schriftsätze, bei einer Parteierweiterung im zweiten Rechtszug auch für das Urteil. Falls der neue Beklagte durch denselben Anwalt vertreten wird, kann an diesen zugestellt werden; das sollte der Kläger zweckmäßigerweise vorab klären.

4. Hier muss der Kläger darlegen, dass die Beklagten Streitgenossen iSd §§ 59, 60 ZPO sind, außerdem die Verpflichtung des neuen Beklagten unter Beweisantritt begründen und iÜ klarstellen, in welchen Punkten sein jetziges Vorbringen von der Klageschrift abweicht. Soll die Parteierweiterung erst in zweiter Instanz herbeigeführt werden, muss der Kläger auch vortragen, dass die Voraussetzungen des § 533 ZPO gegeben sind. Dazu gehört auch die Darlegung, dass die Verweigerung der Zustimmung durch den neuen Beklagten missbräuchlich wäre, weil er mit dem Sachverhalt ohnehin vertraut ist und durch den Verlust einer Instanz keine Schlechterstellung zu befürchten hat (BGH NJW 1997, 2886 f.).

Kosten und Gebühren

5. Für das Verfahren im Allgemeinen des Gerichts (KV 1210 GKG) entsteht keine weitere Gebühr; nur bei gleichzeitiger Streitwerterhöhung ist ein weiterer Vorschuss zu leisten. Wird der neue Beklagte durch denselben Anwalt vertreten, entstehen keine weiteren Anwaltsgebühren (§ 7 Abs. 1 RVG); lediglich die Verfahrensgebühr erhöht sich um 30 % (VV 1008 RVG). Beauftragt er einen eigenen Anwalt, fallen für diesen die üblichen Gebühren an.

Fristen und Rechtsmittel

6. → Form. I.J.5 Auch hier kann ein selbständig anfechtbares Zwischenurteil gem. § 280 Abs. 2 ZPO ergehen.

K. Besonderheiten bezüglich des Streitgegenstands

1. Klageänderung

An das
Landgericht

Klageänderung[1, 2]

In der Sache

. . . . .

ändert die Klägerin auf Grund des gerichtlichen Hinweises ihren Antrag wie folgt:[3]

Die Beklagte wird verurteilt, an die Klägerin folgende Waren herauszugeben:

. . . . .

Die Klägerin beantragt außerdem,

einen möglichst nahen Termin zur Fortsetzung des Rechtsstreits anzuberaumen und der Beklagten die Klageänderung mit der Ladung zuzustellen.[4]

Begründung:[5]

Nachdem nunmehr davon auszugehen ist, dass die Beklagte die ihr von der Klägerin in Kommission überlassene, im geänderten Antrag bezeichnete Ware noch unverkauft in ihrem Besitz hat, kann die Klägerin insoweit nicht Herausgabe des Erlöses verlangen, wie dies mit dem bisherigen Antrag geschehen ist. Der Klägerin steht jedoch hinsichtlich dieser Ware ein Herausgabeanspruch gem. § 667 BGB zu; vorsorglich wird noch einmal die Kündigung des Kommissionsverhältnisses ausgesprochen.

Die Klageänderung ist sachdienlich, da der Streitstoff im Wesentlichen identisch ist und ein weiterer Prozess vermieden wird.

Rechtsanwältin[6, 7]

Schrifttum: Achilles/Baumgärtel, Keine Klageänderung beim Übergang vom Kostenvorschuss zum Schadensersatz, BauR 2001, 1953; *Gottwald,* Die Klageänderung im Zivilprozess, JA 1998, 219; *Münch,* Die Klageänderung im Berufungsverfahren, MDR 2004, 781; *Schikora,* Zulässigkeit einer Klageänderung bei Unzuständigkeit des Gerichts, MDR 2003, 1160; *Walther,* Klageänderung und Klagerücknahme, NJW 1994, 423.

Anmerkungen

1. Ergibt sich im Laufe des Rechtsstreits, dass die Klage mit dem bisher gestellten Antrag oder den bisher vorgetragenen Tatsachen abgewiesen würde, bleibt für den Kläger zu überlegen, ob eine Klageänderung gem. § 263 ZPO möglich ist (zu den beiden Fallgruppen vgl. BGH NJW 2008, 3570). Unter Zugrundelegung des zweigliedrigen Streitgegenstandsbegriffs, wonach sich der Streitgegenstand aus dem prozessualen Antrag und dem Lebenssachverhalt zusammensetzt, handelt sich um eine Klageänderung im prozessualen Sinne,

- wenn der Kläger den gestellten Antrag mit einem anderen oder einem weiteren Sachverhalt begründet, ohne nur die tatsächlichen oder rechtlichen Ausführungen iSd § 264 Nr. 1 zu ergänzen,

- wenn der Kläger den Antrag selbst ändert, ohne ihn auf einen neuen Sachverhalt zu stützen,
- wenn er den Antrag ändert und ihn zugleich auf einen neuen Sachverhalt stützt.

Besondere Schwierigkeiten bereitet es, ergänzenden oder berichtigenden Tatsachenvortrag von einer Änderung des Klagegrundes abzugrenzen (BGH NJW 2007, 83; NJW-RR 2006, 253). Eine Klageänderung liegt nicht vor, wenn der Kläger die Begründung ändert, der Streitgegenstand aber identisch bleibt; so ist es zB, wenn der Kläger seinen Werklohnanspruch auf eine neue Schlussrechnung stützt (BGH NJW-RR 2002, 1596), wenn er von einer Abschlagsforderung auf die Schlussrechnungsforderung übergeht (BGH NJW-RR 2006, 390, anders noch NJW 1999, 713) oder wenn er nicht mehr den Kostenvorschuss, sondern die Kostenerstattung verlangt (BGH NJW-RR 2006, 669). Ein Wechsel der Art der Schadensberechnung ist ebenfalls keine Änderung des Streitgegenstands (BGH NJW 2017, 2673 für den Wechsel vom positiven zum negativen Interesse).

Die zulässige Klageänderung hat den Vorteil, dass eine kostenpflichtige Klageabweisung vermieden wird und das bisherige Prozessergebnis ganz oder zum Teil verwertbar bleibt, also prozessualer Aufwand erspart wird. Der Kläger muss allerdings auch damit rechnen, dass der Beklagte den geänderten Klageanspruch sofort anerkennt oder erfüllt und er gem. § 93 oder § 91a ZPO die Kosten des Rechtsstreits zu tragen hat.

Die Klageänderung ist in den Fällen des § 264 Nr. 2 u. 3 ZPO stets zulässig, ansonsten dann, wenn der Beklagte einwilligt oder das Gericht sie für sachdienlich hält (§ 263 ZPO). Die Einwilligung wird fingiert, wenn sich der Beklagte widerspruchslos auf die geänderte Klage einlässt, also zB deren Abweisung beantragt (§ 267 ZPO). Die Änderung ist sachdienlich, wenn die geänderte Klage den sachlichen Streitstoff iRd anhängigen Rechtsstreits ausräumt und einem weiteren Rechtsstreit vorbeugt; maßgebend ist der Gesichtspunkt der Prozesswirtschaftlichkeit; dabei ist nicht die beschleunigte Erledigung des anhängigen Prozesses, sondern die Erledigung der Streitpunkte zwischen den Parteien entscheidend (BGH NJW 2007, 2414).

Nimmt der Kläger einen Teil der Klage zurück und beschränkt damit seinen Anspruch, wird § 264 Nr. 2 ZPO von § 269 ZPO verdrängt (OLG Düsseldorf NJW 2012, 85; OLG Koblenz NJOZ 2002, 2148, in der Tendenz wohl auch BGH NJW 1990, 2682, str.), so dass es in jedem Fall der Einwilligung des Beklagten bedarf, wenn dieser bereits einen Sachantrag gestellt hat (§§ 269 Abs. 1, 137 Abs. 1 ZPO; → Form. I.M.4 Anm. 1).

Eine Zurückweisung der Klageänderung nach § 296 ZPO ist unzulässig, da es sich nicht um ein Angriffsmittel, sondern einen selbständigen Angriff handelt. Nach Schluss der mündlichen Verhandlung ist eine Klageänderung jedoch unzulässig (§ 297 ZPO).

In der Berufungsinstanz muss die geänderte Klage zusätzlich zur Einwilligung bzw. Sachdienlichkeit auf Tatsachen gestützt werden können, die das Berufungsgericht seiner Verhandlung und Entscheidung ohnehin nach § 529 ZPO zugrunde zu legen hat (§ 533 ZPO). Auch hier geht § 264 ZPO vor. Darunter fällt auch die Änderung des Antrags auf Zahlung an den Zessionar statt an den Kläger (BGH NJW 2004, 2152). In keinem Fall darf der Kläger mit seiner Berufung nur die geänderte Klage verfolgen, er muss die alte Klage zumindest teilweise weiterverfolgen, denn er muss die Beschwer durch das erstinstanzliche Urteil angreifen (BGH NJW-RR 2012, 516). Anders ist es in den Fällen des § 264 Nr. 3 ZPO. Will der Kläger also mit seiner Berufung die Klage ändern oder bestehen Zweifel, ob eine Klageänderung vorliegt, ist dringend zu empfehlen, mit der Berufung auch noch – zumindest teilweise – die nicht geänderte Klage zu verfolgen (BGH NJW-RR 1996, 765; NJW-RR 1996, 891; NJW 1998, 2118); eine nur hilfsweise Verfolgung der alten Klage reicht nicht aus (BGH NJW 1998, 2118).

Will der erstinstanzlich obsiegende Kläger seine Klage im Berufungsverfahren des Beklagten ändern, kann er dies nur innerhalb der Berufungserwiderungsfrist im Rahmen einer Anschlussberufung tun (BGH NJW 2008, 1953; NJW-RR 2008, 221).

Hält das Gericht die Klageänderung für unzulässig, kann es nur zu einer Klageabweisung durch Prozessurteil kommen; der Kläger ist also nicht gehindert, die geänderte Klage in einem neuen Prozess zu erheben. Erkennt er, dass das Gericht die Klageänderung nicht für sachdienlich hält, sollte er überlegen, ob er, jedenfalls hilfsweise, zu seiner alten Klage zurückkehrt oder die Klage zurücknimmt.

2. Die Klageänderung ist in einem bestimmenden Schriftsatz oder zu Protokoll zu erklären (§ 261 Abs. 2 ZPO). Der Schriftsatz muss den Erfordernissen des § 253 Abs. 2 Nr. 2 ZPO entsprechen. Es genügt die Zustellung von Anwalt zu Anwalt (BGH MDR 1992, 407).

3. Hier handelt es sich um den Übergang vom Zahlungsantrag zum Herausgabeantrag, also um das Gegenstück zum Fall des § 264 Nr. 3 ZPO, für das die Fiktion dieser Vorschrift nicht gilt. Zweckmäßig für den Kläger wäre es gewesen, von Anfang an auf Herausgabe zu klagen und den Antrag uU mit einer Fristsetzung und einem Schadensersatzantrag zu verbinden → Form. I.D.6).

4. Zur Verhandlung über den geänderten Klageantrag ist ein Termin erforderlich; der die Klageänderung enthaltende Schriftsatz ist dem Beklagten zuzustellen.

5. Hier ist zunächst der mit dem geänderten Antrag geltend gemachte Anspruch in einer der Klagebegründung entsprechenden Weise darzulegen, wobei auf das bisherige Vorbringen, soweit möglich, Bezug genommen werden kann. Außerdem sollte die Sachdienlichkeit begründet werden → Anm. 1).

Kosten und Gebühren

6. Die bisher entstandenen Gerichts- und Rechtsanwaltsgebühren fallen nicht noch einmal an; darin liegt ein Vorteil der Klageänderung. Zur Frage einer möglichen Addition von ursprünglicher und geänderter Klage OLG Karlsruhe BeckRS 2016, 104047.

Fristen und Rechtsmittel

7. Das Endurteil, das die Klageänderung nicht zulässt, ist mit den gewöhnlichen Rechtsmitteln anfechtbar. Wird die Klageänderung durch Zwischenurteil oder im Endurteil zugelassen, so ist diese Entscheidung unanfechtbar, § 268 ZPO. Die Revision kann nicht darauf gestützt werden, dass das Berufungsgericht die Voraussetzungen des § 533 ZPO zu Unrecht bejaht hat (BGH NJW-RR 2008, 175).

2. Klageerhöhung (Erweiterung des Klageantrags)

An das

Landgericht

Klageerhöhung[1, 2]

In der Sache

. . . . .

wird der geltend gemachte Anspruch erhöht.

Es wird nunmehr beantragt,

die Beklagte zu verurteilen, an die Klägerin 28.000 EUR nebst Zinsen iHv . . . . . seit . . . . . Zug um Zug gegen Übereignung und Herausgabe des Pkw . . . . . zu zahlen.[3]

Begründung:[4]

Die Klägerin hatte zunächst die Absicht, das von der Beklagten gekaufte Fahrzeug trotz der Mängel zu behalten und lediglich Schadensersatz statt der Leistung nach §§ 437 Nr. 3, 281 BGB zu verlangen. Darauf beruhen die bisher gestellten Anträge. Nachdem sich die Mängel, über die die Beklagte arglistig getäuscht hat, nunmehr als gravierend herausgestellt haben, macht die Kläger von ihrem Recht Gebrauch, das Fahrzeug zurückzugeben und Schadensersatz statt der ganzen Leistung zu verlangen.

Diesen Schadensersatz berechnet die Klägerin wie folgt:

. . . . .

Wegen der Benutzung des Pkw lässt sich die Klägerin folgende Beträge anrechnen:

. . . . .

Rechtsanwältin[5]

Anmerkungen

1. Der Kläger kann seine Klage jederzeit erhöhen, soweit darin lediglich eine quantitative Erweiterung des Klageantrags liegt (§ 264 Nr. 2 ZPO). Das ist zB der Fall, wenn bisher nur eine Teilforderung geltend gemacht wurde oder wenn der Schaden aus demselben Schadensereignis anders berechnet wird oder weitere Schadenspositionen erhoben werden. § 264 Nr. 2 ZPO lässt eine solche Änderung der Klage ausdrücklich zu. Ist mit der Erweiterung der Klage auch eine Änderung des Klagegrundes verbunden, greift § 264 Nr. 2 ZPO nicht ein. Eine solche Klageänderung ist nur zulässig, wenn sie sachdienlich ist oder der Beklagte einwilligt (→ Form. I.K.1). Jedoch kann auch eine nicht nur betragsmäßige, sondern qualitative Erweiterung der Klage nach § 264 Nr. 2 ZPO zulässig sein, so beim Übergang vom Feststellungs- oder Freistellungs- auf den Zahlungsantrag (BGH NJW 1994, 944).

Ist der Rechtsstreit beim Amtsgericht anhängig und wird die Klage auf einen Anspruch von mehr als 5.000 EUR erweitert, tritt nach § 506 ZPO nachträgliche sachliche Unzuständigkeit ein. Auf Antrag einer Partei, der vor streitiger Verhandlung zu stellen ist, wird der Rechtsstreit an das Landgericht verwiesen.

2. Für die Klageerweiterung gilt § 261 Abs. 2 ZPO; sie ist also mit einem bestimmendem Schriftsatz, der den Erfordernissen des § 253 Abs. 2 Nr. 2 ZPO entspricht, oder im Termin zu Protokoll zu erklären. Auch im letzteren Fall ist § 253 Abs. 2 Nr. 2 ZPO einzuhalten.

3. Zum Zug-um-Zug-Antrag → Form. II.A.1. Der Antrag kann mit einem Antrag auf Feststellung verbunden werden, dass sich der Beklagte im Annahmeverzug befindet, um die spätere Vollstreckung zu erleichtern (§ 756 Abs. 1 ZPO → Form. II.A.1 Anm. 3).

4. Hier ist der mit dem erweiterten Antrag geltend gemachte Anspruch wie in einer Klageschrift zu begründen. Darüber hinaus sollte der Kläger dem Gericht auch verdeutlichen, dass die Klageerweiterung nach § 264 Nr. 2 ZPO zulässig ist, weil keine Änderung des Klagegrundes iSd § 264 ZPO vorliegt.

Kosten und Gebühren

5. Kosten und Gebühren sind nach dem erhöhten Streitwert zu bemessen. Der Kläger hat einen ergänzenden Kostenvorschuss an das Gericht zu leisten (§ 12 Abs. 1 S. 2 GKG); vorher soll keine gerichtliche Handlung vorgenommen werden.

3. Antragsänderung (Zahlung statt Herausgabe)

An das
Landgericht
In der Sache
. . . .

war der Antrag der Klägerin bisher darauf gerichtet, die Beklagte zu verurteilen, die Urkunde über die nach dem Vertrag zu leistende Bürgschaft auf erstes Anfordern herauszugeben. Nachdem nunmehr die bürgende Bank auf Anforderung der Beklagten die Bürgschaftssumme ausgezahlt hat, stellt die Klägerin ihren Antrag um[1] und beantragt,

die Beklagte zu verurteilen, an die Klägerin 121.500 EUR nebst Zinsen iHv 5 Prozentpunkten über dem jeweiligen Basiszinssatz zu zahlen.

Begründung:[2]

Nachdem die Beklagte auf die Bürgschaft Zahlung iHv 120.000 EUR erhalten hat, ist das mit dem Herausgabeantrag verfolgte Ziel, die Inanspruchnahme aus der Bürgschaft zu verhindern, nicht mehr zu erreichen. Die Klägerin ist daher gezwungen, vom Herausgabeantrag auf den Zahlungsantrag überzugehen. Hierin liegt nach § 264 Nr. 3 ZPO keine Klageänderung (BGH NJW 1996, 2869). Der Zahlungsanspruch ergibt sich daraus, dass die Beklagte die Leistung aus der Bürgschaft auf erstes Anfordern zu Unrecht in Anspruch genommen hat und die Klägerin ihrerseits von ihrer Bank auf Zahlung von 121.500 EUR (Bürgschaftssumme nebst Gebühren) in Anspruch genommen wurde (. . . . . ist auszuführen und zu belegen). Bei diesem Sachverhalt steht der Klägerin ein eigener Rückgriffsanspruch gegen die Beklagte zu (BGH NJW 1999, 55). Dazu, dass die Beklagte nicht berechtigt war, die Bürgschaft in Anspruch zu nehmen, wird auf das bisherige Vorbringen verwiesen.
Rechtsanwältin

Anmerkungen

1. Eine stets zulässige Klageänderung liegt in den Fällen des § 264 Nr. 2 u. 3 ZPO vor. Das Beispiel betrifft den Fall, dass wegen einer später eingetretenen Veränderung nicht mehr Herausgabe verlangt werden kann, sondern Zahlung gefordert wird (§ 264 Nr. 3 ZPO; BGH NJW 1996, 2869). Die Vorschrift hat ihren Hauptanwendungsfall, wenn die Herausgabe einer Sache unmöglich geworden ist, dem Gläubiger aber ein Schadensersatzanspruch zusteht. Sie ist auch anwendbar, wenn der Kläger nach Eintritt der Unmöglichkeit das Surrogat nach § 285 BGB verlangt oder wenn der Kläger von der Vollstreckungsabwehrklage auf einen Bereicherungsanspruch übergeht (OLG Schleswig NJW-RR 1992, 192).

2. Der Kläger hat darzulegen, dass eine Veränderung iSd § 264 Nr. 3 ZPO eingetreten ist, und zwar nach Rechtshängigkeit. Zumindest muss vorgetragen werden, dass der

Kläger erst nach Rechtshängigkeit von der Veränderung Kenntnis erlangt hat. IÜ ist der Zahlungsanspruch iE darzulegen und unter Beweis zu stellen.

Im Beispielsfall kann die Klägerin mit dem Herausgabeantrag keinen Erfolg mehr haben, denn die Bürgschaftsurkunde dürfte an die Bank zurückgegeben worden sein. Sie könnte, wie auch in anderen Fällen, in denen die Herausgabe unmöglich geworden ist, die Hauptsache für erledigt erklären (→ Form. I.M.10), dann müsste sie aber eine neue Klage auf Zahlung erheben. Ist die Klägerin nicht sicher, ob die behauptete Veränderung eingetreten ist, kann sie auch den Zahlungsantrag hilfsweise stellen. Geht es um die Herausgabe einer Sache, kann der Kläger den Herausgabeantrag mit einem Antrag auf Fristsetzung und Schadensersatz verbinden (→ Form. I.D.7).

4. Eventuelle Klagehäufung (Klageerweiterung durch Hilfsantrag)

An das
Landgericht

Klageerweiterung[1, 2]

In der Sache
. . . . .
wird hilfsweise zu dem zu 1) gestellten Antrag auf Übereignung zusätzlich beantragt,

die Beklagte zu verurteilen, an die Klägerin 5.000 EUR nebst Zinsen iHv 5 Prozentpunkten über dem jeweiligen Basiszinssatz seit Rechtshängigkeit zu zahlen.[3]

Begründung:[4]

Die Klägerin begehrt in erster Linie Lieferung und Übereignung des ihr von der Beklagten verkauften Pkw. Nachdem die Beklagte nunmehr eingewandt hat, der Kaufvertrag sei unwirksam, verlangt die Klägerin hilfsweise die geleistete Anzahlung von 5.000 EUR zurück. Dieser Anspruch steht ihr aus ungerechtfertigter Bereicherung zu, falls der Kaufvertrag tatsächlich unwirksam sein sollte. Zum Beweis für die geleistete Anzahlung bezieht sich die Klägerin auf . . . . .
Rechtsanwältin[5, 6]

Anmerkungen

1. Die Zulässigkeit der evtl. Klagehäufung wird von der Praxis nicht bezweifelt. Bei ihr wird, meist für den Fall der Abweisung des Hauptanspruchs, ein Hilfsantrag mit anderem Streitgegenstand gestellt. Der Hilfsantrag kann auch vom Eintritt eines anderen innerprozessualen Vorgangs abhängig gemacht werden, so zB von der Entscheidungsreife des Hauptantrages durch das Rechtsmittelgericht (BGH NJW 1996, 3147), nicht aber in der Weise, dass die Entscheidung über den Hauptantrag von einer Beweisaufnahme abhängt (BGH NJW 1995, 1353). Über den Hilfsantrag ist auch dann zu entscheiden, wenn der Kläger die Hauptsache für erledigt erklärt hat und es deswegen nicht zu einer Entscheidung über den Hauptantrag kommt (BGH NJW 2003, 3202).

2. Der Hilfsantrag kann bereits mit der Klageschrift gestellt werden. Andernfalls geschieht dies im Wege der objektiven Klageerweiterung durch bestimmenden Schriftsatz oder durch Erklärung zu Protokoll (§ 261 Abs. 2 ZPO). In der nachträglichen hilfsweisen Klagehäufung sieht die Rspr. eine Klageänderung (BGH NJW 1985, 1841), die aber idR sachdienlich sein dürfte. Auch in der Berufungsinstanz kann der Hilfsantrag noch zulässig gestellt, aber nur iRd §§ 533 Nr. 2, 531 Abs. 2 ZPO auf neue Tatsachen gestützt werden.

Auch der Beklagte kann einen Hilfsantrag stellen, zB in der Weise, dass er in erster Linie Klageabweisung beantragt, hilfsweise Verurteilung Zug um Zug gegen Erbringung einer Gegenleistung (BGH NJW-RR 2005, 367).

3. Die Rechtshängigkeit des Hilfsantrags tritt mit seiner Zustellung oder seiner Erklärung zu Protokoll ein. Auch der Hilfsantrag hemmt die Verjährung des hilfsweise geltend gemachten Anspruchs nach § 204 Abs. 1 Nr. 1 BGB, denn er begründet die auflösend bedingte Rechtshängigkeit des Anspruchs. Die Rechtshängigkeit entfällt rückwirkend, wenn der Klage im Hauptantrag stattgegeben wird. Die Hemmung endet sechs Monate nach Rechtskraft der stattgebenden Entscheidung über den Hauptantrag (§ 204 Abs. 2 BGB); jedoch kann der Kläger durch Klageerhebung binnen sechs Monaten die Hemmungswirkung erhalten (§ 204 Abs. 2 S. 3 BGB).

4. Der mit dem Hilfsantrag geltend gemachte Anspruch ist in einer der Klageschrift entsprechenden Weise darzulegen und unter Beweis zu stellen. Der Kläger sollte hier nicht weniger sorgfältig sein als bei der Begründung der Klage. Haupt- und Hilfsantrag dürfen einander widersprechen oder sich ausschließen (BGH NJW 2014, 3314).

Kosten und Gebühren

5. Obsiegt der Kläger nur mit dem Hilfsantrag, wird die Klage iÜ abgewiesen, so dass sich die Kostenentscheidung nach § 92 ZPO richtet. Um das Verhältnis des Obsiegens des Klägers mit dem Hilfsantrag zu seinem Unterliegen mit dem Hauptantrag bestimmen zu können, werden für den Kostenstreitwert die Werte von Haupt- und Hilfsantrag addiert (§ 45 Abs. 1 S. 2 GKG). Das gilt nur dann nicht, wenn beide auf dasselbe Interesse gerichtet sind oder denselben Gegenstand haben; in diesen Fällen ist der Wert des höheren Anspruchs maßgebend (§ 45 Abs. 1 S. 3 GKG). Das kommt vor allem in Betracht, wenn sich beide Anträge gegenseitig ausschließen, das Gericht also nur dem Haupt- oder nur dem Hilfsantrag stattgeben könnte, wie im Beispielsfall: Entweder erhält die Klägerin aus einem wirksamen Kaufvertrag die geschuldete Sache (§ 433 Abs. 1 BGB), oder sie erhält infolge der Unwirksamkeit dieses Kaufvertrages die Anzahlung zurück (§ 812 Abs. 1 S. 1 Alt. 1 BGB). Hier kommt es also nicht zu einer Addition der Streitwerte, der Kostenstreitwert folgt aus dem Wert des höheren Antrags. Ist das der Hilfsantrag, trägt die Klägerin also trotz ihres Teilunterliegens keine Kosten (BGH BeckRS 1962, 31377833). Andernfalls trägt sie die Kosten in dem Verhältnis, in dem der Wert des Hilfsantrags hinter dem des Hauptantrags zurückbleibt.

Fristen und Rechtsmittel

6. Der Kläger kann auch Rechtsmittel einlegen, wenn er mit dem Hauptantrag abgewiesen wird, aber mit dem Hilfsantrag erfolgreich ist; er ist auch dann durch das Urteil beschwert. Legt der Beklagte Berufung ein, weil der Klage mit dem Hauptantrag stattgegeben wurde, wird der Hilfsantrag ohne weiteres Gegenstand des Berufungsverfahrens (BGH NJW-RR 2005, 220).

L. Anträge und Erklärungen im Prozessverlauf

1. Antrag auf Aussetzung des Rechtsstreits wegen Strafverfahrens

An das
Landgericht

Aussetzungsantrag[1, 2]

In der Sache
. . . . .
wird für den Kläger beantragt,
den Rechtsstreit bis zur Entscheidung des Amtsgerichts . . . . . in der Strafsache gegen den Beklagten . . . . . (genaue Bezeichnung) auszusetzen[3]
und bei Aufnahme des Rechtsstreits die Akten des Strafverfahrens beizuziehen.

Begründung:[4]

Gegen den Beklagten ist wegen der von ihm begangenen Körperverletzung, auf die der Kläger seinen Schadensersatzanspruch stützt, das Hauptverfahren vor dem Amtsgericht . . . . . eröffnet worden. Dort steht am . . . . . Termin zur Hauptverhandlung an, zu dem alle maßgeblichen Zeugen geladen sind. Der Kläger hält es für sinnvoll, die Klärung des Vorfalls im Strafverfahren abzuwarten, um das Ergebnis für den Schadensersatzprozess nutzen zu können.
Rechtsanwalt[5, 6, 7]

Schrifttum: Fischer, Prozesskostenhilfeverfahren – Wirkung von Unterbrechung und Aussetzung des Zivilprozesses, MDR 2004, 252; *Knoche,* Besorgnis richterlicher Befangenheit wegen der Veranlassung strafrechtlicher Schritte, MDR 2000, 371; *Schneider,* Aussetzung wegen einer anderen Entscheidung, JurBüro 1979, 785; *Schwind,* Staatsanwaltschaftlicher Umgang mit nach §149 ZPO ausgesetzten Zivilverfahren, NStZ 2006, 598; *Siegmann,* Fallen bei Unterbrechung, Aussetzung und Ruhen des Verfahrens – Was der Anwalt beachten muss, bevor er sich zurücklehnt, AnwBl. 2011, 131.

Anmerkungen

1. Der Antrag beruht auf § 149 ZPO; die Aussetzung liegt im Ermessen des Gerichts, das zwischen den Vorteilen, die sich aus der Klärung im Strafverfahren für die Entscheidung des Zivilprozesses ergeben können, und den Nachteilen, die die Verzögerung bedeutet, abwägen wird (OLG Koblenz MDR 2006, 771; Thomas/Putzo/*Seiler* ZPO § 149 Rn. 4). Die danach gebotene Abwägung im Einzelfall muss im Aussetzungsbeschluss nachprüfbar für das Beschwerdegericht dargestellt werden (BGH NJW-RR 2010, 423). Auch die Parteien sollten ihre Aussetzungsanträge danach ausrichten und berücksichtigen, dass das Zivilgericht nicht an das Ergebnis des Strafverfahrens gebunden ist und auch die Beweisaufnahme im Strafverfahren für den Zivilprozess nicht ohne weiteres verwertbar ist. Zwar kann das Zivilgericht protokollierte oder in den Urteilsgründen wiedergegebene Zeugenaussagen aus dem Strafprozess immer im Wege des Urkundenbeweises verwerten, wenn beide Parteien einverstanden sind (BGH NJW 1982,

581). Auch kann die Zeugenaussage, wenn nur die beweispflichtige Partei dies beantragt, im Wege des Urkundenbeweises in den Zivilprozess eingeführt und gewürdigt werden (BGH NJW 2004, 1324 (1325)). Wenn aber eine Partei die Vernehmung des Zeugen beantragt, muss das Gericht ihn hören (BGH NJW 2004, 1324 (1325); BGH NJW 1995, 781 (782); OLG Koblenz MDR 2006, 771); insb. darf es die Aussage nicht als gerichtsbekannt verwerten (BGH NJW-RR 2011, 569). Ob die noch ausstehende Verurteilung im Strafverfahren die Aussetzung des Schmerzensgeldprozesses gegen den Täter rechtfertigt, ist umstritten (OLG Düsseldorf NJW-RR 1998, 1531). Im Arzthaftungsprozess soll eine Aussetzung wegen eines Strafverfahrens in der Regel nicht gerechtfertigt sein (OLG Köln NJW 1990, 778; OLG Koblenz MDR 2006, 289; vgl. *Schmidt* NJW 1994, 767 (768)). Nicht als Aussetzungsgrund wird es angesehen, dass die Partei nach den Regeln des § 138 ZPO gezwungen sein kann, sich strafrechtlich zu belasten, wenn sie den Zivilprozess nicht verlieren will (OLG München NJOZ 2008, 617; OLG Frankfurt a. M. NJW-RR 2001, 1649). Mit dem Zweck des PKH-Verfahrens ist eine Aussetzung nach § 149 ZPO nicht vereinbar (*Fischer* MDR 2004, 252 (254)). Auch im Urkundenprozess kommt eine Aussetzung idR nur aus besonderen Gründen in Betracht (BGH MDR 2004, 705 (706)).

Insgesamt gesehen ist die veröffentlichte Rspr. restriktiv. So soll zB die Aussetzung eines Schadensersatzprozesses wegen einer Schlägerei untunlich sein (OLG Koblenz MDR 2006, 771). Ist zweifelhaft, ob das Gericht aussetzen wird, haben aber beide Parteien ein Interesse daran, empfiehlt es sich, das Einverständnis des Gegners einzuholen und mitzuteilen. Das Gericht wird dann eher zu einer Aussetzung bereit sein. Andererseits stellt sich, wenn das Gericht ohne hinreichenden Anlass eine Aussetzung wegen eines sich im Prozess ergebenden strafrechtlichen Verdachts gegen eine Partei veranlasst, auch die Frage der Ablehnung wegen Befangenheit (vgl. *Knoche* MDR 2000, 371 mwN).

Die Aussetzung hat gem. § 249 ZPO vor allem die Wirkung, dass Fristen unterbrochen werden und nach Beendigung der Aussetzung neu zu laufen beginnen.

2. § 149 ZPO verlangt, dass die Ermittlung der Straftat für die Entscheidung des Rechtsstreits von Einfluss ist. Das soll nicht der Fall sein, wenn sich das Strafverfahren gegen einen Zeugen richtet (KG MDR 1983, 139). Das Gericht ist stets verpflichtet, im Einzelfall sorgfältig abzuwägen, ob die Aufklärungsmöglichkeiten des Strafverfahrens den Verzögerungseffekt im Zivilverfahren rechtfertigen können (BGH NJW-RR 2010, 423). Das ist bei Sachverhaltsidentität regelmäßig anzunehmen (BGH NJW 2018, 2267 Rn. 16). Ist kein Strafverfahren, sondern ein anderer Zivilprozess oder ein Verwaltungsverfahren für die Entscheidung des Rechtsstreits vorgreiflich, kommt eine Aussetzung unter den engeren Voraussetzungen des § 148 ZPO in Betracht (→ Form. I.L.2).

3. Das Verfahren, zu dessen Gunsten ausgesetzt werden soll, ist genau zu bezeichnen. Das Gericht könnte nach § 149 ZPO den Rechtsstreit bis zur rechtskräftigen Entscheidung aussetzen. Dies wird aber oft nicht im Interesse der Parteien sein, da die Rechtskraft angesichts möglicher Rechtsmittel einschließlich Zurückverweisung erst nach Jahren eintreten kann. Der Rechtsstreit soll ohnehin nach einem Jahr fortgesetzt werden, wenn eine Partei es verlangt und keine gewichtigen Gründe für die Aufrechterhaltung der Aussetzung sprechen (§ 149 Abs. 2 ZPO). Hierfür reicht es nicht aus, dass die Anklage bereits zugelassen wurde, aber der Zeitpunkt der Hauptverhandlung noch ungewiss ist (OLG München MDR 2003, 1010). Wenn den Parteien die Aussetzung wegen Verzögerung des anderen Verfahrens zu lange währt, besteht für sie die Möglichkeit, eine Aufhebung der Aussetzung gem. § 150 ZPO zu beantragen und gegen eine evtl. Ablehnung gem. § 252 ZPO Rechtsmittel einzulegen (OLG Nürnberg MDR 2004, 231; Thomas/Putzo/*Hüßtege* ZPO § 252 Rn. 2).

4. Der Antragsteller sollte hier den Wert des Wartens auf die Erledigung des Strafverfahrens darlegen und dabei angeben, in welchem Stadium sich das Strafverfahren befindet. Im Hinblick auf § 149 Abs. 2 ZPO wäre es hilfreich, wenn vorgetragen werden kann, dass die Ergebnisse des Strafverfahrens alsbald vorliegen werden.

Kosten und Gebühren

5. Es entstehen keine zusätzlichen Gerichtskosten. Der Aussetzungsantrag des Anwalts ist mit der Verfahrensgebühr nach VV 3100 RVG abgegolten. Nach Aufnahme des Rechtsstreits fallen die bereits entstandene Gerichts- und Rechtsanwaltsgebühren nicht erneut an.

Fristen und Rechtsmittel

6. Die Wirkung der Aussetzung auf prozessuale Fristen ergibt sich aus § 249 Abs. 1 ZPO: der Lauf der Frist endet, nach Beendigung der Aussetzung beginnt sie von neuem zu laufen, allerdings nur, wenn sie nicht schon vorher abgelaufen war (BGH NJW 1987, 2379). Nicht betroffen sind die Dreiwochenfrist nach § 310 Abs. 1 S. 2 ZPO, die Jahresfrist nach § 234 Abs. 3 ZPO, die Fünfmonatsfrist nach § 517 ZPO (wohl aber die anschließende Monatsfrist, BGH NJW 1990, 1854 (1855)). Materielle Fristen, insb. die Verjährungsfrist, bleiben bei Aussetzung nach § 204 BGB gehemmt, die Hemmung endet aber nicht erst mit der Wiederaufnahme des Rechtsstreits, sondern bereits mit Erledigung des anderen Verfahrens, wenn der Rechtsstreit anschließend nicht betrieben wird (§ 204 Abs. 2 S. 2 BGB, BGH NJW 2004, 1230; NJW 1989, 1729).

7. Gegen den bewilligenden Beschluss und gegen den die Aussetzung ablehnenden Beschluss findet nach § 252 ZPO die sofortige Beschwerde statt (§ 567 ZPO, Frist: zwei Wochen). Das Beschwerdegericht kann die angefochtene Ermessensentscheidung nur eingeschränkt überprüfen. Uneingeschränkt wird geprüft, ob ein Aussetzungsgrund gegeben ist (BGH NJW-RR 2006, 1289). Das Rechtsmittel kann bereits erfolgreich sein, wenn das Gericht den Aussetzungsbeschluss nicht hinreichend begründet hat (BGH NJW-RR 2010, 423; OLG Düsseldorf NJW-RR 1998, 1531; Zöller/*Greger* ZPO § 149 Rn. 2). Eine Kostenentscheidung ergeht auch im Beschwerdeverfahren nicht (BGH NJW-RR 2006, 1289). Zum Antrag auf Aufhebung der Aussetzung nach § 150 ZPO → Anm. 3.

2. Antrag auf Aussetzung wegen eines vorgreiflichen Rechtsstreits

An das
Landgericht München II
In dem Rechtsstreit
. . . . .
wird für den Beklagten beantragt,
den Rechtsstreit bis zur Beendigung des zwischen den Parteien vor dem Landgericht München I, Geschäfts-Nr. . . . . ., anhängigen selbständigen Beweisverfahrens auszusetzen.[1, 2]

Begründung:[3]

Der Beklagte verteidigt sich gegen die Kaufpreisklage der Klägerin damit, dass die verkaufte Eigentumswohnung schwere Mängel aufweist, für die die Klägerin haftet. Schon vor Erhebung dieser Klage hat der Beklagte beim Landgericht München I ein selbständiges Beweisverfahren eingeleitet, in dem die Mängel, ihre Ursachen und die

Kosten der Beseitigung festgestellt werden sollen. Das Landgericht München I hat gemäß Beschl. v. . . . . ., der als

Anlage 1

beigefügt wird, den Sachverständigen . . . . . mit der Begutachtung beauftragt. Ein Ortstermin hat bereits stattgefunden, das Gutachten ist noch nicht fertiggestellt. Um eine Beweisaufnahme in diesem Rechtsstreit über die identischen Fragen zu vermeiden und das Gutachten aus dem selbständigen Beweisverfahren verwerten zu können, hält der Beklagte eine Aussetzung in entsprechender Anwendung des § 148 ZPO für sachgerecht.

Rechtsanwalt[4]

Schrifttum: Bloching, Die Aussetzung des Urkundenverfahrens gem. § 148 ZPO wegen Vorgreiflichkeit, JBüro 2003, 121; *Kähler,* Verfahrensaussetzung bei zu erwartender Leitentscheidung, NJW 2004, 1132; *Windau*, Spannungen im „Dreiecksverhältnis" der Musterfeststellungsklage, jM 2019, 404.

Anmerkungen

1. Mit dem Antrag soll eine Aussetzung des Rechtsstreits nach § 148 Abs. 1 ZPO erreicht werden, weil entscheidungserhebliche Fragen bereits in einem anderen Verfahren geklärt werden. Die Aussetzung liegt im Ermessen des Gerichts, das sich, wenn es die Vorgreiflichkeit bejaht, auch von prozesswirtschaftlichen Erwägungen (zumutbare Verzögerung des Rechtsstreits?) leiten lassen wird. Das andere Verfahren ist nur dann vorgreiflich, wenn dort über ein Rechtsverhältnis entschieden wird, das für den vorliegenden Rechtsstreit präjudiziell ist (vgl. Zöller/*Greger* ZPO § 148 Rn. 5). Das kann nach hM nur gelten, wenn der andere Rechtsstreit zwischen denselben Beteiligten geführt wird, nicht aber, wenn es in einem Parallelprozess mit anderen Parteien um die gleichen Rechtsfragen geht oder wenn über gleich gelagerte Fälle ein Musterprozess abgewartet werden soll (BGH NJW-RR 2012, 575 (576); NJW 2005, 1947; vgl. *Kähler* NJW 2004, 1132 mwN; aA LG Freiburg NJW 2003, 3424). Der BGH hat offen gelassen, ob eine Aussetzung ausnahmsweise dann erfolgen darf, wenn die Zahl der bei dem Gericht anhängigen Verfahren die Grenze erreicht, bei der eine angemessene Bewältigung schlechthin nicht mehr möglich ist (BGH NJW-RR 2012, 575 (576)). Zu einem Abwarten der Leitentscheidung kann es nur mit Zustimmung beider Parteien kommen, notfalls über einen gemeinsamen Antrag nach § 251 ZPO.

§ 148 Abs. 2 ZPO wurde zum 1.1.2018 neu eingeführt und ergänzt die Regelungen über die Musterfeststellungsklage in §§ 606 ff. ZPO → Form. II.S. 1. Während die Musterfeststellungsklage nur Verbrauchern offensteht, können Unternehmer über § 148 Abs. 2 ZPO erreichen, dass de facto die Entscheidung im Feststellungsprozess auch für sie zu berücksichtigen ist (Musielak/Voit/*Stadler* ZPO § 148 Rn. 9a). Antragsberechtigt ist nur der Kläger, der nicht Verbraucher ist. Eine analoge Anwendung auf Verbraucher scheidet aus, da sich diese der Musterfeststellungsklage anschließen können. Angesichts des Normzwecks sollte das Gericht dem Antrag idR stattgeben und den Ausgang des Musterverfahrens abwarten. Die Aussetzung endet entsprechend § 613 Abs. 2 ZPO mit einer rechtskräftigen Entscheidung im Musterfeststellungsverfahren (Musielak/Voit/*Stadler* ZPO § 148 Rn. 9a).

Zu einem Musterverfahrensantrag nach dem KapMuG → Form. II.H.11. In diesen Verfahren kommt eine Vorgreiflichkeit und damit eine Aussetzung der Ausgangsrechtsstreitigkeiten gemäß § 8 KapMuG nur dann in Betracht, wenn die Sache von den Feststellungszielen des Musterverfahrens abhängig ist (BGH NJW 2019, 344).

Auch eine Aussetzung wegen eines Normenkontrollverfahrens nach Art. 100 GG oder wegen einer Verfassungsbeschwerde in einem Parallelprozess ist idR ausgeschlossen (vgl. Zöller/*Greger* ZPO § 148 Rn. 3a mwN), soll in Ausnahmefällen aber zulässig sein (BAG NJW 1988, 2558). Zur Verfahrensaussetzung bei Anhängigkeit eines dieselbe Frage betreffenden Vorabentscheidungsverfahrens beim EuGH BGH BeckRS 2012, 04329.

Vorschriften des Gemeinschaftsrechts sehen die Aussetzung eines nationalen Verfahrens vor, um eine Rechtsfrage durch Vorlage an den EuGH klären zu lassen. Es ist zwischen Gültigkeitsvorlagen nach Art. 267 Abs. 1 lit. b AEUV und Auslegungsvorlagen gem. Art. 267 Abs. 1 lit. a AEUV zu unterscheiden. Art. 267 Abs. 2 AEUV enthält eine Vorlageberechtigung, Abs. 3 sogar eine Vorlagepflicht für letztinstanzliche Gerichte.

In einigen weiteren Fällen ist das Gericht gesetzlich zur Aussetzung verpflichtet:

- Ein Zivilprozess, bei dem entscheidungserheblich ist, ob der Geschädigte einen Arbeitsunfall erlitten hat, ist nach § 108 SGB VII auszusetzen (BGH NJW 2004, 2901).
- Sind bei Gerichten verschiedener EU-Mitgliedsstaaten Klagen wegen desselben Anspruchs anhängig, so hat das später angerufene Gericht das Verfahren nach Art. 27 Abs. 1 EuGVVO auszusetzen (BGH NJW 2002, 2795 zu Art. 21 Abs. 1 EuGVÜ; zu Einzelfragen Zöller/*Geimer* Anm. zu Art. 27 EuGVVO).

In anderen Fällen kann sich das Ermessen des Gerichts auf eine Pflicht zur Aussetzung reduzieren, um der Gefahr widersprechender Entscheidungen zu begegnen (Beispiele bei Zöller/*Greger* ZPO § 148 Rn. 7). So ist es nach der Rspr. des BGH idR zweckmäßig, bei einer Aufrechnung mit derselben Gegenforderung in zwei Prozessen („Doppelaufrechnung") den zweiten Rechtsstreit bis zur Erledigung des Prozesses, in dem die Aufrechnung zuerst erklärt wurde, nach § 148 ZPO auszusetzen, wenn es auf die Aufrechnung ankommt (BGH NJW-RR 2004, 1000; OLG Karlsruhe NJOZ 2007, 3480).

2. Im Antrag ist das Verfahren, bis zu dessen Erledigung der Rechtsstreit ausgesetzt werden soll, genau zu bezeichnen. Ob der Hauptsacheprozess mit Rücksicht auf ein selbständiges Beweisverfahren vor einem anderen Gericht, in dem die beweiserheblichen Tatsachen geklärt werden sollen, ausgesetzt werden kann, war streitig, da im selbständigen Beweisverfahren nicht über ein Rechtsverhältnis entschieden wird, sondern Tatsachen festgestellt werden. Der BGH lässt eine Aussetzung in entsprechender Anwendung des § 148 ZPO zu (BGH NJW 2007, 397; abl. noch OLG Düsseldorf MDR 2004, 292; OLG Dresden BauR 1998, 595). Auch eine nur teilweise Aussetzung kann in Betracht kommen (BGH NJW-RR 2007, 456). Eine Aussetzung ist allerdings nicht möglich, wenn das Beweissicherungsgutachten im Hauptprozess nicht verwertet werden kann, weil dort andere Parteien beteiligt sind (BGH MDR 2003, 1136).

3. Hier ist die Vorgreiflichkeit iE zu begründen und darzustellen, dass die Aussetzung aus prozesswirtschaftlichen Gründen und zur Vermeidung widersprechender Prozessergebnisse geboten ist. Es sollte auch angegeben werden, wie weit das andere Verfahren fortgeschritten ist. Bereits ergangene Entscheidungen, im konkreten Beispiel der Beweisbeschluss, sollten beigefügt werden. Es kann sich auch empfehlen, die Beiziehung der Akten zu beantragen.

Fristen und Rechtsmittel

4. → Form. I.L.1 Anm. 6, 7. Hinsichtlich der materiellen Fristen, insb. der durch die Klageerhebung gehemmten Verjährungsfrist, ist auch hier § 204 Abs. 2 BGB zu beachten.

Im Beschwerdeverfahren ist die Aussetzung eingeschränkt auf Verfahrensfehler und Ermessensfehler überprüfbar, uneingeschränkt aber auf die Vorgreiflichkeit (KG MDR 2008, 283).

3. Antrag auf Aussetzung des Rechtsstreits bei Tod einer Partei

An das
Landgericht

Aussetzungsantrag[1, 2]

In der Sache
. . . . .
wird mitgeteilt, dass der Beklagte am . . . . . verstorben ist.
Gem. § 246 ZPO wird beantragt,
die Aussetzung des Verfahrens anzuordnen.[3]
Sobald feststeht, wer die Erben des Beklagten sind und ob sie die Erbschaft angenommen haben, werde ich anzeigen, ob der Rechtsstreit aufgenommen werden soll.[4]
Rechtsanwalt[5, 6]

Schrifttum: Siegmann, Fallen bei Unterbrechung, Aussetzung und Ruhen des Verfahrens – Was der Anwalt beachten muss, bevor er sich zurücklehnt, AnwBl. 2011, 131; *Stober,* Auswirkungen des Todes einer Partei auf einen laufenden Zivilprozess mit ihrem Erben, MDR 2007, 757.

Anmerkungen

1. Entgegen § 239 Abs. 1 ZPO tritt keine Unterbrechung des Verfahrens ein, wenn die verstorbene Partei durch einen Prozessbevollmächtigten vertreten wurde, § 246 Abs. 1 ZPO; die Prozessvollmacht dauert gem. § 86 ZPO fort. Das Gericht muss jedoch den Rechtsstreit aussetzen, wenn der Prozessbevollmächtigte dies beantragt. Hiervon sollte er idR Gebrauch machen, schon um laufende Fristen gem. § 249 Abs. 1 ZPO zu unterbrechen und das Verhalten der Erben abwarten zu können. Die Aussetzung kann in jeder Lage des Verfahrens bis zu seiner rechtskräftigen Entscheidung erfolgen. Der ausgesetzte oder unterbrochene Rechtsstreit wird fortgesetzt, wenn die Erben ihn aufnehmen (→ Form. I.L.4), wenn der Testamentsvollstrecker oder der Nachlasspfleger seine Bestellung anzeigt (§§ 241, 243 ZPO; BGH VersR 1983, 666; NJW 1995, 2171), oder auch wenn nach dem Tod des einzigen Geschäftsführers einer GmbH ein neuer Geschäftsführer bestellt ist.

Die Vorschriften der §§ 239 ff. ZPO finden auch im Verfahren des einstweiligen Rechtsschutzes Anwendung (vgl. Zöller/*Greger* ZPO Vor § 239 Rn. 4), nicht aber im selbständigen Beweisverfahren (BGH NJW 2004, 1389 für § 240 ZPO; aA OLG München MDR 2004, 170 für § 246 ZPO). Auch im PKH-Verfahren sind die Vorschriften nicht anwendbar (vgl. *Fischer* MDR 2004, 255 mwN); das Verfahren endet mit dem Tod des Antragstellers (OLG Frankfurt a. M. NJOZ 2007, 2153). Ist einer von mehreren einfachen Streitgenossen verstorben, wird nur der Prozess gegen diesen ausgesetzt (Thomas/Putzo/*Hüßtege* ZPO § 239 Rn. 2). In einem solchen Fall kann ein Teilurteil gegen den anderen Streitgenossen ergehen (BGH NJW 2007, 156). Wird die andere Partei Alleinerbe, endet der Prozess von selbst (Verbot des Insichprozesses, BGH NJW-RR 2011, 488).

2. Vgl. § 248 Abs. 1 ZPO. Auch der Gegner der verstorbenen Partei hat ein Antragsrecht (§ 246 Abs. 1 Hs. 2 ZPO). Es besteht kein Anwaltszwang. Der Antrag sollte unverzüglich nach Kenntnis vom Tod gestellt werden, da die Wirkungen der Aussetzung erst mit dem Aussetzungsbeschluss eintreten, nicht etwa rückwirkend mit dem

Tod der Partei oder schon mit Antragstellung durch den Prozessbevollmächtigten (BGH NJW 1987, 2379; Thomas/Putzo/*Hüßtege* ZPO § 248 Rn. 3). Gerichtliche Entscheidungen, die vor der Aussetzung ergangen sind, bleiben wirksam (KG NJW-RR 2008, 142 (143)). Wenn der Prozessbevollmächtigte in Kenntnis des Aussetzungsgrunds vorbehaltlos zur Sache verhandelt, kann darin ein Verzicht auf den Antrag gesehen werden (so OLG Karlsruhe OLGR München 2007, 868; vgl. Thomas/Putzo/*Hüßtege* ZPO § 246 Rn. 4). Die Aussetzung hat, außer der Wirkung auf laufende Fristen (§ 249 Abs. 1 ZPO) zur Folge, dass das Gericht keine Entscheidungen mehr erlassen darf (Ausnahme: § 249 Abs. 3 ZPO); es darf auch kein Rechtsmittel als unzulässig verwerfen (BGH NJW 2000, 1199).

3. Der Rechtsstreit wird nicht für eine bestimmte Zeit ausgesetzt.

4. Vor der Annahme der Erbschaft ist der Erbe gem. § 239 Abs. 5 ZPO nicht zur Aufnahme verpflichtet (vgl. § 1958 BGB).

Fristen und Rechtsmittel

5. Zur Wirkung der Aussetzung auf laufende Fristen → Form. I.L.1 Anm. 6; § 249 Abs. 1 ZPO gilt auch in Hinblick auf die Klagefrist nach § 74 VwGO (BVerwG NJW 2001, 1228). Für den Prozessbevollmächtigten ist es entscheidend, das Ende der Aussetzung zu erkennen (→ Anm. 1), weil dann die unterbrochenen Fristen wieder zu laufen beginnen (BGH NJW 1995, 2171).

6. Gegen den Beschluss, mit dem die Aussetzung angeordnet oder abgelehnt wird, findet die sofortige Beschwerde nach § 567 ZPO statt (§ 252 ZPO, Frist: zwei Wochen).

4. Anzeige der Aufnahme des Rechtsstreits durch die Erben

An das
Landgericht
Aufnahme des Rechtsstreits[1]
In der Sache
. . . . .
teile ich mit, dass der Beklagte durch seine Ehefrau F und seine beiden Kinder X, Y beerbt wurde, wie sich aus der in Kopie anliegenden Ausfertigung des Erbscheins ergibt.[2]
Es wird gebeten,
das Passivrubrum entsprechend zu berichtigen.[3]
Für die Erben zeige ich an,
dass sie den Rechtsstreit anstelle des verstorbenen Beklagten aufnehmen wollen.[4]
Die Erben werden im Termin die bisherigen Anträge stellen,
zusätzlich wird hilfsweise beantragt,
ihnen die beschränkte Erbenhaftung vorzubehalten.[5]
Im Übrigen machen sich die Erben die Ausführungen des verstorbenen Beklagten zu Eigen.
Rechtsanwalt[6, 7]

Anmerkungen

1. Der gem. § 239 ZPO unterbrochene oder gem. § 246 ZPO ausgesetzte Rechtsstreit wird durch Zustellung eines Schriftsatzes aufgenommen (§ 250 ZPO). Eine Erklärung in mündlicher Verhandlung genügt (Thomas/Putzo/*Hüßtege* ZPO § 250 Rn. 1). Die Aufnahme kann freiwillig durch die Erben erklärt werden oder bei Verzögerung (§ 239 Abs. 2–4 ZPO) durch den Gegner herbeigeführt werden. Der Kläger muss beachten, dass die Hemmung der Verjährung gem. § 204 Abs. 2 S. 2 BGB nach sechs Monaten endet, wenn er von der Rechtsnachfolge des Verstorbenen Kenntnis hat und damit der Grund für die Aussetzung entfallen ist (BGH NJW 2004, 1230). Ist Testamentsvollstreckung angeordnet, wird der Rechtsstreit – soweit er seiner Verwaltungsbefugnis unterliegt (BGH NJW 1998, 1313) – gem. §§ 241, 243 ZPO durch den Testamentsvollstrecker fortgeführt; eine Aufnahme durch die Erben ist bei einem Aktivprozess ausgeschlossen, bei einem Passivprozess aber möglich (BGH NJW 1988, 1390); dann kann der Gegner den Testamentsvollstrecker in das Verfahren hineinziehen (BGH NJW 1988, 1390). Auch ein einzelner Miterbe, der gem. § 2039 BGB zur Geltendmachung des Klageanspruchs berechtigt ist, kann den Rechtsstreit aufnehmen (BGH NJW-RR 2012, 8). Eine Aufnahme ist nicht möglich, wenn die verstorbene Partei vom Prozessgegner beerbt wird (BGH NJW-RR 1999, 1512); dann endet der Prozess ohne weiteres (BGH NJW-RR 2011, 488). Besonders zu beachten ist, dass bei Aufnahme des Rechtsstreits durch Erben oder Testamentsvollstrecker die durch den Tod unterbrochenen Fristen erneut zu laufen beginnen (BGH VersR 1983, 666). Zum Verfahren nach Aufnahme vgl. Thomas/Putzo/*Hüßtege* ZPO § 239 Rn. 6 ff.

2. Da die Erben ihre Rechtsnachfolge beweisen müssen, wenn der Gegner sie bestreitet, empfiehlt es sich, den Erbschein vorzulegen.

3. Es hat ein gesetzlicher Parteiwechsel stattgefunden, so dass die Bezeichnung der betroffenen Partei geändert werden muss.

4. Die Aufnahmeerklärung kann mit Prozesshandlungen, zB mit Einlegung des Einspruchs gegen ein Versäumnisurteil oder der Berufung, auch mit einem Wiedereinsetzungsantrag verbunden werden (vgl. Thomas/Putzo/*Hüßtege* ZPO § 250 Rn. 2).

5. Vgl. § 780 ZPO. Steht noch nicht fest, ob der Erbe endgültig unbeschränkt haftet, sollte er unbedingt den Vorbehaltsantrag stellen, da er sonst eine spätere Beschränkung der Haftung in der Zwangsvollstreckung nicht mehr geltend machen kann. Auch wenn nur noch über die Kosten gestritten wird (zB nach § 91a ZPO) muss der Vorbehalt für den Kostenbeschluss beantragt werden; er erfasst dann die bis zum Tod der Partei entstandenen Kosten (vgl. Zöller/*Geimer* ZPO § 780 Rn. 7).

Kosten und Gebühren

6. Die vor Unterbrechung oder Aussetzung entstandenen Gerichts- und Rechtsanwaltsgebühren entstehen nach Aufnahme nicht von neuem.

Fristen und Rechtsmittel

7. Die nach § 249 Abs. 1 ZPO unterbrochenen Fristen beginnen im Zeitpunkt der Aufnahme ohne weiteres von neuem zu laufen (BGH VersR 1983, 666). Die Hemmung der Verjährung kann gem. § 204 Abs. 2 S. 2 BGB bereits vorher enden (→ Anm. 1).

5. Antrag auf Erlass eines Teilurteils

An das
Landgericht
In der Sache
. . . . .
wird für den Kläger beantragt,[1, 2]
gegen den Beklagten ein Teilurteil zu erlassen
und das Teilurteil für vorläufig vollstreckbar zu erklären.[3]

Begründung[4]

1. **Das Gericht beabsichtigt, wie aus dem Beweisbeschluss ersichtlich, nur über die Einwendungen des Beklagten gegen den Werklohnanspruch für das Bauvorhaben X Beweis zu erheben. Offenbar hält es also den Anspruch aus dem Bauvorhaben Y über EUR . . . . . für entscheidungsreif. Da sich die Beweisaufnahme noch lange hinziehen und der Kläger auf eine abschließende Entscheidung noch lange zu warten haben wird, ist der Erlass eines Teilurteils angemessen.**
2. **Auch über die Widerklage des Beklagten will das Gericht keinen Beweis erheben. Sie ist nach Auffassung des Klägers ohne weiteres abzuweisen. Da Klage und Widerklage einen unterschiedlichen Streitgegenstand betreffen und auch nicht im sachlichen Zusammenhang stehen, kann und sollte auch insoweit durch Teilurteil entschieden werden.**

Rechtsanwalt[5, 6]

Schrifttum: Götsche, Teilentscheidungen im Scheidungsverbund, MDR 2006, 781; *Klose,* Teil-, Vorbehalts- und Grundurteile als Instrumente eines effektiven Rechtsschutzes, MDR 2007, 1351; *Nissen/Elzer,* Besonderheiten der Stufenklage in der Berufungsinstanz, MDR 2019, 1099; *Schmitz,* Teilurteil ade?, NJW 2000, 3622; *Schneider,* Die Zulässigkeit des Teilurteils, MDR 1976, 93.

Anmerkungen

1. Gem. § 301 ZPO kann ein Teilurteil ergehen, wenn von mehreren selbständigen Teilen des Streitgegenstands noch nicht alle zur Endentscheidung reif sind. Über Teile eines einheitlichen Anspruchs, der nach Grund und Höhe streitig ist, darf nur durch Teilurteil entschieden werden, wenn zugleich ein Grundurteil über den restlichen Anspruch ergeht (§ 301 Abs. 1 S. 2 ZPO; BGH NJW 2001, 760; 2000, 800). Wenn der entschiedene und der offen gelassene Teil also den gleichen Anspruchsgrund betreffen, ist ein Teilurteil ohne gleichzeitiges Grundurteil unzulässig (BGH NJW 2000, 137 (138); zum Grundurteil → Form. I.L.6). Im Falle der Aufrechnung mit einer niedrigeren Gegenforderung muss das Teilurteil mit einem Vorbehaltsurteil nach § 302 ZPO verbunden werden (→ Form. I.L.7). Bei Vorliegen der Voraussetzungen sieht § 301 ZPO ein Teilurteil als Regel an, sein Erlass liegt jedoch im Ermessen des Gerichts. In einigen Fällen muss das Gericht ein Teilurteil erlassen, wenn es beantragt wird (vgl. Thomas/Putzo/*Reichold* ZPO § 301 Rn. 4):

- im Fall eines teilweisen Anerkenntnisses nach § 307 ZPO,
- im Fall eines teilweisen Verzichts nach § 306 ZPO,

- im Fall der Säumnis des Beklagten bei nur teilweisem Vorliegen der Voraussetzungen für ein Versäumnisurteil,
- im Fall der Stufenklage, wenn der Rechtsstreit auf einer der ersten Stufen entscheidungsreif ist (→ Form. I.D.11).

Im Übrigen kommt ein Teilurteil vor allem in Betracht,

- bei objektiver Klagehäufung, also bei Geltendmachung mehrerer Ansprüche aus unterschiedlichem Rechtsgrund,
- bei mehreren einfachen Streitgenossen auf Kläger- oder Beklagtenseite (zu Ausnahmen BGH NJW 1999, 1035), insb. bei Unterbrechung des Rechtsstreits wegen Insolvenz nur eines Streitgenossen (BGH NJW 2008, 1214),
- bei Klage und Widerklage, § 301 Abs. 1 S. 1 ZPO, nicht aber, wenn sie denselben Streitgegenstand betreffen (BGH NJW-RR 1994, 379 (380); kein Teilurteil zB bei Klage auf Werklohn und Widerklage auf Schadensersatz nach § 635 BGB, BGH NJW 1997, 453 oder im Mietrecht bei Klage auf Feststellung, dass die Kündigung unwirksam ist, und Widerklage auf Mietzahlung, BGH NZM 2009, 239).

Zulässig kann auch ein Teilurteil über den Hauptantrag mit späterem Schlussurteil über den Hilfsantrag sein (BGH NJW 1995, 2361). In der Rspr. des BGH hat sich das Teilurteil als problematisch erwiesen; in zahlreichen Entscheidung hat der BGH Teilurteile für unzulässig gehalten und die Sache zurückverwiesen, weil die Teile nicht selbständig abgrenzbar waren (BGH NJW 1992, 2080; 2000, 137 (138); 2000, 958; OLG Koblenz NJW-RR 2003, 1722) oder weil die Gefahr widersprüchlicher Entscheidungen bestand (BGH NJW 2011, 2736 (2737); 2009, 2814; 1991, 570; 1993, 784 (785); 1997, 2184; 2001, 760; NJW-RR 2008, 460; weitere Beispiele bei Zöller/*Feskorn* ZPO § 301 Rn. 5–10). Als besonders problematisch haben sich Teilurteile gegen einen von mehreren Streitgenossen erwiesen (BGH NJW 1999, 1035; 2004, 1452; 2009, 230).

2. Der Erlass des Teilurteils ist nicht von einem Antrag abhängig. Es handelt sich um eine Anregung, die vom Kläger oder vom Beklagten kommen kann. Das Teilurteil hat den Vorteil, dass eine Endentscheidung wegen eines Teilanspruchs oft schon erheblich früher ergehen kann und den verbleibenden Streit entlastet; wenn darin Rechtsfragen entschieden werden, kann es auch als Richtschnur für den restlichen Anspruch dienen. Nachteile ergeben sich jedoch, wenn der unterliegende Teil gegen das Teilurteil Berufung einlegt und zwei Prozesse mit derselben Gerichtsakte in verschiedenen Instanzen geführt werden müssen. Allerdings kann der restliche Anspruch nicht verjähren, wenn die Parteien auf den Ausgang des Rechtsmittelverfahrens gegen das Teilurteil warten und den Rechtsstreit iÜ nicht betreiben (BGH NJW 1979, 810). IÜ sollten die Parteien dem Erlass eines Teilurteils entgegenwirken, wenn es nach den Kriterien des BGH (→ Anm. 1) unzulässig sein kann; das würde zu erheblichen prozessualen Komplikationen führen.

3. Das Teilurteil ist hinsichtlich der Rechtsmittel und der Zwangsvollstreckung ein Endurteil; es ist für vorläufig vollstreckbar zu erklären. Hinsichtlich der Anträge zur vorläufigen Vollstreckbarkeit gilt das Gleiche wie sonst auch. Eine Kostenentscheidung enthält das Urteil nicht. Über die Kosten wird einheitlich im Schlussurteil entschieden.

4. Der Antragsteller sollte zur Begründung deutlich machen, dass ein Teilurteil zulässig ist und in Hinblick auf die Prozessökonomie kein Fall des § 301 Abs. 2 ZPO vorliegt. In den gewählten Beispielen ist ein Teilurteil unproblematisch: im 1. Fall handelt es sich um mehrere selbständige Ansprüche, im 2. Fall um Klage und Widerklage bei unterschiedlichem Streitgegenstand (vgl. Zöller/*Feskorn* ZPO § 301 Rn. 9).

Kosten und Gebühren

5. → Anm. 3. Für die Entstehung oder die Höhe der Gebühren ist der Erlass eines Teilurteils ohne Belang. Auch wenn der Rest später unstreitig erledigt wird, reduzieren sich die nach dem vollen Wert gem. KV 1210 GKG eingezahlten Gerichtskosten nicht.

Fristen und Rechtsmittel

6. Die Parteien haben die gewöhnlichen Rechtsmittel, jedoch muss für den Teilanspruch die Berufungssumme oder Revisionssumme erreicht sein (BGH NJW 1977, 1152), und zwar selbst dann, wenn das Teilurteil unzulässig war (BGH NJW 1996, 3216); das gilt später auch für die Anfechtbarkeit des Schlussurteils (BGH NJW 1989, 2758). Es wäre häufig prozessökonomisch, wenn das Rechtsmittelgericht weitere Teile zur Entscheidung an sich ziehen könnte. Das lässt die Rspr. bei einem unzulässigen Teilurteil zu (BGH NJW 2001, 78; 2009, 230). Auch wenn beide Parteien das Rechtsmittelgericht um Entscheidung des gesamten Rechtsstreits ersuchen, kann ein solches Verfahren zulässig sein (BGH MDR 1983, 1014).

6. Antrag auf Erlass eines Grundurteils

An das
Landgericht
In der Sache
. . . . .
wird für den Kläger beantragt,[1, 2, 3]
ein Grundurteil des Inhalts zu erlassen, dass der Schadensersatzanspruch des Klägers aus dem Verkehrsunfall vom . . . . . dem Grunde nach zur Hälfte gerechtfertigt ist, soweit er nicht auf einen Sozialversicherungsträger übergegangen ist, und dass dem Kläger außerdem ein angemessenes Schmerzensgeld unter Berücksichtigung seiner Mithaftungsquote zusteht.[4]

Begründung:[5]

Das Gericht hat sämtliche zum Grund des Anspruchs angetretenen Beweise erhoben, damit ist der Rechtsstreit über den Grund des Anspruchs im positiven Sinn entscheidungsreif. Danach wird sich mit Sicherheit ein Anspruch ergeben, zum genauen Umfang des Anspruchs steht jedoch noch eine weitere umfangreiche Beweisaufnahme aus. Da mit einiger Sicherheit zu erwarten ist, dass der Anspruchsgrund auch nach einem Urteil in dieser Instanz streitig bleiben und der Beklagte Berufung einlegen wird, scheint eine Vorabentscheidung über den Grund zweckmäßig und geboten.
Der Beklagte schließt sich diesem Antrag an und wird dies dem Gericht noch besonders erklären.
Rechtsanwalt[6, 7, 8]

Schrifttum: Klose, Teil-, Vorbehalts- und Grundurteile als Instrumente eines effektiven Rechtsschutzes, MDR 2007, 1351; *Schilken,* Abgrenzung zwischen Grund- und Betragsverfahren, ZZP 1982, 45; *Schneider,* Probleme des Grundurteils in der Praxis, MDR 1978, 705, 793.

Anmerkungen

1. Sind Grund und Höhe eines Anspruchs streitig, kann über den Grund gem. § 304 ZPO vorab entschieden werden. Der Erlass eines solchen Grundurteils liegt im freien Ermessen des Gerichts. Es kann sich aus der Sicht der Parteien empfehlen, wenn zur Feststellung des Betrags noch eine umfangreiche und teure Beweisaufnahme erforderlich ist, aber das Risiko besteht, dass das Rechtsmittelgericht den Anspruch schon dem Grunde nach versagt (vgl. Zöller/*Feskorn* ZPO § 304 Rn. 1). Ein Vorteil ist es auch, dass der Streit über den Grund mit Bindungswirkung (§ 318 ZPO) aus dem weiteren Verfahren ausgesondert wird. Allerdings ist zu bedenken, dass sich der Rechtsstreit bei einem Rechtsmittel gegen das Grundurteil verzögern und auch verteuern wird, da die Rechtsanwaltsgebühren für das Rechtsmittelverfahren jeweils im Grund- und Betragsverfahren anfallen. Zweckmäßig ist ein Grundurteil, wenn zum Grund und zum Betrag unterschiedliche Fragen zu klären sind, wie dies zB in Verkehrsunfallprozessen oft der Fall ist. Ein Grundurteil ist nur zulässig bei summenmäßig bestimmten Ansprüchen auf Geld oder vertretbare Sachen, nicht zB bei Feststellungsklagen (BGH NJW-RR 1994, 319; NJW 2000, 1572; MDR 2012, 179) und Klagen auf Abgabe einer Willenserklärung (BGH NJW-RR 2013, 363). Es kann grds. nicht ergehen, wenn es nicht alle Fragen, die zum Grund des Anspruchs gehören, erledigt (BGH NJW 2001, 224; NJW-RR 2005, 928; 2005, 1008 (1009); MDR 2012, 179). Erlässt das Gericht ein Grundurteil, gibt es zugleich zu erkennen, dass es den Anspruch auch dem Betrag nach mit hoher Wahrscheinlichkeit jedenfalls zum Teil für begründet hält; sonst dürfte kein Grundurteil erlassen werden (BGH NJW-RR 1992, 1053; NJW 2001, 224 (225); NJW-RR 2005, 1008; NJW 2014, 458 (461)). Bei unschlüssiger Klage darf daher kein Grundurteil ergehen (BGH NJW-RR 2008, 1397). Problematisch ist oft, was zum Grund und was zum Betrag gehört (hierzu Thomas/Putzo/*Reichold* ZPO § 304 Rn. 5 ff.; Zöller/*Feskorn* ZPO § 304 Rn. 7–9; BGH MDR 1979, 384 (385)). Im Grundurteil können aber auch einzelne zum Grund des Anspruchs gehörende Fragen ausgeklammert und dem Betragsverfahren überlassen werden (BGH NJW-RR 1996, 700; strenger: BGH NJW 2014, 458 (461)); das muss aber im Urteil deutlich zum Ausdruck kommen. Ausführungen, die ausschließlich die Höhe des Anspruchs betreffen, sind im Grundurteil unzulässig und binden im Betragsverfahren nicht (BGH FamRZ 2009, 2075). Auch sonst ergibt sich für das Gericht eine Reihe von Fehlerquellen, vgl. zB BGH NJW 1984, 1226; 1985, 1959; 1990, 1366; 1991, 1896; NJW-RR 1994, 319; NJW 2002, 3478; MDR 2003, 769.

2. Weiteres Verfahren: Nach Rechtskraft des Grundurteils muss das Gericht der ersten Instanz von Amts wegen im Betragsverfahren terminieren (BGH NJW 1979, 2307). Eine Zurückverweisung durch das Rechtsmittelgericht ist nicht erforderlich. Das Verfahren kann auf Antrag auch schon vorher fortgesetzt werden (§ 304 Abs. 2 ZPO); eine solche Anordnung dürfte aber kaum zweckmäßig sein. Im Betragsverfahren ist das Gericht nur begrenzt an die Feststellungen im Grundurteil gebunden. Die Bindungswirkung erstreckt sich nur auf die tenorierte Rechtsfolge, nicht zB auf Ausführungen zur Schadenshöhe (BGH NJW-RR 2005, 1157). Allerdings darf ein Gericht nicht im Betragsverfahren einen Schaden mit der Begründung verneinen, die Kostenschätzung eines Architekten sei nicht fehlerhaft gewesen, wenn es dem Grunde nach entschieden hat, der Architekt sei infolge der fehlerhaften Kostenschätzung dem Grunde nach schadensersatzpflichtig (BGH NJW 2011, 3242 (3243)).

3. Der Antrag auf ein Grundurteil kann von beiden Parteien gestellt werden, in dieser Form kommt er jedoch nur für den Kläger in Betracht. Der Beklagte könnte zB beantragen,

„die Klage abzuweisen, hilfsweise, falls das Gericht den Anspruch dem Grunde nach ganz oder zum Teil für begründet hält, über den Grund vorab zu entscheiden“

und dies damit begründen, dass er vor einer Beweisaufnahme über den Betrag Rechtsmittel zum Grund einlegen möchte. Der Sache nach handelt es sich nur um eine Anregung der Parteien; denn der Erlass des Grundurteils setzt keinen Antrag voraus, er steht im Ermessen des Gerichts. Ob der Beklagte den Anspruch dem Grunde nach anerkennen und daraufhin ein Anerkenntnis-Grundurteil ergehen kann, ist streitig (vgl. Zöller/*Feskorn* ZPO § 307 Rn. 6 mwN); ein besonderer Sinn liegt darin nicht, der Beklagte kann den Anspruch einfach dem Grunde nach unstreitig stellen.

4. Der Antrag sollte ausformuliert werden, um eine unzureichende, neue Probleme schaffende Tenorierung, wie sie in der Praxis vorkommt (vgl. *Wittmund* NJW 1967, 2387) zu vermeiden. Aus der Tenorierung muss sich eindeutig ergeben, worüber dem Grunde nach entschieden ist, was also dem Betragsverfahren überlassen wird (BGH MDR 2003, 769). Zur Formulierung, auch hinsichtlich des Schmerzensgeldanspruchs, vgl. Thomas/Putzo/*Reichold* ZPO § 304 Rn. 15 f.; Zöller/*Feskorn* ZPO § 304 Rn. 18; der mögliche Übergang auf einen Sozialversicherungsträger ist bereits beim Grund zu berücksichtigen und in den Tenor aufzunehmen. Sollen einzelne zum Anspruchsgrund gehörende Fragen ausgeklammert und dem Betragsverfahren überlassen bleiben, muss dies im Urteilstenor, jedenfalls aber in den Gründen deutlich gemacht werden (BGH NJW 1999, 2440 (2441)). Nur daraus kann entnommen werden, welche Bindungswirkung das Grundurteil für das Betragsverfahren hat (BGH NJW-RR 1997, 188). Das Urteil ist nur hinsichtlich der Rechtsmittel ein Endurteil; über Kosten und vorläufige Vollstreckbarkeit wird nicht entschieden.

5. Der Antragsteller sollte dem Gericht hier die Voraussetzungen für ein Grundurteil (Streitigkeit von Grund und Betrag, Entscheidungsreife nur des Grunds, Wahrscheinlichkeit eines Zahlungsanspruchs) und seine Zweckmäßigkeit kurz darlegen. Wie oft, wenn eine Entscheidung im freien Ermessen des Gerichts liegt, erhöht es das Gewicht des Antrags, wenn er mit der Gegenseite abgestimmt wird.

Kosten und Gebühren

6. Für die Gerichtskosten bilden Grund- und Betragsverfahren eine Instanz. Auch für den Anwalt entstehen durch die Aufspaltung in Grund- und Betragsverfahren keine zusätzlichen Gebühren in der ersten Instanz, wohl aber in der Rechtsmittelinstanz bei Rechtsmitteln gegen Grund- und Betragsurteil. Ob bei Zurückweisung der Berufung gegen das Grundurteil im Betragsverfahren des ersten Rechtszugs eine Anrechnung nach VV Teil 3 Vorb. VI RVG stattfindet, ist zweifelhaft; zum alten Recht nach § 15 BRAGO hat der BGH (MDR 2004, 1024) dies verneint.

Fristen und Rechtsmittel

7. Den Parteien stehen gegen das Grundurteil die gewöhnlichen Rechtsmittel zu. Im arbeitsgerichtlichen Verfahren ist die selbständige Anfechtung ausgeschlossen (§ 61 Abs. 3 ArbGG). Zur Möglichkeit des Rechtsmittelgerichts, das Betragsverfahren an sich zu ziehen, BGH MDR 1993, 538 → Form. I.L.5 Anm. 6.

8. Lehnt das Gericht die Anordnung des Betragsverfahrens vor Rechtskraft des Grundurteils nach § 304 Abs. 2 ZPO ab, ist hiergegen die sofortigen Beschwerde nach § 567 ZPO gegeben (Frist: zwei Wochen).

7. Antrag auf Erlass eines Vorbehaltsurteils bei Aufrechnung

An das
Landgericht
In der Sache
. . . . .
ist der Kläger der Auffassung, dass die vom Beklagten erklärte Aufrechnung ohne Beweisaufnahme zurückzuweisen ist.
Sollte das Gericht in Bezug auf die Aufrechnung eine weitere Aufklärung oder eine Beweisaufnahme für erforderlich halten, wird beantragt,[1, 2]
den Beklagten durch ein Vorbehaltsurteil nach § 302 ZPO entsprechend dem in der Klageschrift gestellten Antrag zu verurteilen,
und zwar, soweit die Aufrechnung reicht,
unter Vorbehalt der Entscheidung über die Aufrechnung,[3]
im Übrigen durch Teilurteil ohne Vorbehalt.

Begründung:[4]

. . . . .
Rechtsanwalt[5, 6]

Schrifttum: Buscher, Das Vorbehaltsurteil gem. § 302 ZPO im Werklohnprozess des Unternehmers, BauR 2002, 870; *Busse,* Aufrechnung bei internationalen Prozessen vor deutschen Gerichten, MDR 2001, 729; *Hofmann,* Die Prozessaufrechnung mit einer rechtswegfremden Forderung, JR 2010, 328; *Klose,* Teil-, Vorbehalts- und Grundurteile als Instrumente eines effektiven Rechtsschutzes, MDR 2007, 1351; *Schaefer,* Vorbehaltsurteil gem. § 302 ZPO – Dornröschenschlaf beendet?, NZBau 2006, 206.

Anmerkungen

1. Hat der Beklagte gegen die Klageforderung aufgerechnet und ist nur die Klageforderung, nicht aber die Aufrechnungsforderung entscheidungsreif, so kann ein Vorbehaltsurteil gem. § 302 ZPO ergehen. Nach der Neufassung des § 302 Abs. 1 ZPO kann das Vorbehaltsurteil auch erlassen werden, wenn die Forderungen in rechtlichem Zusammenhang stehen. Diese Möglichkeit bietet dem Kläger den Vorteil, ohne Verzögerung durch eine ungeklärte Aufrechnung ein vollstreckbares Urteil zu erhalten; insb. bei einer rechtswegfremden Gegenforderung (BAG MDR 2002, 52) oder einer Forderung, die der Schiedsgerichtsbarkeit unterliegt (vgl. OLG Dresden NJW-RR 2001, 54) kann ein Vorbehaltsurteil für den Kläger einen großen zeitlichen Vorteil bringen. Außerdem wird verhindert, dass der Beklagte im Laufe der Instanz noch weitere Einwendungen gegen die Klageforderung erhebt. Die Aufrechnung kann unbedingt oder hilfsweise als Prozessaufrechnung erklärt sein. Nicht anwendbar ist § 302 ZPO, wenn nicht mit einer selbständigen Forderung aufgerechnet wird, sondern in einem Vertragsverhältnis gegenseitige Rechnungsposten miteinander verrechnet werden (vgl. Zöller/*Feskorn* ZPO § 302 Rn. 3). Ein Grundurteil ist auch unzulässig, wenn die Tatsachen sowohl für den Grund als auch für die Höhe annähernd dieselben sind oder doch ein enger Zusammenhang zwischen ihnen besteht (OLG Celle NJW 2011, 3462).

Die Anwendbarkeit des § 302 ZPO im Vergütungsprozess des Bauunternehmers oder des Architekten, denen Schadensersatzansprüche wegen mangelhafter Leistungen entgegengehalten werden, ist nach wie vor unklar (zB OLG Celle NJW-RR 2005, 654; OLG München NJW-RR 2003, 863; Zöller/*Feskorn* ZPO § 302 Rn. 6). Der BGH nimmt zwar ein Aufrechnungsverhältnis an (BGH NJW 2005, 2771; 2006, 698), hält es aber für einen Ermessensverstoß, in einem solchen Fall ein Vorbehaltsurteil zu erlassen (BGH NJW 2006, 698). Ist die Aufrechnungsforderung niedriger als die Klageforderung, darf das Gericht ein Vorbehaltsurteil nur erlassen, wenn es dieses mit einem Teilurteil über die überschießende Klageforderung verbindet (BGH NJW 1996, 395; → Anm. 3). Hält es der Kläger für möglich, dass die Aufrechnungsforderung durchgreift, sollte er bei der Zwangsvollstreckung – jedenfalls bei der Verwertung – bedenken, dass er sich auch bei einem rechtskräftigen Vorbehaltsurteil gem. § 302 Abs. 4 S. 2 ZPO schadensersatzpflichtig machen kann, wenn das Gericht die Aufrechnungsforderung im Nachverfahren zuerkennt. Zur Bindungswirkung des Vorbehaltsurteils für das Nachverfahren vgl. Thomas/Putzo/*Reichold* ZPO § 302 Rn. 7, 8.

2. An den Antrag des Klägers ist das Gericht nicht gebunden, der Erlass eines Vorbehaltsurteils steht in seinem freien Ermessen. Der Kläger wird den Antrag – wie im Beispielsfall – oft nur hilfsweise stellen, da ein Vorbehaltsurteil voraussetzt, dass die Aufrechnung zulässig und die Aufrechnungsforderung rechtzeitig und schlüssig vorgetragen und unter Beweis gestellt wurde. Fehlt es daran, ist der Klage endgültig stattzugeben.

3. Zur Fassung des Vorbehalts vgl. § 302 Abs. 1 ZPO. Im Beispielsfall wird angenommen, dass die Aufrechnungsforderung niedriger als die Klageforderung ist. Das Urteil ergeht dann in Höhe der Differenz als Teilurteil, der Vorbehalt erfasst die zuerkannte Klageforderung nur in Höhe der Aufrechnungsforderung. Der Tenor des Urteils (Vorbehalts- und Teilurteil) und ein entsprechend ausformulierter Antrag würden bei einer Klageforderung von 16.000 EUR und einer Aufrechnungsforderung von 4.500 EUR etwa lauten:

„1. Der Beklagte wird verurteilt,
an den Kläger 11.500 EUR nebst 5 % Zinsen seit ..... zu zahlen.
2. Der Beklagte wird weiter verurteilt, an den Kläger 4.500 EUR nebst Zinsen iHv 5 Prozentpunkten über dem Basiszinssatz seit ..... unter Vorbehalt der Entscheidung über die im Tatbestand bezeichnete Aufrechnung mit einer Gegenforderung von 4.500 EUR zu zahlen.“

Ohne gleichzeitiges Vorbehaltsurteil darf das Teilurteil zu 1. nicht erlassen werden (BGH NJW 1996, 395). Das Urteil enthält außerdem eine Kostenentscheidung und die Entscheidung über die vorläufige Vollstreckbarkeit.

4. Zur Begründung seines Antrags sollte der Kläger, soweit noch erforderlich, zunächst darlegen, dass die Klageforderung entscheidungsreif ist und ggf. vortragen, dass die Aufrechnung ausgeschlossen, verspätet oder unerheblich ist. Bleibt die Aufrechnungsforderung unter der Klageforderung, sollte der Kläger das Gericht auf die Möglichkeit aufmerksam machen, in Höhe der Differenz ein Teilurteil zu erlassen. Außerdem empfiehlt es sich, das berechtigte Interesse an einer schnellen Entscheidung über die Klageforderung ohne Verzögerung durch die Aufrechnungsforderung deutlich machen.

Kosten und Gebühren

5. Zusätzliche Gerichts- und Rechtsanwaltsgebühren entstehen durch die Aufspaltung des Rechtsstreits in Vor- und Nachverfahren nicht; beide bilden eine Gebühreninstanz. § 17 Nr. 5 RVG gilt für dieses Nachverfahren nicht. Bei Rechtsmitteln gegen Vorbehaltsurteil und Urteil im Nachverfahren entstehen die Gebühren jeweils gesondert, allerdings nicht nach dem gem. § 45 Abs. 3 GKG erhöhten Streitwert.

Fristen und Rechtsmittel

6. Das Vorbehaltsurteil ist hinsichtlich der Rechtsmittel ein Endurteil, § 302 Abs. 3 ZPO, gegen das den Parteien die gewöhnlichen Rechtsmittel zustehen (näher Thomas/Putzo/*Reichold* ZPO § 302 Rn. 9, 10; BGH NJW 1979, 1046). Sieht das Gericht die Aufrechnung im Vorbehaltsurteil als zulässig an, muss der Kläger, wenn er die Aufrechnung für unzulässig hält, Berufung gegen das Vorbehaltsurteil einlegen; sonst ist die Zulässigkeit der Aufrechnung für alle Instanzen bindend.

8. Ablehnung eines Richters wegen Besorgnis der Befangenheit

An das
Landgericht[1, 2, 3]

Ablehnungsgesuch

In der Sache

. . . . .

wird der Einzelrichter . . . . (Name)[4] **wegen Besorgnis der Befangenheit abgelehnt.**

Es wird gebeten, die dienstliche Äußerung des Richters unverzüglich einzuholen[5] **und dem Kläger mit Gelegenheit zur Äußerung zuzuleiten,**[6] **damit das Verfahren nicht mehr als nötig verzögert wird.**

Begründung:[7]

Der Einzelrichter hat es für richtig gehalten, am . . . . . das streitige Bauvorhaben gemeinsam mit dem mit der Anfertigung eines Gutachtens beauftragten Sachverständigen zu besichtigen. An diesem Termin haben sich der Beklagte, mit dem der Sachverständige den Zeitpunkt offenbar abgestimmt hatte, und sein Prozessbevollmächtigter beteiligt. Weder der Prozessbevollmächtigte des Klägers noch der Kläger selbst hatten durch den Einzelrichter oder durch den Sachverständigen Kenntnis von dem Termin erhalten, konnten also nicht teilnehmen. Wie der Kläger von einem seiner am Bau tätigen Angestellten erfahren hat, haben der Beklagte und sein Prozessbevollmächtigter den Sachverständigen mehrfach auf angebliche Mängel aufmerksam gemacht, ohne dass der Einzelrichter etwas dagegen unternommen hätte.

Mit diesem Ortstermin unter Ausschluss des Klägers hat der Einzelrichter in grober Weise seine Pflicht verletzt, sich gegenüber den Parteien neutral zu verhalten und nicht einseitig rechtliches Gehör zu gewähren. Auch bei einer objektiv vernünftigen Sicht muss der Kläger befürchten, dass der Einzelrichter den Rechtsstreit nicht unparteiisch verhandeln und entscheiden wird.

Zur Glaubhaftmachung des Ablehnungsgrunds bezieht sich der Kläger auf die anliegende eidesstattliche Versicherung seines Angestellten A . . . . .
sowie auf die einzuholende
dienstliche Äußerung des Einzelrichters.

Eine Ablehnung des Sachverständigen behält sich der Kläger ausdrücklich vor.

Um eine schnelle Entscheidung wird gebeten.

Rechtsanwalt[8, 9, 10, 11]

Schrifttum: Fölsch, Neuerungen im Zivilprozess – Entfristung, Spezialisierung, Effizienz, NJW 2020, 801; *Göbel,* Die mißbrauchte Richterablehnung, NJW 1985, 1058;

Günther, Unzulässige Ablehnungsgesuche und ihre Bescheidung, NJW 1986, 281; *ders.,* Entfällt das Rechtsschutzinteresse an Richterablehnung mit Entscheidung der Hauptsache?, MDR 1989, 691; *Knoche,* Besorgnis richterlicher Befangenheit wegen der Veranlassung strafrechtlicher Schritte, MDR 2000, 371; *Koppenberg,* Beteiligung am Richterablehnungsverfahren und Erstattung außergerichtlicher Kosten bei sofortiger Beschwerde, NJW 2005, 3112; *Rensen,* Rechtlicher Hinweis auf Verjährung als Ablehnungsgrund, MDR 2004, 489; *Schlichting,* Vorbefassung als Ablehnungsgrund, NJW 1989, 1343; *Schneider, E.,* Erfolglose Richterablehnungen im Zivilprozeß, NJW 1996, 2285; *ders.,* Das Vorgehen bei der Richterablehnung, MDR 2005, 671; *ders.,* Die dienstliche Äußerung im Ablehnungsverfahren, NJW 2008, 491; *ders.,* Zivilprozeßreform, Das neue zivilprozessuale Ablehnungsrecht, MDR 2001, 1399; *Schneider, N.,* Befangenheitsablehnung – Gebühren, Streitwert, Kostenerstattung, MDR 2001, 130; *Schreiber,* Ausschließung und Ablehnung des Richters im Zivilprozess, Jura 2011, 745; *Schultzky,* Die „kleine" ZPO-Reform 2020, MDR 2020, 1; *Stollenwerk,* Die Kostenentscheidung bei Richterablehnung, NJW 2007, 3751; *Sturm,* Kosten im Beschwerdeverfahren um ein Richterablehnungsgesuch, MDR 2007, 382; *Vossler,* Entscheidungszuständigkeit bei Ablehnungsgesuchen gegen den Einzelrichter, MDR 2006, 304; *ders.,* Neuregelung der Wartepflicht des als befangen geltenden Richters, MDR 2006, 1383; *ders.,* Ablehnung eines Richters: Das Erfordernis der unverzüglichen Anbringung eines Ablehnungsgesuchs, MDR 2021, 656; *Weigel,* Befangenheit im Schiedsgerichtsverfahren, MDR 1999, 1360.

Anmerkungen

1. Ergeben sich für eine Partei im Laufe eines Rechtsstreits konkrete Anhaltspunkte, die das Misstrauen rechtfertigen, der Richter werde zu ihren Lasten parteiisch urteilen, stellt sich die Frage der Ablehnung gem. §§ 42 ff. ZPO. Eine Ablehnung führt immer zum Erfolg, wenn der Richter gem. § 41 ZPO von der Ausübung des Richteramts ausgeschlossen ist, sie kann aber gem. § 42 ZPO auch wegen Besorgnis der Befangenheit gerechtfertigt sein. Nach der Formel der Rspr. liegt ein solcher Grund vor, wenn eine Partei bei vernünftiger Würdigung aller Umstände Anlass hat, an der Unvoreingenommenheit des Richters zu zweifeln (BVerfG NJW 1987, 430; 1993, 2230; BGH NJW 1995, 1677 (1679); NJW-RR 2003, 1220; 2012, 61; 2014, 318). Unerheblich ist, ob der Richter tatsächlich voreingenommen ist oder sich für befangen hält (BGH NJW-RR 2014, 1469); Entscheidend ist die objektiv vernünftige Sicht der Partei. Zu den einzelnen Fallgruppen vgl. Thomas/Putzo/*Hüßtege* ZPO § 42 Rn. 9–13; Zöller/*Vollkommer* ZPO § 42 Rn. 11 ff.; Musielak/Voit/*Heinrich* ZPO § 42 Rn. 9–17). Problematisch ist für den Prozessbevollmächtigten immer die Frage, ob die Befangenheit mit einem Verstoß des Richters gegen das Verfahrensrecht begründet werden kann. Die Rspr. ist hier zT recht eng (zB OLG Frankfurt a.M. NJW 2009, 1007 (1008)), jedenfalls kann ein Verfahrensfehler allein nicht Besorgnis der Befangenheit auslösen; das gilt auch dann, wenn das Gericht selbst über ein Ablehnungsgesuch entschieden hat, weil es dieses fehlerhaft für unzulässig gehalten hat (BGH NJW-RR 2012, 61); anders kann es aber sein bei mehreren Verstößen zu Lasten einer Partei (BayObLG NJW-RR 2001, 642; OLG Schleswig NJW 1994, 1227), wenn das richterliche Verhalten den Anschein der Willkür oder der unsachlichen Einstellung gegenüber der Partei erweckt (OLG Frankfurt a.M. NJW 2008, 1007 (1008); OLG Köln NJW-RR 2000, 591, OLG München MDR 2002, 862). Häufig geht es um die Frage, ob die unberechtigte Ablehnung eines Terminsverlegungsantrags die Besorgnis der Befangenheit begründet. Die Rspr. ist hier uneinheitlich (zB OLG Hamm MDR 2010, 1282; OLG Frankfurt a.M. NJW 2008, 1328; 2009, 1007; KG NJW 2006, 2787; OLG

München NJW-RR 2002, 862; OLG Bamberg NJW 2006, 2341). Nach der Rspr. des BGH (NJW 2006, 2492 (2494)) kommt eine Ablehnung nur in Betracht, wenn erhebliche Gründe im Sinne des § 227 ZPO offensichtlich vorliegen, die Zurückweisung des Verlegungsantrags für die Partei schlechthin unzumutbar wäre und somit deren Grundrecht auf rechtliches Gehör verletzt. Die zu späte Terminierung einer eilbedürftigen Sache kann die Ablehnung begründen (OLG Hamm NJW-RR 1999, 1291). Nicht dagegen die persönliche Beziehung eines Richters zu einem Mitglied einer Anwaltssozietät, wenn das Sozietätsmitglied nicht am Verfahren beteiligt ist und lediglich andere Sozietätsmitglieder an Verfahren beteiligt sind, in denen sich dieselben Rechtsfragen wie in der Streitsache stellen (BGH NJW-RR 2011, 648; WM 2011, 812). Wissenschaftliche Äußerungen zu einer für das Verfahren bedeutsamen Rechtsfrage sind alleine kein Befangenheitsgrund (BVerfG NJW 2000, 2808). Erst wenn die Nähe der Äußerungen zur Rechtsauffassung eines Beteiligten nicht zu übersehen ist und die wissenschaftliche Tätigkeit des Richters vom Standpunkt anderer Beteiligter aus die Unterstützung dieses Beteiligten bezweckt, kann Anlass zu Zweifeln an der Unvoreingenommenheit des Richters bestehen (BVerfG NJW 2011, 3637; NJW-RR 2010, 1150). Das Befangenheitsgesuch ist unbegründet, wenn es allein auf eine prozessrechtlich typische Vorbefassung mit dem Sachverhalt in einem anderen Verfahren gestützt wird (BGH MDR 2012, 363).

Soll die Ablehnung auf Äußerungen des Richters gestützt werden, ist zu berücksichtigen, dass ein vom Richter geführtes freimütiges Rechtsgespräch auch im Interesse der Parteien liegt, und nicht erwartet werden kann, dass jedes richterliche Wort darin sorgfältig abgewogen ist. Die Ablehnung ist kein Mittel, für unrichtig gehaltene oder auch falsche Rechtsauffassungen zu korrigieren (BVerfG NVwZ 2009, 581; BAG NJW 1993, 839; OLG Düsseldorf NJW 1993, 2542; OLG Oldenburg NJW 2004, 3194). Äußerungen zum voraussichtlichen Verfahrensausgang begründen idR keine Ablehnung (OLG Stuttgart NJW 2001, 1145; KG NJOZ 2007, 3004). Die Partei sollte bei Stellung eines Ablehnungsantrags nicht einer augenblicklichen Verärgerung nachgeben, sondern abwägen, was sie damit erreichen kann. Jede Ablehnung führt zu einer erheblichen Verzögerung, denn der abgelehnte Richter darf bis zur rechtskräftigen Entscheidung nur unter den engen Voraussetzungen des § 47 Abs. 2 ZPO weiter tätig werden – sog Wartepflicht. Auch ein erfolgreiches Ablehnungsgesuch macht den Anlass nicht ungeschehen. Wird die Ablehnung zB darauf gestützt, dass der Richter den Beklagten auf die Verjährung hingewiesen hat (nach BGH NJW 2004, 164; OLG Bremen NJW 1979, 2215; OLG Köln MDR 1979, 1027 u. OLG Hamburg NJW 1984, 2710 ein Ablehnungsgrund; aA OLG Köln NJW-RR 1990, 192; BGH NJW 1998, 612 in Zusammenhang mit der Erläuterung eines Vergleichsvorschlags; BayObLG NJW 1999, 1875 im WEG-Verfahren), so kann der Beklagte natürlich auch vor einem anderen Richter den Hinweis aufnehmen und die Einrede der Verjährung erheben. Zweckmäßig ist die Ablehnung also vor allem dann, wenn sich durch den Richterwechsel die prozessuale Situation – wie im angenommenen Fall – verbessern lässt. Die Ablehnung kann wegen Rechtsmissbrauchs unzulässig sein, wenn mit ihr das Verfahren offensichtlich verschleppt werden soll oder damit verfahrensfremde Zwecke verfolgt werden (vgl. Zöller/*Vollkommer* ZPO § 42 Rn. 13), so zB bei bloßer Wiederholung eines bereits zurückgewiesenen Gesuchs (KG FamRZ 1986, 1022) oder wenn das Gesuch erkennbar nur eine Verzögerung bezweckt (BGH NJW 1995, 1030). Über ein unzulässiges Ablehnungsgesuch können die abgelehnten Richter entgegen § 45 ZPO selbst entscheiden (vgl. Zöller/*Vollkommer* ZPO § 42 Rn. 17). An diese Befugnis sind jedoch in Hinblick auf Art. 101 Abs. 1 GG strenge Anforderungen zu stellen (BVerfG NJW 2007, 3771; NJW-RR 2008, 72).

2. Das Gesuch ist immer bei dem Gericht zu stellen, dem der Richter angehört, nicht bei dem Gericht, das zu entscheiden hat (§ 44 Abs. 1 ZPO). Bei Ablehnung eines Richters am Landgericht oder einer Kammer des Landgerichts entscheiden die übrigen Mitglieder der Kammer bzw. die Vertretungskammer; Entsprechendes gilt bei Ablehnung von Richtern der höheren Instanzen. Auch bei Ablehnung des Einzelrichters entscheiden die Kammer oder der Senat, natürlich ohne den abgelehnten Richter (hM, BGH NJW 2006, 2492; NJW-RR 2007, 776, anders noch KG MDR 2004, 1377; OLG Oldenburg NJW-RR 2005, 931). Wird ein Richter am Amtsgericht abgelehnt, entscheidet nach § 45 Abs. 2 ZPO ein anderer Richter des Amtsgerichts. Eine Ausnahme gilt, wenn der abgelehnte Richter das Gesuch für begründet hält (§ 45 Abs. 2 S. 2 ZPO).

3. Für das Ablehnungsgesuch besteht auch beim Landgericht und den Gerichten des höheren Rechtszugs kein Anwaltszwang (§ 44 Abs. 1 iVm § 78 Abs. 3 ZPO); anders ist es für das Beschwerdeverfahren im Anwaltsprozess, § 569 Abs. 3 Nr. 1 ZPO. Antragsberechtigt sind immer beide Parteien (§ 42 Abs. 3 ZPO); der Prozessbevollmächtigte hat kein eigenes Ablehnungsrecht. Das Gesuch kann im Termin zu Protokoll erklärt werden, was idR zu geschehen hat, wenn der Ablehnungsgrund auf Vorfällen im Termin beruht. Dann ist das Ablehnungsgesuch spätestens am Schluss der mündlichen Verhandlung zu stellen (BGH-NJW-RR 2008, 800). Eine schriftliche Begründung sowie die immer erforderliche Glaubhaftmachung (§ 44 Abs. 2 ZPO) kann dann nachgereicht werden. Generell gilt, dass die Partei ihr Ablehnungsrecht verliert, wenn sie sich gem. § 43 ZPO weiter auf die Verhandlung einlässt – das Stellen von Anträgen ist hierzu nicht erforderlich (Zöller/*Vollkommer* ZPO § 43 Rn. 4) – oder wenn sie gar Anträge stellt, ohne einen bekannten Ablehnungsgrund geltend zu machen. Entsteht der Ablehnungsgrund erst später oder wird er einer Partei erst dann bekannt, bestand bisher keine zeitliche Begrenzung des Ablehnungsrechts. Das ändert jetzt der zum 1.1.2020 in Kraft getretene § 44 Abs. 4 S. 2 ZPO nF. Danach ist ein Ablehnungsgesuch in diesen Fällen unverzüglich nach Kenntniserlangung zu stellen. Das Ablehnungsrecht geht nicht bereits dadurch verloren, dass die Partei einen Antrag auf Akteneinsicht stellt (BayObLG NJW-RR 2001, 642).

4. Die Ablehnung muss sich immer auf einen bestimmten Richter beziehen, der namentlich oder sonst bestimmbar zu bezeichnen ist (Zöller/*Vollkommer* ZPO § 44 Rn. 2). Es kann auch ein ganzer Spruchkörper abgelehnt werden (OLG Köln MDR 1979, 1027), aber nur, wenn in der Person jedes seiner Richter ein Ablehnungsgrund besteht. Die Kenntnis eines Richters vom Befangenheitsgrund eines anderen Mitglieds des Spruchkörpers kann auch ihn befangen machen (OLG Karlsruhe NJOZ 2006, 1958). Auch ehrenamtliche Richter können abgelehnt werden (BVerwG NJW 1990, 1865). Die Ablehnung eines Gerichts oder aller Richter eines Gerichts ist unzulässig (BGH NJW 1974, 55). Auch der Rechtspfleger kann als befangen abgelehnt werden (vgl. auch zum Verfahren, BVerfG NJW-RR 2008, 512).

5. Vgl. § 44 Abs. 3 ZPO. Der dienstlichen Äußerung kommt oft die entscheidende Bedeutung zu. Ihre Abgabe ist eine Dienstpflicht des Richters. Aus der Art ihrer Abfassung kann sich iÜ ein Ablehnungsgrund ergeben (OLG Frankfurt a. M. NJW-RR 1998, 858). In der dienstlichen Äußerung hat der Richter zu den vorgetragenen Tatsachen, mit denen die Befangenheit begründet wird, Stellung zu nehmen. Von einer Würdigung des Ablehnungsgesuchs sollte der abgelehnte Richter absehen (BGH NJW-RR 2012, 61 (62)). Dies sowie inhaltsleere Äußerungen, die sich etwa auf die Erklärung reduzieren, nicht befangen zu sein, sollte der Anwalt beanstanden.

6. Die dienstliche Äußerung ist dem Antragsteller zur Äußerung zuzuleiten (BVerfG NJW 1968, 1621; 1993, 2229 (2230)). Auch der Gegenpartei ist jedenfalls dann rechtliches Gehör zu gewähren, wenn das Gericht dem Antrag stattgeben will.

7. Das Gesuch muss die Tatsachen bezeichnen, aus denen sich die Befangenheit ergeben soll. Das gilt auch bei einem in der mündlichen Verhandlung zu Protokoll gestellten Gesuch. Eine bloße Ablehnungserklärung mit der Ankündigung, die Begründung werde nachgereicht, reicht nicht aus (vgl. Zöller/*Vollkommer* ZPO § 44 Rn. 2). Das Vorbringen und die Glaubhaftmachung können aber, etwa nach Erhalt der dienstlichen Äußerung, vervollständigt werden. Die Begründung sollte in sachlichem Ton abgefasst sein und die Tatsachen, die die Besorgnis der Befangenheit angeben, glaubhaft machen. Hierzu kann sich der Antragsteller auch auf die dienstliche Äußerung des Richters beziehen (vgl. Thomas/Putzo/*Hüßtege* ZPO § 44 Rn. 2), die Partei selbst und wohl auch ihr Prozessbevollmächtigter sind zur eidesstattlichen Versicherung nicht zugelassen (§ 44 Abs. 2 S. 1 ZPO). Die bloße Schilderung des Ablehnungsgrunds soll zur Glaubhaftmachung nicht ausreichen (OLGR Hamm 2008, 535). Falls sich die Partei nach Entstehen des Ablehnungsgrunds auf die Verhandlung eingelassen hat, muss sie auch glaubhaft machen, dass sie erst danach vom Ablehnungsgrund Kenntnis erlangt hat (§ 44 Abs. 4 ZPO). Für das entscheidende Gericht gilt der Grundsatz der freien Beweiswürdigung; eine überwiegende Wahrscheinlichkeit genügt für die Ablehnung (BGH NJW-RR 2007, 776). Andererseits führt ein non liquet hinsichtlich der überwiegenden Wahrscheinlichkeit nicht dazu, dass von der die Besorgnis der Befangenheit begründenden Behauptung des Ablehnenden auszugehen ist (BGH NJW-RR 2011, 136 (137)).

Kosten und Gebühren

8. Gerichtsgebühren entstehen nur im Beschwerdeverfahren (KV 1811 GKG). Für den Anwalt gehört das Verfahren zum Rechtszug (§ 19 Abs. 1 S. 2 RVG). Für das Beschwerdeverfahren gilt VV 3500 RVG). Die Kosten einer erfolglosen Beschwerde sind erstattungsfähig (BGH NJW 2005, 2233; vgl. Thomas/Putzo/*Hüßtege* ZPO § 46 Rn. 9, str.). Diese Kosten sind Kosten des Rechtsstreits (str., OLG Frankfurt MDR 2007, 1399; Zöller/*Vollkommer* ZPO § 46 Rn. 20 mwN).

9. Die Bemessungsgrundlage für den Streitwert ist streitig (vgl. Zöller/*Herget* ZPO § 3 Rn. 16.6 – Ablehnung). Zum Teil wird angenommen, dass der volle Wert der Hauptsache gilt (OLG Frankfurt MDR 2006, 1079), nach aA ist nur ein Bruchteil, zB 25 %, anzusetzen (OLG Frankfurt MDR 2007, 1399).

Fristen und Rechtsmittel

10. Das Ablehnungsrecht unterliegt keiner Frist, es geht aber nach § 43 ZPO verloren, wenn sich die Partei in Kenntnis des Ablehnungsgrunds auf die weitere Verhandlung einlässt (→ Anm. 3). Hiervon abgesehen ist eine Ablehnung bis zum vollständigen Ende der Instanz möglich; dazu zählt auch das Anhörungsrüge-Verfahren nach § 321a ZPO (*Schneider* MDR 2005, 248 (249)). Auch im Tatbestandsberichtigungsverfahren ist eine Ablehnung noch möglich, allerdings fehlt das Rechtsschutzbedürfnis, wenn alle Richter eines Spruchkörpers abgelehnt werden, weil dann eine Tatbestandsberichtigung nicht mehr möglich ist (BGH NJW-RR 2007, 1653).

11. Der Beschluss, der die Ablehnung für begründet hält, ist unanfechtbar, § 46 Abs. 2 Hs. 1 ZPO. Anders soll es sein, wenn der Gegenpartei das rechtliche Gehör versagt wird (OLG Oldenburg NJW-RR 1995, 830); richtiger ist es wohl, dann die Anhörungsrüge nach § 321a ZPO zu erheben (Zöller/*Vollkommer* ZPO § 46 Rn. 13). Der Beschluss, der das Gesuch als unzulässig oder unbegründet zurückweist, unterliegt der sofortigen Beschwerde nach § 567 ZPO (Frist: zwei Wochen). Es besteht eingeschränkter Anwaltszwang nach §§ 46 Abs. 2 Hs. 2, 569 Abs. 3 ZPO. Im Beschwerdeverfahren können keine neuen Ablehnungsgründe geltend gemacht werden (BayObLG MDR 1986, 60). Die Beschwerde soll unzulässig sein, wenn der Richter inzwischen eine die Instanz beendende Entscheidung erlassen hat (BGH NJW-RR 2007, 411). Der Beschwerdeführer muss dann, um die Kostenfolge des § 97 Abs. 1 ZPO zu vermeiden, die Beschwerde für erledigt erklären. Richtet sich die Beschwerde gegen die Entscheidung eines Amtsrichters, ist für die Beschwerdeentscheidung nach § 568 ZPO der Einzelrichter des Landgerichts zuständig, bei einer Beschwerde gegen einen Familienrichter der Einzelrichter des Oberlandesgerichts; hier kann es sich empfehlen, eine Übertragung auf die Kammer bzw. den Senat zu beantragen. Gegen die Entscheidung des OLG findet die Rechtsbeschwerde statt, wenn sie zugelassen wurde (§ 574 Abs. 1 Nr. 2 ZPO; BGH MDR 2005, 409). Das gilt auch für landgerichtliche Entscheidungen in der Berufungs- oder Beschwerdeinstanz (OLG Köln NJW 2004, 3642). Ein unstatthaftes Rechtsmittel löst keine Wartepflicht des Gerichts aus (BGH NZG 2005, 138).

9. Rüge überlanger Verfahrensdauer bei dem mit der Sache befassten Gericht (Verzögerungsrüge)

An das
Landgericht[1, 2]
In der Sache
.....
wird die überlange Dauer[3] des Verfahrens[4] gerügt.

Begründung:[5]

Die bisherige Dauer des Verfahrens ist unangemessen lang. In der vorliegenden Sache wurde Klage bereits am 23.6.2009 erhoben, ohne dass durch das Gericht bislang eine mündliche Verhandlung anberaumt wurde.
Der Kläger erleidet durch die unangemessen lange Verfahrensdauer einen Nachteil.[6] Das andauernde Gerichtsverfahren stellt für ihn zum einen eine erhebliche psychische Belastung dar. Zum anderen droht ihm die Privatinsolvenz, wenn er seine ihm zustehenden Zahlungsansprüche gegen die Beklagte nicht bald durchsetzen kann.[7]
Rechtsanwalt[8, 9, 10, 11]

Schrifttum: Althammer/Schäuble, Effektiver Rechtsschutz bei überlanger Verfahrensdauer – Das neue Gesetz aus zivilrechtlicher Perspektive, NJW 2012, 1; *Itzel*, Neuere Entwicklungen im Amts-, Staatshaftungs- und Entschädigungsrecht, MDR 2021, 274; *Link/van Dorp*, Rechtsschutz bei überlangen Gerichtsverfahren, 2012; *Magnus,* Das neue Gesetz über den Rechtsschutz bei überlangen Gerichtsverfahren und strafrechtlichen Ermittlungsverfahren, ZZP 2012, 75; *Remus*, Amtshaftung bei verzögerter Amtstätigkeit des Richters, NJW 2012, 1403; *Schlick*, Die Verzögerungsrüge nach § 198 Abs. 3 GVG, in: FS Vorwerk, 2019, S. 303.

Anmerkungen

1. Vgl. §§ 198–201 GVG. Die Verzögerungsrüge gem. § 198 Abs. 3 GVG ist in erster Linie tatbestandliche Voraussetzung des in einem eigenständigen Verfahren geltend zu machenden Entschädigungsanspruchs wegen überlanger Verfahrensdauer gem. § 198

Abs. 1 S. 1 GVG (Entschädigungsklage, → Form. I.D.14). Darin erschöpft sich ihre Funktion jedoch nicht. Ihr kommt ferner eine präventive Rechtsschutzfunktion für das aktuelle Verfahren zu, indem sie dem Richter das Gebot der Verfahrensbeschleunigung vor Augen führen soll (*Althammer/Schäuble* NJW 2012, 1 (2)). Verzögert sich das Verfahren bei einem anderen Gericht weiter, bedarf es einer erneuten Verzögerungsrüge (§ 198 Abs. 3 S. 5 GVG).

2. Der Antrag ist an das Gericht zu richten, das mit der Sache befasst ist.

3. Vgl. zunächst → Form. I.D.14. Eine überlange Dauer des Verfahrens liegt vor, wenn eine Abwägung aller Umstände ergibt, dass die aus Art. 2 Abs. 1 iVm Art. 20 Abs. 3 GG bzw. aus Art. 6 Abs. 1 EMRK folgende Verpflichtung des Staates, Gerichtsverfahren in angemessener Zeit zu einem Abschluss zu bringen, verletzt ist. Maßgeblich sind insb. die Schwierigkeit und die Bedeutung des Verfahrens. Im Rahmen letzterer sind insb. die Auswirkungen einer langen Verfahrensdauer für die Beteiligten zu berücksichtigen. Weiter kann auch die Bedeutung des Verfahrens für die Allgemeinheit, zB eines Musterprozesses, bei der Abwägung zu berücksichtigen sein. Auch das Verhalten der Verfahrensbeteiligten und Dritter ist zu berücksichtigen. So wirkt sich insb. eine Mitverantwortung der Verfahrensbeteiligten auf die Frage der Unangemessenheit der Verfahrensdauer aus, wobei den Verfahrensbeteiligten solche Verzögerungen nicht vorgeworfen werden sollen, die daraus resultieren, dass vom Gesetz bereitgestellte Verfahrensrechte (zB Antrag auf Fristverlängerung, Richterablehnung) genutzt werden.

4. Gem. § 198 Abs. 6 Nr. 1 GVG ist ein Gerichtsverfahren jedes Verfahren von der Einleitung bis zum rechtskräftigen Abschluss einschließlich eines Verfahrens auf Gewährung vorläufigen Rechtsschutzes und zur Bewilligung von Prozess- oder Verfahrenskostenhilfe; auch das selbständige Beweisverfahren nach §§ 485 ff. ZPO ist ein eigenständiges Gerichtsverfahren iSv § 198 Abs. 6 Nr. 1 GVG (BGH NJW 2014, 789); ausgenommen ist das Insolvenzverfahren nach dessen Eröffnung, hier gilt jede Herbeiführung einer Entscheidung als Gerichtsverfahren. § 198 GVG gilt unmittelbar nur für Verfahren der ordentlichen Gerichtsbarkeit. Entsprechende Anwendung findet die Vorschrift kraft ausdrücklicher gesetzlicher Bestimmung (§§ 9 Abs. 2 S. 2 ArbGG, 155 S. 2 FGO, 202 S. 2 SGG, 173 S. 2 VwGO) auf die Arbeits-, die Finanz-, die Sozial- und die Verwaltungsgerichtsbarkeit. Für Entschädigungsansprüche wegen überlanger Dauer eines Verfahrens vor dem BVerfG gelten die §§ 97a–d BVerfGG.

5. Es bedarf für die Rüge mit Ausnahme von § 198 Abs. 3 S. 3 GVG (→ Anm. 7) keiner substantiierten Begründung. Der Betroffene muss nicht darlegen, aus welchen Umständen sich die überlange Verfahrensdauer ergibt und welche Alternativen zur Verfahrensgestaltung in Betracht kommen. Er muss lediglich sein fehlendes Einverständnis mit der Verfahrensdauer zum Ausdruck bringen (BT-Drs. 17/3802, 21). Allerdings stellt die bloße Bitte um Beschleunigung des Verfahrens keine Verzögerungsrüge iSd § 198 Abs. 3 GVG dar. Diese kann schon vor dem Zeitpunkt, ab dem die Besorgnis der unangemessenen Verfahrensdauer besteht, dem Gericht mitgeteilt werden. Eine solche Bitte lässt die Sperrfrist von sechs Monaten für die Erhebung der Verzögerungsrüge (§ 198 Abs. 3 S. 2 GVG) nicht in Gang treten (*Althammer/Schäuble* NJW 2012, 1 (3)).

6. Zum Begriff des Nachteils → Form. I.D.14 Anm. 9, 10. Wegen der geringen Substantiierungsanforderungen der Verzögerungsrüge (→ Anm. 5) muss ein Nachteil erst bei der Geltendmachung des Entschädigungsanspruchs näher dargelegt werden.

7. Kommt es für die Verfahrensförderung auf Umstände an, die noch nicht in das Verfahren eingeführt worden sind, muss die Rüge hierauf hinweisen, § 198 Abs. 3 S. 3 GVG. Andernfalls werden diese Umstände vom Entschädigungsgericht nicht berücksichtigt (§ 198 Abs. 3 S. 4 GVG). Diese Obliegenheit der Verfahrensbeteiligten folgt aus der präventiven Warnfunktion der Verzögerungsrüge. Diese für das Maß der gebotenen Zügigkeit wichtigen Umstände müssen lediglich dargelegt werden, eines Nachweises bedarf es für die Rüge im Rahmen des Ausgangsverfahrens nicht (BT-Drs. 17/3802, 21).

8. Für die Verzögerungsrüge besteht laut Gesetzesbegründung (nur) im Anwaltsprozess Anwaltszwang (BT-Drs. 17/3802, 20). Schriftform besteht nicht, auch eine mündliche Rüge ist ausreichend (BVerfG NJW 2016 (2018)).

Kosten und Gebühren

9. Keine besonderen Gerichts- und Rechtsanwaltsgebühren.

Fristen und Rechtsmittel

10. Die Verzögerungsrüge kann nach § 198 Abs. 3 S. 2 GVG erst erhoben werden, wenn Anlass zur Besorgnis besteht, dass das Verfahren nicht in angemessener Zeit abgeschlossen wird (→ Anm. 3). Eine zuvor erhobene Rüge ist nicht geeignet, den Entschädigungsanspruch gem. § 198 Abs. 1 S. 1 GVG entstehen zu lassen. § 198 Abs. 3 S. 2 GVG regelt lediglich den frühestmöglichen Zeitpunkt für eine Rüge, dh sie muss nicht zu diesem Zeitpunkt erhoben werden, denn den Verfahrensbeteiligten soll Geduld nicht zum Nachteil gereichen (BT-Drs. 17/3802, 21). Die Grenze ist erst dort erreicht, wo das Verhalten des Betroffenen als ein „Dulde und liquidiere" erscheint (BT-Drs. 17/3802, 21).

11. Eine Wiederholung der Verzögerungsrüge ist frühestens nach sechs Monaten möglich, § 198 Abs. 3 S. 2 GVG. Diese Sperrfrist dient dem Schutz der Gerichte vor Kettenrügen.

Art. 22 S. 2 des Gesetzes über den Rechtsschutz bei überlangen Gerichtsverfahren und strafrechtlichen Ermittlungsverfahren v. 24.11.2011 (BGBl. I 2302) enthält eine Übergangsvorschrift auch für solche Verfahren, die bei seinem Inkrafttreten bereits anhängig und verzögert waren. Für diese gilt § 198 Abs. 3 GVG mit der Maßgabe, dass die Verzögerungsrüge unverzüglich nach Inkrafttreten des Gesetzes erhoben werden muss.

M. Beendigung des Prozesses durch Parteiprozesshandlungen

1. Antrag auf Protokollierung eines Vergleichs

An das
Landgericht
In der Sache[1, 2,]
. . . . .
zeigt die Klägerin im versicherten Einverständnis mit der Beklagten an,[3] dass die Parteien den Rechtsstreit aus wirtschaftlichen Überlegungen ohne Präjudiz für den beiderseitigen Rechtsstandpunkt[4] durch folgenden Vergleich beenden wollen:

1. **Die Beklagte verpflichtet sich, an die Klägerin 1.500.000 EUR zu zahlen.[5]**
2. **Die Parteien sind sich darüber einig, dass das Eigentum am Grundstück . . . . . auf die Beklagte übergehen soll, und erklären hiermit die Auflassung.**
3. **Die Beklagte kann die Zahlung in monatlichen Raten von 50.000 EUR leisten. Die Raten sind jeweils am 15. eines Monats fällig, zuerst am 15.5.2021.**
4. **Geht eine Rate bis zum 3. Werktag nach Fälligkeit nicht ein, kann die Klägerin die Zahlung des gesamten noch offenen Betrages nebst Zinsen iHv 5 Prozentpunkten über dem jeweiligen Basissatz auf einmal verlangen[6] oder vom Vertrag zurücktreten.[7]**
5. **Die Klägerin verzichtet auf die Rechte aus dem Versäumnisurteil vom . . . . .[8]**
6. **Von den Kosten des Rechtsstreits einschließlich dieses Vergleichs haben die Klägerin $^1/_4$ und die Beklagte $^3/_4$ zu tragen.[9]**
7. **. . . . . (Widerrufsvorbehalt)[10, 11]**

Es wird um Anberaumung eines baldigen Termins zur Protokollierung des Vergleichs gebeten.[12]
Rechtsanwältin[13, 14]

Schrifttum: Christopoulos, Prozessvergleich – Unbestimmte Formulierungen als Risiko fehlender Vollstreckungsfähigkeit, MDR 2014, 438; *Dölling*, Der Vergleich mit dem PKH-berechtigten Beklagten nach neuem Recht, MDR 2013, 1009; *Edenfeld,* Anwaltshaftung – Beratungspflichten beim Vergleich, MDR 2001, 972; *Kontusch*, Vergleichsweise Kostenentscheidung, JA 2013, 687; *Müller-Teckhoff*, Rechte und Pflichten des Gerichts beim Prozessvergleich nach § 278 Abs. 6 ZPO, MDR 2014, 249; *Risse/Reichert,* Offenlegung eines vertraulichen Vergleichsangebots, NJW 2008, 3680; *Sauer/Maiendresch,* Widerrufsvergleich und Erteilung der Vollstreckungsklausel, NJW 2004, 2870; *Scharpenack,* Der Vergleich mit Widerrufsvorbehalt – Fakten und Formulierungshinweise, MDR 1996, 883; *Spangenberg,* Kreativ vergleichen, MDR 1992, 333; *Treffer,* Der Prozeßvergleich, MDR 1999, 520; *Zeising*, Der Prozessvergleich und sein Bestand vor der Rechtsordnung, WM 2011, 774.

Anmerkungen

1. In der zivilgerichtlichen Praxis wird ein erheblicher Prozentsatz der Prozesse durch einen Vergleich beendet. Die Vorteile einer vergleichsweisen Erledigung liegen vor allem in der schnelleren, endgültigen und gütlichen Beendigung des Rechtsstreits, die Rechtsmittel ausschließt und eine vielleicht jahrelange belastende Ungewissheit über den Prozessausgang vermeidet. Der protokollierte Prozessvergleich ersetzt die Form der notariellen Beurkundung (§ 127a BGB) und kann so auch der Kostenersparnis dienen. Ein Vergleich kann nicht nur im Erkenntnisverfahren nach §§ 253 ff. ZPO geschlossen werden, sondern auch im Prozesskostenhilfeverfahren, im selbständigen Beweisverfahren, im Arrestverfahren (BGH NJW-RR 1991, 1021) und im Verfahren über eine einstweilige Verfügung, im Verfahren über Scheidungsfolgesachen iSv § 137 Abs. 2 FamFG sowie im Zwangsvollstreckungsverfahren. Darüber hinaus kann ein Prozessvergleich auch außerhalb eines Rechtsstreits von den Parteien und ihren Rechtsanwälten geschlossen werden (Anwaltsvergleich nach § 796a ZPO, → Form. I.M.2).

2. Der Vergleich dient, falls die darin übernommene Verpflichtung nicht erfüllt wird, als Vollstreckungstitel (§ 794 Abs. 1 Nr. 1 ZPO). Um Folgeprozesse zu vermeiden, ist daher auf einen eindeutigen und vollstreckungsfähigen Inhalt des Vergleichs Wert zu legen (ausf. *Christopoulos* MDR 2014, 438). Auch im Hinblick auf die Mehrwertsteuer sollte der Wortlaut unmissverständlich sein (BGH NJW-RR 1990, 32). Der Rechtsanwalt hat gegenüber seinem Mandanten eine umfangreiche Aufklärungspflicht über Inhalt und Folgen des Vergleichs (BGH NJW 2010, 1357). Er hat vom Vergleich abzuraten, wenn dieser für die von ihm vertretene Partei eine unangemessene Benachteiligung darstellt und insb. begründete Aussicht besteht, im Falle einer streitigen Entscheidung ein wesentlich günstigeres Ergebnis zu erzielen (BGH NJW 2016, 3430). Er ist außerdem verpflichtet, für einen eindeutigen, nicht erst der Auslegung bedürftigen Wortlaut zu sorgen, der zudem den Willen seines Mandanten vollständig und richtig wiedergibt (BGH NJW 2002, 1408). Bei Unklarheiten ist allerdings eine ergänzende Vertragsauslegung möglich (BGH NJW 2005, 524). Es empfiehlt sich, die beiderseitigen Verpflichtungen einem Urteilstenor entsprechend zu formulieren. Gegenstand des Vergleichs kann jede denkbare Vereinbarung sein, soweit sie nicht gegen zwingendes Recht, gesetzliche Verbote (§ 134 BGB) oder die guten Sitten (§ 138 BGB) verstößt, ein Vergleich setzt aber gegenseitiges Nachgeben voraus. Der Vergleich bietet auch die Möglichkeit, weitere Streitigkeiten der Parteien, die nicht oder in einem anderen Prozess rechtshängig sind, einzubeziehen und zu erledigen (→ Form. I.M.3 Anm. 8). Allerdings besteht bis zum Ende der Rechtshängigkeit ein Anspruch auf Protokollierung durch das Gericht nur in Bezug auf den Streitgegenstand, andere Ansprüche kann das Gericht protokollieren, wenn sie in einem inneren Zusammenhang mit dem Streitgegenstand stehen (BGH NJW 2011, 3451). Auch Personen, die nicht Parteien des Rechtsstreits sind, können am Vergleich als Berechtigter oder Verpflichteter beteiligt werden, etwa um einen weiteren Verantwortlichen einzubeziehen oder um Rückgriffsansprüche des Beklagten zu regeln (vgl. Musielak/Voit/*Lackmann* ZPO § 794 Rn. 7). In einem solchen Fall ist im Protokoll vor dem Vergleichstext etwa die Formulierung aufzunehmen:

> **„Frau X (. . . . .genaue Anschrift) tritt dem Rechtsstreit zum Abschluss des Vergleichs auf Seiten der Beklagten bei."**

Außerdem ist im Vergleichstext aufzunehmen, welche Verpflichtung der Dritte übernimmt; die Beitrittserklärung allein schafft noch keinen Titel gegen ihn (vgl. Musielak/Voit/*Lackmann* ZPO § 794 Rn. 7). Für den Dritten besteht kein Anwaltszwang gem. § 78 ZPO (BGH NJW 2012, 2810; OLG Köln BeckRS 2012, 07363). Da der Vergleich sowohl Prozesshandlung als auch privatrechtlicher Vertrag iSd § 779 BGB ist (BGH NJW 2005, 3578), kann er nach dieser Vorschrift (BGH MDR 2004, 441), bei Wegfall der Geschäftsgrundlage (BGH NJW 2000, 2499) und nach den allgemeinen Bestimmungen des bürgerlichen Rechts unwirksam sein; diese Fragen und die Rückabwicklung des Geleisteten sind durch Fortsetzung des Rechtsstreits zu klären (BGH NJW 2011, 2149);

das gilt auch für einen Vergleich im WEG-Verfahren (BayObLG NJW-RR 1999, 1613). Die Parteien können den Prozessvergleich durch Vertrag wieder aufheben; ob dann der alte Rechtsstreit fortzusetzen ist (so BAG NJW 1983, 2212), ist str. (aA BGH NJW 1964, 1524). Bei Rücktritt vom Vertrag kann der Rechtsstreit nicht weitergeführt werden (OLG München BeckRS 2015, 10119, aA BAG BeckRS 2016, 67195; offengelassen in BAG NJW 2015, 1198). Ist das Ursprungsverfahren rechtskräftig beendet, kann die Klärung in einem neuen Rechtsstreit erfolgen (BGH NJW 2011, 2149).

3. Vergleiche können von den Parteien unmittelbar vereinbart oder auf Vorschlag des Gerichts geschlossen werden. Sind die Parteien grds. vergleichsbereit, fällt ihnen aber eine konkrete Einigung schwer, kann es zweckmäßig sein, einen Vergleichsvorschlag des Gerichts anzuregen; das Gericht wird dem idR entsprechen (→ Form. I.M.3).

4. Ein solcher Zusatz kann den Parteien die Beendigung des Rechtsstreits erleichtern.

5. Die Erklärung des Klägers, dass er auf die mit der Klage geltend gemachte Mehrforderung verzichte, ist überflüssig. Etwas anderes gilt, wenn der Kläger nur einen Teilanspruch geltend gemacht hat und der weitergehende Anspruch miterledigt werden soll.

Im Vergleich sollte klargestellt werden, was aus den bestehenden Sicherungsrechten wird, ob sie also auch die im Vergleich übernommene Verpflichtung sichern sollen. Sie können auch neu vereinbart werden.

6. Ratenzahlungsvereinbarungen mit Verfallklausel sind zulässig und üblich. Besteht allerdings das Nachgeben des Klägers nur in der Ratenzahlung, ist der Vergleich für den Beklagten besonders ungünstig, da er zusätzlich mit der Vergleichsgebühr der Rechtsanwälte belastet wird. Ein Anerkenntnisurteil wäre für ihn erheblich kostengünstiger. Gebräuchlich ist auch die Formulierung (zB):

„Kommt der Beklagte mit der Zahlung einer Rate um mehr als drei Tage in Verzug, wird der gesamte Restbetrag auf einmal fällig."

Jedoch setzt Verzug Verschulden voraus, hierüber könnte in der Vollstreckung Streit entstehen. Eine Verfallklausel kann – wenn die Klageforderung nicht bestritten und höher als der Vergleichsbetrag ist – auch in der Weise vereinbart werden, dass der Vergleich wirkungslos ist und wieder die ursprüngliche Forderung geschuldet wird, falls der Schuldner nicht wie vereinbart leistet (BGH NJW 1981, 2686); die Formulierung könnte dann etwa lauten:

„Geht eine Rate bis zum 3. Werktag nach Fälligkeit nicht ein, wird der Vergleich wirkungslos und lebt die Forderung von . . . . . EUR nebst 8 % Zinsen seit dem . . . . . wieder auf."

Dieses Ergebnis kann auch dadurch erreicht werden, dass der Kläger, falls die Raten eine bestimmte Summe erreicht haben, auf die restliche Forderung verzichtet (→ Form. I. M.3 Anm. 6).

7. Hiermit erhält sich der Kläger die Möglichkeit, im Fall der Nichtzahlung das Grundstück herauszuverlangen.

8. Der Verzicht ist zweckmäßig, da sonst zwei vollstreckbare Titel vorhanden wären. Zwar macht der Vergleich die Vollstreckung aus einem bereits ergangenen Urteil unzulässig, der Nachweis gegenüber dem Vollstreckungsorgan wird jedoch auf diese Weise erleichtert.

9. Bei der Kostenregelung empfiehlt sich besondere Sorgfalt. Sie muss nicht dem Ergebnis in der Hauptsache entsprechen, oft schlagen die Gerichte eine Kostenaufhebung vor. Zumindest für die Kosten des Vergleichs entspricht das der Intention des Gesetz-

gebers (§ 98 S. 1 ZPO). Übernimmt allerdings eine Partei in einem Prozessvergleich die Kosten des Rechtsstreits, sind damit regelmäßig auch die Kosten des Prozessvergleichs erfasst (OLG Hamburg NJW 2014, 3046). Besteht eine Rechtsschutzversicherung, muss der Rechtsanwalt beachten, dass er vom Versicherer nur die dem Unterliegen entsprechenden Kosten erhält. Trägt der rechtsschutzversicherte Mandant im Vergleich sämtliche Kosten, obwohl dies nicht dem Verhältnis Obsiegen/Unterliegen entspricht, muss der Rechtsanwalt darauf hinweisen, dass der Rechtsschutzversicherer ggf. teilweise die Kostenübernahme ablehnt (OLG Düsseldorf BeckRS 2012, 00939). Übernimmt die mit Prozesskostenhilfe prozessierende Partei die Gerichtskosten, kann sie den Prozessvergleich später nicht wegen Irrtums anfechten, wenn sie dem Gegner Gerichtskosten erstatten muss, die dieser verauslagt hat (OLG Hamm BeckRS 2011, 18364). Ob eine Partei, der ratenfreie Prozesskostenhilfe bewilligt ist und die in einem Vergleich die Verpflichtung, die Gerichtskosten zu tragen, übernimmt, durch § 122 Abs. 1 Nr. 1 lit. a ZPO geschützt ist, ist streitig (OLG Frankfurt a. M. NJW 2013, 191; KG NJW-RR 2012, 1021). Hier sollten die Parteien im Vergleich vorsorglich eine Entscheidung des Gerichts nach § 91a ZPO vereinbaren (OLG Frankfurt a. M. NJW 2013, 191). Um einem späteren Streit über Kosten eines vorangegangenen selbständigen Beweisverfahrens (OLG Koblenz MDR 2003, 356; OLG Hamburg MDR 1983, 409), über vorausgegangene Vollstreckungskosten (BGH NJW 2004, 503) oder über Kosten einer Nebenintervention (BGH NJW 2003, 1948; aA OLG Nürnberg MDR 2003, 597; KG NJW-RR 2004, 719) vorzubeugen, sollte auch hierüber eine Regelung getroffen werden. Kosten, die durch Säumnis (§ 344 ZPO) oder durch Anrufung des unzuständigen Gerichts (§ 281 Abs. 3 ZPO) entstanden sind, sind von der Kostenregelung im Vergleich nur ausgenommen, wenn das ausdrücklich vereinbart wird.

Falls die Parteien sich über den Kostenpunkt nicht einigen können, besteht die Möglichkeit, die Entscheidung über die Kosten dem Gericht zu überlassen; das führt allerdings zu höheren Gerichtskosten. Umstr. ist die Frage, ob das Gericht dann nach § 91a ZPO oder nach § 98 ZPO zu entscheiden hat (OLG Hamm MDR 2003, 116; OLG Karlsruhe BeckRS 2010, 20103); zT wird verlangt, dass der Ausschluss des § 98 ZPO zugunsten des § 91a ZPO im Vergleichstext selbst enthalten ist (so OLG Zweibrücken OLGZ 1983, 80 mwN; OLG Naumburg NJW 2012, 1522). Wenn die Parteien die oft unangemessene Rechtsfolge des § 98 ZPO nicht wollen, empfiehlt sich die Erklärung zu Protokoll, dass sie die Kosten der gerichtlichen Entscheidung nach § 91a ZPO unterstellen. Die Entscheidung ergeht dann unter Berücksichtigung des bisherigen Sach- und Streitstandes nach billigem Ermessen (BGH NJW 2007, 835; OLG Stuttgart NJW-RR 1999, 147), wobei das Gericht iRd Ermessens auch das Vergleichsergebnis berücksichtigen kann. Soll sich die gerichtliche Entscheidung am Inhalt des Vergleichs orientieren, muss das im Vergleich geregelt sein (OLG Stuttgart NJW-RR 2011, 1439). Stand die Beweisaufnahme noch aus, wird das Gericht die Kosten regelmäßig gegeneinander aufheben (OLG Stuttgart NJW-RR 2011, 1439).

10. Mag sich eine Partei – etwa weil erst die Zustimmung des Mandanten eingeholt werden soll oder der Versicherer gefragt werden muss – im Termin noch nicht endgültig entscheiden, ob der Vergleich akzeptiert wird, kann sie sich den Widerruf vorbehalten. Wenn es um Regelungen von erheblicher Tragweite geht (BGH NJW 1994, 2085) oder wenn der Mandant erkennbar andere Erwartungen hat (BGH NJW 1993, 1325), darf der Anwalt ohne Rücksprache keinen bindenden Vergleich abschließen. Der Widerrufsvorbehalt stellt eine aufschiebende Bedingung für die Wirksamkeit des Vergleichs dar (BGH NJW 1984, 312). Beispiel für die Formulierung:

„Der Kläger (der Beklagte, beide Parteien . . . . .) können den Vergleich durch schriftsätzliche Erklärung an das Gericht bis zum . . . . .widerrufen".

Möglich und in manchen Fällen sinnvoll ist auch eine gestaffelte Widerrufsfrist, wonach eine Partei den Widerruf noch überlegen kann, nachdem sich die andere bereits für den Vergleich entschieden hat. In jedem Fall sollten die Parteien darauf drängen, dass das Gericht für den Fall des Widerrufs Anordnungen trifft, die den Prozess fördern. Zur Form des Widerrufs vgl. BGH MDR 1980, 283; er muss unterschrieben sein (BAG NJW 1989, 3035), ein Widerruf durch Telefax kann wirksam sein (OLG München NJW 1993, 3042). Wenn im Vergleich nichts anderes vereinbart wird, kann der Widerruf sowohl gegenüber dem Gericht als auch gegenüber dem Gegner erklärt werden (BGH NJW 2005, 3576). Erklärt die Partei vor Ablauf der Frist, dass sie nicht widerrufen werde, ist sie hieran gebunden.

Die Widerrufsfrist kann durch Vereinbarung der Vergleichsparteien ohne Mitwirkung des Gerichts verlängert werden (BGH NJW-RR 2018, 1023). Ein nicht vereinbarter Widerruf ist unwirksam (OLG Köln BeckRS 2016, 05172). Ein im Prozessvergleich nicht enthaltenes Widerrufsrecht kann von den Parteien nachträglich nur wirksam vereinbart werden, wenn die für den Prozessvergleich geltenden Förmlichkeiten eingehalten werden und die prozessbeendende Wirkung des Vergleichs noch nicht eingetreten ist (BGH NJW-RR 2018, 1023).

11. Ein Vergleich, der eine Auflassung enthält, darf nicht unter einem Widerrufsvorbehalt stehen, da die Auflassung bedingungsfeindlich ist (§ 925 Abs. 2 BGB; BGH NJW 1988, 415).

12. Auf einen übereinstimmenden Vergleichsvorschlag der Parteien kann das Gericht auch außerhalb eines Termins Zustandekommen und Inhalt durch Beschluss feststellen (§ 278 Abs. 6 ZPO → Form. I.M.3). Das gilt allerdings nicht, wenn der Vergleich eine Auflassung enthält, da hierfür die gleichzeitige Anwesenheit beider Parteien erforderlich ist (§ 925 Abs. 1 S. 1 ZPO; vgl. OLG Jena BeckRS 2015, 1493; OLG Düsseldorf NJW-RR 2006, 1609).

Der im Termin geschlossene Vergleich bedarf zu seiner Wirksamkeit als Prozesshandlung und Vollstreckungstitel der ordnungsgemäßen Protokollierung durch das Gericht (§ 160 Abs. 3 Nr. 1 ZPO). Er muss vorgelesen bzw. abgespielt und genehmigt werden (§ 162 Abs. 1 S. 1, 2 ZPO), sonst ist er unwirksam (BGH NJW 1984, 1465). Wegen der Beweiskraft des Protokolls (§ 165 ZPO) ist darauf zu achten, dass diese Förmlichkeiten in die Niederschrift aufgenommen werden. Allerdings bleibt der Vergleich materiell wirksam und ersetzt gem. § 127a BGB die notarielle Beurkundung auch dann, wenn der Vermerk unterblieben ist (BGH NJW 1999, 2806). Ist der Vergleich nach Ansicht einer Partei unrichtig aufgenommen, muss sie einen Protokollberichtigungsantrag stellen → Form. I.F.8); § 319 ZPO ist unanwendbar.

Kosten und Gebühren

13. Die Gerichtskosten ermäßigen sich bei einem Vergleich im ersten Rechtszug auf die einfache Gebühr (KV 1211 GKG), allerdings nur, wenn der Vergleich den gesamten Rechtsstreit erledigt, nicht also bei einem Teilvergleich. Bei einem Vergleich in der Berufungsinstanz ermäßigen sich die Gerichtskosten auf zwei Gebühren (KV 1222 GKG); bei einem Teilvergleich fällt die Urteilsgebühr nach KV 1223 GKG nur nach dem reduzierten Streitwert an. Die Gebührenreduzierung erfolgt nicht, wenn das Gericht über die Kosten nach § 91a ZPO zu entscheiden hat (OLG München MDR 1998, 739). Verzichten die Parteien in einem Vergleich vor dem Berufungsgericht auf die Begründung der Entscheidung des Beschlusses nach § 91a ZPO, sollen sich die Gerichtsgebühren analog KV 1223 GKG auf 3,0 ermäßigen (OLG Celle NJW-RR 2011, 1293).

14. Bereits entstandene Anwaltsgebühren entfallen nicht. Zusätzlich erhält der Rechtsanwalt für den Abschluss eines gerichtlichen Vergleichs eine Einigungsgebühr iHv 1,5 (VV 1000 RVG) auf den Wert des Vergleichs. Diese Gebühr ist nicht von einem gegenseitigen Nachgeben iSd § 779 BGB abhängig (BGH NJW 2009, 234). Ihre Festsetzung im Kostenfestsetzungsverfahren erfordert allerdings, dass ein förmlich protokollierter Vergleich vorliegt, der als Vollstreckungstitel tauglich ist (BGH NJW 2006, 1523). Die Einigungsgebühr wird bereits mit Abschluss des Vergleichs fällig (OLG Düsseldorf NJW-Spezial 2008, 253). Erfasst der Vergleich Gegenstände, die nicht gerichtlich anhängig sind, erhält der Anwalt für diesen Teil eine gesonderte Einigungsgebühr, wobei der Gesamtbetrag der Vergleichsgebühren die Gebühr aus den addierten Gegenstandswerten nicht übersteigen darf (§ 15 Abs. 3 RVG). Das gilt auch für eine mit erledigte Hilfsaufrechnung. Wird ein anderes gerichtliches Verfahren mit verglichen, beträgt die Gebühr für diesen Teilstreitwert nur 1,0 (VV 1003 RVG), ist über den Gegenstand ein Berufungs- oder Revisionsverfahren anhängig, 1,3 (VV 1004 RVG). In diesen Fällen sollte ein Streitwertbeschluss herbeigeführt werden.

Zur Kostenregelung im Vergleichstext → Anm. 11.

2. Anwaltsvergleich

Anwaltsvergleich nach § 796a ZPO[1]

Die A-GmbH[2] . . . . . (vollständige Firma und Anschrift), vertreten durch Geschäftsführerin A

Prozessbevollmächtigte: Rechtsanwältin X

und

Frau B . . . . . (vollständiger Name und Anschrift)

Prozessbevollmächtigte: Rechtsanwältin Y

schließen zur Erledigung des Streites[3] aus dem Kaufvertrag über den PKW . . . . . folgenden Vergleich:

1. **Die Parteien sind sich darüber einig, dass der Kaufvertrag über den PKW wirksam zustande gekommen ist und Bestand hat.**
2. **Frau B erklärt, dass sie die Behauptung, die Geschäftsführerin der A-GmbH habe sie beim Verkauf des PKW betrogen, nicht aufrechterhält.[4]**
3. **Die A-GmbH verpflichtet sich, bis zum 1.9.2021 an Frau B 10.000 EUR zu zahlen.[5] Ab dem 1.9.2021 ist der noch offene Betrag mit 12 % zu verzinsen.**
4. **Die A-GmbH unterwirft sich hinsichtlich der unter Nr. 3 übernommenen Verpflichtung der sofortigen Zwangsvollstreckung.[6]**
5. **Kommt die A-GmbH mit der Zahlung mehr als zwei Wochen in Verzug, kann Frau B von diesem Vergleich zurücktreten.[7]**
6. **Mit der Zahlung sind alle bekannten oder unbekannten Mängel des Fahrzeugs ausgeglichen. Weitere Gewährleistungsansprüche sind ausgeschlossen.**
7. **Jede Partei trägt ihre Rechtsanwaltskosten einschließlich der Kosten dieses Vergleichs selbst.[8]**
8. **Dieser Vergleich kann durch einen Notar mit Amtssitz in Hamburg in Verwahrung genommen und für vollstreckbar erklärt werden.[9]**

Hamburg, den 15.5.2021

Unterschriften:[10, 11, 12]

RA X . . . . . RA Y . . . . .

Schrifttum: Leutner/Hacker, Zu Unrecht verschmäht: Der vollstreckbare Anwaltsvergleich, NJW 2012, 1318.

Anmerkungen

1. Der Anwaltsvergleich nach §§ 796a–c ZPO ist der gesetzgeberische Versuch, Anwälte zur außergerichtlichen Streitbeilegung zu veranlassen. Die Vorschriften bieten, was den Vergleichsabschluss betrifft, für einigungsbereite Anwälte ein unkompliziertes Verfahren. Der Anwaltsvergleich soll der Streitbeilegung vor Anrufung der Gerichte dienen, ist aber auch nach Rechtshängigkeit möglich. Da er aber kein Vollstreckungstitel iSd § 794 Nr. 1 ZPO ist, bedarf es ggf. einer gerichtlichen Vollstreckbarerklärung, die eine umfassende Überprüfung erforderlich machen kann. Eine Kostenreduzierung kann sich dadurch ergeben, dass sich die bei einem gerichtlichen Vergleich nach KV 1211 GKG auf eine Gebühr ermäßigten Gerichtskosten ganz erübrigen; auf Anwaltsseite findet allerdings keine Reduzierung statt. Zudem können durch die Vollstreckbarerklärung und eine damit verbundene gerichtliche Prüfung Notar- und Gerichtskosten erforderlich werden. Auch aus diesem Grund sollte der Anwalt überlegen, ob dasselbe Ergebnis nicht mit einer notariellen vollstreckbaren Urkunde einfacher und kostengünstiger erreicht werden kann. Andererseits ist der Rechtsanwalt nicht verpflichtet, dem Mandanten vom Abschluss eines außergerichtlichen Vergleichs abzuraten, bis die in tatsächlicher oder rechtlicher Hinsicht bestehenden Unsicherheiten, die Anlass des Vergleichs sind, aus Sicht des Mandanten geklärt sind; bei der Entscheidung über eine vergleichsweise Einigung muss der Rechtsanwalt den Mandanten sorgfältig über das Für und Wider beraten; empfiehlt er einen objektiv ungünstigen Vergleich, macht er sich schadensersatzpflichtig (OLG Saarbrücken BeckRS 2010, 02508).

2. Der Anwaltsvergleich wird durch Rechtsanwälte im Namen und mit Vollmacht der von ihnen vertretenen Parteien abgeschlossen. Sie sind daher in der Vergleichsurkunde aufzuführen, am besten in Form eines Urteilsrubrums. In Hinblick auf eine mögliche spätere Vollstreckbarerklärung hat dies mit vollständiger Parteibezeichnung und Anschrift zu geschehen. Ob es genügt, wenn die Anwälte einen Vergleichstext der Parteien lediglich unterzeichnen, ist streitig (vgl. die Darstellung bei Musielak/Voit/*Voit* ZPO § 796a Rn. 3).

3. Voraussetzung für die Wirksamkeit des Anwaltsvergleichs ist, wie bei jedem anderen Vergleich auch, dass zwischen den Parteien ein Streit oder eine Ungewissheit über ein Rechtsverhältnis besteht (vgl. Musielak/Voit/*Voit* ZPO § 796a Rn. 3), die durch ein gegenseitiges Nachgeben beigelegt werden (§ 779 BGB). Ein nur einseitiges Nachgeben einer Partei genügt nicht. Damit kann der Anwaltsvergleich nicht dazu dienen, für unstreitig bestehende Vertragspflichten ohne gerichtliche oder notarielle Hilfe einen vollstreckbaren Titel zu erwirken. Dafür wäre die vollstreckbare Urkunde nach § 794 Abs. 1 Nr. 5 ZPO der richtige Weg. Im Text des Vergleichs ist deutlich zu machen, welche Ansprüche erledigt werden sollen. Hierzu gilt nichts anderes als für den gerichtlichen Vergleich (→ Form. I.M.1 Anm. 2).

4. Eine solche „Ehrenerklärung“ kann die Bereitschaft zum Abschluss eines Vergleichs fördern. Sie dient der gütlichen Beilegung des Streites.

5. Die von den Parteien übernommenen Verpflichtungen sollten wie in einem Urteilstenor formuliert werden, damit es in der Vollstreckung keine Probleme gibt (vgl. etwa OLG Saarbrücken NJW 2005, 3222). In dem Vergleich können nicht nur Zahlungsverpflichtungen, sondern Verpflichtungen jeder Art begründet werden. Insoweit gehen die Möglichkeiten des Anwaltsvergleichs erheblich weiter als die der vollstreckbaren notariellen Urkunde nach § 794 Abs. 1 Nr. 5 ZPO. Allerdings kann ein Vergleich, der den Bestand eines Mietverhältnisses betrifft oder auf Abgabe einer Willenserklärung gerichtet ist, nicht für vollstreckbar erklärt werden (§ 796a Abs. 2 ZPO). Der Anwaltsvergleich ersetzt, anders als der gerichtliche Vergleich, auch nicht die notarielle Form; § 127a BGB gilt nicht.

6. Diese Unterwerfungserklärung des Schuldners ist nach § 796a Abs. 1 ZPO Voraussetzung dafür, dass der Vergleich für vollstreckbar erklärt werden kann. Sie muss für sämtliche im Vergleich übernommenen, einer Vollstreckung zugänglichen Verpflichtungen erklärt werden.

7. Die Abrede hat den Sinn, einerseits die Zahlungsbereitschaft zu fördern, andererseits dem Gläubiger Gelegenheit zu geben, im Falle der Vergleichsuntreue des Gegners auch sein Nachgeben zurückzunehmen. Die Parteien können auch vereinbaren, dass der Vergleich bei Nichtzahlung ohne weiteres wirkungslos wird.

8. Der Vergleich sollte eine Kostenregelung enthalten. Wenn jede Partei ihre Anwaltskosten tragen soll, ist die Regelung einfach; sie dient dann nur der Klarstellung. Verpflichtet sich der Kläger, die Klage zurückzunehmen, und der Beklagte, keinen Kostenantrag zu stellen, wird dies im Regelfall so zu verstehen sein, dass ein Anspruch des Beklagten gegen den Kläger auf Erstattung seiner außergerichtlichen Kosten nach § 269 Abs. 3 S. 2 ZPO nicht bestehen soll (vgl. OLG Jena BeckRS 2018, 1371). Soll eine Partei alle Kosten oder einen Teil der Kosten des Gegners tragen, ist eine entsprechende Verpflichtung aufzunehmen, zB:

> **„A verpflichtet sich, an B 1.000 EUR zum Ausgleich eines Anteils an dessen Kosten zu zahlen, und unterwirft sich auch insoweit der sofortigen Zwangsvollstreckung. Im Übrigen trägt jede Partei ihre Kosten selbst."**

Der Anwaltsvergleich soll kein zur Kostenfestsetzung geeigneter Titel sein (OLG Hamburg NJW-RR 1994, 1408; OLG München NJW-RR 1997, 1293). Nach dem BGH (NJW 2007, 2187) reicht aber jede Einigung iSd VV 1000 aus, um die Einigungsgebühr festsetzen zu lassen. Sie muss nur nach § 104 Abs. 2 ZPO glaubhaft gemacht werden. Die Parteien können auch vereinbaren, dass eine Partei die Kosten des späteren Vollstreckbarkeitsverfahrens trägt.

9. Der Notar kann den Anwaltsvergleich nur mit Zustimmung der Parteien in Verwahrung nehmen und für vollstreckbar erklären (§ 796c Abs. 1 ZPO). Diese Zustimmung sollte gleich in den Vergleichstext aufgenommen werden, kann aber auch später erteilt werden. Die Vollstreckbarerklärung kann auch durch das Gericht erfolgen, dann muss der Vergleich unter Angabe des Tages seines Zustandekommens bei dem Amtsgericht hinterlegt werden, bei dem eine Partei ihren allgemeinen Gerichtsstand hat (§ 796a Abs. 1 ZPO). Die entscheidende Frage ist, ob die Parteien das Verfahren in die Hände des Notars legen sollten. Auch der Notar muss prüfen, ob der Vergleich formelle oder materielle Mängel hat, wird also wie ein Richter tätig (vgl. Musielak/Voit/*Voit* ZPO § 796c Rn. 3). Jedoch ist das notarielle Verfahren einfacher, jedenfalls billiger. Lehnt der Notar aber die Vollstreckbarerklärung ab, ist ein Antrag auf gerichtliche Entscheidung notwendig (§ 796c Abs. 2 S. 2 ZPO); der Weg zum Notar war dann ein Umweg. Ob Einwendungen aus materiellem Recht (zB Erfüllung) bereits im Vollstreckbarkeitsverfahren oder erst im Rahmen einer Vollstreckungsabwehrklage geltend zu machen sind, ist streitig (vgl. Musielak/Voit/*Voit* ZPO § 796a Rn. 10).

10. Der Anwaltsvergleich muss datiert und von den beteiligten Anwälten unterzeichnet sein (§ 796a Abs. 1 ZPO). Die Unterschrift kann auch durch den amtlich bestellten Vertreter des bevollmächtigten Rechtsanwalts geleistet werden (OLG Hamm NJW-RR 1996, 1275). Es ist nicht erforderlich, dass alle Unterschriften gleichzeitig geleistet werden; auch eine Unterzeichnung im Umlauf ist möglich. Dann sollte das Datum der letzten Unterschrift, mit der der Vergleich wirksam wird, hinzugesetzt werden. Eine Unterschrift durch die Parteien ist nicht erforderlich.

Kosten und Gebühren

11. Zu den möglichen Kostenvorteilen gegenüber einem gerichtlichen Vergleich → Anm. 1. Der Rechtsanwalt erhält für den Anwaltsvergleich die Gebühren aus VV 3100 RVG (Verfahrensgebühr, 1,3) und aus VV 1000 RVG (Einigungsgebühr, 1,5), eine Terminsgebühr nach VV 3104 RVG soll nach BGH NJW 2004, 2311 nicht entstehen. Für die Niederlegung des Vergleichs fallen keine Gerichts- und Anwaltskosten an. Für das gerichtliche Verfahren über die Vollstreckbarerklärung entsteht eine Gebühr von 66 EUR (KV 2118 GKG), der Notar erhält nach KV 23800 GNotKG eine Gebühr iHv 66 EUR. Der Streitwert des Verfahrens um die Vollstreckbarerklärung eines Anwaltsvergleichs ist mit dem vollen Wert des Anwaltsvergleichs, soweit er für vollstreckbar erklärt werden soll, zu bemessen (OLG Oldenburg BeckRS 2012, 10068).

Fristen und Rechtsmittel

12. Entscheidungen des Gerichts über Anträge auf Vollstreckbarerklärung sind nach § 796b Abs. 2 ZPO unanfechtbar. Gegen stattgebende Entscheidungen des Notars ist über § 795 ZPO die Vollstreckungsabwehrklage nach § 767 ZPO gegeben. Gegen die eine Vollstreckungserklärung ablehnende Entscheidung des Notars ist der Antrag auf gerichtliche Entscheidung nach § 796c Abs. 2 ZPO gegeben.

3. Vergleich auf schriftlichen Vorschlag des Gerichts

An das

Oberlandesgericht . . . .[3]

In der Sache . . . .

teile ich für die Klägerin mit, dass diese grds. bereit ist, den vom Gericht mit Verfügung vom . . . . . vorgeschlagenen Vergleich ohne Präjudiz für die Sach- und Rechtslage anzunehmen, jedoch mit Änderungen, die sich aus dem nachstehenden Text ergeben:[1, 2, 4]

1. **Die Beklagte verpflichtet sich, an die Klägerin bis zum 1.9.2021 20.000 EUR nebst 7 % Zinsen seit . . . . . zu zahlen, und zwar zu Händen der Prozessbevollmächtigten des Klägerin, RA . . . ., Kto.-Nr.**[5] **. . . . .**
2. **Geht ein Betrag von 15.000 EUR bis zum 1.6.2021 ein, verzichtet die Klägerin auf den Restbetrag einschließlich Zinsen.**[6] **Die Beklagte nimmt diesen Verzicht an.**
3. **Mit diesem Vergleich sind sämtliche Ansprüche und Gegenansprüche der Parteien aus dem Vertrag vom . . . . ., auch soweit sie in diesem Rechtsstreit nicht geltend gemacht wurden, erledigt.**[7]

4. Mit diesem Vergleich ist weiter der zwischen den Parteien vor dem Landgericht . . . . ., Geschäfts-Nr. . . . . ., anhängige Parallelprozess erledigt. Die Klägerin verpflichtet sich, die Klage zurückzunehmen, die Beklagte verpflichtet sich, der Rücknahme zuzustimmen.[8]

5. Hinsichtlich der erstinstanzlichen Kosten bleibt es bei der Kostenentscheidung im Urteil des Landgerichts. Von den Kosten des Berufungsverfahrens verpflichtet sich die Klägerin 25 %, die Beklagte 75 % zu tragen. Die Gerichtskosten des Parallelprozesses trägt die Klägerin, die außergerichtlichen Kosten jenes Rechtsstreits trägt jede Partei selbst. Die Kosten dieses Vergleichs trägt jede Partei selbst.[9]

Dieser Vergleichstext ist mit der Prozessbevollmächtigten der Beklagten abgestimmt. Sie wird dem Gericht einen identischen Vorschlag einreichen.

Schon jetzt wird beantragt,

1. nach Annahme des Vergleichs dessen Zustandekommen durch Beschluss festzustellen,[10]

2. den Streitwert für diesen Rechtsstreit auf 30.000 EUR und den Streitwert des Vergleichs auf 45.000 EUR (30.000 EUR zzgl. des im Parallelprozess erhobenen Zahlungsanspruchs von 15.000 EUR) festzusetzen.[11]

Rechtsanwältin[12, 13]

Schrifttum: Abramenko, Kein Rechtsmittel gegen richterliche Feststellung eines Vergleichs gemäß § 278 Abs. 6 ZPO?, NJW 2003, 1356; *Fischer,* Der fragliche Vergleich, JuS 2008, 353; *Müller-Teckhof,* Rechte und Pflichten des Gerichts beim Prozessvergleich nach § 278 Abs. 6 ZPO, MDR 2014, 249.

Anmerkungen

1. Prozessvergleiche können nach § 278 Abs. 6 ZPO auch außerhalb eines Termins und ohne Protokollierung geschlossen werden. Voraussetzung ist entweder ein schriftlicher Vergleichsvorschlag des Gerichts und seine Annahme durch die Parteien oder ein übereinstimmender schriftlicher Vergleichsvorschlag der Parteien. Dieser Vergleich im schriftlichen Verfahren wird dadurch zum Vollstreckungstitel, dass das Gericht Zustandekommen und Inhalt durch einen Beschluss feststellt, ähnlich wie dies für Schiedsvergleiche in § 1053 ZPO vorgesehen ist. Dieses Verfahren hat den Vorteil, dass der genaue Inhalt des Vergleichs besser überlegt und sorgfältiger formuliert werden kann und dass, wenn der Vergleichstext feststeht, ein Gerichtstermin zur Protokollierung überflüssig wird. Der Vergleich setzt, obwohl er an die in § 278 ZPO geregelte Güteverhandlung anknüpft, keine Güteverhandlung voraus; er kann also auch vor einem Gütetermin, sei es nach telefonischer Vorklärung zwischen den Parteien allein oder Gericht und Parteien, sei es auf unaufgeforderten Vorschlag des Gerichts, geschlossen werden, auch zu einem späteren Zeitpunkt kann der Rechtsstreit durch einen solchen Vergleich beigelegt werden. Der Vorschlag des Gerichts kann auch in einem Terminsprotokoll enthalten sein und mittlerweile auch zu Protokoll der Verhandlung angenommen werden. Der vom Gericht vorgeschlagene und mit Beschluss festgestellte Vergleich wahrt die gesetzliche Schriftform und auch die Form nach § 127a BGB (BGH NJW 2017, 1946), genügt jedoch nicht den Anforderungen des § 925 Abs. 1 S. 1 BGB, da es an der gleichzeitigen Anwesenheit beider Beteiligten fehlt (OLG Jena BeckRS 2015, 1493; OLG Düsseldorf NJW-RR 2006, 1609). Ein Rechtsanwalt muss von der Annahme eines gerichtlichen Vergleichsvorschlags abraten, wenn dieser für seine Partei eine unangemessene Benachteiligung darstellt (BGH NJW 2010, 1357).

2. Der Schriftsatz, mit dem der Vergleich unterbreitet oder angenommen wird, ist ein bestimmender Schriftsatz, für den Anwaltszwang nach den allgemeinen Regeln besteht und der der Unterzeichnung durch einen Anwalt bedarf.

3. Der Schriftsatz ist an das Gericht zu richten, vor dem der Rechtsstreit anhängig ist. Das Beispiel betrifft die Beendigung eines Rechtsstreits im Berufungsverfahren. Der Vergleich ist mit dem Zugang der letzten Zustimmungserklärung zustande gekommen; ein Widerruf ist auch dann unwirksam, wenn er eingeht, bevor das Gericht den Beschluss erlassen hat (OLG Hamm NJW 2011, 1373).

4. Wenn aus der Sicht der Partei eine Modifizierung des gerichtlichen Vorschlags erforderlich ist, kann es zweckmäßig sein, nicht um einen geänderten Vorschlag des Gerichts zu bitten, sondern dem Gericht übereinstimmend einen geänderten Vergleichstext zu unterbreiten. „Unterbreiten" iSv § 278 Abs. 6 S. 1 ZPO erfordert eine eigenständige, von der Erklärung der Annahme der außergerichtlichen Vereinbarung abgesetzte Erklärung der Parteien gegenüber dem Gericht; eine gemeinsame Erklärung oder die Erklärung einer Partei mit Zustimmung der anderen Partei reicht nicht aus (OLG Karlsruhe NJW-RR 2011, 7). Eine Annahme unter Einschränkungen oder Erweiterungen steht einer Ablehnung gleich (§ 150 Abs. 2 BGB).

5. Soll zu einem bestimmten Zeitpunkt gezahlt werden, empfiehlt es sich, im Vergleichstext die Zahlstelle anzugeben.

6. Mit dieser Klausel kann sich der Schuldner durch eine geringere als die eigentlich geschuldete Leistung von seiner Verpflichtung befreien. Eine solche Regelung kann sich empfehlen, wenn der Beklagte nur begrenzte Mittel zur Verfügung hat und der Gläubiger Schwierigkeiten in der Vollstreckung voraussieht. Die Schuldbefreiung kann auch an die regelmäßige Zahlung von Raten geknüpft werden.

7. Die Parteien sollten unbedingt klarstellen, welche Ansprüche sie durch den Vergleich regeln wollen. Andernfalls erledigt der Vergleich nur die Ansprüche, die Streitgegenstand waren, nicht aber zB Forderungen des Klägers, die nicht rechtshängig geworden sind, oder hilfsweise zur Aufrechnung gestellte Forderungen des Beklagten. Eine umfassende Vergleichsregelung kann auch dadurch getroffen werden, dass sich die Parteien „Generalquittung" erteilen.

8. Auch Ansprüche, die in einem anderen Rechtsstreit anhängig sind, können miterledigt werden. Dann ist der Rechtsstreit genau zu bezeichnen und zu regeln, wie der Parallelprozess beendet werden soll. Hierzu kann die Verpflichtung zur Klagerücknahme vereinbart werden. Dies hat noch nicht die Wirkung des § 269 ZPO, da die Klagerücknahme gegenüber dem Prozessgericht erklärt werden muss. Betreibt der Kläger aber dennoch die Klage weiter, ist sie als unzulässig abzuweisen (vgl. BGH NJW 1964, 549 zur Revision). Auch eine von §§ 269 Abs. 3 Satz 2, 516 Abs. 3 ZPO abweichende Kostenregelung kann vereinbart werden, sie geht der gesetzlichen Regelung vor (BGH NJW-RR 2004, 1506). Die Rücknahme ermöglicht dem dortigen Kläger eine Erstattung der von ihm vorgeschossenen Gerichtskosten iHv zwei Gebühren.

9. Bei einem Vergleich in der Berufungsinstanz muss die Kostenregelung die Kosten der ersten Instanz, des Berufungsverfahrens und des Vergleichs umfassen. Insbes. wenn es bereits einen Kostenfestsetzungsbeschluss der ersten Instanz gibt, kann es sich empfehlen, es bei der Kostenentscheidung zu belassen. Die in einem Prozessvergleich enthaltene Vereinbarung der Kostenaufhebung erfasst im Zweifel nicht solche Kosten des Rechtsstreits, über die bereits rechtskräftig entschieden worden ist (OLG Nürnberg BeckRS 2009, 87539; vgl. aber BGH NJW 2017, 1887). Erforderlich ist außerdem eine Kostenregelung für den Parallelprozess; fehlt sie, würde dort nach § 269 Abs. 3 Satz 2 ZPO entschieden.

Die Aufhebung der Kosten des Vergleichs, dabei geht es um die Einigungsgebühren der Anwälte, entspricht einer gütlichen Einigung am ehesten (vgl. auch § 98 S. 1 ZPO).

10. Dieser Beschluss ist nach § 278 Abs. 6 S. 2 ZPO notwendig, damit der Vergleich zu einem Vollstreckungstitel iSd § 794 Abs. 1 Nr. 1 ZPO wird. Der Beschluss stellt das Zustandekommen und den Inhalt des Vergleichs fest, muss also den Text vollständig wiedergeben.

11. Wenn der Vergleich nicht nur einen bestimmten Zahlungsanspruch regelt, ist eine Festsetzung des Streitwerts erforderlich. Die Wertfestsetzung ist auch notwendig, wenn Gegenstände mit erledigt werden, die nicht Gegenstand des Rechtsstreits waren oder, wie zB eine Hilfsaufrechnung, nicht rechtshängig geworden sind. Dabei kommt es nicht darauf an, worauf sich die Parteien geeinigt haben, sondern worüber (OLG München NJW-RR 2019, 1083).

Kosten und Gebühren

12. Die Gerichtskosten ermäßigen sich wie bei einem Vergleich in mündlicher Verhandlung (→ Form. I.M.1). Für den Anwalt gilt VV 1003 RVG; die Einigungsgebühr fällt also nur iHv 1,0 an. Neben der Verfahrensgebühr nach VV 3100 RVG entsteht auch die Terminsgebühr nach VV 3104 RVG (BGH NJW 2007, 160).

Fristen und Rechtsmittel

13. Unrichtigkeiten des Beschlusses, der den Vergleich feststellt, können nach § 278 Abs. 6 S. 3 ZPO iVm § 164 ZPO wie bei einem Protokoll berichtigt werden. Ein Rechtsmittel gegen den Beschluss ist nicht gegeben (§ 567 Abs. 1 Nr. 1 ZPO). Lehnt das Gericht den Antrag auf Erlass des Beschlusses ab, kann die sofortige Beschwerde nach § 567 Abs. 1 Nr. 2 ZPO gegeben sein (Musielak/Voit/*Foerste* ZPO § 278 Rn. 18; str.).

4. Klagerücknahme

An das
Landgericht
In der Sache
. . . . .
nimmt die Klägerin die Klage zurück.[1, 2]
Das Gericht wird gebeten, diesen Schriftsatz der Beklagten mit einem Hinweis nach § 269 Abs. 2 S. 4 ZPO zuzustellen.[3]
Rechtsanwältin[4, 5, 6, 7]

Schrifttum: Brammsen/Leible, Die Klagerücknahme, JuS 1997, 54; *Seibel*, Führt eine Klagerücknahme zum rückwirkenden Wegfall der Verjährungshemmung?, MDR 2015, 491; *Seutemann*, Die kostengünstige Beendigung des Zivilprozesses, MDR 1996, 555.

Anmerkungen

1. Der Kläger kann die Klage gem. § 269 ZPO in jeder Lage des Verfahrens von der Rechtshängigkeit bis zum rechtskräftigen Abschluss des Rechtsstreits zurücknehmen. Haben die Parteien allerdings die Hauptsache übereinstimmend für erledigt erklärt, ist eine Rücknahme nicht mehr möglich (OLG Bamberg MDR 1997, 1225). Bereits in der Zeit zwischen Einreichung und Zustellung der Klage kann die Rücknahme erklärt werden. Auch wenn die Klage nicht mehr zugestellt wird, ist § 269 ZPO anwendbar. Allerdings entfaltet die Klage dann keine Hemmungswirkung nach § 204 Abs. 1 Nr. 1 BGB (BGH NJW 2004, 2309; OLG Hamm BeckRS 2014, 22453). Es kann auch eine Kostenentscheidung zu Lasten des Beklagten nach § 269 Abs. 3 S. 3 ZPO ergehen (BGH NJW 2006, 775). Die Kostentragungspflicht bestimmt sich dann unter Berücksichtigung des bisherigen Sach- und Streitstandes nach billigem Ermessen. Voraussetzung ist aber, dass der Anlass zur Klageerhebung nach Anhängigkeit weggefallen ist. § 269 Abs. 3 S. 3 ZPO greift nicht ein, wenn die Klage infolge eines rechtlichen Hinweises des Gerichts zurückgenommen wird (OLG Düsseldorf BeckRS 2007, 11709). Ist § 269 Abs. 3 S. 3 ZPO nicht anwendbar, findet nach Rücknahme einer mangels Zustellung nicht rechtshängig gewordenen Klage keine Kostenerstattung statt, weil es keinen Rechtsstreit gibt, in dem Kosten angefallen sind (OLG Stuttgart BeckRS 2009, 86622; OLG Oldenburg BeckRS 2007, 05653).

Eine Zurücknahme der Klage im Laufe des Rechtsstreits kommt zB in Betracht, wenn der Kläger sich – etwa nach einem Hinweis des Gerichts oder auf Grund des Prozessverlaufs – keine Chancen mehr ausrechnet und den Prozess kostengünstig beenden will, wenn er sich mit dem Gegner außergerichtlich entsprechend verglichen hat oder wenn der Beklagte den Klageanspruch erfüllt und auch die Übernahme der Kosten, soweit sie sich noch nicht beziffern lassen, zuverlässig zugesagt hat (das ist billiger, als die Hauptsache für erledigt zu erklären, und zB in Haftpflichtprozessen gegen Versicherer ein häufig geübtes Verfahren). Da die Rücknahme die Rechtshängigkeit des eingeklagten Anspruchs entfallen lässt (§ 269 Abs. 3 S. 1 ZPO) – ein bereits ergangenes, noch nicht rechtskräftiges Urteil, zB Versäumnisurteil, Vorbehaltsurteil, Urteil der Vorinstanz, wird wirkungslos – und damit auch keine Rechtskraft eintreten kann, ist sie auch dann sinnvoll, wenn der Kläger meint, zu einem späteren Zeitpunkt mehr Erfolg zu haben, weil er zB präkludierten Vortrag nachholen oder einen derzeit unerreichbaren Zeugen präsentieren kann. Die Rücknahme kann den gesamten Anspruch, einen Teil des Anspruchs, die Nebenforderungen (zB zur Abwendung der Klageabweisung bei Säumnis des Beklagten im schriftlichen Vorverfahren → Form. I.G.1 Anm. 3) oder auch einen von mehreren Beklagten betreffen.

Nach streitiger Verhandlung, dh, nachdem der Beklagte einen Sachantrag gestellt hat (§ 137 Abs. 1 ZPO), ist die Rücknahme nur wirksam, wenn der Beklagte einwilligt (§ 269 Abs. 1 ZPO). Das gilt auch, wenn der Kläger nur einen Teil der Klage zurücknimmt; § 269 Abs. 1 ZPO geht § 264 Nr. 2 ZPO vor (OLG Düsseldorf NJW 2012, 85; OLG Koblenz NJOZ 2002, 2148, in der Tendenz wohl auch BGH NJW 1990, 2682, str.). Ein solches „Verhandeln" soll auch der Antrag des Beklagten, den Einspruch des Klägers als unzulässig zu verwerfen, darstellen (vgl. OLG Hamm BeckRS 2012, 22067). Auch wenn der Kläger zunächst Berufung einlegt und dann die Rücknahme der Klage erklärt, bleibt die Einwilligung des Beklagten erforderlich (BGH NJW 1998, 3784). Auch bei Klagerücknahme im Rechtsmittelverfahren sind der beklagten Partei dessen Kosten aufzuerlegen, wenn sich auf Grund neuen Vorbringens im Berufungsverfahren die Erfolglosigkeit der Klage ergibt und die Klagepartei auf entsprechenden Hinweis des Gerichts die Klage zurücknimmt (OLG Nürnberg NJW 2013, 243).

Verweigert der Beklagte seine Zustimmung, bleibt dem Kläger noch die Möglichkeit eines Verzichts gem. § 306 ZPO (→ Form. I.M.6). Da der Kläger dann mit seinem Anspruch durch Verzichtsurteil abgewiesen wird, ist über den Anspruch rechtskräftig entschieden und eine erneute Klage unzulässig. Im Arrest- und Verfügungsverfahren ist die Rücknahme des Antrags immer ohne Zustimmung des Gegners möglich.

2. Die Klagerücknahme wird entweder im Termin zu Protokoll (die Erklärung muss vorgelesen und genehmigt werden, § 162 Abs. 1 ZPO) oder – wie im Beispiel – durch bestimmenden Schriftsatz, der dem Beklagten zugestellt werden muss, erklärt. Die Erklärung unterliegt im Anwaltsprozess dem Anwaltszwang. Sie kann auch durch schlüssiges Verhalten erfolgen, wenn sich daraus der Wille, die Klage zurückzunehmen, eindeutig und unzweifelhaft ergibt (BGH NJW-RR 1996, 885). Ein bloßes Nichtverhandeln genügt jedoch nicht, sondern führt zu einem Versäumnisurteil (OLG Brandenburg BeckRS 2010, 12880). Der Kläger ist an die Erklärung der Rücknahme gebunden, auch wenn die Wirksamkeit noch von der Zustimmung des Beklagten abhängt (BGH NJW 2015, 2425). Ein Widerruf der Klagerücknahme ist nur bei Vorliegen eines Restitutionsgrundes iSd § 580 ZPO möglich (BGH NJW 2007, 1460; vgl. aber OLG Celle BeckRS 2011, 26863). Etwas Anderes gilt selbst dann nicht, wenn die Rücknahme nach einem sachlich unzutreffenden rechtlichen Hinweis des Gerichts erfolgt ist (OLG Schleswig BeckRS 2012, 19672). Eine ausdrückliche Klagerücknahme lässt sich nicht als Erledigungserklärung auslegen oder in eine solche umdeuten (BGH NJW 2014, 3520). Besteht Streit über das Vorliegen einer Klagerücknahme oder deren Wirksamkeit, ist der Rechtsstreit durch mündliche Verhandlung fortzusetzen und über die Wirksamkeit der Klagerücknahme durch (Zwischen)Urteil zu entscheiden (OLG Celle BeckRS 2011, 26863).

3. Diese Bitte ist nur sinnvoll, wenn bereits streitig verhandelt wurde. Dann allerdings liegt es im Interesse des Klägers, dass die Entscheidung des Beklagten über seine Zustimmung möglichst bald herbeigeführt wird. Nach § 269 Abs. 2 S. 4 ZPO gilt die Zustimmung als erteilt, wenn der Beklagte nicht binnen zwei Wochen nach Zustellung der Klagerücknahme widerspricht, vorausgesetzt, das Gericht hat ihn auf diese Folge hingewiesen. Falls die Parteien außergerichtlich eine von § 269 Abs. 3 Satz 2 ZPO abweichende Kostenregelung getroffen haben, sollte der Kläger das Gericht schon jetzt darauf hinweisen, um einen Kostenbeschluss zu seinen Lasten mit Sicherheit zu vermeiden.

Kosten und Gebühren

4. Auf Antrag des Beklagten sind dem Kläger gem. § 269 Abs. 3 Satz 2, 4 ZPO sämtliche bisher entstandenen Kosten des Rechtsstreits durch Beschluss aufzuerlegen. Das setzt aber voraus, dass die Klage bereits zugestellt wurde (OLG Stuttgart BeckRS 2009, 86622). Erklärt der Beklagte und Berufungsführer im Termin, im Falle der Rücknahme der Klage auf einen Antrag auf Kostenerstattung verzichten zu wollen, und wird anschließend die Klage zurückgenommen, so fehlt es einem daraufhin gestellten Antrag des Beklagten, die Kosten des Rechtsstreits dem Kläger aufzuerlegen, regelmäßig am Rechtsschutzinteresse (OLG Bremen NJW-RR 2014, 189). Neben dem bereits gezeigten Vorteil, später erneut klagen zu können, kann die Rücknahme für den Kläger auch kostengünstiger sein. Nimmt er die Klage vollständig und vor Schluss der mündlichen Verhandlung zurück, ermäßigen sich die Gerichtsgebühren auf 1,0 (KV 1211 Nr. 1a GKG). Außerdem entfällt die Terminsgebühr der Anwälte. Durch den Beschluss nach § 269 Abs. 4 ZPO entstehen keine weiteren Gerichtskosten. Der Kostenantrag des Anwalts gehört zum Rechtszug und löst nach § 19 Abs. 1 S. 2 RVG keine Gebühr aus.

Die der beklagten Partei durch die Einreichung einer Anwaltsbestellung nach Klagerücknahme entstandenen Kosten sind erstattungsfähig im Sinne des § 91 I 1 ZPO, wenn sie sich bei der Einreichung in nicht vorwerfbarer Unkenntnis von der Rücknahme der Klage befunden hat (BGH NJW 2019, 2698).

Vor Zustellung der Klage hat der Anspruchsgegner, der zufällig von der Klageeinreichung Kenntnis erlangt, in der Regel keine Veranlassung, einen Rechtsanwalt zu beauftragen. Führt die Rücknahme der eingereichten Klage vor deren Zustellung zu einer Kostenentscheidung nach § 269 ZPO, besagt das nicht, dass die dem Anspruchsgegner entstandenen Kosten erstattungsfähiger Prozessaufwand sind (OLG Koblenz BeckRS 2013, 01164).

5. Nimmt der Kläger nur einen Teil der Klage zurück, ergeht die Kostenentscheidung im Urteil; der Kläger trägt dann auch im Falle des Obsiegens die durch die Zuvielforderung entstandenen Kosten (sog Mehrkostenprinzip; vgl. OLG Naumburg BeckRS 2014, 19291; OLG Köln BeckRS 2014, 10869; OLG Schleswig BeckRS 2008, 2363).

Ausnahmen von der Verpflichtung des Klägers, nach § 269 Abs. 3 S. 2 ZPO sämtliche Kosten des Rechtsstreits zu tragen:

- Sind bereits vorher Kosten durch Säumnis des Beklagten entstanden, so hat der Beklagte diese Kosten zu tragen; § 344 ZPO geht § 269 Abs. 3 ZPO vor (BGH NJW 2004, 1082; NJW 2004, 2309).
- Der Kostenbeschluss im Hauptprozess erfasst die Kosten eines getrennt geführten selbständigen Beweisverfahrens (BGH NJW 2007, 1279); das soll auch gelten, wenn die Gegenstände des selbständigen Beweisverfahrens und der Hauptsache nur teilweise identisch sind; Voraussetzung ist allerdings, dass das Beweisverfahren abgeschlossen ist (BGH NJW 2007, 1282).
- Hat sich der Kläger in einem Vergleich verpflichtet, die Klage in einem anderen Rechtsstreit zurückzunehmen, geht die im Vergleich getroffene Kostenregelung vor; das andere Gericht darf also keinen abweichenden Kostenbeschluss erlassen (BGH NJW-RR 2004, 06988). Hat sich der Beklagte zur Kostentragung verpflichtet oder auf Kostenerstattung verzichtet, darf keine Kostenentscheidung zu Lasten des Klägers ergehen (BGH NJW 2011, 2368).
- Auf die Kosten eines Nebenintervenienten, der auf Seiten des Klägers beigetreten ist, erstreckt sich der Kostenbeschluss nicht; wenn der Kläger keine Kostenerstattung verlangen kann, kann es auch sein Streithelfer nicht (BGH NJW-RR 2004, 1506).
- Hat der Kläger die Klage zurückgenommen, weil der Anlass zur Einreichung der Klage vor deren Zustellung weggefallen ist, trifft ihn nicht die automatische Kostenfolge des § 269 Abs. 3 S. 2 ZPO. Vielmehr ist dann über die Kosten unter Berücksichtigung des bisherigen Sach- und Streitstrandes nach billigem Ermessen über die Kosten zu tragen (S. 3); es gelten die gleichen Grundsätze wie zu § 91a ZPO (→ Anm. 1; → Form. I.M.11). Die Klage muss aber bei ihrer Einreichung oder zu irgendeinem vorherigen Zeitpunkt zulässig und begründet gewesen sein (BGH BeckRS 2020, 41138).
- Der Kläger kann sich aber auch die Kosten des Rechtsstreits (zunächst) nach Abs. 3 S. 2 auferlegen lassen und sodann eine separate Kostenerstattungsklage gegen den Beklagten erheben (BGH NJW 2013, 2201; hierzu ausführlich *Elzer/Nissen* NJW 2019, 1116). Eine entsprechende Anwendung des § 269 Abs. 3 S. 3 ZPO auf die Erledigung des Rechtsstreits nach Rechtshängigkeit kommt allerdings nicht in Betracht (BGH NJW 2014, 3520). Hier muss der Rechtsstreit für erledigt erklärt werden. Ist der Anlass zur Klageeinreichung vor Anhängigkeit weggefallen, gilt § 269 Abs. 3 S. 3 ZPO grds. nicht, es sei denn, der Kläger hatte hiervon ohne sein Verschulden keine Kenntnis erlangt (vgl. OLG Frankfurt a. M. NJW-RR 2014, 1406).

Fristen und Rechtsmittel

6. Gegen den Beschluss ist die sofortige Beschwerde statthaft (§ 269 Abs. 5 ZPO), jedoch nur, wenn der Wert der Hauptsache die Berufungssumme von 600 EUR übersteigt. Außerdem muss der Kostenwert mehr als 200 EUR betragen (§ 567 Abs. 2 ZPO).

7. Ist der Kostenbeschluss rechtskräftig, kann die Kostenentscheidung noch mit einem materiell-rechtlichen Anspruch, zB auf Schadensersatz, angegriffen werden; das setzt allerdings voraus, dass zusätzliche Umstände hinzutreten, die bei Erlass der Kostenentscheidung nicht berücksichtigt werden konnten (BGH NJW 2011, 2368).

5. Zustimmung des Beklagten zur Klagerücknahme und Kostenantrag

An das
Landgericht
In der Sache
. . . . .
stimmt die Beklagte der von der Klägerin mit Schriftsatz vom . . . . . erklärten Klagerücknahme zu.[1, 2, 3]
Die Beklagte beantragt,
1. **der Klägerin durch Beschluss die Kosten des Rechtsstreits aufzuerlegen,[4]**
2. **auszusprechen, dass das Vorbehaltsurteil vom . . . . . (das Versäumnisurteil vom . . . . ., der Vollstreckungsbescheid vom . . . . .) wirkungslos ist,[5]**
3. **den Streitwert festzusetzen.[6]**

Rechtsanwältin

Anmerkungen

1. Der Beklagte kann zunächst die Beendigung des Prozesses durch Rücknahme der Klage nicht verhindern. Das ändert sich, sobald er zur Hauptsache verhandelt, also zB einen Sachantrag gestellt hat (§ 137 Abs. 1 ZPO), jetzt bedarf die Klagerücknahme zu ihrer Wirksamkeit seiner Einwilligung (§ 269 Abs. 1 ZPO). Verhandeln zur Zulässigkeit genügt nicht, auch nicht Erörterung der Sache im Rahmen von Vergleichsverhandlungen. IdR wird der Beklagte kein Interesse daran haben, seine Zustimmung zu verweigern, denn ein mit Gründen versehenes klageabweisendes Urteil kann er wegen der Möglichkeit des Klägers, auf den Anspruch gem. § 306 ZPO iVm § 313b Abs. 1 ZPO zu verzichten (→ Form. I.M.6), nicht erzwingen. Wenn der Beklagte jedoch befürchtet, der Kläger werde den Anspruch in einem neuen Rechtsstreit geltend machen, sollte er die Zustimmung verweigern. Falls bereits ein Urteil gegen ihn ergangen ist (zB ein Vorbehaltsurteil oder ein Versäumnisurteil), kann der Beklagte auch seine Zustimmung von der Aushändigung des Titels abhängig machen.

2. Durch den Kostenantrag erwirkt der Beklagte gem. § 269 Abs. 3 Satz 2, 4 ZPO einen Kostenbeschluss, den er als Grundlage für die Kostenfestsetzung benötigt. Der Kostenbeschluss ergeht allerdings nur, wenn die Rücknahme den gesamten Klageanspruch betrifft und die Klage bereits zugestellt worden ist (OLG Stuttgart BeckRS 2009, 86622). Bei nur teilweiser Rücknahme wird über die Kosten erst in der die Instanz abschließenden Entscheidung erkannt (→ Form. I.M.4 Anm. 4, 5). Solange der Kläger dem Beklagten die

Kosten aus dem durch vollständige Rücknahme beendeten Verfahren nicht erstattet hat, kann dieser in einem neuem Prozess die Einlassung verweigern (§ 269 Abs. 6 ZPO). Das gilt auch dann, wenn der Kläger gegen den Kostenerstattungsanspruch mit der eingeklagten Forderung aufrechnet und gegen den Kostenfestsetzungsbeschluss Vollstreckungsgegenklage erhebt, es sei denn, die Forderung des Vorprozesses ist unstreitig (BGH NJW 2011, 2370).

3. Die Einwilligung kann mit Schriftsatz oder im Termin zu Protokoll erklärt werden, auch schon vor Erklärung der Rücknahme. Es besteht Anwaltszwang nach § 78 ZPO. Eine konkludente Einwilligung ist möglich, zB dadurch, dass der Beklagte auf die Rücknahmeerklärung mit einem Kostenantrag reagiert. Will der Beklagte seine Zustimmung verweigern, könnte seine Erklärung lauten:

„. . . . . erklärt der Beklagte, dass er seine Zustimmung zur Klagerücknahme verweigert. Der Beklagte ist an einem klageabweisenden Urteil interessiert."

Die Erklärung der Einwilligung ist bindend; das gilt auch für die Verweigerung.

4. Der Kostenantrag kann nicht gestellt werden, wenn sich die Parteien über die Kosten außergerichtlich verglichen haben (→ Form. I.M.4 Anm. 4, 5). Dafür genügt es, dass sich der Beklagte verpflichtet hat, keinen Kostenantrag zu stellen (OLG Jena NJW-RR 2018, 510).

5. Wenn gegen den Beklagten ein Urteil ergangen ist, das noch nicht rechtskräftig ist, wird es durch die Rücknahme wirkungslos (§ 269 Abs. 3 S. 1 ZPO). Diese Folge kann auf Antrag des Beklagten gleichfalls durch Beschluss ausgesprochen werden, was zur Abwendung einer etwaigen Zwangsvollstreckung dienlich sein kann (vgl. BGH NJW-RR 2010, 1496). Der Antrag ist nicht erforderlich, wenn sich der Beklagte den Titel vom Kläger aushändigen lässt.

6. Soweit es sich nicht um eine Zahlungsklage handelt, ist nach § 63 GKG der Streitwert festzusetzen. Daran hat der Beklagte zur Vorbereitung der Kostenfestsetzung ein Interesse.

6. Verzicht

An das
Landgericht
In der Sache
. . . . .
wird die Klägerin, nachdem die Beklagte ihre Zustimmung zur Klagerücknahme versagt hat, im nächsten Termin auf den geltend gemachten Anspruch gem. § 306 ZPO verzichten.[1, 2]
Rechtsanwältin[3]

Anmerkungen

1. Der Verzicht auf den Klageanspruch mit anschließendem Verzichtsurteil gem. § 306 ZPO kommt in der Praxis selten vor. Die Klagerücknahme gem. § 269 ZPO ist der einfachere und billigere Weg. Wenn allerdings der Beklagte die erforderliche Zustimmung zur Rücknahme verweigert, empfiehlt sich für den Kläger aus Kostengründen und zur Vermeidung eines mit Gründen versehenen klageabweisenden Urteils der Verzicht (→ Form. I.M.5 Anm. 1). Dazu muss sich der Kläger aber sicher sein, auch mit einer späteren Klage keinen Erfolg haben zu können, denn während die Klagerücknahme die Rechtshängigkeit der Klage entfallen lässt (§ 269 Abs. 3 S. 1 ZPO), führt der Verzicht zur rechtskräftigen Entscheidung. Ein Verzicht „unter Verwahrung gegen die Kosten" ist nicht möglich; § 93 ZPO gilt grds. nicht entsprechend (BGH NJW 1994, 2895; aA OLG Frankfurt a. M. NJW-RR 1994, 62; OLG Schleswig NJW 2013, 2765).

2. Der Verzicht muss „bei der mündlichen Verhandlung" erklärt werden, soweit nicht das schriftliche Verfahren angeordnet ist. Eine schriftsätzliche Erklärung genügt nicht, jedoch ist eine Ankündigung des Verzichts zweckmäßig. Die Erklärung des Verzichts unterliegt im Anwaltsprozess dem Anwaltszwang (BGH NJW 1988, 210). Der Verzicht kann den gesamten Anspruch, aber auch nur einen Teil betreffen, in diesem Fall ergeht ein Teilurteil.

Kosten und Gebühren

3. Bei Abweisung der gesamten Klage durch Verzichtsurteil ermäßigen sich die Gerichtsgebühren in erster Instanz auf 1,0 (KV 1211 Nr. 2 GKG). Der Anwalt erhält für die mündliche Verhandlung eine Terminsgebühr von 1,2 (VV 3104 RVG).

7. Antrag des Beklagten auf Verzichtsurteil

An das

Landgericht

In der Sache

. . . . .

wird die Beklagte auf Grund des Verzichts im Termin beantragen:[1, 2]

Die Klägerin wird mit dem geltend gemachten Anspruch abgewiesen.

Rechtsanwältin[3, 4]

Anmerkungen

1. Nach einem Verzicht des Klägers bleibt dem Beklagten nur der Antrag auf ein Verzichtsurteil; an einem streitigen Urteil hat er idR kein Rechtsschutzinteresse (BGH NJW 1968, 503). Der Antrag unterliegt dem Anwaltszwang nach § 78 ZPO. Das Urteil ergeht allein auf Grund des Verzichts, eine Sachprüfung findet nicht statt. Das Verzichtsurteil ist ohne Sicherheitsleistung und ohne Abwendungsbefugnis vorläufig vollstreckbar (§ 708 Nr. 1 ZPO). Gem. § 313b Abs. 1 ZPO bedarf das Urteil nicht des Tatbestands und der Entscheidungsgründe und enthält sie auch in aller Regel nicht.

2. Das Verzichtsurteil ergeht nur auf Antrag des Beklagten. Liegt ein Teilverzicht vor, kann nur ein Teilverzichtsurteil ergehen, das das Gericht allerdings, wenn der Rechtsstreit iÜ noch nicht zur Entscheidung reif ist, erlassen muss.

Kosten und Gebühren

3. → Form. I.M.6

Fristen und Rechtsmittel

4. Das Verzichtsurteil kann wie ein gewöhnliches Urteil angefochten werden, erfolgreich aber nur, wenn kein wirksamer Verzicht vorlag oder wenn dieser wirksam widerrufen wurde.

8. Anerkenntnis unter Verwahrung gegen die Kosten

An das

Landgericht

In der Sache

. . . .

erkennt die Beklagte den geltend gemachten Anspruch an,[1, 2, 3] den Zinsanspruch jedoch nur iHv 5 Prozentpunkten über dem jeweiligen Basiszinssatz seit Rechtshängigkeit.

Die Beklagte verwahrt sich außerdem gegen die Tragung der Prozesskosten.[4]

Begründung:[5]

Die Beklagte hat zur Klageerhebung keinen Anlass gegeben. Die Klägerin hat ihr nicht einmal eine Rechnung über die Klageforderung übersandt, der Beklagten war also die Höhe der Forderung nicht bekannt. Auch eine Mahnung hat die Beklagte nicht erhalten. Die Beklagte ist zur Erfüllung des Anspruchs bereit und in der Lage.

Rechtsanwältin[6, 7]

Schrifttum: Deichfuß, Das „sofortige" Anerkenntnis im schriftlichen Vorverfahren, MDR 2004, 190; *Fischer,* Anerkenntnis- und Versäumnisurteil ohne mündliche Verhandlung, NJW 2004, 909; *Huber*, Schriftliches Vorverfahren und sofortiges Anerkenntnis, JuS 2003, 698; *Kapitza/Kammer,* Anerkennen oder Versäumnisurteil erdulden?, JuS 2008, 882; *König,* Anerkenntnis statt Säumnis – Nach dem RVG vielfach ein anwaltlicher Kunstfehler, NJW 2005, 1243; *Leube*, Das sofortige Anerkenntnis, JA 2015, 768; *Schroeder/Riechert,* Anerkenntnis statt Säumnis? – Systemwidrige Auswirkungen des RVG auf die Prozesstaktik, NJW 2005, 2187.

Anmerkungen

1. Der Beklagte kann den Klageanspruch in jeder Lage des Rechtsstreits anerkennen. Die Folge ist, dass er auf Antrag des Klägers gem. § 307 ZPO durch ein Anerkenntnisurteil verurteilt wird. Anlass für ein Anerkenntnis kann gegeben sein, wenn der Prozess für den Beklagten ungünstig verläuft oder er – so das Beispiel – durch die gerichtliche Geltendmachung eines begründeten Anspruchs überrascht wurde. Aus der Sicht des Beklagten handelt es sich um eine kostengünstige Möglichkeit, einen als verloren anzusehenden Prozess zu beenden. Er sollte aber prüfen, ob es nicht noch günstiger ist, ein Versäumnisurteil gegen sich ergehen zu lassen (→ Form. I.E.3 Anm. 2). Das Anerkenntnis kann den gesamten Anspruch, einen Teil des Anspruchs oder einen von mehreren Ansprüchen betreffen, aber auch von einem von mehreren Streitgenossen abgegeben werden (zum Anerkenntnis im Auskunftsprozess des Pflichtteilsberechtigten BGH NJW 2019, 1219). Der Beklagte kann den Anspruch auch in der Weise anerkennen, dass er eine unbedingt geforderte Leistung Zug-um-Zug erbringt (BGH NJW 1989, 1934), etwa mit der Formulierung

> **„Die Beklagte erkennt den geltend gemachten Klageanspruch Zug um Zug gegen Zahlung von EUR . . . . . (oder: gegen Übereignung und Übergabe des PKW . . . . ., gegen Beseitigung folgender Mängel . . . . .) an."**

Das Anerkenntnis des Beklagten ist bindend und nicht von einer Annahme des Gegners abhängig; ein Widerruf ist nur in engen Grenzen möglich, so bei Rechtsmissbrauch (vgl. OLG Hamm NJW 2017, 1401), Vorliegen eines Restitutionsgrundes nach § 580 ZPO oder eines Abänderungsgrundes nach § 323 ZPO (BGH NJW 1981, 2193). Unterbleibt trotz Anerkenntnis der Erlass eines Anerkenntnisurteils, ist der Beklagte auch im Berufungsverfahren an sein Anerkenntnis gebunden (OLG Hamm BeckRS 2011, 2585).

Zum Anerkenntnis im schriftlichen Vorverfahren → Form. I.E.3.

2. Grds. wird der Beklagte im Anerkenntnisurteil auch zur Tragung der Kosten verurteilt (§ 91 Abs. 1 ZPO). Dies gilt selbst dann, wenn die Klage unschlüssig war (OLG Hamm BeckRS 2014, 13067). Hat er jedoch keinen Anlass zur Klage gegeben und erkennt er sofort an, fallen dem Kläger gem. § 93 ZPO die Kosten zur Last.

- Der Beklagte darf sich vorgerichtlich nicht so verhalten haben, dass der Kläger annehmen muss, nur durch einen Prozess sein Ziel zu erreichen (BGH NJW 2020, 314). Der Beklagte darf den Anspruch nicht bestritten oder die Leistung verweigert haben. Beruft er sich zu Recht auf ein Zurückbehaltungsrecht, besteht allerdings kein Anlass zur Klageerhebung (BGH NJW 2016, 572).
- Bei einer Stufenklage kommt es grundsätzlich auf das Verhalten des Beklagten vor Erhebung der Stufenklage als solcher und nicht auf das Verhalten vor der jeweiligen Stufe an. Der Kläger ist deshalb nach abgeschlossener Auskunftsstufe vor Übergang in die Leistungsstufe mit beziffertem Zahlungsantrag grundsätzlich nicht verpflichtet, den Beklagten zur Zahlung aufzufordern, um bei einem Anerkenntnis die Kostenfolge des § 93 ZPO zu vermeiden (OLG Bamberg NJW 2020, 2649).
- Zu den weiteren Einzelheiten Musielak/Voit/*Flockenhaus* ZPO § 93 Rn. 2.
- Der Beklagte muss den Klageanspruch sofort anerkennen. Im schriftlichen Vorverfahren genügt aber das Anerkenntnis in der Klageerwiderung, sofern der Beklagte nicht im Rahmen der Verteidigungsanzeige bereits Klageabweisung beantragt hat (BGH NJW 2019, 1525). Gibt der Beklagte im schriftlichen Vorverfahren das Anerkenntnis aber erst später als ca. vier bis sechs Wochen nach schlüssiger Klagebegründung ab, liegt ein sofortiges Anerkenntnis auch dann nicht mehr vor, wenn das Gericht keine Stellungnahmefrist bestimmt hatte (OLG Düsseldorf BeckRS 2017, 132654).

Ein sofortiges Anerkenntnis ist aber möglich, wenn es unverzüglich nach dem Zeitpunkt erklärt wird, in dem das Klagevorbringen erstmals den gestellten Antrag rechtfertigt, zB nach Klärung der Zuständigkeit oder sonstiger Zulässigkeitsvoraussetzungen, Behebung der Mängel einer unschlüssigen Klage oder nachdem der Kläger vom Urkundenprozess Abstand genommen hat (OLG Stuttgart BeckRS 2011, 19369). Das setzt aber voraus, dass der Kläger einen solchen Mangel durch ergänzten Sachvortrag behoben hat (BGH NJW 2020, 1442). Legt der Kläger im Prozess ein Schadensgutachten vor, kommt ein sofortiges Anerkenntnis nicht mehr in Betracht, wenn bis zu dessen Abgabe fast vier Monate vergehen (OLG Düsseldorf NJW 2018, 1764).

Nach Erlass eines Versäumnisurteils gegen den Beklagten kommt ein sofortiges Anerkenntnis nicht mehr in Betracht (BGH NJW 2019, 1525; zum Widerspruch gegen einen Mahnbescheid vgl. Musielak/Voit/*Flockenhaus*, 18. Aufl. 2021, ZPO § 93 Rn. 23). Im Urkundenprozess ist ein sofortiges Anerkenntnis nicht dadurch ausgeschlossen, dass der Beklagte, der im Wege einer unstatthaften Urkundenklage in Anspruch genommen wird, den Klaganspruch erst anerkennt, nachdem der Kläger die Abstandnahme vom Urkundenprozess erklärt hat (OLG Stuttgart BeckRS 2011, 19369). Auch ein Widerspruch im Urkundenverfahren soll einem sofortigen Anerkenntnis im Nachverfahren nicht im Wege stehen (OLG Düsseldorf MDR 1983, 496).

Dagegen ist es unschädlich, wenn der Beklagte mit dem Anerkenntnis nicht zugleich die Forderung erfüllt (OLG Koblenz NJW 2016, 2964).

3. Das prozessuale Anerkenntnis kann in der mündlichen Verhandlung, in der Güteverhandlung, im schriftlichen Vorverfahren (→ Form. I.E.3) und nach § 307 ZPO sonst in einem Schriftsatz erklärt werden, auch wenn nicht das schriftliche Verfahren nach § 128 Abs. 2 ZPO angeordnet ist. Im Verfahren mit frühem ersten Termin ist es aber zweckmäßig – schon um kostenverursachende Maßnahmen des Gerichts zu vermeiden –, das Anerkenntnis vor dem Termin anzukündigen oder es jedenfalls als möglich darzustellen. Auf eine Protokollierung des Anerkenntnisses (§ 160 Abs. 3 Nr. 1 ZPO) und dessen gleichfalls zu protokollierende Verlesung und Genehmigung (§ 162 Abs. 1 ZPO) ist zu achten (BGH NJW 1989, 1934). Für das Anerkenntnis gilt der Anwaltszwang.

4. Die „Verwahrung gegen die Kosten" (üblich auch die Formulierung „unter Protest gegen die Kosten") macht das Anerkenntnis hinsichtlich des Klageanspruchs nicht unwirksam, sondern wird als Hinweis an das Gericht verstanden, dem Kläger die Kosten gem. § 93 ZPO aufzuerlegen (vgl. Musielak/Voit/*Musielak*, 18. Aufl. 2021 § 307 Rn. 8). Der Beklagte hat dann einen Anspruch darauf, dass die Kostenentscheidung, wenn das Gericht § 93 ZPO nicht anwendet, begründet wird (OLG Brandenburg NJW-RR 2003, 1723).

5. Der Beklagte muss darlegen und ggf. beweisen, dass er vorprozessual zur Klageerhebung keinen Anlass gegeben hat (BGH NJW 2007, 36; KG BeckRS 2015, 09111; → Anm. 2). Die Beweislast soll sich auch auf die Tatsache, die Klagerechnung (OLG Frankfurt a. M. NJW-RR 1996, 62) oder ein vom Kläger behauptetes vorprozessuales Aufforderungsschreiben (OLG Koblenz NJW 2016, 2964) nicht erhalten zu haben, erstrecken (OLG Hamm MDR 2011, 1319).

Kosten und Gebühren

6. Bei einer Beendigung des gesamten Rechtsstreits durch Anerkenntnisurteil ermäßigen sich die Gerichtskosten von 3,0 auf 1,0 (KV 1211 Nr. 2 GKG), in der Berufungsinstanz von 4,0 auf 2,0 (KV 1222 Nr. 2 GKG). Ob dies auch bei Widerspruch gegen die Kostenlast gilt, ist in der Rechtsprechung umstritten (vgl. die Darstellung bei KG MDR 2018, 494). Ein Teilanerkenntnis führt dagegen nicht zur Ermäßigung (OLG Frankfurt a. M. NJW-RR 2001, 717; OLG München NJW-RR 1999, 1232; aA OLG Rostock für den Fall, dass sich der nicht anerkannte Teil durch Klagerücknahme erledigt, BeckRS 2007, 04829). Der Rechtsanwalt erhält auch dann eine Terminsgebühr, wenn das Anerkenntnisurteil ohne mündliche Verhandlung ergeht (VV 3104 Abs. 1 Nr. 1 RVG).

Rechtsmittel

7. Gegen das Anerkenntnisurteil hat der Beklagte dieselben Rechtsmittel wie gegen ein streitiges Urteil (BGH NJW 1992, 1513), aussichtsreich ist die Berufung aber wohl nur mit der Begründung, der Beklagte habe nicht wirksam anerkannt oder das Anerkenntnis wirksam widerrufen (OLG Düsseldorf NJW-RR 1999, 1514; OLG Koblenz NJW-RR 2000, 529; KG NJW-RR 1995, 958). Weicht das Urteil von dem vom Kläger gestellten Antrag ab, kann auch er Berufung einlegen (BGH NJW 2004, 2019).

Die Kostenentscheidung ist für den Kläger oder für den Beklagten nach § 99 Abs. 2 ZPO mit der sofortigen Beschwerde gem. § 567 ZPO anfechtbar, je nachdem, ob das

Gericht § 93 ZPO angewandt hat oder nicht. Nach § 99 Abs. 2 ZPO muss der Wert der Hauptsache die Berufungssumme nach § 511 ZPO (mehr als 600 EUR) erreichen, außerdem muss der Kostenwert 200 EUR übersteigen (§ 567 Abs. 2 ZPO). Die sofortige Beschwerde ist auch dann statthaft, wenn das Anerkenntnis unter einem Zug-um-Zug-Vorbehalt erfolgt ist (BGH NJW 2016, 572). Problematisch sind die Fälle, in denen zunächst ein Teilanerkenntnisurteil ergeht, anschließend ein Schlussurteil über die restliche Hauptsache und die Kosten oder nur über die Kosten (BGH NJW 2001, 230). Das Teilanerkenntnisurteil kann nur mit der Berufung angegriffen werden, die sich aber nicht auf die Kostenentscheidung im Schlussurteil erstreckt; diese muss gesondert angefochten werden (KG MDR 1990, 160). Soll das Schlussurteil nur im Kostenpunkt angegriffen werden, empfiehlt sich die sofortige Beschwerde (vgl. OLG Dresden BeckRS 2017, 133924). Bei einer sog gemischten Kostenentscheidung erfasst die Beschwerde allerdings nur die auf den anerkannten Teil entfallenden Kosten, für die Kosten der streitigen Hauptsache gilt § 99 Abs. 1 ZPO (OLG Köln NJW-RR 1994, 767).

9. Antrag auf Erlass eines Anerkenntnisurteils

An das

Landgericht

In der Sache

.....

beantrage ich für die Klägerin, nachdem die Beklagte den gegen sie geltend gemachten Anspruch anerkannt hat,[1]

1. den Termin zur mündlichen Verhandlung am ..... aufzuheben,[2]

2. die Beklagte ihrem Anerkenntnis gemäß zu verurteilen.[3]

Den weitergehenden Zinsanspruch nimmt die Klägerin zurück.[4]

Sollte das Gericht den Kostenpunkt noch für ungeklärt halten, wird beantragt,[5]

ein Teilanerkenntnisurteil zu erlassen und die Kostenentscheidung dem Schlussurteil vorzubehalten.

Begründung:[6]

Die Beklagte hat sehr wohl Anlass zur Klageerhebung gegeben. Wenn sie die von der Klägerin ausgestellte Rechnung nicht erhalten hat, so deswegen, weil die Beklagte umgezogen ist, ohne dies der Klägerin mitzuteilen. Die Klägerin hat der Beklagten iÜ durch eine Angestellte vor Erhebung der Klage in einem Telefonat am ..... gemahnt.

Beweis: Zeugnis der .....

Die Beklagte hat jedoch nur Ausflüchte benutzt.

Rechtsanwältin[7, 8]

Schrifttum: Metz, Anerkenntnisurteil bei fehlender Zuständigkeit?, MDR 2020, 391.

Anmerkungen

1. Hat der Beklagte den Anspruch dem vom Kläger gestellten Antrag entsprechend anerkannt, endet der Rechtsstreit mit einem Anerkenntnisurteil (§ 307 ZPO); für eine Entscheidung durch streitiges Urteil fehlt dem Kläger idR das Rechtsschutzinteresse. Das Anerkenntnisurteil ergeht, wenn ein wirksames Anerkenntnis vorliegt und die Prozessvoraussetzungen gegeben sind, eine sachliche Prüfung des Anspruchs findet nicht statt. Dem Erlass eines Anerkenntnisurteils steht die fehlende Durchführung eines obligatorischen Schlichtungsverfahrens vor der Klageerhebung nicht entgegen (BGH NJW-RR 2014, 1358). Das Anerkenntnisurteil bedarf nicht des Tatbestands und der Entscheidungsgründe (§ 313b Abs. 1 ZPO) und enthält sie auch idR nicht, es sei denn, dass die Kostenentscheidung wegen § 93 ZPO streitig ist; in diesem Fall muss das Urteil eine Begründung enthalten (OLG Brandenburg NJW-RR 2003, 1723). Das Anerkenntnisurteil ist ohne Sicherheitsleistung und ohne Abwendungsbefugnis vorläufig vollstreckbar (§ 708 Nr. 1 ZPO).

2. Nach § 307 S. 2 ZPO bedarf es für den Erlass eines Anerkenntnisurteils keiner mündlichen Verhandlung. Es ist also zweckmäßig, dass der Termin aufgehoben wird, was das Gericht auch von Amts wegen tun kann. Auch ohne mündliche Verhandlung erhält der Anwalt die Terminsgebühr (VV 3104 Abs. 1 Nr. 1 RVG). Zum prozesstaktischen Einsatz des Anerkenntnisses nach Schluss der mündlichen Verhandlung: *Kirschbaum* NJOZ 2012, 681.

3. Das Anerkenntnisurteil setzt keinen Antrag des Klägers voraus, dennoch ist es zweckmäßig, auf das schriftsätzliche Anerkenntnis des Beklagten mit einem Antrag zu reagieren. Liegt nur ein Teilanerkenntnis vor und ist der Rechtsstreit iÜ noch nicht zur Entscheidung reif, muss das Gericht, abweichend von § 301 Abs. 2 ZPO, ein Teilurteil erlassen.

4. Wenn der Anspruch zu einem geringen Teil, insb. hinsichtlich der Nebenforderungen, nicht anerkannt wird, kann insoweit eine Rücknahme der Klage vorteilhaft sein. Dadurch wird eine spätere streitige Entscheidung über die Restforderung durch Schlussurteil und damit auch eine Verzögerung der Kostenentscheidung vermieden sowie die Ermäßigung der Gerichtskosten auf eine Gebühr nach KV Nr. 1211 Nr. 2 GKG erreicht.

5. Wenn, wie im Beispielsfall, der gesamte Klageanspruch anerkannt ist, aber die Kostenfrage noch der Klärung bedarf, erlässt die Praxis – dogmatisch anfechtbar, aber zweckmäßig – meist ein Teilanerkenntnisurteil über die Hauptsache und später ein Schlussurteil oder einen Beschluss (§ 128 Abs. 3 ZPO) über die Kosten. Hierauf sollte der Kläger hinwirken, um möglichst schnell einen vollstreckbaren Titel zu erhalten.

6. Hier muss sich die Klägerin zu den Darlegungen der Beklagten, soweit sie die Voraussetzungen des § 93 ZPO betreffen, erklären. Ist streitig, ob der Beklagte Anlass zur Klageerhebung gegeben hat, kann es zu einer Beweisaufnahme kommen; die Beweislast liegt beim Beklagten (→ Form. I.M.8 Anm. 5).

Kosten und Gebühren

7. → Anm. 4; → Form. I.M.8. Ob auch bei Widerspruch gegen die Kostenlast die Gebührenermäßigung nach KV 1211 GKG erfolgt, ist in der Rechtsprechung umstritten (vgl. die Darstellung bei KG MDR 2018, 494). Auch wenn es zu keiner mündlichen Verhandlung kommt, erhält der Anwalt eine volle Terminsgebühr nach VV 3104 RVG. Wird das Anerkenntnis vergleichsweise abgegeben, entsteht keine Einigungsgebühr (VV 1000 Abs. 1 S. 1 Hs. 2 RVG; OLG Stuttgart NJW 2005, 2162).

Rechtsmittel

8. → Form. I.M.8. Liegen ein Teilanerkenntnis und eine Rücknahme hinsichtlich der restlichen Klageforderung vor, kann die Kostenentscheidung des Urteils allein mit der sofortigen Beschwerde angefochten werden, gleich ob eine Verletzung des § 93 ZPO, des § 269 Abs. 3 ZPO oder eine unrichtige Quotelung geltend gemacht wird. Wenn im Schlussurteil zugleich über einen Teil des Klageanspruchs entschieden wird, ist auch die Berufung statthaft. Wird im Schlussurteil außer über die Kosten nur noch über den streitigen Zinsanspruch entschieden, dürfte es oft an der Beschwer fehlen.

10. Erledigungserklärung des Klägers

An das
Landgericht
In der Sache
. . . . .
erklärt die Klägerin die Hauptsache für erledigt[1, 2] und beantragt,
der Beklagten die Kosten des Rechtsstreits aufzuerlegen.
Die Beklagte hat die Klageforderung am . . . . ., also nach Rechtshängigkeit,[3] beglichen.
Die Beklagte wird aufgefordert, sich der Erledigungserklärung unverzüglich anzuschließen, damit der Termin aufgehoben und über die Kosten ohne mündliche Verhandlung entschieden werden kann.[4]
Das Gericht wird gebeten, diesen Schriftsatz der Beklagten zuzustellen und sie gem. § 91a Abs. 1 S. 2 ZPO darauf hinzuweisen, dass über die Kosten entschieden wird, wenn sie nicht innerhalb von zwei Wochen widerspricht.[5]
Rechtsanwältin[6, 7, 8, 9]

Schrifttum: Althammer/Löhnig, Billige Kostentragung bei Erledigung der Hauptsache nach Aufrechnung durch den Beklagten, NJW 2004, 3077; *Bonifacio,* Freiwilliges Unterliegen und Prozesskosten nach Erledigung des Rechtsstreits, MDR 2004, 1094; *Elzer/Nissen*, Kostenfeststellungsklage trotz Erledigung?, NJW 2019, 1116; *Enders,* Erledigung der Hauptsache und die Verfahrens-, Termins- und Einigungsgebühr, JBüro 2005, 113; *Fischer,* Vollmacht, Vertragsschluss und Erledigung der Hauptsache, JuS 2009, 355; *Hofmann*, Einseitige und übereinstimmende Erledigungserklärungen vor unzuständigem Gericht, NJW 2020, 1117; *Knöringer*, Die Erledigung der Hauptsache im Zivilprozess, JuS 2010, 569; *Looff,* Kostenentscheidung nach Erledigung des selbständigen Beweisverfahrens, NJW 2008, 24; *Wolf,* Erledigung im Mahnverfahren, NJW 2003, 553.

Anmerkungen

1. Ist der mit der Klage geltend gemachte Anspruch durch Zahlung erloschen oder auf andere Weise entfallen, muss der Kläger hierauf reagieren, denn eine Verurteilung des Beklagten kann er nicht mehr erreichen. Stellt er dennoch einen Sachantrag, wird seine Klage abgewiesen und er trägt die Kosten des Rechtsstreits (§ 91 Abs. 1 ZPO). Dies gilt auch für eine Klagerücknahme (§ 269 Abs. 3 S. 2 ZPO), es sei denn, der Anlass zur Klageerhebung ist zwischen Anhängigkeit und Rechtshängigkeit weggefallen; in dieser Konstellation können die Kosten auch dem Beklagten auferlegt werden (S. 3; → Form. I.M.12).

Für die in der Praxis am häufigsten auftretende Konstellation, dass der Anlass zur Klageerhebung nach Rechtshängigkeit weggefallen ist, sollte der Kläger den Rechtsstreit in der Hauptsache für erledigt erklären. Nicht möglich ist es, stattdessen einen materiell-rechtlichen Kostenerstattungsanspruch geltend zu machen (KG BeckRS 2018, 2608; vgl. aber zu § 269 Abs. 3 S. 3 ZPO OLG Frankfurt a.M. NJW 2019, 1158; hierzu *Elzer/ Nissen* NJW 2019,1116).

Schließt sich der Beklagte dieser Erledigungserklärung an (→ Form. I.M.11), entscheidet das Gericht nur noch gem. § 91a ZPO über die Kosten des Rechtsstreits, und zwar unter Berücksichtigung des bisherigen Streitstands nach billigem Ermessen. Die Parteien können also auch einen Rechtsstreit übereinstimmend für erledigt erklären, der sich im Rechtssinne nicht erledigt hat. Maßgeblich für die Kostentragung ist die Frage, ob die Klage zulässig und begründet war und der Beklagte Anlass zur Klageerhebung gegeben hatte. Eine Beweisaufnahme hierüber findet nicht statt. Rechtsfragen von grundsätzlicher Bedeutung hat das Gericht nicht zu klären (BGH NJW-RR 2009, 422). Hat sich die Hauptsache durch Zahlung erledigt, wird das Gericht idR davon ausgehen, dass der Beklagte hierzu auch verpflichtet war, und ihm die Kosten auferlegen („Freiwilliges Unterliegen", BGH BeckRS 2004, 03127). Hat sich die Hauptsache vor einem unzuständigen Gericht erledigt, besteht keine generelle Kostentragungspflicht des Klägers, maßgeblich ist vielmehr der voraussichtliche Ausgang des Verfahrens nach Verweisung an das zuständige Gericht (BGH BeckRS 2010, 10351; vgl. aber zur einseitigen Erledigung BGH NJW-RR 2020, 125; hierzu *Hofmann* NJW 2020, 1117). Ist ein Rechtsstreit vom Kläger später als möglich und zumutbar in der Hauptsache für erledigt erklärt worden und sind dadurch zusätzliche Kosten entstanden, sind diese im Rahmen von § 91a ZPO dem Kläger aufzuerlegen; der Kläger ist allerdings nicht verpflichtet, einen angekündigten Antrag bereits schriftsätzlich an eine veränderte Prozesssituation anzupassen (OLG Stuttgart BeckRS 2010, 30659). Erklären die Parteien die Hauptsache für erledigt, nachdem durch Untätigkeit des Klägers im Mahnverfahren die Forderung verjährt ist, trägt der Beklagte die bis zur Abgabe an das Streitgericht angefallenen Kosten des Mahnverfahrens (KG BeckRS 2012, 09373). Wird nur ein Teil der Hauptsache übereinstimmend für erledigt erklärt, nimmt das Verfahren seinen gewohnten Lauf. Das Gericht entscheidet dann im Urteil über die Kosten des erledigten Teils nach § 91a ZPO. Erkennt der Beklagte die Kostentragungspflicht an, trägt er die Kosten des Rechtsstreits (BGH BeckRS 2014, 21519). Die Erklärung ist unwiderruflich (OLG Hamm NJW-RR 2020, 192). In der Rechtsmittelinstanz kommt eine übereinstimmende Erledigung nur in Betracht, wenn das Rechtsmittel zulässig ist (BGH NJW-RR 2009, 422).

Schließt sich der Beklagte der Erledigungserklärung nicht an (→ Form. I.M.13), führt die Erledigungserklärung zu einer nach § 264 Nr. 2 ZPO stets zulässigen Klageänderung dahin gehend, die Erledigung des Rechtsstreits festzustellen (BGH NJW 2008, 2580; NJW 2014, 3520, keine analoge Anwendung von § 269 Abs. 3 S. 3 ZPO). Das Verfahren wird dann ohne weitere Besonderheiten im Ablauf fortgesetzt. Das Gericht wird die Erledigung der Hauptsache feststellen, wenn die Klage ursprünglich zulässig und begründet war und durch ein erledigendes Ereignis nach Rechtshängigkeit unzulässig oder unbegründet geworden ist (BGH NJW 1986, 588). Die Kosten des Rechtsstreits hat dann der Beklagte zu tragen (§ 91 Abs. 1 S. 1 ZPO). Ist sich der Kläger unsicher, ob sich die Hauptsache tatsächlich erledigt hat, sollte er seinen ursprünglichen Antrag hilfsweise aufrechterhalten (hierzu und zur Frage, ob die Erledigung auch hilfsweise erklärt werden kann, ausf. *Knöringer* JuS 2010, 569). Er kann seine Erledigungserklärung auch widerrufen, und zwar auch hilfsweise, und den ursprünglichen Klageantrag wieder aufnehmen (BGH NJW 2015, 699). Nach der Anschließung durch den Beklagten ist der Widerruf nur möglich, wenn ein Restitutionsgrund besteht (BGH NJW 2013, 2686). Die Umdeutung eines unzweifelhaft erklärten Rücktritts in eine Erledigungserklärung ist nicht zulässig (BGH NJW 2014, 3520).

2. Die Erklärung braucht nach § 91a Abs. 1 S. 1 ZPO nicht in mündlicher Verhandlung abgegeben zu werden, sie kann auch schriftsätzlich oder zu Protokoll der Geschäftsstelle erklärt werden. Es besteht also kein Anwaltszwang (§ 78 Abs. 3 ZPO). Die Erledigungserklärung kann auch in einem Parallelprozess wirksam zu Protokoll gegeben werden. Die Erklärung kann nicht hilfsweise in der Erwartung abgegeben werden, dass sich der Beklagte anschließt und nur noch über die Kosten zu entscheiden ist (BGH NJW-RR 1998, 1571). Wenn die Erledigung nur einen von mehreren Klageansprüchen oder nur einen Teil des Streitgegenstands – zB aufgrund einer Teilzahlung – betrifft, kann die Hauptsache nur teilweise für erledigt erklärt werden. Es ist dann genau zu bezeichnen, inwieweit sich der Klageanspruch einschl. der Nebenforderungen erledigt hat. Im Berufungsverfahren kann der Kläger auch dann noch die Erledigung erklären, wenn er hierzu schon im erstinstanzlichen Verfahren in der Lage war; ihm droht dann allerdings die Kostentragungspflicht nach § 97 Abs. 2 ZPO (BGH BeckRS 2016, 05218).

3. Zur Erledigung vor Rechtshängigkeit → Form. I.M.12.

4. Auch die Erklärung des Beklagten kann in einem Schriftsatz abgegeben werden. Dadurch wird ein Termin unnötig; denn nach § 128 Abs. 3 ZPO kann das Gericht über die Kosten ohne mündliche Verhandlung entscheiden.

5. Nach § 91a Abs. 1 S. 2 ZPO kann das Gericht auch über die Kosten entscheiden, wenn der Beklagte nicht innerhalb einer Notfrist von zwei Wochen widerspricht. Das setzt voraus, dass dem Beklagten die Erledigungserklärung zugestellt wird und er auf diese Rechtsfolge hingewiesen wurde. Deshalb ist es zweckmäßig, die Zustellung des Schriftsatzes und einen entsprechenden Hinweis zu beantragen.

Kosten und Gebühren

6. Bei übereinstimmender Erledigungserklärung ermäßigen sich die Gerichtsgebühren, anders als bei der Rücknahme, grds. nicht, wenn ein begründeter Kostenbeschluss ergeht (KV 1211 Nr. 4 GKG; OLG Hamburg MDR 2006, 1376). Es empfiehlt sich also, eine Einigung über die Kosten herbeizuführen. Für die Beschwerde nach § 91a Abs. 2 ZPO entsteht eine Gebühr nach KV 1810 GKG.

7. Der Anwalt erhält neben der Verfahrensgebühr nach VV 3100 RVG die Terminsgebühr nach VV 3104 RVG nur, wenn ausnahmsweise mündlich verhandelt wird (BGH NJW 2008, 668). Bei nur teilweiser Erledigung werden die weiteren Gebühren allein nach dem Wert der verbleibenden Hauptsache berechnet (BGH NJW-RR 1995, 1089). Wählen anwaltlich vertretene Parteien anstelle eines formgerechten gerichtlichen Vergleichs mit den sich aus VV 1000, 1003 RVG ergebenden Kostenfolgen absichtlich übereinstimmende Erledigungserklärungen bei Kostenübernahme einer Partei, so ist daraus regelmäßig auf einen Verzicht der beteiligten Parteien auf Erstattung der angefallenen Einigungsgebühr zu schließen (OLG Stuttgart NJW 2020, 1823).

Fristen und Rechtsmittel

8. Wenn der Beklagte der Erledigung widersprechen und eine Entscheidung nach § 91a vermeiden will, muss er sich binnen zwei Wochen nach Zustellung der Erledigungserklärung äußern (→ Anm. 5).

9. Gegen den Beschluss nach § 91a ZPO ist sofortige Beschwerde statthaft, sofern der Beschwerdewert gem. § 567 Abs. 2 ZPO (200 EUR) erreicht wird. Darüber hinaus verlangt § 91a Abs. 2 S. 2 ZPO, dass in der Hauptsache die Berufungssumme nach § 511 ZPO (600 EUR) erreicht wurde; sie ist nach dem Wert zu bestimmen, mit dem die Partei nach der anzufechtenden Kostenentscheidung voraussichtlich unterlegen wäre (BGH NJW-RR 2003, 1504). Werden also bei einem Streitwert der Hauptsache von 1.000 EUR die Kosten gegeneinander aufgehoben, kann keine Partei Beschwerde einlegen. Bei nur teilweiser Erledigung wird über die Kosten des erledigten Teils im Urteil nach § 91a ZPO entschieden; insoweit unterliegt die Kostenentscheidung im Urteil der sofortigen Beschwerde. Wird gegen das Urteil ohnehin Berufung eingelegt, erübrigt sich daneben die sofortige Beschwerde. Die Berufung muss sich aber zugleich gegen die Hauptsache wenden (BGH MDR 2013, 2361). Die Frist für die sofortige Beschwerde beträgt zwei Wochen, sie beginnt mit der Zustellung des Beschlusses (§ 569 Abs. 1 ZPO).

11. Übereinstimmende Erledigungserklärung (Anschließungserklärung des Beklagten)

An das
Landgericht
In der Sache
. . . .
schließt sich die Beklagte der Erledigungserklärung der Klägerin an[1, 2]
und beantragt,

1. **der Klägerin die Kosten des Rechtsstreits aufzuerlegen,[3]**
2. **das Versäumnisurteil (Vollstreckungsbescheid, Vorbehaltsurteil) vom . . . . . für wirkungslos zu erklären.[4]**

Begründung:[5]

Die Beklagte hat der Klägerin keinen Anlass zur Klageerhebung gegeben und den Anspruch sofort nach Klageerhebung erfüllt . . . . (ist auszuführen).
Rechtsanwältin[6, 7]

Schrifttum: Brießmann, Kostenfolge bei übereinstimmender Erledigungserklärung wegen Verjährung, NJW 2018, 2988.

Anmerkungen

1. Der Beklagte hat die Wahl, sich der Erledigungserklärung des Klägers anzuschließen oder Abweisung der Klage zu beantragen. Wenn die Hauptsache wirklich im Rechtssinne erledigt ist, sollte er sich der Erledigungserklärung des Klägers anschließen, denn andernfalls wird durch streitiges Urteil festgestellt, dass eine Erledigung vorliegt (→ Form. I.M.13 Anm. 1), was ihn mit höheren Kosten belastet. Hat sich die Hauptsache nicht erledigt, kann der Beklagte sich dennoch der Erledigungserklärung anschließen; das gilt auch bei Erledigung vor Rechtshängigkeit (OLG Köln NJW-RR 2000, 1456). Im Beschluss nach § 91a ZPO werden dann meist dem Kläger die Kosten auferlegt, da die Klage nicht begründet war. Ist sich der Beklagte sicher, dass keine Erledigung vorliegt, empfiehlt es sich, der Erledigung zu widersprechen und Klageabweisung zu beantragen; zB:

„Die Beklage widerspricht der Erledigungserklärung der Klägerin und beantragt weiterhin, die Klage abzuweisen.
Nicht die Beklagte, sondern der wirkliche Schuldner hat die von der Klägerin fälschlich gegen die Beklagte geltend gemachte Forderung beglichen . . . .“

Dies führt zu einem abweisenden Urteil mit der notwendigen Kostenfolge des § 91 ZPO zu Lasten des Klägers. Ein solches Vorgehen ist auch sinnvoll, wenn die Erledigung vor Anhängigkeit eingetreten ist (→ Form. I.M.12 Anm. 1). Bei Erledigung zwischen Anhängigkeit und Rechtshängigkeit bringt die Verweigerung der Zustimmung dem Beklagten nur selten einen Vorteil, da der Kläger die Klage zurücknehmen und nach § 269 Abs. 3 S. 3 ZPO vorgehen kann (→ Form. I.M.12 Anm. 1).

2. Die Erklärung braucht nach § 91a Abs. 1 S. 1 ZPO nicht in mündlicher Verhandlung abgegeben zu werden, es genügt, wenn sich der Beklagte in einem Schriftsatz anschließt. Anwaltszwang besteht nicht. Möglich ist es, der Erledigung nur zT zuzustimmen. Die Anschließungserklärung ist eine Prozesshandlung, die grds. nicht widerrufen oder nach bürgerlichem Recht angefochten werden kann.

3. Einen streitigen Kostenantrag sollte der Beklagte nur stellen, wenn er Gründe vortragen kann, nach denen der Kläger die Kosten zu tragen hat. Hat der Beklagte eine fällige angemahnte Zahlung nach Rechtshängigkeit erbracht, würde er sich nur mit zusätzlichen Kosten belasten. In einem solchen Fall sollte er den Kostenanspruch anerkennen oder gegenüber dem Gericht die Kostenübernahme erklären, um nach KV 1211 Nr. 4 GKG eine Gebührenermäßigung zu erreichen. Anders kann es sein, wenn zB die Passivlegitimation des Beklagten streitig geblieben ist und er plausible Gründe vortragen kann, warum er gleichwohl gezahlt hat (OLG Koblenz NJW-RR 1999, 943).

4. Vorausgegangene Entscheidungen sind nach übereinstimmender Erledigungserklärung wirkungslos (§ 269 Abs. 3 Satz 1 ZPO analog). Diese Folge der Prozessbeendigung ist auf Antrag in entsprechender Anwendung von § 269 Abs. 3, 4 ZPO festzustellen. Damit wird klargestellt, dass der Vollstreckungstitel keine Wirkungen mehr hat.

5. Der Rechtsgedanke des § 93 ZPO ist im Rahmen der Abwägung nach § 91a ZPO anwendbar (OLG Düsseldorf NJW-RR 2020, 252; → Form. I.M.8 Anm. 5), so dass in diesem Fall dem Kläger die Kosten aufzuerlegen wären.

Kosten und Gebühren

6. → Form. I.M.10. Wird die Hauptsache erst im Berufungsverfahren für erledigt erklärt, bleibt es regelmäßig bei 4,0-Gerichtsgebühren nach KV 1220 GKG. Nur wenn keine oder eine unstreitige Entscheidung über die Kosten ergeht, reduziert sich die Gebühr auf 2,0.

Fristen und Rechtsmittel

7. → Form. I.M.10.

12. Zurücknahme der Klage bei Erledigung vor Rechtshängigkeit

An das
Landgericht
In der Sache
. . . .
hat die Beklagte die Klageforderung vor Rechtshängigkeit beglichen. Die Klägerin nimmt daher die Klage zurück.[1, 2]

Gleichzeitig wird beantragt,

der Beklagten die Kosten des Rechtsstreits aufzuerlegen.[3]

Begründung:[4]

Die Beklagte hat die Hauptforderung nebst Zinsen am 3.7.2021 überwiesen, also nach Einreichung der Klage, aber vor ihrer Zustellung. Damit ist der Anlass zur Einreichung der Klage vor Rechtshängigkeit entfallen. Die Kostenentscheidung bestimmt sich daher unter Berücksichtigung des bisherigen Sach- und Streitstandes nach billigem Ermessen (§ 269 Abs. 3 S. 3 ZPO). Die Klägerin weist darauf hin, dass ihr bei Einzahlung des Kostenvorschusses die Gutschriftenanzeige ihrer Bank v. 9.7.2021 noch nicht vorlag und die Rücknahme unmittelbar nach Kenntnis des Zahlungseingangs erfolgt. Da sich die Beklagte, wie in der Klageschrift dargelegt, im Zahlungsverzug befand, sind ihr die Kosten aufzuerlegen.

Rechtsanwältin[5, 6]

Anmerkungen

1. Materiell-rechtlich kann eine Erledigung in jedem Verfahrensstadium eintreten, eine Erledigung im prozessualen Sinne setzt hingegen Rechtshängigkeit voraus (*Knöringer* JuS 2010, 569 mwN).

Geht die Zahlung des Beklagten nach der Klageeinreichung, aber vor der Zustellung ein, hilft dem Kläger allenfalls eine übereinstimmende Erledigung, da das Gericht an diese Erklärungen gebunden ist (→ Form. M.I.10 Anm. 1). Stimmt der Beklagte der Erledigungserklärung nicht zu, würde das Gericht mangels prozessualer Erledigung die (Feststellungs-) Klage abweisen und dem Kläger die Kosten des Rechtsstreits auferlegen. Will der Kläger diese Kostenfolge verhindern, muss er die Klage unter Hinweis auf § 269 Abs. 3 S. 3 ZPO zurücknehmen. Das Gericht entscheidet dann – wie bei der übereinstimmenden Erledigung nach § 91a ZPO und abweichend von der allgemeinen Kostenregelung des § 269 Abs. 3 S. 2 ZPO – über die Kostentragungspflicht nach billigem Ermessen unter Berücksichtigung des bisherigen Sach- und Streitstands. Eine Kostenentscheidung gegen den Beklagten kann aber nur erfolgen, wenn die Umstände, unter denen der Klageanlass weggefallen ist, und die Frage des mangelnden Verschuldens des Klägers an der Unkenntnis unstreitig sind (OLG Hamm NJW-RR 2011, 1563).

Hat der Kläger die Klage in der irrigen Annahme, die Zahlung des Beklagten sei vor Zustellung erfolgt, zurückgenommen, entscheidet das Gericht über die Kosten des Rechtsstreits nicht nach § 269 Abs. 3 S. 3 ZPO, sondern nach S. 2, so dass sie grds. dem Kläger aufzuerlegen sind. Entgegen einer verbreiteten Auffassung wird der Prozess also nicht fortgesetzt (vgl. OLG Oldenburg BeckRS 2018, 33649 Rn. 19). Der Kläger kann die Rücknahmeerklärung nicht rückgängig machen; sie lässt sich auch nicht in eine Erledigungserklärung umdeuten (BGH NJW 2014, 3520); dagegen soll eine Erledigungserklärung als Rücknahme ausgelegt werden können, wenn der Anlass zur Klageeinreichung vor Rechtshängigkeit weggefallen ist (OLG Koblenz BeckRS 2015, 6247; OLG Karlsruhe NJW-RR 2014, 546). Der Kläger ist grds. nicht berechtigt, gegen den Kostenbeschluss mit einem materiell-rechtlichen Anspruch, zB wegen Verzuges, vorzugehen (BGH NJW 2011, 2368). Der Kläger sollte sich also in diesen Konstellationen vor einer Rücknahme beim Gericht erkundigen, ob die Klage bereits zugestellt ist.

Nimmt der Kläger allein auf den Hinweis des Beklagten, er werde die Zahlung veranlassen, die Klage zurück, ist § 269 Abs. 3 S. 3 ZPO nicht anwendbar, auch nicht analog. Der Kläger sollte also den Eingang der Zahlung abwarten.

War die Zahlung des Beklagten bereits vor Klageeinreichung erfolgt, bleibt dem Kläger nur die Klagerücknahme mit der Kostenfolge des § 269 Abs. 3 S. 2 ZPO (BGH NJW-RR 2005, 1662; aA OLG Jena BeckRS 2012, 5402). Eine Ausnahme wird zugelassen, wenn der Kläger ohne sein Verschulden keine Kenntnis davon hatte, dass sich sein Begehren schon vor Klageeinreichung erledigt hatte (OLG Frankfurt a. M. NJW-RR 2014, 1406).

2. Für die Rücknahmeerklärung gelten keine Besonderheiten (→ Form. I.M.4 Anm. 2). Mit der Erklärung sollte aber nicht bis zum Termin gewartet werden, vielmehr sollte die Rücknahme sofort schriftsätzlich erklärt werden, nachdem der Anlass für die Klage entfallen ist.

3. Die Kostenentscheidung ergeht nicht von Amts wegen, sondern nach § 269 Abs. 4 ZPO nur auf Antrag.

4. Zur Begründung seines Kostenantrags sollte der Kläger die Voraussetzungen des § 269 Abs. 3 S. 3 ZPO darlegen und hierbei iE vortragen und belegen, dass der Anlass zur Klageeinreichung vor Rechtshängigkeit weggefallen ist und dem Beklagten die Kosten aufzuerlegen sind, da dieser sich zB im Verzug befunden oder sonst Anlass zur Klageeinreichung gegeben hatte, und dass die Leistung zu spät erfolgte, um die Einreichung der Klage noch verhindern zu können. Der Rechtsgedanke des § 93 ZPO ist insoweit übertragbar (OLG Dresden NJW 2015, 497).

Kosten und Gebühren

5. → Form. I.M.4, → Form. I.M.5.

Fristen und Rechtsmittel

6. → Form. I.M.5.

13. Einseitige Erledigungserklärung des Klägers

An das
Landgericht
In der Sache

. . . . .

Nachdem die Beklagte der Erledigungserklärung widersprochen hat und auf ihrem Klageabweisungsantrag besteht, beantragt die Klägerin,

festzustellen, dass sich der Rechtsstreit in der Hauptsache erledigt hat.[1, 2]

Außerdem wird beantragt, den

Streitwert auf EUR . . . . . festzusetzen.

Begründung:[3]

. . . . .

Rechtsanwältin[4, 5]

Anmerkungen

1. Wenn der Beklagte der Erledigung widerspricht und Klageabweisung beantragt, ist § 91a ZPO nicht anwendbar. Die Erledigungserklärung führt vielmehr zu einer nach § 264 Nr. 2 ZPO stets zulässigen Klageänderung dahin gehend, die Erledigung des Rechtsstreits festzustellen (BGH NJW 2008, 2580). Der Rechtsstreit hat sich erledigt, wenn die Klage ursprünglich zulässig und begründet war und durch ein erledigendes Ereignis nach Rechtshängigkeit unzulässig oder unbegründet geworden ist (BGH NJW 1986, 588; Beispiel unter → Anm. 4). Die Kosten des Rechtsstreits hat dann der Beklagte zu tragen (§ 91 Abs. 1 S. 1 ZPO). → Form. I.M.10 Anm. 1. Zur Frage der Erledigung vor Rechtshängigkeit → Form. I.M.12 Anm. 1.

2. Der Feststellungsantrag braucht nicht ausdrücklich gestellt zu werden, die Erklärung der Hauptsache als erledigt genügt. Im selbständigen Beweisverfahren kann keine Erledigung eintreten; eine Erledigungserklärung wird dort in eine Antragsrücknahme umgedeutet (BGH NJW 2011, 1292). Der Kläger kann die Erledigungserklärung frei widerrufen, bis sich der Beklagte ihr angeschlossen hat, danach nur noch bei Vorliegen eines Restitutionsgrundes nach § 580 ZPO (BGH NJW 2013, 2686).

3. Der Kläger muss darlegen, dass die ursprünglich zulässige und begründete Klage durch ein Ereignis nach Rechtshängigkeit unzulässig oder unbegründet geworden ist. Eine Zahlung zur Abwendung der Zwangsvollstreckung führt nicht zur Erfüllung des Anspruchs und ist damit auch kein erledigendes Ereignis (BGH NJW 2015, 699). Dies gilt auch dann, wenn der verklagte Besitzer infolge der Zwangsvollstreckung eines auf die Herausgabe der Sache gerichteten vorläufig vollstreckbaren Titels den Besitz der Sache verloren hat (BGH NJW 2014, 2199). Die erstmalige Aufrechnungserklärung des Beklagten im Prozess führt auch dann zur Erledigung des Rechtsstreits, wenn die Aufrechnungslage bereits vorprozessual bestand (BGH NJW 2003, 3134). Die erstmalige Erhebung der Einrede der Verjährung im Laufe des Rechtsstreits stellt auch dann ein erledigendes Ereignis dar, wenn die Verjährung bereits vor Rechtshängigkeit eingetreten ist (BGH NJW 2010, 2422). Ein Forderungsübergang nach Rechtshängigkeit hat keine Erledigung im Rechtssinne zur Folge; der Kläger ist vielmehr nach § 265 Abs. 2 S. 1 ZPO verpflichtet, die Klage auf Zahlung an den Rechtsnachfolger umzustellen (OLG Karlsruhe NJW-RR 2014, 546). Hat der Kläger ein unzuständiges Gericht angerufen und erklärt er nach Begleichung der Klageforderung die Hauptsache einseitig für erledigt, so setzt die Feststellung der Erledigung der Hauptsache voraus, dass der Kläger zum Zeitpunkt des erledigenden Ereignisses bereits einen zulässigen und begründeten Antrag auf Verweisung des Rechtsstreits an das zuständige Gericht gestellt hat (BGH NJW-RR 2020, 125, 2019, 2544).

Kosten und Gebühren

4. Es liegt keiner der Ermäßigungstatbestände nach KV 1211 GKG vor, eine Reduzierung der Gerichtskosten findet nicht statt. Für den Rechtsanwalt entstehen die Gebühren nach VV 3100 RVG und VV 3104 RVG.

Fristen und Rechtsmittel

5. Das Urteil, das die Erledigung feststellt oder die Klage abweist, ist mit den gewöhnlichen Rechtsmitteln anfechtbar, wenn die Rechtsmittelsumme erreicht wird.

N. Anträge zum Urteil

1. Antrag auf Berichtigung des Urteils

An das
Landgericht[1, 2, 3]
In der Sache .....
beantragt der Kläger,
das Urteil vom ..... wegen der nachstehend aufgeführten offenbaren Unrichtigkeiten gem. § 319 ZPO ohne mündliche Verhandlung[4] zu berichtigen;
hilfsweise,
das Urteil gem. § 321 ZPO zu ergänzen[5]

Begründung:

1. Dem Kläger hätte – unter Zugrundelegung der Berechnung des Gerichts – ein höherer Betrag zugesprochen werden müssen. Die Summe der verschiedenen Teilansprüche, die das Gericht dem Kläger nach den Entscheidungsgründen zuerkennen wollte, ergibt nicht ..... EUR, sondern ..... EUR. Hier liegt offenbar ein Additionsfehler vor.[6]
2. Das Gericht hat dem Kläger nach den Entscheidungsgründen zwar Zinsen aus Verzug zusprechen wollen, im Tenor jedoch fehlt eine Entscheidung über den Zinsanspruch.[7]
3. Nach dem Tenor hat der Kläger die Kosten des Rechtsstreits allein zu tragen. Das ist offenbar unrichtig, denn der Klage ist zum Teil stattgegeben worden und nach den Entscheidungsgründen sollte die Kostenentscheidung auf §§ 91, 92 Abs. 1 ZPO – nicht auf § 92 Abs. 2 ZPO – gestützt werden.[8]
4. Da das Urteil im Urkundenprozess erlassen wurde, hat das Gericht die Entscheidung über die vorläufige Vollstreckbarkeit zutreffend aus § 708 Nr. 4 ZPO abgeleitet. Im Gegensatz hierzu und offenbar unrichtig ist die vorläufige Vollstreckbarkeit jedoch im Tenor von einer Sicherheitsleistung des Klägers abhängig gemacht worden.

Der Kläger reicht in der Anlage die ihm erteilte vollstreckbare Ausfertigung zurück mit der Bitte, eine neue vollstreckbare Ausfertigung des berichtigten Urteils zu erteilen oder die Berichtigung auf der Ausfertigung zu vermerken und diese zurückzusenden.[9]
Rechtsanwalt[10, 11, 12]

Schrifttum: Bräuer, Nach dem Urteil ist vor der Berufung – oder: Worauf Anwälte noch achten sollten, AnwBl. 2011, 141; *Braun,* Verletzung des Rechts auf Gehör und Urteilskorrektur im Zivilprozess, NJW 1981, 425; *Burbulla,* Parteiberichtigung, Parteiwechsel und Verjährung, MDR 2007, 439; *Clasen,* Berichtigungsmöglichkeiten bei fehlerhafter Auswahl des Beklagten, NJW 2007, 2887; *Hüneke/Austermann,* §§ 319 ff. ZPO als Durchbrechung des Grundsatzes der Innenbindung des zivilgerichtlichen Urteils, Jura 2009, 50; *Jungemeyer/Teichmann,* Die unterbliebene Kostengrundentscheidung in Fällen einer Nebenintervention, MDR 2011; *Lindacher,* Divergenzen zwischen Urteilstenor und Entscheidungsgründen, ZZP 88, 64; *Proske,* Urteilsberichtigung gem. § 319 ZPO, 2002; *Schuske,* Parteiberichtigung und Parteiänderung in wohnungseigentumsrechtlichen Verfahren, NZM 2009, 417; *Wolter,* Die Urteilsberichtigung nach § 319 ZPO, 1999.

Anmerkungen

1. Offenbare Unrichtigkeiten von Urteilen oder Beschlüssen iSd § 319 Abs. 1 ZPO kommen in der Praxis häufig vor. Jede Partei sollte gleich nach Erhalt der Entscheidungsausfertigung prüfen, ob solche Unrichtigkeiten zu ihrem Nachteil enthalten sind, und ggf. einen Antrag auf Berichtigung stellen. Auch die durch die Unrichtigkeit formell begünstigte Partei sollte, wenn sie zwar mit der unrichtigen, nicht aber mit der gewollten Entscheidung einverstanden ist, sogleich Rechtsmittel gegen die Entscheidung prüfen. Denn die Rechtsmittelfrist beginnt grds. bereits mit der Zustellung der Entscheidung, nicht erst mit der Zustellung des Berichtigungsbeschlusses (BGH NJW 1999, 646; NJW 2003, 2991 (2992); NJW-RR 2009, 1443).

Eine Unrichtigkeit nach § 319 ZPO liegt nur vor, wenn eine offensichtliche Divergenz zwischen der vom Gericht gewollten und der zum Ausdruck gekommenen Entscheidungsfassung besteht (BGH NJW 1985, 742; 2007, 518; BeckRS 2009, 27897). Darunter können auch Rechenfehler (BGH NJW 1995, 1033) und eine Ungenauigkeit im Ausdruck (OLG Zweibrücken MDR 1994, 831) fallen. Eine fehlerhafte Rechtsanwendung kann nicht korrigiert werden, auch wenn sie offensichtlich ist (OLG Stuttgart NJW-RR 2009, 1364; Zöller/*Feskorn* ZPO § 319 Rn. 4). Da die Unterscheidung oft nicht einfach ist, ist immer zu überlegen, ob nicht die Einlegung des Rechtsmittels der richtige Weg ist; dass die angefochtene Entscheidung hätte berichtigt werden können, lässt das Rechtsschutzbedürfnis für das Rechtsmittel nicht notwendig entfallen (Zöller/*Feskorn* ZPO § 319 Rn. 21; OLG Karlsruhe MDR 2003, 523). Die Praxis neigt zu einer großzügigen Auslegung (vgl. Zöller/*Feskorn* ZPO § 319 Rn. 4) und berichtigt auch Punkte, an die das Gericht nicht gedacht hatte oder bei denen bereits die Willensbildung offensichtlich fehlerhaft war (zB LG Stade NJW 1979, 168; restriktiv OLG München NJW-RR 2003, 1440); ein zu großzügiger Berichtigungsbeschluss ist nicht ohne weiteres unwirksam (BGH NJW 1994, 2832); anders kann es aber sein, wenn er erkennbar keine gesetzliche Grundlage hat (BGH NJW 2004, 2380). Die Unrichtigkeit kann das Rubrum (→ Form. I.N.2), den Tenor (BGH NJW-RR 1991, 1278; NJW 1999, 646), den Tatbestand oder die Entscheidungsgründe betreffen; zu weiteren Fallgruppen vgl. Zöller/*Feskorn* ZPO § 319 Rn. 13 ff. Sie ist offenbar, wenn sie sich ohne weiteres aus dem Urteil selbst oder den Vorgängen bei seiner Verkündung ergibt (vgl. Thomas/Putzo/*Reichold* ZPO § 319 Rn. 4; BGH NJW 1989, 1281; 1994, 2832 (2834); 2007, 518). Geht es um die unterbliebene Zulassung der Revision, der Berufung oder der Beschwerde, verlangt der BGH, dass das Versehen der beteiligten Richter auch für Dritte ohne weiteres deutlich geworden ist (BGH NJW-RR 2001, 61; NJW 2004, 2389). Zur Abgrenzung von der Berichtigung des Tatbestands (§ 320 ZPO, → Form. I.N.4) und der Ergänzung des Urteils (§ 321 ZPO, → Form. I.N.3) s. Thomas/Putzo/*Reichold* ZPO § 320 Rn. 1, ZPO § 321 Rn. 1; Zöller/*Feskorn* ZPO § 319 Rn. 3).

Auch Beschlüsse können nach § 319 ZPO berichtigt werden, so zB Verweisungsbeschlüsse (BGH NJW-RR 1993, 700; OLG Stuttgart MDR 2004, 1377), Kostenbeschlüsse nach § 91a ZPO, Kostenfestsetzungsbeschlüsse (OLG München NJW-RR 1996, 51), Mahnbescheide (OLG Düsseldorf NJW-RR 1998, 1077), Vollstreckungsbescheide (OLG Frankfurt a. M. NJW-RR 1990, 768) und alle Beschlüsse, die mit der Rechtsbeschwerde nach § 574 ZPO anfechtbar sind. § 319 ZPO gilt auch für Beschlüsse im FG-Verfahren (BGH NJW 1989, 1281). Beweisbeschlüsse können außerhalb des Verfahrens nach § 319 ZPO geändert werden (§ 360 ZPO). Für gerichtliche Vergleiche ist § 319 ZPO unanwendbar, in Betracht kommt nur eine Berichtigung des Protokolls, → Form. I.F.9.

2. Im Anwaltsprozess (§ 78 ZPO) besteht Anwaltszwang, im Amtsgerichtsprozess gilt § 496 ZPO.

3. Der Antrag ist idR an das Gericht zu richten, das die zu berichtigende Entscheidung getroffen hat. Wurde gegen diese Entscheidung ein Rechtsmittel eingelegt, ist auch das Rechtsmittelgericht zuständig (BGH NJW 1989, 1281; Thomas/Putzo/*Reichold* ZPO § 319 Rn. 5 aE mwN; Musielak/Voit/*Musielak* ZPO § 319 Rn. 13 mwN). Wenn sich die Akten beim Rechtsmittelgericht befinden, sollte der Antrag auch dort gestellt werden.

4. Gem. §§ 319 Abs. 2, 128 Abs. 4 ZPO ist die mündliche Verhandlung freigestellt; in der Praxis ist sie meist entbehrlich.

5. Die Grenzen zwischen § 319 und § 321 ZPO sind manchmal unklar. Wenn dem Urteil daher etwas hinzugefügt werden soll, ist in Zweifelsfällen – vorausgesetzt, dass die Zwei-Wochen-Frist nach § 321 Abs. 2 ZPO noch nicht verstrichen ist – die Verbindung beider Anträge zu empfehlen. Eine mündliche Verhandlung ist in dem Verfahren nach § 321 ZPO nicht mehr der Regelfall → Form. I.N.3.

6. Vgl. BGH NJW 1995, 1033; Zöller/*Feskorn* ZPO § 319 Rn. 9, 15. Ein Rechenfehler kann nicht nur berichtigt werden, wenn das Endergebnis auf fehlerhafter Addition oder Subtraktion beruht, sondern auch, wenn bereits die Einsatzzahlen falsch berechnet wurden (OLG Hamm OLGR 2008, 283). Auch ein Rechenfehler, der auf falschen Eingaben in ein Computer-Berechnungsprogramm beruht, kann berichtigt werden (OLG Bamberg NJW-RR 1998, 1620; OLG Karlsruhe MDR 2003, 523).

7. Zum Übergehen von Ansprüchen im Tenor BGH NJW 1964, 1858 gegen BAG NJW 1959, 1942; BGH NJW-RR 1991, 1278; NJW 1999, 646; uU kann auch eine versehentlich unterbliebene Revisionszulassung nachgeholt werden (BGH NJW 2004, 2389). Für die Arbeitsgerichtsbarkeit sehen § 64 Abs. 3a und § 72 Abs. 1 S. 2 ArbGG eine Urteilsergänzung vor.

8. Die Kostenentscheidung kann berichtigt werden, wenn Tenorierung und Entscheidungsgründe nicht übereinstimmen, so zB wenn die Kostenentscheidung zwar begründet wurde, aber im Tenor fehlt, wenn die falsche Partei mit den Kosten belastet wurde oder wenn die Kostenquote mit der Begründung nicht übereinstimmt oder wenn nicht 100 % der Kosten verteilt wurden (vgl. Zöller/*Feskorn* ZPO § 319 Rn. 15 mwN). Auch eine unklare Kostenentscheidung kann berichtigt werden (BayObLG NJW-RR 1997, 57). Eine rechtskräftige Kostenentscheidung, die durch geänderte Streitwertfestsetzung unrichtig geworden ist, kann nach hM nicht nach § 319 ZPO berichtigt werden (BGH MDR 2008, 1292; Musielak/Voit/*Musielak* ZPO § 319 Rn. 8; aA Zöller/*Feskorn* ZPO § 319 Rn. 18). In einem solchen Fall hilft nur die fristgerechte Berufung. Hat das Gericht in den Urteilsgründen und im Tenor die Kosten der Nebenintervention übergangen, ist § 319 ZPO unanwendbar (BGH NJW 2014, 3101). Hier ist § 321 ZPO der richtige Weg (OLG Dresden NJOZ 2006, 210; → Form. I.N.3).

9. Das Gericht wird zur Berichtigung idR die Ausfertigung zurückfordern (vgl. Zöller/*Feskorn* ZPO § 319 Rn. 23), zur Abkürzung des Verfahrens empfiehlt es sich daher, sie gleich mit einzureichen. Erteilt das Gericht eine neue vollstreckbare Ausfertigung, kann die Vollstreckung nur noch aus dieser betrieben werden (vgl. Thomas/Putzo/*Reichold* ZPO § 319 Rn. 8).

Kosten und Gebühren

10. Eine besondere Gerichtsgebühr wird weder für die Berichtigung noch für ihre Ablehnung erhoben; Rechtsanwaltsgebühren entstehen nicht. Folglich enthält der Berichtigungsbeschluss keine Kostenentscheidung.

Fristen und Rechtsmittel

11. Der Antrag bedarf keiner Frist; er kann jederzeit gestellt werden, auch noch nach Rechtskraft der Entscheidung (OLG Hamm NJW-RR 1987, 187; OLG Brandenburg NJW-RR 2000, 1522). Allerdings kann der Antrag der Verwirkung unterliegen (OLG Hamm NJW-RR 1987, 187; OLG München OLGZ 1983, 368). Die Rechtsmittelfrist gegen die zu berichtigende Entscheidung beginnt – vom BVerfG nicht beanstandet (NJW 2001, 142) – grds. nicht erst mit Zustellung des Berichtigungsbeschlusses, sondern auch für den Gegner bereits mit Zustellung der ursprünglichen Entscheidung (BGH NJW 1999, 646; 2003, 2991 (2992); NJW-RR 2009, 1443); es bleibt uU noch eine Wiedereinsetzung (BGH NJW 1984, 1041). Nur wenn erst die Berichtigung ergibt, dass eine Partei durch das Urteil beschwert ist oder gegen wen das Rechtsmittel zu richten ist, beginnt die Rechtsmittelfrist mit Zustellung des Berichtigungsbeschlusses (BGH MDR 2004, 899; NJW-RR 2001, 211; NJW 1995, 1033; 1991, 1834).

12. Bei Berichtigung des Urteils im ersten Rechtszug hat der Gegner die sofortige Beschwerde (Frist: zwei Wochen). Gegen die Ablehnung der Berichtigung gibt es kein Rechtsmittel, auch nicht bei greifbarer Gesetzeswidrigkeit (BGH NJW-RR 2004, 1654; Thomas/Putzo/*Reichold* ZPO § 319 Rn. 10).

2. Antrag auf Berichtigung der Parteibezeichnung

An das
Landgericht
In der Sache
. . . . .
beantragt der Kläger,
das Rubrum des Urteils vom . . . . . in den folgenden Punkten gem. § 319 ZPO zu berichtigen,[1]
den Berichtigungsbeschluss auf die in der Anlage zurückgereichte vollstreckbare Ausfertigung zu setzen und die berichtigte Ausfertigung zurückzusenden, oder eine neue vollstreckbare Ausfertigung zu erteilen.[2]

1. **Der Kläger wird durch den Unterzeichnenden, nicht durch Herrn Rechtsanwalt X als Prozessbevollmächtigten vertreten.**[3]
2. **Die Firma der Beklagten lautet nicht B OHG, sondern B KG, vertreten durch die B GmbH, diese vertreten durch den Geschäftsführer Herrn B (unter gleicher Anschrift).**[4]

Begründung:

1. **Herr Rechtsanwalt X hat mit Schriftsatz vom . . . . . das Mandat niedergelegt, mit Schriftsatz vom . . . . . hat sich der Unterzeichnende als Prozessbevollmächtigter legitimiert und den Beklagten seitdem vertreten.**
2. **Die Beklagte firmierte im Geschäftsverkehr mit dem Kläger als „B OHG“. Ausweislich des**
Handelsregisterauszugs vom . . . . .

(Anlage 1)
ist die Beklagte jedoch bereits vor Klageerhebung in eine KG umgewandelt worden, deren persönlich haftender Gesellschafter die B GmbH ist; Geschäftsführer der GmbH ist der frühere persönlich haftende Gesellschafter der OHG, Herr B. Da die KG am Verfahren beteiligt war und sich auf den Prozess eingelassen hat, ist eine Berichtigung zulässig und geboten.

Rechtsanwalt

Schrifttum: Burbulla, Parteiberichtigung, Parteiwechsel und Verjährung, MDR 2007, 439; *Clasen,* Berichtigungsmöglichkeiten bei fehlerhafter Auswahl des Beklagten, NJW 2007, 2887; → Form. I.N.1.

Anmerkungen

1. Es handelt sich um einen Sonderfall des § 319 ZPO, auf die allgemeinen Anmerkungen zum vorangehenden Formular wird verwiesen. Der Berichtigung der Parteibezeichnung kommt in der Praxis eine besondere Bedeutung zu, weil hiervon die Vollstreckungsfähigkeit und damit der Wert des Urteils abhängen kann. Abgesehen von Irrtümern des Gerichts (vgl. den Antrag zu 1) ist die Berichtigung auch möglich, wenn die Parteien die falsche Bezeichnung selbst, zB durch die Klageschrift, veranlasst haben (BGH NJW 1988, 1585 (1587); Thomas/Putzo/*Reichold* ZPO § 319 Rn. 3; Zöller/*Feskorn* ZPO § 319 Rn. 14). Als Voraussetzung wird idR angesehen, dass die Identität der Partei gewahrt bleibt oder zumindest die richtige Partei trotz ihrer falschen Bezeichnung am Rechtsstreit beteiligt war (so das Beispiel im Antrag zu 2., BGH NJW 2007, 518; OLG Koblenz NJW-RR 1997, 1352; OLG Düsseldorf VersR 1977, 260 mwN; weitergehend MDR 1990, 930); zu einem Parteiwechsel darf die Berichtigung nicht führen. Würden Interessen Dritter betroffen, kann das einer Berichtigung im Wege stehen (OLG Frankfurt a. M. NJW-RR 1990, 768). Wurde der Mahnbescheid nicht dem eigentlichen Beklagten zugestellt, kann der in den Prozess hineingezogene Dritte (Scheinpartei) keinen Berichtigungsantrag stellen (OLG Stuttgart NJW-RR 1999, 216). Ist der Beklagte im Urteil als „Insolvenzverwalter über das Vermögen der . . . .“ bezeichnet, wurde er aber persönlich in Anspruch genommen, kommt eine Berichtigung in Betracht (OLG Frankfurt MDR 2004, 49).

Zur Berichtigung der Parteibezeichnung vor Erlass des Urteils → Form. I.J.4.

2. → Form. I.N.1 Anm. 9.

3. Diese berichtigende Ergänzung ist zulässig und für das weitere Verfahren (Kostenfestsetzung, Vollstreckung, Rechtsmittel) wichtig.

4. Der Sachverhalt entspricht der Entscheidung OLG Düsseldorf VersR 1977, 260. Hätte der Kläger vor Klageerhebung eine Handelsregisterauskunft eingeholt, wäre ihm das Verfahren erspart geblieben. Beruht die unrichtige Parteibezeichnung auf einer unrichtigen Handelsregisterauskunft, ist eine Berichtigung gleichfalls möglich (OLG Koblenz NJW-RR 1997, 1352).

3. Antrag auf Urteilsergänzung

An das

Landgericht[1, 2, 3]

In der Sache

. . . . .

ist dem Beklagten das Vorbehaltsurteil vom . . . . . am . . . . . zugestellt worden. Der Tenor des Urteils ist in drei Punkten unvollständig:

1. **Es fehlt der Ausspruch, dass dem Beklagten die Ausführung seiner Rechte im Nachverfahren vorbehalten wird, obwohl der Beklagte, wie sich aus dem Tatbestand ergibt, dem Anspruch widersprochen hat.[4]**
2. **Über den ausweislich des Tatbestands gestellten Schutzantrag des Beklagten gem. § 712 ZPO hat das Gericht nicht entschieden, obwohl der Beklagte dargelegt und glaubhaft gemacht hat, dass ihm die Vollstreckung einen nicht zu ersetzenden Nachteil bringen würde.[5]**
3. **Der Kläger hat, wie das Gericht im Tatbestand zutreffend ausführt, zunächst das örtlich unzuständige Landgericht . . . . . angerufen. In der Kostenentscheidung hätten dem Kläger daher die Kosten für die Anrufung des unzuständigen Gerichts auferlegt werden müssen.[6]**

Es wird beantragt,

das Urteil vom . . . . . entsprechend zu ergänzen.

Der Beklagte ist mit einer schriftlichen Entscheidung gem. § 128 Abs. 2 ZPO einverstanden.[7] Falls der Kläger nicht zustimmt, wird um einen baldigen Termin gebeten.

In Hinblick auf die drohende Vollstreckung ist dem Beklagten an einer schnellen Entscheidung gelegen.

Rechtsanwalt[8, 9, 10]

Schrifttum: → Form. I.N.1; *Schultzky*, Die „kleine" ZPO-Reform 2020, MDR 2020, 1.

Anmerkungen

1. Vgl. § 321 ZPO. Der Antrag ist erforderlich, wenn nach den im Tatbestand wiedergegebenen Anträgen der Parteien über einen der in § 321 Abs. 1 ZPO genannten Punkte hätte entschieden werden müssen, dies aber im Tenor unterblieben ist. Ist allerdings der Punkt in den Gründen behandelt, wäre ein Antrag nach § 319 ZPO der richtige Weg (OLG Hamm NJW-RR 1986, 1444). Fehlt der Antrag bereits im Tatbestand, muss zunächst Berichtigung des Tatbestands gem. § 320 ZPO beantragt werden (→ Form. I. N.4). Enthält das Urteil keinen Tatbestand (§§ 313a, 540 ZPO), sind für die Frage, ob ein Anspruch übergangen wurde, die zu Protokoll gestellten Anträge maßgeblich. Eine Urteilsergänzung kommt auch in Betracht, wenn über einen Anspruch versehentlich nur teilweise entschieden wurde (BVerfG NJW-RR 2000, 1664; BGH NJW-RR 2010, 19), nicht aber wenn einzelne Angriffs- oder Verteidigungsmittel übergangen wurden (BGH NJW 1980, 840); dann bleibt nur das vorgesehene Rechtsmittel. Auch über ein übersehenes Zurückbehaltungsrecht kann nicht im Wege eines Ergänzungsurteils entschieden werden (BGH NJW 2003, 1463).

Kraft gesetzlicher Verweisung ist § 321 ZPO auch bei fehlendem Vorbehalt der Rechte für das Nachverfahren (§ 302 Abs. 2, § 599 Abs. 2 ZPO), bei übergangenem Antrag zur vorläufigen Vollstreckbarkeit (§ 716 ZPO) oder übergangenem Antrag auf Räumungsfrist (§ 721 Abs. 1 S. 3 ZPO) anwendbar. Eine Ergänzung ist auch möglich, wenn im Tenor eines Feststellungsurteils die Begrenzung der Haftung auf eine Höchstsumme fehlt (BGH NJW-RR 1996, 1238). Nach hM kann auch der Vorbehalt der beschränkten Erbenhaftung ergänzt werden (vgl. Zöller/*Feskorn* ZPO § 321 Rn. 3; aA OLG Schleswig MDR 2005, 350). § 321 ZPO ist auch auf Beschlüsse anwendbar, so wenn im Beschluss nach § 522 Abs. 2 ZPO die Kostenentscheidung ganz oder zum Teil vergessen wurde (BGH NJW-RR 2009, 209; OLG München MDR 2003, 522). Zu weiteren Anwendungsfällen vgl. Thomas/Putzo/*Reichold* ZPO § 321 Rn. 7.

Bei Zweifeln, ob § 321 ZPO anwendbar ist, sollte immer überlegt werden, ob nicht die Berufung gegen die unvollständige Entscheidung geeigneter ist (OLG Schleswig MDR 2005, 350 für den Vorbehalt nach § 780 ZPO). Zur Abgrenzung von Anträgen nach §§ 319, 320 ZPO vgl. BGH NJW 1964, 1858; Thomas/Putzo/*Reichold* ZPO § 321 Rn. 1. Die Entscheidung über die Zulassung der Revision, der Berufung oder der Beschwerde kann nicht durch einen Antrag nach § 321 ZPO, nur im Wege der Berichtigung gem. § 319 nachgeholt werden (BGH NJW 2004, 779; NJW-RR 2007, 1654; aA Zöller/*Feskorn* ZPO § 321 Rn. 5). Bei Verletzung von Verfahrensgrundsätzen ist allerdings eine ergänzende Zulassung analog § 321a ZPO möglich (BGH NJW 2004, 2529).

2. Für den Antrag besteht Anwaltszwang, wenn für den Rechtsstreit Anwaltszwang bestand (§ 78 ZPO), im Amtsgerichtsprozess gilt § 496 ZPO.

3. Der Antrag ist an das Gericht zu richten, das das unvollständige Urteil verkündet hat.

4. Vgl. § 599 ZPO. Der Vorbehalt ist auch auszusprechen, wenn der Beklagte dies nicht besonders beantragt hat (Thomas/Putzo/*Reichold* ZPO § 599 Rn. 3).

5. Vgl. § 716 iVm § 712 ZPO. Wird der Antrag in einem Vorbehaltsurteil übergangen, kann der Beklagte auch die Fortsetzung des Rechtsstreits im Nachverfahren beantragen und dann den Schutzantrag nach § 707 ZPO stellen.

6. Hat das Gericht versehentlich nicht über die Kosten für die Anrufung des unzuständigen Gerichts nach § 281 Abs. 3 ZPO entschieden, kann die Kostenentscheidung nach § 321 ZPO ergänzt werden (OLG Hamm NJW-RR 2000, 1524; OLG Koblenz NJW-RR 1992, 892). Das Gleiche gilt für die Kosten der Säumnis (§ 344 ZPO) oder der Nebenintervention (§ 101 ZPO, hier ist der Nebenintervenient antragsberechtigt, BGH NJW-RR 2005, 295; OLG Rostock NJOZ 2007, 61). Behandeln allerdings die Gründe diesen Punkt, liegt ein Fall des § 319 vor (→ Form. I.N.1 Anm. 1).

7. Gem. § 321 Abs. 3 ZPO ist eine mündliche Verhandlung notwendig, wenn der Antrag die Ergänzung des Urteils um einen Hauptanspruch zum Gegenstand hat. In der Praxis wird sie oft entbehrlich sein, so dass sich der Weg des § 128 Abs. 2 ZPO empfiehlt. Über den Antrag wird durch ein sog Ergänzungsurteil entschieden. Mit Wirkung zum 1.1.2020 bestimmt § 321 Abs. 3 S. 3 ZPO, dass über einen Antrag, der die Ergänzung des Urteils um einen Nebenanspruch oder den Kostenpunkt zum Gegenstand hat, ohne mündliche Verhandlung entschieden werden kann. Das Gericht hat in diesen Fällen nach pflichtgemäßem Ermessen zu entscheiden, ob es eine Entscheidung ohne mündliche Verhandlung trifft (Musielak/Voit/*Musielak* ZPO § 321 Rn. 11). Es gilt dann § 128 Abs. 2 S. 2 ZPO entsprechend.

Kosten und Gebühren

8. Zusätzliche Gerichtsgebühren werden nicht erhoben (vgl. Zöller/*Feskorn* ZPO § 321 Rn. 5). Die Tätigkeit des Anwalts gehört zum Rechtszug (§ 19 Abs. 1 S. 2 Nr. 6 RVG). Ist der Anwalt nur für dieses Verfahren beauftragt, erhält er eine Vergütung nach VV 3403 RVG.

Fristen und Rechtsmittel

9. Der Antrag muss innerhalb einer Frist von zwei Wochen nach Zustellung des Urteils durch das Gericht (nicht durch den Gegner) gestellt werden (§ 321 Abs. 2 ZPO). Für den Nebenintervenienten beginnt die Frist erst mit der Zustellung des Urteils an ihn (BGH NJW-RR 2005, 295). Wird die Frist nicht eingehalten, können die Konsequenzen einschneidend sein: Hat zB das Berufungsgericht einen von mehreren Anträgen übergangen, wird aber die Frist versäumt, so entfällt insoweit die Rechtshängigkeit der Klage; nach Abschluss der Berufungsinstanz ist auch eine Klageerweiterung nicht mehr möglich (BGH NJW-RR 2005, 790). Ist die Frist versäumt worden, sollte die betroffene Partei versuchen, im Wege der Berichtigung nach § 319 ZPO – die Gerichte sind hier manchmal großzügig und die Grenzen unklar – zum Ziel zu kommen. Andernfalls bleibt nur die Einlegung der Berufung und erneute Stellung des übergangenen Antrags (vgl. Zöller/*Feskorn* ZPO § 321 Rn. 12). Setzt die Ergänzung eine Berichtigung des Tatbestands voraus (→ Form. I.N.4), beginnt die Frist erst mit der Zustellung des Berichtigungsbeschlusses (BGH NJW 1982, 1821 (1822)).

10. Gegen das Ergänzungsurteil sind die normalen Rechtsmittel gegeben. Ist allerdings bereits die Ausgangsentscheidung unanfechtbar, so ist es auch das Ergänzungsurteil oder der Ergänzungsbeschluss (BGH NJW-RR 2009, 209 zu § 522 Abs. 2 ZPO). Vorsicht ist bei der Berechnung der Berufungs- und Berufungsbegründungsfrist geboten: Zwar beginnt die Berufungsfrist nach § 518 ZPO mit der Zustellung des Ergänzungsurteils von neuem. Das gilt aber nur, wenn das Ergänzungsurteil noch innerhalb der Berufungsfrist ergeht, was selten vorkommen wird. Auch wenn ein Antrag nach § 321 ZPO gestellt ist, sollte daher die Berufung fristgerecht gegen das Ursprungsurteil eingelegt werden, nicht erst gegen das Ergänzungsurteil. Die Berufungsbegründungsfrist richtet sich immer nach der Berufung gegen das Ersturteil (BGH NJW 2009, 442).

4. Antrag auf Berichtigung des Tatbestands verbunden mit Antrag auf Urteilsergänzung

An das
Landgericht[3]
In der Sache . . . . .
beantragt der Kläger,

1. den Tatbestand des Urteils vom . . . . . gemäß § 320 ZPO dahin zu berichtigen,[1] dass der Kläger auch beantragt hat, den Beklagten zur Zahlung von Zinsen in Höhe von 5 Prozentpunkten über dem Basiszinssatz seit Rechtshängigkeit auf das Schmerzensgeld zu verurteilen,

2. nach Berichtigung des Tatbestands das Urteil gemäß § 321 ZPO dahin zu ergänzen,[2] dass der Beklagte zur Zahlung von Zinsen in Höhe von 5 Prozentpunkten über dem Basiszinssatz seit Rechtshängigkeit auf den zuerkannten Schmerzensgeldbetrag von 2.000 EUR verurteilt wird.

Begründung:

1. Ausweislich des Terminsprotokolls vom . . . . .[4] hat der Kläger den Antrag aus der Klageschrift gestellt. In der Klageschrift hatte der Kläger unter Ziff. 2. beantragt, den Beklagten zur Zahlung eines angemessenen Schmerzensgelds nebst Zinsen in Höhe von 5 Prozentpunkten seit Rechtshängigkeit zu verurteilen. Diesen Zinsantrag hat das Gericht bei der Wiedergabe der Anträge im Tatbestand übergangen. Der Tatbestand ist daher entsprechend zu berichtigen.

2. Da das Gericht nach dem berichtigten Tatbestand einen Nebenanspruch im Sinne des § 321 Abs. 1 ZPO übergangen hat, ist das Urteil durch ein Ergänzungsurteil zu ergänzen.[5]

Mit einer Entscheidung ohne mündliche Verhandlung gemäß § 128 Abs. 2 ZPO ist der Kläger einverstanden.[6]

Rechtsanwalt[7, 8, 9]

Schrifttum: Bausch, Haftungsfalle Tatbestandsberichtigung, AnwBl. 2011, 126; *Bräuer,* Nach dem Urteil ist vor der Berufung – oder: Worauf Anwälte noch achten sollten, AnwBl. 2011, 141; *Einsiedler,* Die Berichtigung des Tatbestands nach § 320 ZPO, MDR 2011, 1454; *Müller/Heydn,* Für die Abschaffung der Tatbestandsberichtigung, NJW 2005, 1750; *Schultzky,* Die „kleine" ZPO-Reform 2020, MDR 2020, 1; *Stackmann,* Der (Un-)Sinn von Berichtigungsanträgen, NJW 2009, 1537; *Stöber,* Notwendigkeit einer Tatbestandsberichtigung zur Vorbereitung einer Berufung, MDR 2006, 5; *Vollkommer,* Unrichtige tatbestandliche Feststellung des Beschwerdegerichts als Gehörsverletzung, MDR 2010, 1161; *Wach/Kern,* Der Tatsachenstoff im Berufungsverfahren – Ist die Tatbestandsberichtigung bei unvollständigem Tatbestand des Ersturteils überflüssig?, NJW 2006, 1315.

Anmerkungen

1. Ein Antrag auf Berichtigung des Tatbestands ist sinnvoll, wenn ein Rechtsmittel oder die Wiederaufnahme beabsichtigt ist oder wenn ein Antrag auf Urteilsergänzung vorbereitet werden soll (so das Beispiel). Im Hinblick auf Rechtsmittel hat der Antrag den Zweck, der Beweiskraft des Tatbestands (§ 314 ZPO) zu begegnen. Allerdings ist die Bedeutung des Tatbestands dadurch gemindert, dass er nach § 313 Abs. 2 ZPO bei erstinstanzlichen Urteilen nur den wesentlichen Inhalt des Parteivorbringens knapp darstellen soll. Dennoch hat die Tatbestandsberichtigung wegen der recht formalen Rspr. des BGH (vgl. zB BGH NJW-RR 2007, 1434) erhebliche praktische Bedeutung. Zwar hat der BGH seine frühere Rspr. zur negativen Beweiskraft – was nicht im Tatbestand steht, wurde auch nicht vorgetragen – ausdrücklich aufgegeben (BGH NJW 2004, 1876 (1879); NJW 2004, 2152 (2155); vgl. *Gaier* NJW 2004, 2041 (2044)). Der gesamte aus den Akten ersichtliche Prozessstoff der ersten Instanz gelangt also ohne weiteres in die Berufungsinstanz. Unberührt ist aber die positive Beweiskraft geblieben, die das im Tatbestand wiedergegebene Vorbringen der Parteien betrifft. Soll geltend gemacht werden, dass das erstinstanzliche Parteivorbringen unrichtig wiedergegeben ist, muss ein Tatbestandsberichtigungsantrag gestellt werden (*Gaier* NJW 2004, 2041 (2044)). Da Berufungsurteile nach § 540 ZPO keinen Tatbestand mehr enthalten, ist der Anwendungsbereich des § 320 ZPO begrenzt. Er erstreckt sich auf die Darstellung der Änderungen und Ergänzungen zu den tatsächlichen Feststellungen des angefochtenen Urteils nach

§ 540 Abs. 1 Nr. 1 ZPO (vgl. Zöller/*Heßler* ZPO § 540 Rn. 5). Vor allem aber erfasst die Beweiskraft alle tatbestandlichen Feststellungen in den Entscheidungsgründen, so zB die Feststellung, eine Behauptung sei unstreitig oder werde nicht mehr bestritten (BGH NJW 1997, 1931; NJW-RR 2007, 1434); will sich die Partei dagegen wenden, muss sie einen Antrag auf Tatbestandsberichtigung stellen, und zwar auch dann, wenn das Vorbringen in den Schriftsätzen bestritten wurde, die Feststellung im Urteil also falsch ist (BGH NJW-RR 2007, 1434). Es ist also die Begründung des Berufungsurteils auf die Richtigkeit der tatsächlichen Feststellungen und die Erforderlichkeit eines Antrags nach § 320 ZPO zu überprüfen; denn der BGH ist an die tatsächlichen Feststellungen des OLG weitgehend gebunden (§ 559 ZPO). Im Übrigen gibt bereits die nach § 529 ZPO reduzierte Prüfungskompetenz des Berufungsgerichts besonderen Anlass zu kontrollieren, ob die im erstinstanzlichen Urteil wiedergegebenen Tatsachen dem Parteivorbringen entsprechen und ein Tatbestandsberichtigungsantrag geboten ist.

Die Beweiskraft des Tatbestands erfasst nicht das Prozessgeschehen, also zB nicht die Verlängerung von Fristen (BGH NJW 1983, 2030 (2032)); insoweit ist eine Berichtigung nicht erforderlich. Eine Berichtigung des Tatbestands kommt auch nicht in Betracht, soweit es um die Wiedergabe nicht nachgelassener Schriftsätze geht (OLG Köln NJW-RR 1991, 1536).

Für den Antrag besteht Anwaltszwang gem. § 78 ZPO, im Amtsgerichtsprozess gilt § 496 ZPO.

2. Zur Vorbereitung des Antrags nach § 321 ZPO hat die Tatbestandsberichtigung besondere Bedeutung, weil es für die Frage, ob ein Anspruch übergangen wurde, auf die Wiedergabe der Anträge im Tatbestand ankommt. Soll der Antrag – wie im Beispiel – eine Urteilsergänzung vorbereiten, ist es sinnvoll, beide Anträge zu verbinden, obwohl die Frist des § 321 Abs. 2 ZPO erst mit Zustellung des Berichtigungsbeschlusses nach § 320 ZPO beginnt (BGH NJW 1982, 1821 (1822); Musielak/Voit/*Musielak* ZPO § 321 Rn. 9; aM BLAH/*Hartmann* ZPO § 321 Rn. 7). Näher zum Antrag nach § 321 ZPO → Form. I.N.3.

3. Der Antrag ist an das Gericht zu richten, welches das unvollständige Urteil verkündet hat.

4. Dem Tatbestand wird seine Beweiskraft für die Frage, welche Anträge gestellt worden sind, gem. § 314 S. 2 ZPO durch das Sitzungsprotokoll genommen; es kommt also darauf an, welcher Antrag laut Protokoll gestellt wurde. Ist der Antrag bereits dort falsch aufgenommen, müsste gleichzeitig die Berichtigung des Protokolls gem. § 164 ZPO beantragt werden (→ Form. I.F.9).

5. Vgl. hierzu → Form. I.N.3 Anm. 1.

6. Über den Antrag auf Tatbestandsberichtigung musste nach bisher geltendem Recht mündlich verhandelt werden, wenn eine Partei dies beantragt hat (§ 320 Abs. 3 ZPO aF). Diese Bestimmung ist mit Wirkung zum 1.1.2020 gestrichen worden. Um das Berichtigungsverfahren effizienter zu gestalten, soll es deshalb allein in das pflichtgemäße Ermessen des Gerichts gestellt werden, ob eine mündliche Verhandlung anzuberaumen ist (Musielak/Voit/*Musielak* ZPO § 320 Rn. 8). Der Hinweis, dass die Partei mit einer Entscheidung im schriftlichen Verfahren einverstanden ist, kann sinnvoll sein, um die Ermessensausübung des Gerichts in diesem Sinne zu beeinflussen. Für die Urteilsergänzung gilt gem. § 321 Abs. 3 S. 3 ZPO nF das Gleiche, wenn der Ergänzungsantrag lediglich Nebenforderungen oder den Kostenpunkt betrifft.

Kosten und Gebühren

7. → Form. I.N.3 Anm. 8.

Fristen und Rechtsmittel

8. Der Antrag ist innerhalb von zwei Wochen nach Zustellung des vollständigen Urteils durch das Gericht, spätestens nach drei Monaten zu stellen (zur Bedeutung dieser Fristen vgl. Zöller/*Feskorn* ZPO § 320 Rn. 7 f.). Wird das Urteil erst mehr als drei Monate nach der Verkündung zugestellt, soll der Antrag nicht mehr zulässig sein (OLG Hamburg NJW-RR 2005, 653; aA KG NJW-RR 2001, 1296). Möglicherweise kann aber ein Rechtsmittel auf den Verfahrensfehler gestützt werden (vgl. Zöller/*Feskorn* ZPO § 320 Rn. 9).

9. Gegen den berichtigenden und den ablehnenden Beschluss gibt es idR kein Rechtsmittel, § 321 Abs. 4 S. 4 ZPO; gegen eine Ablehnung aus formellen Gründen soll die sofortige Beschwerde statthaft sein (Zöller/*Feskorn* ZPO § 320 Rn. 17). Eine Unrichtigkeit tatbestandlicher Feststellungen im Berufungsurteil kann in der Revisionsinstanz mit einer Verfahrensrüge nach § 551 Abs. 3 S. 1 Nr. 2 Buchst. b ZPO geltend gemacht werden, soweit eine Tatbestandsberichtigung beantragt worden ist und sich aus der den Berichtigungsantrag zurückweisenden Entscheidung ergibt, dass die tatbestandlichen Feststellungen des Berufungsgerichts widersprüchlich sind (BGH NJW 2011, 1513 (1514); anders dagegen BGH NJW 2011, 2515 (2516); vgl. Zöller/*Feskorn* ZPO § 320 Rn. 17).

5. Rüge der Verletzung rechtlichen Gehörs

An das
Landgericht . . . . .[2]
In der Sache
. . . . .
wird für den Beklagten beantragt,
1. den Prozess gem. § 321a Abs. 5 fortzuführen,[1, 3]
2. das Urteil des Einzelrichters vom . . . . . aufzuheben und die Klage abzuweisen.[4]
Vorab wird beantragt,
die Zwangsvollstreckung aus dem Urteil ohne Sicherheitsleistung, hilfsweise gegen Sicherheit einzustellen.[5]

Begründung:[6]

Dem Beklagten ist das am . . . . . verkündete Berufungsurteil des Einzelrichters der Kammer am . . . . . zugestellt worden. Dieses Urteil, in dem die Revision nicht zugelassen wurde und gegen das ein Rechtsmittel nicht gegeben ist, hat wesentliche Teile des vom Beklagten vorgetragenen Sachverhalts übergangen und verletzt daher seinen Anspruch auf rechtliches Gehör in entscheidungserheblicher Weise.

1. Mit Schriftsatz vom . . . . . hatte sich der Beklagte auf die Einrede der Verjährung berufen und vorgetragen, wann der Kläger im Sinne von § 199 Abs. 1 Nr. 2 BGB Kenntnis von den anspruchsbegründenden Umständen und der Person des Beklagten als möglichem Schuldner erlangt hatte. Gleichwohl ist das Gericht in seinem Urteil auf

die Verjährung mit keinem Wort eingegangen. Der Einzelrichter hat auch im Termin keinen Hinweis darauf gegeben, wie er die Frage beurteilt und aus welchem Grunde er die Verjährung nicht für gegeben hält. Darin liegt ein Verstoß gegen den Anspruch des Beklagten auf rechtliches Gehör, der entscheidungserheblich ist; denn wenn der Einzelrichter die Einrede der Verjährung beachtet hätte, hätte er zur Abweisung der Klage kommen müssen.

2. Im Termin zur mündlichen Verhandlung war dem Beklagten ausweislich des Protokolls nachgelassen worden, vorsorglich zur Frage des Schadensumfangs Stellung zu nehmen. Das hat der Beklagte innerhalb der gesetzten Frist mit Schriftsatz vom . . . . . getan und den Schadensumfang im Einzelnen bestritten. Dennoch hat das Gericht den Schriftsatz des Beklagten nicht beachtet und das Vorbringen des Klägers offenbar als unstreitig angesehen. Wie die Nachforschungen des Beklagten ergeben haben, ist der Schriftsatz verspätet zur Akte gelangt. Das ist nicht dem Beklagten anzulasten, denn er hat den Schriftsatz rechtzeitig per Fax übermittelt. Im Übergehen dieses Schriftsatzes liegt gleichfalls eine Verletzung des rechtlichen Gehörs. Auch dieser Verstoß ist entscheidungserheblich, denn bei Beachtung des Vorbringens zum Schaden hätte kein Urteil zugunsten des Klägers ergehen dürfen.

Das Gericht wird gebeten, den Prozess fortzuführen und die Sache erneut unter Beachtung des vollständigen Vorbringens des Beklagten zu verhandeln.

Der Antrag auf Einstellung der Zwangsvollstreckung ohne Sicherheitsleistung wird damit begründet, dass das Urteil nicht hätte ergehen dürfen.

Rechtsanwalt[7, 8, 9]

Schrifttum: Fellner, Die aktuelle Rechtsprechung zur Verletzung des Anspruchs auf Gewährung rechtlichen Gehörs im Zivilprozess, MDR 2020, 900; *Gertler,* Neuere Rechtsprechung des Bundesverfassungsgerichts zur Anhörungsrüge, in Emmenegger/Wiedmann (Hrsg.) Linien der Rechtsprechung des Bundesverfassungsgerichts, Bd. 2, 2011, 53 ff.; *Jost,* Verfassungsprozessuale Probleme der Anhörungsrüge, in Rensen/Brink (Hrsg.), Linien der Rechtsprechung des Bundesverfassungsgerichts, 2009, 59 ff.; *Rensen,* Die Neuregelung der Gehörsrüge, MDR 2005, 181; *Rensen,* Beginn der Rügefrist gem § 321a Abs. 2 S. 1 ZPO, MDR 2007, 695; *Rieble/Vielmeier,* Riskante Anhörungsrüge, JZ 2011, 923; *Röthemeyer*, Das rechtliche Gehör im Musterfeststellungsverfahren, MDR 2019, 6; *Sangmeister,* Doch (noch) ein kleiner Hoffnungsschimmer für die Anhörungsrüge?, NJW 2007, 2363; *Schnabel,* Die Anhörungsrüge bei versäumten Rechtsmitteln, NJ 2007, 289; *Schneider,* Gehörsrüge des § 321a ZPO, MDR 2006, 969; *Schneider,* Gehörsrüge bei Richterwechsel, MDR 2005, 248; *Treber,* Neuerungen durch das Anhörungsrügengesetz, NJW 2005, 97; *Voßkuhle,* Bruch mit einem Dogma: Die Verfassung garantiert Rechtsschutz gegen den Richter, NJW 2003, 2193; *Zuck,* Praxishinweise zur zivilprozessualen Anhörungsrüge, MDR 2011, 399; *Zuck,* Rechtliches Gehör im Zivilprozess – Die anwaltlichen Sorgfaltspflichten nach dem Inkrafttreten des Anhörungsrügengesetzes, NJW 2005, 1226; *Zuck,* Die Anhörungsrüge im Zivilprozess, AnwBl. 2008, 168; *Zwanziger,* Nichtzulassungsbeschwerde und Gehörsrüge in der Arbeitsgerichtsbarkeit, NJW 2008, 3388.

Anmerkungen

1. Die mit der Zivilprozessreform zum 1.2.2002 eingeführte, durch Gesetz v. 9.12.2004 (in Kraft getreten am 1.1.2005) geänderte, in § 321a ZPO geregelte Anhörungsrüge gibt der verurteilten Partei die Möglichkeit, bei Verletzung ihres Anspruchs auf rechtliches Gehör eine Fortführung des Rechtsstreits in derselben Instanz zu erreichen.

Damit wollte der Gesetzgeber vor allem die zahlreichen amtsgerichtlichen Verfahren, in denen das nicht rechtsmittelfähige Urteil auf einem Verstoß gegen Art. 103 GG beruhte, einer anschließenden Selbstkontrolle durch die ordentlichen Gerichte unterziehen und das BVerfG entlasten. Nach neuem Recht ist das Abhilfeverfahren nach § 321a ZPO vor Einlegung der Verfassungsbeschwerde durchzuführen; zum Verhältnis von Anhörungsrüge und Verfassungsbeschwerde vgl. *Zuck* NJW 2005, 1228. Ein Problem des Verfahrens dürfte darin liegen, dass der Rechtsstreit vor demselben Richter fortzuführen ist und vielleicht nicht immer eine unvoreingenommene Neubefassung mit der bereits erledigten Sache erwartet werden kann. Jedenfalls haben Rügen nach § 321a ZPO kaum je Erfolg.

Das Verfahren hat nach § 321a Abs. 1 ZPO folgende Voraussetzungen:

a) Gegen die Entscheidung darf ein Rechtsmittel oder ein anderer Rechtsbehelf nicht gegeben sein. Bei erstinstanzlichen Urteilen darf also weder die Beschwer 600 EUR übersteigen, noch darf das Gericht die Berufung zugelassen haben. Die erste Bedingung kann zweifelhaft sein, zumal das Berufungsgericht an eine Streitwertfestsetzung der ersten Instanz bis zu 600 EUR nicht gebunden ist (BGH NJW-RR 1988, 837). In einem solchen Fall kann es sich empfehlen, sowohl das Verfahren nach § 321a ZPO zu betreiben als auch mit der Behauptung, der Streitwert sei zu gering festgesetzt, Berufung einzulegen. Bei zweitinstanzlichen Urteilen darf weder die Revision zugelassen sein noch darf die NZB nach § 544 Abs. 1 ZPO iVm § 26 Nr. 8 EGZPO (BGH NJW 2005, 680) gegeben sein. Der abweisende Beschluss über eine NZB kann nicht mit der Begründung angegriffen werden, die Vorinstanz habe das rechtliche Gehör verletzt (keine „sekundäre Gehörsrüge", BGH NJW 2008, 2126; BVerfG NJW 2008, 2365); Entscheidung im Sinne der Vorschrift ist auch ein die Instanz beendender, unanfechtbarer Beschluss, gleich in welchem Verfahren, auch wenn er im einstweiligen Rechtsschutz ergangen ist (vgl. Zöller/*Vollkommer* ZPO § 321a Rn. 3). § 321a ZPO scheidet aus, wenn die Rechtsbeschwerde zugelassen wurde oder sie gesetzlich vorgesehen ist (BGH MDR 2004, 527).

b) Es muss eine Verletzung des rechtlichen Gehörs vorliegen (hierzu Zöller/*Greger* ZPO Vor § 128 Rn. 3 ff.). Die Verletzung anderer Grundrechte, zB Art. 14 GG, kann im Verfahren nach § 321a ZPO nicht gerügt werden (BGH MDR 2008, 1175). Ist allerdings eine Verfassungsbeschwerde wegen einer anderen Grundrechtsverletzung beabsichtigt, sollte unbedingt die Anhörungsrüge erhoben werden, da das BVerfG anderenfalls einen Verstoß gegen den Grundsatz der Subsidiarität der Verfassungsbeschwerde bejaht, da bei Erfolg der Anhörungsrüge auch die Heilung etwaiger anderer Grundrechtsverstöße möglich wäre (BVerfG NJW 2005, 3059). Nach der Rspr. des BVerfG hat der Anspruch auf rechtliches Gehör zum Inhalt, dass die Partei sich zum Sachverhalt und zur Rechtslage äußern kann (BVerfG NJW 1998, 2044), dass das Vorbringen der Partei nicht nur zur Kenntnis genommen, sondern auch in Erwägung gezogen wird (BVerfG NJW 1991, 1283; 2001, 1505; BGH NJW-RR 2011, 424), dass sie zu Hinweisen des Gerichts, zu Erklärungen des Gegners und zu Beweisergebnissen Stellung nehmen kann (BVerfG NJW 1995, 2095; NJW 2019, 1433 Rn. 18), dass ordnungsgemäß angebotene, erhebliche Beweise erhoben werden (BVerfG NJW-RR 2004, 1150); dass sie gesetzte Fristen ausnutzen kann (BVerfG NJW 1995, 2095 (2096)), dass keine Überraschungsentscheidungen ergehen (BVerfG NJW 1994, 1274; 2003, 3687), dass Präklusionsvorschriften nicht missbräuchlich angewendet werden (BVerfG NJW 1978, 2733 (2734); 2000, 945). Art. 103 Abs. 1 GG schützt die Partei auch davor, dass das Gericht Beweisangebote aus Gründen unberücksichtigt lässt, die im Prozessrecht keine Stütze finden (BVerfG NJW 1985, 1150; 1986, 833; 2001, 1565). Darüber hinaus darf das Gericht nicht gegen das Willkürverbot aus Art. 3 Abs. 1 GG verstoßen (BVerfG NJW 1999, 1387). Art. 103 Abs. 1 GG ist aber nicht bereits dann verletzt, wenn eine Entscheidung, am einfachen

Recht gemessen, objektiv fehlerhaft ist (BGH NJW 1987, 2733 (2735)). Auch die unterbliebene Zulassung der Revision als solche verletzt nicht den Anspruch auf rechtliches Gehör (BGH NJW 2011, 1516).

c) Der Verstoß muss entscheidungserheblich gewesen sein. Das ist der Fall, wenn die Entscheidung ohne ihn anders gelautet hätte, also zB wenn das Gericht bei Beachtung des rechtlichen Gehörs Beweis erhoben hätte, wenn es Hinweise an die Parteien gegeben hätte, wenn die Berücksichtigung übergangenen Vorbringens zu einem anderen Ergebnis geführt hätte. Dabei dürfte es für die Zulässigkeit der Rüge genügen, dass eine andere Entscheidung bei Gewährung rechtlichen Gehörs nicht ausgeschlossen werden kann (BGH NJW-RR 2011, 424 (425); Zöller/*Vollkommer* ZPO § 321a Rn. 12).

Die Rüge muss mit einem Schriftsatz (Rügeschrift) erhoben werden, der die in § 321a Abs. 2 ZPO genannten Anforderungen wahrt. Die Pflicht des Beschwerdeführers vorzutragen, was er bei ordnungsgemäßer Gewährung rechtlichen Gehörs vorgetragen hätte, findet ihre Grenze dort, wo der Vortrag nur eingeschränkt möglich oder unzumutbar ist (BVerfG NJW 2019, 1433 Rn. 12). Die Anhörungsrüge unterliegt dem gleichen Anwaltszwang nach § 78 ZPO wie das Verfahren (BGH NJW 2005, 2017).

2. Die Rügeschrift ist an das Gericht zu richten, welches das Urteil erlassen hat.

3. Mit der erfolgreichen Rüge kann nur bewirkt werden, dass das Gericht den Prozess in derselben Besetzung fortführt. Eine Auswechslung der Richter ist allenfalls über eine Ablehnung zu erreichen. Auch eine Übernahme durch die Kammer nach einem Einzelrichterurteil kommt nach § 348 Abs. 3 ZPO kaum in Betracht. Der Prozess wird, wie bei zulässigem Einspruch gegen ein Versäumnisurteil, in die Lage zurückversetzt, in der er sich vor Schluss der mündlichen Verhandlung befand.

4. Der Sachantrag ergibt sich aus der Vorschrift des nach § 321a Abs. 5 S. 3 ZPO anwendbaren § 343 ZPO.

5. Die Rüge hindert die durch das Urteil begünstigte Partei nicht daran, die Zwangsvollstreckung zu betreiben. § 707 Abs. 1 S. 1 ZPO verschafft der beschwerten Partei daher die Möglichkeit, eine einstweilige Einstellung der Zwangsvollstreckung zu erreichen. Die Einstellung ohne Sicherheitsleistung setzt allerdings voraus, dass der Schuldner zur Sicherheitsleistung nicht in der Lage ist und die Vollstreckung einen nicht zu ersetzenden Nachteil bringen würde.

6. In der Begründung des Schriftsatzes sind zunächst die Zulässigkeitsvoraussetzungen darzulegen, insb. also die Verletzung des Anspruchs auf rechtliches Gehör und die Entscheidungserheblichkeit dieser Verletzung. In der Sache muss es Ziel der betroffenen Partei sein, nicht nur eine Ablehnung der Rüge mit der Begründung zu erreichen, dass auch das übergangene Vorbringen zu keinem anderen Endergebnis geführt hätte. Das wird am ehesten gelingen in den Fällen, in denen das Gericht erhebliche Schriftsätze nicht beachtet hat, weil sie nicht zur Akte gelangt sind. Wenn das Gericht Parteivorbringen in anderer Weise übergangen hat, sollte die Partei bei der Formulierung ihrer Kritik am geübten Verfahren bedenken, dass der Prozess vor demselben Richter/denselben Richtern fortzuführen wäre. Weiter ist zu beachten, dass Art. 103 Abs. 1 GG keinen Schutz davor bietet, dass Sachvortrag aus Gründen des formellen oder materiellen Rechts unberücksichtigt bleibt (BVerfG NJW 1983, 1307; 2000, 131). Das Gericht muss in seinem Urteil auch nicht jedes Vorbringen ausdrücklich bescheiden; vielmehr muss sich aus den besonderen Umständen des Falls ergeben, dass das Gericht seiner Pflicht, das Parteivorbringen zu berücksichtigen und in Erwägung zu ziehen, nicht nachgekommen ist (BVerfG NJW 1997, 2310 (2312); 2000, 131). Wenn aber das Gericht auf einen wesentlichen Kern des Tatsachenvortrags überhaupt nicht eingeht (BVerfGE 86, 133 (146); NJW

1999, 1387 (1388)) oder wenn substantiierte Darlegungen, die das Gericht in seinem Urteil vermisst hat, in einem Schriftsatz enthalten sind (BVerfG NJW 2000, 131), kann von einem Verstoß gegen Art. 103 Abs. 1 GG ausgegangen werden.

Besondere Sorgfalt sollte auf die Darlegung verwandt werden, dass die nachteilige Entscheidung auf dem Verstoß beruht (vgl. Zöller/*Vollkommer* ZPO § 321a Rn. 12; → Anm. 1). Dazu kann es erforderlich sein, iE darzulegen, welche Tatsachen die Partei vorgetragen hätte, wenn es nicht zu dem Überraschungsurteil gekommen wäre, wenn sie den nach § 139 ZPO erforderlichen Hinweis erhalten hätte oder wenn sie sonst Gelegenheit zur Stellungnahme gehabt hätte.

Kosten und Gebühren

7. Gerichtsgebühren entstehen nur, wenn die Rüge in vollem Umfang verworfen oder zurückgewiesen wird (66 EUR nach KV 1700 GKG). Für den Rechtsanwalt gehört das Verfahren nach § 321a ZPO zum Rechtszug (§ 19 Abs. 1 Nr. 5 RVG). Wird er erstmals im Rügeverfahren tätig, erhält er eine halbe Gebühr nach VV 3330 RVG.

Fristen und Rechtsmittel

8. Die Rügeschrift muss binnen einer Notfrist von zwei Wochen erhoben werden (§ 321a Abs. 2 S. 1 ZPO). Sie beginnt nicht mehr mit der Zustellung des vollständigen Urteils, sondern mit der Kenntnis von der Verletzung des rechtlichen Gehörs; das wird idR der Zeitpunkt der Zustellung sein. Der Zeitpunkt der Kenntniserlangung ist glaubhaft zu machen. Endfrist: ein Jahr nach Bekanntgabe, § 321a Abs. 2 S. 2 ZPO.

9. Der Beschluss, mit dem die Rüge zurückgewiesen wird, ist unanfechtbar (§ 321a Abs. 4 S. 4 ZPO; BGH NJW 2005, 73). In besonderen Fällen kann der Beschluss eine eigenständige verfassungsgerichtliche Beschwer enthalten und dann mit der Verfassungsbeschwerde angegriffen werden (BVerfG NJW 2008, 2167). Hält das Gericht die Rüge für begründet, ist für den Gegner kein Rechtsmittel vorgesehen.

6. Antrag auf Hinausschieben der Urteilszustellung

An das
Landgericht[1, 2, 3]
In der Sache
. . . . .
wird im versicherten Einverständnis mit der Gegenseite beantragt,
die Zustellung des am . . . . . verkündeten Urteils bis auf weiteres hinauszuschieben.
Die Gegenseite wird einen entsprechenden Antrag noch ausdrücklich stellen.[4]
Rechtsanwalt[5, 6, 7]

Anmerkungen

1. Vgl. § 317 Abs. 1 S. 3 ZPO. Der Antrag hat den Sinn, den Beginn der Rechtsmittelfrist (§§ 517, 548, 569 Abs. 1 ZPO) hinauszuzögern. Das ist insb. im Rahmen von Vergleichsverhandlungen zweckmäßig, damit die unterlegene Partei nicht gezwungen wird, zur Wahrung ihrer Rechte Berufung einzulegen und hierdurch neue Kosten zu verursachen. Im Arbeitsgerichtsprozess ist § 317 Abs. 1 S. 3 ZPO ausgeschlossen, für die Beschwerde nach dem FamFG gilt § 317 ZPO ebenfalls nicht. Ist das Urteil noch nicht verkündet, kann das gleiche Ziel durch einen Antrag auf Aussetzung des Termins zur Verkündung der Entscheidung erreicht werden.

2. Der Antrag ist an das Gericht zu richten, das die Entscheidung verkündet hat.

3. Die Zustellung kann nur bis zum Ablauf von fünf Monaten hinausgeschoben werden (§ 317 Abs. 1 S. 3 ZPO). Eine Frist braucht im Antrag nicht genannt zu werden. Wenn sich die Vergleichsverhandlungen zerschlagen, sollte die obsiegende Partei dies dem Gericht mitteilen und den Antrag stellen, das Urteil nunmehr zuzustellen.

4. Das Verfahren sollte, da ein übereinstimmender Antrag erforderlich ist, mit dem Gegner abgesprochen sein. Dem übereinstimmenden Antrag muss das Gericht entsprechen.

Kosten und Gebühren

5. Keine besonderen Gerichts- und Rechtsanwaltsgebühren.

Fristen und Rechtsmittel

6. Der Antrag kann nur vor der Zustellung des Urteils und nur innerhalb von fünf Monaten nach dessen Verkündung gestellt werden.

7. Rechtsmittel: Sofortige Beschwerde nach § 567 Abs. 1 Nr. 2 ZPO.

O. Rechtsmittel und Rechtsbehelfe

1. Berufungsschrift mit PKH-Antrag

An das
Hanseatische Oberlandesgericht[3]

Hamburg, den 4.6.2021

In Sachen
. . . . .,

– Klägerin und Berufungsbeklagte –[4]

– Prozessbevollmächtigte: . . . . .-
gegen
. . . . .,

– Beklagte und Berufungsklägerin –

– Prozessbevollmächtigte: . . . . .-
zeige ich an, dass ich die Beklagte auch im Berufungsverfahren vertrete.
Gegen das Urteil[2] des Landgerichts Hamburg vom 3.5.2021, Az.: . . . . ., der Beklagten zugestellt am 4.5.2021,[5] lege ich im Namen und im Auftrag der Beklagten

Berufung[1, 6]

ein.
Ich beantrage,
die Zwangsvollstreckung aus dem angefochtenen Urteil ohne, hilfsweise gegen Sicherheitsleistung einstweilen einzustellen.[7]
Außerdem beantrage ich,
der Beklagten für das Berufungsverfahren Prozesskostenhilfe unter meiner Beiordnung zu bewilligen.[8]

Begründung:[9]

Das angefochtene Urteil ist rechtsfehlerhaft ergangen. Das Landgericht hat das Recht der Beklagten auf rechtliches Gehör verletzt. Nachdem das Landgericht in der mündlichen Verhandlung vom 21.4.2021 darauf hingewiesen hat, dass die Klage keine Aussicht auf Erfolg habe, und der Klägerin sogar die Rücknahme angeraten hat, durfte die Beklagte davon ausgehen, dass die Klage abgewiesen wird. Die vollumfängliche Verurteilung stellt deshalb eine Überraschungsentscheidung dar. Hätte das Landgericht zu erkennen gegeben, dass auch eine Verurteilung der Beklagten in Betracht kommt, hätte die Beklagte schon in dieser mündlichen Verhandlung die Quittung vom . . . . . vorgelegt. Aus dieser Quittung ergibt sich, dass die Beklagte die streitgegenständliche Forderung bereits vorprozessual erfüllt hatte. Nach dem Hinweis des Gerichts habe ich jedoch davon abgesehen, um die Kollegin Klägervertreterin nicht in eine unangenehme Situation zu bringen. Die Vollstreckung aus dem Urteil würde der Beklagten einen nicht ersetzbaren Nachteil bringen. Sie wäre dann gezwungen, einen Insolvenzantrag zu stellen. Zur Begründung – auch des Antrags auf Bewilligung von Prozesskostenhilfe – verweise ich auf die beigefügte Erklärung der Beklagten über ihre persönlichen und wirtschaftlichen Verhältnisse.[10]
Eine Abschrift des angefochtenen Urteils überreiche ich als Anlage zu diesem Schriftsatz.
Rechtsanwältin[11, 12, 13]

Schrifttum: Vollkommer, Die Formgültigkeit der Unterschrift als Puzzle-Spiel?, MDR 2020, 645.

Anmerkungen

1. Gemäß § 519 Abs. 1 ZPO wird die Berufung durch Einreichung der Berufungsschrift beim Berufungsgericht eingelegt. Der Schriftsatz sollte als Berufung gekennzeichnet werden. Er muss das angefochtene Urteil genau bezeichnen und die Erklärung enthalten, dass Berufung eingelegt werde (§ 519 Abs. 2 ZPO). Außerdem soll eine Ausfertigung oder beglaubigte Abschrift des angefochtenen Urteils vorgelegt werden (Abs. 3).

Die Berufung ist nach § 511 Abs. 1, 2 ZPO statthaft, wenn sie sich gegen ein Endurteil im ersten Rechtszug richtet und der Wert des Beschwerdegegenstands 600 EUR übersteigt (vgl. zu den zahlreichen Einzelfragen die Darstellung bei Musielak/Voit/*Ball* ZPO § 511 Rn. 20 ff.). Dabei ist das Berufungsgericht nicht an die Streitwertfestsetzung der I. Instanz gebunden (BGH NJW-RR 2005, 219). Durch die nachträgliche Beschränkung auf eine Beschwer unter 600 EUR wird die Berufung unzulässig, wenn die Beschränkung willkürlich, dh aus eigener Entschließung des Berufungsklägers und nicht als Reaktion auf Verhalten des Gegners oder einen Hinweis des Gerichts erfolgt (BGH BeckRS 2017, 102358 Rn. 8).

Wird der Wert von 600 EUR nicht erreicht, ist die Berufung nur statthaft, wenn das Erstgericht sie im Urteil zugelassen hat. An diese Zulassung ist das Berufungsgericht gebunden (§ 511 Abs. 3 S. 2 ZPO). Hat keine Partei die Zulassung der Berufung beantragt, so ist eine ausdrückliche Entscheidung des erstinstanzlichen Gerichts entbehrlich; das Schweigen im Urteil bedeutet in diesem Fall Nichtzulassung (BGH BeckRS 2017, 130171 Rn. 23). Das Berufungsgericht muss allerdings – bevor es die Berufung mangels ausreichender Beschwer verwerfen darf – eine Entscheidung über die Zulassung der Berufung nachholen, wenn das erstinstanzliche Gericht hierzu keine Veranlassung gesehen hat, weil es von einer Beschwer der unterlegenen Partei ausgegangen ist, die 600 EUR übersteigt, das Berufungsgericht diesen Wert aber nicht für erreicht hält (BGH NJW-RR 2019, 952 Rn. 6).

2. Grundsätzlich sind alle Endurteile mit der Berufung angreifbar. Hierunter fallen auch Teilurteile (§ 301 Abs. 1 ZPO), Vorbehaltsurteile (§ 302 Abs. 3 ZPO), Grundurteile (§ 304 Abs. 2 ZPO) und Zwischenurteile nach § 280 Abs. 2 S. 1 ZPO. Versäumnisurteile sind mit der Berufung nur angreifbar, wenn es sich um sog. Zweite Versäumnisurteile handelt (§ 514 Abs. 1 S. 1 ZPO). Die Berufung kann jedoch (zunächst) nur darauf gestützt werden, dass die Säumnis im Einspruchstermin unverschuldet war (§ 514 Abs. 2 S. 1 ZPO); dagegen kommt es nicht darauf an, ob bei Erlass des ersten Versäumnisurteils ein Fall der Säumnis nicht vorgelegen hat oder die Klage nicht schlüssig ist (BGH NJW-RR 2020, 575 Rn. 12).

Die Kostenentscheidung ist nicht isoliert anfechtbar (§ 99 Abs. 1 ZPO). Das gilt grundsätzlich auch für ein Schlussurteil über die Kosten des Rechtsstreits. Dient die Erstreckung der Berufung auf die Hauptsache ersichtlich nur dem Zweck, die Kostenentscheidung anzugreifen, ist die Berufung ebenfalls unzulässig.

Die Berufung darf nicht bedingt eingelegt werden, also insbesondere nicht von einer PKH-Bewilligung abhängig gemacht werden (BGH BeckRS 2018, 9386 Rn. 4; hierzu aber → Anm. 8).

3. Die Berufung muss beim Berufungsgericht eingelegt werden (§ 519 Abs. 1 ZPO). Für Berufungen gegen Amtsgerichtsurteile sind die Landgerichte zuständig (§ 72 Abs. 1 S. 1 GVG), gegen (erstinstanzliche) Landgerichtsurteile die Oberlandesgerichte (§ 119 Abs. 1 Nr. 2 GVG).

Die Einlegung der Berufung bei einem falschen Gericht, zB. dem Erstgericht, wirkt nicht fristwahrend (zu einer Ausnahme BGH NJW-RR 2020, 102). Hier kommt es darauf an, ob die Berufung innerhalb der Frist an das zuständige Gericht weitergeleitet wurde und dort eingegangen ist. Gegebenenfalls kommt Wiedereinsetzung in den vorigen Stand in Betracht (hierzu → Form. I.O.4).

Beruht die Einlegung der Berufung beim falschen Gericht auf einer unrichtigen Rechtsmittelbelehrung und führt dies ausnahmsweise zu einem unverschuldeten Rechtsirrtum des Rechtsanwalts, kann die Sache nicht in entsprechender Anwendung von § 281 ZPO verwiesen, sondern muss Wiedereinsetzung beantragt werden (zur Berufung in einer Wohnungseigentumssache BGH BeckRS 2020, 32872 Rn. 7).

4. Nach § 519 Abs. 2 ZPO muss die Berufungsschrift allein oder in der Zusammenschau mit weiteren, bis zum Ablauf der Berufungsfrist vorliegenden Unterlagen eindeutig erkennen lassen, wer Berufungskläger und wer Berufungsbeklagter sein soll (BGH BeckRS 2017, 121451 Rn. 14). Dabei stellt die Rechtsprechung vor allem an die eindeutige Bezeichnung des Rechtsmittelführers strenge Anforderungen: Bei verständiger Würdigung des gesamten Vorgangs der Rechtsmitteleinlegung muss jeder Zweifel an der Person des Rechtsmittelklägers ausgeschlossen sein (BGH NJW-RR 2021, 506 Rn. 5). Sind erstinstanzlich mehrere Streitgenossen unterlegen, müssen in der Berufungsschrift alle Streitgenossen genannt werden, die Rechtsmittelführer sein sollen (BGH NJW-RR 2021, 506 Rn. 5). Ist unklar, für welche Streitgenossen Berufung eingelegt werden soll, ist das Rechtsmittel insgesamt unzulässig (BGH NJW-RR 2021, 506 Rn. 5).

Eine falsche oder ungenaue Bezeichnung des Berufungsklägers in der Berufung schadet dann nicht, wenn der richtige Berufungskläger aufgrund weiterer Erkenntnismöglichkeiten innerhalb der Berufungsfrist zweifelsfrei erkennbar wird, beispielsweise im Wege der Auslegung der Berufungsschrift sowie der etwa sonst im Zeitpunkt des Ablaufs der Berufungsfrist vorliegenden Unterlagen und Umstände (BGH NJW-RR 2020, 472 Rn 18 zur Revision).

Berufungskläger kann sein:

- Eine Partei des erstinstanzlichen Verfahrens.
- Ein Dritter, dessen Beitritt im angefochtenen Urteil zurückgewiesen wurde.
- Ein Nebenintervenient, und zwar auch dann, wenn er nur zum Zwecke der Berufungseinlegung dem Rechtsstreit beitritt. Er wird damit nicht zur Partei. Seine Berufungseinlegung ist vielmehr eine solche für die Hauptpartei (BGH NJW-RR 2020, 942 Rn. 6). Der Nebenintervenient kann auch ungeachtet der Voraussetzungen des § 66 Abs. 1 ZPO wirksam für die Hauptpartei Berufung einlegen, solange die Nebenintervention nicht rechtskräftig für unzulässig erklärt worden ist (BGH NJW-RR 2020, 942 Rn. 10). Eine solche Berufung bleibt auch nach Zurückweisung des Beitritts wirksam. Die Hauptpartei kann zur Haftung für die Gerichtskosten herangezogen werden, wenn sie sich nicht klar von der Berufung distanziert (vgl. die Darstellung in OLG München NJW-RR 2019, 512 Rn. 9).
- An die Bezeichnung des Berufungsbeklagten dürfen keine hohen Anforderungen gestellt werden. Haben erstinstanzlich mehrere Streitgenossen obsiegt, richtet sich das Rechtsmittel im Zweifel gegen die gesamte angefochtene Entscheidung und somit gegen alle gegnerischen Streitgenossen, es sei denn, die Rechtsmittelschrift lässt eine Beschränkung der Anfechtung erkennen (BGH NJW-RR 2019, 640 Rn. 9; hierzu auch BGH NJW-RR 2021, 1093 Rn. 17). Eine solche Beschränkung kann sich daraus ergeben, dass in der Berufung nur einige von ihnen angegeben werden; das gilt aber nicht, wenn nur einer von mehreren Streitgenossen, und zwar der im Urteilsrubrum an erster Stelle Stehende, genannt wird (BGH NJW 2019, 640 Rn. 19). Soll Berufung nicht gegen alle erstinstanzlich obsiegenden Beklagten eingelegt werden, sollte der Rechtsanwalt also sicherheitshalber alle Berufungsbeklagten namentlich aufführen.

- Im Rubrum der Berufungsschrift sind sämtliche Parteirollen anzugeben, danach sollten aus Gründen der Verständlichkeit nur noch die erstinstanzlichen Parteirollen verwendet werden.
- Hat der Berufungskläger keinen Grund zu der Annahme, dass der Berufungsbeklagte seinen erstinstanzlichen Anwalt gewechselt hat, sollte er diesen in der Berufungsschrift als Prozessbevollmächtigten des Gegners benennen. Stellt sich nach Zustellung heraus, dass das Mandat beendet war, hat dies keine Nachteile, da die Zustellung keine Wirksamkeitsvoraussetzung der Berufung ist (vgl. den Wortlaut von § 519 Abs. 1 ZPO).

5. Der Zustellungsnachweis durch Empfangsbekenntnis kann auch durch eine entsprechende Mitteilung in der Berufungsschrift als geführt angesehen werden (BGH NJW-RR 2018, 60 Rn. 12).

6. Nach § 519 Abs. 2 ZPO muss die Berufungsschrift die Erklärung enthalten, dass gegen das konkret bezeichnete Urteil Berufung eingelegt werde.

7. Die Einlegung der Berufung hat keinen Einfluss auf die vorläufige Vollstreckbarkeit des angefochtenen Urteils. Der Berufungskläger kann aber die einstweilige Einstellung der Zwangsvollstreckung beantragen (§§ 719 Abs. 1 S. 1, 707 ZPO). Hierfür muss die Berufung bei summarischer Prüfung Aussicht auf Erfolg haben (OLG Bremen BeckRS 2008, 11546 Rn. 8). Eine Einstellung ohne Sicherheitsleistung kommt nur dann in Betracht, wenn glaubhaft gemacht wird, dass der Berufungskläger zur Sicherheitsleistung nicht in der Lage ist und die Vollstreckung einen nicht zu ersetzenden Nachteil bringen würde (§ 707 Abs. 1 S. 2 ZPO). Die Anforderungen der Rechtsprechung sind hoch (vgl. die Darstellung bei Musielak/Voit/*Lackmann* ZPO § 707 Rn. 9). Auf Antrag ist über die vorläufige Vollstreckbarkeit des angefochtenen Urteils vorab zu entscheiden; einer mündlichen Verhandlung bedarf es hierfür jedoch nicht (§ 718 Abs. 1 ZPO).

8. Soll für den (potenziellen) Berufungskläger Prozesskostenhilfe beantragt werden, kommen zwei zulässige Vorgehensweisen in Betracht:

- Die erstinstanzlich unterlege Partei stellt einen isolierten PKH-Antrag.
  Einem solchen Antrag kann grundsätzlich nur stattgegeben werden, wenn innerhalb der Berufungsfrist auch die notwendigen Angaben über die persönlichen und wirtschaftlichen Verhältnisse in der erforderlichen Form gemacht werden; läuft die Berufungsfrist noch, muss eine anwaltlich nicht vertretene Partei allerdings auf die Unvollständigkeit ihrer Angaben hingewiesen werden (BGH NJW 2019, 3727 Rn. 13). Eine materielle Begründung des isolierten PKH-Antrags ist nicht erforderlich (BGH NJW-RR 2018, 1271 Rn. 8).
  - Bewilligt das Gericht die Prozesskostenhilfe, muss innerhalb von zwei Wochen ab Zustellung des PKH-Beschlusses Wiedereinsetzung in die Berufungsfrist beantragt werden. Mit der Zustellung des Wiedereinsetzungsbeschlusses beginnt die Berufungsbegründungsfrist (BGH NJW 2014, 2442 Rn. 8; aA OLG Bamberg BeckRS 2019, 19083 Rn. 5, allerdings mit dem Hinweis, dass der Berufungsführer auf die zitierte BGH-Rechtsprechung vertrauen dürfe; so auch BGH NJW 2013, 471 Rn. 13 ff.).
  - Weist das Gericht den PKH-Antrag mangels Bedürftigkeit zurück, kann Wiedereinsetzung in die Berufungsfrist nur mit Erfolg beantragt werden, wenn der Berufungsführer vernünftigerweise nicht mit einer solchen Verweigerung der Prozesskostenhilfe rechnen musste; hierfür ist erforderlich, dass er sich für bedürftig halten durfte und dem Antrag innerhalb der Rechtsmittelfrist eine vollständig und wahrheitsgemäß ausgefüllte Erklärung über die persönlichen und wirtschaftlichen Verhältnisse nebst den insoweit notwendigen Belegen beigefügt hatte (BGH NJW-RR 2021, 944 Rn. 20).

Nach Bekanntgabe des Beschlusses bleibt der Partei noch eine Zeit von höchstens drei bis vier Tagen für die Überlegung, ob sie die Berufung auf eigene Kosten durchführen will. Im Anschluss an diese Überlegungsfrist beginnt die Wiedereinsetzungsfrist. Das gilt auch dann, wenn das Gericht nicht die Bedürftigkeit der Partei, sondern die Erfolgsaussicht der beabsichtigten Rechtsverfolgung verneint hat (zum ganzen Absatz BGH NJW-RR 2021, 568 Rn. 22).

Das gilt allerdings dann nicht, wenn das Gericht die Partei auf Zweifel an der Begründetheit des Antrags hingewiesen oder ihr Auflagen erteilt hat. Hier durfte die Partei nur dann weiter auf die PKH-Bewilligung vertrauen, wenn sie vernünftigerweise davon ausgehen konnte, die Zweifel ausräumen zu können, und die gerichtliche Auflage ordnungsgemäß erfüllt zu haben (BGH NJW-RR 2021, 568 Rn. 23).

Hat das Gericht die Berufung als unzulässig verworfen, ohne zuvor über den PKH-Antrag zu entscheiden, beginnt die Wiedereinsetzungsfrist für die Berufungsbegründungsfrist erst mit der Zustellung des Verwerfungsbeschlusses (BGH NJW-RR 2018, 1271 Rn. 13).

- Die erstinstanzlich unterlege Partei legt – wie im vorliegenden Beispiel – Berufung ein und stellt zugleich einen PKH-Antrag.
  Wenn das Gericht nicht so zügig über den Antrag entscheidet, dass noch innerhalb der Frist die Berufung begründet werden kann, muss der Berufungskläger rechtzeitig einen Fristverlängerungsantrag stellen (BGH NJW 2013, 1684 Rn. 8; → Form. I.O.2). Kommt eine Fristverlängerung nicht (mehr) in Betracht, kann Wiedereinsetzung beantragt werden. In diesem Fall muss der Berufungskläger allerdings glaubhaft machen, dass der Anwalt nicht bereit war, die Berufung ohne die Bewilligung von Prozesskostenhilfe ordnungsgemäß und insbesondere fristgemäß fortzuführen und zu begründen (vgl. BGH NJW-RR 2019, 899 Rn. 11). Die Berufungsbegründungsfrist ist nicht schuldhaft versäumt, wenn der Berufungsführer innerhalb der Frist einen PKH-Antrag stellt und auf dessen Bewilligung vertrauen darf. Dies ist der Fall, wenn sich die Partei bei objektiver Betrachtung für bedürftig halten und davon ausgehen darf, die wirtschaftlichen Voraussetzungen für die Gewährung von Prozesskostenhilfe ordnungsgemäß dargelegt zu haben. Hierfür ist erforderlich, dass dem Antrag innerhalb der Rechtsmittelfrist eine vollständig und wahrheitsgemäß ausgefüllte Erklärung über die persönlichen und wirtschaftlichen Verhältnisse auf dem dafür vorgesehenen Formular nach § 117 Abs. 4 ZPO nebst den insoweit notwendigen Belegen beigefügt wird (zum Vorstehenden insgesamt BGH BeckRS 2021, 7058 Rn. 20; ausführlich zum Wiedereinsetzungsantrag → Form. I.O.4).
- Unzulässig ist es dagegen, die Berufung unter der Bedingung der PKH-Bewilligung einzulegen (BGH BeckRS 2018, 9386 Rn. 4). Das Gericht darf jedoch auch eine solche Berufung nicht sofort verwerfen, sondern muss über den PKH-Antrag entscheiden und der Partei auch hier Gelegenheit geben, ggf. einen Wiedereinsetzungsantrag zu stellen (BGH NJW-RR 2013, 509 Rn. 11). Dennoch sollte eine bedingte Berufungseinlegung vermieden werden, auch wenn die Rechtsprechung von einer Bedingung ohnehin nur ausgeht, wenn dies den Begleitumständen in einer jeden vernünftigen Zweifel ausschließenden Deutlichkeit zu entnehmen ist (BGH BeckRS 2018, 9386 Rn. 6). So soll die Formulierung, „Die Berufung soll nur für den Fall der PKH-Bewilligung durchgeführt werden", nicht ausreichen, da insoweit auch eine Berufungsrücknahme nach Ablehnung des PKH-Antrags in Betracht komme (BGH BeckRS 2016, 12096 Rn. 6). Dagegen liegt eine bedingte Berufung vor, wenn im PKH-Antrag angegeben wird, dass im Falle der Bewilligung Berufung eingelegt werde (BGH BeckRS 2018, 9386 Rn. 6).

9. Die Begründung bezieht sich vorliegend auf den Einstellungsantrag, um dem Gericht die summarische Prüfung der Erfolgsaussichten der Berufung zu ermöglichen (→ Anm. 7), und auf den PKH-Antrag.

10. Die persönlichen und wirtschaftlichen Verhältnisse müssen in dem dafür vorgesehenen Formular dargelegt werden (§ 117 Abs. 4 ZPO). Allerdings muss das Gericht der Partei ggf. eine Frist setzen, um den Vordruck nachzureichen (BGH NJW 2019, 3727 Rn. 16). Es kann auch genügen, auf die erstinstanzliche Erklärung zu verweisen. Die Erklärung muss aber dann neu erstellt werden, wenn sich die Verhältnisse der Partei geändert haben (BGH BeckRS 2019, 33486). Bei im Wesentlichen gleichen Angaben zu ihren Vermögensverhältnissen darf die Partei erwarten, dass auch das Berufungsgericht sie als bedürftig ansieht; sie braucht nicht damit zu rechnen, dass dieses Gericht strengere Anforderungen an den Nachweis der Bedürftigkeit stellt als das Erstgericht (BGH BeckRS 2019, 25385 Rn. 10).

11. Berufungsschrift und Berufungsbegründung müssen von einem dazu bevollmächtigten Rechtsanwalt zwar nicht selbst verfasst, aber nach eigenverantwortlicher Prüfung genehmigt und gemäß §§ 130 Nr. 6, 519 Abs. 4 ZPO eigenhändig unterschrieben sein (BGH NJW-RR 2019, 441 Rn. 8). Nur wenn feststeht, dass die Unterschrift von dem Rechtsanwalt stammt, ist auch gewährleistet, dass sie ihren Sinn und Zweck erfüllen kann, die eigenverantwortliche Prüfung des Schriftsatzinhalts durch den Anwalt nach außen zu dokumentieren (BGH NJW-RR 2021, 314 Rn. 10 zu einer unleserlichen und damit nicht ordnungsgemäßen Unterschrift, für deren Nachholung auch keine Wiedereinsetzung bewilligt wurde).

- Bei Einreichung des Schriftsatzes per Fax genügt die lesbare Wiedergabe der Unterschrift in Kopie, jedoch muss es sich bei der Kopiervorlage um den eigenhändig unterschriebenen Originalschriftsatz handeln (BGH NJW-RR 2019, 441 Rn. 8). Dagegen wahrt das E-Mail-to-Fax-Verfahren das Schriftformerfordernis nicht (OLG Dresden BeckRS 2020, 37455 Rn. 6).
- Eine lediglich eingescannte Unterschrift auf dem Original des eingereichten Schriftsatzes genügt diesen Formanforderungen nicht (BGH NJW-RR 2020, 313 Rn. 21).
- Im elektronischen Rechtsverkehr genügt eine Container-Signatur nicht zur Einhaltung der elektronischen Form (§ 130a ZPO; hierzu ausführlich BGH NJW 2019, 2230). Erforderlich ist vielmehr eine qualifizierte elektronische Signatur, es sei denn, der Aussteller übersendete das Dokument eigenhändig aus seinem Postfach (OLG Braunschweig NJW 2019, 2176 Rn. 51).
- Ein im Original eigenhändig unterzeichneter Berufungsschriftsatz, der in eine pdf-Datei eingescannt und nach vorheriger Rücksprache mit der Geschäftsstelle per E-Mail an das Gericht übersandt wird, gilt erst dann als wirksam übermittelt, wenn er durch das Berufungsgericht auch ausgedruckt wird (BGH BeckRS 2020, 4237 Rn. 16).
- Eine Unterzeichnung „i.V." genügt den Anforderungen (BGH NJW 2020, 618 Rn. 9), eine Unterzeichnung „i.A." dagegen nicht, es sei denn, der Unterzeichner ist Mitglied der mandatierten Sozietät (BGH NJW 2018, 1689 Rn. 16).

Eine vollmachtlose Berufungseinlegung kann nach § 89 Abs. 2 ZPO genehmigt werden, soweit noch kein verwerfendes Urteil vorliegt (BGH BeckRS 2017, 140257 Rn. 8).

Wir der Schriftsatz als PDF-Datei eingereicht, sollte darauf geachtet werden, dass alle Grafiken und Schriftarten eingebettet sind, da andernfalls die Gefahr besteht, dass die Berufung für unzulässig erachtet wird (vgl. hierzu OLG Koblenz BeckRS 2020, 34626 und BeckRS 2020, 32096).

Kosten und Gebühren

12. Mit der Berufungseinlegung entsteht eine 4,0-Gerichtsgebühr (KV 1220 GKG), die sofort fällig wird (§ 6 Abs. 1 GKG). Das Gericht darf die Zustellung der Berufung aber nicht von der Einzahlung des Vorschusses abhängig machen (OLG Köln BeckRS 2014, 09814). Ein Verstoß hiergegen hätte allerdings nicht dieselbe Relevanz wie die verzögerte Zustellung einer Klage, da die Berufungseinlegung nicht von der Zustellung abhängt (§ 519 Abs. 1 ZPO).

Der Rechtsanwalt erhält für das Berufungsverfahren grundsätzlich eine 1,6-Verfahrensgebühr (VV 3200 RVG), die sich bei vorzeitiger Beendigung des Mandats oder einer eingeschränkten Tätigkeit auf eine 1,1-Gebühr reduziert (VV 3201 RVG). Für den Prozessbevollmächtigten des Berufungsbeklagten entsteht nur diese reduzierte Gebühr, wenn der Berufungskläger die Berufung zurücknimmt, bevor die Zurückweisung der Berufung beantragt wurde (Abs. 1 Nr. 1). Soll die Berufung nur fristwahrend eingelegt werden, ist es deshalb sinnvoll, dies dem Gegner mitzuteilen und ihn zu bitten, zunächst keinen Zurückweisungsantrag zu stellen.

Fristen

13. Die Berufung muss binnen eines Monats nach Zustellung des Urteils (§ 517 ZPO) beim Berufungsgericht eingelegt werden (§ 519 Abs. 1 ZPO). Für den Fristbeginn genügt nach § 317 ZPO die Zustellung einer beglaubigten Abschrift; eine Ausfertigung ist nicht erforderlich (BGH NJW 2016, 1160 Rn. 16). Auch bei Urteils- oder Tatbestandsberichtigung nach §§ 319, 320 ZPO ist grundsätzlich die ursprüngliche Zustellung maßgeblich (zu Ausnahmen BGH NJW-RR 2017, 55 Rn. 6). Ist das Urteil zwar verkündet, aber nicht zugestellt worden, beginnt die Frist nach Ablauf von fünf Monaten seit der Verkündung (§ 517 ZPO).

Für den Nebenintervenienten der erstinstanzlich unterlegenen Partei, der grundsätzlich für diese Berufung einlegen darf, soweit er sich damit nicht in Widerspruch zur Hauptpartei setzt, beginnt die Berufungsfrist bereits mit der Zustellung an die Partei (BGH NJW-RR 2012, 1042 Rn. 3). Etwas anderes gilt nur für den Fall einer streitgenössischen Nebenintervention.

Da die Berufungsfrist eine Notfrist ist, kann sie nicht verlängert werden. Der Berufungskläger kann jedoch Wiedereinsetzung in den vorigen Stand beantragen, wenn er die Frist schuldlos versäumt hat (§ 233 S. 1 ZPO; → Form. I.O.4). Auf eine fehlerhafte Rechtsbehelfsbelehrung (§ 233 S. 2 ZPO) darf sich grundsätzlich auch ein Rechtsanwalt berufen.

2. Antrag auf Verlängerung der Berufungsbegründungsfrist

An das
Hanseatische Oberlandesgericht

Hamburg, den 1.7.2021

In Sachen . . . . . gegen . . . . .

Az. . . . . .

beantrage ich, die am 5.7.2021 ablaufende Frist[4] zur Berufungsbegründung bis zum

31.8.2021

zu verlängern.[1]

Aufgrund Arbeitsüberlastung bin ich zeitlich nicht in der Lage, die Berufungsbegründung fristgerecht anzufertigen und einzureichen.[2] Außerdem bin ich im August zwei Wochen im Urlaub. Die Klägerinvertreterin hat mir telefonisch mitgeteilt, dass sie mit einer solchen Verlängerung einverstanden sei, was hiermit anwaltlich versichert wird.[3]

Rechtsanwältin

Anmerkungen

1. Gemäß § 520 Abs. 1, Abs. 2 S. 1 ZPO muss die Berufung innerhalb von zwei Monaten ab Zustellung des Urteils begründet werden, andernfalls ist sie unzulässig (§ 522 Abs. 1 ZPO). Anders als die Berufungsfrist kann die Berufungsbegründungsfrist verlängert werden (§ 520 Abs. 2 S. 2 ZPO). Mit der Einwilligung des Gegners ist eine beliebige Verlängerung möglich. Verweigert der Gegner die Einwilligung, kann die Frist nur um bis zu einen Monat verlängert werden, wenn nach freier Überzeugung des Vorsitzenden des Berufungsgerichts der Rechtsstreit nicht erheblich verlängert wird oder wenn der Berufungskläger erhebliche Gründe darlegt (Satz 3).

Der Antrag, das Ruhen des Verfahrens anzuordnen, enthält grds. nicht zugleich einen Antrag auf Verlängerung einer laufenden Berufungsbegründungsfrist (BGH NJW-RR 2010, 275 Rn. 12).

Bei einem Fristverlängerungsantrag, der sich bis zu einem bestimmten Datum richtet, ist regelmäßig nicht anzunehmen, dass abweichend vom Wortlaut eine nach den jeweiligen Vorschriften grundsätzlich mögliche weitergehende Fristverlängerung begehrt wird (BGH NJW-RR 2020, 313 Rn. 16).

Wird die Frist verlängert, beginnt die verlängerte Frist mit dem Ablauf der ursprünglichen Begründungsfrist; das wirkt sich aus, wenn das eigentliche Fristende auf einen Sonnabend, Sonntag oder Feiertag fällt (BGH NJW-RR 2010, 211 Rn. 6).

Hin und wieder kommt es vor, dass das Gericht die Frist nur unter einer Bedingung verlängert, bspw. dem Nachweis der Einwilligung des Gegners. Eine solche Bedingung ist unwirksam und damit unerheblich, die Frist ist dann antragsgemäß verlängert (BGH NJW-RR 2017, 1145 Rn. 8).

2. An die Darlegung eines erheblichen Grundes für die Notwendigkeit der Fristverlängerung sind bei einem ersten Antrag keine hohen Anforderungen zu stellen. Grundsätzlich reicht der Hinweis auf das Vorliegen eines solchen Grundes – etwa Urlaubsabwesenheit, Arbeitsüberlastung oder das Erfordernis weiterer Abstimmung zwischen Prozessbevollmächtigtem und Partei – aus, ohne dass es einer weiteren Substanziierung bedarf (BGH NJW-RR 2019, 1392 Rn. 12). Die Wendung, der Antrag werde „vorsorglich" gestellt, genügt allerdings nicht (BGH NJW-RR 2019, 1392 Rn. 13).

3. Jedenfalls für einen Verlängerungsantrag, der über einen Monat hinausgeht, ist es ratsam, die Einwilligung der Gegenseite im Vorfeld zu erfragen und sodann dem Gericht anwaltlich zu versichern. Andernfalls wird das Gericht dem Gegner eine kurze Stellungnahmefrist setzen.

Fristen

4. Der Fristverlängerungsantrag muss bei Gericht vor Ablauf der Frist eingegangen sein. Die Bewilligung der Verlängerung kann auch danach erfolgen. Da die fristgerechte Berufungsbegründung Zulässigkeitsvoraussetzung der Berufung ist (§ 522 Abs. 1 S. 1 ZPO), sollte die Fristverlängerung nicht erst am letzten Tag der Frist beantragt werden. Auch wenn sich der Rechtsanwalt darauf verlassen darf, dass seinem erstmaligen Fristverlängerungsantrag stattgegeben wird, wenn er erhebliche Gründe dafür vorgebracht hat (BGH NJW-RR 2019, 1392 Rn. 12), sollte er sich rechtzeitig vor Fristablauf beim Gericht erkundigen, ob das tatsächlich der Fall ist (so auch *Dörr* MDR 2021, 546). So kann er ggf. noch die Berufungsbegründung in einem Umfang anfertigen, der die nicht besonders hohen Zulässigkeitshürden überwindet.

Für den Fall eines Fristverlängerungsantrags bestehen zusätzliche Anforderungen an das Fristenwesen (im Einzelnen → Form. I.O.4 Anm. 7).

Kann der Rechtsanwalt einem Hinweis des Gerichts auf die Unzulässigkeit der Berufung mangels rechtzeitiger Begründung entnehmen, dass ein rechtzeitig gestellter Fristverlängerungsantrag dem Gericht offenkundig nicht vorliegt, muss er hierauf innerhalb der Stellungnahmefrist hinweisen. Tut er dies dagegen erst, nachdem das Gericht die Berufung als unzulässig verworfen hat, ändert das an der Rechtmäßigkeit des Beschlusses nichts (BGH NJW-RR 2020, 877 Rn. 13).

3. Berufungsbegründung

An das
Hanseatische Oberlandesgericht

Hamburg, den 5.7.2021

Berufungsbegründung

In Sachen . . . . . gegen . . . . .
Az. . . . . .
bedanke ich mich für die Bewilligung der Prozesskostenhilfe.
In der Berufungsverhandlung werde ich beantragen,[1]

das Urteil des Landgerichts Hamburg vom 3.5.2021, Az. . . . . . ., abzuändern und die Klage abzuweisen.

Hilfsweise beantrage ich,

das Urteil aufzuheben und die Sache zur erneuten Verhandlung und Entscheidung an das Landgericht zurückzuverweisen.

Begründung:[2]

Das angefochtene Urteil ist rechtsfehlerhaft. Die Entscheidung beruht auf einer Rechtsverletzung,[3] außerdem rechtfertigen die nach § 529 ZPO zugrunde zu legenden Tatsachen eine andere Entscheidung.[4]
Die Klägerin hat gegen die Beklagte keinen Anspruch auf Zahlung von . . . . EUR aus einem Vertrag vom . . . . . Die Beklagte hat die geschuldete Leistung bereits am . . . . erbracht.
1. Zum Beweis der Zahlung wird die Beklagte in der Berufungsverhandlung das Original der Quittung vom . . . ., die ihr die Klägerin über den Empfang des Betrags ausgestellt hat, vorlegen (in Kopie als Anlage B 1).[5]
2. Dieser Beweis ist im Berufungsverfahren gemäß § 531 Abs. 2 S. 1 Nr. 2 ZPO zuzulassen. Dass die Beklagte diese Quittung nicht bereits erstinstanzlich vorgelegt hat, beruht allein darauf, dass das Landgericht in der mündlichen Verhandlung vom 21.4.2021 darauf hingewiesen hat, dass die Klage keine Aussicht auf Erfolg habe, und der Klägerin sogar die Rücknahme angeraten hat. Die Beklagte durfte deshalb davon ausgehen, dass die Klage abgewiesen wird. Die vollumfängliche Verurteilung stellt deshalb eine Überraschungsentscheidung dar.
Hätte das Landgericht zu erkennen gegeben, dass auch eine Verurteilung der Beklagten in Betracht kommt, hätte die Beklagte die Quittung vom . . . . schon in dieser mündlichen Verhandlung vorgelegt. Nach dem Hinweis des Gerichts habe ich jedoch davon abgesehen, um die Kollegin Klägervertreterin nicht in eine unangenehme Situation zu bringen.
Einer Entscheidung der Sache durch den Einzelrichter stehen keine Gründe entgegen.[6]
Rechtsanwältin[7, 8]

Anmerkungen

1. Der Berufungskläger muss die Berufung innerhalb der Berufungsbegründungsfrist (→ Anm. 8) ordnungsgemäß begründen, ansonsten ist die Berufung unzulässig (§ 522 Abs. 1 ZPO). Eine unzulängliche Berufungsbegründung kann nach Fristablauf nicht mehr geheilt werden (BGH NJW-RR 2015, 511 Rn. 15).

Die Berufungsbegründung muss die Erklärung enthalten, inwieweit das Urteil angefochten wird und welche Abänderungen des Urteils beantragt werden (§ 520 Abs. 3 Nr. 1 ZPO). Es empfiehlt sich, konkrete Anträge zu stellen, vor allem dann, wenn nur ein Teil des erstinstanzlichen Begehrens weiterverfolgt werden soll. Andernfalls gehen die Gerichte im Zweifel davon aus, dass die Berufung gegen die gesamte angefochtene Entscheidung gerichtet ist, diese also insoweit angreift, als der Berufungskläger durch sie beschwert ist (vgl. BGH NJW-RR 2020, 1188 Rn. 17).

Es sollte ein konkreter Sachantrag gestellt werden, aus dem sich hinreichend ergibt, in welchem Umfang einer Abänderung des angefochtenen Urteils begehrt wird. Dabei ist zu beachten, dass das Berufungsgericht grundsätzlich selbst in der Sache entscheidet und eine Aufhebung des Urteils mit der Folge der Zurückverweisung der Sache an das Erstgericht nur in eng begrenzten Ausnahmefällen in Betracht kommt (§ 538 ZPO). Es kann aber ausreichen, lediglich Aufhebung und Zurückverweisung zu beantragen (BGH NJW 2006, 2705 Rn. 8). Neben einem Abänderungsantrag kann die Aufhebung nur hilfsweise beantragt werden. Im umgekehrten Fall wäre die Berufung unzulässig. Es sollte aber gut überlegt sein, ob es wirklich sinnvoll ist, noch einmal in der ersten Instanz zu starten.

Verfolgt der Berufungskläger nur noch einen Teilbetrag der erstinstanzlichen Klage weiter, ist es keine Zulässigkeitsvoraussetzung der Berufung, dass er diesen auf einzelne selbständige Ansprüche aufteilt, da er das bis zum Schluss der Berufungsverhandlung nachholen kann (BGH NJW-RR 2017, 1341 Rn. 9).

2. Die schriftsätzlichen Ausführungen des Berufungsklägers müssen die Umstände bezeichnen, aus denen sich die Berufungsgründe (§ 513 Abs. 1 ZPO) ergeben (§ 520 Abs. 3 Nr. 2, 3 ZPO; instruktiv BGH NJW 2015, 1458 Rn. 8; zu einer besonders misslungenen Berufungsbegründung BGH BeckRS 2020, 19830). Eine formale Unterteilung des Schriftsatzes in Rechtsfehler und Fehler in der Tatsachenfeststellung ist nicht erforderlich und führt häufig eher zu unnötigen Wiederholungen, da sich die beiden Berufungsgründe oft nicht sauber abgrenzen lassen. So stellt bspw. eine zu Unrecht unterbliebene Beweisaufnahme als Verstoß gegen das rechtliche Gehör der Partei einen Rechtsfehler dar; gleichzeitig ist die Tatsachengrundlage unvollständig, so dass neue Feststellungen geboten sind. Die Berufungsbegründung sollte sich deshalb am Anspruchsaufbau orientieren und die Berufungsgründe an den dort maßgeblichen Stellen anführen.

Ist die Berufung zulässig, so gelangt grundsätzlich der gesamte aus den Akten ersichtliche Prozessstoff erster Instanz ohne Weiteres in die Berufungsinstanz. Nicht zurückgewiesenes Vorbringen muss folglich nicht wiederholt werden (BGH NJW-RR 2020, 822 Rn. 8). Die Begründung muss auf den konkreten Streitfall zugeschnitten sein; rein formale Begründungen ohne konkreten Bezug zu den Gründen des angefochtenen Urteils genügen nicht. Die Berufungsbegründung muss vielmehr in einer auf die Feststellungen des angefochtenen Urteils zugeschnittenen Darlegung zum einen erkennen lassen, in welchen Punkten tatsächlicher oder rechtlicher Art das Urteil nach Ansicht des Berufungsklägers unrichtig ist, und zum anderen im Einzelnen angeben, aus welchen Gründen er die tatsächliche oder rechtliche Würdigung des vorinstanzlichen Urteils in den angegebenen Punkten für unrichtig hält (BGH NJW-RR 2020, 1187 Rn. 10).

- Eine zulässige Berufung setzt voraus, dass der Berufungskläger damit die Beseitigung einer in dem angefochtenen Urteil liegenden Beschwer erstrebt (BGH NJW-RR 2012, 516 Rn. 17). Für den Kläger gilt die formelle Beschwer, die nur dann vorliegt, wenn das angefochtene Urteil von dem erstinstanzlich gestellten Antrag des Klägers zu dessen Nachteil abweicht, dem klägerischen Begehren also nicht voll entsprochen worden ist. Demgegenüber bedarf es für die Zulässigkeit des Rechtsmittels eines Beklagten der so genannten materiellen Beschwer. Für diese kommt es nicht darauf an, in welcher Weise er zu dem Klagevorbringen Stellung genommen hat, sondern es reicht aus, ist aber auch notwendig, dass ihm die angefochtene Entscheidung ihrem Inhalt nach nachteilig ist (zum Vorstehenden insgesamt BGH NJW-RR 2015, 1203 Rn. 8; vgl. hierzu die zahlreichen Beispiele bei BeckOK ZPO/*Wulf* ZPO § 511 Rn. 18).
- Der Kläger kann deshalb die Berufung nicht ausschließlich dafür nutzen, im Wege der Klageänderung einen völlig neuen Streitgegenstand in den Prozess einzuführen. Er muss vielmehr seinen erstinstanzlich verfolgten Klageanspruch zumindest teilweise weiterverfolgen (BGH NJW-RR 2012, 516 Rn. 17; vgl. die Beispiele bei Musielak/Voit/*Ball*, ZPO Vor § 511 Rn. 27). Verfolgt der Kläger seinen erstinstanzlichen Antrag nur noch hilfsweise, ist die Berufung zwar insoweit zulässig, nicht jedoch in Bezug auf den neuen Hauptantrag (BGH NJW 2001, 226, 227).
- Hat das Erstgericht die Abweisung der Klage auf mehrere voneinander unabhängige, selbständig tragende rechtliche Erwägungen gestützt, muss die Berufungsbegründung in dieser Weise jede tragende Erwägung angreifen; andernfalls ist das Rechtsmittel unzulässig (BGH NJW-RR 2020, 1187 Rn. 10).
- Liegt dem Rechtsstreit ein einheitlicher Streitgegenstand zugrunde, muss der Berufungskläger aber nicht zu allen für ihn nachteilig beurteilten Streitpunkten Stellung nehmen, wenn schon der allein vorgebrachte – unterstellt erfolgreiche – Berufungsangriff gegen einen Punkt geeignet ist, der Begründung des angefochtenen Urteils insgesamt die Tragfähigkeit zu nehmen (BGH NJW 2015, 3040 Rn. 12).
- Ebenso wenig muss die Berufungsbegründung eine Klageabweisung hinsichtlich jeder einschlägigen Anspruchsgrundlage angreifen, wenn die auf eine der Anspruchsgrundlagen gestützte Begründung des erstinstanzlichen Gerichts mit allen hierauf bezogenen, selbständig tragenden rechtlichen Erwägungen insgesamt vollständig angegriffen wird, so dass bereits dieser Berufungsangriff das Ergebnis des erstinstanzlichen Urteils in Frage stellt (BGH NJW-RR 2020, 1132 Rn. 16).
- Bei mehreren oder teilbaren Streitgegenständen muss dagegen grundsätzlich für jeden einzelnen eine Begründung abgegeben werden. Die Berufung ist allerdings nur in Bezug auf denjenigen Teil unzulässig, für den eine Begründung fehlt (BGH NJW-RR 2021, 189 Rn. 11).
- Gemäß § 513 Abs. 2 ZPO kann die Berufung nicht auf die Unzuständigkeit des Erstgerichts gestützt werden. Dies gilt für die sachliche, örtliche und funktionelle Zuständigkeit sowie die Rechtswegzuständigkeit (§ 17a V GVG), nicht jedoch für die internationale Zuständigkeit (BGH NJW-RR 2007, 1509 Rn. 3).

3. Das Urteil beruht auf einer Rechtsverletzung, wenn das Ausgangsgericht eine Rechtsnorm nicht oder nicht richtig angewendet hat (§ 546 ZPO) und die Entscheidung bei richtiger Anwendung der Norm für den Berufungskläger günstiger ausgefallen wäre; bei Verletzung einer prozessualen Norm, wenn die Möglichkeit besteht, dass das Erstgericht andernfalls zu einem anderen Ergebnis gelangt wäre (Musielak/Voit/*Ball* ZPO § 513 Rn. 5).

Rügt der Berufungskläger die Verletzung des Anspruchs auf rechtliches Gehör (Art. 103 Abs. 1 GG) durch das Erstgericht, muss er darlegen, was er bei Gewährung des rechtlichen Gehörs vorgetragen hätte und dass nicht auszuschließen ist, dass dieser Vortrag zu einer anderen Entscheidung geführt hätte. Dieser Darlegung bedarf es nur dann nicht, wenn die Entscheidungserheblichkeit der Verletzung des Anspruchs auf rechtliches Gehör unmittelbar und zweifelsfrei aus dem bisherigen Prozessstoff ersichtlich ist (BGH NJW-RR 2020, 573 Rn. 14).

4. Auch ohne Verletzung materieller oder prozessualer Normen kann die Berufung Erfolg haben, wenn die Tatsachenfeststellung unvollständig oder fehlerhaft ist oder neue Tatsachen zuzulassen sind, die zu einer anderen rechtlichen Beurteilung führen. Grundlage der Prüfung ist der gesamte Tatsachenstoff des erstinstanzlichen Verfahrens (§§ 513 Abs. 1, 529 Abs. 1 Nr. 1 ZPO). Das Gericht muss also sämtliche Tatsachen berücksichtigen, auf denen die Entscheidung beruht, unabhängig davon, ob sie ausdrücklich in Tatbestand oder Entscheidungsgründe aufgenommen sind (§ 314 ZPO) oder Gegenstand einer Beweisaufnahme waren. Hat das Gericht aufgrund konkreter Anhaltspunkte Zweifel an der Richtigkeit oder Vollständigkeit der entscheidungserheblichen Feststellungen, muss es die Tatsachenfeststellung ggf. wiederholen bzw. erstmalig selbst vornehmen (§§ 529 Abs. 1 Nr. 1 Hs. 2, 538 Abs. 1 ZPO). Konkrete Anhaltspunkte in diesem Sinne sind alle objektivierbaren rechtlichen oder tatsächlichen Einwände gegen die erstinstanzlichen Feststellungen. Derartige konkrete Anhaltspunkte können sich unter anderem aus dem Vortrag der Parteien und – vorbehaltlich der Anwendung von Präklusionsvorschriften – auch aus dem Vortrag der Parteien in der Berufungsinstanz ergeben (BGH NJW-RR 2019, 1343 Rn. 11). Solche Zweifel bestehen schon dann, wenn eine gewisse – nicht notwendig überwiegende – Wahrscheinlichkeit dafür besteht, dass bei einer Beweiserhebung durch das Berufungsgericht die erstinstanzlichen Feststellungen keinen Bestand haben (BGH NJW-RR 2019, 1343 Rn. 11; zur Beweisaufnahme im Berufungsverfahren → Anm. 5).

- Das Berufungsgericht muss alle konkreten Anhaltspunkte, die Zweifel an der Richtigkeit oder Vollständigkeit der Tatsachenfeststellungen begründen, berücksichtigen, die ihre Grundlage im erstinstanzlichen Vorbringen der Parteien haben, auch wenn das Übergehen dieses Vortrags von dem Berufungskläger nicht zum Gegenstand einer Berufungsrüge gemacht worden ist. Bemerkt das Berufungsgericht anlässlich der Prüfung sonstiger Berufungsrügen, dass das Erstgericht eine für die Beweiswürdigung bedeutsame Tatsache oder ein erhebliches Beweisangebot übergangen hat, dann bestehen auch ohne dahingehende Rüge konkrete Anhaltspunkte für Zweifel an der Richtigkeit der entscheidungserheblichen Feststellungen, die das Berufungsgericht zu einer erneuten Tatsachenfeststellung verpflichten (zum Vorstehenden insgesamt BGH NJW-RR 2020, 822 Rn. 8).
- Die Unrichtigkeit der Wiedergabe des Parteivortrags im Urteil kann solche Zweifel dagegen nicht begründen, da dieser Mangel allein mit einem Tatbestandsberichtigungsantrag an das Erstgericht (§ 320 Abs. 1 ZPO) geltend gemacht werden kann (BGH NJW 2012, 622 Rn. 18). Dies gilt allerdings nur für die falsche Wiedergabe des erstinstanzlichen Vortrags, nicht für Tatsachenvortrag, den das Erstgericht überhaupt nicht in den Tatbestand (oder die Entscheidungsgründe) aufgenommen hat (BGH BeckRS 2012, 17736 Rn. 29). Ist die Wiedergabe widersprüchlich, weil bspw. der Vortrag sowohl im unstreitigen Tatbestand als auch im streitigen Parteivortrag enthalten ist, besteht die Bindungswirkung nicht (BGH NJW 2011, 1513 Rn. 11). Hat das Erstgericht einen Tatbestandsberichtigungsantrag zurückgewiesen, ist das Berufungsgericht auch daran grundsätzlich gebunden, es sei denn, die Begründung der Zurückweisung widerspricht dem schriftsätzlichen Tatsachenvortrag der Partei im erstinstanzlichen Verfahren (BGH NJW 2011, 1513 Rn. 12).
- Die im Tatbestand fälschlich als unstreitig wiedergegebene Behauptung der Gegenseite kann im Berufungsverfahren nur unter den Voraussetzungen des § 531 Abs. 2 S. 1 ZPO erneut bestritten werden (vgl. BGH NJW-RR 2012, 622 Rn. 18). Hier besteht aber die Gefahr, dass es das Berufungsgericht für nachlässig iSv § 531 Abs. 2 S. 1 Nr. 3 ZPO

hält, keinen Tatbestandsberichtigungsantrag gestellt zu haben (vgl. OLG Karlsruhe NJW 2003, 778, 779).

- Nach § 531 Abs. 1 ZPO dürfen Angriffs- und Verteidigungsmittel, die das Erstgericht zu Recht zurückgewiesen hat, auch im Berufungsverfahren nicht berücksichtigt werden. Dies gilt jedoch nicht, wenn der zurückgewiesene Vortrag unstreitig geworden ist. Die Zurückweisung des Vortrags wegen Präklusion muss sich unzweifelhaft aus den Entscheidungsgründen ergeben. Die Partei, deren Vortrag unberücksichtigt geblieben ist, kann auch in der Berufungsinstanz noch Entschuldigungsgründe für die Verspätung vorbringen, soweit sie dies erstinstanzlich ohne Verschulden unterlassen hat (BVerfG NJW 1987, 2003). Das Berufungsgericht darf die Präklusionsgründe nicht auswechseln (BGH NJW 2006, 1741 Rn. 12).
- Nicht von § 531 Abs. 1 ZPO erfasst sind Angriffs- und Verteidigungsmittel, die nach Schluss der mündlichen Verhandlung in einem nicht nachgelassenen Schriftsatz vorgebracht werden, denn diese sind gemäß § 296a S. 1 ZPO ohne Zurückweisung unbeachtlich. Sie können nur unter den Voraussetzungen des § 531 Abs. 2 S. 1 ZPO als neuer Vortrag in der Berufungsinstanz berücksichtigt werden. Etwas anderes kann dann gelten, wenn das Erstgericht diesen Vortrag trotzdem berücksichtigt hat (vgl. OLG Hamm BeckRS 2004, 11592 Rn. 8).
- Die Zulassung neuer Angriffs- und Verteidigungsmittel richtet sich ansonsten grundsätzlich nach § 531 Abs. 2 S. 1 ZPO. Begründet der Berufungskläger seine Berufung ausschließlich mit neuen Tatsachen, muss er bereits in der Berufungsbegründung darlegen, warum diese zuzulassen sind (§ 520 Abs. 3 Nr. 4 ZPO). Andernfalls kann die Berufung als unzulässig verworfen werden, denn es ist nicht geboten, eine mündliche Verhandlung anzuberaumen, um festzustellen, ob der Vortrag unstreitig bleibt (BGH NJW-RR 2015, 465 Rn. 10).
  - Angriffs- und Verteidigungsmittel sind alle zur Begründung des Klageantrags oder zur Verteidigung gegen diesen vorgebrachten tatsächlichen und rechtlichen Behauptungen, Einwendungen, Einreden und Beweisanträge sowie das Bestreiten des gegnerischen Vortrags (§ 282 Abs. 1 ZPO). Sie sind neu, wenn sie bis zum Schluss der mündlichen Verhandlung in der ersten Instanz nicht vorgebracht worden sind; dazu gehören auch solche Angriffs- und Verteidigungsmittel, die die Partei zwar zunächst vorgebracht, dann aber fallengelassen hat (vgl. § 399 ZPO), wobei die bloße Nichtzahlung des Auslagenvorschusses für Sachverständige oder Zeugen grundsätzlich keinen solchen Verzicht darstellt (BGH NJW 2017, 2288 Rn. 19, 21). Neu ist danach grundsätzlich auch Vortrag in einem nicht nachgelassenen Schriftsatz. Nicht neu sind dagegen Angriffs- und Verteidigungsmittel, die in einem nachgelassenen Schriftsatz vorgebracht wurden, der verfahrensfehlerhaft nach § 296a S. 1 ZPO unberücksichtigt geblieben ist; dies gilt auch für neuen Vortrag, wenn er in Reaktion auf das verspätete Vorbringen des Gegners erfolgte, soweit es vom Schriftsatznachlass gedeckt war (BGH NJW 2018, 1685, Rn. 15 ff.). Dasselbe gilt, wenn schlüssiges erstinstanzliches Vorbringen durch weitere Tatsachenbehauptungen lediglich konkretisiert, verdeutlicht oder erläutert wird (BGH BeckRS 2016, 08184 Rn. 9). Auch nach der Zurückverweisung eines Rechtsstreits an das Berufungsgericht können neue Angriffs- und Verteidigungsmittel in den Grenzen des § 531 Abs. 2 ZPO zugelassen werden (BGH NJW-RR 2019, 719 Rn. 21).
  - Neuer Tatsachenvortrag ist immer zu berücksichtigen, wenn er vom Gegner nicht bestritten wird; das gilt auch dann, wenn der unstreitige Vortrag im Hinblick auf Folgefragen eine Beweisaufnahme erfordert (BeckRS 2016, 04977 Rn. 11). Deshalb kann eine Zurückweisung der Berufung durch einstimmigen Beschluss nach § 522 Abs. 2 ZPO ohne vorherige Stellungnahme des Gegners nur erfolgen, wenn die Berufungsbegründung keine oder lediglich unerhebliche neue Angriffs- oder Vertei-

digungsmittel enthält. Andernfalls muss zunächst eine Berufungserwiderung eingeholt werden (vgl. BGH NJW 2018, 2269 Rn. 26).

- Ist das neue Angriffs- oder Verteidigungsmittel erst nach Schluss der mündlichen Verhandlung vor dem Erstgericht entstanden, ist es im Berufungsverfahren stets zuzulassen, ohne dass es auf das Vorliegen der Voraussetzungen des § 531 Abs. 2 ZPO ankommt (BGH NJW-RR 2010, 1478). Dasselbe gilt für Vortrag, mit dem der Berufungskläger ein Gestaltungsrecht begründet, das er erst nach Schluss der mündlichen Verhandlung erster Instanz ausgeübt hat (BGH BeckRS 2018, 27450 Rn. 24 ff.).
- § 531 Abs. 2 S. 1 Nr. 1 ZPO erfasst den Fall, dass das Berufungsgericht die Rechtslage anders beurteilt als das Erstgericht und es insoweit an ausreichendem Parteivortrag fehlt, da die Parteien bislang keinen Anlass hatten, ergänzend vorzutragen. Dabei muss die Rechtsansicht des Erstgerichts zumindest mitursächlich für die Verlagerung des Vortrags in das Berufungsverfahren geworden sein, bspw. durch frühzeitige Hinweise (BGH NJW 2015, 3455 Rn. 25). Es genügt also nicht, dass das Erstgericht im Urteil eine andere Rechtsauffassung vertreten hat. Die Zulassung kommt insbesondere dann in Betracht, wenn das erstinstanzliche Gericht, hätte es die Rechtsauffassung des Berufungsgerichts geteilt, zu einem Hinweis nach § 139 Abs. 2 ZPO verpflichtet gewesen wäre, oder wenn die Partei durch die Prozessleitung des Erstrichters oder dessen sonst erkennbare rechtliche Beurteilung des Streitverhältnisses davon abgehalten worden ist, zu bestimmten Gesichtspunkten (weiter) vorzutragen (BGH NJW-RR 2021, 249 Rn. 11).
- § 531 Abs. 2 S. 1 Nr. 2 ZPO ist vor allem dann einschlägig, wenn das Erstgericht gegen seine Hinweispflicht aus § 139 Abs. 2 ZPO verstoßen hat, seine Entscheidung also bspw. auf einem Gesichtspunkt beruht, den eine Partei erkennbar übersehen oder für unerheblich gehalten hat, oder das Erstgericht seine zunächst geäußerte Rechtsauffassung im Laufe des Verfahrens geändert hat, ohne dies den Parteien mitzuteilen (BGH NJW 2007, 2414, 2416). Darüber hinaus sind alle Verfahrensfehler erfasst, die eine Partei dazu veranlasst haben, von einem bestimmten Vortrag abzusehen. Diese Verfahrensfehler müssen aber für die Entscheidung ursächlich sein. Es genügt deshalb nicht, wenn der Berufungskläger lediglich einen Verstoß gegen die Hinweispflicht rügt, ohne dass er gleichzeitig darlegt, welche erheblichen Angriffs- und Verteidigungsmittel er bei rechtzeitigem Hinweis vorgebracht hätte.
- Im Gegensatz zu Nr. 1 und Nr. 2 stellt § 531 Abs. 2 S. 1 Nr. 3 ZPO auf ein erstinstanzliches Versäumnis der Partei ab, das nicht auf der Rechtsauffassung oder der Verfahrensleitung des Erstgerichts beruht. Neue Angriffs- und Verteidigungsmittel dürfen in diesem Fall nur zugelassen werden, wenn dieses Versäumnis nicht auf Nachlässigkeit der Partei beruhte. Nachlässigkeit liegt vor, wenn die Partei gegen ihre Prozessförderungspflicht verstoßen hat; jede Partei ist grundsätzlich gehalten, schon im ersten Rechtszug die Angriffs- und Verteidigungsmittel vorzubringen, deren Relevanz für den Rechtsstreit ihr bekannt ist oder bei Aufwendung der gebotenen Sorgfalt hätte bekannt sein müssen und zu deren Geltendmachung sie dort imstande ist; Sorgfaltsmaßstab ist dabei die einfache Fahrlässigkeit (BGH BeckRS 2016, 11505 Rn. 7; vgl. hierzu auch BGH BeckRS 2016, 13390 Rn. 8 zum Zurückhalten von Vorbringen aus prozesstaktischen Erwägungen). Eine Verpflichtung, tatsächliche Umstände, die der Partei nicht bekannt sind, erst zu ermitteln, besteht dagegen nicht (BGH BeckRS 2016, 13390 Rn. 8).

5. Eine gebotene Beweisaufnahme muss das Berufungsgericht grundsätzlich selbst durchführen (§ 538 Abs. 1 ZPO). Eine Zurückverweisung an das Erstgericht kommt nur auf Antrag einer Partei in Betracht, wenn die Beweisaufnahme aufgrund eines wesentlichen Verfahrensfehlers erforderlich wird und umfangreich oder aufwändig ist (Abs. 2

Nr. 1). Außerdem muss der Berufungskläger den Verfahrensfehler erstinstanzlich wirksam gerügt haben (§§ 529 Abs. 2 S. 1, 534 ZPO) Die Frage, ob ein wesentlicher Verfahrensmangel im Sinne dieser Vorschrift vorliegt, ist allein aufgrund des materiell-rechtlichen Standpunkts des Erstgerichts zu beurteilen, auch wenn dieser unrichtig sein sollte oder das Berufungsgericht ihn als verfehlt erachtet (BGH BeckRS 2017, 103968 Rn. 18). Die Annahme einer aufwändigen Beweisaufnahme setzt voraus, dass sie durch oder infolge der Korrektur des wesentlichen Verfahrensmangels sicher zu erwarten ist, also nicht schon dann, wenn sie zwar unter bestimmten Voraussetzungen erforderlich wird, der Eintritt dieser Voraussetzungen aber nicht sicher ist (BGH NJW 2016, 2274 Rn. 19). Auch bei Vorliegen dieser Voraussetzungen liegt die Zurückverweisung im Ermessen des Berufungsgerichts.

Eine Wiederholung der erstinstanzlichen Beweisaufnahme ist erforderlich, wenn das Gericht die zuvor genannten Zweifel an der Richtigkeit oder Vollständigkeit der entscheidungserheblichen Feststellungen hat. Sie ist auch dann zwingend geboten, wenn es die Aussage eines Zeugen anders als das Erstgericht verstehen oder seine Glaubwürdigkeit abweichend würdigen will (BGH BeckRS 2020, 27804 Rn. 7). Das ist dann der Fall, wenn das Berufungsgericht der Aussage eine andere Tragweite, ein anderes Gewicht oder eine vom Wortsinn abweichende Auslegung geben will oder wenn es die protokollierten Angaben des Zeugen für zu vage und präzisierungsbedürftig hält (BGH BeckRS 2015, 16683 Rn. 8). Dasselbe gilt für die vom Erstgericht gewürdigte Parteianhörung (BGH NJW 2018, 2334 Rn. 11). Die erneute Vernehmung eines Zeugen (§ 398 Abs. 1 ZPO) kann allenfalls dann unterbleiben, wenn sich das Berufungsgericht bei seiner Entscheidung lediglich auf Umstände stützen will, die weder die Urteilsfähigkeit, das Erinnerungsvermögen oder die Wahrheitsliebe des Zeugen noch die Vollständigkeit oder Widerspruchsfreiheit seiner Aussage betreffen (BGH NJW 2018, 2334 Rn. 10). Sie ist auch dann nicht nötig, wenn das Berufungsgericht die Sache auf der Grundlage der erstinstanzlichen Feststellungen lediglich rechtlich anders bewertet. Die Abgrenzung kann im Einzelfall schwierig sein. Ist der Zeuge verstorben oder sonst nicht erreichbar, kann das Berufungsgericht seine Feststellungen auf die Niederschrift der erstinstanzlichen Vernehmung des Zeugen stützen und muss diese in eigener Verantwortung daraufhin überprüfen, ob sie ihm die Überzeugung von der Richtigkeit der Tatsachenbehauptung der beweispflichtigen Partei zu vermitteln vermag (BGH BeckRS 2016, 17575 Rn. 29).

Besteht ein Widerspruch zwischen den Äußerungen verschiedener Sachverständiger, ist der Tatrichter zur Aufklärung des Widerspruchs auch dann verpflichtet, wenn es dabei um Privatgutachten geht (BGH NJW 2019, 3001 Rn. 23, 24).

6. Gemäß § 520 Abs. 4 Nr. 2 ZPO soll die Berufungsbegründung eine Äußerung dazu enthalten, ob einer Entscheidung der Sache durch den Einzelrichter Gründe entgegenstehen. Nach § 526 Abs. 1 ZPO kann das Berufungsgericht unter den dort aufgezählten Voraussetzungen den Rechtsstreit einem seiner Mitglieder als Einzelrichter übertragen. Bestehen hiergegen Bedenken, sollte das in der Berufungsbegründung ausgeführt werden.

7. Für die eigenhändige Unterzeichnung der Berufungsbegründung gelten dieselben Regeln wie für die Berufungsschrift (→ Form. I.O.1 Anm. 11). Hat es der Berufungskläger innerhalb der Frist versäumt, eine unterschriebene und damit wirksame Berufungsbegründung einzureichen, muss er bis zum Ablauf der Wiedereinsetzungsfrist einen unterschriebenen Begründungsschriftsatz nachreichen (BGH NJW-RR 2020, 309 Rn. 9). Es genügt nicht, lediglich anwaltlich zu versichern, dass die eingereichte nicht unterzeichnete und damit unwirksame Berufungsbegründung mit dem Wissen und Willen des Rechtsanwalts herausgegeben worden sei und es sich nicht um einen Entwurf gehandelt habe (BGH NJW-RR 2020, 309 Rn. 10).

Fristen

8. Die Berufungsbegründungsfrist beträgt zwei Monate und beginnt mit der Zustellung des angefochtenen Urteils (§ 520 Abs. 2 S. 1 ZPO; zur Fristverlängerung → Form. I.O.2; zur Wiedereinsetzung → Form. I.O.4). Ist dem Berufungskläger auf einen isolierten Antrag PKH und sodann antragsgemäß Wiedereinsetzung bewilligt worden, beginnt die Berufungsbegründungsfrist mit der Zustellung des Wiedereinsetzungsbeschlusses (BGH NJW 2014, 2442 Rn. 8; hierzu ausführlich → Form. I.O.1 Anm. 8).

Nach Beendigung der Unterbrechung eines Verfahrens, bspw. nach § 240 ZPO, beginnt die Berufungsbegründungsfrist gemäß § 249 Abs. 1 ZPO von neuem zu laufen, ohne dass es hierfür einer besonderen Fristsetzung durch das Gericht bedarf (BGH BeckRS 2020, 27134 Rn. 7). Übersieht das der Rechtsanwalt, kommt Wiedereinsetzung nicht in Betracht, weil es sich um einen vermeidbaren Rechtsirrtum handelt (BGH BeckRS 2020, 27134 Rn. 8).

Eine Berufungsbegründung, die als elektronisches Dokument über das beA an das EGVP des Berufungsgerichts übermittelt wird, ist eingegangen, sobald sie auf der für den Empfang bestimmten Einrichtung des Gerichts gespeichert ist (§ 130a Abs. 1 S. 1 ZPO). Der Umstand, dass das elektronische Dokument weder von einem Client-Rechner des Berufungsgerichts abgeholt noch ausgedruckt wird, ist unerheblich, denn dabei handelt es sich um gerichtsinterne Vorgänge, die für den Zeitpunkt des Eingangs des Schriftsatzes nicht von Bedeutung sind (BGH NJW-RR 2020, 1519 Rn. 7).

4. Stellungnahme zu einem Hinweis nach § 522 Abs. 1 ZPO mit Wiedereinsetzungsantrag

An das
Hanseatische Oberlandesgericht

Hamburg, den 15.7.2021

In Sachen . . . . . gegen . . . . .
Az. . . . . .
beantrage ich auf den Hinweis des Senats vom 12.7.2021, dass die Berufung nicht innerhalb der Frist eingelegt/begründet worden sei,[1] der Beklagten

Wiedereinsetzung in die Berufungs-/Berufungsbegründungsfrist[2]

zu gewähren.
In der Berufungsverhandlung werde ich beantragen,[9]

das Urteil des Landgerichts Hamburg vom 4.5.2021, Az. . . . . ., abzuändern und die Klage abzuweisen.

Hilfsweise beantrage ich,

das Urteil aufzuheben und die Sache zur erneuten Verhandlung und Entscheidung an das Landgericht zurückzuverweisen.

Begründung:[3, 4, 5, 6, 7, 8]

I. Die Beklagte war ohne ihr Verschulden daran gehindert, innerhalb der Berufungsfrist Berufung einzulegen/innerhalb der Berufungsbegründungsfrist die Berufung zu begründen. . . . . .
II. Die Berufung begründe ich wie folgt: . . . . .
Rechtsanwältin[10, 11, 12]

Anmerkungen

1. Hat der Berufungskläger die Berufung nicht fristgerecht eingelegt oder begründet bzw. nicht ordnungsgemäß begründet, ist die Berufung unzulässig und kann durch Beschluss verworfen werden (§ 522 Abs. 1 S. 1, 2 ZPO). Zuvor muss das Gericht dem Berufungskläger aber Gelegenheit zur Stellungnahme geben, damit er bspw. einen Wiedereinsetzungsantrag stellen kann. Das kommt vor allem nach einer PKH-Entscheidung in Betracht (hierzu ausführlich → Form. I.O.8) Eine unzulängliche Berufungsbegründung kann nach Fristablauf allerdings nicht mehr geheilt werden (BGH NJW-RR 2015, 511 Rn. 15).

2. Gemäß § 233 S. 1 ZPO kann Wiedereinsetzung sowohl in die versäumte Berufungs- als auch in die Berufungsbegründungsfrist beantragt werden. Der Antrag sollte ausdrücklich gestellt werden, auch wenn es genügt, dass in einem Schriftsatz konkludent zum Ausdruck gebracht wird, das Verfahren trotz verspäteter Einreichung der Rechtsmittel- oder Begründungsschrift fortsetzen zu wollen (vgl. BGH NJW-RR 2019, 1394 Rn. 10). Die Wiedereinsetzungsfrist beträgt für die Berufungsfrist zwei Wochen, für die Berufungsbegründungsfrist einen Monat (§ 234 Abs. 1 ZPO; → Anm. 11). Wiedereinsetzung kommt auch dann in Betracht, wenn Berufung bzw. Berufungsbegründung zwar fristgerecht eingereicht wurde, aber unwirksam ist (vgl. zur fehlenden Unterschrift BGH NJW-RR 2020, 309, Rn. 7). Die Partei muss sich das (Organisations-)Verschulden ihres Rechtsanwalts zurechnen lassen (zur Zurechnung des Verschuldens eines Unterbevollmächtigten BGH NJW 2019, 605). Hierzu wird zunächst auf die ausführliche Darstellung in → Form. I.G.5 verwiesen.

Der Rechtsirrtum eines Rechtsanwalts ist regelmäßig nicht unverschuldet. Ein Rechtsanwalt muss die Gesetze kennen, die in einer Anwaltspraxis gewöhnlich zur Anwendung kommen. Eine irrige Auslegung des Verfahrensrechts kann als Entschuldigungsgrund nur dann in Betracht kommen, wenn der Verfahrensbevollmächtigte die volle, von einem Rechtsanwalt zu fordernde Sorgfalt aufgewendet hat, um zu einer richtigen Rechtsauffassung zu gelangen. Hierbei ist ein strenger Maßstab anzulegen, denn die Partei, die dem Anwalt die Verfahrensführung überträgt, darf darauf vertrauen, dass er dieser als Fachmann gewachsen ist. Wenn die Rechtslage zweifelhaft ist, muss der bevollmächtigte Anwalt den sicheren Weg wählen. Von einem Rechtsanwalt ist zu verlangen, dass er sich anhand einschlägiger Fachliteratur über den aktuellen Stand der Rechtsprechung informiert. Dazu besteht umso mehr Veranlassung, wenn es sich um eine vor kurzem geänderte Gesetzeslage handelt, die ein erhöhtes Maß an Aufmerksamkeit verlangt. Ein Rechtsirrtum ist jedoch ausnahmsweise als entschuldigt anzusehen, wenn er auch unter Anwendung der erforderlichen Sorgfaltsanforderungen nicht vermeidbar war (zum ganzen Absatz BGH NJW 2019, 2230 Rn. 25).

Auf eine unzutreffende Rechtsmittelbelehrung darf ein Anwalt grundsätzlich vertrauen (§ 233 S. 2 ZPO). An einem entschuldbaren Rechtsirrtum fehlt es aber, wenn die Rechtsmittelbelehrung offenkundig fehlerhaft ist und nicht einmal den Anschein der Richtigkeit erweckt (BGH NJW 2018, 165 Rn. 7). Die Einzelheiten sind streitig.

3. Ein Rechtsanwalt muss durch geeignete organisatorische Maßnahmen dafür Sorge tragen, dass Fristversäumnisse möglichst vermieden werden.

- Zur Bestimmung des Beginns der Berufungsfrist ist es erforderlich, das dafür maßgebliche Datum der Urteilszustellung in einer jeden Zweifel ausschließenden Weise zu ermitteln und festzuhalten. Im Falle der Zustellung eines Schriftstücks an den Prozessbevollmächtigten der Partei nach § 174 ZPO kommt es für den Fristbeginn darauf an, wann der Rechtsanwalt das Empfangsbekenntnis unterzeichnet hat. Deshalb bedarf es eines besonderen Vermerks in den Handakten, wann die Zustellung des Urteils erfolgt ist. Um zu gewährleisten, dass ein solcher Vermerk angefertigt wird und das maßgebende Datum zutreffend wiedergibt, darf der Rechtsanwalt das Empfangsbekenntnis über eine Urteilszustellung erst unterzeichnen und zurückgeben, wenn in den Handakten die Rechtsmittelfrist festgehalten und vermerkt ist, dass die Frist im Fristenkalender notiert worden ist (zum Ganzen BGH NJW 2019, 3234 Rn. 13). Bescheinigt der Rechtsanwalt den Empfang eines ohne Handakten vorgelegten Urteils, muss er, falls er sich die mit dem entsprechenden Vermerk versehene Handakte nicht sogleich nachreichen lässt oder er nicht selbst unverzüglich die notwendigen Eintragungen in der Handakte und im Fristenkalender vornimmt, durch eine besondere Einzelanweisung die erforderlichen Notierungen veranlassen (BGH BeckRS 2019, 15712 Rn. 7). Der Anwalt muss ausreichende organisatorische Vorkehrungen dafür treffen, dass die mündliche Einzelweisung zur Eintragung der Berufungsfrist fehlerfrei befolgt und die Frist richtig notiert wird (BGH NJW 2019, 2028 Rn. 10).

- Bezüglich einer instanzabschließenden Entscheidung hat der Prozessbevollmächtigte seinen Mandanten – unter Übersendung der Entscheidung – darüber zu unterrichten, ob, in welchem Zeitraum, in welcher Weise und bei welchem Gericht gegen eine solche Entscheidung ein Rechtsmittel eingelegt werden kann. Dies hat so rechtzeitig – zweckmäßigerweise sofort nach Eingang der Entscheidung – zu erfolgen, dass die Partei den Auftrag zur Einlegung des Rechtsmittels auch unter Berücksichtigung einer ausreichenden Überlegungsfrist noch innerhalb der Rechtsmittelfrist erteilen kann. Wegen der Bedeutung dieser Angelegenheit, die sowohl erfordert, dass die Mitteilung rechtzeitig abgesandt wird, als auch, dass sie eine richtige Belehrung über den Ablauf der Rechtsmittelfrist enthält, darf der Rechtsanwalt diese Aufgabe nur einem gut ausgebildeten und zuverlässigen Büropersonal übertragen und auch dies nur aufgrund einer genauen, unmissverständlichen Anweisung (zum ganzen Absatz BGH BeckRS 2020, 30694 Rn. 16).
- Die Berechnung und Notierung von Fristen kann der Anwalt einer gut ausgebildeten, als zuverlässig erprobten und sorgfältig überwachten Bürokraft übertragen. Dann hat er aber durch geeignete organisatorische Maßnahmen sicherzustellen, dass die Fristen zuverlässig festgehalten und kontrolliert werden. Zu den zur Ermöglichung einer Gegenkontrolle erforderlichen Vorkehrungen im Rahmen der Fristenkontrolle gehört insbesondere, dass die Rechtsmittelfristen in der Handakte notiert werden und die Handakte durch entsprechende Erledigungsvermerke oder auf sonstige Weise erkennen lässt, dass die Fristen in den Fristenkalender eingetragen worden sind. Zu einer ordnungsgemäßen Büroorganisation gehört dabei die klare Anweisung, dass stets und unter allen Umständen zuerst die Fristen im Kalender eingetragen werden müssen, bevor ein entsprechender Vermerk in der Akte eingetragen werden kann. Denn sonst besteht die Gefahr, dass der Erledigungsvermerk in der Handakte bereits vor der Eintragung in den Kalender angebracht wird und die Gegenkontrolle versagt (zum ganzen Absatz BGH BeckRS 2020, 5026 Rn. 12).
- Von einem für die Fristversäumung ursächlichen anwaltlichen Organisationsverschulden ist auszugehen, wenn nach dem Wiedereinsetzungsvorbringen nicht festgestellt werden kann, dass nur eine bestimmte qualifizierte Fachkraft für die Fristennotierung im Kalender und die Fristenüberwachung verantwortlich ist, sondern es möglich ist, dass mehrere Personen hierfür zuständig sind (BGH BeckRS 2018, 3468 Rn. 7).
- Rechtsmittel- und Rechtsmittelbegründungsfristen müssen so notiert werden, dass sie sich von gewöhnlichen Wiedervorlagefristen deutlich abheben. Insoweit kommen besondere Spalten für Rechtsmittel- und Rechtsmittelbegründungsfristen sowie eine farbliche Kennzeichnung bestimmter Sachen in Betracht (BGH NJW 2019, 3234 Rn. 19).
- Bei Prozesshandlungen wie einer Berufungsbegründung, deren Vornahme nach ihrer Art mehr als nur einen geringfügigen Aufwand an Zeit und Mühe erfordert, ist außer

dem Datum des Fristablaufs auch noch eine Vorfrist zu vermerken. Sie soll bewirken, dass dem Rechtsanwalt durch rechtzeitige Vorlage der Akten auch für den Fall von Unregelmäßigkeiten und Zwischenfällen noch eine ausreichende Überprüfungs- und Bearbeitungszeit verbleibt. Wenn ihm die Akten auf Vorfrist vorgelegt werden, hat der Rechtsanwalt Anlass zur eigenverantwortlichen Prüfung, ob das Fristende richtig ermittelt und festgehalten ist (BGH NJW 2019, 3234 Rn. 16). Die Dauer der Vorfrist hat grundsätzlich etwa eine Woche zu betragen (BGH NJW-RR 2018, 1451 Rn. 7).

- Bei der Fristeingabe in den elektronischen Fristenkalender muss eine Kontrolle durch einen Ausdruck der eingegebenen Einzelvorgänge oder eines Fehlerprotokolls erfolgen (BGH NJW 2019, 1456 Rn. 13).
- Darüber hinaus hat ein Rechtsanwalt den Ablauf von Rechtsmittelbegründungsfristen immer dann eigenverantwortlich zu prüfen, wenn ihm die Akten im Zusammenhang mit einer fristgebundenen Prozesshandlung, insbesondere zu deren Bearbeitung, vorgelegt werden. In diesem Fall muss der Rechtsanwalt stets auch alle weiteren unerledigten Fristen einschließlich ihrer Notierung in den Handakten prüfen. Dabei darf der Anwalt sich allerdings grundsätzlich auf die Prüfung der Vermerke in der Handakte beschränken, sofern sich keine Zweifel an deren Richtigkeit aufdrängen (BGH BeckRS 2020, 5026 Rn. 13).
- Zur Postausgangskontrolle ausführlich → Form. I.G.5 Anm. 12.

4. Die Bezeichnung des Rechtsmittelgerichts in der Rechtsmittelschrift oder in der Rechtsmittelbegründung darf der Rechtsanwalt auch gut geschultem und erfahrenem Büropersonal nicht eigenverantwortlich überlassen. Der Prozessbevollmächtigte einer Partei muss den Schriftsatz deswegen vor der Unterzeichnung auf Vollständigkeit, darunter auch auf die richtige Bezeichnung des Rechtsmittelgerichts, überprüfen. Hierbei ist es zulässig, dass der Rechtsanwalt seine Angestellte anweist, die von ihm bei der Kontrolle erkannte falsche Bezeichnung des Berufungsgerichts zu korrigieren und er die Berufungsschrift vor der von ihm für erforderlich gehaltenen Korrektur unterzeichnet. Er muss die Ausführung seiner Weisung auch in diesem Fall grundsätzlich nicht mehr persönlich überprüfen. Wird die Anweisung nur mündlich erteilt, müssen allerdings ausreichende Vorkehrungen dagegen getroffen werden, dass die Erledigung in Vergessenheit gerät. Dafür genügt die klare und präzise Anweisung, die Erledigung sofort vorzunehmen, insbesondere wenn zudem eine weitere allgemeine Büroanweisung bestand, einen solchen Auftrag stets vor allen anderen auszuführen. Die Gefahr, dass eine solche sofort auszuführende Weisung sogleich vergessen oder aus sonstigen Gründen nicht befolgt wird, macht eine nachträgliche Kontrolle ihrer Ausführung dann nicht erforderlich Der Rechtsanwalt muss dagegen, wenn er nicht die sofortige Ausführung seiner Anweisung anordnet, durch allgemeine Weisung oder besonderen Auftrag Vorkehrungen gegen das Vergessen treffen (zum ganzen Absatz BGH BeckRS 2019, 14834 Rn. 13).

Stellt der Rechtsanwalt (erst) im Zusammenhang mit der Überprüfung einer von ihm bereits unterschriebenen Rechtsmittelschrift fest, dass sie nicht an das richtige Berufungsgericht adressiert ist, genügt es, wenn er eine zuverlässige Bürokraft anweist, eine neue, richtig adressierte Berufungsschrift zu erstellen, ihm zur Unterschrift vorzulegen, er diese (nunmehr richtig adressierte) Berufungsschrift unterzeichnet und der Mitarbeiterin zur Übersendung übergibt (BGH BeckRS 2019, 16457 Rn. 13).

5. Es gehört zur Pflicht eines Rechtsanwalts, für einen mangelfreien Zustand der ausgehenden Schriftsätze zu sorgen, wozu die gemäß § 130 Nr. 6 ZPO zu leistende Unterschrift gehört (BGH NJW-RR 2020, 313 Rn. 23). Bei fehlender Unterzeichnung der bei Gericht fristgerecht eingereichten Rechtsmittel-(Begründungs-)schrift kann Wiedereinsetzung in den vorigen Stand gewährt werden, wenn der Prozessbevollmächtigte sein Büropersonal allgemein angewiesen hatte, sämtliche ausgehenden Schriftsätze vor der Absendung auf das Vorhandensein der Unterschrift zu überprüfen. Da die Unterschriftenkontrolle – die der Rechtsanwalt zuverlässigen Bürokräften überlassen darf – gerade der Vermeidung eines erfahrungsgemäß nicht gänzlich ausschließbaren Anwaltsversehens bei der Unterschriftsleistung dient, ist bei einem Versagen einer solchen Kontrolle ein Rückgriff auf ein Anwaltsversehen im Zusammenhang mit der Unterzeichnung ausgeschlossen (BGH NJW-RR 2020, 313 Rn. 23).

Hat es der Rechtsmittelführer innerhalb der Rechtsmittelbegründungsfrist versäumt, eine unterschriebene und damit wirksame Rechtsmittelbegründung einzureichen, hat er bis zum Ablauf der Wiedereinsetzungsfrist einen unterschriebenen Begründungsschriftsatz nachzureichen (BGH NJW-RR 2020, 309 Rn. 9). Es genügt nicht, lediglich anwaltlich zu versichern, dass die eingereichte nicht unterzeichnete und damit unwirksame Berufungsbegründung mit dem Wissen und Willen des Rechtsanwalts herausgegeben worden sei und es sich nicht um einen Entwurf gehandelt habe (vgl. BGH NJW-RR 2020, 309 Rn. 10).

6. Der Rechtsanwalt, der einem anderen einen Rechtsmittelauftrag erteilt, hat dem beauftragten Rechtsanwalt eigenverantwortlich in einer jeden Zweifel ausschließenden Weise die für die fristgemäße Einlegung und Begründung des Rechtsmittels erforderlichen Daten zu übermitteln. Zu den in eigener Verantwortung wahrzunehmenden Sorgfaltspflichten des den Auftrag erteilenden Rechtsanwalts gehört dabei insbesondere, dafür zu sorgen, dass der Rechtsmittelanwalt über das Datum der Zustellung des anzufechtenden Urteils zutreffend unterrichtet wird. Diese Aufgaben darf der Rechtsanwalt auch nicht seinem Büropersonal übertragen, mag dieses auch noch so gut geschult und überwacht sein, ohne das Arbeitsergebnis selbst sorgfältig zu prüfen. Die Übermittlung der Daten hat regelmäßig schriftlich zu erfolgen. Erfolgt die Übermittlung ausnahmsweise fernmündlich, so besteht eine besondere Kontrollpflicht, um Missverständnisse zuverlässig auszuschließen. Weiterhin gebietet es die gesteigerte Sorgfaltspflicht, die dem Instanzanwalt in Fristangelegenheiten obliegt, im Regelfall, dass er den fernmündlich erteilten Berufungsauftrag schriftlich bestätigt und hierbei auch das Zustellungsdatum nochmals angibt (zum ganzen Absatz BGH NJW 2019, 2028 Rn. 13).

7. Der Berufungskläger darf die Verlängerung der Frist zur Berufungsbegründung nur dann erwarten, wenn es sich um den ersten Verlängerungsantrag handelt und er darin gemäß § 520 Abs. 2 S. 3 ZPO erhebliche Gründe für die beantragte Verlängerung darlegt. Wird der Antrag nicht begründet, muss der Berufungskläger hingegen damit rechnen, dass der Antrag deshalb abgelehnt wird (BGH NJW-RR 2019, 1392 Rn. 12). Allerdings kann der Rechtsanwalt auch dann auf eine Fristverlängerung vertrauen, wenn diese unter Hinweis auf das erteilte Einverständnis des Gegners erstmalig beantragt wird, ohne dass erhebliche Gründe dargetan sind; das gilt auch für die zweite Verlängerung (BGH NJW 2009, 3100 Rn. 9, 10; für dritten Antrag ablehnend OLG Jena NJW 2020, 1376 Rn. 25). Auch ansonsten kann der Rechtsanwalt eine Verlängerung über einen Monat hinaus mit hinreichender Wahrscheinlichkeit (nur) dann erwarten, wenn er darauf vertrauen durfte, der Gegner werde die erbetene Zustimmung vor Ablauf der Frist erteilen (BGH BeckRS 2020, 4192 Rn. 6, dort offengelassen, ob bei rechtsmissbräuchlicher Verweigerung etwas anderes gelten würde).

Durfte der Rechtsanwalt nicht darauf vertrauen, dass ihm das Berufungsgericht die beantragte Fristverlängerung gewährt, muss er sich durch Nachfrage beim Gericht vergewissern, ob die Verlängerung wie beantragt gewährt werde (BGH NJW-RR 2019, 1392 Rn. 13).

Für den Fall eines Fristverlängerungsantrags bestehen zusätzliche Anforderungen an das Fristenwesen. In diesen Fällen muss als zusätzliche Fristensicherung auch das hypothetische Ende der beantragten Fristverlängerung bei oder alsbald nach Einreichung des Verlängerungsantrags im Fristenbuch eingetragen, als vorläufig gekennzeichnet und rechtzeitig, spätestens nach Eingang der gerichtlichen Mitteilung überprüft werden, damit das wirkliche Ende der Frist festgestellt werden kann. Zugleich mit der Eintragung des beantragten (voraussichtlichen) Fristenendes ist hierfür auch eine Vorfrist einzutragen. Auf diese Weise kann die Fristwahrung in der Regel selbst dann gewährleistet werden, wenn die Eintragung der ursprünglichen Frist versehentlich gelöscht worden und die Eintragung der verlängerten Frist versehentlich unterblieben ist (BGH NJW-RR 2018, 1325 Rn. 15).

Legt der Rechtsmittelführer erst nach der Bekanntgabe der Entscheidung über die Verwerfung der Berufung dar, dass er rechtzeitig die Verlängerung der Begründungsfrist beantragt hat, lässt das die Rechtmäßigkeit dieser Entscheidung regelmäßig unberührt (BGH NJW-RR 2020, 877 Rn. 13).

8. Der Prozessbevollmächtigte des Berufungsklägers darf dann, wenn er rechtzeitig einen Antrag auf Bewilligung von Akteneinsicht gestellt hat und alle Fristverlängerungsmöglichkeiten ausgeschöpft sind, mit der Begründung der Berufung insgesamt abwarten, bis ihm Akteneinsicht gewährt wurde, und anschließend innerhalb der Monatsfrist des § 234 Abs. 1 S. 2 ZPO Wiedereinsetzung gegen die Versäumung der Begründungsfrist beantragen und die Berufungsbegründung nachholen. Ein Antrag ist dann rechtzeitig gestellt, wenn der Prozessbevollmächtigte mit der Einsicht in die Akten so frühzeitig rechnen kann, dass er sie vor Fristablauf zum Zwecke der Berufungsbegründung noch verantwortlich auswerten kann. Wurde ihm die Akteneinsicht ohne sein Verschulden nicht vor Ablauf der verlängerten Berufungsbegründungfrist ermöglicht, ist er nicht gehalten, die Berufung vorsorglich und potenziell unvollständig zu begründen. Es ist auch nicht entscheidend, ob die letztlich erhobenen Einwände gegen das Berufungsurteil auch ohne Einsicht in die Akten hätten vorgetragen werden können. Welche Berufungsgründe vorgebracht werden können und sollen, kann gerade erst auf Grundlage der Akteneinsicht abschließend beurteilt werden (zum Ganzen BGH NJW 2018, 952 Rn. 13, 15).

9. Gemäß § 236 Abs. 2 S. 1 Hs. 1 ZPO muss innerhalb der Wiedereinsetzungsfrist die versäumte Prozesshandlung nachgeholt werden. Wurde die Berufungsfrist versäumt, muss also Berufung eingelegt werden (hierzu ausführlich → Form. I.O.1), wurde die Berufungsbegründungsfrist versäumt, muss nunmehr die Berufung begründet werden (hierzu ausführlich → Form. I.O.3).

Kosten und Gebühren

10. Wird dem Berufungskläger Wiedereinsetzung bewilligt, muss er die dabei anfallenden Kosten auch dann tragen, wenn seine Berufung Erfolg hat (§ 238 Abs. 4 ZPO).

Wir die Berufung als unzulässig verworfen, fallen dem Berufungskläger die Kosten des Berufungsverfahrens zur Last (§ 97 Abs. 1 ZPO). Das gilt grundsätzlich auch für die Kosten einer Anschlussberufung (→ Form. I.O.6 Anm. 6).

Fristen und Rechtsmittel

11. Das Gericht muss dem Berufungskläger eine angemessene Stellungnahmefrist setzen. Der Berufungskläger kann diese Frist ausnutzen, das Gericht darf vor ihrem Ablauf die Berufung nicht verwerfen (vgl. BGH NJW-RR 2019, 827 Rn. 11).

Wiedereinsetzung in die Berufungsbegründungsfrist muss der Berufungskläger binnen eines Monats beantragen (§ 234 Abs. 1 S. 2 ZPO). Die Frist beginnt mit dem Tag, an dem Hindernis behoben ist (Abs. 2). Nach Ablauf eines Jahres, vom Ablauf der Berufungsbegründungsfrist an gerechnet, kann die Wiedereinsetzung nicht mehr beantragt werden (Abs. 3).

Die Partei kann innerhalb der Wiedereinsetzungsfrist ihr Vorbringen ergänzen. Das Gericht darf den Wiedereinsetzungsantrag deshalb nicht vor Ablauf der Frist zurückweisen (BGH NJW-RR 2018, 1149 Rn. 6).

12. Gegen den Beschluss, mit dem das Gericht die Berufung als unzulässig verwirft, findet die Rechtsbeschwerde zum Bundesgerichtshof statt (§ 522 Abs. 1 S. 4 ZPO iVm § 133 GVG). Das gilt auch dann, wenn das Berufungsgericht die unzulässige Berufung fälschlich durch Beschluss nach § 522 Abs. 2 ZPO zurückweist (BGH NJW 2018, 2269 Rn. 13). Die Rechtsbeschwerde ist binnen eines Monats seit Zustellung des Beschlusses beim BGH einzulegen (§ 575 Abs. 1 S. 1 ZPO). Dabei muss sich der Berufungskläger von einem beim BGH zugelassenen Rechtsanwalt vertreten lassen (§ 78 Abs. 1 S. 3 ZPO). Vorab sollten aber die Erfolgsaussichten einer (zulässigen) Berufung noch einmal kritisch geprüft werden.

Die Rechtsbeschwerde ist nur zulässig, wenn die Sache grundsätzliche Bedeutung hat oder die Fortbildung des Rechts oder die Sicherung einer einheitlichen Rechtsprechung eine Entscheidung des BGH erfordern. Diese Voraussetzungen müssen in der Beschwerdebegründung substanziiert dargelegt werden (BGH NJW-RR 2020, 762 Rn. 4). Dabei kann die Rechtsbeschwerde grundsätzlich nicht auf Tatsachen gestützt werden, die belegen sollen, dass die Berufungsbegründungsfrist gewahrt war, wenn diese in der Berufungsinstanz nicht vorgetragen worden sind (BGH NJW 2004, 71).

Der BGH hebt in ständiger Rechtsprechung Verwerfungsbeschlüsse schon dann auf, wenn sie den maßgeblichen Sachverhalt, über den entschieden wird, nicht wiedergeben oder den Streitgegenstand und die Anträge in beiden Instanzen nicht erkennen lassen (vgl. BGH NJW-RR 2019, 952 Rn. 4 mwN). Dies gilt auch, wenn die Berufung verworfen wird, weil die Berufungssumme nicht erreicht sei (BGH NJW-RR 2019, 952 Rn. 4).

5. Stellungnahme zu einem Hinweis nach § 522 Abs. 2 ZPO

An das

Hanseatische Oberlandesgericht

In Sachen . . . . . gegen . . . . .

Az. . . . . .

bedanke ich mich für den Hinweis des Senats vom 25.6.2021, wonach beabsichtigt sei, die Berufung durch einstimmigen Beschluss gemäß § 522 Abs. 2 ZPO zurückzuweisen.[1]

Allerdings vermag ich die darin geäußerte Rechtsauffassung nicht zu teilen. Die Beklagte wird die Berufung nicht zurücknehmen.[2]

1. Entgegen der Ansicht des Senats darf es der Beklagten nicht verwehrt werden, die Erfüllung des klägerischen Anspruchs durch Vorlage der Quittung vom . . . . (Anlage B 1) im Berufungsverfahren nachzuweisen. Es mag zwar grundsätzlich richtig sein, dass die Beklagte gehalten war, in der Klageerwiderung sämtliche Verteidigungsmittel vorzubringen. Der Senat hat jedoch bei seinem Hinweis den Vortrag aus der Berufungsbegründung unbeachtet gelassen, dass ich von dieser Vorlage abgesehen habe, um die Kollegin Klägerinvertreterin nicht in eine unangenehme Situation zu bringen.

2. Eine Zurückweisung der Berufung durch Beschluss kommt aber auch deshalb nicht in Betracht, weil vorliegend eine mündliche Verhandlung geboten ist. Das Verfahren hat für die Beklagte existenzielle Bedeutung. Würde die Verurteilung rechtskräftig werden, müsste die Beklagte einen Insolvenzantrag stellen. Wie der Senat der Erklärung über die

persönlichen und wirtschaftlichen Verhältnisse entnehmen konnte, ist die Beklagte wirtschaftlich nicht in der Lage, die Klagesumme aufzubringen.
Vor diesem Hintergrund bitte ich den Senat, seine Rechtsauffassung zu überdenken und eine Berufungsverhandlung anzuberaumen.
Rechtsanwältin[3, 4, 5]

Schrifttum: Rädler, Vorsicht: Subsidiarität! – Erhöhte Vortragslast für den Prozessbevollmächtigten in zweiter Instanz, NJW 2020, 1726.

Anmerkungen

1. Gemäß § 522 Abs. 2 S. 1 ZPO soll das Gericht die Berufung unverzüglich zurückweisen, wenn sie offensichtlich keine Aussicht auf Erfolg hat, die Rechtssache keine grundsätzliche Bedeutung hat, die Fortbildung des Rechts oder die Sicherung einer einheitlichen Rechtsprechung eine Entscheidung des Berufungsgerichts nicht erfordert und eine mündliche Verhandlung nicht geboten ist. Die Handhabung der Vorschrift durch die Berufungsgerichte ist nach wie vor uneinheitlich. Das führt aber nicht (mehr) zu Rechtsschutzlücken, weil der Berufungskläger auch gegen den Zurückweisungsbeschluss ggf. Nichtzulassungsbeschwerde einlegen kann (§§ 522 Abs. 3, 544 Abs. 2 Nr. 1 ZPO; → Anm. 5).

2. Nach § 522 Abs. 2 S. 2 ZPO muss das Gericht durch Beschluss bzw. sein Vorsitzender durch Verfügung den Berufungskläger darauf hinweisen, dass beabsichtigt sei, die Berufung durch einstimmigen Beschluss nach § 522 Abs. 2 ZPO zurückzuweisen, und dem Berufungskläger eine angemessene Frist zur Stellungnahme einräumen (→ Anm. 4).

Der Prozessbevollmächtigte des Berufungsklägers muss innerhalb dieser Stellungnahmefrist prüfen, ob es sinnvoll ist, das Berufungsverfahren fortzusetzen, oder ob die Berufung zurückgenommen werden sollte. Hierbei muss er vor allem die unterschiedlichen Kostenfolgen für den Berufungskläger berücksichtigen (→ Anm. 3; zur Berufungsrücknahme → Form. I.O.7 Anm. 4). Er kann sich nicht darauf verlassen, dass das Gericht nach einer Stellungnahme der Bitte nachkommt und mitteilt, ob es dennoch an der im Beschluss genannten Auffassung festhält.

Ist der Berufungskläger der Auffassung, das Berufungsgericht verletzte seinen Anspruch auf rechtliches Gehör, muss er zwingend zu dem Hinweis Stellung nehmen und die Gehörsverletzung rügen. Ansonsten läuft er Gefahr, sie später mit einer Nichtzulassungsbeschwerde nicht mehr geltend machen zu können (Grundsatz der Subsidiarität; vgl. BGH NJW 2020, 1740 Rn. 15; hierzu allg. *Rädler* NJW 2020, 1726).

Mögliche Einwendungen gegen den Hinweis des Berufungsgerichts können sich auf die einzelnen Voraussetzungen der Beschlusszurückweisung beziehen:

- Hinsichtlich der Erfolgsaussichten der Berufung sollte zunächst geprüft werden, ob das Gericht die maßgeblichen Argumente der Berufungsbegründung aufgegriffen hat. Ist das der Fall, wird es in aller Regel wenig Erfolg versprechen, dieselben Argumente schlicht zu wiederholen und darauf zu vertrauen, dass das Gericht seine Auffassung ändert. Dabei ist zu bedenken, dass die Offensichtlichkeit der fehlenden Begründetheit der Berufung nicht voraussetzt, dass die Aussichtslosigkeit auf der Hand liegt; sie kann auch das Ergebnis vorgängiger gründlicher Prüfung sein (BT-Drs. 17/6406, 11). Dabei muss das Gericht aber auch neue Angriffs- und Verteidigungsmittel berücksichtigen, soweit diese im Berufungsverfahren zuzulassen sind (hierzu ausführlich → Form. I.O.3 Anm. 4).

- Lässt sich das unrichtige oder verfahrensfehlerhaft zu Stande gekommene Urteil erster Instanz mit anderer Begründung aufrechterhalten, darf die Berufung nur dann durch Beschluss zurückgewiesen werden, wenn das Berufungsvorbringen nach entsprechendem Hinweis (Abs. 2 S. 2) auch insoweit keinerlei Erfolgsaussicht bietet (Musielak/Voit/*Ball* ZPO § 522 Rn. 21 mit Nachweisen aus der obergerichtlichen Rechtsprechung).
- Stützt das Berufungsgericht seine Rechtsauffassung auf einen Gesichtspunkt, den der Berufungskläger erkennbar übersehen oder für unerheblich gehalten hat, können die sich daraus ergebenden Antragsänderungen vorgenommen und neue Angriffs- und Verteidigungsmittel vorgebracht werden, die das Gericht nicht zurückweisen darf (BGH NJW 2017, 2623 Rn. 11).

  Eine Klageerweiterung und die Erhebung einer Widerklage im Berufungsverfahren hindern eine Beschlusszurückweisung nicht; Klageerweiterung und Widerklage verlieren dann ihre Wirkung (BGH NJW 2015, 251 Rn. 2) und bleiben bei der Bemessung der Beschwer des Berufungsklägers außer Betracht (BGH NJW-RR 2019, 1150 Rn. 6). Das gilt nach dem zuvor Gesagten allerdings nicht für eine Klageänderung nach einem Hinweis des Gerichts.
- Eine Beschlusszurückweisung ist nicht zulässig, wenn ein Revisionszulassungsgrund vorliegt (ausführlich zu den Revisionszulassungsgründen → Form. I.O.8). Eine Revisionszulassung im Zurückweisungsbeschluss ist unwirksam (→ Anm. 5).
- Eine mündliche Verhandlung (trotz offensichtlicher Aussichtlosigkeit der Berufung) ist insbesondere dann geboten, wenn das Verfahren für den Berufungskläger existenzielle Bedeutung hat (BT-Drs. 17/5334, 7; hierzu ausführlich MüKoZPO/*Rimmelspacher* ZPO § 522 Rn. 25).

Kosten und Gebühren

3. Nach Zurückweisung der Berufung durch Beschluss muss der Berufungskläger die Kosten des Berufungsverfahrens tragen (§ 97 Abs. 1 ZPO). Eine Gebührenermäßigung erfolgt nicht. Es fallen jedoch keine Terminsgebühren der Anwälte an. Die 1,6-Verfahrensgebühr des gegnerischen Anwalts ist nur dann entstanden, wenn er bereits einen Zurückweisungsantrag gestellt oder zur Sache vorgetragen hat; andernfalls erhält er nur eine 1,1-Gebühr (Nr. 3201 Abs. 1 Nr. 1 VV RVG).

Ob der Berufungskläger auch die Kosten einer nach § 524 Abs. 4 ZPO wirkungslos gewordenen Anschlussberufung zu tragen hat, ist höchstrichterlich ungeklärt und in der obergerichtlichen Rechtsprechung heftig umstritten (vgl. die ausführliche Darstellung und die Nachweise in OLG Frankfurt a. M. BeckRS 2018, 17973 Rn. 4 ff. und OLG Rostock BeckRS 2018, 43726 Rn. 14 ff.). Für den Berufungskläger könnte es uU deshalb kostengünstiger sein, die Berufung nicht zurücknehmen, denn nach Rücknahme muss er die Kosten der Anschlussberufung in jedem Fall tragen (→ Form. I.O.7 Anm. 4). Es hängt vom Wert der Anschlussberufung ab, ob die Gebührenreduzierung nach Berufungsrücknahme (Nr. 1222 KV GKG) oder die Kostenquote für den Berufungskläger günstiger ist. In jedem Fall ist es ratsam, beim Berufungsgericht anzufragen, welche Auffassung dort hinsichtlich der Kostenverteilung vertreten wird.

Fristen und Rechtsmittel

4. Das Gericht muss dem Berufungskläger eine Frist zur Stellungnahme auf den Hinweisbeschluss bzw. die Hinweisverfügung setzen (§ 522 Abs. 2 S. 2 ZPO) und darf vor deren Ablauf auch dann noch nicht entscheiden, wenn der Berufungskläger bereits Stellung genommen hat (BGH NJW-RR 2020, 248 Rn. 4). Die Frist kann auf

Antrag verlängert werden. Schriftsätze, die erst nach Ablauf der Stellungnahmefrist, aber vor Erlass des Zurückweisungsbeschlusses eingegangen sind, muss das Gericht zumindest in Bezug auf dort enthaltene Rechtsausführungen berücksichtigen (BGH BeckRS 2016, 20541 Rn. 13; ob das auch für neuen Tatsachenvortrag gilt, hat der BGH offengelassen).

5. Gegen den Zurückweisungsbeschluss ist die Nichtzulassungsbeschwerde statthaft, wenn die Beschwer des Berufungsklägers 20.000,00 EUR übersteigt (§§ 522 Abs. 3, 544 Abs. 2 Nr. 1 ZPO; → Form. I.O.8). Die Revision ist dagegen selbst dann unstatthaft, wenn sie vom Berufungsgericht rechtsirrig im Zurückweisungsbeschluss zugelassen wurde (BGH NJW 2019, 2034 Rn. 10 ff.).

6. Berufungserwiderung mit Anschlussberufung und PKH-Antrag

An das
Hanseatische Oberlandesgericht

Hamburg, den 23.9.2021

In Sachen

. . . . .

– Klägerin, Berufungsbeklagte, Anschlussberufungsklägerin –

gegen

. . . . .

– Beklagte, Berufungsklägerin, Anschlussberufungsbeklagte –

Az. . . . .

Berufungserwiderung[1]

zeige ich an, dass ich die Klägerin auch im Berufungsverfahren vertrete.

Ich werde beantragen,

die Berufung der Beklagten zurückzuweisen.

Außerdem lege ich

Anschlussberufung[2]

ein und werde beantragen,

das Urteil des Landgerichts . . . . vom . . . . dahin abzuändern, dass die Beklagte verurteilt wird, an die Klägerin weitere . . . . . EUR zu zahlen.[3]

Darüber hinaus beantrage ich,

der Klägerin auch für das Berufungsverfahren Prozesskostenhilfe unter meiner Beiordnung zu bewilligen.[4]

Einer Entscheidung der Sache durch den Einzelrichter stehen keine Gründe entgegen.[5]

I. Auf die Berufungsbegründung der Beklagten erwidere ich wie folgt:

Die Berufung hat keine Aussicht auf Erfolg. Zu Recht und mit zutreffender Begründung hat das Landgericht die Beklagte im vollen Umfang des erstinstanzlichen Klageantrags verurteilt. Die hiergegen mit der Berufung vorgebrachten Einwendungen greifen nicht durch.

Es trifft nicht zu, dass die Beklagte den streitgegenständlichen Anspruch erfüllt hat. Die vorgelegte Quittung stammt zwar von der Klägerin, betrifft aber eine andere Forderung. Mit der vorliegenden Klage nimmt die Klägerin die Beklagte aus einer Lieferung vom . . . . in Anspruch, bezahlt hat die Beklagte dagegen eine Lieferung vom . . . . .

Unabhängig davon ist dieses neue Beweismittel im Berufungsverfahren nicht zuzulassen. Es beruht allein auf der Nachlässigkeit der Beklagten, dass die Quittung nicht bereits erstinstanzlich, und zwar in der Klageerwiderung (§ 277 Abs. 1 S. 1 ZPO), vorgelegt wurde.

II. Die Anschlussberufung begründe ich wie folgt:

Die Klägerin erweitert ihren erstinstanzlichen Klageantrag um .... EUR. Nach Durchsicht der Buchhaltungsunterlagen ist der Klägerin aufgefallen, dass die Beklagte auch die Lieferung vom .... noch nicht bezahlt hat.

III. Zum Nachweis der Bedürftigkeit meiner Mandantin verweise ich auf die erstinstanzlich eingereichte Erklärung über die persönlichen und wirtschaftlichen Verhältnisse, an denen sich nichts geändert hat. Sollte der Senat dennoch eine aktuelle Erklärung wünschen, bitte ich um einen Hinweis.

Rechtsanwältin[6, 7, 8]

Schrifttum: Reuß, Kosten unselbstständiger Anschlussrechtsmittel bei Rücknahme, Verwerfung und Zurückweisung des Hauptrechtsmittels, NJW 2018, 1846; *Vidal/Aufderheide*, Kostentragung für die Anschlussberufung bei Zurückweisung der Berufung durch Beschluss, NJW 2016, 3269.

Anmerkungen

1. Die Anforderungen an die Berufungserwiderung sind wesentlich geringer als an eine Berufungsbegründung. Grundsätzlich kann sich der Berufungsbeklagte darauf beschränken, das angefochtene Urteil unter Bezugnahme auf sein erstinstanzliches Vorbringen zu verteidigen (BGH NJW 2007, 2106 Rn. 44). Etwas anderes gilt nur dann, wenn er zugleich Anschlussberufung einlegt (→ Anm. 2). Ansonsten kann sich der Berufungsbeklagte insbesondere darauf verlassen, dass er vom Berufungsgericht einen Hinweis und eine angemessene Stellungnahmefrist erhält, wenn es in einem entscheidungserheblichen Punkt der Beurteilung der Vorinstanz nicht folgen will und auf Grund seiner abweichenden Ansicht eine Ergänzung des Vorbringens oder einen Beweisantritt für erforderlich hält (BGH NJW-RR 2020, 574 Rn. 9).

Dennoch ist es angebracht, sich mit den Ausführungen der Berufungsbegründung inhaltlich auseinanderzusetzen.

2. Gemäß § 524 Abs. 1 ZPO kann sich der Berufungsbeklagte der Berufung des Berufungsklägers – innerhalb der Berufungserwiderungsfrist (Abs. 2 S. 2; → Anm. 7) – durch Schriftsatz anschließen. Auch die Begründung der Anschlussberufung muss innerhalb dieser Frist erfolgen (BGH NJW 2003, 2388, 2389).

Eine Anschlussberufung kommt immer dann in Betracht, wenn der Berufungsbeklagte mehr begehrt als die Zurückweisung der Hauptberufung. Maßgeblich sind vor allem die folgenden Konstellationen:

- Der Berufungsbeklagte ist im angefochtenen Urteil teilweise unterlegen und hat keine selbständige Berufung eingelegt. Das kann daran liegen, dass er bereit war, die Entscheidung zu akzeptieren, solange dies auch der Gegner tut. Es kann seinen Grund aber auch darin haben, dass seine Beschwer die Berufungssumme von 600,00 EUR nicht erreicht, so dass eine selbständige Berufung unzulässig wäre. Die Anschlussberufung hängt dagegen nicht von einer Mindestbeschwer ab. Für den Inhalt der Begründung gilt § 520 Abs. 3 ZPO.
- Der Berufungsbeklagte hat eine selbständige Berufung eingelegt, die das Berufungsgericht für unzulässig hält. Eine unzulässige Hauptberufung ist in eine unselbständige Anschlussberufung umzudeuten, wenn die Voraussetzungen für eine zulässige An-

schlussberufung vorliegen und die Umdeutung von dem mutmaßlichen Parteiwillen gedeckt wird (BGH NJW-RR 2016, 445).

- Der Berufungsbeklagte will als erstinstanzlich erfolgreicher Kläger seine Klage ändern oder als erstinstanzlich erfolgreicher Beklagter Widerklage erheben. Eine selbständige Berufung kann nur derjenige einlegen, der durch das Urteil beschwert ist (hierzu → Form. I.O.3 Anm. 2). Dagegen hängt die Anschlussberufung nicht von einer Beschwer ab. Klageänderung oder Widerklage sind deshalb (nur) mit der Anschlussberufung möglich (Musielak/Voit/*Ball* ZPO § 524 Rn. 10; → Anm. 3). Dabei müssen die Anforderungen des § 253 Abs. 2 Nr. 2 ZPO erfüllt werden.
- Dagegen ist eine Anschließung nicht erforderlich, wenn der Berufungsbeklagte lediglich die erstinstanzliche Kostenentscheidung angreifen will, denn über die Kostentragungslast entscheidet das Gericht von Amts wegen (§ 308 Abs. 2 ZPO).
- Die Anschlussberufung setzt eine zulässige Hauptberufung voraus. Ist die Berufung zuvor zurückgenommen, durch Beschluss als verworfen oder zurückgewiesen worden, kommt eine Anschließung nicht mehr in Betracht (Musielak/Voit/*Ball* ZPO § 524 Rn. 4). Läuft die Berufungsfrist noch, kann die Anschlussberufung in eine selbständige Berufung umgedeutet werden.
- Die Anschlussberufung kann bedingt eingelegt werden. Es muss sich aber um eine innerprozessuale Bedingung handeln, bspw. die Zulässigkeit der Hauptberufung. Betrifft die Bedingung dagegen ein anderes, selbständiges Prozessrechtsverhältnis, ist die bedingte Einlegung unzulässig. Das gilt auch, wenn die Prozessrechtsverhältnisse in einem Verfahren zusammengefasst sind (zum Ganzen BGH BeckRS 2021, 10633, Rn. 16/17).
- Die Anschlussberufung kann sich nicht gegen einen bislang am Prozess nicht beteiligten Dritten richten.
- Die Anschlussberufung verliert ihre Wirkung, wenn die Hauptberufung zurückgenommen, verworfen oder durch Beschluss zurückgewiesen wird (§ 524 Abs. 4 ZPO; zu den Einzelheiten Musielak/Voit/*Ball* ZPO § 524 Rn. 28 ff.). Hat der erstinstanzlich obsiegende Berufungskläger die Klage im Rahmen der Anschlussberufung erweitert, entfällt die damit eingetretene Hemmungswirkung nicht rückwirkend, sondern gemäß § 204 Abs. 2 BGB erst sechs Monate nach Eintritt der Wirkungslosigkeit (BGH BeckRS 2018, 35500 Rn. 10 ff.).

3. Klageänderung, Widerklage und Prozessaufrechnung sind im Berufungsverfahren nur unter den Voraussetzungen des § 533 ZPO zulässig, also wenn der Gegner ausdrücklich oder konkludent (§ 267 ZPO) einwilligt oder das Berufungsgericht Sachdienlichkeit annimmt und wenn Klageänderung, Widerklage und Prozessaufrechnung auf Tatsachen gestützt werden können, die das Gericht seiner Berufungsentscheidung ohnehin zugrunde zu legen hat (ausführlich zur Sachdienlichkeit BGH NJW 2020, 2407 Rn. 14; zur Tatsachengrundlage im Berufungsverfahren → Form. I.O.3 Anm. 4). Für Klageänderungen, die von § 264 Nr. 2, 3 ZPO erfasst werden, gilt § 533 ZPO nicht (BGH NJW 2007, 3127 Rn. 30). Auch das Abstehen vom Urkundenprozess (§ 596 ZPO) ist als Klageänderung unter den Voraussetzungen des § 533 ZPO im Berufungsverfahren zulässig (BGH NJW 2020, 2407 Rn. 13; dort auch ausführlich zur Sachdienlichkeit).

4. Beantragt der Berufungsbeklagte Prozesskostenhilfe, ist nicht zu prüfen, ob seine Rechtsverteidigung hinreichende Aussicht auf Erfolg bietet und nicht mutwillig erscheint (§ 119 Abs. 1 S. 2 ZPO). Hieraus folgt allerdings nicht, dass Prozesskostenhilfe ausnahmslos in jedem Fall zu bewilligen ist. Vielmehr ist stets zu prüfen, ob eine Partei, die den Rechtsstreit auf eigene Kosten führen würde, bei Abwägung zwischen dem erzielbaren Vorteil und dem dafür einzugehenden Kostenrisiko ihre Rechte in einer bestimmten Art und Weise wahrgenommen hätte (BGH NJW-RR 2017, 1273 Rn. 7). Prozesskostenhilfe darf allerdings nicht deshalb verweigert werden, weil eine Entscheidung über eine Zurückweisung der Berufung nach § 522 Abs. 2 ZPO noch aussteht (BGH NJW-RR 2017, 1273 Rn. 8).

Die Erklärung über die persönlichen und wirtschaftlichen Verhältnisse muss neu erstellt werden, wenn sich die Verhältnisse des Betroffenen geändert haben (BGH BeckRS 2019, 33486). Andernfalls sollte anwaltlich versichert werden, dass das nicht der Fall ist.

5. Gemäß §§ 521 Abs. 2, 277 Abs. 1 S. 2 ZPO soll auch die Berufungserwiderung eine Äußerung dazu enthalten, ob einer Entscheidung der Sache durch den Einzelrichter Gründe entgegenstehen.

Kosten und Gebühren

6. Mit dem erstmaligen Stellen des Berufungszurückweisungsantrags und dem Sachvortrag wird aus der 1,1-Verfahrensgebühr (VV 3201 Abs. 1 Nr. 1 RVG) die 1,6-Gebühr (VV 3200 RVG). Wird die Berufungserwiderung erst nach Rücknahme der Berufung eingereicht, entsteht kein Kostenerstattungsanspruch, selbst wenn der Berufungsbeklagte die Rücknahme nicht kannte und auch nicht kennen musste (BGH NJW 2016, 2751 Rn. 10).

Wird die Anschlussberufung nach § 524 Abs. 4 ZPO wirkungslos, trägt der Berufungskläger auch die Kosten der Anschlussberufung. Das gilt nach vorzugswürdiger Ansicht auch für die Zurückweisung der Berufung durch Beschluss nach § 522 Abs. 2 ZPO (hierzu ausführlich *Vidal/Aufderheide* NJW 2016, 3269; → Form. I.O.5 Anm. 3). Dagegen trägt der Berufungsbeklagte die Kosten der Anschlussberufung selbst, wenn sie unzulässig ist, er sich einer offensichtlich unzulässigen oder bereits zurückgewiesenen Berufung angeschlossen hat oder wenn er eine wirkungslose Anschlussberufung weiterverfolgt (vgl. Musielak/Voit/*Ball* ZPO § 524 Rn. 31a).

Fristen und Rechtsmittel

7. Die Berufungserwiderung muss innerhalb der gesetzten Frist eingereicht werden (§ 521 Abs. 2 S. 1 ZPO). Eine Fristverlängerung ist auf Antrag möglich.

Die Anschlussberufung kann auch nur innerhalb der Berufungserwiderungsfrist eingelegt werden (§ 524 Abs. 2 S. 2 ZPO). Eine nach Ablauf der Berufungserwiderungsfrist eingelegte Anschlussberufung ist in wenigen Ausnahmefällen zulässig:

- Die Fristsetzung war unwirksam, weil sie nicht durch den Vorsitzenden bzw. das Gericht erfolgte, nicht unterschrieben war, nicht durch eine beglaubigte Abschrift zugestellt wurde oder nicht die nach §§ 521 Abs. 2, 277 Abs. 2, 524 Abs. 3 S. 2 ZPO erforderliche Belehrung enthielt (BGH NJW 2015, 1608 Rn. 12). In diesem Fall ist die Anschließung bis zum Schluss der Berufungsverhandlung zulässig. Eine Belehrung über die Folgen einer Versäumung der Frist für die Einlegung der Anschlussberufung ist dagegen nicht erforderlich (BGH BeckRS 2018, 18197 Rn. 19).
- Die Anschlussberufung hat eine Verurteilung zu künftig fällig werdenden wiederkehrenden Leistungen zum Gegenstand (§ 524 Abs. 2 S. 3 ZPO), selbst wenn zugleich Rückstände geltend gemacht werden (BGH NJW 2016, 1963 Rn. 10). In diesem Fall ist die Anschließung bis zum Schluss der letzten mündlichen Verhandlung zulässig. Es ist nicht erforderlich, dass sich die tatsächlichen Verhältnisse, die der Anschlussberufung zugrunde liegen, seit der letzten mündlichen Verhandlung erster Instanz geändert haben (BGH NJW 2016, 1963 Rn. 7).
- Die erstinstanzlichen Anträge werden lediglich modifiziert oder um einen Hilfsantrag erweitert, solange dasselbe Klageziel wie mit dem ursprünglichen Hauptantrag verfolgt wird.

8. Gegen die Verwerfung der unzulässigen und die Zurückweisung der unbegründeten Anschlussberufung sind dieselben Rechtsmittel statthaft wie für eine Hauptberufung.

7. Berufungsrücknahme

An das
Hanseatische Oberlandesgericht

Hamburg, den 23.9.2021

In Sachen ..... gegen .....

bedanke ich mich für den Hinweis des Senats vom 14.9.2021. Meine Mandantin teilt die darin geäußerte Rechtsauffassung nicht und kann nicht nachvollziehen, warum die unstreitig von der Klägerin stammende Quittung nicht berücksichtigt wird. Sie hat sich aber aus Kostengründen dazu entschieden, das Berufungsverfahren nicht fortzuführen.

Namens und im Auftrag meiner Mandantin nehme ich deshalb die Berufung
zurück.[1, 2]

Rechtsanwältin[3, 4, 5]

Anmerkungen

1. Der Berufungskläger kann seine Berufung bis zur Verkündung eines Berufungsurteils jederzeit zurücknehmen (§ 516 Abs. 1 ZPO). In der Berufungsverhandlung genügt die Erklärung des Rechtsanwalts (§ 516 Abs. 2 S. 2 ZPO), die zu protokollieren, vorzuspielen und zu genehmigen ist (§§ 160 Abs. 3 Nr. 8, 162 Abs. 1 ZPO). Außerhalb der Berufungsverhandlung erfolgt die Rücknahme durch Schriftsatz (§ 516 Abs. 2 S. 1 ZPO).

Eine Einwilligung des Gegners ist auch nach Beginn der Berufungsverhandlung nicht erforderlich, § 269 Abs. 1 ZPO gilt für die Berufungsrücknahme nicht.

Mit der Rücknahme geht der Berufungskläger seiner Berufung verlustig und muss die Kosten des Berufungsverfahrens tragen; beide Folgen spricht das Gericht durch Beschluss aus (§ 516 Abs. 3 ZPO). Unabhängig von diesem Beschluss wird mit der Rücknahme das angefochtene Urteil rechtskräftig, sobald die Berufungsfrist abgelaufen ist.

2. Die Rücknahme der Berufung sollte insbesondere nach einem Hinweis des Gerichts erwogen werden (→ Form. I.O.5 Anm. 2). Bei geringen Erfolgsaussichten für das Berufungsverfahren und ein mögliches weiteres Rechtsmittelverfahren führt die Rücknahme zu einer kostengünstigen Erledigung, da mit ihr die Berufungsgebühren reduziert werden können (→ Anm. 4). Es ist auch zulässig, nur einen (abgrenzbaren) Teil der Berufung zurückzunehmen.

3. Alternativ zur Rücknahme der Berufung könnte der Berufungsführer seine Klage zurücknehmen, um später erneut zu klagen. Hierfür braucht er aber in jedem Fall die Einwilligung des Beklagten, da erstinstanzlich mündlich verhandelt wurde (§ 269 Abs. 1 ZPO). Er kann auch auf die Klage verzichten (§ 306 ZPO) oder sie für erledigt erklären. Bei der Erledigung ist im Übrigen zu unterscheiden, ob sich die Klage oder nur die Berufung erledigt hat.

Kosten und Gebühren

4. Die vollständige Berufungsrücknahme vor dem Schluss der Berufungsverhandlung führt zu einer Ermäßigung der Gerichtsgebühren, deren Höhe vom Zeitpunkt der Rücknahme abhängt. Erfolgt die Rücknahme, bevor eine Berufungsbegründung eingereicht wurde, ermäßigen sich die Berufungsgebühren (4,0) auf 1,0 (KV 1221 GKG), danach auf 2,0 (KV 1222 GKG).

Bei einer Rücknahme vor der Berufungsverhandlung fällt die 1,2-Terminsgebühr (VV 3202 RVG) nicht an. Die 1,6-Verfahrensgebühr des gegnerischen Anwalts (VV 3200 RVG) entsteht nur dann, wenn dieser bereits einen Zurückweisungsantrag gestellt oder zur Sache vorgetragen hat; andernfalls erhält er nur eine 1,1-Gebühr (VV. 3201 Abs. 1 Nr. 1 RVG). Soll die Berufung nur fristwahrend eingelegt werden, ist es deshalb sinnvoll, dies dem Gegner mitzuteilen und ihn zu bitten, zunächst keinen Zurückweisungsantrag zu stellen.

Wird die Berufungserwiderung erst nach Rücknahme der Berufung eingereicht, entsteht kein Kostenerstattungsanspruch, selbst wenn der Berufungsbeklagte die Rücknahme nicht kannte und auch nicht kennen musste (BGH NJW 2016, 2751 Rn. 10).

Nach Berufungsrücknahme muss der Berufungskläger auch die Kosten einer Anschlussberufung tragen (BGH NJW-RR 2005, 727), auch wenn das Gericht zuvor einen Hinweis nach § 522 Abs. 2 ZPO erteilt hatte (BGH NJW-RR 2006, 1147). Dies gilt allerdings dann nicht, wenn die Berufung unzulässig war, die Anschlussberufung selbst unzulässig ist, zurückgenommen oder erst nach Rücknahme der Berufung eingelegt wurde (vgl. die Nachweise bei Musielak/Voit/*Ball* ZPO § 516 Rn. 16).

Rechtsmittel

5. Gegen den Beschluss nach § 516 Abs. 3 S. 2 ZPO ist die Rechtsbeschwerde statthaft, wenn sie vom Berufungsgericht zugelassen wurde (§ 574 Abs. 1 S. 1 Nr. 2 ZPO).

8. Nichtzulassungsbeschwerde

An den
Bundesgerichtshof

Karlsruhe, den 4.11.2021

Nichtzulassungsbeschwerdeschrift und -begründung

In Sachen
. . . .
– Klägerin, Berufungsbeklagte, Anschlussberufungsklägerin, Beschwerdegegnerin –
Prozessbevollmächtigte: Rechtsanwältin . . . .
gegen
. . . . . – Beklagte, Berufungsklägerin, Anschlussberufungsbeklagte, Beschwerdeführerin –
Prozessbevollmächtigte: Rechtsanwältin . . . .
lege ich im Namen und im Auftrag der Beklagten und Beschwerdeführerin gegen die Nichtzulassung der Revision im Urteil des Hanseatischen Oberlandesgerichts vom 1.10.2021, zugestellt am 5.10.2021, Az. I. Instanz . . . ., Az. II. Instanz . . . .,

Nichtzulassungsbeschwerde

ein.[1]

Ich beantrage,

die Revision gegen das Urteil des Hanseatischen Oberlandesgerichts vom 1.10.2021, Az.: . . . . , zuzulassen.[2]

Nach Zulassung der Revision werde ich beantragen,

nach den Schlussanträgen der Beklagten in der Berufungsinstanz zu erkennen,

hilfsweise,

die Sache zur erneuten Verhandlung und Entscheidung an das Berufungsgericht zurückzuverweisen.

Begründung:[3, 4]

I. Die Klägerin macht Zahlungsansprüche gegen die Beklagte geltend.

1. . . . . .

2. Das Landgericht hat der Klage stattgegeben. Das Berufungsgericht hat die hiergegen gerichtete Berufung der Beklagten abgewiesen und die Beklagte auf die Anschlussberufung der Klägerin verurteilt, an die Klägerin weitere EUR . . . . zu zahlen. Zur Begründung hat das Berufungsgericht ausgeführt, ... Das Berufungsgericht hat die Revision nicht zugelassen.

II. Hiergegen richtet sich die Nichtzulassungsbeschwerde der Beklagten.

1. Die Beschwerde ist zulässig. Die Beschwer der Beklagten übersteigt 20.000,00 Euro. Die Beklagte wurde insgesamt zur Zahlung von 50.000,00 EUR verurteilt. Nach Zulassung der Revision wird die Beklagte ihren Klageabweisungsantrag im vollen Umfang weiterverfolgen.

2. Die Beschwerde ist auch begründet. Die Revision ist zur Sicherung einer einheitlichen Rechtsprechung zuzulassen, weil das Berufungsgericht den Anspruch der Beklagten auf rechtliches Gehör verletzt hat. Darüber hinaus weicht die Entscheidung des Berufungsgerichts von der Rechtsprechung des Oberlandesgerichts . . . . ab.

a) Das Berufungsgericht hat den Anspruch der Beklagten auf rechtliches Gehör verletzt, indem es die im Berufungsverfahren als Beweismittel für die Erfüllung der streitgegenständlichen Forderung vorgelegte Quittung nicht zugelassen hat. Entgegen der Auffassung des Berufungsgerichts lagen die Voraussetzungen für die Zulassung dieses neuen Verteidigungsmittel nach § 531 Abs. 2 S. 1 Nr. 2 ZPO vor.

b) Die Divergenz der angefochtenen Entscheidung zur Rechtsprechung des Oberlandesgerichts . . . . besteht in Bezug auf die Verurteilung der Beklagten auf die Anschlussberufung. Das Berufungsgericht hat seiner Entscheidung den Rechtssatz zugrunde gelegt, wonach . . . . . Dies steht im Widerspruch zum Urteil des Oberlandesgerichts . . . . vom . . . . . Dort wird die vom Berufungsgericht vertretene Auffassung abgelehnt. . . . . .

Das angefochtene Urteil füge ich mit der Bitte um Rückgabe an.

Rechtsanwältin beim Bundesgerichtshof[5, 6, 7, 8]

Schrifttum: Baumert, Nichtzulassungsbeschwerde – Darlegung und Prüfung von Revisionszulassungsgründen, MDR 2014, 1181; *Fellner*, Die aktuelle Rechtsprechung zur Verletzung des Anspruchs auf Gewährung des rechtlichen Gehörs im Zivilprozess, MDR 2020, 900.

Anmerkungen

1. Das Formular verbindet die Einlegung der Nichtzulassungsbeschwerde mit ihrer Begründung.

Berufungsurteile sind grundsätzlich nur anfechtbar, wenn die Revision zugelassen worden ist (§ 543 Abs. 1 ZPO). Mit der Nichtzulassungsbeschwerde kann sich der Beschwerdeführer (nur) dagegen wenden, dass das Berufungsgericht im Berufungsurteil die Revision nicht zugelassen hat (§ 544 Abs. 1 ZPO). Das gilt jedoch nicht für Urteile im einstweiligen Rechtsschutz (§ 542 Abs. 2 S. 1 ZPO).

Ob das Berufungsgericht die Revision zugelassen hat, muss sich aus dem Urteil ergeben, wenn auch nicht zwingend aus dem Tenor. Ohne entsprechende Ausführungen im Urteil ist die Zulassung abgelehnt.

Die Beschwerde ist immer statthaft, wenn die Berufung durch Urteil als unzulässig verworfen wurde (§ 544 Abs. 2 Nr. 2 ZPO). Eine teilweise Verwerfung genügt (vgl. BGH NJW 2017, 1180 Rn. 10). Ansonsten muss der Wert des Beschwerdegegenstands 20.000 EUR übersteigen (§ 544 Abs. 2 Nr. 1 ZPO). Er bemisst sich grundsätzlich nach dem gemäß § 3 Hs. 1 ZPO nach freiem Ermessen zu ermittelnden Interesse des Beschwerdeführers an der Abänderung der angefochtenen Entscheidung (BGH NJW 2019, 1531 Rn. 13).

Der Beschwerdeführer muss das Erreichen der Wertgrenze darlegen und ggf. glaubhaft machen. Maßgebend ist der Zeitpunkt der letzten mündlichen Verhandlung vor dem Berufungsgericht. Einem Beschwerdeführer, der nicht glaubhaft gemacht hat, dass bereits in den Vorinstanzen vorgebrachte Umstände, die die Festsetzung eines höheren Streitwerts – und einer entsprechend höheren Beschwer – rechtfertigen, nicht hinreichend berücksichtigt worden seien, ist es regelmäßig verwehrt, sich im Nichtzulassungsbeschwerdeverfahren auf neue Angaben zu berufen, um die Wertgrenze zu überschreiten (BGH BeckRS 2017, 134026 Rn. 5; Einzelfälle bei Musielak/Voit/*Ball* ZPO § 544 Rn. 8, 8a). Enthält das angefochtene Urteil keine tatsächlichen Feststellungen, weil das Berufungsgericht den Streitwert unter 20.000 EUR festgesetzt hat (§§ 313a Abs. 1, 540 Abs. 2 ZPO), ist der Vortrag des Beschwerdeführers in der Nichtzulassungsbeschwerde, soweit er anhand des Urteils nicht überprüft werden kann, als richtig zu unterstellen (BGH BeckRS 2021, 6383 Rn. 6). Die Glaubhaftmachung muss in schriftlicher Form erfolgen. Der Beschwerdeführer kann seine Beschwer deshalb nicht mit Zeugen- oder Sachverständigenbeweis glaubhaft machen (BGH BeckRS 2020, 36461 Rn. 9).

2. Die Beschwerde ist schriftlich innerhalb der Frist (→ Anm. 7) beim BGH einzulegen (§ 544 Abs. 3 S. 1 ZPO). Das gilt auch für Beschwerden gegen Berufungsurteile der bayrischen Berufungsgerichte (§ 7 Abs. 2 EGZPO). Hierbei muss sich der Beschwerdeführer durch einen beim BGH zugelassenen Rechtsanwalt vertreten lassen (§ 78 Abs. 1 S. 3 ZPO). Sie muss das angefochtene Urteil konkret bezeichnen und die Erklärung enthalten, dass gegen dieses Urteil Nichtzulassungsbeschwerde eingelegt wird (§ 549 Abs. 1 S. 2 ZPO analog). Der Beschwerdeschrift soll eine Ausfertigung oder eine beglaubigte Abschrift des angefochtenen Urteils beigefügt werden (§ 544 Abs. 3 S. 2 ZPO).

3. In der Beschwerdebegründung muss der Beschwerdeführer die Revisionszulassungsgründe darlegen. Fehlt es hieran, ist die Beschwerde unzulässig.

Der Beschwerdeführer muss den Zulassungsgrund nicht nur benennen, sondern darüber hinaus zu den jeweiligen Voraussetzungen und zur Entscheidungserheblichkeit substanziiert vortragen (vgl. BGH NJW-RR 2010, 784 Rn. 5).

Dagegen muss er noch keine Revisionsrügen erheben. Lässt der BGH die Revision auf die Nichtzulassungsbeschwerde hin zu, beginnt die Revisionsbegründungsfrist (§ 544 Abs. 8 S. 3 ZPO; hierzu → Form. I.O.9).

Hat der Nichtzulassungsbeschwerdeführer sich in einem außergerichtlichen Vergleich gegenüber dem Nichtzulassungsbeschwerdegegner – voraussetzungslos – zur Zurücknahme der Nichtzulassungsbeschwerde verpflichtet und bestehen keine Wirksamkeitsbedenken gegen diese Regelung, so ist, wenn der Prozessgegner sich auf die getroffene Vereinbarung beruft, die gleichwohl aufrechterhaltene Nichtzulassungsbeschwerde als unzulässig zu verwerfen (BGH NJW 2019, 2479).

4. Die Revisionszulassungsgründe ergeben sich aus § 543 Abs. 2 S. 1 ZPO.

- Eine Rechtssache hat grundsätzliche Bedeutung, wenn sie eine entscheidungserhebliche, klärungsbedürftige und klärungsfähige Rechtsfrage aufwirft, die sich in einer unbestimmten Vielzahl von Fällen stellen kann und deswegen das abstrakte Interesse der

Allgemeinheit an der einheitlichen Entwicklung und Handhabung des Rechts berührt, das heißt allgemein von Bedeutung ist (st. Rspr., vgl. bspw. BGH BeckRS 2020, 14453 Rn. 9). Klärungsbedürftig sind solche entscheidungserheblichen Rechtsfragen, deren Beantwortung zweifelhaft ist oder zu denen unterschiedliche Auffassungen vertreten werden und die noch nicht höchstrichterlich geklärt sind (BGH BeckRS 2020, 14453 Rn. 10).

Der Beschwerdeführer muss konkret auf die Rechtsfrage, ihre Entscheidungserheblichkeit, Klärungsbedürftigkeit und Klärungsfähigkeit sowie ihre über den Einzelfall hinausgehende Bedeutung eingehen. Insbesondere sind Ausführungen dazu erforderlich, aus welchen Gründen, in welchem Umfang und von welcher Seite die betreffende Rechtsfrage umstritten ist (BGH BeckRS 2020, 14453 Rn. 9).

- Eine Zulassung der Revision zur Fortbildung des Rechts setzt voraus, dass der Einzelfall Veranlassung gibt, Leitsätze für die Auslegung von Gesetzesbestimmungen des materiellen oder formellen Rechts aufzustellen oder Gesetzeslücken auszufüllen. Ein solcher Anlass besteht für die Entwicklung höchstrichterlicher Leitsätze nur dann, wenn es für die rechtliche Beurteilung typischer oder verallgemeinerungsfähiger Lebenssachverhalte an einer richtungweisenden Orientierungshilfe ganz oder teilweise fehlt (BGH NJW 2003, 1943, 1945).
- Der Zulassungsgrund der Sicherung einer einheitlichen Rechtsprechung ist vorrangig in den Fällen der Divergenz gegeben, wenn also die anzufechtende Entscheidung von der Entscheidung eines höher- oder gleichrangigen Gerichts abweicht und auf dieser Abweichung beruht. Eine Abweichung in diesem Sinne liegt nur vor, wenn die anzufechtende Entscheidung ein und dieselbe Rechtsfrage anders beantwortet als die Vergleichsentscheidung, mithin einen Rechtssatz aufstellt, der sich mit einem in der Vergleichsentscheidung aufgestellten und diese tragenden Rechtssatz nicht deckt (BGH NJW 2003, 1943, 1945).

  Darüber hinaus liegt dieser Zulassungsgrund vor, wenn über den Einzelfall hinaus ein allgemeines Interesse an einer korrigierenden Entscheidung des Revisionsgerichts besteht. Das kommt zum einen dann in Betracht, wenn vermieden werden soll, dass schwer erträgliche Unterschiede in der Rechtsprechung entstehen oder fortbestehen, die nicht den Charakter einer Divergenz im herkömmlichen Sinn haben. Die hierdurch bestimmte Notwendigkeit einer höchstrichterlichen Leitentscheidung muss sich aus konkreten Anhaltspunkten ergeben, wie etwa aus einer ständigen Fehlerpraxis, die eine Wiederholung des Rechtsfehlers durch das Gericht besorgen lässt, oder aus der ernsthaften Gefahr einer Nachahmung durch andere Gerichte. Zum anderen liegt dieser Zulassungsgrund vor, wenn das Berufungsurteil auf einem Rechtsfehler beruht, der geeignet ist, das Vertrauen in die Rechtsprechung zu beschädigen. Ein schwerer, das Vertrauen der Allgemeinheit in eine funktionierende Rechtsprechung gefährdender Rechtsfehler liegt vor, wenn das Berufungsgericht bei der Auslegung oder Anwendung von Vorschriften des materiellen Rechts oder des Verfahrensrechts gegen grundlegende, verfassungsrechtlich abgesicherte Gerechtigkeitsanforderungen verstoßen hat und die Entscheidung deshalb von Verfassungs wegen einer Korrektur bedarf. Unter diesem Gesichtspunkt ist die Revision zur Sicherung einer einheitlichen Rechtsprechung namentlich zuzulassen, wenn die anzufechtende Entscheidung auf einer Verletzung des allgemeinen Gleichheitssatzes in seiner Ausprägung als Willkürverbot (Art. 3 Abs. 1 GG) oder auf einer Verletzung der Verfahrensgrundrechte des Beschwerdeführers – insbesondere der Garantie des gesetzlichen Richters (Art. 101 Abs. 1 S. 2 GG) oder des Anspruchs auf Gewährung rechtlichen Gehörs (Art. 103 Abs. 1 GG) – beruht, so dass nicht zweifelhaft ist, dass sie auf eine Verfassungsbeschwerde hin der Aufhebung durch das BVerfG unterliegen würde (zum ganzen Absatz BGH NJW 2003, 1943, 1945 f.).

5. Für den Ausgang des Beschwerdeverfahrens gilt Folgendes:
- Verwirft der BGH die Beschwerde als unzulässig oder weist er sie zurück, wird das angefochtene Urteil rechtskräftig (§ 544 Abs. 7 S. 3 ZPO).
- Hat die Beschwerde Erfolg, wird das Verfahren als Revisionsverfahren fortgesetzt (§ 544 Abs. 8 S. 1 ZPO). Der Beschwerdeführer muss die Revision nicht gesondert einlegen, aber begründen (S. 2, 3). Die Beschwerdebegründung ersetzt nicht die Revisionsbegründung.
- Die Revision ist auch dann zuzulassen, wenn im Zeitpunkt der Einlegung der Nichtzulassungsbeschwerde ein Zulassungsgrund gegeben war und dieser zwischenzeitlich durch eine Entscheidung des BGH in anderer Sache entfallen ist, sofern dem Rechtsmittel nur Erfolgsaussichten beizumessen sind (BGH BeckRS 2021, 4148 Rn. 8).
- Hat das Berufungsgericht das Recht des Beschwerdeführers auf rechtliches Gehör in entscheidungserheblicher Weise verletzt, kann der BGH das Berufungsurteil aufheben und die Sache zurückverweisen (§ 544 Abs. 9 ZPO).

Kosten und Gebühren

6. Der BGH-Anwalt erhält für das Beschwerdeverfahren eine 2,3-Gebühr, die im zugelassenen Revisionsverfahren angerechnet wird (VV 3508 RVG iVm VV 3506 RVG). Hiervon ist die Prüfung der Erfolgsaussichten der Beschwerde umfasst (BGH NJW-RR 2018, 700 Rn. 16).

Gerichtsgebühren (2,0) fallen nur an, wenn die Beschwerde keinen Erfolg hat, also verworfen oder zurückgewiesen wird (KV 1242 GKG). Wird die Beschwerde zurückgenommen oder erledigt sich das Verfahren anderweitig, ermäßigt sich die Gebühr auf 1,0 (KV 1243 GKG). Erklären die Parteien den Rechtsstreit im Beschwerdeverfahren für erledigt, kommt es für die nach § 91a Abs. 1 ZPO zu treffende Kostenentscheidung darauf an, ob die Nichtzulassungsbeschwerde zur Zulassung der Revision geführt und – falls dies zu bejahen ist – welchen Ausgang der weitere Rechtsstreit im Anschluss daran voraussichtlich genommen hätte (BGH BeckRS 2021, 5876 Rn. 4).

Gemäß § 47 Abs. 3 GKG ist der gerichtliche Streitwert der für das Rechtsmittelverfahren maßgebende Wert. Wird eine Nichtzulassungsbeschwerde unbeschränkt eingelegt und nachträglich beschränkt, bemisst sich der Streitwert gem. § 47 Abs. 1 S. 1 GKG grundsätzlich nach dem Antrag und nicht nach der Beschwer des Rechtsmittelführers (BGH NJW-RR 2018, 700 Rn. 23). Dagegen kommt es in diesem Fall für den Gegenstandswert als Grundlage der Anwaltsgebühren auf die Beschwer des Beschwerdeführers an. Nimmt der Beschwerdeführer im Beschwerdeverfahren seine Hilfsaufrechnung wirksam zurück, bleibt sie bei der Streitwertfestsetzung außer Betracht (BGH NJW-RR 2020, 761).

Fristen und Rechtsmittel

7. Die Nichtzulassungsbeschwerde ist innerhalb einer Notfrist von einem Monat nach Zustellung des in vollständiger Form abgefassten Urteils, spätestens aber bis zum Ablauf von sechs Monaten nach der Verkündung des Urteils beim BGH einzulegen (§ 544 Abs. 3 S. 1 ZPO) und innerhalb von zwei Monaten nach Zustellung des in vollständiger Form abgefassten Urteils, spätestens aber bis zum Ablauf von sieben Monaten nach der Verkündung des Urteils zu begründen (Abs. 4 S. 1). Ein Tatbestandsberichtigungsantrag hat auf den Lauf dieser Fristen keinen Einfluss, eine Urteilsergänzung nur dann, wenn erst sie den Beschwerdeführer maßgeblich beschwert (vgl. BGH NJW-RR 2004, 712, 713).

Bei Versäumung beider Fristen kann Wiedereinsetzung beantragt werden (§ 233 S. 1 ZPO). Für die Wiedereinsetzung nach einem PKH-Antrag gelten dieselben Grundsätze wie im Berufungsverfahren (→ Form. I.O.1 Anm. 8).

8. Ein Rechtsmittel ist weder gegen die Verwerfung oder Zurückweisung der Beschwerde noch gegen die Revisionszulassung vorgesehen. Es kommt aber die Anhörungsrüge nach § 321a ZPO in Betracht. Sie ist insoweit nur zulässig, wenn die Entscheidung, die Revision nicht zuzulassen, das Verfahrensgrundrecht auf rechtliches Gehör neu und eigenständig verletzt (BGH BeckRS 2021, 1593 Rn. 2). Hierfür genügt es nicht, dass der BGH von der Begründungserleichterung gemäß § 544 Abs. 6 S. 2 Hs. 2 ZPO Gebrauch gemacht hat. Eine Gegenvorstellung (→ Form. I.O.11) ist grundsätzlich unzulässig (vgl. BGH BeckRS 2015, 18672 Rn. 1).

9. Revision

An den
Bundesgerichtshof[1]

Karlsruhe, den 4.11.2021

Revisionsschrift und -begründung[2]

In Sachen

. . . . .

– Klägerin, Berufungsbeklagte, Anschlussberufungsklägerin, Revisionsbeklagte –

Prozessbevollmächtigte: Rechtsanwältin . . . .

gegen

. . . . .

– Beklagte, Berufungsklägerin, Anschlussberufungsbeklagte, Revisionsklägerin –

Prozessbevollmächtigte: Rechtsanwältin . . . .

lege ich im Namen und im Auftrag der Beklagten und Beschwerdeführerin gegen das Urteil des Hanseatischen Oberlandesgerichts vom 1.10.2021, zugestellt am 5.10.2021, Az. I. Instanz . . . ., Az. II. Instanz . . . . ,

Revision

ein.[3]

Ich werde beantragen,[4]

das Berufungsurteil des Hanseatischen Oberlandesgerichts vom 1.10.2021, Az.: . . . . , aufzuheben, soweit die Beklagte auf die Anschlussberufung verurteilt wurde, an die Klägerin . . . . EUR zu zahlen, und die Klage abzuweisen.

hilfsweise,

die Sache zur erneuten Verhandlung und Entscheidung an das Berufungsgericht zurückzuverweisen.

Begründung:[5, 6]

I. Die Klägerin macht Zahlungsansprüche gegen die Beklagte geltend.

1. . . . .

2. Das Landgericht hat der Klage stattgegeben. Das Berufungsgericht hat die hiergegen gerichtete Berufung der Beklagten abgewiesen und die Beklagte auf die Anschlussberufung der Klägerin verurteilt, an die Klägerin weitere EUR . . . . zu zahlen. Zur Begründung hat das Berufungsgericht ausgeführt, ... Das Berufungsgericht hat die Revision zugelassen, allerdings beschränkt auf die Verurteilung der Beklagten auf die

Anschlussberufung. Insoweit weiche das Berufungsgericht von der Entscheidung des Oberlandesgerichts . . . . im Urteil vom . . . . ab.

II. Die Ausführungen des Berufungsgerichts halten revisionsrechtlicher Überprüfung nicht stand. Die Auffassung des Berufungsgerichts, ... trifft nicht zu. Vielmehr ist mit dem Oberlandesgericht . . . . . davon auszugehen, dass . . . . .

Das angefochtene Urteil füge ich mit der Bitte um Rückgabe an.

Rechtsanwältin beim Bundesgerichtshof[7, 8, 9]

Anmerkungen

1. Das Formular verbindet die Revisionsschrift (→ Anm. 3) mit der Revisionsbegründung (→ Anm. 4).

Für die Revision ist der Bundesgerichtshof zuständig. Eine Ausnahme gilt für die Revisionen gegen Berufungsurteile der bayrischen Gerichte. Dort entscheiden die Berufungsgerichte im Urteil bindend darüber, ob der BGH oder das Bayerische Oberste Landesgericht zuständig ist (§ 7 Abs. 1 EGZPO iVm § 8 EGGVG). Wurde das vergessen, gilt der Meistbegünstigungsgrundsatz (BGH NJW 1994, 1224).

Vor dem BGH müssen sich die Parteien durch einen dort zugelassenen Rechtsanwalt vertreten lassen (§ 78 Abs. 1 S. 3 ZPO). Ein Anerkenntnis kann aber bis zur Revisionsbegründung vom Prozessbevollmächtigten des Berufungsverfahrens erklärt werden (BGH NJW-RR 14, 831).

2. Die Revision ist nur statthaft, wenn sie vom Berufungsgericht oder dem BGH auf eine Nichtzulassungsbeschwerde zugelassen wurde (§ 543 Abs. 1 ZPO; zur Nichtzulassungsbeschwerde → Form. I.O.8). Gegen ein zweites Versäumnisurteil des Berufungsgerichts ist die Revision ohne Zulassung statthaft (BGH NJW-RR 2008, 876).

Das Revisionsgericht ist an die Zulassung gebunden (§ 543 Abs. 2 S. 2 ZPO; zu Ausnahmen bspw. BGH NJW-RR 2012, 306 Rn. 7), kann die Revision aber durch einstimmigen Beschluss zurückweisen, wenn keine Revisionsgründe vorliegen und die Revision keine Aussicht auf Erfolg hat (§ 552a ZPO). Aus einer Zulassung der Revision in einem Zurückweisungsbeschluss nach § 522 Abs. 2 ZPO folgt keine Bindungswirkung (BGH NJW 2019, 2034 Rn. 15). Ob die Revision zugelassen wurde, muss sich aus dem Berufungsurteil ergeben. Ohne entsprechende Anhaltspunkte ist die Zulassung abgelehnt.

Das Berufungsgericht kann die Revisionszulassung beschränken, allerdings nicht auf einzelne Rechtsfragen oder Anspruchselemente. Bei einer unzulässigen Beschränkung der Revisionszulassung muss das angefochtene Urteil in vollem Umfang überprüft werden (BGH NJW 2020, 2407 Rn. 11; zahlreiche Beispiele für zulässige und unzulässige Beschränkungen finden sich bei MüKoZPO/*Krüger* ZPO § 543 Rn. 35). Die Auslegung der Urteilsgründe kann eine Beschränkung der Zulassung der Revision auf einzelne Prozessparteien ergeben, sofern Grund der Zulassung eine bestimmte Rechtsfrage war, die das Berufungsgericht zum Nachteil nur einer Prozesspartei entschieden hat. Die Zulassung wirkt in diesem Fall nicht zugunsten der gegnerischen Partei, die das Urteil aus einem anderen Grund angreift (zum Ganzen BGH NJW 2018, 1683 Rn. 22). Deren Revision ist aber grundsätzlich in eine Anschlussrevision umzudeuten (→ Anm. 6). Eine Beschränkung ist regelmäßig auch dann anzunehmen, wenn sich die vom Berufungsgericht als zulassungsrelevant angesehene Frage nur für einen eindeutig abgrenzbaren selbständigen Teil des Streitstoffs stellt, der Gegenstand eines Teilurteils oder eines eingeschränkt eingelegten Rechtsmittels sein kann (BGH NJW 2020, 3258 Rn. 9). Voraussetzung hierfür ist eine Selbständigkeit des von der Zulassungsbeschränkung erfassten Teils des Streitstoffs in dem Sinne, dass dieser in tatsächlicher und rechtlicher Hinsicht unabhängig von dem übrigen Prozessstoff beurteilt werden und auch im Falle einer

Zurückverweisung kein Widerspruch zum nicht anfechtbaren Teil des Streitstoffs auftreten kann (BGH NJW 2020, 3258 Rn. 18).

Die bloße Angabe des Grundes für die Zulassung der Revision reicht dagegen nicht, um von einer nur beschränkten Zulassung des Rechtsmittels auszugehen (BGH BeckRS 2021, 8286 Rn. 8).

3. Die Revisionsschrift muss das angefochtene Urteil bezeichnen und die Erklärung enthalten, dass gegen dieses Urteil Revision eingelegt werde (§ 549 Abs. 1 S. 2 ZPO). Wurde die Revision vom BGH zugelassen, ist dagegen keine Revisionseinlegung erforderlich (§§ 549 Abs. 1 S. 3, 544 Abs. 8 S. 2 ZPO). Der Revisionsschrift soll eine Ausfertigung oder beglaubigte Abschrift des Urteils beigefügt werden (§ 550 Abs. 1 ZPO). Im Übrigen gelten dieselben Grundsätze wie für die Berufungseinlegung (→ Form. I.O.1).

4. Die Revision muss innerhalb der Zwei-Monats-Frist (→ Anm. 8) begründet werden (§ 551 Abs. 1 ZPO), andernfalls ist sie unzulässig und wird verworfen (§ 552 Abs. 1 ZPO). Die Begründung der Nichtzulassungsbeschwerde kann die Revisionsbegründung nicht ersetzen, allerdings kann der Revisionskläger auf die Begründung der Nichtzulassungsbeschwerde Bezug nehmen (§ 551 Abs. 3 S. 2 ZPO).

- Die Revisionsbegründung muss Revisionsanträge enthalten (§ 551 Abs. 3 S. 1 Nr. 1 ZPO). Aus diesen Anträgen müssen sich Umfang und Ziel der Revision ergeben, wobei ggf. die Begründung selbst zur Auslegung herangezogen werden kann. Das Revisionsgericht ist hieran gebunden (§ 557 Abs. 1 ZPO).
- Die Revisionsbegründung muss darüber hinaus die Revisionsgründe darlegen (§ 551 Abs. 3 S. 1 Nr. 2 ZPO).
  - Der Revisionskläger muss die Umstände, aus denen sich die (materielle) Rechtsverletzung ergibt, bestimmt bezeichnen und deren Ursächlichkeit für die Entscheidung darlegen (lit. a). Das Recht ist verletzt, wenn eine Rechtsnorm nicht oder nicht richtig angewendet wurde (§ 546 ZPO). Die Ursächlichkeit der Rechtsverletzung für die Entscheidung des Berufungsgerichts wird vermutet, wenn einer der absoluten Revisionsgründe des § 547 ZPO vorliegt. Der Revisionskläger muss sich mit den tragenden Erwägungen des Berufungsgerichts auseinandersetzen. Er kann – die Zulässigkeit der Revision vorausgesetzt – auch noch nach Ablauf der Begründungsfrist die Verletzung materiellen Rechts rügen. Ist die Revision zulässig, kann das Revisionsgericht auch solche materiellen Rechtsverletzungen berücksichtigen, die vom Revisionskläger nicht gerügt wurden (§ 557 Abs. 3 ZPO).
  - Erhebt der Revisionskläger (auch) Verfahrensrügen, muss er die Tatsachen bezeichnen, aus denen sich der Mangel ergibt (lit. b). Außerdem muss er die Auswirkungen der Rechtsverletzung auf das angefochtene Urteil darlegen (BGH NJW 2016, 3092 Rn. 16). Wie im Berufungsverfahren kann auch mit der Revision nicht die fehlerhafte Wiedergabe von Parteivortrag im angefochtenen Urteil gerügt werden; eine Korrektur ist nur im Tatbestandsberichtigungsverfahren nach § 320 ZPO möglich (vgl. BGH BeckRS 2016, 17206 Rn. 57). Nach Ablauf der Begründungsfrist können weder neue Verfahrensrügen erhoben noch bereits erhobene erstmals begründet werden (BGH NJW-RR 2015, 42 Rn. 34). War der Revisionskläger bereits im Berufungsverfahren nicht mehr berechtigt, einen Verfahrensmangel zu rügen (§ 295 ZPO), kann er dies im Revisionsverfahren nicht nachholen (§ 556 ZPO). Verfahrensmängel, die von Amts wegen zu berücksichtigen sind, kann das Revisionsgericht auch ohne Rüge berücksichtigen (§ 557 Abs. 3 S. 2 ZPO).
- Ist eine Rüge unzulässig erhoben, wird sie im Revisionsverfahren nicht berücksichtigt. Fehlt es insgesamt an einer zulässigen Rüge, ist die Revision unzulässig.

5. Das Revisionsgericht entscheidet grundsätzlich auf der Tatsachengrundlage des Berufungsurteils (§ 559 ZPO). Tatsachenvortrag der Parteien, der sich nicht aus dem

Berufungsurteil oder dem Protokoll der Berufungsverhandlung ergibt (Abs. 1 S. 1), ist deshalb grundsätzlich unbeachtlich (zu den Ausnahmen Musielak/Voit/*Ball* ZPO § 559 Rn. 8 ff.). Neue Ansprüche können im Revisionsverfahren grundsätzlich ebenfalls nicht erhoben werden. Das gilt insbesondere für Klageänderung, Klageerweiterung und Widerklage (zu den Ausnahmen Musielak/Voit/*Ball* ZPO § 559 Rn. 4, 5).

6. Der Revisionsbeklagte kann sich der Revision durch Einreichung eines Schriftsatzes innerhalb der Frist (→ Anm. 8) anschließen (§ 554 Abs. 1 S. 1 ZPO). Der Anschluss muss in der Anschlussschrift, spätestens aber mit Ablauf der Anschlussfrist, begründet werden (Abs. 3 S. 1 ZPO). Die Anschlussrevision muss einen Lebenssachverhalt betreffen, der mit dem von der Revision erfassten Streitgegenstand in einem rechtlichen und wirtschaftlichen Zusammenhang steht (BGH NJW 2018, 1683 Rn. 26). Außerdem muss der sich Anschließende – anders als bei der Anschlussberufung – durch das angefochtene Urteil beschwert sein. Eine Revisionszulassung zu seinen Gunsten ist dagegen nicht erforderlich. Wird die Revision verworfen oder durch Beschluss nach § 552a ZPO zurückgewiesen oder nimmt sie der Revisionskläger zurück, verliert die Anschlussrevision ihre Wirkung (§ 554 Abs. 4 ZPO).

Eine unstatthafte eigenständige Revision ist in eine Anschlussrevision umzudeuten, wenn deren Zulässigkeitsvoraussetzungen erfüllt sind (BGH NJW-RR 2020, 1136 Rn. 11). Beides bildet dann ein einheitliches Rechtsmittel, über das im Ganzen entschieden wird (BGH NJW 2018, 1683 Rn. 27).

Kosten und Gebühren

7. Der BGH-Anwalt erhält für das Revisionsverfahren eine 2,3-Verfahrensgebühr (VV 3508 RVG iVm VV 3506 RVG). Hat derselbe Anwalt bereits das Nichtzulassungsbeschwerdeverfahren betrieben, gibt es diese Gebühr nur ein Mal (VV 3506 RVG). Die Terminsgebühr beträgt 1,6 (VV 3210 RVG).

Die Gerichtsgebühr beträgt 5,0 (KV 1230 GKG). Führt der Revisionskläger die Beendigung des Verfahrens herbei, bevor er die Revision begründet hat, ermäßigt sich die Gebühr auf 1,0 (KV 1231 GKG), danach – bis zum Schluss der mündlichen Verhandlung – auf 3,0 (KV 1232 GKG). Letzteres gilt auch für ein Anerkenntnis des Gegners oder einen Vergleich.

Verliert die Anschlussrevision nach § 554 Abs. 4 ZPO ihre Wirkung, fallen ihre Kosten grundsätzlich dem Revisionskläger zur Last. Das gilt auch bei Umdeutung einer unzulässigen Revision (BGH NJW-RR 2020, 1136 Rn. 14; zur Umdeutung → Anm. 6).

Fristen und Rechtsmittel

8. Die Revision muss binnen eines Monats nach Zustellung des in vollständiger Form abgefassten Berufungsurteils, spätestens aber nach Ablauf von fünf Monaten nach der Verkündung eingelegt werden (§ 548 ZPO). Die Frist kann als Notfrist nicht verlängert werden, Wiedereinsetzung ist aber statthaft (§ 233 S. 1 ZPO). Es gelten dieselben Grundsätze wie für die Berufungseinlegung (→ Form. I.O.1 Anm. 13).

Die Frist zur Revisionsbegründung beträgt zwei Monate und beginnt mit der Berufungsfrist (§ 551 Abs. 2 S. 3 ZPO). Hat der BGH die Revision auf die Nichtzulassungsbeschwerde des Revisionsklägers zugelassen, beginnt die Frist mit der Zustellung der Zulassungsentscheidung (§§ 551 Abs. 3 S. 4, 544 Abs. 8 S. 3 ZPO). Die Frist kann verlängert werden: ohne Einwilligung des Revisionsbeklagten nur um bis zu zwei Monate, wenn nach freier Überzeugung des Vorsitzenden der Rechtsstreit durch die Verlängerung nicht verzögert wird oder wenn der Revisionskläger erhebliche Gründe darlegt; kann dem Revisionskläger innerhalb dieser Frist Einsicht in die Prozessakten nicht für einen angemessenen Zeitraum gewährt werden, kann der Vorsitzende auf Antrag die Frist um bis zu zwei Monate nach Übersendung der Prozessakten verlängern (§ 551 Abs. 2 S. 5, 6 ZPO). Wiedereinsetzung ist möglich (§ 233 S. 1 ZPO).

Die Anschlussrevision muss innerhalb eines Monats nach der Zustellung der Revisionsbegründung eingelegt werden (§ 554 Abs. 2 S. 2 ZPO). Enthält bereits die Nichtzulassungsbeschwerde die Revisionsbegründung, läuft die Frist ab Zustellung des Zulassungsbeschlusses.

9. Die Entscheidungen des Revisionsgerichts sind unanfechtbar. Ggf. kommen Anhörungsrüge nach § 321a ZPO oder Gegenvorstellung in Betracht, letztere aber nicht gegen Revisionsurteile (vgl. BGH BeckRS 2015, 18672 Rn. 1).

10. Sofortige Beschwerde

An das
Landgericht Hamburg[3]

Hamburg, den 17.5.2021

In Sachen . . . . . gegen . . . . .

lege ich für die Beklagte gegen den Beschluss des Landgerichts vom 3.5.2021, Az.: . . . . ., zugestellt am 4.5.2021,

sofortige Beschwerde[1, 2]

ein.[4]

Ich beantrage,

den angefochtenen Beschluss abzuändern und der Klägerin die Kosten des Rechtsstreits aufzuerlegen.[5]

Begründung[6]

Nachdem die Parteien den Rechtsstreit übereinstimmend für erledigt erklärt haben, hat das Landgericht mit dem angefochtenen Beschluss der Beklagten die Kosten des Rechtsstreits auferlegt. Dies entspreche billigem Ermessen unter Berücksichtigung des bisherigen Sach- und Streitstands, da die Beklagte ohne die Erledigungserklärungen den Prozess aller Voraussicht nach verloren hätte. Diese Auffassung des Landgerichts trifft nicht zu. . . . . .

Die Beklagte ist durch den angefochtenen Kostenbeschluss mit mehr als 200 EUR beschwert; der Streitwert der Hauptsache übersteigt 600 EUR.[7]

Die Beklagte bittet das Gericht, seine Entscheidung entsprechend abzuändern. Andernfalls wird um eine schnellstmögliche Nichtabhilfeentscheidung und Weiterleitung der sofortigen Beschwerde an das Hanseatische Oberlandesgericht gebeten.

Rechtsanwältin[8, 9, 10]

Schrifttum: Hinstedt, Die Präklusion neuer Tatsachen im Beschwerdeverfahren, MDR 2018, 1160; *Schneider*, Kosten einer Aussetzungsbeschwerde im Zivilprozess, NJW-Spezial 2020, 539.

Anmerkungen

1. Die sofortige Beschwerde ist unter den Voraussetzungen des § 567 Abs. 1 ZPO statthaft. Der Beschwerdegegner kann sich ihr anschließen (§ 567 Abs. 3 ZPO).

Die sofortige Beschwerde ist statthaft, wenn dies im Gesetz ausdrücklich angeordnet wird (§ 567 Abs. 1 Nr. 1 ZPO), beispielsweise in folgenden Konstellationen:
- Zurückweisung eines Ablehnungsgesuchs gegen Richter (§ 46 Abs. 2 Alt. 2 ZPO);
- Zwischenurteil über die Zulässigkeit der Nebenintervention (§ 71 Abs. 2 ZPO);
- Kostenentscheidung nach übereinstimmenden Erledigungserklärungen (§ 91a Abs. 2 S. 1 ZPO);
- Kostenentscheidung eines Anerkenntnisurteils (§ 99 Abs. 2 S. 1 ZPO);
- Kostenfestsetzungsbeschluss (§ 104 Abs. 3 S. 1 ZPO);
- Zurückweisung eines PKH-Antrags (§ 127 Abs. 2 S. 2 ZPO);
- (Nicht-)Aussetzung des Verfahrens (§ 252 ZPO);
- Kostenbeschluss nach Klagerücknahme (§ 269 Abs. 5 S. 1 ZPO);
- Urteilsberichtigung (§ 319 Abs. 3 Alt. 2 ZPO);
- Zurückweisung des Antrags auf Erlass eines Versäumnisurteils (§ 336 Abs. 1 S. 1 ZPO);
- Ordnungsmittelbeschluss gegen Zeugen (§§ 380 Abs. 3; 390 Abs. 3 ZPO);
- Zurückweisung einer Sachverständigen-Ablehnung (§ 406 Abs. 5 Alt. 2 ZPO);
- Ordnungsmittelbeschluss gegen einen Sachverständigen (§ 409 Abs. 2 ZPO);
- Kostenbeschluss im selbständigen Beweisverfahren (§ 494 Abs. 2 S. 2 ZPO);
- Entscheidung im Zwangsvollstreckungsverfahren (§ 793 ZPO);
- Aufhebung der Arrestvollziehung (§ 934 Abs. 4 ZPO).

Nach der Generalklausel des § 567 Abs. 1 Nr. 2 ZPO ist die sofortige Beschwerde darüber hinaus statthaft gegen Entscheidungen, die eine mündliche Verhandlung nicht erfordern und durch die ein das Verfahren betreffendes Gesuch zurückgewiesen worden ist. Entscheidungen, die eine mündliche Verhandlung nicht erfordern, sind gemäß § 128 Abs. 4 ZPO alle Entscheidungen des Gerichts, die nicht Urteile sind, also insbesondere Beschlüsse. Diese sind mit der sofortigen Beschwerde anfechtbar, wenn sie grundsätzlich nur auf Antrag getroffen werden und ein solcher Antrag zurückgewiesen wurde.
Dies gilt nicht, wenn die sofortige Beschwerde im Gesetz ausdrücklich ausgeschlossen wird, wie beispielsweise in diesen Fällen:
- Richterablehnung (§ 46 Abs. 2 Alt. 1 ZPO);
- isolierte Beschwerde gegen Kostenentscheidung (§ 99 Abs. 1 ZPO);
- Beschwerde des Gegners gegen Bewilligung von Prozesskostenhilfe (§ 127 Abs. 2 S. 1, Abs. 3 ZPO);
- Zurückweisung eines Fristverlängerungsantrags (§ 225 III ZPO);
- Entscheidung über Terminsaufhebung und -verlegung (§ 227 Abs. 4 S. 2 ZPO);
- Verweisungsbeschluss (§ 281 Abs. 2 S. 2 ZPO);
- Zurückweisung des Antrags auf Urteilsberichtigung (§ 319 Abs. 3 Alt. 1 ZPO);
- Zurückweisung des Antrags auf Entscheidung nach Lage der Akten (§ 336 Abs. 2 ZPO);
- Entscheidungen zur Kammer- bzw. Einzelrichterzuständigkeit (§§ 348 Abs. 4, 348a Abs. 3 ZPO);
- Beweisbeschluss (§ 355 Abs. 2 ZPO);
- Sachverständigenablehnung (§ 406 Abs. 5 Alt. 1 ZPO);
- Stattgabe des Antrags auf Durchführung eines selbständigen Beweisverfahrens (§ 490 Abs. 2 ZPO);
- Beschlüsse über Anträge zur einstweiligen Einstellung der Zwangsvollstreckung (§ 707 Abs. 2 S. 2 ZPO).

2. Nicht statthaft ist die sofortige Beschwerde gegen Entscheidungen der Landgerichte als Beschwerdegerichte und gegen Entscheidungen der Oberlandesgerichte (keine sofortige Beschwerde zum Bundesgerichtshof). Hier kommt allenfalls eine Gegenvorstellung in Betracht (hierzu → Form. I.O.11).

3. Die sofortige Beschwerde kann sowohl beim Erstgericht als auch beim Beschwerdegericht eingelegt werden (§ 569 Abs. 1 S. 1 ZPO). Es ist aber sinnvoller, sie an das Erstgericht zu richten, weil dort zunächst das Abhilfeverfahren durchzuführen ist (§ 572 Abs. 1 S. 1 ZPO). Das Beschwerdegericht würde die sofortige Beschwerde also ohnehin dem Erstgericht zuleiten.

4. Die sofortige Beschwerde muss schriftlich eingelegt werden und die angefochtene Entscheidung bezeichnen sowie die Erklärung enthalten, dass dagegen Beschwerde eingelegt werde (§ 569 Abs. 2 ZPO). Grundsätzlich besteht dabei Anwaltszwang. Das gilt nicht für Amtsgerichtsprozesse, in denen kein Anwalt aufgetreten ist (§ 569 Abs. 3 Nr. 1 ZPO), für die sofortige Beschwerde gegen eine PKH-Entscheidung (Nr. 2) und für sofortige Beschwerden von Zeugen, Sachverständigen oder Dritten (Nr. 3). Ob § 569 Abs. 3 Nr. 1 ZPO auch einschlägig ist, wenn der vom Antragsteller zu Protokoll der Geschäftsstelle erklärte Antrag auf Erlass eines Arrests oder einer einstweiligen Verfügung durch Beschluss abgelehnt wurde, ist umstritten. Eine Gegenvorstellung kann nicht in eine sofortige Beschwerde umgedeutet werden (BGH NJW-RR 2001, 279).

5. Die sofortige Beschwerde ist nur zulässig, wenn sich aus dem Antrag ergibt, dass sie darauf gerichtet ist, die Beschwer des Beschwerdeführers zu beseitigen (BGH BeckRS 2020, 4913 Rn. 6).

6. Auch wenn die Beschwerde nicht begründet werden muss (§ 571 Abs. 1 ZPO), sollten die wesentlichen Beanstandungen mitgeteilt werden. Hierzu kann das Beschwerdegericht eine Frist setzen (Abs. 3 S. 1). Neue Angriffs- und Verteidigungsmittel sind zulässig (Abs. 2 S. 1), können aber nach Ablauf der gesetzten Frist präkludiert sein (Abs. 3 S. 2; hierzu *Hinstedt* MDR 2018, 1160).

Der Beschwerdeführer kann die sofortige Beschwerde bis zum Erlass der Beschwerdeentscheidung jederzeit und ohne Mitwirkung des Gegners zurücknehmen, muss dann jedoch die Kosten des Beschwerdeverfahrens tragen (§ 516 Abs. 3 ZPO analog).

7. Gegen Entscheidungen über Kosten ist die sofortige Beschwerde nur zulässig, wenn der Wert des Beschwerdegegenstands 200 EUR übersteigt. Ob das der Fall ist, ergibt sich aus einem Vergleich der dem Beschwerdeführer auferlegten Kosten mit der von ihm begehrten Kostenentscheidung.

Wird sofortige Beschwerde gegen den Kostenbeschluss nach § 91a Abs. 1 ZPO eingelegt, muss der Wert der Hauptsache 600 EUR übersteigen (§ 91a Abs. 2 S. 2 iVm § 511 Abs. 2 Nr. 1 ZPO). Dabei ist grundsätzlich auf das voraussichtliche Unterliegen des Beschwerdeführers abzustellen, von dem das Gericht bei seinem Kostenausspruch ausgegangen ist (BGH NJW-RR 2003, 1504). Dasselbe gilt für den Kostenbeschluss nach Klagerücknahme (§ 569 Abs. 5 S. 1 ZPO).

Kosten und Gebühren

8. Wird die sofortige Beschwerde verworfen oder zurückgewiesen, muss grundsätzlich der Beschwerdeführer die Kosten tragen (§ 97 Abs. 1 ZPO). Zu den Kosten einer Aussetzungsbeschwerde *Schneider* NJW-Spezial 2020, 539.

Fristen und Rechtsmittel

9. Gemäß § 569 Abs. 1 S. 1 ZPO muss die sofortige Beschwerde binnen zwei Wochen seit Zustellung des Beschlusses eingelegt werden. Die Frist ist eine Notfrist; Wiedereinsetzung in die Beschwerdefrist ist nach § 233 ZPO möglich. Für die sofortige Beschwerde

gegen die Ablehnung eines Antrags auf Bewilligung von Prozesskostenhilfe gilt abweichend eine Frist von einem Monat (§ 127 Abs. 2 S. 3 ZPO).
Die Frist beginnt mit der Zustellung der Entscheidung, spätestens mit dem Ablauf von fünf Monaten nach der Verkündung des Beschlusses (§ 569 Abs. 1 S. 2 ZPO).

10. Der Beschluss, mit dem die sofortige Beschwerde verworfen oder zurückgewiesen wurde, ist grundsätzlich unanfechtbar, es sei denn, das Beschwerdegericht hat die Rechtsbeschwerde zugelassen (§ 574 Abs. 1 S. 1 Nr. 2 ZPO). Will der zuständige Einzelrichter (§ 568 Abs. 1 S. 1 ZPO) die Rechtsbeschwerde zulassen, muss er die Sache zuvor auf die Kammer bzw. den Senat übertragen (S. 2). Andernfalls ist seine Entscheidung objektiv willkürlich und verstößt gegen das Verfassungsgebot des gesetzlichen Richters, was vom Rechtsbeschwerdegericht von Amts wegen zu beachten ist und zwingend zur Aufhebung und Zurückverweisung führt (BGH NJW-RR 2019, 381 Rn. 6). Dasselbe gilt, wenn der Beschluss nicht den maßgeblichen Sachverhalt, über den entschieden wird, wiedergibt oder den Streitgegenstand und die Anträge in beiden Instanzen nicht erkennen lässt (BGH NJW-RR 2021, 317 Rn. 4).

11. Gegenvorstellung

An das
Hanseatische Oberlandesgericht

Hamburg, 19.11.2021

In Sachen . . . . . gegen . . . . . erhebe ich gegen den Streitwertbeschluss des Senats vom 12.7.2021 im eigenen Namen,[2]

Gegenvorstellung.[1, 3]

Begründung:

Der Senat hat den Streitwert für das Berufungsverfahren, das durch den Zurückweisungsbeschluss vom 12.7.2021 zu Lasten meiner Mandantin beendet wurde, zu niedrig festgesetzt. . . . . .

Rechtsanwältin[4, 5, 6]

Anmerkungen

1. Die Gegenvorstellung ist gesetzlich nicht geregelt; sie stellt eine Anregung an das Gericht dar, eine für die Partei unanfechtbare Entscheidung zu ändern. Deshalb kommt sie nur dann in Betracht, wenn das Gericht zu einer Änderung seiner Entscheidung befugt ist und diese auch von Amts wegen vornehmen durfte. Hingegen ist eine Gegenvorstellung unzulässig, sofern das Gericht nach den Bestimmungen der jeweiligen Verfahrensordnung nicht befugt ist, seine getroffene Entscheidung zu ändern (zum Ganzen BGH BeckRS 2020, 13680 Rn. 2). Neben einer Anhörungsrüge gemäß § 321a ZPO kommt eine in der ZPO nicht vorgesehene Durchbrechung der materiellen Rechtskraft im Wege einer Gegenvorstellung nicht in Betracht (vgl. BGH BeckRS 2018, 18169 Rn. 1). Sie ist deshalb gegen ein Urteil und einen Beschluss, die in materieller Rechtskraft erwachsen sind oder die materielle Rechtskraft herbeigeführt haben, unstatthaft (BGH BeckRS 2015, 18672 Rn. 1).

Auch Beschlüsse, die auf sofortige Beschwerde ergangen sind und der Rechtsbeschwerde unterliegen, sind in entsprechender Anwendung von § 318 ZPO unabänderlich und damit grundsätzlich bindend (BGH NJW 2018, 3388 Rn. 10). Zulässig ist es aber, auf eine (befristete) Gegenvorstellung ausnahmsweise die Zulassung der Rechtsbeschwerde nachzuholen, wenn die Nichtzulassung eine willkürliche Verletzung von Verfahrensgrundrechten des Beschwerdeführers darstellt (vgl, BGH NJW-RR 2013, 256 Rn. 6).

2. Besondere Praxisrelevanz haben Gegenvorstellungen gegen Streitwertbeschlüsse der Oberlandesgerichte und des BGH, gegen die die Streitwertbeschwerde des § 68 Abs. 1 S. 1 GKG unstatthaft ist (§§ 68 Abs. 1 S. 5, 66 Abs. 3 S. 3 ZPO). Die Gegenvorstellung ist zulässig, da diese Gerichte ihre eigene Streitwertfestsetzung von Amts wegen ändern könnten (§ 63 Abs. 3 S. 1 GKG). Es gilt deshalb aber für die Gegenvorstellung die Sechs-Monats-Frist des S. 2 (hierzu → Anm. 5). Außerdem muss die Partei ein Rechtsschutzinteresse an der Streitwertänderung haben. Hierfür ist eine Beschwer erforderlich, die der obsiegenden Partei in Bezug auf eine begehrte höhere Festsetzung regelmäßig fehlt (BGH BeckRS 2020, 39371 Rn. 4). Dagegen kann deren Prozessbevollmächtigter in entsprechender Anwendung von §§ 32 Abs. 2 Satz 1 RVG, 68 Abs. 1 Satz 1 GKG innerhalb der sechsmonatigen Frist Gegenvorstellung einlegen (BGH BeckRS 2017, 122320 Rn. 1).

3. Die Gegenvorstellung ist als solche zu bezeichnen und wie eine Beschwerde zu begründen. Sie kann auch in einer unstatthaften sofortigen Beschwerde zu sehen sein. Dagegen ist eine Umdeutung in eine sofortige Beschwerde unzulässig (BGH NJW-RR 2001, 279). Für die Gegenvorstellung gilt der Anwaltszwang (vgl. BGH BeckRS 2021, 1861 Rn. 1).

Kosten und Gebühren

4. Für die Entscheidung über die Gegenvorstellung fallen keine Gebühren an.

Fristen

5. Grundsätzlich ist die Gegenvorstellung nicht an eine Frist gebunden. Etwas anderes gilt dann, wenn ein Verstoß gegen ein Verfahrensgrundrecht, vor allem das rechtliche Gehör, geltend gemacht wird; hier muss die zweiwöchige Notfrist des § 321a Abs. 2 S. 1 ZPO beachtet werden. Für die Gegenvorstellung gegen einen Streitwertbeschluss eines Oberlandesgerichts oder des BGH (→ Anm. 2) gilt die sechsmonatige Frist der §§ 68 Abs. 1 S. 3, 63 Abs. 3 S. 2 GKG (BGH BeckRS 2020, 27093 Rn. 1).

6. Der Beschluss, mit dem das Gericht über die Gegenvorstellung entschieden hat, ist nicht anfechtbar (OLG Rostock NJW-RR 2010, 215, 216).

P. Klagen betreffend die Urteilswirkung

1. Nichtigkeitsklage

An das
Landgericht[3]
– Zivilkammer –

Nichtigkeitsklage[1]

In Sachen
der Frau . . . . . vertreten durch ihre Betreuerin, Frau . . . . .[2]

– Nichtigkeitsklägerin und Beklagte des Vorprozesses –

Prozessbevollmächtigte: RA . . . . .
gegen
Fa . . . . .

– Nichtigkeitsbeklagte und Klägerin des Vorprozesses –

Prozessbevollmächtigte des Vorprozesses:[4] RA . . . . .
wegen Forderung
Streitwert: . . . . .

Nach der in beglaubigter Abschrift beigefügten Bestallung ist Frau . . . . . Betreuerin der Nichtigkeitsklägerin. Namens der Nichtigkeitsklägerin erhebe ich Klage und beantrage,[5]

1. das rechtskräftige Versäumnisurteil des Landgerichts . . . . . vom . . . . . Az.: . . . . . aufzuheben;
2. die im Verfahren . . . . . vor dem Landgericht . . . . . Az.: . . . . . erhobene Klage der jetzigen Beklagten und früheren Klägerin zurückzuweisen;
3. hilfsweise:
   der Klägerin Vollstreckungsschutz gem. §§ 712, 714 Abs. 2 ZPO zu gewähren.

Begründung:

Der vorliegenden Klage geht ein Vorprozess umgekehrten Rubrums voraus, in dem die jetzige Klägerin durch Versäumnisurteil zu . . . . . EUR verurteilt wurde.

Die jetzige Klägerin steht durch Beschluss des Amtsgerichts . . . . . seit dem . . . . . unter Betreuung.

Beweis: Vormundschaftsakten des Amtsgerichts . . . . . Az.: . . . . .

Die frühere Klägerin und jetzige Beklagte hat das im Antrag bezeichnete Versäumnisurteil gegen die Nichtigkeitsklägerin erwirkt. Zum Zeitpunkt der diesem Rechtsstreit vorausgehenden Klage war die jetzige Klägerin bereits seit einem Jahr nicht mehr geschäftsfähig und unter Betreuung gestellt. Ihr wurden die Klage und die Ladung zum Termin zur mündlichen Verhandlung persönlich ausgehändigt. Sie hat diese Ladung nicht an ihre Betreuerin weitergegeben. Die Betreuerin hat erst nach Rechtskraft des Versäumnisurteils von dem Rechtsstreit zufällig Kenntnis erlangt. Da in diesem Rechtsstreit die jetzige Klägerin nicht ordnungsgemäß vertreten war, erweist sich das Versäumnisurteil als nichtig, so dass seine Aufhebung geboten ist. Auch das Versäumnisurteil selbst wurde der Nichtigkeitsklägerin persönlich zugestellt, ohne dass diese ihre Betreuerin davon benachrichtigte, so dass es seit dem . . . . . rechtskräftig ist. Eine Aufhebung des im Klageantrag angeführten Urteils ist daher gem. § 579 Abs. 1 Nr. 4 ZPO notwendig.

In der Sache selbst erweist sich die frühere Klage als unbegründet, da zum Zeitpunkt der von der Nichtigkeitsklägerin bei der Beklagten gemachten Bestellung jene bereits geschäftsunfähig war.

Beweis: Vormundschaftsakten, wie benannt

Ein wirksamer Vertrag liegt somit nicht vor und die Klage der früheren Klägerin ist sachlich unbegründet.

Der Gerichtskostenvorschuss iHv . . . . . wurde überwiesen.

Beglaubigte Abschriften für die Beklagte liegen bei.

Rechtsanwältin[6, 7]

Anmerkungen

1. Mit der Nichtigkeitsklage soll ein rechtskräftiges Urteil wegen eines der in § 579 Abs. 1 ZPO genannten schwerer Verfahrensfehler beseitigt werden. Der Kläger muss durch dieses Urteils beschwert sein. Zur Geltendmachung des Nichtigkeitsgrundes der nicht ordnungsgemäßen Vertretung (§ 579 Abs. 1 Nr. 4 ZPO) ist nur die vertretene Partei, deren Schutz die Vorschrift dient, berechtigt, nicht der Gegner (BGH BeckRS 2016, 19737).

Die Klage muss innerhalb einer Notfrist von einem Monat erhoben werden (§ 586 Abs. 1 ZPO → Anm. 6) und soll als „Nichtigkeitsklage" bezeichnet werden. Sie muss außerdem die Bezeichnung des Urteils, gegen das sich die Klage richtet, und die Erklärung, dass Nichtigkeitsklage erhoben wird, enthalten (§ 587 ZPO). Daneben soll die Klage den Anfechtungsgrund, die Beweismittel für die Tatsachen, die den Grund und die Einhaltung der Notfrist ergeben, und die Erklärung enthalten, inwieweit eine Beseitigung des angefochtenen Urteils und welche andere Entscheidung in der Hauptsache beantragt wird (§ 588 ZPO). IÜ gelten die allgemeinen Verfahrensgrundsätze (§ 585 ZPO).

Die Nichtigkeitsklage ist statthaft gegen formell rechtskräftige Urteile jeder Instanz, also auch gegen Anerkenntnis-, Verzichts- und Versäumnisurteile (Musielak/Voit/*Musielak* ZPO § 578 Rn. 10).

Die Nichtigkeitsklage ist in entsprechender Anwendung von § 579 ZPO auch statthaft gegen Beschlüsse, die außerhalb eines Urteilsverfahrens ergehen, rechtskräftig oder unanfechtbar sind und das Verfahren beenden. Hierzu zählen vor allem die Verwerfung der Berufung (§ 522 Abs. 2 ZPO) und der Revision (§ 552 Abs. 2 ZPO) sowie die Verwerfung der Nichtzulassungsbeschwerde (§ 544 ZPO; Musielak/Voit/*Musielak* ZPO § 578 Rn. 13).

2. Wird die Nichtigkeitsklage – wie hier – auf die fehlende Prozessfähigkeit gestützt, muss der Kläger durch seinen gesetzlichen Vertreter vertreten werden.

3. Für die Nichtigkeitsklage (§ 579 ZPO) ist das Gericht ausschließlich zuständig, dessen Endurteil angefochten wird (§ 584 Abs. 1 ZPO). Nichtigkeitsklagen gegen einen Vollstreckungsbescheid gehören ausschließlich vor das Gericht, das für eine Entscheidung im Streitverfahren zuständig gewesen wäre (§ 584 Abs. 2 ZPO).

4. Der Prozessbevollmächtigte des Vorprozesses sollte (als solcher) angegeben werden, auch wenn zweifelhaft ist, dass an diesen wirksam zugestellt werden kann.

5. Die Klageanträge setzen sich aus dem Antrag auf Aufhebung des nach § 579 ZPO nichtigen Urteils und den Sachanträgen in dem vorausgegangenen Prozess zusammen. Für die Begründung der Klage gelten ebenso wenig Besonderheiten wie für die Feststellung der in § 579 ZPO bezeichneten Nichtigkeitsgründe. Im Interesse der Rechtssicherheit an der Aufrechterhaltung eines rechtskräftigen Urteils sind allerdings sowohl die formellen Erfordernisse der Klage als auch die Wahrheit der tatsächlichen Behauptungen von Amts wegen zu prüfen (Musielak/Voit/*Musielak* ZPO § 579 Rn. 9, 10).

Kosten und Gebühren

6. Die Kosten und Gebühren richten sich nach den allgemeinen Bestimmungen bei Zivilklagen. Gebührenrechtlich führen Nichtigkeitsklagen zu einem neuen Rechtszug (BGH BeckRS 2016, 3130).

Fristen und Rechtsmittel

7. Die Nichtigkeitsklage kann nur zeitlich befristet erhoben werden (§ 586 ZPO). Die Klagefrist (Notfrist von einem Monat) beginnt mit dem Tag, an dem die Partei vom Anfechtungsgrund Kenntnis erlangt hat. Nach Ablauf von fünf Jahren, von dem Tage der Rechtskraft des Urteils gerechnet, sind die Klagen unstatthaft, § 586 Abs. 2 S. 2 ZPO.

Bei einer Nichtigkeitsklage wegen mangelnder Vertretung gelten diese Fristen allerdings nicht (§ 586 Abs. 3 ZPO).

Das Gericht entscheidet durch Urteil. Gegen Urteile erstinstanzlicher Gerichte ist unter den Voraussetzungen der §§ 511 ff. ZPO die Berufung statthaft; gegen Urteile zweitinstanzlicher Gerichte bei Zulassung die Revision, ansonsten ggf. die Nichtzulassungsbeschwerde; Urteile des BGH sind nicht anfechtbar (§ 591 ZPO).

2. Restitutionsklage

An das
Landgericht[2]
– Zivilkammer –

Restitutionsklage[1]

der Frau . . . . .

– Restitutionsklägerin und Beklagte des Vorprozesses –

Prozessbevollmächtigte: RA . . . . .

gegen

Frau . . . . .

– Restitutionsbeklagte und Klägerin des Vorprozesses –

Prozessbevollmächtigte des Vorprozesses: RA . . . . .[3]
Streitwert: . . . . .
Namens der Restitutionsklägerin erhebe ich Restitutionsklage und beantrage[4]

1. **das rechtskräftige Urteil umgekehrten Rubrums des Landgerichts . . . . . vom . . . . . Az.: . . . . . aufzuheben;**
2. **die im Verfahren vor dem Landgericht . . . . . Az.: . . . . . erhobene Klage der jetzigen Beklagten und früheren Klägerin zurückzuweisen;**
3. **hilfsweise:**
   der Klägerin Vollstreckungsschutz gem. §§ 712, 714 Abs. 2 ZPO zu gewähren.

Begründung:

Der vorliegenden Klage geht ein Vorprozess umgekehrten Rubrums voraus, in dem die Restitutionsklägerin zur Zahlung von . . . . . EUR verurteilt wurde. Hierbei handelte es

sich um die Rückzahlung von Darlehensvaluta, deren Bezahlung die damalige Beklagte nicht nachweisen konnte. Nach Rechtskraft des Vorprozesses hat die Restitutionsklägerin am . . . . . den Quittungsbeleg über die Rückzahlung des Darlehens aufgefunden. Mit diesem hat die Restitutionsbeklagte handschriftlich bestätigt, dass sie den Betrag von . . . . . EUR erhalten hatte. Die Urkunde enthält die eigenhändige Unterschrift der damaligen Klägerin.

Beweis: Vorlage des Quittungsbelegs vom . . . . .

Durch das Auffinden dieser Urkunde wird bewiesen, dass die Darlehensverpflichtung der damaligen Beklagten durch Zahlung erloschen ist. Das Urteil des Landgerichts . . . . . vom . . . . . wird daher gem. § 580 Nr. 7 ZPO mit der Restitutionsklage angefochten. Diese Urkunde hätte eine günstigere Entscheidung bewirkt.

Der Gerichtskostenvorschuss wurde überwiesen. Eine Ausfertigung des damaligen Urteils sowie eine beglaubigte Abschrift des Quittungsbelegs vom . . . . . füge ich bei.[5]

Rechtsanwältin[6, 7]

Anmerkungen

1. Mit der Restitutionsklage soll ein rechtskräftiges Urteil beseitigt werden, das wegen eines der in § 580 ZPO genannten Gründe auf einer verfälschten Tatsachengrundlage ergangen ist.

Für die Einzelheiten wird zunächst auf die Ausführungen zur Nichtigkeitsklage verwiesen (→ Form. I.P.1).

Die Restitutionsklage ist nur zulässig, wenn die Partei ohne ihr Verschulden außerstande war, den Restitutionsgrund in dem früheren Verfahren, insbesondere durch Einspruch, Berufung oder Anschlussberufung, geltend zu machen (§ 582 ZPO). Hierunter fällt auch das Nichtzulassungsbeschwerdeverfahren (BGH BeckRS 2017, 102712). Die Berufung gegen ein zweites Versäumnisurteil kann nicht darauf gestützt werden, dass Restitutionsgründe des § 580 Nr. 7b ZPO vorliegen (BGH BeckRS 2011, 24939).

Die Restitutionsklage soll als solche besonders bezeichnet werden (§ 587 ZPO). Die Verwendung der Bezeichnung Restitutionsklage empfiehlt sich, da der Klageinhalt eindeutig die Natur der Klage erkennen lassen muss. Die Stellung der Parteien im gegenwärtigen Verfahren und in dem Vorprozess muss genau gekennzeichnet werden. Zum Inhalt der Klageschrift ist auf § 588 ZPO zu verweisen. Die Klagefrist nach § 586 ZPO ist besonders zu achten.

2. Die Zuständigkeit des angerufenen Gerichts richtet sich nach § 584 ZPO. Für die Klagen ist ausschließlich zuständig das Gericht, das im ersten Rechtszug erkannt hat (§ 584 Abs. 1 Hs. 1 ZPO). Wenn das angefochtene Urteil oder auch nur eines von mehreren angefochtenen Urteilen von dem Berufungsgericht erlassen wurde oder wenn ein in der Revisionsinstanz erlassenes Urteil aufgrund des § 580 Nr. 1 bis 3, 6, 7 ZPO angefochten wird, ist das Berufungsgericht zuständig (§ 584 Abs. 1 Hs. 2 ZPO). Wenn ein in der Revisionsinstanz erlassenes Urteil aufgrund der §§ 579, 580 Nr. 4, 5 ZPO angefochten wird, besteht eine Zuständigkeit des Revisionsgerichts (§ 584 Abs. 1 Halbs. 3 ZPO). Zur Frage, welches Gericht für eine Restitutionsklage, die ein in der Revisionsinstanz erlassenes Urteil betrifft, in den Fällen des § 580 Nr. 8 ZPO (Feststellung einer Verletzung der EMRK durch den EGMR) zuständig ist, BGH BeckRS 2018, 4767.

3. → Form. I.P.1 Anm. 3.

4. Die Klage muss zwingend neben der Bezeichnung des Urteils, gegen das sich die Klage richtet, erkennen lassen, dass Restitutionsklage erhoben wurde (§ 587 ZPO). Daneben sind der Anfechtungsgrund zu bezeichnen und Beweismittel für die Tatsache, die den Grund und die Einhaltung der Notfrist ergeben, anzugeben. Auch die Erklärung, inwieweit die Beseitigung des angefochtenen Urteils und welche Entscheidung in der Hauptsache beantragt wird, soll in der Klageschrift niedergelegt sein. Wenngleich insoweit § 588 ZPO eine Ordnungsvorschrift ist, empfiehlt sich seine Beachtung im Hinblick auf § 273 ZPO. IÜ gelten die allgemeinen Verfahrensgrundsätze. Zu beachten ist, dass die Restitutionsklage im Rahmen des § 580 Nr. 7b ZPO nicht auf eine Privaturkunde gestützt werden kann, die lediglich die schriftliche Erklärung eines ansonsten als Zeugen zu vernehmenden Dritten beinhaltet (BGH NJW 1984, 438). Die Voraussetzungen eines Restitutionsgrunds können auch dann gegeben sein, wenn der Restitutionskläger nachträglich eine Urkunde auffindet, die ihn veranlasst, eine gegnerische Tatsachenbehauptung aus dem Vorprozess erstmalig zu bestreiten, § 580 Nr. 7b ZPO; so soll einer Partei in den Fällen zu ihrem Recht verholfen werden, in denen eine bestimmte Urteilsgrundlage mit qualifizierten, verbrieften Beweismitteln im Widerspruch steht (BGH NJW 2005, 222 ff.).

5. Zum Erfordernis der Beifügung von Urkunden (und in Form von Abschriften) vgl. § 588 Abs. 2 S. 1 ZPO.

Kosten und Gebühren

6. → Form. I.P.1.

Fristen und Rechtsmittel

7. → Form. I.P.1.

3. Klage gem. § 826 BGB wegen arglistigen Erschleichens oder Ausnutzens eines Titels

An das
Landgericht[2]
– Zivilkammer –

Klage[1]

der Frau . . . .

– Klägerin –

Prozessbevollmächtigte: RA . . . .
gegen
Frau . . . .

– Beklagte –

wegen Schadensersatz
Streitwert: . . . .
Namens der Klägerin erhebe ich Klage und beantrage,[3]

1. **die Beklagte zu verurteilen, es bei Meidung eines für jeden Fall der Zuwiderhandlung fälligen Ordnungsgeldes bis zu 250.000 EUR, ersatzweise Ordnungshaft bis zu sechs Monaten oder Ordnungshaft bis zu sechs Monaten zu unterlassen, die Zwangsvollstreckung aus dem Urteil des Landgerichts . . . . vom . . . . Az.: . . . . gegen die Klägerin zu betreiben;**

2. an die Klägerin die vollstreckbare Ausfertigung des Versäumnisurteils des Landgerichts ..... vom ..... Az.: ..... herauszugeben;
3. die Beklagte ferner zu verurteilen, an die Klägerin ..... EUR nebst Zinsen iHv fünf Prozentpunkten über dem Basiszinssatz seit ..... zu zahlen.

Vorab werde ich beantragen,

anzuordnen, dass die Zwangsvollstreckung aus dem Urteil des Landgerichts ..... vom ..... Az.: ..... vorläufig eingestellt wird.

Begründung[4]

Mit dem im Klageantrag bezeichneten Urteil hat die jetzige Beklagte und Klägerin des Vorprozesses ein Versäumnisurteil gegen die jetzige Klägerin auf Zahlung von ..... EUR erwirkt. Die jetzige Beklagte hat in dem Vorprozess dargelegt, dass der Aufenthaltsort der jetzigen Klägerin unbekannt sei, so dass die damalige Klage öffentlich zugestellt wurde. Der jetzigen Beklagten war jedoch zum damaligen Zeitpunkt bereits bekannt, dass die Klägerin in X-Stadt wohnte, indem sie sich selbst brieflich an die Klägerin unter dieser Anschrift wandte.

Beweis: 1. Auskunft bei der Einwohnermeldebehörde in X-Stadt
2. Vorlage des Briefes vom .....

Die Beklagte hat damals so durch arglistige Täuschung des angerufenen Gerichts ein Versäumnisurteil gegen die Klägerin erwirkt. Die Klägerin ist daher gem. § 826 BGB berechtigt, Schadensersatz zu fordern. Die Beklagte hat sich das Versäumnisurteil in sittenwidriger Weise durch Erwirken der öffentlichen Zustellung erschlichen. Die Wirkung der Rechtskraft eines Urteils hört dort auf, wo diese Rechtskraft bewusst rechtswidrig zu dem Zwecke herbeigeführt wird, einem Unrecht den Schein des Rechts zu verleihen. Die Beklagte hat hinter dem Rücken der Klägerin in Kenntnis des Nichtbestehens einer Forderung durch öffentliche Zustellung der Klage und Ladung, von denen sie voraussetzte, dass sie die Klägerin nicht erreichen würden, gegen diese einen rechtskräftigen Titel erlangt. Die Beklagte weiß, dass die von ihr behauptete Forderung längst erfüllt ist.

Beweis: Vorlage des Quittungsbelegs

Gem. § 826 BGB kann daher die Klägerin von der Beklagten die Herausgabe der vollstreckbaren Ausfertigung des Versäumnisurteils und Rückzahlung der bisher durch die Vollstreckung des Versäumnisurteils rechtswidrig erlangten Beträge verlangen. Darüber hinaus ist eine Einstellung der Zwangsvollstreckung aus diesem Versäumnisurteil geboten. Die Beklagte betreibt die Zwangsversteigerung eines kürzlich von der Klägerin erworbenen Grundstücks. Versteigerungstermin ist bereits auf den ..... angesetzt.

Gerichtskostenvorschuss ist überweisen; beglaubigte Abschriften liegen bei.

Rechtsanwältin

Anmerkungen

1. Auch unrichtige Titel erwachsen in Rechtskraft (hierzu BVerfG NJW 1993, 1125). Unter sehr engen Voraussetzungen hat die Rechtskraft eines gerichtlichen Titels zurückzutreten, wenn dessen Ausnutzung unter Missachtung der materiellen Rechtslage nach den Umständen des Falls als vorsätzliche sittenwidrige Schädigung i. S. des § 826 BGB anzusehen ist. Eine solche Durchbrechung der Rechtskraft beschränkt sich jedoch auf besonders schwerwiegende, eng begrenzte Ausnahmefälle, in denen es mit dem Gerechtigkeitsgedanken schlechterdings unvereinbar wäre, dem Titelgläubiger seine formelle Rechtsstellung zu belassen (BGH NJW 2002, 2940). Deshalb müssen außer der Kenntnis des Gläubigers von der materiellen Unrichtigkeit des Titels noch weitere Umstände hinzukommen, die die Art der Erlangung des Titels oder die Ausnutzung der Vollstre-

ckung betreffen und es geboten erscheinen lassen, dass der Gläubiger die ihm nach materiellem Recht unverdient zugefallene Rechtsposition aufgibt (BGH NJW 2002, 2940). Hiervon kann allenfalls dann abgesehen werden, wenn die materielle Unrichtigkeit des Titels auf Grund der Sittenwidrigkeit des Vertrags der Parteien so eindeutig und schwerwiegend ist, dass allein schon deswegen jede Vollstreckung das Rechtsgefühl in schlechthin unerträglicher Weise verletzen würde (BGH NJW 2002, 2940).

2. Die Zuständigkeit des angerufenen Gerichts richtet sich nach den allgemeinen Bestimmungen der §§ 12 ff. ZPO, wobei insb. der Gerichtsstand der unerlaubten Handlung, § 32 ZPO, vorliegen wird (zur internationalen Zuständigkeit nach dem Deliktsort OLG Saarbrücken NJW 2019, 1468).

3. Mit der Klage kann nicht die formelle Aufhebung der fehlerhaften Entscheidung, sondern lediglich Naturalrestitution gemäß § 249 BGB durch Unterlassung der Zwangsvollstreckung und Herausgabe des Titels oder Schadensersatz durch Wiederherstellung des früheren Zustandes oder Ersatz in Geld verlangt werden, soweit eine Vollstreckung erfolgt ist. Klageziel kann deshalb nur sein, die vermögensrechtlichen Folgen einer rechtskräftig erlangten Rechtsstellung zu neutralisieren; eine Unzulässigerklärung der Vollstreckung des Titels entsprechend § 767 ZPO kann nicht verlangt werden (OLG Brandenburg BeckRS 2021, 750).

4. Auch im Rahmen einer Klage nach § 826 BGB muss der Kläger die Anspruchsvoraussetzungen darlegen und beweisen.

- Der Titel muss materiell unrichtig sein.
- Der Gläubiger (Beklagte) muss die Unrichtigkeit des Titels kennen.
- Die Erlangung des Titels und seine Ausnutzung sind sittenwidrig.

Für die Frage, ob der Titel, den der Beklagte erstritten hat, inhaltlich unrichtig ist, kommt es grundsätzlich darauf an, wie nach Ansicht des jetzt über den Anspruch befindenden Gerichts richtig zu entscheiden gewesen wäre (KG BeckRS 2014, 14894).

Die Klage hat keinen Erfolg, wenn

- der Titel im Wesentlichen auf eigene mangelhafte Prozessführung des Klägers zurückgeht (BGH NJW-RR 1988, 957) oder
- der Kläger nochmals dieselben Tatsachen, Beweismittel und Rechtsausführungen wie im Vorprozess vorbringt oder seine Ausführungen lediglich um solche Argumente ergänzt, die er auch im Vorprozess schon hätte vorbringen können, weil es sonst die unterlegene Partei immer in der Hand hätte, einen Prozess neu aufzurollen (OLG München BeckRS 2015, 120819). Dem Kläger muss es vielmehr unmöglich oder unzumutbar gewesen sein, die mit der Klage erhobenen Einwände im Ausgangsverfahren geltend zu machen (OLG Koblenz BeckRS 2019, 4466).
- Eine Klage nach § 826 BGB kommt auch dann nicht in Betracht, wenn mit der Einwendungen gegen die Vollstreckung aus dem erschlichenen Titel auch eine Vollstreckungsabwehrklage zulässig begründet werden könnte (OLG Hamm NJW-RR 1987, 1330). Dies gilt allerdings nicht, wenn die Vollstreckungsabwehrklage in einem anderen Staat erhoben werden müsste (OLG Saarbrücken NJW 2019, 1468). Zur Begründung der Klage mit nach § 767 Abs. 2 ZPO präkludiertem Vortrag OLG Köln BeckRS 2010, 22235.

4. Abänderungsklage gem. § 323 ZPO

An das
Amtsgericht
– Zivilabteilung –

Abänderungsklage[1]

der Frau . . . . .

– Klägerin –

Prozessbevollmächtigte: RA . . . . .
gegen
Frau . . . . .

– Beklagte –

wegen Urteilsabänderung
Streitwert: . . . . .

Namens der Klägerin erhebe ich Klage und beantrage,[2]

1. Das Urteil des Amtsgerichts . . . . . vom . . . . . Az.: . . . . . dahingehend abzuändern, dass die Beklagte vom . . . . . an die Klägerin eine im Voraus zu entrichtende Geldrente von monatlich . . . . . EUR zu zahlen hat;
2. hilfsweise:
der Klägerin Vollstreckungsschutz gem. §§ 712, 714 Abs. 2 ZPO zu gewähren.

Begründung:[3]

Die Beklagte wurde infolge eines durch sie verschuldeten Unfalls durch Urteil des Amtsgerichts . . . . . vom . . . . . zur Zahlung einer monatlichen Geldrente von . . . . . EUR nach § 843 BGB verurteilt.[4] Seit dieser Verurteilung sind zehn Jahre vergangen. In der Zwischenzeit hat sich das Einkommen der Beklagten nahezu verdoppelt. Andererseits sind die Lebenshaltungskosten um mehr als 10 % gestiegen. Hinzu kommt, dass die Klägerin seit einigen Monaten infolge des damaligen Vorfalls zusätzlich an einer Bauchspeicheldrüsenentzündung erkrankte.

Seither leidet sie an einer chronischen Entzündung. Dadurch ist die Klägerin gezwungen, in strenger Diät zu leben. Sie hat damit einen erhöhten Mehraufwand an Lebensunterhaltungskosten. Dieser Mehraufwand beträgt monatlich allein . . . . . EUR. Es haben sich nicht nur die Einkommensverhältnisse der Beklagten wesentlich begünstigend verändert, sondern auch der Bedarf der Klägerin ist inflations- und krankheitsbedingt wesentlich gestiegen. Eine Anpassung der Geldrente an diese neuen Verhältnisse ist erforderlich. Diese Entwicklung war bei der damaligen Entscheidung nicht vorhersehbar, so dass das Urteil an die veränderten Bedingungen anzupassen ist. Gemessen am Lebenszuschnitt und den Einkommensverhältnissen der Parteien stellt die neu geforderte Geldrente ein angemessenes Entgelt dar.

Der Gerichtskostenvorschuss ist entrichtet; beglaubigte Abschriften sind beigefügt.
Rechtsanwältin

Anmerkungen

1. Die Abänderungsklage nach § 323 ZPO ist eine prozessuale Gestaltungsklage, mit der eine anderweitige Gestaltung der Rechtsbeziehungen aus einem alten Urteil oder sonstigen Schuldtitel wegen Veränderung der Verhältnisse herbeigeführt werden soll. Diesem Umstand wird Rechnung getragen, da man die Entwicklung der Verhältnisse

nicht für alle Zeit vorhersehen kann. Die Klage ist der Vollstreckungsabwehrklage gem. § 767 ZPO nachgebildet. Letztere dient der Erhebung von rechtsvernichtenden und rechtshemmenden Einwendungen gegen den festgestellten Anspruch. Insoweit gibt es zwischen beiden Klageformen keine Berührungspunkte (BGH NJW 2005, 2313).

Die Abänderung von Unterhaltsurteilen als der praktisch wichtigste Fall einer Abänderung wegen nachträglich veränderter Umstände ist in § 238 FamFG spezialgesetzlich geregelt (→ Form. II.K.4). Für gerichtliche Vergleiche und vollstreckbare Urkunden gilt § 323a ZPO. Im Anwendungsbereich von § 323 ZPO verbleiben vor allem stattgebende Leistungsurteile nach § 258 ZPO (Einzelheiten bei Musielak/Voit/*Borth* ZPO § 323 Rn. 2; zur Klageabweisung BGH NJW 2008, 1525; zur Feststellungsklage Musielak/Voit/*Borth* ZPO § 323 Rn. 8). Ist ein Prozessvergleich bereits durch Urteil abgeändert worden, so ist im erneuten Abänderungsverfahren § 323 Abs. 2 ZPO anwendbar (BGH NJW 1990, 709).

Die Zuständigkeit des Gerichts richtet sich nach den allgemeinen Prozessvorschriften.

2. Der Klageantrag hat das abzuändernde Urteil bzw. den entsprechenden Schuldtitel näher zu bezeichnen. Ebenso ist die gewünschte Abänderung im Antrag zum Ausdruck zu bringen. Wird mit der Klage die Herabsetzung einer Zahlungsverpflichtung begehrt, so ist ein Antrag auf Einstellung der Zwangsvollstreckung aus dem abzuändernden Urteil entsprechend § 769 ZPO, der folgendermaßen formuliert werden kann:

die Zwangsvollstreckung aus dem Urteil des Amtsgerichts ..... vom ..... Az.: ..... einzustellen.

Das Gericht kann das alte Urteil nur für die Zeit seit Erhebung der Abänderungsklage abändern.

3. Es können nur solche Gründe die Klage rechtfertigen, die – wie bei § 767 Abs. 2 ZPO – nach der letzten Tatsachenverhandlung entstanden sind und nicht durch Einspruch hätten geltend gemacht werden können. Der Kläger muss hierzu vortragen, auf welchen Umständen das abzuändernde Urteile beruht und dass sich diese wesentlich geändert haben. Eine Änderungsklage ist nicht zulässig, wenn sie auf Gründe gestützt wird, die zwar nach Schluss der mündlichen Verhandlung erster Instanz im Vorprozess entstanden sind, die aber durch Anschließung an die vom Gegner eingelegte Berufung mittels Erweiterung des Klageantrages bis zum Schluss der mündlichen Verhandlung zweiter Instanz hätten geltend gemacht werden können (BGH NJW 1986, 383). Nach § 524 Abs. 2 S. 3 ZPO gilt bei künftig fälligen wiederkehrenden Leistungen nicht die Einlegungsfrist für eine Anschlussberufung. Nachträglich entstandene Einwendungen sind mit der Vollstreckungsabwehrklage nach § 767 ZPO geltend zu machen (BGH NJW 2008, 1446).

Lassen sich die für die Verurteilung maßgeblichen Verhältnisse in der früheren Entscheidung nicht feststellen, weil die tatsächlichen Verhältnisse nicht wiedergegeben werden, und können diese auch nicht konkludent aus sonstigen Umständen abgeleitet werden, entfällt eine Bindung an die abzuändernde Entscheidung; der Kläger muss dann eine neue Leistungsklage erheben (Musielak/Voit/*Borth*, ZPO § 323 Rn. 16a).

Es reicht nicht aus, dass die Prognose der künftigen Verhältnisse, die der Verurteilung zugrunde liegt, aus nachträglicher Sicht anders zu treffen wäre (BGH NJW 1981, 2193).

Für die Abänderung eines Vergleichs gilt die Einschränkung des § 323 Abs. 3 ZPO nicht.

Formalien und Begründung der Abänderungsklage entsprechen der allgemeinen Leistungsklage (→ Form. I.D.1).

4. Die Verurteilung zu einer Geldrente ist von der Barabfindung §§ 843 Abs. 3, 844 Abs. 2 S. 1 BGB abzugrenzen, auf die § 323 ZPO nicht anwendbar ist (vgl. die Darstellung bei Musielak/Voit/*Borth* ZPO § 323 Rn. 7.)

Q. Urkunden-, Wechsel- und Scheckprozess

1. Klage im Urkundenprozess

An das
Landgericht Hannover[1, 2, 3]
– Zivilkammer –

Klage im Urkundenprozess

des Kaufmanns K
Prozessbevollmächtigter: RA . . . . .

gegen

den Angestellten B
Vorläufiger Streitwert: 22.500 EUR
Namens und in Vollmacht des Klägers beantrage ich, im Urkundenprozess klagend:
1. Der Beklagte wird verurteilt, an den Kläger 22.500 EUR nebst Zinsen in Höhe von 5 Prozentpunkten über dem Basiszinssatz seit dem 1.4.20 . . . . . zu zahlen.
2. Der Beklagte hat die Kosten des Rechtsstreits zu tragen.
3. Das Urteil ist ohne Sicherheitsleistung vorläufig vollstreckbar.[4]

Mit einer Übertragung auf den Einzelrichter ist der Kläger einverstanden.

Begründung:[5]

Der Beklagte war früher für den Kläger als Handelsvertreter auf Provisionsbasis tätig. Seine Provisionseinkünfte betrugen monatlich im Durchschnitt 4.000 EUR.[6]

Beweis: Anliegende Provisionsabrechnung für die letzten 12 Monate

Der Beklagte erhielt auf die von ihm vermittelten Geschäfte regelmäßig Vorschüsse, die wegen zahlreicher späterer Stornierungen nicht vollständig verdient wurden. Am 20.10. letzten Jahres setzten sich die Parteien zusammen und errechneten für die Zeit bis 31.7.20 . . . . . einen Debet-Saldo des Beklagten in Höhe von 22.500 EUR. Daraufhin unterzeichnete der Beklagte im Beisein von Zeugen das anliegende Schuldanerkenntnis,[7] in dem sich der Beklagte verpflichtete, spätestens bis zum 31.3. dieses Jahres 22.500 EUR zu zahlen.

Beweis: für die Echtheit der Unterschrift:
Parteivernehmung[8]

Der Beklagte hat keine Zahlung geleistet.
Der Zinsanspruch ergibt sich aus § 284 Abs. 2, § 288 BGB.[9]
Beglaubigte und einfache Abschrift der Klage nebst Anlagen[10] liegen an.
Rechtsanwalt[11, 12]

Schrifttum: Becht, Der Beweis der Echtheit einer Urkunde im Urkundenprozess, NJW 1991, 1993; *Bilda,* Zur Bindungswirkung von Urkundenvorbehaltsurteilen, NJW 1983, 142; *Bussmann,* Die Klage auf zukünftige Leistungen im Urkundenprozess, MDR 2004, 674; *Bütter/Aigner,* Zur Urkunden- und Beweisqualität von Reproduktionen mikroverfilmter Dokumente im Rahmen des Urkundenprozesses, WM 2005, 1729; *Eisenhardt,* Mietzinsklage im Urkundenprozess bei Wohnraummiete, MDR 1999, 2329; *Greiner,*

Urkundenprozess und Einrede des nichterfüllten Vertrags, NJW 2000, 1314; *Lang,* Rückforderung des auf eine Bürgschaft auf erstes Anfordern Geleisteten im Urkundenprozess, WM 1999, 2329; *Lembcke,* Urkundenprozess in Bausachen, BauR 2009, 19; *Mayer*, Anwaltsvergütung nach dem Kostenrechtsänderungsgesetz 2021, NJW 2021, 345; *Mertins,* Der Urkundenprozess, NJ 2012, 133; *Michalski,* Die Geltendmachung von Wohnraummietzinsansprüchen im Urkundenprozess, ZMR 1996, 637; *Nobbe,* Die neuere Rechtsprechung des Bundesgerichtshofs zum Wechsel- und Scheckrecht, WM 2000, Sonderbeilage Nr. 5; *Sommer/Wichert,* Miete, Nebenkosten und Nutzungsentschädigung im Urkundenprozess, ZMR 2009, 503; *Stürner,* Statthaftigkeit und Beweisbedürftigkeit im Urkundenprozess, NJW 1972, 1257.

Anmerkungen

1. Für Geldansprüche, deren anspruchsbegründende Tatsachen sich aus einer in Händen des Klägers befindlichen Urkunde ergeben, stellt die Zivilprozessordnung mit dem Urkundenprozess (§§ 592 ff. ZPO) ein beschleunigtes Verfahren zur Verfügung, das im Streitfall allerdings nur zu einer vorläufigen Entscheidung, dem Vorbehaltsurteil, führt. Die Beschleunigung wird dadurch erreicht, dass dem meist beweispflichtigen Beklagten als Beweismittel (auch für Aufrechnungsforderungen, BGH NJW 1971, 2226) nur der Antrag auf Parteivernehmung oder der Urkundenbeweis zur Verfügung steht (§ 595 Abs. 2 ZPO) und dass Widerklagen nicht statthaft sind (§ 595 Abs. 1 ZPO). Das obligatorische Güteverfahren nach den einschlägigen Landesgesetzen findet nicht statt (§ 15a Abs. 2 Nr. 4 EGZPO), auch dann nicht, wenn später vom Urkundenprozess Abstand genommen wird (vgl. *Wesche* MDR 2003, 1029 (1030)). Der Urkundenprozess bietet dem Kläger zudem den Vorteil, dass das stattgebende Urteil ohne Sicherheitsleistung vorläufig vollstreckbar ist (§ 708 Nr. 4 ZPO; aber erhöhtes Risiko: §§ 600 Abs. 2, 302 Abs. 4 ZPO). Ein Rechtsanwalt, der diese Vorteile nicht nutzt und nicht im Urkundenprozess klagt, kann gegenüber seinem Mandanten regresspflichtig sein (BGH NJW 1994, 3295). Die Rspr. hat für den Urkundenprozess einen breiten Anwendungsbereich eröffnet: Voraussetzung ist nicht, dass sich der Anspruch selbst aus der Urkunde ergibt; er muss lediglich mittels Urkunden zu beweisen sein (BGH NJW 1996, 400). Als Urkunden kommen nicht nur Schuldversprechen und Schuldanerkenntnisse in Betracht, sondern schriftlich niedergelegte Verträge jeder Art, sofern aus ihnen sämtliche anspruchsbegründenden Tatsachen, zB auch die Fälligkeit, folgen. Dabei kann sich der Anspruch aus einer oder aus mehreren sich ergänzenden Urkunden ergeben. Nach OLG Köln (MDR 1991, 901) soll sogar ein Telefax eine Urkunde im Sinne des § 592 ZPO sein; die Ablichtung einer Urkunde genügt nicht (BGH NJW 1992, 829 (830)). Ungeklärt ist, ob der Urkundenprozess mit der Reproduktion einer mikroverfilmten Urkunde geführt werden kann (vgl. *Bütter/Aigner* WM 2005, 1729). Auch bei fehlendem Bestreiten oder im Fall der Säumnis des Beklagten müssen die anspruchsbegründenden Tatsachen durch Urkunden beweisbar sein (OLG München MDR 2012, 186).

Der Urkundenbeweis kann in dieser Prozessart nur durch Vorlage der Urkunde, nicht durch einen Antrag auf Vorlage oder auf Beiziehung von Akten angetreten werden (BGH NJW 1994, 3295). Ein Antrag auf Beiziehung von Gerichtsakten eines Parallelprozesses kann aber genügen (BGH NJW 1998, 2280). Jedoch ist das schriftliche Sachverständigengutachten aus dem selbständigen Beweisverfahren im Urkundenprozess kein zulässiges Beweismittel (BGH WM 2007, 2352).

Vor den Arbeitsgerichten ist ein Urkunden-, Wechsel- oder Scheckprozess ausgeschlossen (§ 46 Abs. 2 ArbGG).

Beispiele aus der neueren Rspr.:

- Ansprüche des Vermieters auf Betriebskostennachzahlungen aus Wohnraummietverträgen können im Urkundenprozess geltend gemacht werden (BGH NJW 2015, 475).
- Ansprüche auf Mietzins können im Urkundenprozess geltend gemacht werden (BGH NJW 1999, 1408; *Börstinghaus* NZM 1998, 89; *Eisenhardt* MDR 1999, 901); das gilt nach neuer Rspr. des BGH auch für die Wohnraummiete (BGH NJW 2005, 2701); einschränkend noch OLG Düsseldorf NJW-RR 2005, 97). Allerdings muss der klagende Vermieter bei anfänglichen Mängeln, wenn sie nicht unstreitig sind, auch eine erfolgte Mängelbeseitigung durch Urkunden belegen können (BGH NJW 2009, 3099; ZMR 2011, 204; OLG Düsseldorf NJW-RR 2011, 157). Behält sich der Mieter bei der Annahme der Mietsache seine Rechte wegen eines Mangels vor, ist eine spätere Klage auf Zahlung von rückständiger Miete im Urkundenprozess nur dann statthaft, wenn unstreitig ist oder der Vermieter urkundlich beweisen kann, dass der Mieter trotz des erklärten Vorbehalts die Mietsache als Erfüllung angenommen hat (BGH NJW-RR 2013, 1232).
- Betriebskostennachforderungen (BGH NJW 2015, 475).
- Die Urkundenklage kann auch auf eine Bürgschaft auf erstes Anfordern gestützt werden; dabei genügt es, wenn die Zahlungsaufforderung im Prozess erfolgt (BGH NJW 1998, 2280 (2281)). Hingegen kann die Rückgriffsforderung aus einer solchen Bürgschaft nicht im Urkundenprozess geltend gemacht werden (BGH NJW 2001, 3549); zur Rückgriffsklage des Bürgen vgl. iÜ BGH NJW-RR 1988, 61.
- Die Vergütung aus einem Dienstvertrag kann Gegenstand einer Urkundenklage sein (KG NJW-RR, 1997, 1259).
- Ein Prospekthaftungsanspruch kann im Urkundenprozess durch Vorlage des mangelhaften Prospekts verfolgt werden (BGH NJW 1996, 400).
- Nach BGH NJW 2002, 751 kann eine Widerklage in der Form des Urkundenprozesses erhoben werden, wenn die Klage im ordentlichen Verfahren erhoben wurde; § 595 Abs. 1 ZPO steht dann nicht im Weg.
- Auch im Rahmen eines Schiedsgerichtsverfahrens kann die Klage im Urkundenprozess erhoben werden, nicht aber im Wechsel- oder Scheckprozess (BGH NJW 2006, 779).

2. Für die örtliche und sachliche Zuständigkeit braucht der Nachweis nicht durch Urkunden geführt zu werden; §§ 592, 595 ZPO gelten für die Prozessvoraussetzungen nicht (Thomas/Putzo/*Reichold* ZPO § 592 Rn. 5). Über die Anwendung ausländischen Rechts kann im Urkundenprozess ein Sachverständigengutachten eingeholt werden (BGH WM 1997, 1245). Anders als für Wechsel- und Scheckansprüche ist im gewöhnlichen Urkundenprozess die Kammer für Handelssachen idR nur zuständig, wenn beide Parteien Kaufleute sind (§ 95 Abs. 1 GVG). Im angenommenen Fall war der Beklagte zwar als Handelsvertreter gleichfalls Kaufmann, jedoch kommt es nach hM für die Kaufmannseigenschaft auf den Zeitpunkt der Rechtshängigkeit an (Thomas/Putzo/*Hüßtege* GVG § 95 Rn. 2).

3. Gem. § 593 Abs. 1 ZPO muss die Klageschrift die Erklärung enthalten, dass im Urkundenprozess geklagt wird. Spätere Nachholung wird wie eine Klageänderung behandelt und ist nur ausnahmsweise sachdienlich (Thomas/Putzo/*Reichold* ZPO § 593 Rn. 1; großzügiger LG Flensburg NJW 2003, 3425).

4. Vgl. § 708 Nr. 4 ZPO.

5. In der Klagebegründung kann sich der Kläger idR damit begnügen, das Zustandekommen der Urkunde darzustellen. Es ist meist nicht notwendig, auf schon bekannte Einwendungen des Beklagten näher einzugehen. Jedoch kann sich nach der Klageerwiderung für den Kläger die Notwendigkeit ergeben, bereits im Urkundenprozess mehr vortragen zu müssen, nämlich zB dann, wenn der Beklagte einen Sachverhalt dargelegt hat, der den sich aus der Urkunde ergebenden Anspruch zu Fall bringt (Anfechtung, Rücktritt, Kondiktion, Aufrechnung etc). Selbst wenn der Beklagte dafür nur Beweismittel benannt hat, die im Urkundenprozess unstatthaft sind, muss sich der Kläger jetzt schon erklären; denn die Unzulässigkeit des Beweismittels wirkt sich erst aus, wenn der Sachverhalt streitig ist (BGH WM 1974, 487; 1985, 739; OLG München MDR 2004, 531). Es kann sich daher empfehlen, bereits in der Klageschrift den zu erwartenden Sachvortrag des Beklagten zu bestreiten; jedenfalls sollte die Erwiderung des Klägers auf die zu erwartenden Einwendungen bereits präsent sein.

6. Die Angabe des Verdiensts ist zweckmäßig, da für Rechtsstreitigkeiten gegen Einfirmenvertreter, soweit sie durchschnittlich nicht über 1.000 EUR pro Monat verdienen, das Arbeitsgericht sachlich zuständig ist (vgl. Baumbach/Hopt/*Hopt* HGB § 84 Rn. 46). Falls die Voraussetzungen streitig werden oder das Gericht nähere Darlegungen verlangt, ist es nicht erforderlich, den Nachweis durch Urkunden zu führen: §§ 592, 595 ZPO gelten für die Prozessvoraussetzungen nicht (→ Anm. 2).

7. Die Urkunden, aus denen sich der Anspruch ergibt, müssen der Klageschrift im Original oder in beglaubigter Abschrift beigefügt sein, § 593 Abs. 2 ZPO. Sie können auch mit einem späteren Schriftsatz eingereicht werden, der aber die Einlassungsfrist wahren sollte. Unbeglaubigte Fotokopien genügen nicht (OLG Düsseldorf MDR 1988, 504). Spätestens im Termin muss die Urkunde im Original vorgelegt werden, sonst ist der Urkundenprozess unstatthaft (vgl. Zöller/*Greger* ZPO § 592 Rn. 11; OLG Frankfurt MDR 1982, 153). Anders ist es, wenn die klagebegründenden Tatsachen unstreitig oder zugestanden werden (BGH NJW 1994, 447 (448); WM 2007, 2352 (2353)). Ein Versäumnisurteil gegen den Beklagten kann aber nur ergehen, wenn der Kläger die Originalurkunden im Termin vorlegt (vgl. Zöller/*Greger* ZPO § 592 Rn. 11; Musielak/Voit/*Voit* ZPO § 592 Rn. 11).

8. Als Beweismittel für die Echtheit der Urkunde, also insb. für die Echtheit der Unterschrift des Beklagten, kommt idR nur der Antrag auf Parteivernehmung in Betracht (§ 595 Abs. 2 ZPO); mit Urkunden wird der Beweis kaum je zu führen sein. Ein Schriftsachverständigengutachten kann erst im Nachverfahren eingeholt werden, auch ein vorhandenes Gutachten dürfte nicht im Wege des Urkundenbeweises verwertet werden; ebenso wenig ist eine Schriftvergleichung nach § 441 ZPO statthaft. Der Beweisantritt ist vorsorglich gemeint; er wird erst erheblich, wenn der Beklagte seine Unterschrift bestreitet. Zu den Beweisregeln, die für die Echtheit der Urkunde und die Bedeutung ihres Inhalts gelten, → Form. I.H.7 Anm. 1.

9. Will der Kläger einen höheren als den gesetzlichen Zinssatz verlangen, muss dieser durch die Urkunde bewiesen werden können. Etwas anderes gilt, wenn der Zinsanspruch vom Beklagten trotz Verhandelns nicht bestritten wird (BGH WM 2007, 2352 (2353); Thomas/Putzo/*Reichold* ZPO § 592 Rn. 6).

10. Die Urkunden müssen dem Beklagten in beglaubigter Abschrift mitgeteilt werden. Fehlen sie oder werden sie nicht innerhalb der Einlassungsfrist nach § 274 Abs. 3 ZPO übermittelt, braucht sich der Beklagte nicht auf den Urkundenprozess einzulassen; der Urkundenprozess ist dann unstatthaft, ein Versäumnisurteil kann nicht ergehen.

Kosten und Gebühren

11. Gerichtskosten (KV 1210 GKG) und Anwaltsgebühren (VV 3100 RVG) entstehen wie bei einer Klage im ordentlichen Verfahren (→ Form. I.D.1). Jedoch kann ein im Urkundenprozess begonnener Rechtsstreit, wenn es zu einem Nachverfahren kommt, erheblich teurer werden als ein gewöhnlicher Rechtsstreit; denn im Nachverfahren entstehen die Rechtsanwaltsgebühren – mit Ausnahme der Verfahrensgebühr, vgl. VV 3100 RVG Abs. 2 – erneut (§ 17 Nr. 5 RVG). Die Verfahrensgebühr für einen Urkunden- oder Wechselprozess wird auf das ordentliche Verfahren angerechnet, wenn dieses nach Abstandnahme vom Urkunden- oder Wechselprozess oder nach einem Vorbehaltsurteil anhängig bleibt. Dabei überführte der Gesetzgeber des Kostenrechtsänderungsgesetzes 2021 (BGBl. 2020 I 3229) die bisherige Anm. 2 zu VV 3100 RVG in einen eigenen Absatz der Vorb. 3, so dass die Regelung mithin für alle Vergütungstatbestände des Teils 3 – auch Berufungsverfahren – gilt (*Mayer* NJW 2021, 345 (348)).

Fristen und Rechtsmittel

12. Wird die Klage als im Urkundenprozess unstatthaft abgewiesen, kann der Kläger Berufung einlegen und seinen Anspruch im Urkundenprozess weiter verfolgen. Er kann aber noch unter den Voraussetzungen der §§ 263, 533 ZPO in der Berufung vom Urkundenprozess abstehen und seinen Anspruch im ordentlichen Verfahren verfolgen, dh wenn der Beklagte einwilligt oder das Gericht dies für sachdienlich hält (BGH NJW 2011, 2796 (2797); bestätigend NJW 2012, 2662; NJW 2020, 2407 (2408) zum früheren Recht bereits BGH NJW 2000, 143 (144)). Erlässt das Gericht ein Vorbehaltsurteil, muss der Beklagte überlegen, ob er hiergegen Berufung einlegen oder seine Rechte im Nachverfahren geltend machen will (→ Form. I.Q.7 Anm. 1); auch beides nebeneinander ist möglich. Wird die Klage im Nachverfahren rechtskräftig abgewiesen, macht das die Berufung gegen das Vorbehaltsurteil gegenstandslos (OLG Braunschweig NJW-RR 2000, 1094).

2. Klageerwiderung im Urkundenprozess

An das
Landgericht
In Sachen
. . . . .
zeige ich an, dass ich den Beklagten vertrete.
Ich werde beantragen:
1. Die Klage wird abgewiesen.[1, 2]
2. Die Kosten des Rechtsstreits trägt der Kläger.
3. Das Urteil ist ohne Sicherheitsleistung vorläufig vollstreckbar.[3]
Hilfsweise wird beantragt,
dem Beklagten die Ausführung seiner Rechte im Nachverfahren vorzubehalten.[4]

Begründung:[5]

. . . . .
Rechtsanwalt[6, 7]

Schrifttum: Vgl. zunächst die Hinweise in → Form. I.Q.1; *Hall,* Vorbehaltsanerkenntnis und Anerkenntnisvorbehaltsurteil im Urkundenprozess, Berlin 1992; *Künkel,* Das Vorbehaltsurteil als Anerkenntnis- und Versäumnisurteil im Urkunden- und Wechselprozess, NJW 1963, 1041; *Schwarz,* Anerkenntnis und Vorbehaltsurteil im Urkundenprozess, JR 1995, 1; *Schwarz,* Die Verwahrung gegen die Kostenlast im Urkundenprozess, ZZP 1997, 181.

Anmerkungen

1. Bei der Klageerwiderung im Urkunden-, Wechsel- und Scheckprozess muss der Beklagte sich zunächst darüber klar werden, ob er seine Chancen bereits hier oder erst im Nachverfahren suchen soll. Dazu sollte er insb. sorgfältig prüfen, ob sich der Klageanspruch schlüssig aus den vorgelegten Urkunden ergibt. Fehlt es daran, sollte er die Abweisung der Klage beantragen. Wenn die Urkundenklage aber zulässig und schlüssig ist, keine Einwendungen gegen die Echtheit der Urkunde bestehen und der Beklagte voraussieht, dass er seine Einwendungen mit den im Urkundenprozess statthaften Beweismitteln nicht wird beweisen können, ist zu überlegen, ob er den Anspruch nicht im Urkundenprozess unter Vorbehalt seiner Rechte im Nachverfahren anerkennen soll. Die Zulässigkeit eines solchen eingeschränkten Anerkenntnisses, das zu einem Vorbehaltsanerkenntnisurteil führt, ist streitig (vgl. Thomas/Putzo/*Reichold* ZPO § 599 Rn. 5; Zöller/*Greger* ZPO § 599 Rn. 8; Musielak/Voit/*Voit* ZPO § 599 Rn. 6 mwN), wird aber von der Rspr. überwiegend bejaht (zB OLG Düsseldorf NJW-RR 1999, 68; offen gelassen von BGH NJW-RR 1992, 254). Will der Beklagte sich also aus Kostengründen (→ Anm. 6) oder zur Konzentration des Rechtsstreits erst im Nachverfahren näher einlassen, empfiehlt sich folgende Fassung der Klageerwiderung:

„Der Beklagte will seine Einwendungen erst im Nachverfahren geltend machen. Er erkennt daher den Klageanspruch unter Vorbehalt seiner Rechte im Nachverfahren an.
Falls das Gericht ein solches Anerkenntnis nicht für zulässig halten sollte, widerspricht der Beklagte dem geltend gemachten Anspruch und beantragt,
die Klage abzuweisen,
hilfsweise ihm die Ausführung seiner Rechte im Nachverfahren vorzubehalten.
Seine Einwendungen wird der Beklagte auch in diesem Fall erst im Nachverfahren näher darlegen.“

Das Anerkenntnis hindert den Beklagten nicht, sämtliche Einwendungen – auch die Verjährungseinrede (BGH NJW-RR 1992, 254 (256)) – später im Nachverfahren geltend zu machen. Auch wenn es nicht zum Anerkenntnisurteil kommt, ist eine nähere Darlegung der Einwendungen im Urkundenprozess jedenfalls dann nicht erforderlich, wenn der Beklagte erklärt, die Einwendungen erst im Nachverfahren geltend machen zu wollen. Der Beklagte ist im Urkundenprozess nicht verpflichtet, sich materiell gegen den Klageanspruch zu verteidigen (BGH NJW 1988, 1468). Allerdings muss er darauf achten, dass er nicht Tatsachen unwidersprochen lässt, an deren Feststellung im Vorbehaltsurteil das Gericht für das Nachverfahren gebunden wäre (zB hinsichtlich der Prozessvoraussetzungen, der Formerfordernisse der Urkunde und der Schlüssigkeit der Klage; BGH NJW 2004, 1159; OLG Düsseldorf NJW-RR 1999, 68; Thomas/Putzo/*Reichold* ZPO § 600 Rn. 4, zur Bindungswirkung des Vorbehaltsurteils → Form. I.Q.7 Anm. 1). Die Echtheit der Urkunde – insb. also die der Unterschrift – braucht der Beklagte erst im Nachverfahren zu bestreiten (BGH NJW 2004, 1159; 1982, 183). Auch die Einrede der Verjährung kann der Beklagte erstmals im Nachverfahren erheben (BGH NJW 2004, 1159).

Will der Beklagte den Anspruch ohne Einschränkung, also nicht nur im Urkundenprozess, anerkennen, sollte er das bereits jetzt, nicht erst im Nachverfahren tun. Bei einem Anerkenntnis erst im Nachverfahren wäre § 93 ZPO unanwendbar (OLG Düsseldorf MDR 1983, 496).

2. Ist die Klage im Urkundenprozess aus den in → Form. I.Q.1 Anm. 3, 7 genannten Gründen unstatthaft, sollte der Beklagten gem. § 597 Abs. 2 ZPO beantragen,

„die Klage als in der gewählten Prozessart unstatthaft abzuweisen“.

Die Klage ist allerdings nicht schon deshalb im Urkundenprozess unstatthaft, weil der Kläger den Anspruch nicht hinreichend mit Urkunden belegt hat. Das gilt erst, wenn der

Beklagte die Tatsachen, die durch Urkunden bewiesen werden sollen, bestritten hat (BGH WM 2005, 2352 (2353)).

3. Der Antrag ist nicht notwendig und auch nicht üblich. Es kann aber zweckmäßig sein, das Gericht darauf hinzuweisen, dass auch klageabweisende Urteile im Urkunden-, Wechsel- und Scheckprozess unter § 708 Nr. 4 ZPO fallen.

4. Hat der Beklagte dem geltend gemachten Anspruch widersprochen, wird ihm, wenn er im Urkunden-, Wechsel- oder Scheckprozess verurteilt wird, die Ausführung seiner Rechte im Nachverfahren vorbehalten, § 599 Abs. 1 ZPO. Es genügt, wenn der Beklagte in streitiger Verhandlung Klageabweisung beantragt. Der Vorbehaltsantrag ist üblich und als Hinweis an das Gericht zweckmäßig, aber nicht notwendig. Fehlt der Vorbehalt im Urteil, muss binnen zwei Wochen eine Ergänzung nach § 321 iVm § 599 Abs. 2 ZPO beantragt werden (→ Form. I.N.3), sonst kann das Urteil im Nachverfahren nicht mehr aufgehoben werden (OLG Karlsruhe NJW-RR 1991, 1151).

5. Soweit es die Schlüssigkeit der Urkundenklage betrifft, sollte der Beklagte unbedingt schon hier Stellung nehmen. Übersieht das Gericht die Unschlüssigkeit der Urkundenklage, ist es im Nachverfahren hieran gebunden (BGH NJW 1991, 1117; 1993, 668; 2004, 1159). Im Übrigen steht es dem Beklagten frei, bereits im Urkundenprozess sämtliche nach bürgerlichem Recht möglichen Einwendungen geltend zu machen oder das Nachverfahren abzuwarten (BGH NJW 1993, 668). Er kann auch die Hilfsaufrechnung mit einer urkundlich belegten oder unstreitigen (BGH WM 1986, 537) Gegenforderung erklären. Seine Einwendungen werden allerdings als im Urkundenprozess unstatthaft zurückgewiesen, wenn der Kläger ihre Voraussetzungen bestreitet und der Beklagte den ihm obliegenden Beweis nicht mit den Beweismitteln des § 595 Abs. 2 ZPO antritt (§ 598 ZPO). Der Beklagte sollte sich aber davor hüten, seine Einwendungen oder Gegenforderungen im Hinblick auf das Nachverfahren hier nur unspezifiziert vorzutragen; das Gericht wird sie dann als unschlüssig zurückweisen, und zwar mit Bindungswirkung für das Nachverfahren. Wenn sich der Beklagte also nicht dafür entscheidet, alle oder bestimmte Einwendungen erst im Nachverfahren geltend zu machen, sollte er genauso gründlich wie auf eine Klage im ordentlichen Verfahren erwidern.

Kosten und Gebühren

6. Auch wenn der Beklagte im Urkundenprozess keine Einwendungen erhebt, entstehen die Verhandlungsgebühr und die Terminsgebühr nach VV Nr. 3100 Abs. 1, 2. Im Falle eines Anerkenntnisses (→ Anm. 1) ermäßigt sich die Gerichtsgebühr von 3,0 auf 1,0 (KV 1211 Nr. 2). Für den Anwalt entstehen die Verfahrensgebühr und die volle Terminsgebühr, auch wenn das Anerkenntnisurteil ohne mündliche Verhandlung ergeht (VV 3104 Abs. 1 Nr. 1).

Fristen und Rechtsmittel

7. Das Vorbehaltsurteil ist hinsichtlich der Rechtsmittel ein Endurteil (§§ 600 Abs. 2, 302 Abs. 3 ZPO); es kann von den Parteien unter den Voraussetzungen des § 511 ZPO mit der Berufung angefochten werden. Ein Anerkenntnisvorbehaltsurteil kann vom Kläger mit dem Ziel angegriffen werden, ein vorbehaltloses Urteil zu erlangen (BGH NJW-RR 1992, 254 (256)). Der Beklagte kann es mit der Begründung anfechten, es läge kein wirksames Anerkenntnis vor oder dieses sei widerrufen (vgl. Zöller/*Feskorn* ZPO § 307 Rn. 13). Eine isolierte Anfechtung der Kostenentscheidung nach § 99 Abs. 2 ZPO soll ausgeschlossen sein (OLG Naumburg NJW-RR 1997, 893).

3. Klage im Wechselprozess gegen Annehmer, Aussteller und Indossanten

An das
Landgericht Hamburg[1, 2]
– Kammer für Handelssachen –[3]

Klage im Wechselprozess[4]

des Kaufmannes K
Prozessbevollmächtigter: Rechtsanwalt X

gegen

1. den Angestellten A in Hamburg
2. den Kraftfahrzeugmeister B in Lübeck
3. den Handelsvertreter C in Norderstedt

Vorläufiger Streitwert: 12.000 EUR[5]

Namens und in Vollmacht des Klägers beantrage ich, im Wechselprozess klagend:

1. Die Beklagten werden als Gesamtschuldner verurteilt, an den Kläger 12.000 EUR nebst Zinsen in Höhe von 2 % über dem jeweiligen Basiszinssatz, mindestens aber 6 %, seit dem 10.6.2009 sowie Wechselunkosten in Höhe von . . . . . EUR und Wechselprovision in Höhe von 40 EUR zu zahlen.[6, 7]
2. Die Beklagten haben die Kosten des Rechtsstreits zu tragen.
3. Das Urteil ist ohne Sicherheitsleistung[8] vorläufig vollstreckbar.

Es wird weiter beantragt,
die Einlassungsfrist auf ein Mindestmaß abzukürzen,[9] einen möglichst nahen Termin zur mündlichen Verhandlung vor dem Vorsitzenden zu bestimmen[10] und im Wechselprozess von einer Güteverhandlung abzusehen.[11]

Begründung:[12]

Der Kläger ist Inhaber des in beglaubigter Abschrift[13] beigefügten Wechsels über 12.000 EUR, der am 10.3.2009 vom Beklagten zu 2) ausgestellt und vom Beklagten zu 1) angenommen wurde. Der Beklagte zu 3) ist Wechselnehmer, er hat die Wechselrechte ausweislich des Indossaments auf der Rückseite des Wechsels ordnungsgemäß auf den Kläger übertragen.

Beweis für die Echtheit der Unterschriften als Aussteller, Akzeptant und Indossant:
Parteivernehmung der Beklagten zu 1) bis 3).[14]

Der Wechsel wurde dem Beklagten zu 1) am Verfalltag, dem 10.6.2009, zur Zahlung vorgelegt, jedoch nicht eingelöst. Der Kläger hat am folgenden Werktag Protest mangels Zahlung erhoben.[15] Hierdurch sind ihm Auslagen in Höhe von . . . . . EUR entstanden.

Beweis: Protesturkunde (beglaubigte Abschrift ist beigefügt).

Der Wechsel wird im Termin im Original nebst Protesturkunde vorgelegt werden.[16]
Außer der Wechselsumme und den Protestkosten macht der Kläger ein Drittel Prozent Provision und Wechselzinsen[17] auf die Wechselsumme geltend (Art. 48 WG).
Der Antrag, die Einlassungsfrist zu verkürzen, ist geboten, da die Beklagten zu 1) bis 3) sich offenbar in Vermögensverfall befinden. Mit dem Wechsel wurden Lieferungen des Klägers für ein im Aufbau befindliches gemeinsames Unternehmen der Beklagten finanziert, das seine Geschäftstätigkeit inzwischen wieder aufgegeben hat.

Beweis: Anliegende eidesstattliche Versicherung des Klägers.

Es wird daher gebeten, kurzfristig zu terminieren und im Wechselprozess von einer Güteverhandlung abzusehen.

Die örtliche Zuständigkeit ergibt sich aus § 603 ZPO; Hamburg ist im Wechsel als Zahlungsort angegeben.

Rechtsanwalt[18]

Schrifttum: Baumbach/Hefermehl/Casper, Wechselgesetz, Scheckgesetz, Recht des Zahlungsverkehrs, 24. Aufl. 2020; *Bülow,* Wechselgesetz, Scheckgesetz, Allgemeine Geschäftsbedingungen, 5. Aufl. 2013; *Cziempel/Keuth,* Schiedsvereinbarung und Wechselprozess im deutschen und internationalen Privatrecht, NJW 1987, 2118; *Großelanghorst/Kahler,* Zur sachlichen Zuständigkeit eines Gerichts bei der Geltendmachung von Wechsel- und Scheckansprüchen aus einem Arbeitsverhältnis, WM 1985, 1025; *Nobbe,* Die neuere Rechtsprechung des Bundesgerichtshofs zum Wechsel- und Scheckrecht, WM 2000 Sonderbeilage Nr. 5; *Thamm,* Rechtsprobleme bei Scheck/Wechsel-Verfahren, ZIP 1984, 84.

Anmerkungen

1. Wechsel- und Scheckprozess sind Sonderformen des Urkundenprozesses. Auf die Anmerkungen zur Urkundenklage (→ Form. I.Q.1) wird daher verwiesen.

Voraussetzung für eine erfolgreiche Wechselklage ist, dass der Kläger Inhaber eines formal gültigen Wechsels ist, der die zwingenden Voraussetzungen der Art. 1, 2 WG erfüllt. Fehlt es daran, kommt eine Umdeutung in ein abstraktes Schuldversprechen in Betracht (BGH NJW 1994, 447; BHC WG Art. 2 Rn. 9 ff.). Der Kläger muss dann vom Wechselprozess Abstand nehmen und zum Urkundenprozess übergehen (OLG München BeckRS 2012, 11343). Liegt ein formgültiger Wechsel vor, ist der Kläger aber nicht erster Nehmer, muss er sein Recht durch eine ununterbrochene Kette von Indossamenten nachweisen (Art. 16 Abs. 1 WG). Der Kläger kann aber auch als Einlöser des Wechsels nach Art. 49 WG berechtigt sein, seine Vormänner in Anspruch zu nehmen; dann gilt Art. 16 Abs. 1 WG nicht (vgl. BHC WG Art. 16 Rn. 12). Der Kläger kann grds. auch im Wechselprozess klagen, wenn eine Schiedsvereinbarung besteht. Die Einrede des Schiedsvertrags greift im Wechselprozess nicht durch (BGH NJW 1994, 136), anders ist es im gewöhnlichen Urkundenprozess (BGH NJW 2006, 779).

2. Die örtliche Zuständigkeit des LG Hamburg ergibt sich für den hier angenommenen Fall sowohl aus dem Gerichtsstand des Zahlungsorts (§ 603 Abs. 1 ZPO) als auch aus der Tatsache, dass einer der Beklagten seinen Wohnsitz in Hamburg hat (§ 603 Abs. 2 ZPO). Sachlich zuständig sind, je nach Streitwert, AG oder LG. Für Wechselansprüche in Zusammenhang mit einem Arbeitsverhältnis ist nach der Rspr. des BAG (NJW 1997, 758) der Rechtsweg zu den Arbeitsgerichten eröffnet; sie können dort aber nicht im Wechselprozess geltend gemacht werden (§ 46 Abs. 2 ArbGG). Nach bisher für die ordentlichen Gerichte hM können Wechsel- und Scheckansprüche dort erhoben werden, auch wenn für das zugrunde liegende Rechtsverhältnis zB das Arbeitsgericht zuständig wäre (vgl. Thomas/Putzo/*Reichold* ZPO § 602 Rn. 5; Musielak/Voit/*Voit* ZPO § 603 Rn. 2; *Großelanghorst/Kahler* WM 1985, 1025).

3. Zuständig ist für Wechselansprüche innerhalb des LG stets die Kammer für Handelssachen (§ 95 Abs. 1 Nr. 2 GVG). Das gilt unabhängig davon, ob der Anspruch im Wechselprozess oder im ordentlichen Verfahren erhoben wird.

4. Gem. § 604 Abs. 1 ZPO muss bereits die Klage die Erklärung enthalten, dass im Wechselprozess geklagt wird. Fehlt die Erklärung, ist die Klage im ordentlichen Verfahren erhoben. Ein späteres Nachholen ist idR nicht möglich (→ Form. I.Q.1 Anm. 3).

5. Für die Bemessung des Streitwerts bleiben alle Nebenansprüche außer Betracht (vgl. § 4 Abs. 2 ZPO).

6. Gem. Art. 47 WG haften die Beklagten dem Kläger als Gesamtschuldner, der Beklagte zu 1) haftet als Annehmer iVm Art. 28 WG, der Beklagte zu 2) als Aussteller, der Beklagte zu 3) als Indossant. Auch der Indossant, der die Wechselrechte nicht überträgt, haftet als sog Garantieindossant (BGH MDR 2003, 640). Wechselverpflichteter kann auch eine BGB-Gesellschaft sein; sie ist nach der Rspr. wechselfähig (BGH NJW 2001, 1056). Auch wer einen Wechsel als Vertreter ohne Vertretungsmacht gezeichnet hat, kann in Anspruch genommen werden, wenn er seine Vollmacht nicht beweist (Art. 8 WG, BGH NJW 1987, 649). Hat der Vertreter nicht deutlich gemacht, dass er für eine andere Person unterzeichnet, trifft ihn selbst die Wechselhaftung (BGH NJW 1992, 1381). Der Vertretene haftet nur, wenn der Wechselkläger die Vertretungsmacht beweist (BGH NJW 1992, 117 zum Scheck). Auch Personen, die kraft Gesetzes haften – so der persönlich haftende Gesellschafter nach § 128 HGB oder der BGB-Gesellschafter nach BGH NJW 2001, 1056 –, können im Wechselprozess in Anspruch genommen werden (vgl. Zöller/*Greger* ZPO § 602 Rn. 4).

Der Umfang der Rückgriffsansprüche einschließlich der Nebenansprüche ergibt sich aus Art. 48 Nr. 1–4 WG.

7. Nach den Vorschriften des Wechselrechts (Art. 39 Abs. 1, 50 Abs. 1 WG) kann der Wechselverpflichtete verlangen, dass ihm bei Zahlung der Wechsel ausgehändigt wird. In der Praxis wird daher zT nur eine Zug-um-Zug-Verurteilung beantragt und vom Gericht ausgesprochen. Da es sich jedoch nicht um eine echte Gegenleistung, sondern um ein besonderes Recht auf Quittung handelt (BGH NJW 2008, 3144 (3145); Zöller/*Seibel* ZPO § 756 Rn. 3; Thomas/Putzo/*Seiler* ZPO § 756 Rn. 2), führt der uneingeschränkte Antrag nicht zu einer Teilabweisung mit nachteiliger Kostenfolge. Spätestens bei der Vollstreckung muss der Wechsel aber ausgehändigt werden, eine Teilleistung muss auf dem Wechsel quittiert werden (§ 757 ZPO entspr.).

8. Vgl. § 708 Nr. 4 ZPO.

9. Die Einlassungsfrist beträgt zwei Wochen, § 274 Abs. 3 ZPO. Da die Nichteinlösung eines Wechsels Indiz für drohende Insolvenz sein kann, bedürfen Wechselprozesse oft besonderer Beschleunigung und einer Verkürzung der Einlassungsfrist, wie sie § 224 Abs. 2 iVm § 226 Abs. 1 ZPO vorsieht. Die Gründe hierfür sind glaubhaft zu machen. Bereits die Nichteinlösung eines Wechsels, die durch den Protest oder vergebliche Vorlegung bewiesen wird, kann als Grund genügen; veröffentlichte Rspr. gibt es hierzu, soweit ersichtlich, nicht; die Unterstreichung durch eine eidesstattliche Versicherung kann sich empfehlen.

10. Nach § 349 Abs. 2 Nr. 8 ZPO verhandelt und entscheidet der Vorsitzende der Kammer für Handelssachen allein. Im Gegensatz zum ordentlichen Verfahren gibt es keinen Anspruch auf Terminsverlegung in der Zeit vom 1.7.–31.8. (§ 227 Abs. 3 S. 2 Nr. 4 ZPO).

11. Der Wechselprozess ist auf besondere Beschleunigung angelegt (§ 604 ZPO). Deshalb erscheint eine Güteverhandlung nach § 278 Abs. 2 ZPO als für diese Prozessart ungeeignet. Allerdings sieht § 278 ZPO keine Ausnahme für Wechsel- und Scheckprozesse vor. Die Nichtbezahlung eines ordnungsgemäß vorgelegten Wechsels oder Schecks kann aber ein Indiz für die Aussichtslosigkeit der Güteverhandlung sein.

12. Es gilt grds. das Gleiche wie für den Urkundenprozess (→ Form. I.Q.1 Anm. 5). Auch im Wechselprozess kann es für den Kläger erforderlich sein, auf die Klageerwiderung des Beklagten einzugehen. Die Ansicht, der Beklagte sei mit seinen Einwendungen aus dem zugrundeliegenden Rechtsverhältnis (Anfechtung, Rücktritt etc) immer auf das Nachverfahren beschränkt, ist verfehlt. Das gilt erst dann, wenn die Einwendungen auf Grund der Replik des Klägers streitig geworden sind und der beweispflichtige Beklagte den Beweis nicht mit den im Urkundenprozess zulässigen Mitteln angeboten hat (§ 598 ZPO).

13. Der Wechsel muss der Klage im Original oder in beglaubigter Abschrift beigefügt sein (§ 593 Abs. 2 ZPO). Es ist allerdings nicht ratsam, den Originalwechsel mit der Klageschrift aus der Hand zu geben; er muss dann aber im Termin vorgelegt werden. Eine Wechselklage, die nur mit der Kopie des (im Original abhanden gekommenen) Wechsels geführt wird, ist unstatthaft (OLG Frankfurt MDR 1982, 153). Beglaubigte Abschriften des Wechsels und der Protesturkunde sind für jeden der drei Beklagten erforderlich.

14. → Form. I.Q.1 Anm. 8. Zum Beweis der Echtheit des Wechsels steht dem Kläger auch hier als Beweismittel nur der Antrag auf Vernehmung der Beklagten als Partei zur Verfügung (§ 595 Abs. 2 ZPO). Falls der Wechselschuldner die Echtheit seiner Unterschrift tatsächlich bestreitet, sollte der Kläger jedoch überlegen, ob er es auf die Parteivernehmung ankommen lassen will. Hier kann es sich empfehlen, vom Wechselprozess Abstand zu nehmen und im ordentlichen Verfahren ein Schriftsachverständigengutachten oder eine Schriftvergleichung nach § 441 ZPO zu beantragen.

15. Der Protest (Art. 44 WG) ist notwendige Voraussetzung für den Rückgriff gegen Aussteller und Indossanten. Für die Inanspruchnahme des Annehmers bedarf es keines Protestes.

16. → Anm. 13.

17. Es wird zuweilen versucht, einen über den Wechselzinssatz hinausgehenden Verzugsschaden geltend zu machen. Das ist im Wechselprozess unstatthaft, § 592 ZPO, es handelt sich nicht um einen Fall des § 605 Abs. 2 ZPO. Auch nach §§ 286, 288 BGB kann der Kläger keine höheren Zinsen verlangen; die Zinsen auf Wechselansprüche sind gesetzlich niedriger festgelegt (vgl. Palandt/*Grüneberg* BGB § 288 Rn. 11). Bei im Ausland ausgestellten und zahlbaren Wechseln beträgt der Zinssatz 6 % (BHC WG Art. 48 Rn. 4). Falls ein darüber hinaus geltend gemachter Zinsanspruch nicht unstreitig wird, kann der Kläger höhere Verzugszinsen erst im Nachverfahren geltend machen. Im Wechselprozess sollte er sie auf Hinweis des Gerichts zurücknehmen. Wechselunkosten und Provision sind nicht zu verzinsen.

Kosten und Gebühren

18. → Form. I.Q.1 Anm. 11.

4. Klageerwiderung im Wechselprozess

Klageerwiderung[1, 2]

An das

Landgericht

In der Sache .....

zeige ich an, dass ich die Beklagten zu 1) bis 3) vertrete.

Namens und in Vollmacht der Beklagten werde ich beantragen:

1. Die Klage wird abgewiesen.
2. .....
3. .....

Lediglich hilfsweise wird beantragt,

den Beklagten die Ausführung ihrer Rechte im Nachverfahren vorzubehalten.

Begründung:[3]

Es ist richtig, dass die Beklagten zu 1) bis 3) den Klagwechsel als Aussteller, Bezogener und Indossant gezeichnet haben. Es trifft auch zu, dass dies zugunsten von Forderungen des Klägers aus Lieferungen für ein von den Beklagten gemeinsam geplantes Geschäft geschah. Jedoch finden auf die zugrunde liegenden Kaufverträge die Bestimmungen über Teilzahlungsgeschäfte Anwendung. Denn der Kredit wurde nicht für eine bereits ausgeübte, sondern für die Aufnahme einer gewerblichen Tätigkeit gewährt (§ 513 BGB). Die Beklagten können gegenüber dem Kläger daher einwenden, dass dieser ihnen zur Herausgabe der Wechsel verpflichtet ist (§ 496 Abs. 3 S. 3 BGB). Außerdem sind die Kaufpreisforderungen des Klägers inzwischen durch Rücktritt des Klägers vom Kaufvertrag entfallen, wie sich aus § 508 S. 5 BGB ergibt.[4]

Mit Vertrag vom ..... verkaufte der Kläger den Beklagten zu 1) bis 3) zum Betrieb einer Selbstbedienungs-Wäscherei gebrauchte Waschautomaten zum Preis von insgesamt 27.000 EUR unter Eigentumsvorbehalt.

Beweis: Kaufvertrag vom ..... (Kopie ist beigefügt).[5]

Hinsichtlich der Zahlung des Kaufpreises wurde vereinbart, dass die Beklagten sechs Wechsel zeichnen, von denen der Erste über 12.000 EUR am 10.6. des vergangenen Jahres fällig wurde, die anderen fünf Wechsel über je 3.000 EUR jeweils einen Monat später.

Beweis: wie vor.

Die Wechsel wurden von den Beklagten zu 1) bis 3) unterzeichnet und dem Kläger übergeben. Dieser lieferte die Waschautomaten, die sich jedoch als zum Teil defekt und auch sonst unbrauchbar erwiesen. Aus diesem Grunde haben die Beklagten den am 10.6.20 . . fällig werdenden ersten Wechsel, den Klagwechsel, und auch die weiteren Wechsel nicht eingelöst. Nach unerfreulichen Verhandlungen in der Folgezeit holte der Kläger die Automaten vor ca. einem Monat in Begleitung mehrerer Angestellter mit einem LKW ab.

Beweis: Parteivernehmung des Klägers.

Dies hat der Kläger selbst in einem anschließenden Schreiben, in dem er seine Aktion rechtfertigen wollte, eingeräumt.

Beweis: in Kopie anliegendes Schreiben des Klägers vom .....

Damit ist der Kläger gemäß § 508 S. 5 BGB vom Vertrag zurückgetreten. Vor allem aber hat der Kläger gegen das Wechselverbot in § 496 Abs. 3 S. 1 BGB verstoßen. Ihm stehen daher keine Wechselansprüche zu.

Rechtsanwalt[6]

Schrifttum: Bilda, Einwendungen gegen Wechsel- oder Scheckforderungen bei Drittleistung, NJW 1991, 3251; *Schnauder,* Einwendungen aus dem Grundverhältnis gegen den ersten Wechsel- oder Scheckgläubiger, JZ 1990, 1046; *Tiedtke,* Der Einfluss der Wandlung auf die Wechselforderung des Verkäufers, ZIP 1986, 953; *Zöllner,* Die Wirkungen von Einreden aus dem Grundverhältnis gegenüber Wechsel und Scheck in der Hand des ersten Nehmers, ZHR 1984, 313.

Anmerkungen

1. Es handelt sich um die Erwiderung auf die Klage im Wechselprozess im → Form. I. Q.3 unter Berücksichtigung des dort vorgetragenen Sachverhalts. Die Einwendungen des Beklagten beruhen auf den durch die Schuldrechtsreform in das BGB eingefügten Bestimmungen über Teilzahlungsgeschäfte.

2. → Form. I.Q.2 Anm. 1–3.

3. Für den Beklagten sind folgende materielle Einwendungen denkbar (iE BHC WG Art. 17 Rn. 4 ff.).

a) Einwendungen, die sich aus dem Inhalt des Wechsels ergeben: zB Art. 16 WG, Art. 70 WG. Soweit es um das Fehlen wesentlicher Bestandteile des Wechsels geht, handelt es sich nicht um eine Einwendung, sondern um eine Voraussetzung für die förmliche Legitimation des Klägers (→ Form. I.Q.3 Anm. 1).

b) Einwendungen, die den Bestand der Wechselverpflichtung betreffen: insb. Mängel des Begebungsvertrags zB wegen Geschäftsunfähigkeit, § 138 Abs. 1 und 2 BGB, Anfechtung nach §§ 119, 123 BGB, Fälschung der Unterschrift oder des Wechseltextes (zB der Summe, BGH NJW 1986, 1834), Blankettfälschung gem. Art. 10 WG; auch Erfüllung und Aufrechnung oder Hilfsaufrechnung (BGH WM 1981, 385; 2003, 2093; NJW 1982, 1536; in der Vereinbarung einer Wechsel- oder Scheckzahlung kann allerdings ein Aufrechnungsausschluss nach § 391 Abs. 2 BGB liegen, vgl. BGH WM 2003, 2093; OLG Köln NJW 1987, 262). Ist der Wechselinhaber nicht erster Nehmer, sondern Zweiterwerber auf Grund Indossaments, ist jeweils zu prüfen, ob die Einwendungen auch ihm gegenüber geltend gemacht werden können (vgl. BHC WG Art. 17 Rn. 32).

c) Persönliche Einwendungen des Wechselschuldners gegen den Inhaber (zB Prolongation; Einwendungen aus dem der Wechselbegebung zugrunde liegenden Rechtsverhältnis – praktisch häufigster Fall, der insb. gegeben ist, wenn das Grundgeschäft unwirksam war, durch Anfechtung, Rücktritt, Wandlung etc entfallen ist oder die zu sichernde Forderung noch nicht durchsetzbar ist, BGH NJW 1983, 1059; BHC WG Art. 17 Rn. 73). Die Beweislast für das Fehlen einer zugrunde liegenden Verbindlichkeit trägt der Wechselschuldner (BGH WM 1988, 1435; 1994, 1353). Einwendungen aus dem Grundverhältnis stehen dem Beklagten aber grds. nur zu, wenn der Inhaber des Wechsels Vertragspartner des Grundgeschäfts ist. Gegenüber einem Zweiterwerber des Wechsels versagt die Einwendung, wenn nicht der Beklagte beweist, dass dieser beim Erwerb des Wechsels bewusst zu seinem Nachteil gehandelt hat (Art. 17 WG). Allerdings kann sich der Erwerber nicht auf Art. 17 WG berufen, wenn er den Wechsel nicht durch ein Verkehrsgeschäft, dh durch eine dem Wechselumlauf dienende Indossierung, erhalten hat (BGH WM 1998, 1277). An einem Verkehrsgeschäft fehlt es auch bei Zusammenwirken von Verkäufer und Kreditgeber beim finanzierten Kauf (vgl. BHC WG Art. 17 Rn. 24, 97). Anders ist die Rechtslage beim echten Factoring (BGH WM 1993, 2120). Der Einwendungsausschluss nach Art. 17 WG greift immer ohne Rücksicht darauf ein, ob mit dem Wechsel auch die Grundforderung übertragen wurde (BGH NJW 1994, 113).

Alle genannten Einwendungen können bereits im Wechselprozess erhoben werden, lediglich Widerklagen sind unstatthaft (§ 595 Abs. 1 ZPO).

4. Wurden mehrere nacheinander fällig werdende Wechsel von einem Nichtkaufmann zugunsten eines Kaufpreisanspruchs hingegeben, handelt es sich um ein Teilzahlungsgeschäft (vgl. § 506 Abs. 3 BGB). Die Berufung auf das Wechselverbot nach § 496 BGB ist eine persönliche Einwendung. Nach § 496 Abs. 3 S. 1 BGB ist zwar nicht die abstrakte Wechselbegebung unwirksam, sondern nur die Verpflichtung, eine Wechselverbindlichkeit einzugehen. Die aus § 134 BGB folgende Nichtigkeit kann der Schuldner dem ersten Nehmer des Wechsels im Wechselprozess entgegensetzen. Den nach § 595 Abs. 2 ZPO erforderlichen Urkundenbeweis wird er idR durch Vorlage des Vertrags führen können. Darüber hinaus gilt die Rücknahme der Maschinen nach § 508 Abs. 2 S. 5 BGB als Rücktritt vom Kaufvertrag. Damit ist der Kaufpreisanspruch entfallen, der Kläger hat nur noch die Ansprüche aus §§ 508 Abs. 1, 495 Abs. 2, 355, 357 iVm §§ 346 ff. BGB. Auch zur Sicherung dieser Ansprüche kann der Wechsel nicht dienen (BHC WG Einl. Rn. 92). Den Beklagten steht gegen den Kläger auch insoweit eine (persönliche) Einwendung aus dem Grundgeschäft zu. Dass der Kläger den Wechsel erst als Indossatar erhalten hat, ist hier unerheblich, da noch kein wechselmäßiger Verkehrserwerb stattgefunden hat, sondern die Indossierung nur die Wechselhaftung aller drei Käufer gegenüber dem Kläger begründen sollte (vgl. BHC WG Art. 17 Rn. 24, 99). Gegenüber einem anderen Zweiterwerber soll die Einwendung nur unter den Voraussetzungen des Art. 17 WG (bewusstes Handeln zum Nachteil des Schuldners) durchgreifen (BHC WG Art. 17 Rn. 98). Allerdings hat die Rspr. früher die Berufung auf Art. 17 WG zum Schutz des Abzahlungskäufers als missbräuchlich angesehen (BGH NJW 1986, 3197 (3199)); das sollte auch für das Teilzahlungsgeschäft nach §§ 506 Abs. 3, 507 BGB gelten.

5. Es ist wichtig, die Urkunden im Termin im Original zur Hand zu haben, denn im Falle des Bestreitens ist der Beweis durch Vorlage der Urkunde anzutreten.

Kosten und Gebühren

6. → Form. I.Q.1 Anm. 11.

5. Klage im Scheckprozess gegen Aussteller

An das
Landgericht . . . . .[1, 2]
– Kammer für Handelssachen –

Klage im Scheckprozess[3]

des . . . . .
Vorläufiger Streitwert: 20.000 EUR
Namens und in Vollmacht des Klägers beantrage ich:

1. **Der Beklagte wird verurteilt, an den Kläger 20.000 EUR nebst Zinsen in Höhe von 2 % über dem jeweiligen Basiszinssatz, mindestens aber 6 %, seit dem 15.6.20 . ., sowie Scheckunkosten in Höhe von . . . . . EUR und Scheckprovision in Höhe von 66,66 EUR zu zahlen.[4]**
2. **Die Kosten des Rechtsstreits hat der Beklagte zu tragen.**
3. **Das Urteil ist ohne Sicherheitsleistung[5] vorläufig vollstreckbar.**

Begründung:

Der Kläger ist Inhaber des in beglaubigter Abschrift anliegenden Schecks über 20.000 EUR, den der Beklagte unter dem 10.6.20 . . in . . . . . ausgestellt hat.[6] Der Scheck ist auf das Konto des Beklagten bei der Deutschen Bank, IBAN . . . . ., gezogen.[7] Der Kläger hat den Scheck über seine Bank am 15.6.20. . zur Zahlung vorgelegt, der Scheck wurde jedoch nicht eingelöst. Aus der anliegenden Nichteinlösungserklärung der Deutschen Bundesbank als Abrechnungsstelle im Sinne des Art. 40 Nr. 3 ScheckG ergibt sich, dass der Scheck rechtzeitig eingereicht und nicht bezahlt worden ist.[8] Gemäß anliegender Scheckrückrechnung der Bank vom 20.6.20 . . sind dem Kläger Auslagen in Höhe von . . . . . EUR entstanden. Der Kläger verlangt vom Beklagten im Wege des Rückgriffs Zahlung der Schecksumme, seiner Auslagen, der Scheckzinsen und der Provision in Höhe von einem Drittel Prozent auf die Schecksumme (Art. 45 ScheckG).

Der Scheck und die Scheckrückrechnung der Bank werden im Termin im Original vorgelegt werden.[9]

Es wird gebeten, kurzfristig zu terminieren und von einer Güteverhandlung im Scheckprozess abzusehen.

. . . .

Rechtsanwalt[10]

Schrifttum: Bülow, Scheckrechtliche Anweisung und Überweisungsvertrag, WM 2000, 58; *Häuser,* Die Scheckeinlösung in der neueren Rechtsprechung, WM 1988, 1505; *Kümpel/Wittig,* Bank- und Kapitalmarktrecht, 4. Aufl. 2011; *Müller-Christmann,* Neuere Rechtsprechung zum Scheckrecht, WM 1998, 577; *Peters,* Einwendungen aus dem Grundverhältnis gegenüber dem Anspruch aus dem Scheck, ZIP 1997, 1581; *Reiser,* Das beleglose Scheckeinzugsverfahren im deutschen Kreditgewerbe, WM 1986, 409; *Schlie,* Belegloses Scheckeinzugsverfahren und Scheckprozess, WM 1990, 617; vgl. iÜ → Form. I.Q.3; → Form. I.Q.4.

Anmerkungen

1. Für die gerichtliche Geltendmachung von Ansprüchen aus einem Scheck gelten gegenüber dem Wechselprozess kaum Besonderheiten. Gem. § 605a ZPO finden für den Scheckprozess die Vorschriften für den Wechselprozess entsprechende Anwendung. Auf die Anmerkungen in → Form. I.Q.3 wird daher verwiesen. Es handelt sich hier um einen gegenüber der Wechselklage vereinfachten Formularvorschlag. Das Beispiel geht davon aus, dass der Kläger den Scheck zum Inkasso über seine Bank eingereicht hat. Anders ist die Rechtslage, wenn ein Scheck der bezogenen Bank unmittelbar zur Gutschrift oder zur Barzahlung vorgelegt wird (vgl. BHC ScheckG Art. 28 Rn. 5 ff.)

Für das Inkasso von Schecks über die Bank des Einreichers gilt seit dem 3.9.2007 das von den Spitzenverbänden der Kreditwirtschaft und der Deutschen Bundesbank geschlossene Abkommen über den Einzug von Schecks (abgedr. bei BHC Bankbedingungen 13). Darin wurde das sog ISE-Verfahren („Imagegestützter Scheckeinzug") eingeführt (näher BHC ScheckG Art. 28 Rn. 12 ff.). Für Inlandsschecks über einen Betrag unter 6.000 EUR gilt demgegenüber das sog BSE-Verfahren („Belegloses Scheckeinzugsverfahren"). Das bedeutet für Inlandsschecks bis zu einem Betrag von 6.000 EUR: Rückgriffsansprüche aus solchen Schecks können nicht mehr gerichtlich geltend gemacht werden, weder im Scheckprozess noch im ordentlichen Verfahren (vgl. *Reiser* WM 1986, 413; *Schlie* WM 1990, 617 (618); BHC ScheckG Art. 28 Rn. 20). Da der Scheck der bezogenen Bank nicht mehr vorgelegt wird, fehlt es an der nach Art. 40 ScheckG notwendigen Erklärung. Denn der Scheck oder auch nur eine Scheckkopie wird von der Inkassostelle, nicht von der bezogenen Bank, mit dem Vermerk versehen „Vom bezogenen Kreditinstitut nicht bezahlt". Damit fehlen die Voraussetzungen für einen Rückgriffsanspruch gegen den Aussteller nach Art. 40 ScheckG (*Kümpel/Wittig* BankR Rn. 7.595 ff.). Der Berechtigte muss den Anspruch aus dem zugrunde liegenden Rechtsverhältnis verfolgen, ihm kann auch ein Scheckbereicherungsanspruch nach Art. 58 ScheckG zustehen. Beide Ansprüche wären im ordentlichen Verfahren geltend zu machen. Inlandsschecks ab 6.000 EUR werden nach dem ISE-Verfahren über die Bundesbank als Abrechnungsstelle eingezogen. Der Einreicher kann mittels eines speziellen Anforderungsbogens von der Bundesbank eine Nichteinlösungserklärung verlangen, die die Voraussetzungen für den Rückgriff nach Art. 40 Nr. 3 ScheckG erfüllt (BHC ScheckG Art. 40 Rn. 10).

2. Die ordentlichen Gerichte, also das Amtsgericht oder bei höheren Streitwerten die Kammern für Handelssachen des Landgerichts, sind sachlich zuständig, auch wenn der zugrunde liegende Anspruch zB arbeitsrechtlicher Natur ist (hM, OLG Hamm NJW 1980, 1399; Thomas/Putzo/*Reichold* ZPO § 602 Rn. 5; *Großelanghorst/Kahler* WM 1985, 1025; nach BAG NJW 1997, 758 ist die Zuständigkeit der Arbeitsgerichte eröffnet). Auch für die Scheckklage gibt es den besonderen Gerichtsstand des Zahlungsorts nach § 603 ZPO. Da auf den üblichen Scheckformularen kein Zahlungsort vermerkt ist, gilt der beim Namen des bezogenen Bankinstituts angegebene Ort als Zahlungsort (Art. 2 Abs. 2 ScheckG). Im Geltungsbereich der EuGVVO begründet der Gerichtsstand für die zugrunde liegende Vertragspflicht nach Art. 5 Nr. 1 EuGVVO keine Zuständigkeit für den Scheckprozess (BGH WM 2004, 376 = MDR 2004, 707).

3. Die Klage muss die Erklärung enthalten, dass im Scheckprozess geklagt wird.

4. Inhalt und Umfang der Rückgriffsansprüche gegen den Aussteller ergeben sich aus Art. 12, 40, 45 ScheckG. Ein Zug-um-Zug-Antrag ist, wie beim Wechsel (→ Form. I.Q.3 Anm. 7), nicht erforderlich. Allerdings muss der Scheck in der Zwangsvollstreckung herausgegeben werden (BGH NJW 2001, 305 (306)); ist der Gläubiger dann nicht mehr Inhaber des Schecks, kann er nicht vollstrecken.

5. Vgl. § 708 Nr. 4 u. 11 ZPO.

6. Der Kläger sollte zunächst seine formelle Berechtigung darlegen. Da er den Scheck seiner Bank zum Inkasso eingereicht hat, muss er ihn für den Prozess zunächst im Original zurückfordern. Bei einem formgültigen Inhaberscheck begründet dessen Besitz die Vermutung der materiellen Berechtigung des Inhabers (BGH NJW 1993, 1593 (1594)). Bei einem Orderscheck ist derjenige formell berechtigt, der als erster Nehmer benannt oder durch eine ununterbrochene Reihe von Indossamenten legitimiert ist (Art. 19 ScheckG). Der Anspruch richtet sich gegen den Aussteller; scheckfähig ist auch eine BGB-Gesellschaft (BGH NJW 1997, 2754). Hat ein Vertreter unterschrieben, ist er gleichwohl passivlegitimiert, wenn sich das Handeln in fremdem Namen nicht aus den Umständen ergibt. Begibt der Geschäftsführer einer GmbH einen Scheck zugunsten einer Gesellschaftsschuld, folgt daraus noch nicht, dass er bei der Ausstellung im Namen der GmbH gehandelt hat (BGH WM 1992, 567; OLG Brandenburg NJW-RR 1997, 417).

7. Schecks dürfen nur auf eine Bank gezogen werden, Art. 3 ScheckG.

8. Besonderes Augenmerk ist bei der gerichtlichen Geltendmachung darauf zu legen, dass entweder eine Erklärung der bezogenen Bank iSd Art. 40 Nr. 2 ScheckG oder eine Erklärung der Deutschen Bundesbank als Abrechnungsstelle iSd Art. 40 Nr. 3 ScheckG vorgelegt werden kann, aus der sich ergibt, dass der Scheck rechtzeitig vorgelegt, aber nicht bezahlt wurde Das ist Voraussetzung für einen Rückgriff gegen den Aussteller (Art. 40 ScheckG). Eine Erklärung der bezogenen Bank ist idR nur denkbar, wenn der Scheck dort unmittelbar zur Zahlung vorgelegt wurde. Beim Inkasso durch die eigene

Bank geht es hingegen nach dem ISE-Verfahren immer um die Erklärung der Bundesbank, die der Kläger anfordern muss (→ Anm. 1 aE). Auch die Datierung der Erklärung ist unverzichtbar (BGH NJW 1989, 1675; einschränkend OLG Stuttgart NJW 1990, 3279; OLG Hamm NJW-RR 1993, 1268 hält auch die Angabe der Jahreszahl für notwendig); eine Rückdatierung nach Ablauf der Vorlegungsfrist ist untauglich (BGH NJW-RR 1995, 240). Die Zahlungsverweigerung nach Art. 40 Nr. 2 ScheckG wird üblicherweise durch eine Erklärung der Bank auf dem Scheck vermerkt, aus der sich die Nichteinlösung ergibt; dieser Vermerk muss unterschrieben sein (OLG Hamm WM 1995, 1101). Die Erklärung der Bundesbank muss demgegenüber weder auf dem Scheck vermerkt sein noch bedarf sie der Unterschrift (BHC WG Art. 40 Rn. 10). Die Vorlegungsfrist beträgt gem. Art. 29 ScheckG für Inlandsschecks 8 Tage; das gilt auch für im Ausland ausgestellte Schecks, die einen inländischen Ausstellungsort tragen (OLG München NJW 1985, 567), auch wenn die Begebung im Ausland stattgefunden hat (BGH NJW 1992, 118). Eine verspätete Vorlegung des Schecks führt zum Verlust des Rückgriffs (BHC ScheckG Art. 29 Rn. 5). Eine Umdeutung des Schecks zB in ein Schuldversprechen kommt nicht in Betracht (BGH NJW 1989, 1675 (1676)). Dem Kläger bleibt nur die Möglichkeit, vom Scheckprozess Abstand zu nehmen und den zugrunde liegenden Anspruch im ordentlichen Verfahren geltend zu machen.

9. Die Vorlage des Originalschecks und der Urkunden, aus denen sich die Nebenansprüche ergeben, ist im Termin notwendig (→ Form. I.Q.3 Anm. 13).

Kosten und Gebühren

10. → Form. I.Q.1 Anm. 11.

6. Abstehen vom Urkundenprozess (Wechselprozess)

An das

Landgericht

In der Sache

.....

hat der Beklagte bestritten, den Klagewechsel unterschrieben zu haben. Dementsprechend ist zu erwarten, dass der Beklagte auch bei seiner Vernehmung als Partei hierbei bleiben wird. Der Kläger sieht keine Möglichkeit mehr, die Echtheit der Unterschrift mit den im Wechselprozess zulässigen Mitteln zu beweisen.[1, 2] Der Kläger nimmt daher vom Wechselprozess Abstand und macht seinen Anspruch nunmehr im ordentlichen Verfahren geltend.[3]

Die in der Klageschrift gestellten Anträge werden auch im ordentlichen Verfahren gestellt.[4]

Mit einer Entscheidung des Rechtsstreits durch den Vorsitzenden ist der Kläger einverstanden.[5]

Zum Beweis dafür, dass der Beklagte den Wechsel unterzeichnet hat, bezieht sich der Kläger auf das

Gutachten eines Schriftsachverständigen.[6]

Hierzu wird weiter beantragt, dem Beklagten mit dem Beweisbeschluss aufzugeben, die vom Sachverständigen benötigten Schriftproben zur Verfügung zu stellen.[7]

Hilfsweise stützt der Kläger seine Klage nunmehr auch auf den der Wechselbegebung zugrunde liegenden Kaufpreisanspruch[8]. . . . . (ist auszuführen)

Rechtsanwalt[9]

Anmerkungen

1. Vgl. § 596 ZPO. Das Abstehen vom Urkundenprozess eröffnet dem Kläger zwei Möglichkeiten: Zum einen stehen ihm jetzt zum Beweis für den Anspruch aus der Urkunde, dem Wechsel oder dem Scheck alle Beweismittel zur Verfügung, zum anderen kann er die Klage zusätzlich oder auch nur noch aus dem zugrunde liegenden Rechtsverhältnis begründen. Das hier gewählte Beispiel betrifft den Wechselprozess, für den gewöhnlichen Urkundenprozess und den Scheckprozess gilt nichts Besonderes. Auch eine teilweise Abstandnahme vom Urkundenprozess, verbunden mit einer Prozesstrennung, ist möglich (BGH MDR 2003, 888).

2. Das Bestreiten der Unterschrift durch den Beklagten ist einer der Hauptfälle, in denen der Übergang in das ordentliche Verfahren geboten ist, wenn der Kläger nicht vorher noch die zweischneidige Parteivernehmung des Beklagten beantragen will. Das Abstehen vom Urkundenprozess kann außerdem erforderlich sein, wenn das Gericht ihn als nicht statthaft ansieht, es an einem zwingenden Formerfordernis des Wechsels (vgl. Art. 1, 2 WG) oder des Schecks (Art. 1, 2 ScheckG) fehlt, die Nichtigkeit der Wechsel- oder Scheckbegebung oder die Unwirksamkeit des beurkundeten Rechtsgeschäfts feststeht, der Wechselprotest fehlerhaft erhoben wurde (nicht bei Inanspruchnahme des Annehmers), der Scheck verspätet vorgelegt wurde etc In diesen Fällen muss der Kläger gleichzeitig den Anspruch aus dem zugrunde liegenden Rechtsverhältnis begründen. Eine solche Klageänderung ist sachdienlich (BGH NJW-RR 1987, 58).

3. Dieses Recht steht dem Kläger bis zum Schluss der mündlichen Verhandlung in erster Instanz uneingeschränkt zu, § 596 ZPO. Auch in der Berufungsinstanz ist der Übergang vom Urkundenprozess in das ordentliche Verfahren unter den Voraussetzungen der §§ 263, 533 ZPO möglich (BGH NJW 2011, 2796 (2797); bestätigend NJW 2012, 2662; vgl. zum früheren Recht bereits BGH NJW 2000, 143 (144)). Der Übergang vom Wechsel- in den gewöhnlichen Urkundenprozess, zB wegen Umdeutung des formungültigen Wechsels in ein Schuldversprechen, stellt auch in der Berufungsinstanz keine Klageänderung dar (BGH NJW 1993, 3135).

Die Abstandnahme kann durch Schriftsatz oder durch Erklärung im Termin erfolgen. Der Kläger sollte seine Erklärung so rechtzeitig abgeben, dass sie dem Beklagten noch innerhalb der Einlassungsfrist zugestellt werden kann; andernfalls braucht der Beklagte nicht zu verhandeln, ein Versäumnisurteil könnte nicht ergehen. Wird im ordentlichen Verfahren weiterverhandelt, ist dem Beklagten Gelegenheit zu geben, seine Einwendungen geltend zu machen, eine Zurückweisung als verspätet kommt nicht in Betracht (VerfGH Sachsen NJW 1998, 3266).

4. Auch im ordentlichen Verfahren macht der Kläger Ansprüche aus dem Wechsel geltend, deren Umfang sich aus Art. 48 WG ergibt. Einer Neuformulierung der Anträge – jedenfalls des Zinsantrags – bedarf es aber, wenn der Kläger (zB bei nichtigem Scheck oder Wechsel) den Anspruch auf das zugrunde liegende Rechtsgeschäft stützen muss.

5. Vgl. § 349 Abs. 3 ZPO. Die Erklärung ist zweckmäßig, da die Zuständigkeit des Vorsitzenden aus § 349 Abs. 2 Nr. 8 ZPO nicht für das ordentliche Verfahren gilt (Thomas/Putzo/*Reichold* ZPO § 349 Rn. 13).

6. Bei Wechselprozessen über geringe Beträge muss der Kläger überlegen, ob der Kostenaufwand lohnt; Schriftsachverständigengutachten, bei denen es um die Echtheit der Unterschrift geht, können mehr als 1.000 EUR kosten.

7. Hierzu ist der Beklagte zur Vermeidung von Prozessnachteilen verpflichtet. Wenn er seine Unterschriften in so großer Vielfalt gestaltet, dass sein Fälschungseinwand nicht zu widerlegen ist, kann die Echtheit der Unterschrift aus dem Gesichtspunkt der Beweisvereitelung zu bejahen sein (BGH MDR 2004, 2325).

8. Es empfiehlt sich, schon jetzt den Anspruch hilfsweise aus dem zugrunde liegenden Rechtsgeschäft zu begründen. Dabei handelt es sich um eine nachträgliche Klagehäufung nach § 260 ZPO, die nach der Rspr. wie eine Klageänderung zu behandeln und in Fällen dieser Art sachdienlich ist (BGH NJW-RR 1987, 58). Sollte der Beweis für die Echtheit des Wechsels fehlschlagen, besteht sonst die Gefahr, dass die später erforderlich werdende Klageänderung nicht mehr zugelassen wird.

Kosten und Gebühren

9. Bereits entstandene Gerichtsgebühren fallen nicht noch einmal an, Urkundenprozess und ordentliches Verfahren bilden eine Gebühreninstanz. Die Rechtsanwaltsgebühren – mit Ausnahme der Verfahrensgebühr, die nach VV 3100 RVG Abs. 2 angerechnet wird – entstehen im ordentlichen Verfahren erneut, auch wenn sie im Urkundenprozess bereits angefallen waren (§ 17 Nr. 5 RVG). Das Abstehen hat nicht zur Folge, dass der Kläger die bereits angefallenen Rechtsanwaltskosten des Beklagten zu tragen hat.

7. Fortsetzung des Rechtsstreits nach Vorbehaltsurteil durch den Beklagten

An das

Landgericht[1, 2]

In Sachen

. . . . .

ist dem Beklagten im Urteil vom . . . . . die Ausführung seiner Rechte im Nachverfahren vorbehalten worden. Der Beklagte will das Nachverfahren nunmehr durchführen.[3] **Er beantragt:**

1. Das Vorbehaltsurteil vom . . . . . wird aufgehoben und die Klage abgewiesen.[4]

2. . . . . .

3. . . . . .

Der Beklagte beantragt außerdem,

die Zwangsvollstreckung aus dem Vorbehaltsurteil vom . . . . ., notfalls gegen Sicherheitsleistung, einzustellen.[5]

Es wird gebeten, einen möglichst nahen Termin zur mündlichen Verhandlung zu bestimmen.[6] **Mit einer Übertragung auf den Einzelrichter ist der Beklagte einverstanden.**[7]

Der Beklagte wiederholt zunächst sein gesamtes Vorbringen im Wechselprozess und begründet seine Einwendungen im Nachverfahren weiter wie folgt:[8]

. . . . .

Rechtsanwalt[9]

Schrifttum: Bilda, Zur Bindungswirkung von Urkundenvorbehaltsurteilen, NJW 1983, 142; *Nobbe,* Die neuere Rechtsprechung des Bundesgerichtshofs zum Wechsel- und Scheckrecht, WM 2000, Sonderbeilage Nr. 5; *Stürner,* Die Bindungswirkung des Vorbehaltsurteils im Urkundenprozess, ZZP 85, 424.

Anmerkungen

1. Ist der Beklagte durch ein Vorbehaltsurteil verurteilt worden, muss er prüfen, ob er den Rechtsstreit, wie im Formular vorgeschlagen, im Nachverfahren aufnehmen soll oder gegen das Vorbehaltsurteil Berufung einlegen muss, weil die Feststellungen des Vorbehaltsurteils Bindungswirkung für das Nachverfahren haben. Wie weit diese Bindung, die einer Abänderung des Vorbehaltsurteils zugunsten des Beklagten entgegenstehen kann, reicht, ist str., vgl. Zöller/*Greger* ZPO § 600 Rn. 19 f. Nach der Formel der Rspr. entfaltet das Vorbehaltsurteil soweit Bindungswirkung, als es nicht auf den Beschränkungen der Beweismittel im Urkundenprozess beruht; die Teile des Streitverhältnisses, die im Vorbehaltsurteil beschieden werden mussten, damit es überhaupt ergehen konnte, sind dem Streit im Nachverfahren entzogen (BGH NJW 2004, 1159; BGHZ 82, 115 (117); BGH NJW 1993, 668). Die Berufung ist daher der richtige Weg, wenn im Vorbehaltsurteil eine Prozessvoraussetzung zu Unrecht angenommen wurde (BGH NJW 1993, 668), die Formgültigkeit des Wechsels oder Schecks fälschlich bejaht wurde (BGH WM 1969, 1279), die Schlüssigkeit der Klage angenommen (BGH NJW 2004, 1159) oder von Amts wegen zu prüfende Einwendungen übersehen wurden (BGH NJW-RR 1991, 1117) und vor allem, wenn Einwendungen des Beklagten nicht mangels zulässigen Beweisangebots als unstatthaft, sondern als sachlich unerheblich zurückgewiesen wurden (BGH LM Nr. 4 zu § 600 ZPO). Die Bindung an das Vorbehaltsurteil schließt es jedoch nicht aus, die Echtheit der Urkunde im Nachverfahren erstmals zu bestreiten oder die Einrede der Verjährung zu erheben (BGH NJW 2004, 1159). Soweit der Beklagte sich im Urkundenprozess nicht verteidigt hat, ist das Nachverfahren der richtige Weg, um neue Tatsachen vorzutragen und neue Angriffs- und Verteidigungsmittel geltend zu machen (BGH WM 1992, 159 (161); NJW 1993, 668). Legt der Beklagte Berufung ein, kann er dennoch das Nachverfahren betreiben und sollte dies idR auch tun. Das Gericht darf das Nachverfahren nicht bis zur rechtskräftigen Entscheidung über die Berufung im Urkundenprozess aussetzen (BGH LM Nr. 4 zu § 600 ZPO). Zur Wirkung des Urteils auf das jeweils andere Verfahren vgl. Thomas/Putzo/*Reichold* ZPO § 600 Rn. 9; OLG Braunschweig NJW-RR 2000, 1094).

2. Zuständig für das Nachverfahren ist immer das Gericht, das das Vorbehaltsurteil erlassen hat.

3. Das Nachverfahren wird nicht von Amts wegen eingeleitet (aA Zöller/*Greger* ZPO § 600 Rn. 8). Hierzu bedarf es nach der Praxis der meisten Gerichte des Antrags einer Partei, der bereits in dem Termin, in dem das Vorbehaltsurteil verkündet wird, gestellt werden kann. Die Befugnis des Beklagten, seine Rechte im Nachverfahren auszuführen, soll verwirkt werden können (OLG Frankfurt a. M. NJW-RR 1990, 574).

4. Es ist immer auch die Aufhebung des Vorbehaltsurteils zu beantragen. Die Entscheidung über die vorläufige Vollstreckbarkeit folgt hier aus §§ 708 Nr. 11, 711 bzw. § 709 ZPO.

5. Vgl. § 707 Abs. 1 ZPO.

6. Für das Gericht besteht die Wahl zwischen frühem ersten Termin und schriftlichem Vorverfahren. Da im Nachverfahren sämtliche erheblichen Beweise zu erheben sind, kann es sich für die Parteien auch empfehlen, das schriftliche Vorverfahren anzuregen.

7. Ist das Vorbehaltsurteil zB im Wechselprozess durch den Vorsitzenden der Kammer für Handelssachen ergangen (§ 349 Abs. 2 Nr. 8 ZPO), muss die Erklärung lauten:

„Mit einer Entscheidung des Nachverfahrens durch den Vorsitzenden ist der Beklagte einverstanden",

vgl. § 349 Abs. 3 ZPO, denn die Entscheidungsbefugnis des Vorsitzenden gilt nicht für das Nachverfahren.

8. Im Nachverfahren entfallen die Beschränkungen des Urkundenprozesses. Dem Beklagten stehen jetzt sämtliche Beweismittel für seine Einwendungen zur Verfügung. Auch eine Widerklage wäre jetzt zulässig. Der Beklagte kann neue Tatsachen vortragen und neue Beweise antreten, er kann anspruchsbegründende Tatsachen bestreiten, die er im Urkundenprozess nicht bestritten hat (BGH NJW 1988, 1468; Zöller/*Greger* ZPO § 600 Rn. 13). Er kann auch jetzt noch die Echtheit der Unterschrift bestreiten, und zwar auch dann, wenn das Bestreiten im Urkundenprozess für unsubstantiiert gehalten wurde, oder er kann die Einrede der Verjährung erheben (BGH NJW 2004, 1159). Eine Zurückweisung von Vorbringen, das bereits im Urkundenprozess hätte vorgetragen werden können, als verspätet, muss der Beklagte im Nachverfahren nicht befürchten (vgl. Zöller/*Greger* ZPO § 600 Rn. 18).

Kosten und Gebühren

9. Für das Nachverfahren wird keine weitere Verfahrensgebühr des Gerichts erhoben, es bildet mit dem Urkundenprozess eine Gebühreninstanz. Die Rechtsanwaltsgebühren können im Nachverfahren erneut entstehen, und zwar auch dann, wenn sie bereits im Urkundenprozess angefallen waren (§ 17 Nr. 5 RVG). Die Verfahrensgebühr aus dem Urkundenprozess wird auf die Verfahrensgebühr im Nachverfahren angerechnet (VV 3100 RVG Abs. 2). Das gilt nach dem Kostenrechtsänderungsgesetz 2021 (BGBl. 2020 I 3229) jetzt für alle Vergütungstatbestände des Teils 3 – auch Berufungsverfahren (*Mayer* NJW 2021, 345 (348)).

8. Fortsetzung des Rechtsstreits nach Vorbehaltsurteil durch den Kläger

An das
Landgericht
In der Sache
ist durch Urteil vom . . . . . dem Beklagten die Ausführung seiner Rechte im Nachverfahren vorbehalten worden. Der Beklagte hat das Nachverfahren bisher nicht aufgenommen. Nunmehr bittet der Kläger um Durchführung des Nachverfahrens, in dem beantragt wird:[1]
1. Das Vorbehaltsurteil vom . . . . . wird für vorbehaltlos erklärt.[2]
2. Der Beklagte hat auch die weiteren Kosten des Rechtsstreits zu tragen.
3. Das Urteil ist ohne Sicherheitsleistung vorläufig vollstreckbar.[3]
Es wird weiter beantragt,
einen möglichst nahen Termin zur mündlichen Verhandlung anzuberaumen.

Gegen eine Übertragung des Rechtsstreits auf den Einzelrichter bestehen keine Bedenken.

Begründung:[4]

. . . . .

Rechtsanwalt[5]

Anmerkungen

1. Die Durchführung des Nachverfahrens kann genauso wie durch den Beklagten auch durch den Kläger beantragt werden, der, auch wenn er im Urkundenprozess obsiegt hat, idR an einer raschen Durchführung des Nachverfahrens interessiert sein wird. Für den Kläger gilt das in → Form. I.Q.7 Anm. 2–7 Gesagte entsprechend.

2. Diese Fassung des Antrags entspricht der Zivilprozessordnung, § 708 Nr. 5 ZPO. Manche Gerichte tenorieren auch:

„Das Vorbehaltsurteil vom . . . . . wird bestätigt, der Vorbehalt entfällt" (vgl. BLAH/*Hartmann* ZPO § 600 Rn. 13).

3. Vgl. § 708 Nr. 5 ZPO.

4. Da es Sache des Beklagten ist, das Vorbehaltsurteil im Nachverfahren anzugreifen, kann sich der Kläger in seiner Begründung kurz fassen oder sogar lediglich auf sein Vorbringen im Urkundenprozess verweisen. Der Kläger kann jedoch auch seinerseits die Klage objektiv oder subjektiv erweitern, etwa einen sich nicht aus dem Wechsel ergebenden Verzugsschaden (zB Zinsschaden iHv 5 Prozentpunkten oder 8 Prozentpunkten über dem Basiszinssatz nach § 288 BGB), einen im Urkundenprozess als unstatthaft abgewiesenen Anspruch geltend machen oder einen weiteren Schuldner in den Prozess hineinziehen.

Kosten und Gebühren

5. → Form. I.Q.7 Anm. 9.

R. Arrest und einstweilige Verfügung

1. Antrag auf dinglichen Arrest und Arrestpfändung

An das
Landgericht .....
– Kammer für Handelssachen –[1]

Antrag auf dinglichen Arrest und Arrestpfändung

In Sachen
.....
– Antragsteller –
Verfahrensbevollmächtigte: Rechtsanwälte .....
gegen
.....
– Antragsgegner –
wegen Arrest und Arrestpfändung

beantragen wir beim Landgericht ..... – Kammer für Handelssachen – als Gericht der Hauptsache[1] im Namen und mit anliegender Vollmacht[2] des Antragstellers gegen den Antragsgegner – wegen der Dringlichkeit ohne vorherige mündliche Verhandlung[3] durch den Vorsitzenden allein[4] – den Erlass folgenden

Arrestbefehles und Arrestpfändungsbeschlusses:

I. Wegen einer Pachtforderung der Antragstellerin iHv ..... EUR nebst ..... Zinsen iHv ..... Prozentpunkten über dem Basiszinssatz p. a. seit ..... sowie einer Kostenpauschale von ..... EUR wird der dingliche Arrest[5] in das Vermögen des Antragsgegners angeordnet.
II. Der Antragsgegner hat die Kosten des Arrestverfahrens zu tragen.[6]
III. Die Vollziehung des Arrests wird bei Hinterlegung durch den Antragsgegner von ..... EUR gehemmt.[7]
IV. In Vollziehung des Arrestes werden bis zu einem Höchstbetrag von ..... EUR[8] gepfändet die angebliche Forderung des Antragsgegners auf Rückzahlung der Sicherheit nebst Zinsen gegen die A-GmbH ..... aus dem zwischen dem Antragsgegner und der A-GmbH bestehenden Vertrag über die Nutzung der unter IV.1. bezeichneten Räume bis zum Höchstbetrag von ..... EUR. Der Antragsgegner hat sich jeder Verfügung über die Forderung zu enthalten. Der Drittschuldner darf an den Antragsgegner nicht mehr leisten.[9]

Begründung:

1. Zwischen den Parteien wurde unter dem ..... ein Pachtvertrag über die Räume in ..... zur Veranstaltung einer Ausstellung des Antragsgegners mit dem Titel ..... für die Zeit von ..... bis ..... (inkl. Auf- und Abbautage) geschlossen. Der Pachtvertrag sieht die ausschließliche Anwendung des Rechts der Bundesrepublik Deutschland[10] sowie als inländischen Gerichtsstand ..... vor, als zum Nutzungsende fällige Vergütung wurde eine Pacht von ..... EUR vereinbart.

Glaubhaftmachung:[11] Pachtvertrag vom ..... in beglaubigter Kopie

2. Der Antragsteller hat den Pachtgegenstand zur vertraglichen Nutzung und Fruchtziehung im vereinbarten Zeitraum überlassen, der Antragsgegner die hieraus gegebene Forderung iHv ..... EUR jedoch nur iHv ..... EUR bezahlt.

Glaubhaftmachung: Eidesstattliche Versicherung des Geschäftsführers der Antragstellerin vom .....[11]

Für den Restbetrag von ..... EUR verwies der Antragsgegner auf telefonische Nachfrage des mit der Beitreibung beauftragten Unterzeichners am ..... darauf, dass die Ausstellung am Ort des Antragstellers nicht wie erhofft erfolgreich gewesen sei.

Glaubhaftmachung: Anwaltliche Versicherung[12]

3. Recherchen haben ergeben, dass der Antragsgegner in der Vergangenheit bereits damit in Erscheinung getreten ist, Veranstaltungen auszurichten, bei deren fehlenden Erfolg er Veranstaltungskosten schuldig blieb.

Glaubhaftmachung: Artikel in ..... vom .....[13]

Die Ausstellung des Antragsgegners wird gegenwärtig noch in Deutschland am gem. Antrag IV. bezeichneten Ort gezeigt, längstens noch bis .....; der nächste Ausstellungsort in ..... befindet sich – wie der Sitz des Antragsgegners – außerhalb des Geltungsbereichs der Gesetze der Bundesrepublik Deutschland, ferner ist mit ..... – wiewohl Vertragsstaat des Abkommens über den Europäischen Wirtschaftsraum – die Gegenseitigkeit nicht verbürgt.[14]

Glaubhaftmachung: 1. Veranstaltungsprospekt des Antragsgegners in beglaubigter Kopie
2. Auszug aus dem .....-Register des Staates .....

Das lässt besorgen, dass der Antragsgegner seine einzigen im Inland belegenen Vermögenswerte beiseiteschafft.[1, 4]

4. Der Antragsteller ist eine in das Handelsregister des Amtsgerichts ..... unter HRB ..... eingetragene GmbH, der Antragsgegner ist in einem dem Handelsregister vergleichbaren Register eingetragen und gilt nach dem Recht seines Geschäftssitzes damit als Kaufmann.

Glaubhaftmachung: 1. Handelsregisterauszug des Amtsgerichts ..... (HRB .....)
2. Auszug aus dem .....-Gesetz des Staates .....[15]

5. Von der Leistung einer Sicherheit an die A-GmbH hat der Antragsgegner dem Unterz. im og Telefonat berichtet.[16, 17]

Rechtsanwalt[18, 19, 20, 21]

Anmerkungen

1. Zuständigkeit: § 919 ZPO regelt zwei konkurrierende, ausschließliche (§ 802 ZPO) Zuständigkeiten für die Anordnung des Arrests. Nach Wahl des Arrestgläubigers (§ 35 ZPO) ist entweder das Gericht der Hauptsache oder – unabhängig vom Streitwert – das Amtsgericht, in dessen Bezirk sich der mit Arrest zu belegende Gegenstand befindet, zuständig; Gericht der Hauptsache ist dabei entweder das Gericht, bei dem das Hauptsacheverfahren schon anhängig gemacht wurde oder das Gericht, bei dem die Hauptsache nach den allgemeinen Zuständigkeitsregeln anhängig gemacht werden kann. Ist der zu sichernde Anspruch eine Handelssache iSv § 95 GVG, kann durch den Antragsteller auch die funktionelle Arrestzuständigkeit der Kammer für Handelssachen herbeigeführt werden (vgl. Stein/Jonas/*Grunsky* ZPO § 919 Rn. 9); im Arrestantrag an eine Kammer für Handelssachen liegt dabei auch der Antrag gem. § 96 Abs. 1 GVG (OLG Brandenburg NJW-RR 2001, 429).

Der (amtsgerichtliche) Belegenheitsgerichtsstand des § 919 Alt. 2 ZPO begründet eine internationale Eilzuständigkeit, die im Anwendungsbereich der EuGVVO auch nicht durch Art. 2 ff. EuGVVO verdrängt wird, da deren Zuständigkeitszuweisungen auf Hauptsacheverfahren beschränkt sind (Art. 31 EuGVVO), womit es zu einem Auseinanderfallen von inländischer Eil- und ausländischer Hauptsachezuständigkeit kommen kann. Im Anwendungsbereich der EuGVVO ist im Beispielsfall aber eine ausschließliche internationale inländische Hauptsachezuständigkeit aus Art. 22 EuGVVO bzw. Art. 23 EuGVVO iVm Gerichtsstandvereinbarung gegeben, außerhalb von EuGVVO/LugÜ ergäbe sich die internationale Zuständigkeit aus § 29a Abs. 1 ZPO.

2. Für den Arrestantrag ist eine anwaltliche Vertretung (zunächst) nicht vorgeschrieben, § 78 Abs. 3 iVm § 920 Abs. 3 ZPO; bei durch LG erlassenem Arrest ergibt sich aus § 924 Abs. 2 S. 3 ZPO hingegen Anwaltszwang für den Widerspruch einlegenden Arrestschuldner, was (für die Vertretung in der mündlichen Verhandlung, aber auch für die Möglichkeit einer Arrestantragrücknahme) sodann das Erfordernis der anwaltlichen Vertretung auch des Arrestantragstellers auslöst (Stein/Jonas/*Grunsky* ZPO § 920 Rn. 4).

Der anwaltliche Vertreter des Arrestgläubigers sollte daher – sofern nicht schon mit dem Arrestantrag geschehen – sobald als möglich seine jede Zweifel ausschließende Prozessvollmacht (Zweifel gehen zu Lasten des Arrestgläubigers, Zöller/*Althammer* ZPO § 89 Rn. 7) im Original oder in öffentlicher Beglaubigung (BGH NJW 2007, 772 (773)) zu den Gerichtsakten einreichen: Da § 88 ZPO ohne weiteres im Arrestverfahren gilt (Zöller/*Althammer* ZPO § 88 Rn. 2), auf Vollmachtrüge im Widerspruchstermin eine Vertagung oder Beibringungsfrist (Zöller/*Althammer* ZPO § 88 Rn. 7) oder ein Verfahren nach § 89 ZPO zur späteren Beibringung aber mit dem Eilcharakter des Arrestverfahrens (→ Anm. 5) unvereinbar wäre, läuft der Arrestgläubiger Gefahr, allein hierwegen mit seinem – zunächst beschlussweise gewährten – Arrestantrag im Termin durch (Prozess-)Urteil zurückgewiesen zu werden.

Erhebt der Arrestschuldner nach Erlass eines Beschlussarrestes – ggf. ohne Widerspruchseinlegung – die in jeder Lage des Verfahrens zulässige (BGH NJW 2002, 1957 (1958)) und nicht verzichtbare (Prozessvoraussetzung) Vollmachtrüge, ist er damit zu hören (Art. 103 Abs. 1 GG; nach Erlass eines Beschlussarrestes ist eine Gefährdung der Sicherungsfunktion nicht mehr zu besorgen, → Anm. 3), woraufhin das Gericht angemessene (aufgrund des Eilcharakters des Verfahrens: kurze) Frist zur Nachreichung bestimmen und nach deren fruchtlosen Ablauf oder verbleibenden Zweifeln an einer wirksamen Prozessvollmacht den Arrestantrag – unter Aufhebung des ergangenen Arrestbeschlusses – durch besonderen (unanfechtbaren!) Beschluss zurückweisen wird (vgl. Gemeinsamer Senat der Obersten Gerichtshöfe des Bundes in BGHZ 91, 111 (115) = NJW 1984, 2149).

Weitere Folge der nicht nachgewiesenen Prozessvollmacht ist regelmäßig die Nichtwahrung der Vollziehungsfrist gem. § 929 Abs. 2 u. 3 ZPO, mit den Konsequenzen, dass die darauf beruhenden Vollziehungsakte fehlerhaft und aufzuheben sind (→ Anm. 8) und der insoweit unvollzogen gebliebene Arrest auf Antrag gem. § 927 ZPO unter Verurteilung des Antragstellers in die Kosten aufgehoben wird (→ Form. I.R.3 Anm. 5).

3. Vgl. § 922 ZPO. Die Entscheidung über den Verfahrensgang durch Urteil (nach Anordnung der mündlichen Verhandlung) oder durch Beschluss (mit oder ohne schriftliche Anhörung des Gegners) steht im pflichtgemäßen Ermessen des Gerichts (Stein/Jonas/*Grunsky* ZPO § 921 Rn. 1, aA Zöller/*G. Vollkommer* ZPO § 922 Rn. 2), wobei nach BVerfG NJW 2018, 3631 grundsätzlich auch im Arrestverfahren die mündliche Verhandlung gegenüber einer schriftlichen Anhörung des Gegners vorzuziehen sein wird. Bei Gefährdung der Sicherungsfunktion des Arrestverfahrens ist – mit Art. 103 GG vereinbar (BVerfGE 9, 89 (98); BVerfG NJW 2018, 3631 Rn. 15) – von der Anberaumung einer mündlichen Verhandlung oder Anhörung des Gegners abzusehen (Zöller/*G. Vollkommer* ZPO § 922 Rn. 2). Macht der Antragsteller deutlich, dass er den Arrest nur für den Fall der Entscheidung ohne mündliche Verhandlung begehrt, so kann das Gericht gleichwohl mündliche Verhandlung oder Anhörung des Gegners anordnen, da es sich um eine unzulässige bedingte Rücknahme des Antrages handelt (hM, vgl. Zöller/*G. Vollkommer* ZPO § 922 Rn. 3 mwN).

4. Vgl. § 944 ZPO.

5. Bedeutung des dinglichen Arrests: Vermögen des Schuldners wird vorläufig in Beschlag genommen, um dem Gläubiger eine andernfalls gefährdete Zwangsvollstreckung wegen einer Geldforderung in das bewegliche und unbewegliche Vermögen des Schuldners zu sichern; aufgrund dieser bloßen Sicherungsfunktion ist eine Verwertung aus der Arrestpfändung nicht möglich, weswegen zB bei einer arrestierten Forderung kein Anspruch auf Drittschuldnerauskunft besteht (BGH NJW 1977, 1199). Eine weitere Funktion des Arrests ist die Verjährungshemmung im Hinblick auf die Hauptsache, die mit Arrestantragstellung eintritt (§ 204 Abs. 1 Nr. 9 Alt. 1 BGB).

Voraussetzungen des dinglichen Arrests:

Arrestanspruch: Geldforderung oder Forderung des Gläubigers, die in Geldforderung übergehen kann (§ 916 Abs. 1 ZPO), nach § 916 Abs. 2 ZPO grds. auch bedingte oder betagte Forderungen, aufschiebend bedingte Ansprüche jedoch dann nicht, wenn der bedingte Anspruch wegen des entfernten Eintritts der Bedingung keinen gegenwärtigen Vermögenswert hat (Zöller/*G. Vollkommer* ZPO § 916 Rn. 7). Unter welchen Voraussetzungen künftige Ansprüche gesichert werden können, ist umstritten (vgl. Zöller/*G. Vollkommer* ZPO § 916 Rn. 8). Voraussichtlich durch das Arrestverfahren, die Arrestvollziehung und die spätere Vollstreckung entstehende Kosten sowie Kosten eines etwaigen Hauptsacheverfahrens können mit einer Kostenpauschale gesichert werden (vgl. Stein/Jonas/*Grunsky* ZPO § 916 Rn. 11 mwN in Fn. 45); für die Sicherung von Kosten des Hauptsacheverfahrens ist dabei allerdings die Glaubhaftmachung überwiegender Erfolgsaussichten erforderlich (vgl. Stein/Jonas/*Grunsky* ZPO § 916 Rn. 11 mwN in Fn. 45).

Arrestgrund: Besorgnis der Vereitelung oder wesentlichen Erschwernis der Zwangsvollstreckung aus einem idR noch nicht vorliegenden, jedenfalls nicht ohne Sicherheitsleistung vollstreckbaren Titel (§ 917 ZPO).

Verfahren:

Für das gesamte Verfügungsverfahren ist sein Eilcharakter zu berücksichtigen. Das Gericht darf bei Bedenken, dem Arrestantrag zu entsprechen oder ihn zurückzuweisen, ausnahmsweise dem – hierbei noch keinem Anwaltszwang unterliegenden – Gegner die Gelegenheit zu einer schriftlichen Äußerung geben, sofern dadurch nicht der Zweck des Arrestverfahrens gefährdet würde (vgl. zum Anspruch des Gegners auf rechtliches Gehör s. → Anm3). IÜ entscheidet das Gericht entweder ohne vorherige oder aufgrund einer (bzw. nach Widerspruch gem. § 924 ZPO unverzüglich anzuberaumenden) mündlichen Verhandlung, wobei die Ladungsfrist des § 217 ZPO zu beachten ist. Für diese ist aufgrund des Charakters als Eilverfahren insb. das aus § 294 Abs. 2 ZPO folgende Verbot der Vertagung (OLG Hamburg OLGR 2009, 475) und von Schriftsatzfristen zu beachten. Jede Partei muss sich darauf einstellen, mit neuem Vorbringen konfrontiert zu werden; dieses ist nur dann nicht zu berücksichtigen, wenn die Gegenpartei auf missbräuchlich verspätetes Vorbringen im Termin nicht erwidern kann (OLG Koblenz NJW-RR 1987, 509; OLG Hamburg NJW-RR 1987, 36; Stein/Jonas/*Grunsky* ZPO § 922 Rn. 23; Zöller/*G. Vollkommer* ZPO § 922 Rn. 21).

6. Über die Kosten gem. §§ 91 ff. ZPO ist im Arrestverfahren an sich nach hM wie im Erkenntnisverfahren nach § 308 Abs. 2 ZPO von Amts wegen zu entscheiden (Zöller/*G. Vollkommer* ZPO § 922 Rn. 10).

7. Der Arrestbefehl hat nach § 923 ZPO eine von Amts wegen festzusetzende Lösungssumme anzugeben, durch deren Hinterlegung dem Gläubiger volle Sicherheit für Arrestforderung und Nebenforderungen gewährt wird. Hinterlegung hemmt Vollziehung des

Arrests, nicht der Kostenentscheidung, und berechtigt zum Antrag auf Aufhebung ggf. bereits vollzogener Arrestmaßnahmen (Zöller/*G. Vollkommer* ZPO § 923 Rn. 2). Der Gläubiger erwirbt ein Pfandrecht an der Hinterlegungssumme, § 233 BGB.

Sicherheit kann uU – je nach Anordnung des Gerichts – auch durch geeignete Bürgschaft geleistet werden, s. § 108 ZPO.

8. Oftmals (etwa für die Erlangung einer Arresthypothek, § 932) ist es sinnvoll, gleichzeitig Vollziehungsanträge zu stellen; das Arrestgericht ist für die Pfändung zuständig, vgl. § 930 Abs. 1 S. 3 ZPO (vgl. zur Vollziehung iÜ Zöller/*G. Vollkommer* ZPO § 928 Rn. 2 ff.). Der Höchstbetrag entspricht der Lösungssumme zu Ziff. III.

Umfassende Vollziehungsanträge im Hinblick auf erdenkliche Ansprüche bereits im Arrestantrag können (psychologisch) nachteilig sein, als das Arrestgericht möglicherweise geneigt sein wird, eine – den Arrest faktisch entwertende oder schwer rückzuerlangende – Sicherheitsleistung durch den Arrestgläubiger anzuordnen (§ 921 S. 2 ZPO).

Bei Arrest und einstweiliger Verfügung ist bei umgehenden Vollziehungen auf eine Formalie und Fristigkeit zu achten, die in der Praxis nicht selten übersehen wird und Schwierigkeiten macht: Sofern der Arrest (oder die einstweilige Verfügung) vor Zustellung an den Schuldner vollzogen wird, was nach § 929 Abs. 3 ZPO (§§ 936, 929 Abs. 3 ZPO) zulässig ist, also bspw. auf Grund des hier beantragten Arrests die Pfändung der Forderung durch Zustellung des Pfändungsbeschlusses an den Drittschuldner erfolgt, ist unbedingt darauf zu achten, dass innerhalb einer Woche nach Vollziehung (Zustellung an den Drittschuldner) und vor Ablauf eines Monats nach der Verkündung oder Zustellung des Arrestbeschlusses eine zusätzliche Zustellung des Arrestbefehls im Parteibetrieb an den Antragsgegner oder dessen Prozessbevollmächtigten erfolgt (§ 929 Abs. 3 S. 2 ZPO). Auch ohne vorherige Vollziehung muss der Arrestbefehl im Parteibetrieb spätestens binnen der Monatsfrist des § 929 Abs. 2 ZPO zugestellt werden. Wird dies übersehen, sind die vor Zustellung des Arrests bewirkten Vollziehungen des Arrestes wirkungslos (BGH NJW 1999, 3494); ist die Monatsfrist zwischenzeitlich abgelaufen, kann keinerlei, also keine weitere oder erneute, Vollziehung stattfinden (§ 929 Abs. 2 ZPO).

Hinfällig sind außerdem Vollziehungen, für die innerhalb der Vollziehungsfrist des § 929 Abs. 2 ZPO keine (Prozess-)Vollmacht bestand, da die §§ 78–90 ZPO als Prozessvoraussetzungen des Vollziehungsverfahrens gleichermaßen zu beachten sind (vgl. Zöller/*Seibel* ZPO Vor § 704 Rn. 5, 15). Die Hinfälligkeit besteht auch dann, wenn solche Vollziehungsakte später „genehmigt" werden, da eine rückwirkende Genehmigung zwar grds. für das Erkenntnisverfahren, nicht aber für binnen unverlängerbarer Frist des § 929 Abs. 2 ZPO stattzufindende Vollziehungsakte möglich ist. Unter Vollmachtmangel leidende Vollziehungsakte sind auf Rechtsbehelf (§ 766 ZPO), ggf. auch von Amts wegen (vgl. Zöller/*Seibel* ZPO Vor § 704 Rn. 34 mwN) aufzuheben. Auf Antrag gem. § 927 ZPO kann daraufhin auch die Aufhebung des Arrestbefehls beansprucht werden.

9. Die praktischen Erfahrungen legen es nahe, das sog Arrestatorium und Inhibitorium in den Antrag aufzunehmen. Das Gericht hat dieses Verbot und Gebot zwar von Amts wegen bei Erlass des Arrestes auszusprechen. Wird dies aber aus Versehen unterlassen (und diese Gefahr ist bei verkürzter Fassung des Antrags größer) und der Arrestbeschluss ohne Arrestatorium und Inhibitorium dem Drittschuldner zugestellt, ist die Arrestpfändung uU nicht wirksam.

10. Fallgestaltungen mit Auslandsbezug erfordern in der Regel die Glaubhaftmachung, welches Recht einschlägig ist. Kommt es für den Arrestanspruch auf die Anwendung ausländischen materiellen Rechts an, darf sich die Rechtsermittlung (§ 293 ZPO) wegen der besonderen Eilbedürftigkeit des Verfahrens auf die Verwertung präsenter Erkenntnisquellen des maßgeblichen ausländischen Rechts beschränken; daraus folgt, dass der Antragsteller den ihm günstigen Inhalt ausländischen Rechts zur Überzeugung des

Gerichts glaubhaft zu machen hat (OLG Frankfurt a. M. NJW 1969, 991; Stein/Jonas/*Grunsky* ZPO § 920 Rn. 8).

11. Arrestanspruch und -grund sind nach § 920 Abs. 2 ZPO glaubhaft zu machen. Zulässig ist jedes präsente (§ 294 Abs. 2 ZPO) Beweismittel (§§ 355–455 ZPO) und zusätzlich die eidesstattliche Versicherung durch Zeugen und den Beweisführer selbst. Erforderlich ist hierbei die Schilderung von Tatsachen, die der Versichernde selbst wahrgenommen hat (BGH NJW 2004, 3491(3492)). Der Unterzeichner der eidesstattlichen Versicherung muss ferner genau und zweifelsfrei identifizierbar sein, mindestens anzugeben sind Vor- und Zuname sowie Anschrift (vgl. *Wehlau/Kalbfus* MittPat 2011, 165 (168)). Die Versicherung ist als solche (und nicht etwa als „Erklärung") zu bezeichnen und hat – üblicherweise unter Wiedergabe des Wortlauts von §§ 156, 161 StGB – zu erkennen lassen, dass sich der die Versicherung Abgebende über die Strafbarkeit einer falschen Versicherung im Klaren ist (BPatG GRUR 1978, 358). Abgegeben werden kann die eidesstattliche Versicherung schriftlich, mündlich (etwa im Verhandlungstermin durch den Beweisführer) und per Telefax (BayObLG NJW 1996, 406; auch mittelbar durch Einreichung des Telefaxes durch den Rechtsanwalt, BGH GRUR 2002, 915 (916)). Einzelheiten zur Versicherung an Eides Statt als Mittel der Glaubhaftmachung: *Wehlau/Kalbfus* MittPat 2011, 165.

Sollten die Glaubhaftmachungen nicht ausreichen, kann der Arrest gem. § 921 S. 1 ZPO gleichwohl angeordnet werden, sofern wegen der dem Gegner drohenden Nachteile Sicherheit geleistet wird.

12. Taugliches Mittel zur Glaubhaftmachung ist ferner die anwaltliche Versicherung (BGH VersR 1992, 1023 Rn. 12). Sie bedarf der Formalien einer eidesstattlichen Versicherung nicht, sofern der Rechtsanwalt die Richtigkeit eines von ihm wahrgenommenen Sachverhalts unter Bezugnahme auf seine Standespflichten anwaltlich versichert (vgl. BayObLG WuM 1994, 296 Rn. 16; BGH NJW 2015, 171 Rn. 16; BGH NJW-RR 2017, 1266 Rn. 14).

13. Grds. keine geeigneten Mittel zur Glaubhaftmachung sind Zeitungsartikel, Berichte im Internet oÄ (vgl. zu weiteren Mitteln der Glaubhaftmachung Zöller/*Greger* ZPO § 294 Rn. 5 aE).

Wird für den Arrestgrund (§ 917 ZPO) ein einschlägiges strafbares Verhalten des Arrestschuldners dargelegt, bedarf es nach Auffassung einiger Gerichte darüber hinaus der Glaubhaftmachung von Wiederholungsgefahr (OLG Schleswig MDR 1983, 141; OLG Düsseldorf NJW-RR 1986, 1192; OLG Saarbrücken NJW-RR 1999, 143 (143); OLG Koblenz NJW-RR 2002, 575 (576)).

14. Rspr. und Lit. sind mit der Bejahung von allgemeinen Arrestgründen nach § 917 Abs. 1 ZPO zurückhaltend. Beiseiteschaffen von Vermögensgegenständen, Schein- und Schwindelgeschäfte, Verschiebung ins Ausland, Verschleuderung von Waren, Abtretung aller fälligen und erst in Aussicht stehenden Ansprüche sind jedoch anerkannte Arrestgründe nach § 917 Abs. 1 ZPO (weitere Arrestgründe und Nachweise vgl. Zöller/*G. Vollkommer* ZPO § 917 Rn. 5–8).

Nach § 917 Abs. 2 ZPO bedarf es keiner eingehenden Prüfung von Arrestgründen, wenn ein (allerdings inländischer, OLG München NJW-RR 1988, 1023; OLG Hamburg NJW 1990, 1425; OLGR Düsseldorf 2000, 21) Titel gegen den Schuldner im Ausland vollstreckt werden müsste und die Gegenseitigkeit nicht verbürgt ist (die Privilegierung des § 917 Abs. 2 ZPO greift also nicht, wenn für die Erlangung eines Hauptsachetitels die Zuständigkeit eines ausländischen Gerichts gegeben wäre). Das bedeutet, dass die Privilegierung des § 917 Abs. 2 ZPO im Verhältnis zu EU-Mitgliedstaaten und Mitgliedsstaaten des EWR-Abkommens (außer, die Gegenseitigkeit ist nicht verbürgt, wie zB für das Fürstentum Liechtenstein), aber auch bei bilateralen Anerkennungs- und Vollstreckungsverträgen (zB LugÜ) sowie entsprechender Ausgestaltung des innerstaatlichen Rechts des Vollstreckungsstaates grds. nicht greift. Rechtliche oder tatsächliche Schwierigkeiten der Vollstreckung in einem anderen Mitgliedstaat der EU können jedoch im Rahmen der allgemeinen Regelung des Abs. 1 weiterhin berücksichtigt werden (Zöller/*G. Vollkommer* ZPO § 917 Rn. 17).

Weder nach § 917 Abs. 1 noch nach Abs. 2 ZPO kann ein Arrestgrund bestehen, wenn der Arrestgläubiger über einen ohne Sicherheitsleistung vollstreckbaren Titel verfügt oder anderweitig ausreichend besichert ist, etwa durch Eigentumsvorbehalt, Sicherungsübereignungen, Sicherheitsleistungen etc; ein – wie im Beispielsfall – besitzlos gewordenes Vermieter- bzw. Verpächterpfandrecht als einziges Sicherungsmittel beseitigt das Rechtsschutzbedürfnis für einen Arrest nicht (so LG Augsburg NJW 1975, 2350; lt. *Katzenstein/Hüftle* MDR 2005, 1027 (1031) soll das aber zweifelhaft sein).

15. Die Prozessfähigkeit einer im Arrestverfahren beteiligten ausländischen Partei wird ausschließlich durch deutsches Verfahrensrecht bestimmt (BGH IPRax 2003, 344, aA EuGH NJW 2002, 3614), wobei sich die Rechts- und Parteifähigkeit der betroffenen ausländischen Partei nach dem für sie geltenden ausländischen Recht beurteilt (BGHZ 51, 27 (28); allgM). Für die Annahme der Kaufmannseigenschaft der ausländischen Partei kommt es damit auf das Recht des Landes an, in dem die Partei ihren Geschäftssitz hat, insb. gelten die Wirkungen einer dortigen Eintragung in ein dem Handelsregister entsprechendes Register (vgl. Zöller/*Lückemann* GVG § 95 Rn. 4; OLG München NJW-RR 2013, 412). Dementsprechend sollte dies glaubhaft gemacht werden (→ Anm. 10).

16. Die Vollziehung des Arrests richtet sich gem. § 928 ZPO grds. nach den Vorschriften über die Zwangsvollstreckung. Hier wird Forderungspfändung nach §§ 930, 829 ZPO beantragt. Das Bestehen der gepfändeten Forderung muss nicht glaubhaft gemacht werden; es wird die angeblich bestehende Forderung gegen den Drittschuldner gepfändet.

Der Arrestbefehl wird vollzogen durch Zustellung des Arrestbefehls und Antrag des Gläubigers beim zuständigen Vollstreckungsorgan auf Vornahme von Vollstreckungshandlungen (BGH NJW 1991, 496 (497); 2006, 1290); beim Beschlussarrest ist Parteizustellung erforderlich (vgl. § 922 Abs. 2 ZPO). Für die kurze Frist von einer Woche bei Vollziehung vor Zustellung (§ 929 Abs. 3 ZPO) s. → Anm. 8; sowie Zöller/*G. Vollkommer* ZPO § 929 Rn. 27.

17. Vorläufige Vollstreckbarkeit: Arrest und einstweilige Verfügung sind ihrer Natur nach vorläufig vollstreckbar: daher keine besonderen Anträge und kein besonderer Ausspruch in der Entscheidung. Bei Urteil, durch das der Antrag auf Arrest oder einstweilige Verfügung abgewiesen wird, gilt § 708 Nr. 6 ZPO.

Kosten und Gebühren

18. Streitwert: Gesonderte Festsetzung nach §§ 23 Abs. 1 RVG, 3 ZPO gem. § 32 RVG erforderlich; im Allgemeinen $^1/_3$ bis $^1/_2$ der Hauptsache.

19. Gerichtskosten: Kostenverzeichnis Anl. 1 GKG Nr. 1410 ff.
Kein Kostenvorschuss nötig, da keine Klage, § 12 GKG.

20. Anwaltsgebühren: Regelmäßig Verfahrensgebühr gem. VV 3100 RVG, im Falle einer Terminswahrnehmung oder einer sonstigen diese Gebühr auslösenden Tätigkeit zusätzlich Terminsgebühr gem. VV 3104 RVG. Daneben ist eine Einigungsgebühr gem. VV 1000 bzw. 1003 RVG möglich.

Fristen und Rechtsmittel

21. Gegen Arrest anordnenden Beschluss Widerspruch nach § 924 ZPO und/oder Antrag auf Fristsetzung bzw. Erhebung der Hauptsacheklage, § 926 Abs. 1 ZPO und ggf. Antrag auf Aufhebung des Arrestes, wenn der Anordnung zur Erhebung der Hauptsacheklage nicht Folge geleistet wird, § 926 Abs. 2 ZPO und/oder Antrag auf Aufhebung wegen veränderter Umstände gem. § 927 ZPO, insb. bei Wegfall des Arrestanspruchs oder Erledigung des Arrestgrundes. Widerspruch gem. § 924 ZPO und die Anträge gem. §§ 926, 927 ZPO sind nicht fristgebunden. Unter sehr engen Voraussetzungen ist allenfalls Verwirkung denkbar (OLG Saarbrücken NJW-RR 1989, 1512 (1513)), die nicht eintreten kann, solange der Hauptsacheprozess läuft oder noch gar nicht begonnen hat (BGH NJW 1992, 2297 (2998)).

Gegen Arresturteil für den Arrestschuldner §§ 926, 927 ZPO und Berufung, §§ 511 ff. ZPO.

Gegen Arrest ablehnenden Beschluss sofortige Beschwerde nach § 567 ff. ZPO (nach überwiegender Auffassung kein Anwaltszwang, vgl. Zöller/*G. Vollkommer* ZPO § 922 Rn. 19), gegen abweisendes Urteil Berufung, §§ 511 ff. ZPO.

Gegen Urteil des LG als Berufungsgericht oder Beschwerdegericht nach Anordnung mündlicher Verhandlung kein Rechtsmittel. Revision ist nie möglich, § 542 Abs. 2 S. 1 ZPO (Zöller/*G. Vollkommer* ZPO § 922 Rn. 25).

2. Antrag auf persönlichen Arrest

. . . . .[1]

I. Wegen einer Forderung in Höhe von . . . . . EUR sowie einer Kostenpauschale in Höhe von . . . . . EUR wird der persönliche Sicherheitsarrest[2] gegen den Antragsgegner angeordnet.

II. In Vollziehung von Ziff. I wird die Haft[3] gegen den Antragsgegner verhängt.[4]

III. Die Vollziehung des Arrests wird durch Hinterlegung eines Geldbetrags in Höhe von . . . . . EUR oder Stellung einer selbstschuldnerischen, unbeschränkten, unbefristeten und unwiderruflichen Bürgschaft einer deutschen Großbank über . . . . . EUR gehemmt.[5]

IV. Der Antragsgegner hat die Kosten des Verfahrens zu tragen.

Begründung:

Der Antragsgegner hat in einem Ladenlokal in . . . . . ein Reisebüro betrieben. Der Antragsteller hat – wie zahlreiche andere Kunden – über dieses Büro eine Ferienreise nach . . . . . bei dem Reiseveranstalter A gebucht und hierfür dem Antragsgegner in dessen Reisebüro eine Anzahlung von . . . . . EUR geleistet. Als er die Reisepapiere abholen wollte, war das Reisebüro aus dem Ladenlokal verschwunden und dieses geschlossen. Der Reiseveranstalter A weiß von der Buchung des Antragstellers und derjenigen zahlreicher anderer Kunden nichts; er hat keine Zahlung vom Antragsgegner erhalten. Der Antragsteller hat erfahren, dass der Antragsgegner über keine Gewerbeanmeldung verfügt und in mehreren Städten durch kurzfristige Eröffnung von Reisebüros und spurloses Verschwinden Kunden erheblich geschädigt hat. Wie der Antragsteller ermitteln konnte, wohnt der Schuldner derzeit im Hotel B in . . . . . Der Verbleib der vom Antragsgegner vereinnahmten Vermögenswerte sind dem Antragsteller nicht bekannt.[6]

Glaubhaftmachung: Anliegende eidesstattliche Versicherungen des Antragstellers und der Kunden C und D vom . . . . .

Rechtsanwalt[7]

Anmerkungen

1. Zur Eingangsformulierung → Form. I.R.1

2. Bedeutung des persönlichen Arrests: Herbeiführung persönlicher Freiheitsbeschränkung gegen den Schuldner als ultima ratio zur Sicherung künftiger Zwangsvollstreckungsmaßnahmen gegen den Schuldner. Zur Kostenpauschale → Form. I.R.1 Anm. 5

Voraussetzungen: Arrestanspruch und Arrestgrund (§§ 916, 918 ZPO, → Form. I.R.1 Anm. 5)

Zusätzlich Subsidiarität des persönlichen Sicherheitsarrests (BeckOK ZPO/*Mayer* 40. Edition 2021, § 918 Rn. 2): Dinglicher Arrest reicht nicht aus oder ist nicht möglich, um die gefährdete Zwangsvollstreckung in das Vermögen des Schuldners zu sichern (§ 918 ZPO), etwa wenn inländisches Vermögen glaubhaft gemacht vorhanden, sein Verbleib aber unbekannt ist (OLG Karlsruhe NJW-RR 1997, 450 (451)). Persönlicher Sicherheitsarrest kann auch angeordnet werden, um den Schuldner zu hindern, sich der Abgabe der eidesstattlichen Versicherung zu entziehen (OLG München NJW-RR 1988, 382).

3. Vollziehung des persönlichen Arrests nach Ermessen des Gerichts unter Berücksichtigung des Grundsatzes der Verhältnismäßigkeit, wahlweise oder kumulativ durch Überwachung – Meldepflicht – Reiseverbot – Wegnahme des Reisepasses (str., bejahend BeckOK ZPO/*Mayer*, 40. Edition 2021, § 933 Rn. 1;Musielak/Voit/*Huber* ZPO§ 933 Rn. 1, verneinend Zöller/*G. Vollkommer* ZPO § 933 Rn. 1) – Hausverbot – Haft (§ 933 ZPO).

Bei der Haftanordnung ist gem. § 802 I 1 ZPO Haftbefehl zu erlassen. Dieser ist dem Schuldner bei der Verhaftung in beglaubigter Abschrift zu übergeben, § 802g Abs. 1 S. 1, Abs. 2 S. 2 ZPO.

4. Aufgrund der Haftanordnung kann der Antragsteller den Antragsgegner (soweit Arresturteil ergangen ist: Arrestkläger den Arrestbeklagten) durch Gerichtsvollzieher verhaften lassen (§§ 933, 802g Abs. 2 S. 1 ZPO).

5. Die Lösungssumme ist nach § 933 S. 2 ZPO auch in den Haftbefehl aufzunehmen. Entgegen dem Wortlaut des § 923 ZPO kann das Gericht gem. § 108 Abs. 1 S. 1 ZPO die Art der Sicherheitsleistung nach freiem Ermessen bestimmen (Zöller/*G. Vollkommer* ZPO § 923 Rn. 1;BeckOK ZPO/*Mayer*, 40. Edition 2021, § 923 Rn. 2).

6. Da der persönliche Arrest gegenüber dem dinglichen subsidiär ist, sollte dargelegt werden, warum dinglicher Arrest nicht möglich ist oder nutzlos wäre.

Kosten und Gebühren, Fristen und Rechtsmittel

7. → Form. I.R.1 Anm. 18–21.

3. Antrag auf Aufhebung des Arrestes wegen veränderter Umstände

An das
. . . . .
– Streitgericht –[1]
In Sachen[2]
. . . . .
stelle ich den Antrag:

I. Der durch Endurteil vom . . . . . bestätigte Arrest[3] wird aufgehoben.
II. Die Vollziehung des Arrestes wird bis zur Entscheidung im Aufhebungsverfahren einstweilen eingestellt.[4]
III. Der Antragsgegner hat die Kosten des Verfahrens zu tragen.[5]

Begründung:

Der Antragsteller steht zwischenzeitlich in Diensten der Firma . . . . . und bezieht dort ein regelmäßiges Arbeitseinkommen. Allenfalls bestehende Ansprüche des Antragsgegners sind daher ohne weiteres zu realisieren. Eine Gefährdung der Zwangsvollstreckung besteht nicht.[6]
Rechtsanwalt[7, 8]

Anmerkungen

1. Für den Antrag auf Aufhebung des Arrests wegen veränderter Umstände ist das Streitgericht (nicht das Vollstreckungsgericht, dieses nur bei Aufhebung nach § 934 ZPO) zuständig. Dies ist entweder das Gericht, das den Arrest erlassen hat, oder – bei Anhängigkeit der Hauptsache – das Gericht der Hauptsache (§ 927 Abs. 2 ZPO).

2. Volles Rubrum. Es handelt sich um ein gegenüber dem vorangegangenen Arrest selbständiges Verfahren mit vertauschten Parteirollen.

3. Die veränderten Umstände können auch im Widerspruchs- oder Rechtsmittelverfahren vorgetragen werden (vgl. BeckOK ZPO/*Mayer*, 40. Edition 2021, § 927 Rn. 2), wenn der Arrestbefehl noch nicht rechtskräftig ist – insoweit kann sogar das Rechtsschutzbedürfnis für ein Aufhebungsverfahren fehlen oder entfallen (Zöller/*G. Vollkommer* ZPO § 927 Rn. 2;Musielak/Voit/*Huber* ZPO§ 927 Rn. 2). Keine Beschränkungen bestehen bei Erlass (oder Bestätigung) des Arrestes durch rechtskräftiges Urteil (Zöller/*G. Vollkommer* ZPO § 927 Rn. 2). Sind die veränderten Umstände allerdings bereits in einem anderen auf Beseitigung des Arrestes gerichteten Verfahren geltend gemacht, so steht dem Antrag anderweitige Rechtshängigkeit bzw. Rechtskraft entgegen.

Das Rechtsschutzbedürfnis fehlt wiederum dann, wenn der Arrest keine Auswirkungen mehr hat oder haben kann (Zöller/*G. Vollkommer* ZPO § 927 Rn. 3), insb. wenn der Gläubiger auf seine Rechte aus dem Arrest einschließlich der Rechte aus der Kostenentscheidung verzichtet und den Titel ausgehändigt hat (Musielak/Voit/*Huber* ZPO § 927 Rn. 4 sowie BeckOK ZPO/*Mayer* 40. Edition 2021, § 927 Rn. 10).

4. Die einstweilige Einstellung der Arrestvollziehung im Aufhebungsverfahren ist analog §§ 924 Abs. 3 S. 2, 707 Abs. 1 S. 1 ZPO möglich (Zöller/*G. Vollkommer* ZPO § 927 Rn. 9c; Musielak/Voit/*Huber* ZPO § 927 Rn. 11).

5. Der Kostenausspruch bezieht sich grds. nur auf die Kosten des Aufhebungsverfahrens und umfasst nicht die Kosten des Anordnungsverfahrens. (Zöller/*G. Vollkommer*

ZPO § 927 Rn. 12;BeckOK ZPO/*Mayer*, 40. Edition 2021, § 927 Rn. 16). Ausnahmen sind aber insb. möglich, wenn die Hauptsacheklage rechtskräftig als von Anfang an unbegründet abgewiesen wurde (BGH NJW 1993, 2685; OLG Karlsruhe, BeckRS 2017, 151252, Rn. 28; OLG Düsseldorf, GRUR-RS 2021, 1830, Rn. 18) oder die Aufhebung erfolgt, weil der Gläubiger die Vollziehungsfrist des § 929 Abs. 2 versäumt hat (OLG Hamburg NJW 1964, 600; OLG Hamm NJW-RR 1990, 1214; OLG Düsseldorf NJW-RR 2000, 68; OLG Frankfurt a. M. NJW-RR 2002, 1080; OLG Stuttgart, BeckRS 2015, 12407, Rn. 21;BeckOK ZPO/*Mayer*, 40. Edition 21, § 927 Rn. 16).

6. Eine Aufhebung nach § 927 ZPO ist anzuordnen, wenn glaubhaft gemacht wird, dass der Arrestanspruch oder der Arrestgrund (Letzterer ggf. auch auf Grund Sicherheitsleistung) weggefallen sind oder von Anfang an nicht bestanden haben (vgl. iE Zöller/*G. Vollkommer* ZPO § 927 Rn. 5–7; Musielak/Voit/*Huber* ZPO§ 927, Rn. 6 ff.). Dementsprechend sind folgende Begründungen denkbar:

a) **Der vom Antragsgegner im Anordnungsverfahren behauptete Arrestgrund bestand von Anfang an nicht. Dies ist zwischenzeitlich durch rechtskräftige Entscheidung im Hauptsacheverfahren festgestellt.**

oder

b) **Nach Bestätigung des Arrestes durch Endurteil vom . . . . . wurde ausweislich beigefügter Quittungen Zahlung geleistet.**

oder

c) **Der Antragsgegner hat innerhalb der vom Gericht nach § 926 ZPO gesetzten Frist keine Hauptsacheklage erhoben.**

Nach § 926 Abs. 2 ZPO ist die Aufhebung des Arrestes auszusprechen, wenn die Frist zur Erhebung der Hauptsacheklage versäumt wurde.

Kosten und Gebühren

7. Gerichtskosten ebenso wie im Anordnungsverfahren, vgl. Kostenverzeichnis Anl. 1 GKG 1410 ff. Anwaltsgebühren: Sondervorschrift in § 16 Nr. 5 RVG (Jedes Verfahren gerichtet auf Abänderung oder Aufhebung des Arrestes oder der einstweiligen Verfügung bildet mit dem Anordnungsverfahren eine einzige Angelegenheit).

Fristen und Rechtsmittel

8. Gegen das Endurteil ist Berufung gegeben.

4. Antrag auf Erlass einer auf Sicherung eines Herausgabeanspruchs gerichteten einstweiligen Verfügung

Eilt!
An das
Amtsgericht[2]
Antrag auf Erlass einer einstweiligen Verfügung[1] der Firma . . . . . KG, vertreten durch den persönlich haftenden Gesellschafter . . . . .
– Antragstellerin –
Verfahrensbevollmächtigter: . . . . .

gegen
Fa . . . . . GmbH, vertreten durch den Geschäftsführer . . . . .
– Antragsgegnerin –
Ich beantrage bei dem wegen der Dringlichkeit der Angelegenheit nach § 942 ZPO zuständigen Amtsgericht ohne mündliche Verhandlung den Erlass folgender einstweiliger Verfügung:

I. Die Antragsgegnerin hat die im Eigentum der Antragstellerin stehenden 68 Rollen Glasfilamentgewebe, Artikel Nr. . . . . . 460 g/qm, 100 cm, an den Gerichtsvollzieher B als Sequester,[3] hilfsweise an einen vom Gericht zu bestellenden Sequester herauszugeben.

II. Die Durchsuchung der Geschäftsräume der Antragsgegnerin in . . . . . zur Vollstreckung der Herausgabe wird gestattet.[4]

III. Die Antragsgegnerin hat die Kosten des Verfahrens zu tragen.

Begründung:

Die Antragstellerin stellt ua chemische Werkstoffe her. Sie hat die im Antrag I näher bezeichneten 68 Rollen Glasfilamentgewebe gemäß in beglaubigter Fotokopie anliegendem Kaufvertrag unter Eigentumsvorbehalt an die Antragsgegnerin geliefert, die diese Gewebe in ihrem kunststoffverarbeitenden Betrieb ständig ua für Surfbretter und Segelboote verwendet. Zwischen den Parteien war eine vollständige Kaufpreiszahlung bis zum . . . . . vereinbart.

Glaubhaftmachung: In beglaubigter Fotokopie anliegender Kaufvertrag vom . . . . .

Nachdem diese Frist erfolglos verstrichen war, setzte die Antragstellerin der Antragsgegnerin mit Schreiben vom . . . . ., zugestellt per Einwurfeinschreiben,[5] am . . . . ., eine angemessene Nachfrist zur Zahlung bis zum . . . . .

Glaubhaftmachung: 1. In beglaubigter Kopie anliegendes Schreiben vom . . . . .
2. In beglaubigter Kopie beigefügter Datenauszug der Deutschen Post AG

Die Antragstellerin ist, nachdem die Antragsgegnerin auch nach Ablauf der Nachfrist keinerlei Zahlungen auf den Kaufpreis geleistet hat,[6] durch in beglaubigter Kopie beigefügtem Brief vom . . . . ., zugestellt per Einwurfeinschreiben am . . . . ., vom Kaufvertrag zurückgetreten.[7]

Glaubhaftmachung: 1. In beglaubigter Kopie beigefügtes Schreiben vom . . . . .
2. In beglaubigter Kopie beigefügter Datenauszug der Deutschen Post AG

Der Geschäftsführer der Antragsgegnerin hat dem Komplementär der Antragstellerin erklärt, dass die Ware zwar noch nicht verarbeitet sei, die Verarbeitung jedoch „in den nächsten Tagen“ beginne. Die Aufforderung der Antragstellerin, die Ware herauszugeben, hat der Geschäftsführer der Antragsgegnerin abgelehnt.

Glaubhaftmachung: Eidesstattliche Versicherung des Komplementärs der Antragstellerin vom . . . . . in der Anlage.

Der sich auf Grund des Rücktritts ergebende Herausgabeanspruch der Antragstellerin ist gefährdet. Denn durch die Verarbeitung würde das Eigentum der Antragstellerin gem. § 950 BGB untergehen.[8]
Rechtsanwalt[9]

Anmerkungen

1. Sicherungsverfügung.

Verfügungsanspruch: Ein zu sicherndes, nicht auf Geld gerichtetes subjektives Recht (Zöller/*G. Vollkommer* ZPO § 935 Rn. 6), Individualansprüche auf Handlung, Duldung

o. Unterlassung (Musielak/Voit/*Huber* ZPO§ 935 Rn. 12) bzw. jeder zivilrechtliche Individualanspruch, der keine Geldforderung oder ein Anspruch ist, der in eine Geldforderung übergehen kann (Saenger/*Kemper* ZPO§ 935 Rn. 11).

Verfügungsgrund: Besorgnis, dass durch die Veränderung des bestehenden Zustands die Verwirklichung dieses Rechts vereitelt oder wesentlich erschwert werden könnte (§ 935 ZPO). Die geeigneten Maßnahmen sind vom Gericht nach freiem Ermessen zu wählen (§ 938 Abs. 1 ZPO). Zusammen mit dem Verfügungsgrund (bzw. der Notwendigkeit einer einstweiligen Regelung zur Sicherung des Rechtsfriedens nach § 940 ZPO) ist zu prüfen, ob die Sicherung des Verfügungsanspruchs (oder die einstweilige Regelung des Zustands) dringlich ist. Die Dringlichkeit wird – ausgehend von der Rspr. in Wettbewerbssachen (vgl. OLG Nürnberg, NJW-RR 2019, 105, Rn. 15) – auch bei sonstigen einstweiligen Verfügungen von der Rspr. verneint, wenn der Antragsteller eine längere Frist hat verstreichen lassen, bevor er die einstweilige Maßnahme eingeleitet hat (Selbstwiderlegung der Dringlichkeitsvermutung, vgl. Zöller/*G. Vollkommer* ZPO § 940 Rn. 4; MüKo ZPO/Drescher§ 935 Rn. 18 ff.). Die Dringlichkeit wird bspw. im OLG-Bezirk München regelmäßig verneint, wenn der Antragsteller mit der Anbringung seines Verfügungsantrags länger als einen Monat (OLG München GRUR-RR 2017, 11, Rn. 48) zuwartet (Fristbeginn: Sobald der Antragsteller hinreichend Kenntnis und Anhaltspunkte hat, um den Verfügungsanspruch mit einiger Erfolgsaussicht geltend machen zu können).

Demgegenüber geht die Rspr. in anderen OLG-Bezirken davon aus, dass es keine feste zeitliche Grenze gibt, wobei zunehmend die Tendenz zur festen und kurzen Münchener Frist festzustellen ist, zB OLG Nürnberg, NJW-RR 2019, 105; OLG Karlsruhe BeckRS 2007, 8297 OLG Koblenz GRUR 2011, 451 (452); OLG Köln GRUR-RR 2010, 493 (493); OLG Celle BeckRS 2014, 6136, Rn. 7; OLG Saarbrücken GRUR-RR 2017, 80, Rn. 24; OLG Brandenburg, GRUR-RS 2020, 17750, Rn. 8; hingegen für idR zwei Monate OLG Düsseldorf GRUR-RR 2014, 273 (275); OLG Stuttgart BeckRS 2017, 139897, Rn. 46; OLG Saarbrücken NJW-RR 2020, 504, Rn. 9; OLG Rostock BeckRS 2016, 112269, Rn. 5 (1–3 Monate).

Übersicht für Tendenz, im Regelfall Frist von 1 Monat zugrunde zu legen = Köhler/Bornkamm/Feddersen/*Köhler* UWG § 12, Rn. 2.15b; verweist für Aufstellung der OLG mit starren Fristen für Selbstwiderlegung aufHarte-Bavendamm/Henning-Bodewig/Retzer UWG§ 12, Rn. 917 ff. (aber eher allgemeine Rspr.-Übersicht)

2. Grds. ist das Gericht der Hauptsache zuständig (§ 937 Abs. 1 ZPO), in dringenden Fällen, wie hier glaubhaft gemacht, jedoch nach § 942 Abs. 1 ZPO das AG, in dessen Bezirk sich der Streitgegenstand (hier die herauszugebende Ware) befindet. In diesem Fall hat das AG in dem die einstweilige Verfügung erlassenden Beschluss eine Frist zur Durchführung des Rechtfertigungsverfahrens beim Gericht der Hauptsache zu setzen.

3. Vgl. § 938 Abs. 2 ZPO, Vollstreckung nach § 883 ZPO. Der Gerichtsvollzieher ist allerdings nicht verpflichtet, das Amt des Sequesters zu übernehmen (§ 154 Abs. 1 S. 3 GVGA), ggf. muss das Gericht einen Sequester bestellen.

4. Es ist zweckmäßig, gleichzeitig einen Durchsuchungsbeschluss gem. § 758a ZPO zu beantragen, um die Herausgabe zu vollstrecken. Unter „Wohnung“ iSd § 758a ZPO sind auch Arbeits- und Geschäftsräume zu verstehen (Zöller/*G. Vollkommer* ZPO § 758a Rn. 4 mwN; Musielak/Voit/*Lackmann* ZPO § 758a Rn. 3).

5. Nach der Rspr. des BGH gibt es keinen Anscheinsbeweis dahingehend, dass mit der Post versandte Briefe ihren Empfänger auch erreichen (BGH NJW 1957, 1230 (1231); vgl. zum Ganzen: Jauernig/*Mansel* BGB § 130 Rn. 19). Das Einschreiben mit Rückschein begründet nach § 175 ZPO die vom Empfänger widerlegbare Vermutung, dass es an dem im Rückschein genannten Datum zugestellt wurde. Für das private Recht bedeutet das jedenfalls, dass der Gesetzgeber das Einschreiben mit Rückschein als zuverlässig bewertet, weshalb ebenfalls ein Anscheinsbeweis für den Zugang gegeben ist (Palandt/*Ellenberger* BGB § 130 Rn. 21). Für Einwurfeinschreiben wird ein Anscheinsbeweis gelegentlich bejaht, wenn der Briefkasteneinwurf ordnungsgemäß dokumentiert wurde (vgl. BGH NJW 2017, 68, Rn. 31; *Ante* NJW 2020, 3487, Rn. 1 ff., Rn. 14 ff.; *Uth/Barthen* NJW 2021, 685, Rn. 11 ff. Mit dem in Fällen des Einwurfeinschreibens durch die Deutsche Post AG erstellten Datenauszug kann zwar kein Urkundsbeweis geführt werden (*Reichert* NJW 2001, 2523 (2524)), er ist aber immerhin als Augenscheinsobjekt iSv § 371 ZPO einzuordnen, dessen erheblicher Indizwert (AG Paderborn NJW 2000, 3722 (3723)) – auch dafür welches Schriftstück übermittelt wurde – durch die Einschaltung eines Zeugen etwa wie folgt erhöht werden kann:

Formulierungsvorschlag:
„Um später beweisen zu können, welchen Inhalt das am . . . . . per Einwurf-Einschreiben abgesandte Schreiben vom . . . . . hat, zieht sein Verfasser, Rechtsanwalt . . . . ., bei Absendung des Briefes einen Zeugen hinzu. Dieser Zeuge unterschreibt dieses Protokoll und eine Abschrift des zuzusendenden Schriftstückes, das mit dem Protokoll verbunden wird.
Zeuge:
. . . .
Abzusendende Schriftstücke:
– . . . . . (exakte Bezeichnung bzgl. Absender, Empfänger, Datum, Umschreibung Angelegenheit)
Der Zeuge bescheinigt:
Ich habe das o.g. von Herrn Rechtsanwalt . . . . . unterzeichnete Schriftstück gelesen und in einen Briefumschlag gesteckt. Dann habe ich die mir vorgelegte Abschrift durchgelesen und festgestellt, dass diese mit dem Schriftstück im Briefumschlag identisch ist. Anschließend habe ich dieses Protokoll und die Abschrift unterschrieben und beide Schriftstücke zusammengeheftet. Den im Umschlag verschlossenen Brief habe ich am . . . . . per Einwurf-Einschreiben auf der Post aufgegeben. Der Brief ist nicht mehr geöffnet worden, seit ich ihn verschlossen habe. Ich habe ihn bis zur Aushändigung an den Schalterbeamten nicht aus der Hand gegeben.
Datum/Unterschrift Zeuge“

Einen Beweis bietet aber auch das nicht, weswegen in Fällen, in denen ein Bestreiten des Zugangs nicht ausgeschlossen werden kann, per Gerichtsvollzieher oder von Anwalt zu Anwalt zugestellt werden sollte.

6. Bei Teilleistungen gilt § 323 Abs. 5 S. 1 BGB.

7. Der Anspruch auf Herausgabe bei unter Eigentumsvorbehalt gelieferter Ware ist erst nach wirksamem Rücktritt des Vorbehaltsverkäufers, der das Recht des Käufers zum Besitz nach § 986 BGB beseitigt, durchsetzbar (vgl. § 449 Abs. 2 BGB).

Das Recht zum Besitz kann der Verkäufer nur durch Rücktritt beseitigen. Der bloße Zahlungsverzug berechtigt hierzu nicht. Ein Rücktritt ist aber über § 323 BGB oder § 324 BGB möglich (Palandt/*Weidenkaff* BGB § 449 Rn. 26). Es ist deshalb in der Regel eine Nachfristsetzung erforderlich.

8. Ob ggf. Ansprüche wegen Weiterveräußerung auf Grund eines verlängerten Eigentumsvorbehalts (vgl. zu den Einzelheiten Palandt/*Weidenkaff* BGB § 449 Rn. 18) oder Schadensersatzansprüche gegeben sind, spielt für die Frage der Gefährdung des auf Herausgabe gerichteten Verfügungsanspruchs keine Rolle.

Kosten und Gebühren, Fristen und Rechtsmittel

9. → Form. I.R.1 Anm. 18 – 21

Erscheinen Rechtsmittel gegen die ergangene einstweilige Verfügung aussichtslos, so empfiehlt sich die Abgabe einer Abschlusserklärung, bevor der Antragsteller in einem Abschlussschreiben hierzu auffordert, da sonst eine 0,8 Verfahrensgebühr für das

Abschlussschreiben zu ersetzen ist, vorausgesetzt der Anwalt hat bereits Klageauftrag zur Hauptsache. Hat der Anwalt noch keinen Klageauftrag, so löst das Abschlussschreiben eine Geschäftsgebühr aus. Diese Gebühr ist dann ggf. gem. Vorb. 3 Abs. 4 VV RVG bzw. § 34 Abs. 2 RVG auf das nachfolgende Hauptsacheverfahren anzurechnen. Jedenfalls zählt das Abschlussschreiben nicht mehr zur Gebühreninstanz des Verfügungsverfahrens, sondern betrifft die Hauptsache (BGH GRUR-RR 2008, 368, Rn. 7).

5. Antrag auf Ladung zum Rechtfertigungsverfahren

An das
LG München I[1, 2]
In Sachen
. . . . .
hat das Amtsgericht auf meinen Antrag durch Beschl. v. . . . . . eine einstweilige Verfügung erlassen. Gleichzeitig wurde im Beschluss eine Frist von . . . . . bestimmt, innerhalb derer die Entscheidung des Gerichts der Hauptsache über die Rechtmäßigkeit der einstweiligen Verfügung zu beantragen ist.
Ich

beantrage,

hiermit beim Hauptsachegericht (Landgericht) das Rechtfertigungsverfahren durchzuführen, einen Termin zur mündlichen Verhandlung anzuberaumen[3] und kündige folgende

Anträge

an:
I. Die einstweilige Verfügung des Amtsgerichts . . . . . vom . . . . . Aktenzeichen . . . . . wird bestätigt.[4]
II. Die Antragsgegnerin hat die Kosten des Verfahrens zu tragen.

Begründung:[5]

. . . . .

Anmerkungen

1. Der Antragsteller hat innerhalb der gesetzten Frist das Rechtfertigungsverfahren zu betreiben, in welchem das Gericht der Hauptsache die einstweilige Verfügung überprüft. Wird die Frist nicht eingehalten, hebt das AG gem. § 942 Abs. 3 ZPO die einstweilige Verfügung auf. Der Antrag auf Durchführung des Rechtfertigungsverfahrens ist nach § 942 Abs. 1 ZPO nicht an das Gericht der Zwangsbereitschaft, also das AG, zu richten, sondern an das Gericht der Hauptsache, welches die Akten vom Gericht der Zwangsbereitschaft anfordert. Wird der Antrag an das Gericht der Zwangsbereitschaft (AG) gerichtet, ist ggf. nach § 281 ZPO an das Hauptsachegericht zu verweisen.

2. Bezeichnung des Hauptsachegerichts, aber Angabe des vollen Rubrums und Aktenzeichens des amtsgerichtlichen Verfahrens.

3. Die Entscheidung ergeht auch nach mündlicher Verhandlung durch Beschluss, § 942 Abs. 4 ZPO.

4. „Bestätigt", nicht „aufrechterhalten", vgl. §§ 936, 925 Abs. 2 Var. 1 ZPO.

5. Bei der Begründung ist zu beachten, dass die bloße Glaubhaftmachung iRd Hauptsacheverfahrens – anders als im einstweiligen Verfügungsverfahren – kein taugliches Beweisangebot darstellt. Eidesstattliche Versicherungen sind daher bspw. durch Zeugenangebote zu ersetzen.

6. Widerspruch gegen einstweilige Verfügung

An das
Landgericht
In der einstweiligen Verfügungssache
. . . . . KG, vertreten durch den Komplementär . . . . .
– Antragstellerin –
Verfahrensbevollmächtigter: . . . . .
gegen
. . . . . GmbH, vertreten durch den Geschäftsführer . . . . .
– Antragsgegnerin –
Verfahrensbevollmächtigter: . . . . .
zeige ich an, dass ich die Antragsgegnerin vertrete. In deren Namen und Auftrag lege ich gegen die am . . . . . vom Amtsgericht . . . . . nach § 942 ZPO erlassene einstweilige Verfügung gem. §§ 936, 924 Abs. 1 ZPO beim nunmehr zuständigen Gericht der Hauptsache[1]

Widerspruch

ein und kündige folgende Anträge an:

I. Die einstweilige Verfügung des Amtsgerichts . . . . ., Aktenzeichen: . . . . ., vom . . . . ., wird aufgehoben.[2]

II. Die Vollstreckung aus der einstweiligen Verfügung wird mit sofortiger Wirkung ohne – notfalls gegen – Sicherheitsleistung eingestellt.[3]

III. Die Antragstellerin hat die Kosten des Verfahrens zu tragen.

Begründung:

1. Die Antragsgegnerin hat noch vor Ablauf der durch die Antragstellerin gesetzten Nachfrist am . . . . . durch Einwurf des Überweisungsauftrages in den Bankbriefkasten ihre Bank beauftragt, den vollständigen Kaufpreis auf das Konto der Antragstellerin zu überweisen. Das Konto der Antragsgegnerin wies zu diesem Zeitpunkt eine ausreichende Deckung auf.

Glaubhaftmachung: Durchschrift des Überweisungsauftrages
Eidesstattliche Versicherung des Komplementärs der Antragstellerin.

2. Bei Geldschulden kommt es für die Rechtzeitigkeit der Leistung lediglich darauf an, wann der Schuldner das zur Übermittlung des Geldes seinerseits Erforderliche getan hat. Bei ausreichender Deckung des Kontos genügt bei Banküberweisungen der rechtzeitige Eingang des Überweisungsauftrages bei der Bank. Danach eintretende Verzögerungen gehen nicht zu Lasten des Schuldners.[4]

Die Rücktrittsvoraussetzungen des § 323 Abs. 1 Alt. 1 BGB lagen daher nicht vor. Zudem stehen die streitgegenständlichen Rollen Glasfilamentgewebe zwischenzeitlich im Eigentum der Antragsgegnerin, da der Kaufpreis mittlerweile auf dem Konto der Antragstellerin gutgeschrieben wurde und somit die Bedingung für den Eigentumserwerb eingetreten ist. Es besteht kein Herausgabeanspruch.[5]

3. Wenn der Antragsgegnerin die bereits übereigneten Materialien entzogen werden, droht ein Produktionsstillstand und damit ein erheblicher Schaden, für den die Antragstellerin trotz entsprechender gesetzlicher Verpflichtung wegen Unvermögen evtl. nicht wird aufkommen können. Die Einstellung der Zwangsvollstreckung ist daher dringend geboten.

Rechtsanwalt

Anmerkungen

1. Für das Widerspruchsverfahren ist das Gericht, das die einstweilige Verfügung erlassen hat, ausschließlich zuständig (vgl. §§ 924 Abs. 2 S. 3, 802 ZPO), es sei denn, ein unzuständiges Gericht hat die einstweilige Verfügung erlassen. Dann ist das Gericht der Hauptsache zuständig (Zöller/*G. Vollkommer* ZPO § 924 Rn. 6). Der Widerspruch leitet das streitige Verfahren ein, in welchem der Antragsteller zum „Verfügungskläger", der Antragsgegner zum „Verfügungsbeklagten" wird. Als weitere Verteidigung des Antragsgegners eröffnet § 926 Abs. 1 ZPO die Möglichkeit, den Antragsteller zur Erhebung der Hauptsacheklage zu zwingen. Zum Rechtsbehelf des § 927 ZPO → Form. I.R.3

2. Daneben muss nicht noch zusätzlich Zurückweisung des Antrags auf Erlass einer einstweiligen Verfügung beantragt werden (vgl. §§ 936, 925 Abs. 2 ZPO, Musielak/Voit/*Huber* ZPO § 925 Rn. 6).

3. Der Widerspruch selbst hemmt die Vollziehung der einstweiligen Verfügung nicht (Zöller/*G. Vollkommer* ZPO § 924 Rn. 12). Das Gericht kann jedoch nach §§ 924 Abs. 3 S. 2, 707 ZPO die Zwangsvollstreckung und damit auch die Vollziehung der einstweiligen Verfügung einstweilen (auch ohne Sicherheitsleistung) einstellen. Soweit schon vollzogen ist, können außerdem bereits getroffene Vollstreckungsmaßnahmen (dies nur gegen Sicherheitsleistung, auch im einstweiligen Verfügungsverfahren) aufgehoben werden (also etwa die vom Gerichtsvollzieher bereits sequestrierte Ware zurückgeschafft werden, BeckOK ZPO/*Mayer*, 40. Edition 2021, § 924 Rn. 13).

Hiervon kann jedoch nur in seltenen Ausnahmefällen (Beispiel: Unmöglichkeit kurzfristiger Entscheidung über die einstweilige Verfügung) Gebrauch gemacht werden (vgl. Zöller/*G. Vollkommer* ZPO § 924 Rn. 13), weil das einstweilige Verfügungsverfahren seiner Natur nach eine sofortige Entscheidung bedingt, die nicht ihrerseits durch einstweilige Anordnung mit uU endgültiger, die Entscheidung vorwegnehmender Wirkung unterlaufen werden sollte (vgl. OLG Frankfurt a. M. NJW 2003, 2688 (2688); Musielak/Voit/*Huber* ZPO § 924 Rn. 10).

4. Vgl. Palandt/*Grüneberg* BGB § 270 Rn. 6 Es sollte daher nach Möglichkeit vertraglich vereinbart werden, dass für die Rechtzeitigkeit der Leistung der Eingang auf dem Konto des Gläubigers maßgeblich ist (sog Rechtzeitigkeitsklausel). Demgegenüber kommt es für den Bedingungseintritt iRd § 449 Abs. 1 BGB auf den Eintritt des Leistungserfolgs an.

5. Damit fehlt es am Verfügungsanspruch nach § 935 ZPO.

7. Antrag auf Erlass einer auf Sicherung gerichteten Verfügung mit Grundbucheintragung

. . . . .[1]

. . . . .[2]

I. Es wird die Eintragung einer Vormerkung zur Sicherung des Anspruchs des Antragstellers auf Auflassung angeordnet in Bezug auf das nachstehende Wohnungseigentum (Miteigentumsanteile verbunden mit dem Sondereigentum): Wohnung Nr. . . . . .

Grundbuch von . . . . . Gemarkung . . . . . Band . . . . . Blatt . . . . ., bestehend aus 59,55/10.000stel Miteigentumsanteilen verbunden mit dem Sondereigentum an der Wohnung Nr. . . . . ., einzutragen an der vorbezeichneten Grundbuchstelle.[3]

II. Das Grundbuchamt wird um die Eintragung der Vormerkung ersucht.[4]

III. Der Antragsgegner hat die Kosten des Verfahrens zu tragen.

Begründung:

1. Die Antragstellerin hat im Rahmen einer von der Antragstellerin als Baubetreuerin betreuten und vom Antragsgegner mit anderen Bauherren in einer Bauherrengemeinschaft im Bauherrenmodell errichteten Wohnanlage in München, die am . . . . . bezugsfertig wurde, eine Eigentumswohnung . . . . . im 2. Obergeschoss bestehend aus 2 Zimmern zu ca. 66 qm errichtet.

   Glaubhaftmachung: Beigefügter Geschäftsbesorgungs- und Baubetreuungsvertrag vom . . . . . zwischen den Parteien.

   In § 12 Abs. 2 dieses Vertrages wurde zwischen den Parteien vereinbart, dass die Antragstellerin die Eigentumswohnung nach Ablauf von 5 Jahren nach Bezugsfertigkeit vom Bauherrn, also dem Antragsgegner, gegen Zahlung eines Kaufpreises von 130 % des bezahlten Barkapitaleinsatzes zzgl. der bis dahin vom Bauherrn geleisteten Tilgungsbeträge und der Übernahme der Restschuld aus den von der Antragstellerin für den Bauherrn aufgenommenen Fremdmitteln kaufen kann, wenn sich der Bauherr, also der Antragsgegner, innerhalb von 4 Jahren nach Annahme dieses Auftrags in notariell beurkundeter Form zum Verkauf seiner Wohnung zu diesen Bedingungen verpflichtet.

2. Der Antragsgegner hat sich mit in Fotokopie anliegender notarieller Urkunde vom . . . . . zur Veräußerung seiner Einheit entsprechend dieser Regelung im Geschäftsbesorgungs- und Baubetreuungsvertrag verpflichtet.

   Das hierin liegende Angebot wurde von der Antragstellerin mit in Fotokopie anliegender Urkunde angenommen. Damit hat die Antragstellerin ein eigenes Recht auf Auflassung des Miteigentumsanteils verbunden mit dem Sondereigentum, also auf Auflassung der Wohnung.

   Die Antragstellerin kann daher nach § 883 BGB die Eintragung einer Vormerkung verlangen.

   Dies kann nach § 885 Abs. 1 BGB durch einstweilige Verfügung geschehen, ohne dass es erforderlich ist, die Gefährdung des zu sichernden Anspruchs glaubhaft zu machen.[5]

   Der Antragsgegner wurde mit in Fotokopie anliegendem Schreiben vom . . . . . unter Hinweis auf die Annahmeerklärung aufgefordert, die Unterlagen zur Durchführung des Verkaufs zur Verfügung zu stellen. Er hat hierauf erklärt, es handle sich nur um eine Rücknahmegarantie zu seinen Gunsten, er sei jedoch trotz der abgegebenen Auflassungserklärung nicht verpflichtet, gegen seinen Willen die Wohnung zu verkaufen. Die Antragstellerin hat in Erfahrung gebracht, dass er versucht, die Wohnung anderweitig günstiger zu verkaufen.

Rechtsanwalt

Anmerkungen

1. Zur Zuständigkeit → Form. I.R.4 Anm. 2.

2. Volles Rubrum. Zur Bezeichnung der Antragsschrift und zur Eingangsformulierung → Form. I.R.4.

3. Behaupteter Verfügungsanspruch der Antragstellerin: Anspruch auf Auflassung des Grundstücks auf Grund eines vorab in getrennten notariellen Urkunden geschlossenen Kaufvertrages. Zur Sicherung dieses Anspruchs kann – ohne dass es der Glaubhaftmachung eines gesonderten Verfügungsgrundes bedarf (vgl. § 885 Abs. 1 S. 2 BGB, ebenso wie im Falle der Eintragung eines Widerspruchs nach § 899 Abs. 2 S. 2 BGB) – eine Vormerkung ins Grundbuch eingetragen werden.

Dem Formular liegt ein sog „Rückkaufsanspruch“ zugrunde. Im Rahmen sog „Bauherrenmodelle“ haben Anbieter teilweise „Ankaufs- oder Rückkaufsgarantien“ gegeben, mit denen die Anlage-Angebote attraktiver gemacht werden sollten und die ein Recht des Bauherrn vorsahen, unter bestimmten Voraussetzungen die Wohnung gegen einen erhöhten Kaufpreis an den Anbieter zu verkaufen. Im vorliegenden Fall war Bedingung dieser Rückkaufsgarantie eine eigene Verkaufsverpflichtung des Anbieters, an die dieser sich nicht mehr gebunden halten wollte.

4. Nach § 941 ZPO kann das erkennende Gericht nach eigenem Ermessen ein Eintragungsersuchen an das Grundbuchamt richten. Ziff. II der Anträge enthält lediglich eine Anregung des Gläubigers. Die Vollziehungsfrist wird mit Eingang des Ersuchens beim Grundbuchamt gewahrt (§ 932 Abs. 3, § 929 Abs. 2 u. 3 ZPO). Natürlich kann der Gläubiger nach Erwirken der einstweiligen Verfügung (ggf. auch vor Zustellung, §§ 936, 929 Abs. 3 ZPO, in diesem Fall aber Achtung auf unverzügliche Nachholung der Parteizustellung! → Form. I.R.1 Anm. 8, 16) den Antrag auch unmittelbar an das Grundbuchamt richten.

5. Im Falle der §§ 885, 899 BGB ist grds. keine Glaubhaftmachung des Verfügungsgrundes erforderlich. Aufgrund der Möglichkeit des Gutglaubenserwerbs nach § 892 BGB wird dieser in Grundbuchsachen vielmehr gesetzlich vorausgesetzt. Daher bedarf es auch keiner Glaubhaftmachung in Bezug auf die vorgerichtliche Geltendmachung des Anspruchs ggü. dem Antragsgegner, dessen Reaktion u. dessen Verkaufsabsichten.

8. Antrag auf Erlass einer Sicherungsverfügung, gerichtet auf Erwerbsverbot und Eintragung eines Widerspruchs

. . . . .[1]

I. Dem Antragsgegner wird unter Androhung eines Ordnungsgeldes bis zu 250.000 EUR und für den Fall, dass dieses nicht beigetrieben werden kann, Ordnungshaft oder Ordnungshaft bis zu sechs Monaten,[2] verboten, seine Eintragung als Eigentümer des Grundstückes, vorgetragen im Grundbuch des Amtsgerichts . . . . . für . . . . ., Band, Blatt . . . . ., zu beantragen[3] bzw. einen evtl. bereits gestellten Eintragungsantrag aufrechtzuerhalten.[4]

II. Es wird die Eintragung eines Widerspruchs gegen die für den Antragsgegner bei dem vorbezeichneten Grundstück in Abteilung II eingetragene Auflassungsvormerkung angeordnet.[5]

III. Das Grundbuchamt wird um die Eintragung des Widerspruchs gemäß II ersucht.[6]

IV. Der Antragsgegner hat die Kosten des Verfahrens zu tragen.

Begründung:

1. Der Antragsteller hat an den Antragsgegner durch Urkunde des Notars B vom . . . . ., URNr. . . . . ., sein im Antrag I näher bezeichnetes Baugrundstück in . . . . . verkauft. Gleichzeitig wurde in der notariellen Urkunde die Auflassung erklärt und eine Auflassungsvormerkung bewilligt sowie deren Eintragung beantragt. Die Auflassungsvormerkung ist zwischenzeitlich eingetragen.

Glaubhaftmachung: In beglaubigter Fotokopie anliegender Kaufvertrag vom . . . . . zur Urkunde des Notars B, URNr. . . . . .,
beglaubigte Fotokopie des Grundbuchauszuges vom . . . . .

2. In Ziff. . . . . . des notariellen Vertrages hat sich der Antragsteller zugleich verpflichtet, entsprechend den beiden Parteien bekannten Plänen ein schlüsselfertiges Haus auf dem Grundstück zu errichten.. Diese Pläne waren der notariellen Urkunde jedoch nicht beigefügt und wurden nicht mit vorgelegt.[6] Der Antragsteller ist daher der Meinung, dass der Vertrag nichtig ist und er die Berichtigung des Grundbuchs verlangen kann.[7] Er will das Grundstück anderweitig wesentlich günstiger verkaufen.[8] Wenn der Antragsgegner als Eigentümer eingetragen wird und damit die Heilung des Kaufvertrags nach § 311b Abs. 1 S. 2 BGB eintritt, verliert der Antragsteller seinen Grundbuchberichtigungsanspruch.[9]

Rechtsanwalt

Anmerkungen

1. Zur äußeren Gestaltung → Form. I.R.4. Zur Zuständigkeit → Form. I.R.4 Anm. 2.

2. Vgl. § 890 Abs. 1 S. 1 ZPO. Der Festsetzung von Ordnungsmitteln muss gem. § 890 Abs. 2 ZPO eine entsprechende Androhung vorausgehen. Daher empfiehlt sich die Titulierung. Bei juristischen Personen ist es zulässig, die Androhung von Ersatzordnungshaft mit der Maßgabe vorzunehmen, dass diese an dem jeweiligen gesetzlichen Vertreter zu vollziehen ist (BGH GRUR 1991, 929 (931)). Vgl. zum Ordnungsgeld gegen juristische Personen: OLG Frankfurt a. M. NZG 2018, 1258, Rn. 17 ff. und OLG Stuttgart BeckRS 2019, 12373, Rn. 19, sowie zur Ersatzordnungshaft OLG Hamm NZG 2016, 749; BVerfG NJW-RR 2017, 957 und LG Essen BeckRS 2020, 6851, Rn. 98.

3. Selbst wenn der Eintragungsantrag schon gestellt sein sollte, hindert eine einstweilige Verfügung, die lediglich das Verbot der Stellung des Eintragungsantrags enthält, die Aufrechterhaltung eines bereits gestellten Eintragungsantrages (KG DNotZ 1962, 400).

4. Das Erwerbsverbot, das hier durch einstweilige Verfügung erstrebt wird, ist eine von der Rspr. entwickelte Sicherungsmaßnahme zur Verhinderung der Heilung eines nichtigen Kaufvertrages. Es steht einem Veräußerungsverbot nach § 136 BGB gleich. Die dennoch erfolgte Eintragung ist dann relativ unwirksam und heilt nicht (Palandt/*Grüneberg* BGB § 311b Rn. 51).

Das Erwerbsverbot ist nicht im Grundbuch eintragbar (Palandt/*Herrler* BGB § 888 Rn. 11), es ist mit Zustellung an den Erwerber wirksam und zweckmäßigerweise demjenigen Grundbuchamt bekanntzumachen, welches das Erwerbsverbot von Amts wegen zu beachten hat (Palandt/*Herrler* BGB § 888 Rn. 11). § 878 BGB ist nicht anwendbar.

5. Istein Kaufvertrag formnichtig und entsteht dementsprechend kein Auflassungsanspruch, hat der Erwerber auch keine Auflassungsvormerkung erworben (BGHZ 54, 56 (63); BGH DNotZ 2015, 289, Rn. 12). Das Grundbuch ist daher unrichtig. Dem Antragsteller steht ein Berichtigungsanspruch nach § 894 BGB zu.

Ob allerdings bei der Auflassungsvormerkung im Falle des Nichtentstehens/Erlöschens des gesicherten Anspruchs ein Widerspruch eingetragen werden kann, ist strittig (verneinend die hM; bspw. KG OLGZ 1978, 122 (124), weil der Widerspruch nur zum Ausschluss des gutgläubigen Erwerbes diene, dieser jedoch mangels Entstehens einer Vormerkung nicht möglich sei, vgl. MüKo BGB/Kohler § 899 Rn. 4; BeckOGK BGB/*Hertel*, Stand 2021, § 899 Rn. 20.

6. Trotz der hohen Anforderungen, die die Rspr. an die Erfüllung des Formerfordernisses des § 311b Abs. 1 S. 1 BGB stellt, genügt bei Plänen, auf die im Vertrag verwiesen

wird, die Vorlage zur Durchsicht, § 13 Abs. 1 S. 1 2. HS BeurkG. In der Niederschrift soll festgestellt werden, dass eine solche erfolgt ist, § 13 Abs. 1 S. 2 BeurkG.

7. Vgl. § 941 ZPO.

8. Ob dies allein bereits zur Bejahung eines die Berufung auf Formnichtigkeit ausschließenden Rechtsmissbrauches ausreicht, erscheint sehr fraglich (vgl. dazu Palandt/*Ellenberger* BGB § 125 Rn. 22 ff.; bejahend OLG München NJW 1979, 2157 (2158); LG München I NJW 1979, 2158 (2159)).

9. Bei der Eintragung eines Widerspruchs bedarf es nach § 899 Abs. 2 S. 2 BGB keiner Glaubhaftmachung der Rechtsgefährdung.

9. Antrag auf Erlass einer Regelungsverfügung

. . . . . .[1, 2]

I. Dem Antragsgegner wird geboten, dem Antragsteller und – in seiner Begleitung – seiner Ehefrau und seinem Architekten A den Zutritt zwecks Besichtigung der Räumlichkeiten und des Zustands der Räumlichkeiten und Installationen der im Anwesen . . . . . ., ...straße Nr. . . . . . ., gelegenen Eigentumswohnung Nr. . . . . . . zu gestatten.[3]

II. Der Antragsgegner hat die Kosten des Verfahrens zu tragen.

Begründung:

1. Der Antragsteller hat am . . . . . . im Zwangsversteigerungsverfahren des Amtsgerichts . . . . . . Aktenzeichen . . . . . . die zuletzt im Eigentum des Antragsgegners stehende Eigentumswohnung gem. Ziff. I ersteigert; der Zuschlagsbeschluss vom . . . . . . ist rechtskräftig.[4]
Da der Antragsgegner bis heute nicht geräumt hat, musste im Auftrag des Antragstellers der zuständige Gerichtsvollzieher B beauftragt werden, der am . . . . . . die Parteien und zuständigen Behörden verständigte und Räumungstermin auf den . . . . . . ansetzte.
10 Tage vor dem Termin hat jedoch der Antragsgegner beim Amtsgericht . . . . . . Antrag auf Räumungsaufschub gem. § 765a ZPO gestellt; im Rahmen dieses Verfahrens wurde bis zur endgültigen Entscheidung die Zwangsvollstreckung einstweilen eingestellt.[5]

Glaubhaftmachung: Eidesstattliche Versicherung des Antragstellers,
Antrag des Antragsgegners gem. § 765a ZPO,
Beschluss des . . . . . . vom . . . . . . in beglaubigter Fotokopie.

2. Der Antragsteller ist unabhängig vom Schicksal des Vollstreckungsschutzverfahrens dringend darauf angewiesen, unverzüglich seine ihm gehörende Eigentumswohnung gem. Ziff. I zusammen mit seiner Ehefrau und seinem Architekten betreten zu dürfen, weil sich diese in einem bautechnisch außerordentlich schlechten Zustand befindet und dort ganz umfangreiche Instandsetzungs-, zum Teil Neu-Ausbauarbeiten dringend erforderlich sind, die Wochen dauern werden und vorher durch den Architekten festgelegt und geplant werden müssen.
Der Antragsteller selbst hat im Vertrauen auf die Zusicherung des Antragsgegners, zum . . . . . . auszuziehen, seine eigene Mietwohnung zum vorgesehenen Auszugstermin gekündigt; vor seinem eigenen Einzug ist die Durchführung dieser Arbeiten jedoch dringend erforderlich.

Glaubhaftmachung: Eidesstattliche Versicherung des Antragstellers

Rechtsanwalt

Anmerkungen

1. Sedes materiae der Regelungs- oder Befriedungsverfügung ist § 940 ZPO (die Abgrenzung zwischen Sicherungsverfügung und Regelungsverfügung ist unsicher und praktisch insofern ohne Bedeutung, als der Antragsteller lediglich sein Rechtsschutzziel angeben muss, nicht jedoch eine Festlegung auf die Art der einstweiligen Verfügung vorzunehmen hat (Zöller/G. *Vollkommer* ZPO § 935 Rn. 2).

Voraussetzungen:

Regelung eines Zustands oder streitigen Rechtsverhältnisses im weitesten Sinn.

Ein materieller Rechtsanspruch ist im Falle des § 940 ZPO ausnahmsweise entbehrlich (Zöller/G. *Vollkommer* ZPO § 940 Rn. 2).

Verfügungsgrund: Notwendigkeit der einstweiligen Regelung zur Vermeidung wesentlicher Nachteile oder drohender Gewalt, oder aus anderen Gründen (§ 940 ZPO). Für die Regelungsverfügung gelten die Ausführungen über die Sicherungsverfügung entsprechend (→ Form. I.R.4 Anm. 1). Es können nach Ermessen des Gerichts Anordnungen aller Art in Form von Geboten oder Verboten an den Antragsgegner ergehen, § 938 ZPO.

2. Zur äußeren Gestaltung → Form. I.R.4. Zur Zuständigkeit → Form. I.R.4 Anm. 2.

3. Die Vornahme von vertretbaren Handlungen (Öffnung der Wohnung, strittig, BLAH/ZPO § 887 Rn. 38 – Vermieter) kann der Antragsteller durch Ersatzvornahme oder ggf. – wie hier – auch durch unmittelbaren Zwang nach § 892 ZPO durchsetzen (zum Richtervorbehalt bei Verschaffung des Zugangs zur Wohnung, der hier durch die Anordnung des Gerichts gewahrt wäre vgl. Zöller/G. *Vollkommer* ZPO § 892 Rn. 1). Mit Rücksicht auf § 891 S. 2 ZPO kann das Prozessgericht erst nach Anhörung des Schuldners die zwangsweise Öffnung durch den zuständigen Gerichtsvollzieher und die Durchführung der Besichtigung in dessen Gegenwart anordnen.

4. Zuschlagsbeschluss ist Räumungstitel nach § 794 Nr. 3 ZPO, § 93 ZVG, § 90 Abs. 1 ZVG. Der Ersteher tritt in den Mietvertrag ein. Er hat zwar ein außerordentliches Kündigungsrecht nach § 57a ZVG, kann das Kündigungsrecht allerdings nur unter Beachtung der Kündigungsschutzvorschrift des § 573 BGB (zB Eigenbedarf) ausüben (BGH NZM 2008, 281 (281)).

5. Damit ist der Verfügungsgrund, hier die Notwendigkeit sofortiger Besichtigung zur Vorbereitung von baulichen Maßnahmen vor dem Einzug des Antragstellers, dargetan. Der Wohnraummieter ist nach §§ 555a–f BGB verpflichtet, die Durchführung baulicher Erhaltungsmaßnahmen zu dulden; der Vermieter kann dies nach hM grds. nicht durch einstweilige Verfügung erzwingen (vgl. Palandt/*Weidenkaff* BGB § 555d Rn. 20). Die Mietgerichte lehnen einstweilige Verfügung oft mit der pauschalen Begründung ab, die Hauptsache werde vorweggenommen. Dies führt bei oft langwieriger Terminierungspraxis zur Rechtsschutzverweigerung (→ Form. II.B.5 Anm. 1).

Das Recht des Vermieters auf Durchführung baulicher Erhaltungsmaßnahmen umfasst selbstverständlich auch die Befugnis, die Wohnung zum Zwecke der Überprüfung und Festlegung der notwendigen baulichen Maßnahmen zu besichtigen.

10. Antrag auf Erlass einer auf Leistung gerichteten einstweiligen Verfügung

Dringender Antrag auf Erlass einer einstweiligen Verfügung
An das
Oberlandesgericht[2]
In Sachen
. . . . .
. . . . .
Prozessbevollmächtigter: . . . . .
gegen
1) A
– Antragsgegner zu 1) –
2) B
– Antragsgegner zu 2) –
3) C
– Antragsgegner zu 3) –
bitte ich wegen der Dringlichkeit durch den Vorsitzenden allein ohne mündliche Verhandlung folgende einstweilige Verfügung zu erlassen:

I. Den Antragsgegnern wird als Gesamtschuldnern geboten, an den Antragsteller bis zum rechtskräftigen Abschluss des Verfahrens, Az.: . . . . ., eine monatliche Schadensrente iHv . . . . . zu zahlen.[1, 3]

II. Die Antragsgegner haben die Kosten des Verfahrens zu tragen.

Begründung:

1. Der Antragsteller wurde – wie dem erkennenden Gericht aus dem unter Az.: . . . . . anhängigen Hauptsacheprozess bekannt ist – bei einem Verkehrsunfall, den der Antragsgegner zu 1) als Fahrer verschuldet und der Antragsgegner zu 2) als Halter, der Antragsgegner zu 3) als Pflichtversicherer zu verantworten hat, so verletzt, dass er gelähmt und arbeitsunfähig ist. Der Antragsteller hat keine Rücklagen und keine Möglichkeit, die notwendigen Mittel für den laufenden Unterhalt zu beschaffen.

Glaubhaftmachung: Eidesstattliche Versicherung des Antragstellers.

2. In I. Instanz wurden die Antragsgegner ua zur Zahlung einer monatlichen Schadensrente nach §§ 842, 843 BGB von . . . . . EUR verurteilt. Den Antragsgegnern wurde jedoch nachgelassen, die Vollstreckung durch Sicherheitsleistung abzuwenden

Glaubhaftmachung: Beiziehung der Akten des Landgerichts . . . . ., Az.: . . . . ., und des Oberlandesgerichts . . . . ., Az.: . . . . .

Diese Sicherheit wurde durch die Antragsgegner in Form einer zugelassenen, unbeschränkten, unwiderruflichen, unbefristeten und selbstschuldnerischen Bankbürgschaft geleistet.

Glaubhaftmachung: Bankbürgschaft der X Bank in beglaubigter Fotokopie

3. Da sich das Berufungsverfahren noch längere Zeit hinziehen wird, der Antragssteller in erster Instanz versäumt hat, einen Antrag auf Vollstreckung ohne Sicherheitsleistung zu stellen,[4] **er aber existenznotwendig auf die Schadensrente angewiesen ist, bleibt kein anderer Weg, als ihm durch einstweilige Verfügung während des Laufes des Hauptsacheverfahrens eine Schadensrente zuzusprechen.**[5]

Rechtsanwalt

Anmerkungen

1. Die Leistungsverfügung ist eine gewohnheitsrechtlich entwickelte einstweilige Verfügung sui generis, die zum dringenden Schutz lebenswichtiger Bedürfnisse des Gläubigers erforderlich ist und auf einstweilige Befriedigung dieser Bedürfnisse gerichtet ist. Einstweiliger Rechtsschutz in Ehe- und Familiensachen gem. §§ 111, 112 FamFG erfolgt durch einstweilige Anordnung des Familiengerichts nach §§ 49, 119 Abs. 1, 214, 246 ff. FamFG.

Verfügungsanspruch: Recht aus einem konkreten Streitverhältnis, auch ein – nicht notwendig – auf Geld gerichteter Anspruch, insb. fortlaufende Zahlungen, Unterhaltsrentenansprüche, Arzt- und Krankenhauskosten etc (weitere Beispiele in Zöller/*G. Vollkommer* ZPO § 940 Rn. 6 und Saenger/*Kemper* ZPO § 940 Rn. 10 ff.).

Verfügungsgrund: Notwendigkeit eines faktischen Vorgriffs auf Befriedigung, da der Gläubiger dringend hierauf angewiesen ist (Zöller/*G. Vollkommer* ZPO § 940 Rn. 6), für die drei Voraussetzungen vorliegen müssen: (1) Der Antragsteller (Gläubiger) bedarf dringend der sofortigen Erfüllung seines Anspruchs, (2) die geschuldete Handlung muss, soll sie nicht ihren Sinn verlieren, so kurzfristig zu erbringen sein, dass die Verwirkung eines Titels im ordentlichen Verfahren nicht mehr möglich erscheint und (3) die dem Antragsteller aus der Nichtleistung drohenden Nachteile müssen schwer wiegen und außer Verhältnis stehen zu dem Schaden, den der Antragsgegner erleiden kann (vgl. Musielak/Voit/Huber ZPO § 940 Rn. 14).

2. Gem. §§ 937 Abs. 1, 943 Abs. 1 ZPO ist der Antrag an das Berufungsgericht als dem Gericht der Hauptsache zu richten.

3. Das Urteil auf Schadensrente ist grds. vorläufig vollstreckbar (§ 708 Nr. 8 ZPO), jedoch ist gem. § 711 ZPO von Amts wegen über eine Abwendungsbefugnis des Schuldners zu entscheiden.

4. Der Antrag nach § 710 ZPO, ausnahmsweise die Vollstreckung durch den Gläubiger ohne Sicherheitsleistung zuzulassen, kann nur bis zum Schluss der mündlichen Verhandlung gestellt werden (§ 714 Abs. 1 ZPO). Wurde der Antrag nicht in der I. Instanz gestellt, kann in der Berufungsinstanz über die vorläufige Vollstreckbarkeit nicht vorab verhandelt und entschieden werden (Zöller/*Herget* ZPO § 718 Rn. 2). Deshalb hilft – jedenfalls nach dieser Auffassung – nur die einstweilige Verfügung mit vorläufiger Befriedigungswirkung.

5. Die Existenz eines vorläufig vollstreckbaren Titels in I. Instanz schließt den Erlass einer einstweiligen Verfügung und damit die Schaffung eines zweiten Titels nicht aus (KG NJW 1969, 2019; OLG Köln BeckRS 2010, 10457; zum Schutz des Schuldners gegen Doppelvollstreckung besteht § 775 Nr. 4 u. 5 ZPO, vgl. Zöller/*G. Vollkommer* ZPO § 940 Rn. 7). Da jedoch nicht eine volle Befriedigung erfolgen, sondern nur die Existenzgrundlage des Antragstellers gesichert werden soll, kann die – möglicherweise im Hauptsacheverfahren schon weitergehend zugesprochene – Rente im einstweiligen Verfügungsverfahren auf die pfändungsfreien Beträge nach § 850c ZPO begrenzt werden (OLG Köln BeckRS 2010, 10457).

11. Antrag auf Erlass einer Unterlassungsverfügung auf Abgabe einer Erklärung

An das
Landgericht[2]

Antrag auf Erlass einer einstweiligen Verfügung[1]

In Sachen
Rechtsanwalt .....
Prozessbevollmächtigter: selbst
gegen
1. A Antragsgegner zu 1)
2. B Antragsgegner zu 2)
wegen Unterlassung[3]
vorläufiger Streitwert:[4] 50.000 EUR

bitte ich um den Erlass folgender einstweiliger Verfügung ohne mündliche Verhandlung durch den Vorsitzenden allein:

I. Die Antragsgegner haben es zu unterlassen, wörtlich oder sinngemäß[5] die Behauptung aufzustellen und/oder zu verbreiten, der Antragsteller habe eine falsche eidesstattliche Versicherung abgegeben.

II. Den Antragsgegnern wird angedroht, dass für jeden Fall der Zuwiderhandlung gegen die in Ziffer I ausgesprochene Verpflichtung ein Ordnungsgeld bis zu 250.000 EUR und für den Fall, dass dieses nicht beigetrieben werden kann, Ordnungshaft oder Ordnungshaft bis zu 6 Monaten festgesetzt werden kann.[6]

III. Die Antragsgegner haben die Kosten des Verfahrens zu tragen.

Begründung:

1. Der Antragsteller hat als Rechtsanwalt für seinen Mandanten Y eine einstweilige Verfügung erwirkt, mit der den Antragsgegnern dieses Verfahrens, A und B, verboten wurde, folgende Behauptungen über Y aufzustellen .....

   Glaubhaftmachung: In beglaubigter Kopie anliegender Beschluss des erkennenden Gerichts vom ..... (Datum).

   Der Tatsachenvortrag in der dortigen Antragsschrift war glaubhaft gemacht worden mit einer eigenen eidesstattlichen Versicherung des Antragstellers dieses Verfahrens.

   Glaubhaftmachung: In Kopie anliegende eidesstattliche Versicherung des Antragstellers im vorausgegangenen Verfahren.

2. Die Antragsgegner haben nach Erlass der einstweiligen Verfügung des erkennenden Gerichts mehrfach unter Zeugen erklärt, die seinerzeitig nicht weiter angegriffene einstweilige Verfügung des Gerichts beruhe auf einer eidesstattlichen Versicherung des Antragstellers als Prozessbevollmächtigter des Y, die nachweislich in mehreren Punkten falsch sei.[7] Sie haben trotz Abmahnung des Antragstellers erklärt, sie würden es sich nicht nehmen lassen, diese nachweislich richtige Erklärung zu jeder Zeit und gegenüber jeder beliebigen Person zu wiederholen.[8]

   Glaubhaftmachung: Eidesstattliche Versicherung des Zeugen N. in der Anlage.

Die eidesstattliche Versicherung des Antragstellers, deren Unrichtigkeit von den Antragsgegnern behauptet wird, ist richtig. Die Behauptung, der Antragsteller habe eine falsche eidesstattliche Versicherung abgegeben, ist geeignet, den Antragsteller in seiner Ehre persönlich schwer zu verletzen und in seinem beruflichen Ansehen und Fortkommen als

Rechtsanwalt und damit als Organ der Rechtspflege empfindlich zu beeinträchtigen. Der Antragsteller hat daher einen im Wege einstweiliger Verfügung durchsetzbaren Unterlassungsanspruch gem. §§ 1004, 823 BGB analog.

Anmerkungen

1. Vgl. hierzu auf dem Gebiet des Presserechts auch → Form. II.R.8.

2. Zuständigkeit des Landgerichts: §§ 23 Nr. 1, 71 Abs. 1 GVG

3. Sinn ist die Sicherung des Rechtfriedens nach § 940 ZPO, indem wesentliche Nachteile oder drohende Gewalt abgewendet werden sollen (vgl. *Zöller/G. Vollkommer*, § 940 Rn. 4).

4. Streitwert: § 23 Abs. 1 S. 1 RVG (mit Rücksicht auf die Schwere des Vorwurfs in dieser Höhe angemessen; vgl. zum Streitwert auch OLG Saarbrücken BeckRS 2018, 33509 und OLG Brandenburg NJOZ 2019, 1542).

5. → Form. II.R.7 Anm. 4.

6. § 890 Abs. 1 S. 1 ZPO. → Form. I.R.4 Anm. 2.

7. Die Behauptung, ein anderer habe eine falsche eidesstattliche Versicherung abgegeben, stellt eine schwere Ehrverletzung dar. Den negatorischen Unterlassungsanspruch begründet die Rspr. mit einer Analogie zu §§ 823, 1004 BGB (vgl. Palandt/*Sprau* BGB Einf. § 823 Rn. 23, 27; Palandt/*Herrler* BGB § 1004 Rn. 4, 31 ff.). Die Einschränkung von Unterlassungsansprüchen bei Prozessbehauptungen in einem schwebenden Verfahren greift hier nicht ein (zur Ehrverletzung bei Bezugnahme auf die Feststellungen eines rechtskräftigen Strafurteils, vgl. BGH NJW 1985, 2644).

8. Erforderlich ist eine vom Antragssteller zu beweisende Wiederholungsgefahr.

12. Antrag auf Erlass einer Unterlassungsverfügung auf Vornahme einer Handlung

Antrag auf Erlass einer einstweiligen Verfügung
In Sachen
. . . . .
– Antragstellerin –
Verfahrensbevollmächtigte: . . . . .
gegen
. . . . .
–Antragsgegnerin –
beantragen wir den Erlass einer einstweiligen Verfügung mit folgendem Inhalt:

I. Der Antragsgegnerin wird untersagt, die von der L-Bank ausgestellte Vorauszahlungsbürgschaft über . . . . . EUR vom . . . . ., Bürgschaftsnummer . . . . . geltend zu machen und die Auszahlung der Bürgschaftsbeträge von der L-Bank zu verlangen bzw. den Bürgschaftsbetrag einzuziehen und/oder ein gestelltes Verlangen aufrecht zu erhalten.

II. Der Antragsgegnerin wird für jeden Fall der Zuwiderhandlung gegen die vorstehende Verpflichtung ein Ordnungsgeld bis zur Höhe von 250.000 EUR und für den Fall,

dass dies nicht beigetrieben werden kann, eine Ordnungshaft, oder Ordnungshaft bis zu sechs Monaten angedroht.

III. Die Antragsgegnerin trägt die Kosten des Verfahrens.

Begründung:

1. Der Antragstellerin steht ein Unterlassungsanspruch gegen die Antragsgegnerin zu, gerichtet auf Unterlassung der Vorlage und/oder Inanspruchnahme einer auf erstes Anfordern erfüllbaren Bürgschaft.[1]

   Die L-Bank hat am . . . . . zur Sicherung sämtlicher Ansprüche der Antragsgegnerin gegen die Antragstellerin aus dem Geschäftsraummietvertrag der Parteien vom . . . . . über die Geschäftsräume in Leipzig die vorbezeichnete auf erstes Anfordern erfüllbare Bürgschaft als Mietsicherheit gestellt.

   Mit in Kopie anliegendem Schreiben vom . . . . . hat die Antragsgegnerin gegenüber der Antragstellerin Verwertung der Mietbürgschaft angekündigt.

   Glaubhaftmachung: in Kopie anliegendes Schreiben der Antragsgegnerin vom . . . . .

   Die Vermietung der Geschäftsräume erfolgte „ausschließlich zu gewerblichen Zwecken zur Nutzung als Verkaufs- und Lagerräume eines Einzelhandelsgeschäfts für Textilien aller Art, sowie Waren des täglichen Ge- und Verbrauchs." Ferner wurde im Mietvertrag geregelt: „Der Vermieter übernimmt keine Gewähr dafür, dass etwaige erforderliche behördliche Genehmigungen für die Nutzung der Mieträume durch den Mieter erteilt werden, soweit die Genehmigungen nicht aus Gründen versagt werden, die ausschließlich auf der Beschaffenheit oder Lage des Mietobjektes beruhen. Der Mieter trägt die Kosten der Erfüllung behördlicher Auflagen, die sich aus seiner Person oder der Nutzungsart der Mieträume ergeben, ausgenommen sind die brandschutztechnischen Bestimmungen sowie die Arbeitsrichtlinien.".

   Glaubhaftmachung: in Kopie anliegender Geschäftsraummietvertrag zwischen den Parteien vom . . . . .

2. Aufgrund des sich verbreitenden SARS-CoV-2-Virus (Corona-Pandemie) erließ das Sächsische Staatsministerium für Soziales und Gesellschaftlichen Zusammenhalt am 18.3.2020 auf der Grundlage von § IFSG § 28 Abs. IFSG § 28 Abs. 1 IfSG die „Allgemeinverfügung Vollzug des Infektionsschutzgesetzes Maßnahmen anlässlich der Corona-Pandemie Verbot von Veranstaltungen", nach deren Ziffer 1 in Sachsen grundsätzlich alle Geschäfte geschlossen wurden, soweit sie nicht unter die in der Allgemeinverfügung ausdrücklich benannten Ausnahmen fielen, was für den Textileinzelhandel der Antragstellerin nicht zutraf. Die Allgemeinverfügung vom 18.3.2020 trat gemäß ihrer Ziffer 9 am 19.3.2020 in Kraft und wurde ab dem 22.3.2020 von der „Allgemeinverfügung Vollzug des Infektionsschutzgesetzes Maßnahmen anlässlich der Corona-Pandemie Verbot von Veranstaltungen" des Sächsischen Staatsministeriums für Soziales und Gesellschaftlichen Zusammenhalt vom 20.3.2020 ersetzt, nach deren Ziffer 2, übereinstimmend mit der Allgemeinverfügung vom 18.3.2020, Geschäfte grundsätzlich geschlossen wurden, soweit nicht die in der Allgemeinverfügung vom 20.3.2020 formulierten Ausnahmen eingriffen, zu denen das Textileinzelhandelsgeschäft der Antragstellerin wiederum nicht zählte.

   In Folge der genannten Allgemeinverfügungen vom 18. bzw. 20.3.2020 war das Textileinzelhandelsgeschäft der Antragstellerin im Mietobjekt vom 19.3.2020 bis einschließlich 19.4.2020 geschlossen.

   Glaubhaftmachung: Eidesstattliche Versicherung des Geschäftsführers der Antragstellerin.

3. Die Antragstellerin ist der Auffassung, mit der staatlichen Schließungsanordnung liege ein Mangel des Mietobjektes iSd § 536 Abs. 1 BGB vor, der zur Minderung der Miete

um 100 % führe, hilfsweise wäre der Mietvertrag auf Grundlage der Grundsätze der Störung der Geschäftsgrundlage nach § 313 BGB wegen der durch die staatliche Schließungsanordnung eingetretenen schwerwiegenden Äquivalenzstörungen anzupassen, womit zumindest eine hälftige Herabsetzung der Miete eintrete. Nach Ankündigung mit Schreiben vom . . . . . bezahlte die Antragstellerin vorsorglich und unter Vorbehalt 50 % der Miete für den Monat April 2020.

4. Die Antragsgegnerin erklärte sich mit Schreiben vom . . . . . auf entsprechenden Vorschlag der Antragstellerin einverstanden, bis zum Vorliegen einer höchstrichterlichen Entscheidung, ob Corona-Schließungsanordnungen einen Mangel der Mietsache darstellten oder andere Rechtsgründe zu einer Herabsetzung der Mietzahlungsverpflichtung führten, von einer Geltendmachung der restlichen Miete abzusehen, während sich die Antragstellerin vorbehielt, die vorgenannte Mietzahlung rückzufordern. Beide Parteien erklärten sich mit einem Verzicht auf die Berufung auf die Einrede der Verjährung gegenüber der Forderung der jeweils anderen Partei einverstanden.

Glaubhaftmachung: in Kopie anliegendes Schreiben der Antragstellerin vom . . . . . und Antwortschreiben der Antragsgegnerin vom . . . . .

5. Bei der Antragsgegnerin wechselte die Geschäftsführung. Der neue Geschäftsführer erklärte, das vorgenannte Schreiben binde die Antragsgegnerin nicht und forderte die Antragstellerin ultimativ aus, die restliche Miete für April 2020 zu bezahlen. Nachdem die Antragstellerin dies unter Berufung auf die getroffene Vereinbarung verweigerte, drohte die Antragsgegnerin mit dem unter Ziff. 1 genannten Schreiben die Verwertung der Mietbürgschaft an.

6. Die Antragsgegnerin hat keinen Anspruch auf Verwertung der Mietsicherheit. Die Parteien haben wirksam vereinbart, von einer Geltendmachung der streitgegenständlichen Forderung bis zum Vorliegen einer höchstrichterlichen Grundsatzentscheidung dieser in hohem Maße umstrittenen Frage abzusehen. Darüber hinaus hat das OLG Dresden mit Urt. v. 24.2.2021 in einem vergleichbaren Fall entschieden, dass, sofern nach den Regelungen im Mietvertrag ein Mangel nicht vorliegt, jedenfalls aufgrund einer Störung der Geschäftsgrundlage eine Herabsetzung der Miete um 50 % eintritt (vgl. OLG Dresden BeckRS 2021, 2461 Rn. 41).[2]

7. Nachdem eine Hauptforderung nicht besteht, jedenfalls aber aufgrund der Vereinbarung der Parteien nicht durchsetzbar ist, ist die Anspruchstellung evident unbegründet und die Inanspruchnahme der Bürgschaft rechtsmissbräuchlich.[3]
Hieraus folgt ein Anspruch der Antragstellerin auf Unterlassung gegen die Antragsgegnerin, die auf erste Anforderung zu erfüllende Bürgschaftsforderung gegen die L-Bank geltend zu machen. Denn die Antragsgegnerin nutzt mit ihrem Zahlungsverlangen eine formale Position aus der Bürgschaft rechtsmissbräuchlich aus.

8. Ein Verfügungsgrund ist gegeben.
Der zuvor dargelegte und begründete Unterlassungsanspruch gegenüber einer Vorlage der Bürgschaft und deren Inanspruchnahme sind unmittelbar gefährdet. Der Sachbearbeiter der L-Bank hat gegenüber dem Geschäftsführer der Antragstellerin in einem Telefonat vom . . . . . erklärt, er sehe keine andere Möglichkeit als auf die auf erste Anforderung erfüllbare Bürgschaft zu zahlen, wenn die Bank aus dieser Bürgschaft in Anspruch genommen werde.[4]

Glaubhaftmachung: anliegende eidesstattliche Versicherung des Geschäftsführers der Antragstellerin.

Anmerkungen

1. Verfügungsanspruch ist ein Unterlassungsanspruch, gerichtet auf Unterlassung der Vorlage oder Inanspruchnahme einer auf erstes Anfordern erfüllbaren Bürgschaft. Der Sinn der Bürgschaft auf erstes Anfordern liegt darin, dem Begünstigten (hier dem Vermieter) im Bürgschafts- oder Garantiefall innerhalb kürzester Zeit liquide Mittel zur Verfügung zu stellen. Die Bank darf grds. ohne Rücksprache mit dem Unternehmer (hier Antragsteller) an den Vermieter (hier Antragsgegner) leisten, es sei denn, es besteht ein liquider oder offensichtlicher Einwand (vgl. BeckOGK/*Quantz*, Stand 2021, BGB § 307 BGB Rn. 31). Wer aufgrund einer Bürgschaft auf erste Anforderung Zahlung begehrt, muss nur schlüssig darlegen, was als Voraussetzung der Zahlung auf erstes Anfordern in der Bürgschaft niedergelegt ist (BGH NJW 1994, 380 (381) ; siehe auch OLG Brandenburg BeckRS 2015, 12122. Die verbürgte Hauptforderung muss nicht schlüssig dargelegt werden (BGH NJW 1994, 380 (381); OLG Brandenburg BeckRS 2015, 12122; VG Halle BeckRS 2015, 121449, Rn. 16). Insbes. im Baurecht ist eine Bürgschaft auf erstes Anfordern in allgemeinen Geschäftsbedingungen (zB einem VOB/B-Bauvertrag) nach höchstrichterlicher Rspr. so gut wie in jeder Konstellation unwirksam (vgl. Nicklisch/Weick/Jansen/Seibel/*Hildebrandt* VOB/B, 5. Aufl. 2019, § 17 Rn. 116, 117; BeckOGK/*Quantz*, Stand 2021, BGB § 307 Rn. 32)

Ob es überhaupt einen Unterlassungsanspruch gibt, der sich gegen die Inanspruchnahme einer Bürgschaft auf erstes Anfordern richtet, ist umstritten. Die hM bejaht jedoch in krass gelagerten Ausnahmefällen des Rechtsmissbrauchs einen solchen Unterlassungsanspruch, der durch einstweilige Verfügung gesichert werden kann (KG IBR 1999, 531 – das KG stellt außerdem klar, dass der Antrag sich auf Unterlassung der Einziehung des Garantiebetrages richten müsse; vgl. hierzu allgemein BGH NJW 2003, 352 (353) undMüKo ZPO/*Drescher* § 935 Rn. 47 mwN).

2. Die Auswirkung von Corona-Schließungsanordnungen auf die Mietzahlungsverpflichtung bei Geschäftsraummietverhältnissen ist in hohem Maße umstritten (vgl. Rechtsprechung LG Stuttgart BeckRS 2020, 32275; LG Wiesbaden BeckRS 2020, 32449; LG Mönchengladbach BeckRS 2020, 30731; LG München II BeckRS 2020, 34263; LG München I BeckRS 2020, 29556; LG Frankfurt a.M. BeckRS 2020, 26613; LG München I BeckRS 2020, 28189; LG München II BeckRS 2020, 34250; LG Zweibrücken BeckRS 2020, 24356; LG Frankfurt a.M. BeckRS 2020, 20149; LG Heidelberg BeckRS 2020, 19165; LG Mannheim BeckRS 2020, 26351; AG Düsseldorf BeckRS 2020, 31652; AG Köln BeckRS 2020, 32288 sowie einschlägige Aufsätze *Zehelein* NZM 2020, 390 ff.; *Sentek/Ludley* NZM 2020, 406 ff.; *Ekkenga/Schirrmacher* NZM 2020, 410 ff.; *Butenberg/Drasdo/Först/Hannemann/Heilmann* NZM 2020, 493 ff.; *Häublein/Müller* NZM 2020, 481 ff.; *Streyl* NZM 2020, 817; *Meyer-Abich* NZM 2020, 1017 ff.; *Weller/Thomale* BB 2020, 962 ff.; *Horst* MK 2020, 89 ff.; *Kumkar/Voß* ZIP 2020, 893 ff.; *Anzinger/Strahl* ZIP 2020, 1833 ff.; *Klimesch/Walther* ZMR 2020, 556 ff.; *Illies* IMR 2020, 223 ff.

Im Vordringen scheint die Rechtsprechung zu sein, die im Hinblick auf die vertraglichen Regelungen hohe Anforderungen an die Annahme eines Mietmangels bei Corona-Schließungsanordnungen stellt und nach den Grundsätzen des Wegfalls der Geschäftsgrundlage zu einer Herabsetzung der Miete um 50 % gelangt (vgl. OLG Dresden NJW 2021, 953; OLG Dresden BeckRS 2021, 2461; KG BeckRS 2021, 8005).

Im Beispielsfall erfolgt die Berufung auf diese Rechtsprechung nur hilfsweise, da sich die Parteien über eine Stundung der ungewissen Forderung und Gegenforderung verständigt haben. Es bleibt abzuwarten, wie der BGH entscheiden wird.

3. Nur bei Rechtsmissbrauch kann ausnahmsweise ein Verfügungsanspruch der vorliegenden Art bejaht werden. Der Einwand des Rechtsmissbrauchs ist darauf beschränkt, dass die materielle Berechtigung des Gläubigers aus der Bürgschaft nach deren Bedingungen oder wegen des Nichtbestehens der Hauptschuld fehlt. Zudem muss der Gläubiger seine formale Rechtsstellung offenkundig missbrauchen. Das ist der Fall, wenn es offen auf der Hand liegt oder zumindest liquide beweisbar ist, dass der materielle Bürgschaftsfall nicht eingetreten ist (vgl. BGH NJW 2003, 1493; OLG Brandenburg NJOZ 2004, 834 (836); LG Hamburg BeckRS 2017, 149329, Rn. 51). Im einstweiligen Verfügungsverfahren wird man davon ausgehen müssen, dass dies nur bejaht werden kann, wenn der Rechtsmissbrauch durch Urkunden belegbar ist oder sich aus dem unstreitigen Sachvortrag der Parteien von selbst ergibt. Im vorliegenden Fall ist dies zu bejahen.

4. Damit liegt der Verfügungsgrund – nämlich die Gefahr der sofortigen Zahlung trotz rechtsmissbräuchlicher Inanspruchnahme – auf der Hand.

13. Schutzschrift zur Verhinderung des Erlasses einer einstweiligen Verfügung

An das
. . . . .gericht

Schutzschrift[1]

In Sachen
A, Rechtsanwalt . . . . .
– möglicher Antragsteller –
gegen[2]
B, Rechtsanwalt . . . . .
Verfahrensbevollmächtigter: selbst
– möglicher Antragsgegner –
wegen Abwehr einstweiliger Verfügung

lege ich in eigener Sache eine Schutzschrift vor. Ich muss den Umständen nach befürchten, dass der mögliche Antragsteller (im Folgenden: Antragsteller) versuchen wird, gegen mich eine einstweilige Verfügung des angerufenen Gerichts ohne mündliche Verhandlung zu erwirken. Die Folgen einer solchen einstweiligen Verfügung wären für mich – auch bei nachträglicher Aufhebung der einstweiligen Verfügung – außerordentlich schwerwiegend und irreparabel.

Ich beantrage daher für den Fall eines Antrages auf Erlass einer einstweiligen Verfügung

I. den Antrag auf Erlass einer einstweiligen Verfügung zurückzuweisen,
II. hilfsweise: über den Verfügungsantrag nicht ohne mündliche Verhandlung zu entscheiden,
III. äußerst hilfsweise: die Anordnung oder Vollziehung der einstweiligen Verfügung von einer Sicherheitsleistung des Antragstellers abhängig zu machen,
IV. für den Fall der Zurückweisung des Verfügungsantrages oder seiner Zurücknahme: dem Antragsteller die Kosten des Verfügungsverfahrens einschließlich derjenigen aufzuerlegen, die durch die Hinterlegung dieser Schutzschrift entstanden sind.[3]

Begründung:

Die Parteien sind gegenwärtig noch zur gemeinschaftlichen Berufsausübung als Rechtsanwälte innerhalb einer Berufsausübungsgesellschaft in der Rechtsform einer Gesellschaft bürgerlichen Rechts verbunden. Die gemeinschaftliche Berufsausübung wird zum . . . .

beendet. Der Antragsgegner hat den Antragsteller aufgefordert, ein gemeinsames Schreiben über die Auflösung der Berufsausübungsgesellschaft abzufassen und an die Mandanten der Kanzlei nach Maßgabe des § 32 der Berufsordnung zu versenden.[4] Der Antragsteller hat dies und auch einen Vermittlungsversuch des Vorstands der Rechtsanwaltskammer abgelehnt. Es steht zu befürchten, dass der Antragsteller – ggf. durch einstweilige Verfügung – versuchen wird zu verhindern, den Mandanten die Trennung der bisherigen gemeinschaftlichen Berufsausübungsgesellschaft anzuzeigen und deren Entscheidung über die Weiterbearbeitung der vorhandenen Mandate einzuholen. Ein solches befürchtetes Begehren des Antragstellers wäre unbegründet, weil . . . . .

Rechtsanwalt

Anmerkungen

1. Die Schutzschrift ist eine in der Praxis entwickelte – nicht nur in Wettbewerbsprozessen bedeutsame – Maßnahme zur Erlangung rechtlichen Gehörs desjenigen, der den Erlass einer einstweiligen Verfügung gegen sich befürchten muss (vgl. Zöller/*G. Vollkommer* ZPO § 945a Rn. 1). Ein weiteres Beispiel einer Schutzschrift findet sich in → Form. II.P.2. Sie dient dazu, den Erlass einer einstweiligen Verfügung überhaupt, mindestens jedoch ohne mündliche Verhandlung, zu verhindern, jedenfalls aber dem möglicherweise um den Erlass einer einstweiligen Verfügung angegangenen Gericht den Sachverhalt aus der Sicht des möglichen Antragsgegners zu schildern. Die Gerichte sind nach der grundlegenden Entscheidung BVerfG NJW 2018, 3631 aus Art. 103 Abs. 1 GG verpflichtet, in aller Regel eine mündliche Verhandlung anzuberaumen; nur wo dies wegen einer Gefährdung des Zwecks der Verfügung untunlich ist, sollte hiervon abgesehen werden. Unabhängig davon sind die Ausführungen in der Schutzschrift bei der Entscheidung über den Verfügungsantrag zu berücksichtigen (BGH NJW 2003, 1257 (1258); GRUR 2008, 640 Rn. 14; OLG Stuttgart, NJW-RR 2018, 1313, Rn. 34).

Dies setzt Kenntniserlangung des Gerichts voraus, wofür der Schutzschriftführer zu sorgen hat. Die aufwändige und fehleranfällige Mehrfacheinreichung bei allen als zuständig in Betracht kommenden Gerichten ist seit Einführung des zentralen elektronischen Schutzschriftenregisters (ZSSR, https://schutzschriftenregister.hessen.de) nicht mehr erforderlich. Sobald die Schutzschrift eingestellt ist, gilt sie als bei allen ordentlichen Gerichten der Länder (§ 945a Abs. 2 S. 1 ZPO) und allen Arbeitsgerichten der Länder (§§ 62 Abs. 2 S. 3, 85 Abs. 2 S. 3 ArbGG) eingereicht, was allerdings leider nicht ausschließt, dass sie gleichwohl übersehen wird. Die Nutzung des ZSSR erfordert eine vorherige Registrierung, ferner löst die Einreichung einer Schutzschrift eine Gebühr in Höhe von 83 EUR (§ 1 Abs. 2 Nr. 5a Justizverwaltungskostengesetz (JVKostG); Nr. 1160 KV) aus.

2. In Ausnahmefällen kommt auch eine Schutzschrift „gegen unbekannt" in Betracht, wenn besondere Umstände eine Bezeichnung des möglichen Antragstellers ausschließen. Der noch unbekannte Antragsteller muss aber bei Einreichung eines Verfügungsgesuchs eindeutig und unzweifelhaft festgestellt werden können (vgl. *Dunkl/Moeller/Baur,* Handbuch des vorläufigen Rechtsschutzes, 3. Aufl. 1999, 141).

3. Der Mandant sollte darauf hingewiesen werden, dass die Kosten nicht nach § 91 ZPO erstattungsfähig sind, falls kein Antrag auf Erlass einer einstweiligen Verfügung gestellt wird. Im Falle der Antragsrücknahme bejaht der BGH die Erstattungsfähigkeit auch dann, wenn keine mündliche Verhandlung stattgefunden hat (BGH NJW 2003, 1257; OLG Hamburg BeckRS 2016, 15057 Rn. 8), nicht aber bei Einreichung nach Rücknahme des Verfügungsantrags (BGH NJW-RR 2007, 1575). Erstattungsfähig ist eine 1,3 Verfahrensgebühr (BGH NJW-RR 2008, 1093; vgl. für eine Ermäßigung des Gebührensatzes auf auf 0,8 LG Düsseldorf, GRUR-RR 2017, 167 Rn. 20).

4. Nach § 32 der Berufsordnung ist bei Auflösung einer Berufsausübungsgesellschaft ein gemeinsames Rundschreiben ist an die Mandanten zu richten. Kommt eine Verständigung der Gesellschafter nicht zustande und scheitert auch ein Vermittlungsversuch des Vorstands der Rechtsanwaltskammer, kann jeder der bisherigen Gesellschafter einseitig ein sachlich gehaltenes Schreiben versenden. Zu Konflikten kann es insb. dann kommen, wenn die rein berufsrechtlichen Regelungen im Widerspruch mit den zivilrechtlichen Vereinbarungen der Gesellschafter stehen (vgl. *Henssler*, in Henssler/Prütting, BRAO § 32 Rn. 11; Weyland/*Brüggemann* BRAO § 32 Rn. 1).

S. Schiedsverfahren

1. Aufforderung zur Benennung eines Schiedsrichters und Vorlegungsantrag gem. § 1044 ZPO

(Einschreiben-Rückschein)[1, 2]

An die Firma[3]. . . . .

vertreten durch: . . . . .

Wir haben mit Schreiben vom . . . . . Schadensersatzansprüche iHv . . . . . EUR wegen mangelhafter und verspäteter Lieferung einer Offset-Druckmaschine gem. Vertrag vom . . . . . geltend gemacht.[4] Nachdem sie mit Schreiben vom . . . . . jegliche Ansprüche zurückgewiesen und Zahlung definitiv abgelehnt haben, beantragen wir, den Rechtsstreit einem Schiedsgericht gemäß der in dem vorzitierten Vertrag in Ziff. 27 enthaltenen Schiedsvereinbarung[5] vorzulegen.

Wir bestellen als Schiedsrichter[6] Herrn Rechtsanwalt Dr. . . . . . in (volle Adresse) und fordern Sie auf, binnen zwei Wochen nach Zugang dieses Schreibens ihrerseits einen Schiedsrichter zu bestellen.[7]

Hochachtungsvoll

Schiedskläger[3, 8]

Anmerkungen

1. Das Verfahren zur Bestellung des Schiedsgerichts unterliegt der Parteidisposition (§ 1025 Abs. 1 ZPO). Die Parteien nutzen diese Möglichkeit regelmäßig in der Schiedsvereinbarung. Haben die Parteien keine besondere Regelung getroffen, so bestellt jede Partei einen Schiedsrichter (§ 1035 Abs. 3 ZPO). Die von den Parteien bestellten Schiedsrichter einigen sich auf einen dritten Schiedsrichter als Vorsitzenden, der im Nichteinigungsfall durch einen Dritten, (vgl. dazu *Schlosser* SchiedsVZ 2003, 1 ff.) oder das Gericht bestellt wird.

Zweckmäßigerweise benennt der Schiedskläger „seinen" Schiedsrichter" bereits in dem Vorlegungsantrag nach § 1044 ZPO und fordert den Schiedsbeklagen auf, ebenfalls einen Schiedsrichter zu benennen. Erforderlich ist das zwar nicht, dient aber der Beschleunigung.

Der Vorlegungsantrag hat Bedeutung nur bei ad hoc Schiedsverfahren. Die institutionellen Schiedsgerichte sehen besondere Formen der Einleitung des Schiedsverfahrens vor (vgl. *Schütze,* Institutionelle Schiedsgerichtsbarkeit, 3. Aufl. 2018).

2. Mit dem Zugang des Vorlegungsantrags (Antrag, die Streitigkeit einem Schiedsgericht vorzulegen) beginnt das Schiedsverfahren. Von diesem Zeitpunkt an tritt Schiedshängigkeit ein (vgl. *SchützeThümmel* Schiedsgericht Rn. 10.1; Zöller/*Geimer* ZPO § 1044 Rn. 4) wird die Verjährung gehemmt (§ 204 Abs. 1 Nr. 11 BGB; *Schütze* RIW 2018, 481 ff) die Ersitzung unterbrochen (§ 941 BGB) und tritt die Verschärfung der Haftung im Eigentümer-Besitzerverhältnis (§§ 987, 989, 991, 94 Abs. 2, 996 BGB) ein. Es ist deshalb wichtig, Klarheit über den Tag des Beginns zu erhalten. Deshalb empfiehlt sich Übersendung durch Einschreiben mit Rückschein oder die Benutzung eines Kurierdienstes. Der Vorlegungsantrag lässt allerdings noch nicht Rechtshängigkeit eintreten mit der

Folge des § 261 Abs. 3 Nr. 1 ZPO (vgl. *Lachmann* Schiedsgerichtspraxis-HdB Rn. 762; Zöller/*Geimer* ZPO § 1044 Rn. 5).

3. Der Vorlegungsantrag muss die Parteien bezeichnen (§ 1044 S. 2 ZPO). Es ist deshalb notwendig, alle notwendigen Angaben der Parteibezeichnung in der Anschrift und – für den Schiedskläger – bei der Unterschrift aufzunehmen. Unschädlich ist die Benutzung eines Kopfbogens des Schiedsklägers, aus dem alle für die Parteibezeichnung notwendigen Angaben ersichtlich sind.

4. Der Vorlegungsantrag muss den Streitgegenstand angeben (§ 1044 ZPO). Ein Antrag für die Entscheidung ist nicht erforderlich. Die Beschreibung muss so sein, dass anhand der Angaben festzustellen ist, ob der Rechtsstreit unter die Schiedsvereinbarung fällt (vgl. *Lachmann* Schiedsgerichtspraxis-HdB Rn. 59). Die Tatsachen, die den Anspruch begründen, müssen in diesem Zeitpunkt noch nicht dargelegt werden (vgl. Zöller/*Geimer* ZPO § 1044 Rn. 2).

5. § 1044 ZPO erfordert die Angabe der Schiedsvereinbarung, die Grundlage des Schiedsverfahrens ist. Die Bezugnahme genügt. Die Beifügung der Schiedsvereinbarung ist nicht notwendig, jedoch zweckmäßig.

6. Eine besondere Qualifikation für das Schiedsrichteramt schreibt das deutsche Recht nicht vor. Insbes. ist es nicht erforderlich, dass der Schiedsrichter Jurist ist. Die Parteien können jedoch in besonderer Vereinbarung – insb. der Schiedsvereinbarung – besondere Qualifikationsmerkmale festlegen (vgl. dazu *Heimann-Trosien* FS Heusinger, 1968, 271 ff.; *Weigand* FS Schlosser, 2005, 1081 ff.; *Zimmermann,* Parteivereinbarungen über die Qualifikation von Schiedsrichter, 2016), zB die Befähigung zum Richteramt, die Zulassung als Sachverständiger für das Bauwesen, die Kenntnis eines bestimmten Rechts oder die Beherrschung einer bestimmten Sprache pp. Erfüllt ein Schiedsrichter diese vorgegebenen Qualifikationsmerkmale nicht, so stellt dies einen Ablehnungsgrund dar (§ 1036 Abs. 2 ZPO). Auch eine bestimmte Staatsangehörigkeit, Zugehörigkeit zu einer Glaubensgemeinschaft pp. können zum Qualifikationsmerkmal gemacht werden. Das AGG ist nicht anwendbar (vgl. *SchützeThümmel* Schiedsgericht §.1 Rn. 51)

Bei der Bestellung von Richtern und Beamten zu Schiedsrichtern ist zu beachten, dass diese einer dienstrechtlichen Genehmigung bedürfen. Der Amtsträger, der ohne dienstrechtliche Genehmigung das Schiedsrichteramt ausübt, kann zwar einen wirksamen Schiedsspruch erlassen (OLG Stuttgart SchiedsVZ 2003, 84; *Schütze/Thümmel* Schiedsgericht § 1 Rn. 50; bestritten), setzt sich jedoch dienstrechtlichen Maßnahmen aus.

7. Die gesetzliche Frist für die Benennung eines Schiedsrichters durch den Schiedsbeklagten beträgt einen Monat (§1035 Abs. 3 ZPO). Die Parteien können jedoch eine abweichende Frist vereinbaren. Im vorliegenden Muster wird davon ausgegangen, dass die Schiedsvereinbarung eine Verkürzung der Frist auf zwei Wochen vorsieht. Versäumt der Schiedsbeklagte die Schiedsrichterbenennung, so erfolgt diese auf Antrag durch das Gericht, Form I. S. 3. Eine Partei verliert ihr Ernennungsrecht mit Fristablauf endgültig (RGZ 45, 382; OLG Bremen NJW 1972, 454; BayObLG IHR 2003, 91). Sie kann die gerichtliche Ernennung nicht dadurch verhindern, dass sie nach Fristablauf vor Antragstellung einen Schiedsrichter benennt. Das Gericht berücksichtigt eine solche verfristete Schiedsrichterbenennung aber in der Praxis bei seiner Entscheidung.

Kosten und Gebühren

8. Nach § 36 RVG iVm VV 3327 RVG erhält der Rechtsanwalt, der nur zur Bezeichnung eines Schiedsrichters auffordert, eine 0.75 Gebühr. IÜ handelt es sich nach § 16 Nr. 8 RVG um dieselbe Angelegenheit.

2. Aufforderung zur Bestellung eines Schiedsrichters durch einen Dritten

An den
Präsidenten der Industrie-
und Handelskammer
.....
Sehr geehrter Herr Präsident,
zwischen der Firma ..... und der Firma ..... besteht Streit über Schadensersatzansprüche im Zusammenhang mit der Lieferung einer Offset-Druckmaschine. Der Rechtsstreit soll aufgrund einer Schiedsvereinbarung vom ....., die in Kopie anliegt,[1, 2] durch ein Schiedsgericht entschieden werden.
Die Firma ..... ist ihrer Verpflichtung zur Benennung eines Schiedsrichters aufgrund eines Schreibens des Unterzeichners vom ..... (Kopie liegt an) nicht fristgemäß nachgekommen. Für diesen Fall sieht die Schiedsvereinbarung vor, dass die Bestellung des Schiedsrichters für die säumige Partei durch Sie erfolgt. Sie hatten mit Schreiben vom ..... bereits zugestimmt, das Amt zu übernehmen.[3]
Wir bitten Sie deshalb, den zweiten Schiedsrichter zu benennen.
Hochachtungsvoll
Schiedskläger[4]

Anmerkungen

1. Die Parteien können die Bestellung des oder der Schiedsrichter für den Fall der Nichtbestellung eines Schiedsrichters durch eine Partei oder die Nichteinigung der Schiedsrichter auf einen dritten Schiedsrichter (Vorsitzenden, Obmann) einem Dritten übertragen(vgl. dazu *Mann* FS Schnitzer, 1979, 325 ff.). Bei internationalen Schiedsverfahren bestimmt sich die Stellung des Dritten in diesem Fall nach der lex arbitri (vgl. *Klein* IPRax 1986, 53 ff. (55); *Schütze/Thümmel* Schiedsgericht § 1 Rn. 59). Für den Dritten bestehen keine besonderen Qualifikationsmerkmale. Häufig einigen sich die Parteien auf den Präsidenten der Industrie- und Handelskammer. Jedenfalls ist aber Bedacht darauf zu nehmen, dass der Dritte in der Lage ist, einen sachkundigen Schiedsrichter zu bestellen. Dabei sollten die Parteien tunlichst ausschließen, dass sich der Dritte selbst bestellt, was der Präsident des OLG Köln in einem Fall getan hat (vgl. *Coeppicus* ZRP 1995, 203 f.)

2. Eine Übersendung der Schiedsvereinbarung ist zweckmäßig, um dem Dritten die Möglichkeit zu geben zu prüfen, ob die Schiedsvereinbarung die Bestellung des zweiten Schiedsrichters durch ihn deckt.

3. Bei der Übertragung der Bestellung eines Schiedsrichters auf einen Dritten ist darauf Bedacht zu nehmen, dass niemand verpflichtet ist, eine solche Aufgabe zu übernehmen. So hat der Präsident des LG Ulm in dem BGH WPM 1977, 319 zugrunde liegenden Fall die ihm durch die Schiedsvereinbarung übertragene Aufgabe zur Schiedsrichterbestellung abgelehnt. Dasselbe passierte, als der Präsident des Internationalen Gerichtshofs sich weigerte, die Schiedsrichterbestellung in einem Rechtsstreit zwischen der Anglo-American Oil Company und dem Iran vorzunehmen (vgl. *Mann* FS Schnitzer, 1979, 325 ff. (327 f.)). Es ist deshalb zweckmäßig, die Bereitschaft des Dritten bereits bei Abschluss der Schiedsvereinbarung einzuholen (vgl. für ein Muster *Schütze/Tscherning/Wais,* Handbuch des Schiedsverfahrens 2. Aufl. 1990, Rn. 571).

Kosten und Gebühren

4. → Form. I.S. 1

3. Antrag auf Bestellung eines Schiedsrichters durch das Gericht

An das
Oberlandesgericht[2] – Zivilsenat –
. . . . .
In dem Schiedsverfahren
der Firma . . . . .
– Schiedsklägerin –
Verfahrensbevollmächtigter . . . . .
gegen
die Firma . . . . .
– Schiedsbeklagte –
Verfahrensbevollmächtigter . . . . .
beantrage ich namens der Schiedsklägerin,
für die Schiedsbeklagte einen Schiedsrichter zu bestellen.[1]

Begründung

Mit Vorlegungsantrag vom . . . . . hat die Schiedsklägerin ein Schiedsverfahren gegen die Schiedsbeklagte wegen Schadensersatzansprüchen aus der zu späten und mangelhaften Lieferung einer Offset-Druckmaschine eingeleitet. Zugleich hat die Schiedsklägerin einen Schiedsrichter benannt und die Schiedsbeklagte zur Bestellung eines Schiedsrichters unter Fristsetzung aufgefordert.

Beweis: Vorlage des Vorlegungsantrages vom . . . . . nebst Schiedsvereinbarung[3] vom . . . . .

Die Schiedsbeklagte hat keinen Schiedsrichter bestellt. Sie hat den Vorlegungsantrag nicht beantwortet.
Die Schiedsvereinbarung sieht vor, dass die Schiedsrichter die Befähigung zum Richteramt haben und Erfahrung im Maschinen- und Anlagenbaurecht besitzen müssen.[4] Ich bitte, dies zu berücksichtigen.
Rechtsanwalt[5]

Anmerkungen

1. Üben die Parteien ihr Bestellungsrecht bei Einleitung des Schiedsverfahrens oder nach Wegfall eines Schiedsrichters nicht aus, so wird der Schiedsrichter auf Antrag einer Partei durch das Gericht bestellt (§ 1035 Abs. 3 u. 4, § 1039 Abs. 1 ZPO, vgl. dazu *Bredow* FS Schlosser, 2005, 75 ff.). Eine Partei verliert ihr Bestellungsrecht endgültig, wenn sie es nicht fristgemäß ausübt (vgl. RGZ 45, 382; OLG Bremen NJW 1972, 454; BayObLG IHR 2003, 91).

2. Zuständig ist das nach § 1062 ZPO zuständige Gericht, das im Beschlussverfahren entscheidet. Die Entscheidung – gleichgültig ob ablehnend oder ernennend – kann ohne mündliche Verhandlung ergehen.

3. Die Vorlage der Schiedsvereinbarung ist notwendig, um dem Gericht die Prüfung zu ermöglichen, ob die Voraussetzungen für ein Tätigwerden gegeben sind. Das OLG prüft im Rahmen des Bestellungsverfahrens nach § 1035 ZPO nicht die Wirksamkeit der Schiedsvereinbarung. Die Entscheidung über die Schiedsrichterbestellung ist für das Bestehen einer wirksamen Schiedsvereinbarung für das Schiedsverfahren nicht bindend (BGH MDR 1969, 459). Jedoch wird man dem OLG ein Prüfungsrecht hinsichtlich einer offensichtlichen Unwirksamkeit der Schiedsvereinbarung geben müssen (OLG Dresden SchiedsVZ 2009, 69; *Schütze* FS Stürner, 2013, S. 531 (537); Zöller/*Geimer* ZPO § 1035 Rn. 17).

4. Nach § 1035 Abs. 5 ZPO muss das OLG alle nach der Parteivereinbarung vorgesehenen Voraussetzungen berücksichtigen.

Kosten und Gebühren

5. Die Gerichtskosten bestimmen sich nach GKG: KV 1623 GKG (0,5 Gebühr). Nach § 16 Nr. 8 RVG iVm VV Nr. 3327 erhält der Rechtsanwalt eine 0,75 Gebühr, ggf. eine 0,5 Gebühr nach VV 3332 RVG.

4. Ablehnung eines Schiedsrichters gegenüber dem Schiedsgericht

An das
Schiedsgericht, bestehend aus
1. Schiedsrichter A als Obmann,
2. Schiedsrichter B
3. Schiedsrichter C

In dem Schiedsverfahren

der Firma . . . . .
– Schiedsklägerin –
Verfahrensbevollmächtigter: . . . . .

gegen

die Firma . . . . .
– Schiedsbeklagte –
Verfahrensbevollmächtigter: . . . . .
lehnt die Schiedsklägerin den von der Schiedsbeklagten ernannten Schiedsrichter C wegen der Besorgnis der Befangenheit ab.[1, 2, 3] Die Schiedsklägerin hat vor drei Tagen, am . . . . .,[4] erfahren, dass der Schiedsrichter C die Schiedsbeklagte in dieser Sache vorprozessual beraten und ein Rechtsgutachten zu den Erfolgsaussichten der Rechtsverteidigung in diesem Schiedsverfahren erstattet hat.[5]
Für den Fall der Ablehnung des Befangenheitsgesuchs[6] beantrage ich
das Verfahren bis zur Entscheidung des Oberlandesgerichts über das Ablehnungsgesuch auszusetzen.[7]
Rechtsanwalt[8]

Anmerkungen

1. Die Freiheit der Parteien, Schiedsrichter ihrer Wahl zu bestellen bringt die Gefahr der Befangenheit der so bestellten Schiedsrichter in weit größerem Masse mit sich als dies bei staatlichen Richtern der Fall ist. § 1036 ZPO trägt dem Rechnung und lässt die Ablehnung von Schiedsrichtern in weitem Masse zu.

2. § 1037 Abs. 1 ZPO unterstellt das Verfahren der Ablehnung eines Schiedsrichters der Parteidisposition. Die Parteien können in der Schiedsvereinbarung oder einer späteren Vereinbarung Bestimmungen über die Durchführung des Ablehnungsverfahrens treffen und diese zB einem Dritten, etwa dem OLG-Präsidenten übertragen. Machen die Parteien von ihrer Regelungsbefugnis keinen Gebrauch, so ist zunächst das Schiedsgericht zur Entscheidung über einen Ablehnungsantrag zuständig. Die Partei, die einen Schiedsrichter ablehnen will, hat dies unter Darlegung der Ablehnungsgründe gegenüber dem Schiedsgericht geltend zu machen. Die Ablehnung muss schriftlich erfolgen. Sie ist fristgebunden. Die Frist beträgt zwei Wochen von dem Zeitpunkt an, in dem der ablehnenden Partei die Zusammensetzung des Schiedsgerichts oder ein Ablehnungsgrund bekannt geworden sind. Es ist positive Kenntnis erforderlich. Kennenmüssen oder Kennenkönnen genügt nicht Eine Nachprüfungspflicht der Parteien besteht nicht (vgl. *Schütze/Thümmel* Schiedsgericht § 1 Rn. 88).

3. Im Gegensatz zum früheren Recht (§ 1032 aF ZPO) beschränkt sich § 1036 Abs. 2 ZPO nunmehr auf eine Generalklausel für die Ablehnung eines Schiedsrichters. Ablehnungsgrund ist jeder Umstand, der berechtigte Zweifel an der Unparteilichkeit oder Unabhängigkeit des Schiedsrichters aufkommen lassen könnte. Ablehnungsgrund ist weiterhin die Nichterfüllung von zwischen den Parteien vereinbarten Qualifikationsmerkmalen, zB Befähigung zum Richteramt, Vereidigung als Sachverständiger etc

4. Die Ablehnung ist fristgebunden. Soweit die Parteien nichts Abweichendes vereinbart haben, muss sie binnen zweier Wochen nach Kenntnis des Umstandes, auf den die Partei die Ablehnung gründet, erklärt werden. Es ist auf den Zugang der Ablehnung beim Schiedsgericht abzustellen.

5. Die Unparteilichkeit des Schiedsrichters ist in Frage gestellt, wenn er ein Privatgutachten für eine Partei erstattet hat (OLG Dresden JW 1938, 3055). Es genügt nicht für die Annahme einer Befangenheit, wenn der Schiedsrichter sich vor Übernahme des Schiedsrichteramtes eine kurze Sachverhaltsdarstellung von einer Partei hat geben lassen (LG Neustadt MDR 1955, 616). Denn schließlich muss der Schiedsrichter den Streitfall insoweit kennen, um entscheiden zu können, ob er bereit und in der Lage ist, als Schiedsrichter tätig zu sein. Probleme bereitet – insb. bei Großkanzleien – inwieweit sich ein Schiedsrichter Ablehnungsgründe in der Person von Sozietätsangehörigen zurechnen lassen muss, insb. deren Tätigkeit – auch in anderen Fällen – für eine Partei (vgl. dazu *Lachmann* FS Geimer I, 2002, 513 ff.). Hier ist auf den Einzelfall abzustellen. Eine Entscheidungshilfe können die Guidelines on Conflict of Interest in International Commercial Arbitration der International Bar Association sein.

6. Das Schiedsgericht hat das Ablehnungsgesuch unverzüglich der anderen Partei zur Stellungnahme zu übersenden. Das Verfahren der Ablehnung kann ohne Entscheidung beendet werden, wenn der Schiedsrichter von seinem Schiedsrichteramt zurücktritt (§ 1037 Abs. 2 S. 2 ZPO) – auch wenn er den Ablehnungsgrund nicht für gegeben hält (vgl. dazu *Schütze* FS Wegen, 2015, 751 ff.) – oder die andere Partei der Ablehnung zustimmt (§ 1037 Abs. 2 S. 2 ZPO). Findet keine Entbindung des Schiedsrichters von seinem Amt durch eigenen Willen oder Einigung der Parteien statt, so entscheidet das Schiedsgericht. Dabei hat der abgelehnte Schiedsrichter Stimmrecht.

Gibt das Schiedsgericht dem Ablehnungsgesuch statt, so endet das Amt des Schiedsrichters. Es muss eine Ersatzbestellung erfolgen. Weist das Schiedsgericht die Ablehnung zurück, so ist der Weg zu den ordentlichen Gerichten offen.

7. Das Schweben des Ablehnungsverfahrens stellt kein Verfahrenshindernis dar. Das Schiedsgericht kann das Verfahren fortsetzen und einen Schiedsspruch erlassen (§ 1037 Abs. 3 S. 2 ZPO). Das gilt sowohl für das Verfahren vor dem Schiedsgericht als auch vor dem OLG. Eine Aussetzung kann sinnvoll sein. Jedoch kommen in der Praxis vielfach mutwillige Ablehnungsgesuche zur Verzögerung vor. Mit einer Entscheidung über eine Aussetzung sollte das Schiedsgericht deshalb zurückhaltend sein.

Kosten und Gebühren

8. Es kommt auf die Parteivereinbarung an. Haben die Parteien – mit Zustimmung des Schiedsgerichts – die Anwendung des RVG für die Honorierung des Schiedsgerichts und der Parteivertreter bestimmt, so entsteht eine 0,75 Gebühr nach VV 3327 RVG und ggf. eine 0,5. Gebühr nach VV 3332 RVG. Zur selben Angelegenheit vgl. § 16 Nr. 8 RVG; zum – anteiligen – Wert OLG München SchiedsVZ 2007, 280. Bei den üblichen Honorarregelungen entstehen für das Ablehnungsverfahren vor dem Schiedsgericht keine besonderen Gebühren.

5. Antrag auf gerichtliche Entscheidung über die Ablehnung

An das
Oberlandesgericht[2] – Zivilsenat –
. . . . .
In dem Schiedsverfahren
der Firma . . . . .
– Schiedsklägerin –
Verfahrensbevollmächtigter . . . . .
gegen
die Firma . . . . .
– Schiedsbeklagte –
Verfahrensbevollmächtigter . . . . .
beantrage ich namens der Schiedsklägerin
die von der Schiedsklägerin erklärte Ablehnung des von der Schiedsbeklagten benannten Schiedsrichters C für begründet zu erklären.[1, 3]

Begründung

In dem rubrizierten Schiedsverfahren hat die Schiedsbeklagte den Schiedsrichter C bestellt. Die Schiedsklägerin hat am . . . . ., erfahren, dass der Schiedsrichter C die Schiedsbeklagte in dieser Sache vorprozessual beraten und ein Rechtsgutachten zu den Erfolgsaussichten der Rechtsverteidigung in diesem Schiedsverfahren erstattet hat. Drei Tage danach, am . . . . .[4] hat die Schiedsklägerin den Schiedsrichter C gegenüber dem Schiedsgericht abgelehnt.

Das Schiedsgericht hat durch Entscheidung vom . . . . . den Ablehnungsantrag zurückgewiesen. Diese Entscheidung ist der Schiedsklägerin am . . . . . zugegangen.[5]

Die Schiedsvereinbarung vom . . . . ., das Ablehnungsgesuch der Schiedsklägerin vom . . . . . und die Entscheidung des Schiedsgerichts über die Ablehnung mit Eingangsstempel[6] sind beigefügt.

Rechtsanwalt[7]

Anmerkungen

1. Bleibt eine private Regelung der Ablehnung (Rücktritt des Schiedsrichters oder Vereinbarung zwischen den Parteien) oder die Anrufung des Schiedsgerichts erfolglos, so ist der Weg zu den ordentlichen Gerichten offen. Der Antrag auf Entscheidung ist fristgebunden. Er ist innerhalb eines Monats nach dem Zeitpunkt der Kenntnisnahme von der ablehnenden Entscheidung des Schiedsgerichts über die Ablehnung des Schiedsrichters zu stellen (§ 1037 Abs. 3 S. 1 ZPO). Die Parteien können jedoch eine andere Frist vereinbaren.

2. Zuständig zur Entscheidung ist das OLG (§ 1062 Abs. 1 Nr. 1 ZPO).

3. Das OLG entscheidet im Beschlussverfahren. Der Beschluss kann ohne mündliche Verhandlung ergehen (§ 1063 Abs. 1 ZPO). Das Gericht hat bei der Entscheidung keinen Ermessenspielraum (vgl. *Schütze/Thümmel* Schiedsgericht § 1 Rn. 92). Sind Umstände gegeben, die die Besorgnis mangelnder Unparteilichkeit oder Unabhängigkeit erwecken, muss dem Ablehnungsgesuch stattgegeben werden. Wird der Antrag rechtskräftig zurückgewiesen, so ist der Ablehnungsgrund endgültig erledigt (vgl. RGZ 148, 1). Wird die Ablehnung für begründet erklärt, so muss das Schiedsgericht nach Ersetzung des abgelehnten Schiedsrichters entscheiden bzw. neu entscheiden (vgl. *Glossner/Bredow/Bühler*, Das Schiedsgericht in der Praxis, 3. Aufl. 1990, Rn. 229). Andernfalls ist ein Aufhebungsgrund nach § 1059 Abs. 2 Nr. 1 lit. d ZPO gegeben (vgl. RGZ 148, 1).

4. Die Angabe ist notwendig zur Prüfung ob der Antrag beim Schiedsgericht fristgemäß gestellt worden ist. War der Antrag beim Schiedsgericht verfristet, so führt dies immer auch zur Zurückweisung des Antrags an das OLG.

5. Da der Antrag auf Entscheidung durch das OLG fristgebunden ist, gehört die Angabe, wann die ablehnende Partei von der Entscheidung des Schiedsgerichts Kenntnis erlangt hat, zur Schlüssigkeit.

6. Mit dem Eingangsstempel kann der Zeitpunkt der Kenntnisnahme der Entscheidung – widerlegbar – bewiesen werden.

Kosten und Gebühren

7. Die Gebühren des Gerichts bestimmen sich nach GKG: KV 1624 GKG (0,5 Gebühr), für die Vergütung des Rechtsanwalts → Form. I.S. 4 Anm. 8.

6. Einrede der Schiedsvereinbarung

An das
Landgericht[1, 2]
. . . . .
Aktenzeichen: . . . . .

In Sachen

der Firma . . . . .
. . . . .
Klägerin,

Prozessbevollmächtigter . . . . .

gegen

die Firma . . . . .
Beklagte,
Prozessbevollmächtigter . . . . .
wegen . . . . .
erhebt die Beklagte die Einrede der Schiedsvereinbarung[1, 3] und beantragt, die Klage als unzulässig abzuweisen.

Begründung

Die Klägerin macht im vorliegenden Verfahren Schadensersatzansprüche wegen verspäteter und mangelhafter Lieferung einer Offset-Druckmaschine geltend, die von der Beklagten aufgrund eines Kaufvertrags vom . . . . . an die Klägerin geliefert worden ist. Ziff. 27 des Kaufvertrags enthält eine Schiedsvereinbarung, der die streitgegenständlichen Ansprüche unterfallen.

Beweis: Vorlage des Kaufvertrages vom . . . . . nebst Schiedsvereinbarung.

Die Klage ist damit unzulässig.[4]
Rechtsanwalt[5]

Anmerkungen

1. Die Schiedsvereinbarung begründet eine prozesshindernde Einrede im Verfahren vor den ordentlichen Gerichten über einen Streitgegenstand, der ihrem Regelungsbereich unterfällt (§ 1032 Abs. 1 ZPO). Die Einrede kann – anders als in zahlreichen ausländischen Rechten – auch erhoben werden, wenn der Beklagte keine materiellen Einwendungen gegen den geltend gemachten Anspruch erhebt (OLG Düsseldorf MDR 1977, 762). Der Beklagte kann sich darauf beschränken, die Schiedsvereinbarung einzuwenden, ohne auf die Berechtigung des Anspruchs einzugehen (vgl. Wieczorek/Schütze/*Schütze* ZPO § 1032 Rn. 23; Zöller/*Geimer* ZPO § 1032 Rn. 1).

Die Schiedsvereinbarung ist nicht von Amts wegen zu berücksichtigen (vgl. BGHZ 24, 19). Die Einrede muss vom Beklagten erhoben werden. Es gelten §§ 282 Abs. 3, 296 Abs. 3 ZPO. Die begründete Einrede des § 1032 Abs. 1 ZPO führt zur Abweisung der Klage als unzulässig, selbst wenn der Beklagte den Anspruch nicht bestreitet (OLG Düsseldorf MDR 1977, 762).

2. Die Einrede ist in dem Verfahren vor dem ordentlichen Gericht zu erheben. Das Verfahren vor dem staatlichen Gericht hindert nicht die Einleitung eines Schiedsverfahrens (§ 1032 Abs. 3 ZPO). Die Regelung soll einer Prozessverschleppung entgegenwirken.

3. Der Einrede kann die Gegeneinrede der Arglist (vgl. dazu *Illmer*, Der Arglisteinwand an der Schnittstelle von staatlicher Gerichtsbarkeit und Schiedsgerichtsbarkeit, 2007) entgegenstehen, wenn

- der Beklagte in einem vorhergehenden Schiedsverfahren die Zuständigkeit der staatlichen Gerichte geltend gemacht hat (vgl. BGHZ 50, 191) oder
- dem Beklagten die für die Durchführung des Schiedsverfahrens notwendigen Mittel fehlen (BGH JZ 1988, 315 = WuB VII.A. § 1027a ZPO 1.88 – *Schütze*) und der Kläger nicht bereit ist, ihm diese vorzustrecken oder
- der Beklagte selbst ein Schiedsverfahren eingeleitet hat und nach einem ihm ungünstigen Schiedsspruch die Unwirksamkeit der Schiedsvereinbarung geltend macht (vgl. RG HRR 1931, 1489).

4. Die Entscheidung erfolgt durch Prozessurteil. Erachtet das Gericht die Einrede für begründet, so weist es die Klage als unzulässig ab. Das Prozessurteil stellt die Wirksamkeit der Schiedsvereinbarung bindend fest (vgl. RGZ 40, 403).

Kosten und Gebühren

5. Die Gerichtsgebühren bestimmen sich nach GKG: KV 1621 GKG (Zöller/*Geimer* ZPO § 1032 Rn. 30). Für die Vergütung des Rechtsanwalts kommt die Regelgebühr der VV 3100 ff. RVG zur Anwendung.

7. Antrag auf einstweiligen Rechtsschutz

An das
Schiedsgericht, bestehend aus
1. Schiedsrichter A als Obmann,
2. Schiedsrichter B
3. Schiedsrichter C

In dem Schiedsverfahren

der Firma . . . . .
– Schiedsklägerin –
Verfahrensbevollmächtigter: . . . . .

gegen

die Firma . . . . .
– Schiedsbeklagte –
Verfahrensbevollmächtigter: . . . . .
beantragt die Schiedsbeklagte
im Wege der einstweiligen Verfügung der Schiedsklägerin zu untersagen, die Garantie (Nr. . . . . .) der X-Bank vom . . . . . für die in diesem Schiedsverfahren streitgegenständlichen Schadensersatzansprüche aus der Lieferung einer Offset-Druckmaschine bis zur Entscheidung in der Hauptsache in Anspruch zu nehmen.[1, 2]

Begründung

Die Schiedsklägerin macht in diesem Schiedsverfahren Schadensersatzansprüche wegen verspäteter und mangelhafter Lieferung einer Offset-Druckmaschine geltend. Zur Absicherung von Schadensersatz- und Gewährleistungsansprüchen aus diesem Geschäft hat die X-Bank im Auftrag der Schiedsbeklagten eine Garantie auf erstes Anfordern zugunsten der Schiedsklägerin iHv . . . . . EUR ausgelegt.

Beweis: Vorlage der Garantieurkunde Nr. . . . . . der X-Bank

Die Schiedsklägerin hat die X-Bank mit Schreiben vom . . . . . zur Zahlung von . . . . . EUR unter der Garantie aufgefordert.

Beweis: Vorlage des Schreibens der Schiedsklägerin an die X-Bank vom . . . . .

Die X-Bank hat erklärt, sie werde Zahlung leisten.

Beweis: Schreiben der X-Bank an die Schiedsbeklagte vom . . . . .

Die Anforderung ist rechtsmissbräuchlich.[3] Die Schiedsklägerin hat die Maschine nach dem vorgesehenen Testlauf zu dem kaufvertraglich vereinbarten Termin abgenommen.

Beweis: Abnahmeprotokoll vom . . . . .[4]

Die unmittelbar bevorstehende Zahlung kann nur durch eine einstweilige Verfügung verhindert werden. Die X-Bank hat erklärt, dass sie eine einstweilige Verfügung des Schiedsgerichts als hinreichenden Nachweis für die Rechtsmissbräuchlichkeit der Anforderung ansehen und sodann nicht zahlen werde.

Rechtsanwalt[5]

Anmerkungen

1. Nach § 1041 ZPO kann das Schiedsgericht im Grundsatz Maßnahmen des einstweiligen Rechtsschutzes anordnen (vgl. dazu *Bandel,* Einstweiliger Rechtsschutz im Schiedsverfahren, 2000; *Schütze* BB 1998, 1650 ff.; *Thümmel* DZWir 1997, 133 ff). § 1041 Abs. 1 ZPO überlässt die Frage, ob das Schiedsgericht befugt sein soll, Arreste, einstweilige Verfügungen oder sonstige Maßnahmen des einstweiligen Rechtsschutzes zu erlassen, der Parteivereinbarung.

Die Parteien können bestimmen, dass

- allein das Schiedsgericht zum Erlass einstweiliger Maßnahmen zuständig sein soll, oder
- nur das staatliche Gericht derartige Maßnahmen anordnen oder erlassen kann, oder
- beide Wege des einstweiligen Rechtsschutzes parallel zur Verfügung stehen.

Haben die Parteien keine Bestimmung getroffen, so sind das Schiedsgericht und das ordentliche Gericht gleichermaßen zur Gewährung einstweiligen Rechtsschutzes zuständig (§ 1041 Abs. 2 ZPO). Der Antragsteller hat ein Bestimmungsrecht. Bei der Anrufung des Schiedsgerichts ist zu bedenken, dass die Entscheidung des Schiedsgerichts zur ihrer Vollziehung einer Entscheidung des OLG bedarf, was das Verfahren verlängert, so dass der Rechtsschutz häufig zu spät kommen wird. Überdies sind ex parte Entscheidungen des einstweiligen Rechtsschutzes unzulässig. Das Schiedsgericht kann nach mündlicher Verhandlung entscheiden oder das schriftliche Verfahren wählen. Im letzteren Fall ist der Antragsgegner vor der Entscheidung zu hören. Damit geht zwar der Überraschungseffekt verloren, die Anhörung des Antragsgegners ist aber aus dem Gesichtspunkt des rechtlichen Gehörs unausweichlich (vgl. Wieczorek/Schütze/*Schütze* ZPO § 1041 Rn. 26).

2. Die einstweilige Verfügung gegen den Begünstigten ist zulässig (OLG Frankfurt a. M. WPM 1974, 956; *Schütze/Edelmann,* Bankgarantien,, 148, mwN). Der Wert der einsteiligen Verfügung liegt nicht so sehr in der Vollstreckungs-, sondern der Beweisfunktion hinsichtlich der Rechtsmissbräuchlichkeit.

3. Die Bank kann die Zahlung bei rechtsmissbräuchlicher Anforderung verweigern (vgl. für Nachw. *Schütze/Edelmann,* Bankgarantien, 2. Aufl. 2011, 114 mwN). Als Rechtsmissbrauch ist insb. der Missbrauch einer formalen Rechtsstellung zu werten.

4. Die Geltendmachung des Rechtsmissbrauchs setzt dessen liquide Beweisbarkeit voraus (vgl. für Nachw. *Schütze/Edelmann,* Bankgarantien, 2. Aufl. 2011, 118 f.). Liquides Beweismittel kann ein Abnahmeprotokoll sein, dass die ordnungsgemäße Funktion der Maschine ausweist.

Kosten und Gebühren

5. Im Schiedsverfahren entstehen für das Schiedsgericht regelmäßig keine besonderen Gebühren. Für das Zulassungsverfahren der Vollstreckung bestimmt sich die Gebühr für das staatliche Gericht nach KV GKG 1626. Das Anordnungsverfahren nach § 1041 Abs. 1 ZPO gehört für den Rechtsanwalt noch zum Schiedsverfahren. Anders dagegen das Zulassungsverfahren. Schieds- und Zulassungsverfahren sind verschiedene Angelegenheiten, § 17 Nr. 6 RVG (vgl. Zöller/*Geimer* ZPO § 1041 Rn. 10).

8. Schiedsklage

An das

Schiedsgericht, bestehend aus

1. Schiedsrichter A als Obmann,

2. Schiedsrichter B

3. Schiedsrichter C

In dem Schiedsverfahren

der Firma . . . . . .

– Schiedsklägerin[2] –

Verfahrensbevollmächtigter: . . . . . .

gegen

die Firma . . . . . .

– Schiedsbeklagte –

Verfahrensbevollmächtigter: . . . . . .

wegen Schadensersatzforderung

entnehme ich dem mir am . . . . . . zugegangenen Protokoll, dass sich das Schiedsgericht konstituiert hat.[3]

Namens der Schiedsklägerin erhebe ich Schiedsklage[1] gegen die Schiedsbeklagte mit dem Antrag

die Schiedsbeklagte zur Zahlung von . . . . . . EUR nebst . . . . . . % Zinsen seit . . . . . . zu verurteilen und ihr die Kosten des Schiedsverfahrens aufzuerlegen.

Begründung[4]

Die Parteien haben am . . . . . . einen Vertrag über die Lieferung einer Offset-Druckmaschine abgeschlossen. Ziff. 27 dieses Vertrages enthält eine Schiedsvereinbarung, der die in diesem Verfahren geltend gemachten Ansprüche unterfallen.

Beweis:[5] Vorlage des Vertrags vom[6] . . . . . .

Die Maschine ist nicht zu dem vertraglich vereinbarten Termin am . . . . . ., vielmehr erst am . . . . . . geliefert worden. Die Maschine weist gravierende Mängel auf, nämlich . . . . . .

Beweis: Vorlage des Gutachtens des Sachverständigen . . . . . . vom . . . . . .

Durch die zu späte und mangelhafte Lieferung ist der Schiedsklägerin ein Schaden entstanden, der sich iE wie folgt zusammensetzt und begründet . . . . . .

Die Schiedsbeklagte hat durch Schreiben vom . . . . . . definitiv erklärt, dass sie Zahlung nicht leisten werde.

Beweis: Vorlage des Schreibens vom . . . . . .

Der Schiedsklage ist ein Vorlegungsantrag vorangegangen. Dieser ist der Schiedsbeklagten am . . . . . . zugegangen.[7]

Beweis: Zustellungsbescheinigung des . . . . . . Kurierdienstes vom . . . . . .

Nach § 1057 Abs. 1 ZPO und in Anwendung der Grundsätze der §§ 91 ff. ZPO sind die Kosten der Schiedsbeklagten aufzuerlegen.

Rechtsanwalt[9]

Anmerkungen

1. Nachdem durch den Vorlegungsantrag (→ Form. I.S. 1) das schiedsrichterliche Verfahren eingeleitet worden und Schiedshängigkeit eingetreten ist, hat der Schiedskläger innerhalb der von den Parteien vereinbarten oder – falls die Parteien eine Bestimmung versäumt haben – der vom Schiedsgericht festgesetzten Frist Schiedsklage zu erheben (§ 1046 ZPO). Versäumt der Schiedskläger die Einreichung der Schiedsklageschrift, so beendet das Schiedsgericht das Verfahren (§ 1048 Abs. 1 ZPO).

§ 1046 Abs. 1 ZPO sieht gewisse Mindesterfordernisse für den Inhalt der Schiedsklage vor, überlässt die Bestimmung aber iÜ den Parteien. Viele Schiedsvereinbarungen oder Schiedsrichterverträge (vgl. *Schütze/Tscherning/Wais*, Handbuch des Schiedsverfahrens, 2. Aufl. 1990, Rn. 579) sehen die entsprechende Anwendbarkeit des Verfahrens erster Instanz vor den Landgerichten vor. In diesen Fällen muss die Schiedsklage den Erfordernissen des § 253 ZPO entsprechen und enthalten:

- die Bezeichnung der Schiedsparteien und des Schiedsgerichts, soweit dies – wie in vorliegenden Formularen vorgesehen – bereits konstituiert ist, andernfalls die Bezeichnung des „eigenen“ Schiedsrichters;
- die Angabe des Gegenstandes und des Grundes des geltend gemachten Anspruchs, sowie einen bestimmten Antrag.

2. Die Bezeichnung der Parteien ist in § 1046 Abs. 1 ZPO zwar nicht als Mindesterfordernis aufgeführt, ergibt sich aber daraus, dass die Norm von Parteien ausgeht. Für die Bezeichnung gelten die Bestimmungen des § 253 ZPO entsprechend.

3. Die Klage kann nur in diesem Fall an das Schiedsgericht gerichtet werden, andernfalls an die andere Partei unter Bestellung des „eigenen“ Schiedsrichters.

4. Erfordernis der Schiedsklage ist nach § 1046 Abs. 1 ZPO die Darlegung des Anspruchs und der Tatsachen, auf die sich dieser Anspruch stützt.

5. Die Parteien sollen bereits mit der Schiedsklageschrift (und -beantwortung) Schriftstücke vorlegen und Beweismittel bezeichnen, auf die sie sich im Verfahren zur Begründung ihres Anspruchs (oder zur Rechtsverteidigung) berufen wollen. Die nach deutschem Recht an sich zwingende Regel ist im Rahmen der Übernahme des UNCITRAL Modellgesetzes zur Sollregel abgemildert worden, um ausländischen Parteien – insb. aus dem angelsächsischen Rechtskreis – entgegenzukommen (vgl. Begründung zu § 1046, BT-Drs. 13/5274).

6. Die Vorlage der Schiedsvereinbarung ist notwendig, um dem Schiedsgericht die Prüfung seiner Entscheidungszuständigkeit zu ermöglichen. Das Schiedsgericht hat die Befugnis, über seine Zuständigkeit zu entscheiden (Kompetenz-Kompetenz), § 1040 ZPO. Einer Vereinbarung hierüber bedarf es nicht. Die Entscheidung des Schiedsgerichts über seine Zuständigkeit ist aber nicht endgültig. Das letzte Wort hat das ordentliche Gericht, das über die Zuständigkeit des Schiedsgerichts letztlich entscheidet, bzgl. eines Zwischenentscheids nach § 1040 Abs. 3 S. 2 ZPO, bzgl. des Prozessschiedsspruchs oder des Schiedsspruchs im Aufhebungsverfahren nach § 1059 (BGH SchiedsVZ 2005, 95). Diese Nachprüfungsbefugnis des ordentlichen Gerichts kann von den Parteien nicht abbedungen werden (BGH SchiedsVZ 2005, 95; *Schütze/Thümmel* Schiedsgericht § 5 Rn. 116).

7. Mit Zugang des Vorlegungsantrags trittt Schiedshängigkeit ein, die den Anspruch auf Prozesszinsen in Lauf setzt (vgl. *Lachmann* Rn 763; Wieczorek/Schütze/*Schütze* § 1044 Rn. 19).

8. Haben die Parteien die entsprechende Anwendung der Regeln des Verfahrens 1. Instanz vor den Landgerichten vereinbart, so bestimmt sich die Kostentragungspflicht nach §§ 91 ff. ZPO. Ist keine Regelung getroffen, so überlässt § 1057 Abs. 1 ZPO die Kostenverteilung dem Ermessen des Schiedsgerichts, das allerdings die Umstände des Einzelfalls und den Ausgang des Verfahrens berücksichtigen soll (vgl. dazu *Schwab/Walter* Kap. 33 Rn. 1). Es widerspricht aber der prozessualen Gerechtigkeit und erscheint unerträglich, wenn die obsiegende Partei irgendwelche Kosten tragen soll. Die Verteilung der Kosten nach dem Grad des Obsiegens und Unterliegens entspricht auch dem materiellen Recht (vgl. *Maier,* Handbuch der Schiedsgerichtsbarkeit, 1979, Rn. 509)

Kosten und Gebühren

9. Die Honorare des Schiedsgerichts und die Auslagenerstattung bestimmen sich nach der Parteivereinbarung. Eine Regelung wird regelmäßig im Schiedsrichtervertrag getroffen. Die institutionellen Schiedsgerichte haben – häufig streitwertabhängige – Gebührenordnungen (vgl. dazu *Schütze,* Institutionelle Schiedsgerichtsbarkeit, 3. Aufl. 2018). Die Gebühren des Rechtsanwalts bestimmen sich ebenfalls nach der Parteivereinbarung. International sind Zeithonorare üblich.

9. Schiedsklagebeantwortung und -widerklage

An das
Schiedsgericht, bestehend aus
1. Schiedsrichter A als Obmann,
2. Schiedsrichter B
3. Schiedsrichter C

In dem Schiedsverfahren

der Firma . . . . .
– Schiedsklägerin[2] und -widerbeklagte, –
Verfahrensbevollmächtigter: . . . . .

gegen

die Firma . . . . .
– Schiedsbeklagte und -widerklägerin –
Verfahrensbevollmächtigter: . . . . .
wegen Schadensersatzforderung.
Namens der Schiedsbeklagten beantrage ich[1, 2, 3]
1. die Schiedsklage abzuweisen,
2. der Schiedsklägerin die Kosten aufzuerlegen.[5]
Zugleich erhebe ich namens der Schiedsbeklagten

Schiedswiderklage

gegen die Schiedsklägerin und beantrage[4]
1. die Schiedsklägerin zu verurteilen, die Garantieurkunde . . . . . der X-Bank an die Schiedsbeklagte herauszugeben,
2. der Schiedsklägerin auch die Kosten der Schiedswiderklage aufzuerlegen[5]

Begründung

1. Zur Schiedsklage[6]

Die Wirksamkeit der Schiedsvereinbarung wird nicht bestritten.

Die Schiedsklägerin macht in diesem Schiedsverfahren Schadensersatzansprüche wegen verspäteter und mangelhafter Lieferung einer Offset-Druckmaschine geltend.

Die Schiedsklägerin hat die Maschine nach dem vorgesehenen Testlauf zu dem kaufvertraglich vereinbarten Termin abgenommen und deren Mangelfreiheit bestätigt.

Beweis: Abnahmeprotokoll vom .....

Die Lieferung der Offset-Druckmaschine erfolgte zwar nicht zu dem ursprünglich vertraglich vorgesehenen Termin am ..... Die Parteien haben aber am ..... einen neuen Termin vereinbart, zu dem die Lieferung auch erfolgt ist.

Beweis: 1. Gesprächsprotokoll vom .....
2. Zeugnis des .....

2. Zur Schiedswiderklage

Zur Absicherung von Schadensersatz- und Gewährleistungsansprüchen aus diesem Geschäft hat die X-Bank im Auftrag der Schiedsbeklagten eine Garantie auf erstes Anfordern zugunsten der Schiedsklägerin iHv ..... EUR ausgelegt.

Beweis: Vorlage der Garantieurkunde Nr. ..... der X-Bank vom .....

Die Schiedsklägerin hat die X-Bank mit Schreiben vom ..... zur Zahlung von ..... EUR unter der Garantie aufgefordert.

Beweis: Vorlage des Schreibens der Schiedsklägerin an die X-Bank vom .....

Da die in der Schiedsklage geltend gemachten Ansprüche nicht bestehen, ist die Schiedsklägerin verpflichtet, die Garantieurkunde herauszugeben.[7] Sie weigert sich, dies zu tun, zuletzt im Schreiben vom .....

Beweis: Schreiben der Schiedsklägerin an die Schiedsbeklagte vom .....

Der Anspruch auf Rückgabe der Garantie unterfällt der Schiedsvereinbarung, da die Garantie in Erfüllung der Vertrages vom ..... gestellt worden ist und Ziff. 27 des Vertrages, der die Schiedsvereinbarung enthält, auch für den Rückgabeanspruch der Garantieurkunde gilt.

Rechtsanwalt[8]

Anmerkungen

1. Der Schiedsbeklagte hat binnen der von den Parteien vereinbarten oder bei Fehlen einer solchen Vereinbarung binnen der vom Schiedsgericht gesetzten Frist auf die Schiedsklage zu erwidern. Will der Schiedsbeklagte die Wirksamkeit der Schiedsvereinbarung oder das Unterfallen des Anspruchs unter die Schiedsvereinbarung und damit die Zuständigkeit des Schiedsgerichts bestreiten, so darf er sich nicht rügelos einlassen. Er muss seine Einwendungen in der Schiedsklagebeantwortung vorbringen. Ein Formmangel der Schiedsvereinbarung wird nach § 1031 Abs. 6 ZPO geheilt, eine Einlassung kann zum stillschweigenden Abschluss einer Schiedsvereinbarung führen.

2. Die Erhebung einer Schiedswiderklage ist im Schiedsverfahren zulässig (vgl. dazu *Schütze* FS Kargados, 2004, 1009 ff.; *Stolzke,* Aufrechnung und Widerklage in der Schiedsgerichtsbarkeit, 2006). Nach § 1046 Abs. 3 ZPO sind die Grundsätze für die Schiedsklage und die Schiedsklagebeantwortung auf die Schiedswiderklage anwendbar.

Erfordernis der Schiedswiderklage sind (vgl. iE Wieczorek/Schütze/*Schütze* ZPO § 1046 Rn. 46 ff.):

- der schiedswiderklagend geltend gemachte Anspruch muss derselben Schiedsvereinbarung unterliegen, der auch der mit der Schiedsklage geltend gemachte Anspruch unterliegt. Es genügt nicht, dass die Parteien für den schiedswiderklagend geltend gemachten Anspruch eine andere Schiedsvereinbarung abgeschlossen haben (vgl. *Schwab/Walter* Kap. 16 Rn. 31; Wieczorek/Schütze/*Schütze* § 1046 Rn. 47).
- Es muss ein rechtlicher Zusammenhang zwischen Schiedsklage und -widerklage gegeben sein (§ 33 Abs. 1 ZPO analog).
- Problematisch mag sein, ob die Schiedswiderklage der Zustimmung des Schiedsgerichts bedarf, was nach deutschen Recht überwiegend verneint wird (vgl. *Schütze/Thümmel* Schiedsgericht § 14 Rn. 29; *Schwab/Walter* Kap. 16 Rn. 31; Stein/Jonas/*Schlosser*, ZPO, 23. Aufl. 2014, § 1046 Rn. 8; Zöller/*Geimer* ZPO § 1046 Rn. 5).

3. Der Schiedsbeklagte muss – dies ist ungeschriebene Voraussetzung des § 1046 Abs. 1 ZPO – einen bestimmten Antrag stellen (Schiedsklageabweisung, Anerkenntnis pp.).

4. Für die Erhebung der Schiedswiderklage und den Antrag gelten die Grundsätze des § 1046 Abs. 1 ZPO entsprechend (§ 1046 Abs. 3 ZPO), → Form. I.S. 8 Anm. 1 ff.

5. → Form. I.S. 8 Anm. 7.

6. § 1046 Abs. 1 ZPO bestimmt, dass der Schiedsbeklagte zur Schiedsklage Stellung nehmen, Beweis durch Vorlage von Schriftstücken antreten und sonstige Beweismittel bezeichnen muss, die er zu seiner Rechtsverteidigung nutzen will. Generell gilt, dass die Verteidigungsmittel vollständig geltend zu machen sind.

7. Vgl. für den Rückgabeanspruch der Garantieurkunde nach Erlöschen der Garantieverpflichtung *Schütze* WPM 1982, 1398 ff.

Kosten und Gebühren

8. Es gilt das in → Form. I.S. 8 Ausgeführte.

10. Klage im Urkundsprozess auf Zahlung eines Vorschusses

An das
Landgericht[2]
. . . . .

In Sachen

der Firma . . . . .
. . . . .
Klägerin,
Prozessbevollmächtigter . . . . .

gegen

die Firma . . . . .
Beklagte,
Prozessbevollmächtigter . . . . .
wegen Zahlung eines Vorschusses im Schiedsverfahren
erhebe ich namens der Klägerin

Klage im Urkundsprozess[1, 3]

und werde beantragen,

1. **die Beklagte zu verurteilen, an das Schiedsgericht, bestehend aus dem Schiedsrichter A als Obmann und den Schiedsrichtern B und C 27.000 EUR auf das Konto des Obmanns bei der X-Bank, Konto-Nr. . . . . . zu zahlen,**
2. **der Beklagten die Kosten des Verfahrens aufzuerlegen.**

Begründung

Zwischen den Parteien ist ein Schiedsverfahren über Schadensersatzansprüche wegen der verspäteten und mangelhaften Lieferung einer Offset-Druckmaschine aufgrund einer Schiedsvereinbarung in Ziff. 27 des Vertrages vom . . . . .

Beweis: Vorlage des Vertrages vom . . . . .

vor dem Schiedsgericht bestehend aus dem Schiedsrichter A als Obmann und den Schiedsrichtern B und C anhängig. Durch Prozessverfügung Nr. . . . . . vom . . . . . hat das Schiedsgericht von jeder Partei einen Vorschuss auf Gebühren und Auslagen iHv 27.000 EUR gefordert und für die Einzahlung eine Frist bis zum . . . . . gesetzt.

Beweis: Vorlage der Prozessverfügung Nr. . . . . .

Die Klägerin hat den auf sie entfallenden Teil des Vorschusses fristgemäß erbracht. Die Beklagte hat nicht gezahlt.

Das Schiedsgericht hat seine Tätigkeit in der vorerwähnten Prozessverfügung von der vollen Einzahlung des Vorschusses abhängig gemacht.[4]

Beweis: Vorlage der Prozessverfügung Nr. . . . . .

Wenn der volle Vorschuss nicht gezahlt wird droht eine Beendigung des Schiedsverfahrens wegen Nichtbetreibens durch die Parteien.[5]

Rechtsanwalt[6]

Anmerkungen

1. Die Parteien sind verpflichtet, Honorare, Gebühren und Auslagen sowie Vorschüsse hierauf fristgerecht an den/die Schiedsrichter zu zahlen. Diese Verpflichtung ergibt sich nicht nur aus dem Verhältnis Parteien/Schiedsrichter, dh aus dem Schiedsrichtervertrag, sondern unmittelbar aus der Schiedsvereinbarung zwischen den Parteien. Der Vergütungsvorschuss ist nach allgemeiner Ansicht gewohnheitsrechtlich feststehend (vgl. *Breetzke* NJW 1968, 1113 f.; *Schütze/Thümmel* Schiedsgericht § 1 Rn. 120).

Der Schiedsbeklagte versucht häufig, seiner Verpflichtung zur Vorschusszahlung zu entgehen, indem er keine Zahlung leistet. Das Schiedsgericht wird in diesen Fällen nicht seinerseits vor den ordentlichen Gerichten klagen, vielmehr dem Schiedskläger die Möglichkeit geben, für den Schiedsbeklagten in Vorlage zu treten. Dieser ist zuweilen nicht in der Lage, den weiteren Vorschuss zu zahlen, im übrigen hat dies für ihn das Risiko, dass er im Falle des Obsiegens, zwar einen Anspruch gegen den Schiedsbeklagten auf Kostenerstattung und gegen das Schiedsgericht auf Auskehrung des nicht verbrauchten Vorschusses haben mag, im Falle des Vermögensverfalls des Schiedsbeklagten zu dem Zeitpunkt aber vielleicht keine Chance auf Realisierung des Kostenerstattungsanspruchs besteht. Es ist deshalb angezeigt, den Schiedsbeklagten auf Zahlung des Vorschusses zu verklagen, was allerdings Zeit kostet.

2. Da keiner der Fälle des § 1062 ZPO gegeben ist besteht keine Zuständigkeit des OLG. Es gelten die allgemeinen Zuständigkeitsregeln.

3. Da der Schiedskläger mit der Schiedsvereinbarung und der Vorschussanforderung des Schiedsgerichts seinen Anspruch urkundlich beweisen kann, ist die Geltendmachung im Urkundsprozess angezeigt.

4. Das Schiedsgericht kann seine Tätigkeit von der vollen Zahlung der Vorschüsse abhängig machen. Probleme ergeben sich in der Praxis, wenn der Schiedsbeklagte eine Schiedswiderklage mit hohem Streitwert erhebt, um den Schiedskläger zur Erlegung weiterer Vorschüsse zu zwingen, während er selbst seinen Vorschussanteil nicht einzahlt. In diesem Fall ist das Schiedsgericht berechtigt, Schiedsklage und -widerklage zu trennen und nur über die Schiedsklage zu verhandeln (vgl. zur Praxis der ICC *Mack*, Getrennte Kostenvorschüsse für Klage und Widerklage im ICC Schiedsverfahren, SchiedsVZ 2006, 36 ff.). Zweckmäßig ist auch in diesem Fall, den Schiedsbeklagten zur Vorschusszahlung im Wege einer Urkundsklage zu zwingen.

5. Das Schiedsgericht kann das Schiedsverfahren nach § 1056 Abs. 2 Nr. 3 ZPO bei Nichtbetreiben des Schiedsverfahrens trotz Aufforderung des Schiedsgerichts durch Beschluss für beendet erklären. Hierunter sind auch die Fälle zu fassen, in denen die Parteien die Vorschüsse nicht zahlen (vgl. *Lachmann* Schiedsgerichtspraxis-HdB Rn. 1861; *Schütze/Thümmel* Schiedsgericht § 13 Rn. 7).

Kosten und Gebühren

6. Die Gerichtskosten bestimmen sich nach KV 1210 GKG, die Gebühren des Rechtsanwalts nach VV 3100 RVG wie im ordentlichen Prozess. Für das Nachverfahren → Form. I.Q.1 Anm. 11.

11. Antrag auf eidliche Vernehmung eines Zeugen im Schiedsverfahren

An das
Amtsgericht[2] . . . . .
In dem Schiedsverfahren
der Firma . . . . .
– Schiedsklägerin –
Verfahrensbevollmächtigter . . . . .
gegen
die Firma . . . . .
– Schiedsbeklagte –
Verfahrensbevollmächtigter . . . . .
beantrage ich namens der Schiedsklägerin
den Maschineningenieur . . . . . (ladungsfähige Anschrift) als Zeuge zu laden und zu der Behauptung des Schiedsbeklagten . . . . . zu vernehmen und den Zeugen zu vereidigen.[1]

Begründung

Die Schiedsparteien führen vor dem Schiedsgericht bestehend aus dem Schiedsrichter A als Vorsitzenden und den Schiedsrichtern B und C einen Rechtsstreit über Schadensersatzansprüche im Zusammenhang mit der Lieferung einer Offset-Druckmaschine. Die Schiedsbeklagte macht zu ihrer Rechtsverteidigung im Hinblick auf den von der Schiedsklägerin verlangten Verspätungsschaden geltend, der vertraglich vereinbarte Terminplan sei in einer mündlichen Vereinbarung zwischen dem Maschineningenieur . . . . . und dem Prokuristen . . . . . dahin geändert worden, dass die Offset-Druckmaschine erst am . . . . . geliefert und am . . . . . in Betrieb genommen werden sollte.[3]

Das Schiedsgericht hat am ..... beschlossen, den Maschineningenieur ..... als Zeugen eidlich zu vernehmen.[4]

Beweis: Vorlage des Beschlusses vom .....

Der Zeuge hat schriftlich gegenüber dem Schiedsgericht erklärt, dass er nicht erscheinen und aussagen werde.

Beweis: Vorlage des Schreibens vom .....

Ein Hinderungsgrund nach § 393 ZPO liegt nicht vor.

Durch den vorerwähnten Beschluss hat das Schiedsgericht die Schiedsbeklagte ermächtigt, die eidliche Vernehmung des Zeugen durch das angerufene Gericht herbeizuführen.[5]

Rechtsanwalt[6]

Anmerkungen

1. Das Schiedsgericht ist befugt, Zeugen zu laden. Gelingt es der beweisbelasteten Partei nicht, den Zeugen zu stellen (was in der Praxis häufig der Fall ist, wenn dieser zwischenzeitlich aus ihren Diensten ausgeschieden ist) oder weigert sich ein Zeuge zu erscheinen oder auszusagen, so bleibt nur der Weg über § 1050 ZPO. Das Schiedsgericht oder – mit Zustimmung des Schiedsgerichts – die beweisbelastete Partei kann bei Gericht beantragen, den Zeugen zu laden, zu vernehmen und – ggf. – zu beeidigen (vgl. zu den Hilfsfunktionen des ordentlichen Gerichts im Schiedsverfahren *Harbst,* Die Rolle der staatlichen Gerichte im Schiedsverfahren, 2002; *Schütze,* Die Rolle der staatlichen Gerichte in der Schiedsgerichtsbarkeit und die Anerkennung und Vollstreckbarerklärung US-amerikanischer Schiedssprüche in Deutschland, DIS-MAT XII, 2005, 85 ff.).

2. Zuständig ist nach § 1050 ZPO iVm § 1062 Abs. 4 ZPO das Amtsgericht, in dessen Sprengel die richterliche Handlung vorzunehmen ist.

3. Der Sachverhalt ist so darzulegen, dass das Gericht die Vernehmung sachgerecht durchführen kann.

4. Ein Beschluss des Schiedsgerichts ist nicht notwendig. Es genügt, dass das Schiedsgericht die Zustimmung zum Antrag einer Partei auf Durchführung richterlicher Handlungen nach § 1050 ZPO erteilt. Um die Zustimmung in dem amtsgerichtlichen Verfahren nachzuweisen, ist es aber zweckmäßig – und üblich – die Beweismaßnahme förmlich zu beschließen und die Partei zu ermächtigen, den Antrag nach § 1050 ZPO zu stellen, wenn das Schiedsgericht dies nicht selbst tun mag.

5. Überlässt das Schiedsgericht der Partei die Anrufung des Gerichts, so sollte es im Interesse eines zügigen Fortgangs des Verfahrens hierfür eine Frist setzen. Da die Partei auf die Durchführung des Verfahrens nur im Hinblick auf die Antragstellung Einfluss hat, kann die Fristsetzung nur auf die Einbringung des Antrags gehen. Die Partei ist nicht frei in der Bestimmung, welche Zeugen zu welchen Beweisthemen durch das staatliche Gericht zu vernehmen sind. Die nach § 1050 ZPO notwendige Zustimmung bezieht sich nicht nur auf den Antrag generell, sondern auch seinen Inhalt. Die Zustimmung hängt davon ab, ob das Schiedsgericht die richterliche Handlung „für erforderlich erachtet". Diese Voraussetzung des § 1036 Abs. 1 aF ZPO ist zwar nicht in das SchiedsVfG übernommen worden, aber auch nach § 1050 ZPO selbstverständlich.

Kosten und Gebühren

6. Die Gerichtskosten bestimmen sich nach KV 1625 GKG, für die Vergütung des Rechtsanwalts kommen VV 3327 RVG, 3332 zur Anwendung. Das Schiedsverfahren und das Verfahren nach § 1050 ZPO sind dieselbe Angelegenheit, RVG § 16 Nr. 8.

12. Antrag der Schiedsparteien auf Erlass eines Schiedsspruchs mit vereinbartem Wortlaut

An das
Schiedsgericht, bestehend aus
1. Schiedsrichter A als Obmann,
2. Schiedsrichter B
3. Schiedsrichter C

In dem Schiedsverfahren

der Firma . . . . .
– Schiedsklägerin und -widerbeklagte, –
Verfahrensbevollmächtigter: . . . . .

gegen

die Firma . . . . .
– Schiedsbeklagte und -widerklägerin –
Verfahrensbevollmächtigter: . . . . .
beantragen[2] die Parteien den Erlass[3] eines

Schiedsspruchs mit vereinbartem Wortlaut[1, 4]

folgenden Inhalts:[5]

1. **Die Schiedsbeklagte zahlt an die Schiedsklägerin . . . . . EUR bis zum . . . . . Bei nicht termingerechter Zahlung ist der Betrag von diesem Zeitpunkt mit 10 % p. a. zu verzinsen.**
2. **Die Schiedsklägerin verzichtet auf jegliche Gewährleistungsrechte aus der Lieferung der Offset-Druckmaschine nach dem Kaufvertrag vom . . . . .**
3. **Die Kosten des Schiedsverfahrens tragen die Schiedsparteien je zur Hälfte. Jede Partei trägt ihre eigenen Kosten.**
4. **Damit sind alle streitgegenständlichen Ansprüche der Schiedsparteien erledigt.**

Begründung

Die Schiedsparteien haben sich am . . . . . über alle mit Schiedsklage und Schiedswiderklage geltend gemachten Ansprüche mit dem im Antrag formulierten Inhalt verglichen.[6] Eine Widerrufsmöglichkeit ist nicht vereinbart.[7]
Rechtsanwalt[8]

Anmerkungen

1. Der Reform 1997 ist der Schiedsvergleich zum Opfer gefallen. An seine Stelle ist der Schiedsspruch mit vereinbartem Wortlaut getreten (§ 1043 ZPO) (vgl. dazu *Mankowski* ZZP 114 (2001), 37 ff.; *Schütze* FS Lorenz II, 2001, 275 ff.; *Spohnheimer* FS Kaissis, 2012, 933 ff.), der in vielen Rechten seiner Funktion nach dem Schiedsvergleich ent-

spricht (award by consent) (vgl. *Berger,* Internationale Wirtschaftsschiedsgerichtsbarkeit, 1992, 405 ff.).

Der Schiedsspruch mit vereinbartem Wortlaut ist ein Schiedsspruch. Der zugrunde liegende Vergleich beeinflusst seine Rechtsnatur nicht.

2. Der Erlass eine Schiedsspruchs mit vereinbartem Wortlaut erfordert einen Antrag beider Parteien. Dieser ist Prozesserklärung und kann nicht ohne Zustimmung der anderen Partei zurückgenommen werden (vgl. *SchützeThümmel* Schiedsgericht § 13 Rn. 52). Der Antrag bedarf keiner Form. Er kann – das ist die Regel – zu Protokoll des Schiedsgerichts gestellt werden. Das setzt aber voraus, dass der Vergleich in der Schiedsverhandlung zustande kommt. Vergleichen sich die Parteien außerhalb der Schiedsverhandlung, dann empfiehlt sich der Weg über einen gemeinsamen Antrag.

3. Weigert sich das Schiedsgericht, einen Schiedsspruch mit vereinbartem Wortlaut antragsgemäß zu erlassen, so bleiben den Parteien drei Wege (vgl. *Schütze* FS Lorenz II, 2001, 275 ff. (279 ff.)).

- Der Schiedskläger kann die Schiedsklage (und der Schiedswiderkläger die -widerklage) zurücknehmen und neu bei einem anderen Schiedsgericht einreichen, was aber zu doppelten Kosten führt.
- Die Parteien können einen Anwaltsvergleich abschließen und damit einen Vollstreckungstitel nach § 794 Abs. 1 Nr. 4 ZPO erhalten und das Schiedsgericht so zwingen, das Verfahren durch Beschluss einzustellen.
- Schließlich können die Parteien nach § 1038 ZPO verfahren und die Beendigung des Amts des oder der Schiedsrichter vereinbaren.

4. Der Schiedsspruch mit vereinbartem Wortlaut muss als Schiedsspruch bezeichnet werden (§ 1053 Abs. 2 ZPO).

5. Das Schiedsgericht erlässt den Schiedsspruch nach Prüfung der Erfordernisse. Es hat kein Ermessen, ist vielmehr zu seinem Erlass verpflichtet, wenn die Voraussetzungen erfüllt sind. Dazu gehört insb., dass ein Vergleich abgeschlossen worden ist, der nicht ordre public widrig ist. Allerdings muss das Schiedsgericht keinen widersinnigen oder sprachlich unverständlichen Schiedsspruch mit vereinbartem Wortlaut erlassen. Es hat das Recht und die Pflicht zur Formulierungshilfe (vgl. Wieczorek/Schütze/*Schütze* ZPO § 1053 Rn. 16).

6. Der Erlass eines Schiedsspruchs mit vereinbartem Wortlaut setzt den Abschluss eines Vergleichs voraus, der allerdings nicht die Erfordernisse des § 779 BGB erfüllen muss (vgl. *Schütze* FS Lorenz II, 2001, 275 ff. (277); aA *Henn,* Schiedsverfahrensrecht, 3. Aufl. 2000, Rn. 396). Der Schiedsspruch darf nicht gegen den ordre public verstoßen, § 1053 Abs. 1 S. 2 ZPO. Vereinbaren die Parteien in dem Vergleich bspw. die Einhaltung kartellrechtlich unzulässiger Gebietsabsprachen, so darf ein Schiedsspruch mit vereinbartem Wortlaut nicht erlassen werden.

7. Schließen die Parteien einen widerruflichen Vergleich, so kann der Antrag schon im Zeitpunkt des Vergleichsabschlusses gestellt werden. Der Schiedsspruch mit vereinbartem Wortlaut wird dann erst nach Ablauf der Widerrufsfrist erlassen (vgl. Zöller/*Geimer* ZPO § 1053 Rn. 3).

Kosten und Gebühren

8. Für das Schiedsgericht und den Rechtsanwalt entstehen keine besonderen Gebühren. UU kommt jedoch für die Rechtsanwälte eine Einigungsgebühr nach VV 1000 RVG in Betracht.

13. Antrag auf Vollstreckbarerklärung eines Schiedsspruchs

An das
Oberlandesgericht[2]
. . . . .

In Sachen

der Firma . . . . .
. . . . .
Antragstellerin,
Prozessbevollmächtigter . . . . .

gegen

die Firma . . . . .
Antragsgegnerin,
Prozessbevollmächtigter . . . . .
wegen Vollstreckbarerklärung eines inländischen Schiedsspruchs[1]
beantrage[3] ich namens der Antragstellerin

1. **den in dem Schiedsverfahren zwischen den Parteien durch das Schiedsgericht bestehend aus dem Schiedsrichter A als Vorsitzenden und den Schiedsrichtern B und C am . . . . . ergangenen und den Parteien am . . . . . übersandten Schiedsspruch, durch den die Antragsgegnerin zur Zahlung von . . . . . EUR, Zinsen iHv 10 % seit dem . . . . . und Kosten iHv . . . . . EUR verurteilt worden ist, für vollstreckbar zu erklären,**
2. **den Beschluss für vorläufig vollstreckbar zu erklären,[4]**
3. **der Antragsgegnerin die Kosten des Verfahrens aufzuerlegen.[5]**

Begründung

In einem Schiedsverfahren zwischen den Parteien aufgrund einer Schiedsvereinbarung vom . . . . .[6]

Beweis: Vorlage der Schiedsvereinbarung vom . . . . .

hat das Schiedsgericht bestehend aus dem Schiedsrichter A als Vorsitzendem und den Schiedsrichtern B und C am . . . . . einen Schiedsspruch erlassen, durch den die Antragsgegnerin zur Zahlung von . . . . . EUR nebst 10 % Zinsen seit dem . . . . . sowie Zahlung von Kosten iHv . . . . . EUR verurteilt worden ist. Der Schiedsspruch ist den Parteien am . . . . . übersandt worden.[7]

Beweis: Vorlage des Schiedsspruchs vom . . . . . nebst Postbescheinigung über den Zugang[8]

Die Antragstellerin hat trotz Zahlungsaufforderung vom . . . . . nicht gezahlt.[9]
Aufhebungsgründe liegen nicht vor.[10]
Rechtsanwalt[11, 12]

Anmerkungen

1. Schiedssprüche bedürfen zu ihrer zwangsweisen Durchsetzung der Vollstreckbarerklärung (vgl. dazu *Borges* ZZP 111 (1998), 487 ff.). Das gilt sowohl für inländische (§ 1060 ZPO) als auch ausländische Schiedssprüche (§ 1061 ZPO; → Form. I.U.26). Der Vollstreckbarerklärung zugänglich sind nicht nur Schiedssprüche auf Leistung, sondern unabhängig von dem vollstreckungsfähigen Inhalt des Schiedsspruchs (BGH BB 1960, 302; SchiedsVZ 2006, 278 mAnm *Wolff/Falk*), auch klagabweisende (BGH BB 1960,

302; JZ 1962, 287), feststellende (BGH JZ 1962; NJW 1987, 651) und gestaltende (vgl. *Schwab/Walter* Kap. 26 Rn. 7; *SchützeThümmel* Schiedsgericht § 15 Rn. 4) Schiedssprüche, obwohl § 1060 Abs. 1 ZPO nur die Zwangsvollstreckung von der Vollstreckbarerklärung abhängig macht. Sinn der Vollstreckbarerklärung ist aber auch die rechtskräftige Feststellung der Bestandskraft des Schiedsspruchs (BGH SchiedsVZ 2006, 278; *Schütze/Thümmel* Schiedsgericht § 15 Rn. 4). Nicht der Vollstreckbarerklärung zugänglich sind Schiedssprüche, die den Rechtsstreit nicht endgültig erledigen (vgl. *Sieg* JZ 1959, 752 ff.), also Zwischenschiedssprüche über die Zulässigkeit (vgl. RGZ 52, 283), Vorbehaltsschiedssprüche (soweit man diese für zulässig hält) etc

2. Zuständig ist das OLG, das in der Schiedsvereinbarung bezeichnet ist, in Ermangelung einer entsprechenden Parteivereinbarung das OLG, in dessen Bezirk der Ort des schiedsrichterlichen Verfahrens liegt, § 1062 Abs. 1 Nr. 4 ZPO. Fehlt ein deutscher Schiedsort, so kommt Abs. 2 zur Anwendung.

3. Das Verfahren wird durch Antrag der wenigstens teilweise siegreichen Partei eingeleitet. Der Antrag ist nicht fristgebunden. Der Antrag kann auch zu Protokoll der Geschäftsstelle gestellt werden, § 1063 Abs. 4 ZPO.

4. Der Beschluss auf Vollstreckbarerklärung ist für vorläufig vollstreckbar zu erklären, § 1064 Abs. 2 ZPO.

5. Für die Kostenentscheidung gelten §§ 91 ff. ZPO. → Anm. 9

6. Erfordernis der Vollstreckbarerklärung ist die Wirksamkeit der zugrunde liegenden Schiedsvereinbarung, § 1060 Abs. 2 S. 1 ZPO iVm § 1059 Abs. 2 Nr. 1 lit. a ZPO. Die Gültigkeit der Schiedsvereinbarung unterliegt der Prüfung durch das OLG, ohne dass dieses an die Entscheidung des Schiedsgerichts gebunden wäre (BGH BGHZ 68, 356; *Schwab/Walter* Kap. 24 Rn. 9). Die Vorlage der Schiedsvereinbarung ist deshalb notwendig. Dabei ist allerdings zu beachten, dass die rügelose Einlassung im Schiedsverfahren Formmängel der Schiedsvereinbarung heilt, § 1031 Abs. 6 ZPO. Die Berufung auf die mangelnde Schiedsvereinbarung kann gegen Treu und Glauben verstoßen, wenn die sich hierauf berufende Partei das Schiedsverfahren veranlasst hat (BGH WPM 1987, 1084).

7. Der Schiedsspruch ist schriftlich abzusetzen und durch den oder die Schiedsrichter zu unterschreiben, § 1054 Abs. 1 ZPO. Der Schiedsspruch ist zu datieren unter Angabe des Datums seines Erlasses, § 1054 Abs. 3 ZPO. Der Schiedsspruch gilt an diesem Tag und diesem Ort erlassen. Hierbei handelt es sich um eine widerlegbare Vermutung (vgl. Wieczorek/Schütze/*Schütze* ZPO § 1054 Rn. 32). Ein Exemplar des von den Schiedsrichtern unterschriebenen Schiedsspruchs ist den Parteien zu übersenden, § 1054 Abs. 4 ZPO. Es empfiehlt sich, die Übersendung durch Einschreiben mit Rückschein zu bewirken, um den Zugang nachweisen zu können.

8. Mit dem Antrag auf Vollstreckbarerklärung ist der Schiedsspruch oder eine beglaubigte Abschrift (auch durch den bevollmächtigten Rechtsanwalt) vorzulegen, § 1064 Abs. 1 ZPO.

9. Es ist streitig, ob die Kostentragung durch den unterlegenen Antragsgegner eine vorherige Zahlungsaufforderung voraussetzt. Das OLG München verneint dies zu Recht. Denn erst die Vollstreckbarerklärung schafft für den Antragsgegner einen bestandskräftigen Titel (OLG München SchiedsVZ 2007, 164; 2008, 151; Zöller/*Geimer* ZPO § 1060 Rn. 4, jedoch str.). Bei der unsicheren Rechtslage empfiehlt es sich, den Spruchschuldner zunächst unter kurzer Fristsetzung zur Zahlung aufzufordern.

10. Nach § 1060 Abs. 2 ZPO ist Erfordernis der Vollstreckbarerklärung das Fehlen von Aufhebungsgründen nach § 1059 Abs. 2 ZPO (→ Form. I.S.15 Anm. 8). Aufhebungsgründe sind jedoch nicht zu berücksichtigen, soweit im Zeitpunkt der Zustellung des Antrags auf Vollstreckbarerklärung ein auf sie gestützter Aufhebungsantrag bereits rechtskräftig abgewiesen ist. Aufhebungsgründe sind auch dann nicht zu berücksichtigen, wenn die Frist für ihre gerichtliche Geltendmachung nach § 1059 Abs. 3 ZPO verstrichen ist, § 1060 Abs. 2 S. 2 und 3 ZPO.

11. Da der Antrag auf Vollstreckbarerklärung auch zu Protokoll der Geschäftsstelle erklärt werden kann (§ 1063 Abs. 4 ZPO), unterliegt das Verfahren nicht dem Anwaltszwang bis zur Anordnung einer mündlichen Verhandlung.

Kosten und Gebühren

12. Die Gerichtskosten bestimmen sich nach KV 1620 GKG. Für die Gebühren des Rechtsanwalts gelten – trotz der OLG-Zuständigkeit – die Regelgebühren von VV 3100 ff. RVG (vgl. Zöller/*Geimer* ZPO § 1059 Rn. 93).

14. Antrag auf Zurückweisung der Vollstreckbarkeitserklärung eines Schiedsspruchs und Hilfsantrag auf Aufhebung desselben

An das
Oberlandesgericht
. . . . .

In Sachen

der Firma . . . . .
. . . . . des in dem Schiedsverfahren
Antragstellerin,
Prozessbevollmächtigter . . . . .

gegen

die Firma . . . . .
Antragsgegnerin
Prozessbevollmächtigter . . . . .
wegen Vollstreckbarerklärung eines inländischen Schiedsspruchs
beantrage ich namens der Antragsgegnerin

1. den Antrag auf Vollstreckbarerklärung des in dem Schiedsverfahren zwischen den Parteien durch das Schiedsgericht bestehend aus dem Schiedsrichter A als Vorsitzendem und den Schiedsrichtern B und C am . . . . . .ergangenen und den Parteien am . . . . . .übersandten Schiedsspruch, durch den die Antragsgegnerin zur Zahlung von . . . . . EUR zuzüglich Zinsen iHv . . . . . % seit dem . . . . . und Kosten iHv . . . . . EUR verurteilt worden ist, zurückzuweisen,

2. den Rechtsstreit an das sub 1 genannte Schiedsgericht zurückzuverweisen,[2]

3. hilfsweise: den sub 1 näher bezeichneten Schiedsspruch aufzuheben.[1]

4. der Antragstellerin die Kosten des Verfahrens aufzuerlegen.

Begründung

In dem Schiedsverfahren, das zu dem Schiedsspruch geführt hat, für den die Antragstellerin die Vollstreckbarerklärung begehrt, ist der Antragsgegnerin zu einem streitentscheidenden Umstand das rechtliche Gehör nicht gewährt worden. Der Schiedsspruch beruht darauf, dass die Behauptung der Antragstellerin in einem Schriftsatz vom . . . . .,

wonach die Antragsgegnerin am ..... durch ihren Prokuristen .... .erklärt habe, die folgenden Druckmaschinenteile:

.....,

.....,

.....,

seien mangelhaft, unstreitig sei. Dieser Schriftsatz ist der Antragsgegnerin nie zugegangen. Der Vorsitzende des Schiedsgerichts, der Schiedsrichter A., hat dazu erklärt, sein Büro habe die Weiterleitung des Schriftsatzes versäumt.

Beweis: Zeugnis des Schiedsrichters A

Die Antragsgegnerin hätte diese Behauptung bestritten und Beweis durch Zeugnis des Prokuristen P. angeboten, dass dieser eine solche Erklärung nie abgegeben habe.

Die Antragsgegnerin hat von dem Sachverhalt erst durch den Schiedsspruch erfahren.

Angesichts des schwebenden Verfahrens auf Vollstreckbarerklärung fehlt für einen Aufhebungsantrag nach § 1059 ZPO das Rechtsschutzinteresse. Da die Geltendmachung von Aufhebungsanträgen fristgebunden ist, besteht für die Antragsgegnerin die Gefahr, dass im Falle der Rücknahme des Antrags auf Vollstreckbarerklärung die Aufhebungsgründe verfristen und im Falle eines späteren erneuten Vollstreckbarerklärungsverfahrens nicht mehr geltend gemacht werden können. Zur Vermeidung einer Rechtsschutzlosigkeit des Aufhebungsberechtigten ist es deshalb geboten, neben dem Antrag auf Zurückweisung des Antrags auf Vollstreckbarerklärung den Hilfsantrag auf Aufhebung des Schiedsspruchs zuzulassen

Rechtanwalt[3]

Anmerkungen

1. Die Gründe für die Aufhebung eines inländischen Schiedsspruchs sind dieselben wie die für die Verweigerung der Vollstreckbarerklärung (§ 1060 Abs. 2 S. 1 ZPO). Insoweit stehen beide Verfahren in demselben Verhältnis wie die negative Feststellungklage zur Leistungsklage (vgl. Wieczorek/Schütze/*Schütze*, 5. Aufl. 2020, § 1060 Rn. 60). Deshalb geht die hL davon aus, dass für das Aufhebungsverfahren nach § 1059 ZPO das Rechtsschutzinteresse fehlt, wenn ein Verfahren auf Vollstreckbarerklärung nach § 1060 ZPO schwebt. (vgl. OLG Frankfurt/Main SchiedsVZ 2003, 284; Schwab/Walter, Schiedsgerichtsbarkeit, Kap. 25, Rn. 4; Zöller/*Geimer* § 1059 Rn. 22; aA *van de Sande/Folter*, Zum Hilfsantrag auf Aufhebung eines Schiedsspruchs in Vollstreckbarerklärungsverfahren, SchiedsVZ 2016, 74 ff. mwN).

Wird ein Vollstreckbarerklärungsverfahren bei schwebendem Aufhebungsverfahren eingeleitet, so fällt für letzteres das Rechtsschutzinteresse fort. Es tritt Erledigung der Hauptsache ein.

Nimmt der Antragsteller seinen Antrag auf Vollstreckbarerklärung nach Verfristung der Geltendmachung der Aufhebungsgründe nach § 1059 Abs. 3 ZPO zurück, so wäre der Antragsgegner rechtsschutzlos. Er könnte kein Aufhebungsverfahren mehr einleiten. Deshalb wird der Hilfsantrag auf Aufhebung für zulässig gehalten (vgl. *van de Sande/Folter* SchiedsVZ 2016, 72 (74)). Will man dem nicht folgen, kann man die Rechtssschutzlosigkeit des Antragsgegners dadurch verhindern, dass man die Rücknahme des Antrags auf Vollstreckbarerklärung in entsprechender Anwendung des § 269 Abs. 1 ZPO an die Zustimmung des Spruchschuldners knüpft. (vgl. dazu Musielak/Voit/*Voit* ZPO § 1060 Rn. 7)

2. Nach § 1059 Abs. 4 ZPO kann das OLG nach Aufhebung des Schiedsspruchs die Sache auf Antrag einer Partei „in geeigneten Fällen" an das Schiedsgericht zurückverweisen. Beide Parteien sind antragsberechtigt. Deshalb kann der Antrag auch vom

Antragsgegner in der Antragserwiderung gestellt werden. Dem Gegner ist rechtliches Gehör zu gewähren. Widerspricht er, so liegt regelmäßig kein „geeigneter Fall" vor. Denn man kann einer Partei nicht zumuten, dass ein Schiedsgericht erneut entscheidet, dessen Spruch wegen schwerer Verfahrens- oder sonstiger Mängel aufgehoben worden ist.

Dabei ist es unerheblich, ob der Spruch aufgehoben oder der Antrag auf Vollstreckbarerklärung zurückgewiesen wird. Denn nach § 1060 Abs. 2 S. 1 ZPO erfolgt die Ablehnung der Vollstreckbarerklärung des Schiedsspruchs unter dessen Aufhebung.

Kosten und Gebühren

3. Es gilt das zu → Form. I.S. 8 Ausgeführte

15. Antrag auf Aufhebung eines Schiedsspruchs

An das
Oberlandesgericht[2]
. . . . .

In Sachen

der Firma . . . . .
. . . . .
Antragstellerin,
Prozessbevollmächtigter . . . . .

gegen

die Firma . . . . .
Antragsgegnerin,
Prozessbevollmächtigter . . . . .
wegen Aufhebung eines inländischen Schiedsspruchs[1]
beantrage[3] ich namens der Antragstellerin,
1. **den in dem Schiedsverfahren zwischen den Parteien durch das Schiedsgericht bestehend aus dem Schiedsrichter A als Vorsitzenden und den Schiedsrichtern B und C am . . . . . ergangenen und den Parteien am . . . . . übersandten Schiedsspruch, durch den die Antragstellerin zur Zahlung von . . . . . EUR zzgl. . . . . . % Zinsen seit dem . . . . . und Kosten iHv . . . . . EUR verurteilt worden ist, aufzuheben,**
2. **den Rechtsstreit an das sub. 1. genannte Schiedsgericht zurückzuverweisen,[4]**
3. **der Antragsgegnerin die Kosten des Verfahrens aufzuerlegen.[5]**

Begründung

In einem Schiedsverfahren zwischen den Parteien aufgrund einer Schiedsvereinbarung vom . . . . .[6]

Beweis: Vorlage der Schiedsvereinbarung vom . . . . .

hat das Schiedsgericht bestehend aus dem Schiedsrichter A als Vorsitzendem und den Schiedsrichtern B und C am . . . . . eine Schiedsspruch erlassen, durch den die Antragsgegnerin zur Zahlung von . . . . . EUR nebst . . . . . % Zinsen seit dem . . . . . und Zahlung von Kosten iHv . . . . . EUR verurteilt worden ist. Der Schiedsspruch ist den Parteien am . . . . . übersandt worden.[7]

Beweis: Vorlage des Schiedsspruchs vom . . . . . nebst Postbescheinigung über den Zugang

In dem Schiedsverfahren, das zu dem Schiedsspruch geführt hat ist der Antragstellerin zu einem verfahrensentscheidenden Umstand das rechtliche Gehör nicht gewährt worden.[8] Der Schiedsspruch beruht darauf,[9] dass die Behauptung der Antragsgegnerin in einem Schriftsatz vom . . . . ., wonach die Antragstellerin am . . . . . durch ihren Prokuristen . . . . . erklärt habe, die folgenden Druckmaschinenteile . . . . . seien mangelhaft, unstreitig sei. Dieser Schriftsatz ist der Antragstellerin nie zugegangen. Der Vorsitzende des Schiedsgerichts, der Schiedsrichter A, hat dazu erklärt, sein Büro habe die Weiterleitung des Schriftsatzes versäumt.

Beweis: Zeugnis des Schiedsrichters A

Die Antragstellerin hätte diese Behauptung bestritten und Beweis dafür angeboten, dass eine solche Erklärung durch den Prokuristen . . . . . nie abgegeben worden ist.

Die Antragstellerin hat von dem Sachverhalt erst durch den Schiedsspruch erfahren.[10]

Rechtsanwalt[11]

Anmerkungen

1. Nach § 1059 ZPO kann ein Schiedsspruch durch das staatliche Gericht aufgehoben werden. Die Gründe für die Aufhebung des Schiedsspruchs sind in § 1059 Abs. 2 ZPO abschließend geregelt. Darüber hinaus ist das Gericht zur Nachprüfung des Schiedsspruchs nicht befugt. Es gilt das Verbot der révision au fond. Die Entscheidung über die Aufhebung ist gestaltender Natur (vgl. Zöller/*Geimer* ZPO § 1059 Rn. 1). Sie erfolgt im Beschlussverfahren nach § 1063 ZPO (vgl im Einzelnen *Feldmann,* Rechtsbehelfe in der Zwangsvollstreckung aus Schiedssprüchen, 2014, S. 25 ff.).

Mit Rechtskraft des Beschlusses, der die Aufhebung des Schiedsspruchs ausspricht, fällt dieser fort. § 1059 Abs. 5 ZPO bestimmt für diesen Fall, dass die Schiedsvereinbarung für den Streitgegenstand wieder auflebt.

2. Zuständig ist das OLG, das in der Schiedsvereinbarung bezeichnet ist, in Ermangelung einer entsprechenden Parteivereinbarung das OLG, in dessen Bezirk der Ort des schiedsrichterlichen Verfahrens liegt, § 1062 Abs. 1 Nr. 4 ZPO. Fehlt ein deutscher Schiedsort, so kommt Abs. 2 zur Anwendung.

3. Das Verfahren wird durch Antrag eingeleitet. Der Antrag setzt ein Rechtsschutzinteresse voraus (vgl. *Schwab/Walter* Kap. 25 Rn. 4), das regelmäßig nur der im Schiedsverfahren ganz oder teilweise Unterlegene hat (vgl. *Schütze/Thümmel* Schiedsgericht § 16 Rn. 44). Die Vollstreckbarerklärung schließt das Aufhebungsverfahren aus, § 1059 Abs. 3 S. 3 ZPO.

4. Nach § 1059 Abs. 4 ZPO kann das OLG nach Aufhebung des Schiedsspruchs die Sache auf Antrag einer Partei „in geeigneten Fällen" an das Schiedsgericht zurückverweisen. Hierzu ist dem Gegner rechtliches Gehör zu gewähren. Widerspricht er, so liegt regelmäßig kein „geeigneter Fall" vor. Denn man kann einer Partei kaum zumuten, zu einem Schiedsgericht Vertrauen zu haben, dessen Spruch wegen schwerer Verfahrens- oder sonstiger Mängel aufgehoben worden ist.

Die Parteien können auch vereinbaren, dass die Schiedsvereinbarung mit der Aufhebung nicht wieder auflebt. Vielleicht haben sie von der Schiedsgerichtsbarkeit nach dem mit Mängeln behafteten Verfahren und Spruch des Schiedsgerichts „die Nase voll".

5. Für die Kostenentscheidung gelten §§ 91 ff. ZPO.

6. Fehlt eine Schiedsvereinbarung oder ist diese unwirksam oder erloschen, so ist der Schiedsspruch aufhebbar, § 1059 Abs. 2 Nr. 1 lit. a ZPO. Die Gültigkeit der Schiedsvereinbarung unterliegt der Prüfung durch das OLG, ohne dass dieses an die Entscheidung des Schiedsgerichts gebunden wäre (vgl. BGHZ 68, 356; *Schwab/Walter* Kap. 24 Rn. 9). Die Vorlage der Schiedsvereinbarung ist deshalb notwendig. Dabei ist allerdings zu beachten, dass die rügelose Einlassung im Schiedsverfahren Formmängel der Schiedsvereinbarung heilt, § 1031 Abs. 6 ZPO. Die Berufung auf die mangelnde Schiedsvereinbarung kann gegen Treu und Glauben verstoßen, wenn die sich hierauf berufende Partei das Schiedsverfahren veranlasst hat (BGH WPM 1987, 1084). Auch das Überschreiten der Grenzen der Schiedsvereinbarung ist ein Aufhebungsgrund, § 1059 Abs. 2 Nr. 1 lit. c ZPO. Auch diese Prüfung kann nur anhand der Schiedsvereinbarung erfolgen.

7. Der Antrag auf Aufhebung eines Schiedsspruchs ist fristgebunden. Er muss binnen drei Monaten nach Empfang des Schiedsspruchs durch den Antragsteller eingebracht werden, § 1059 Abs. 2 ZPO. Es ist deshalb notwendig, diesen Zeitpunkt nachzuweisen. Es empfiehlt sich deshalb, den Schiedsspruch durch Einschreiben mit Rückschein oder Kurier zu übersenden. Im Falle des Schwebens von Anträgen auf Berichtigung, Ergänzung oder Auslegung des Schiedsspruchs nach § 1058 ZPO verlängert sich die Frist auf einen Monat nach Entscheidung über diesen Antrag. Voraussetzung ist jedoch, dass der Antrag nach § 1058 ZPO binnen einer Frist von einem Monat nach Empfang des Schiedsspruchs gestellt worden ist. Die Parteien können abweichende Vereinbarungen über die Frist für den Antrag auf Aufhebung treffen, § 1059 Abs. 3 S. 1 ZPO.

8. § 1059 Abs. 2 Nr. 1 lit. b ZPO erklärt einen Unterfall der Nichtgewährung rechtlichen Gehörs zum Aufhebungsgrund des Schiedsspruchs: die Abschneidung der Geltendmachung von prozessualen Angriffs- und Verteidigungsmittel aus jeglichem Grunde, insb. deshalb, weil die Partei von der Bestellung eines Schiedsrichters oder vom schiedsrichterlichen Verfahren nicht gehörig in Kenntnis gesetzt worden ist.

Die weiteren Aufhebungsgründe sind: die Unwirksamkeit der Schiedsvereinbarung (§ 1059 Abs. 2 Nr. 1 lit. a ZPO), das Überschreiten der Grenzen der Schiedsvereinbarung (§ 1059 Abs. 2 Nr. 1 lit. c ZPO), schwere Verfahrensverstöße (§ 1059 Abs. 2 Nr. 1 lit. d ZPO), die mangelnde objektive Schiedsfähigkeit (§ 1059 Abs. 2 Nr. 2 lit. a ZPO), der Verstoß gegen den ordre public (§ 1059 Abs. 2 Nr. 2 lit. b ZPO) und das Vorliegen eines Restitutionsgrundes als Unterfall des ordre public Verstoßes (vgl. *Schütze/Thümmel* Schiedsgericht § 16 Rn. 42).

9. Die Nichtgewährung rechtlichen Gehörs ist kein absoluter Aufhebungsgrund. Sie muss entscheidungserheblich gewesen sein (BGH BGHZ 3, 215; BGHZ 31, 43; OLG Hamburg RIW 1991, 152).

10. Die Schiedsparteien sind gehalten, Verfahrensverstöße im Schiedsverfahren geltend zu machen und ihre Beseitigung zu versuchen. Das ist nicht möglich, wenn eine Partei von dem Verstoß erst durch den Schiedsspruch Kenntnis erhält.

Kosten und Gebühren

11. Die Gerichtskosten bestimmen sich nach KV 1620 GKG. Für die Gebühren des Rechtsanwalts gelten – trotz der OLG Zuständigkeit – VV 3100 ff. RVG (vgl. Zöller/*Geimer* ZPO § 1059, Rn. 93).

16. Rechtsbeschwerde gegen die Vollstreckbarerklärung eines inländischen Schiedsspruchs

An den
Bundesgerichtshof[2]

In Sachen

der Firma .....
.....
Antragsgegnerin und Rechtsbeschwerdeführerin,
Prozessbevollmächtigter .....[3]

gegen

die Firma .....
Antragstellerin und Rechtsbeschwerdegegnerin,
Prozessbevollmächtigter. 1. Instanz .....
lege ich namens der Antragsgegnerin/Rechtsbeschwerdeführerin Rechtsbeschwerde[1] gegen den Beschluss des Oberlandesgerichts ..... vom ..... Az.: ..... ein und beantrage,

1. unter Abänderung des Beschlusses des Oberlandesgerichts ..... vom ..... Az.: ..... den Antrag auf Vollstreckbarerklärung des in dem Schiedsverfahren zwischen den Parteien durch das Schiedsgericht bestehend aus dem Schiedsrichter A als Vorsitzenden und den Schiedsrichtern B und C am ..... ergangenen Schiedsspruchs abzuweisen.
2. der Antragstellerin die Kosten des Verfahrens aufzuerlegen[4]

Begründung

Das Oberlandesgericht ..... hat den im Antrag näher bezeichneten Schiedsspruch durch Beschl. v. ..... für vollstreckbar erklärt. Der Beschluss ist der Rechtsbeschwerdeführerin am ..... zugestellt worden. Der Beschluss beruht auf einer Verletzung von § 1060 Abs. 2 S. 1 iVm § 1059 Abs. 2 Nr. 1 lit. b ZPO.[5] Die Sache erfordert eine Entscheidung des Bundesgerichtshofs zur Sicherung einer einheitlichen Rechtsprechung sowie zur Fortbildung des Rechts.

In dem Schiedsverfahren, das zu dem Schiedsspruch geführt hat, ist der Antragstellerin zu einem verfahrensentscheidenden Umstand das rechtliche Gehör nicht gewährt worden. Der Schiedsspruch beruht darauf, dass die Behauptung der Antragsgegnerin in einem Schriftsatz vom ....., wonach die Antragstellerin am ..... durch ihren Prokuristen ..... erklärt habe, die folgenden Druckmaschinenteile ..... seien mangelhaft, unstreitig sei. Dieser Schriftsatz ist der Antragstellerin nie zugegangen. Der Vorsitzende des Schiedsgerichts, der Schiedsrichter A, hat dazu erklärt, sein Büro habe die Weiterleitung des Schriftsatzes versäumt.

Die Antragstellerin hätte diese Behauptung bestritten und Beweis dafür angeboten, dass eine solche Erklärung durch den Prokuristen ..... nie abgegeben worden ist.

Die Antragstellerin hat von dem Sachverhalt erst durch den Schiedsspruch erfahren.

Rechtsanwalt[6]

Anmerkungen

1. Gegen den stattgebenden und gegen den zurückweisenden Beschluss des OLG in dem Vollstreckbarerklärungsverfahren nach § 1060 ZPO findet die Rechtsbeschwerde zum BGH statt, § 1065 Abs. 1 ZPO. Voraussetzung ist, dass gegen die Entscheidung – wäre sie durch Endurteil ergangen – die Revision zulässig wäre.

2. Zuständig zur Entscheidung ist der BGH, § 1065 Abs. 1 S. 1 ZPO.

3. Die Rechtsbeschwerde muss durch einen beim BGH zugelassenen Rechtsanwalt eingelegt werden.

4. Die Kostenentscheidung folgt §§ 91 ff. ZPO

5. Die Rechtsbeschwerde kann die Entscheidung des OLG nur darauf überprüfen, ob der Beschluss auf einer Verletzung eines Staatsvertrages oder eines anderen Gesetzes beruht. § 1065 Abs. 2 S. 2 ZPO erklärt §§ 546 Abs. 1 S. 3, Abs. 2; 549 Abs. 2, 550–554b, 556, 559, 561, 573 Abs. 1, 575, 707 u. 717 für entsprechend anwendbar.

Kosten und Gebühren

6. Die Gerichtsgebühren bestimmen sich nach KV 1628 GKG, die Rechtsanwaltsgebühren nach VV 3208 RVG.

T. Mediation

1. Informationsblatt über Mediation

Was ist Mediation?[1, 2, 3]

Bei der Mediation handelt es sich um ein Verfahren der außergerichtlichen Konfliktlösung. In Gesprächen der Konfliktparteien[4] unter Begleitung[5] des Mediators[6] gelingt es, die hinter den eingenommenen Positionen stehenden Interessen sichtbar zu machen. Es sind die Parteien selbst, die zu einer Beilegung ihres Konflikts gelangen.[7] In dieser freiwilligen, parteiautonomen Lösung liegt eine große Chance, die Zukunft tragfähig zu gestalten.

Ablauf des Mediationsverfahrens:

Bei der Mediation handelt es sich um ein strukturiertes Verfahren,[8] dessen Ablauf grob in fünf Phasen unterteilt werden kann. Daran werde ich meine Begleitung bei der Lösung Ihres Konflikts ausrichten und die Gespräche, sofern nötig, immer wieder darauf zurückführen.

Zu Beginn wird eine Mediationsvereinbarung geschlossen, in der die Rahmenbedingungen und die „Spielregeln" bestimmt werden.[9] Dazu gehören bspw. zeitliche Abläufe, Teilnehmer und Verschwiegenheitsvereinbarungen. Damit wird die notwendige Kommunikationsbasis für alle weiteren Schritte gelegt. Im Anschluss an diese Vorbereitungsphase werden wir herausfinden, welche Themen im Rahmen der Mediation besprochen und bearbeitet werden sollen. Was Gegenstand der Mediation ist, wird also von Ihnen, den Parteien, bestimmt.[10] In der darauf folgenden Phase, der Interessenklärung, werden wir Ihre jeweiligen Interessen und die gemeinsamen Interessen ermitteln. Wichtig ist mir, dass es an dieser Stelle – anders als etwa in einem streitigen Verfahren – nicht um Positionen oder Ansprüche geht, sondern um die hinter derartigen Positionen stehenden Interessen. So wird es möglich sein, zu einer tragfähigen Lösung Ihres Konflikts zu gelangen. Hier liegt der Schwerpunkt der Mediation.[11] Nach der Interessenklärung werden gemeinsam Lösungsvorschläge erarbeitet. Sie werden in einem zweiten Schritt auf ihre Umsetzbarkeit und rechtliche Machbarkeit hin bewertet, um ein tragfähiges Lösungspaket zu „schnüren".[12] An dieser Stelle kann Sachverstand von Dritten, nicht zuletzt von Ihren Rechtsanwälten, herangezogen werden. Als Mediator nehme ich keine rechtliche Beratung vor. Ich weise Sie aber darauf hin, wenn ich rechtlichen Klärungsbedarf sehe.[13] Das Mediationsverfahren findet seinen Abschluss in einer Vereinbarung. Darin werden diejenigen Eckpunkte aufgenommen, auf die Sie sich im Rahmen der Lösungsphase verständigt haben.[14] Als Rechtsanwalt werde ich selbstverständlich auf meine juristischen Fachkenntnisse zurückgreifen, um eine tragfähige und bindende Lösung Ihres Konflikts zu gewährleisten.[15]

Vorteile einer Mediation:[16]

Eigenverantwortlich

Gerade wenn es Ihnen darum geht, Ihre Probleme selbst zu lösen, bietet die Mediation unschätzbare Chancen zur tragfähigen Gestaltung der Zukunft.

Freiwillig

Die Teilnahme am Mediationsverfahren ist freiwillig. Sie werden nicht in einen Prozess „hineingezogen", sondern bestimmen selbst, ob Sie die Chancen einer Mediation wahrnehmen wollen.

Vertraulich

Das Mediationsverfahren findet in einem vertraulichen Rahmen statt. Abgesichert wird die Vertraulichkeit der Parteien durch eine schriftliche Verschwiegenheitsverpflichtung. Ohnehin bin ich als Rechtsanwalt beruflich zur Verschwiegenheit verpflichtet.

Rasch und effizient

Ein weiterer Vorteil der Mediation ist, dass Sie in einem überschaubaren Zeitrahmen effizient zu Lösungen gelangen können und auf diese Weise bspw. Ihre Geschäftsbeziehung oder die weitere Zusammenarbeit positiv gestalten.

Tragfähig

Die Mediation bietet dadurch, dass Sie selbst die Lösung Ihres Konflikts erarbeiten, große Chancen für tragfähige Regelungen. Speziell wegen meines juristischen Hintergrunds ist ferner gewährleistet, dass von Ihnen erarbeitete Lösungen am Ende des Mediationsverfahrens in eine auch rechtlich belastbare Vereinbarung „umgesetzt" werden.

Über meine Person: . . . . .[17]

Schrifttum: Breidenbach, Mediation – Struktur, Chancen und Risiken von Vermittlung im Konflikt, Habil, 1995; *Eidenmüller/Wagner* (Hrsg.), Mediationsrecht, 2015; *Fisher/Ury/Patton*, Das Harvard-Konzept, 25. Aufl. 2015; *Fritz/Pielsticker*, Mediationsgesetz, 2. Aufl. 2020; *Greger/Unberath/Steffek*, Recht der alternativen Konfliktlösung, 2. Aufl. 2016; *Greger/v. Münchhausen*, Verhandlungs- und Konfliktmanagement für Anwälte, 2010; *Greger/Weber*, Das Güterichterverfahren, MDR 2019, S. 1 (aktualisierte Fassung zu Das neue Güterichterverfahren, Sonderheft zu MDR 18/2012) ; *Haft/Schlieffen*, Handbuch Mediation, 3. Aufl. 2016; *Hinrichs* (Hrsg.), Praxishandbuch Mediationsgesetz, 2014; Klowait/Gläßer (Hrsg.), Mediationsgesetz, 2. Aufl. 2018; *Prütting*, Das neue Mediationsgesetz: Konsensuale Streitbeilegung mit Überraschungen, AnwBl 2012, 203 ff.; *Schmidt/Lapp/Monßen,* Mediation in der Praxis des Anwalts, 2012; Trenczek/Berning/Lenz/Will (Hrsg.), Mediation und Konfliktmanagement, 2. Aufl. 2017.

Anmerkungen

1. Die Lösung von Konflikten mit der Hilfe von Mediation hat ihren wissenschaftlichen Ausgangspunkt in den USA. Ökonomen der Harvard University haben in den 70er Jahren des vorangegangenen Jahrhunderts Verhandlungsstile untersucht und dabei insb. das sog „kooperative Verhandeln" dem „kompetitiven Verhandeln" gegenüber gestellt. Dieses sog „Harvard-Konzept" (*Fisher/Ury/Patton*, Das Harvard-Konzept; im Original: Getting to yes) ist geprägt durch vier Grundsätze:

- Trennung von Verhandlungsgegenstand und Beziehungsebene,
- Konzentration auf Interessen statt Positionen,
- Entwicklung möglichst vieler Lösungsoptionen,
- Bewertung der Lösungsoptionen anhand von objektiven Kriterien.

Diese Prinzipien sind auch der Mediation immanent. Die Rezeption der Methode der Mediation kann für den Rechtsraum der Bundesrepublik Deutschland etwa auf Beginn/Mitte der 90er Jahre des vergangenen Jahrhunderts datiert werden. Insbes. im Bereich familienrechtlicher Auseinandersetzungen fand Mediation immer größere Verbreitung. Außerdem wurde, beginnend um die Jahrtausendwende, Mediation im gerichtlichen Forum als sog gerichtsinterne Mediation unter wissenschaftlicher Begleitung erprobt (zB Niedersachsen: Projekt Gerichtsnahe Mediation in Niedersachsen; Bayern: *Becker/Fried-*

rich, Mediation in der bayerischen Sozialgerichtsbarkeit – Abschlussbericht zur Evaluation eines Modellprojekts, Max Planck Institut für ausländisches und internationales Sozialrecht, Working Paper, Vol. 3, März 2009). Auf europäischer Ebene kam es im Jahr 2008 zur Verabschiedung der sog Mediations-Richtlinie („Richtlinie 2008/52/EG des Europäischen Parlaments und des Rates vom 21.5.2008 über bestimmte Aspekte der Mediation in Zivil- und Handelssachen"). Der deutsche Gesetzgeber setzte die Richtlinie mit dem MediationsG v. 21.7.2012 um („Gesetz zur Förderung der Mediation und anderer Verfahren außergerichtlicher Konfliktbeilegung"). Diesbezüglich ist insoweit eine überschießende Umsetzung der europäischen Mediations-Richtlinie festzustellen, als sich das gesetzgeberische Ziel nicht lediglich auf die Förderung der Mediation in Zivil- und Handelssachen beschränkt, sondern in einem umfassenderen Ansatz Konflikte auf weiteren Feldern in den Blick nimmt. Dementsprechend führte das Mediationsgesetz zu einer Änderung diverser Prozessordnungen (ua §§ 278 Abs. 5, 278a ZPO, § 36a FamFG, § 173 VwGO, § 155 FGO, § 54a ArbGG). § 1 Abs. 1 MediationsG enthält folgende Legaldefinition:

„Mediation ist ein vertrauliches und strukturiertes Verfahren, bei dem die Parteien mit Hilfe einer oder mehrerer Mediatoren freiwillig und eigenverantwortlich eine einvernehmliche Beilegung ihres Konfliktes anstreben."

2. Trotz der vor ungefähr 20 Jahren in der Bundesrepublik begonnenen Rezeption von Mediation (*Breidenbach,* Mediation – Struktur, Chancen und Risiken von Vermittlung im Konflikt; Greger/Unberath/Steffek/*Greger* Einl. A. Rn. 24–38) und des in Teilbereichen erreichten Grades von Anerkennung als Mittel der Konfliktlösung (Wirtschaftsmediation; Familienmediation) ist sie bei der rechtssuchenden Bevölkerung doch entweder weitgehend unbekannt oder mit Fehlvorstellungen behaftet. Dieser Befund trifft auch auf viele Rechtsanwälte zu, so dass Mediation auch durch das Mediationsgesetz bisher nicht den mit dessen Einführung erhofften Schub erhalten hat. Die Zahl der Mediationen schwankt zwischen 7000 bis 8500 Verfahren pro Jahr, ohne sich aber seit Inkrafttreten des Mediationsgesetzes erhöht zu haben (*Kaiser* ZKM 2018, 25; *Gläßer* ZKM 2018, 4). Gleichwohl belegen repräsentative Umfragen, welche das Institut für Demoskopie Allensbach seit 2010 jährlich im Auftrag der Roland Rechtsschutzversicherung erhebt (sog „Roland Rechtsreport"), dass die Bevölkerung der Methode der Mediation, gerade im Verhältnis zu anderen Konfliktlösungsmechanismen, wie gerichtliche Streitentscheidung, positiv gegenübersteht und dieser Eindruck sich noch verfestigte, wenn die Befragten bereits einmal von Mediation gehört oder daran teilgenommen hatten (zuletzt Schaubild 12 der lfd. Umfrage von Allensbach, November 2020, Roland Rechtsreport 2021, 21). Der Gesetzgeber hat sowohl eine gewisse Zurückhaltung in der Bevölkerung erahnt als auch die vorhandenen Erkenntnisse aus den vorliegenden Untersuchungen aufgegriffen, wenn er in § 2 Abs. 2 MediationsG vorsieht, dass der Mediator sich zu vergewissern hat, dass die Parteien die Grundsätze und den Ablauf des Mediationsverfahrens verstanden haben. In Anbetracht dessen empfiehlt es sich für den Mediator, die Parteien und ggf. deren Rechtsanwälte über Mediation auf der Homepage oder mittels Informationsblatt zu informieren.

3. Der Flyer dient nicht zuletzt der Dokumentation, dass der Mediator seiner Verpflichtung gem. § 2 Abs. 2 MediationsG gerecht geworden ist, die Parteien über Grundsätze und Ablauf des Mediationsverfahrens zu unterrichten (Fritz/Pielsticker/*Pielsticker* § 2 Rn. 50).

4. Mediation ist ein im Wesentlichen durch Kommunikation getragenes Verfahren (siehe unten → Form. I.T.1 Anm. 7). Das Mediationsgesetz gibt nicht vor, mittels welcher Kommunikationsmedien Gespräche der Konfliktparteien unter Begleitung eines Mediators zu erfolgen haben. Neben einer Mediation in dauerhafter physischer Präsenz der Mediationsparteien und des Mediators kommt der Einsatz von digitalen bzw. elektronischen Medien in einzelnen (sog. „Hybrid"-Lösung) oder in allen Phasen einer Mediation in Betracht. Dann ist eine solche Mediation eine Facette der im anglo-amerikanischen Bereich verbreiteten Online Dispute Resolution (ODR), dazu Fritz/Pielsticker/*Sturm* Teil 5 Rn. 2, 4 ff. Der Mediator sollte sich bewusst sein und die Mediationsparteien vor einer Zuhilfenahme elektronischer Kommunikationsmittel darauf aufmerksam machen, dass diese womöglich mit einer Verkürzung der Erkenntnismöglichkeiten einhergeht. Mimische oder gestische Reaktionen einer Mediationspartei können dem Mediator wertvolle Aufschlüsse darüber geben, welche Bedürfnisse eine Partei mit einem Thema verbindet und welches Gewicht sie einem zu einem bestimmten Thema geäußerten Interesse beimisst. Eine solche Erkenntnismöglichkeit besteht jedenfalls dann nur sehr eingeschränkt, wenn eine Mediation nicht zumindest auch visuell in Gestalt einer Videokonferenzlösung abgehalten wird. Auch kann der Mediator seine den Parteien zugewandte, offene Haltung dadurch authentisch zum Ausdruck bringen (ähnlich Fritz/Pielsticker/*Sturm* Teil 5 Rn. 66). Eine rein textbasierte Kommunikation, insbesondere ausschließlich über Email, muss vor diesem Hintergrund kritisch gesehen werden. Vor einer ausschließlich über Videokonferenzsysteme geführten Mediation ist wiederum – ungeachtet des damit einhergehenden Zeitgewinns und einer womöglich rascheren Terminfindung – zu bedenken, dass eine solche ebenfalls hinter den mit einem in Präsenz abgehaltenen Mediationstreffen verbundenen Erkenntnismöglichkeiten des Mediators zurückbleiben kann. Darüber ist mit den Mediationsparteien vorab zu sprechen, insbesondere sollte im Rahmen der Mediationsvereinbarung das ausdrückliche Einverständnis der Mediationsparteien mit dem Einsatz digitaler bzw. elektronischer Werkzeuge festgehalten werden (→ Form. I.T.5, insbesondere → Form. I.T.5 Anm. 13). Darüber hinaus ist im Hinblick auf die Vertraulichkeit der Mediation (vgl. → Form. I.T.5 Anm. 14) darauf zu achten, dass bei Einsatz digitaler Übermittlungstechniken Datenverbindungen verschlüsselt sind (Fritz/Pielsticker/*Sturm* Teil 5 Rn. 35). Ferner spielen dabei datenschutzrechtliche Fragen eine Rolle. So hat der EuGH (Urt. v. 16.7.2020 – Rs. C-311/18 – Schrems II, NJW 2020, 2613; dazu *Golland* NJW 2020, 2593) die Übermittlung von Daten zwischen EU-Mitgliedsstaaten und den USA auf der Grundlage des sog. Privacy Shield beanstandet, da dieses kein angemessenes Datenschutzniveau biete. Deshalb ist der Einsatz von Diensten, insbesondere Videokonferenzanbietern, welche sich in den USA stehender Server bedienen oder in den USA ihren Sitz haben, datenschutzrechtlich mit erheblichen Zweifeln behaftet zur Praxis der Datenschutzaufsichtsbehörden in diesem Zusammenhang: *Gerling/Gerling/Hessel/Ptrlic* DuD 2020, 740). Vor diesem Hintergrund empfiehlt sich vor dem Einsatz von softwarebasierten Lösungen im Zusammenhang mit der Mediation eine Berücksichtigung von aktuellen Praxishinweisen (zB Mindeststandard des BSI für Videokonferenzdienste, abrufbar unter: www.bsi.bund.de; *Datenschutzkonferenz* (Hrsg.) Orientierungshilfe Videokonferenzsysteme, Stand: 23.10.2020; *GDD* (Hrsg.) Praxishilfe „Videokonferenzen und Datenschutz", 9.4.2020, mit einer Anlage II über verschiedene Anbieter von Videokonferenzsystemen; *John/Wellmann* DuD 2020, 506 und DuD 2020, 606).

5. Der Mediator begleitet die Parteien bei der Konfliktlösung. Im Unterschied zu anderen außergerichtlichen Konfliktlösungsmechanismen, wie Schlichtung oder schiedsrichterlichen Verfahren, ist der Mediator nicht befugt, einen Konflikt durch autoritative Entscheidung zu lösen. Entsprechend dieser Erkenntnis ist es Aufgabe des Mediators, den Parteien einen „Rahmen" für die Konfliktlösung zur Verfügung zu stellen und diesem eine innere Struktur einzuziehen, damit sich die Parteien nicht in wenig zielführenden Gesprächen verlieren. Was die Einhaltung der Verfahrensstruktur der Mediation anbelangt, darf und sollte der Mediator auch autoritär werden und so für die Einhaltung der Struktur Sorge tragen. Damit ist zugleich die notwendige „innere Haltung" des Mediators angesprochen. Dieser muss sich einerseits zurücknehmen, damit die Parteien ihren

Konflikt insofern autonom lösen, andererseits aber in den Vordergrund treten, wenn die Interaktion der Parteien die Verfahrensstruktur in Gefahr zu bringen droht oder eine Partei nach der subjektiven Einschätzung des Mediators nicht gleichberechtigt an der Mediation teilnimmt (sog Empowerment, vgl. Fritz/Pielsticker/*Fritz* § 2 Rn. 118). Dies kann gerade vor dem Hintergrund der Neutralitätspflicht des Mediators (§§ 1 Abs. 2, Abs. 3 MediationsG) eine Gratwanderung sein.

6. Die Tätigkeit als Mediator steht allen Berufsgruppen offen. Es handelt sich dabei um keine geschützte Berufsbezeichnung (HK-MediationsG/*Klowait* Teil 2, § 5 Rn. 27; Fritz/Pielsticker/*Fritz* § 1 Rn. 1). Dementsprechend stellt § 5 Abs. 1 MediationsG auf die Verantwortung des Mediators ab, durch geeignete Ausbildung und regelmäßige Fortbildung seine Fachkunde zu gewährleisten. Auch enthält § 5 Abs. 1 S. 2 MediationsG im Sinne einer Soll-Vorschrift Anforderungen an die Ausbildung. Nur wenn und soweit ein Mediator sich als zertifizierter Mediator bezeichnen möchte, findet eine Externalisierung der Kontrolle sowohl von Aus- als auch von Fortbildung statt. Die Anforderungen an den zertifizierten Mediator und dessen Aus- und Fortbildung werden durch die Verordnung über die Aus- und Fortbildung zertifizierter Mediatoren (ZMediatAusbV, BGBl. I 2016, 1994) konkretisiert (dazu Fritz/Pielsticker/*Pielsticker* § 3 Rn. 95 ff.; Rennebarth, DStR 2017, 1843). Dadurch soll das Vertrauen in die Qualität der Mediation gestärkt werden (kritisch dazu *Eidenmüller/Fries* AnwBl 2017, 23 (24 f.) sowie *Klowait* ZKM 2017, 94 (98)). Darüber hinausgehende Anforderungen können sich aus dem jeweiligen Berufsrecht ergeben. So enthält § 7a BORA iVm § 5 Abs. 1 MediationsG für Anwaltsmediatoren Anforderungen an die Ausbildung. Güterichter sind nach Einführung des sog Güterichterverfahrens (§§ 278 Abs. 5, 278a ZPO) hingegen keine Mediatoren iSd Mediationsgesetzes. Sie dürfen sich zwar gem. § 278 Abs. 5 ZPO zur Konfliktlösung der Methode der Mediation bedienen, werden dadurch aber nicht zu Mediatoren (*Ahrens* NJW 2012, 2465 (2470); Greger/Unberath/Steffek/*Greger* § 1 Rn. 14, 84 sowie E Rn. 127; *Wagner* ZKM 2012, 110 (113 f.); aA HK-MediationsG/*Hagel* Teil 2 § 1 Rn. 4).

7. Die Methode der Mediation ermöglicht es den Parteien, ihren Konflikt selbst zu lösen. Dies bedeutet, dass die Lösung des Konfliktes nicht auf Dritte in der Weise verlagert wird, dass diese autoritativ eine Entscheidung vorgeben. Daher schreibt § 1 Abs. 2 MediationsG vor, dass der Mediator nicht über Entscheidungsbefugnis verfügt. Allerdings darf und sollte ein Mediator den Parteien im Sinne einer Begleitung durchaus über „Denkanstöße“ Hilfestellung zur Beilegung ihres Konfliktes geben (zB „In einer ähnlichen Situation hatten Parteien an Folgendes gedacht: . . . . .“).

8. Mediation ist ein durch Kommunikation getragenes Verfahren. Daher ist der Mediation die Gefahr immanent, dass sie bei falsch verstandener Begleitung durch einen Mediator zu einem „Durcheinandergerede“ abgleitet. Daher ist es vornehmste Aufgabe des Mediators für die grundsätzliche Einhaltung der Verfahrensstruktur zu sorgen und die Parteien – wenn nötig – im Verlaufe immer wieder auf die Struktur hinzuweisen und die Parteien auf diese Weise bei der Konfliktlösung zu begleiten.

9. → Form. I.T.6.

10. Im Rahmen der sich an die Vorbereitungsphase anschließenden Themensammlung versucht der Mediator in unmittelbarer mündlicher Kommunikation mit den Parteien herauszufinden, was diesen besonders wichtig ist, was also im Rahmen der Mediation besprochen werden soll. Dabei geht es – anders als im gerichtlichen Verfahren – nicht um die Ermittlung des Streitgegenstandes und die Abschichtung dessen, was in diesem Zusammenhang erheblich und unerheblich ist. Vielmehr ist alles erheblich, was auch nur eine Partei für gesprächsbedürftig hält. Daher wird der Mediator sinnvollerweise im

Wechsel der Parteien deren Themen abfragen und diese dann mit abstrakten, ergebnisoffenen, wertneutralen Oberbegriffen festhalten.

11. In der Phase der sog Interessenklärung versucht der Mediator herauszufinden, welche Interessen der Parteien hinter den angesprochenen Themen stecken. Interessen sind abzugrenzen von (Rechts-)Positionen, wie sie in einem Gerichtsverfahren vertreten werden. Im Sinne des ersten Grundsatzes des Harvard-Prinzips, der Trennung von Beziehungsebene und Verhandlungsgegenstand, bedarf es meistens zunächst eines Blickes „in die Vergangenheit", indem mit den Parteien über das „Beziehungsthema" gesprochen wird. Dabei geht es nicht um ein Psychologisieren; Beziehungsthemen sind bspw. auch Fragen der Kommunikation oder des Umgangs miteinander. Häufig stecken hinter derartigen Themen Interessen einer Partei, wie Anerkennung, Fairness oder Wertschätzung. Gerade in Folge der Herausarbeitung derartiger Interessen im Zusammenhang mit dem „Beziehungsthema" kann es gelingen, den für eine Lösung des Konfliktes verstellten Blick wieder frei zu bekommen. Grundlage für ein derartiges Vorgehen sind Erkenntnisse aus Konflikt- und Kommunikationslehren. Häufig rühren Konflikte aus unterschiedlichen Wahrnehmungen ein und desselben objektiven Vorgangs und der an diese anknüpfenden Äußerungen/Handlungen der Parteien. Idealiter gelingt es im Rahmen der Interessenklärung, eine „Klärungshilfe" (*Thomann/Schulz/von Thun*, Klärungshilfe, 1988) zu bieten, indem der jeweils anderen Partei vor Augen geführt wird, wie die Gegenseite einen Vorgang betrachtet. Aufgabe des Mediators ist es in diesem Zusammenhang, Verständnis dafür zu wecken, wie die jeweils andere Partei etwas wahrgenommen hat. Dies wird in der amerikanischen Forschung als „Recognition" bezeichnet („Können Sie das verstehen?", vgl. *Baruch/Bush/Folger*, The promise of mediation: Responding to conflict through empowerment and recognition, 1994). Nachdem auf diese Weise das Bedürfnis der Parteien nach Anerkennung, Wertschätzung etc befriedigt wurde, ist der „Weg frei" für eine auf die Zukunft gerichtete Interessenklärung, welche wiederum jeweils den herausgearbeiteten Themen zugeordnet wird.

12. Ausgehend von der Erkenntnis, dass die Parteien die Lösung ihres Konfliktes selbst in die Hand nehmen, erarbeiten sie in der darauffolgenden sog Lösungsphase in einer Art „Brainstorming" Lösungsoptionen. Dabei geht es darum, maximal viele Ideen zu sammeln, welche der Mediator, zugeordnet zu den Themen, auf einer Flipchart festhält. Der Mediator wird Sorge dafür tragen, dass an dieser Stelle noch keine Bewertung der Lösungsoptionen stattfindet. Dies bleibt einem weiteren Schritt vorbehalten, in welchem die Parteien die gesammelten Lösungsoptionen auf ihre faktische und rechtliche Realisierbarkeit hin bewerten.

13. Zur Bewertung der Lösungsoptionen dürfen die Parteien externen Rat hinzuziehen. Insbes. zur Beurteilung der rechtlichen Realisierbarkeit kann den jeweiligen Parteianwälten Bedeutung zukommen. Zum einen ist es dem Mediator untersagt, den Konflikt zu entscheiden oder die Beteiligten rechtlich zu beraten. Zum anderen ist es den Parteianwälten auf Grund ihres juristischen Blickwinkels auf den Konflikt eher möglich, eine derartige Bewertung vorzunehmen. Jedoch gehört es zur Verantwortung eines Mediators für die von ihm begleitete Mediation, die Parteien nicht zu einer rechtlich nicht tragfähigen Lösung „gelangen" zu lassen. Wie auch in der Gesetzesbegründung zum Ausdruck kommt, kann die Mediation „Rechtsinformationen beinhalten und sich auf Rechtsverhältnisse beziehen sowie Regelungsmöglichkeiten zur Diskussion stellen" (Begründung des Regierungsentwurfs zu § 2 MediationsG BT-Drs. 17/5335, 15 f.). Die Grenze zu im Rahmen der Mediation unzulässigen wertenden Regelungsempfehlungen verläuft fließend (vgl. Deckenbrock/*Henssler*, RDG, 4. Aufl. 2015, § 2 Rn. 128). Ist die Grenze überschritten, liegt im Ergebnis eine Änderung des Mediationsvertrages vor, welcher einen Verfahrenswechsel hin zu einer Konfliktvermittlung, Konfliktbewertung bzw.

Schlichtungsverfahren bedeutet (Greger/Unberath/Steffek/*Greger* B. § 1 Rn. 40, 42). Damit sind auch haftungsrechtlich Konsequenzen verbunden (siehe BGH Urt. v. 21.9.2017 – IX R 34/17; Baumann, SchiedsVZ 2018, 173). Daher darf und sollte der Mediator die Parteien allgemein auf rechtliche Fallstricke hinweisen, zB die Notwendigkeit einer notariellen Beurkundung zu bedenken und abzuklären (Fritz/Pielsticker/*Pielsticker* § 2 Rn. 70 f.; weitgehend Haft/Schlieffen Mediation-HdB/*Friedrichsmeier/Hammann* § 48 Rn. 37 ff.; sowie SLM Mediation/*Schmidt* § 6 Rn. 763 ff., der vom Mediator als „rechtlicher Auskunftsperson" spricht).

14. Auf der Grundlage der von den Parteien autonom erarbeiteten Lösung ihres Konflikts wird eine rechtsverbindliche Vereinbarung verfasst. Es empfiehlt sich, noch in der Sitzung, in welcher die Parteien zu einer Lösung ihres Konfliktes durch Bewertung von Lösungsoptionen gelangten, eine entsprechende Vereinbarung schriftlich festzuhalten. Andernfalls besteht die Gefahr, dass die Parteien das einmal gefundene Ergebnis nachverhandeln. Etwaigen bestehenden Unsicherheiten über die Einzelheiten der Umsetzung der Abschlussvereinbarung kann dadurch Rechnung getragen werden, dass etwa in einem gesonderten Punkt eine Regelung zur Hinzuziehung externen Sachverstands bzw. externer Stellen getroffen wird. Dies steht im Einklang mit dem sog Harvard-Konzept, welches ebenfalls den Rückgriff auf externen Sachverstand prinzipiell für nötig erachtet. Auch sollte an dieser Stelle bereits eine prozedurale Regelung der zur „Umsetzung" der Abschlussvereinbarung notwendigen Schritte getroffen werden, zB geregelt werden, wer die Vereinbarung notariell/grundbuchamtlich/registergerichtlich „mit Leben füllt". In diesem Zusammenhang ist es zweckmäßig, dass die Parteien den Mediator bevollmächtigen, mit notwendigerweise einzubeziehenden Dritten wie einem Notar oder Behörden oder Gerichten Kontakt aufzunehmen. Abgesehen werden sollte indes davon, dem Mediator bereits zu Beginn des Mediationsverfahrens eine weitere Vergütung für den Fall des Abschlusses einer Vereinbarung einzuräumen (→ Form. I.T.5 Anm. 25). Denn dadurch gerieten die Ergebnisoffenheit und damit die Neutralität des Mediators hinsichtlich des Ausgangs des Mediationsverfahrens in Gefahr. Es entstünde mindestens der gem. § 1 Abs. 2 und § 2 Abs. 3 S. 1 MediationsG inkriminierte Anschein eines Eigeninteresses des Mediators an dessen Ausgang.

15. Im Hinblick auf die Verantwortung des Mediators für das Mediationsverfahren und das von den Parteien einmal gefundene Ergebnis ist der Abschluss einer auch rechtlich validen Vereinbarung von großer Bedeutung. Auch wenn ein Mediator nicht zwingend rechtlich ausgebildet sein muss, erwachsen den Parteien an dieser Stelle aus einer juristischen Ausbildung des Mediators Vorteile, weil ein solcher Mediator gewährleisten kann, dass die Parteien iRd Abfassens einer Abschlussvereinbarung keine Wirksamkeitsvoraussetzungen, wie Formerfordernisse, übersehen. Hinweise auf derartige rechtliche Aspekte sind dem Mediator nicht untersagt, soweit er sich Regelungsempfehlungen oder Bewertungen der Rechtsstandpunkte enthält (Greger/Unberath/Steffek/*Greger* § 3 Rn. 41).

16. Das Verfahren der Mediation ist in der jüngeren Vergangenheit Gegenstand empirischer Untersuchungen gewesen. So ist nach einer repräsentativen Untersuchung des Instituts für Demoskopie Allensbach die Bevölkerung mehrheitlich der Auffassung, dass sich durch Mediation viele Streitigkeiten beilegen lassen (Schaubild 12 dr lfd. Umfrage von Allensbach, November 2020, Roland Rechtsreport 2021, 21). Gleichwohl soll nicht verkannt werden, dass die tatsächliche Bedeutung von Mediation hinter den mit Inkrafttreten des Mediationsgesetzes verbundenen Erwartungen zurückbleibt. So konnten laut einer Studie des Soldan-Instituts zu anwaltlichen Mediationsmandaten nur 14 % der befragten Rechtsanwälte spürbare Veränderungen seit Erlass des Mediationsgesetzes feststellen (dazu *Kilian/Hoffmann* ZKM 2015, 176). Auch der von der Bundesregierung im Bundestag im Juli 2017 gem. § 8 Abs. 1 MediationsG vorgelegte Evaluationsbericht stellt ein erhebliches Zurückbleiben der Mediation hinter den mit Einführung des Mediationsgesetzes gehegten Hoffnungen fest (Bericht der Bundesregierung über die Auswirkungen des Mediationsgesetzes auf die Entwicklung der Mediation in Deutschland und über die Situation der Aus- und Fortbildung der Mediatoren, Juli 2017; dazu: Fritz/Pielsticker/*Pielsticker*, Teil B Rn. 86 f.).

17. Gem. § 3 Abs. 5 MediationsG ist der Mediator verpflichtet, die Parteien auf Verlangen über seinen fachlichen Hintergrund, seine Ausbildung sowie seine Erfahrung auf dem Gebiet der Mediation zu informieren. Zwar knüpft die Offenbarungspflicht an ein „Verlangen" der Parteien an (Fritz/Pielsticker/*Pielsticker* § 3 Rn. 103; Eidenmüller/Wagner MediationsR/*Eidenmüller* Kap. 4 Rn. 27), jedoch ist es zweckmäßig, ungefragt die entsprechenden Angaben zur Person etwa auf einem Infoblatt oder der Homepage vorzuhalten (vgl. Fritz/Pielsticker/*Pielsticker* § 3 Rn. 105; Hinrichs MediationsG-HdB/*Stoldt* Kap. D 75 ff., D 82). Soweit es sich um einen zertifizierten Mediator handelt, hat dieser den Mediationsparteien auf Verlangen Bescheinigungen über den erfolgreichen Abschluss der Ausbildung im Sinne von § 2 Abs. 6 ZMediatAusbV sowie Bescheinigungen über die erfolgreiche Teilnahme an Fortbildungsveranstaltungen zur Einsicht vorzulegen (Fritz/Pielsticker/*Pielsticker* § 3 Rn. 97, 99, 105 f.).

2. Schreiben Mediator an Parteien nach Erstkontakt

Sehr geehrte . . . . ./sehr geehrter . . . . .,
am . . . . hat mich . . . . . darum gebeten, als Mediator tätig zu werden.[1] Ich gehe davon aus, dass Sie, sehr geehrte/r . . . . ., über die Kontaktaufnahme von . . . . . unterrichtet sind. Sollte dies nicht der Fall sein, bitte ich um Mitteilung, ob Sie mit meinem Tätigwerden als Mediator einverstanden sind.[2]
Ich bin gern bereit, als Mediator tätig zu werden. Damit Sie sich ein Bild über mein „Verständnis" von Mediation machen können, überreiche ich Ihnen ein paar Informationen über Mediation.[3] Selbstverständlich bleibt es Ihnen unbenommen, sich bei Rückfragen mit mir in Verbindung zu setzen. Allerdings bitte ich Sie zu bedenken, dass ich mir vor Beginn der Mediation kein „Vorverständnis" von Ihrem Konflikt verschaffen möchte. Ansonsten könnte ich eine Mediation nicht unvoreingenommen durchführen. Daher werde ich mit Ihnen nicht über Einzelheiten Ihrer Auseinandersetzung mit . . . . . sprechen können. Auch habe ich mich deswegen noch nicht mit . . . . . über die Hintergründe Ihres Konflikts unterhalten.[4]
Mit freundlichen Grüßen
Mediator

Anmerkungen

1. Der Mediator hat gem. § 1 Abs. 2 MediationsG neutral zu sein. Verfahrensmäßig umgesetzt wird diese Neutralitätspflicht insb. vor Beginn eines Mediationsverfahrens durch in § 3 Abs. 2 u. 3 MediationsG geregelte Tätigkeitsverbote. Gem. § 3 Abs. 2 S. 1 MediationsG darf als Mediator nicht tätig werden, wer vor der Mediation in derselben Sache für eine Partei tätig gewesen ist. Um dieselbe Sache in diesem Sinne handelt es sich bei identischem Lebenssachverhalt (Greger/Unberath/Steffek/*Greger* § 3 Rn. 51; HK-MediationsG/*Goltermann* Teil 2 § 3 Rn. 25; Fritz/Pielsticker/*Fritz* § 3 Rn. 45). Von einem Tätigkeitsverbot gem. § 3 Abs. 2 S. 1 MediationsG kann der Mediator auch nicht durch

die Zustimmung der Parteien dispensiert werden. Dies ergibt sich daraus, dass die Möglichkeit eines Dispens gem. § 3 Abs. 4 MediationsG sich lediglich auf das in § 3 Abs. 3 MediationsG vorgesehene Tätigkeitsverbot bezieht. Vor diesem Hintergrund muss der iÜ auch anwaltlich tätige Mediator bei der Kontaktaufnahme eines an einem Mediationsverfahren Interessierten aufpassen, um sich nicht für eine spätere Tätigkeit als Mediator „zu verbrennen". Insbes. ist für den Anwaltsmediator bei einer Kontaktaufnahme typischerweise nicht ersichtlich, ob es sich um die Nachfrage nach einer anwaltlichen Dienstleistung oder nach einer Tätigkeit als Mediator handelt (HK-MediationsG/*Goltermann* Teil 2 § 3 Rn. 26; SLM Mediation/*Monßen* § 2 Rn. 99; ähnlich Fritz/Pielsticker/*Fritz* § 3 Rn. 51). Auch nach begonnenem Mediationsverfahren muss der Mediator sich in der Weise verhalten, dass jeder Anschein der Beeinträchtigung seiner Neutralität vermieden wird. Die Begründung zum Regierungsentwurf eines Mediationsgesetzes (BT-Drs. 17/5335, 16) spricht unmissverständlich und weitgehend davon, dass es nicht nur darauf ankommt, dass der Mediator zu einer neutralen Durchführung der Mediation in der Lage ist:

„Ebenso wichtig ist es, dass sie oder er von den Mediationsparteien als neutral wahrgenommen wird. Dies ist nicht möglich, wenn die Mediatorin oder der Mediator vor der Mediation in derselben Sache für eine Partei tätig war, selbst wenn sich die Tätigkeit darauf beschränkt hat, im Auftrag der Partei Möglichkeiten einer gütlichen Einigung auszuloten. Auch eine solche Tätigkeit setzt regelmäßig voraus, dass eine einseitige Information durch eine der Parteien stattgefunden hat; sie führt dazu, dass die Mediatorin oder der Mediator von der anderen Partei nicht mehr als „unbeschriebenes Blatt" wahrgenommen wird."

Es reicht bereits die Möglichkeit einer Beeinträchtigung seiner Neutralität aus Sicht einer Partei aus (dagegen verfassungsrechtliche Bedenken erhebend Hinrichs MediationsG-HdB/*Zukunft* Kap. D Rn. 47 ff.). Dem entsprechend sieht § 3 Abs. 1 S. 1 MediationsG vor, dass der Mediator den Parteien sämtliche Umstände offen zu legen hat, welche seine Unabhängigkeit und Neutralität beeinträchtigen können. Deshalb hat der Mediator, wenn er mit der jeweils anderen Partei Kontakt aufnimmt, für Transparenz über den Inhalt seines vorherigen Tätigwerdens bzw. seiner von ihm mit der anderen Partei geführten Gespräche zu sorgen. Dies kann neben einer entsprechenden Passage in der Mediationsvereinbarung (→ Form. I.T.5 Anm. 7, 8) mittels des vorgeschlagenen Anschreibens dokumentiert werden.

2. Es sind gem. § 2 Abs. 1 MediationsG die Parteien, welche den Mediator auswählen. Daher bedarf es einer Zustimmung jeder Partei mit einem Tätigwerden des Mediators. Es kann nur davor gewarnt werden, als Mediator „offensiv" um einen Mediationsauftrag zu werben. Dadurch könnte der Eindruck entstehen, der Mediator sei – unter Wahrnehmung der Interessen einer Partei – auf den Erhalt des Mediationsauftrages erpicht, gerade wenn die andere Partei nichts von der Kontaktaufnahme mit dem Mediator wusste. Dann wäre – selbst wenn sich die andere Partei zu einer Beauftragung des Mediators durchringen könnte – die Mediation von vornherein „belastet".

3. → Form. I.T.1. Die Durchführung eines Mediationsverfahrens setzt ein allseitig von Vertrauen getragenes Verhältnis zwischen Mediator und den Parteien voraus. In diesem Sinne müssen Parteien und Mediator „zueinander passen". Da es keine Detailvorgaben an die genaue inhaltliche Ausgestaltung eines Mediationsverfahrens gibt, hängt Einiges von der Haltung des Mediators zu Mediation und dessen „Mediationsverständnis" ab. Möglicherweise erwarten die Parteien eine rechtliche Beratung, die dem Mediator aber untersagt ist, in der Praxis aber teilweise angeboten wird. Etwaige Missverständnisse über Rolle und Aufgabe des Mediators sollten daher bereits an dieser Stelle ausgeräumt oder als solche thematisiert werden.

4. Dem Neutralitätsgebot geschuldet ist es, dass ein Mediator es tunlichst vermeiden sollte, zu Beginn nur mit einer Partei über Einzelheiten des Konfliktes zu sprechen. Zwar würde kein absolutes Tätigkeitsverbot iSv § 3 Abs. 2 S. 1 MediationsG bestehen, wenn ein Rechtsanwalt Sachverhaltsinformationen entgegennimmt, um die Eignung des Konflikts für eine Mediation zu prüfen (vgl. HK-MediationsG/*Goltermann* Teil 2, § 3 Rn. 26; Hinrichs MediationsG-HdB/*Zukunft* Kap. D Rn. 43). Auch sieht § 2 Abs. 3 S. 3 MediationsG die Möglichkeit vor, dass der Mediator im allseitigen Einverständnis getrennte Gespräche mit den Parteien führt. Jedoch knüpft diese Vorschrift an eine bereits begonnene Mediation und eine vorherige Zustimmung der Parteien mit Einzelgesprächen an. Sie betrifft daher nicht „Einzelgespräche", die zeitlich vor Beginn eines Mediationsverfahrens geführt werden. Allerdings ist zu bedenken, dass es sich bei der Mediation um ein auf mündliche Kommunikation gestütztes Verfahren unter Anwesenheit der Parteien handelt. Dies lässt Vorabgespräche mindestens unzweckmäßig erscheinen (ähnlich Hinrichs MediationsG-HdB/*Hinrichs* Kap. C Rn. 221). Des Weiteren sollte angesichts der Mündlichkeit des Verfahrens von einem ausgedehnten Studium von Akten/Schriftsätzen/schriftlicher Korrespondenz abgesehen werden, auch wenn dies teilweise unter dem Rubrum einer „Kurz-Zeit-Mediation" als besonders effizient gepriesen wird (Fritz/Pielsticker/*Fritz* Teil 5, B. Rn. 1 ff.; *Krabbe/Fritz* ZKM 13, 76; Haft/Schlieffen Mediation-HdB/*Krabbe* § 22).

3. Informationsschreiben Rechtsanwalt an Mandant über Möglichkeit der Mediation

Sehr geehrte . . . . ,

sehr geehrter . . . . ,

für die Erteilung des Mandats bedanke ich mich. Ich habe die mir vorliegenden Unterlagen durchgesehen. Danach gelange ich zur folgenden rechtlichen Einschätzung: . . . .[1]

Es besteht die Möglichkeit, den Versuch zu unternehmen, Ihre Auseinandersetzung mit Hilfe eines Mediators einvernehmlich zu lösen.[2] Der Vorteil eines Mediationsverfahrens liegt meines Erachtens darin, dass . . . .[3] Selbstverständlich bin ich gern bereit, Sie in einem Mediationsverfahren anwaltlich zu unterstützen. Dies ist auch deshalb notwendig, weil ein Mediator, selbst wenn es sich dabei um einen Juristen handelt, keine rechtliche Beratung vornehmen darf.[4]

Variante 1 (falls die Gegenseite bereits durch einen Rechtsanwalt vertreten ist):[5]

Sofern Sie damit einverstanden sind, werde ich den für die Gegenseite tätigen Rechtsanwalt/die für die Gegenseite tätige Rechtsanwältin kontaktieren, um auszuloten, ob dieser/diese ebenfalls mit der Durchführung eines Mediationsverfahrens einverstanden ist. Gegebenenfalls werde ich versuchen mit der Gegenseite Einvernehmen über die Person des Mediators/der Mediatorin zu erzielen.

Variante 2 (Gegner ist nicht anwaltlich vertreten):

Um eine Zustimmung von . . . . . zur Durchführung eines Mediationsverfahrens zu befördern, halte ich es für zweckmäßig, dass Sie unmittelbar mit . . . . . Kontakt aufnehmen, um die Möglichkeit der Durchführung eines Mediationsverfahrens zu erörtern.[6]

Möglicherweise gelingt es auf diese Weise, den Konflikt außergerichtlich beizulegen. Selbst wenn aber ein Mediationsverfahren nicht zu Stande kommt, erleiden Sie dadurch keinen rechtlichen Nachteil.[7]

Mit freundlichen Grüßen

Rechtsanwalt/Rechtsanwältin

Anmerkungen

1. An dieser Stelle können rechtliche Ausführungen, wie im Rahmen einer Erstberatung, erfolgen.

2. Zu den vornehmsten Aufgaben eines Rechtsanwaltes gehört es, Mandanten vor Rechtsverlusten zu schützen, rechtsgestaltend, konfliktvermeidend und streitschlichtend zu begleiten, § 1 Abs. 3 BORA (dazu *Greger/v. Münchhausen* Konfliktmanagement § 1 Rn. 6 f., 69; HK-MediationsG/*Hacke* Teil 3 L Rn. 8; SLM Mediation/*Monßen* § 2 Rn. 89). Auch hat das BVerfG (NJW-RR 2007, 1073) entschieden, dass die einverständliche Lösung einer zunächst streitigen Problemlage „auch in einem Rechtsstreit grds. vorzugswürdig gegenüber einer richterlichen Streitentscheidung" ist. Als Organ der Rechtspflege ist gerade ein Rechtsanwalt verpflichtet, einvernehmliche Konfliktlösungsmechanismen wie die Mediation in die Überlegungen einzubeziehen. Dies gilt auch vor dem Hintergrund, dass § 253 Abs. 3 Nr. 1 ZPO vom Kläger bzw. dessen Rechtsanwalt verlangt, in der Klageschrift eine Angabe über die Möglichkeit der Durchführung einer Mediation bzw. etwaige Gründe, die dem entgegenstehen könnten, zu machen. Ein Rechtsanwalt kann aber seriöserweise keine solche Angabe machen, wenn er seinen Mandanten nicht über die Möglichkeit einer Mediation beraten hat. Dies setzt wiederum voraus, dass der Rechtsanwalt über Kenntnisse der Grundzüge eines Mediationsverfahrens verfügt (HK-MediationsG/*Hacke* Teil 3 L Rn. 15). Wie Untersuchungen zeigen (vgl. *Duve/Sattler* AnwBl 2012, 2 ff.), wird sich die anwaltliche Tätigkeit zukünftig aus dem gerichtlichen Forum hin zu Tätigkeiten im Rahmen außergerichtlicher Konfliktlösungsmechanismen entwickeln. Der Gesetzgeber wird diese Entwicklung fördern (vgl. RL 2013/11/EU des Europäischen Parlaments und Rates v. 21.5.2013 über die alternative Beilegung von verbraucherrechtlichen Streitigkeiten (ADR-Richtlinie)) sowie das Verbraucherstreitbeilegungsgesetz (*Braun* VuR 2019, 130; MüKoZPO/*Ulrici*, Anh. 2 zu § 278a, §§ 41 – 43).

3. Unter Beachtung der Vorgaben des § 1 Abs. 3 BORA wird ein Rechtsanwalt seinem Mandanten die Durchführung einer Mediation möglicherweise nahelegen, wenn dieser an einer Fortsetzung seiner persönlichen oder Geschäftsbeziehung mit der anderen Partei interessiert oder faktisch weiter mit ihr verbunden sein wird (vgl. HK-MediationsG/*Hacke* Teil 3 L Rn. 16). In Betracht kommen aber auch taktische Erwägungen, wie diejenige, im Rahmen einer Mediation zu einem für die Partei „günstigeren" Ergebnis als bei streitiger Verhandlung, ggf. unter Einschaltung eines Gerichts zu gelangen (vgl. HK-MediationsG/*Hacke* Teil 3 L Rn. 16). Praktisch von Bedeutung ist dies insb. bei Gesichtspunkten, die über den Streitgegenstand iSd prozessualen Streitgegenstandsbegriffs hinausgehen (HK-MediationsG/*Hacke* Teil 3 L Rn. 15). Diese wären in streitiger Verhandlung unerheblich, in einem Mediationsverfahren jedoch zu beachten, wenn und soweit der fragliche Aspekt auch nur von einer Partei zum „Thema" gemacht wurde (dazu *Lemmel* ZKM 15, 22; *Berlin* ZKM 15, 26).

4. Auf Grund seiner Neutralitätspflicht darf ein juristisch ausgebildeter Mediator keine Rechtsberatung vornehmen. Deshalb wird bei Durchführung eines Mediationsverfahrens die Begleitung durch Parteianwälte nicht überflüssig. Darüber hinaus ist es gerade auch aus Perspektive eines Mediators entlastend, wenn Parteien durch Rechtsanwälte begleitet werden, da die Versuchung der Parteien groß ist, einen Anwaltsmediator um Rechtsrat zu ersuchen. Der Mediator kann dann „elegant" auf die Expertise der Parteianwälte verweisen (SLM Mediation/*Monßen* § 2 Rn. 102).

5. Ist die Gegenseite bereits anwaltlich vertreten, ergibt sich aus § 12 Abs. 1 BORA die Pflicht, mit deren Rechtsanwalt Verbindung aufzunehmen. Gesprächsinhalte sind die

Bereitschaft, ein Mediationsverfahren durchzuführen, die Auswahl der Person des Mediators und die Erklärung des Einverständnisses mit einer anwaltlichen Begleitung in Mediationsterminen. Letzteres ist vor dem Hintergrund notwendig, dass teilweise die Auffassung vertreten wird, auch Rechtsanwälte seien „Dritte" iSv § 2 Abs. 4 MediationsG, so dass diese nur mit Zustimmung aller Parteien an dem Mediationsverfahren teilnehmen dürften (s. HK-MediationsG/*Hacke* Teil 3 L Rn. 27 unter Hinweis auf BT-Drs. 17/5335, 15, sowie Hinrichs MediationsG-HdB/*Hinrichs* Kap. C Rn. 255).

6. Sofern der eigene Mandant mit der Durchführung eines Mediationsverfahrens einverstanden ist, die nicht anwaltlich vertretene Gegenseite sich dazu nicht geäußert hat, empfiehlt sich grds. eine unmittelbare Kontaktaufnahme des eigenen Mandanten mit der Gegenseite. Der Eindruck einer Eskalation, welchen eine Kontaktaufnahme eines Anwalts gegenüber einer nicht anwaltlich vertretenen Partei hervorgerufen kann, darf nicht unterschätzt werden. Insbes. kann eine solche Vorgehensweise zu einer defensiven Haltung gegenüber dem Vorschlag führen, ein Mediationsverfahren zu beginnen. Dabei kann der eigene Mandant durchaus ausführen, er habe sich anwaltlich beraten lassen, wolle aber etwa im Hinblick auf eine weiterhin dauerhafte Geschäftsbeziehung (HK-MediationsG/*Hacke* Teil 3 L Rn. 16) den Versuch unternehmen, im Rahmen eines Mediationsverfahrens zu einer Konfliktlösung zu gelangen.

7. Die Befürchtung, die Möglichkeit einer Beendigung eines Mediationsverfahren vor Zustandekommen einer Abschlussvereinbarung sei für den Mandanten nachteilig, hält einer näheren Betrachtung jedenfalls dann nicht stand, wenn der anwaltliche Berater darauf achtet, etwaige laufende Fristen, wie materiell-rechtliche Ausschlussfristen oder Klagefristen, durch geeignete Maßnahmen zu wahren (HK-MediationsG/*Hacke* Teil 3 L Rn. 15). Auch hat der eigene Mandant auf Grund der Freiwilligkeit des Mediationsverfahrens jederzeit die Möglichkeit, die Mediation abzubrechen. Ferner kann in einem streitigen Verfahren, welches sich an ein ohne Abschlussvereinbarung beendetes Mediationsverfahren anschließt, an die Dynamik und die „Zwischenergebnisse" des vorangegangenen Mediationsverfahrens angeknüpft werden. Insbes. kann ein vorheriges Mediationsverfahren zu einer Erleichterung einer vergleichsweisen Einigung im sich anschließenden streitigen Verfahren beitragen.

4. Gesellschaftsvertragliche Mediationsklausel

Die Gesellschafter verpflichten sich, bei Meinungsverschiedenheiten im Zusammenhang mit der Wirksamkeit dieses Gesellschaftsvertrages oder dessen Durchführung vor der Einleitung eines gerichtlichen Verfahrens ein Mediationsverfahren durchzuführen. Ausgenommen von dieser Verpflichtung sind Verfahren des einstweiligen Rechtsschutzes und selbständige Beweisverfahren.[1] Die Parteien bestimmen hierzu gemeinsam einen Mediator, der im Fall der Nichteinigung über die Person des Mediators von . . . . . benannt werden soll.[2]

Die Mediation hat das Ziel, mit Hilfe eines neutralen Mediators eine interessengerechte Vereinbarung zu erarbeiten, welche die wirtschaftlichen, rechtlichen und persönlichen Gegebenheiten berücksichtigt.

Die Verjährung mediationsgegenständlicher Ansprüche ist für die Dauer des Mediationsverfahrens, beginnend mit der Aufforderung gegenüber den Mediationsparteien, gemeinsam einen Mediator auszuwählen, gehemmt.[3] Die Parteien verzichten für die Dauer des Mediationsverfahrens auf die Anrufung ordentlicher Gerichte. Maßnahmen des einst-

weiligen Rechtsschutzes sowie ein selbständiges Beweisverfahren bleiben hiervon ausgenommen.[4] Die Kosten der Mediation werden hälftig von den Parteien getragen.[5]

Variante: GmbH-Gesellschaftsvertrag[6]

Nach Annahme des Auftrags soll der Mediator unverzüglich allen Gesellschaftern Gelegenheit geben, sich am Mediationsverfahren zu beteiligen, und mit den Parteien das weitere Verfahren festlegen.[7] Die Erhebung von Klagen aus dem Gesellschaftsverhältnis einschließlich Anfechtungs- oder Nichtigkeitsklagen gegen Gesellschafterbeschlüsse, ist – auch für Gesellschafter, welche die Durchführung eines Mediationsverfahrens nicht beantragt haben oder einer Durchführung des Mediationsverfahrens nicht zugestimmt haben – erst zulässig, wenn die Mediation beendet oder gescheitert ist.[8] Für die Dauer eines Mediationsverfahrens ist die Frist zur Erhebung von Klagen, insb. Anfechtungsklagen, gehemmt. Bereits laufende Klageverfahren sind für die Dauer des Mediationsverfahrens auszusetzen.[9] Die Kosten der Mediation trägt die Gesellschaft.[10]

Anmerkungen

1. Es ist deeskalierend, im Gesellschaftsvertrag die Zulässigkeit von gerichtlichen Schritten an den vorherigen Versuch einer außergerichtlichen Konfliktbeilegung zu knüpfen, insb. in Gestalt einer Mediation. Teilweise wird vertreten, dass eine Mediationsklausel einer besonderen Form bedarf, wenn der Vertrag, auf welchen sie sich bezieht, seinerseits formbedürftig ist (*Wagner* BB-Beil. 2/2001, 30 (31)). Dagegen spricht aber, dass Mediationsklauseln mit dem Vertrag, welchen sie in Bezug nehmen, kein einheitliches Rechtsgeschäft bilden (Greger/Unberath/Steffek/*Greger* § 1 Rn. 177). Auch wird man kaum annehmen dürfen, dass nach dem Willen der Parteien die Wirksamkeit des Hauptvertrages von der Wirksamkeit der Mediationsklausel und umgekehrt abhängen soll; diese stehen und fallen nicht miteinander (*Töben* RNotZ 2013, 321 (324)). Es ist sinnvoll, die Zulässigkeit von Verfahren des einstweiligen Rechtsschutzes und selbständige Beweisverfahren nicht an ein vorgängiges Mediationsverfahren zu knüpfen. Aufgrund der Zeitgebundenheit erscheint in derartigen Konstellationen eine Mediation problematisch, insb. weil angesichts der Ergebnisoffenheit nicht sicher deren Erfolg im Sinne einer Abschlussvereinbarung gewährleistet werden kann. Dann würde den Parteien ein Rechtsverlust drohen.

2. Nach § 2 Abs. 1 MediationsG wählen die Parteien den Mediator aus. Ausgehend davon empfiehlt es sich, den Parteien das Initiativrecht zur Benennung eines Mediators einzuräumen. Damit aber die Durchführung eines Mediationsverfahrens nicht daran scheitert, dass sich die Parteien nicht auf die Person des Mediators verständigen können, ist es sinnvoll, diese in einem solchen Fall durch externe Stellen benennen zu lassen (Fritz/Pielsticker/*Pielsticker* § 2 Rn. 8 ff., 12; Eidenmüller/Wagner MediationsR/*Hacke* Kap. 3 Rn. 42). In Betracht kommen bspw. die Deutsche Institution für Schiedsgerichtsbarkeit eV (DIS), (soweit vorhanden) Mediationsstellen einer Industrie- und Handelskammer oder private Vereine wie med.iatori e. V. (Deutsche Schiedsstelle im Medizinrecht e. V.). Teilweise werden in der Lit. umfangreiche Regularien für parteiinterne Benennungsverfahren mit Vorschlags- und Gegenvorschlagsrecht vorgesehen (vgl. *Töben* RNotZ 2013, 321 (325 f.)). Derartige Regelungen dürften aber zeitaufwendig und aufgrund hoher formeller Anforderungen mit praktischen Schwierigkeiten verbunden sein. Die hier vorgeschlagene Klausel zur Auswahl eines Mediators kann angereichert werden durch Vorgaben betreffend Qualifikation und räumliche Nähe des Mediators zu den Parteien (vgl. *Töben* RNotZ 2013, 321 (326 f.)).

3. Unstreitig ist, dass Verhandlungen im Rahmen der Mediation den Lauf der Verjährungsfrist gem. § 203 S. 1 BGB hemmen. Demgegenüber ist zweifelhaft, ob eine

Hemmung auch eintritt, wenn ein Vertragspartner die Durchführung eines Mediationsverfahrens ablehnt. Daher sollte die Hemmung des Laufs der Verjährungsfrist nicht erst an die Durchführung oder die Dauer des Mediationsverfahrens anknüpfen, sondern bereits an den Zugang einer Aufforderung zur Auswahl eines gemeinsamen Mediators. § 202 Abs. 2 BGB lässt sich insoweit im Umkehrschluss die Zulässigkeit einer Modifikation von § 203 S. 1 BGB entnehmen (*Töben* RNotZ 2013, 321 (331); Eidenmüller/Wagner MediationsR/*Wagner* Kap. 2 Rn. 23).

4. Um die Neigung der Parteien zu erhöhen, im Konfliktfall die Mediationsklausel zu beachten, muss prozessvertraglich dafür Sorge getragen werden, dass zum einen bis zur Durchführung, zum anderen für die Dauer des Mediationsverfahrens die Anrufung ordentlicher Gerichte unterbleibt. Dabei handelt es sich um einen dilatorischen Klageverzicht, welcher nach der Rspr. des BGH zulässig ist (BGH NJW 1999, 647). Erhebt eine Partei gleichwohl Klage, muss das angerufene Gericht die Klage nach entsprechender Erhebung der Einrede des dilatorischen Klageverzichts als zurzeit unzulässig abweisen (BGH NJW-RR 1989, 1048 (1049); NJW 1999, 647 (648); *Unberath* NJW 2011, 1320 (1321 f.)). Auch wenn Maßnahmen einstweiligen Rechtsschutzes von einem dilatorischen Klageverzicht unberührt bleiben (Greger/Unberath/Steffek/*Greger* § 1 Rn. 166, 209), ist es sinnvoll, dies klarstellend festzuhalten und diese deklaratorische Regelung auch auf ein selbständiges Beweisverfahren iSv § 485 ZPO zu erstrecken (*Töben* RNotZ 2013, 321 (332)). Anderenfalls könnte sich eine Partei aus der Sorge vor Rechtsverlust gezwungen sehen, der Durchführung eines Mediationsverfahrens entgegenzutreten.

5. Eine gesellschaftsvertragliche Mediationsklausel kann auch eine Regelung über die Tragung der Kosten für die Einschaltung des Mediators enthalten. Allerdings wird im Rahmen einer mit dem Mediator zu schließenden Mediationsvereinbarung (→ Form. I. T.5 Anm. 27) eine Kostenverteilungsregelung zu treffen sein. Deshalb ist an dieser Stelle die Vereinbarung einer Kostentragung nicht zwingend notwendig (vgl. *Töben* RNotZ 2013, 321 (332)).

6. Die Satzung einer Gesellschaft mit beschränkter Haftung bedarf gem. § 2 Abs. 1 S. 1 GmbHG der notariellen Beurkundung. Demgegenüber reicht für den Abschluss einer Schiedsvereinbarung gem. § 1031 Abs. 1 ZPO die Schriftform. Soll aber eine Schiedsklausel als materieller Satzungsbestandteil nicht nur gegenüber gegenwärtigen, sondern auch gegenüber zukünftigen Gesellschaftern Geltung erlangen, bedarf es ihrer Mitbeurkundung als materieller Satzungsbestandteil (Baumbach/Hueck/*Fastrich* GmbHG 22. Aufl. 2019 § 2 Rn. 12 und § 3 Rn. 25; *Hauschild/Böttcher* DNotZ 2012, 577 (592)). Diese Auffassung ist übertragbar auf Mediationsklauseln, soweit diese als kooperativer Satzungsbestandteil auch gegenüber künftigen Gesellschaftern wirken sollen. Etwas anderes ergibt sich nicht aus der Rspr. des BGH (zuletzt BeckRS 2014, 16618), wonach eine in Zusammenhang mit einem formbedürftigen Rechtsgeschäft abgeschlossene Schiedsvereinbarung ihrerseits nicht formbedürftig ist, wenn sie unabhängig von der Wirksamkeit des Hauptvertrages gelten soll. Der BGH knüpft seine Argumentation an die Kompetenz des Schiedsgerichts an, auch über die Wirksamkeit des Hauptvertrages zu entscheiden. Eine derartige Entscheidungsbefugnis hat der Mediator gem. § 1 Abs. 2 MediationsG indes nicht („ohne Entscheidungsbefugnis"). Aus dem Umstand, dass die Wirksamkeit des Hauptvertrags von den Parteien zum Gegenstand der Mediation gemacht werden kann, lässt sich kein anderes Ergebnis ableiten (aA *Töben* RNotZ 2013, 321 (324)). Angesichts dessen sollte eine Mediationsklausel in einem GmbH-Gesellschaftsvertrag vorsorglich mitbeurkundet werden, wenn sie sich auch auf künftige Gesellschafter erstrecken soll. Verweist der GmbH-Gesellschaftsvertrag hingegen dynamisch auf eine externe Mediationsordnung, ist diese nicht von der Beurkundungspflicht erfasst (*Töben* RNotZ 2013, 321 (324)). Insoweit gelten die gleichen Grundsätze wie bei dynamischen Verweisungen auf Schiedsordnungen, zB der DIS (OLG München DNotZ 2014, 206; *Hauschild/Böttcher* DNotZ 2012, 577 (593); BeckOK ZPO/*Wolf/Eslami*, 39. Ed. 1.12.2020,ZPO § 1066 Rn. 5.1; aA *Kindler* NZG 2014, 961 (965 f.); BeckNotar-HdB/*Mayer/Weiler* GmbH 6. Aufl. 2015 Kap. D.I. Rn. 181).

7. Nach GmbH-Beschlussmängelrecht können Anfechtungs- und Nichtigkeitsklagen von jedem Gesellschafter erhoben werden (Baumbach/Hueck/*Zöllner* GmbHG Anh. § 47 Rn. 68, 136). Aufgrund dessen ist es notwendig, allen Gesellschaftern die Möglichkeit zu geben, sich an einem Mediationsverfahren zu beteiligen. Eine Mediationsklausel, welche dies nicht vorsieht, wäre zwar nicht unwirksam, ein sich auf diese Klausel stützendes Verfahren würde jedoch im Ergebnis keine Bindung der sich daran nicht beteiligenden Gesellschafter bewirken. Die Möglichkeit einer Beteiligung aller Gesellschafter muss daher prozedural abgesichert werden (vgl. *Schröder* GmbHR 2014, 960 (962)).

8. Insbes. bei Kapitalgesellschaften wie einer GmbH gelten detaillierte beschlussmängelrechtliche Regelungen, §§ 241 ff. AktG (analog). Jeder Gesellschafter kann die Nichtigkeit eines Beschlusses geltend machen (Baumbach/Hueck/*Zöllner/Noack* GmbHG Anh. § 47 Rn. 68, 136). Soweit sich die Mediation auch auf Beschlussmängelstreitigkeiten erstrecken soll, ist es notwendig, einen dilatorischen Klageverzicht auch für Gesellschafter vorzusehen, die sich am Mediationsverfahren nicht beteiligen (möchten). Anderenfalls bestünde die Möglichkeit, eine Mediation durch parallele gerichtliche Schritte anderer Gesellschafter zu „torpedieren“. Zu Recht wird daher darauf hingewiesen, dass sich die Mediation „eher für kleine Gesellschaften“ eigne (*Töben* RNotZ 2013, 321 (335)).

9. Die Regelung der Hemmung der nach der „Leitbildbildfunktion“ von § 246 AktG grds. einzuhaltenden einmonatigen Anfechtungsfrist (BGHZ 111, 224 (226); Baumbach/Hueck/*Zöllner/Noack* GmbHG Anh. § 47 Rn. 145) ist als Kehrseite der Vereinbarung eines dilatorischen Klageverzichts auch für solche anfechtungswillige Gesellschafter zu sehen, die sich nicht an einer Mediation beteiligen (möchten). Ohne eine derartige „Verzahnung“ stünde die Wirksamkeit einer Erstreckung des dilatorischen Klageverzichts infrage (vgl. auch Baumbach/Hueck/*Zöllner/Noack* GmbHG Anh. § 47 Rn. 43).

10. Im Hinblick auf die durch eine Mediation herbeizuführende erga-omnes-Wirkung, welche nicht zuletzt im Interesse der Gesellschaft an einer rechtssicheren, befriedenden Konfliktlösung liegt, erscheint es naheliegend, die Kosten des Mediationsverfahrens der Gesellschaft aufzuerlegen. Eine Aufteilung der Kosten der Mediation auf die beteiligten Parteien ist aber ebenfalls möglich. Zu den Kosten der Medikation gehören ausschließlich die Kosten des Mediators bzw. eines Co-Mediators, nicht jedoch die Kosten etwaig beteiligter Parteianwälte.

5. Mediationsvereinbarung

Mediationsvereinbarung[1]
zwischen[2]
1. Name, Anschrift (Mediationspartei 1), vertreten durch Rechtsanwalt . . . . .[3] **und**
2. Name, Anschrift (Mediationspartei 2)
Variante: Mediationspartei ist Gesellschaft/Institution etc[4]
und
3. Mediator/-in: Name, Anschrift Zwischen den vorgenannten Vertragsparteien wird folgende Vereinbarung geschlossen:

I. Präambel

Mediationspartei 1 ist . . . . . Mediationspartei 2 ist . . . . . Der zwischen den Mediationsparteien aufgetretene Konflikt hat sie veranlasst, mit dem Mediator ein Mediationsverfahren durchzuführen, um den Versuch zu unternehmen, den Konflikt einvernehmlich zu lösen. Zu diesem Zweck wird der Mediator gebeten, ein Mediationsverfahren durchzuführen.[5]

II. Rolle des Mediators

Die Mediationsparteien verfolgen das Ziel, mit Unterstützung des Mediators eine möglichst eigenverantwortliche Konfliktlösung zu erreichen. Ihnen ist bekannt, dass der Mediator keine Entscheidungskompetenz besitzt, sondern neutral die Suche nach einer interessengerechten Konfliktlösung unterstützt.[6] Der Mediator erklärt, dass keine Umstände vorliegen, die seine Unabhängigkeit und Neutralität beeinträchtigen können.[7]

Der Mediator hat die Mediationsparteien darüber informiert, dass er . . . . . Nach seiner Überzeugung entstehen daraus keine Gründe für eine Beeinträchtigung seiner Unabhängigkeit und Neutralität. Auf die Bedeutung von § 3 Abs. 1 MediationsG hat er die Parteien hingewiesen. Sie erklären in Kenntnis dessen ausdrücklich ihre Zustimmung zur Durchführung der Mediation durch den Mediator, insbesondere, dass sie seine Unabhängigkeit und Neutralität ebenfalls nicht beeinträchtigt sehen.[8]

Die Gespräche finden regelmäßig gemeinsam statt.

Die Parteien sind damit einverstanden, dass der Mediator bei Bedarf auch vertrauliche Einzelgespräche mit einer Partei führen kann.[9] Ihnen ist bekannt und bewusst, dass der anwaltliche Mediator aufgrund seiner Neutralität keine rechtliche Beratung vornehmen wird.[10] Es steht im Ermessen der Mediationsparteien, ob sie die Mediation in Begleitung ihrer Anwälte durchführen oder externen anwaltlichen Rat einzuholen.[11] Der Ablauf der Mediation im Einzelnen wird von den Mediationsparteien und dem Mediator im Einvernehmen festgelegt.[12]

Die Parteien sind damit einverstanden, dass der Mediator bei Bedarf Online-Kommunikationsmittel (insbesondere Videokonferenzlösungen; Internettelefonie) verwendet.[13]

III. Verhandlungsstil

Die Mediationsparteien verpflichten sich, die Mediation durch einen von Fairness, Offenheit und gegenseitigen Respekt geprägten Verhandlungsstil zu fördern. Dazu gehört insb. die Bereitschaft, diejenigen Informationen offen zu legen, welche eine Konfliktbeilegung fördern können.[14]

IV. Vertraulichkeit

Alle Beteiligten verpflichten sich, über den Ablauf der Mediation und die in ihr abgegebenen Erklärungen (Mediationsinterna) Verschwiegenheit zu wahren und insb. diese nicht in einem gerichtlichen oder schiedsgerichtlichen Verfahren gegeneinander zu verwenden. Für jeden Fall der Zuwiderhandlung gegen dieses Verschwiegenheitsverpflichtung wird eine Vertragsstrafe iHv . . . . . EUR (in Worten: . . . . . EUR) verwirkt.[15] Der Mediator verpflichtet sich darüber hinaus, Informationen, die nur ihm im Vertrauen von einem Beteiligten zugänglich gemacht wurden, entsprechend vertraulich zu behandeln.[16] In einem gerichtlichen oder schiedsgerichtlichen Verfahren wird kein Beteiligter einen anderen Beteiligten als Zeugen über vertrauliche Inhalte des Mediationsverfahrens benennen oder den Mediator von seiner Verschwiegenheitspflicht entbinden.[17]

V. Gerichtsverfahren

Die Mediationsparteien verpflichten sich, während des laufenden Mediationsverfahrens keine gerichtlichen Schritte gegeneinander einzuleiten.[18] Hiervon ausgenommen sind Rechtsbehelfe, die zur Wahrung von Rechtspositionen (zB zur Wahrung einer Ausschlussfrist) geboten sind, sowie Maßnahmen des einstweiligen Rechtsschutzes und des selbständigen Beweisverfahrens.[19] Die Mediationsparteien verpflichten sich, etwaige gerichtliche Verfahren während der Dauer des Mediationsverfahrens nicht weiter zu betreiben, das Ruhen des Verfahrens zu beantragen und keine weiteren konfliktverschärfenden Maßnahmen zu ergreifen.[22]

Die Parteien verzichten auf die Erhebung der Einrede der Verjährung, soweit etwaige Ansprüche nicht bereits vor Beginn des Mediationsverfahrens verjährt sind.[20]

Ist die Mediation beendet oder gescheitert, stellt der Mediator auf Antrag einer Partei den Zeitpunkt der Beendigung iSv § 203 BGB verbindlich für alle Parteien fest.[21]

VI. Freiwilligkeit

Die Mediation kann von den Beteiligten jederzeit ohne Angabe von Gründen beendet werden.[23]

VII. Mediationsergebnis

Wenn die Mediationsparteien zu einer einvernehmlichen Konfliktlösung finden, wird der Mediator das Ergebnis der Mediation auf Wunsch der Mediationsparteien zu Beweiszwecken schriftlich dokumentieren und von diesen unterzeichnen lassen.[24] Sollten noch Schritte zur rechtsverbindlichen Umsetzung des Mediationsergebnisses erforderlich sein, werden die Mediationsparteien die entsprechenden Handlungen vornehmen bzw. eine entsprechende Beratung durch ihre Anwälte in Anspruch nehmen.[25]

VIII. Vergütung

Der Mediator erhält für die Durchführung des Mediationsverfahren (Besprechungen/ Vor- und Nachbereitungszeit, Telefonate) eine Vergütung iHv . . . . . EUR je Stunde zzgl. gesetzlicher Umsatzsteuer von derzeit . . . . . %.[26] Die Abrechnung erfolgt im 6-Minutentakt, das bedeutet, dass angefangene Stunden lediglich anteilig berechnet werden.[27]

Macht der Mediator zur Durchführung des Mediationsverfahrens den Umständen nach angemessene Aufwendungen (Reisekosten, Raummiete etc), sind die Mediationsparteien zum Ersatz verpflichtet. Reisezeit wird mit dem hälftigen Stundensatz in Rechnung gestellt.

Die Kosten des Mediationsverfahrens werden von den Mediationsparteien zu gleichen Teilen getragen.[28] Im Verhältnis zum Mediator haften die Parteien dessen ungeachtet als Gesamtschuldner: Gesamtschuldner bedeutet, dass sie den Vergütungsanspruch nur einmal schulden, der Mediator seinen Vergütungsanspruch jedoch gegen jeden Einzelnen in voller Höhe geltend machen kann.[29]

Im Innenverhältnis sind sich die Mediationsparteien einig, dass Mediationspartei 1/ Mediationspartei 2 den Vergütungsanspruch des Mediators erfüllt.[30]

Für den Fall, dass eine Mediationspartei ohne vorherige Absage nicht zu einem vereinbarten Mediationstermin erscheint, hat sie dem Mediator die insoweit zustehende Vergütung alleine zu zahlen. Die Absage hat spätestens einen Tag vor dem anberaumten Mediationstermin zu erfolgen.[31]

IX. Salvatorische Klausel

Sollten einzelne Bestimmungen dieser Vereinbarung nichtig sein oder werden, gilt diejenige Bestimmung als vereinbart, welche dem von den Beteiligten Gewollten am nächsten kommt. Gleiches gilt für etwaige Lücken. Die Unwirksamkeit oder Lückenhaftigkeit einzelner Bestimmungen berührt die Wirksamkeit der übrigen Vereinbarung nicht.

Ort, Datum

....

Unterschriften Mediationsparteien 1 und 2 und Mediator

sowie im Hinblick auf die vereinbarte Vertraulichkeit:[32]

....

Rechtsanwalt/Vertreter mit Abschlusskompetenz[33]

Anmerkungen

1. Im Rahmen der ersten Phase eines Mediationsverfahrens, der sog Vorbereitungsphase, legen die Parteien und der Mediator die Rahmenbedingungen der Mediation in einer schriftlichen Vereinbarung verbindlich fest, der Mediationsvereinbarung. Die Diktion geht hier teilweise auseinander, so sprechen manche (wie Greger/Unberath/Steffek/*Unberath* § 2 Rn. 1, 33 ff.), von Mediatorvertrag. Mit dieser Begrifflichkeit kommt aber der mehrseitige Charakter der Vereinbarung nicht hinreichend zum Ausdruck (vgl. Fritz/Pielsticker/*Pielsticker* § 1 Rn. 17: Mediatorenvertrag als Bestandteil der umfassenderen Mediationsvereinbarung). Auch wenn das Mediationsgesetz hinsichtlich des Abschlusses einer Mediationsvereinbarung keine besondere Form bestimmt (vgl. Greger/Unberath/Steffek/*Unberath* § 2 Rn. 53), empfiehlt es sich, eine auf die Parteien zugeschnittene Vereinbarung zu treffen, um auf diese Weise etwaige Fehlvorstellungen der Parteien betreffend das Mediationsverfahren auszuräumen. Ferner ist der Abschluss einer Mediationsvereinbarung der erste einvernehmliche, in seinem symbolischen Gehalt nicht zu unterschätzende Schritt der sich konfrontativ gegenüberstehenden Parteien zur gemeinsamen Lösung ihres Konflikts. Der Abschluss einer Mediationsvereinbarung bringt den Willen zu einer einvernehmlichen Lösung des Konfliktes zum Ausdruck und verdeutlicht den Unterschied zu einem kontradiktorischen Verfahren. Ohne dass der Abschluss einer Mediationsvereinbarung „überhöht" werden sollte, kann eine gemeinsame Unterzeichnung des Vertrages die Parteien positiv bestärken. Ein kluger Mediator wird darauf im Verlaufe der Mediation zurückkommen.

2. Die Mediationsvereinbarung ist nicht lediglich eine Vereinbarung der Konditionen des Tätigwerdens zwischen den Parteien und dem Mediator, sondern eine mehrseitige, alle Beteiligten, also die Mediationsparteien, etwaig beauftragte Rechtsanwälte und den Mediator berechtigende und verpflichtende vertragliche Vereinbarung (Greger/Unberath/Steffek/*Unberath* § 2 Rn. 33; SLM Mediation/*Lapp* § 5 Rn. 380; aA in Bezug auf Rechtsanwälte: Eidenmüller/Wagner MediationsR/*Eidenmüller* Kap. 4 Rn. 15).

3. Soweit eine Partei auch durch einen Rechtsanwalt vertreten wird, ist dieser ebenfalls in das Rubrum der Mediationsvereinbarung aufzunehmen. Dies gilt unabhängig davon, ob die Mediationsparteien mit einer Teilnahme von Rechtsanwälten am Mediationsverfahren einverstanden sind. Selbst bei fehlendem Einverständnis und daher nach teilweise vertretener Auffassung (vgl. HK-MediationsG/*Gläßer* Teil 2, § 2 Rn. 161) gem. § 2 Abs. 3 MediationsG rechtlich unzulässiger Teilnahme eines Rechtsanwalts, ist es sinnvoll, einen bereits mandatierten Rechtsanwalt im Hinblick auf Mediationsinterna neben § 43a Abs. 2 BRAO auch kraft Mediationsvereinbarung ausdrücklich zur Verschwiegenheit zu verpflichten (vgl. Greger/Unberath/Steffek/*Unberath* § 4 Rn. 77; HK-MediationsG/*Goltermann* Teil 2 § 4 Rn. 22).

4. Handelt es sich bei einer oder allen Mediationsparteien nicht um geschäftsfähige Naturalparteien, sondern um Institutionen, Gesellschaften, Unternehmen mit eigener Rechtspersönlichkeit, ist die Mediationsvereinbarung nicht alleine zwischen diesen zu schließen. Vielmehr sind auch diejenigen Beteiligten zu Parteien der Mediationsvereinbarung zu machen, welche entweder auf Grund ihrer Sachkunde oder auf Grund rechtlicher Kompetenzen (zB Organe von Gesellschaften wie Geschäftsführer oder Vorstand) in das Verfahren einzubeziehen sind (HK-MediationsG/*Hacke* Teil 3 L Rn. 27; Eidenmüller/Wagner MediationsR/*Eidenmüller* Kap. 5 Rn. 23). Dies gilt insb. im Hinblick auf eine möglicherweise am Ende des Mediationsverfahrens zu treffende Abschlussvereinbarung, die von den (rechtlich) dazu Befugten geschlossen werden muss, um Rechtsverbindlichkeit zu erlangen. Lässt der Mediator dies als derjenige, welcher das Verfahren der Mediation begleitet, unbeachtet, könnte am Ende eines Mediationsverfahrens die ganze Mediation „platzen". Eine solche Unachtsamkeit stellte eine Pflichtverletzung des Mediators dar, welche ihn gem. § 280 Abs. 1 BGB zum Schadenersatz verpflichten würde (vgl. zu den Pflichten eines Mediators und dessen Haftung: HK-MediationsG/*Lilja/von Lucius/Tietz* Teil 1 Art. 2 Rn. 85 ff.; HK-MediationsG/*Gläßer* Teil 2 § 2 Rn. 26 ff.).

5. In der Präambel werden die Mediationsparteien vorgestellt, ohne damit aber eine Konkretisierung des Konfliktes iE vorzunehmen, um nicht den weiteren Phasen der Mediation wie Themensammlung etc (→ Form. I.T.1 Anm. 9 ff.) vorzugreifen. Darüber hinaus ist die Präambel Ausdruck der einvernehmlichen Auswahl des Mediators durch die Parteien.

6. Wichtiger Bestandteil einer Mediationsvereinbarung ist die Beschreibung der Aufgaben und der Rolle des Mediators, um etwaigen Fehlvorstellungen der Mediationsparteien vorzubeugen. Durch die von ihm zur Verfügung gestellte Mediationsvereinbarung wird der Mediator seiner Verpflichtung gem. § 2 Abs. 2 MediationsG gerecht, die Parteien auf den Inhalt und die Struktur des Mediationsverfahrens hinzuweisen (dazu Greger/Unberath/Steffek/*Unberath* § 2 Rn. 9 ff.; Fritz/Pielsticker/*Pielsticker* § 2 Rn. 75 ff.). Auch dient der Hinweis darauf, dass der Mediator keine Entscheidungsbefugnis besitzt, dazu, den Konfliktlösungsmechanismus der Mediation von einer Schlichtung oder einem Schiedsverfahren abzugrenzen.

7. Der Mediator ist gem. § 3 Abs. 1 S. 1 MediationsG gehalten, gegenüber den Mediationsparteien Umstände offenzulegen, die seine Unabhängigkeit und Neutralität beeinträchtigen können. Dadurch soll es den Parteien ermöglicht werden, den Mediator von einem bestehenden relativen Tätigkeitsverbot zu dispensieren. Es muss keine Beeinträchtigung vorliegen, es genügt, dass eine Beeinträchtigung aus subjektiver Sicht auch nur einer Mediationspartei in Betracht kommen kann. Die Schwelle ist sehr niedrig (Fritz/Pielsticker/*Fritz* § 3 Rn. 10 f.; aA Eidenmüller/Wagner MediationsR/*Eidenmüller* Kap. 4 Rn. 22, der einen objektiven Maßstab anlegt). Die vorgeschlagene Formulierung ist nicht zwingend, da in dieser Konstellation keine ein relatives Tätigkeitsverbot begründenden Umstände vorliegen, bewirkt aber eine Selbstüberprüfung des Mediators, ob die sehr weitgehenden Voraussetzungen eines Tätigkeitsverbotes erfüllt sind (vgl. auch Hinrichs MediationsG-HdB/*Hinrichs* Kap. C Rn. 88).

8. Diese an *Pielsticker* (Fritz/Pielsticker/*Pielsticker* § 3 Rn. 109) angelehnte Formulierung ist zu Dokumentationszwecken sinnvoll, wenn die Parteien nach Offenbarung der ein relatives Tätigkeitsverbot gem. § 3 Abs. 1, Abs. 4 MediationsG begründenden Umstände gleichwohl ein Tätigwerden des Mediators wünschen (Fritz/Pielsticker/*Pielsticker* § 3 Rn. 37; Hinrichs MediationsG-HdB/*Hinrichs* Kap. C Rn. 88 und Kap. D Rn. 26). Bei der detaillierten Angabe der Umstände, die die Unabhängigkeit und Neutralität des Mediators beeinträchtigen können, wird ein anwaltlich tätiger Mediator allerdings die Schweigepflicht gegenüber seinen früheren Mandanten § 43a Abs. 2 S. 2 BRAO, zu berücksichtigen haben.

9. Ungeachtet seiner Neutralitätspflicht bleibt es dem Mediator unbenommen, nach seinem Ermessen Einzelgespräche mit den Mediationsparteien zu führen. Derartige „getrennte Gespräche" iSv § 2 Abs. 3 S. 3 MediationsG setzen allerdings das Einverständnis der Parteien voraus. Damit nicht die Mediation in ihrem Verlauf durch Diskussionen über die Notwendigkeit von Einzelgesprächen und die Frage der Einholung eines Einverständnisses im Einzelfall „belastet" wird, empfiehlt es sich, das Einverständnis aller Parteien bereits im Rahmen der Mediationsvereinbarung einzuholen. Einzelgespräche können insb. sinnvoll sein, wenn es um Fragen der sog Beziehungsebene geht oder wenn der Mediator das Gefühl hat, eine Partei könne sich im Beisein der anderen Partei nicht „öffnen". Wichtig ist aber, dass der Mediator in jedem Fall mit beiden Parteien ein Einzelgespräch führt und es nicht bei einem Einzelgespräch mit einer Seite belässt. Anderenfalls liefe der Mediator Gefahr, den Anschein einer Parteilichkeit bei den Mediationsparteien zu erwecken (vgl. zu den weiteren Risiken: HK-MediationsG/*Gläßer* Teil 2 § 2 Rn. 151). Auch darf ein Mediator ihm offenbarte Informationen nur mit Zustimmung der Parteien weitergeben (Fritz/Pielsticker/*Fritz* § 2 Rn. 127; Eidenmüller/Wagner MediationsR/*Eidenmüller* Kap. 4 Rn. 68 ff., meint sogar, überwiegend sei die Vereinbarung der Nicht-Vertraulichkeit von Einzelgesprächen empfehlenswert).

10. Ebenfalls Ausfluss der Neutralitätspflicht und der Allparteilichkeit eines Mediators ist es, dass er weder eine noch beide Parteien rechtlich beraten darf. Darauf sollte gerade ein auch anwaltlich tätiger Mediator im Rahmen der Mediationsvereinbarung hinweisen, da dieser ansonsten bei den Parteien möglicherweise den falschen Eindruck bestärkt, sowohl rechtliche Beratung als auch Konfliktlösung mittels Mediation gewissermaßen „aus einer Hand" zu gewähren. Eine (auch von § 2 Abs. 2 Nr. 4 RDG nicht gedeckte) unerlaubte rechtliche Beratung liegt vor, wenn der Mediator, über eine allgemeine Darstellung rechtlicher und tatsächlicher Handlungsoptionen hinausgehend, durch rechtliche Regelungsempfehlungen in die Gespräche der Beteiligten eingreift. Dann liegt eine Schlichtung vor. Hingegen sind bloße Anregungen und Hinweise im Sinne von Denkanstößen, um die Kreativität der Parteien beispielsweise im Rahmen der Ermittlung von Lösungsoptionen anzuregen, statthaft und können helfen, „Denkblockaden" aufzulösen (Greger/Unberath/Steffek/*Greger* B. § 1 Rn. 41). Ein darüber hinausgehendes Verhalten eines Mediators hält sich auch nicht im Rahmen der Methodenfreiheit. Vor dem Hintergrund der gesetzlichen Definition der Grundprinzipien von Mediation ist dies irreführend (*Greger* ZKM 2016, 184 f.) und geeignet, das Vertrauen der Parteien in die Allparteilichkeit des Mediators zu zerstören (*Trenczek* ZKM 2016, 230 (231)). Außerdem stünde anwaltliches Berufsrecht (§§ 3 BORA, 43a Abs. 4 BRAO) einem derartigen Gebaren entgegen (zutr. Hinrichs MediationsG-HdB/*Hinrichs* Kap. C Rn. 64 ff., Kap. C Rn. 282; aA Hinrichs MediationsG-HdB/*Zukunft* Kap. D Rn. 35, Kap. D Rn. 41). Nicht anwaltlich tätigen Mediatoren ist die Erbringung von Rechtsdienstleistungen ohnehin durch §§ 2 Abs. 1, 3 RDG untersagt (Hinrichs MediationsG-HdB/*Hinrichs* Kap. B Rn. 45 f.).

11. Der Mediator ist verpflichtet, die Parteien auf die Möglichkeit einer Hinzuziehung externer Berater hinzuweisen, speziell für den Fall einer Abschlussvereinbarung sieht dies § 2 Abs. 6 S. 2 MediationsG vor. Dass ein entsprechender Hinweis erfolgt ist, kann durch Aufnahme der vorgeschlagenen Klausel in die Mediationsvereinbarung dokumentiert werden (vgl. Nr. 8 des Musters bei Fritz/Pielsticker/*Pielsticker* § 2 Rn. 205; Hinrichs MediationsG-HdB/*Hinrichs* Kap. C Rn. 43, Kap. C Rn. 287 f.). Überdies dürfen Dritte gem. § 2 Abs. 4 MediationsG nur mit Zustimmung aller Parteien in die Mediation einbezogen werden. Daraus entnehmen einige Stimmen der Lit., dass Mediationsparteien von Rechtsanwälten nur im allseitigen Einverständnis begleitet werden dürfen (vgl. HK-MediationsG/*Gläßer* Teil 2 § 2 Rn. 161; HK-MediationsG/*Hacke* Teil 3 L Rn. 27; Eidenmüller/Wagner MediationsR/*Eidenmüller* Kap. 5 Rn. 24). Zur Vermeidung einer „Belastung" der Mediation mit einer Diskussion um eine Teilnahme von Rechtsanwälten, sollte diese Frage im Rahmen der Mediationsvereinbarung geklärt werden. Klar sollte auch sein, dass es nur um eine Begleitung der anwesenden Mediationsparteien geht, nicht jedoch um eine Vertretung bei Abwesenheit der Parteien. Die Durchführung einer Mediation in Abwesenheit der Parteien, alleine vertreten durch Rechtsanwälte, ist mit der Grundidee der Mediation als einer auf Kommunikation gestützten eigenverantwortlichen Erarbeitung einer Konfliktlösung nicht vereinbar.

12. Es ist vornehmste Aufgabe des Mediators, die Parteien durch das Mediationsverfahren zu führen und dabei für ein strukturiertes Verfahren zu sorgen. Unbeschadet dessen wird der Mediator die Parteien bei Festlegung des Ablaufs der Mediation iE, also innerhalb der einzelnen Verfahrensphasen, einbeziehen. Dies gehört zu der einem Mediationsverfahren immanenten Idee einer von den Parteien getragenen Konfliktlösung.

13. Eine Mediation kann ganz oder teilweise unter Einsatz von elektronischen Kommunikationsmitteln, zB rein textbasiert oder audiovisuell (insbesondere Internettelefonie; Videokonferenzlösungen) durchgeführt werden. Diese auch als Online-Mediation bezeichnete Vorgehensweise (Fritz/Pielsticker/*Sturm*, Teil 5, Rn. 8) sollte als Möglichkeit in der Mediationsvereinbarung angesprochen werden. Denn die mit einer (teilweise) onlinebasierten Durchführung einer Mediation einhergehenden Vorteile (Ortsunabhängigkeit; Einbeziehung von Dritten; dazu Fritz/Pielsticker/*Sturm*, Teil 5, Rn. 15 ff.) können etwaige aus gegenüber einem Präsenztermin womöglich eingeschränkte Erkenntnismöglichkeiten resultierende Nachteile (s. o. → Form. I.T.1 Anm. 4) überwiegen. Dies ist mit den Mediationsparteien ebenso zu erörtern wie etwaige technische Abläufe (Fritz/Pielsticker/*Sturm*, Teil 5, Rn. 59 f.).

14. Es steht im Belieben des jeweiligen Mediators, ob er in einer gesonderten Vereinbarung „Spielregeln der Mediation" festhalten lässt (→ Form. I.T.6). Für den Fall, dass ein Mediator von der gesonderten Vereinbarung von Spielregeln absehen möchte, empfiehlt es sich, zumindest im Rahmen der Mediationsvereinbarung die Parteien auf einen bestimmten Verhandlungsstil festzulegen, um bereits zu Beginn des Mediationsverfahrens die Notwendigkeit einer der Strukturierung des Kommunikationsprozesses förderlichen Verhandlungsweise aufzuzeigen. Auch sollte den Parteien die Notwendigkeit von Transparenz vor Augen geführt werden (ebenso unter Gesichtspunkten der Verfahrensfairness: HK-MediationsG/*Gläßer* Teil 2 § 2 Rn. 134 f.).

15. Der erforderlichen Offenheit spiegelbildlich ist die Verpflichtung aller Beteiligten, über Mediationsinterna Stillschweigen zu wahren und diese auch nicht in einem sich ggf. anschließenden schiedsgerichtlichen oder gerichtlichen Verfahren zu verwenden. Teilweise werden in der Lit. mehrere Seiten umfassende, inhaltlich komplexe, gesondert zu vereinbarende Verschwiegenheitsverpflichtungen vorgeschlagen (Hinrichs MediationsG-HdB/*Hinrichs/Ropeter* Kap. B Rn. 246 f.; sowie Hinrichs MediationsG-HdB/*Hinrichs* Kap. E Rn. 90). Damit wird den Parteien aber letztlich eine Scheinsicherheit suggeriert, ohne dass damit ein echter juristischer Mehrwert verbunden wäre (HK-MediationsG/*Goltermann* Teil 2 § 4 Rn. 27 ff.). Wenn und soweit eine Mediationspartei nicht bereit ist, sich an eine Verschwiegenheitsvereinbarung zu halten, kann auch deren sprachlich ausgefeilte Fassung an einer solchen Einstellung nichts ändern. Letztlich setzt die Bereitschaft, ein Mediationsverfahren durchzuführen, das Vertrauen der Mediationsparteien an eine faire Umgangsweise voraus. Eine Vertraulichkeitsvereinbarung kann darüber hinaus durch eine Vertragsstrafe abgesichert werden (Fritz/Pielsticker/*Fritz* § 4 Rn. 49; SLM Mediation/*Lapp* § 5 Rn. 422, meint, dies sei „unüblich“). Als weiteres „Korrektiv“ steht es den Mediationsparteien ohnehin zu, eine Mediation abzubrechen, wenn der Eindruck vorherrscht, die andere Mediationspartei nutze das Verfahren zur Gewinnung von Informationen, um diese später (missbräuchlich) zu verwenden (vgl. zum in den USA sog „drive-by-shooting“: Eidenmüller/Wagner MediationsR/*Eidenmüller* Kap. 4 Rn. 89).

16. Der Mediator ist gem. § 4 S. 1 MediationsG zur Verschwiegenheit verpflichtet. Daher spielt es keine Rolle, ob ein Anwaltsmediator (bereits) über § 43a Abs. 2 BRAO, § 2 BORA der Schweigepflicht unterliegt. Der Umstand, dass Anwaltsmediatoren im Unterschied zu Mediatoren beruflich zur Verschwiegenheit verpflichtet sind, hatte nur bis zu einer mittlerweile erfolgten Änderung von § 203 StGB vor dem Hintergrund Bedeutung, dass der BGH aus diesem Grund die Zulässigkeit einer Sozietät von Rechtsanwalt und nicht-anwaltlichem Mediator verneinte (BGH NJW 2018, 1085 mAnm *Hartung*). Von § 4 S. 1 MediationsG sind auch die Hilfspersonen des Mediators erfasst, also dessen Personal (HK-MediationsG/*Goltermann* Teil 2 § 4 Rn. 20; Fritz/Pielsticker/*Fritz* § 4 Rn. 17 ff.; Hinrichs MediationsG-HdB/*Hinrichs* Kap. E Rn. 84). Gleichwohl ist es als vertrauensbildende Maßnahme sinnvoll, die entsprechende Verschwiegenheitsverpflichtung den Parteien in der Mediationsvereinbarung deklaratorisch „vor Augen“ zu führen. Die Schweigepflicht richtet sich zum einen auf die Wahrung von Vertraulichkeit gegenüber den Mediationsparteien, sofern eine Mediationspartei, etwa in einem Einzelgespräch, dies wünscht. Dann darf der Mediator nicht ohne weiteres den Inhalt eines Einzelgesprächs gegenüber der anderen Mediationspartei offenbaren, sondern muss sich diesbezüglich von der Verschwiegenheitsverpflichtung entbinden lassen bzw. darf nur dasjenige gegenüber der anderen Mediationspartei offenbaren, bzgl. dessen die betroffene Mediationspartei ihr Einverständnis erklärte.

17. Zum anderen bezieht sich die Vertraulichkeitsverpflichtung des Mediators sowie der anderen Beteiligten des Mediationsverfahrens auf Verschwiegenheit gegenüber Dritten, etwa in einem sich anschließenden schiedsgerichtlichen oder gerichtlichen Verfahren. Prozessual bedarf es einer Absicherung durch die Regelung eines Verbots in der Mediationsvereinbarung, Beteiligte als Zeugen zu benennen oder den Mediator von seiner Verschwiegenheitspflicht zu entbinden. Ein gleichwohl angebotener Beweis ist dann gem. § 383 Abs. 1 Nr. 6 ZPO prozessual unzulässig und eine Beweisaufnahme insoweit nicht durchzuführen (Haft/Schlieffen Mediation-HdB/*Hartmann* § 44 Rn. 33; Greger/Unberath/Steffek/*Greger* § 4 Rn. 66; Fritz/Pielsticker/*Fritz* § 4 Rn. 9; Hinrichs MediationsG-HdB/*Hinrichs* Kap. C Rn. 74, Kap. E Rn. 13 f.). Soweit das LSG Sachsen-Anhalt (BeckRS 2019, 46791) meint, ein Güterichter dürfe angesichts § 4 MediationsG nicht zur Auslegung eines Güterichtervergleichs vernommen werden, ist dies unzutreffend, da das Mediationsgesetz auf Güterichter nicht anwendbar ist (MüKoZPO/*Prütting* ZPO § 278 Rn. 37; BeckOK ZPO/*Bacher*, 39. Ed. 1.12.2020, ZPO § 278 Rn. 25).

18. Um eine Mediation nicht durch parallele gerichtliche Schritte ad absurdum führen zu können, ist es zweckmäßig, in der Mediationsvereinbarung einen sog dilatorischen Klageverzicht vorzusehen. Dieser ist nach der Rspr. des BGH zulässig (BGH NJW 1999, 647). Eine dennoch von einer Partei erhobene Klage muss, sofern die Gegenseite die Einrede des dilatorischen Klageverzichts erhebt, als derzeit unzulässig abgewiesen werden (BGH NJW 1999, 647 (648); *Unberath* NJW 2011, 1320 (1321 f.); Eidenmüller/Wagner MediationsR/*Wagner* Kap. 2 Rn. 7, 86).

19. Maßnahmen einstweiligen Rechtsschutzes werden von einem dilatorischen Klageverzicht nicht erfasst (vgl. Greger/Unberath/Steffek/*Greger* § 1 Rn. 209; Eidenmüller/Wagner MediationsR/*Wagner* Kap. 2 Rn. 12). Im Sinne einer Klarstellung sollte dies aber in der Mediationsvereinbarung aufgeführt werden – nicht zuletzt, um den Parteien zu verdeutlichen, dass die Durchführung eines Mediationsverfahrens keinen Nachteil in Bezug auf ihren Zugang zum Recht bedeutet.

20. Die Durchführung eines Mediationsverfahrens kann als den Lauf etwaiger Verjährungsfristen hemmende „Verhandlung" iSv § 203 BGB angesehen werden. Gleichwohl kann es im Hinblick darauf, dass nach der Rspr. des BGH (BeckRS 2016, 112253) die Hemmungswirkung entfällt, wenn Verhandlungen „eingeschlafen" sind, was aber nicht ohne Weiteres feststellbar sein mag, ein Verzicht auf die Erhebung der Einrede der Verjährung an die Dauer des Mediationsverfahrens angeknüpft werden.

21. Kombiniert werden kann dieser Einredeverzicht mit der Bestimmung der Dauer des Mediationsverfahrens, um rechtssicher den Entfall der Hemmung festzustellen. Dazu bietet sich die auf *Lapp* (SLM Mediation/*Lapp* § 5 Rn. 418) zurückgehende Formulierung an.

22. Bereits anhängige Verfahren bei Gericht oder Schiedsgericht sind prozessual zum Ruhen zu bringen. Anderenfalls bestünde die Gefahr, dass eine Eskalation im Rahmen eines gerichtlichen Verfahrens zu einer „Belastung", wenn nicht gar zum Abbruch des Mediationsverfahrens führt.

23. Die Mediation ist freiwillig. Dessen muss sich der Mediator gem. § 2 Abs. 2 MediationsG vergewissern. Ihre Ausprägung findet die Freiwilligkeit der Teilnahme an einem Mediationsverfahren darin, dass die Parteien die Mediation jederzeit beenden dürfen, ohne dies begründen zu müssen oder diesbezüglich rechtliche Nachteile zu erleiden, § 2 Abs. 5 S. 1 MediationsG. Die jederzeitige, begründungslose Beendigungsmöglichkeit gilt auch für den Mediator (Eidenmüller/Wagner MediationsR/*Eidenmüller* Kap. 4 Rn. 115). Daher ist an dieser Stelle nicht lediglich von Mediationsparteien, sondern allgemeiner von „Beteiligten" die Rede (vgl. § 2 Abs. 5 S. 2 MediationsG).

24. Das Mediationsgesetz sieht eine schriftliche Fixierung des Ergebnisses der Mediation vor, vgl. § 2 Abs. 6 MediationsG. Gleichwohl ist der Mediator gem. § 2 Abs. 6 S. 2 MediationsG verpflichtet, die Parteien auf die Möglichkeit hinzuweisen, die Vereinbarung ggf. durch externe Berater überprüfen zu lassen. Darin kommt implizit die Zweckmäßigkeit einer schriftlichen Dokumentation des Mediationsergebnisses zum Ausdruck. Auf diese Weise kann etwaig hinzuzuziehenden externen Beratern eine konsentierte Grundlage für eine Beratung zur Verfügung gestellt werden. Ohnehin ist eine gemeinsame Unterzeichnung eines Mediationsergebnisses Ausdruck der einvernehmlichen Konfliktlösung und daher gegenüber einer nur mündlichen Absprache der Mediationsparteien vorzugswürdig. Dem entsprechend setzt § 2 Abs. 6 S. 3 MediationsG die Zustimmung der Parteien mit einer Dokumentation der erzielten Einigung in einer Abschlussvereinbarung voraus. Daher knüpft die im Form. vorgeschlagene Formulierung an den Wunsch der Mediationsparteien einer schriftlichen Dokumentation des Mediationsergebnisses an.

25. Sofern die Mediationsparteien nicht von ihren Anwälten bereits im Rahmen der Mediation begleitet wurden, ist es Pflicht des Mediators, auf die Möglichkeit aufmerksam zu machen, die Abschlussvereinbarung ggf. durch externe Berater überprüfen zu lassen. Dabei handelt es sich um eine komplementäre Pflicht dazu, dass der Mediator keine rechtliche Beratung einer Partei vornehmen darf. Allerdings bedeutet dies nicht, dass ein juristisch vorgebildeter Mediator seine Kenntnisse vollständig auszublenden hätte. Es würde seiner Verantwortung für das von ihm strukturierte Mediationsverfahren zuwiderlaufen, wenn er die Parteien über notwendige Schritte zur rechtsverbindlichen Umsetzung des Mediationsergebnisses wie bspw. eine registerrechtliche Eintragung oder notarielle Beurkundung im Unklaren ließe. Zumindest zu erwähnen hat ein Mediator derartige, zur

Umsetzung des Mediationsergebnisses erforderlichen Maßnahmen (vgl. Greger/Unberath/Steffek/*Greger* § 3 Rn. 41; Haft/Schlieffen Mediation-HdB/*Friedrichsmeier/Hammann* § 48 Rn. 36–42; Fritz/Pielsticker/*Pielsticker* § 2 Rn. 173 ff.). Auch ist ein Hinweis auf die Notwendigkeit einer fachlichen Beratung – wie insb. durch § 2 Abs. 6 S. 2 MediationsG zum Ausdruck kommt – gerade bei anwaltlich nicht vertretenen Mediationsparteien geboten.

26. Es ist zweckmäßig, dass der Mediator für sein Tätigwerden eine nach tatsächlichem Aufwand bemessene Vergütung zu einem bestimmten Stundensatz mit den Mediationsparteien vereinbart (Greger/Unberath/Steffek/*Greger* § 1 Rn. 110; Fritz/Pielsticker/*Pielsticker* § 2 Rn. 88). Genannt werden Stundensätze zwischen 50 EUR und 600 EUR bzw. Tagessätze zwischen 3.000 bis 5.000 EUR (Fritz/Pielsticker/*Pielsticker* § 2 Rn. 89). Der Abschluss einer entsprechenden Vergütungsvereinbarung entspricht der gesetzgeberischen Vorstellung, dass Anwaltsmediatoren gem. § 34 Abs. 1 S. 1 RVG ihre Vergütung vereinbaren (Fritz/Pielsticker/*Pielsticker* § 2 Rn. 50; SLM Mediation/*Monßen* § 10 Rn. 1358).

Von der Vereinbarung einer gesonderten Vergütung für den Fall, dass eine Abschlussvereinbarung zu Stande kommt, sollte hingegen jedenfalls im Moment des Abschlusses der Mediationsvereinbarung abgesehen werden (Greger/Unberath/Steffek/*Unberath* § 2 Rn. 247 ff.). Anderenfalls könnte der Eindruck entstehen, als sei der Mediator daran interessiert, die Mediation in jedem Fall zu einer Abschlussvereinbarung zu führen. Dies stünde im Widerspruch zur Ergebnisoffenheit der Durchführung eines Mediationsverfahrens (Greger/Unberath/Steffek/*Unberath* § 2 Rn. 244 f.; SLM Mediation/*Monßen* § 10 Rn. 1366; Eidenmüller/Wagner MediationsR/*Eidenmüller* Kap. 4 Rn. 56).

27. Die Höhe der Vergütung unterliegt keiner Inhaltskontrolle nach §§ 307 ff. BGB. Sie muss lediglich transparent sein (vgl. Greger/Unberath/Steffek/*Unberath* § 2 Rn. 249). Daher sollte erläutert werden, wie sich die Abrechnung im Falle einer „angebrochenen" Stunde verhält. § 3a Abs. 2 RVG greift hinsichtlich der Abrechnung von Anwaltsmediatoren nicht (Greger/Unberath/Steffek/*Unberath* § 2 Rn. 248). Gleichwohl könnte es sein, dass die Rechtsprechung des BGH zu Zeittaktklauseln (vgl. BGH NJW 2020, 1811) Anwendung findet, dem trägt die vorgeschlagene Formulierung Rechnung.

28. Um im Hinblick auf seine Vergütung nicht den Eindruck einer Parteilichkeit entstehen zu lassen, sollte ein Mediator Wert darauf legen, dass die Kosten des Mediationsverfahrens zu gleichen Teilen von den Parteien getragen werden. Im Innenverhältnis können die Parteien davon abweichen (→ Anm. 29).

29. Im Verhältnis der Mediationsparteien zum Mediator sollte ferner eine gesamtschuldnerische Haftung der Mediationsparteien für dessen Vergütung vorgesehen werden, damit nicht auch nur der Anschein entsteht, die zahlende Partei sei gewissermaßen „Auftraggeber" des Mediationsverfahrens und könne daher das Verfahren auftragsgemäß bestimmen. So gesehen sind die Mediationsparteien gemeinsame Auftraggeber mit gleichen Rechten im Verhältnis zum Mediator.

30. Gerade wenn es um Konflikte in einem auch ökonomisch bedingten Über-Unterordnungsverhältnis der Mediationsparteien (zB Arbeitgeber-Arbeitnehmer) geht, kann es aus wirtschaftlichen Gründen notwendig sein, dass nur eine der Mediationsparteien den Vergütungsanspruch des Mediators erfüllt. In einem solchen Fall muss eine entsprechende Klausel der Mediationsvereinbarung deutlich zum Ausdruck bringen, dass dies nur das Innenverhältnis der Mediationsparteien untereinander betrifft, nicht jedoch für das Außenverhältnis des Mediators zu den Mediationsparteien gilt.

31. Auch wenn es sich bei der Mediation um ein freiwilliges Verfahren handelt, insbesondere jede Partei die Mediation abbrechen kann, ist es für den Fall einer „No Show" einer Partei vor dem Hintergrund der mit der Anberaumung eines Mediationstermins verbundenen Vorbereitung des Mediators und des damit einhergehenden „Freihaltens“ des Termins gerechtfertigt, die absente Partei für die insoweit seitens des Mediators entstandenen Ansprüche und Kosten alleine und nicht gesamtschuldnerisch aufkommen zu lassen. Dadurch werden die Parteien gehalten, den Mediationstermin rechtzeitig vorher abzusagen, so dass es den anderen Beteiligten möglich ist, zeitlich umzudisponieren.

32. Parteianwälte oder zum Abschluss befugte Vertreter von Mediationsparteien sind an einer Mediation zu beteiligen, ohne dadurch aber zu Mediationsparteien zu werden. Sie fallen nicht unter den in § 4 Abs. 1 S. 1 MediationsG genannten, zur Verschwiegenheit verpflichteten Personenkreis (Fritz/Pielsticker/*Fritz* § 4 Rn. 21). Sie sollten aber ebenfalls ausdrücklich an die Vertraulichkeitsvereinbarung gebunden werden, selbst wenn berufsrechtliche Vorschriften wie § 43a Abs. 2 BRAO eine gesetzliche Schweigepflicht vorsehen (vgl. HK-MediationsG/*Goltermann* Teil 2 § 4 Rn. 22; BT-Drs. 17/5335, 17). Insoweit ist es zweckmäßig, die Mediationsvereinbarung von Parteianwälten oder etwaigen Vertreter mit Abschlusskompetenz ausdrücklich gerade im Hinblick auf das vereinbarte Stillschweigen unterzeichnen zu lassen (Fritz/Pielsticker/*Fritz* § 4 Rn. 23 f.; vgl. auch SLM Mediation/*Lapp* § 5 Rn. 384 f.).

Kosten/Gebühren

33. Der eine Mediationspartei begleitende Rechtsanwalt erhält, wenn er an einer außergerichtlichen Mediation teilnimmt, eine 0,5–2,5 Geschäftsgebühr gem. VV 2300 RVG. Eine zusätzliche Geschäftsgebühr fällt hingegen nicht an (SLM Mediation/*Monßen* § 10 Rn. 1372 ff.; Fritz/Pielsticker/*Pielsticker* § 2 Rn. 93). Kommt es zu einer Einigung der Mediationsparteien, kann er eine 1,5 Einigungsgebühr gem. VV 1000 RVG abrechnen (SLM Mediation/*Monßen* § 10 Rn. 1375; Fritz/Pielsticker/*Pielsticker* § 2 Rn. 94).

Begleitet ein Rechtsanwalt seine Partei in einer Mediation nach Klageauftrag, aber vor Klageerhebung, kann er eine 1,2 Terminsgebühr gem. Vorb. 3 Abs. 3 zu Teil 3 VV RVG abrechnen; im Falle der Einigung kommt eine 1,5 Einigungsgebühr hinzu, VV 1000 RVG (SLM Mediation/*Monßen* § 10 Rn. 1378).

6. Vereinbarung von „Spielregeln“

Bei der Mediation handelt es sich um ein durch Kommunikation getragenes Verfahren. Um eine möglichst erfolgreiche Konfliktlösung zu fördern, ist es unabdingbar, dass sich die Mediationsparteien an folgende Grundsätze halten. Der Mediator wird ggf. auf die Einhaltung dieser Grundsätze hinweisen:[1]

Der Mediator ist für die Einhaltung der Struktur der Mediation verantwortlich. Dies bedeutet, dass der Mediator die Parteien durch das Verfahren führt. Die Mediationsparteien werden daher nicht in einen unmittelbaren Dialog miteinander treten, sondern über den Mediator miteinander kommunizieren. Daher wird der Mediator die Mediationsparteien ansprechen und in einen Dialog mit diesen treten. Dadurch wird er gewissermaßen als „Bote“ den Gehalt der getroffenen Aussagen zur jeweils anderen Partei transportieren. Dazu ist es notwendig, dass die andere, in diesem Moment nicht angesprochene Partei sich auf das bloße Zuhören beschränkt und sich insb. der Kommentare enthält. Jede Partei wird ausreichend Gelegenheit haben, sich auszudrücken und in das Verfahren einzubringen.

Darüber hinaus ist den Mediationsparteien klar, dass sie einander ausreden lassen.

Ferner gelten die Regeln des menschlichen Miteinanders, insb. werden keine Beleidigungen oder Herabsetzungen geäußert.
Sollten die Parteien das Bedürfnis haben, zu dem vorherigen Inhalt des Gesprächs etwas auszuführen, erfolgt dies im Dialog mit dem Mediator, ohne unmittelbare Kontaktaufnahme zu der anderen Mediationspartei.[2]

Anmerkungen

1. Der Gesetzgeber setzt einen „respektvollen Umgang in der gemeinsamen Kommunikation" voraus (BT-Drs. 17/5335, 15). Es ist nicht zwingend, in einem gesonderten Dokument Regeln für das Miteinander der Mediationsparteien, insb. deren Kommunikation festzuhalten (Hinrichs MediationsG-HdB/*Hinrichs* Kap. B Rn. 28; Fritz/Pielsticker/*Pielsticker* § 2 Rn. 17, 117). Dies kann genauso gut wesentlich kürzer im Rahmen der ohnehin zu schließenden Mediationsvereinbarung geschehen (→ Form. I.T.5 Anm. 11). Welcher Weg vorzugswürdig ist, kann nicht generell beantwortet werden, die Verwendung eines gesonderten Dokuments mit „Spielregeln" hängt maßgeblich von dem jeweiligen Stil des Mediators ab.

2. Mitunter lassen sich Mediatoren die schriftlich niedergelegten „Spielregeln" von den Mediationsparteien unterzeichnen (vgl. SLM Mediation/*Schmidt* § 4 Rn. 254 aE). Dadurch soll deren Bedeutung unterstrichen werden. Dies erscheint verzichtbar, handelt es sich bei den „Spielregeln" eher um soziokulturelle Regelungen des Umgangs miteinander, denn um kraft rechtlich verbindlicher Vereinbarung einklagbare Rechte und Pflichten.

7. Beauftragung des Mediators mit „Umsetzung"/Ausarbeitung der Abschlussvereinbarung

Vereinbarung
zwischen
1. Name, Anschrift (Mediationspartei 1)
ggf. vertreten durch Rechtsanwalt . . . . .
und
2. Name, Anschrift (Mediationspartei 2)
Variante: Gesellschaft/Institution etc ist Mediationspartei.
und
3. Mediator/-in: Name, Anschrift
Die Mediationsparteien haben auf der Grundlage einer Mediationsvereinbarung vom . . . . . mit dem Mediator ein Mediationsverfahren durchgeführt und den zwischen ihnen bestehenden Konflikt einvernehmlich gelöst. Die Lösung des Konfliktes soll nach dem Willen der Mediationsparteien rechtlich verbindlich in einer vertraglichen Vereinbarung festgehalten werden. Mit der Ausarbeitung einer entsprechenden vertraglichen Vereinbarung beauftragen die Mediationsparteien den Mediator.[1]
Außerdem bevollmächtigen sie den Mediator, sie gegenüber Dritten zu vertreten, insb. um eine registergerichtliche/notarielle/grundbuchamtliche „Umsetzung" der Abschlussvereinbarung zu befördern. Zu diesem Zweck entbinden sie den Mediator von seiner Verschwiegenheitsverpflichtung.[2]
Der Mediator erhält für sein Tätigwerden im Zusammenhang mit dieser Vereinbarung eine Vergütung iHv . . . . . EUR je Stunde zzgl. gesetzlicher Umsatzsteuer. Die Abrech-

nung erfolgt in 6-Minuten-Takt, das bedeutet, dass angefangene Stunden lediglich anteilig berechnet werden.[3]

Ort, Datum

. . . . .

Unterschriften Mediationsparteien 1 u. 2 und Mediator

Anmerkungen

1. In § 2 Abs. 6 S. 1 und S. 2 MediationsG ist vorgesehen, das Ergebnis der Mediation in einer schriftlichen „Vereinbarung" zu dokumentieren. Ohne erkennbare sachliche Differenz spricht § 2 Abs. 6 S. 3 MediationsG von einer zu treffenden „Abschlussvereinbarung" (vgl. Fritz/Pielsticker/*Pielsticker* § 2 Rn. 186 f.; Hinrichs MediationsG-HdB/*Ropeter* Kap. C Rn. 292). Der Abschluss einer derartigen Vereinbarung ist empfehlenswert (→ Form. I.T.5 Anm. 1). Mit der Ausarbeitung einer rechtlich verbindlichen Abschlussvereinbarung kann der Mediator beauftragt werden, gerade wenn es sich dabei um einen juristisch vorgebildeten Mediator handelt. Soweit der Mediator sich einseitiger Ratschläge zur Gestaltung enthält, verstößt dies nicht das Verbot einer parteilichen Beratung. Das Verbot der Nachbefassung gem. § 3 Abs. 2 S. 2 MediationsG verbietet lediglich das Tätigwerden in derselben Sache „für eine Partei" (vgl. Greger/Unberath/Steffek/*Greger* § 3 Rn. 62; Greger/Unberath/Steffek/*Unberath* § 2 Rn. 223). Darüber hinaus erscheint eine Ausarbeitung der Abschlussvereinbarung durch den Mediator deshalb sinnvoll zu sein, weil dieser das gesamte Mediationsverfahren begleitet hat und daher recht rasch – ohne Einarbeitung – einen rechtlich verbindlichen Vertragstext erstellen können wird. Allerdings beschränkt das Rechtsdienstleistungsgesetz (RDG) die Möglichkeiten von Mediatoren, die nicht zugleich im Grundberuf Notar oder Rechtsanwalt sind: Zwar ist Mediation als solche gem. § 2 Abs. 3 Nr. 4 RDG gegenständlich aus dem Anwendungsbereich des RDG herausgenommen. Soweit jedoch der Mediator – über eine reine Protokollierung und Wiedergabe der Einigungspunkte hinausgehend – rechtliche Gestaltungsvorschläge unterbreitet, gerade im Zusammenhang mit einer Abschlussvereinbarung, handelt es sich dabei um eine gem. § 3 RDG erlaubnispflichtige Rechtsdienstleistung (OLG Rostock NJW-RR 2002, 642; HK-MediationsG/*v. Lewinski* Teil 2 § 2 RDG Rn. 39; Fritz/Pielsticker/*Pielsticker* § 2 Rn. 181 ff.; SLM Mediation/*Schmidt* § 6 Rn. 741; Hinrichs MediationsG-HdB/*Hinrichs* Kap. B Rn. 217, Kap. B Rn. 221; Eidenmüller/Wagner MediationsR/*Hacke* Kap. 6 Rn. 127 ff.; Hinrichs MediationsG-HdB/*Ropeter* Kap. C Rn. 307 ff.; aA Eidenmüller/Wagner MediationsR/*Eidenmüller* Kap. 4 Rn. 45). Diese ist Nicht-Anwaltsmediatoren untersagt. Bei einem Verstoß kann der Vergütungsanspruch des Mediators entfallen (Hinrichs MediationsG-HdB/*Ropeter* Kap. C Rn. 316). Auch drohen dem Mediator, der „ohne weiteres" einen Rollenwechsel vornimmt und den Mediatorenparteien anwaltliche Dienstleistungen angedeihen lässt, erhebliche Haftungsrisiken (vgl. BGH – Urt. v. 21.9.2017 – IX ZR 34/17; dazu Fritz/Pielsticker/*Pielsticker* Teil 1 Rn. 25 ff.). Falls die Mediationsparteien durch ihre Rechtsanwälte zu den Gesprächsterminen begleitet wurden, kann die Abfassung einer Abschlussvereinbarung allerdings durch diese erfolgen. Anderenfalls muss ein Rechtsanwalt/Notar mit der rechtsverbindlichen Abfassung der Vereinbarung beauftragt werden. Anknüpfend daran kommt es in der Praxis vor, dass Parteianwälte eine Vereinbarung entwerfen und diese dem Mediator zwecks Überprüfung vorlegen, ob die Formulierungen dem Mediationsergebnis entsprechen. Dadurch kann die Akzeptanz und damit die Tragfähigkeit der Vereinbarung weiter erhöht werden (vgl. zur Formulierung durch die Parteianwälte: Fritz/Pielsticker/*Pielsticker* § 2 Rn. 220).

2. Eine Abschlussvereinbarung bedarf keiner besonderen Form (Hinrichs MediationsG-HdB/*Ropeter* Kap. C Rn. 297). Insbes. sieht das Mediationsgesetz kein Formerfordernis vor. Steht allerdings die Abschlussvereinbarung zB im Zusammenhang mit einem Grundstücksgeschäft (vgl. § 311b BGB) oder handelt es sich um Regelungen im Zusammenhang mit der Registerpublizität unterfallenden Gesellschaften wie einer GmbH, kann daraus die Notwendigkeit folgen, die Abschlussvereinbarung nicht lediglich zu fixieren, sondern unter Einbeziehung Dritter „umzusetzen". Auch kann die Wirksamkeit einer Abschlussvereinbarung von ihrer notariellen Beurkundung abhängen. Für diesen Fall ist es sinnvoll, dass die Parteien den Mediator bevollmächtigen, sie gegenüber Dritten zu vertreten und ggf. Dritte mit weiteren Schritten zur „Umsetzung" der Abschlussvereinbarung zu beauftragen. Der Mediator ist gem. § 4 S. 3 Nr. 1 MediationsG von seiner Schweigepflicht dispensiert. Insoweit ist die Entbindung von der Schweigepflicht rein deklaratorisch (vgl. Fritz/Pielsticker/*Fritz* § 4 Rn. 29 f.).

3. Wie für sein Tätigwerden im Rahmen der Durchführung des Mediationsverfahrens ist auch diesbezüglich eine Vergütung des Mediators nach Stundensatz sinnvoll. Dabei handelt es sich nicht um eine oben (→ Form. I.T.5 Anm. 25) als fragwürdig bezeichnete Vereinbarung einer Art Erfolgsprämie, sondern um eine Vergütung, welche die Neutralität des Mediators nicht in Frage zu ziehen geeignet ist, da die Abschlussvereinbarung zeitlich nach Vorliegen des Mediationsergebnisses geschlossen wird (Greger/Unberath/Steffek/*Unberath* § 2 Rn. 247).

8. Übersendungsschreiben von Mediator an Rechtsanwalt oder Notar zur „Umsetzung"

Sehr geehrte Frau Kollegin/sehr geehrter Herr Kollege,[1]
mit . . . . . und mit . . . . . habe ich ein Mediationsverfahren durchgeführt, welches zum Abschluss der beigefügten Vereinbarung geführt hat. Dies ist gemäß Ziffer . . . . . der beigefügten Vereinbarung grundbuchamtlich/notariell/registergerichtlich zu vollziehen.[2] Namens der Mediationsparteien bitte ich Sie, für eine entsprechende „Umsetzung" der Abschlussvereinbarung Sorge zu tragen und die Kosten dafür . . . . . aufzugeben.[3]
Für Rückfragen, insb. zu den Hintergründen der getroffenen Vereinbarung, stehe ich Ihnen jederzeit gerne zur Verfügung.[4]
Mit freundlichen kollegialen Grüßen
Mediator/Mediatorin

Anmerkungen

1. Falls ein Mediator nicht über juristische Vorkenntnisse oder juristische Ausbildung verfügt, ist er angesichts § 3 RDG darauf verwiesen, sich zur rechtsverbindlichen Fixierung des Mediationsergebnisses der Hilfe eines Anwaltes oder Notars zu bedienen (→ Form. I.T.7 Anm. 1). Aber auch bei Anwaltsmediatoren oder Mediatoren mit juristischen Vorkenntnissen kann eine Hinzuziehung externer Stelle von Nöten sein, insb., wenn die Umsetzung einer Abschlussvereinbarung bestimmten Form- oder registerrechtlichen Erfordernissen genügen muss.

2. Damit sich der mit der „Umsetzung" des Mediationsergebnisses Beauftragte ein Bild über das Verhältnis der Parteien und den Zusammenhang des erteilten Auftrages machen kann, ist es sinnvoll, diesem eine Kopie der Abschlussvereinbarung bzw. der festgehaltenen Eckpunkte des Mediationsverfahrens zur Verfügung zu stellen. Dies gilt insb. vor dem Hintergrund, dass sich aus dem Mediationsergebnis bzw. der Abschlussvereinbarung das Erfordernis einer „Umsetzung" ergeben wird.

3. Der Mediator handelt im Auftrag beider Mediationsparteien. Nur dann greift das Verbot der Nachbefassung gem. § 3 Abs. 2 S. 2 MediationsG nicht und der Mediator ist berechtigt, einen entsprechenden Auftrag zur „Umsetzung" des Mediationsergebnisses bzw. zum Vollzug der Abschlussvereinbarung zu erteilen. Er ist gem. § 4 S. 3 Nr. 1 MediationsG gesetzlich von der Verschwiegenheitspflicht dispensiert (Eidenmüller/Wagner MediationsR/*Wagner* Kap. 7 Rn. 24). Die für das Tätigwerden des Mediators insoweit entstehenden Kosten gehören nicht zu den Kosten des Mediationsverfahrens, sondern sind nach gesonderter Abrechnung des beauftragten Rechtsanwalts oder Notars oder Registergericht von den Mediationsparteien zu tragen. Ein vorsichtiger Mediator mag anstelle eines unbedingten Auftrags zunächst um Mitteilung der voraussichtlich für die Umsetzung des Mediationsergebnisses bzw. der Abschlussvereinbarung entstehenden Kosten bitten.

4. Dem Mediator ist es auf Grund der Entbindung von seiner Verschwiegenheitsverpflichtung möglich, Nachfragen des beauftragten Rechtsanwalts bzw. Notars zu den Hintergründen des Mediationsergebnisses bzw. der Abschlussvereinbarung zu beantworten. An dieser Stelle erweist sich die Belastbarkeit der getroffenen Abschlussvereinbarung. Es wäre ein „Kunstfehler" des eine Mediation strukturierenden Anwaltsmediators, wenn sich im Moment der Umsetzung des Mediationsergebnisses erweisen würde, dass wesentliche Gesichtspunkte zwischen den Parteien nicht bedacht worden sind. In einem solchem Fall dürfte der Mediator auch nicht ohne weiteres, insb. nicht ohne Zustimmung der Mediationsparteien, seine Auffassung vom zweckmäßigen Vorgehen oder Inhalt der Abschlussvereinbarung an die Stelle des Parteiwillens setzen. Es müsste ggf. Rücksprache mit den Mediationsparteien genommen werden, da dem Mediator eine Nachbefassung in derselben Sache „für eine Partei" gem. § 3 Abs. 2 S. 2 MediationsG verboten ist.

9. Klageschrift, Hinweis gem. § 253 Abs. 3 ZPO

An das . . . . .gericht[1]

Klage

In der Sache Mediationspartei 1 . / . Mediationspartei 2

erheben wir namens und in Vollmacht des Klägers/der Klägerin Klage und werden beantragen, ...

Der Klagerhebung ging der Versuch einer Mediation/Schlichtung/Adjudikation voraus.[2]

Der Kläger/die Klägerin ist mit dem Versuch einer Mediation oder einem anderen Verfahren der außergerichtlichen Konfliktbeilegung einverstanden.[3] ***Der Beklagte/die Beklagte hat aber auf die schriftliche Aufforderung, den Versuch einer Mediation zu unternehmen, nicht reagiert/dies abgelehnt.***[4]

Der Kläger/die Klägerin ist mit dem Versuch einer Mediation oder einem anderen Verfahren der außergerichtlichen Konfliktbeilegung nicht einverstanden.[5]

Anmerkungen

1. Mit Inkrafttreten des Mediationsgesetzes hat auch die Zivilprozessordnung (ZPO) einige Änderungen erfahren. Insbes. sieht § 253 Abs. 3 Nr. 1 ZPO als „Soll-Inhalt" einer Klageschrift sowohl die Angabe vor, ob der Klageerhebung der Versuch einer Mediation oder eines anderen Verfahrens der außergerichtlichen Konfliktbeilegung vorausgegangen ist, als auch eine Äußerung dazu, ob einem solchen Verfahren Gründe entgegenstehen. Diese Regelung gilt über entsprechende Verweisungsnormen auch für sozialgerichtliche Verfahren (§ 202 SGG), arbeitsgerichtliche Verfahren (§ 46 Abs. 2, § 80 Abs. 2 ArbGG), verwaltungsgerichtliche Verfahren (§ 173 S. 1 VwGO), Verfahren der freiwilligen Gerichtsbarkeit (§ 23a Abs. 1 S. 3 FamFG) sowie finanzgerichtliche Verfahren (§§ 155 S. 1, § 65 FGO). Zwar ist in der zivilprozessualen Praxis zu beobachten, dass Klageschriften, von wenigen Ausnahmen abgesehen, keine derartige Angabe oder Äußerung enthalten, ohne dass dies auf Beanstandungen durch Beklagtenseite oder Gericht stieße (vgl. HK-MediationsG/*Löer* Teil 2 ZPO § 253 Rn. 8, „geringe und unzureichende Wirkung"; *Löer* ZKM 2015, 111 (113)). Damit ist auch zum Teil der in einer Studie des Soldan-Instituts erhobene Befund erklärbar, wonach nur 14 % der befragten Rechtsanwälte seit Erlass des Mediationsgesetzes spürbare Veränderungen ausmachen können (dazu *Kilian/Hoffmann* ZKM 2015, 176). Jedoch ist es prozessual geboten, das Fehlen der „Soll-Angabe" gerichtlicherseits zum Anlass zu nehmen, die Klage nicht zuzustellen, sondern durch Hinweis auf die Ergänzung der fehlenden Angabe die Klagepartei hinzuwirken (Greger/Unberath/Steffek/*Greger* E Rn. 36 ff.; Hinrichs MediationsG-HdB/*Ropeter* Kap. I Rn. 5; aA Fritz/Pielsticker/*Pielsticker* § 2 Rn. 13, 16; MüKoZPO/*Becker-Eberhard* ZPO § 253 Rn. 187: Nachfrage, aber gleichwohl Zustellung).

2. Die Angabe knüpft daran an, dass vor Erhebung der Klage der Versuch einer außergerichtlichen Konfliktbeilegung unternommen wurde. Das unternommene Konfliktlösungsverfahren ist zu benennen (vgl. HK-MediationsG/*Löer* Teil 2 ZPO § 253 Rn. 4; Greger/Unberath/Steffek/*Greger* E Rn. 31). Wird Mediation genannt, können sich „hinter" dieser Angabe unterschiedliche Fallgestaltungen verbergen, zB ein bereits im Ansatz steckengebliebener Versuch einer Mediation, weil sich die Gegenseite nicht einmal zu deren Beginn entschließen konnte, bspw. der einvernehmliche Beginn einer Mediation, ohne dass eine Abschlussvereinbarung zu Stande kam. Eine etwaige im Rahmen einer Mediationsvereinbarung getroffene Verschwiegenheitsverpflichtung steht der prozessual geforderten Angabe nicht entgegen. Die Durchführung einer Mediation ist kein Mediationsinternum. Entgegen des insofern missverständlichen Wortlauts („sowie") bedarf es im Fall einer versuchten außergerichtlichen Streitbeilegung keiner Angabe zu den Gründen des Scheiterns (Greger/Unberath/Steffek/*Greger* E Rn. 30).

3. Dass die klägerische Partei mit dem Versuch einer Mediation bzw. der Durchführung eines Mediationsverfahrens oder einem anderen Verfahren der außergerichtlichen Konfliktbeilegung einverstanden ist, kann mit der vorgeschlagenen Formulierung mitgeteilt werden. Nähere Angaben erfordert § 253 Abs. 3 Nr. 1 ZPO nicht. Allerdings empfiehlt es sich im Falle des Interesses der klägerischen Partei an einer außergerichtlichen Konfliktbeilegung, für ein solches Verfahren bei der Beklagtenseite dadurch „zu werben", dass in der Klageschrift weitere Ausführungen zu den Gründen für das Einverständnis der Klägerseite erfolgen. Gegebenenfalls empfiehlt es sich darüber hinausgehend, Kontakt mit der beklagten Partei bzw. deren Prozessbevollmächtigten aufzunehmen. Dies gilt insb., wenn zwischen den Parteien bereits vorprozessual der Versuch einer außergerichtlichen Konfliktbeilegung unternommen wurde. Mitunter können die Parteien dann an bereits erzielte „Zwischenergebnisse" anknüpfen und dadurch eine vergleichsweise Einigung zwischen Klageerhebung und (ersten) Termin zur mündlichen Verhandlung fördern.

4. Einer solchen Angabe bedarf es nicht, da § 253 Abs. 3 Nr. 1 ZPO im Falle des Einverständnisses des Klägers mit einem Verfahren der außergerichtlichen Konfliktbeilegung keine weiteren Angaben verlangt (→ Anm. 2). Allerdings kann durch Mitteilung des Umstandes, dass die Gegenseite nicht auf die Aufforderung, eine Mediation durchzuführen, reagierte, ein Anknüpfungspunkt für einen erneuten Anlauf gesetzt werden. Dies ist dann zweckmäßig, wenn dem Kläger nach wie vor an einer außergerichtlichen Konfliktbeilegung gelegen ist. Möglicherweise hatte die Nichtreaktion der Gegenseite auch mit einer Unkenntnis der Methode der Mediation zu tun.

5. Ist die klägerische Partei nicht mit dem Versuch einer Mediation oder einem anderen Verfahren der außergerichtlichen Konfliktbeilegung einverstanden, genügt die schlichte Mitteilung dieses Umstandes. Die klägerische Partei muss ihre Einstellung nicht iE begründen. Dies steht im Einklang mit dem Wortlaut von § 253 Abs. 3 Nr. 1 ZPO (*„sowie eine Äußerung dazu, ob einem solchen Verfahren Gründe entgegenstehen"*). Denn bei der Mediation handelt es sich um ein freiwilliges Verfahren der außergerichtlichen Konfliktbeilegung. Angesichts der erforderlichen Freiwilligkeit der Teilnahme daran ist der mangelnde Willen der klägerischen Partei Grund genug (aA Greger/Unberath/Steffek/*Greger* E Rn. 32). Ist die klägerische Partei hingegen mit der Durchführung einer außergerichtlichen Streitbeilegung einverstanden, stehen aber sonstige Gründe der Durchführung entgegen, muss sie an dieser Stelle konkret mitteilen, welche Gründe einer außergerichtlichen Konfliktlösung entgegenstehen (Greger/Unberath/Steffek/*Greger* E Rn. 32 ff.; HK-MediationsG/*Löer* Teil 2 ZPO § 253 Rn. 4; aA Hinrichs MediationsG-HdB/*Ropeter* Kap. I Rn. 9).

10. Vorschlag des Richters, ein Güterichterverfahren oder eine externe Mediation durchzuführen

Sehr geehrte Damen und Herren,[1]
In dem Rechtsstreit . . . . . /. . . . .
Aktenzeichen: . . . . .
möchte ich Sie darauf hinweisen, dass in anhängigen Gerichtsverfahren die zusätzliche Möglichkeit besteht, den Konflikt im Wege eines sog Güterichterverfahrens[2] oder durch Beauftragung eines externen Mediators[3] beizulegen. Sowohl Güterichterverfahren als auch externe Mediation sind freiwillig und können von dem gesetzlich zuständigen Richter oder von einem der Verfahrensbeteiligten angeregt werden. Auf dem beigefügten Merkblatt können Sie sich näher über den Ablauf eines Güterichterverfahrens bzw. den Ablauf einer externen Mediation informieren.[4]
Der mir/der Kammer/dem Senat[5] vorliegende Fall erscheint angesichts der Vielschichtigkeit der rechtlichen Problemstellung und der Notwendigkeit, eine praktikable und zukunftsweisende Lösung für Sie zu finden, an welcher Sie als Verfahrensbeteiligte selbst mitwirken, für ein Güterichterverfahren bzw. eine externe Mediation geeignet.[6]
Ich bitte Sie daher, mir bis zum . . . . . mitzuteilen, ob Einverständnis mit der Durchführung eines Güterichterverfahrens oder einer externen Mediation besteht. Dann würde ich eine Ermessensentscheidung treffen, ob ein Güterichterverfahren oder eine externe Mediation durchgeführt wird.[7]
Mit freundlichen Grüßen
Richter/Richterin[8]
Anlage: Merkblatt Güterichterverfahren/externe Mediation[9]

Anmerkungen

1. Im Fall eines bei Gericht bereits anhängigen Rechtsstreits besteht die Möglichkeit, im Einvernehmen mit den Parteien den Versuch einer Beilegung des Konflikts mit Hilfe eines sog Güterichters gem. § 278 Abs. 5 ZPO oder unter Beauftragung eines externen Mediators gem. § 278a ZPO zu unternehmen. Sinnvoll ist es, einen solchen Vorschlag zu Beginn eines Prozesses zu unterbreiten (wohl aA *Klamt/Moltmann-Willisch* ZKM 15, 7 (9), die auch eine Abgabe an den Güterichter zwecks Einholung der Zustimmung der Parteien zur Durchführung des Güterichterverfahrens für sinnvoll halten). Ob eine Zuweisung der Parteien an den Güterichter oder der Vorschlag einer außergerichtlichen Konfliktbeilegung durch Mediation erfolgt, liegt im pflichtgemäßen Ermessen des Gerichts (Greger/Unberath/Steffek/*Greger* E Rn. 68; Fritz/Pielsticker/*Fritz* § 278 Rn. 49, § 278a Rn. 5). Obligat ist in jedem Fall das Einverständnis der Parteien. Gegen den Willen der Parteien dürfen sie weder an einen Güterichter (BT-Drs. 17/8058, 21; BeckOK ZPO/*Bacher*, 39. Ed. 1.12.2020, ZPO § 278 Rn. 20; *Röthemeyer* ZKM 2012, 116 (117); Fritz/Pielsticker/*Fritz* § 278 Rn. 50 f.; OVG Lüneburg – Beschl. v. 9.1.2015 – 10 OB 109/14; aA LSG Bayern BeckRS 2013, 74076; ArbG Hannover BeckRS 2013, 66710; LSG Hessen BeckRS 2015, 70797; ebenso MüKoZPO/*Prütting* ZPO§ 278 Rn. 37: Zustimmung nicht erforderlich, aber sinnvoll; vermittelnd *Windau* JM 2019, 52 (54): zulässig, aber unzweckmäßige Ausübung richterlichen Ermessens) noch an einen externen Mediator zugewiesen werden. Dies verstieße gegen den Grundsatz der freiwilligen einvernehmlichen Konfliktbeilegung. In Anbetracht dessen ist es angebracht, auf die Parteien bzw. deren Prozessbevollmächtigte nicht im üblichen richterlichen Duktus einer autoritativen Verfügung zuzugehen, sondern diese einer dem konsensualen Charakter eines Güterichterverfahrens bzw. einer externen Mediation gerecht werdenden Weise anzusprechen. Der entsprechende Vorschlag ist formlos möglich (HK-MediationsG/*Löer* Teil 2 ZPO § 278a Rn. 9).

2. Die mit dem Mediationsgesetz im Jahre 2012 erfolgte Einführung des sog Güterichterverfahren ist nur vor dem Hintergrund einer zwischen Justiz und Anwaltschaft während des Gesetzgebungsverfahrens lobbymäßig ausgetragenen Auseinandersetzung zu verstehen. Seit 2002 hatten Gerichte das Verfahren der Mediation in Modellversuchen in einzelnen Bundesländern unter wissenschaftlicher Begleitung erprobt (sog gerichtsinterne Mediation, → Form. I.T.1 Anm. 1; sowie Greger/Unberath/Steffek/*Greger* Einl. A. Rn. 57 ff. und E Rn. 101; HK-MediationsG/*Löer* Teil 3 K Rn. 8 ff.). Gegen die Fortführung des Modells der sog gerichtsinternen Mediation wendete sich insb. die Rechtsanwaltschaft, so dass es zu einer kompromisshaften Lösung kam, mit welcher das sog Güterichtermodell eingeführt wurde, gleichzeitig es aber ausdrücklich zugelassen wurde, dass Güterichter sich gem. § 278 Abs. 5 S. 2 ZPO sämtlicher Methoden der Konfliktlösung einschließlich der Mediation bedienen dürfen. Gem. § 278 Abs. 5 ZPO ist es dem Gericht möglich, die Parteien mit deren Einverständnis für die Güteverhandlung sowie für weitere Güteversuche vor den Güterichter als beauftragten oder ersuchten Richter zu verweisen. Dem Güterichter ist es überlassen, in einem oder mehreren Terminen, ggf. unter Einsatz der Methode der Mediation oder mediativen Teilelementen eine Konfliktlösung herbeizuführen (vgl. zur Befugnis, einen Güterichtervergleich gem. § 278 Abs. 6 S. 2 ZPO festzustellen: AG Bersenbrück, NZFam 2019, 316). Der Güterichter darf im Unterschied zu einem Mediator aber Hinweise zur Rechtslage erteilen, insb. darf er parteibezogene Lösungen vorschlagen (Greger/Unberath/Steffek/*Greger* E Rn. 129; MüKoZPO/*Prütting* ZPO § 278 Rn. 37). Im Jahr 2018 kam das Güterichterverfahren über die unterschiedlichen Gerichtsbarkeiten verteilt in fast 13.700 Fällen zur Anwendung (https://www.gueterichter-forum.de/neuigkeiten/Gueterichter-bekommenweiterhin-zu-wenig-Faelle (zuletzt abgerufen am 4.8.2021; dazu *Greger*, ZKM 2017, S. 4, 5 sowie 7). Bezogen auf die insgesamt bei Gericht anhängigen Rechtsstreitigkeiten ist das eine geringe Zahl (*Dürschke/Mayer-Metzner* SGb 2015, 69 (71), machen eine Quote von 1 % aller streitigen Sozialgerichtsprozesse aus; betreffend die Zivilgerichtsbarkeit sprechen *Gottwald/Greger* ZKM 2016, 84 (87), von einem „äußerst geringen und höchst unterschiedlichen Umfang").

3. Anstelle einer Beauftragung oder eines Ersuchens eines Güterichters besteht für das Gericht die Möglichkeit, einen externen Mediator im Einvernehmen mit den Parteien zu beauftragen, § 278a ZPO. Soweit ersichtlich, sind Gerichte mit einer derartigen „Herausverweisung" der Parteien aus dem Gerichtsverfahren an einen externen Mediator äußerst zurückhaltend. Erklären lässt sich diese Zurückhaltung damit, dass zum einen das Güterichterverfahren in gewisser Fortsetzung des im Gesetzgebungsprozess geführten Kampfes um die gerichtsinterne Mediation gestärkt werden soll. Zum anderen ist zu konstatieren, dass Gerichte derzeit (soweit ersichtlich) keine für Zwecke einer Herausverweisung aus dem Gerichtsverfahren erstellten Listen mit Kontaktdaten externer Mediatoren vorhalten. Letzteres ist aber kein unüberwindbares Hindernis, wenn man bedenkt, dass Gerichte bspw. mit Hilfe von Listen Insolvenzverwalter beauftragen, Testamentsvollstrecker und Betreuer einsetzen. Soweit Listen, bspw. von Organisationen, die den Parteien bei der Auswahl eines externen Mediators behilflich sein können, zur Verfügung gestellt werden, konfligiert dies nicht mit dem Grundsatz der Auswahl des Mediators durch die Parteien, § 2 Abs. 1 Mediationsgesetz (HK-MediationsG/*Löer* Teil 2 ZPO § 278a Rn. 11; auch Fritz/Pielsticker/*Fritz* § 278a Rn. 68).

4. Das Gericht darf nicht ohne weiteres davon ausgehen, dass die Parteien Kenntnis von einem Güterichterverfahren bzw. Mediation haben (Eidenmüller/Wagner MediationsR/*Steiner* Kap. 8 Rn. 155). Insbes. besteht kein tatsächlicher Anhaltspunkt dafür, dass die Prozessbevollmächtigten ihre Mandanten ordnungsgemäß unterrichtet haben, wie es § 1 Abs. 3 BORA entsprechen würde (→ Form. I.T.3 Anm. 2). In Anbetracht dessen ist es sinnvoll, dem Schreiben ein Merkblatt beizufügen, in welchem allgemein über den Ablauf eines Güterichterverfahrens bzw. den Ablauf einer externen Mediation unterrichtet wird. Dies entspricht auch § 139 ZPO (Fritz/Pielsticker/*Fritz* § 278a Rn. 28).

5. Die Möglichkeit, den Konflikt im Wege eines Güterichterverfahrens oder durch Beauftragung eines externen Mediators beizulegen, besteht in jeder Lage des Verfahrens. Irrelevant ist, ob der Rechtsstreit durch die Kammer oder einen Einzelrichter zu entscheiden ist. Ebenfalls unerheblich ist, ob der Rechtsstreit sich bereits in der Berufungsinstanz befindet (vgl. Greger/Unberath/Steffek/*Greger* E Rn. 105).

6. Der Vorschlag, den Konflikt im Wege eines sog Güterichterverfahrens oder durch Beauftragung eines externen Mediators beizulegen, darf durch das Gericht nicht vorschnell erfolgen. Insbes. ist davor zu warnen, dass das Gericht sich auf diese Weise seiner Verpflichtung entzieht, eine gütliche Einigung zwischen den Parteien im Rahmen einer Güteverhandlung (§ 278 Abs. 2 S. 2, Abs. 3 ZPO) herbeizuführen (vgl. auch HK-MediationsG/*Löer* Teil 2 ZPO § 278 Rn. 32). Denn Güterichterverfahren und noch stärker externe Mediation unterscheiden sich kategorial von einer Güteverhandlung. Diese findet bei dem Gericht statt, bei welchem der Rechtsstreit anhängig gemacht wurde. Demgegenüber werden sowohl im Falle eines Güterichterverfahrens als auch einer externen Mediation Dritte mit der Konfliktbeilegung betraut, die nicht zur Streitentscheidung befugt sind. Dies gilt vor allem, wenn ein Güterichterverfahren bzw. eine externe Mediation mangels Einverständnis der Parteien gar nicht erst zustande kommt oder wenn diese im Verlauf ohne Abschlussvereinbarung endet. Hingegen darf der Richter bzw. Kammer oder Senat im Fall des Scheiterns einer Güteverhandlung das Verfahren in die Hauptverhandlung überführen und den Streit nachfolgend durch autoritativen Spruch entscheiden.

7. Das erkennende Gericht trifft eine Ermessensentscheidung über die Durchführung eines Güterichterverfahrens oder die Verweisung an externen Mediator ist. Beiden ist aber als Voraussetzung das Einverständnis der Parteien gemeinsam (→ Form. I.T.10 Anm. 1, → Form. I.T.11 Anm. 1). Daher ist es zweckmäßig, dass das Gericht seine Motive für seinen Vorschlag offenlegt. Die Erforderlichkeit eines Einvernehmens mit den Parteien ergibt sich aus dem konsensualen Charakter eines Mediationsverfahrens. Das Mediationsgesetz knüpft die Durchführung einer Mediation in § 1 Abs. 1 an die Freiwilligkeit der Mediationsparteien. Teilweise anders wird die Rechtslage für die Zuweisung der Parteien an einen Güterichter beurteilt. So wird die Auffassung vertreten, diese bedürfe keiner Zustimmung der Parteien (vgl. Zöller/*Greger*, 32. Aufl. 2018 ZPO § 278 Rn. 27). Daher sei eine Beschwerde gegen einen richterlichen Beschluss, das Verfahren an den Güterichter zu verweisen, obwohl kein Einverständnis der Parteien vorliegt, nicht statthaft (LSG Bayern 27.9.2013 – L 2 P 45/13 P; ähnl. BeckOK ZPO/*Bacher*, 39. Ed. 1.12.2020, ZPO § 278 Rn. 20.1: Allenfalls analoge Anwendung von § 252 ZPO). Dies hält einer näheren Betrachtung nicht stand. Nicht nur die Gesetzesbegründung (BT-Drs. 17/8058, 21), sondern auch die ratio eines Güterichterverfahrens lassen das Einvernehmen der Prozessparteien als notwendig erscheinen. Auch die Möglichkeit eines Güterichterverfahrens ist eine Form der konsensualen Konfliktlösung unter Beteiligung der Parteien. Dies gilt umso mehr, als sich der Güterichter auch der Methode der Mediation zur Konfliktlösung bedienen darf. Ein ohne ausdrückliche Zustimmung oder gar gegen den ausdrücklich entgegenstehenden Willen der Parteien ergangener Zuweisungsbeschluss ist nicht nur ermessensfehlerhaft, sondern willkürlich. Ein derart willkürlicher Beschluss kann ähnlich wie ein willkürlicher Verweisungsbeschluss nach § 281 ZPO ausnahmsweise angefochten werden (vgl. BLAH/Hartmann, 75. Aufl. 2017, ZPO § 278 Rn. 41; OVG Lüneburg – Beschl. v. 9.1.2015 – 10 OB 109/14; aA HK-MediationsG/*Löer* Teil 2 ZPO § 278 Rn. 21; wohl auch Fritz/Pielsticker/*Fritz* § 278a Rn. 33; je nach Regelung der verschiedenen Prozessordnungen differenzierend: *Windau* JM 2019, 52 (55)).

8. Der Vorschlag kann vom Vorsitzenden des Spruchkörpers, vom Berichterstatter nach Übertragung unterzeichnet werden. In mündlicher Verhandlung ist ein Vorschlag durch den Spruchkörper insgesamt zu unterbreiten (Fritz/Pielsticker/*Fritz* § 278a Rn. 25).

9. S. zu einem Informationsblatt über Mediation → Form. I.T.1.

11. Zuweisung der Parteien vor den Güterichter

Beschluss[1]
In dem Rechtsstreit . . . . . /. . . . .
Aktenzeichen: . . . . .
werden die Parteien mit ihrer Zustimmung vor den Güterichter[2]. . . . . verwiesen,[3] um den Versuch zu unternehmen, den Rechtsstreit im Wege des Güterichterverfahrens beizulegen.[4]
Richter/Richterin

Anmerkungen

1. § 278 Abs. 5 ZPO eröffnet den Parteien die Möglichkeit, während eines anhängigen Rechtsstreits den Versuch zu unternehmen, ihren Konflikt durch Einschaltung eines sog Güterichter beizulegen. Dieser darf sich als Ausdruck seiner Freiheit bei der Verfahrensgestaltung (Greger/Unberath/Steffek/*Greger* E Rn. 129, 156 ff.; HK-MediationsG/*Löer* ZPO § 278 Rn. 13) auch der Methode der Mediation bedienen, § 278 Abs. 5 S. 2 ZPO (→ Form. I.T.10 Anm. 2). Der erkennende Richter verweist die Parteien dann nach Gewährung rechtlichen Gehörs durch formlos mitzuteilenden Beschluss vor den Güterichter (Greger/Unberath/Steffek/*Greger* E Rn. 69; *Windau* JM 2019, 52 (53); aA insoweit Fritz/Pielsticker/*Fritz* § 278 Rn. 86, wonach „der Rechtsstreit" verwiesen werde. Dies steht aber im Widerspruch zum Wortlaut von § 278 Abs. 5 ZPO). Einer mündlichen Verhandlung bedarf es nicht notwendigerweise, § 128 Abs. 4 ZPO. Voraussetzung ist aber das Einvernehmen mit den Parteien. Deshalb ist eine Beschwerde gegen einen richterlichen Beschluss, das Verfahren an den Güterichter zu verweisen, obwohl kein Einverständnis der Parteien vorliegt, statthaft (OVG Lüneburg – Beschl. v. 9.1.2015 – 10 OB 109/14; aA aber LSG Bayern 27.9.2013 – L 2 P 45/13 P). Nicht nur die Gesetzesbegründung (BT-Drs. 17/8058, 21), sondern auch die ratio eines Güterichterverfahrens lassen das Einvernehmen der Prozessparteien als sinnvoll erscheinen (BeckOK ZPO/*Bacher*, 39. Ed. 1.12.2020, ZPO § 278 Rn. 20; MüKoZPO/*Prütting* ZPO § 278 Rn. 37; Zöller/*Greger* ZPO 32. Aufl. § 278 Rn. 27; aA Eidenmüller/Wagner MediationsR/*Eidenmüller* Kap. 1 Rn. 16). Auch die Möglichkeit eines Güterichterverfahrens ist eine Form der konsensualen Konfliktlösung unter Beteiligung der Parteien. Dies gilt umso mehr, als sich der Güterichter auch der Methode der Mediation zur Konfliktlösung bedienen darf. Ein ohne ausdrückliche Zustimmung oder gar gegen den ausdrücklich entgegenstehenden Willen der Parteien ergangener Zuweisungsbeschluss ist nicht nur ermessensfehlerhaft, sondern willkürlich. Ein derart willkürlicher Beschluss kann ähnlich wie ein willkürlicher Verweisungsbeschluss nach § 281 ZPO ausnahmsweise angefochten werden (vgl. BLAH/Hartmann, 75. Aufl. 2017, ZPO § 278 Rn. 41; OVG Lüneburg – Beschl. v. 9.1.2015 – 10 OB 109/14; aA HK-MediationsG/*Löer* Teil 2 ZPO § 278 Rn. 21; nach der Regelung in der jeweiligen Prozessordnung differenzierend: *Windau* JM 2019, 52 (55)).

2. Es ist streitig, ob auch ein Mitglied des zur Entscheidung berufenen Spruchkörpers Güterichter sein kann (vgl. dazu BeckOK ZPO/*Bacher*, 39. Ed. 1.12.2020, ZPO § 278 Rn. 24). Ferner ist umstritten, ob auch eine gerichtsübergreifende Verweisung statthaft ist (vgl. dazu BeckOK ZPO/*Bacher*, 39. Ed. 1.12.2020, ZPO § 278 Rn. 23; *Windau* JM 2019, 52 (53 f.)).

3. Der erkennende Richter/die erkennende Richterin verweist die Parteien vor einen Güterichter. Bei der Verweisung der Parteien handelt es sich um ein den Güterichter nicht bindendes Ersuchen. Der Güterichter darf das Ersuchen jederzeit zurückgeben, ohne dies begründen zu müssen (Greger/Unberath/Steffek/*Greger* E Rn. 130, 140; aA HK-MediationsG/*Löer* Teil 2 ZPO § 278 Rn. 23, Befugnis des Streitrichters zur bindenden Verweisung). Die Möglichkeit eines sog Güterichterverfahrens gilt außer im Zivilprozess auch im Verfahren der freiwilligen Gerichtsbarkeit (§ 36 Abs. 5 FamFG), in arbeitsgerichtlichen Verfahren (§ 54a ArbGG) sowie in verwaltungs-, sozial-, finanz- und patentgerichtlichen Verfahren (§ 173 Abs. 1 VwGO, § 202 S. 1 SGG, § 155 FGO, § 99 Abs. 1 PatentG, § 82 Abs. 1 MarkenG).

4. Auf Antrag der Parteien ist das Verfahren gem. § 251 ZPO zum Ruhen zu bringen (Fritz/Pielsticker/*Fritz* § 278 Rn. 58; BeckOK ZPO/*Bacher,* 39. Ed. 1.12.2020, ZPO § 278 Rn. 34; OVG Münster, BeckRS 2016, 51083).

12. Einladung zum Güterichtertermin

Sehr geehrte Damen und Herren,

In dem Güterichterverfahren ..... /..... [1]

Aktenzeichen: .....

lade ich Sie herzlich zum Güterichtertermin am ..... in das .....-gericht, ..., ... ein.[2]

Ich freue mich, dass ..... an dem Termin teilnehmen werden.

Im Hinblick auf den tragenden Gedanken des Güterichterverfahrens, eine eigenverantwortliche und kooperative Lösung des Streitstoffes durch die Beteiligten selbst zu erreichen, gehe ich davon aus, dass die Parteien anwesend sind und dass etwaige Terminsvertreter über eine entsprechende Entscheidungsbefugnis verfügen.[3]

Zur Vorbereitung übersende ich Ihnen den Entwurf einer Vereinbarung, welche die Grundlage des Güterichterverfahrens bilden soll. Eine Unterzeichnung kann zu Beginn des Güterichtertermins erfolgen.[4, 5]

Für Rückfragen stehe ich Ihnen gerne, auch telefonisch, zur Verfügung.

Mit freundlichen Grüßen

Güterichter/Güterichterin

Anmerkungen

1. Das Güterichterverfahren findet gem. § 278 Abs. 5 ZPO vor einem Güterichter statt, welchem die Parteien zwecks Konfliktbeilegung zugewiesen wurden. Angesichts des Charakters dieser Konfliktlösung sollte im Rubrum sämtlicher Schriftstücke des Güterichters nicht von „Rechtsstreit", sondern von „Güterichterverfahren" unter Kurzangabe der Namen der Parteien des Rechtsstreits die Rede sein. Das gerichtliche Aktenzeichen kann zwar beibehalten werden. Jedoch empfiehlt es sich im Hinblick auf eine nach außen zu dokumentierende Unvoreingenommenheit des Güterichters, „neue" Aktenzeichen zu vergeben, um die Unterscheidung zwischen streitigem und Güterichterverfahren zu verdeutlichen.

2. Entsprechend dem konsensualen Charakter einer Konfliktlösung im Rahmen eines Güterichterverfahrens sollte darauf Wert gelegt werden, dass der Güterichter den Parteien und deren Prozessbevollmächtigten nicht autoritativ gegenüber tritt. Dies drückt sich bspw. darin aus, dass der Güterichter die Parteien und deren Prozessbevollmächtigten nicht zu einem Güterichtertermin formal lädt, sondern zur Teilnahme am Termin einlädt (Hinrichs MediationsG-HdB/*Hinrichs* Kap. B Rn. 165; ähnlich Eidenmüller/Wagner MediationsR/*Steiner* Kap. 8 Rn. 157).

3. IRd Güterichterverfahrens sind nicht nur die Parteien des Rechtsstreits und deren Prozessbevollmächtigte einzubeziehen, sondern ggf. auch Dritte, deren Beisein für eine mögliche Konfliktlösung von Bedeutung ist. So kommt etwa eine Teilnahme solcher, zwar nicht entscheidungsbefugter Mitarbeiter eines Unternehmens in Betracht, welche aber in der täglichen Sachbearbeitung mit den Anliegen der anderen Partei befasst sind. Unbedingt ist darauf zu achten, dass jedenfalls entscheidungsbefugte Terminsvertreter den Termin mit den Parteien wahrnehmen, um ggf. eine Konfliktlösung zu ermöglichen. Anderenfalls müsste eine Konfliktlösung im Termin unter den Vorbehalt einer Zustimmung Dritter gestellt werden, was einem Nachverhandeln Tür und Tor öffnen würde.

4. Die Güterichtervereinbarung kann sich an eine Mediationsvereinbarung anlehnen (→ Form. I.T.5). Ausgenommen davon ist insb. eine Kostenregelung. Denn das Güterichterverfahren ist für die Parteien insofern kostenfrei, als der Güterichter keine gesonderte Vergütung für sein Tätigwerden erhält,

Kosten und Gebühren

5. Der seine Partei im Rahmen eines Güterichterverfahrens oder einer externen Mediation begleitende Rechtsanwalt erhält keine zusätzliche Geschäftsgebühr, § 19 Abs. 1 Nr. 2 RVG (Fritz/Pielsticker/*Pielsticker* § 2 Rn. 93). Für den Fall, dass eine Einigung zwischen den Parteien iRd Güterichterverfahrens oder einer externen Mediation zustande kommt, erhält ein Parteianwalt eine 1,0 Einigungsgebühr gem. VV 1003 RVG. Werden nicht rechtshängige Streitgegenstände einbezogen, erhält der Rechtsanwalt eine 1,5 Einigungsgebühr gem. VV 1000 RVG, jedoch nicht mehr als eine 1,5 Einigungsgebühr aus der Summe der Gegenstandswerte, § 15 Abs. 3 RVG. Daneben erhält der Rechtsanwalt, der auch hinsichtlich der nicht rechtshängigen Streitgegenstände bereits über einen Prozessauftrag verfügt, eine 1,3 Verfahrensgebühr für die rechtshängigen sowie eine 0,8 Verfahrensgebühr für die nicht rechtshängigen Ansprüche, insgesamt aber nicht mehr als eine 1,3 Verfahrensgebühr aus der Summe der Streitwerte aller Ansprüche, § 15 Abs. 3 RVG, VV 3101 Nr. 2 RVG (Greger/Unberath/Steffek/*Greger* E Rn. 204 f.). Ferner entsteht eine 1,2 Terminsgebühr, weil die Verhandlungen zur Vermeidung eines Rechtsstreits geführt wurden, VV 3104 iVm Vorb. 3 Abs. 3 RVG (Greger/Unberath/Steffek/*Greger* E Rn. 204).

Zusätzliche Gerichtskosten für die Durchführung eines Güterichterverfahrens fallen nicht an (Greger/Unberath/Steffek/*Greger* E Rn. 200). Im Falle einer Erledigung des Rechtsstreits durch Vergleich (vgl. zur Problematik beim Abschluss eines Vergleichs, wenn der Beklagte PKH-berechtigt ist: OLG Oldenburg, Beschl. v. 28.10.2019 – 2 W 41/19), Klagerücknahme, Anerkenntnisurteil ermäßigt sich der Gebührensatz von 3,0 auf 1,0 (KV 1210, 1211, 5110, 5111 GKG), im Berufungsverfahren von 4,0 auf 2,0 (KV 1220, 1222, 5112, 5113 GKG).

13. Schriftsatz der Parteien an das Gericht, das anhängige Verfahren während der Mediation ruhen zu lassen

An das . . . . .gericht[1]
In Sachen . . . . .
teile ich mit,
dass zwischen den Parteien des Rechtsstreits der Versuch einer Konfliktbeilegung durch Mediation bei . . . . . unternommen wird.[2] Daher wird beantragt,[3]
das Verfahren ruhend zu stellen.[4]
Rechtsanwalt/Rechtsanwältin

Anmerkungen

1. Die Möglichkeit, auch während eines bereits bei Gericht anhängigen Rechtsstreits den Versuch einer Konfliktbeilegung durch Mediation mittels eines externen Mediators gem. § 278a ZPO zu unternehmen, besteht nicht nur im Zivilprozess, sondern gem. § 36a Abs. 2 iVm § 21 FamFG in Verfahren der freiwilligen Gerichtsbarkeit, in finanzgerichtlichen

Verfahren gem. § 155 FGO iVm § 278a ZPO, in sozialgerichtlichen Verfahren gem. § 202 S. 1 SGG iVm § 278a ZPO, in arbeitsgerichtlichen Verfahren gem. § 54a Abs. 2 ArbGG, in verwaltungsgerichtlichen Verfahren gem. § 173 S. 1 VwGO iVm § 278a ZPO, in familienrechtlichen Verfahren gem. §§ 113 Abs. 1 S. 2, 124 Abs. 2 FamFG und patent- sowie markenrechtlichen Verfahren (§§ 99 Abs. 1 PatG, 82 Abs. 1 MarkenG).

2. Verständigen sich die Parteien eines bereits bei Gericht anhängigen Rechtsstreits einvernehmlich auf die Durchführung eines Mediationsverfahrens bei einem externen Mediator, ist es notwendig, das gerichtliche Verfahren zum Ruhen zu bringen, um das Mediationsverfahren dadurch nicht zu „belasten" bzw. zu vermeiden, in zwei Foren ggf. diametral entgegengesetzte Ergebnisse herbeizuführen. Dementsprechend sieht § 278a Abs. 2 ZPO vor, dass das Verfahren zum Ruhen gebracht wird. Die Aussetzung des Verfahrens erfolgt durch formlos den Parteien mitzuteilenden Beschluss (Greger/Unberath/Steffek/*Greger* E Rn. 69).

3. Zwingende Rechtsfolge der Herauserweisung der Parteien von einem externen Mediator ist das Ruhen des Verfahrens, §§ 278a Abs. 2, 251 ZPO (Fritz/Pielsticker/*Fritz* § 278a Rn. 58 f.; BeckOK ZPO/*Bacher,* 39. Ed. 1.12.2020, ZPO § 278a Rn. 2). Daher bedarf es keines Antrags; dies ist deklaratorisch.

4. Das Ruhen des Verfahrens gilt über § 36a Abs. 2 iVm § 21 FamFG in Verfahren der freiwilligen Gerichtsbarkeit sowie gem. § 54a Abs. 2 ArbGG auch in arbeitsgerichtlichen Auseinandersetzungen. Das Ruhen des Verfahrens gem. § 251 ZPO lässt den Lauf von Notfristen, Rechtsmittelbegründungsfristen sowie Wiedereinsetzungsfristen unberührt (Greger/Unberath/Steffek/*Greger* E Rn. 77; HK-MediationsG/*Löer* Teil 2 ZPO § 278a Rn. 14; BeckOK ZPO/*Bacher,* 39. Ed. 1.12.2020, ZPO § 278a Rn. 2). Daher ist es sinnvoll, dass Prozessanwälte eventuell notwendige Prozesshandlungen vor Beginn einer externen Mediation vornehmen. Dies gilt auch für eilbedürftige Verfahrenshandlungen, wie Verfahren des einstweiligen Rechtsschutzes sowie selbständige Beweisverfahren. IÜ während des Ruhens erfolgte Prozesshandlungen sind im Verhältnis der Parteien zueinander unwirksam, gegenüber dem erkennenden Gericht aber wirksam (vgl. Greger/Unberath/Steffek/*Greger* E Rn. 69). Der Lauf einer Verjährungsfrist wird gehemmt. Die Hemmungswirkung endet nach Ablauf von sechs Monaten nach der letzten Verfahrenshandlung des Gerichts, das ist hier die Anordnung des Ruhens des Verfahrens, §§ 204 Abs. 2 BGB, 278a Abs. 2 ZPO (Fritz/Pielsticker/*Fritz* § 278a Rn. 63; Hinrichs MediationsG-HdB/*Hinrichs* Kap. I Rn. 21).

U. Internationales Zivilprozessrecht

1. Antrag auf Prozesskostensicherheit

An das
Landgericht[2]
In Sachen
der Firma A[3].....
– Klägerin –
Prozessbevollmächtigter:
RA .....
gegen
die Firma B[4] .....
– Beklagte –
Prozessbevollmächtigter:[5]
RA .....

beantrage[1]

ich für die Beklagte, anzuordnen, dass die Klägerin der Beklagten wegen der Prozesskosten Sicherheit zu leisten hat,[6] und der Klägerin eine Frist zu bestimmen,[7] binnen derer die Sicherheit zu leisten ist.

Begründung

Die Klägerin ist eine nach dem indischen Companies Act errichtete Kapitalgesellschaft, die ihren Sitz in Chennai hat. Sie hat deshalb nach § 110 Abs. 1 ZPO der Beklagten Sicherheit für die Prozesskosten zu leisten. Ein Befreiungsgrund nach § 110 Abs. 2 ZPO ist nicht gegeben,[8] insb. besteht keine staatsvertragliche Befreiung.[9]
Rechtsanwalt[10]

Anmerkungen

1. Kläger, die ihren gewöhnlichen Aufenthalt nicht in der EU oder einem Staat des EWR haben (das sind Belgien, Bulgarien, Dänemark, Deutschland, Estland, Finnland, Frankreich, Griechenland, Irland, Island, Italien, Kroatien, Lettland, Liechtenstein, Litauen, Luxemburg, Malta, Niederlande, Norwegen, Österreich, Polen, Portugal, Rumänien, Schweden, Slowakei, Slowenien, Spanien, Tschechien, Ungarn und Zypern). müssen, wenn sie als Kläger vor Gericht auftreten, dem Beklagten Sicherheit für die Prozesskosten leisten, § 110 Abs. 1 ZPO. Auf die Staatsangehörigkeit des Klägers kommt es nicht an, auch nicht auf die Durchsetzungsmöglichkeit von Kostentiteln im Aufenthaltsstaat des Klägers. So sind Kläger mit gewöhnlichem Aufenthalt in Liechtenstein wegen der Zugehörigkeit zum EWR von der Leistung einer cautio iudicatum solvi befreit, obwohl deutsche Kostentitel in Liechtenstein nicht anerkannt und für vollstreckbar erklärt werden können (vgl. *Schütze* RIW 2015, 111 ff.).

Die Anordnung der Sicherheitsleistung erfolgt nicht von Amts wegen, sie setzt einen Antrag des Beklagten voraus. Die mangelnde Sicherheitsleistung begründet eine prozesshindernde Einrede. Für diese gilt § 282 Abs. 3 ZPO, dh, das Verlangen der Sicherheitsleistung ist gleichzeitig oder vor der Verhandlung zur Hauptsache – bei Fristsetzung zur Klageerwiderung – innerhalb der gesetzten Frist zu stellen.

Das Vereinigte Königreich ist zum 31.12.2020 aus der EU ausgetreten. Für nach diesem Zeitpunkt erhobene Klagen sind auch im UK sich ständig aufhaltende Kläger oder Gesellschaften, die dort ihren Verwaltungssitz haben prozesskostensicherheitspflichtig. War ein Kläger bei Prozessbeginn vor dem 31.12.2020 nicht kautionspflichtig, so wird er das nach diesem Stichtag. Der Beklagte kann volle Sicherheit verlangen.

2. Zuständig ist das Prozessgericht.

3. Bei juristischen Personen ist auf den Sitz der Verwaltung abzustellen (OLG München IPRax 2011, 267; OLG Karlsruhe NJW-RR 2008, 944; LG Berlin IPRax 2011, 83; aA OLG Schleswig IPRax 2014, 289) Sie sind bei Sitz im Ausland auch dann prozesskostensicherheitspflichtig, wenn sie eine Zweigniederlassung im Inland unterhalten (vgl. im einzelnen *Schütze,* Die Bedeutung und Bestimmung des Sitzes von Gesellschaften im Rahmen des § 110 ZPO, AG 2021, 75 ff.)

4. Auf den gewöhnlichen Aufenthalt des Beklagten kommt es nicht an, ebenso wenig auf seine Staatsangehörigkeit.

5. Im Anwaltsprozess besteht auch für das Verlangen der Sicherheitsleistung Anwaltszwang.

6. Die Höhe der Sicherheitsleistung liegt im Ermessen des Gerichts. Bei ihrer Festsetzung ist nach verbreiteter Ansicht in der Rspr. von den Kosten aller möglichen Instanzen auszugehen (RGZ 154, 227; BGH BGHZ 37, 367; NJW 1981, 2646; str. vgl. für Nachweise Wieczorek/Schütze/*Schütze,* ZPO, 4. Aufl., 2015, § 112 Rn. 6). Nach der heute im Vordringen befindlichen Ansicht ist nur Sicherheit für die Kosten der laufenden Instanz sowie der Kosten, die der Beklagte bei Berufung gegen ein erstinstanzliches Hauptsacheurteil bis zum Zeitpunkt, wo er in der Berufungsinstanz nach § 112 Abs. 3 ZPO weitere Sicherheitsleistung verlangen kann, in die Höhe der Sicherheitsleistung einzubeziehen (OLG Karlsruhe NJW-RR 2008, 944; OLG Frankfurt a. M. NJW 1952, 1418; OLG München IPRax 2011, 267; OLG Schleswig IPRax 2014, 289)

7. Vgl. § 113 ZPO.

8. Vgl. zu den Befreiungsgründen iE: *Schütze* RIW 1999, 10 ff.

9. Vgl. für eine Länderübersicht *Schütze* RIW 1999, 10 ff. (15).

Kosten und Gebühren

10. Gerichtsgebühren entstehen nicht. Die Tätigkeit des Anwalts ist mit der Verfahrensgebühr nach VV 3100 RVG abgegolten. Ist der Anwalt im Erhöhungs- oder Ermäßigungsverfahren nicht Prozessbevollmächtigter, so kommt VV 3403 zur Anwendung.

2. Antrag auf Zustellung im Ausland

An das
Amtsgericht[3]
in . . . . .
In Sachen
der Firma A . . . . .
– Antragstellerin –
Prozessbevollmächtigter:[4]
RA . . . . .
gegen
die Firma B . . . . .
– Antragsgegnerin –

beantrage

ich, den Arrestbefehl und Pfändungsbeschluss des Amtsgerichts . . . . . vom . . . . . (Datum) (Az.: . . . . .) an die Antragsgegnerin zuzustellen.[1, 2, 5]
Einen Übersetzungskostenvorschuss[6] iHv . . . . . EUR füge ich in Form eines V-Schecks bei. Die gepfändeten Rechte sind im Inland belegen, so dass auch die Zustellung des mit dem Arrestbefehl verbundenen Pfändungsbeschlusses[7] zulässig ist.
Rechtsanwalt[8]

Anmerkungen

1. Ein Antrag auf Zustellung ist nur erforderlich, wenn die Zustellung im Parteibetrieb erfolgt, nicht dagegen bei Zustellung im Amtsbetrieb. Deshalb ist ein Antrag überflüssig für die Klagezustellung und die Zustellung von Urteilen im Ausland. Diese werden von Amts wegen und auf Veranlassung des Vorsitzenden zugestellt.

2. Bedeutung hat die Parteizustellung insb. bei Arrestbefehlen und einstweiligen Verfügungen. Die Zustellung im Ausland kann regelmäßig nicht innerhalb der Vollziehungsfrist bewirkt werden. Eine Anwendung von § 189 ZPO ist nicht möglich (BGHZ 58, 177 zu § 187 aF ZPO: keine Anwendung auf Auslandszustellung; *Schütze* BB 1978, 589: keine Anwendung wegen des darin liegenden Hoheitsaktes; aA *Geimer* IntZivilProzR Rn. 2102; *Schack,* Internationales Zivilverfahrensrecht, 8. Aufl. 2021, Rn. 748, Heilung möglich), jedoch treten Probleme im Regelfall nicht auf, da bei einer im Ausland zu bewirkenden Zustellung die fristgerechte Einreichung des Gesuchs bei Gericht ausreicht (§ 167 ZPO, Wieczorek/Schütze/*Thümmel* ZPO § 929 Rn. 23).

3. Zuständig ist der Vorsitzende des Prozessgerichts der jeweiligen Instanz

4. Der Antrag unterliegt nicht dem Anwaltszwang (vgl. Wieczorek/Schütze/*Rohe* ZPO Vor §§ 183, 184 Rn. 45).

5. Nach § 183 ZPO kann die im Ausland zu bewirkende Zustellung auf drei Wegen erfolgen: durch Einschreiben mit Rückschein, soweit die unmittelbare Übersendung des Schriftstücks durch die Post völkerrechtlich zulässig ist (Abs. 1 Nr. 1), auf diplomatischem oder konsularischem Wege (Abs. 1 Nr. 2) oder durch das Auswärtige Amt, soweit der Adressat Deutscher ist und Immunität genießt (Abs. 1 Nr. 3). Vgl. für die Behandlung ausgehender Ersuchen §§ 11 ff. ZRHO.

Erleichterungen bringen zahlreiche mehr- und zweiseitige Staatsverträge, insb. das Haager Zivilprozessübereinkommen v. 1.3.1954 (BGBl. 1958 II 577) und das Haager Zustellungsübereinkommen v. 18.3.1970 (BGBl. 1977 II 1453). Auf die Anwendbarkeit der europarechtlichen (→ Form. I.U.3) und konventionsrechtlichen Bestimmungen kann im Antrag zur Beschleunigung hingewiesen werden. Vgl. iE *Geimer/Schütze* IntRechtsverkehr Rn. 100 ff., 350 ff.

6. Es empfiehlt sich, die Höhe des Übersetzungskostenvorschusses vorher zu erfragen, um die Durchführung der Zustellung zu beschleunigen.

7. Die Zustellung von Arrestbefehlen, die mit einer Pfändungsanordnung verbunden sind, ist nicht zulässig, wenn im Ausland belegene Gegenstände gepfändet werden, da dadurch in fremdes Hoheitsrecht eingegriffen würde (*Ost* Justiz 1976, 134). Betrifft der Pfändungsbeschluss jedoch im Inland belegene Rechte, etwa Forderungen gegen inländische Drittschuldner, so ist die Zustellung zulässig (*Schütze* WPM 1980, 1438). Bei der einstweiligen Verfügung ist zu beachten, dass eine Strafandrohung bei einer Unterlassungsverfügung wegen des Eingriffs in fremde Hoheitsrechte nicht zugestellt werden kann (*Ost* Justiz 1976, 134; *Schütze* WPM 1980, 1438). Es empfiehlt sich, bei Antragsgegnern im Ausland die Unterlassungsverfügung ohne Strafbewehrung zu beantragen. Andernfalls muss der Zustellungsantrag beschränkt und die Strafandrohung bei der Zustellung geschwärzt werden (vgl. iE *Schütze,* Deutsches Internationales Zivilprozessrecht, 2. Aufl. 2005, Rn. 564).

Kosten und Gebühren

8. Es entstehen keine Gerichtsgebühren. Auslagen werden in Ansatz gebracht. Für den Rechtsanwalt entsteht keine besondere Gebühr, da die Zustellung zum Gebührenrechtszug gehört (§ 19 Abs. 1 Nr. 9 RVG). Anders ist dies nur, wenn sich die Tätigkeit des Rechtsanwalts allein auf die Zustellung beschränkt. In diesem Fall entsteht eine 0,3-Gebühr nach VV 3309 RVG.

3. Antrag auf Zustellung im Ausland nach europäischem Zustellungsrecht

An das
Amtsgericht[3]
in . . . . .
In Sachen
der Firma A . . . . .
– Antragstellerin –
Prozessbevollmächtigter:[4]
RA . . . . .
gegen
die Firma B . . . . .
– Antragsgegnerin –

beantrage

ich, den Arrestbefehl und Pfändungsbeschluss des Amtsgerichts . . . . . vom . . . . . (Datum) (Az.: . . . . .) an die Antragsgegnerin zuzustellen.[1, 2, 5]

Von einer Übersetzung der Dokumente bitte ich abzusehen, da der Zustellungsadressat der deutschen Sprache mächtig ist.[6]
Die gepfändeten Rechte sind im Inland belegen, so dass auch die Zustellung des mit dem Arrestbefehl verbundenen Pfändungsbeschlusses[7] zulässig ist.
Rechtsanwalt[8]

Anmerkungen

1. Ein Antrag auf Zustellung ist nur erforderlich, wenn die Zustellung im Parteibetrieb erfolgt, nicht dagegen bei Zustellung im Amtsbetrieb. Deshalb ist ein Antrag für die Klagezustellung oder die Zustellung von Urteilen im Ausland überflüssig.

2. Erleichterungen für die Auslandszustellung bringt das europäische Recht durch die VO (EG) Nr. 1393/2007 über die Zustellung gerichtlicher und außergerichtlicher Schriftstücke in Zivil- und Handelssachen in den Mitgliedstaaten und zur Aufhebung der Verordnung (EG) Nr. 1348/2000 (dazu Geimer/Schütze/*Geimer* EuZivilVerfR Teil A 3;*Sharma,* Zustellungen im europäischen Binnenmarkts, 2000; *Stadler* IPRax 2001, 514 ff.), die durch § 183 ZPO unberührt bleibt (§ 183 Abs. 3 ZPO). In Deutschland ist die Zustellung nach der VO im Einzelnen in §§ 1067 ff. ZPO geregelt (dazu Wieczorek/Schütze/*Schütze,* Bd. 12, 4. Aufl. 2015). Die VO (EG) Nr. 1393/2007 wird mit Wirkung vom 1.7.2022 durch die VO (EU) Nr. 2020/1784 ersetzt werden (abgedruckt bei Geimer/Schütze, Internationaler Rechtsverkehr, 556. 1 ff.)

3. Schriftstücke, bei denen nach deutschem Recht eine Parteizustellung erfolgt, sind außergerichtliche Schriftstücke iSv Art. 1 Abs. 1 EuZVO und § 1069 ZPO (vgl. Wieczorek/Schütze/*Schütze* ZPO § 1069 Rn. 3). Für diese ist Übermittlungsstelle das Amtsgericht, in dessen Sprengel die Person, die die Zustellung betreibt, ihren Wohnsitz oder gewöhnlichen Aufenthalt hat. IÜ finden §§ 31 ff. ZRHO Anwendung.

4. Der Antrag unterliegt nicht dem Anwaltszwang.

5. Die EuZVO sieht im Anh. die Benutzung eines Formblatts für Zustellungsersuchen vor. Dieses bindet aber nur die Übermittlungsstelle für das außergerichtliche Schriftstück, nicht den Antragsteller. Dieser kann den Antrag an die Übermittlungsstelle – wie vorgeschlagen – formlos stellen.

6. Die EuZVO verlangt nicht die Übersetzung des zuzustellenden Schriftstücks, wenn der Zustellungsadressat die deutsche Sprache beherrscht. Die Übermittlungsstelle hat den Antragsteller nach Art. 5 Abs. 1 EuZVO darüber zu belehren, dass der Zustellungsadressat die Zustellung zurückweisen darf, wenn diese nicht in der Sprache des Empfangsstaates (Staat, in dem Zustellung durchzuführen ist) abgefasst ist und er diese Sprache nicht versteht. Damit korrespondiert eine entsprechende Belehrungspflicht der Empfangsstelle gegenüber dem Zustellungsadressaten nach Art. 8 Abs. 1 EuZVO. Über die Frage, welche Anforderungen an die Sprachkenntnisse des Zustellungsadressaten zu stellen sind und wer letztlich hierüber entscheidet, herrscht Streit (vgl. dazu *Schütze* RIW 2006, 352 ff.). Verweigert der Zustellungsadressat die Annahme der Zustellung wegen fehlender Übersetzung, so ist ein Nachschieben der Übersetzung ohne Nachteile für den Antragsteller möglich. Der EuGH baut hier eine „goldene Brücke" (EuGH 8.11.2005 – C-443/03, NJW 2006, 491 – Götz Leffler/Berlin Chemie AG). Nach Art. 8 Abs. 3 EuZVO wirkt nochmalige Zustellung mit Übersetzung auf den Zeitpunkt der ersten – unwirksamen – Zustellung zurück. Der Antragsteller kann also getrost zunächst versuchen, das Schriftstück in deutscher Sprache zustellen zu lassen.

7. → Form. I.U.2 Anm. 7.

Kosten und Gebühren

8. Es gilt dasselbe wie → Form. I.U.2.

4. Geltendmachung ausländischer Rechtshängigkeit nach § 261 ZPO analog

An das Landgericht[2, 8]
in . . . . .
In Sachen
der Firma A . . . . .
– Klägerin –
Prozessbevollmächtigter
RA . . . . .
gegen
die Firma B . . . . .
– Beklagte –
Prozessbevollmächtigter
RA . . . . .
macht die Beklagte anderweitige Rechtshängigkeit[3] geltend und beantragt die Klage als unzulässig abzuweisen.[4]

Begründung

Die Klägerin macht in diesem Prozesse einen Kaufpreisanspruch für die Lieferung einer Offset-Druckmaschine geltend. Derselbe Anspruch ist Gegenstand eines Prozesses vor dem Supreme Court New York, USA. Bereits am . . . . . hat die Klägerin Klage gegen die bBeklagte vor letzterem Gericht mit dem gleichen Antrag wie in diesem Verfahren.[5] Die Klage ist am . . . . ., also 8 Monate vor der Klageerhebung in diesem Prozess an die Beklagte nach dem Haager Zustellungsübereinkommen im Wege der Rechtshilfe ordnungsgemäß zugestellt worden[6] Die Klage in diesem Prozess ist im Gerichtsstand der Vereinbarung erhoben[9]

Beweis: Vorlage der Klageschrift mit Zustellungsvermerk vom . . . . .

Nach hL in Rspr. und Schrifttum ist ausländische Rechtshängigkeit im inländischen Prozess zu berücksichtigen, wenn die im ausländischen Verfahren zu erwartende Entscheidung anerkennungsfähig sein wird.[1] (BGH NJW 1983, 1269; weitere Nachw. bei Wieczorek/Schütze/*Schütze* ZPO Anh. § 261 Rn. 5 ff.)

Da die Gegenseitigkeit im Verhältnis zu New York gegeben ist[7] und Identität von Parteien und Streitgegenstand vorliegen, ist nach § 261 Abs. 3 Nr. 1 ZPO wie beantragt zu entscheiden.

Rechtsanwalt[10]

Anmerkungen

1. Obwohl die Wirkungen ausländischer Rechtshängigkeit im inländischen Prozess – anders als die ausländischer Rechtskraft in § 328 ZPO – im deutschen Recht nicht gesetzlich geregelt ist, lässt die hL die Geltendmachung der Rechtshängigkeit nach § 261 Abs. 3 Nr. 1 ZPO auch bei ausländischer Rechtshängigkeit zu, wenn zu erwarten ist, dass die im ausländischen Prozess ergehende Entscheidung in Deutschland anerkannt wird (vgl. für Nachw. *Schütze,* Zur internationalen Rechtshängigkeit im deutschen Recht, in *Schütze,*

Ausgewählte Probleme des internationalen Zivilprozessrechts, 2006, 168 ff., Fn. 2; *Schack*, Internationales Zivilverfahrensrecht, 8. Aufl. 2021, Rn. 889 ff.). Diese Regel ist jedoch innerhalb des Anwendungsbereichs von Art. 33 Brüssel Ia VO teilweise unanwendbar.

Nach Art. 33 Brüssel Ia VO sind nunmehr die Folgen ausländischer Litispendenz auch für drittstaatliche Rechtshängigkeit geregelt. Diese Regelung ist aber nicht umfassend. Sie gilt nur für Verfahren, in denen die Zuständigkeit des mitgliedschaftlichen Gerichts auf Art. 4, 7, 8 oder Art. 9 Brüssel Ia VO gestützt wird. Art. 33 Brüssel Ia VO verdrängt jegliches nationales Recht. Außerhalb der Bereichsausnahmen des Art. 33 Brüssel Ia VO ist jedoch weiterhin nationales Recht anzuwenden. (vgl. Geimer/Schütze/*Geimer*, EuZivilVerfR Brüssel Ia VO Art. 33 Rn. 24)

2. Zuständig ist das Prozessgericht.

3. Die anderweitige Rechtshängigkeit ist keine echte Einrede. Sie ist eine von Amts wegen in jeder Phase des Prozesses zu berücksichtigende negative Prozessvoraussetzung (BGH NJW 1989, 2064 – Prozesshindernis; *Geimer* IntZivilProzR Rn. 2707, ausdrücklich für die internationale Rechtshängigkeit). Es ist also kein Antrag erforderlich, erst recht kein fristgebundener. Es findet aber keine Amtsermittlung statt (vgl. Zöller/*Greger* ZPO § 261 Rn. 11). Das Gericht muss also – soweit der Sachverhalt nicht gerichtsbekannt ist (§ 291) – irgendwie von der anderweitigen Rechtshängigkeit Kenntnis erlangen. Das geschieht durch die ausdrückliche Geltendmachung in Verbindung mit dem Klagabweisungsantrag.

4. Die zu beachtende ausländische Rechtshängigkeit führt zur Abweisung der Klage als unzulässig. Eine Aussetzung des Verfahrens bis zur Beendigung des ausländischen Prozesses ist nicht zulässig (vgl. Stein/Jonas/*Roth* ZPO § 148 Rn. 60; str. aA *Schack*, Internationales Zivilverfahrensrecht, 8. Aufl. 2021, Rn. 91=). Dagegen will die hL dem Gericht die Möglichkeit der Aussetzung nach § 148 bei positiver Anerkennungsprognose geben (vgl. BGH RIW 1986, 218; *Dohm,* Die Einrede ausländischer Rechtshängigkeit im deutschen internationalen Zivilprozessrecht, 1996, 272 ff.; *Geimer* IntZivilProzR Rn. 2712 mwN).

5. Die Berücksichtigung ausländischer Rechtshängigkeit erfordert Identität von Parteien und Streitgegenstand. Dabei können die im deutschen Zivilprozess zum Verhältnis von Leistungsklage und negativer Feststellungsklage entwickelten Grundsätze international keine Anwendung finden. Die Rspr., die der Leistungsklage Vorrang vor der negativen Feststellungsklage gibt und vom Wegfall des Feststellungsinteresses bei später erhobener Leistungsklage ausgeht (BGH BGHZ 18, 22; NJW 1973, 500), basiert auf der Gleichwertigkeit deutscher Gerichte, gleicher Qualifikation der Richter, ähnlich langer Verfahrensdauer und gleichem Kostensystem. Das ist im internationalen Bereich bei Gerichten aus unterschiedlicher Jurisdiktion nicht der Fall. Selbst wenn man den Streitgegenstand der Leistungsklage mit dem der negativen Feststellungsklage als identisch ansehen wollte, ist die internationale Rechtshängigkeit zu berücksichtigen (vgl. Wieczorek/Schütze/*Schütze* ZPO Anh. § 261 Rn. 10).

6. Der Beginn der ausländischen Rechtshängigkeit beurteilt sich nach der ausländischen lex fori (BGH IPRax 1989, 104; NJW-RR 1992, 642). Tritt nach der ausländischen lex fori jedoch Rechtshängigkeit bereits mit Klageeinreichung ein, so ist ein Korrektiv notwendig, damit die Partei im deutschen Prozess nicht konzeptionell immer im Nachteil ist, weil das deutsche Recht auf einen späteren Zeitpunkt – die Zustellung – abstellt, der ohne Zutun des Klägers bei der Auslandszustellung auch erst in einem Zeitpunkt lange nach der Klageerhebung liegen kann. Es erscheint angemessen, die ausländische Rechtshängigkeit erst von dem Zeitpunkt an zu berücksichtigen, in dem die Klage zugestellt worden ist (OLG Hamm NJW 1988, 3103; OLG Karlsruhe IPRax 1992, 171; *Geimer* IntZivilProzR Rn. 2699; Wieczorek/Schütze/*Schütze* ZPO Anh. § 261 Rn. 8).

7. Die Gegenseitigkeit zu New York wird – trotz mancherlei Zweifeln – allgemein bejaht (vgl. BGH RIW/AWD 1964, 557; LG Hamburg IPRspr. 1968/69, Nr. 223).

8. Bei überlanger Prozessdauer im Ausland, die den Rechtsschutz in unzumutbarer Weise beeinträchtigt, hat die Rspr. angenommen, dass ausländische Rechtshängigkeit nicht zu beachten ist, selbst wenn Anerkennungsfähigkeit des im ausländischen Verfahren zu erwartenden Urteils gegeben ist (BGH NJW 1961, 124; NJW 1983, 1269; *Schack*, Internationales Zivilverfahrensrecht, 8. Aufl. 2021, Rn. 901). Die Maßstäbe, die an die überlange Prozessdauer angelegt werden, sind sehr streng.

9. Der Gerichtsstand der Vereinbarung fällt nicht unter die Bereichsausnahme des Art. 33 Brüssel Ia VO (Wieczorek/Schütze/*Weller*, ZPO, 4. Aufl. 2019, Art. 33 Rn. 1)

Kosten und Gebühren

10. Es entstehen keine besonderen Gebühren. Es gelten die Grundsätze bei Klageerwiderung und Antrag auf Klagabweisung.

5. Geltendmachung ausländischer Rechtshängigkeit nach Art. 33 Brüssel Ia VO

An das Landgericht [1, 2]
In Sachen
der Firma A
– Klägerin –
Prozessbevollmächtigter
RA . . . . .
Gegen
die Firma B . . . . .
– Beklagte –
Prozessbevollmächtigter
RA . . . . .
macht die Beklagte anderweitige Rechtshängigkeit [3] geltend und beantragt,
das Verfahren auszusetzen [4]

Begründung

Die Klägerin macht in diesem Prozess einen Kaufpreisanspruch für die Lieferung einer Offset Druckmaschine geltend. Derselbe Anspruch ist Gegenstand eines Prozesses vor dem Supreme Court New York, USA. Bereits am . . . . . hat die Klägerin Klage gegen die Beklagte vor letzterem Gericht mit dem gleichen Antrag wie in diesem Verfahren erhoben[5]. Die Klage ist bereits am . . . . ., also 8 Monate vor der Klageerhebung in diesem Prozess an die Beklagte nach dem Haager Zustellungsübereinkommen im Wege der Rechtshilfe ordnungsgemäß zugestellt worden. [6]
Die Klage in diesem Prozess ist im Gerichtsstand des Sitzes nach Art. 4, 63 Brüssel Ia VO erhoben. [7]

Beweis: Vorlage der Klageschrift mit Zustellungsvermerk vom . . . . .

Da das Verfahren in einem der Gerichtsstände des Art. 33 Brüssel Ia VO erhoben ist, kommt die Regelung dort zur Anwendung. Das durch das New Yorker Gericht ergehende Urteil wird in Deutschland anerkennungsfähig sein, insbesondere ist die Gegenseitigkeit im Verhältnis zu New York verbürgt [8, 9]. Die Aussetzung des Verfahrens ist im Interesse einer geordneten Rechtspflege erforderlich [10].
Rechtsanwalt [11]

Anmerkungen

1. Die Brüssel Ia VO enthält in Art. 33 eine abschließende Regelung für die Behandlung drittstaatlicher Litispendenz. Art 33 Brüssel Ia VO findet nur Anwendung auf Verfahren vor einem mitgliedschaftlichen Gericht, wenn und soweit diese in einem Gerichtsstand des Art. 4, 7,8 und 9 Brüssel Ia VO geführt werden. Vgl. im Einzelnen Form 4, Rn. 1.

2. Zuständig ist das Prozessgericht

3. Die anderweitige internationale Rechtshängigkeit ist im Rahmen des Art. 33 Brüssel Ia VO – ebenso wie nach § 261 ZPO – keine echte Einrede. Sie ist eine in jeder Phase des Prozesses zu berücksichtigende negative Prozessvoraussetzung (vgl. *Geimer,* IntZivPrR, 8. Aufl. 2020, Rn. 2707). Es ist also kein Antrag erforderlich. Er dient aber – da keine Amtsermittlung stattfindet – dazu, dem Gericht die Tatsache der Rechtshängigkeit vor einem ausländischen Gericht darzulegen und die Aussetzung des Verfahrens anzuregen.

4. Nach Art. 33 Brüssel Ia VO erfolgt bei drittstaatlicher Rechtshängigkeit keine Klagabweisung, sondern eine Aussetzung des Verfahrens. Anders als bei der Aussetzung nach Art. 29 Brüssel Ia VO (vgl. → Form. I.U.6) hat das Gericht im Verfahren nach Art. 33 Brüssel Ia VO einen weiten Ermessenspielraum. Auch wenn die Voraussetzungen des Art 33 Brüssel Ia VO vorliegen, ist das Gericht nicht zur Aussetzung verpflichtet. Das Gericht kann eine Aussetzung auch jederzeit wieder zurücknehmen (vgl. Geimer/Schütze/*Geimer,* EuZivilVerfR Art. 33 Rn. 33 f.)

5. Auch im Rahmen des Art. 33 Brüssel Ia VO ist bei der Bestimmung der Identität des Streitgegenstandes der vom EuGH entwickelte weite Verfahrensgegenstandsbegriff zugrundezulegen. Die „Kernpunkttheorie“ gilt also auch hier. Das bedeutet, dass Leistungsklage und negative Feststellungsklage denselben Streitgegenstad haben (vgl. EuGH Urt, v. 6.12.1994 – C-406/92, EuZW 1995, 309 – Tatry/Maciej Rataj), ohne dass das Feststellungsinteresse für die negative Feststellungklage bei konkurrierender Leistungsklage entfällt.

6. Es gilt für die Bestimmung der Priorität der Verfahrenseinleitung der Anhängigkeitsbegriff des Art. 32 Brüsssel Ia VO.

7. Die Anwendbarkeit des Art. 33 Brüssel Ia VO setzt voraus, dass die Klage in dem Mitgliedstaat – also Deutschland – in einem der 4 enumerierten Gerichtsstände erhoben worden ist, Dazu gehört der Beklagtenwohnsitz des Art. 4 Brüssel Ia VO als allgemeiner Gerichtsstand.

8. Es ist – anders als nach Art 29 Brüssel Ia VO – eine positive Anerkennungsprognose erforderlich (vgl. Geimer/Schütze/*Geimer,* EuZivilVerfR Art. 33 Rn. 25 ff.). In dieser Anerkennungsprognose wird geprüft, ob die Erfordernisse des § 328 ZPO oder eines Anerkennungs- und Vollstreckungsvertrages gegeben sind. Das ist jedenfalls für das Erfordernis des Nichtverstoßes gegen den ordre public praktisch unmöglich. Denn auch Richter sind keine Hellseher.

9. Die Gegenseitigkeit im Verhältnis zu New York ist verbürgt (vgl. BGH RIW/AWD 1964, 557; Geimer/Schütze/*Schütze,* EuZivilVerfR Teil E 1 Rn. 287 mwN).

10. Richtschnur für die Ermessenentscheidung des deutschen Richters ist die Notwendigkeit der Aussetzung im Interesse einer geordneten Rechtspflege. Hinweise zu diesem dehnbaren Begriff finden sich in dem Erwägungsgrund 24 zur Brüssel Ia VO: *„Bei der Berücksichtigung der geordneten Rechtspflege sollte das Gericht des betreffenden Mitgliedstaats alle Umstände des bei ihm anhängigen Falles prüfen. Hierzu können Verbindungen des Streitgegenstands und der Parteien zu dem betreffenden Drittstaat zählen wie auch die Frage, wie weit das Verfahren im Drittsaat zu dem Zeitpunkt, an dem ein Verfahren vor dem Gericht des Mitgliedstaates eingeleitet wird, bereits fortgeschritten ist, sowie die Frage, ob zu erwarten ist, dass das Gericht des Drittstaates innerhalb einer angemessenen Frist eine Entscheidung erlassen wird. Dabei wird auch die Frage geprüft werden, ob das Gericht des Drittstaates unter Umständen, unter denen eine Gericht eines Mitgliedstaates ausschließlich zuständig wäre, im betreffenden Fall ausschließlich zuständig ist,"*

Kosten und Gebühren

11. Es entstehen keine besonderen Gebühren. Es gelten die Grundsätze bei Klageerwiderung und Antrag auf Klageabweisung.

6. Geltendmachung ausländischer Rechtshängigkeit nach Art. 29 Brüssel Ia VO

An das
Landgericht[1, 2]
. . . .
In Sachen
der Firma A . . . . .
– Klägerin –
Prozessbevollmächtigter
RA . . . .
gegen
die Firma B . . . . .
– Beklagte –
Prozessbevollmächtigter:
RA . . . . .
macht die Beklagte anderweitige Anhängigkeit[3] geltend und beantragt,
das Verfahren auszusetzen[4]

Begründung[4]

Die Klägerin macht in diesem Prozess mit der negativen Feststellungsklage das Nichtbestehen einen Kaufpreisanspruch für die Lieferung einer Offset-Druckmaschine geltend. Derselbe Anspruch ist Gegenstand einer Leistungsklage vor dem Tribunal de première instance Rennes.[5] Bereits am . . . . . hat die Klägerin Klage gegen die Beklagte vor letzterem Gericht erhoben. Die Klage ist am . . . . ., also ca. acht Monate vor der Klageerhebung in diesem Prozess, bei dem französischen Gericht eingereicht[6] und an die Beklagte nach dem Europäischen Zustellungsübereinkommen ordnungsgemäß zugestellt worden.

Beweis: Vorlage der Klageschrift mit Zustellungsvermerk vom . . . . . (Datum) Anlage 1

Nach Art. 29 Abs. 1 VO (EU) ist dieses Verfahren auszusetzen bis die Zuständigkeit des Gerichtes in Rennes als des zuerst angerufenen Gerichts feststeht.
Rechtsanwalt[7]

Anmerkungen

1. Die Brüssel Ia VO ordnet die Beachtung ausländischer Anhängigkeit (Rechtshängigkeit) an, wenn und soweit das ausländische Verfahren vor einem Gericht eines Mitgliedstaates (mit Ausnahme von Dänemark) schwebt. Für Dänemark gilt die VO nicht unmittelbar als EU-Recht, sondern aufgrund einer staatsvertraglichen Ausdehnung des Anwendungsbereichs (ABl. L 2013/79, S. 4). England ist seit dem 1.1.2021 nicht mehr Mitgliedstaat. Im deutsch-englischen Verhältnis gilt Art. 29 Brüssel Ia VO für alle Verfahren, die vor dem 31.12.2020 rechtshängig geworden sind auch nach Vollzug des BREXIT fort (Art. 67 Austrittsübereinkommen). Auf die Anerkennungsfähigkeit der vor dem ausländischen Gericht ergehenden Entscheidung kommt es nicht an. Eine Anerkennungsprognose im zweiten – später anhängig gemachten – Verfahren ist unzulässig.

2. Zuständig ist das Prozessgericht. Bei dem Landgericht entscheidet die Kammer, nicht der Vorsitzende allein.

3. Das ausländische Verfahren ist von Amts wegen zu berücksichtigen. Es handelt sich also nicht um eine echte Einrede. Das ausländische Verfahren stellt eine negative Prozessvoraussetzung (BGH NJW 1989, 2064 – Prozesshindernis; *Geimer* IntZivilProzR Rn. 2707, ausdrücklich für die internationale Rechtshängigkeit) dar. Es ist also kein Antrag erforderlich, erst recht kein fristgebundener. Es findet aber keine Amtsermittlung statt (vgl. Zöller/*Greger* ZPO § 261 Rn. 11). Das Gericht muss also – soweit der Sachverhalt nicht gerichtsbekannt ist (§ 291) – irgendwie von dem ausländischen Verfahren Kenntnis erlangen. Das geschieht durch die ausdrückliche Geltendmachung in Verbindung mit dem Aussetzungsantrag.

4. Das ausländische Verfahren führt zur Aussetzung, bis über die Zuständigkeit des zuerst angerufenen Gerichts entschieden ist. Das Gericht hat kein Ermessen, ob es aussetzen will oder nicht. Steht die Zuständigkeit des zuerst angerufenen Gerichts fest, so erklärt sich das zeitlich später angerufene Gericht für unzuständig und weist die Klage als unzulässig ab. Steht dagegen die Unzuständigkeit des zuerst angerufenen Gerichts fest, so gibt das später angerufenen Gericht dem Verfahren seinen Fortgang. Die Möglichkeit einer Verweisung des Rechtsstreits über die Grenze vom unzuständigen an das zuständige Gericht besteht nicht (vgl. *Schack,* Interationales Zivilverfahrensrecht 8. Aufl. Rn. 398).

5. Bei der Bestimmung der Identität des Streitgegenstandes legt der EuGH einen weiten Verfahrensgegenstandsbegriff zugrunde. Er wendet die „Kernpunkttheorie" an. Danach ist der Streitgegenstand der Leistungsklage und der negativen Feststellungsklage (wegen des Nichtbestehens der Leistungsverpflichtung) identisch (EuGH C-406/92, Slg. 1994, I-5439 =EuZW 1995, 309 – The owner of the cargo lately laden on board the ship Tatry/The owners of the ship Maciej rataj), ohne das Feststellungsinteresse für die negative Feststellungsklage bei konkurrierender Leistungsklage zu verneinen.

6. Der Eintritt der Rechtshängigkeit bestimmt sich nach der lex fori des jeweils angerufenen Gerichts. Um die konzeptionellen Ungerechtigkeiten auszugleichen, die durch den unterschiedlichen Eintritt der Rechtshängigkeit in den Mitgliedstaaten entstehen mögen (Klageeinreichung oder Zustellung) definiert die VO einen eigenen Anhängigkeitsbegriff in Art. 32, der für die Wirkungen des Art. 29 bestimmend ist.

Kosten und Gebühren

7. Kosten und Gebühren
Es entstehen keine besonderen Gebühren. Es gelten die Grundsätze bei Klageerwiderung und Antrag auf Klageabweisung

7. Antrag auf Erlass einer einstweiligen Verfügung gegen ausländisches Beweisersuchen

An das
Landgericht[2]
– Zivilkammer[3] –
In Sachen
der Firma A . . . . .
– Antragstellerin –
Verfahrensbevollmächtigter:[4]
RA . . . . .
gegen die Bank B . . . . .
– Antragsgegnerin –
zeigen wir an, dass wir die Antragstellerin vertreten. In ihrem Namen und in ihrer Vollmacht beantragen wir – wegen Dringlichkeit ohne mündliche Verhandlung durch Beschluss – den Erlass folgender einstweiliger Verfügung:[1, 5]

1. **Der Antragsgegnerin wird bei Meidung eines für jeden Fall der Zuwiderhandlung festzusetzenden Ordnungsgeldes bis zu 250.000 EUR oder einer jeweils festzusetzenden Ordnungshaft bis zu sechs Monaten, zu vollziehen an ihren Vorstandsmitgliedern, verboten, gegenüber der Grand Jury des United States District Court Michigan gemäß Subpoena vom . . . . . (Datum) (Az.: . . . . .) Auskünfte zu erteilen und/oder Unterlagen herauszugeben.[6]**
2. **Der Antragsgegnerin werden die Kosten des Verfahren auferlegt.**

Begründung

Im Rahmen einer Untersuchung über angeblich widerrechtliche Geschäftspraktiken der Antragstellerin bei dem Verkauf von Pharmazeutika in den USA hat die Grand Jury des United States District Court of Michigan der Antragsgegnerin – der Hausbank der Antragstellerin – aufgegeben, Kundenunterlagen, die das USA-Geschäft der Antragstellerin betreffen, herauszugeben und in diesem Zusammenhang Auskünfte zu erteilen.[7]

Die Tatsachen, auf die sich das Auskunfts- und Herausgabeverlangen bezieht, unterfallen dem Bankgeheimnis.[8] Die Antragsgegnerin ist nicht berechtigt, dem Ersuchen nachzukommen. Sie würde dadurch ihre Verpflichtungen aus dem Bankvertrag zwischen den Parteien verletzen.

Das Auskunfts- und Herausgabeverlangen verstößt iÜ gegen die Bestimmungen des Haager Beweisübereinkommens,[9] das im Verhältnis Deutschlands zu den USA gilt.[10] Der danach vorgesehene Weg über deutsche Behörden ist nicht eingehalten, das Ersuchen greift in deutsche Hoheitsrechte ein und ist deshalb unzulässig.[11]

Die Antragsgegnerin hat erklärt, dass sie dem Auskunfts- und Herausgabeverlangen nachkommen werde.

Glaubhaftmachung: E-mail der Antragsgegnerin an die Antragstellerin vom .....

– Anlage –

Wie sich aus der E-mail ergibt, soll die Erledigung des Ersuchens in drei Tagen erfolgen. Der Erlass der einstweiligen Verfügung ist deshalb geboten.

Rechtsanwalt[12]

Anmerkungen

1. Im Rahmen einer umfassenden „pre-Trial-discovery" in US-Prozessen, die der Beweisermittlung (discovery) und Beweisoffenlegung (disclosure) dient, werden häufig von der deutschen Partei und/oder in Deutschland wohnhaften Dritten Unterlagen angefordert oder Auskünfte verlangt (vgl. *Heidenberger* RIW 1985, 270 ff. (437 ff.); *von Hülsen* RIW 1982, 225 ff.; 1974, 315; *Stadler,* Der Schutz des Unternehmensgeheimnisses im deutschen und US-amerikanischen Zivilprozess und im Rechtshilfeverfahren, 1989; *Stiefel* RIW/AWD 1979, 509 ff.; *Stürner* JZ 1981, 521 ff.; *Stürner* ZVglRWiss 81 (1982), 159 ff.; *Knapp,* Die US-amerikanische Produkthaftung in der Praxis der Automobilindustrie, 1997; *Herrmann,* Die Anerkennung US-amerikanischer Urteile in Deutschland unter Berücksichtigung des ordre public, 2000, 185 ff.). Zum Schutz gegen unzulässige Beweiserhebungen kann der Betroffene ein Unterlassungsverfahren gegen den um Auskunft ersuchten Dritten in Deutschland führen (LG Kiel RIW 1983, 206; *Boch* IPRax 1984, 127 ff.; *Stiefel/Petzinger* RIW 1983, 242 ff.).

2. Die Zuständigkeit des LG ergibt sich aus § 943 Abs. 1 ZPO.

3. Zuständig ist die Zivilkammer, nicht die Kammer für Handelssachen. Der Unterlassungsanspruch unterfällt nicht § 95 Abs. 1 Nr. 1 GVG.

4. Der Antrag unterliegt nicht dem Anwaltszwang, da er auch zu Protokoll der Geschäftsstelle erklärt werden kann, § 78 Abs. 5 ZPO. Der Anwaltszwang beginnt mit der mündlichen Verhandlung.

5. Zur einstweiligen Verfügung iE → Form. I.R.4 ff.

6. Zum – leicht abgewandelten – Sachverhalt LG Kiel RIW 1983, 206; weiter *Geimer* IntZivilProzR Rn. 176 ff.

7. Die gleichen Grundsätze gelten im Rahmen der „pre-trial-discovery" in US-amerikanischen Zivilprozessen.

8. Das Bankgeheimnis steht auch nach US-Recht einer Auskunftserteilung entgegen. So hat in einem unveröffentlichten New Yorker Fall das Gericht den Einwand der beteiligten deutschen Bank, die Vorlage der Unterlagen verstoße gegen das deutsche Bankgeheimnis unter Berufung auf Ings v. Ferguson 282 F. 2d. 149 (2d Civ. 1960) als erheblich erachtet (vgl. *Schütze* WPM 1983, 1078 ff. (1079)). Die US-amerikanischen Gerichte sind bei der Zulassung von Ausnahmen aber sehr restriktiv (vgl. *Schütze,* Rechtsverfolgung im Ausland, 5. Aufl. 2016, Rn. 306; *Junker,* Discovery im deutsch-amerikanischen Rechtsverkehr, 1987, 302). Das Bankgeheimnis ist in neuerer Zeit zwar durch die Praxis der Finanzverwaltung, auch auf kriminelle Weise erlangte Auskünfte über dem Bankgeheimnis unterliegende Informationen anzukaufen und zu verwerten, aufgeweicht worden, hat aber vor ordentlichen Gerichten noch Geltung.

9. BGBl. 1977 II 1453 (vgl. dazu *Mössle,* Extraterritoriale Beweisbeschaffung im internationalen Wirtschaftsrecht, 1990).

10. BGBl. 1980 II 907.

11. Vgl. zur Verteidigung gegen unzulässige Beweiserhebungsmaßnahmen *Schütze* WPM 1986, 633 ff.

Kosten und Gebühren

12. Die Gerichtsgebühren bestimmen sich nach KV 1410 ff. GKG. Die Tätigkeit des Anwalts im Rahmen des einstweiligen Rechtsschutzes löst die Verfahrensgebühr nach VV 3100 RVG aus. Diese fällt zusätzlich an, da das Verfahren des einstweiligen Rechtsschutzes im Verhältnis zum Hauptsacheverfahren eine selbständige Angelegenheit darstellt, vgl. § 17 Nr. 4 lit. b RVG. Für die Vollziehung gilt VV 3309 f. RVG.

8. Klage auf Vollstreckbarerklärung eines ausländischen Urteils nach §§ 722 f. ZPO

An das
Landgericht[1, 3]
– Zivilkammer[2] –

Klage[4]

der Firma A . . . . .
– Klägerin –
Prozessbevollmächtigter:
RA . . . . .
gegen
die Firma B . . . . .
– Beklagte –
Prozessbevollmächtigter:
RA . . . . .
wegen
Vollstreckbarerklärung eines ausländischen Urteils
Streitwert: 500.000 Can $[5] (entsprechend . . . . . EUR)
Namens und in Vollmacht der Klägerin erheben wir

Klage

gegen die Beklagte. Wir werden beantragen:[6]

1. **Das Urteil[7] des Supreme Court of British Columbia vom . . . . . (Datum) (Az.: . . . . .), durch das die Beklagte zur Zahlung von 500.000 Can $ nebst 10 % Zinsen seit dem . . . . . an die Klägerin verurteilt worden ist, für vollstreckbar zu erklären;**
2. **hilfsweise:[8] die Beklagte zu verurteilen, an die Klägerin 500.000 Can $ nebst 10 % Zinsen seit dem . . . . . zu zahlen;**
3. **der Beklagten die Kosten des Rechtsstreits aufzuerlegen;**
4. **das Urteil für vorläufig vollstreckbar[9] zu erklären und Sicherheitsleistung durch selbstschuldnerische Bürgschaft der X-Bank Stuttgart zuzulassen;**

5. **hilfsweise im Unterliegenfalle: der Klägerin nachzulassen, die Zwangsvollstreckung durch Sicherheitsleistung, die auch durch selbstschuldnerische Bürgschaft der X-Bank Stuttgart erbracht werden kann, abzuwenden.**

Begründung

1. **Die Beklagte schuldet der Klägerin 500.000 Can $ als Schadensersatz aus einer mangelhaft erfüllten Lieferung einer Maschine.[10] Durch Urteil des Supreme Court of British Columbia ist die Beklagte zur Zahlung dieses Betrages nebst 10 % Zinsen seit dem ..... verurteilt worden. Das Urteil ist rechtskräftig.[11]**

   Beweis: Urteil des Supreme Court of British Columbia vom ..... (Datum)

   – Anlage K 1 –

2. **Die Erfordernisse der Anerkennung des vorzitierten Urteils nach § 328 Abs. 1 ZPO sind gegeben, so dass die Vollstreckbarerklärung nach §§ 722 f. ZPO ohne sachliche Nachprüfung[12] erfolgen muss. IE gilt Folgendes:[13]**
   Das Erstgericht war international zuständig,[14] da die Parteien eine wirksame Gerichtsstandsvereinbarung[15] im Kaufvertrag vom ..... (Datum) zugunsten des Erstgerichts abgeschlossen haben und diese sich auch auf Schadensersatzansprüche aus Schlechterfüllung der vertraglichen Verpflichtungen bezieht.

   Beweis: Vorlage des Kaufvertrages vom ..... (Datum)

   – Anlage K 2 –

   Die Beklagte hat sich auf das erststaatliche Verfahren eingelassen, so dass auf die Zustellung des verfahrenseinleitenden Schriftstücks nicht ankommt.[16]
   Die Gegenseitigkeit im Verhältnis zu British Columbia ist verbürgt.[17]
   Vgl. BGH IPRax 2001, 457; *Arnold* AWD 1966, 130 ff.; Geimer/Schütze/*Schütze*, Europäisches Zivilverfahrensrecht, 4. Aufl. 2020, Kap. E 1, Rn. 185; *Schütze* IPRax 2001, 441 ff.
   Grundlage für die Vollstreckbarerklärung deutscher Urteile in British Columbia ist der Court Order Enforcement Act, zu dem eine förmliche Gegenseitigkeitsfeststellung durch Order in Council 2755/64 ergangen ist. Eine révision au fond findet nicht statt. Die Erfordernisse der Wirkungserstreckung sind im Recht British Columbias denen nach §§ 328, 722 f. ZPO äquivalent.

   Beweis: Einholung eines Rechtsgutachtens[18]

3. **Für den Fall, dass das Gericht die Gegenseitigkeit nicht als verbürgt ansehen sollte oder ein sonstiges Erfordernis des § 328 Abs. 1 ZPO für nicht gegeben hielte, wird mit dem Hilfsantrag der ursprüngliche Anspruch geltend gemacht.**

Rechtsanwalt[19]

Anmerkungen

1. Sachlich zuständig ist ausschließlich (§ 802 ZPO) das Gericht des ersten Rechtszuges, das für die Geltendmachung des ursprünglichen Anspruchs zuständig wäre (§ 722 Abs. 2 ZPO). Die Zuständigkeit nach § 23 Nr. 2 GVG bleibt unberücksichtigt. Da Streitgegenstand des Vollstreckbarerklärungsverfahrens nicht der ursprüngliche Anspruch, sondern die Vollstreckbarkeit ist, ist das ordentliche Gericht auch für die Vollstreckbarerklärung ausländischer arbeitsgerichtlicher Urteile zuständig (BGHZ 42, 194). Die Rspr. macht eine Ausnahme für Entscheidungen in Familiensachen. Betrifft der Rechtsstreit, der der ausländischen Entscheidung zugrunde liegt, eine Angelegenheit, für die die Familiengerichte zuständig wären, so soll die Zuständigkeit der Familiengerichte auch für das Vollstreckbarerklärungsverfahren gegeben sein (BGH BGHZ 67, 255; BGHZ 88, 113; lange Zeit str. vgl. *Schütze* NJW 1983, 154). Es kommen §§ 107 f. FamFG, 35, 64 AUG zur Anwendung (vgl. *Mankowski* IPRax 2000, 188 ff.; Zöller/*Geimer* ZPO § 722 Rn. 47).

2. Eine Zuständigkeit der Kammer für Handelssachen ist in keinem Fall gegeben (vgl. *Schütze* NJW 1983, 154).

3. Örtlich zuständig ist ausschließlich (§ 802 ZPO) das Gericht des allgemeinen Gerichtsstandes des Urteilsschuldners (§§ 13–19a ZPO), hilfsweise das des Vermögens (§ 23 ZPO). Im letzteren Fall bedarf es des vom BGH nunmehr für den Vermögensgerichtsstand geforderten Inlandsbezuges (BGH BGHZ 115, 94) nicht (BGH NJW 1997, 325).

4. Während die Anerkennung eines ausländischen Urteils formlos erfolgt und jedes Gericht oder jede befasste Amtsstelle inzidenter hierüber entscheiden kann, bedarf die Vollstreckbarerklärung einer gerichtlichen Entscheidung. Das Verfahren wird durch Klage eingeleitet. Es folgt den Regeln des ordentlichen Zivilprozesses. Der Urkunden- und Wechselprozess ist nicht statthaft, da Streitgegenstand allein die Vollstreckbarkeit der ausländischen Entscheidung ist (vgl. Wieczorek/Schütze/*Schütze* ZPO § 722 Rn. 35). Die Klage auf Vollstreckbarerklärung macht den ursprünglichen Anspruch nicht rechtshängig (vgl. Wieczorek/Schütze/*Schütze* ZPO § 722 Rn. 36).

5. Die Urteilsforderung wird nicht in EUR umgerechnet (vgl. *Baumann* IPRax 1990, 29). Jedoch ist der Umrechnungsbetrag zum Zeitpunkt der Klageerhebung anzugeben, um die Vorschussberechnung zu ermöglichen.

6. Die Anregung zur Anordnung des schriftlichen Vorverfahrens (§ 276 ZPO) ist im Vollstreckbarerklärungsverfahren wenig sinnvoll, da ein Anerkenntnisurteil unzulässig ist und ein Versäumnisurteil nur hinsichtlich der Erfordernisse ergehen kann, die zur Disposition der Parteien stehen, zB der Einwendungen, die nach Erlass des Ersturteils entstanden sind (vgl. Wieczorek/Schütze/*Schütze* ZPO § 723 Rn. 13 ff. mwN). Nur hierauf kann sich die Geständnisfiktion beziehen.

7. Nicht nur Urteile und sonstige gerichtliche Entscheidungen können nach §§ 722 f. ZPO für vollstreckbar erklärt werden, vielmehr auch vollstreckbare Urkunden (vgl. *Geimer* DNotZ 1975, 464 ff.; *Schütze* DNotZ 1992, 66 ff.). Das Urteil muss der Vollstreckung im engeren Sinne fähig sein; deshalb scheiden Feststellungs- und klagabweisende Urteile (RGZ 9, 372) von der Vollstreckbarerklärung aus, nicht dagegen die damit im Zusammenhang ergangenen Kostenentscheidungen (RGZ 9, 372).

8. Sind die Voraussetzungen der Vollstreckbarerklärung gegeben, so ist der Gläubiger gehalten, das Verfahren nach §§ 722 f. ZPO zu betreiben. Die Leistungsklage ist nach bestr. Ansicht (bejahend BGH NJW 1964, 1626; *Baumann* IPRax 1990, 29) unzulässig (vgl. *Schütze* Betr. 1967, 497; Wieczorek/Schütze/*Schütze* ZPO § 722 Rn. 1 ff. mwN). Jedoch ist eine Verbindung von Vollstreckungs- und Leistungsklage im Wege eventueller Klagehäufung zulässig (vgl. *Schütze* Betr. 1977, 2129; Zöller/*Geimer* ZPO § 722 Rn. 75). Eine solche Klagehäufung ist in allen Fällen angezeigt, in denen die Anerkennung zweifelhaft ist, da sonst unter Umständen nach endgültiger Abweisung der Vollstreckungsklage der ursprüngliche Anspruch verjährt ist.

9. Das Vollstreckungsurteil ist nach §§ 708 ff. ZPO für vorläufig vollstreckbar zu erklären.

10. Der dem ausländischen Urteil zugrunde liegende Anspruch ist in der Begründung zur Bestimmung der Zuständigkeit nunmehr zu bezeichnen, nachdem die Rspr. teilweise – systemwidrig – die Familiengerichte für zuständig erachtet (→ Anm. 1).

11. Vgl. § 723 Abs. 2 S. 1 ZPO.

12. Eine révision au fond ist ausgeschlossen (§ 723 Abs. 1 ZPO). Die Nachprüfungsbefugnis des Gerichts ist beschränkt auf das Vorliegen der Erfordernisse des § 328 ZPO (§ 723 Abs. 2 S. 2 ZPO).

13. Die Darlegung ist erforderlich, da nach wohl noch hL die Nachprüfung sämtlicher Anerkennungserfordernisse von Amts wegen zu erfolgen hat. Im Anschluss an die Rspr. des RG wird jedoch angenommen (RGZ 75, 148), dass sich die Untersuchungsmaxime nicht auf die tatsächlichen Grundlagen der Erfordernisse erstreckt. Eine Ausnahme von dem Untersuchungsgrundsatz wird für das Erfordernis des § 328 Abs. 1 Nr. 1 ZPO gemacht, das verzichtbar und nur auf Rüge zu beachten sein soll.

14. Vgl. § 328 Abs. 1 Nr. 1 ZPO.

15. Die internationale Gerichtsstandsvereinbarung ist geeignet, internationale Zuständigkeit zu begründen (BGH WPM 1979, 445). Ihr Zustandekommen bestimmt sich nach dem Vertragsstatut, nicht nach der lex fori (BGHZ 59, 23; BAG JZ 1979, 647). Die Wirkungen dagegen bestimmen sich nach der lex fori (*Schütze* Betr. 1974, 1417; *Mezger* FS Wengler, 1973, 541 ff.).

16. Vgl. § 328 Abs. 1 Nr. 2 ZPO.

17. Vgl. § 328 Abs. 1 Nr. 5 ZPO.

18. Es handelt sich nicht um einen echten Beweisantritt, lediglich um eine Anregung für das Gericht. Denn trotz der missverständlichen Fassung des § 293 ZPO gilt auch für die Feststellung ausländischen Rechts der Grundsatz iura novit curia. Das Gericht muss den Inhalt ausländischen Rechts von Amts wegen ermitteln (BGH BGHZ 36, 348; BGHZ 77, 32; NJW 1976, 1581); es ist jedoch in der Auswahl seiner Erkenntnismöglichkeiten frei (BGH NJW 1963, 252; NJW 1976, 1581). Da ausländisches Recht nicht dem Beweis unterliegt, ist die Partei, die sich auf einen ausländischen Rechtssatz beruft, auch nicht verpflichtet, einen Vorschuss für ein Sachverständigengutachten zu leisten, was in der Praxis jedoch anders gehandhabt wird.

Kosten und Gebühren

19. Die Gerichtskosten bestimmen sich nach KV 1510 GKG, die Anwaltsgebühren nach VV 3100 ff. RVG (vgl. Zöller/*Geimer* ZPO § 722 Rn. 119).

9. Klage auf Feststellung der Anerkennung eines ausländischen Urteils

An das
Landgericht[1]
– Zivilkammer[2] –

Klage[3]

des Finanzkaufmanns A . . . . .
– Kläger –
Prozessbevollmächtigter:
RA . . . . .
gegen
den Ingenieur B . . . . .

– Beklagter –
Prozessbevollmächtigter
RA . . . . .
wegen Feststellung der Anerkennung eines ausländischen Urteils[4]
Streitwert:[5] **50.000 EUR**
Namens und in Vollmacht des Klägers erheben wir

Klage

gegen den Beklagten. Wir werden beantragen:

1. **festzustellen, dass das Urteil des High Court of Justice Singapore vom . . . . . (Az.: . . . . .), durch das die partnership der Parteien unter der Firma A & B Partnership aufgelöst worden ist, im Inland Wirkung entfaltet (Anerkennung);**[6]
2. **dem Beklagten die Kosten des Rechtsstreits aufzuerlegen;**
3. **das Urteil hinsichtlich der Kosten für vorläufig vollstreckbar zu erklären und Sicherheitsleistung durch selbstschuldnerische Bürgschaft der X-Bank Stuttgart zuzulassen.**

Begründung

1. **Die Parteien waren die einzigen Gesellschafter einer partnership nach singapurischem Recht unter der Firma A & B partnership. Wegen gesellschaftsschädigenden Verhaltens des Beklagten hat der High Court of Justice durch Urteil vom . . . . . (Datum) (Az.: . . . . .) die partnership aufgelöst.**[7] **Das Urteil ist rechtskräftig.**

   Beweis: Anliegendes Urteil des High Court Singapore

   – Anlage K 1 –.
2. **Die Erfordernisse des § 328 Abs. 1 ZPO sind erfüllt.**[8] **Der Beklagte hatte zur Zeit der Klageerhebung seinen Wohnsitz in Singapore. Er hat sich iÜ auf das erststaatliche Verfahren rügelos eingelassen,**

   Beweis: Affidavit des Solicitor and Advocate . . . . . vom . . . . .

   – Anlage K 2 –

   so dass es auf die Zustellung des verfahrenseinleitenden Schriftstücks nicht ankommt. Die Gegenseitigkeit im Verhältnis zu Singapur ist verbürgt (§ 328 Abs. 1 Nr. 5 ZPO). Vgl. *Martiny,* Handbuch des Internationalen Zivilverfahrensrechts, Bd. III/1, 1984, 649; *Schütze* RIW 1982, 722; *Schütze* Länderbericht Singapur, in *Geimer/Schütze* IntRVerk Rn. 1127.
3. **Das Feststellungsinteresse iSv § 256 ZPO**[9] **ist angesichts der Gefahr einander widersprechender Entscheidungen gegeben.**

Rechtsanwalt[10]

Anmerkungen

1. Bei der Klage handelt es sich um eine Feststellungsklage nach § 256 ZPO. Die sachliche Zuständigkeit bestimmt sich nach §§ 23 Nr. 1, 71 Abs. 1 GVG. Eine Zuständigkeit nach § 23 Abs. 2 GVG bleibt unberücksichtigt. Da Streitgegenstand nicht der ursprüngliche Anspruch, sondern die Erstreckung der Urteilswirkungen auf das Inland ist, kommt es nicht darauf an, welchem Gerichtszweig das Erstgericht angehört. Auch die Feststellung der Anerkennung oder Nichtanerkennung ausländischer arbeitsgerichtlicher Urteile gehört vor die Amts- oder Landgerichte. Die Rspr. macht für die Vollstreckbarerklärung ausländischer Urteile in Familiensachen eine Ausnahme (→ Form. I.U.8 Anm. 1, was konsequenterweise auch für die Feststellungsklage gelten muss.

2. Eine Zuständigkeit der Kammer für Handelssachen ist in keinem Fall gegeben, da Streitgegenstand nicht eine Handelssache ist.

3. Das autonome deutsche Recht kennt – abgesehen von der Ausnahme des § 107 FamFG – kein besonderes Anerkennungsverfahren für ausländische Entscheidungen. Jedes Gericht und jede befasste Amtsstelle entscheidet über die Anerkennung incidenter (vgl. *Geimer* IntZivilProzR Rn. 2992 ff.). Den Parteien steht die Feststellungsklage nach § 256 ZPO zur Klärung der Anerkennungsfähigkeit oder mangelnden Anerkennungsfähigkeit zur Verfügung (vgl. *Geimer* JZ 1977, 145 (146); *Geimer* IntZivilProzR Rn. 2995 ff.; *Martiny,* Handbuch des Internationalen Zivilverfahrensrechts, Bd. III/1, 1984, 690 ff.; *Schack,* Internationales Zivilverfahrensrecht, 8. Aufl., 2021, Rn. 11040).

4. Die von der ausländischen Entscheidung begünstigte Partei kann eine positive, die unterlegene Partei eine negative (auf Feststellung der Nichtanerkennung) gerichtete Feststellungsklage erheben (vgl. *Geimer* JZ 1977, 146).

5. Der Streitwert der Feststellungsklage entspricht dem Streitwert im Erstprozess. Das gilt sowohl für die positive wie für die negative Feststellungsklage. Ein prozentualer Abschlag ist nicht zu machen, da die Erstreckung der Urteilswirkungen auf das Inland der Erlangung der Urteilswirkungen im Erststaat entspricht. Eine Umrechnung in EUR ist aber im Rahmen der Streitwertbestimmung nach § 3 ZPO angezeigt.

6. Da die Anerkennung sich formlos ergibt und die Wirkungen der ausländischen Entscheidung in dem Zeitpunkt automatisch auf das Inland erstreckt werden, in dem die Erfordernisse der Anerkennung gegeben sind und eine Inlandsbeziehung vorliegt (vgl. *Schütze* NJW 1966, 1598), kann nicht die Anerkennung begehrt werden, sondern nur die Feststellung, dass die Anerkennung erfolgt ist, dh das ausländische Urteil seine Wirkungen im Inland entfaltet.

7. Vgl. zur partnership im singapurischen Recht *Schütze/Hirth,* Einführung in das Recht Singapurs, 2007, 110 ff.; zur Auflösung durch gerichtliche Entscheidung *Wu Min Aun,* Business Law in Singapore, 1984, 311.

8. Auch Gestaltungsurteile bedürfen der Anerkennung nach § 328 ZPO, um Gestaltungswirkung im Inland zu entfalten (vgl. *Schütze* GmbHR 1967, 6; Wieczorek/Schütze/*Schütze,* ZPO, § 328 Rn. 6 f.).

9. Für das Feststellungsinteresse reicht die abstrakte Gefahr einander widersprechender Entscheidungen aus (vgl. *Schütze,* Die Anerkennung und Vollstreckung ausländischer Zivilurteile in der Bundesrepublik Deutschland als verfahrensrechtliches Problem, Diss. Bonn 1960, 35; Zöller/*Geimer* ZPO § 328 Rn. 278). Es ist nicht notwendig, dass ein zweites Verfahren über denselben Streitgegenstand in concreto droht, insb. trifft den Feststellungskläger insoweit keine Darlegungslast.

Kosten und Gebühren

10. Kostenrechtlich bestehen keine Besonderheiten gegenüber anderen Feststellungsprozessen. Die Gerichtsgebühren bestimmen sich nach KV 1210 ff. GKG, die Anwaltsgebühren nach VV 3100 ff. RVG.

10. Antrag auf Klauselerteilung für ein ausländisches Urteil nach der Brüssel I VO

An das Landgericht[2]
– Vorsitzender der Zivilkammer . . . . .[3] –
In Sachen
der Firma A . . . . .
– Antragstellerin –
Verfahrensbevollmächtigter[4]
RA . . . . .
gegen
die Firma B . . . . .
– Antragsgegnerin –
wegen Klauselerteilung nach der Brüssel I VO[1]
Streitwert: 50.000 EUR
Namens und in Vollmacht der Antragstellerin
beantrage
ich,

1. **das Urteil der Cour d'Appel Rennes vom . . . . . (Datum) (Az.,[5] durch das die Antragsgegnerin zur Zahlung vorläufigen Schadensersatzes iHv 50.000 EUR an die Antragstellerin verurteilt worden ist,[6] mit der Vollstreckungsklausel zu versehen;**
2. **der Antragsgegnerin die Kosten des Verfahrens aufzuerlegen.[7]**

Begründung

1. **In einem Rechtsstreit wegen einseitiger Beendigung eines Vertragsverhältnisses hat die Cour d'Appel Rennes[8] durch das im Antrag näher bezeichnete Urteil die Antragsgegnerin zur Leistung von Schadensersatz verurteilt. Zur endgültigen Bestimmung des Ersatzbetrages hat das Gericht einen Sachverständigen beauftragt, die Antragsgegnerin aber zugleich zur Zahlung eines vorläufigen Schadensersatzbetrages (Provision) verurteilt.**
   Beweis: Vorlage des Urteils vom . . . . .
   – Anlage K 1 –
2. **Das Urteil ist nach Art. 38 ff. VO (EG) Nr. 44/2001 iVm dem deutschen Ausführungsgesetz (AVAG) mit der Klausel zu versehen. Es verstößt nicht gegen den deutschen ordre public (Art. 34 Nr. 1 EuGVVO), dass die Verurteilung zu vorläufiger Schadensersatzleistung erfolgt ist.[9]**
   Die vorzulegende vollstreckbare Ausfertigung (grosse) erfüllt die Erfordernisse des Art. 53 EuGVVO.[10] Die Bescheinigung nach Art. 54 der Verordnung ist als
   – Anlage K 2 –

beigefügt.
Rechtsanwalt[11]

Anmerkungen

1. MWv 10.1.2015 hat die Brüssel Ia VO für Verfahren, öffentliche Urkunden und gerichtliche Vergleiche, die an diesem Tage oder danach eingeleitet, förmlich errichtet oder eingetragen bzw. gebilligt oder geschlossen worden sind, die Brüsel I VO (Art. 66 Abs. 1 Brüssel Ia VO). ersetzt. Die bisherige Regelung wird aber noch nach einem Jahrzehnt angesichts der teilweise schleppenden Prozesse in einigen Jurisdiktionen Gel-

tung haben. Noch mehr Bedeutung behält die Brüssel I VO für die Anerkennung und Vollstreckbarerklärung. Nach Art. 66 Abs. 2 Brüssel Ia VO bestimmt sich die Wirkungserstreckung von Entscheidungen, die aufgrund von Verfahren, die dem 10.1.2015 eingeleitet worden sind sowie für öffentliche Urkunden und gerichtliche Vergleiche, die vor diesem Datum errichtet oder gebilligt oder geschlossen worden sind, weiterhin nach der bisherigen europarechtlichen Regelung. Das Klauselerteilungsverfahren nach der Brüssel I VO wird deshalb noch einige Zeit auf Altfälle angewendet werden.

Im Verhältnis zu Dänemark gilt die VO nicht unmittelbar als europäisches Recht, aber Kraft Erstreckung durch völkerrechtlichen Vertrag (ABl. 2013 L 79, 4). Im Verhältnis zu Vereinigten Königreich gilt nach Vollzug des Brexit folgendes: Nach Art. 67 Abs. 2 lit a des Austrittsabkommens bleiben die Vorschriften der europarechtlichen Anerkennungs- und Vollstreckungsregelungen weiter anwendbar, wenn das Verfahren, das zu dem Titel geführt hat vor Ablauf des „Übergangszeitraums „eingeleitet worden ist und der Fall einen Bezug zum Vereinigten Königreich aufweist (vgl. dazu *Wagner,* Justizielle Zusammenarbeit in Zivilsachen nach dem Brexit, IPRax 2021, 2 ff. (7).

Die Brüssel I VO (vgl. dazu *Geimer/Schütze,* Europäisches Zivilverfahrensrecht, 3. Aufl. 2009) sieht im Rahmen ihres Geltungsbereichs anstelle des kontradiktorischen Verfahrens nach §§ 722 f. ZPO ein einfaches Klauselerteilungsverfahren vor. Daneben ist eine Geltendmachung des ursprünglichen Anspruchs unzulässig (EuGH NJW 1977, 495 mAnm *Geimer* NJW 1977, 2013; *Geimer/Schütze,* Europäisches Zivilverfahrensrecht, 3. Aufl. 2009, Art. 38 Rn. 63 f.). Das Klauselerteilungsverfahren schließt aber auch eine Vollstreckbarerklärung nach autonomem Recht (§§ 722 f. ZPO) oder anderweitigem Vertragsrecht aus. Unterfällt eine Annexentscheidung dem sachlichen Geltungsbereich der Brüssel I VO, nicht jedoch die Hauptentscheidung, so ist für die Wirkungserstreckung der Annexentscheidung das Klauselerteilungsverfahren gegeben. Einzelheiten des Verfahrens sind im Gesetz zur Ausführung zwischenstaatlicher Verträge und zur Durchführung von Verordnungen der Europäischen Gemeinschaft auf dem Gebiet der Anerkennung und Vollstreckung in Zivil- und Handelssachen (Anerkennungs- und Vollstreckungsausführungsgesetz – AVAG) geregelt (abgedruckt mit allen Änderungen bei *Geimer/Schütze* IntRechtsverkehr Rn. 708.1 ff.).

2. Ausschließlich zuständig ist der Vorsitzende einer Zivilkammer des LG, nicht die Kammer, vgl. Art. 39 Abs. 1 VO iVm Anh. II Brüssel I VO.

3. Örtlich zuständig ist das Wohnsitzgericht des Urteilsschuldners, hilfsweise das Gericht des Sprengels, in dem die Zwangsvollstreckung durchgeführt werden soll, vgl. Art. 39 Abs. 2 Brüssel I VO.

4. Der Antrag kann schriftlich oder zu Protokoll der Geschäftsstelle gestellt werden (§ 4 Abs. 2 AVAG). Er unterliegt deshalb nicht dem Anwaltszwang. Die Vertretung durch einen bei einem deutschen Gericht zugelassenen Rechtsanwalt macht aber die sonst notwendige Bestellung eines Zustellungsbevollmächtigten (Art. 40 Abs. 2 Brüssel I VO) überflüssig, Nach § 5 Abs. 2 AVAG genügt es, wenn der Antragsteller einen Verfahrensbevollmächtigten für das Verfahren bestellt hat, an den im Inland zugestellt werden kann.

5. Im Antrag ist ggf. anzugeben, für welche Entscheidung die Klauselerteilung begehrt wird. Der Antragsteller kann seinen Antrag auch auf eine Teilklauselerteilung beschränken, Art. 48 Abs. 2 Brüssel I VO

6. Der Vorsitzende entscheidet durch Beschluss. In den Beschluss ist die zu vollstreckende Verurteilung oder Verpflichtung in deutscher Sprache aufzunehmen (§ 8 Abs. 1 AVAG). Die Form der Vollstreckungsklausel ist in § 9 AVAG vorgeschrieben.

7. Die Kostenentscheidung erfolgt nach § 8 Abs. 1 AVAG iVm § 788 ZPO.

8. Der Sachverhalt ist der Entscheidung OLG Celle RIW/AWD 1979, 129 entnommen.

9. Nach Art. 41 Brüssel I VO erfolgt die Klauselerteilung zwar nur aufgrund der in Art. 53 der Verordnung vorgesehenen Förmlichkeiten ohne Prüfung der Erfordernisse der Wirkungserstreckung

10. Der Urteilsgläubiger hat folgende Urkunden vorzulegen:
- Ausfertigung der Entscheidung nach Art. 53 Abs. 1 Brüsel I VO;
- Bescheinigung nach Art. 54 Brüssel I VO. Der Inhalt der Bescheinigung ist in Anh. V Brüssel I VO vorgeschrieben. Die Bescheinigung enthält ua auch die Bestätigung der Zustellung

Kosten und Gebühren

11. Die Gerichtsgebühren sind streitwertunabhängig und bestimmen sich nach KV 1510 GKG. Sie betragen für das Klauselerteilungsverfahren 264EUR. Für die Rechtsanwaltsgebühren gilt VV 3100 RVG (1,3-Gebühr).

11. Antrag auf Versagung der Anerkennung nach der Brüssel Ia VO

An das Landgericht[3]
– Vorsitzender der Zivilkammer . . . . .[4, 5] **–**

In Sachen
der Firma A . . . .
– Antragstellerin –
Verfahrensbevollmächtigter

RA . . . . .

gegen

die Firma B . . . . .

– Antragsgegnerin –
wegen Versagung der Anerkennung nach der Brüssel Ia VO[1]
Streitwert 50.000 EUR

Namens und in Vollmacht der Antragstellerin

beantrage

ich,

1. festzustellen,[2] **dass die Anerkennung des Urteils Landesgerichts Wien vom . . . . . (Datum) Az.: . . . . ., durch das die Antragstellerin zur Zahlung von 50.000 EUR an die Antragsgegnerin verurteilt worden ist, zu versagen ist.**

2. der Antragsgegnerin die Kosten des Verfahrens aufzuerlegen.[7]

Begründung

In einem Rechtsstreit über Schadensersatzleistung für die verspätete Lieferung einer Offset-Druckmaschine hat das Landesgericht Wien die Antragstellerin zur Zahlung von 50.000 EUR an die Antragsgegnerin verurteilt

Beweis: 1. Urteil des Landesgerichts Wien vom . . . . .2. Bescheinigung nach Art. 53 Brüssel Ia VO[5]

Anlagen K1 und 2

Auf eine negative Feststellungsklage der Antragstellerin gegen die Antragsgegnerin hat das LG Stuttgart durch Urteil vom . . . . . (Az.: . . . . .) entschieden, dass der Anspruch auf Schadensersatz wegen der angeblich verspäteten Lieferung der Offset-Druckmaschine nicht besteht.

Beweis: 1. Urteil des LG Stuttgart vom . . . . .2. Bescheinigung nach Art. 53 Brüssel Ia VO[5]

Anlage K3 und 4

Der Streitgegenstand beider Verfahren ist identisch. In der Tatry Enscheidung

vgl. EuGH C-406/92, Slg. 1994, I-5439, EuZW 1995, 309 – TatryMaciej rataj

hat der EuGH den Streitgegenstand der Leistungsklage und der negativen Feststellungsklage (wegen Nichtbestehens eben dieser Leistungsverpflichtung) als identisch angesehen. Die Anerkennung ist deshalb nach Art. 45 Abs. 1 lit. c Brüssel Ia VO zu versagen.

Rechtsanwalt[6, 8]

Anmerkungen

1. Am 10.1.2015 ist die VO (EU) 1215/2012 (Brüssel Ia VO) in Kraft getreten, die die VO (EG) 44/2001 (Brüssel I VO) ersetzt (vgl. zum zeitlichen Geltungsbereich → Form. I. U.9 Anm. 1). Die neue Verordnung hat das Klauselerteilungsverfahren beseitigt, um eine scheinbare Freizügigkeit von Titeln innerhalb der Gemeinschaft zu suggerieren, die so nicht besteht, da die Verordnung Einwendungen anerkennungsrechtlicher Natur weiterhin in einem Versagungsverfahren zulässt (vgl. dazu *Geimer* FS Torggler, 2013, 311 ff.). Die Ausführung der VO in Deutschland regeln die §§ 1110 – 1117. Der 7. Abschnitt des 11. Buches der ZPO ist durch das Gesetz zur Änderung von Vorschriften im Bereich des Internationalesn Privat- undZivilverfahrensrechts v. 16.6.2017 unberührt geblieben.

Die Brüssel Ia VO gilt im Verhältnis zu Dänemark nicht unmittelbar, sondern aufgrund völkerrechtlicher Vereinbarung, vgl. dazu Geimer/Schütze/*Geimer,* EuZivilVerfR Art. 1 Rn. 248 ff.

Im Verhältnis zum Vereinigten Königreich gilt auch nach dem 31.12.2020 (Brexit) die Regelung für die Anerkennungs- und Vollstreckbarerklärung der Brüssel Ia VO für Entscheidungen weiter, soweit das Verfahren, in dem sie ergangen sind, vor dem 31.12.2020 nach europäischem Recht eingeleitet worden ist und einen Bezug zum Vereinigten Königreicht aufweist (vgl. im einzelnen *Wagner* IPRax 2021, 2 ff. (7)).

2. Die Versagung der Anerkennung kann nach Art. 45 Brüssel Ia VO iVm § 1115 ZPO betrieben werden. Trotz des missverständlichen Textes („Die Anerkennung . . . . .wird versagt"), der auf eine gestaltende Entscheidung hindeuten könnte, handelt es sich bei dem Verfahren nach Art. 45 um ein Feststellungsverfahren. Denn die Anerkennung erfolgt formlos, wenn die Erfordernisse vorliegen und eine Inlandsbeziehung gegeben ist (Art. 36 Abs. 1). Im Verfahren nach Art. 45 wird nur festgestellt, ob die Anerkennung erfolgt ist oder nicht. Die Wirkungen der ausländischen Entscheidung werden nicht etwa durch die Entscheidung beseitigt.

3. Ausschließlich sachlich zuständig ist das LG vgl. § 1115 Abs. 1 ZPO. Ausschließlich örtlich zuständig ist das LG des Sprengels, in dem der Schuldner seinen Wohnsitz hat. Bei fehlendem inländischen Wohnsitz bestimmt sich die örtliche Zuständigkeit nach dem Ort, an dem die Zwangsvollstreckung durchgeführt werden soll, vgl. § 1115 Abs. 2 ZPO.

4. Zuständig ist nicht die Kammer, sondern der Vorsitzende der Kammer, vgl. § 1115 Abs. 4 ZPO.

5. Nach 37 Abs. 1 Brüssel Ia VO sind die Ausfertigung der Entscheidung (lit. a) und die Bescheinigung nach Art. 53 VO cit. vorzulegen

6. Der Antrag kann schriftlich oder zu Protokoll der Geschäftsstelle gestellt werden (§ 1115 Abs. 3 ZPO). Er unterliegt deshalb nicht dem Anwaltszwang.

7. Über die Kosten ist von Amts wegen zu entscheiden. Es finden §§ 91 ff. ZPO Anwendung.

Kosten und Gebühren

8. Die Gerichtsgebühren sind streitwertunabhängig und bestimmen sich nach KV 1510 GKG. Sie betragen für das Verfahren auf Feststellung oder Versagung der Anerkennung 264 EUR. Für die Rechtsanwaltsgebühren gilt VV 3100 RVG (1,3-Gebühr).

12. Antrag auf Anerkennung nach der Brüssel Ia-VO

An das Landgericht[3]
– Vorsitzender der Zivilkammer . . . . . –
In Sachen
der Firma A . . . . .
– Antragstellerin –
Verfahrensbevollmächtigter[4]
RA . . . . .
gegen
die Firma B . . . . .
– Antragsgegnerin –
wegen Anerkennung nach der Brüssel IaVO[1]
Streitwert 50.000 EUR
Namens und in Vollmacht der Antragstellerin

beantrage

ich,

1. festzustellen,[3] dass das Urteil des Landesgerichts Wien vom . . . . . (Datum) (Az.: . . . . .), durch das die Antragstellerin zur Zahlung von 50.000 EUR an die Antragsgegnerin verurteilt worden ist, anzuerkennen ist

2. der Antragsgegnerin die Kosten des Verfahrens aufzuerlegen.[2]

Begründung

In einem Rechtsstreit über Schadensersatzleistung für die verspätete Lieferung einer Offset-Druckmaschine hat das Landesgericht Wien die Antragstellerin zur Zahlung von 50.000 EUR an die Antragsgegnerin verurteilt.

Beweis: 1. Urteil des Landesgerichts Wien vom . . . . .
2. Bescheinigung nach Art. 53 der Brüssel Ia VO[5] Anlagen K 1 u. 2

Eine negative Feststellungsklage der Antragstellerin gegen die Antragsgegnerin hat das LG Stuttgart durch Urteil vom . . . . . (Az.: . . . . .) abgewiesen.

Beweis: 1. Urteil des LG Stuttgart vom . . . . .
2. Bescheinigung nach Art. 53 Brüssel Ia VO[5] Anlagen K 3 u. 4

Rechtsanwalt[6]

Anmerkungen

1. Die Brüssel Ia VO hat das Klauselerteilungsverfahren beseitigt, um eine scheinbare Freizügigkeit von Titeln innerhalb der Gemeinschaft zu suggerieren, die so nicht besteht, da die Verordnung Einwendungen anerkennungsrechtlicher Natur weiterhin in einem Versagungsverfahren zulässt (vgl. dazu *Geimer* FS Torggler, 2013, 311 ff.; *Geimer* FS Schütze II, 2014, 109 ff.). Um die durch die Abschaffung des Klauselerteilungsverfahrens entstandene Unsicherheit über die Erstreckung der Wirkungen der ausländischen Entscheidung zu beseitigen, kann ein Verfahren auf Feststellung durchgeführt werden, dass kein Versagungsgrund gegeben ist (Art. 36 Abs. 2 VO cit. dazu *Geimer* FS Torggler, 2013, 311 ff. (314)). Für das Verfahren gelten nach der Verweisung in Art. 36 Abs. 2 VO cit. die Bestimmungen der Art. 46 ff.

Zum territorialen Geltungsbereich der Brüssel Ia VO gegenüber Dänemark und dem Vereinigten Königreich vgl. → Form. I.U.11 Anm. 1.

2. Das Gericht hat von Amts wegen über die Kosten zu entscheiden. Es finden §§ 91 ff. ZPO Anwendung.

3. Die Verweisung auf das Verfahren der Feststellung oder Versagung der Anerkennung gilt auch für die Zuständigkeit. Ausschließlich sachlich zuständig ist damit das LG. Die örtliche Zuständigkeit bestimmt sich nach dem Wohnsitz des Schuldners, hilfsweise – bei ausländischem Wohnsitz – nach dem Ort, an dem die Zwangsvollstreckung stattfinden soll. Zuständig ist nicht die Kammer, sondern deren Vorsitzender (§ 1115 Abs. 4 ZPO).

4. Der Antrag kann schriftlich gestellt oder zu Protokoll der Geschäftsstelle erklärt werden (§ 1115 Abs. 3 ZPO). Es besteht deshalb kein Anwaltszwang (§ 78 Abs. 3 ZPO)

5. Nach 37 Abs. 1 Brüssel Ia VO sind die Ausfertigung der Entscheidung (lit. a) und die Bescheinigung nach Art. 53 VO cit. vorzulegen.

Kosten und Gebühren

6. Die Gerichtsgebühren sind streitwertunabhängig und bestimmen sich nach KV 1510 GKG. Sie betragen für das Verfahren auf Feststellung oder Versagung der Anerkennung 264 EUR. Für die Rechtsanwaltsgebühren gilt VV 3100 RVG (1,3-Gebühr).

13. Antrag auf Ausstellung einer Bescheinigung nach Art. 53 und 60 Brüssel Ia-VO

An das Landgericht[2]
Stuttgart[3]
Az.: . . . . .
In Sachen
der Firma A . . . . .
– Antragstellerin –
Verfahrensbevollmächtigter
RA . . . . .

gegen

die Firma B . . . . .

– Antragsgegnerin –

wegen Ausstellung einer Bescheinigung nach Art. 53 Brüssel Ia VO[1]

Namens und in Vollmacht der Antragstellerin

beantrage

ich,

dem Antragsteller eine Bescheinigung nach Art. 53 Brüssel Ia VO für das Urteil vom . . . . . Az.: . . . . . zu erteilen.[5, 6, 7]

Begründung:

Durch Urteil des angerufenen Gerichts in dem rubrizierten Rechtsstreit ist der Antragsgegner verurteilt worden, an den Antragsteller EUR 50.000.—nebst Zinsen und Kosten zu zahlen. Der Antragsteller beabsichtigt, aus dem Titel in einem Mitgliedstaat der Brüssel Ia VO zu vollstrecken.[4]

Rechtsanwalt[8]

Anmerkungen

1. Für gerichtliche Entscheidungen sieht Art. 53 Brüssel Ia-VO die Ausstellung einer Bescheiniung vor, die alle Einzelheiten über die Entscheidung enthält. Diese Bescheinigung ist standardisiert und muss auf dem dafür vorgesehenen Formblatt, das Gegenstand des Anhangs I zu der VO bildet, erteilt werden (vgl. → Form. I.U.14). Dasselbe statuiert Art. 60 Brüssel Ia-VO für öffentliche Urkunden und gerichtliche Vergleiche (vgl. → Form. I.U.15). Die Bescheinigung entspricht nach ihrer Funktion einer Vollstreckungsklausel (vgl. amtl. Begründung BT-Drs. 18/823, 20; Wieczorek/Schütze/*Schütze* ZPO § 1110 Rn. 5). Sie soll Funktion, Bestand und Vollstreckbarkeit des Titels dokumentieren. Einzelheiten der Erteilung der Bescheinigung sind in Deutschland in §§ 1110 f. geregelt.

2. Sachlich zuständig ist nach § 1110 das Gericht, dem die Erteilung einer vollstreckbaren Ausfertigung obliegt. Das ist bei gerichtlichen Entscheidungen das Gericht des ersten Rechtszuges. Funktional zuständig ist der Rechtspfleger, § 20 Abs. 1 Nr. 11 RPflG (vgl. Zöller/*Geimer* ZPO § 1110 Rn. 3) Bei gerichtlichen Vergleichen (Art. 60 Brüssel Ia-VO) gilt dasselbe. Bei notariellen Urkunden (Art. 60 Brüssel Ia-VO) ist der Notar zuständig, dem die Erteilung einer vollstreckbaren Ausfertigung obliegt, dh. der Notar, der die Urkunde verwahrt (§ 797 Abs. 2 ZPO).

3. Die örtliche Zuständigkeit ist gesetzlich nicht ausdrücklich geregelt. Sie folgt aus der Zuständigkeit für die Erteilung vollstreckbarer Ausfertigungen. Ist ein Gericht für die Erteilung einer vollstreckbaren Ausfertigung sachlich zuständig, so besteht auch eine örtliche Zuständigkeit für die Erteilung der Bescheinigung.

4. Die Bescheinigung ersetzt nur die Vollstreckungsklausel bei Auslandsvollstreckung innerhalb des Geltungsbereichs der Brüssel Ia-VO. Für die Inlandsvollstreckung verbleibt es bei der Regelung in §§ 724 ff. ZPO. Der Hinweis, dass eine Auslandsvollstreckung geplant ist, ist deshalb notwendig, um das Rechtsschutzinteresse darzulegen. Die mehrfache Ausstellung von Bescheinigungen nach Art. 53, 60 Brüssel Ia-VO ist zulässig (vgl. amtl. Begründung, BT-Drs. 18/823, 20; Kindler/Meller-Hannich/Wolf/*Meller-Hannich* §§ 1110 ff. Rn. 1; Zöller/*Geimer,* ZPO§ 1110 Rn. 2), wenn der Gläubiger die Zwangsvollstreckung in mehreren Staaten betreiben will.

5. Die Bescheinigung wird ohne Anhörung des Schuldners ausgestellt, § 1111 Abs. 1 ZPO. Nur in den Fällen der titelergänzenden oder titelumshreibenden Bescheinigungen (§§ 726 Abs. 1, 727 bis 729 ZO) kann der Schuldner gehört werden. Die Anhörung kann persönlich oder schriftlich erfolgen. Die Anhörung des Schuldners ist nicht zwingend.

6. Eine Ausfertigung der Bescheinigung ist dem Schuldner von Amts wegen zuzustellen (Art. 43 Abs. 1 S. 1 Brüssel Ia-VO). Die Zustellung muss vor der ersten Zwangsvollstreckungsmassnahme erfolgen (vgl. Kindl/Meller-Hannich/Wolf/*Meller-Hannich,* § 1111 Rn. 1) Jedoch ist es zulässig, wenn die Zustellung zusammen mit der ersten Vollstreckungsmassnahme erfolgt, sofern die Zustellung als erstes erfolgt (vgl. Wieczorek/Schütze/*Schütze* § 1111 Rn. 10; aA Paulus/*Peiffer*/*Peiffer* Art. 43 Brüssel Ia-VO Rn. 2).

7. Gegen die **Erteilung der Bescheinigung** ist die Erinnerung gegeben. § 732 ZPO ist entsprechend anwendbar. Die Erinnerung ist nur zulässig, wenn die Bescheinigung bereits erteilt ist. Der Schuldner hat keine vorbeugenden Rechtsbehelfe gegen die Erteilung der Bescheigung (vgl. Wieczorek/Schütze/*Schütze* ZPO § 1111 Rn. 7). Auch die Bescheinigungsgegenklage in analoger Anwendung von § 768 ZPO ist zulässig.

Bei **Nichterteilung der Bescheinigung** ist § 731 ZPO entsprechend anwendbar (vgl. Kindl/Meller-Hannich/Wolf/*Meller-Hannich* § 1111 Rn. 2) Die Klage geht auf Anordnung der Erteilung der Bescheinigung (vgl. Wieczorek/Schütze/*Schütze* ZPO § 1111 Rn. 9)

Kosten und Gebühren

8. Die Gerichtsgebühren sind streitwertunabhängig und bestimmen sich nach KV 1513 GKG. Sie betragen 22 EUR. Die Tätigkeit des Rechtsanwalts gehört zum Rechtszug gem. § 19 Abs. 1 Nr. 9a RVG.

14. Antrag auf Erteilung einer Bescheinigung nach Art. 53 Brüssel Ia-VO

Amtliches Formular[1, 2, 3]

Anhang I [1]

BESCHEINIGUNG ÜBER EINE ENTSCHEIDUNG IN ZIVIL- UND HANDELSSACHEN

Artikel 53 der Verordnung (EU) Nr. 1215/2012 des Europäischen Parlaments und des Rates über die gerichtliche Zuständigkeit und die Anerkennung und Vollstreckung von Entscheidungen in Zivil- und Handelssachen

1.	**URSPRUNGSGERICHT**
1.1.	**Bezeichnung:**
1.2.	**Anschrift:**
1.2.1.	**Straße und Hausnummer/Postfach:**
1.2.2.	**PLZ und Ort:**
1.2.3.	**Mitgliedstaat:**
	AT ❒ BE ❒ BG ❒ CY ❒ CZ ❒ DK❒ DE ❒ EE ❒ EL ❒ ES ❒ FI ❒ FR ❒ HR❒ HU ❒ IE ❒ IT ❒ LT ❒ LU ❒ LV ❒ MT ❒ NL ❒ PL ❒ PT ❒ RO ❒ SE ❒ SI ❒ SK ❒ UK ❒

1.3. **Telefon:**
1.4. **Fax:**
1.5. **E-Mail (falls verfügbar):**
2. KLÄGER*1
2.1. **Name, Vorname/Name der Firma oder Organisation:**
2.2. **Identifizierungsnummer (falls vorhanden und falls verfügbar):**
2.3. **Geburtsdatum (TT/MM/JJJJ) und Geburtsort oder, bei juristischen Personen, Datum der Gründung/Erlangung der Rechtsfähigkeit/Registrierung (falls relevant und falls verfügbar):**
2.4. **Anschrift:**
2.4.1. **Straße und Hausnummer/Postfach:**
2.4.2. **PLZ und Ort:**
2.4.3. **Land:**
AT ❒ BE ❒ BG ❒ CY ❒ CZ ❒ DK ❒ DE ❒ EE ❒ EL ❒ ES ❒ FI ❒ FR ❒ HR❒ HU ❒ IE ❒ IT ❒ LT ❒ LU ❒ LV ❒ MT ❒ NL ❒ PL ❒ PT ❒ RO ❒ SE ❒ SI ❒ SK ❒ UK ❒ Sonstige (bitte angeben (ISO-Code)) ❒
2.5. E-Mail (falls verfügbar):
3. BEKLAGTE(R)*2
3.1. Name, Vorname/Name der Firma oder Organisation:
3.2. Identifizierungsnummer (falls vorhanden und falls verfügbar):
3.3. Geburtsdatum (TT/MM/JJJJ) und Geburtsort oder, bei juristischen Personen, Datum der Gründung/Erlangung der Rechtsfähigkeit/Registrierung (falls relevant und falls verfügbar):
3.4. Anschrift:
3.4.1. Straße und Hausnummer/Postfach:
3.4.2. PLZ und Ort:
3.4.3. Land:
AT ❒ BE ❒ BG ❒ CY ❒ CZ ❒ DK❒ DE ❒ EE ❒ EL ❒ ES ❒ FI ❒ FR ❒HR ❒ HU ❒ IE ❒ IT ❒ LT ❒ LU ❒ LV ❒ MT ❒ NL ❒ PL ❒ PT ❒ RO ❒ SE ❒ SI ❒ SK ❒ UK ❒ Sonstige (bitte angeben (ISO-Code)) ❒
3.5. E-Mail (falls verfügbar):
4. ENTSCHEIDUNG
4.1. Datum (TT/MM/JJJJ) der Entscheidung:
4.2. Aktenzeichen der Entscheidung:
4.3. Ist die Entscheidung ergangen, ohne dass sich der Beklagte auf das Verfahren eingelassen hat?
4.3.1. ❒ Nein
4.3.2. ❒ Ja (bitte das Datum (TT/MM/JJJJ) angeben, zu dem das verfahrenseinleitende Schriftstück oder ein gleichwertiges Schriftstück dem Beklagten zugestellt wurde):
4.4. Die Entscheidung ist im Ursprungsmitgliedstaat vollstreckbar, ohne dass weitere Bedingungen erfüllt sein müssen:
4.4.1. ❒ Ja (bitte ggf. das Datum (TT/MM/JJJJ) angeben, zu dem die Entscheidung für vollstreckbar erklärt wurde):
4.4.2. ❒ Ja, aber nur gegenüber folgender/folgenden Person(en) (bitte angeben):
4.4.3. ❒ Ja, aber nur für einen Teil/Teile der Entscheidung (bitte angeben):

4.4.4. ❐ Die Entscheidung enthält keine vollstreckbare Verpflichtung.

4.5. War die Entscheidung dem/den Beklagten zum Zeitpunkt der Ausstellung der Bescheinigung bereits zugestellt worden?

4.5.1. ❐ Ja (bitte das Datum der Zustellung (TT/MM/JJJJ) angeben, falls bekannt):

4.5.1.1. Die Entscheidung wurde in der/den folgenden Sprache(n) zugestellt: BG ❐ ES ❐ CS ❐ DK❐ DE ❐ ET ❐ EL ❐ EN ❐ FR ❐ HR❐ GA ❐ IT ❐ LV ❐ LT ❐ HU ❐ MT ❐ NL ❐ PL ❐ PT ❐ RO ❐ SK ❐ SL ❐ FI ❐ SV ❐ Sonstige (bitte angeben (ISO-Code)) ❐

4.5.2. ❐ Dem Gericht nicht bekannt.

4.6. Tenor der Entscheidung und zugesprochene Zinszahlung

4.6.1. Entscheidung über eine Geldforderung*3

4.6.1.1. Kurzdarstellung des Streitgegenstands:

4.6.1.2. Das Gericht hat:

. . . . . (Name, Vorname(n)/Name der Firma oder Organisation)*4

angewiesen, eine Zahlung zu leisten an:

. . . . . (Name, Vorname(n)/Name der Firma oder Organisation)

4.6.1.2.1. Wurde mehr als eine Person bezeichnet, die für den Anspruch haftet, kann jede der bezeichneten Personen für den gesamten Betrag in Anspruch genommen werden:

4.6.1.2.1.1. ❐ Ja

4.6.1.2.1.2. ❐ Nein

4.6.1.3. Währung:

❐ Euro (EUR) ❐ bulgarischer Lew (BGN) ❐ tschechische Krone (CZK) ❐ dänische Krone (DKK) ❐ kroatische Kuna (HRK) ❐ ungarischer Forint (HUF) ❐ polnischer Zloty (PLN) ❐ Pfund Sterling (GBP) ❐ rumänischer Leu (RON) ❐ schwedische Krone (SEK) ❐ Sonstige (bitte angeben (ISO-Code)):

4.6.1.4. Hauptforderung:

4.6.1.4.1. ❐ Einmalzahlung

4.6.1.4.2. ❐ Ratenzahlung*5

Fälligkeit (TT/MM/JJJJ)	Betrag

4.6.1.4.3. ❐ Regelmäßige Zahlung

4.6.1.4.3.1. ❐ Täglich

4.6.1.4.3.2. ❐ Wöchentlich

4.6.1.4.3.3. ❐ Sonstige (bitte Häufigkeit angeben):

4.6.1.4.3.4. Ab Datum (TT/MM/JJJJ) oder Ereignis:

4.6.1.4.3.5. Falls zutreffend, bis (Datum (TT/MM/JJJJ) oder Ereignis):

4.6.1.5. Zinsen (falls zutreffend):

4.6.1.5.1. Zinsen:

4.6.1.5.1.1. ❐ Nicht in der Entscheidung angegeben

4.6.1.5.1.2. ❐ Ja, in der Entscheidung folgendermaßen angegeben:

4.6.1.5.1.2.1. Betrag:

oder:

4.6.1.5.1.2.2. Zinssatz . . . . . %

4.6.1.5.1.2.3. Zinsen sind fällig ab . . . . . (Datum (TT/MM/JJJJ) oder Ereignis) bis . . . . . (Datum (TT/MM/JJJJ) oder Ereignis)[*6]

4.6.1.5.2. ❒ Gesetzliche Zinsen (falls zutreffend), zu berechnen gemäß (bitte entsprechendes Gesetz angeben):

4.6.1.5.2.1. Zinsen sind fällig ab . . . . . (Datum (TT/MM/JJJJ) oder Ereignis) bis . . . . . (Datum (TT/MM/JJJJ) oder Ereignis)[*6]

4.6.1.5.3. ❒ Kapitalisierung der Zinsen (falls zutreffend, bitte angeben):

4.6.2. Entscheidung über die Anordnung einer einstweiligen Maßnahme, einschließlich Sicherungsmaßnahme:

4.6.2.1. Kurzdarstellung des Streitgegenstands und der angeordneten Maßnahme:

4.6.2.2. Die Maßnahme wurde von einem Gericht angeordnet, das in der Hauptsache zuständig ist

4.6.2.2.1. ❒ Ja

4.6.3. Sonstige Entscheidungsarten:

4.6.3.1. Kurzdarstellung des Streitgegenstands und der Entscheidung des Gerichts:

4.7. Kosten[*7]:

4.7.1. Währung:

❒ Euro (EUR) ❒ bulgarischer Lew (BGN) ❒ tschechische Krone (CZK) ❒ dänische Krone (DKK) ❒ kroatische Kuna (HRK) ❒ ungarischer Forint (HUF) ❒ polnischer Zloty (PLN) ❒ Pfund Sterling (GBP) ❒ rumänischer Leu (RON) ❒ schwedische Krone (SEK) ❒ Sonstige (bitte angeben (ISO-Code)):

4.7.2. Dem/den folgenden Schuldner(n) wurden die Kosten aufgegeben:

4.7.2.1. Name, Vorname/Name der Firma oder Organisation:[*8]

4.7.2.2. Wurden mehr als einer Person die Kosten aufgegeben, kann jede der bezeichneten Personen für den gesamten Betrag in Anspruch genommen werden:

4.7.2.2.1. ❒ Ja

4.7.2.2.2. ❒ Nein

4.7.3. Folgende Kosten werden geltend gemacht:[*9]:

4.7.3.1. ❒ Die Kosten wurden in der Entscheidung in Form eines Gesamtbetrags festgesetzt (bitte Betrag angeben):

4.7.3.2. ❒ Die Kosten wurden in der Entscheidung in Form eines Prozentsatzes der Gesamtkosten festgesetzt (bitte Prozentsatz der Gesamtkosten angeben):

4.7.3.3. ❒ Die Haftung für die Kosten wurde in der Entscheidung festgelegt, und es handelt sich um folgende Beträge:

4.7.3.3.1. ❒ Gerichtsgebühren:

4.7.3.3.2. ❒ Rechtsanwaltsgebühren:

4.7.3.3.3. ❒ Zustellungskosten:

4.7.3.3.4. ❒ Sonstige Kosten:

4.7.3.4. ❒ Sonstige (bitte angeben):

4.7.4. Zinsen auf Kosten:

4.7.4.1. ❒ Nicht zutreffend

4.7.4.2. ❒ In der Entscheidung angegebene Zinsen

4.7.4.2.1. ❒ Betrag:

oder

4.7.4.2.2. ❒ Zinssatz . . . . . %

4.7.4.2.2.1. Zinsen sind fällig ab . . . . . (Datum (TT/MM/JJJJ) oder Ereignis) bis . . . . . (Datum (TT/MM/JJJJ) oder Ereignis)*6

4.7.4.3. ❒ Gesetzliche Zinsen (falls zutreffend), zu berechnen gemäß (bitte entsprechendes Gesetz angeben):

4.7.4.3.1. Zinsen sind fällig ab . . . . . (Datum (TT/MM/JJJJ) oder Ereignis) bis . . . . . (Datum (TT/MM/JJJJ) oder Ereignis)*6

4.7.4.4. ❒ Kapitalisierung der Zinsen (falls zutreffend, bitte angeben):

Geschehen zu: . . . . .

Unterschrift und/oder Dienstsiegel des Ursprungsgerichts:

[1] Anh. I neu gefasst mWv 26.2.2015 durch VO v. 26.11.2014 (ABl. 2015 L 54, 1).

*1 [Amtl. Anm.:] Betrifft die Entscheidung mehr als einen Kläger, sind die betreffenden Angaben für sämtliche Kläger einzutragen.

*2 [Amtl. Anm.:] Betrifft die Entscheidung mehr als einen Beklagten, sind die betreffenden Angaben für sämtliche Beklagten einzutragen.

*3 [Amtl. Anm.:] Betrifft die Entscheidung allein eine Kostenfeststellung im Zusammenhang mit einem Anspruch, der Gegenstand einer vorherigen Entscheidung war, ist Ziffer 4.6.1 nicht auszufüllen und zu Ziffer 4.7 überzugehen.

*4 [Amtl. Anm.:] Wurde mehr als eine Person angewiesen, eine Zahlung zu leisten, sind die betreffenden Angaben für sämtliche Personen einzutragen.

*5 [Amtl. Anm.:] Es sind die betreffenden Angaben für die einzelnen Ratenzahlungen einzutragen.

*6 [Amtl. Anm.:] Bei mehr als einem Zinszeitraum sind die betreffenden Angaben für sämtliche Zinszeiträume einzutragen.*7 [Amtl. Anm.:] Dieser Punkt betrifft auch Fälle, in denen die Kosten in einer gesonderten Entscheidung zugesprochen werden.

*8 [Amtl. Anm.:] Bei mehr als einer Person sind die betreffenden Angaben für sämtliche Personen einzutragen.

*9 [Amtl. Anm.:] Falls mehrere Personen für die Kosten in Anspruch genommen werden können, ist die Aufschlüsselung für jede Person gesondert einzutragen.

Anmerkungen

1. Auf Antrag eines Berechtigten (vgl. → Form. 12 Anm. 1) ist nach Art. 53 Brüssel Ia VO eine Bescheinigung auszustellen, die die Essentiale der Entscheidung enthält, insb. eine Zusammenfassung des Streitgegenstandes und den Tenor der Entscheidung. Diese Bescheinigung ist der Entscheidung beizufügen, wenn aus ihr in einem Mitgliedstaat vollstreckt werden soll.

2. Das Verfahren iE ist in § 1111 ZPO geregelt.

Kosten und Gebühren

3. Die Gerichtskosten betragen pauschal 22 EUR (KV 1513 GKG). Die Gebühren des Rechtsanwalts bestimmen sich nach VV 3100 ff. RVG. Das Verfahren nach der VO gehört zum Rechtszug (§ 19 Abs. 1 Nr. 9a RVG).

15. Antrag auf Erteilung einer Bescheinigung nach Art. 60 Brüssel Ia-VO

Amtliches Formular[1, 2, 3]

Anhang II [1]

BESCHEINIGUNG ÜBER EINE ÖFFENTLICHE URKUNDE/EINEN GERICHTLICHEN VERGLEICH[*1] IN EINER ZIVIL- ODER HANDELSSACHE

Artikel 60 der Verordnung (EU) Nr. 1215/2012 des Europäischen Parlaments und des Rates über die gerichtliche Zuständigkeit und die Anerkennung und Vollstreckung von Entscheidungen in Zivil- und Handelssachen

1. GERICHT ODER SONST BEFUGTE STELLE, DAS/DIE DIE BESCHEINIGUNG AUSSTELLT
1.1. Bezeichnung:
1.2. Anschrift:
1.2.1. Straße und Hausnummer/Postfach:
1.2.2. PLZ und Ort:
1.2.3. Mitgliedstaat:
AT ❐ BE ❐ BG ❐ CY ❐ CZ ❐ DK ❐ DE ❐ EE ❐ EL ❐ ES ❐ FI ❐ FR ❐ HR ❐ HU ❐ IE ❐ IT ❐ LT ❐ LU ❐ LV ❐ MT ❐ NL ❐ PL ❐ PT ❐ RO ❐ SE ❐ SI ❐ SK ❐ UK ❐
1.3. Telefon:
1.4. Fax:
1.5. E-Mail (falls verfügbar):
2. ÖFFENTLICHE URKUNDE
2.1. Stelle, die die öffentliche Urkunde errichtet hat (wenn dies eine andere Stelle als diejenige ist, die die Bescheinigung ausstellt)
2.1.1. Name und Bezeichnung dieser Stelle:
2.1.2. Anschrift:
2.2. Datum (TT/MM/JJJJ), zu dem die öffentliche Urkunde durch die unter Ziffer 2.1 genannte Stelle errichtet wurde:
2.3. Nummer der öffentlichen Urkunde (falls zutreffend):
2.4. Datum (TT/MM/JJJJ), zu dem die öffentliche Urkunde in dem Ursprungsmitgliedstaat eingetragen wurde (nur auszufüllen, wenn das Datum der Eintragung für die Rechtswirkung der Urkunde maßgeblich ist und dieses Datum ein anderes als das unter Ziffer 2.2 angegebene Datum ist):
2.4.1. Nummer der Eintragung (falls zutreffend):
3. GERICHTLICHER VERGLEICH
3.1. Gericht, das den gerichtlichen Vergleich gebilligt hat oder vor dem der gerichtliche Vergleich geschlossen wurde (wenn dies ein anderes Gericht als dasjenige ist, das die Bescheinigung ausstellt)
3.1.1. Bezeichnung des Gerichts:
3.1.2. Anschrift:
3.2. Datum (TT/MM/JJJJ) des gerichtlichen Vergleichs:
3.3. Aktenzeichen des gerichtlichen Vergleichs:
4. Parteien der öffentlichen Urkunde/des gerichtlichen Vergleichs:

4.1. Name(n) des/der Gläubiger(s) (Name, Vorname(n)/Name der Firma oder Organisation)[*2]:

4.1.1. Identifizierungsnummer (falls vorhanden und falls verfügbar):

4.1.2. Geburtsdatum (TT/MM/JJJJ) und Geburtsort oder, bei juristischen Personen, Datum der Gründung/Erlangung der Rechtsfähigkeit/Registrierung (falls relevant und falls verfügbar):

4.2. Name(n) des/der Schuldner(s) (Name, Vorname(n)/Name der Firma oder Organisation)[*3]:

4.2.1. Identifizierungsnummer (falls vorhanden und falls verfügbar):

4.2.2. Geburtsdatum (TT/MM/JJJJ) und Geburtsort oder, bei juristischen Personen, Datum der Gründung/Erlangung der Rechtsfähigkeit/Registrierung (falls relevant und falls verfügbar):

4.3. Ggf. Name der anderen Parteien (Name, Vorname(n)/Name der Firma oder Organisation)[*4]:

4.3.1. Identifizierungsnummer (falls vorhanden und falls verfügbar):

4.3.2. Geburtsdatum (TT/MM/JJJJ) und Geburtsort oder, bei juristischen Personen, Datum der Gründung/Erlangung der Rechtsfähigkeit/Registrierung (falls relevant und falls verfügbar):

5. VOLLSTRECKBARKEIT DER ÖFFENTLICHEN URKUNDE/DES GERICHTLICHEN VERGLEICHS IM URSPRUNGSMITGLIEDSTAAT

5.1. Die öffentliche Urkunde/der gerichtliche Vergleich ist im Ursprungsmitgliedstaat vollstreckbar:

5.1.1. ❒ Ja

5.2. Inhalt der öffentlichen Urkunde/des gerichtlichen Vergleichs und Zinsen

5.2.1 Öffentliche Urkunde/gerichtlicher Vergleich über eine Geldforderung

5.2.1.1. Kurzdarstellung des Gegenstands:

5.2.1.2. Gemäß der öffentlichen Urkunde/dem gerichtlichen Vergleich muss:
..... (Name, Vorname(n)/Name der Firma oder Organisation)[*5]
eine Zahlung leisten an:
..... (Name, Vorname(n)/Name der Firma oder Organisation)

5.2.1.2.1. Wurde mehr als eine Person bezeichnet, die für den Anspruch haftet, kann jede der bezeichneten Personen für den gesamten Betrag in Anspruch genommen werden:

5.2.1.2.1.1. ❒ Ja

5.2.1.2.1.2. ❒ Nein

5.2.1.3. Währung:
❒ Euro (EUR) ❒ bulgarischer Lew (BGN) ❒ tschechische Krone (CZK) ❒ dänische Krone (DKK) ❒ kroatische Kuna (HRK) ❒ ungarischer Forint (HUF) ❒ polnischer Zloty (PLN) ❒ Pfund Sterling (GBP) ❒ rumänischer Leu (RON) ❒ schwedische Krone (SEK) ❒ Sonstige (bitte angeben (ISO-Code)):

5.2.1.4. Hauptforderung:

5.2.1.4.1. ❒ Einmalzahlung

5.2.1.4.2. ❒ Ratenzahlung[*6]

Fälligkeit (TT/MM/JJJJ)	Betrag

5.2.1.4.3. ❒ Regelmäßige Zahlung

5.2.1.4.3.1. ❒ Täglich
5.2.1.4.3.2. ❒ Wöchentlich
5.2.1.4.3.3. ❒ Sonstige (bitte Häufigkeit angeben):
5.2.1.4.3.4. Ab (Datum (TT/MM/JJJJ) oder Ereignis):
5.2.1.4.3.5. Gegebenenfalls bis . . . . .(Datum (TT/MM/JJJJ) oder Ereignis)
5.2.1.5. Zinsen (falls zutreffend)
5.2.1.5.1. Zinsen:
5.2.1.5.1.1. ❒ Nicht in der öffentlichen Urkunde/dem gerichtlichen Vergleich angegeben
5.2.1.5.1.2. ❒ Ja, in der öffentlichen Urkunde/dem gerichtlichen Vergleich folgendermaßen angegeben:
5.2.1.5.1.2.1. Betrag:
oder
5.2.1.5.1.2.2. Zinssatz . . . . . %
5.2.1.5.1.2.3. Zinsen sind fällig ab . . . . . (Datum (TT/MM/JJJJ) oder Ereignis) bis . . . . . (Datum (TT/MM/JJJJ) oder Ereignis)*7
5.2.1.5.2. ❒ Gesetzliche Zinsen (falls zutreffend), zu berechnen gemäß (bitte entsprechendes Gesetz angeben):
5.2.1.5.2.1. Zinsen sind fällig ab . . . . . (Datum (TT/MM/JJJJ) oder Ereignis) bis . . . . . (Datum (TT/MM/JJJJ) oder Ereignis)*7
5.2.1.5.3. ❒ Kapitalisierung der Zinsen (falls zutreffend, bitte angeben):
5.2.2. Öffentliche Urkunde/gerichtlicher Vergleich über eine nichtmonetäre vollstreckbare Verpflichtung:
5.2.2.1. Kurzdarstellung der vollstreckbaren Verpflichtung
5.2.2.2. Die unter Ziffer 5.2.2.1 genannte Verpflichtung ist vollstreckbar gegen die folgende(n) Person(en)*8 (Name, Vorname(n)/Name der Firma oder Organisation):

Geschehen zu: . . . . .

Stempel und/oder Unterschrift des Gerichts oder *zuständigen Behörde*[2], welche die Bescheinigung ausstellt:

---

[1] Anh. II neu gefasst mWv 26.2.2015 durch VO v. 26.11.2014 (ABl. 2015 L 54, 1).

*1 [Amtl. Anm.:] Unzutreffendes in der gesamten Bescheinigung jeweils streichen.

*2 [Amtl. Anm.:] Bei mehreren Gläubigern sind die betreffenden Angaben für sämtliche Gläubiger einzutragen.

*3 [Amtl. Anm.:] Bei mehreren Schuldnern sind die betreffenden Angaben für sämtliche Schuldner einzutragen.

*4 [Amtl. Anm.:] Ggf. sind die betreffenden Angaben für sämtliche anderen Parteien einzutragen.

*5 [Amtl. Anm.:] Wurde mehr als eine Person angewiesen, eine Zahlung zu leisten, sind die betreffenden Angaben für sämtliche Personen einzutragen.

*6 [Amtl. Anm.:] Es sind die betreffenden Angaben für die einzelnen Ratenzahlungen einzutragen.

*7 [Amtl. Anm.:] Bei mehr als einem Zinszeitraum sind die betreffenden Angaben für sämtliche Zinszeiträume einzutragen.

*8 [Amtl. Anm.:] Bei mehr als einer Person sind die betreffenden Angaben für sämtliche Personen einzutragen.

[2] Richtig wohl: „der zuständigen Behörde".

Anmerkungen

1. Nach Art. 58 Brüssel Ia VO werden öffentliche Urkunden, nach Art. 59 gerichtliche Vergleiche anerkannt und können in den Mitgliedsstaaten vollstreckt werden. Art. 60 VO cit. sieht vor, dass auf Antrag eines Berechtigten (vgl. dazu → → Form. 12)eine Bescheinigung im Ursprungsstaat zu erteilen ist, die eine Zusammenfassung der in der öffentlichen Urkunde beurkundeten vollstreckbaren Verpflichtung oder der in dem gerichtlichen Vergleich beurkundeten Parteivereinbarung enthält. Diese Bescheinigung entspricht in ihrer Funktion der nach Art. 53 Brüssel Ia VO für gerichtliche Urteile.

2. Das Verfahren iE ist in § 1111 ZPO geregelt.

Kosten und Gebühren

3. Die Gerichtskosten betragen pauschal 22 EUR (KV 1513 GKG). Die Gebühren des Rechtsanwalts bestimmen sich nach VV 3100 ff. RVG. Das Verfahren nach der VO gehört zum Rechtszug (§ 19 Abs. 1 Nr. 9a RVG).

16. Antrag auf Bestätigung eines europäischen Vollstreckungstitels nach Art. 6 VO (EG) Nr. 805/2004 (EuVTVO) iVm §§ 1079 ff. ZPO

An das
Landgericht[3] – Zivilkammer –
Stuttgart[4]
Aktenzeichen:[5]. . . . .
In Sachen
Der Firma A . . . . .
– Urteilsgläubigerin –
Verfahrensbevollmächtigter:[6]
Rechtsanwalt . . . . .
gegen
den Maschinenschlosser . . . . .
– Urteilsschuldner –
Verfahrensbevollmächtigter:[7]
Rechtsanwalt . . . . .
beantrage ich,
das Urteil vom . . . . . als Europäischen Vollstreckungstitel gem. Art. 6 EuVTVO zu bestätigen.[1, 2, 8]

Begründung

Durch Anerkenntnisurteil[9] vom . . . . . ist der Urteilsschuldner zur Zahlung von 25.000 EUR Kaufpreis für Möbel und Teppiche verurteilt worden, die der Urteilschuldner von der Urteilsgläubigerin in Straßburg gekauft hat. Das Urteil ist in Deutschland vollstreckbar.[10]
Das Urteil ist im Gerichtsstand des Beklagtenwohnsitzes ergangen.[11]

Es handelt sich um ein Verbrauchergeschäft. Da der Urteilsschuldner bei Erlass der Entscheidung im Ursprungsstaat wohnhaft war, ist das Erfordernis des Art. 6 Abs. 1 lit. d EuVTVO erfüllt.[12]

Ich bitte um Übersendung der Bestätigung.[13]

Rechtsanwalt[14]

Anmerkungen

1. Für Titel über unstreitige Forderungen hat die EuVTVO (vgl. dazu *Coester-Waltjen* FS Beys, 2003, 183 ff.; *Rauscher,* Der europäische Vollstreckungstitel für unbestrittene Forderungen, 2004; *Stadler* RIW 2004, 801 ff.; *Stadler* IPRax 2004, 2 ff.; *Wagner* IPRax 2005, 189 ff.) die Notwendigkeit eines Vollstreckbarerklärungsverfahrens – auch in der Form der Klauselerteilung – abgeschafft. Bei unstreitigen Forderungen kann jede Entscheidung eines Gerichts eines EU-Staates (mit Ausnahme Dänemarks) ohne vorgängiges Klauselerteilungsverfahren in den anderen EUStaaten (mit Ausnahme Dänemarks) vollstreckt werden (Art. 5 EuVTVO). Der ausländische Titel bedarf lediglich der Bestätigung durch das Gericht, das die Entscheidung erlassen hat. Aus ihm kann sodann wie aus einem inländischen Titel im Vollstreckungsstaat vollstreckt werden. Die Bestätigung wird auf einem Formular erteilt, das in Anh. I zur EuVTVO enthalten ist.

Für das Vereinigte Königreich gilt die EuVTVO über 31.12 2020 fort, für Urteile, die in vor Ablauf der Übergangszeit ergangen sind, sowie auf vor Ablauf der Übergangszeit gebilligte oder geschlossener gerichtlicher Vergleiche und ausgestellter öffentlicher Urkunden, sofern die Bestätigung als Europäischer Vollstreckungstitel vor dem Ablauf der Übergangsfrist beantragt wurde, Art. 67 Abs. 2 lit. d AA (vgl. dazu *Wagner* IPRax 2021, 2 ff. (9)).

Leider ist das große Ziel, einen wirklichen europäischen Vollstreckungstitel zu schaffen, in letzter Minute am Widerstand der Verbraucherlobby gescheitert. Diese hat durchgesetzt, dass die Anwendung der Verordnung bei Verbraucherbeteiligung auf Beklagtenseite darauf beschränkt worden ist, dass der Verbraucher seinen Wohnsitz im Gerichtsstaat hat. Da es sich bei Titeln über unstreitige Forderungen meist um solche gegen Verbraucher handelt, ist die VO zur Mogelpackung geworden.

Das Verfahren ist in Deutschland durch §§ 1079 ff. ZPO geregelt.

2. Aus der als Europäischer Vollstreckungstitel bestätigten Entscheidung findet die Zwangsvollstreckung ohne Notwendigkeit der Klauselerteilung statt. Das Verfahren in Deutschland ist in §§ 1082 ff. ZPO geregelt.

3. Sachlich zuständig zur Bestätigung als Europäischer Vollstreckungstitel ist das Gericht, das die Entscheidung erlassen hat (Ursprungsgericht), vgl. Art. 6 Abs. 1 EuVTVO, § 1079 ZPO. Funktionell zuständig ist nach § 20 Nr. 11 RPflG der Rechtspfleger (vgl. Wieczorek/Schütze/*Schütze* ZPO § 1079 Rn. 6; Zöller/*Geimer* ZPO § 1079 Rn. 9).

4. Örtlich zuständig ist das Gericht, das das Urteil erlassen hat.

5. Bei der Bestätigung handelt es sich um eine modifizierte Art der Klauselerteilung nach § 724 ZPO. Als Aktenzeichen ist also das des Erkenntnisverfahrens und als solches anzugeben.

6. Die Prozessvollmacht des Verfahrens, das zu dem Titel geführt hat, wirkt fort. Da es sich bei der Bestätigung um eine modifizierte Art der Klauselerteilung handelt und der Antrag zu Protokoll der Geschäftsstelle gestellt werden kann, besteht iÜ kein Anwaltszwang (§ 78 Abs. 5 ZPO).

7. Da es sich um eine Fortsetzung des Erkenntnisverfahrens handelt, gilt die Prozessvollmacht fort.

8. Die Bestätigung erfolgt ohne Anhörung des Urteilsschuldners (§ 1080 ZPO). Eine Ausfertigung der Bestätigung ist dem Urteilsschuldner von Amts wegen zuzustellen (§ 1080 ZPO).

9. Unter den Geltungsbereich der EuVTVO fallen gerichtliche Entscheidungen, gerichtliche Vergleiche und öffentliche Urkunden in Zivil- und Handelssachen, soweit unbestrittene Forderungen tituliert werden (Art. 3 EuVTVO). Nach der Legaldefinition in Art. 3 gilt eine Forderung als unbestritten, wenn
- der Schuldner ihr im gerichtlichen Verfahren ausdrücklich durch Anerkenntnis oder durch einen vom Gericht gebilligten und vor einem Gericht im Laufe eines Verfahren geschlossenen Vergleich zugestimmt hat oder
- der Schuldner ihr im gerichtlichen Verfahren zu keiner Zeit nach erststaatlichem Recht widersprochen hat oder
- der Schuldner zu einer Gerichtsverhandlung über die Forderung nicht erschienen oder dabei nicht vertreten worden ist, nachdem er zuvor im gerichtlichen Verfahren der Forderung widersprochen hatte, sofern ein solches Verhalten nach erststaatlichem Recht als stillschweigendes Zugeständnis der Forderung oder des vom Gläubiger behaupteten Sachverhalts – wie es im deutschen Recht nach § 331 Abs. 1 ZPO der Fall ist – anzusehen ist oder
- der Schuldner die Forderung ausdrücklich in einer öffentlichen Urkunde anerkannt hat.

Damit sind alle wesentlichen Titel (Anerkenntnisurteil, Vergleich, Vollstreckungsbescheid, Versäumnisurteil, öffentliche Urkunde pp.) erfasst.

10. Nach Art. 6 Abs. 1 lit. a ist die Vollstreckbarkeit im Ursprungsstaat Voraussetzung für die die Erteilung der Bestätigung als Europäischer Vollstreckungstitel.

11. Nach Art. 6 Abs. 1 lit. b darf die Entscheidung nicht in einem Gerichtsstand in Widerspruch zu den Zuständigkeitsregeln über Versicherungssachen oder dem Katalog ausschließlicher Zuständigkeiten der europäischen Zuständigkeitsordnung (Kap. II Abschn. 3 u. 6 Brüssel Ia VO) ergangen sein. Vgl. dazu Art. 80 VO (EU) 1215/2012.

12. Nach Art. 6 Abs. 1 lit. d ist die Bestätigung bei Entscheidungen gegen Verbraucher nur möglich, wenn sie im Wohnsitzstaat des Verbrauchers ergangen ist.

13. Während eine Ausfertigung der Bestätigung dem Schuldner zuzustellen ist, ggf. nach § 183 ZPO, ist die ausgestellte Bestätigung dem Gläubiger nur zu übersenden (vgl. Zöller/*Geimer* ZPO § 1080 Rn. 2).

Kosten und Gebühren

14. Ebenso wie für die erstmalige Erteilung der Vollstreckungsklausel fallen keine Gerichtskosten für die Bestätigung als Europäischer Vollstreckungstitel an. Der Rechtsanwalt erhält keine besondere Gebühr, da die Bestätigung zum Rechtszug gehört (§ 19 Abs. 1 Nr. 9 RVG).

17. Antrag auf Klauselerteilung für ein ausländisches Urteil nach LugÜ II

An das
Landgericht
– Vorsitzender der Zivilkammer . . . .[2] –
Stuttgart[3]
In Sachen
der Firma A . . . .
– Antragstellerin –
Verfahrensbevollmächtigter[4]
RA . . . .
gegen
die Firma B . . . .
– Antragsgegnerin –
wegen
Klauselerteilung nach dem LuGÜ II[1]
Namens und in Vollmacht der Antragstellerin

beantrage

ich,

1. **das Urteil des Handelsgerichts Zürich vom . . . . (Datum) (Aktenzeichen . . . .),[5] durch das die Antragsgegnerin zur Zahlung des Kaufpreises für eine Druckmaschine iHv 100.000 sfr. nebst 8 % Zinsen[6] seit dem . . . . an die Antragstellerin verurteilt worden ist, mit der Vollstreckungsklausel zu versehen.**
2. **Der Antragsgegnerin die Kosten des Verfahrens aufzuerlegen.[7]**

Begründung

Die Antragsgegnerin schuldet der Antragstellerin den Kaufpreis für eine Druckmaschine des Typs . . . . iHv 100.000 sfr. Durch das im Antrag näher bezeichnet Urteil des Handelsgerichts Zürich ist die Antragsgegnerin zur Zahlung dieses Betrages nebst 8 % Zinsen seit Verzugseintritt verurteilt worden.

Beweis: Vorlage des Urteils des Handelsgerichts Zürich

– Anlage –

Das Urteil ist gem. Art. 31 ff. LugÜ II iVm §§ 3 ff. AVAG mit der Klausel zu versehen. Es verstößt nicht gegen Art. 27 LugÜ II.
Die in der Anlage vorgelegte vollstreckbarer Ausfertigung erfüllt die Erfordernisse der Art. 46 Nr. 1, Art. 47 Nr. 1 LugÜ II.
Rechtsanwalt[8]

Anmerkungen

1. MWv 1.3.2002 hat die Brüssel I VO das EuGÜbK für alle Vertragsstaaten mit Ausnahme Dänemarks ersetzt. Im Verhältnis zu Dänemark ist die Brüssel I VO auf staatsvertraglicher Grundlage – nicht als Verordnungsrecht – aufgrund des Abkommens zwischen der EG und Dänemark v. 19.10.2005 anwendbar (dazu *Nielsen* IPRax 2007, 506 ff., später auch durch Erstreckung durch die Brüssel I a VOersetzt), so dass das

EuGÜbK – mit Ausnahme für Altfälle – nunmehr obsolet geworden ist. Das – noch – weitgehend wort- und inhaltsgleiche LugÜ I ist im Verhältnis zu Island, Norwegen und der Schweiz (vgl. zu beiden Übereinkommen *Geimer/Schütze,* Europäisches Zivilverfahrensrecht, 3. Aufl. 2009) durch das LugÜ II ersetzt worden, das mit der Brüssel I VO weitgehend wort- und inhaltsgleich ist. Die revidierte Fassung 2007 ist seit dem 1.1.2010 für die EU in Kraft. Die Brüssel Ia VO hat bisher nicht zu einer Änderung des LugÜ II geführt. Nach dem LugÜ II ist das kontradiktorische Verfahren der Vollstreckbarerklärung nach §§ 722 f. ZPO durch ein einfaches Klauselerteilungsverfahren ersetzt worden. Einzelheiten des Verfahrens sind im deutschen Ausführungsgesetz (AVAG) (abgedr. bei *Geimer/Schütze* IntRVerk Rn. 708.1 ff.) geregelt.

Der Brexit hat für den deutsch-britischen Rechtsverkehr keine Änderung gebracht. Als Unionsrecht hat das LugÜ II zwar nur bis zum 31.12.2020 für das Vereinigte Königreich fortgegolten und gilt seit dem 1.1.2021 für das Vereinigte Königreich nicht mehr (vgl. dazu *Wagner* IPRax 2021, 2 ff. (7)), im deutsch-britischen Rechtsverkehr fand aber ohnehin die Brüssel I a VO Anwendung.

2. Ausschließlich zuständig ist der Vorsitzende einer Zivilkammer (nicht die Kammer), Art. 39 LugÜII iVm § 3 Abs. 3 AVAG.

3. Örtlich zuständig ist das Wohnsitzgericht des Urteilsschuldners, hilfsweise das Gericht, in dessen Sprengel die Zwangsvollstreckung durchgeführt werden soll, Art. 39 Abs. 2 LugÜ II iVm § 3 Abs. 2 AVAG.

4. Der Antrag kann schriftlich oder zu Protokoll der Geschäftsstelle gestellt werden (§ 4 Abs. 2 AVAG). Er unterliegt deshalb nicht dem Anwaltszwang (§ 6 Abs. 3 AVAG). Die Vertretung durch einen bei einem deutschen Gericht zugelassenen Rechtsanwalt macht aber die sonst notwendige Bestellung eines Zustellungsbevollmächtigten (Art. 40 Abs. 2 LugÜ II) überflüssig, § 5 Abs. 2 AVAG. Nach § 5 Abs. 2 AVAG genügt es, wenn der Antragsteller einen Verfahrensbevollmächtigten für das Verfahren bestellt hat, an den im Inland zugestellt werden kann.

5. Im Antrag ist anzugeben, für welche Entscheidung der Antragsteller die Klauselerteilung begehrt. Er kann seinen Antrag auf eine Teilklauselerteilung beschränken.

6. Der Vorsitzende entscheidet durch Beschluss. In den Beschluss ist die zu vollstreckende Verurteilung oder Verpflichtung in deutscher Sprache aufzunehmen (§ 8 Abs. 1 AVAG), jedoch erfolgt keine Umrechnung der Urteilsforderung, wenn diese in ausländischer Währung ausgedrückt ist. Die Form der Klausel ist in § 9 Abs. 1 AVAG vorgeschrieben.

7. Die Kostenentscheidung erfolgt nach § 788 ZPO, dessen analoge Anwendung § 8 Abs. 1 AVAG vorschreibt.

Kosten und Gebühren

8. Die Gerichtsgebühren sind streitwertunabhängig und bestimmen sich nach KV 1510 GKG. Sie betragen für das Klauselerteilungsverfahren 264 EUR (KV 1510 GKG). Die Rechtsanwaltsgebühren bestimmen sich nach VV 3100 RVG (1,3-Gebühren).

18. Antrag auf Vollstreckbarerklärung nach dem deutsch-britischen Anerkennungs- und Vollstreckungsabkommen

An das
Landgericht[2]
– Zivilkammer –[3]

Antrag[4]

der Bank A, vertreten durch ihren Vorstand . . . . .
– Antragstellerin –
Prozessbevollmächtigter
RA . . . . .
gegen
den Schreinermeister B
– Antragsgegner –
Prozessbevollmächtigter
RA . . . . .
wegen Vollstreckbarerklärung einer englischen gerichtlichen Entscheidung
Streitwert: 100.000 EUR
Namens und in Vollmacht der Antragstellerin stelle ich den

Antrag

1. das Urteil des High Court of Justice[5] vom . . . . ., AZ. . . . . ., durch das der Antragsgegner zur Zahlung[6] von EUR 100.000 nebst 8 % Zinsen seit dem . . . . . verurteilt worden ist, für vollstreckbar zu erklären.[1]
2. dem Antragsgegner die Kosten des Verfahrens aufzuerlegen.

Begründung

Die Antragstellerin hat dem Antragsgegner ein Darlehen über EUR 100.000 nebst 8 % Zinsen p.a. gewährt. Der Antragsgegner hat weder Tilgungen auf die Darlehnssumme geleistet noch Zinsen gezahlt. Die Antragstellerin hat das Darlehen deshalb vertragsgemäß gekündigt und den fälligen Darlehensbetrag nebst Zinsen beim High Court of Justice eingeklagt. Dieser hat entsprechend entschieden.

Beweis: anliegende beglaubigte Abschrift des Urteils mit Gründen nebst beglaubigter Übersetzung in die deutsche Sprache[7]

Das Urteil erfüllt die Anerkennungserfordernisse:
– Die internationale Zuständigkeit des Erstgerichts folgt aus Art. IV Abs. 1 lit. a Nr. 3 des Abkommens. In dem Darlehensvertrag zwischen den Parteien ist die Zuständigkeit des Erstgerichts vereinbart worden.
– Das Urteil hat eine Zivilsache zum Gegenstand und geht auf Zahlung (Art. V Abs. 2 des Abkommens)
Versagungsgründe liegen nicht vor.
Rechtsanwalt[8]

Anmerkungen

1. Das deutsch-britische Vollstreckungsabkommen vom 14.7.1960 (BGBl. 1960 II, 301) (dazu *Ganske,* Das deutsch-britische Vollstreckungsabkommen vom 14.7.1960, AWD 1961, 172 f.; Geimer/Schütze/*Schütze,* Internationale Urteilsanerkennung; Bd. II,

1971, S. 353 ff. mit einer Kommentierung des Abkommens) hat durch den Brexit neue Bedeutung erlangt. Das Abkommen ist nach Art. 55 EuGVÜ zunächst durch dieses ersetzt worden, behielt aber nach Art. 56 EuGVÜ seine – begrenzte – Bedeutung. Das Abkommen ist dann durch die Brüssel I VO und später die Brüssel Ia VO ersetzt worden, behielt aber nach Art. 70 Brüssel Ia VO weiter seine subsidiäre Bedeutung. Nach Art. 70 Brüssel Ia VO behält das Abkommen seine Geltung für die Rechtsgebiete, auf die die VO nicht anzuwenden ist. Das ist nach dem 1.1.2021 der gesamte ursprüngliche Geltungsbereich des Abkommens.

Da es nicht zum Beitritt des Vereinigten Königreichs zum LugÜ II kommt, weil die EU einen solchen Beitritt abgelehnt hat, wird das das deutsch-britische Abkommen zunächst die wesentliche Grundlage der Geltendmachung britischer Titel in Deutschland bleiben. Zweifelhaft ist, ob das EuGVÜ, das nie formell aufgehoben worden ist, weiter in Kraft steht. Das muss man wohl verneinen.

2. Sachlich zuständig ist nach Art. VII Abs. 1 des Abkommens iVm § 1 Abs. 1 des AusfG das Landgericht. Die Zuständigkeit ist ausschließlich. Die örtliche Zuständigkeit bestimmt sich nach dem gewöhnlichen Aufenthalt des Schuldners oder der Belegenheit von Schuldnervermögen (Art. VII Abs. 1 des Abkommens iVm § 1 Abs. 2 AusfG.

3. Zuständig ist die Zivilkammer, nicht der Vorsitzende.

4. Die Vollstreckbarerklärung erfolgt im Beschlussverfahren. Nach § 2 AusfG gelten § 1063 Abs. 1 ZPO und § 1064 Abs. 2 ZPO entsprechend.

5. Englischer Vertragspraxis folgend sind nur Entscheidungen Oberer Gerichte nach dem Abkommen anerkennungsfähig und können für vollstreckbar erklärt werden. Die Oberen Gerichte sind in Art. 2 Abs. 2 des Abkommens enumeriert. Bei den englischen Gerichten tritt an Stelle des House of Lords nunmehr der Supreme Court.

6. Es muss über Ansprüche der Parteien entschieden worden sein. Deshalb scheiden konstitutive Staatsakte, auch wenn sie in Form eines Urteils in streitigem Verfahren ergehen, aus dem Urteilsbegriff aus (Vgl. Geimer/Schütze/*Schütze,* Art. I Anm. III,2). Die Art des Verfahrens, das zu dem Urteil geführt hat, ist unerheblich. Unter das Abkommen fallen auch Entscheidungen im Urkundenprozess, Versäumnis- und Anerkenntnisurteile.

7. Die vorzulegenden Urkunden sind in Art. VI Abs. 2 lit a) und b) aufgeführt. Eine Legalisierung kann vom Zweitgericht nicht gefordert werden.

Kosten und Gebühren

8. Die Gerichtsgebühren sind streitwertunabhängig und bestimmen sich nach KV 1510 GKG. Sie betragen für das Verfahren auf Vollstreckbarerklärung EUR 264. Für die Rechtsanwaltsgebühren gilt VV 3100 RVG.

19. Antrag auf Klauselerteilung für eine ausländische Entscheidung nach AVAG

An das Landgericht[2]
– Vorsitzender der Zivilkammer . . . . . –[3]
In Sachen
der Bank A . . . . .
– Antragstellerin –
Verfahrensbevollmächtigter[4]
RA . . . . .
gegen
den Gastwirt . . . . .
– Antragsgegner –
wegen Klauselerteilung nach AVAG[1]
Namens und in Vollmacht der Antragstellerin
beantrage ich,
1. das Urteil des . . . . . (erstinstanzlichen) Gerichts Tel Aviv vom . . . . . (Datum) . . . . . (Aktenzeichen), durch das der Antragsgegner zur Zahlung von USD 50.000 nebst . . . . . % Zinsen seit dem . . . . . verurteilt worden ist, mit der Vollstreckungsklausel zu versehen.[5]
2. Dem Antragsgegner die Kosten des Verfahrens aufzuerlegen

Begründung

Der Antragsgegner schuldet der Antragstellerin die Rückzahlung eines genehmigten Fremdwährungskredits iHv USD 50.000. Durch das im Antrag näher bezeichnet Urteil des erstinstanzlichen Gerichts Tel Aviv ist der Antragsgegner zur Rückzahlung des Bankkredits zuzüglich Zinsen verurteilt worden. Das Urteil ist rechtskräftig.[6]

Beweis: Vorlage des im Antrag bezeichneten Urteils mit dem Rechtskraftvermerk

Der Antragsgegner hatte seinen Wohnsitz während des gesamten Verfahrens in Tel Aviv,[7] wo er ein Restaurant eröffnen wollte. Er ist erst kürzlich nach Deutschland an die oben angegebene Adresse verzogen.
Die Zwangsvollstreckung aus dem Urteil ist nach dem deutsch-israelischen Anerkennungs- und Vollstreckungsvertrag durch Klauselerteilung zuzulassen.[8]
Rechtsanwalt[9]

Anmerkungen

1. Das Gesetz zur Ausführung zwischenstaatlicher Verträge und zur Durchführung von Verordnungen und Abkommen der Europäischen Gemeinschaft auf dem Gebiet der Anerkennung Vollstreckung in Zivil- und Handelssachen (Anerkennungs- und Vollstreckungsausführungsgesetz – AVAG) gilt ua für das deutsche Verfahren zur Ausführung von EGVÜ, Lug I und den zweiseitigen Anerkennungs- und Vollstreckungsverträgen und Abkommen mit Norwegen, Israel und Spanien (vgl. dazu Geimer/Schütze/*Eichel,* Internationaler Rechtsverkehr, 60. Aufl., 708.21 ff. mit umfangreichen Literaturnachweisen 708.22 ff.).

2. Sachlich zuständig ist das Landgericht. Örtlich zuständig ist das Wohnsitzgericht des Verpflichteten, hilfsweise – bei fehlendem inländischem Wohnsitz – das Gericht, in dessen

Sprengel die Zwangsvollstreckung durchgeführt werden soll. Örtliche und sachliche Zuständigkeit sind ausschließlich (§ 3 Abs. 1 und 2 AVAG).

3. Funktionell zuständig ist der Vorsitzende einer Zivilkammer (§ 3 Abs. 3 AVAG).

4. Im ersten Rechtszug ist eine Vertretung durch einen Rechtsanwalt nicht erforderlich (§ 6 Abs. 3 AVAG).

5. Der deutsch-israelische Anerkennungs- und Vollstreckungsvertrag vom 20.7.1977 (BGBl. 1980 II 925) (vgl. dazu *Pirrung* IPRax 1982, 130; *Schütze* IWB F6, Gr. 3, 13 ff; *Siehr,* RabelsZ 50 (1986), 568 ff.)) ermöglicht die Anerkennung und Vollstreckbarerklärung israelischer Urteile in Deutschland. Das Verfahren ist im AVAG geregelt.

6. Für die Zulassung zur Zwangsvollstreckung (Vollstreckbarerklärung) ist nach Art. 15 Abs. 1 Nr. 2 deutsch-israelischer Vertrag der Nachweis der Rechtskraft erforderlich.

7. Wohnsitz des Beklagten zum Zeitpunkt der Einleitung des Verfahrens im Erststaat begründet internationale Zuständigkeit nach Art. 7 Abs. 1 Nr. 1 deutsch-israelischer Vertrag.

8. Der deutsch-israelische Vertrag spricht von Zulassung der Zwangsvollstreckung (zB Art 10). Das ist nichts anderes als eine Form der Vollstreckbarerklärung. Diese erfolgt in Deutschland nach § 8 AVAG durch Beschluss des Gerichts, die Entscheidung mit der Vollstreckungsklausel zu versehen. Deren Form ist in § 9 AVAG geregelt.

Kosten und Gebühren

9. Die Gerichtsgebühren sind streitwertunabhängig und bestimmen sich nach KV 1510 GKG. Sie betragen für das Verfahren auf Vollstreckbarerklärung EUR 264. Für die Rechtsanwaltsgebühren gilt VV 3100 RVG.

20. Beschwerde gegen die Entscheidung über den Antrag auf Klauselerteilung nach Art. 43 Brüssel I VO

An das
Oberlandesgericht[1, 2]
– Zivilsenat[3] **–**
In Sachen
der Firma A . . . . .
– Antragstellerin/Beschwerdeführerin –
Verfahrensbevollmächtigter[4]
RA . . . . .
gegen
die Firma B . . . . .
– Antragsgegnerin/Beschwerdegegnerin –
Verfahrensbevollmächtigter:
RA . . . . .
zeigen wir an, dass wir die Antragstellerin/Beschwerdeführerin vertreten. Namens und in ihrer Vollmacht legen wir gegen den Beschluss des Vorsitzenden Richters der . . . . .

Zivilkammer des Landgerichts . . . . . vom . . . . . (Datum) (Aktenzeichen: . . . . .), zugestellt am . . . . . (Datum)

Beschwerde[5]

ein und beantragen,

1. **unter Abänderung des Beschlusses des Vorsitzenden Richters der . . . . . Zivilkammer des Landgerichts . . . . . vom . . . . . (Datum) (Az.: . . . . .), zugestellt am . . . . . (Datum) das Urteil der Cour d'Appel Rennes, durch das die Antragsgegnerin zur Zahlung eines vorläufigen Schadensersatzes iHv 50.000 EUR an die Antragstellerin verurteilt worden ist, mit der Vollstreckungsklausel zu versehen.**[6]
2. **Der Antragsgegnerin die Kosten aufzuerlegen.**[7]

Begründung

Zu Unrecht hat der Vorsitzende Richter der . . . . . Zivilkammer des Landgerichts . . . . . in dem angefochtenen Beschluss die Klauselerteilung für das im Antrag näher bezeichnete Urteil der Cour d'Appel Rennes verweigert. Entgegen der Ansicht des Vorsitzenden Richters verstößt die Verurteilung zu vorläufigem Schadensersatz nicht gegen den deutschen ordre public. Ein Versagungsgrund nach Art. 34 Nr. 1 Brüssel I VO liegt nicht vor.

Rechtsanwalt[8]

Anmerkungen

1. Gegen die Entscheidung des Vorsitzenden Richters beim LG ist die Beschwerde zulässig, Art. 43 Abs. 1 Brüssel I VO iVm § 11 AVAG. Die unterschiedliche Regelung der Beschwerde gegen die stattgebende und die ablehnende Entscheidung des Klauselerteilungsrichters nach EuGÜbK und LugÜ I ist in der Brüssel I VO fortgefallen.

2. Zuständig zur Entscheidung über die Beschwerde ist das OLG (Anh. III VBrüssel I VO), in Berlin das Kammergericht. Die Beschwerde ist beim OLG einzulegen, ihre Zulässigkeit wird jedoch nicht durch die Einlegung beim LG berührt. Dieses hat die Beschwerde unverzüglich von Amts wegen an das OLG abzugeben, § 11 Abs. 2 AVAG. Der Klauselerteilungsrichter kann der Beschwerde nicht abhelfen.

3. Es entscheidet der Senat. § 568 ZPO ist nicht anwendbar, da der Vorsitzende der Kammer des LG nicht als originärer Einzelrichter nach § 348 ZPO zuständig ist (OLG Köln IPRax 2003, 354; *Geimer* IPRax 2003, 337 ff.; *Geimer/Schütze,* Europäisches Zivilverfahrensrecht, 3. Aufl. 2009, Art. 43 Rn. 44), sondern aufgrund § 3 Abs. 3 AVAG.

4. Die Beschwerde kann durch Einreichung einer Beschwerdeschrift oder zu Protokoll der Geschäftsstelle eingelegt werden (§ 11 Abs. 1 AVAG). Es besteht damit kein Anwaltszwang, solange keine mündliche Verhandlung angeordnet ist (§§ 13 Abs. 2, 55 Abs. 1 AVAG).

5. Die Beschwerde ist fristgebunden. Die Frist beträgt nach Art. 43 Abs. 5 Brüssel I VO einen Monat nach Zustellung des Beschlusses des Vorsitzenden Richters. Hat der Schuldner seinen Wohnsitz in einem anderen Staat als dem, in dem die Klausel erteilt oder verweigert worden ist, so verlängert sich die Frist auf zwei Monate seit Zustellung. Eine Verlängerung der Beschwerdefrist wegen weiter Entfernung ist nicht zulässig.

6. Aufgrund des Beschlusses des OLG, durch den die Zwangsvollstreckung aus dem ausländischen Urteil erstmals zugelassen wird, erteilt der Urkundsbeamte der Geschäftsstelle die Vollstreckungsklausel (§ 13 Abs. 4 AVAG). Ändert das OLG den klauselerteilenden Beschluss ab, weil die Erfordernisse der Anerkennung nicht gegeben sind, so weist es den Antrag auf Klauselerteilung zurück.

7. Für die Kostentragungspflicht gelten §§ 91 ff. ZPO. Bei Erfolg oder teilweisem Erfolg sind die Kosten gem. §§ 91, 92 ZPO ganz oder teilweise dem Beschwerdegegner aufzuerlegen, bei Zurückweisung oder Verwerfung der Beschwerde ist nach § 97 Abs. 1 ZPO zu entscheiden.

Kosten und Gebühren

8. Die Gerichtsgebühren sind streitwertunabhängig. Sie betragen 396 EUR (KV 1520 GKG). Die Rechtsanwaltsgebühren bestimmen sich nach VV 3200 f. RVG.

21. Beschwerde über einen Antrag auf Klauselerteilung nach Art. 43 LugÜ II

An das
Oberlandesgericht[1, 2]
– Zivilsenat[3] –
In Sachen
Der Firma A . . . . .
– Antragstellerin/Beschwerdeführerin –
Verfahrensbevollmächtigter:[4]
RA . . . . .
gegen
die Firma B . . . . .
– Antragsgegnerin/Beschwerdegegnerin –
Verfahrensbevollmächtigter:
RA . . . . .
zeigen wir an, dass wir die Antragstellerin/Beschwerdeführerin vertreten. In ihrem Namen und in ihrer Vollmacht legen wir gegen den Beschluss des Vorsitzenden Richters der . . . . . Zivilkammer des Landgerichts . . . . . vom . . . . . (Datum) (Aktenzeichen: . . . . .), zugestellt am . . . . . (Datum)

Beschwerde[5]

ein und
beantragen,

1. **unter Abänderung des Beschlusses des Vorsitzenden Richters der . . . . . Zivilkammer des Landgerichts . . . . . vom . . . . . (Datum) (Ak.: . . . . .), zugestellt am . . . . . (Datum) das Urteil des Handelsgerichts Zürich vom . . . . . (Datum) (Az.: . . . . .), durch das die Antragsgegnerin zur Zahlung von sfr. 100.000 nebst 8 % Zinsen seit dem . . . . . (Datum) an die Antragstellerin verurteilt worden ist, mit der Vollstreckungsklausel zu versehen;[6]**
2. **der Antragsgegnerin die Kosten aufzuerlegen.[7]**

Begründung

Zu Unrecht hat der Vorsitzende Richter der . . . . . Zivilkammer des Landgerichts . . . . . in dem angefochtenen Beschluss die Klauselerteilung für die im Antrag näher bezeichnete Entscheidung des Handelsgerichts Zürich verweigert. Die Tatsache, dass das Erstgericht einen nicht nachgelassenen Schriftsatz unberücksichtigt gelassen hat, begründet keinen

Verstoß gegen den ordre public wegen Nichtgewährung rechtlichen Gehörs. Ein Versagungsgrund nach Art. 34 Abs. 2, 27 Nr. 1 LugÜ II liegt nicht vor.
Rechtsanwalt[8]

Anmerkungen

1. Das LugÜ II differenziert nicht mehr – wie das LugÜ I – hinsichtlich des Rechtsbehelfs gegen die die Klausel erteilende und die die Klausel verweigernde Entscheidung des Vorsitzenden Richters des LG. Das Beschwerdeverfahren iE ist in §§ 11 ff. AVAG geregelt.

2–7. → Form. I.U.20 Anm. 2–7.

Kosten und Gebühren

8. Die Gerichtskosten sind streitwertunabhängig. Sie betragen nach KV 1520 GKG 396 EUR. Die Rechtsanwaltsgebühren bestimmen sich nach VV 3200 f. RVG.

22. Rechtsbeschwerde nach Art. 44 Brüssel I VO, Art. 44 LugÜ II

An den
Bundesgerichtshof[1, 2]
Karlsruhe
In Sachen
Der Firma A . . . . .
– Antragstellerin/Beschwerdeführerin/Rechtsbeschwerdeführerin –
Verfahrensbevollmächtigter:[3]
RA . . . .
gegen
die Firma B . . . . .
– Antragsgegnerin/Beschwerdegegnerin/Rechtsbeschwerdegegnerin –
Verfahrensbevollmächtigter der Beschwerdeinstanz:
RA . . . . .
zeigen wir an, dass wir die Antragstellerin/Beschwerdeführerin/Rechtsbeschwerdeführerin vertreten. In ihrem Namen und in ihrer Vollmacht legen wir gegen den Beschluss des OLG . . . . . vom . . . . . (Datum) (Az.: . . . . .), zugestellt am . . . . . (Datum)[4]

Rechtsbeschwerde[5]

ein und
beantragen,

1. **unter Abänderung des Beschlusses des Oberlandesgerichts . . . . . vom . . . . . (Datum) (Az.: . . . . .) das Urteil der Cour d'Appel Rennes vom . . . . . (Datum) (Az.: . . . . .), durch das die Antragsgegnerin zur Zahlung eines vorläufigen Schadensersatzbetrages iHv 50.000 EUR an die Antragstellerin verurteilt worden ist, mit der Vollstreckungsklausel zu versehen,[6]**
2. **Der Antragsgegnerin die Kosten aufzuerlegen.[7]**

Begründung[8]

Zu Unrecht hat das Oberlandesgericht in dem angefochtenen Beschluss die Klausel für das im Antrag näher bezeichnete Urteil der Cour d'Appel Rennes verweigert. Entgegen der Ansicht der Vorinstanzen verstößt die Verurteilung zu vorläufigem Schadensersatz nicht gegen den deutschen ordre public. Ein Versagungsgrund nach Art. 34 Nr. 1 Brüssel I VO liegt nicht vor.[9]

Die Sache hat grundsätzliche Bedeutung.[10] **Über die Klauselerteilung von Entscheidungen, die zu vorläufigem Schadensersatz verurteilen, haben bisher weder der EuGH noch der BGH entschieden.**

Rechtsanwalt beim BGH[11]

Anmerkungen

1. Gegen die Entscheidung des OLG findet die Rechtsbeschwerde zum BGH statt. Die Bestimmungen über die Rechtsbeschwerde in Art. 44 Brüssel I a VO und Art. LugÜ II sind inhaltlich gleich. Die Brüssel I VO hat das Verfahren aus EuGÜbK und LugÜ I übernommen (vgl. *Geimer/Schütze,* Europäisches Zivilverfahrensrecht, 3. Aufl. 2009, Art. 44 Rn. 1 ff.;). Auf die Rechtsbeschwerde finden einheitlich §§ 15 ff. AVAG Anwendung. Die Zulässigkeit der Rechtsbeschwerde ist unabhängig davon, welche Partei sie einlegt. Die Rechtsbeschwerde findet nach Maßgabe des § 574 Abs. 1 Nr. 1, Abs. 2 ZPO statt, § 15 Abs. 1 AVAG. Sie muss also entweder grundsätzliche Bedeutung haben oder der Fortbildung des Rechts oder der Sicherung einer einheitlichen Rspr. dienen.

2. Zuständig zur Entscheidung über die Rechtsbeschwerde ist der BGH (Art. 44 Brüssel I VO iVm Anh. IV EuGVVO, 44 iVm Anh. IV LugÜ). Die Rechtsbeschwerde ist beim BGH einzulegen, § 16 Abs. 1 AVAG. Die Einlegung beim OLG wahrt die Frist – anders als bei der Beschwerde – nicht.

3. Es besteht Anwaltszwang. Die Rechtsbeschwerde muss durch einen beim BGH zugelassenen Anwalt eingelegt werden (vgl. *Geimer/Schütze,* Europäisches Zivilverfahrensrecht, 3. Aufl. 2009, Art. 44 Rn. 12);

4. Die Zustellung der Beschwerdeentscheidung setzt die Frist für die Einlegung der Rechtsbeschwerde in Lauf. Die Frist für die Einlegung beträgt einen Monat, § 15 Abs. 2 AVAG. Die Rechtsbeschwerdefrist ist eine Notfrist, § 15 Abs. 3 AVAG.

5. Auf das Verfahren finden weitgehend die Regelungen über die Revision Anwendung. § 575 Abs. 2–4 ZPO sind entsprechend anwendbar, § 16 Abs. 2 AVAG. Die Nachprüfung der örtlichen Zuständigkeit ist in jedem Fall ausgeschlossen, § 17 Abs. 2 AVAG.

6. Wenn die Zwangsvollstreckung erstmals durch den BGH zugelassen wird, dann erteilt der Urkundsbeamte der Geschäftsstelle des BGH die Klausel. Die Klausel ist unbeschränkt zu erteilen, § 17 Abs. 3 AVAG.

7. Die Kostenentscheidung folgt §§ 91 ff. ZPO.

8. Die Rechtsbeschwerde bedarf der Begründung, § 16 Abs. 2 S. 1 AVAG. § 575 Abs. 2–4 ZPO sind entsprechend anzuwenden. Soweit die Rechtsbeschwerde darauf gestützt wird, dass das Beschwerdegericht von einer Entscheidung des EuGH abgewichen sei, ist diese Entscheidung zu bezeichnen, § 16 Abs. 2 S. 2, 3 AVAG.

9. Vgl. dazu OLG Celle RIW/AWD 1979, 129.

10. Vgl. § 15 Abs. AVAG iVm § 574 Abs. 2 Nr. 1 ZPO.

Kosten und Gebühren

11. Die Gerichtsgebühren sind streitwertunabhängig. Sie betragen nach KV 1520 GKG 396 EUR. Die Rechtsanwaltsgebühren bestimmen sich nach VV 3206, 3208 RVG (2,3-Gebühren).

23. Antrag auf Anerkennung einer ausländischen Ehescheidung nach Art. 21 Abs. 3 Brüssel IIa VO

An das
Amtsgericht
– Familiengericht[1, 2] –
Stuttgart[3]
In Sachen
des Werkmeisters A . . . . .
– Antragsteller –
Verfahrensbevollmächtigter[4]
RA . . . . .
gegen
die Sekretärin B . . . . .
– Antragsgegnerin –
wegen Anerkennung eines österreichischen Ehescheidungsurteils nach Art. 21 der Brüssel II a VO
beantrage ich
namens und in Vollmacht des Antragstellers
festzustellen,[5] dass das Urteil des Bezirksgerichts Linz
vom . . . . . (Datum) (Az.: . . . . .), durch das die Ehe der Parteien geschieden worden ist, anzuerkennen ist.

Begründung

1. **Der Antragsteller ist österreichischer Staatsangehöriger, die Antragsgegnerin besitzt die deutsche Staatsangehörigkeit.**
2. **Der gemeinsame Aufenthalt der Parteien im Zeitpunkt der Einleitung des Ehescheidungsverfahren am . . . . . (Datum) und der Scheidung am . . . . . (Datum)[6] war in Linz.[7] Die Antragsgegnerin hat ihren gewöhnlichen Aufenthalt nunmehr in Stuttgart.[8]**
3. **Eine andere Entscheidung in einem Ehescheidungsverfahren in Deutschland oder einem Drittstaat liegt nicht vor.[9]**
4. **Die Antragsgegnerin hat sich in dem Verfahren in Linz rügelos eingelassen.[10]**
5. **Die österreichische Entscheidung ist am . . . . . (Datum) in Rechtskraft erwachsen. Eine Ausfertigung der Entscheidung mit dem Rechtskraftvermerk ist als**

– Anlage –

beigefügt.

Die Antragsgegnerin bestreitet die Wirksamkeit der Ehescheidung. Der Antragsteller hat deshalb ein Interesse an der Feststellung der Anerkennung.[11]

Rechtsanwalt[12]

Anmerkungen

1. MWv 1.3.2005 hat die VO (EG) Nr. 2201/2003 (Brüssel II a) die bis dahin geltende VO (EG) Nr. 1347/2000 (Brüssel II) abgelöst. Die Brüssel II a Verordnung gilt – ebenso wie ihre Vorgängerin – nicht im Verhältnis zu Dänemark (vgl. Geimer/Schütze/*Geimer* EuZivilverfR EuEheVO Art. 1 Rn. 76). Im Verhältnis zu Dänemark gilt – ebenso wie für Nicht EU-Staaten – weiterhin die allgemeine Regelung des § 107 FamFG. Die Verordnung (vgl. dazu *Helms* FamRZ 2001, 257 ff.; *Niklas,* Die europäische Zuständigkeitsordnung in Ehe- und Kindschaftssachen, 2003; *Solomon* FamRZ 2004, 1409 ff.; *Wagner* IPRax 2001, 73 ff.) sieht im Rahmen ihres Geltungsbereichs eine formlose Anerkennung vor (Art. 21 Abs. 1). Um jedoch Rechtssicherheit zu schaffen, steht den Parteien ein Verfahren mit dem Ziel der Anerkennung oder Nichtanerkennung zur Verfügung (Art. 21 Abs. 3). Im Verhältnis zum Vereinigten Königreich gelten die Regeln über die Anerkennung und Vollstreckung nach Art. 67 Abs. 2 lit. b Austrittsabkommen fort, wenn das Verfahren, das zu der Entscheidung geführt hat, vor dem 31.12.2020 eingeleitet worden ist und einen Bezug zum Vereinigten Königreich hat (vgl. *Wagner* IPRax 2021, 2 (10 f.)).

Die Brüssel II a VO wird ab 1.8.2022 durch die Brüssel II b VO (VO (EU) 2019/1111 v. 25.6.2019) ersetzt werden.

2. Zuständig ist das Familiengericht nach § 10 IntFamRVG.

3. Die örtliche Zuständigkeit bestimmt sich nach Art. 29 Abs. 2 VO Brüssel II a iVm § 10 IntFamRVG. Danach wird das örtlich zuständige Gericht durch den gewöhnlichen Aufenthalt des Antragsgegners bestimmt.

4. Die Bestellung eines Prozessbevollmächtigten ist nicht erforderlich. Der Antrag kann schriftlich eingereicht oder mündlich zu Protokoll der Geschäftsstelle erklärt werden (§§ 32, 16 Abs. 2 IntFamRVG). Die Bestellung eines deutschen Anwalts enthebt den Antragsteller jedoch von der Bestellung eines Zustellungsbevollmächtigten nach §§ 32, 17 IntFamRVG.

5. Es handelt sich – anders als bei der Feststellung nach § 107 FamFG – um keine gestaltende, sondern eine echte feststellende Entscheidung, da die Wirkungen der ausländischen Entscheidung bei Vorliegen der Anerkennungsvoraussetzungen und Bestehen einer Inlandsbeziehung nach Art. 21 Abs. 1 VO Brüssel II a bereits formlos auf das Inland erstreckt worden sind.

6. Vgl. zum zeitlichen Anwendungsbereich der VO Brüssel II a Art. 64 VO. cit. Die Angabe der Daten ist für die Bestimmung wichtig, ob die VO Anwendung findet.

7. Die Zuständigkeit bestimmt sich nach Art. 3 VO Brüssel II a. Nach Art. 3 Abs. 1 lit. a VO Brüssel II a begründet der gemeinsame gewöhnliche Aufenthaltsort der Ehegatten internationale Scheidungszuständigkeit.

8. Die örtliche Zuständigkeit für die Feststellung der Anerkennung bestimmt sich nach dem gewöhnlichen Aufenthalt der Antragsgegnerin, Art. 21 VO Brüssel II a iVm § 10 IntFamRVG.

9. Vgl. zu dieser Voraussetzung Art. 22 lit. c und d VO Brüssel II a.

10. Vgl. zu dieser Voraussetzung Art. 22 lit. b VO Brüssel II a.

11. Art. 21 Abs. 3 VO Brüssel II a fordert ein Interesse für die gerichtliche Feststellung der Anerkennung.

Kosten und Gebühren

12. Die Gerichtsgebühren sind streitwertunabhängig und bestimmen sich nach KV 1510 GKG. Sie betragen für das Feststellungsverfahren 264 EUR. Für die Rechtsanwaltsgebühren gilt VV 3100 ff. RVG (1,3-Gebühren).

24. Antrag auf Anerkennung einer ausländischen Ehescheidung nach § 107 FamFG

An den
Präsidenten des OLG Stuttgart[1, 2]
Stuttgart
In der Ehesache
des A . . . . .
– Antragsteller[3] –
Verfahrensbevollmächtigter:[4]
RA . . . . .
gegen
die B . . . . .
– Antragsgegnerin –
wegen
Anerkennung eines singapurischen Ehescheidungsurteils
Ich
beantrage
namens und in Vollmacht des Antragstellers,
festzustellen, dass die Voraussetzungen für die Anerkennung des Urteils des High Court of Justice Singapore vom . . . . . (Datum) (Az.: . . . . .), durch das die Ehe zwischen den Parteien geschieden worden ist, vorliegen.[5]

Begründung[6]

1. **Der Antragsteller ist singapurischer Staatsangehöriger, die Antragsgegnerin besitzt die deutsche Staatsangehörigkeit.[7]**
2. **Der Antragsteller ist am . . . . . (Datum) in Singapur geboren, die Antragsgegnerin am . . . . . (Datum) in München. Der gemeinsame Aufenthalt der Parteien im Zeitpunkt der Ehescheidung war Singapur.[8] Beide Parteien haben ihren gewöhnlichen Aufenthalt nunmehr in Stuttgart.[9]**
3. **Keine der Parteien hat sich wiederverheiratet. Die singapurische Entscheidung ist rechtskräftig. Eine Ausfertigung der Entscheidung ist als**

– Anlage –

beigefügt.

1. **Die Antragsgegnerin hat sich in dem Rechtsstreit vor dem High Court of Justice rügelos eingelassen.[10] Versagungsgründe der Anerkennung liegen nicht vor.[11]**
2. **Der Antragsteller hat die Anerkennung der Entscheidung noch nicht bei einer anderen Behörde beantragt.**

Rechtsanwalt[12]

Anmerkungen

1. Während die Anerkennung ausländischer Zivilurteile regelmäßig formlos erfolgt, bedarf die Wirkungserstreckung ausländischer Entscheidungen in Ehesachen förmlicher Feststellung (§ 107 FamFG, bis 31.8.2009 Art. 7 § 1 FamRÄndG). Vgl. dazu *Basedow,* Die Anerkennung von Auslandsscheidungen, 1980; *Kleinrahm/Partikel,* Die Anerkennung ausländischer Entscheidungen in Ehesachen, 1970. Kein Gericht und keine befasste Amtsstelle darf über die Anerkennung eines solchen Urteils als Vorfrage entscheiden, etwa in einem Unterhalts- oder Rentenprozess oder bei einer Wiederheirat der Ehegatten. Die Entscheidungskompetenz ist in § 107 FamFG monopolisiert. Ausnahmen bestehen nur für Urteile des gemeinsamen Heimatstaates beider Ehegatten (§ 107 Abs. 1 S. 3 FamFG), sowie klagabweisende Urteile (vgl. *Geimer* IZPR Rn. 3022, bestr.).

Von dem Entscheidungsmonopol ausgenommen sind Erkenntnisse, die unter den sachlichen Geltungsbereich der VO (EG) Nr. 1347/2000 und der VO (EG) Nr. 2001/2003 (→ Form. I.U.23 Anm. 1) fallen. Für diese Entscheidungen gilt die formlose Anerkennung.

2. Zuständig ist die Landesjustizverwaltung des Landes, in dem ein Ehegatte seinen gewöhnlichen Aufenthalt hat. Hat keiner der Ehegatten seinen gewöhnlichen Aufenthalt im Inland, so ist zuständig die Landesjustizverwaltung des Landes, in dem die neue Ehe geschlossen werden soll, hilfsweise die Justizverwaltung des Landes Berlin (§ 107 Abs. 2 FamFG). Nach § 107 Abs. 3 können die Landesregierungen die den Landesjustizverwaltungen zugewiesenen Aufgaben einem oder mehreren OLG Präsidenten übertragen. Das ist in BW geschehen.

3. Antragsberechtigt ist jeder, der ein rechtliches Interesse an der Anerkennung glaubhaft macht (§ 107 Abs. 4 FamFG), also nicht nur die Ehegatten, sondern zB auch Sozialversicherungsträger etc

4. Der Antrag unterliegt nicht dem Anwaltszwang.

5. Der Antrag geht auf Feststellung, dass die Erfordernisse der Anerkennung vorliegen (§ 107 Abs. 1 FamFG). Die Erfordernisse der Anerkennung finden sich nunmehr in § 109 FamFG. Trotz der missverständlichen Fassung der Norm ist die Entscheidung der Landesjustizverwaltung gestaltender Natur.

6. Die Landesjustizverwaltung (bzw. der OLG Präsident bei Übertragung) hat den Sachverhalt von Amts wegen aufzuklären, also auch unstreitiges Vorbringen der Parteien nachzuprüfen. Ein Geständnis oder Anerkenntnis ist ohne rechtliche Wirkung.

7. Die Angabe der Staatsangehörigkeit ist notwendig, da bei Urteilen des gemeinsamen Heimatstaats beider Ehegatten ein Feststellungsverfahren unzulässig ist (§ 107 Abs. 1 S. 3 FamFG). Ein Anerkennungsantrag ist zurückzuweisen (*Geimer* NJW 1971, 2138, str.).

8. Die internationale Zuständigkeit ist nach § 109 Abs. 1 Nr. 1 FamFG zu prüfen. Die Regelung des früheren § 606a ZPO ist durch § 109 Abs. 2 FamFG ersetzt.

9. Die Angabe ist wichtig für die Bestimmung der örtlichen Zuständigkeit, vgl. § 107 Abs. 2 S. 1 FamFG)

10. Vgl. § 328 Abs. 1 Nr. 2 ZPO.

11. Die Verbürgung der Gegenseitigkeit ist nicht Erfordernis der Anerkennung da die Anerkennung ausländischer Eheurteile in dem Katalog des § 109 Abs. 4 FamFG aufgeführt ist.

Kosten und Gebühren

12. Für das Anerkennungsverfahren wird eine Gebühr von 264 EUR erhoben (FamGKG Nr. 1710). Die Gebühren des Rechtsanwalts bestimmen sich nach VV 2400 ff. RVG.

25. Antrag auf gerichtliche Entscheidung gegen die Feststellung nach § 107 FamFG

An das
Oberlandesgericht Stuttgart[1, 2]
– Zivilsenat –
In der Ehesache
des A . . . . .
– Antragsteller –
Verfahrensbevollmächtigter:[3]
Rechtsanwalt A . . . . .
gegen
die B . . . . .
– Antragsgegnerin –
wegen
Anerkennung eines singapurischen Ehescheidungsurteils
Namens und in Vollmacht des Antragstellers bitte ich um gerichtliche Entscheidung[4] **gem. § 107 Abs. 5 Fam FG mit dem**

Antrag:

1. Unter Aufhebung der Entscheidung des OLG Präsidenten Stuttgart vom . . . . (Datum) (Az.: . . . . .) festzustellen, dass die Voraussetzungen für die Anerkennung des Urteils des High Court of Justice Singapore vom . . . . (Datum) (Az.: . . . . .), durch das die Ehe der Parteien geschieden worden ist, vorliegen.
2. der Antragsgegnerin die Kosten des Verfahrens aufzuerlegen.[5]
Begründung
. . . . .
Unterschrift[6]

Anmerkungen

1. Gegen die ablehnende Entscheidung der Landesjustizverwaltung oder – bei Übertragung – des OLG Präsidenten kann der Antragsteller (§ 107 Abs. 5 FamFG), gegen die stattgebende der Ehegatte des Antragstellers (§ 107 Abs. 6 S. 1 FamFG) gerichtliche Entscheidung beantragen. Der Antrag ist unbefristet. Die Entscheidung der Landesjustizverwaltung – oder des OLG-Präsidenten – kann also noch nach Jahren angefochten werden.

2. Zuständig ist das Oberlandesgericht, in dessen Bezirk die Landesjustizverwaltung ihren Sitz hat bzw. bei Übertragung der Zuständigkeit auf den OLG Präsidenten das OLG, dem dieser angehört.

3. Es besteht kein Anwaltszwang.

4. Das OLG entscheidet im Verfahren der freiwilligen Gerichtsbarkeit. Der Antrag auf gerichtliche Entscheidung hat keine aufschiebende Wirkung (§ 107 Abs. 7 FamFG). Die Entscheidung des OLG ist endgültig, jedoch besteht Vorlagepflicht an den BGH, wenn das OLG von einer Entscheidung des BGH oder eines anderen OLG abweichen will.

5. Eine Verpflichtung zur Kostentragung durch den anderen Verfahrensbeteiligten iSv § 91 ZPO besteht nicht. Nach § 81 Abs. 1 FamFG kann das Gericht die Kosten den Beteiligten nach billigem Ermessen ganz oder zum Teil auferlegen. § 81 Abs. 2 FamFG enthält einen Katalog von Tatbeständen, in denen das Gericht die Kosten einem Beteiligten ganz oder teilweise auferlegen soll.

Kosten und Gebühren

6. Die Gerichtsgebühren werden nach FamFGKG Nr. 1710 ff. berechnet. Bei Zurückweisung des Antrags wird eine Gebühr von 264 EUR erhoben (FamFGKG Nr. 1714). Die Anwaltsgebühren bestimmen sich nach VV 3100 ff. RVG, wobei die Verfahren vor der Landesjustizverwaltung und dem OLG gesonderte anwaltliche Gebührenangelegenheiten sind (str.). Für die Bestimmung des Gegenstandswertes vgl. BayObLG FamRZ 1999, 604.

26. Antrag auf Vollstreckbarerklärung eines ausländischen Schiedsspruchs nach § 1061 ZPO

An das
Oberlandesgericht[1, 2, 3, 4]
. . . . .
In Sachen
der Firma A . . . . .
– Antragstellerin –
Verfahrensbevollmächtigter:[5]
Rechtsanwalt . . . . .
gegen
die Firma B . . . . .
– Antragsgegnerin –
Verfahrensbevollmächtigter:
Rechtsanwalt . . . . .
Streitwert:[6] **5 Mio. EUR**
Namens und in Vollmacht der Antragstellerin
beantrage ich:

1. **den Schiedsspruch des Einzelschiedsrichters X . . . . . vom . . . . . (Datum), durch den die Antragsgegnerin zur Zahlung von 7 Mio. USD nebst 8 % Zinsen seit dem . . . . . (Datum) verurteilt worden ist, für vollstreckbar zu erklären;**
2. **der Antragsgegnerin die Kosten des Verfahrens aufzuerlegen;**[7]
3. **den Beschluss**[8] **für vorläufig vollstreckbar**[9] **zu erklären.**

Begründung

1. Die Parteien haben am . . . . . (Datum) einen Kaufvertrag über die Lieferung von Maschinen abgeschlossen. Zugleich wurde eine Schiedsvereinbarung abgeschlossen, wonach ein Einzelschiedsrichter nach den AAA-Rules Streitigkeiten aus dem Vertrag entscheiden soll.

Beweis: Schiedsvereinbarung vom . . . . . (Datum)

– Anlage K 1 –

2. Die Maschinen wurden teils zu spät geliefert, teils waren sie mangelhaft. Die Antragstellerin hat Schadensersatzansprüche aus Verzug und Schlechtlieferung vor dem vereinbarten Einzelschiedsrichter in Seattle/Washington geltend gemacht. Dieser hat in Seattle, am Sitz des Schiedsgerichts, den im Antrag näher bezeichnete Schiedsspruch erlassen.

Beweis: Schiedsspruch vom . . . . . (Datum), der in beglaubigter Abschrift[10] als

– Anlage K 2 –

vorgelegt wird.

Der Schiedsspruch ist nach dem Recht des Staates Washington verbindlich[11] und vollstreckbar.

3. Die Erfordernisse der Wirkungserstreckung nach dem UN-Übereinkommen v. 10.6.1958 über die Vollstreckung ausländischer Schiedssprüche, das nach § 1061 Abs. 1 ZPO anwendbar ist, sind gegeben.

Rechtsanwalt[12]

Anmerkungen

1. Ausländische Schiedssprüche bedürfen zur Entfaltung von Wirkungen im Inland der Vollstreckbarerklärung (vgl. dazu *Borges* ZZP 111 (1998), 487 ff.). Im Verhältnis zu Staatsverträgen gilt als Faustregel das Günstigkeitsprinzip. Es kommt die anerkennungsfreundlichere Regelung zur Anwendung. Dieser Grundsatz ist iÜ in Art. VII UN-Übereinkommen, das Gegenstand von § 1061 ZPO geworden ist, manifestiert. Da sich die Wirkungserstreckung ausländischer Schiedssprüche nunmehr allein nach dem UN-Übereinkommen bestimmt und die bilateralen Staatsverträge regelmäßig auf dieses Übereinkommen verweisen, hat die Günstigkeitsregel ihre Bedeutung weitgehend verloren. Die Möglichkeit der Wirkungserstreckung nach einem günstigeren Staatsvertrag schließt die Erfüllungsklage mangels Rechtsschutzinteresses aus (OLG Hamburg HRR 1933 Nr. 1791; *Schütze/Thümmel* Schiedsgericht § 15 Rn. 41 mwN). Auch die Klage auf Vollstreckbarerklärung eines ausländischen Bestätigungsurteils für einen Schiedsspruch nach §§ 722 f. ZPO ist nach der neueren Rspr. des BGH ausgeschlossen (BGH NJW 2009, 2826; dazu *Plassmeier* SchiedsVZ 2010, 82 ff.; *Schütze* RIW 2009, 817 ff.).

2. Die Nationalität eines Schiedsspruchs wird nach § 1061 ZPO durch den Sitz des Schiedsgerichts bestimmt (Territorialitätsprinzip). Es ist auf dem effektiven Sitz abzustellen (vgl. *Schütze,* Die Bedeutung des effektiven Schiedsortes im internationalen Schiedsverfahren, FS von Hoffmann, 2011, 1077 ff.).

3. Auch wenn der Schiedsspruch im Ausland durch Exequaturutteil für vollstreckbar erklärt worden ist, kann der Schiedsspruch in Deutschland für vollstreckbar erklärt werden (RGZ 5, 397; RGZ 30, 368; Wieczorek/Schütze/*Schütze* ZPO § 1061 Rn. 12). Nach der Rspr. des BGH (vgl. zB BGH RIW 1984, 557 mAnm *Dielmann; Schütze* RIW 1984, 734 ff.; BGH RIW 1984, 644 mAnm *Mezger*) sollte der Gläubiger ein Wahlrecht haben, ob er die Vollstreckbarerklärung des Schiedsspruchs nach § 1061 ZPO oder des

Exequatururteils nach §§ 722 f. ZPO betreiben will. Diese Rspr. hat der BGH aufgegeben (→ Anm. 1).

4. Zuständig ist nach § 1062 Abs. 1 Nr. 4 ZPO das OLG, das in der Schiedsvereinbarung bezeichnet ist. Fehlt eine solche Vereinbarung der Parteien, so ist das OLG des Sprengels zuständig, in dem der Antragsgegner seinen Sitz oder gewöhnlichen Aufenthalt hat oder sich Vermögen des Antragsgegners oder der mit der Schiedsklage in Anspruch genommene oder von der Maßnahme betroffene Gegenstand befindet (§ 1062 Abs. 2 ZPO).

5. Nach § 1063 Abs. 4 ZPO besteht eine Abmilderung des Anwaltszwanges, der mit der generellen Eingangszuständigkeit des OLG verbunden ist. Solange keine mündliche Verhandlung angeordnet ist, können die Parteien selbst Anträge zu Protokoll der Geschäftsstelle stellen oder Erklärungen abgeben.

6. Der Streitwert entspricht dem Wert des Schiedsspruchs (vgl. *Glossner/Bredow/Bühler,* Das Schiedsgericht in der Praxis, 3. Aufl. 1990, Rn. 507). Er ist zum Tag der Einreichung des Antrags in EUR umzurechnen, um eine Vorschussanforderung zu ermöglichen.

7. Für die Kostenentscheidung gelten §§ 91 ff. ZPO. § 1057 ZPO gilt nur für das Schiedsverfahren, nicht das Vollstreckbarerklärungsverfahren. Die fehlende Kostenentscheidung ist nach § 321 ZPO zu ergänzen. Anlass zur Einleitung des Vollstreckbarerklärungsverfahrens gibt der Schuldner regelmäßig bereits durch Nichterfüllung des Schiedsspruchs.

8. Das OLG entscheidet durch Beschluss nach vorheriger Anhörung des Antragsgegners, § 1063 Abs. 1 ZPO. Das Gericht hat mündliche Verhandlung anzuordnen, wenn Aufhebungsgründe geltend gemacht werden, § 1063 Abs. 2 ZPO.

9. Der Beschluss, durch den ein Schiedsspruch für vollstreckbar erklärt wird, ist für vorläufig vollstreckbar zu erklären, § 1064 Abs. 3, 4 ZPO.

10. Der Schiedsspruch ist in Urschrift oder beglaubigter Abschrift dem Antrag beizufügen, § 1064 Abs. 1 S. 1, Abs. 3 ZPO. Die Beglaubigung kann auch von dem Verfahrensbevollmächtigten vorgenommen werden, § 1064 Abs. 1 S. 2 ZPO.

11. Die Verbindlichkeit des ausländischen Schiedsspruchs ist nach § 1061 Abs. 1 ZPO iVm Art. V Abs. 1 lit. e UN-Übereinkommen Erfordernis der Wirkungserstreckung. Dies setzt voraus, dass der Schiedsspruch keiner Aufhebung oder Abänderung durch einen schiedsrichterlichen oder staatsgerichtlichen Rechtsbehelf mehr unterliegt. Die Verbindlichkeit des Schiedsspruchs bestimmt sich nach dem anwendbaren ausländischen Recht. Nach der bisherigen Rspr. des BGH konnte sich der Schuldner nicht mehr auf das Fehlen einer wirksamen Schiedsvereinbarung berufen, wenn er von einem nach der ausländischen Rechtsordnung zulässigen befristeten Rechtsbehelf keinen Gebrauch gemacht hat (BGHZ 52, 154; 55, 162; 57, 143). Diese Rspr. hat der BGH nunmehr aufgegeben (BGH RIW 2011, 404; dazu *Schütze* RIW 2011, 417 ff.)

Kosten und Gebühren

12. Die Gerichtsgebühren entsprechen denen für die Vollstreckbarerklärung inländischer Schiedssprüche – soweit nicht in Staatsverträgen eine günstigere Regelung enthalten ist (vgl. KV 1620 GKG). Die Anwaltsgebühren bestimmen sich nach § 36 RVG, VV 3100 ff. RVG.

27. Antrag auf Erlass eines Europäischen Zahlungsbefehls

Amtliches Formular[1, 2]

Antrag auf Erlass eines Europäischen Zahlungsbefehls

Formblatt A

Artikel 7 Absatz 1 der Verordnung (EG) Nr. 1896/2006 des Europäischen Parlaments und des Rates zur Einführung eines Europäischen Mahnverfahrens

Bitte lesen Sie zum besseren Verständnis dieses Formblatts zuerst die Leitlinien auf der letzten Seite!

Dieses Formblatt ist in der Sprache oder in einer der Sprachen auszufüllen, die das zu befassende Gericht anerkennt. Das Formblatt ist in allen Amtssprachen der Europäischen Union erhältlich, so dass Sie es in der verlangten Sprache ausfüllen können.

Gericht			Aktenzeichen (vom Gericht auszufüllen)
Gericht			Eingang beim Gericht (Tag/Monat/Jahr)
Anschrift			Unterschrift und/oder Stempel
PLZ	Ort	Land	

2. Parteien und ihre Vertreter

Codes: 01 Antragsteller; 02 Antragsgegner; 03 Vertreter des Antragstellers *; 04 Vertreter des Antragsgegners *; 05 Gesetzlicher Vertreter des Antragstellers **; 06 Gesetzlicher Vertreter des Antragsgegners **

Code				
	Name der Firma oder Organisation		(ggf.) Identifikationsnummer	
	Name		Vorname	
	Anschrift	PLZ	Ort	Land
	Telefon ***	Fax ***	E-Mail ***	
	Beruf ***	Sonstige Angaben ***		

Code				
	Name der Firma oder Organisation		(ggf.) Identifikationsnummer	
	Name		Vorname	
	Anschrift	PLZ	Ort	Land
	Telefon ***	Fax ***	E-Mail ***	
	Beruf ***	Sonstige Angaben ***		

Code				
	Name der Firma oder Organisation		(ggf.) Identifikationsnummer	
	Name		Vorname	
	Anschrift	PLZ	Ort	Land
	Telefon ***	Fax ***	E-Mail ***	
	Beruf ***	Sonstige Angaben ***		

Code	Name der Firma oder Organisation			(ggf.) Identifikationsnummer	
	Name			Vorname	
	Anschrift		PLZ	Ort	Land
	Telefon ***	Fax ***		E-Mail ***	
	Beruf ***		Sonstige Angaben ***		
* z.B. Rechtsanwalt		** z.B. Elternteil, Vormund, Geschäftsführer			*** fakultativ

3. Begründung der gerichtlichen Zuständigkeit

Codes:

01 Wohnsitz des Antragsgegners oder eines Mitantragsgegners
02 Erfüllungsort
03 Ort des schädigenden Ereignisses
04 Wenn es sich um Streitigkeiten aus dem Betrieb einer Zweigniederlassung, einer Agentur oder einer sonstigen Niederlassung handelt, Ort, an dem sich diese befindet
05 Ort, an dem der Trust seinen Sitz hat
06 Wenn es sich um eine Streitigkeit wegen der Zahlung von Berge- und Hilfslohn handelt, der für Bergungs- und Hilfeleistungsarbeiten gefordert wird, die zugunsten einer Ladung oder einer Frachtforderung erbracht worden sind, der Ort des Gerichts, in dessen Zuständigkeitsbereich diese Ladung oder die entsprechende Frachtforderung mit Arrest belegt worden ist oder mit Arrest hätte belegt werden können
07 In Versicherungssachen Wohnsitz des Versicherungsnehmers, des Versicherten oder des Begünstigten
08 Wohnsitz des Verbrauchers
09 Ort, an dem der Arbeitnehmer seine Arbeit verrichtet
10 Ort der Niederlassung, die den Arbeitnehmer eingestellt hat
11 Ort, an dem die unbewegliche Sache belegen ist
12 Gerichtsstandsvereinbarung
13 Wohnsitz des Unterhaltsgläubigers
14 Sonstiger Zuständigkeitsgrund (bitte näher erläutern)

Code	Erläuterungen (gilt nur für Code 14)

4. Gründe dafür, dass die Sache als grenzüberschreitend anzusehen ist

Codes:

01 Belgien
02 Bulgarien
03 Tschechische Republik
04 Deutschland
05 Estland
06 Griechenland
07 Spanien
08 Frankreich
09 Kroatien
10 Irland
11 Italien
12 Zypern
13 Lettland
14 Litauen
15 Luxemburg
16 Ungarn
17 Malta
18 Niederlande
19 Österreich
20 Polen
21 Portugal
22 Rumänien
23 Slowenien
24 Slowakei
25 Finnland
26 Schweden
27 Vereinigtes Königreich
28 Sonstige

Wohnsitz oder gewöhnlicher Aufenthaltsort des Antragstellers	Wohnsitz oder gewöhnlicher Aufenthaltsort des Antragsgegners	Land des Gerichts

5. Bankverbindung (fakultativ)

5.1 Zahlung der Gerichtsgebühren durch den Antragsteller

Codes:
01 Überweisung
02 Kreditkarte
03 Einziehung vom Bankkonto des Antragstellers durch das Gericht
04 Prozesskostenhilfe
05 Sonstige (bitte näher erläutern)

Bei Code 02 oder 03 bitte die Bankverbindung in Anlage 1 eintragen

Code	Im Falle von Code 05 bitte näher erläutern

5.2 Zahlung der zuerkannten Summe durch den Antragsgegner

Kontoinhaber	Bankadresse (BIC) oder andere anwendbare Bankkennung
Kontonummer	Internationale Bankkontonummer (IBAN)

EUR	Euro	BGN	Bulgarischer Lev	CZK	Tschechische Krone	GBP	Britisches Pfund	HUF	Ungarischer Forint
LTL	Litauischer Litas	LVL	Lettischer Lats	PLN	Polnischer Zloty	RON	Rumänischer Leu	SEK	Schwedische Krone

6. Hauptforderung

Währung: Sonstige (gemäß internationalem Bankcode)

Gesamtwert der Hauptforderung, ohne Zinsen und Kosten:

Anspruchsgrundlage (Code 1)

01 Kaufvertrag
02 Mietvertrag über bewegliche Sachen
03 Miet-/Pachtvertrag über Immobilien
04 Mietvertrag über Betriebs-/Büroräume
05 Vertrag über Dienstleistungen - Elektrizität, Gas, Wasser, Telefon
06 Vertrag über Dienstleistungen - medizinische Versorgung
07 Vertrag über Dienstleistungen - Beförderungsleistungen
08 Vertrag über Dienstleistungen - rechtliche, steuerliche oder technische Beratung
09 Vertrag über Dienstleistungen - Hotel- und Gaststätten-gewerbe
10 Vertrag über Dienstleistungen - Reparaturen
11 Vertrag über Dienstleistungen - Makler-leistungen
12 Vertrag über Dienstleistungen - Sonstiges (bitte näher erläutern)
13 Bauvertrag
14 Versicherungsvertrag
15 Darlehen
16 Bürgschaft oder sonstige Sicherheit
17 Außervertragliche Schuldverhältnisse, sofern sie einer Vereinbarung zwischen den Parteien oder einer Schuldanerkenntnis unterliegen (z.B. Schadensbegleichung, ungerechtfertigte Bereicherung)
18 Aus dem gemeinsamen Eigentum an Vermögensgegenständen erwachsende Forderungen
19 Schadensersatz aus Vertragsverletzung
20 Abonnement (Zeitung, Zeitschrift)
21 Mitgliedsbeitrag
22 Arbeitsvertrag
23 Außergerichtlicher Vergleich
24 Unterhaltsvertrag
25 Sonstige Forderungen (bitte näher erläutern)

Umstände, mit denen die Forderung begründet wird (Code 2)

30 Ausgebliebene Zahlung
31 Unzureichende Zahlung
32 Verspätete Zahlung
33 Ausgebliebene Lieferung von Waren/Erbringung von Dienstleistungen
34 Lieferung schadhafter Waren/Erbringung mangelhafter Dienstleistungen
35 Erzeugnis bzw. Dienstleistung entspricht nicht der Bestellung
36 Sonstige Probleme (bitte näher erläutern)

Sonstige Angaben (Code 3)

40 Ort des Vertragsabschlusses
41 Ort der Leistung
42 Zeitpunkt des Vertragsabschlusses
43 Zeitpunkt der Leistung
44 Art der betreffenden Ware(n)
45 Adresse einer Liegenschaft oder eines Gebäudes
46 Bei Darlehen, Zweck des Darlehens: Verbraucherkredit
47 Bei Darlehen, Zweck des Darlehens: Hypothekendarlehen
48 Sonstige Angaben (bitte näher erläutern)

ID 1	Code 1	Code 2	Code 3	Erläuterungen	Datum* (oder Zeitraum)	Betrag
ID 2	Code 1	Code 2	Code 3	Erläuterungen	Datum* (oder Zeitraum)	Betrag
ID 3	Code 1	Code 2	Code 3	Erläuterungen	Datum* (oder Zeitraum)	Betrag
ID 4	Code 1	Code 2	Code 3	Erläuterungen	Datum* (oder Zeitraum)	Betrag

* Datumsformat: Tag/Monat/Jahr

Die Forderung ist dem Antragsteller von folgendem Gläubiger abgetreten worden (falls zutreffend)

Name der Firma oder Organisation	(ggf.) Identifikationsnummer		
Name	Vorname		
Anschrift	PLZ	Ort	Land

Zusätzliche Angaben für Forderungen, die sich auf einen Verbrauchervertrag beziehen (falls zutreffend)

Die Forderung bezieht sich auf einen Verbrauchervertrag	Der Antragsgegner ist der Verbraucher	Der Antragsgegner hat einen Wohnsitz im Sinne von Artikel 59 der Verordnung (EG) Nr. 44/2001 in dem Mitgliedstaat, dessen Gerichte angerufen werden
Ja ☐ nein ☐	Ja ☐ nein ☐	Ja ☐ nein ☐

7. Zinsen

Codes (bitte die entsprechende Ziffer und den entsprechenden Buchstaben einsetzen):

01 Gesetzlicher Zinssatz	02 Vertraglicher Zinssatz	03 Kapitalisierung der Zinsen	04 Zinssatz für ein Darlehen **	05 Vom Antragsteller berechneter Betrag	06 Sonstige***
A jährlich	B halbjährlich	C vierteljährlich	D monatlich	E sonstige***	

ID *	Code	Zinssatz (%)	% über dem Basissatz der EZB	auf (Betrag)	Ab	
ID *	Code	Zinssatz (%)	% über dem Basissatz der EZB	auf (Betrag)	Ab	
ID *	Code	Zinssatz (%)	% über dem Basissatz der EZB	auf (Betrag)	Ab	
ID *	Code	Zinssatz (%)	% über dem Basissatz der EZB	auf (Betrag)	Ab	

ID * Bitte näher erläutern im Falle von Code 6 und/oder E

* Bitte die entsprechende Forderungskennung (ID) einsetzen ** vom Antragsteller mindestens in der Höhe der Hauptforderung aufgenommen *** Bitte näher erläutern

8. Vertragsstrafe (falls zutreffend)

Betrag	Bitte näher erläutern

9. Kosten (falls zutreffend)

Codes: 01 Antrags-gebühren 02 Sonstige (bitte näher erläutern)

Code	Erläuterungen (gilt nur für Code 02)	Währung	Betrag
Code	Erläuterungen (gilt nur für Code 02)	Währung	Betrag
Code	Erläuterungen (gilt nur für Code 02)	Währung	Betrag
Code	Erläuterungen (gilt nur für Code 02)	Währung	Betrag

10. Vorhandene Beweismittel, auf die sich die Forderung stützt

Codes: 01 Urkundsbeweis 02 Zeugenbeweis 03 Sachverständigengutachten 04 Inaugenscheinnahme eines Gegenstands 05 Sonstige (bitte näher erläutern)

ID *	Code	Bezeichnung der Beweismittel	Datum (Tag/Monat/Jahr)
ID *	Code	Bezeichnung der Beweismittel	Datum (Tag/Monat/Jahr)
ID *	Code	Bezeichnung der Beweismittel	Datum (Tag/Monat/Jahr)
ID *	Code	Bezeichnung der Beweismittel	Datum (Tag/Monat/Jahr)

* Bitte die entsprechende Forderungskennung (ID) einsetzen

11. Zusätzliche Erklärungen und weitere Angaben (falls erforderlich)		
Ich beantrage hiermit, dass das Gericht den/die Antragsgegner anweist, die Hauptforderung in der oben genannten Höhe, gegebenenfalls zuzüglich Zinsen, Vertragsstrafen und Kosten, an den/die Antragsteller zu zahlen. Ich erkläre, dass die obigen Angaben nach bestem Wissen und Gewissen gemacht wurden. Mir ist bekannt, dass falsche Angaben zu Sanktionen nach dem Recht des Ursprungsmitgliedstaats führen können.		
Ort	Datum (Tag/Monat/Jahr)	Unterschrift und/oder Stempel

Anlage 1 zum Antrag auf Erlass eines Europäischen Zahlungsbefehls

Bankverbindung für die Zahlung der Gerichtsgebühren durch den Antragsteller

Codes: 02 Kreditkarte 03 Einziehung vom Bankkonto des Antragstellers durch das Gericht

Code	Karteninhaberr	Bankadresse, BIC oder andere einschlägige Bankkennung (BLZ)/Kreditkartenunternehmen:
Kontonummer / Kreditkartennummer		Internationale Bankkontonummer (IBAN) / Gültigkeit und Kartenprüfnummer der Kreditkarte

Anlage 2 zum Antrag auf Erlass eines Europäischen Zahlungsbefehls

Weiteres Verfahren im Falle eines Einspruchs

Codes:

01. Im Falle eines Einspruchs des Antragsgegners beantrage ich die Einstellung des Verfahrens.

02. Im Falle eines Einspruchs des Antragsgegners beantrage ich die Fortsetzung des Verfahrens nach Maßgabe des europäischen Verfahrens für geringfügige Forderungen, falls anwendbar.

03. Im Falle eines Einspruchs des Antragsgegners beantrage ich die Überleitung des Verfahrens in ein geeignetes nationales Zivilverfahren

Aktenzeichen (auszufüllen, falls die Anlage dem Gericht gesondert vom Antragsformblatt übermittelt wird)		
Name der Firma oder Organisation	Name	Vorname
Code	Sollte meine Forderung nicht in den Anwendungsbereich des europäischen Verfahrens für geringfügige Forderungen (Code 02) fallen, beantrage ich, das Verfahren **einzustellen** ☐ **in ein geeignetes nationales Zivilverfahren überzuleiten** ☐	
Ort	Datum (Tag/Monat/Jahr)	Unterschrift und/oder Stempel

Anmerkungen

1. Das Europäische Mahnverfahren ist standardisiert. Die Benutzung der Form. in Anh. I–VII ist obligatorisch. Das deutsche Verfahren ist geregelt in §§ 1087–1096 ZPO (Allgemeine Vorschriften, Einspruch gegen den Europäischen Zahlungsbefehl, Überprüfung des Europäischen Zahlungsbefehls in Ausnahmefällen, Zwangsvollstreckung aus dem Europäischen Zahlungsbefehl).

Kosten und Gebühren

2. Nach § 1 Abs. 3 Nr. 2 GKG findet für die Gerichtskosten das GKG Anwendung. Die Gebühr bestimmt sich nach KV 1100 (0,5, mindestens 36 EUR). Die Gebühren des Rechtsanwalts bestimmen sich nach VV 3305 ff. RVG.

28. Klage im Europäischen Verfahren für geringfügige Forderungen

Amtliches Formular[1, 2]

FORMBLATT A

KLAGEFORMBLATT

(Artikel 3 Absatz 1 der Verordnung (EG) Nr. 861/2007 des Europäischen Parlaments und des Rates zur Einführung eines europäischen Verfahrens für geringfügige Forderungen)

Aktenzeichen (*):

Eingang beim Gericht __/__/____ (*)

(*) Vom Gericht auszufüllen.

WICHTIGER HINWEIS

BITTE LESEN SIE DIE ANLEITUNG ZU BEGINN JEDES ABSCHNITTS — SIE ERLEICHTERT IHNEN DAS AUSFÜLLEN DIESES FORMBLATTS

Hilfestellung beim Ausfüllen des Formblatts

Sie können Hilfestellung beim Ausfüllen dieses Formblatts erhalten. Wie Sie diese Hilfe in Anspruch nehmen können, ist den von den Mitgliedstaaten bereitgestellten und auf der Website des Europäischen Gerichtsatlas für Zivilsachen veröffentlichten Informationen zu entnehmen, die über das Europäische Justizportal unter https://e-justice.europa.eu/content_small_claims-354-de.do abrufbar sind. Beachten Sie bitte, dass diese Hilfestellung weder Prozesskostenhilfe – für die ein entsprechender Antrag nach nationalem Recht gestellt werden muss – noch eine rechtliche Prüfung Ihres Falles umfasst.

Sprache
Füllen Sie dieses Formblatt bitte in der Sprache des Gerichts aus, bei dem Sie Ihre Klage einreichen. Das Formblatt ist über das Europäische Justizportal unter https://e-justice.europa.eu/content_small_claims_forms-177-de.do in allen Amtssprachen der Organe der Europäischen Union erhältlich. Dies könnte Ihnen das Ausfüllen des Formblatts in der verlangten Sprache erleichtern.

Beweisunterlagen
Diesem Klageformblatt sollten gegebenenfalls alle zweckdienlichen Beweisunterlagen beigefügt werden. Dies hindert Sie jedoch nicht daran, gegebenenfalls im Laufe des Verfahrens weitere Beweisunterlagen vorzulegen.

Eine Kopie des Klageformblatts und gegebenenfalls vorgelegter Beweisunterlagen wird dem Beklagten zugestellt. Der Beklagte erhält Gelegenheit, dazu Stellung zu nehmen.

1. Gericht

In diesem Feld ist das Gericht anzugeben, bei dem Sie Ihre Klage einreichen. Bei der Auswahl des Gerichts ist auf die Zuständigkeit des Gerichts zu achten. In Abschnitt 4 finden Sie eine nicht abschließende Aufzählung von Kriterien, auf die sich die gerichtliche Zuständigkeit gründen kann. Die Kontaktdaten des zuständigen Gerichts können Sie mithilfe der entsprechenden Suchfunktion des Europäischen Justizportals ermitteln: https://e-justice.europa.eu/content_small_claims-354-de.do

1. *Bei welchem Gericht reichen Sie die Klage ein?*

1.1. Bezeichnung:

1.2. Straße und Hausnummer/Postfach:

1.3 PLZ und Ort:

1.4. Staat:

2. Kläger

In diesem Feld sind Sie als Kläger und gegebenenfalls Ihr Vertreter anzugeben. Sie sind nicht verpflichtet, sich durch einen Rechtsanwalt oder sonstigen Rechtsbeistand vertreten zu lassen.

In manchen Ländern reicht es vielleicht nicht aus, als Anschrift nur ein Postfach anzugeben; daher sollten Sie den Straßennamen und die Hausnummer mit einer Postleitzahl angeben. Das Fehlen dieser Angaben kann dazu führen, dass das Dokument nicht zugestellt wird.

Falls Sie über eine persönliche Identifikationsnummer verfügen, die Ihnen von den Behörden eines Mitgliedstaats zugewiesen wurde, wäre es nützlich, diese anzugeben. Falls Sie keine solche Nummer haben, wäre es zweckdienlich, Ihre Pass- oder Ausweisnummer einzutragen, falls verfügbar. Falls Sie im Namen einer juristischen Person oder eines sonstigen Rechtsträgers handeln, wäre die Angabe einer Registrierungsnummer von Nutzen.

Unter „Sonstige Angaben" können Sie weitere Informationen eintragen, die der Identifizierung Ihrer Person dienen, z. B. Geburtsdatum, Beruf oder Stellung im Unternehmen.

Bei mehr als einem Kläger verwenden Sie bitte zusätzliche Blätter.

2. *Angaben zum Kläger*

2.1. Name, Vorname/Name der Firma oder Organisation:

2.2. Persönliche Identifikationsnummer oder Passnummer/Registrierungsnummer:

2.3. Straße und Hausnummer/Postfach:

2.4. PLZ und Ort:

2.5. Staat:

2.6. Telefon (*):

2.7. E-Mail (*):

2.8. Ggf. Vertreter des Klägers und Kontaktadresse: (*):

2.9. Sonstige Angaben (*):

3. Beklagter

Geben Sie in diesem Feld bitte den Beklagten und, falls bekannt, seinen Vertreter an. Auch der Beklagte ist nicht verpflichtet, sich durch einen Rechtsanwalt oder sonstigen Rechtsbeistand vertreten zu lassen.

In manchen Ländern reicht es vielleicht nicht aus, als Anschrift nur ein Postfach anzugeben; daher sollten Sie den Straßennamen and die Hausnummer mit einer Postleitzahl angeben. Das Fehlen dieser Angaben kann dazu führen, dass das Dokument nicht zugestellt wird.

Falls Ihnen eine persönliche Identifikationsnummer bekannt ist, die dem Beklagten von den Behörden eines Mitgliedstaats zugewiesen wurde, wäre es nützlich, diese anzugeben. Alternativ oder zusätzlich wäre es zweckdienlich, die Pass- oder Ausweisnummer des Beklagten einzutragen, falls verfügbar. Falls es sich bei dem Beklagten um eine juristische Person oder einen sonstigen Rechtsträger handelt, wäre die Angabe einer Registrierungsnummer des Beklagten von Nutzen, falls Sie diese kennen.

Unter „Sonstige Angaben" können Sie weitere Informationen eintragen, die der Identifizierung der Person dienen, z. B. Geburtsdatum, Beruf oder Stellung im Unternehmen. Bei mehr als einem Beklagten verwenden Sie bitte zusätzliche Blätter.

3. *Angaben zum Beklagten*

3.1. Name, Vorname/Name der Firma oder Organisation:

(*) Fakultativ.

3.2. Persönliche Identifikationsnummer oder Passnummer/Registrierungsnummer:

3.3. Straße und Hausnummer/Postfach:

3.4. PLZ und Ort:

3.5. Staat::

3.6. Telefon (*):

3.7. E-Mail (*):

3.8. Vertreter des Beklagten, falls bekannt, und Kontaktadresse (*):

3.9. Sonstige Angaben (*):

4. Gerichtliche Zuständigkeit

Die Klage ist bei dem Gericht einzureichen, das für seine Bearbeitung zuständig ist. Das Gericht muss gemäß der Verordnung (EG) Nr. 1215/2012 über die gerichtliche Zuständigkeit und die Anerkennung und Vollstreckung von Entscheidungen in Zivil- und Handelssachen zuständig sein.

Dieser Abschnitt enthält eine nicht erschöpfende Aufzählung von möglichen Begründungen der gerichtlichen Zuständigkeit.

Informationen über die Vorschriften für die gerichtliche Zuständigkeit finden Sie im Europäischen Gerichtsatlas unter der Webseite https://e-justice.europa.eu/content_brussels_i_regulation_recast-350-de.do.

Sie können auch die Webseite http://ec.europa.eu/civiljustice/glossary/glossary_de.htm konsultieren, auf der einige der hier verwendeten Rechtsbegriffe erklärt werden.

4. *Womit begründen Sie die Zuständigkeit des Gerichts?*

4.1. Wohnsitz des Beklagten ☐

4.2. Wohnsitz des Verbrauchers ☐

4.3. In Versicherungssachen, Wohnsitz des Versicherungsnehmers, des Versicherten oder des Begünstigten ☐

4.4. Erfüllungsort/Leistungsort ☐

4.5. Ort des schädigenden Ereignisses ☐

4.6. Ort, an dem die unbewegliche Sache belegen ist ☐

4.7. Gerichtsstandsvereinbarung zwischen den Parteien ☐

4.8. Sonstiger Zuständigkeitsgrund (bitte näher erläutern):

5. Grenzüberschreitender Sachverhalt

Damit das europäische Verfahren für geringfügige Forderungen in Anspruch genommen werden kann, muss ein grenzüberschreitender Sachverhalt vorliegen. Bei einem Rechtsstreit liegt ein grenzüberschreitender Sachverhalt dann vor, wenn mindestens eine der Parteien ihren Wohnsitz oder gewöhnlichen Aufenthalt in einem anderen Mitgliedstaat als dem des Gerichts hat.

5. *Grenzüberschreitender Sachverhalt*

5.1. Staat des Wohnsitzes oder gewöhnlichen Aufenthalts des Klägers:

(*) Fakultativ.

5.2. Staat des Wohnsitzes oder gewöhnlichen Aufenthalts des Beklagten:

5.3. Mitgliedstaat des Gerichts:

6. Bankverbindung (fakultativ)

Unter Nummer 6.1 können Sie dem Gericht mitteilen, wie Sie die Gerichtsgebühr entrichten wollen. Beachten Sie bitte, dass dem Gericht, bei dem Sie Ihre Klage einreichen, nicht unbedingt alle Zahlungssysteme zur Verfügung stehen. Vergewissern Sie sich, welche Zahlungsmethoden das Gericht akzeptiert. Dies können Sie den von dem betreffenden Mitgliedstaat bereitgestellten und auf der Website des Europäischen Gerichtsatlas für Zivilsachen veröffentlichten Informationen entnehmen, die über das Europäische Justizportal unter https://e-justice.europa.eu/content_small_claims-354-de.do) abrufbar sind, oder Sie können sich an das betreffende Gericht wenden. Auf diese Weise erfahren Sie auch Näheres zur Höhe der Gerichtsgebühr.

Falls Sie per Kreditkarte zahlen oder dem Gericht erlauben wollen, die Gebühr von Ihrem Bankkonto einzuziehen, tragen Sie bitte die notwendigen Angaben zu Ihrer Kreditkarte oder Ihrem Bankkonto in die Anlage zu diesem Formblatt ein. Die Anlage dient ausschließlich der Unterrichtung des Gerichts und wird nicht an den Beklagten weitergeleitet.

In Feld 6.2 haben Sie die Möglichkeit, die erforderlichen Informationen für eine etwaige Zahlung des geschuldeten Betrags durch den Beklagten an Sie anzugeben, beispielsweise für den Fall, dass der Beklagte unverzüglich zahlen möchte, noch bevor ein Urteil ergangen ist. Falls Sie eine Überweisung wünschen, geben Sie bitte die entsprechende Bankverbindung an.

6. Bankverbindung

6.1. Wie werden Sie die Gerichtsgebühren begleichen?

6.1.1. Per Banküberweisung ☐

6.1.2. Per Kreditkarte ☐ (bitte Anlage I ausfüllen)

6.1.3. Per Lastschrift von Ihrem Bankkonto ☐ (bitte Anlage I ausfüllen)

6.1.4. Sonstige Zahlungsart (bitte genau angeben):

6.2. Auf welches Konto soll der Beklagte den geforderten bzw. zuerkannten Betrag überweisen?

6.2.1. Kontoinhaber:

6.2.2. Bankadresse, BIC oder andere einschlägige Bankkennung:

6.2.3. Kontonummer/IBAN:

7. Forderung

Anwendungsbereich: Bitte beachten Sie, dass das europäische Verfahren für geringfügige Forderungen einen eingeschränkten Anwendungsbereich hat. Über Klagen, deren Streitwert 5 000 EUR übersteigt oder die in Artikel 2 der Verordnung (EG) Nr. 861/2007 des Europäischen Parlaments und des Rates zur Einführung eines Verfahrens für geringfügige Forderungen aufgeführt sind, kann im Rahmen dieses Verfahrens nicht verhandelt werden. Steht Ihre Klage nicht in Zusammenhang mit einem Sachverhalt im Anwendungsbereich der Verordnung gemäß Artikel 2, so wird das Verfahren vor den zuständigen Gerichten gemäß den Regeln eines ordentlichen Zivilprozesses weitergeführt. Wünschen Sie diese Weiterführung nicht, so ziehen Sie Ihre Klage bitte zurück.

Geldforderung oder nicht auf Zahlung gerichtete Forderung: Geben Sie bitte an, ob Sie eine Geldforderung und/oder eine andere (nicht auf eine Geldzahlung gerichtete) Forderung, z. B. die Lieferung von Waren, geltend machen, und füllen Sie dann Nummer 7.1 und/oder Nummer 7.2 aus. Falls Ihre Forderung nicht auf die Zahlung eines Geldbetrags gerichtet ist, füllen Sie bitte Nummer 7.2 aus und geben Sie den geschätzten Wert Ihrer Forderung an In diesem Fall sollten Sie auch angeben, ob Sie für den Fall, dass die ursprüngliche Forderung nicht erfüllt werden kann, hilfsweise einen Anspruch auf Schadensersatz geltend machen.

Falls Sie die Erstattung der Verfahrenskosten fordern (z. B. Übersetzungskosten, Anwaltshonorare, Zustellungskosten usw.), geben Sie dies bitte unter Nummer 7.3 an. Beachten Sie bitte, dass die Vorschriften für die Kostenentscheidung der Gerichte von Mitgliedstaat zu Mitgliedstaat unterschiedlich sind. Einzelheiten zu den Kostenkategorien der einzelnen Mitgliedstaaten sind über das Europäische Justizportal unter https://e-justice.europa.eu/content_costs_of_proceedings-37-de.do zu finden.

Falls Sie vertragliche Zinsen geltend machen, z. B. bei einem Darlehen, sollten Sie den Zinssatz und den Beginn der Laufzeit angeben. Das Gericht kann, falls Ihrem Antrag stattgegeben wird, gesetzliche Zinsen zusprechen. Bitte geben Sie an, ob Sie Zinsen fordern und, ab welchem Zeitpunkt die Zinsen zu laufen beginnen sollen.

Verwenden Sie bei Bedarf bitte zusätzliche Blätter, um den Gegenstand Ihrer Klage zu beschreiben, z. B. wenn Sie mehrere Zahlungen fordern und die Zinsen für jede dieser Zahlungen ab einem anderen Tag geltend gemacht werden.

Zu Ihrer Forderung

☐ 7.1. Geldforderung

7.1.1. Betrag (ohne Zinsen und Gebühren):

7.1.2. Währung

☐ Euro (EUR)	☐ bulgarischer Lev (BGN)	☐ EN_Croatian kuna (HRK)
☐ tschechische Krone (CZK)	☐ ungarischer Forint (HUF)	☐ Pfund Sterling (GBP)
☐ polnischer Zloty (PLN)	☐ rumänischer Leu (RON)	☐ schwedische Krone (SEK)

☐ Andere Währung (bitte angeben):

☐ 7.2. Andere Forderung:

7.2.1. Bitte genau angeben, was Sie fordern:

7.2.2. Geschätzter Wert der Forderung:

Währung:

☐ Euro (EUR)	☐ bulgarischer Lev (BGN)	☐ EN_Croatian kuna (HRK)
☐ tschechische Krone (CZK)	☐ ungarischer Forint (HUF)	☐ Pfund Sterling (GBP)
☐ polnischer Zloty (PLN)	☐ rumänischer Leu (RON)	☐ schwedische Krone (SEK)

☐ Andere Währung (bitte angeben):

7.3. Fordern Sie die Erstattung der Verfahrenskosten?

7.3.1. Ja ☐

7.3.2. Nein ☐

7.3.3. Wenn ja, machen Sie bitte präzise Angaben zur Art der Kosten und zur Höhe der Forderung bzw. der bisher entstandenen Kosten:

7.4. Fordern Sie Zinsen?

Ja ☐

Nein ☐

Wenn ja,

Vertraglicher Zinssatz? ☐ Wenn ja, gehen Sie zu Nummer 7.4.1

gesetzlicher Zinssatz? ☐ Wenn ja, gehen Sie zu Nummer 7.4.2

7.4.1. im Falle eines vertraglichen Zinssatzes

1. der Zinssatz beträgt:

☐ %

☐ % über dem Basiszinssatz der EZB

☐ anderer Wert:

2. Zinsen ab:

/ / (Datum)

☐ bis: / / (Datum)
☐ bis zum Tag des Urteils
☐ bis zum Tag der Erfüllung der Hauptforderung

7.4.2. Zinsen im Falle eines gesetzlichen
Zinsen ab:
/ / (Datum)

☐ bis: / / (Datum)
☐ bis zum Tag des Urteils
☐ bis zum Tag der Erfüllung der Hauptforderung

7.5. Fordern Sie Zinsen auf die Kosten?

Ja ☐
Nein ☐

Falls ja, Zinsen ab:
☐ / / (Datum)
☐ (Ereignis)
bis: ☐ / / (Datum)
☐ bis zum Tag der Zahlung der Kosten

8. Einzelheiten zur Klage

Sie sollten unter Nummer 8.1 kurz ausführen, womit Sie Ihre Klage begründen.

Sie sollten unter Nummer 8.2 die erheblichen Beweismittel beschreiben. Dabei kann es sich beispielsweise um Urkundenbeweise (z. B. Vertrag, Quittung usw.) oder mündliche/schriftliche Zeugenaussagen handeln. Bitte geben Sie für jedes Beweismittel an, welcher Aspekt Ihrer Forderung dadurch jeweils begründet werden soll.
Falls der Platz nicht ausreicht, können Sie weitere Blätter hinzufügen.

8. *Einzelheiten zur Klage*

8.1. Bitte begründen Sie Ihre Klage; geben Sie beispielsweise an, was wann und wo passiert ist

8.2. Beschreiben Sie bitte, welche Beweismittel Sie zur Begründung Ihrer Klage vorlegen möchten, und geben Sie bitte an, welche Aspekte der Klage dadurch begründet werden. Bitte fügen Sie gegebenenfalls zweckdienliche Beweisunterlagen bei.

8.2.1. Urkundenbeweis ☐ bitte unten näher ausführen

8.2.2. Zeugenbeweis ☐ bitte unten näher ausführen

8.2.3. Sonstiges Beweismittel ☐ bitte unten näher ausführen

9. *Mündliche Verhandlung*: Beachten Sie bitte, dass das europäische Verfahren für geringfügige Forderungen ein schriftliches Verfahren ist. Das Gericht kann jedoch beschließen, eine mündliche Verhandlung anzuberaumen, wenn eine Entscheidung auf der Grundlage der schriftlichen Beweismittel seines Erachtens nicht möglich ist. Sie können auf diesem Formblatt oder zu einem späteren Zeitpunkt eine mündliche Verhandlung beantragen. Das Gericht kann Ihren Antrag ablehnen, wenn es der Auffassung ist, dass unter Berücksichtigung der Umstände des Falles ein faires Verfahren auch ohne mündliche Verhandlung sichergestellt werden kann. Die mündliche Verhandlung sollte mit geeigneten Fernkommunikationsmitteln wie Video- oder Telekonferenz durchgeführt werden, sofern das Gericht über diese Mittel verfügt. Falls die zu hörende Person ihren Wohnsitz in einem anderen Mitgliedstaat als dem des angerufenen Gerichts hat, wird eine Anhörung per Fernkommunikationstechnologie nach den in der Verordnung (EG) Nr. 1206/2001 des Rates vorgesehenen Verfahren organisiert.
(https://e-justice.europa.eu/content_taking_of_evidence-76-de.do)
Das Gericht kann jedoch beschließen, dass die zur Verhandlung geladenen Personen persönlich erscheinen müssen. Sie

können dem Gericht mitteilen, was Sie bevorzugen, sollten dabei aber Folgendes berücksichtigen: Wenn Sie beantragen, persönlich an der Verhandlung teilzunehmen, gilt für die Erstattung der durch Ihre Anwesenheit entstehenden Kosten Artikel 16 der Verordnung (EG) Nr. 861/2007 zur Einführung eines europäischen Verfahrens für geringfügige Forderungen. Danach spricht das Gericht der obsiegenden Partei keine Erstattung für Kosten zu, die nicht notwendig waren oder in keinem Verhältnis zu der Klage stehen.

9.1 Wünschen Sie eine mündliche Verhandlung?

Ja ☐

Nein ☐

Wenn ja, führen Sie bitte die Gründe an (*):

9.2 Falls das Gericht beschließt, eine mündliche Verhandlung anzuberaumen, wollen Sie persönlich teilnehmen?

Ja ☐

Nein ☐

Geben Sie bitte die Gründe an(*):

10. Zustellung von Schriftstücken und Kommunikation mit dem Gericht

Verfahrensschriftstücke wie Ihre Klage, die Erwiderung des Beklagten, eine etwaige Widerklage und das Urteil können den Parteien per Post oder auf elektronischem Wege zugestellt werden, wenn das Gericht über entsprechende technische Mittel verfügt und dies nach dem Verfahrensrecht des Mitgliedstaats, in dem das Verfahren durchgeführt wird, zulässig ist. Falls die Schriftstücke in einem anderen Mitgliedstaat als demjenigen, in dem das Verfahren durchgeführt wird, zugestellt werden sollen, müssen auch die Verfahrensvorschriften des Mitgliedstaats beachtet werden, in dem die Zustellung erfolgt. Auch andere schriftliche Mitteilungen (z. B. der Antrag auf Teilnahme an einer Gerichtsverhandlung) können auf elektronischem Wege übermittelt werden. Elektronische Mittel dürfen jedoch nur genutzt werden, wenn der Empfänger ihrem Einsatz vorher ausdrücklich zugestimmt hat oder wenn er nach den Verfahrensvorschriften des Mitgliedstaats, in dem er seinen Wohnsitz hat, rechtlich verpflichtet ist, die elektronische Zustellung und/oder andere schriftliche Mitteilungen des Gerichts in elektronischer Form zu akzeptieren. Informationen darüber, ob die elektronische Zustellung und/oder elektronische Kommunikationsmittel in den betreffenden Mitgliedstaaten verfügbar und zulässig sind, können Sie über das Europäische Justizportal abrufen unter:
https://e-justice.europa.eu/content_small_claims-354-de.do?clang=de

10.1. Stimmen Sie dem Einsatz elektronischer Kommunikationsmittel für die Zustellung der Erwiderung des Beklagten, einer etwaigen Widerklage und des Urteils zu?

Ja ☐

Nein ☐

10.2. Stimmen Sie dem Einsatz elektronischer Kommunikationsmittel für die Übermittlung anderer schriftlicher Mitteilungen als der unter Nummer 10.1 genannten Schriftstücke zu?

Ja ☐

Nein ☐

11. Bestätigung

Ein in einem Mitgliedstaat im Rahmen des europäischen Verfahrens für geringfügige Forderungen erlassenes Urteil kann in einem anderen Mitgliedstaat anerkannt und vollstreckt werden. Haben Sie die Absicht, die Anerkennung und Vollstreckung in einem anderen Mitgliedstaat als dem des Gerichts zu beantragen, so können Sie in diesem Formblatt das Gericht darum ersuchen, nach Erlass eines Urteils zu Ihren Gunsten eine Bestätigung dieses Urteils auszustellen.

11.1 *Bestätigung*

Ich bitte das Gericht um Ausstellung einer Bestätigung des Urteils.

Ja ☐

Nein ☐

Auf Antrag kann das Gericht Ihnen die Bestätigung unter Verwendung der über das Europäische Justizportal abrufbaren dynamischen Formulare in einer anderen Sprache zur Verfügung stellen. Dies könnte bei einer Vollstreckung des Urteils in einem anderen Mitgliedstaat von Vorteil sein. Beachten Sie bitte, dass das Gericht nicht verpflichtet ist, eine Übersetzung und/oder Transliteration eines in die Freitextfelder der Bestätigung eingetragenen Textes bereitzustellen.

11.2 Ich bitte das Gericht um Ausstellung einer Bestätigung in einer anderen Sprache als der Verfahrenssprache, nämlich:

(*) Fakultativ.

☐ Bulgarisch	☐ Spanisch	☐ Tschechisch
☐ Deutsch	☐ Estnisch	☐ Griechisch
☐ Englisch	☐ Französisch	☐ Kroatisch
☐ Italienisch	☐ Lettisch	☐ Litauisch
☐ Ungarisch	☐ Maltesisch	☐ Niederländisch
☐ Polnisch	☐ Portugiesisch	☐ Rumänisch
☐ Slowakisch	☐ Slowenisch	☐ Finnisch
☐ Schwedisch		

12. Datum und Unterschrift

Vergessen Sie bitte nicht, auf der letzten Seite des Formblatts Ihren Namen deutlich lesbar einzutragen und die Klage zu unterzeichnen und zu datieren.

10. *Datum und Unterschrift*

Ich beantrage hiermit den Erlass eines Urteils gegen den Beklagten auf der Grundlage meiner Klage.

Ich erkläre, dass ich die vorstehenden Angaben nach meinem bestem Wissen und Gewissen gemacht habe.

Ort:

Datum:

/ /

Name und Unterschrift:

Anlage zum Klageformblatt (Formblatt A)

Bankverbindung* für die Entrichtung der Gerichtsgebühr

Kontoinhaber/Kreditkarteninhaber:

Bankadresse, BIC oder andere einschlägige Bankkennung (BLZ)/Kreditkartenunternehmen:

Kontonummer oder IBAN-/Kreditkarten-Nummer, Gültigkeit und Kartenprüfnummer der Kreditkarte:

Anmerkungen

1. Das Verfahren zur Geltendmachung geringfügiger Forderungen ist standardisiert. Die Benutzung der Form. in Anh. I–IV ist obligatorisch. Das deutsche Verfahren ist geregelt in §§ 1097–1109 ZPO (Erkenntnisverfahren, Zwangsvollstreckung).

Kosten und Gebühren

2. Die Gerichtskosten bestimmen sich nach § 1 Abs. 3 Nr. 1 GKG nach diesem Gesetz. Es fallen Gebühren nach KV 1210 ff. GKG an. Die Gebühren des Rechtsanwalts bestimmen sich nach VV 3100 ff. RVG. Das Verfahren nach der VO gehört zum Rechtszug (§ 19 Abs. 1 Nr. 5 lit. c RVG).

II. Klagen und Anträge im Zivilprozess zu ausgewählten Gebieten des materiellen Rechts

A. Kaufrecht

1. Kaufpreisklage

An das
Landgericht[1, 2]

Klage

des . . . . .
– Klägers –

Prozessbevollmächtigter: . . . . .
gegen

den . . . . .
– Beklagten –

wegen

Kaufpreisforderung

Vorläufiger Streitwert: 11.000 EUR.

Namens und in Vollmacht des Klägers erhebe ich Klage und werde beantragen:

1. Der Beklagte wird verurteilt, an den Kläger 11.000 EUR nebst 5 Prozentpunkten Zinsen über dem Basiszinssatz seit 1.6. . . . . Zug um Zug[3] gegen Übergabe und Übertragung des Eigentums[4, 5] am Pkw . . . . ., Fahrgestell-Nr. . . . ., Motor-Nr. . . . ., zu bezahlen.
2. Es wird festgestellt, dass sich der Beklagte seit 1.6. . . . . in Annahmeverzug befindet.[3]

Begründung:[6]

Die Parteien schlossen am 15.5. . . . . einen schriftlichen Kaufvertrag über das gebrauchte Fahrzeug des Klägers, einen Pkw . . . . ., Fahrgestell-Nr. . . . ., Motor-Nr. . . . . Als Kaufpreis wurden 11.000 EUR vereinbart. Die Bezahlung sollte bei Übergabe des Pkw erfolgen.

Beweis: Kaufvertrag v. 15.5. . . . . in Anlage

Der Kläger bot das Fahrzeug am 1.6. . . . . dem Beklagten an dessen Wohnsitz an. Der Beklagte erklärte, er lehne die Übernahme des Pkw und die Bezahlung ab, da er vom Kläger hinsichtlich des Preises übervorteilt worden sei.

Beweis: Zeugnis der Frau V., zu laden beim Kläger.

Der Klageanspruch ergibt sich aus § 433 Abs. 2 BGB, der Zinsanspruch aus § 286 Abs. 2 Nr. 3 BGB, da sich der Beklagte am 1.6. . . . . endgültig geweigert hat, seiner Verpflichtung aus dem Kaufvertrag nachzukommen. Die Zinshöhe folgt aus § 288 Abs. 1 S. 2 BGB. Der Beklagte ist Verbraucher.

Anmerkungen

1. Bei Streitwerten über 5.000 EUR ist das LG sachlich zuständig, iÜ das AG (§ 23 Nr. 1, § 71 Abs. 1 GVG).

2. Hinsichtlich der örtlichen Zuständigkeit führt § 29 Abs. 1 ZPO nicht dazu, dass das Gericht am Wohnsitz des Verkäufers zuständig ist, da es für die Erfüllung der Kaufpreisverbindlichkeit nicht darauf ankommt, wo sich die verkaufte Sache befindet. Vielmehr ist Erfüllungsort der Wohnort des Käufers (Zöller/*Schultzky* ZPO § 29 Rn. 25.34; BGH Urt. v. 3.12.1992 – IX ZR 229/91, NJW 1993, 1073). Bei Haustürgeschäften nach § 312b BGB ist ausschließlich das Gericht zuständig, in dessen Bezirk der Kunde zur Zeit der Klagerhebung seinen Wohnsitz hat (§ 29c ZPO). Bei Anwendbarkeit des CISG ist der Sitz des Verkäufers für die Kaufpreisklage Erfüllungsort (Art. 19, 31, 57 CISG; BGH NJW-RR 2003, 1583), wenn die Parteien keine Zahlungsvereinbarung getroffen haben (Einzelheiten bei BeckOK BGB/*Saenger* CISG Art. 57 Rn. 1). Die Zuständigkeiten im Anwendungsbereich der Verordnung (EG) Nr. 44/2001 (Brüssel-I-VO = EuGVVO) ergeben sich aus Artikel 2 Abs. 1 (Wohnsitz), Art. 5 Nr. 1 (Erfüllungsort) und Art. 16 Abs. 2 iVm Art. 15 (Verbraucherbeteiligung). Seit dem 10.1.2015 gilt die Neufassung, die Brüssel Ia VO (EG) Nr. 1215/2012. Danach hat der Verkäufer die Zahlungsklage nach Art. 7 Abs. 1 b) am vereinbarten oder erfolgten Lieferungsort zu erheben, dem Ort der Übergabe oder der Entgegennahme (Zöller/*Geimer* EuGVVO Art. 7 Rn. 13 ff.).

3. Um die Kostennachteile einer teilweisen Klageabweisung zu vermeiden (§ 92 Abs. 1 S. 1 ZPO; vgl. iE BLHAG ZPO § 92 Rn. 26, Stichwort Zug-um-Zug-Leistung; Zöller/*Herget* ZPO § 92 Rn. 3), muss der Kläger in bestimmten Fällen auf Zahlung Zug um Zug gegen Erbringung seiner Gegenleistung klagen. Dies ist immer dann der Fall, wenn keine ausdrückliche Vorleistungspflicht des Käufers vereinbart ist und auch die Voraussetzungen des § 321 BGB nicht gegeben sind. Soweit der Käufer hier die Einrede des nicht erfüllten Vertrags (§ 320 BGB) erhebt, führt dies zwar nicht zur vollen Klageabweisung, sondern zur Zug-um-Zug-Verurteilung, die in aller Regel eine teilweise Klageabweisung mit der Kostenfolge des § 92 Abs. 1 ZPO ist (vgl. aber § 92 Abs. 2 ZPO). Erhebt der Käufer aber die Einrede nicht, so ergeht unbeschränktes Zahlungsurteil, auch ohne dass der Verkäufer behauptet, er habe seine Leistung bereits erbracht (hM, vgl. zB BGH NJW 2006, 2839; Palandt/*Grüneberg* BGB § 322 Rn. 2). Ein formeller Antrag ist zwar nicht notwendig, wenn sich aus der Gesamtheit des Vorbringens ergibt, dass das Leistungsverweigerungsrecht geltend gemacht werden soll (BGH NJW 2008, 2254; 2006, 2839; BGH NJW 2010, 146 Rn. 20; OLG Stuttgart NJW 2013, 699: bei unwirksamer Aufrechnung), jedoch zu empfehlen. Ist dagegen der Verkäufer zur Vorleistung verpflichtet, so kann er bei Annahmeverzug des Käufers auf Leistung nach Empfang der Gegenleistung klagen (§ 322 Abs. 2 BGB).

Die Zwangsvollstreckung des Zug-um-Zug-Urteils erfolgt nach § 756 ZPO. Der Annahmeverzug, der nach dieser Vorschrift das tatsächliche Angebot entbehrlich macht, kann durch Tatbestand, Entscheidungsgründe aber auch durch Ausspruch im Tenor nachgewiesen werden (OLG Köln NJW-RR 1991, 383; BLAH ZPO § 756 Rn. 12;). Für den Nachweis des Annahmeverzugs genügt es allerdings nicht, wenn der Beklagte im Prozess Klagabweisung beantragt hat (vgl. KG NJW 1972, 2052). Da nicht feststeht, ob das Gericht in Tatbestand oder/und Entscheidungsgründen auf den Annahmeverzug eingeht, hat der Kläger ein Rechtsschutzbedürfnis, das ihm einen Antrag auf Feststellung, etwa wie im Klagantrag Z. 2 vorgeschlagen, ermöglicht (Zöller/*Seibel* ZPO § 756 Rn. 10). Dieser Antrag erhöht den Streitwert nicht, da er die in Z. 1 enthaltene Gegenleistung betrifft und durchweg beim Zug-um-Zug-Antrag ohne Bedeutung ist (hM; vgl. Zöller/*Herget* ZPO § 3 Rn. 16, „Zug-um-Zug").

4. Die Klage ist nicht auf Leistung Zug um Zug gegen Abnahme zu richten, da die Abnahme Pflicht des Käufers ist und hier die Gegenleistung des Verkäufers aufgeführt werden muss.

5. Bei beweglichen Sachen genügt der Antrag auf Eigentumsübertragung. Bei Grundstücken kann der Antrag folgendermaßen lauten:

„. . . . . Zug um Zug gegen Verschaffung des Eigentums am Grundstück Flurstück Nr. 2011/2 BG-Heft Nr. 459 Gemeinde . . . . ." oder: „. . . . . Zug um Zug gegen Auflassung des Grundstücks Flurstück Nr. 2011/2 GB – Heft Nr. 459 Gemeinde und Bewilligung der Eintragung im Grundbuch . . . . .".

6. Zur Schlüssigkeit der Klage genügt es, den Abschluss des Kaufvertrags und seinen wesentlichen Inhalt im Hinblick auf die Hauptleistungspflichten der Vertragsparteien sowie die Voraussetzungen für den Zinsanspruch vorzutragen.

2. Kaufpreisklage bei Auslandslieferung

An das
Landgericht Stuttgart[1]

Klage

der

. . . . .
– Klägerin –

Prozessbevollmächtiger
gegen

. . . . .
– Beklagte –

wegen

Kaufpreisforderung

Vorläufiger Streitwert: 95.700 EUR
Namens und in Vollmacht der Klägerin erhebe ich Klage und werde beantragen:
Die Beklagte wird verurteilt, an die Klägerin 95.700 EUR nebst 9 Prozentpunkten Zinsen über dem Basiszinssatz hieraus seit dem 4.7. . . . . sowie außergerichtliche Rechtsanwaltskosten iHv . . . . .[2] zu bezahlen.

Begründung

I.

Mit der vorliegenden Klage macht die Klägerin gegen die Beklagte einen Kaufpreisanspruch geltend. Die Parteien haben einen Kaufvertrag über 150 Bohrhämmer geschlos-

sen. Den vertraglich vereinbarten Kaufpreis hat die Beklagte bisher nicht ausgeglichen. Die Klägerin hat ihren Sitz in Stuttgart und betreibt einen Werkzeuggroßhandel. Die Beklagte ist eine Gesellschaft nach französischem Recht (société à responsabilité limitée), die der deutschen GmbH entspricht, hat ihren Sitz in Lyon und betreibt einen Werkzeughandel.

1. Unter dem 1.3. . . . . hat die Beklagte die Klägerin aufgefordert, ein Angebot über den Verkauf von 150 Bohrhämmern, Typ . . . . . abzugeben. Dieser Aufforderung kam die Klägerin nach. Die Parteien konnten sich zunächst nicht über den Preis einigen. Am 24.3. . . . . fand bei der Klägerin eine Besprechung statt, an der auf beiden Seiten die Geschäftsführer teilnahmen. Im Rahmen dieser Besprechung schlossen die Parteien einen schriftlichen Kaufvertrag über die Lieferung von 150 Bohrhämmern zum Einzelpreis von 550 EUR zzgl. 19 % Umsatzsteuer.

   Beweis: Vertrag vom 24.3. . . . . in Kopie, Anlage

2. Der Vertrag sieht vor, dass die Klägerin die Bohrhämmer in der 22. Kalenderwoche auf Europaletten transportfertig abgepackt in ihrem Lager Stuttgart bereitstellen sollte („EXW").[3]

   Beweis: Vertrag vom 24.3. . . . . in Kopie, Anlage

   Die Beklagte hat die Klägerin schriftlich angewiesen, die Ware dem von der Beklagten beauftragten Transportunternehmen . . . . . zu übergeben. Die Transportkosten sind nach dem Vertrag von der Beklagten zu tragen.
   Die Klägerin hat den vertraglichen Regelungen entsprochen und die Bohrhämmer dem Transportunternehmen . . . . . ordnungsgemäß verpackt übergeben.

   Beweis: Übergabebestätigung vom 25.5. . . . . in Kopie, Anlage

   Im Zeitpunkt der Übergabe waren die Bohrhämmer in einwandfreiem Zustand.[4]

   Beweis: Zeugnis der Frau/des Herrn . . . . ., zu laden über die Klägerin

   Die vorgenannten Personen haben die Ausgangskontrolle der Waren im Lager der Klägerin durchgeführt und hierbei jeden einzelnen Bohrhammer begutachtet. Im Rahmen dieser Kontrolle wurden Protokolle erstellt, welche ebenfalls keine Unregelmäßigkeiten aufweisen.

   Beweis: Vorlage der Qualitätssicherungsprotokolle in Kopie, Anlage

3. Im Schreiben vom 30.8. . . . ., mit dem die Beklagte die Bezahlung des Kaufpreises ablehnt, hat sie ausdrücklich bestätigt, die Ware am 3.6. . . . . erhalten zu haben.

   Beweis: Schreiben der Beklagten vom 30.8. . . . . in Kopie, Anlage

4. Gemäß Kaufvertrag tritt Kaufpreisfälligkeit ein Monat nach Übergabe der Ware an das Transportunternehmen ein. Trotz Fälligkeit, einer Mahnung vom 4.7. . . . . und einer Zahlungsaufforderung des Unterzeichners vom 18.7. . . . . hat die Beklagte den Kaufpreis iHv 82.500 EUR zzgl. 19 % Umsatzsteuer (= 13.200 EUR), dh insgesamt 95.700 EUR bisher nicht ausgeglichen.
5. Im Schreiben vom 30.8. . . . . (bereits vorgelegt als Anlage . . . . .) hat die Beklagte mitgeteilt, dass die Kunststoffgehäuse der Bohrhämmer durchgängig Risse aufwiesen und dass aus diesem Grund die Bezahlung des Kaufpreises verweigert werde. Die Klägerin solle die gelieferten Bohrhämmer wieder abholen.
6. Die Parteien haben im Vertrag (§ . . . . .) eine Gerichtsstandsvereinbarung getroffen. Danach soll für alle Streitigkeiten aus dem Kaufvertrag Stuttgart der ausschließliche Gerichtsstand sein.

II.

1. **Die internationale Zuständigkeit des LG Stuttgart ergibt sich aus der getroffenen Gerichtsstandsvereinbarung. Im vorliegenden Fall findet Art. 23 EuGVVO Anwendung.[5]**
2. **Aus dem Kaufvertrag steht der Klägerin ein fälliger Kaufpreisanspruch zu.**
3. **Auf Gegenrechte aus dem Vertrag, auf den UN-Kaufrecht anzuwenden ist,[6] kann sich die Beklagte nicht berufen. Der Vertrag wurde auch nicht durch das Schreiben der Beklagten vom 30.8. . . . . aufgehoben. Es kann offen bleiben, ob die Erklärung überhaupt als Vertragsaufhebungserklärung[7] auszulegen ist, ob die Kunststoffgehäuse der Bohrhämmer tatsächlich Risse aufweisen und ob dies eine wesentliche Vertragsverletzung[8] darstellt. Es kann weiter offen bleiben, ob die Ware – falls nunmehr Risse tatsächlich vorhanden sein sollten – im Zeitpunkt der Übergabe an das Transportunternehmen in Ordnung gewesen ist,[9] da die Beklagte der Klägerin weder eine angemessene Nachfrist zur Erfüllung ihrer Pflicht gesetzt,[10] noch die Mängel der Kaufsache fristgemäß gerügt hat. Gemäß des hier anwendbaren[11] Art. 39 Abs. 1 CISG kann sich der Käufer auf die Vertragswidrigkeit der Ware nicht mehr berufen, wenn die Vertragswidrigkeit nicht innerhalb einer angemessenen Frist angezeigt und hierbei die Art der Vertragswidrigkeit genau bezeichnet wird.[12] Im vorliegenden Fall hat die Beklagte die Vertragswidrigkeit zwar genau bezeichnet. Allerdings hat sie dieselbe zu spät, nämlich erst ca. drei Monate nach Erhalt der Ware, gerügt, mit der Folge, dass die Ware als genehmigt gilt. Der Klägerin ist von Rissen in den Kunststoffgehäusen nichts bekannt. Gemäß den Endkontrollprotokollen haben die Bohrhämmer das Lager der Klägerin in einwandfreiem Zustand verlassen.[13]**
4. **Der Zinsanspruch ergibt sich dem Grunde nach aus Art. 78 CISG. Die Zinshöhe ergibt sich aus § 288 Abs. 2 BGB.[14]**

Rechtsanwalt

Anmerkungen

1. Zur internationalen und örtlichen Zuständigkeit → Anm. 5. Die sachliche Zuständigkeit des LG Stuttgart ergibt sich aus §§ 23, 71 GVG.

2. Als außergerichtliche Rechtsanwaltskosten ist hier die volle Geschäftsgebühr und nicht nur der Teil, der nach Vorb. 3 (4) VVRVG nicht angerechnet wird (BGH NJW 2007, 2049), nebst Auslagen (welche insgesamt nicht angerechnet werden) und ggf. Umsatzsteuer anzusetzen. Die Geschäftsgebühr ist im vorliegenden Fall durch die Zahlungsaufforderung entstanden.

3. Informationen zu den International Commercial Terms („Incoterms") finden sich auf der Homepage der Internationalen Handelskammer, Paris (ICC) bzw. ICC-Deutschland (www.iccgermany.de).

4. Zur Behauptungs- und Beweislast → Anm. 9.

5. Seit dem 1.3.2002 ist die Verordnung (EG) Nr. 44/2001 des Rates über die gerichtliche Zuständigkeit und die Anerkennung und Vollstreckung von Entscheidungen in Zivil- und Handelssachen (nachfolgend: EuGVVO) in Kraft und hat das EuGVÜ für Sachverhalte, die das Verhältnis von EU-Staaten untereinander betreffen, abgelöst. Im Verhältnis zu Dänemark gelten aufgrund des Abkommens mit Dänemark über die Anwendbarkeit der Regelungen der EuGVVO letztere mittelbar (dazu BLAH, 78. Aufl., EuGVVO über Art. 9 EuGVVO Rn. 1), im Verhältnis zu Nicht-EU-Staaten (insb. Schweiz) und im Verhältnis zu Norwegen und Island gilt das Lugano-Abkommen. Das Lugano II-Abkommen, mit dem die

Regelungen an die EuGVVO angeglichen wurden, ist seit dem 1.10.2010 in Kraft). Seit dem 10.1.2015 gilt die Neufassung der Verordnung (EG) Nr. 44/2001, die Brüssel Ia VO (EG) Nr. 1215/2012.

Sachlich ist die EuGVVO nach Art. 1 (1) auf alle Zivil- und Handelssachen anzuwenden. In persönlicher Hinsicht knüpft Art. 4 (1) EuGVVO zunächst an den Wohnsitz in einem Mitgliedstaat an. Primär ist eine Person dort zu verklagen. Für Gesellschaften und juristische Personen regelt Art. 63, dass sich der „Wohnsitz" derselben entweder an dem Ort des satzungsmäßigen Sitzes, der Hauptverwaltung oder der Hauptniederlassung befindet. Nach diesen Grundsätzen wäre im vorliegenden Fall das sachlich zuständige Gericht in Lyon zur Entscheidung berufen.

Allerdings haben die Parteien eine wirksame Gerichtsstandsvereinbarung nach Art. 25 EuGVVO getroffen. Art. 25 EuGVVO setzt voraus, dass mindestens eine der Parteien ihren Sitz im Hoheitsgebiet eines Mitgliedstaates hat (1) und die Vereinbarung schriftlich getroffen worden ist (1a). Vorliegend sind diese Voraussetzungen erfüllt. Eine mündliche Vereinbarung reicht aus, wenn sie schriftlich bestätigt wird. Ferner kann die Gerichtsstandsvereinbarung auch in elektronischer Form abgeschlossen werden, Art. 25 Abs. 2 EuGVVO.

Mittels Allgemeiner Geschäftsbedingungen kann ein Gerichtsstand dann wirksam vereinbart werden, wenn ein deutlicher Hinweis auf die der Gegenseite zugegangenen AGB erfolgt. Ein Bestätigungsschreiben, das erstmals einen Hinweis auf eine Gerichtsstandsklausel enthält, reicht im Normalfall nicht aus (vgl. Thomas/Putzo/*Hüßtege* EuGVVO Art. 25 Rn. 8; Zöller/*Geimer* EuGVVO Art. 25 Rn. 27). Zu den Ausnahmen sogleich.

Art. 25 EuGVVO (1) b–c sieht unter bestimmten Voraussetzungen Erleichterungen hinsichtlich der Form für den internationalen Handelsverkehr und für Gepflogenheiten, die zwischen den Parteien entstanden sind, vor. Danach kann eine Gerichtsstandsvereinbarung wirksam ua auch durch Schweigen auf ein kaufmännisches Bestätigungsschreiben, durch einseitig verwendete Allgemeine Geschäftsbedingungen (BLAH, 78. Aufl., EuGVVO Art. 25 Rn. 14).

Abgesehen von der Gerichtsstandsvereinbarung wäre das LG Stuttgart – als Gericht des Erfüllungsortes – auch nach Art. 7 (1) EuGVVO zuständig. Für den Verkauf beweglicher Sachen bestimmt Art. 7 (1) b) erster Spiegelstrich, dass Erfüllungsort „der Verpflichtung" der Ort ist, an den die Sachen nach dem Vertrag geliefert worden sind oder hätten geliefert werden sollen. Nach wohl hM führt Art. 7 Nr. 1b) bei Kaufverträgen zu einem einheitlichen Gerichtsstand für alle Ansprüche aus dem Vertrag und damit nicht nur für die Lieferung, sondern auch für die Zahlungsverpflichtung (vgl. BLAH, 78. Aufl., EuGVVO Art. 7 Rn. 7). Im vorliegenden Fall hatten die Parteien jedoch keine Lieferverpflichtung des Verkäufers im Sinne dieser Vorschrift vereinbart. Nach Art. 7 Nr. 1c gilt deshalb lit. a, bei dem sich auf jeden Fall die Erfüllungsorte nach der jeweils streitigen Hauptpflicht richten. Der Erfüllungsort wird nach der Rechtsordnung bestimmt, die materiell-rechtlich nach internationalem Privatrecht bei der Entscheidung zur Anwendung kommt („lex causae") (Zöller/Geimer Art. 7 EuGVVO Rn. 4), wozu auch das UN-Kaufrecht (nachfolgend: CISG) gehört (EuGH Slg. 1994, I-2913 = JZ 1995, 244).

Art. 57 (1) a) CISG sieht vor, dass der Käufer den Kaufpreis mangels anderweitiger Vereinbarung am Ort der Niederlassung des Verkäufers zu bezahlen hat (Einzelheiten bei BeckOK BGB/*Saenger* CISG Art. 57 Rn. 1). Im Unterschied zum BGB (§ 270 Abs. 4) ist der Erfüllungsort damit mit dem Zahlungsort identisch. Bei Anwendung des CISG ist deshalb das Verkäuferland international zuständig für die Kaufpreisklage gegen den im Ausland befindlichen Käufer (BGH NJW-RR 2003, 1582 (1583)). Das Übereinkommen ist im vorliegenden Fall anwendbar, da es gem. Art. 1 CISG um einen Kaufvertrag über Waren geht. Beide Parteien haben ihre Niederlassungen in verschiedenen Staaten, welche ihrerseits Vertragsstaaten sind, vgl. Art. 1 (1) a) CISG. Der aktuelle Stand der Vertragsstaaten kann vom Pace Law School Institute of International Commercial Law über www.law.pace.edu/cisg abgerufen werden.

6. → Anm. 5.

7. Gem. Art. 81 Abs. 1 CISG geht der Kaufpreisanspruch unter, wenn nach Art. 45 Abs. 1a, Art. 49 Abs. 1a wirksam die Vertragsaufhebung erklärt wurde, was eine wesentliche Vertragsverletzung auf Seiten der Verkäuferin iSd Art. 25, Art. 35 Abs. 1 CISG voraussetzt. Als weitere Rechte/Ansprüche stehen dem Käufer zur Verfügung: Recht auf Erfüllung oder Nacherfüllung gem. Art. 46 ff. CISG, Minderung gem. Art. 50 CISG und Anspruch auf Schadensersatz gem. Art. 74 ff. CISG.

8. Eine wesentliche Vertragsverletzung iSd Art. 25, 35 Abs. 1 CISG ist Voraussetzung für die Vertragsaufhebung, → Anm. 7.

9. Zur Ermittlung der Darlegungs- und Beweislast hinsichtlich des Gefahrübergangs ist die vertragliche Vereinbarung heranzuziehen. Ergänzend ist auf Art. 67 CISG zurückzugreifen.

10. Vgl. Art. 47 Abs. 2 CISG.

11. Zur Anwendung des CISG → Anm. 5.

12. Mit der Rüge muss die Vertragswidrigkeit so genau bezeichnet werden, dass der Verkäufer in die Lage versetzt wird, die erforderlichen Schritte zu ergreifen, zB die Ware untersuchen zu lassen. Nicht ausreichend sind allgemein gehaltene Beanstandungen (BeckOK BGB/*Saenger*,, CISG Art. 39 Rn. 5). Da eine bestimmte Form für die Rüge nicht zwingend vorgeschrieben ist, ist grds. auch eine Rüge per Fax oder mittels E-Mail zulässig (MüKo BGB/*Gruber* CISG Art. 39 Rn. 21 f.). Die Rüge muss innerhalb angemessener Frist erfolgen. Für die Angemessenheit sind die Umstände des Einzelfalles zu berücksichtigen. Bei verderblichen Waren muss uU innerhalb weniger Stunden gerügt werden. Auch bei Saisonwaren ist rasches Handeln erforderlich. Bei nicht verderblichen, dauerhaften Gütern – wie im vorliegenden Fall – ist die Bemessung der Frist umstritten. Zum Teil wurden und werden bei der Beurteilung der Angemessenheit regionale Besonderheiten berücksichtigt. In der Lit. und auch in der Rspr. wird als grober Anhaltspunkt die Frist von einem Monat genannt (Schlechtriem/Schwenzer/*Schwenzer* Art. 39 Rn. 17 mwN).

Der Käufer hat nach Art. 44 CISG die Möglichkeit, darzulegen, dass es eine vernünftige Entschuldigung für das Unterlassen der Anzeige gibt. Gelingt ihm der Nachweis, kann er trotz unterlassener Rüge mindern oder Schadensersatz, außer entgangenem Gewinn, verlangen.

13. Nach Art. 40 CISG kann sich der Verkäufer auf die unterbliebene Rüge nicht berufen, wenn die Vertragswidrigkeit auf Tatsachen beruht, die er kannte oder über die er nicht in Unkenntnis sein konnte und die er den Käufer nicht offenbart hat. Nicht in Unkenntnis sein können, ist mehr als grobe Fahrlässigkeit (Schlechtriem/Schwenzer/*Schwenzer* Art. 40 Rn. 4 iaA mit grob fahrlässiger Unkenntnis gleichzusetzen; BeckOK BGB/*Saenger*,, CISG Art. 40 Rn. 2). Die Beweislast für die Bösgläubigkeit trägt der Käufer.

14. Die Höhe des Zinssatzes ist in Art. 78 CISG nicht geregelt. Nach wohl überwiegender Auffassung ergibt sich die Zinshöhe aus dem nationalen Recht, das wiederum nach den Kollisionsregeln des Forumstaats zu ermitteln ist (vgl. die Nachw. bei BeckOK BGB/*Saenger*,, CISG Art. 78 Rn. 5. Nach anderen Auffassungen ist die Zinshöhe international einheitlich zu ermitteln bzw. der Leitzins des Staates zugrunde zu legen, in dessen Währung die zu verzinsende Hauptforderung zu erfüllen ist (vgl. Schlechtriem/Schwenzer/*Bacher* 7. Aufl. Art. 78 Rn. 30).

3. Klage des Verkäufers auf Abnahme der Kaufsache bei Widerruf eines Haustürgeschäfts

An das
Amtsgericht[1, 2, 3]

Klage

des .....
– Klägers –

Prozessbevollmächtigter: .....
gegen

den .....
– Beklagten –

wegen

Abnahme eines Kaufgegenstandes

Vorläufiger Streitwert: 1.200 EUR[3]

Namens und in Vollmacht des Klägers erhebe ich Klage und werde beantragen:
Der Beklagte wird verurteilt, die Waschmaschine, Fabrikat ....., Typ Exquisit X, abzunehmen.

Begründung:

1. Die Parteien haben am ..... einen schriftlichen Kaufvertrag über den Erwerb der Waschmaschine durch den Beklagten geschlossen.

   Beweis: Vorlage des Kaufvertrages vom .....

   Der vertraglich vereinbarte Kaufpreis von 1.200 EUR wurde von dem Beklagten bei Abschluss des Kaufvertrages bar bezahlt.
2. Der Beklagte verweigert nun die Abnahme der Waschmaschine mit der Begründung, dass er seine Willenserklärung mit Schreiben vom ..... widerrufen habe.[4] Ein Widerrufsrecht stehe dem Beklagten deshalb zu, da der Vertrag in seiner Wohnung abgeschlossen worden sei. Es trifft zwar zu, dass der Kaufvertrag in der Privatwohnung des Beklagten geschlossen wurde. Ein Widerruf ist auch nicht deshalb ausgeschlossen, weil der zuständige Mitarbeiter der Klägerin, Herr X, den Beklagten auf dessen ausdrückliche telefonische Bitte zu Hause aufgesucht hatte.
3. Vielmehr steht dem Beklagten ein Widerrufsrecht deshalb nicht zu, weil die Waschmaschine für den Beklagten nach dessen Vorgaben als Sonderkonstruktion hergestellt wurde. Dies betrifft einerseits das Füllvolumen und andererseits die Abmessungen des Gerätes. Das Gerät wurde so konstruiert und hergestellt, dass es ein um 30 % größeres Füllvolumen – im Vergleich zu handelsüblichen Geräten – aufnehmen kann. Ferner wurde das Gerät auch so konstruiert, dass es beim Beklagten in der Waschküche in die dort vorhandene Nische eingebaut werden kann und weist deshalb auch nicht die Normmaße handelsüblicher Waschmaschinen auf, sondern ist größer.[5]

   Beweis: Sachverständigengutachten

Rechtsanwalt

Anmerkungen

1. Die Abnahmeklage kann mit der Kaufpreisklage → Form. II.A.1 kombiniert werden. Ein besonderer Antrag auf Abnahme ist für die Kaufpreisklage jedoch ebenso wenig wie für die Werklohnklage erforderlich. Zur Klärung von Streitfällen und zur Inzidentfeststellung des Verzugs mit der Abnahme kann sie jedoch sinnvoll sein. In Schuldnerverzug kommt der Käufer, wenn er auf Mahnung hin nicht abnimmt (§ 286 Abs. 1 S. 1 BGB) oder wenn er die Abnahme ernsthaft und endgültig verweigert hat (§ 286 Abs. 2 Nr. 3 BGB). In diesen Fällen liegt zusätzlich auch Annahmeverzug vor, was den Gefahrübergang zur Folge haben kann (§ 300 Abs. 2 BGB).

2. Die Abnahmeklage ist grds. am allgemeinen Gerichtsstand zu erheben (§§ 12–19 ZPO). § 29 ZPO führt nur in Ausnahmefällen zu einer anderen Zuständigkeit (→ Form. II.A.4 Anm. 3). Wird die Abnahmeklage mit der Kaufpreisklage verbunden, entscheidet für die Zuständigkeit der Zahlungsanspruch (BLHAG ZPO § 29 Rn. 15). Ist ein Verbraucher beteiligt, richtet sich der Gerichtsstand nach § 29c ZPO. Der Ausschluss des Widerrufsrechtes in § 312g Abs. 2 Nr. 1 BGB ändert am Vorliegen eines Haustürgeschäftes nichts (BLHAG ZPO § 29c Rn. 4).

3. Der für die sachliche Zuständigkeit maßgebende Streitwert ist nicht nach dem Kaufpreis, sondern nach dem Interesse des Verkäufers an der Abnahme (zB Kosten für freiwerdenden Lagerraum) zu bemessen (BLHAG ZPO Anh. § 3 Rn. 5; Zöller/*Herget* ZPO § 3 Rn. 16). Dieser kann zB bei Gegenständen, von denen Gefahr ausgeht oder die spezielle Wartung oder Lagerung erfordern, höher zu bewerten sein als der Kaufpreis. Wird die Abnahmeklage mit der Kaufpreisklage verbunden, ist maßgebend derjenige für die Kaufpreisklage; nach hM werden beide Werte nicht zusammengerechnet (BLHAG ZPO Anh. § 3 Rn. 5 mwN).

4. Zum Widerrufsrecht des Kunden nach § 312g BGB vgl. Palandt/*Grüneberg* BGB §§ 312g Rn. 1 ff.

5. Die Beweislast für den Ausschluss des Widerrufsrechts nach § 312g Abs. 2 Nr. 1 BGB trägt der Verkäufer (OLG München WM 1991, 523; Palandt/*Grüneberg* BGB § 312g Rn. 3).

4. Klage auf Übereignung und Lieferung der Kaufsache

An das
Amtsgericht[1, 2, 3]

Klage

des .....
– Klägers –

Prozessbevollmächtigter: .....
gegen

den .....
– Beklagten –

wegen

Eigentumsverschaffung

Vorläufiger Streitwert: 2.800 EUR[2]

Namens und in Vollmacht des Klägers erhebe ich Klage und werde beantragen:

1. **Der Beklagte wird verurteilt, an den Kläger die Original-Lithographie „Mein lieber Vater“, 1963, Maße 50 × 60 cm, von Otto Kerner Zug um Zug[4] gegen Bezahlung von 2.500 EUR zu übergeben und zu übereignen.**
2. **Der Beklagte wird verurteilt, die Übergabe und Übereignung gem. Ziff. 1 innerhalb einer Frist von 14 Tagen nach Rechtskraft des Urteils vorzunehmen.[5–9]**

Anmerkungen

1. Zur Klage auf Auflassung → Form. II.I.8; zur Herausgabeklage aus § 985 BGB, die bereits – etwa nach §§ 929 S. 2, 930 f. BGB – begründetes Eigentum voraussetzt, → Form. II.I.9.

2. Die sachliche Zuständigkeit des Gerichts bemisst sich nach § 23 Nr. 1 GVG, §§ 2, 6 S. 1 ZPO.

a) Für den Streitwert ist der Verkehrswert maßgebend, nicht der Kaufpreis (Zöller/*Herget* ZPO § 6 Rn. 2), so dass Streitwert und Gegenleistung nicht den gleichen Betrag ausmachen müssen.

b) Ohne Bedeutung für den Streitwert ist der Wert der Gegenleistung beim Zug-um-Zug-Antrag. Es kommt deshalb auf den Wert des Gegenstandes an, dessen Herausgabe verlangt wird und nicht auf den Wert der Einwendung (hM, vgl. Zöller/*Herget* ZPO § 6 Rn. 2).

3. Örtlich zuständig ist in der Regel das Gericht des allgemeinen Gerichtsstands (§§ 12–19 ZPO). Hervorzuheben sind folgende Besonderheiten:

a) Bei Klage auf Herausgabe eines Grundstücks ist nach § 24 Abs. 1 ZPO ausschließlicher Gerichtsstand der dingliche Gerichtsstand, wenn der Kläger bereits Eigentümer ist und Anspruch auf Herausgabe sowohl nach § 433 Abs. 1 S. 1 BGB als auch nach § 985 BGB besteht. Dagegen gilt § 24 ZPO nicht für die Klage auf Auflassung (→ Form. II.I.8 Anm. 1).

b) Der besondere Gerichtsstand nach § 29 ZPO kann zur Klage an einem anderen als dem allgemeinen Gerichtsstand berechtigen, wenn ein anderer Erfüllungsort wirksam vereinbart ist oder aus den Umständen, insb. aus der Natur des Schuldverhältnisses ein anderer Erfüllungsort als der Wohnsitz des Verkäufers zu entnehmen ist (§ 269 Abs. 1 BGB). Bringschuld ist jedoch nur ausnahmsweise anzunehmen (zB Heizöllieferung; vgl. Palandt/*Grüneberg* BGB § 269 Rn. 12). Zur Wirksamkeit einer Vereinbarung des Erfüllungsorts und damit des Gerichtsstands vgl. § 29 Abs. 2 ZPO.

c) Zu weiteren Besonderheiten bei Haustürgeschäften und bei Anwendbarkeit des CISG → Form. II.A.1 Anm. 2, → Form. II.A.2 Anm. 5.

4. → Form. II.A.1 Anm. 3. Wegen der Probleme bei der Vollstreckung des Zug-um-Zug-Urteils sollte in der Klagebegründung der Annahmeverzug des Beklagten dargetan und unter Beweis gestellt werden und zusätzlich ein entsprechender Antrag gestellt werden (→ Form. II.A.1).

5. Ist das Eigentum bereits verschafft, so genügt es, auf Übergabe zu klagen. Statt „zu übereignen“ kann auch beantragt werden:

„. . . . . zu erklären, dass das Eigentum an . . . . . auf den Kläger übergehen soll“.

6. Die Vollstreckung der Übergabepflicht erfolgt nach § 883 ZPO, die Vollstreckung hinsichtlich der Willenserklärungen zur Übereignung nach § 894 ZPO.

7. Nach Rechtskraft des Herausgabetitels hat der Kläger einmal die Möglichkeit der Vollstreckung nach § 883 ZPO. Zum anderen kann er jedoch auch unter den Voraussetzungen des § 281 BGB Schadensersatz verlangen. Voraussetzung für den Schadensersatzanspruch ist nach § 281 Abs. 1 S. 1 BGB, dass der Kläger dem Beklagten eine angemessene Frist zur Herausgabe gesetzt hat und diese abgelaufen ist. Einer Ablehnungsandrohung bedarf es nicht. Die **Fristsetzung** kann mit dem Klageantrag auf Herausgabe verbunden werden (§ 255 ZPO). Der Antrag auf Fristsetzung kann sonach vor allen ordentlichen Gerichten mit dem Herausgabeantrag kombiniert werden.

Der Kläger muss im Klageantrag keine bestimmte Frist angeben. Die Dauer der Frist steht im Ermessen des Gerichts. Der Kläger kann deshalb auch beantragen: „Die Übergabe kann nur innerhalb einer vom Gericht zu bestimmenden, angemessenen Frist erfolgen". Gibt der Kläger allerdings eine bestimmte Frist an, kann sie das Gericht nicht verkürzen (BLHAG ZPO § 255 Rn. 7; Zöller/*Greger* ZPO § 255 Rn. 4). Auch wenn dies im Tenor nicht zum Ausdruck kommt, beginnt die Frist mit der Rechtskraft des Urteils zu laufen.

Während der Antrag auf Fristsetzung mit dem Herausgabeantrag kombiniert werden kann, gilt dies für den Schadensersatzantrag uneingeschränkt nur für das Verfahren vor dem Amtsgericht (§ 510b ZPO) und vor dem Arbeitsgericht (§ 61 Abs. 2 ArbGG). Ferner ist umstritten, ob § 510b ZPO auf Herausgabeansprüche überhaupt anwendbar ist (vgl. Zöller/*Herget* ZPO § 510b Rn. 2). Nur dann, wenn die Voraussetzungen des § 259 ZPO vorliegen würden, könnte dieser Antrag ebenfalls mit dem Herausgabeantrag kombiniert werden, hierzu sogleich.

8. Ein selbständiger, zusätzlicher Antrag auf Zahlung von Schadensersatz (außerhalb des Anwendungsbereiches des § 510b ZPO, → Anm. 7) ist nur unter den Voraussetzungen des § 259 ZPO zulässig. Zum schlüssigen Klagvortrag gehört es damit, dass der Kläger Tatsachen dartut, die die Besorgnis rechtfertigen, der Schuldner werde sich der rechtzeitigen Leistung entziehen. Die Bestimmungen der § 510b ZPO und § 61 Abs. 2 ArbGG, bei denen dies nicht erforderlich ist, gelten nur für das Verfahren vor dem Amts- bzw. Arbeitsgericht. Nach hM sind sie darüber hinaus auf den Herausgabeanspruch nicht anwendbar (OLG Köln OLGZ 1976, 477 (478); Zöller/*Herget* ZPO § 510b Rn. 2).

9. Verliert der Beklagte aus irgendwelchen Gründen den Besitz der Sache nach Rechtshängigkeit, so hat der Kläger die Möglichkeit, den Rechtsstreit in der Hauptsache für erledigt zu erklären. Daneben gibt ihm § 264 Nr. 3 ZPO die Möglichkeit, auf das „Interesse" überzugehen.

5. Klage auf Nacherfüllung durch Mangelbeseitigung

An das
Amtsgericht[1]

Klage

der Firma .....

Prozessbevollmächtigter:
– Kläger –

gegen

Die Firma . . . . .
– Beklagte –

wegen Nacherfüllung[2, 3, 4]
Vorläufiger Streitwert: 500 EUR[1]
Namens und in Vollmacht der Klägerin erhebe ich Klage und werde beantragen:
Die Beklagte wird verurteilt, die Waschmaschine Fabrikat . . . . . Nr. . . . . so nachzubessern, dass beim Schleudervorgang kein Wasser austritt.[5]

Begründung

Die Klägerin, ein Reinigungsunternehmen, kaufte am 1.2. . . . . bei der Beklagten die im Antrag genannte Waschmaschine zu einem Kaufpreis von 10.000 EUR für ihren Betrieb
Beweis: Kaufvertrag vom 1.2. . . . . in Anlage

Zwölf Tage nach Lieferung und Inbetriebnahme der Anlage am 1.4. . . . . trat erstmals während des Schleudervorgangs Wasser aus. Aufgrund einer Undichtigkeit läuft inzwischen bei jedem Schleudervorgang Wasser an der Unterseite der Maschine aus.
Beweis:[6] Zeugnis des . . . . .
Einholung eines Sachverständigengutachtens

Die Klägerin forderte die Beklagte mit Schreiben vom 1.4. . . . . zur Nachbesserung auf und teilte der Beklagten auch bereits verschiedene mögliche Besichtigungstermine mit. Eine Reaktion ist nicht erfolgt.[3]
Die Klägerin verlangt deshalb im Wege der Nacherfüllung Mangelbeseitigung nach § 439 Abs. 1 BGB.[7]
Rechtsanwalt

Anmerkungen

1. Die sachliche Zuständigkeit ergibt sich aus § 23 Nr. 1 GVG. Als Streitwert ist die geschätzte Höhe der Mangelbeseitigungskosten anzusetzen (Zöller/*Herget* ZPO § 3 Rn. 16 „Vertragserfüllung"). Die örtliche Zuständigkeit ergibt sich insb. aus §§ 13, 17 und 29 ZPO. Der Erfüllungsort richtet sich nach § 269 BGB, mit der Folge, dass bei einem Fehlen vertraglicher Vereinbarungen über den Erfüllungsort auf die jeweiligen Umstände, insbesondere auf die Natur des Schuldverhältnisses, abzustellen ist und dass dann, wenn sich hieraus keine abschließenden Erkenntnisse gewinnen lassen, der Erfüllungsort letztlich an dem Ort anzusiedeln ist, an welchem der Schuldner zur Zeit der Entstehung des Schuldverhältnisses seinen Wohn- oder Geschäftssitz hatte (BGH NJW 2017, 2758). Er kann der Ort sein, an dem sich die Sache befindet (Palandt/*Weidenkaff* BGB § 439 Rn. 3a; BGH NJW-RR 2008, 724 (zu § 635)), was sich mittelbar auch aus § 439 Abs. 2 BGB ergibt und bei Übernahme des Einbaus durch den Verkäufer in jedem Fall richtig ist. Nach Ansicht des EuGH (NJW 2019, 2007) muss beim Verbrauchsgüterkauf der Ort ohne erhebliche Unannehmlichkeiten für den Verbraucher erreichbar sein. Abschließend entschieden ist die Frage aber noch nicht. Deshalb wird vorgeschlagen, bei Vorhandensein von Zweifeln die Nachbesserung beim Verkäufer zu verlangen, der in jedem Fall die Transportkosten zu tragen hat (Palandt/*Weidenkaff* BGB § 439 Rn. 3a; BGH NJW 2017, 2758).

2. Der Käufer kann sich nicht sofort durch Rücktritt vom Vertrag lösen oder Minderung bzw. Schadensersatz verlangen. Vielmehr muss er zunächst den Verkäufer zur Nacherfüllung (§ 439 BGB) auffordern. Dem Anspruch des Käufers entspricht ein Recht des Verkäufers auf Nacherfüllung. Der Nacherfüllungsanspruch ist ein modifizierter Erfüllungsanspruch.

3. Der Nacherfüllungsanspruch selbst setzt keine Fristsetzung voraus. Eine Fristsetzung ist aber Voraussetzung für die weitergehenden Mängelansprüche wie Schadensersatz (§ 281 Abs. 1 S. 1 BGB), Rücktritt (§ 323 Abs. 1 BGB), Minderung (§§ 441, 323 Abs. 1 BGB) und Aufwendungsersatz (§§ 437 Nr. 3, 284 BGB). Eine ordnungsgemäße Fristsetzung setzt die Bereitschaft des Käufers voraus, dem Verkäufer die Kaufsache zur Überprüfung zur Verfügung zu stellen (BGH Urt. v. 1.7.2015 – VIII ZR 226/14, NJW 2015, 3455). Bei einem Verbrauchsgüterkauf hat der Verkäufer die Transportkosten zu tragen und auf Aufforderung hin hierfür einen Vorschuss zu entrichten (BGH NJW 2017, 2758). Die Angabe des Mangelsymptoms reicht aus (BGH Urt. v. 26.10.2016 – VIII ZR 240/15, NJW 2017, 153). Der Käufer muss dem Verkäufer am Erfüllungsort der Nacherfüllung Gelegenheit zur Untersuchung geben (BGH Urt. v. 19.12.2012 – VIII ZR 96/12, NJW 2013, 2074). Es besteht auch außerhalb des Verbrauchsgüterkaufs (§ 475 Abs. 5 BGB) uU ein Anspruch auf Vorschuss hierfür (BGH Urt. v. 13.4.2011 – VIII ZR 220/10, NJW 2011, 2278 Rn. 37)

4. Die Nacherfüllung kann sowohl durch Nachbesserung als auch durch Neulieferung (insb. dann, wenn es sich um vertretbare Sachen handelt bzw. um eine Sache, die einer vertretbaren Sache wirtschaftlich und auch dem Interesse des Käufers entspricht und sie der Käufer beschaffen kann) einer mangelfreien Sache erfolgen. Dem Käufer steht insoweit ein Wahlrecht zu. Der Kläger könnte deshalb auch die Lieferung einer mangelfreien Waschmaschine verlangen. Der Verkäufer kann die vom Käufer verlangte Art der Nacherfüllung nur bei Unmöglichkeit (§ 275 Abs. 1 BGB), hierzu *Wertenbruch* NJW 2004, 1977; Palandt/*Weidenkaff* BGB § 439 Rn. 15 oder unter den Voraussetzungen der §§ 275 Abs. 2 u. 3 sowie des § 439 Abs. 4 BGB wegen Unverhältnismäßigkeit verweigern (vgl. dazu Palandt/*Weidenkaff* BGB § 439 Rn. 16a; *Huber* NJW 2002, 1004 (1007)). Unmöglichkeit ist bei einem Modellwechsel nicht von vorneherein anzunehmen (BGH NJW 2019, 1133). Beim Verbrauchsgüterkauf bestimmt § 475 Abs. 4 S. 1, dass Unmöglichkeit und Unverhältnismäßigkeit nicht bei beiden Nacherfüllungsvarianten eingewandt werden kann. Die Nacherfüllung durch Lieferung einer anderen, mangelfreien Sache ist auch beim Stückkauf nicht von vornherein wegen Unmöglichkeit ausgeschlossen. Sie ist dann noch möglich, wenn die Kaufsache durch eine gleichartige und gleichwertige Sache ersetzt werden kann (BGH NJW 2006, 2839). Für die Frage, ob ein Mangel durch eine gleichartige und gleichwertige Ersatzleistung behoben werden kann, dürfte es darauf ankommen, ob die Vertragsbeteiligten die konkrete Leistung nach dem Vertragszweck und ihrem erkennbaren Willen als austauschbar angesehen haben (BGH NJW 2018, 789 Rn. 8 unter Hinweis auf BGHZ 168, 64 = NJW 2006, 2839). Nach Auffassung des BGH soll allerdings beim Kauf eines Gebrauchtwagens dann die Vermutung naheliegen, dass dies zumindest dann zu verneinen sei, wenn dem Kaufentschluss eine persönliche Besichtigung des Fahrzeugs vorangegangen ist (BGH NJW 2006, 2839; BGH NJW 2008, 53). Zur Beurteilung, ob Unverhältnismäßigkeit iSd § 439 Abs. 4 S. 1 BGB vorliegt, ist der Wert der Sache im mangelfreien Zustand heranzuziehen. Nicht relevant ist das Verhältnis zwischen Nacherfüllungskosten und Kaufpreis (vgl. so zur Frage der Unverhältnismäßigkeit: OLG Braunschweig NJW 2003, 1053; OLG Karlsruhe NJW-RR 2009, 777). Nach Ansicht des EuGH schließt es Art. 3 Abs. 3 der VerbrGKRL bei einem Verbrauchsgut aus, dass eine nationale Bestimmung dem Verkäufer das Recht gewährt, die Ersatzlieferung als einzig mögliche Art der Nachbesserung mit dem Einwand zu verweigern, dass hiermit Kosten verbunden seien, die, verglichen mit dem Wert des hypothetisch mangelfreien Verbrauchsgutes unverhältnismäßig sind. Eine nationale Bestimmung könne allenfalls eine Beschränkung auf einen angemessenen Betrag vorsehen. Diese Auffassung hat der BGH umgesetzt (NJW 2012, 1073).

5. Verlangt der Käufer die Lieferung einer mangelfreien Sache, hat der Verkäufer einen Anspruch auf Rückgabe der gelieferten mangelhaften Sache (§ 439 Abs. 4 BGB, vgl. zum Klagantrag → Form. II.A.6).

6. Die Beweislast für das Vorliegen eines Mangels im Zeitpunkt des Gefahrübergangs trägt der Käufer. Für den Verbrauchsgüterkauf trifft § 476 BGB eine Sonderregelung. Zeigen sich Mängel innerhalb von sechs Monaten nach Gefahrübergang gilt die Vermutung, dass die Sache bereits bei Gefahrübergang mangelhaft war. Eine Ausnahme von dieser Ausnahme besteht dann, wenn die Vermutung mit der Art der Sache oder des Mangels unvereinbar ist. Dafür kommt insb. der Verkauf gebrauchter Sachen in Frage.

7. Die für die Nacherfüllung erforderlichen Aufwendungen hat der Verkäufer zu tragen (§ 439 Abs. 2 BGB). Dies entspricht der bisherigen Rechtslage beim Nachbesserungsanspruch im Werkvertragsrecht. Die Nacherfüllungsvariante „Lieferung einer mangelfreien Sache" umfasst auch den Ausbau und den Abtransport der mangelhaften Kaufsache (EuGH NJW 2011, 2269; BGH NJW 2012, 1073) sowie den Einbau der als Ersatz gelieferten Sache (BGH Urt. v. 17.10.2012 – VIII ZR 226/11, NJW 2013, 220). Jedenfalls beim Verbrauchsgüterkauf umfasst der Aufwendungsersatzanspruch auch die Kosten der Verbringung der Sache an den Ort, an dem die Nacherfüllungsverpflichtung zu erfüllen ist und der Verkäufer hat auf Anforderung einen Vorschuss zu leisten (BGH NJW 2017, 2758).

6. Klage auf Rückgewähr des Kaufpreises nach Rücktritt

An das
Landgericht[1, 2, 3]

Klage

des . . . . .
– Klägers –

Prozessbevollmächtigter: . . . . .
gegen

den . . . . .
– Beklagten –

wegen

Rückzahlung des Kaufpreises.

Vorläufiger Streitwert: 12.000 EUR.[2]

Namens und mit Vollmacht des Klägers erhebe ich Klage und werde beantragen:

1. **Der Beklagte wird verurteilt, an den Kläger 12.000 EUR[4, 6, 7] nebst 5 Prozentpunkten Zinsen über dem Basiszinssatz seit dem 14.5. . . . . Zug um Zug gegen Übergabe[8] der Waschmaschine XY zu bezahlen.**
2. **Es wird festgestellt, dass sich der Beklagte in Annahmeverzug befindet.[9]**

Begründung:

Der Kläger kaufte am 1.2. . . . . bei dem Beklagten die im Antrag genannte Waschmaschine zum Kaufpreis von 12.000 EUR. Der Kaufvertrag wurde mündlich abgeschlossen. Der Kläger stellte die Waschmaschine am 5.2. . . . . auf und setzte sie in Betrieb. Dabei stellte sich heraus, dass das Laufwerk defekt ist, die Waschmaschine unregelmäßig und unrund läuft und beim Laufen laute kratzende Geräusche von sich gibt.

Beweis: Einnahme eines Augenscheins; Sachverständigengutachten.

Darüber hinaus ist es so, dass Kleidungsstücke durch das Waschen in der Maschine nach wenigen Waschvorgängen an verschiedenen Stellen durchgescheuert werden.

Beweis: Einnahme eines Augenscheins; Sachverständigengutachten.

Mit Schreiben vom 5.3. . . . ., gab der Kläger dem Beklagten Gelegenheit zur Nacherfüllung bis zum 5.4. . . . .[10]

Beweis: Einschreiben-Rückschein vom 5.3. . . . . in Anlage.

Der Beklagte lehnte jedoch die Nacherfüllung ab.[5]

Beweis: Schreiben des Beklagten vom 10.3. . . . . in Anlage.

Daraufhin erklärte der Kläger mit Schreiben vom 25.3. . . . . Rücktritt vom Kaufvertrag und verlangte den bezahlten Kaufpreis zurück.

Beweis: Einschreiben-Rückschein vom 25.3. . . . . in Anlage.

Mit Schreiben vom 28.4. . . . . bot der Kläger die Waschmaschine nochmals an, mahnte den Beklagten und setzte Frist zur Zahlung zum 28.5. . . . . Mit Schreiben vom 13.5. . . . . nahm der Beklagte Bezug auf das Schreiben des Klägers vom 28.4. . . . . und lehnte den Rücktritt ab, da ein Mangel nicht vorliege. Dies ist jedoch unrichtig. Es war deshalb Klage geboten.[11]

Anmerkungen

1. Schadensersatz- und Minderungsklage sind wie die allgemeine Leistungsklage zu behandeln (→ Form. I.D.1); hier wird nur die Klage auf Rückabwicklung des Kaufvertrags behandelt. Im vorliegenden Fall käme auch die Klage auf Nacherfüllung durch Lieferung einer anderen Waschmaschine (§ 439 Abs. 1 BGB) in Betracht.

2. Die sachliche Zuständigkeit des Gerichts bemisst sich nach dem Wert der zurückgeforderten Leistung.

3. Für die örtliche Zuständigkeit kommt neben dem allgemeinen Gerichtsstand des Verkäufers der besondere Gerichtsstand des § 29 ZPO und damit als gemeinsamer Leistungsort der Gerichtsstand des Ortes, an dem sich die Sache vertragsgemäß befindet (Palandt/*Grüneberg* BGB § 269 Rn. 14; Zöller/*Schultzky* ZPO § 29 Rn. 25 „Rückabwicklung") in Betracht. Hat der Käufer den Kaufpreis noch nicht bezahlt, so ist mE für die Rückabwicklungsklage das Gericht an seinem Wohnsitz zuständig (da hier um eine Zahlungspflicht gestritten wird und diese an seinem Wohnsitz zu erfüllen ist). Ist der Kaufpreis bezahlt und die Ware noch nicht an ihn geliefert, dann steht dieser Gerichtsstand nicht zur Verfügung. Ist dagegen – wie im Regelfall – bezahlt und geliefert, so ist str., ob die Klage an dem Ort erhoben werden kann, „wo sich die Sache vertragsgemäß befindet", also regelmäßig am Wohnsitz des Käufers. Die hM bejaht dies (vgl. oben).

4. Der Käufer kann sich nicht sofort beim Vorliegen eines Mangels vom Kaufvertrag durch Rücktritt lösen. Vorrangig ist zunächst der Anspruch des Käufers und das Recht des Verkäufers auf Nacherfüllung. Erst nach Ablauf einer Nacherfüllungsfrist kann der Käufer vom Vertrag zurücktreten (§ 323 Abs. 1 BGB).

5. § 323 Abs. 2 BGB regelt, wie auch § 440 BGB, Ausnahmefälle, bei denen eine Fristsetzung zur Nacherfüllung als Voraussetzung für den Rücktritt entbehrlich ist. Hier wurde von dem Verkäufer am 10.3. die Nacherfüllung abgelehnt, so dass der Kläger nach § 323 Abs. 2 Nr. 1 bzw. § 440 S. 1 BGB nicht den Ablauf der Nacherfüllungsfrist abwarten musste, sondern sofort den Rücktritt erklären konnte, vgl. auch § 323 Abs. 4.

6. Erklärt der Käufer den Rücktritt, kann er nach § 325 BGB daneben Schadensersatz verlangen. Dies gilt etwa für die Mehrkosten eines Deckungskaufs.

7. Im Gegensatz zur Rechtslage vor Inkrafttreten des Schuldrechtsmodernisierungsgesetzes (§ 326 BGB aF) verliert der Käufer nicht schon mit Ablauf der Frist zur Nacherfüllung seinen Erfüllungsanspruch. Er kann deshalb auch nach einer Fristsetzung noch entscheiden, ob er Rückabwicklung verlangen oder weiterhin den Erfüllungsanspruch geltend machen will. Erst, wenn der Käufer den Rücktritt erklärt hat, ist er daran gebunden. In diesem Fall ist das ursprüngliche Vertragsverhältnis in ein Abwicklungsverhältnis umgestaltet worden. Der Nacherfüllungsanspruch erlischt (OLG Naumburg Urt. v. 9.4.2015 – 2 U 127/13, NJW-RR 2015, 1399).

8. Der Zug-um-Zug-Antrag ist geboten, um Kostennachteile zu vermeiden (→ Form. II. A.1 Anm. 3), falls der Verkäufer die Einrede nach § 348 BGB erhebt. (Zur Vollstreckung des Zug-um-Zug-Urteils → Form. II.A.1 Anm. 3.)

9. Zu diesem Antrag → Form. II.A.1 Anm. 3, 4.

10. Unterbleibt die Aufforderung zur Nacherfüllung und fehlt es auch an anderen Voraussetzungen für sekundäre Mängelrechte, dann steht dem Käufer bei Selbstvornahme nach hM grds. kein Recht aus § 437 BGB zu (Palandt/*Weidenkaff* BGB § 437 Rn. 4a). Entgegen früherer Auffassungen (entspr. Antwort § 326 Abs. 2 BGB; *Lorenz* NJW 2003, 1417; NJW 2005, 1321; BeckOK BGB/*Faust* § 437 Rn. 33; *Herresthal/Riem* NJW 2005, 1457; aA *Dötsch* MDR 2004, 975; *Dauner/Lieb* AnwBl 2004, 597; *Oechsler* NJW 2004, 1826) kommt auch ein Anspruch des Käufers auf Anrechnung oder Erstattung der vom Verkäufer ersparten Aufwendungen nicht in Betracht (BGH NJW 2005, 1348).

Rechtsmittel und Fristen

11. Hinsichtlich der Verjährung ist zu unterscheiden: das Rücktrittsrecht als Gestaltungsrecht unterliegt nicht der Verjährung, da gem. § 194 BGB nur Ansprüche verjähren können. Es ist deshalb eine Sonderregelung erforderlich, die die Wirkung der Verjährung auf das Gestaltungsrecht überträgt: § 218 iVm § 438 Abs. 4 S. 1 BGB, 438 Abs. 1 Nr. 3, Abs. 2 BGB. Danach ist der Rücktritt unwirksam, wenn der Anspruch auf die Leistung oder Nacherfüllung verjährt ist und der Schuldner sich darauf beruft. Das Rücktrittsrecht muss unterschieden werden von den Ansprüchen aufgrund des Rückgewährschuldverhältnis nach wirksam erklärtem Rücktritt. Für diese gilt die regelmäßige Verjährungsfrist (vgl. Palandt/*Weidenkaff* BGB § 438 Rn. 20; § 438 Abs. 1 Nr. 3, Abs. 2 BGB). Unter den Voraussetzungen des § 215 BGB bleibt dem Käufer die Mängeleinrede auch danach erhalten.

7. Klage auf teilweise Rückgewähr des Kaufpreises nach Minderung

An das
Amtsgericht[1]

Klage

des . . . . .

Prozessbevollmächtigter: . . . . .
– Kläger –

gegen

den . . . . .
– Beklagten –

wegen Minderung
Vorläufiger Streitwert: 3.555,56 EUR
Namens und in Vollmacht des Klägers erhebe ich Klage und werde beantragen:
Der Beklagte wird verurteilt, an den Kläger 3.555,56 EUR nebst 5 Prozentpunkten Zinsen über dem Basiszinssatz seit dem 15.3. . . . . zu bezahlen.

Begründung:[2, 3]

Die Parteien schlossen am 15.1. . . . . einen schriftlichen Kaufvertrag über das gebrauchte Fahrzeug des Klägers, einen Pkw . . . . . Als Kaufpreis wurden 8.000 EUR vereinbart. In dem Vertrag war eine Laufleistung von 53.221 km angegeben.

Beweis: Kaufvertrag vom 15.1. . . . . in Anlage

Das Fahrzeug wurde an demselben Tag gegen Bezahlung des Kaufpreises übereignet. Inzwischen hat sich herausgestellt, dass die tatsächliche Laufleistung des Fahrzeugs 92.115 km beträgt. Ein Voreigentümer hat ohne Wissen des Beklagten den Tacho manipuliert.

Beweis: Beiziehung der Strafakten des AG . . . . .

Bei einer Laufleistung mit den vertraglich vereinbarten 53.221 km beträgt der Wert des Fahrzeugs 9.000 EUR. Aufgrund der tatsächlichen Laufleistung von 92.115 km reduziert sich der Wert auf 5.000 EUR.

Beweis: Vorlage eines DEKRA-Gutachtens in Anlage Sachverständigengutachten

Der Kläger verlangt die Minderung des Kaufpreises nach § 441 BGB. Danach ist der Kaufpreis in dem Verhältnis herabzusetzen, in welchem zur Zeit des Verkaufs der Wert der Sache in mangelfreiem Zustand zu dem wirklichen Wert gestanden haben würde. Der aufgrund der Minderung geschuldete Kaufpreis beträgt danach 4.444,44 EUR.[4] **Der Differenzbetrag zu den tatsächlich gezahlten 8.000 EUR iHv 3.555,56 EUR wird mit der Klage geltend gemacht.**[5]

Der Beklagte wurde mit Schreiben vom 8.3. . . . . zur Bezahlung aufgefordert. Mit Schreiben vom 14.3. . . . . wurde dies abgelehnt, weil kein Mangel vorliege.[6]

Rechtsanwalt

Anmerkungen

1. Bei Streitwerten bis 5.000 EUR ist das Amtsgericht sachlich zuständig (§ 23 Nr. 1 GVG).

2. Die Minderung setzt voraus, dass eine Nacherfüllungsfrist abgelaufen ist (§§ 441, 323 Abs. 1 BGB, → Form. II.A.6 Anm. 4), die Nacherfüllung unmöglich, fehlgeschlagen oder verweigert worden ist (§§ 441, 440 BGB). Im vorliegenden Fall ist ein Nacherfüllungsverlangen in Anwendung des § 275 Abs. 1 BGB deshalb entbehrlich, weil eine Nachbesserung unmöglich ist (Palandt/*Weidenkaff* BGB § 439 Rn. 15; *Westermann* NJW 2002, 241 (248); *Huber* NJW 2002, 1004 (1007)). Zu Mängelansprüchen/-rechten im Zusammenhang mit der Laufleistung von Kraftfahrzeugen, vgl. BGH NJW 2007, 1346; 1975, 1693; OLG Bremen NJW 2003, 3713 (3714), OLG Koblenz NJW 2004, 1670.

3. In § 441 Abs. 3 S. 1 BGB ist festgelegt, wie die Minderung zu berechnen ist. Der geminderte Kaufpreis verhält sich danach zum vereinbarten Kaufpreis wie der wirkliche Wert der Sache zum Sollwert. Danach ergibt sich folgende Berechnung:

$$\text{Geminderter Wert} = \frac{5.000\ \text{EUR} \times 8.000\ \text{EUR}}{9.000\ \text{EUR}}$$

Der geminderte Wert beläuft sich somit auf 4.444,44 EUR.

4. Nach § 441 Abs. 3 S. 2 BGB ist die Minderung, soweit erforderlich, durch Schätzung zu ermitteln. Entspricht der Wert der Kaufsache in mangelfreiem Zustand dem Kaufpreis, so führt die Minderungsberechnung nach § 441 Abs. 3 S. 1 BGB dazu, dass die Minderung häufig weitgehend den Nacherfüllungs- bzw. Mangelbeseitigungskosten entspricht (Palandt/*Weidenkaff* BGB § 441 Rn. 15). Dies gilt jedoch dann nicht, wenn die Mangelbeseitigungskosten sehr hoch ausfallen. Dann können dieselben nicht herangezogen werden. Gerade im Falle eines Ausschlusses des Nacherfüllungsanspruchs (§ 439 Abs. 3 BGB) oder des Rücktrittsrechts (§ 323 Abs. 5 S. 2 BGB) wegen Unverhältnismäßigkeit würde der Verkäufer sonst mit diesen Kosten über den Minderungsanspruch nach § 441 Abs. 3 S. 1 BGB belastet.

5. Hat der Verkäufer bereits den vollen Kaufpreis bezahlt, stellt § 441 Abs. 4 S. 1 BGB eine eigene Anspruchsgrundlage für die Rückforderung zur Verfügung. Bereicherungsrecht tritt dahinter zurück. Die Rückgewähr erfolgt nach Maßgabe der §§ 346 Abs. 1 und 347 Abs. 1, wobei der Verweis hinsichtlich des überzahlten Betrages angesichts § 441 Abs. 4 S. 1 BGB überflüssig ist.

6. Hinsichtlich der Verjährung → Form. II.A.5. aE und § 438 Abs. 5.

8. Klage auf Schadensersatz wegen zu geringer Grundstücksfläche

An das
Landgericht[1]

Klage

des . . . . .
– Kläger –

Prozessbevollmächtigter: . . . . .
gegen

den . . . . .
– Beklagten –

wegen

Schadensersatz

Vorläufiger Streitwert: 22.000 EUR
Namens und in Vollmacht des Klägers erhebe ich Klage und werde beantragen:
Der Beklagte wird verurteilt, an den Kläger 22.000 EUR nebst 5 Prozentpunkten Zinsen über dem Basiszinssatz seit . . . . . zu bezahlen.

Begründung:

Der Kläger macht Schadensersatzansprüche[2, 3, 4] geltend, weil ein ihm vom Beklagten verkauftes Grundstück nicht die vertraglich vereinbarte Fläche hat.

1. Mit notariellem Vertrag vom 1.11. . . . . kaufte der Kläger vom Beklagten einen noch wegzumessenden Teil des Grundstückes des Beklagten Flurstück-Nr. . . . . Die zu erwerbende Teilfläche ist in § 1 des notariellen Vertrages, von der Lage her in einer nicht maßstäblichen Skizze, die Gegenstand dieses Vertrages ist, näher beschrieben. Die Größe ist im Vertrag mit „ca. 500 qm" angegeben. In § 5 Abs. 3 des notariellen Vertrages ist geregelt, dass der Verkauf „ohne Gewähr für die Größe des Grund-

stückes und die Beschaffenheit des Grund und Bodens" erfolge. Nach § 2 des notariellen Vertrages beträgt der Kaufpreis 100.000 EUR.

Beweis: Notarieller Kaufvertrag vom 1.11. . . . .

Laut Wertgutachten des vereidigten Sachverständigen . . . . . beläuft sich der Verkehrswert für das Grundstück mit der vertraglich geschuldeten Fläche von 500 qm auf 130.000 EUR.

Beweis: Wertgutachten des Sachverständigen . . . . .

Der Kläger bezahlte den Kaufpreis von 100.000 EUR am 5.11. . . . . Die Auflassung erfolgte am 6.11. . . . . durch die bevollmächtigten Mitarbeiter des Notars, die Eintragung des Klägers im Grundbuch geschah am 1.12. . . . . Am 10.12. . . . . stellte der Kläger fest, dass die tatsächliche Fläche des ihm übertragenen Grundstückes lediglich 420 qm beträgt.

Beweis: Stellungnahme des Vermessungsingenieurs X in Anlage; Sachverständigengutachten.

Der Verkehrswert für das an den Kläger tatsächlich aufgelassene Grundstück mit einer Fläche von 420 qm beträgt 108.000 EUR.

Beweis: Wertgutachten des vereidigten Sachverständigen . . . . .

2. Wegen der geringeren Grundstücksgröße[5] steht dem Kläger nach §§ 437 Nr. 3, 280 ff. BGB ein Schadensersatzanspruch zu. Die Angabe der Grundstücksfläche führt zu einer Beschaffenheitsvereinbarung.[6] Die Regelung im Vertrag schließt die Schadensersatzansprüche nicht aus, da auch bei Angabe einer „Ca-Fläche" nur „geringfügige Abweichungen" von der „Ca-Größenangabe" keine Gewährleistungsansprüche auslösen. Auch die Regelung in § 5 Abs. 3 des Vertrages, wonach keine Gewähr für die Grundstücksgröße geleistet wird, ändert daran nichts.[7]
Der Schaden besteht in der Differenz zwischen dem Wert des Grundstücks mit der geschuldeten Fläche iHv 130.000 EUR und dem Wert des Grundstücks mit der tatsächlichen Fläche von 108.000 EUR.[7]

Anmerkungen

1. Die sachliche Zuständigkeit ergibt sich aus dem Streitwert, der über EUR 5.000 liegt und damit zur Zuständigkeit des Landgerichtes führt. Örtlich zuständig ist das Gericht am Wohnsitz des Beklagten. § 24 ZPO ist nicht einschlägig.

2. Die Grundstücksfläche gehört zur Beschaffenheit des Grundstücks, so dass Sachmängelansprüche gegeben sind (§ 434 BGB: vgl. zB Palandt/*Weidenkaff* BGB § 434 Rn. 60). Dies gilt nach der Rspr. des BGH allerdings nur dann, wenn neben einer Größenangabe nicht zusätzlich maßstabsgerechte Planunterlagen zum Gegenstand des Grundstückskaufvertrages gemacht werden. In diesem Fall bestimmt sich die zu übertragende Fläche alleine nach der mitbeurkundeten Planzeichnung, nur diese ist maßgeblich für die Sollbeschaffenheit des Grundstücks. Wird das Grundstück so, wie in den Planunterlagen dargestellt, verschafft, liegt kein Sachmangel vor (BGH NJW 2012, 373). Vielmehr können in einem derartigen Fall die Grundsätze zur Anpassung des Vertrages aufgrund einer Störung der Geschäftsgrundlage zur Anwendung kommen (BGH NJW 2012, 373; NJW-RR 2004, 735). Im vorliegenden Fall war jedoch kein (vorrangiger) maßstabsgerechter Plan zum Bestandteil des Vertrages gemacht worden, sondern nur eine unmaßstäbliche Skizze. Die Sachmängelrechte kommen deshalb zur Anwendung. Schadensersatzansprüche statt der Erfüllung und neben der Erfüllung (§§ 281, 280 BGB) bzw. Minderungsansprüche können auch dann bestehen, wenn hinsichtlich der Grundstücksfläche nur „Ca-Angaben" gemacht wurden (BGH NJW 1986, 920 = BauR 1986, 367). Ausgenommen sind geringfügige Abweichungen (wohl bis 1 % vgl. BGH WM 1984, 941 (943) und LG Nürnberg-Fürth NJW 1978, 1060; Kniffka/Koeble/Jurgeleit/Sacher BauR-Komp/*Koeble* 10. Teil Rn. 416 ff.). Bei der Verschaffung einer geringeren Wohnfläche → Anm. 5. Fällt die vertraglich vereinbarte Nutzfläche tatsächlich geringer aus, dann kann auch ein Rechtsmangel vorliegen. Der BGH (NJW 1997, 1778) hat dies bejaht, wenn ein mitverschaffter Hobbyraum zwar nutzbar ist, aber weder zum Sondereigentum gehört, noch ein Sondernutzungsrecht an ihm besteht. Auch Prospekthaftungsansprüche kommen in Betracht, → Anm. 7. Nach einer nicht unumstrittenen Entscheidung des BGH (Urt. v. 6.11.2015 – V ZR 78/14, NJW 2016, 1815) sollen Angaben in Unterlagen, die in der notariellen Urkunde keinen Niederschlag finden (zB Exposé) nicht zu einer Beschaffenheitsvereinbarung nach § 434 Abs. 1 S. 1 BGB führen (vgl. auch BGH Urt. v. 22.4.2016 – V ZR 23/15, NJW 2017, 150; BGH Urt. v. 9.2.2018 – V ZR 274/16, NJW 2018, 1954; OLG Dresden Beschl. v. 16.1.2020 – 4 U 2183/19, NJW-RR 2020, 626; OLG Rostock Urt. v. 19.12.2019 – 3 U 62/18, BeckRS 2019, 33902)). Zwar greift neben ausdrücklichen oder konkludenten Beschaffenheitsvereinbarungen auch beim Grundstückskaufvertrag immer auch § 434 Abs. 1 Satz 3 im Falle einer Internetanzeige oder eines Exposés. Diese Regelung gilt jedoch nur für Beschaffenheiten nach § 434 Abs. 1 S. 2 Nr. 2. Sie werden im Übrigen auch von vertraglichen Haftungsausschlüssen erfasst (BGH aaO – NJW 2017, 150; BGH Urt. v. 9.2.2018 – V ZR 274/16, NJW 2018, 1954).

Dem Kläger stehen im vorliegenden Fall Schadensersatzansprüche neben der Erfüllung (§§ 437 Nr. 3, 280 BGB) und wahlweise Schadensersatzansprüche statt der Erfüllung (§§ 437 Nr. 3, 281 BGB) für den nicht erfüllten Teil („soweit") zur Verfügung (vgl. Palandt/*Grüneberg* BGB § 281 Rn. 37). Schadensersatz statt der ganzen Leistung setzt allerdings voraus, dass der Käufer an der Teilleistung kein Interesse hat und ist auch dann ausgeschlossen, wenn der Schuldner die Leistung zwar nicht wie geschuldet bewirkt, die Pflichtverletzung jedoch unerheblich ist (§ 281 Abs. 1 S. 2, 3 BGB). Das wird nur bei gravierenden Abweichungen, wohl von mehr als 10 % in der Regel ausgeschlossen werden können. Dies sind jedoch nur unverbindliche Angaben. Im Einzelfall kommt es auf die gesamten Umstände des jeweiligen Sachverhaltes an. Von besonderer Bedeutung kann hier sein, wenn Nutzungseinschränkungen gegeben sind (vgl. auch Kniffka/Koeble/Jurgeleit/Sacher, Kompendium des Baurechts,10. Teil Rn. 418 f.). Noch nicht abschließend geklärt ist, wie die Berechnung des Schadensersatzanspruchs erfolgt, der neben die Erfüllung tritt. Denkbar wäre eine Berechnung auf Basis des vereinbarten Quadratmeterpreises vorzunehmen. Das dürfte jedoch nicht immer sachgerecht sein, insb. dann, wenn es sich bei den Grundstücksflächen um Flächen verschiedener Wertigkeiten handelt (innerhalb, außerhalb des Baufensters). Das gleiche Problem stellt sich auch bei der Berechnung des Schadensersatzanspruchs bei Wohnflächenmängel (vgl. hierzu Kniffka/Koeble/Jurgeleit/Sacher, Kompendium des Baurechts, 10. Teil Rn. 423). Das OLG Düsseldorf (BauR 1997, 477) bemisst zB den Schadensersatz wegen Verringerung der Wohnfläche im Dachgeschoss/Spitzboden auf 75 % des Quadratmeterpreises der Vollgeschosse.

3. Möglich wäre auch ein Anspruch auf Minderung nach §§ 437 Nr. 2, 441 BGB. Danach ist der Kaufpreis in dem Verhältnis herabzusetzen, in welchem zurzeit des Verkaufs der Wert der Sache in mangelfreiem Zustand zu dem wirklichen Wert gestanden hätte (Palandt/*Weidenkaff* BGB § 441 Rn. 12 ff.). Im vorliegenden Fall ergibt sich somit folgende Berechnung:

$$\frac{100.000\ \text{EUR} \times 108.000\ \text{EUR}}{130.000\ \text{EUR}} = 83.076\ \text{EUR}$$

Der Differenzbetrag von 16.923,08 EUR zu den von dem Kläger bezahlten Kaufpreis von 100.000 EUR ergibt den Minderungsbetrag nach § 441 BGB. Da dieser Betrag unter dem Schadensersatz neben der Erfüllung nach §§ 437 Nr. 3, 280 BGB liegt, wird der Kläger keinen Minderungsanspruch geltend machen. Nach einer Entscheidung des OLG München zu einem Wohnflächenmangel (NJW-RR 1996, 1417) soll die Minderung linear proportional zum Quadratmeterpreis zu ermitteln sein.

4. Eine weitere Möglichkeit wäre auch der Rücktritt vom Kaufvertrag, allerdings nur, wenn der Käufer an der Teilleistung kein Interesse hat oder wenn „die Pflichtverletzung nicht unerheblich" ist (§§ 437 Nr. 2, 323 Abs. 5 S. 1 und 2 BGB) Allerdings muss unbedingt beachtet werden, dass in diesem Fall der Eigentumsverschaffungsanspruch als Grundlage für die akzessorische Vormerkung wegfällt. Wenn der Kaufpreis bereits gezahlt wurde, kann der Erwerber in die Situation geraten, dass er Schwierigkeiten mit der Realisierung seines Rückzahlungsanspruchs hat und auf der anderen Seite auch keine Sicherheit mehr, die ihm die Verschaffung des Eigentums sicherstellt.

5. Ansprüche bestehen auch bei Verschaffung einer geringeren Wohnfläche bei einer Eigentumswohnung (vgl. zum Ganzen Kniffka/Koeble/Jurgeleit/Sacher, Kompendium des Baurechts, 10. Teil Rn. 423; → Anm. 2). Hier ergeben sich häufig Probleme, wie die Wohnflächenangabe des Verkäufers in Prospekten oder im Vertrag zu verstehen ist (dazu OLG Nürnberg BauR 2000, 1883; OLG Celle BauR 1998, 805; OLG Hamburg BauR 1980, 469; OLG München BauR 1980, 470; OLG Düsseldorf BauR 1981, 476 = NJW 1981, 1455). Bei Verkauf eines Grundstücks kann die Wohnflächenangabe Beschaffenheitsvereinbarung iSd § 434 Abs. 1 BGB (Folge: Mängelansprüche, insb. Minderung) bzw. § 633 BGB sein (BGH V. Zivilsenat NJW 1991, 912 = BauR 1991, 230 mAnm *Quack;* BGH BauR 2004, 847 (848) = NJW 2004, 2156). Ebenso wie beim Kaufvertrag treten die gleichen Fragen auch beim Bauträgervertrag und bei allen anderen Baumodellen auf. Vereinbarte Wohnflächen sind Beschaffenheitsmerkmale einer auf Grund des Erwerbsvertrags von Bauträger geschuldeten Wohnung (BGH BauR 2004, 847 (848); 2001, 391; 1999, 648 f.). Bei Abweichungen der tatsächlich ausgeführten von der vereinbarten Fläche, ist die Wohnung mangelhaft (BGH BauR 2004, 847 (848); 2001, 391) (BGH NJW 1997, 2874 = LM H. 1/1998 § 133 (c) BGB Nr. 93 mAnm *Koeble* und KG NJW-RR 1989, 459 = OLGZ 1989, 193, die Mängelansprüche bei einer Abweichung von 10 % bejahen; vgl. auch LG Ravensburg BauR 1992, 81, ferner OLG Hamm NJW-RR 1995, 1481; OLG Celle BauR 1999, 663: eine Abweichung um weniger als 10 % stellt keinen Fehler dar, sofern keine Zusicherung vorliegt. Zu Auslegungsfragen, wonach die Wohnfläche und die Minderung zu berechnen sind, vgl. insb. *Quack* in Anm. zu BGH BauR 1991, 230 (323) = NJW 1991, 912 sowie die Entscheidungen des V. ZS aus 1997 und der Oberlandesgerichte oben). Auch einseitige Vorstellungen des Käufers über die Wohnfläche – zB aus vor Vertragsschluss übersandten Prospekten – können Inhalt des Vertrages werden, wenn der Verkäufer den wirklichen Willen (hinsichtlich der Wohnfläche) des Käufers erkennt und in Kenntnis dieses Willens den Vertrag abschließt (BGH BauR 2004, 847). Ansprüche können auch bestehen, wenn die verschafften Räume zwar die richtige Größe haben, aber beschränkt genutzt werden können (dazu iE OLG Düsseldorf BauR 1984, 295; BGH BauR 1989, 219; Kniffka/Koeble/Jurgeleit/Sacher, Kompendium des Baurechts, 10. Teil Rn. 432 ff.; BGH NJW 2004, 364, Rechtsmangel).

6. Für den vorliegenden Sachverhalt wurden bei Ca-Angabe trotz Haftungsausschluss vom BGH (NJW 1986, 920) dem Grunde nach Ansprüche bejaht. Die Rspr. nimmt auch bei diesen Regelungen an, dass Ansprüche nur hinsichtlich „geringfügiger Differenzen" zum angegebenen Wert ausgeschlossen sein sollen (BGH NJW 1986, 920; WM 1984, 941 (943); LG Nürnberg-Fürth NJW 1978, 1060, wonach Abweichungen bis zu 1 % toleriert werden müssen).

7. Bei Wohnflächenangaben in Prospekten im Vorfeld des Vertragsschlusses kommen auch Ansprüche nach den Grundsätzen zur Prospekthaftung im engeren Sinn in Betracht.

Die Prospekthaftungsgrundsätze finden beim Bauherrenmodell und auch beim Bauträgermodell Anwendung (BGH BauR 2001, 253). Daneben kommen auch Ansprüche nach § 311 BGB in Betracht. Angaben in Prospekten können sich auch dahingehend auswirken, dass sie für die Beurteilung der Frage, welche werkvertraglichen Pflichten der Vertragspartner übernommen hat, herangezogen werden können (BGH DNotZ 2008, 609 mAnm Koeble = IBR 2008, 30).

B. Miet- und Maklerrecht

Mietrecht

1. Klage des Vermieters auf Mietzahlung

An das
Amtsgericht[1]
– Streitgericht –
Abteilung für Mietsachen
. . . . .

Klage[2]
In Sachen

. . . . .
– Klägerin –

gegen

. . . . .
– Beklagte –
wegen Forderung
vorläufiger Streitwert: 2.000 EUR[3]
Namens und mit Vollmacht der Klägerin erhebe ich Klage und werde
beantragen:

I. Die Beklagten werden gesamtverbindlich verurteilt, an die Klägerin 2.000 EUR nebst Zinsen iHv 5 Prozentpunkten über dem jeweiligen Basiszinssatz aus 500 EUR seit 7.5.2020, aus weiteren 500 EUR seit 5.6.2020,[4] aus weiteren 500 EUR seit 4.7.2020, aus weiteren 500 EUR seit 6.8.2020,[5] zu bezahlen.
II. Die Beklagten haben gesamtverbindlich die Kosten des Rechtsstreits zu tragen.
III. Das Urteil ist in Ziffer I und II vorläufig vollstreckbar, notfalls gegen Sicherheitsleistung.

Begründung:

1. Zwischen den Parteien besteht ein Mietverhältnis über die von der Klägerin vermietete, von den Beklagten gemietete Wohnung in der . . . . . Straße Nr. . . . . in x-Stadt, bestehend aus . . . . .

Beweis: In beglaubigter Fotokopie anliegender Mietvertrag v. 16.3.2007.[6]

Nach § 4 des Mietvertrages[7] haben die Beklagten monatlich eine Gesamtmiete (Nettomiete zzgl. Vorauszahlung auf Betriebs- und Heizkosten gem. § 2 BetrKV) von 1.000 EUR zu bezahlen. Hierbei kommt es für die Rechtzeitigkeit der Zahlung nicht auf die Absendung, sondern auf den Eingang des Geldes auf dem Vermieterkonto an, wobei der Mieter seiner Verpflichtung zur rechtzeitigen Zahlung genügt, wenn er nach dem normalen Verlauf mit rechtzeitiger Gutschrift auf dem Vermieterkonto rechnen konnte.

Beweis: Mietvertrag

Mit beigefügtem Schreiben vom ..... haben die Beklagten eine Minderung der monatlichen Miete um 500 EUR angekündigt wegen angeblicher Mängel[8] der Wohnung, wie folgt: ..... Sie haben entsprechend dieser Ankündigung ab Mai 2020 nur noch die hälftige Miete[9] iHv 500 EUR geleistet. Die behaupteten Mängel bestehen nicht.[10] IE ist hierzu auszuführen ..... Für die Monate Mai 2020bis einschließlich August 20208 ist jeweils ein Betrag iHv 500 EUR offen, insgesamt besteht eine Forderung von 2.000 EUR.[11]
Die Forderung wurde durch Schreiben vom ..... unter Fristsetzung zum ..... erfolglos angemahnt.[12]

Beweis: Schreiben vom (.....), Rückschein

2. Für den Fall, dass das Gericht ein schriftliches Vorverfahren durchführen sollte und die Voraussetzungen des § 331 Abs. 3 ZPO eintreten, wird bereits hiermit der Antrag nach § 331 Abs. 3 ZPO gestellt[13].....

Rechtsanwalt

Anmerkungen

1. Örtlich ausschließlich zuständig für Streitigkeiten aus Mietverhältnissen ist das Gericht, in dessen Bezirk sich die Räume befinden (§ 29a Abs. 1 ZPO). § 29a ZPO gilt für Streitigkeiten über Ansprüche aus Wohnraummietverhältnissen, mit Ausnahme der in § 549 Abs. 2 Nr. 1–3 BGB genannten (§ 29a Abs. 2 ZPO) und aus Geschäftsraum- und sonstigen Raummietverhältnissen.

Sachlich ausschließlich zuständig ist nach § 23 Nr. 2a GVG das AG nur bei Wohnraum. Bei Geschäftsraum bleibt es bei der streitwertabhängigen Zuständigkeitsregel (§ 23 Nr. 1, § 71 Abs. 1 GVG).

2. Die Zulässigkeit des Urkundenprozesses für Klagen auf Mietzahlung hat der BGH (WM 1999, 345) für Gewerberaum und für Wohnraum bejaht (BGH NZM 2005, 661; zur Betriebskostennachforderung BGH NJW 2015, 475). Mangelfreiheit gehört nicht zu den anspruchsbegründenden Tatsachen iSd § 592 ZPO, sodass der Urkundenprozess auch dann statthaft ist, wenn der Mieter mindert (BGH NZM 2005, 661) oder die Einrede des nicht erfüllten Vertrages erhebt (BGH ZMR 2007, 265). Stützt der Mieter die Minderung oder die Einrede des nicht erfüllten Vertrages allerdings auf die Behauptung, die Mietsache sei schon bei der Übergabe fehlerhaft gewesen, ist eine Klage im Urkundenprozess nur statthaft, wenn entweder unstreitig ist, dass der Mieter die Mietsache als Erfüllung angenommen hat, ohne die später behaupteten Mängel zu rügen, oder wenn der Vermieter ein solches Verhalten des Mieters durch Urkunden beweisen kann (BGH NZM 2013, 614; NJW 2009, 3099; sa § 363 BGB). Zu dem Fall, dass unstreitig Mängel vorliegen, deren Verursachung aber streitig ist, s. BGH GE 2013, 1582. Siehe zum Ganzen auch *Flatow* DWW 2008, 88 ff.

3. Bei der Klage auf rückständige Mieten ist der geforderte Betrag maßgebend (§ 23 Abs. 1 RVG, § 43 Abs. 1 und 2 GKG). Das Erfordernis außergerichtlicher Streitschlichtung bei Streitwerten bis 750 EUR gilt, sofern ein entsprechendes Landesgesetz in Kraft ist, vgl. § 15a EGZPO. Wurde eine Klage ohne dieses Verfahren eingereicht, ist sie unzulässig (BGH NJW-RR 2010, 1725 = VersR 2010, 1444; BGH NJW 2005, 437). Sofern während des eingeleiteten Gerichtsverfahrens das Landesgesetz aufgehoben wird, ist die zuvor eingereichte Klage zulässig (BGH WuM 2007, 80 = NJW 2007, 519 ff.).

4. Durch die im Zuge der COVID-19-Pandemie zum Schutz des Mieters eingeführte Regelung des Art. 240 § 2 Abs. 1 EGBGB wird lediglich das Kündigungsrecht des Vermieters wegen Zahlungsrückständen des Mieters, die vom 1.4.2020 bis 30.6.2020 entstanden sind und auf den Auswirkungen der COVID-19-Pandemie beruhen, temporär eingeschränkt; die Mietzinszahlungspflicht bleibt jedoch im Grundsatz bestehen (BT-Drs. 19/18110, 18 und 36). Zu öffentlich-rechtlichen Nutzungsbeschränkungen aufgrund der Covid-19-Pandemie im Gewerbemietrecht s. → Anm. 10.

5. Die vorgenannten Zeitpunkte orientieren sich daran, dass eine wirksame Rechtzeitigkeitsklausel vereinbart ist, s. → Anm. 7.

6. Gem. Art. 229 § 3 Abs. 1 Nr. 7 EGBGB ist auf Altverträge, dh Verträge die am 1.9.2001 (BGH NJW 2010, 2882; WuM 2009, 228 (229); WuM 2007, 463 ff.; WuM 2006, 620) bereits bestanden, weiterhin § 551 BGB aF anzuwenden. Allerdings ist auch insoweit die neuere Rechtsprechung des BGH (ZMR 2017, 231) zu beachten. Bei hiervon abweichenden formularmäßigen Fälligkeitsregelungen in Kombination mit Aufrechnungsklauseln ist die Wirksamkeit der Vorfälligkeitsklausel unbedingt zu prüfen (*Mayer-Abrich* NJW 2018, 1586, weitere Nachweise → Form. II.B.4 Anm. 10). Deren Unwirksamkeit hat zur Folge, dass es bei der Fälligkeitsbestimmung des § 551 BGB aF verbleibt und der Mieter erst am Ende des Zeitabschnitts, in der Regel am Ende des Monats, zahlen muss (BGH NJW 2009, 1491 ff.).

7. § 556b Abs. 1 und § 579 Abs. 2 BGB haben den Zeitpunkt der Fälligkeit der Miete für Räume auf den Beginn der Mietzeit oder der vereinbarten Zeitabschnitte verlegt (BGH NZM 2010, 699). Die Vorschrift ist auch für Wohnraum nicht zwingend und trifft keine Aussage zur Rechtzeitigkeit, sodass die Vereinbarung einer Rechtzeitigkeitsklausel sinnvoll ist (s. hierzu näher unten).

Streitig ist, ob die Änderung des § 556b Abs. 1 BGB nur die Verlagerung des Fälligkeitszeitpunkts beinhaltet oder die Vorleistungspflicht des Vermieters als Solche betrifft (zum Streit s. MüKoBGB/*Artz* § 556b Rn. 10 mwN; Schmidt-Futterer/*Lehmann-Richter* BGB § 556b Rn. 6 und 14 f.; *Flatow* NZM 2017, 273 ff.). Der Gesetzgeber (sa BT-Drs. 14/4553, 52) wollte die geänderte Verkehrsanschauung berücksichtigen, daher ist nur die Fälligkeit der Miete betroffen (vgl. auch LG Flensburg ZMR 2018, 768) und es bleibt im Übrigen bei der Vorleistungspflicht des Vermieters (MüKoBGB/*Artz* § 556b Rn. 10; str. sa Palandt/*Weidenkaff* BGB § 556b Rn. 4 mwN). Das Zurückbehaltungsrecht des Mieters soll auch nach der Gegenansicht gleichwohl fortbestehen (Palandt/*Weidenkaff* BGB § 556b Rn. 1); zur Frage, wie mit dem Monat umzugehen ist, in dem ein Mangel auftritt, siehe *Flatow* NZM 2017, 273 ff.)

Da § 556b Abs. 1 BGB bestimmt, dass die Miete zu Beginn der einzelnen Zeitabschnitte zu entrichten ist, besteht eine sofortige Leistungspflicht des Mieters.

Modifiziert wird die Regelung durch die zusätzlich in § 556b BGB enthaltene Fälligkeitsregelung, dass die Miete nicht am ersten Tag des Zeitabschnitts zu entrichten ist, sondern spätestens bis zum dritten Werktag des einzelnen Zeitabschnitts. An diesem Tag, dh mit dessen Beginn und nicht erst mit dessen Ablauf, wird die Miete fällig (BGH NJW 2010, 2208).

Nach der gesetzlichen Regelung des § 556b Abs. 1 BGB ist der Mieter spätestens bis zum dritten Werktag des jeweiligen Zeitabschnitts zur Zahlung der Miete verpflichtet (s.a. § 286 Abs. 2 Nr. 1 BGB). Im Hinblick auf die Zeitabschnitte kommt es auf die vertraglichen Vereinbarungen an. Es kann sich um Tage, Wochen, Monate, Vierteljahre, Halbjahre oder Jahre (BGH NJW-RR 2009, 21) handeln. Die Miete ist dann gem. § 556b Abs. 1 BGB jeweils zu Beginn der einzelnen vertraglich vereinbarten Zeitabschnitte zu zahlen, spätestens jeweils am dritten Werktag des einzelnen Zeitabschnitts, sofern es sich nicht um einen per se kürzeren Zeitabschnitt als drei Tage handelt.

Wenn der Mietbeginn nicht mit dem Beginn des Kalendermonats identisch ist, wie es der Regelfall sein dürfte und die Fälligkeit gleichwohl spätestens am dritten Werktag eines Kalendermonats eintreten soll, ist hierfür eine vertragliche Vereinbarung erforderlich.

Durch die Entscheidung des BGH (NJW 2010, 2879; vgl. auch KG Berlin WuM 2019, 579) ist klargestellt, dass der Samstag bei der Frist zur Zahlung der Miete bis zum dritten Werktag eines Monats nicht mitzählt, da er kein Bankgeschäftstag ist. Dies gilt auch für Altverträge (BGH NJW 2010, 2882). Etwas anderes gilt bei der Berechnung der sogenannten Karenzzeit von drei Werktagen, die den Parteien eines Wohnraummietvertrages zur Wahrung der Kündigungsfrist zusteht (vgl. § 573c Abs. 1 S. 1 BGB); hier ist der Samstag als Werktag mitzuzählen, jedenfalls dann, wenn nicht der letzte Tag der Karenzfrist auf diesen Tag fällt (BGH ZMR 2005, 695). Zur neueren Rspr. s. *Häublein* NZM 2010, 651 ff.

§ 556b Abs. 1 BGB enthält keine Bestimmungen zu Zahlungsort und Zahlungszeitpunkt, sodass es hier bei den Regelungen des §§ 269, 270 BGB bleibt.

Regelmäßig ist Miete in Geld zu erbringende, qualifizierte Schickschuld (§ 270 BGB), vgl. BGH ZMR 2017, 231. Vertragliche Vereinbarungen über die Zahlungsweise sind üblich.

Wurde zwischen den Parteien Zahlung per SEPA-Lastschriftverfahren (Palandt/*Sprau* BGB § 675f Rn. 41 ff.) vereinbart, wird hierdurch die Mietschuld in eine Holschuld umgewandelt, sodass der Vermieter für den rechtzeitigen Einzug Sorge tragen muss (vgl. LG Hamburg ZMR 2019, 682; KG ZMR 2009, 30; BGH MDR 1985, 472). In diesem Fall hat der Mieter das seinerseits Erforderliche getan, wenn zum Zeitpunkt der Fälligkeit auf seinem Konto Deckung vorhanden war. Die Einziehung ist Sache des Vermieters, der auch das Verzögerungsrisiko trägt (vgl. LG Hamburg ZMR 2019, 682 und OLG Karlsruhe ZMR 2019, 19).

Bei Zahlung der Miete durch Überweisung war zunächst streitig, welche Folgerungen aus der RL 2000/35/EG bzw. RL 2011/7/EU zur Bekämpfung von Zahlungsverzug im Geschäftsverkehr und der Entscheidung des EuGH vom 3.4.2008 zur Auslegung der RL 2000/35/EG (ZMR 2009, 262 f) für den Zahlungsverkehr mit Verbrauchern zu ziehen seien. Gemäß Art. 3 Abs. 1 lit. c Ziff. ii) der RL 2000/35/EG (jetzt Art. 3 Abs. 1 lit. b) RL 2011/7/EU) ist der Gläubiger berechtigt, bei Zahlungsverzug Zinsen insoweit geltend zu machen, als er den fälligen Betrag nicht rechtzeitig erhalten hat, es sei denn, dass der Schuldner für die Verzögerung nicht verantwortlich ist. Nach dem EuGH (ZMR 2009, 262) ist Art. 3 Abs. 1 lit. c) Ziff. ii) der RL 2000/35/EG dahin auszulegen, dass bei einer Zahlung durch Banküberweisung der geschuldete Betrag dem Konto des Gläubigers rechtzeitig gutgeschrieben sein muss. Eine teilweise in der Rechtsprechung der Instanzgerichte und im Schrifttum vertretene Ansicht wollte aus der Zahlungsverzugsrichtlinie und der dazu ergangenen Rechtsprechung des Europäischen Gerichtshofs herleiten, dass die Mietschuld als (modifizierte) Bringschuld anzusehen sei und die Wohnraummiete bis zum dritten Werktag des Monats bei der Bank des Vermieters eingegangen beziehungsweise auf seinem Konto gutgeschrieben sein müsse (etwa LG Freiburg GE 2015, 793; LG Wuppertal NZM 2011, 855; *Herresthal*, NZM 2011, 833 (838); *Staudinger* DNotZ 2009, 198 (205 f.); *Gsell* GPR 2008, 165 (170)). Diese Sichtweise beruhte auf der Überlegung, dass Schulden von Verbrauchern aus Geschäften mit Unternehmern zur Vermeidung einer gespaltenen Auslegung des nationalen Rechts in richtlinienkonformer Auslegung der § 269 Abs. 1, § 270 Abs. 1, 4 BGB ebenso zu behandeln seien wie die von der Zahlungsverzugsrichtlinie erfassten Entgelte. Für die Rechtzeitigkeit der Leistung sei daher generell, also auch außerhalb des Anwendungsbereichs der Richtlinie, nicht mehr auf die Erbringung der Leistungshandlung, sondern auf den Erhalt der Leistung abzustellen.

Der BGH hat diese Ansicht abgelehnt und mit Urteilen vom 5.10.2016 (Az: VIII ZR 222/15 ZMR 2017, 231 und VIII ZR 223/15) zum Wohnraummietrecht entschieden, dass es im Rahmen des § 556b Abs. 1 BGB für die Rechtzeitigkeit der Mietzahlung im Überweisungsverkehr nicht darauf ankomme, dass die Miete bis zum dritten Werktag des vereinbarten Zeitabschnitts auf dem Konto des Vermieters eingegangen sei. Es genüge vielmehr, dass der Mieter – bei ausreichend gedecktem Konto – seinem Zahlungsdienstleister den Zahlungsauftrag bis zum dritten Werktag des vereinbarten Zeitabschnitts erteile. Hierbei muss der Mieter beachten, dass Überweisungen (s. Palandt/*Sprau* BGB § 675f Rn. 38) nur an den Geschäftstagen der Banken ausgeführt werden (§ 675n Abs. 1 S. 4 BGB). Da gem. § 675s Abs. 1 BGB die Bank oder Sparkasse verpflichtet ist, spätestens am Ende des auf den Zugang des Zahlungsauftrags folgenden Geschäftstages die Miete auf dem Vermieterkonto gutzuschreiben, liegt – sofern keine wirksame Rechtzeitigkeitsklausel vereinbart wurde – in der Regel am 5. Werktag (ohne Samstag) Verzug vor (vgl. *Börstinghaus* NZM 2017, 650 auch zum Cut-Off-Zeitpunkt). Im Geschäftsverkehr zwischen Unternehmern ist die Zahlungsverzugsrichtlinie hingegen zu beachten (vgl. *Blank* jurisPR-MietR 4/2017 Anm. 1; *Arndt* jurisPR-BKR 8/2017 Anm. 2). Hier muss der Mieter so frühzeitig überweisen, dass die Miete zum vertraglichen bzw. vom Gesetz vorgegebenen Termin beim Vermieter eingeht; die Ausführungsfristen des § 675s BGB sind zu beachten. Verzögerungen bei der Bearbeitung des Vorgangs durch die beteiligten Banken gehen aber auch hier nicht zulasten des Mieters (vgl. EuGH ZMR 2009, 262 Rn. 30; BGH ZMR 2017, 231; MüKoBGB/*Artz* § 556b Rn. 6). Siehe zur Anwendbarkeit der ZVerzugsRL auf Geschäftsraummietverträge zwischen Unternehmen auch EuGH 9.7.2020 – C-199/19, IWRZ 2020, 278.

Bei Zahlung durch Scheck, soweit diese Zahlungsform vereinbart oder akzeptiert ist, genügt im Bereich der Wohnraummiete die rechtzeitige Absendung des Schecks (vgl. Palandt/*Grüneberg* BGB § 270 Rn. 6 und Schmidt-Futterer/*Blank* BGB § 543 Rn. 94b); im Rechtsverkehr zwischen Unternehmern muss der Mieter hingegen dafür Sorge tragen, dass der Vermieter den Scheck so rechtzeitig erhält, dass er ihn am 3. Werktag einlösen kann (vgl. Palandt/*Grüneberg* BGB § 270 Rn. 5; Schmidt-Futterer/*Blank* BGB § 543 Rn. 94).

Wurde – wie hier – vertraglich eine sog Rechtzeitigkeitsklausel vereinbart, wird das Verzögerungsrisiko auf den Mieter verlagert, sodass die Miete zu dem im Vertrag vereinbarten Zeitpunkt beim Vermieter eingegangen sein muss. Die Vereinbarung von Rechtzeitigkeitsklauseln ist unter Kaufleuten ohne Einschränkung formularvertraglich möglich (BGH ZMR 1998, 612 (613); vgl. auch OLG München ZMR 1996, 376 für gewerblichen Pachtvertrag). Im Bereich des Wohnraummietrechts hat der BGH eine Rechtzeitigkeitsklausel, die in ihrer kundenfeindlichsten Auslegung den Mieter auch bei von ihm nicht zu verantwortenden Zahlungsverzögerungen dem Risiko einer Kündigung des Mietverhältnisses aussetzt, für unwirksam erklärt (BGH 5.10.2016 – VIII ZR 222/15, ZMR 2017, 231 und BGH 5.10.2016 – VIII ZR 223/15; kritisch hierzu *Horst* MietRB 2017, 49 ff.; zur Kombination von Vorfälligkeits- und Rechtzeitigkeitsklauseln in Altmietverträgen s. einerseits LG Berlin GE 2017, 1095 und andererseits AG Hamburg 16.12.2020 – 49 C 209/20 sowie *Börstinghaus* NZM 2017, 650). Rechtzeitigkeitsklauseln dürften allerdings auch im Wohnraummietrecht zulässig sein, sofern sie einen einschränkenden Zusatz enthalten, wonach Verzögerungen, die vom Mieter nicht zu vertreten sind, also auch durch das Fehlverhalten von Zahlungsdienstleistern verursacht wurden, vom Anwendungsbereich der Klausel ausgenommen sind (vgl. *Börstinghaus* jurisPR-BGHZivilR 2/2017 Anm. 2 mwN) oder – anders ausgedrückt – der Mieter seiner Verpflichtung zur rechtzeitigen Zahlung genügt, wenn er nach dem normalen Verlauf mit rechtzeitiger Gutschrift auf dem Vermieterkonto rechnen konnte. Zur Fälligkeit der Miete und Verzug bei Mietminderung s. *Flatow* NZM 2017, 273 mwN.

8. Unter einem Mangel gem. § 536 Abs. 1 BGB ist die für den Mieter nachteilige Abweichung des tatsächlichen Zustandes der Mietsache von dem vertraglich geschuldeten Zustand zu verstehen, durch den ihre Gebrauchstauglichkeit beeinträchtigt ist (BGH NJW 2011, 514; NJW 2000, 1714 f. jeweils mwN; s. *Börstinghaus* Mietminderungstabelle Einf. Kap. III. 3.). Maßstab sind die vertraglichen Regelungen. Sofern diese fehlen, schuldet der Vermieter die Beschaffenheit, die sich für den vereinbarten Nutzungszweck eignet und die der Mieter nach Art der Mietsache erwarten kann (BGH NJW 2010, 3088; 2009, 855). Bei Wohnungen kann ein Wohnstandard erwartet werden, der bei vergleichbaren Wohnungen üblich ist (BGH WuM 2004, 527). Der Mieter kann während der Mietzeit Mängelbeseitigung verlangen und Mietminderung geltend machen (BGH NZM 2007, 484). Er muss hierbei die Kündigungsmöglichkeit durch den Vermieter im Auge behalten, da für die Zahlungsverzugskündigung und die Rückstandsberechnung die aktuell vertraglich vereinbarte Miete relevant ist (Flatow aaO mwN; BGH NZM 2016, 765, Rn. 31). Der Mieter ist darlegungs- und beweispflichtig für das Vorliegen eines Mangels. Sein Anspruch auf Mängelbeseitigung ist während der Mietzeit unverjährbar (BGH NJW 2010, 1292). Neben der Minderung kann der Mieter sich ab Mängelanzeige auf sein Zurückbehaltungsrecht berufen (BGH ZMR 2015, 868 ff. und WuM 2011, 12). Streitig ist, ob das Zurückbehaltungsrecht sich an der Schwere des Mangels oder der Höhe der Mangelbeseitigungskosten orientiert (s. hierzu und zur zeitlichen und betragsmäßigen Begrenzung des Zurückbehaltungsrechts BGH ZMR 2015, 868; ZMR 2019, 842). Das Zurückbehaltungsrecht erlischt unmittelbar nach Mängelbeseitigung. Der Mieter kann sich nicht auf eine generelle Prüffrist berufen. Er riskiert eine Kündigung wegen Zahlungsverzugs, wenn er die zurückbehaltenen Beträge nicht unverzüglich nachentrichtet (BGH WuM 2014, 681 = IMR 2015, 10).

Die Minderung wirkt automatisch, sie tritt kraft Gesetzes ein (BGH NJW 2012, 382). Seit der Mietrechtsreform kann nicht mehr von einer planwidrigen Regelungslücke für die Fälle eines nachträglich aufgetretenen Mangels ausgegangen werden. Daher kann dem Mieter sein Recht zur Minderung für die Zeit ab 1.9.2001 jedenfalls nicht durch eine analoge Anwendung des § 536b BGB abgesprochen werden (BGH NJW 2003, 2601 für Wohnraum; BGH NZM 2005, 303 für Gewerbe). Der Mieter trägt das Risiko, sich über die Ursache des Mangels und die Minderungshöhe zu irren. Geht er zB von einem Baumangel aus und ist aber sein eigenes Wohnverhalten Ursache des Mangels, riskiert der Mieter die Kündigung des Mietvertrages, wenn er in einen zur Kündigung berechtigenden Rückstand gerät (BGH NJW 2012, 2882 = MDR 2012, 1084). Er muss sorgfältig prüfen, wie hoch die zulässige Minderung ist (vgl. BGH GE 2014, 929 = WuM 2014, 562; LG Berlin GE 2017, 1022; LG München NZM 2013, 508; LG Frankfurt MietRB 2020, 131). Der Mieter muss sich auch eine falsche Beratung gem. § 278 BGB zurechnen lassen (vgl. BGH NZM 2007, 35). Ein einmal entstandenes Kündigungsrecht iSv § 543 BGB besteht, solange nicht der gesamte Rückstand ausgeglichen ist (BGH NZM 2016, 765 und NZM 2018, 28). Die Rechtswohltat des § 569 Abs. 3 Nr. 2 BGB greift für die ordentliche Kündigung nicht. Einen kündigungsrelevanten Rückstand aus Mietminderungsbeträgen sollte der Mieter nicht auflaufen lassen, dann riskiert er die fristlose, hilfsweise ordentliche Kündigung des Mietverhältnisses. Sinnvoll ist eine zumindest teilweise Zahlung, so dass kein kündigungsrelevanter Rückstand entsteht. Dies erfolgt unter Geltendmachung eines einfachen, die Wirkung des § 814 BGB ausschließenden Vorbehalts der Rückforderung (BGH NZM 2012, 637). Zu Einzelheiten s. Schmidt-Futterer/*Blank* BGB § 543 Rn. 103 ff. Wenn unklar ist, ob die Minderungsquote richtig bemessen ist, sollte der Mieter sich wegen der nichtgezahlten Beträge hilfsweise auf sein Zurückbehaltungsrecht (§ 320 Abs. 1 BGB) berufen.

9. Nach Rspr. des BGH ist Bemessungsgrundlage der Minderung die Bruttomiete (BGH WuM 2005, 384 zu Gewerberaum; BGH WuM 2005, 573 zu Wohnraum). Streitig war, ob die Minderungsquote aus der Bruttomiete (LG Hamburg WM 1990, 148; LG Berlin ZMR 1999, 556) oder der Nettomiete (BGH ZMR 2000, 665; LG Berlin WM 1998, 28) berechnet wird. Durch die oa Entscheidungen des BGH ist der Streit erledigt.

10. Der vertragsgemäße Gebrauch muss mehr als unerheblich beeinträchtigt sein. Das Minderungsrecht des Mieters von Wohnraum bei erheblichen Mängeln ist nicht abdingbar (§ 536 Abs. 4 BGB). Bei Gewerberaum ist es unzulässig, durch AGB eine Regelung zu treffen, durch die die Minderung vollständig ausgeschlossen wird und dem Mieter die Rechte gem. § 812 BGB abgeschnitten werden (BGH NZM 2008, 609; NJW 2008, 2254), zu Einzelheiten *Börstinghaus* Mietminderungstabelle Einf. Kap. V. 1. und 2., sa „Identitäts"-Entscheidung des BGH (NJW 2015, 402) zur Minderung bei Ausübung der Verlängerungsoption.

Jede Partei hat die für sie günstigen Tatsachen darzulegen und zu beweisen, vgl. detaillierte Darstellung bei *Börstinghaus* Mietminderungstabelle Einf. Kap. VI 2. Der Vermieter muss vortragen, auf welcher Grundlage sein Mietzahlungsanspruch basiert. Wenn sich der Vermieter auf Ausschlusstatbestände beruft, muss er deren Vorliegen nachweisen (BGH WuM 2004, 531). Ist die Tauglichkeit nur unerheblich gemindert iSd § 536 Abs. 1 S. 3 BGB oder hat er den Mangel beseitigt, muss der Vermieter dies darlegen und beweisen (BGH NJW 2000, 2344).

Der Mieter muss beweisen, dass er seiner Pflicht zur Mängelanzeige nachgekommen ist (BGH NZM 2002, 217). Hat der Mieter einen Mangel angezeigt und beseitigt der Vermieter den Mangel nicht, kann der Mieter bei Verschlimmerung des Mangels eine höhere Minderung geltend machen, ohne dass hierfür eine erneute Mängelanzeige erforderlich gewesen wäre (BGH WuM 2014, 278 = GE 2014, 665). Er muss die konkreten erheblichen Sachmängel darlegen, die Abweichung des „Ist-Zustands" vom „Soll-Zustand". Das Maß der Gebrauchsbeeinträchtigung oder die Angabe eines bestimmten Minderungsbetrages infolge des Mangels fällt nicht in die Darlegungslast des Mieters (BVerfG NJW 2007, 3118; BGH WuM 1997, 488; WM 1991, 544). So muss der Mieter bei Minderung wegen Lärms durch wiederkehrende Beeinträchtigungen kein exaktes Protokoll führen, ausreichend ist die Angabe von Lärmquelle, Tageszeit, Dauer und Frequenz (BGH ZMR 2018, 19 (21) = WuM 2017, 587; WuM 2012, 269). Das Maß der Mängelsymptome und der Gebrauchsbeeinträchtigung muss er nicht anzeigen (BGH NZM 2012, 109). An die Substantiierungspflicht dürfen keine überspannten Anforderungen gestellt werden (BGH 10.4.2018 – VIII ZR 223/17, NJW-RR 2018, 647; BGH 21.2.2017 – VIII ZR 1/16, WuM 2017, 194; NJW 2012, 382). Nach höchstrichterlicher Rspr. (BGH NJW-RR 2005, 235 f.; NJW 2000, 2344) ist die Darlegungs- und Beweislast nach Verantwortungsbereichen verteilt, wenn die Schadensursache streitig ist: Der Vermieter muss darlegen und beweisen, dass die Ursache nicht aus seinem Pflichten- und Verantwortungsbereich stammt, sondern aus dem Herrschafts- und Obhutsbereich des Mieters. Wenn er diesen Beweis erfolgreich geführt hat, muss der Mieter nachweisen, dass er den Schadenseintritt nicht zu vertreten hat (BGH NJW-RR 2005, 235 ff. mwN). Zum Verhältnis zu anderen Vorschriften s. Palandt/*Weidenkaff* BGB § 536 Rn. 6 ff. Es ist Sache des Gerichts festzustellen, in welcher Höhe die Mietminderung gerechtfertigt ist (BGH WuM 1991, 544).

In der Praxis häufig: Undichte Fenster 5 % (AG Münster WuM 2006, 220) bzw. 15 % (AG Villingen-Schwenningen WuM 2016, 100); Schimmelpilz nach Einbau neuer Fenster 10 % bzw. 15 % (LG München NJW 2007, 2500; AG Gotha WuM 2003, 601; AG Köln ZMR 1999, 262); Schimmelpilz in Wohn- und Kinderzimmer 15 % (LG Berlin GE 2007, 151); Schimmelpilz an einer Außenwand im Wohnzimmer 15 % (AG Berlin-Mitte ZMR 2020, 966); Schimmelpilz an der Außenwand des Schlafzimmers 15 % (AG Saarbrücken WuM 2020, 183); Schimmel in Küche, Bad und Wohnzimmer 30 % (AG Bremen WuM 2015, 546); Schimmelpilz im Wohnzimmer 50 % (LG Hamburg ZMR 2008, 456); gesundheitsschädliche Schimmelbildung in Altbauwohnung 25 % (AG Marbach WuM 2007, 385); Gesundheitsgefährdung durch Schimmelpilz 100 % (AG Charlottenburg GE 2007, 1387); ständige Durchfeuchtung und Verschimmelung von großen Teilen der Decken-, Wand- und Fußbodenflächen der Wohnung 100 % (AG Tempelhof-Kreuzberg 2.5.2019 – 16 C 289/18); Schäden an Tapete und Fußboden nach Wassereinbruch 10 % (BGH NJW 2005, 1713); Wasserschaden im Badezimmer 10 % (LG Berlin MM 2007,

39); Küche, Wohn- und Schlafzimmer ständig durchfeuchtet, modrig, von Schimmelpilz befallen 80 % (LG Berlin Grundeigentum 1991, 625); Ausfall Wasserversorgung 100 % (LG Berlin ZMR 2014, 786);

Flächenabweichung der Wohnfläche um mehr als 10 % von der im Mietvertrag angegebenen Fläche: BGH ZMR 2018, 746; ZMR 2010, 938; WM 2005, 1816; zur Geschäftsraummiete: BGH WuM 2021, 97 (bei einer Flächenabweichung um weniger als 10 % muss der Mieter die Gebrauchsbeeinträchtigung durch die Flächendifferenz konkret darlegen); zur Dachterrasse: BGH NZM 2009, 477; zur konkludenten Vereinbarung: BGH NZM 2006, 375; bei Annonce des Maklers: BGH NZM 2010, 614; Minderungsquote entsprechend der prozentualen Flächenabweichung: BGH ZMR 2010, 552; 2004, 495; zum Kündigungsrecht wegen Flächenabweichung: BGH NJW 2009, 2297; zur Berechnung der Wohnfläche: BGH ZMR 2010, 272 mwN, ZMR 2010, 101; ZMR 2019, 661; Vertragswidrige Konkurrenzsituation 25 % (KG NJOZ 2007, 3410); Ausfall der Heizung im Winter im Schlafzimmer 20 % (LG Hannover WuM 1980, 130); Mangelhafte Heizung in der Heizperiode 50 % (LG Berlin GE 1991, 351); Ausfall der Heizung und Warmwasserversorgung 50 % (AG Charlottenburg GE 2019, 131); Kinderlärm: bei Beachtung des Gebots der Rücksichtnahme ist Kinderlärm eine unerhebliche Beeinträchtigung (BGH ZMR 2015, 697, 699 f.), es sei denn jedes noch irgendwie hinzunehmende Maß wird überschritten (BGH ZMR 2018, 19); Baulärm: Straßenbauarbeiten in Innenstadt (BGH NZM 2013, 184: vorübergehend erhöhter Verkehrslärm durch Bauarbeiten ist kein Mangel; vgl. auch LG Berlin GE 2017, 1022); zu nachträglich erhöhten Geräuschimmissionen durch Dritte BGH ZMR 2015, 697 ff. (Bolzplatzentscheidung) und BGH ZMR 2020, 730 (zur Baustelle auf einem Nachbargrundstück); 10 % wegen Bau einer ICE Neubaustrecke (LG Wiesbaden WuM 2000, 184); 10 % für Arbeiten in der Wohnung (LG Berlin NJOZ 2004, 1475); 15 % für Sanierungsarbeiten am Haus (LG Berlin GE 2007, 723); 53 % für umfangreiche Abrissarbeiten in der Nähe (AG Halle ZMR 2002, 600); 10 % für Großbaustelle in der Nähe eines Ladengeschäfts (OLG München 15.3.2018 – 32 U 872/17 zur Gewerberaummiete); Großbaustelle zT nachts 12 % (LG Frankfurt a. M. WuM 2007, 316); 15 % (LG München I ZMR 2016, 290); 30 % (AG Nürnberg WuM 2019, 433); nach der Entscheidung des BGH vom 29.4.2020 (ZMR 2020, 730) begründen nachträglich eintretende erhöhte Geräusch- und Schmutzimmissionen, auch wenn sie von einer auf einem Nachbargrundstück eines Dritten betriebenen Baustelle herrühren, bei Fehlen anderslautender Beschaffenheitsvereinbarungen grundsätzlich keinen gemäß § 536 Abs. 1 Satz 1 BGB zur Mietminderung berechtigenden Mangel der Mietwohnung, wenn auch der Vermieter die Immissionen ohne eigene Abwehr- oder Entschädigungsmöglichkeit nach § 906 BGB hinnehmen muss (vgl. auch AG Schöneberg ZMR 2021, 129; kritisch hierzu KG Berlin ZMR 2021, 218; aA auch LG Berlin ZMR 2016, 693 und LG Berlin GE 2019, 1309); es ist daher zweifelhaft, inwieweit in den vorstehend genannten Fällen, soweit diese von Dritten unterhaltene Baustellen betreffen, nach der neueren BGH-Rechtsprechung noch ein Mietminderungsanspruch zuerkannt würde; nicht ausreichender Trittschallschutz 20 % (BGH WuM 2004, 715; s. aber auch BGH NJW 2009, 2441; NZM 2010, 618; 2013, 575, LG Berlin ZMR 2014, 360); Asbestbelastung (OLG Hamm NZM 2003, 395; LG Berlin NZM 2011, 481; LG Berlin 25.9.2019 – 66 S 212/18); Befall von Silberfischen 5 % (AG Köln WuM 2007, 40); Tauben nisten im Haus 10 % (LG Berlin NJW-RR 1996, 264 f.); nächtliche Lärmstörung durch einen im Dachbereich nistenden Marder 30 % (AG Hamburg-Barmbek ZMR 2003, 582); zum zu erwartenden Standard bei einer Altbauwohnung BGH ZMR 2004, 807 ff., NZM 2005, 60; zur Frage, ob eine bestimmte Schadstoffbelastung einen Mangel darstellt und auf welche wissenschaftlich technischen Standards abzustellen ist BGH ZMR 2006, 670 f.; BayObLG WuM 1999, 568;

Streitig ist, ob öffentlich-rechtliche Nutzungseinschränkungen aufgrund der COVID-19-Pandemie im Gewerbemietrecht einen Mangel der Mietsache im Sinne des § 536 BGB begründen können. Die bisherige Rechtsprechung lehnt dies ganz überwiegend ab (OLG Köln 31.5.2021 – 22 U 205/20; OLG Dresden MietRB 2021, 104; OLG Karlsruhe NZM 2021, 224; OLG München NZM 2021, 948; OLG Frankfurt 19.3.2021 – 2 U 143/20; LG Münster 19.2.2021 – 23 O 18/20; LG Zweibrücken BB 2020, 2450; aA LG München I GE 2020, 1493). Im Einzelfall kann aber ein Anspruch des Geschäftsraummieters auf Vertragsanpassung nach § 313 Abs. 1 BGB zu bejahen sein (vgl. OLG Köln 31.5.2021 – 22 U 205/20; OLG Dresden MietRB 2021, 104; OLG Karlsruhe NZM 2021, 224; OLG München NZM 2021, 948; OLG Frankfurt 19.3.2021 – 2 U 143/20; LG Münster 19.2.2021 – 23 O 18/20; sa Art. 240 § 7 EGBGB).

Zur Mietminderung in weiteren Einzelfällen vgl. die umfassende Darstellung bei *Börstinghaus* Mietminderungstabelle Teil 2 Entscheidungssammlung zur Mietminderung.

11. Der BGH (NZM 2018, 444 und 454; sa NZM 2019, 171 und 206) hat gegen die bislang herrschende Meinung die Zulässigkeit einer Saldoklage bejaht. Sie bestimmt den Streitgegenstand hinreichend iSv § 253 Abs. 2 Nr. 2 ZPO. Eine Saldoklage liegt vor, wenn der Klageforderung mehrere Einzelforderungen zugrunde gelegt werden und hiervon nach Abzug von Gegenforderungen oder Zahlungen nur der Saldo verlangt wird, ohne dass im Einzelnen erkennbar ist, in welcher Höhe die jeweilige Einzelforderung begehrt wird. Die Bezugnahme auf den Inhalt des Mietkontos ist möglich, Zahlungen und Gutschriften müssen nicht konkret einer bestimmten Forderung oder einem Forderungsteil zugeordnet werden, wenn eine Auslegung des Klagebegehrens möglich ist. Die exakten Vorgaben des BGH zur erfolgreichen Geltendmachung, ergeben sich aus den genannten Urteilen, insbesondere, wenn Bruttomieten eingestellt sind. Die Zuordnung muss nicht ausdrücklich erfolgen. Eine Zuordnung von Zahlungen/Gutschriften kann auch stillschweigend erfolgen, durch Angabe einer bestimmten Reihenfolge und/oder gem. §§ 366 Abs. 2; 367 Abs. 1 (analog) BGB. Die Auslegung des Klagebegehrens, mit welchen Einzelforderungen Gutschriften und Guthaben verrechnet werden, ist möglich (BGH NJW-RR 2017, 380, Rn. 12). Um die hinreichende Bezeichnung des Streitgegenstandes zu gewährleisten, müssen die Rückstände nicht so exakt bezeichnet werden, dass für jeden einzelnen Monat der begehrte Rückstand beziffert wird. Ausreichend ist, für einen vorgegebenen Zeitraum den insgesamt monatlich geschuldeten Betrag und die sich daraus ergebende Gesamtforderung anzugeben. Bei Teilbeträgen – wie hier – ist nicht zwingend anzugeben, wie sich die einzelnen Ansprüche darstellen und in welcher Reihenfolge diese Ansprüche zur Entscheidung gestellt werden (BGH NZM 2018, 444 und 454). Zur Anwendung des § 366 Abs. 2 BGB bei der Bestimmung des Klagebegehrens und bei der Begründetheit einer Zahlungsklage, wenn der Vermieter Mietrückstände auf der Grundlage eines (fortgeschriebenen) Mietkontos geltend macht, in das Bruttomieten eingestellt sind, und dabei erbrachte Zahlungen und erteilte Gutschriften nicht konkreten Einzelforderungen oder verselbständigten Bestandteilen hiervon (Nebenkostenvorauszahlungen) zuordnet, liefert der BGH exakte Verrechnungsgrundsätze im Leitsatz 9. Zur fehlenden Differenzierung zwischen Nettomieten und Betriebskostenvorauszahlungen, insbesondere nach Abrechnungsreife über Vorauszahlungen s. BGH NZM 2018, 454 Rn. 23 ff; BGH NZM 2018, 444. Die vor den Entscheidungen des BGH aufgestellten instanzgerichtlichen Anforderungen waren häufig strenger (s. LG Kempten BeckRS 2017, 145163). Bei einer Minderung, die den zur Vermieterkündigung berechtigenden Rückstand (→ Form. II.B.4 Anm. 12) erreicht und die den Vermieter zur Kündigung veranlassen kann, ist größte Vorsicht geboten; hier besteht das Risiko nicht nur der fristlosen, sondern auch der hilfsweisen ordentlichen Kündigung und es ist für den Mieter sinnvoll abzuwägen, ob er aufrechnet (§ 543 Abs. 2 S. 3 BGB) oder die offenen Beträge vollständig unter Vorbehalt ausgleicht (→ Form. II.B.4 Anm. 15) und im Wege der Widerklage die Minderungsbeträge zurückfordert. Möglich ist auch eine Feststellungsklage im Hinblick auf die Berechtigung einer Minderung. Er sollte sich auch auf sein Zurückbehaltungsrecht berufen (s. aber BGH ZMR 2003, 416 ff.; zur Bemessung des Einbehaltes s. BGH WuM 2015, 568).

12. Die vorgerichtliche Mahnung sollte erfolgen und erwähnt werden, um klarzustellen, dass Anlass zur Klageerhebung besteht. In diesem Fall tragen die Beklagten auch dann die Kosten, wenn sie den Anspruch sofort anerkennen (§ 93 ZPO) → Form. I.E.3.

13. In Mietsachen machen die Gerichte häufig von der Möglichkeit eines schriftlichen Vorverfahrens nach § 276 ZPO Gebrauch. Dieses Verfahren dürfte – jedenfalls in Mietsachen – für den Gläubiger nur dann von Vorteil sein, wenn die Voraussetzungen des § 331 Abs. 3 ZPO eintreten und sofort Versäumnisurteil ergehen kann. Um zu vermeiden, dass dem Beklagten mit Zustellung des Klageantrags diese Konsequenz sofort deutlich vor Augen geführt wird, empfiehlt sich für den Kläger, den Antrag nach § 331 Abs. 3 ZPO allgemein formuliert zu stellen.

2. Klage des Vermieters auf Zustimmung zur Mieterhöhung bei nicht preisgebundenem Wohnraum

An das
Amtsgericht[1]
– Abt. für Mietsachen –
. . . . .

Klage

des . . . . .
– Kläger –
Prozessbevollmächtigter: . . . . .

gegen

1) . . . . .
2) . . . . .
– Beklagte –[2]
Prozessbevollmächtigter: . . . . .
wegen Abgabe einer Willenserklärung[3]
Streitwert:[4] . . . . .
Namens und mit Vollmacht des Klägers erhebe ich Klage[5] und werde

beantragen:

I. Die Beklagten werden verurteilt,[6] der Erhöhung der Nettomiete für die Wohnung . . . . . Straße Nr. . . . . in . . . . , ... Stock . . . . . von bisher monatlich . . . . . EUR zzgl. Betriebskostenvorauszahlung wie bisher um . . . . . EUR auf nunmehr monatlich . . . . . EUR netto mit Wirkung ab 1.4.2021 zuzustimmen.
II. Die Beklagten haben gesamtverbindlich die Kosten des Rechtsstreits zu tragen.
III. Das Urteil ist vorläufig vollstreckbar.

Begründung:

1. Zwischen den Parteien[7] besteht ein Mietverhältnis auf unbestimmte Zeit[8] über die im Antrag Ziff. I näher bezeichnete Wohnung.

Beweis: Mietvertrag vom . . . . .

Sie weist nach Art, Größe, Ausstattung, Beschaffenheit und Lage folgende Merkmale auf: . . . . . Nach § . . . . . des Mietvertrages zahlen[9] die Beklagten eine monatliche Nettomiete von . . . . . EUR, die in dem Zeitpunkt, zu dem die Erhöhung eintreten soll,

seit 15 Monaten unverändert ist.[10] Die letzte Mieterhöhung erfolgte am . . . . ., die Miete war von . . . . . EUR auf . . . . . EUR erhöht worden.[11]

Beweis: Mieterhöhungsverlangen vom . . . . .

Staffelmiete oder Indexmiete sind zwischen den Parteien nicht vereinbart.

2. Mit Schreiben v. 18.1.2021 verlangte die Hausverwaltung A[12] unter gleichzeitiger Vorlage der Originalvollmacht des Klägers zur Mieterhöhung in dessen Namen von den Beklagten die Zustimmung zur Zahlung einer erhöhten Nettomiete[13] von . . . . . EUR mit Wirkung ab dem dritten Kalendermonat nach Zugang des Erhöhungsverlangens,[14] mithin ab 1.4.2021.

Beweis: In beglaubigter Fotokopie anliegendes Schreiben der Hausverwaltung A v. 18.1.2021.

Das Mieterhöhungsverlangen[15] ging den Beklagten am 20.1.2021 zu.

Beweis: In beglaubigter Fotokopie anliegender Rückschein der Deutsche Post AG, Einlieferungs-Nr. . . . .

Diesem Schreiben war beigefügt das in beglaubigter Fotokopie anliegende, vom Kläger eingeholte Gutachten des öffentlich bestellten und vereidigten Sachverständigen B,[16] aus dem sich die Rechtfertigung für die Erhöhung der Nettomiete auf den vom Kläger verlangten Betrag ergibt. Ein qualifizierter Mietspiegel für X-Stadt liegt nicht vor.[17] Die Beklagten, die sich innerhalb der Überlegungsfrist nach § 558b Abs. 2 BGB bis zum 31.3.2021 nicht geäußert haben und den alten Mietzins unverändert weiterzahlen, schulden die erhöhte Miete ab 1.4.2021.

3. Die vom Kläger verlangte Miete übersteigt nicht die üblichen Entgelte, die für nicht preisgebundenen Wohnraum vergleichbarer Art, Größe, Ausstattung, Beschaffenheit und Lage gezahlt werden.

Beweis: In beglaubigter Fotokopie anliegendes Gutachten des Sachverständigen B; Augenschein; vom Gericht einzuholendes Sachverständigengutachten.[18]

Die Kappungsgrenze wurde eingehalten. Vor drei Jahren – zurückgerechnet vom Wirkungszeitpunkt der neuen Miete, betrug die Miete . . . . . EUR und übersteigt daher die nun verlangte Miete nicht um mehr als 15 %.

Rechtsanwalt

Anmerkungen

1. Die örtliche Zuständigkeitsregel ergibt sich aus § 29a ZPO, die sachliche aus § 23 Nr. 2a GVG. Zuständig ist das Amtsgericht, in dessen Bezirk sich der Wohnraum befindet. Da § 558b Abs. 2 BGB eine Klagefrist beinhaltet, ist für Klagen auf Zustimmung zur Mieterhöhung eine außergerichtliche Streitschlichtung ausgeschlossen (§ 15a Abs. 2 Nr. 1 EGZPO).

2. Das AG Tempelhof-Kreuzberg (WuM 2015, 73 ff.) sieht eine gem. § 19 Abs. 2 AGG unzulässige Diskriminierung darin, bei einer Vielzahl von Mietern eine Mieterhöhung nur für Mieter ausländischer Herkunft vorzunehmen, wenn hierfür kein plausibler Grund vorhanden ist.

3. Es handelt sich um eine Leistungsklage auf Abgabe einer Willenserklärung. Die rechtskräftige Verurteilung ersetzt die Zustimmung zur Mieterhöhung (§ 894 S. 1 ZPO). Wenn der Mieter nicht freiwillig nach Verurteilung zur Erhöhung zahlt, ist ein neues Verfahren auf Zahlung erforderlich; die Verbindung von Mieterhöhungsklage mit Klage auf Verurteilung zur Zahlung ist unzulässig, hM FAHandbuch Miet- und WEG-Recht/

Fleindl Kap. 4 Rn. 345; aA LG Duisburg ZMR 1999, 334, wenn der Mieter nach Rechtskraft Gelegenheit hat, die Nachzahlungsforderung anzuerkennen (s. Anm. *Rau* ZMR 1999, 335 ff.). Zur Wirkung der Verbindung der Klageanträge im Berufungsverfahren nach Rechtskraft der Entscheidung über den Zustimmungsanspruch s. BGH WuM 2005, 458 ff. Besorgnis der Nichterfüllung nach § 259 ZPO kann nicht schon zu einem Zeitpunkt bejaht werden, bevor die Zustimmungserklärung durch den Mieter abgegeben oder er zur Zustimmung verurteilt wurde, da § 259 ZPO nicht für künftig erst entstehende Ansprüche gilt.

Hat der Mieter der Erhöhung teilweise zugestimmt, kann nur der darüberhinausgehende Betrag verlangt werden, ansonsten erfolgt in Höhe des vom Mieter akzeptierten Betrages Klageabweisung (vgl. auch jurisPK-BGB/*Heilmann* § 558b Rn. 9 f.).

4. Gem. § 41 Abs. 5 S. 1 GKG ist Streitwert der Jahresbetrag der zusätzlich geforderten Miete. Der Gebührenstreitwert ist nicht mit der Berufungssumme des § 511 Abs. 2 Nr. 1 ZPO identisch, zur Ermittlung der Rechtsmittelfähigkeit s. Schmidt-Futterer/*Börstinghaus* BGB § 558b Rn. 147 ff.. Bei einem auf unbestimmte Zeit geschlossenen Wohnraummietverhältnis bemisst sich die Berufungsbeschwer nach dem 3,5-fachen Wert des einjährigen Mieterhöhungsbetrags (BGH WuM 2016, 510).

5. Die Klagefrist beträgt gem. § 558b Abs. 2 S. 2 BGB drei Monate und beginnt unmittelbar nach der Überlegungsfrist des § 558b Abs. 2 S. 1 BGB, die gem. §§ 187 ff. BGB berechnet wird. Sie kann nicht dadurch verlängert werden, dass der Vermieter dem Mieter eine längere als die gesetzliche Überlegungsfrist einräumt (LG Kiel WuM 1994, 547). Mit Urteil vom 29.4.2020 (VIII ZR 355/18, ZMR 2020, 632) hat der BGH seine frühere Rechtsprechung, wonach es sich bei den in § 558b Abs. 2 BGB normierten Fristen um besondere Sachurteilsvoraussetzungen der Zustimmungsklage des Vermieters handele, aufgegeben und festgestellt, dass die Fristen des § 558b Abs. 2 BGB dem materiellen Recht zuzuordnen seien. Die Nichteinhaltung dieser Fristen führt danach nicht mehr zur Abweisung der Klage als unzulässig, sondern als (derzeit) unbegründet. Wiedereinsetzung gem. § 233 ZPO ist nicht möglich (LG Berlin GE 1996, 1549; AG Mölln WM 1985, 310; AG Brandenburg GE 2017, 1226 f.). Einreichung der Klage bei Gericht ist fristwahrend (§ 167 ZPO), vgl. auch AG Brandenburg GE 2017, 1226 f. mwN und LG Wuppertal WuM 2017, 327 ff. sowie LG Berlin ZMR 2020, 510, aA Hannemann/Horst/*Horst,* Das neue Mietrecht, 2013, Rn. 605.

6. Der Antrag richtet sich nicht gegen Gesamtschuldner (obwohl in Urteilen immer wieder zu finden), weil die Abgabe der vom jeweiligen Mieter geschuldeten Erhöhungserklärung keine teilbare Leistung nach § 420 BGB ist (vgl. zum Begriff der teilbaren Leistung Palandt/*Grüneberg* BGB vor § 420 Rn. 5). Die Klage ist gegen alle an dem Mietvertrag beteiligten Mieter zu richten (BGH ZMR 2004, 492 (493); Rechtsentscheid KG ZMR 1986, 117 ff.). Es liegt eine notwendige Streitgenossenschaft aus materiellrechtlichen Gründen vor (§ 62 Abs. 1 Alt. 2 ZPO). Stimmt nur einer von mehreren Mietern zu, gilt die Zustimmung als insgesamt versagt (AG Wiesbaden WuM 1992, 135 aA FAHandbuch Miet- und WEG-Recht/*Fleindl* Kap. 4 Rn. 345 mwN).

Zur Frage, ob ein Mieterhöhungsverlangen nur gegen den allein in einer gemeinsam angemieteten Wohnung verbliebenen Mieter durchgeführt werden kann, BGH ZMR 2004, 492 f. Eine mietvertragliche Formularklausel, wonach die rechtsgeschäftlichen Erklärungen des Vermieters keine Einzel-, sondern Gesamtwirkung haben sollen, ist unwirksam (LG München I ZMR 2017, 59).

7. Der Käufer einer vermieteten Wohnung kann vom Verkäufer ermächtigt werden, eine Mieterhöhung im eigenen Namen geltend zu machen. Dies ist ohne Offenlegung der Ermächtigung und vor Eigentumsübergang (§ 566 Abs. 1 BGB) möglich (BGH NJW 2014, 1802; LG Berlin GE 2017, 173 f.).

8. Zum Problem, ob Mieterhöhungen bei Mietverhältnissen auf bestimmte Zeit, bei befristet ausgeschlossenem Kündigungsrecht oder während der befristeten Verlängerung möglich sind s. Palandt/*Weidenkaff* BGB § 557 Rn. 6 ff. und Schmid/Harz/*Riecke* Mietrecht BGB § 557 Rn. 19 ff.

9. Zu Fragen der Mietpreisbremse, die einer Begrenzung der Wiedervermietungsmiete dienen soll, s. *Horst* NZM 2015, 393; *Börstinghaus* NJW 2015, 1553. Die 67. Kammer des LG Berlin (ZMR 2018, 319 ff.) hielt diese für verfassungswidrig und hatte dem Bundesverfassungsgericht die Frage zur Entscheidung vorgelegt, ob § 556d Abs. 1 und 2 BGB in der Fassung des MietNovG vom 21. April 2015 (BGBl. 2015 I 610) mit Art. 3 Abs. 1 und Art. 80 Abs. 1 S. 2 GG unvereinbar und daher nichtig ist. Das Bundesverfassungsgericht hat die mit dem Mietrechtsnovellierungsgesetz geschaffenen Vorschriften zur Regulierung der Miethöhe bei Mietbeginn jedoch als verfassungsgemäß angesehen (BVerfG ZMR 2019, 839). Durch Gesetz vom 19.3.2020 (BGBl. 2020 I 540) wurde die Mietpreisbremse mit Wirkung ab 1.4.2020 verlängert.

10. Tatbestandsvoraussetzungen des materiell-rechtlichen Anspruchs auf Zustimmung zur Erhöhung bis zur ortsüblichen Vergleichsmiete sind neben der Geltendmachung in einem formell ordnungsgemäßen Verfahren gem. § 558 BGB: Die monatliche Miete ist in dem Zeitpunkt, zu dem die Erhöhung eintreten soll, seit mindestens 15 Monaten unverändert (§ 558 Abs. 1 BGB); die verlangte Miete entspricht den Entgelten für vergleichbare, nichtpreisgebundene Wohnungen in der Gemeinde oder in vergleichbaren Gemeinden; die Mieterhöhung wahrt die Kappungsgrenze (BGH ZMR 2004, 503 f.; zur Unanwendbarkeit der Kappungsgrenze iSv § 558 Abs. 4 BGB s. Palandt/*Weidenkaff* BGB § 558 Rn. 23). Gem. § 558 Abs. 5 BGB sind von dem Jahresbetrag, der sich bei einer Erhöhung auf die ortsübliche Vergleichsmiete ergäbe, Drittmittel iSd § 559a BGB abzuziehen, im Falle des § 559a Abs. 1 BGB mit 8 % des Zuschusses. Zum Verhältnis von § 558 BGB zu § 559 BGB s. BGH WuM 2021, 109.

Das Gesetz zur Mietenbegrenzung im Wohnungswesen in Berlin (MietenWoG Bln), das unter anderem ein zeitlich begrenztes Verbot von Mieterhöhungen vorsah bzw. Mieterhöhungen für einen bestimmten Zeitraum nur in engen Grenzen zuließ, ist vom Bundesverfassungsgericht mit Beschl. v. 25.3.2021 – 2 BvF 1/20, NJW 2021, 1377 als mit Art. 74 Abs. 1 Nr. 1 GG iVm Art. 72 Abs. 1 GG unvereinbar und nichtig angesehen worden. Das bayerische Volksbegehren „#6 Jahre Mietenstopp" zur Begrenzung der Miethöhe, das eine ähnliche Zielrichtung wie das MietenWoG Bln verfolgte, wurde nicht zugelassen (Bayerischer Verfassungsgerichtshof GE 2020, 981).

11. Miete iSv § 558 BGB ist der vertraglich vereinbarte Betrag (zu Einschränkungen s. § 558 Abs. 1 S. 3 und § 558 Abs. 3 BGB). Dazu gehören alle Geld- oder geldwerten Leistungen des Mieters (Palandt/*Weidenkaff* BGB § 558 Rn. 4). Zur Einrechnung der Schönheitsreparaturverpflichtung in die Mietkalkulation s. BGH NJW 2008, 2840; OLG Frankfurt a. M. WM 2001, 231; LG Hamburg ZMR 2003, 491 ff.; MüKoBGB/*Artz* § 558 Rn. 11 ff. Für ehemals preisgebundene Wohnungen hat der BGH (NJW 2012, 145) entschieden, dass der zur Durchführung von Schönheitsreparaturen verpflichtete Vermieter nach Entlassung der Wohnung aus der Preisbindung nicht berechtigt ist, die nunmehr als „Marktmiete" geschuldete Grundmiete über die im Mietspiegel ausgewiesene ortsübliche Vergleichsmiete hinaus um einen Zuschlag für Schönheitsreparaturen zu erhöhen. Die Miete kann als Netto-, Teilbrutto-, Bruttomiete vereinbart sein.

12. Das Mieterhöhungsverlangen kann wirksam durch die vermieterseits beauftragte Hausverwaltung gestellt werden. Der Hausverwalter muss idR prüfen, ob ein Mieterhöhungsverlangen durchgesetzt werden kann (OLG Saarbrücken NZM 2006, 878). Für seine Bevollmächtigung reicht aus, dass sich die Bevollmächtigung aus den Umständen ergibt, einer ausdrücklichen Offenlegung der Vertretung und der namentlichen Benennung des Vermieters bedarf es nicht (BGH WuM 2014, 340 f.). Im Rahmen einer Geschäftsführung ohne Auftrag ist der Geschäftsführer nicht verpflichtet, gegenüber dem Mieter ein Mieterhöhungsverlangen auszusprechen (BGH NZM 2008, 319). Die Mieterhöhungserklärung muss gem. § 558a Abs. 1 BGB in Textform (§ 126b BGB) erfolgen. Der gem. § 126b BGB (in der bis zum 12.6.2014 geltenden Fassung) erforderliche Abschluss der Erklärung ist durch den Text: „Dieses Schreiben wurde maschinell erstellt und bedarf keiner Unterschrift" gewahrt (BGH WuM 2014, 612 f.). In der seit dem 13.6.2014 geltenden Fassung des § 126b BGB ist eine gesonderte Erkennbarkeit des Abschlusses der Erklärung keine ausdrückliche Voraussetzung für die Textform mehr. Nach der Gesetzesbegründung war mit der Änderung des Wortlautes allerdings keine inhaltliche Änderung beabsichtigt (BT-Drs. 17/12637, 44).

Die str. Frage, ob bezüglich einer Zustimmungserklärung des Mieters zu einer vom Vermieter verlangten Erhöhung der Miete bis zur ortsüblichen Vergleichsmiete (§ 558a Abs. 1, § 558b Abs. 1 BGB) ein Widerrufsrecht des Verbrauchers bei Fernabsatzverträgen gegeben ist, hat der BGH nunmehr aufgrund einer teleologischen Reduktion des Anwendungsbereichs der §§ 312 Abs. 4 S. 1, 312c BGB verneint (BGH ZMR 2019, 114; s. hierzu auch *Börstinghaus* jurisPR-BGHZivilR 1/2019 Anm. 1).

13. Das Mieterhöhungsverlangen muss der vertraglich vereinbarten Mietstruktur entsprechen (OLG Hamburg WuM 1983, 49; LG Köln WuM 1992, 255; LG München I WuM 1995, 113; *Hinz* NZM 2004, 681 f.). Wird Zustimmung zur Erhöhung der Nettokaltmiete verlangt, wenngleich eine Teilinklusivmiete vereinbart ist, ist das Erhöhungsverlangen nicht formell unwirksam, sofern damit kein Angebot zur Mietstrukturänderung verbunden ist (BGH NZM 2010, 734). Dies gilt nur bei Mietstrukturänderungen. Soll die Mieterhöhung bei Teilbrutto- (BGH IMR 2008, 39) oder Bruttomieten auf einen Mietspiegel gestützt werden, der Nettomieten aufweist, ist die Vergleichbarkeit auf Basis der zuletzt auf die betreffende Wohnung entfallenden Betriebskosten zu ermitteln (BGH NZM 2008, 124 ff. = ZMR 2008, 190 ff.; NJW 2007, 2626; ZMR 2006, 110; ZMR 2006, 916). Eine Bruttowarmmiete kann wegen Verstoßes gegen die HeizkostenVO unwirksam sein (BGH ZMR 2006, 766). Die frühere Rechtsprechung, wonach im Erhöhungsverlangen die vereinbarte Fläche zugrunde zu legen war, sofern sie nicht um mehr als 10 % von der tatsächlichen Fläche abwich (vgl. BGH NJW 2009, 2739 f.; 2007, 2626 f.), hat der BGH mit Urt. v 18.11.2015 (NZM 2016, 42 ff.) ausdrücklich aufgegeben. Maßgeblich für den nach § 558 BGB vorzunehmenden Abgleich der begehrten Mieterhöhung mit der ortsüblichen Vergleichsmiete ist danach allein die tatsächliche Größe der vermieteten Wohnung (vgl. auch BGH ZMR 2019, 574). Will der Mieter im Mieterhöhungsverfahren die vom Vermieter vorgetragene Wohnfläche bestreiten, muss er eigene positive Angaben hierzu machen und kann sich nicht mit einem einfachen Bestreiten begnügen (BGH NZM 2017, 435 ff.). Die Sperrfrist des § 558 Abs. 1 S. 2 BGB beginnt mit Wirksamwerden der letzten Mieterhöhung, ein vor Ablauf der Frist zugegangenes Mieterhöhungsverlangen ist unwirksam (BGH NJW-RR 2004, 945; WuM 1993, 388). Die verlangte Miete muss der ortsüblichen Vergleichsmiete entsprechen (zu Einzelheiten s. Palandt/*Weidenkaff* BGB § 558 Rn. 13). Für die Ermittlung der Vergleichsmiete sind die Wohnwertmerkmale Art, Größe, Ausstattung, Beschaffenheit und Lage relevant (zu Einzelheiten Blank/Börstinghaus/*Börstinghaus* Miete BGB § 558 Rn. 18 ff., Palandt/*Weidenkaff* BGB § 558 Rn. 13 ff.). Bei der Ausstattung bleiben mietereigene, auf Kosten der Mieter vorgenommene Anschaffungen (hier: Bad und Sammelheizung) dauerhaft unberücksichtigt (BGH NZM 2010, 735; sa BGH NZM 2019, 142 zur Einbauküche). Der Betrachtungszeitraum für die ortsübliche Vergleichsmiete wurde durch Gesetz vom 21.12.2019 (BGBl. 2019 I 2911) von vier Jahren auf sechs Jahre verlängert; zu diesbezüglichen Übergangsvorschriften s. Art. 229 § 50 EGBGB. Zur Begrenzung einer Staffelmietvereinbarung durch die niedrigere ortsübliche Vergleichsmiete s. BGH NZM 2009, 355 ff.

Die Kappungsgrenze beträgt 20 %. Seit 1.5.2013 ist den Bundesländern gestattet, durch Rechtsverordnung in Gebieten, in denen die ausreichende Versorgung der Bevölkerung mit Wohnraum zu angemessenen Bedingungen besonders gefährdet ist, die Kappungsgrenze auf 15 % herabzusetzen. Vor einer Erhöhung ist daher zu prüfen, ob für das Gebiet, in dem die betroffene Wohnung liegt, eine Kappungsgrenzenverordnung gilt (§ 558 Abs. 3 S. 2 BGB). Zur gerichtlichen Überprüfung der Vereinbarkeit der von einer Landesregierung erlassenen Kappungsgrenzenverordnung mit höherrangigem Recht s. BGH NZM 2016, 82 ff. (bejaht für die Kappungsgrenzenverordnung des Landes Berlin vom 7.5.2013; s. hierzu auch Nichtannahmebeschluss des BVerfG vom 14.4.2016, NZM 2016, 578 ff.). Ausgangsmiete ist die Miete, die drei Jahre vor dem Wirksamwerden des Zustimmungsverlangens zu zahlen war (BGH WuM 2004, 348). Zur Einrechnung früherer Mieterhöhungen und unzutreffender Ausgangsmiete s. BGH NZM 2008, 124 ff. = ZMR 2008, 190 ff. Zur Mieterhöhung bei unter der ortsüblichen Miete liegender Ausgangsmiete s. BGH NZM 2007, 639 f. Zur Beachtung der Kappungsgrenze bei nachträglich festgestellter größerer Wohnfläche s. BGH NZM 2016, 42 ff; zur Ermittlung der Kappungsgrenze bei einem zur Mietminderung berechtigenden Abweichen der tatsächlichen von der vertraglich vereinbarten Wohnfläche s. BGH ZMR 2019, 661. Die Kappungsgrenze stellt eine Obergrenze dar. Wird sie überschritten, ist das Mieterhöhungsverlangen nicht unzulässig, sondern nur insoweit unbegründet, als die Kappungsgrenze überschritten ist (OLG Celle ZMR 1996, 194 f.); erhöht werden kann die Miete nur bis zur ortsüblichen Vergleichsmiete. Zur Kappungsgrenze bei einer Teilinklusivmiete s. BGH ZMR 2004, 327; NZM 2008, 124 = ZMR 2008, 190 ff.

Zur Unanwendbarkeit der Kappungsgrenze iSv § 558 Abs. 4 BGB für ehemalig preisgebundene Wohnungen s. Palandt/*Weidenkaff* BGB § 558 Rn. 23, Blank/Börstinghaus/*Börstinghaus* Miete BGB § 558 Rn. 78 ff. Einvernehmliche Mietanpassungen, denen die in § 559 BGB genannten Tatbestände zugrunde lagen, bleiben unberücksichtigt (BGH ZMR 2004, 503).

14. Die Zustimmungsfrist des § 558b Abs. 2 S. 1 BGB von zwei bis knapp drei Monaten beginnt mit Zugang des Erhöhungsverlangens (Palandt/*Weidenkaff* BGB § 558b Rn. 2). Eine Mieterhöhung kann auch durch konkludentes Handeln vereinbart werden (BGH NZM 2005, 736 zur Änderung des Dauerauftrags; vgl. auch BGH NZM 2018, 279 ff. zur konkludenten Zustimmung durch dreimalige vorbehaltlose Zahlung des geforderten Mieterhöhungsbetrages). Streitig ist, ob eine einmalige Zahlung der erhöhten Miete ausreicht (offen gelassen von BGH NZM 2018, 279 ff.) bzw. wie viele Zahlungen erfolgen müssen (s. *Stangl* IMR 2014, 152 mwN).

15. Form und Begründung des Erhöhungsverlangens regelt § 558a BGB. Voraussetzung für die Mieterhöhung ist ein wirksames Mieterhöhungsverlangen, zu Einzelheiten s. oben 6; FAHandbuch Miet- und WEG-Recht/*Fleindl* Kap. 4 Rn. 263 ff.; Palandt/*Weidenkaff* BGB § 558a Rn. 2 ff.; s. dort auch Rn. 4 zum Fall des § 550 BGB; BGH NZM 2011, 117 zum maschinellen Mieterhöhungsverlangen; BGH WuM 2014, 612 f. zu den formellen Anforderungen an das Mieterhöhungsverlangen einer juristischen Person. Die katalogartige Aufzählung der Begründungsmittel enthält § 558a Abs. 2 BGB. Die Mieterhöhung kann durch drei Vergleichswohnungen begründet werden. Wenn der Vermieter mehr als drei Wohnungen benennt (hier sieben) und von dieser Überzahl eine Wohnung zu einer geringeren als der verlangten Miete vermietet ist, wird das Erhöhungsverlangen nicht hierdurch unwirksam (BGH NJW-RR 2012, 710). Zur Begründung kann der Vermieter vermieterfremde Wohnungen heranziehen oder solche aus eigenem Bestand (hM BGH NJW-RR 2010, 1162; BayObLG NZM 1999, 215). Trotz der Bestimmung des § 558 Abs. 2 S. 2 BGB soll ein Mieterhöhungsverlangen nach Auffassung des BGH auch mit Vergleichswohnungen des preisgebundenen Wohnungsbaus begründet werden können, da die Angabe von Vergleichswohnungen im Erhöhungsverlangen nicht schon dem Nachweis der ortsüblichen Vergleichsmiete dient, sondern den Mieter lediglich in die Lage versetzen soll, das Erhöhungsverlangen zumindest ansatzweise nachzuvollziehen und gegebenenfalls mittels weiterer Nachforschungen die Vergleichbarkeit der Wohnungen zu überprüfen (BGH WuM 2020, 86). Vermieter- und Mieternamen müssen nicht angegeben werden, die Vergleichswohnungen müssen aber identifizierbar sein (BGH NJW 1982, 2867 ff.). Sie müssen so genau bezeichnet sein, dass der Mieter, dessen Miete erhöht werden soll, sie ohne nennenswerte Schwierigkeiten auffinden kann (BGH ZMR 2003, 406 (407)). Die Angabe von Hausanschrift, Lage im Geschoss, qm-Zahl und Preis sind ausreichend. Die Wohnungsgröße ist nicht unbedingt entscheidend (BGH NJW 1982, 2867; BVerfG NJW 1980, 1617), die Quadratmetermiete ist anzugeben (vgl. BVerfG NJW 1980, 1617), ungefähre Vergleichbarkeit der Wohnung überhaupt ist ausreichend. Der Mieter soll nur in die Lage versetzt werden, das Mieterhöhungsverlangen ansatzweise nachzuvollziehen, abweichende Merkmale der Vergleichswohnungen können durch einen „gewissen Abschlag" berücksichtigt werden (BGH NZM 2014, 747; LG Berlin ZMR 2001, 349). Bei einer Abweichung der Wohnungsgröße der Vergleichswohnungen um ca. 25 % hat das AG Nürtingen (WuM 2019, 648) allerdings angenommen, dass eine Vergleichbarkeit nicht mehr gegeben sei (vgl. auch AG Gronau WuM 2021, 177). Wohnungen, die gewerblich oder teilgewerblich vermietet wurden (hier: Vermietung an eine GmbH & Co. KG zur Überlassung an einen Mitarbeiter des Unternehmens), kommen als Vergleichswohnungen für eine an eine Privatperson vermietete Wohnung nicht in Betracht; AG Lörrach WuM 2020, 27. Die Vergleichswohnungen müssen dem örtlichen Wohnungsmarkt entstammen. Vergleichswohnungen aus Nachbargemeinden dürfen nur herangezogen werden, wenn es in der eigenen Gemeinde keine solchen gibt (BVerfG NJW 1994, 717). Nicht vergleichbare Wohnungen zählen nicht, so dass es sich empfiehlt, beim Erhöhungsverlangen eine größere Anzahl zu benennen, damit jedenfalls die Mindestzahl von drei vergleichbaren Wohnungen (keine Beschränkung auf Höchstzahl, BayObLG ZMR 92, 144) erreicht wird.

Das Mieterhöhungsverlangen kann auch gem. § 558a Abs. 2 Nr. 1 BGB durch Bezugnahme auf einen einfachen und/oder qualifizierten Mietspiegel iSd §§ 558c und 558d BGB begründet werden. Zu den Anforderungen an einen qualifizierten Mietspiegel s. BGH NZM 2014, 24 mwN und BGH IMR 2013, 49; zur Indizwirkung eines einfachen Mietspiegels s. BGH NZM 2019, 250. Der Vermieter muss bei Bezugnahme auf einen Mietspiegel die Wohnung richtig einordnen (BGH NJW 2008, 848 (849)); Spannen sind zutreffend zu nennen. Sind Einfamilienhäuser im Mietpreisspiegel nicht aufgeführt, kann grds. die Mietpreisspanne für Mehrfamilienhäuser herangezogen werden (BGH NZM 2009, 27; vgl. auch BGH NJW 2016, 2565 f.). Zu den Anforderungen an die Begründung bei Eingruppierung einer Wohnung in eine jüngere Baualtersklasse s. AG Köln ZMR 2017, 748 f. Die Heranziehung des Mietspiegels der Nachbargemeinde hat der BGH (NJW 2010, 2946) zur Begründung des Erhöhungsverlangens für zulässig gehalten, (s. auch § 558a Abs. 4 S. 2 BGB). Dies gilt nicht, wenn der Mietspiegel für eine Großstadt (hier Nürnberg) erstellt wurde und zur Begründung der Mieterhöhung in einer benachbarten Kleinstadt oder einem Dorf herangezogen wurde (BGH NJW 2014, 1173), da diese Orte nicht vergleichbar sind (s. zu den Anforderungen an die Vergleichbarkeit zweier Gemeinden auch BGH ZMR 2020, 20). Die Gründe für die Vergleichbarkeit der Gemeinden müssen im Mieterhöhungsverlangen mitgeteilt werden (AG Leonberg WuM 2016, 628). Unschädlich für die formelle Wirksamkeit des Erhöhungsverlangens ist die Bezugnahme auf einen veralteten Mietspiegel (BGH NZM 2011, 743; anders aber AG Stuttgart-Bad Canstatt WuM 2017, 638 ff., für den Fall, dass der neue Mietspiegel nicht lediglich den bisherigen fortschreibt, sondern ein völlig neues Einordnungssystem mit anderer Systematik und neuen wertenden Kriterien enthält). Der Vermieter kann diesen inhaltlichen Fehler korrigieren (BGH NJW 2008, 573 zur Einordnung in ein unzutreffendes Mietspiegelfeld; zum oberen Spannenwert BGH NJW 2013, 2963). Wenn in der Gemeinde ein qualifizierter Mietspiegel iSd § 558d Abs. 1 u. 2 BGB vorhanden ist, der

Angaben für die Wohnung enthält, muss der Vermieter, auch wenn er ein anderes Begründungsmittel wählt, die Wohnung nach den Angaben des Mietspiegels bewerten (§ 558a Abs. 3 BGB), andernfalls ist das Erhöhungsverlangen formell unwirksam. Wenn der erforderliche Hinweis auf den qualifizierten Mietspiegel fehlt, kann er im Prozess nachgeholt werden (LG München I WuM 2002, 427). Die Auslegung eines Mietspiegels unterliegt der revisionsrechtlichen Nachprüfung. Der BGH (NZM 2011, 511 mwN) hat zu Spannen und Bandbreite anhand des Mietspiegels der Stadt Regensburg 2007 Stellung genommen. Es reicht aus, wenn das einschlägige Mietspiegelfeld angegeben wird (BGH IMR 2009, 190), um den Mieter auf die für die Wohnung vorgesehene Spanne hinzuweisen (BGH NJW 2008, 573). Ist der Mietspiegel allgemein zugänglich oder bietet der Vermieter dem Mieter die Einsichtnahme an, muss der Mietspiegel nicht beigefügt sein; BGH NZM 2011, 120; 2010, 40 (dies gilt auch, wenn hierfür eine geringe Schutzgebühr zu zahlen ist; aA AG Stuttgart WuM 2018, 723 für eine Schutzgebühr von 6,50 EUR); BGH NJW 2009, 1667; NJW 2008, 573; KG NZM 2010, 703. Es bedarf auch keines Hinweises darauf, wo der Mietspiegel erhältlich ist (BGH NZM 2011, 120). Die ortsübliche Vergleichsmiete ist regelmäßig kein punktgenauer Wert, sondern bewegt sich innerhalb einer Spanne (BGH NJW 2012, 1351; NJW 2005, 2074). Das Gericht kann die ortsübliche Miete bei Vorliegen eines Mietspiegels ohne Gutachter schätzen (LG Berlin IMR 2014, 8). Zur Vornahme eines Stichtagszuschlags durch den Tatrichter s. BGH NZM 2017, 321 ff. und LG Osnabrück AZ 1 S 380/17. Ein sicherer Weg ist in jedem Fall die Begründung der Mieterhöhung durch ein vorprozessual eingeholtes Gutachten eines öffentlich bestellten und vereidigten Sachverständigen. Auch ein Typengutachten ist taugliches Begründungsmittel für die Mieterhöhung (BGH NZM 2010, 576; LG München I ZMR 2018, 331 ff.). Allerdings sind nach hM die Kosten für diese Gutachten nicht erstattungsfähig (LG Köln WM 1997, 269), auch nicht im Rahmen von notwendigen Kosten der Rechtsverfolgung gem. § 91 ZPO (Schmidt-Futterer/*Börstinghaus* BGB § 558a Rn. 96 f. mwN). Kleinere Mängel des Gutachtens machen das Erhöhungsverlangen nicht formell unwirksam (BGH NJW 2016, 1385 f.; s. dort auch allgemein zu den Anforderungen an die Begründung mit einem beigefügten Sachverständigengutachten); zur Besichtigung der Wohnung durch den Sachverständigen s. BGH Urt. v. 11.7.2018 – VIII ZR 136/17, BeckRS 2018, 16623 und BGH Urt. v. 11.7.2018 – VIII ZR 190/17; s. zu den Anforderungen an ein Typengutachten BGH Urt. v. 11.7.2018 – VIII ZR 190/17. Auch ein Urteil kann Begründungsmittel sein (LG Hamburg IMR 2013, 449), nicht aber die Auskunft einer Stadtverwaltung (AG Ludwigsburg WuM 2017, 93 f.) oder der Verweis auf Internetportale zur Immobilienvermarktung (AG Schleswig 5.11.2019 – 21 C 76/19; vgl. auch AG München ZMR 2019, 43).

Liegt die begehrte Miete teilweise über der durch den gerichtlichen Sachverständigen festgestellten ortsüblichen Miete, ist das Erhöhungsverlangen zwar wirksam, die Klage jedoch nur in Höhe der ortsüblichen Miete begründet. Behebbare Mängel der Wohnung werden bei der Bewertung nicht berücksichtigt, da §§ 536 ff. BGB eine Spezialregelung enthalten.

Die Klagefrist beträgt drei Monate (§ 558b Abs. 2 BGB). Wurde durch den Vermieter bereits Zustimmungsklage erhoben, jedoch kein wirksames Erhöhungsverlangen gestellt, kann er gem. § 558b Abs. 3 BGB das Erhöhungsverlangen im Prozess nachholen oder Mängel des Erhöhungsverlangens beheben (BGH ZMR 2003, 406 (408); s. *Hinz* NZM 2002, 633 f.; Palandt/*Weidenkaff* BGB § 558b Rn. 19; das Nachbesserungsrecht des § 558b Abs. 3 BGB umfasst jedoch nicht die Versäumung der Klagefrist, vgl. LG Berlin ZMR 2021, 311). Das Mieterhöhungsverlangen kann im Prozess durch Angaben zu den Betriebskosten nachgebessert werden (BGH NZM 2010, 436), wenn die Angaben hierzu im ursprünglichen Verlangen unzutreffend oder unvollständig waren. Kostenrechtlich kann dies dazu führen, dass der Vermieter bei sofortigem Anerkenntnis oder Zustimmung durch den Mieter die Kosten des Rechtsstreits zu tragen hat (§§ 93, 91a ZPO). Um den Ablauf der

Zustimmungsfrist zu gewährleisten, empfiehlt sich, Ruhen des Verfahrens gem. § 251 ZPO zu beantragen. Aus Gründen der Prozessökonomie kann die Verhandlung durch das Gericht gem. § 227 ZPO vertagt werden, bis die Zustimmungsfrist abgelaufen ist. Dies ist jedoch keineswegs zwingend (LG München I NJW-RR 2004, 523). Hat der Mieter allerdings auch das nachgeholte Erhöhungsverlangen abgelehnt, muss der Ablauf der Zustimmungsfrist nicht abgewartet werden (OLG Celle ZMR 1996, 206).

16. Nach § 558a BGB muss der Sachverständige öffentlich bestellt und vereidigt sein.

Der Sachverständige muss eine Aussage über die tatsächliche ortsübliche Vergleichsmiete treffen und die betroffene Wohnung in das örtliche Preisgefüge einordnen, eine Abweisung der Klage, weil der Sachverständige die Wohnung nicht besichtigt hat, erfolgt nicht, ein formeller Mangel des Erhöhungsverlangens liegt nicht vor (BGH Urt. v. 11.7.2018 – VIII ZR 136/17, Beck RS 2018, 16623).

17. Nur wenn für die Gemeinde, in der die Wohnung liegt, ein qualifizierter Mietspiegel iSv § 558d BGB existiert, ist gem. § 558a Abs. 3 BGB zwingend vorgeschrieben, dass der Vermieter die Werte des qualifizierten Mietspiegels für die konkrete Wohnung mitteilt (BGH NJW 2008, 573 f.). Zu Einzelheiten s. Blank/Börstinghaus/*Börstinghaus* Miete BGB § 558a Rn. 59 ff.

18. Sofern ein im Prozess eingeholtes Sachverständigengutachten sich als unverwertbar herausstellt, kann das Gericht gleichwohl die ortsübliche Miete anhand eines Mietspiegels schätzen (BGH NZM 2013, 610; vgl. auch LG Nürnberg-Fürth WuM 2018, 90 ff.). Zur Ermittlung der ortsüblichen Vergleichsmiete durch einen Sachverständigen im Mieterhöhungsprozess s. BGH ZMR 2019, 664 und BGH GE 2021, 935 (zur Einholung eines Gutachtens bei Vorliegen eines Mietspiegels).

3. Klage des Vermieters auf Nebenkostennachzahlung bei Geschäftsraummiete

Klage

An das
Amtsgericht[1]
Abteilung für Mietsachen

. . . . .
– Klägerin –

gegen

. . . . .
– Beklagte –

wegen Forderung
vorläufiger Streitwert: 1.380,13 EUR[2]
Namens und in Vollmacht der Klägerin erhebe ich Klage[3] und werde beantragen zu erkennen:

1. **Die Beklagte wird verurteilt, an die Klägerin 1.380,13 EUR[4] nebst Zinsen[5] iHv 9 Prozentpunkten über dem Basiszinssatz hieraus seit 23.5.2021 zu bezahlen.**
2. **Die Beklagte trägt die Kosten des Rechtsstreits.**
3. **Das Urteil ist vorläufig vollstreckbar, ggf. gegen Sicherheitsleistung.**

Begründung:[6]

Zwischen den Parteien besteht ein Mietverhältnis über die von der Klägerin[7] an die Beklagte vermieteten Geschäftsräume in der ..... Straße Nr. ...., bestehend aus ..... in x-Stadt.

Beweis: in beglaubigter Fotokopie anliegender Mietvertrag vom .....

Im vorgenannten Mietvertrag wurde vereinbart, dass die Beklagte sämtliche Betriebskosten iSv. § 2 der Betriebskostenverordnung und darüber hinaus Verwaltungs- und Bewachungskosten[8] tragen muss. Vertraglich vereinbart ist, dass monatliche Vorauszahlungen[9] auf die im Mietvertrag exakt bezeichneten Nebenkosten[10] erhoben werden und über den auf den Mieter entfallenden Betrag jährlich[11] abgerechnet wird.

Dem Mietvertrag beigefügt war der Text der Verordnung über die Aufstellung von Betriebskosten (BetrKV).

Die jährliche Abrechnung[12] erfolgte, wie vertraglich vereinbart, nach dem Umlegungsmaßstab[13] des Verhältnisses der vermieteten Fläche zur Gesamtfläche. Heiz- und Warmwasserkosten werden ausdrücklich in Anwendung der Heizkostenverordnung abgerechnet, vereinbart hierfür ist die Umlegung von 70 % der Kosten nach Verbrauch, 30 % nach Nutzfläche.

Beweis: Abrechnung v. 20.3.2021 mit Anlage,

Auf die vertraglich vereinbarten Regelungen in § ..... des Mietvertrages wird ausdrücklich Bezug genommen.

Beweis: Mietvertrag

Die Klägerin hat die Nebenkostenabrechnung für den Zeitraum v. 1.1.2020 bis 31.12.2020 am 20.3.2021 erstellt. In die Nebenkostenabrechnung wurden die von der Beklagten im Jahr 2020 auf die Nebenkosten gezahlten Vorauszahlungsbeträge eingestellt, ebenso die nach Kostenart erläuterten, einzelnen Positionen. Sämtliche in der Nebenkostenabrechnung enthaltenen Kosten, sowohl die gemäß der Betriebskostenverordnung als auch die Verwaltungs- und Bewachungskosten, sind im Abrechnungszeitraum angefallen und waren zur ordnungsgemäßen Bewirtschaftung des Anwesens erforderlich. Die Gesamtkosten für das Anwesen sind in der Abrechnung enthalten.

In die Abrechnung wurden sowohl die Angaben zur Gesamtfläche des Anwesens, als auch zur Fläche der Abrechnungseinheit, dh der betroffenen Geschäftsräume, gemacht. Der Umlegungsmaßstab entspricht den vertraglichen Vereinbarungen. Der Abrechnungszeitraum ist aufgeführt, er entspricht dem Nutzungszeitraum der Beklagten.

Beweis: Abrechnung v. 20.3.2021

Die Heiz- und Warmwasserkostenabrechnung wurde extern durch die Fa. XY erstellt und war dem Abrechnungsschreiben für die übrigen Nebenkosten beigefügt. [14]

Beweis: Heizkostenabrechnung der Firma XY

Ausweislich der in der Anlage beigefügten Nebenkostenabrechnung v. 20.3.2021 ergibt sich nach Abzug der Vorauszahlungen[15] eine Nachforderung der Klägerin iHv 1.380,13 EUR.

Beweis: Abrechnung v. 20.3.2021

Die Nebenkostenabrechnung v. 20.3.2021 sowie die Abrechnung über die Heiz- und Warmwasserkosten wird in der Anlage vorgelegt und zum Gegenstand des Sachvortrags gemacht. [16]

Mit Schreiben v. 28.3.2021 wurden die Abrechnungsunterlagen an die Beklagte übersandt.

Beweis: Schreiben v. 28.3.2021

Die Abrechnung ging der Beklagten zu.[17] Nach Zugang der Abrechnung hat ein Mitarbeiter der Beklagten Einsicht[18] in die der Abrechnung zu Grunde liegenden Belege genommen.

Die Beklagte hat mit Schreiben v. 9.4.2021 gerügt, dass ihr keine Verwaltungs- und Bewachungskosten auferlegt werden dürfen.[19]

Beweis: Schreiben v. 9.4.2021

Die Klägerin hat der Beklagten bereits vorgerichtlich mitgeteilt, dass sie zur Tragung der Verwaltungs- und Bewachungskosten verpflichtet sei und sie zur Nachzahlung aufgefordert.[20]

Beweis: Schreiben v. 27.4.2021

Die gesetzte Frist zum 22.5.2021 für den Eingang des Geldes auf dem Vermieterkonto verstrich fruchtlos.

Außergerichtlich war eine Einigung nicht möglich, Klageerhebung[21] **war daher geboten.**

Rechtsanwalt

Anmerkungen

1. Die sachliche Zuständigkeit des Gerichts bei Gewerberaum richtet sich nach dem Streitwert. Gemäß § 23 Nr. 1 GVG sind Streitigkeiten über Ansprüche bei einem Streitwert von nicht über 5.000 EUR den Amtsgerichten zugewiesen. Bei Streitwerten bis 750 EUR ist § 15a Abs. 1 EGZPO zu beachten (→ Form. II.B.1 Anm. 3). Für die örtliche Zuständigkeit gilt § 29a ZPO auch für Gewerberaum, → Form. II.B.5 Anm. 1.

2. Zu Gegenstandswerten im Zusammenhang mit Betriebskostenabrechnungen s. *Meyer-Abich* NZM 2016, 329; *Schneider* MietRB 2004, 155 (158), Wall, Betriebskosten Kommentar Rn. 1315 ff; Neuhaus Kap. 10, Rn. 318. Das AG Düsseldorf (ZMR 2009, 762) geht bei Nachzahlungspflicht nur von dem Abrechnungssaldo aus, auch wenn alle Abrechnungspositionen geprüft wurden. Der Gesamtbetrag soll für die Bemessung des Gegenstandswertes nicht relevant sein, da eigentlicher Streitgegenstand die Abwehr der Nachzahlungspflicht unter Berücksichtigung der geleisteten Vorauszahlungen sei (aA, Neuhaus Kap. 10 Rn. 318 mwN).

3. Die Geltendmachung von Betriebskostennachforderungen im Urkundenprozess ist statthaft, sowohl für Gewerbe- (BGH NJW 1999, 1408; s. Both NZM 2017, 425), als auch für Wohnraum (BGH NZM 2015, 44).

4. Sofern der Vermieter zur Umsatzbesteuerung optiert hat und die Grundmiete zzgl. Umsatzsteuer zu zahlen ist, kann der Mietvertrag so ausgelegt werden, dass auf die Nebenkosten Umsatzsteuer gezahlt werden muss (BGH NZM 2021, 96).

5. Der Vermieter hat für die Zeit bis zur Abrechnungsreife einen Anspruch auf Verzugszinsen auf rückständige Vorauszahlungen auch dann, wenn die Vorauszahlungen wegen eingetretener Abrechnungsreife nicht mehr verlangt werden können (BGH NZM 2013, 85). An den laufenden Vorauszahlungen kann der Mieter ein Zurückbehaltungsrecht geltend machen, wenn trotz Abrechnungsreife nicht abgerechnet wird (OLG Brandenburg BeckRS 2020, 36834) s. auch → Anm. 11. Dem Mieter stehen bei verspäteter Abrechnung (hier im Jahr 2009) über die Betriebskosten (hier für die Jahre 2002 bis 2007) keine Zinsen für das Betriebskostenguthaben zu, da der Anspruch auf Rückerstattung erst mit Erteilung der formell ordnungsgemäßen Abrechnung fällig wird (BGH NZM 2013, 188 = NJW 2013, 859). Das Formular geht davon aus, dass der Vermieter nicht Verbraucher ist.

6. An die Darlegungs- und Substantiierungspflicht stellen die Instanzgerichte häufig höhere Anforderungen als der BGH (BGH NZM 2017, 732; zu Mängeln WuM 2011, 700 ff., zum Wirtschaftlichkeitsgebot BGH NZM 2015, 132; NJW 2011, 3028; *Zehelein* NZM 2014, 11 (15); zum Schadensersatzanspruch bei Verstoß OLG Düsseldorf DWW 2013, 253) und des BVerfG (WPM 2011, 2232). Die Mindestanforderungen definiert eine Entscheidung des BGH zu Wohnraum, dies dürfte auch für Gewerbe gelten (BGH NZM 2017, 732 mwN), da der BGH ausdrücklich die zum Wohnraummietrecht entwickelten Grundsätze zur formellen Ordnungsmäßigkeit einer Betriebskostenabrechnung im Gewerberaummietrecht für anwendbar hält (BGH NJW-RR 2021, 394). Für seine Leistungsklage muss der Vermieter schlüssig darlegen, dass eine formell (BGH NJW-RR 2021, 394) ordnungsgemäße Abrechnung vorliegt, aus der sich der Zahlungsanspruch ergibt. Die Abrechnung muss den allgemeinen Aufforderungen des § 259 BGB entsprechen, wobei auf das Verständnis eines durchschnittlich gebildeten, juristisch und betriebswirtschaftlich nicht geschulten Mieters abgestellt wird (statt vieler BGH BeckRS 2017, 119618; NJW 2009,283). Die Einsicht in die Belege soll nur zur Kontrolle und Beseitigung von Zweifeln erforderlich sein (BGH BeckRS 2017, 119618). Außerhalb der Abrechnung erteilte Informationen sind zu berücksichtigen (BGH NZM 2010, 784). Mängel können im Prozess nachgebessert werden, allerdings wird eine ausgewiesene Nachzahlung dann erst mit Zugang der korrigierten Abrechnung fällig (OLG Brandenburg NJOZ 2019, 1997). Einzelfälle sind dargestellt in *Schmid* WuM 2012, 127 ff.; *Schmid,* Handbuch der Mietnebenkosten, 17. Aufl. 2021, Rn. 7076 ff.

7. Während des Abrechnungszeitraums tangiert der rechtsgeschäftliche Vermieterwechsel die Mieter nicht, sie müssen keine Zwischenabrechnung hinnehmen (BGH ZMR 2001, 17). Erfolgt der Vermieterwechsel nach Ablauf des Abrechnungszeitraums, ist nicht der Erwerber, sondern der frühere Vermieter gegenüber dem Mieter bzgl. der zum Zeitpunkt des Wechsels im Grundstückseigentum abgelaufenen Abrechnungsperiode zur Abrechnung der Nebenkosten verpflichtet und zur Erhebung etwaiger Nachzahlungen berechtigt. Es kommt nicht darauf an, wann der Zahlungsanspruch fällig geworden ist (BGH ZMR 2004, 250; *Schmid* WuM 2013, 643 (646), sa *Neumann* WuM 2012, 3 ff.). Wenn das Mietverhältnis vor Eigentumsumschreibung beendet ist, muss der frühere Vermieter abrechnen (BGH WuM 2007, 267).

8. Die Vereinbarung zur Tragung der Nebenkosten durch den Mieter ist vorzutragen. Sie muss bestimmt oder zumindest bestimmbar sein. Wenn der Begriff „Betriebskosten" gebraucht wird, erfasst dies – sofern kein abweichendes Verständnis der Parteien feststellbar ist – alle zum Zeitpunkt des Vertragsabschlusses in die gesetzliche Definition gem. § 556 I. 2 BGB iVm § 2 BetrKV einbezogenen Kostenarten (BGH NZM 2020, 507). Während bei preisfreiem Wohnraum nur Betriebskosten (s. BGH NJW 2016, 3108 zum Begriff) nach der Betriebskostenverordnung umgelegt werden können, ist es möglich, bei Geschäftsraummietverträgen weitere Nebenkosten umzulegen, s. Bub/Treier *Emmerich* Kap. III Rn. 91, 94 ff. Nach Auffassung des BGH (NZM 2020, 507; BGH NZM 2013, 85) besteht die Möglichkeit die in der BetrKV enthaltenen Begriffe als Hilfsmittel für eine Definition umlegbarer Kosten bei der Geschäftsraummiete heranzuziehen. Das Transparenzgebot ist zu beachten (BGH NZM 2020, 507; zur Individualabrede; NZM 2013, 85), sodass für den Mieter erkennbar sein muss, welche Kosten durch den verwendeten Begriff erfasst sind oder welche Leistungen betroffen sind, wenn es keinen feststehenden Begriff hierfür gibt.

Bei Wohnraum ist ebenso wie bei Gewerberaum darauf zu achten, dass die Umlegungsvereinbarung so hinreichend bestimmt ist, dass sich der Mieter zumindest ein grobes Bild von den zusätzlichen Kosten machen kann s. hierzu BGH WuM 2012, 453; ZMR 2004, 430 f.; OLG Schleswig IMR 2012, 190; OLG Düsseldorf ZMR 2003, 22; ZMR 2003, 109; ZMR 2001, 595; ZMR 2000, 668; OLG Frankfurt a.M. ZMR 2000, 607. Zur Mehrbelastungsklausel bei der Grundsteuer s. BGH NZM 2016, 315. Zum Centermanager BGH NZM 2013, 85. Zu Kosten der kaufmännischen und technischen Hauverwaltung s. BGH NJW 2010, 279. Zu den einzelnen, bei Geschäftsraummiete umlagefähigen Betriebskosten s. *Harz* ZAP 2016, 1171 ff.; *Schmid,* Handbuch der Mietnebenkosten, 17. Aufl. 2021, Rn. 5715 ff.; *Pfeiffer* DWW 2000, 13; *Gather* DWW 2002, 56.

Verwaltungskosten iSv § 1 Abs. 2 Nr. 1 BetrKV und § 26 Abs. 1 der II. Berechnungsverordnung sind bei Gewerbemietverhältnissen grds. umlagefähig (BGH NZM 2015, 132 mwN; NZM 2010, 279; 2010, 123; auch durch AGB, BGH NZM 2014, 830; 2013, 85; *Schmid,* Handbuch der Mietnebenkosten, 17. Aufl. 2021, Rn. 5715 und 5736 ff.; *Graf v. Westphalen* NZM 2015, 112), wenn dies vereinbart wurde. Bewachungskosten sind bei der Geschäftsraummiete umlagefähig, wenn die Situation des Mietobjekts eine Bewachung erfordert und die Umlage der Kosten vereinbart wurde (OLG Düsseldorf IMR 2012, 370; KG GE 2004, 234; OLG Celle ZMR 1999, 238 str. s. Wall aaO Rn. 4799 mwN).

Eine konkludente Vertragsänderung durch jahrelange vorbehaltlose Zahlung kommt nicht ohne weiteres zustande (BGH NJW 2014, 3722), sa *Beyerle* in Lindner/Figura/Opréd/Stellmann Geschäftsraummiete Kap. 11 Rn. 71 ff.

9. Der Vermieter begeht keine Pflichtverletzung, wenn er mit dem Mieter Vorauszahlungen vereinbart, die der Höhe der später anfallenden Kosten nur in etwa entsprechen und zu niedrig sind, sofern nicht besondere Umstände vorliegen, wie Arglist des Vermieters (BGH ZMR 2011, 788; NJW 2004, 1102).

10. Für das Vorliegen der Voraussetzungen zur Umlegung der Nebenkosten sowie für deren Höhe ist der Vermieter darlegungs- und beweispflichtig, auch wenn Vorauszahlungen vereinbart sind (OLG Braunschweig ZMR 1999, 694 (696 f.); *Schmid,* Handbuch der Mietnebenkosten, 17. Aufl. 2021, Rn. 1126; → Anm. 4.

11. Bei Wohnraummietverhältnissen hat die Abrechnung (BGH IMR 2008, 262) gem. § 556 Abs. 3 S. 1 BGB, § 20 Abs. 3 S. 2 NMV 1970 jährlich zu erfolgen. Über die Vorauszahlungen ist jährlich unter Beachtung des Wirtschaftlichkeitsgebots abzurechnen (Abrechnungsperiode). Die Abrechnungsperiode kann einmalig zum Zweck der Umstellung auf kalenderjährliche Abrechnung einvernehmlich geändert werden (BGH NJW 2011, 2878). Bei Geschäftsraummietverhältnissen sind die Parteien freier, da § 578 BGB nicht auf § 556 BGB verweist und daher der Abrechnungszeitraum frei vereinbart werden kann (BGH NZM 2013, 648; BGH NZM 2010, 240 mwN; OLG Düsseldorf ZMR 1998, 219). Bei allgemeinen Geschäftsbedingungen hält die Vertragsklausel § 307 BGB nicht stand, wenn über die Regelung einer Ausschlussfrist eine Haftungsverschärfung des Vermieters ohne sein Vertretenmüssen herbeigeführt wird (OLG Brandenburg BeckRS 2021, 19062). Auch bei Geschäftsraummietverhältnissen ist die jährliche Abrechnung üblich und angemessen (BGH NZM 2011, 121; NZM 2010, 240; OLG Dresden BeckRS 2019, 43260), ist aber keine Ausschlussfrist. Die kurze Ausschlussfrist des § 556 Abs. 3 S. 3 BGB für Nachforderungen bei Wohnraum gilt nicht für Gewerberaum (BGH NZM 2014, 641; NJW 2010, 1065; OLG Köln IMR 2007, 45). Im Falle nicht rechtzeitiger Abrechnung durch den Vermieter kann der Mieter vom Vermieter jedenfalls bei fortdauerndem Mietverhältnis die Rückzahlung der auf die Nebenkosten geleisteten Vorauszahlungen nicht verlangen (BGH WuM 2012, 620; aA OLG Düsseldorf IMR 2009, 7). Er hat aber ein Zurückbehaltungsrecht hinsichtlich laufender Vorauszahlungen (BGH ZMR 2011, 21; 2006, 672; OLG Brandenburg BeckRS 2020, 36834). Beim beendeten Mietverhältnis kann er ohne vorherige Klage auf Abrechnung sogleich sofortige und vollständige Rückzahlung der geleisteten Vorauszahlungen verlangen (BGH NJW 2005, 1499; BGH BeckRS 2021, 20897 (zu Wohnraum).

12. An die vorgelegte Abrechnung werden erhebliche Anforderungen gestellt, wobei die Anforderungen in formeller Hinsicht durch den BGH zunehmend reduziert werden, s. zur Anforderung an die formelle Ordnungsmäßigkeit BGH NZM 2017, 732 ff; zur Auswirkung formeller Mängel auf die Wirksamkeit der Abrechnung s. BGH ZMR 2012, 525; WuM 2010, 741 ff.; WuM 2011, 101 ff.; NZM 2011, 627 ff.). Sie muss materiell, dh inhaltlich (zur Abgrenzung s. Wall aaO Rn. 1713) richtig sein.

Die Abrechnung muss, um den formellen Anforderungen zu genügen, so abgefasst sein, dass auch ein Laie diese gedanklich und rechnerisch nachvollziehen und überprüfen kann

(BGH NZM 2017, 732, WuM 2009, 42 ff.; NJW 2008, 2258; ZMR 1982, 108; s. *Milger* NJW 2009, 625 ff.). Sie muss den Anforderungen des § 259 BGB entsprechen und eine geordnete Zusammenstellung der Einnahmen und Ausgaben enthalten (BGH NZM 2015, 589 zu Wohnraum), → Anm. 6.

Der Verfasser der Abrechnung – der Vermieter oder die ihn vertretende Hausverwaltung oÄ – muss genannt sein, ggf. ist eine Originalvollmacht beizufügen (*Kinne* GE 2004, 1572 (1573));

Mieter und Mietobjekt sind zu nennen. Erforderlich ist eine geordnete Zusammenstellung der Gesamtkosten, die den Abrechnungszeitraum betreffen, mit einer zweckmäßigen und übersichtlichen Aufgliederung in Abrechnungsposten der jeweiligen Kostenart, wobei diese einzelnen Positionen so angegeben werden müssen, dass eine rechnerische Nachvollziehbarkeit für einen durchschnittlichen juristisch und betriebswirtschaftlich nicht vorgebildeten Mieter möglich ist (BGH NZM 2014, 902; NZM 2017, 732 zu Wohnraum).

In der Abrechnung muss der Umlegungsmaßstab mitgeteilt und erläutert werden, sofern dies zum Verständnis erforderlich ist (BGH WuM 2010, 714; 2009, 42). Bei Wohnraum ist unter Zugrundelegung von § 556a Abs. 1, § 7 Abs. 1 HeizkostenVO der Anteil der tatsächlichen Wohnfläche an der in der Wirtschaftseinheit tatsächlich vorhandenen Gesamtwohnfläche maßgebend (BGH NJW 2018, 2317). Diese Rechtsprechung dürfte auch auf Gewerbeflächen anwendbar sein, da sie der Verteilungsgerechtigkeit dient und der BGH die Grundsätze, die im Wohnraummietrecht entwickelt wurden, zunehmend auf das Gewerbemietrecht überträgt (BGH NJW-RR 2021, 394). Wenn nicht erläutert wird, wie die zugrunde gelegten Flächen zu berechnen sind, begründet dies keinen formellen Mangel (BGH 20.1.2021 – XII ZR 40/20). Zur Berücksichtigung der Flächen von Großmietern (s. KG BeckRS 2019, 38092). Zur Flächenabweichung und darauf beruhender Rückforderungsansprüche des Mieters vgl. BGH WuM 2011, 101; 2008, 407; KG BeckRS 2009, 07809.

Auch im Gewerbemietverhältnis besteht die Verpflichtung zur Differenzierung bei der Umlage der Nebenkosten, wenn in verschiedenen Nutzeinheiten deutlich höhere Kosten als in anderen entstehen (KG BeckRS 2003, 30328475) oder nur auf einzelne Einheiten umgelegt werden (BGH WuM 2007, 575).

Das Wirtschaftlichkeitsgebot betrifft die Pflicht des Vermieters, auf ein angemessenes Kosten-Nutzen-Verhältnis Rücksicht zu nehmen (BGH NZM 2015, 132; NJW 2011, 3028). Der Vermieter hat einen Entscheidungsspielraum und muss nicht die billigste Lösung wählen

Der Anteil des Mieters ist zu bezeichnen und die Vorauszahlungen sind anzugeben, wobei der BGH als Mindestanforderung an eine formell ordnungsgemäße Abrechnung die Angabe der Vorauszahlungen des Mieters nicht mehr fordert (BGH ZMR 2012, 525; *Milger* MDR 2013, 385 (387)).

Der BGH (NZM 2003, 196) hat eine Abrechnung nach Soll-Vorauszahlungen für den Fall zugelassen, dass der Mieter im Abrechnungszeitraum keinerlei Zahlungen erbracht hat und die offenen Vorauszahlungsansprüche vom Vermieter bereits eingeklagt sind. Ferner darf zum Zeitpunkt des Zugangs der Abrechnung noch keine Abrechnungsreife eingetreten sein. Bei Angabe von Soll-Vorauszahlungen anstelle von Ist-Vorauszahlungen, liegt allenfalls ein materieller Fehler vor (BGH NZM 2009, 906).

Das Gesamtergebnis muss festgestellt werden (LG Frankfurt a. M. ZMR 1999, 764).

Die Nebenkostennachforderung kann nur dann Erfolg versprechend geltend gemacht werden, wenn vorgetragen wurde, dass zwischen den Parteien im Abrechnungszeitraum ein Mietverhältnis bestand, wirksam die Zahlung von Nebenkostenvorauszahlungen sowie Abrechnung hierüber vereinbart ist und über die vereinbarten und angefallenen Kosten eine den vorstehenden Anforderungen entsprechende fälligkeitsbegründende Abrechnung erteilt wurde (KG ZMR 1998, 627), → Anm. 6, 8.

Durch eine vertragswidrige Abrechnung von Kostenpositionen, für die es an einer Umlagevereinbarung fehlt oder für die eine Pauschale vereinbart ist, wird die Abrechnung nicht aus formellen Gründen unwirksam (BGH NZM 2011, 627 mwN). Allein die vorbehaltlose Erstattung eines Guthabens an den Mieter, bzw. dessen Zahlung auf den Rückstand rechtfertigt nicht die Annahme eines deklaratorischen Schuldanerkenntnisses, sodass die Abrechnung korrigiert werden kann (BGH NZM 2014, 641; NZM 2013, 648).

Steuerdienliche Angaben sind erforderlich, wenn die Abrechnung als Rechnung iSv § 14 UStG benutzt werden soll, s. Handbuch des Fachanwalts MietR/*Rohde/Kopatschek* Kap. 31 Rn. 301.

Wurde in der Klage auf eine nachvollziehbare Abrechnung Bezug genommen, ergibt sich auch für das Gericht nachvollziehbar, dass der geltend gemachte Anspruch gegeben ist (*Schmid* MDR 2000, 123).

Für die Schlüssigkeit der Klage ist es nicht erforderlich, dass der Vermieter alle in die Abrechnung eingestellten Positionen nach Datum, Grund und Höhe detailliert vorträgt, → Anm. 6. Der Anspruch muss nachvollziehbar dargelegt sein (KG ZMR 1998, 627; sa *Schmid* MDR 2000, 123; WuM 2012, 127 ff.). Erst nach qualifiziertem Bestreiten des Mieters (OLG Düsseldorf DWW 2006, 198) im Hinblick auf die inhaltliche Richtigkeit der Abrechnung hat der Vermieter die Darlegungs- und Beweislast dafür, dass die Abrechnungsbestandteile iE richtig sind (BGH MDR 1999, 696; *Wall* aaO Rn. 1277).

Der Vermieter kann nach dem Abfluss- oder dem Leistungsprinzip abrechnen (BGH ZMR 2008, 691 ff. = NJW 2008, 1801; ZMR 2008, 444).

13. Änderungen des Umlagemaßstabes sind nur für die Zukunft möglich, nicht für bereits abgelaufene Abrechnungsperioden, so dass dies dem Mieter vor Beginn der Abrechnungsperiode mitgeteilt werden muss (OLG Frankfurt a. M. ZMR 2004, 182 ff.).

14. Der Abrechnung müssen Belege nicht beigefügt werden, der Mieter hat das Recht zur Belegeinsicht, um die Richtigkeit der Angaben zu überprüfen. Dieses Einsichtsrecht bezieht sich auch auf die dazugehörigen Zahlungsbelege (BGH NZM 2021, 31 zu Wohnraum).

15. Die Angabe der Vorauszahlungen ist nicht Voraussetzung für die formell ordnungsgemäße Nebenkostenabrechnung (BGH IMR 2012, 176 mAnm *Schmid*).

16. Wird eine nachvollziehbare Abrechnung der Klage beigefügt und in Bezug genommen, ist dies ausreichend (*Schmid* MDR 2000, 123). Erst nach Bestreiten durch den Mieter, ist weiter vorzutragen (BGH MDR 2008, 737). → Anm. 19.

17. Unerwartete Verzögerungen (hier: durch die Post) beim Zugang hat der Vermieter zu vertreten (BGH ZMR 2009, 512 ff.). Dies hat nur Bedeutung, wenn Vereinbarungen zur Abrechnungsfrist bestehen, denn die Ausschlussfrist des § 556 Abs. 3 S. 3 BGB gilt nicht für Gewerbemietverhältnisse.

18. Ein ausdrückliches Anbieten zur Einsichtnahme in die Belege ist für die Ordnungsmäßigkeit der Abrechnung nicht erforderlich (LG Mannheim WuM 1996, 630). Der Mieter hat jedoch das Recht, die Belege, auch die Zahlungsbelege einzusehen (BGH NZM 2021, 31; ZMR 2006, 358 ff.). Belegeinsicht soll nur Zweifel beheben, allerdings hat der (Wohnraum-) Mieter ein Recht hierauf, auch im Hinblick auf Daten anderer Nutzer (BGH NZM 2018, 458). Die Probleme im Hinblick auf die DSGVO sind absehbar. Zur Belegeinsicht iE *Ludley* NZM 2020, 973; zu Anerkenntnisklauseln *Graf v. Westphalen* NZM 2015, 112, *Ludley* NJW 2014, 3726.

19. Reagiert ein Vermieter auf schlüssige Einwendungen des Mieters nicht, gelten diese gem. § 138 Abs. 3 ZPO (AG Trier WuM 1999, 721) als zugestanden. Die analoge Anwendung der in § 556 Abs. 3 S. 5 u. 6 BGB normierten Einwendungsfrist auf Geschäftsraummietverhältnisse lehnt die hM ab (BGH NJW 2010, 1065; OLG Düsseldorf GuT 2006, 132).

20. Die Fälligkeit der Nachzahlung setzt den Zugang einer formell ordnungsgemäßen Abrechnung voraus (BGH WM 1991, 150). Auch nach 20 Jahren Mietzeit kann der Vermieter erstmalig abrechnen (BGH IMR 2008, 151 zu Wohnraum). Die Anwendung eines unrichtigen Abrechnungsschlüssels auf einzelne Positionen hindert nicht die Fälligkeit der gesamten Nebenkostenabrechnung (OLG Düsseldorf ZMR 2003, 569 ff.). Entgegen der früher herrschenden Meinung (*Römer* WM 1996, 595 mwN) geht der BGH davon aus, dass die Fälligkeit nicht erst nach einer angemessenen Überprüfungsfrist eintritt, sondern mit Erteilung einer formell ordnungsgemäßen Abrechnung (BGH ZMR 2006, 358 (361) zu Wohnraum). Diese Frist wird überwiegend mit einem Monat ab Zugang der Abrechnung bemessen.

21. Auch im Prozess kann der Vermieter erstmals eine formell ordnungsgemäße Abrechnung vorlegen bzw. die Abrechnung ergänzen (BGH GE 2005, 543). Möglich ist auch, die Nebenkostenabrechnung nachträglich zu korrigieren, selbst dann, wenn der bisherige Saldo aus der Abrechnung ausgeglichen worden war. Dem steht die Annahme eines deklaratorischen Schuldanerkenntnisses nicht entgegen (BGH NZM 2014, 641).

Verweigert der Vermieter vor dem Prozess die Einsichtnahme in die Belege oder weist er den Anspruch auf Überlassung von Fotokopien zurück, kann der Mieter nach Vorlage der Belege den Nachzahlungsanspruch sofort anerkennen, mit der Kostenfolge gem. § 93 ZPO für den Vermieter (BGH ZMR 1982, 108; AG Prüm WuM 2000, 214).

4. Klage auf Räumung und Herausgabe von Wohnraum wegen Zahlungsrückstandes

An das
Amtsgericht[1]
– Abteilung für Mietsachen –

Klage[2]

In Sachen

. . . . .
– Kläger –

Prozessbevollmächtigter: Rechtsanwalt . . . . .

gegen

. . . . .
– Beklagter[3] **–**

wegen Räumung und Herausgabe[4]
Vorläufiger Streitwert: . . . . . EUR[5]
werde ich beantragen:

I. Der Beklagte wird verurteilt, die Wohnung[6] **in der . . . . . Straße Nr. . . . ., ... Stockwerk, in . . . . ., bestehend aus . . . . . Zimmer, Bad, Küche, Toilette, mit dazugehörigem Kellerabteil Nr. . . . . und Kfz-Abstellplatz**[7]**. . . . ., zu räumen und an den Kläger herauszugeben.**[8]

II. (Kosten) . . . .
III. (vorläufige Vollstreckbarkeit) . . . .[9]

Begründung:

Der Kläger fordert von dem Beklagten Räumung und Herausgabe der Mietsache, da das Mietverhältnis zwischen den Parteien durch fristlose Kündigung[10] vom . . . . beendet wurde.

1. Mit Mietvertrag vom . . . . hat der Beklagte vom Kläger die Wohnung . . . ., bestehend aus . . . . das Kellerabteil und den Kfz-Stellplatz angemietet. Das Mietverhältnis begann am . . . . und war auf unbestimmte Zeit geschlossen. Die Miete[11] beträgt . . . ., hinzu kommt die Vorauszahlung auf die Betriebskosten für Heizung und Warmwasser mit . . . . für Kabelgebühr mit . . . ., für Treppenreinigung mit . . . . und für Lift mit . . . . so dass sich eine Gesamtmiete von . . . . errechnet.

   Beweis: Mietvertrag vom . . . .

   Nach den vertraglichen Vereinbarungen ist die Miete jeweils bis zum dritten Werktag eines Monats im Voraus[12] an den Vermieter zu zahlen, wobei es für die Rechtzeitigkeit der Zahlung ausreicht, wenn der Mieter nach dem normalen Verlauf mit rechtzeitiger Gutschrift auf dem Vermieterkonto rechnen konnte.

   Beweis: wie vor

2. Der Beklagte hat die Miete in voller Höhe für die Monate April und Mai 2021 nicht bezahlt.[13] Da er sich am 15.5.2021 mit zwei Monatsmieten in Rückstand befand,[14] kündigte der Kläger mit Schreiben vom gleichen Tage das Mietverhältnis fristlos, hilfsweise ordentlich.[15]

   Beweis: Kündigung v. 15.5.2021.

   Die Kündigung wurde dem Beklagten noch am selben Tag ausgehändigt.[16]

   Beweis: Zeugnis des . . . .

3. In der Kündigung war dem Beklagten eine Frist zur Räumung bis 1.6.2021 gesetzt worden, die er jedoch nicht befolgte. Mit Schreiben v. 4.6.2021 – überbracht am selben Tage – wurde der Beklagte nochmals zum Auszug aufgefordert. Darüber hinaus widersprach der Kläger einer Fortsetzung des Gebrauchs und drohte Räumungsklage an.[17]

   Beweis: Schreiben v. 4.6.2021, Zeugnis von . . . .

   Der Beklagte war schon im Jahr 2020 mit vier Monatsmieten in Rückstand geraten, sodass ihm am 18.8.2020 bereits wegen Zahlungsverzuges fristlos gekündigt worden war.[18] Nachdem der Kläger im September 2020 Räumungsklage[19] erhoben hatte, zahlte der Beklagte binnen der Schonfrist des § 569 Abs. 3 Nr. 2 BGB den gesamten Rückstand an fälligen Mieten und Entschädigung gem. § 546a BGB, sodass Heilungswirkung eintrat.[20]

   Beweis: Beiziehung der Akten des AG . . . ., Geschäftsnummer: . . . .

   Da die Zweijahresfrist noch nicht abgelaufen ist,[21] hat der Beklagte keine Heilungsmöglichkeit mehr.
   Die Beklagte schuldet Räumung und Herausgabe[22] der streitgegenständlichen Wohnung, da das Mietverhältnis zwischen den Parteien durch fristlose Kündigung beendet wurde.

Rechtsanwalt

Anmerkungen

1. Zur Zuständigkeit bei Wohnraummietverhältnissen → Form. II.B.1 Anm. 1.

2. In der Räumungsklage kann eine – zuvor nicht oder nicht wirksam erklärte – erneute Kündigung liegen, wenn mit hinreichender Deutlichkeit zu erkennen ist, dass die Klageschrift neben der Prozesshandlung auch eine materiell-rechtliche Willenserklärung enthalten und nicht lediglich der Durchsetzung einer bereits außerprozessual erklärten Kündigung dienen soll (BGH NZM 2003, 847; ZMR 1997, 280 ff.). Diese Vorgehensweise empfiehlt sich immer, zur Begründung werden die in der Räumungsklage genannten Gründe herangezogen. Erfolgt dies durch den Prozessbevollmächtigten, wird dem Formerfordernis der Kündigung idR durch die Unterschrift auf der Abschrift des Schriftsatzes entsprochen, eine nur beglaubigte Abschrift reicht nicht (BGH ZMR 1987, 56). Die Beifügung einer weiteren Originalvollmacht ist der sicherste Weg (s. auch LG Heidelberg NZM 2011, 693). Zur erneuten Kündigung (hier: im Berufungsverfahren) s. BGH NZW 2015, 1296. Zur Verbindung einer außerordentlichen Kündigung wegen Zahlungsverzugs mit einer ordentlichen Kündigung und den Auswirkungen auf das Nachholrecht (s. BGH WuM 2016, 225) sowie zur Prüfung der schuldhaften Pflichtverletzung iSd § 573 Abs. 2 Nr. 1 BGB s. BGH ZMR 2016, 523; NZM 2013,20; NZM 2005, 334; *Schmid* IMR 2014, 271f, zum unverschuldeten Rechtsirrtum s. BGH ZMR 2017, 710, zum Ganzen *Harz* in Harz/Ormanschick Vertragsstörungen im Wohnraummietrecht § 17 Rn. 91 ff).

3. Bei mehreren Mietern ist die Klage gegen alle Mieter zu richten. Räumungstitel sind auch gegen Dritte erforderlich, wenn diese eigenen Besitz iSv § 854 BGB ausüben, selbst wenn der Verdacht besteht, der Besitz wurde eingeräumt, um die Räumungsvollstreckung zu vereiteln (BGH NJW 2008, 3287; zum Schadensersatzanspruch OLG München ZMR 2020, 28). Der Räumungsanspruch besteht in der Regel auch gegen den Mitmieter. Zur Unterscheidung zwischen Mitbesitz an der zu räumenden Wohnung und lediglich untergeordnetem Gewahrsam s. LG München I, 31.7.2017 – 14 T 8470/17. Diese Räumungspflicht gilt auch, wenn er den Besitz bereits endgültig aufgegeben hat (BGH ZMR 1996, 182, aA OLG Schleswig NJW 1982, 2672; LG Hagen WuM 1991, 359), selbst dann, wenn er den Vermieter hierüber informiert hat (KG WuM 2006, 529). Der ausgezogene Mieter muss auf in den Räumen verbliebene Mitmieter einwirken, um die Rückgabe zu ermöglichen (OLG Hamburg ZMR 2009, 603 ff.). Bei treuwidriger Verweigerung der Zustimmung zur Entlassung des Mitmieters (hier: frühere Lebensgefährtin) aus dem Mietverhältnis und langjähriger alleiniger Nutzung muss sich der verbleibende Mieter als Alleinmieter behandeln lassen, so dass die Vermieterkündigung allein ihm gegenüber ausgesprochen werden kann (BGH NZM 2005, 452). Zur Durchsetzung des Räumungsanspruchs, wenn der Gewahrsamsinhaber nicht Räumungsschuldner ist s. *Schuschke* NZM 2005, 681; *Klimesch* ZMR 2009, 431; *Fallak* ZMR 2003, 803 ff. Zu den Problemen bei unbekanntem Aufenthalt eines Mitmieters s. *Scholz* ZMR 1996, 361 ff.; zum verschwundenen Mitmieter OLG Frankfurt a. M. WuM 1991, 76 ff. Nach hM kann der Vermieter aus einem Räumungstitel, den er gegen den Mieter erwirkt hat, nicht gegen Dritte, die Gewahrsam an der Wohnung haben, oder Familienangehörige wie Ehegatten (BGH ZMR 2004, 738), Lebensgefährten (BGH NJW 2008, 1959; *Schuschke* DGVZ 2009, 160), oder gegen Untermieter (BGH NJW-2008, 3287; NJW-RR 2003, 1450) vollstrecken. Minderjährige Kinder, die mit ihren Eltern zusammenleben, haben keinen Mitbesitz (BGH NZM 2008, 400 (401); KG NJW-RR 1994, 713 (714)). Im Regelfall sind auch volljährige Kinder nur Besitzdiener (BGH NJW 2008, 1959 = NZM 2008, 400 ff., daran ändert sich mit dem 18. Geburtstag nichts; sa AG Wiesbaden WuM 2015, 633; AG München ZMR 2017, 984; zur Patchwork-Familie mablAnm *Schuschke* NJW

2008, 1961). Der Gerichtsvollzieher vollstreckt nur gegen Personen, die der Räumungstitel nennt (§ 750 Abs. 1 ZPO).

Liegt gegen den oder die Mieter bereits ein vollstreckbarer Räumungstitel vor und haben Dritte mit Wissen und Wollen oder zumindest Duldung des Mieters ohne Kenntnis des Vermieters Besitz an den Räumen begründet, kann gegen diese eine einstweilige Verfügung gem. § 940a Abs. 2 ZPO erlassen werden (s. Schmid/Harz/*Heukenkamp* ZPO § 940a Rn. 21 ff.). Voraussetzung ist, dass der Vermieter erst nach Schluss der mündlichen Verhandlung vom Besitz des Dritten an der Wohnung erfahren hat, s. Schmid/Harz/*Heukenkamp* ZPO § 940a Rn. 28 ff.; *Moß/Fischer* DGVZ 2016, 195 ff. Eine Interessenabwägung ist gem. § 940a ZPO nicht erforderlich (LG Mönchengladbach NJW 2014, 950).

4. Die Räumungsklage kann mit einer Zahlungsklage wegen rückständiger Mieten verbunden werden. Der Vermieter kann mit der Räumungsklage auch zugleich die künftig fällig werdende Nutzungsentschädigung (s. BGH NZM 2017, 186) bis zur Herausgabe der Wohnung einklagen (bei zahlungsunwilligen bzw. zahlungsunfähigen Mietern vgl. Brandenburgisches OLG GE 2015, 590; BGH ZMR 2003, 333). In Ergänzung zu den §§ 258, 259 BGB kann auf Antrag des Klägers eine Sicherungsanordnung gem. § 283a ZPO erlassen werden, die den Beklagten verpflichtet, wegen Geldforderungen, die nach Rechtshängigkeit der Klage bis zum Erlass der SIAO fällig geworden sind, Sicherheit zu leisten (zu Einzelheiten und Voraussetzungen s. Schmid/Harz/*Heukenkamp* ZPO § 283a ZPO Rn. 6 ff.). Zukünftig fällig werdende Ansprüche sind nicht umfasst (Thomas/Putzo/*Seiler* ZPO § 283a Rn. 2 mwN); die Voraussetzungen sind streng auszulegen, vgl. AG Dortmund NZM 2014, 903. Für die Fälligkeit der Miete ist auf den Tagesbeginn abzustellen, BGH NZM 2010, 699, zur Fälligkeit s. eingehend → Form. II.B.1 Anm. 5. Verstößt der Mieter gegen eine erlassene Sicherungsanordnung, kann der Vermieter Räumungsverfügung beantragen, § 940a Abs. 3 ZPO.Manche Gerichte tendieren dazu, reine Räumungsklagen kurzfristiger zu terminieren. Wenn das Hauptaugenmerk auf eine schnelle Räumung gerichtet ist, sollten Räumung und Zahlung getrennt geltend gemacht werden. Dies gilt insb., wenn zu befürchten ist, dass Minderungsansprüche (s. → Form. II.B.1 Anm. 6) geltend gemacht werden und über behauptete Mängel ein Gutachten eingeholt werden muss. Ein Teilurteil nur über den Räumungsanspruch ist unzulässig wegen der Gefahr widersprechender Entscheidungen (BGH WuM 2008, 156 f.). Der Weg über § 283a ZPO ist sinnvoller.

5. Der Streitwert bemisst sich gem. § 41 Abs. 2 GKG nach der Jahresmiete, es sei denn, aus § 41 Abs. 1 GKG ergibt sich ein geringerer Streitwert. Ob Brutto- oder Nettomiete anzusetzen ist, hängt von der vertraglichen Vereinbarung ab. Neben der Nettomiete sind Nebenkosten nur dann umfasst, wenn diese als Pauschale vereinbart sind und nicht gesondert abgerechnet werden (§ 41 Abs. 1 S. 2 GKG).

6. Sofern eine Eigentumswohnung vermietet wurde, empfiehlt es sich, bereits im Antrag die Wohnungsnummer gemäß der Teilungserklärung anzugeben.

7. Die Mieträume sowie Zubehör, Nebenräume (Keller, Speicher oÄ) und alle mitvermieteten Flächen – auch Gemeinschaftseinrichtungen – müssen exakt bezeichnet werden, um spätere Schwierigkeiten bei einer erforderlich werdenden Zwangsräumung zu vermeiden. Der Gerichtsvollzieher muss in der Lage sein, die gesamte Mietsache anhand des Titels zu identifizieren (LG Heidelberg DGVZ 2020, 15 zu eng). Wenn sich dies nicht eindeutig aus dem Titel ergibt, stellt der Gerichtsvollzieher die Räumung insgesamt ein, da eine Teilräumung unzulässig ist (§ 266 BGB). Bei schwer nachvollziehbarer Situierung empfiehlt sich die Beifügung eines Grundrissplans des Mietobjekts inklusive der Nebenräume → Form. III.C.2 Anm. 3, sa LG München I ZMR 2017, 941.

8. Der Antrag muss auf Räumung und Herausgabe lauten, um die Voraussetzung zu schaffen, dass der Gerichtsvollzieher die beweglichen Sachen des Beklagten bei einer notwendig werdenden Zwangsräumung entfernen darf (§ 885 Abs. 2 ZPO).

9. Bei Räumungsklagen wegen Zahlungsverzugs ergeht häufig Versäumnisurteil. Es empfiehlt sich daher, bereits in der Klageschrift Antrag auf Erlass eines Versäumnisurteils im schriftlichen Vorverfahren zu stellen (§ 331 Abs. 3 ZPO) → Form. I.G.1. Streitig ist, ob vor Ablauf der Schonfrist Versäumnisurteil ergehen darf. Überwiegend wird dies bejaht (LG Berlin GE 2009, 269; 2004, 1395; LG Kiel WuM 2002, 149; LG Stuttgart DWW 2002, 340; LG Hamburg WuM 2003, 275; AG Hamburg BeckRS 2016, 121087).

10. Die Kündigung bedarf der Schriftform (§ 568 Abs. 1 BGB) und ist durch den Vermieter zu begründen (§ 569 Abs. 4 BGB). Nur bei klarer und einfacher Sachlage reicht die Angabe des Grundes „Zahlungsverzug" und die Angabe des Gesamtbetrages (BGH NZM 2004, 187). Zu den Anforderungen an die Kündigungserklärung → Anm. 11.

Neben den besonderen mietrechtlichen Kündigungsregelungen in § 543 Abs. 1, 2 Nr. 3 und § 569 Abs. 3 BGB steht der „allgemeinere" Tatbestand der Kündigung aus wichtigem Grund des § 314 BGB, der sich nicht völlig mit § 543 Abs. 1 BGB deckt. Gemäß § 314 Abs. 3 BGB muss die Kündigung aus wichtigem Grund binnen angemessener Frist nach Kenntniserlangung erklärt werden. Für Gewerbemiete wurde die entsprechende Anwendung bejaht (BGH NJW-RR 2007, 886), für Wohnraummiete ist die Anwendung von § 314 Abs. 3 BGB durch den BGH (NZM 2016, 791) abgelehnt worden. Der Vermieter kann trotz einer Kündigung des Mietvertrages nach § 543 Abs. 2 Nr. 3 BGB wegen Zahlungsverzugs des Mieters, unter den Voraussetzungen der §§ 280, 281 und 286 BGB Ersatz des Schadens verlangen, der ihm durch den Zahlungsverzug des Mieters und die deshalb ausgesprochene Kündigung des Mietvertrages entstanden ist (s. auch KG IMR 2009, 267). Eine Fristsetzung hierfür soll entbehrlich sein (*Sternel* NZM 2002, 367). Häufig werden Rückstände, auf die eine Zahlungsverzugskündigung gestützt wurde, teilweise getilgt, bevor die Kündigung zugegangen ist. Hierdurch wird die Kündigung nicht unwirksam (zum Ganzen s. *Schulze Steinen* IMR 2015, 131 mwN). Dies ist nur dann der Fall, wenn die Mietrückstände vor Zugang der Kündigung vollständig getilgt sind (BGH ZMR 2018, 17 ff; ZMR 2017, 30, s. auch → Form. II.B.1 Anm. 6).

11. Abzustellen ist auf die vertraglich vereinbarte Gesamtmiete (BGH NJW 2018, 939). Wurde – auch berechtigterweise – gemindert, ist dies für den Gesamtrückstand unbeachtlich (BGH NJW 2018, 939 mwN). Zur Festlegung des Streitwerts und für die Überprüfung der Mietrückstände empfiehlt sich die Aufschlüsselung der Miete in Grundmiete und Betriebskosten für die Wohnung sowie der Miete zB für Kfz-Stellplätze oä.

12. § 556b Abs. 1 BGB bestimmt als Zeitpunkt der Fälligkeit der Miete für Wohnraum den Beginn der Mietzeit oder der vereinbarten Zeitabschnitte, üblicherweise also monatlich (für andere Mietverhältnisse s. § 579 BGB; zur jährlich fälligen Miete BGH NJW-RR 2009, 21). Die Miete ist im Voraus, spätestens am dritten Werktag zu zahlen, an diesem Tag, zu dessen Beginn und nicht erst mit dessen Ablauf (BGH NJW 2010, 2208). Zur Fälligkeit und dazu, dass der Samstag insoweit nicht als Werktag gilt → Form. II.B.1 Anm. 5. Nach § 551 Abs. 1 S. 2 BGB aF war die Miete am Monatsende fällig. Viele Altmietverträge enthalten abweichende Fälligkeitsregelungen. Auf Altverträge (s. *Meyer-Abich* NJW 2018, 1586 ff) ist im Hinblick auf die Fälligkeit der Miete gem. Art. 229 § 3 Abs. 1 Nr. 7 EGBGB weiterhin § 551 BGB aF anzuwenden. Allerdings sind die in Formularverträgen enthaltenen Vorfälligkeitsklauseln häufig, insb. bei gleichzeitig vereinbarter Einschränkung der Aufrechnungsmöglichkeit, unwirksam (BGH WuM 2011, 676; 2009, 228; 2006, 620; 2007, 463 ff.; IMR 2008, 187; WuM 1995, 28; AG München ZMR 2015, 141). Zum Ganzen Meyer-Abich NJW 2018, 1586 ff. → Form. II.B.1 Anm. 5

13. Die Räumungsklage ist nicht schlüssig, wenn weder aus der Kündigungserklärung noch aus der Klageschrift eindeutig hervorgeht, mit welchen Rückständen der Mieter in Verzug geraten ist und sich dies auch durch Auslegung nicht ermitteln lässt. Bei klarer und einfacher Sachlage – wie hier – kann sich der Vermieter in der Kündigungserklärung darauf beschränken, den Zahlungsverzug als Grund zu nennen und den Rückstand zu beziffern (BGH NJW 2009, 1491; ZMR 2004, 254). Der Mieter muss anhand der Begründung des Kündigungsschreibens (s. § 569 Abs. 4 BGB) erkennen können, von welchem Mietrückstand der Vermieter ausgeht und dass der Vermieter diesen Rückstand als Grund für die Zahlungsverzugskündigung sieht. An die Erklärung dürfen keine erhöhten Begründungsanforderungen gestellt werden (BGH NJW NZM 2013, 422 str. NZM 2006, 338; 2010, 3015). Die folgende Darstellung– für Teilrückstände – dürfte ausreichen; insbesondere unter Berücksichtigung der aktuellen Rechtsprechung des BGH (NZM 2018, 444 und 454):

Auf die Miete für den Monat ..... hat der Beklagte am ..... auf die Grundmiete und ..... auf die Nebenkosten gezahlt. Auf die Miete für den Monat ..... wurde am ..... auf die Grundmiete und ..... auf die Nebenkosten gezahlt. Die Miete für den Monat ..... steht in voller Höhe offen mit ..... Am ..... und am ..... hat der Beklagte auf die Miete für den Monat ..... zwei Teilleistungen von ..... erbracht ..... Die Miete für den Monat ..... steht ebenso in voller Höhe offen wie für den Monat ...... mit jeweils .....

Der Mietrückstand des Beklagten besteht somit per ..... iHv ..... EUR. Er beträgt mithin mehr als zwei Monatsmieten.

Trifft der Mieter bei Vornahme der Mietüberweisung keine Leistungsbestimmung, stellt sich die Frage, wie zu verrechnen ist. In seinen Entscheidungen (BGH NZM 2018, 444 und 454) gibt der BGH eine Anleitung, wie Zahlungen und Gutschriften auch in schwierigen Fällen zu verrechnen sind, zum Ganzen s. → Form. II.B.1 Anm. 9. Konkludente Zahlungsbestimmungen oder Tilgungsbestimmungen sind jedoch zu beachten (BGH NZM 2018, 444 ff und 454 ff; NJW 2010, 2208).

14. Zu den Besonderheiten der Kündigungsmöglichkeit während der Anwendbarkeit des Art. 240 § 2 EGBGB s. Blank/Börstinghaus/*Börstinghaus* Miete BGB § 535 Rn. 725 ff. und Anwaltsantworten in der „Corona-Krise" NZM 2020, 497 ff.

Die Einschränkung der Kündigungsmöglichkeit von Wohnraummietverhältnissen wegen Mietrückständen aus der Zeit vom 1.4.2020 bis 30.6.2020 gilt nur für den Vermieter und erfasst ausschließlich Rückstände, die in den vorgenannten Monaten entstanden sind. Der Mieter muss glaubhaft machen, dass die Nichtzahlung pandemiebedingt ist. Anhand der vertraglichen Vereinbarungen muss geprüft werden, ob die für die Monate April bis Juni 2020 fällige und geschuldete Miete nicht gezahlt wurde. Erfasst werden nur die periodisch wiederkehrenden Zahlungspflichten. Der Mieter hat kein Leistungsverweigerungsrecht. Seine Leistungspflicht besteht fort. Der Verzug tritt nach allgemeinen Regeln gemäß §§ 286, 288 BGB ein. Die Miete ist mithin fällig, nur die Kündigungsmöglichkeit des Vermieters ist eingeschränkt. Das Kündigungsrecht des Vermieters aus sonstigen Kündigungsgründen, unabhängig von der Nichtzahlung der Miete, bleibt unberührt. Für in der Zeit vom 1.4.2020 bis 30.6.2020 fällig gewordene Mieten kann weder außerordentlich fristlos im Sinne von § 543 BGB noch ordentlich im Sinne von § 573 BGB gekündigt werden. Die Kündigungsbeschränkung gilt nur bis zum 30.6.2022. Sofern nach dem 1.7.2022 noch ein Teilrückstand für den kündigungsmoratoriumsrelevanten Zeitraum mit neuen Rückständen zusammentrifft, ist die Kündigung möglich, wenn ein kündigungsrelevanter Rückstand aus beiden Zeiträumen erreicht ist (Schmid/Harz/*Harz* Anhang 7 Teil 1 Rn. 23 ff. und 48 ff.).

15. Sinnvoll ist, die fristlose Kündigung mit einer hilfsweise ausgesprochenen ordentlichen Kündigung zu verbinden. Der Vermieter bringt damit seinen unbedingten Willen zur

Vertragsbeendigung zum Ausdruck. Diese Vorgehensweise ist zulässig (BGH NZM 2018, 941, NZM 2018, 1017).

Zahlungsverzug iSv §§ 543 Abs. 2 S. 1 Nr. 3a, 569 Abs. 3 Nr. 1 BGB ist gegeben, wenn der Mieter für zwei aufeinander folgende Termine überhaupt nichts oder einen nicht unerheblichen Betrag, dh mehr als eine Monatsmiete nicht bezahlt hat. Die Einzelheiten zur Frage des Rückstandes sind streitig (s. Palandt/*Weidenkaff* BGB § 543 Rn. 23 ff., § 569 Rn. 15). Maßgebend ist der Gesamtrückstand, der den Betrag für eine Monatsmiete übersteigen muss. Für die Berechnung dieses Betrages ist nicht auf eine ggf. auch berechtigt geminderte Miete abzustellen, sondern auf die vertraglich vereinbarte Gesamtmiete (BGH ZMR 2018, 17 ff.). Für Wohnraummietverhältnisse (mit Ausnahme solcher zum vorübergehenden Gebrauch) ergibt sich dies ausdrücklich aus der Fassung des § 569 Abs. 3 Nr. 1 BGB und dürfte daher auch für andere als Wohnraummietverhältnisse Gültigkeit haben. § 543 Abs. 2 S. 1 Nr. 3b BGB betrifft den Verzug mit einem Gesamtrückstand von mindestens zwei Monatsmieten über mehr als zwei Termine, ohne dass sich zwischenzeitlich der Mietrückstand unter zwei Monatsmieten verringert haben darf. Die Dauer des Verzugs ist unerheblich.

Eine ordentliche Kündigung wegen Zahlungsverzugs ist auch unterhalb der für die fristlose Kündigung geltenden Grenze des § 543 Abs. 2 S. 1 Nr. 3 BGB möglich und kann auf nicht periodisch wiederkehrende Zahlungsverpflichtungen gestützt werden, zB den Saldo aus einer Betriebskostenabrechnung (AG Köln ZMR 2011, 804). Eine schuldhafte nicht unerhebliche Pflichtverletzung des Mieters iSv § 573 Abs. 2 Nr. 1 BGB liegt jedoch nicht vor, wenn der Mietrückstand eine Monatsmiete nicht übersteigt und die Verzugsdauer weniger als einen Monat beträgt, BGH NJW 2013, 159 = WuM 2012, 682 mwN zum Streitstand.

Für den Rückstand ist Verzug nötig. Da die Fälligkeit kalendermäßig bestimmt ist, bedarf es grds. keiner Mahnung (§ 286 Abs. 2 Nr. 1 BGB), um Verzug auszulösen (BGH NZM 2012, 637). Die Wirksamkeit einer fristlosen Kündigung wegen Zahlungsverzugs setzt ausnahmsweise eine Abmahnung voraus, wenn sich dem Vermieter der Schluss aufdrängen muss, dass die Nichtzahlung der Miete nicht auf Zahlungsunfähigkeit oder -unwilligkeit beruht (OLG Düsseldorf ZMR 2004, 570 ff.) oder der Vermieter einen Zahlungsrückstand längere Zeit ohne Beanstandung hingenommen hat (OLG Hamm IMR 2009, 387 mwN). Der BGH lehnt dies ab (BGH NZM 2015, 196). Eine qualifizierte Abmahnung vor Ausspruch der Kündigung ist immer erforderlich bei fortlaufend unpünktlichen Zahlungen (BGH NJW 2011, 2570 mwN). Allerdings kann fehlendes Verschulden nach § 286 Abs. 4 BGB das Kündigungsrecht ausschließen, so etwa bei entschuldbarer fehlerhafter Bemessung der Mietminderung, s. hierzu BGH NZM 2012, 637 (dazu → Form. II.B.1 Anm. 6), ernsthaften Zweifeln an der Berechtigung der Mietforderung, wobei hier eine Vorbehaltszahlung sinnvoll wäre (s. AG München NZM 2016, 314), nicht aber bei Zahlungsunfähigkeit des Mieters, gleich aus welchem Grund (vgl. Palandt/*Weidenkaff* BGB § 543 Rn. 26). Letzteres gilt auch, wenn ein sozialhilfeberechtigter Mieter zur pünktlichen Zahlung der Miete nicht in der Lage ist, nachdem er zwar rechtzeitig einen Antrag auf Sozialhilfe gestellt hat, die zur Mietzahlung erforderlichen Unterkunftskosten jedoch nicht rechtzeitig bewilligt wurden (BGH NJW 2015, 1296 = WuM 2015, 152). Etwas anderes gilt nur bei unverschuldetem Tatsachenirrtum, wenn der Mieter erst aus der Kündigung erfährt, dass das Jobcenter entgegen einem positiven Bescheid versehentlich nicht gezahlt hat (BGH ZMR 2015, 374 f). An das Vorliegen eines unverschuldeten Rechtsirrtums sind strenge Maßstäbe anzulegen (BGH NJW 2007, 428; OLG Düsseldorf DWW 2006, 21). Lässt sich der Mieter dabei von einem Dritten beraten, so hat er dessen Verschulden gem. § 278 BGB zu vertreten (BGH NJW 2007, 428). Auch ein Anwalt ist Erfüllungsgehilfe (BGH NZM 2012, 637). Bei Wohnraummiete ist § 569 BGB zu Lasten des Mieters nicht abdingbar (§ 569 Abs. 5 BGB), anders bei Geschäftsraummiete, jedoch nicht in AGB (BGH NJW 1987, 2506; aA Schmidt-Futterer/*Blank* BGB

§ 569 Rn. 93). Zur Aufrechnung gem. § 543 Abs. 2 S. 3 BGB s. Palandt/*Weidenkaff* BGB § 543 Rn. 27 ff.

Der Wohnraumvermieter hat das Recht zur fristlosen Kündigung ohne vorherige Abmahnung, wenn der Mieter mit einem Betrag der vereinbarten Sicherheitsleitung in Verzug kommt, der zwei Nettomieten ohne Betriebskosten erreicht, § 569 Abs. 2a BGB. Zu Einzelheiten und Voraussetzungen s. Schmid/Harz/*Gahn* MietR BGB § 569 Rn. 15a ff.; Schmidt-Futterer/*Blank* BGB § 569 Rn. 32a ff.

16. Der Vermieter muss den Zugang beweisen, daher ist die Versendung per Einschreiben/Rückschein unsicher, da gerade zahlungsschwache Mieter niedergelegte Schriftstücke oft nicht abholen. Hierzu und zu den Problemen bei anderweitigen Zustellformen s. *Mrosk* NJW 2013, 1481. Vorzuziehen ist die Zustellung durch den Gerichtsvollzieher oder die Aushändigung durch einen Boten (Zeugen). Das Recht zur Kündigung wird nur durch vollständige Zahlung vor Zugang der Kündigung ausgeschlossen (BGH ZMR 2018, 17 ff mwN; ZMR 2017, 30). Zum Problem teilweiser Zahlung zwischen Abgabe der Kündigungserklärung und deren Zugang (s. *Schulze Steinen* IMR 2015, 131 ff.).

17. Nach § 545 BGB, der auch bei fristloser Kündigung gilt (Palandt/*Weidenkaff* BGB § 545 Rn. 2), muss der Vermieter innerhalb von zwei Wochen der Fortsetzung des Gebrauchs durch den Mieter widersprechen, anderenfalls wird ein unbefristetes Mietverhältnis fingiert, so dass der Räumungsanspruch erlischt. Der Widerspruch kann im Kündigungsschreiben enthalten sein, muss jedoch auch bei fristloser Kündigung ausdrücklich erklärt werden (Palandt/*Weidenkaff* BGB § 545 Rn. 8). Die Erhebung der Räumungsklage ist zugleich Geltendmachung eines Fortsetzungswiderspruchs. Die Frist für die Erklärung des Widerspruchs gegen die stillschweigende Verlängerung des Mietverhältnisses (§ 545 BGB) wird durch eine vor Fristablauf eingereichte und gem. § 167 ZPO „demnächst" zugestellte Räumungsklage gewahrt (BGH NJW 2014, 2568). § 545 BGB ist auch bei Wohnraummietverträgen durch AGB abdingbar (LG Frankfurt a. M. BeckRS 2014, 21861; BGH NJW 1991, 1750). Streitig ist, ob eine rein gesetzesverweisende Klausel wirksam ist (hM im Gewerberaummietrecht KG GE 2014, 460; OLG Rostock NJW 2006, 3217; Schmidt-Futterer/*Blank* BGB § 545 Rn. 33a; Mindermeinung im Wohnraummietrecht LG Erfurt WuM 2008, 283) oder ob dadurch gegen das Transparenzgebot verstoßen wird (hM im Wohnraummietrecht OLG Schleswig NJW 1995, 2858; Palandt/*Weidenkaff* BGB § 545 Rn. 4). Für Einzelheiten vgl. *Harz/Schmid* MietR/*Harz* BGB § 545 Rn. 5 ff.

18. Bei allen Mietverhältnissen kann sowohl vor als auch nach Ausspruch der Kündigung Heilungswirkung eintreten, wenn Zahlung erfolgt oder eine Aufrechnungslage besteht. Vor Zugang der Kündigung kann Heilung erfolgen, wenn der gesamte Rückstand (BGH NZM 2018, 28) ausgeglichen wird. Dies ist auch durch Erfüllungssurrogate möglich, s. zu Einzelheiten Palandt/*Weidenkaff* BGB § 543 Rn. 27. Nur bei außergewöhnlichen Umständen und sehr geringem Restrückstand kann etwas anderes gelten (BGH NZM 2015, 487). Nach Zugang der Kündigung ist Heilung gleichfalls möglich, bei allen Mietverhältnissen durch wirksame, unverzügliche Aufrechnung, die den gesamten Rückstand deckt. Bei Geschäftsraummietverhältnissen ist allerdings häufig die Aufrechnungsmöglichkeit vertraglich ausgeschlossen.

Für Wohnraum gilt ergänzend § 569 Abs. 3 Nr. 2 BGB. Mangels planwidriger Regelungslücke wird § 569 Abs. 3 Nr. 2 BGB nicht auf die – auch hilfsweise erklärte – ordentliche Kündigung wegen Zahlungsverzugs angewandt (BGH NZM 2005, 334, NZM 2013, 20). Härten können im Rahmen des Verschuldens berücksichtigt werden (LG München I v. 28.5.2014 – 14 S 28353/14).

Bei Wohnraummiete gibt es die Möglichkeit, eine Kündigung des Vermieters durch Zahlung, wirksame Aufrechnung oder Übernahmeerklärung einer öffentlichen Stelle (Wohnungsamt, Jobcenter, Sozialamt, karitative Verbände oÄ, BGH NJW 2016, 3437) unwirksam zu machen (§ 569 Abs. 3 Nr. 2 S. 1 BGB). § 569 Abs. 3 Nr. 2 BGB ist auch schon für die Zeit vor Erhebung der Räumungsklage anwendbar (KG WuM 1984, 93; AG Dortmund ZMR 2003, 579). Die Zweimonatsfrist des § 569 Abs. 3 Nr. 2 S. 1 BGB beginnt mit Rechtshängigkeit der Räumungsklage, bei mehreren Mietern mit Rechtshängigkeit gegenüber dem Letzten, Blank/Börstinghaus/*Blank/Böstinghaus* Miete BGB § 569 Rn. 54. Nicht nur die Rückstände, auf die die Kündigung gestützt wurde, sind auszugleichen, sondern alle fälligen Mieten und die Nutzungsentschädigung (LG Köln ZMR 2002, 428; AG Dortmund ZMR 2003, 579). Streitig ist, ob es auf den Zahlungseingang beim Vermieter ankommt oder die Veranlassung der Zahlung ausreicht.

Es ist nicht Voraussetzung für die Wirksamkeit der Nachholung, dass andere Forderungen aus Betriebskostenabrechnungen, Zinsen, Prozesskosten und Schadensersatz ausgeglichen sind (BGH NJW 2010, 3020; Palandt/*Weidenkaff* BGB § 569 Rn. 19). Die Übernahmeerklärung ist bedingungsfeindlich (LG Essen ZMR 1996, 663 ff.) und muss dem Vermieter oder dessen Prozessbevollmächtigten fristgerecht zugehen (BayObLG NJW 1995, 338).

Sind Zinsen oder Kosten entstanden, ist § 367 Abs. 1 BGB zu beachten; allerdings kann bei geringen Beträgen die Berufung hierauf treuwidrig sein (Schmidt-Futterer/*Blank* BGB § 569 Rn. 40).

19. § 569 Abs. 3 Nr. 2 S. 1 BGB gilt auch, wenn die Heilungswirkung nach Zugang der Kündigung, aber vor Erhebung der Räumungsklage eintrat (hM, vgl. Palandt/*Weidenkaff* BGB § 569 Rn. 18). Ein nachträglicher Ausgleich der Zahlungsrückstände innerhalb von zwei Monaten nach Rechtshängigkeit des Räumungsanspruchs lässt zwar die fristlose Kündigung unwirksam werden, nicht aber ohne weiteres eine hilfsweise ausgesprochene fristgemäße Kündigung (LG Berlin NZM 2014, 862; BGH NJW 2013, 159; NZM 2005, 334). Hier ist das Kriterium des Verschuldens zu prüfen. Zur Heranziehung von § 242 BGB in diesem Zusammenhang vgl. LG Bonn GE 2015, 383.

Zu den Besonderheiten der Kündigung gem. § 569 Abs. 3 Nr. 3 BGB nach Rechtsstreit über Mieterhöhung s. Palandt/*Weidenkaff* BGB § 569 Rn. 21 f.; BGH NZM 2005, 496).

20. Die Heilungswirkung nach § 569 Abs. 3 Nr. 2 S. 1 BGB wirkt ex nunc. Daher tritt während eines Prozesses die Erledigung der Hauptsache ein (→ Form. I.M.10). Zur Erledigung zwischen Anhängigkeit und Rechtshängigkeit: Gem. § 269 Abs. 3 S. 3 ZPO können dem Beklagten „unter Berücksichtigung des bisherigen Sach- und Streitstandes nach billigem Ermessen" die Kosten des Verfahrens auferlegt werden, entsprechend § 91a ZPO, s. BGH NJW-RR 2005, 217; → Form. I.M.10 Anm. 5.

21. Die Zweijahresfrist des § 569 Abs. 3 Nr. 2 S. 2 BGB wird ab Zugang der letzten Kündigung zurückgerechnet (Schmidt-Futterer/*Blank* BGB § 569 Rn. 51). Maßgeblich ist der jeweilige Zugang der ersten und der zweiten Kündigung.

22. Vollstreckungsauftrag auf Räumung und Herausgabe → Form. III.C.1.

5. Klage auf Räumung bei gewerblichem Zwischenmietverhältnis gegen Endmieter nach beendetem gewerblichen Zwischenmietverhältnis

An das
Amtsgericht[1]
– Abt. für Mietsachen –
. . . .

Klage

In Sachen[2]
. . . .
– Kläger –
gegen
. . . . (Endmieter)[3]
– Beklagter –
wegen Räumung und Herausgabe
vorläufiger Streitwert: 4.500 EUR
werde ich beantragen:

I. Der Beklagte wird verurteilt, die Wohnung in der . . . . . Straße . . . . ., ... Stock, bestehend aus . . . . .[4] zu räumen und an den Kläger herauszugeben.
II. (Kosten) . . . . .
III. (vorläufige Vollstreckbarkeit) . . . . .

Begründung:

1. Der Kläger macht seinen Anspruch auf Räumung und Herausgabe der im Antrag bezeichneten Wohnung geltend.
Der Kläger ist Eigentümer der streitgegenständlichen Wohnung.

Beweis: In beglaubigter Fotokopie anliegender Grundbuchauszug

Er hatte mit der F. GmbH einen Mietvertrag über die gewerbliche Zwischenvermietung der Wohnung geschlossen. [5]

Beweis: In beglaubigter Fotokopie anliegender Mietvertrag vom . . . . .

Die F. GmbH hatte die Wohnung mit Wohnraummietvertrag[6] vom . . . . . an den Beklagten weitervermietet.

Beweis: In beglaubigter Fotokopie anliegender Mietvertrag vom . . . . .

Der Beklagte nutzt die Wohnung überwiegend als Wohnraum, er betreibt in zwei Räumen eine Zahnarztpraxis und bewohnt weitere vier Räume.
Die F. GmbH hat trotz der in Fotokopie anliegenden Mahnungen des Klägers vom . . . . . die gem. § 3 des Mietvertrages jeweils am dritten Werktag eines Monats im Voraus fällige[7] Miete von . . . . . EUR für die beiden aufeinander folgenden Monate . . . . . nur iHv 40 % der Bruttomiete, dh . . . . . EUR, entrichtet.

Beweis (ohne Übernahme einer Beweislast): In beglaubigter Fotokopie beiliegende Kontoauszüge; Mahnschreiben

Sie war damit gem. § 543 Abs. 2 S. 1 Nr. 3a BGB für zwei aufeinander folgende Termine mit einem nicht unerheblichen Teil[8] der Miete in Verzug. Der Kläger hat das Mietverhältnis wegen Zahlungsverzuges gegenüber der F. GmbH mit Schreiben vom . . . . . fristlos gekündigt. Die Kündigungserklärung ging der F. GmbH am . . . . . zu.[9] Räumungsfrist wurde nicht gewährt.

Beweis: In beglaubigter Fotokopie anliegendes Schreiben vom .....
In beglaubigter Fotokopie anliegender Rückschein der Deutschen Post AG, Einlieferungs-Nr. ....

Es wird vorsorglich darauf hingewiesen, dass die Bestimmung des § 569 Abs. 3 Nr. 2 S. 1 BGB keine Anwendung findet, da es sich bei dem Mietvertrag mit der F. GmbH um eine gewerbliche Zwischenvermietung, nicht um ein Wohnraummietverhältnis handelt.[10]

Eine neue Zwischenvermietung erfolgte nicht. Mit Beendigung des Mietvertrages mit der F. GmbH ist der Kläger in den Mietvertrag mit dem Beklagten eingetreten.[11]

2. Der Beklagte wurde vom Kläger auf die Beendigung des Zwischenmietverhältnisses hingewiesen.[12] Die F. GmbH hat dem Beklagten die Beendigung des Zwischenmietverhältnisses bestätigt.

Beweis: In beglaubigter Fotokopie anliegende Schreiben vom ..... und vom .....
Zeugnis von .....

Der Beklagte wurde mehrfach aufgefordert, die künftig fällig werdende Miete direkt an den Kläger zu zahlen.[13] Dies hat der Beklagte abgelehnt und für drei aufeinanderfolgende Monate keine Miete bezahlt. Die Klagepartei hat daher auch gegenüber dem Beklagten mit Schreiben vom ..... fristlos gekündigt.

Beweis: Kündigungsschreiben vom .....

Die Kündigung ging am ..... zu.

Beweis: Zeugnis von .....

Trotz der gesetzten Räumungsfrist und des Fortsetzungswiderspruches erfolgte keine Räumung.

Beweis: Zeugnis von .....

Mietzahlungen wurden nicht nachentrichtet. Der Beklagte schuldet die Rückgabe der Räume, §§ 546, 985 BGB.[14]

Rechtsanwalt

Anmerkungen

1. Die ausschließliche sachliche Zuständigkeit des Amtsgerichts gilt nur für Streitigkeiten zwischen Vermieter und Mieter bzgl. Überlassung, Benutzung oder Räumung von Wohnraum gem. § 23 Ziff. 2a GVG. Bei sonstigen Mietverhältnissen richtet sich die Zuständigkeit nach dem Streitwert → Form. II.B.4 Anm. 4. Bei Mischmietverhältnissen ist vor Klageeinreichung eine rechtliche Einordnung des Vertrages erforderlich, ebenso bei unklarer Zuordnung zu dem anzuwendenden Recht (LG Berlin BeckRS 2020, 1676) → Anm. 5. Für die örtliche Zuständigkeit gilt § 29a ZPO auch bei Gewerberaum. Die Vermietung von Räumen an einen Hauptmieter zum Zweck der Weitervermietung an Dritte ist Geschäftsraummiete s. auch → Anm. 5 (BGH NJW 1985, 1772, betr. Vermietung von BRD an NATO). Zur Zuständigkeit für Räumungsklagen s. OLG Hamm ZMR 1986, 11. Bei Obdachlosenunterbringung ist zu prüfen, ob der Rechtsweg zu den ordentlichen Gerichten oder zum Sozialgericht gegeben ist (s. becklink 2017418).

2. Durch die Vermietungsart gem. § 565 BGB wird der Eigentümer von dem Vermietungsaufwand stärker entlastet als bei einer Direktvermietung. Der Endnutzer soll gleichwohl Mieterschutz erlangen (BVerfG BVerfGE 84, 197). Entwickelt wurde der Regelungsgehalt der Vorschrift zum Bauherrenmodell (s. BGHZ 133, 142 (148) und dient dem Mieterschutz bei der Weitervermietung. Auch die aktuelle Rechtsprechung berücksichtigt dies (BGH NZM 2018, 718 Rn. 22, NZM 2016, 256 Rn. 24).

3. Die für die gewerbliche Weitervermietung maßgebliche Bestimmung ist § 565 BGB (zum Ganzen eing. *Kunze* NZM 2012, 740 ff.). Ziel der Vorschrift ist der Schutz des Dritten (Endmieter). Ein vertragsloser Zustand soll vermieden werden und dem Dritten sollen durch die leichtere Kündbarkeit des Hauptmietverhältnisses (Gewerbe) keine Nachteile entstehen, die den Kündigungsschutzbestimmungen für Wohnraummieter zuwiderlaufen würden, wie insb. bei kollusivem Zusammenwirken von Vermieter und Mieter. Klassische Zwischenvermieter sind ua Immobilienunternehmen, Arbeitgeber und Hausverwaltungen. Zum gemeinnützigen Verein → Anm. 10. Die Vorschrift gilt nur, wenn der Endmieter die Räume zu Wohnzwecken nutzen will. Es gibt zwei Mietverhältnisse: Das gewerbliche Hauptmietverhältnis zwischen dem Hauptvermieter (Vermieter) und dem Mieter, der zugleich Zwischenvermieter ist (BGH NJW-RR 2004, 1450) und das Untermietverhältnis zwischen dem Zwischenvermieter und dem Endnutzer (Dritter) als Mieter. Beim Untermietverhältnis kommt es darauf an, ob die Räume vom Zwischenvermieter zu Wohn- oder zu Gewerbezwecken vermietet werden (BGH NJW 2014, 264). Dieser Unterschied ist auch relevant für die Mängelzurechnung (BGH NJW-RR 2004, 1450).

Zu steuerlichen Aspekten der Zwischenvermietung s. *Leicht*, Beck'sches Steuer- und Bilanzrechtslexikon, Edition 1/12; *Herrlein* NZM 2005, 648.

4. → Form. II.B.4 Anm. 5.

5. Wenn der Vermieter dem Zwischenvermieter zum Wohnen geeignete Räume zum Zwecke der Weitervermietung an Dritte zur Miete überlässt, liegt zwischen Vermieter und Zwischenvermieter (F-GmbH) kein Wohnraummietvertrag vor (vgl. BGH NZM 2021, 218). Bei der typischen gewerblichen Weitervermietung gem. § 565 BGB vermietet der Zwischenvermieter den Wohnraum gewerblich im Sinne einer geschäftsmäßigen, auf Dauer gerichteten und mit Gewinnerzielungsabsicht ausgeübten Tätigkeit oder im eigenen wirtschaftlichen Interesse. Der Zwischenvermieter muss zumindest mit Gewinnerzielungsabsicht oder im eigenen wirtschaftlichen Interesse handeln (BGH NZM 2018, 281; NZM 2016, 256; ZMR 1996, 537 (539); zum Ganzen s. *Kunze* NZM 2012, 740). Nach dem Regelungszweck der Vorschrift sollen nur bestimmte Sachverhalte erfasst werden, die dadurch gekennzeichnet sind, dass der Eigentümer/Hauptvermieter im eigenen Interesse handelt und zum Zweck des Anbietens der Wohnung zu üblichen Bedingungen auf dem allgemeinen Wohnungsmarkt einen Zwischenvermieter einschaltet. Der Zwischenvermieter verfolgt eigene Interessen mit der Weitervermietung (BGH NZM 2018, 718, NZM 2016, 256, → Anm. 10).

6. Bei dem Vertrag mit dem Endmieter liegt hier ein Wohnraummietvertrag vor. Zwar handelt es sich um ein Mischmietverhältnis, hierauf findet jedoch entweder einheitlich Wohnraum- oder Gewerberaummietrecht Anwendung. Die frühere, vom BGH aufgegebene, Beurteilung durch die höchstrichterliche Rspr., ob Wohnraum- oder Gewerberaummietrecht Anwendung findet, hat sich nicht nur an der tatsächlichen Nutzung, sondern auch am wahren vorherrschenden und vereinbarten Vertragszweck orientiert sowie daran, ob der Mieter in den Räumen seinen Lebensunterhalt verdient (BGH ZMR 1986, 278, OLG Hamm ZMR 1986, 11 Übergewichtstheorie; OLG Düsseldorf NZM 2007, 923; 2004, 743; WuM 2002, 481).

Der BGH hat diese Rspr. (zur Lebensunterhaltsentscheidung BGH ZMR 1986, 278) ausdrücklich aufgegeben (BGH NJW 2014, 2864 = NZM 2014, 626). Zwar bestätigt der BGH, dass weiterhin zu prüfen ist, welche Nutzungsart im Vordergrund steht und dass auf den von den Parteien gewünschten Vertragszweck abzustellen ist (so schon BGH ZMR 1986, 278). Maßgebend sind nunmehr stärker die Umstände des Einzelfalls (BGH NJW 2014, 2864). Wichtige Indizien sind das verwendete Vertragsmuster und sein wesentlicher Zuschnitt, der Flächenanteil für die gewerbliche Nutzung in Relation zur Wohnraumnutzung, die Aufteilung der Miete nach bestimmten Flächen, die Regelung zur

Umsatzsteuer, bauliche Gegebenheiten, zB Nutzung eines ganzen Stockwerks, das Verhalten der Parteien bei Vertragsschluss und im laufenden Mietverhältnis. Wie schon bislang bewirkt eine vom Vertragszweck abweichende tatsächliche Nutzung, die nicht vom beiderseitigen Parteiwillen getragen ist, keine Änderung im Hinblick auf die rechtliche Einordnung des Vertrages (OLG Celle ZMR 1999, 469; OLG Frankfurt a.M. NJOZ 2008, 4473).

Werden Räume gemäß den oa Kriterien oder ausschließlich als Wohnraum genutzt, ist Wohnraummietrecht anwendbar. Zum zulässigen Umfang geschäftlicher Aktivitäten des Mieters bei Anmietung zu Wohnzwecken s. BGH NZM 2009, 658; NZM 2013, 786, Geschäftsadresse; BGH NZM 2013, 456, Musikunterricht in Wohnung.

Gewerbemietverhältnisse liegen vor, wenn Räume angemietet werden, um dort einer geschäftlichen, insb. gewerblichen oder anderen beruflichen Tätigkeit nachzugehen, wenn also die Räume dem Mieter anderen als Wohnzwecken dienen. Bei einer Vermietung einheitlicher Räume an einen Freiberufler – wie hier –, sowohl zur Berufsausübung als auch zu Wohnzwecken, erfolgt die Vermietung zu gewerblichen Zwecken, wenn die vom BGH (NZM 2014, 626) aufgestellten Kriterien für die gewerbliche Nutzung erfüllt sind. Dies ist hier wegen der geringen gewerblichen Fläche und des Abschlusses eines ausdrücklich so bezeichneten Wohnraummietvertrags nicht der Fall. Der Endmieter muss nicht wissen, dass ein Zwischenmietverhältnis besteht.

7. Zur Rechtzeitigkeit der Mietzahlung s. BGH NZM 2017, 120 für Wohnraum.

8. Dies richtet sich nach dem Gesamtrückstand für zwei aufeinanderfolgende Monate gem. § 543 Abs. 2 S. 1 Nr. 3a Alt. 2 BGB. Auch bei der Geschäftsraummiete ist dies dann gegeben, wenn bei monatlicher Zahlung der Rückstand mit aufeinanderfolgenden Zahlungen den Betrag von einer Monatsmiete übersteigt (BGH NZM 2015, 196; 2008, 770). Das Mietverhältnis kann jedoch gem. § 543 Abs. 1 BGB bereits dann gekündigt werden, wenn der Mieter von vornherein die Zahlung der künftigen Miete auf unbestimmte Zeit verweigert. Dem Vermieter ist in diesem Fall nicht zumutbar, bis zum Auflaufen des für eine Kündigung nach § 543 Abs. 2 Nr. 3 BGB ausreichenden Betrags zuzuwarten (BGH NJW-RR 2005, 2552).

9. Nach Beendigung des Hauptmietvertrages tritt der Hauptvermieter in den Untermietvertrag ein. Streitig ist, ob es sich um eine vollständige Vertragsübernahme handelt oder ob eine Zäsur eintritt (MüKoBGB/*Häublein* BGB § 565 Rn. 14 ff. mwN; offen gelassen BGH NJW 2005, 2552). Für die Zäsurwirkung spricht der Gesetzeszweck und der Verweis auf §§ 566a ff. BGB (s. MüKoBGB/*Häublein* BGB § 565 Rn. 15). IÜ wird der Vertrag mit dem zum Zeitpunkt der Beendigung des Zwischenmietverhältnisses bestehenden Inhalt fortgesetzt (MüKoBGB/*Häublein* § 565 Rn. 16). Zur Insolvenz des Zwischenvermieters s. Bub/Treier MietR-HdB/*Drasdo* Kap. VIII Rn. 452, sa BGH NZM 2014, 130 zum Sonderkündigungsrecht des Erstehers bei Altenwohnanlage.

10. Der Regelungsbereich des § 565 BGB soll nicht ausgedehnt werden, sondern eng auf die Fälle beschränkt werden, bei denen die gewerbliche Weitervermietung der wesentliche Vertragszweck des Hauptmietvertrages ist und der mit der Weitervermietung beauftragte Zwischenmieter eigene wirtschaftliche Interessen verfolgt (BGH NZM 2016, 256; KG BeckRS 2014, 10074). Die Absicht, Gewinn zu erzielen, reicht aus, ein tatsächlich erwirtschafteter Gewinn ist nicht erforderlich. Ausreichend ist aber auch, wenn eine im eigenen wirtschaftlichen Interesse ausgeübte Vermietertätigkeit vorliegt, etwa durch Überlassung von Wohnungen an Arbeitnehmer, um sich Wettbewerbsvorteile jenseits der Gewinnerzielungsabsicht zu verschaffen (BGH NZM 2018, 281). Häufig werden ideelle oder karitative Zwecke verfolgt, andere Zwecke sind möglich. Umstritten ist, ob in diesen

Fällen eine analoge Anwendung in Betracht kommt (so Schmidt-Futterer/*Blank* § 565 BGB Rn. 14 ff.). Dies ist abzulehnen (s. BGH NZM 2016, 256 zur Genossenschaft; BGH ZMR 2003, 816 mAnm *Baldus*, BGH ZMR 1996, 537 ff.; KG MDR 2014, 645). Eine Sonderbeurteilung erfolgt für die Fälle der Zwischenvermietung, die nicht im wirtschaftlichen oder auf Gewinn ausgerichteten Interesse des Zwischen- oder des Endmieters erfolgen. Nach der neueren Rechtsprechung des BGH ist der Anwendungsbereich des § 565 BGB restriktiv zu sehen. Gewinnerzielungsabsicht oder eigenes wirtschaftliches Interesse dürfen nicht fehlen und die Weitervermietung muss zu marktüblichen Bedingungen erfolgen (BGH NZM 2016, 256; NZM 2018, 281). Gewerbliche Weitervermietung liegt nicht vor, wenn der Eigentümer mit einer Mieter-Selbsthilfegenossenschaft einen Vertrag zu günstigen Konditionen abschließt, der eine gleichfalls günstige Weitervermietung an Mitglieder vorsieht (BGH NZM 2016, 256). Bei Zwischenvermietung an einen gemeinnützigen Verein, der in Erfüllung seiner satzungsgemäßen Aufgaben an von ihm betreute Personen weitervermietet, findet § 565 BGB weder unmittelbar noch analog Anwendung (BGH ZMR 1996, 537 ff.; offen gelassen BGH ZMR 2003, 816 (817)). Allerdings soll sich der Endmieter im Einzelfall gleichwohl auf die Kündigungsschutzvorschriften der Wohnraummiete berufen können (BGH ZMR 2003, 816 (817); OLG Köln ZMR 2004, 31), sa *Hinz* WuM 2004, 380 (385). Dies gilt auch bei vereinbarungswidriger Weitergabe durch den Verein an einen Mitarbeiter (BayObLG WuM 1995, 642). Wird im Vorgriff auf eine beabsichtigte gewerbliche Zwischenvermietung die Wohnung an den vorgesehenen „Mieter" überlassen, kommt ein unmittelbares Mietverhältnis zwischen Wohnungseigentümer (Hauptvermieter) und Wohnungsbenutzer auch dann zustande, wenn die Zwischenvermietung von vornherein scheitert (LG Duisburg ZMR 1987, 81 ff.).

11. Möglich ist auch die Vertragsübernahme durch einen neuen gewerblichen Zwischenvermieter (§ 565 Abs. 1 S. 2 BGB) durch Abschluss eines neuen Hauptmietvertrages.

12. Durch diese Mitteilung wird verhindert, dass der Endmieter (Dritter) weiter an den bisherigen Mieter, seinen Vermieter, leistet und § 565 Abs. 2 iVm § 566c BGB zur Anwendung kommt.

13. Nach § 565 Abs. 1 BGB tritt im Falle gewerblicher Zwischenmiete bei Beendigung des Hauptmietverhältnisses der Vermieter an die Stelle des Zwischenvermieters in das Mietverhältnis ein. Daraus folgt die Verpflichtung des Untermieters, an den Vermieter zu zahlen oder – bei Gläubigerungewissheit – die Miete nach § 372 BGB zu hinterlegen (Schmidt-Futterer/*Blank* BGB § 565 Rn. 20). Tut er das nicht, kann der Vermieter das neu begründete Mietverhältnis nach § 543 Abs. 2 S. 1 Nr. 3a oder 3b, § 569 BGB kündigen.

14. Vollstreckungsauftrag auf Räumung und Herausgabe → Form. III.C.1.

6. Klage des Vermieters auf Duldung von Modernisierungsmaßnahmen bei Wohnraum

An das
Amtsgericht
Abteilung für Mietsachen

Klage[1]

In Sachen

. . . . .
– Kläger –

Prozessbevollmächtigter: Rechtsanwalt . . . . .
gegen

. . . . .
– Beklagter –

wegen Duldung von Modernisierungsmaßnahmen
vorläufiger Streitwert: . . . . . EUR[2]
werde ich

beantragen:

I. Der Beklagte wird verurteilt – bei Vermeidung der gerichtlichen Festsetzung eines Ordnungsgeldes bis zu einer Höhe von 250.000 EUR und für den Fall, dass dieses nicht beigetrieben werden kann, ersatzweise einer Ordnungshaft bis zu sechs Monaten –,[3]

a) die für gebrauchswertverbessernde Maßnahmen erforderlichen Arbeiten – die Demontage der vorhandenen Öfen, den anschließenden Einbau neuer Heizkörper (in einer Größe von . . . . .) mit Heizleitungen inklusive aller hierfür erforderlichen Vor- und Nacharbeiten – zum Einbau einer Gas-Zentralheizung im Anwesen in der von ihm bewohnten Wohnung in . . . . . (Stadt), ... (Straße/Nr.) im . . . . . (Stockwerk) in den folgenden Räumen . . . . ., im Flur, in der Küche, im Bad, an den in dem als Anlage . . . . . beigefügten Grundrissplan rot gekennzeichneten Stellen in der Zeit vom . . . . . bis . . . . . zu dulden;[4]

b) dem Kläger und den von ihm beauftragten Handwerkern in der Zeit vom . . . . . bis . . . . ., jeweils werktags von . . . . . Uhr bis . . . . . Uhr, nach schriftlicher Vorankündigung von 3 Werktagen Zugang zu seiner Mietwohnung zu gewähren;[5]

c) Es wird beantragt, den als Anlage . . . . . beigefügten Grundrissplan zum Bestandteil des Urteils zu machen.

II. . . . . . (Kosten) . . . . .

III. . . . . . (vorläufige Vollstreckbarkeit)

Begründung:

Zwischen den Parteien besteht ein Mietverhältnis über die vorgenannte Wohnung gemäß Mietvertrag vom . . . . . Der Kläger ist Vermieter, der Beklagte Mieter der streitgegenständlichen Wohnung.

Beweis: Mietvertrag vom . . . . .

1. Das Anwesen des Klägers in . . . . ., ... Straße Nr. . . . ., in der auch die vom Beklagten bewohnte Wohnung liegt, wurde bislang durch Kohleeinzelöfen beheizt. Der Kläger hat sich entschlossen, im gesamten Anwesen, auch in der Wohnung des Beklagten, eine Gas-Zentralheizung einzubauen. Es handelt sich um eine Modernisierungsmaßnahme, durch die der Gebrauchswert der Mietsache nachhaltig erhöht wird, § 555b Nr. 4 BGB und Endenergie eingespart wird gem. § 555b Nr. 1 BGB.

   Beweis: Sachverständigengutachten

   Für diesen Einbau sind in den einzelnen Wohnungen, auch in der Wohnung des Beklagten, folgende, detailliert genannte Arbeiten erforderlich.[6] Der Grundrissplan, aus dem sich die Situierung der neuen Heizkörper und Heizleitungen ergibt, ist beigefügt.

   . . . . .

   Beweis: . . . . .

2. Der Kläger hat sämtliche Mieter des Hauses – auch den Beklagten – mit Rundschreiben[7] vom . . . . . darauf hingewiesen, dass die hierfür erforderlichen Umbauarbeiten innerhalb der einzelnen Wohnungen in der Zeit vom . . . . . bis . . . . . stattfinden.

   Beweis: Schreiben des Klägers vom . . . . .

   Mit Schreiben vom . . . . . hat der Kläger den Beklagten unter Wahrung der Dreimonatsfrist über Art, Umfang, voraussichtlichen Beginn und geplante Dauer des Heizungseinbaues detailliert unterrichtet.[8] Er hat gleichzeitig erklärt, dass er nach Beendigung der Arbeiten eine Mieterhöhung von ca. . . . . geltend machen wird und die voraussichtlichen künftigen Betriebskosten mitgeteilt.[9] Auch auf Form und Frist eines möglichen Härteeinwands wurde hingewiesen.[10]

   Beweis: Schreiben vom . . . . .

   Dieses Schreiben wurde dem Beklagten übergeben am . . . . .

   Beweis: Zeugnis von . . . . .

   Der Beklagte hat erklärt, er widersetze sich diesen Arbeiten, weil er mit der bisherigen Heizung zufrieden sei und die höhere Miete nicht zahlen wolle.[11]

   Beweis: Schreiben des Beklagten vom . . . . .

   Die Arbeiten sind in den anderen Wohnungen zum Teil bereits durchgeführt . . . . .

   Der Beklagte weigert sich zu Unrecht, die Durchführung der Arbeiten zu dulden. Er kann sich weder darauf berufen, dass keine Modernisierung vorliegt, noch hat er zutreffende Gründe vorgetragen, dass die Arbeiten eine nicht zu rechtfertigende Härte für ihn oder seine Familie darstellen. Dem Kläger steht der Anspruch gem. § 555d Abs. 1 BGB zu, da er die duldungspflichtigen Maßnahmen durchführen will, die er den gesetzlichen Vorgaben entsprechend angekündigt hat und die zu einer Gebrauchswertverbesserung und Einsparung von Endenergie führen (§ 555b Ziff. 1 und 4 BGB). Die bisherige Beheizung ist weder bedienerfreundlich noch umweltverträglich und führt zu einem Endenergieverbrauch in der streitgegenständlichen Wohnung von . . . . . kWh (m^2 x a), während künftig nur noch . . . . . kWh (m^2 x a) verbraucht wird.

   Beweis: Sachverständigengutachten

   Zudem müssen keine Kohlen bevorratet und in die Wohnung verbracht werden.

Rechtsanwalt

Anmerkungen

1. Der Anspruch des Vermieters gegen den Mieter auf Duldung von Erhaltungsmaßnahmen gem. § 555a BGB (die schon vor dem Inkrafttreten der Neuregelung vorgenommene Aufspaltung zwischen Instandhaltungs- und Instandsetzungsmaßnahmen wurde nun gesetzlich normiert, vgl. Schmid/Harz/*Krug* MietR BGB § 555a Rn. 3 ff.) oder Modernisierungsmaßnahmen gem. § 555b BGB (zur Änderung des Begriffs der Modernisierung durch das MietRÄndG vgl. *Mutschler* ZWE 2013, 80) kann idR nicht durch einstweilige Verfügung durchgesetzt werden (Blank/Börstinghaus/*Blank/Börstinghaus* Miete BGB § 555a Rn. 40 bzw. BGB § 555d Rn. 40). Etwas anderes kann nur gelten in Fällen dringender Gefahr für Leben oder Gesundheit von Menschen oder Gefahr für erhebliche Sachwerte, die nicht anders abgewendet werden kann (vgl. KG Berlin – 8 U 139/17). Zu den Rechten des Mieters → Anm. 7. Eine für Vermieter und Mieter sehr sinnvolle Möglichkeit zur Vereinfachung des Verfahrens ist der Abschluss einer Vereinbarung über Erhaltungs- oder Modernisierungsmaßnahmen gem. § 555f BGB. In einer derartigen Vereinbarung können individualvertraglich umfassende Regelungen zur Durchführung der Maßnahme, zu Gewährleistungsrechten und zu Aufwendungsersatzansprüchen des Mieters, auch zur künftigen Mietminderung anlässlich einer konkret bezeichneten Gebrauchsbeschränkung getroffen werden. Mit diesen Einschränkungen liegt kein Verstoß gegen § 536 Abs. 4 BGB vor (Blank/Börstinghaus/*Blank/Börstinghaus* Miete BGB § 555f Rn. 12; LG München I BeckRS 2011, 29380 hier: Nachtrag zu einem Mietvertrag; Bedenken dagegen hat im Hinblick auf Ziff. 2 immer noch Schmidt-Futterer/*Eisenschmid* BGB § 555f Rn. 3). Auch die künftige Höhe der Miete kann vereinbart werden. Für ein Muster einer Modernisierungsvereinbarung vgl. Schach Mietrecht § 3 Rn. 53. Einen Anspruch auf Abschluss einer derartigen Vereinbarung hat der Vermieter nicht. Zum Widerruf einer Modernisierungsvereinbarung und dessen Folgen bei einer in der Wohnung des Mieters oder außerhalb der Geschäftsräume des Vermieters/Verwalters abgeschlossenen Vereinbarung s. *Lindner* ZMR 2018, 190 ff. Zur Zuständigkeit → Form. II.B.1 Anm. 1.

2. Für die Höhe des Gebührenstreitwerts der Klage auf Duldung von Modernisierungsmaßnahmen ist gem. § 41 Abs. 5 S. 1 GKG der Jahresbetrag einer möglichen Mieterhöhung maßgebend. Endet das Mietverhältnis vor Ablauf eines Jahres, ist ein entsprechend niedrigerer Betrag maßgebend (§ 41 Abs. 5 S. 2 GKG). Zum Zuständigkeitsstreitwert für eine Klage auf Duldung von Modernisierungsmaßnahmen, der wegen § 23 Nr. 2a GVG nur für Modernisierungsmaßnahmen an Gewerberäumen relevant ist, vgl. *Gratz* jurisAnwZert MietR 8/2015 Anm. 2. Zur Rechtsmittelbeschwer eines Vermieters bei gescheiterter Klage auf Modernisierungsduldung s. BGH NZM 2019, 135 (3,5-facher Jahresbetrag der infolge der Modernisierung zu erwartenden Mieterhöhung).

3. Die Androhung von Ordnungsgeld und/oder Ordnungshaft kann schon im Klageantrag erfolgen, um im Zwangsvollstreckungsverfahren gem. § 890 ZPO sogleich die Verhängung der Maßnahme zu beantragen.

4. Der Antrag ist genau zu fassen, er muss einen vollstreckungsfähigen Inhalt haben und klarstellen, welche Arbeiten in welchem Teil der Wohnung durchgeführt werden sollen. Die von der Instanzrechtsprechung geforderten sehr strikten Vorgaben an die Ankündigung sind durch den BGH gelockert worden (BGH NZM 2011, 849 mwN; vgl. auch LG Berlin GE 2018, 55). Nicht jede Einzelheit der Maßnahme und deren mögliche Auswirkungen auf die Mietsache sind mitzuteilen. Es reicht, die Modernisierungsankündigung so zu fassen, dass dem Informationsbedürfnis des Mieters Rechnung getragen wird, er das Ziel der Modernisierung und die hierfür geplanten Maßnahmen erfährt und erkennbar ist, wie sich die Wohnung hierdurch verändert und sich dies auf seinen Mietgebrauch auswirkt. S. zur Modernisierungsankündigung auch BGH ZMR 2020, 728 (zur energetischen Modernisierung) und BGH Urt. v. 18.3.2021 – VIII ZR 305/19 (s. dort auch zur Übergangsregelung des Art. 229 § 49 Abs. 1 EGBGB).

Das Gesetz unterscheidet zwischen Erhaltungsmaßnahmen gem. § 555a BGB und Modernisierungsmaßnahmen gem. § 555b BGB. Bei Erhaltungsmaßnahmen hat der Mieter eine uneingeschränkte Duldungspflicht, § 555a Abs. 1 BGB; Modernisierungsmaßnahmen sind immer zu dulden, sofern damit keine ungerechtfertigte Härte für den Mieter verbunden ist, § 555d Abs. 1 u. 2 BGB.

Erhaltungsmaßnahmen können Instandhaltungsmaßnahmen (vorbeugende Maßnahmen zur Aufrechterhaltung des vertragsmäßigen Zustands) oder Instandsetzungsmaßnahmen (Maßnahmen zur Wiederherstellung des vertragsmäßigen Zustands) sein, vgl. Blank/Börstinghaus/*Blank/Börstinghaus* Miete BGB § 555a Rn. 3; zur vorbeugenden Instandsetzung im Rahmen einer Gesamtmaßnahme s. LG Berlin GE 2016, 1572 Rn. 18. Modernisierungsmaßnamen iSd § 555b BGB sind bauliche Veränderungen, die bestimmte zusätzliche Merkmale erfüllen, die iE in den Nr. 1–7 der Vorschrift aufgezählt sind (Emmerich/Sonnenschein BGB § 555b Rn. 2, zur Abgrenzung vgl. Emmerich/Sonnenschein BGB § 555b Rn. 5 f.). Eine Modernisierungsmaßnahme zeichnet sich dadurch aus, dass sie einerseits über die bloße Erhaltung des bisherigen Zustands (vgl. § 555a BGB) hinausgeht, andererseits aber die Mietsache nicht so verändert, dass etwas Neues entsteht (BGH WuM 2018, 28).

Der Begriff der baulichen Veränderung ist weit auszulegen; die Bausubstanz muss nicht verändert werden (Palandt/*Weidenkaff* BGB § 555b Rn. 2). Eine bauliche Veränderung liegt auch vor, wenn eine Anlage des Gebäudes technisch verändert wird, bspw. durch Gewinnung von Erdwärme mittels einer Wärmepumpe (BT-Drs. 17/10485, 18; Schmid/Harz/*Krug* MietR BGB § 555b Rn. 5).

Die einzelnen Modernisierungsmaßnahmen sind in § 555b Nr. 1–7 BGB abschließend genannt. Der teilweise geforderte Begriff der Nachhaltigkeit ist zeitlich, nicht quantitativ zu verstehen, eine bestimmte Mindestenergieeinsparung ist nicht erforderlich (BGH NJW 2002, 2036).

Nr. 1 nennt die energetische Modernisierung, durch die in Bezug auf die Mietsache nachhaltig Endenergie eingespart wird. Endenergie setzt sich zusammen aus Nutzenergie plus Energieverluste (für Definitionen s. Bub/Treier MietR-HdB/*Schüller* Kap. III. A Rn. 2660 ff.). Die Einsparung von Endenergie kann auf vielfältige Weise erfolgen. Es sind lediglich Maßnahmen erforderlich, die den Verbrauch von Heizmaterial verringern, weil mit der baulichen Veränderung Verluste vermieden werden oder der Nutzenergiebedarf verringert wird (vgl. Schmidt-Futterer/*Eisenschmid* BGB § 555b Rn. 18; für Einzelfälle vgl. Schmidt-Futterer/*Eisenschmid* BGB § 555b Rn. 31 ff.).

Nr. 2 bezieht sich auf Maßnahmen, durch die nicht erneuerbare Primärenergie (in erster Linie fossile Brennstoffe, Palandt/*Weidenkaff* BGB § 555b Rn. 4; für ausführliche Definition s. BT-Drs. 17/10485, 19) nachhaltig eingespart wird, sowie Klimaschutzmaßnahmen (zB Maßnahmen zur Verringerung von Treibhausgasen und CO2-Emissionen, Blank/Börstinghaus/*Blank/Börstinghaus* Miete BGB § 555b Rn. 26). Erfasst werden insb. energieneutrale Maßnahmen zur Verbesserung von Lüftungsanlagen und Heizsystemen, da bei Einsparung von Endenergie Nr. 1 einschlägig ist (Blank/Börstinghaus/*Blank/Börstinghaus* Miete BGB § 555b Rn. 26).

Nr. 3 erfasst wassersparende Maßnahmen (Übersicht in Bub/Treier MietR-HdB/*Schüller* Kap. III. A Rn. 2664).

Nr. 4 umfasst Maßnahmen, die den Gebrauchswert der Mietsache nachhaltig erhöhen. Maßstab für die Beurteilung der Gebrauchswerterhöhung ist die Verkehrsanschauung (BGH WuM 2008, 219). Eine Erhöhung liegt vor, wenn mit leichterer Vermietbarkeit nach Durchführung der Maßnahme im Verhältnis zu Wohnungen ohne entsprechende

Maßnahme zu rechnen ist (BGH NJW 2011, 3514). Die Umstellung von Kohleöfen auf Gasheizung kann auch nur mit § 555b Nr. 4 begründet werde (vgl. LG Berlin ZMR 2003, 488). Bei seinen Maßnahmen ist der Vermieter nicht darauf beschränkt, die Wohnung nur auf einen allgemein üblichen oder durchschnittlichen Standard zu bringen (BGH NJW 2005, 2995). Luxusmodernisierungen hingegen sind nicht erfasst (zB Schwimmbadeinbau, vgl. Bub/Treier MietR-HdB/*Schüller* Kap. III. A Rn. 2669; BGH NJW 2005, 2995). Zur näheren Bestimmung kann auf den Katalog in § 4 Abs. 1 ModEnG aF zurückgegriffen werden (Schmidt-Futterer/*Eisenschmid* BGB § 555b Rn. 71).

Ob eine vom Vermieter beabsichtigte Modernisierungsmaßnahme eine Verbesserung der Mietsache darstellt, ist nach dem gegenwärtigen Zustand der Wohnung einschließlich der vom Mieter vorgenommenen Verbesserungsmaßnahmen zu beurteilen. Unberücksichtigt bleiben lediglich etwaige vom (gegenwärtigen) Mieter vertragswidrig vorgenommene bauliche Veränderungen (BGH NJW 2012, 2954 = WuM 2012, 448 = NZM 2012, 679). Die Rspr. zur Auslegung des Begriffs der „Verbesserung" in § 554 Abs. 2 S. 1 BGB aF und § 541a Abs. 2 BGB aF ist auch für die Auslegung des Begriffs der Gebrauchswerterhöhung von Bedeutung (Blank/Börstinghaus/*Blank/Börstinghaus* Miete BGB § 555b Rn. 29; vgl. auch BGH WuM 2018, 28).

Der Wechsel der Heizung kann nach Nr. 1 u. 2 oder nach Nr. 4 duldungspflichtig sein. Der Anschluss einer mit Brennöfen beheizten Wohnung an eine Zentralheizung wird mit einer Gebrauchswertverbesserung begründet, ohne dass es darauf ankommt, ob auch Energie eingespart wird (LG Berlin ZMR 2003, 488). Zur Umstellung von Ofenheizung auf Fernwärme s. BGH NZM 2014, 304. Bei zusätzlichem Abstellen auf Nr. 1 muss keine konkrete Energieeinsparung beziffert werden. Durch Telekommunikationsmodernisierungsgesetz vom 23.6.2021 (BGBl. 2021 I 1858) wird § 555b BGB mit Wirkung zum 1.12.2021 um eine Nr. 4a erweitert. Hiernach sind Modernisierungsmaßnahmen auch bauliche Veränderungen, durch die die Mietsache erstmalig mittels Glasfaser an ein öffentliches Netz mit sehr hoher Kapazität im Sinne des § 3 Nr. 33 des Telekommunikationsgesetzes angeschlossen wird.

Nr. 5 bezieht sich auf die Verbesserung allgemeiner Wohnverhältnisse. In erster Linie sind damit die Anlage und der Ausbau der nicht öffentlichen Gemeinschaftsanlagen nach § 4 Abs. 2 ModEnG aF gemeint (Schmid/Harz/*Krug* MietR BGB § 555b Rn. 27 ff. mit Bsp.). Vom Mieter zu duldende Modernisierungsmaßnahmen im Sinne von § 555b Nr. 4 oder Nr. 5 BGB liegen nicht vor, wenn die beabsichtigten Maßnahmen so weitreichend sind, dass ihre Durchführung den Charakter der Mietsache grundlegend verändern würde (BGH WuM 2018, 28).

Nr. 6 nennt vom Vermieter nicht zu vertretende Umstände. Erfasst werden in erster Linie behördlich oder gesetzlich vorgeschriebene Maßnahmen (Blank/Börstinghaus/*Blank/Börstinghaus* Miete BGB § 555b Rn. 56; vgl. auch LG Berlin GE 2017, 1097; zum Einbau von Rauchwarnmeldern s. BGH ZMR 2015, 761 und LG Hamburg ZMR 2021, 115), die keine Erhaltungsmaßnahmen nach § 555a BGB sind.

Nr. 7 bezieht sich auf Maßnahmen, mit denen neuer Wohnraum geschaffen wird. Diese umfassen jede Ausbau- und Anbaumaßnahme, auch das Schließen von Baulücken, vgl. Palandt/*Weidenkaff* BGB § 555b Rn. 10; Bsp. in Bub/Treier MietR-HdB/*Schüller* Kap. III.A Rn. 2671); aA LG Berlin (GE 2019, 257), wonach der Anbau eines Zimmers an eine bestehende Wohnung nicht unter § 555b Nr. 7 BGB fallen soll, da sich die Norm ausschließlich auf die Schaffung neuen Wohnraums außerhalb des Mietgegenstandes selbst beziehe.

Der Vermieter trägt die Beweislast für das Vorliegen der Voraussetzungen des Duldungsanspruchs, der Mieter muss die nicht zu rechtfertigende Härte darlegen. Zur Zumutbarkeitsprüfung s. detailliert Blank/Börstinghaus/*Blank/Börstinghaus* Miete BGB § 555d Rn. 14 ff. Härtegründe können sich insb. ergeben aus den vorzunehmenden Arbeiten, den baulichen Folgen oder den vorausgegangenen Aufwendungen des Mieters (s. Schmidt-Futterer/*Eisenschmid* BGB § 555d Rn. 18 ff.; zu einem erforderlichen Zwischenumzug oder Hotelaufenthalt s. Schach/Schultz/Schüller/*Müller* BeckOK Mietrecht BGB § 555d Rn. 36a und 43 f. und LG Berlin WuM 2016, 282 sowie WuM 2018, 564; zu Risiken aufgrund der COVID-19-Pandemie s. *Horst* ZAP 2021, 491 ff. (494)). Die zu erwartende Mieterhöhung sowie die künftigen Betriebskosten bleiben bei der Abwägung im Rahmen der Duldungspflicht außer Betracht; sie sind nur nach § 559 Abs. 4 u. 5 BGB bei einer Mieterhöhung zu berücksichtigen, § 555d Abs. 2 S. 2 BGB. Zur Höhe des sog Modernisierungszuschlags s. BGH NZM 2009, 150; Palandt/*Weidenkaff* BGB § 559 Rn. 5. Zum Feststellungsinteresse des Vermieters hinsichtlich der künftigen Mieterhöhung nach Verurteilung des Mieters zur Duldung von Modernisierungsmaßnahmen s. LG Berlin – 67 S 34/16 (verneint).

5. Der Duldungsanspruch des Vermieters umfasst grds. auch die Verpflichtung des Mieters, freien Zugang zur Wohnung zu gewähren und an einer raschen Terminabstimmung mitzuwirken (KG WuM 2010, 46; BGH NJW 2009, 1736). Um jedoch keinen Zweifel hieran aufkommen zu lassen und dem Beklagten seine Verpflichtung zur Verschaffung des Zugangs zur Wohnung deutlich zu machen, empfiehlt sich, diese besondere Duldungsverpflichtung in einen eigenen Antrag aufzunehmen. Der zeitliche Rahmen muss nicht exakt bestimmt sein, die Angabe des voraussichtlichen Beginns und Ablaufs reicht aus (BGH NZM 2011, 849). Die Nichtgewährung des Zutritts führt zu einer Haftung des Mieters für zusätzliche Anfahrtskosten der Handwerker (LG Berlin NJW 2015, 93 = GE 2014, 938 = NZM 2014, 824).

Die Mitwirkungspflicht des Mieters umfasst nicht die Verpflichtung zur Schaffung von Baufreiheit (LG Berlin NJW 2015, 93, vgl. auch LG Berlin ZMR 2019, 275). Insbes. besteht keine Verpflichtung, innerhalb der Wohnung den notwendigen Platz zur Durchführung der Arbeiten zu schaffen. Auch eine Untervermietung führt nicht zu einer entsprechenden Verpflichtung. Dies hat lediglich zur Folge, dass der Mieter den Untermieter veranlassen muss, seinerseits die Durchführung der Arbeiten zu dulden (LG Berlin NJW 2015, 93).

Die Duldungspflicht bezieht sich auf die Mietsache, zu der nicht nur die vom Mieter genutzten Räume gehören, sondern auch sonstige Teile des Wohngebäudes (Bub/Treier MietR-HdB/*Schüller* Kap. III. A Rn. 2692). Der Mieter hat daher zB auch die Durchführung von Heizungsrohren für die darüber liegende Wohnung zu dulden (LG Berlin GE 2012, 205).

6. Je nach Art der durchzuführenden Maßnahme empfiehlt sich hier eine möglichst genaue Angabe dessen, was an Einzelmaßnahmen geplant ist. Die Anforderungen an die Konkretisierung sind durch die Entscheidung des BGH (NZM 2011, 849) gesunken.

7. Ohne ordnungsgemäße Ankündigung gem. § 555c BGB sind die Maßnahmen nicht zu dulden (Palandt/*Weidenkaff* BGB § 555c Rn. 11; LG München I BeckRS 2009, 05945; BGH NJW 2011, 1220 Rn. 14). Wenn der Vermieter derartige Maßnahmen nicht ankündigt und gleichwohl mit der Durchführung beginnt, kann sich der Mieter im Wege der einstweiligen Verfügung dagegen wenden (Schmidt-Futterer/*Eisenschmid* BGB § 555d Rn. 87 mwN auch zu streitigen Einzelheiten; s. zur einstweiligen Verfügung gegen die Aufstellung eines Baugerüstes LG Berlin ZMR 2014, 792, aber auch LG Berlin GE 2016, 860).

8. § 555c BGB normiert die Ankündigungspflicht (Textform § 126b BGB) des Vermieters:

Der Vermieter oder ein von ihm ermächtigter Dritter (BGH NJW 2008, 1218; der Ermächtigte muss nicht offen legen, dass er ein fremdes Recht geltend macht, BGH NZM 2014, 385) hat spätestens drei Monate vor Beginn der Arbeiten Art, voraussichtlichen Umfang in wesentlichen Zügen, voraussichtlichen Beginn und voraussichtliche Dauer der Maßnahme anzukündigen und die zu erwartende Mieterhöhung sowie die voraussichtlichen künftigen Betriebskosten mitzuteilen. Auf die Form und Frist des Härteeinwands nach § 555d Abs. 3 S. 1 BGB soll der Vermieter hinweisen (Muster einer Modernisierungsankündigung gem. § 555c BGB BeckFormB MietR/*Wetekamp* → Form. B.IV.1).

Möchte der Vermieter später bei der Mieterhöhung von dem vereinfachten Verfahren gemäß § 559c BGB Gebrauch machen, muss er dies bereits in der Modernisierungsankündigung angeben (§ 559c Abs. 5 Nr. 1 BGB). Zudem gilt für die Modernisierungsankündigung, die zu einer Mieterhöhung nach dem vereinfachten Verfahren führen soll, die Besonderheit, dass es der Angabe der voraussichtlichen künftigen Betriebskosten nach § 555c Abs. 1 S. 2 Nr. 3 BGB nicht bedarf (§ 559c Abs. 5 Nr. 2 BGB) und wegen § 559c Abs. 1 S. 3 BGB nicht auf den wirtschaftlichen Härteeinwand hinzuweisen ist.

Bei energiesparenden und klimaschützenden Maßnahmen nach § 555b Nr. 1 oder Nr. 2 BGB muss der Vermieter den Umfang der Energieeinsparung bzw. der klimaschützenden Effekte darlegen (s. § 555c Abs. 3 BGB, Blank/Börstinghaus/*Blank/Börstinghaus* Miete BGB § 555c Rn. 23; vgl. zu den Anforderungen an die Ankündigung energetischer Modernisierungsmaßnahmen auch BGH NZM 2020, 793 und NZM 2020, 281). Eine genaue Bezifferung der Einsparung – etwa in Form einer Wärmebedarfsberechnung – ist nicht erforderlich (BGH WuM 2004, 154; LG Düsseldorf ZMR 2013, 800 = BeckRS 2013, 18517); eine Bezugnahme auf allgemein anerkannte Pauschalwerte insb. hinsichtlich der energetischen Qualität von Bauteilen ist möglich, § 555c Abs. 3 BGB.

Wenn dem Mieter während der Durchführung der Modernisierungsmaßnahmen ein Aufenthalt in seiner Mietwohnung nicht zugemutet werden kann, muss der Vermieter dem Mieter im Rahmen einer Modernisierungsankündigung auch hinreichend konkret und verbindlich mitteilen, wo dieser während der Modernisierungsmaßnahme ersatzweise wohnen kann; anderenfalls ist die Modernisierungsankündigung formell unwirksam (AG Tempelhof Kreuzberg GE 2018, 59; vgl. auch LG Berlin WuM 2016, 282 Rn. 38). Nach einer Entscheidung des LG Berlin Urt. v. 6.8.2020 (ZMR 2021, 112) soll es aber nicht erforderlich sein, in der Modernisierungsankündigung bereits eine konkrete Ausweichwohnung zu benennen, das Angebot eines angemessenen Ausweichquartiers nach (angekündigter) Absprache zwecks Berücksichtigung der individuellen Bedürfnisse des Mieters ist ausreichend.

Die Ankündigungsfrist ist eine Mindestfrist und nach §§ 187, 188 BGB zu berechnen. Die Mitteilung ist auch für den Lauf der Sonderkündigungsfrist des Mieters gem. § 555e BGB von Bedeutung.

9. Der Vermieter hat – sofern eine Erhöhung nach § 559 BGB oder § 559c BGB verlangt werden soll – die zu erwartende Mieterhöhung anzukündigen, § 555c Abs. 1 S. 2 Nr. 3 BGB. Hierbei ist ein bestimmter Geldbetrag, nicht nur ein Prozentsatz, anzugeben (Palandt/*Weidenkaff* BGB § 555c Rn. 8). Nach Auffassung des LG Berlin (GE 2013, 1655 zu § 554 Abs. 3 S. 1 BGB aF) ist der voraussichtliche Mieterhöhungsbetrag nach Möglichkeit aufgeschlüsselt auf die unterschiedlichen Modernisierungsmaßnahmen anzugeben; aM Blank/Börstinghaus/*Blank/Börstinghaus* Miete BGB § 555c Rn. 14a, Bub/Treier MietR-HdB/*Schüller* Kap. III.A Rn. 2686. Die Darlegung der Berechnung ist nicht erforderlich (KG GE 2007, 907). Ersparte Reparaturkosten sind zu berücksichtigen, da der Mieter konkret wissen muss, welche Mieterhöhung betragsmäßig auf ihn zukommt (str. Schmid/Harz/*Krug* MietR § 555c Rn. 17 f.; vgl. auch Blank/Börstinghaus/*Blank/Börstinghaus* Miete BGB § 555c Rn. 14; aM wohl Schmidt-Futterer/*Eisenschmid* BGB § 555c Rn. 45a). Im vereinfachten Mieterhöhungsverfahren nach § 559c BGB ist für die ersparten Erhaltungsmaßnahmen ein Pauschalabzug vorgesehen (§ 559c Abs. 1 S. 2 BGB).

Mit dem Mietrechtsanpassungsgesetz vom 18.12.2018 (BGBl. 2018 I 2648) erfolgte zum 1.1.2019 die Einführung von Kappungsgrenzen bei der Modernisierungsmieterhöhung in § 559 Abs. 3a BGB sowie die Absenkung des jährlichen Mieterhöhungssatzes in § 559 Abs. 1 BGB von zuvor 11 % auf nunmehr 8 % (zu Übergangsvorschriften s. Art. 229 § 49 EGBGB).

Die Mieterhöhung ist trotz verspäteter oder unterbliebener Ankündigung möglich (BGH NJW 2007, 3565; NJW 2011, 1220; aA offenbar LG Berlin GE 2018, 512). Folge einer unterlassenen Erklärung, einer wegen Unvollständigkeit unwirksamen oder im Hinblick auf die zu erwartende Mieterhöhung deutlich zu niedrigen Mitteilung (mehr als 10 %) ist, dass die Erhöhungswirkung sechs Monate später eintritt (§ 559b Abs. 2 S. 2 BGB). Die voraussichtlichen künftigen Betriebskosten sind mitzuteilen, § 555c Abs. 1 S. 2 Nr. 3 BGB (auch dann, wenn die Betriebskosten durch die Modernisierungsmaßnahmen voraussichtlich sinken, LG Düsseldorf 19.3.2018 – 21 S 102/16). Umfasst sind die voraussichtlichen Auswirkungen der geplanten Modernisierungsmaßnahme auf schon bisher auf den Mieter umgelegte Betriebskosten sowie neue Betriebskosten als Folge der Modernisierungsmaßnahme (Staudinger/*Emmerich* BGB § 555c Rn. 12). Ob neue Betriebskosten nur bei bestehender vertraglicher Vereinbarung oder späterem Einverständnis umgelegt werden können, ist streitig (s. Schmidt-Futterer/*Eisenschmid* BGB § 555c Rn. 46 ff.). Bei verbrauchsabhängigen Kosten sollten Erfahrungs- oder Durchschnittswerte angegeben werden (vgl. Schach/Schultz/Schüller/*Müller* BeckOK Mietrecht BGB § 555c Rn. 60 und MüKoBGB/*Artz* § 555c Rn. 18). Eine Ausnahme gilt gemäß § 559c Abs. 5 Nr. 2 BGB bei einer Modernisierungsankündigung, die zu einer Mieterhöhung nach dem vereinfachten Verfahren führen soll; hier ist die Angabe der voraussichtlichen künftigen Betriebskosten entbehrlich.

10. Der Vermieter soll auf Form und Frist des Härteeinwandes gem. § 555d Abs. 3 S. 1 BGB hinweisen, § 555c Abs. 2 BGB. Bei Unterlassung ergeben sich die Folgen aus § 555d Abs. 5 BGB. Bei einer Modernisierungsankündigung, die zu einer Mieterhöhung nach dem vereinfachten Verfahren (§ 559c BGB) führen soll, entfällt wegen § 559c Abs. 1 S. 3 BGB der Hinweis auf den wirtschaftlichen Härteeinwand.

11. Der Mieter hat die Möglichkeit der außerordentlichen Kündigung gem. § 555e BGB.

Aufwendungen des Mieters bei Modernisierungsmaßnahmen muss der Vermieter in angemessenem Umfang ersetzen. Auf Verlangen hat er Vorschuss zu leisten (§ 555d Abs. 6, § 555a Abs. 3 BGB, s. Blank/Börstinghaus/*Blank/Börstinghaus* Miete BGB § 555a Rn. 23 ff.; Schmidt-Futterer/*Eisenschmid* BGB § 555a Rn. 59 f.).

7. Klage des Vermieters auf Räumung und Herausgabe eines gewerblich genutzten Lagerplatzes mit darauf errichteter Lagerhalle

An das

. . . . .gericht[1]

Klage

In Sachen

. . . . .

– Klägerin –

gegen

. . . . .

– Beklagte –

wegen Räumung, Herausgabe und Beseitigung

Streitwert: . . . . . EUR

Namens und mit Vollmacht der Klägerin erhebe ich Klage und werde beantragen:

I. Die Beklagte wird verurteilt, das von ihr angemietete und als Lagerplatz genutzte Teilstück der Flurstück-Nr. . . . ., vorgetragen im Grundbuch des Amtsgerichts . . . . für . . . . ., Band . . . . ., Blatt . . . .,[2] gelegen in x-Stadt an der y-Straße Nr. . . . . mit einer Fläche von insgesamt . . . . qm, dargestellt auf der als Anlage 1) beigefügten Skizze,[4] zu räumen und an die Klägerin herauszugeben.

II. Die Beklagte wird verurteilt, die von ihr auf dem zu I. näher bezeichneten Teilstück errichtete, ebenerdig gemauerte Lagerhalle von . . . . . m Breite, ... m Länge und . . . . . m Höhe abzubrechen und das Abbruchmaterial zu entfernen.[3]

III. Die Beklagte hat die Kosten des Rechtsstreits zu tragen.

IV. Das Urteil ist, notfalls gegen Sicherheitsleistung, vorläufig vollstreckbar.

Begründung:

1. Die Klägerin hat an die Beklagte das in Ziff. I. näher bezeichnete Teilstück zur gewerblichen Nutzung ausschließlich als gewerblichen Lagerplatz, befristet bis Dezember 2022, zur Nutzung vermietet. Maßgebend für das Mietverhältnis sind der Mietvertrag vom . . . . ., eine diesem Mietvertrag angeheftete und das oben unter Ziff. I. der Anträge näher beschriebene Grundstück ausweisende Skizze[4] sowie die Allgemeinen Lagerplatzbedingungen der Klägerin.

Beweis: In beglaubigter Fotokopie anliegender Mietvertrag vom . . . . . nebst Skizze und die Allgemeinen Lagerplatzbedingungen.

2. Die Beklagte hat trotz der in Fotokopie anliegenden Mahnungen der Klägerin vom . . . . . die gem. § 2 des Mietvertrages jeweils am Dritten eines Monats im Voraus fällige Miete[5] von . . . . . EUR seit vier Monaten nicht mehr bezahlt.[6]
Das Mietverhältnis wurde daraufhin von der Klägerin mit Schreiben vom . . . . . fristlos gekündigt.[7]

Beweis: In beglaubigter Fotokopie anliegendes Schreiben der Klägerin vom . . . . . mit Rückschein.

Das Mietverhältnis mit der Beklagten ist daher nach § . . . . . des Mietvertrages in Verbindung mit Ziff. . . . . der vereinbarten Allgemeinen Lagerplatzbedingungen und nach § 543 Abs. 2 Nr. 3 BGB wirksam beendet, die Beklagte ist gem. §§ 546, 985 BGB zur sofortigen Räumung und Herausgabe des gemieteten Teilstücks verpflichtet.

3. Die Beklagte hat unmittelbar nach Beginn des Mietverhältnisses am . . . . . die in Ziff. II. näher bezeichnete Lagerhalle auf der gemieteten Teilfläche erstellen lassen.[8] Nach Ziff. . . . . der zwischen den Parteien vereinbarten Allgemeinen Lagerplatzbedingungen sind bei Beendigung des Mietverhältnisses alle vom Mieter errichteten Bauwerke – gleich aus welchem Material und in welcher Bauweise errichtet – auf Kosten des Mieters abzureißen und zu entfernen; es ist ausdrücklich vereinbart, dass Bauwerke nur für die Dauer des befristeten Mietverhältnisses errichtet werden.[9] Die Beklagte ist daher verpflichtet, die Lagerhalle abzureißen, deren Reste zu beseitigen und das Grundstück geräumt herauszugeben.

Rechtsanwalt

Anmerkungen

1. Die Klage ist gerichtet auf Räumung eines Grundstücks. Die sachliche Zuständigkeit bestimmt sich nur nach dem Streitwert, §§ 71, 23 GVG, die örtliche Zuständigkeit nach den allgemeinen Vorschriften. § 29a ZPO gilt nur für „Räume". Von der Vorschrift nicht erfasst werden Grundstücksflächen, dh Freiflächen unabhängig von Einzäunung oä (AG

Menden BeckRS 2007, 3278), Gebäudeaußenflächen, Wohnwagen, Wohncontainer, zu Mobilheimen s. BGH LSK 2019, 41885, ein demontierbares Bürogebäude, s. Thomas/Putzo/*Hüßtege* § 29a ZPO Rn. 6. Die örtliche Zuständigkeit ist – wie auch die sachliche Zuständigkeit – unter den Voraussetzungen des § 38 ZPO prorogierbar.

2. Die vorgenannten Angaben sind ausreichend, die Grundbuchband-Nr. kann nicht verlangt werden (OLG München, DGVZ 1999, 56).

3. Die Räumung, die nach § 885 ZPO vollstreckt wird, umfasst zwar das Recht des Gläubigers, den Schuldner aus dem Besitz eines von ihm errichteten Bauwerk zu setzen und darin befindliche bewegliche Gegenstände zu entfernen (OLG Hamm NJW 1965, 2207; Schmidt-Futterer/*Lehmann-Richter* § 885 ZPO Rn. 18), nicht aber ohne Weiteres die Befugnis, vom Schuldner errichtete Bauwerke zu beseitigen, auch wenn sie – wie hier – sonderrechtsfähige, nicht wesentliche Bestandteile sind. Streitigkeiten über den Umfang der Beseitigungspflicht müssen im Erkenntnisverfahren geklärt werden, nicht im Zwangsvollstreckungsverfahren (BGH ZMR 1999, 533 (535); OLG Düsseldorf ZMR 2015, 852 (853). Daher ist der Umfang der zu beseitigenden Gebäude, Gebäudeteile oder Aufbauten exakt zu bezeichnen. Eine bloße Bezugnahme auf Urkunden reicht nicht aus. Die Beseitigung von Abbruchmaterial bedarf einer gesonderten Titulierung (OLG Düsseldorf aaO) und Vollstreckung gem. § 887 ZPO (BGH DGVZ 2005, 70). Es empfiehlt sich daher ein Antrag wie zu Ziff. II., der unabhängig von der Räumung nach § 887 ZPO vollstreckt werden kann (BGH WM 2004, 1197; OLG Düsseldorf ZMR 2015, 852 ff. mwN). Zum Antrag (s. Schuschke DGVZ 2010, 138 und → Form. III.C.1, → Form. III. C.2. Der Streitwert erhöht sich um die zu schätzenden Abbruchkosten (OLG Düsseldorf BeckRS 2008, 10708).

4. Ein Lageplan, der sich nur als Anschauungsobjekt oder Orientierungsbehelf darstellt und der die Mietfläche innerhalb eines Gesamtgrundstücks festlegt, die im Mietvertrag selbst detailliert beschrieben ist, wird nicht vom Schriftformerfordernis erfasst (BGH NZM 2001, 43, OLG Dresden BeckRS 2019, 4672). Etwas anderes gilt, wenn der Lageplan der Bestimmbarkeit des Mietobjekts dient, dann muss er Bestandteil des Mietvertrages werden und ist vom Schriftformerfordernis umfasst (BGH NZM 2010, 704).

5. Während § 556b Abs. 1 BGB bestimmt, dass bei Wohnraummietverhältnissen und solchen über Räume die Zahlung im Voraus erfolgt, regelt § 579 Abs. 1 BGB für Grundstücksmietverhältnisse und bewegliche Sachen, dass der Vermieter vorleistungspflichtig ist und die Miete am Ende der Mietzeit bzw. nach Ablauf des vertraglich bestimmten Zeitabschnitts zu entrichten ist, s. Schmid/Harz/*Harz* MietR, 6. Aufl., BGB § 579 Rn. 1, 7 ff.

6. Bei Berechnung des kündigungsrelevanten Rückstands, ist der in Art. 240 § 2 EGBGB festgelegte Zeitraum vom 1. April 2020 bis 30. Juni 2020 zu beachten, der die Kündigungsmöglichkeit des Vermieters bei Nichtleistung der Miete einschränkt (Schmid/Harz/*Monschau* MietR, 6. Aufl., Anhang 7 Teil 2 Rn. 5 ff.).

7. Die Vorschrift unterscheidet hinsichtlich des Fälligkeitszeitpunkts zwischen Grundstücken und beweglichen Sachen. Danach ist die Miete für ein Grundstück, wenn sie nicht nach kürzeren Zeitabschnitten zu bemessen ist, immer nach Ablauf eines Kalendervierteljahres am ersten Werktag des folgenden Monats zu entrichten, während die Miete für bewegliche Sachen am Ende der Mietzeit zu entrichten ist. Für Grundstücke wird in der Regel eine monatliche oder eine vierteljährliche Zahlungsweise vereinbart sein, zur jährlichen Zahlung s. BGH NJW-RR 2009, 21. Ist eine monatlich zu zahlende Miete für ein Grundstück vereinbart, so wird sie nach Ablauf des jeweiligen Monats fällig. Bei Vereinbarung einzelner Zeitabschnitte wie Wochen, Monate oder Kalendervierteljahre tritt Fälligkeit am Ende des einzelnen Zeitabschnitts, also jeweils am ersten Werktag des nachfolgenden Zeitabschnitts (§ 193 BGB), ein, es sei denn, es ist Vorleistung vereinbart. Bei wirksamer Vereinbarung einer Rechtzeitigkeitsklausel (zur Wohnraummiete s. BGH ZMR 2017, 231 ff). wird das Verzögerungsrisiko auf den Mieter verlagert, so dass zu dem im Vertrag vereinbarten Zeitpunkt die Miete beim Vermieter eingegangen sein muss. Im Gegensatz zur Wohnraummiete, ist hier – sofern kein Vertrag mit Verbrauchern iS § 13 BGB vorliegt – die Zahlungsverzugsrichtlinie und die Rechtsprechung des EuGH zu beachten. Danach ist für den Zeitpunkt, der für die Frage der Rechtzeitigkeit einer Banküberweisung relevant ist, darauf abzustellen, wann der geschuldete Betrag auf dem Konto des Gläubigers gutgeschrieben ist (BGH ZMR 2017, 231 (233) mwN; Beck OK MietR/Bruns, § 579 BGB, Rn. 9aE). Verzögerungen im Bereich der beteiligten Banken, hat der Schuldner nicht zu vertreten (BGH ZMR 2017, 231 (233) mwN).

Die Frage, ob der Samstag als Werktag zu sehen ist, hat der BGH (NJW 2010, 2879 (2882)) verneint, auch für Altverträge.

8. Bei Vermietung eines Grundstücks ist und bleibt der Vertragsgegenstand in der Regel das Grundstück. Bei Vornahme der Verbindung von Grundstück und Gebäude in Ausübung eines zeitlich begrenzten Nutzungsrechts ist davon auszugehen, dass eine nur vorübergehende Verbindung erfolgen sollte und es sich um einen Scheinbestandteil iSd § 95 Abs. 1 S. 1 BGB handelt (BGH ZMR 2018, 413 (414) LG München I v. 19.1.2021, 31 O 17389/19; ZMR 2021, 321 ff.), sodass hinsichtlich der Eigentumslage kein Rechtsverlust zu Gunsten des Vermieters gem. § 946 BGB eintritt (BGH NZM 2013, 315 mwN; BGH NJW 1988, 2789 mwN zum Ganzen s. auch Woitkewitsch ZMR 2004, 649). Scheinbestandteile bleiben selbst dann, wenn sie tatsächlich unbeweglich sind, bewegliche Sachen im Rechtssinne und unterliegen den für diese geltenden Regeln. Maßgebend ist der Wille des Erbauers (Mieter), sofern dieser mit dem nach außen in Erscheinung getretenen Sachverhalt in Einklang zu bringen ist (BGH NJW 2017, 2099; NJW 1996, 916 (917); OLG Brandenburg BeckRS 2009, 01225; zu Aufwendung für Baulichkeiten und Anpflanzungen zur Herstellung einer Golfsportanlage s. BGH NJW 2015, 229). Die Vermutung spricht dafür, dass die Verbindung nur im Interesse des Mieters und für die Dauer des Vertragsverhältnisses erfolgte (BGH ZMR 2018, 413f. NJW 2006, 990; NZM 2003, 375 BGHZ 8, 1 (5) = NJW 1953, 137 ff.;), insb., wenn der Verbindende in Ausübung eines zeitlich begrenzten Nutzungsrechts handelt. Auch wenn die Sache für ihre gesamte (wirtschaftliche) Lebensdauer auf dem Grundstück verbleiben soll, greift § 95 Abs. 1 S. 1 BGB (BGH NJW 2017, 2099) mwN zur früheren Streitfrage). Die Nutzungsdauer ist nicht entscheidend. Eine massive Bauart steht dem nicht entgegen, es sei denn, die Sache sollte nach Beendigung des Mietverhältnisses dem Grundstückseigentümer zufallen (BGH NJW 1996, 916).

Erforderlich für die Verneinung des Scheinbestandteils wäre eine eindeutige Vereinbarung oder der erkennbare Wille des Erbauers (Mieters) bei Errichtung des Bauwerks, es bei Vertragsbeendigung mit oder ohne Entschädigungszahlung in das Eigentum seines Vermieters übergehen zu lassen (BGH NZM 2003, 375; NJW 1988, 2789; BGHZ 92, 70 (74); OLG Brandenburg BeckRS 2009, 22024; OLG Düsseldorf ZMR 2008, 948 ff. zur Überlassung an Nachmieter; KG BeckRS 2017, 135323 zur Übernahme vom Mietvorgänger im Einverständnis mit dem Vermieter; *Lebek* NZM 1998, 747). Wenn die Erwartung bestand, dass der Erbauer das Grundstück, auf dem sich das Bauwerk befindet, erwerben werde, kann ein vorübergehender Zweck der Verbindung iSd § 95 BGB nicht angenommen werden, sodass das Bauwerk dann wesentlicher Bestandteil des Grundstücks iSd § 94 BGB wäre (BGH NJW 2008, 69 Rn. 77 mwN).

9. Trotz fester Verbindung wird die Halle nicht wesentlicher Bestandteil und fällt damit nicht ins Eigentum der Klägerin nach § 946 BGB, weil der Mieter das Bauwerk zur Nutzung während der Vertragsdauer errichtet hat und der Vermieter es bei Vertragsende nicht übernehmen will (vgl. Palandt/*Ellenberger* BGB § 95 Rn. 3). Die Rückbauverpflichtung besteht auch dann, wenn vermieterseits der baulichen Änderung zugestimmt wurde (BGH NZM 1999, 478).

8. Klage des Mieters auf Rückzahlung der Kaution

An das
Amtsgericht[1]
Abteilung für Mietsachen

Klage[2]

des . . . . .
– Kläger –[3]

Prozessbevollmächtigter: Rechtsanwalt . . . . .
gegen
. . . . .
– Beklagter –

wegen Forderung
Streitwert: . . . . .
Namens und in Vollmacht des Klägers erhebe ich Klage und werde

beantragen:

I. Der Beklagte wird verurteilt, an den Kläger . . . . . EUR zzgl. Zinsen[4] iHv 5 Prozentpunkten über dem jeweiligen Basiszinssatz aus diesem Betrag seit 16.2.2021 zu zahlen.[5]
II. Kosten . . . . .
III. Vollstreckbarkeit . . . . .

Begründung:

1. Zwischen den Parteien bestand ein Mietverhältnis über die nicht preisgebundene Wohnung[6] in . . . . ., Straße . . . . ., Nr. . . . . ., ab 1.1.1980.
Der Kläger war Mieter, der Beklagte Vermieter der streitgegenständlichen Wohnung. Der Formularmietvertrag v. 27.12.1979 verpflichtete den Kläger zur Zahlung einer Kaution[7] iHv . . . . . EUR[8]
Beweis: Mietvertrag v. 27.12.1979
Der Kläger hatte am Tag des Einzugs[9] die vereinbarte Kaution bar an den Beklagten geleistet.[10]
Beweis: Quittung v. 1.1.1980
Der Beklagte hat das Geld bei der Stadtsparkasse . . . . . auf einem Sparkonto angelegt.[11]
Der Kläger hat das Mietverhältnis zum 31.5.2020 gekündigt und die vorgenannte Wohnung zu diesem Zeitpunkt geräumt und in mangelfreiem, vertragsgerechtem Zustand an den Beklagten herausgegeben.[12]
Beweis: Zeugnis von . . . . .
Übergabeprotokoll

Eine Kautionsabrechnung[13] hat der Beklagte nicht erstellt.
Der Beklagte hat bislang keinerlei Ansprüche aus dem Mietverhältnis geltend gemacht.[14]
Zur Prüfung seiner Ansprüche hatte der Beklagte ausreichend Zeit, sodass davon auszugehen ist, dass er die Mietsicherheit nicht in Anspruch nehmen will. Der Kautionsrückzahlungsanspruch ist fällig, das Mietverhältnis ist seit mehr als sechs Monaten beendet.[15]
Der Beklagte ist zur Rückzahlung der Kaution zzgl. der Zinsen verpflichtet.
Über die Verzinsungspflicht enthält der Mietvertrag keine Regelung.

Beweis: Mietvertrag

Zur Verzinsung[16] ist der Vermieter gleichwohl verpflichtet.

2. Die Kaution ist ab 1.1.1980 gem. folgender Berechnung . . . . . zu verzinsen.[17] Mit Schreiben v. 23.1.2021 wurde der Beklagte unter Fristsetzung 15.2.2021[18] zur Rückzahlung der Kaution aufgefordert.
Zahlung erfolgte gleichwohl nicht. Gegenansprüche wurden nicht erhoben. Klage war geboten.

Rechtsanwalt

Anmerkungen

1. Die örtliche Zuständigkeit richtet sich nach § 29a ZPO. Zur sachlichen Zuständigkeit → Form. II.B.1 Anm. 1.

2. Die Kaution kann grundsätzlich nicht im Urkundenprozess zurückgefordert werden (s. Schmid/Harz/*Riecke* MietR BGB § 551 Rn. 156 mwN; sa Staudinger/*Emmerich* BGB § 551 Rn. 42 mwN). Die Geltendmachung des Anspruchs auf Rückgewähr der Kaution im einstweiligen Verfügungsverfahren ist nicht möglich (Staudinger/*Emmerich* BGB § 551 Rn. 42). Ob der Mieter gegen eine Kautionsverwertung des Vermieters nach Mietvertragsende im einstweiligen Verfügungsverfahren vorgehen kann, ist umstritten (dagegen: AG Frankfurt – 33 C 3695/17 (26); LG Berlin GE 2013, 878 und GE 2007, 449; AG Charlottenburg GE 2011, 412; vgl. auch KG Berlin GE 2008, 869 und AG Ludwigslust BeckRS 2009, 12231; aA LG Berlin WuM 2017, 527; AG Bremen WuM 2007, 399; LG Wuppertal NZM 2004, 298; LG Berlin GE 2003, 742). Folgt man der Auffassung des BGH in seiner Entscheidung vom 24.7.2019 (ZMR 2019, 759; s. hierzu auch → Anm. 14), wonach der Vermieter berechtigt sein soll, sich nach der Beendigung des Mietverhältnisses auch wegen streitiger Forderungen aus der Mietkaution zu befriedigen, dürfte eine einstweilige Verfügung des Mieters gegen eine Kautionsverwertung in der Regel nicht möglich sein.

3. Streitig ist, von wem der Anspruch auf Rückgabe der Sicherheit bei einer Personenmehrheit auf der Mieterseite geltend gemacht werden kann. Nach einer Auffassung kann die Rückgabe der Sicherheit bei mehreren Mitmietern nur von allen gemeinsam gefordert werden; dies gilt auch dann, wenn die Sicherheit nur von einem Mieter gegeben worden ist (KG Berlin ZMR 2012, 695; s. auch AG Köpenick GE 2010, 1275, das eine Gesellschaft bürgerlichen Rechts zwischen den Mitmietern annimmt und der Auffassung ist, dass § 432 BGB durch die gesellschaftsrechtliche Regelung bzw. § 709 Abs. 1 BGB verdrängt werde; vgl. auch AG Brandenburg GE 2012, 758, auch zur Insolvenz). Ein einzelner Mitmieter soll zur Geltendmachung des Rückgewähranspruchs aber unter Umständen in gewillkürter Prozessstandschaft aufgrund einer Ermächtigung der übrigen Mieter in der Lage sein (vgl. KG Berlin ZMR 2012, 695)

Teilweise wird auch angenommen, dass bei einer Mehrheit von Mietern hinsichtlich der rückzufordernden Kaution eine Mitgläubigerschaft nach § 432 BGB vorliegt, so dass jeder Mieter die Rückgewähr der Sicherheit – jedoch nur an alle Mieter gemeinsam – fordern kann (vgl. Staudinger/*Emmerich* BGB § 551 Rn. 40; Gramlich/*Gramlich*, Mietrecht BGB § 551 Rn. 10; Bub/Treier/*Emmerich* MietR-HdB Kap. V. B. Rn. 390; *Flatow* NZM 2020, 1 ff.; vgl. auch LG Flensburg ZMR 2009, 449; sa BGH NZM 2020, 551 zum Fall der bereicherungsrechtlichen Rückforderung zu viel entrichteter Miete).

Möglich ist es außerdem nach Ansicht des LG Gießen (NJW-RR 1996, 1162; vgl. auch *Flatow* NZM 2020, 1 ff.), dass mehrere Mitmieter ihre Anteile an einer gemeinschaftlichen Kautionsrückzahlungsforderung im Wege der Abtretung mit Zustimmung aller Berechtigten in der Hand eines Mitmieters vereinigen.

4. Die Kautionszinsen, Zinseszinsen und sonstigen Erträge erhöhen die Hauptforderung und sind zu dieser hinzuzurechnen (§ 551 Abs. 3 S. 4 BGB), Kapitalertragsteuer und Solidaritätszuschlag sind abzuziehen (LG Berlin NZM 2001, 619), Verzugs- und Prozesszinsen dürfen verlangt werden (OLG Celle NZM 2000, 763).

5. Als Treuhänder ist der Vermieter nach Vertragsende verpflichtet, eine § 259 BGB entsprechende Abrechnung über die Sicherheit zu erstellen (s. auch § 666 BGB). Dieser Anspruch wird nach Ablauf der Abrechnungsfrist (→ Anm. 15) fällig.

Der Anspruch auf Rückgabe einer Mietsicherheit wird fällig, wenn eine angemessene Überlegungsfrist (→ Anm. 15) abgelaufen ist und dem Vermieter keine Forderungen aus dem Mietverhältnis mehr zustehen, wegen derer er sich aus der Sicherheit befriedigen darf (BGH ZMR 2016, 768). Zur Fälligkeit einer Barkaution mit Zugang der (konkludent erfolgten) Abrechnung beim Mieter s. BGH ZMR 2019, 759 (→ Anm. 12).

Der Klageantrag muss sich daran orientieren, welche Art der Sicherheitsleistung erbracht wurde. Dieser Antrag geht von Rückforderung einer Barkaution aus.

Wenn ein Sparbuch verpfändet wurde, lautet der Antrag wie folgt:

Der Beklagte wird verurteilt, dem Kläger das auf ihn (Namen) lautende Sparbuch, das bei der x-Bank in y-Geschäftsstelle, z-Straße in y-Stadt geführt wird, herauszugeben und der x-Bank schriftlich mitzuteilen, dass das Pfandrecht an dem Sparguthaben iHv . . . . . EUR zzgl. der gutgeschriebenen Zinsen seit . . . . . (Beginn der Verpfändung) erloschen ist.

(s. LG Berlin ZMR 2002, 349 und *Schmid*, Verpfändetes Sparbuch als Mietkaution, IMR 2010, 359 mwN; zum Antrag ohne Verpfändung LG Hannover WuM 1998, 282).

6. Zur preisgebundenen Wohnung s. § 9 Abs. 5 WoBindG und *Derleder* WuM 2002, 239 (240).

7. Die häufigsten Formen der Sicherheitsleistung sind Barkaution und Bankbürgschaft (Einzelheiten zur Art der Sicherheitsleistung s. Schmid/Harz/*Riecke* MietR BGB § 551 Rn. 21 ff.). Zur Rechtsnatur des Kautionsversicherungsvertrages s. OLG Frankfurt a. M. BeckRS 2011, 05630.

8. Die Kaution ist umfassendes Sicherungsmittel des Vermieters für Forderungen aus dem Wohnraummietverhältnis (zum Ganzen *Ludley* NZM 2013, 777). Aus dem Treuhandcharakter folgt, dass sie während des Mietverhältnisses für streitige Forderungen nicht durch den Vermieter verwertet werden kann (BGH NZM 2014, 551). Ohne anderweitige ausdrückliche Vereinbarung folgt aus dem Treuhandcharakter der Kaution auch ein Aufrechnungsverbot im Hinblick auf Forderungen, die nicht aus dem Mietverhältnis stammen (BGH NZM 2012, 678). Sie darf bei nicht preisgebundenen Wohnraummietverhältnissen gem. § 551 Abs. 1 BGB die dreifache Nettomiete nicht übersteigen (zur Ausnahme s. BGH BGHZ 111, 361; LG Berlin ZMR 2014, 790 und ZMR 2017, 562). Betriebskostenpauschalen dürfen ebenso wenig eingerechnet werden wie Vorauszahlungsbeträge (§ 551 Abs. 1 BGB). Insgesamt darf die Höhe der Sicherheiten (zB eine neben der Barkaution geleistete Bürgschaft) drei Monatsmieten nicht übersteigen (BGH ZMR 2004, 666; 1989, 256; zur Ausnahme s. BGH ZMR 1990, 327, LG Berlin ZMR 2014, 790 sowie ZMR 2017, 562 und AG Brandenburg ZMR 2021, 236 mwN; Schmid/Harz/*Riecke* MietR BGB § 551 Rn. 44 ff.). Die Höhe der Bürgschaft ist statisch (LG Leipzig ZMR 2003, 191 (194)). Bei einer notariell beurkundeten Unterwerfung des Mieters unter die sofortige Zwangsvollstreckung wegen der laufenden Mieten (§ 794 Abs. 1 Nr. 5 ZPO) handelt es sich nicht um eine Sicherheit iSv § 551 Abs. 1, 4, § 232 BGB; der Umstand, dass der Wohnraummieter bereits eine Kaution von drei Monatsmieten geleistet hat, führt daher nicht zur Unwirksamkeit der Unterwerfungserklärung (BGH ZMR 2017, 966).

Für Gewerbemietverhältnisse ist die Höhe der Sicherheit nicht begrenzt, sie richtet sich nach der vertraglichen Vereinbarung, die siebenfache Monatsmiete ist möglich (OLG Brandenburg ZMR 2006, 853).

Bei Formularklauseln ist § 307 BGB zu beachten.

9. Eine Vereinbarung, wonach der Wohnraummieter die Kaution vor Beginn des Mietverhältnisses zu erbringen hat, ist wie jede andere Abweichung von den Bedingungen des § 551 BGB zu Ungunsten des Mieters unwirksam (§ 551 Abs. 4 BGB). Der Mieter ist berechtigt, die Barkaution in drei gleichen Teilleistungen zu erbringen, wobei nur die erste Teilleistung zu Beginn des Mietverhältnisses fällig ist (§ 551 Abs. 2 BGB), die weiteren Raten sind jeweils einen Monat später fällig mit den unmittelbar folgenden Mietzahlungen (§ 551 Abs. 2 S. 3 BGB). Dies gilt auch, wenn der Mieter ein Sparbuch anzulegen hat. Bei einer unwirksamen Fälligkeitsregelung bleibt die Kautionsvereinbarung als solche wirksam, dem Mieter wird nur das Ratenzahlungsrecht belassen (BGH ZMR 2003, 729 ff.; ZMR 2004, 405; ZMR 2004, 666 (668)). Die Regelung des § 551 Abs. 2 BGB gilt nicht für eine Sicherheitsleistung durch Bankbürgschaft (Blank/Börstinghaus/*Blank/Börstinghaus* Miete BGB § 551 Rn. 50).

10. Der Mieter trägt die Beweislast für die tatsächliche Zahlung der Kaution an den Vermieter (KG ZMR 2004, 110 ff.). Die Nichtzahlung der Kaution iHv mindestens zwei Monatsmieten ist ein Kündigungsgrund gem. § 569 Abs. 2a BGB. Der Anspruch des Vermieters auf Leistung einer Mietsicherheit erlischt nicht mit Beendigung des Mietverhältnisses, sondern kann auch danach noch geltend gemacht werden bei fortbestehendem Sicherungsbedürfnis des Vermieters (BGH WuM 2012, 97 mwN; LG Wuppertal ZMR 2017, 60).

11. § 551 Abs. 3 S. 3 BGB schreibt für Wohnraummietverhältnisse vor, dass der Vermieter die Kaution bei einem Kreditinstitut von seinem Vermögen getrennt anzulegen hat, so auch der BGH (GE 2008, 858) zum Untreuevorwurf bei Kautionseinzahlung auf das Girokonto. Dem wird nur eine Anlage gerecht, die den Treuhandcharakter eindeutig für jeden Gläubiger des Vermieters erkennen lässt; die Anlage der Kaution auf einem nicht als Sonderkonto gekennzeichneten Sparbuch erfüllt die Anforderungen des § 551 Abs. 3 S. 3 BGB nicht (BGH WuM 2015, 549). Der Anspruch auf getrennte Anlage der Kaution ist einklagbar (LG Darmstadt NJW-RR 2002, 155). Hinsichtlich der Art der Anlage sowie der Höhe der Verzinsung hat der Mieter einen Auskunftsanspruch. Die Anlage muss nicht auf einem Sparbuch erfolgen. Die Vertragsparteien können eine andere Anlageform (§ 551 Abs. 3 S. 2 BGB) wählen. Zutreffend weist *Sternel* (ZMR 2002, 1) darauf hin, dass die Mietsicherheit durch die Regelung des § 551 Abs. 3 S. 2 BGB ein ihr an sich fremdes, spekulatives Element bekommen hat. Andere Anlageformen sollen nur solche sein, die grds. auch Erträge abwerfen können, zB Zinsen oder Dividenden. Sofern sich der Gewinn nicht realisiert oder Vermögensverlust eintritt, soll der Mieter anders als bei einer Anlage gem. § 551 Abs. 3 S. 1 BGB weder das eingesetzte Kapital noch eine Mindestverzinsung vom Vermieter zurückverlangen können. Der Gesetzgeber geht davon aus, dass „beide Parteien . . . . mit einer von Satz 1 abweichenden Vereinbarung ein vergleichbares Verlustrisiko ein(gehen)" (BT-Drs. 14/4553, 48; zum Ganzen *Drasdo* NJW Spezial 2010, 225).

Die gesonderte Anlage ist erforderlich, um den Rückzahlungsanspruch des Mieters bei Zwangsvollstreckung durch Gläubiger des Vermieters oder bei Insolvenz des Vermieters zu sichern, BGH NZM 2008, 203; NJW 2008, 1732; *Cymutta* WuM 2008, 441.

Für den Fall des Eigentumswechsels bestimmt § 566a BGB, dass der Mieter bei Mietende die geleistete Sicherheit in jedem Fall vom Erwerber zurückfordern kann, unabhängig davon, ob der Erwerber die Sicherheit tatsächlich erhalten hat. Dies gilt nur, wenn im Zeitpunkt des Eigentümerwechsels ein wirksames Mietverhältnis besteht, BGH NZM 2007, 441; LG Potsdam GE 2017, 51. Daneben haftet auch der Veräußerer, wenn der Mieter die Sicherheit von dem Erwerber nicht erlangen kann. S. zur subsidiären Haftung des Veräußerers im Einzelnen Schmidt-Futterer/*Streyl* BGB § 566a Rn. 26 ff. Zur Übergangsregelung s. BGH WuM 2005, 404 und WuM 2011, 472; LG Aachen NZM 2003, 234; AG Lichtenberg ZMR 2002, 357; *Derleder* WuM 2002, 239. Bei Zwangsversteigerung des Mietobjekts geht die Verpflichtung zur Rückzahlung der Mietsicherheit an den Mieter auch dann auf den Ersteher des Grundstücks über, wenn der insolvent gewordene Voreigentümer die Mietsicherheit nicht getrennt von seinem Vermögen angelegt hatte (BGH NJW 2012, 1353). Zur Herausgabepflicht der Kaution durch den Zwangsverwalter s. BGH NJW-RR 2005, 1029; NZM 2009, 481. Zur Kaution bei Eigentümerwechsel, Zwangsverwaltung und Insolvenz s. *Jacoby* ZMR 2015, 1.

12. Mit Bezahlung der Kaution an den Vermieter erhält der Mieter einen durch die Beendigung des Mietverhältnisses aufschiebend bedingten Kautionsrückzahlungsanspruch (BGH WuM 1982, 240; WuM 2017, 296 Rn. 7). Während des laufenden Mietverhältnisses darf der Vermieter eine Mietsicherheit wegen streitiger Forderungen gegen den Mieter nicht verwerten (BGH NZM 2014, 551; OLG Hamm ZMR 2016, 619). Der Rückgewähranspruch wird fällig nach Ablauf einer angemessenen Überlegungs- und Abrechnungsfrist, → Anm. 15. Er besteht auch nur insoweit, als feststeht, dass dem Vermieter keine Ansprüche mehr zustehen, für die die Kaution haftet, das Sicherungsbedürfnis also entfallen ist (BGH ZMR 1999, 537 (538); OLG Karlsruhe BeckRS 2009, 21288; BeckRS 2008, 20676 mwN; zu Betriebskosten BGH NJW 2006, 1422 ff. und ZMR 2016, 768). Eine gewährte Barkaution wird mit dem Zugang der Abrechnung beim Mieter zur Rückzahlung fällig, wobei die Abrechnung auch konkludent erfolgen kann (BGH ZMR 2019, 759). S. zur Fälligkeit des Rückgewähranspruchs ausführlich auch *Flatow* NZM 2020, 1 ff. (7 ff.). Der Anspruch des Mieters auf Rückzahlung der Kaution unterliegt gem. §§ 195, 199 Abs. 1 BGB der regelmäßigen Verjährungsfrist von drei Jahren, beginnend mit der Fälligkeit des Rückforderungsanspruchs des Mieters (BGH NZM 2013, 29 Rn. 19; OLG Düsseldorf NZM 2005, 783; LG Oldenburg ZMR 2013, 892). Ein bereicherungsrechtlicher Rückzahlungsanspruch verjährt unabhängig vom Vertragsende binnen drei Jahren seit Ablauf des Jahres, in dem der überhöhte Betrag gezahlt wurde (BGH NZM 2011, 625), wobei der Mieter den überhöhten Betrag im Falle der Verjährung des Bereicherungsanspruchs erst nach Rückgabe der Mietsache fordern darf (s. *Börstinghaus* NJW 2011, 3545 und Schmid/Harz/*Riecke* MietR BGB § 551 Rn. 105).

13. In die Kautionsabrechnung sind der gezahlte Kautionsbetrag einzustellen, die Zinsen und Zinseszinsen sowie der Abzug für Kapitalertragsteuer, Solidaritätszuschlag und Kontogebühren (Schmid/Harz/*Riecke* MietR BGB § 551 Rn. 121). Die Gegenansprüche des Vermieters sind detailliert darzustellen (→ Anm. 5, 14).

14. Der Vermieter kann nur mit Forderungen aufrechnen, die von der Sicherheitsabrede umfasst sind (zur Sicherheitsabrede s. Palandt/*Weidenkaff* BGB § 551 Rn. 7) Die

Kaution betrifft nur ein konkretes Mietverhältnis, daher können Forderungen aus anderen Mietverhältnissen zwischen denselben Vertragsparteien nicht zur Aufrechnung gestellt werden (BGH NJW 2012, 3300; vgl. zum Verbot der Aufrechnung mit mietfremden Forderungen auch LG Hamburg ZMR 2016, 876 und *Flatow* NZM 2020, 1 ff. (6 f.)). Für Ansprüche aus zu erwartenden Nachzahlungen aus einer Betriebskostenabrechnung darf der Vermieter einen Einbehalt in angemessener Höhe machen (BGH ZMR 2006, 431); handelt es sich nicht um eine Barkaution, sondern wurde dem Vermieter ein Sparbuch verpfändet, gilt hingegen der Grundsatz „alles oder gar nichts", so dass der Freigabeanspruch noch gar nicht besteht (*Börstinghaus* NZM 2017, 385, 390 mit Hinweis auf BGH NZM 2016, 762; vgl. auch *Beyer* jurisPR-MietR 22/2016 Anm. 3).

Ob der Vermieter nach Beendigung des Mietverhältnisses mit streitigen Gegenforderungen gegen den Kautionsrückzahlungsanspruch aufrechnen darf, war umstritten (noch offen gelassen von BGH NZM 2014, 551 Rn. 13; für ein uneingeschränktes Zugriffsrecht nach Beendigung: OLG Karlsruhe ZMR 2009, 120 Rn. 12; LG Hamburg ZMR 2017, 164; dagegen: LG Halle NZM 2008, 685; AG Dortmund WuM 2018, 204). Der BGH hat nunmehr entschieden, dass nach der Beendigung des Mietverhältnisses auch eine Aufrechnung mit streitigen Gegenforderungen zulässig ist (BGH ZMR 2019, 759; ZMR 2021, 209). Die Darlegungs- und Beweislast für seine Gegenforderungen trägt der Vermieter (BGH ZMR 2019, 759). In Abgrenzung zu dieser Rechtsprechung des BGH hat sich das LG Berlin (ZMR 2020, 34) bei einer nicht eindeutigen Formularklausel zur Mietsicherheit mit Hinweis auf § 305c Abs. 2 BGB gegen ein Verwertungsrecht des Vermieters bei streitigen Forderungen auch nach dem Ende der Mietzeit ausgesprochen.

Wenn der Vermieter Schadensersatzansprüche bei Rückgabe durch den Mieter wegen vorhandener Schäden und damit verbunden die Aufrechnung gegen den Anspruch auf Kautionsrückzahlung geltend machen will, muss er einen hinreichend substantiierten Sachvortrag zu den Veränderungen oder Verschlechterungen machen (§ 538 BGB). Dieser hat sowohl hinsichtlich des Anspruchsgrundes als auch hinsichtlich der Anspruchshöhe zu erfolgen. Die einzelnen Schäden müssen örtlich und inhaltlich konkret geschildert werden. Schlagworte („beschädigt", „zahlreiche Kratzer", „zerstört" usw) ohne genaue inhaltliche und örtliche Darstellung genügen der Substantiierungspflicht nicht. Der Zustand bei Beginn und bei Ende des Mietverhältnisses ist detailliert vorzutragen. Der Vermieter trägt die Darlegungs- und Beweislast. Die Vorlage von Anlagen und Fotografien ersetzt den Sachvortrag nicht.

Beim Vortrag zu den Schäden muss erörtert werden, warum diese nicht auf vertragsgemäßen Gebrauch der Mietsache zurückzuführen sind.

Auch hinsichtlich der Höhe muss konkret und nachvollziehbar mitgeteilt werden, wie sich die Forderung iE errechnet. Ein Verweis auf Rechnungen und Unterlagen oder die Nennung eines Gesamtbetrages genügt nicht, da andernfalls ein substantiiertes Bestreiten des Mieters nicht möglich ist.

Hinsichtlich zu ersetzender Gegenstände ist das Alter mitzuteilen, damit das Gericht im Rahmen eines eventuellen Vorteilsausgleichs einen Abzug „Neu für Alt" vornehmen kann, da Mietgegenstände regelmäßig auch bei ordnungsgemäßer Nutzung der Abwohnung unterliegen. Auf eventuelle „Neuwertigkeit" bei Einzug des Mieters kommt es nicht an, entscheidend ist das tatsächliche Alter. Gegebenenfalls hat der Vermieter sich beim Voreigentümer zu informieren. Ein Bestreiten mit Nichtwissen ist unzulässig.

Der Vermieter kann auch mit einer verjährten Forderung (§ 215 BGB) gegen den Rückzahlungsanspruch des Mieters aufrechnen, insb. mit Ersatzansprüchen wegen Veränderung oder Verschlechterung der Mietsache, die gem. § 548 BGB in sechs Monaten nach Rückgabe der Mietsache verjähren (BGHZ 101, 244 (252); OLG Karlsruhe ZMR 1987, 148; aA OLG Celle NJW 1985, 1715). Dies gilt nicht für Ansprüche, die bei Entstehung der Aufrechnungslage bereits verjährt sind (OLG Düsseldorf ZMR 2002,

658). Sofern keine Barkaution, sondern eine Bürgschaft geleistet wurde, kann der Bürge sich auf Verjährung berufen, § 215 BGB ist nicht analog anwendbar (Schmid/Harz/*Riecke* MietR BGB § 551 Rn. 130 f. mwN). Zu beachten ist, dass der BGH im Falle einer Kautionsleistung durch Verpfändung eines Sparbuchs Betriebskostennachforderungen aus Jahresabrechnungen als wiederkehrende Leistungen iSd § 216 Abs. 3 BGB eingeordnet hat (BGH NZM 2016, 762).

15. Dem Vermieter wird nach Mietvertragsbeendigung eine Frist zugebilligt, innerhalb der er zu prüfen hat, ob und welche Ansprüche ihm noch zustehen. Diese Frist hängt vom Einzelfall ab (BGH ZMR 2019, 759; NJW 2016, 3231; NJW 2006, 1422 mwN). Sie beträgt in der Regel zwei bis sechs Monate, AG München ZMR 2017, 69: ca. 3 bis 6 Monate; OLG Düsseldorf NJOZ 2004, 35: weniger als sechs Monate; OLG Köln ZMR 1998, 345: zweieinhalb Monate; LG Ulm BeckRS 2008, 06417: sechs Monate. Ein Zeitraum von zwei Jahren für die Rückzahlung wurde als zu lang angesehen (OLG Düsseldorf ZMR 1992, 191; BeckRS 2008, 10705 bei 33 Monaten).

16. Bei Wohnraummietverträgen über nicht preisgebundene Wohnungen, die vor dem 1.1.1983 abgeschlossen wurden und in denen die Verzinsung nicht wirksam ausgeschlossen war, ist der Vermieter verpflichtet, die Kaution vom Empfang an zu dem für Spareinlagen mit gesetzlicher Kündigungsfrist üblichen Zinssatz zu verzinsen. Zu Einzelheiten s. Schmidt-Futterer/*Blank* BGB § 551 Rn. 6 ff.

Ob der formularvertragliche Ausschluss der Verzinsung in sog Altverträgen über Wohnraum, die vor dem 1.1.1983 abgeschlossen worden sind, wirksam erfolgte, ist streitig (s. *Derleder* WuM 2002, 239; *Kraemer* NZM 2001, 737 (738)); der BGH hat dies in einer Entscheidung vom 21.8.2018 (NZM 2019, 212) bejaht. Bei den seit 1.1.1983 geschlossenen Verträgen ist die Verzinsungspflicht zwingend.

Bei Nichtwohnraummietverhältnissen ergibt sich aus dem Gesetz keine Verzinsungspflicht, sie kann vertraglich vereinbart werden (s. *Pauly* WM 1996, 600 mwN). Bei fehlender vertraglicher Vereinbarung soll Verzinsung geschuldet sein (BGH WM 1994, 679).

Eine Verzinsungspflicht besteht gleichfalls nicht für Wohnraummietverhältnisse, die Teil eines Studenten- oder Jugendwohnheims sind (§ 551 Abs. 3 S. 5 BGB).

17. Die Berechnung der Zinsen für die hinterlegte Kaution erfolgt nach den Zinssätzen, die für Spareinlagen mit dreimonatiger Kündigungsfrist im Anlagezeitraum üblich waren. Die Übergangsregelung des Art. 229 § 3 Abs. 8 EGBGB knüpft an die bisherigen Übergangsregelungen zu § 550b BGB aF an. Vereinbarungen, durch die vor Einführung der Verzinsungspflicht eine Verzinsung wirksam ausgeschlossen worden sind, bleiben wirksam (BGH NZM 2019, 212; NZM 2009, 481; *Franke* ZMR 2001, 951 (955), sa *Derleder* WuM 2002, 239 mwN). Für unterschiedliche Zeiträume kommen verschiedene Zinssätze in Betracht. Sowohl der Zeitraum als auch der Zinssatz müssen konkret angegeben werden. Möglich ist auch, vom Vermieter im Wege der Stufenklage zunächst Auskunft über die erwirtschafteten Zinsen zu verlangen und nach deren Bezifferung den Zahlungsanspruch geltend zu machen, LG Berlin NZM 2001, 618 mwN. Zinsen und Zinseszinsen stehen dem Mieter zu (Palandt/*Weidenkaff* BGB § 551 Rn. 13). Streitig ist, ob der Vermieter verpflichtet ist, das durch eine übergesetzliche Zinsanlage Erlangte herauszugeben, ohne dass eine Absprache zwischen den Parteien hierüber vorliegt (bejahend Palandt/*Weidenkaff* BGB § 551 Rn. 13; jurisPK-BG*B/Schur* § 551 Rn. 21 mwN).

Zur Zinsabschlagssteuer s. Schmidt/Harz/*Riecke* MietR BGB § 551 Rn. 94.

18. Diese Aufforderung ist sinnvoll, um Verzug zu begründen (§§ 280, 286, 288 BGB) und um zu verhindern, dass der Beklagte sich darauf beruft, zur Klageerhebung keine Veranlassung gegeben zu haben (§ 93 ZPO).

9. Sofortiges Anerkenntnis des Räumungsanspruchs und Antrag des Mieters auf Gewährung einer Räumungsfrist nach § 721 ZPO für Wohnraum

An das
Amtsgericht
– Streitgericht –
Abteilung für Mietsachen
Aktenzeichen: . . . . .
In Sachen
. . . . .
– Kläger –
Prozessbevollmächtigter: Rechtsanwalt . . . . .
gegen
1) . . . . .
2) . . . . .
– Beklagte –
zeige ich die Vertretung der Beklagten an. In deren Namen und Auftrag erkenne ich den Klageanspruch auf Räumung

an[1]

und

beantrage:

I. Den Beklagten wird eine in das Ermessen des Gerichts gestellte Räumungsfrist,[2] **mindestens bis zum . . . . . gewährt.**[3]

II. Der Kläger hat die Kosten des Rechtsstreits zu tragen.[4]

III. Die Klage ist im Kostenpunkt vorläufig vollstreckbar.

Begründung:

Die Beklagten widersetzen sich der Räumung der von ihnen bewohnten Wohnung nicht. Sie haben auch vorprozessual die Wirksamkeit der Kündigung nicht bestritten und der Kündigung nicht widersprochen. Sie haben jedoch den Kläger vergeblich aufgefordert, ihnen eine Räumungsfrist von . . . . . Wochen zu gewähren. Die Beklagte zu 2) ist im 6. Monat schwanger und wird voraussichtlich am . . . . . entbinden.[5]

Beweis: . . . . .

Ein Umzug ist in dieser Situation weder vor der Niederkunft noch unmittelbar danach möglich und zumutbar.[6] **Ein Umzug wird am . . . . . erfolgen.**

Beweis: Mietvertrag über neu angemietete Wohnung

Weil der Kläger diesem Sachverhalt[7] **trotz schriftlich mitgeteilter Bitten der Beklagten keine Rechnung tragen will, ist es billig, ihm die Kosten des Rechtsstreits aufzuerlegen.**
Rechtsanwalt[8]

Anmerkungen

1. Zur Form → Form. I.E.3.

Das sofortige Anerkenntnis hat für die Beklagten Kostenvorteile, wenn sie durch ihr Verhalten keinen Anlass zur Klageerhebung gegeben haben, etwa weil sie vorgerichtlich unter Angabe von Gründen vergeblich eine Räumungsfrist begehrt haben, die zeitlich befristet und angemessen war (§ 93b Abs. 3 ZPO). Zu Einzelheiten s. Thomas/Putzo/*Hüßtege* ZPO § 93b Rn. 13. Bei Anerkenntnisurteilen kann eine Räumungsfrist gewährt werden.

2. Über eine Räumungsfrist wird auf Antrag oder von Amts wegen (AG Dortmund NZM 2004, 500) entschieden. Räumungsschutz gem. § 721 Abs. 1 ZPO kann bei Hauptsacheverfahren (hM) in allen Instanzen, also auch in der Berufung (s. dazu Schmidt-Futterer/*Lehmann-Richter* ZPO § 721 Rn. 15, 44, 47, 55) und Revision erstmalig beantragt werden, ein isolierter Antrag ist im Revisionsverfahren jedoch nicht zulässig (BGH BeckRS 2014, 09027). Der Antrag gem. § 721 ZPO kann bis zum Ende der letzten mündlichen Verhandlung gestellt werden. Zuständig ist das jeweilige Prozessgericht. Sinnvoll ist für beide Parteien, die tatsächlichen Umstände, die für oder gegen die Gewährung einer Räumungsfrist sprechen, schon im Räumungsprozess vorzutragen, s. unten 5. Die Räumungsfrist hat keinen Einfluss auf die materiellen Rechtsbeziehungen der Parteien, hier erfolgt die Prüfung gem. §§ 574, 574c BGB im Erkenntnisverfahren unter wesentlich engeren Voraussetzungen. Diese Räumungsfrist ist nur vollstreckungsrechtlicher Natur, der Räumungsanspruch ist gestundet (BGH NJW-RR 1987, 903). Die Räumungsfrist hat eine haftungsrechtliche Folge, dh es wird nur Nutzungsentschädigung geschuldet, kein weiterer Schadensersatz iSv § 571 Abs. 2 BGB (zur Frage der analogen Anwendung des § 571 Abs. 2 BGB auf den Untermieter von Wohnraum s. BGH MietRB 2021, 67).

Vorteil des Antrags: uU Antrag auf Ergänzung des Urteils nach §§ 721 Abs. 1 S. 3, 321 ZPO. Für den Antrag gem. § 321 ZPO ist eine Zweiwochenfrist einzuhalten, die mit Zustellung des Urteils beginnt.

3. § 721 ZPO ist nur anwendbar, wenn Räumungsschutz bzgl. Wohnraum (zur Teilbarkeit, zB Wirtewohnung (OLG Oldenburg NJW 2015, 709; LG Hamburg NJW-RR 1993, 662) begehrt wird. Bei Mischmietverhältnissen (zum Begriff → Form. II.B.5 Anm. 6) kommt es darauf an, ob nach den vom BGH (NJW 2014, 2864) aufgestellten Kriterien ein Wohnraum- oder ein Gewerberaummietverhältnis vorliegt, da eine einheitliche Bewertung erfolgen muss. Im Zweifel ist wegen der Schutzbedürftigkeit des Mieters Wohnraummietrecht anzunehmen (BGH aaO sa Schmidt-Futterer/*Lehmann-Richter* § 721 ZPO Rn. 7 zu dem Problem bei Teilvollstreckung). Nach LG Darmstadt (ZMR 2017, 44) findet § 721 Abs. 1 ZPO trotz vorliegendem Gewerbemietverhältnis auf Asylbewerberunterkünfte Anwendung. § 721 gilt nicht bei Vermietung zum vorübergehenden Gebrauch etc (vgl. § 549 Abs. 2 u. 3, § 721 Abs. 7 ZPO). Liegen die Voraussetzungen des § 575 BGB in vollem Umfang vor, so entfällt der Vollstreckungsschutz gem. §§ 721, 794a ZPO (vgl. § 721 Abs. 7, § 794a Abs. 5 ZPO); bei vorzeitiger Beendigung eines Zeitmietverhältnisses durch fristlose Kündigung ist Räumungsschutz möglich, aber zeitlich begrenzt gem. § 721 Abs. 7 S. 2 ZPO (s. Zöller/*Stöber* ZPO § 721 Rn. 14). Erhalten bleibt lediglich der Vollstreckungsschutz des § 765a ZPO (→ Form. II.B.14). Zu Räumungsschutz nach dem FamFG s. *Schuschke* NZM 2010, 137 ff.

Zur Stellung und Begründung des Räumungsschutzantrags ist der Anwalt des Beklagten verpflichtet (OLG Hamm NJW-RR 1995, 526). Über eine Räumungsfrist ist auch beim Versäumnisurteil zu entscheiden (LG Rostock NJW-RR 2001, 442; Zöller/*Stöber* ZPO § 721 Rn. 4), Rechtskraft der Entscheidung ist keine Voraussetzung für den Antrag (KG BeckRS 2008, 16179), von ihr kann die Dauer der Räumungsfrist auch nicht abhängig gemacht werden (LG Berlin BeckRS 2008, 02059). Sa BGH IVR 2017, 39 und BeckRS 2009, 19526 zur einstweiligen Einstellung der Zwangsvollstreckung im Nichtzulassungsbeschwerdeverfahren; OLG München NZM 2010, 720 zur fehlerhaften Räumungsfristbewilligung durch Beschluss statt im späteren Urteil. Die isolierte Gewährung einer Räumungsfrist sieht § 721 Abs. 1 ZPO nicht vor (BGH BeckRS 2010, 11348), s. aber § 721 Abs.2 ZPO.

4. Bei sofortigem Anerkenntnis und Bewilligung einer Räumungsfrist (s. *Harsch* WM 1995, 246 (248)) richtet sich die Kostenentscheidung nach § 93b Abs. 3 ZPO; es besteht also gegenüber § 93 ZPO die erweiterte Möglichkeit des kostenbefreienden Anerkenntnisses des beklagten Mieters; sa Anträge zu → Form. II.B.10.

5. Bei der Entscheidung über die Räumungsfrist und deren Dauer sind die Vermieter- und Mieterinteressen zu prüfen (LG Berlin BeckRS 2015, 00484; LG Krefeld WuM 2010, 302; Einzelheiten s. MüKoZPO/*Krüger* § 721 Rn. 10; zur Abwägung in Pandemiezeiten *Drasdo* NZM 2020, 501 mwN). Die Interessenabwägung ist zwar ähnlich, aber nicht pauschal übertragbar und strenger als bei § 574 BGB (s. Schmidt-Futterer/*Lehmann-Richter* ZPO § 721 Rn. 18). Für den Vermieter ist die Gewährung einer Räumungsfrist grds. unzumutbar, wenn die Zahlung der Nutzungsentschädigung für die Dauer der Räumungsfrist nicht gewährleistet ist (OLG Stuttgart NZM 2006, 880; LG Berlin GE 2007, 1253). Mietschulden aus der Vergangenheit sollen nicht entgegenstehen (str. s. Schmidt-Futterer/*Lehmann-Richter* ZPO § 721 Rn. 27). Fehlender Ersatzwohnraum kann ein Grund sein, wenn hinreichende Anstrengungen zur Ersatzwohnraumsuche nachgewiesen sind (Brandenburgisches OLG GE 2021, 942; LG München I NZM 2005, 360). Dem nur zeitlich befristeten Bestandsinteresse des Mieters soll Vorrang vor dem Erlangungsinteresse des Vermieters eingeräumt werden, anders als im Verfahren des § 765a ZPO (LG Hamburg NJW-RR 1993, 662; WuM 1990, 216). Im Höchstfalle beträgt die Räumungsfrist insgesamt ein Jahr, § 721 Abs. 5 ZPO. Die Frist beginnt, falls nicht ausdrücklich festgelegt, mit Zustellung oder Verkündung der Entscheidung (§ 221 bzw. § 312 ZPO). Die Höchstfrist beginnt mit formeller Rechtskraft gem. § 705 ZPO. Bei einem Urteil auf künftige Räumung gem. § 259 ZPO, ohne Entscheidung über die Gewährung einer Räumungsfrist, kann der Räumungsschuldner bis spätestens zwei Wochen vor dem Räumungstermin Antrag (→ Anm. 2) auf Räumungsfristgewährung stellen (s. *Münzberg* WM 1993, 9 ff.). Die Vorschriften über die Wiedereinsetzung gem. §§ 233–238 ZPO gelten entsprechend (Musielak/Voit/*Lackmann* ZPO § 721 Rn. 8; aA Schmidt-Futterer/*Lehmann-Richter* ZPO § 721 Rn. 43 (nicht Abs. 1)).

6. Es gilt kein Amtsermittlungsgrundsatz, die Parteien müssen hinreichend vortragen (Schmidt-Futterer/*Lehmann-Richter* ZPO § 721 Rn. 16).

7. Um einer ungünstigen Kostenentscheidung vorzubeugen, muss der Mieter einen konkreten Auszugstermin nennen und glaubhaft darlegen (LG Frankenthal WM 1993, 547; AG Hannover WM 1993, 547; insgesamt 27 Entscheidungen zu dem Problemkreis WM 1993, 541 ff.). Verpflichtet zur Suche nach Ersatzwohnraum ist er erst ab Rechtskraft des Urteils, es sei denn, er muss von der Berechtigung der Kündigung oder der Erfolglosigkeit seiner Verteidigung ausgehen (KG ZMR 2009, 200; LG Wuppertal WuM 1996, 429 (430)).

Fristen und Rechtsmittel

8. Auf Räumung lautende Urteile werden durch die an sich zulässigen Rechtsmittel angegriffen. Bei fehlerhafter Bewilligung der Räumungsfrist durch Beschluss statt durch Urteil, nach Einspruch gegen Versäumnisurteil mit gleichzeitigem Anerkenntnis des Räumungsanspruchs und Beschluss des Gerichts vor Entscheidung in der Hauptsache, besteht nur die Möglichkeit einer Einstellung der Zwangsvollstreckung gemäß § 719 Abs. 1, 707 ZPO, s. OLG München NZM 2010, 720. Soll lediglich Versagung, Gewährung oder Bemessung der Räumungsfrist angegriffen werden, ist sofortige Beschwerde gegen erstinstanzliche Entscheidung innerhalb von zwei Wochen (§ 721 Abs. 6, § 569 ZPO) einzulegen. Der Antrag nach § 721 ZPO kann nicht als sofortige Beschwerde gegen die Nichtbewilligung der Räumungsfrist ausgelegt werden (OLG München NZM 2010, 720 mwN).

Zum Verhältnis von sofortiger Beschwerde, Berufung und Einspruch s. Zöller/*Stöber* ZPO § 721 Rn. 13; Schmidt-Futterer/*Lehmann-Richter* ZPO § 721 Rn. 66 ff.

10. Antrag des Mieters auf Ergänzung des Urteils bzgl. einer Räumungsfrist

In Sachen

. . . . .

wurde mir das Urteil des Amtsgerichts . . . . . vom . . . . . am . . . . . zugestellt. Im Urteil wurde der von mir mit Schriftsatz vom . . . . . rechtzeitig gestellte Antrag[1] auf Einräumung einer Räumungsfrist nicht verbeschieden. Ich stelle daher den

Antrag,[2]

durch Ergänzungsurteil wie folgt zu entscheiden:

Den Beklagten wird eine Räumungsfrist bis zum . . . . . gewährt.

Gleichzeitig stelle ich den

Antrag,

die Zwangsvollstreckung aus dem Endurteil vom . . . . . ohne, hilfsweise gegen Sicherheitsleistung, deren Höhe in das Ermessen des Gerichts gestellt wird, einstweilen einzustellen.[3] Eine sofortige Räumung würde aus den in der Klageerwiderung genannten Gründen eine unzumutbare Härte darstellen.

Rechtsanwalt[4]

Anmerkungen

1. Im Räumungsrechtsstreit über Wohnraummietverhältnisse ist § 721 Abs. 1 ZPO zu beachten. Schon im Erkenntnisverfahren kann das Gericht von Amts wegen oder auf Antrag dem Räumungsschuldner eine angemessene Räumungsfrist einräumen. Der Antrag ist vor Schluss der letzten mündlichen Verhandlung respektive dem gem. § 128 Abs. 2 ZPO bestimmten Zeitpunkt zu stellen. Das Gericht entscheidet im Urteil über den Antrag, zur fehlerhaften Entscheidung durch Beschluss s. OLG München NZM 2010, 720 und → Form. II.B.9 Anm. 8. Den Antrag auf Gewährung von Räumungsfrist sollte der Anwalt des Beklagten zur Vermeidung von Rechtsnachteilen bereits als Hilfsantrag in seine Klageerwiderung aufnehmen und begründen. Wurde dieser Antrag vom Gericht übergangen, ist es möglich, Urteilsergänzung gem. § 321 ZPO zu beantragen (s. § 721 Abs. 1 S. 3 ZPO). Wahlweise ist daneben sofortige Beschwerde gem. § 721 Abs. 6 Nr. 1 ZPO zulässig.

2. Der Antrag auf Ergänzung des Urteils gem. § 721 Abs. 1 S. 2 u. 3, § 321 ZPO (s. hierzu → Form. I.N.3) ist binnen einer Notfrist (Thomas/Putzo/*Seiler* ZPO § 321 Rn. 4) von zwei Wochen ab Zustellung des vollständigen Urteils zu stellen. Wenn Berichtigung des Tatbestands Voraussetzung für die Ergänzung ist, beginnt die Frist auf Ergänzung des Urteils mit Zustellung des Berichtigungsbeschlusses (BGH NJW 1982, 1821). Der im Verfahren rechtzeitig gestellte Antrag auf Gewährung einer Räumungsfrist ist zwingend erforderlich, andernfalls kann die Ergänzung des Urteils nicht erfolgen (OLG München NZM 2010, 720; AG Hamburg BeckRS 2010, 21893; LG Rostock NJW-RR 2001, 442 ff.), → Form. I.N.3.

3. Vgl. § 721 Abs. 1, § 732 Abs. 2 ZPO. Einstweilige Einstellung ist möglich und uU erforderlich, weil das Räumungsurteil nach § 708 Nr. 7 ZPO ohne Sicherheitsleistung vorläufig vollstreckbar ist. Auf Antrag kann das Gericht die Zwangsvollstreckung einstweilen einstellen, wenn es den Antrag auf Gewährung einer Räumungsfrist in seiner Entscheidung übergangen hat (§ 721 Abs. 1 S. 3 ZPO).

Fristen und Rechtsmittel

4. Das Ergänzungsurteil ist selbständig anfechtbar (BGH NJW 2000, 3008), hierzu → Form. I.O.1 ff. Anders, wenn es nur die Kostenentscheidung enthält, dann ist es trotz § 99 ZPO anfechtbar, wenn auch das Hauptturteil angefochten wurde (Thomas/Putzo/*Seiler* ZPO § 321 Rn. 6).

11. Antrag des Mieters auf Verlängerung der Räumungsfrist bei Räumungsurteil

In Sachen

. . . . .

hat das Gericht[1] eine Räumungsfrist bis . . . . . gewährt wegen des noch nicht beziehbaren Ersatzwohnraums. Es hat sich jedoch zwischenzeitlich herausgestellt, dass der Vormieter der neuen Wohnung in der . . . . . Straße in . . . . . diese nicht bereits wie vorgesehen per . . . . . freimachen kann, sondern wegen der verzögerten Fertigstellung seines eigenen Hauses erst am . . . . . ausziehen kann.

Beweis: . . . . .

Namens und im Auftrag der Beklagten stelle ich daher den

Antrag,[2]

die Räumungsfrist bis . . . . . zu verlängern.[3]

Rechtsanwalt

Anmerkungen

1. Der Antrag gem. § 721 Abs. 3 ZPO geht von Verurteilung zur Räumung und Gewährung einer vom Gericht bestimmten Räumungsfrist aus. Für die Entscheidung über den Antrag ist grds. das Amtsgericht zuständig, das Prozessgericht, nicht das Vollstreckungsgericht; das Berufungsgericht erst ab Einlegung der Berufung bis zu deren Rücknahme oder bis zur Entscheidung über die Berufung (§ 721 Abs. 4 S. 1 ZPO) (s. Schmidt-Futterer/*Lehmann-Richter*, ZPO § 721 Rn. 55, 59 ff.).

2. Verlängerungsantrag ist nach § 721 Abs. 3 S. 1 ZPO möglich, nicht jedoch bei außergerichtlich vereinbarten Räumungsfristen (LG Wuppertal NJW 1967, 832; Schmidt-Futterer/*Lehmann-Richter*, ZPO § 721 Rn. 59; zum gerichtlichen Räumungsvergleich → Form. II.B.12). Mehrere Verlängerungsanträge sind möglich, allerdings nur bei Vorbringen neuer Tatsachen, wobei es wesentlich darauf ankommt, ob sich der Räumungsschuldner nach erstmaliger Bewilligung der Frist hinreichend um rechtzeitige Räumung gekümmert hat (KG ZMR 2009, 200 mwN; LG Berlin BeckRS 2018, 5408; LG Heidelberg WM 1995, 661; zum Antrag in Pandemiezeiten LG Berlin NZM 2020, 837 (str.; AG Frankfurt MietRB 2020, 305). Für den Verlängerungsantrag gilt eine

Zweiwochenfrist. Der letzte Tag der gewährten Räumungsfrist wird in die Zweiwochenfrist eingerechnet (Thomas/Putzo/*Seiler* ZPO § 721 Rn. 5; str. s. Schmidt/Futterer/*Lehmann-Richter* § 721 ZPO Rn. 51 ff.). Dem Schutzzweck des § 721 ZPO entsprechend sind persönliche oder krankheitsbedingte Einschränkungen dem Schuldner selbst anzulasten, der Räumungsschuldner muss seine Bemühungen um Ersatzwohnraum darlegen (KG ZMR 2009, 200; LG München I NZM 2005, 360). Die Höchstdauer beträgt ein Jahr, § 721 Abs. 5 ZPO, zur Berechnung s. Schmidt-Futterer/*Lehmann-Richter* ZPO § 721 Rn. 30 ff.

3. Unter Umständen empfiehlt sich ein ergänzender Antrag auf vorläufige Einstellung der Zwangsvollstreckung nach §§ 721 Abs. 1, 732 Abs. 2 ZPO.

Der Vermieter kann nach § 721 Abs. 3 ZPO umgekehrt Antrag auf Verkürzung einer bewilligten Räumungsfrist stellen (s. Schmidt-Futterer/*Lehmann-Richter* ZPO § 721 Rn. 61).

12. Antrag des Mieters auf Änderung einer Räumungsfrist bei vollstreckbarem Räumungsvergleich

In Sachen

. . . . .

hat sich der Beklagte durch Prozessvergleich[1] vom. . . . . verpflichtet, die von ihm bewohnte Wohnung in . . . . . bis spätestens . . . . . zu räumen und an den Kläger herauszugeben. Die Räumungsfrist war mit . . . . . Monaten zwischen den Parteien vereinbart worden.[2]

Der Beklagte wurde vor einer Woche mit schweren Verletzungen, die er bei einer Schlägerei auf dem Oktoberfest erlitten hat, ins Krankenhaus eingeliefert.[3] Er ist daher nicht in der Lage, innerhalb der im Vergleich vorgesehenen Frist die Räumung durchzuführen.

Beweis: Ärztliches Attest vom . . . . .

Im Hinblick hierauf stelle ich namens und im Auftrag des Beklagten den

Antrag,

dem Beklagten eine verlängerte[4] Räumungsfrist, mindestens bis . . . . ., zu bewilligen und die einstweilige Einstellung der Zwangsvollstreckung aus dem Prozessvergleich[5] vom . . . . . anzuordnen.[6]

Rechtsanwalt[7,8]

Anmerkungen

1. Bei Zwangsvollstreckung aus gerichtlichen Räumungsvergleichen ist zu differenzieren, ob bereits im Vergleich eine von den Parteien ausgehandelte Räumungsfrist gewährt wurde oder der Räumungsschuldner erstmals eine Räumungsfrist beantragt. Auf Räumungsschutz gem. § 794a ZPO kann durch den Beklagten verzichtet werden, nicht aber auf Rechte gem. § 765a ZPO (hM s. *Fleindl* ZMR 2016, 8 (13 f.) mwN str. s. Schmid/Harz/*Eiden* MietR ZPO § 794a Rn. 5a). Umstritten (s. *Fleindl* ZMR 2016, 8 (10) mwN) ist, ob das Gericht eine Räumungsfrist, die zwischen den Parteien im Vergleich vereinbart wurde (keine gerichtlich gewährte Räumungsfrist!) ändern kann, sa → Anm. 5 zur Verkürzung.

2. Bei Räumungsverpflichtung aus Prozessvergleich enthält § 794a ZPO eine dem § 721 ZPO entsprechende Regelung (Schmidt-Futterer/*Lehmann-Richter* ZPO § 794a Rn. 2). Frist, Wiedereinsetzung und Interessenabwägung grds. wie bei § 721 ZPO → Form. II.B.10.

3. Zu Gunsten des Vermieters ist zu berücksichtigen, dass der Mieter sich im Vergleich freiwillig zur Räumung zu einem bestimmten Zeitpunkt verpflichtet hat. Hieraus folgt, dass idR nur unvorhergesehene Ereignisse zu berücksichtigen sind, wie Nichtfertigstellung des Ersatzwohnraums oder gesundheitliche Gründe (LG Aachen WuM 2007, 398 f.; LG München I ZMR 2009, 371).

4. Die im Vergleich vereinbarte Räumungsfrist kann gem. § 794a Abs. 1 ZPO durch erstmalige Gewährung einer richterlichen Frist faktisch verlängert werden (Schmidt-Futterer/*Lehmann-Richter* ZPO § 794a Rn. 19). Bei einem gerichtlichen Vergleich können Räumungsfristen nicht entsprechend § 721 Abs. 3 ZPO verlängert werden, da es sich um eine vertragliche Vereinbarung zwischen den Parteien handelt, aber eine erstmalige Bewilligung ist möglich (*Fleindl* ZMR 2016, 8 (10)).

5. Streitig ist, ob eine zwischen den Parteien im Räumungsvergleich vereinbarte Räumungsfrist durch das Gericht erstmalig verkürzt werden kann, wenn zB Nutzungsentschädigung nicht vom Mieter gezahlt wird. § 794a Abs. 1 S. 1, Abs. 2 ZPO ist nicht direkt anwendbar, wenn noch keine Räumungsfrist vom Gericht gesetzt worden war. Das LG Hamburg (WuM 2001, 412 f. mwN; aA LG Hamburg WuM 1987, 65; LG Darmstadt WuM 1993, 472) geht mit der hM davon aus, dass bei gerichtlich geschlossenen Räumungsvergleichen eine Verkürzung der Räumungsfrist gem. § 794a Abs. 2 ZPO nur dann in Betracht kommt, wenn es sich um eine schon zuvor vom Gericht bewilligte Räumungsfrist handelt, eine analoge Anwendung von § 794a Abs. 2 ZPO auf die von den Parteien im Räumungsvergleich vereinbarte Frist komme nicht in Betracht. Diese Auffassung vertritt auch das LG München I (BeckRS 2015, 00076), wonach die Verkürzung einer im Prozessvergleich vereinbarten Räumungsfrist gem. § 794a Abs. 1 S. 1, Abs. 2 ZPO weder in direkter noch in analoger Anwendung möglich ist. Diese Folge kann vermieden werden, wenn die Parteien schon im Vergleich eine Vereinbarung zur möglichen Änderung der Räumungsfrist treffen oder regeln, dass die Räumungsfrist entfällt, wenn die Nutzungsentschädigung nicht vollständig und regelmäßig gezahlt wird (*Fleindl* ZMR 2016, 8 (10)). Andernfalls bleibt nur der Weg, den früheren Rechtsstreit wegen Wegfalls der Geschäftsgrundlage fortzusetzen (LG München I Beck RS 2015, 00076 mwN).

6. § 794a ZPO ist nicht anwendbar im Falle der §§ 549 Abs. 2 Nr. 3, 575 BGB (§ 794a Abs. 5 ZPO) und bei außergerichtlichen Räumungsvergleichen.

7. Für den Antrag auf Verlängerung gem. § 794a Abs. 2 ZPO gelten die Regeln über die erstmalige Gewährung entsprechend. Die Höchstfrist von einem Jahr (§ 794a Abs. 3 ZPO) ist zu beachten. Der Antrag muss gem. § 496 ZPO binnen der Frist des § 794a Abs. 1 S. 2 ZPO gestellt werden, spätestens zwei Wochen vor dem Tag des im Vergleich genannten Räumungstermins („Rückwärtsfrist“, s. Schmidt-Futterer/*Lehmann-Richter* ZPO § 794a Rn. 11). Für das Verfahren gilt § 721 Abs. 4 ZPO entsprechend (s. B.II.9).

Fristen und Rechtsmittel

8. Sofortige Beschwerde (§ 794a Abs. 4, § 567 Abs. 1 Ziff. 1, § 793 ZPO).
→ Form. I.O.7.

13. Sofortige Beschwerde gegen Beschluss des Amtsgerichts auf Bewilligung (Verlängerung) der Räumungsfrist

An das
Landgericht[1, 2]
In Sachen

. . . . .
– Kläger und Beschwerdeführer –

Prozessbevollmächtigter: Rechtsanwalt . . . . .
gegen

. . . . .
– Beklagte und Beschwerdegegnerin –

Prozessbevollmächtigter: Rechtsanwalt . . . . .
hier: wegen Bewilligung einer Räumungsfrist
lege ich gegen den Beschluss des Amtsgerichts . . . . . vom . . . . ., zugestellt am . . . . ., Az.: . . . . .

sofortige Beschwerde

ein und werde

beantragen:

I. Der Beschluss des Amtsgerichts . . . . . vom . . . . . zugestellt am . . . . ., Az.: . . . . ., wird aufgehoben.
II. Der Antrag auf Bewilligung (Verlängerung) der Räumungsfrist wird abgewiesen.
III. Die Beklagte hat die Kosten des Verfahrens zu tragen.

Begründung:

Eine Bewilligung (Verlängerung) der Räumungsfrist ist bei gerechter Interessenabwägung nicht vertretbar. Die Beschwerdegegnerin zahlt seit . . . . . Monaten keine Miete. Ihr Gesamtrückstand beläuft sich auf . . . . . EUR.

Beweis: . . . . .

Dem Beschwerdeführer entsteht daher durch die Bewilligung (Verlängerung) fortlaufend ein sich vergrößernder Schaden . . . . . Die Beschwerdegegnerin hat keinerlei Anstrengungen unternommen, Ersatzwohnraum anzumieten. Härtegründe wurden nicht ausreichend vorgetragen . . . . .[3]
Rechtsanwalt[4]

Anmerkungen

1. Zulässigkeit: §§ 721 Abs. 6, 794a Abs. 4 ZPO; unzulässig, wenn Berufung eingelegt ist oder das Berufungsgericht entschieden hat, sa OLG München NJW-RR 2010, 945.

2. Einlegung beim Beschwerdegericht oder beim Gericht, dessen Entscheidung angefochten wird (§§ 567, 569 ZPO). Zulässig bei Bewilligung oder Verlängerung (Verkürzung) der Räumungsfrist nach § 721 ZPO durch das Erstgericht.

3. Zur Interessenabwägung → Form. II.B.9 Anm. 5; Zum Schuldnerschutz bei Räumungsvollstreckung s. *Fischer* FS Blank, 2006, 491.

4. Zu Form, Fristen und Rechtsmittel → Form. I.O.6.

14. Antrag auf Vollstreckungsschutz nach § 765a ZPO

An das
Amtsgericht[1]
– Vollstreckungsgericht –[2]
Aktenzeichen: . . . . .
In Sachen
. . . . .
gegen
. . . . .
Verfahrensbevollmächtigter: . . . . .
zeige ich die Vertretung der Räumungsschuldner an.

Namens und gemäß anliegender Vollmacht der Schuldner stelle ich hiermit folgende Anträge:[3]

Die Zwangsvollstreckung aus dem Urteil des Amtsgerichts . . . . . – Az.: . . . . ., vom . . . . ., wird bis zum . . . . . eingestellt. [4]

Hilfsweise wird der Erlass einer einstweiligen Anordnung analog §§ 766, 732 Abs. 2 ZPO beantragt. [5]

Begründung:

Die Schuldner erhielten die in beglaubigter Fotokopie anliegende Räumungsmitteilung des Gerichtsvollziehers mit dem Aktenzeichen: . . . . ., wonach die Zwangsräumung am . . . . . erfolgen soll.

Beweis: Schreiben Gerichtsvollzieher . . . . .

Diese Maßnahme würde auch unter voller Würdigung des Schutzbedürfnisses des Gläubigers wegen ganz besonderer Umstände für die Schuldner eine Härte bedeuten, die mit den guten Sitten nicht vereinbart ist, denn die Schuldner leben von Sozialhilfe iHv . . . . . EUR im Monat. Sie haben . . . . . Kinder im Alter von . . . . . Jahren. Ich überreiche in der Anlage eine Bestätigung des Wohnungsamts . . . . . vom . . . . ., wonach bis zum Räumungstermin eine Ersatzwohnung oder ein Ersatzraum für die Schuldner nicht zugewiesen werden kann.[6]

Beweis: Schreiben . . . . .

Es steht auch keine Notunterkunft zur Verfügung.

Beweis: Zeugnis vom . . . . .

Durch Zwangsräumung würden die Schuldner obdachlos werden. Die Schuldner haben einen Mietvertrag über Ersatzwohnraum abschließen können. Dieser beginnt jedoch erst zum . . . . . Ein Einzug ist derzeit nicht möglich, da die neue Wohnung noch vom Vormieter genutzt wird. Zum Nachweis hierüber lege ich eine beglaubigte Fotokopie des unterzeichneten neuen Mietvertrages vor. Ein Zwischenumzug ist wegen der Kürze der Zeit nicht zumutbar.[7]

Rechtsanwalt[8,9]

Anmerkungen

1. Die Vorschrift gilt für alle Arten der Zwangsvollstreckung und sämtliche Räumungstitel, der Vollstreckungsschutzantrag ist ein Institut eigener Art und Ausprägung des verfassungsrechtlichen Verhältnismäßigkeitsgrundsatzes im Vollstreckungsrecht (BVerfG BeckRS 2021, 2371; *Schuschke* NZM 2015, 233 ff.). Im Räumungsvergleich kann der Schuldner nicht auf seine Rechte gem. § 765a ZPO verzichten. Auch die zur Zwangsversteigerung ergangenen Entscheidungen sind zu berücksichtigen.

2. Anders als bei Anträgen nach §§ 721, 794a ZPO ist bei § 765a ZPO nicht das Prozessgericht, sondern das Vollstreckungsgericht ausschließlich zuständig, in dessen Bezirk die zu räumende Wohnung liegt (§§ 765a Abs. 1, 764 Abs. 2, 802 ZPO). Die Vorschrift gilt auch für Geschäftsraum. Gleichwohl kann uU ein beim Streitgericht erfolgloser Antrag nach §§ 721, 794a ZPO in einen Antrag nach § 765a ZPO umgedeutet werden. Zum Vollstreckungsschutz bei Vollstreckung des Insolvenzverwalters s. BGH NJW 2009, 48 ff. Der Antrag ist an das örtlich (ausschließlich) zuständige Vollstreckungsgericht beim Amtsgericht zu stellen, in dessen Bezirk die Räume gelegen sind (§§ 764, 802 ZPO iVm § 765a Abs. 1 ZPO).

3. Anordnung gem. § 765a ZPO ergeht nur auf Antrag des Räumungsschuldners. Rechtsschutzbedürfnis wird nur bejaht, wenn die Zwangsvollstreckungsmaßnahme konkret bevorsteht, sie darf noch nicht beendet sein.

Der Schuldner ist beweispflichtig für seinen Vortrag, Glaubhaftmachung reicht nicht aus. Das Schutzbedürfnis des Gläubigers und seiner Familie sowie der sonstigen Haushaltsangehörigen wird bei der ergehenden Entscheidung berücksichtigt, er ist vor Erlass der Entscheidung zu hören. Beantragt werden kann auch, die Zwangsvollstreckung ganz oder teilweise aufzuheben oder sie zu untersagen.

4. Vollstreckungsschutz nach § 765a ZPO kann neben dem Räumungsschutz (und auch nach dessen Ausschöpfung) nach §§ 721, 794a ZPO zur vorläufigen Verhinderung drohender Vollstreckungsmaßnahmen gewährt werden. Die Vorschrift ist eine Auffangmöglichkeit iSe „verdrängenden Vorrangigkeit" (Thomas/Putzo/*Seiler* ZPO § 765a Rn. 11a), andere Rechtsbehelfe verdrängen die Vorschrift nur, wenn sie im konkreten Fall effektiven Schutz gewähren können (*Schuschke* NZM 2015, 233 ff.). Der Schutz kann nur für bestimmte Vollstreckungsmaßnahmen, nicht gegen die Zwangsvollstreckung überhaupt begehrt werden (BGH NZM 2005, 517; OLG Köln NJW 1994, 1743). Antrag des Schuldners ist erforderlich, spätestens zwei Wochen gem. § 765a Abs. 3 ZPO (keine Notfrist) vor dem festgesetzten Räumungstermin, es sei denn, die Gründe sind später entstanden. Zur Frist → Form. II.B.9 Anm. 2. Der Schuldner ist voll beweispflichtig, es gelten die allg. ZPO Grundsätze (BGH NZM 2011, 167 (mwN). Glaubhaftmachung (§ 294 ZPO) ist weder erforderlich noch ausreichend (BGH WuM 2011, 733 (734). Alle, auch vor dem Prozessgericht geltend gemachte Umstände, können vorgetragen werden. Jeder Schuldner, nicht nur Wohnraummieter, kann sich auf die Vorschrift berufen (s. zum Gewerbemietrecht LG München I ZMR 2021, 530). Jedoch ist § 765a ZPO eine eng auszulegende Ausnahmevorschrift (BGH BGHZ 44, 138 (142); NJW 2004, 3635).

Es genügen weder allgemeine wirtschaftliche Erwägungen noch soziale Gesichtspunkte, vielmehr soll durch diese Härteklausel (Einzelheiten MüKoZPO/*Heßler* § 765a Rn. 25 ff.) verhindert werden, dass die Zwangsvollstreckung unter voller Würdigung des Schutzbedürfnisses des Gläubigers zu einem ganz untragbaren Ergebnis führen würde, das mit den guten Sitten nicht vereinbar und moralisch zu beanstanden wäre (BGH NZM 2015, 264). Die Wertentscheidung des GG und die verfassungsgemäße Gewährleistung der Grundrechte sind zu beachten (BVerfG NZM 2014, 701; NZM 2012, 245; NJW-RR

2014, 1290; NJW 2004, 49; LG Kleve NZM 2015, 270). Der Grundsatz der Verhältnismäßigkeit ist zu wahren (BVerfG ZMR 1980, 12 ff.). Mit der Räumung darf keine erhebliche Gesundheits- oder Lebensgefahr verbunden sein (insb. beim drohenden Suizid führt die Kollision der Grundrechte des Art. 2 und des Art. 14, 19 Abs. 4 GG zu schwierigen Interessensabwägungen, zum Ganzen s. *Lissner* DGVZ 2020, 90; *Schuschke* NZM 2015, 233 (237 ff.) mwN; BVerfG NZM 2019, 485 mwN; BGH NZM 2020, 809; ZMR 2016, 922; IVR 2017, 17; NZM 2014, 512). Wenn eine sittenwidrige Härte vorliegt, kann die Vollstreckung für einen längeren Zeitraum – und in absoluten Ausnahmefällen – auf unbestimmte Zeit einzustellen sein. Der BGH (ZMR 2017, 155) fordert, dass die Gesamtabwägung bereits im Rahmen des § 543 Abs. 1 S. 2 BGB erfolgen soll. Bei Suizidgefahr ist zu prüfen, ob die Mitwirkung staatlicher Stellen zur Verringerung des Gesundheitsrisikos beim Schuldner führt (BGH ZMR 2016, 417). Auch die gesundheitliche Situation des Gläubigers ist zu würdigen (BGHZ ZMR 2016, 922 f). Nach BVerfG (NZM 2014, 347) wird vom Vollstreckungsgericht „größtmögliche Beschleunigung" gefordert, BVerfG NZM 2012, 245 ff.; WuM 2007, 563 f.; NZM 2005, 657; WuM 2001, 482; ZMR 2004, 46 (47); BGH NZM 2009, 43, WuM 2005, 407; *Schuschke* NZM 2012, 209 ff. NJW 2006, 874; JuS 2008, 977 (980), LG Hannover FD-MietR 2015, 365933; *Kaiser* NJW 2011, 2412; MüKoZPO/*Heßler* § 765a Rn. 56 ff. Neben Suizidgefahr (zu der eine Fülle von Entscheidungen ergangen sind s. BVerfG v. 26.1.2021 – 2 BvR 1706/20, JurBüro 2021, 277; BeckRS 2020, 27598; NZM 2019, 485; NZM 2014, 701; BGH NZM 2020, 809; NZM 2018, 511; NZM 2016, 243; LG München I NZM 2019, 794; sa *Schuschke* NZM 2015, 233) sind häufige Gründe: Bevorstehende Entbindung (Schmidt-Futterer/*Lehmann-Richter* ZPO § 765a Rn. 24 mwN), schwere Erkrankung, hohes Alter, Obdachlosigkeit, bevorstehender Wohnungswechsel, Tierschutz (§ 765a Abs. 1 S. 3 ZPO), Existenzbedrohung. Diese Gründe können beim Schuldner oder bei mit ihm in häuslicher Gemeinschaft lebenden Personen vorhanden sein. An die Konkretisierung der behaupteten Gefahr werden strenge Anforderungen gestellt (OLG Köln ZMR 1990, 143; OLG Frankfurt a. M. ZMR 1993, 336). Die Mitwirkungspflichten des Räumungsschuldners zur Herbeiführung seiner Räumungsfähigkeit und vom Vollstreckungsgericht zu treffende Maßnahmen (flankierende Anordnungen für den Räumungstermin) sind eingehend dargestellt in der Entscheidung des LG Frankfurt a. M. NZM 2015, 267, sa BGH ZMR 2016, 417. Zur Zwangsvollstreckung in Pandemiezeiten s. Empfehlung DGVB v. 26.3.2020, eine einheitliche Bewertung durch Gerichte ist nicht feststellbar (statt Vieler: LG Berlin ZMR 2020, 501 (508); LG Verden DGVZ 2020, 181).

5. Das Vollstreckungsgericht kann gem. § 765a Abs. 1 S. 2, § 732 Abs. 2 ZPO vor endgültiger Entscheidung einstweilige Anordnungen treffen. Die Entscheidung ergeht ohne mündliche Verhandlung durch Beschluss. Regelmäßig ist eine Befristung auszusprechen (BGH NZM 2014, 512). Eine mündliche Anhörung der Parteien ist möglich, s. Schmidt-Futterer/*Lehmann-Richter* ZPO § 765a Rn. 34. Auch der Gerichtsvollzieher, § 65 GVGA, kann in Ausnahmefällen die Vollstreckung gem. § 765a Abs. 2 ZPO für höchstens eine Woche einstellen.

6. Dies führt nicht zwingend zur Bejahung des § 765a ZPO; uU kommt Unterbringung in einer Obdachlosenunterkunft in Betracht; anders, wenn erschwerende Umstände hinzutreten (vgl. Einzelheiten Schmidt-Futterer/*Lehmann-Richter* ZPO § 765a Rn. 25 ff.). Zur polizeilichen Wiedereinweisung des gekündigten Mieters in die bisherige Wohnung bei anberaumter Zwangsräumung und drohender Obdachlosigkeit vgl. *Ruder* NVwZ 2001, 1223 ff. Diese Möglichkeit besteht nur bei besonderen Notlagen (s. BayVGH 25.9.1998 – 4 CS 98.2581). Zur Räumung während der Corona-Pandemie s. LG München I ZMR 2020, 654; LG Frankfurt a. M. BeckRS 2020, 16497; LG Berlin WuM 2020, 301).

7. Wenn der Gläubiger die Probleme des Schuldners im Vorhinein kennt, kann er durch eine „Schutzschrift" (*Lämmer/Muckle* NZM 2008, 69) Einfluss auf das Verfahren nehmen. Zum Gläubigerschutz s. BGH ZMR 2016, 922 f.

Kosten und Gebühren

8. Diese hat grds. der Vollstreckungsschuldner zu tragen (§ 788 Abs. 1 ZPO), ausnahmsweise aus Gründen der Billigkeit hiervon abweichend (teilweise) der Gläubiger nach § 788 Abs. 4 ZPO.

Fristen und Rechtsmittel

9. Gegen die Entscheidung des Rechtspflegers in der Hauptsache ist innerhalb von zwei Wochen die sofortige Beschwerde statthaft (§ 11 Abs. 1 RPflG, §§ 567 Abs. 1 Ziff. 1, 793 ZPO), s. Thomas/Putzo/*Seiler* ZPO § 765a Rn. 23; → Form. I.O.6; → Form. III.A.13. Möglich ist auch eine Abhilfeentscheidung des Vollstreckungsgerichts (§ 572 Abs. 1 ZPO), Prütting/Gehrlein/*Scheuch* ZPO § 765a Rn. 26. Gegen einstweilige Anordnungen des Vollstreckungsgerichts (Rechtspfleger) findet Erinnerung gem. § 11 Abs. 2 RPflG statt, die binnen zwei Wochen einzulegen ist.

Maklerrecht

15. Klage des Maklers auf Zahlung einer Käuferprovision (Gewerbeimmobilie)

An das
Landgericht[1,2]
Zivilkammer
Klage
In Sachen
. . . . . .
Klägerin
gegen
. . . . . .
Beklagte
wegen Maklerprovision
vorläufiger Streitwert: 14.280 EUR

Namens und in Vollmacht der Klägerin erhebe ich unter Einzahlung des erforderlichen Kostenvorschusses Klage mit folgendem Antrag:

Die Beklagte wird verurteilt, an die Klägerin 14.280 EUR nebst Zinsen iHv 9 Prozentpunkten über dem jeweiligen Basiszinssatz seit[3]. . . . . . zu zahlen.

Zur Begründung ist folgendes auszuführen:

Die Klägerin hat gegen die Beklagte einen Anspruch auf Zahlung von Maklerlohn. Aufgrund der Maklertätigkeit der Klägerin konnte die Beklagte für ihren Geschäftsbetrieb[4] das Anwesen in der . . . . . . Straße Nr. . . . . . in x-Stadt käuflich erwerben. Der

Kaufpreis hat 400.000 EUR betragen. Die Klägerin begehrt 3,57 % Provision einschließlich gesetzlicher Mehrwertsteuer aus diesem Kaufpreis, mithin 14.280 EUR zzgl. Zinsen.

Zwischen den Prozessparteien ist ein wirksamer Maklervertrag[5] zu Stande gekommen. Die Beklagte hat das Geschäftslokal der Klägerin am 30.5.2015 aufgrund einer kurz zuvor von der Klägerin in der örtlichen Tageszeitung aufgegebenen Anzeige aufgesucht und sich nach dem dort inserierten Objekt . . . . . . Straße erkundigt. In dieser Anzeige war nach der Angabe „Kauf" deutlich erkennbar der Hinweis „3,57 % Courtage vom Kaufpreis (425.000 EUR)" aufgeführt. Bereits aufgrund dieses Hinweises war es für die Beklagte klar, dass sie im Falle des Grundstückskaufs zur Provisionszahlung in der genannten Höhe[6] verpflichtet ist.[7] IÜ wurde die Beklagte auch anlässlich ihres Besuches im Geschäftslokal auf die Provisionspflichtigkeit hingewiesen. Auf ihre Bitte erhielt sie ein Exposé über das vorerwähnte Grundstück ausgehändigt. Auch in diesem Exposé war der in Rede stehende Provisionshinweis enthalten.[8]

Beweis: Zeitungsinserat, Exposé sowie Zeugnis des Mitarbeiters . . . . . .

Wenige Tage später hat die Beklagte bei der Klägerin angerufen und um Anberaumung eines Besichtigungstermins gebeten. Dieser wurde im Beisein des Eigentümers des Objekts, der zum damaligen Zeitpunkt dort noch wohnte, von einem Mitarbeiter der Klägerin durchgeführt. Die Beklagte hat schon bei diesem Termin konkretes Erwerbsinteresse gezeigt; in der Folgezeit hat sie allerdings den Kontakt zur Klägerin abgebrochen. Einige Monate später hat sie das Anwesen mit notariellem Vertrag v. 10.12.2015 käuflich erworben.

Beweis: Zeugnis des Herrn XY, wohnhaft in . . . . . . des früheren Eigentümers

Im Hinblick auf die erfolgreichen Maklerleistungen[9] der Klägerin ist der geltend gemachte Provisionsanspruch entstanden. Der von der Beklagten vorgerichtliche erhobene Einwand der Vorkenntnis[10] greift nicht durch. Sie hat selbst eingeräumt, lediglich das Objekt gekannt zu haben; dass es zum Verkauf anstand, war ihr unbekannt. Zwischen der erbrachten Maklerleistung und dem Abschluss des Kaufvertrages liegen sechs Monate. Dies ist ein angemessener Zeitabstand, so dass nach den von der höchstrichterlichen Rspr. entwickelten Grundsätzen die Mitursächlichkeit des Nachweises für den Kaufvertragsabschluss zu vermuten ist.[11]

Der abgeschlossene Kaufvertrag ist wirksam.[12] Der Umstand, dass die Beklagte das Objekt zu einem etwas günstigeren Kaufpreis erwerben konnte, als im Nachweis angegeben, ist provisionsunschädlich. Die gebotene wirtschaftliche Identität[13] zwischen Nachweis und dem tatsächlich abgeschlossenen Kaufvertrag kann nicht in Zweifel gezogen werden, zumal sich die Kaufpreisreduzierung ohnehin zu Gunsten der Beklagten als Käuferin ausgewirkt hat.[14]

Ferner ist es unerheblich, dass die Klägerin auch vom Verkäufer eine Provision erhalten hat. Ein Tätigwerden des Maklers für beide Seiten ist im Immobilienbereich nichts Ungewöhnliches.[15] Entgegen der von der Beklagten vorprozessual geäußerten Ansicht, war die Klägerin nicht verpflichtet, die Beklagte über die mit dem Verkäufer getroffene Provisionsabrede zu unterrichten.[16] Der von ihr erhobene Einwand der Provisionsverwirkung greift nicht durch.[17]

Ihren mit Abschluss des Kaufvertrages fällig gewordenen Provisionsanspruch[18] hat die Klägerin mit Rechnung v. 20.12.2015[19] gegenüber der Beklagten geltend gemacht.

Beweis: Rechnung v. 20.12.2015

Rechtsanwalt

Schrifttum: Dehner, Das Maklerrecht – Leitfaden für die Praxis, 2001; *D. Fischer*, Maklerrecht, 6. Aufl. 2021; *D. Fischer*, Die neue Rechtsprechung des Bundesgerichtshofs zum Maklerrecht, WM 2016, Sonderbeilage Nr. 1; *D. Fischer* WM 2020, Sonderbeilage

Nr. 2; *D. Fischer*, Die Verteilung der Maklerkosten bei der Vermittlung von Kaufverträgen über Wohnimmobilien, NJW 2020, 3553; *Hamm/Schwerdtner*, Maklerrecht, 7. Aufl. 2016; *Ibold*, Maklerrecht, 3. Aufl. 2015; *Seydel/Heinbuch*, Ein Leitfaden für Makler und ihre Kunden, 4. Aufl. 2005; *Würdinger*, Die drei Säulen des Maklerprovisionsrechts, JZ 2009, 349.

Anmerkungen

1. Sachliche Zuständigkeit: Für das Makler(provisions)recht gibt es keine streitwertunabhängige Zuständigkeit. Demnach ist bei Streitwerten bis 5.000 EUR das AG, ansonsten das LG sachlich zuständig ist (§ 1 ZPO iVm § 23 Nr. 1, § 71 Abs. 1 GVG).

2. Örtliche Zuständigkeit: Der allgemeine Gerichtsstand befindet sich am Wohnsitz des Beklagten (§§ 12, 13 ZPO, zum Maklerprovisionsrecht vgl. BayObLG NJW-RR 1998, 1291). Unter dem Gesichtspunkt des besonderen Gerichtstands des Erfüllungsorts gilt nichts anderes; der Provisionsanspruch ist nach der allgemeinen Regel des § 269 Abs. 1 S. 1 BGB am Wohnsitz des Maklerkunden zu erfüllen (BayObLG NJW-RR 1998, 1291). Maßgeblich ist der Wohnsitz zum Zeitpunkt des Abschlusses des Maklervertrages (OLG Stuttgart NJW-RR 1987, 1076; Zöller/*Vollkommer* ZPO § 29 Rn. 25). Zur internationalen Zuständigkeit (insb. nach Brüssel-I-VO) vgl. BGH NJW 2015, 2339 sowie OLG München IWRZ 2020, 143 zu Art. 7 Nr. 1b EuGVVO (Erfüllungsort der vertragscharakteristischen Leistung bei bilateraler Maklertätigkeit); *D. Fischer* NJW 2020, 1268 (1271).

3. Die Maklerprovision ist eine Entgeltforderung iSv § 286 Abs. 3 S. 1 BGB (Bamberger/Roth/Hau/Poseck BGB/*St. Lorenz*, 4. Aufl. 2019, BGB § 286 Rn. 39; NK-BGB/*Schulte-Nölke*, 4. Aufl. 2021, BGB § 286 Rn. 47), so dass für den Verzugseintritt die 30-Tagefrist nach Fälligkeit und Zugang der Rechnung maßgeblich ist. Die Höhe des Zinssatzes richtet sich nach § 288 Abs. 2 BGB, weil die Beklagte als Unternehmerin gehandelt hat und mithin nicht als Verbraucherin den geringeren Satz von § 288 Abs. 1 S. 2 BGB beanspruchen kann (vgl. § 14 BGB).

4. Damit scheidet der Anwendungsbereich der Vorschriften über die Vermittlung zum Erwerb von Wohnimmobilien (§§ 656a-656d BGB, hierzu *D. Fischer* NJW 2020, 3553; *J. Schmidt* NZM 2021, 289) aus.

5. Der Immobilienmaklervertrag unterliegt mit Ausnahme des Wohnraummaklervertrages (§ 1 Abs. 1 S. 2 WoVermittG: Textform) und des Wohnimmobilienmaklervertrages (§ 656a BGB: Textform) in der Regel keinem Formerfordernis (*Seydel/Heinbuch* MaklerR Rn. 20; *D. Fischer* MaklerR Kap. II Rn. 29, zum Beurkundungszwang für bestimmte Maklerklauseln (erfolgsunabhängige Reservierungsgebühren, Maklerbemühungsentgelte etc, vgl. BGH BGHZ 103, 235 (239) = NJW 1988, 1716; Erman/*D. Fischer*, BGB, 16. Aufl. 2020, Vor § 652 Rn. 21). Der Vertrag kann daher – obwohl die Schriftform empfehlenswert ist (vgl. *Würdinger* JZ 2009, 349; *D. Fischer* NZM 2011, 529 (530)) – auch mündlich oder konkludent zustande kommen (BGH NJW 2017, 1024 Rn. 17). Dies gilt aber nur dann, wenn für den Maklerkunden erkennbar ist, dass der Makler von ihm für seine Maklerdienste im Erfolgsfall eine Provision beanspruchen will (BGH NJW-RR 2007, 400 Rn. 12; NJW 2014, 2268 Rn. 10; NJW 2017, 1024 Rn. 17). Nach der höchstrichterlichen Rspr. darf nämlich der Interessent, soweit ihm nichts Gegenteiliges bekannt ist, davon ausgehen, dass der Makler das Objekt von dem Verkäufer an die Hand bekommen hat und deshalb mit der Weitergabe von Informationen eine Leistung für den Verkäufer erbringen will (BGH NJW 2005, 3779 (3780); NJW-RR 2007, 400 Rn. 12; NJW 2014, 2268 Rn. 10). Erforderlich ist daher ein ausdrückliches und unmissverständliches Provisionsverlangen des Maklers gegenüber dem Kaufinteressenten (sog Unklarheitenregel bzw. Ausdrücklichkeitsgebot, vgl. *D. Fischer* NZM 2011, 529 (530)).

Diese Grundsätze gelten auch dann, wenn der Makler einen (Gewerberaum-)Mietvertrag nachzuweisen oder zu vermitteln hat (BGH WM 2019, 1985 Rn. 13; OLG Dresden NZM 1998, 1006; OLG Düsseldorf MDR 2011, 1462 (1463); Palandt/*Sprau* BGB § 652 Rn. 5; *D. Fischer* MaklerR Kap. III Rn. 21). Darüber hinaus sind sie auch dann anwendbar, wenn sich ein Verkaufsinteressent an den Makler wendet, um aus dessen Bestand Kaufinteressenten nachgewiesen zu erhalten (BGH BB 1960, 918; *Hamm/Schwerdtner* MaklerR Rn. 112, 136; *D. Fischer* MaklerR Kap. III Rn. 22). Auch wenn ein ausdrückliches Provisionsverlangen vorliegt, kann der Maklerkunde dann nicht zur Provisionszahlung herangezogen werden, wenn er unverzüglich das Zahlungsbegehren zurückweist (Widerspruch bzw. Protestation, BGH NJW 2012, 2268 Rn. 10; NJW 2017, 1024 Rn. 22; *Hamm/Schwerdtner* MaklerR Rn. 109; *D. Fischer* MaklerR Kap. III Rn. 45 ff.).

6. Die Höhe der Provision muss nicht ausdrücklich vereinbart werden. Es genügt, dass sie im Wege der Vertragsauslegung festgestellt werden kann. Von Bedeutung ist hierbei die gesetzliche Auslegungsregel des § 653 Abs. 2 BGB, wonach die (orts-)übliche Provision als vereinbart anzusehen ist (*D. Fischer* NZM 2017, 348 (349). Bundesweit einheitliche Provisionssätze gibt es allerdings nicht (zu den Einzelheiten *D. Fischer* MaklerR Kap. III Rn. 83 ff).

7. Die Zeitungs-Anzeige ist zwar nur als „invitatio ad offerendum" anzusehen, mit der sich der Makler an einen unbestimmten Kreis von potentiellen Interessenten wendet (BGH NJW 2012, 2268 Rn. 11; NJW 2017, 1024 Rn. 15). Gleichwohl kann ein in einem Inserat enthaltenes Provisionsverlangen dann von Bedeutung sein, wenn sich die Kontaktaufnahme des Kaufinteressenten gerade hierauf bezieht (BGH NJW 2012, 2268 Rn. 11; NJW 2017, 1024 Rn. 17). In einer derartigen Anfrage kann ein Vertragsantrag des Kunden liegen, dessen Inhalt aus der vorhergehenden invitatio ad offerendum bestimmt wird (BGH NJW 2012, 2268 Rn. 11; NJW 2017, 1024 Rn. 17; *D. Fischer* MaklerR Kap. III Rn. 12).

Erforderlich ist aber nach den Grundsätzen der Unklarheitenregel, dass das Provisionsverlangen hinreichend deutlich ist (*D. Fischer* NZM 2011, 529 (530)). Nach der recht engherzigen bisherigen obergerichtlichen Rechtsprechung (OLG Hamm NJW-RR 1994, 1078; NJW-RR 1995, 819; OLG Dresden NZM 1998, 1016 (1017); OLG Oldenburg NJW-RR 2010, 1717 (1720)) wäre dies hier zu verneinen. Der BGH sieht dies zu Recht anders (BGH NJW 2012, 2268 Rn. 13; NJW-RR 2014, 1272 Rn. 14; *D. Fischer* MaklerR Kap. III Rn. 35). Die Angaben sind ausreichend. Sie lassen sich nicht als bloßer Hinweis darauf missverstehen, dass der Makler im Erfolgsfalle von dem Verkäufer eine Provision in entsprechender Höhe zu beanspruchen habe. Dies umso weniger, als nicht ersichtlich ist, welches Interesse ein Makler daran haben sollte, dem Kaufinteressenten, ohne dass hierzu eine rechtliche Verpflichtung besteht, zu offenbaren, ob und in welcher Höhe er eine Provisionsabrede mit dem Verkäufer getroffen hat (BGH NJW 2012, 2268 Rn. 15).

Der Umstand, dass in der Anzeige anstelle der Bezeichnung Provision von Courtage die Rede ist, rechtfertigt keine anderweitige Beurteilung. Der Begriff Courtage ist in den letzten Jahren im Immobilienbereich immer gebräuchlicher geworden (BGH NJW-RR 2014, 1272 Rn. 14; MDR 2015, 428 Rn. 30), so dass hieraus keine Unklarheit abgeleitet werden kann (*Münch* MietRB 2013, 132 (134); *D. Fischer* MaklerR Kap. III Rn. 34; aA noch OLG Hamm NJW-RR 1994, 1078). Ein ausdrückliches Provisionsverlangen liegt mithin vor. Die Bezugnahme hierauf führt bei der Kontaktaufnahme zum konkludenten Vertragsabschluss.

8. Eine Bezugnahme im Exposé reicht aus (BGH NJW 2002, 1945; NJW-RR 2007, 400 Rn. 16; *D. Fischer* MaklerR Kap. III Rn. 39). Selbst wenn das Provisionsverlangen in Allgemeinen Geschäftsbedingungen enthalten ist, genügt dies, soweit es hinreichend deutlich ist (OLG Düsseldorf NJW-RR 1996, 1466; OLG Karlsruhe ZfIR 2010, 183; Palandt/*Sprau* BGB § 652 Rn. 4; *Hamm/Schwerdtner* MaklerR Rn. 102).

9. Eine provisionspflichtige Maklertätigkeit kann entweder eine Nachweis- oder eine Vermittlungsleistung sein, wenn eine vertragliche Begrenzung auf nur einen der beiden Tätigkeitsbereiche nicht vorliegt. Fehlt eine ausdrückliche Konkretisierung der von dem gewerblichen Makler zu erbringenden Leistungen, handelt es sich im Zweifel sowohl um einen Nachweis- als auch um einen Vermittlungsvertrag (BGH NJW 1967, 1365; OLG Hamm NJW-RR 2014, 881 Rn. 15; BeckRS 2015, 03798, Rn. 17; *D. Fischer* MaklerR Kap. I Rn. 18; *Hamm/Schwerdtner* MaklerR Rn. 234). Selbst die Vereinbarung einer „Vermittlungsprovision" spräche nicht gegen die Annahme eines Nachweismaklervertrages (OLG München NJW-RR 1996, 239; OLG Schleswig BeckRS 2015, 16734; vgl. auch BGH NJW 2019, 1803 Rn. 33; ferner Palandt/*Sprau* BGB § 652 Rn. 11; Erman/*D. Fischer*, BGB, 16. Aufl. 2020, § 652 Rn. 10). Anhaltspunkte dafür, dass eine Courtage hier nur für den Fall der Vermittlung eines Kaufvertrages mit der Eigentümerin geschuldet sein sollte, finden sich hingegen nicht. Auch aus einer Firmierung des Maklerunternehmens – etwa als Immobilien-Verwaltungs- und Vermittlungsagentur – ließe sich im Hinblick auf den Doppelbegriff Vermittlung, der sowohl die reine Vermittlungsleistung als auch die Nachweisleistung erfasst (OLG Karlsruhe ZMR 2005, 965 (969); OLG Saarbrücken NJW-RR 2016, 58 (59); *D. Fischer* MaklerR Kap. I Rn. 23), nichts herleiten, was zwingend zur Annahme eines Vermittlungsvertrages führen könnte.

Eine Vermittlungsleistung scheidet hier aus. Hierfür müsste der Makler auf den potentiellen Vertragspartner mit dem Ziel eines Vertragsabschlusses einwirken (BGH NJW-RR 1997, 884; NJW-RR 2009, 1282 Rn. 8; NJW 2019, 1803 Rn. 26; NJW-RR 2021, 177 Rn. 21). Die Durchführung eines Besichtigungstermins reicht in der Regel nicht aus (BGH NJW-RR 2009, 1282 Rn. 8). Die Klägerin hat aber die Gelegenheit zum Abschluss eines Kaufvertrages über das streitgegenständliche Objekt nachgewiesen. Der Nachweis der Gelegenheit zum Abschluss eines Vertrages besteht in der Mitteilung des Maklers an seinen Auftraggeber, durch die dieser in die Lage versetzt wird, in konkrete Verhandlungen über den von ihm angestrebten Hauptvertrag einzutreten (BGH BGHZ 161, 349 (355) = NJW 2005, 753; NJW 2006, 3062 Rn. 13; NJW 2020, 2792 Rn. 36). Beim Immobilienkauf erfordert dieser Nachweis in der Regel neben der eindeutigen Bezeichnung des Objekts konkrete Angaben zu der Person, die zu substantiellen Verhandlungen über den Vertragsschluss berechtigt ist (BGH BGHZ 161, 349 (355) = NJW 2005, 753; NJW 2006, 3062 Rn. 13; NJW-RR 2014, 1272 Rn. 15; NJW 2016, 2312 Rn. 20, 42; NJW 2020, 2792 Rn. 36). Eine solche Maklerleistung ist auch dann erbracht, wenn dem Maklerkunden zunächst, etwa durch E-Mail, ein Objekt zum Kauf nachgewiesen und in der Folge eine Besichtigung des Objekts unter Mitwirkung des Vertreters des Verkäufers durchgeführt wird und hierbei Kontaktdaten zwischen dem Maklerkunden und dem Vertreter der Verkäuferseite ausgetauscht werden (BGH NJW-RR 2014, 1272 Rn. 15). Hier hat die Beklagte von der Klägerin die erforderlichen Angaben erhalten, spätestens während des Besichtigungstermins. Die erforderliche Vertragsbereitschaft bzgl. der Verkäuferin als weiteres Element der Nachweisleistung (*D. Fischer* MaklerR Kap. IV Rn. 16 ff.) ist hier ohnehin gegeben.

10. Die Ursächlichkeit einer Nachweisleistung für den Abschluss des Hauptvertrages fehlt dann, wenn dem Maklerkunden die Vertragsgelegenheit bereits bekannt war. In diesem Zusammenhang wird vielfach vom Einwand der Vorkenntnis gesprochen. Terminologisch ist dies unzutreffend, weil der Maklerkunde, der sich auf Vorkenntnis beruft, eine Anspruchsvoraussetzung – nämlich die Kausalität – in Abrede stellt, und keine rechtshindernde oder rechtshemmende Einwendung geltend macht (*Dehner* MaklerR Rn. 150; *D. Fischer* WM 2020, 1757). Die Behauptung der Vorkenntnis spielt im Nachweis-Provisionsprozess eine große Rolle. Vorkenntnis bedeutet aber nicht nur Kenntnis von dem zur Veräußerung anstehenden Objekt, sondern bezieht neben der Person des potentiellen Vertragspartners auch die Vertragsgelegenheit mit ein, für die gewisse Mindestkenntnisse gefordert werden. Deshalb kann sich ein Maklerkunde nicht auf Vorkenntnis berufen, wenn ihm zwar das Objekt als solches bekannt war, er aber nicht wusste, dass der Eigentümer zum Verkauf bereit war (BGH NJW-RR 1990, 1008; NJW-RR 1991, 950; *Seydel/Heinbuch* MaklerR Rn. 298; *D. Fischer* WM 2020, 1757). Macht der Maklerkunde Vorkenntnis geltend, trägt er hierfür die Darlegungs- und Beweislast, weil es sich um einen Umstand aus seiner Spähre handelt (BGH NJW 1976, 2345 (2346); NJW 1983, 1849; *D. Fischer* WM 2020, 1757 (1759).

11. Die Nachweisleistung des Maklers muss auch mitursächlich für den Abschluss des Kaufvertrages (Hauptvertrag) sein. Hierfür trägt der Makler die Darlegungs- und Beweislast (BGH NJW-RR 2014, 1272 Rn. 16; NJW 2019, 1226 Rn. 12; *Dehner* MaklerR Rn. 166). Der Kausalzusammenhang zwischen Nachweisleistung und Vertragsschluss wird aber zu Gunsten des Maklers vermutet, wenn zwischen beiden Handlungen ein angemessener Zeitabstand besteht (BGH BGHZ 141, 40 (44) = NJW 1999, 1255; NJW 2006, 3062 Rn. 18; NJW 2008, 651 Rn. 10; NJW-RR 2014, 1272, Rn. 16; NJW 2020, 2792 Rn. 14). Für die Vermutungswirkung, die der Maklerkunde widerlegen kann (BGH NJW 2020, 2792 Rn. 18; *Seydel/Heinbuch* MaklerR Rn. 292; *D. Fischer* WM 2020, 1757 (1759)), gilt eine zeitliche Obergrenze bis zu zwölf Monaten (BGH NJW 2006, 3062 Rn. 18; NJW 2020, 2792 Rn. 18). Ist der Zeitabstand größer, trägt der Makler wiederum die volle Darlegungs- und Beweislast (BGH NJW 2006, 3062 Rn. 19). Bei der hier im Raum stehenden Zeitspanne von sechs Monaten kann die Mitursächlichkeit zweifelsfrei angenommen werden. Im Gerichtsalltag kommt der Vermutungswirkung die Bedeutung einer faktischen Beweislastumkehr zu, weil der Maklerkunde regelmäßig nicht in der Lage ist, die Vermutungswirkung zu widerlegen (*D. Fischer* NZM 2011, 529 (534)).

12. Der Provisionsanspruch setzt ferner voraus, dass ein wirksamer Hauptvertrag mit einem Dritten abgeschlossen wird (BGH BGHZ 226, 20 = NJW 2020, 3306 Rn. 20; *Würdinger* FS Martinek, 2020, 961 (969)). Der Umstand, dass der Hauptvertrag möglicherweise erst nach Beendigung des Maklervertrags zustande kommt, beeinträchtigt den Provisionsanspruch des Maklers nicht (BGH NJW-RR 2014, 1272; BGHZ 226, 20 = NJW 2020, 3306 Rn. 48; OLG Hamm NJW-RR 2020, 1510). Ist der Hauptvertrag genehmigungsbedürftig, wie etwa beim Kauf eines landwirtschaftlichen Betriebsgrundstücks durch die Landwirtschaftsbehörde (§ 3 Abs. 1 Agrarstrukturverbesserungsgesetz Baden-Württemberg, ASVG), dann ist der Hauptvertrag, solange die Genehmigung noch aussteht, schwebend unwirksam (OLG Karlsruhe DWW 2021, 27 = BeckRS 2020, 37536; *D. Fischer* NJW 2021, 1202 Rn. 17). Provision könnte dann noch nicht verlangt werden (BGH NJW-RR 2008, 564 Rn. 7; *D. Fischer* MaklerR Kap. V Rn. 25).

13. Der Hauptvertrag, der durch die Leistung des Maklers zu Stande gekommen ist, muss mit dem Vertrag wirtschaftlich gleichwertig sein, den der Makler nach dem Inhalt des Maklervertrages herbeiführen sollte (BGH BGHZ 161, 349 (358) = NJW 2005, 753; NJW-RR 2006, 496 (497); NJW 2014, 2352 Rn. 11; NJW-RR 2018, 435 Rn. 11). In diesem Zusammenhang wird von wirtschaftlicher Identität zwischen dem Gegenstand des Maklervertrages und dem abgeschlossenen Hauptvertrag gesprochen (*Dehner* MaklerR Rn. 115; *D. Fischer* MaklerR Kap. V Rn. 75). Gebräuchlich ist auch die Bezeichnung Kongruenz (BGH NJW 2008, 651 Rn. 19; NJW 2014, 2352 Rn. 12; Palandt/*Sprau* BGB § 652 Rn. 42; *Hamm/Schwerdtner* MaklerR Rn. 412). Eine starre und engherzige Betrachtungsweise ist hierbei nicht angezeigt, zumal der Maklerkunde als Vertragsinteressent mit einem gewissen Spielraum in die Vertragsverhandlungen geht (Palandt/*Sprau* BGB § 652 Rn. 42; *D. Fischer* MaklerR Kap. V Rn. 75). Dies gilt insb. für die Kaufpreisvorstellungen (BGH BGHZ 141, 40 (43) = NJW 1999, 1255; OLG Hamm NZM 1998, 271; zahlreiche weitere Beispiele aus der Rspr. finden sich bei MüKoBGB/*Roth* § 652 Rn. 160) sowie für die Ausstattungsmerkmale (BGH BGHZ 141, 40 (43) = NJW 1999, 1255) des gesuchten Objektes. Diese Grundsätze gelten auch bei einem Dritterwerb, sofern zwischen dem Maklerkunden und dem Dritten entweder enge persönliche oder besonders ausgeprägte wirtschaftliche Beziehungen bestehen (persönliche Kongruenz, BGH NJW 2008, 651 Rn. 22; NJW-RR 2014, 1272 Rn. 19; NJW-RR 2018, 435 Rn. 11). Provisionspflichtig bleibt aber der Maklerkunde (BGH NJW-RR 1997, 1276; *Seydel/Heinbuch* MaklerR Rn. 252; *D. Fischer* NZM 2018, 483 (484)).

Bei der Beurteilung der wirtschaftlichen Identität sind stets die Besonderheiten des Einzelfalles maßgebend. Ob Identität vorliegt, ist in erster Linie eine Frage der tatrichterlichen Würdigung der maßgeblichen Umstände (BGH NJW 1987, 1628; NJW-RR 1998, 411; NJW-RR 2004, 851 (852); NJW 2014, 2352 Rn. 10; NJW-RR 2018, 435 Rn. 11). Entscheidend ist, ob durch den Hauptvertrag der vom Maklerkunden erstrebte wirtschaftliche Erfolg eingetreten ist (BGH WM 1984, 342; NJW 1988, 967 (968); NJW-RR 1993, 119; NJW 1998, 2277; NJW 2008, 651 Rn. 19; NJW 2014, 2352 Rn. 10). Deshalb ist die Frage, ob der beabsichtigte Hauptvertrag mit dem tatsächlich abgeschlossenen Hauptvertrag als wirtschaftlich gleichwertig anzusehen ist, im Rahmen *wirtschaftlicher Betrachtungsweise* zu prüfen (BGH NJW 2020, 2792 Rn. 40; *D. Fischer* NZM 2016, 117 (121)). Die Beurteilung unter wirtschaftlichen Gesichtspunkten ist in aller Regel in erster Linie auf das Interesse des Auftraggebers und nicht auf das des Maklers auszurichten (BGH NJW 1987, 1628; NJW-RR 1990, 184 (185); *D. Fischer* NZM 2021, 487 (488)). Ausgangspunkt hierfür ist der Maklervertrag, dessen konkreter Inhalt ggf. durch Auslegung zu bestimmen ist (BGH WM 1973, 814; WM 1984, 560; *Hamm/Schwerdtner* MaklerR Rn. 412). Je genauer der Maklerkunde seine Wünsche für das beabsichtigte Geschäft und die Bedingungen des Hauptvertrages präzisiert, umso eher werden geringe Abweichungen von Bedeutung sein können (BGH 11.1.1984 – IVa ZR 109/82, nv; WM 1973, 814; *Hamm/Schwerdtner* MaklerR Rn. 412; *D. Fischer* NZM 2018, 483 (484)).

14. Der BGH sieht einen Preisnachlass von etwa 15 % im Falle einer Käuferprovision für nicht so erheblich an, als dass durch ihn die notwendige Kongruenz des abgeschlossenen Vertrags mit der nachgewiesenen Gelegenheit in Frage gestellt werden könnte (BGH NJW 2008, 651 Rn. 26; NJW-RR 2014, 1272 Rn. 15; NJW 2019, 1226 Rn. 20; NJW 2020, 2792 Rn. 40). Bei Preisnachlässen von mehr als 50 % ist dagegen die wirtschaftliche Identität regelmäßig zu verneinen (BGH NJW 2014, 2352 Rn. 12; NJW-RR 2014, 1272 Rn. 15; NJW 2019, 1226 Rn. 20). Liegt der Preisnachlass zwischen 15 % und 50 % hat der Tatrichter nach Maßgabe der allgemeinen Grundsätze und unter Berücksichtigung der Umstände des konkreten Falls iE zu begründen, ob eine wirtschaftliche Gleichwertigkeit (noch) vorliegt (BGH NJW-RR 2014, 1272 Rn. 22). Bei für den Maklerkunden günstigen Preisabweichungen ist insb. von Bedeutung, ob diese sich noch in einem erwartbaren Rahmen bewegen, oder ob letztlich die abweichende Preisgestaltung auf Umständen beruht, welche die wirtschaftliche Identität des nachgewiesenen zum abgeschlossenen Geschäft in Frage stellen (BGH NJW 2014, 2352 Rn. 12; NJW-RR 2014, 1272 Rn. 21). Dabei ist kein allzu strenger Maßstab anzulegen, weil sich namentlich bei Grundstücken, die längere Zeit angeboten werden, der Preis typischerweise nach unten bewegt (BGH NJW 2014, 2352 Rn. 12; NJW-RR 2014, 1272 Rn. 21).

15. Eine Doppeltätigkeit des Maklers wird im Immobilienbereich als weitgehend üblich angesehen und führt nicht zum Provisionsausschluss nach § 654 BGB (BGH NJW-RR 2003, 991; OLG Rostock MDR 2009, 194; OLG München NJOZ 2013, 974; *Seydel/*

Heinbuch MaklerR Rn. 166; Palandt/*Sprau* BGB § 654 Rn. 4). Anderes gilt, wenn dem Makler im Erstvertrag eine Doppeltätigkeit ausdrücklich untersagt wurde (*D. Fischer* MaklerR Kap. VIII Rn. 46).

Wird auch seitens des Verkäufers die Zahlung der Provision in Abrede gestellt, besteht für den Doppelmakler die Möglichkeit gegen beide Maklerkunden eine gemeinsame Provisionsklage zu erheben. Hierfür ist ein gemeinschaftlicher allgemeiner oder besonderer Gerichtsstand nicht gegeben. In Betracht kommt aber, im Rahmen eines Gerichtsstandsbestimmungsverfahrens (§ 36 Abs. 1 Nr. 3 ZPO) einen einheitlichen Gerichtsstand feststellen zu lassen, wenn die Kunden ihren Gerichtsstand in unterschiedlichen (Land-)Gerichtsbezirken haben (BGH NJW-RR 1991, 381; *D. Fischer* MaklerR Kap. XV Rn. 5 ff). Als zu bestimmendes Gericht kann das Eingangsgericht benannt werden, in dessen Bezirk das Kaufgrundstück belegen ist (BGH NJW-RR 1991, 381; *D. Fischer* MaklerR Kap. XV Rn. 7).

16. Ein Makler ist nicht verpflichtet, dem Kaufinteressenten zu offenbaren, ob und in welcher Höhe er eine Provisionsvereinbarung mit dem Verkäufer getroffen hat (BGH NJW 2012, 2268 Rn. 13, anders dagegen bei der Wohnimmobilienvermittlung, wenn der Erwerber Verbraucher ist, § 656c BGB, hierzu *D. Fischer* NJW 2021, 1202 Rn. 3).

17. Der auf § 654 BGB gestützte Einwand des Provisionsverlustes gehört zum Grundrepertoire des heutigen Maklerlohnprozesses (*Hamm/Schwerdtner* MaklerR Rn. 379; *D. Fischer* MaklerR Kap. VIII Rn. 1). Hierbei handelt es sich nicht um ein selbständiges Angriffs- und Verteidigungsmittel, vergleichbar der Geltendmachung eines Zurückbehaltungsrechts, sondern trotz der Bezeichnung als Einwand (BGH NJW-RR 2011, 1426 Rn. 28) oder Einrede lediglich um eine im Zusammenhang mit dem Bestehen des Provisionsanspruchs zu prüfende Rechtsfrage (BGH NJW-RR 2011, 1426 Rn. 27). Er greift nach den von der höchstrichterlichen Rspr. entwickelten Grundsätzen über den in § 654 BGB unmittelbar geregelten Fall der unzulässigen Doppeltätigkeit weit hinaus. Auch bei anderweitigen besonders schwerwiegenden Treuepflichtverletzungen des Maklers kommt regelmäßig ein Provisionsverlust in Betracht, wenn der Makler sich seines Lohnes "unwürdig" erwiesen hat (BGH NJW-RR 2005, 1423 (1424); NZM 2021, 305 Rn. 26; OLG Hamm NJW-RR 2020, 1510). Hierin liegt heute der Hauptanwendungsbereich dieser Norm (MüKoBGB/*Roth* § 654 Rn. 2; *Dehner* NJW 2000, 1986 (1994); *D. Fischer* NZM 2011, 529 (535)). Aus dem zusätzlichen Erfordernis einer subjektiv besonders vorwerfbaren Pflichtwidrigkeit folgt allerdings, dass bei der Anwendung dieser Rechtssätze Zurückhaltung geboten ist (BGH NJW 2012, 3718 Rn. 16; *D. Fischer* NJW 2013, 3410 (3413)). Die Verwirkung des Maklerlohnanspruchs hat Strafcharakter (BGH NJW-RR 2005, 1423 (1424); NZM 2021, 305 Rn. 26).

18. Der Provisionsanspruch ist nach § 652 Abs. 1 S. 1; § 271 BGB fällig, wenn der Hauptvertrag infolge des Nachweises oder der Vermittlung des Maklers im Rahmen eines Maklervertrages zustande gekommen ist (*Hamm/Schwerdtner* MaklerR Rn. 641; *D. Fischer* MaklerR Kap. VII Rn. 18). Erforderlich ist die volle Wirksamkeit des Hauptvertrages (BGH NJW 1991, 2844 (2845); *D. Fischer* MaklerR Kap. VII Rn. 18). Dies bedeutet, wenn der Hauptvertrag genehmigungsbedürftig ist, dass auch die Genehmigung bereits erteilt sein muss (BGH NJW-RR 2008, 564 Rn. 7; OLG Karlsruhe DWW 2021, 27; *D. Fischer* NJW 2021, 1202 Rn. 17). Liegt diese noch nicht vor, ist eine Provisionsklage als derzeit unbegründet abzuweisen (OLG Karlsruhe DWW 2021, 27; *D. Fischer* NZM 2021, 487 (488)).

19. Für den Eintritt des Verzugs ist der Zugang der Rechnung maßgeblich, → Anm. 3.

16. Klage des Maklers auf Zahlung einer Käuferprovision (Wohnimmobilie)

An das
Landgericht[1,2]
Zivilkammer
Klage
In Sachen
. . . . . .
Klägerin
gegen
. . . . . .
Beklagte
wegen Maklerprovision
vorläufiger Streitwert: 7.140 EUR

Namens und in Vollmacht der Klägerin erhebe ich unter Einzahlung des erforderlichen Kostenvorschusses Klage mit folgendem Antrag:

Die Beklagte wird verurteilt, an die Klägerin 7.140 EUR nebst Zinsen iHv 5 Prozentpunkten über dem jeweiligen Basiszinssatz seit[3] . . . . . zu zahlen.

Zur Begründung ist folgendes auszuführen:

Die Klägerin hat gegen die Beklagte einen Anspruch auf Zahlung von Maklerlohn. Aufgrund der Maklertätigkeit der Klägerin konnte die Beklagte, eine Grundschullehrerin,[4] eine Eigentumswohnung im Anwesen in der . . . . . Straße Nr. . . . . . in x-Stadt käuflich erwerben. Der Kaufpreis hat 200.000 EUR betragen. Die Klägerin begehrt 3,57 % Provision einschließlich gesetzlicher Mehrwertsteuer aus diesem Kaufpreis, mithin 7.140 EUR zzgl. Zinsen.

Zwischen den Prozessparteien ist ein wirksamer Maklervertrag[5] zu Stande gekommen. Die Beklagte hat sich am 2.1.2021 aufgrund einer von der Klägerin auf ihrem Internetauftritt eingestellten Anzeige per E-Mail an die Klägerin gewandt und sich nach der dort inserierten Eigentumswohnung im Objekt . . . . . Straße erkundigt. In dieser Anzeige war nach der Angabe „Kauf“ deutlich erkennbar der Hinweis „3,57 % Käuferprovision vom Kaufpreis (425.000 EUR)“ enthalten. Bereits aufgrund dieses Hinweises war es für die Beklagte klar, dass sie im Falle des Erwerbs der Eigentumswohnung zur Provisionszahlung in der genannten Höhe verpflichtet ist. Auf ihre Bitte erhielt sie von der Klägerin per E-Mail vom selben Tag ein Exposé über die vorerwähnte Eigentumswohnung zugesandt. Auch in diesem Exposé war der in Rede stehende Provisionshinweis enthalten. Ferner erhielt die Beklagte eine umfassende Widerrufsbelehrung zugesandt.[6] In Kenntnis dieser Belehrung hat sie die Klägerin gebeten, sofort mit ihrer Tätigkeit zu beginnen.

Beweis: Internetinserat, E-Mail der Beklagten vom 2.1.2021, E-Mail der Klägerin vom 2.1.2021, Exposé, Widerrufsbelehrung sowie Zeugnis des Mitarbeiters . . . . .

Wenige Tage später hat die Beklagte per E-Mail die Klägerin um Anberaumung eines Besichtigungstermins gebeten. Dieser wurde im Beisein des Eigentümers des Objekts, der zum damaligen Zeitpunkt dort noch wohnte, von einem Mitarbeiter der Klägerin durchgeführt. Die Beklagte hat schon bei diesem Termin konkretes Erwerbsinteresse gezeigt; in der Folgezeit hat sie allerdings den Kontakt zur Klägerin abgebrochen. Wenige Wochen danach hat sie die Eigentumswohnung mit notariellem Vertrag v. 10.2.2021 käuflich erworben.

Beweis: E-Mail der Beklagten vom 5.1.2021; Zeugnis des früheren Eigentümers

Im Hinblick auf die erfolgreichen Maklerleistungen[7] der Klägerin ist der geltend gemachte Provisionsanspruch entstanden. Zwischen der erbrachten Maklerleistung und dem Abschluss des Kaufvertrages liegen wenige Wochen. Nach den von der höchstrichterlichen Rspr. entwickelten Grundsätzen ist die Mitursächlichkeit des Nachweises für den Kaufvertragsabschluss zu vermuten.[8]

Ferner ist es unerheblich, dass die Klägerin auch mit dem Verkäufer einen gesonderten Maklervertrag abgeschlossen hatte. Ein Tätigwerden des Maklers für beide Seiten ist im Immobilienbereich nichts Ungewöhnliches.[9] Der Verkäufer hat seine Provision, ebenfalls 3,57 % vom Kaufpreis, unmittelbar nach dem Notartermin bezahlt.[10]

Dies hat die Klägerin der Beklagten mit Schreiben vom 22.2.2021 mitgeteilt[11] und mit gleicher Post[12] die Käuferprovision in Rechnung gestellt.[13]

Beweis: Bankauszug zur Zahlung der Verkäuferprovision, Schreiben und Rechnung v. 22.2.2021

Rechtsanwalt

Anmerkungen

1. Sachliche Zuständigkeit: → Form. II.B.15 Anm. 1.

2. Örtliche Zuständigkeit: → Form. II.B.15 Anm. 2.

3. Die Maklerprovision ist eine Entgeltforderung iSv § 286 Abs. 3 S. 1 BGB → Form. II. B. 15 Anm. 3. Die Höhe des Zinssatzes richtet sich nach § 288 Abs. 1 S. 2 BGB, weil die Beklagte Verbraucherin (vgl. § 13 BGB) ist.

4. Als Grundschullehrerin ist die Beklagte Verbraucherin (§ 13 BGB). Damit sind für das Vertragsverhältnis der Prozessparteien neben den allgemeinen maklerrechtlichen Regelungen auch die Bestimmungen der §§ 656a – 656d BGB (4. Untertitel des 10. Titels Maklervertrag) maßgeblich.

5. Der Maklervertrag bezieht sich auf die Vermittlung einer Wohnimmobilie, wozu insbesondere Einfamilienhäuser und Eigentumswohnungen gehören (*D. Fischer* NJW 2020, 3553 Rn. 4 ff; *P. Meier* ZfIR 2020, 765 (767); *J. Schmidt* NZM 2021, 289 (292). Derartige Verträge unterliegen dem Formerfordernis der Textform (§ 656a BGB), wenn der Maklervertrag nach dem 22.12.2020 abgeschlossen wurde (Art. 229 § 53 EGBGB). Der Vertrag muss daher diesem Formerfordernis entsprechen. Ist dies nicht der Fall, ist der Vertrag nach § 125 BGB nichtig (BT-Drs. 19/15827; 18; Erman/*D. Fischer*, BGB 16. Aufl. 2020, BGB Vor § 652 Rn. 4b; *P. Meier* ZfIR 2020, 765 (768)). Die mit E-Mail der Beklagten vom 2.1.2021 geäußerte Bitte um Zusendung des Objektexposés, stellt den Antrag auf Abschluss eines Wohnimmobilienmaklervertrages dar. Die vom Bundesgerichtshof entwickelten Grundsätze zum Abschluss eines konkludenten Maklervertrages (→ Form. II.B.15 Anm. 5) sind auch auf den Wohnimmobilienmaklervertrag anwendbar, soweit die konkludenten Erklärungen den Anforderungen der Textform genügen (*D. Fischer* NJW 2020, 3553 Rn. 12; *J. Schmidt* NZM 2021, 289 (291 f); *Würdinger* jM 2021, 46 (49). Dies ist hinsichtlich der E-Mail vom 2.1.2021 der Fall, weil es sich hierbei um eine zur dauerhaften Wiedergabe in Schriftzeichen geeignete Erklärung handelt (BT-Drs. 19/15827, 2). Inhaltlich bedeutet die in Rede stehende Erklärung einen Antrag auf Abschluss eines Maklervertrages; die Bitte um Zusendung des Exposés ist als Bezugnahme auf das Maklerinserat zu verstehen, welches ein ausdrückliches Provisionsbegehren aufweist (→ Form. II.B.15 Anm. 7). Den Antrag auf Abschluss eines Maklervertrages hat die Klägerin angenommen, indem sie der Beklagten das Exposé mit E-Mail vom 2.1.2021 übersandte (vgl. *D. Fischer* NJW 2020, 3553 Rn. 12). Damit wurde zugleich dem Textformerfordernis genügt. Im Übrigen kann auch in der Bitte um Durchführung eines Besichtigungstermins und der anschließenden Anberaumung eines Termins ein entsprechender Vertragsabschluss gesehen werden, wenn beide Erklärungen in Textform abgegeben werden (BGH WM 2019, 1985 Rn. 14; *D. Fischer* NJW 2020, 3553 Rn. 12; *J. Schmidt* NZM 2021, 289 (291 f)).

6. Der Vertragsabschluss ist hier im Rahmen eines Fernabsatzgeschäfts erfolgt. Ein Fernabsatz-Maklervertrag ist nicht immer schon dann anzunehmen, wenn der Vertrag unter Verwendung von Fernkommunikationsmitteln zustande gekommen ist, sondern setzt weiter voraus, dass dies im Rahmen eines für den Fernabsatz organisierten Vertriebs- und Dienstleistungssystems geschieht (BGH NJW 2017, 2017 Rn. 49; NJW-RR 2017, 368 Rn. 49; zu den Einzelheiten *D. Fischer* MaklerR Kap. III Rn. 83 ff).

7. Eine provisionspflichtige Maklertätigkeit kann entweder eine Nachweis- oder eine Vermittlungsleistung sein, wenn eine vertragliche Begrenzung auf nur einen der beiden Tätigkeitsbereiche nicht vorliegt. Zu den weiteren Einzelheiten vgl. → Form. II.B.15 Anm. 9.

8. Die Nachweisleistung des Maklers muss auch mitursächlich für den Abschluss des Kaufvertrages (Hauptvertrag) sein. Hierfür trägt der Makler die Darlegungs- und Beweislast (BGH NJW-RR 2014, 1272 Rn. 16; NJW 2019, 1226 Rn. 12; *Dehner* MaklerR Rn. 166). Der Kausalzusammenhang zwischen Nachweisleistung und Vertragsschluss ist hier aber zu Gunsten des Maklers zu vermuten, weil zwischen beiden Handlungen ein angemessener Zeitabstand besteht (BGH BGHZ 141, 40 (44) = NJW 1999, 1255; NJW 2006, 3062 Rn. 18; NJW 2008, 651 Rn. 10; NJW-RR 2014, 1272, Rn. 16; NJW 2020, 2792 Rn. 14). Zu den weiteren Einzelheiten vgl. → Form. II. B. 15 Anm. 11.

9. Eine Doppeltätigkeit des Maklers wird im Immobilienbereich als weitgehend üblich angesehen und führt nicht zum Provisionsausschluss nach § 654 BGB (BGH NJW-RR 2003, 991; OLG Rostock MDR 2009, 194; OLG München NJOZ 2013, 974; *Seydel/Heinbuch* MaklerR Rn. 166; Palandt/*Sprau* BGB § 654 Rn. 4).

10. Nach herkömmlichem Maklerrecht ist ein Makler nicht verpflichtet, dem Kaufinteressenten zu offenbaren, ob und in welcher Höhe er eine Provisionsvereinbarung mit dem Verkäufer getroffen hat (BGH NJW 2012, 2268 Rn. 13). Für den hier vorliegenden Bereich des Wohnimmobilien-Maklerrechts (§ 656a-§ 656d BGB) gilt anderes. Danach ist der Halbteilungsgrundsatz maßgeblich, wonach die Parteien des Hauptvertrages jeweils die Hälfte der entstandenen Maklerkosten zu tragen haben (§ 656c Abs. 1 BGB). Die Durchsetzbarkeit dieses zwingenden Grundsatzes ist aber nur gewährleistet, wenn dem Maklerkunden gegenüber dem Makler ein Auskunftsanspruch zusteht. Insbesondere muss der Makler, dem Kunden auf Verlangen über die Höhe der Provision des anderen Teils des Hauptvertrags und über etwaige Erlassabreden Auskunft geben (Palandt/*Sprau* BGB § 656c Rn. 6; Jauernig/*Mansel* BGB § 656c Rn. 5; *D. Fischer* NJW 2021, 1202 Rn. 3; aA *P. Meier* ZfIR 2020, 765 (772 f.)). Immanente Auskunftspflichten sind dem Maklervertrag nicht unbekannt. So ist etwa der Maklerkunde gegenüber dem Makler verpflichtet, ihn über die Höhe des Kaufpreises zu unterrichten, wenn der Makler diese Angaben zur Berechnung seiner Provision benötigt und ihm der Kaufpreis nicht bekannt ist (→ Form. II.B.17 Anm. 10). Eine vergleichbare Konstellation wird durch die zwingende Regelung des Halbteilungsgrundsatzes geschaffen. Auch hier ist der Maklerkunde auf das Wissen seines Vertragspartners angewiesen und kann nur durch dessen Auskunft abschließend feststellen, ob oder in welcher Höhe er provisionspflichtig ist (*D. Fischer* NJW 2021, 1202 Rn. 3). Der Halbteilungsgrundsatz ist hier eingehalten; beide Kaufvertragsparteien haben jeweils eine Maklerprovision von 3,57 % zu zahlen. Wird der Halbteilungsgrundsatz missachtet, führt dies gemäß § 656c Abs. 2 S. 1 BGB zur Nichtigkeit der jeweiligen Maklerverträge (*D. Fischer* IMR 2021, 88 (91 f); *J. Schmidt* NZM 2021, 289 (293)).

11. Liegt keine Doppeltätigkeit vor, sondern soll die Provisionslast auf den anderen Teil des Hauptvertrages abgewälzt werden, gilt gemäß § 656d BGB hierfür der Halbteilungsgrundsatz mit der Maßgabe, dass insoweit allenfalls die Hälfte der Provision übernommen werden darf. Um Umgehungen von diesem Grundsatz zu verhindern, sieht § 656d Abs. 1 S. 2 BGB vor, dass der übergewälzte Provisionsanspruch erst fällig wird, wenn der Makler oder der andere Vertragsteil nachgewiesen hat, dass der Maklerkunde bereits seinen Provisionsanteil erbracht hat (*D. Fischer* NJW 2020, 3553 Rn. 29 ff).

12. Der Provisionsanspruch ist nach § 652 Abs. 1 S. 1; § 271 BGB fällig, wenn der Hauptvertrag infolge des Nachweises oder der Vermittlung des Maklers im Rahmen eines Maklervertrages zustande gekommen ist (*Hamm/Schwerdtner* MaklerR Rn. 641; *D. Fischer* MaklerR Kap. VII Rn. 18). Erforderlich ist die volle Wirksamkeit des Hauptvertrages (BGH NJW 1991, 2844 (2845); *D. Fischer* MaklerR Kap. VII Rn. 18). Dies bedeutet, wenn der Hauptvertrag genehmigungsbedürftig ist, dass auch die Genehmigung bereits erteilt sein muss (BGH NJW-RR 2008, 564 Rn. 7; OLG Karlsruhe DWW 2021, 27).

13. Für den Eintritt des Verzugs ist der Zugang der Rechnung maßgeblich, → Anm. 3.

17. Stufenklage des Maklers auf Zahlung einer Verkäuferprovision

An das
Landgericht[1,2]
Kammer für Handelssachen[3]
Klage
In Sachen
. . . . . . GmbH
Klägerin
gegen
. . . . . . oHG
Beklagte
wegen Maklerprovision
vorläufiger Streitwert: 50.000 EUR

Namens und in Vollmacht der Klägerin erhebe ich unter Einzahlung des erforderlichen Kostenvorschusses Stufenklage[4] mit folgenden Anträgen:

1. **Die Beklagte wird verurteilt, der Klägerin Auskunft darüber zu erteilen, ob sie an den Kaufinteressenten . . . . . . das Geschäftshaus . . . . . . zu welchem Kaufpreis veräußert hat.**
2. **Die Beklagte wird erforderlichenfalls[5] verurteilt, die Richtigkeit und Vollständigkeit der nach Ziff. 1 zu erteilenden Auskünfte eidesstattlich zu versichern.**
3. **Die Beklagte wird verurteilt, an die Klägerin einen nach Auskunftserteilung zu bestimmenden Betrag iHv 3 % aus dem nach Ziff. 1 mitzuteilenden Kaufpreis zzgl. 19 % Umsatzsteuer nebst Zinsen iHv 9 Prozentpunkten[6] über dem jeweiligen Basiszinssatz seit Rechtshängigkeit zu zahlen.**

Zur Begründung ist folgendes auszuführen:

Der Geschäftsführer der Klägerin hat nach vorangegangenen Verhandlungen im Dezember 2014 von dem Mitarbeiter der Beklagten, ..., den schriftlichen Alleinauftrag[7]

erhalten, für das von der Beklagten erstellte Geschäftshaus, das sich als schwer verkäuflich erwiesen hat, einen Interessenten ausfindig zu machen. Für eine erfolgreiche Vermittlung sollte die Beklagte eine Verkaufsprovision[8] iHv 3 % des Kaufpreises zzgl. Mehrwertsteuer zahlen.

Beweis: Vertragsurkunde Anlage K 1

Die Klägerin hat der Beklagten unmittelbar nach Auftragserteilung den im Klageantrag näher bezeichneten Interessenten benannt. Dieser war nach einer von der Klägerin durchgeführten Objektbesichtigung erwerbsbereit.[9] Es bestehen daher konkrete Anhaltspunkte dafür, dass diese Person in der Folgezeit das Geschäftshaus von der Beklagten erworben hat. Der hierbei erzielte Kaufpreis ist der Klägerin jedoch ebenso unbekannt, wie der Umstand, wann der Interessent das Objekt gekauft hat. Die Beklagte hat bislang auf das vorgerichtliche Auskunftsersuchen[10] der Klägerin nicht weiter reagiert.

Rechtsanwalt

Anmerkungen

1. Sachliche Zuständigkeit: → Form. II.B.15 Anm. 1.

2. Örtliche Zuständigkeit: Der allgemeine Gerichtsstand befindet sich am Sitz der Beklagten (§§ 12, 17 Abs. 1 ZPO, zum Maklerprovisionsrecht vgl. BayObLG NJW-RR 1998, 1291). Bei der offenen Handelsgesellschaft ist der Sitz dem Handelsregister zu entnehmen, weil für diese Gesellschaft eine Pflicht zur Anmeldung besteht (§ 106 Abs. 2 Nr. 2 HGB; Prütting/Gehrlein/*Wern*, ZPO, 14. Aufl. 2021, § 17 Rn. 8). Hinsichtlich des besonderen Gerichtstands des Erfüllungsorts → Form. II.B.15 Anm. 2.

3. Es handelt sich um eine Handelssache iSv § 95 Abs. 1 Nr. 1 GVG; beide Prozessparteien sind (Form-)Kaufleute. Um unnötigen Zeitverlust aufgrund eines Verweisungsantrags der Beklagten (vgl. § 98 Abs. 1 S. 1 GVG) bei Erhebung der Klage zur Zivilkammer zu vermeiden, empfiehlt es sich die Klage unmittelbar an die Kammer für Handelssachen zu richten, wenn bei dem anzurufenden Landgericht eine entsprechende Kammer eingerichtet ist (vgl. § 94 GVG).

4. Der Makler kann den Auskunftsanspruch mit dem Provisionsanspruch in einer Stufenklage verbinden (BGH WM 1984, 62; WM 1986, 1502; BGH BeckRS 2017, 126756; BeckRS 2020, 41133 Rn. 2; OLG Naumburg ZfIR 2011, 97 (101); *Dehner* MaklerR Rn. 242). Sind mehrere Provisionsansprüche geltend zu machen, so ist zu erwägen, ob aus Kostengründen eine Teilstufenklage erhoben werden soll (vgl. BGH BeckRS 2017, 126756 Rn. 1). Zur Stufenklage allgemein, vgl. Zöller/*Greger* ZPO § 254 Rn. 1 ff. Wird über den im Wege der Stufenklage geltend gemachten Auskunftsanspruch des Maklers in der ersten Instanz durch Teilurteil entschieden, kann das Berufungsgericht, soweit es den Hauptanspruch für unbegründet erachtet, durch einheitliches Endurteil entscheiden und die Stufenklage insgesamt abweisen. Das Beharren auf eine erstinstanzliche Entscheidung wäre eine prozessunwirtschaftliche bloße Förmelei, auf die das Berufungsgericht verzichten kann (OLG Naumburg ZfIR 2011, 97 (101)). Der Beschwerdewert für das Rechtsmittel einer zur Auskunftserteilung verurteilten Partei bemisst sich nach ihrem Interesse, die Auskunft nicht erteilen zu müssen (BGH BGHZ 128, 85 (87) = NJW 1995, 664; BGHZ 164, 63 (66) = NJW 2005, 3349; BGH BeckRS 2018, 5740 Rn. 6). Dabei ist im Wesentlichen darauf abzustellen, welchen Aufwand an Zeit und Kosten die Erteilung der Auskunft erfordert und ob die verurteilte Partei ein schützenswertes Interesse daran hat, bestimmte Tatsachen vor dem Gegner geheim zu halten. Auch das Geheimhaltungsinteresse des Maklers, eine Innenprovision gegenüber seinem Maklerkunden nicht aufdecken zu müssen, ist nicht werterhöhend zu berück-

sichtigen (BGH AGS 2011, 34 (35)). Der Aufwand an Zeit und Kosten ist für den auskunftspflichtigen Maklerkunden regelmäßig gering, weil ihm der Kaufpreis bekannt ist (BGH BeckRS 2018, 5740 Rn. 10: Wert unter 100 EUR). Auch im Übrigen liegt der Beschwerdewert vielfach unterhalb des für die Zulässigkeit der Berufung maßgeblichen Werts von über 600 EUR (§ 511 Abs. 2 Nr. 1 ZPO; vgl. BGH BeckRS 2020, 41133 Rn. 9; *D. Fischer* NJW 2021, 1202 Rn. 31). Wird im Provisionsprozess der Auskunftsanspruch vom Maklerkunden freiwillig erfüllt, hat der klagende Makler die Auskunftsstufe für erledigt zu erklären; im Rahmen der Kostenentscheidung sind dann die Kosten der Auskunftsstufe dem Maklerkunden gem. § 91a ZPO aufzuerlegen (LG Potsdam BeckRS 2017, 127979; *D. Fischer* NJW 2018, 1145 (1148)).

5. Es ist zulässig, den Antrag auf Abgabe der eidesstattlichen Versicherung bereits in der Klageschrift zu stellen (BGH BGHZ 10, 385 = NJW 1954, 70), obwohl erst nach Auskunftserteilung abschließend beurteilt werden kann, ob die Erforderlichkeit der zweiten Stufe vorliegt. Der Antrag sollte daher die Einschränkung „erforderlichenfalls" aufweisen.

6. Beide Prozessparteien sind Unternehmer (§ 14 BGB), der Zinssatz bestimmt sich nach § 288 Abs. 2 BGB.

7. Bei einem dienstvertragsrechtlich ausgerichteten *einfachen Alleinauftrag* ist der Makler zum Tätigwerden verpflichtet und dem Maklerkunden untersagt, weitere Makler mit der Suche nach geeigneten Vertragspartnern zu beauftragen (BGH NJW 2019, 1596 Rn. 29; BGHZ 226, 20 = NJW 2020, 3306 Rn. 14, 20; Palandt/*Sprau* BGB § 652 Rn. 78, 75a; *Dehner* MaklerR Rn. 366; *Seydel/Heinbuch* MaklerR Rn. 46 ff.). Ein derartiger Vertrag kann auch unter Verwendung von Allgemeinen Geschäftsbedingungen geschlossen werden (BGH BGHZ 226, 20 = NJW 2020, 3306 Rn. 20; *D. Fischer* NJW 2020, 3289 Rn 8; *Pauly* MDR 2021, 401 Rn. 6 Fn. 11). Der Alleinauftrag wird teilweise auch als Festauftrag oder Alleinverkaufsrecht bezeichnet (*Seydel/Heinbuch* MaklerR Rn. 48; *D. Fischer* MaklerR Kap. II Rn. 11; *Hamm/Schwerdtner* MaklerR Rn. 979). Von einem *qualifizierten Alleinauftrag* wird gesprochen, wenn der Kunde zusätzlich verpflichtet ist, jeden Interessenten, der sich unmittelbar an ihn wendet, an den alleinbeauftragten Makler zu verweisen (OLG Frankfurt a. M. ZIP 2011, 1929; *Seydel/Heinbuch* MaklerR Rn. 56 ff.). Diese Verpflichtung kann individualvertraglich durch eine Provisionsklausel gesichert werden, wonach der Auftraggeber bei Abschluss eines Hauptvertrages ohne Zuziehung des Maklers die vereinbarte Provision zu zahlen hat (OLG Frankfurt a. M. ZIP 2011, 1929). Eine Regelung als AGB-Klausel ist dagegen unwirksam (BGH BGHZ 99, 374 (377) = NJW 1987, 1634; NJW 1991, 1678 (1679); LG Lüneburg ZMR 2011, 307; *Pauly* MDR 2021, 401 Rn. 6). Der qualifizierte Alleinauftrag wird gelegentlich auch als erweiterter Alleinauftrag bezeichnet (*Dehner* MaklerR Rn. 366; *D. Fischer* MaklerR Kap. II Rn. 12).

Die Unterschiede zwischen den beiden Bezeichnungen sind mitunter Zeugen und auch Prozessbeteiligten nicht hinreichend bekannt. Bei Beweisaufnahmen hinsichtlich des Inhalts eines vereinbarten Maklerauftrages ist hierauf besonders zu achten; dies kann ggf. auch zur Notwendigkeit einer Wiederholung der Beweisaufnahme in zweiter Instanz führen (vgl. BGH NJW-RR 1994, 511). Wird im Maklerprovisionsprozess die Aussage eines erstinstanzlich vernommenen Zeugen vom Berufungsgericht anders gewürdigt, so muss der Zeuge erneut vernommen werden (BGH GuT 2012, 486 (487)).

8. Der Begriff „Verkaufsprovision" bedeutet nicht, dass die Provisionsforderung von der tatsächlichen Zahlung des Kaufpreises durch den Käufer abhängig ist (OLG München OLGReport 1992, 98; *D. Fischer* MaklerR Kap. III Rn. 80; *Hamm/Schwerdtner* MaklerR Rn. 641).

9. Eine hinreichende Nachweisleistung des Maklers erfordert, dass die benannte Person auch vertragsbereit ist (BGH BGHZ 141, 40 (46) = NJW 1999, 1255; BGHZ 161, 349 (355) = NJW 2005, 753; NJW-RR 2010, 1385 Rn. 12). In diesem Zusammenhang ist zu unterscheiden, auf was sich der Nachweis bezieht. Ist ein Verkaufsinteressent nachzuweisen, muss dessen Veräußerungsbereitschaft vorliegen; im umgekehrten Fall hat der Kaufinteressent erwerbsbereit zu sein (*D. Fischer* MaklerR Kap. IV Rn. 16). Diese Grundsätze gelten auch für den Nachweis von Mietverträgen (BGH NJW-RR 2008, 1281 Rn. 11 f.) und anderen Vertragsgelegenheiten (OLG München BeckRS 2014, 06115: Gelegenheit zur Lohnfertigung von pharmazeutischen Produkten). Die Vertragsbereitschaft des nachgewiesenen Interessenten muss zum Zeitpunkt der letzten relevanten Maklerleistung vorliegen (BGH BGHZ 161, 349 (351) = NJW 2005, 753; NJW-RR 2008, 1281 Rn. 12; OLG München BeckRS 2014, 06115). Im Regelfall ist dies der Zeitpunkt der Nachweisleistung (BGH BGHZ 161, 349 (351) = NJW 2005, 753); es kann aber auch eine danach liegende Leistung sein, wie etwa die Durchführung eines Besichtigungstermins (BGH NJW-RR 2008, 1281 Rn. 12). Die Darlegungs- und Beweislast für das Vorliegen der Vertragsbereitschaft trifft nach allgemeinen Grundsätzen den Makler (OLG Karlsruhe NJOZ 2006, 1164 (1168)). Für die Erwerbsbereitschaft ist es ausreichend, wenn der nachgewiesene Käufer zunächst generell am Erwerb eines Hauses oder einer Wohnung interessiert ist, die dem angebotenen Objekt ähnelt (BGH NJW-RR 2009, 1282 Rn. 12).

10. Nach Abschluss des Hauptvertrages trifft den Auftraggeber gegenüber dem Makler eine Auskunftspflicht hinsichtlich aller Umstände, die dieser benötigt, um feststellen zu können, ob ein provisionspflichtiges Geschäft vorliegt, und um die Höhe der Provision berechnen zu können (*Dehner* MaklerR Rn. 242; *D. Fischer* MaklerR Kap. X Rn. 5). Insbes. ist der Auftraggeber verpflichtet, die Höhe des von ihm gezahlten Kaufpreises zu nennen, wenn danach die Provisionshöhe zu bestimmen ist (OLG Koblenz NJW-RR 2004, 414 (415)). Hierbei handelt es sich nach der Judikatur nicht um einen vertraglichen Auskunftsanspruch, sondern um eine sich aus § 242 BGB abzuleitende Befugnis innerhalb bestehender vertraglicher Beziehungen (BGH NJW-RR 1987, 173; NJW-RR 1990, 1370; NJW-RR 2006, 496 Rn. 16; OLG Düsseldorf IVD-Rspr. A 133 Bl. 47). Danach darf bei nicht verschuldeter Unkenntnis Auskunft verlangt werden, wenn der Auskunftspflichtige die zur Beseitigung der Ungewissheit erforderliche Auskunft unschwer erteilen kann. Eine Auskunftspflicht liegt aber nur dann vor, wenn der Provisionsanspruch dem Grunde nach besteht (BGH NJW-RR 2001, 705; NJW 2006, 3062 Rn. 10; OLG Naumburg ZfIR 2011, 97 (99)). Der Auskunftsschuldner ist auch gehalten, seine rechtlichen und tatsächlichen Möglichkeiten zur Erfüllung seiner Verpflichtung auszuschöpfen und sich notfalls bei Dritten kundig zu machen (BGH NJW-RR 2006, 496 Rn. 16.). Eine Auskunftspflicht besteht auch dann, wenn der Makler seinen Provisionszahlungsanspruch nicht auf ein Provisionsversprechen, sondern auf einen Schadensersatzanspruch stützt, der ihn so stellt, als wäre aufgrund seiner Maklertätigkeit ein bestimmter Hauptvertrag zustande gekommen (BGH NJW-RR 2001, 705).

18. Klage des Mieters auf Rückzahlung einer unzulässigen Provision

An das
Amtsgericht[1,2]
Klage
in Sachen
. . . . . .
Klägerin
gegen
. . . . . .
Beklagter
wegen Rückforderung einer Maklerprovision
vorläufiger Streitwert: 2.000 EUR

Namens und in Vollmacht der Klägerin erhebe ich unter Einzahlung des erforderlichen Kostenvorschusses Klage mit folgendem Antrag:

Der Beklagte wird verurteilt, an die Klägerin 2.000 EUR nebst Zinsen iHv 5 Prozentpunkten über dem jeweiligen Basiszinssatz seit[3]. . . . . . zu zahlen.

Zur Begründung ist folgendes auszuführen:

Die Klägerin hat gegen den Beklagten einen Anspruch auf Rückzahlung einer Maklerprovision, welche der Beklagte entgegen dem Wohnungsvermittlungsrecht[4] von ihr abverlangt hat. Sie beauftragte den Beklagten am 1.7.2015 per E-Mail, für sie eine Wohnung mit drei Zimmern im Ortsteil . . . . . . zu suchen. Hierauf teilte ihr der Beklagte mit, er könne ihr gegen Zahlung der gesetzlichen Provision[5] entsprechende Objekte vermitteln. Nachdem die Klägerin sich damit einverstanden erklärt hatte, erhielt sie von dem Beklagten drei Objekte einschließlich der jeweiligen Vermieter benannt.[6]

Beweis: Vorlage der jeweiligen E-Mails

Eine der Wohnungen entsprach den Vorstellungen meiner Mandantin. Sie konnte nach Abschluss eines Mietvertrages die Wohnung bereits zum 1.8.2015 beziehen. Die hierauf von dem Beklagten gestellte Provisionsrechnung hat die Klägerin unverzüglich ausgeglichen.

Beweis: Provisionsrechnung und Überweisungsträger der Klägerin

Vor einer Woche erfuhr meine Mandantin von ihrer Vermieterin, dass sie die Wohnung bereits seit dem 1.6.2015 dem Beklagten zur Suche eines geeigneten Mieters gemeldet hatte. Ob sie gleichfalls eine Provision an den Beklagten hat zahlen müssen, wollte sie nicht einräumen. Hierauf kommt es auch nicht an. Nach der Einführung des Bestellerprinzips[7] für das Wohnungsvermittlungsrecht war jedenfalls der Beklagte nicht mehr berechtigt, vom Wohnungssuchenden eine Provision zu verlangen. Die unzulässig erlangte Provision hat der Beklagte zurück zu gewähren (§ 5 Abs. 1 WoVermittG).[8]

Der Beklagte hat sich mit Schreiben vom . . . . . . geweigert, die Provision zurückzuzahlen. Sein Einwand, er habe die Klägerin ausdrücklich darauf hingewiesen, dass er die Wohnung bereits wenige Wochen vor Auftragserteilung zur Suche eines geeigneten Mieters von der Vermieterseite in seinen Bestand aufgenommen habe und eine Mietermaklerprovision nicht mehr entrichtet werden müsse, ist unzutreffend. Derartiges hat der Beklagte nicht erklärt. Rechtlich ist dies auch unerheblich.[9] In dem vorgenannten Schreiben hat der Beklagte zudem erklärt, dass er die Angelegenheit für abgeschlossen ansehe und er unter keinen Umständen, die Provision zurückzahlen werde. Damit ist Zahlungsverzug eingetreten.[10]

Rechtsanwalt

Anmerkungen

1. Sachliche Zuständigkeit: Für das Makler(provisions)recht gibt es keine streitwertunabhängige Zuständigkeit. Demnach ist bei Streitwerten bis 5.000 EUR, wie vorliegend gegeben, das Amtsgericht sachlich zuständig ist (§ 1 ZPO iVm § 23 Nr. 1, § 71 Abs. 1 GVG).

2. Örtliche Zuständigkeit: Der allgemeine Gerichtsstand befindet sich am Wohnsitz des Beklagten (§§ 12, 13 ZPO), zum Maklerprovisionsrecht BayObLG NJW-RR 1998, 1291).

3. → Anm. 10

4. Die Sonderbestimmungen des Gesetzes zur Regelung der Wohnungsvermittlung vom 4.11.1971 idF v. 9.12.2004 (WoVermittG) richten sich an Makler, die den Abschluss von Mietverträgen über Wohnräume vermitteln oder nachweisen. Eine analoge Anwendung dieser Vorschriften auf die Vermittlung oder den Nachweis zum Abschluss von Kaufverträgen über Wohnhäuser oder Eigentumswohnungen scheidet aus (BGH NJW-RR 2005, 1033; *Schultz* WoVermittG § 1 Rn. 7; *Dehner* MaklerR Rn. 344). Die Regelungen beinhalten zahlreiche Abweichungen vom Maklerrecht des BGB durch zwingende Rechtsnormen zu Gunsten des Maklerkunden. Das Gesetz bezweckt allgemein die Wohnungssuchenden vor ungerechtfertigten wirtschaftlichen Belastungen zu schützen, die sich häufig aus missbräuchlichen Vertragsgestaltungen oder unlauteren Geschäftsmethoden für sie ergeben (BGH NJW 2003, 1393 (1394); NJW 2004, 286 (287); KG NJW-RR 2004, 1239). Zudem soll die Markttransparenz auf dem Gebiet der Wohnungsvermittlung verbessert werden (BGH NJW 2003, 1393 (1394); NJW 2004, 286 (287)). Nach § 1 Abs. 1 WoVermittG ist Wohnungsvermittler, wer den Abschluss von Mietverträgen über Wohnräume vermittelt oder die Gelegenheit zum Abschluss von Mietverträgen über Wohnräume nachweist. Diese Begriffsbestimmung lehnt sich bewusst an die Tätigkeitsmerkmale des § 652 BGB an und entspricht inhaltlich dem sich aus dieser Vorschrift ergebenden gesetzlichen Leitbild des Nachweis- und Vermittlungsmaklers, wenn auch gegenständlich auf Mietverträge über Wohnräume beschränkt (BGH NJW-RR 1995, 880; NJW-RR 2010, 1385 Rn. 8). Allerdings weist die Legaldefinition eine begriffliche Unschärfe auf (*Schulz* WoVermittG § 1 Rn. 2; MüKoBGB/*Roth* § 652 Rn. 139 (gesetzestechnisch unsauberer Begriff); *D. Fischer* NJW 2015, 1560 (1561)). Sie gibt dem Begriff des Wohnungsvermittlers die Funktion eines Oberbegriffs (*D. Fischer* MaklerR Kap. XII Rn. 5; ebenso *Schulz* WoVermittG § 1 Rn. 2; ähnlich Bamberger/Roth/Hau/Poseck/*Kotzian-Marggraf* BGB § 652 Rn. 2 der in diesem Zusammenhang von einem Vermittlungsvertrag im weiteren Sinne spricht; ferner *Dehner* MaklerR Rn. 3), der beide Tätigkeitsbereiche umfasst.

5. Hinsichtlich des Provisionsbetrages ordnet § 3 Abs. 1 WoVermittG für gewerbsmäßige Makler an, dass dieser stets ein Bruchteil oder ein Vielfaches der Monatsmiete ausmachen muss, wobei als Bezugspunkt nur die Nettomiete in Betracht kommt; Nebenkosten sind nicht zu berücksichtigen (*Schulz* WoVermittG § 3 Rn. 28; *D. Fischer* MaklerR Kap. XII Rn. 60). Die Höchstgrenze des Maklerlohns ist für den Wohnungssuchenden auf zwei Monatsmieten zzgl. gesetzlicher Umsatzsteuer begrenzt (§ 3 Abs. 2 S. 1 WoVermittG; LG Osnabrück ZMR 2002, 208 (209)). Die Maklerprovision des Vermieters unterliegt dagegen keiner gesetzlichen Höchstgrenze (*Schulz* WoVermittG § 3 Rn. 21). Vereinbart der Makler eine darüber hinaus gehende Provision, so soll dies nicht zur Nichtigkeit des Maklervertrages führen. Nach hM ist lediglich der die Höchstgrenze übersteigende Provisionsanteil nach § 134 BGB als nichtig anzusehen (*Baader/Gehle* WoVermittG § 3 Rn. 25; *Schulz* WoVermittG § 3 Rn. 33; MüKoBGB/*Roth* § 652 Rn. 78;

Palandt/*Sprau* BGB § 652 Rn. 61). Nach der höchstrichterlichen Rspr. führt ein Preisverstoß gem. § 134 BGB nur zur Herabsetzung der Vergütung auf das gesetzlich zulässige Maß; auf die übliche Vergütung darf nicht abgestellt werden (BGH BGHZ 51, 174 (181) = NJW 1969, 425; BGHZ 89, 316 (319 f.) = NJW 1984, 722, Mietpreisüberhöhung nach § 5 WiStG).

6. Nach bisherigem Recht konnte der Wohnungsmaklervertrag durch mündliche oder auch konkludente Erklärungen der Vertragsbeteiligten wirksam zustande kommen (BGH WM 2019, 1985 Rn. 13; *Schulz* WoVermittG § 2 Rn. 4; *Dehner* MaklerR Rn. 345). MWz 1.6.2015 müssen Maklerverträge über den Nachweis oder die Vermittlung von Wohnraum die Textform aufweisen (§ 2 Abs. 1 S. 2 WoVermittG). Der Gesetzeswortlaut spricht zwar von Vermittlungsvertrag. Dieser Begriff ist aber entsprechend der Legaldefinition in § 1 Abs. 1 WoVermittG als Oberbegriff zu verstehen und erfasst mithin nicht nur Vermittlungsverträge im engeren Sinne, sondern auch Verträge über den Nachweis von Wohnraum (*D. Fischer* NJW 2015, 1560 (1561)).

Um der Textform zu genügen, muss die Erklärung in einer Urkunde oder in einer anderen zur dauerhaften Wiedergabe in Schriftzeichen geeigneten Weise abgegeben werden. Danach reichen Verkörperungen auf Papier, USB-Stick, Diskette, CD-ROM, Computerfax oder, wie hier, Austausch der Erklärungen durch E-Mails aus (vgl. *D. Fischer* MaklerR Kap. XII Rn. 9; allg. Palandt/*Ellenberger* BGB § 126b Rn. 3). Verträge, welche nicht den Anforderungen der Textform (§ 126b BGB) genügen, sind gem. § 125 S. 1 BGB unwirksam (BT-Drs. 18/3121, 36; AG Dülmen WuM 2016, 374; *D. Fischer* NJW 2015, 1560 (1562); *Grams* ZfIR 2015, 512 (513); *Wiek* WuM 2015, 327; vgl. zu den allgemeinen Grundsätzen Palandt/*Ellenberger* BGB § 125 Rn. 12). Weigert sich der Wohnungssuchende einen Maklervertrag in Textform abzuschließen und erbringt gleichwohl der Makler eine Nachweis- oder Vermittlungsleistung, so ist im Erfolgsfalle der Makler nicht befugt, Provision zu verlangen (*D. Fischer* NJW 2015, 1560 (1562)). Auch insoweit gilt der allgemeine Grundsatz, dass es zum Risikobereich des Maklers gehört, wenn er vor Abschluss eines wirksamen Vertrages bereits seine Maklerdienste erbringt (BGH NJW 2002, 1945). Gesetzliche Vergütungsansprüche, wie etwa aus Bereicherungsrecht oder aus § 354 HGB, scheiden im Hinblick auf den gebotenen Gleichlauf der rechtlichen Bewertung ebenfalls aus (*D. Fischer* NJW 2015, 1560 (1562); *Wiek* WuM 2015, 327; ferner *Klenner* ZRP 2013, 98 (99)). Der Entgeltanspruch des Wohnungsmaklers nach § 2 Abs. 1 WoVermittG setzt mithin den Abschluss eines wirksamen Maklervertrages zwischen Makler und seinem Kunden nach § 652 Abs. 1 S. 1 BGB voraus (BGH BGHZ 221, 226 = NJW 2019, 3231 Rn. 11).

7. Die Einführung des Bestellerprinzips mWz 1.6.2015 in § 2 Abs. 1a WoVermittG gestattet eine Provisionspflicht des Wohnungssuchenden nur noch dann, wenn er dem Makler einen eigenständigen Suchauftrag erteilt und dieser für den Kunden nach außen suchend tätig wird. § 2 Abs. 1a WoVermittG bestimmt, dass der Wohnungsmakler vom Wohnungssuchenden – sofern ein Mietvertrag zustande kommt – nur dann die Zahlung eines Entgelts verlangen darf, wenn ein Wohnungsvermittlungsvertrag zwischen ihm und dem Wohnungssuchenden besteht und der Vermittler nur zu dessen Erfüllung Wohnungsangebote einholt. Der Wohnungssuchende, der sich auf eine Wohnungsvermittlungsanzeige hin an den Makler wendet, darf mithin nicht mehr zur Zahlung verpflichtet werden. Die Formulierung „kein Entgelt fordern, sich versprechen lassen oder annehmen" dient dazu, rechtswirksam das in § 8 WoVermittG verankerte bußgeldbewehrte Handlungsverbot zu umschreiben (BT-Drs. 18/3121, 36). Auch dann, wenn der Makler im Hinblick auf eine konkrete Suchanfrage hin dem Wohnungssuchenden ein Objekt vorstellen will, muss er hierfür nach der allgemeinen Regelung des § 6 Abs. 1 WoVermittG einen „Auftrag" zum Angebot vom Vermieter oder einem anderen Berechtigten erhalten haben. Es genügt auch insoweit die Zustimmung des Vermieters oder einer anderen nach § 6 Abs. 1 WoVermittG berechtigten Person. Die Zustimmung kann formlos erteilt werden und ist unabhängig davon, ob der Vermieter einen Maklervertrag abschließt (BGH BGHZ 221, 226 = NJW 2019, 3231 Rn. 19; *D. Fischer* NJW 2015, 1560 (1562); *Wiek* WuM 2015, 327 (328)). Ausdrücklich erforderlich ist darüber hinaus, dass der Wohnungsmakler den Auftrag vom Vermieter (oder von einem anderen Berechtigten) ausschließlich zu dem Zweck einholt, dem Wohnungssuchenden die Wohnung anzubieten. Nach dem insoweit maßgeblichen Ausschließlichkeitsprinzip darf der Makler die Wohnung vor Kontaktaufnahme mit dem Wohnungssuchenden nicht von dem nach § 6 WoVermittG Berechtigten (Vermieter, Vormieter etc) an die Hand bekommen haben (BVerfGE 142, 268 = NJW-RR 2016, 1349; BGH BGHZ 221, 226 = NJW 2019, 3231 Rn. 21; *D. Fischer* NJW 2015, 1560 (1562)).

In seinem Anwendungsbereich bedeutet das Bestellerprinzip ein faktisches Verbot der Doppeltätigkeit des Maklers. Auf einen bereits vor dem 1.6.2015 abgeschlossenen Maklervertrag des Wohnungssuchenden findet das Bestellerprinzip keine Anwendung (*D. Fischer* NZM 2017, 738: Rechtsgedanke des Art. 170 EGBGB, allg. BGH BGHZ 99, 363 (369) = NJW 1987, 2078; BeckRS 2013, 4616 Rn. 2; aA LG Düsseldorf NZM 2017, 737).

8. Hat der Maklerkunde entgegen den Verbotstatbeständen des WoVermittG oder aufgrund unwirksamer Vereinbarungen eine Maklerprovision, einen Aufwendungsersatz oder eine den Höchstsatz von § 4 WoVermittG (25 EUR) übersteigende Vertragsstrafe entrichtet, kann er diese Beträge gem. § 5 Abs. 1 WoVermittG nach den Bestimmungen der ungerechtfertigten Bereicherung vom Makler zurückfordern (BGH NJW-RR 2010, 1385 Rn. 15; *Schulz* WoVermittG § 5 Rn. 1). Diese Regelung gilt auch für Provisionen, die der Wohnungssuchende entgegen § 2 Abs. 1a WoVermittG an den Makler zahlt (BT-Drs. 18/3121, 37; *D. Fischer* NJW 2015, 1560 (1564); *Wiek* WuM 2015, 327 (328)). § 5 Abs. 2 WoVermittG nimmt Bezug auf das in § 2 Abs. 5 Nr. 2 WoVermittG verankerte Verbot der Übernahme fremder Provisionspflichten zu Lasten des Wohnungssuchenden und begründet auch insoweit einen Rückforderungsanspruch nach Bereicherungsrecht (BT-Drs. 18/3121, 37; *D. Fischer* NJW 2015, 1560 (1564)). Da der gewerbliche Makler regelmäßig bösgläubig sein wird, vermag er sich auf die Einrede der Entreicherung nicht zu berufen (§ 819 BGB, *Baader/Gehle* WoVermittG § 5 Rn. 17; *D. Fischer* NJW 2015, 1560 (1564); aA *Schulz* WoVermittG § 5 Rn. 19, wonach positive Kenntnis des Maklers erforderlich ist, welche der Wohnungssuchende nachzuweisen hat). Gem. § 5 Abs. 1 WoVermittG gilt § 817 S. 2 BGB nicht zu Lasten des Maklerkunden (*Schulz* WoVermittG § 5 Rn. 1 ff.; *Dehner* MaklerR Rn. 349; *D. Fischer* WuM 2016, 391, 399)).

9. Macht der Wohnungsuchende einen Rückforderungsanspruch geltend, so wird mitunter geprüft, ob dem Rückzahlungsbegehren die Kenntnis der Nichtschuld (§ 814 Fall 1 BGB) entgegensteht (so LG Hamburg ZMR 2014, 498 (499)). Nach herrschender Ansicht genügt es aber nicht, dass dem Maklerkunden die Tatsachen bekannt sind, aus denen sich das Fehlen einer rechtlichen Verpflichtung ergibt. Der Rückforderungsanspruch ist vielmehr nur dann ausgeschlossen, wenn der Kunde als Leistender aus diesen Tatsachen auch eine im Ergebnis zutreffende rechtliche Schlussfolgerung gezogen hat (BGH NJW 1981, 277 (278)). Klärt der Makler den Kunden über die Rechtslage auf oder verwendet er eine Provisions- und Kenntnisklausel, mit der die erforderlichen Rechtskenntnisse vermittelt werden (vgl. zu einer entsprechenden Klausel im Rahmen des Verflechtungsverbots nach § 2 Abs. 2 Nr. 3 WoVermittG, LG Hamburg ZMR 2014, 498 (499)), könnte bei isolierter Betrachtung die Kondiktionssperre des § 814 BGB greifen. Dies ist aber nicht der Fall. Auch § 814 BGB schließt eine Rückforderung unzulässiger Provisionen oder sonstiger Beträge nicht aus, weil der Kondiktionsausschluss nach dieser Vorschrift den Anwendungsbereich des § 817 BGB nicht erfasst (BGH NJW-RR 2001, 1044 (1046) unter Bezugnahme auf BGH WM 1961, 530 (531);

BAG NJW 1983, 783). Demzufolge gilt er für Fallgestaltungen der vorliegenden Art nicht (*Schulz* WoVermittG § 5 Rn. 1). Eine Anwendung von § 814 BGB würde zudem gegen Sinn und Zweck von § 5 WoVermittG verstoßen, der durch den Ausschluss von § 817 S. 2 BGB die Kondiktion nach § 812 Abs. 1 S. 1, § 817 S. 1 BGB gerade eröffnen will. Dieses erklärte Ziel würde verfehlt, wenn der Leistungsempfänger dem Bereicherungsanspruch statt des Kondiktionsausschlusses nach § 817 S. 2 BGB mit gleichem Ergebnis § 814 BGB entgegenhalten dürfte (BGH NJW-RR 2001, 1044 (1046); *D. Fischer* NJW 2015, 1560 (1564)).

10. Es handelt sich um eine endgültige und ernsthafte Erfüllungsverweigerung nach § 286 Abs. 2 Nr. BGB. Die Verzugsfolgen treten erst von dem Zeitpunkt an ein, in dem die Weigerung erklärt wird (BGH NJW 1985, 486 (488); Bamberger/Roth/Hau/Poseck/ *St. Lorenz*, BGB § 286 Rn. 36).

19. Klage des Maklers auf Zahlung einer Courtage aus selbständigem Provisionsversprechen

An das
Landgericht[1,2]
Zivilkammer
Klage
In Sachen
. . . . .
Klägerin
gegen
. . . . .
Beklagte
wegen Provisionsversprechen
vorläufiger Streitwert: 60.000 EUR

Namens und in Vollmacht der Klägerin erhebe ich unter Einzahlung des erforderlichen Kostenvorschusses Klage mit folgendem Antrag:

Die Beklagte wird verurteilt, an die Klägerin 60.000 EUR nebst Zinsen iHv 5 Prozentpunkten über dem jeweiligen Basiszinssatz seit . . . . .[3] zu zahlen.

Zur Begründung ist folgendes auszuführen:

Die Klägerin betreibt ein Maklerunternehmen im Immobilienbereich. Aufgrund ihrer großen Geschäftserfahrung wurde die Klägerin von der Beklagten beauftragt, für ihr aufwendiges Anwesen . . . . . Straße in x-Stadt einen Käufer ausfindig zu machen. Nach Abschluss eines schriftlichen Maklervertrages, der auf Wunsch der Beklagten weder einen Alleinauftrag noch eine Verweisungs- und Hinzuziehungsregelung enthielt, hat die Klägerin ein aufwendiges Exposé erstellt und dieses an zahlreiche potentielle Interessenten versandt. Zudem hat sie in Absprache mit der Beklagten mehrmals in der regionalen Presse Anzeigen aufgegeben, mit denen Kaufinteressenten für das angeführte Objekt gefunden werden sollten.

Beweis: Vorlage des Exposés sowie der geschalteten Anzeigen

Die Beklagte wurde über die einzelnen Tätigkeiten der Klägerin unterrichtet. Als nach der Versendung der Exposés die hierauf ausfindig gemachten Interessenten sich nicht als kaufwillig erwiesen, regte die Beklagte an, die genannten Inserate zu schalten. In diesem

Zusammenhang fand eine Besprechung mit der Beklagten im Büro der Klägerin statt. Hierbei erklärte die Beklagte gegenüber der Geschäftsführerin der Klägerin ausdrücklich: Sie zahle ihr bei Verkauf des Anwesens auf jeden Fall eine Maklerprovision.

Beweis: Einvernahme des Mitarbeiters der Klägerin . . . . .

Vor wenigen Wochen fand die Beklagte selbst einen Kaufinteressenten mit dem sie recht schnell handelseinig wurde. Nach Abschluss des notariellen Kaufvertrages hat die Beklagte den vereinbarten Kaufpreis iHv 2.000.000 EUR erhalten.

Beweis: Einvernahme des Erwerbers . . . . . .

Die Klägerin begehrt 3 % Provision aus diesem Kaufpreis, mithin 60.000 EUR zzgl. Zinsen. Zahlungsgrund ist das von der Beklagten abgegebene selbständige Provisionsversprechen.[4] Im Maklervertrag selbst war für den Erfolgsfall eine Provision in dieser Höhe vorgesehen.[5]

Beweis: Maklervertragsurkunde vom . . . . . .

Ihren mit Abschluss des Kaufvertrages fällig gewordenen Provisionsanspruch[6] hat die Klägerin mit Rechnung vom . . . . .[7] gegenüber der Beklagten geltend gemacht.

Beweis: Rechnung vom . . . . . .

Rechtsanwalt

Anmerkungen

1. Sachliche Zuständigkeit: Hierzu → Form. II.B.15 Anm. 1.

2. Örtliche Zuständigkeit: Hierzu → Form. II.B.15 Anm. 2.

3. Vgl. → Anm. 7

4. Wegen des im Schuldrecht geltenden Grundsatzes der Vertragsfreiheit kann die Verpflichtung zur Zahlung einer Provision auch unabhängig von dem Vorliegen einer echten Maklerleistung begründet werden (BGH BGHZ 112, 240 (242); NJW 2000, 3781 f.; NJW 2003, 1249 (1250); NJW-RR 2007, 55 Rn. 10; *Dehner* MaklerR Rn. 192 ff.). Die von einer Tätigkeit des Versprechensempfängers als Makler unabhängige Provisionsvereinbarung ist kein selbständiger Vertragstyp; es muss vielmehr jeweils im Einzelfall geprüft werden, welchen rechtlichen Charakter ihr die Parteien beilegen wollen. Das Versprechen kann dazu dienen, die Veräußerungsbereitschaft des an einer Maklerleistung verhinderten Versprechensempfängers zu fördern (BGH NJW-RR 2007, 55 Rn. 10; *Würdinger* JZ 2009, 349 (354)). Ein selbständiges Provisionsversprechen kann ferner als Vergütung für gewisse, nicht unter § 652 BGB fallende Dienstleistungen erklärt werden (BGH NJW-RR 2007, 55 Rn. 10; OLG München BeckRS 2010, 05515; *Hamm/Schwerdtner* MaklerR Rn. 220; *D. Fischer* MaklerR Kap. IV Rn. 3; *Würdinger* JZ 2009, 349 (354)). Nur wenn es an jeder Gegenleistung fehlt, kann die Provisionszusage als formbedürftiges Schenkungsversprechen (§ 518 Abs. 1 BGB) aufgefasst werden (BGH BGHZ 112, 240 (242); NJW 2000, 3781 (3782); NJW 2003, 1249 (1250)), was im geschäftlichen Verkehr allerdings kaum vorkommen wird (BGH NJW-RR 2007, 55 Rn. 11). Nach der höchstrichterlichen Rspr. ist das selbständige Provisionsversprechen nur als Individualabrede zulässig ist (BGH BGHZ 119, 32 (33 f.); NJW 2009, 1199 Rn. 14; MüKoBGB/*Roth* § 652 Rn. 219). Es kann insb. zum Ziel haben, nach § 652 Abs. 1 BGB nicht provisionspflichtige schon geleistete oder noch zu leistende Dienste des Maklers zu entgelten (BGH NJW-RR 2007, 55 Rn. 12; OLG München BeckRS 2010, 05515). Eine entsprechende Zielrichtung ist auch hier für das von der Klägerin behauptete Versprechen der Beklagten, sie zahle ihr bei dem Verkauf des Hauses auf jeden Fall eine Maklerprovision, anzunehmen. Die Klägerin hatte nach der Beauftragung durch die

Beklagte Verkaufsbemühungen entfaltet. Sie hatte ein Exposé gefertigt und das Objekt mehrfach inseriert, was ausreicht (BGH NJW-RR 2007, 55 Rn. 12).

5. Es ist im Rahmen der (ergänzenden) Vertragsauslegung naheliegend, dass die vertraglich vereinbarte Provisionshöhe nach § 652 BGB auch für ein selbständiges Provisionsversprechen des Maklerkunden gelten soll. IÜ wird bei Einzelimmobilien die übliche Provision vielfach mit 3 % des Grundstücksverkaufspreises zzgl. Umsatzsteuer angesetzt (Palandt/*Sprau* BGB § 653 Rn. 3; *Seydel/Heinbuch* MaklerR Rn. 148; *D. Fischer* MaklerR Kap. III Rn. 83 ff; vgl. auch BGH BGHZ 125, 135 (139) = NJW 1994, 1475 hier wird – ohne weitere Begründung und regionale Begrenzung – der Satz von 3 % zzgl. Umsatzsteuer „bekanntermaßen" als übliche Provision bezeichnet; anders allerdings BGH WM 2003, 2056 (2057), danach gelten 3–5 % des Grundstücksverkaufspreises als übliche Maklerprovision). Der Prozentsatz von 3 % gilt etwa für Nordbaden (OLG Karlsruhe IVD-Rspr. A 103 Bl. 46; NZM 1999, 231) und generell hinsichtlich des OLG-Bezirks Stuttgart (OLG Stuttgart NJW-RR 2010, 992 (994) – Hotel); ebenso für Bayern (*D. Fischer* MaklerR Kap. III Rn. 84; *Lechner* NZM 2013, 751 (754)), für den Bereich des OLG-Bezirks Düsseldorf (*Ibold* MaklerR Rn. 119) sowie für die Stadt Köln (OLG Köln BeckRS 2014, 18661). Für Sachsen-Anhalt soll dagegen 4 % des Kaufpreises zzgl. Umsatzsteuer üblich sein (LG Stendal NZM 2001, 1089). In manchen Regionen ist es üblich geworden, dass der Käufer Provisionsanteile des Verkäufers mitzutragen oder auch insgesamt zu übernehmen hat so in Hamburg und in Schleswig-Holstein, OLG Schleswig ZMR 2016, 412 = BeckRS 2015, 02069: 6,25 % Käuferprovision; (*D. Fischer* MaklerR Kap. III Rn. 85). Gleiches gilt für den Bereich Berlin/Brandenburg (vgl. BGH NJW 2012, 2268; BGH NJW 2016, 3233 Rn. 11; *D. Fischer* NZM 2017, 348 (349). Eine derartige vom Verkäufer ausgehende Bedingung ist allerdings von der jeweiligen Marktlage abhängig. Für Hessen sind unterschiedliche Werte bekannt (Nach OLG Frankfurt a.M. NJW-RR 2000, 58 beträgt in Hessen der übliche Provisionssatz 5 % zzgl. Umsatzsteuer; OLG Frankfurt a.M. OLGR 2008, 754 (755) nennt allerdings eine Spanne von 3–5 %). Ab dem 23.12.2020 ist zu beachten, dass beim Erwerb von Wohnimmobilien durch einen Verbraucher die Maklerkosten dem Halbteilungsgrundsatz unterliegen, so dass der Käufer nur die Hälfte der entstandenen Kosten zu tragen hat (*D. Fischer* NJW 2020, 3553; *P. Meier* ZfIR 2020, 765 (770 f); *J. Schmidt* NZM 2021, 289 (293 ff)).

6. Der Anspruch aus einem selbständigen Provisionsanspruch ist, wie ein Provisionsanspruch aus § 652 Abs. 1 S. 1; § 271 BGB, dann fällig, wenn der angestrebte Hauptvertrag wirksam zustande gekommen ist (vgl. *Hamm/Schwerdtner* MaklerR Rn. 641; *D. Fischer* MaklerR Kap. VII Rn. 18).

7. Für den Eintritt des Verzugs ist der Zugang der Rechnung maßgeblich, → Form. II. B.15 Anm. 3.

C. Werkvertragsrecht

1. Klage auf Mängelbeseitigung vor Abnahme

An das
Landgericht[3]

Klage

des . . . . .
– Klägers –

Prozessbevollmächtigter: . . . . .

gegen

die Firma . . . . .
– Beklagte –

wegen

Mängelbeseitigung[1, 2]
Vorläufiger Streitwert: . . . . . EUR
Namens und in Vollmacht des Klägers erhebe ich Klage und werde beantragen,
die Beklagte zu verurteilen, die Wände des Kellerraumes im Hause . . . . . so abzudichten, dass in die Kellerräume kein Wasser mehr eindringt,[4] und die durch Wassereintritt an den Kellerwänden entstandenen Flecken zu beseitigen.[5]

Begründung:

Der Kläger hat mit der Beklagten, einem Grab-, Beton- und Maurerunternehmen, am . . . . . einen Werkvertrag über die Grab-, Beton- und Maurerarbeiten seines Neubaus in . . . . . abgeschlossen.

Beweis: Vertrag vom . . . . . (Anlage 1)

Die VOB/B wurde nicht zum Vertragsgegenstand gemacht.[6] Vertraglich wurde der 1.7. als Fertigstellungsdatum vereinbart. Dieser Termin ist seit mehreren Monaten abgelaufen. Die Abnahme der Werkleistung ist nicht erfolgt.[7]

Laut Leistungsverzeichnis vom . . . . . Pos. 6 war die Beklagte verpflichtet, eine Mineralische Dichtschlämme an den Kellerwänden anzubringen.

Beweis: Leistungsverzeichnis vom . . . . . (Anlage 2)

Dies geschah nicht, mit der Folge, dass am . . . . . an drei Stellen in den Keller Wasser eindrang und diesen unter Wasser setzte.

Beweis: Zeugnis des . . . . .,
Vorlage der Fotos[8] (Anlage 3).

Der Kläger forderte die Beklagte unter genauer Bezeichnung der Mängel[9] mit Schreiben vom . . . . . auf, die Mängel zu beseitigen.[10]

Beweis: Schreiben vom . . . . . (Anlage 4)

Die Beklagte beseitigte nicht; sie erklärte vielmehr, sie sei für den Mangel nicht verantwortlich, sie werde jedenfalls keine weiteren Leistungen mehr erbringen.

Beweis: Schreiben der Beklagten vom ..... (Anlage 5)

Die Beklagte hat die im Leistungsverzeichnis vorgeschriebene Dichtschlämme nicht angebracht. Diese Unterlassung ist zumindest mitursächlich für den eingetretenen Schaden, der iÜ allein in den Verantwortungsbereich der Beklagten fällt.

Beweis: Sachverständigengutachten.

Die Dichtschlämme hätte eine ausreichende Abdichtung gegen Wassereinbrüche von außen gewährleistet.

Beweis: Sachverständigengutachten.

Die Kosten für die Beseitigung der Mängel betragen laut Auskunft des Architekten ca. 20.000 EUR.

Rechtsanwalt

Schrifttum: Locher, Das private Baurecht, 8. Aufl. 2012; *Kniffka*, ibr-online Kommentar Bauvertragsrecht, Stand 30.7.2021; *Werner/Pastor*, Der Bauprozess, 17. Aufl. 2018; *Kniffka/Koeble/Jurgeleit/Sacher*, Kompendium des Baurechts, 5. Aufl..

Anmerkungen

1. Unter Mängelbeseitigung ist die Herstellung eines vertragsgemäßen Werks zu verstehen. Auch der Begriff Nachbesserung hat sich in der Baupraxis durchgesetzt. § 634 Nr. 1 BGB verwendet den Begriff „Nacherfüllung".

Die VOB/B regelt den Mängelbeseitigungsanspruch teilweise abweichend von den §§ 633 ff. BGB. Die Unterschiede liegen in Folgendem: Der BGB-Werkvertrag kennt nur den Nacherfüllungsanspruch nach § 635 Abs. 1. Es handelt sich dabei um einen Erfüllungsanspruch, der grds. für die Zeit nach der Abnahme gilt. Vorher handelt es sich um den vertraglichen Erfüllungsanspruch. Inwieweit die Rechte aus § 634 BGB vor der Abnahme zur Anwendung kommen, war hoch umstritten. Der BGH hat die Frage in drei Entscheidungen zwischenzeitlich beantwortet (BGH Urt. v. 19.1.2017 – VII ZR 301/13, NJW 2017, 1604; Urt. v. 19.1.2017 – VII ZR 235/15, NJW 2017, 1607; Urt. v. 19.1.2017 – VII ZR 193/15, ZfBR 2017, 340). Danach gilt Folgendes: Sekundäre Mängelrechte nach § 634 Nr. 2 bis 4 BGB kann der Besteller ohne Abnahme dann geltend machen, wenn er nicht mehr die (Nach-)Erfüllung des Vertrages verlangen kann und das Vertragsverhältnis in ein Abrechnungsverhältnis übergegangen ist. Dies ist dann der Fall, wenn der Unternehmer das Werk als fertiggestellt zur Abnahme anbietet und der Besteller nur noch Schadenersatz statt der Leistung in Form des kleinen Schadenersatzes geltend macht oder die Minderung erklärt. Durch das Verlangen des großen Schadenersatzes ist der Erfüllungsanspruch nach § 281 Abs. 4 BGB ausgeschlossen. Die Mängelrechte aus § 634 Nr. 2 bis 4 BGB kommen demgegenüber dann nicht zum Tragen, wenn der Besteller Vorschuss für die Beseitigung eines Mangels im Wege der Selbstvornahme geltend macht. In diesem Fall entsteht ein Abrechnungsverhältnis allerdings dann, wenn der Besteller ausdrücklich oder konkludent zum Ausdruck bring, unter keinen Umständen mehr mit dem Unternehmer, der ihm das Werk als fertiggestellt zur Abnahme angeboten hat, zusammenarbeiten zu wollen. Besondere Bedeutung hat diese Streitfrage für den Vorschussanspruch, den das allgemeine Schuldrecht nicht kennt. Im vorliegenden Fall wird Erfüllung des Vertrages verlangt, nachdem die Fertigstellungsfrist abgelaufen und eine weitere Leistungserbringung durch den Unternehmer abgelehnt worden ist. Der Erfüllungsanspruch ist in jedem Fall durchsetzbar. Die VOB/B unterscheidet dagegen zwischen dem Erfüllungsanspruch auf Mängelbeseitigung vor Abnahme gem. § 4 Abs. 7 S. 1 VOB/B und dem Anspruch nach Abnahme gem. § 13 Abs. 5 VOB/B.

2. § 635 Abs. 1 BGB gewährt bei Mängeln dem Auftraggeber das Recht auf Nacherfüllung. Diese kann entweder durch Beseitigung des Mangels oder durch die Herstellung eines neuen Werkes erfolgen. Der Unternehmer hat das Wahlrecht zwischen Nacherfüllung und Neuherstellung. Ist dem Auftraggeber die vom Unternehmer bestimmte Art der Nacherfüllung nicht zumutbar, so ist er nach Treu und Glauben berechtigt, diese Form der Nacherfüllung abzulehnen. Ist die Mängelbeseitigung nur auf eine bestimmte Weise möglich, ist der Unternehmer verpflichtet, diese vorzunehmen. Der Besteller kann ein dieser Verpflichtung nicht entsprechendes und damit untaugliches Angebot von vornherein zurückweisen (BGH NJW 2011, 1872).

3. Gerichtsstand des Erfüllungsorts für die Mängelbeseitigungsklage ist der Ort des Bauwerks (BGH BauR 1986, 241; NJW-RR 2008, 724). Originär zuständig ist die bei den Landgerichten seit dem 1.1.2017 nach § 72a S. 1 Nr. 2 GVG zu bildende Baukammer, die für Streitigkeiten aus Bau- und Architektenverträgen sowie aus Ingenieurverträgen, soweit sie im Zusammenhang mit Bauleistungen stehen, zuständig ist Nach hier vertretener Auffassung kann diese Zuständigkeit auch nicht durch einen Antrag auf Verhandlung vor der KfH umgegangen werden.

4. Dem Bauunternehmer obliegt es, zu bestimmen, in welcher Weise er den Schaden beheben will. Er trägt deshalb auch das Risiko des Gelingens der Mängelbeseitigung. Grds. kann der Bauherr nicht auf Vornahme bestimmter Nachbesserungsarbeiten klagen. Allerdings kann im Leistungsverzeichnis eine bestimmte Ausführungsart (zB mineralische Dichtschlämme) vorgeschrieben sein. Da es sich insoweit um einen Erfüllungsanspruch, der im Weg der Nachbesserung zu erfüllen ist, handelt, hat der Unternehmer insoweit keine Wahl (→ Anm. 2).

Der Baumangel muss in seinem äußeren Erscheinungsbild, nicht jedoch in seinem technischen Ursachenzusammenhang genau bezeichnet vorgetragen werden („Symptomrechtsprechung" vgl. zB BGH BauR 1985, 355; 2000, 261; BGH Beschl. v. 24.8.2016 – VII ZR 41/14). Dem Gericht müssen die Tatsachen vermittelt werden, die es benötigt, um das auf die Mängelbeseitigung gerichtete Klagebegehren rechtlich richtig einzuordnen.

5. Der Mängelbeseitigungsanspruch erstreckt sich auf alle Arbeiten, die erforderlich sind, um das Bauwerk in einen mangelfreien Zustand zu versetzen. Dazu gehört auch das etwa notwendige Aufgraben, Aufschlagen und Zuputzen der Wände, allgemein die Beseitigung aller Beeinträchtigungen, die das Bauwerk durch die mangelhafte Leistung erlitten hat. Vgl. hierzu BGH NJW 1979, 2095; 1986, 922; *Locher* PrivBauR Rn. 40 f.; *Werner/Pastor* Bauprozess Rn. 2087.

6. Zu jeder Klagebegründung in Baurechtssachen gehört die Angabe der Vertragsgrundlage. Die VOB/B wird nur Vertragsgegenstand, wenn sie ausdrücklich vereinbart ist.

7. Die Abnahme führt zur Trennung von Erfüllungs- und Gewährleistungsebene. An sie sind mannigfache Folgen geknüpft (vgl. iE *Locher* PrivBauR Rn. 85). Die Darlegung, ob Abnahme erfolgt ist, gehört deshalb zur Begründung von Klagen, mit denen in Bausachen Mängelansprüche geltend gemacht werden.

8. Die mangelhafte Werkleistung des Bauunternehmers muss vom Auftraggeber nach Abnahme unter Beweis gestellt werden, während vor Abnahme der Bauunternehmer beweisen muss, dass seine Leistung mangelfrei ist (BGH BauR 1997, 127). Die Grundsätze des Anscheinsbeweises können Anwendung finden: Durch Hinweis auf ein mangelhaftes Ergebnis der Unternehmerleistung und deren Beschreiben hat der Auftraggeber im Allgemeinen seine Darlegungslast hinreichend erfüllt (vgl. zur Darlegungs- und Beweislast *Zahn* BauR 2006, 1823).

9. Die Mängelbeseitigungsklage, die in der Praxis nicht die Bedeutung der Vorschussklage erreicht, verlangt eine genaue Bezeichnung des Mangels in seinem äußeren Erscheinungsbild schon im Hinblick auf die spätere Vollstreckung (§ 887 ZPO). Die Beschreibung des Mangels muss erkennen lassen, was der Auftraggeber vom Unternehmer verlangt (BGH NJW 1993, 1394).

Neben dem Nacherfüllungsanspruch können Schadensersatzansprüche insb. für solche Schäden bestehen, die der Nachbesserung nicht zugänglich sind (Gutachterkosten, Rechtsanwaltskosten, Verdienstausfall). Insoweit müssen zusätzliche Maßnahmen zur Verjährungshemmung ergriffen werden.

10. Nach § 635 BGB und § 4 Abs. 7 VOB/B ist für das Mängelbeseitigungsverlangen vor Abnahme keine Schriftform erforderlich. Wird das Nacherfüllungsverlangen nach Abnahme gem. § 13 Abs. 5 VOB/B geltend gemacht, sieht die VOB/B Schriftform vor. Nach hM ist jedoch insoweit die Entstehung der Pflicht zur Nacherfüllung nicht von der Einhaltung der Schriftform durch den Auftraggeber abhängig (BGHZ 58, 332; Kapellmann/Messerschmidt/*Weyer* VOB/B § 13 Rn. 236). Noch nicht abschließend geklärt ist allerdings, ob eine Mängelrüge, die das Schriftformerfordernis nicht erfüllt, die Verjährungsfrist für Mängelansprüche verlängert (für eine Verlängerung mit einfacher Mail: OLG Köln Urt. v. 22.6.2016 – 16 U 145/15, BauR 2017, 1218; OLG Frankfurt Beschl. v. 16.3.2015 – 4 U 265/14; OLG Hamm Urt. v. 4.10.2016 – 21 U 142/15; dagegen: OLG Jena Urt. v. 26.11.2016 – 1 U 209/15 und OLG Frankfurt Beschl. v. 30.4.2012 – 4 U 269/11, NJW 2012, 2206 = NZBau2012, 503)

2. Klage auf Vorschuss für Kosten der Mängelbeseitigung nach VOB/B

An das
Landgericht[1]

Klage

des . . . . .
– Klägers –

Prozessbevollmächtigter: . . . . .

gegen

die Firma . . . . .
– Beklagte –

wegen

Kostenvorschuss[2, 3]
Vorläufiger Streitwert: 12.000 EUR.
Namens und in Vollmacht des Klägers erhebe ich Klage und werde beantragen,
die Beklagte zu verurteilen, an den Kläger 12.000 EUR nebst 5 Prozentpunkte Zinsen über den Basiszinssatz[4] seit . . . . . zu bezahlen.[5]

Begründung:

Der Kläger hat am . . . . . mit der Beklagten für den Bau eines Bürogebäudes in . . . . . einen VOB/B-Vertrag[6] über Plattenlegerarbeiten abgeschlossen.

Beweis: Vertrag vom . . . . . (Anlage 1)

Förmliche Abnahme[7] ist erfolgt am . . . . .

Beweis: Abnahmeprotokoll vom . . . . . (Anlage 2)

Die Arbeiten der Beklagten waren mangelhaft. Die Platten auf dem Balkon im 1. Stock wurden so verlegt, dass sie ein Gefälle nach innen hatten, sodass das Wasser nicht nach außen abfließen konnte. Infolge mangelnden Gefälles nach außen entstanden Durchfeuchtungen in den Büroräumen.[8]

Beweis: . . . . .

Bei der förmlichen Abnahme wurde dieser Mangel ausdrücklich vorbehalten.[9]

Der Kläger hat diese Mängel mit Schreiben vom . . . . . gerügt und die Beseitigung der Mängel bis . . . . . verlangt.[10]

Beweis: . . . . . (Anlage 3)

Die Beklagte hat die Beseitigung der Mängel mit der Begründung verweigert, dass sie diese Mängel nicht zu vertreten habe.

Beweis: . . . . . (Anlage 4)

Diese Mängel sind jedoch auf die vertragswidrige Leistung der Beklagten zurückzuführen.

Beweis: Sachverständigengutachten.

Gem. § 13 Abs. 5 Nr. 2 VOB/B kann der Kläger nunmehr die Mängel auf Kosten der Beklagten beseitigen lassen. Der Kläger macht mit der Klage einen Vorschussanspruch in Höhe der voraussichtlichen Kosten geltend.[11] Nach dem Kostenvoranschlag der Firma . . . . ., einer angesehenen Plattenlegefirma, betragen die Mängelbeseitigungskosten 12.000 EUR brutto.

Beweis: Vorlage des Kostenvoranschlags (Anlage 5).

Der Kläger hat sich auch an eine andere Plattenlegefirma, nämlich die Firma . . . . ., gewandt und sich einen Kostenvoranschlag geben lassen, der um 1.000 EUR höher ist.

Beweis: . . . . . (Anlage 6)

Beide Kostenvoranschläge enthalten übliche Preise. Die darin enthaltenen Arbeiten sind zur Beseitigung der Mängel notwendig.

Beweis: Sachverständigengutachten.

Der Kläger wird nach Beseitigung der Mängel über den Kostenvorschuss abrechnen.[12, 13]
Rechtsanwalt

Anmerkungen

1. Zur Zuständigkeit der Baukammern → Form. II.C.1 Anm. 3.

2. Die Rspr. gewährt iRd § 13 Abs. 5 Nr. 2 VOB/B dem Auftraggeber einen Vorschussanspruch auf Zahlung in Höhe der zur Mängelbeseitigung erforderlichen Kosten (BGHZ 47, 272; BGHZ 66, 138). Dieselben Grundsätze gelten bei einem BGB-Werkvertrag (§ 637 Abs. 3 BGB). Voraussetzung für die Entstehung des Vorschussanspruchs ist es, dass die dem Auftragnehmer zur Mängelbeseitigung gesetzte angemessene Frist ergebnislos verstrichen oder die Fristsetzung aus besonderen Gründen nicht notwendig ist, weil die Mängelbeseitigung verweigert wurde oder sich der Auftragnehmer als so unzuverlässig erwiesen hat, dass es dem Auftraggeber nicht zugemutet werden kann, weitere Nachbesserungsversuche des Auftragnehmers hinzunehmen.

Beim VOB/B-Vertrag setzt der Vorschussanspruch vor Abnahme eine Kündigung des Bauvertrags voraus (BGH BauR 1986, 573). Dies gilt auch dann, wenn die Abnahme wegen gravierender Mängel verweigert wird (BGH BauR 1997, 1027). Eine Kündigung ist ausnahmsweise nur dann entbehrlich, wenn der Auftragnehmer – wie im vorliegenden

Fall – die vertragsgemäße Fertigstellung endgültig verweigert (BGH BauR 2000, 1479 = NZBau 2000, 421). Weitere Voraussetzung ist, dass vor Ausspruch der Kündigung eine Kündigungsandrohung nach § 4 Abs. 7 VOB/B erfolgt ist. Diese Kündigungsandrohung ist nur in Ausnahmefällen entbehrlich, bspw. dann, wenn der Auftragnehmer die Mängelbeseitigung abgelehnt hat (BGH BauR 2000, 1479 = NZBau 2000, 421). Bei den geringsten Zweifeln daran, ob der Auftragnehmer die Mangelbeseitigung endgültig abgelehnt hat, ist der Auftraggeber gut beraten, die Formalitäten (Kündigungsandrohung, schriftliche Kündigung) zu beachten.

Die Zuerkennung des Vorschussanspruchs entspricht einem Gebot der Billigkeit, weil der Auftraggeber in die Lage versetzt werden muss, die Mängel auf Kosten des Auftragnehmers beseitigen zu lassen, ohne eigene Mittel aufzuwenden. Der Kostenvorschussanspruch besteht nicht nur für Nachbesserungskosten durch Dritte; auch Eigenleistungen können mit ihm geltend gemacht werden (Kapellmann/Messerschmidt/*Langen* VOB/B § 13 Rn. 320).

Der Kostenvorschussanspruch umfasst nicht den merkantilen Minderwert (BGH BauR 1997, 129).

Der Kostenvorschussanspruch besteht jedoch nicht, wenn der Auftraggeber nicht nachbessern will oder ausreichende Sicherheit anderweitig geleistet ist. Vgl. Kapellmann/Messerschmidt/*Langen* VOB/B § 13 Rn. 329; *Locher* PrivBauR Rn. 267.

3. Ein Vorschussanspruch besteht weder im Rahmen des Schadensersatzanspruchs nach den §§ 634 Nr. 4, 280, 281 BGB noch im Rahmen eines solchen nach § 13 Abs. 7 VOB/B. Nach der aktuellen Rechtsprechung des Bundesgerichtshofes gilt allerdings eine Ausnahme für die Geltendmachung von Schadenersatz gegenüber Planern. Hier kann auch eine Vorauszahlung auf den abzurechnenden Schadensersatz beansprucht werden (Urt. v. 22.2.2018 – VII ZR 46/17, NJW 2018, 1463 = BauR 2018, 815).

Ebenso wenig kann ein Vorschussanspruch in der Regel durch eine einstweilige Verfügung durchgesetzt werden (OLG Düsseldorf BauR 1972, 323).

4. Bei Verurteilung zur Vorschusszahlung kann der Auftraggeber Zinsen iHv 5 Prozentpunkten über dem Basiszinssatz verlangen.

Der Vorschuss ist zur Mängelbeseitigung einzusetzen, und kann nicht zur Abdeckung sonstiger Verbindlichkeiten verwendet werden (*Locher* PrivBauR Rn. 265 ff. Der Besteller hat die Nachbesserung innerhalb angemessener Zeit durchzuführen und über den Vorschuss eine Abrechnung zu erstellen. Tut dies der Besteller nicht, kann der Vorschuss zurückgefordert werden (BGH BauR 2010, 614). Der Besteller kann jedoch auch dann noch auf die Geltendmachung von Schadensersatz übergehen und die Aufrechnung erklären (BGH BauR 2010, 614). Allerdings ist zu beachten, dass nach der grundlegenden Entscheidung des BGH eine Abrechnung des kleinen Schadenersatzanspruches anhand der fiktiven Mangelbeseitigungskosten vor Beseitigung des Mangels nicht mehr möglich ist (Urt. v. 22.2.2018 – VII ZR 46/17, NJW 2018, 1463 = BauR 2018, 815). Lässt der Besteller den Mangel nicht beseitigen, kann er den Schaden also nicht anhand der fiktiven Mangelbeseitigungskosten bemessen. Vielmehr muss er im Rahmen einer Vermögensbilanz die Differenz zwischen dem hypothetischen Wert der durch das Werk geschaffenen oder bearbeiteten, im Eigentum des Bestellers stehenden Sache ohne Mangel und den tatsächlichen Wert der Sache mit Mangel ermitteln.

5. Es ist nicht erforderlich, dass in den Antrag aufgenommen wird „als Kostenvorschuss". Dies muss sich jedoch aus der Begründung ergeben.

6. → Form. II.C.1 Anm. 6.

7. → Form. II.C.1 Anm. 7.

8. → Form. II.C.1 Anm. 5.

9. Gem. § 12 Abs. 4 S. 4, § 12 Abs. 5 Abs. 3 VOB/B sind Vorbehalte wegen bekannter Mängel spätestens mit der Abnahme geltend zu machen, weil § 640 Abs. 3 BGB auch auf den VOB-Vertrag anwendbar ist (Kapellmann/Messerschmidt/*Havers* VOB/B § 12 Rn. 47). Da es sich beim Kostenvorschussanspruch um keinen Schadensersatzanspruch handelt, der Verschulden voraussetzt, ist es zweckmäßig, in die Klage aufzunehmen, dass der Vorbehalt bei Abnahme gemacht wurde oder dass der Mangel nicht erkannt worden war. Die Beweislast dafür, dass der Auftraggeber in Kenntnis des Mangels die Abnahme vorgenommen hat, trägt allerdings der Auftragnehmer.

10. Einer Aufforderung nach § 13 Nr. 5 Abs. 1 VOB/B bedarf es nicht, wenn der Auftragnehmer zweifelsfrei erkennen lässt, dass er die gerügten Mängel nicht beseitigt, oder wenn er sich als so unzuverlässig gezeigt hat, dass mit Sicherheit zu erwarten ist, dass die Mängelbeseitigung nicht gelingt (dies gilt auch für den BGB-Werkvertrag vgl. §§ 637 Abs. 2, 323 Abs. 2 BGB). Für diese Ausnahmetatbestände ist der Auftraggeber beweispflichtig. Zur Schriftform → Form. II.C.1 Anm. 10.

11. Der Auftraggeber ist berechtigt, die erforderlichen Aufwendungen vom Unternehmer ersetzt zu verlangen. Der Rahmen der Erforderlichkeit darf nicht zu eng gezogen werden. Der Auftraggeber muss nicht vor Beauftragung eines dritten Unternehmers ein Ausschreibungsverfahren veranstalte (Kapellmann/Messerschmidt/*Langen* VOB/B § 13 Rn. 333)n, sondern kann sich einen Unternehmer seines Vertrauens aussuchen, sofern dieser nicht überhöhte Preise verlangt. Handelt es sich nicht lediglich um kleinere Nachbesserungsmaßnahmen, sind jedoch mehrere Angebote einzuholen. Zu den Kosten der Mängelbeseitigung kann auch die Inanspruchnahme eines Architekten im Rahmen der Nachbesserung gehören sowie erforderliche Gutachterkosten zur Ermittlung der geeigneten Nachbesserungsmethode. Ausreichend ist auch eine Schätzung der Mangelbeseitigungskosten (BGH BauR 2001, 789).

12. Nach Abrechnung kann sich eine Nach- oder Rückzahlung ergeben (BGHZ 47, 272; BGH BauR 1990, 358). Der Vorschuss ist innerhalb angemessener Zeit abzurechnen (BGHZ 110, 205 = BauR 1990, 358 = NJW 1990, 1475; BGH BauR 2010, 614; → Anm. 3). Der Auftraggeber muss dann die von ihm tatsächlich vorgenommenen Maßnahmen darlegen und die hierbei entstandenen tatsächlichen Aufwendungen abrechnen und darstellen. Der Betrag des Vorschusses, der die tatsächlichen Aufwendungen übersteigt, ist zurückzuerstatten (BGH BauR 1984, 406 = ZfBR 1984, 185). Wird der nicht verbrauchte Teil des Vorschusses nicht zurückbezahlt, kann der Auftragnehmer eine Stufenklage, gerichtet zunächst auf Auskunft und anschließend auf Rückzahlung, erheben. Es muss berücksichtigt werden, dass – falls die Abrechnung unterbleibt – der Auftraggeber uU auch immer noch mit einem Schadensersatzanspruch (allerdings nicht anhand der fiktiven Mangelbeseitigungskosten ermittelt) gegen den Rückforderungsanspruch des Auftragnehmers aufrechnen kann (vgl. hierzu Kniffka/Koeble/Jurgeleit/Sacher, Kompendium BauR, Teil 6 Rn. 226; BGH BauR 2010, 614; aA OLG Oldenburg BauR 2008, 1642).

13. Der Kostenvorschussanspruch (nach der Abnahme) unterliegt beim VOB/B-Vertrag der kurzen Verjährung nach § 13 Abs. 4 VOB/B. Die Klage auf Zahlung eines bestimmten Betrages als Vorschuss zur Mängelbeseitigung hemmt jedoch auch die Verjährung des späteren – mit zwischenzeitlichen Kostensteigerungen begründeten – Anspruchs auf Zahlung eines höheren Vorschusses zur Behebung desselben Mangels. Wird der Kostenvorschuss rechtzeitig vor Ablauf der Verjährungsfrist geltend gemacht, so tritt die Hemmungswirkung der §§ 204 Abs. 2, 209 BGB nicht nur wegen des ursprünglich eingeklagten Betrages ein, sondern auch wegen späterer – selbst nach Ablauf der bisherigen Verjährungsfrist – erhöhter Ansprüche (BGH BGHZ 66, 138; NJW-RR 2005, 1037 = NZBau 2005, 514; BauR 2008, 2041). Wird die Vorschussklage erst kurz vor

Ablauf der Verjährungsfrist erhoben, empfiehlt sich eine Kombination mit einer Feststellungsklage, weil bis zu dem Zeitpunkt, in dem der Auftraggeber zur abschließenden Bezifferung der Mangelbeseitigungskosten in der Lage ist, ein erheblicher Zeitraum vergehen kann. Die Feststellungsklage kann mit der Vorschussklage kombiniert werden, auch wenn dies zur Verjährungshemmung nicht notwendig ist (BGH BauR 1986, 345 = NJW-RR 1986, 1026; NJW 2002, 681 = BauR 2002, 471). Für Mangelfolgeschäden, die nicht vom Vorschussanspruch erfasst sind, ist in jedem Fall eine gesonderte Hemmungsmaßnahme zu ergreifen. Trat zunächst eine Hemmungswirkung im Hinblick auf einen Schadensersatzanspruch ein, erfasst diese Hemmungswirkung nach § 213 BGB auch denVorschussanspruch und zwar auch insoweit, als der Vorschussbetrag den Schadensersatzanspruch übersteigt (BGH Urt. v. 19.11.2020 – VII ZR 193/19).

3. Schadensersatzklage nach §§ 281, 634 Nr. 4 BGB gegen Bauunternehmer

An das
Landgericht[1]

Klage

des . . . . .
– Klägers –

Prozessbevollmächtigter . . . . .

gegen

die Firma . . . . .
– Beklagte –

wegen

Schadensersatz[2]
vorläufiger Streitwert: . . . . . EUR
namens und in Vollmacht des Klägers erhebe ich

Klage

und werde beantragen,
die Beklagte wird verurteilt, an den Kläger 80.000 EUR nebst Zinsen iHv 5 Prozentpunkten über dem Basiszinssatz seit dem . . . . . zu bezahlen.

Begründung

Der Kläger macht gegen die Beklagte, eine Bauunternehmung, Schadensersatzansprüche[3] nach § 281 BGB geltend.

Die Parteien schlossen am . . . . . einen Bauvertrag für die Bodenbelagsarbeiten im Einfamilienwohnhaus des Klägers in . . . . . Straße . . . . . ab.

Beweis: Vorlage des Bauvertrags.

Die Bauleistungen wurden vom Kläger am . . . . . abgenommen. Es ist eine förmliche Abnahme erfolgt.[4]

Beweis: Abnahmeprotokoll vom . . . . .

Etwa drei Monate nach Bezug zeigte es sich, dass die auf dem von der Beklagten eingebrachten Estrich, der zu ihrem Leistungsumfang gehörte, aufgezogene Kunststoff-

beschichtung sich zunehmend nach oben wölbte, sodass keine plane Oberfläche mehr vorhanden war. Die Wölbung schreitet in allen Zimmern, welche die Beklagte beschichtet hatte, fort.

Beweis: Augenschein
Sachverständigengutachten.

Der Kläger hatte die Beklagte mit Schreiben vom ..... zur Nacherfüllung aufgefordert.

Beweis: Schreiben vom .....

Die Beklagte reagierte nicht. Es wurde ihr dann mit Schreiben vom ..... eine Frist zur Nacherfüllung bis zum ..... gesetzt und die Ablehnung von weiteren Mangelbeseitigungsmaßnahmen nach Ablauf dieser Frist angedroht.[5]

Beweis: Schreiben vom .....

Auch hierauf reagierte die Beklagte nicht.

Daraufhin ließ der Kläger den Mangel beseitigen. Dadurch sind folgende Kosten entstanden:

Beschichtung und Estrich musste herausgenommen, der Estrich neu eingebracht und eine Beschichtung aufgebracht werden, die mit dem Estrich verträglich ist und eine plane Oberfläche gewährleistet.

Beweis: Sachverständigengutachten.

Die Arbeiten führte die Firma ..... durch. Der Kläger holte drei Angebote ein. Die Firma ....., die die Nachbesserungsarbeiten durchführte war die billigste.

Beweis: Vorlage der Angebote
Vorlage des Vertrags mit der Firma .....

Die Firma ..... berechnete hierfür

Beweis: Rechnung vom .....

Diesen Betrag, den der Kläger bezahlt hat, macht er als Schadensersatzanspruch nach § 281 BGB geltend.

Der Boden wurde durch einen Teppichboden in sämtlichen Zimmern belegt. Dieser Teppichboden platzte an einer Reihe von Stellen durch das Aufwölben der Beschichtung. Er musste deshalb in den Zimmern ..... ausgetauscht werden.

Beweis: Vorlage von Fotos
Sachverständigengutachten.

Hierfür stellte die Firma ..... in Rechnung ..... EUR. Auch dieser Betrag wurde bezahlt und wird als Schadensersatzanspruchgeltend gemacht.

Die Fußbodenheizung wurde durch die Herausnahme und Neueinbringung des Estrichs in erheblichem Maße beschädigt bzw. musste erneuert und ersetzt werden.

Beweis: Sachverständigengutachten.

Diese für die Nacherfüllung notwendigen Arbeiten führte die Firma ..... durch, die von drei Angeboten das günstigste Angebot abgab.

Beweis: Vorlage der Angebote
Vertrag mit der Firma .....

Die Firma berechnete ..... EUR. Der Betrag wurde bezahlt.

Dieser Betrag wird als Schadensersatzanspruch geltend gemacht.

Durch die Herausnahme und Neueinbringung von Estrichboden und Beschichtung wurde die Raufasertapete erheblich beschädigt. Sie musste teilweise erneuert werden.

Beweis: Sachverständigengutachten.

Das günstigste Angebot von drei Angeboten gab die Firma ..... ab.

Beweis: Angebote vom .....

Die Firma ..... berechnete ..... EUR. Der Betrag wurde bezahlt.

Beweis: Rechnung vom .....

Auch dieser Schaden wird als Schadensersatzanspruch geltend gemacht.

Während der Herausnahme des Estrichs und der alten Beschichtung sowie der Neueinbringung des Estrichs und der Anbringung der neuen Beschichtung also vom ..... bis ..... war die Wohnung unbewohnbar. Der Kläger und seine Frau zogen deshalb aus der Wohnung aus[6] und kamen in einem Dachzimmer bei einem befreundeten Ehepaar während dieser Zeit unter. Für den Zeitraum von zwei Monaten wird ein Schadensersatzanspruch wegen entgangener Gebrauchsvorteile der Wohnung geltend gemacht, der sich wie folgt berechnet:

der übliche Mietzins der Wohnung betrüge ..... EUR.

Beweis: Sachverständigengutachten

Nach dem Mietspiegel der Stadt ..... ist ein m²-Preis von ..... EUR als ortsübliche Miete anzusehen. Davon abzusetzen ist eine Gewinnspanne des Vermieters von ..... %.[6]

Der Kläger wurde überrascht von der sich an verschiedenen Stellen bewegenden Oberfläche seiner Fußböden. An manchen Stellen trat die Aufwölbung schnell ein, an anderen, sehr langsam. Er wandte sich deshalb an den Sachverständigen Dr. ..... um ihn im Hinblick auf Mangelursachen und Sanierung zu beraten. Der Kläger ist von Beruf ..... und in Baudingen nicht erfahren. Der Sachverständige Dr. ..... hat beiliegende Privatgutachten erstattet.

Beweis: Privatgutachten des Sachverständigen Dr. ..... vom .....

Er hat für die Erstellung des Gutachtens einen Betrag von ..... EUR in Rechnung gestellt.[7] Der Betrag wurde bezahlt.

Rechtsanwalt

Anmerkungen

1. Zur Zuständigkeit der Baukammern vgl. → Form. II.C.1 Anm. 3.

2. Für den Schadensersatzanspruch verweist § 634 Nr. 4 BGB auf die §§ 280, 281, 283 und auf § 284 für den Ersatz vergeblicher Aufwendungen. § 636 BGB erweitert die Voraussetzungen, die vorliegen müssen, damit eine Fristsetzung entbehrlich wird. Alleinige Grundlage für Schadensersatzforderungen sind die §§ 280, 281 BGB.

3. Bei Baumängeln konzentriert sich der Schadensersatzanspruch idR darauf, dass der Auftraggeber die Werkleistung behält und den durch den Mangel verursachten Schaden verlangt („kleiner Schadensersatzanspruch"). Dieser umfasst auch einen verbleibenden technischen oder merkantilen Minderwert, der jedoch im vorliegenden Fall nicht gegeben ist. Der Schadensersatzanspruch ist in aller Regel auf Geldentschädigung gerichtet (BGH BauR 1987, 89).

4. Das BGB-Werkvertragsrecht sieht keine ausgeformten Abnahmeregelungen vor. In Anlehnung an die VOB/B wird häufig in der Baupraxis eine förmliche Abnahme vorgesehen. Mit ihr tritt ua eine Umkehr der Beweislast ein, geht die Gefahr über und ist die Geltendmachung einer etwa vereinbarten Vertragsstrafe vorzubehalten.

5. Bei einem Werkvertrag ohne (wirksame) Einbeziehung der VOB/B ergibt sich der Schadensersatzanspruch des Auftraggebers aus § 281 Abs. 1 BGB. Hiernach muss der Besteller wie bisher die angemessene Frist zur Bewirkung der Leistung setzen. Die Fristsetzung ist nach § 636 BGB nicht erforderlich, wenn der Schuldner die Leistung ernsthaft und endgültig oder die Nacherfüllung gem. § 635 Abs. 3 BGB wegen unverhältnismäßiger Kosten verweigert, wenn die Nacherfüllung fehlgeschlagen oder dem Besteller unzumutbar ist. Nicht mehr erforderlich ist die Hinzufügung einer Ablehnungsandrohung zur Fristsetzung.

Das BGB unterscheidet zwischen Schadensersatz neben der Leistung (§ 280 BGB) und Schadensersatz statt der Leistung (§ 281 BGB). Bei Schadensersatzansprüchen neben der Leistung bleibt der Nacherfüllungsanspruch weiter bestehen. § 280 BGB gilt insb. für Mangelfolgeschäden, die unabhängig von einer Nacherfüllung entstehen und durch eine Nacherfüllung auch nicht mehr beseitigt werden können. Darunter fällt auch ein Anspruch auf Nutzungsentschädigung in Form entgangener Gebrauchsvorteile (Kniffka/Koeble/Jurgeleit/Sacher Kompendium BauR, Teil 5 Rn. 82 ff.). Wird eine Nacherfüllung abgelehnt und der „kleine" oder der „große" Schadensersatzanspruch geltend gemacht, richtet sich der Anspruch nach § 281 BGB.

6. Der Kläger hat zwar keinen materiellen Schaden dadurch erlitten, dass er zwei Monate lang das Haus nicht nutzen konnte und sich erheblich einschränkend in einem Dachzimmer eines Bekannten aufhalten musste. Es ist ihm jedoch ein Gebrauchsvorteil durch den Nutzungsausfall infolge der mangelhaften Bauleistung der Beklagten entgangen. Obwohl die Grundsatzentscheidung des Großen Senats für Zivilsachen nur den deliktischen Entzug von Gebrauchsvorteilen betrifft (BGHZ 98, 212), ist von der Rspr. in bestimmten Fällen der Ersatz von entgangenen Gebrauchsvorteilen auch bei mangelhafter Leistung aufgrund Werkvertrags anerkannt. Voraussetzung ist, dass der Wohnraum bzw. das Haus für die eigenwirtschaftliche Lebensführung des Auftraggebers von zentraler Bedeutung ist und dass er ihn auch tatsächlich nutzen wollte (BGH BGHZ 98, 212; NJW 1992, 1500; ZfBR 1993, 183). Diese Voraussetzungen dürften hier gegeben sein, während dies für einzelne Wohnräume, Gärten, Terrassen, Schwimmbäder zu verneinen sein dürfte (vgl. Palandt/*Grüneberg* BGB § 249 Rn. 49). Die Bezifferung der entgangenen Gebrauchsvorteile ist schwierig. Der BGH (NJW 1987, 50) will dies in erster Linie der Praxis überlassen. Bei Wohnungen oder Gebäuden kann die übliche Miete als Ausgangspunkt der Schadensberechnung dienen. Sie muss dann um die Gewinnspanne des Vermieters und die bei privater Nutzung nicht anfallenden Kosten reduziert werden (BGH NJW 1987, 50; MPFormB BauR/*Locher* Kap. B. IV. Rn. 8 → Anm. 9).

7. Die Kosten des Privatgutachters stellen einen erstattungsfähigen Schaden nach § 280 BGB dar, falls die Beauftragung des Sachverständigen erforderlich war. Dies ist bei nicht unerheblichen Mängeln zu bejahen (BGB BauR 2002, 86; Einzelheiten bei Kniffka/Koeble/Jurgeleit/Sacher Kompendium BauR, Teil 5 Rn. 318 und 381 ff).

4. Klage auf Fertigstellungsmehrkosten nach Kündigung aufgrund verzögerter Fertigstellung bei vertraglicher Einbeziehung der VOB/B

An das
Landgericht[1]

Klage[2]

des . . . . .
– Klägers –

Prozessbevollmächtigter: . . . . .

gegen

den .....
– Beklagten –

wegen
Verzögerungsschadens
Vorläufiger Streitwert: 32.000 EUR.
Namens und in Vollmacht des Klägers erhebe ich Klage und werde beantragen,
den Beklagten zu verurteilen, an den Kläger 32.000 EUR nebst 5 Prozentpunkten Zinsen über dem Basiszinssatz seit ..... zu bezahlen.

Begründung:

Die Parteien haben einen VOB/B-Vertrag für die Grab-, Beton- und Maurerarbeiten am Neubau des Klägers in ..... abgeschlossen.

Beweis: Bauvertrag vom ..... (Anlage 1).

In diesem Vertrag hat sich der Beklagte verpflichtet, die Arbeiten innerhalb von 90 Tagen fertigzustellen. Am ..... hat der Kläger den Beklagten aufgefordert, mit den Arbeiten zu beginnen. Die Arbeiten wurden am ..... begonnen. Sie waren 95 Tage nach Arbeitsbeginn noch nicht fertiggestellt.

Beweis: Architekt .....

Der Kläger mahnte[3] deshalb am .....

Beweis: Mahnschreiben vom ..... (Anlage 2).

Der Kläger hat dem Beklagten am ..... eine Frist von drei Wochen zur Vertragserfüllung, konkret zur Fertigstellung gesetzt und erklärt, dass er ihm nach fruchtlosem Ablauf der Frist den Auftrag entziehe.

Beweis: Schreiben vom ..... (Anlage 3).[4, 5]

Der Beklagte hat innerhalb der Frist die ihm obliegenden Leistungen nicht bewirkt.

Beweis: Architekt .....

Der Kläger hat den Vertrag am ..... gekündigt.

Beweis: Schreiben vom ..... (Anlage 4).

Der Kläger macht mit der Klage Schadensersatzansprüche nach §§ 5 Abs. 4, 8 Abs. 3 Nr. 2 VOB/B geltend. Er hat den bei Zugang der Kündigungserklärung noch nicht vollendeten Teil der Leistung, nämlich die ..... Arbeiten, durch die Firma ..... ausführen lassen. Der Beklagte hat die von ihm erbrachten Leistungen mit 260.000 EUR brutto laut Abrechnung vom ..... abgerechnet.

Beweis: Abrechnung vom ..... (Anlage 5).

Die noch nicht ausgeführten Leistungen, nämlich ....., hat die Firma ..... ausgeführt und dafür den Betrag von 82.000 EUR berechnet.

Beweis: Abrechnung vom ..... (Anlage 6).

Der Kläger hat sich für die noch nicht ausgeführten Leistungen ein Angebot der Firmen ..... und ..... erteilen lassen, die aber beide teurer waren als die Firma .....

Beweis: Angebote der drei Firmen (Anlage 7, 8 und 9).[6]

Lt. Einheitspreisvertrag hätte der Kläger für die nicht von dem Beklagten ausgeführten Leistungen noch 50.000 EUR zu bezahlen gehabt.

Beweis: Bauvertrag vom ..... Sachverständigengutachten.

Die Differenz zur Rechnung der Fa. iHv 32.000 EUR wird mit der vorliegenden Klage beansprucht.
Rechtsanwalt

Anmerkungen

1. Zur Zuständigkeit der Baukammern vgl. → Form. II.C.1 Anm. 3

2. Nach § 5 Abs. 4 VOB/B können die Rechte des § 6 Abs. 6 oder des § 8 Abs. 3 VOB/B in Anspruch genommen werden, wenn der Auftragnehmer den Beginn der Ausführung verzögert, mit der Vollendung in Verzug gerät, oder wenn er Arbeitskräfte, -geräte, Gerüste, Stoffe oder Bauteile so unzureichend bereitstellt, dass die Ausführungsfristen offenbar nicht eingehalten werden können. Diese Voraussetzungen können alternativ vorliegen. Ein Verschulden des Auftragnehmers oder seines Erfüllungsgehilfen ist nur hinsichtlich des Verzugs mit der Vollendung erforderlich, wobei der Unternehmer darlegen und beweisen muss, dass er die Verzögerung nicht zu vertreten hat (Kniffka/Koeble/Jurgeleit/Sacher, Kompendium BauR, Teil 6 Rn. 82 ff.

3. Sofern nicht ein bestimmter Ausführungstermin vereinbart ist und Selbstmahnung vorliegt, ist Mahnung als Verzugsvoraussetzung erforderlich. Hat sich die Ausführungsfrist nach § 6 Abs. 4 VOB/B verlängert, muss grds. eine Mahnung nach Ablauf der verlängerten Frist erfolgen, um den Verzug zu begründen (BGH BauR 2003, 1215 = NZBau 2003, 498; Kniffka/Koeble/Jurgeleit/Sacher, Kompendium BauR, Teil 6 Rn. 88 ff). Im vorliegenden Fall ist Verzug nach § 286 Abs. 2 Nr. 2 BGB eingetreten. Die 90-Tagesfrist beginnt 12 Werktage nach der Aufforderung des Auftraggebers, mit den Leistungen zu beginnen, § Abs. 2 S. 2 VOB/B.

4. Liegen die Voraussetzungen der Verzögerung des Ausführungsbeginns, des Verzugs oder der Nichterfüllung der Verpflichtung gem. § 5 Abs. 3 VOB/B vor, so kann der Auftraggeber einmal den Vertrag aufrechterhalten und Schadensersatz gem. § 6 Abs. 6 VOB/B verlangen. Wählt er diesen Weg, so kann er nur den nachweislich entstandenen Schaden verlangen, nicht aber den entgangenen Gewinn, es sei denn, die Verzögerung wurde grob fahrlässig oder vorsätzlich herbeigeführt.

5. Der Auftraggeber kann aber auch, wenn er die in § 5 Abs. 4 VOB/B aufgeführten Voraussetzungen geschaffen hat, also eine angemessene Frist mit Kündigungsandrohung gesetzt hat, kündigen und die Rechte nach § 8 Abs. 3 VOB/B geltend machen. Einer Fristsetzung mit Androhung des Auftragsentzugs bedarf es dann nicht, wenn eine besonders schwere Vertragsverletzung vorliegt, die es dem Auftraggeber unzumutbar erscheinen lässt, noch weiterhin mit diesem Auftragnehmer den Vertrag durchzuführen (Kapellmann/Messerschmidt/Langen VOB/B § 5 Rn. 132). Dies ist insb. dann der Fall, wenn der Auftragnehmer endgültig den Beginn oder die Fortsetzung der Leistung verweigert (BGHZ 50, 160) oder den Vertrag zu Unrecht ohne wichtigen Grund kündigt und die Arbeiten nicht wieder aufnimmt (BGH BauR 2001, 1577).

6. Der Auftraggeber kann nach Kündigung den noch nicht vollendeten Teil der Leistung zu Lasten des Auftragnehmers durch einen Dritten ausführen lassen und kann, wie hier, die Mehraufwendungen geltend machen. Daneben bleiben seine Ansprüche auf Ersatz des entstehenden weiteren Schadens bestehen. Er kann aber auch auf die weitere Ausführung verzichten und Schadensersatz wegen Nichterfüllung verlangen, wenn die Ausführung aus den Gründen, die zur Entziehung des Auftrags geführt haben, für ihn kein Interesse mehr hat. Der Ersatzanspruch bei Beauftragung eines Ersatzunternehmers bezieht sich auf die Differenz zwischen der bisherigen Vergütung (vertragliche Einheitspreise, Pauschalpreise) und dem Betrag, den der Auftraggeber an den Auftragnehmer und zusätzlich an den Dritten zu zahlen hat. Es handelt sich dabei um einen verschuldensunabhängigen Erstattungsanspruch (*Locher* PrivBauR Rn. 227; Kapellmann/Messerschmidt/Lederer VOB/B § 8 Rn. 102). Im Rahmen des Erstattungsanspruches ist auch ein Vorschussanspruch gegeben (BGH BauR 1989, 464 vgl. iE Kapellmann/Messerschmidt/*Lederer* VOB/B § 8 Rn. 104). Darüber hinaus kann der weitere Verzugsschaden geltend gemacht werden, wobei es fraglich ist, ob der infolge des Verzugs entgangene Gebrauchsvorteil dem Schaden zuzurechnen ist (BGH BauR 1986, 105, grds. bejahend, BGH BauR 1987, 312).

5. Minderungsklage eines Auftraggebers gegen einen Architekten

An das
Landgericht[1]

Klage

des . . . . .
– Klägers –

Prozessbevollmächtigter: . . . . .

gegen

den . . . . .
– Beklagten –

wegen

Minderung des Architektenhonorars[2, 3]
Vorläufiger Streitwert: 13.000 EUR.
Namens und in Vollmacht des Klägers erhebe ich Klage und werde beantragen,

den Beklagten zu verurteilen, an den Kläger 13.000 EUR nebst 5 Prozentpunkte Zinsen über dem Basiszinssatz seit . . . . . zu bezahlen.

Begründung:

Der Beklagte ist freier Architekt, der Kläger hat mit ihm am . . . . . für sein Bauvorhaben in . . . . . einen schriftlichen Architektenvertrag abgeschlossen.

Beweis: Architektenvertrag vom . . . . . (Anlage 1)

In diesem Vertrag wurden dem Beklagten die Grundleistungen der Leistungsphasen 1–4 der Anlage 10 HOAI 2021 (Grundlagenermittlung, Vorplanung, Entwurfsplanung und Genehmigungsplanung) übertragen. Mangels abweichender Vereinbarung in Textform kommt gem. § 7 Abs. 1 S. 2 HOAI der Basishonorarsatz zum Tragen.[4] Der Beklagte hat die ihm übertragenen Architektenleistungen erbracht.

Vor Abschluss des Architektenvertrags hat der Kläger dem Beklagten mehrfach und nachhaltig erklärt, dass er für das Bauvorhaben nur Mittel iHv 400.000 EUR zur Verfügung habe und dass der Beklagte damit auskommen müsse.

Beweis: . . . . .

Die Planung des Beklagten war zwar technisch nicht zu beanstanden. Die Verwirklichung der Planung des Beklagten hätte jedoch Baukosten iHv mindestens 600.000 EUR erfordert, was für den Beklagten auch bereits im Rahmen der Grundlagenermittlung erkennbar gewesen ist.

Beweis: Sachverständigengutachten.

Dies ergibt sich auch aus der dem Baugenehmigungsgesuch beigefügten vorläufigen Kostenermittlung des Beklagten.

Beweis: Vorlage des Baugesuches.

Die Planung ist mangelhaft und für den Kläger unbrauchbar.[5] Der Kläger hat deshalb seine Bauabsicht aufgegeben.

Der Kläger hat an den Beklagten auf Anforderung eine Abschlagszahlung von 13.000 EUR geleistet. Die Rückforderung dieses Betrages macht er im Wege der Minderung nach § 634 BGB geltend. Die Abnahme der Architektenleistung hat der Kläger verweigert.[6]

Beweis: . . . . .

Der Kläger hat das Baugesuch wegen der überhöhten Kosten nicht eingereicht. Er hat den Beklagten mit Schreiben vom . . . . . aufgefordert, seine Planung so nachzubessern,[7] dass das Raumprogramm – was möglich gewesen wäre – mit einem Kostenaufwand von 400.000 EUR in einfacherer Weise verwirklicht werden könne.[8]

Beweis: Sachverständigengutachten

Die im Schreiben enthaltene Frist ist angemessen.

Beweis: Schreiben vom . . . . . (Anlage 2)

Der Beklagte lehnte dies mit Schreiben vom . . . . . ab mit der Begründung, er sei kein „Bettler-Architekt".

Rechtsanwalt

Anmerkungen

1. Vgl. zur Zuständigkeit der Baukammern → Form. II.C.1 Anm. 3.

2. Das Recht auf Minderung ist als Gestaltungsrecht in § 638 BGB normiert. Danach erlischt das zuvor bestehende Wahlrecht des Auftraggebers zwischen den in § 634 BGB aufgezählten Rechten mit Geltendmachung der Minderung. Die Voraussetzungen für das Minderungsrecht sind die gleichen wie diejenigen, die für den Rücktritt gelten. Das Minderungsrecht besteht auch bei unerheblichen Mängeln, da § 323 Abs. 5 S. 2 BGB keine Anwendung findet. § 638 Abs. 4 BGB räumt dem Auftraggeber, der schon überzahlt hat, einen Rückgewähranspruch ein, der nach den Rücktrittsregeln der § 346 Abs. 1, § 347 Abs. 1 BGB abzuwickeln ist.

3. Oft wird Minderung gegen die Vergütungsklage des Auftragnehmers eingewendet. Der Minderungsanspruch kann jedoch nach Bezahlung auch aktiv geltend gemacht werden. Die Berechnung des Minderwerts legt § 638 Abs. 3 BGB fest. Danach ist die Vergütung in dem Verhältnis herabzusetzen, in welchem zur Zeit des Vertragsschlusses der Wert des Werks in mangelfreiem Zustand zu dem wirklichen Wert gestanden haben würde. Damit ist der Streit über den maßgeblichen Zeitpunkt der Berechnung erledigt.

4. Nach § 7 Abs. 1 S. 2 HOAI 2021 kommt der Basishonorarsatz zum Tragen, sofern nicht gem. § 7 Abs. 1 S. 1 HOAI 2021 in Textform eine abweichende Vereinbarung getroffen ist.

5. Nach der Rspr. des BGH (NJW 2013, 1593) sind einseitig vom Bauherrn geäußerte Kostenvorstellungen für die Planung des Architekten maßgeblich, wenn dieser ihnen nicht widerspricht. Vereinbaren die Vertragsparteien – bei Vertragsabschluss oder im Verlauf des Planungsprozesses – eine Baukostenobergrenze, liegt darin eine Beschaffenheitsvereinbarung der zu erreichenden Planungs- und Überwachungsziele, die der Architekt als Hauptleistungspflicht zu erfüllen hat. Nach ständiger Rechtsprechung entspricht die Planungsleistung eines Architekten nicht der vereinbarten Beschaffenheit, wenn sie ein

Bauwerk oder eine Außenanlage vorsieht, dessen/deren Errichtung höhere Herstellungskosten erfordert, als sie von den Parteien des Architektenvertrags vereinbart sind. Liegen die tatsächlichen Kosten über den geäußerten Vorstellungen, ist die Werkleistung mangelhaft, wenn die Mehrkosten nicht auf Ursachen außerhalb der Sphäre des Architekten zurückzuführen sind, wie dies zB bei Zusatzleistungen der Fall ist und der Architekt nicht auf die damit einhergehenden Zusatzkosten hinweist. Die Kürzung des Honorars im Wege der Minderung ergibt sich aus dem Verhältnis des Werts der mangelfreien Architektenleistung zur mangelhaften. Zur Minderung bei mangelhafter Planung vgl. auch BGH Urt. v. 28.1.2016 – VII ZR 266/16, NJW 2016, 2032. Ist die Werkleistung für den Bauherrn wertlos, so kann er im Wege der Minderung die bezahlte Vergütung verlangen (BGH BauR 1984, 401; OLG Hamm BauR 1989, 735). Als verschuldensunabhängiges Recht kann die Minderung für den Bauherrn Vorteile im Vergleich zum Schadensersatzanspruch bieten.

6. Gem. § 640 Abs. 3 BGB wäre bei Abnahme ein Vorbehalt der dem Auftraggeber bekannten Mängel erforderlich. Die Mängelrechte des § 634 BGB stehen dem Besteller grds. erst ab der Abnahme zur Verfügung. (→ Form. II.C.1 Anm. 1). Im vorliegenden Fall, in dem die Abnahme noch nicht erfolgte, der Besteller mindert und der Architekt die Nachbesserung ablehnt, sind die Voraussetzungen für eine Anwendung der Rechte des § 634 BGB vor der Abnahme (→ Form. II.C.1 Anm. 1) gegeben. Eine Erfüllung des Vertrages kommt nicht mehr in Betracht.

7. Nach § 638 Abs. 1 S. 1 BGB müssen die Voraussetzungen für den Rücktritt vorliegen. Dies bedeutet, dass der Auftragnehmer zunächst unter Fristsetzung zur Nacherfüllung aufgefordert werden muss. Die Fristsetzung ist entbehrlich bei den in § 323 Abs. 2 genannten Fällen, also der ernsthaften und endgültigen Erfüllungsverweigerung, der Nichtbewirkung der geschuldeten Leistung zu dem im Vertrag bestimmten Termin oder innerhalb einer bestimmten Frist, bei Vorliegen besonderer Umstände, die unter Abwägung der beiderseitigen Interessen den sofortigen Rücktritt rechtfertigen.

Nach § 636 bedarf es der Fristsetzung auch dann nicht, wenn die Nacherfüllung fehlgeschlagen ist.

8. Die Rspr. hat grds. eine Nachbesserungs*pflicht* des Architekten nicht angenommen, es sei denn, der fehlerhafte Plan sei noch nicht im Bauwerk verkörpert (BGH BauR 1989, 97; 2001, 667). Im vorliegenden Fall ist nach dem Plan des Architekten noch nicht gebaut. Vgl. zur Nacherfüllungspflicht des Architekten *Locher* PrivBauR Rn. 381 f.; *Locher* FS v. Craushaar, 1997, 21 ff. Eine andere Frage ist es, ob dem Architekten ein Nachbesserungs*recht* zusteht, weil seine Fachkenntnisse und Verbindungen günstige Voraussetzungen für eine sachgerechte und preisgünstige Mängelbeseitigung bieten. Dieses Recht kann dem Architekten nach Treu und Glauben im Einzelfall aus § 254 BGB zustehen. Der Architekt muss aber substantiiert darlegen, dass und warum er in der Lage ist, die Mängel auf eigene Kosten billiger zu beseitigen (*Locher* PrivBauR Rn. 383).

6. Klage eines Wohnungseigentumserwerbers auf Rückzahlung nach Rücktritt

An das
Landgericht[1]

Klage

des . . . . .
– Klägers –

Prozessbevollmächtigter: . . . . .

gegen

Firma . . . . .
– Beklagte –

wegen

Rücktritts[1]
Vorläufiger Streitwert: 400.000 EUR.
Namens und in Vollmacht des Klägers erhebe ich Klage und werde beantragen,
die Beklagte zu verurteilen,
Zug um Zug gegen Rückauflassung der Wohnung Nr. . . . ., bestehend aus einem Miteigentumsanteil zu . . . . ./1000 verbunden mit dem Sondereigentum an der Wohnung Nr. . . . . vorgetragen im Grundbuch des AG . . . . . Band . . . . . Blatt . . . . . an den Kläger den Betrag von 400.000 EUR zzgl. 5 Prozentpunkten Zinsen über dem Basiszinssatz seit . . . . . zu bezahlen.

Begründung:

Der Kläger hat mit der Beklagten, einer Bauträgergesellschaft, einen Bauträgervertrag[2] **über eine Eigentumswohnung in . . . . . am . . . . . abgeschlossen.**

Beweis: Bauträgervertrag.

Der als Kaufvertrag bezeichnete Vertrag enthält in § 2 die Verpflichtung, diese Eigentumswohnung entsprechend der Teilungserklärung und der Baubeschreibung schlüsselfertig und frei von Mängeln zu erstellen und an den „Käufer" zu übergeben. Der „Kaufpreis" sollte 400.000 EUR betragen. Er war als Festpreis vereinbart.
Die Wohnung wurde nach Fertigstellung von dem Kläger am . . . . . bezogen. Die Abnahme sowohl des Sonder- als auch des Gemeinschaftseigentums ist erfolgt. Zwei Wochen nach Bezug hat es sich herausgestellt, dass sowohl der Trittschall- als auch der Luftschallschutz in der Wohnung nicht den anerkannten Regeln der Technik entsprachen. Der Kläger rügte, die Richtwerte von DIN 4109 seien nicht erreicht. Besonders gravierend seien die Mängel der Schallisolierung des Treppenhauses und der darüber liegenden Wohnung.

Beweis: Schreiben vom . . . . . (Anlage 1)

Der Kläger forderte die Beklagte zur Beseitigung der Mängel innerhalb von zwei Monaten auf.

Beweis: Schreiben vom . . . . . (Anlage 2)

Die Beklagte erklärte, der Schallschutz entspräche dem Standard der Wohnung und den anerkannten Regeln der allgemeinen Technik. Ein bestimmtes Schalldämmmaß sei vertraglich nicht vereinbart Es lägen keine Mängel vor.

Beweis: Schreiben der Beklagten vom . . . . . (Anlage 3)

Der Schallschutz ist völlig unzureichend und erreicht noch nicht einmal die Erfordernisse der DIN 4109.[3]

Beweis: Sachverständigengutachten des . . . . .-Instituts. (Anlage 4)

Der Trittschallschutz ist allenfalls zwischen den mit Teppichböden belegten Wohn- und Schlafräumen der Wohnung A ausreichend. Zwischen dem Schlafraum der Wohnung A und dem Bad der darüber liegenden Wohnung erreicht der Trittschallschutz noch nicht einmal die Werte der Mindestanforderungen in DIN 4109. Gleiches gilt für den Luftschallschutz zwischen Küche und Wohnung . . . . .

Die Schallschutzmaßnahmen genügen nicht durchschnittlichen Wohnansprüchen, geschweige denn den von der Beklagten in ihrem Prospekt zugesagten erhöhten Ansprüchen in ruhiger Waldlage und einer „exklusiven Wohnanlage".

Diese Mängel beeinträchtigen in ihrer Gesamtheit die Nutzung der Eigentumswohnung erheblich.

Beweis: Augenscheinseinnahme,

Sachverständigengutachten.

Die ungünstigen Schallschutzwerte sind auf die mangelhafte Werkleistung der Beklagten zurückzuführen.

Der Kläger erklärt hiermit Rücktritt[7] vom Vertrag. Der Wert und die Tauglichkeit der Eigentumswohnung ist durch den mangelhaften Schallschutz erheblich vermindert.[4]

Beweis: Sachverständigengutachten.

Der Kläger kann deshalb Zug um Zug gegen Rückauflassung der Wohnung den bereits bezahlten „Kaufpreis" zurückverlangen. Die Wohnungseigentümergemeinschaft hat bislang noch keine Beschlüsse über die Verfolgung der Mängelrechte gegen den Bauträger beschlossen.[5, 6]

Rechtsanwalt

Anmerkungen

1. Vgl. zur Zuständigkeit der Baukammern → Form. II.C.1 Anm. 1. Allerdings wird der Bauträgervertrag in § 72a GVG nicht erwähnt und wird daher von der Spezialzuständigkeit dem Wortlaut nach nicht erfasst. Allerdings wird die Anwendbarkeit des § 650a in § 650u Abs. 2 BGB gerade nicht ausgeschlossen. Soweit es um die Errichtung/Bauverpflichtung geht, bleibt es deshalb nach hier vertretener Auffassung bei der Spezialzuständigkeit der Baukammern.

2. Nach § 323 BGB kann der Gläubiger, wenn er dem Schuldner erfolglos eine angemessene Frist zur Leistung oder Nacherfüllung bestimmt hat, vom Vertrag zurücktreten. § 323 Abs. 2 BGB regelt die Fälle, in denen eine Fristsetzung entbehrlich ist. Im vorliegenden Fall wurde der „Verkäufer" unter Fristsetzung zur Nacherfüllung aufgefordert. Einer Ablehnungsandrohung bedarf es nicht. Nach § 323 Abs. 5 S. 2 BGB ist der Rücktritt ausgeschlossen, wenn die Pflichtverletzung unerheblich ist. Davon kann im vorliegenden Fall keine Rede sein.

3. Der Bauträgervertrag, der die Erstellung eines Bauwerks zum Gegenstand hat, ist hinsichtlich der Errichtungsverpflichtung ein Werkvertrag; zumindest richten sich die

Mängelansprüche nach den §§ 633 ff. BGB (stRspr, BGH NJW 1979, 2207; 1980, 2800), was sich seit dem 1.1.2018 aus § 650u Abs. 1 S. 2 BGB ergibt.

4. Zu den Problemen des Schallschutzes allg. *Locher-Weiss,* Schallschutz im Hochbau, Rechtsprobleme und technische Einführung, Baurechtliche Schriften, 4. Aufl. 2005; *Locher-Weiss/Pohlenz* Schallschutzmängel 2019.

5. Erklärt der „Käufer" den Rücktritt, so kann er nach § 325 BGB daneben Schadensersatz verlangen.

Der „Käufer" verliert nicht schon mit Ablauf der Frist zur Nacherfüllung seinen Erfüllungsanspruch. Er kann auch noch nach einer Fristsetzung entscheiden, ob er Rückabwicklung verlangen oder weiterhin den Erfüllungsanspruch geltend machen will. Erst wenn der „Käufer" den Rücktritt erklärt hat, ist er daran gebunden (Palandt/*Grüneberg* BGB § 323 Rn. 33). Wurde die Auflassung noch nicht erklärt oder die Eintragung im Grundbuch noch nicht vollzogen, muss berücksichtigt werden, dass mit dem Rücktritt der Anspruch des Erwerbers auf Eigentumsverschaffung entfällt, was aufgrund der strengen Akzessorietät auch zum Wegfall der Auflassungsvormerkung führt. Im Fall der Insolvenz kann der Erwerber kein Zurückbehaltungsrecht gegen den Grundbuchberichtigungsanspruch gelten machen; der Insolvenzverwalter kann Löschung der Vormerkung verlangen, ohne an ihn den Kaufpreis aus der Masse erstatten zu müssen (BGH NJW 2009, 1414; vgl. hierzu auch MPFormB BauR/*Pause* S. 478 → Anm. 5). In dieser Konstellation ist also Vorsicht geboten und nur in besonderen Ausnahmefällen die Geltendmachung von Rechten, die den Eigentumsverschaffungsanspruch untergehen lassen, zu empfehlen.

6. Der Zug-um-Zug-Antrag ist geboten, um Kostennachteile zu vermeiden (zum Kaufrecht → Form. II.A.1 Anm. 3).

7. Auch bei Mängeln am Gemeinschaftseigentum kann den Rücktritt grds. jeder einzelne Wohnungseigentümer erklären, da der große Schadensersatzanspruch und der Rücktritt keine gemeinschaftsbezogenen Rechte iSd § 10 Abs. 6 S. 3 WEG darstellen (BGH NJW 2006, 2254; 2007, 1952). Dadurch entsteht dem Bauträger kein Nachteil, auch wenn andere Eigentümer wegen des gleichen Mangels andere Rechte geltend machen (*Locher* PrivBauR Rn. 646; BGH BauR 2006, 1747; BauR 2007, 111; Hügel/Elzer, WEG, 2. Aufl., § 10 Rn. 273). Diese Frage ist allerdings nicht unumstritten (vgl. die Darstellung bei Kniffka/Koeble/Jurgeleit/Sacher Kompendium des Baurechts Teil 10 Rn. 539). Eine Beschränkung der Geltendmachung der auf Rückabwicklung gerichteten Rechte kann sich allerdings aus der Kollision mit Interessen der Wohnungseigentümergemeinschaft ergeben (BGH NJW 2010, 3089). Allerdings kann der einzelne Erwerber eine Frist zur Nacherfüllung auch dann noch setzen, um die Rückabwicklung vorzubereiten, wenn die Wohnungseigentümergemeinschaft die Geltendmachung der gemeinschaftsbezogenen Rechte an sich gezogen hat, sofern die Fristsetzung nicht mit den Interessen der Gemeinschaft kollidiert (BGH NJW 2010, 3089; OLG Schleswig DNotZ 2013, 489). Eine Fristsetzung zur Vorbereitung der Rückabwicklung durch einen einzelnen Erwerber ist aber jedenfalls dann unwirksam, wenn eine Nachbesserung mit den Interessen der Gemeinschaft kollidiert. Dies ist dann der Fall, wenn die Gemeinschaft die Geltendmachung der gemeinschaftsbezogenen Ansprüche durch die Gemeinschaft beschlossen hat und diese eine Mängelbeseitigung nicht mehr zulassen will (BGH NJW 2014, 1377). Ungeklärt ist, ob die Befugnisse des einzelnen Wohnungseigentümers dadurch eine Einschränkung erfahren, dass die Gemeinschaft die Geltendmachung des kleinen Schadensersatzanspruchs oder der Minderung beschließt (vgl. hierzu *Vogel* ZWE 2016, 442, 445: Rücktritt bis zur Mangelbeseitigung auch trotz Zahlung des Bauträgers an die Gemeinschaft – Vorschuss). Jedenfalls dürfte ab dem Zeitpunkt, in dem die Forderung (Rückzahlung Minderungsminderungsbetrag) erfüllt bzw. mittels des Vorschusses der Mangel beseitigt wurde, eine Rückabwicklung nicht mehr möglich sein.

Ein Vergleichsabschluss durch die Wohnungseigentümergemeinschaft mit dem Bauträger, nachdem die Gemeinschaft die Geltendmachung der Rechte an sich gezogen hat, lässt die bereits entstandenen Ansprüche des Erwerbers unberührt, die Rückabwicklung zu verlangen (BGH NJW 2006, 3275 zum alten Schuldrecht; OLG Köln ZWE 2014, 26).

Im vorliegenden Fall hat die Gemeinschaft die Geltendmachung der Mängelrechte nicht an sich gezogen. Der Rücktritt des Erwerbers ist deshalb möglich. Hierzu muss in der Klageschrift vorgetragen werden.

7. Klage eines Wohnungseigentümers auf Vorschuss für die Beseitigung von Mängeln des Gemeinschaftseigentums

An das
Landgericht[1]

Klage[2]

des .....
– Klägers –

Prozessbevollmächtigter: .....

gegen

Firma .....
– Beklagte –

wegen

Vorläufiger Streitwert: 13.500 EUR.

Namens und in Vollmacht des Klägers erhebe ich Klage und werde beantragen,

die Beklagte zu verurteilen, an die WEG ..... zu Händen des Verwalters .....[3] 13.500 EUR nebst 5 Prozentpunkte Zinsen über dem Basiszinssatz hieraus seit ..... zu bezahlen.

Begründung:

Die Beklagte ist eine Bauträgerfirma. Sie errichtete ein Gebäude mit 50 Eigentumswohnungen. Eine dieser Wohnungen erwarb der Kläger durch notariellen Vertrag vom .....

Beweis: Vertrag vom ..... (Anlage 1)

In die Wohnung des Klägers drang nach Abnahme des Gemeinschaftseigentums infolge mangelnder Isolierung der Außenwände Feuchtigkeit ein.

Beweis: Sachverständigengutachten.

Der Kläger hat deshalb die Beklagte mit Schreiben vom ..... aufgefordert, den Mangel zu beseitigen und dafür zu sorgen, dass das Eindringen der Feuchtigkeit verhindert wird.

Beweis: Schreiben vom ..... (Anlage 2)

Er hat mit Schreiben vom ..... unter angemessener Fristsetzung die Beseitigung des Mangels angemahnt, ohne dass Abhilfe geschaffen wurde.

Beweis: Schreiben vom ..... (Anlage 3)

Daraufhin hat der Kläger ein Angebot bei der Firma ..... eingeholt. Das Angebot beläuft sich auf 13.500 EUR.

Beweis: Angebot der Firma ..... vom ..... (Anlage 4)

Die Maßnahme ist erforderlich, um das Eindringen von Feuchtigkeit zu verhindern. Der von der Firma . . . . . berechnete Betrag ist angemessen.

Beweis: Sachverständigengutachten.

Die Sachbefugnis des Klägers wird nicht davon berührt, dass sich der Nacherfüllungsanspruch auf die Instandsetzung gemeinschaftlichen Eigentums bezieht.[4] Beschlüsse der Gemeinschaft zur Geltendmachung von Mängelansprüchen gibt es nicht.

Rechtsanwalt

Anmerkungen

1. Vgl. zur Zuständigkeit der Baukammern → Form. II.C.6 Anm. 1.

2. Es war in der Rspr. und ist in der Lit. streitig, ob der einzelne Wohnungseigentümer im Hinblick auf einen Mangel, der am Gemeinschaftseigentum eingetreten ist, Mängelrechte geltend machen kann. Nach der Rspr. des BGH (BGHZ 163, 154 (172, 177) = NJW 2005, 2061 = NZM 2005, 543; NJW 2005, 3146 = NZM 2005, 747) ist die Gemeinschaft der Wohnungseigentümer ein rechtsfähiger Verband sui generis, was auch vom Gesetzgeber umgesetzt worden war (§ 10 Abs. 6 WEG aF – diese Vorschrift wurde mit dem Gesetz zur Modernisierung des WEGes 2020 aufgehoben und § 9a WEG nF ersetzt, dazu unten am Ende dieser Anmerkung.) Nach der bisherigen Rechtslage gilt folgendes: Die Rechte wegen Mängeln am Gemeinschaftseigentum stehen jedoch nicht dem Verband, sondern den Erwerbern aus den jeweiligen Verträgen zu. Nach weiteren Entscheidungen des BGH (BGHZ 68, 372 = NJW 1977, 1336; NJW 1984, 725 = BauR 1984, 166; NJW 1988, 1718; BauR 2007, 1221 = NJW 2007, 1952) ist jeder einzelne Wohnungseigentümer zur selbständigen, auch gerichtlichen, Verfolgung der aus dem Vertragsverhältnis mit dem Veräußerer herrührenden, Ansprüche befugt, solange durch sein Vorgehen gemeinschaftsbezogene Interessen der Wohnungseigentümer oder schützenswerte Interessen des Veräußerers nicht beeinträchtigt werden. Der Erwerber kann deshalb die Rechte auf großen Schadensersatz oder Wandelung bzw. Rücktritt selbständig geltend machen (vgl. die Ausführungen in → Form. II.C.6 Anm. 6). Diese sind nicht gemeinschaftsbezogen (BGHZ 169, 1 = NJW 2006, 3275 = NZM 2006, 778; BGH NJW 2006, 2254 = NZM 2006, 542 = NZBau 2006, 371 = BauR 2006, 979 = ZfBR 2006, 457). Ferner kann der Erwerber aber auch solche Rechte, die ihrem Inhalt nach auf ordnungsgemäße Herstellung des Gemeinschaftseigentums gerichtet sind und deshalb der Gemeinschaft zugutekommen, grds. selbständig verfolgen. Das gilt für den Mängelbeseitigungsanspruch (Nacherfüllungsanspruch) in gleicher Weise wie für den Anspruch auf Ersatz der Aufwendungen, die der Wohnungseigentümer selbst hatte (BGH NJW-RR 2004, 949 = BauR 2004, 1148; NJW-RR 2005, 1472 = BauR 2005, 1623; NJW 2007, 1952). Auch den Anspruch auf Vorschuss kann der Erwerber selbständig geltend machen. Die Wohnungseigentümergemeinschaft ist jedoch für die Geltendmachung und Durchsetzung solcher Rechte von vornherein alleine zuständig, die ihrer Natur nach gemeinschaftsbezogen sind und ein eigenständiges Vorgehen des einzelnen Wohnungseigentümers nicht zulassen. Das betrifft die gemeinschaftsbezogenen Rechte auf Minderung und auf kleinen Schadensersatz (BGH NJW 2007, 1952). Auch die Voraussetzungen für diese Rechte kann allein die Wohnungseigentümergemeinschaft schaffen (BGH NJW 2006, 2254 = BauR 2006, 979; NJW 1998, 2967 = BauR 1998, 783; NJW 2007, 1952; vgl. Kniffka/Koeble/Jurgeleit/Sacher Kompendium BauR Teil 10 Rn. 504 ff.); Der einzelne Erwerber kann die grds. gegebene Zuständigkeit für die Durchsetzung bestimmter Ansprüche (Nacherfüllungsanspruch, Vorschuss), die nicht von vorneherein gemeinschaftsbezogen sind, dadurch verlieren, dass die Wohnungseigentümergemeinschaft im Rahmen der ordnungsgemäßen Verwaltung des Gemeinschaftseigentums die

Ausübung der auf die ordnungsgemäße Herstellung des Gemeinschaftseigentums gerichteten Rechte der einzelnen Erwerber aus den Verträgen mit dem Veräußerer durch Mehrheitsbeschluss an sich zieht (BGH NJW 1981, 1841; NJW 1997, 2173 = BauR 1997, 488; NJW 2007, 1952). In gleicher Weise kann die Wohnungseigentümergemeinschaft die gemeinschaftliche Durchsetzung eines auf die Beseitigung von Mängeln des Gemeinschaftseigentums gerichteten Erfüllungs- oder Nacherfüllungsanspruch beschließen (BGH NJW 2007, 1952) und damit den einzelnen Erwerber von der Verfolgung seiner Rechte ausschließen. Auch die Möglichkeit, eine Frist zur Nacherfüllung zu setzen, um anschließend sekundäre Mängelrechte geltend machen zu können, ist kann nach Beschlussfassung durch die WEG über das An-Sich-Ziehen dann eingeschränkt sein, wenn dies mit Interessen der WEG kollidiert (BGH NJW 2014, 1377). Im vorliegenden Fall ist ein Beschluss über das „Ansichziehen" von der Wohnungseigentümergemeinschaft nicht gefasst worden, was in der Klageschrift vorzutragen ist.

Am 1.12.2020 ist das Gesetz zur Förderung der Elektromobilität und zur Modernisierung des Wohnungseigentumsgesetzes und zur Änderung von kosten- und grundbuchrechtlichen Vorschriften (*Wohnungseigentumsmodernisierungsgesetz – WEMoG)* in Kraft getreten. Damit wurde u.a. § 10 Abs. 6 WEG aufgehoben und durch eine neue Regelung zum Wesen der WEG und zur Geltendmachung von Ansprüchen in § 9a WEG nF geschaffen.

§ 9a Abs.1 WEG nF hat folgenden Wortlaut: *„Die Gemeinschaft der Wohnungseigentümer kann Rechte erwerben und Verbindlichkeiten eingehen, vor Gericht klagen und verklagt werden. Die Gemeinschaft der Wohnungseigentümer entsteht mit Anlegung der Wohnungsgrundbücher; dies gilt auch im Fall des § 8. Sie führt die Bezeichnung „Gemeinschaft der Wohnungseigentümer" oder „Wohnungseigentümergemeinschaft" gefolgt von der bestimmten Angabe des gemeinschaftlichen Grundstücks."*

§ 9a Abs.2 WEG nF hat folgenden Wortlaut: *„Die Gemeinschaft der Wohnungseigentümer übt die sich aus dem gemeinschaftlichen Eigentum ergebenden Rechte sowie solche Rechte der Wohnungseigentümer aus, die eine einheitliche Rechtsverfolgung erfordern, und nimmt die entsprechenden Pflichten der Wohnungseigentümer wahr."*

Diese Vorschrift tritt an die Stelle des aufgehobenen § 10 Abs. 6 S.3 WEG aF. Nach der Vorstellung des Gesetzgebers soll damit die Unterscheidung zwischen den geborenen und gekorenen Ausübungsbefugnissen der Gemeinschaft aufgegeben werden, also die Unterscheidung zwischen den Ausübungsbefugnissen, die von vorneherein der Gemeinschaft zustehen und solchen, bei denen die Ausübungsbefugnis durch Beschlussfassung über das An-sich-ziehen entsteht. Eine auf einem Beschluss beruhende besondere Ausübungs- bzw. Wahrnehmungsbefugnis („gekorene" Ausübungs- bzw. Wahrnehmungsbefugnis) sieht das Gesetz nicht mehr vor, worauf in der Begründung ausdrücklich hingewiesen wird, BT-Drs. 19/18791, 46, was aber nicht die Möglichkeit ausschließt, die Gemeinschaft durch Beschluss in die Lage zu versetzen, bestimmte Ansprüche geltend zu machen. Für die im vorliegenden Zusammenhang relevanten Mängelrechte gegenüber dem Bauträger ist nicht die erste, sondern die zweite Variante maßgeblich (Erfordernis der „einheitlichen Rechtsverfolgung"). Nach Auffassung des Gesetzgebers knüpft dieser Begriff an den Begriff der „Gemeinschaftsbezogenheit" des § 10 Abs. 6 S. 3 WEG aF an, sollte diesen wegen der mit ihm verbundenen Unschärfe aber ersetzen, wobei mit der neuen Formulierung die bisherige Rechtsprechung des BGH zur Geltendmachung von Mängelrechten und zur Definition des Begriffes der Gemeinschaftsbezogenheit umgesetzt werden sollte (BT-Drs. 19/18791, 46). Da der Gesetzgeber ausdrücklich betont, dass § 9a Abs.2 WEG nF dem bislang geltenden Recht entspreche, ändert sich im Hinblick auf die Geltendmachung von Mängelrechten nichts. Der Gesetzgeber wollte die Rechtsprechung zum Bauträgervertragsrecht, wonach die Gemeinschaft der Wohnungseigentümer nach Beschlussfassung bestimmte Mängelrechte ausüben kann ausdrücklich nicht ändern (BT-Drs. 19/18791, 46). Das Streichen der gekorenen Ausübungsbefugnis nach dem geltenden § 10 Abs. 6 S. 3 Hs. 2 WEG aF hat daher keine Auswirkungen. Die Gemeinschaft kann daher auch weiterhin in die Lage versetzt werden, im Rahmen der Prozessstandschaft Rechte geltend zu machen. Werden entsprechende Beschlüsse gefasst und bedingen deren Umsetzung ein einheitliches Vorgehen, sind die die Voraussetzungen der 2. Variante des § 9a Abs. 2 WEG nF gegeben (zutreffend *Häublein* ZWE 2020, 401 (407); *Vogel* BauR 2021, 420 ff.). Im vorliegenden Fall änderte sich also auch bei Geltung der Neufassung nichts, da eine einheitliche Rechtsverfolgung in der vorliegenden Konstellation nicht erforderlich ist.

3. Auch wenn der einzelne Eigentümer Nacherfüllungs-, Aufwendungsersatz- und Vorschussansprüche wegen Mängeln am Gemeinschaftseigentum in eigenem Namen geltend machen kann, ist noch nichts darüber gesagt, ob er auch Leistung an sich verlangen kann. Nach der hM bestand bislang bereits keine Gesamt- sondern Mitgläubigerschaft, sodass der einzelne Eigentümer nach § 432 BGB nicht Leistung an sich, sondern nur Leistung an die Mitgläubiger verlangen konnte (OLG Stuttgart BauR 2003, 1384; aA OLG Stuttgart (Sonderfall) BauR 2005, 1490; Kniffka/Koeble/Jurgeleit/Sacher Kompendium BauR Teil 10 Rn. 511 f.; OLG Hamburg Urt. v. 16.5.2019 – 8 U 42/18; BGH NJW 1991, 2420; BauR 2007, 1221 = NJW 2007, 1952, MüKoBGB/*Busche* § 634 Rn. 89). Nach der zuletzt zitierten BGH-Entscheidung ist die Zahlung „an die Wohnungseigentümergemeinschaft" zu verlangen, was auch die Abwicklung vereinfacht. Durch die Neufassung des WEG ändert sich daran nichts.

4. Nach der Rspr. des BGH (BauR 2007, 1221 = NJW 2007, 1952) kann der Vorschussanspruch von einem einzelnen Erwerber geltend gemacht werden. Der einzelne Erwerber verliert die Prozessführungsbefugnis jedoch dann, wenn die Wohnungseigentümergemeinschaft die Geltendmachung dieser Ansprüche „an sich zieht", was im vorliegenden Fall nicht geschehen ist (→ Anm. 1). Auch daran wird sich vermutlich durch die Neufassung nichts ändern, da in diesen Fällen eine einheitliche Rechtsverfolgung nicht erforderlich sein wird.

8. Klage einer Wohnungseigentümergemeinschaft auf Schadensersatz wegen Mängeln am Gemeinschaftseigentum

An das Landgericht[1]

Klage[2]

der Wohnungseigentümergemeinschaft[3]. . . . .,
– Klägerin –
Prozessbevollmächtigter: . . . . .

gegen

Firma . . . . .
– Beklagte –

wegen

Schadensersatz
Vorläufiger Streitwert: 30.000 EUR.
Namens und in Vollmacht der Kläger erhebe ich Klage und werde beantragen,
die Beklagte zu verurteilen, an die Klägerin 30.000 EUR nebst 5 Prozentpunkte Zinsen über dem Basiszinssatz hieraus seit . . . . . zu bezahlen.

Begründung:

Die Beklagte ist eine Bauträgerfirma, die in ..... eine Wohnanlage mit zehn Eigentumswohnungen errichtete.

Beweis: Handelsregisterauszug (Anlage 1)

Die Haftung der Beklagten richtet sich nach BGB-Recht mit der Modifikation der Ziff. 6 des Erwerbervertrags.

Beweis: Erwerbervertrag vom ..... (Anlage 2)

Zu der Wohnanlage gehört ein Hallenschwimmbad, das als Gemeinschaftseigentum mit den Eigentumswohnungen verbunden ist. An der Schwimmanlage traten Mängel auf, indem das Wasser nach unten in die Kellerräume, in denen sich die Heizanlage befindet, drang und dort Rostbildung hervorrief.

Beweis: Sachverständigengutachten;

Beweissicherungsgutachten ....., dessen Verwertung im Hauptprozess beantragt wird.
Zeugnis des Sachverständigen .....,
der das Beweissicherungsgutachten erstellt hat.

In der Wohnungseigentümerversammlung vom ..... wurde einstimmig die außergerichtliche und gerichtliche Geltendmachung von Schadensersatzansprüchen einschließlich des Ergreifens der hierfür erforderlichen Maßnahmen durch die Wohnungseigentümergemeinschaft beschlossen.[4]

Beweis: Protokoll vom ..... (Anlage 3)

Die Klägerin hat die Beklagte zur Beseitigung der Mängel mit Schreiben vom ..... unter Fristsetzung bis ..... aufgefordert.

Beweis: Schreiben vom ..... (Anlage 4)

Die Beklagte lehnte ab.

Die Beseitigung der Mängel, die durchgeführt wurden, erforderte laut Rechnung der Firma ..... einen Betrag von 30.000 EUR.

Beweis: Rechnung vom ..... (Anlage 5);

Sachverständigengutachten.

Rechtsanwalt

Anmerkungen

1. Vgl. zur Zuständigkeit der Baukammern → Form. II.C.6 Anm. 1.

2. Bei der Geltendmachung von Mängelansprüchen und bei der Ausübung von Gestaltungsrechten müssen Besonderheiten beachtet werden, wenn es sich bei den Eigentümern des errichteten (und mangelhaften) Objektes um Wohnungs- bzw. Teileigentümer handelt und es um Mängel an Bauteilen geht, die im Gemeinschaftseigentum stehen (vgl. zu dieser Problematik Kniffka/Koeble/Jurgeleit/Sacher Kompendium BauR Teil 10 Rn. 479 ff.; *Pause* Bauträgerkauf Rn. 626 ff.; *Pause/Vogel* BauR 2007, 1298; *Wenzel* ZWE 2006, 109; *ders.* NJW 2007, 1905; *Schulze-Hagen* ZWE 2007, 113; MükoBGB/*Busche* § 634, Rn 89 ff.; Hügel/Elzer WEG § 10 Rn. 259 ff.). Zwar ist der jeweilige Vertragspartner des Bauträgers Inhaber der Mängelrechte. Allerdings kann die Befugnis, diese Rechte wahrzunehmen, aufgrund des Gemeinschaftsverhältnisses eingeschränkt sein. Der jeweilige Vertragspartner erwirbt eben nicht Alleineigentum. Er erwirbt Wohn- bzw. Teileigentum, was Einschränkungen in der Geltendmachung von Mängelrechten mit sich bringt. Dies ergab sich bislang aus § 10 Abs. 6 S. 3 WEG. Nach dieser Regelung übt die WEG die gemeinschaftsbezogenen Rechte der Wohnungseigentümer aus. Entscheidend ist daher, welche vertraglichen Mängelrechte gemeinschaftsbezogen sind. Am

1.12.2020 trat das Wohnungseigentumsmodernisierungsgesetz in Kraft, mit dem § 10 Abs. 6 WEG aF durch § 9a WEG nF ersetzt wurde. Vgl. zu den Einzelheiten die Ausführungen in → Form. II.C.7 Anm. 2.

Im vorliegenden Fall wird der „kleine“ Schadensersatzanspruch geltend gemacht. Hierfür ist die Wohnungseigentümergemeinschaft von vornherein zuständig. Es handelt sich um einen grds. gemeinschaftsbezogenen Anspruch im Sinne des § 11 Abs. 6 WEG aF. Daran ändert sich auch durch § 9a Abs. 2 WEG nF nichts, an ein einheitliches Vorgehen erforderlich ist. Die Wohnungseigentümergemeinschaft hat auch durch Beschluss die erforderliche Entscheidung darüber herbeigeführt, dass dieser Anspruch geltend gemacht werden soll. Die Wohnungseigentümergemeinschaft als solche ist deshalb dafür zuständig, die Ansprüche in eigenem Namen geltend zu machen. Materiell-rechtlich liegt eine Ermächtigung und prozessual eine gesetzliche Prozessstandschaft vor (BGH NJW 2007, 1952 = NZBau 2007, 445 = IBR 2007, 318; *Wenzel* ZWE 2006, 109 (113)). Die Wohnungseigentümergemeinschaft kann auch durch Beschluss einzelne Eigentümern oder auch den Verwalter dazu ermächtigen, in eigenem Namen ein Verfahren durchzuführen. Dann handelt es sich um einen Fall der gewillkürten Prozessstandschaft.

3. Im vorliegenden Fall tritt die Wohnungseigentümergemeinschaft als Klägerin auf. Das ist möglich. Nach der Rspr. des BGH ist der Wohnungseigentümergemeinschaft Teilrechtsfähigkeit zuzusprechen (BGH BauR 2005, 1462 = NJW 2005, 2061 (hinsichtlich der Nutzungsphase). Die Grundsätze zur Teilrechtsfähigkeit der Wohnungseigentümergemeinschaft sind jedoch nicht nur dann anwendbar, wenn es um Rechte und Ansprüche aus Rechtsverhältnissen geht, die die Wohnungseigentümergemeinschaft als solche im Rahmen der Verwaltung gemeinschaftlichen Eigentums selbst begründet hat, sondern auch dann, wenn sie aufgrund der gesetzlichen Befugnis die Rechte Dritter geltend macht (BGH NJW 2007, 1952 = NZBau 2007, 445 = IBR 2007, 318), was sich unmittelbar aus dem Gesetz, nämlich § 10 Abs. 6 S. 2 WEG aF und zukünftig ausdrücklich aus § 9a Abs. 1 WEG nF ergibt. Die Wohnungseigentümergemeinschaft ist deshalb partiell teilrechtsfähig (BGH NJW 2007, 1952; Kniffka/Koeble/Jurgeleit/Sacher Kompendium BauR Teil 10 Rn. 485) und damit parteifähig und prozessführungsbefugt für die Geltendmachung von Mängelansprüchen und Ansprüchen aufgrund der Ausübung von Gestaltungsrechten.

4. Die Entscheidung, ob statt Nacherfüllung Minderung oder Schadensersatz verlangt wird, haben die Wohnungseigentümer als Verwaltungshandlung gem. § 21 WEG mit Stimmenmehrheit zu treffen. Da der Beschluss rechtsgestaltenden Charakter hat, muss ihm auch Außenwirkung mit Bindung für und gegen die überstimmten Mitglieder der Wohnungseigentümergemeinschaft zukommen. Im vorliegenden Fall wurde ein einstimmiger Beschluss herbeigeführt.

9. Schadensersatz- und Feststellungsklage gegen Werkunternehmer (Vermessungsingenieur)

An das
Landgericht[1]

Klage

des . . . . .
– Klägers –

Prozessbevollmächtigter: . . . . .

gegen

den Vermessungsingenieur[3] . . . . .
– Beklagten –

wegen

Schadensersatz[2]
Vorläufiger Streitwert: 80.000 EUR.
Namens und in Vollmacht des Klägers erhebe ich Klage und werde beantragen,

I. den Beklagten zu verurteilen, an den Kläger 70.000 EUR nebst 5 Prozentpunkten Zinsen über dem Basiszinssatz seit . . . . . zu bezahlen;[4]

II. festzustellen, dass der Beklagte dem Kläger sämtlichen über den in Klagantrag Ziff. I hinausgehenden Schaden zu ersetzen hat, der ihm dadurch entstanden ist, dass der Beklagte den Standort des Hauses des Klägers in . . . . . insoweit falsch eingemessen und abgesteckt hat, als der Bau bis einschließlich Kellerdecke auf seiner nordöstlichen Seite in eine öffentliche Verkehrsfläche hineinragt und der Baukörper auf Verfügung der Baurechtsbehörde um 5m an der nordöstlichen Grundstücksgrenze zurückgenommen werden muss.[5]

Begründung:

Der Kläger ist Eigentümer des Grundstücks . . . . ., das er mit einem Einfamilienhaus nach den genehmigten Plänen bebauen wollte. Der Beklagte ist Vermessungsingenieur. Mit diesem schloss der Kläger einen Werkvertrag zur Erbringung der Vermessungsingenieurleistungen ab.

Beweis: . . . . . (Anlage 1)

Dem Beklagten unterlief beim Einmessen und Abstecken des Standorts des zu errichtenden Hauses auf dem Baugrundstück des Klägers ein schwerwiegender Fehler. Er maß das Haus an einem falschen Platz aus und steckte es falsch ab. Dadurch wurde die Baugrube auf einer als öffentlicher Weg vorgesehenen Verkehrsfläche ausgehoben und dort die Fundamente bis zum Einbringen der Kellerdecke errichtet.

Beweis: Sachverständigengutachten des öffentlich bestellten Sachverständigen . . . . . im selbständigen Beweisverfahren zwischen den Parteien beim Amtsgericht . . . . ., Aktenzeichen . . . . .

Es wird beantragt,
das Sachverständigengutachten als Beweismittel zu verwerten und die Akten aus dem selbständigen Beweisverfahren . . . . . beizuziehen.[6]

Die Baurechtsbehörde der Stadt . . . . . hat den Fehler bemerkt und durch Verfügung vom . . . . . den Abbruch des Bauwerks und die Zuschüttung der Baugrube, soweit sie in die öffentliche Verkehrsfläche hineinragt und die gesetzlichen Abstände berührt, verlangt.

Beweis: Verfügung vom . . . . . (Anlage 2)

Dadurch musste das Bauwerk um 5m zurückgenommen werden.

Beweis: Sachverständigengutachten.

Der Kläger hat dem Beklagten Gelegenheit gegeben,[7] zu der Verfügung der Baurechtsbehörde Stellung zu nehmen. Der Beklagte erklärte mit Schreiben vom . . . . ., gegen die Verfügung sei nichts zu machen.

Beweis: Schreiben vom . . . . . (Anlage 4)

Der Kläger macht Schadensersatzansprüche geltend. Die Bauarbeiten wurden an die Firma . . . . . vergeben.

Beweis: . . . . . (Anlage 5)

Der Kläger hat mit dieser Firma verhandelt, um eine möglichst preisgünstige Beseitigung der Mängel zu erreichen. Die Firma . . . . . hat ein Angebot über 70.000 EUR für die Beseitigung der Mängel, nämlich das Abspitzen der Betonfundation, das Zuschütten der Baugrube, soweit sie gegen die Verfügung des Baurechtsamts verstößt, und die Neuaufbringung im baurechtlich zulässigen Rahmen abgegeben.

Beweis: Angebot vom . . . . . (Anlage 6)

Zur Sicherheit hat der Kläger über seinen Architekten ein Konkurrenzangebot eingeholt, das um 15.000 EUR teurer ist.

Beweis: Schreiben vom . . . . . (Anlage 7)

Der Kläger hat hierauf der Firma . . . . ., die die von der Baurechtsbehörde beanstandeten Baumaßnahmen bereits vorgenommen hat, den Auftrag erteilt und deren Forderung bereits ausgeglichen.

Der Beklagte hat dem Kläger den Schaden iHv 70.000 EUR, der zur unmittelbaren Beseitigung seines Vermessungsfehlers erforderlich ist, zu ersetzen.

Darüber hinaus werden noch weitere, ursächlich auf den Vermessungsfehler des Beklagten zurückzuführende Vermögenseinbußen entstehen, die noch nicht beziffert werden können. Insoweit wird Feststellung gemäß Klagantrag Ziff. II begehrt.[8]

Durch das Abreißen der Fundamente, die weitere Aushebung der Baugrube, das Neueinbringen der Fundamente und des Bauwerks bis zur Kellerdecke, einschließlich der statisch und architektonisch notwendigen Leistungen, tritt eine erhebliche Bauverzögerung ein, die zumindest drei Monate beträgt. Die Nachfolgegewerke sind teilweise vergeben. Die Verträge enthalten Lohn- und Materialpreisvorbehaltsklauseln. Des Weiteren kann Nutzungs- und Mietausfall entstehen. Der Kläger wohnt zur Miete. Gegen ihn ist Räumungsurteil ergangen. Er muss sich für die Zwischenzeit möglicherweise in einem Hotel einmieten.

Rechtsanwalt

Anmerkungen

1. Vgl. zur Zuständigkeit der Baukammern → Form. II.C.1 Anm. 3

2. Ein Schadensersatzanspruch gem. § 281 BGB kann einmal in der Weise geltend gemacht werden, dass der Anspruchsteller die Werkleistung behält und den durch den Mangel verursachten Schaden verlangt, zum anderen dadurch, dass er das gesamte Werk zurückweist und den durch die Nichterfüllung des ganzen Vertrags eingetretenen Schaden fordert. In der Baupraxis wird meist die Werkleistung entgegengenommen und Schadensersatz wegen mangelhafter Erfüllung verlangt. Im vorliegenden Fall ist dies nicht möglich, weil die baurechtliche Verfügung entgegensteht.

3. Der Vertrag mit dem Vermessungsingenieur ist ein Werkvertrag (BGH BauR 1972, 255; *Locher* PrivBauR Rn. 367). Wird in dem Ingenieurvertrag auf die einzelnen Leistungsphasen der HOAI (Anlage) Bezug genommen, schuldet der Vermessungsingenieur im Wege der Auslegung in der Regel die vereinbarten Teilgrundleistungen als Teilerfolg des Gesamterfolges (BGH BauR 2004, 1640 zur Objektplanung).

4. Der Schadensersatzanspruch richtet sich in aller Regel in Abweichung von § 249 S. 1 BGB auf eine Geldleistung, da sonst der Schadensersatzanspruch mit dem Erfüllungsanspruch gleichgesetzt würde. Seit der Entscheidung des Großen Senats (BGHZ 98, 212 = NJW 1987, 50) kann auch Schadensersatz wegen entgangener Gebrauchsvorteile bei Sachen verlangt werden, „auf deren ständige Verfügbarkeit die eigenwirtschaftliche Lebenshaltung des Eigentümers derartig angewiesen ist, wie auf das von ihm selbst bewohnte Haus".

5. Zum Feststellungsantrag → Form. II.C.10.

6. Zur Verwertbarkeit der Beweisergebnisse des selbständigen Beweisverfahrens im Hauptsacheprozess: BeckOK ZPO/*Kratz* ZPO § 493 Rn. 2–8

7. Einer Fristsetzung bedarf es nicht, weil das Bauwerk teilweise bereits errichtet wurde.

Der Mangel der geistigen Leistung des Vermessungsingenieurs lässt sich nach Verwirklichung des Bauwerks nicht mehr beheben. Eine Nachbesserung kommt nur in Frage, soweit noch nicht nach dem fehlerhaften Plan gebaut wurde. Nur dann ist eine Aufforderung zur Mangelbeseitigung mit einer Fristsetzung erforderlich. Wenn wie hier nach dem fehlerhaften Plan gebaut wurde, ist eine Änderung des Entwurfs für den Bauherrn nutzlos. In diesem Fall bedarf es keiner Fristsetzung zur Mangelbeseitigung, um einen Schadensersatzanspruch geltend machen zu können.

Dessen ungeachtet ist es zweckmäßig, dem Vermessungsingenieur vor Vornahme einschneidender und teurer Maßnahmen Gelegenheit zur Stellungnahme zu geben, damit er zur Berechtigung der baurechtlichen Verfügung Stellung nehmen kann. Vor Veränderung des Objekts ist dies auch deshalb zweckmäßig, um dem möglichen Einwand der Beweisvereitelung entgegenwirken zu können, wenn das Objekt verändert oder beseitigt wird.

8. In der Praxis umstritten ist die Zulässigkeit der unbezifferten Leistungsklage in Bausachen. Die Leistungsklage setzt nach § 253 Abs. 2 Nr. 2 ZPO grds. einen bestimmten Klagantrag voraus. Eine unbezifferte Leistungsklage wird jedoch in Fällen zugelassen, in denen die Bezifferung nicht möglich oder aus besonderen Gründen dem Kläger nicht zumutbar ist, sofern eine hinreichende Darlegung der Schätzungs- und Berechnungsgrundlagen erfolgt und es dem Gericht dadurch ermöglicht wird, die Höhe der berechtigten Klageforderung festzustellen (vgl. hierzu; BGH NJW 1970, 281; OLG Koblenz OLGR 2004, 233). Da einzelne OLG die unbezifferte Leistungsklage mangels hinreichender Darlegung der Schätzungs- und Berechnungsgrundlagen in Bausachen für nicht zulässig halten, ist jedoch Vorsicht geboten und in aller Regel eine Feststellungsklage wegen des geringeren Kostenrisikos vorzuziehen.

10. Feststellungsklage wegen Baumängeln

An das
Landgericht[1]

Klage

des . . . . .
– Klägers –

Prozessbevollmächtigter: . . . . .

gegen

Firma . . . . .
– Beklagte –

wegen

Feststellung[2]

Vorläufiger Streitwert: 20.000 EUR.

Namens und in Vollmacht des Klägers erhebe ich Klage und werde beantragen, festzustellen, dass die Beklagte dem Kläger sämtliche Schäden zu ersetzen hat, die ihm dadurch entstehen, dass die Beklagte das Bauwerk nicht nach Leistungsbeschreibung und Plänen des Architekten in einer Tiefe von . . . ., sondern nur in einer Tiefe von . . . . . gegründet hat.[3]

Begründung:

Die Parteien haben zur Errichtung eines Dreifamilienhauses des Klägers auf dessen Grundstück . . . . . einen Bauwerkvertrag abgeschlossen. Die VOB/B ist Vertragsbestandteil.[4] Die förmliche Abnahme ist am . . . . . erfolgt.[5]

Beweis: Abnahmeprotokoll (Anlage 1)

Laut Leistungsbeschreibung und den Plänen des Architekten . . . . . hatte die Gründung wie folgt zu erfolgen: . . . . .

Beweis: Leistungsbeschreibung und Pläne (Anlage 2)

Die Beklagte führte dagegen die Gründung nur wie folgt durch: . . . . .

Beweis: Sachverständigengutachten.

Infolge der nicht frostsicheren Gründung entstanden nach Abnahme Risse im Mauerwerk. Der Kläger hat ein selbständigen Beweisverfahren durchgeführt. Im Gutachten des Sachverständigen . . . . . ist die Rissebildung iE vermerkt und fotografisch festgehalten.

Beweis: Gutachten im selbständigen Beweisverfahren, das im Hauptverfahren zu verwerten beantragt wird.

Zeugnis des Sachverständigen . . . . .

In den letzten 14 Tagen sind neue Risse aufgetreten. Die bereits im selbständigen Beweisverfahren festgestellten Risse haben sich verbreitert.

Beweis: Sachverständigengutachten.

Die Rissebildung infolge der mangelhaften Bauleistung der Beklagten ist also noch nicht abgeschlossen.

Am . . . . . hat der Kläger die Beklagte zur Beseitigung der Mängel unter Fristsetzung bis . . . . . aufgefordert.

Beweis: . . . . . Schreiben vom . . . . . (Anlage 3)

Die Beklagte hat die Mängelbeseitigung mit der Begründung abgelehnt, diese sei unzumutbar.

Beweis: Schreiben vom ..... (Anlage 4)

Da noch nicht abzusehen ist, wie sich die Rissebildung weiterentwickelt, und es von der Weiterentwicklung abhängig ist, welche Sanierungsmaßnahmen erforderlich sind, sind die Voraussetzungen der Feststellungsklage gegeben.[6, 7]

Rechtsanwalt

Anmerkungen

1. Vgl. zur Zuständigkeit der Baukammern → Form. II.C.1 Anm. 3.

2. Die positive Feststellungsklage ist in Bausachen häufig anzutreffen. Sie wird dann erhoben, wenn die Erhebung einer Leistungsklage noch nicht möglich ist oder wenn ihr erhebliche Schwierigkeiten im Wege stehen. Es besteht schon im Hinblick auf die Hemmung der Verjährung nicht selten ein Bedürfnis, eine Klage auf Feststellung von Baumängeln zuzulassen (vgl. iE *Locher* PrivBauR Rn. 798 ff.; Kniffka/Koeble/Jurgeleit/Sacher, Kompendium BauR Teil 16 Rn. 1 ff.).

3. Der Kläger muss substantiiert und hinreichend bestimmt den Mangel vortragen, was aber durch die Symptomrechtsprechung des BGH erleichtert wird (BGH Urt. v. 3.12.1998 – VII ZR 405/97, NJW 1999, 1330). Es muss dargelegt werden, worin die mangelhafte Ausführung liegt, im vorliegenden Fall, inwiefern sie von der vorgeschriebenen Ausführungsart abweicht und wie dies nach außen in Erscheinung tritt.

4. → Form. II.C.1 Anm. 7

5. → Form. II.C.1 Anm. 8

6. Das Feststellungsinteresse für eine Feststellungsklage ist in Bausachen immer dann zu bejahen, wenn es sich um einen umfangreichen, aber in sich nicht abgeschlossenen Baumängelkomplex handelt und der endgültige Umfang der Schäden noch nicht feststeht (BGHZ 101, 369 = BauR 1987, 702 = NJW 1988, 142; BGH NJW-RR 2010, 750). Ein Feststellungsinteresse ist aber auch dann zu bejahen, wenn – wie häufig – zwar der Mangel, nicht jedoch die Mangelbeseitigungskosten feststehen. Kostenvoranschläge sind meist nicht verbindlich, sie können dem Ergebnis nach weit auseinandergehen. Auch Gutachten geben Mangelbeseitigungskosten häufig nur in ungefähren Kostenbeträgen an. Für die Verneinung des Feststellungsinteresses reicht es nicht aus, dass der Geschädigte uU einen Kostenvorschussanspruch geltend machen könnte. Ihm muss die freie Entscheidung, ob er einen Kostenvorschussanspruch oder einen endgültigen Schadensersatzanspruch geltend macht, überlassen bleiben. Auch die Vermeidung der Verjährung der Mängelansprüche kann das Feststellungsinteresse rechtfertigen (vgl. iE BGH VersR 1972, 459; BauR 1979, 62; NJW 1984, 1552; BGH NJW-RR 2010, 750).

War eine Feststellungsklage bei Klageerhebung zulässig, so braucht der Kläger im Prozess nicht zur Leistungsklage überzugehen (OLG Koblenz NJW-RR 1988, 532; BGH LM § 256 ZPO Nr. 92). Dies gilt jedoch nicht, wenn die Schadensentwicklung bereits im ersten Rechtszug voll abgeschlossen ist, der Beklagte den Übergang anregt und damit weder eine Verzögerung noch ein Instanzverlust verbunden ist (BGH NJW 1978, 210).

7. Die Feststellungsklage kann auch mit einer Leistungsklage verbunden werden, wenn ein Teil des Anspruchs bereits bezifferbar ist. Erhebt der Auftraggeber in diesem Fall keine (Teil-)Leistungsklage, entfällt das Feststellungsinteresse für eine uneingeschränkte Feststellungsklage nicht (Kniffka/Koeble/Jurgeleit/Sacher Kompendium BauR Teil 16 Rn. 14 ff.).

11. Klage auf Feststellung der Abnahme einer Bauleistung

An das
Landgericht[1]

Klage

der Firma . . . . .
– Klägerin –

Prozessbevollmächtigter: . . . . .

gegen

den . . . . .
– Beklagten –

wegen

Abnahme[2]
Vorläufiger Streitwert: 20.000 EUR.
Namens und in Vollmacht der Klägerin erhebe ich Klage und werde folgenden Antrag stellen:
Es wird festgestellt, dass die Wirkungen der Abnahme der für das private Bauvorhaben des Beklagten in . . . . . von der Klägerin fertiggestellten Schreinerarbeiten am . . . . . eingetreten sind.[3]

Begründung:

Die Klägerin wurde vom Beklagten beauftragt, für dessen Bauvorhaben . . . . . laut Vertrag vom . . . . . die Schreinerarbeiten durchzuführen.
Beweis: Vertrag vom . . . . . (Anlage 1)
Die VOB/B ist Vertragsbestandteil.[4]
Die Klägerin hat die Arbeiten mangelfrei fertiggestellt.
Beweis: Sachverständigengutachten.
Im Bau-Vertrag sind nur die fiktiven Abnahmeformen des § 12 Nr. 5 VOB/B ausgeschlossen, nicht jedoch § 640 Abs. 2 BGB. Die Klägerin hat den Beklagten mit Schreiben vom . . . . . zur Abnahme bis . . . . . aufgefordert. Sie hat den Beklagten in diesem Schreiben darauf hingewiesen, dass die Wirkungen der Abnahme eintreten, wenn er nicht innerhalb der gesetzten Frist die Abnahme unter Angabe zumindest eines Mangel verweigert.[5]
Beweis: Schreiben vom . . . . . (Anlage 2)
Der Beklagte hat auf das Abnahmeverlangen nicht reagiert.
Rechtsanwalt

Anmerkungen

1. Vgl. zur Zuständigkeit der Baukammern → Form. II.C.1 Anm. 3.

2. Die Abnahme ist der Dreh- und Angelpunkt des Bauvertrags Durch sie tritt die Erfüllung der Leistungspflicht des Unternehmers ein, die Vergütung wird fällig, die Verjährung der Mangelansprüche läuft ab Abnahme oder Abnahmeverweigerung. Ferner tritt eine Umkehr der Beweislast ein (BGH BauR 1997, 128) und geht die Gefahr des zufälligen Untergangs oder der Verschlechterung der abgenommenen Leistung auf den Auftraggeber über. Nach Abnahme des Werks besteht keine Kündigungsmöglichkeit mehr; eine Vertragsstrafe ist verwirkt, wenn sie nicht bei der Abnahme vorbehalten wird. Grundsätzlich kommen die Mängelrechte des § 634 BGB erst nach der Abnahme zur Anwendung → Form. II.C.1 Anm. 1. Eine eigenständige Feststellungsklage betreffend die Abnahme ist in der Praxis selten. Geht es um die Fälligkeit des Vergütungsanspruchs oder um die Verjährung von Mängelrechten wird die Abnahme inzidenter geklärt. Eigenständige Bedeutung kommt der Feststellungsklage zB in Bauträgerfällen zu oder auch als Zwischenfeststellungsklage nach § 256 Abs. 2 ZPO. Der Nichteintritt der Abnahmewirkung kann auch Gegenstand einer negativen Feststellungsklage sein (BGH Urt. v. 9.5.2019 – VII ZR 154/18). Möglich ist auch eine isolierte Abnahmeklage (BGH Urt. v. 27.2.1996 – X ZR 3/94), wenn auch aufgrund des späten Eintritts der Abnahmewirkung (Rechtskraft des Urteils) nicht empfehlenswert.

Nach der VOB/B besteht nach § 12 Abs. 4 VOB/B ein Recht auf förmliche Abnahme. § 12 Abs. 5 Nr. 1 u. 2 VOB/B regeln fiktive Abnahmeformen, welche häufig in Bauverträgen ausgeschlossen werden. Die Folgen der grundlosen sowohl förmlichen wie – nach BGB-Werkvertragsrecht – nicht förmlichen (aber geschuldeten – Abnahmereife als Voraussetzung) Nichtabnahme sind dieselben: Der Auftraggeber gerät in Annahmeverzug. Damit geht die Gefahr des zufälligen Untergangs des Bauwerks auf den Auftraggeber über (§ 644 Abs. 1 S. 2 BGB). Auch beginnt die Verjährungsfrist bei endgültiger (unberechtigter und auch bei berechtigter – BGH NJW 2000, 133) Ablehnung der Abnahme. Außerdem steht es der Abnahme gleich, wenn der Auftraggeber das Werk nicht innerhalb einer vom Unternehmer gesetzten Frist abnimmt, obwohl die Abnahmefähigkeit gegeben ist (§ 640 Abs. 1 S. 3 BGB). Diese Regelung gilt auch beim VOB/B-Vertrag. Im vorliegenden Fall wurde eine Frist zur Abnahme gesetzt, welche fruchtlos ablief, ohne dass die Abnahme verweigert und zumindest ein Mangel gerügt wurde. Für ab dem 1.1.2018 geschlossene Verträge führt dieses Verhalten des Bestellers zum Eintritt der Abnahmewirkungen, auch wenn das Werk objektiv (wesentliche) Mängel aufweist, § 640 Abs. 2 BGB. Da die Abnahmewirkungen deshalb bereits eingetreten sind, ist auf Feststellung zu klagen. Die Feststellungsklage ist zulässig (vgl. BeckOK BGB/*Voit*, § 640 Rn 27). Würde im vorliegenden Fall, in dem die Voraussetzungen für den Eintritt der Abnahmewirkung vorliegen, auf Leistung, dh, Abgabe einer Willenserklärung oder Vornahme einer geschäftsähnlichen Handlung (die Rechtsnatur der Abnahme ist umstritten (vgl. Palandt/*Sprau* BGB § 640 Rn. 3)) geklagt, könnte eine derartige Leistungsklage unbegründet sein, da der Auftraggeber nicht mehr dazu verpflichtet ist, eine weitere Abnahmeerklärung abzugeben, wenn die Abnahmewirkungen anderweitig schon eingetreten sind. Die Klage könnte auch mangels Rechtsschutzbedürfnis unzulässig sein. Liegen die Voraussetzungen des § 640 Abs. 2 BGB nicht vor und wurde auch die Abnahme vom Auftraggeber nicht erklärt, kann eine isolierte Klage auf Abnahme erhoben werden (BGH BauR 1996, 386 = NJW-RR 1996, 1749). Der Auftragnehmer hat ein schutzwürdiges Interesse für eine Abnahmeklage, um diese Abnahmewirkungen herbeizuführen (BGH BauR 1981, 284 (287); vgl. dazu auch *Leineweber* FS Werner, 1993, 177 ff.). Eine gesonderte Klage auf Abnahme wird sich jedoch häufig erübrigen, weil die damit zusammenhängenden Fragen im Rahmen des Zahlungsprozesses geklärt werden können (*Locher* PrivBauR Rn. 89). Im Übrigen tritt die Wirkung dann erst mit Rechtskraft des Urteils ein, § 894 ZPO.

3. Die Abnahme stellt eine Billigung der vollendeten Leistung als eine in der Hauptsache vertragsgemäße Leistung dar (BGHZ 48, 262). Der Anspruch auf Abnahme setzt voraus, dass die Bauleistung bis auf unbedeutende Mängel oder geringfügige Restarbeiten erbracht ist (BGH BauR 1972, 252). Eine konkludente Abnahme kommt regelmäßig dann nicht in Betracht, wenn die Leistung noch nicht vollständig erbracht ist (BGH BauR 2006, 396; ZfBR 2011, 360; zu einem Ausnahmefall vgl. BGH ZfBR 2014, 362).

4. → Form. II.C.1 Anm. 6.

5. Ist der Besteller ein Verbraucher, treten die Wirkungen der fiktiven Abnahme nur ein, wenn der Verbraucher gleichzeitig mit der Aufforderung zur Abnahme auf die Folgen der nicht erklärten oder ohne Angabe von Mängeln verweigerten Abnahme in Textform hingewiesen wird, § 640 Abs. 2. S. 2.

12. Feststellungsklage des Werkunternehmers auf gesamtschuldnerischen Haftungsausgleich gegen einen Architekten

An das
Landgericht[1]

Klage

der Firma . . . .
– Klägerin –

Prozessbevollmächtigter: . . . . .

gegen

den Architekten . . . . .
– Beklagten –

wegen

Feststellung[2]
Vorläufiger Streitwert: . . . . . EUR
Namens und in Vollmacht der Klägerin erhebe ich Klage und werde beantragen, festzustellen, dass der Beklagte an die Klägerin $^1/_5$ des Schadens zu bezahlen hat, der ihr dadurch entsteht, dass sie in den nicht unterkellerten Räumen des Hauses . . . . auf einer isolierten Betonschicht feuchte Schlacke aufgebracht und nach oben isoliert hat.[3, 4, 5, 6]

Begründung:

Die Klägerin war als Bauunternehmerin aufgrund eines BGB-Werkvertrags, der Beklagte als Architekt für das Bauvorhaben des . . . . . in . . . . . tätig.

Beweis: Bauwerkvertrag vom . . . . . (Anlage 1)

Architektenvertrag vom . . . . . (Anlage 2)

Dem Beklagten oblagen sämtliche Grundleistungen der Anlage 10 HOAI, also auch Koordinierung und Objektüberwachung.

Der Auftraggeber . . . . . nimmt die Klägerin auf Schadensersatz in Anspruch mit der Begründung, dass in den nicht unterkellerten Räumen auf einer isolierten Betonschicht feuchte Schlacke aufgebracht und nach oben isoliert worden sei.

Beweis: Schreiben vom . . . . . (Anlage 3)

Der Auftraggeber hat den Schaden noch nicht beziffert.

ibrOK BauvertrR *Krause-Allenstein* § 634 Rn. 142 ff.. Letztendlich kommt es immer auf eine Einzelfallbeurteilung an. Dabei kann aber auch in besonderen Fällen die alleinige Haftung des sekundär Verantwortlichen in Frage kommen (vgl. iE *Kniffka* BauR 2005, 274). Im vorliegenden Fall hätte der Architekt, der auf der Baustelle war, als die feuchte Schlacke aufgebracht wurde, eingreifen müssen.

5. Besondere Schwierigkeiten bringt der sog „gestörte oder hinkende gesamtschuldnerische Ausgleich" (BGH NJW 1973, 1648). In diesem Zusammenhang fragt es sich, ob vertragliche oder aufgrund gesetzlicher Bestimmungen eingeräumte Haftungsvorteile eines Gesamtschuldners auch dem anderen Gesamtschuldner zugutekommen können. Der BGH verneint dies. Danach besteht ein Ausgleichsanspruch des in Anspruch genommenen Gesamtschuldners nach § 426 Abs. 1 BGB auch dann, wenn andere Gesamtschuldner dem geschädigten Auftraggeber wegen eines vertraglichen oder gesetzlichen Haftungsausschlusses oder einer Haftungserleichterung nicht oder nur eingeschränkt haften (BGHZ 58, 216 = NJW 1972, 942; ibrOK BauvertrR/Krause-Allenstein § 634 Rn. 270 ff.; Kniffka/Koeble/Jurgeleit/Sacher Kompendium BauR Teil 5 Rn. 123 ff). An diese Problematik ist insb. auch beim Vergleichsabschluss zu denken. Schließt einer der Gesamtschuldner mit dem Gläubiger einen Vergleich, hindert dies im Regelfall nicht die Inanspruchnahme des anderen Gesamtschuldners durch den Bauherrn. Im Wege des Innenausgleichs könnte der später in Anspruch genommene Gesamtschuldner deshalb noch einmal vom zuerst in Anspruch genommenen Gesamtschuldnergleich einen weitergehenden Ausgleich verlangen, obwohl für diesen durch Abschluss des Vergleichs an sich „alles erledigt" schien. Um dies zu verhindern, muss dem Vergleich ausdrücklich Gesamtwirkung beigelegt werden. Alternativ gibt der Gläubiger gegenüber dem in Anspruch genommenen Gesamtschuldner im Rahmen des Vergleichs eine Erklärung ab, wonach er den Vergleichspartner von Innenausgleichsansprüchen anderer Gesamtschuldner freistelle.

6. BGH NJW 1965, 1175.

7. → Form. II.C.3 Anm. 2 und → Anm. 5.

8. Die quotenmäßige Bewertung der Verantwortlichkeit verlangt eine rechtliche Subsumtion und ist Sache des Richters. Da jedoch im Beweisantrag schon das Fachwissen des Architekten angesprochen ist, wird aus prozesstaktischen Gründen der Beweisantrag umfassender gestellt. Die Erfahrung lehrt, dass in solchen Fällen meist auch die Wertung der Verantwortlichkeit durch den Sachverständigen – ob ins Urteil eingehend oder nicht – vom Gericht entgegengenommen wird.

13. Vergleich im Prozess zwischen Auftraggeber und einem gesamtschuldnerisch mit einem Bauunternehmer für einen Mangel haftenden Architekten

An das
Landgericht

In Sachen

. . . . .

gegen

. . . . .

– Az. –

schließen die Parteien folgenden

Vergleich[1]

I. Der Beklagte bezahlt an den Kläger zur Abgeltung sämtlicher Ansprüche aus dem Architektenvertrag vom . . . . . 12.000 EUR.[2]

II. Der Kläger verzichtet auf die Geltendmachung von Rechten gegenüber dem gesamtschuldnerisch mithaftenden Bauunternehmer . . . . . wegen der Mängel mit den nachfolgend aufgeführten Mangelerscheinungen:[3]

– . . . . .

– . . . . .

III. Die Kosten des Rechtsstreits einschließlich dieses Vergleichs werden gegeneinander aufgehoben.

Anmerkungen

1. Dem Formular liegt der Sachverhalt zugrunde, dass der Auftraggeber gegen den Architekten einen Schadensersatzanspruch iHv 24.000 EUR eingeklagt hat. Der Schaden entstand durch einen Ausführungsfehler des Bauunternehmers, den der Architekt infolge einer Verletzung seiner Bauüberwachungspflicht nicht vermieden hat. Sowohl Architekt wie Bauunternehmer haften gesamtschuldnerisch. Um schnell zu seinem Geld zu kommen, vergleicht sich der Kläger mit dem Architekten und verzichtet ihm gegenüber auf die Hälfte seiner Schadensersatzforderung.

2. Der Baumangel soll wie in → Form. II.C.12 entstanden sein.

3. Schließt der Auftraggeber in einem Prozess gegen den Architekten einen Vergleich, so sind im Zweifel die Ansprüche des Auftraggebers gegen den gesamtschuldnerisch mithaftenden Bauunternehmer durch den Vergleich nicht berührt. Es fehlt in der Regel an einem Verzichtswillen gem. § 423 BGB. Der Auftraggeber kann dann bei dem gesamtschuldnerisch mithaftenden Bauunternehmer seine Ansprüche hinsichtlich des Differenzbetrags zwischen geltend gemachtem Schadensersatzanspruch und Vergleichssumme geltend machen, was dann unter Umständen zu einem weiteren Regressprozess im Innenverhältnis der Gesamtschuldner untereinander führen kann. Die Inanspruchnahme eines weiteren Gesamtschuldners durch den Bauherrn ist nach der Rspr. jedenfalls dann möglich, wenn die Auslegung der Vereinbarung nicht eindeutig ergibt, dass das ganze Schuldverhältnis aufgehoben werden sollte, dh, dem Vergleich Gesamtwirkung beigelegt wird. Bestehen insoweit Zweifel, kann keine Gesamtwirkung, sondern lediglich Einzelwirkung angenommen werden (BGH NJW 2000, 1942; NJW 1986, 1097; BGH Urt. v. 22.3.2012, BeckRS 2012, 08380). Nach einigen oberlandesgerichtlichen Urteilen soll einem Vergleich dann durch Auslegung unbeschränkte Gesamtwirkung entnommen werden können, wenn der Vergleich zwischen dem Gläubiger und demjenigen Gesamtschuldner geschlossen wird, der im Innenverhältnis alleine haftet (OLG Köln NJW-RR 1992, 1398; BauR 1993, 744; OLG Hamm NJW-RR 1998, 486; OLG Dresden BauR 2005, 1954 = IBR 2005, 472). Der IX. Zivilsenat des BGH hat in einem obiter dictum seine Zustimmung zu dieser Auffassung erklärt (BGH NJW 2000, 1942). Andere OLGe lassen dem mit einem Gesamtschuldner abgeschlossenen Vergleich dann beschränkte Gesamtwirkung zukommen, wenn der Gläubiger den Vergleich mit demjenigen Gesamtschuldner, der letztlich den Schaden im Innenverhältnis allein zu tragen hat, abgeschlossen hat (vgl. zB OLG Düsseldorf BauR 2007, 2097; OLG Bremen NJW-RR 1998, 1745; OLG Karlsruhe NJW-RR 2010, 1672; OLG Koblenz NJOZ 2010, 500). Das letzte Wort dürfte hier noch nicht gesprochen sein. Vgl. zur Frage der Gesamtwirkung, Einzelwirkung und beschränkter Gesamtwirkung iE: Palandt/*Grüneberg* BGB § 423 Rn. 2; *Locher* PrivBauR Rn. 446; *Kniffka* BauR 2005, 283 ff.; Beck VOB/B/*Zahn* vor § 13 Rn. 119.).

Es ist deshalb notwendig, in den Vergleich eine klarstellende Regelung aufzunehmen, dass der Auftraggeber nach Abschluss des Vergleiches mit dem gesamtschuldnerisch in Anspruch Genommenen auch gegen den anderen gesamtschuldnerisch Haftenden auf Ansprüche verzichtet. Es liegt dann ein Vertrag zugunsten Dritter vor.

14. Vergütungsklage eines Bauunternehmers bei Vereinbarung der VOB/B

An das
Landgericht[1]

Klage

der Firma . . . . .
– Klägerin –

Prozessbevollmächtigter: . . . . .

gegen

den . . . . .
– Beklagten –

wegen

. . . . .
Vorläufiger Streitwert: 100.000 EUR
Namens und mit Vollmacht der Klägerin erhebe ich Klage und werde beantragen,
den Beklagten zu verurteilen, an die Klägerin 100.000 EUR nebst 9 Prozentpunkten Zinsen über dem Basiszinssatz seit . . . . . zu bezahlen.[2]

Begründung:

Die Parteien haben für die Grab-, Beton- und Maurerarbeiten für die Gewerbehalle . . . . . des Beklagten in . . . . . einen Bauvertrag abgeschlossen, in dem die VOB zum Vertragsbestandteil gemacht wurde.[3]

Beweis: Bauvertrag vom . . . . . (Anlage 1)

Die Arbeiten der Klägerin wurden am . . . . . abgenommen.

Beweis: Abnahmeprotokoll vom . . . . .[4] **(Anlage 2)**

Der Beklagte leistete folgende Abschlagszahlungen: . . . . .
Am . . . . . erteilte die Klägerin Schlussrechnung.

Beweis: Schlussrechnung vom . . . . . (Anlage 3)

Diese Schlussrechnung ist prüfbar. Die Rechnung ist übersichtlich aufgestellt und hat die Reihenfolge der Posten eingehalten und die Bezeichnungen verwendet, die im Leistungsverzeichnis aufgeführt sind. Änderungen und Ergänzungen des Vertrags sind in der Rechnung besonders kenntlich gemacht und getrennt abgerechnet.[5]
Ab Zugang der Schlussrechnung sind 30 Tage vergangen.[6] **Am . . . . . hat der Beklagte 30.000 EUR bezahlt und auf dem Überweisungsträger vermerkt: „Schlusszahlung". Die Klägerin hat ihren Vorbehalt innerhalb der 28-Tagesfrist, nämlich am . . . . ., erklärt und den Vorbehalt innerhalb der weiteren 28 Tage eingehend begründet.**[7]

Beweis: Schreiben vom . . . . . (Anlage 4),
Schreiben vom . . . . . (Anlage 5)

Sie hat den Restbetrag von 100.000 EUR nach Ablauf der 30-Tagesfrist ab Zugang der Rechnung, nämlich am . . . . ., angemahnt.
Beweis: Schreiben vom . . . . . (Anlage 6)

Rechtsanwalt

Anmerkungen

1. Vgl. zur Zuständigkeit der Baukammern → Form. II.C.1 Anm. 3.

2. Die Fälligkeit der Werklohnforderung beim BGB-Werkvertrag richtet sich nach § 641 BGB und tritt damit mit der Abnahme der Werkleistung ein. Ein Recht auf Abschlagszahlungen besteht im BGB-Bereich, sofern diese nicht ausdrücklich vereinbart sind nach § 632a BGB. Der Unternehmer kann bei ab dem 1.1.2018 abgeschlossenen Verträgen vom Besteller – wie bei der entsprechenden VOB/B-Regelung in § 16 Abs. 1 Nr. 1/3 – Abschlagszahlungen für vertragsgemäß erbrachte Leistungen verlangen. Das bislang vorgesehene Erfordernis des Wertzuwachses und des Nichtvorhandenseins eines wesentlichen Mangels ist entfallen. Im vorliegenden Fall wird der Schlusszahlungsanspruch nach § 16 Abs. 3 VOB/B mit Abnahme und Erteilung der Schlussrechnung nach Ablauf der 30-Tagesfrist fällig, wenn die Rechnung prüfbar war oder die Nichtprüfbarkeit nicht innerhalb dieser Frist gerügt wurde.

Mit Wirkung ab dem 29.7.2014 wurde der Verzugszinssatz für Entgeltforderungen bei Rechtsgeschäften ohne Verbraucherbeteiligung von 8 auf 9 Prozentpunkte über dem Basiszinssatz erhöht (§ 288 Abs. 2 BGB).

3. → Form. II.C.1 Anm. 6.

4. Auch beim VOB-Vertrag ist die Abnahme der Bauleistung Fälligkeitsvoraussetzung (vgl. BGH NJW 1981, 822; Ingenstau/Korbion/*U. Locher* VOB § 16 Rn. 17 und die dort angeführte Lit.). Deshalb gehört zum schlüssigen Klagevortrag für eine Vergütungsklage nach VOB/B, dass die Bauleistung abgenommen ist.

5. Fälligkeitsvoraussetzung ist beim VOB/B-Vertrag, dass eine *prüfbare* Abrechnung vorliegt (§ 14 Abs. 1 VOB/B). Der Auftraggeber kann sich nicht mehr auf die fehlende Prüffähigkeit der Schlussrechnung berufen, wenn er diese nicht innerhalb von 30 Tagen nach Zugang der Schlussrechnung (§ 16 Abs. 3 Nr. 1 S. 3 VOB/B) rügt, wenn nicht berechtigterweise die 60-Tagesfrist nach § 16 Abs. 3 Nr. 1 S. 2 VOB/B vereinbart wurde. Die bis zur VOB/B 2012 gültige zweimonatige Prüfungsfrist wurde geändert. Bei ab dem 1.1.2018 abgeschlossenen BGB-Werkverträgen gilt Gleiches. Auch hier setzt die Fälligkeit des Schlusszahlungsanspruchs die Übergabe einer prüfbaren Schlussrechnung voraus, § 650g Abs. 4.

6. Gem. § 16 Abs. 3 Abs. 1 VOB/B ist die Schlusszahlung alsbald nach Prüfung und Feststellung der vom Auftragnehmer vorgelegten Schlussrechnung zu leisten, spätestens innerhalb von 30 Tagen nach Zugang. Dies gilt unabhängig davon, ob die Rechnung tatsächlich geprüft oder festgestellt worden ist (Ingenstau/Korbion/*U. Locher* VOB/B § 16 Abs. 3 Rn. 9). In Fällen, in denen aus sachlichen Gründen die Prüfung und Feststellung der Schlussrechnung nicht alsbald durchgeführt werden kann, hat der Auftraggeber die vertragliche Pflicht, das unbestrittene – also insoweit feststehende – Guthaben des Auftragnehmers sofort an diesen als Abschlagszahlung zur Auszahlung zu bringen.

7. Die VOB enthält in § 16 Abs. 3 Nr. 2 VOB/B eine Besonderheit. Nach der vorgenannten Regelung schließt die vorbehaltlose Annahme der Schlusszahlung Nachforderungen aus, sofern nicht nach § 16 Abs. 3 Nr. 5 innerhalb von 28 Tagen Werktagen nach schriftlicher Unterrichtung und Hinweis auf die Ausschlusswirkung ein Vorbehalt erklärt und nicht innerhalb von weiteren 28 Tagen eine prüfbare Rechnung über die vorbehaltene Forderung eingereicht oder, wenn das nicht möglich ist, der Vorbehalt eingehend begründet wird. Die im Beispielsfall vorgenommene Bezeichnung „Schlusszahlung" kann nicht die Ausschlusswirkung nach § 16 Abs. 3 Nr. 2 VOB/B herbeiführen, weil der Auftragnehmer nicht auf die Ausschlusswirkung hingewiesen wurde. Aufgrund dieses Hinweiserfordernisses spielt der Ausschluss aufgrund der vorbehaltlosen Annahme der Schlusszahlung in der Praxis nur noch eine untergeordnete Rolle. Es ist aber zu beachten, dass die vorbehaltslose Annahme der Schlusszahlung nicht von selbst Nachforderungen des Auftragnehmers ausschließt, vielmehr dem Auftraggeber nur eine Einrede gibt. Der Auftraggeber muss sich also ausdrücklich auf die Ausschlusswirkung berufen (BGHZ 62, 15). Die Ausschlusswirkung tritt aber nur ein, wenn der Auftragnehmer über die Schlusszahlung schriftlich unterrichtet und auf die Ausschlusswirkung hingewiesen wurde (§ 16 Abs. 3 Nr. 2 VOB/B). Wird die VOB/B vom Besteller in den Vertrag einbezogen und liegt (ev. an anderer Stelle)) ein Eingriff in die VOB/B vor, ist diese also nicht mehr als Ganzes vereinbart, führt eine Kontrolle anhand der § 307 ff BGB zur unangemessenen Benachteiligung und damit zur Unwirksamkeit des § 16 Abs. 3 Nr. 2.

15. Honorarklage eines Architekten

An das
Landgericht[1]

Klage

des freien Architekten . . . . .
– Klägerin –

Prozessbevollmächtigter: . . . . .

gegen

den . . . . .
– Beklagten –

wegen

Honorars[2]
Vorläufiger Streitwert: 23.000 EUR.
Namens und in Vollmacht des Klägers erhebe ich Klage und werde beantragen,
den Beklagten zu verurteilen, an den Kläger 23.000 EUR nebst 9 Prozentpunkten Zinsen über dem Basiszinssatz seit . . . . . zu bezahlen.

Begründung:

Der Kläger ist freier Architekt. Er hat mit dem Beklagten am . . . . . einen Architektenvertrag,[3] **der AGB-Charakter hat, abgeschlossen, in dem er sich zur Erbringung der Leistungsphasen 1–8 nach dem Leistungsbild der Anlage 10 HOAI 2021 verpflichtet hat.**[4] **Der Kläger hat das Vertragsmuster erstellt und dem Beklagten zur Unterschrift übergeben.**

Beweis: Architektenvertrag vom . . . . . (Anlage 1).

Der Kläger hat seine Leistungen vertragsgemäß erbracht, und zwar die Leistungsphasen 1–7 voll, die Leistungsphase 8 ebenfalls, mit Ausnahme der Teilleistungen „Auflistung der Gewährleistungsansprüche" und „Kostenfeststellung". Bevor er diese Teilleistungen erbringen konnte, hat der Beklagte, ohne dass ein wichtiger Grund vorgelegen hätte, den Architektenvertrag schriftlich gekündigt.[5]

Beweis: Kündigungsschreiben vom . . . . . (Anlage 2).

Der Kläger hat hinsichtlich der nicht erbrachten Teilleistungen an seiner Schlussrechnung einen Abzug von . . . . . vorgenommen,[6] unter Berücksichtigung eines Abzuges für ersparte Leistungen von 40 %[7] gemäß Ziffer . . . . . des Architektenvertrags. Dies ist iE in der Schlussrechnung ausgewiesen. im Übrigen erfolgte die Abrechnung nach dem Basishonorarsatz der HOAI, was in Ziffer . . . . . des Vertrages als Vergütungregelung auch so vereinbart wurde

Beweis: Schlussrechnung vom . . . . . (Anlage 3).

Die Schlussrechnung ist prüffähig.[7]

Der Kläger hat gem. § 6 Abs. 2 Nr. 1 HOAI die Leistungen nach den anrechenbaren Kosten der Kostenberechnung abgerechnet.[8] Er hat seine Leistungen vertragsgemäß erbracht, mit Schreiben vom . . . . . eine Frist zur Abnahme bis zum . . . . . gesetzt und die Schlussrechnung dem Beklagten überreicht.[9]

Gem. § 15 Abs. 1 HOAI ist die Rechnung deshalb zur Zahlung fällig. Der Kläger hat ohne Erfolg am . . . . . die Bezahlung der Rechnung angemahnt.

Beweis: Schreiben vom . . . . . (Anlage 4).

Klage ist deshalb geboten.
Rechtsanwalt

Schrifttum: Korbion/Mantscheff/Vygen HOAI 9. Aufl.; *Jochem*/Kaufhold, 6.Aufl. HOAI; *Locher/Koeble/Frik,* HOAI 15. Aufl. 2019; *Löffelmann/Fleischmann,* Architektenvertrag und HOAI 7. Aufl. 2020; *Morlock/Meurer,* Die HOAI in der Praxis 10. Aufl.; *Pott/Dahlhoff/Kniffka/Rath,* HOAI 9. Aufl. 2011; Fuchs/Berger/Seifert/, HOAI 2016; *Koeble/Zahn*, Die neue HOAI 2021.

Anmerkungen

1. Vgl. zur Zuständigkeit der Baukammern → Form. II.C.1 Anm. 3.

2. Der Architektenvertrag ist ein Werkvertrag. Dies wurde durch §§ 650p und q BGB vom Gesetzgeber bestätigt. Gem. § 641 BGB ist die Vergütung ab Abnahme fällig. In § 15 Abs. 1 HOAI 2013 ist als Fälligkeitsvoraussetzung die Abnahme ausdrücklich vorgesehen. Auch bei einer Kündigung ist der bis zur Kündigung erbrachte Teil der Werkleistung abzunehmen (BGH NJW 2006, 2475).

3. Im Hinblick auf die AGB-rechtliche Nichtprivilegierung der Leistungen des Architekten sollte jeweils schon in der Klage angegeben werden, ob der Vertrag AGB-Charakter hat. Dies ist nach BGH NJW 1981, 2351 von Bedeutung, weil ein Abweichen vom Leitbild des Architektenvertrags gegen § 307 BGB verstoßen kann.

4. Auch die in Leistungsphase 9 geschuldeten Leistungen sind Hauptpflichten des Architekten. Der auch mit Leistungsphase 9 beauftragte Architekt kann erst nach vollständiger Ausführung der Leistungsphase 9 Abnahme seines Werks und Ausgleich der Schlussrechnung verlangen (BGH Urt. v. 20.2.2014 – VII ZR 26/12, BauR 2014, 1023 =ZfBR 2014, 362; BGH Urt. v. 10.10.2013 – VII ZR 19/12, BauR 2014, 127 = NZBau 2014, 47; BGH Urt. v. 20.10.2005 – VII ZR 155/04). Eine konkludente Abnahme vor vollständiger Leistungserbringung – auch der Leistungen aus der Leistungsphase 9 – kommt nur in sehr seltenen Ausnahmefällen in Betracht. Auch bei ausstehenden Restleistungen kann der Fall eintreten, dass der Besteller die erbrachten Leistungen als vollständig und vertragsgemäß billigt (zu einem solchen Fall: BGH Urt. v. 26.9.2013 – VII ZR 220/12, BauR 2013, 2013 = NZBau 2013, 779). Ein Anspruch auf Teilabnahme setzt eine dahingehende Vereinbarung voraus (BGH BauR 1994, 392). Eine individualvertragliche Vereinbarung der Teilabnahme der Leistungsphasen 1–8 ist zulässig. Auch in AGB des Architekten ist die Vereinbarung einer Teilabnahme der Leistungsphasen 1–8 AGB-rechtlich zulässig. (vgl. iE *Locher/Koeble/Frik* HOAI Einl. Rn. 135 ff.; ebenso BGH BauR 2001, 1616). Im Hinblick auf § 15 Abs. 1 HOAI, der die volle Leistungserbringung zur Fälligkeitsvoraussetzung macht, ist es deshalb für den Architekten zweckmäßig, sich die Leistungsphase 9 nicht übertragen zu lassen oder nach Abschluss der Leistungsphasen 1–8 eine Teilabnahme vorzusehen. Alternativ ist eine von der Leistungsphase 9 unabhängige Fälligkeitsregelung vertraglich zu treffen.

5. Nach § 648 S. 1 BGB kann der Auftraggeber ohne wichtigen Grund kündigen. In manchen Formularverträgen wird jedoch das beiderseitige Kündigungsrecht vom Vorliegen eines wichtigen Grundes abhängig gemacht. Dieser formularmäßige Ausschluss des freien Kündigungsrechts des Auftraggebers in AGB des Auftragnehmers ist nach § 307 Abs. 2 BGB unwirksam (BGH BauR 1999, 1294; OLG Düsseldorf BauR 1999, 1482). Für ab dem 1.1.2018 abgeschlossene Verträge bestimmt § 650h BGB, der auch für Architektenverträge gilt, dass jede Kündigung schriftlich erfolgen muss.

6. Es ist ABG-rechtlich umstritten, ob die 40 %-Klausel (betreffend die ersparten Aufwendungen), die in verschiedener Ausformung in Architektenmusterverträgen enthalten ist, Bestand hat. Bei individualrechtlicher Vereinbarung stehen dem keine Bedenken entgegen. Der BGH steht Pauschalvereinbarungen in AGB kritisch gegenüber. Danach hat der Architekt vorzutragen und zu beziffern, welche ersparten Aufwendungen und welchen anderweitigen Erwerb er sich anrechnen lässt (BGH BauR 1996, 512). In einer weiteren Entscheidung (BGH BauR 1997, 156 = NJW 1997, 259; bestätigt durch BGH BauR 2001, 666 = NJW-RR 2001, 385) hat der BGH die Grundzüge dieser Rspr. fortgeführt und in einem Fall, in dem Allgemeine Vertragsbedingungen zum Architektenvertrag mit der 40 %-Klausel vereinbart wurden, einen Verstoß gegen § 11 Nr. 5b und § 10 Nr. 7 AGBG angenommen, soweit es dem AG hierdurch verwehrt wurde, nachzuweisen, dass eine größere Ersparnis oder die Anrechnung eines anderweitigen Erwerbs abgeschnitten wird. Die Fassung der AVA wurde daraufhin geändert und klargestellt, dass es dem Auftraggeber unbenommen bleibt, dasjenige am Restvergütungsanspruch abzuziehen, was der Architekt durch anderweitige Verwendung seiner Arbeitskraft erwirbt oder zu erwerben böswillig unterlässt. Außerdem ist die Fassung so gewählt, dass der rechtsunkundige Vertragspartner nicht mehr davon ausgehen kann, dass der Beweis für eine größere Ersparnis ausgeschlossen sei. Falls auch der anderweitige Erwerb anspruchsmindernd berücksichtigt wird, dürfte die Klausel bei Verwendung durch den Architekten wirksam sein. Bei Verwendung durch den Besteller gilt dies ebenfalls (bejahend OLG Düsseldorf BauR 2002, 1583; vgl. iE *Locher/Koeble/Frik* HOAI Einl. Rn. 254). Eine derartige Regelung mit Öffnungsklausel ist nicht von vorneherein nach § 308 Nr. 7a BGB unwirksam. Vielmehr hält eine Klausel der Prüfung anhand der vorgenannten Bestimmung stand, wenn sich die Pauschale, die letztlich verbleiben soll, im Rahmen der gem. § 649 S. 2 BGB typischerweise zu beanspruchenden Vergütung hält (BGH NJW 2011, 3030: für das Bauvertragsrecht). Auf die Unwirksamkeit kann sich jedoch nur der Gegner des Verwenders von AGB berufen und nicht der Verwender selbst. Der Architekt ist deshalb an die Regelung in einem von ihm vorgelegten, vorformulierten Vertragsmuster gebunden, wenn dies für den Auftraggeber günstiger ist und er sich auf die Klausel beruft. Die Regelung in § 648 S. 3 BGB ändert an der vorstehend beschriebenen Rechtslage nichts. Da mit der vorstehenden Regelung nach der Auffassung des BGH (NJW 2011, 3030) kein gesetzliches Leitbild geschaffen, sondern nur die Darlegungslast erleichtert werden sollte, bleibt es bei der oben geschilderten Rechtslage.

7. Fälligkeitsvoraussetzung ist neben der Abnahme der Werkleistung die Übergabe einer prüffähigen Honorarschlussrechnung, § 15 S. 1 HOAI und § 650g Abs. 4 BGB. Hinsichtlich der Prüffähigkeit sind die gleichen Anforderungen wie in § 16 Abs. 1 VOB/B zu stellen. Danach muss die prüfbare Aufstellung eine rasche und sichere Beurteilung der Leistungen ermöglichen. Die einzelnen Bestimmungen der HOAI, auf die sich die Abrechnung bezieht, müssen angegeben werden, ebenso die anrechenbaren Kosten nach § 6 Abs. 1 HOAI, die Honorarzone, ggf. nach dem Bewertungspunktesystem, das Leistungsbild, die Berechnung des Honorars für Besondere Leistungen und auch, wie hier, die Berechnung der Honorarentlastung bei nicht erbrachten Teilleistungen; vgl. zur Prüffähigkeit iE: *Locher/Koeble/Frik* HOAI § 15 Rn. 23 ff. Diese Anforderungen an die Prüfbarkeit gelten auch dann, wenn das Vertragsverhältnis vorzeitig beendet wird (BGH BauR 2000, 126; BauR 2000, 430). Allerdings dürfen die Anforderungen an die Prüfbarkeit nicht zum Selbstzweck werden, sondern müssen dem Informations- und Kontrollinteresse des Auftraggebers entsprechen (BGH BauR 2000, 1511). Der Auftraggeber ist mit Einwendungen gegen die Prüfbarkeit ausgeschlossen, wenn er die Rechnung geprüft und dabei die sachliche und rechnerische Richtigkeit nicht in Zweifel gezogen hat (BGH BauR 1997, 1065). Dasselbe gilt für den Fall, dass der Auftraggeber die Einwendungen gegen die Prüffähigkeit nicht innerhalb von zwei Monaten nach Zugang der Rechnung vorbringt (BGH BauR 2004, 316). Die Mängel der Prüfbarkeit können auch noch nachträglich vom Auftragnehmer durch entsprechenden Prozessvortrag geheilt und in dieser Weise die Rechnungen prüfbar gemacht werden (BGH BauR 1999, 64). Es ist zu erwarten, dass sich die Prüffrist, die der BGH mit zwei Monaten angenommen hat, zukünftig verkürzt auf 30 Tage. Einerseits wurde die der BGH-Entscheidung zugrunde liegende Regelung in der VOB/B bereits geändert. Andererseits lautet nun die gesetzliche Vorgabe in § 650g Abs. 4 BGB entsprechend der Regelung in § 16 VOB/B. Auch in der BGB-Regelung wurden 30 Tage angesetzt. Zukünftig beträgt die Prüffrist auch bei Architektenverträgen 30 Tage.

8. Nach § 6 Abs. 1 HOAI sind die Leistungen aller Leistungsphasen nach der Kostenberechnung, solange diese nicht vorliegt, nach der Kostenschätzung zu berechnen, sofern das Honorarberechnungssystem der HOAI zum Zuge kommt. Dies ist dann der Fall, wenn die Parteien entweder keine (wirksame) Honorarvereinbarung getroffen haben, da dann der Basishonorarsatz zum Tragen kommt, § 7 Abs. 1 S. 2 HOAI 2021. Im vorliegenden Fall haben die Parteien demgegenüber eine Honorarvereinbarung getroffen und darin die Anwendung des Honorarermittlungssystems der HOAI vereinbart, was zulässig ist.

Liegt die Kostenberechnung nicht vor, ist die Kostenschätzung heranzuziehen.

9. Die Fälligkeitsvoraussetzungen für die Honorarforderung müssen mit der Klage schlüssig vorgetragen werden.

16. Antrag im selbständigen Beweisverfahren wegen Baumängeln

An das
Landgericht[1]
Antrag im selbständigen Beweisverfahren
der Eheleute . . . . .
– Antragsteller –
Prozessbevollmächtigter:

gegen

1. Firma . . . . . 2. den Architekten . . . . . 3. den Tragwerksplaner . . . . .[2]

– Antragsgegner –

wegen

Beweissicherung

Namens und in Vollmacht der Antragsteller werden zur Sicherung des Beweises gem. §§ 485 ff. ZPO beantragt, die folgenden Fragen im Hinblick auf das Gebäude . . . . . in . . . . . durch Einholung eines schriftlichen Sachverständigengutachtens beantworten zu lassen:[3]

I. Dringt in die Kellerräume von der hangwärts gegen Norden gelegenen Seite Wasser ein?

II. Was sind die Ursachen?

III. Welche Maßnahmen sind zur Mangelbeseitigung erforderlich?

IV. Welche Kosten werden durch die Mangelbeseitigung entstehen?

V. Wie hoch sind die Kosten, die bei ordnungsgemäßer Planung/Ausschreibung im Jahre . . . . . und entsprechender Ausführung entstanden wären („Sowieso-Kosten")[4]

VI. Ist die Planung/Bauüberwachung des Architekten und/oder die Planung des Tragwerkplaners oder die Ausführung der Fa. . . . . . in technischer Hinsicht ursächlich für die aufgetretenen Mängel?

Es wird beantragt, die Beweiserhebung durch schriftliches Sachverständigengutachten vorzunehmen.

Als Sachverständiger wird vorgeschlagen

. . . . .[5]

Es wird beantragt, den Beschluss ohne mündliche Verhandlung zu erlassen.

Begründung:

Die Antragsteller sind Eigentümer des Grundstücks . . . . . in . . . . . Sie haben mit der Antragsgegnerin Ziff. 1 einen VOB/B-Vertrag über die Grab-, Beton- und Maurerarbeiten am . . . . . abgeschlossen.

Beweis: VOB/B-Vertrag vom . . . . . (Anlage 1)

Als Architekt war der Antragsgegner Ziff. 2 gemäß Architektenvertrag vom . . . . . tätig.

Beweis: Architektenvertrag vom . . . . . (Anlage 2)

Am . . . . . wurde mit dem Antragsgegner Ziff. 3 ein Vertrag über die Tragwerksplanung abgeschlossen.

Beweis: Vertrag vom . . . . . (Anlage 3)

Am . . . . . sind die Antragsteller in das Gebäude eingezogen und haben sich bei der Abnahme gegenüber den Antragsgegnern Mängelrechte hinsichtlich der Feuchtigkeitsschäden im Keller vorbehalten. Diese Schäden traten damals in geringem Ausmaße auf. Bei eintretender Trockenheit waren solche Schäden jedoch nicht mehr feststellbar. Seit . . . . . ist jedoch auf der Hangseite ein erheblicher Feuchtigkeitseinbruch festzustellen, der eine 6 cm hohe Wasserschicht im Keller zurückließ.

Zur Glaubhaftmachung beziehe ich mich auf beiliegende eidesstattliche Versicherung der Antragsteller nebst am . . . . . von den Antragstellern aufgenommenen Fotos (Anlagen 4–5).

Die Antragsteller müssten durch einen Rechtsstreit die Verantwortlichkeit der Antragsgegner klären lassen, der durch das selbständige Beweisverfahren nach Einholung eines Sachverständigengutachtens wahrscheinlich vermieden wird.[6]
Ein Rechtsstreit ist noch nicht anhängig.[7, 8]
Der Streitwert in der Hauptsache (Beseitigungskosten) wird mit 20.000 EUR angegeben.
Rechtsanwalt[9, 10]

Schrifttum: Locher, Das private Baurecht, 8. Aufl. 2012; *Kniffka/Koeble/Jurgeleit/Sacher,* Kompendium des Baurechts, 5. Aufl. 2020, Teil 14; *Ulrich*, Selbständiges Beweisverfahren mit Sachverständigen, 2. Aufl. 2008; *Werner/Pastor,* Der Bauprozess, 17.Aufl. 2021; *Knacke/Schütz,* Münchener Prozessformularbuch Privates Baurecht, 5.Aufl. 2018 Teil G.

Anmerkungen

1. Die Zuständigkeit richtet sich nach § 486 ZPO. Bei Anhängigkeit (nicht Rechtshängigkeit) ist das Gericht zuständig, vor dem der Prozess schwebt, vor Anhängigkeit das Gericht, das zur Entscheidung in der Hauptsache berufen wäre. Es besteht für den Antrag im selbständigen Beweisverfahren kein Anwaltszwang (§ 486 Abs. 4 ZPO). Vgl. zur Zuständigkeit der Baukammern → Form. II.C.1 Anm. 3.

2. Der Antrag muss den Gegner bezeichnen. Ohne Bezeichnung des Gegners wäre ein Antrag nach § 494 ZPO nur zulässig, wenn die Antragsteller glaubhaft machten, dass sie ohne Verschulden außerstande sind, den Gegner zu bezeichnen. Ein Beweissicherungsantrag gegen „unbekannt" hemmt aber nicht die Verjährung (BGH NJW 1980, 1458).

3. Der Antrag muss die Bezeichnung der Tatsachen enthalten, über die die Beweiserhebung erfolgen soll. Dabei sollen die Tatsachen so genau wie möglich bezeichnet werden. Hierzu gehören neben der Lage des Bauwerks die Baumängel in ihrem äußeren Erscheinungsbild und die Bezeichnung des Bauwerksteils, an dem die Mängel festgestellt werden sollen.

4. Nach § 485 Abs. 2 S. 3 kann auch die Bezifferung des Aufwands für die Beseitigung eines Schadens im selbständigen Beweisverfahren verlangt werden. Voraussetzung für die Beweissicherung ist ein rechtliches Interesse, das anzunehmen ist, wenn die Feststellung der Vermeidung eines Rechtsstreits dienen kann (was fast immer der Fall sein wird).

5. Eine Anregung hinsichtlich der Person des Sachverständigen ist zweckmäßig. Allerdings obliegt dem Gericht die Entscheidung, welcher Sachverständige bestellt wird.

6. Eine Glaubhaftmachung der Tatsachen, die die Zulässigkeit des selbständigen Beweisverfahrens begründen, umfasst auch das rechtliche Interesse (Prozessvermeidung). Im vorliegenden Fall ist der Antrag auch auf § 485 Abs. 2 ZPO gestützt.

7. Die im selbständigen Beweisverfahren aufgenommenen Beweise können im späteren Rechtsstreit von beiden Parteien benutzt werden. Sie sind genauso zu behandeln, wie wenn sie erst im Rechtsstreit selbst erhoben werden. Dem Antragsteller bleibt es im Hauptprozess vorbehalten, Einwendungen gegen die Art und Weise, insb. die Ordnungsmäßigkeit der Beweisaufnahme und die Zulässigkeit der Beweismittel, zu erheben. Die Benutzung im Hauptprozess schränkt § 493 Abs. 2 ZPO ein.

8. Wegen des Kostenrisikos des § 494a ZPO ist es nicht sachdienlich, alle in Frage kommenden Schadensverursacher als Antragsgegner zu benennen. Der Anwalt des Antragstellers sollte in diesen Fällen eine Streitverkündung in Betracht ziehen. Ferner ist im Antrag klarzustellen, wenn sich ein Teil der Mangelerscheinungen nur auf einzelne

Beteiligte beziehen und darauf, zu achten, dass in diesem Fall unterschiedliche Streitwerte festgesetzt werden.

Die Streitverkündung ist im selbständigen Beweisverfahren zulässig (BGH BauR 1997, 347 = NJW 1997, 859 = ZfBR 1997, 148) und hat gem. § 204 Ziff. 6 BGB verjährungshemmende Wirkung, wobei die Hemmung ab Zustellung der Streitverkündung eintritt.

9. Verjährungshemmung. Nach § 204 Abs. 1 Nr. 7 BGB wird die Verjährung durch die Zustellung des Antrags auf Durchführung eines selbständigen Beweisverfahrens gehemmt. Der BGH hat die Streitfrage, ob nur der förmlich zugestellte Antrag (nicht Beschluss) die Verjährung hemmt, dahingehend entschieden, dass Hemmungswirkung auch durch die formlose Übersendung des Antrages eintritt (BGH NJW 2011, 1965). Da sich das Datum der Zustellung gem. § 189 ZPO danach richtet, wann der Antrag dem Gegner tatsächlich vorlag, muss in Fällen, bei denen der Eintritt der Verjährung kurz bevorsteht, vom Rechtsanwalt dennoch darauf geachtet werden, dass der Antrag vom Gericht förmlich zugestellt wird und nicht etwa nur der Beschluss. Der Antragsteller sollte die Zustellung durch Beantragung eines Zustellnachweises nach § 169 Abs. 1 ZPO kontrollieren. Die Hemmung endet gem. § 204 Abs. 2 S. 1 BGB sechs Monate nach der rechtskräftigen Entscheidung oder anderweitigen Beendigung des eingeleiteten Verfahrens. Ob das jeweilige Verfahren beendet ist, beurteilt sich nach den Umständen des jeweiligen Einzelfalls. Anknüpfungspunkt kann hier bspw. die Übersendung des schriftlichen Sachverständigengutachtens an die Beteiligten des selbständigen Beweisverfahrens sein (BGHZ 53, 43). Werden vom Gericht Fristen zur Stellungnahme gesetzt, kann das Beweisverfahren auch mit Ablauf dieser Fristen enden. Eine Beendigung in diesem Fall soll jedoch voraussetzen, dass die formgerechte Fristsetzung auch zugestellt wurde nach § 329 Abs. 2 S. 2 ZPO (OLG Celle BauR 2005, 1961). Unterbleibt eine Fristsetzung, ist das Verfahren beendet, wenn keine Ergänzung beantragt (BGH BauR 2009, 979) oder kein Antrag auf Anhörung des Sachverständigen innerhalb eines engen zeitlichen Zusammenhangs mit der Zustellung des Gutachtens gestellt wird, wobei sich die Fristlänge nach Umfang und Komplexität des Sachverständigengutachtens richtet (vgl. *Werner/Pastor* Bauprozess Rn. 112 ff.). Die Ankündigung von weiteren Beweisanträgen reicht jedoch nicht (BGH BauR 2009, 979). Das Verfahren ist nach Ablauf einer gerichtlich gesetzten oder einer angemessenen Frist auch dann beendet, wenn das Gericht im Beschluss versehentlich eine Beweisfrage übergangen hatte (OLG Hamm BauR 2010, 658, die nicht erledigten Beweisfragen sind dann vom Gericht der Hauptsache abzuarbeiten: BGH Beschl. v. 14.11.2017 – VIII ZR 101/17, NJW 2018, 1171.) Gleiches gilt auch dann, wenn keine weitere Beweisaufnahme stattfindet („sachliche Erledigung") und der mit der Beweisaufnahme befasste Richter zum Ausdruck bringt, dass eine weitere Beweisaufnahme nicht erfolgen werde und hiergegen nicht innerhalb angemessener Frist (bei einfachen Gutachten sollen sechs Wochen nicht mehr angemessen sein) Einwände erhoben werden (BGH BauR 2011, 287, auch wenn noch Fragen offen sind, OLG Stuttgart Beschl. v. 2.1.2014 – 10 W 34/13). Erklärt das Gericht durch Beschluss das selbständige Beweisverfahren beendet, so ist dadurch nicht in jedem Fall die Möglichkeit zu weiteren Anträgen abgeschnitten (OLG Hamm NJW-RR 2007, 600; wonach Beendigung noch nicht allein durch den Beschluss des Gerichts eintritt; OLG Bamberg BauR 2006, 560, wonach ein Monat danach die Beendigung eintreten soll; OLG München BauR 2008, 561, wonach das Ende des Verfahrens allerdings nicht durch unzulässige Fragen hinausgeschoben wird). Wird das Verfahren durch eine Anhörung des Sachverständigen im Gerichtstermin beendet, dann ist maßgebend die Verlesung und Genehmigung des Sitzungsprotokolls (BGH ZfBR 2009, 459 = NJW-RR 2009, 1243; OLG Düsseldorf BauR 2009, 1776). Das Beweisverfahren endet ferner mit Anforderung der Akten durch das Hauptsachegericht, das die Beweisaufnahmen übernommen hat (OLG Stuttgart Beschl. v. 4.5.2018 – 10 W 6/18).

Von besonderer Bedeutung ist, dass bei schriftlicher Begutachtung und verschiedener Gutachten/Gutachter die Übermittlung des jeweiligen Gutachtens im Hinblick auf die Beendigung des Verfahrens und damit im Hinblick auf das Ende der Hemmungswirkung von Bedeutung ist (BGH BauR 2002, 1115; 1993, 221 = NJW 1993, 851; BGH BauR 1993, 221 = NJW 1993, 851; OLG München BauR 2007, 1095 = NJW-RR 2007, 675 = NZBau 2007, 375; OLG Hamm BauR 2009, 1477; OLG Dresden IBR 2009, 61; kritisch OLG Frankfurt Urt. v. 21.12.2012 – 16 U 128/12 bei einem Gutachter). Dies kann dazu führen, dass es zu unterschiedlich langen Hemmungszeiträumen kommt. Ist dies der Fall, müssen unterschiedliche Verjährungszeitpunkte notiert werden. Insbes. die sechsmonatige Ablaufhemmung nach § 204 Abs. 2 S. 1 BGB ist insoweit zu berücksichtigen und ggf. auch noch eine Restverjährung hinzuzurechnen.

Die Verjährung des Vergütungsanspruchs des Auftragnehmers wird gem. § 204 Abs. 1 Nr. 7 BGB gehemmt, wenn der Auftragnehmer zur Aufklärung von Werkmängeln ein selbständiges Beweisverfahren einleitet, um die Abnahmereife seiner Werkleistungen und die tatsächlichen Voraussetzungen für die Fälligkeit seines Vergütungsanspruchs nachweisen zu können (BGH NZBau 2012, 228).

Kosten

10. Die Kosten des selbständigen Beweisverfahrens gehören zu den Kosten der Hauptsache und werden von der dortigen Kostenregelung umfasst, sofern die Parteien des Haupt- und selbständigen Beweisverfahrens identisch sind. Wer die Kosten zu tragen hat, bestimmt sich nach der im Hauptprozess ergehenden Kostenentscheidung; das selbständige Beweisverfahren kennt grds. keine Kostenentscheidung (BGH Beschl. v. 14.12.2016 – VII ZB 29/16, ZfBR 2017, 244; BGH NJW 1996, 1749; NJW-RR 2004, 1005). Durch selbständige Klage können die Kosten, falls es nicht zum Hauptprozess kommt, nur geltend gemacht werden, wenn die Voraussetzungen eines materiellen Schadensersatzanspruches gegeben sind. Wird der Antrag zurückgenommen, so sind dem Antragsteller die Kosten entsprechend § 269 Abs. 3 ZPO aufzuerlegen (OLG München BauR 1994, 664; OLG Düsseldorf OLGR 1995, 44). Dies gilt auch bei übereinstimmender Erledigungserklärung der Parteien (BGH NJW-RR 2011, 931). Eine im selbständigen Beweisverfahren unzulässige einseitige Erledigungserklärung ist regelmäßig in eine Antragsrücknahme mit der Kostenfolge des § ZPO § 269 ZPO § 269 Abs. 3 S. 2 ZPO umzudeuten und zwar auch dann, wenn das Beweissicherungsinteresse zum Zeitpunkt der Erklärung entfallen war (BGH NJW 2011, 1292).Vgl. zu den zahlreichen Kostenproblemen: *Werner/Pastor* Bauprozess Rn. 115 ff.

Nach § 494a ZPO kann bei Nichtanhängigkeit des Rechtsstreits in der Hauptsache der Antragsgegner beantragen, dass der Antragsteller innerhalb einer bestimmten Frist Klage zu erheben hat. Kommt der Antragsteller dieser Anordnung nicht nach, so sind ihm die Kosten des selbständigen Beweisverfahrens aufzuerlegen. Noch nicht abschließend geklärt ist, ob der Streithelfer einen Antrag nach § 494a Abs. 1 ZPO stellen und hiermit den Antragsteller zwingen kann, gegen den Antragsgegner eine Klage zu erheben (vgl. hierzu *Werner/Pastor* Bauprozess Rn. 130, bejahend; Kniffka/Koeble/Jurgeleit/Sacher Kompendium BauR, Teil 14 Rn. 221, differenzierend).

Der Streitwert richtet sich nach herrschender Ansicht nach dem materiellen Interesse des Antragstellers, also idR nach dem Hauptsachewert (OLG Nürnberg BauR 1995, 134; OLG Köln NJW-RR 1994, 761; *Werner/Pastor* Bauprozess Rn. 136 ff.). Die Einzelheiten sind auch insoweit umstritten. Die Bestimmung des Streitwerts bereitet insb. in Fällen Schwierigkeiten, in denen sich die behaupteten Mängel nicht bestätigen. Ob hier ausschließlich die Angaben des Antragstellers in der Antragsschrift – sofern vorhanden – heranzuziehen sind, oder ob eine Beurteilung abweichend von den Wertangaben anhand des Inhalts des Antrags zu erfolgen hat, ist noch nicht abschließend geklärt, genau so auch – in allgemeiner Hinsicht – ob der Streitwert nach Eingang des Gutachtens von Amts wegen oder auf Antrag einer Partei nach oben oder unten verändert werden kann. Nach der oberlandesgerichtlichen Rspr. wird dies häufig zugelassen (OLG Düsseldorf BauR 2005, 142; NJW-RR 2003, 1530; OLG Hamm BauR 2005, 142; OLG Köln BauR 2005, 756; OLG Celle BauR 2005, 430 (431); vgl. auch *Werner/Pastor* Bauprozess Rn. 136 ff. mwN; BGH BauR 2005, 364 = ZfBR 2005, 54). Nach hier vertretener Auffassung muss es auch zulässig sein, Fragen nach den hypothetischen Mangelbeseitigungskosten bei nicht bestätigten Mängeln zu stellen.

17. Antrag auf Erlass einer einstweiligen Verfügung in Bausachen

An das
Landgericht[3]
. . . . .
Antrag auf Erlass einer einstweiligen Verfügung der Firma . . . . .
vertreten durch . . . . .
– Antragstellerin –
Prozessbevollmächtigter: RA . . . . .

gegen

Firma . . . . .
vertreten durch . . . . .
– Antragsgegnerin –

wegen

Erlass einer einstweiligen Verfügung[1, 2]
Streitwert: . . . . . EUR
Namens und im Auftrag der Antragstellerin beantrage ich, wegen der Dringlichkeit des Falles ohne vorherige mündliche Verhandlung, den Erlass der folgenden einstweiligen Verfügung:

> **Der Antragsgegnerin wird es bei Vermeidung eines für jeden Fall der Zuwiderhandlung fälligen Ordnungsgeldes bis zu 250.000 EUR ersatzweise Ordnungshaft bis zu sechs Monaten oder Ordnungshaft bis zu sechs Monaten untersagt, die Dichtung in den Nasszellen des Jugendwohnheims in . . . . . zu entfernen oder zu verändern, bis nach dem Antrag im selbständigen Beweisverfahren[4] der Antragstellerin die vom Sachverständigen an Ort und Stelle zu treffenden tatsächlichen Feststellungen erfolgt sind.**

Begründung:

Die Antragsgegnerin wurde von der Antragstellerin laut Vertrag vom . . . . . mit den Sanitär- einschließlich den Dichtungsarbeiten im Jugendwohnheim . . . . . betraut. Die Arbeiten sind ausgeführt. Das Jugendwohnheim ist bezogen.
Am . . . . . rügte die Antragstellerin, dass die Dichtung in den Nasszellen nicht einwandfrei vorgenommen wurde, sodass Feuchtigkeitserscheinungen mit Korrosionsfolgen eintraten.
Zur Glaubhaftmachung beziehe ich mich auf die Feststellungen des Privatgutachters . . . . .

– Anlage 1 –

und das Rügeschreiben vom . . . . .

– Anlage 2 –

Die Antragsgegnerin hat grds. ihre Verantwortlichkeit für den Schaden geleugnet.

Zur Glaubhaftmachung beziehe ich mich auf das Schreiben vom . . . . .

– Anlage 5 –

Die Antragsgegnerin schickte trotzdem ihren Polier . . . . . mit zwei Arbeitern am . . . . . an die Baustelle, die begannen, den Plattenbelag aufzureißen, um Sanierungsarbeiten durchzuführen.

Zur Glaubhaftmachung beziehe ich mich auf die eidesstattliche Versicherung der . . . . .

– Anlage 3 –

5 Tage zuvor, am . . . . ., hat die Antragstellerin einen selbständigen Beweisantrag beim AG . . . . . eingereicht, der noch nicht beschieden ist. Mit Schreiben vom . . . . . hat die Antragstellerin nach Ablauf der von ihr gesetzten Frist für die Nacherfüllung die Ausführung durch die Antragsgegnerin abgelehnt und angekündigt, dass sie einen anderen Unternehmer mit der Sanierung beauftrage.

Zur Glaubhaftmachung beziehe ich mich auf das Schreiben der Antragstellerin vom . . . . .

– Anlage 4 –

Für die Antragstellerin ist bis zur Feststellung durch den im selbständigen Beweisverfahren zu bestellenden Sachverständigen die Klärung der Verantwortlichkeit erschwert, wenn die Antragsgegnerin die Platten herausreißt, bis die nach dem Antrag im selbständigen Beweisverfahren Antragstellerin im Schriftsatz vom . . . . . an Ort und Stelle zu treffenden tatsächlichen Feststellungen erfolgt sind.

Rechtsanwalt

Anmerkungen

1. → Form. I.R.1; → Form. I.R.12.

2. Die einstweilige Verfügung hat auch in Bausachen Bedeutung. Dies insb. im Hinblick auf die einstweilige Verfügung auf Eintragung einer Vormerkung zur Sicherung eines Anspruchs auf Eintragung einer Bauhandwerkersicherungshypothek gem. § 648 BGB, aber auch bei Verletzung von Mitwirkungspflichten des Auftraggebers im Rahmen eines selbständigen Beweisverfahrens, Herausgabe von Bauunterlagen und Ansprüchen Dritter gegen Baubeteiligte bei unerträglichen Immissionen, Baulärm, unzulässigen Bodenvertiefungen (vgl. zu den einzelnen Fallgruppen *Werner/Pastor* Bauprozess Rn. 310 ff.). Für ab dem 1.1.2018 abgeschlossene Verträge sieht § 650d BGB eine Vereinfachung für den Erlass einer einstweiligen Verfügung vor, die allerdings nur bei Streitigkeiten über das Anordnungsrecht gem. § 650b oder die Vergütungsanpassung gem. § 650c nach Anordnungen iSd § 650b eingreift: Der Verfügungsgrund muss dann nicht mehr glaubhaft gemacht werden, ferner sind auch weitergehend Leistungsverfügungen zulässig. Hierfür sind die Landgerichte ausschließlich zuständig, § 71 Abs. 2 Nr. 5 GVG.

3. Für den Erlass der einstweiligen Verfügung ist nach § 937 ZPO regelmäßig das Gericht der Hauptsache zuständig. Ist die Hauptsache noch nicht anhängig, so ist das Gericht zuständig, das in der Hauptsache endgültig zu entscheiden hat.

4. Nur in seltenen Fällen kann im Wege der einstweiligen Verfügung ein Baustopp verfügt werden. Dies verstieße gegen den Grundsatz der Verhältnismäßigkeit (OLG Hamburg MDR 1960, 849; *Werner/Pastor* Bauprozess Rn. 316). Im vorliegenden Falle liegt kein Baustopp im eigentlichen Sinne vor. IÜ erscheint es verhältnismäßig, wenn eine

Einstellung der Tätigkeit des Auftragnehmers bis zur Augenscheinseinnahme im selbständigen Beweisverfahren beantragt wird.

18. Klage auf Vertragsstrafe für nicht rechtzeitig erbrachte Bauleistungen

An das
Landgericht[1]
. . . . .

Klage

des . . . . .
– Kläger –

Prozessbevollmächtigter: . . . . .

gegen

Firma . . . . .
– Beklagte –

wegen

Vertragsstrafe[2]
Vorläufiger Streitwert: 20.000 EUR.
Namens und in Vollmacht des Klägers erhebe ich Klage und werde beantragen:
Die Beklagte wird verurteilt, an den Kläger 12.500 EUR nebst 5 Prozentpunkten Zinsen über dem Basiszinssatz hieraus seit . . . . . zu bezahlen.

Begründung:

Die Parteien haben am . . . . . einen VOB-Vertrag über die Durchführung von Grab-, Beton- und Maurerarbeiten für das Wohnhaus des Klägers in . . . . . abgeschlossen und dabei eine Vertragsstrafe vereinbart. Als Beginn der Bauleistungen war . . . . . vereinbart.
Beweis: Vertrag vom . . . . .
– Anlage 1 –

Zu diesem festgelegten Zeitpunkt hat die Beklagte auch mit den Bauarbeiten begonnen. Es war unter Ziff. . . . . des Vertrags vereinbart, dass die Beklagte ihre Arbeiten am . . . . . fertigzustellen hatte.[3] Für jeden Tag des Verzugs[4] wurde eine Vertragsstrafe von 200 EUR vereinbart (Ziff. . . . .). In Ziff. . . . . des Vertrags wurde eine Begrenzung der Vertragsstrafe der Höhe nach auf 5 % der Nettoauftragssumme vereinbart. Die Nettoauftragssumme für die Grab-, Beton- und Maurerarbeiten betrug 250.000 EUR.[5]
Die Beklagte stellte ihre Arbeiten erst am . . . . . fertig.
Beweis: Architekt . . . . .
Herr . . . . .

Die Überschreitung beträgt 100 Tage.[6] Irgendwelche Behinderungen durch andere Unternehmer oder bauseits lagen nicht vor.[7]
Die förmliche Abnahme erfolgte am . . . . .
Beweis: Abnahmeprotokoll
– Anlage 2 –

Laut Abnahmeprotokoll wurde die Vertragsstrafe vorbehalten.[8]

Die Vertragsstrafe wurde angemahnt am .....

Beweis: Schreiben vom .....
– Anlage 3 –

Rechtsanwalt

Anmerkungen

1. Vgl. zur Zuständigkeit der Baukammern → Form. II.C.1 Anm. 3.

2. Die Vertragsstrafe wegen nicht ordnungsgemäß erbrachter Bauleistungen hat im Baurecht eine erhebliche Bedeutung. Auch in AGB-Bauverträgen sind Vertragsstrafeversprechen grds. zulässig (BGH BauR 1987, 92). § 308 Nr. 6 BGB trifft auf den vorliegenden Fall der verspäteten Leistungserbringung nicht zu. Die Vertragsstrafeversprechen sind, soweit der Vertrag AGB-Charakter hat, jedoch an § 307 BGB zu messen.

Da es sich um einen VOB/B-Vertrag handelt, ist § 11 VOB/B zu berücksichtigen.

3. Nach § 11 Abs. 2 VOB/B ist die Vertragsstrafe fällig, wenn der Auftragnehmer in Verzug gerät. Verzug setzt Verschulden voraus. Da hier der Fertigstellungstag nach dem Kalender bestimmt ist, sind die Verzugsvoraussetzungen gem. § 286 Abs. 2 Nr. 1 ohne Mahnung erfüllt. Gleiches gilt bei Vereinbarung einer Fertigstellungsfrist und bestimmbarem Beginntermin („Erteilung Baugenehmigung"). Es liegt eine hinreichend bestimmte Ereignisfrist iSd § 286 Abs. 2 Nr. 2 BGB vor (BGH Urt. v. 5.11.2015 – VII ZR 43/15, BauR 2016, 499 = NJW 2016, 634). Eine Mahnung kann – auch bei Vereinbarung eines festen Fertigstellungstermins – dann erforderlich sein, wenn sich der Fertigstellungstermin verschoben hat aufgrund von Umständen, die das ausführende Unternehmen nicht zu vertreten hat. Liegen derartige behindernde Umstände vor und wurden schriftliche Behinderungsanzeigen vom ausführenden Unternehmen dem Auftraggeber vorgelegt oder waren die Behinderungen offensichtlich, verlängert sich die Ausführungszeit entsprechend. Dies führt dann auch dazu, dass sich die Fertigstellungsfrist nicht automatisch verlängert und damit automatisch Fälligkeit nach Ablauf des verlängerten Fertigstellungszeitraums als Voraussetzung für den Verzug eintritt. Vielmehr ist nach der Rspr. des BGH dann eine Mahnung zusätzlich erforderlich (BGH BauR 1999, 645 = NJW 1999,1108 = ZfBR 1999, 188). Von besonderer Bedeutung ist, dass § 345 BGB eine Regelung zur Beweislast enthält. Danach muss der Auftragnehmer beweisen, dass er die vertraglich vereinbarte Frist eingehalten hat.

4. In AGB unzulässig ist die Vereinbarung von Vertragsstrafen bei von Auftragnehmer nicht zu vertretender Verzögerung (also verschuldensunabhängig) („für jeden Tag der Überschreitung"). (BGH NJW-RR 2008, 615 = NZBau 2008, 376 = BauR 2008, 508). Eine wirksame verschuldensabhängige Vertragsstrafenklausel liegt dagegen bei Vereinbarung der VOB/B vor, weil die Regelung des § 11 Abs. 2 VOB/B die im Vertrag getroffene Vertragsstrafenvereinbarung ergänzt (BGH BauR 2002, 782; 2004, 1611). Im Hinblick auf die Frage, ob eine Vertragsstrafenregelung verschuldensabhängig oder verschuldensunabhängig formuliert ist, ist nicht nur der Wortlaut der jeweiligen Vertragsstrafenklausel zu berücksichtigen. Vielmehr kann die Verschuldensunabhängigkeit auch an anderer Stelle geregelt sein, nämlich dort, wo die Vertragsfristen festgelegt worden sind. Findet sich dort eine Regelung, wonach sich die Ausführungsfristen nicht verlängern, unabhängig davon, ob der Unternehmer die Ursache für eine mögliche Verzögerung der Baumaßnahme zu vertreten hat und knüpft die Vertragsstrafenregelung an die Überschreitung dieser Fristen an, kann es sich um eine verschuldensunabhängige Vertragsstrafenregelung handeln. Problematisch sind insoweit deshalb Regelungen, wonach die

Vertragsstrafe auch dann verwirkt ist, wenn die Verzögerung durch die Witterung verursacht wurde (BGH NJW-RR 2008, 615 = NZBau 2008, 376 = BauR 2008, 508).

5. Eine formularmäßige Vertragsstrafenvereinbarung ist nur dann wirksam, wenn sie der Höhe nach in zweifacher Hinsicht begrenzt wird. Zum einen muss eine angemessene Begrenzung der Höhe nach pro Tag der Überschreitung der Vertragsfrist getroffen werden (BGH BauR 2002, 1086). Nach der Rspr. des BGH ist ein Tagessatz von 0,3 % der Auftragssumme pro Arbeitstag (BGH BauR 1976, 279) oder 0,3 % der Auftragssumme pro Werktag (BGH = NJW-RR 2008, 615 = NZBau 2008, 376 = BauR 2008, 508) für die Überschreitung des Fertigstellungstermins nicht zu beanstanden (vgl. die Rechtsprechungsnachweise zur Höhe der Vertragsstrafe bei *Werner/Pastor* Bauprozess Rn. 2580 f.). Zum anderen muss eine Begrenzung der Gesamthöhe vorgenommen werden. Der BGH hat dazu vor einigen Jahren seine Rspr. verschärft. Die Obergrenze für Vertragsstrafenversprechen liegt nach der Rechtsprechung des BGH bei 5 % der Auftragssumme (BGH BauR 2003, 871).

Es muss darauf geachtet werden, dass die Höchstsätze nicht durch Kumulation verschiedener Vertragsstrafen überschritten werden können. Dieser Fall kann dann eintreten, wenn die Einhaltung von Zwischenfristen mittels Vertragsstrafen abgesichert wird. Um hier zu vermeiden, dass es zu einer Kumulation kommt, ist eine entsprechende klarstellende Regelung in die Vertragsstrafenvereinbarung mit aufzunehmen. Nach der Rspr. des BGH ist eine formularmäßige Vertragsstrafenvereinbarung in diesem Fall nur dann wirksam, wenn sie eine Begrenzung der Höhe nach enthält, die sich an dem bis zur Zwischenfrist verdienten Werklohn orientiert (BGH NZBau 2013, 222).

Nach § 343 Abs. 1 BGB kann eine unverhältnismäßig hohe, verwirkte Vertragsstrafe auf Antrag des Schuldners herabgesetzt werden. Diese Regelung gilt nicht bei Verträgen unter Vollkaufleuten (§§ 348, 351 HGB).

6. Zur Fristberechnung ohne Sonn- und Feiertage vgl. Ingenstau/Korbion/*Döring* VOB/B § 11 Abs. 3 Rn. 2 ff.; *Werner/Pastor* Bauprozess Rn. 2574.

7. Sind Umstände, die zu einer Verzögerung des Zeitplanes führen, nicht vom Auftragnehmer zu vertreten, so verlängert sich die Frist für die Berechnung der Vertragsstrafe entsprechend (BGH BauR 1999, 645). Wird der gesamte Zeitplan durch Umstände völlig umgeworfen, die vom Auftraggeber zu vertreten sind (Sonderwünsche, Baustopp, Planungsänderungen auf Bauherrenwunsch), so entfällt der Vertragsstrafenanspruch ganz (BGH NJW 1966, 971; Kniffka/Koeble/Jurgeleit/Sacher Kompendium BauR Teil 6 Rn. 139). Es ist deshalb zweckmäßig, in die Klage aufzunehmen, dass derartige Umstände nicht eingetreten sind. Ändern die Parteien einverständlich den Vertragstermin, ist durch Auslegung in jedem Einzelfall zu klären, ob auch eine Vertragsstrafenvereinbarung Bestand hat (vgl. insoweit Kniffka/Koeble/Jurgeleit/Sacher Kompendium BauR Teil 6 Rn. 139). Dafür, dass die Vertragsstrafenvereinbarung auch bei einverständlicher Änderung des Vertragstermins Bestand hat, spricht, wenn sie terminsneutral formuliert ist (Kniffka/Koeble/Jurgeleit/Sacher Kompendium BauR Teil 6 Rn. 139; BGHZ 167, 75 = BauR 2006, 1128 = NZBau 2006, 504). Beim Entwerfen eines Vertrages sollte eine entsprechende Regelung aufgenommen werden.

8. Gem. § 11 Abs. 4 VOB/B, aber auch nach § 341 Abs. 3 BGB ist die Vertragsstrafe hinfällig, wenn die Geltendmachung derselben nicht bei Abnahme der Leistung vorbehalten wird. Wird über Abnahmeverhandlungen eine Niederschrift gefertigt, so reicht es aus, dass hierin der Vorbehalt der Vertragsstrafe aufgenommen wird (BGH BauR 1987, 92). Die Verpflichtung zum Vorbehalt einer Vertragsstrafe ist durch Individualvereinbarung abdingbar, nicht jedoch in AGB (vgl. iE *Werner/Pastor* Bauprozess Rn. 2565). In AGB ist aber eine Klausel zulässig, dass der Vorbehalt der Vertragsstrafe bis zur Schlusszahlung hinausgeschoben werden kann (BGH NJW 1979, 212; BauR 2000, 1758). Ein Vorbehalt ist nicht erforderlich, wenn vor der Abnahme die Aufrechnung mit der Vertragsstrafe erklärt wird (BGH Urt. v. 5.11.2015 – VII ZR 43/15, BauR 2016, 499 = NJW 2016, 634).

19. Klage des Unternehmers auf Wertersatz nach Widerruf durch den Verbraucher

An das
Landgericht . . . . . [1]
Namens und mit Vollmacht
Der Klägerin . . . . .
– Klägerin –
erhebe ich

Klage

gegen
Herrn . . . . .
– Beklagten –
wegen Wertersatzes

Namens und in Vollmacht der Klägerin werde ich beantragen:
Der Beklagte wird verurteilt, an den Kläger EUR 45.000,00 nebst Zinsen in Höhe von 5 Prozentpunkten über dem Basiszinssatz seit dem 17.10.2018 zu zahlen.
Mit einer Entscheidung durch den Einzelrichter/die Einzelrichterin ist die Klägerin einverstanden.
Sollte das schriftliche Vorfahren angeordnet werden, wird für den Fall der Säumnis der Antrag auf Erlass eines Versäumnisurteils hiermit gestellt.

Begründung:

I.

Die Klägerin ist ein Bauunternehmen. Zur Erstellung eines von ihm selbst zu bewohnenden[2] Einfamilienhauses hat der Beklagte die Klägerin mit Generalunternehmerleistungen beauftragt. Nachdem die Klägerin Teilleistungen erbracht hat, wurde der Vertrag vom Beklagten widerrufen. Die Klägerin beansprucht mit der vorliegenden Klage Wertersatz für die bis zum Widerruf erbrachten Leistungen. Zu den Einzelheiten:

1. **Anfang März des Jahres . . . . .** [3] **meldete sich der Beklagte telefonisch bei der Beklagten und vereinbarte einen Besprechungstermin. Der Beklagte wollte mit der Beklagten einen Generalunternehmervertrag zur Errichtung seines von ihm zu bewohnenden Einfamilienhauses abschließen. Die Einzelheiten zur Erstellung eines Angebotes hierfür sollten Gegenstand der Besprechung sein.**
2. **Am . . . . . kam es dann zu der Besprechung. Der Beklagte teilte der Klägerin konkrete Einzelheiten zu dem Gebäude, das er sich vorstellte, mit. Grundlage waren Entwurfspläne, die der Beklagte zuvor bei einem Architekturbüro hat erstellen lassen. Ferner lag die Baugenehmigung bereits vor. Weitere bauliche Merkmale wurden in der Besprechung geklärt.**
3. **Die Klägerin fasste die Ergebnisse zusammen, erstellte eine Baubeschreibung und unterbreitete dem Beklagten ein schriftliches Angebot auf Einheitspreisbasis. Aufgrund von Nachverhandlungen einigten sich Klägerin und Beklagter darauf, dass auf alle**

Einheitspreise ein Abgebot von 3 % gewährt werden sollte. Auf dieser Grundlage wurde anschließend ein schriftlicher Vertrag abgeschlossen. Die VOB/B wurde in den Vertrag nicht einbezogen.

Beweis: Vorlage Vertrag, Anlage K1

4. **Anschließend begann die Klägerin mit den Ausführungsleistungen. Die Baugrube wurde ausgehoben, die Fundamente, Grundleitungen, die Bodenplatte sowie die Kellerwände wurden hergestellt. Der Keller wurde als „weiße Wanne" ausgebildet.**
5. **Nachdem es im August . . . . . . zu Differenzen zwischen der Klägerin und dem Beklagten über die Berechtigung von Abschlagszahlungsrechnungen, die die Klägerin erstellt hatte, gekommen war, widerrief[4] der Beklagte seine Erklärung zur Annahme des Angebots der Klägerin mit Schreiben vom . . . .**

   Beweis: Vorlage Widerrufsschreiben, Anlage K2
6. **Daraufhin rechnete die Klägerin die bis zum Widerruf erbrachten Leistungen unter Berücksichtigung erhaltener Abschlagszahlungen ab. Sie ermittelte den Wert der erbrachten Leistungen[5] anhand der Einheitspreise aus dem Angebot unter Berücksichtigung des vereinbarten Abgebots und erstellte auf der Grundlage der einschlägigen Positionen aus dem Angebot ein Abrechnungsschreiben, wobei sie die bis zum Widerruf ausgeführten Massen zugrunde legte.**

   Beweis: Vorlage Abrechnungsschreiben, Anlage K3

   Sowohl der Ansatz der Massen als auch die angesetzten Positionspreise sind zutreffend.

   Beweis: Sachverständigengutachten
7. **Die Klägerin übergab die Abrechnung dem Beklagten, forderte den Ausgleich des Schlussrechnungssaldos an und mahnte mit Schreiben vom . . . . . ., dem Beklagten am . . . . . . zugegangen, den Ausgleich des offenen Betrages an.**

II.

1. **Die Parteien haben einen Verbraucherbauvertrag nach § 650i BGB abgeschlossen. Der Beklagte ist Verbraucher und Gegenstand des Vertrages war die Herstellung eines Neubaus.**
2. **Die Klägerin hat versäumt, den Beklagten entsprechend der Vorgaben aus Artikel 249 § 3 EGBGB zu belehren.[6] Deshalb konnte der Beklagte im September noch wirksam eine Widerrufserklärung abgeben.**
3. **Die Folge des Widerrufs ist nach § 357d BGB, dass ein Rückabwicklungsverhältnis entstanden ist und der Beklagte Wertersatz zu leisten hat, da die Rückgewähr der bis zum Widerruf erbrachten (Bau-)Leistungen ihrer Natur nach ausgeschlossen ist. Nach § 357d S. 2 BGB ist bei der Wertermittlung die vereinbarte Vergütung zugrunde zu legen.[7]**
4. **Aufgrund der Mahnung der Klägerin befand sich der Beklagte mit Ablauf des . . . . . . in Verzug und schuldet deshalb ab diesem Tag Verzugszinsen.**

Rechtsanwalt

Anmerkungen

1. Ob bei einer Klage auf Wertersatz auch der Ort des Bauvorhabens eine örtliche Zuständigkeit begründet, wird noch zu klären sein. Bis dahin sollte eine Klage sicherheitshalber am allgemeinen Gerichtsstand des Bestellers erhoben werden. Zur Zuständigkeit der Baukammern vgl. → Form. II.C.1 Anm. 3.

2. Das Widerrufsrecht nach § 650l BGB steht dem Besteller nur bei einem Verbraucherbauvertrag zu. Ein Verbraucherbauvertrag liegt nur vor, wenn der Besteller ein Verbraucher und Vertragsgegenstand die Erstellung des gesamten Gebäudes ist.

3. Zeitlich anwendbar sind die Vorschriften zum Verbraucherbauvertrag für Verträge, die ab dem 1.1.2018 abgeschlossen werden.

4. Bei einem Verbraucherbauvertrag steht dem Besteller ein Widerrufsrecht nach § 650l iVm 355 BGB zu.

5. Mit Widerruf wandelt sich das Vertragsverhältnis in ein Rückabwicklungsverhältnis um. Die beiderseitig erhaltenen Leistungen sind zurück zu gewähren. Für bereits erbrachte Bauleistungen enthält § 357d BGB eine Sonderregelung. Danach soll der Verbraucher in diesem Fall Wertersatz schulden. Die Höhe bemisst sich an der vertraglich vereinbarten Vergütung. Dies gilt nur dann nicht, wenn die vereinbarte Vergütung unverhältnismäßig hoch ist. Nur in diesem Fall soll Wertersatz „auf der Grundlage des Marktwertes der erbrachten Leistungen" geschuldet sein. Problematisch sind die Aufwendungen, die der Unternehmer hatte, die aber nicht zu einem Wertzuwachs beim Verbraucher geführt haben, zB für die Baustelleneinrichtung (vgl. hierzu *Lenkeit* BauR 2017, 615 (623)). Insoweit besteht kein Wertersatzanspruch (*Lenkeit* BauR 2017, 615 (623)).

Darlegungs- und beweispflichtig dafür, dass die vereinbarte Vergütung unverhältnismäßig hoch ist, ist aufgrund der Formulierung im Gesetz mE der Verbraucher. Deshalb muss der Unternehmer hierzu in der Klageschrift auch noch nichts vortragen.

Da durch den Widerruf ein Rückabwicklungsverhältnis entsteht, stehen dem Besteller in diesem Fall bei mangelhafter Werkleistung keine Mängelrechte zu. Auf der anderen Seite muss er nach der vertraglichen Regelung Wertersatz in Höhe der vertraglich vereinbarten Vergütung leisten. Zwar sind etwaige Mängel bei der Ermittlung der Höhe des Wertersatzes zu berücksichtigen. Nach zutreffender Auffassung (*Lenkeit* BauR 2017, 624) ist nämlich bei einem Widerruf der objektive Wert der erbrachten Leistung für die Wertersatzberechnung maßgeblich und nicht die vereinbarte Vergütung. Das maßgebliche Argument ist hierbei, dass die Vergütung für die Erbringung einer mangelfreien Leistung vereinbart worden ist (*Lenkeit* BauR 2017, 615 (623)). Dennoch kann der Widerruf für den Verbraucher nachteilig sein, da ihm keine Ansprüche auf Erstattung der Mehrkosten bei Fertigstellung durch einen Drittunternehmer zustehen (*Pause/Vogel* NZBau 2015, 667 (669)).

6. Über das Widerrufsrecht muss der Unternehmer den Verbraucher belehren. Die Widerrufsfrist beträgt 14 Tage und beginnt erst mit entsprechender Belehrung in Textform (§ 356e BGB). Es erlischt aber mit Ablauf von 12 Monaten und 14 Tagen nach Abschluss des Vertrages (§ 356e S. 2 iVm 355 Abs. 2 S. 2 BGB).

7. Vgl. die Ausführungen in → Anm. 5

20. Negative Feststellungsklage des Verbrauchers gegen den Architekten nach Kündigung des Architektenvertrages (Sonderkündigungsrecht)

An das
Landgericht[1]

Klage

des . . . . .
– Klägers –

Prozessbevollmächtigter: . . . . .
gegen

den Herrn Dipl.-Ing. . . . .
– Beklagter –

wegen

negativer Feststellung

Vorläufiger Streitwert: 70.000 EUR.[2]

Namens und in Vollmacht des Klägers erhebe ich Klage und werde beantragen:

1. **Es wird festgestellt, dass dem Beklagten keine Honoraransprüche aufgrund des am . . . . .abgeschlossenen Architektenvertrages für das Bauvorhaben . . . . . zustehen.**
2. **Der Beklagte wird verurteilt, an den Kläger 2.085,95 EUR zu zahlen.**[3]

Mit einer Entscheidung durch den Einzelrichter/Einzelrichterin ist der Kläger einverstanden. Sollte das Gericht das schriftliche Vorverfahren anordnen, wird für den Fall der Säumnis beantragt, den Beklagten durch Versäumnisurteil zu verurteilen.

Begründung:

Die Parteien haben einen schriftlichen Architektenvertrag über die Erbringung der Grundleistungen aus den Leistungsphasen 1 bis einschl. 9 der Anlage 10 zur HOAI 2021 abgeschlossen.

Beweis: Vertrag vom . . . . ., Anlage 1

In dem Zeitpunkt, in dem der Architektenvertrag abgeschlossen worden ist, waren noch keine Einzelheiten über die Erstellung des Objekts bekannt. Der Kläger hatte aufgrund eines Todesfalls in der Verwandtschaft einen Betrag in Höhe von 250.000 EUR geerbt und spielte mit dem Gedanken, ein Einfamilienhaus für sich und seine Familie zu errichten. Einzelheiten hierzu waren allerdings noch nicht bekannt.

Der Beklagte begann mit der Architektentätigkeit. Es fanden verschiedene Besprechungen statt und es wurden Entwurfszeichnungen und auch bereits Pläne im Maßstab 1:100 vom Beklagten erstellt. Der Beklagte erstellte auch noch Bauantragsunterlagen, die allerdings nicht mehr eingereicht wurden. Durch Zufall hat der Kläger erfahren, dass ihm ein Sonderkündigungsrecht zusteht und er damit den Vertrag beenden kann.[4]

Über das Bestehen des Sonderkündigungsrechtes hatte der Beklagte den Kläger nicht informiert.[5] Die Kündigung erfolgte schriftlich mit Post mit Schreiben vom . . . . .[6] Nach Zugang der Kündigung erstellte der Beklagte eine Schlussrechnung, mit der er die Honorare für die Leistungen der Leistungsphasen 1 bis einschl. Teilen der Leistungsphase 4 als erbrachte Leistungen abrechnete. Zusätzliche rechnete er die weiteren Leistungen bis einschl. Leistungsphase 9 als nicht erbrachte Leistungen auf Grundlage des Basishonorar-

satzes nach HOAI ab und beanspruchte diese netto. Er verwies darauf, dass die Kündigung durch den Kläger eine freie Kündigung darstelle und er deshalb das vereinbarte Honorar nach § 648 S. 2 BGB beanspruchen könne.[7]

Beweis: Vorlage Schreiben vom . . . . ., Anlage 2

Der Kläger glich die Honorarforderung des Beklagten aus, soweit es um die erbrachten Leistungen der Leistungsphase 1 und der ersten drei Grundleistungen der Leistungsphase 2 ging.[8] Im Hinblick auf den Rest forderte der Kläger den Beklagten schriftlich auf, zu erklären, dass diese Honoraransprüche nicht mehr geltend gemacht werden und setzte eine Frist hierfür bis zum . . . . ..

Nachdem die Frist ablief, ohne dass eine entsprechende Erklärung abgegeben wurde, schaltete der Kläger den Unterzeichner ein, der den Beklagten ebenfalls noch einmal unter Fristsetzung aufforderte, eine entsprechende Erklärung abzugeben und dem Beklagten auch erläuterte, warum es sich im vorliegenden Fall nicht um eine freie Kündigung, sondern um die Wahrnehmung des Sonderkündigungsrechtes nach § 650r Abs. 1 BGB handelt. Aber auch innerhalb der nochmals gesetzten Frist zur Abgabe einer entsprechenden Erklärung reagierte der Beklagte nicht. Es war daher Klage geboten.

Durch die außergerichtliche Aufforderung zur Abgabe der oben beschriebenen Erklärung sind außergerichtliche Rechtsverfolgungskosten in Höhe einer 1,3 Geschäftsgebühr, 20,00 EUR Auslagenpauschale für die außergerichtliche Tätigkeit zuzüglich 19 % Umsatzsteuer angefallen. Der Kläger ist nicht vorsteuerabzugsberechtigt. Der Gesamtbetrag iRv EUR 2.085,95 wird mit dem Klageantrag Ziff. 2 als Schaden geltend gemacht.

Anmerkungen

1. Bei der negativen Feststellungsklage orientiert sich der Streitwert an der Höhe des Anspruchs, dessen sich der Beklagte berühmt. Es wird also kein Feststellungsabschlag wie bei der positiven Feststellungsklage vorgenommen (Zöller/*Herget* ZPO § 3 Rn. 16 „Feststellungsklagen". Im Hinblick auf die örtliche Zuständigkeit gilt bei negativen Feststellungsklagen, dass die Klage auch dort erhoben werden kann, wo der Kläger den vom Beklagten behaupteten Anspruch im Falle eines wirksamen Vertragsschlusses hätte erfüllen müssen (OLG München Beschl. v. 22.6.2017 – 34 AR 97/17, BeckRS 2017, 114163; MüKoZPO/*Patzina* § 29 Rn. 4. Danach könnte auch am Ort des Bauvorhabens geklagt werden. Beim Landgericht sind die Baukammern für Streitigkeiten aus Architekten- und Ingenieurverträgen funktional zuständig, § 72 GVG.

2. Vgl. zum Streitwert einer negativen Feststellungsklage Anm. 1. im vorliegenden Fall ermittelt sich der Streitwert anhand des Rest-Mindestsatzhonorars derjenigen Leistungen, die aufgrund der Kündigung nicht mehr zu erbringen sind.

3. Die unberechtigte Geltendmachung einer nicht bestehenden Forderung löst im Regelfall keinen Erstattungsanspruch aus im Hinblick auf die Kosten, die für die außergerichtliche Abwehr des Anspruchs aufzuwenden sind. Dies gilt jedenfalls in den Fällen, in denen eine vertragliche Beziehung zwischen den Parteien nicht besteht. Es fehlt in diesen Fällen regelmäßig an einer Anspruchsgrundlage. Im vorliegenden Fall liegt die Sache aber anders. Die Parteien haben einen Vertrag abgeschlossen, aus dem sich entsprechende Pflichten zur Nichtgeltendmachung nicht bestehender Ansprüche entnehmen lassen. Der BGH hat zu erkennen gegeben, dass in einem derartigen Fall Erstattungsansprüche möglich sind (BGH Urt. v. 12.12.2016 – VI 224/05 Rn. 11, NJW 2007, 1458).

4. Für Verträge, die ab dem 1.1.2018 abgeschlossen werden, sieht § 650r Abs. 1 BGB ein Sonderkündigungsrecht zugunsten des Bestellers vor. Dieses Sonderkündigungsrecht besteht nicht nur bei Verbraucherverträgen, sondern bei allen Arten von Architekten- und

Ingenieurverträgen. Das Kündigungsrecht kann ausgenutzt werden, sobald der Architekt die Kosteneinschätzung und die Planungsgrundlage nach § 650p Abs. 2 BGB übergeben hat, sofern die Voraussetzungen dieser Vorschrift vorliegen. Dies ist dann der Fall, wenn im Zeitpunkt des Vertragsabschlusses wesentliche Planungs- und Überwachungsziele noch nicht vereinbart sind. Genau das war im vorliegenden Fall gegeben. Die wesentlichen Planungs- und Überwachungsziele standen im Zeitpunkt des Vertragsabschlusses noch nicht fest. Nach § 650r Abs. 1 BGB kann der Besteller den Vertrag dann kündigen, wenn „Unterlagen gemäß § 650p Abs. 2" vorgelegt werden. Hierbei handelt es sich um die Planungsgrundlage und Kosteneinschätzung, die in § 650p Abs. 2 BGB angeführt sind. Das Kündigungsrecht erlischt zwei Wochen nach Vorlage der Unterlagen. Bei einem Verbraucher gelten jedoch Besonderheiten, vgl. die nachfolgende Anmerkung.

5. Das Kündigungsrecht erlischt im Regelfall zwei Wochen nach Vorlage der Unterlagen gemäß § 650p Abs. 2. BGB Bei einem Verbraucher gilt jedoch die Besonderheit, dass der Architekt/Ingenieur ihn bei der Vorlage der Unterlagen (Planungsgrundlage und Kosteneinschätzung) in Textform über das Kündigungsrecht, die Frist, in der es ausgeübt werden kann, und die Rechtsfolgen der Kündigung zu unterrichten hat, § 650r Abs. 1 S. 2 BGB. Im vorliegenden Fall ist eine Belehrung nicht erfolgt. Nach der herrschenden Meinung, die sich auf die Ausführungen in der Gesetzesbegründung stützen kann, besteht das Kündigungsrecht bei unterlassener Belehrung fort, auch wenn anschließend weitergehende Architektenleistungen – über das Erstellen der Planungsgrundlage und der Kosteneinschätzung hinaus – erbracht werden (vgl. Kniffka ibrOK Bauvertragsrecht/*Zahn* § 650r Rn. 11).

6. Auch für die Sonderkündigung aus § 650r BGB gilt aufgrund der Verweisung in § 650q BGB das Schriftformerfordernis aus § 650h BGB. Für ab dem 1.1.2018 abgeschlossene Architektenverträge gilt also, dass diese nur durch eine schriftliche Kündigung wirksam beendet werden können.

7. Hierin liegt das für das rechtliche Interesse in einer negativen Feststellungsklage erforderliche „Berühmen".

8. Nach § 650r Abs. 3 BGB ist der Anspruch des Architekten bei Wahrnehmung des Sonderkündigungsrechtes durch den Besteller auf die Vergütung für die erbrachten Leistungen beschränkt. Ein Vergütungsanspruch für nicht mehr zu erbringende Leistungen aufgrund der Kündigung scheidet daher im vorliegenden Fall aus. Aber auch die Vergütung für erbrachte Leistungen sind nicht vollständig berechtigt. Der Architekt/Ingenieur macht sich schadenersatzpflichtig, wenn er seine Pflicht zur rechtzeitigen Belehrung über das Kündigungsrecht schuldhaft verletzt. Der Schadenersatzanspruch ist in diesem Fall auf die Befreiung von der Verbindlichkeit (Honoraransprüche für erbrachte Leistungen) gerichtet (Kniffka BauR 2017, 1846, 1874; ibrOK BauVertrR/*Zahn* 650r Rn. 24). Honoraranteile für die Leistungen, die in der Zielfindungsphase zur erbringen sind, also insbesondere für die Erstellung der Planungsgrundlage und der Kosteneinschätzung stehen dem Architekten demgegenüber zu. Die Pflichtverletzung (Belehrung über das Kündigungsrecht) ist für das Entstehen dieser Honoraransprüche nicht kausal. Im vorliegenden Fall hat der Besteller daher die Honoraranteile für die Grundleistungen, die nach herrschender Meinung für die Erstellung der Planungsgrundlage und der Kosteneinschätzung zu erbringen sind, ausgeglichen.

21. Einstweilige Verfügung des Unternehmers auf Zahlung eines Abschlags bei Leistungsänderungsanordnung

An das
Landgericht[2, 3]

Antrag auf Erlass einer einstweiligen Verfügung[1]

der . . . . .
– Antragstellerin –

Verfahrensbevollmächtigter: . . . . .
gegen

den . . . . .
– Antragsgegnerin –

Vorläufiger Streitwert: . . . . . EUR.

Namens und in Vollmacht der Antragstellerin beantragt, eine einstweilige Verfügung mit folgendem Inhalt zu erlassen:

Die Antragsgegnerin wird verurteilt, an die Antragstellerin . . . . . EUR[4] nebst Zinsen in Höhe von 9 Prozentpunkten über dem Basiszinssatz hieraus seit dem . . . . . zu zahlen.

Begründung:

Die Antragstellerin ist ein Bauunternehmer, das Putzarbeiten und Arbeiten am Wärmedämmverbundsystem erbringt. Der Antragsgegnerin ist der Bauherr des Bauvorhabens . . . . .. Bei diesem Bauvorhaben sollte ein Umbau vorgenommen werden. Der Antragsgegnerin beauftragte die Antragstellerin mit der Erbringung der Außenputzarbeiten und der Herstellung eines Wärmedämmverbundsystems.

Glaubhaftmachung: Vorlage Einheitspreisvertrag nebst des Leistungsverzeichnisses

Die Planung stammte vom Antragsgegner. Sie sah vor, die vorhandenen Metallrahmen um die Fenster außen zu belassen und das Wärmedämmverbundsystem hieran lediglich anzuarbeiten.

Glaubhaftmachung: Vorlage Planunterlagen als Vertragsbestandteil

Die Antragstellerin begann mit der Ausführung der Arbeiten am Wärmedämmverbundsystem und meldete am . . . . . schriftlich Bedenken im Hinblick auf die vorgesehene Ausführung des Wärmedämmverbundsystems an den vorhandenen Metallrahmen um die Fenster im Bereich der Fensterleibungen an. Die Antragstellerin befürchtete, dass an dieser Stelle bei der vorgesehenen Ausführungsart Niederschlag in das Wärmedämmverbundsystem eindringen kann und zu Schäden im Wärmedämmverbundsystem führen wird.

Glaubhaftmachung: Vorlage schriftliche Bedenkenanmeldung vom . . . . .

Es fand ein Ortstermin mit dem Systemhersteller und dem Architekten der Antragsgegnerin statt. Auf Anraten des Systemherstellers schlug die Antragstellerin der Antragsgegnerin vor, den Metallrahmen um die Fenster zu demontieren, im Leibungsbereich eine zusätzliche Abdichtung aufzubringen und anschließend den Metallrahmen wieder zu montieren.

Glaubhaftmachung: Schriftlicher Vorschlag der Antragstellerin vom . . . . .

Die Antragsgegnerin forderte daraufhin die Antragstellerin auf, ein Angebot für die zusätzlichen Leistungen vorzulegen.[5]

Glaubhaftmachung: Vorlage Aufforderung zur Abgabe des Angebots vom . . . . .

Dieser Aufforderung kam die Antragstellerin nach und unterbreitete am . . . . . ein Angebot, das mit brutto . . . . . EUR endete.

Glaubhaftmachung: Vorlage Angebot vom . . . . .

Die Antragsgegnerin lehnte das Angebot ab[6] und ordnete am . . . . .[7] nachfolgend schriftlich[8] die Ausführung der Änderung an.

Glaubhaftmachung: Vorlage Schreiben der Antragsgegnerin vom . . . . .[9]

Die Antragstellerin kam der Aufforderung nach und führte die Änderung aus.

Glaubhaftmachung: Eidesstattliche Versicherung des Bauleiters . . . . . der Antragstellerin

Nach Abschluss der Arbeiten erstellte die Antragstellerin eine Abschlagszahlungsrechnung für die Änderungsleistungen und übergab diese der Antragsgegnerin. Die Abschlagszahlungsrechnung endet mit einem Betrag in Höhe von 80 % des Preises aus dem Angebot vom . . . . .[10] Die Antragstellerin forderte die Antragsgegnerin auf, den AZ-Betrag innerhalb der vertraglich vereinbarten Zahlungsfrist auszugleichen, was nicht geschah. Nach Fristablauf mahnte die Antragstellerin den Betrag noch einmal und verlangt deshalb auch ab Mahnung Verzugszinsen.

Für die bislang erbrachten Leistungen hat die Antragstellerin Abschlagszahlungen in Höhe von . . . . . EUR erhalten. Die erbrachten Leistungen entsprechen dem vertraglich vorgesehenen Leistungsstand aus dem Zahlungsplan, der Vertragsbestandteil wurde und rechtfertigen die beanspruchten und erhaltenen Abschlagszahlungen.[11]

Anmerkungen

1. In § 650d BGB ist ein Sonderfall einer einstweiligen Verfügung geregelt. Nach dieser Vorschrift muss der Verfügungsgrund bei Beantragung einer einstweiligen Verfügung nicht glaubhaft gemacht werden. Allerdings gilt dies nur für die in § 650d BGB genannten Fälle, nämlich bei Streitigkeiten über das Anordnungsrecht gemäß § 650b BGB oder die Vergütungsanpassung gemäß § 650c BGB. Ferner gilt die Sonderregelung nur nach Beginn der Bauausführung.

2. Die örtliche Zuständigkeit ergibt sich aus § 937 Abs. 1 ZPO. Zuständig ist das Gericht der Hauptsache und damit im Regelfall das Gericht am Ort des Bauvorhabens nach § 29 ZPO. Die Landgerichte sind nach § 71 Abs. 2 Nr. 5 GVG ausschließlich zuständig, da es im Kern um eine Streitigkeit aus § 650c BGB geht. Nach § 72a Nr. GVG sind die Baukammern zuständig.

3. Grundsätzlich kann die einstweilige Verfügung auch ohne mündliche Verhandlung ergehen, § 937 Abs. 2 ZPO. Voraussetzung hierfür ist allerdings eine erhöhte Dringlichkeit. Dies ist dann der Fall, wenn auch eine in Kürze anberaumte mündliche Verhandlung nicht abgewartet werden kann oder wenn die einstweilige Verfügung gerade wegen des Überraschungsmomentes beantragt wird (vgl. hierzu Zöller/*Vollkommer* ZPO § 937 Rn. 2). Im vorliegenden Fall und generell, wenn es um ein Zahlungsbegehren im Hinblick auf Abschlagszahlungen geht, wird die erhöhte Dringlichkeit im Regelfall nicht vorliegen.

4. Ausweislich der Gesetzesbegründung (BT-Drs. 18/8486, 58) soll eine einstweilige Verfügung auch im Hinblick auf die Zahlung einer AZ möglich und zugelassen sein. Der Anwendungsbereich der Leistungsverfügung wird also ausgedehnt. Der Gesetzgeber hat ausdrücklich den Ausgleich einer AZ als Gegenstand einer einstweiligen Verfügung angesehen. Ferner kann auch eine Sicherheit mittels der einstweiligen Verfügung beansprucht werden. Der Richter ist im einstweiligen Verfügungsverfahren weniger an die Anträge gebunden als in einem normalen Klageverfahren. Er kann daher auch im

Rahmen der Leistungsverfügung etwas anderes als beantragt oder eine Sicherheit anstelle einer beantragten Zahlung zusprechen. Im Hinblick auf die Vollstreckung ist zu beachten, dass eine Vollstreckungsklausel regelmäßig nicht erforderlich ist, § 929 Abs. 1 ZPO. Die Vollziehungsfrist von einem Monat aus § 929 Abs. 2 ZPO muss unbedingt beachtet werden.

5. § 650b Abs. 1 S. 2 BGB sieht eine Pflicht des Unternehmers vor, ein Angebot für eine Änderungsleistung zu unterbreiten. Eine Ausnahme ist nur für den Fall vorgesehen, dass es sich um eine „freiwillige" Änderung des Werkerfolges nach § 650b Abs. 1 S. 1 Nr. 1 BGB handelt. In diesem Fall kann der Unternehmer die Unzumutbarkeit einwenden und sich damit gegen die Vorlage eines Angebotes wenden. Im Falle einer technisch notwendigen Änderung bei gleichbleibenden Werkerfolg – wie hier – ist der Einwand der Unzumutbarkeit nicht möglich. Noch ungeklärt ist, welchen Inhalt das in § 650b Abs. 1 S. BGB vorgesehene Angebot haben muss. Die Auffassungen in der Literatur reichen von völliger Freiheit bei der Angebotsgestaltung bis hin zu einer inhaltlichen Orientierung/Bindung an die Vorgabe aus § 650c BGB (Einzelheiten zum Streitstand bei Kniffka, ibr-Onlinekommentar Bauvertragsrecht/*von Rintelen* § 650b Rn. 96 ff).

6. Wird das Angebot des Unternehmers vom Besteller angenommen, richtet sich der Vergütungsanspruch ausschließlich nach den Vereinbarungen der Parteien. Zukünftig wird in jedem Einzelfall zunächst zu überprüfen sein, ob ein vom Unternehmer unterbreitetes Angebot vom Besteller nicht (konkludent) angenommen wurde. Ferner wird in jedem Einzelfall zu untersuchen sein, ob sich die Parteien nicht zumindest dem Grunde nach über die Erbringung der Änderungsleistungen geeinigt haben. Auch in diesem Fall richtet sich der Vergütungsanspruch nicht direkt nach § 650c BGB. Vielmehr kommt dann die übliche Vergütung nach § 632 BGB zum Tragen. Es wird zu klären sein, ob (bzw. ab wann) die Berechnungsvorgabe aus § 650c BGB zur üblichen Vergütung führen wird.

7. § 650b Abs. 2 BGB sieht eine feste Frist von 30 Tagen nach Zugang des Änderungsbegehrens beim Unternehmer vor. Wird innerhalb dieses Zeitraumes keine Einigung erzielt, kann der Besteller die Änderung einseitig anordnen.

8. Die Anordnung des Bestellers muss nach § 650b Abs. 2 BGB zumindest in Textform erfolgen. Anordnungen können damit auch per E-Mail vorgenommen werden.

9. Bei einer einseitigen Anordnung nach § 650b Abs. 2 BGB nach Scheitern der Verhandlungen ist der Unternehmer zur Ausführung der Änderung verpflichtet. Auch insoweit gibt es nur eine einzige Ausnahme. Liegt ein Fall des § 650b Abs. 1 S. 1 Nr. 1 vor (freiwillige Änderung des Werkerfolges), kann der Unternehmer die Unzumutbarkeit der Ausführung der Änderung einwenden. Im vorliegenden Fall sind die Voraussetzungen hierfür nicht erfüllt.

10. § 650c Abs. 3 BGB sieht eine einfache Möglichkeit für den Unternehmer vor, die Höhe einer Abschlagszahlung für erbrachte Änderungsleistungen zu ermitteln. Nach der dortigen Regelung kann die Höhe der Abschlagszahlung anhand des Angebotes für die Änderungsleistung ermittelt werden. Angesetzt werden können 80 % des Angebotspreises. Hierbei handelt es sich allerdings nur um einen vorläufigen AZ-Anspruch. Bei der Schlussrechnung ist die Vergütung für Änderungsleistungen dann nach den Vorgaben aus § 650c BGB zu ermitteln. Hierbei ist der Mehrvergütungsanspruch entweder anhand der tatsächlichen Ist-Mehrkosten zuzüglich der in § 650c BGB vorgesehenen Zuschläge zu ermitteln oder anhand der Ansätze in einer vereinbarungsgemäß hinterlegten Urkalkulation. Überzahlungen sind verzinst an den Besteller zurückzugewähren.

11. Die Abschlagszahlung, auch diejenige nach § 650c Abs. 3 BGB, ist nur ein unselbständiger Rechnungsposten. Der Abschlagszahlungsanspruch setzt voraus, dass die sonstigen Leistungen vollständig und mangelfrei erbracht sind und keine Überzahlung vorliegt. Die bislang erhaltenen Abschlagszahlungen müssen durch die Leistungserbringung und anhand der vertraglichen AZ-Vereinbarungen oder anhand des § 632 BGB gerechtfertigt sein. Mit anderen Worten: Soweit eine Überzahlung vorliegt, kann nicht zusätzlich noch eine Abschlagszahlung für die Änderungsleistungen beansprucht werden. Es muss daher eine Zwischensaldierung vorgenommen werden (Retzlaff BauR 2017, 1816; ibrOK BauVertrR/*Jansen* § 650d Rn. 23).

D. Reiserecht

1. Geltendmachung von Reisemängeln

Schreiben vorab per Fax Nr. . . . .[1, 2]
An Firma RV-GmbH

Betr.: R gegen Firma RV-GmbH[3]
Buchungsnummer . . . . .

Sehr geehrte Damen und Herren,
ich zeige an und versichere, Herrn R . . . . . anwaltlich zu vertreten.[4]

Mein Mandant hat am 25.7.2018 für sich, seine Frau B. und seine fünfjährige Tochter A.[5] eine einwöchige Flugpauschalreise[6] nach Ibiza, Hotelanlage O., in der Zeit vom . . . . . bis . . . . . zum Preis von . . . . . EUR gebucht. Die Buchung erfolgte über das Internet[7] beim Online-Reisebüro RBO. Die Reise war mängelbehaftet.[8]

1. Der Abflug war für 12.35 Uhr festgesetzt. Familie R hat sich um 10.55 Uhr am Schalter der Fluggesellschaft eingefunden und am Ende einer sehr langen Menschenschlange angestellt. Als es mit der Abfertigung nicht zügig weiter voranging, hat sich mein Mandant nach einer Stunde am Informationsschalter erkundigt, wann das Flugzeug starte. Man hat ihm gesagt, der Abflug werde sich etwas verzögern. Als er mit seiner Familie um 12.20 Uhr am Schalter angekommen war, erklärte man ihm, das Flugzeug sei bereits abgefertigt. Weil die Fluggesellschaft für diesen Tag keine anderweitige Hinreisemöglichkeit angeboten hat und auch über das Online-Reisebüro kein Ersatzflug zu erhalten war, buchte Familie R bei der Fluggesellschaft C. einen zwei Stunden später startenden Flug, für den sie . . . . . EUR zahlen musste.[9]
2. Im Hotel konnte das zugesagte Zustellbett[10] für das Kind nicht zur Verfügung gestellt werden. Ferner war eine erhebliche Lärmbeeinträchtigung gegeben. Schlafen war nicht möglich, weil nur 150m entfernt eine stark befahrene Autobahn vorbeiführte. Auch nachts fuhren mehrere 100 Fahrzeuge pro Stunde über die Autobahn, tagsüber war starker Lkw-Verkehr.[11]
3. Das Hotelschwimmbecken konnte nicht genutzt werden. Der Chlorzusatz im Wasser war so stark, dass sich die Haare nach dem Schwimmen grün färbten.[12]
4. Obwohl im Prospekt unter „Sportmöglichkeiten" angekündigt war, dass auf der Tennisanlage ein Trainer zur Verfügung stand, war dies nicht der Fall. Gerade im Hinblick auf diese Ankündigung hatte mein Mandant diese Anlage ausgesucht.[13]

Die Mängel sind von meinem Mandanten am . . . . . gegenüber der örtlichen Reiseleitung, Frau L., beanstandet worden. Mein Mandant hat ihr gegenüber dabei auch zum Ausdruck gebracht, dass er sich Ersatzansprüche vorbehalte.[14]

Auf die der Reiseleiterin ausgehändigte Mängelliste nehme ich Bezug.[15] Abhilfe ist nicht geschaffen worden.[16]

Mein Mandant verlangt 40 % des gesamten Reisepreises sowie die zusätzlich entstandenen Flugkosten iHv . . . . . EUR erstattet. Eine Abtretungserklärung von Frau R liegt anbei.[17]

Den sich daraus ergebenden Gesamtbetrag iHv ..... EUR bitte ich bis zum ..... auf das Konto ..... zu überweisen. Anderenfalls werde ich danach[18] den Betrag[19] gerichtlich[20] einfordern.[21]

Rechtsanwalt[22, 23]

Schrifttum zum Pauschalreiserecht, Rechtslage/Buchungen ab 1.7.2018 (Allgemein): Bergmann, Das neue Reiserecht, 2018; *Führich*, Basiswissen Reiserecht, 4. Aufl. 2018; *Führich/Staudinger*, Reiserecht, 8. Aufl., 2019; *Führich*, Das neue Pauschalreiserecht, NJW 2017, 2945; *Förster*, Das neue Pauschalreiserecht in Studium und Examen, JA 2018, 561; *Paulus*, Das neue Pauschalreisevertragsrecht, Jus 2018, 647; *Ramming*, Die Haftung des Reiseveranstalters für Personen- und Gepäckschäden bei Schiffsbeförderungen, RdTW 2017, 321; *Staudinger*, Zur Umsetzung der neuen Pauschalreiserichtlinie – Landläufige Irrtümer beim Upgrade der Einzelleistung als deutsche Pauschalreise, DAR 2017, 127; *Staudinger/Ruks*, Das neue Pauschalreiserecht – Auswirkungen für Veranstalter und Vertrieb, RRa 2018, 2; *Staudinger/Aslan*, Pauschalreiserecht de lege lata und ferenda: Wie weit reicht die Obliegenheit des Reisenden, Mängel gegenüber dem Veranstalter anzuzeigen?, JR 2018, 217; *Verbizkaja/Staudinger*, Reichweite der Minderung bei Reisemängeln de lege lata und ferenda, jM 2017, 280; *Stamer*, Die wichtigsten Änderungen im neuen Pauschalreiserecht, DAR 2018, 351; *Tonner/Bergmann/Blankenburg (TBB)/Bearb*, Reiserecht, 2018; *Tonner*, Die neue Pauschalreiserichtlinie, EuZW 2016, 95; *Tonner*, Das neue Pauschalreiserecht, MDR 2018, 305; *Vogel*, Reform des Reiserechts: Neuregelungen ab dem 1.7.2018, ZAP 2018, 493

Schrifttum zum Pauschalreiserecht, Rechtslage/Buchungen bis 30.6.2018 (Allgemein): Führich, Reiserecht, 7. Aufl., 2015; StaudingerBGB/*Staudinger*, Buch 2, §§ 651a–m Neubearbeitung 2011; MüKoBGB/*Tonner*, 7. Aufl., 2017, §§ 651a BGB; *Tonner/Tamm (TT)* Verbraucherrecht, 2. Aufl., 2017

Schrifttum: BeckOGK/*Bearb*, BGB, Stand 1.5.2021; BeckOF-Prozess/*Sauer*, Reiserecht, 46. Edition, Stand 1.1.2021; *Berlin*, Schlichtungspotential am Beispiel Luftverkehr, RRa 2019, 50; *Führich/Staudinger*, Reiserecht, 8. Aufl., 2019; *Führich*, Basiswissen Reiserecht, 4. Aufl. 2018; *Führich*, Reiserecht, 7. Aufl., 2015; *Isermann*, Das neue Gesetz zur Schlichtung im Luftverkehr, RRa 2013, 158; MüKoBGB/*Tonner*, Bd. 5/2, §§ 651a ff., 8. Aufl., 2020; MüKoBGB/*Tonner*, Bd. 5/2, §§ 651a ff., 7. Aufl., 2017; *Paulus*, Das neue Pauschalreisevertragsrecht, Jus 2018, 647; *Ramming*, Die Haftung des Reiseveranstalters für Personen- und Gepäckschäden bei Schiffsbeförderungen, RdTW 2017, 321; *Rodegra*, Die Geschäftsgebühr als Nebenforderung im Reiseprozess, RRa 2012, 63; *Staudinger/Ruks*, Das neue Pauschalreiserecht – Auswirkungen für Veranstalter und Vertrieb, RRa 2018, 2; *Staudinger/Aslan*, Pauschalreiserecht de lege lata und ferenda: Wie weit reicht die Obliegenheit des Reisenden, Mängel gegenüber dem Veranstalter anzuzeigen?, JR 2018, 217; *Stenzel*, Die verbundenen Online-Buchungsverfahren nach § 651c BGB, Teil 1, AnwZert IT-Recht 6/2020, Anm. 3, Teil 2, AnwZert IT-Recht 23/2020, Anm. 3; *Stenzel*, Consumer Conciliation in the Travel Sector – the Conciliation Body for Public Transport (soep), IFTTA Law Review 2016, 2 = Beilage RRa 2/2016; *Verbizkaja/Staudinger*, Reichweite der Minderung bei Reisemängeln de lege lata und ferenda, jM 2017, 280; Tonner/Bergmann/Blankenburg (TBB)/*Bearb*, Reiserecht, 2018; *Tonner/Tamm/Brönneke (TTB)/Bearb* Verbraucherrecht, 3. Aufl., 2020; *Tonner*, Das neue Pauschalreiserecht, MDR 2018, 305; *Tonner*, Die neue Pauschalreiserichtlinie, EuZW 2016, 96; *Schmid/Hopperdietzel*, Rechtsfallen im Reiserecht: Der Abfindungstrick, NJW 2009, 652

Anmerkungen

1. § 651g Abs. 1 BGB aF sah für die Geltendmachung von Mängelansprüchen eine einmonatige Ausschlussfrist vor. Diese existiert für Reisen, die ab dem 1.7.2018 gebucht wurden, nicht mehr (Art. 229 § 42 EGBGB, für bis zum 30.6.2018 gebuchte Reisen, s. *Isermann* Vorauflage).

Die Pauschalreiserichtlinie RL 2015/2302/EU (ABl. 2015 L 326, 1), die vom deutschen Gesetzgeber mit dem Dritten Gesetz zur Änderung reiserechtlicher Vorschriften vom 17.7.2017 umgesetzt wurde (BGBl. 2017 I 2394), sieht lediglich die Verpflichtung vor, Beanstandungen vor Ort geltend zu machen. Dies entspricht der gem. § 651d Abs. 2 BGB aF erforderlichen **Mängelanzeige**, die in der neuen Gesetzesfassung in § 651o Abs. 1 BGB aufgenommen wurde. Da die Richtlinie die Vollharmonisierung vorschreibt, Art. 4 RL 2015/2302/EU, konnte eine weitere Anzeigepflicht, wie sie § 651g Abs. 1 BGB aF statuierte, nicht beibehalten werden. Die innerhalb eines Monats vorzunehmende Anspruchsanmeldung – und insoweit nach der Mängelanzeige vor Ort zweite Anzeigepflicht des Reisenden – führte in der Praxis oft zu Anspruchsausschlüssen, wenn sie nicht fristgemäß erfolgte. Die Streichung wird daher aus Verbraucherschutzsicht begrüßt (*Tonner* EuZW 2016, 95 (100); RegE BT-Drs. 18/10822, 79).

Wegen des Kostenrisikos im Falle eines sofortigen Anerkenntnisses, § 93 ZPO, empfiehlt sich vor Einleitung eines gerichtlichen Verfahrens dennoch die vorherige außergerichtliche Geltendmachung. Alternativ zum gerichtlichen Mahn- bzw. Klageverfahren besteht auch die Möglichkeit, ein **Schlichtungsverfahren** bei einer anerkannten Schlichtungsstelle (zB Allgemeine Verbraucherschlichtungsstelle am Zentrum für Schlichtung eV in Kehl, www.verbraucher-schlichter.de; söp_Schlichtungsstelle für den öffentlichen Personenverkehr in Berlin, www.soep-online.de) durchführen zu lassen (generell zur Schlichtung und alternativen Streitbeilegung: *TTB/Berlin* Verbraucherrecht § 24a). Hierfür ist regelmäßig Voraussetzung, dass sich der Kunde bzgl. seiner Ansprüche zuvor selbst an das (Reise-)Unternehmen gewandt hat (vgl. Verfahrensordnungen: Allgemeine Schlichtungsstelle § 2.1 b); söp_Schlichtungsstelle § 2 (2)).

2. Für die Art der – vorprozessualen – Geltendmachung ist keine **Form** vorgeschrieben. Wegen der Beweispflicht des Reisenden ist es jedoch zweckmäßig, etwaige Ansprüche schriftlich geltend zu machen, wobei sich ein Einschreiben mit Rückschein empfiehlt.

3. Anspruchsgegner bei Gewährleistungsansprüchen im Rahmen von Pauschalreisen ist grds. der Reiseveranstalter als Vertragspartner des Reisenden. Gemäß Art. 250 § 3 Nr. 2 EGBGB hat er vor Vertragsschluss Angaben zu seiner Firma bzw. seinen Namen, die Anschrift des Niederlassungsortes, Telefonnummer und ggf. E-Mail-Adresse zu erteilen sowie entsprechende Informationen ggf. auch bzgl. des Reisevermittlers zu liefern.

Insbesondere bei Problemen auf **Flugreisen** (Verspätung, Annullierung, Nichtbeförderung) kommen (auch) Ansprüche gegen das für den Flug vorgesehene ausführende Flugunternehmen nach der Fluggastrechte-Verordnung, VO (EG) Nr. 261/2004, in Betracht (hierzu TBB/*Blankenburg* ReiseR § 4). Diese sind grds. direkt an das ausführende Flugunternehmen zu richten (zur Anrechnung siehe → Anm. 9)

4. Für die vorprozessuale, außergerichtliche Geltendmachung bedarf es grds. nicht der Einschaltung eines Rechtsanwalts (so zur früheren Rechtslage bzgl. § 651g aF: AG Köln BeckRS 2016, 12347; AG München RRa 2015, 14). Auch bei Einleitung eines Schlichtungsverfahrens (→ Anm. 1) ist keine anwaltliche Vertretung erforderlich. Im Falle der Erhebung einer Klage kommt es darauf an, ob die Amtsgerichte (Streitwert bis 5.000 EUR) oder Landgerichte (Streitwert ab 5.000 EUR) sachlich zuständig sind, §§ 23 Nr. 1, 71 Abs. 1 GVG. Bei den Landgerichten besteht Anwaltszwang.

5. Der Begriff „**Reisender**" in § 651a Abs. 1 BGB entspricht dem der früheren Rechtslage. Der Reisende idS ist Vertragspartner des Reiseveranstalters, muss aber nicht notwendig derjenige sein, der die Reise tatsächlich antritt und die Leistungen in Anspruch nimmt (RegE BT-Drs. 18/10822, 67). Er kann die Pauschalreise auch für andere Teilnehmer buchen. Dabei ist neben der Frage, wer Vertragspartner ist, auch von Bedeutung, welche Ansprüche dieser geltend machen kann.

Bei der Buchung für **mehrere Reiseteilnehmer** kam es bisher insbesondere darauf an, ob nur ein Reisevertrag zwischen dem Reiseveranstalter und dem Buchenden geschlossen wurde, der für alle Personen der Gruppe einstehen möchte und insoweit als Reisender iSd § 651a BGB alleiniger Vertragspartner wird – oder aber mehrere Einzelreiseverträge vorliegen, wobei jedes Mitglied der Gruppe als Reisender iSd § 651a BGB zu behandeln ist und jeweils einen eigenen Vertrag mit dem Reiseveranstalter geschlossen hat. Hiervon hängt ab, ob für die Anspruchserhebung ggf. eine Abtretung bzw. Vollmacht (Stellvertretung, §§ 164 ff BGB) erforderlich ist. Die insoweit entwickelten rechtlichen Konstellationen gelten auch weiterhin (RegE BT-Drs. 18/10822, 65).

Im Wesentlichen zu unterscheiden sind **Familienreisen** und (sonstige) Gruppenreisen. Bucht ein Familienangehöriger für sich und seine Familie eine Reise und war das familiäre **Näheverhältnis** für den Reiseveranstalter erkennbar, so wird der Buchende alleiniger Vertragspartner des Veranstalters (AG Düsseldorf NJW-RR 1999, 567; OLG Hamburg RRa 1996, 132; LG Frankfurt a.M. RRa 1996, 51; OLG Düsseldorf NJW-RR 1991, 1202). Nach hM ist dann von einem Vertrag zugunsten Dritter iSd § 328 BGB auszugehen. Die anderen Familienmitglieder (Dritte) sind bloße Reiseteilnehmer, denen jedoch ein eigenes Erfüllungsrecht zusteht. Sie müssen sich aber Einwendungen des Veranstalters entgegenhalten lassen, § 334 BGB. Der Buchende (Versprechensempfänger), der Vertragspartner geworden ist, kann in diesen Fällen im eigenen Namen die reiserechtlichen Ansprüche für alle Mitreisenden geltend machen und ggf. einklagen. Eine Abtretung ist nicht erforderlich (BGH NJW 2010, 2950 (2951 Rn. 14)).

Ob diese Befugnis auch **Schadensersatzansprüche** und insbesondere den immateriellen Schadensersatz wegen vertaner Urlaubszeit (§ 651n Abs. 2 BGB; § 651f Abs. 2 aF BGB) umfasst, ist streitig (verneinend etwa MüKoBGB/*Tonner* § 651a Rn. 75 mwN; § 651n Rn. 54 f.). In der Vergangenheit ist die hM davon ausgegangen, dass es sich hierbei um einen höchstpersönlichen Anspruch handelt, der nur vom jeweiligen Familienangehörigen selbst geltend gemacht werden kann (vgl. etwa OLG Düsseldorf RRa 2003, 211). Der BGH hat jedoch mittlerweile die Höchstpersönlichkeit in Zweifel gezogen und geht insgesamt davon aus, dass das Forderungsrecht des Buchenden (Versprechensempfänger) nach § 335 BGB nicht nur Primärleistungen umfasst, sondern grundsätzlich auch Sekundäransprüche (BGH NJW 2010, 2950 (2951 Rn. 15)). Vor diesem Hintergrund erscheint es konsequent, dass auch Schadensersatzansprüche von dem Familienmitglied, das die Reise gebucht hat, für alle Mitreisenden ohne Abtretung erhoben werden können. Insoweit hat es jedoch Zahlung an den/diese zu verlangen (LG Frankfurt a.M. NJ 2017, 294; LG Frankfurt a.M. RRa 2011, 176; *Führich/Staudinger* ReiseR § 5 Rn. 42). sa → Form. II.D.4 Anm. 20.

Indiz für ein familiäres Näheverhältnis ist insbesondere die **Namensgleichheit.** Probleme können in der Praxis entstehen, wenn Familienangehörige unterschiedliche Namen tragen, oder wenn Partner aus einer nicht-ehelichen Lebensgemeinschaft oder Partnerschaft gemeinsam eine Reise buchen. Bei Reisen von Nichtverheirateten kommt es auf die näheren Umstände an (LG Düsseldorf RRa 2010, 22; 2004, 14; LG Frankfurt a.M. RRa 2007, 25; LG Hannover NJW-RR 2002, 701 = RRa 2002, 122; AG Hamburg NJW-RR 2002, 702; AG Bad Homburg NJW-RR 2003, 347). Bei einer Reisebuchung unter verschiedenen Namen wird iÜ darauf abzustellen sein, ob Umstände darauf hindeuten, dass der Buchende als Vertreter einer weiteren Person handelt (LG Düsseldorf BeckRS 2016, 15875, Vorinstanz zu BGH NJW-RR 2017, 756; BGH NJW 2015, 853 Rn. 9; BGH NJW 2012, 3368

(3370 Rn. 26 f.); AG Düsseldorf BeckRS 2021, 21238 (Rn. 13 ff.); AG Köln NJW-RR 2004, 18; AG Neuwied RRa 2004, 20; LG Stuttgart NJW-RR 1993, 1018).

Ob **§ 1357 BGB** Anwendung findet, ist umstritten (LG Hamburg NJW 2002, 1055; OLG Köln NJW-RR 1991, 1092; OLG Düsseldorf NJW-RR 1990, 186; BeckOGK BGB/*Erbarth* § 1357 Rn. 81; *Führich* ReiseR (7. Aufl.) § 5 Rn. 77 mwN; aA, jedenfalls bei normaler Urlaubsreise: LG Dortmund NJW-RR 2009, 1286 (1288); Führich/*Staudinger* ReiseR § 5 Rn 42).

Bei **Gruppenreisen**, ohne erkennbares besonderes Näheverhältnis, wird nicht nur der Buchende, sondern jedes mitreisende Gruppenmitglied Vertragspartner des Veranstalters (BGH NJW 2015, 853; OLG Frankfurt a. M. NJW-RR 2004, 1285 = RRa 2005, 23 mit Unterscheidung für Familienangehörige des Buchenden). Die die Reise für die Gruppe buchende Person handelt insoweit als Stellvertreter, §§ 164 BGB ff. (vgl. BGH NJW 2015, 853 Rn. 9; BGH NJW 2012, 3368 (3370 Rn. 26 f.)). Jedes Gruppenmitglied ist daher für seine eigenen Rechtsansprüche klagebefugt. Infolgedessen kann der Buchende Minderungs- und Schadenersatzansprüche nur für sich geltend machen. Hinsichtlich der Ansprüche der Mitreisenden bedarf es einer Abtretung (OLG Köln RRa 2009, 18). (sa unten unter → Form. II.D.4 Anm. 20).

6. Als **Pauschalreise** bezeichnet das Gesetz in § 651a Abs. 2 S. 1 BGB eine Gesamtheit von mindestens zwei verschiedenen Arten von Reiseleistungen für den Zweck derselben Reise. Dabei werden Reiseleistungen in § 651a Abs. 3 S. 1 BGB definiert als:

- Nr. 1: Personenbeförderung,
- Nr. 2: Beherbergung, außer zu Wohnzwecken (zB im Rahmen von Langzeit-Sprachkursen, Erwgr. 17 RL 2015/2302/EU),
- Nr. 3: Vermietung von Fahrzeugen sowie
- Nr. 4: touristische Leistungen, die nicht Reiseleistung im Sinne der Nr. 1 bis Nr. 3 sind.

Zudem ist erforderlich, dass diese jeweils eigenständig und nicht wesensmäßig Bestandteil einer anderen Reiseleistung sind, § 651a Abs. 3 S. 2 BGB.

Wird zB eine Beherbergung iSd Nr. 2 mit einer Beförderung nach Nr. 1 gebucht, etwa wie hier sieben Tage Hotelunterkunft mit Flug zum Zielort und zurück, liegt daher eine Pauschalreise vor (zur Abgrenzung zum Hotelbeherbergungsvertrag TBB/*Stenzel* ReiseR § 6 Rn. 6 ff). Eine solche ist bspw. auch gegeben, wenn entweder ein Flug (Nr. 1) oder eine Hotelunterkunft (Nr. 2) mit einem Mietwagen (Nr. 3) kombiniert wird.

Werden allerdings, zB für eine Rundreise, lediglich mehrere Hotelunterkünfte (Nr. 2) für unterschiedliche Orte und/oder Tage gebucht, kommt mangels Verschiedenheit der Reiseleistungen keine Pauschalreise zustande (*Tonner* MDR 2018, 305 (306)). Ebenfalls keine Pauschalreise ist gegeben bei der Kombination zB eines Flugs (Nr. 1) oder einer Hotelunterkunft (Nr. 2) mit einer **Reiserücktrittsversicherung**, da zu den Reiseleistungen iSd § 651a BGB keine Finanzdienstleistungen gehören (RegE BT-Drs. 18/10822, 67). Hingegen wird eine Kreuzfahrt wegen der enthaltenen verschiedenen Leistungen (Unterbringung, Beförderung, ua) regelmäßig als Pauschalreise eingestuft (BGH NJW 2013, 1674 (1675) mAnm *Tonner* NJW 2013, 1675; AG Bremen Urt. v. 3.4.2020 – 8 C 43/20; Für eine Luxusflugreise mit Übernachtung gilt dies jedoch nicht (OLG Frankfurt RRa 2020, 57 (59) mAnm *Steinrötter* RRa 2020, 59).

Als **eigenständige touristische Leistungen**, die nicht wesensmäßig Bestandteil einer anderen Leistung sind, werden zB angesehen: Eintrittskarten für Konzerte, Sportveranstaltungen, Ausflüge oder Themenparks, Führungen, Skipässe und die Vermietung von Sportausrüstung oder Wellnessbehandlungen (RegE BT-Drs. 18/10822, 67). Im Gegensatz dazu handelt es sich nicht um eigenständige Reiseleistungen bei kleineren Beförderungsleistungen (zB Transfer zwischen Hotel und Flughafen), den typischen Hotelzusatzleistungen (zB Mahlzeiten, Zimmerreinigung) oder auch dem inbegriffenen Zugang zu hoteleigenen Einrichtungen (zB Schwimmbad, Sauna, Wellnessbereich, Fitnessraum). Bei Buchung einer solche Leistung zusammen mit nur einer der Reiseleistungen nach Nr. 1, 2 oder 3 liegt daher keine Pauschalreise vor (vgl. RegE BT-Drs. 18/10822, 67; Erwgr. 17 RL 2015/2302).

Werden eigenständige touristische Leistungen iSd Nr. 4 zusammen mit einer Reiseleistung der Nr. 1, 2 oder 3 angeboten bzw. kombiniert, ist aber noch nicht notwendig eine Pauschalreise gegeben. § 651a Abs. 4 Nr. 1 BGB fordert, dass diese einen erheblichen Anteil des Gesamtwerts der Zusammenstellung ausmachen müssen und ein wesentliches Merkmal darstellen (1. Alt.) oder als solches beworben werden (2. Alt.) Keinen erheblichen Anteil am Gesamtwert der Reise nehmen touristische Leistungen ein, wenn auf sie weniger als **25 % des Gesamtwertes** entfallen, § 651a Abs. 4 S. 2 BGB (vgl. Erwgr. 18 RL 2015/2302). Werden derartige (Zusatz-)leistungen zB von einem Hotel angeboten, ist für das Vorliegen einer Pauschalreise maßgeblich, ob die 25 %-Grenze überschritten wurde oder nicht (zur Berechnung s. TBB/*Bergmann* ReiseR § 2 Rn. 87 f.)

Zudem müssen die touristischen Leistungen **vor Beginn** der Erbringung der Reiseleistung iSd. Nr. 1 bis 3 ausgewählt und vereinbart werden, § 651a Abs. 4 Nr. 2 BGB, dh zB bei einer Unterbringung vor Ankunft des Gastes im Hotel. Bucht dieser etwa einen Ausflug erst nach seiner Ankunft vor Ort, kommt keine Pauschalreise zustande (Erwgr. 18 RL 2015/2302; anders ggf., wenn der Vertragsschluss künstlich verzögert wird, um die Pauschalreiseregelungen zu umgehen, § 651y S. 2 BGB).

Durch den Gesetzgeber ausdrücklich klargestellt wurde zudem, dass eine Pauschalreise auch gegeben ist, wenn der Kunde einzelne Reiseleistungen selbst zusammenstellt bzw. diese nach seinen Wünschen zusammengestellt werden, § 651a Abs. 2 S. 1 Nr. 1 BGB (sog. **Dynamic Packaging, Bausteinreise**; so schon EuGH EuZW 2002, 402 – Club Tour mAnm *Tonner*; BGH-MDR 2015, 450). Bedeutung gewinnt dies insbesondere bei Buchungen im Internet über Online-Plattformen. Eine Pauschalreise liegt ebenfalls vor, wenn der Reisende beim Veranstalter zunächst eine Reise bucht, die konkreten Reiseleistungen jedoch erst zu einem späteren Zeitpunkt auswählt, § 651a Abs. 2 S. 1 Nr. 2 BGB (sog. **Reise-Geschenkbox**).

§ 651a Abs. 5 BGB schließt die Anwendung der Regelungen über Pauschalreiseverträge für bestimmte Verträge aus. Diese gelten danach nicht für nur **gelegentlich** angebotene Reisen ohne Gewinnerzielungsabsicht und gegenüber einem begrenzten Personenkreis (Nr. 1), zB bei einer von einem Unternehmer selbst organisierten Betriebsreise pro Jahr (RegE BT-Drs. 18/10822, 68), **Tagesreisen** unter 500 EUR (Nr. 2) sowie Verträge, die auf Grundlage eines **Rahmenvertrages** für die Organisation von Geschäftsreisen mit einem Reisenden (Unternehmer) für dessen unternehmerische Zwecke geschlossen werden. In diesen Fällen kommen, auch wenn die Reisen selbst die Voraussetzung einer Pauschalreise erfüllen, §§ 651a ff. BGB nicht zur Anwendung, sondern die allgemeinen zivilrechtlichen Regelungen.

Bei der Buchung einer einzelnen Reiseleistung, wie der Beherbergung, gelten die Regelungen des Pauschalreiserechts ebenfalls nicht. Eine Sonderstellung nahm insoweit bisher die Mietung einer **Ferienwohnung** oder eines **Ferienhauses** ein (s. Isermann, Vorauflage). Nach ständiger höchstrichterlicher Rechtsprechung waren die Regelungen zum Pauschalreisevertrag analog anwendbar, wenn ein Reisender die Ferienwohnung oder das Ferienhaus von einem Reiseveranstalter und nicht direkt vom Vermieter gebucht hatte (BGH NJW 1995, 2629 (2630); BGH NJW 1992, 3158 (3159 f.); BGH NJW 1985, 906; BGH NJW 1974, 37 (38 f.)). Diese Rechtsprechung hat der Gesetzgeber bewusst nicht übernommen, obwohl er die Möglichkeit hierzu hatte (RegE BT-Drs. 18/10822, 64; Erwgr. 21 RL 2015/2302; sa Führich/*Staudinger* § 47 Rn. 123). Eine analoge Anwendung ist somit ausgeschlossen, da es sich um keine planwidrige Regelungslücke handelt (*Tonner* MDR 2018, 305 (307); *Führich* NJW 2017, 2945 (2946)). In diesen Konstellationen gilt nunmehr insbesondere Mietvertragsrecht (*Staudinger/Ruks* RRa 2018, 2 (4)).

7. Werden Reiseleistungen über das **Internet** gebucht, etwa über eine Online-Plattform, direkt auf den Webseiten der Leistungserbringer, zB Luftfahrtunternehmen, Hotels etc, oder sonstigen Internet-Reiseanbietern, kann dies ebenfalls zu einer Pauschalreise führen, wenn mehrere Reiseleistungen kombiniert werden. Dies ist, wie vorliegend, unproblematisch der Fall, bei Reiseleistungen, die traditionell bereits zusammen als vorgefertigtes Paket verkauft werden oder beim Dynamic Packaging (→ Anm. 6).

Ansonsten sind bei Internetbuchungen insbesondere die Regelungen des § 651c BGB über verbundene Online-Buchungsverfahren, die **Click-Through-Buchungen**, zu beachten (hierzu TBB/*Tonner/Stenzel* ReiseR § 3 Rn. 45, 132 ff.; *Stenzel* AnwZert IT-Recht 6/2020, Anm. 3, Teil 2, AnwZert IT-Recht 23/2020, Anm. 3). Bei diesen werden die Reisenden über Links von einem Reiseunternehmer zum nächsten weitergeleitet. Als Hauptfall, aber nicht ausschließlich, werden verlinkte Webseiten für den elektronischen Geschäftsverkehr mehrerer Unternehmer erfasst (RegE BT-Drs. 18/10822, 70). In der Praxis häufig sind zB Flugbuchungen, bei denen das Luftbeförderungsunternehmen mittels Link auf die Möglichkeit der Buchung eines Hotels verweist (Erwg. 13 RL 2015/2302 (EU); *Führich* NJW 2017, 2945 (2947)). In Betracht kommen aber auch andere Kombinationen von Reiseleistungen, zB eine Verlinkung auf einer Hotelwebsite zur Seite eines Fahrzeugvermieters, bei dem zusätzlich zur Unterkunft ein Mietwagen gebucht werden kann (TBB/*Stenzel/Tonner* ReiseR § 3 Rn. 48; TBB/*Stenzel* ReiseR § 6 Rn. 18). Die tatsächliche Relevanz des § 651c BGB steht jedoch in Frage, da sich dessen Anwendung wegen der eng gefassten Vor. leicht vermeiden lässt (*Stenzel* AnwZert IT-Recht 6/2020, Anm. 3, Teil 2, AnwZert IT-Recht 23/2020, Anm. 3 mwN).

Hinsichtlich der Vermittlung von Reiseleistungen findet sich eine vergleichbare Regelung in § 651w Abs. 1 S. 1 Nr. 2 BGB, die jedoch nicht auf Online-Buchungen beschränkt ist (TBB/*Stenzel/Tonner* ReiseR § 3 Rn. 122 ff., 132 ff.).

8. Die Reise mangelfrei zu erbringen gehört zur primären Erfüllungspflicht des Veranstalters, § 651i Abs. 1 BGB. Wann ein Reisemangel vorliegt, definiert § 651i Abs. 2 BGB. Wegen der Vielzahl möglicher Reisemängel und der dazu ergangenen Rspr., insb. zur Abgrenzung zwischen unbeachtlichen Reisebeeinträchtigungen und wirklichem Reisemangel, s. mwN zB TBB/*Bergmann* ReiseR § 2 Rn. 357 ff.; krit. *Führich/Staudinger* ReiseR § 17 Rn. 12; MüKoBGB/*Tonner* § 651i Rn. 16 ff. Eine Übersicht über die Ansprüche des Reisenden, die bei einer mangelhaften Pauschalreise in Betracht kommen, bietet § 651i Abs. 3 BGB. Dies sind: Nr. 1 – Abhilfe (§ 651k Abs. 1 BGB); Nr. 2 – Aufwendungsersatz bei Selbstabhilfe (§ 651k Abs. 2 BGB); Nr. 3 – Ersatzleistung (§ 651k Abs. 3 BGB); Nr. 4 – Kostentragung bei Beherbergung (§ 651k Abs. 4, 5 BGB); Nr. 5 – Kündigung (§ 651l BGB); Nr. 6 – Minderung (§ 651m BGB); Nr. 7 – Schadensersatz (§ 651n BGB) bzw. Aufwendungsersatz (§ 284 BGB).

9. Fallgestaltung nach AG München NJW-RR 2001, 1064.

Für falsche Angaben des Reiseleiters zum Zeitpunkt der Rückreise haftet der Reiseveranstalter über § 278 BGB selbst dann, wenn die Flugbeförderung nicht Teil der Pauschalreise war (LG Frankfurt a. M. RRa 2015, 119).

Neben Ansprüchen aus dem Pauschalreisevertrag können bei Flugreisen gesetzliche Ansprüche aus der Fluggastrechte-VO (EG) Nr. 261/2004 in Betracht kommen (→ Anm. 3). Es besteht Anspruchskonkurrenz (RegE BT-Drs. 18/10822, 86).

Zu beachten ist, dass im Falle einer Zahlung ggf. eine **Anrechnung** zu erfolgen hat, was nunmehr ausdrücklich in § 651p Abs. 3 BGB geregelt ist (RegE BT-Drs. 18/10822, 86; TBB/*Bergmann* ReiseR § 2 Rn. 454 ff.; zur Anrechnung Art. 12 Abs. 1 VO (EG) Nr. 261/2004 und bisherigen Rechtslage s. BGH NJW 2015, 553 = RRa 2015, 17). Es handelt sich um eine Einwendung, die vom Gericht zu beachten ist, ohne dass diese erhoben werden muss (TBB/*Blankenburg* ReiseR § 4 Rn. 66; aA *Wahl* RRa 2013, 262 (268: Einrede)). Ermessen seitens des Gerichts existiert nicht (TBB/*Blankenburg* ReiseR § 4

Rn. 66 mit Verweis auf BGH RRa 2013, 233 (234); aA LG Köln RRA 2014, 34 (38); AG Duisburg RRa 2014, 252 (253); vgl. auch AG Bremen BeckRS 2020, 5101 (Rn. 41 ff): Keine Anrechnung bei Rückzahlung des Gesamtreisepreises infolge einer Kündigung des Reisevertrages, § 651i Abs. 3 Nr. 5 BGB iVm § 651l BGB

Die Anrechnungspflicht gilt über die Fluggastrechte-VO hinaus für weitere EU-Verordnungen im Fahrgast- bzw. Passagiersektor (vgl. 651p Abs. 3 Nr. 1 – 5 BGB).

Soweit Ansprüche aus der Fluggastrechte-VO geltend gemacht werden, kommt als Alternative zum Gerichtsverfahren die Möglichkeit der Schlichtung bei der söp_Schlichtungsstelle für den öffentlichen Personenverkehr bzw. bei der Schlichtungsstelle Luftverkehr beim Bundesamt für Justiz (BfJ) in Betracht. Rechtsgrundlage sind die §§ 57–57c LuftVG (zur Schlichtung im Luftverkehr s. *Berlin* RRa 2019, 50; ferner *Isermann* RRa 2013, 158; *Stenzel* IFTTA Law Rev. 2016, 2; → Anm. 1). Die Durchführung von Schlichtungsverfahren bei der söp ist ebenfalls in den Bereichen Bahn, Bus, Schiff und seit 2019 auch Reisen möglich (zu den Fahrgast-/Passagierrechten s. TTB/*Meier* Verbraucherrecht § 18b und insb. im Eisenbahn- und Busverkehr TBB/*Schmidt* ReiseR § 5).

10. AG Kleve NJW-RR 2002, 562.

11. LG Düsseldorf NJW-RR 2002, 269.

12. AG Bad Homburg NJW 1999, 56.

13. Auch das neue Pauschalreiserecht legt dem Reiseveranstalter umfangreiche **Informationspflichten** auf und erweitert diese zudem, § 651d iVm Art. 250 §§ 1 – 3 EGBGB. Zu unterscheiden ist im Wesentlichen zwischen vorvertraglichen Informationspflichten, Art. 250 § 3 EGBGB, bei Vertragsschluss mitzuteilenden vertraglichen Informationen, Art. 250 § 6 Abs. 2 EGBG, und Pflichtangaben, die vor Reisebeginn mitzuteilen sind, Art. 250 § 7 EGBGB. Neu ist dabei die Ergänzung durch standardisierte **Formblätter**, die vom jeweils Verpflichteten genutzt werden müssen. Für Reiseveranstalter bzw. bei Pauschalreisen iSd § 651a BGB relevant ist das Formblatt der Anlage 11 zu Art. 250 § 2 Abs. 1 EGBGB, das ua auch eine Unterrichtung des Reisenden über seine Rechte enthält. Es gehört zu den vorvertraglichen Informationspflichten und muss dem Reisenden spätestens vor Beginn der Buchung zur Verfügung stehen, Art. 250 § 1 Abs. 1 S. 1 EGBGB (*Tonner* MDR 2018, 305 (306): ausreichend nach einem Beratungsgespräch; zum Zeitpunkt der vorvertraglichen Unterrichtung eingehend: TBB/*Bergmann* ReiseR § 2 Rn. 138 ff.).

Die **vorvertraglichen** Informationspflichten im Übrigen entsprechen im Wesentlichen den bisherigen Prospektpflichtangaben (§ 4 BGB InfoVO). Allerdings sind einige Informationen, die nach früherer Rechtslage erst in der Reisebestätigung bzw. vertraglich mitzuteilen waren, nun bereits vor Vertragsschluss zu liefern. Sie sind dem Reisenden klar, verständlich und in hervorgehobener Weise – und insbesondere leserlich, wenn schriftlich – mitzuteilen. Gleiches gilt für etwaige Änderungen, Art. 250 § 1 EGBGB (sa Art. 250 § 2 Abs. 3 EGBG bei telefonischen Buchungen).

Anders als bisher kommt es bei den vorvertraglichen Informationen nicht darauf an, ob der Reiseveranstalter zur Vermarktung der Reisen ein Prospekt verwendet oder die Angebote Online einstellt. Sie existieren unabhängig vom **Medium** (kritisch TBB/*Bergmann* ReiseR § 2 Rn. 152). Wird die Reise über einen **Reisevermittler** angeboten, können die Informationen entweder durch den Veranstalter oder den Vermittler erteilt werden, § 651d Abs. 1 BGB. Beide sind zwar verpflichtet, der Reisende muss diese jedoch nicht doppelt erhalten (RegE BT-Drs. 18/10822, 71).

Vorbehaltlich einer anderen Vereinbarung werden die vorvertraglichen Informationen der Art. 250 § 3 Nr. 1 (wesentliche Eigenschaften der Reiseleistungen), Nr. 3 (Reisepreis), Nr. 4 (Zahlungsmodalitäten), Nr. 5 (Mindestteilnehmerzahl) und Nr. 7 (Rücktrittsrecht vor Reisebeginn) EGBGB **Vertragsinhalt**, § 651d Abs. 3 S. 1 BGB.

14. Wichtig ist die **Mängelanzeige** vor Ort, die § 651o BGB regelt und insoweit § 651d Abs. 2 BGB aF aufgreift (RegE BT-Drs. 18/10822, 85). Ohne diese ist der Reisende grundsätzlich nicht berechtigt, die in § 651m BGB bestimmten Rechte im Falle einer Minderung geltend zu machen oder Schadensersatz, § 651n BGB, bzw. Aufwendungsersatz, § 284 BGB, zu verlangen (RegE BT-Drs. 18/10822, 85). Sie soll dem Reiseveranstalter ermöglichen, den Reisemangel ggf. festzustellen und Abhilfe gem. § 651k BGB zu leisten (RegE BT-Drs. 18/10822, 79).

Entgegen der zu § 651d Abs. 2 BGB aF vertretenen Ansicht, nach der die Mängelanzeige eine formelle Entstehungs- bzw. Anspruchsvoraussetzung der Minderung darstellte (str., BGH NJW 1985, 132 (133); MüKoBGB/*Tonner* (7. Aufl.) § 651d Rn. 7), soll es sich bei § 651o Abs. 2 BGB (unterlassene Anzeige) – insoweit eindeutig – um eine rechtsvernichtende Einwendung handeln (BeckOGK/*Kramer* § 651o Rn. 12 ff., 25).

Die Mängelanzeige wird als eine Obliegenheit des Reisenden eingestuft (BGH NJW 2016, 3304, 3305; BeckOGK/*Kramer* BGB § 651o Rn. 7).

Der Reisende ist zur unverzüglichen Anzeige verpflichtet, dh ohne schuldhaftes Zögern im Sinne des § 121 BGB. Eine Anzeige erst am oder nach Urlaubsende genügt daher nicht (LG Kleve NJW-RR 1997, 1207 (1208)). Sie muss grundsätzlich sofort erfolgen, nachdem der Mangel entdeckt bzw. aufgetreten ist. Dabei hat der Reisende den Mangel konkret zu bezeichnen und vom Reiseveranstalter entsprechende Abhilfe zu verlangen (TBB/*Bergmann* ReiseR § 2 Rn. 317; Bsp. *Führich*/Staudinger ReiseR Anh. I, Musterbrief 7). Eine anonyme Mängelanzeige etwa per E-Mail, bei der die Namensangabe des Reisenden fehlt, reicht nicht aus (vgl. AG Düsseldorf RRa 2004, 177 mAnm *Degott*).

Die Mängelanzeige kann direkt gegenüber dem **Reiseveranstalter** oder gegenüber der örtlichen **Reiseleitung** bzw. einer anderen, hierfür benannten Stelle erfolgen. Die Kontaktdaten hat der Veranstalter dem Reisenden im Rahmen seiner Informationspflichten in der Vertragsabschrift oder Vertragsbestätigung mitzuteilen, Art. 250 § 6 Abs. 2 Nr. 4 b) BGB.

Ausreichend ist auch eine Anzeige gegenüber dem **Reisevermittler**, § 651v Abs. 4 S. 1 BGB. Dieser ist hinsichtlich aller in Betracht kommenden Informationen des Reisenden (Nachrichten, Ersuchen, Beschwerden) bezüglich der Erbringung der Reiseleistungen, die Mängelanzeige eingeschlossen, empfangsberechtigt. Der dortige Zugang wahrt daher die (unverzügliche) Anzeigefrist gegenüber dem Veranstalter (RegE BT-Drs. 18/10822, 94; Art. 15 Abs. 2 RL 2015/2302 (EU)). Der Vermittler hat den Veranstalter, ebenfalls unverzüglich, über die Anzeige zu informieren, § 651v Abs. 4 S. 2 BGB (sa § 86 Abs. 2 HGB).

Die Anzeigepflicht entfällt nach der Rechtsprechung des BGH zur früheren Rechtslage nicht, wenn dem Reiseveranstalter die Mängel bereits **bekannt** waren (BGH NJW 2016, 3304); TBB/*Bergmann* ReiseR § 2 Rn. 318). Die Entscheidung wird vielfach kritisiert und insbesondere auch bezweifelt, ob sie auf die neuen Regelungen übertragbar ist (Führich/*Staudinger* § 18 Rn. 2; *Staudinger/Aslan* JR 2018, 217 (220 ff.); *Staudinger/Verbizkaja* jM 2017, 280 (283); BeckOGK/*Kramer* § 651o Rn. 99; sa MüKoBGB/*Tonner* § 651o Rn. 8) Ein iRd § 651l BGB erforderliches Abhilfeverlangen, das von einer Mängelanzeige jedoch zu trennen ist, bei Kenntnis des Reiseveranstalters vom Mangel verneinend: AG Bremen Urt. v. 3.4.2020 – 8 C 43/20).

Die Anzeigepflicht dürfte, wie nach früherer Rechtslage, ebenfalls nicht entfallen, weil aufgrund eines erhöhten Reklamationsaufkommens bei der Reiseleitung eine Wartezeit von mehreren Stunden besteht (AG Hamburg NJW-RR 2002, 1060) oder wegen etwaiger Sprachschwierigkeiten des Reisenden (AG Düsseldorf NJW-RR 2007, 1069). Dies schon, da dem Reisenden zur Entgegennahme der Anzeige nunmehr, wie ausgeführt, ggf. auch der Reisevermittler, bei dem die Reise gebucht wurde, zur Verfügung steht.

Die Mängelanzeige ist jedoch entbehrlich, wenn **objektiv keine Abhilfe** geleistet werden kann (sa § 651k Abs. 1 Nr. 1 BGB). Hinsichtlich des Bestehens der Anzeigepflicht bzw. deren Verletzung kommt es darauf an, ob der Veranstalter infolge der unterlassenen Rüge (kausal) keine Abhilfe schaffen konnte und nicht etwa aus anderen Gründen, wie zB

Unmöglichkeit (*Staudinger/Ruks* RRa 2018, 2 (9); *Staudinger/Aslan* JR 2018, 217 (221); TBB/*Bergmann* ReiseR § 2 Rn. 319 Fn. 273; *Paulus* Jus 2018, 647 (652)).

Entbehrlichkeit ist dabei auch gegeben, wenn der Mangel zwar hätte beseitigt werden können, die erfolgreiche Abhilfe jedoch den Schaden nicht vermieden hätte (BGH NJW 1985, 132 (133); BeckOGK/*Kramer* § 651o Rn. 97 zu § 651n BGB).

Bei einer fehlenden Mängelanzeige verliert der Reisende seine Rechte nach § 651m BGB und § 651n BGB nicht, wenn er diese **unverschuldet** unterlassen hat. Dies kann etwa der Fall sein, wenn er infolge des Mangels eine schwere Körperverletzung erleidet (*Staudinger/Ruks* RRa 2018, 2 (9); *Ramming* RdTW 2017, 321 (339)). Unverschuldet unterlassen hat der Reisende eine etwaige Anzeigepflicht auch, wenn der Reiseveranstalter nicht, wie in Art. 250 § 6 Abs. 2, 5 EGBGB gefordert, auf diese Obliegenheit hingewiesen hat (TBB/*Bergmann* ReiseR § 2 Rn. 320; BGH NJW-RR 2017, 756; BGH NJW 2007, 2549 zu § 6 Abs. 2 Nr. 7 BGB-InfoV). In diesen Fällen wird widerlegbar vermutet, dass der Reisende seine Pflicht nicht kannte.

15. Der Reisende hat nachzuweisen, wann, wo und wem gegenüber er welchen Mangel gerügt hat (TBB/*Bergmann* ReiseR § 2 Rn. 317; LG Frankfurt a. M. RRa 2007, 69; sa LG Kleve NJW-RR 1997, 1207). Entsprechend empfiehlt es sich, die Mängelanzeige schriftlich vorzunehmen und die Mängel aufzulisten. Bei einer unterlassenen Mängelanzeige trifft ihn die Beweislast für das fehlende Verschulden (TBB/*Bergmann* ReiseR § 2 Rn. 321; vgl. zur differenzierenden Lösung bei der Frage der Darlegungs- und Beweislast zu § 651d Abs. 2 BGB aF MüKoBGB/*Tonner* § 651o Rn. 13; *Führich* ReiseR (7. Aufl.) § 8 Rn. 39).

Zur Darlegungs- und Beweislast bzgl. der Mängelanzeige nach § 651o Abs. 2 BGB bei Bejahung einer rechtsvernichtenden Einwendung (→ Anm. 14): Der Reiseveranstalter hat die den Anspruchsausschluss begründenden Tatsachen – unterlassene Anzeige, ursächliche Abhilfevereitelung, Negativbeweis – zu beweisen (AG Hannover RRa 2020, 86 (88), daher: sekundäre Darlegungslast des Reisenden dahingehend, wann und wem gegenüber er welchen Mangel angezeigt haben will; sodann Widerlegung (hauptbeweislich) durch den Reiseveranstalter (BeckOGK/*Kramer* BGB § 651o Rn. 141).

16. → Anm. 14.

17. Vorsorglich, Abtretung wegen der geltend gemachten Schadensersatzansprüche → Anm. 5.

18. Statt der außergerichtlichen Geltendmachung von Ansprüchen direkt gegenüber dem Veranstalter kann der Reisende nicht gehindert werden, seine Ansprüche gleich durch Mahnbescheid oder Klage zu verfolgen, allerdings mit dem prozessualen Kostenrisiko des § 93 ZPO bei sofortigem Anerkenntnis. Zur Möglichkeit eines Schlichtungsverfahrens → Anm. 1.

19. Die Geltendmachung entfällt, wenn durch Einlösung eines mit einem Vergleichsvorschlag übersandten **Schecks** ein Vergleichsvertrag zustande kommt (LG Frankfurt a. M. RRa 2009, 175; AG Duisburg BeckRS 2015, 9984; AG Hamburg RRa 2010, 270; AG Duisburg RRa 2004, 176; sa BGH NJW 1990, 1656). Gleiches kommt in Betracht, wenn der Scheck zwar nicht eingelöst, aber nicht unverzüglich zurückgewiesen wird (LG Köln BeckRS 2017, 125261; BeckRS 2009, 87203; AG Köln BeckRS 2018, 46006). Gleichwohl ist der Reisende nicht gehindert, den Scheck zu nutzen und den ggf. verbleibenden Rest-Teilbetrag einzuklagen (BeckOF-P/*Sauer*, 17.1.5, Anm. 18). Reagiert daher der Reiseveranstalter auf das Schreiben mit einem Vergleichsangebot und der Übersendung eines Schecks, der dem geltend gemachten Betrag nicht entspricht, sollte ihm umgehend mitgeteilt werden, dass mit der Einlösung kein Vergleich zustande kommt und die darüberhinausgehenden Ansprüche weiterverfolgt werden. (Hinsichtlich der

Problematik von Abfindungsangeboten der Reiseveranstalter zB in Form überreichter Schecks *Schmid/Hopperdietzel* NJW 2009, 652 mwN).

20. → Anm. 18.

21. Da vorliegend der Anwalt für den Fall der Nichtzahlung Klage androht, muss er einen Klageauftrag seitens des Mandanten haben. Alternativ: Der Anwalt schreibt, dass er sich für den Fall der Nichtzahlung vom Mandanten mit der Klageerhebung beauftragen lassen werde. Dann liegt offensichtlich noch kein Klageauftrag vor, sondern nur ein Auftrag zur außergerichtlichen Regulierung der Angelegenheit. Das hat kostenmäßige Auswirkungen (→ Anm. 22).

Kosten und Gebühren

22. Liegt ein **unbedingter Klageauftrag** vor, entstehen anwaltliche Gebühren nach VV 3100, 3101 RVG iHv 0,8 der vollen Gebühr nach dem voraussichtlichen Wert der Forderung (Verfahrensgebühr, s. BGH NJW 2011, 1603 (1604 Rn. 11); LG Düsseldorf, RRa 2020, 112 (114)).

Liegt jedoch (zunächst) nur der Auftrag zur **außergerichtlichen Regulierung** vor mit der Folge, dass für den Fall der Zahlung durch die Gegenseite die Angelegenheit erledigt ist, fällt eine Geschäftsgebühr nach VV 2300 RVG iHv 0,5–2,5 der vollen Gebühr nach dem Wert der Forderung an (s. BGH NJW 2011, 1603 (1604 Rn. 11); LG Düsseldorf, RRa 2020, 112 (114)) Eine Gebühr von mehr als 1,3 der vollen Gebühr kann allerdings nur gefordert werden, wenn die Tätigkeit umfangreich oder schwierig war. Das AG München (RRa 2013, 119 (120)) hält die reguläre 1,3 Gebühr bei Tätigkeiten durchschnittlichen Umfangs und durchschnittlicher Schwierigkeit für angemessen. Die Anrechnung von Geschäftsgebühren für die nachfolgende gerichtliche Tätigkeit ist in § 15a RVG geregelt (s. dazu *Fölsch* in NJW-Editorial Heft 23/2009).

Neben den Gebühren hat der Anwalt Anspruch auf Erstattung seiner Auslagen und Zahlung der auf Gebühren und Auslagen anfallenden Umsatzsteuer. Gem. VV 7002 RVG kann er nach seiner Wahl an Stelle der tatsächlich entstandenen Kosten einen Pauschalsatz für seine Auslagen für Post- und Telekommunikationsdienstleistungen fordern, der 20 % der Gebühren beträgt, höchstens jedoch einen Betrag iHv 20 EUR.

Zu beachten ist, dass für die Erstattungsfähigkeit vorgerichtlicher Rechtsverfolgungskosten die vorgerichtliche Einschaltung eines Anwalts im Rahmen eines bedingten Klageauftrags erforderlich iSd § 249 BGB gewesen sein muss. Dies setzt voraus, dass die Inanspruchnahme anwaltlicher Hilfe ihrerseits **erforderlich und zweckmäßig** gewesen ist (LG Rostock BeckRS 2020, 31985 (Rn. 39); AG Hannover RRa 2020, 281 (284); AG Frankfurt BeckRS 2020, 28268 (Rn. 16)).

Hat der Reiseveranstalter bereits im Vorfeld gegenüber dem Reisenden die Ansprüche (auch teilweise) eindeutig und zweifelsfrei abgelehnt, ist die Erforderlichkeit regelmäßig nicht gegeben (s. LG Rostock BeckRS 2020, 31985 (Rn. 39); AG Hannover RRa 2020, 281 (284): Erstattung nur Anzahlung; AG Hannover NJW-RR 2021, 563 (564) Rn. 16: Übersendung Reisegutschein; sa LG Düsseldorf RRa 2020, 112 (113 f.) bzgl. Ansprüche aus der FluggastrechteVO bei Geltendmachung durch spezialisierte Legal-Tech-Rechtsdienstleister, wenn bekannt, dass Schadensregulierung grundsätzlich verweigert wird; sa BGH NJW 2018, 1251 (1253) Rn. 34)). In solchen Fällen wäre daher von vornherein ein unbedingter Klageauftrag zu erteilen (AG Hannover NJW-RR 2021, 563 (564) Rn. 15).

Dass vom Reisenden zunächst nur ein Auftrag zu einer außergerichtlichen Klärung bzw. ein bedingter Prozessauftrag erteilt wurde, ist in der ggf. später zu erhebenden Klage substantiiert darzulegen (LG Rostock BeckRS 2020, 19203 Rn. 44 ff.).

(Zur Erstattungsfähigkeit vorgerichtlicher Kosten nach außergerichtlicher Tätigkeit eines Rechtsanwalts s. *Rodegra* RRa 2012, 63 mit weiteren Hinweisen; zu § 651m BGB zB AG München, RRa 2019, 163 (164), Ablehnung der Nebenforderungen mangels Vortrags dazu, dass der Reisende herausgefordert war, sofort einen Anwalt einzuschalten; zu § 651g BGB aF s. AG München RRa 2015, 14; aber auch LG Frankfurt a. M. RRa 2011, 279; OLG Dresden RRa 2014, 214 (215 f.)). Zur Geltendmachung vorgerichtlicher Anwaltskosten für die Ehefrau des Klägers s. LG Frankfurt a. M. RRa 2015, 119 (121)).

Fristen und Rechtsmittel

23. Die bisherige Monatsfrist des § 651g Abs. 1 BGB aF für die Anspruchsanmeldung ist ersatzlos weggefallen. → Anm. 1

Die reiserechtlichen Gewährleistungsansprüche (§ 651i Abs. 3 Nr. 1 – 7 BGB) verjähren gemäß § 651j BGB in zwei Jahren. Dies gilt auch für den Anspruch auf Ersatz vergeblicher Aufwendungen, § 284 BGB (RegE BT-Drs. 18/10822, 79). Die Frist beginnt mit dem Tag, an dem die Reise vertragsgemäß enden sollte. Eine Verkürzung der Verjährungsfrist auf ein Jahr, wie es bisher möglich war, scheidet wegen der mit der Pauschalreise-Richtlinie bewirkten Vollharmonisierung aus (*Tonner* EuZW 2016, 95 (100); *Tonner* MDR 2018, 306 (309); *Führich* NJW 2017, 2945 (2949)). Zudem stellt § 651y BGB klar, dass von den Regelungen der §§ 651a ff. BGB nicht zum Nachteil der Reisenden abgewichen werden darf (vgl. a. *Staudinger/Ruks* RRa 2018, 2 (9 f.)). Im Übrigen ergeben sich zur Verjährung keine Änderungen zur früheren Rechtslage (RegE BT-Drs. 18/10822, 79).

2. Klage gegen das Reisebüro

An das
Amtsgericht . . . . .[1]
In Sachen
des R . . . . .
– Klägers –
Prozessbevollmächtigter: . . . . .
gegen
das Reisebüro Firma RB[2]. . . . .
– Beklagte –
wegen Schadensersatzes aus Vermittlungsvertrag[3]
erhebe ich Klage und beantrage:

1. Die Beklagte wird verurteilt, an den Kläger 1.700 EUR nebst (Zinsen)[4] seit dem . . . . . zu zahlen.

2. . . . . .

Streitwert: . . . . .[1]

Begründung

Der Kläger buchte bei dem beklagten Reisebüro Firma RB . . . . . am . . . . . eine Last-Minute-Reise[5] nach Bali für die Zeit vom . . . . . bis . . . . . zum Preis von 3.000 EUR. Bei Buchung dieser Reise wurde seitens der Reisebüroangestellten A. nicht darauf hingewiesen,[6, 7] dass zur Einreise auf Bali ein Reisepass benötigt wird, der noch mindestens sechs

Monate gültig ist.[8] Da die Ehefrau des Klägers ihren Pass erst noch verlängern lassen musste, die Reise aber noch am selben Tag beginnen sollte, konnte der Flug nicht mit der gebuchten Maschine erfolgen. Die Verlängerung nahm einen Tag in Anspruch. Der Kläger und seine Frau reisten deshalb erst einen Tag später mit einer Linienmaschine zum Urlaubsort. Dieser Sachverhalt ist zwischen den Parteien unstreitig.

Die durch die Verspätung entstandenen Mehrkosten werden mit der Klage geltend gemacht. Dabei handelt es sich um die Kosten der beiden Einwegtickets für den Flug mit der Linienmaschine iHv 1.000 EUR

Beweis: Kopie der Tickets neben der im Original überreichten Rechnung (Anlagen K 1 u. 2),

sowie die Kosten für die notwendig gewordene Fahrt zur Passbehörde am Wohnort und zurück zum Flughafen (insgesamt 200 km) iHv 100 EUR.

Darüber hinaus entsprach die Unterkunft nicht den Angaben, die die Angestellte A. zum Leistungsangebot des Hotels gemacht hat.[9] Der Kläger und seine Frau hatten sich ausdrücklich nach dem Aktivitätenprogramm (Yoga, Tai Chi und Aerobic-Studio) erkundigt und von der Angestellten A. die Auskunft bekommen, dass dies dort angeboten werde, wie sich aus dem Katalog eines anderen Reiseveranstalters für das Hotel ergebe. Tatsächlich hat es ein solches Angebot vor Ort nicht gegeben, was gegenüber der örtlichen Reiseleitung reklamiert wurde.[10]

Beweis: Zeugnis des Reiseleiter L .....

Der Kläger verlangt wegen dieses Mangels im Wege des Schadensersatzes 20 % des Reisepreises erstattet.[11] Das sind 600 EUR.

Die Beklagte verneint mit Schreiben vom ..... ihre Einstandspflicht.[12] Deshalb ist Klage geboten.[13]

Rechtsanwalt[14, 15]

Schrifttum: Bergmann, Das neue Reiserecht, 2018; BeckOK BGB/*Bearb*. §§ 651a ff, 57. Edition, Stand 1.2.2021; BeckOGK/*Bearb* BGB, §§ 651a ff, Stand 1.5.2021; *Fricke/Ruks*, Das verbundene Online-Buchungsverfahren im neuen Pauschalreiserecht – § 651c BGB auf dem Prüfstand, jM 2019, 178; *Führich/Staudinger*, Reiserecht, 8. Aufl., 2019; *Führich*, Basiswissen Reiserecht, 4. Aufl., 2018; *Führich*, Reiserecht, 7. Aufl., 2015; Geimer/Schütze/*Bearb*., Internationaler Rechtsverkehr in Zivil- und Handelssachen, 61. EL., Januar 2021; *Meier*, Die Abgrenzung von Reisevermittlern und Reiseveranstaltern im neuen Pauschalreiserecht, RRa 2019, 150; *Meier*, Die Vorgaben für Reisevermittler im neuen Reiserecht, RRa 2020, 102; MüKoBGB/*Tonner*, Bd. 5/2, §§ 651a ff.; 8. Aufl. 2020; *Staudinger/Ruks*, Das neue Pauschalreiserecht – Auswirkungen für Veranstalter und Vertrieb, RRa 2018, 2; *Stenzel*, Die Haftung von Reiseunternehmern für Buchungsfehler gemäß § 651x BGB, Teil 1, AnwZert IT-Recht 11/2019, Anm. 2; Teil 2, AnwZert IT-Recht 14/2019, Anm. 3; *Stenzel*, Die verbundenen Online-Buchungsverfahren nach § 651c BGB, Teil 1, AnwZert IT-Recht 6/2020, Anm. 3, Teil 2, AnwZert IT-Recht 23/2020, Anm. 3; *Thöle*, Das Gesetz zur Umsetzung der EU-Pauschalreiserichtlinie – Ein „Bürokratiemonster" erblickt das Licht der Welt, RRa 2017, 165; Tonner/Bergmann/Blankenburg (TBB)/*Bearb*, Reiserecht, 2018; *Vogel*, Reform des Reisevertragsrechts: Neuregelung ab dem 1.7.2018, ZAP 2018, 493.

Anmerkungen

1. Zuständig für Ansprüche wegen Verletzungen der vertraglichen Beziehung zwischen Reisebüro und Kunden (Reisevermittlungsvertrag, hM Geschäftsbesorgungsvertrag,

→ Anm. 3) ist grds. das Gericht am **Sitz des Reisebüros,** §§ 13, 17 ZPO (*Führich* ReiseR, 7. Aufl., § 28 Rn. 46; zum Gerichtsstand bei Zahlungsklagen für eine Hotelbuchung durch ein Reisebüro BGH RRa 2007, 131: Sitz des Reisebüros, wenn es im eigenen Namen für seine Kunden Beherbergungsverträge abschließt, sa TBB/*Stenzel* ReiseR § 6 Rn. 97).

Bei Verträgen mit **Auslandsbezug** (zB bei Buchung einer Reise über eine Website eines Reisebüros mit Sitz in einem anderen EU-Mitgliedstaat) ist zur Bestimmung des **Gerichtsstands** die VO (EG) 1215/2012 (ABl. 2012 L 351, 1; Brüssel Ia VO, EuGVVO) zu beachten (hierzu TBB/*Tonner* § 9 Rn. 1 ff). Unionsrechtlich werden Reisevermittlungsverträge als Dienstleistungsverträge qualifiziert (TBB/*Tonner* § 9 Rn. 33; Führich/*Staudinger* ReiseR § 4 Rn. 21). Die Brüssel Ia VO enthält in Art. 17 – 19 spezielle Zuständigkeitsregelungen für **Verbrauchersachen**, die die internationale, aber auch die örtliche Zuständigkeit betreffen. Gegenüber den allgemeinen Regelungen der Art. 4 ff. Brüssel Ia VO sind diese für den Verbraucher günstiger, der zwischen mehreren Gerichtsständen wählen kann, vgl. Art. 18 Brüssel Ia VO. Unter den Voraussetzungen des Art. 17 Abs. 1 lit c Brüssel Ia VO können die speziellen Zuständigkeiten bei Reisevermittlungsverträgen Anwendung finden (vgl. auch EuGH NJW 2014, 530 (Rn. 24) – Maletic – dort unstreitig bzgl. des Reisevermittlers; Geimer/Schütze/*Paulus* IntRechtsverkehr, VO (EG) 1215/ 2012, Art. 17 Rn. 48, 51; Führich/*Staudinger* ReiseR § 4 Rn. 21).

Diese gelten auch dann, wenn ein Verbraucher eine Pauschalreise eines Reiseveranstalters, der seinen Sitz im selben Mitgliedstaat wie dieser hat, über eine Website eines Reisebüros mit Sitz in einem anderen Mitgliedstaat bucht und bezahlt. Veranstalter und Vermittler können zusammen am Wohnsitz des Verbrauchers verklagt werden (EuGH NJW 2014, 530 – Maletic = RRa 2014, 13 zu Art. 15, 16 Brüssel I VO/EuGVVO aF). Der EuGH hat insoweit einen einheitlichen Vorgang bejaht, bei dem das Vertragsverhältnis des Verbrauchers mit dem Reiseveranstalter untrennbar mit seinem Vertragsverhältnis zum Online-Reisebüros verbunden ist, da es über dieses begründet wurde (EuGH NJW 2014, 530 (531) Rn. 29 – Maletic = RRa 2014, 26).

Das **anwendbare Recht** richtet sich bei grenzüberschreitenden Verträgen für Ansprüche aus Vertrag nach der VO (EG) Nr. 593/2008 (ABl. 2008 L 177, 6; Rom I-VO) und aus Delikt nach der VO (EG) Nr. 864/2007 (ABl. 2007 L 199, 40; Rom II-VO sofern einschlägig). Reisevermittlungsverträge können dabei unter Art. 6 Rom I-VO fallen, der **Verbraucherverträge** regelt. Sie werden in diesem Rahmen autonom als Dienstleistungsverträge eingeordnet (Führich/*Staudinger* ReiseR § 4 Rn. 31). Liegen die Voraussetzungen des Art. 6 Abs. 1 lit. a („ausübt", grds. für stationäre Reisebüros) oder Art. 6 Abs. 1 lit. b („ausrichtet", grds. für Online-Reisebüros, s. Führich/*Staudinger* ReiseR § 4 Rn. 31) nicht vor, gelten Art. 3 (Rechtswahl) oder Art. 4 (bei fehlender Rechtswahl), Art. 6 Abs. 3 Rom I-VO.

Streitwert: Höhe der Hauptforderung.

2. Bucht ein Kunde Reiseleistungen über ein Reisebüro, stellt sich die Frage nach der rechtlichen Einordnung. Wesentlich und letztlich einer der Kernpunkte des Reisevertragsrechts ist dabei die **Abgrenzung** zwischen Reiseveranstaltung und Reisevermittlung. Das Pauschalreiserecht (→ Form. II.D.1) definiert den Reisevermittler in § 651v Abs. 1 S. 1 BGB als Unternehmer, der einem Reisenden einen Pauschalreisevertrag vermittelt. Um die Pflichten und Haftung zu vermeiden, die das Gesetz Veranstaltern von Pauschalreisen iSd § 651a BGB auferlegt, wird ein Reisebüro stets daran interessiert sein, als Vermittler zu gelten. In der Praxis werden zur Klarstellung häufig sog. **Vermittlerklauseln** verwendet. Diese stehen einer Qualifizierung als Reiseveranstalter jedoch nicht notwendig entgegen.

§ 651b Abs. 1 S. 2 Nr. 1 bis 3 BGB erfasst Situationen, in denen es einem Reiseanbieter verwehrt ist, sich auf eine Vermittlung zu berufen. Er knüpft dabei an § 651a Abs. 2 BGB aF an, wobei das Merkmal „in eigener Verantwortung" nicht übernommen wurde. Der insoweit umgesetzte Art. 3 Nr. 2 Abs. 2 lit. b RL 2015/2302/EU stellt auf **objektive Kriterien** ab, womit auch die Voraussetzungen des § 651b BGB objektiv vorliegen müssen (RegE BT-Drs. 18/10822, 68; TBB/*Stenzel/Tonner* ReiseR § 3 Rn. 14; *Bergmann* ReiseR Rn. 55; *Staudinger/Ruks* RRa 2018, 2, 4; *Meier* RRa 2019, 150). Auf eine subjektive Einschätzung, etwa auf die Sicht des Buchenden, kommt es nicht an (zur früheren Rechtslage: § 651a Abs. 2 BGB aF; BGH NJW 2011, 599; LG Frankfurt RRa 2016, 227).

§ 651b Abs. 1 S. 2 Nr. 1 bis 3 BGB gelten für den stationären Vertrieb von Pauschalreisen und den Online-Vertrieb gleichermaßen (RegE BT-Drs. 18/10822, 68). Sind die Merkmale erfüllt, kann sich ein Reiseanbieter nicht darauf berufen, lediglich Vermittler zu sein. Er ist dann Reiseveranstalter iSd § 651a BGB, wie § 651b Abs. 1 S. 3 BGB ausdrücklich klarstellt. Zwischen ihm und dem Reisenden besteht ein Pauschalreisevertrag gem. § 651a Abs. 1 BGB. In der Praxis wird dies weit häufiger als bisher der Fall sein (TBB/*Stenzel/Tonner* ReiseR § 3 Rn. 19). Der Ausschluss einer Vermittlung gilt nur für Unternehmer (§ 14 BGB). Erfasst werden alle Verträge, bei denen nicht dieser selbst, sondern andere Personen alle oder einzelne Reiseleistungen ausführen (die sog. Leistungserbringer, früher/alternativ: Leistungsträger) und bei denen gegenüber dem Reisenden mindestens zwei verschiedene Arten von Reiseleistungen und für den Zweck derselben Reise erbracht werden sollen.

Keine Anwendung findet der Ausschluss daher, wenn lediglich **eine Reiseleistung** vermittelt wird. Unschädlich ist ebenfalls, wenn es sich um mehrere gleiche Reiseleistungen handelt (zB zeitlich aufeinanderfolgende Hotelübernachtungen an jeweils anderen Orten), da dann keine Verschiedenheit gegeben ist. IÜ bleibt es im Falle einer Beherbergung auch dann bei einer einzelnen Reiseleistung, wenn der Vermittler auf einen Unternehmer zurückgreift, der (Hotel-)Unterkünfte oder Ferienhausaufenthalte katalogmäßig anbietet. Die Regelungen für Pauschalreisen gelten nicht, da es der Umsetzungsgesetzgeber ausdrücklich abgelehnt hat, diese bei veranstaltermäßig erbrachten Einzelleistungen anzuwenden (RegE BT-Drs 18/10822, 66 → Form. II.D.1 Anm. 6).

Auch wenn zwei verschiedene Reiseleistungen zusammen gebucht und bezahlt werden, jedoch **nicht miteinander in Zusammenhang** stehen (zB ein Flug im April sowie eine Hotelunterkunft im August), kann sich auf eine Vermittlung berufen werden. In derartigen Konstellationen fehlt es am „Zweck derselben Reise" (vgl. TBB/*Stenzel/Tonner* ReiseR § 3 Rn. 29). Eine **Pauschalreise** selbst stellt keine einzelne Reiseleistung dar (zur Definition vgl § 651a Abs. 3 BGB, → Form. II.D.1 Anm. 6). Entsprechend kann ein Reisebüro eine Pauschalreise mit Zusatzleistungen, und insbesondere auch zusammen mit einer weiteren Einzelreiseleistung iSd § 651a Abs. 3 Nr. 1 – 4 BGB, vermitteln (zB eine Pauschalreise und zusätzlich einen Mietwagen für die Urlaubszeit), ohne selbst zum Reiseveranstalter zu werden (TBB/*Stenzel/Tonner* ReiseR § 3 Rn. 21 ff.; sa *Meier* RRa 2019, 150 (151)).

(→ Zu den weiteren Voraussetzungen der Nr. 1 – Nr. 3 s. etwa Kommentierung bei TBB/*Stenzel/Tonner* ReiseR § 3 Rn. 31 – 44; BeckOGK/*Meier* BGB § 651b Rn. 10 – 21).

Verwendet das Reisebüro bzw. der entsprechende Unternehmer **keine Vermittlerklausel**, ist für die Abgrenzung zum Veranstalter auf § 651a BGB abzustellen. Es kommt dann darauf an, ob eine Pauschalreise vorliegt (→ Form. II.D.1 Anm. 6). Dies ist ua auch dann der Fall, wenn einzelne Reiseleistungen erst auf Wunsch des Kunden oder nach dessen Auswahl zu einer Reise zusammengestellt werden, § 651a Abs. 2 S. 2 Nr. 1 BGB (sog. Dynamic Packaging, Bausteinreise).

Zu beachten sind zudem insbesondere die Regelungen über **verbundene Online-Buchungsverfahren** des § 651c BGB (hierzu ausf. *Stenzel* AnwZert IT-Recht 6/2020, Anm. 3 und AnwZert IT-Recht 23/2020, Anm. 3; *Fricke/Ruks* jM 2019, 178) und **verbundene Reiseleistungen** des § 651w BGB (hierzu etwa TBB/*Bergmann* ReiseR § 2 Rn. 230; *Vogel* ZAP 2018, 493, 499).

Werden Reisen von einem **Reiseveranstalter mit Sitz außerhalb eines** EU bzw. **EWR-**Staates vermittelt, kommt § 651v Abs. 3 BGB zur Anwendung (Sitz str.: faktischer Sitz, Führich/*Staudinger* ReiseR § 26 Rn. 7; aA Satzungssitz, BeckOGK/*Meier* BGB § 651v Rn. 30; *Meier* RRa 2020, 102, (105); BeckOK BGB/*Weber* § 651v Rn. 33; insgesamt kritisch zu den Regelungen in Bezug auf Reisebüros: *Thöle* RRa 2017, 165 ff.).

3. Bleibt es bei einer Vermittlung, gelten die allgemeinen Vorschriften. Das Reisebüro wird nicht selbst zum Reiseveranstalter. Im Verhältnis zum Reiseveranstalter, der für die Erbringung der Leistungen einzustehen hat, besteht regelmäßig ein **Agenturvertrag** nach §§ 84 ff. HGB – jedenfalls soweit das Reisebüro ständig mit der Vermittlung betraut ist. Es ist dann als Handelsvertreter tätig. Der Status gilt für den klassischen stationären Vertrieb aber auch für Online-Plattformen (TBB/*Stenzel/Tonner* ReiseR § 3 Rn. 73 ff.). Ist keine ständige Geschäftsbeziehung gegeben, etwa wenn sich das Reisebüro erst auf Wunsch des Kunden an einen Leistungserbringer wendet, agiert es als **Handelsmakler**, § 93 HGB (TBB/*Stenzel/Tonner* ReiseR § 3 Rn. 73; Führich/*Staudinger* ReiseR § 5 Rn. 27).

Zwischen dem Reisebüro und dem buchenden Kunden existiert ein selbständiges Vertragsverhältnis, der sog. **Reisevermittlungsvertrag** (BGH NJW 2015, 853 Rn. 8; BGH NJW 2014, 1168 Rn. 33 = RRa 2014, 132; BGH NJW 2006, 2321 Rn. 8). Dieser wird durch das neue Pauschalreiserecht nur partiell geregelt (§ 651v BGB, § 651w BGB). § 651b Abs. 1 S. 1 BGB stellt insoweit klar, dass daneben die allgemeinen Vorschriften Anwendung finden (BT-Drs. RegE 18/10822, 68, 92). In § 651x BGB wurden zudem allgemeine Regeln zur Haftung bei Buchungsfehlern festgeschrieben, die auch den Vermittler betreffen (RegE. BT-Drs. 18/10822, 98 mit Verweis auf BGH NJW 1982, 377, hierzu ausf. *Stenzel* AnwZert IT-Recht 11/2019, AnwZert IT-Recht 14/2019, Anm. 3). Bedarf für eine konkrete rechtliche Einordnung des Reisevermittlungsvertrags hat der Gesetzgeber nicht gesehen (RegE. BT-Drs. 18/10822, 92), womit auf die hierzu ergangene bisherige Rechtsprechung zurückgegriffen werden kann. Nach hM handelt es sich um einen **Geschäftsbesorgungsvertrag**, der einen Werkvertrag zum Inhalt hat (vgl. etwa LG Köln BeckRS 2014, 15801; TBB/*Stenzel/Tonner* ReiseR § 3 Rn. 69 ff; Führich/*Staudinger* ReiseR § 5 Rn. 26, jeweils mwN; *Bergmann* ReiseR Rn. 44; offen gelassen vom BGH). Geschuldet wird der erfolgreiche Abschluss eines Vertrags über einzelne oder mehrere Reiseleistungen mit einem zuverlässigen Veranstalter bzw. Leistungserbringer (TBB/*Stenzel/Tonner* ReiseR § 3 Rn. 69 ff.).

4. § 288 Abs. 1 S. 2 BGB = Verzugszinssatz für das Jahr: 5 %-Punkte über dem jeweiligen Basiszinssatz (§ 247 BGB).

5. Buchung einer Reise kurz vor Reisebeginn. Zu den Besonderheiten bei Last-Minute-Reisen nach früherem Recht LG Frankfurt a. M. NJW-RR 2001, 1423 = RRa 2002, 26 mAnm *Schmid*; zu wettbewerbsrechtlichen Fragen s. BGH NJW 2000, 588 = RRa 2000, 35.

6. Aus seiner vertraglichen Beziehung gegenüber dem Reisenden erwachsen dem Reisevermittler eigenständige Pflichten. Im Mittelpunkt stehen umfangreiche **Informationspflichten**, die bisher nicht kodifiziert waren. Sie wurden von der Rechtsprechung aus § 241 Abs. 2 BGB abgeleitet (hierzu TBB/*Stenzel/Tonner* ReiseR § 3 Rn. 95 ff., zu den früheren Fallgruppen vgl. zB *Führich*, 7. Aufl., ReiseR § 28 Rn. 13 ff.). Etwaige Schadensersatzansprüche basieren auf § 280 BGB.

Art. 250 §§ 1 bis 3 EGBGB sehen bei Pauschalreisen spezifische vorvertragliche Informationspflichten vor, die gem. § 651v Abs. 1 S. 1 BGB nicht nur für den Reiseveranstalter (§ 651d Abs. 1 S. 1 BGB), sondern auch für den Vermittler, d. h. das Reisebüro, gelten. Auch dieses muss insbesondere das richtige Formblatt verwenden, vgl. Art. 250 § 2 EGBGB (Anlage 11 bzw. 12). Darüber hinaus listet Art. 250 § 3 EGBGB die mitzuteilenden Informationen auf, die gem. § 651d Abs. 3 S. 1 BGB Vertragsbestandteil werden (→ Form. II.D.1 Anm. 13).

Den Vermittler trifft insoweit gegenüber dem Reisenden eine **eigene vorvertragliche Unterrichtungspflicht.** Diese endet mit dem Vertragsschluss (RegE BT-Drs. 18/10822, 93). Mit dem erfolgreichen Abschluss des Pauschalreisevertrags hat er seine insoweit bestehende Verpflichtung gegenüber dem Reisenden erfüllt. Seine anschließende Tätigkeit erfolgt in Vertretung des Reiseveranstalters, der für ihn als Erfüllungsgehilfe einstehen muss (RegE BT-Drs. 18/10822, 93 mit Verweis auf BGH NJW 2006, 2321, der dort jedoch auf den Zeitpunkt der Auswahlentscheidung abstellt.)

Der Reisende muss die Informationen nicht doppelt erhalten. Sie können entweder vom Reiseveranstalter oder Vermittler erteilt werden (RegE BT-Drs. 18/10822, 92). Der Leistende erfüllt dann bei einer den Vorschriften entsprechend vorgenommenen Information die jeweilige Verpflichtung des anderen, § 651v Abs. 1 S. 2 BGB; § 651d Abs. 1 S. 2 BGB.

Ausweislich der Gesetzesbegründung soll keine **gesamtschuldnerische Haftung** bestehen, da es sich originär um gegenüber dem Reisenden bestehende selbständige Informationspflichten handelt. Nicht der Reisende soll entscheiden dürfen, wen er in Anspruch nehmen möchte, § 421 S. 1 BGB, vielmehr soll es dem Veranstalter und Vermittler (Innerverhältnis) überlassen bleiben, wer von ihnen die Informationspflichten erfüllt (RegE BT-Drs. 18/10822, 93).

Dies ist mit Blick auf die RL 2015/2302/EU zu kritisieren, die in Erwgr. 24 eine kumulative Haftung vorsieht („gemeinsam . . . . . verantwortlich"). Nach deutschem Recht entspricht dies einer gesamtschuldnerischen Haftung gem. § 421 BGB (TBB/*Stenzel/Tonner* ReiseR § 3 Rn. 92 f.; BeckOGK/*Meier* BGB § 651v Rn. 16). Bei richtlinienkonformer und insoweit vorrangiger Auslegung ist daher – trotz entgegenstehender Intention des deutschen Gesetzgebers – von einer gesamtschuldnerischen Verpflichtung auszugehen (TBB/*Stenzel/Tonner* ReiseR § 3 Rn. 92 f.; MüKoBGB/*Tonner* § 651v Rn. 8 f.; anders *Meier* RRa 2020, 102 (104), BeckOGK/*Meier* BGB § 651v Rn. 16 f.: keine Gesamtschuld, sondern zwei **isolierte Verpflichtungen mit wechselseitiger Erfüllungswirkung;** ähnlich *Staudinger/Ruks* RRa 2018, 1, 6).

Da es sich bei § 651d Abs. 1 S. 1 und § 651v As. 1 S. 1 BGB jeweils um eigenständige Verpflichtungen handelt, steht es dem Reisenden dennoch – auch unabhängig von der Einordnung als Gesamtschuld im Außenverhältnis – frei, zu entscheiden, ob er für die Erfüllung der Pflicht den Reiseveranstalter oder Vermittler in Anspruch nehmen möchte. Leistet dann der jeweils andere Verpflichtete, führt dies nach § 651d Abs. 1 S. 2 bzw. § 651v Abs. 1 S. 2 BGB zum Erlöschen des Anspruchs gegen beide (hierauf hinweisend: BeckOGK/*Meier* BGB § 651v Rn. 16; dort auch unter Rn. 16.1. zur Problematik des Ausgleichs im Innenverhältnis zwischen Veranstalter und Vermittler bei Ablehnung einer Gesamtschuld).

Werden die vorvertraglichen Informationen vom Reisevermittler erteilt, hat dieser ggf. ebenfalls über etwaige **Änderungen** zu informieren, § 651v Abs. 1 S. 1 BGB iVm Art. 250 § 1 Abs. 2 EGBGB (RegE BT-Drs. 18/10822, 93).

Die **bisherige Rechtsprechung** zu den Informationspflichten beim Reisevermittlungsvertrag ist neben den kodifizierten spezifischen Informationspflichten bei Pauschalreisen anwendbar. Soweit es zu Überschneidungen kommt, ist zu prüfen, inwieweit die bisherigen Pflichten bzw. Fallgruppen unter den neuen Gesetzestext subsumiert werden können. Stehen sie mit den neuen Regelungen in Widerspruch, sind sie aufzugeben (TBB/*Stenzel/Tonner* ReiseR § 3 Rn. 72; *Führich*, Basiswissen, Rn. 249: Vorrang). Davon abgesehen gelten die bisher von der Rechtsprechung entwickelten Grundsätze auch weiterhin bei der Vermittlung von Einzelreiseleistungen (TBB/*Stenzel/Tonner* ReiseR § 3 Rn. 72; *Vogel*, ZAP 2018, 493 (498)).

7. Sanktionen bei Verletzung dieser vorvertraglichen Informationspflichten sehen die Pauschalreiseregelungen nicht vor. Es gelten die allgemeinen Bestimmungen. Bei unrichtigen oder unterlassenen Informationen haftet der Vermittler nach **§§ 241 Abs. 2, 311 Abs. 2, 280 Abs. 1 BGB** auf Schadensersatz (TBB/*Stenzel/Tonner* ReiseR § 3 Rn. 108; BeckOGK/*Meier* BGB § 651v Rn. 18; *Meier* RRa 2020, 102 (103)).

Zu den Sanktionen, wenn ein Vermittler verbundener Reiseleistungen iSd. § 651w BGB seine Pflichten verletzt: § 651w Abs. 4 BGB, TBB/*Bergmann* ReiseR § 2 Rn. 230; *Vogel* ZAP 493, 499).

Zu den wettbewerbsrechtlichen Folgen: TBB/*Stenzel/Tonner* ReiseR § 3 Rn. 109; TBB/*Hofacker* ReiseR § 8 Rn. 139 ff.; *Vogel* ZAP 493 (500): Marktverhaltensregeln.

8. Das Reisebüro ist bei Vermittlung einer Pauschalreise gem. § 651v BGB iVm Art. **250 § 3 Nr. 6 EGBGB** verpflichtet, von sich aus über **Pass- und Visaerfordernisse** des Bestimmungslandes zu unterrichten – und zwar bis zum Zeitpunkt des Vertragsschlusses (→ Anm. 6). Ob dies auch umfasst, für alle **ausländischen Staatsangehörigen** auf die geltenden Einreisebestimmungen hinzuweisen, ist unklar. Die neuen Vorschriften enthalten hierzu keine ausdrückliche Regelung. Einige nehmen eine solche Pflicht in Bezug auf alle Reisenden (EU- sowie Nicht-EU), unabhängig von der Nationalität, an (TBB/*Bergmann* ReiseR § 2 Rn. 196 f.). Eine konkrete Information über die Einreiseerfordernisse von allen ausländischen Staatsangehörigen erscheint indes nicht notwendig, da Art. 250 § 3 Nr. 6 EGBGB – wie Art. 5 Abs. 1 lit. f RL 2015/2302/EU – nur von allgemeinen Erfordernissen spricht. Anders als der frühere § 5 BGB-InfoV stellt das Gesetz nicht auf die Erfordernisse für Angehörige des Mitgliedstaats ab. Geboten – aber auch ausreichend – dürfte insoweit ein Hinweis sein, dass für ausländische Staatsangehörige möglicherweise andere Pass- und Visaerfordernisse gelten könnten und sich diese selbst darum kümmern müssen (TBB/*Stenzel/Tonner* ReiseR § 3 Rn. 100 f.).

Ob ein Reisebüro eine eigenständige Pflicht trifft, (ungefragt) über Pass- und Visaerfordernisse zu informieren, war nach früherer Rechtslage umstritten. Im Grundsatz wurde dies überwiegend verneint (BGH NJW 2006, 2321; LG Kiel BeckRS 2013, 06147; AG Leipzig RRa 2011, 120). Hat das Reisebüro jedoch Informationen erteilt, etwa wenn sich der Kunde gezielt danach erkundigt hat, mussten diese richtig sein (AG Worms RRa 2007, 231). Wurden dabei lediglich anderweitig eingeholte Auskünfte weitergegeben, entfiel jedoch die Haftung (AG Uelzen RRa 2007, 231). Andere bejahten hingegen eine solche Hinweispflicht (zur vorliegenden Konstellation einer sog Last-Minute-Reise s. LG Frankfurt a. M. NJW-RR 2001, 1423 = RRa 2002, 26 mAnm *Schmid*, sa BeckPFormB/*Isermann*, 13. Aufl. 2016, Form D.II.2 Anm. 5 mwN).

9. Dem Anspruch liegt die Informationspflicht aus **Art. 250 § 3 Nr. 1 lit. e) EGBGB** zugrunde (**wesentliche Eigenschaften der Unterkunft**: wesentliche Hoteleinrichtung, zuvor: § 4 Abs. 1 Nr. 3 BGB-InfoV). Der Reisevermittler ist gem. § 651v Abs. 1 S. 1 BGB verpflichtet, richtige Informationen mitzuteilen. Sie müssen der Wahrheit entsprechen.

Ein **Vertretenmüssen** ist vorliegend zu bejahen, da das Reisebüro auf die Angaben in den Prospekten der (anderen) Veranstalter ohne Prüfung vertraut hat, obwohl diese von denen des Reiseveranstalters, dessen Reise es konkret vermittelt hat, abwichen. Es handelte jedenfalls fahrlässig. In der Regel wird sich der Vermittler aber auch sonst nicht damit entlasten können, vom Reiseveranstalter falsche Informationen erhalten zu haben. Da § 651v Abs. 1 S. 1 BGB eine eigene Informationspflicht des Vermittlers von Pauschalreisen konzipiert, trifft diesen eine eigene Untersuchungspflicht hinsichtlich der Angaben in den Unterlagen des Reiseveranstalters (BeckOGK/*Meier* BGB § 651v Rn. 18, s. dort auch weitergehend zur Haftung des Reiseveranstalters: Erfüllungsgehilfe).

Der Reiseveranstalter wird sich vorliegend die Erklärung des Reisevermittlers nicht zurechnen lassen müssen, da das von diesem zugesagte Aktivitätenprogramm gerade nicht im Prospekt des Veranstalters angegeben war und eine Rückfrage durch das

Reisebüro nicht erfolgt ist (vgl. etwa LG Düsseldorf NJW-RR 2005, 644; LG Frankfurt a. M. NJW-RR 1999, 931; LG Frankfurt a. M. NJW-RR 1987, 495; BeckOK BGB/*Geib* BGB § 651i Rn. 11; § 651a Rn. 32).

Wichtig ist zudem, dass der Kläger seiner Substantiierungspflicht nachkommt und konkrete Angaben zum Schaden macht (LG München RRa 2001, 29).

10. § 651o Abs. 2 BGB. Zur Entbehrlichkeit der Anzeige → Form. II.D.1 Anm. 14.

11. Die Höhe des Schadens ist gem. § 287 ZPO zu bestimmen. Bei einer Haftung des Reiseveranstalters käme eine Reisepreisminderung in Betracht, so dass die dort geltenden Quoten auf die Schadenshöhe übertragen werden können. Nicht erforderlich ist iÜ, dass eine rechtliche Einordnung (Minderung, Schadensersatz) vorgenommen wird. Ansprüche auf Schadensersatz wegen nutzlos aufgewendeter Urlaubszeit nach §§ 651n Abs. 2, 253 Abs. 1 BGB bestehen nur im Rahmen des Pauschalreisevertrags und können nicht vom Vermittler, der kein Reiseveranstalter ist, verlangt werden (*Führich*, Basiswissen, Rn. 251; → Form. II.D.4 Anm. 18).

12. Die Ablehnung ist verzugsbegründend (§ 286 Abs. 2 Nr. 3 BGB).

13. Die Beweislast für die Erfüllung der Informationspflichten trägt der Reisevermittler, § 651v Abs. 1 S. 3 BGB. Er hat ggf. nachzuweisen, über die notwendigen Einreisepapiere informiert zu haben (BeckOK BGB/*Weber* BGB § 651v Rn. 15).

Im Übrigen gelten die allgemeinen Beweislastregeln, wonach jede Partei die für sie günstigen Tatsachen zu beweisen hat. Der Reisende muss daher das Bestehen eines Reisevermittlungsvertrages darlegen und beweisen (MüKoBGB/*Tonner* § 651v Rn. 36; BeckOGK/*Meier* BGB § 651v Rn. 33). Für den Vermittler heißt dies ua, dass er ggf. seine Vermittlereigenschaft darzulegen und zu beweisen hat – falls der Reisende eine Veranstaltereigenschaft – die zur Anwendung der §§ 651a ff. BGB führen würde – behauptet.

Er muss ggf. auch nachweisen, dass ein Reiseveranstalter aus einem Drittstaat die Pflichten gemäß den deutschen Regelungen erfüllt, § 651v Abs. 3 BGB (BeckOK BGB/*Weber* BGB § 651v Rn. 31; MüKoBGB/*Tonner* § 651v Rn. 36; BeckOGK BGB/*Meier* § 651v Rn. 31; *Meier* RRa 2020, 102 (105): „erfüllt hat").

IÜ gilt im Fall der Reisevermittlung (Geschäftsbesorgungsvertrag):

Die Beweislast trägt

a) der Reisende für die Verletzung der Sorgfalts- und Informationspflichten des Reisebüros, für den Schaden und den Kausalzusammenhang zwischen Pflichtverletzung und Schaden,
b) das Reisebüro dafür, dass es die Pflichtverletzung nicht zu vertreten hat (§ 280 Abs. 1 S. 2 BGB) und für ein Mitverschulden des Reisenden.

Kosten und Gebühren

14. Gebühren des Gerichts: §§ 34, 48 GKG und KV 1210 GKG (3,0 Gebührenansatz). Die Gebühr für das Mahnverfahren (KV 1100 GKG) wird nach dem Wert des Streitgegenstands angerechnet, der in das Prozessverfahren übergeht. Zu Ermäßigungstatbeständen s. KV 1211 GKG: Keine Urteilsgebühr.

Gebühren des Anwalts: § 13 RVG, VV 3100 RVG, VV 3104 RVG. Soweit wegen desselben Gegenstandes eine Geschäftsgebühr nach VV 2300 RVG entstanden ist, wird diese Gebühr zur Hälfte, höchstens mit einem Gebührensatz von 0,75 auf die Verfahrensgebühr des gerichtlichen Verfahrens angerechnet. Die Vorbemerkungen des Teils 3 VV RVG sind zu beachten. Vgl. iÜ oben → Form. II.D.1. Anm. 22.

Fristen und Rechtsmittel

15. Die für den Pauschalreisevertrag geltenden Verjährungsregeln des § 651j BGB finden auf den Reisevermittlungsvertrag keine Anwendung. Es gelten die allgemeinen Vorschriften der §§ 194 BGB ff.

3. Klage wegen Reisepreisminderung (§ 651m BGB) und Schadensersatzes (§ 651n BGB)

An das
Amtsgericht . . . . .[1]
In Sachen
des R . . . . .
– Klägers –
Prozessbevollmächtigter: . . . . .
gegen
die Firma RV-GmbH . . . . .
– Beklagte –
wegen Reisepreisminderung und Schadensersatz[2]
zeige ich an, den Kläger anwaltlich zu vertreten. In seinem Namen und Auftrag erhebe ich

Klage

und beantrage,[3]

1. Die Beklagte wird verurteilt, an den Kläger 930 EUR und an die Ehefrau des Klägers (Name, Anschrift)[4] weitere 420 EUR jeweils nebst (Zinsen)[5] seit dem . . . . . zu zahlen.
2. . . . . .

Streitwert: . . . . .[1]

Begründung

Der Kläger buchte für sich und seine Ehefrau F. am 2.8.2018 für die Zeit v. 18.8. bis 27.8.2018 im Reisebüro RB eine Flugpauschalreise[6] in das Hotel P. in D. an der Westküste M. zum Preis von insgesamt 1.300 EUR.

Beweis: Buchungsbestätigung v. 2.8.2018 (Anlage K 1).

Laut Angaben im Prospekt der Beklagten[7] handelte es sich um ein direkt am Strand gelegenes Drei-Sterne-Hotel mit beheiztem Swimmingpool und fünf Tennisplätzen sowie weiteren Sportangeboten.

Beweis: Kopie der Katalogseite 85 (Anlage K 2).

Zwei Tage vor dem Abflug meldete sich das Reisebüro RB[8] beim Kläger und teilte mit, dass eine Unterbringung in dem gebuchten Hotel nicht möglich sei, wohl aber in einem neu erbauten Hotel gleicher Kategorie, nämlich in der Hotelanlage S. in E. an der Ostküste von M.

Beweis: Zeugnis Reisebüroangestellte A. (Anschrift).

Da der Kläger und seine Frau auf die gebuchte Urlaubszeit aus beruflichen Gründen angewiesen waren, traten sie die Reise zu dem anderen Urlaubsort an.[9]

Bei Ankunft am Flughafen um 21.00 Uhr stellte sich heraus, dass der Bus zu dem Hotel bereits abgefahren war. Der Busfahrer hatte von dem Hotel eine Gästeliste erhalten, auf der der Kläger und seine Frau nicht eingetragen waren. Er hielt deshalb vor Abfahrt auch keine Ausschau nach dem Kläger und seiner Frau. Dies bestätigte die Reiseleiterin L. am nächsten Tag.

Beweis: Zeugnis Reiseleiterin L, zu laden über die Beklagte.

Der Kläger mietete deshalb für 40 EUR ein Taxi, um zu dem Hotel zu gelangen.

Beweis: Taxiquittung v. 18.8.2018.

Diesen Betrag verlangt er mit der Klage erstattet.[10]

Bei Ankunft in der Hotelanlage stellten der Kläger und seine Frau erhebliche Mängel fest.[11, 12] Der Swimmingpool, die weiteren Außenanlagen des Hotels und alle Tennisplätze waren noch im Bau. Wegen der Bauarbeiten herrschte ein erheblicher Baulärm. Dieser setzte bereits morgens um 6.00 Uhr ein und dauerte den gesamten Tag bis in den späten Abend. Dies bestätigte die Reiseleiterin auf der ihr ausgehändigten Mängelanzeige schriftlich[13] und ist von der Beklagten in der Vorkorrespondenz auch nicht bestritten worden. Die Beklagte hat lediglich darauf verwiesen, dass dem Kläger das Ersatzhotel als „Neubau" angekündigt worden war.

Beweis: Zeugnis der Reisebüroangestellte A. (Anschrift)
Schreiben der Beklagten vom .....

Weil ein Aufenthalt weder am Strand in der Hotelanlage noch in der Gartenanlage wegen des Lärms erträglich war und auch die Tennisplätze nicht zur Verfügung standen, forderte der Kläger die Reiseleitung auf, für eine anderweitige Unterkunft zu sorgen. Es wurde jedoch lediglich ein Hotel minderer Qualität in der Zwei-Sterne-Kategorie[14] angeboten, weil alle weiteren Hotels in diesem Ort ausgebucht waren.

Beweis: Zeugnis der Reiseleiterin L. (zu laden über die Beklagte).

Der Kläger hält eine Reisepreisminderung iHv 40 % für angemessen, bezogen zeitanteilig auf die Dauer der Urlaubstage, die er und seine Frau in dem Hotel geblieben sind.[15]

Um nicht während der gesamten Urlaubszeit Beeinträchtigungen hinnehmen zu müssen, bemühte sich die Ehefrau des Klägers deshalb selbst um eine anderweitige Unterkunft. Diese fand sie im fünf Kilometer entfernten Nachbarort. Allein in dem Hotel X war dort noch ein Zimmer frei. Es handelte sich jedoch um ein Hotel der Vier-Sterne-Kategorie. Am vierten Urlaubstag zogen der Kläger und seine Frau deshalb um. Der Umzug erfolgte per Taxi, für das 10 EUR gezahlt werden mussten.

Beweis: Taxiquittung vom 21.8.2018.

Weil das nunmehr bezogene Hotel einen höherwertigen Standard hatte, mussten der Kläger und seine Frau pro Tag einen Mehrpreis von 60 EUR zahlen. Bei den insgesamt verbliebenen sechs Tagen waren das 360 EUR. Dieser Betrag und die Taxikosten werden mit der Klage ebenfalls erstattet verlangt.[16]

Auf dem Rückflug wurde ein Kleidungsstück der Ehefrau der Klägerin beschädigt. Dafür wird Schadensersatz verlangt. Beim Einchecken hat die Reiseleiterin L. die Ehefrau des Klägers angewiesen, ihre Lederjacke, die nicht mehr in das Gepäck gepasst hatte, lose auf das Transportband zu legen. Trotz der angemeldeten Bedenken bestand die Reiseleiterin darauf.

Beweis: Zeugnis Reiseleiterin L. (zu laden über die Beklagte).

Die Jacke wurde erheblich beschädigt, weil sie im Transportband hängen geblieben war.[17] Sie ist an drei Stellen jeweils ca. 20 cm lang aufgerissen und nicht mehr reparabel.

Die Ehefrau des Klägers hatte diese Jacke während des Urlaubs zum Preis von 420 EUR gekauft.

Beweis: Quittungsbeleg.

Insgesamt macht der Kläger danach folgende Forderungen geltend:

- **40 EUR Taxikosten Hoteltransfer bei Ankunft,**
- **520 EUR Minderung für die Unterkunftsmängel,**
- **10 EUR Taxikosten Umzug,**
- **360 EUR Mehrkosten Ersatzunterkunft,**
- **420 EUR Schadensersatz für die Jacke seiner Frau.**

Der Kläger und seine Frau hatten ihre Ansprüche mit Schreiben v. 20.9.2018[18] gegenüber der Beklagten außergerichtlich geltend gemacht. Die Beklagte hat mit Schreiben v. 16.10.2018 eine Regulierung abgelehnt und Ansprüche zurückgewiesen.[19] Deshalb ist Klage geboten.[20]

Rechtsanwalt[21, 22]

Schrifttum: BeckOGK/*Bearb*, BGB, Stand 15.4./1.5.2021; BeckOF-Prozess/*Sauer*, Reiserecht, 46. Edition, Stand 1.1.2021; *Bergmann,* Leistungspflichten des Reiseveranstalters und Mängel bei Spezial-Reisen, RRa 2008, 250; *Führich/Staudinger,* Reiserecht, 8. Aufl., 2019; Geimer/Schütze/*Bearb*, Europäisches Zivilverfahrensrecht, 4. Aufl. 2020; MüKoBGB/*Tonner,* Bd. 5/2, §§ 651a ff., 8. Aufl., 2020; *Rodegra,* Pauschalreisen – Allgemeines Lebensrisiko und hinzunehmende Unannehmlichkeiten, MDR 2002, 919; *Schattenkirchner*, Preisminderung bei Reisemängeln, 2. Aufl., 2012; *Schattenkirchner*, NJW 2005, 2506, DAR 2007, 482, sowie Beilage DAR 2010, Heft 9; *Staudinger/Ruks*, Das neue Pauschalreiserecht – Auswirkungen für Veranstalter und Vertrieb, RRa 2018, 2; *Staudinger*, Gerichtsstände hiesiger Kunden gegenüber Veranstaltern im Inland bei Pauschalreisen mit Auslandsbezug nach der Brüssel Ia-VO – pars pro toto für eine überschätzte ZPO, jM 2015, 46; Tonner/Bergmann/Blankenburg (TBB)/*Bearb*, Reiserecht, 2018; *Tonner*, Das neue Pauschalreiserecht, MDR 2018, 305; *Tonner,* Beweislastprobleme bei der Haftung für Unfälle im Hotel, RRa 2008, 62;

Anmerkungen

1. Gerichtsstand nach §§ 13, 17 ZPO; Streitwert: Höhe der Hauptforderung.

Der Ort des Abflugs begründet bei Pauschalreiseverträgen keinen Gerichtsstand des Erfüllungsortes gem. § 29 ZPO (hM, LG Mainz RRa 2021, 58 (60); LG Frankfurt RRa 2015, 226; sa AG Düsseldorf BeckRS 2019, 30290 (Rn. 25) für eine Pauschalreise, bei der die Verpflichtung zur Luftbeförderung verletzt wurde).

Bei Sachverhalten mit grenzüberschreitendem Charakter sind für die Bestimmung des Gerichtsstands die **Brüssel Ia-VO** zu beachten und dort insbesondere die Regelungen zur **Zuständigkeit** bei Verbrauchersachen der Art. 17 – 19, die Sonderregelungen zum Schutz für **Verbraucher** enthalten (sa → Form. II.D.2 Anm. 1). Art. 17 Abs. 3 Brüssel Ia-VO sieht eine Ausnahme vom Anwendungsbereich für Beförderungsverträge vor, enthält gleichzeitig aber eine Rückausnahme für Pauschalreiseverträge. Die Bestimmungen zum Verbrauchergerichtsstand finden daher grundsätzlich auf alle Pauschalreiseverträge Anwendung, die unter § 651a BGB fallen. Sie gelten jedoch nicht bei Verträgen von gewerblichen Reisenden, da der unionsrechtliche Verbraucherbegriff (autonome Auslegung) diese nicht erfasst (TBB/*Tonner* ReiseR § 9 Rn. 8). Zum Begriff des „Ausrichtens" der Tätigkeit s. EuGH NJW 2011, 505 (509) – Pammer und Hotel Alpenhof sowie weitergehend EuGH NJW 2012, 3225 – Mühlleitner, mAnm *Staudinger/Steinrötter*; EuGH NJW 2013, 3504 – Emrek, mAnm *Staudinger/Steinrötter*.

Als **örtlich** zuständiges Gericht kommt bei Geltung der Art. 17 ff. Brüssel Ia-VO auch das Gericht am Wohnsitzort des Verbrauchers im Zeitpunkt der Klageerhebung in Betracht, Art. 18 Abs. 1 Alt. 2 Brüssel Ia-VO (Wahlmöglichkeit: Wohnsitz der anderen Partei bzw. deren Zweigniederlassung, Agentur oder sonstige Niederlassung, Art. 17 Abs. 2 Brüssel Ia-VO, oder Wohnsitz des Verbrauchers; Geimer/Schütze/*Geimer* EuGVVO Art. 18 Rn. 5). Der Verbraucher kann hier selbst dann klagen, wenn der Vertragspartner weder einen Sitz noch eine Niederlassung in einem Mitgliedstaat, sondern nur in einem Drittstaat hat (Art. 63 Brüssel Ia-VO) hat („ohne Rücksicht auf den Wohnsitz des anderen Vertragspartners", AG Norderstedt BeckRS 2017, 163721 (Rn. 13); BeckOGK/*Alexander* BGB § 651a Rn. 540.1).

Umstritten und höchstrichterlich bisher nicht geklärt ist, ob der für die Anwendung der Brüssel Ia-VO erforderliche grenzüberschreitende Bezug (vgl. Art. 81 Abs. 1 AEUV) auch besteht, wenn der Verbraucher und der Reiseveranstalter im selben Mitgliedstaat ansässig sind und sich lediglich das Reiseziel im Ausland befindet („**unechte Inlandsfälle**"). Die wohl überwiegende Ansicht geht davon aus, dass sich allein aus dem Reiseziel die Internationalität nicht ergibt, sondern verlangt, dass der Verbraucher und der Reiseveranstalter (Vertragspartner) in verschiedenen Mitgliedstaaten ansässig sind (AG Norderstedt BeckRS 2017, 163721; AG Königswinter RRa 2016, 8 mwN; LG Nürnberg-Fürth Beschl. v. 30.4.2015 – 3 O 2749/15; aA *Staudinger* jM 2015, 46 ff.). Das LG Mainz hat die Frage mit Beschl. v. 10.6.2020 – 3 O 105/18 dem EuGH vorgelegt (LG Mainz RRa 2021, 58; EuGH Gerichtsmitteilung v. 16.7.2020 – C-317/20, BeckEuRS 2020, 652467). Es hat sein Vorabentscheidungsersuchen jedoch zurückgenommen. Die Rechtssache wurde aus dem Register des EuGH gestrichen (EuGH Beschl. d. Präsidenten v. 26.4.2021 – 317/20, ECLI:EU:C:2021:354). Die EU-Komm. hat in dem Verfahren eine Stellungnahme abgegeben und die Anwendbarkeit der Brüssel Ia-VO sowie des Art. 18 Brüssel Ia-VO bejaht. (EU Komm. 8.12.2020 – sj.g (2020)7619200).

Wird hingegen eine Pauschalreise bei einem inländischen Reiseveranstalter über ein Reisebüro mit Sitz in einem anderen Mitgliedstaat gebucht, ist der Auslandsbezug zu bejahen (EuGH NJW 2014, 530 (531 Rn. 29) – Maletic, mAnm *Sujecki*).

Klagt der Reisende Ansprüche aus **abgetretenem Recht** ein, ist zu differenzieren. Nach der Rechtsprechung des EuGH gelten Art. 17 ff. Brüssel Ia-VO nur, wenn die Ansprüche aus einem Verbrauchervertrag stammen, an dem der Kläger selbst beteiligt war (EuGH NJW 2018, 1003 (1005 Rn. 44) – Schrems II). Dies ist regelmäßig bei **Familienreisen** der Fall (→ Form. II.D.1 Anm. 5; Führich/*Staudinger* ReiseR § 4 Rn. 13). So kommt für das Familienmitglied, das vertragliche Ansprüche (auch) für die mitreisenden Familienmitglieder einklagt, etwa die gemeinsame Reise buchende Ehefrau für ihren Ehemann und die Kinder, der Verbrauchergerichtsstand in Betracht. Hingegen wird sich bei Gruppenreisen, in denen jeweils einzelne Verträge mit dem Veranstalter zustande kommen, der Kläger nicht auf die Gerichtsstände der Art. 17 ff. Brüssel Ia-VO berufen können, wenn er abgetretene Ansprüche von Teilnehmern seiner Gruppe mit anderem Wohnsitz geltend macht (Führich/*Staudinger* ReiseR § 4 Rn. 13).

Das **anwendbare Recht** richtet sich bei vertraglichen Ansprüchen nach der **Rom I-VO**, soweit einschlägig (für deliktische Ansprüche s. Rom II-VO; sa → Form. II.D.2 Anm. 1). Bei Verträgen mit **Verbrauchern** (autonome Auslegung) kommt Art. 6 Rom I-VO zur Anwendung. Art. 6 Abs. 4 lit. b Rom I-VO enthält eine Ausnahme für Beförderungsverträge, sieht aber – wie Art. 17 Brüssel Ia-VO – eine Rückausnahme für Pauschalreiseverträge vor. Soweit im Verordnungstext auf die frühere Richtlinie 90/314/EWG Bezug genommen wird, ist dies als Verweis auf die neue Pauschalreise-RL, Richtlinie 2015/2302/EU, zu lesen, Art. 29 RL 2015/2302/EU. Die Bestimmungen gelten auch, wenn die Pauschalreise keine Beförderung, sondern nur Dienstleistungen beinhaltet (BeckOGK/*Alexander* BGB § 651a Rn. 548). Der Begriff des „Ausrichtens" entspricht dem in Art. 17 Brüssel Ia-VO. Die hierzu ergangene Rechtsprechung ist auf Art. 6 Rom I-VO übertragbar (TBB/*Tonner* ReiseR § 9 Rn. 36).

2. Nicht selten lassen Klagen aus dem Reisevertragsrecht Unklarheiten hinsichtlich der einzelnen in Betracht kommenden Gewährleistungsrechte erkennen, wenn es zB ohne nähere Erläuterung heißt, dass „Minderung bzw. Schadensersatz" verlangt werde. § 651i Abs. 3 Nr. 1 – 7 BGB bietet eine Übersicht über die Ansprüche, die dem Reisenden bei einer mangelhaften Pauschalreise zustehen können (→ Form. II.D.1 Anm. 8).

Tatsächlich zielen die Ansprüche von Pauschalurlaubern meist auf eine ganze oder teilweise Rückzahlung des Reisepreises. Bei der Reklamationsabwicklung von Ansprüchen wegen mängelbehafteter Pauschalurlaubsreisen ist die **Reisepreisminderung** nach § 651m BGB daher wohl auch weiterhin das wichtigste Gewährleistungsrecht. Sie soll typischerweise den Minderwert der vom Reiseveranstalter tatsächlich erbrachten, aber mängelbehafteten Leistung ausgleichen. Unberührt davon bleiben die Ansprüche, die einen Ausgleich für sonst entstandene Kosten, Begleitschäden, Mängelfolgeschäden oder wegen entgangener Urlaubsfreude schaffen. Die Minderung setzt kein Verschulden des Reiseveranstalters voraus. Es ist auch nicht erforderlich, dass der Mangel aus dessen Sphäre stammt. Ob der Mangel durch unvermeidbare, außergewöhnliche Umstände verursacht wurde, steht einer Minderung grds. ebenfalls nicht entgegen (AG Hannover NJW-RR 2021, 563 (564) Rn. 14; MüKoBGB/*Tonner* § 651m Rn. 7; zur umfassenden verschuldensunabhängigen Einstandspflicht des Veranstalters sa MüKoBGB/*Tonner* § 651i Rn. 4 ff, 15 ff.). Konnten Reiseleistungen infolge der COVID-19-Pandemie und deren Auswirkungen nicht erbracht werden, soll es sich jedoch um eine Verwirklichung des allgemeinen Lebensrisikos handeln, so dass das reiserechtliche Gewährleistungsrecht keine Anwendung findet (AG Hannover NJW-RR 2021, 563 (564) Rn. 14). Auf den Ausgleich der neben dem Minderwert der Reise erlittenen Schäden des Reisenden zielt der **Schadensersatz** nach § 651n BGB. Er ergänzt insoweit die reiserechtlichen Gewährleitungsrechte. Erfasst werden Mangel- und Mangelfolgeschäden, aber auch immaterielle Schäden (Schmerzensgeld) im Rahmen des § 253 Abs. 2 BGB (Einheitslösung, RegE BT-Drs. 18/10822, 83, hierzu auch → Form. II.D.5). Allerdings kann eine wegen eines Reisemangels eingetretene Minderung des Reisepreises nicht noch einmal als Mangelschaden geltend gemacht werden (BGH NJW 1985, 132 (133); OLG Düsseldorf RRa 1994, 205). Gegenüber dem Anspruch auf Reisepreisminderung ist beim Schadensersatzanspruch grundsätzlich ein Verschulden auf Seiten des Veranstalters erforderlich (→ Anm. 10).

3. Klageanträge müssen gemäß § 253 Abs. 2 Nr. 2 ZPO grundsätzlich beziffert sein. Eine Ausnahme bildet der Anspruch auf Schmerzensgeld, der auch unbeziffert zulässig ist (str. bzgl. Urlaubsentschädigungsanspruch, BeckOF-P/*Sauer* → Form. 17.1.5 Anm. 26 → Form. II.D.4 Anm. 2).

4. Ob Schadensersatzansprüche vom Geschädigten selbst eingeklagt werden müssen, ist streitig (sa → Form. II.D.1 Anm. 5). Liegt keine Abtretung seitens des Geschädigten vor, muss jedenfalls Leistung an diesen verlangt werden. Eine AGB-Klausel, die eine Abtretung ausschließt, ist unwirksam (BGH NJW 2012, 2107 (2109); NJW 1989, 2750, s. auch MüKoBGB/*Tonner* § 651a Rn. 77).

5. → Form. II.D.2 Anm. 3.

6. Zu den Voraussetzungen einer Pauschalreise nach neuem Recht → Form. II.D.1 Anm. 6.

7. Die Reise ist gemäß § 651i Abs. 2 S. 1 BGB ua frei von Mängeln, wenn sie die **vereinbarte Beschaffenheit** hat. Neben individuellen Vereinbarungen sind dabei von hoher praktischer Bedeutung insbesondere Webseiten, Kataloge oder Prospekte des Reiseveranstalters, mit denen er seine vorvertraglichen Informationspflichten erfüllen kann. Die insoweit enthaltenen Objekt- und Leistungsbeschreibungen sind bindend und werden gemäß § 651d Abs. 3 Satz 1 BGB Vertragsinhalt (→ Form. II.D.1 Anm. 13).

Im Vergleich zur Lage, wenn keine Beschaffenheit vereinbart wurde, § 651i Abs. 2 S. 2 BGB, können sie haftungserweiternd (etwa Angabe einer Vielzahl von Serviceleistungen vor Ort, zB einzelne Sportprogramme, Wellness-Angebote) oder haftungseinschränkend wirken. Besonderes Augenmerk ist dabei auf die Feinheiten der **Katalogsprache** zu richten (zB „Meerseite" statt „Meerblick"). Hat der Reiseveranstalter auf Unzulänglichkeiten hingewiesen, haftet er bei deren Eintreten nicht für einen Reisemangel (zB gelegentlicher Stromausfall).

Ebenfalls relevant sind die **zusicherungsfähigen Eigenschaften** (§ 651c Abs. 1 BGB aF; RegE BT-Drs. 18/10822, 78). So sind etwa Fotos von der Unterkunft, die in einem Katalog verwendet werden, in die durchschnittlichen Erwartungen des Reisenden mit einzubeziehen. Er kann davon ausgehen, dass die gebuchte Unterkunft in etwa der Unterkunft auf der Abbildung entspricht und diese repräsentativ für die Leistungsbeschreibung ist (RegE BT-Drs. 18/10822, 78; AG Duisburg Urt. v. 5.5.2004 – 3 C 1218/04; AG Köln Urt. v. 6.3.2008 – 134 C4 119/07; *Rodegra* MDR 2010, 667 (668)).

8. Das Reisebüro ist hier als Vertreter der Beklagten tätig geworden → Form. II.D.2 Amn. 3.

9. Bei Vertragsänderungen, die der Veranstalter nach Vertragsschluss vornimmt, aber vor Reisebeginn, ist zwischen Preisänderungen sowie (sonstigen) unerheblichen und erheblichen Leistungsänderungen zu unterscheiden.

Gemäß § 651f Abs. 2 BGB sind **unerhebliche Leistungsänderungen** vor Reisebeginn möglich, sofern sich der Reiseveranstalter diese vertraglich vorbehält. Erfolgt dies in AGBs, ist das Klauselverbot des § 308 Nr. 4 BGB nicht anwendbar, § 651f Abs. 3 BGB. Auf die Zumutbarkeit darf daher nicht mehr abgestellt werden. Über die Änderung hat der Reiseveranstalter den Reisenden auf einem dauerhaften Datenträger in klarer, verständlicher und in hervorgehobener Weise zu unterrichten, § 651f Abs. 2 S. 2 BGB.

Erhebliche Leistungsänderungen regelt § 651g BGB. Diese sind zulässig, wenn der Grund hierfür erst nach Vertragsschluss eingetreten ist, § 651g Abs. 1 S. 3 BGB, und der Reiseveranstalter die Reise ohne diese Änderung nicht verschaffen kann. Zur Frage, wann eine erhebliche Änderung einer der wesentlichen Eigenschaften der Reiseleistungen vorliegt, ist Art. 250 § 3 Nr. 1 EGBGB heranzuziehen, der diese in Zusammenhang mit den vorvertraglichen Informationspflichten auflistet. Zu ihnen gehören neben dem Bestimmungsort ua auch die Transportmittel und die Unterkunft (Lage, Hauptmerkmale, touristische Einstufung). Auf die Zumutbarkeit kommt es auch insoweit nicht an, so dass, anders als bisher, Leistungsänderungen iErg häufiger vorgenommen werden können (*Tonner* MDR 2018, 305 (308)).

Der Reiseveranstalter kann den Reisenden vor die Wahl stellen, entweder die Leistungsänderung anzunehmen oder den **Rücktritt** vom Vertrag zu erklären, § 651g Abs. 1 S. 3, S. 2 BGB. Hierzu hat er ihm eine angemessene Frist zu setzen. Äußert sich der Reisende innerhalb dieser Frist nicht, gilt das Angebot als angenommen, § 651g Abs. 2 S. 3 BGB (**Zustimmungsfiktion**). Der Gesetzgeber ging davon aus, dass die – wenn auch geänderte – Durchführung der Reise regelmäßig im Interesse des Reisenden liegen wird (RegE BT-Drs. 18/10822, 74 f.).

Alternativ hat der Reiseveranstalter die Möglichkeit, dem Reisenden eine **Ersatzreise** anzubieten, dh die Teilnahme an einer anderen Pauschalreise, § 651g Abs. 2 S. 1 BGB. Dieses Angebot muss der Reisende jedoch ausdrücklich annehmen (RegE BT-Drs. 18/10822, 74).

Hat der Reisende die Vertragsänderung bzw. Ersatzreise angenommen und ist diese von geringerer Qualität als die ursprünglich gebuchte Reise, gelten die Regelungen über die Minderung entsprechend, § 651g Abs. 3 S. 2 BGB. Er erhält dann einen finanziellen Ausgleich.

10. In der Systematik der Gewährleistungsansprüche handelt es sich hierbei um einen Schadensersatzanspruch nach § 651n Abs. 1 BGB. Zum Aufwendungsersatzanspruch nach § 651k Abs. 2 BGB (Kosten Selbstabhilfe) besteht Anspruchskonkurrenz (BeckOGK/*Klingberg* BGB § 651n Rn. 8; BGH NJW 2012, 2107 Rn. 25). Soweit gegenüber der alten Rechtslage (§ 651f Abs. 1 BGB aF) der Zusatz „wegen Nichterfüllung" weggefallen ist, bedeutet dies inhaltlich keine Änderung. Der Begriff „Schadensersatz" ist wie in § 536a Abs. 1 BGB als Oberbegriff zu verstehen, der auch den Schadensersatz statt der Leistung erfasst (RegE BT-Drs. 18/10822, 83 f.). Es handelt sich um einen verschuldensabhängigen Schadensersatzanspruch mit Beweislastumkehr zu Lasten des Reiseveranstalters (RegE BT-Drs. 18/10822, 83; BeckOGK/*Klingberg* BGB § 651n Rn. 21 f.; aA Führich/*Staudinger* ReiseR § 22 Rn. 2: modifizierte Form der verschuldensunabhängigen Haftung; sa MüKoBGB/*Tonner* § 651n Rn. 39). Das Verschulden wird vermutet („es sei denn"; LG Rostock BeckRS 2020, 19203 Rn. 15). Der Veranstalter kann sich lediglich in drei Gründen entlasten, die § 651n BGB abschließend nennt.

Zu den Voraussetzungen:

a) Es muss ein **Reisemangel** iSv § 651i Abs. 2 BGB vorliegen. Dieser liegt hier in dem zum Vertragsinhalt gehörenden, aber nicht geleisteten Transfer vom Flughafen zum Hotel.

b) Wie bei der Reisepreisminderung muss der Reisende den Reisemangel gemäß § 651o Abs. 1 BGB grds. vor Ort **angezeigt** haben (→ Form. II.D.1 Anm. 14). Dies kann auch gegenüber dem Reisevermittler erfolgen, der gemäß § 651v Abs. 4 BGB als ermächtigt gilt, diese und andere Erklärungen des Reisenden entgegenzunehmen. Eine Mängelanzeige entfällt jedoch, wenn dem Reisemangel objektiv nicht abzuhelfen war, der Schaden auch bei erfolgreicher Abhilfe nicht zu vermeiden war oder der Reisende die fehlende Anzeige den Umständen nach nicht zu vertreten hat. Davon kann bei der hiesigen Fallkonstellation ausgegangen werden (vgl. AG Frankfurt RRa 1994, 132; AG Düsseldorf RRa 1996, 38; OLG Frankfurt RRa 1998, 67 (66); sa MüKoBGB/*Tonner* § 651o Rn. 8). Eine nicht unmittelbare Mängelrüge kann sich auch auf den vor der Mängelrüge liegenden Zeitraum beziehen, wenn eine Abhilfe zu einem früheren Zeitpunkt nicht möglich gewesen wäre (LG Frankfurt a. M. RRa 2008, 27) → Form. II.D.1 Amn. 14.

c) Weiterhin muss der Reiseveranstalter den Reisemangel entweder selbst (§ 276 BGB) oder durch seine Erfüllungsgehilfen (§ 278 BGB) **verschuldet** haben. Er hat die Möglichkeit, fehlendes Verschulden einzuwenden, kann sich dabei aber (nur) auf die folgenden, in § 651n Abs. 1 Hs. 2 Nr. 1 – 3 BGB genannten drei Gründe berufen:
Der Reisemangel wurde
   aa) Nr. 1: vom Reisenden verschuldet,
   bb) Nr. 2: von einem Dritten verschuldet und war für den Reiseveranstalter nicht vorhersehbar oder nicht vermeidbar,
   cc) Nr. 3: durch unvermeidbare, außergewöhnliche Umstände verursacht.
Verschuldet in Nr. 1 und Nr. 2 meint fahrlässig oder vorsätzlich herbeigeführt (RegE BT-Drs. 18/10822, 84). Es handelt sich um eine abschließende Aufzählung (RegE BT-Drs. 18/10822, 84 mit Verweis auf BGH Urt. v. 9.11.2004 – X ZR 119/01).

d) Der Reisemangel muss Ursache des Schadens sein (hierzu a. *Ramming* RdTW 2017, 321 (339)). Der Schaden muss dabei adäquat kausal auf den Reisemangel zurückzuführen sein (BGH NJW 2005, 1420 (1421)). Weiterhin erforderlich ist, dass die (äquivalenten und adäquaten) Schadensfolgen unter den Schutzzweck der verletzten Norm fallen (BGH NJW 2017, 958 (959 Rn. 10); BGH NJW 2005, 1420 (1421 f.). Die Ursächlichkeit muss ihrerseits im Rahmen der Lebenswahrscheinlichkeit liegen (OLG Frankfurt a. M. RRa 2005, 78 zu verspäteten Zubringer-Flügen bei Kreuzfahrten).

e) Ein etwaiges **Mitverschulden** im Sinne des § 254 BGB hat sich der Reisende anrechnen zu lassen. Gemäß § 254 Abs. 2 S. 2 BGB ist § 278 BGB entsprechend anwendbar (RegE BT-Drs. 18/10822, 84; BGH Urt. v. 27.11.2008 – VII ZR 208/06; hierzu auch zB OLG Köln NJW-RR 2008, 1448: Sturz auf Safarireise; AG Duisburg NJW-RR 2007, 1070: Versagen des Hotelweckdienstes). In diesem Fall des Erstattungsanspruches für Kosten eines Taxis wegen fehlenden Bustransfers sind keine Gründe erkennbar, die den Haftungsumfang einschränken konnten (LG Köln MDR 1991, 840: Mietwagenkosten; LG Hannover NJW-RR 1987, 496: Taxikosten).

f) Der Reiseveranstalter kann seine Haftung für Schäden, die **keine Körperschäden** sind und nicht schuldhaft herbeigeführt wurden, auf den dreifachen Reisepreis **beschränken,** § 651p Abs. 1 BGB. Erforderlich ist eine Vereinbarung mit dem Reisenden, zB in AGBs (TBB/*Bergmann* ReiseR § 2 Rn. 447). Anders als bisher ist eine Beschränkung der Haftung unzulässig sowohl für Schäden aufgrund leichter Fahrlässigkeit (§ 651h Abs. 1 Nr. 1 BGB aF) als auch für allein wegen Verschuldens eines Leistungsträgers – zB Hotel, Flugunternehmen – entstandener Schäden (§ 651h Abs. 1 Nr. 2 BGB aF; RegE BT-Drs. 18/10822, 85).
Seine Haftung für **Körperschäden** kann der Reiseveranstalter nicht durch Vereinbarung mit dem Reisenden beschränken, § 651p Abs. 1 BGB, § 651y BGB.
Beschränkungen können sich auch aus **internationalen Übereinkünften** ergeben, § 651p Abs. 2 BGB (zu den Haftungsbeschränkungen bei Schiffsreisen s. *Ramming* RdTW 2017, 321 (346 ff.)). Ebenfalls zu beachten sind die **Anrechnungsvorschriften** des § 651p Abs. 3 BGB (→ Form. II.D.1 Anm. 9).

11. Die klageweise Geltendmachung von Reisemängeln im Rahmen von Gewährleistungsansprüchen leidet in der Praxis häufig an der fehlenden **Substantiierung** des Parteivortrags, s. zB AG Rostock RRa 2021, 88 (89): Vortrag (auch) unglaubwürdig, leidet an Übertreibung; Beschreibung „in erheblicher Art und Weise" ist subjektive Wertung; Beispiele noch zur alten Rechtslage enthalten etwa die Entscheidungen des AG Bad Homburg (Urt. v. 1.7.2008 – 2 C 821/08), des AG Duisburg (RRa 2009, 146) und des AG Kleve (MDR 1999, 346; s. ferner LG Frankfurt a. M. NJW-RR 1991, 378 zum unzulässigen Bestreiten des Reiseveranstalters mit Nichtwissen; zum bloßen Bestreiten LG Frankfurt a. M. RRa 2010, 25; ferner *Führich* ReiseR, 7. Aufl., § 7 Rn. 173). Diese ist von größter praktischer Bedeutung für die Bestimmung, ob überhaupt ein Reisemangel vorliegt und der vom Gericht vorzunehmenden Bemessung zB der Minderungsquote. Nur wenn die einzelnen Mängel so bestimmt bezeichnet sind, dass das Gericht die Abweichungen von der geschuldeten Leistung erkennen kann, ist ein handhabbarer Ansatz für die eingeklagten Rechtsfolgen gegeben (so ausdrücklich AG Kleve MDR 1999, 346). Andernfalls droht Gefahr, dass der Klageantrag nicht zum gewünschten Erfolg führt (zu statistischen Zahlen *Isermann* NJW 1988, 873; *Schlotmann* RRa 1995, 2 (22, 42)).

12. Wann ein **Reisemangel** vorliegt, bestimmt § 651i Abs. 2 BGB. Danach ist ein Reisemangel gegeben, wenn die Reise nicht die vereinbarte Beschaffenheit aufweist (§ 651i Abs. 2 S. 1 BGB, → Anm. 7). Wurde keine Beschaffenheit vereinbart – was selten der Fall sein dürfte, da auch die vorvertraglichen Informationspflichtangaben des Art. 250 § 3 Nr. 1 EGBGB (wesentliche Eigenschaften) regelmäßig Vertragsbestandteil werden – ist darauf abzustellen, ob sich die Reise für den nach dem Vertrag vorausgesetzten Nutzen eignet (Abs. 2 S. 2 Nr. 1) oder aber ob sie sich für den gewöhnlichen Nutzen eignet und die für vergleichbare Pauschalreisen übliche Beschaffenheit aufweist und die vom Reisenden erwartet werden kann (Abs. 2 S. 2 Nr. 2).

Unterlassene **Informationspflichten** können insoweit ebenfalls einen Mangel darstellen. So kam im Falle einer Informationspflichtverletzung nach der bisherigen Rechtslage (§ 651d BGB aF) eine selbständige Reisepreisminderung in Betracht. Maßgeblich waren die Umstände des Einzelfalls (LG Frankfurt a. M. RRa 2012, 10). Daran wird auch nach der neuen Rechtslage festgehalten werden können (vgl. hierzu und zur Frage des „Doppelmangels“ TBB/*Bergmann,* ReiseR § 2 Rn. 397 ff.).

Abzugrenzen ist der Reisemangel von Beeinträchtigungen, die – qualitativ wie quantitativ – (noch) keinen Reisemangel darstellen. Hierzu gehören bloße **Unannehmlichkeiten** (RegE BT-Drs. 18/10822, 79), **subjektive Empfindlichkeiten** bzw. persönlicher Geschmack (AG Duisburg Urt. v. 27.6.2007 – 45 C 394/07: Sauberkeit des Pools, Verpflegung) und Gesichtspunkte der „Landesüblichkeit“ (Sicherheitsstandards im Mittelklassehotel auf Mallorca OLG Düsseldorf NJW-RR 2003, 776; Insekten und Schimmel in Nassräumen: AG Düsseldorf NJW-RR 2009, 298). Vom Reisenden sind gewisse Unannehmlichkeiten und Unzulänglichkeiten, die sich aus dem Massencharakter der Pauschalreise ergeben, hinzunehmen (ausf. OLG Düsseldorf RRa 2015, 114; AG Duisburg Urt. v. 27.6.2007 – 45 C 394/07).

Kein Reisemangel ist zudem gegeben, wenn sich während der Reise das **„allgemeine Lebensrisiko“** verwirklicht, insbesondere Kriminalität bzw. eine allgemeine Überfallgefahr im Reisegebiet (LG Frankfurt a. M. NJW-RR 2009, 402: Überfall auf Reisebus in Brasilien; OLG Braunschweig, Beschl. v. 24.11.2009, 1 U 53/09: Überfall in Costa Rica auf Fußweg am Strand; OLG München NJW-RR 2004, 1698: Hotelüberfall in Kenia); Krankheiten; Angriffe (Affenbiss; Quallen) oder auch natürliche Umweltbeeinträchtigungen (vgl. statt vieler TBB/*Bergmann* ReiseR § 2 Rn. 356 ff; MüKoBGB/*Tonner* § 651i Rn. 19 f.; Führich/*Staudinger* ReiseR § 17 Rn. 13; Anhang zu § 21.; jeweils mit umfangreichen Rechtsprechungshinweisen). Bejaht wurde die Verwirklichung des allg. Lebensrisikos ebenfalls für die COVID-19-Pandemie und deren Auswirkungen (AG Hannover NJW-RR 2021, 563 (564) Rn. 14; sa AG Hannover Urt. v. 12.4.2021 – 570 C 12046/20, Redaktion beck-aktuell, becklink 2019495).

Ebenfalls grds. nicht einzustehen hat der Reiseveranstalter für Umstände bzw. Beeinträchtigungen, die (nur) in der **Person des Reisenden** liegen. Anders ist dies, wenn die Reise auf dessen persönliche Bedürfnisse abgestimmt wurde (RegE BT-Drs. 18/10822, 83 f.). Der Veranstalter haftet auch nicht für persönliche Eigenschaften der Mitreisenden (AG Köln NJW-RR 2013, 889: Probleme bei Belegung eines halben Doppelzimmers).

In Umsetzung von Art. 3 Nr. 13 RL 2015/2302/EU bestimmt § 651i Abs. 3 S. 3 BGB, dass ein Reisemangel auch dann vorliegt, wenn der Reiseveranstalter Reiseleistungen nicht oder mit unangemessener **Verspätung** verschafft. Erfasst werden hiermit das vollständige oder teilweise Ausbleiben der Leistung sowie Spätleistungen (Einheitslösung, RegE BT-Drs. 18/10822, 77 ff.).

Zu beachten ist, dass bei Verspätungen im Rahmen von Pauschalreisen nach der bisherigen Rechtsprechung ein Reisemangel grds. erst bei einer Verspätung von mehr als vier Stunden vorliegt (LG Frankfurt RRa 2009, 72 (74); AG Duisburg RRa 2012, 226 (227); BGH RRa 2009, 40 (43) = NJW 2009, 287: kein erheblicher Reisemangel bei fünfstündiger Flugverspätung). Werden diese nicht erreicht, handelt es sich um eine bloße Unannehmlichkeit, für die der Veranstalter nicht haftet (RegE BT-Drs. 18/10822, 79; AG Rostock RRa 2012, 138 (140): zwei Stunden). Bei Flugreisen können insoweit Ansprüche aus der Fluggastrechte-VO gegen das den Flug ausführende Luftfahrtunternehmen in Betracht kommen (BGH NJW 2009, 287 = RRa 2009, 40 (43); → Form. II.D.1 Anm. 3). Hiervon ausdrücklich abweichend hat etwa das AG Hannover bei Anwendung der neuen Regelungen für ab dem 1.7.2018 gebuchte Reisen im Einklang mit der Fluggastrechte-VO einen Mangel bereits bei einer dreistündigen Verspätung bejaht (RRa 2020, 86 (87)).

13. Wegen der unterschiedlichen Einordnung der prozessualen Folgen solcher **Mängelprotokolle** s. einerseits LG Frankfurt a. M. NJW 1988, 1219; AG Düsseldorf NJW-RR 1997, 1340; AG Neuwied RRa 2003, 269 (Darlegungs- und Beweiserleichterung für den Reisenden) und andererseits LG Hannover NJW-RR 1988, 1254; LG Berlin NJW-RR 1989, 1213; AG Duisburg RRa 2008, 72 (zurückhaltendere Bedeutung, ebenso Führich/

Staudinger ReiseR § 18 Rn. 6 f., § 21 Rn. 12, s. a. Bsp. Anh. 1 Musterbriefe 8, 11; MüKoBGB/*Tonner* § 651o Rn. 3 ff.; BeckOGK/*Kramer* BGB § 651o Rn. 58 ff.).

Dokumentationsmaßnahmen, die keine materiell-rechtliche Wirkung entfalten, können die Grundlage für einen qualifizierten Parteivortrag bilden und als Beweismittel in Betracht kommen (Urkundenbeweis, Augenscheinobjekt, Grundlage zur Parteivernehmung nach § 448 ZPO; BeckOGK/*Kramer* BGB § 651o Rn. 69 f.)

Wichtig ist die Mängelanzeige vor Ort, die § 651o BGB regelt. Ohne diese ist der Reisende grundsätzlich nicht berechtigt, die in § 651m BGB bestimmten Minderungsrechte geltend zu machen oder Schadensersatz nach § 651n BGB zu verlangen (→ Form. II.D.1 Anm. 14).

14. Auf das **Abhilfeverlangen** des Reisenden hin ist der Reiseveranstalter verpflichtet, den Reisemangel zu beseitigen, § 651k Abs. 1 S. 1 BGB. Ein Verweigerungsrecht steht diesem nur zu, wenn dies unmöglich (§ 651k Abs. 1 S. 2 Nr. 1 BGB) oder mit unverhältnismäßigen Kosten verbunden ist (§ 651k Abs. 1 S. 2 Nr. 2 BGB). Es handelt sich um eine rechtsgestaltende Einrede des Reiseveranstalters („kann . . . . . verweigern"; BeckOGK/*Sorge* BGB § 651k Rn. 77, differenz. bzgl. Unmöglichkeit: von Gesetzes wegen eintretender Schuldbefreiungsgrund, BeckOGK/*Sorge* BGB § 651k Rn. 77.1). Nr. 2 entspricht dem „unverhältnismäßigem Aufwand" in § 651c Abs. 2 S. 2 BGB aF (*Förster* JA 2018, 561 (566); BeckOGK/*Sorge* BGB § 651k Rn. 70 ff.; zur früheren Rechtslage, an der sich insoweit nichts geändert hat, hinsichtlich der Abhilfeverweigerung, bzgl. der Unterbringung in einem Ersatzhotel wegen unverhältnismäßig hoher Kosten: OLG Frankfurt BeckRS 2010, 20563).

Betrifft in diesen Fällen der Mangel einen erheblichen Teil der Reiseleistungen, hat der Veranstalter gemäß § 651k Abs. 3 S. 1 BGB Abhilfe durch angemessene Ersatzleistungen anzubieten. Es handelt sich um einen modifizierten Erfüllungsanspruch des Reisenden, ähnlich dem Nacherfüllungsanspruch im Kauf- und Werkvertragsrecht (RegE BT-Drs. 18/10822, 80). Im Interesse des Reisenden besteht insoweit ein Vorrang der Abhilfe in Form der Mängelbeseitigung (RegE BT-Drs. 18/10822, 80).

Die Ersatzleistungen müssen grundsätzlich mit den ursprünglich geschuldeten Leistungen zumindest **gleichwertig** sein. Erhält der Reisende im Ergebnis eine minderwertige Pauschalreise, deren Leistungen nicht mit der ursprünglich geschuldeten gleichwertig ist, hat der Veranstalter den Reisepreis entsprechend den Regelungen zur Minderung herabzusetzen, § 651k Abs. 3 S. 2 iVm § 651m Abs. 1 S. 2 BGB.

Sind die Ersatzleistungen mit den vertraglich vereinbarten Leistungen nicht **vergleichbar**, ist der Reisende berechtigt, diese abzulehnen. Gleiches gilt, wenn die vom Reiseveranstalter angebotene Herabsetzung des Reisepreises nicht angemessen ist, § 651k Abs. 3 S. 3 BGB.

Eine vergleichbare Leistung darf hingegen vom Reisenden nicht abgelehnt werden. Daher dürfte die bisherige Rechtsprechung mit strengen Anforderungen an Ersatzhotelangebote (vgl. BGH NJW 2005, 1047 = RRa 2005, 57 = JZ 2005, 731 mAnm *Tonner* zur Ablehnung eines nicht-gleichwertigen Ersatzhotels; sa BGH NJW 2018, 789 mAnm *Bergmann* = RRa 2018, 63) nicht mehr ohne Weiteres haltbar sein (*Tonner* MDR 2018, 305 (309); BeckOGK/*Sorge* BGB § 651k Rn. 151 ff.).

War der Reisende zur Ablehnung berechtigt, wird der Vertrag wie bei einer **Kündigung** nach § 651l Abs. 2, Abs. 3 BGB abgewickelt. Auf eine ausdrückliche Kündigungserklärung des Reisenden kommt es nicht an. Dies ist ebenso der Fall, wenn der Reiseveranstalter keine Ersatzleistungen anbieten kann, § 651k Abs. 3 S. 4 BGB.

15. Die Bemessung der **Minderungsquote** stellt in der Praxis mit das größte Problem dar. Bei der Minderung ist gemäß § 651m Abs. 1 S. 2 BGB der Reisepreis in dem Verhältnis herabzusetzen, in welchem zur Zeit des Vertragsschlusses der Wert der Pauschalreise in mangelfreiem Zustand zu dem wirklichen Wert gestanden haben würde.

§ 651m Abs. 1 S. 3 BGB bestimmt, dass der Minderungsbetrag, soweit erforderlich, durch Schätzung zu ermitteln ist. Damit passt sich der Gesetzeswortlaut an die bisherige Praxis an, bei der entsprechend unter Anwendung von § 287 Abs. 2 ZPO vom Reisepreis ein prozentualer Abschlag vorgenommen wurde, ohne noch auf § 638 Abs. 3 BGB bzw. § 638 Abs. 4 BGB zu verweisen (vgl. § 651d Abs. 1 BGB aF). Im Vergleich zur früheren Rechtslage ergeben sich insoweit keine Änderungen (RegE BT-Drs. 18/10822, 83; AG Hannover RRa 2020, 86 (87)).

Bei der Bemessung der Minderung handelt es sich um eine reine Rechtsanwendung (AG Hannover RRa 2020, 86 (88): Grenze für das Gericht „ne ultra petita", § 308 Abs. 1 ZPO, Herabsetzung der Bagatellgrenze bei Flugverspätungen auf drei Stunden statt Annahme von – bisher üblichen – vier Stunden, die die Klägerin ihrer Berechnung zugrunde gelegt hat, Mangel statt Unannehmlichkeit). Vom Gericht kann ein Reisemangel auch höher bewertet werden als vom Reisenden (AG Hamburg RRa 1999, 173 = FHZivR 45 Nr. 2179 (LS.): 40 % statt 30 %; Führich/*Staudinger* ReiseR § 21 Rn. 25).

Hinsichtlich des zeitlichen Umfangs der Minderung stellt das Gesetz auch weiterhin auf die „**Dauer** des Reisemangels" ab, § 651m Abs. 1 S. 1 BGB, dh vom Zeitpunkt der Anzeige bis zur Abhilfe bzw. Selbstabhilfe (MüKoBGB/*Tonner* § 651n Rn. 13; AG Kleve RRa 2000, 169 (170); s. aber LG Hamburg RRa 2002, 214: Zeitpunkt des Mangels bei Nichtabhilfe). Bei **besonderer Schwere** kann nach der Rechtsprechung ein Ereignis, das zu einem Mangel führt, allerdings auch eine Minderung rechtfertigen, die nicht auf den anteiligen Reisepreis für die Dauer des Ereignisses beschränkt ist und sich auf die Rückzahlung des vollständigen Reisepreises erstreckt (BGH RRa 2008, 220 = MDR 2008, 1329: Beinah-Absturz eines Flugzeugs).

In der Vergangenheit nicht einheitlich beantwortet wurde die Frage, ob für die Berechnung der Minderung der Wert der mangelhaften Einzelleistung oder aber der **Gesamtwert** der Reise – unter Einbeziehung auch der mängelfreien Leistungen – zugrunde zu legen ist (siehe hierzu etwa die Darstellung bei Führich/*Staudinger* ReiseR § 8 Rn. 21 ff.). Mittlerweile durchgesetzt hat sich der praktisch einfachere Weg einer Orientierung am Gesamtpreis. Hintergrund ist, dass sich die einzelnen Anteile, die zur dessen Bildung geführt haben, ohne Einblick in die wirtschaftlichen Erwägungen und Berechnungsgrundlagen des Reiseveranstalters nur schwer ermitteln lassen (AG Hannover NJW-RR 2021, 563; BGH NJW 2000, 1188 = RRa 2000, 85; OLG Frankfurt a.M. NJW-RR 1999, 1356; RRa 2003, 255; LG Dortmund RRa 2008, 114; AG Köln Urt. v. 24.4.2017 – 142 C 160/16, BeckRS 2017, 112978; anders im Einzelfall hinsichtlich von Transportkosten bei einem relativ geringfügigen Mangel, durch den der Gesamtzuschnitt der Reise nicht wesentlich verändert wird: OLG Frankfurt NJW-RR 1999, 1356 (1358) = RRa 1998, 95 (97); zu Verpflegungskosten: MüKoBGB/*Tonner* § 651m Rn. 9; *Tempel* NJW 1996, 164 (167 f.); OLG Frankfurt RRa 2003, 255).

Auch bei **zusammengesetzten Reisen**, die aus mehreren Teilen bestehen (zB Rundreisen, mehrere Urlaubsorte), wird grundsätzlich der Gesamtpreis zugrunde gelegt. Lässt sich allerdings der Teil der Reise, in dem der Mangel auftrat, vom anderen, unbeeinträchtigten Teil klar abtrennen, kann die Betrachtung auch differenzierter erfolgen. Insoweit wurde zur Berechnung der Minderung nur der Teil-(Gesamt-)preis der mangelhaften Teil-Reise für die Berechnung herangezogen (bzw. die Kosten des anderen Reiseteils, der nicht beeinträchtigt wurde, herausgerechnet) – wobei jedoch regelmäßig die (ebenfalls mangelfreien) Beförderungskosten der gesamten Reise einbezogen blieben (zB LG Frankfurt a.M. NJW-RR 2009, 842 (843): Rundreise und anschließender Badeaufenthalt; OLG Celle NJW-RR 2003, 200 = RRa 2003, 12: Kreuzfahrt und anschließender Badeurlaub; LG Hannover NJW-RR 1999, 1004: Segeltour und anschließender Hotelaufenthalt; (ähnlich) OLG Düsseldorf NJW-RR 1992, 277: Flugreise und zusätzlich gebuchte Schiffsreise).

Vom Gesamtpreis abzuziehen sind jedoch **individuelle Gebühren** wie Visagebühren, Zahlungen für Reiseversicherungen oder freiwillig geleistete Beiträge, etwa zur CO2

Reduzierung (TBB/*Bergmann* ReiseR § 2 Rn. 351; Führich/*Staudinger* ReiseR § 21 Rn. 23). Als nicht für den Gesamtpreis zur Berechnung der Minderung zu berücksichtigende Nebenkosten wurden bei einer Flugpauschalreise auch separat berechnete Sitzplatzreservierungskosten für den Flug gezählt (AG Hannover RRa 2020, 86 (88)).

Gleichwohl bleibt auch weiterhin offen, wie sich die Höhe der Minderung iE bestimmt. Wenngleich die veröffentlichten Gerichtsentscheidungen sich nur selten explizit darauf beziehen, verschaffen Minderungstabellen und sonstige Übersichten zur Minderungspraxis erste Orientierungswerte für die praktische Handhabung. Die sog „Frankfurter Tabelle" (NJW 1985, 113 mit Erläuterungen von *Tempel* NJW 1985, 97 sowie 1994, 1639) darf inzwischen als veraltet gelten (bedauernd MüKoBGB/*Tonner* § 651m Rn. 17; siehe aber noch LG Berlin RRa 2013, 74). Aktueller und hilfreicher sind die Zusammenstellungen mit Rechtsprechungshinweisen zB bei *Führich/Staudinger* ReiseR Anh. IV, 1553 ff., „Kemptener Reisemängeltabelle" sowie Online-Aktualisierungen unter www.reiserecht-fuehrich.de und *Schattenkirchner* (Preisminderung bei Reisemängeln, 2. Aufl. 2012; *Schattenkirchner* NJW 2005, 2506; DAR 2007, 482; Beilage DAR 2010, Heft 9 sowie Online-Aktualisierungen auf der Website des ADAC).

Zu beachten ist dabei, dass jede Verquickung mit Entschädigungsgedanken bei der Minderung zu unterbleiben hat (OLG Frankfurt a. M. RRa 2003, 255).

16. Die nunmehr in § 651k Abs. 2 BGB geregelte Selbstabhilfe entspricht im Wesentlichen § 651c Abs. 3 BGB aF. Grundsätzlich erforderlich ist, dass der Reisende dem Veranstalter mit dem **Abhilfeverlangen eine angemessene Frist** gesetzt hat und diese erfolglos abgelaufen ist. Je nach den Umständen des Einzelfalles kann die Frist auch relativ kurz bemessen sein. Maßgeblich sind insbesondere die Art und Schwere des Mangels aber auch die Länge des Urlaubs. Als „Faustregel" ist eine Frist von einem Tag als angemessen anzusehen (MüKoBGB/*Tonner* § 651k Rn. 26; Führich/*Staudinger* ReiseR § 19 Rn. 18).

Hat der Veranstalter innerhalb der gesetzten Frist – und vorbehaltlich der Ausnahmen des Abs. 1 S. 2 BGB – keine Abhilfe geleistet, ist der Reisende berechtigt, selbst Abhilfe zu schaffen und Ersatz der erforderlichen Aufwendungen zu verlangen, § 651k Abs. 2 S. 2 BGB.

Soweit in der früheren Gesetzesfassung ein **„besonderes Interesse** des Reisenden" an der sofortigen Abhilfe gefordert wurde, geht damit keine Änderung der bisherigen Rechtslage einher. So soll etwa der Reisende bei einer Verspätung des vom Reiseveranstalter vorgesehenen Busses auch zukünftig berechtigt sein, ein Taxi zu nehmen, um seinen Flug rechtzeitig zu erreichen. Hier wurde in früheren Entscheidungen ein besonderes Interesse des Reisenden bejaht (RegE BT-Drs. 18/10822, 80 mit Verweis auf AG Stuttgart Urt. v. 23.1.1995 – 5 C 8423/94). Hinsichtlich des Merkmals „notwendig" wird befürwortet, dieses objektiv auszulegen, womit der Reisende ein besonderes Interesse an der sofortigen Abhilfe nicht darlegen muss (TBB/*Bergmann* ReiseR § 2 Rn. 324).

„Aufwendungen" meint nicht nur Kosten und Ausgaben, sondern erfasst alle Arten von Vermögensopfern iSv § 670 BGB, die der Betroffene für erforderlich halten durfte (TBB/*Bergmann* ReiseR § 2 Rn. 325; BeckOGK/*Sorge* BGB § 651k Rn. 143). Da, wie bisher, nur die „erforderlichen" Aufwendungen ersetzt verlangt werden können, ist die Angemessenheit der einzelnen Selbstabhilfemaßnahmen bedeutsam. Für die Suche nach einem Ersatzquartier ist deshalb grds. ein Hotel der gleichen Kategorie Orientierungsmaßstab. Sind in dieser jedoch keine Zimmer erhältlich, kann auch die nächsthöhere Kategorie gewählt werden (OLG Köln NJW-RR 1993, 252; KG NJW-RR 1993, 1209).

Durfte der Reiseveranstalter die Abhilfe in Form der Mängelbeseitigung nach § 651k Abs. 1 S. 2 BGB verweigern, stehen dem Reisenden insbesondere die Rechte aus § 651i

Abs. 3 Nr. 6 (Minderung) und Nr. 7 (§ 651n Schadensersatz; § 284 Aufwendungsersatz) zu. Zur früheren Rechtslage ergeben sich keine substanziellen Änderungen (RegE BT-Drs. 18/10822, 79 aE).

17. Schadensersatzanspruch nach § 651n Abs. 1 BGB (vertragliche Nebenpflichtverletzung, Obhutspflicht, zu § 651f Abs. 1 BGB aF s. AG Ludwigsburg NJW-RR 1999, 710 unter Berücksichtigung eines Mitverschuldensanteils gemäß § 254 BGB wegen der Vorhersehbarkeit der Beschädigungsgefahr).

18. Zur außergerichtlichen Geltendmachung s. oben unter → Form. II.D.1, wegen der Aktivlegitimation s. → Form. II.D.1 Anm. 5.

19. Die Ablehnung wirkt verzugsbegründend (§ 286 Abs. 2 Nr. 3 BGB).

20. Die Beweislast trägt:

a) bei der **Selbstabhilfe**
- der Reisende: für Art, Dauer und Umfang eines Reisemangels, das Fehlen einer zugesicherten Eigenschaft, Abhilfeverlangen, das Setzen einer Frist zur Abhilfe, die Nichtabhilfe bzw. die Verweigerung der Abhilfe, für Umstände, aus denen sich (ggf.) ergibt: die Angemessenheit der Frist, die Entbehrlichkeit der Fristsetzung, die Notwendigkeit einer sofortigen Abhilfe, die Aufwendungen und ihre Erforderlichkeit;
- der Reiseveranstalter: für seine Erreichbarkeit bei einem Abhilfeverlangen, die Rechtzeitigkeit eines tauglichen Abhilfeangebots, die Gleichwertigkeit der Abhilfemaßnahmen, die Unmöglichkeit bzw. Unverhältnismäßigkeit der Kosten bei Verweigerung der Abhilfe.

b) bei der **Minderung** (sa oben unter a)
- der Reisende: für Art, Dauer und Umfang des Reisemangels, die Mängelanzeige bzw. deren Entbehrlichkeit (siehe aber → Form. II.D.1 Amn. 15);
- der Reiseveranstalter: hinsichtlich der schuldhaften Unterlassung der Mängelanzeige, insb. deren Durchführbarkeit (LG Frankfurt a. M. RRa 2007, 69: Vorhandensein einer Person, die für die Entgegennahme der Mängelanzeige zuständig war und dass bei dieser Person eine Mängelanzeige entweder überhaupt nicht oder erst zu einem bestimmten späteren Zeitpunkt eingegangen ist).

c) beim **Schadensersatz** nach § 651n Abs. 1 BGB (sa oben unter a)
- der Reisende: für Art, Dauer und Umfang des Reisemangels, die Mängelanzeige bzw. deren Entbehrlichkeit (siehe aber → Form. II.D.1 Amn. 15), den eingetretenen Schaden, die Kausalität;
- der Reiseveranstalter: für das Vorliegen der Entlastungsgründe (HS. 2 Nr. 1 – 3 BGB, LG Rostock BeckRS 2020, 19203 Rn. 15). Ebenso dafür, dass er bei rechtzeitiger Anzeige zur Abhilfe in der Lage gewesen wäre, wenn der Reisende behauptet, eine Abhilfe sei auch zu einem früheren Zeitpunkt nicht möglich gewesen (LG Frankfurt a. M. RRa 2008, 27). Ferner für ein Mitverschulden des Reisenden.

Kosten und Gebühren

21. → Form. II.D.1 Anm. 22; → Form. II.D.2 Anm. 14.

Fristen und Rechtsmittel

22. → Form. II.D.1 Anm. 23.

4. Klage auf Entschädigung wegen erheblichen Reisemangels (Kündigung § 651l BGB, vertane Urlaubszeit § 651n Abs. 2 BGB)

An das
Amtsgericht . . . . .[1]
In Sachen
des R . . . . .
– Klägers –
Prozessbevollmächtigter: . . . . .
gegen
die Firma RV-GmbH . . . . .
– Beklagte –
wegen Urlaubsentschädigung und Mehrkostenerstattung nach Kündigung
zeige ich an, den Kläger anwaltlich zu vertreten. In seinem Namen und Auftrag erhebe ich

Klage

und beantrage,[2]

1. Die Beklagte wird verurteilt, an den Kläger 913 EUR sowie eine in das Ermessen des Gerichts gestellte Entschädigung wegen vertanen Urlaubs jeweils nebst (Zinsen)[3] seit dem . . . . . zu zahlen.
2. . . . . .

(Vorläufig geschätzter)
Streitwert: . . .[1]

Begründung

Der Kläger buchte für sich und seine Ehefrau am . . . . . bei dem Reisebüro RB . . . . . eine von der Beklagten angebotene einwöchige Flugpauschalreise für einen Badeurlaub in M für die Zeit vom 1.9. bis 8.9.2018 zum Gesamtpreis von 2.100 EUR.[4]

Beweis: Reisebestätigung v. 15.7.2018.

Bei der Buchung dieser Reise erkundigte sich der Kläger gezielt nach den räumlichen Gegebenheiten in dem angegebenen Vier-Sterne-Hotel und traf danach seine Entscheidung. Der Kläger ist gehbehindert und deshalb Rollstuhlfahrer. Für ihn war es daher wichtig, dass das Hotelzimmer durch einen Lift erreichbar und die anderen Räumlichkeiten, wie etwa der Speisesaal, rollstuhlgerecht sind. Ferner sollte der Strand vom Hotel aus auch ohne Treppen erreichbar sein.[5]
Bei Ankunft in M. stellte sich heraus, dass dieses Hotel überbucht war und auch für die nächsten Tage kein freies Zimmer zur Verfügung stand.[6] Die örtliche Reiseleitung bot dem Kläger als Ersatzquartier ein Appartement in dem 15 km entfernten Ort C. an, das ebenfalls zur Vier-Sterne-Kategorie gehörte. Die Unterkunft entsprach aber nicht den Bedürfnissen des Klägers.[7] Der Zugang zum Schlaf- und Badezimmer des Appartements war lediglich über eine schmale Wendeltreppe möglich, die der Kläger nicht nutzen konnte. Ferner war der Strand vom Hotel durch eine Uferstraße getrennt und nur über eine Treppe erreichbar. Eine vertragsgerechte andere Unterkunft in der vom Kläger gebuchten oder einer besseren Kategorie konnte von der örtlichen Reiseleitung nicht beschafft werden.

Beweis: Zeugnis Reiseleiterin L., zu laden über die Beklagte.

Der Kläger forderte die Reiseleiterin daher auf, für einen sofortigen Rückflug zu sorgen.[8] Weil die Plätze der nächsten Maschinen jedoch ausgebucht waren, konnte ein Rückflug erst für den 4.9.2018 in Aussicht gestellt werden.[9]

Beweis: Zeugnis der Reiseleiterin L., zu laden über die Beklagte.

Der Kläger konnte und wollte sich hierauf nicht einlassen. Er musste deshalb selbst für einen sofortigen Rückflug Maßnahmen treffen und konnte noch zwei Plätze in einem Linienflug[10] für den späten Nachmittag des nächsten Tages, den 2.9.2018, buchen. Dafür musste er pro Person 400 EUR bezahlen.

Beweis: Rechnungsbelege.

Um eine Übernachtungsmöglichkeit bis zum nächsten Tag zu haben, forderte er die Reiseleiterin L. auf, ihm diese zu besorgen. Er war dabei auch damit einverstanden, wenn die Unterkunft nicht der gebuchten Qualitätskategorie entsprach. Bis 18.00 Uhr meldete sich die Reiseleiterin nicht bei ihm.[11]

Beweis: Zeugnis der Reiseleiterin L., zu laden über die Beklagte.

Daher führte die Ehefrau des Klägers sodann selbst[12] zahlreiche Telefonate und fand schließlich ein kleines Zimmer in einer Privatpension, in der der Kläger und seine Frau die Nacht verbringen konnten. Für das Zimmer zahlte der Kläger 50 EUR.

Beweis: Rechnungsbeleg.

Am nächsten Tag flogen sie um 17.00 Uhr mit der Linienmaschine zurück nach Deutschland. Die restlichen Tage ihrer missglückten Urlaubswoche verbrachten sie zu Hause.[13]

Die Beklagte hat vorprozessual den Reisepreis in vollem Umfang zurückerstattet.[14]

Mit der Klage werden weitergehende Ansprüche verfolgt:

1. Der Kläger verlangt eine Erstattung der Mehrkosten,[15] die ihm für die Übernachtung iHv 50 EUR, für die bei der Suche nach einer Unterkunft erforderlichen Telefonate iHv 10 EUR[16] und für den Rückflug mit der Linienmaschine iHv 800 EUR entstanden sind.
2. Weil sich die Flugreise als nutzlos herausgestellt hat, verlangt der Kläger ferner Erstattung der Kosten für die mit dem Taxi erfolgte Fahrt von der Wohnung Zuhause zum Flughafen und zurück. Das Taxi für die Heimfahrt kostete 28 EUR.

   Beweis: Taxiquittung.

   Für die Taxikosten zum Flughafen am Abreisetag hatte sich der Kläger keine Quittung ausstellen lassen. Er hat für diese Fahrt 25 EUR bezahlt.[17]
3. Ferner verlangt er eine Entschädigung für vertane Urlaubszeit,[18] deren Höhe[19] er in das Ermessen[20] des Gerichts stellt. Der Kläger selbst geht dabei von 65 EUR pro Person für die beiden ersten Tage und von je 30 EUR für die fünf Zuhause verbrachten Urlaubstage aus.[21]

Die Beklagte hat mit Schreiben vom 4.10.2018 eine Begleichung dieser weitergehenden Forderungen abgelehnt.[22] Deshalb ist Klage geboten.[23]

Rechtsanwalt[24, 25]

Schrifttum: BeckOGK/*Bearb*, BGB, Stand 1.5.2021; BeckOF-P/*Sauer*, Reiserecht, 46. Edition, Stand 1.1.2021; *Bollweg*, Schadensersatz wegen nutzlos aufgewendeter Urlaubszeit bei internationalen Flugpauschalreisen, RRa 2007, 242; *Fischer*, Schadensersatz gem. § 651f Abs. 2 BGB bei Überbuchung der Reise, RRa 2005, 98; *Förster*, Das neue Pauschalreiserecht in Studium und Examen, JA 2018, 561; *Führich/Staudinger* Reiserecht, 8. Aufl., 2019; *Führich*, Zur Verlegung und Verspätung von Flügen im Rahmen von Pauschalreisen, RRa 2007, 58; *Führich*, Entschädigung wegen nutzlos aufgewendeter Urlaubszeit, MDR-Arbeitshilfe 2009, 906; *Gregor*, Schadensersatz gem. § 651f Abs. 2

BGB – Entschädigung für ein Affektionsinteresse oder für eine Opportunitätseinbuße?, MDR 2006, 1084; MüKoBGB/*Tonner*. Bd. 5/2, §§ 651a ff, 8. Aufl. 2020; *Rodegra,* Reisevertragliche Schadensersatzansprüche wegen Nichterfüllung und nutzlos aufgewendeter Urlaubszeit, MDR 2004, 550; *Stamer,* Die wichtigsten Änderungen im neuen Pauschalreiserecht, DAR 2018, 351; *Tempel,* Hypothetische Kausalität bei vorzeitigem Abbruch der Reise, RRa 2001, 46; Tonner/Bergmann/Blankenburg (TBB)/*Bearb*, Reiserecht, 2018; *Tonner,* Die neue Pauschalreiserichtlinie, EuZW 2016, 95; *Vogel,* Die schlüssige Klage im Reiserecht – Hinweise für die anwaltliche Praxis, ZAP 2017, 511

Anmerkungen

1. Gerichtsstand nach §§ 13, 17 ZPO; Streitwert: Höhe der Hauptforderung → Form. II.D.3 Amn. 1.

2. Bei reiserechtlichen Klagen, etwa auf Minderung des Reisepreises gem. § 651m BGB, oder auf Erstattung von Selbsthilfekosten nach § 651k Abs. 2 BGB, muss der Klageantrag genau **beziffert** sein. Hinsichtlich der Ansprüche auf Urlaubsentschädigung nach § 651nAbs. 2 BGB, bei denen es sich um einen immateriellen Schadensersatz handelt, ist hingegen nach wohl (noch) überwiegender Ansicht ein unbezifferter Klageantrag zulässig (LG Frankfurt Urt. v. 10.11.2016 2–24 O 111/15 (Rn. 49); AG Leer RRa 2009, 153; LG Hannover NJW 1989, 1936; *Vogel* ZAP 2017, 511; BeckOGK/*Klingberg* BGB § 651n Rn. 66; aA AG Bad Homburg NJW-RR 1997, 819). Nach anderer Ansicht gilt dies nur für den Schmerzensgeldanspruch (BeckOF-P/*Sauer* 17.1.5 Anm. 26; → Form. II.D.5 Anm. 2).

Wegen der Besonderheiten zur Aktivlegitimation bei Familienreisen → Form. II.D.1 Anm. 5.

3. → Form. II.D.2 Anm. 3.

4. Die neuen Reiserechtsregelungen sind anwendbar, wenn die Buchung der Reise ab dem 1.7.2018 erfolgt ist. Zu den Voraussetzungen einer Pauschalreise → Form. II.D.1 Anm. 6.

5. Fallgestaltung nach LG Bonn NJW-RR 2001, 345.

6. Ist eine Unterkunft überbucht, ist der Reiseveranstalter (ggf. über seine Reiseleitung vor Ort) verpflichtet, sofortige Abhilfe durch Bereitstellung einer angemessenen Ersatzunterkunft zu bieten, § 651k Abs. 1, Abs. 3 BGB. § 651k Abs. 3 S. 3 BGB stellt auf die **Vergleichbarkeit** der Leistungen ab. Nur wenn diese nicht gegeben ist oder vom Veranstalter eine unangemessen niedrige Herabsetzung des Reisepreises angeboten wurde, ist der Reisende berechtigt, die Ersatzleistung abzulehnen (→ Form. II.D.3 Anm. 14). Es treten dann gem. § 651k Abs. 3 S. 4 BGB die Rechtsfolgen der Kündigung nach § 651l Abs. 2, 3 BGB ein. Der Veranstalter ist in diesem Rahmen insbesondere verpflichtet, ggf für die Rückbeförderung des Reisenden zu sorgen → Anm. 10.

7. Die Ersatzunterkunft muss adäquat sein. Steht eine gleichwertige Ersatzleistung nicht zur Verfügung, kann dem Reisenden auch eine höherwertige Leistung in einer besseren Hotelkategorie angeboten werden (vgl. § 651k Abs. 3 S. 2 BGB: „von mindestens gleichwertiger Beschaffenheit"; sa → Form. II.D.3 Anm. 14).

8. Zur Ausübung des Kündigungsrechts bedarf es grds. einer **Kündigungserklärung**, die jedoch nicht ausdrücklich geäußert werden muss. Sie kann konkludent erfolgen, etwa wie hier mit der Aufforderung, für einen sofortigen Rückflug zu sorgen (LG Saarbrücken NJW-RR 2013, 690 (691); Führich/*Staudinger* ReiseR § 20 Rn. 16). Sie kann auch in einer Abreise zu sehen sein, wenn der Reisende damit rechnen kann, dass sein Verhalten vom Reiseveranstalter als Kündigung aufgefasst wird (AG Bremen BeckRS 2020, 5101 (Rn. 28); sa AG Ahrensburg RRa 2002, 127). Unter den Vor. des **§ 651k Abs. 3 S. 4 BGB** treten die Rechtswirkungen der Kündigung jedoch automatisch ein, ohne dass eine Kündigungserklärung erforderlich ist (offen gelassen AG Bremen BeckRS 2020, 5101 (Rn. 33); BeckOGK/*Klingberg* BGB § 651l Rn. 45).

9. Bei **„erheblichen Reisemängeln"** hat der Reisende gem. § 651l Abs. 1 BGB das Recht, den Vertrag zu kündigen. Nach der neuen Rechtslage besteht insoweit keine Sonderregelung für Fälle der höheren Gewalt, bei denen der Mangel auf unvermeidbare, außergewöhnliche Umstände zurückzuführen ist (§ 651j BGB aF, jetzt: § 651k Abs. 4 BGB). Auf den Grund des Mangels oder ein Verschulden des Reiseveranstalters kommt es nicht an (RegE BT-Drs. 18/10822, 82). Vom Kündigungsrecht zu unterscheiden ist der Reiserücktritt nach § 651h BGB (hierzu zB *Stamer* DAR 2018, 351 (354)).

Zu den Kündigungsvoraussetzungen:

a) Das Kündigungsrecht nach § 651l BGB verlangt einen Reisemangel, der die **Reise erheblich beeinträchtigt**. Ob dies gegeben ist, unterliegt der tatrichterlichen Würdigung (BGH NJW 2018, 798 (790); BGH NJW 2013, 3170 (Rn. 34) = RRa 2013, 218; BGH NJW 2012, 2107 (2110 Rn. 32)).

Der BGH hatte zur alten Rechtslage insoweit klargestellt, dass für das Kündigungsrecht (§ 651e Abs. 1 S. 1 BGB aF) und für den Entschädigungsanspruch für nutzlos aufgewendete Urlaubszeit (§ 651f Abs. 2 BGB aF) dieselben Maßstäbe gelten (BGH NJW 2018, 789; BGH NJW 2012, 2107 = RRa 2012, 170; BGH). Für die Erheblichkeit der Beeinträchtigung kommt es (nicht nur) darauf an, welchen Anteil der Mangel in Relation zur gesamten Reiseleistung hat. Zu berücksichtigen ist zudem, wie gravierend er sich für den Reisenden ausgewirkte. Dabei ist das Maß, mit dem ein Mangel beeinträchtigt, aufgrund einer an Zweck und konkreter Ausgestaltung der Reise sowie der Art und Dauer der Beeinträchtigung orientierten Gesamtwürdigung zu beurteilen (BGH NJW 2018, 789 (790); BGH NJW 2013, 3170 Rn. 34 = RRa 2013, 218; BGH NJW 2012, 2107 = RRa 2012, 170; BGH NJW 2009, 287 = RRa 2009, 40; zur Rechtslage ab 1.7.2018 etwa AG Bremen Urt. v. 3.4.2020 – 8 C 43/20). Maßgeblich ist die Perspektive des Durchschnittsreisenden (BGH NJW 2013, 3170 (Rn. 34) = RRa 2013, 218; LG Frankfurt NJW-RR, 2015, 54 Rn. 29).

Bereits zuvor hatten einige Instanzgerichte auf die „Umstände des Einzelfalls" abgestellt (OLG Düsseldorf NJW-RR 2008, 785: Economy Class statt gebuchter First Comfort Class; OLG Rostock RRa 2009, 49: nachträgliches Rauchverbot bei Kreuzfahrt) bzw. auf die „Gesamtwürdigung der Reisemängel" (OLG Frankfurt a. M. NJW-RR 2005, 132 = RRa 2005, 61). Überwiegend wurde bei der Frage der Erheblichkeit jedoch eine quantifizierte Betrachtung vorgenommen und gefragt, mit welcher Quote eine Reisepreisminderung gerechtfertigt wäre, wobei von mindestens 20 % (LG Frankfurt a. M. NJW-RR 2009, 1639; LG Hannover NJW-RR 1992, 50), aber zB auch von 35 % (LG Frankfurt a. M. RRa 2010) oder 50 % (vgl. MüKoBGB/*Tonner* § 651l Rn. 9 ff. mwN) ausgegangen wurde. Mit der neueren BGH-Rechtsprechung zur Bestimmung der Erheblichkeit ist die Anknüpfung an eine Minderungsquote kein zulässiges Kriterium mehr. Einer hohen Minderungsquote (nicht aber einer geringen) kann jedoch Indizwirkung zukommen (BGH NJW 2018, 789 (790 Rn. 18) = RRa 2018, 63; BGH NJW 2013, 3170 Rn. 34 = RRa 2013, 218; zur Indizwirkung s → Anm. 18).

Zu beachten bleibt zudem, dass die Höhe des Reisepreises zwar Einfluss auf das Vorliegen eines Reisemangels haben und insoweit als Kriterium für die Grenze zur Mangelfreiheit dienen kann. Für die Bewertung der Erheblichkeit ist er jedoch kein Maßstab (BGH NJW 2012, 2107 (2110 Rn. 34)).

b) Gem. § 651l Abs. 1 S. 2 BGB muss der Reisende eine angemessene **Frist zur Abhilfe** gesetzt haben, die fruchtlos blieb. Nicht erforderlich ist eine Fristsetzung, wenn die Abhilfe vom Reiseveranstalter verweigert wird oder wenn sofortige Abhilfe notwendig ist. § 651l Abs. 1 S. 2 Hs. 2 BGB verweist insoweit auf § 651k Abs. 2 S. 2 BGB (→ Form. II.D.3 Anm. 14). Sie ist ebenfalls entbehrlich, wenn die Abhilfe objektiv unmöglich ist. Ist der Reiseveranstalter von vornherein außerstande, angemessene Ersatzleistungen gem. § 651k Abs. 3 BGB anzubieten, wäre das Bestehen auf einem Abhilfeverlangen bloße Förmelei ohne Mehrwert (AG Bremen BeckRS 2020, 5101 (Rn. 26); BeckOGK/*Klingberg* BGB § 651l Rn. 43; Führich/*Staudinger* ReiseR § 20 Rn. 15). Ein Abhilfeverlangen entfällt auch, wenn der Reisende über das Fristsetzungserfordernis nicht gem. Art. 250 § 6 Abs. 2 Nr. 4 EGBGB belehrt wurde (MüKoBGB/*Tonner* § 651l Rn. 17). Ist der Mangel dem Reiseveranstalter bereits bekannt, soll ein Abhilfeverlangen ebenfalls entbehrlich sein (AG Bremen BeckRS 2020, 5101 (Rn. 25); mit Verweis auf MüKoBGB/*Tonner* § 651k Rn. 6 und zur Funktion des Abhilfeverlangens, den Reiseveranstalter über bisher nicht bekannte Mängel zu informieren, um ihm Gelegenheit zur Abhilfe zu geben).

10. § 651l Abs. 3 BGB bestimmt, dass der Reiseveranstalter die infolge der Vertragsaufhebung notwendigen Maßnahmen zu treffen hat. War im Reisevertrag die Beförderung vereinbart, gehört hierzu, für die **Rückbeförderung** des Reisenden zu sorgen, § 651l Abs. 3 S. 1, 2. HS BGB. Der Begriff „Rückbeförderung“ ist in § 651k Abs. 4 S. 1 BGB definiert und umfasst die Beförderung des Reisenden an den Ort der Abreise oder einen anderen Ort, auf den sich die Parteien geeinigt haben.

In zeitlicher Hinsicht hat die Rückbeförderung „unverzüglich“ zu erfolgen, dh ohne schuldhaftes Zögern (§ 121 Abs. 1 S. 1 BGB). Auch nach bisheriger Rechtslage bestand diese Pflicht, indes ohne, dass dies im Wortlaut der Norm ausdrücklich festgehalten war (vgl. AG Bad Homburg RRa 2002, 17). Dabei wurde dem Veranstalter ein gewisser Zeitkorridor für die Organisation eingeräumt, wobei die Obergrenze bei zwei Tagen gesehen wurde. Eine Wartezeit darüber hinaus ist bei erheblichen Reisemängeln grds. nicht zumutbar (vgl. MüKoBGB/*Tonner* § 651l Rn. 23 f. mwN).

Das Gesetz stellt nunmehr zudem klar, dass das Beförderungsmittel selbst dem im Vertrag vereinbarten **„gleichwertig“** zu sein hat. Entsprechend muss sich der Reisende zB nicht auf eine Zugverbindung verweisen lassen, wenn für die Beförderung ein Flug vereinbart war. Andererseits dürfte sich der Reiseveranstalter – angesichts der Schwere des Reisemangels und der Pflicht einer „unverzüglichen“ Rückbeförderung – auch „höherwertiger“ Transportmittel bedienen müssen und insoweit, wie bisher, jedenfalls im Rahmen derselben Beförderungsart (zB Flug), alle Möglichkeiten auszuschöpfen haben, insb. die eines Linienflugs anstelle des vereinbarten Charterflugs (AG Bad Homburg RRa 2002, 17; LG Frankfurt a. M. NJW 1985, 143; OLG Düsseldorf NJW-RR 1986, 1175; BeckOGK/*Klingenberg* BGB § 651l Rn. 57).

Zu den notwendigen Maßnahmen gehört bis zum Zeitpunkt der möglichen Rückbeförderung des Reisenden jedenfalls noch dessen weitere Beherbergung, (wenn) deren Kosten im gezahlten Reisepreis inbegriffen sind (RegE BT-Drs. 18/10822, 82).

Die Pflicht zur Rückbeförderung trifft den Reiseveranstalter, der diese zu organisieren und auch die dafür entstandenen Mehrkosten zu tragen hat. Sie darf daher nicht von vornherein dem Reisenden auferlegt und dieser dann ggf. auf einen Erstattungsanspruch verwiesen werden (siehe aber zum Selbstabhilferecht, → Anm. 11). Weitere Mehrkosten kann der Reisende ggf. nach § 651n BGB erstattet verlangen (RegE BT-Drs. 18/10822, 83).

Beruht der Mangel auf **unvermeidbaren, außergewöhnlichen Umständen**, trifft den Reiseveranstalter – anders als bisher – ebenfalls die vollständige Kostenpflicht, statt einer hälftigen Teilung der Kosten für den Rücktransport und der Kostentragungslast des

Reisenden bzgl. weiterer Mehrkosten. Der Reisende ist insoweit bessergestellt (RegE BT-Drs. 18/10822, 83).

Ist die Rückbeförderung aufgrund unvermeidbarer, außergewöhnlicher Umstände nicht möglich, beträgt die Pflicht der Kostentragung für eine notwendige Beherbergung maximal drei Nächte. Die Regelung des § 651k Abs. 4 BGB wird durch § 651l Abs. 3 BGB nicht verdrängt (RegE BT-Drs. 18/10822, 82; zu den Umständen s. Erwgr. 31 RL 2015/2302/EU).

11. In der Regel wird es der Veranstalter sein, dem es gelingt, einen (Linien-)Flug für die Rückbeförderung zur Verfügung zu stellen. Ist das nicht der Fall und verletzt er damit seine Pflicht zur Rückbeförderung, ist der Reisende zur Selbstabhilfe berechtigt. Ein etwaiger Erstattungsanspruch – bzgl. der Rückbeförderungskosten (→ Anm. 10) – ergibt sich aus § 651l Abs. 3 S. 2 BGB bzw. iVm §§ 683, 670 BGB (BeckOGK/*Klingberg* BGB § 651l Rn. 61).

12. Auch zu weiteren Maßnahmen der Selbsthilfe, wie der Selbstbeschaffung einer Ersatzunterkunft, ist dem Veranstalter bzw. der örtlichen Reiseleitung grds. eine angemessene Frist einzuräumen.

13. Zum „**Balkonurlaub**" s. allgemein die Anmerkungen bei Führich/*Staudinger* ReiseR § 22 Rn. 32. Nach BGH NJW 2005, 1047 = MDR 2005, 1038 mAnm *Gregor* MDR 2005, 1084 = RRa 2005, 57 mAnm *Fischer*; RRa 2005, 98 = JZ 2005, 731 mAnm *Tonner* rechtfertigt dieser nach berechtigter Kündigung nicht dazu, dass dem Reisenden Abzüge gemacht werden (so ausdrücklich *Tonner* JZ 2005, 736; sa → Anm. 19).

14. Hier hat der Reiseveranstalter den Reisepreis insgesamt erstattet. Hinsichtlich der Rechtsfolgen im Falle einer Kündigung ergeben sich im Vergleich zu § 651e Abs. 3 BGB aF Änderungen (RegE BT-Drs. 18/10822, 82; *Förster* JA 2018, 561 (567): „zumindest rechtskonstruktiv abweichend"). Ein Anspruch des Reisenden auf **Erstattung** des gezahlten Reisepreises ist danach gegeben, soweit er Reiseleistungen betrifft, die vom Veranstalter infolge der Vertragsbeendigung nicht mehr zu erbringen sind, § 651l Abs. 2 S. 2 Hs. 2 BGB. Insoweit entfällt dessen Anspruch auf den vereinbarten Reisepreis teilweise, § 651l Abs. 2 S. 2 Hs. 1 BGB. Hinsichtlich der erbrachten und zur Beendigung der Reise noch zu erbringenden Reiseleistungen besteht der Anspruch des Reiseveranstalters fort, § 651l Abs. 2 S. 1 Hs. 1 BGB. Der Reisende hat die Möglichkeit der **Minderung** bzw. **Schadens- oder Aufwendungsersatz** zu verlangen, § 651l Abs. 2 Hs. 2 BGB iVm § 651i Abs. 3 Nr. 6, 7 BGB.

(zu den Unterstützungsmaßnahmen → Anm. 10).

15. Selbsthilfekosten entsprechend § 651k Abs. 2 BGB.

16. Für derartige Forderungen kann die Betragshöhe entsprechend § 287 ZPO bemessen werden, wenn Einzelbelege fehlen oder üblicherweise auch nicht erwartet werden können.

17. Hier kann die Schätzung entsprechend § 287 ZPO an den Betrag in der Quittung für die Heimfahrt anknüpfen.

Bei den Kosten für die An- und Abreise, die nicht Bestandteil des Reisevertrages ist, handelt es sich um (frustrierte, vergebliche) nutzlos gewordene Aufwendungen iSd § 284 BGB (MüKoBGB/*Tonner* § 651l Rn. 25, 19; Führich/*Staudinger* ReiseR § 20 Rn. 21). Einen Ersatzanspruch sieht das Gesetz im Falle einer Kündigung ausdrücklich vor, § 651l Abs. 2 S. 1 Hs. 2 iVm § 651i Abs. 3 Nr. 7 BGB.

18. Im Vergleich zur früheren Rechtslage ergeben sich keine Änderungen (RegE BT-Drs. 18/10822, 85; *Tonner* EuZW 2016, 95 (98)). Ein Anspruch auf angemessene

Entschädigung in Geld wegen **nutzlos aufgewendeter Urlaubszeit** gem. § 651n Abs. 2 BGB kann neben den verschiedenen Ansprüchen aus §§ 651k (Abhilfe), 651l (Kündigung), 651m (Minderung) und 651n Abs. 1 (Schadensersatz) BGB geltend gemacht werden. Die Voraussetzungen einer Kündigung müssen nicht vorliegen (BGH NJW 2005, 1047 (1048) = MDR 2005, 1038 mAnm *Gregor* MDR 2005, 1084 = RRa 2005, 57 mAnm *Fischer* RRa 2005, 98 = JZ 2005, 731 mAnm *Tonner).* Allerdings ist der unbestimmte Rechtsbegriff „erheblich beeinträchtigt", der in § 651l BGB und § 651n BGB vorkommt, einheitlich auszulegen (BGH NJW 2012, 2107 (2110 Rn. 32); sogleich unter b) sowie → Anm. 9). Ebenso ist eine Mängelanzeige Voraussetzung, § 651o Abs. 2 Nr. 2 BGB (→ Form. II.D.1 Anm. 14).

Zu den Voraussetzungen des § 651n Abs. 2 BGB:

a) **„Vereitelt"** ist eine Reise, wenn der Veranstalter den Vertrag nicht ordnungsgemäß erfüllen kann oder will und dies dazu führt, dass der Kunde die Reise nicht antritt, dh entweder schon den Antritt ablehnt oder sie gleich zu Beginn (alsbald) abbricht (BGH NJW 2005, 1047 (1048) = RRa 2005, 98; BGH NJW 1983, 35(unter I. 2.)). Dies kann etwa der Fall sein bei einer Überbuchung und der Zuweisung einer unzumutbaren Ersatzunterkunft (BGH NJW 2013, 3170 = RRa 2013, 218: Nichtantritt der Reise infolge Überbuchung und Unterbringung des Kunden an nicht gebuchtem Ort; BGH NJW 2005, 1047 (1048) = RRa 2005, 98: Angebot einer Unterbringung auf einer anderen Malediven-Insel; *Förster* JA 2018, 561 (568)). „Vereitelt" ist die Reise auch, wenn derart gravierende Mängel vorhanden sind, dass von einer völligen Nutzlosigkeit der Reise auszugehen ist (LG Frankfurt a. M. NJW 1986, 1616).

b) Für die Bestimmung, ob eine **„erhebliche Reisebeeinträchtigung"** vorliegt, gelten dieselben Maßstäben wie bei § 651l BGB (→ Anm. 9). Das bloße Abstellen auf eine – mehr oder weniger – starre Minderungsquote (hier meist 50 %, s. MüKoBGB/*Tonner* § 651l Rn. 9 ff.; § 651n Rn. 58 ff. mwN) ist nach der mittlerweile ständigen Rspr. des BGH nicht mehr haltbar (so noch TBB/*Bergmann* ReiseR § 2 Rn. 437 unter Berücksichtigung der BGH-Rechtsprechung bei Bestimmung der Entschädigungshöhe, Rn. 443; BGH NJW 2018, 789 (790) mAnm *Bergmann* 2018, 789 (791)).
Der BGH hat hierzu in Bezug auf den Schadensersatz für entgangene Urlaubsfreuden ausgeführt, dass mit dem Erfordernis der Vereitelung oder erheblichen Beeinträchtigung der Reise das Gesetz das Kriterium formuliere, an dem sich entscheide, ob die vom Reiseveranstalter erbrachte Leistung so weit hinter dem geschuldeten Leistungserfolg zurückbleibe, dass dem Reisenden – neben der das Äquivalenzinteresse der Vertragsparteien währenden Anpassung der Vergütung für die mangelhafte Leistung – auch ein Ausgleich für die immaterielle Beeinträchtigung in Gestalt nutzlos aufgewendeter Urlaubszeit zuzubilligen sei. Ein solcher Ausgleich sei nur dann geboten, wenn sich die Reiseleistung – gemessen an ihrem Ziel und ihrer vertraglich vereinbarten Ausgestaltung – so weit von demjenigen entferne, um dessentwillen der Reisende die Urlaubszeit aufgewendet habe, dass die Erreichung des Vertragszwecks als vereitelt oder jedenfalls quantitativ oder qualitativ erheblich beeinträchtigt angesehen werden müsse (BGH NJW 2018, 789 (790)).
Eine **hohe Minderungsquote** kann dabei ein Indiz für eine erhebliche Beeinträchtigung sein. Je höher die Minderungsquote, desto ferner liege es, dass die Reiseleistung – gemessen an ihrem Ziel und ihrer vertraglichen Ausgestaltung – weitgehend demjenigen entsprochen habe, um dessentwillen der Reisende die Urlaubszeit aufgewendet habe, so dass der Vertragszweck noch als jedenfalls im Wesentlichen erreicht angesehen werden könne (BGH NJW 2018, 789 (790 Rn. 18)). Sie ist aber nicht deren Voraussetzung.

Auch bei einer **geringeren Quote** kann eine erhebliche Beeinträchtigung vorliegen (BGH NJW 2018, 789 (790) mAnm *Bergmann*, 791; BGH NJW 2013, 3170 Rn. 34; LG Frankfurt NJW-RR 2015, 54 Rn. 29). Eine solche hat allerdings keine indizielle Wirkung. Denn trotz einer eher geringen Minderungsquote kann nach Ansicht des BGH eine erhebliche Beeinträchtigung der Reise vorliegen, wenn der Vertragszweck an einzelnen Tagen vollständig oder jedenfalls weitestgehend verfehlt worden sei. In solchen Fällen könne regelmäßig auch eine erhebliche Beeinträchtigung der Reise nicht verneint werden (BGH NJW 2018, 789 (791 Rn. 18)).

Die Verschiebung der **Ab- und Rückflugzeiten** um mehrere Stunden kann einen erheblichen Reisemangel darstellen (AG Hannover RRa 2014, 241; LG Hamburg RRa 2013, 113; AG Bad Homburg RRA 2012, 271; TBB/*Bergmann* ReiseR § 2 Rn. mwN s. aber BGH NJW 2012, 2107 (2010 Rn. 36): Mängelbeseitigung und keine Erheblichkeit, wenn der Reisende den vom Reiseveranstalter vom Nachmittag in die frühen Morgenstunden vorverlegten Rückflug ablehnt und der von ihm im Wege der Selbstabhilfe organisierte andere Rückflug zur (in etwa) ursprünglich vorgesehenen Zeit erfolgt.

c) **Aufgewendete Urlaubszeit** ist eine nach Wochen oder Tagen bemessene Zeit (BGH NJW 2018, 789 (791 Rn. 18)). Für den Reisenden muss diese **nutzlos** gewesen sein. Dies bedeutet, dass er die Zeit, die er gemäß dem Reisevertrag für Urlaubszwecke (zB Erholung) vorsehen durfte, verbraucht hat, ohne sie entsprechend und wie vom Veranstalter geschuldet nutzen zu können (BGH NJW 2005, 1047 (1048); MüKoBGB/*Tonner* § 651n Rn. 61).

Wie der Reisende die Zeit verbracht hat, ist grds. nicht relevant (BGH NJW 2005, 1047 (1049). Dem Anspruch steht insbesondere nicht entgegen, wenn er in der für den Urlaub eingeplanten Zeit weitergearbeitet oder aber eine Ersatzreise durchgeführt hat (BGH NJW 2005, 1047 (1049); LG Rostock BeckRS 2020, 19203 (Rn. 14); TBB/*Bergmann* ReiseR § 2 Rn. 434; MüKoBGB/*Tonner*, § 651n Rn. 61). Nicht ganz geklärt ist jedoch, ob bzw. unter welchen Umständen ggf. eine Kürzung in der Höhe erfolgen muss (→ Anm. 19).

19. Nicht weniger komplex ist das Problem der Bemessung der Entschädigungshöhe.

Die Bemessung der Entschädigung ist grundsätzlich Aufgabe des Tatrichters und richtet sich nach den Umständen des Einzelfalles (BGH NJW 2005, 1047 (1049 f.)).

Der BGH hat in Abkehr zu seiner früheren Rspr. (BGHZ 63, 101; 77, 120) in der Malediven-Entscheidung (NJW 2005, 1047 1049 f. = MDR 2005, 1038 mAnm *Gregor* MDR 2005, 1084 = RRa 2005, 57 mAnm *Fischer* RRa 2005, 98 = JZ 2005, 731 mAnm *Tonner*) bestimmt, dass als Bemessungskriterium für die Entschädigungshöhe der Reisepreis bezogen auf die Reisedauer und unter Berücksichtigung des Ausmaßes der Beeinträchtigung bzw. Reisepreisminderung heranzuziehen ist (so bereits LG Bremen NJW-RR 2005, 282; OLG München RRa 2002, 57 (62); LG München I NJW-RR 2002, 268). Das Arbeitseinkommen des Reisenden ist kein geeigneter Maßstab (BGH NJW 2005, 1047 (1049); OLG Frankfurt a.M. NJW-RR 2014, 1140 (1141); LG Saarbrücken NJW-RR 2013, 690 (692)).

Insbesondere überholt ist ebenfalls die Bemessung der Entschädigungshöhe nach (festen) Tagessätzen (MüKoBGB/*Tonner* § 651n Rn. 73; TBB/*Bergmann* ReiseR § 2 Rn. 440; AG Köln NJW-RR 2013, 957 (Rn. 21) = RRa 2013, 279; offen gelassen vom BGH NJW 2005, 1047 (1050)). Sie geht zurück auf das LG Frankfurt a.M. (NJW-RR 1988, 1451; NJW-RR 2003, 640; dem folgend etwa OLG Düsseldorf RRa 2003, 14; LG Hannover NJW-RR 2000, 1162; AG Düsseldorf NJW-RR 1998, 195 = RRa 1997, 178 und RRa 1999, 175; LG Köln RRa 1996, 226), das diese Rechtsprechung aber mittlerweile aufgegeben hat (LG Frankfurt a.M. NJW-RR 2015, 54 (55); RRa 2013, 13; 2012, 10; 2008, 27; 2006, 264).

Wurde die Reise durchgeführt, war aber so schwer beeinträchtigt, dass die mit der Beeinträchtigung verbundenen Belastungen des Reisenden – verglichen mit dem Ausbleiben der vertraglich geschuldeten Leistung – einen zusätzlichen Ausgleich erfordern, kann es ggf. angemessen sein, wenn für jeden gänzlich vertanen Urlaubstag die zeitanteilige Quote des vollen Reisetages angesetzt wird – womit der Reisende quasi den Reisepreis und denselben Betrag noch einmal als Entschädigung enthält (BGH NJW 2005, 1047 (1050); mit Verweis auf *Führich* ReiseR, 4. Aufl., Rn. 352b; LG Saarbrücken NJW-RR 2013, 690 (691 (2a, b)).

Bei einer **vereitelten** Reise wurde vom BGH jedenfalls eine Entschädigung in Höhe der **Hälfte** des Reisepreises für angemessen gehalten (BGH NJW 2005, 1047 (1050); so auch LG Rostock BeckRS 2020, 19203 (Rn. 18 ff., 27 ff.); OLG Frankfurt a. M. NJW-RR 2014, 1140 (1141)). Dies ist jedoch nicht zwingend, sondern es können auch höhere Quoten in Betracht kommen (LG Rostock BeckRS 2020, 19203 (Rn. 26): bei hochpreisigen Reisen nur in besonderen Fällen eines gänzlichen Reiseausfalls; zu § 651f Abs. 2 BGB aF, angemessene Entschädigung: LG Frankfurt a. M. NJW-RR 2015, 54 (55): 70 % des anteiligen auf den Rückflug entfallenen Reisepreis pro Reisenden).

In **Bagatellfällen** soll eine Beschränkung der Entschädigung möglich sein (BGH NJW 2005, 1047 (1049); BGH NJW 1992, 1043; TBB/*Bergmann* ReiseR § 2 Rn. 435).

Hat der Reisende eine **Ersatzreise** durchführt, die ihm nicht vom Veranstalter angeboten wurde, wirkt sich dies auf den Entschädigungsanspruch – jedenfalls dem Grunde nach – nicht aus (LG Köln BeckRS 2017, 125261, Rn. 17 ff. mit Verweis auf BGH NJW 2005, 1047). Streitig ist dies jedoch bzgl. der Entschädigungshöhe, wobei vom AG Köln eine Kürzung befürwortet wird (AG Köln NJW-RR 2013, 957: Antritt einer Ersatzreise im Reisezeitraum; instruktiv: LG Köln BeckRS 2017, 125261 (Rn. 17 ff.) mwN).

20. Beim Anspruch auf Urlaubsentschädigung handelt es sich um einen immateriellen Schadensersatzanspruch. Überwiegend wird insoweit ein unbezifferter Klageantrag für zulässig gehalten → Anm. 2).

Besonderheiten zur Aktivlegitimation sind bei **Familien- und Gruppenreisen** zu beachten (→ Form. II.D.1 Anm. 5).

Ob es sich bei dem Entschädigungsanspruch wegen nutzlos aufgewendeter Urlaubszeit um einen **höchstpersönlichen Anspruch** handelt, der nur von dem jeweils Geschädigten geltend gemacht werden kann, ist zweifelhaft (so etwa OLG Düsseldorf RRa 2003, 211; OLG Köln RRa 2009, 18). Der BGH neigt – in konsequenter Folge seiner Anknüpfung bei der Berechnung an den Reisepreis – dazu, die Höchstpersönlichkeit zu verneinen (BGH NJW 2010, 2950 (2951 Rn. 15) = RRa 2010, 215m. zust. Anm. *Tonner* NJW 2010, 2952 (2953); so auch LG Frankfurt a.M. NJW-RR 2015, 54 (55); Führich/*Staudinger* ReiseR § 22 Rn. 23).

Jedenfalls im Falle von „**Familienreisen**“, bei denen für den Reiseveranstalter erkennbar ist, dass der Buchende (Reisender iSd. § 651a BGB) die Verantwortung für den gesamten Vertrag übernehmen will, soll dieser den Entschädigungsanspruch auch für die Mitreisenden (zB Ehepartner) geltend machen können (im Zweifel Vertrag zugunsten Dritter, §§ 328, 335 (BGB). Eine Abtretung ist nicht erforderlich (BGH NJW 2010, 2950 (2951) Rn. 14 ff = RRa 2010, 215m. zust. Anm. *Tonner* NJW 2010, 2952 (2953); *Führich/Staudinger* ReiseR § 5 Rn. 42). Zahlung ist jedoch an den/die Mitreisenden zu verlangen (LG Frankfurt a. M. NJ 2017, 294; LG Frankfurt a. M. NJW-RR 2015, 54 (55): Geltendmachung durch Reisenden (buchende Ehefrau), Zahlung an Mitreisende (Ehemann und Tochter); BeckOF-P/*Sauer* → Form. 17.1.5 Anm. 26).

Voraussetzung ist die Erkennbarkeit des besonderen (familiären) **Näheverhältnisses** für den Reiseveranstalter (hierzu: LG Düsseldorf RRa 2010, 22; Frankfurt a. M. NJW-RR 2004, 1285; zur Anspruchsberechtigung von Kindern bei entgangener Urlaubsfreude LG Frankfurt a. M. RRa 2011, 63), wobei häufig auf die Namensgleichheit abgestellt wird.

Diese ist bei der heutigen Vielfalt an Familienbeziehungen, Partnerschaften und Lebensgemeinschaften, bei denen diese nicht notwendig gegeben ist, ein immer weniger geeignetes Kriterium (OLG Köln RRa 2009, 18). Es empfiehlt sich daher ggf., zumindest vorsorglich, die Ansprüche an den Reisenden, der diese geltend macht, abzutreten bzw. diesen von vornherein zu bevollmächtigen (*Tonner* NJW 2010, 2952 (2953); MüKoBGB/*Tonner* § 651a Rn. 77). Die Abtretung ist grds. möglich (LG Rostock BeckRS 2020, 19203 (Rn. 13); BGH, NJW 2010, 2950 (2951 Rn. 13); LG Berlin BeckRS 2013, 07397; MüKoBGB/*Tonner* § 651n Rn. 54; Führich/*Staudinger* ReiseR § 22 Rn. 23; zur Frage von – zulässigen – Abtretungsverboten s. MüKoBGB/*Tonner* § 651a Rn. 77). (→ Form. II.D.1 Anm. 5).

21. Zur neueren Rspr. des BGH und deren Auswirkungen → Anm. 19.

22. Die Ablehnung ist verzugsbegründend (§ 286 Abs. 2 Nr. 3 BGB).

23. Die Beweislast trägt

a) bei der **Kündigung** nach § 651l BGB
- der Reisende: für die Erheblichkeit des Reisemangels, das Setzen einer angemessenen Abhilfefrist, ggf. die Entbehrlichkeit der Fristsetzung, für Mehrkosten infolge der Vertragsaufhebung, insbesondere a für Rückbeförderungskosten,
- der Reiseveranstalter: für die Behauptung, er habe fristgerecht eine zumutbare Abhilfe geschaffen, die Organisation der notwendigen Maßnahmen,

b) beim Anspruch auf **Urlaubsentschädigung** nach § 651n Abs. 2 BGB
- der Reisende: zunächst wie oben beim Schadensersatz nach § 651n Abs. 1 BGB → Form. II.D.3 Anm. 20, dort unter c), ferner für die Erheblichkeit des Reisemangels bzw die Vereitelung,
- der Reiseveranstalter: wie oben unter → Form. II.D.3 Anm. 20, dort unter c. Auch im Rahmen des § 651n Abs. 2 BGB gelten §§ 651n Abs. 1 Nr. 1 – 3 BGB (Staudinger/*Führich* ReiseR § 22 Rn. 20). Der Anspruch ist verschuldensabhängig (→ Form. II.D.3 Anm. 20, str.). § 651n Abs. 2 BGB enthält eine Erweiterung des Anspruchsumfangs gem. § 651n Abs. 1 BGB (LG Rostock BeckRS 2020, 19203 Rn. 15; BeckOGK/*Klingberg* BGB § 651n Rn. 43). Bei einer **Vereitelung** der Reise muss der Reiseveranstalter darlegen, dass die Ursache hierfür nicht aus seiner Sphäre herrührt bzw. dass er die Ursache bei gehöriger Anstrengung hätte vermeiden können (LG Rostock BeckRS 2020, 19203 Rn. 15 ff.). Besonders problematisch sind die Voraussetzungen des Entlastungsbeweises und der Beweislastumkehr zB bei **Salmonellenerkrankungen**: Treten bei einer Mehrzahl von Reisenden gleiche Krankheitssymptome auf, muss der Reiseveranstalter beweisen, dass die Erkrankung gleichwohl nicht auf verdorbene Speisen zurückzuführen ist (LG Hannover NJW-RR 1989, 633; LG Frankfurt a. M. RRa 2003, 259; AG Ludwigsburg RRa 1998, 114; s. ferner zur Ciguatera-Fischvergiftung LG Frankfurt a. M. RRa 1996, 145 mAnm *Tonner* S. 171; LG Düsseldorf RRa 2001, 120 mAnm *Rodegra;* zu Beweisfragen allgemein MüKoBGB/*Tonner* § 651n Rn. 50). Als Voraussetzung für einen Anscheinsbeweis zu verdorbenem Essen reicht es nicht, wenn lediglich drei Personen erkrankt sind, die zu einer Familie gehören (OLG Düsseldorf RRa 2012, 68).

Kosten und Gebühren

24. → Form. II.D.1 Anm. 22, → Form. II.D.2 Anm. 14.

Fristen und Rechtsmittel

25. → Form. II.D.1 Anm. 23.

5. Klage wegen Schadensersatzes und Schmerzensgeldes (§ 651n Abs. 1 BGB, §§ 823, 831, 253 BGB)

An das
Landgericht . . . . .[1]
In Sachen
des R . . . . .
– Klägers –
Prozessbevollmächtigter: . . . . .
gegen
die Firma RV-GmbH . . . . .
– Beklagte –
wegen Schadensersatz und Schmerzensgeld (Reisevertrag)
zeige ich an, den Kläger anwaltlich zu vertreten. In seinem Namen und Auftrag erhebe ich

Klage

und beantrage:

1. Die Beklagte wird verurteilt, an den Kläger 6.000 EUR sowie ein angemessenes Schmerzensgeld, dessen Höhe in das Ermessen[2] des Gerichts gestellt wird, nebst (Zinsen)[3] seit dem . . . . . zu zahlen.
2. . . . . .

Streitwert: . . . . . (vorläufig geschätzt)[1, 11]

Begründung

Der Kläger buchte bei der Beklagten eine Studienreise in den Jemen für die Zeit vom . . . . . bis . . . . . zum Preis von . . . . . EUR.

Beweis: Reisebestätigung vom . . . . .

Die Reise umfasste einen Hin- und Rückflug von . . . . . nach . . . . . sowie die Besichtigung der Städte . . . . . mit jeweiliger Unterbringung vor Ort. Neben der Besichtigung der Städte gehörten zu der Reise auch Erkundungsfahrten im Land selbst, die mit einem Jeep durchgeführt werden sollten.[4]

Beweis: Prospekt S. 200.

Die Durchführung dieser Jeep-Touren organisierte die Beklagte in Zusammenarbeit mit der örtlichen Agentur der Firma Y.[5]

Beweis: Zeugnis Reiseleiter L.

Am letzten Tag des Ausflugsprogramms startete die Reisegruppe mit mehreren Jeeps von M. zu einer Fahrt durch die Wüste nach S. Während dieser Fahrt kam es zu einem Unfall, bei dem der Kläger schwer verletzt wurde.[6]

Der Jeep, in dem er gesessen hatte, war wegen technischer Mängel nicht in der Lage, wie die anderen vorausfahrenden Jeeps eine Düne hochzufahren. Daher hat der Fahrer versucht, abseits hinauf zu gelangen, um die Düne auf einem nicht markierten Weg mit voller Kraft zu überqueren. Dabei übersah er, dass die Düne auf der anderen Seite steil abfällt. Der Wagen verlor plötzlich die Bodenhaftung und sackte ca. 1m senkrecht ab. Dabei wurde der Kläger, der vorn neben dem Fahrer saß, mit großer Wucht in den Sitz gestaucht.

Beweis: Zeugnis Reiseleiter L.
Zeugnis Mitreisender K.

Von Anfang an wies der Jeep, in dem der Kläger saß, eine geringere Leistungsfähigkeit auf als die anderen Fahrzeuge. Mehrfach mussten Teile, wie zB eine Pumpe und ein neuer Verbindungsschlauch, ausgetauscht werden.

Beweis: Zeugnis Reiseleiter L.
Zeugnis Mitreisender K.

Zu dem Unfall ist es nur gekommen, weil der Jeep ohne die Manöver, die der Fahrer anstellen musste, die Strecke nicht bewältigt hätte. Der Reiseleiter hatte es versäumt, die Verkehrstauglichkeit des Jeeps für die unternommene Tour vorab klären zu lassen und dafür zu sorgen, dass dieses Fahrzeug aus dem Verkehr gezogen wurde.[7]

Durch den Unfall hat sich der Kläger einen Bruch des Lendenwirbels zugezogen (. . . . .) und musste (. . . . .) behandelt werden.

Beweis: Ärztliches Zeugnis des Dr. A.

Aufgrund dieser Verletzung hat der Kläger, der in O. ein Geschäft betreibt (. . . . .) und über einen Zeitraum von zwei Monaten zu 100 % arbeitsunfähig war, Aushilfspersonal für die Aufrechterhaltung des Betriebs anstellen müssen. Für den Zeitraum von . . . . . bis . . . . ., also für 40 Tage, war dies die Aushilfskraft A., und für die restlichen 20 Tage war dies die Aushilfskraft B. an die er jeweils 100 EUR pro Tag hat zahlen müssen, zusammen also 6.000 EUR.[8]

Beweis: Zeugnis A. und B.

Über den Zeitraum von zwei Monaten hatte der Kläger erhebliche Schmerzen (. . . . .) und war in seiner Bewegungsfähigkeit während der ersten vier Wochen nahezu vollständig und danach noch erheblich eingeschränkt (. . . . .).

Beweis: Ärztliches Zeugnis Dr. A.
Zeugnis M.

Die Beklagte ist für den Unfall verantwortlich, hat jedoch mit Schreiben vom . . . . . jegliche Erstattung abgelehnt.[9] Deshalb ist Klage geboten.[10] Hinsichtlich der Höhe des Schmerzensgeldes geht der Kläger mit Rücksicht auf das Maß seiner Beeinträchtigungen (. . . . .) und die andauernden Schmerzen (. . . . .) davon aus, dass ein Betrag iHv mindestens 10.000 EUR angemessen ist.[11]

Rechtsanwalt[12, 13]

Schrifttum: BeckOGK/*Bearb*, BGB, Stand 1.5.2021; BeckOF-P/*Sauer*, Reiserecht, 46. Edition, Stand 1.1.2021; *Echtermeyer*, Verkehrssicherungspflichten im Reiserecht – Der „Balkonsturz" lebt, RRa 2003, 60; *Führich/Staudinger* Reiserecht, 8. Aufl., 2019; *Eckert*, Verkehrssicherungspflicht der Reiseveranstalter, RRa 2007, 113; *Jaeger*, Die Rechtsprechung zu Schmerzensgeldforderungen bei Körperschäden im Rahmen von Urlaubsreisen, RRa 2010, 58; *Kappus*, Formularmäßige Anmeldefrist für deliktische Ansprüche, RRa 2003, 57; MüKoBGB/*Tonner*, Bd. 5/2, 8. Aufl., 2020, §§ 651a ff; *Schmidt-Bendun*, Verkehrssicherungspflichten des Reiseveranstalters bei Schiffsreisen, RRa 2007, 2; *Tempel*, Zur Haftung des Reiseveranstalters für Verkehrsunfälle im Rahmen des Transfers, RRa 2002, 4; *Tonner*, Vertragliche und deliktische Verkehrssicherungspflichten, NJW 2007, 2738; *Tonner*, Beweislastprobleme bei Unfällen im Hotel, RRa 2008, 62; Tonner/Bergmann/Blankenburg (TBB)/*Bearb*, Reiserecht, 2018; *Vogel*, Die schlüssige Klage im Reiserecht – Hinweise für die anwaltliche Praxis, ZAP 2017, 511.

Anmerkungen

1. Gerichtsstand nach §§ 13, 17 ZPO (§ 32 ZPO begründet einen nicht ausschließlichen Wahlgerichtsstand); Streitwert: Höhe der Hauptforderung → Form. II.D.3 Anm. 1.

2. Ein unbezifferter Klageantrag ist bei Geltendmachung von Schmerzensgeld grds. zulässig (BGH NJW 1996, 2425 (2427) mwN.; BeckOGK/*Klingberg* BGB § 651n Rn. 66; BeckOF-P/*Sauer* Form. 17.1.5 Anm. 26) → Form. II.D.4 Anm. 2.

3. → Form. II.D.2 Anm. 3.

4. In Abwandlung von LG Frankfurt a. M. RRa 2001, 30.

5. Der Jeep-Ausflug gehörte hier von vornherein zum Programm der gebuchten Reise, die bereits aus mehreren Reiseleistungen (Beförderung, Unterkunft) bestand.

Interessant ist die Einordnung, wenn nur eine Reiseleistung (zB Unterbringung) sowie ein Ausflug wie die Jeep-Tour von M. nach S. gebucht wurden. Hier stellt sich die Frage, ob überhaupt die Kriterien einer Pauschalreise erfüllt sind. Obwohl eine Jeep-Tour die **Beförderung** von Personen zum Gegenstand hat, wird damit regelmäßig keine eigenständige Reiseleistung iSd § 651a Abs. 3 S. 1 Nr. 1 BGB (Beförderung) vorliegen. Der Begriff ist zwar weit zu verstehen und erfasst sämtliche Beförderungsmittel. Um als Reiseleistung eigenständig zu sein, darf die Beförderung jedoch nicht wesensmäßiger Bestandteil einer anderen Reiseleistung sein, § 651a Abs. 3 S. 2 BGB. Ausgeschlossen sind damit kleinere Beförderungsleistungen, zu denen auch Personenbeförderungen im Rahmen von Führungen gezählt werden (RegE BT-Drs. Reg 18/10822, 66; RiLi (EU) 2015/2301 EG 17).

Ein Ausflug kann als eigenständige Reiseleistungen unter das Merkmal der **touristischen Leistung** iSd. § 651a Abs. 3 S. 1 Nr. 4 BGB fallen (RegE BT-Drs. 18/10822, 67; RiLi (EU) 2015/2301 EG 18). Wird dieser mit einer anderen Reiseleistung der § 651a Abs. 3 S. 1 Nr. 1 bis 3 BGB kombiniert, kann dies jedoch nur dann zu einer Pauschalreise führen, wenn der Wert wenigstens **25 % des Gesamtwertes** der Kombination ausmacht, § 651a Abs. 4 S. 2, Abs. 4 S. 1 Nr. 1 BGB (sa RegE BT-Drs. 18/10822, 67; RiLi (EU) 2015/2301 EG 18). → Form. II.D.1 Anm. 6

Weiterhin ist für die Frage, ob eine Pauschalreise vorliegt, der **Zeitpunkt der Auswahl** und Buchung der touristischen Leistung relevant. Wird der Ausflug erst am Urlaubsort, etwa im Hotel, ausgewählt und gebucht, entsteht nicht nachträglich eine Pauschalreise, wenn zuvor nur die Hotelunterkunft als Einzelleistung gebucht wurde. Werden bei nur einer Reiseleistung iSd § 651a Abs. 3 S. 1 Nr. 1 bis 3 BGB erst nach Beginn von deren Erbringung weitere Leistungen hinzugebucht, liegt ebenfalls keine Pauschalreise vor, § 651a Abs 4 S. 1 Nr. 2 aE BGB. Anders verhält es sich, wenn die Auswahl bereits vorher, vor der Ankunft des Gastes im Hotel, erfolgte, jedoch der Zeitpunkt der Buchung auf später, nach der Ankunft im Hotel, „künstlich" hinausgezögert wurde (sa RegE BT-Drs. 18/10822, 67; RiLi (EU) 2015/2301 EG 18). → Form. II.D.1 Anm. 6

Liegt, wie hier, schon ohne touristische Leistungen eine Pauschalreise vor, ist bei Buchungen vor Ort – wie bisher – zu unterscheiden, ob der Ausflug entweder vom Veranstalter oder von einem Dritten angeboten wurde. Jeweils im Einzelfall ist dann zu prüfen, ob bzw. inwieweit dabei eine Rechtsverbindlichkeit für den Veranstalter entstanden ist (zur Abgrenzung zu einer Vermittlung s. Vor. § 651b BGB; eingehend zur Problematik MüKoBGB/*Tonner* § 651b Rn. 13 ff.).

6. Bei Unfällen während des Urlaubs mit Sach- und/oder Personenschaden kommt zunächst ein **vertraglicher Anspruch** auf Schadensersatz nach § 651n Abs. 1 BGB in Betracht. Dabei ist regelmäßig zu prüfen, ob der eigentliche Unfallverursacher **Erfüllungsgehilfe** des Reiseveranstalters nach § 278 BGB ist. Als solche werden neben den eigenen Mitarbeitern des Veranstalters (zB Reiseleiter) auch dessen Leistungsträger (zB Hotel, Airline) eingeordnet, deren Verhalten ihm zugerechnet wird.

Daneben können **deliktische Schadensersatzansprüche** aus §§ 823 ff. BGB bestehen. Es liegt Anspruchskonkurrenz vor (allg. Meinung; zur neuen Rechtslage so auch etwa TBB/*Bergmann* ReiseR § 2 Rn. 413; MüKoBGB/*Tonner* § 651n BGB Rn. 11; BeckOGK/*Kling-*

berg BGB § 651n Rn. 15). Der Reiseveranstalter haftet in diesem Rahmen für die Einhaltung der ihm obliegenden eigenen Verkehrssicherungspflichten, §§ 823 Abs. 1, 249 ff. BGB → Anm. 7.

Eine Haftung für Handlungen seiner Leistungsträger und deren Erfüllungsgehilfen scheidet insoweit regelmäßig aus, da diese nicht den Weisungen des Veranstalters unterliegen bzw. keine Abhängigkeit besteht. Sie sind daher **keine Verrichtungsgehilfen** iSd § 831 BGB (vgl. BGH NJW 1988, 1380 – Balkonsturz; BGH NJW 2007, 2549 = RRa 2007, 215; OLG Köln BeckRS 2018, 13325). Anderes kann gelten, wenn der Veranstalter von Dritten (bzw. seiner Leistungsträger) vor Ort erbrachte Leistungen als eigene bewirbt (zB „unsere geschulten Kinderanimateure", OLG Celle RRa 2004, 156; OLG Düsseldorf RRa 2005, 121; *Tonner* VuR 2005, 224 (225)) oder zB auch, wenn der Reisende vor Ort Zusatzleistungen eines Dritten bucht, aber durch das Auftreten des Veranstalters der Eindruck entsteht, dass diese vom Veranstalter erbracht werden (BGH NJW-RR 2007, 1501). In diesen Fällen kann eine (deliktische) Haftung des Veranstalters auch für das Verhalten von Dritten (bzw. seinen Leistungsträgern) in Betracht kommen.

Generell empfiehlt sich, eine eigene Pflichtverletzung des Veranstalters vorzutragen und ergänzend eine Verletzung durch den Leistungsträger/Unfallverursacher.

Das anwendbare Recht bei Fällen mit Auslandbezug ergibt sich bei deliktischen Ansprüchen aus der Rom II-VO (Abl. 2007 L 199, 40).

7. Von den Gerichten wird bei Unfällen mit Sach- bzw. Personenschäden nicht immer klargestellt, ob eine vertragliche oder deliktische Verkehrssicherungspflicht bzw. Haftung geprüft wird. Bei vertraglichen Schadensersatzansprüchen führt die Verletzung einer Verkehrssicherungspflicht zu einem Reisemangel. In der Regel liegt damit ein Verstoß gegen die dem Veranstalter obliegende Obhuts- und Fürsorgepflicht vor (BGH RRa 2020, 110 (111 Rn. 9 f); BGH RRa 2019, 262 (Rn. 10); BGH NJW 2007, 2549 (2551) – Animateurfall; BGH NJW 2006, 3268 – Wasserrutsche; OLG Celle, RRa 2017, 283). Bei der deliktischen Haftung aus § 823 Abs. 1 BGB gehört die Verkehrssicherungspflicht zu den anerkannten Fallgruppen (objektiver Tatbestand, s. MüKoBGB/*Tonner* § 651n Rn. 11; Rn. 18 ff.). Erforderlich wird eine klare Trennung vor allem bei der Frage nach der Haftung des Veranstalters für das Verhalten seiner Leistungsträger → Anm. 6.

Nach dem Wegfall der einmonatigen Anzeigefrist des § 651g Abs. 1 BGB aF bei Pauschalreisen, die ab dem 1.7.2018 gebucht wurden, besteht in der Frage der **Zurechnung** von Handlungen der Leistungsträger der wesentlichste Unterschied zwischen den Ansprüchen. Von einiger praktischer Bedeutung ist ebenfalls die Frage der **Beweislast** – wobei beim vertraglichen Schadensersatzanspruch eine Beweislastumkehr gilt (→ Form. II.D.3 Anm. 10, str., zu den Folgen bei Annahme einer modifizierten verschuldensunabhängigen Haftung etwa Führich/*Staudinger* ReiseR § 22 Rn. 2 (3))), bei den deliktischen Ansprüchen hingegen (lediglich vage) Beweiserleichterungen (MüKoBGB/*Tonner* § 651n BGB Rn. 11; Rn. 18, sa *Vogel* ZAP 2017, 511 (517)).

Daher dürfte sich die Geltendmachung auf vertraglicher Grundlage insgesamt als leichter erweisen und die deliktische Haftung weiter an praktischer Bedeutung verlieren (MüKoBGB/*Tonner* § 651n BGB Rn. 12; Führich/*Staudinger* ReiseR § 22 Rn. 35, sa OLG Celle, BeckRS 2020, 6544). Relevant werden deliktische Ansprüche insbesondere dann, wenn etwaige vertragliche Schadensersatzansprüche **verjährt** sind → Anm. 13. Eine unerlaubte Handlung mit einer eigenen Verletzungshandlung des Reiseveranstalters nach § 823 Abs. 1 ist zudem Voraussetzung für die besonderen Schadensansprüche gem. §§ 842 ff BGB (Führich/*Staudinger* ReiseR § 22 Rn. 35).

Für Unfälle vor dem 1.8.2002 waren deliktische Ansprüche zudem von Bedeutung, da nur aufgrund von unerlaubten Handlungen Schmerzensgeldansprüche begründet werden konnten (§§ 253, 847 BGB aF). Die Entscheidung des BGH v. 18.7.2006 (Wasserrutsche) ist ebenfalls noch zu § 847 BGB aF ergangen (BGH NJW 2006, 3268 = RRa 2006, 210 =

MDR 2007, 258). Seit dem 1.8.2002, mit Inkrafttreten der Neufassung des § 253 Abs. 2 BGB, hat sich dies geändert, da seitdem Schmerzensgeld auch bei Vertragspflichtverletzungen gefordert werden kann (hierzu zB OLG Celle BeckRS 2020, 6544; OLG Köln RRa 2009, 133, Schwimmbeckentiefe; OLG Karlsruhe NJW-RR 2007, 1356: Sturz einer Siebenjährigen aus Etagenbett im Hotelzimmer; OLG Köln RRa 2007, 65: Balkonsturz bei zu niedrigem Geländer. Ferner auch *Tonner* NJW 2007, 2738 (2740).

Im Anschluss an das sog Balkonsturz-Urteil des BGH (NJW 1988, 1380 – Balkonsturz) kommt eine deliktische Haftung des Reiseveranstalters grds. nur in Betracht, wenn ihn eine **eigene Verkehrssicherungspflicht** bei der Vorbereitung und Durchführung der von ihm veranstalteten Reise trifft. Eine solche besteht auch hinsichtlich der **Auswahl und Kontrolle seiner Leistungsträger** (LG Frankfurt RRa 2018, 26 (27)) und der **Beschaffenheit des Hotels.** So ist er verpflichtet, alle sicherheitsrelevanten Bereiche der Hotelanlage regelmäßig zu kontrollieren und Mängel ggf. abzustellen (BGH RRa 2020, 110: Rollstuhlrampe; BGH RRa 2019, 262: Balkonglastür im Hotelzimmer; BGH NJW 2007, 2549 – Animateurfall; BGH RRa 2006, 206 – Wasserrutsche; BGH NJW 1988, 1380 – Balkonsturz).

Zu den Verkehrssicherungspflichten s zB: BGH NJW-RR 2002, 1056: Helikopter-Skilauf auf einem Gletscher; BGH NJW 2000, 1188 = RRa 2000, 85: Bereitstellung eines unzuverlässigen Reitpferds bei einem Club-Urlaub in Tunesien; OLG Celle BeckRS 2020, 6544; OLG Dresden RRa 2019, 58: Lichtverhältnisse, Sturz Hoteldurchgang, Treppe; OLG Celle RRa 2017, 283: nasse Natursteintreppe in Hotelanlage; KG Berlin MDR 2016, 885: nasser Boden bei Reinigungsarbeiten im Hotel; OLG Köln NJW-RR 2004, 59: rutschige Wege in Hotelanlage; OLG Düsseldorf NJW-RR 2003, 59: Sturz auf Hotelstufe; OLG München NJW-RR 2002, 694 = RRa 2002, 57: Lawinenunglück; OLG Düsseldorf NJW-RR 1997, 1483: Glasqualität von Hoteltüren; OLG München RRa 1995, 204: Wanderführerlehrgang mit Wildwasserschwimmübungen; OLG Köln NJW-RR 1992, 1185: Hotelbrand; LG Koblenz RRa 2005, 27: Fahrstuhl in Hotel; LG Düsseldorf RRa 2005, 26: Treppe Hoteldisko; AG Bad Homburg NJW-RR 2002, 1061: glatte Fliesen im Badezimmer.

Besondere Verkehrssicherungspflichten gelten auch für **Spiel- und Sporteinrichtungen**: BGH NJW 2008, 3775 = RRa 2008, 234: Trampolin; BGH NJW 2006, 2918 = RRa 2006, 206; LG Köln NJW-RR 2005, 704 = RRa 2005, 124: Wasserrutsche; OLG Frankfurt a.M. BeckRS 2014, 4189; OLG Düsseldorf RRa 2005, 21; OLG Karlsruhe RRa 2004, 162; OLG Celle RRa 2003, 109; LG Koblenz RRa 2003, 262; AG München RRa 2015, 13; AG Hannover RRa 2005, 30: Swimming-Pool; OLG Celle RRa 2004, 156: Sportplatz mit nicht befestigten Fußballtoren; OLG Celle RRa 2003, 13: Eselsbiss in Ferienanlage; AG Hannover RRa 2015, 122: defekte Bestuhlung bei Animationsveranstaltung im Hotel).

Bei Unfällen im Ausland darf hinsichtlich der maßgebenden Sicherheitsanforderungen bzw. Verkehrssicherungspflichten nicht allein auf deutsche **Standards** abgestellt werden (OLG Bamberg NJW-RR 2013, 1148; im Einzelnen Führich/*Staudinger* ReiseR § 22 Rn. 40 mwN; s.a. OLG Celle BeckRS 2020, 6544 (Rn. 16)). Hinsichtlich einzuhaltender **Bau- und Sicherheitsvorschriften** ist das Recht am Urlaubsort (Ort der Hotelanlage) maßgeblich. Auch ohne gesonderte Vereinbarung darf der Reisende erwarten, dass die dort geltenden Sicherheitsvorschriften als Mindeststandard eingehalten werden (BGH RRa 2019, 262 (26) Rn. 18 mAnm *Bohlsen* RRa 2019, 265 ff.; BGH RRa 2020, 110 (111) Rn. 16; OLG Celle BeckRS 2020, 6544 (Rn. 9, 16)). Ein **Mitverschulden** des Reisenden ist ggf. zu berücksichtigen (OLG Celle BeckRS 2020, 6544 (Rn. 37 ff.): Verhalten bei ungünstigen Lichtverhältnissen; OLG Celle RRa 2003, 109: Pool-Unfall in alkoholisiertem Zustand).

8. Einem substantiiert dargelegten Schadensersatzanspruch kann der Reiseveranstalter gem. § 651n Abs. 1 BGB für die dort genannten Fälle der Nr. 1 bis 3 fehlendes Verschulden einwenden (→ Form. II.D.3 Anm. 10, dort unter c).

9. Mit der Ablehnung tritt Verzug ein (§ 286 Abs. 2 Nr. 3 BGB).

10. Zur Beweislast iRd. § 651n BGB: → Form. II.3 Anm. 20, dort unter c.

- Zur Darlegungs/Beweislast des Reisenden bei Geltendmachung eines Verstoßes gegen **ausländische Bau- und Sicherheitsvorschriften** (→ Anm. 7 aE): Der (klagende) Reisende ist grds. nicht gehalten, eine Vorschrift des ausländischen/europäischen Rechts – oder eine in einem anderen Mitgliedstaat anwendbare Vorschrift des Unionsrechts – zu benennen, aus der sich die Verletzung ergeben soll (BGH RRa 2019, 262 (263 f.) Rn. 21, 32; BGH RRa 2020, 110 (111) Rn. 21). Das Gericht ist auch bei der Anwendung ausländischen Rechts grds. verpflichtet, die für die Entscheidung des Falles erheblichen Vorschriften des anwendbaren Rechts von Amts wegen zu ermitteln (BGH RRa 2019, 262 (263) Rn. 23). Eine Partei kann jedoch zur Mitwirkung gehalten sein, wenn sie das ausländische Recht kennt oder zu den Erkenntnisquellen der ausländischen Rechtsordnung unschwer Zugang hat (BGH RRa 2019, 262 (263) Rn. 24 mwN).
- Jedoch bezieht sich die gerichtliche Ermittlungspflicht – auch im Anwendungsbereich des § 293 ZPO – nur auf Rechtsfragen und nicht auf entscheidungserhebliche Tatsachen. Für diese gelten die allgemeinen Anforderungen an die Darlegungs- und Beweislast (BGH RRa 2019, 262 (263) Rn. 25 mwN).
- Nicht ausreichend ist der allgemeine Vortrag, ein eingetretener Schaden beruhe auf der Verletzung ausländischer Sicherheitsvorschriften. Erforderlich ist die Darlegung konkreter Handlungen oder Zustände, durch die eine ausländische Sicherheitsvorschrift verletzt worden sein soll (BGH RRa 2019, 262 (263) Rn. 25). Es genügt, Kriterien zu nennen, denen die Anlage nach Auffassung des Reisenden entsprechen muss (BGH RRa 2019, 262 (263) Rn. 30 ff.; BGH RRa 2020, 110 (111) Rn. 21 ff..
  Die Beweislast trägt iRd § 823 BGB:
- der Reisende: für die objektive Pflichtwidrigkeit des Reiseveranstalters bei der Schadensverursachung entsprechend den Grundsätzen über die Beweislastverteilung nach Organisationskreisen, insb. hinsichtlich eines Auswahl- oder Überwachungsverschuldens sowie für den Schaden, bei Arglist des Reiseveranstalters für die kenntnisbegründenden Tatsachen;
- der Reiseveranstalter: für das Nichtvertretenmüssen, insb. für fehlendes Verschulden bei Auswahl und Überwachung der Leistungsträger sowie für ein Mitverschulden des Reisenden.

11. Der Hinweis in der Klageschrift zur Vorstellung des Klägers hinsichtlich der Schmerzensgeldhöhe kann Auswirkungen auf die Streitwertbestimmung und damit zugleich auf die Frage der Zuständigkeit des angerufenen Gerichts haben. Eine ungefähre Angabe ist bei unbezifferten Anträgen für die Entscheidung des Gerichts erforderlich. Dies kann in der Klagebegründung erfolgen. (Zur Beschränkung der Haftung iRd § 651n BGB s. → Form. II.D.3 Anm. 10).

Kosten und Gebühren

12. → Form. II.D.1 Anm. 22, → Form. II.D.2 Anm. 14.

Fristen und Rechtsmittel

13. Die Monatsfrist des § 651g Abs. 1 BGB aF ist ersatzlos weggefallen und daher auch nicht mehr für die Geltendmachung von (vertraglichen oder deliktischen) Schadensersatzansprüchen zu beachten. Der reiserechtliche Schadensersatzanspruch des § 651n BGB verjährt gemäß § 651j BGB iVm § 651i Abs. 3 Nr. 7 Alt. 1 BGB in zwei Jahren nach dem vertraglich vorgesehenen Ende der Reise (→ Form. II.D.1 Anm. 23).

Die **deliktischen Schadensersatzansprüche** verjähren hingegen gem. der regelmäßigen Frist der §§ 195, 199 BGB nach drei Jahren. Eine Verkürzung dieser Frist ist unzulässig. Eine Übertragung der reisevertraglichen Fristen wurde nach der alten Rechtslage (überwiegend) für unzulässig gehalten. Dies dürfte auch weiterhin der Fall sein (BGBMüKo/*Tonner* § 651j Rn. 4; aA Führich/*Staudinger* ReiseR § 25 Rn. 4 (4)).

E. Geschäftsbesorgung, Bürgschaftsrecht

1. Klage gegen den Baubetreuer auf Auskunft und Rechenschaft bei Auftrag und Geschäftsbesorgung (§§ 666, 675 BGB)

An das
Landgericht[1, 2]

Klage

des . . . . .
– Klägers –

Prozessbevollmächtigter . . . . .
gegen

den . . . . .
– Beklagten –

wegen

Auskunft, Rechenschaft und eidesstattlicher Versicherung

Vorläufiger Streitwert:[2] 12.000 EUR.

Namens und in Vollmacht des Klägers erhebe ich Klage und werde beantragen:

I. Der Beklagte wird verurteilt, dem Kläger Auskunft über den Inhalt des namens und in Vollmacht des Klägers mit dem Bauunternehmer X. abgeschlossenen Bauvertrags betreffend die Erd-, Beton- und Maurerarbeiten für das Bauvorhaben des Klägers in . . . . . zu erteilen.[3, 4, 5]

II. Der Beklagte wird verurteilt, Rechenschaft zu legen[6] über die Verwendung der vom Kläger auf dem Baugeldkonto Nr. bei der . . . . .-Bank in . . . . . einbezahlten Gelder.[4, 7, 8]

III. Der Beklagte wird verurteilt, die eidesstattliche Versicherung auf die nach Ziff. II abgelegte Rechenschaft zu leisten.[9]

Begründung:

Der Kläger macht Ansprüche aus einem Baubetreuungsverhältnis zwischen den Parteien geltend.

1. Am 1.2. . . . . schlossen die Parteien einen Vertrag, mit dem sich der Beklagte verpflichtete, als Baubetreuer die Errichtung des Gebäudes . . . . . auf dem Grundstück . . . . . des Klägers für diesen zu bewirken. In § 2 des Vertrages ist dem Beklagten Vollmacht zum Abschluss aller Verträge mit den am Bau Beteiligten namens des Klägers erteilt. In § 4 des Vertrages ist bestimmt, dass die Zahlungen des Klägers entsprechend dem Zahlungsplan auf das Konto . . . . . bei der . . . . .-Bank erfolgen sollen, über das der Beklagte verfügungsbefugt ist.[10]

   Beweis: Baubetreuungsvertrag vom 1.2. . . . . in Anlage.

   Namens und in Vollmacht des Klägers schloss der Beklagte einen Bauvertrag mit der Firma X. über die Erd-, Beton- und Maurerarbeiten für das Bauvorhaben des Klägers. Diesen Bauvertrag hat der Beklagte dem Kläger bisher nicht zugänglich gemacht.

Hierzu ist er jedoch nach §§ 675, 666 f. BGB verpflichtet, da das Baubetreuungsverhältnis zwischen den Parteien Geschäftsbesorgungscharakter hat.[11] Der Kläger benötigt den Vertrag ua wegen der Geltendmachung von Mängelansprüchen gegen den am Bau beteiligten Unternehmer X., damit er klären kann, ob Gewährleistungsansprüche eigenständig vertraglich geregelt sind, § 13 VOB (B) Anwendung findet oder die Gewährleistungsregeln des BGB (§§ 633 ff. BGB) zugrundeliegen. Da der Beklagte die Herausgabe des Vertrags verweigert, war Klage geboten.

2. **Das Bauvorhaben ist in der Zwischenzeit abgeschlossen. Die Abnahme hat am ..... stattgefunden. Der Kläger ist nicht darüber informiert, wie seine auf das Konto ..... bei der ..... -Bank eingezahlten Gelder vom Beklagten verwendet wurden. Der Beklagte hat nun die Schlussrate angefordert. Da jedoch die Gefahr besteht, dass die am Bau Beteiligten auf Grund der Vertragsbeziehungen mit dem Kläger weitere Zahlungen direkt vom Kläger verlangen, muss der Kläger vor Leistung der Schlussrate auf das Konto Klarheit über die Verwendung der von ihm eingezahlten Mittel haben. Der Beklagte wurde zur Rechnungslegung aufgefordert mit Schreiben vom ..... Er wurde mit Schreiben vom ..... gemahnt. Die in diesem Schreiben gesetzte Frist ist abgelaufen, weshalb auch insoweit Klage erforderlich war. Der Rechnungslegungsanspruch ergibt sich aus § 8 der Makler- und Bauträgerverordnung.[12] Unabhängig davon besteht eine Rechenschaftspflicht nach §§ 675, 666 BGB.**
   Im Wege der Stufenklage wird bereits jetzt Antrag auf Abgabe der eidesstattlichen Versicherung auf die abzulegende Rechenschaft gestellt. Die nähere Begründung dieses Antrags erfolgt nach Vorlage der Rechenschaft.[13]

Anmerkungen

1. Örtlich zuständig ist das Gericht des allgemeinen Gerichtsstands (§§ 12–19 ZPO). § 29 ZPO begründet keine Zuständigkeit am Wohnsitz des Auftraggebers, da Auskunft und Rechenschaft am Wohnsitz des Beauftragten zu erfüllen sind. Vgl. zur Zuständigkeit der Baukammern → Form. II.C Anm. 3.

2. Die sachliche Zuständigkeit bemisst sich nach dem Streitwert. Der Streitwert für den Auskunftsanspruch hängt vom Interesse des Auftraggebers an der Auskunft ab und liegt niedriger als der Streitwert des Hauptanspruchs (BLAH ZPO § 3 Rn. 24 mwN und Quoten). Der Streitwert für die Rechenschaftspflicht und die eidesstattliche Versicherung bemisst sich ebenfalls nach dem Interesse des Auftraggebers an der Rechenschaft bzw. eidesstattlichen Versicherung. Sie sind in gleicher Weise wie der Streitwert bei der Auskunft unter dem Wert des Hauptanspruchs anzusetzen. Für den Zuständigkeitsstreitwert ist nur der höhere Wert der verbundenen Ansprüche maßgeblich (§ 44 GKG).

3. Ein Anspruch kann sich aus dem der Vollmacht zugrundeliegenden Auftrags- oder Geschäftsbesorgungsverhältnis, zB aus einem Baubetreuungsvertrag, ergeben.

4. Neben dem Auskunfts- bzw. Rechenschaftsanspruch besteht – soweit es sich um Unterlagen wie Verträge, Leistungsverzeichnisse oÄ handelt – nach §§ 667, 675 BGB ein Herausgabeanspruch. Insoweit geht die Rechenschaftspflicht nach dem Auftragsrecht über § 259 Abs. 1 BGB hinaus.

5. Die Zwangsvollstreckung erfolgt nach hM gem. § 888 ZPO (vgl. zB Zöller/*Seibel* ZPO § 888 Rn. 3 „Auskunft").)

6. Vgl. neben §§ 666, 675 BGB auch § 8 MaBV.

7. Zum Inhalt der Rechenschaftslegungspflicht vgl. § 259 Abs. 1 BGB und die einschlägige Kommentierung hierzu.

8. Die Klagen auf Auskunft und Rechenschaft kommen in aller Regel nicht für den gleichen Sachverhalt nebeneinander in Betracht. Da die Rechenschaftslegung inhaltlich die Auskunft umfasst, besteht nach Rechenschaftslegung kein Anspruch auf Auskunftserteilung (Palandt/*Sprau* BGB § 666 Rn. 4). Im vorliegenden Fall handelt es sich um eine objektive Klagenhäufung, da mehrere verschiedene materielle Ansprüche geltend gemacht werden.

9. Die Klage auf Abgabe der eidesstattlichen Versicherung nach § 259 Abs. 2 BGB kann im Wege der Stufenklage nach § 254 ZPO mit der Auskunfts- oder Rechenschaftsklage verbunden werden. Möglich ist es, als dritte Stufe noch einen Antrag auf Zahlung oder Herausgabe zu stellen (→ Form. I.D.11).

10. Zum Baubetreuungsmodell vgl. zB Kniffka/Koeble/Jurgeleit/Sacher Kompendium BauR Teil 10 Rn. 9 zur Vertretung; Palandt/*Sprau* BGB § 675 Rn. 17 ff.).

11. Vgl. Palandt/*Sprau* BGB § 675 Rn. 17 ff.

12. § 8 Makler- und Bauträgerverordnung gilt über § 1 MaBV iVm § 346 Abs. 1 Nr. 3b) auch für den Baubetreuer.

13. Zu den Voraussetzungen des Anspruchs auf eidesstattliche Versicherung vgl. Palandt/*Grüneberg* BGB §§ 259 Rn. 12 f.

2. Klage des Bürgen auf Befreiung von der Bürgschaft (§ 775 BGB)

An das
Landgericht[1, 2]

Klage

des . . . . .
– Klägers –

Prozessbevollmächtigter: . . . . .
gegen

den . . . . .
– Beklagten –

wegen

Befreiung von einer Verbindlichkeit

Vorläufiger Streitwert:[2] 50.000 EUR.

Namens und in Vollmacht des Klägers erhebe ich Klage und werde beantragen:
Der Beklagte wird verurteilt, den Kläger von der selbstschuldnerischen Bürgschaft des Klägers vom . . . . . gegenüber der Sparkasse . . . . . wegen 50.000 EUR zzgl. Zinsen, Provisionen und Kosten der Bürgschaft freizustellen[3, 4, 5]

Begründung:

Der Kläger macht gegen den Beklagten einen Befreiungsanspruch aus einer Bürgschaft gegenüber der Sparkasse . . . . . geltend.

1. Aufgrund der verwandtschaftlichen Beziehungen zwischen den Parteien erklärte sich der Kläger am . . . . . bereit, für ein Darlehen des Beklagten gegenüber der Sparkasse

. . . . . iHv . . . . . EUR zzgl. Zinsen, Provisionen und Kosten der Bürgschaftssumme selbstschuldnerisch zu bürgen.

Beweis: Bürgschaft vom . . . . . in Anlage in Fotokopie.

Der Kläger ging die Bürgschaft ein, ohne dass hierzu eine Verpflichtung gegenüber dem Beklagten bestanden hätte. Im Hinblick auf die Verwandtschaft der Parteien wollte der Kläger dem Beklagten vorübergehende wirtschaftliche Hilfe zukommen lassen.

2. Ein Gläubiger des Beklagten hat gegen diesen wegen einer Forderung die Zwangsvollstreckung betrieben. Da pfändbare Gegenstände beim Beklagten nicht vorhanden waren, hat der Gläubiger in der Zwischenzeit Antrag auf Abgabe der eidesstattlichen Versicherung beim Amtsgericht . . . . . gestellt.

Beweis: Zeugnis des Herrn . . . . .;
Auskunft aus dem Schuldnerregister des Amtsgerichts . . . . .

Mit Schreiben vom . . . . . wies die Sparkasse . . . . . darauf hin, dass mit der Inanspruchnahme aus der Bürgschaft gerechnet werden müsse, da beim Beklagten Zahlungsschwierigkeiten aufgetreten seien.
Der Befreiungsanspruch des Klägers ergibt sich aus § 775 Abs. 1 Nr. 1 BGB.

Anmerkungen

1. Die örtliche Zuständigkeit richtet sich nach dem allgemeinen Gerichtsstand (§§ 12–19 ZPO).

2. Die sachliche Zuständigkeit bemisst sich nach dem Streitwert. Dieser richtet sich idR nach dem Betrag der gesicherten Hauptforderung, begrenzt durch die Haftsumme der Bürgschaft (BGH NJW-RR 1990, 958).

3. Zu den materiellen Voraussetzungen des Befreiungsanspruchs vgl. § 775 Abs. 1 Nr. 1–4 BGB und *Zahn* ZfBR 2007, 627. Zum Befreiungsanspruch vgl. § 257 BGB. Aus dem der Bürgschaft zugrunde liegenden Rechtsverhältnis kann sich auch ein Vorschussanspruch ergeben (zB § 669 BGB). Der Übernahme der Bürgschaft im Auftrag des Hauptschuldners steht gleich, wenn ein Gesellschafter für eine Gesellschaftsschuld eine Bürgschaft oder Mithaft übernimmt. Wenn eine der Voraussetzungen der Nr. 1 bis 4 vorliegen, kann er Befreiung verlangen (Palandt/*Sprau* BGB § 775 Rn. 1). Auch wenn die Zahlungsunfähigkeit des Hauptschuldners feststeht und der Gläubiger den Bürgen bereits in Anspruch nimmt, verwandelt sich der Befreiungsanspruch des Bürgen nicht in einen Zahlungsanspruch an den Gläubiger (BGH NJW 2000, 1643) oder in einen gegenüber dem Gläubiger aufrechenbaren Zahlungsanspruch (BGHZ 140, 270).

Der Freistellungsantrag ist nach hM (OLG Düsseldorf MDR 1982, 942; aA *Rimmelspacher* JR 1976, 89 f.; JR 1976 183 f.)) nur bestimmt und damit zulässig, wenn die Geldschuld nach Grund und Höhe eindeutig bezeichnet ist (BGH NJW 1996, 2725). Anderenfalls ist eine Feststellungsklage zu erheben. Zum Freistellungsanspruch vgl. *Bischof* ZIP 1984, 1446; *Zahn* ZfBR 2007, 627).

4. Die Vollstreckung des Befreiungsanspruchs erfolgt nach § 887 ZPO (hM), zB BLAH/ZPO § 887 Rn. 22.).

5. Bei noch nicht fälliger Hauptverbindlichkeit sieht § 775 Abs. 2 vor, dass der Bürge anstelle der Freistellung auch Sicherheit leisten kann. Es handelt sich um einen Fall der Ersetzungsbefugnis. Liegen die Voraussetzungen dieser Vorschrift vor, hat der Bürge also die Sicherheitsleistung gewählt und diese geleistet, ist die Klage auf Befreiung als derzeit unbegründet abzuweisen, da es keinen fälligen Freistellungsanspruch im Zeitpunkt der letzten mündlichen Verhandlung gibt (*Rimmelspacher* JR 1976, 89 ff.; aA *Görmer* NJW 2012, 263). Erfolgt dies im Prozess kann der Kläger eine Erledigungserklärung abgeben. Wird Sicherheitsleistung erst nach Rechtskraft verlangt, muss und kann der Bürge dies ebenfalls noch vorbringen. Ob dies mit der Vollstreckungsgegenklage oder im Verfahren nach § 887 ZPO zu bewerkstelligen ist, ist umstritten (vgl. Einzelheiten bei *Görmer* NJW 2012, 263).

3. Klage auf Gewährung von Einsicht in eine Urkunde (§ 810 BGB)

An das
Amtsgericht[1, 2]

Klage

des . . . . .
– Klägers –

Prozessbevollmächtigter: . . . . .
gegen

den . . . . .
– Beklagten –

wegen

Gewährung von Einsicht in eine Urkunde

Vorläufiger Streitwert:[2] **4.000 EUR.**

Namens und in Vollmacht des Klägers erhebe ich Klage und werde beantragen:

Der Beklagte wird verurteilt, dem Kläger Einsicht in die vom Beklagten namens und in Vollmacht des Klägers mit den am Bauvorhaben des Klägers in . . . . . abgeschlossenen Verträge zu gewähren.[3, 4, 5]

Begründung[6]

. . . . .

Anmerkungen

1. Die örtliche Zuständigkeit richtet sich nach dem allgemeinen Gerichtsstand (§§ 12–19 ZPO).

2. Die sachliche Zuständigkeit richtet sich nach dem Streitwert. Dieser ist nach § 3 ZPO zu schätzen, wobei das Interesse des Klägers an der Offenlegung maßgebend ist. Nach aA sind Zeitaufwand und Kosten entscheidend (BLAH ZPO § 3 Rn. 33).

3. Im vorliegenden Fall bestünde auch ein Herausgabe- und Auskunftsanspruch, → Form. II.E.1 Anm. 4.

4. Nach § 810 BGB kann zB ein Anspruch des Patienten gegen den Arzt bzw. das Krankenhaus auf Einsichtnahme in die Krankenunterlagen vorliegen, wenn ein berechtigtes Interesse besteht. Dieses ist gegeben, wenn der Patient die Aussichten eines Haftpflichtprozesses wegen fehlerhafter Behandlung prüfen will (OLG Bremen NJW 1980, 644; BGH NJW 1983, 328; 1983, 330; *Ahrens* NJW 1983, 2609; zum Ganzen *Peter,* Das Recht auf Einsicht in die Krankenunterlagen, Köln 1989; zu den Voraussetzungen und Einschränkungen Palandt/*Sprau* BGB § 810 Rn. 5; *Gehrlein* NJW 2001, 2773; *Hinne* NJW 2005, 2279). Zu den Voraussetzungen eines Einsichtsrechts in gutachterliche Unterlagen des Vollkaskoversicherers: OLG Schleswig NJW-RR 2020, 1351. Zur Abgrenzung des rechtlichen Interesses vom bloßen wirtschaftlichen Interesse: BayObLG Beschl. v. 12.9.2019 – 1 VA 86/19 = NZI 2019, 830. § 810 steht zu § 630g in freier Anspruchskonkurrenz. Gem. § 142 Abs. 1 ZPO kann das Gericht anordnen, dass eine Partei und auch Dritte (unter bestimmten Voraussetzungen) die in ihrem Besitz befindlichen Urkunden vorlegen müssen, wenn sich eine Partei darauf bezogen hat. Ein materiell-rechtlicher Herausgabe- oder Vorlegeanspruch ist nicht erforderlich (BT-Drs. 14/4722, 92).

5. Die Zwangsvollstreckung erfolgt nach § 888 ZPO.

6. Zum Sachverhalt → Form. II.E.1.

4. Klage auf Herausgabe einer Bürgschaftsurkunde

An das
Landgericht[1, 2]

Klage

der A-Bank-AG
– Kläger –

Prozessbevollmächtigter: . . . . .
gegen

den . . . . .
– Beklagten –

wegen Herausgabe einer Bürgschaftsurkunde
Namens und in Vollmacht der Klägerin erhebe ich Klage und werde beantragen:
Der Beklagte wird verurteilt, die Urkunde vom 26.7. . . . . über eine von der Klägerin zugunsten des Beklagten eingegangene Bürgschaftsverpflichtung iHv 120.000 EUR zur Sicherung von Pachtzinsforderungen des Beklagten gegen die X-GmbH an die Klägerin herauszugeben.[3]
Vorläufiger Streitwert:[2] 30.000 EUR

Begründung:[6]

Die Klägerin verlangt von dem Beklagten die Herausgabe einer Bürgschaftsurkunde.[4, 5]

1. Der Beklagte ist Eigentümer des Hotels „Kreuz" in . . . . . Mit Pachtvertrag vom . . . . . wurde das Hotel an die X-GmbH als Betreiberin verpachtet. Zur Sicherung der Ansprüche des Beklagten aus dem Pachtverhältnis hat die Klägerin eine selbstschuldnerische Bankbürgschaft iHv 120.000 EUR übernommen. Die Bürgschaftsurkunde wurde dem Beklagten mit Schreiben vom 26.7. . . . . übersandt.

Beweis: Schreiben vom 26.7. . . . . in Kopie:
Bürgschaftsurkunde vom 26.7. . . . . in Kopie

2. Das Pachtverhältnis wurde durch Vereinbarung des Beklagten mit der X-GmbH vom . . . . . am 31.12. . . . . beendet. Die X-GmbH hat das Anwesen an diesem Tag geräumt und mängelfrei an den Beklagten übergeben.[6]

Beweis: Vorlage des Übergabeprotokolls vom 31.12. . . . .

Obwohl damit feststeht, dass eine Inanspruchnahme der Klägerin aus der Bürgschaft ausgeschlossen ist, verweigert der Beklagte trotz Aufforderung vom . . . . . die Herausgabe der Bürgschaftsurkunde.[7]

Beweis: Schreiben vom . . . . .

Rechtsanwalt

Anmerkungen

1. Die örtliche Zuständigkeit richtet sich nach dem allgemeinen Gerichtsstand (§§ 12–19 ZPO).

2. Die sachliche Zuständigkeit richtet sich nach dem Streitwert. Dieser bestimmt sich nach § 3 ZPO. Maßgebend ist das Interesse der Klägerin am Besitz der Urkunde. Ist die Hauptforderung erloschen und will der Bürge nur eine missbräuchliche Inanspruchnahme verhindern, so ist der Streitwert erheblich geringer als die mit der Bürgschaft gesicherte Forderung. In der Regel werden dann 20–30 % angenommen (BGH BauR 1994, 541; OLG Stuttgart MDR 1980, 678; Zöller/*Herget* ZPO § 3 Rn. 16 „Bürgschaft").

Soll aber durch die Herausgabeklage eine Inanspruchnahme des Bürgen aus der Bürgschaft verhindert werden, ist der volle Wert der Bürgschaftsforderung anzusetzen (BGH BauR 1994, 541 = NJW-RR 1994, 758 mwN; KG BauR 2000, 1380; OLG München BauR 2000, 607; Zöller/*Herget* ZPO § 3 Rn. 16 „Bürgschaft").

3. Die Zwangsvollstreckung erfolgt nach § 883 ZPO. Dafür ist es erforderlich, dass die Urkunde im Titel genau bestimmt sein muss (Zöller/*Seibel* ZPO § 883 Rn. 5). Da der Beklagte möglicherweise im Besitz mehrerer Bürgschaftsurkunden ist, empfiehlt es sich, den Inhalt der Urkunde im Klagantrag möglichst exakt zu bezeichnen.

4. Anspruchsgrundlage für den Herausgabeanspruch ist § 371 BGB (OLG München NJW-RR 1998, 992; Palandt/*Grüneberg* BGB § 371 Rn. 2). Der Anspruch besteht nicht nur in allen Fällen des Erlöschens der gesicherten Verbindlichkeit, sondern auch dann, wenn die Verbindlichkeit nicht entstanden oder untergegangen ist (Palandt/*Grüneberg* BGB § 371 Rn. 4). Ein Herausgabeanspruch nach den §§ 985, 952 BGB wird von der hM beim Erlöschen der Verbindlichkeit abgelehnt (Palandt/*Herler* BGB § 952 Rn. 4.)

5. Anspruchsinhaber ist der Bürge. Dem Schuldner kann daneben ein eigenständiger vertraglicher Herausgabeanspruch zustehen, wenn er sich selbst gegenüber dem Gläubiger zur Sicherheitsleistung verpflichtet hatte. Aktivlegitimiert ist in jedem Fall der Bürge (BGH NJW 2004, 3553). Die Rückgabeverpflichtung von Erfüllungs- und Gewährleistungsbürgschaften an den Auftragnehmer (Schuldner) beim Bauvertrag ist in § 17 Nr. 8 VOB/B ausdrücklich geregelt (BGH NJW 2009, 218).

6. Die Fälligkeit des Rückgabeanspruchs tritt im Regelfall selbst dann noch nicht mit der Rückgabe des Pachtobjekts ein, wenn der Pächter den Pachtzins vollständig bezahlt hat, weil mit der Bürgschaft auch Renovierungs- und Schadensersatzansprüche wegen Beschädigung des Pachtobjekts sowie noch nicht abgerechnete Nebenkosten gesichert werden. Der Anspruch wird deshalb erst nach Ablauf einer individuell zu bestimmenden „angemessenen Zeitspanne" fällig (BGH Urt. v. 20.7.2016 – VIII ZR 263/14, NJW 2016, 3231). Die Rspr. gewährt in der Regel eine Frist von drei bis sechs Monaten nach Beendigung des Miet- bzw. Pachtverhältnisses, bei Geschäftsräumen bis zu einem Jahr oder mit angemessenem Teil der Sicherheit bis zum Ablauf der Abrechnungsfrist für die letzten Nebenkosten (BGH NJW 2006, 1422; BGH Urt. v. 27.1.2010 – XII ZR 22/07, NJW 2010, 1065).

7. Behauptet der Gläubiger zur Rückgabe der Bürgschaftsurkunde außerstande zu sein, kann der Bürge nach § 371 S. 2 BGB ein öffentlich beglaubigtes Anerkenntnis verlangen, dass die Schuld erloschen ist. Ist ein Dritter im Besitz der Urkunde, ist dieser zur Herausgabe verpflichtet (Palandt/*Grüneberg* BGB § 371 Rn. 4).

5. Antrag auf Erlass einer einstweiligen Verfügung gerichtet auf Unterlassung der Entgegennahme des Bürgschaftsbetrages

An das
Landgericht[1]
Antrag auf Erlass einer einstweiligen Verfügung

Der X-AG,[2] vertreten durch .....
– Antragstellerin –

Prozessbevollmächtigte: .....
gegen

die Y-GmbH, vertreten durch .....
– Antragsgegnerin –

wegen Unterlassung der Entgegennahme eines Bürgschaftsbetrages
Namens und in Vollmacht der Antragstellerin beantrage ich im Wege der einstweiligen Verfügung[3] – wegen Dringlichkeit ohne mündliche Verhandlung – Folgendes anzuordnen:
Der Antragsgegnerin wird es bei Meidung eines für den Fall der Zuwiderhandlung fälligen Ordnungsgeldes bis zu 250.000 EUR, ersatzweise Ordnungshaft bis zu sechs Monaten oder Ordnungshaft bis zu sechs Monaten – die Ordnungshaft zu vollziehen an dem Geschäftsführer[4] – ..... untersagt, den Bürgschaftsbetrag iHv 70.000 EUR aus der von der ..... Bank zugunsten der Antragsgegnerin übernommenen Bürgschaft für Mängelansprüche, Nr. ..... vom ..... entgegen zu nehmen.[5]

Begründung:

Mit dem vorliegenden Antrag wendet sich die Antragstellerin gegen die Entgegennahme des Bürgschaftsbetrages einer Bürgschaft für Mängelansprüche auf erstes Anfordern[6] der ..... Bank durch die Antragsgegnerin. Die Bürgschaft wurde der Antragsgegnerin im Rahmen eines Bauvorhabens übergeben, für das die Antragstellerin einen Teil der Rohbauarbeiten erbracht hat.

I.

1. Die Parteien haben am ..... einen schriftlichen Bauwerkvertrag über die Erbringung von Rohbauarbeiten geschlossen.
Glaubhaftmachung: Vorlage des kompletten Bauvertrages, Anlage .....
Das Bauvorhaben der Antragstellerin hatte die Errichtung von vier voneinander unabhängigen Gebäuden auf dem Grundstück, Flurstück ..... der Gemarkung ..... in ..... zum Gegenstand. Die Antragstellerin war mit der Durchführung der Rohbauarbeiten für das Gebäude Nr. 1 beauftragt worden. Die Vertragsunterlagen stammen von der Antragsgegnerin, die die gleichen Vertragsunterlagen auch gegenüber den anderen Rohbauunternehmen, die mit den Leistungen betreffend Gebäude Nr. 2, 3 u. 4 beauftragt wurden, verwendet[7] hat.

Glaubhaftmachung: Eidesstattliche Versicherung des ....., Anlage .....

Neben den besonderen Vertragsbedingungen (nachfolgend BVB) wurde mit nachrangiger Geltung die VOB/B als Vertragsbestandteil vereinbart.

Glaubhaftmachung: § ..... des Bauvertrages, Anlage .....

2. Die Antragstellerin hat die vertraglichen Leistungen innerhalb der vereinbarten Frist erbracht. Die Arbeiten wurden am ..... von der Antragsgegnerin förmlich abgenommen.

Glaubhaftmachung: Abnahmeprotokoll, Anlage .....

3. Nach Erstellung und Übergabe der Schlussrechnung wurde der Schlussrechnungsbetrag von der Antragsgegnerin bis auf den Betrag von 70.000 EUR der von der Antragsgegnerin unter Hinweis auf den vertraglich vereinbarten Sicherheitseinbehalt nicht ausgezahlt wurde, ausgeglichen. Der Vertrag sieht hinsichtlich der Regelung der Gewährleistungssicherheit vor, dass der Auftraggeber 5 % der Auftragssumme für die Dauer der Gewährleistungsfrist einbehalten dürfe. Der Unternehmer könne jedoch die Auszahlung des Sicherheitseinbehalts dadurch erreichen, dass er anstelle des Gewährleistungseinbehaltes[8] eine Bürgschaft für Mängelansprüche einer ..... Bank, die den Anforderungen der BVB entspreche, vorlege. In den BVB der Antragsgegnerin ist ua geregelt, dass die Bürgschaft eine Bürgschaft auf erstes Anfordern sein müsse und dass das Muster ..... der Antragsgegnerin verwendet werden muss.

Glaubhaftmachung: Bauvertrag nebst BVB in Kopie, Anlage .....

Auch nach dem Muster ..... der Antragsgegnerin ist eine Bürgschaft für Mängelansprüche auf erstes Anfordern zu stellen.[9]

Glaubhaftmachung: Vorlage des Bürgschaftsformulars ....., Anlage

Die Antragstellerin hat der Antragsgegnerin eine Bürgschaft der ..... Bank über den Betrag von 70.000 EUR am ..... übergeben. Hierbei wurde das von der Antragsgegnerin vorgegebene Muster verwendet.

Glaubhaftmachung: Vorlage der Bürgschaft in Kopie, Anlage .....

4. Mit Schreiben vom ..... hat die Antragsgegnerin gegenüber der ..... Bank den Bürgschaftsbetrag wegen angeblich vorhandener Mängel angefordert.

Glaubhaftmachung: Schreiben der Antragsgegnerin in Kopie, Anlage

5. Die Antragsgegnerin hat Forderungen, die der Antragstellerin aus anderen Bauvorhaben zustehen, nicht ausgeglichen. Auch die Vollstreckung titulierter Forderungen führte nicht zur Befriedigung der Antragstellerin. Es wurde nunmehr Termin zur Abgabe der eidesstattlichen Versicherung durch den Geschäftsführer der Antragsgegnerin bestimmt auf .....

Glaubhaftmachung: Terminsbestimmung durch den Gerichtsvollzieher ....., Anlage

II.

1. Es ist ein Verfügungsanspruch der Antragstellerin gegeben. Die Antragstellerin hat der Antragsgegnerin eine Bürgschaft der ..... Bank gewährt, auf die die Antragsgegnerin keinen Anspruch hatte, da die Sicherungsabrede, nach der eine Bürgschaft auf erstes Anfordern gestellt werden muss, unwirksam ist (a). In diesem Fall hat die Antragstellerin gegen die Antragsgegnerin einen Anspruch darauf, die Durchsetzung dieser Rechte gegen den Bürgen zu unterlassen[10, 11] (b). Dieser Anspruch kann, da er sich ohne weiteres aus den vorgelegten Unterlagen ergibt, im Wege der einstweiligen Verfügung durchgesetzt werden (c).

a) Der Antragstellerin steht kein Anspruch auf Auszahlung des Bürgschaftsbetrages zu, da es an einer wirksamen, der Bürgschaftserteilung zugrunde liegenden Siche-

rungsabrede[11] zwischen den Parteien fehlt. Die Vereinbarung der Stellung einer Bürgschaft für Mängelansprüche auf erstes Anfordern als einziges Austauschmittel zur Auslösung des Bareinbehalts in den von der Antragsgegnerin gestellten AGB benachteiligt die Antragstellerin unangemessen (§ 307 BGB) und ist deshalb unwirksam.[12] Da die Klausel auch nicht derart aufrecht erhalten werden kann, dass der Auftragnehmer die Möglichkeit hat, den Sicherheitseinbehalt durch eine („einfache") selbstschuldnerische Bürgschaft auszulösen,[13] ist die Klausel insgesamt unwirksam. Eine andere Bewertung ergibt sich auch nicht daraus, dass der Gewährleistungseinbehalt in § . . . . . des Vertrages geregelt ist, dort nur von einer Ablösemöglichkeit „durch Bankbürgschaft" die Rede ist und sich erst aus den BVB ergibt, dass vorliegend eine Bürgschaft auf erstes Anfordern zu stellen ist. Da beide Regelungen inhaltlich zusammengehören und eine untrennbare Einheit bilden,[14] ist die Klausel insgesamt unwirksam. Es besteht deshalb überhaupt keine Verpflichtung der Antragstellerin zur Leistung einer Sicherheit.

b) Da im Fall der Auszahlung des Bürgschaftsbetrages an die Antragsgegnerin ein Rückforderungsanspruch der Antragstellerin entstünde und das Bestehen dieses Anspruchs anhand der vorgelegten Urkunden bewiesen werden kann, steht der Antragstellerin ein Unterlassungsanspruch zu,[15] mit dem verhindert wird, dass der Bürgschaftsbetrag in das Vermögen der Antragsgegnerin gelangt.

c) Da mittels der vorgelegten Unterlagen ohne weiteres nachgewiesen werden kann, dass die Verpflichtung zur Stellung der Bürgschaft auf erstes Anfordern unwirksam ist und deshalb bei Auszahlung des Bürgschaftsbetrages ein Rückzahlungsanspruch entstehen wird, kann der Unterlassungsanspruch auch mittels einer einstweiligen Verfügung durchgesetzt werden.[16]

2. Der Antragstellerin kann nicht zugemutet werden, bis zur Hauptsacheentscheidung abzuwarten.[17] Sollte die Bürgschaftssumme ausgezahlt werden, wird die auszahlende Bank bei der Antragstellerin Rückgriff nehmen. Der bestehende Rückzahlungsanspruch[18] ist nicht gesichert. Angesichts der finanziellen Situation ist mit einem Insolvenzantrag der Antragsgegnerin zu rechnen. Der Antragstellerin muss deshalb ermöglicht werden, die Inanspruchnahme der Bürgschaft zu verhindern, damit nicht vollendete Tatsachen geschaffen werden.

3. Die Angelegenheit ist eilbedürftig, nachdem die Antragsgegnerin bereits eine Frist zur Auszahlung gesetzt und mit einer klageweisen Durchsetzung des vermeintlichen Auszahlungsanspruchs der . . . . . Bank gegenüber gedroht hat.

Anmerkungen

1. Zuständig ist gem. §§ 937 Abs. 1, 943 ZPO das Gericht der Hauptsache. Die örtliche Zuständigkeit für die Hauptsacheklage auf Unterlassung richtet sich nach § 17 ZPO. Bei der Ermittlung der sachlichen Zuständigkeit ist zu berücksichtigen, dass der gesamte (offene) Forderungsbetrag anzusetzen ist, wenn die Inanspruchnahme des Bürgen in vollem Umfang verhindert werden soll (vgl. Musielak/Voit/*Heinrich* ZPO § 3 Rn. 24).

2. Im vorliegenden Fall beantragt die Auftragnehmerin (Schuldner) den Erlass einer einstweiligen Verfügung gegen die Auftraggeberin (Gläubigerin). Denkbar ist ausnahmsweise bei Rechtsmissbrauch auch eine einstweilige Verfügung des Schuldners gegen den Bürgen (str. vgl. zum Streitstand Kniffka/Koeble/Jurgeleit/Sacher/*Sacher* Kompendium BauR Teil 12 Rn. 69 ff.). Einstweilige Verfügungen zur Verhinderung der Inanspruchnahme des Bürgen sind zulässig: KG BeckRS 2021, 6540; OLG Celle BauR 2002, 1596, KG BauR 1997, 665, OLG Frankfurt a. M. BauR 1991, 506; Kniffka/Koeble/Jurgeleit/Sacher/*Sacher* BauR Teil 12 Rn. 69 ff.); vgl. auch das Formular in MPFormB BauR/*Zahn*Form.C.V.2).

3. Ergeht die einstweilige Verfügung antragsgemäß, muss im Fall der Beschlussverfügung der Beschluss dem Antragsgegner im Parteibetrieb zugestellt werden. Gem. § 929 Abs. 3 ZPO erfolgt hierdurch die Vollziehung. Es ist auf die Einhaltung der Vollziehungsfrist von einem Monat (§ 929 Abs. 2 ZPO) zu achten.

4. Falls ein Ordnungsgeld aufgrund der finanziellen Situation (drohende Insolvenz) nicht sonderlich beeindrucken sollte, könnte die Ordnungshaft als Druckmittel eine Rolle spielen.

5. Wurde die Bürgschaftssumme noch nicht angefordert, kann der Antrag auf Unterlassen der Inanspruchnahme gerichtet werden. Mit Anforderung des Betrages entsteht jedoch der Anspruch (BGH NJW 2001, 282 (284) für den Fall einer Garantie); eine einstweilige Verfügung gerichtet auf das Unterlassen der Inanspruchnahme kommt dann zu spät (BGH NJW 2001, 282 (284) für den Fall der Garantie). Der Bürge, der in Anspruch genommen wurde, kann dann uU trotz der einstweiligen Verfügung den Betrag auszahlen. Wenn – wie hier – bereits angefordert wurde, muss der Antrag deshalb entweder gegen den Bürgen auf Unterlassen der Auszahlung oder gegen den Gläubiger auf Unterlassen der Entgegennahme gerichtet werden (die Zulässigkeit einer einstweiligen Verfügung gegen den Bürgen ist umstritten, vgl. zum Streitstand Kniffka/Koeble/Jurgeleit/Sacher/*Sacher* Kompendium BauR Teil 12 Rn. 79 ff.).

6. Die Bürgschaft auf erstes Anfordern ist ein für den Sicherungsnehmer äußerst vorteilhaftes Sicherungsmittel, da ihm hierdurch ermöglicht wird, ohne Klärung der materiell-rechtlichen Fragen rasch an liquide Mittel zu kommen. Er muss lediglich dem Bürgen gegenüber den Eintritt der vertraglich vorgesehenen Anforderungsvoraussetzungen nachweisen, um Zahlung verlangen zu können. Die materiell-rechtliche Berechtigung wird dann im Rückforderungsprozess geklärt (vgl. zum Ganzen Kniffka/Koeble/Jurgeleit/SacherKompendium BauR Teil 12 Rn. 70 ff.).

7. Die Antragstellerin ist darlegungspflichtig dafür, dass es sich bei der streitgegenständlichen Klausel um Allgemeine Geschäftsbedingungen handelt.

8. Hierdurch werden andere Ablösemöglichkeiten ausgeschlossen (BGH NJW-RR 2002, 1311), was zur Unwirksamkeit führt: → Anm. 1.

9. Umfasst die Sicherungsvereinbarung ein als Anhang beigefügtes Bürgschaftsmuster, gehört das Muster zum Inhalt der Sicherungsvereinbarung (BGH BauR 2005, 539); anders jedoch, wenn in der Sicherungsabrede bestimmt ist, dass bei Erbringung der Bürgschaft ein Muster nach Wahl des Auftraggebers zu verwenden ist (BGH BauR 2004, 841). Im vorliegenden Fall wurde explizit vereinbart, dass eine Bürgschaft auf erstes Anfordern zu erbringen ist.

10. Eine einstweilige Verfügung, die die Inanspruchnahme der Bürgschaft oder Entgegennahme von Geldbeträgen verhindert, kollidiert mit dem Zweck einer Bürgschaft auf erstes Anfordern, bei der der Sicherungsnehmer gerade davon ausgeht, über ein Sicherungsmittel zu verfügen, mit dem er rasch und unkompliziert an den Bürgschaftsbetrag gelangen kann. Deshalb ist eine Verhinderung der Auszahlung oder – wie hier – der Entgegennahme des Bürgschaftsbetrages auf Ausnahmefälle beschränkt. Voraussetzung dafür, dass sich der Schuldner (Bürge) bereits im „Erst"-Prozess (und nicht erst im Rückforderungsprozess) auf die materielle Unbegründetheit berufen kann, ist, dass es klar auf der Hand liegt oder „liquide beweisbar" ist, dass die Voraussetzungen für eine Inanspruchnahme der Bürgschaft nicht vorliegen (BGH NJW 2001, 1857; 2000, 1563; 1984, 2030 (2032)). Dies ist dann der Fall, wenn – wie hier – die Stellung einer Bürgschaft auf erstes Anfordern nicht wirksam vereinbart wurde und sich dies aus den vorzulegenden Vertragsunterlagen und der Bürgschaft ergibt (BGH NJW 2001, 1857; OLG Celle BauR 2002, 1596; MPFormB BauR/*Zahn*, C.V.2. 5. Aufl. 2018).

11. Das Fehlen einer wirksamen Sicherungsabrede kann der Schuldner aber auch der Bürge nach § 768 BGB einwenden.

12. Es ist seit der Entscheidung des BGH aus dem Jahre 1997 (BGHZ 136, 27 = NJW 1997, 2598) ständige Rspr., dass eine Bestimmung in Allgemeinen Geschäftsbedingungen, wonach der Auftraggeber nach Abnahme des Bauwerkes einen Sicherheitseinbehalt von 5 % der Auftragssumme vornehmen darf, unwirksam ist, wenn ihm keine angemessene Ablösemöglichkeit zugestanden wird und dass eine Bürgschaft auf erstes Anfordern keine angemessene Ablösemöglichkeit darstellt, wenn sie als alleiniges Austauschmittel vorgesehen ist (BGH BauR 2005, 539 für AGB eines öffentlichen Auftraggebers; BGH BauR 2004, 1143; 2002, 1392).

Wird zwar eine selbstschuldnerische, unbefristete Bürgschaft als Austauschmittel vereinbart, jedoch (fälschlicherweise) eine Bürgschaft auf erstes Anfordern übergeben, so ist die Sicherungsvereinbarung nicht unwirksam, sondern der Sicherungsnehmer lediglich verpflichtet, schriftlich zu erklären, dass die Bürgschaft nur als selbstschuldnerische Bürgschaft geltend gemacht wird (BGH NJW 2003, 2605). Unwirksam (wegen Intransparenz und Unangemessenheit) ist die Vereinbarung einer Bürgschaft „nach Muster des Auftraggebers", wenn für den Auftragnehmer nicht eindeutig erkennbar ist, welche Art der Bürgschaft er übergeben muss (BGH NJW 2000, 1002).

13. Anders als bei „Altfällen" der Vertragserfüllungsbürgschaft, bei denen zwar ebenfalls Unwirksamkeit bei Vereinbarung einer Bürgschaft auf erstes Anfordern als alleiniges Sicherungsmittel angenommen wird, jedoch eine ergänzende Vertragsauslegung unter bestimmten Voraussetzungen vorgenommen wurde (BGH NJW 2002, 3098; BGH NJW-RR 2004, 880), kann bei der Bürgschaft für Mängelansprüche dem Vertrag auch nicht durch eine ergänzende Vertragsauslegung die Verpflichtung zur Stellung einer selbstschuldnerischen, unbefristeten Bürgschaft entnommen werden (BGH BauR 2005, 529 = WM 2005, 268; BGH BauR 2002, 463 (464 f.); BGHZ 147, 99 (105 f.); BGH NJW 2002, 894). Die Vereinbarung – auch in Allgemeinen Geschäftsbedingungen – einer selbstschuldnerischen, unbefristeten Bürgschaft als einziges Austauschmittel für einen Einbehalt wegen Mängeln ist nicht unangemessen (BGH ZIP 2004, 667; BauR 2005, 539; BGHZ 157, 29; BGH BauR 2004, 841; NJW 2004, 443).

14. BGH NJW 2001, 1857.

15. Zwar begründet der Bürgschaftsvertrag eine von der Verpflichtung des Hauptschuldners verschiedene, rechtlich selbständige Verpflichtung mit der Folge, dass die Antragsgegnerin grds. zunächst Zahlung alleine aufgrund der Verpflichtung aus dem Bürgschaftsvertrag verlangen könnte – die Klärung der materiellen Begründetheit des Anspruchs wäre dem Rückforderungsprozess vorbehalten –. Allerdings kann die Antragsgegnerin gem. § 242 BGB („dolo agit qui petit quod statim redditurus est") nicht Zahlung fordern, da sie verpflichtet wäre, den erhaltenen Betrag umgehend wieder auszukehren und die Bürgschaftsurkunde zurückzugeben (BGH NJW 2001, 1857: Rückgabe der Bürgschaftsurkunde). Liegen die Voraussetzungen für das Entstehen eines Rückzahlungsanspruchs für den Fall der Auszahlung des Bürgschaftsbetrages ohne weiteres beweisbar auf der Hand, besteht ein Unterlassungsanspruch (OLG Celle BauR 2002, 1596 (1597); OLG Köln BauR 1998, 555 (558); KG BauR 1997, 665 (666); vgl. zum Unterlassungsanspruch auch BGH NJW 2000, 1563 (1564)), mit dem verhindert werden soll, dass die Bürgschaftssumme in das Vermögen des Gläubigers gelangt und der Hauptschuldner auf den Rückforderungsanspruch angewiesen ist.

16. Zur Zulässigkeit der einstweiligen Verfügung → Anm. 2.

17. Der erforderliche Verfügungsgrund ist vom Antragsteller darzulegen und glaubhaft zu machen, dh es ist darzulegen und glaubhaft zu machen, dass Eilbedürftigkeit gegeben ist und ohne die einstweilige Verfügung ein erheblicher Nachteil droht. Neben der drohenden Insolvenz kann auch die Tatsache, dass der Rückforderungsanspruch im Ausland geltend gemacht werden müsste, ausreichend sein (OLG Celle BauR 2002, 1596; OLG Frankfurt a. M. BauR 1998, 1280 (1281)).

18. Hat der Gläubiger die Leistung zu Unrecht erhalten, steht nicht nur dem Bürgen, sondern auch dem Hauptschuldner nach Inhalt und Zweck der mit dem Gläubiger getroffenen Sicherungsabrede ein eigener Rückforderungsanspruch zu, der zunächst auf Zahlung an den Bürgen gerichtet ist (BGH NJW 2003, 352). Hat der Bürge beim Hauptschuldner Rückgriff genommen, kann dieser Zahlung an sich verlangen.

6. Klage auf Bewilligung der Freigabe eines hinterlegten Betrags

An das
Landgericht[1, 2]

Klage

des . . . . .
– Kläger –

Prozessbevollmächtigter: . . . . .
gegen

den . . . . .
– Beklagter –

wegen Freigabeerklärung
Namens und in Vollmacht des Klägers erhebe ich Klage und werde beantragen:
Der Beklagte wird verurteilt, die Freigabe des beim AG . . . . . – Az. . . . . . – hinterlegten Betrags von 20.000 EUR[3] **an den Kläger zu bewilligen.**
Vorläufiger Streitwert: 20.000 EUR[2]

Begründung:

Der Kläger verlangt von dem Beklagten die Einwilligung zur Freigabe des von S. beim AG . . . . . hinterlegten Betrags iHv 20.000 EUR nebst Zinsen.[4, 5, 6, 7]

1. Dem Kläger steht gegen S. eine titulierte Forderung iHv 50.000 EUR zu.

Beweis: Vollstreckungsbescheid des AG . . . . ., Az. . . . .

Der Kläger hat deshalb eine Kaufpreisforderung des S. gegen DS iHv 20.000 EUR gepfändet und sich zur Einziehung überweisen lassen. Der Pfändungs- und Überweisungsbeschluss wurde vom AG . . . . . am 25.1. . . . . erlassen und dem DS am 3.2. . . . . zugestellt.[8]

Beweis: Pfändungs- und Überweisungsbeschluss vom . . . . .
Zustellungsurkunde vom 3.2. . . . .

2. Der Beklagte hat auf Grund eines Titels gegen S. ebenfalls einen Pfändungs- und Überweisungsbeschluss auf die Kaufpreisforderung gegen DS erwirkt. Der Beschluss wurde am 28.1. . . . . erlassen und dem DS am 4.2. . . . . zugestellt.

Beweis: . . . . .

3. Die Kaufpreisforderung wurde deshalb von DS beim AG . . . . ., Az. . . . ., am 10.2. . . . . hinterlegt. Der Kläger hat den Beklagten mit Schreiben vom 25.2. . . . . zur Bewilligung der Freigabe gegenüber dem AG . . . . . aufgefordert.

Beweis: Schreiben vom 25.2. . . . .

Dies wurde von dem Beklagten mit Schreiben vom 7.3. . . . . verweigert.[9]

Beweis: Schreiben vom 7.3. . . . .

Rechtsanwalt

Anmerkungen

1. Die örtliche Zuständigkeit für die Klage auf Einwilligung in die Freigabe des hinterlegten Gegenstandes oder Geldbetrags richtet sich nach den §§ 12–19 ZPO.

Örtlich zuständig für die Hinterlegung ist nach § 374 BGB das Gericht am Ort, an dem der Schuldner die Leistungshandlung vorzunehmen hat. Wird an einem anderen Ort hinterlegt, so ist die Hinterlegung trotzdem wirksam. Der Schuldner macht sich aber schadensersatzpflichtig. Sachlich zuständig ist nach § 1 Abs. 2 HintG (des jeweiligen Bundeslandes) das Amtsgericht. Die Hinterlegungsordnung ist aufgrund Gesetzes v. 11.5.2010 (GBl. 398) mWv 1.12.2010 außer Kraft getreten. An ihre Stelle sind die Hinterlegungsgesetze der Länder getreten. Nachfolgend wird beispielhaft auf das Hinterlegungsgesetz Baden-Württemberg (im Folgenden HintG) Bezug genommen.

2. Der Streitwert bemisst sich nach dem Wert des hinterlegten Gegenstands und die Höhe der hinterlegten Summe bei Klage auf Auszahlungseinwilligung (Musielak/Voit/*Heinrich* ZPO § 3 Rn. 29 – Hinterlegung).

3. Nach § 12 HintG findet eine Verzinsung nicht statt. Zum Zinsschaden → Anm. 9.

4. Durch die Hinterlegung wird dem leistungswilligen Schuldner die Möglichkeit eingeräumt, sich von seiner Verbindlichkeit auch dann zu befreien, wenn er dies wegen eines in der Sphäre des Gläubigers liegenden Grundes nicht oder nicht mit hinreichender Sicherheit kann. Die Hinterlegung stellt ein Erfüllungssurrogat dar (§ 378 BGB; Palandt/*Grüneberg* BGB § 378 Rn. 1). Der Schuldner ist beim Vorliegen der Voraussetzungen des § 372 BGB zur Hinterlegung berechtigt, aber nicht verpflichtet (→ Anm. 5).

5. Im vorliegenden Fall der mehrfachen Pfändung einer Forderung ergibt sich die Berechtigung des Schuldners aus § 853 ZPO. Verlangt ein Gläubiger die Hinterlegung des gepfändeten Betrags, ist der Schuldner nach § 853 ZPO ausnahmsweise sogar zur Hinterlegung verpflichtet. Dieser Anspruch kann nach § 856 ZPO eingeklagt werden.

6. Verweigert der Beklagte die Bewilligung der Freigabe, darf die Hinterlegungsstelle den hinterlegten Betrag erst auf Grund einer rechtskräftigen Entscheidung freigeben (§ 22 Abs. 3 Nr. 2 HintG).

7. Materiell-rechtlich ergibt sich der Anspruch auf Bewilligung der Freigabe aus einer Eingriffskondiktion nach § 812 Abs. 1 S. 1. Alt. 2 BGB (BGH NJW 1970, 463; NJW-RR 1997, 495; NJW 2000, 291 (294); Palandt/*Sprau* BGB § 812 Rn. 93).

8. Der Rang des Pfandrechts und damit die materielle Berechtigung des Klägers richten sich nach dem Zeitpunkt der Zustellung des Pfändungs- und Überweisungsbeschlusses an den Drittschuldner, §§ 829 Abs. 3, 804 Abs. 3 ZPO.

9. Dem Kläger stehen gegenüber dem Beklagten darüber hinaus Schadensersatzansprüche nach den §§ 280 Abs. 2, 286 BGB zu, sobald der Beklagte mit seiner Verpflichtung zur Abgabe der Freigabeerklärung in Verzug gerät (BGH NJW 1970, 463; 1972, 1045).

Der Verzugsschaden besteht auf Grund Anordnung der Nichtverzinsung nach § 12 HintG regelmäßig in dem Zinsschaden. Dieser Schadensersatzanspruch kann auch im Wege der objektiven Klagehäufung zusammen mit dem Freigabeanspruch eingeklagt werden. Da dieser erst nach Freigabe des hinterlegten Betrages und somit nach Beendigung des Rechtsstreits abschließend beziffert werden kann, wäre bzgl. des künftigen Schadens eine Feststellungsklage zulässig (→ Form. I.D.4).

F. Unerlaubte Handlung, Gefährdungshaftung, Produkthaftung, Verkehrsunfälle, Versicherungsrecht, Arzthaftungsrecht

Unerlaubte Handlung und Gefährdungshaftung

1. Klage auf Schadensersatz kombiniert mit Feststellungsantrag

An das
Amtsgericht[1, 2]

Klage

des . . . . .
– Klägers –
Prozessbevollmächtigter: . . . . .

gegen

1. den . . . . .
– Beklagten Ziff. 1 –
2. den . . . . .
– Beklagten Ziff. 2 –

wegen

Schadensersatz.

Vorläufiger Streitwert:[2]

Klageantrag Ziff. I	3.200 EUR
Klageantrag Ziff. II	1.000 EUR
	4.200 EUR

Namens und in Vollmacht des Klägers erhebe ich Klage und werde beantragen:

I. Die Beklagten werden als Gesamtschuldner verurteilt, an den Kläger 3.200 EUR nebst 5 Prozentpunkten Zinsen[3] über dem Basiszinssatz seit 1.5. . . . . zu bezahlen.[4]

II. Es wird festgestellt,[11] dass die Beklagten als Gesamtschuldner verpflichtet sind, dem Kläger sämtliche, den Betrag gemäß Klagantrag Ziff. I. übersteigenden Schäden,[5] die aus dem Vorfall vom 22.2. . . . . auf der X-Straße in Y. künftig entstehen, zu ersetzen, soweit sie nicht auf Sozialversicherungsträger[6] oder andere Dritte[7] übergehen.

Begründung:

Der Kläger macht gegen die Beklagten mit der vorliegenden Klage materielle Schadensersatzansprüche wegen einer tätlichen Auseinandersetzung geltend.

1. [8] Am 22.2. . . . . gegen 22 Uhr griffen die Beklagten den Kläger auf der X-Straße in Y. an und schlugen auf ihn ein. Einer der Beklagten hielt den Kläger fest, der andere versetzte ihm Faustschläge ins Gesicht und in den Magen. Der Kläger wurde bewusstlos und fiel zu Boden. Er erlitt bei der Auseinandersetzung schwere Verletzungen, ua einen Jochbeinbruch, einen Bruch des linken Unterarmes sowie eine Gehirnerschütterung, zahlreiche Prellungen und Schürfungen.

Beweis: Beiziehung und Verwertung der Akten des Amtsgerichts Y. in der Strafsache gegen B und C. (Aktenzeichen 7 Ds 502/. . . . .); Zeugnis der Frau Z., X-Straße 92, Y; ärztliches Attest des Dr. med. G. vom 23.2. . . . . in Anlage; Sachverständiges Zeugnis des Dr. med. G, X-Straße 52, Y., der hiermit von der ärztlichen Schweigepflicht befreit wird.

Der Kläger kann nicht sagen, durch welchen Tatbeitrag der Beklagten er iE welche Verletzungen erlitt. Die Beklagten haften dem Kläger jedoch nach §§ 830 Abs. 1, 840 Abs. 1 BGB gem. §§ 823 Abs. 1, 823 Abs. 2 BGB iVm § 223a StGB als Gesamtschuldner für den entstandenen Schaden.

2. [9]Der Kläger erlitt folgenden materiellen Schaden:

a) Infolge der schweren Verletzungen ist der Kläger bereits zehn Wochen krank. In den ersten sechs Wochen erhielt er von seinem Arbeitgeber Lohnfortzahlung. Für die bisher verstrichenen vier Wochen danach macht der Kläger den Differenzbetrag zwischen seinem regelmäßigen Einkommen und dem von der AOK bezogenen Krankengeld geltend.[10] Das ansatzfähige Einkommen des Klägers beträgt in vier Wochen 5.000 EUR, das ausbezahlte Krankengeld 4.000 EUR.

Beweis: Bescheinigung des Arbeitgebers N. vom . . . . . in Anlage; Auszahlungsbeleg der AOK Y. in der Anlage.

b) Bei der Auseinandersetzung wurde der Ledermantel des Klägers zerrissen. Er weist jetzt an der linken Vorderseite einen Riss von 20 cm auf, und zwar nicht an den Nähten. Der Mantel kann nicht mehr genäht werden. Der Kläger hatte den Mantel genau sechs Monate vor dem Vorfall zum Neupreis von 3.000 EUR erworben. Zurzeit des Vorfalls hatte der Mantel noch einen Zeitwert von mindestens 2.200 EUR.

Beweis: Rechnung der Firma F. vom 22.8. . . . . in der Anlage; Sachverständigengutachten.

Der Zinsanspruch ergibt sich aus § 286 BGB. Mit Schreiben vom 30.4. . . . . haben die Beklagten die Erfüllung der Schadensersatzansprüche des Klägers endgültig abgelehnt. Der Kläger musste zum Erwerb eines neuen Mantels und wegen des Lohnausfalls Kredit iHv 3.200 EUR aufnehmen, den er bei Zahlung zurückgeführt hätte und für den er 8 % Zinsen bezahlt.[3]

Beweis: Bescheinigung der M.–Bank in Anlage.

Nach der Bescheinigung des Dr. X. ist der Kläger noch mindestens fünf Monate arbeitsunfähig krank.

Beweis: Arbeitsunfähigkeitsbescheinigung des Dr. X. in Anlage im Original.

Das erforderliche Feststellungsinteresse ist damit gegeben.[11]

Schrifttum: Böhme/Biela, Kraftverkehrs-Haftpflicht-Schäden, 26.Aufl. 2018; Beck'sches Rechtsanwaltshandbuch, 11. Aufl. 2016, 3. Teil § 29; *Geigel,* Der Haftpflichtprozess, 28. Aufl. 2020; *Hacks/Ring/Böhm,* Schmerzensgeldbeträge, 38. Aufl. 2020; *Küppersbusch,* Ersatzansprüche bei Personenschäden, 13. Aufl. 2020.

Anmerkungen

1. Neben dem allgemeinen Gerichtsstand (§§ 12–19 ZPO) ist der Gerichtsstand der unerlaubten Handlung gegeben (§ 32 ZPO).

2. Die sachliche Zuständigkeit bemisst sich nach dem Streitwert. Dieser errechnet sich aus der Summe des in Antrag Ziff. I bezifferten Euro-Betrages und des für den Feststellungsantrag nach § 3 ZPO zu schätzenden Betrags. Die Einzelbeträge sind zu addieren (§ 5 ZPO). Für den Feststellungsantrag ist maßgebend der zu erwartende Schaden. Von dem geschätzten Betrag ist ein Abzug in aller Regel von 20 %, ggf. auch mehr, vorzunehmen (BGH NJW 1965, 2298; NJW-RR 1988, 689; NJW 2006, 2193).

3. Ein Anspruch auf Zinsen besteht entweder ab Verzug oder ab Rechtshängigkeit (§ 291 S. 1 BGB). Ein etwaiger Verzug ist durch Behauptung einer Mahnung oder der endgültigen Erfüllungsverweigerung darzulegen und ggf. unter Beweis zu stellen. Die Höhe des Zinssatzes beträgt 5 % über dem Basiszins (§§ 291 S. 2, 288 Abs. 1 S. 2, 247 BGB). Ein höherer Zinssatz kann nur bei substantiierter Darlegung eines Schadens (§§ 280 ff. BGB) beansprucht werden (§ 288 Abs. 4 BGB). Im seltenen Fall des § 849 BGB können Zinsen auch ohne Verzug verlangt werden.

4. Der Anspruch kann auf Schadensersatz in Geld gerichtet sein wie hier, aber auch auf Freistellung von einer Verbindlichkeit (zum Freistellungsanspruch vgl. *Bischof* ZIP 1984, 1446; *Zahn* ZfBR 2007, 627). Bedeutung kann der Freistellungsanspruch haben, wenn der Schaden in Form der Verminderung der Aktiva im Vermögen noch nicht eingetreten, sondern lediglich eine Erhöhung der Passiva gegeben ist. Sobald der Schaden in Form der Verminderung der Aktiva eingetreten ist, kann und muss im Termin zur mündlichen Verhandlung auf das Interesse übergegangen werden (§ 264 Nr. 3 ZPO). Der Freistellungsanspruch setzt nach hM voraus, dass die Geldschuld nach Grund und Höhe eindeutig bezeichnet ist: „Der Beklagte wird verurteilt, den Kläger gegenüber der X-Bank von der Verbindlichkeit aus dem Scheck Nr. . . . . ausgestellt auf das Konto Nr. . . . . iHv . . . . . EUR zzgl. Bankspesen, Unkosten und . . . . . % Zinsen seit Belastung freizustellen“. Die Vollstreckung des Befreiungsanspruchs erfolgt nach § 887 ZPO (hM vgl. zB *Zahn* ZfBR 2007, 627).

5. Stellt der Kläger einen Antrag auf Ersatz „jeden weiteren Schadens“, so ist damit auch der immaterielle Schaden erfasst (BGH NJW 1985, 2022). Vgl. zum Ersatz der immateriellen Schäden (Schmerzensgeld) → Form. II.F.8.

6. Infolge gesetzlichen Forderungsübergangs fehlt es insoweit an der Aktivlegitimation des Klägers. Bei uneingeschränktem Klageantrag droht deshalb Teilklageabweisung. Der gesetzliche Forderungsübergang auf den Sozialversicherungsträger ergibt sich zB aus § 116 SGB X (vgl. zum Übergang iE Geigel Haftpflichtprozess/*Plagemann/Haidn* Kap. 30 Rn. 1 ff.).

7. Als sonstige Dritte, die ebenso kraft Gesetzes die Forderungen erwerben, kommen der Arbeitgeber (§ 6 EntgFG), die Schadens- und Krankenversicherer (§ 86 VVG) und der Staat (§ 76 BBG) in Frage.

8. Hier folgt der Vortrag zum Anspruchsgrund, gegliedert in tatsächliche Behauptungen und rechtliche Ausführungen.

9. Hier folgt der Vortrag zur Höhe des Anspruchs, ggf. mit rechtlicher Begründung der einzelnen Schadensposition.

10. Zur Berechnung des Erwerbsschadens sowie zur Frage, ob nach modifizierter Bruttolohnmethode oder Nettolohnmethode vorzugehen ist vgl. Geigel Haftpflichtprozess/*Pardey* Kap. 4 Rn. 77 ff., 93 ff.; Palandt/*Grüneberg* BGB § 252 Rn. 8 ff.; *Scheffen* VersR 1990, 926.

11. Vgl. zum Feststellungsinteresse → Form. II.F.13 Anm. 8. Die Zustellung der Klage führt zur Hemmung der Verjährung nach § 204 Abs. 1 Nr. 1 BGB. Ergeht eine rechtskräftige Entscheidung, schließt sich die sechsmonatige Ablaufhemmung nach § 204 Abs. 1 S. 1 BGB an. Bei rechtskräftiger Feststellung eines Anspruchs greift die 30-jährige

Verjährungsfrist des § 197 Abs. 1 Nr. 3 BGB. Die sechsmonatige Ablaufhemmung gilt auch, wenn das Verfahren nicht weiter betrieben wird und in Stillstand gerät. Die Ablaufhemmung beginnt dann mit der letzten Verfahrenshandlung der Parteien oder des Gerichts (§ 204 Abs. 2 S. 2 BGB).

2. Klage wegen Verkehrssicherungspflichtverletzung

An das
Landgericht[1, 2]

Klage

des . . . . .
– Klägers –
Prozessbevollmächtigter: . . . . .
gegen
die Gemeinde . . . . .,
vertreten durch den Bürgermeister
– Beklagten –

wegen

Schadensersatz

Vorläufiger Streitwert:[2]**. . . . .**
Namens und in Vollmacht des Klägers erhebe ich Klage und werde beantragen:

1. **Die Beklagte wird verurteilt, an den Kläger ein angemessenes Schmerzensgeld**[3] **nebst 5 Prozentpunkten Zinsen über dem Basiszinssatz hieraus seit . . . . . zu bezahlen.**
2. **. . . . .**[4]

Begründung:[5]

Der Kläger macht mit der Klage Schadensersatzansprüche wegen eines Verkehrsunfalls vom . . . . . gegen 23.00 Uhr auf der . . . . .strasse in . . . . . geltend. Die Beklagte ist nach § . . . . . des Straßengesetzes des Landes . . . . . verpflichtet, alle Straßen innerhalb der geschlossenen Ortslage einschließlich der Ortsdurchfahrten ordnungsgemäß zu reinigen und bei Eisglätte zu bestreuen, soweit es sich um verkehrswichtige Straßen handelt.

1. **Die . . . . .-Straße ist eine verkehrswichtige Straße und die Kurve, in der der Unfall passierte, wist ein gefährlicher Straßenabschnitt.**[6] **Es handelt sich bei der . . . . .-Straße um die Ortsdurchfahrt aus Richtung . . . . . in Richtung . . . . . Am Ortsausgang ca. 100m vor dem Ortsschild, verläuft die . . . . .-Straße in einer Rechtskurve. Neben der Straße in einer Wiese befindet sich rechtsseitig in ca. 10m Entfernung ein Sumpf, von dem abends regelmäßig Feuchtigkeit aufsteigt, die sich dann auf der Straße niederschlägt. Während die Straßen sonst überall trocken waren, trat am fraglichen Abend Feuchtigkeit auf, die angesichts der Temperatur von min. 5 C gefror.**

   Beweis: Sachverständigengutachten;
   Zeugnis des POM . . . . .

   Der Kläger befuhr die Rechtskurve mit einer Geschwindigkeit von 50 km/h. Infolge von Glatteis kam das Fahrzeug ins Rutschen und nach links von der Fahrbahn ab. Das Fahrzeug wurde leicht beschädigt und der Kläger wurde verletzt.

Beweis: Akten der Bußgeldbehörde . . . . ., deren Beiziehung und Verwertung hiermit beantragt wird.

Die Temperaturen lagen schon tagsüber unter dem Gefrierpunkt.[7]

Beweis: Auskunft des Wetteramtes . . . . .,
in Anlage in Fotokopie.

Die Tatsache, dass Feuchtigkeit und bei Temperaturen nahe dem Gefrierpunkt auch Glatteisbildung an der fraglichen Stelle häufig ist, ist der Beklagten aus verschiedenen Verkehrsunfällen aus den letzten Jahren bekannt.[8]

Beweis: Zeugnis des POM . . . . .

Das Streuen dieser Kurve wäre nicht zwecklos gewesen, weil die Streumittel im Hinblick auf die Temperaturen von um min. 5 C nicht mitgefroren wären.[9]

Beweis: Sachverständigengutachten

2. . . . . .

Anmerkungen

1. Es wird hier im Rahmen der Klagen nach § 823 BGB ein Fall der Streupflicht von Straßen durch eine Gemeinde behandelt, obwohl diese Streupflicht nach den Landesgesetzen in der Regel Amtspflicht ist und die Anspruchsvoraussetzungen des § 839 BGB erfüllt sein müssen (zu den landesrechtlichen Regelungen vgl. Geigel Haftpflichtprozess/*Haag* Kap. 14 Rn. 132 ff.; zu den Anforderungen an die Substantiierung einer Amtshaftungsklage BGH VersR 1990, 656). Die Frage, ob nach § 823 BGB oder nach § 839 BGB gehaftet wird, ist seit BGH (NJW 1979, 2043) nur noch zweitrangig, da die Subsidiaritäts- und Verweisungsklausel des § 839 Abs. 1 S. 2 BGB für die Straßenverkehrssicherungspflicht nicht gilt. Zu einem speziellen Fall der Verkehrssicherungspflicht bei Gebäuden → Form. II.F.5. und zur Übertragung der Verkehrssicherungspflicht BGH Urt. v. 21.2.2018 – VIII ZR 255/16, BeckRS 2018, 5602; KG Beschl.v. 7.11.2017 – 4 U 113/15.

2. Zur sachlichen und örtlichen Zuständigkeit → Form. II.F.1 Anm. 1, 2. Soweit nach jeweiligem Landesrecht die Verkehrssicherungspflicht hoheitlich ausgestaltet ist, ist die ausschließliche sachliche Zuständigkeit des Landgerichts begründet, vgl. auch § 71 Abs. 2 Nr. 2 GVG.

3. Nach stRspr muss bei Schmerzensgeldklagen – im Unterschied zur „normalen" Zahlungsklage kein genau beziffeter Betrag angegeben werden, um dem Bestimmtheitserfordernis nach § 253 Abs. 2 Nr. 2 ZPO zu genügen. Ausreichend ist die Darlegung der Schätzungsgrundlagen in der Begründung und Mitteilung der Größenordnung (BGH NJW 2002, 3769). Dies kann auch durch Streitwertmitteilung oder Schweigen, auf die gerichtliche Streitwertmitteilung geschehen (BGH NJW 1984, 1807) (str.). Möglich ist auch die Angabe eines Mindestbetrages. Das Gericht kann dann – ohne gegen § 308 Abs. 1 ZPO zu verstoßen – auch einen darüber hinausgehenden Betrag zusprechen. Wird ein Mindestbetrag geltend gemacht, ist – soweit im Urteil weniger zugesprochen wird – die Ermittlung der für das Rechtsmittel erforderlichen Beschwer einfach. Der Maßstab für das Unterliegen ist der vom Kläger angegebene Mindestbetrag (BGH NJW 2002, 212) In der Begründung ist beim vorliegenden Sachverhalt auf eine eigene Mithaftung als Bemessungsfaktor für den Schmerzensgeldanspruch hinzuweisen, damit keine Kostennachteile entstehen. Im Klagantrag könnte daneben formuliert werden:

„. . . . . unter Berücksichtigung einer Mithaftung des Klägers von 50 % . . . . ."

(vgl. zur Quote BGH VersR 1974, 910 und → Form. II.F.8 Anm. 5).

4. Hinsichtlich der sonstigen Anträge wegen des materiellen Schadens und auf dessen Feststellung → Form. II.F.8, → Form. II.F.1.

5. Eine Streupflicht kann an verschiedenen Stellen innerhalb geschlossener Ortschaften oder außerhalb der Ortschaften bestehen: vgl. zu den Voraussetzungen der Streupflicht nach plötzlichem Auftreten von Glatteis auf dem Gehweg vor einem Theater BGH VersR 1985, 973 und auch OLG Brandenburg VersR 2009, 221 zur Streupflicht eines Gastwirts bei Glatteis auf dem Gästeparkplatz BGH NJW 1985, 482; zur Streupflicht der Wohnungseigentümer einer Eigentumsanlage BGH NJW 1985, 484 und OLG Hamm VersR 1997, 68; zur Anliegerstreupflicht bei mehreren Garagengrundstücken mit gemeinsamem Vorplatz vgl. OLG Stuttgart NJW-RR 1986, 958 sowie OLG Hamm VersR 1997, 68; zur Streupflicht auf Gehwegen: OLG Hamm NZV 2004, 645; BGH NJW 2003, 3622; OLG Hamm VersR 2006, 134; zu den Anforderungen an die Streupflicht einer Stadtgemeinde bei winterlicher Glätte zur Sicherung eines verkehrswichtigen, mit Ampeln versehenen Fußgängerüberwegs vgl. BGH VersR 1987, 989; zur Räum- und Streupflicht der verkehrssicherungspflichtigen Gemeinde auf dem öffentlichen Verkehr gewidmeten Parkplätzen vgl. OLG Frankfurt a. M. VersR 1986, 1030; OLG Düsseldorf NJW-RR 2008, 1696; OLG Hamm NJW-RR 2004, 386; aus der Rspr. vgl. ferner OLG Hamm VersR 1988, 693; OLG Hamburg VersR 1989, 45; OLG Karlsruhe VersR 1989, 45; 1989, 158; OLG Celle NJW 1989, 3287 = VersR 1989, 158; OLG Köln NJW-RR 2000, 1693; zur Räum- und Streupflicht bei gemeinsamen Fuß- und Radweg; ferner weitere Fälle in NJW-RR 2000, 1693 ff. Zu den Voraussetzungen der Räum- und Streupflicht außerhalb geschlossener Ortschaften vgl. OLG Hamm Urt. v. 12.8.2016 – 11 U 121/15, NJOZ 2016, 1841. Eine Streu- und Räumpflicht besteht nicht bei nur vereinzelt auftretenden Glättestellen (OLG Koblenz BeckRS 2020, 18144). Besteht jedoch für einen bestimmten Bereich eine Streu- und Räumpflicht, muss dieser komplett bearbeitet werden; es dürfen keine einzelne Glatteisstellen zurückbleiben (OLG Koblenz BeckRS 2020, 18144).

6. Der Träger der Verkehrssicherungspflicht haftet nur dann, wenn die beiden folgenden Voraussetzungen vorliegen: es muss sich um eine „verkehrswichtige" (verkehrsreiche) Straße handeln und um einen besonders gefährlichen Straßenabschnitt (vgl. aus der Rspr. BGH NJW 1991, 33; OLG Köln VersR 1986, 1128; OLG Karlsruhe VersR 1987, 1225; NJW-RR 1990, 1504; ferner die Nachw. bei Geigel Haftpflichtprozess/*Haag* Kap. 14 Rn. 159 ff.; zu einer Straße mit völlig untergeordneter Verkehrsbedeutung: OLG Hamm Urt. v. 18.11.2016 – I-11-U 17/16). Als verkehrsreiche Straßen sind neben den Ortsdurchfahrten auch stark befahrene Straßen von größerer innerörtlicher Bedeutung anzusehen (Verkehrsadern). Um eine besonders gefährliche Stelle handelt es sich dort, wo Anlage und Zustand der Straße die Bildung von Glatteis derart begünstigen, dass diese besonderen Verhältnisse vom Fahrer trotz der zu fordernden erhöhten Sorgfalt nicht oder nicht rechtzeitig zu erkennen sind (OLG Köln VersR 1986, 1128; OLG Karlsruhe VersR 1987, 1225; NJW-RR 1990, 1504). Der Rechtsanwalt des Geschädigten muss die Tatsachen vortragen, die die besondere Gefährlichkeit eines Straßenabschnitts begründen sollen. Damit wird ihm nicht die Darlegung naturwissenschaftlicher Fakten abverlangt (OLG Köln VersR 1986, 1128).

7. Es besteht zwar regelmäßig keine Pflicht zum vorbeugenden Streuen und zwar auch nicht an gefährlichen Straßenstellen. Aus den Umständen, nämlich dem Verkehrsbedürfnis (dazu Geigel Haftpflichtprozess/*Haag* Kap. 14 Rn. 162) kann sich jedoch die Verpflichtung ergeben, an denjenigen Stellen und insb. zu bestimmten Zeiten („Berufsverkehr": vgl. Geigel Haftpflichtprozess/*Haag* Kap. 14 Rn. 162) zu streuen, an denen konkret mit Glatteisgefahr zu rechnen ist (BGH VersR 1974, 910; 1985, 973; OLG

Frankfurt a. M. VersR 1987, 204; OLG Hamm NZV 2006, 587; OLG Brandenburg NJW-RR 2007, 974). Vgl. zur Streupflicht innerhalb geschlossener Ortschaften ferner BGH NJW 1991, 33; OLG München NJW-RR 1990, 1121; OLG Stuttgart VersR 1987, 696 und zur Streupflicht einer Gemeinde im Einmündungsbereich OLG Stuttgart NJW 1987, 1831 sowie zur Streupflicht auf öffentlichen Straßen BGH VersR 1987, 934. Wer nach Ablauf der mit der Streupflicht verbundenen Zeit durch Glätte stürzt, muss beweisen, dass sich der Unfall bei Erfüllung der Streupflicht in der vorgeschriebenen Zeit nicht ereignet hätte (BGH WuM 2009, 677). Eine Verletzung der Verkehrssicherungspflicht setzt entweder das Vorliegen einer allgemeinen Glätte voraus oder das Vorliegen von erkennbaren Anhaltspunkten für eine ernsthaft drohende Gefahr aufgrund vereinzelter Glättestellen (BGH Urt. v. 14.2.2017 – VI ZR 254/16, NJW-RR 2017, 858; BGH NJW-RR 2019, 1304; OLG Hamm BeckRS 2021, 2529). Der Geschädigte muss zunächst die Verletzung einer Verkehrssicherungspflicht beweisen. Erst danach kann auf die Grundsätze zum Anscheinsbeweis zurückgegriffen werden für die Vermutung, dass sich in dem Unfall im Bereich der Gefahrenquelle gerade diejenige Gefahr verwirklicht hat, deren Eintritt die Schutzvorschrift verhindern wollte (BGH NJW 2009, 3302; OLG Hamm BeckRS 2021, 9622; OLG Hamm BeckRS 2020, 39248).

Vom Streupflichtigen kann nicht verlangt werden, dass das pflichtgemäß ausgebrachte Streugut gleich nach jeder Verwendung wieder von der Straße beseitigt wird (OLG Schleswig BeckRS 2020, 2305).

8. Ohne Kenntnis davon, dass sich mehrere Glatteisunfälle ereignet haben, trifft nach Ansicht des OLG Köln (VersR 1986, 1128) den Träger der Straßenbaulast kein Verschulden bei weiteren Unfällen. Bei extremen Witterungsverhältnissen kann die Streupflicht eingeschränkt sein (OLG Hamm VersR 1982, 1081; 1997, 68; OLG Koblenz VersR 2000, 738; OLG Oldenburg VersR 2001, 117). Der Streupflichtige trägt insoweit die Beweislast (OLG Celle VersR 2002, 208).

9. Hier folgt die Begründung der Schadenshöhe und die Darlegung der Verletzungen sowie zum Schmerzensgeld entsprechend, → Form. II.F.8.

3. Die sog. vorbeugende Unterlassungsklage (actio quasi negatoria)

An das
Amtsgericht[1, 2, 3, 4]

Klage

der . . . . .
– Klägerin –

Prozessbevollmächtigter: . . . . .
gegen

den . . . . .
– Beklagten –

wegen

Unterlassung.

Vorläufiger Streitwert: 4.000 EUR[4]
Namens und in Vollmacht der Klägerin erhebe ich Klage und werde beantragen:

Der Beklagte wird verurteilt, es bei Vermeidung eines für jeden Fall der Zuwiderhandlung fälligen Ordnungsgeldes bis zu 250.000 EUR ersatzweise Ordnungshaft bis zu sechs Monaten, im Wiederholungsfalle Ordnungshaft bis zu zwei Jahren[5] zu unterlassen, die Klägerin über das Telefon anzurufen.

Begründung:[6]

Die Klägerin ist Mieterin des Hauses des Beklagten in X-Stadt, Y-Straße. Der Beklagte hat das Mietverhältnis gekündigt. Beim Amtsgericht X-Stadt ist eine Räumungsklage anhängig. Die Klägerin bestreitet die Berechtigung der Kündigung, ferner hat sie der Kündigung widersprochen.

Beweis: Beiziehung der Akten des Amtsgerichts X-Stadt in Sachen C. /. A., Aktenzeichen 2 C 503/96.

Der Beklagte hat der Klägerin vor Erhebung der Räumungsklage erklärt, er werde sie so schikanieren, dass sie noch von selbst ausziehen werde. Ua am ..... gegen 2.15 Uhr, am ..... gegen 3.30 Uhr und am ..... gegen 2.45 Uhr hat der Beklagte die Klägerin nachts angerufen und den Hörer, nachdem die Klägerin abgenommen und sich gemeldet hatte, sofort wieder aufgelegt.

Beweis: Bestätigung der Deutschen Telekom X-Stadt vom ..... in Anlage in Fotokopie;

Parteivernehmung des Beklagten.

Die Deutsche Telekom hat auf Antrag der Klägerin eine Fangschaltung eingerichtet und festgestellt, dass die genannten Anrufe vom Anschluss des Beklagten geführt wurden. Dies wird in der Bestätigung bescheinigt. Der Beklagte hat die Telefongespräche selbst geführt.

Beweis: Akten der Staatsanwaltschaft X-Stadt in der Strafsache gegen C., Aktenzeichen 22 Js 5070/. . . . ., deren Beiziehung hiermit beantragt wird; Parteivernehmung des Beklagten.

Die Klägerin kann nach den Störanrufen nicht mehr einschlafen. Sie leidet unter erheblichen vegetativen Störungen an den Tagen nach den nächtlichen Störanrufen und musste an den Tagen danach krankgeschrieben werden.

Beweis: Ärztliches Attest des Dr. med. G. in Anlage; Zeugnis des Herrn Dr. med. G., der hiermit von seiner ärztlichen Schweigepflicht befreit wird.

Auf die nächtlichen Störanrufe angesprochen, erklärte der Beklagte gegenüber der Klägerin, er werde diese Anrufe fortsetzen, bis die Klägerin ausgezogen sei.

Beweis: Zeugnis des Herrn F., X-Stadt, Y-Straße.

Der Unterlassungsanspruch der Klägerin ergibt sich in entsprechender Anwendung der §§ 823, 1004 BGB, da ein Eingriff in die Gesundheit der Klägerin vorliegt.[7] Die Wiederholungsgefahr ergibt sich aus der Äußerung des Beklagten.

Anmerkungen

1. Die Schadensersatzansprüche nach § 823 Abs. 1, Abs. 2, § 824 BGB setzen neben dem Verschulden auch voraus, dass ein Schaden bereits eingetreten ist. In vielen Fällen besteht jedoch schon vor Schadenseintritt das Bedürfnis, die drohende (weitere) Verletzung zu verhindern. Einen hierauf gerichteten Unterlassungsanspruch stellt das Gesetz nur in bestimmten Fällen zur Verfügung, so zB zum Schutz absoluter Rechte wie des Namensrechts (§ 12 BGB), des Eigentums (§ 1004 Abs. 1 BGB; → Form. II.I.11), einer Grunddienstbarkeit (§ 1127 BGB), eines Nießbrauchs (§ 1065 BGB), einer Hypothek (§ 1134 Abs. 1 BGB), eines Pfandrechts (§ 1227 BGB), oder zum Schutze des Besitzes (§ 862 Abs. 1 BGB), oder im Falle des unlauteren Wettbewerbs (vgl. § 8 UWG; → Form.

II.P.9), oder im Falle der § 37 Abs. 2 S. 1 HGB, § 97 Abs. 1 S. 1 UrhG, § 47 Abs. 1 PatG, § 15 Abs. 1 GebrMG.

Die Rspr. hat diese Abwehr- oder Unterlassungsklage (actio negatoria) weiterentwickelt und die vorbeugende Unterlassungsklage (zum Begriff → Anm. 2) für alle Eingriffe in ein vom Gesetz geschütztes Rechtsgut zugelassen, soweit einer der Tatbestände der §§ 823 Abs. 1, 824 oder ein Schutzgesetz iSd § 823 Abs. 2 verletzt ist (actio quasi negatoria). Hierzu gehören ua die praktisch bedeutsame Unterlassungsklage wegen Verletzung des allgemeinen Persönlichkeitsrechts (zu den materiellen Voraussetzungen zB Palandt/*Sprau* BGB Einf. § 823 Rn. 24; § 823 Rn. 83 ff. mwN) zB durch Presseberichterstattung.

Die vorbeugende Unterlassungsklage ist von der Beseitigungsklage, gerichtet auf Beseitigung einer bestehenden Beeinträchtigung, zu unterscheiden. Neben dem Unterlassungsanspruch kann auch ein Anspruch auf Widerruf bestehen (→ Form. II.F.4). Bei rufschädigenden Meinungsäußerungen kann dem Verletzten auf negatorischer und deliktischer Grundlage ein Anspruch auf Veröffentlichung einer strafbewehrten Unterlassungsverpflichtung des Verletzten zustehen (BGH VersR 1987, 463 = NJW 1987, 1400). Bei Eilbedürftigkeit muss eine einstweilige Verfügung beantragt werden. Ferner ist – bei Konstellationen wie im vorliegenden Fall – auch an die Beantragung einer Anordnung nach § 1 Abs. 1, Abs. 2 Nr. 2b Gewaltschutzgesetz (GewSchG) zu denken. Eine gerichtliche Anordnung kommt insoweit auch bei „Nachstellung" gem. § 238 StGB in Betracht oder dann, wenn eine Verfolgung unter Verwendung von Fernkommunikationsmitteln vorliegt. Das ist vorliegend der Fall (vgl. zu den Einzelheiten zum GewSchG Palandt/*Brudermüller* GewSchG § 1).

2. Der Begriff vorbeugende Unterlassungsklage, der sich eingebürgert hat, ist nicht sehr glücklich, da auch die vom Gesetz vorgesehene Unterlassungsklage vorbeugenden Charakter hat. Bei der „einfachen" Unterlassungsklage wird aufgrund von Verstößen in der Vergangenheit auf das Vorliegen von Wiederholungsgefahr geschlossen. Streng genommen handelt es sich nur dann um eine vorbeugende Unterlassungsklage, wenn sich noch keine Verstöße ereignet haben, sondern nur drohen. Der Kläger muss Tatsachen behaupten und im Bestreitensfall beweisen, die für eine erstmals drohende „Beeinträchtigung" („Erstbegehungsgefahr") sprechen, → Anm. 6.

3. Hinsichtlich der örtlichen Zuständigkeit ist neben dem allgemeinen Gerichtsstand (§§ 12–19 ZPO) der besondere Gerichtsstand nach § 32 ZPO gegeben, da diese Vorschrift nicht nur für Schadensersatzansprüche gilt.

4. Sachlich zuständig ist das Amtsgericht, da auch bei nicht vermögensrechtlichen Angelegenheiten der Streitwert ausschlaggebend ist.

5. Der Antrag auf Androhung des Ordnungsgeldes bzw. der Ordnungshaft muss der späteren Vollstreckung (§ 890 Abs. 1 u. 2 ZPO) vorausgehen. Er kann bereits mit dem Unterlassungsantrag verknüpft werden oder nachträglich beim Prozessgericht des ersten Rechtszugs gestellt werden. Im letzteren Fall ergeht ein besonderer Beschluss (vgl. § 891 ZPO). Wirksam wird die Androhung des Ordnungsgeldes und der Ordnungshaft erst mit Zustellung des Urteils bzw. Beschlusses.

6. Anspruchsvoraussetzungen für die Klage sind:

a) Dargelegt und bewiesen werden muss ein Eingriff in ein gesetzlich geschütztes (§§ 823 ff. BGB; → Anm. 1) Rechtsgut. Der Eingriff muss jedoch noch nicht geschehen sein. Es genügt vielmehr, wenn Tatsachen vorliegen, welche die Vorbereitung und die Absicht eines Eingriffs mit Sicherheit erkennen lassen, wenn die Beeinträchtigung also unmittelbar und konkret bevorsteht (BGH NJW 1990, 2469), dh „Erstbegehungsgefahr“ gegeben ist. Verschulden ist nicht erforderlich. Ebenso wenig ist der Eintritt eines Schadens Voraussetzung.

b) Ist eine Beeinträchtigung bereits erfolgt, so begründet dies für gleichartige Verletzungshandlungen die widerlegbare Vermutung einer „Wiederholungsgefahr“.

7. Ein Unterlassungsanspruch bei Störanrufen ist nicht nur dann gegeben, wenn eine „Gesundheitsbeschädigung“ eintritt. In aller Regel stellen derartige Anrufe eine Verletzung des allgemeinen Persönlichkeitsrechts dar, die ebenfalls eine actio quasi negatoria begründet (BGH NJW 1985, 809). Entsprechendes kann für rechtswidrige Telefonanrufe von politischen Parteien im Wahlkampf gelten (OLG Stuttgart NJW 1988, 2615). Ferner greift auch § 238 StGB („Nachstellung“), der iVm § 823 Abs. 2 BGB zu einem Unterlassungsanspruch führt (→ Anm. 1); vgl. hierzu BGH Beschl. v. 31.8.2016 – 4 StR 197/16, NStZ 2016, 724).

4. Klage auf Widerruf (Rücknahme) kreditgefährdender Äußerungen (§ 824 BGB)

An das
Amtsgericht[1, 2, 3]

Klage

des . . . . .
– Klägers –

Prozessbevollmächtigter: . . . . .
gegen

den . . . . .
– Beklagten –

wegen

Widerrufs

Vorläufiger Streitwert: 4.000 EUR.[3, 4]
Namens und in Vollmacht des Klägers erhebe ich Klage und werde beantragen:
Der Beklagte wird verurteilt, seine gegenüber der Firma X. im Schreiben vom 2.3. . . . . aufgestellte Behauptung, der Kläger sei „zahlungsunfähig“, durch schriftliche Erklärung gegenüber der Firma X. zu widerrufen.[5, 6]

Anmerkungen

1. Die Klage auf Widerruf unwahrer Tatsachenbehauptungen nach § 824 BGB ist ein Spezialfall der allgemeinen Beseitigungsklage (zum allgemeinen Beseitigungsanspruch vgl. Palandt/*Sprau* BGB Einf. § 823 Rn. 37 ff.; zum Anspruch auf Gegendarstellung nach den Pressegesetzen der Länder: → Form. II.Q.1 ff.). Ansprüche auf Widerruf aus anderen Rechtsgrundlagen werden dadurch nicht verdrängt. Von Bedeutung sind bei ehrverletzenden Behauptungen vor allem Ansprüche nach §§ 823 Abs. 2 BGB iVm 185 ff. StGB (→ Anm. 6; hierzu BGH Urt. v. 27.9.2016 – VI ZR 250/13, NJW 2017, 482). Die Rspr. hat „in Anlehnung an § 1004 BGB und verwandte Bestimmungen“ den Grundsatz entwickelt, dass der Betroffene vom Störer die Berichtigung einer unwahren Tatsachenbehauptung verlangen kann (BGH NJW 2008, 2262 ff.; NJW 1995, 861; NJW-RR 1987, 754). Die Berichtigung kann entweder in der Form des Widerrufs und auch im Wege der Richtigstellung erfolgen (BVerfG 1999, 185 (199) = NJW 1999, 1322; BGH NJW 198, 1223). Neben unwahren Tatsachenbehauptungen kommt ein Widerrufsausspruch bei wertenden Äußerungen dann in Frage, wenn der Tatbestand der sog „Schmähkritik" erfüllt ist. § 824 BGB bietet jedoch keinen Schutz vor abwertenden Meinungsäußerungen (BGH NJW 2015, 773). Neben der Widerrufsklage kommt auch die Unterlassungsklage – ggf. können beide Anträge in einer Klage verbunden werden – in Betracht (→ Form. II. F.3). Darüber hinaus kann eine Klage auf Ersatz materiellen Schadens in Frage kommen. Ein Anspruch auf Ersatz immateriellen Schadens ist ebenfalls denkbar, vgl. hierzu *Prinz* NJW 1996, 953; *Frömming/B. Peters* NJW 1996, 958; *Steffen* NJW 1997, 10; BGH NJW 1995, 861; 2000, 2195 und → Form. II.F.8 Anm. 11).

Auf § 824 BGB kann ein Widerrufsanspruch wegen falscher Tatsachenbehauptungen außerhalb des Wettbewerbs gestützt werden. Für Geschäftsehrverletzung und Anschwärzung im Wettbewerb kommen Ansprüche nach §§ 8 Abs. 1 iVm 4 Nr. 7, 8 UWG in Frage. Von § 1 UWG ist dabei nicht nur die Unterlassung und der Widerruf geschäftlich unrichtiger Behauptungen bei Fahrlässigkeit erfasst, sondern auch bei Schuldlosigkeit. Gegenstand von Unterlassungsansprüchen sind auch Bewertungen von Unternehmen in Bewertungsportalen (BGH GRUR 2020, 435: Unterlassungsanspruch verneint; OLG Frankfurt MMR 2021, 421: zu einem Ärzteportal; OLG Dresden MMR 2021, 257: zur Abgrenzung zur Meinungsäußerung).

2. Neben dem allgemeinen Gerichtsstand (§§ 12–19 ZPO) ist der Gerichtsstand der unerlaubten Handlung (§ 32 ZPO) gegeben.

3. Sachlich zuständig ist das Amtsgericht, soweit der Streitwert nicht über 5.000 EUR liegt.

4. Ein Regelstreitwert ist im GKG für diese Fälle nicht mehr vorgesehen (→ Form. II. F.3 Anm. 4).

5. Voraussetzungen für den Widerrufsanspruch sind iE:

a) Nach § 824 BGB ist eine Tatsachenbehauptung erforderlich. Es genügt nicht, wenn es sich um die Äußerung einer (subjektiven) Meinung, eines Werturteils, handelt, da deren Wahrheitsgehalt im Beweisweg objektiv nicht überprüft werden kann (stRspr, BGH NJW 2006, 830; NJW 1982, 2246; NJW 1993, 930; NJW-RR 1994, 1242 (1246)), auch zur Abgrenzung von Tatsachenbehauptungen und Werturteilen; BGH NJW 1998, 1223; Palandt/*Sprau* BGB § 824 Rn. 2 ff.; BGH NJW 2006, 830; 2009, 2888, BGH Urt. v. 27.9.2016 – VI ZR 250/13, NJW 2017, 482; BGH Urt. v. 1.3.2016 – VI ZR 34/15, NJW 2016, 2106; OLG Dresden MMR 2021, 257). Sind mehrere Deutungen bei den verwendeten Begriffen möglich, ist bei der Bewertung diejenige zugrunde zu legen, die für den Äußernden günstiger und für den Betroffenen weniger belastend ist (BGH NJW 2004, 598; dies gilt jedoch nicht bei Unterlassungsbegehren: BVerfG NJW 2006, 207; NJW 2006, 3769). Die Verwendung juristischer Begriffe ist im Regelfall nicht automatisch eine Tatsachenbehauptung. Vielmehr liegt darin nur dann eine Tatsachenbehauptung, wenn die Äußerung nicht als bloße Rechtsauffassung erkennbar wird, sondern sich dem Adressaten auch als Tatsachenmitteilung darstellt (BVerfG NJW 2008, 358). Der Widerrufsanspruch ist nur zur Richtigstellung falscher Tatsachenbehauptungen, nicht bei schuldhafter Verletzung der Ehre oder Eingriff in den ausgeübten und eingerichteten Gewerbebetrieb gegeben (BGH NJW 1965, 35 (36)). In diesen Fällen kann aber ein Unterlassungsanspruch gegeben sein (vgl. Palandt/*Sprau* BGB Einf. § 823 Rn. 32 und zur Unterlassungsklage → Form. II.I.11, → Form. II.F.3). Der Widerruf kann auch bei Äußerungen im „kleinen Kreis" und gegenüber Personen verlangt werden, die sich die Äußerungen zu Eigen gemacht haben (BGH VersR 1984, 267). Ein Anspruch besteht auch gegen Redakteure und Verleger neben dem presserechtlichen Recht auf Gegendarstellung (OLG Düsseldorf VersR 1985, 247). Der Beschuldigte eines Strafverfahrens kann von einem in dem Verfahren vernommenen Zeugen Widerruf seiner Aussage im Verfahren vor den Zivilgerichten nicht verlangen. Auch einer Klage auf Geldentschädigung fehlt das Rechtsschutzbedürfnis, solange das Strafverfahren nicht abgeschlossen ist (BGH JZ 1986, 1057 mAnm *Walter*).

b) Die Tatsachen müssen behauptet oder verbreitet werden. Behaupten bedeutet die Wiedergabe einer Tatsache als Ausdruck eigener Überzeugung. Hierzu gehört auch die Zueigenmachung der Behauptung eines Dritten (Palandt/*Sprau* BGB § 824 Rn. 5). Verbreiten liegt vor, wenn für Dritte die Möglichkeit geschaffen wird, von einer anderweitig aufgestellten Tatsachenbehauptung Kenntnis zu nehmen, ohne dass der Handelnde diese Tatsache als Gegenstand eigener Überzeugung darstellt.

c) Die Unwahrheit der Tatsachenbehauptung muss festgestellt werden (vgl. Palandt/*Sprau* BGB § 824 Rn. 7, Einf. § 823 Rn. 32, ebenso zur Frage, wann statt Widerruf Richtigstellung oder Ergänzung verlangt werden kann; vgl. zu letzterem und zu den verschiedenen Formen des Widerrufs → Form. II.R.13). Bei der Ermittlung des Inhalts der Äußerung muss der Kontext berücksichtigt werden. Herauslösen und isolierte Betrachtung von Teilen ist unzulässig (BGH NJW 2002, 1192 (1193)). Es ist der vollständige Aussagegehalt im Gesamtzusammenhang unter Berücksichtigung des/der jeweiligen Adressaten zu ermitteln (BVerfG NJW 1999, 2262 (2263); 2004, 277 (278); BGH Urt. v. 27.9.2016 – VI ZR 250/13, NJW 2017, 482; BGH Urt. v. 10.1.2017 – VI ZR 562/15, NJW 2017, 1617). Bei verschiedenen Deutungsmöglichkeiten ist die für den Äußernden günstigere Auslegung, die den Betroffenen weniger beeinträchtigt, zugrunde zu legen (BGH NJW 2004, 598, dies gilt nicht bei Unterlassungsansprüchen: BVerfG NJW 2006, 207; und 3769). Die Beweislast für die Unwahrheit trifft den Verletzten. Der Beweis erübrigt sich nur in Ausnahmefällen (vgl. Palandt/*Sprau* BGB § 824 Rn. 13; → Anm. 6).

d) Die unwahre Tatsachenbehauptung muss eine Kreditgefährdung mit sich bringen. Geschützt ist nur die Gefährdung und unmittelbare Beeinträchtigung wirtschaftlicher Interessen. Für reine Ehrverletzungen können §§ 823 Abs. 2 BGB iVm 185 ff. StGB in Frage kommen (→ Anm. 6). Der Schutz nach § 824 BGB besteht nur dann, wenn die unwahre Behauptung geschäftliche Entschließungen gegenwärtiger und künftiger Geschäftspartner des Betroffenen beeinflussen können (BGH NJW 1984, 1607). Dies ist zB bei folgender Behauptung zu bejahen: „Die Masche der X.: Mit Verlogenheit zum Geld!" (BGH NJW 1988, 1589).

e) Weitere Voraussetzung ist die Rechtswidrigkeit künftiger Störungen (vgl. zur Wahrnehmung berechtigter Interessen § 824 Abs. 2 BGB; hierzu Palandt/*Sprau* BGB § 824 Rn. 9 ff.).

f) Schließlich ist Verschulden, zumindest in Form der Fahrlässigkeit, erforderlich. Auch hierfür trifft den Verletzten die Beweislast (Palandt/*Sprau* BGB § 824 Rn. 10).

6. Neben § 824 BGB geben §§ 823 Abs. 2 BGB iVm 185 ff. StGB häufig eine Anspruchsgrundlage für einen Widerrufsanspruch her. Von großer praktischer Bedeutung kann hier vor allem § 186 StGB werden, weil hiernach der Schädiger die Beweislast für die Wahrheit einer ehrverletzenden Behauptung hat. Dies gilt allerdings nicht, wenn sich der Schädiger auf Wahrnehmung berechtigter Interessen berufen kann (BGH NJW 1985, 1621).

5. Klage bei Beschädigung oder Verletzung durch Gebäude (§ 836 BGB)

An das
Landgericht[1]

Klage

des . . . . .
– Klägers –

Prozessbevollmächtigter: . . . . .
gegen

den . . . . .
– Beklagten –

wegen

Schadensersatz

Vorläufiger Streitwert	**für Klageantrag Ziff. I:**	**3.200 EUR**
	für Klageantrag Ziff. II:	**9.500 EUR**
	für Klageantrag Ziff. III:	**20.000 EUR**
		32.700 EUR.

Namens und in Vollmacht des Klägers erhebe ich Klage und werde beantragen:

I. Der Beklagte wird verurteilt, an den Kläger 3.200 EUR[2] **nebst 5 Prozentpunkten Zinsen über dem Basiszinssatz seit Rechtshängigkeit zu bezahlen.**
II. . . . . .[3]
III. . . . . .[4]

Begründung:

Der Kläger macht Schadensersatzansprüche gegen den Beklagten aus einem Unfall geltend, der im Hause des Beklagten in . . . . . am . . . . . geschehen ist.[5]

1. Am fraglichen Tag war der Kläger zu Besuch bei seiner Tochter und seinem Schwiegersohn, die Mieter der im OG des Hauses des Beklagten gelegenen Wohnung sind. Zu dieser Wohnung gehört eine damals noch nicht vollständig fertiggestellte Loggia. Es fehlten noch der Bodenbelag sowie das Holzgeländer. Zur provisorischen Absicherung der Loggia hatte der Beklagte zwei Reihen etwa 10 cm starker Bretter von außen an zwei Stützbalken angenagelt.

Beweis: Zeugnis der Frau N.; des Herrn N.

Der Kläger trat gegen 16 Uhr auf die Loggia, um frische Luft zu schöpfen. Dabei wurde dem Kläger plötzlich schwarz vor Augen. Als er am oberen Brett der provisorischen Brüstung Halt suchte, löste sich dieses. Der Kläger verlor das Gleichgewicht und stürzte in die Tiefe.

Beweis: Zeugnis der Frau N.;
Zeugnis des Herrn N.

2. Der Beklagte hat den dem Kläger entstandenen Schaden nach § 836 BGB zu ersetzen.[6] Die Bretter waren nicht geeignet, irgendeine Belastung auszuhalten, da die Nägel nur 2 cm tief in das Holz der Stützbalken eingeschlagen waren.

Beweis: Zeugnis der Frau N.;
Zeugnis des Herrn N.

Ein Hinweis des Beklagten an seine Mieter auf die Unbenutzbarkeit der Loggia ist nicht erfolgt.

Beweis: unter Verwahrung gegen die Beweislast:
Zeugnis der Frau N.;
Zeugnis des Herrn N.

Dabei war für den Kläger trotz der noch nicht vollständigen Fertigstellung der Loggia nicht erkennbar, dass die Bretter nur eine optische Begrenzung und keine Absicherung darstellen sollten.[7]

3. Dem Kläger ist durch den Unfall folgender Schaden entstanden:[8]

Anmerkungen

1. Neben dem allgemeinen Gerichtsstand (§§ 12–19 ZPO) ist der Gerichtsstand der unerlaubten Handlung (§ 32 ZPO) gegeben, der hier am Ort des Grundstücks ist. Zur sachlichen Zuständigkeit → Form. II.F.1 Anm. 2.

2. Zum Zahlungsantrag → Form. II.F.1. Zum Zinsanspruch → Form. II.F.1 Anm. 3.

3. Zum Schmerzensgeldantrag → Form. II.F.8.

4. Zum Feststellungsantrag → Form. II.F.1, → Form. II.F.8; da im vorliegenden Fall ein Mitverschulden in Frage kommt, ist dies aus Kostengründen im Antrag bereits zu berücksichtigen, → Form. II.F.14, → Form. II.F.2 Anm. 3.

5. Der vorliegende Sachverhalt entspricht dem einer Entscheidung des BGH (NJW 1985, 1076) zugrunde liegenden.

6. Die Vorschrift des § 836 BGB regelt einen speziellen Fall der Verkehrssicherungspflicht (zur allgemeinen Verkehrssicherungspflicht → Form. II.F.2). Hierher gehören häufig vorkommende Beschädigungen und Verletzungen, die infolge Unwetters oder Sturms von Gebäudeteilen angerichtet werden. Die Dachlawine aus Eis oder Schnee fällt allerdings nicht unter § 836 BGB (BGH NJW 1955, 300; OLG Saarbrücken VersR 1985, 299; OLG Hamm NJW-RR 2013, 25; OLG Düsseldorf VersR 2012, 732; OLG Köln VersR 2013, 1586). Zur Substantiierung der Klage ist Folgendes zu beachten:

a) Es muss sich entweder um einen Einsturz eines Gebäudes bzw. Gebäudeteils oder eines anderen mit einem Grundstück verbundenen Werks (zB Bahndamm, Öltank, eine im Boden verankerte Kinderschaukel (OLG Celle VersR 1985, 345), einen auf Schienen laufenden Turmdrehkran (OLG Hamm VersR 1997, 194), ein Baugerüst (BGH VersR 1997, 835), Messezelt (OLG Rostock NJW-RR 2004, 825), Traggerüst für Zuschauer in Zirkus (OLG Hamm NJW-RR 2002, 92), Jagdhochsitz (OLG Hamm BeckRS 2012, 14621) oÄ) handeln, oder es muss eine Ablösung eines Gebäudeteils, der eine feste Verbindung mit dem Gebäude hat, vorliegen (zur Frage, ob eine Duschkabine ein Gebäudeteil sein kann vgl. BGH VersR 1985, 666; zur Frage, ob bei Ablösung von Dachpappe eines Flachdachs ein Gebäudeteil betroffen ist vgl. BGH NJW 1993, 1782). Nach BGH NJW 1961, 1672 BGH VersR 1976, 1085; 1983, 588; OLG Celle VersR 199, 1382; OLG Stuttgart VersR 1997, 340) kommt eine entsprechende Anwendung des § 836 BGB bei beweglichen Sachen nicht in Betracht (offen gelassen in BGH NJW-RR 2006, 1098). Nach dem OLG Hamm kann es sich auch dann um eine Ablösung von Gebäudeteilen handeln, wenn die Stufe einer auf den Dachboden führenden Treppe beim Betreten bricht (NJOZ 2013, 1490). Vom OLG Düsseldorf wurde die Anwendbarkeit des § 836 BGB bei einem aufgelegten Brett auf einer Dachbodenöffnung verneint (NJW-RR 2020, 19).

b) Der Einsturz oder die Ablösung müssen Folgen fehlerhafter Errichtung oder mangelhafter Unterhaltung sein. Außergewöhnliche Naturereignisse, wie ein Jahrhundertunwetter oder -sturm, führen also nicht zur Haftung (Palandt/*Sprau* BGB § 836 Rn. 9, 13; BGH NJW-RR 2006, 1098; keine Enthaftung bei Schäden aufgrund von herabgewehten Dachziegeln bei einem Starkwindereignis – 10 Beaufort: OLG Stuttgart Urt. v. 23.11.2016 – 4 U 97/16, NJW-RR 2017, 793). Eine Enthaftung kommt nur in Betracht, wenn dem Naturereignis auch ein fehlerfrei errichtetes und ordnungsgemäß unterhaltenes Gebäude nicht standhält). Die Beweislast für Fehler bzw. Pflichtverletzung und Ursächlichkeit liegt beim Geschädigten (BGH NJW 1999, 2593, OLG Koblenz Urt. v. 10.8.2017 – 1 U 1511/16, NJOZ 2017, 1234). Im Hinblick auf das Verschulden hat der Eigenbesitzer den Entlastungsbeweis zu führen (→ Anm. 6e). UU kommt auch der Anscheinsbeweis in Betracht, wenn sich bei Witterungseinflüssen, mit denen gerechnet werden konnte, ein Teil ablöst (BGH NJW 1999, 2593; OLG Rostock NJW-RR 2004, 825; OLG Stuttgart Urt. v. 23.11.2016 – 4 U 97/16, NJW-RR 2017, 793).

c) Weitere Voraussetzung ist ein ursächlicher Zusammenhang zwischen Einsturz bzw. Ablösung und Schaden.

d) Passiv legitimiert ist der Eigenbesitzer, nicht der Eigentümer. Die bloße Vermietung lässt die Sicherheitspflicht aber noch nicht auf den Mieter übergehen (BGH NJW 1985, 1076). Die Gefahr der Bauteilablösung muss während der Besitzzeit begründet werden (OLG Koblenz Urt. v. 10.8.2017 – 1 U 1511/16, NJOZ 2017, 1234).

e) Das Verschulden wird vermutet. Der Eigenbesitzer kann sich ggf. entlasten (vgl. iE OLG Hamm NJW-RR 1995, 1230; Palandt/*Sprau* BGB § 836 Rn. 13, vgl. für einen Fall mangelnder Unterhaltung: OLG Düsseldorf NJW-RR 2003, 885; OLG Köln VersR 2005, 512).

7. Die „Gefahr warnte also nicht vor sich selbst" (BGH NJW 1985, 1076 (1077)). Dennoch kommt im vorliegenden Fall ein Mitverschulden in Betracht, was vom BGH im Urteil des OLG nicht beanstandet wurde. Dies muss in den Klaganträgen berücksichtigt werden Anm. 4).

8. Es folgt hier der Vortrag zum Schaden entsprechend → Form. II.F.1, → Form. II.F.8.

6. Klage auf Geldrente (§ 843 BGB)

An das
Landgericht[1, 2]

Klage

der . . . . .
– Klägerin –

Prozessbevollmächtigter: . . . . .
gegen
1. den . . . . .

2. die . . . . .-Versicherungs-AG,

vertreten durch den Vorstand, ...[3]
– Beklagte –

wegen

Geldrente.

Streitwert für Antrag Ziff. I:	**900 EUR[4]**
Streitwert für Antrag Ziff. II:	**60.000 EUR[4]**
Streitwert für Antrag Ziff. III:	**5.000 EUR[4]**
	65.900 EUR[5]

Namens und in Vollmacht der Klägerin erhebe ich Klage und werde beantragen:

I. Die Beklagten werden als Gesamtschuldner[6] verurteilt, an die Klägerin 900 EUR[7] nebst 5 % Zinsen über dem Basiszinssatz seit 1.2. . . . . zu bezahlen.

II. Die Beklagten werden als Gesamtschuldner verurteilt, an die Klägerin ab 1.4. . . . . eine vierteljährlich vorauszahlbare monatliche[7] Rente[8] iHv 1.000 EUR[9, 10] jeweils im Voraus zum 1.1., 1.4., 1.7. und 1.10. eines jeden Jahres bis zum 31.12. . . . . (65. Lebensjahr[11] der Klägerin) zu bezahlen.

III. Es wird festgestellt,[12, 13] dass die Beklagten als Gesamtschuldner verpflichtet sind, der Klägerin sämtliche weiteren Schäden, die ihr in Zukunft aus dem Verkehrsunfall vom 1.2. . . . . auf der K-Straße in P. entstehen, zu ersetzen, soweit die Ansprüche nicht auf Sozialversicherungsträger oder sonstige Dritte übergehen.[14]

Begründung:

Die Klägerin macht Schadensersatzansprüche aus einem Verkehrsunfall vom 1.2. . . . . auf der K-Straße in P. geltend. Der Beklagte Ziff. 1 ist Halter und Fahrer des unfallbeteiligten Fahrzeugs, die Beklagte Ziff. 2 seine Haftpflichtversicherung.

1. Der Unfall ereignete sich wie folgt: Die Klägerin war am 1.2. . . . . gegen 17 Uhr auf dem Gehweg neben der ortsauswärts führenden Fahrbahn der K-Straße in P. unterwegs. Der Beklagte Ziff. 1 kam mit seinem Fahrzeug infolge überhöhter Geschwindigkeit in einer Linkskurve nach rechts von der Fahrbahn ab und geriet auf den Gehweg. Dort erfasste das Fahrzeug die Klägerin. Die Klägerin wurde zu Boden geworfen und schwer verletzt.

Beweis: Akten des Amtsgerichts . . . . . in der Strafsache gegen den Beklagten Ziff. 1 wegen fahrlässiger Körperverletzung, Aktenzeichen . . . . ., deren Beiziehung und Verwertung hiermit beantragt wird; Zeugnis des . . . . .

Die Klägerin entbindet hiermit den Sachverständigen von seiner ärztlichen Schweigepflicht.

2. Durch den Unfall erlitt die Klägerin als schwerwiegendste Verletzung einen Hüftgelenkspfannenbruch rechts, deren Folge eine Coxarthrose im Hüftgelenk mit Bewegungseinschränkung sein wird.

Beweis: Ärztliches Gutachten des Dr. med. . . . . in Anlage; Sachverständigengutachten.

3. Die Klägerin ist . . . . . Jahre alt und Hausfrau.[15] Sie führt einen Haushalt mit vier Personen, bestehend aus dem Ehemann und zwei Kindern im Alter von 10 bzw. 12 Jahren. Infolge der beim Unfall erlittenen Hüftgelenksverletzungen ist die Klägerin auf Dauer nicht mehr in der Lage, länger als zehn Minuten zu stehen.

Beweis: Ärztliches Gutachten des Dr. med. . . . . in Anlage; Sachverständigengutachten.

Die Klägerin kann deshalb nur noch diejenigen Hausarbeiten erledigen, die im Sitzen ausgeführt werden können, und bedarf aus diesem Grund einer Haushaltshilfe.[16]

4. Zur Höhe des geltend gemachten Rentenanspruchs ist Folgendes vorzutragen:[7, 9, 17]
. . . . .

5. Da die künftige Entwicklung der Verletzung der Klägerin noch nicht abzusehen ist und die Gefahr einer vollständigen Lähmung der rechten Hüfte besteht, ist im Augenblick noch nicht zu übersehen, ob weitere Schäden entstehen. Der Feststellungsantrag ist deshalb erforderlich.[12]

Anmerkungen

1. Anspruch auf Geldrente besteht auch in den Fällen der § 13 StVG, § 8 HaftpflG, § 38 LuftVG. § 843 BGB unterscheidet zwischen der Rente aufgrund des Verlustes bzw. Minderung der Erwerbsfähigkeit und der Rente aufgrund einer Vermehrung der Bedürfnisse. Letztere soll den Zweck haben, die Nachteile auszugleichen, die den Verletzten aufgrund der dauernden Beeinträchtigung seines körperlichen Wohlbefindens entstehen (BGH NJW-RR 2004, 671; vgl. hierzu *Zoll* NJW 2014, 967). Zur Geldrente auch BGH NJW 2006, 1065; NJW-RR 2010, 946.

2. Zur örtlichen und sachlichen Zuständigkeit → Form. II.F.1 Anm. 1–2; zum Streitwert → Anm. 4.

3. Vgl. Form. Haftpflichtklage bei Verkehrsunfall → Form. II.F.13 Anm. 3–5.

4. Angegeben wird hier zweckmäßigerweise nur der für die Gebühren maßgebende Streitwert (Gebührenstreitwert). Aus diesem Streitwert errechnet sich der vom Kläger vorzulegende Gebührenvorschuss. Zur Ermittlung des Streitwerts greift § 9 ZPO über § 48 Abs. 1 GKG ein (der 3,5 Betrag des einjährigen Bezugs). Der Streitwert für die Zuständigkeit und für ein etwaiges Rechtsmittel richtet sich ebenfalls nach § 9 ZPO. Zum Streitwert für den Feststellungsantrag → Form. II.F.1 Anm. 2.

5. Die Einzelstreitwerte sind zu addieren (§ 5 ZPO).

6. → Form. II.F.13 Anm. 7.

7. Die Rente ist im Voraus für drei Monate fällig, vgl. §§ 843 Abs. 2, 760 BGB. Der Kläger kann deshalb – muss aber nicht – Zahlung vierteljährlich im Voraus verlangen.

8. Der Geschädigte kann auch eine Kapitalabfindung verlangen, wenn ein wichtiger Grund vorliegt (vgl. § 843 Abs. 3 BGB); hierzu zB BGH VersR 1981, 283 mAnm *Nehls; Nehls* VersR 1981, 407; *Geigel*/Pardey Haftpflichtprozess Kap. 4 Rn. 153.; *Schmid* DAR 1981, 129; *Schneider* VersR 1981, 1110; *Schlund* VersR 1981, 401; → Anm. 9.

9. Die Höhe der Rente bemisst sich im Fall der Erwerbsrente (Beeinträchtigung der Erwerbsfähigkeit) nach dem bisherigen durchschnittlichen Entgelt. Umstritten ist, ob vom Bruttolohn (unter Berücksichtigung von Abzügen) oder vom Nettolohn (mit Hinzurechnungen) auszugehen ist, abzüglich desjenigen Einkommens, das dem Geschädigten in der anderen Stellung zufließt (vgl. MüKoBGB/*Wagner* § 842 Rn. 34 ff., § 843 Rn. 33 ff.). Nach der Rspr. des BGH stehen Brutto- und Nettolohnmethode (modifizierte Nettolohnmethode) grds. gleichrangig nebeneinander (BGHZ 127, 391 = NJW 1995, 389). Wird von entgangenem Bruttoverdienst ausgegangen, sind schadenbedingte Steuerersparnisse abzusetzen, wenn nicht gerade der Zweck der Steuervergünstigung solcher

Entlastung entgegenstand (BGH VersR 1986, 162; NZV 1995, 63). Derartige Steuerersparnisse können sich daraus ergeben, dass eine dem Geschädigten zufließende Sozialrente nur mit ihrem Ertragsanteil der Einkommensteuer unterliegt (BGH VersR 1988, 464). Schwierigkeiten können sich hinsichtlich der Darlegung der Steuerersparnisse ergeben (zur Darlegungs- und Beweislast BGH JZ 1987, 574). Bei der Ermittlung des Haushaltsführungsschadens ist darauf abzustellen, welche Tätigkeit der/die Geschädigte ohne den erlittenen Unfall künftig gleistet haben würde (OLG München BeckRS 2021, 4579; OLG Brandenburg BeckRS 2021, 5660; OLG Brandenburg BeckRS 2019, 11739; OLG Hamm BeckRS 2020, 27085). Auf den Schadensersatzanspruch wegen Beeinträchtigung ihrer Fähigkeit zur Haushaltsführung (einschließlich Versorgung eines Kindes) muss sich eine verletzte Mutter und Ehefrau eine von der Berufsgenossenschaft an sie bezahlte Verletztenrente insoweit anrechnen lassen, als der Ersatzanspruch die Haushaltsführung für Mann und Kind betrifft, wobei dieser Aufwand in der Regel nach der Zahl der zum Haushalt gehörenden Personen abzugrenzen ist (BGH VersR 1985, 356; zum Fall der Haushaltstätigkeit BGH NJW-RR 1990, 34; hinsichtlich der Rente eines Minderjährigen BGH VersR 1990, 907). Bei Einstellung einer Ersatzkraft ist der Bruttolohn heranzuziehen (BGH NJW 1983, 1425). Bei nur fiktiver Berechnung des Lohns einer Haushaltshilfe kommt es auf den fiktiven Nettolohn an (BGH NJW-RR 1992, 792 = VersR 1992, 618; vgl. zur fiktiven Berechnung OLG Saarbrücken Urt. v. 26.2.2015 – 4 U 26/14, NJW-RR 2015, 1119; OLG München BeckRS 2021, 4579: 8 EUR/Stunde; OLG Frankfurt BeckRS 2020, 18515: 10 EUR/Stunde). Überobligationsmäßige Anstrengungen des Geschädigten zur Erzielung eines Einkommens mindern den Rentenanspruch nicht (BGH NJW 1994, 131). Es muss auch nicht darauf hingewirkt werden, dass ein anderes Familienmitglied in größerem Umfang als bisher im Haushalt mitarbeitet (OLG München BeckRS 2021, 4579). Aufwandsentschädigungen des Arbeitgebers werden nicht berücksichtigt, wenn der Geschädigte aufgrund der Verletzung zunächst in der Lage ist, die aufwandsauslösende Tätigkeit auszuführen. Anders liegt die Sache dann, wenn es sich um eine Pauschale, die nicht notwendigerweise für Verwendungen bestimmt ist, handelt (BGH Urt. v. 27.10.2015 - VI ZR 183/15, NJW 2016, 1386). Beim Haushaltführungsschaden wird keine Begrenzung in zeitlicher Hinsicht, zB auf das 75. Lebensjahr, vorgenommen (OLG Frankfurt NJW-RR 2020, 1225). Statt der Rente kann bei Vorliegen eines wichtigen Grundes auch eine Kapitalabfindung verlangt werden (§ 843 Abs. 3 BGB). Die Rspr. lässt sogar eine Kombination von Rente – für einige Jahre – und Abfindung – für die Zeit danach – zu (RG Recht 1917, Nr. 1631); → Anm. 8.

10. Eine spätere Abänderung des Rentenbetrages ist nach § 323 ZPO möglich (→ Anm. 13).

11. Eine Verdienstausfallrente ist auf die voraussichtliche Dauer der Erwerbstätigkeit zu begrenzen, wobei das gesetzliche Renteneintrittsalter maßgeblich ist. Die Befristung erfolgt also bei Männern regelmäßig auf das 65. bzw. 67. Lebensjahr (BGH VersR 1988, 464; NJW-RR 1995, 1272). Dies gilt auch für Frauen (BGH NJW 1995, 3313). Die Seite, die eine vom Regelfall abweichenden, für sie günstigeren Zeitpunkt behauptet, hat die entsprechenden Umstände im Bestreitensfall zu beweisen (Palandt/*Sprau* BGB § 843 Rn. 10). Die Begrenzung ist bereits im Klagantrag zu berücksichtigen. Im vorliegenden Fall ist die Rente auf das 65. Lebensjahr der Klägerin beschränkt. In der Rechtsprechung hat sich eine Anpassung aufgrund eines statistisch nachgewiesenen durchschnittlich früheren Renteneintrittsalter bislang noch nicht durchgesetzt (vgl. hierzu MüKoBGB/*Wagner* § 842 Rn. 24).

12. Das nach § 256 ZPO erforderliche Feststellungsinteresse ist gegeben, wenn die künftige Entwicklung noch nicht zu übersehen ist, zB ob der Kläger völlig arbeitsunfähig werden wird und im Zusammenhang damit weitere von der Geldrente unabhängige

Schäden entstehen (→ Form. II.F.13 Anm. 8, auch zum erfassten Schaden, → Form. II.F.1 Anm. 11; zum Streitwert für den Feststellungsantrag → Form. II.F.1 Anm. 2).

13. Die Feststellungsklage ist nur insoweit zulässig, als nicht die Abänderung der Geldrente betroffen ist, da hierfür die Abänderungsklage nach § 323 ZPO zur Verfügung steht (BGH NJW 1961, 871). Zur Abänderungsklage → Form. I.P.4.

14. Zur Frage des Forderungsübergangs bei Leistungen der Sozialversicherungsträger und anderer Dritter → Form. II.F.1 Anm. 6 f., → Form. II.F.13 Anm. 10.

15. Dem Ehegatten und Lebenspartner steht ein Rentenanspruch nach § 843 BGB zu (BGH NJW 1974, 41; NJW-RR 1990, 34). Erwerbstätigkeit ist auch die Arbeitsleistung im Haushalt, soweit sie der Erfüllung der gesetzlichen Unterhaltspflicht dient (BGH NJW 1974, 41; NJW-RR 1990, 34; BGH NJW 1997, 256).

16. Die Kosten für die Haushaltshilfe sind unabhängig davon zu ersetzen, ob tatsächlich eine solche in Anspruch genommen wurde (BGH NJW-RR 1992, 792 = VersR 1992, 618). Basis für die Schadensberechnung ist der fiktive Nettolohn (BGH NJW-RR 1992, 792 = VersR 1992, 618), wenn eine Ersatzkraft nicht eingestellt wird, anderenfalls der Bruttolohn.

17. Bei einer nichtehelichen Lebensgemeinschaft scheidet ein Rentenanspruch wegen fehlender Unterhaltspflicht aus (OLG Düsseldorf VersR 1992, 1418; aA: OLG Zweibrücken FamRZ 1994, 955).

7. Klage auf Schadensersatz in Form einer Geldrente wegen Tötung des Unterhaltspflichtigen (§ 844 Abs. 2 BGB) und auf Zahlung von Hinterbliebenengeld (§ 844 Abs. 3 BGB)

An das
Landgericht[1, 2, 3]

Klage

der **1. . . . .**
2. . . . .
3. . . . .
– Kläger –

Prozessbevollmächtigter: . . . .
gegen

den . . . .
– Beklagten –[13]

wegen

Schadensersatz

Vorläufiger Streitwert[4] **für Antrag Ziff. I 1:**	**60.000 EUR**
für Antrag Ziff. I 2:	**2.000 EUR**
für Antrag Ziff. I 3:	**5.000 EUR**
für Antrag Ziff. I 4:	**10.000 EUR**

für Antrag Ziff. II 1:	**18.000 EUR**
für Antrag Ziff. II 2:	**600 EUR**
für Antrag Ziff. II 3:	**5.000 EUR**
für Antrag Ziff. II 4:	**10.000 EUR**
für Antrag Ziff. III 1:	**18.000 EUR**
für Antrag Ziff. III 2:	**600 EUR**
für Antrag Ziff. III 3:	**5.000 EUR**
für Antrag Ziff. III 4:	**10.000 EUR**
	144.200 EUR

Namens und in Vollmacht der Kläger erhebe ich Klage und werde beantragen:

I.

1. **Der Beklagte wird verurteilt, an die Klägerin Ziff. 1 eine monatliche Geldrente iHv 1.000 EUR, beginnend am 1.7. . . . ., jeweils vierteljährlich im Voraus zum 1.1., 1.4., 1.7. und 1.10 eines jeden Jahres,[5] bis 31.12. . . . .[6] zu bezahlen.[7]**
2. **Der Beklagte wird verurteilt, an die Klägerin Ziff. 1 2.000 EUR nebst 5 % Zinsen über dem Basiszinssatz aus 1.000 EUR vom 2.5. . . . . bis 1.6. . . . . und aus 2.000 EUR seit 2.6. . . . . zu bezahlen.[8]**
3. **Es wird festgestellt,[7] dass der Beklagte verpflichtet ist, der Klägerin Ziff. 1 jeden weiteren, über die Anträge Ziff. 1 u. 2 hinausgehenden Unterhaltsschaden aus dem Verkehrsunfall vom 25.3. . . . . in . . . . . zu ersetzen.**
4. **Der Beklagte wird verurteilt, an die Klägerin Ziff. 1 Hinterbliebenengeld[21] i. H. v. 10.000 EUR nebst 5 %-Punkten Zinsen über dem Basiszinssatz hieraus seit . . . . . zu zahlen.**

II.

1. **Der Beklagte wird verurteilt, an den Kläger Ziff. 2[9] eine monatliche Geldrente, deren Höhe in das Ermessen des Gerichts gestellt wird,[10] beginnend am 1.7. . . . ., jeweils vierteljährlich im Voraus zum 1.1., 1.4., 1.7. und 1.10. eines jeden Jahres,[5] bis zur Vollendung des 18. Lebensjahres[6] des Klägers Ziff. 2 zu bezahlen.**
2. **Der Beklagte wird verurteilt, an den Kläger Ziff. 2 die rückständige Geldrente für die Monate Mai und Juni . . . . ., deren Höhe in das Ermessen des Gerichts gestellt wird, nebst 5 %-Punkten Zinsen über dem Basiszinssatz seit dem jeweiligen 2. der Monate zu bezahlen.**
3. **Es wird festgestellt,[7] dass der Beklagte verpflichtet ist, dem Kläger Ziff. 2 sämtlichen weiteren, über die Anträge Ziff. 1 u. 2 hinausgehenden Unterhaltsschaden aus dem Verkehrsunfall vom 25.3. . . . . in . . . . . zu ersetzen.**
4. **Der Beklagte wird verurteilt, an den Kläger Ziff. 2 Hinterbliebenengeld[21] i. H. v. 10.000 EUR nebst 5 %-Punkten Zinsen über dem Basiszinssatz hieraus seit dem . . . . . zu zahlen.**

III.

1. **Der Beklagte wird verurteilt, an den Kläger Ziff. 3 eine monatliche Geldrente von 300 EUR, beginnend am 1.7. . . . ., jeweils vierteljährlich im Voraus zum 1.1., 1.4., 1.7. und 1.10. eines jeden Jahres,[5] bis zur Vollendung des 18. Lebensjahres[6] des Klägers Ziff. 3 zu bezahlen.**
2. **Der Beklagte wird verurteilt, an den Kläger Ziff. 3 600 EUR nebst 5 %-Punkten Zinsen über dem Basiszinssatz aus 300 EUR vom 2.5. . . . . bis 1.6. . . . . und aus 600 EUR seit 2.6. . . . . zu bezahlen.**
3. **Es wird festgestellt,[7] das der Beklagte verpflichtet ist, dem Kläger Ziff. 3 sämtlichen weiteren, über die Anträge Ziff. 1 u. 2 hinausgehenden Unterhaltsschaden aus dem Verkehrsunfall vom 25.3. . . . . in . . . . . zu ersetzen.**

4. Der Beklagte wird verurteilt, an den Kläger Ziff. 3 Hinterbliebenengeld[21] iHv 10.000 EUR nebst 5 %-Punkten Zinsen über dem Basiszinssatz seit dem . . . . . zu zahlen.

Begründung:

Die Kläger machen Schadensersatzansprüche aus einem Verkehrsunfall vom 25.3. . . . . geltend. Der Beklagte ist Halter und Fahrer des Fahrzeugs mit dem Kennzeichen . . . . .[13] Durch den Unfall wurde der Ehemann der Klägerin Ziff. 1 und Vater der Kläger Ziff. 2 u. 3 getötet.[11] Mit der vorliegenden Klage machen die Kläger Schadensersatzansprüche nach § 844 Abs. 2 BGB geltend.[12]

1. Der Verkehrsunfall ereignete sich wie folgt: Der Mann bzw. Vater der Kläger fuhr mit seinem Pkw auf der X-Straße in Y. mit der zulässigen Höchstgeschwindigkeit von 50 km/h. Der Beklagte kam mit seinem Pkw entgegen. In einer Rechtskurve kam er mit seinem Fahrzeug nach links über die Mittellinie und geriet auf die Fahrbahn des Mannes bzw. Vaters der Kläger. Die beiden Fahrzeuge stießen frontal zusammen.

   Beweis: Akten des Amtgerichts . . . . in der Strafsache gegen den Beklagten, deren Beiziehung und Verwertung hiermit beantragt wird.

   Der Mann bzw. Vater der Kläger erlitt durch den Unfall einen Schädelbasisbruch. An dessen Folgen verstarb er noch am gleichen Tag im Kreiskrankenhaus . . . . .

   Beweis: Gutachten des Dr. med. . . . .; Sachverständiges Zeugnis des Dr. med. . . . .; Sachverständigengutachten.

   Der Beklagte haftet den Klägern gem. §§ 823 Abs. 1, 844 Abs. 2 BGB auf Schadensersatz.

2. Der verstorbene Mann bzw. Vater der Kläger war zum Unfallzeitpunkt 55 Jahre alt. Er arbeitete bei der Firma . . . . . als kaufmännischer Angestellter und sorgte mit seinem Einkommen für den Familienunterhalt. Er war bei bester Gesundheit und hätte nach den derzeitigen Erwartungen das 70. Lebensjahr erreicht.[6]

   Beweis: Zeugnis des Dr. med. . . . .; Sachverständigengutachten.

   Das Nettoeinkommen des verstorbenen Mannes bzw. Vaters der Kläger bei der Firma . . . . . betrug 1.800 EUR monatlich im Durchschnitt.

   Beweis: Bescheinigungen der Firma . . . . . für den Lohn betreffend die Monate Januar . . . . . bis März . . . . . in Anlage.

   Er erhielt ferner eine Rente, die aus Anlass eines Berufsunfalls von der Berufskrankenkasse seit 1.1. . . . . iHv 500 EUR monatlich bezahlt wurde.

   Beweis: Rentenbescheid . . . . . in Anlage; Überweisungsbeleg . . . . . in Anlage.

   Die Kläger waren gegenüber dem Verstorbenen unterhaltsberechtigt.[14]

3. Zur Höhe des Unterhaltsanspruchs und zur Höhe des Schadensersatzanspruchs[15] der Kläger ist Folgendes vorzutragen:

   a) Die Klägerin Ziff. 1 ist 55 Jahre alt und Hausfrau. Einen Beruf hat sie nicht erlernt. Sie hat seit der Eheschließung mit ihrem verstorbenen Mann im Jahre . . . . . keine berufliche Tätigkeit mehr ausgeübt, sondern den Haushalt versorgt.[16]
   Der Schadensersatzanspruch der Klägerin Ziff. 1 errechnet sich wie folgt:

Monatliches Nettoeinkommen des Verstorbenen	1.800 EUR
zzgl. Berufsunfähigkeitsrente[17]	500 EUR
	2.300 EUR
Hiervon gehen ab die fixen Haushaltskosten[18] iHv	300 EUR
sodass ein frei verfügbares Familieneinkommen von verbleibt.	2.000 EUR

Davon entfallen auf den Verstorbenen und die Klägerin Ziff. 1, da noch zwei weitere unterhaltspflichtige Kinder vorhanden sind, jeweils 35 %.[19] Der Klägerin Ziff. 1 steht damit der Anteil von **700 EUR**
zu. Hinzu kommen die fixen Unkosten iHv **300 EUR**
sodass sich der Gesamtbetrag von **1.000 EUR**
ergibt.

Anrechnungsfähiges Vermögen oder Einkünfte hieraus oder Leistungen Dritter, die anrechenbar wären, fließen der Klägerin Ziff. 1 nicht zu.[20]

b) Der Kläger Ziff. 2 ist 13 Jahre alt und Schüler. Der Kläger Ziff. 3 ist 12 Jahre alt und ebenfalls Schüler. Von dem der Familie zustehenden Unterhalt entfielen auf die Kläger Ziff. 2 u. 3 jeweils 15 %.[19] Damit stehen dem Kläger Ziff. 2 und dem Kläger Ziff. 3 monatlich jeweils 300 EUR als Schadensersatz zu, da anrechnungsfähige Leistungen Dritter oder anrechenbares Vermögen bzw. Erträgnisse hieraus nicht vorliegen. Der Kläger Ziff. 2 stellt die Höhe des Schadensersatzes in das Ermessen des Gerichts, hält aber 300 EUR als monatlichen Mindestbetrag für angemessen.[10]

4. Der Anspruch auf Hinterbliebenengeld ergibt sich aus § 844 Abs. 3 BGB. Er ist aufgrund des Alters des Getöteten und der Kläger angemessen.[21]

Anmerkungen

1. Neben dem Anspruch nach § 844 Abs. 2 BGB kann ein Schadensersatzanspruch der Erben (vgl. § 1968 BGB) wegen der Beerdigungskosten bestehen (§ 844 Abs. 1 BGB), der mit der bezifferten Leistungsklage geltend gemacht werden kann. Entsprechende Vorschriften wie in § 844 Abs. 2 BGB finden sich in §§ 10 Abs. 2 StVG, 5 Abs. 2 HaftpflG, 35 Abs. 2 LuftVG.

2. Zur örtlichen Zuständigkeit → Form. II.F.1 Anm. 1.

3. Die sachliche Zuständigkeit bemisst sich nach dem Streitwert (→ Anm. 4, → Form. II.F.1 Anm. 2).

4. Angegeben wird hier bei den Anträgen Ziff. I 1, II 1 und III 1 der für die Gebühren maßgebende Streitwert (Gebührenstreitwert). Dieser ist entscheidend für den mit der Klage einzubezahlenden Gerichtskostenvorschuss. Er errechnet sich betreffend Altfälle (bis einschließlich 31.7.2013) nach § 42 Abs. 1 iVm § 48 Abs. 1 GKG aus dem fünffachen der jährlichen Geldrente. Für Fälle ab dem 1.8.2013 gilt § 9 ZPO über § 48 Abs. 1 GKG (vgl. die Ausführungen und Nachw. in → Form. II.F.6 Anm. 4. Der Streitwert für die Zuständigkeit und ein etwaiges Rechtsmittel bemisst sich im vorliegenden Fall nach dem dreieinhalbfachen Wert des einjährigen Bezugs der Rente (§ 9 Abs. 1 ZPO), da dieser niedriger liegt als der Gesamtbetrag der jährlichen Rente. Beim Antrag II 1 ist die voraussichtliche Höhe der Rente zu schätzen und nach der gleichen Methode wie beim Antrag Ziff. I 1 der Gesamtstreitwert zu ermitteln. Die Streitwerte sind zu addieren (§ 5 ZPO).

5. Der Anspruch nach § 844 Abs. 2 BGB ist kein Unterhaltsanspruch, sondern ein Schadensersatzanspruch. Da er jedoch den im Voraus zu erfüllenden Unterhaltsanspruch (§ 1612 Abs. 3 S. 1 BGB) ersetzt, ist auch die Geldrente im Voraus zu bezahlen. Die Rente kann für drei Monate im Voraus verlangt werden (→ Form. II.F.6 Anm. 7).

6. Die Rente kann nur für die mutmaßliche Dauer des Lebens des Getöteten geltend gemacht werden. Nur ausnahmsweise können Ansprüche auch darüber hinausgehend geltend gemacht werden (MüKoBGB/*Wagner* § 844 Rn. 41 ff.). Hinsichtlich der mutmaßlichen Dauer des Lebens kommt es auf den Gesundheitszustand, das Alter, den Beruf und die Lebensgewohnheiten des Getöteten an. Mangels individueller Anhaltspunkte kann auf die „Sterbetafel" des statistischen Bundesamts abgestellt werden (Palandt/*Sprau* BGB § 844 Rn. 12; OLG Hamm MDR 1998, 1414). Trotz der Schwierigkeiten für den Ersatzberechtigten hat es die Rspr. verlangt, dass der Endzeitpunkt der Rente kalendermäßig abgegrenzt wird (BGH NJW-RR 2004, 821), → Form. II.F.6 Anm. 11. Der Richter hat iRd § 287 ZPO zu schätzen, wie sich die Unterhaltsbeziehungen zwischen dem Berechtigten und dem Getöteten bei Unterstellung dessen Fortlebens entwickelt hätten. Er hat hierbei alle maßgeblichen Faktoren auf Seiten des Getöteten zB Leistungsfähigkeit und voraus. Lebensdauer und des Berechtigten, zB Bedürftigkeit, zu berücksichtigen (BGH NJW 2004, 358 (360)). Denkbar ist auch die Unterhaltspflicht eines getöteten Kindes im Verhältnis zu seinen Eltern. In diesem Fall kann eine Feststellungsklage angebracht sein (vgl. zu einem derartigen Fall: OLG Köln Urt. v. 26.7.2017 – 11 U 16/17, VersR 2017, 1468).

Schadensersatzrenten von Kindern sind in der Regel auf die Vollendung des 18. Lebensjahres zu begrenzen und etwaige weitere Ansprüche durch einen Feststellungsantrag abzusichern (BGH NJW 1983, 2197; 1986, 715 (716); zur Rente für einen Minderjährigen ferner BGH VersR 1990, 907; zum Feststellungsantrag → I Ziff. 3, → Anm. 7).

Für die Behauptung, der Getötete wäre ohnehin schon wegen seiner bestehenden Krankheit früher gestorben, trägt der Schädiger die Beweislast (BGH NJW 1972, 1515 = LM Nr. 45 zu § 844 Abs. 2 BGB).

7. Neben dem Leistungsantrag ist ein Feststellungsantrag nur insoweit zulässig, als nicht die Abänderung der Geldrente betroffen ist, da hierfür die Abänderungsklage nach § 323 ZPO zur Verfügung steht (BGHZ 34, 110). Zur Abänderungsklage → Form. I.P.4. Haftet die Versicherungsgesellschaft nur mit der Mindestversicherungssumme (§ 114 Abs. 1 VVG), so muss diese Höchstgrenze bzgl. der beklagten Gesellschaft im Antrag aufgenommen werden, damit Kostennachteile einer teilweisen Klagabweisung vermieden werden.

8. Da es sich um einen Schadensersatzanspruch handelt, können auch rückständige Rentenbeträge geltend gemacht werden. Insofern unterscheidet sich der Schadensersatzanspruch von einem Unterhaltsanspruch, bei dem Rückstände nur im Falle des Verzugs (§ 1613 Abs. 1 BGB) beansprucht werden können.

Hiervon zu unterscheiden ist die Frage, ob der Geschädigte gegen den Schädiger auch noch Unterhaltsrückstände des Getöteten geltend machen kann. Die Rspr. (BGH NJW 1973, 1076 hat dies verneint.

9. Bei mehreren Klägern muss zwar für jeden eine Einzelsumme angegeben werden, die Aufteilung kann jedoch dem Gericht überlassen werden. Nimmt dann das Gericht eine andere Aufteilung der einzelnen Renten vor, spricht es jedoch iErg den gleichen Gesamtbetrag zu, so ist die Klage nicht etwa teilweise abzuweisen, sondern in vollem Umfang begründet (BGH NJW 1972, 1716).

10. Die Höhe der Rente kann in das Ermessen des Gerichts gestellt werden, wenn dem Gericht eine ausreichende Grundlage für die Bemessung der Rente in der Begründung gegeben wird (BGHZ 4, 138; Palandt/*Sprau* BGB § 843 Rn. 12; zu den mit einem solchen Antrag zusammenhängenden Fragen → Form. II.F.8 Anm. 4; zum Selbstbehalt bei Unterhaltsschaden BGH VersR 1988, 954).

11. Im Hinblick auf das Zusammentreffen von Ansprüchen der Kinder und des Ehemannes nach § 844 Abs. 2 BGB vgl. BGH NJW 1972, 1130 = LM Nr. 44 zu § 844 Abs. 2 BGB und BGH NJW 1965, 1710; *Eckelmann* BB 1965, 1012; *Habscheid* JuS 1966, 180.

12. Besteht im Augenblick noch kein Anspruch auf Schadensersatz, da der Geschädigte eigenes Einkommen hat, so könnte er Feststellungsklage erheben mit folgendem Antrag (zur Zulässigkeit der Feststellungsklage BGH LM Nr. 9 zu § 844 Abs. 2 BGB): „Es wird festgestellt, dass der Beklagte verpflichtet ist, dem Kläger Ziff. 3 Schadensersatz in Form einer Geldrente zu bezahlen, sobald dieser von seinem durch den Beklagten getöteten Vater Unterhalt hätte verlangen können, bis zum Abschluss seiner Berufsausbildung, mindestens jedoch bis zum 31. Dezember 2011."

Hinsichtlich des Streitwertes für diesen Antrag → Anm. 4. Gegenüber der dort angegebenen Berechnung ist ein Abschlag von 20 % zu machen.

13. Zur Klage gegen die Haftpflichtversicherung → Form. II.F.13 Anm. 3–5.

14. Der Unterhaltsanspruch gegen den Getöteten musste tatsächlich bestehen, oder es ist erforderlich, dass er tatsächlich entstanden wäre. Entscheidend ist, was der Getötete an Unterhalt hätte leisten müssen. Nicht entscheidend ist, was er tatsächlich geleistet hat (BGH NJW 2006, 2327). Erforderlich ist ferner, dass der Unterhaltsanspruch realisierbar gewesen wäre (BGH NJW 1974, 1373). Als Unterhaltsberechtigte und damit für den Schadensersatz Aktivlegitimierte kommen in Frage: Der Ehegatte (§§ 1360 ff. BGB), Lebenspartner (§ 5 LPartG) oder unter bestimmten Voraussetzungen die Verwandten in gerader Linie (§§ 1601 ff. BGB). Partner einer nichtehelichen Lebensgemeinschaft haben dagegen auch dann keinen Anspruch, wenn sie sich gegenseitig vertraglich verpflichtet hatten (vgl. Geigel Haftpflichtprozess/*Pardey* Kap. 8 Rn. 21 mwN).

15. Hinsichtlich der Höhe des Schadensersatzanspruches ist der Geschädigte so zu stellen, wie wenn der Getötete am Leben geblieben wäre. Ausgangspunkt ist der geschuldete fiktive Unterhalt (BGH NJW 2004, 358; 2012, 2887). Zu den Einzelheiten vgl. Palandt/*Sprau* BGB § 844 Rn. 8 ff. und zB OLG Braunschweig VersR 1979, 1124 (1125 f.) mwN; *Scheffen* VersR 1990, 926; Geigel Haftpflichtprozess/*Pardey* Kap. 8 Rn. 53 ff. Nicht maßgeblich ist der Unterhalt, der voraussichtlich tatsächlich geleistet worden wäre (BGH Urt. v. 25.4.2006 – VI ZR 114/05, NJW 2006, 2327).

16. Zur Frage, inwieweit der Ehefrau zugemutet werden kann, eine Arbeit anzunehmen und durch eigenes Einkommen den Schaden zu mindern, vgl. Geigel Haftpflichtprozess/*Pardey* Kap. 8 Rn. 64 ff.; BGH NJW 2007, 64.

17. Maßgebend für die Berechnung ist das Nettoeinkommen (Palandt/*Sprau* BGB § 844 Rn. 10), also das um Steuern und Sozialversicherungsbeiträge bereinigte Bruttoeinkommen. Etwaige Renten, die der Getötete empfangen hat, sind hinzuzurechnen (OLG Braunschweig VersR 1979, 1124 f.). Nicht zu berücksichtigen – auch nicht zum Teil – sind dagegen sog Aufwandsentschädigungen, da sie nur zur Deckung von Unkosten bestimmt sind (BGH NJW 1986, 715 f.). Anders liegt die Sache dann, wenn es sich nicht um eine „echte" Aufwandsentschädigung handelt, sondern um eine verwendungsunabhängige Pauschale (BGH Urt. v. 27.10.2015 – VI ZR 183/15, NJW 2016, 1386).

18. Die Haushaltsfixkosten, dh Ausgaben, die weitgehend unabhängig vom Wegfall eines Familienmitgliedes als feste Kosten des Haushaltes weiterlaufen (BGH NJW 2012, 2887) werden zunächst vom Nettoeinkommen abgezogen, nachträglich beim einzelnen Unterhaltsberechtigten jedoch anteilig wieder berücksichtigt. Dies führt dazu, dass diese Haushaltsfixkosten vom Schädiger letztlich komplett, ohne Berücksichtigung eines Anteils des Getöteten, zu erstatten sind. Zu den Haushaltsfixkosten gehören zB Kosten für Miete, Heizung, Strom, Gas, Radio, Zeitung, Müllabfuhr, Schornsteinfeger, Brand-, Hausrats-, Rechtsschutz- und Privathaftpflichtversicherung, etwaige Grundsteuern, Reparatur- und Instandhaltungsrücklagen (iÜ OLG Braunschweig VersR 1979, 1124 (1125); BGH VersR 1987, 1241; NJW 1986, 715; Geigel Haftpflichtprozess/*Pardey* Kap. 8 Rn. 58; BGH Urt. v. 5.6.2012 – VI ZR 122/11, NJW 2012, 2887). Der Aufwand an Zinsen und Tilgung für ein Eigenheim kann nicht zu den Haushaltskosten gerechnet werden, vielmehr ist hier der Mietwert einer dem Eigenheim nach Ortslage, Zuschnitt und Bequemlichkeit vergleichbaren Wohnung maßgebend (BGH NJW 1985, 49 = VersR 1984, 961; BGH NJW 2004, 2894 (2895)). Auch Aufwendungen und Rücklagen zur Altersvorsorge durch Selbständige können zu den Fixkosten gehören (BGH NJW 2012, 2887). Im vorliegenden Bsp. wird davon ausgegangen, dass sich die fixen Kosten nicht reduzieren nach dem Tod des Mannes, was allerdings bei einigen Posten der Fall sein könnte. Des Weiteren werden die fixen Kosten beim Anspruch der Frau voll berücksichtigt. Je nach den Umständen des konkreten Falles kann auch eine Aufteilung der fixen Kosten auf die Unterhaltsberechtigten geboten sein (zB im Verhältnis zwei Ehepartner zu einem Kind (BGH NJW 2007, 506).

19. Die Ermittlung des Eigenbedarfs und die Aufteilung des Familieneinkommens auf die Hinterbliebenen ist vom Einzelfall abhängig (allg. Geigel Haftpflichtprozess/*Pardey* Kap. 8 Rn. 57 und 59). Die „Düsseldorfer Tabelle" kann nicht zur Grundlage für die Schadensberechnung gemacht werden (BGH VersR 1986, 39). Von der Rechtsprechung wurde allerdings die Heranziehung der von Eckelmann-Nehls-Schäfer veröffentlichten Tabelle (NJW 1984, 945) gebilligt (BGH Urt. v. 16.12.1986 – VI ZR 192/85, NJW-RR 1987, 538). Im vorliegenden Fall eines 4-Personen-Haushalts ist die Verteilung in aller Regel folgendermaßen vorzunehmen: 35 % Ehefrau, 35 % Ehemann, je 15 % pro Kind (BGH VersR 1979, 1029 (1030); NJW 1986, 715, wobei nach Alter zu staffeln sein kann; BGH NJW 1988, 66; 1988, 2365). Im vorliegenden Beispielsfall sind die Kinder etwa gleich alt. Zum Schadensersatzanspruch wegen Unterhaltsverlustes infolge Todes einer Rentner-Ehefrau OLG Hamm VersR 1980, 723; zur Berechnung des Unterhaltsschadens einer Ehefrau bei unfallbedingtem Tod des allein erwerbstätigen Ehemanns BGH VersR 1987, 507; zur Höhe der Unterhalts-Schadensrente bei Tötung des Ehemanns und Vaters in einem Fall, in dem das Kind erst 2 Tage vor dem Tod des Vaters geboren wurde und die Mutter vor und nach dem Tod ihres Ehemanns berufstätig ist BGH VersR 1987, 156; zum Anspruch der Kinder beim Tod ihrer Mutter BGH VersR 1982, 951; und die Vorinstanz OLG Frankfurt a. M. VersR 1981, 241 mAnm *Hofmann* S. 338; sowie OLG Celle VersR 1980, 583; zur Bemessung der Schadensersatzrenten Minderjähriger wegen des Todes beider Eltern BGH NJW 1986, 715; VersR 1983, 932; und OLG Stuttgart VersR 1983, 932; VersR 1993, 1536; zum Unterhaltsbedarf der Hinterbliebenen einer Ehefrau/Mutter BGH NJW 1982, 2864; 1982, 2866; und BGH NJW 1983, 1425 = VersR 1983, 458. Dem hinterbliebenen Ehegatten kann nach § 844 Abs. 2 BGB ein Anspruch wegen der Mitarbeit des Ehegatten in seinem Beruf oder Geschäft zustehen. Schlüssig dargetan ist dieser Anspruch aber nur, wenn die Mitarbeit als Unterhalt geschuldet war (BGH VersR 1980, 921). Zum Ersatzanspruch der Witwe, deren getöteter Ehemann in ihrem Betrieb mitarbeitete, BGH NJW 1984, 479 = VersR 1984, 353; zum Unterhaltsbedarf des Witwers bei Doppelverdiener-Ehe und zur Berücksichtigung des Mietwerts einer Wohnung bei den fixen Haushaltskosten BGH NJW 1985, 49 = VersR 1984, 961. Ein Anspruch auf Schadensersatz wegen entgangener Haushaltstätigkeit besteht grds. auch dann, wenn die Ehegatten den Haushalt zu gleichen Teilen besorgt haben (BGH NJW 1988, 1783 auch zur Berechnung der Schadensrente). Anschließend sind die Fixkosten (ggf. anteilig) abzuziehen → Anm. 18.

Neben dem hier berücksichtigten Anspruch auf Barunterhalt kann ein weiterer Anspruch wegen entgangenen personalen (Natural-)Unterhalts hinsichtlich des Betreuungsaufwands bestehen. Dies kommt vor allem bei Kindern in Frage, die das 18. Lebensjahr noch nicht vollendet haben (BGH NJW 1986, 715; NJW 1985, 1460). Grds. ist für die Höhe des Anspruchs der tatsächliche Aufwand entscheidend, der anhand der Kosten einer Ersatzkraft (netto) quantifiziert werden kann (BGH NJW 1986, 372). Bei der Höhe des Betreuungsaufwandes können sich die Gerichte an den Pflegesätzen, die bei Unterbringung von Kindern in Pflegestellen nach dem Jugendwohlfahrtsgesetz gezahlt werden, orientieren. Ausgangspunkt kann der gesamte Pflegesatz sein (BGH NJW 1986, 715; NJW 1985, 1460). Im Einzelfall kann jedoch auch eine andere Berechnung zugrunde gelegt werden, so zB dann, wenn die beiden Eltern zweier Kinder getötet werden und die bisher arbeitstätige Großmutter ihre Pflege übernimmt. Der BGH hat hier als Betreuungsaufwand das bisherige Nettoeinkommen der Großmutter aus einer Halbtagsbeschäftigung iHv 1.100 EUR angesetzt.

20. Der Geschädigte muss sich verschiedene Leistungen bzw. Einkünfte anrechnen lassen. Hierzu zählte die Rspr. anfangs allgemein die Erträgnisse und Einkünfte aus dem von dem Getöteten geerbten Vermögen (BGH BGHZ 8, 325 = NJW 1953, 618; VersR 1968, 770; VersR 1969, 713), nicht jedoch den Stammwert der Erbschaft. Später schränkte der BGH (NJW 1974, 1236; NJW 1979, 760) dies dahin ein, dass nur diejenigen ererbten Vermögensteile (gleich, ob Stamm oder Erträgnisse) anzurechnen sind, die schon zu Lebzeiten des Erblassers dazu bestimmt waren, zur Bestreitung des Unterhalts zu dienen (BGH NJW 1979, 760; OLG Frankfurt a. M. VersR 1991, 595; vgl. dazu MüKoBGB/*Wagner* § 844 Rn. 79 – die Einzelheiten sind umstritten; Palandt/*Grüneberg* BGB Vorb.v. § 249 Rn. 91). Abzuziehen sind auch Waisen- oder Witwenrenten, die wegen des Todes des Unterhaltsverpflichteten gewährt werden, da insoweit die Ansprüche auf den Rentenversicherungsträger übergehen.

Während der BGH (BGHZ 39, 249 = NJW 1963, 1604) zunächst Lebensversicherungen, die nicht lediglich Risiko-, sondern gleichzeitig Sparversicherungen sind, für anrechenbar hielt, gab er dies in dem späteren Urteil (BGH NJW 1979, 760 (761 f.)) auf. Nicht anrechenbar ist auch das staatliche Kindergeld, das umgekehrt aber auch bei der Berechnung der Rente nicht berücksichtigt werden darf (BGH VersR 1979, 1029).

Bei Wiederheirat des überlebenden Ehegatten entfällt der Unterhaltsschaden insoweit, als dieser vom neuen Ehegatten Unterhalt erhält (BGH VersR 1970, 522; Geigel Haftpflichtprozess/*Pardey* Kap. 8 Rn. 35). Wird dagegen nur eine Lebensgemeinschaft eingegangen, so ist der Wert der dem oder vom Partner erbrachten Leistung nicht anzurechnen. Vielmehr müssen Einkünfte aus einer möglichen und zumutbaren Arbeitsleistung schadensmindernd berücksichtigt werden (BGH NJW 1984, 2520 = JZ 1985, 90 mAnm *H. Lange; Becker* VersR 1985, 201; *Dunz* VersR 1985, 509).

21. Literatur zum Hinterbliebenengeld: *Müller* VersR 2017, 321; *Wagner* NJW 2017, 2641, *Jaeger* VersR 2017, 1041

Das Hinterbliebenengeld wurde im Jahre 2017 neu eingeführt. Die Verletzung muss – damit die Regelung in § 844 Abs. 3 BGB anwendbar ist – nach dem 22.7.2017 eingetreten sein, nicht jedoch die Todesfolge.

Voraussetzung für einen Anspruch auf Hinterbliebenengeld ist zunächst ein besonderes persönliches Näheverhältnis. Dies setzt eine besonders enge persönliche Bindung zwischen dem Getöteten und dem Hinterbliebenen voraus (dazu BGH BeckRS 2020, 12779). Das Gesetz nennt selbst beispielhaft derartige besondere persönliche Näheverhältnisse. Die angemessene Entschädigung ist kein Schadenersatz und kein Schmerzensgeld (Palandt/*Sprau* BGB § 844 Rn. 25). Durch das Hinterbliebenengeld soll die Person, die zum Getöteten in einem besonderen persönlichen Näheverhältnis stand, in die Lage versetzt werden, die durch den Verlust des Getöteten verursachte Trauer und Leid zu lindern (BT-Drs. 18/11397, 8).

Die Höhe des Hinterbliebenengeldes richtet sich nach dem zugefügten seelischen Leid, das wiederum von der Intensität der Beziehung abhängt (Einzelheiten hierzu bei Palandt/Sprau § 844 Rn. 25). Nach der Gesetzesbegründung (BT-Drs. 18/11397, 11) soll im Normalfall ein Betrag iHv EUR 10.000 im Durchschnitt angemessen sein. Dabei handelt es sich aber nicht um eine Obergrenze (OLG Schleswig BeckRS 2021, 2588; LG München BeckRS 2019, 24127: EUR 5.000.– für den Sohn des Getöteten; LG Tübingen

BeckRS 2019, 10953: EUR 12.000.– für die Witwe; EUR 7.500 für jedes Kind und EUR 5.000.– für den Bruder). Die sich aus den §§ 104, 105 SGB VII ergebenden Haftungsbeschränkungen sind auf das Hinterbliebenengeld nicht anwendbar (OLG Koblenz BeckRS 2020, 37505). Es spricht auch nichts dagegen, im Bereich des Hinterbliebenengeldes einen unbezifferten Klagantrag zuzulassen, wenn – entsprechend der unbezifferten Schmerzensgeldklage – zumindest eine Größenordnung vom Kläger vorgegeben und die genaue Festlegung in das Ermessen des Gerichts gestellt wird. Auf die Anforderungen an ein Angehörigenschmerzensgeld („Schockschaden") hat die Einführung des Hinterbliebenengeldes keinen Einfluss (OLG Düsseldorf BeckRS 2020, 38671). Nach der Gesetzesbegründung soll aber ersterem Anspruch Vorrang zukommen (zum Verhältnis beider Ansprüche zueinander: OLG Koblenz NJW 2021, 168).

8. Klage auf Schmerzensgeld, Schmerzensgeldrente und Feststellung hinsichtlich des künftigen immateriellen und materiellen Schadens

An das

Landgericht[1, 2]

Klage

des . . . .

– Klägers –

Prozessbevollmächtigter: . . . .

gegen

den . . . .

– Beklagter –[3]

wegen

Schadensersatz

Vorläufiger Streitwert[2] für Klageantrag Ziff. I:	**25.000 EUR**
für Klageantrag Ziff. II:	**7.600 EUR**
für Klageantrag Ziff. III:	**5.000 EUR**
	37.600 EUR

Namens und in Vollmacht des Klägers erhebe ich Klage und werde beantragen:

I. Der Beklagte wird verurteilt, an den Kläger ein angemessenes Schmerzensgeld[4, 5, 6, 7] nebst 5 % Zinsen über dem Basiszinssatz seit 1.5. . . . . zu bezahlen.

II. Der Beklagte wird verurteilt, an den Kläger eine monatliche Schmerzensgeldrente[8] iHv 200 EUR, ab 1.2. . . . . vierteljährlich im Voraus jeweils zum 1.2., 1.5., 1.8. und 1.11. eines jeden Jahres bis 30.4. . . . . zu bezahlen.

III. Es wird festgestellt, dass der Beklagte verpflichtet ist, dem Kläger sämtliche materiellen[9] Schäden aus dem Unfall vom 1.2. . . . . auf der K-Straße in P. zu ersetzen, soweit die Ansprüche nicht auf Sozialversicherungsträger oder sonstige Dritte übergehen.[10]

Begründung:

Der Kläger macht Schadensersatzansprüche aus einem Verkehrsunfall vom 1.2. . . . . auf der K-Straße in P. geltend. Der Beklagte ist Halter und Fahrer des unfallbeteiligten Fahrzeugs.

1. . . . .[11, 12]

2. Durch den Unfall erlitt der am 30.4. . . . . geborene, derzeit 15jährige Kläger folgende Verletzungen:

Einen Schädelbasisbruch, ein Schädel-Hirntrauma mit Hirnblutung, Brüche des linken Unterschenkels und rechten Unterarmes sowie zahlreiche Schürfungen und Prellungen am ganzen Körper.

Beweis: Gutachten des Dr. med. . . . . in Anlage;
sachverständiges Zeugnis des Dr. med. . . . .; Sachverständigengutachten.

Der Kläger war Monate in stationärer Behandlung im Krankenhaus . . . . . Er schwebte vier Wochen in Lebensgefahr. Während dieser Zeit war er bewusstlos. In den zwei Monaten danach war der Kläger nahezu vollständig erblindet. Danach besserte sich das Sehvermögen langsam. Seit etwa fünf Monaten nach dem Unfall ist das Sehvermögen auf beiden Augen etwa zu 50 % eingeschränkt und das Gesichtsfeld stark verengt. Die übrigen Verletzungen waren etwa drei Monate nach dem Unfall abgeklungen und folgenlos verheilt.

Beweis: Gutachten des Dr. med. . . . . in Anlage;
sachverständiges Zeugnis des Dr. med. . . . .; Sachverständigengutachten.

Der Kläger wird aller Wahrscheinlichkeit nach immer unter einer Einschränkung des Sehvermögens leiden. Eine abschließende gutachterliche Beurteilung ist erst bei Vollendung des 18. Lebensjahres des Klägers möglich.

Beweis: Gutachten des Dr. med. . . . . in Anlage;
sachverständiges Zeugnis des Dr. med. . . . .; Sachverständigengutachten.

Der Kläger ist Schüler. Er besucht das Gymnasium . . . . . Durch die Einschränkung des Sehvermögens wird der Kläger besonders betroffen, da . . . . . Der Kläger stellt die Höhe des Schmerzensgeldes zwar in das Ermessen des Gerichts. Er ist jedoch der Auffassung, dass ein Schmerzensgeld iHv mindestens 25.000 EUR angemessen ist,[4] auch in Relation zu der beantragten Schmerzensgeldrente.[8, 13] Dem Kläger steht neben dem Schmerzensgeldantrag eine Rente zu, da die dauernde Einschränkung seines Sehvermögens für ihn eine ständige Beeinträchtigung der Lebensfreude darstellt.[8] Nachdem die weitere Entwicklung der Verletzungen erst mit Vollendung des 18. Lebensjahres abgesehen werden kann, ist der Kläger berechtigt, die Rente vorläufig auf diesen Zeitpunkt zu beschränken.[6] Der Feststellungsantrag ist zulässig, da die Entwicklung nach dem 30.4. . . . . noch nicht übersehbar ist.[6]

Anmerkungen

1. Neben dem allgemeinen Gerichtsstand (§§ 12–19 ZPO) ist der Gerichtsstand der unerlaubten Handlung gegeben (§ 32 ZPO).

2. Die sachliche Zuständigkeit bemisst sich nach dem Streitwert. Beim Streitwert des Klageantrags Ziff. I setzt das Gericht nicht die vom Kläger etwa genannte Mindestsumme, sondern die nach dem Klagevortrag objektiv angemessene Summe aufgrund einer Schätzung fest (Zöller/*Herget* ZPO § 3 Rn. 16.169 „Unbezifferte Klaganträge"). Der Kläger kann auch einen Gesamtstreitwert angeben, aus dem sich dann der Streitwert für den Antrag Ziff. I ermitteln lässt. Hinsichtlich des Antrags Ziff. II ist der Gebührenstreitwert angegeben (→ Form. II.F.7 Anm 4). Bei Antrag Ziff. III ist der voraussichtliche

Schaden zu schätzen und ein Abschlag von 20 % zu machen, da es sich um einen Feststellungsantrag handelt. Die einzelnen Streitwerte sind zu addieren (§ 5 ZPO).

3. Bei Schmerzensgeldklagen aus Verkehrsunfällen ist zu beachten, dass der vom Fahrer verschiedene Halter nach § 253 Abs. 2 BGB über die Gefährdungshaftungstatbestände ebenfalls auf Zahlung von Schmerzensgeld in Anspruch genommen werden kann (vgl. dazu *Karczewski* VersR 2001, 1070). Das Gericht muss deshalb beim Schmerzensgeldanspruch ebenso wie beim materiellen Schaden nicht mehr die deliktischen Anspruchsvoraussetzungen der §§ 823 ff. und somit die Frage eines Verschuldens des Schädigers prüfen.

4. Auch der unbezifferte Schmerzensgeldantrag (vgl. dazu Zöller/*Greger* ZPO § 253 Rn. 14) genügt den Voraussetzungen des § 253 Abs. 2 Nr. 2 ZPO, wenn die tatsächlichen Grundlagen für die nach § 287 ZPO vorzunehmende Schätzung mit der Klage vorgetragen und eine Größenordnung angegeben werden (vgl. BGH NJW 1992, 311; 1974, 1551 = MDR 1974, 1000 = LM Nr. 53 zu § 253 ZPO; BGH NJW 1996, 2425; 2002, 3769). Hierzu gehören ua Angaben über das Ausmaß und den Umfang der Verletzungen, die Dauer einer (stationären) ärztlichen Behandlung und der erforderlichen Reha-Maßnahmen sowie der Arbeitsunfähigkeit, der verbleibenden Einschränkung, ferner auch der Auswirkungen im privaten und beruflichen Bereich, Regulierungsverhalten des Schädigers bzw. dessen Versicherung usw (→ Anm. 5).

Es ist umstritten, ob es für die Angabe der Größenordnung ausreicht, dass aus dem angegebenen Streitwert oder den eingezahlten Gerichtskosten auf einen bestimmten Betrag geschlossen werden kann (BGH NJW 1992, 311; VersR 1974, 1182 einerseits und BGH NJW 1984, 1807 (1809) andererseits). Es ist auch umstritten, ob eine negative Angabe wie die, ein bestimmter vom Beklagten angebotener Betrag stehe außer jeder Diskussion, genügt (verneinend BGH NJW 1984, 1807 (1809)). Begehrt der Kläger ein „angemessenes, empfindliches Schmerzensgeld", ohne Angaben zu dessen Größenordnung zu machen, so kann ihm ebenfalls die für eine Berufung erforderliche Beschwer fehlen, wenn ihm auf der Grundlage seines Sachvortrags ein mit diesem nicht schlechthin unvereinbares Schmerzensgeld zugesprochen wird (OLG Köln MDR 1988, 62).

Eine Besonderheit besteht für den Antrag des Beklagten (Berufungsklägers) für die Berufungsinstanz: Nach einer Entscheidung des OLG Düsseldorf (VersR 1987, 203) kann der Beklagte in zweiter Instanz beantragen, dass das zuerkannte Schmerzensgeld „angemessen herabgesetzt" wird. Allerdings muss er in diesem Fall dem Berufungsgericht einen Sachverhalt unterbreiten, der die Bemessungsgrundlagen hinreichend deutlich macht. Dieser Antrag kann wiederum Kostenvorteile für ihn hinsichtlich der zweiten Instanz haben.

Gibt der Kläger einen Mindestbetrag oder die Größenordnung für das Schmerzensgeld im Antrag oder in der Klagbegründung an, so muss er mit einer teilweisen Klageabweisung mit der Kostenfolge des § 92 Abs. 1 ZPO rechnen. Das Gericht „kann" jedoch nach § 92 Abs. 2 ZPO die Kosten der anderen Partei auferlegen, „wenn der Betrag der Forderung der anderen Partei von der Festsetzung durch richterliches Ermessen ..... abhängig war". Dabei ist entscheidend, ob sich der Mindestbetrag im Verhältnis zum zugesprochenen Betrag in vertretbaren Grenzen hält (OLG Düsseldorf NJW-RR 1995, 955 (Abweichung um 20 %); OLG München VersR 1985, 601; Zöller/*Greger* ZPO § 92 Rn. 2). Der Vorteil des unbezifferten Antrags mit Mindestsumme besteht darin, dass das Gericht ein höheres Schmerzensgeld festsetzen und bei niedrigerem Betrag die Kostenentscheidung nach § 92 Abs. 2 Nr. 2 ZPO ergehen kann. Für ein Rechtsmittel fehlt es an der Beschwer, wenn das Gericht den Mindestbetrag zuspricht. Das Berufungsgericht kann das zuerkannte Schmerzensgeld auf Grundlage des erstinstanzlich festgestellten Sachverhalts erhöhen oder ermäßigen (BGH NJW 2006, 1589). Zur Berücksichtigung eines eventuellen Mitverschuldens im Antrag → Anm. 5. Mit dem Adhäsionsverfahren geltend gemachte Prozesszinsen sind erst ab dem auf die Rechtshängigkeit folgenden Tag zu entrichten (BGH BeckRS 2019, 15633; BGH BeckRS 2021, 4038). Unabhängig davon können Verzugszinsen von einem früheren Zeitpunkt ab beansprucht werden, wenn die Verzugsvoraussetzungen vorliegen (BGH BeckRS 2021, 3070).

5. Zur Bemessung des Schmerzensgeldes und zur Funktion des Schmerzensgeldes vgl. zB Arntz, NJW 2017, 3329 ff.; Hacks/Wellner/Häcker/Offenloch, Schmerzensgeldbeträge, 39. Aufl. 2020; Slizyk Beck'sche Schmerzensgeldtabelle 15. Aufl. 2019; Jaeger/Luckey, Schmerzensgeld 10.Aufl. 2019; Geigel Haftpflichtprozess/*Pardey* Kap. 7 Rn. 1 ff. mwN). Ob die Vermögensverhältnisse des Schädigers und der Geschädigten berücksichtigt werden können, ist umstritten (dagegen: BGH Beschl. v. 27.4.2016 – 2StR 420/15; eher dafür BGH Beschl. v. 16.9.2016 – VGS 1/16 – laut Tenor, nach der Begründung aber eher nicht; dagegen BGH Beschl. v. 3.3.2016 – 2 StR 401/15). Ein Mitverschulden des Verletzten oder seine Schadensanfälligkeit (BGH NJW 1997, 455) ist bei der Bemessung des Schmerzensgeldes als einer von vielen Faktoren zu berücksichtigen, sodass sich das Schmerzensgeld nicht einfach nach dem jeweiligen Haftungsanteil verringert. Bei Mitverschulden von zB $^1/_3$ kann der Verletzte deshalb dennoch ein „angemessenes" Schmerzensgeld verlangen. Möglich ist allerdings auch folgender Antrag: „. . . . . unter Berücksichtigung einer Mithaftung von $^1/_3$ ein angemessenes Schmerzensgeld . . . . ." Dieser Antrag muss jedoch nicht – auch nicht um die Kostenfolgen einer teilweisen Klagabweisung zu vermeiden – gestellt werden. Soweit sich aus der Klagbegründung das Mitverschulden des Klägers als Bemessungsfaktor für das Schmerzensgeld ergibt, kann nicht von einem teilweisen Unterliegen iSd § 92 Abs. 1 S. 1 ZPO gesprochen werden. Auch das Regulierungsverhalten kann sich auf die Höhe des Schmerzensgeldes auswirken (OLG Hamm BeckRS 2021, 5414; OLG Hamm BeckRS 2021, 9618).

6. Umstritten und von der Rspr. noch nicht abschließend geklärt ist die Frage, ob der Schmerzensgeldantrag zeitlich begrenzt werden kann (vgl. auch unten → Anm. 9). Dies ist für einen in der Vergangenheit liegenden Zeitraum zu verneinen (OLG Düsseldorf VersR 1996, 984; OLG Oldenburg NJW-RR 1988, 615). Eine Beschränkung auf den Zeitpunkt bis zur letzten mündlichen Verhandlung wird dagegen ausnahmsweise dann bejaht, wenn nicht vorhersehbare Zukunftsrisiken bestehen (BGH NJW 2004, 1243; OLG Stuttgart NJW-RR 2003, 969; OLG Koblenz VersR 1992, 612; OLG Oldenburg NJW-RR 1988, 615; OLG Köln VersR 1992, 975; aA zB OLG Hamm NJW-RR 2000, 1623; vgl. dazu Geigel Haftpflichtprozess/*Pardey* Kap. 7 Rn. 33). Eine zeitliche Begrenzung des Schmerzensgeldantrags auf den Zeitpunkt der letzten mündlichen Verhandlung ist deshalb mit einem hohen Prozessrisiko verbunden. Sind künftige Risiken erkennbar und ist deren Realisierung noch unsicher, sollte der Anwalt den sicheren Weg eines zusätzlichen Feststellungsantrags wählen (OLG Hamm NJW-RR 2000, 1623; aA OLG Oldenburg NJW-RR 1988, 615; OLG Köln VersR 1992, 975, die in diesen Fällen eine Beschränkung auf den Zeitpunkt der letzten mündlichen Verhandlung zulassen). Ein Feststellungsantrag ist schon deshalb zulässig, weil im Voraus kein Anspruch auf Schmerzensgeld wegen künftiger Operationen besteht, deren Durchführung nicht gewiss ist (OLG Köln VersR 1987, 361; OLG Frankfurt a.M. VersR 1997, 123). Dies bestätigt BGH (VersR 1995, 471) für weiteres Schmerzensgeld trotz Rechtskraft eines Urteils. Wird in Fällen der Gesundheitsbeschädigung beantragt, „sämtliche Schäden" oder „jeden weiteren Schaden" zu erstatten, so sind damit materielle und immaterielle Schäden erfasst (→ Form. II.F.2 Anm. 5). Die Formulierung des Feststellungsantrages muss in diesem Fall so gewählt werden, damit auch immaterielle Schäden hiervon erfasst sind.

7. Der Anspruch ist übertragbar, pfändbar und vererblich (hierzu: OLG Celle BeckRS 2020, 30103).

8. Regelmäßig steht dem Geschädigten nur ein bestimmter Schmerzensgeldbetrag zu. In besonders schwerwiegenden Fällen kommt jedoch auch statt des Schmerzensgeldbetrages eine Schmerzensgeldrente in Frage, hierzu *Notthoff* VersR 2003, 966 MüKoBGB/*Oetker* § 253 Rn. 57 ff. Der BGH (BGHZ 18, 149 = NJW 1955, 1675; NJW 1957, 383) hält eine Schmerzensgeldrente für gerechtfertigt, wenn außergewöhnliche Umstände vorliegen, wie etwa anhaltende Schmerzen, die Notwendigkeit wiederholter, schmerzhafter und in ihrem Erfolg ungewisser ärztlicher Eingriffe oder auch die drohende Gefahr weiterer unfallbedingter Spätschäden und schließlich auch bei Einschränkung der Lebensfreude bei Beeinträchtigung eines wichtigen Gliedes. Der Schädiger kann dem Geschädigten die Rente aber nicht aufdrängen (OLG Schleswig VersR 1992, 462). Eine neben dem Schmerzensgeld gewährte Rente setzt einen Antrag des Geschädigten voraus (BGH NJW 1998, 3411).

Schließlich können auch Schmerzensgeldbetrag und Schmerzensgeldrente nebeneinander beansprucht werden, wobei allerdings beide Beträge in einem ausgewogenen Verhältnis zueinanderstehen müssen und die Schmerzensgeldsumme niedriger als bei ausschließlicher Zahlung des Schmerzensgeldes sein muss (vgl. zB MüKoBGB (Oetker § 253 Rn. 59). Im Einzelfall kann aber auch ein Schmerzensgeld von 150.000 EUR zusammen mit einem monatlichen Pflegegeld (hier 900 EUR = 1.800 DM) vertretbar sein (BGH VersR 1986, 59). In den Fällen einer Unfallneurose kann auch Dritten ein Schmerzensgeldanspruch zustehen (BGH VersR 1986, 240). Zur Problematik der Rente vgl. auch *Ciupka* VersR 1976, 226, *Notthoff* VersR 2003, 966. Möglich ist es auch, Schmerzensgeld für einen bestimmten Zeitabschnitt als Kapitalabfindung und danach als Rente geltend zu machen (BGH NJW 1959, 1039). Für Veränderungen der Rente ist die Abänderungsklage nach § 323 ZPO gegeben (BGH NJW 2007, 2475). Eine Abänderung kann auch im Hinblick auf den gestiegenen Lebenshaltungskostenindex erfolgen. Im Regelfall sollen bei Steigerung des Lebenshaltungskostenindexes unter 25 % Abänderungen der Schmerzensgeldrente in der Regel nicht gerechtfertigt sein (BGH NJW 2007, 2475). Eine Feststellungsklage, gerichtet auf den gleichen Sachverhalt, ist unzulässig (BGH NJW 1961, 871). Zur Abänderungsklage → Form. I.P.4. Zur Beschwer, wenn der Kl. im Klagantrag Zahlung einer Geldrente, hilfsweise Kapitalabfindung verlangt und das Gericht dem Hilfsantrag stattgibt, BGH VersR 1984, 739. Die Rente kann vierteljährlich im Voraus verlangt werden (→ Form. II.F.6 Anm. 7).

9. Das nach § 256 ZPO erforderliche Feststellungsinteresse ist gegeben, wenn die künftige Entwicklung noch nicht zu übersehen ist, zB ob der Kläger völlig arbeitsunfähig werden wird und im Zusammenhang damit weitere, von der Geldrente unabhängige Schäden entstehen werden (→ Form. II.F.13 Anm. 8, → Anm. 6). Es besteht auch schon dann, wenn der Schädiger das Bestehen des Anspruchs bestreitet und Verjährung droht (BGH VersR 1989, 1055). Begründet ist der Antrag, wenn „eine nicht eben entfernt liegende Möglichkeit künftiger Verwirklichung der Schadensersatzpflicht durch Auftreten weiterer, bisher noch nicht erkennbarer und voraussehbarer Leiden besteht. Das trifft bei schwereren Verletzungen in aller Regel zu. Der Feststellungsanspruch kann in Fällen dieser Art nur verneint werden, wenn aus der Sicht des Klägers bei verständiger Beurteilung kein Grund besteht, mit Spätfolgen immerhin zu rechnen; es ist nicht erforderlich, dass der Kläger von den späteren Schäden eine bestimmte Vorstellung hat" (BGH VersR 1989, 1055). Wird Schmerzensgeld nur für einen begrenzten Zeitraum beziffert beansprucht, was möglich ist, muss der Feststellungsantrag um immaterielle Ansprüche für den sich anschließenden Zeitraum erweitert werden. Das rechtliche Interesse wird von der Rspr. in diesen Fällen nur dann verneint, wenn mit Spätfolgen, die Bedeutung für das Schmerzensgeld haben, nicht gerechnet werden kann (BGH NJW 1998, 160). Der Feststellungsantrag sollte deshalb immer dann auf die materiellen Schäden erweitert werden, wenn nicht sicher feststeht, dass die Schadensentwicklung abgeschlossen ist und das Schmerzensgeld damit abschließend beziffert werden kann.

Wurde Schmerzensgeld beziffert ausgeurteilt, steht zwar grds. die Rechtskraft des Ersturteils einer Nachforderung im Wege. Unter bestimmten Voraussetzungen (unvorhersehbare Entwicklung) lässt die Rspr. eine Nachforderung in diesen Fällen jedoch zu (BGH NJW 1995, 1614). Im Regelfall ist bei noch nicht abgeschlossener Behandlung einer Verletzung entweder ein Aufschlag auf das Schmerzensgeld vorzunehmen (bei absehbarer künftiger Entwicklung des Schadensbildes: OLG München BeckRS 2021, 8714) oder eine offene Teilklage zu erheben (OLG Düsseldorf BeckRS 2021, 10049), kombiniert mit einem Feststellungsantrag (vgl. oben → Anm. 6).

10. → Form. II.F.1 Anm. 6, 7.

11. Zum Vortrag des Sachverhalts → Form. II.F.6, Begründung zu Ziff. 1. Materiell rechtliche Grundlage für einen Anspruch auf Ersatz des immateriellen Schadens kann neben den in § 253 Abs. 2 BGB genannten Fällen auch die Verletzung des allgemeinen Persönlichkeitsrechtes sein (zu den Voraussetzungen vgl. Palandt/*Sprau* BGB § 823 Rn. 83 ff. mwN). Damit haben sich Rspr. und Lit. ab Mitte der 90er Jahre intensiv befasst (BGH NJW 1995, 817; NJW 1996, 984 (985); NJW 2005, 215; BVerfG NJW 2006, 595; NJW-RR 2007, 1055; NJW 2004, 2371; *Prinz* NJW 1995, 1992; NJW 1996, 953; *Steffen* NJW 1997, 10 auch zu Formeln für die Berechnung von Geldentschädigungen; *Müller* VersR 2000, 797; OLG Hamm Urt.v. 20.2.2017 – 3 U 138/15, NJW-RR 2017, 1124). Grds. muss es sich um eine schwerwiegende Verletzung des allgemeinen Persönlichkeitsrechts handeln. Ferner darf die Beeinträchtigung auch nicht auf andere Weise vollständig ausgeglichen werden können (zB durch eine Gegendarstellung oder durch Widerruf). Dieser Anspruch ist allerdings nicht vererblich (BGH Urt.v. 23.5.2017 – VI ZR 261/16, NJW 2017, 3004; BGH Urt.v. 29.4.2014 – VI ZR 246/12, NJW 2014, 2871; BGH Urt.v. 29.11.2016 – VI ZR 530/15, VersR 2017, 301).

12. Die Schilderung des Unfallhergangs ist auch bei unstreitigem Alleinverschulden des Beklagten erforderlich, da im Rahmen der Genugtuungsfunktion auch der Grad des Verschuldens und der Anlass des Unfalls zu berücksichtigen sind (BGHZ 18, 149 = NJW 1955, 1675).

13. Vgl. zur Höhe des Schmerzensgeldes und der Rente → Anm. 5; zum Mitverschulden eines nicht angeschnallten Pkw-Insassen und zum Anscheinsbeweis dafür BGH NJW 1991, 230; NJW 1998, 1137.

Verkehrsunfälle

9. Erstes außergerichtliches Schreiben bei Verkehrsunfall

An die
. . . . .-Versicherungs-AG[1, 2, 3, 4, 5]
Postfach 830
Düsseldorf[6]
Betr.: Kraftfahrzeug-Haftpflichtschaden v. 4.10. . . . .;
Ihr Versicherungsnehmer: Adam Müller, Frankfurter Straße 20,
70182 Stuttgart; Versicherungsschein-Nr. . . . .[2]
Kennzeichen des Fahrzeugs: . . . . .[2]
Sehr geehrte Damen und Herren,

in einer Verkehrsunfallsache vom 4.10. . . . . gegen 10 Uhr in Stuttgart auf der Theodor-Heuss-Straße vertrete ich
Herrn Bertram Schmid, Heilbronner Straße 18, Stuttgart.
Fotokopie der auf mich lautenden Vollmacht[7] ist beigefügt. Ich bin beauftragt, die Schadensersatzansprüche meines Mandanten geltend zu machen. Der Unfall wurde von Ihrem Versicherungsnehmer, der mit seinem Pkw mit dem Kennzeichen S – AK 370 fuhr, verschuldet. Er ereignete sich wie folgt:[8]. . . . .
Der Pkw meines Mandanten mit dem Kennzeichen S – KA 730, ein Opel Corsa, Baujahr . . . . ., 10.000 km Fahrleistung, wurde wie folgt beschädigt: . . . . .
Durch Sachverständigengutachten wird derzeit geklärt, ob wirtschaftlicher Totalschaden vorliegt. Die Schadensersatzansprüche werde ich iE beziffern, sobald das Gutachten und die weiteren Unterlagen vorliegen. Einstweilen bitte ich um Prüfung und Bejahung Ihrer vollen Einstandspflicht. Für Ihre Stellungnahme habe ich mir den

25.10. . . . .

vorgemerkt. Nach vorläufigen Angaben des Sachverständigen beträgt der Fahrzeugschaden mindestens 8.000 EUR. Mein Mandant ist nicht in der Lage, diesen Betrag ohne Kreditaufnahme zu bezahlen.[9] Sollte ein entsprechender Vorschuss nicht bis

25.10. . . . .

entweder bei mir oder bei meinem Mandanten eingegangen sein, müsste mein Mandant Kredit aufnehmen. Die Kreditkosten würde ich Ihnen zu gegebener Zeit in Rechnung stellen.
Zu Ihrer Information teile ich schon jetzt mit, dass mein Mandant als Angestellter nicht zum Vorsteuerabzug berechtigt ist und dass keine Vollkaskoversicherung besteht. Der Haftpflichtversicherer ist die . . . . .
Bei dem Unfall wurde mein Mandant verletzt. Er erlitt eine Gehirnerschütterung und eine Verstauchung der Halswirbelsäule. Mein Mandant war zunächst im Städtischen Krankenhaus Stuttgart stationär für 3 Tage in Behandlung. Behandelnder Arzt war Herr Dr. . . . . Danach wurde die Behandlung durch den Hausarzt Dr. . . . . fortgesetzt. Die behandelnden Ärzte werden von ihrer Schweigepflicht befreit. Ich darf Sie bitten, bei den Ärzten Berichte anzufordern, mir dies zu bestätigen und die Berichte nach Vorliegen in Kopie zu übersenden. Des Weiteren bitte ich, einen angemessenen Schmerzensgeldvorschuss[10] zu überweisen. Auch insoweit habe ich mir das obige Datum für die Erledigung vorgemerkt.
Hochachtungsvoll
Rechtsanwalt

Anmerkungen

1. Adressat des Schreibens ist im Regelfall die Haftpflichtversicherung für das Fahrzeug des Schädigers (zur Ermittlung der Gesellschaft → Anm. 2). Möglich aber unzweckmäßig ist es, den Schädiger selbst anzuschreiben, da hierdurch Verzögerungen eintreten können und das spätere Vorgehen gegen ihn Vollstreckungsprobleme mit sich bringen kann.

Besteht für das Fahrzeug keine Haftpflichtversicherung oder kann das Schädigerfahrzeug nicht ermittelt werden, so können die Ansprüche bei dem Verein Verkehrsopferhilfe eV (www.verkehrsopferhilfe.de), geltend gemacht bzw. gegen diesen eingeklagt werden. Diesem vom HUK-Verband gegründeten Verein wurde durch Verordnung v. 14.12.1965 (BGBl. I 2093) die Stellung eines Entschädigungsfonds übertragen. Rechtsgrundlage für die Regulierung ist § 12 PflVG, der durch das auch von der Bundesrepublik Deutschland ratifizierte Europäische Abkommen v. 20.4.1959 (Straßburger Abkommen) in das PflVG am 5.4.1965 (BGBl. I 213) aufgenommen wurde (vgl. zum Ganzen Geigel Haftpflichtprozess/*Schneider* Kap. 13 Rn. 86 ff.). Der Verein haftet nur subsidiär (§ 12 Abs. 1 S. 2 PflVG). Schäden durch unversicherte Fahrzeuge und bei vorsätzlicher Handlung des Verursachers reguliert die Verkehrsopferhilfe, wie wenn der Schädiger mit der gesetzlichen Mindestdeckungssumme versichert wäre. Hat der Schädiger „Unfallflucht" begangen und kann er nicht ermittelt werden, so kann ebenfalls eine (teilweise) Regulierung durch den Verein Verkehrsopferhilfe eV in Frage kommen. Allerdings werden hier Schäden am Fahrzeug nicht ersetzt. Sonstige Sachschäden (Kleidung, Ladung, Gepäck) sind erstattungsfähig, soweit sie 500 EUR übersteigen. Die Zahlung von Schmerzensgeld kommt jedoch nur in Ausnahmefällen in Frage, nämlich dann, wenn dies wegen der bestehenden Schwere der Verletzung zur Vermeidung einer groben Unbilligkeit erforderlich ist (zur Beweislast und zum Anscheinsbeweis vgl. LG Krefeld VersR 1986, 270). Für den Fall, dass derjenige, der seinen Wohnsitz in der Bundesrepublik Deutschland hat und nach dem 31.12.2002 einen Kraftfahrzeugschaden im Ausland erleidet: vgl. § 12a PflVG.

Neben der außergerichtlichen Tätigkeit gegenüber der Haftpflichtversicherung des Gegners muss der Rechtsanwalt seinen Mandanten darüber beraten, dass dieser andere Versicherer informieren sollte: Die evtl. vorhandene Kaskoversicherung, die eigene Haftpflichtversicherung, falls an die Möglichkeit der Mithaftung – ggf. aus Betriebsgefahr – gedacht werden muss, die Rechtsschutzversicherung, die Insassen-Unfallversicherung, eine etwa bestehende private Unfall- oder Lebensversicherung, die gesetzliche oder private Krankenversicherung, die gesetzliche Renten- oder Unfallversicherung. Ebenso empfiehlt sich ein Hinweis darauf, dass der Mandant seinen Arbeitgeber informieren sollte.

Die Information der Rechtsschutzversicherung des Geschädigten sollte der Rechtsanwalt übernehmen. Es ist sinnvoll, das erste Anspruchsschreiben an die gegnerische Haftpflichtversicherung und eine etwaige Vertretungsanzeige im Bußgeldverfahren bzw. ein Akteneinsichts- bzw. -überlassungsgesuch in Abschrift hier mitzuschicken. Darüber hinaus sollte gleichzeitig um Deckungszusage sowohl für die Geltendmachung von Schadensersatzansprüchen als auch in einem etwaigen Bußgeldverfahren oder Strafverfahren nachgesucht werden. Zum Ersatz von Anwaltskosten durch die Rechtsschutzversicherung vgl. *Chemnitz* AnwBl 1987, 69. Zur Prüfungspflicht des Anwalts wegen der Eintrittspflicht der Rechtsschutzversicherung vgl. LG Tübingen VersR 1996, 854. Beauftragt der Mandant den Rechtsanwalt, bei der Rechtschutzversicherung Deckungszusage einzuholen, ist dies gebührenrechtlich eine besondere Angelegenheit nach § 15 Abs. 1 RVG, die nach VV 2300 RVG zu vergüten ist.

2. Für die Ermittlung des zuständigen Haftpflichtversicherers gibt es – wenn die Polizei ausnahmsweise keine Feststellungen getroffen hat – zwei Möglichkeiten. In beiden Fällen ist Voraussetzung, dass das Kennzeichen des Schädigerfahrzeugs bekannt ist. Zunächst kann man sich an den Zentralruf der Autoversicherer telefonisch, per Fax oder per E-Mail (Einzelheiten dazu unter www.gdv-dl.de/zentralruf.html) wenden. Als zweite Möglichkeit kann die Zulassungsstelle für das betreffende Fahrzeug angeschrieben werden, die gegen Gebühr Auskunft erteilt. Dazu ist sie verpflichtet, sobald ein Verkehrsteilnehmer im Straßenverkehr geschädigt worden ist. Ein wirtschaftliches Anliegen (Unfallschaden) ist als Begründung des „berechtigten Interesses" ausreichend (BVerwG NJW 1986, 2329). Die Gesichtspunkte des Datenschutzes treten demgegenüber zurück. Entsprechendes gilt auch für Auskünfte durch den Zentralruf.

3. Ist zwar der Unfall im Inland passiert, jedoch der Schädiger im Ausland versichert, so muss nicht in jedem Fall mit der ausländischen Versicherung korrespondiert werden. Der Schaden kann vielmehr – soweit bestimmte Voraussetzungen erfüllt sind – beim „Deutschen Büro Grüne Karte eV" (www.gruene-karte.de) angemeldet und eine Klage gegen den Verein eingereicht werden (vgl. zum Ganzen Geigel Haftpflichtprozess/*Haag* Kap. 42 Rn. 71 ff.). Dieses benennt und beauftragt eine inländische Versicherungsgesellschaft. Die Gesellschaft nimmt dann die Regulierung vor. Voraussetzung für die Regulierung ist, dass Name und Anschrift des Schädigers, das amtliche Kennzeichen des Fahrzeugs und möglichst auch die ausländische Gesellschaft sowie die Versicherungsscheinnummer genannt werden. Zweckmäßig im Hinblick auf die Beschleunigung der Regulierung ist die Vorlage der grünen oder rosaroten Versicherungskarte.

4. In Umsetzung der insgesamt 5 Kraftfahrzeughaftpflicht-Richtlinien der EU wurde vom deutschen Gesetzgeber eine Möglichkeit für Inländer geschaffen, Schäden, die bei Auslandsunfällen erlitten werden, in Deutschland abzuwickeln (vgl. hierzu Geigel Haftpflichtprozess/*Haag* Kap. 42 Rn. 75 ff.). Auch ein Klageverfahren gegen den ausländischen Versicherer kann beim Wohnsitzgericht eingereicht werden (Einzelheiten bei Geigel, Haftpflichtprozess/Haag Kap. 42 Rn. 85).

5. Für die Regulierung von Schäden, die durch die in der Bundesrepublik stationierten ausländischen Streitkräfte oder deren Mitglieder verursacht wurden, sind die Schadensregulierungsstellen des Bundes, zugeordnet der Bundesanstalt für Immobilienaufgaben in Bonn, zuständig (Einzelheiten bei Geigel Haftpflichtprozess/*Kapsa* 27. Aufl. Kap. 34 Rn. 32 und Geigel Haftpflichtprozess/*Freymann* Kap. 35 Rn. 709). *Kraft* VersR 2003, 176). Die Ansprüche richten sich zwar gegen den Entsendestaat, sind klageweise jedoch gegen die Bundesrepublik Deutschland zu richten, die den Rechtsstreit für den Entsendestaat führt (Art. 12 NATOTrStatVrG). Haftungsgrundlage ist das NATO-Truppenstatut vom 19.6.1951. Dies gilt jedoch nur für Ansprüche aus dienstlichen Handlungen oder Unterlassungen einer Truppe oder deren Mitgliedern, in praxi also in der Regel für Militärfahrzeuge (Dienstfahrzeuge). Zu beachten ist hier, dass die Ansprüche nach Art. 6 NATOTrStatVrG innerhalb einer Frist von drei Monaten von dem Zeitpunkt an geltend zu machen sind, in dem der Geschädigte von dem Schaden und den Umständen Kenntnis erlangt hat, aus denen sich ergibt, dass der Entsendestaat einer Truppe rechtlich verantwortlich ist (vgl. hierzu Geigel Haftpflichtprozess/*Kapsa* 27. Aufl. Kap. 34 Rn. 30. Neben der Dreimonatsfrist läuft parallel eine Zweijahresfrist, nach deren Ablauf der Anspruch nicht mehr geltend gemacht werden kann. Die Frist beginnt im Zeitpunkt des schädigenden Ereignisses (vgl. hierzu Geigel Haftpflichtprozess/*Kapsa* 27. Aufl. Kap. 34 Rn. 34). Ferner ist eine zweimonatige Ausschlussfrist nach Zustellung der Entscheidung der Behörde zu beachten (vgl. hierzu Geigel Haftpflichtprozess/*Kapsa* 27. Aufl. Kap. 34 Rn. 43; und Art. 12 Abs. 3 NATOTrStatVrG). Bei Unfällen mit Privatfahrzeugen von Mitgliedern einer Truppe richten sich die Ansprüche gegen den Fahrzeughalter und -führer sowie den Haftpflichtversicherer. Dieser kann – nicht über die Kraftfahrzeugzulassungsstelle – über das zuständige Amt für Verteidigungslasten nach Angabe des Kennzeichens und des Unfalltags erfragt werden.

6. Zuständig für die Regulierung sind meist nicht die Zentralen der Versicherungen, sondern regionale Schadenbüros, die sich durch Anruf bei der Zentrale oder beim zuständigen Versicherungsvertreter ermitteln lassen.

7. Vorlage der Vollmacht wegen der Berechtigung zum Inkasso ist zweckmäßig.

8. Hier folgt die genaue Unfallschilderung, → Form. II.F.13.

9. Die Ankündigung der Kreditaufnahme und die Einräumung der Möglichkeit zur Zahlung eines Vorschusses ist Voraussetzung für die Erstattung etwaiger späterer Kreditkosten (BGH NJW 1974, 36; OLG Karlsruhe NVZ 1989, 23; LG Nürnberg-Fürth VersR 1969, 577; LG Bielefeld NJW 1972, 1985).

10. Ein Vorschussanspruch besteht an sich nicht, vielmehr kann ein Anspruch auf das Schmerzensgeld selbst geltend gemacht werden. Dennoch sollte bereits in diesem frühen Stadium ein Vorschuss angefordert werden, der von den Versicherungen häufig auch bezahlt wird.

10. Anspruchsschreiben an gegnerische Haftpflichtversicherung bei Verkehrsunfall (Reparaturkostenfall)

An die
. . . . . Versicherungs-AG
Postfach 830
40332 Düsseldorf

Betr.: Schaden-Nr. KH 620/372/02 – Müller . / . Maier[1, 2, 3]

Sehr geehrte Damen und Herren,

in dieser Sache nehme ich Bezug auf mein Legitimationsschreiben vom . . . . . und Ihr Schreiben vom . . . . . In der Anlage übersende ich wunschgemäß einen Aktenauszug[4] aus der Bußgeldakte der Stadt Stuttgart. Daraus entnehmen Sie, dass Ihren Versicherungsnehmer das Alleinverschulden an dem Unfall trifft und der Unfall für meinen Mandanten unvermeidbar war: . . . . .

Die Schadensersatzansprüche[5] meines Mandanten beziffere ich wie folgt:

1.	Das Fahrzeug meines Mandanten wurde folgendermaßen beschädigt: . . . . . Die Reparaturkosten[6, 7] betragen nach der in Fotokopie beigefügten Rechnung	6.532,17 EUR
2.	Geltend gemacht werden ferner die Gutachterkosten[8] iHv Eine Fotokopie der Rechnung füge ich bei.	423,46 EUR
3.	Weiter wird Nutzungsausfall[9] für die Reparaturdauer[10] von zehn Tagen (vgl. Reparaturrechnung) geltend gemacht, da es sich um einen Pkw . . . . . handelt, iHv . . . . . EUR[11] je Tag, also	790,00 EUR
4.	Beansprucht wird ferner eine Wertminderung.[12] Das Fahrzeug meines Mandanten wurde am . . . . . erstmals zugelassen und hatte zum Unfallzeitpunkt eine Fahrleistung von ca. . . . . km. Im Hinblick auf den Wiederbeschaffungswert des Pkw und die Reparaturkosten[13] ist eine Wertminderung iHv angemessen.	400,00 EUR
5.	Wegen der Beschädigung war das Kraftfahrzeug meines Mandanten nicht mehr fahrbereit. Die Abschleppkosten[14] betragen gemäß in Fotokopie beigefügter Rechnung	312,30 EUR
6.	Zur Bezahlung der Reparaturrechnung musste mein Mandant Kredit aufnehmen. Die Kreditkosten[15] einschließlich Zinsen bis . . . . . betrugen	3.150,00 EUR
7.	Durch verschiedene Telefonate mit der Werkstatt, dem Unterzeichneten und der Polizei sowie durch Fahrten zur Reparaturwerkstätte uä entstanden meinem Mandanten Unkosten,[16] die pauschal mit beziffert werden.	25,00 EUR
		8.632,93 EUR

8. Die durch meine Inanspruchnahme entstandenen Rechtsanwaltskosten[17] beziffere ich wie folgt:
Gegenstandswert:[18] 8.632,93 EUR.

Geschäftsgebühr[19] gem. Nr. 2400 VV RVG	583,70
Auslagenpauschale gem. Nr. 7002 VV RVG	20,00

	Zwischensumme	**603,70**	
	19 % USt.	**114,70**	
	Summe	**718,40**	
	Verauslagte Gebühr für Aktenauszug[4]	**12,00**	
		730,40	
9.	**Ich darf Sie bitten, den Gesamtbetrag von**		**9.363,33 EUR**

auf eines meiner Konten zu bezahlen.
Für die Erledigung habe ich mir den

16.11. . . . .

vorgemerkt.
Hochachtungsvoll
Rechtsanwalt

Anmerkungen

1. Mit der Haftpflichtversicherung des Mandanten muss an sich nicht korrespondiert werden. Dennoch schadet es nichts, wenn der Rechtsanwalt diese gemäß dem → Form. II. E.12 informiert.

2. → Form. II.F.9 und die dortigen → Anm. 1–10. Dargestellt wird hier ein Reparaturkostenfall mit den dabei vorkommenden Schadenspositionen (zur Abrechnung bei Totalschaden → Form. II.F.13 und zur Abrechnung bei Inanspruchnahme der eigenen Vollkaskoversicherung bei Mitverschulden oder Mithaftung → Form. II.F.15).

3. Die Angabe der Parteien empfiehlt sich, damit die Versicherung diese Angaben wiederholt. Anderenfalls können Probleme bei der Einordnung der Sache im eigenen Büro auftreten.

4. Die Versicherung sollte aufgefordert werden, sich darüber zu erklären, ob sie einen Aktenauszug wünscht und die Kosten hierfür übernimmt.

5. Zum Personenschaden, insb. zum Erwerbsschaden, Schmerzensgeld und zur Rente → Form. II.F.6, → Form. II.F.8. Zu Ansprüchen bei Tötung, auch auf Hinterbliebenengeld → Form. II.F.7. Hinsichtlich der Schadensberechnung bei Totalschaden → Form. II. F.13. Zur Geltendmachung des Schadensfreiheitsrabatts als Schadensposition → Form. II.F.14. Probleme können sich bei Leasing ergeben (iE Geigel Haftpflichtprozess/*Bacher* Kap. 28, Rn. 259 ff.). Hier kann der Leasingnehmer auch hinsichtlich des Sachschadens am Fahrzeug und der Wertminderung prozessführungsbefugt sein, wenn er im Leasingvertrag die Verpflichtung übernommen hat, den durch einen Dritten verursachten Schaden zu beseitigen. Ferner ist er aktivlegitimiert aufgrund der Verletzung seines Besitzrechts nach § 823 Abs. 1 BGB. Andernfalls ist für diese Positionen der Leasinggeber zuständig. Dieser ist nicht Halter des Fahrzeugs (BGH NJW 1983, 1492). Aufgrund der Tatsache, dass der Leasinggeber nicht Halter ist, muss er sich nach hM weder die Betriebsgefahr des Leasingfahrzeugs noch ein Verschulden von dessen Fahrer schadensmindernd anrechnen lassen; der Unfallgegner muss ggf. den Fahrer des Leasingfahrzeugs und den Leasingnehmer in Regress nehmen (§ 426 BGB) vgl. Geigel Haftpflichtprozess/*Bacher* Kap. 28 Rn. 259 mwN). Auch nach Ansicht des BGH muss sich der Leasinggeber, der Eigentümer, aber nicht Halter des Fahrzeugs ist, weder ein Mitverschulden des Leasingnehmers noch des Fahrers des Leasingfahrzeugs und auch nicht die Betriebsgefahr des Leasingfahrzeugs anspruchsmindernd zurechnen lassen müssen (BGH NJW 2007, 3120). Gleiches gilt auch für den Sicherungseigentümer, der nicht Halter ist, wenn ein Verschulden desjenigen, der die tatsächliche Gewalt ausübt, nicht feststeht (BGH Urt. v.

7.3.2017 – VI ZR 125/16, NJW 2017, 2352). Dem Geschädigten steht hier ein Ausgleichsanspruch gegen den Leasingnehmer zu, da dieser der Halter ist. Dem Leasingnehmer stehen Ansprüche wegen Nutzungsausfalls, Mietwagenkosten und sonstiger eigener Aufwendungen zu (iE Geigel Haftpflichtprozess/*Bacher* Kap. 28 Rn. 260; und aus der Rspr. zB BGH VersR 1992, 194; LG Stade VersR 1987, 943).

6. Grenze für die Erstattungsfähigkeit der Reparaturkosten bei **tatsächlicher Reparatur** ist der Wiederbeschaffungswert (sog wirtschaftlicher Totalschaden). Die Rspr. hält darüber hinausgehende, tatsächlich entstandene Reparaturkosten für unverhältnismäßig (§ 251 Abs. 2 BGB) und damit für nicht erstattungsfähig, wenn die Reparaturkosten („brutto“ BGH NJW 2009, 1340, wenn kein Vorsteuerabzug möglich ist; ist Vorsteuerabzug möglich, ist auch beim Wiederbeschaffungswert auf den Nettobetrag abzustellen: *Wellner* NJW 2012, 7 (9)) bis zu 30 % über den Wiederbeschaffungswert hinausgehen (iE BGH NJW 2008, 437; 2005, 1108 ff.; 1992, 305 und 1992, 1618; VersR 1999, 245; Geigel Haftpflichtprozess/*Katzenstein* Kap. 3 Rn. 27 ff.; *Wellner* NJW 2012, 7 ff.). Ein Anspruch auf Ersatz dieses „Integritätszuschlages“ besteht nur bei tatsächlicher Durchführung der Reparatur, nicht jedoch bei der fiktiven Schadensberechnung (BGH NJW 1992, 1618; NJW-RR 2010, 377; BGH Urt. v. 2.6.2015 – VI ZR 387/14, NJW 2015, 2958) und auch nur, wenn die Reparatur fachgerecht durchgeführt wird, BGH NJW 2008, 437 mwN; BGH NJW-RR 2010, 377). Ferner besteht nur dann Anspruch auf den 30%igen Zuschlag für das Integritätsinteresse, wenn der Geschädigte durch sein Verhalten zum Ausdruck bringt, dass er das Fahrzeug nach der Reparatur für einen längeren Zeitraum nutzt. Nach der Rspr. des BGH ist hiervon auszugehen, wenn er das Fahrzeug nach der Reparatur für einen Zeitraum von sechs Monaten nutzt (BGH NJW 2008, 437; 2008, 2183). Die Darlegungs- und Beweislast dafür, dass der entsprechende Weiterbenutzungswille vorliegt, trifft den Geschädigten (BGH NJW 2008, 437). Übersteigen die Reparaturkosten den Wiederbeschaffungswert um mehr als 130 % kann der Geschädigte vom Schädiger regelmäßig nur die Wiederbeschaffungskosten abzüglich Restwert verlangen. Eine Ausnahme (tatsächliche Reparaturkosten) gilt dann, wenn es dem Geschädigten gelingt, eine fachgerechte Reparatur nach den Vorgaben des Sachverständigen durchzuführen, deren Kosten den Wiederbeschaffungswert nicht übersteigt (BGH NJW 2011, 669). Hat der Geschädigte den Schaden fiktiv ermittelt (→ Anm. 7), kann er zur konkreten Schadensabrechnung übergehen (BGH Urt. v. 24.1.2017 – VI ZR 146/16, NJW 2017, 1664). Eine Kombination von fiktiver und konkreter Abrechnung ist unzulässig (BGH aaO = NJW 2017, 1664). Zur Abrechnung bei Totalschaden und zur Abrechnung bei sog unechtem Totalschaden (Abrechnung auf Neuwagenbasis) → Form. II.F.13.

7. Die Reparaturkosten sind bei einer Abrechnung auf Gutachtensbasis als **fiktive Reparaturkosten** bis zur Höhe des Wiederbeschaffungsaufwandes (=Wiederbeschaffungswert abzüglich Restwert) auch dann erstattungsfähig, wenn die Reparatur nicht oder in Eigenleistung durchgeführt wird (§ 249 Abs. 2 S. 1 BGB; iE BGH NJW 2003, 2085; Palandt/*Grüneberg* BGB § 249 Rn. 6 ff., 14 ff.). Bei deliktischen Ansprüchen bestehen insoweit keine Zweifel an der grundsätzlichen Bemessbarkeit des Schadens anhand der fiktiven Reparaturkosten. Mit der Rechtsprechungsänderung des VII. Zivilsenates für den Werkvertrag und der Aufgabe der Bemessung des Schadens anhand der fiktiven Mangelbeseitigungskosten hat dies nichts zu tun. Für den Fall des Mangels bei einem Kaufvertrag hat der V. Zivilsenat im Übrigen auch bestätigt, dass der Schaden bei kaufrechtlichen Mängelansprüchen weiterhin anhand der fiktiven Mangelbeseitigungskosten ermittelt werden kann (BGH NJW 2021, 1532). Maßgeblich für die Ermittlung des Schadensersatzanspruchs durch Heranziehung der fiktiven Reparaturkosten ist der Zeitpunkt der Erfüllung, verfahrensrechtlich der Zeitpunkt der letzten mündlichen Verhandlung (BGH NJW 2020, 1795).

Die vom Sachverständigen geschätzten Netto-Reparaturkosten können zur fiktiven Schadensermittlung herangezogen werden bis zur Höhe des Wiederbeschaffungswertes (also ohne 30%igen Integritätszuschlag: zuletzt BGH NJW-RR 2010, 377), wenn der Reparaturaufwand zwischen Wiederbeschaffungsaufwand (=Wiederbeschaffungswert abzüglich Restwert) und Wiederbeschaffungswert liegt. In diesem Fall können die Reparaturkosten bis zur Höhe des Wiederbeschaffungswertes ohne Abzug des Restwertes beansprucht werden. Anderenfalls ist nur der Wiederbeschaffungsaufwand ersatzfähig (Geigel Haftpflichtprozess/*Katzenstein* Kap. 3 Rn. 27 ff.) Voraussetzung ist jedoch, dass das Fahrzeug mindestens sechs Monate weiter genutzt wird (BGH NJW 2011, 667; 2008, 1941; 2006, 2179). Falls erforderlich, ist dann das Fahrzeug zumindest teilweise verkehrssicher teilreparieren zu lassen (BGHZ 154, 395 = NJW 2003, 2085; BGHZ 168, 43 = NJW 2006, 2179; BGH NJW 2008, 1941). Sie können auch dann verlangt werden, wenn die Instandsetzung nur teilweise durch eine Werkstatt und iÜ in Eigenleistung durchgeführt wird (KG BeckRS 2010, 11390). Liegt der Reparaturaufwand zwischen dem Wiederbeschaffungsaufwand und dem Wiederbeschaffungswert sind die (fiktiven) Brutto-Reparaturkosten zu ersetzen, wenn die Reparatur tatsächlich und fachgerecht ausgeführt wird (BGH NJW 2003, 2085; BGH NJW 2009, 1340), anderenfalls nur die Netto-Reparaturkosten. Wird das Fahrzeug zwar repariert, aber vor Ablauf der Sechsmonatsfrist veräußert, kann nicht fiktiv aufgrund der geschätzten Reparaturkosten abgerechnet werden. Vielmehr können nur die konkret angefallenen Reparaturkosten verlangt werden (BGH NJW 2011, 667). Zur Abrechnung der fiktiven Reparaturkosten genügt es, wenn die Stundenverrechnungssätze einer markengebundenen Fachwerkstatt zugrunde gelegt werden, die Bestimmung eines Mittelwertes der Stundenverrechnungssätze von mehreren Fachwerkstätten ist nicht erforderlich (BGH NJW 2003, 2086; 2014, 535). Will der Schädiger den Geschädigten nach § 254 BGB auf eine günstigere Reparaturmöglichkeit verweisen, muss der Schädiger darlegen und beweisen, dass eine Reparatur in dieser Werkstatt vom Qualitätsstandard her der Reparatur in einer markengebundenen Fachwerkstatt entspricht (hierzu *Wellner* NJW 2012, 7 (11); BGH NJW 2010, 606; 2014, 535; BGH NJW 2015, 2110; BGH NJW 2014, 3236; BGH Urt. v. 7.2.2017 – VI ZR 182/16, NJW 2017, 2182). In diesem Fall muss der Geschädigte dann seinerseits Umstände aufzeigen, die ihm eine Reparatur außerhalb der markengebundenen Fachwerkstatt unzumutbar machen (BGH NJW 1976, 1396; 2010, 2118; 2010, 2727; 2014, 535; BGH Urt. v. 7.2.2017 – VI ZR 182/16, NJW 2017, 2182).). Jedenfalls bei Fahrzeugen bis zu einem Alter von drei Jahren muss sich der Geschädigte regelmäßig nicht auf diese Möglichkeit einlassen (*Wellner* NJW 2012, 7 (11); BGH NJW 1976, 1396; NJW 2010, 2118; NJW 2010, 2727; NJW 2014, 535). Anspruch auf Nutzungsausfall besteht des Weiteren bei Abrechnung fiktiver Reparaturkosten nicht (→ Anm. 9). Auf Gutachtenbasis kann sogar dann abgerechnet werden, wenn tatsächlich repariert wird (zu den Einzelheiten BGH NJW 1989, 3009). Liegen die tatsächlichen Reparaturkosten bei einer vollständigen und fachgerechten Reparatur nach technischer Maßgabe des Sachverständigengutachtens unter den gutachterlich festgestellten Kosten, sind nur die tatsächlich angefallenen Bruttokosten zu erstatten (BGH NJW 2014, 536).

Die auf die Reparaturkosten entfallende **Mehrwertsteuer** kann nach § 249 Abs. 2 S. 2 BGB nur dann verlangt werden, wenn sie tatsächlich angefallen ist (vgl. Palandt/*Grüneberg* BGB § 249 Rn. 26; vgl. sogar für die Abrechnung gegenüber der eigenen Kaskoversicherung: BGH VRS 68, 427), es sei denn, der Geschädigte ist zum Vorsteuerabzug berechtigt. Werden auf Gutachtenbasis fiktive Reparaturkosten – ohne Reparatur – abgerechnet, wird die Umsatzsatzsteuer deshalb nicht erstattet.

Im Falle der fiktiven Schadensberechnung muss im Hinblick auf die Berücksichtigung von Mehrwertsteuer gem. § 249 Abs. 2 S. 2 BGB weiter differenziert werden (vgl. insoweit *Heinrich* NJW 2004, 1916; *Karczewski* VersR 2001, 1070; *Huber* NZV 2004, 105; *Heß* NZV 2004, 1; BGH NJW 2004, 1943; 2004, 2086; 2006, 2181; vgl. auch

Geigel Haftpflichtprozess/*Freymann* Kap. 5 Rn. 11 ff.). Hat der Geschädigte fiktiv auf Gutachtenbasis abgerechnet (netto) und anschließend reparieren lassen, kann der Geschädigte einerseits zur Gesamt- – konkrete – Abrechnung übergehen, aber auch die Netto-Reparaturkosten aus dem Gutachten und Mehrwertsteuer beanspruchen, aber gedeckelt durch die tatsächlich gezahlten Brutto-Reparaturkosten (BGH Urt. v. 3.12.2013 – VI ZR 24/13 = NJW 2014, 535; zu einer – aus Sicht des BGH – unzulässigen Kombination von fiktiver Schadensberechnung und konkreter Umsatzsteuer: BGH Urt. v. 13.9.2016 – VI ZR 654/15, NJW 2017, 1310; vgl. hierzu Geigel, Haftpflichtprozess/ *Freymann* Kap. 5 Rn. 13, der eine Kombination weitergehend zulassen will).

8. Die Sachverständigenkosten sind in der Regel erstattungsfähig, es sei denn, es liegt ein Verstoß gegen die Schadensminderungspflicht vor, was bei Bagatellschäden unter 600–700 EUR der Fall sein kann (vgl. Geigel Haftpflichtprozess/*Katzenstein* Kap. 3 Rn. 249; OLG Hamm NZV 1994, 243).

9. Nimmt der Geschädigte keinen Mietwagen (zur Erstattung der Mietwagenkosten → Form. II.F.13 Anm. 17) in Anspruch, so steht ihm nach stRspr des BGH seit 1963 für Fahrzeuge, die nicht reinen Freizeitzwecken dienen, eine Nutzungsausfallentschädigung zu. Voraussetzung dafür ist zunächst der Nutzungswille des Geschädigten, vor allem aber die Nutzungsmöglichkeit. Beides muss der Geschädigte im Prozess durch Tatsachenvortrag substantiieren. Nutzungsausfall wird auch bei Beschädigung eines Motorrades gewährt, wenn dies das einzige KFZ ist, das zur Verfügung steht und nicht reinen Freizeitzwecken dient (BGH Urt. v. 23.1.2018 – VI ZR 57/17, NJW 2018, 1393). Wird das Fahrzeug nur bei günstiger Witterung genutzt, muss dies bei der konkreten Schadensbetrachtung berücksichtigt und der wahrscheinliche Nutzungszeitraum ermittelt werden (BGH aaO = NJW 2018, 1393). Bei Krankheit oder unfallbedingter Verletzung (BGH NJW 1968, 1778) sowie bei Führerscheinentzug (BGHZ 63, 205; 65, 173) besteht daher beim allein nutzenden Halter kein Anspruch, es sei denn, der Pkw wäre auch von Familienangehörigen oder anderen Personen genutzt worden. Voraussetzung für die Entschädigung ist schließlich, dass das Fahrzeug wegen des Unfalls (nicht mehr fahrbereit) oder wegen einer Reparatur tatsächlich ausfällt, sodass bei Abrechnung der fiktiven Reparaturkosten kein Anspruch besteht (BGHZ 66, 249), ebenso wenig bei Weiterveräußerung des Fahrzeugs in unrepariertem Zustand (KG VersR 1981, 553; Geigel Haftpflichtprozess/*Katzenstein* Kap. 3 Rn. 181 ff.). Umstritten und problematisch ist der Ansatz von Nutzungsausfall bei gewerblich, behördlich oder durch gemeinnützige Einrichtungen genutzten (OLG Düsseldorf VersR 1995, 1321; NVZ 1999, 472; OLG Köln OLGR 1997, 31; KG ZfS 1996, 415) und gemischt gewerblich bzw. privat genutzten Fahrzeugen (OLG Düsseldorf ZfS 1993, 338; ausf. Geigel Haftpflichtprozess/ *Katzenstein* Kap. 3 Rn. 194 f.; vgl. auch Palandt/*Grüneberg* BGB § 249 Rn. 46).

10. Nutzungsausfall kann für die „notwendige Reparaturzeit" beansprucht werden, Verzögerungen gehen in aller Regel zu Lasten des Schädigers, zB auch bei Fehlleistungen der Reparaturwerkstätte (vgl. Palandt/*Grüneberg* BGB § 249 Rn. 41, 37).

11. Für die Berechnung der Entschädigung legen die Gerichte heute einhellig die von *Sanden* und *Danner* begründete und nunmehr von *Küppersbusch* herausgegebene Tabelle zugrunde. Andere Tabellen mit zum Teil höheren Werten haben sich dagegen nicht durchgesetzt. Der Zustand des Pkw ist zu berücksichtigen, wenn der Nutzungswert mit einem Kfz gleichen Typs nicht mehr vergleichbar ist (BGH BB 1988, 161). Auch bei einem älteren Fahrzeug, das in der Tabelle nicht aufgeführt ist, kann dieselbe zur Schadensschätzung (§ 287 ZPO) herangezogen werden (BGH NJW 2005, 277; 2005, 1044). Das Alter kann durch Herabstufung innerhalb der Tabelle berücksichtigt werden. Auch für Krafträder gibt es eine Tabelle (DAR 2007, 112) und auch für LKW.

12. Wegen eines evtl. verbleibenden merkantilen Minderwertes, der sich beim Verkauf des Fahrzeugs auswirken würde, kann trotz technisch einwandfreier Wiederherstellung des Fahrzeugs eine Wertminderung beansprucht werden. Für Pkw gelten dabei in der Regel drei Voraussetzungen: Das Fahrzeug darf nicht älter als vier bzw. fünf Jahre sein, die Fahrleistung darf nicht mehr als 100.000 km betragen und der Unfallschaden muss von einigem Gewicht sein, was in der Regel bei Schäden unter 500 EUR nicht der Fall ist (BGH NJW 1980, 281 auch zur Fahrleistung bei Lkw; OLG Stuttgart VersR 1978, 529; Geigel Haftpflichtprozess/*Katzenstein* Kap. 3 Rn. 103 ff.; Palandt/*Grüneberg* BGB § 251 Rn. 14). Allerdings kann auch unter besonderen Umständen ein merkantiler Minderwert bei älteren Fahrzeugen anzusetzen sein (BGH NJW 2005, 277, im konkreten Fall aber ablehnend bei 164.000 km Laufleistung und einem Alter von 16 Jahren). Bei erheblichen Vorschäden kann der Anspruch ausgeschlossen sein.

13. Für die Berechnung der Wertminderung gibt es zahlreiche Formeln. In der Rspr. anerkannt ist die von *Halbgewachs* (OLG Stuttgart VersR 1986, 773) oder *Ruhkopf* und *Sahm* (iE Geigel Haftpflichtprozess/*Katzenstein* Kap. 3 Rn. 106 ff.; Palandt/*Grüneberg* BGB § 251 Rn. 15 mit Tabelle und zB LG Bochum VersR 1986, 605; aA OLG Saarbrücken VersR 1990, 63, wonach der Schätzung durch einen Sachverständigen der Vorrang gegenüber dieser und anderen Tabellen gebührt).

14. In der Regel besteht bei nicht übermäßiger Entfernung ein Anspruch darauf, dass das Fahrzeug in die sonst beauftragte Werkstatt abgeschleppt wird. Bei weiterer Entfernung muss nicht in die nächste, beliebige Werkstätte abgeschleppt werden. Vielmehr darf die nächste, für das betreffende Fahrzeug zuständige Spezialwerkstatt angefahren werden (iE Geigel Haftpflichtprozess/*Katzenstein* Kap. 3 Rn. 30).

15. Zu den Voraussetzungen für die Erstattung von Finanzierungskosten → Form. II. F.9 Anm. 9).

16. Soweit belegbar, sind die Kosten konkret zu erstatten. Anderenfalls kann eine – vom Gericht nach den Umständen gem. § 287 ZPO zu schätzende – Pauschale von bisher 20–30 EUR geltend gemacht werden (für 30 EUR vgl. LG Augsburg ZfS 1989, 303; LG Saarbrücken ZfS 1989, 372; 25 EUR: LG Braunschweig NJW-RR 2001, 1682; OLG München Urt. v. 9.3.2018 – 10 U 3204/17; OLG Saarbrücken Urt. v. 8.5.2014 – 4 U 61/13).

17. In der Regel sind die Anwaltskosten als adäquater Schaden erstattungsfähig (zB OLG Stuttgart DAR 1989, 27; BGH NJW 2006, 1065), nur in Ausnahmefällen kann ein Verstoß gegen die Schadensminderungspflicht vorliegen, wenn die Schuldfrage eindeutig ist, keine Einwendungen zu Grund und Höhe des Ersatzanspruchs geltend gemacht werden (BGH NJW 1995, 446; Geigel Haftpflichtprozess/*Katzenstein* Kap. 3 Rn. 233 ff.). In diesem Zusammenhang mit einer Klage des Gegners gegen den eigenen Mandanten und dessen Haftpflichtversicherer hat der Rechtsanwalt zu berücksichtigen, dass der Haftpflichtversicherer die Prozessführungsbefugnis für diesen Rechtsstreit hat. Hierauf und auf die Regulierungsbefugnis des Haftpflichtversicherers muss er seinen Mandanten hinweisen (vgl. *Bühren* AnwBl 1987, 13; *Chemnitz* AnwBl 1987, 69). Er kann sich auch nicht ohne Auftrag des Versicherers im Passivprozess als Prozessbevollmächtigter seines Mandanten bestellen, ohne diesen darauf hingewiesen zu haben, dass bei Unterliegen oder teilweisem Unterliegen der Mandant die Kosten seiner Tätigkeit selbst zu tragen hat.

18. Seit BGH (NJW 1970, 1122) kann gegenüber dem Schädiger und damit gegenüber dem Versicherer als Gegenstandswert für die Abrechnung nicht die geltend gemachte Schadensersatzforderung, sondern nur die begründete Schadensersatzforderung bzw. der regulierte und anerkannte Betrag eingesetzt werden (bestätigt durch BGH Urt. v. 18.7.2017 – VI ZR 465/16, NJW 2017, 3588; BGH Urt. v. 5.12.2017 – VI ZR 24/17,

NJW 2018, 935). Im Verhältnis zum Mandanten besteht dagegen die Berechtigung zur Abrechnung nach dem Geschäftswert der geltend gemachten Schadensersatzforderung.

19. Bei der Abrechnung entsteht zunächst die Geschäftsgebühr nach Nr. 2300 VV RVG (vgl. zur Praxis der Kfz-Haftpflichtversicherungen die Hinweise in AnwBl 2005, 493). Bei einem durchschnittlichen Unfall ist eine 1,3 Gebühr anzusetzen (BGH NJW-RR 2007, 420; OLG München Urt. v. 9.3.2018 – 10 U 3204/17; OLG Saarbrücken Urt. v. 8.5.2014 – 4 U 61/13; vgl. auch die Zusammenstellung von neuen amtsgerichtlichen Urteilen im Anwaltsblatt 3/2005; AG Landstuhl NJW 2005, 161; OLG München AnwBl 2006, 768 ff. und die Zusammenstellung bei BeckHdB RA/*Buschbell* § 29 Rn. 395 ff.). Wird eine Vereinbarung abgeschlossen, so entsteht die Einigungsgebühr gem. Nr. 1000 VV RVG. Vertritt der Rechtsanwalt mehrere Auftraggeber, so ist entscheidend, ob er die Angelegenheiten getrennt bearbeitet (vgl. *Chemnitz* AnwBl 1985, 115 (121); *Chemnitz* AnwBl 1987, 468). Bei gemeinsamer Bearbeitung entstehen zwar keine gesonderten Gebühren, jedoch sind in aller Regel die Gegenstandswerte zu addieren, und es kann zusätzlich die Erhöhungsgebühr von 0,3 je Auftraggeber nach Nr. 1008 VV RVG beansprucht werden.

11. Schreiben an den zuständigen Polizeiverkehrsdienst

An die
Polizei
Verkehrsdienst
z. Hd. Herrn POM Maier
Betr.: Verkehrsunfall vom . . . . . auf der . . . . .-Straße in . . . . .
Sehr geehrte Herren,
in dieser Verkehrsunfallsache vertrete ich
Herrn Alois Maier, Frankfurter Straße 40, ... Stuttgart.
An dem Unfall war beteiligt
. . . . . mit seinem Fahrzeug mit dem Kennzeichen . . . . .
Ich bin beauftragt, die Schadensersatzansprüche meines Mandanten geltend zu machen und diesen in einem etwaigen Bußgeld- oder Strafverfahren zu verteidigen. Fotokopie der auf mich lautenden Vollmacht füge ich bei. Ich bitte um

Akteneinsicht,

ggf. um Weiterleitung des Aktengesuchs und um Abgabenachricht.[1]
Mein Mandant wurde bei dem Unfall wie folgt verletzt: . . . . .
Ein ärztliches Attest des Dr. med. . . . . füge ich in der Anlage bei. Namens und in Vollmacht meines Mandanten stelle ich hiermit

Strafantrag[2]

gegen Herrn . . . . . wegen fahrlässiger Körperverletzung.
Ich bitte um

Zulassung der Nebenklage[3]

zum gegebenen Zeitpunkt.
Rechtsanwalt

Anmerkungen

1. Der Hinweis auf Abgabenachricht empfiehlt sich, da sonst gelegentlich keine Auskunft erteilt wird, was mit dem Schreiben geschehen ist.

2. Die Stellung eines Strafantrags ist Voraussetzung für die eventuelle spätere Zulassung einer Nebenklage, nicht allerdings in Fällen der Tötung.

3. Hinsichtlich der Nebenklage ist zu beachten, dass hier keine Deckung durch die Rechtsschutzversicherung des Geschädigten besteht (vgl. *Chemnitz* AnwBl 1987, 69). Hierauf muss der Rechtsanwalt den Geschädigten hinweisen, bevor er in diesem Verfahren tätig wird.

12. Schreiben an die Haftpflichtversicherung des Mandanten

An die
. . . . .-Versicherungs-AG[1]
Postfach 40
60352 Frankfurt
Betr.: Ihren Versicherungsnehmer, Herrn Gotthilf Maier,
Karlsruher Straße 60, ... Heilbronn;
Vers.-Schein-Nr. 673/325980-72
Sehr geehrte Damen und Herren,
Ihren Versicherungsnehmer vertrete ich in einer Verkehrsunfallsache vom . . . . . in . . . . . Ihr Versicherungsnehmer hat den Unfall bereits gemeldet. Es ist bekannt, dass die Regulierung in Ihre Zuständigkeit fällt, dennoch bitte ich, die Regulierung der etwaigen Ansprüche des Unfallgegners nur nach vorheriger Information vorzunehmen.[2]
Rechtsanwalt

Anmerkungen

1. Mit der Haftpflichtversicherung des Mandanten muss an sich nicht korrespondiert werden. Dennoch schadet es nicht, wenn der Rechtsanwalt die Haftpflichtversicherung informiert und darum bittet, dass eine Regulierung der gegnerischen Ansprüche nur nach vorheriger Absprache erfolgt. IÜ sollte der Rechtsanwalt seinen Mandanten darüber informieren, dass zur Abwicklung der etwaigen Ansprüche des Gegners die eigene Haftpflichtversicherung zuständig ist und bei Übernahme der etwaigen Zahlungen durch seinen Mandanten die Rechtsanwaltskosten weder durch die Haftpflichtversicherung noch durch die Rechtsschutzversicherung abgedeckt sind.

2. Für die Abwehr der gegnerischen Ansprüche ist ein gesonderter Auftrag der Haftpflichtversicherung erforderlich. Die Rechtsschutzversicherung ist für die Abwehr der Ansprüche in diesem Fall nicht eintrittspflichtig.

13. Verkehrsunfallklage bei Alleinverschulden des Gegners (Totalschadenfall)

An das
Landgericht[1, 2]

Klage

des . . . . .
– Klägers –

Prozessbevollmächtigter: . . . . .
gegen

1. den . . . . .
– Beklagten Ziff. 1 –[3]
2. den . . . . .
– Beklagten Ziff. 2 –[4]
3. die . . . . .-Versicherungs-AG,
vertreten durch den Vorstand
– Beklagte Ziff. 3 –[5]

wegen Schadensersatz und Feststellung.

Vorläufiger Streitwert für Antrag Ziff. I:	8.000 EUR
vorläufiger Streitwert für Antrag Ziff. II:	4.000 EUR[6]

Namens und in Vollmacht des Klägers erhebe ich Klage und werde beantragen:

I. Die Beklagten werden als Gesamtschuldner[7] verurteilt, an den Kläger 8.000 EUR nebst 5 % Zinsen über dem Basiszinssatz hieraus seit 8.4. . . . . zu bezahlen.

II. Es wird festgestellt,[8] dass die Beklagten als Gesamtschuldner verpflichtet sind, dem Kläger sämtliche Schäden,[9] die ihm in Zukunft aus dem Verkehrsunfall vom 6.3. . . . . auf der . . . . . Straße in . . . . . entstehen, zu ersetzen, soweit die Ansprüche nicht auf Sozialversicherungsträger oder sonstige Dritte[10] übergehen.

III. . . . . .[11]

Begründung:

Der Kläger macht Schadensersatzansprüche aus einem Verkehrsunfall vom 6.3. . . . . gegen 19 Uhr auf der Kreuzung . . . . . Straße in . . . . . geltend. Der Beklagte Ziff. 1 ist der Fahrer des beteiligten Fahrzeugs . . . . . mit dem Kennzeichen. . . . ., dessen Halter der Beklagte Ziff. 2 ist und das bei der Beklagten Ziff. 3 am Unfalltag haftpflichtversichert war.

1. Der Unfall ereignete sich wie folgt: Der Kläger befuhr mit seinem Pkw . . . . . mit dem Kennzeichen . . . . . die . . . . . Straße in Richtung Stadtmitte. Der Kreuzung mit der . . . . . Straße, an der keine Vorfahrtsregel angebracht ist, näherte er sich mit einer Geschwindigkeit von ca. 40 km/h. Als er sah, dass von rechts aus dem östlichen Teil der . . . . . Straße kein Fahrzeug kam, orientierte er sich nach links und konnte auch von dort kein Fahrzeug erkennen. Er fuhr deshalb mit seinem Pkw in die Kreuzung ein. In diesem Augenblick kam der Beklagte Ziff. 1 mit dem Pkw des Beklagten Ziff. 2 aus Sicht des Klägers von links aus der . . . . . Straße an die Kreuzung heran. Er fuhr, ohne anzuhalten, in die Kreuzung ein. Dadurch kam es zum Zusammenstoß der

beiden Fahrzeuge. Das Fahrzeug des Beklagten Ziff. 1 fuhr mit der Front in die linke hintere Seitentür des Fahrzeugs des Klägers. Das Fahrzeug des Klägers kam dadurch ins Schleudern und fuhr frontal auf die am linken Straßenrand befindliche Gartenmauer.

Der Beklagte Ziff. 1 hat den Unfall allein verschuldet. Er haftet nach §§ 823 Abs. 2 BGB, 8 StVO sowie nach § 823 Abs. 1 BGB. Der Beklagte Ziff. 2 haftet als Halter nach § 7 Abs. 2 StVG. Die Beklagte Ziff. 3 ist nach § 115 Abs. 1 Nr. 1 VVG einstandspflichtig. Der Unfall war für den Kläger unvermeidbar. Das gegnerische Fahrzeug war für den Kläger erst zu einem Zeitpunkt erkennbar, als er bereits in die Kreuzung eingefahren war. Die Haftpflichtversicherung des Beklagten Ziff. 2 hat die teilweise Regulierung abgelehnt mit der Begründung, der Kläger habe erkennen können und müssen, dass der Beklagte Ziff. 1 sich zur Erlangung freier Sicht in die bevorrechtigte Straße habe hineintasten müssen.[12] Diese Behauptung ist jedoch unzutreffend. Der Beklagte Ziff. 1 hat sich nicht in die Kreuzung hineingetastet. Er ist vielmehr mit gleich bleibender Geschwindigkeit von ca. 30 km/h weitergefahren, was sich aufgrund der festgestellten Reifenspuren, des Auslaufweges der Fahrzeuge sowie der Beschädigung ergibt. Unabhängig davon war das Fahrzeug des Beklagten Ziff. 2 aus Sicht des Klägers wegen der an der Ecke befindlichen Bäume erst bei Einfahren in die Kreuzung erkennbar.

Beweis: Einnahme eines Augenscheins; Beiziehung und Verwertung der Akten der Staatsanwaltschaft . . . . .; Sachverständigengutachten.

2. Dem Kläger entstand durch den Unfall folgender Sachschaden:

a) Am Pkw des Klägers wurde die linke hintere Seite und die Vorderfront stark eingedrückt und verformt. Die Reparaturkosten[13] betragen nach dem beigefügten Sachverständigengutachten 17.135,60 EUR. Das Fahrzeug des Klägers, das am Unfalltag drei Jahre und fünf Monate alt war und ein Fahrleistung von 110.000 km aufweist, hatte noch einen Wiederbeschaffungswert von 12.500 EUR.

Beweis: Gutachten des Sachverständigen X.; Einholung eines Sachverständigengutachtens.

Es ist deshalb wirtschaftlicher Totalschaden[14] eingetreten. Der Restwert[15] des Fahrzeugs wurde vom Sachverständigen mit 500 EUR beziffert, sodass als Fahrzeugschaden geltend gemacht werden. — 12.000 EUR

b) Die Gutachterkosten[16] betragen gemäß Rechnung des Sachverständigen X. — 830,20 EUR

Beweis: Rechnung des Sachverständigen X. in Anlage in Fotokopie.

c) Die Kosten für die Ab- bzw. Anmeldung des alten bzw. neuen Fahrzeugs einschließlich der Kosten für die neuen Nummernschilder betrugen — 80 EUR

d) Der Kläger musste für die Dauer der Wiederbeschaffung eines Ersatzfahrzeugs einen Mietwagen[17] nehmen, weil er täglich für die Fahrten von seiner Wohnung zur Arbeitsstätte und für die beruflich anfallenden Fahrten einen Pkw benötigt. Die Wiederbeschaffungsdauer[18] von 14 Tagen ist angemessen, da der Sachverständige zehn Werktage angesetzt hat.

	Beweis: Sachverständigengutachten des Herrn X. in Anlage in Fotokopie; Sachverständigengutachten.	
	Die Mietwagenkosten belaufen sich gemäß Rechnung der Firma Y. auf	700,50 EUR
	Beweis: Mietwagenrechnung in Anlage in Fotokopie.	
	Einen Abzug für ersparte eigene Aufwendungen muss der Kläger nicht vornehmen, da er einen Pkw eine Klasse tiefer angemietet hat und zwischen der Beklagten Ziff. 3 und dem Mietwagenunternehmen eine Individualvereinbarung besteht, wonach in diesem Fall die vollen Kosten erstattet werden. Der Kläger hat zum Normaltarif angemietet.	
e)	Die Abschleppkosten[19] betragen	364,30 EUR
	Beweis: Abschlepprechnung in Anlage in Fotokopie.	
f)	Geltend gemacht wird ferner eine Kostenpauschale[20] iHv für Telefonate, Porto und Fahrtkosten.	25 EUR
g)	Dies ergibt den Sachschaden von	14.000 EUR
	Hierauf hat die Beklagte Ziff. 3a 28.3.	6.000 EUR
	bezahlt,[21] sodass verbleiben	8.000 EUR

Geltend gemacht werden zunächst außergerichtlich noch die auf diesen Betrag entfallenden Anwaltskosten,[22] die im Falle der Nichtzahlung hier noch eingebracht werden müssen. Die Beklagte Ziff. 3 wurde mit Anwaltsschreiben vom 28.3. . . . . mit Fristsetzung zum 7.4. . . . . gemahnt. Der Zinsanspruch ergibt sich deshalb aus § 288 BGB.

3. Bei dem Unfall wurde der Kläger schwer verletzt. Er erlitt eine Luxation des Beckens sowie einen Bruch des Beckens. Der Kläger ist noch mindestens drei Monate krankgeschrieben.

Beweis: Attest des Kreiskrankenhauses . . . . . in Anlage in Fotokopie; Gutachten des Dr. med. . . . ., nach § 287 ZPO vom Gericht einzuholen.

Es ist nicht abzusehen, ob der Kläger seinen Beruf als Automatendreher, den er im Stehen ausüben musste, je wieder ausüben kann. Es ist zu erwarten, dass der Kläger umgeschult werden und eine Arbeit ausüben muss, für die er ein geringeres Einkommen als bisher erzielen wird. Hinsichtlich des Schmerzensgeldes,[23] eines Erwerbsschadens[24] und einer etwaigen Rente bleiben Ansprüche noch vorbehalten. Ein Feststellungsinteresse[8] hinsichtlich dieser Schäden ist schon jetzt gegeben, da die Beklagte Ziff. 3 trotz Aufforderung und Mahnung vom 6.3. . . . . kein Anerkenntnis abgegeben hat.

Anmerkungen

1. Dargestellt wird hier die Abrechnung bei Totalschaden mit den dabei vorkommenden Schadenspositionen (zur Abrechnung auf Reparaturkostenbasis → Form. II.F.10 und zur Abrechnung bei Inanspruchnahme der eigenen Vollkaskoversicherung bei Mitverschulden oder Mithaftung → Form. II.F.15).

2. Zur sachlichen Zuständigkeit → Form. II.F.1 Anm. 2. Der Streitwert ergibt sich aus der Summe der beiden Anträge. Örtlich zuständig ist neben dem Gericht des allgemeinen Gerichtsstandes (§§ 12–19 ZPO) auch das Gericht, in dessen Bezirk der Unfall geschehen ist. Dies gilt sowohl für Ansprüche aus unerlaubter Handlung nach § 823 BGB (§ 32 ZPO) als auch für Ansprüche aus Gefährdungshaftung gegen den Halter nach § 7 Abs. 1

StVG und für Ansprüche nach § 18 StVG wegen vermuteten Verschuldens gegen den Fahrer (§ 20 StVG).

Zur Klage aus Gefährdungshaftung → Form. II.F.16.

3. Der Fahrer haftet wegen Verschuldens nach §§ 823, 249 ff. BGB und wegen vermuteten Verschuldens, wenn der Entlastungsbeweis nicht gelingt, nach §§ 18 Abs. 1, 8 ff. StVG (zur Gefährdungshaftung → Form. II.F.16). Die Klage gegen den Fahrer ist notwendig, damit dieser als Zeuge ausscheidet.

4. Der Halter haftet nur nach § 7 Abs. 1 StVG – und in Ausnahmefällen nach § 831 BGB und § 7 Abs. 3 StVG –, was hinsichtlich des Schadensumfangs nach §§ 8–15 StVG von Bedeutung sein kann. Nach § 11 S. 2 StVG haftet der Halter auch aus Gefährdungshaftung für Schmerzensgeldansprüche (§ 253 Abs. 2 BGB, zur Schmerzensgeldklage → Form. II.F.8).

5. Die Haftpflichtversicherung für das Fahrzeug haftet nach § 115 Abs. 1 Nr. 1 VVG direkt. Soweit sie aus versicherungsvertraglichen Gründen gegenüber dem Versicherungsnehmer von der Verpflichtung zur Leistung frei ist, haftet sie unter den Voraussetzungen des § 117 VVG.

6. Die Streitwerte sind zu addieren. Der Streitwert für den Feststellungsantrag betreffend den Zukunftsschaden ist nach § 3 ZPO zu schätzen. Dabei ist von dem nach der Klagbegründung voraussichtlich zu erwartenden Schaden auszugehen und ein Abschlag von 20 % vorzunehmen (Zöller/*Herget* ZPO § 3 Rn. 16.76 „Feststellungsklagen").

7. Das Gesamtschuldverhältnis zwischen Halter und Versicherung ergibt sich aus § 115 Abs. 1 S. 4 VVG, das Gesamtschuldverhältnis zwischen Fahrer und Halter aus §§ 7, 18 StVG, § 840 BGB.

8. Das nach § 256 ZPO erforderliche Feststellungsinteresse für einen derartigen Antrag ist immer dann gegeben, wenn eine gewisse Wahrscheinlichkeit für die Entstehung weiterer, in der Zukunft liegender Schäden besteht (BGH VersR 1976, 291). Es wird auch durch einen Verzicht des Schädigers auf die Einrede der Verjährung nicht ausgeschlossen (OLG Hamm NJW-RR 1998, 751). Bei Verletzungen ist das besondere Rechtsschutzinteresse gegeben, wenn bei dem Schweregrad der zugefügten Verletzungen mit der Möglichkeit weiterer Folgeschäden gerechnet werden kann (BGH VersR 1974, 248). Soweit Schäden – zum Zeitpunkt der letzten mündlichen Verhandlung – beziffert werden können, fehlt das Feststellungsinteresse.

Im Fall von Gesundheitsschäden sind mit Formulierungen wie „sämtliche Schäden" oder „jeden weiteren Schaden" sowohl materielle als auch immaterielle Schäden erfasst. Dies gilt für Klaganträge ebenso wie für den Urteilstenor (BGH NJW 1985, 2022), wenn nicht der Antrag oder das sonstige Vorbringen eindeutige Hinweise auf eine Beschränkung des Streitgegenstandes enthält.

9. Haftet die Versicherungsgesellschaft nur mit der Mindestversicherungssumme (§ 114 VVG), so muss diese Höchstgrenze bzgl. der beklagten Gesellschaft im Antrag aufgenommen werden, damit Kostennachteile einer teilweisen Klagabweisung vermieden werden.

10. Soweit der Sozialversicherungsträger in der gesetzlichen Renten-, Unfall- und Krankenversicherung Leistungen an den Geschädigten erbringt, gehen die dem Geschädigten gegen den Schädiger zustehenden Ansprüche insoweit (Kongruenz) nach § 116 SGB X auf ihn über. Der Geschädigte ist deshalb insoweit nicht mehr aktiv legitimiert. Im Klagantrag ist deshalb die entsprechende Einschränkung aufzunehmen. Gleiches gilt für den gesetzlichen Forderungsübergang nach ähnlichen Vorschriften. Als sonstige Dritte, die ebenso kraft Gesetzes die Forderungen erwerben, kommen der Arbeitgeber

(§ 6 EntgFG), die Schadens- und Krankenversicherung (§ 86 VVG) und der Staat (§ 76 BBG) in Frage.

11. Zum Schmerzensgeld → Form. II.F.8. Im vorliegenden Formular sind die Personenschäden nur im Feststellungsantrag berücksichtigt (→ Anm. 23 f.).

12. OLG Frankfurt a. M. VersR 1974, 684.

13. Zur Abrechnung auf Reparaturkostenbasis → Form. II.F.10.

14. Zur Abrechnung bei Durchführung der Reparatur und auf Basis fiktiver Reparaturkosten → Form. II.F.10 Anm. 6, 7. Da der Geschädigte Eigentümer der Restteile ist, kann der Versicherer bei Abrechnung auf Totalschadensbasis die Herausgabe des Fahrzeugs nicht verlangen. Allerdings ist der Geschädigte zur Schadensminderung verpflichtet. Angeboten oder Kaufnachweisen des Versicherers betreffend das Fahrzeugwrack muss der Geschädigte in der Regel nicht nachgehen, auch wenn diese höher liegen, als der vom Sachverständigen im Gutachten geschätzte Restwert (BGH NJW 1993, 1850). Er kann das verunfallte Fahrzeug grds. zum im Gutachten ausgewiesenen Restwert veräußern (BGH Urt. v. 27.9.2016 – VI ZR 673/15, NJW 2017, 953; BGH NJW 2000, 800). Ist der Geschädigte verpflichtet, bei diesem Verkauf Umsatzsteuer auszuweisen und abzuführen, ist nur der Nettorestwert anzurechnen, anderenfalls der tatsächlich erzielte Erlös (BGH Urt. v. 10.9.2014 – IV ZR 379/13, NJW 2015, 160; ein Überblick zum status quo im Hinblick auf den Restwert findet sich bei *Huber* NZV 2017, 153 ff. sowie Pott NZV 2016, 562). Ein Verstoß gegen die Schadensminderungspflicht liegt nur dann vor, wenn der Versicherer den Nachweis einer ohne weiteres zugänglichen günstigeren Verwertungsmöglichkeit führt. Ein bloßer Hinweis ohne ein konkretes Kaufangebot ist dafür nicht ausreichend (BGH NJW 2000, 800; OLG Hamm VersR 2000, 1122). Soweit der Restwert nach den Grundsätzen der Rspr. eine Rolle spielt, müsste der Schädiger einen höheren Erlös darlegen (BGH NJW 1992, 903). Maßgeblich für die Höhe des Restwertes ist nur der dem Geschädigten zugängliche regionale, nicht der überregionale und auch kein Markt für spezialisierte Aufkäufer (BGH NJW 2005, 357).

Bei Beschädigung eines **fabrikneuen Fahrzeugs** kommt die Abrechnung auf Neukaufbasis (auch uneigentlicher Totalschaden bezeichnet) in Frage (BGH NJW 1976, 1202; NJW 1982, 433; NJW 1983, 2694; NJW 2009, 3022), wenn der Geschädigte ein fabrikneues Ersatzfahrzeug erwirbt (BGH NJW 2009, 3022). Die Rspr. zieht hierfür die Grenze bei einer Gebrauchsdauer von ca. einem Monat und ca. 1.000 km Fahrleistung (BGH NJW 2009, 3022; BGH NJW 2020, 3591; OLG Nürnberg VersR 1986, 98; OLG Hamm VersR 1981, 788; Geigel Haftpflichtprozess/*Katzenstein* Kap. 3 Rn. 20; Palandt/*Grüneberg* BGB § 249 Rn. 23). Eine Abrechnung auf Neuwagenbasis kommt auch bei geringfügiger Überschreitung der 1.000 Kilometer in Frage (OLG Hamm VersR 1986, 1196). Bei Beschädigung von tragenden Teilen eines Fahrzeugs, die für die Sicherheit von Bedeutung sind (Rahmen oder Fahrgestell) muss nach Auffassung verschiedener Gerichte der Haftpflichtversicherer den Neupreis auch dann ersetzen, wenn das Fahrzeug bereits 3.000 Kilometer gefahren war und länger als einen Monat zugelassen war; allerdings hat der Geschädigte sich in diesem Fall einen Abzug von 1 % vom Neupreis je 1.000 Kilometer Fahrleistung gefallen zu lassen (OLG Hamm NZV 2000, 170; OLG München NJW 1982, 52). Nach anderer Auffassung kommt es für die Abrechnung auf Neuwagenbasis nicht entscheidend auf das Datum der Erstzulassung, sondern in erster Linie auf die Kilometerleistung an. Nach dieser Auffassung steht das Alter des Fahrzeugs nur in besonderen Ausnahmefällen einer Abrechnung in dieser Weise entgegen. So wurde bei einem Schaden von mehr als 40 % des Neuwagenpreises und bei einer Fahrleistung von 943 km nach drei Monaten Erstzulassung die Abrechnung auf Neuwagenbasis bejaht, wenn keine Modelländerung eingetreten war (OLG Karlsruhe VersR 1986, 349). Eine fiktive Abrechnung auf Neuwagenbasis ist nicht zulässig (BGH NJW 2020, 3591).

15. Falls kein Restwert mehr vorhanden ist, kommt auch die Erstattung von Verschrottungskosten in Frage.

16. → Form. II.F.10.

17. Nimmt der Geschädigte kein Mietfahrzeug in Anspruch, so steht ihm Nutzungsausfall zu (→ Form. II.F.10 Anm. 9). In diesem Fall muss der Geschädigte zur Substantiierung seiner Ansprüche im Prozess zum Nutzungswillen und zur Nutzungsmöglichkeit Tatsachen vortragen. Die Mietwagenkosten sind nach der Rspr. (iE Geigel Haftpflichtprozess/*Katzenstein* Kap. 3 Rn. 120 ff.) nicht in vollem Umfang zu erstatten. Ein Abzug für Eigenersparnis von 10 %–20 % der Mietwagenkosten ist angemessen (vgl. die Nachw. bei Palandt/*Grüneberg* BGB § 249 Rn. 36; aA OLG Nürnberg VersR 2001, 208, 3 %; OLG Stuttgart NJW-RR 1994, 921). Es bestehen teilweise Einzelabreden zwischen bestimmten Versicherungsgesellschaften und verschiedenen Mietwagenunternehmern. Der Geschädigte sollte sich bei der Haftpflichtversicherung vor der Anmietung eines Fahrzeugs deshalb erkundigen. Nach der überwiegenden Rspr. entfällt die Anrechnung ersparter Eigenbetriebskosten bei der Anmietung eines klassetieferen PKW (OLG Hamm VersR 1999, 769; OLG Frankfurt a. M. NZV 1995, 108; OLG Celle NJW-RR 1993, 1052; vgl. dazu Geigel Haftpflichtprozess/*Katzenstein* Kap. 3 Rn. 171). Die Kosten für eine für das Ersatzfahrzeug abgeschlossene Vollkaskoversicherung sind idR adäquate Schadensfolgen (BGH NJW 2005, 1041). Unter Umständen kann jedoch ein Abzug unter dem Gesichtspunkt eines Vorteilsausgleichs in Betracht kommen (BGH NJW 2005, 1041 (1043)). Ein Unfallgeschädigter kann aufgrund der ihn nach § 254 BGB treffenden Schadensminderungspflicht auch dazu gehalten sein, ein ihm von der KFZ-Haftpflichtversicherung vermitteltes günstigeres Mietwagenangebot in Anspruch zu nehmen (BGH NJW 2019, 2538).

Die Verpflichtung zur Schadensminderung kann den Geschädigten zwingen, statt eines Mietfahrzeugs für Einzelfahrten ein Taxi zu nehmen. Bei Fahrten, die täglich ca. 20 km nicht überschreiten, ist dies von den Gerichten bereits bejaht worden (Geigel Haftpflichtprozess/*Katzenstein* Kap. 3 Rn. 131.; Palandt/*Grüneberg* BGB § 249 Rn. 35). Allerdings gilt dieser Grundsatz nicht uneingeschränkt, sondern nur insoweit, als die Besonderheiten dieses Tarifs tatsächlich den höheren Preis rechtfertigen (BGH NJW 2005, 51 (53); NJW 2005, 1041 (1043)) und der Tarif deshalb als erforderlicher Aufwand zur Schadensbeseitigung angesehen werden kann. Grds. kann der Geschädigte nur den von den Kfz-Vermietern angebotenen Normaltarif in Ansatz bringen und nicht den deutlich höher liegenden Unfallersatztarif (BGH NJW 2005, 51; NJW 2007, 1122; NJW 2007, 1124; NJW 2007, 1449; NJW 2007, 1676; vgl. zum Ganzen auch Palandt/*Grüneberg* BGB § 249 Rn. 32 ff.).

Der höher liegende Unfallersatztarif kann nach stRspr vom Geschädigten nur dann verlangt werden, wenn es ihm nicht möglich war, zum Normaltarif anzumieten, da bspw. nicht zugänglich (BGH NJW 2007, 1449; BGHZ 163, 19 = NJW 2005, 1933; NJW 2006, 1506 = VersR 2006, 669; NJW 2006, 2621; NJW 2007, 1122 (1123), BGH Urt. v. 26.4.2016 – VI ZR 563/15, NJW 2016, 2402, gerade auch, wenn der Versicherer ein Angebot zur Vermittlung einer günstigeren Anmietung unterbreitet.). Insoweit reicht nicht aus, dass das Mietwagenunternehmen dem Geschädigten zunächst nur einen Unfallersatztarif angeboten hat. Der Geschädigte muss dann nachfragen (BGN NJW 2007, 1124; NJW 2006, 2621). Den Geschädigten trifft insoweit zumindest eine sekundäre Darlegungslast (BGH NJW 2007, 1676). Der Geschädigte muss also darlegen, dass es ihm aufgrund der konkreten Umstände des Einzelfalls auf dem örtlich und zeitlich relevanten Markt nicht möglich war, einen Pkw zum Normaltarif anzumieten.

Von der Rspr. wird eine Erhöhung des Normaltarifs auch dann zugelassen, wenn aufgrund unfallspezifischer Kostenfaktoren die Anmietung zum erhöhten Unfallersatztarif erforderlich iSd § 249 Abs. 2 S. 1 BGB ist (BGH NJW 2007, 1122, vgl. auch BGH

Urt. v. 5.3.2013 – VI ZR 245/11, NJW 2013, 1870). Insoweit geht es darum, ob vom Vermieter spezifische Leistungen aufgrund der Besonderheiten des entsprechenden Falls zu erbringen sind. Ein erhöhter Tarif kann auch deshalb gerechtfertigt sein, wenn der Unfall sich unmittelbar vor oder an einem Feiertag oder zur Nachtzeit ereignet hat (BGH NJW 2007, 1122). Die Anmietung zu einem erhöhten Tarif kann auch dann gerechtfertigt sein, wenn der Geschädigte auf eine sofortige Fortsetzung der Fahrt und deshalb sofortiger Anmietung eines Mietfahrzeuges aus plausiblen Gründen angewiesen ist (vgl. Palandt/*Grüneberg* BGB § 249 Rn. 34 mwN). Ebenfalls aus Gründen der Schadensminderungspflicht muss der Geschädigte bei Inanspruchnahme eines Mietwagens während des Urlaubs die Möglichkeit eines Pauschalangebots prüfen (LG Frankenthal VersR 1986, 248). Weist das beschädigte Fahrzeug besondere Ausstattungsmerkmale auf, die für den Betrieb von wesentlicher Bedeutung sind, muss sich der Geschädigte nicht auf ein anderes Fahrzeug ohne diese Ausstattung verweisen lassen (BGH Urt. v. 5.3.2013 – VI ZR 245/11, NJW 2013, 1870 – Winterreifen).

18. Ebenso wie Nutzungsausfall kann auch der Ersatz von Mietwagenkosten nur für eine angemessene Dauer beansprucht werden (→ Form. II.F.10 Anm. 10). Diese wird ohne Sachverständigengutachten nicht zu bestimmen sein. Erfolgt eine fiktive Schadensberechnung anhand eines Sachverständigengutachtens kann der Geschädigte Ersatz der Mietwagenkosten nur für die im Gutachten veranschlagte Reparaturzeit verlangen und nicht für die längere Dauer einer tatsächlich durchgeführten Reparatur (BGH NJW 2003, 3480).

19. → Form. II.F.10 Anm. 14.

20. → Form. II.F.10 Anm. 16.

21. Ohne ausdrückliche Bestimmung (§ 366 BGB) und vorbehaltslos geleistete Zahlungen des Versicherers stellen ein Anerkenntnis (§ 212 Abs. 1 Nr. 1 BGB) dar und bewirken einen Neubeginn der Verjährung hinsichtlich des dem Geschädigten insgesamt zustehenden Schadensersatzanspruchs (BGH VersR 1986, 96).

22. Wird der Schaden teilweise außergerichtlich reguliert und zum Teil gerichtlich geltend gemacht, so muss bei der Abrechnung differenziert werden: zu unterscheiden ist die Abrechnung des Rechtsanwalts im Verhältnis zum Mandanten einerseits und die Abrechnung im Verhältnis zum Haftpflichtversicherer. Im Verhältnis zum Mandanten ist Gegenstandswert für die Gebühren nach Nr. 2300 VVRVG der geltend gemachte Betrag, wobei die Geschäftsgebühr nach Vorb. 3 Nr. 4 zur Hälfte, jedoch höchstens mit einem Gebührensatz von 0,75 auf die Verfahrensgebühr des anschließenden gerichtlichen Verfahrens anzurechnen ist. Hierbei reduziert sich die Verfahrens- und nicht die Geschäftsgebühr (BGH NJW-RR 2008, 1095) mit der Folge, dass die volle Geschäftsgebühr als Nebenforderung geltend gemacht werden muss. Sie ist im Kostenfestsetzungsverfahren nicht zu berücksichtigen. Im Verhältnis zum Gegner ist die Geschäftsgebühr aus dem außergerichtlich regulierten Betrag abzurechnen. Die Kosten des Prozesses sind nach der Kostenentscheidung im Urteil erstattungsfähig. Hierbei ist zu beachten, dass hinsichtlich des gerichtlich durchgesetzten Teils ebenfalls eine Geschäftsgebühr angefallen ist. Eine Anrechnung erfolgt nur, soweit „wegen desselben Gegenstands" eine Geschäftsgebühr und eine Verfahrensgebühr entstehen (Vorb. 3 Nr. 4 VVRVG). Der Teil der Geschäftsgebühr, der nicht angerechnet wird, bzw. nach der Anrechnung übrig bleibt, muss als materieller Schaden mit eingeklagt werden, da er im Kostenfestsetzungsverfahren nicht berücksichtigt werden kann (OLG Frankfurt a. M. NJW 2005, 759).

23. Hinsichtlich des Erwerbsschadens ist umstritten, ob nach der Bruttolohnmethode (so zB BGH VersR 1986, 162; OLG Hamm VersR 1985, 1194) oder nach der modifizierten Nettolohnmethode (so noch BGH VersR 1980, 529) vorzugehen ist (vgl. iE

Palandt/*Grüneberg* BGB § 252 Rn. 10 ff.). IErg sind beide Auffassungen für die Praxis heute nahezu gleichbedeutend (BGH VersR 2000, 65). Neben dem Erwerbsschaden des Geschädigten selbst kann auch der Verdienstausfall der Eltern erstattungsfähig sein (BGH VersR 1985, 784). Im Hinblick auf die Geltendmachung von Schmerzensgeld vgl. → Form. II.F.6.

24. → Form. II.F.6.

14. Verkehrsunfallklage bei Mitverschulden

An das
Landgericht[1]

Klage

des . . . .
– Klägers –

Prozessbevollmächtigter: . . . . .
gegen

den . . . . .
– Beklagten –[2]

wegen
Schadensersatz.
Vorläufiger Streitwert: 9.000 EUR[1]
Namens und in Vollmacht des Klägers erhebe ich Klage und werde beantragen:

I. Der Beklagte wird verurteilt, an den Kläger 7.000 EUR nebst 5 % Zinsen über dem Basiszinssatz hieraus seit 1.10. . . . . zu bezahlen.

II. Es wird festgestellt,[3] **dass der Beklagte verpflichtet ist, dem Kläger sämtliche Schäden, die ihm in Zukunft aus dem Verkehrsunfall vom . . . . auf der . . . . .-straße in . . . . . entstehen, zu $^2/_3$ zu ersetzen, soweit die Ansprüche nicht auf Sozialversicherungsträger oder sonstige Dritte**[4] **übergehen.**

III. . . . .[5]

Begründung:

1. [6] . . . . .
2. [7] . . . . .

Anmerkungen

1. Zum Streitwert sowie zur sachlichen und örtlichen Zuständigkeit → Form. II.F.13 Anm. 2.

2. Zu den möglichen Beklagten → Form. II.F.13 Anm. 3–5.

3. Zur Zulässigkeit der Feststellungsklage → Form. II.F.13 Anm. 8, 9.

4. Die Quote, mit der der Beklagte haftet, ist im Feststellungsantrag anzugeben, da sonst eine teilweise Klagabweisung mit Kostenfolgen (§ 92 Abs. 1 ZPO) stattfinden muss.

Zum Übergang von Ansprüchen auf Sozialversicherungsträger oder sonstige Dritte → Form. II.F.13 Anm. 10, → Form. II.F.1 Anm. 6.

5. Auch beim Schmerzensgeldantrag (→ Form. II.F.8) ist das Mitverschulden zu berücksichtigen. Es ist hier allerdings einer von mehreren Bemessungsfaktoren, sodass nicht das bei alleiniger Haftung des Beklagten anfallende Schmerzensgeld einfach zu quoteln ist (BGH VersR 1970, 624; ebenso Geigel Haftpflichtprozess/*Pardey* Kap. 6 Rn. 47; Palandt/*Grüneberg* BGB § 253 Rn. 20). Beim Grundurteil ist demgegenüber eine Quotierung hinsichtlich des Schmerzensgeldes zulässig (BGH NJW 2002, 3560). Der hier vorgeschlagene Antrag (→ Form. II.F.8 Anm. 5) führt nicht zu einer Quotelung des an sich bei Vollhaftung angemessenen Schmerzensgeldes, sondern er entspricht der Auffassung des BGH.

6. Der Aufbau der Klage entspricht dem bei → Form. II.F.13.

7. Der Schadensumfang entspricht dem in → Form. II.F.10, → Form. II.F.13. Der Verlust des Schadensfreiheitsrabatts in der Haftpflichtversicherung stellt – anders als bei der Kaskoversicherung (→ Form. II.F.15 Anm. 10) – keinen erstattungsfähigen Schaden dar (Palandt/*Grüneberg* BGB § 249 Rn. 55).

15. Verkehrsunfallklage bei Mitverschulden nach Inanspruchnahme der Kaskoversicherung (Quotenvorrecht)

An das
Amtsgericht[1]

Klage

des . . . . .
– Klägers –

Prozessbevollmächtigter: . . . . .
gegen

den . . . . .
– Beklagten –[2]

wegen
Schadensersatz.
Vorläufiger Streitwert:[1]

Für Antrag I:	**1.900 EUR**
für Antrag II:	**EUR**
	EUR

Namens und in Vollmacht des Klägers erhebe ich Klage und werde beantragen:

I. Der Beklagte wird verurteilt, an den Kläger 1.900 EUR nebst 5 % Zinsen über dem Basiszinssatz hieraus seit 4.1. . . . . zu bezahlen.

II. [3] **. . . . .**

Begründung:

1. [4] . . . . .

2. Dem Kläger ist durch den Unfall folgender Schaden[5] entstanden:

a)	**Quotenbevorrechtigte Ansprüche:**	
	Reparaturkosten	**3.000 EUR**
	Wertminderung[6]	**1.300 EUR**
	Sachverständigenkosten[7]	**400 EUR**
	Abschleppkosten[7]	**300 EUR**
	Dies ergibt den Gesamtschaden von	**5.000 EUR**
	Davon hat der Beklagte wegen des 50%igen Mitverschuldens 2.500 EUR zu ersetzen. Vom Kaskoversicherer hat der Kläger nach Abzug der Selbstbeteiligung erhalten.	**4.000 EUR**
	Dem Kläger verbleibt somit ein Schaden von	**1.000 EUR**
	Aus dem vom Beklagten zu zahlenden Betrag von 2.500 EUR stehen dem Kläger sonach 1.000 EUR zu.[8]	
b)	**Nicht quotenbevorrechtigte Ansprüche**	
	Mietwagenkosten[9]	**1.500 EUR**
	bereits entstandene Prämiennachteile in der Kaskoversicherung[10]	**250 EUR**
	Unkostenpauschale	**50 EUR**
		1.800 EUR
	Davon stehen dem Kläger auf Grund des hälftigen Mitverschuldens 900 EUR zu.	
c)	**Gesamtanspruch des Klägers:**	
	Bevorrechtigte Ansprüche	**1.000 EUR**
	nicht bevorrechtigte Ansprüche	**900 EUR**
		1.900 EUR

Anmerkungen

1. Zum Streitwert sowie zur sachlichen und örtlichen Zuständigkeit → Form. II.F.13 Anm. 2.

2. Zu den Beklagten → Form. II.F.13 Anm. 3–5.

3. Zum Feststellungsantrag: Im vorliegenden Fall ist insb. im Hinblick auf die Höherstufung in der eigenen Kaskoversicherung ein Feststellungsantrag mit aufzunehmen. Zum Feststellungsantrag vgl. → Form. II.F.14, zum Schmerzensgeldantrag → Form. II.F.8.

4. Der Aufbau der Klage entspricht dem → Form. II.F.13.

5. Der Geschädigte ist grundsätzlich nicht verpflichtet, die eigene Kaskoversicherung in Anspruch zu nehmen (BGH NJW 2021, 694). Wird die eigene Vollkaskoversicherung hinsichtlich des Sachschadens in Anspruch genommen, ist eine differenzierte Abrechnung notwendig. Zwar gehen nach § § 86 Abs. 1 S. 1 VVG die Schadensersatzansprüche des Geschädigten insoweit auf den Versicherer über, als dieser ihm den Schaden ersetzt. Wegen des Quotenvorrechts nach § 86 Abs. 1 S. 2 VVG mindert die Zahlung des Kaskoversicherers den Ersatzanspruch des Geschädigten jedoch nur insoweit, als der Gesamtbetrag – aus Zahlung des Kaskoversicherers und vom Gegner verlangtem Betrag – den Schaden übersteigt. Anders gesagt, gehen die Ansprüche des Geschädigten nur insoweit auf den Kaskoversicherer über, als der entstandene Sachschaden insgesamt überschritten wird (sog Differenztheorie; zB BGH NJW 1983, 827; 1982, 829). Diese Grundsätze gelten jedoch nur für den unmittelbaren, von der Kaskoversicherung erfassten (kongruenten) Schaden, nicht hinsichtlich des inkongruenten Sachfolgeschadens. Damit ist die Abrechnung aufzuteilen in quotenbevorrechtigte (kongruente) Ansprüche und nicht quotenbevorrechtigte (inkongruente) Ansprüche (vgl. dazu Geigel Haftpflichtprozess/*Schneider* Kap. 13 Rn. 51 ff.). Der Anwalt der Geschädigten muss bei Bestehen einer Kaskoversicherung immer prüfen, ob deren Inanspruchnahme nicht günstiger ist. Dabei muss er auch berücksichtigen, ob und ggf. welche Prämiennachteile dem Geschädigten bei Inanspruchnahme der Kaskoversicherung entstehen.

6. Die Wertminderung gehört nach BGH (NJW 1982, 827) zu den unmittelbaren Sachschäden (für die Erstattung der Wertminderung durch die Kaskoversicherung BGH VersR 1985, 441).

7. Die Sachverständigenkosten und die Abschleppkosten gehören nach BGH (NJW 1982, 829) ebenfalls zu den unmittelbaren Sachschäden.

8. Der Rest von 1.500 EUR ist auf Grund des gesetzlichen Forderungsübergangs (§ 86 Abs. 1 S. 2 VVG) auf den Kaskoversicherer übergegangen.

9. Ein statt der Mietwagenkosten geltend gemachter Anspruch auf Nutzungsausfall gehört ebenfalls zu den nicht quotenbevorrechtigten Ansprüchen. Gleiches gilt für die Anwaltskosten im Falle einer teilweisen Regulierung (zu den Anwaltskosten → Form. II. F.10 Anm. 17).

10. Der Verlust des Schadensfreiheitsrabatts in der Kaskoversicherung ist erstattungsfähiger, adäquater Schaden, wenn der Haftpflichtversicherer zuvor erfolglos aufgefordert wurde (str.; so BGH VersR 1976, 1066 (1067); LG Rottweil NJW 1986, 1996 = VersR 1986, 1129; Palandt/*Grüneberg* BGB § 249 Rn. 55. Durch eine Entscheidung des BGH (NJW 1992, 1035 = VersR 1992, 244) wurde geklärt, dass der Schadensfreiheitsrabatt für die Zukunft nur im Wege der Feststellungsklage geltend gemacht werden kann.

16. Verkehrsunfallklage aus Gefährdungshaftung

An das
Landgericht[1]

Klage

des . . . . .
– Klägers –

Prozessbevollmächtigter: . . . . .
gegen
1. den . . . . .
2. die . . . . .-Versicherungs-AG,
vertreten durch den Vorstand
. . . . .
– Beklagte –[2]
wegen
Schadensersatz
Vorläufiger Streitwert für Antrag Ziff. I:[1] **. . . . .**

Vorläufiger Streitwert für Antrag Ziff. II: . . . . .

Namens und in Vollmacht des Klägers erhebe ich Klage und werde beantragen:

I. Die Beklagten werden als Gesamtschuldner verurteilt, an den Kläger ein angemessenes Schmerzensgeld nebst 5 Prozentpunkten Zinsen über den Basiszinssatz seit . . . . . zu bezahlen.[3]

II. Die Beklagten werden als Gesamtschuldner[4] verurteilt, an den Kläger . . . . . EUR nebst 5 % Zinsen über dem Basiszinssatz hieraus seit . . . . . zu bezahlen

III. Es wird festgestellt,[5] dass die Beklagten als Gesamtschuldner verpflichtet sind, dem Kläger sämtliche Schäden, die ihm künftig aus dem Verkehrsunfall vom . . . . . auf der . . . . .-Straße in . . . . . entstehen, nach den Bestimmungen des StVG[6] zu ersetzen, soweit sie nicht auf Sozialversicherungsträger oder andere Dritte übergegangen sind und übergehen.

Begründung:

Der Kläger macht Schadensersatzansprüche aus einem Verkehrsunfall vom . . . . . gegen . . . . . Uhr auf der . . . . .-Straße in . . . . . geltend. Der Kläger war Beifahrer auf dem Vordersitz im Taxi des Beklagten Ziff. 1 mit dem Kennzeichen . . . . ., das der Beklagte Ziff. 1 auch selbst fuhr. Die Beklagte Ziff. 2 ist die Haftpflichtversicherung für das Fahrzeug.

1. Der Unfall ereignete sich wie folgt: Der Beklagte Ziff. 1 befuhr mit seinem Taxi die . . . . .-Straße in . . . . . mit etwa 50 km/h. Der Kläger war Fahrgast auf dem vorderen Beifahrersitz. Plötzlich platzte infolge äußerer Einwirkung unbekannter Art der linke Hinterreifen. Der Beklagte Ziff. 1 nahm eine Vollbremsung vor, wodurch das Fahrzeug ins Schleudern kam und nach verschiedenen Schleuderbewegungen rechts auf die Leitplanke aufprallte. Obwohl der Kläger angegurtet war, erlitt er bei dem Unfall Verletzungen, infolge derer er für mindestens ein halbes Jahr arbeitsunfähig krank sein wird: . . . . .

2. Der Beklagte Ziff. 1 hat zwar nicht schuldhaft falsch reagiert. Es liegt aber kein Fall von höherer Gewalt vor. Der Beklagte Ziff. 1 hätte iÜ das Fahrzeug ausrollen lassen können. Ein idealer Kraftfahrer hätte jedoch in dieser Situation keine Vollbremsung vorgenommen, sondern das Fahrzeug ausrollen lassen. Es wäre dann zu keinem Unfall gekommen, da die Straße frei war und das Fahrzeug nur wegen der Vollbremsung des Beklagten Ziff. 1 ins Schleudern kam. Der Beklagte Ziff. 1 . . . . . haftet dem Kläger deshalb nach § 7 Abs. 1 StVG auf Schadensersatz.[7, 8]

3. Dem Kläger ist folgender Schaden entstanden: . . . . .

Anmerkungen

1. Hinsichtlich des Streitwerts, der sachlichen und örtlichen Zuständigkeit sowie zum Gerichtsstand des Unfallorts → Form. II.F.13 Anm. 1 f.

2. Zu den möglichen Beklagten vgl. zunächst → Form. II.F.13 Anm. 3–5. Aus Gefährdungshaftung nach § 7 Abs. 1 StVG haftet nur der Halter, nicht der Fahrer! Rechtsgrundlage für die Haftung des Fahrers ist § 18 Abs. 1 StVG. Soweit die Halterhaftung nach § 7 Abs. 1 StVG gegeben ist, haftet der Fahrer für vermutetes Verschulden. Er kann jedoch den Entlastungsbeweis antreten und führen (§ 18 Abs. 1 S. 2 StVG). Die Anforderungen an diesen Beweis sind geringer als bei § 7 Abs. 2 StVG. Der Fahrer ist nicht erst dann entlastet, wenn er das Vorliegen von höherer Gewalt bewiesen hat. Anders gesagt, muss er nicht dartun und beweisen, dass der Unfall durch das Vorliegen von höherer Gewalt unvermeidbar war.

3. Dem Geschädigten steht bei Personenschäden auch im Fall der Gefährdungshaftung ein Anspruch auf Zahlung von Schmerzensgeld zu (vgl. § 11 S. 2 StVG).

4. Zum Gesamtschuldverhältnis zwischen Halter und Versicherung → Form. II.F.13 Anm. 7. Ein Gesamtschuldverhältnis besteht nicht zwischen dem vom Halter verschiedenen Eigentümer und dem Fahrer. Ein Leasinggeber, der Eigentümer, aber nicht Halter des Leasing-Kraftfahrzeugs ist, muss sich im Rahmen der Geltendmachung eines Schadensersatzanspruchs nach § 823 BGB wegen Verletzung seines Eigentums am Leasingfahrzeug bei einem Verkehrsunfall weder ein Mitverschulden des Leasingnehmers oder des Fahrers des Leasingfahrzeugs noch dessen Betriebsgefahr anspruchsmindernd zurechnen lassen (BGH NJW 2007, 3120).

5. Zum Feststellungsantrag → Form. II.F.13 Anm. 8.

6. Diese Einschränkung sollte im Klagantrag aufgenommen werden, da sonst eine teilweise Klagabweisung mit Kostenfolgen (§ 92 Abs. 1 ZPO) zu erwarten ist. Der nach §§ 8–15 StVG zu ersetzende Schaden kann gegenüber der Schadensersatzpflicht bei unerlaubter Handlung nach §§ 823 ff. BGB geringer sein. Von Bedeutung ist dies vor allem hinsichtlich folgender Einschränkungen: § 12 StVG sieht Haftungshöchstgrenzen vor; bei Mitverschulden kommt es auf die Person an, die die tatsächliche Gewalt ausübt; ferner kommt uU die Verwirkungsvorschrift § 15 StVG in Betracht.

7. Bei Klagen nach § 7 Abs. 1 StVG in Fällen von Beteiligung zweier Fahrzeuge ist zunächst zu beachten, dass zur substantiierten Behauptung der vollen Haftung des Gegners auch der Vortrag gehört, der Unfall stelle für den Kläger höhere Gewalt dar (vgl. dazu *Karczewski* VersR 2001, 1070), iSd § 7 Abs. 2 StVG. Ferner empfiehlt es sich, hier vorsorglich – falls der Nachweis der Unvermeidbarkeit nicht geführt werden kann – zur Abwägung nach § 17 StVG vorzutragen und dabei auszuführen, weshalb dennoch eine Vollhaftung des Gegners zu bejahen ist (zum Problem des Schadensausgleichs gegenüber dem Leasinggeber vgl. BGH VersR 1986, 169 (171)).

8. Zum vorliegenden Sachverhalt BGH NJW 1976, 1504; LG Bielefeld NZV 1991, 235; zu weiteren Fällen der Gefährdungshaftung BGH VersR 1986, 169 zum Einfahren auf eine BAB und Überwechseln auf die Überholspur, BGH NJW 1992, 1685; NJW 2004, 772; NJW-RR 2008, 764, zum Fehlen des ursächlichen Zusammenhangs zwischen Schaden und einem bestimmten Betriebsvorgang; BGH NJW 2005, 2081, zum Merkmal „bei dem Betrieb"; OLG Köln NZV 1999, 43, zum Überschreiten der Richtgeschwindigkeit auf der BAB.

17. Vergleich (Abfindungsvergleich) mit dem Haftpflichtversicherer

Vergleich und Abfindungserklärung[1]
Schaden-Nr. . . . .
Versicherungsnehmer: . . . . .
Anspruchsteller: . . . . .
Ich (wir) . . . . .
erkläre(n) mich (uns) gegen Zahlung eines Betrags von . . . . . EUR aus dem Schadensfall vom . . . . .
ein für allemal abgefunden[2] wegen aller Schadensersatzansprüche[3] gegen die zuständigen Haftpflichtversicherer,[4] die versicherten Personen und sonstige Dritte,[5] soweit diesen im

Fall ihrer Inanspruchnahme ein Ausgleichsanspruch gegen die zuständigen Haftpflichtversicherer oder die Versicherten zusteht.
Die Zahlung ist kein Anerkenntnis[6] einer Haftung. Die Ansprüche sind weder abgetreten noch gepfändet oder verpfändet.
Der Unterzeichner hält sich gebunden,[7] wenn der Betrag binnen drei Wochen nach Eingang der Erklärung bei der Gesellschaft angewiesen wird.
Für den Sachschaden sind Zahlungen erfolgt oder zu erwarten von:[8] . . . . .
Für den Personenschaden sind Zahlungen erfolgt oder zu erwarten von:[8] . . . . .
Sondervereinbarungen:[6] . . . . .

Abfindungssumme:	**8.000 EUR**
Vorschüsse:	**2.000 EUR**
Restzahlung:	**6.000 EUR[9]**

Reutlingen, den . . . . . **. . . . .**

Anmerkungen

1. Die Form. der Haftpflichtversicherungen enthalten AGB, die nach den Vorschriften der §§ 305 ff. BGB zu überprüfen sind (BGH NJW 1985, 970 = VersR 1985, 165; → Anm. 5).

2. Damit werden regelmäßig die gesamten Schadensersatzansprüche für Vergangenheit und Zukunft abgegolten. Auch wenn Schäden auftreten, die nicht zu erwarten waren, besteht dem Grundsatz nach kein Schadensersatzanspruch mehr (BGH VersR 1983, 1034). Allerdings ist es Auslegungsfrage, ob ein Abfindungsvergleich, nach dem die Schadensersatzansprüche des Geschädigten „ein für alle Mal erledigt sind", auch unvorhergesehene Spätfolgen erfasst (OLG Frankfurt a. M. VersR 1993, 1147). Auch § 138 BGB wird im Regelfall nicht weiterhelfen, insbesondere dann, wenn die Sittenwidrigkeit aus Umständen hergeleitet wird, die dem Versicherer im Zeitpunkt des Vergleichsabschlusses nicht bekannt sind (OLG Dresden Urt. v. 23.5.2017 – 4 U 1524/16, NJW-RR 2018, 30). Nur in Ausnahmefällen, wenn entweder die Grundsätze zur Störung der Geschäftsgrundlage (BGH NJW-RR 1992, 714; NJW-RR 2008, 1716) eingreifen oder eine unerträgliche Härte für den Geschädigten vorliegen würde, kann § 242 BGB helfen (Geigel Haftpflichtprozess/*Bacher* Kap. 39 Rn. 18 ff.). Hinsichtlich etwaiger Folgeschäden kann der Geschädigte nach der Rspr. trotz eines Abfindungsvergleichs vollen Schadensersatz verlangen, wenn das Festhalten des Schädigers an der Abfindungsvereinbarung deshalb gegen Treu und Glauben verstößt, weil ein krasses Missverhältnis zwischen dem Schaden und der Abfindungssumme besteht (OLG Nürnberg NZV 2000, 507; OLG Hamm NZV 1997, 400), und wenn der Zukunftsschaden bei der Festlegung der Abfindungssumme keine oder nur eine untergeordnete Rolle gespielt hat (BGH MDR 1990, 995 ; BGH VersR 1966, 243; OLG Hamm VersR 1987, 389; 1987, 509; OLG Köln VersR 1988, 520 jeweils mwN). Dies gilt zB dann, wenn durch einen Unfall ein posttraumatischer Hirnschaden eingetreten ist, als dessen Spätfolge nun eine Partialepilepsie auftritt, die ihrerseits zu ständigen medikamentösen Behandlung zwingt; hier hat das OLG Köln (VersR 1988, 520) einen Anspruch auf zusätzliches Schmerzensgeld bejaht (vgl. im Hinblick auf Zukunftsschäden auch → Anm. 6).

3. Hier handelt es sich um Ansprüche des Versicherungsnehmers und nicht um diejenigen Ansprüche, die Dritten zustehen, etwa nach §§ 844 f. BGB, oder auf Dritte übergegangen sind, zB nach § 116 SGB X auf die Sozialversicherungsträger.

4. Die Haftpflichtversicherung schließt den Vergleich namens und in Vollmacht ihres Versicherungsnehmers ab. Da der Versicherer nach § 115 Abs. 1 VVG aber auch selbst haftet, wird der Vergleich zusätzlich im eigenen Namen abgeschlossen.

5. Hier ist zwar in erster Linie der Fahrer angesprochen. Die Klausel ist jedoch weitergehend. Derartige AGB, wonach der Geschädigte einen Verzicht auf weitergehende Ansprüche nicht nur bzgl. des Versicherungsnehmers und des Versicherers, sondern uneingeschränkt hinsichtlich „jedes Dritten" erklärt, sind überraschend und benachteiligen den Geschädigten entgegen den Geboten von Treu und Glauben unangemessen. Sie sind daher nach § 307 BGB unwirksam (BGH NJW 1985, 970 = VersR 1985, 165; VersR 1986, 467).

6. Künftige Schäden sind mit dem vorliegenden Form. grds. ausgeschlossen (vgl. → Anm. 2; zur Beratungspflicht des Rechtsanwalts BGH NJW 2002, 292 und dazu *Chab* BRAKMitt, 2002, 22). Soweit zusätzliche Klauseln enthalten sind, ist folgendes zu unterscheiden: Möglich sind Vorbehalte, wobei häufig formuliert wird:

„Vorbehalten bleibt der unfallbedingte materielle Zukunftsschaden, soweit er nicht vom Sozialversicherungsträger oder anderen Dritten übernommen wird."

Oder

„Nicht erfasst sind materielle und immaterielle Zukunftsschäden, soweit . . . . .".

In diesen Fällen ist zu beachten, dass kein die Verjährungsfrist unterbrechendes Anerkenntnis vorliegt, so dass nach Ablauf der Verjährungsfrist auch diese Ansprüche nicht mehr durchgesetzt werden können, wenn die Einrede erhoben wird (BGH VersR 1992, 1091). Aus der Sicht des Geschädigten ist deshalb darauf zu achten, dass ein eindeutiges Anerkenntnis erfolgt.

7. Form. der Versicherer sind meist als einseitige Erklärung des Geschädigten ausgestaltet. Ist eine Bindungsfrist nicht genannt, so ergeben sich Probleme hinsichtlich der Bindungsdauer (§ 147 Abs. 2 BGB). Die Annahme des Angebots seitens des Versicherers erfolgt durch Erfüllung der Zahlungspflicht.

8. Hier muss der Geschädigte wahrheitsgemäße Angaben über bereits erfolgte oder zu erwartende Zahlungen seitens des Arbeitgebers, der Berufsgenossenschaft, der Krankenkasse, der LVA, der Knappschaft, der BfA, der DRV, des Versorgungsamts, des Sozialamts, einer privaten Krankenversicherung oder anderer Stellen machen. Hinsichtlich des Sachschadens ist von Bedeutung, ob Zahlungen durch eine Versicherung zu erwarten sind, wobei in erster Linie die Vollkaskoversicherung, eine Teilkaskoversicherung oder andere Sachversicherungen zu nennen sind.

9. Fehlen Angaben über die vom Schädiger zu erstattenden Anwaltskosten, so sind sie an sich mit dem zu zahlenden Betrag erfasst (OLG Köln VersR 1963, 468). Es empfiehlt sich deshalb, in die Abfindungserklärung die Anwaltskosten mit aufzunehmen, obwohl in der Praxis die Versicherer tatsächlich keine Einwendungen erheben, auch wenn eine entsprechende Regelung nicht enthalten ist.

Hinsichtlich der Höhe der Anwaltsgebühren gilt Folgendes: Mit der vorliegenden Urkunde und der Annahme durch Zahlung wird ein Vergleich abgeschlossen. Hierdurch entsteht eine Einigungsgebühr gem. VV 1000 RVG. Finden umfangreiche Verhandlungen mit dem Versicherer statt, kann sich auch die Geschäftsgebühr über 1,3 hinaus erhöhen.

Arzthaftungsrecht

18. Anforderung der Krankenunterlagen

An das
. . . . .-Krankenhaus[1, 2]

Ihr Patient . . . . ., geb. am . . . . .

Stationärer Aufenthalt vom . . . . . bis . . . . .

Sehr geehrte Damen und Herren,

hiermit zeige ich unter Beifügung einer mich legitimierenden Vollmacht[3] an, dass mich Ihr ehemaliger Patient . . . . . mit der Wahrnehmung seiner Interessen beauftragt hat.

Mein Mandant befand sich bei Ihnen in der Zeit vom . . . . . bis . . . . . in Ihrer stationären Behandlung. Der Unterzeichner ist damit beauftragt worden, Schadensersatzansprüche zu überprüfen.[4] Aus diesem Grunde fordere ich Sie namens und in Vollmacht meines Mandanten auf, mir bis spätestens zum . . . . .[5] eine vollständige[6] Ablichtung[7] der gesamten Krankenunterlagen den og stationären Aufenthalt betreffend zur Verfügung zu stellen,[8] einschließlich der gefertigten bildgebenden Befunde.[9] Eine Schweigepflichtentbindungserklärung ist im Original beigefügt.[10]

Nur rein vorsorglich weise ich darauf hin, dass meinem Mandanten ein Einsichtsrecht in die vollständige Originalpatientenakte zusteht und er Abschriften von der Patientenakte gegen Erstattung der hierdurch entstandenen Kosten verlangen kann (§ 630g BGB). Angemessene Kosten, um deren Bezifferung ich bitte, werden von meinem Mandanten selbstverständlich übernommen werden.[11]

Rechtsanwalt,[12, 13]

Schrifttum: Deutsch, Allgemeines Haftungsrecht, 2. Aufl. 1996; *Deutsch/Spickhoff,* Medizinrecht, 7. Aufl. 2014; *Frahm/Walter,* Arzthaftungsrecht, 7. Aufl. 2020; *Geiß/Greiner,* Arzthaftpflichtrecht, 7. Aufl. 2014; *Huster/Kaltenborn,* Krankenhausrecht, 2. Aufl. 2017; *Katzenmeier,* Arzthaftung, 2002; *Laufs/Katzenmeier/Lipp,* Arztrecht, 8. Aufl. 2021; *Laufs/Kern/Rehborn,* Handbuch des Arztrechts, 5. Aufl. 2019; *Martis/Winkhart,* Arzthaftungsrecht, 5. Aufl. 2018; *Quaas/Zuck/Clemens,* Medizinrecht, 4. Aufl. 2018; *Spickhoff,* Medizinrecht, 3. Aufl. 2018; *Steffen/Pauge,* Arzthaftungsrecht, 12. Aufl. 2012; *Wenzel,* Der Arzthaftungsprozess, 2012.

Anmerkungen

1. Der Anwalt sieht sich bei einem Erstgespräch mit einem Patienten in der Regel einer notgedrungen laienhaften Schilderung eines medizinischen Sachverhalts ausgesetzt, bei der die subjektive Sichtweise und nicht die objektiven medizinischen Zusammenhänge im Vordergrund stehen. Um einen medizinischen Sachverhalt juristisch bewerten zu können, muss dieser erst verlässlich ermittelt werden. Zur Aufklärung des medizinischen Sachverhalts ist die Anforderung der Krankenunterlagen unerlässlicher Bestandteil der anwaltlichen Tätigkeit im Arzthaftungsrecht. Beizuziehen sind dabei grds. nicht nur die Krankenunterlagen des Arztes/Krankenhauses, gegen die sich die Prüfung von Schadensersatzansprüchen richten, sondern auch die Krankenunterlagen vor- und nachbehandelnder Ärzte/Krankenhäuser, die mit der vermeintlich fehlerhaften Behandlung verknüpft

sind (vgl. Wenzel Arzthaftungsprozess/*Dautert* Kap. 2 Rn. 2770), bspw. zur Ermittlung präoperativer Beschwerden oder des entstandenen (Gesundheits-)Schadens.

2. Vor dem Inkrafttreten des „Gesetzes zur Verbesserung der Rechte von Patientinnen und Patienten" (BGBl. 2013 I 277) zum 26.2.2013 leitete die Rspr. das Einsichtsrecht des Patienten in die in seinem Interesse gefertigten Krankunterlagen aus einer vertraglichen Nebenpflicht aus dem Behandlungsvertrag her und stützte dieses auf das Selbstbestimmungsrecht des Patienten und dessen personaler Würde (Art. 1 Abs. 1 iVm Art. 2 Abs. 1 GG), beschränkte das Einsichtsrechts allerdings auf Aufzeichnungen über objektive physische Befunde und Berichte über Behandlungsmaßnahmen (BGH NJW 1983, 328 = MedR 1983, 62). In der Literatur wurde der Einsichtsanspruch teilweise auf die §§ 810, 811 BGB gestützt (vgl. zur Entwicklung des Einsichtsrechts *Kensy* MedR 2013, 767 (768 ff.); *Hinne* NJW 2005, 2270; *Martis/Winkhart* Kap. E Rn. 1). Mit dem durch das „Gesetz zur Verbesserung der Rechte von Patientinnen und Patienten" neu eingefügten § 630g BGB hat der Gesetzgeber das Einsichtsrecht als vertragliche Nebenpflicht aus dem Behandlungsvertrag kodifiziert und den Umfang des Einsichtsrechts in Anlehnung an die Rspr. des BVerfG (NJW 2006, 1116) auf die vollständige Originalpatientenakte erstreckt (BT-Drs. 17/10488, 26 f.). Gem. § 630g Abs. 1 S. 1 BGB ist dem Patienten auf dessen Verlangen hin unverzüglich, dh ohne schuldhaftes Zögern (§ 121 Abs. 1 S. 1 BGB), Einsicht in die vollständige, ihn betreffende Patientenakte zu gewähren, soweit der Einsichtnahme nicht erhebliche therapeutische Gründe oder sonstige erhebliche Rechte Dritter entgegenstehen. Der Anspruch auf Überlassung einer vollständigen Abschrift der Patientenakte ergibt sich aus § 630g Abs. 2 S. 1 BGB. Ungeklärt ist das Verhältnis zur DS-GVO, die am 25.5.2018 in Kraft getreten ist und in Art. 15 Abs. 1 ein Recht der „betroffenen Person" auf Auskunft über verarbeitete personenbezogene Daten begründet. Art. 15 Abs. 3 DS-GVO begründet zudem einen Anspruch auf Überlassung einer Kopie der personenbezogenen Daten. Jene Kopie ist – im Gegensatz zu § 630g Abs. 2 S. 2 BGB → Anm. 7 – unentgeltlich zur Verfügung zu stellen (vgl. Art. 12 Abs. 5 S. 1 DS-GVO). Vertritt man einen uneingeschränkten Anwendungsvorrang der DS-GVO, so führt dies sowohl zur Kostenfreiheit des Auskunftsverlangen als auch zu einem uneingeschränkten Einsichtsrecht trotz entgegenstehender therapeutischer Gründe (§ 630g Abs. 1 S. 1 BGB → Anm. 6; zur Diskussion insb. mit Blick auf Art. 23 Abs. 1i DS-GVO vgl. LG Dresden MedR 2021, 58 mAnm *Gruner*; BeckOK BGB/*Katzenmeier* BGB § 630g Rn. 2a; MüKoBGB/*Wagner* BGB § 630g Rn. 4 ff.)

3. Wird die Einsichtnahme in höchstpersönliche Daten durch einen Bevollmächtigten begehrt, so sind an Inhalt und Klarheit der Vollmacht strenge Anforderungen zu stellen. Nach dem OLG München (GesR 2011, 673 (674) = BeckRS 2011, 06414) muss sich aus der Vollmacht ergeben, dass diese gegenüber dem jeweiligen Krankenhaus/Arzt erteilt wurde; anderenfalls sei der Einsichtsanspruch nicht fällig (sa *Rehborn* GesR 2013, 257 (269); aA LG Stuttgart MedR 2016, 450 (451)). Eine Vollmacht im Original dürfte nicht erforderlich sein (vgl. LG Hannover MedR 2016, 730 (731)), empfiehlt sich aber aus anwaltlicher Vorsicht.

4. Ein vorprozessuales Einsichtsrecht des Patienten zur Vorbereitung eines Haftungsprozesses war bereits vor der Neuregelung des § 630g BGB anerkannt (vgl. Laufs/Kern/Rehborn ArztR-HdB/*Kern/Rehborn* § 62 Rn. 1 f.). Auf die Erläuterung des Zwecks der Anforderung der Krankenunterlagen kann allerdings verzichtet werden, da § 630g BGB den Anspruch auf Einsichtnahme nicht von einem besonderen bzw. berechtigten Interesse des Patienten abhängig macht (vgl. *Deutsch/Spickhoff* MedR Rn. 917; *Habermalz* NJW 2013, 3403 (3404)). Etwas anderes gilt bei Erben und nahen Angehörigen (vgl. *Steffen/Pauge* ArzthaftungsR, 12. Aufl. 2012, Rn. 478; → Anm. 12). Die Formulierung sollte sich jedenfalls zur Vermeidung einer negativen Feststellungklage auf die „Überprüfung“ von Ansprüchen beschränken.

5. Die Fristsetzung sollte sich an dem zu erwartenden Umfang der Krankenunterlagen orientieren. Eine zwei- bis dreiwöchige Frist wird grds. als angemessen anzusehen sein (AG Hagen NJW-RR 1999, 1068 (1069): zweiwöchige Frist auch bei umfangreichen Krankenunterlagen angemessen; ebenso AG Hamm BeckRS 2014, 10457; aA OLG München GesR 2011, 673 (674) = BeckRS 2011, 6414: Frist von zwei Wochen unangemessen kurz).

6. Der Patient hat einen Anspruch auf Einsichtnahme in die vollständige Originalpatientenakte (vgl. *Rehborn* GesR 2013, 257 (267); *Habermalz* NJW 2013, 3403 (3404)). Die früher anerkannte Einsichtsverweigerung in patientenbezogene persönliche Beurteilungen des Arztes (BGH NJW 1983, 328 = MedR 1983, 62; Laufs/Katzenmeier/Lipp ArztR/*Katzenmeier* Kap. IX Rn. 58 f.; Laufs/Kern/Rehborn ArztR-HdB/*Kern/Rehborn* § 62 Rn. 3 f.; ausf. *Martis/Winkhart* Kap. E Rn. 5 ff. mwN) findet in § 630g Abs. 1 S. 1 BGB keine Stütze mehr. Der Einsichtsanspruch erstreckt sich daher grds. sogar auf nicht fachlich motivierte Einträge, etwa subjektive Wertungen des Arztes, seine persönlichen Eindrücke über den Patienten oder Bemerkungen über querulatorisches Verhalten (vgl. *Deutsch/Spickhoff* MedR Rn. 922; Spickhoff/*Spickhoff* BGB § 630g Rn. 4; *Kensy* MedR 2013, 767 (771); *Rehborn* GesR 2013, 257 (267 f.); BT-Drs. 17/10488, 27). Das Einsichtsrecht kann nur bei Vorliegen erheblicher therapeutischer Gründe oder bei entgegenstehenden erheblichen Rechten Dritter partiell oder vollständig („soweit“) verweigert werden. Ziel der erstgenannten Einschränkung (sog „Therapievorbehalt“, vgl. dazu *Deutsch* NJW 1980, 1305 (1308)) ist der Schutz des Patienten vor Informationen, die für ihn mit einer erheblichen gesundheitlichen (Selbst-)Schädigung verbunden sein können (*Deutsch/Spickhoff* MedR Rn. 922; Spickhoff/*Spickhoff* BGB § 630g Rn. 5; BeckOK BGB/*Katzenmeier* BGB § 630g Rn. 7; BT-Drs. 17/10488, 26). Sind in den Krankenunterlagen Informationen über die Persönlichkeit dritter Personen enthalten, die ihrerseits schutzwürdig sind, etwa Informationen über die sorgeberechtigten Eltern bei der Behandlung Minderjähriger, kann unter Abwägung der widerstreitenden Interessen die Einsichtnahme partiell verweigert werden (BT-Drs. 17/10488, 27). Die Ablehnung der Einsichtnahme ist in jedem Falle zu begründen, § 630g Abs. 1 S. 2 BGB.

7. Aus § 630g Abs. 2 BGB ergibt sich der Anspruch des Patienten, nicht nur Einsicht, sondern gegen Kostenerstattung auch Abschriften der ihn betreffenden Originalpatientenakte verlangen zu können. Die Abschriften können sowohl von einer in Textform erstellten Dokumentation als auch von elektronischen Dokumenten und ggf. auch in Form maschinenlesbarer Datenkopien oder Dateien in elektronischer Form gefertigt werden (BT-Drs. 17/10488, 27). Die Kosten für die Abschriften oder Kopien hat der Patient in Anlehnung an § 811 Abs. 2 S. 1 BGB dem Behandelnden zu erstatten, § 630g Abs. 2 S. 2 BGB. Gerechtfertigt sind in der Regel bis zu 0,50 EUR/Kopie (vgl. LG München I ArztR 2009, 215; Spickhoff/*Spickhoff* BGB § 630g Rn. 8; AG Düsseldorf BeckRS 2007, 5655: 0,30 EUR/Kopie). Einen finanziellen Ausgleich für die aufgewendete Zeit im Sinne eines Honorars kann der Behandler nicht fordern (vgl. *Rehborn* GesR 2013, 257 (268)).

8. Die gefertigten Abschriften der Patientenakte werden in der Praxis nahezu ausnahmslos und anstandslos dem Patienten übersandt. Ein rechtlich durchsetzbarer Anspruch auf Zusendung der Unterlagen besteht allerdings nicht (vgl. OLG Frankfurt a. M. ArztR 2012, 78; LG Dortmund NJW 2001, 2806; AG Waiblingen GesR 2011, 484; *Kensy* MedR 2013, 767 (772); *Deutsch/Spickhoff* MedR Rn. 927; Wenzel Arzthaftungsprozess/*Köllner* Kap. 2 Rn. 1122; *Rehborn* GesR 2013, 257 (268)). Auch die Einsichtnahme in die Originalpatientenakte ist an dem Ort zu gewähren, an dem sich die

Patientenakte befindet, § 630g Abs. 1 S. 3 iVm § 811 Abs. 1 S. 1 BGB. Dies ist regelmäßig der Sitz der Arztpraxis bzw. des Krankenhauses (vgl. Spickhoff/*Spickhoff* BGB § 630g Rn. 7; Laufs/Katzenmeier/Lipp ArztR/*Katzenmeier* Kap. IX Rn. 67; *Rehborn* GesR 2013, 257 (268)). Der Behandelnde genügt damit seiner Verpflichtung, wenn er die Ablichtungen der Patientenakte am Belegenheitsort bereithält, solange kein wichtiger Grund für eine Verlegung bzw. Versendung vorliegt (vgl. *Kensy* MedR 2013, 767 (772)). Es handelt sich demzufolge grds. um eine Holschuld (vgl. AG Waiblingen GesR 2011, 484; LG Dortmund NJW 2001, 2806; *Rehborn* GesR 2013, 257 (268)).

9. Wurden bildgebende Befunde digital erhoben oder nachträglich digitalisiert, so kann eine Datenkopie ohne tatsächliche und rechtliche Schwierigkeiten dem Patienten auf dessen Verlangen hin auf einem Datenträger ausgehändigt werden. In Bezug auf Originalaufnahmen, insb. Röntgenaufnahmen, besteht in der Rspr. Einigkeit darüber, dass der Patient die Vorlegung der Originalaufnahmen zur Einsicht bei seinem Rechtsanwalt für die Dauer einer notwendigen Auswertung durch eine fachkundige Person verlangen kann. Als Organe der Rechtspflege bieten Rechtsanwälte eine gewisse Zuverlässigkeit dahin, dass sorgsam mit den Röntgenaufnahmen umgegangen und diese nach Gebrauch auch zurückgegeben werden (LG Kiel NJW-RR 2007, 1623 = MedR 2007, 733; OLG München NJW 2001, 2806; LG München I MedR 2001, 524; *Deutsch/Spickhoff* MedR Rn. 929; Spickhoff/*Scholz* MBO § 10 Rn. 5; *Martis/Winkhart* Kap. E Rn. 20).

10. Ärzte, ärztliches Hilfspersonal und sonstige in die Behandlungsbeziehung eingebundene Personen unterliegen der strafrechtlich sanktionierten Schweigepflicht (§ 203 StGB). Ohne eine Schweigepflichtentbindungserklärung als rechtfertigende Einwilligung ist es den genannten Geheimnisträgern nicht erlaubt, über die Krankheitsdaten Auskunft zu geben bzw. die Daten Dritten zugänglich zu machen. Aufgrund des höchstpersönlichen Charakters ist nur der Patient dispositionsbefugt, bei minderjährigen Patienten die Personensorgeberechtigten, solange die Patienten nicht einsichts- und daher nicht einwilligungsfähig sind (vgl. *Deutsch/Spickhoff* MedR Rn. 942). Nach dem Tod des Patienten kommt es auf dessen ausdrücklich geäußerten oder mutmaßlichen Willen an. Aufgrund des höchstpersönlichen Charakters können weder die Erben noch die nächsten Angehörigen die Geheimnisträger wirksam von der Schweigepflicht entbinden (vgl. Spickhoff/*Spickhoff* StGB § 203 Rn. 36).

11. Es genügt ein wörtliches Angebot der Kostenübernahme, um den Annahmeverzug zu begründen, da zur Bewirkung der Leistung noch eine Handlung, nämlich die Bezifferung der Kosten, erforderlich ist, § 295 S. 1 Alt. 2. BGB. Der Annahmeverzug dient der erleichterten Durchsetzung des Herausgabeanspruchs in der Zwangsvollstreckung → Form. II.F.19 Anm. 7.

12. Im Falle des Todes des Patienten gewährt § 630g Abs. 3 S. 1 BGB seinen Erben zur Wahrnehmung der vermögensrechtlichen Interessen dieselben Rechte auf Einsichtnahme in die Patientenakte. Zu den vermögenrechtlichen Interessen, dessen Verfolgung die Erben nachzuweisen haben (OLG München ZEV 2009, 40 = MedR 2009, 49; Laufs/Katzenmeier/Lipp ArztR/*Katzenmeier* Kap. IX Rn. 70; *Steffen/Pauge* ArzthaftungsR, 12. Aufl. 2012, Rn. 478), zählen neben Versorgungs-, Versicherungs- und Rentenansprüche vor allem (arzt-)haftungsrechtliche Ansprüche (OLG München ZEV 2009, 40 = MedR 2009, 49; *Müller* ZEV 2014, 401 (402); Spickhoff/*Spickhoff* BGB § 630g Rn. 11). Geht es um immaterielle Interessen, steht das Einsichtsrecht auch den nächsten Angehörigen zu, die gleichzeitig Erben sein können, aber nicht müssen (vgl. *Müller* ZEV 2014, 401 (402); *Steffen/Pauge* ArzthaftungsR, 12. Aufl. 2012, Rn. 479). Auch sie haben die Verfolgung nachwirkender Persönlichkeitsbelange, etwa die Verwirklichung eines Strafanspruchs, nachzuweisen (vgl. *Steffen/Pauge* ArzthaftungsR, 12. Aufl. 2012, Rn. 479). Anknüpfend daran, dass die Pflicht zur Verschwiegenheit grds. über den Tod des

Betroffenen hinausgeht (§ 203 Abs. 4 StGB), bestimmt § 630g Abs. 3 S. 3 BGB, dass das Einsichtsrecht der Erben und der nächsten Angehörigen ausgeschlossen ist, soweit der ausdrückliche oder mutmaßliche Wille des verstorbenen Patienten entgegensteht (vgl. hierzu OLG Karlsruhe NJW 2020, 162). Hat der Verstorbene sich hierüber zu Lebzeiten nicht geäußert, dann muss sein mutmaßlicher Wille erforscht werden. Es obliegt dem Geheimnisträger, zu entscheiden, ob der Verstorbene ihn mutmaßlich von der Pflicht zur Verschwiegenheit entbunden hätte. Er hat die konkreten oder mutmaßlichen Belange nachvollziehbar vorzutragen, schuldet aber keine Substantiierung in der Weise, dass die zu rechtfertigende Geheimhaltung iErg unterlaufen würde. Fehlen anderweitige Anhaltspunkte, so ist regelmäßig davon auszugehen, dass die Offenlegung von Unterlagen zur Verfolgung von Behandlungs- und Aufklärungsfehlern dem mutmaßlichen Willen des Verstorbenen entspricht (BGH MDR 2013, 653 = NZS 2013, 553 = VersR 2013, 648 = BeckRS 2013, 06020; OLG München MDR 2011, 1496 = BeckRS 2011, 23421; OLG München ZEV 2009, 40 = MedR 2009, 49; *Martis/Winkhart* Kap. E Rn. 34 mwN; *Fellner* MDR 2011, 1452).

Kosten und Gebühren

13. Die Entgegennahme der Informationen und die anschließende Tätigkeit nach außen hin durch Anforderung der Krankenunterlagen lässt die Geschäftsgebühr nach Nr. 2300 VV entstehen. Das Anschreiben enthält zwar weder schwierige rechtliche Ausführungen noch größere sachliche Auseinandersetzungen. Dennoch liegt kein Schreiben einfacher Art nach VV 2301 RVG vor, da der Auftrag des Anwalts regelmäßig auf die umfangreiche Tätigkeit der Überprüfung von Schadensersatzansprüchen und nicht nur auf die Erstellung eines Schreibens einfacher Art gerichtet ist (vgl. zu dieser Abgrenzung Schneider/Wolf/*Onderka*, Anwaltskommentar RVG, 8. Aufl. 2017, VV 2301 Rn. 8).

Die Geltendmachung des Anspruchs auf Herausgabe von Kopien der Behandlungsunterlagen dient der Vorbereitung und/oder Überprüfung der Erfolgsaussichten einer Arzthaftungsklage. Nach stRspr ist der Streitwert daher prozentual am Streitwert der Hauptsache (Arzthaftungsklage) zu bemessen. Die Höhe richtet sich danach, in welchem Maße die Durchsetzung der Hauptsacheforderung von den Krankenunterlagen abhängt (OLG Saarbrücken BeckRS 2008, 7141), also wie bedeutsam die streitgegenständlichen Unterlagen im konkreten Einzelfall für die Prüfung der Erfolgsaussichten sind. Die Werte schwanken in der Rspr. zwischen: **10 %** (OLG München BeckRS 2007, 6486; NJW-RR 2007, 273 = BeckRS 2006, 13709 = MedR 2007, 47 mAnm *Rigizahn* = VersR 2007, 1130; OLG Köln BeckRS 2010, 3288 = VersR 2010, 693), **20 %** (OLG Nürnberg NJOZ 2011, 323 = VersR 2011, 818; AG Düsseldorf BeckRS 2007, 5655) bis hin zu **30 %** (OLG München BeckRS 2012, 5571 = MDR 2012, 869: 27,5 % und AG Michelstadt BeckRS 2010, 12536 = VersR 2010, 693: 1/3 des Hauptsachewerts).

Die Anforderung und Durchsicht der Patientenakte, die Prüfung der Erfolgsaussichten und ggf. die sich anschließende außergerichtliche Geltendmachung von Ansprüchen stellen jedoch dieselbe Angelegenheit dar. Bedeutung hat die Frage nach dem Streitwert in Bezug auf die Geltendmachung des Anspruchs auf Herausgabe von Kopien der Behandlungsunterlagen daher nur im Falle eines Klageverfahrens (→ Form. II.F.19) oder wenn sich der Auftrag des Rechtsanwalts lediglich auf die Anforderung der Patientenakte beschränkt (zu einem solchen Fall AG Michelstadt BeckRS 2010, 12536 = VersR 2010, 693)

19. Klage auf Herausgabe von Krankenunterlagen

An das
Landgericht . . . . .[1, 2]

Klage

des . . . . .
– Klägers –
Prozessbevollmächtigte: . . . . .

gegen

. . . . .-Krankenhaus GmbH . . . . .
– Beklagte –
wegen: Herausgabe von Krankenunterlagen

Namens und in Vollmacht des Klägers erhebe ich Klage gegen die Beklagte und kündige an zu beantragen,

1. die Beklagte zu verurteilen, an den Kläger eine vollständige Ablichtung der Originalkrankenunterlagen[3] über die stationäre Behandlung des Klägers im Hause der Beklagten in der Zeit vom . . . . . bis . . . . . an den Kläger Zug-um-Zug[4] gegen Erstattung der entstandenen Kosten[5] herauszugeben,[6]
2. festzustellen, dass sich die Beklagte mit der Bezifferung der im Klageantrag zu 1. genannten Kosten seit dem . . . . . in Annahmeverzug befindet.[7]

Vorläufiger Streitwert: . . . . .[13]

Sollte das Gericht das schriftliche Vorverfahren anordnen und die Beklagte nicht fristgerecht ihre Verteidigungsbereitschaft anzeigen, so wird der Erlass eines
Versäumnisurteils
gem. § 331 Abs. 3 ZPO beantragt.

Begründung:

Der Kläger begehrt von der Beklagten die Herausgabe einer vollständigen Ablichtung der Krankenunterlagen über seine stationäre Behandlung im Hause der Beklagten in der Zeit vom . . . . . bis . . . . .

I.

Bei dem am . . . . . geborenen Kläger wurde am . . . . . ein Bandscheibenmassenvorfall im Bereich der Brustwirbelsäule in Höhe des Segmentes BWK 5/6 mit massiver Kompression des Myelons von ventral festgestellt. Der Kläger stellte sich noch am selben Tage in der Notaufnahme der Beklagten vor. Am darauffolgenden Tage wurde eine mikrochirurgische Laminektomie durchgeführt. Unmittelbar postoperativ zeigte sich eine progrediente Querschnittslähmung, sodass noch am selben Tage eine Revisionsoperation durchgeführt wurde, die allerdings erfolglos blieb. Am . . . . . wurde der Kläger mit einer inkompletten thorakalen Querschnittssymptomatik aus der stationären Behandlung der Beklagten entlassen und befand sich daraufhin in der stationären Behandlung der . . . . .-Klinik. Der Kläger ist seit der Operation vom . . . . . im Hause der Beklagten inkomplett querschnittsgelähmt mit einhergehender Blasen- und Darmlähmung.[8]

Beweis: Entlassungsbericht der . . . . .-Klinik vom . . . . . – Anlage K1 –

Es besteht der Verdacht, dass der Kläger im Hause der Beklagten nicht nach den Regeln der ärztlichen Kunst behandelt wurde. Aus diesem Grunde wurde der Unterzeichner

damit beauftragt, Schadensersatzansprüche zu überprüfen. Mit Schreiben vom ..... wurde die Beklagte unter Beifügung einer Vollmacht[9] und einer Schweigepflichtentbindungserklärung[10] mit Fristsetzung bis zum .....[11] aufgefordert, eine vollständige Ablichtung der Originalkrankenunterlagen den og stationären Aufenthalt betreffend gegen Übernahme der entstandenen Kosten[12] herauszugeben. Dies erfolgte jedoch nicht. Auch auf das Erinnerungsschreiben vom ..... unter nochmaliger Fristsetzung bis zum ..... reagierte die Beklagte nicht.

Beweis: Aufforderungsschreiben vom ..... – Anlage K 2 –
Erinnerungsschreiben vom ..... – Anlage K 3 –

II.

Gem. § 630g Abs. 1 S. 1 BGB hat ein Patient ein Einsichtsrecht in die vollständigen, ihn betreffenden Originalkrankenunterlagen. Gegen Erstattung der entstandenen Kosten kann ein Patient ferner eine vollständige Abschrift der Originalpatientenakte verlangen, § 630g Abs. 2 BGB. Diesen Anspruch macht der Kläger gegenüber der Beklagten mit dem Klageantrag zu 1. geltend.

Das erforderliche Feststellungsinteresse nach § 256 ZPO für den Klageantrag zu 2. liegt vor, weil die Feststellung der erleichterten Vollstreckung dient, §§ 756, 765 ZPO (BGH NJW 2002, 1262 (1263)). Der Feststellungsantrag ist auch begründet, denn auf die erklärte Kostenübernahmeerklärung hin oblag es der Beklagten, die Kosten zu beziffern und mitzuteilen. Zur Begründung des Annahmeverzuges reichte demzufolge das wörtliche Angebot zur Kostenübernahme (§ 295 S. 1 Alt. 2. BGB).

Dem angegebenen Streitwert liegen folgende Erwägungen zugrunde: .....

Rechtsanwalt[13]

Anmerkungen

1. Werden Ablichtungen der Krankenunterlagen trotz Aufforderung unter angemessener Fristsetzung durch den Behandler nicht herausgegeben, so kann es angezeigt sein, den Herausgabeanspruch klagweise geltend zu machen. Nicht selten kommen Ärzte/Krankenhäuser ihrer Verpflichtung nach Klageerhebung nach und übersenden während des laufenden Rechtsstreits eine Fotokopie der Krankenunterlagen. Wird der Rechtsstreit sodann übereinstimmend in der Hauptsache für erledigt erklärt, so kommt es für die vom Gericht zu treffenden Kostenentscheidung neben der Berücksichtigung des bisherigen Sach- und Streitstandes (§ 91a Abs. 1 ZPO) auch darauf an, ob die beklagte Partei Anlass zur Klageerhebung gegeben hat (Grundgedanke des § 93 ZPO), sich also mit der Herausgabe in Verzug befand. Hieran fehlt es, wenn außergerichtlich eine Übersendung der gefertigten Kopien geltend gemacht wird, da ein Anspruch auf Zusendung nicht besteht → Form. II.F.18 Anm. 8 oder ein Anspruch auf Herausgabe der Originalkrankenunterlagen, obwohl dem Patienten lediglich ein Anspruch auf Herausgabe von Kopien zusteht. In beiden Fällen fehlt es an einer verzugsbegründenden Mahnung, sodass die Kostenentscheidung zulasten der klagenden Partei ausfällt (LG Dortmund NJW 2001, 2806; LG Düsseldorf MedR 2007, 663 = BeckRS 2008, 3641). Die Formulierung des außergerichtlichen Schreibens (→ Form. II.F.18) und die Formulierung der Klageanträge verlangt daher besondere Sorgfalt.

Zur Vermeidung eines Klageverfahrens kann auch die für den Behandler zuständige Ärztekammer angeschrieben und um Vermittlung gebeten werden, da die Herausgabe der kopierten Patientenakte gleichzeitig eine Berufspflicht des Arztes darstellt, § 10 Abs. 2 S. 2 MBO-Ä.

2. Die sachliche Zuständigkeit des Gerichts ergibt sich aus §§ 23 Nr. 1 GVG, 71 Abs. 1 GVG. Der Zuständigkeitsstreitwert ist identisch mit dem Gebührenstreitwert → Anm. 13. Die örtliche Zuständigkeit ergibt sich aus den Regeln des allgemeinen Gerichtsstands (§§ 12–19 ZPO).

3. Der Patient hat ein grds. unbeschränktes Einsichtsrecht in die ihn betreffende Originalpatientenakte, soweit der Einsichtnahme nicht erhebliche therapeutische Gründe oder sonstige erhebliche Rechte Dritter entgegenstehen (§ 630g Abs. 1 S. 1 BGB). Aus § 630g Abs. 2 BGB ergibt sich der hier klagweise geltend gemachte Anspruch, nicht nur Einsicht, sondern gegen Kostenerstattung auch Abschriften von der Originalpatientenakte verlangen zu können → Form. II.F.18 Anm. 6, 7.

4. Gem. § 630g Abs. 2 S. 2 BGB hat der Patient dem Behandelnden die „entstandenen Kosten" zu erstatten. Da die Wortwahl begrifflich voraussetzt, dass die Abschrift bereits erstellt worden ist, ist der Patient in Bezug auf die für die Erstellung der Abschriften der Patientenakte entstehenden Kosten nicht vorleistungspflichtig (str., vgl. *Kensy* MedR 2013, 767 (772); *Müller* ZEV 2014, 401 (402); Spickhoff/*Spickhoff* BGB § 630g Rn. 8; sa bereits LG München BeckRS 2009, 25552). Dem Behandelnden steht allerdings ein **Zurückbehaltungsrecht** gem. § 273 BGB zu (AG Düsseldorf BeckRS 2007, 5655; AG Hagen NJW-RR 1999, 1068 f.; NJW-RR 1998, 262 (263); AG Bielefeld BeckRS 2010, 10420; LG Essen BeckRS 2014, 18246; LG München BeckRS 2009, 28490; BeckRS 2009, 25552; *Kensy* MedR 2013, 767 (772); *Habermalz* NJW 2013, 3403 (3405)). Auf dieses Recht hat sich der Behandler zwar ausdrücklich zu berufen. Geschieht dies allerdings und hat der Kläger eine uneingeschränkte Verurteilung begehrt, so unterliegt er teilweise gem. § 92 Abs. 1 ZPO (vgl. BeckOK ZPO/*Jaspersen/Wache* ZPO § 92 Rn. 27; sa → Form. II.A.1 Anm. 3). Zur Vermeidung einer kostenerheblichen Unterliegensquote, bemessen anhand der (geschätzten) Kopierkosten (LG Essen BeckRS 2014, 18246), sollte dem Zurückbehaltungsrecht bereits im Klageantrag Rechnung getragen werden.

5. Die Kosten für die Abschriften oder Kopien hat der Patient in Anlehnung an § 811 Abs. 2 S. 1 BGB dem Behandelnden zu erstatten, § 630g Abs. 2 S. 2 BGB. Gerechtfertigt sind in der Regel bis zu 0,50 EUR/Kopie. Einen Anspruch auf einen finanziellen Ausgleich für die aufgewendete Zeit steht dem Behandler allerdings nicht zu → Form. II.F.18 Anm. 7.

6. Auch wenn die gefertigten Abschriften der Patientenakte in der Praxis nahezu ausnahmslos und anstandslos dem Patienten übersandt werden, so besteht dennoch kein rechtlich durchsetzbarer Anspruch auf Zusendung der Unterlagen. Der Behandelnde genügt seiner Verpflichtung, wenn er die Ablichtungen der Patientenakte am Belegenheitsort bereithält, solange kein wichtiger Grund für eine Verlegung bzw. Versendung vorliegt (vgl. zum Holschuldcharakter → Form. II.F.18 Anm. 8). Die Formulierung des Klageantrages („Ablichtung der Originalkrankenunterlagen ..... herauszugeben") trägt dem Holschuldcharakter hinreichend Rechnung, da mit einer Herausgabe inhaltlich die Bereitstellung zur Abholung gemeint ist (vgl. in Anlehnung an den Anspruch aus § 985 BGB: BGHZ 104, 304 (306) = NJW 1988, 3264). Geltend gemacht werden kann weder ein Anspruch auf Zusendung der Ablichtungen noch ein Anspruch auf Herausgabe der Originalkrankenunterlagen (LG Dortmund NJW 2001, 2806; LG Düsseldorf MedR 2007, 663 = BeckRS 2008, 3641).

7. Der Antrag dient der Vorbereitung der Zwangsvollstreckung eines Zug-um-Zug-Urteils nach §§ 756, 765 ZPO. Wird der Beweis, dass sich der Schuldner im Annahmeverzug befindet, durch öffentliche oder öffentlich beglaubigte Urkunden geführt, so ist es bei einer Vollstreckung durch den Gerichtsvollzieher nicht erforderlich, dass dieser vor der Vollstreckung dem Schuldner die diesem gebührende Leistung in einer den Annahmeverzug begründenden Weise anbietet (§ 756 Abs. 1 ZPO). Dieser Nachweis kann durch das zu vollstreckende Urteil geführt werden (vgl. OLG Köln NJW-RR 1991, 383 (384); MüKoZPO/*Heßler* ZPO § 756 Rn. 47). Aus diesem Grunde besteht für den Feststellungsantrag auch das nach § 256 ZPO erforderliche Feststellungsinteresse, weil der Gläubiger mit diesem Antrag die für den Gerichtsvollzieher verbindliche Feststellung im Tenor des Vollstreckungstitels erreicht (MüKoZPO/*Heßler* ZPO § 756 Rn. 48) und die Feststellung der erleichterten Vollstreckung dient (BGH NJW 2002, 1262 (1263)). → Form. II.A.1 Anm. 3. Zur Vollstreckung des Einsichtsrechts vgl. *Habermalz* NJW 2013, 3403 ff.

Gem. § 295 S. 1 Alt. 2. BGB genügt zur Begründung des Annahmeverzuges ein wörtliches Angebot des Schuldners, wenn zur Bewirkung der Leistung eine Handlung des Gläubigers erforderlich ist, etwa wenn noch ein Schuldbetrag anzugeben oder eine Rechnung zu erstellen ist (vgl. MüKoBGB/*Ernst* BGB § 295 Rn. 7). Beziffert der zur Herausgabe der Ablichtungen Verpflichtete die Kosten nicht, so genügt seitens des Patienten ein wörtliches Angebot der Kostenübernahme, um den Annahmeverzug zu begründen (AG Hagen NJW-RR 1999, 1068 f.; sa AG Düsseldorf BeckRS 2007, 5655).

8. Macht der Patient und nicht im Falle seines Todes dessen Erben oder dessen nahe Angehörige (→ Form. II.F.18 Anm. 11) das Einsichtsrecht geltend, so bedarf es keiner Darlegung eines berechtigten Interesses (→ Form. II.F.18 Anm. 4). Die zugrunde liegende ärztliche Behandlung mit den darauf beruhenden gesundheitlichen Einschränkungen sollte kurz skizziert werden, da sich der Streitwert prozentual am Streitwert der Arzthaftungsklage bemisst → Anm. 13.

9. Zum Erfordernis einer eindeutigen Vollmacht (→ Form. II.F.18 Anm. 3).

10. Zum Erfordernis einer Schweigepflichtentbindungserklärung (→ Form. II.F.18 Anm. 10).

11. Zur Angemessenheit der Fristsetzung → Form. II.F.18 Anm. 5.

12. Zur Bedeutung der Kostenübernahmeerklärung (→ Anm. 7,→ Form. II.F.18 Anm. 11).

Kosten und Gebühren

13. Für das Gericht entsteht die 3,0 Verfahrensgebühr nach KV 1210 GKG, für den Anwalt entstehen die Regelgebühren nach VV Teil 3 Abschn. 1 RVG.

Der Streitwert für die Klage auf Herausgabe von Krankenunterlagen bemisst die Rspr. prozentual am Streitwert der Hauptsache (Arzthaftungsklage), deren Erfolgsaussichten der Anwalt anhand der Krankenunterlagen überprüft. Der Prozentsatz richtet sich danach, in welchem Maße die Durchsetzung der Hauptsacheforderung von den Krankenunterlagen abhängt (OLG Saarbrücken BeckRS 2008, 7141), also wie bedeutsam die streitgegenständlichen Unterlagen im konkreten Einzelfall für die Prüfung der Erfolgsaussichten sind. Die Werte schwanken in der Rspr. zwischen: **10 %** (OLG München BeckRS 2007, 6486; NJW-RR 2007, 273 = BeckRS 2006, 13709 = MedR 2007, 47 mAnm *Rigizahn* = VersR 2007, 1130; OLG Köln BeckRS 2010, 3288 = VersR 2010, 693), **20 %** (OLG Nürnberg NJOZ 2011, 323 = VersR 2011, 818; AG Düsseldorf BeckRS 2007, 5655) bis hin zu **30 %** (OLG München BeckRS 2012, 5571 = MDR 2012, 869: 27,5 % und AG Michelstadt BeckRS 2010, 12536 = VersR 2010, 693: 1/3 des Hauptsachewerts).

Aufgrund der wirtschaftlichen Identität zwischen dem Leistungsantrag und dem auf Feststellung des Annahmeverzugs gerichteten Antrags besitzt dieser nach hM keinen eigenständigen Gegenstandswert. Er stellt vielmehr ein rechtlich unselbständiges Element der umstrittenen Leistungsverpflichtung dar, sodass eine Wertaddition nicht stattfindet,

§ 48 Abs. 1 GKG iVm § 5 ZPO (OLG Naumburg NJW-RR 2012, 1213; Musielak/Voit/*Heinrich* ZPO § 5 Rn. 8).

20. Klage aufgrund von Behandlungsfehlern

An das
Landgericht . . . . .[1, 2, 7]

Klage

des . . . . .
– Klägers –
Prozessbevollmächtigte: . . . . .

gegen[3]

. . . . .-Krankenhaus GmbH . . . . .
– Beklagte –
wegen: Arzthaftung
Namens und in Vollmacht des Klägers erhebe ich Klage gegen die Beklagte und kündige an zu beantragen,

1. **die Beklagte zu verurteilen, an den Kläger ein in das Ermessen des Gerichtes gestelltes Schmerzensgeld in einer Größenordnung von . . . . . EUR zzgl. Zinsen iHv 5 Prozentpunkten über dem Basiszinssatz seit dem . . . . . zu zahlen,[8]**
2. **die Beklagte zu verurteilen, an den Kläger . . . . . EUR zzgl. Zinsen iHv 5 Prozentpunkten über dem Basiszinssatz seit dem . . . . . zu zahlen,[9]**
3. **festzustellen, dass die Beklagte verpflichtet ist, dem Kläger sämtliche weitere materielle Schäden und sämtliche zum Zeitpunkt der letzten mündlichen Verhandlung nicht vorhersehbare immaterielle Schäden zu ersetzen, die zurückzuführen sind auf die schuldhaft fehlerhafte Behandlung der Beklagten in der Zeit vom . . . . . bis zum . . . . ., soweit die Ansprüche nicht auf Sozialversicherungsträger oder sonstige Dritte übergegangen sind oder übergehen werden,[10]**
4. **die Beklagte zu verurteilen, an den Kläger außergerichtliche Rechtsanwaltskosten iHv . . . . . EUR zzgl. Zinsen iHv 5 Prozentpunkten über dem Basiszinssatz seit dem . . . . . zu zahlen.[14]**

Streitwert:	**Klageantrag zu 1.**	**. . . . .**
	Klageantrag zu 2.	**. . . . .**
	Klageantrag zu 3.	**. . . . .**
	Gesamt	**. . . . .**

Sollte das Gericht das schriftliche Vorverfahren anordnen und die Beklagte nicht fristgerecht ihre Verteidigungsbereitschaft anzeigen, wo wird der Erlass eines
Versäumnisurteils
gem. § 331 Abs. 3 ZPO beantragt.
Es handelt sich vorliegend um eine Arzthaftungsangelegenheit. Nach stRspr sind Arzthaftungssachen aufgrund der besonders schwierigen Aufgabe der Tatsachenfeststellung und Beweiswürdigung grds. nicht dem Einzelrichter zu übertragen, und zwar unabhängig davon, ob eine geschäftsverteilungsplanmäßige Zuweisung an eine Spezialkammer besteht (§ 348 Abs. 1 Nr. 2e ZPO). Aus diesem Grunde wird um Kammerentscheidung gebeten.[11]

Die hinter der Beklagten stehende Haftpflichtversicherung hat außergerichtlich Schadensersatzansprüche bereits dem Grunde nach zurückgewiesen. Da aus diesem Grunde eine Güteverhandlung zwischen den Parteien zum gegenwärtigen Zeitpunkt aussichtslos ist, bitte ich, von einer Güteverhandlung gem. § 278 Abs. 2 ZPO abzusehen.

Begründung:[12]

Der Kläger begehrt von der Beklagten die Zahlung eines angemessenen Schmerzensgeldes in einer Größenordnung von ..... EUR, die Erstattung materieller Schäden iHv ..... EUR, die Feststellung der Ersatzpflicht weiterer materieller und zukünftiger immaterieller Schäden sowie die Zahlung außergerichtlich entstandener Rechtsanwaltskosten im Zusammenhang mit einer schuldhaft fehlerhaften Behandlung im Hause der Beklagten in der Zeit vom ..... bis .....

I. Sachverhalt und Krankengeschichte

Bei dem am ..... geborenen Kläger traten am ..... starke Rückenschmerzen im Bereich der Lendenwirbelsäule mit Ausstrahlung in das Gesäß auf. Da die Beschwerden anhielten, wurde er am nächsten Tage gegen 22.00 Uhr mittels RTW in die Notfallambulanz der neurologischen Klinik der Beklagten verbracht und dort unter der Diagnose einer linksseitigen Lumboischialgie und des Verdachts auf eine Spondylodiszitis (Entzündung der Bandscheibe und der beiden angrenzenden Wirbelkörper) stationär aufgenommen.

Beweis: Beizuziehende Krankenunterlagen der Beklagten

Die am Aufnahmetag erhobenen Laborwerte zeigten eine Niereninsuffizienz bei einem Kreatininwert von 1,26 mg/dl und eine eindeutige Infektkonstellation (Leukozyten 12,400/µl, CRP 19 mg/l, BSG 79 mm). An den beiden darauffolgenden Tagen wurden weder der Infektkonstellation noch der Verdachtsdiagnose einer Spondylodiszitis nachgegangen. Erst bei zunehmender klinischer Verschlechterung sah man sich im Hause der Beklagten am ..... zur Verlaufskontrolle der Infektparameter veranlasst. Es zeigten sich sowohl am ..... als auch am ..... signifikant angestiegene Infektparameter (CRP-Wert von 140mg/l und 312 mg/l). Dokumentiert wurde in den Krankenunterlagen für den ....., dass der Kläger nicht tief genug einatme und ein somnolenter Zustand bestünde. Die um 15.25 Uhr durchgeführte Blutgasanalyse zeigte einen pH-Wert von 7,273. Die am selben Tage durchgeführte Röntgen-Thorax-Diagnostik ergab eine Unterlappenpneumonie. Um 17.45 Uhr wurde der Kläger bei azidotischer Stoffwechsellage und ohne bis dato eingeleitete Antibiose auf die internistische Abteilung im Hause der Beklagten verlegt.

Beweis: Beizuziehende Krankenunterlagen der Beklagten

Von dort musste der Kläger nach wenigen Stunden auf die internistische Intensivstation verlegt werden. Es erfolgte noch am Verlegungstage initial eine Antibiose mit Clindamycin, bei zunehmender Ateminsuffizienz die Intubation und Beatmung und bei zunehmender Kreislaufinsuffizienz die Katecholamingabe. Die Beatmung gestaltete sich bei teilweise sehr hohen Beatmungsdrücken schwierig. Im weiteren Verlauf kam es zu ansteigenden Nierenretensionsparametern, sodass eine Kontaktaufnahme mit der nephrologischen Abteilung des .....-Krankenhauses erfolgte. Am ..... wurde der Kläger mit einem akuten Nierenversagen, Sepsis bei schwerer Pneumonie und respiratorischer Insuffizienz mit Beatmungspflichtigkeit in die nephrologische Abteilung des .....-Krankenhauses verlegt.

Beweis: Beizuziehende Krankenunterlagen der Beklagten

Dort befand sich der Kläger über 2 ½ Monate, dh bis zum ....., in stationärer und intensivmedizinischer Behandlung. Unter der eingeleiteten venovenösen Hämofiltration (CVVH) zeigten sich die Nierenretensionswerte rückläufig. Bei mehrfach ansteigenden

Entzündungsparametern wurden im weiteren Verlauf diverse antibiotische Therapien eingeleitet. Der Kläger entwickelte weiterhin einen Dekubitalulcus Grad IV, der am ..... chirurgisch versorgt wurde. Zum Zeitpunkt der Entlassung bestand der Verdacht auf eine critical-illness-Polyneuropathie.

Beweis: Krankenunterlagen des .....-Krankenhauses – Anlage K 1 –

Nach erfolgter Entlassung aus der stationären Behandlung am ..... befand sich der Kläger vom ..... bis ..... zur akutgeriatrischen Komplexbehandlung im .....-Krankenhaus. Dort wurde das Immobilitätssyndrom (critical-illness-Polyneuropathie), zurückzuführen auf die lange Beatmungspflichtigkeit und der eingetretenen Sepsis, bestätigt. Der Dekubitalulcus zeigte nur eine langsame Abheilungstendenz und musste täglich versorgt werden. Gegen Ende des stationären Aufenthaltes war der Kläger in der Lage, mit Hilfestellung 8x10m am Rollator zurückzulegen. Eine weitere Mobilisation gelangt nicht. Am ..... wurde der Kläger in sein häusliches Umfeld wieder entlassen

Beweis: Krankenunterlagen des .....-Krankenhauses – Anlage K 2 –

II. Vorwurf der schuldhaft fehlerhaften Behandlung[4]

Der Kläger ist im Hause der Beklagten nicht nach den Regeln der ärztlichen Kunst behandelt worden.

Beweis: Sachverständigengutachten[13]

Am Aufnahmetage zeigten die Laborwerte eine Infektkonstellation mit einer Leukozytose, einer BSG-Erhöhung und einer CRP-Erhöhung. Auf diese Infektkonstellation hätte mit einer Basisdiagnostik (Röntgen-Thorax, Urin-Stix, Blutkulturen) und mit einer Verlaufskontrolle am Folgetage reagiert werden müssen. Hinzu kommt, dass die Beklagte die Verdachtsdiagnose einer Spondylodiszitis stellte, dieser Verdachtsdiagnose aber nicht weiter nachging. Aufgrund der gestellten Verdachtsdiagnose hätte zeitnah eine bildgebende Diagnostik (Röntgen, CT oder MRT) erfolgen müssen.

Beweis: Sachverständigengutachten

Hätte die Beklagte auf die Infektkonstellation zutreffend mit einer Basisdiagnostik reagiert, so wäre die Diagnose einer Pneumonie spätesten am ..... gestellt worden. Dies hätte umgehend zur Einleitung einer Antibiotikatherapie geführt. Die Unterlassung der zeitnahen Abklärung der Infektkonstellation hätte die im weiteren Verlauf aufgetretene Sepsis mit Multiorganversagen, ausgehend von einer rechtsseitigen Pneumonie, verhindert.[5]

Beweis: Sachverständigengutachten

Auf die Feststellung dieses Kausalzusammenhangs dürfte es allerdings nicht ankommen, da von einem groben Behandlungsfehler (§ 630h Abs. 5 S. 1 BGB) auszugehen ist. Auf eine Infektkonstellation bei zusätzlich bestehendem Verdacht auf eine Spondylodiszitis nicht mit einer Basisdiagnostik, einer Verlaufskontrolle am Folgetag und nicht mit einer zeitnahen bildgebende Diagnostik der LWS zu reagieren, stellt einen eindeutigen Verstoß gegen bewährte ärztliche Behandlungsregeln dar und begründet einen Fehler, der aus objektiver Sicht nicht mehr verständlich erscheint, weil ein solcher Fehler einem Arzt schlechterdings nicht unterlaufen darf.[6]

Beweis: Sachverständigengutachten

Da ein Befunderhebungsfehler vorliegt, dürfte selbst dann, wenn der Behandlungsfehler nicht als grob eingestuft werden sollte, die Ursächlichkeit zwischen der unterlassenen Basisdiagnostik und der Verlaufskontrolle am Folgetag (Behandlungsfehler) und der septisch verlaufenden Pneumonie mit Multiorganversagen (Primärschaden) vermutet werden. Bei Erhebung der gebotenen Befunde (Röntgen-Thorax, Urin-Stix, Blutkulturen, Verlaufskontrolle der Infektparameter am Folgetag) hätte sich nämlich mit hinreichender

Wahrscheinlichkeit ein reaktionspflichtiges Ergebnis gezeigt (Pneumonie); eine Nichtreaktion auf einen derartigen Befund wäre grob fehlerhaft gewesen (§ 630h Abs. 5 S. 2 BGB).[6]

Beweis: Sachverständigengutachten

Die bei dem Kläger eingetretene critical-illness-Polyneuropathie und der aufgetretene Dekubitalulcus Grad IV (Sekundärschäden) sind eine Folge der Langzeitintensivbehandlung mit Beatmungspflichtigkeit über acht Wochen aufgrund der septisch verlaufenden Pneumonie mit Multiorganversagen (Primärschaden). Ohne die Langzeitintensivbehandlung wären diese Krankheitsbilder, unter denen der Kläger bis heute leidet, jedenfalls mit überwiegender Wahrscheinlichkeit nicht aufgetreten.[5]

Beweis: Sachverständigengutachten

III. Schaden

Wie unter – II. – ausgeführt entstand bei dem Kläger infolge der schuldhaft fehlerhaften Behandlung eine septisch verlaufende Pneumonie mit Multiorganversagen. Erforderlich wurde dadurch ein sehr langwieriger und komplikationsträchtiger Krankenhausaufenthalt mit Intensivpflichtigkeit und mit einer sich anschließenden akutgeriatrischen Komplexbehandlung. Neben einem Dekubitalulcus Grad IV entstand bei dem Kläger eine critical-illness-Polyneuropathie. Es handelt sich hierbei um eine Erkrankung des peripheren Nervensystems, gegen die es keine kausale Therapie gibt. Der Kläger ist bettlägerig, immobil und auf die Übernahme sämtlicher Verrichtungen des täglichen Lebens angewiesen. Es liegt eine Schwerstpflegebedürftigkeit (Pflegestufe 3) vor.

Beweis: Pflegegutachten vom . . . . . – Anlage K3 –

Mit der vorliegenden Klage werden folgende Schadenspositionen geltend gemacht:

1. Schmerzensgeld[8]

. . . . .

2. Materielle Schäden[9]

. . . . .

IV. Feststellungantrag[10]

. . . . .

V. Verzug

Die Beklagte wurde mit Schreiben vom . . . . . unter Fristsetzung bis zum . . . . . aufgefordert, die mit der Klage geltend gemachten Ansprüche zu bezahlen und ein dem angekündigten Feststellungsantrag entsprechendes Anerkenntnis abzugeben.

Beweis: Schreiben des Unterzeichners vom . . . . – Anlage K4 –

Dies erfolgte nicht. Die Beklagte befindet sich damit seit dem . . . . in Verzug.

VI. Außergerichtliche Rechtsanwaltskosten[14]

Mit dem Klageantrag zu 3. werden die dem Kläger entstandenen und bereits bezahlten außergerichtlichen Rechtsanwaltskosten geltend gemacht.

. . . . .

Rechtsanwalt[15, 16, 17]

Anmerkungen

1. Durch das zum 26.2.2013 in Kraft getretene „Gesetz zur Verbesserung der Rechte von Patientinnen und Patienten" (BGBl. 2013 I 277–279) wurden die bislang allein richterlich entwickelten Grundsätze des Arzthaftungsrechts (vgl. dazu *Katzenmeier* Arzthaftung S. 77 f.; Spickhoff/*Spickhoff* BGB § 630a Rn. 3) im BGB unter dem neuen Untertitel „Behandlungsvertrag" (§§ 630a–630h BGB) kodifiziert. Die Kodifikation erfolgte mit der Zielsetzung, für Patienten „mehr Transparenz und Rechtssicherheit" zu schaffen (vgl. BT-Drs. 17/10488, 9), ohne allerdings eine grundlegende Änderung der bisherigen Rechtslage herbeizuführen (vgl. zum Patientenrechtegesetz *Bender* VersR 2013, 962; *Katzenmeier* NJW 2013, 817; *Katzenmeier* MedR 2012, 576; *Martis/Winkhart* Kap. P Rn. 1 ff.; *Osmialowski* ArztR 2014, 89; *Rehborn* GesR 2013, 257; *Spickhoff* VersR 2013, 267; *Thole* MedR 2013, 145; *Thurn* MedR 2013, 153; *Wagner* VersR 2012, 789). Unverändert fort gilt demzufolge die sog **Zweispurigkeit des Arzthaftungsrechts:** Eine schuldhaft fehlerhafte und/oder infolge nicht ausreichender Aufklärung des Patienten rechtwidrige Behandlung begründet sowohl eine **Pflichtverletzung aus dem Behandlungsvertrag** (§§ 280 Abs. 1, 630a, 630e BGB) als auch eine **unerlaubte Handlung** (§ 823 Abs. 1 BGB) nach den richterlich entwickelten Haftungsgrundsätzen (zur Zweispurigkeit vgl. *Katzenmeier* Arzthaftung S. 79 ff.; *Geiß/Greiner* ArzthaftpflichtR Einl. Rn. 1 f.; *Deutsch/Spickhoff* MedR Rn. 298 ff.; *Vogeler* MedR 2008, 697; *Wagner* VersR 2012, 789 (801); *Schärtl* NJW 2014, 3601). Da sich das Patientenrechtegesetz an den bereits bestehenden richterlich entwickelten Grundsätzen orientiert und diese für die vertragliche Arzthaftung weitestgehend unverändert übernommen hat, ist weiterhin grds. (zu Ausn. vgl. *Vogeler* MedR 2020, 180) ein Gleichlauf der vertraglichen und deliktischen Haftung zu verzeichnen (vgl. *Geiß/Greiner* ArzthaftpflichtR Einl. Rn. 1 f.; Spickhoff/*Spickhoff* BGB § 630a Rn. 3; MüKoBGB/*Wagner* BGB Vor § 630a Rn. 26 f.; BT-Drs. 17/10488, 17). Nachdem das Schuldrechtsmodernisierungsgesetz die Verjährungsfristen vereinheitlicht und einen allgemeinen Anspruch auf Schmerzensgeld (§ 253 Abs. 2 BGB) eingeführt hat, bestehen Unterschiede lediglich noch iRd Einstehenmüssens für das Verhalten von Hilfspersonen (§§ 278, 831 BGB) und der für den vertraglichen Bereich geltenden Verschuldensvermutung (§ 280 Abs. 1 S. 2 BGB), die allerdings beide im Arzthaftungsbereich eher theoretischer Natur sind (vgl. iE *Deutsch/Spickhoff* MedR Rn. 303; *Katzenmeier* Arzthaftung S. 79 ff.; *Geiß/Greiner* ArzthaftpflichtR Einl. Rn. 1 f.; weiterführend *Vogeler* MedR 2020, 180).

2. Anknüpfungspunkt der vertraglichen Arzthaftung ist eine Pflichtverletzung aus dem geschlossenen Behandlungsvertrag (§ 630a BGB). Dieser ist grds. als **Dienstvertrag** einzustufen, was sich aus der systematischen Stellung des § 630a BGB („Titel 8. Dienstvertrag und ähnliche Verträge") und aus dem normierten Pflichtenprogramm ergibt. Geschuldet wird von dem Behandler (lediglich) eine Behandlung gemäß den zum Zeitpunkt der Behandlung bestehenden, allgemein anerkannten fachlichen Standards (§ 630a Abs. 2 BGB); er schuldet in Abgrenzung zum Werkvertrag keinen Behandlungserfolg (vgl. Spickhoff/*Spickhoff* BGB § 630a Rn. 5: Behandlungsvertrag als „persönlicher Dienstvertrag ohne Gesundheitsgarantie"). Selbst der auf die Durchführung einer Sterilisation (BGH NJW 1980, 1452 (1453)) oder einer kosmetischen Operation (OLG Zweibrücken BeckRS 2012, 9870 = MedR 2013, 170) gerichtete Vertrag ist ein Dienstvertrag. Auch der **Zahnarztvertrag** unterliegt den Regeln des Dienstvertragsrechts (BGH NJW 2011, 1674; Spickhoff/*Spickhoff* BGB § 630a Rn. 9; *Deutsch/Spickhoff* MedR Rn. 140; *Martis/Winkhart* Kap. A Rn. 405 ff.), auch wenn dieser Vertrag eine **zahnprothetische Behandlung** zum Gegenstand hat. Nur wenn der Vertrag allein ohne spezifische zahnärztliche Heilbehandlung auf die technische Herstellung einer Prothese gerichtet ist, gilt das werkvertragliche Gewährleistungsrecht für die technisch einwandfreie Fertigung der Prothese (BGH NJW 1975, 305 (306); BeckOK BGB/*Katzenmeier* BGB § 630a Rn. 22; *Martis/Winkhart* Kap. A Rn. 407 f. mwN).

3. Die Bestimmung derjenigen, gegen die sich der materielle Schadensersatzanspruch des Patenten aufgrund einer schuldhaft fehlerhaften und/oder infolge ungenügender

Aufklärung rechtwidriger Behandlung richtet (**Passivlegitimation**), kann mit nicht unerheblichen Schwierigkeiten verbunden sein. Zwar gilt im Grundsatz, dass derjenige, der den Patienten fehlerhaft (mit-)behandelt hat, zumindest aus unerlaubter Handlung materiell zum Schadensersatz verpflichtet sein kann. Außergerichtlich lässt sich allerdings einerseits mit der gebotenen Sicherheit die Kausalkette, die zum schädigenden Ereignis geführt hat, nicht eindeutig rekonstruieren, andererseits muss die Einstandspflicht eines einzelnen behandelnden Arztes stets unter besonderer Berücksichtigung der horizontal und vertikal arbeitsteiligen Medizin beurteilt werden; den letztbehandelnden Arzt beißen nicht immer die Hunde (treffend *Deutsch*, Den Letzten beißen nicht die Hunde: Die Haftung bei der arbeitsteiligen Medizin, in Duttge, Perspektiven des Medizinrechts im 21. Jahrhundert, 2007, 69, 77). Der vorprozessualen Unsicherheit wird dadurch Rechnung getragen, dass sich die Anspruchsprüfung in erster Linie auf die vertragliche Haftung und die Haftungszurechnungen (§ 278 BGB) konzentriert, anstatt ein Klageverfahren gegen einzelne Ärzte allein auf deliktischer Grundlage zu führen (vgl. *Geiß/Greiner* ArzthaftpflichtR Kap. A Rn. 1). Welche Rechtsbeziehungen mit welchen Pflichten im konkreten Behandlungsfall begründet werden, hängen maßgeblich davon ab, ob eine **ambulante** oder eine **stationäre Behandlung** erfolgt. Für **ambulante Behandlungsverhältnisse** gilt:

- **Frei praktizierender Arzt/Einzelpraxis:** Begibt sich ein **privatversicherter** Patient in die ambulante Behandlung eines **frei praktizierenden Arztes**, so kommt der Behandlungsvertrag zwischen dem Patienten und dem behandelnden Arzt zustande. Dies gilt auch im Verhältnis zwischen dem in der gesetzlichen Krankenversicherung versicherten **Kassenpatienten** und dem von ihm gewählten (§ 76 Abs. 1 S. 1 SGB V) **Vertragsarzt.** Der zwischen diesen beiden zustande kommende Behandlungsvertrag ist ebenfalls zivilrechtlicher Natur (§ 76 Abs. 4 SGB V; vgl. iE *Martis/Winkhart* Kap. A Rn. 462, 465; *Deutsch/Spickhoff* MedR Rn. 106; *Geiß/Greiner* ArzthaftpflichtR Kap. A Rn. 9; Laufs/Kern ArztR-HdB/*Kern* § 39 Rn. 7; Wenzel Arzthaftungsprozess/*Simmler* Kap. 1 Rn. 20; *Preis/Schneider* NZS 2013, 281 (282); *Spickhoff* ZRP 2012, 65 (66)), mit der Besonderheit, dass der Arzt nicht gegen den Patienten, sondern gegen die jeweilige Kassenärztliche Vereinigung einen Honoraranspruch erwirbt, soweit die Behandlung in den Leitungskatalog der gesetzlichen Krankenversicherung fällt. Der vom Gesetzgeber synallagmatisch ausgestaltete Behandlungsvertrag wird demzufolge bei einem Kassenpatienten in ein (partiell) einseitiges Vertragsverhältnis (§ 630a Abs. 1 aE BGB) umgewandelt (BT-Drs. 17/10488, 18 f.).
- **Praxisgemeinschaft:** Bei ihr handelt es sich lediglich um eine Organisationsgemeinschaft (vgl. Spickhoff/*Ratzel* BGB § 705 Rn. 13). Unter Aufrechterhaltung einer selbständigen Praxisführung erfolgt der Zusammenschluss zur gemeinsamen Nutzung von Praxisräumen, Praxiseinrichtung und Praxispersonal. Die Ärzte einer Praxisgemeinschaft besitzen einen eigenen Patientenstamm und eine eigene Karteiführung. Der Behandlungsvertrag mit dem Patienten kommt ausschließlich mit dem behandelnden Arzt zustande, der dem Patienten gegenüber alleine vertraglich und deliktisch haftet (vgl. BeckOK BGB/*Katzenmeier* BGB § 630a Rn. 64; *Martis/Winkhart* Kap. G Rn. 6, Kap. G Rn. 40; Laufs/Kern/Rehborn ArztR-HdB/*Kern/Rehborn* § 43 Rn. 7; Wenzel Arzthaftungsprozess/*Möller/Makoski* Kap. 2 Rn. 284 ff.; *Steffen/Pauge* ArzthaftungsR, 12. Aufl. 2012, Rn. 45).
- **Berufsausübungsgemeinschaft:** Eine Berufsausübungsgemeinschaft (früher: **Gemeinschaftspraxis**) ist dadurch gekennzeichnet, dass eine gemeinsame Ausübung der ärztlichen Tätigkeit durch mehrere Ärzte der gleichen oder verwandten Fachgebiete in gemeinsamen Räumen mit gemeinschaftlichen Einrichtungen und mit einer gemeinsamen Büroorganisation und Abrechnung erfolgt, wobei die einzelnen ärztlichen Leistungen für den jeweiligen Patienten während der Behandlung von einem wie von dem anderen Partner erbracht werden können (BGH NJW 2006, 437 (438); BSG MedR

2006, 611; Laufs/Kern/Rehborn ArztR-HdB/*Kern/Rehborn* § 43 Rn. 6; *Geiß/Greiner* ArzthaftpflichtR Kap. A Rn. 15; *Deutsch/Spickhoff* MedR Rn. 165 ff.). Neben fachgleichen Berufsausübungsgemeinschaften als Regelfall existieren auch Formen fachübergreifender bzw. fachverbindender Zusammenschlüsse (vgl. Quaas/Zuck/Clemens MedR/*Quaas* § 15 Rn. 5; Wenzel Arzthaftungsprozess/*Möller/Makoski* Kap. 2 Rn. 187). Berufsausübungsgemeinschaften werden entweder in der Rechtsform der **GbR** oder der **Partnerschaftsgesellschaft** gegründet. Bei einer in der Rechtsform einer GbR betriebenen Berufsausübungsgemeinschaft handelt es sich um eine nach außen auftretende und damit **rechts- und parteifähige** (BGH NJW 2001, 1056) **Außengesellschaft bürgerlichen Rechts** (vgl. BeckOK BGB/*Katzenmeier* BGB § 630a Rn. 65; *Steffen/Pauge* ArzthaftungsR, 12. Aufl. 2012, Rn. 45b; Wenzel Arzthaftungsprozess/*Möller/Makoski* Kap. 2 Rn. 196; *Martis/Winkhart* Kap. G Rn. 7). Die ursprünglich und auch heute noch vertretene Auffassung, der Behandlungsvertrag komme mit allen Ärzten der Berufsausübungsgemeinschaft zustande (BGH BGHZ 142, 126 (137); NJW 2006, 437 (438); Wenzel Arzthaftungsprozess/*Mennemeyer/Hugemann* Kap. 2 Rn. 342; *Martis/Winkhart* Kap. G Rn. 7; Quaas/Zuck/Clemens MedR/*Quaas* § 15 Rn. 4) ist seit der Ablösung der Doppelverpflichtungstheorie durch die akzessorische Haftung der Gesellschafter nicht konsequent. Vielmehr ist anzunehmen, dass der Behandlungsvertrag mit der Berufsausübungsgemeinschaft selbst zustande kommt und alle zur Gemeinschaft verbundenen Ärzte akzessorisch und persönlich (§ 128 HGB analog) für die vertraglichen Verbindlichkeiten haften (ebenso Laufs/Kern/Rehborn ArztR-HdB/*Kern/Rehborn* § 43 Rn. 6). Die analoge Anwendung des § 31 BGB auf die GbR (BGH NJW 2003, 1445 (1446 f.) = MedR 2003, 632 (633)) führt weiterhin dazu, dass sich die Berufsausübungsgemeinschaft auch ein zum Schadensersatz verpflichtendes Verhalten ihrer Gesellschafter zurechnen lassen muss, für welches die Gesellschafter ebenfalls akzessorisch und persönlich (§ 128 HGB analog) haften. Die Ärzte einer Berufsausübungsgemeinschaft haften damit akzessorisch sowohl für die vertraglichen als auch für die deliktischen Verbindlichkeiten der Gesellschaft (vgl. *Steffen/Pauge* ArzthaftungsR, 12. Aufl. 2012, Rn. 45b; *Steffen* MedR 2006, 75 (77); Wenzel Arzthaftungsprozess/*Möller/Makoski* Kap. 2 Rn. 192 ff.; *Deutsch/Spickhoff* MedR Rn. 166). Entsprechendes gilt, wenn die Berufsausübungsgemeinschaft als **Partnerschaft** firmiert. Für Verbindlichkeiten der Partnerschaft haften den Gläubigern neben dem Vermögen der Partnerschaft grds. die Partner als Gesamtschuldner (§ 8 Abs. 1 PartGG). Für berufliche Fehler haften neben der Partnerschaft allerdings nur die mit der Behandlung im Schadensfall befassten Ärzte (§ 8 Abs. 2 PartGG, vgl. *Steffen/Pauge* ArzthaftungsR, 12. Aufl. 2012, Rn. 46; *Steffen* MedR 2006, 75 (78); Wenzel Arzthaftungsprozess/*Möller/Makoski* Kap. 2 Rn. 254 ff.; Spickhoff/*Spickhoff* BGB § 630a Rn. 24).

- **Urlaubsvertreter:** Der Urlaubsvertreter des Praxisinhabers bzw. des ansonsten behandelnden Arztes ist Erfüllungsgehilfe des urlaubsabwesenden Arztes und haftet daher nur deliktisch für eigenes Fehlverhalten (§ 823 BGB). Der urlaubsabwesende Arzt haftet für das Fehlverhalten seines Vertreters vertraglich (§ 278) und ggf. auch deliktisch nach § 831 BGB (BGH NJW 2009, 1740; 2007, 1682; *Geiß/Greiner* ArzthaftpflichtR Kap. A Rn. 16).
- **Medizinisches Versorgungszentrum (MVZ):** Bei einem Medizinischen Versorgungszentrum handelt es sich um eine fachübergreifende ärztlich geleitete Einrichtung, in denen Ärzte als Angestellte oder Vertragsärzte tätig sind (§ 95 Abs. 1 S. 2 SGB V). Es kann sich aller zulässigen Organisationsformen bedienen und wird in der Regel als GbR oder GmbH geführt (vgl. Wenzel Arzthaftungsprozess/*Möller/Makoski* Kap. 2 Rn. 831 ff.; *Fiedler/Weber* NZS 2004, 358 ff.). Der Behandlungsvertrag kommt nur mit dem Träger des MVZ zustande. Dieser haftet gegenüber dem Patienten vertraglich über § 278 BGB für Pflichtverletzungen und über § 831 BGB für unerlaubte Handlungen der

behandelnden Ärzte; letztere haften dem Patienten gegenüber lediglich nach Deliktsrecht (vgl. Wenzel Arzthaftungsprozess/*Großkopf* Kap. 2 Rn. 1898 ff.; *Martis/Winkhart* Kap. G Rn. 12a ff.; Quaas/Zuck/Clemens MedR/*Quaas* § 17 Rn. 109; Laufs/Kern/Rehborn ArztR-HdB/*Kern/Rehborn* § 43 Rn. 8; *Osmialowski* ArztR 2014, 89).

- **Ambulante Krankenhausbehandlung:** Undurchsichtiger werden die Rechtsbeziehungen bei der ambulanten Krankenhausbehandlung. Die ambulante Versorgung von **Kassenpatienten** ist in erster Linie nicht Aufgabe des Krankenhausträgers, sondern Aufgabe der nach §§ 95, 116 SGB V zur Teilnahme an der vertragsärztlichen Versorgung „ermächtigten" Krankenhausärzte (BGH NJW 1987, 2289; *Geiß/Greiner* ArzthaftpflichtR Kap. A Rn. 18). Demzufolge tritt der Kassenpatient, der zur ambulanten Behandlung in ein Krankenhaus überwiesen wird, in vertragliche Beziehungen nur zu dem die Ambulanz kraft kassenärztlicher Zulassung gem. §§ 95, 116 SGB V betreibenden Chefarzt, nicht aber in eine solche zu dem Krankenhausträger. Dies gilt selbst dann, wenn die Überweisung des Hausarztes auf das Krankenhaus gelautet hat (BGH NJW-RR 2006, 811 (812); NJW 2006, 767; 1987, 2289; *Steffen/Pauge* ArzthaftungsR, 12. Aufl. 2012, Rn. 57). Es haftet demzufolge vertraglich (§ 280, 278 BGB) und deliktisch (§ 823, 831 BGB) nur der zur vertragsärztlichen Versorgung „ermächtigte" Chefarzt, nicht jedoch der Krankenhausträger (BGH NJW-RR 2006, 811 (812); NJW 2006, 767; 1993, 784 (785); 1987, 2289; Wenzel Arzthaftungsprozess/*Mennemeyer/Hugemann* Kap. 2 Rn. 775; Huster/Kaltenborn KrankenhausR/*Gaidzik/Weimer* § 13 Rn. 28). Dies gilt auch für den **Privatpatienten**, der sich im Krankenhaus ambulant behandeln lässt. Auch er tritt nur in vertragliche Beziehungen zu dem Chefarzt, der die Ambulanz betreibt und auf Grund der Abmachung mit dem Krankenhausträger liquidationsberechtigt ist, und zwar auch dann, wenn in Vertretung oder in Abwesenheit des Chefarztes ein nachgeordneter Krankenhausarzt tätig wird (BGH NJW-RR 2006, 811 (812); NJW 1989, 769). Ist er **Statusbeamter**, so kann er sich dennoch nicht, was seine deliktische Haftung anbelangt, weder gegenüber Kassen- noch gegenüber Privatpatienten auf das Verweisungsprivileg des § 839 Abs. 1 S. 2 BGB berufen, weil seine Tätigkeit in der Ambulanz nicht zu seinen Dienstaufgaben gehört (BGH NJW 2003, 2309 (2311); 1993, 784 (786)). Nur den hinzugezogenen nachgeordneten beamteten Ärzten ist das Verweisprivileg eröffnet, weil sie im Rahmen ihrer Dienstaufgaben herangezogen werden (BGH NJW 1993, 784 (786); *Geiß/Greiner* ArzthaftpflichtR Kap. A Rn. 83). Allerdings kann das Krankenhaus auch selbst als Institution die ambulante Krankenbehandlung übernehmen. Wird die Ambulanz nicht vom Chefarzt, sondern vom **Krankenhausträger** als **Institutsambulanz** betrieben, insb. in den Fällen der § 117 SGB V (Hochschulambulanz), § 118 SGB V (psychiatrische Institutsambulanz), § 119 SGB V (Sozialpädiatrische Zentren) oder betreibt der Krankenhausträger selbst eine Notfallambulanz, so bestehen vertragliche Beziehungen nur zum Krankenhausträger (vgl. Spickhoff/*Greiner* BGB § 823 Rn. 306; BeckOK BGB/*Katzenmeier* BGB § 630a Rn. 72 f.; *Deutsch/Spickhoff* MedR Rn. 111; Huster/Kaltenborn KrankenhausR/*Gaidzik/Weimer* § 13 Rn. 28). Hinzu kommen die Fälle vor- und nachstationärer Behandlungen (§ 115a SGB V) und ambulant durchgeführter Operationen (§ 115b SGB V). Auch in diesen Fällen ist allein der Krankenhausträger Vertragspartner des Patienten (vgl. BeckOK BGB/*Katzenmeier* BGB § 630a Rn. 73; Wenzel Arzthaftungsprozess/*Mennemeyer/Hugemann* Kap. 2 Rn. 756 ff.; *Martis/Winkhart* Kap. A Rn. 91 ff.).
- **Durchgangsarzt („D-Arzt"):** Einer differenzierten Betrachtungsweise bedarf die „Behandlung" durch einen Durchgangsarzt („D-Arzt"). Hierbei handelt es sich in der Regel um Fachärzte für Chirurgie oder Orthopädie, die als Beauftrage der gesetzlichen Unfallversicherungsträger (Berufsgenossenschaften) darüber entscheiden, ob als Folge eines Arbeitsunfalls eine berufsgenossenschaftliche Heilbehandlung einzuleiten ist (vgl. Laufs/Kern ArztR-HdB/*Kern* § 39 Rn. 38). Bei der Entscheidung, ob es erforderlich ist,

eine besondere unfallmedizinische oder Berufskrankheiten-Versorgung einzuleiten (§ 34 Abs. 1 SGB VII), erfüllt der Durchgangsarzt eine der Berufsgenossenschaft obliegende Pflicht und übt ein öffentliches Amt aus (BGH NJW 2009, 993). Ist seine Entscheidung über die Art der Heilbehandlung fehlerhaft, so haftet nicht der Durchgangsarzt persönlich, sondern die Berufsgenossenschaft nach Art. 34 GG, § 839 BGB (BGH NVwZ-RR 2010, 485 (486)). Ein zivilrechtliches Behandlungsverhältnis zum D-Arzt mit der Folge der persönlichen Haftung kommt erst dann zustande, wenn er die weitere Behandlung des Patienten übernimmt, wobei die Abgrenzung der Pflichtenkreise im konkreten Behandlungsfall fließend sein können (vgl. iE *Martis/Winkhart* Kap. A Rn. 486 ff.). Bislang stellte sich daher die Frage, wie Fehler bei der durchgangsärztlichen Eingangsuntersuchung zur Diagnosestellung sowie die Diagnosestellung selbst einzuordnen sind, da sich jene Fehler sowohl auf die Abgrenzung (allgemeine/besondere Heilbehandlung) als auch auf die weitere Behandlung auswirken können. Der BGH hat jetzt unter Aufgabe seiner früheren Rechtsprechung zur sog. „doppelten Zielrichtung" sowohl die Diagnosestellung einschließlich der sie vorbereitenden Maßnahmen als auch die Erstversorgung der Ausübung eines öffentlichen Amtes zugeordnet (BGH MedR 2017, 873; MedR 2017, 877mAnm *Lissel*; hierzu *Jorzig/Glaubitz* MedR 2018, 17; *Ruhkamp* ArztR 2017, 173; BeckOK BGB/*Katzenmeier* BGB § 630a Rn. 19; MüKoBGB/*Wagner* BGB § 630a Rn. 43; *Frahm/Walter* ArzthaftungsR Rn. 13 ff.).

- **Notfallbehandlung:** Bei einer Behandlung im **Notfall** kommen außerhalb der Behandlung in einer Notfallambulanz (s. oben) in der Regel zwei weitere Konstellationen in Betracht, die juristisch unterschiedlich betrachtet werden müssen. Erfolgt die Behandlung durch den **ärztlichen Notfalldienst**, dh durch den von den Kassenärztlichen Vereinigungen – ggf. in Kooperation mit der jeweiligen Ärztekammer – organisierte vertragsärztliche Versorgung zu den sprechstundenfreien Zeiten (§ 75 Abs. 1 S. 2 SGB V, vgl. dazu Spickhoff/*Nebendahl* SGB V § 75 Rn. 10 ff.), so haftet der behandelnde Arzt für eine fehlerhafte Behandlung persönlich. Hat sich der für den Notfalldienst eingeteilte Arzt vertreten lassen, so haftet auch er neben dem behandelnden Vertreter (BGH NJW 2009, 1740). Davon zu trennen ist die Behandlung durch einen **Notarzt** iRd **Rettungsdienstes.** Ist dieser nach dem landesrechtlichen Rettungsdienstgesetz öffentlich-rechtlich organisiert, so haftet für Behandlungsfehler eines Notarztes im Rettungsdiensteinsatz nicht der Notarzt persönlich, sondern die den Rettungsdienst betreibende Körperschaft nach Amtshaftungsgrundsätzen (BGH MedR 2017, 388 (389); NJW 2005, 429 ff.; NJW 2003, 1184 ff.; sa BGH MedR 2017, 543m.Anm *Fehn*; *Frahm/Walter* ArzthaftungsR Rn. 12).

Auch für die **stationäre Behandlung** in einem **Krankenhaus**, also eine Behandlung, die sich zeitlich über einen Tag und eine Nacht erstreckt (vgl. BSG MedR 2004, 702), gilt grds., dass das Vertragsverhältnis zwischen Patient und Krankenhaus unabhängig vom Status des Patienten (Kassen-/Privatpatient) und unabhängig von der Trägerschaft des Krankenhauses (öffentlich-rechtlich oder privatrechtlich organisierter Krankenhausträger) **privatrechtlicher Natur** ist (vgl. *Geiß/Greiner* ArzthaftpflichtR Kap. A Rn. 22; Wenzel Arzthaftungsprozess/*Mennemeyer/Hugemann* Kap. 2 Rn. 719). Auch wenn der Vergütungsanspruch des Krankenhausträgers bei einem Kassenpatienten sich unmittelbar und ausschließlich gegen die gesetzliche Krankenkasse richtet, so steht dies der Annahme eines privatrechtlichen Behandlungsverhältnisses zwischen dem Patienten und dem Krankenhaus nicht entgegen (BGH NJW 2000, 3429). Im stationären Bereich kommen drei typische vertragliche Gestaltungsformen vor:

- **Totaler Krankenhausvertrag:** Es tritt hier der Patient in eine alleinige vertragliche Beziehung zum Krankenhausträger, der sich zur Erbringung aller erforderlicher Leistungen (Unterbringung, pflegerische Betreuung, ärztliche Behandlung) verpflichtet. Bei dieser Regelform der stationären Krankenhausbetreuung von Kassenpatienten hat der

Patient grds. keinen Anspruch darauf, von einem bestimmten Arzt behandelt und operiert zu werden (BGH NJW 2010, 2580). Mangels anderweitiger vertraglicher Beziehung konzentriert sich die vertragliche Haftung auf den Krankenhausträger. Dieser haftet für seine leitenden Krankenhausärzte (§§ 31, 89 BGB) und für das weitere – nachgeordnete – ärztliche und pflegerische Personal (§§ 278, 831 BGB) sowohl vertraglich als auch nach Deliktsrecht (vgl. BeckOK BGB/*Katzenmeier* BGB § 630a Rn. 76; Wenzel Arzthaftungsprozess/*Mennemeyer/Hugemann* Kap. 2 Rn. 726; *Deutsch/Spickhoff* MedR Rn. 113). Eine Eigenhaftung des behandelnden Arztes kann allein auf deliktische Anspruchsgrundlagen gestützt werden (§§ 823, 839 BGB). Steht der an der Behandlung beteiligte Arzt statusrechtlich in einem **Beamtenverhältnis** und hat er Dienstpflichten wahrgenommen, so ist diesem für seine – in der vorliegenden Vertragskonstellation allein in Betracht kommende – deliktische Haftung (§ 839 Abs. 1 S. 1 BGB) die Verweisungsmöglichkeit des § 839 Abs. 1 S. 2 BGB auf den Klinikträger und auf das nachgeordnete nicht beamtete Personal aufgrund dessen deliktischer Eigenhaftung (§ 823 BGB) eröffnet (vgl. *Geiß/Greiner* ArzthaftpflichtR Kap. A Rn. 74 ff.).

- **Totaler Krankenhausvertrag mit Arztzusatzvertrag:** Wie bei einem (einfachen) totalen Krankenhausvertrag verpflichtet sich der Krankenhausträger zur umfassenden Krankenhausversorgung einschließlich der Erbringung der ärztlichen Behandlung. Neben diesem totalen Krankenhausvertrag schließt der Patient zusätzlich noch einen Vertrag mit dem Chefarzt oder einem anderen zur Selbstliquidation berechtigten (leitenden) Krankenhausarzt ab. Dieser wird aufgrund der ausdrücklichen Wahlleistungsvereinbarung zur persönlichen Leistungserbringung verpflichtet (§ 613 S. 1 BGB), soweit die Ausführung seiner Kernleistung durch einen Stellvertreter nicht wirksam vereinbart wurde (BGH MedR 2016, 724 (727); NJW 2010, 2580 (2581); NJW-RR 2006, 811 (812); *Martis/Winkhart* Kap. K Rn. 155 ff.; Wenzel Arzthaftungsprozess/*Mennemeyer/Hugemann* Kap. 2 Rn. 743 ff.). Vertragspartner des Patienten werden demzufolge, wenn nicht im Krankenhausaufnahmevertrag etwas Gegenteiliges im Sinne eines gespaltenen Arzt-Krankenhaus-Vertrages ausdrücklich zum Ausdruck kommt, sowohl der zur persönlichen Leistungserbringung verpflichtete liquidationsberechtigte (Chef-)Arzt als auch der Krankenhausträger (BGH NJW-RR 2006, 811 (812); *Deutsch/Spickhoff* MedR Rn. 119; BeckOK BGB/*Katzenmeier* BGB § 630a Rn. 80; Wenzel Arzthaftungsprozess/*Mennemeyer/Hugemann* Kap. 2 Rn. 745; *Steffen/Pauge* ArzthaftungsR, 12. Aufl. 2012, Rn. 28 f.). Der Krankenhausträger haftet vertraglich und deliktisch wie beim (einfachen) totalen Krankenhausvertrag, und zwar auch für den Bereich des liquidationsberechtigten (Chef-)Arztes. Dieser wiederum haftet als zusätzlicher Schuldner auch vertraglich für den von ihm übernommenen ärztlichen Bereich einschließlich für die von ihm in seinem Leistungsbereich hinzugezogene ärztliche Assistenz (BGH NJW 1983, 1374; *Geiß/Greiner* ArzthaftpflichtR Kap. A Rn. 52 f.). Haftet der selbstliquidierende Arzt deliktisch nach § 839 Abs. 1 S. 1 BGB, so steht ihm wie beim (einfachen) totalen Krankenhausvertrag die Verweismöglichkeit des § 839 Abs. 1 S. 2 BGB zu; unberührt hiervor bleibt in der vorliegenden Vertragskonstellation freilich seine vertragliche Eigenhaftung (vgl. *Geiß/Greiner* ArzthaftpflichtR Kap. A Rn. 82 f.).
- **Gespaltener Krankenhausvertrag (Belegarztvertrag):** In dieser Konstellation kommt es zu zwei vertraglichen Beziehungen unterschiedlichen Inhalts. Die eigentliche ärztliche Hauptleistung wird vertraglich durch den selbstliquidierenden (Beleg-)Arzt oder den selbst liquidationsberechtigten Chefarzt der Abteilung des Krankenhauses erbracht. Der Krankenhausträger verpflichtet sich vertraglich lediglich zur nichtärztlichen Krankenhausversorgung bzw. zur ärztlichen Leistungserbringung außerhalb des Bereichs des selbstliquidierenden Arztes (vgl. *Martis/Winkhart* Kap. K Rn. 177 ff.). Hauptanwendungsfall ist die Behandlung durch einen **Belegarzt**, dh durch einen freiberuflich tätigen Arzt, der kraft Vertrages mit einem Krankenhausträger berechtigt

ist, seine Patienten im Krankenhaus unter Inanspruchnahme der hierfür bereitgestellten Dienste, Einrichtungen und Mittel stationär oder teilstationär zu behandeln, ohne hierfür vom Krankenhaus eine Vergütung zu erhalten (§ 18 Abs. 1 KHEntgG; vgl. *Geiß/Greiner* ArzthaftpflichtR Kap. A Rn. 31). Diese vertragliche Aufspaltung führt auch deliktisch zu einer Haftungstrennung (Wenzel Arzthaftungsprozess/*Mennemeyer/Hugemann* Kap. 2 Rn. 731; *Geiß/Greiner* ArzthaftpflichtR Kap. A Rn. 31): Der Belegarzt haftet für eigene Fehlleistungen im vertraglich übernommenen Leistungsbereich, für Fehler selbst angestellter ärztlicher und nichtärztlicher Hilfspersonen sowie für Fehler nachgeordneter Ärzte des Krankenhauses desselben Fachgebietes, derer er sich bei der Erbringung der von ihm geschuldeten ärztlichen Leistung bedient. Der Krankenhausträger haftet für Fehler innerhalb der Bereiche der allgemeinen Krankenhausleistung einschließlich der Krankenhausorganisation und -koordination, der technischen/apparativen Ausstattung, für Fehler nachgeordneter Ärzte außerhalb des Fachgebiets des Belegarztes sowie für Fehler des nichtärztlichen, insb. technischen und pflegerischen Personals (vgl. BeckOK BGB/*Katzenmeier* BGB § 630a Rn. 77 f.; *Martis/Winkhart* Kap. K Rn. 200 ff.; *Geiß/Geiner* ArzthaftpflichtR Kap. A Rn. 38 ff., 68 f.).

4. Die Durchführung eines ärztlichen Eingriffs ohne bzw. ohne genügende Aufklärung des Patienten (**Aufklärungspflichtverletzung** → Form. 21) und die Nichteinhaltung des ärztlichen Standards bei der Behandlung des Patienten (**Behandlungsfehler**) sind die beiden wesentlichen Haftungsgründe sowohl der vertraglichen als auch der deliktischen Arzthaftung (vgl. *Katzenmeier* Arzthaftung S. 272). § 630a Abs. 2 BGB konkretisiert die „erforderliche Sorgfalt" des § 276 Abs. 2 BGB (vgl. BT-Drs. 17/10488, 19; *Deutsch/Spickhoff* MedR Rn. 304 ff.; BeckOK BGB/*Katzenmeier* BGB § 630a Rn. 145) und bestimmt, dass die Behandlung „nach den zum Zeitpunkt der Behandlung bestehenden, allgemein anerkannten fachlichen Standards zu erfolgen" hat. Anknüpfend an den objektiv-typisierten Sorgfaltsmaßstab (dazu *Deutsch/Spickhoff* MedR Rn. 332; *Deutsch* AllgHaftungsR Rn. 376 ff.; *Deutsch* JZ 1997, 1033 ff.) ist haftungsbegründend im Sinne eines Behandlungsfehlers damit die Unterschreitung bzw. die Außerachtlassung des jeweiligen (**Facharzt-**)**Standards** (BGH BGHZ 102, 17 (24); NJW 1987, 1476 (1480); NJW 1996, 779 (780); NJW 1999, 1778). Ein Verstoß gegen den medizinischen Standard wird nicht dadurch „legitimiert", dass der Patient ausdrücklich die Behandlung wünschte; wünscht der Patient ein behandlungsfehlerhaftes Vorgehen, so hat der Arzt die Behandlung abzulehnen (vgl. OLG Hamm MedR 2017, 310 (312); *Prütting* MedR 2017, 531; BeckOK BGB/*Katzenmeier* BGB § 630a Rn. 191; differenzierend MüKoBGB/Wagner BGB § 630a Rn. 132). Die Rspr. und die Lit. haben **Behandlungsfehlertypen** entwickelt. Die konkrete und zutreffende Zuordnung des bzw. der Behandlungsfehler im konkreten Fall kann für den Arzthaftungsprozess richtungsweisende Bedeutung haben, da je nach Fehlerkategorie unterschiedliche Beweiserleichterung (→ Anm. 6) eingreifen und unterschiedliche juristische Anforderungen an die Annahme eines Behandlungsfehlers gestellt werden:

- **Diagnosefehler:** Dieser liegt vor, wenn ein Arzt erhobene oder sonst vorliegende Befunde, insb. Krankheitssymptome, falsch interpretiert. Als Folge eines Diagnosefehlers ergreift der Arzt deshalb regelmäßig nicht die aus der berufsfachlichen Sicht seines Fachbereichs gebotenen therapeutischen oder diagnostischen Maßnahmen (BGH NJW 2008, 1381 (1382); NJW 2011, 1672 (1673); NJW 2003, 2827 ff.). Da Symptome einer Erkrankung aber oftmals nicht eindeutig sind und jeder Patient wegen der Unterschiedlichkeiten des menschlichen Organismus die Anzeichen ein und derselben Krankheit in anderer Ausprägung aufweisen kann, werden Diagnoseirrtümer von der Rspr. nur mit Zurückhaltung als Behandlungsfehler gewertet (BGH NJW 1981, 2360; 2003, 2827 (2828); *Geiß/Greiner* ArzthaftpflichtR Kap. B Rn. 55; Wenzel Arzthaftungsprozess/*Müller* Kap. 2 Rn. 1553). Abgesehen von der Fehldeutung eindeutiger

Symptome (BGH NJW 2003, 2827 (2828)) ist ein Diagnoseirrtum dem Arzt nicht vorwerfbar, wenn es sich in der gegebenen Situation um eine **(noch) vertretbare Deutung** der Befunde handelt (OLG Hamm VersR 2012, 493; OLG Brandenburg GesR 2012, 83 (84); LG Regensburg MedR 2015, 524; *Geiß/Greiner* ArzthaftpflichtR Kap. B Rn. 55; *Martis/Winkhart* Kap. B Rn. 96 f., Kap. D Rn. 1 ff. mwN). Erst die **nicht mehr vertretbare bzw. unvertretbare Fehlleistung** wirkt haftungsbegründend im Sinne eines einfachen Behandlungsfehlers (vgl. OLG Naumburg MedR 2017, 723 (726); *Martis/Winkhart* Kap. D Rn. 11 mwN). Diese Zurückhaltung hat zweierlei Auswirkungen: Zum einen ist ein Behandlungsfehler, der sich folgerichtig aus einem nicht vorwerfbaren Diagnoseirrtum ergibt, nicht gesondert vorwerfbar (OLG Köln NJW 2006, 69) und zum anderen ist die Schwelle für die Annahme eines groben Behandlungsfehlers (→ Anm. 6) besonders hoch. Dieser liegt erst dann vor, wenn es sich um einen **fundamentalen Diagnoseirrtum** handelt (BGH NJW 2008, 1381 (1383); 2011, 1672 (1673); Wenzel Arzthaftungsprozess/*Müller* Kap. 2 Rn. 1554; *Martis/Winkhart* Kap. G Rn. 350 mwN).

- **Befunderhebungsfehler:** Dieser betrifft regelmäßig die Diagnostik bzw. Ausschlussdiagnostik (vgl. *Geiß/Greiner* ArzthaftpflichtR Rn. 65) und liegt vor, wenn die Erhebung medizinisch gebotener Befunde unterlassen wird (BGH NJW 2011, 1672). Die Abgrenzung zwischen Befunderhebungsfehler und Diagnosefehler ist in der Praxis mit besonderen Schwierigkeiten behaftet, aufgrund der zurückhaltenden Bewertung von Diagnoseirrtümern als Behandlungsfehler und der bereits beim einfachen Befunderhebungsfehler in Betracht kommenden Beweiserleichterung (§ 630h Abs. 5 S. 2 BGB) aber oftmals von prozessentscheidender Bedeutung. Die überwiegende Auffassung grenzt nach dem **Schwerpunkt der ärztlichen Pflichtverletzung** ab und fragt danach, ob der Schwerpunkt der ärztlichen Fehlleistung auf der Fehlinterpretation (Diagnosefehler) oder der Nichterhebung weiterer Befunde (Befunderhebungsfehler) liegt (OLG Schleswig BeckRS 2009, 11304; OLG Brandenburg MedR 2002, 149 (150); *Geiß/Greiner* Kap. A Rn. 65; *Martis/Winkhart* Kap. U Rn. 17; sa Laufs/Kern/Rehborn ArztR-HdB/*Kern* § 109 Rn. 20; *Hausch* MedR 2012, 231 ff.).
- **Therapiefehler:** Fehler in diesem Bereich betreffen sowohl die Wahl als auch die Durchführung der konkreten Therapie. Als Ausfluss der ärztlichen Therapiefreiheit ist die Wahl der Behandlungsmethode primär Sache des Arztes, dem ein Ermessensspielraum zugestanden wird und über Art und Umfang seiner ärztlichen Leistung selbst entscheiden kann, solange er sich nicht über gesicherte Erkenntnisse der medizinischen Wissenschaft hinwegsetzt (BGH NJW 2006, 2477 (2478); 2007, 2767 (2768); 2007, 2774; *Vogeler* MedR 2008, 697 (702)). Die Privilegierung bei der Auswahl der konkreten Therapie gilt jedoch nicht bei der Durchführung der Behandlung. Alle Behandlungsmaßnahmen oder Unterlassungen, die gegen anerkannte und gesicherte medizinische Soll-Standards verstoßen, begründen einen Behandlungsfehler (vgl. Spickhoff/*Greiner* BGB § 823 Rn. 45 f.). Der Arzt hat alle bekannten und medizinisch vertretbaren Sicherungsmaßnahmen anzuwenden, die eine erfolgreiche und komplikationsfreie Behandlung gewährleisten und muss umso vorsichtiger vorgehen, je einschneidender ein Fehler sich für den Patienten auswirken kann (BGH NJW 2007, 2774; VersR 1985, 969 (970)).
- **Therapeutische Sicherungsaufklärung:** Die nicht mit der Risiko- bzw. Selbstbestimmungsaufklärung zu verwechselnde therapeutische Sicherungsaufklärung (§ 630c Abs. 2 S. 1 BGB) gehört zur Kategorie des Behandlungsfehlers. Sie bezweckt die Sicherstellung des Behandlungserfolges durch Erteilung notwendiger Schutz- und Warnhinweise, um den Patienten zu einem therapiegerechten Verhalten anzuleiten und mögliche Selbstgefährdungen zu vermeiden (vgl. *Steffen/Pauge* ArzthaftungsR, 12. Aufl. 2012, Rn. 325; *Geiß/Greiner* ArzthaftpflichtR Kap. B Rn. 95). Hierzu zählen etwa der unterlassene Hinweis auf die Dringlichkeit einer Krankenhauseinweisung (OLG Köln

BeckRS 2010, 29872), auf die fortbestehende Zeugungsfähigkeit nach einer Sterilisation (BGH NJW 2008, 2846) oder auf die Abklärungsbedürftigkeit eines suspekten Befundes (OLG Oldenburg MedR 2011, 163; OLG Düsseldorf NJW-RR 2003, 1333). In Abgrenzung zum Befunderhebungsfehler kommt es darauf an, ob der Schwerpunkt der Vorwerfbarkeit in der unterbliebenen Befunderhebung als solcher oder in dem Unterlassen von Warnhinweisen zum Zwecke der Sicherstellung des Behandlungserfolges liegt (BGH NJW 2020, 2467 = GuP 2020, 225 mAnm *Vogeler*; BGH NJW 2018, 621 (622)).

- **Übernahmeverschulden:** Übernimmt ein Arzt die Behandlung eines Patienten, obwohl er hätte erkennen müssen, dass die Behandlung die Grenze seines Fachgebietes überschreitet oder er zur sachgerechten Behandlung aufgrund seines (noch) beschränkten persönlichen Fachwissens, fehlender technisch-apparativer Ausstattung oder aufgrund sonstiger (körperlicher) Unfähigkeiten nicht in der Lage ist, so begründet dies einen Behandlungsfehler in Form eines Übernahmeverschuldens (BGH NJW 1989, 2321; 1994, 3008; OLG Köln BeckRS 2014, 18228; Laufs/Kern/Rehborn ArztR-HdB/*Kern/Rehborn* § 96 Rn. 31). Häufig betroffen sind noch in der Facharztausbildung stehende Assistenzärzte, denen ein selbständig durchzuführender operativer Eingriff übertragen wird (sog **Anfängeroperation**). Ein Übernahmeverschulden des Anfängers hängt davon ab, ob er nach den bei ihm vorauszusetzenden Kenntnissen und Erfahrungen Bedenken gegen die Übernahme der Verantwortung für die Behandlung hätte haben und eine Gefährdung des Patienten hätte voraussehen müssen und ob er sich darauf verlassen durfte, dass die vorgesehene Behandlung ihn nicht überfordert (BGH BGHZ 88, 248 (258 f.) = NJW 1984, 655; NJW 1984, 655 (657); 1994, 3008). Andererseits hat der Krankenhausträger sicherzustellen, dass bei der Behandlung der Facharztstandard gewährleistet wird. Die Übertragung einer selbständig durchzuführenden Operation auf einen dafür nicht ausreichend qualifizierten Arzt kann daher einen Behandlungsfehler im weiteren Sinne (Organisationsfehler) darstellen (BGH NJW 1993, 2989 (2990): Anfängernarkose; Wenzel Arzthaftungsprozess/*Müller* Kap. 2 Rn. 1456 f.).
- **Organisationsfehler:** Durch organisatorische Vorkehrungen muss sichergestellt sein, dass der Patient entsprechend dem medizinischen Standard behandelt werden kann. Organisatorische Fehlleistungen betreffen insb. fehlende Vorkehrungen zur Einhaltung des hygienischen Standards (BGH NJW 1991, 1948), den Einsatz nicht ausreichend qualifizierten Personals (BGH NJW 1996, 2429) und Unzulänglichkeiten im Bereich des apparativen Standards (BGH VersR 2007, 1416 = BeckRS 2007, 05472).
- **Koordinationsfehler:** Fehler bei der Koordinierung der Behandlung können zum einen die **horizontale Ebene** betreffen, und zwar in Form einer unzureichenden Abstimmung zwischen mehreren zeitgleich an einer Heilmaßnahme beteiligten Ärzten (BGH NJW 1999, 1779) oder die unterlassene Überweisung bzw. Hinzuziehung eines Arztes einer anderen Fachrichtung (OLG Düsseldorf NJOZ 2004, 2185). Auf der **vertikalen Ebene** geht es um Fehler bei der Koordinierung der Behandlungsabläufe mit dem nachgeordneten ärztlichen und nichtärztlichen Personal (BGH NJW 1999, 863; 1991, 1539).

5. Der Patient hat grds. (→ Anm. 6) zu beweisen, dass die bei ihm vorgenommene Behandlung ursächlich für den geltend gemachten Schaden geworden ist. Besteht der Vorwurf darin, dass Behandlungsmaßnahmen unterblieben sind, so ist eine solche Unterlassung für den eingetretenen Schaden nur dann kausal, wenn pflichtgemäßes Handeln den Eintritt des Schadens verhindert hätte (BGH NJW 2012, 850 (851)). Aufgrund des unterschiedlich anzuwenden Beweismaßes und des Bezugspunktes der Beweiserleichterungen (→ Anm. 6) ist oftmals die Unterscheidung zwischen **der haftungsbegründenden Kausalität** (§ 286 ZPO) und der **haftungsausfüllenden Kausalität** (§ 287 ZPO) von richtungsweisender Bedeutung. Nach der Rspr. des BGH betrifft die haftungsbegründende Kausalität den Zusammenhang zwischen dem Behandlungsfehler und der

Rechtsgutsverletzung, dh dem ersten Verletzungserfolg im Sinne einer Belastung der gesundheitlichen Befindlichkeit des Patienten (**Primärschaden**). Es gilt das strenge Beweismaß des § 286 ZPO, das einen für das praktische Leben brauchbaren Grad von Gewissheit verlangt. Die haftungsausfüllende Kausalität bezieht sich auf den ursächlichen Zusammenhang zwischen der Rechtsgutsverletzung und weiteren Gesundheitsschäden des Patienten (**Sekundärschäden**). Hier genügt nach § 287 ZPO zur Überzeugungsbildung eine überwiegende Wahrscheinlichkeit (BGH NJW 2012, 2024; 2008, 1381 (1382); Wenzel Arzthaftungsprozess/*Müller* Kap. 2 Rn. 1415 ff.).

6. § 630h BGB normiert die von der Rspr. entwickelten Beweiserleichterungen im Arzthaftungsrecht. Für den Behandlungsfehlerbereich gelten folgende Beweiserleichterungen:

- **Voll beherrschbare Risiken**: Ein Fehler des Behandelnden wird gem. § 630h Abs. 1 BGB vermutet, wenn sich ein allgemeines Behandlungsrisiko verwirklicht hat, das für den Behandelnden voll beherrschbar war und das zur Verletzung des Lebens, des Körpers oder der Gesundheit des Patienten geführt hat. Erforderlich ist die Feststellung, dass der Primärschaden im Gefahrenbereich eines voll beherrschbaren Risikos gesetzt wurde (vgl. *Geiß/Greiner* ArzthaftpflichtR Kap. B Rn. 239). Anerkannte Bereiche, in denen Risiken von der Behandlerseite objektiv voll beherrschbar sind, sind ua Mangelfreiheit und Funktionstüchtigkeit medizinischer Geräte und Materialien (BGH NJW 1978, 584; 1975, 2245; VersR 2007, 1416), Lagerungsschäden (BGH NJW-RR 2018, 205; NJW-RR 2011, 1558), Stürze bei einer konkreten Pflege- oder Betreuungsmaßnahme, die in den voll beherrschbaren Gefahrenbereich des Pflegeheim-/Krankenhausträgers fallen (BGH NJW 2005, 1937 (1938); 2005, 2613 (2614); OLG Düsseldorf NJW-RR 2012, 716 (717)), Infektionen, wenn feststeht, dass diese aus einem hygienisch voll beherrschbaren Bereich hervorgegangen sein müssen (BGH NJW 2007, 1682 (1683); *Kern/Reuter* MedR 2014, 785 (788)). Liegen die Voraussetzungen vor, so führt dies zur einer Fehler– (§ 650h Abs. 1 BGB) und Verschuldensvermutung (§ 280 Abs. 1 S. 2 BGB); die Beweiserleichterung erstreckt sich allerdings nicht auf die Kausalität (vgl. BeckOK BGB/*Katzenmeier* BGB § 630h Rn. 19; *Geiß/Greiner* ArzthaftpflichtR Kap. B Rn. 239 f.).
- **Dokumentationsmangel**: Wurden seitens des Behandlers aus medizinischer Sicht zu dokumentierende Maßnahmen nicht dokumentiert, so führt dies zu der Vermutung, dass die Maßnahme unterblieben ist, § 630h Abs. 3 BGB (BGH NJW 1995, 1611 (1612); 1993, 2375 (2376)). Die verloren gegangene Dokumentation steht der unterlassenen Dokumentation gleich, § 630h Abs. 3 iVm § 630f Abs. 3 BGB (OLG Oldenburg BeckRS 2011, 16865).
- **Anfängerfehler**: War der Behandelnde für die von ihm vorgenommene Behandlung nicht befähigt, dh fehlte ihm die notwenige fachliche Qualifikation, so wird vermutet, dass die mangelnde Befähigung für den Körper-/Gesundheitsschaden ursächlich war, § 630h Abs. 4 BGB. Ausweislich der Gesetzesbegründung soll sich diese Beweiserleichterung auf „Anfängerfehler" beschränken (vgl. BT-Drs. 17/10488, 30; *Martis/Winkhart* Kap. P Rn. 104; großzügiger BeckOK BGB/*Katzenmeier* BGB § 630h Rn. 49).
- **Grober Behandlungsfehler**: Bei einem groben Behandlungsfehler wird zu Lasten der Behandlungsseite ein Kausalzusammenhang zwischen dem Behandlungsfehler und der Primärschädigung vermutet, § 630h Abs. 5 S. 1 BGB. Ausnahmsweise erstreckt sich die Beweislastumkehr auch auf die Folgeschäden (Sekundärschäden), wenn diese eine typische Folge der Primärverletzung sind (BGH NJW 2008, 1381 (1382 f.)) Ein grober Behandlungsfehler liegt nach stRspr vor, wenn der Arzt eindeutig gegen bewährte ärztliche Behandlungsregeln oder gesicherte medizinische Erkenntnisse verstoßen hat und einen Fehler begangen hat, der aus objektiver Sicht nicht mehr verständlich erscheint, weil er einem Arzt schlechterdings nicht unterlaufen darf (BGH NJW 2012,

227; NJW 2011, 3442; NJW 2007, 2767 (2769)). In den Fällen der Fehlinterpretation erhobener Befunde (Diagnosefehler), die nur mit Zurückhaltung als Behandlungsfehler gewertet werden, bedarf es für die Feststellung eines groben Diagnosefehlers eines „fundamentalen Irrtums" (BGH NJW 2008, 1381 (1383)). Erforderlich für die Umkehr der Beweislast ist die zusätzliche Feststellung, dass der (grobe) Fehler generell geeignet ist, einen Schaden der tatsächlich eingetretenen Art herbeizuführen (BGH NJW 2008, 1304; NJW 2004, 2011 (2012)). Eine Beweislastverlagerung auf die Behandlungsseite scheidet allerdings aus, wenn jeglicher haftungsbegründende Ursachenzusammenhang äußerst unwahrscheinlich ist (BGH NJW 2004, 2011 (2013)).

- **(Einfacher) Befunderhebungsfehler:** In den Fällen (einfacher) Befunderhebungsfehler kann es bereits unterhalb der Schwelle zum groben Behandlungsfehler zu einer Beweislastumkehr in Bezug auf die haftungsbegründende Kausalität kommen, und zwar dann, wenn sich bei rechtzeitiger Erhebung/Sicherung eines medizinisch gebotenen Befundes mit hinreichender Wahrscheinlichkeit ein reaktionspflichtiger Befund gezeigt hätte, und dessen Verkennung als fundamental oder die Nichtreaktion auf ihn als grob fehlerhaft darstellen würde, § 630h Abs. 5 S. 2 BGB (BGH NJW 2020, 1071 = GuP 2020, 113 mAnm *Vogeler*; BGH NJW 2004, 2011 (2013); NJW 1996, 1589). Hierauf kommt es nicht an, wenn der Befunderhebungsfehler bereits als grober Behandlungsfehler zu werten ist (BGH NJW 1998, 1780).

Prozessrecht und Verfahrenshinweise

7. Die sachliche Zuständigkeit des Gerichts ergibt sich aus §§ 23 Nr. 1 GVG, 71 Abs. 1 GVG. Die örtliche Zuständigkeit ergibt sich aus den Regeln des allgemeinen Gerichtsstands (§§ 12–19 ZPO). Daneben besteht der Gerichtsstand der unerlaubten Handlung (§ 32 ZPO).

8. In Bezug auf den Antrag und die Begründung gelten die allgemeinen Grundsätze bei Schmerzensgeldklagen → Form. I.D.4, → Form. II.F.2, → Form. II.F.8.

9. An materiellen Schäden sind in Arzthaftungsangelegenheiten insb. vermehrte Bedürfnisse (843 Abs. 1 Alt. 2 BGB), insb. ein Betreuungsaufwand bei Pflegebedürftigkeit, Erwerbsschäden (§ 843 Abs. 1 Alt. 1 BGB), Haushaltsführungsschäden, Besuchskosten naher Angehöriger (Fahrtkosten), sonstige Nebenkosten einer stationären Behandlung, Zuzahlungen zur Heilbehandlung und nicht von der Krankenkasse übernommene, medizinisch zweckmäßige und gebotene Heilbehandlungskosten in Erwägung zu ziehen. Je nach Fallkonstellation kommt auch eine Klage auf Geldrente (§ 843 BGB, → Form. II. F.6) oder eine Klage auf Geldrente wegen Tötung des Unterhaltspflichtigen (§ 844 Abs. 2 BGB → Form. II.F.7) in Betracht.

10. Zum Antrag und zur Begründung einer Feststellungklage → Form. I.D.4, → Form. II.F.1, → Form. II.F.8.

11. Gem. § 253 Abs. 3 Nr. 3 ZPO soll die Klageschrift eine Äußerung dazu enthalten, ob einer Entscheidung der Sache durch den **Einzelrichter** Gründe entgegenstehen. Nach stRspr darf aufgrund der besonders schwierigen Tatsachenfeststellung und Beweiswürdigung eine Übertragung einer Arthaftungssache auf den Einzelrichter grds. nicht erfolgen, und zwar auch dann nicht, wenn keine geschäftsverteilungsplanmäßige Zuweisung an eine Spezialkammer (§ 348 Abs. 1 Nr. 1e ZPO) besteht (BGH NJW 1994, 801 (802); OLG Brandenburg BeckRS 2008, 14679; *Martis/Winkhart* Kap. E Rn. 50).

12. Im Arzthaftungsprozess sind an die **Substantiierungspflicht** des klagenden Patienten nur „maßvolle und verständige" Anforderungen zu stellen, da von Patienten regelmäßig keine genauen Kenntnisse der medizinischen Vorgänge erwartet und gefordert werden können. Die Partei darf sich deswegen auf einen Vortrag beschränken, der die Vermutung eines fehlerhaften Verhaltens des Arztes auf Grund der Folgen für den Patienten gestattet (BGH NJW 2004, 2825 (2827); OLG Brandenburg NJW-RR 2001, 1608; Laufs/Kern/Rehborn ArztR-HdB/*Ulsenheimer* § 115 Rn. 6 ff.; entsprechendes gilt für behauptete Hygieneverstöße, die idR zu einer sekundären Darlegungslast der Behandlerseite führen, vgl. BGHZ 221, 139 = GuP 2019, 223 mAnm *Vogeler*; BGH NJW-RR 2021, 93 = GuP 2021, 36 mAnm *Vogeler*). Dies gilt selbst dann, wenn bereits ein Gutachten einer medizinischen Schlichtungsstelle vorliegt (vgl. BGH NJW 2019, 2399 = GuP 2020, 25 mAnm *Vogeler*). Geboten ist aber ein Mindestmaß an nachvollziehbarem Vorbringen, welches in sich schlüssig ist (vgl. *Geiß/Greiner* ArzthaftpflichtR Kap. E Rn. 2). Genügend aber auch erforderlich ist es, den Ablauf der Behandlung in groben Zügen darzustellen und anzugeben, dass die Behandlung misslungen ist, worin das Misslingen besteht sowie die Verdachtsgründe mitzuteilen, die eine vorwerfbare Fehlbehandlung wenigstens plausibel erscheinen lassen. Der Vortrag muss mindestens in groben Zügen erkennen lassen, welches ärztliche Verhalten fehlerhaft gewesen und welcher Schaden hieraus entstanden sein soll (OLG Köln BeckRS 2015, 999). Aus der herabgesetzten Substantiierungspflicht einerseits und aus dem Informationsgefälle zwischen Behandler- und Patientenseite andererseits ergibt sich eine gesteigerte Pflicht des Gerichts zur Sachverhaltsaufklärung, um eine prozessuale Waffengleichheit zu gewährleisten, was praktisch auf einen **Amtsermittlungsgrundsatz** hinausläuft (BGH NJW 1984, 1823; OLG Brandenburg NJW-RR 2001, 1608; Laufs/Kern/Rehborn ArztR-HdB/*Ulsenheimer* § 115 Rn. 7; *Geiß/Greiner* ArzthaftpflichtR Kap. E Rn. 6; *Krämer* FS Hirsch, 1999, 387 ff.).

13. Die Aufklärung des medizinischen Sachverhaltes einschließlich der Haftungsvorwürfe mit den daraus geltend gemachten gesundheitlichen Folgen erfordert – auch ohne Antrag der Partei von Amts wegen (§ 144 ZPO) – die Einholung eines **Sachverständigengutachtens** eines Sachverständigen aus dem betreffenden medizinischen Fachgebiet des beklagten Arztes (vgl. BGH MedR 2015, 724), dessen Auswahl dem Gericht obliegt (§ 404 Abs. 1 ZPO). Ein Gutachten einer medizinischen Schlichtungsstelle ersetzt den Sachverständigenbeweis nicht (vgl. BGH NJW 2019, 2399 = GuP 2020, 25 mAnm *Vogeler*). Die gesteigerte Pflicht des Gerichts zur Sachverhaltsaufklärung verpflichtet dieses, Unklarheiten, Unvollständigkeiten oder Widersprüchen im Gutachten und/oder Widersprüche zwischen einem gerichtlichen Sachverständigen, einem Privatgutachter und/oder einem Schlichtungsgutachten durch eine ergänzende Anhörung oder Stellungnahme des gerichtlich bestellten Sachverständigen von **Amts** wegen nachzugehen (BGH NJW 2014, 71 (72 ff.); 2008, 2846; *Martis/Winkhart* Kap. S Rn. 56 ff.). Jede Partei hat darüber hinaus das Recht, den Sachverständigen mündlich zu befragen (§§ 402, 397 ZPO), wenn aufgrund sachlicher Einwände weiterer Erklärungsbedarf besteht (§ 411 Abs. 4 ZPO).

Kosten und Gebühren

14. Außergerichtlich entsteht für den Anwalt mit der Anforderung und Durchsicht der Behandlungsunterlagen (→ Form. II.F.18 Anm. 13) und der sich anschließenden Schadensregulierung eine Geschäftsgebühr nach Nr. 2300 VV iHv 0,5–2,5. Eine Gebühr von mehr als 1,3 kann nur gefordert werden, wenn die Tätigkeit umfangreich oder schwierig war, was in Arzthaftungsangelegenheiten regelmäßig anzunehmen ist (vgl. OLG Köln MedR 2016, 62 (63); HK-RVG/*Teubel* RVG VV 2300 Rn. 26; Schneider/Wolf/*Onderka*, Anwaltskommentar RVG, 7. Aufl. 2014, VV 2300 Rn. 13). Die Erstattungsfähigkeit der Kosten ergibt sich aus dem Schadensersatzanspruch des Patienten, der auch die Kosten des beauftragten Rechtsanwalts umfasst (materiell-rechtlicher Kostenerstattungsanspruch, vgl. Palandt/*Grüneberg* BGB § 249 Rn. 56).

15. Im Klageverfahren entsteht für das Gericht die 3,0 Verfahrensgebühr nach KV 1210 GKG. Für den Anwalt entstehen die Regelgebühren nach VV Teil 3 Abschn. 1 RVG, regelmäßig also die Verfahrensgebühr (VV 3100 RVG), ggf. unter Anrechnung der Geschäftsgebühr (VV Vorb. 3 Abs. 4 RVG), und die Terminsgebühr (VV 3104 RVG).

Fristen

16. Für vertragliche und deliktische Schadensersatzansprüche aufgrund von Behandlungs- und/oder Aufklärungsfehlern gilt die **regelmäßige Verjährungsfrist**, die mit dem Schluss des Jahres beginnt, in dem der Anspruch entstanden ist und der Gläubiger von den den Anspruch begründenden Umständen und der Person des Schuldners Kenntnis erlangt oder ohne grobe Fahrlässigkeit erlangen müsste (§ 199 Abs. 1 BGB). Da den Haftungstatbeständen des Behandlungs- und Aufklärungsfehlers unterschiedliche voneinander abgrenzbare Pflichtverletzungen zugrunde liegen (vgl. BGH NJW 2008, 506 (507)), können die Ansprüche auch zu unterschiedlichen Zeiten verjähren (vgl. BGH MedR 2017, 960 (962)). Zur **Kenntnis** der den Anspruch begründenden Tatsachen iSd § 199 Abs. 1 Nr. 2 gehört das Wissen, dass sich in dem Misslingen der ärztlichen Tätigkeit das Behandlungs- und nicht das Krankheitsrisiko verwirklicht hat. Hierzu genügt es nicht, dass dem Patienten die Einzelheiten des ärztlichen Tuns oder Unterlassens positiv bekannt sind. Es muss ihm vielmehr aus seiner Laiensicht der Stellenwert des ärztlichen Vorgehens für den Behandlungserfolg bewusst sein, sodass die Verjährungsfrist so lange nicht zu laufen beginnt, bevor er nicht als medizinischer Laie Kenntnis von Tatsachen erlangt hatte, aus denen sich ergab, dass der Arzt von dem üblichen ärztlichen Vorgehen abgewichen war oder Maßnahmen nicht getroffen hatte, die nach ärztlichem Standard zur Vermeidung oder Beherrschung von Komplikationen erforderlich gewesen wären. Diese Kenntnis wird von der Rspr. erst dann angenommen, wenn die dem Patienten bekannten Tatsachen ausreichen, um den Schluss auf ein schuldhaftes Fehlverhalten des Arztes und auf die Ursache dieses Verhaltens für den Schaden bzw. die erforderliche Folgeoperation als naheliegend erscheinen zu lassen (BGH MedR 2017, 960 (962); NJW-RR 2010, 681 (682); *Geiß/Greiner* ArzthaftpflichtR Kap. D Rn. 4 ff.; *Wever* ZMGR 2017, 304). Bei der **grob fahrlässigen Unkenntnis**, die der Kenntnis iSd § 199 Abs. 1 Nr. 2 BGB gleichgestellt ist, berücksichtigt die Rspr. zu Gunsten des Patienten, dass dieser nicht ohne Weiteres aus einer Verletzungshandlung, die zu einem Schaden geführt hat, auf einen schuldhaften Behandlungs- oder Aufklärungsfehler zu schließen braucht, sodass allein der negative Ausgang einer Behandlung nicht dazu führt, dass der Patient zur Vermeidung der Verjährung seiner Ansprüche Initiativen zur Aufklärung des Behandlungsgeschehens entfalten muss (BGH NJW-RR 2010, 681 (684)).

Rechtsmittel

17. Gegen ein erstinstanzliches Urteil ist das Rechtsmittel der **Berufung** nach den allgemeinen Vorschriften statthaft (§ 511 ZPO). Für den Arzthaftungsprozess sind folgende Besonderheiten hervorzuheben:

- Die Berufungsbegründung muss nach § 520 Abs. 3 S. 2 Nr. 2 ZPO die Bezeichnung der Umstände enthalten, aus denen sich die Rechtsverletzung und deren Erheblichkeit für die angefochtene Entscheidung ergeben. Im Berufungsverfahren ist es dem klagenden Patienten grds. abzuverlangen, dass er sich medizinisch fundiert mit den Feststellungen des erstinstanzlichen Gerichts auseinandersetzt (vgl. OLG Dresden GuP 2021, 76mAnm *Vogeler*). Wurde eine sowohl auf Behandlungs- als auch auf Aufklärungsfehlern gestützte Klage unter beiden Gesichtspunkten abgewiesen, so muss nach Auffassung des BGH die Berufungsbegründung erkennen lassen, ob das Urteil hinsichtlich beider Fehler angegriffen wird, weil beiden Haftungstatbeständen räumlich und zeitlich verschieden gelagerte Sachverhalte zu Grunde liegen, an denen unterschiedliche Personen beteiligt sein können (BGH NJW-RR 2007, 414 (415); Wenzel Arzthaftungsprozess/*Wenzel* Kap. 2 Rn. 3720; *Geiß/Greiner* ArzthaftpflichtR Kap. E Rn. 26).

- Das Berufungsgericht hat seiner Verhandlung und Entscheidung die vom Gericht des ersten Rechtszuges festgestellten Tatsachen zugrunde zu legen, soweit nicht konkrete Anhaltspunkte Zweifel an der Richtigkeit oder Vollständigkeit der entscheidungserheblichen Feststellungen begründen und deshalb eine erneute Feststellung gebieten (§ 529 Abs. 1 Nr. 1 ZPO). Die Erforderlichkeit erneuter Feststellungen können sich insb. aus Widersprüchen im erstinstanzlich eingeholten Sachverständigen oder aus Widersprüchen zwischen mehreren Sachverständigengutachten, die durch das erstinstanzliche Gericht nicht ausgeräumt wurden, oder aus einer Unvollständigkeit des Sachverständigengutachtens ergeben (BGH NJW 2015, 411 (412); NJW 2004, 2828 (2929); NJW 2006, 151 (153); *Martis/Winkhart* Kap. B Rn. 254 ff.).
- Neues Vorbringen hat das Berufungsgericht nur dann seiner Verhandlung und Entscheidung zugrunde zu legen, wenn deren Berücksichtigung zulässig ist (§ 529 Abs. 1 Nr. 2, § 531 Abs. 2 ZPO). Wird im Berufungsverfahren erstmals die Aufklärungsrüge erhoben, so handelt es sich um neuen Tatsachenvortrag, der vom Berufungsgericht nicht mehr zu berücksichtigen ist (BGH BeckRS 2012, 22871), und zwar auch dann nicht mehr, wenn der der Aufklärungsrüge zugrunde liegende neue zweitinstanzliche Vortag unstreitig ist. Es handelt sich nämlich um eine Änderung des Streitgegenstands (OLG Karlsruhe BeckRS 2012, 22920; *Martis/Winkhart* Kap. B Rn. 343 ff.; Wenzel Arzthaftungsprozess/*Simmler* Kap. 2 Rn. 1680 ff.). Keiner Präklusion unterliegt dagegen ein Privatsachverständigengutachten, das erst im Berufungsverfahren vorgelegt wird. Nach der Rspr. des BGH ist eine Partei im Arzthaftungsprozess nämlich berechtigt, ihre Einwendungen gegen ein gerichtliches Sachverständigengutachten zunächst ohne Hilfe eines privaten Sachverständigen vorzubringen. Es kann nicht als Nachlässigkeit angesehen werden, wenn sie erst im zweiten Rechtszug ihren Angriff mit Hilfe eines Privatsachverständigen konkretisiert (BGH NJW 2008, 2846 (2849)).

21. Klage aufgrund von Behandlungs- und Aufklärungsfehlern

An das
Landgericht . . . . .[1]

Klage

des . . . . .
– Klägers –
Prozessbevollmächtigte: . . . . .

gegen[8]

. . . . .-Krankenhaus GmbH . . . . .
– Beklagte –
wegen: Arzthaftung
Namens und in Vollmacht des Klägers erhebe ich Klage gegen die Beklagte und kündige an zu beantragen,

1. **die Beklagte zu verurteilen, an den Kläger ein in das Ermessen des Gerichtes gestelltes Schmerzensgeld in einer Größenordnung von . . . . . EUR zzgl. Zinsen iHv 5 Prozentpunkten über dem Basiszinssatz seit dem . . . . . zu zahlen,[17]**
2. **. . . . .[18]**

Streitwert:	**Klageantrag zu 1.**	**. . . . .**
	. . . . .	**. . . . .**
	Gesamt	**. . . . .**

Sollte das Gericht das schriftliche Vorverfahren anordnen und die Beklagte nicht fristgerecht ihre Verteidigungsbereitschaft anzeigen, wo wird der Erlass eines

Versäumnisurteils

gem. § 331 Abs. 3 ZPO beantragt.

Es handelt sich vorliegend um eine Arzthaftungsangelegenheit. Nach stRspr sind Arzthaftungssachen aufgrund der besonders schwierigen Aufgabe der Tatsachenfeststellung und Beweiswürdigung grds. nicht dem Einzelrichter zu übertragen, und zwar unabhängig davon, ob eine geschäftsverteilungsplanmäßige Zuweisung an eine Spezialkammer besteht (§ 348 Abs. 1 Nr. 2e ZPO). Aus diesem Grunde wird um Kammerentscheidung gebeten.[2]

Die hinter der Beklagten stehende Haftpflichtversicherung hat außergerichtlich Schadensersatzansprüche bereits dem Grunde nach zurückgewiesen. Da aus diesem Grunde eine Güteverhandlung zwischen den Parteien zum gegenwärtigen Zeitpunkt aussichtslos ist, bitte ich, von einer Güteverhandlung gem. § 278 Abs. 2 ZPO abzusehen.

Begründung:[3]

Der Kläger begehrt von der Beklagten die Zahlung eines angemessenen Schmerzensgeldes in einer Größenordnung von . . . . . EUR sowie . . . . . im Zusammenhang mit einer schuldhaft fehlerhaften und infolge einer unzureichenden Aufklärung rechtswidrigen Behandlung eines thorakalen Bandscheibenvorfalles im Hause der Beklagten in der Zeit vom . . . . . bis . . . . .

I. Sachverhalt und Krankengeschichte

Bei dem am . . . . . geborenen Kläger traten Ende Juli . . . . . Schmerzen im Bereich der Wirbelsäule auf, weshalb er sich am . . . . . bei seinem Hausarzt Dr. . . . . . vorstellte. Es zeigte sich ein Druckschmerz paravertebral links. Diagnostiziert wurden der Verdacht auf eine BWS-Blockierung und der Verdacht auf ein BWS-Syndrom. Aufgrund anhaltender Beschwerden stellte sich der Kläger am . . . . . erneut bei seinem Hausarzt vor, der daraufhin Krankengymnastik verordnete und den Kläger an einen Facharzt für Orthopädie und Unfallchirurgie überwies. Die orthopädische Behandlung bei Herrn Dr. . . . . . in der Zeit vom . . . . . bis zum . . . . . blieb ohne richtungsweisenden Befund.

Beweis: Krankenunterlagen des Herrn Dr. . . . . . – Anlagenkonvolut K1
Krankenunterlagen des Herrn Dr. . . . . . – Anlagenkonvolut K2

Bei neu hinzugetretenen Empfindungsstörungen im rechten Bein mit Taubheit, Kribbeln und einem Hitzegefühl erfolgte durch den Hausarzt des Klägers eine Überweisung zur weiteren radiologischen Befundung. Die am . . . . . durchgeführte MRT-Untersuchung der Brustwirbelsäule zeigte schließlich einen Bandscheibenmassenvorfall in Höhe des Segments BWK 5/6 mit massiver Kompression des Myelons von ventral.

Beweis: Arztbericht des MVZ . . . . . vom . . . . . nebst bildgebender Befunde – Anlage K3

Der Kläger stellte sich daraufhin gemeinsam mit seiner Ehefrau, der nachfolgend benannten Zeugin . . . . ., am . . . . . im Hause der Beklagten vor und wurde stationär aufgenommen. Ausweislich des Aufnahmebefundes war der Kläger steh- und gehfähig. Es bestanden Krippelparästhesien im Bereich der Dermatome L4/5. Dem Kläger wurde iRd Aufnahmegespräches erklärt, dass sein Bandscheibenvorfall operiert werden müsse und die Operation am morgigen Tage erfolgen werde.

Beweis: Beizuziehende Krankenunterlagen der Beklagten
Zeugnis der Frau . . . . .

Am . . . . . erfolgte die geplante mikrochirurgische Laminektomie, eine Dekompression des Myelons und eine Teilentfernung des weichen Sequesteranteils links. Unmittelbar postoperativ zeigte sich eine progrediente Querschnittslähmung, sodass notfallmäßig eine MRT-Untersuchung durchgeführt wurde. Diese zeigte ein Signalverhalten wie bei einer Myelopathie im Bereich des teilweise abgetragenen großen Bandscheibenvorfalls in Höhe BWK 5/6. Es erfolgte noch am selben Tage eine Revisionsoperation. Der Kläger wurde am . . . . . mit einer inkompletten thorakalen Querschnittssymptomatik in das Querschnittsgelähmtenzentrum der . . . . .-Klinik verlegt.

Beweis: Beizuziehende Krankenunterlagen der Beklagten
. . . . .[4]

II. Vorwurf der schuldhaft fehlerhaften Behandlung[5]

Der Kläger ist im Hause der Beklagten nicht nach den Regeln der ärztlichen Kunst behandelt worden.

Beweis: Sachverständigengutachten

Die erste Operation erfolgte durch einen dorsalen Zugang über eine Laminektomie. Dieser Operationszugang entspricht seit 1995 bei thorakalen Bandscheibenvorfällen nicht mehr den Regeln der ärztlichen Kunst. Bandscheibenvorfälle im thorakalen Bereich werden von weit lateral (seitlich) angegangen, um das im Zugangswege liegende Rückenmark möglichst zu schonen. Die hierzu entwickelten Techniken reichen von der einfachen Kostotransversektomie über die Entfernung von Rippenanteilen bis zur Thorakotomie mit der möglichen Freilegung des Rückenmarks von ventral. Die durchgeführte Laminektomie entsprach nicht mehr den Regeln der ärztlichen Kunst. Es hätte bei dem thorakalen Bandscheibenvorfall des Klägers als Operationszugang die Kostotransversektomie oder – wie im Rahmen der Revisionsoperation geschehen – die Thorakotomie gewählt werden müssen.

Beweis: Sachverständigengutachten

III. Aufklärungspflichtverletzung[6, 7, 11]

Der Kläger wurde vor der Operation am . . . . . nicht hinreichend genug über die bestehenden Risiken[9] und nicht über alternative Behandlungsmöglichkeiten[10] aufgeklärt.

Beweis: Parteivernehmung des Klägers, hilfsweise Anhörung gem. § 141 ZPO
Zeugnis der Frau . . . . .

IRd Aufnahmegespräches am . . . . . wurde der Kläger im Beisein seiner Ehefrau erklärt, dass eine Bandscheibenoperation erforderlich sei. Es erfolgte weder eine Aufklärung über das Risiko einer Querschnittslähmung noch darüber, dass es sich bei Operationen thorakaler Bandscheibenvorfälle um riskante operative Eingriffe handelt.[9]

Beweis: Parteivernehmung des Klägers, hilfsweise Anhörung gem. § 141 ZPO
Zeugnis der Frau . . . . .

Wie unter – II. – dargestellt, gibt es zur Behandlung thorakaler Bandscheibenvorfälle mehrere Behandlungsmöglichkeiten, nämlich die Kostotransversektomie und die Thorakotomie. Bei diesen Operationsmethoden kann der Bandscheibenvorfall ohne Berührung und zusätzliche Verlagerung des Rückenmarks schonend und mikrochirurgisch entfernt werden. Bei einer Laminektomie ist dies nicht möglich. Die alternativen Operationszugänge weisen eine deutlich bessere Erfolgsaussicht bei geringerer Risikobelastung auf.

Beweis: Sachverständigengutachten

Der Kläger hätte folglich über diese alternativen Methoden zur Operation seines Bandscheibenvorfalles aufgeklärt werden müssen.[10] Dies ist nicht erfolgt.[12, 13]

Beweis: Parteivernehmung des Klägers, hilfsweise Anhörung gem. § 141 ZPO
Zeugnis der Frau . . . . .

IV. Schaden

Durch die schuldhaft fehlerhafte und rechtswidrig durchgeführte Laminektomie erfolgte eine Traumatisierung des Rückenmarks mit daraus resultierender Querschnittslähmung.[14, 16]

Beweis: Sachverständigengutachten

Es hat sich mithin ein aufklärungspflichtiges Risiko verwirklicht, über das tatsächlich nicht aufgeklärt wurde.[15]

. . . . .[17, 18]

Rechtsanwalt[19, 20, 21]

Anmerkungen

1. Zur sachlichen und örtlichen Zuständigkeit → Form. II.F.20 Anm. 7

2. § 253 Abs. 3 Nr. 3 ZPO → Form. II.F.20 Anm. 11

3. Zu den Anforderungen an eine Klagebegründung in Arzthaftungssachen → Form. II. F.20 Anm. 12

4. Es folgen die Ausführungen zur weiteren Krankheitsgeschichte

5. Zum Behandlungsfehler → Form. II.F.20

6. Der Haftungstatbestand der **Aufklärungspflichtverletzung** steht selbständig neben dem Haftungstatbestand des Behandlungsfehlers (→ Form. II.F.20 Anm. 1, 4) (vgl. Wenzel Arzthaftungsprozess/*Simmler* Kap. 2 Rn. 1671; Quaas/Zuck/Clemens MedR/*Quaas* § 14 Rn. 83) und begründet sowohl eine vertragliche (§§ 280 Abs. 1, 630a BGB) als auch eine deliktische (§§ 823, 839 BGB) Haftung (BGH NJW 2005, 1718; *Deutsch/Spickhoff* MedR Rn. 406 ff.; *Geiß/Greiner* ArzthaftpflichtR Kap. C Rn. 1; *Vogeler* MedR 2020, 180). Den beiden Haftungstatbeständen – Behandlungs- und Aufklärungsfehlerhaftung – liegen räumlich und zeitlich verschieden gelagerte Sachverhalte zu Grunde, an denen unterschiedliche Personen beteiligt sein können (BGH NJW-RR 2007, 414 (415); Wenzel Arzthaftungsprozess/*Wenzel* Kap. 2 Rn. 3720; *Geiß/Greiner* ArzthaftpflichtR Kap. E Rn. 26), weshalb die Rspr. zur Annahme unterschiedlicher Streitgegenstände tendiert (OLG Karlsruhe BeckRS 2012, 22920; *Martis/Winkhart* Kap. B Rn. 343 ff.). Die Aufklärungsfehlerhaftung geht zurück auf die sog **Körperverletzungsdoktrin** der Rspr., nach der auch die indizierte und fehlerfrei durchgeführte ärztliche Behandlung den Tatbestand der Körperverletzung erfüllt. Nur bei einer wirksam erteilten Einwilligung, die eine vorherige ordnungsgemäße Aufklärung des Patienten verlangt, entfällt die Rechtswidrigkeit des Heileingriffs (RGSt 25, 375; BGH NJW 1959, 811; 1989, 1533; *Katzenmeier* Arzthaftung S. 112 ff., 322 ff.; MüKoBGB/*Wagner* BGB Vor § 630a Rn. 12 ff. mwN). Das **Patientenrechtegesetz** (→ Form. II.F.20 Anm. 1) hat die von der Rspr. aus der Körperverletzungsdoktrin entwickelten Grundsätze (§§ 630d, 630e BGB) einschließlich der Beweislastverteilung (§ 630h Abs. 2 BGB) übernommen und festgeschrieben. Die Frage einer Haftung aufgrund von Aufklärungsversäumnissen stellt sich mangels entsprechender Pflicht zur Aufklärung nicht, wenn es dieser (ausnahmsweise) nicht bedurfte, insb. bei einer Notfallbehandlung, bei einem Verzicht des Patienten oder aus therapeutischen Gründen (§ 630e Abs. 3 BGB; vgl. BT-Drs. 17/10488, 25).

7. Die zur Wahrung des verfassungsrechtlich gewährleisteten Selbstbestimmungsrecht des Patienten (Art. 1 Abs. 1, Art. 2 Abs. 1 GG; BVerfG NJW 2005, 1103 (1104); Quaas/Zuck/Clemens MedR/*Zuck* § 2 Rn. 34 ff.) gebotene Aufklärung dient dazu, ihn über die Art des Eingriffs und seine nicht ganz außerhalb der Wahrscheinlichkeit liegenden Risiken zu informieren, die für seine Entschließung von Bedeutung sein können. Dem Patienten muss nach der Rspr. eine allgemeine Vorstellung von der Schwere des Eingriffs und den spezifisch mit ihm verbundenen Risiken vermittelt werden, ohne diese zu beschönigen oder zu verschlimmern (BGH NJW 2011, 375; 2000, 1784; *Martis/Winkhart* Kap. A Rn. 513 mwN). Diese **Selbstbestimmungsaufklärung** zerfällt – im Wesentlichen (weiterführend und zur nicht ganz einheitlichen Terminologie vgl. *Martis/Winkhart* Kap. A Rn. 535 ff.; *Deutsch/Spickhoff* MedR Rn. 435 ff.) – in die **Risikoaufklärung** (§ 630e Abs. 1 S. 2 BGB) und in die **Aufklärung über Behandlungsalternativen** (§ 630e Abs. 1 S. 3 BGB; BGH NJW 1988, 763 (764); NJW 2005, 1718).

8. Zur Passivlegitimation → Form. II.F.20 Anm. 3. Im Falle einer unzureichenden Aufklärung kann nicht nur der Operateur, der den rechtswidrigen Eingriff durchführt, sondern auch der Arzt, der lediglich das Aufklärungsgespräch geführt hat, haften (BGH NJW 2015, 477 (478)).

9. Gegenstand der **Risikoaufklärung** ist die Unterrichtung des Patienten über die Gefahren bzw. die nachteiligen Folgen des beabsichtigten ärztlichen Vorgehens, die sich auch bei Anwendung der gebotenen Sorgfalt, also auch bei einer fehlerfreien ärztlichen Behandlung, nicht ausschließen lassen (vgl. *Geiß/Greiner* ArzthaftpflichtR Kap. C Rn. 41; *Martis/Winkhart* Kap. A Rn. 554; *Deutsch/Spickhoff* MedR Rn. 447). Diese Aufklärung soll dem Patienten eine reale (laienhafte) Einschätzung über die mit dem Eingriff verbundenen Risiken erlauben, damit er eine selbstbestimmte Entscheidung treffen kann (vgl. Wenzel Arzthaftungsprozess/*Simmler* Kap. 2 Rn. 1731). Welche Risiken aufklärungspflichtig sind, werden von der Rspr. nicht abstrakt festgelegt. Umfang und Intensität der Aufklärung richten sich nach der konkreten Sachlage, und zwar unter Berücksichtigung der konkreten medizinischen Behandlung und des konkreten Patienten (vgl. *Geiß/Greiner* ArzthaftpflichtR Kap. C Rn. 7). Es haben sich folgende Grundsätze herausgebildet:

- **Aufklärung „im Großen und Ganzen"**: Die Aufklärung soll dem Patienten kein medizinisches Fachwissen vermitteln, sondern ihm (lediglich) aufzeigen, welche Folgen für seine persönliche Situation der Eingriff mit sich bringen kann. Nach stRspr ist daher eine Aufklärung über den **Verlauf des Eingriffs**, seine **Erfolgsaussichten** und dessen **Risiken** „im Großen und Ganzen" ausreichend. Die Risiken müssen ihm daher nicht medizinisch exakt und in allen medizinischen Erscheinungsformen dargestellt werden. Es genügt die Vermittlung eines **allgemeinen Bildes** von der Schwere des Eingriffs und den spezifisch mit ihm verbundenen Risiken (BGH NJW 2011, 375; 2010, 3230 (3231); 2000, 1784; *Frahm/Walter* ArzthaftungsR Rn. 403; *Steffen/Pauge* ArzthaftungsR, 12. Aufl. 2012, Rn. 329; *Martis/Winkhart* Kap. A Rn. 834; Wenzel Arzthaftungsprozess/*Simmler* Kap. 2 Rn. 1749; *Hassner* VersR 2013, 23 (25)).
- **Seltene Risiken**: Über seltene Risiken ist der Patient dann aufzuklären, wenn deren Realisierung zu einer möglichen besonders schweren Belastung für die Lebensführung des Patienten führt und die entsprechenden Risiken trotz ihrer Seltenheit für den Eingriff **spezifisch** sind, dh es sich um Risiken handelt, die dem Eingriff **typischerweise** anhaften (BGH NJW 2011, 375; 2010, 3230 (3231); BeckOK BGB/*Katzenmeier* BGB § 630e Rn. 15; *Martis/Winkhart* Kap. A Rn. 1100 ff.; *Steffen/Pauge* ArzthaftungsR, 12. Aufl. 2012, Rn. 333; *Osmialowski* ArztR 2014, 89 (91)).

- **Umfangreiche Aufklärung/"Detailaufklärung"**: Umfang und Genauigkeitsgrad der Aufklärung stehen in einem umgekehrt proportionalen Verhältnis zur Dringlichkeit und zu den Heilungsaussichten des Eingriffs (treffend *Geiß/Greiner* ArzthaftpflichtR Kap. C Rn. 8). Eine besonders intensive Aufklärung wird daher gefordert bei (echten) **Schönheitsoperationen** (BGH NJW 1991, 2349), **altruistisch motivierten Blutspenden** (BGH NJW 2006, 2108), lediglich **relativ indizierten Eingriffen** (BGH NJW 1997, 1637), **Außenseitermethoden** (BGH NJW 2007, 38), **Neulandmethoden** (BGH NJW 2006, 2477; OLG Hamm MedR 2017, 812; OLG Koblenz MedR 2017, 313), **Heilversuchen** (BGH NJW 2007, 2767).

10. Nach der Rspr. ist die Wahl der Behandlungsmethode primär Sache des Arztes, dem ein Ermessensspielraum zugestanden wird und über Art und Umfang seiner ärztlichen Leistung selbst entscheiden kann, solange er sich nicht über gesicherte Erkenntnisse der medizinischen Wissenschaft hinwegsetzt (BGH NJW 2017, 2685; 2006, 2477 (2478); 2007, 2767 (2768); 2007, 2774; *Vogeler* MedR 2008, 697 (702); *Hassner* VersR 2013, 23 (26)). Gibt es indessen **mehrere medizinisch gleichermaßen indizierte und übliche Behandlungsmethoden**, die **wesentlich unterschiedliche Risiken und Erfolgschancen aufweisen**, besteht mithin eine **echte Wahlmöglichkeit** für den Patienten, dann muss diesem nach entsprechend vollständiger ärztlicher Aufklärung die Entscheidung überlassen bleiben, auf welchem Wege die Behandlung erfolgen soll und auf welches Risiko er sich einlassen will (BGH NJW 2005, 1718). Bei dieser **Aufklärung über Behandlungsalternativen** (§ 630e Abs. 1 S. 3 BGB) handelt sich um eine das Selbstbestimmungsrecht des Patienten dienende Aufklärung (BGH NJW 2005, 1718; *Deutsch/Spickhoff* MedR Rn. 438). Ob der Aufklärung über Behandlungsalternativen nur dann haftungsrechtliche Bedeutung beizumessen ist, wenn feststeht, dass sich der Patient für die alternative Behandlung entschieden und die beklagten Folgen unter dieser Behandlung ausgeblieben wären, ist ungeklärt (vgl. einerseits BGH NJW 2005, 1718 (1719) und andererseits BGH NJW 2012, 850). Richtigerweise wird man (wohl) ausnahmsweise zwischen vertraglicher und deliktischer Haftung zu unterscheiden haben (näher *Vogeler* MedR 2020, 180).

11. Die **Durchführung der konkreten Aufklärung** ist weitestgehend in § 630e BGB geregelt worden und ist im Übrigen der gefestigten Rspr. zu entnehmen:

- **Aufklärungsadressat:** Dies ist grds. der die Einwilligung erteilende Patient persönlich. Ist der Patient einwilligungsunfähig, so ist der zur Einwilligungserteilung Berechtigte (Vormund, Betreuer, gesetzlicher Vertreter, rechtsgeschäftlich Bevollmächtigte) aufzuklären (§§ 630d Abs. 1 S. 2, 630e Abs. 4 BGB) und der Patient über die wesentlichen Umstände seinem Verständnis entsprechend zu unterrichten (§ 630e Abs. 5 BGB).
- **Aufklärungspflichtiger:** Die Aufklärung muss durch den Behandelnden oder durch eine Person erfolgen, die über die zur Durchführung der Maßnahme notwendige Ausbildung verfügt, § 630e Abs. 2 S. 1 N. 1 BGB. Operateur und aufklärender Arzt müssen demzufolge nicht zwangsläufig identisch sein. Delegiert der behandelnde Arzt die Aufklärung an einen anderen Arzt, so hat dieser aber durch organisatorische Maßnahmen deren ordnungsgemäße Erfüllung sicherzustellen (BGH NJW-RR 2007, 310 (311); *Osmialowski* ArztR 2014, 89 (91)). In jedem Falle muss der aufklärende Arzt die „notwendige Befähigung und Qualifikation zur Durchführung der Operation besitzen" (vgl. BT-Drs. 17/10488, 24; OLG Dresden GuP 2021, 76 mAnm *Vogeler*; zur Frage eines daraus ableitbaren Facharztvorbehalts für die Aufklärung vgl. Spickhoff/*Spickhoff* BGB § 630e Rn. 4, „Ausbildungsniveau eines Facharztes"; *Bender* VersR 2013, 962 (963 ff.); *Osmialowski* ArztR 2014, 89 (91)). Eine Delegation der ärztlich geschuldeten Aufklärung auf nichtärztliches Personal ist grds. nicht möglich (vgl. *Katzenmeier* Arzthaftung S. 337 f.; *Martis/Winkhart* Kap. A Rn. 1762).
- **Form:** Für die Aufklärung und für die auf ihr basierende Einwilligung ist – entgegen der weit verbreiteten Auffassung in der Ärzteschaft – **keine Schriftform** vorgeschrieben (vgl.

Katzenmeier Arzthaftung S. 342; *Geiß/Greiner* ArzthaftpflichtR Kap. C Rn. 87). § 630e Abs. 2 Nr. 1 BGB verlangt ausnahmslos eine **mündliche** Aufklärung (vgl. *Bender* VersR 2013, 962 (965)), dh ein Gespräch unter Anwesenden (*Geiß/Greiner* ArzthaftpflichtR Kap. C Rn. 87). In einfach gelagerten Fällen darf sich der Arzt aber auch auf ein telefonisches Aufklärungsgespräch beschränken (BGH NJW 2010, 2430 (2432)). Die Aushändigung und Unterzeichnung von Merkblättern oder Aufklärungsbögen ersetzt in jedem Falle nicht das erforderliche Aufklärungsgespräch zwischen Arzt und Patient, wie sich im Umkehrschluss aus § 630e Abs. 2 Nr. 1 aE BGB ergibt; danach darf nur **ergänzend** auf Unterlagen Bezug genommen werden. Abschriften, die der Patient im Zusammenhang mit der Aufklärung und der Einwilligung unterzeichnet hat, sind ihm auszuhändigen, § 630e Abs. 2 S. 2 BGB.

- **Zeitpunkt:** Die Aufklärung muss so rechtzeitig erfolgen, dass der Patient seine Entscheidung über die Einwilligung wohlüberlegt treffen kann, § 630e Abs. 2 Nr. 2 BGB. Die Einhaltung einer Frist, innerhalb derer die Aufklärung stattzufinden hat, wird vom Gesetz nicht aufgestellt. Ob die Aufklärung zur Wahrung des Selbstbestimmungsrechts zeitgerecht erfolgte, bestimmt sich unter Berücksichtigung der im Einzelfall gegebenen Umstände (BGH NJW 1992, 2351; *Deutsch* NJW 1979, 1905; Spickhoff/*Spickhoff* BGB § 630e Rn. 5). Im Grundsatz gilt, dass bei **geplanten operativen Eingriffen** die Aufklärung schon zum Zeitpunkt der Festlegung des Operationstermins zu erfolgen hat (BGH NJW 2003, 2012 (2013); 1993, 2372 (2373); 1992, 2351 (2352); *Hassner* VersR 2013, 23 (30)). Eine erst später erfolgte Aufklärung ist aber nicht in jedem Falle verspätet, sondern hängt davon ab, ob unter den jeweils gegebenen Umständen der Patient noch ausreichend Gelegenheit hatte, sich innerlich frei zu entscheiden (BGH NJW 2003, 2012 (2013)). Danach ist es **grds.** ausreichend, wenn der Patient bei einer stationären Behandlung im Verlaufe des Vortrages der Operation aufgeklärt wird, soweit die Aufklärung zu einer Zeit erfolgt, zu der sie dem Patienten die Wahrung seines Selbstbestimmungsrechts noch erlaubt (BGH NJW 2003, 2012 (2013); Wenzel Arzthaftungsprozess/*Simmler* Kap. 2 Rn. 1803). Eine Aufklärung am Vorabend der Operation ist in der Regel aber nicht mehr rechtzeitig (BGH NJW 2003, 2012 (2013); NJW 1992, 2351 (2352); *Geiß/Greiner* ArzthaftpflichtR Kap. C Rn. 98; *Osmialowski* ArztR 2014, 89 (91)). Bei **schwierigen und risikoreichen Eingriffen**, die eine gewisse Bedenkzeit erfordern, ist in der Regel eine Aufklärung zum Zeitpunkte der Vereinbarung des Operationstermins angezeigt (vgl. *Martis/Winkhart* Kap. A Rn. 1684). Da dem Patienten zum Zeitpunkte des Eingriffs die Risiken noch gegenwärtig sein müssen, darf der Zeitraum andererseits zwischen Gespräch und Eingriff nicht zu lang sein (vgl. OLG Dresden ArztR 2017, 265: Aufklärung vor mehr als sechs Monaten vor Eingriff unwirksam). Bei kleineren **ambulanten** und **diagnostischen Eingriffen** ist es dagegen grds. ausreichend, wenn die Aufklärung am Tag des Eingriffs erfolgt (BGH NJW 2003, 2012 (2013)).

12. Die Einholung der Einwilligung nach ordnungsgemäßer Aufklärung steht zur **Beweislast** des Arztes, § 630h Abs. 2 S. 1 BGB. Die Behandlerseite kann diesen Beweis weder durch Vorlage eines Aufklärungsbogens noch durch eine vom Patienten unterschriebene Einwilligungserklärung führen; es handelt sich lediglich um Indizien dafür, dass ein Aufklärungsgespräch überhaupt stattgefunden hat und kann den für eine Parteivernehmung erforderlichen Anfangsbeweis erbringen (BGH NJW 2001, 403; 1985, 1399; OLG Hamm MedR 2017, 812; *Bender* VersR 2013, 962 (965); *Martis/Winkhart* Kap. A Rn. 2281; *Geiß/Greiner* ArzthaftpflichtR Kap. C Rn. 135). An die Beweisführung des Arztes sind nach stRspr keine übertriebenen Anforderungen zu stellen (BGH NJW 2015, 74 (75); NJW 1985, 1399). So genügt es, wenn der aufklärende Arzt nachvollziehbar und in sich stimmig die übliche Vorgehensweise bei einem Aufklärungsgespräch vor dem in Streit stehenden Eingriff schildert und in den Krankenunterlagen Hinweise auf das durchgeführte Aufklärungsgespräch vorhanden sind (vgl. OLG Koblenz MedR 2016, 343 (344); *Frahm/Walter* ArzthaftungsR Rn. 493; *Martis/Winkhart* Kap. A Rn. 2299 mwN; *Geiß/Greiner* ArzthaftpflichtR Kap. C Rn. 134; *Hassner* VersR 2013, 23 (32)).

13. Erfolgte die Aufklärung nicht ordnungsgemäß, so kann der Behandelnde, wenn nicht ausnahmsweise der Schutzzweck gesteigerter Aufklärungspflichten (vgl. BGH NJW 2019, 1076; NJW 2020, 2334 = GuP 2020, 152 mAnm *Vogeler*) oder eine limitierte Patienteneinwilligung (vgl. BGH NJW 2016, 3523) entgegenstehen, sich darauf berufen, dass der Patient auch im Fall einer ordnungsgemäßen Aufklärung in die Maßnahme eingewilligt hätte, § 630h Abs. 2 S. 2 BGB. Mit dieser sog **hypothetischen Einwilligung** erhebt der Arzt den Einwand des **rechtmäßigen Alternativverhaltens** (vgl. *Katzenmeier* Arzthaftung S. 347). Für diesen Einwand trifft den Arzt die Behauptungs- und Beweislast. Mit diesem Beweis, den der Arzt grds. nicht zu führen vermag, ist er aber nur dann zu belasten, wenn der Patient zur Überzeugung des Tatrichters **plausibel** macht, dass er, wären ihm rechtzeitig die Risiken der Behandlung verdeutlicht worden, vor einem echten **Entscheidungskonflikt** gestanden hätte. Die Feststellung einer Plausibilität dieses Entscheidungskonflikts verlangt nahezu ausnahmslos die persönliche Anhörung des Patienten (BGH NJW 2015, 74 (76); *Hassner* VersR 2013, 23 (33)). Es kommt jedoch weder darauf an, wie sich der Patient bei ordnungsgemäßer Aufklärung entschieden hätte, noch darauf an, wie sich ein „vernünftiger" Patient verhalten haben würde. Entscheidend ist die persönliche Entscheidungssituation des konkreten Patienten aus damaliger Sicht (BGH NJW 2005, 1718 (1719)). Danach genügt die **nachvollziehbare** Darlegung des Patienten, in welcher persönlichen Entscheidungssituation er sich bei ordnungsgemäßer Aufklärung befunden hätte und diese ihn vor die ernsthafte Frage gestellt hätte, ob er seine Einwilligung erteilt (vgl. *Frahm/Walter* ArzthaftungsR Rn. 479; *Geiß/Greiner* ArzthaftpflichtR Kap. C Rn. 140). Gelingt es dem Patienten nicht, einen Entscheidungskonflikt plausibel dazulegen, so hat der Einwand des rechtmäßigen Alternativverhaltens der Behandlerseite Erfolg und eine Aufklärungsfehlerhaftung scheidet aus (vgl. *Geiß/Greiner* ArzthaftpflichtR Kap. C Rn. 137, 144). Auf die Plausibilität des Entscheidungskonflikts kommt es aber nur an, wenn der Einwand der hypothetischen Einwilligung von der Behandlerseite ausdrücklich erhoben wird (BGH NJW 2009, 1209 (1211); 1994, 799 (801); 1994, 2414 (2415); *Hassner* VersR 2013, 23 (33)). Erst dann hat der Patient Veranlassung, einen Entscheidungskonflikt plausibel darzulegen (BGH NJW 1994, 799 (801); 1996, 3073 (3074); *Frahm/Walter* ArzthaftungsR Rn. 477). Wird der Einwand erstmals im zweiten Rechtszug erhoben, so handelt es sich grds. um ein nicht zuzulassendes neues Verteidigungsmittel iSd § 531 Abs. 2 ZPO (BGH NJW 2009, 1209 (1211); *Frahm/Walter* ArzthaftungsR Rn. 477).

14. Steht fest, dass die Aufklärung nicht ordnungsgemäß erfolgte und greift der Einwand der hypothetischen Einwilligung – soweit erhoben – aufgrund einer plausiblen Darlegung eines Entscheidungskonflikt nicht durch, so haftet der Arzt grds. für alle den Gesundheitszustand des Patienten betreffenden nachteiligen Folgen (BGH NJW 2015, 74 (75); BeckOK BGB/*Katzenmeier* BGB § 630e Rn. 64).

15. Die Rspr. hat allerdings zur **Haftungsbegrenzung** der Aufklärungspflichtverletzung unter Zuhilfenahme des **Schutzzwecks-/Zurechnungszusammenhangs** ein schwer durchschaubares System geschaffen, welches sich wie folgt zusammenfassen lässt:

- Die Rspr. geht zunächst von einer „Unteilbarkeit" der Einwilligung aus. Sie bezieht sich also auf den ärztlichen Eingriff im Ganzen, mit der Folge, dass sich die Haftung nicht auf die Verwirklichung des Risikos beschränkt, über das pflichtwidrig nicht aufgeklärt wurde. Vielmehr ist der Eingriff aufgrund unwirksamer Einwilligung insgesamt rechtswidrig und der Arzt haftet für alle Schadensfolgen aus der Behandlung

(BGH NJW 1989, 1533 (1535); 1991, 2346 (2347); *Katzenmeier* Arzthaftung S. 345 f.; *Geiß/Greiner* ArzthaftpflichtR Kap. C Rn. 155).

- Eine Haftung soll nach der Rspr. aber dann nicht in Betracht kommen, wenn die Aufklärung zwar unvollständig gewesen ist, sich aber ein **aufklärungspflichtiges Risiko** verwirklicht hat, über das **tatsächlich auch aufgeklärt wurde**. In diesem Fall hat der Patient in Kenntnis des später verwirklichten Risikos seine Einwilligung erteilt, sodass bei wertender Betrachtung nach dem Schutzzweck der Aufklärungspflicht aus der Verwirklichung dieses Risikos keine Haftung hergeleitet werden könne (BGH NJW 2006, 2477 (2479); 2001, 2798; 2000, 1784; 1991, 2346; BeckOK BGB/*Katzenmeier* BGB § 630e Rn. 66).
- Erfolgte die Aufklärung nicht ordnungsgemäß, hat sich aber **ausschließlich** ein Risiko verwirklicht, über das bei **ordnungsgemäßer Aufklärung gar nicht hätte aufgeklärt werden müssen**, hängt die Haftung davon ab, ob der Patient wenigstens eine **Grundaufklärung**, dh eine zwar lückenhafte Aufklärung, in der aber wenigstens dem Patienten ein zutreffender Eindruck von der Schwere des Eingriffs mit Hinweis auf das schwerstmögliche Risiko und von der Art der Belastungen vermittelt wird, erfahren hat (BGH NJW 1991, 2346 (2347); 1996, 777 (779); *Geiß/Greiner* ArzthaftpflichtR Kap. C Rn. 157; Wenzel Arzthaftungsprozess/*Simmler* Kap. 2 Rn. 1714 ff.). Bei **fehlender/unzureichender Grundaufklärung** besteht entsprechend dem Grundsatz der Unteilbarkeit der Einwilligung aufgrund fehlerhafter Risikoaufklärung eine **Haftung für nicht aufklärungspflichtige Risiken**, obwohl der Schaden, für den der Arzt einstehen soll, aus einem Risiko entstanden ist, über das er nicht hätte aufklären müssen (BGH NJW 2001, 2798; 1991, 2346 (2347); 1996, 777 (779)).
- Hat der Patient dagegen eine **ordnungsgemäße Grundaufklärung** erhalten und verwirklicht sich ein nicht aufklärungspflichtiges Risiko, das mit den mitzuteilenden Risiken hinsichtlich der Richtung, in der sich diese auswirken können, und nach der Bedeutung für die künftige Lebensführung des Patienten nicht vergleichbar ist, entfällt der Zurechnungszusammenhang (BGH NJW 1989, 1533 (1535); *Geiß/Greiner* ArzthaftpflichtR Kap. C Rn. 157).

16. Die Beweislast für den Ursachenzusammenhang zwischen der rechtswidrigen Behandlung und den Schadensfolgen trägt der Patient. Steht dieser fest, so bleibt es der Behandlerseite unbenommen, geltend zu machen, dass der Schaden auch eingetreten wäre bei einer alternativen Behandlung und/oder in einer anderen Behandlungsstätte (**hypothetischer Kausalverlauf bei rechtmäßigem Alternativverhalten** – BGH NJW 2012, 2024 (2025)), ohne den Eingriff allein aufgrund des Grundleidens (**Reserveursache** – BGH NJW 1959, 2299 (2300)) oder bei einem rechtmäßigen und fehlerfreien ärztlichem Eingriff, in den der Patient bei ordnungsgemäßer Aufklärung eingewilligt hätte (**rechtmäßiges Alternativverhalten** – BGH NJW 2005, 2072 (2073)). Für diese Einwände ist der Arzt beweisbelastet (vgl. zum Ganzen *Geiß/Greiner* ArzthaftpflichtR Kap. C Rn. 151 ff.).

17. Zum Antrag und zur Begründung bei Schmerzensgeldklagen → Form. I.D.4, → Form. II.F.2, → Form. II.F.8.

18. Zu den materiellen Schäden → Form. II.F.20 Anm. 9; zum Antrag und zur Begründung einer Feststellungklage → Form. I.D.4, → Form. II.F.1, → Form. II.F.8

Kosten und Gebühren

19. → Form. II.F.20 Anm. 14, 15.

Fristen

20. → Form. II.F.20 Anm. 16.

Rechtsmittel

21. → Form. II.F.20 Anm. 17.

Produkthaftungsrecht

22. Klage auf Schadensersatz und Schmerzensgeld wegen Produktfehlers

An das
Amtsgericht . . . . .[1, 2, 3]

Klage

des . . . . .
– Klägers –
Prozessbevollmächtigte: . . . . .

gegen

. . . . . GmbH & Co. KG
– Beklagte –
wegen: Produkthaftung
Namens und in Vollmacht des Klägers erhebe ich Klage gegen die Beklagte und kündige an zu beantragen,

1. **die Beklagte zu verurteilen, an den Kläger ein in das Ermessen des Gerichtes gestelltes Schmerzensgeld in einer Größenordnung von 2.000 EUR zzgl. Zinsen iHv 5 Prozentpunkten über dem Basiszinssatz seit dem . . . . . zu zahlen,[12]**
2. **. . . . .[13]**

Streitwert: . . . . .

Sollte das Gericht das schriftliche Vorverfahren anordnen und die Beklagte nicht fristgerecht ihre Verteidigungsbereitschaft anzeigen, so wird der Erlass eines
Versäumnisurteils
gem. § 331 Abs. 3 ZPO beantragt.

Begründung:

Der Kläger nimmt die Beklagte, die Süßwaren herstellt und vertreibt, auf Schadensersatz wegen einer Verletzung seiner Zähne durch ein von der Beklagten hergestelltes fehlerhaftes Produkt in Anspruch.

I.[4]

Der Kläger nahm als Mitarbeiter eines Vereins für Jugendarbeit am . . . . . an einem Sommerfest des Vereins teil. Bei diesem Sommerfest wollte der Kläger ein von der

Beklagten hergestelltes Fruchtgummi des Typs „große Cola-Flasche" verzehren. Diese Cola-Flasche entnahm er einer herumgereichten Big-Box.

Beweis: Zeugnis der Frau . . . . .

Die Zeugin . . . . . hatte diese Big-Box, in der sich Fruchtgummis aus der Herstellung der Beklagten befanden, für das Sommerfest gekauft.

Beweis: Zeugnis der Frau . . . . .

Beim Kauen des Fruchtgummis verspürte der Kläger ein Knacken seiner Zähne und einen starken Schmerz, woraufhin er die Cola-Flasche sofort ausspuckte. Bei genauerer Betrachtung konnte er feststellen, dass das Fruchtgummi ein Stück von einem Stein enthielt. Ferner bemerkte der Kläger, dass er auf ein weiteres Stück von einem Steinchen gebissen hatte. Die angekaute Masse zeigte er der Zeugin . . . . . und erklärte ihr, dass er soeben auf einen Stein gebissen habe, was ihm „den Zahn gesprengt hat". Auch die Zeugin . . . . . konnte Steinchen in der Kaumasse erkennen.

Beweis: Zeugnis der Frau . . . . .

Am . . . . . begab sich der Kläger in die zahnärztliche Behandlung des Herrn Dr. . . . . Dieser stellte fest, dass an den bereits gefüllten Zähnen 25 u. 26 sowohl jeweils ein Stück Zahn als auch ein Stück Füllungen fehlten. Die Zähne wurden daraufhin mit entsprechend größeren Füllungen neu versorgt und später zusätzlich überkront.

Beweis: Schriftlicher Bericht der Herrn Dr. . . . . vom . . . . . – Anlage K 1 –

II.

Dem Kläger stehen gegenüber der Beklagten Ansprüche auf Schadensersatz gem. § 1 Abs. 1, § 4 Abs. 1, § 8 ProdHaftG zu:

Die streitgegenständlich Cola-Flasche ist mit einem Produktfehler[5, 6] iSd § 3 Abs. 1 ProdHaftG behaftet, weil diese nicht den berechtigten Sicherheitserwartungen entspricht. Das Fruchtgummi enthielt produktionsbedingt Einschlüsse von Fremdkörpern, die so hart waren, dass bei einem Biss auf sie mit dem Eintritt von Zahnschäden gerechnet werden musste. Diese Fremdkörper müssen auch bereits im Rahmen der Herstellung des Fruchtgummis in dieses eingeschlossen gewesen sein. Sie können nur in die Fruchtgummimasse gelangt sein, als diese noch flüssig war.

Beweis: Sachverständigengutachten

Das streitgegenständliche Fruchtgummi des Typs „Cola-Flasche", dessen Reste als Anlage K 2 beigefügt sind, stammt aus der Herstellung der Beklagten.[7]

Beweis: Sachverständigengutachten[8]

Der Kläger entnahm das Fruchtgummi – wie bereits unter Beweis gestellt – aus einer Big-Box, die die Zeugin . . . . . für das Sommerfest gekauft hatte und in der sich Fruchtgummis aus der Herstellung der Beklagten befanden.

Durch den Fehler des streitgegenständlichen Fruchtgummis erlitt der Kläger Verletzungen an den Zähnen 25 u. 26.[9, 10, 11, 12]

. . . . .[13]

Rechtsanwalt[14, 15]

Anmerkungen

1. Das Formular beruht auf der Entscheidung des OLG Hamm v. 23.5.2013, BeckRS 2013, 8842 und hat einen Anspruch nach **§ 1 Abs. 1 ProdHaftG** zum Gegenstand. Der Kläger erlitt beim Kauen eines Fruchtgummis Zahnschäden und verlangte von dem Süßwarenherstellers mit Erfolg Schadensersatz. Neben der Frage, ob das streitgegenständliche Fruchtgummi überhaupt aus der Herstellung des beklagten Herstellers stammte, war auch das Vorliegen eines Produktfehlers streitig. Der gerichtlich beststellte Sachverständige stellte fest, dass die Kaumasse Fremdkörpereinschlüsse unterschiedlicher Form und Größe aufwies, die am ehesten von einem Hartputz zur Beschichtung von Wänden und Decken stammten. Da nach den sachverständig getroffenen Feststellungen die Partikel nur in den flüssigen Fruchtgummiansatz gelangt sein konnten, ergab sich der nachvollziehbare Schluss, dass sich Teile des Hartputzes der Decke der Produktionshalle gelöst und in die flüssige Fruchtgummimasse gefallen sind. Das OLG Hamm hat den Anspruch des Klägers auf § 1 ProdHaftG gestützt. Ob daneben auch ein Anspruch nach der deliktischen Produzentenhaftung (§ 823 Abs. 1 BGB) besteht, ist aufgrund des bei Fabrikationsfehlern möglichen „Ausreißer-Einwands" zumindest fraglich. Keine Erwähnung findet seitens des OLG Hamm die Kirschtaler-Entscheidung des BGH (NJW 2009, 1669), nach der auch im Rahmen der ProdHaftG für „Ausreißer" – freilich mangels Produktfehlers – nicht gehaftet wird, wenn der Verbraucher keine völlige Gefahrlosigkeit erwarten darf. Während ein Verbraucher aber berechtigterweise nicht ohne Weiteres erwarten darf, dass ein Kirschtaler zwar Kirschen, aber keinerlei Kirschkerne enthält (BGH NJW 2009, 1669 (1671)), so wird ein Verbraucher berechtigterweise erwarten dürfen, dass ein Fruchtgummi keinerlei zu Zahnschäden führende Fremdkörpereinschlüsse aufweist.

2. Das zum 1.1.1990 in Kraft getretene Produkthaftungsgesetz (ProdHaftG) dient der Umsetzung der RL 85/374/EWG und begründet mit der zentralen Anspruchsnorm des § 1 Abs. 1 ProdHaftG eine **verschuldensunabhängige Gefährdungshaftung** (vgl. zur systematischen Einordnung MüKoBGB/*Wagner* Einl. ProdHaftG Rn. 14 ff.; BeckOK BGB/*Förster* ProdHaftG § 1 Rn. 1 ff.) des Herstellers für Personen-/Sachschäden durch fehlerhafte Produkte. Ansprüche nach der **deliktischen Produzentenhaftung** (§ 823 Abs. 1 BGB), die an die Verletzung herstellerspezifischer Verkehrssicherungspflichten anknüpft, bleiben im Sinne einer **Anspruchskonkurrenz** unberührt (§ 15 Abs. 2 ProdHaftG). Die verschuldensabhängige Haftung richtet sich gegen den Produzenten, mit der neben den klassischen Produktfehlern (→ Anm. 6) auch eine Verletzung nachträglicher Produktbeobachtungspflichten geltend gemacht werden kann. Ist nachgewiesen, dass der Schaden im Organisations- und Gefahrenbereich des Herstellers durch einen objektiven Mangel oder Zustand der Verkehrswidrigkeit ausgelöst worden ist, hat sich der Produzent hinsichtlich des Verschuldens zu entlasten (BGH NJW 1999, 1028 (1029)), was häufig mit dem sog Ausreißer-Einwand geschieht (BGH NJW 1975, 1827 (1828)). Im Übrigen gelten keine Haftungshöchtsbeträge (→ Anm. 13), die Liquidation von Sachschäden ist nicht auf privat genutzte Sachen beschränkt (→ Anm. 13) und nach hM ist bei fehlender Soffgleichheit bzw. Verletzung von Integritätsinteressen auch ein Sachschaden am Produkt selbst erstattungsfähig („Weiterfresserschaden" → Anm. 9). Das **Produktsicherheitsgesetz** (ProdSG) konkretisiert ordnungsrechtlich einzuhaltende Sicherheitsanforderungen und dient der präventiven Durchsetzung von Sicherheitsstandards (vgl. *Deutsch/Ahrens,* Deliktsrecht, 6. Aufl. 2014, Rn. 367). Haftungsrechtliche Bedeutung hat das ProdSG für die Konkretisierung des Fehlerbegriffs und über § 823 Abs. 2 BGB, da die Normen des ProdSG als Schutzgesetze angesehen werden (BGH NJW 2006, 1589 (1590); MüKoBGB/*Wagner* Einl. ProdHaftG Rn. 7; BeckOK BGB/*Spindler* BGB § 823 Rn. 522).

3. Die sachliche Zuständigkeit des Gerichts ergibt sich aus §§ 23 Nr. 1 GVG, 71 Abs. 1 GVG. Die örtliche Zuständigkeit ergibt sich aus den Regeln des allgemeinen Gerichtsstands (§§ 12–19 ZPO). Daneben ist der Gerichtsstand der unerlaubten Handlung gegeben. Maßgeblich ist der Ort, an dem das Produkt hergestellt wurde (Herstellungs-/Handlungsort) oder der Ort, an dem das Schadensereignis eingetreten ist (Schadens-/Erfolgsort; vgl. OLG Stuttgart NJW-RR 2006, 1362 (1363 f.); MüKoZPO/*Patzina* ZPO § 32 Rn. 30).

4. Der Geschädigte hat im Rahmen der Produkthaftung den Produktfehler, den Schaden und den ursächlichen Zusammenhang zwischen Fehler und Schaden zu beweisen, § 1 Abs. 4 S. 1 ProdHaftG. Darüber hinaus obliegt ihm der Beweis der Herstellereigenschaft. Der Geschädigte genügt seiner Darlegungslast, wenn er vorträgt, durch ein fehlerhaftes Produkt des in Anspruch genommenen Herstellers einen Personen- und/oder Sachschaden erlitten zu haben. Stellen sich medizinische Fragen, so dürfen – anknüpfend an die verminderte Darlegungslast im Arzthaftungsprozess (→ Form. II.F.20 Anm. 12) – weder an den klagebegründenden Sachvortrag noch an Einwendungen gegen ein Sachverständigengutachten hohe Anforderungen gestellt werden. Die Partei darf sich in einem solchen Fall auf den Vortrag von ihr zunächst nur vermuteter Tatsachen beschränken (vgl. BGH NJW 2021, 1398 mAnm *Klindt*). Dem Hersteller eröffnet das ProdHaftG mehrere Möglichkeiten, sich zu entlasten, § 1 Abs. 2 ProdHaftG. Die Entlastungstatbestände stehen zur Beweislast des Herstellers, § 1 Abs. 4 S. 2 ProdHaftG.

5. Ein **Produkt** ist nach der Legaldefinition des § 2 ProdHaftG jede bewegliche Sache, auch wenn sie einen Teil einer anderen beweglichen oder unbeweglichen Sache bildet, sowie Elektrizität. Die Aufnahme von Elektrizität in die Legaldefinition ist der nach deutschem Recht fehlenden Sachqualität geschuldet (Palandt/*Sprau* ProdHaftG § 2 Rn. 1). Klargestellt ist weiterhin, dass die Produkteigenschaft nicht durch Verbindung mit einer anderen Sache verloren geht.

6. Ein **Produkt** hat einen **Fehler**, wenn es nicht die Sicherheit bietet, die unter Berücksichtigung aller Umstände, insb. seiner Darbietung, des Gebrauchs, mit dem billigerweise gerechnet werden kann, sowie des Zeitpunkts, in dem es in den Verkehr gebracht wurde, berechtigterweise erwartet werden kann (§ 3 Abs. 1 ProdHaftG). Nicht entscheidend ist die subjektive Sicherheitserwartung des jeweiligen Benutzers. Vielmehr kommt es **objektiv** darauf an, ob das Produkt diejenige Sicherheit bietet, die die in dem entsprechenden Bereich **herrschende Verkehrsauffassung** für erforderlich hält (BGH NJW 2009, 2952 (2953); BeckOK BGB/*Förster* ProdHaftG § 3 Rn. 8 f.). In erste Linie maßgeblich sind die Sicherheitserwartungen des Personenkreises, an den sich der Hersteller mit seinem Produkt wendet, darüber hinaus aber auch das Schutzniveau Dritter, die mit der Sache in Berührung kommen. Erhöhte Sicherheitsanforderungen gelten für Produkte, die sich an Endverbraucher oder an Risikogruppen richten (BGH NJW 2009, 1669 (1670)). Aus § 3 Abs. 1 Buchst. c, Abs. 2 ProdHaftG folgt, dass **maßgeblicher Beurteilungszeitraum** für die berechtigten Sicherheitserwartungen der Zeitpunkt des In-Verkehr-Bringens ist. Nach hM ist der für die deliktische Produzentenhaftung (§ 823 Abs. 1 BGB) entwickelte Fehlerbegriff inhaltgleich mit demjenigen der Produkthaftung, weshalb die zur Präzisierung der deliktischen Verkehrspflichten entwickelten **Fehlerkategorien** auch der Produkthaftung zugrunde gelegt werden (BGH NJW 2009, 2952 (2953); 2009, 1669 (1670); MüKoBGB/*Wagner* ProdHaftG § 3 Rn. 3, 29; *Fuchs/Baumgärtner* JuS 2011, 1057 (1062)):

- **Konstruktionsfehler:** Dieser liegt vor, wenn das Produkt schon seiner Konzeption nach unter dem gebotenen Sicherheitsstandard bleibt. Der Hersteller hat demzufolge zur Gewährleistung der erforderlichen Produktsicherheit bereits im Rahmen der Konzeption und Planung des Produkts nicht diejenigen Maßnahmen getroffen, die zur Vermeidung einer Gefahr objektiv erforderlich und nach objektiven Maßstäben zumutbar waren. Die Annahme eines Konstruktionsfehlers hängt grds. davon ab, ob im Zeitpunkt des Inverkehrbringens ein **alternatives Produktdesign** zur Verfügung stand und diese – sicherheitstechnisch überlegene – Alternativkonstruktion zum Serieneinsatz reif gewesen ist (BGH NJW 2009, 2952 (2953); MüKoBGB/*Wagner* ProdHaftG § 3 Rn. 32 f.; BeckOK BGB/*Spindler* BGB § 823 Rn. 494).
- **Fabrikationsfehler**: Er haftet nur einzelnen Exemplaren an und liegt vor, wenn das Produkt den für die Produktserie definierten Sicherheitsstandard verfehlt (MüKoBGB/*Wagner* ProdHaftG § 3 Rn. 30 f.). Fabrikationsfehler entstehen grds. während des

Herstellungsverfahrens, entweder weil die Produktion unzureichend organisiert oder durchgeführt bzw. die Ergebnisse des Fertigungsprozesses nicht hinreichend kontrolliert wurden (*Fuchs/Baumgärtner* JuS 2011, 1057 (1059); Palandt/*Sprau* ProdHaftG § 3 Rn. 9). Fabrikationsfehler, die trotz aller zumutbaren Vorkehrungen unvermeidbar sind („**Ausreißer**"), begründen mangels Verschuldens keine Haftung nach der deliktischen Produzentenhaftung (OLG Düsseldorf BeckRS 2010, 5734; Palandt/*Sprau* BGB § 823 Rn. 170; *Deutsch/Ahrens,* Deliktsrecht, 6. Aufl. 2014, Rn. 374; BeckOK BGB/*Förster* ProdHaftG § 3 Rn. 33 f.). Bei der verschuldensunabhängigen Produkthaftung ist der „Ausreißer-Einwand" des Herstellers dagegen unerheblich (BGH NJW 1995, 2162 (2163); MüKoBGB/*Wagner* ProdHaftG § 3 Rn. 30; Palandt/*Sprau* ProdHaftG § 3 Rn. 9). In der Kirschtaler-Entscheidung wurde durch den BGH allerdings hervorgehoben, dass auch die Produkthaftung nicht stets eine Haftung für „Ausreißer" begründet, nämlich dann nicht, wenn der Verbraucher keine völlige Gefahrlosigkeit des Produkts erwarten darf (BGH NJW 2009, 1669 (1670) – Kirschtaler; dazu *Fuchs/Baumgärtner* JuS 2011, 1057 (1062)). In diesem Fällen liegt bereits kein Produktfehler vor.

- **Instruktionsfehler:** Den Hersteller trifft die Verpflichtung, die Verwender des Produkts vor denjenigen Gefahren zu warnen, die bei bestimmungsgemäßem Gebrauch oder nahe liegendem Fehlgebrauch drohen und die nicht zum allgemeinen Gefahrenwissen des Benutzerkreises gehören. Inhalt und Umfang der Instruktionspflichten hängen ab von der Größe der Gefahr und von dem gefährdeten Rechtsgut (BGH NJW 2009, 2952 (2954); Palandt/*Sprau* ProdHaftG § 1 Rn. 11). Ein Instruktionsfehler liegt danach vor, wenn die gebotene Warnung vor Gefahren gänzlich fehlt, wenn sie inhaltlich unzutreffend ist oder wenn die Warnung nicht deutlich und verständlich genug erfolgte (vgl. *Deutsch/Ahrens,* Deliktsrecht, 6. Aufl. 2014, Rn. 379).
- **Potentieller Fehler/Fehlerverdacht:** Hat ein Produkt ein besonders hohes Schadenspotential und bestehen daher besonders hohe berechtigte Sicherheitserwartungen, so kann ein Produkt, welches zu einer Gruppe oder Produktserie gehört, bei der ein „potentieller Fehler" festgestellt wurde, allein deswegen als fehlerhaft eingestuft werden, ohne dass der Fehler bei diesem Produkt festgestellt werden muss (vgl. EuGH NJW 2015, 2507). Das erhöhte Ausfallrisiko begründet insoweit die Annahme eines Produktfehlers bei „anormaler Potentialität eines Personenschadens" (vgl. BGH NJW 2015, 3096; 2015, 2507; KG Berlin MedR 2016, 349; *Molitoris/Klindt* NJW 2016, 2464 (2467 f.); *Kaufmann/Seehafer* MedR 2017, 369; BeckOK BGB/*Förster* ProdHaftG § 3 Rn. 30 aE; *Heynemann* GuP 2021, 32).

Eine Verletzung der nachträglichen herstellerspezifischen **Produktbeobachtungspflicht** fällt nicht unter die Produkthaftung (vgl. MüKoBGB/*Wagner* ProdHaftG § 3 Rn. 38), kann aber Ansprüche aufgrund der deliktischen Produzentenhaftung auslösen (vgl. Palandt/*Sprau* BGB § 823 Rn. 172). Der **Entwicklungsfehler** (→ Anm. 11) löst weder eine Haftung nach dem ProdHaftG (§ 1 Abs. 2 Nr. 5 ProdHaftG) noch nach Deliktsrecht aus (BGH NJW 2009, 2952 (2955)).

7. **Ersatzpflichtig** ist der in § 4 ProdHaftG definierte **Hersteller.** Die in Betracht kommenden Anspruchsgegner gehen weit über die Haftungsadressaten der deliktischen Produzentenhaftung hinaus. Für die Produkthaftung kommen in Betracht:

- **Endprodukthersteller:** Derjenige, der das fertige Erzeugnis so herstellt, wie es für den Verkehr bestimmt ist, haftet umfassend für die Fehlerfreiheit des Endprodukts, auch wenn er sich nur darauf beschränkt, eingekaufte Komponenten zu einer Gesamtsache zusammenzufügen (BGH NJW 1975, 1827 (1828); MüKoBGB/*Wagner* ProdHaftG § 4 Rn. 8).
- **Grundstoffhersteller:** Er produziert Materialien, die für die Herstellung eines Teil- oder Endprodukts vorgesehen sind und die – in Abgrenzung zu Zulieferteilen – im Zuge der Weiterverarbeitung ihre Beschaffenheit ändern (MüKoBGB/*Wagner* ProdHaftG § 4

Rn. 16). Da er nur insoweit Hersteller ist, haftet er lediglich für Schäden, die durch Fehler des Grundstoffs verursacht wurden (vgl. Palandt/*Sprau* ProdHaftG § 4 Rn. 5).

- **Teilprodukthersteller**: Teilprodukte sind für den Einbau in ein anderes Produkt bestimmt und daher nicht für die direkte Benutzung durch den Verbraucher vorgesehen. Der Hersteller der Teilprodukts haftet dem privaten Verbraucher daher nur für Schäden, die durch das Teilprodukt hervorgerufen wurden (vgl. Palandt/*Sprau* ProdHaftG § 4 Rn. 4; BeckOK BGB/*Förster* ProdHaftG § 4 Rn. 11).
- **Quasi-Hersteller**: Als Hersteller gilt auch derjenige, der sich als Hersteller ausgibt, weil er seinen Namen, seine Marke oder ein anderes unterscheidungskräftiges Kennzeichen auf dem Produkt anbringt (§ 4 Abs. 1 S. 2 ProdHaftG). Das Anbringen eines auf ihn hinweisenden Zeichens muss der Quasi-Hersteller nicht selbst bewirken. Es reicht aus, wenn die Anbringung in seinem Einverständnis erfolgt oder er sie nachträglich, ggf. auch konkludent, genehmigt (BGH NJW 2005, 2695 (2696)).
- **Importeur**: Um die Durchsetzung von Schadensersatzansprüchen nach dem ProdHaftG zu gewährleisten, wird aus Verbraucherschutzgesichtspunkten der Importeur dem Hersteller gleichgestellt (vgl. MüKoBGB/*Wagner* ProdHaftG § 4 Rn. 27). Voraussetzung dieser Gleichstellung ist die Einfuhr oder Verbringung eines Produkts im Rahmen der geschäftlichen Tätigkeit in den Geltungsbereich des EWR-Vertrages (§ 4 Abs. 2 ProdHaftG).
- **Lieferant**: Er ist kein Hersteller von Produkten, sondern vertreibt diese. Er gilt aber als Hersteller, wenn der tatsächliche nicht ermittelt werden kann und der Lieferant seiner Auskunftspflicht, dem Geschädigten nach entsprechender Aufforderung den Hersteller oder seinen Vorlieferanten zu benennen, nicht nachkommt (§ 4 Abs. 3 ProdHaftG).

Mehrere Ersatzpflichtige haften dem Geschädigten als **Gesamtschuldner** (§ 5 ProdHaftG)

8. Im vorliegenden Fall konnte der Beweis, dass die Reste der Kaumasse aus der Produktion der Beklagten stammten, durch eine Vergleichsanalyse geführt werden.

9. Nur die Verletzung der in § 1 Abs. 1 ProdHaftG aufgezählten Rechtsgüter löst eine Haftung nach dem ProdHaftG aus. Zu den geschützten **Rechtsgütern** zählen einerseits Leben, Körper und Gesundheit (**Personenschäden**), die wie in § 823 Abs. 1 BGB zu verstehen sind. Andererseits erstreckt sich die Haftung auch auf **Sachbeschädigungen**, für die die Selbstbeteiligung des § 11 ProdHaftG zu beachten ist. Der BGH tendiert dazu, die Sachbeschädigung ebenso zu definieren wie die deliktische Eigentumsverletzung, sodass auch Nutzungsbeeinträchtigungen vom Schutzbereich des ProdHaftG erfasst sein können (BGH NJW-RR 1995, 342 (343); dazu MüKoBGB/*Wagner* ProdHaftG § 1 Rn. 6). Da § 1 Abs. 1 ProdHaftG keine Eigentumsverletzung verlangt, können auch „Nicht-Eigentümer" aktivlegitimiert sein, die über die „sonstigen Rechte" des § 823 Abs. 1 BGB geschützt wären, womit ebenfalls ein Gleichlauf mit der deliktischen Haftung erreicht wird (vgl. MüKoBGB/*Wagner* ProdHaftG § 1 Rn. 5). Eine tatbestandliche Sachbeschädigung liegt nach § 1 Abs. 1 S. 2 ProdHaftG nur vor, wenn eine **andere Sache als das fehlerhafte Produkt** beschädigt wird. Der Sachschaden am fehlerhaften Produkt selbst ist demzufolge über die Produkthaftung nicht ersetzbar. Daran anknüpfend ist nach hM eine Ersatzfähigkeit von **„Weiterfresserschäden"**, die nach der Rspr. (BGH NJW 2009, 1080 (1083); 1983, 810 (811)) über § 823 Abs. 1 BGB erstattungsfähig sind, wenn der geltend gemachte Schaden mit dem dem Produkt anhaftenden Mangelunwert nicht „stoffgleich" ist (Integritätsinteresse), über die Produkthaftung nicht gegeben (vgl. *Fuchs/Baumgärtner* JuS 2011, 1057 (1062); ausf. MüKoBGB/*Wagner* ProdHaftG § 1 Rn. 9 ff. mwN; BeckOK BGB/*Förster* ProdHaftG § 1 Rn. 19 ff. mwN). Werden dagegen (unbeschädigte) Sachen mit dem fehlerhaften Produkt verbunden und dadurch entwertet (**Produktionsschäden**), so liegt in dem Verarbeitungsvorgang sowohl eine deliktische Eigentumsverletzung (BGH NJW 1992, 1225 (1227); ausf. MüKoBGB/*Wagner* § 823

Rn. 196 ff.) als auch eine Sachbeschädigung iSd ProdHaftG an den ursprünglich unversehrten Sachen (MüKoBGB/*Wagner* ProdHaftG § 1 Rn. 9 aE). Die andere Sache muss nach der weiteren Einschränkung des § 1 Abs. 1 S. 2 ProdHaftG ihrer Art nach gewöhnlich für den **privaten Ge- oder Verbrauch** bestimmt und hierzu von dem Geschädigten hauptsächlich verwendet worden sein. Für die im Einzelfall schwierige Abgrenzung ist die gewöhnliche Bestimmung als objektives und die hauptsächliche Verwendung als subjektives Merkmal entscheidend; beide Merkmale müssen kumulativ erfüllt sein (vgl. Palandt/*Sprau* ProdHaftG § 1 Rn. 7).

10. Die Rechtsgutsverletzung muss „durch" den Produktfehler verursacht worden sein. Kausalität und Zurechnung bestimmen sich nach der conditio-sine-qua-non-Formel und dem Schutzzweck der Norm; die Adäquanztheorie findet im Bereich der haftungsbegründenden Kausalität keine Anwendung (BGH NJW 1976, 1676 (1677); *Deutsch* AllgHaftungsR Rn. 684).

11. Die Haftung des Herstellers ist ausgeschlossen, wenn dieser den Tatbestand eines **Haftungsausschlusses** nach § 1 Abs. 2 ProdHaftG beweist:

- **Nr. 1:** Die Haftung ist ausgeschlossen, wenn er das Produkt **nicht in den Verkehr gebracht hat.** Es handelt sich um einen eng auszulegenden Entlastungsgrund (EuGH NJW 2001, 2781 (2783)). In den Verkehr gebracht ist ein Produkt grds. dann, wenn eine endgültige und willentliche Entlassung des Produkts aus dem Einfluss- und Organisationsbereich des Herstellers vorliegt. Der EuGH stellt dagegen den Abschluss des Herstellungsprozesses in den Vordergrund und verzichtet auf die Entlassung aus der tatsächlichen Herrschaftsgewalt des Herstellers (EuGH NJW 2001, 2781 (2783); ausf. hierzu MüKoBGB/*Wagner* ProdHaftG § 1 Rn. 24 ff. mwN).
- **Nr. 2:** Die **Fehlerfreiheit des Produkts zum Zeitpunkt des In-Verkehr-Bringens** führt ebenfalls zum Haftungsausschluss. Dessen Bedeutung beschränkt sich auf **Fabrikationsfehler.** Der Beweis kann in der Regel dadurch geführt werden, dass der Fehler nur durch eine unsachgemäße Benutzung, Aufbewahrung oder durch einen unsachgemäßen Transport entstanden sein kann.
- **Nr. 3:** Erfolgte die Herstellung des Produkts weder zum Vertrieb mit wirtschaftlichem Zweck und liegt auch keine Herstellung und kein Vertrieb im Rahmen beruflicher Tätigkeit vor, so entfällt eine Haftung.
- **Nr. 4:** Der Hersteller unterliegt keiner Haftung, wenn das Produkt zum Zeitpunkt des In-Verkehr-Bringens **zwingenden Rechtsvorschriften** entsprochen hat. Die Vorschrift dient der Auflösung einer anderenfalls eingetretenen Pflichtenkollision zwischen Ungehorsam und Haftung (vgl. Palandt/*Sprau* ProdHaftG § 1 Rn. 20).
- **Nr. 5:** Keine Haftung besteht für Fehler, die im Zeitpunkt des In-Verkehr-Bringens des Produkts nach dem damaligen Stand von Wissenschaft und Technik nicht erkennbar waren (sog **Entwicklungsfehler**). Mangels objektiver Pflichtwidrigkeit besteht für derartige Fehler auch keine Haftung nach der deliktischen Produzentenhaftung (BGH NJW 2009, 2952 (2955); BeckOK BGB/*Spindler* § 823 Rn. 493).

Für **Hersteller eines Teilprodukts** ist die zusätzliche Entlastungsmöglichkeit des § 1 Abs. 3 ProdHaftG eröffnet, nämlich zum einen dann, wenn das hergestellte Teilprodukt zwar fehlerfrei, aber das Endprodukt fehlerhaft ist. Den Zulieferer trifft keine Haftung, wenn er nachweist, dass der Fehler des Endprodukts allein auf einer fehlerhaften Konstruktion beruht. Ist das Teilprodukt fehlerhaft, so kann sich dessen Hersteller zum anderen darauf berufen, dass er es nach den Weisungen des Endherstellers gefertigt hat (ausf. MüKoBGB/*Wagner* ProdHaftG § 1 Rn. 58 ff.).

12. Der Anspruch auf Zahlung eines Schmerzensgeldes folgt aus § 8 Abs. 2 ProdHaftG. Zum Antrag und zur Begründung von Schmerzensgeldklagen → Form. I.D.4, → Form. F.2, → Form. II.F.2, → Form. II.F.8.

13. Es folgen Anträge bzw. Begründung zu weiteren Schadenspositionen. Der Schadensumfang richtet sich im Falle der Tötung nach § 7 ProdHaftG, im Falle der Körperverletzung nach §§ 8, 9 ProdHaftG unter Berücksichtigung des Haftungshöchstbetrags des § 10 ProdHaftG. Bei Sachbeschädigungen hat der Geschädigte die ersten 500 EUR selbst zu tragen, § 11 ProdHaftG.

Kosten und Gebühren

14. Für das Gericht entsteht die 3,0 Verfahrensgebühr nach KV 1210 GKG, für den Anwalt entstehen die Regelgebühren nach VV Teil 3 Abschnitt 1 RVG, ggf. unter Anrechnung einer entstandenen Geschäftsgebühr auf die Verfahrensgebühr (VV Vorb. Teil 3 Abs. 4 RVG).

Fristen

15. Ansprüche nach dem **ProdHaftG** verjähren innerhalb von drei Jahren von dem Zeitpunkt an, in dem der Ersatzberechtigte von dem Schaden, dem Fehler und von der Person des Ersatzpflichtigen Kenntnis erlangt oder hätte erlangen müssen (§ 12 Abs. 1 ProdHaftG). Abweichend von § 199 BGB gilt **keine Jahresschlussverjährung**. Der Anspruch aus § 1 ProdHaftG erlischt zehn Jahre nach dem In-Verkehr-Bringen des konkret schadensstiftenden Produkts, es sei denn, ein gerichtliches Verfahren ist anhängig, es liegt ein rechtskräftiger Titel vor oder der Anspruch ist Gegenstand eines außergerichtlichen Vergleichs oder anerkannt worden (§ 13 ProdHaftG). Für Ansprüche nach der **deliktischen Produzentenhaftung** gilt die Jahresschlussverjährung, § 195 iVm § 199 BGB.

Versicherungsrecht

23. Leistungsklage, Kraftfahrtversicherung

An das
Landgericht[1]

Klage

des . . . . .
– Klägers –

Prozessbevollmächtigte: Rechtsanwälte . . . . .
gegen

die . . . . .-Versicherungs AG, vertreten durch den Vorstand, dieser vertreten durch den Vorstandsvorsitzenden . . . . .
– Beklagte –

Wegen: Ansprüche aus Versicherungsvertrag
Vorläufiger Streitwert: . . . . .
Namens und in Vollmacht des Klägers erheben wir Klage und werden beantragen:

1. **Die Beklagte wird verurteilt, an den Kläger . . . . . EUR nebst 5 Prozentpunkten Zinsen über dem Basiszinssatz seit dem . . . . . zu bezahlen.**

2. Der Beklagte wird verurteilt, an den Kläger ..... EUR nebst 5 Prozentpunkten über dem Basiszinssatz seit dem ..... zu bezahlen.
3. Die Beklagte trägt die Kosten des Rechtsstreits.
4. Das Urteil ist vorläufig vollstreckbar.

Wir beantragen ferner,

gegen die Beklagte ohne mündliche Verhandlung gem. § 331 Abs. 3 ZPO Versäumnisurteil zu erlassen, falls nicht fristgerecht die Absicht angezeigt wird, sich gegen die Klage verteidigen zu wollen.

Der Kläger macht gegen die Beklagte Ansprüche aus dem zwischen den Parteien bestehenden Versicherungsvertrag mit der Versicherungsscheinnummer: ..... geltend.

A. Zum Sachverhalt[2]

I.

Zwischen den Parteien besteht unter der Versicherungsscheinnummer: ..... ein Versicherungsvertrag. Er beinhaltet eine Kraftfahrzeughaftpflichtversicherung über das Fahrzeug des Klägers mit dem amtlichen Kennzeichen ..... sowie eine Fahrzeug-Versicherung mit einer Selbstbeteiligung von ..... EUR für den Vollkaskobereich und iHv ..... EUR für den Bereich der Teilkaskoversicherung. Wir überreichen als Anlage K 1 eine Kopie des Versicherungsscheins und als Anlage K 2 die den Versicherungsvertrag zugrunde liegenden Allgemeinen Versicherungsbedingungen.

II.[3]

Am ..... besuchte der Kläger seinen Bruder, den nachbenannten Zeugen

.....

in ....., um mit ihm einen gemeinsamen Einkauf zu unternehmen.

Beweis: Zeugnis des Herrn .....

Im Auto des Klägers befand sich ferner dessen Sohn, der nachbenannte Zeuge .....

Beweis: Zeugnis des Herrn .....

Nachdem der Kläger und sein Sohn gemeinsam mit dem Zeugen ..... in ..... eingekauft hatten, fuhren der Kläger und sein Sohn zurück nach Hause. Dort angekommen, stellte der Kläger sein Fahrzeug in einer Parkbucht in der Straße ..... ab.

Beweis: Zeugnis des .....

Das Fahrzeug war ordnungsgemäß verschlossen. Der Kläger und sein Sohn suchten nach Abstellen des Pkw die gemeinsame Wohnung auf. Als der Kläger am nächsten Morgen mit seinem Sohn die Wohnung verließ, um diesen zur Schule zu bringen, stellte er fest, dass sich das Fahrzeug nicht mehr am Abstellort befand.

Beweis: Zeugnis des .....

Der Kläger benachrichtigte sofort die Polizei, um sich zu erkundigen, ob diese ein Abschleppen des Fahrzeugs veranlasst hätte. Dies verneinte der befragte Polizeibeamte und kündigte an, man werde eine Polizeistreife vorbeischicken.

Nachdem die Polizeibeamten vor Ort den Sachverhalt aufgenommen hatten, erstattete der Kläger auf der Polizeiwache in ..... eine Diebstahlanzeige, da sein Pkw offensichtlich gestohlen worden war.

III.

Der Kläger meldete der Beklagten den Diebstahlschaden mit der als Anlage K 3 überreichten Schadenanzeige. Die Beklagte überprüfte den Sachverhalt, lehnte mit dem als

Anlage K 4 überreichten Schreiben vom . . . . . jegliche Eintrittspflicht ab und bestritt, dass der bei ihr versicherte Pkw entwendet worden sei.

B. Zur Rechtslage

I.

Der Kläger hat gegen die Beklagte einen Anspruch auf Zahlung gem. § 1 VVG iVm dem abgeschlossenen Versicherungsvertrag mit der Versicherungsscheinnummer . . . . .

1. Die Rspr. gewährt dem Versicherungsnehmer in der Kraftfahrzeugversicherung Beweiserleichterungen, wenn der Versicherungsnehmer den Versicherungsfall „Entwendung" darlegen und beweisen muss. Der Versicherungsnehmer muss lediglich einen Sachverhalt darlegen und beweisen, der mit hinreichender Wahrscheinlichkeit den Schluss auf eine versicherte Fahrzeugentwendung zulässt (BGH VersR 1984, 29; VersR 2002, 431; OLG Köln BeckRS 2014, 14571).

Dazu reicht in der Regel der Nachweis, dass der Versicherungsnehmer sein Fahrzeug zu einer bestimmten Zeit an einem bestimmten Ort abgestellt und dort nicht wieder aufgefunden hat. Für diesen Mindestsachverhalt muss der Versicherungsnehmer grds. den Vollbeweis erbringen (BGH VersR 1991, 917; VersR 1999, 1535; BGH VersR 1992, 867; OLG Brandenburg BeckRS 2010, 21098; OLG Köln BeckRS 2017, 135569).

Die Einvernahme des Sohnes des Klägers, des Zeugen . . . . . wird belegen, dass der Kläger das bei der Beklagten versicherte Fahrzeug am . . . . . abstellte und am . . . . . nicht wieder auffand.

2. Der Versicherungsfall „Entwendung" ist damit am . . . . . eingetreten, denn dem Kläger wurde das bei der Beklagten versicherte Fahrzeug an diesem Tag gestohlen.

II.

1. Der Kläger hat gem. § 1 VVG iVm dem zwischen den Parteien abgeschlossenen Versicherungsvertrag einen Anspruch auf Zahlung der Entschädigung, denn der Versicherungsfall „Entwendung" ist am . . . . . eingetreten.

2. Gem. A. 2.6.1 AKB 2008 bildet der Wiederbeschaffungswert die Höchstgrenze der zu leistenden Entschädigung. Wiederbeschaffungswert ist gem. A. 2.6.6. AKB der Preis, den der Versicherungsnehmer am Tag des Schadenereignisses für ein gleichwertiges gebrauchtes Fahrzeug zahlen muss.

Das Fahrzeug, das bei der Beklagten versichert war, war umfangreich ausgestattet, wie sich aus der als Anl. K 5 überreichten Anschaffungsrechnung ergibt. Der Bruttowiederbeschaffungswert des entwendeten Fahrzeugs betrug am Tag der Entwendung hiernach mindestens . . . . . EUR.

Beweis: Einholung eines Sachverständigengutachtens

Hiervon ist die vereinbarte Selbstbeteiligung iHv . . . . . EUR abzuziehen, so dass als Differenz die Klagesumme übrig bleibt. Ein weiterer Abzug hat nicht zu erfolgen, da das Fahrzeug insb. nicht wieder aufgefunden wurde (A. 2.10.1)

Der Kläger hat sich in der Zwischenzeit ein Ersatzfahrzeug gekauft, dies ergibt sich aus der als Anlage K 6 überreichten Anschaffungsrechnung.

Da die Beklagte mit Schreiben vom ihre Eintrittspflicht abgelehnt hat, befindet sie sich spätestens ab diesem Zeitpunkt im Verzug.

III.

Die Prozessbevollmächtigten des Klägers haben dessen Interessen gegenüber der Beklagten bereits vorprozessual vertreten. Über die hierdurch entstandenen Gebühren, die der

Kläger am . . . . . beglichen hat, verhält sich die als Anlage K 7 überreichte Kostenrechnung der Prozessbevollmächtigten des Klägers.
Da sich die Beklagte mit der Regulierung des Schadens im Verzug befand, ist sie verpflichtet, dem Kläger die Kosten zu ersetzen, die durch die vorprozessuale Tätigkeit der Prozessbevollmächtigten des Klägers entstanden sind.

IV.

Die Zuständigkeit des angerufenen Landgerichts ergibt sich aus § 215 VVG, denn der Kläger, der Versicherungsnehmer ist, unterhält seinen ständigen Wohnsitz im Zuständigkeitsbezirk des angerufenen Landgerichts.
Rechtsanwalt[4, 5]

Anmerkungen

1. Nach § 215I 1 VVG ist für Klagen aus dem Versicherungsvertrag oder der Versicherungsvermittlung auch das Gericht örtlich zuständig, in dessen Bezirk der Versicherungsnehmer zur Zeit der Klageerhebung seinen Wohnsitz, in Ermangelung eines solchen seinen gewöhnlichen Aufenthalt hat. Diese Vorschrift erfasst auch Klagen aus einem Versicherungsvertrag, dessen Versicherungsnehmer eine juristische Person ist, wobei auf deren Sitz iSd § 17 ZPO abzustellen ist (BGH NJW 2018, 232). Der Versicherungsnehmer ist auch nicht verpflichtet, den Versicherer an seinem Sitz zu verklagen.

2. Im Rahmen der Darstellung des Sachverhaltes sollten dem Gericht die Vertragsbeziehungen möglichst exakt dargestellt werden. Hierzu ist es vor allen Dingen erforderlich, dass der zum Zeitpunkt des behaupteten Versicherungsfalls gültige Versicherungsschein nebst allgemeiner und besonderer Versicherungsbedingungen aktenkundig gemacht werden.

3. Da der Nachweis des in der Teilkaskoversicherung versicherten Tatbestands der Kfz-Entwendung oft erhebliche Probleme bereitet, weil in der Regel der Versicherungsnehmer über keinen unmittelbaren Zeugen verfügt, hat die Rspr. dem Versicherungsnehmer Beweiserleichterungen zugebilligt (BGH VersR 1993, 571 (572); NZV 1995, 394; NJW-RR 2002, 671; OLG Köln BeckRS 2017, 135569; umf. MAH VersR/*Burmann* § 10 Rn. 91 ff.). Ist wie im vorliegenden Beispiel ein Zeuge für das Abstellen und Nichtwiederauffinden vorhanden, dann muss dieser aus eigener Wahrnehmung bekunden können, dass das versicherte Fahrzeug zu einer bestimmten Zeit an einem bestimmten Ort abgestellt und dort nicht wieder aufgefunden wurde. Es hilft dem Versicherungsnehmer also nicht, nur für das Abstellen oder nur für das Nichtwiederauffinden des Fahrzeugs Zeugen benennen zu können.

Verbleiben nach der Vernehmung von Zeugen Zweifel, weil die Zeugenaussagen nicht ergiebig oder die Zeugen nicht glaubwürdig waren, so kann der Versicherungsnehmer den Beweis auch aufgrund einer Parteivernehmung des § 448 ZPO oder einer Anhörung gem. § 141 ZPO führen (OLG Köln BeckRS 2005, 9987; OLG Köln BeckRS 2017, 135569). Dieser Weg ist jedoch verschlossen, wenn der Versicherungsnehmer über Zeugen verfügt, diese jedoch aus mehr oder weniger nicht nachvollziehbaren Gründen nicht benennen will (BGH NJW 1997, 1988). Er scheidet ferner aus, wenn Tatsachen feststehen, die die Unglaubwürdigkeit des Versicherungsnehmer begründen, wobei auch auf Tatsachen zurückgegriffen werden kann, die in keinem Bezug zur Vortäuschung des Diebstahls stehen, aber gleichwohl die Glaubwürdigkeit des Versicherungsnehmers zu erschüttern geeignet sind (OLG Köln BeckRS 2017, 135569)

Hat der Versicherungsnehmer das äußere Bild eines Diebstahls bewiesen, so kann der Versicherer den Beweis führen, dass der Versicherungsfall vorgetäuscht war. Hierfür kommen ihm ebenfalls Beweiserleichterungen zugute. Er muss nur Tatsachen nachweisen, aus denen sich mit erheblicher Wahrscheinlichkeit auf ein Vortäuschen des Versicherungsfalls schließen lässt (BGH VersR 1984, 29). Die erhebliche Wahrscheinlichkeit ist mehr als die vom Versicherungsnehmer zunächst nachzuweisende hinreichende Wahrscheinlichkeit für das Vorliegen eines Entwendungstatbestandes.

Kosten und Gebühren

4. Vgl. dazu die allgemeinen Ausführungen unter → Form. I.D.1 Anm. 25, 26.

Fristen und Rechtsmittel

5. Vgl. dazu die allgemeinen Ausführungen unter → Form. I.D.1 Anm. 27.

24. Leistungsklage Kraftfahrtversicherung bei Vorwurf einer grobfahrlässigen Herbeiführung des Versicherungsfalls

An das
Landgericht
Klage
des . . . . .

Prozessbevollmächtigte: Rechtsanwälte . . . . .
– Klägers –

gegen

die . . . . . Versicherungs AG, vertreten durch den Vorstand,
dieser vertreten durch den Vorstandsvorsitzenden . . . . .
– Beklagte –

Wegen: Ansprüche aus Versicherungsvertrag
Vorläufiger Streitwert: . . . . .
Namens und in Vollmacht des Klägers erheben wir Klage und werden beantragen:

1. **Die Beklagte wird verurteilt, an den Kläger . . . . . EUR nebst Zinsen iHv 5 Prozentpunkten über dem Basiszinssatz seit dem . . . . . zu bezahlen.**
2. **Die Beklagte wird verurteilt, an den Kläger . . . . . EUR nebst Zinsen iHv 5 Prozentpunkten über dem Basiszinssatz seit dem . . . . . zu zahlen.**
3. **Die Beklagte trägt die Kosten des Rechtsstreits.**
4. **Das Urteil ist vorläufig vollstreckbar.**

Ferner beantragen wir bei Vorliegen der gesetzlichen Voraussetzungen,
die Beklagte durch Erlass eines Versäumnisurteils ohne mündliche Verhandlung zu verurteilen.

Begründung:

Der Kläger macht gegen die Beklagte Ansprüche aus dem zwischen den Parteien unter der Versicherungsscheinnummer . . . . . bestehenden Versicherungsvertrag geltend.

A. Zum Sachverhalt

I.

Zwischen den Parteien besteht unter der Versicherungsschein-Nr. .... ein Versicherungsvertrag über das Fahrzeug des Klägers mit dem amtl. Kennzeichen ....., der die Kraftfahrzeughaftpflichtversicherung sowie die Kraftfahrtversicherung (Vollkasko und Teilkasko) mit einschließt. Die Parteien haben für die Teilkaskoversicherung eine Selbstbeteiligung iHv ..... EUR vereinbart. Wir überreichen als Anlage K 1 eine Kopie des Versicherungsscheins sowie als Anlage K 2 eine Kopie der dem Versicherungsvertrag zugrunde liegenden Versicherungsbedingungen der Beklagten.

II.[1]

Am ..... befuhr der Kläger die Bundesstraße ..... in Richtung ..... Beifahrer war der Zeuge .....

Beweis: Zeugnis des .....

In Höhe des Straßenkilometers ..... beschreibt die Straße eine leichte Rechtskurve. Rechts und links der Straße befindet sich an dieser Stelle ein Waldgebiet. Plötzlich und für den Kläger unerwartet wechselte in seine Fahrtrichtung gesehen von rechts nach links ein Reh unmittelbar vor dem herannahenden Pkw des Klägers über die Straße.

Beweis: Zeugnis des .....

Der Kläger unternahm sofort eine Vollbremsung, konnte aber eine Kollision seines Fahrzeugs mit dem Reh nicht mehr verhindern.[2]

Beweis: Zeugnis des .....

Für den Kläger war der Unfall nicht vermeidbar.

Beweis: Einholung eines unfallanalytischen Sachverständigengutachtens

Durch die Kollision wurde das Fahrzeug des Klägers erheblich beschädigt. Ausweislich der als Anlage K 3 überreichten Reparaturrechnung des Autohauses ..... entstand an dem Fahrzeug ein unfallbedingter Schaden iHv ..... EUR.

Beweis: Einholung eines Sachverständigengutachtens

III.

Nach der Kollision informierte der Kläger sofort die zuständige Polizeidienststelle.

Beweis: Zeugnis des .....

Die Polizei nahm den Unfall auf. Sodann meldete der Kläger der Beklagten den Schadenfall mit der als Anlage K 4 überreichten Schadenanzeige.

Die Beklagte trat in die Leistungsprüfung ein und lehnte mit dem als Anlage K 5 überreichten Schreiben ihre Eintrittspflicht mit der Begründung ab, der Kläger habe den Versicherungsfall grob fahrlässig herbeigeführt, weshalb die Beklagte leistungsfrei gem. § 81 VVG sei.

B. Zur Rechtslage

I.

Der Kläger hat gegen die Beklagte einen Anspruch gem. § 1 VVG iVm dem zwischen den Parteien bestehenden Versicherungsvertrag und A. 2.2.1.4 AKB 2015, denn die Beschädigung an dem bei der Beklagten versicherten Fahrzeug des Klägers ist durch einen Zusammenstoß mit Haarwild iSd § 2 Abs. 1 Nr. 1 des Bundesjagdgesetztes eingetreten.

Reh ist Haarwild iSd § 2 Abs. 1 Ziff. 1 Bundesjagdgesetz. Unstreitig ist es zu einem Zusammenstoß zwischen dem bei der Beklagten versicherten Fahrzeug des Klägers und dem Reh gekommen. Bei diesem Zusammenstoß wurde ebenso unstreitig das bei der Beklagten versicherte Fahrzeug des Klägers beschädigt.

II.

Die Beklagte ist nicht leistungsfrei wegen grob fahrlässiger Herbeiführung des Versicherungsfalls gem. § 81 Abs. 2 VVG.[3]

1. Die grob fahrlässige Herbeiführung des Versicherungsfalls führt seit der VVG – Reform gem. § 81 Abs. 2 VVG nur noch zu einer Berechtigung des Versicherers, seine Leistungen in einem der Schwere des Verschuldens des Versicherungsnehmers entsprechenden Verhältnis zu kürzen. Die Rspr. lässt nur in Ausnahmefällen auch eine Kürzung auf Null zu (BGH NJW 2011, 3299, OLG Köln BeckRS 2017, 136106).

2. Grobe Fahrlässigkeit bedeutet, dass die im Verkehr erforderliche Sorgfalt auch durch ein subjektiv unentschuldbares Fehlverhalten in hohem Maße außer Acht gelassen worden sein muss. Sie ist nur dann gegeben, wenn das Nächstliegendste, das jedem in der gegebenen Situation eingeleuchtet hätte, außer Acht gelassen wurde (vgl. BGH NJW-RR 1989, 213; Prölss/Martin/*Armbrüster* VVG § 81 Rn. 30 mit umfangreichen Nachweisen).

Darüber hinaus muss zwischen dem Verhalten des Versicherungsnehmers und dem Eintritt des Versicherungsfalls Kausalität bestehen. Die Feststellung, dass ein Verhalten des Versicherungsnehmers vorsätzlich oder grob fahrlässig war, reicht daher nicht aus.

3. Im vorliegenden Fall fehlt es an dem Vorliegen eines grob fahrlässigen Verhaltens des Klägers.

An der Unfallstelle ist die zulässige Höchstgeschwindigkeit nicht beschränkt, auch findet sich kein Hinweisschild auf Wildwechsel.

Der Kläger näherte sich der späteren Unfallstelle mit einer Geschwindigkeit von . . . . . km/h, was unter den gegebenen Sichtverhältnissen, der Unfall ereignete sich um . . . . . Uhr bei klarer Sicht, nicht zu beanstanden ist. Ein sorgfaltspflichtwidriges Verhalten des Klägers liegt daher nicht vor, von einem grob fahrlässigen Verhalten kann erst recht keine Rede sein.

III.

Die Beklagte ist verpflichtet, die notwendigen Reparaturkosten abzüglich der vereinbarten Selbstbeteiligung zu zahlen. Die Höhe der Reparaturkosten, die durch den Unfall verursacht wurden, ergibt sich aus der Rechnung der Fa. . . . ., die der Kläger am . . . . . beglichen hat. Vorprozessual hat die Beklagte gegen die Forderungshöhe keine Einwände erhoben.

IV.

Die Beklagte befand sich mit der Schadenregulierung im Verzug, sie ist daher verpflichtet, die Kosten der nach Ablehnung des Versicherungsschutzes erfolgten Beauftragung der Prozessbevollmächtigten des Klägers zu übernehmen. Die Kosten, die der Kläger ausgeglichen hat, berechnen sich wie folgt: . . . . .

C.

Die örtliche Zuständigkeit des angerufenen Gerichts ergibt sich aus § 215 VVG, denn der Kläger hat seinen Wohnsitz im Zuständigkeitsbezirk des angerufenen Landgerichts Über den erforderlichen Prozesskostenvorschuss ist ein Verrechnungsscheck beigefügt.

Rechtsanwalt

Anmerkungen

1. Beim Zusammenstoß mit „Haarwild" handelt es sich um einen geminderten Deckungsschutz gegenüber dem in der Vollkaskoversicherung versicherten Schaden „durch Unfall", dessen tatbestandliche Voraussetzung bei einem Zusammenstoß mit Haarwild regelmäßig vorliegen (MAH VersR/*Burmann* § 10 Rn. 130). Der Versicherungsnehmer muss den Zusammenstoß zwischen dem Fahrzeug und dem Haarwild sowie den adäquat kausal verursachten Fahrzeugschaden beweisen (BGH VersR 1992, 349).

Kommt es lediglich zu einer Berührung des Fahrzeugs mit dem Haarwild, ohne dass hierdurch bereits ein Schaden an dem versicherten Fahrzeug verursacht wird, und gerät der Fahrer hierdurch von der Fahrbahn ab, was sodann zu einem Schaden am Kfz führt, so fehlt es regelmäßig an dem unmittelbaren kausalen Zusammenhang des Kfz-Schadens mit einem Zusammenstoß mit Haarwild (OLG Nürnberg VersR 1981, 1069; OLG München ZfS 1989, 206). Versicherungsschutz besteht aber für eine durch den Zusammenstoß ausgelöste Fehlreaktion des Fahrers (OLG Hamm NJW-RR 1987, 985).

2. In der Regulierungspraxis spielen vor allen Dingen Schadenfälle eine große Rolle, bei denen der Versicherungsnehmer auf Haarwild durch Ausweichen und/oder Notbremsung zwecks Vermeidung eines unmittelbar bevorstehenden Zusammenstoßes mit dem Haarwild reagiert und hierdurch ein Schaden an dem versicherten Fahrzeug entsteht. Es kommt dann darauf an, ob der Versicherungsnehmer einen Anspruch auf Ersatz von Rettungskosten hat. Dies setzt voraus, dass die Rettungshandlung objektiv auf die Vermeidung des Schadens abzielte; nicht erforderlich ist, dass der Erfolg auch subjektiv bezweckt war (BGH NJW 1997, 1012). Immer ist Voraussetzung, dass die Aufwendungen auf einer Rettungsmaßnahme beruhen. Reaktionen eines Fahrzeugführers auf plötzlich auftauchende Fahrsituationen stellen sich allerdings häufig als im Unterbewusstsein gesteuerte Handlungen dar, bei denen ein bewusster Willensentschluss gar nicht vorliegt. Allerdings fallen auch derartige Verhaltensweisen unter den Begriff der Rettungsmaßnahmen (MAH VersR/*Burmann* § 10 Rn. 136 mwN). Es darf sich allerdings auch nicht um eine reine Schreckreaktion handeln (Knappmann, Versicherungsrecht 1989, 113, 114). Voraussetzung für den Rettungskostenersatz ist immer, dass die Rettungsmaßnahme erforderlich war, um anderenfalls entstehende höhere Kosten abzuwenden. Fehleinschätzungen des Versicherungsnehmers sind solange unschädlich, wie den Versicherungsnehmer nicht der Vorwurf der grob fahrlässigen Fehleinschätzung trifft. Das ist zB dann der Fall, wenn der Versicherungsnehmer ein Ausweichmanöver vornimmt, um eine Kollision mit einem Hasen zu vermeiden (BGH NJW 1997, 1012). Zur Frage, unter welchen Umständen Fehlfunktionen von Assistenzsystemen den Einwand einer grob fahrlässigen Herbeiführung des Versicherungsfalls rechtfertigen vgl. *Hammel* VersR 2016, 281 (291).

3. Die Leistungsfreiheit des Versicherers bei vorsätzlicher oder grob fahrlässiger Herbeiführung des Versicherungsfalls ergibt sich aus § 81 VVG. Anders als bei der Regelung des § 61 VVG – alt ist der Versicherer grds. nur noch berechtigt, seine Leistungen in einem der Schwere des Verschuldens des Versicherungsnehmers entsprechenden Verhältnis zu kürzen. Damit hat der Gesetzgeber auch iRd § 81 VVG das sog. Alles-oder-Nichts-Prinzip aufgegeben. Wie dieses Kürzungsrecht im Einzelfall oder in bestimmten Fallgruppen auszugestalten ist, lässt sich weder dem Gesetzeswortlaut noch der Entstehungsgeschichte entnehmen. Verschiedene Ansatzpunkte werden in der Literatur und der Rspr. diskutiert (vgl. allg. MAH VersR/*Burmann* § 10 Rn. 147 f.). Der Versicherer ist jedenfalls unstreitig für das Vorliegen der tatsächlichen Voraussetzungen des § 81 VVG und für die Schwere des Verschuldens beweisbelastet. Dieses Verschulden kann im Einzelfall auch derart gravierend sein, dass eine Kürzung auf Null in Betracht kommt.

25. Leistungsklage in der Kraftfahrtversicherung wegen Nichtzahlung der Erstprämie (Regressklage)

An das
Landgericht[1]

Klage

der . . . . . Versicherungs-AG, diese vertreten durch den Vorstand, dieser vertreten durch den Vorstandsvorsitzenden . . . . .
– Klägerin –

Prozessbevollmächtigte: . . . . .

gegen
den . . . . .
– Beklagter –

Wegen: Ansprüche aus Versicherungsvertrag

Vorläufiger Streitwert: . . . . .

Namens und in Vollmacht der Klägerin erheben wir Klage und werden beantragen:

1. Der Beklagte wird verurteilt, an die Klägerin . . . . . EUR nebst Zinsen iHv 5 Prozentpunkten über dem Basiszinssatz seit dem . . . . . zu zahlen.
2. Der Beklagte trägt die Kosten des Rechtsstreits.
3. Das Urteil ist vorläufig vollstreckbar.

Wir beantragen ferner,
gegen den Beklagten ohne mündliche Verhandlung gem. § 331 Abs. 3 ZPO Versäumnisurteil zu erlassen, falls nicht fristgerecht die Absicht angezeigt wird, sich gegen die Klage verteidigen zu wollen.

Die Klägerin macht gegen den Beklagten einen Regressanspruch gem. § 116 Abs. 1 S. 2 VVG iVm § 426 Abs. 1 S. 1 BGB geltend:

A. Zum Sachverhalt

I.

Die Klägerin ist Kraftfahrtversicherer für das Fahrzeug mit dem amtl. Kennzeichen . . . . . Halter und Eigentümer dieses Fahrzeugs ist der Beklagte.

Der Beklagte beantragte über den Vertreter der Klägerin den Abschluss einer Kraftfahrtversicherung.

Beweis: 1. Zeugnis des . . . . .
2. Kopie des Versicherungsantrags vom . . . . ., Anlage K 1

Die Klägerin stellte dem Beklagten unstreitig die dem Versicherungsnehmer nach Maßgabe des § 7 VVG zu überlassenen Informationen nebst Beratungsprotokolle rechtzeitig vor Antragsunterzeichnung zur Verfügung, denn es kam erst zwei Tage nach dem ersten Beratungsgespräch zu einer Unterzeichnung des Versicherungsantrags.

Beweis: 1. Zeugnis des . . . . .

Die Klägerin nahm den Antrag des Klägers an und fertigte den Versicherungsschein am . . . . . aus.

Beweis: Kopie des Versicherungsscheins vom . . . . ., Anlage K 2

Die dem Versicherungsvertrag zugrundeliegenden Versicherungsbedingungen überreichen wir als Anlage K 3. Aus dem Versicherungsschein ergab sich ferner die von dem Beklagten zu zahlende Versicherungsprämie. Der Beklagte widerrief seine Vertragserklärung nicht. Auch dies ist zwischen den Parteien unstreitig.[2]

II.

Der Beklagte verursachte als Fahrer des bei der Klägerin versicherten Fahrzeugs am . . . . . einen Verkehrsunfall, bei dem das Fahrzeug des Herrn . . . . . mit dem amtl. Kennzeichen . . . . . beschädigt wurde.

Der Unfall ereignete sich wie folgt:

Der Beklagte überquerte am . . . . . mit dem bei der Klägerin versicherten Fahrzeug die Kreuzung . . . . .straße/. . . . .straße in . . . . .stadt, ohne die Vorfahrt des Herrn . . . . . zu beachten. Im Kreuzungsbereich kam es zur Kollision der beiden Fahrzeuge. Der Unfallhergang ist zwischen den Parteien dieses Prozesses unstreitig und wurde von Herrn . . . . . gegenüber der Klägerin und den Polizeibeamten außerdem auch so dargestellt.

Beweis: 1. Zeugnis des Herrn . . . . .
2. Schreiben des Herrn . . . . . an die Klägerin, überreicht als Anlage K 4

Darüber hinaus befragte die von den Unfallbeteiligten herbeigerufene Polizei den nachbenannten Unfallzeugen . . . . ., der den oben beschriebenen Unfallhergang schon an der Unfallstelle bestätigte.

Beweis: Zeugnis des Herrn . . . . .

III.

Am Unfalltag hatte der Beklagte die sich aus dem Versicherungsschein ergebende Erstprämie noch nicht gezahlt. Auch dies ist zwischen den Parteien unstreitig.

B. Zur Rechtslage

I.

Die Parteien hatten am . . . . . einen Versicherungsvertrag geschlossen, über den das Fahrzeug des Beklagten mit dem amtlichen Kennzeichen . . . . . versichert war. Die vereinbarte Erstprämie betrug . . . . . EUR. Gem. § 33 Abs. 1 VVG war die Erstprämie unverzüglich nach Ablauf von zwei Wochen nach Zugang des Versicherungsscheins zu zahlen. Dies war am . . . . . Eine Zahlung erfolgte bis zum Unfallzeitpunkt gleichwohl nicht.

Gem. § 37 Abs. 1 VVG ist der Versicherer, solange die Zahlung nicht bewirkt ist, zum Rücktritt vom Vertrag berechtigt, sofern der Versicherungsnehmer die Nichtzahlung nicht zu vertreten hat und die Erstprämie nicht rechtzeitig gezahlt hat. Gem. § 37 Abs. 2 VVG ist der Versicherer nicht zur Leistung verpflichtet, wenn die einmalige oder die Erstprämie bei Eintritt des Versicherungsfalls nicht gezahlt ist, es sei denn, der Versicherungsnehmer hat die Nichtzahlung nicht zu vertreten. Diesbezüglich hat der Beklagte vorprozessual nichts vorgetragen.

Gem. § 37 Abs. 2 S. 2 VVG ist der Versicherer allerdings nur leistungsfrei, wenn er den Versicherungsnehmer durch gesonderte Mitteilung in Textform oder durch einen auffälligen Hinweis im Versicherungsschein auf diese Rechtsfolge der Nichtzahlung der Prämie aufmerksam gemacht hat. Dies ist, wie sich aus der Kopie des Versicherungsscheins ergibt, im vorliegenden Fall geschehen, sodass die Klägerin im Verhältnis zum Beklagten am Unfalltag leistungsfrei war.

II.

Gegenüber dem Geschädigten . . . . . war die Klägerin gem. § 117 Abs. 2 VVG gleichwohl verpflichtet, dessen Schaden im Wege des Direktanspruchs zu regulieren.
Die Klägerin hat an den Geschädigten . . . . . Leistungen wie folgt erbracht:
1. Sachschaden . . . . .
2. Personenschaden . . . . .
Eine Haftung des Beklagten gem. §§ 7 StVG, 823 ff. BGB gegenüber dem Geschädigten steht aufgrund des Verstoßes des Beklagten gegen § 8 Abs. 1 StVO unzweifelhaft fest.
In Höhe des regulierten Gesamtbetrages steht der Klägerin gegen den Beklagten ein Regressanspruch zu.[3]

III.

Mit Schreiben vom . . . . . forderte die Klägerin den Beklagten auf, die von ihr an den Geschädigten . . . . . iHv . . . . . erbrachten Zahlungen zu ersetzen. Der Beklagte reagierte nicht, so dass er sich mit Ablauf der in diesem Schreiben gesetzten Frist in Verzug befindet. Die Höhe des geltend gemachten Verzinszinses ergibt sich aus dem Gesetz.
Rechtsanwalt

Anmerkungen

1. Macht der Versicherer Ansprüche gegen den Versicherungsnehmer geltend, so gilt gem. § 215 Abs. 1 S. 2 VVG, dass das Gericht ausschließlich zuständig ist, in dessen Bezirk der Versicherungsnehmer zur Zeit der Klageerhebung seinen Wohnsitz und in Ermangelung eines solchen seinen gewöhnlichen Aufenthalt hat.

2. Bzgl. des Widerrufsrechts des Versicherungsnehmers ist zu beachten, dass die Widerrufsfrist gem. § 8 Abs. 2 VVG erst zu dem Zeitpunkt beginnt, zu dem folgende Unterlagen dem Versicherungsnehmer in Textform zugegangen sind:

a) Der Versicherungsschein und die Vertragsbestimmungen einschließlich der Allgemeinen Versicherungsbedingungen sowie die weiteren Informationen nach § 7 Abs. 1 u. 2 VVG und
b) eine deutlich gestaltete Belehrung über das Widerrufsrecht und über die Rechtsfolgen des Widerrufs, die dem Versicherungsnehmer seine Rechte entsprechend den Erfordernissen des eingesetzten Kommunikationsmittels deutlich macht und den Namen und die Anschrift desjenigen, gegenüber dem der Widerruf zu erklären ist sowie einen Hinweis auf den Fristbeginn und die Regelung des Abs. 1 S. 2 enthält.

Werden diese Formalien nicht eingehalten, dann hat der Versicherungsnehmer ein sog „ewiges" Widerrufsrecht.

3. Im Fall der Nichtzahlung oder der nicht fristgerechten Zahlung der Erst- oder der Folgeprämie hat der Versicherer in der Kraftfahrzeughaftpflichtversicherung einen unbegrenzten Regressanspruch. Ein der Höhe nach begrenzter Regressanspruch besteht in der Kraftfahrzeughaftpflichtversicherung bei der Verletzung von Obliegenheiten vor oder nach Eintritt des Versicherungsfalls (vgl. MAH VersR/*Elsner* § 13 Rn. 147). Allgemein zu Regressansprüchen des Kfz – Haftpflichtversicherers vgl. *Wagner* NJ 2011, 45.

26. Leistungsklage in der allgemeinen Haftpflichtversicherung

An das
Landgericht

Klage

des .....
– Klägers –

Prozessbevollmächtigte: Rechtsanwälte .....

gegen

die ..... Allgemeine Versicherung AG, vertreten durch den Vorstand ....., dieser vertreten durch den Vorstandsvorsitzenden, ...

– Beklagte –
Wegen: Deckungsanspruchs aus Haftpflichtversicherung
Vorläufiger Streitwert: .....
Namens und in Vollmacht des Klägers erheben wir Klage und werden beantragen:
1. Die Beklagte wird verurteilt, an den Kläger ..... EUR nebst Zinsen iHv 5 Prozentpunkten über dem Basiszinssatz seit dem 16.11.2014 zu zahlen.
2. Die Beklagte wird verurteilt, an den Kläger ..... EUR nebst Zinsen iHv 5 Prozentpunkten über dem Basiszinssatz seit Rechtshängigkeit zu zahlen.
3. Die Beklagte trägt die Kosten des Rechtsstreits.
4. Das Urteil ist vorläufig vollstreckbar.

Ferner beantragen wir bei Vorliegen der gesetzlichen Voraussetzungen,
die Beklagte durch Erlass eines Versäumnisurteils ohne mündliche Verhandlung zu verurteilen.

Begründung:

Der Kläger macht gegen die Beklagte einen Deckungsanspruch aus dem zwischen den Parteien unter der Versicherungsscheinnummer ..... bestehenden Haftpflichtversicherungsvertrag geltend.

A. Zum Sachverhalt

I.

Zwischen den Parteien besteht unter der Versicherungsscheinnummer ..... eine allgemeine Haftpflichtversicherung, der die Allgemeinen Haftpflichtversicherungsbedingungen der Beklagten zugrunde liegen. Wir überreichen als Anlage K 1 eine Kopie des Versicherungsvertrags und als Anlage K 2 eine Kopie der dem Versicherungsvertrag zugrunde liegenden AHB.

II.

Der Kläger bewohnt mit seiner Ehefrau eine Mietwohnung in der .... .Straße in .....

Beweis: 1. Zeugnis der Frau ....
2. Kopie des Mietvertrags vom ....., Anlage K 3

Am . . . . . stellte der Kläger im Wohnzimmer seiner Mietwohnung einen Wasserschaden am Parkett fest. In diesem Bereich hatte der Kläger Topfpflanzen auf Unterteller gestellt.

Beweis: 1. Zeugnis des Herrn . . . . .2. Zeugnis der Frau . . . . .

Zur Veranschaulichung der Örtlichkeit verweisen wir auf die als

Anlage K 4

beigefügte Umrissskizze der Wohnung. Er informierte seinen Vermieter, den Zeugen . . . . . wahrheitsgemäß über den Schaden, der ihn am . . . . . mündlich aufforderte, den verursachten Schaden zu beseitigen.

Beweis: Zeugnis des Herrn . . . . .

III.

Zur Behebung des Wasserschadens musste der gesamte Parkettboden des Wohnzimmers abgeschliffen und versiegelt werden.

Beweis: Einholung eines Sachverständigengutachtens

Die hierfür durch die Fa. . . . . in Rechnung gestellten Kosten beliefen sich auf . . . . . EUR.

Beweis: 1. Kopie der Rechnung der Fa. . . . . vom . . . . ., Anlage K 52. Zeugnis des Herrn . . . . .3. Zeugnis der Frau . . . . .

Die sich aus der Rechnung ergebenden Kosten waren zur Schadenbehebung erforderlich.

Beweis: Einholung eines Sachverständigengutachtens

IV.

Der Kläger kann nicht mit Sicherheit sagen, wann genau der Schaden eingetreten ist. Zum Zeitpunkt der letzten Reinigung der sich hinter den Topfpflanzen befindlichen Fensterfront, die am . . . . . stattfand und bei der der Kläger die auf dem Boden befindlichen Topfpflanzen wie üblich vorübergehend beiseite geräumt hatte, existierte der Schaden noch nicht.

Beweis: Zeugnis der Frau . . . . .

Ursache des Schadens kann in jedem Fall nur das unbemerkte „Übergießen" einer der auf dem Boden stehenden Topfpflanzen mit einer nicht unerheblichen Menge Wasser gewesen sein.

Beweis: 1. Zeugnis des Herrn . . . . .
2. Zeugnis der Frau . . . . .
3. Einholung eines Sachverständigengutachtens

Da Parkett äußerst empfindlich auf Nässe reagiert, ist mit Sicherheit davon auszugehen, dass sich der Schaden innerhalb weniger Stunden eingestellt hat. Auch wenn das übergelaufene Wasser noch längere Zeit auf den Boden eingewirkt hat, so kann es hierdurch zu keiner Schadenausweitung gekommen sein. Selbst Wasserschäden kleinsten räumlichen Ausmaßes erfordern nämlich stets ein großflächiges Abschleifen und Versiegeln.

Beweis: Einholung eines Sachverständigengutachtens

V.

Nachdem der Kläger den Schaden entdeckt hatte, meldete er ihn ordnungsgemäß der Beklagten. Diese lehnte mit Schreiben vom . . . . . unter Hinweis auf § 4 Abs. 1 Nr. 5 der zugrunde liegenden AHB Versicherungsschutz für den eingetretenen Schaden ab.[1]

Beweis: Ablehnungsschreiben der Beklagten vom . . . . ., Anlage K 6

Daraufhin zahlte der Kläger die ihm von der Fa. . . . . für die Instandsetzung des Parketts in Rechnung gestellten Kosten iHv . . . . . selbst.

Beweis: 1. Zeugnis des Herrn .....
2. Zeugnis der Frau .....

Mit anwaltlichem Schreiben vom ..... wurde die Beklagte unter Fristsetzung bis zum ..... letztmalig zur Zahlung aufgefordert. Die Beklagte blieb allerdings bei ihrer ablehnenden Haltung.

B. Zur Rechtslage

I.

Die Zuständigkeit des angerufenen Gerichts ergibt sich aus § 215 VVG, denn der Wohnsitz des Klägers, der Versicherungsnehmer ist, befindet sich im Zuständigkeitsbereich des angerufenen Gerichts.

II.

Die Beklagte ist gem. § 1 VVG iVm dem zwischen den Parteien bestehenden Versicherungsvertrag und § 1 AHB der dem Versicherungsvertrag zugrunde liegenden Versicherungsbedingungen für den durch den Kläger verursachten Schaden eintrittspflichtig und damit auch verpflichtet, dem Kläger die von ihm ersetzte Reparaturrechnung zu erstatten.

1. Der Kläger hat das Eigentum seines Vermieters ..... fahrlässig geschädigt.

2. Zu Unrecht beruft sich die Beklagte auf den Ausschlusstatbestand des § 4 Abs. 1 Nr. 5 AHB, für dessen Vorliegen die Beklagte beweispflichtig ist (BGH VersR 1966, 722).

Die Voraussetzungen dieses Ausschlusstatbestandes liegen nicht vor, denn der Schaden am Parkett ist nicht durch allmähliche Einwirkung von Feuchtigkeit entstanden.

a) Der Schaden ist nicht durch Feuchtigkeit, sondern durch Wasser entstanden. Unter Einwirkung von Feuchtigkeit wird die Benetzung oder Durchdringung eines Gegenstandes mit Flüssigkeit unverhältnismäßig geringer, fein verteilter Menge verstanden. Die Flüssigkeitsmenge muss relativ unbedeutend sein, um noch als Feuchtigkeit zu gelten (*Littbarski*, Haftpflichtversicherung, AHB § 4 Rn. 12 f.).

Wie bereits ausgeführt und beweisbewehrt vorgetragen, kann der Schaden nur durch das „Übergießen" einer der Topfpflanzen mit einer nicht unerheblichen Menge Wasser entstanden sein. Feuchtigkeit iSd § 4 Abs. 1 Nr. 5 AHB scheidet daher schon begrifflich aus.

b) Es liegt zudem keine allmähliche Schadenverursachung vor. Bei Fallgestaltungen wie der vorliegenden ist eine Einwirkzeit von mehreren Monaten zu fordern (LG Nürnberg-Fürth VersR 1969, 1084).

Vor allem muss aber die allmähliche Einwirkung für den Eintritt des Schadens ursächlich geworden sein. Sofern der Schaden wie hier bereits nach kurzer Zeit entstanden ist, scheidet der erforderliche Ursachenzusammenhang unabhängig davon, wie lange die Einwirkung noch fortbestand, aus (BGH VersR 1966, 722, *Littbarski*, Haftpflichtversicherung, AHB § 4 Rn. 112).

c) Der vorliegende Fall ist außerdem nicht vom Schutzzweck der Vorschrift umfasst. Der Zweck des grundsätzlichen Ausschlusses des Versicherungsschutzes besteht darin, dass sich wegen des langen Zeitraums die Verantwortlichkeit für den Schaden nicht mehr oder nur unter großen Schwierigkeiten erkennen lässt (BGH VersR 1988, 1259).

Hier ist der Schadenverlauf allerdings leicht zu rekonstruieren. Die Verantwortlichkeit des Klägers für den Schaden ist offenkundig.

3. Die gesetzliche Haftpflicht aus der Beschädigung von Wohnräumen und sonstigen zu privaten Zwecken gemieteten Räumen ist außerdem nach Ziff. ..... der dem Versicherungsvertrag zugrunde liegenden Versicherungsbedingungen ausdrücklich eingeschlossen.

4. Der Zinsanspruch ergibt sich aus §§ 286 Abs. 1 S. 1, 288 Abs. 1 BGB.

5. Unter Verzugsgesichtspunkten ist die Beklagte verpflichtet, die Kosten der nach Abwägung des Versicherungsschutzes erfolgten Beauftragung der Prozessbevollmächtigten des Klägers zu tragen. Die Kosten berechnen sich wie folgt:
Gegenstandswert:
Geschäftsgebühr
Pauschale für Post und Telekommunikation
Zwischensumme netto
19 % Mehrwertsteuer
Gesamtbetrag

Anmerkungen

1. Bzgl. des § 4 Abs. 1 Nr. 5 AHB ist ferner streitig, ob die Vorschrift intransparent und deshalb unwirksam ist (vgl. hierzu OLG Nürnberg, r + s 2002, 499). Die Klausel ist in mehrfacher Hinsicht für den Versicherungsnehmer unverständlich. Die tatbestandlichen Voraussetzungen sind nicht hinreichend deutlich. Bereits der Begriff der Allmählichkeit ist derart unbestimmt, dass ein Versicherungsnehmer nicht mehr abzuschätzen vermag, welche Schäden vom Versicherungsschutz gedeckt sind und welche nicht. Die wirtschaftlichen Nachteile und Belastungen, die ggf. mit dieser Klausel einhergehen können, sind vollkommen unklar, so dass die Klausel insgesamt intransparent und damit unwirksam ist. In Ziff. 7.14 AHB 2016 ist der Allmählichkeitsschadenausschluss daher gestrichen worden.

27. Deckungsklage in der Betriebshaftpflichtversicherung

An das
Landgericht . . . .
Klage
des . . . . .
– Klägers –

Prozessbevollmächtigte: Rechtsanwälte

gegen

die . . . . . Allgemeine Versicherungs AG, diese vertreten durch den Vorstand . . . ., dieser vertreten durch den Vorstandsvorsitzenden, ...
– Beklagte –

Wegen: Ansprüche aus Versicherungsvertrag
Vorläufiger Streitwert: . . . . .
Namens und in Vollmacht des Klägers erheben wir Klage und werden beantragen,

1. Es wird festgestellt, dass die Beklagte der Klägerin aus dem Versicherungsvertrag mit der Versicherungsschein – Nr.: . . . . . wegen der aus dem Schadenereignis vom . . . . . (Schadennummer der Beklagten: . . . . .) entstandenen Schadenersatzansprüche iHv . . . . . Versicherungsschutz zu gewähren hat.[1]

2. Die Beklagte wird verurteilt, an den Kläger . . . . . EUR nebst 5 % Zinsen über dem Basiszinssatz seit dem . . . . . zu zahlen.
3. Die Beklagte trägt die Kosten des Rechtsstreits.

Es wird angeregt, einen frühen ersten Termin zu bestimmen. Sofern das Gericht das schriftliche Vorverfahren anordnet, wird für den Fall der Fristversäumnis beantragt, die Beklagte durch Erlass eines Versäumnisurteils ohne mündliche Verhandlung zu verurteilen.

Begründung:

Der Kläger macht gegen die Beklagte seinen Deckungsanspruch auf dem Versicherungsvertrag mit der Versicherungsvertrags – Nr. . . . . . für ein Schadenereignis vom . . . . . geltend.

A. Zum Sachverhalt[2]

I.

Zwischen den Parteien besteht unter der Versicherungsschein-Nr. . . . . . eine allgemeine Haftpflichtversicherung, der die Allgemeinen Haftpflichtversicherungsbedingungen der Beklagten, AHB . . . . . zugrunde liegen. Wir überreichen als Anlage K 1 eine Kopie des Versicherungsvertrags und als Anlage K 2 eine Kopie der den Versicherungsvertrag zugrunde liegenden Allgemeinen Versicherungsbedingungen.

II.

Am . . . . . kam es in . . . . . um . . . . . Uhr zu einem Schadenfall. Die Klägerin hatte von einem ihrer Großkunden, der Firma . . . . ., einen Auftrag zur Verlegung von Laminatfußboden in einer Mietwohnung erhalten. Bei den Vorarbeiten verwendete der Monteur leicht entzündliches Material. Er unterließ es, neben der Stromversorgung für die Wohnung auch zentral den Strom für die Klingelanlage abzustellen.

Beweis: Zeugnis des Herrn . . . . .

Als eine unbekannte Person die Wohnungsklingel betätigte, kam es zu einer Verpuffung und zu einem erheblichen Schaden.

Beweis: 1. Zeugnis des Herrn . . . . .
2. Zeugnis der Frau . . . . .

Die genaue Höhe des Schaden steht noch nicht fest und wird derzeit durch den Sachverständigen . . . . . ermittelt.

Beweis: Zeugnis des Sachverständigen . . . . .

Die Klägerin zeigte der Beklagten den Schaden mit Schadenanzeige vom . . . . . an.

Beweis: 1. Zeugnis des . . . . .;
2. Vorlage der Schadenanzeige vom . . . . ., Anlage K 3

Die Beklagte forderte die Klägerin noch am Tage der Schadenmeldung auf, keine Zahlungen zu leisten und teilte ihr am . . . . . mit, sie habe gegenüber der . . . . . geltend gemachte Ansprüche abgelehnt, weil sie davon ausgehe, die Klägerin habe den Schadenfall nicht verschuldet. Sie erteilte der Klägerin Deckungszusage.

Mit Schreiben vom . . . . ., das wir als Anlage K 5 überreichen, bat die Klägerin die Beklagte erneut um Überprüfung der Eintrittspflicht für die eingetretenen Schäden. Die Firma . . . . . drohte der Klägerin mit dem als Anlage K 6 überreichten Schreiben mit dem Abbruch der Geschäftsbeziehungen. Bei der Firma . . . . . handelte es sich um einen Kunden, mit dem die Klägerin im Jahr . . . . . ein Umsatzvolumen von . . . . . EUR generierte, was einem Prozentsatz von . . . . . % des Gesamtumsatzes der Klägerin für das Jahr . . . . . entsprach.

Beweis: Einholung eines Sachverständigengutachtens

Es schloss sich weiterer Schriftverkehr zwischen der Klägerin und der Beklagten an. Da die Klägerin befürchtete, ihren Großkunden zu verlieren, zahlte sie an die Firma . . . . . die von diesen geforderten . . . . . EUR. Dies teilte sie mit Schreiben vom . . . . ., das wir als Anlage K 7 überreichen, der Beklagten mit, die mit Schreiben vom . . . . . ihre Eintrittspflicht ablehnte und die Rechtsauffassung vertrat, die Klägerin habe mit der erfolgten Zahlung gegen das Anerkenntnis- und Befriedigungsverbot verstoßen.

B. Zur Rechtslage

I.

Die Beklagte ist der Klägerin zur Gewährung bedingungsgemäßen Versicherungsschutzes verpflichtet. Sie ist nicht wegen der erfolgten Zahlung leistungsfrei geworden.

1. Zwischen den Parteien ist unstreitig, dass die Firma . . . . . aufgrund des Schadenereignisses vom . . . . . gegen die Klägerin Schadenersatzansprüche geltend gemacht hat und die angeblich schadenursächliche Tätigkeit der Klägerin, die Richtigkeit der gegen die Klägerin erhobenen Vorwürfe unterstellt, grds. durch das versicherte Risiko gedeckt ist.

2. Die Rechtsauffassung der Beklagten, sie sei aufgrund der erfolgten Zahlung der Klägerin an die Firma . . . . . leistungsfrei geworden, ist falsch. Zwar sah § 5 Nr. 5 AHB iVm § 6 Abs. 3 VVG aF noch eine Leistungsfreiheit des Versicherers vor, wenn der Versicherungsnehmer ohne vorherige Zustimmung des Versicherers einen Haftpflichtanspruch ganz oder zum Teil oder vergleichsweise anerkannte oder befriedigte, sofern die Verweigerung der Regulierung nicht schlechthin unzumutbar war, doch gilt für den vorliegenden Schadenfall das VVG in der seit dem 1.1.2008 geltenden Fassung.

Gem. § 105 VVG ist eine Vereinbarung, nach welcher der Versicherer nicht zur Leistung verpflichtet ist, wenn ohne seine Einwilligung der Versicherungsnehmer den Dritten befriedigt oder dessen Anspruch anerkannt, unwirksam. Aus diesem Grunde ist eine dem § 5 Nr. 5 AHB vergleichbare Obliegenheit in den neuen, dem Versicherungsvertrag zugrunde liegenden AHB auch nicht mehr enthalten. Die Beklagte ist daher verpflichtet, der Klägerin Versicherungsschutz zu gewähren.[3]

II.

Da die Beklagte mit Schreiben vom . . . . . ihre Eintrittspflicht zu Unrecht abgelehnt hat, befindet sie sich spätestens seit diesem Zeitpunkt im Verzug. Sie hat unter diesem Gesichtspunkt der Klägerin auch die Kosten zu ersetzen, die durch die vorprozessuale Tätigkeit ihrer Prozessbevollmächtigten entstanden sind. Die Kosten betragen ausweislich der als Anlage K 7 überreichten Kostenrechnung . . . . . EUR. Die Kostenrechnung wurde am . . . . . ausgeglichen.

Rechtsanwalt

Anmerkungen

1. Ein Antrag auf Verurteilung der Beklagten zur Freistellung oder Zahlung oder einer iE genau zu bezeichnenden Haftpflichtforderung kann nur dann gestellt werden, wenn der Haftpflichtversicherer die Deckung endgültig und ohne rechtlichen Grund abgelehnt hat, die Haftpflichtforderung dem Grunde und der Höhe nach feststeht und im Falle des Zahlungsantrags der Versicherungsnehmer die Haftpflichtforderung des geschädigten befugtermaßen befriedigt hat (BGH VersR 1981, 173).

2. Der Sachverhalt ist der Entscheidung des OLG Köln r+s 2003, 280, entnommen und geringfügig modifiziert worden.

3. Anders als bei dem Fall, den das OLG Köln durch Urteil v. 6.5.2003 zu entscheiden hatte, gilt für das hier vorliegende Beispiel § 105 VVG. Zweck des Anerkenntnis- und Befriedigungsverbotes war es, die Verständigung zwischen dem Geschädigten und dem Versicherungsnehmer auf Kosten des Versicherers zu verhindern und so die dem Versicherer durch die AVB eingeräumte Regulierungshoheit zu schützen (OLG Hamm VersR 2006, 829; OLG Karlsruhe VersR 1983, 649 (650); Schwintowski/Brömmelmeyer/*Retter* VVG § 105 Rn. 1). Bei einem Verstoß gegen das Anerkenntnis- und Befriedigungsverbot wurde der Versicherer grds. von der Leistung frei. Das galt auch dann, wenn der Anspruch des Versicherungsnehmers ohne das Anerkenntnis bestanden hätte. Selbst wenn, wie in dem Fall, den das OLG Köln zu entscheiden hatte, langjährige Geschäftsbeziehungen zwischen dem Versicherungsnehmer und dem Geschädigten gefährdet waren, reichte dies nicht aus, um ein offenbar unbilliges Regulierungsverbot für den Versicherungsnehmer anzunehmen (OLG Hamm OLGR 2000, 68; OLG Karlsruhe VersR 83, 649, OLG Köln r+s 2003, 280).

Das hat sich durch die Aufhebung des Anerkenntnisverbots geändert. Allerdings führt der Wegfall des Anerkenntnisverbots nun nicht dazu, dass der Versicherer in dem durch den Versicherungsnehmer anerkannten Umfang auch eintrittspflichtig ist. Der Versicherer ist an die Befriedigung vielmehr grds. nicht gebunden (vgl. Schwintowski/Brömmelmeyer/*Retter* VVG § 106 Rn. 35). Die Haftpflichtfrage ist im Deckungsprozess somit vollüberprüfbar. In der Praxis sind auch nach der VVG-Reform nach wie vor Versicherungsverträge anzutreffen, bei denen der Versicherer nicht von der Möglichkeit Gebrauch gemacht hat, die Versicherungsbedingungen an die neue Rechtslage anzupassen. In diesem Fall ist es ihm versagt, sich zB auf Leistungsfreiheit wegen vorsätzlicher Obliegenheitsverletzung zu berufen (BGH r+s 2011, 464). Auch iÜ ist zu überprüfen, inwieweit die nicht an die neue Rechtslage angepassten Regelungen gegen das seit dem 1.1.2008 geltende VVG verstoßen.

28. Deckungsklage gegen Rechtsschutzversicherer

An das
Landgericht . . . . .

Klage

des . . . . .
– Klägers –

Prozessbevollmächtigte: . . . . .

gegen

die . . . . . Versicherungs-AG, vertreten durch den Vorstand,
dieser vertreten durch den Vorstandsvorsitzenden . . . . .
– Beklagte –

Wegen: Ansprüche aus Versicherungsvertrag
Vorläufiger Streitwert: . . . . .
Namens und in Vollmacht des Klägers erheben wir Klage und werden beantragen:

1. Es wird festgestellt, dass die Beklagte verpflichtet ist, dem Kläger Rechtsschutz für den Versicherungsfall vom . . . . . (Schadenersatzklage gegen des . . . . ., gegen den . . . . .; Schadennummer der Beklagten: . . . . .) aufgrund des zwischen den Parteien unter der Versicherungsschein-Nr.: . . . . . abgeschlossenen Versicherungsvertrages zu gewähren.

2. Der Beklagte wird verurteilt, an den Kläger . . . . . EUR nebst 5 % Zinsen über dem Basiszinssatz seit dem . . . . . zu zahlen.

3. Die Beklagte trägt die Kosten des Rechtsstreits.

Wir beantragen ferner,

gegen die Beklagte ohne mündliche Verhandlung gem. § 331 Abs. 3 ZPO Versäumnisurteil zu erlassen, falls nicht fristgerecht die Absicht angezeigt wird, sich gegen die Klage verteidigen zu wollen.

Der Kläger macht gegen die Beklagte Ansprüche aus dem zwischen den Parteien unter der Versicherungsschein-Nr.: . . . . . bestehenden Rechtsschutzversicherungsvertrag geltend.[1]

A. Zum Sachverhalt

I.

Zwischen den Parteien besteht unter der Versicherungsschein-Nr.: . . . . . ein Rechtsschutzversicherungsvertrag. Wir überreichen als Anlage K 1 eine Kopie des Versicherungsscheins und als Anlage K 2 die dem Versicherungsvertrag zugrunde liegenden Allgemeinen Rechtsschutzversicherungsbedingungen. Bestandteil des zwischen den Parteien abgeschlossenen Versicherungsvertrages ist ua der Privat-, Berufs- und Verkehrsrechtsschutz für Nichtselbständige gem. § 26 ARB . . . . .

II.

Am . . . . . wurde der Kläger mit seinem Pkw, amtl. Kennzeichen . . . . ., in . . . . . um . . . . . in einer Verkehrsunfall verwickelt. Der Kläger musste verkehrsbedingt vor einer Rotlicht abstrahlenden Ampel an der Kreuzung zwischen der A-Straße und der B-Straße warten. Rechts von ihm befanden sich mehrere Parkboxen. In einer der Parkboxen hatte Herr A sein Fahrzeug geparkt und wollte die Parkbox rückwärts fahrend verlassen. Beim Rückwärtsfahren übersah Herr A, dass sich hinter seinem Pkw der Pkw des Klägers befand. Es kam zur Kollision der beiden Fahrzeuge, bei der die Pkw des Klägers erheblich beschädigt wurde.

Beweis: Zeugnis des Herrn . . . . .

Bei dem Zeugen . . . . . handelt es sich um den Beifahrer des Klägers, der sich zum Unfallzeitpunkt im Auto des Klägers befand.

IE entstand dem Kläger der folgende Schaden:

. . . . . Sachschaden

. . . . . Nutzungsausfall

. . . . . Sachverständigenkosten

. . . . . Kostenpauschale

Beweis: 1. Reparaturkostenrechnung des Autohauses . . . . . vom . . . . .
2. Rechnung des Sachverständigen . . . . . vom . . . . .
3. Reparaturbestätigung des Autohauses . . . . . vom . . . . .
4. Einholung eines Sachverständigengutachtens

Der Unfallverursacher, Herr A, meldete den Schaden seinem Kraftfahrzeughaftpflichtversicherer. Dieser lehnte mit Schreiben vom . . . . . jegliche Einstandspflicht mit der Begründung ab, der Unfall sei durch ein überwiegendes Verschulden des Klägers entstanden, der sich mit einer stark überhöhten Geschwindigkeit der Kreuzung genähert

habe. Bei Annäherung an die Kreuzung habe er ohne weiteres erkennen können, dass Herr A sein Fahrzeug ausgeparkt habe.

Beweis: Ablehnungsschreiben der ..... Versicherungs AG vom ....., Anlage K 3

III.

Der Kläger entschloss sich, seine Ansprüche gerichtlich geltend zu machen und bat die Beklagte mit Schreiben vom ..... um die Erteilung von Kostenschutz für die Erhebung einer Klage vor dem Landgericht ..... Diese lehnte jedoch jegliche Eintrittspflicht ab und vertrat die Auffassung, die Klage habe keine Aussicht auf Erfolg, weil die Auffassung des Haftpflichtversicherers des Herrn A richtig sei.

Beweis: Ablehnungsschreiben der Beklagten vom ....., Anlage K 4

Diese Auffassung ist allerdings nicht richtig, denn dem Kläger stehen zwei unbeteiligte Unfallzeugen zur Verfügung, die den Sachvortrag des Klägers bestätigen. Dies ergibt sich aus dem Klageentwurf, den der Kläger als Anlage K 5 überreicht und ferner aus den schriftlichen Zeugenaussagen der Zeugen, die als Anlage zur Gerichtsakte gereicht werden.

B. Zur Rechtslage

I.

Der Kläger hat gegen die Beklagte einen Anspruch auf Gewährung von Rechtsschutz gem. § 1 VVG iVm dem zwischen den Parteien abgeschlossenen Versicherungsvertrag.

1. Die Erhebung der Klage vor dem LG ..... ist grds. eine nach dem Versicherungsvertrag versicherte Leistungsart. Einschlägig ist hier die Leistungsart gem. § ..... der ARB ..... Der Haftpflichtversicherer des Unfallgegners hat seine Eintrittspflicht für die Folgen des durch seinen Versicherungsnehmer verursachten Verkehrsunfalls abgelehnt, so dass der Beklagte grds. Versicherungsschutz zu gewähren hat.

2. Die von dem Kläger beabsichtigte Schadenersatzklage gegen den ..... hat auch hinreichende Aussicht auf Erfolg:[1]

Die Rechtsauffassung der Beklagten, es bestehe keine Erfolgsaussicht, ist falsch. Ob hinreichende Aussicht auf Erfolg besteht, beurteilt sich nach den zu § 114 ZPO entwickelten Grundsätzen (OLG Karlsruhe NVersZ 1999, 232, NJOZ 2006, 1138). Erfolgsaussicht besteht in der Regel, wenn über eine Behauptung Beweis zu erheben ist. Das ist vorliegend der Fall, denn der Kläger hat den von ihm behaupteten Unfallhergang beweisbewehrt vorgetragen.

3. Nach allem hat die Beklagte dem Kläger daher Rechtsschutz für die beabsichtigte Klageerhebung zu gewähren.

II.

Mit Schreiben vom ..... hat die Beklagte Ihre Eintrittspflicht abgelehnt, sie befindet sich daher ab diesem Zeitpunkt im Verzug. Sie hat aus diesem Grund auch die Kosten zu ersetzen, die dem Kläger durch die Beauftragung seiner bereits vorprozessual tätig gewordenen Prozessbevollmächtigten angefallen sind. Diese betragen ausweislich der als Anlage K 5 überreichten Kostenrechnung ..... EUR. Der Kläger hat die Kostenrechnung am ..... beglichen.

III.

Die Zuständigkeit des angerufenen Gerichts ergibt sich aus § 215 VVG, denn der Kläger ist Versicherungsnehmer und hat seinen ständigen Wohnsitz im Zuständigkeitsbereich des angerufenen Landgerichts.

Rechtsanwalt

Anmerkungen

1. Die oben beschriebenen Grundsätze für die Beantwortung der Frage, ob die beabsichtigte Klage hinreichende Aussicht auf Erfolg bietet, gelten auch dann, wenn bereits eine Vielzahl von Begutachtungen vorliegt, aber nicht sicher davon ausgegangen werden kann, dass das Zivilgericht die Beweiserhebung zu der Frage, ob und in welchem Umfang die von einer Partei behaupteten Schadenfolgen durch das Unfallgeschehen verursacht worden sind, vornimmt (OLG Karlsruhe NJOZ 2006, 1138).

Eine Überprüfung der Erfolgsaussichten kann zu dem Ergebnis führen, dass ein billigerer Weg mit Sicherheit zum gleichen Erfolg führt. Ist dies der Fall, dann ist das Beharren auf den teureren Weg mutwillig und stellt eine vermeidbare Kostenerhöhung dar (BGH NJW 1977, 2163). So ist zB die Erwirkung eines Vollstreckungstitels für eine aufrechenbare Gegenforderung mutwillig, da eine Aufrechnung jederzeit möglich ist (LG Hamburg r + s 1990, 164). Eine an sich prozessual zulässige Feststellungswiderklage kann im Sinne der ARB mutwillig sein, wenn sie der Versicherungsnehmer ohne die nach den Versicherungsbedingungen notwendige vorherige Abstimmung mit dem Versicherer erhebt (AG München ZfS 1982, 83). Zu Wirksamkeit einer Klausel in Versicherungsverträgen, wonach der Versicherungsnehmer nach Eintritt des Rechtsschutzfalls, soweit seine Interessen nicht unbillig beeinträchtigt werden, alles zu vermeiden hat, was eine unnötige Erhöhung der Kosten oder Erschwerung ihrer Erstattung durch die Gegenseite verursachen könnte vgl. OLG Frankfurt BeckRS 2012, 10059. Zu den Anforderungen an die Transparenz einer Schadenminderungsklausel in der Rechtsschutzversicherung vgl. BGH BeckRS 2019, 20651.

29. Klage auf Leistung und Beitragsfreistellung aus einer Berufsunfähigkeitsversicherung

An das
Landgericht . . . . .

Klage

des . . . . .
– Klägers –

Prozessbevollmächtigte: Rechtsanwälte

gegen

die . . . . . Allgemeine Versicherungs AG, diese vertreten durch den Vorstand . . . . ., dieser vertreten durch den Vorstandsvorsitzenden, ...
– Beklagte –

Wegen: Ansprüche aus Versicherungsvertrag
Vorläufiger Streitwert: . . . . .
Namens und in Vollmacht des Klägers erheben wir Klage mit folgenden Anträgen:

1. Die Beklagte wird verurteilt, an den Kläger . . . . . EUR nebst Zinsen iHv 5 Prozentpunkten über dem Basiszinssatz seit dem . . . . . zu zahlen.[1]
2. Die Beklagte wird verurteilt, an den Kläger ab dem . . . . . eine monatliche Rente iHv . . . . . EUR, zahlbar monatlich im Voraus für die Dauer der fortbestehenden bedingungsgemäßen Berufsunfähigkeit und längstens bis zum Ablauf des . . . . . (Leistungsende) zu zahlen.
3. Die Beklagte wird verurteilt, den Kläger von der Verpflichtung, Beiträge zu dem Versicherungsvertrag mit der Versicherungsschein-Nr. . . . . . zu zahlen, ab dem . . . . . für die Dauer der fortbestehenden bedingungsgemäßen Berufsunfähigkeit und längstens bis zum Ablauf des . . . . . (Leistungsende) freizustellen.
4. Die Beklagte wird verurteilt, an den Kläger . . . . . EUR nebst Zinsen iHv 5 Prozentpunkten über dem Basiszinssatz seit dem . . . . . zu zahlen.
5. Die Beklagte trägt die Kosten des Rechtsstreits.
6. Das Urteil ist vorläufig vollstreckbar.

Es wird angeregt, einen frühen ersten Termin zu bestimmen. Sofern das Gericht das schriftliche Vorverfahren anordnet, wird für den Fall der Fristversäumnis beantragt, die Beklagte durch Versäumnisurteil ohne mündliche Verhandlung zu verurteilen.

Mit einer Entscheidung der Sache durch den Einzelrichter ist der Kläger einverstanden.

Der Kläger macht mit der Klage Ansprüche gegen die Beklagte aus einer selbständigen Berufsunfähigkeitsversicherung, die bei der Beklagten unter der Versicherungsschein-Nr.: . . . . . geführt wird, geltend.

A. Zum Sachverhalt

I.

Zwischen den Parteien besteht unter der Versicherungsschein-Nr. . . . . eine selbständige Berufsunfähigkeitsversicherung. Versichert für den Fall des Eintritt des Versicherungsfalls „Berufsunfähigkeit" ist die Zahlung einer monatliche Rente iHv . . . . . EUR sowie die Gewährung einer Beitragsbefreiung, der monatliche Beitrag beträgt . . . . . EUR. Versicherungsbeginn war der . . . . ., der Vertrag hat eine Laufzeit bis zum . . . . .

Wir überreichen als Anlage K 1 eine Kopie des Versicherungsscheins und als Anlage K 2 eine Kopie der dem Versicherungsvertrag zugrunde liegenden Versicherungsbedingungen.

II.

Der Kläger ist seit dem . . . . . berufsunfähig im Sinne der mit der Beklagten abgeschlossenen Berufsunfähigkeitsversicherung. Dies ergibt sich aus Folgendem:[2, 3]

1. Der Kläger war in gesunden Tagen zuletzt als . . . . . berufstätig. Ein typischer Arbeitsalltag des Klägers sah wie folgt aus: *(wird näher ausgeführt)*

Uhrzeit (von/bis)	(typische Tätigkeit) *konkrete Tätigkeit näher ausführen*

2. Seit dem . . . . . ist der Kläger aufgrund folgender Erkrankungen berufsunfähig: *(wird näher ausgeführt)*

Beweis: 1. Kopie des Arztberichts des Herrn Dr. . . . . vom . . . . .;
2. Vorlage der Arbeitsunfähigkeitsbescheinigungen vom . . . . .;
3. Einholung eines Sachverständigengutachtens

Der Kläger kann die oben beschriebenen Tätigkeiten aufgrund nachfolgend vorgetragener Beschwerden nicht mehr ausüben: *(wird näher ausgeführt)*

Art der Beschwerden	Auswirkungen der Beschwerden auf die konkrete Tätigkeit

Er ist damit krankheitsbedingt nicht mehr in der Lage, der zuletzt in gesunden Tagen ausgeübten Tätigkeit nachzugehen.

Beweis: Einholung eines Sachverständigengutachtens

Er ist nur noch in der Lage, die folgenden Tätigkeiten auszuführen: *(wird näher ausgeführt)*

III.

Der Kläger stellte mit dem als Anlage K 3 überreichten Schreiben bei der Beklagten einen Antrag auf Gewährung von Berufsunfähigkeitsleistungen. Die Beklagte trat in die Leistungsprüfung ein. Sie beauftragte den Sachverständigen Herrn Dr. . . . . mit der Erstellung eines Sachverständigengutachtens, das wir als Anlage K 4 beifügen. Herr Dr. . . . . kam zu dem Ergebnis, bei dem Kläger liege keine bedingungsgemäße Berufsunfähigkeit vor.

Der Kläger hat das Gutachten sodann durch Herrn Dr. . . . . überprüfen lassen. Dessen Gutachten überreichen wir als Anlage K 5 zur Akte. Herr Dr. . . . . kam zu dem Ergebnis, dass das Gutachten des von der Beklagten beauftragten Sachverständigen aus den nachfolgenden Gründen unzutreffend ist: Der von der Beklagten beauftragte Sachverständige hat seinem Gutachten schon einen falschen außermedizinischen Sachverhalt zugrunde gelegt. Insbes. hat er den Anteil der körperlichen belastenden Tätigkeiten falsch gewichtet. Er hat auch übersehen, dass dem Kläger die Ausübung seines Berufs nicht möglich ist, wenn er die nachfolgenden Tätigkeiten nicht ausüben kann: . . . . .*(wird näher ausgeführt)*.

Beweis: Einholung eines Sachverständigengutachtens

Es handelt es sich um den Beruf des Klägers prägende Tätigkeiten.

Beweis: Einholung eines Sachverständigengutachtens

Ferner hat Herr Dr. . . . . die folgenden Erkrankungen nicht berücksichtigt: *(wird näher ausgeführt)*

Beweis: Einholung eines Sachverständigengutachtens

Der Kläger hat all dies mit Schreiben vom . . . . ., das wir als Anlage K 6 überreichen gegenüber der Beklagten noch einmal dezidiert dargelegt, die aber mit Schreiben vom . . . . ., das wir als Anlage K 7 überreichen, endgültig ihre Leistungspflicht ablehnte.

B. Zur Rechtslage

I.

Gem. § 1 Abs. 1 der dem Versicherungsvertrag zugrunde liegenden AVB erbringt die Beklagte die Zahlung der versicherten Berufsunfähigkeitsrente und die volle Befreiung

der Beitragspflicht, wenn der Kläger während der Dauer der Versicherung zu mindestens 50 % berufsunfähig wird.
Gem. § 1 Abs. 4 entsteht der Anspruch auf Rente und Beitragsbefreiung mit Ablauf des Monats, in dem die Berufsunfähigkeit eingetreten ist.

II.

Gem. § 2 Abs. 1 AVB liegt vollständige Berufsunfähigkeit vor, wenn die versicherte Person infolge Krankheit, Körperverletzung oder mehr als altersentsprechenden Kräfteverfalls, die ärztlich nachzuweisen sind, voraussichtlich auf Dauer ihren zuletzt ausgeübten Beruf, so wie er ohne gesundheitliche Beeinträchtigung ausgestaltet war, nicht mehr ausüben kann. Eine abstrakte Verweisung haben die Parteien in dem Versicherungsvertrag nicht vereinbart. Eine andere Tätigkeit, die seiner bisherigen Lebensstellung entspricht, übt der Kläger unstreitig nicht aus.
Aufgrund der oben dargelegten Umstände steht fest, dass bei dem Kläger eine bedingungsgemäße Berufsunfähigkeit seit dem . . . . . eingetreten ist. Er hat daher Anspruch gegen die Beklagte auf Zahlung der Berufsunfähigkeitsrente und Beitragsbefreiung seit dem . . . . .

III.

Mit dem Antrag zu 1) macht der Kläger die rückständigen Renten geltend, mit dem Antrag zu 2) die geschuldeten Renten ab dem . . . . . Mit dem Antrag zu 3) begehrt der Kläger die Beitragsbefreiung, mit dem Antrag zu 4) macht der Kläger die außergerichtlichen Nebenkosten geltend, die durch die Beauftragung seiner Prozessbevollmächtigten angefallen und unter dem Gesichtspunkt des Verzuges durch die Beklagten zu ersetzen sind. IE berechnet sich die Forderung wie folgt: . . . . .

IV.

Die Zuständigkeit des angerufenen Gerichts ergibt sich aus § 215 VVG, denn der Kläger hat seinen ständigen Wohnsitz im Zuständigkeitsbereich des angerufenen Landgerichts.
Über den zu verauslagenden Gerichtskostenvorschuss fügen wir einen Verrechnungsscheck bei.[4]
Rechtsanwalt

Anmerkungen

1. Da der Berufsunfähigkeitsversicherer in der Regel sowohl die Zahlung der Berufsunfähigkeitsrente als auch die Beitragsbefreiung schuldet, ist dies bei der Antragstellung entsprechend zu berücksichtigen. Sollte der Versicherungsnehmer in Verkennung der Rechtslage die Versicherungsbeiträge weiter bezahlt haben, dann muss dem durch Erhöhung des Zahlungsantrages Rechnung getragen werden.

2. Die Feststellung, ob bei dem Versicherungsnehmer bedingungsgemäße Berufsunfähigkeit vorliegt, bereitet in der Regel schon allein deshalb erhebliche Schwierigkeiten, weil der zuletzt in gesunden Tagen ausgeübte Beruf nur unzureichend vorgetragen wird. Der BGH hat bzgl. der prozessualen Anforderungen an die Substantiiertheit des Vortrags des insoweit darlegungsbelasteten Versicherungsnehmers im Rahmen seines Urteils v. 30.9.1992 (VersR 1992, 1386 (1387)) Folgendes ausgeführt:

„Bei dieser Beurteilung muss bekannt sein, wie das Arbeitsverhältnis betreffend den Versicherten tatsächlich beschaffen ist und welche Anforderungen es an ihn stellt. Insoweit ist es Sache desjenigen, der den Eintritt des Versicherungsfalls Berufsunfähigkeit geltend machen will, substantiiert vorzutragen und im Falle des Bestreitens Beweis für sein Vorbringen anzutreten. Als Sachvortrag genügt dabei nicht die Angabe eines bloßen Berufstyps und der Arbeitszeit. Es muss von dem Versicherten, der hierzu unschwer im Stand ist, verlangt werden, dass er eine ganz konkrete Arbeitsbeschreibung gibt, mit der die für ihn anfallenden Leistungen ihrer Art, ihres Umfangs, ihrer Häufigkeit nach für einen Außenstehenden nachvollziehbar werden."

Dabei ist maßgeblich grds. die letzte konkrete Berufsausübung, so wie sie auch in gesunden Tagen ausgestaltet war, dh solange die Leistungsfähigkeit des Versicherten noch nicht beeinträchtigt war (BGH VersR 1993, 1470; VersR 2005, 676). Das OLG Koblenz hat im Rahmen eines Hinweis- und Auflagenbeschlusses v. 16.6.1998 (OLG – Report 1999, 57) ausgeführt:

„In einer ersten Stufe wird der Kläger im Einzelnen substantiiert darzulegen haben, wie seine konkrete Berufsausübung in der Zeit vor dem erstmaligen Eintritt der von ihm behaupteten Berufsunfähigkeit im Einzelnen ausgesehen hat. Dies wird in Gestalt einer konkreten Beschreibung der von ihm jeweils ausgeübten Einzeltätigkeiten, gezielt in Bezug auf die mit der behaupteten Behinderung in Verbindung stehenden körperlichen Beanspruchungen, sowie unter Angaben der jeweiligen zeitlichen Anteile an der Gesamtarbeitszeit des Klägers nach Art eines Stundenplans zu geschehen haben."

Dieser außermedizinische Sachverhalt ist demzufolge zunächst einmal mit einer den Anforderungen des § 286 ZPO genügenden Gewissheit festzustellen. Steht fest, wie der zuletzt in gesunden Tagen ausgeübte Beruf des Klägers beschaffen war, ist im zweiten Schritt zu überprüfen, ob und wenn ja in welchem Umfang er aus den im Versicherungsvertrag genannten gesundheitlichen Gründen nicht mehr in der Lage ist, diesen Beruf auszuüben (OLG Zweibrücken BeckRS 2014, 12027)

3. Besondere Anforderungen gelten für den Selbständigen oder den mitarbeitenden Betriebsinhaber. Dieser muss Art, Umfang und Häufigkeit der bisher angefallenen Tätigkeiten, die betriebliche Organisation vor der gesundheitlichen Beeinträchtigung, das Vorhandensein noch ausübbarer Tätigkeitsfelder, die bedingungsgemäße Berufsunfähigkeit ausschließen und die Möglichkeit zumutbarer Betriebsumorganisation dezidiert vortragen und ggf. beweisen, denn die berufliche Tätigkeit des mitarbeitenden Betriebsinhabers wird auch dadurch gekennzeichnet, dass ihm das betriebliche Direktionsrecht, die Weisungsbefugnis gegenüber seinen Mitarbeitern zukommt. Berufsunfähigkeit scheidet daher aus, wenn der selbständig mitarbeitende Betriebsinhaber eine andere betriebliche Tätigkeit ohne gesundheitliche Einschränkung ausüben und – sei es im Wege der Umorganisation – der Art zu übernehmen in der Lage ist (BGH VersR 1996, 1090). Hat der Versicherungsnehmer hiervon ausgehend das Vorliegen bedingungsgemäßer Berufsunfähigkeit substantiiert dargelegt, ist es nicht an ihm, die Voraussetzungen einer Verweisung substantiiert darzulegen und ggf. zu beweisen. Dies ist Aufgabe des Versicherers. Bei dem vorliegenden Beispiel ist eine konkrete Verweisung vereinbart. Hier gilt allerdings, dass der Versicherungsnehmer am besten weiß, was er beruflich gemacht und geleistet hat. Will der Versicherte eine tatsächlich von ihm ausgeübte und von seinem Versicherer als Weisungsberuf in Anspruch genommene Tätigkeit nicht gelten lassen, so obliegt es ihm, von Anfang an vorzutragen – und erforderlichenfalls zu beweisen –, dass und warum er dieser Tätigkeit nicht aufgrund seiner bei der Tätigkeitsaufnahme vorhandenen Kenntnisse oder Erfahrungen gewachsen war, sie demnach nicht sachgerecht und anforderungsgerecht ausüben konnte. Das gleiche gilt, wenn er geltend machen will, dass sie aus anderen Gründen mit seinem zuvor ausgeübten Beruf nicht vergleichbar sei (BGH VersR 1995, 159; BGH VersR 2005, 676).

4. Bei einer Berufsunfähigkeitsversicherung beträgt der Streitwert für die zukünftigen Ansprüche nach Klageeinreichung das 3,5-fache des einjährigen Bezugs, §§ 3, 9 ZPO (BGH NJW-RR 1990, 1361). Zu addieren sind die Rückstände bis zur Klageeinreichung (OLG Frankfurt a. M. BeckRS 2006, 13808; OLG Frankfurt a. M. BeckRS 2015, 6818).

Für die Freistellung von Beiträgen nach Klageeinreichung ist kein Abschlag vorzunehmen (BGH NJW-RR 2007, 751). Schließen die Parteien in einem Prozess, dessen Gegenstand Leistungen aus einer Berufsunfähigkeitsversicherung sind, einen Vergleich, der auch die Aufhebung des Vertrags vorsieht, beträgt der Mehrwert des Vergleichs 20 % des nach § 9 ZPO ermittelten für die Leistungen maßgeblichen Betrages (OLG Karlsruhe BeckRS 2015, 7250).

30. Leistungsklage gegen einen Unfallversicherer

An das
Landgericht . . . . .

Klage

des . . . . .
– Klägers –

Prozessbevollmächtigte: Rechtsanwälte

gegen

die . . . . . Versicherungs AG, diese vertreten durch den Vorstand
. . . . ., dieser vertreten durch den Vorstandsvorsitzenden, ...
– Beklagte –

Wegen: Ansprüche aus Versicherungsvertrag
Vorläufiger Streitwert: . . . . .
Namens und in Vollmacht des Klägers erheben wir Klage und werden beantragen:

1. **Die Beklagte wird verurteilt, an den Kläger . . . . . EUR nebst Zinsen iHv 5 Prozentpunkten über dem Basiszinssatz seit dem . . . . . zu zahlen.**
2. **Die Beklagte wird verurteilt, an den Kläger . . . . . EUR nebst Zinsen iHv 5 Prozentpunkten über dem Basiszinssatz seit dem . . . . . zu zahlen.**
3. **Die Beklagte trägt die Kosten des Rechtsstreits.**
4. **Das Urteil ist vorläufig vollstreckbar.**

Wir beantragen ferner
gegen die Beklagte ohne mündliche Verhandlung gem. § 331 Abs. 3 ZPO Versäumnisurteil zu erlassen, falls nicht fristgerecht die Absicht angezeigt wird, sich gegen die Klage verteidigen zu wollen.
Der Kläger macht gegen die Beklagte Ansprüche aus einem Unfallversicherungsvertrag geltend.

A. Zum Sachverhalt

I.

Zwischen den Parteien besteht unter der Versicherungsschein-Nr. . . . . . eine Unfallversicherung. Wir überreichen als Anlage K 1 eine Kopie des Versicherungsscheins vom . . . . . und als Anlage K 2 die dem Versicherungsvertrag zugrunde liegenden allgemeinen Unfallversicherungsbedingungen.

II.

Der Kläger erlitt am ..... einen Unfall. An diesem Tag unternahm er mit seiner Ehefrau, der nachbenannten Zeugin

.....

eine Radtour. Als sich der Kläger und seine Ehefrau auf der ..... Straße in ..... befanden und sich der Kreuzung .... .straße/. .... .straße näherten, wurden der Kläger und seine Ehefrau durch den Fahrer des Pkw mit dem amtl. Kennzeichen ...., den nachbenannten Zeugen

.....

überholt. Der Zeuge ..... bog mit seinem Fahrzeug in Fahrtrichtung der Eheleute ..... gesehen nach rechts ab.

Beweis: 1. Zeugnis des .....
2. Zeugnis des .....

Dies veranlasste den Kläger zur Einleitung einer Vollbremsung, um eine drohende Kollision mit dem Pkw des Zeugen ..... zu vermeiden. Dabei kam der Kläger zu Fall.

Beweis: 1. Zeugnis des .....
2. Zeugnis der .....

Der Kläger versuchte den Sturz mit seinem rechten Arm abzufangen. Bei diesem Versucht zog er sich allerdings einen Bruch des rechten Handgelenks zu.

Beweis: 1. Zeugnis der .....;
2. Einholung eines Sachverständigengutachtens

Der Kläger begab sich sofort in das Krankenhaus ...., wurde dort stationär aufgenommen, die Fraktur des rechten Handgelenks wurde operativ versorgt. Am ..... wurde er aus der stationären Behandlung entlassen.

Beweis: Vorlage des Arztberichts des Dr. .... vom ...., Anlage K 3

III.

Der Kläger meldete der Beklagten den Unfall mit der als Anlage K 4 überreichten Schadenanzeige vom .....

Die Beklagte trat sodann in die Leistungsprüfung ein und beauftragte Herrn Dr. .... mit der Erstellung eines medizinischen Gutachtens zur Frage der Invalidität. Herr Dr. .... untersuchte den Kläger am ..... Er erstellte unter dem ..... ein Gutachten. Er kam zu dem Ergebnis, dass bei dem Kläger lediglich eine Beeinträchtigung von .... .*(Invaliditätsgrad)* vorliege. Auf Basis dieses Ergebnisses hat die Beklagte den Schadenfall mit Schreiben vom ...., das wir als Anlage K 5 überreichen, wie folgt abgerechnet: *(wird näher ausgeführt)*

IV.

Mit der Kläger verfolgt der Kläger seinen weiteren Anspruch auf Invaliditätsleistung. Wie sich aus dem als Anlage K 6 überreichten Arztbericht des Herrn Dr. .... ergibt, hat Herr Dr. .... die unfallbedingte Invalidität zu niedrig bewertet. Tatsächlich beträgt die Invalidität *(wird näher ausgeführt)*

Beweis: Einholung eines Sachverständigengutachtens

Eine Invalidität in dieser Höhe beruht auf folgenden Beeinträchtigungen:

.... .*(wird näher ausgeführt)*

B. Zur Rechtslage

I.

Der Kläger hat gegen die Beklagte einen Anspruch auf Zahlung einer weiteren Invaliditätsentschädigung. Dass dem Grunde nach eine unfallbedingte Invalidität bei dem Kläger eingetreten ist, ist zwischen den Parteien unstreitig.
Gem. Ziff. 2.1.2.1 der dem Versicherungsvertrag zugrundeliegenden AUB ist Grundlage für die Berechnung der Leistung, die Versicherungssumme und der Grad der unfallbedingten Invalidität.
Gem. Ziff. 2.1.2.2.1 besteht bei Verlust oder völliger Funktionsunfähigkeit der Hand ein Invaliditätsgrad von 55 %. Bei Teilverlust oder teilweise Funktionsbeeinträchtigung gilt der entsprechende Teil des jeweiligen Prozentsatzes.[1]

II.

Die Höhe des Anspruchs des Klägers berechnet sich daher wie folgt:

Vereinbarte Invaliditätssumme:	**. . . . . EUR**
Invaliditätsgrad Hand:	**55 %**
=	**. . . . . EUR**
Hiervon	**. . . . . EUR**
abzüglich geleisteter:	**. . . . . EUR**
Restanspruch:	**. . . . . EUR**

III.

Die Beklagte hat dem Kläger ferner unter dem Gesichtspunkt des Verzugs die Kosten zu ersetzen, die durch die vorprozessuale Tätigkeit der Prozessbevollmächtigten des Klägers entstanden sind. Die Kosten belaufen sich ausweislich der als Anlage K 7 überreichten Kostenrechnung auf . . . . . EUR.

IV.

Die Zuständigkeit des angerufenen Gerichts ergibt sich aus § 215 VVG, denn der Kläger hat seinen ständigen Wohnsitz im Zuständigkeitsbereich des angerufenen Landgerichts.
Rechtsanwalt

Anmerkungen

1. Bei der Invaliditätsbemessung nach der Gliedertaxe ist der Ort der unfallbedingten Schädigung maßgebend. Nicht entscheidend ist, wie sich die Verletzung ausgewirkt hat. Ausgangspunkt der Bewertung ist stets der körpernähere Teil. Bei teilweiser Schädigung ist der in den AUB vereinbarte feste Prozentsatz entsprechend zu reduzieren. Die unfallbedingte Beeinträchtigung wird mit dem entsprechenden Wert der Gliedertaxe vollständig abgegolten und zwar einschließlich etwaiger Auswirkungen des Verlustes oder der Funktionseinschränkung auf rumpfnähere Körperglieder (vgl. *Klodt* Private Unfallversicherung G V 2 Rn. 150 ff.).

Ist die Gliedertaxe nicht einschlägig, dann muss der Invaliditätsgrad individuell ermittelt werden.

G. Handels- und Vertriebsrecht

1. Klage des Handelsvertreters auf Provision

Landgericht Frankfurt a. M.[1]
Kammer für Handelssachen[2]

Klage

der Firma XYZ GmbH, gesetzlich vertreten durch den Geschäftsführer Y (vollständiger Name und Firmenanschrift)

– Klägerin –

Prozessbevollmächtigter: Rechtsanwalt . . . . .

gegen

die Firma ABC GmbH, gesetzlich vertreten durch den Geschäftsführer B (vollständiger Name und Firmenanschrift)

– Beklagte –

wegen Provisionszahlungsanspruch
Vorläufiger Streitwert: . . . . . EUR[3]
Namens und in Vollmacht der Klägerin erhebe ich Klage und werde beantragen:

1. **Die Beklagte wird verurteilt, an die Klägerin einen Betrag iHv . . . . . EUR nebst Zinsen**
   a) **iHv 5 Prozentpunkten p.a.[10] aus einem Betrag iHv . . . . . EUR seit 30.6.2019 bis 25.8.2020,**
   b) **iHv 5 Prozentpunkten p.a.[10] aus einem Betrag iHv . . . . . EUR seit 30.9.2019 bis 25.8.2020,**
   c) **sowie iHv 9 Prozentpunkten über dem jeweiligen Basiszinssatz p.a.[12] auf den Gesamtbetrag iHv . . . . . seit dem 26.8.2020**
   zu zahlen.
2. **Die Beklagte trägt die Kosten des Rechtsstreits.**
3. **Das Urteil ist vorläufig vollstreckbar.**

Für den Fall des schriftlichen Vorverfahrens wird vorsorglich für den Fall der nicht rechtzeitigen Anzeige der Verteidigungsbereitschaft Versäumnisurteil gegen die Beklagte beantragt.

Begründung

Der Klägerin steht der geltend gemachte Zahlungsanspruch für nicht gezahlte Provisionen aus einem Handelsvertretervertrag zu.

I.

1. **Die Klägerin ist ein selbständiges Handelsunternehmen mit Sitz in Stuttgart und spezialisiert auf die Vermittlung von Aufträgen im Bereich der Automobilzuliefererindustrie.**
2. **Die Beklagte ist die deutsche Tochtergesellschaft eines führenden Herstellers von Elektronik und Sensoren mit Sitz in Birmingham, Vereinigtes Königreich, welche insb. auch in Personenkraftwagen eingesetzt werden. Insoweit beliefert die Beklagte nam-**

hafte europäische Automobilhersteller sowie deren Zulieferer. Die Beklagte hat ihren Sitz in Frankfurt am Main.

3. Die Klägerin ist für die Beklagte seit dem 1.7.2009 als selbständige Handelsvertreterin auf Grundlage des „Agency Agreements" mit Datum v. 3.6.2009 tätig (nachfolgend „Handelsvertretervertrag").

   Beweis: Agency Agreement v. 3.6.2009, Anlage K1

4. In dieser Eigenschaft vermittelte die Klägerin für die Beklagte über viele Jahre erfolgreich zahlreiche Aufträge diverser Unternehmen aus der Automobilindustrie mit Sitz in Baden-Württemberg. Eine eigene Vertriebsorganisation unterhielt die Beklagte für Baden-Württemberg nicht. Ausweislich des Handelsvertretervertrages ist Baden-Württemberg der Klägerin exklusiv zum Vertrieb aller Produkte der Beklagten zugewiesen (nachfolgend „Vertragsprodukte").

5. Verträge über die Vertragsprodukte sind stets zwischen dem jeweiligen Kunden in Baden-Württemberg und der Beklagten zustande gekommen. Die Klägerin erhielt von der Beklagten für die von ihr vermittelten Aufträge eine Provisionszahlung entsprechend den dafür vorgesehenen Regeln des Handelsvertretervertrages. Darüber hinaus erhielt die Klägerin mehrfach Provisionszahlungen für Geschäfte der Beklagten mit Kunden in Baden-Württemberg, an welchen die Klägerin nicht beteiligt war.

   Beweis: Provisionsabrechnung für Geschäfte mit Kunden in Baden-Württemberg, Anlage K 2 Zeugnis des .....

   Diese Handhabung entsprach der Regelung in § 4 des Handelsvertretervertrages.

6. Der in Baden-Württemberg ansässige Automobilzulieferer C-AG hat im Herbst 2018 einen Auftrag zur Vergabe bestimmter Elektronikbauteile ausgeschrieben. Die Beklagte hat an dem Vergabeverfahren eigenständig teilgenommen und den Zuschlag für den Auftrag mit einem Gesamtvolumen von 5.000.000 EUR erhalten. Der Beauftragung liegt der Rahmenliefervertrag mit Datum v. 5.2.2019 zu Grunde (nachfolgend „Rahmenvertrag").

   Beweis: Rahmenvertrag v. 5.2.2019, Anlage K 3

7. Auf Basis des Rahmenvertrages lieferte die Beklagte an die C-AG Elektronikbauteile in zwei Tranchen. Die erste Tranche im Wert von ..... EUR wurde am 12.5.2019 geliefert. Die Lieferung der zweiten Tranche, deren Wert ..... EUR betrug, erfolgte am 18.8.2019.[4]

   Beweis: Lieferdokumente für die erste Tranche und die zweite Tranche, Anlage K 4 und K 5

8. Die Klägerin erlangte erstmalig am 7.8.2020 von dem Auftrag und dem Rahmenvertrag sowie den durchgeführten Lieferungen Kenntnis. Die Klägerin wandte sich daraufhin an die Beklagte. Mit Schreiben v. 11.8.2020 forderte die Klägerin die Beklagte unter Fristsetzung bis zum 25.8.2020 auf, eine Provision für den Auftrag iHv ..... EUR an die Klägerin zu bezahlen.

   Beweis: Schreiben der Klägerin v. 11.8.2020, Anlage K 6

9. Die Beklagte wies den Anspruch mit Schreiben v. 29.8.2020 zurück. Die Beklagte ist der Meinung, ein Anspruch scheide aus, da die Klägerin während des Vergabeverfahrens nicht für die Beklagte aktiv gewesen sei, sondern die Beklagte an dem Vergabeverfahren eigenständig teilgenommen habe.

   Beweis: Schreiben der Beklagten v. 29.8.2020, Anlage K 7

   Klageerhebung war demnach geboten.

II.

Die Klage ist zulässig und begründet. Der Klägerin steht der geltend gemachte Provisionsanspruch auf Grundlage des Handelsvertretervertrages iVm § 87 Abs. 2 S. 1 HGB zu.

1. **Das Landgericht Frankfurt a. M. ist sachlich und örtlich zuständig.[5]**
2. **Die Klägerin hat einen Anspruch auf Provisionszahlung iHv . . . . . EUR nach § 87 Abs. 2 S. 1 HGB. Dies ergibt sich aus der Anwendung des in § 3 des Handelsvertretervertrages vereinbarten Provisionssatzes auf den Auftragswert des Geschäfts zwischen der Beklagten und der C-AG iHv 5.000.000 EUR.**
3. **Die Klägerin ist Bezirksvertreterin der Beklagten für Baden-Württemberg. Dies folgt aus § 3 des Handelsvertretervertrages sowie aus der tatsächlichen Handhabung von Provisionszahlungen während der Vertragslaufzeit. Nach § 87 Abs. 2 S. 1 HGB steht der Klägerin als Bezirksvertreterin für das ihr zugewiesene Vertriebsgebiet Baden-Württemberg auch für solche Geschäfte ein Provisionsanspruch zu, die ohne ihre Mitwirkung zustande gekommen sind. Es ist daher vorliegend, anders als die Beklagte meint, unerheblich, dass der Rahmenvertrag[6] ohne die Mitwirkung der Klägerin zustande gekommen ist. Provisionsbegründend ist alleine der Umstand einer Geschäftsbegründung in Baden-Württemberg, als dem der Klägerin vertraglich zugewiesenen Bezirk.[7]**
4. **Der Provisionsanspruch ist entstanden[8] und fällig.[9] Der Provisionsanspruch für die erste Tranche ist nach § 87a Abs. 1 S. 1, Abs. 4 HGB iVm § 87c Abs. 1 S. 1 HGB seit dem 30.6.2019 fällig. Die Fälligkeit des Provisionsanspruchs für die zweite Tranche ist am 30.9.2019 eingetreten, § 87a Abs. 1 S. 1, Abs. 4 HGB iVm § 87c Abs. 1 S. 1 HGB.**
5. **Der Provisionsanspruch ist ab Fälligkeit mit dem gesetzlichen Zinssatz gem. § 353 S. 1 HGB iVm § 352 Abs. 1 S. 1 HGB iHv 5 Prozentpunkten p.a. zu verzinsen.[10] Die Beklagte befindet sich aufgrund der erfolglosen Mahnung seit dem 26.8.2020 mit der Bezahlung des Provisionsanspruchs in Verzug.[11] Nach § 286 Abs. 1 S. 1 BGB iVm § 288 Abs. 1 S. 1, Abs. 2 BGB ist der Provisionsanspruch daher seit diesem Zeitpunkt iHv 9 Prozentpunkten über dem jeweiligen Basiszinssatz p.a. zu verzinsen.[12]**

Rechtsanwalt

Anmerkungen

1. In bestimmten Konstellationen kann bei Streitigkeiten zwischen einem Handelsvertreter und dem diesen einsetzenden Unternehmer eine Zuständigkeit der Arbeitsgerichte gegeben sein. Im Ausgangspunkt sind Arbeitsgerichte zwar nur für Streitigkeiten von Arbeitnehmern zuständig. Nach § 5 Abs. 1 S. 2 ArbGG sind im Hinblick auf die Zuständigkeit der Arbeitsgerichte den Arbeitnehmern aber solche Personen gleichgestellt, die wegen ihrer wirtschaftlichen Unselbständigkeit als arbeitnehmerähnliche Personen anzusehen sind. Einschränkend bestimmt im Hinblick auf Handelsvertreter § 5 Abs. 3 ArbGG jedoch, dass Handelsvertreter nur der Arbeitsgerichtsbarkeit unterfallen, wenn (1) für ihre Person die Voraussetzungen des § 92a HGB vorliegen, wenn diese also vertraglich nicht für andere Unternehmer tätig werden dürfen – wobei die Gestattung einer Nebentätigkeit und eines Konkurrenzverbotes nicht dagegen sprechen (vgl. OLG Celle Beschl. v. 26.6.2020 – 11 W 20/20, ZVertriebsR 2020, 393) – oder dies den Handelsvertretern nach Art und Umfang der verlangten Tätigkeit nicht möglich ist (darauf, dass die in § 92a HGB ermöglichten Rechtverordnungen bisher nicht erlassen worden sind, kommt es nicht an) und (2) der Handelsvertreter im Monatsdurchschnitt, berechnet aus den letzten sechs Monaten oder aus der tatsächlichen Vertragslaufzeit, sollte diese kürzer gewesen sein, lediglich einen Monatsverdienst aus der Handelsvertretertätigkeit erzielt hat, der unter einem Schwellenwert von 1.000 EUR liegt. Sobald der

Handelsvertreter aus dem relevanten Handelsvertretervertrag im Monat durchschnittlich einen Anspruch auf mehr als 1.000 EUR gegenüber dem Unternehmer hat (es kommt, um Missbrauch vorzubeugen, auf den Anspruch an und nicht auf die tatsächlichen Zahlungen, str. vgl. *Emde* VertriebsR § 92a Rn. 22 mwN), ist die Zuständigkeit der Zivilgerichte gegeben, selbst dann, wenn der Handelsvertreter wirtschaftlich unselbständig und arbeitnehmerähnlich ist (BAG Urt. v. 15.7.1961 – 5 AZR 472/90, AP HGB § 92a Nr. 1; Baumbach/Hopt/*Hopt* HGB § 84 Rn. 46; MüKoHGB/*Ströbl* § 92a Rn. 6). Auch wenn die Zuständigkeit der Arbeitsgerichte gegeben sein sollte, bleibt in materieller Hinsicht das Handelsvertreterrecht des HGB anwendbar (vgl. *Emde* VetriebsR § 92a Rn. 20 ff. mwN)

2. Soweit aufgrund des Streitwerts von über 5.000 EUR die Zuständigkeit der Landgerichte gegeben ist (§§ 23 Nr. 1, 71 Abs. 1 GVG), ist regelmäßig die Kammer für Handelssachen zuständig, wenn dies nach § 96 Abs. 1 GVG beantragt wird. Hierfür ist ausreichend, dass die Klageschrift an die Kammer für Handelssachen des entsprechenden Landgerichts adressiert wird, sofern dort eine solche eingerichtet ist (vgl. MüKoZPO/*Zimmermann* GVG § 96 Rn. 2). Ist der Handelsvertreter die beklagte Partei, muss der Handelsvertreter ein eingetragener Kaufmann sein; es ist für die Zuständigkeit der Kammer für Handelssachen nicht ausreichend, wenn der beklagte Handelsvertreter Istkaufmann ist. Bei Klagen des Handelsvertreters ist es demgegenüber ausreichend, wenn der Handelsvertreter Istkaufmann ist (vgl. Küstner/Thume VertriebsR-HdB I/*Schürr* Kap. I Rn. 46).

3. Der Streitwert bestimmt sich nach dem Wert des vorliegend geltend gemachten Provisionsanspruchs. Die Zinsansprüche sind nicht streitwerterhöhend zu berücksichtigen, § 4 Abs. 1 Hs. 2 ZPO.

4. Die Beweislast für das Entstehen und die Fälligkeit des Provisionsanspruchs trägt der Handelsvertreter; hierzu gehört vor allem der Beweis, dass das provisionsrelevante Geschäft vom Unternehmer ausgeführt worden ist bzw., dass der Kunde die Lieferung bezahlt hat, wenn daran das Entstehen des Provisionsanspruchs geknüpft ist (vgl. *Emde* VertriebsR § 87a Rn. 141 ff.; zu den Voraussetzungen des Entstehens und der Fälligkeit des Provisionsanspruchs, → Anm. 8, 9).

5. Hätte der Handelsvertreter den Handelsvertretervertrag direkt mit der Muttergesellschaft der Beklagten aus dem Vereinigten Königreich geschlossen, könnte der Handelsvertreter die Klage auf Provisionen an seinem Sitz, im vorliegenden Fall also am Landgericht Stuttgart (Kammer für Handelssachen), erheben. Die internationale Zuständigkeit der deutschen Gerichtsbarkeit für Ansprüche eines deutschen Handelsvertreters folgt aus Art. 7 Abs. 1 lit. b 2. Spiegelstrich EuGVVO. Handelsvertreterverträge werden nach herrschender Auffassung unter den Begriff des Dienstleistungsvertrages gem. Art. 7 Abs. 1 lit. b, 2. Spiegelstrich EuGVVO (Nr. 1215/2012) gefasst (EuGH 11.3.2010 – C-19/09, EuZW 2010, 378 – Wood Floor Solutions Andreas Domberger GmbH/Silva Trade SA mit Anmerkung *Leible*; das Urteil erging zu der wortgleichen Vorgängerreglung in Art. 5 der Vorgängerverordnung Nr. 44/2001), so dass sich ein besonderer Gerichtsstand für Klagen des Handelsvertreters in dem Mitgliedstaat ergibt, in welchem er seine Dienstleistungen erbringt; in der diesem Muster zugrunde liegenden Fallkonstellation also in Deutschland.

6. Provisionsansprüche bei Rahmenverträgen, zu deren Ausführung noch Einzelverträge geschlossen werden müssen (also abweichend von der in diesem Muster zugrunde liegenden Fallkonstellation), entstehen mit Abschluss des Rahmenvertrages nur dann, wenn die Einzelverträge nach Umfang und Grund bereits so in dem Rahmenvertrag angelegt sind, dass anhand des Rahmenvertrages der Umfang der Einzelverträge feststeht. Im Einzelfall kann die Abgrenzung schwierig sein (OLG Köln Urt. v. 21.3.2014 – 19 U

104/13, BeckRS 2014, 10869 mwN). Falls Art und Umfang der Einzelverträge nach dem Rahmenvertrag noch nicht feststehen (zB im Fall von reinen Konditionenvereinbarungen), entsteht der Provisionsanspruch erst mit Abschluss des jeweiligen Einzelvertrages. Diese Unterscheidung ist vor allem relevant, wenn der Unternehmer Einzelverträge erst nach Ende des Handelsvertretervertrages abschließt.

7. Die sogenannte Bezirksvertreterprovision ist in § 87 Abs. 2 HGB tätigkeitsunabhängig ausgestaltet. Dies bedeutet, sobald dem Handelsvertreter ein bestimmter Bezirk (oder ein bestimmter Kundenkreis) zugewiesen ist, hat er einen Anspruch auf Provisionen für alle Geschäfte, die der Unternehmer – auch ohne seine Mitwirkung – in dem zugewiesenen Bezirk abschließt (oder mit den Kunden des zugewiesenen Kundenkreises). In der Praxis können Streitigkeiten über die Frage entstehen, ob der Handelsvertreter im Einzelfall tatsächlich ein Bezirksvertreter ist. Vorrangig ist bei der Klärung dieser Frage die jeweilige Vertragsgestaltung maßgeblich. Zu untersuchen ist, ob nach der jeweiligen Vertragsgestaltung dem Handelsvertreter eine tätigkeitsunabhängige Provision für die Geschäfte seines Bezirks zugestanden werden soll. Hierbei kann die Bezeichnung des Handelsvertreters als Bezirksvertreter ein Anhaltspunkt sein; der tatsächliche Parteiwille der Vertragspartner lässt sich in der Regel jedoch vor allem anhand der vertraglichen Provisionsregelung ermitteln (vgl. *Emde* VertriebsR § 87 Rn. 91 ff. mwN). Liegt keine Vereinbarung über eine Bezirksvertreterprovision vor, stehen dem Handelsvertreter nur Provisionsansprüche für die tatsächlich von ihm vermittelten Geschäfte zu (§ 87 Abs. 1 HGB). Dabei reicht allerdings eine Mitursächlichkeit des Handelsvertreters für den Abschluss des Geschäfts aus (BGH Urt. v. 5.4.2006 – VIII ZR 384/04, NJW-RR 2006, 976; Küstner/Thume VertriebsR-HdBI/*Schürr* Kap. V Rn. 44).

8. Der Provisionsanspruch entsteht nach § 87a Abs. 1 HGB mit Ausführung des provisionsrelevanten Geschäfts zwischen Unternehmer und dessen Kunden. Ist der Unternehmer vorleistungspflichtig, führt er also das Geschäft zuerst in Form seiner Lieferung aus, so entsteht der Provisionsanspruch gem. § 87a Abs. 1 S. 1 HGB zu diesem Zeitpunkt. Führt der Kunde des Unternehmers das Geschäft zuerst aus, üblicherweise durch Bezahlung der Lieferung, so entsteht der Provisionsanspruch gem. § 87a Abs. 1 S. 3 HGB im Zeitpunkt der Bezahlung. In Handelsvertreterverträgen wird häufig die Regelung getroffen, dass der Provisionsanspruch erst mit Leistung (Bezahlung) durch den Kunden entsteht (vgl. Martinek/Semler/Flohr VertriebsR-HdB/*Flohr/Feldmann* § 19 Rn. 20; Baumbach/Hopt/*Hopt* HGB § 87a Rn. 8). Dies ist gem. § 87a Abs. 1 S. 2 HGB grds. zulässig. Oft dürfte es daher bei der Frage der Anspruchsentstehung ausschließlich auf die Frage ankommen, wann der Kunde geleistet (also gezahlt) hat.

9. Die Fälligkeit eines Provisionsanspruchs ist nach dessen Entstehen (→ Anm. 8) gem. § 87a Abs. 4 HGB an den Zeitpunkt gekoppelt, zu welchem der Unternehmer nach § 87c Abs. 1 HGB zur Abrechnung verpflichtet ist. Fälligkeit tritt am letzten Tag des Monats ein, der auf den Monat folgt, in welchem der Provisionsanspruch entstanden ist, § 87c Abs. 1 S. 2 HGB. Haben der Handelsvertreter und der Unternehmer, wie nach § 87c Abs. 1 S. 1 HGB zulässig, einen Abrechnungszeitraum von drei Monaten vereinbart, tritt die Fälligkeit am Ende des dem Dreimonatszeitraum folgenden Monats ein (vgl. Küstner/Thume VertriebsR-HdB I/*Thume* Kap. V Rn. 571).

10. Bei Rechtsgeschäften unter Kaufleuten richtet sich die Höhe der Fälligkeitszinsen nach §§ 353, 352 Abs. 2 HGB und beträgt fünf vom Hundert für das Jahr, ohne jeglichen Bezug zum Marktwert (vgl. BeckOGK/*Beurskens* HGB § 353 Rn. 29).

11. Der Unternehmer kommt regelmäßig nur aufgrund ausdrücklicher Mahnung durch den Handelsvertreter in Verzug; § 87a Abs. 4 HGB stellt keine Regelung iSv § 286 Abs. 2

Nr. 1 oder Nr. 2 BGB dar, welche die Erforderlichkeit einer Mahnung entfallen lässt (vgl. Küstner/Thume VertriebsR-HdB I/*Thume* Kap. V Rn. 579).

12. Bei Rechtsgeschäften, an denen ein Verbraucher nicht beteiligt ist, beträgt der Verzugszinssatz 9 Prozentpunkte über dem Basiszinssatz. Der Verzugszins berechnet sich nach § 288 BGB (vgl. Baumbach/Hopt/*Hopt* HGB § 352 Rn. 5).

2. Klage des Handelsvertreters auf Unterlassung

Landgericht Berlin
Kammer für Handelssachen

Klage

der Firma XYZ GmbH, gesetzlich vertreten durch den Geschäftsführer Y (vollständiger Name und Firmenanschrift)

– Klägerin –

Prozessbevollmächtigter: Rechtsanwalt . . . . .

gegen

die Firma ABC GmbH, gesetzlich vertreten durch den Geschäftsführer B (vollständiger Name und Firmenanschrift)

– Beklagte –

wegen Unterlassungsanspruch
Vorläufiger Streitwert: . . . . . EUR[1]
Namens und in Vollmacht der Klägerin erhebe ich Klage und werde beantragen:

1. **Die Beklagte wird verurteilt, es, bei Vermeidung eines angemessenen Ordnungsgeldes von bis zu 250.000 EUR und, wenn dieses nicht beigetrieben werden kann, von Ordnungshaft bis zu sechs Monaten, zu unterlassen, die Produkte . . . . .[2] in Bayern auf anderem Wege als über die Klägerin zu vertreiben, es also insb. zu unterlassen, andere Vertriebsmittler als die Klägerin in Bayern einzusetzen oder die Produkte . . . . . in Bayern direkt zu vertreiben.[3]**
2. **Die Beklagte trägt die Kosten des Rechtsstreits.**
3. **Das Urteil ist vorläufig vollstreckbar.**

Für den Fall des schriftlichen Vorverfahrens wird vorsorglich für den Fall der nicht rechtzeitigen Anzeige der Verteidigungsbereitschaft Versäumnisurteil gegen die Beklagte beantragt.

Begründung

Der Klägerin steht der geltend gemachte Unterlassungsanspruch aus einem Handelsvertretervertrag zu.

I.

1. **Die Klägerin ist ein selbständiges Handelsunternehmen mit Sitz in München und spezialisiert auf die Vermittlung von Aufträgen im Bereich der Medizinproduktebranche.**
2. **Die Beklagte ist ein Hersteller von Medizinprodukten mit Sitz in Berlin. Die Beklagte beliefert mit ihren Produkten Krankenhauseinrichtungen in vielen Ländern Europas.**
3. **Die Klägerin ist für die Beklagte seit dem 1.3.2018 als Handelsvertreterin auf Grundlage des Handelsvertretervertrages mit Datum v. 1.2.2018 tätig (nachfolgend „Handelsvertretervertrag").**

Beweis: Handelsvertretervertrag v. 1.2.2018, Anlage K 1

4. Nach § 1 des Handelsvertretervertrages ist Bayern der Klägerin exklusiv zum Vertrieb aller Produkte der Beklagten zugewiesen (nachfolgend „Vertragsprodukte"). Der Handelsvertretervertrag enthält in § 7 ein Wettbewerbsverbot für die Beklagte; der Beklagten ist es nicht gestattet, selbst oder durch andere Personen als die Klägerin direkt die Vertragsprodukte des Handelsvertretervertrages in Bayern zu vertreiben. Die Beklagte bediente sich bisher auch zu keinem Zeitpunkt anderer Vertriebsmittler in Bayern.
5. Die in München ansässige Krankenhauseinrichtung A hat im Herbst 2019 einen Auftrag zur Anschaffung mehrerer medizinischer Geräte ausgeschrieben. Die Beklagte hat an dem Vergabeverfahren eigenständig teilgenommen und den Zuschlag für den Auftrag mit einem Gesamtvolumen von 300.000 EUR erhalten. Der Beauftragung liegt der zwischen der Beklagten und der Krankenhauseinrichtung A geschlossene Einkaufsvertrag mit Datum v. 5.8.2020 zu Grunde (nachfolgend „Einkaufsvertrag").

   Beweis: Einkaufsvertrag v. 5.8.2020, Anlage K 2
6. Die Klägerin erlangte erstmalig am 7.11.2020 von der Beauftragung und dem Einkaufsvertrag Kenntnis. Die Klägerin wandte sich daraufhin an die Beklagte. Mit Schreiben v. 11.11.2020 forderte die Klägerin die Beklagte auf, künftig in Bayern ausschließlich unter Einbeziehung der Klägerin im Rahmen von Vertriebsbemühungen aufzutreten und die Vertragsprodukte nicht direkt zu vertreiben. Darüber hinaus verlangte die Klägerin unter Fristsetzung bis zum 28.11.2020 eine Provisionszahlung für den Auftrag.

   Beweis: Schreiben der Klägerin v. 11.11.2020, Anlage K 3
7. Die Beklagte erfüllte den Provisionsanspruch widerspruchslos. Die von der Klägerin geltend gemachte Forderung, die Vertragsprodukte in Bayern nur unter Einbeziehung der Klägerin zu vertreiben, wurde durch die Beklagte zurückgewiesen. Die Beklagte behauptet, lediglich dazu verpflichtet zu sein, der Klägerin für Geschäfte in Bayern eine Bezirksvertreterprovision zahlen zu müssen; es sei ihr jedoch gestattet, auch auf anderen Wegen als über die Klägerin in Bayern den Markt zu bearbeiten, insb. dort selbst tätig zu werden.

   Beweis: Schreiben der Beklagten v. 2.12.2020, Anlage K 4
8. In der Folge wurden durch die Beklagte auch weitere Anspruchsschreiben der Klägerin zurückgewiesen, darunter auch ein Anwaltsschreiben des Unterzeichners v. 5.2.2021.

   Beweis: Schreiben des Unterzeichners v. 5.2.2021, Anlage K 5
   Schreiben der Beklagten v. 1.3.2021, Anlage K 6

Klageerhebung war nach alledem geboten.

II.

Die Klage ist zulässig und begründet. Der Klägerin steht der geltend gemachte Unterlassungsanspruch als vertraglicher Nebenanspruch zu dem Handelsvertretervertrag zu.
1. Das Landgericht Berlin ist sachlich und örtlich zuständig.[4]
2. Die Beklagte ist vertraglich verpflichtet, die Vertragsprodukte ausschließlich unter Einschaltung der Klägerin zu vertreiben. Aus dem in § 7 des Handelsvertretervertrages geregelten Wettbewerbsverbot folgt, dass es der Beklagten nicht gestattet ist, in dem Vertriebsgebiet Bayern selbst die Vertragsprodukte auf direktem Wege zu vertreiben. Darüber hinaus folgt aus der exklusiven Zuweisung des Vertriebsgebiets Bayern in § 1 des Handelsvertretervertrages sowie aus dem vertraglichen Wettbewerbsverbot, dass die Beklagte auch keine dritten Personen zum Vertrieb der Vertragsprodukte in Bayern einsetzen darf. Die Klägerin ist folglich, anders als die Beklagte meint, gerade nicht nur Bezirksvertreterin. Der von der Klägerin geltend gemachte Unterlassungsanspruch ist daher begründet.[5]

   Rechtsanwalt

Anmerkungen

1. Der Streitwert des Unterlassungsanspruchs bemisst sich anhand des klägerischen Interesses an dem Verbot der Handlung, die unterlassen werden soll (vgl. Zöller/*Herget* ZPO § 3 Rn. 16.170 – Unterlassung). Soweit der Unterlassungsanspruch finanziell beziffert werden kann (zB weil die zu unterlassende Wettbewerbstätigkeit bezifferbare Provisionsansprüche beeinträchtigt), kann auf diesen Wert abgestellt werden. In der vorliegenden Fallkonstellation wäre dies wegen des vom Unternehmer anerkannten Bezirksvertreterprovisionsanspruchs, der dem Handelsvertreter aufgrund des zugewiesenen Bezirks zusteht, nicht der Fall, so dass die Unterlassung einer vorrangig immateriellen Beeinträchtigung verlangt wird (die natürlich indirekt materielle Auswirkungen haben kann). Hierbei ist sodann unter Berücksichtigung der Besonderheiten des Einzelfalls, insb. Umfang und Bedeutung der Sache, der Streitwert zu ermitteln (dazu insges. Musielak/Voit/*Heinrich* ZPO § 3 Rn. 36, 11 ff.).

2. Die einzelnen Produkte sind direkt in dem Klageantrag zu nennen oder in einer konkreten und übersichtlichen Anlage aufzuführen, auf welche dann in dem Klageantrag Bezug zu nehmen ist (→ Form. II.G.3 Anm. 6).

3. Hier wird ein Unterlassungsanspruch in einem Hauptsacheverfahren geltend gemacht. In Betracht zu ziehen ist auch die Geltendmachung eines Unterlassungsanspruchs im Wege des einstweiligen Rechtsschutzes (zB OLG Düsseldorf 26.11.2004 – I-16 U 28/04, BeckRS 2004, 30346897; *Emde* VertriebsR § 86a Rn. 61).

Bei Unterlassungsanträgen ist vor dem Hintergrund des Bestimmtheitsgrundsatzes aus § 253 Abs. 2 Nr. 2 Alt. 2 ZPO sorgfältig und möglichst genau zu bezeichnen, welche Handlung von der Beklagten (hier also dem Unternehmer) unterlassen werden soll; nach der Rspr. des BGH muss der Klageantrag den Kern der zu unterlassenden Handlung erfassen (str., hierzu MüKoZPO/*Becker-Eberhard* § 253 Rn. 133 ff. mwN).

4. Die sachliche Zuständigkeit des Landgerichts ist nur gegeben, wenn bei der Ermittlung des Streitwerts nach den unter → Anm. 1 dargestellten Grundsätzen ein Streitwert von über 5.000 EUR anzunehmen ist (§§ 23 Nr. 1, 71 Abs. 1 GVG).

5. Dem Handelsvertreter kann aufgrund eines Wettbewerbsverbots ein Anspruch auf Unterlassung von Direktvertrieb durch den Unternehmer zustehen, welcher im Klagewege geltend gemacht werden kann (vgl. *Emde* VersR 2012, 536 (547) und, für Vertragshändler, Giesler Praxis VertriebsR/*Vogels* § 3 Rn. 281). Soweit in dem Handelsvertretervertrag kein Wettbewerbsverbot enthalten ist, ist durch Auslegung zu ermitteln, ob sich ein solches Wettbewerbsverbot aus den Umständen als vertragliche Treuepflicht begründen lässt. Hierbei ist als erstes Indiz an ein dem Handelsvertreter eingeräumtes exklusives Vertriebsrecht anzuknüpfen (vgl. *Emde* VertriebsR § 86a Rn. 38 ff. mwN). Die Zuweisung eines Bezirks begründet für sich alleine jedoch noch nicht ein Wettbewerbsverbot für den Unternehmer, in dem Bezirk tätig zu werden (vgl. *Emde* VertriebsR § 86a Rn. 48 mwN).

3. Klage des Handelsvertreters auf Buchauszug, Provision und Ausgleichsanspruch

Landgericht Stuttgart[1]
Kammer für Handelssachen

Klage

des Handelsvertreters XYZ,
(vollständiger Name und Anschrift)

– Kläger –

Prozessbevollmächtigter: Rechtsanwalt . . . . .
gegen
die Firma ABC GmbH, gesetzlich vertreten durch den Geschäftsführer B
(vollständiger Name und Firmenanschrift)

– Beklagte –

wegen Stufenklage auf Buchauszug,[2] Provisionszahlung und Ausgleichsanspruch
Vorläufiger Streitwert: . . . . . EUR[3]
Namens und in Vollmacht des Klägers erhebe ich Stufenklage und werde beantragen:

1. Die Beklagte wird verurteilt,[4]
   a) dem Kläger einen Buchauszug über sämtliche Geschäfte zu erteilen,[5] welche in der Zeit v. 1.1.2020 bis zum 31.12.2020 zwischen der Beklagten und [Auflistung der einzelnen Vertragskunden][6] zustande gekommen sind.[7] Der Buchauszug hat für jedes Geschäft folgende Angaben zu enthalten:[8, 9]
      aa) Name des Kunden mit genauer Anschrift und Kundennummer;
      bb) Datum und Umfang der Auftragserteilung;
      cc) Datum der Auftragsbestätigung;
      dd) Warenwert des Auftrags;
      ee) Datum und Umfang der Lieferung;
      ff) Rechnungsdatum, Rechnungsnummer und Rechnungsbetrag;
      gg) Etwaig gewährte Preisnachlässe, Skonti und sonstige Rabatte;
      hh) Datum und Höhe der Kundenzahlungen;
      ii) Gründe für eine etwaige Nichtausführung eines Geschäfts sowie die davon betroffene Menge und der betroffene Warenwert;
   b) an den Kläger Provisionen in einer nach Erteilung des Buchauszugs[10] noch zu bestimmenden Höhe nebst Zinsen hieraus iHv 5 Prozentpunkten p.a. seit der jeweiligen Fälligkeit und iHv 9 Prozentpunkten über dem jeweiligen Basiszinssatz p.a. seit Rechtshängigkeit zu zahlen;
   c) an den Kläger einen Ausgleichsanspruch[11] iHv mindestens[12]. . . . . EUR nebst Zinsen hieraus iHv 5 Prozentpunkten p.a. seit Fälligkeit am 31.12.2020 und iHv 9 Prozentpunkten über dem jeweiligen Basiszinssatz p.a. auf den Mindestbetrag iHv . . . . . EUR seit dem 26.2.2021 zu zahlen.

2. Die Beklagte trägt die Kosten des Rechtsstreits.
3. Das Urteil ist vorläufig vollstreckbar.

Für den Fall des schriftlichen Vorverfahrens wird vorsorglich für den Fall der nicht rechtzeitigen Anzeige der Verteidigungsbereitschaft Versäumnisurteil gegen die Beklagte beantragt.

Begründung

Dem Kläger stehen die geltend gemachten Ansprüche auf Buchauszug, auf Zahlung ausstehender Provisionen sowie auf Zahlung eines Ausgleichsanspruchs zu.

I.

1. **Der Kläger betreibt eine Handelsvertretung mit Sitz in Heilbronn und vertreibt spezialisiert Produkte für Unternehmen in der Maschinenbaubranche.**
2. **Die Beklagte ist ein Hersteller von Maschinen, welche von Unternehmen in verschiedenen Industriezweigen eingesetzt werden. Sitz der Beklagten ist Stuttgart. Die Beklagte bedient sich zum Vertrieb ihrer Maschinen unter anderem mehrerer Handelsvertreter. Für den Vertrieb an bestimmte Kunden hat die Beklagte den Kläger auf Grundlage des Handelsvertretervertrages v. 12.12.2014 exklusiv eingesetzt (nachfolgend „Handelsvertretervertrag"). Ausweislich § 1 des Handelsvertretervertrages handelte es sich um die folgenden Kunden: . . . . . (nachfolgend „Vertragskunden").**

   Beweis: Handelsvertretervertrag v. 12.12.2014, Anlage K 1
3. **Die Beklagte hat bis zum Ende des Jahres 2019 monatlich Provisionen an den Kläger für Geschäfte mit den Vertragskunden bezahlt, unabhängig davon, ob die Geschäfte von dem Kläger vermittelt wurden oder nicht. Diese Handhabung entsprach der Provisionsregelung in § 3 des Handelsvertretervertrages.**
4. **Die Beklagte hat mittels Schreiben v. 8.12.2019 den Handelsvertretervertrag mWz 31.12.2020 gekündigt.**
5. **Im Laufe des Jahres 2020 sind die Provisionszahlungen der Beklagten an den Kläger im Vergleich zu den Vorjahren zurückgegangen und lagen im Durchschnitt unter den Zahlungen der Jahre 2019, 2018 und 2017 (zu den Provisionen der vergangenen Jahre siehe unten unter I. 8.). Die Abrechnung erfolgte, wie während der gesamten Vertragslaufzeit, zum Ende eines jeweiligen Monats. Die Abrechnungen enthielten zwar einzelne Aufzählungen von Geschäften mit Vertragskunden und Angaben zu dem Umfang des jeweiligen Geschäfts. Darüber hinausgehende Informationen waren in den Abrechnungen aber nicht enthalten.**

   Beweis: Abrechnungen der Beklagten für die Monate Januar – Dezember 2020, Anlagenkonvolut K 2
6. **Der Kläger hat gegenüber der Beklagten mehrfach Zweifel an der Richtigkeit der Abrechnungen für das Jahr 2020 geäußert. Mit Schreiben v. 2.2.2021 hat der Kläger einen Anspruch auf Buchauszug geltend gemacht.**

   Beweis: Schreiben des Klägers v. 2.2.2021, Anlage K 3

   Dieser Anspruch wurde von der Beklagten mit Schreiben v. 2.3.2021 zurückgewiesen. Die Beklagte argumentiert, ein solcher Anspruch bestehe nicht, da sich die von dem Kläger verlangten Informationen bereits aus den monatlich vorgelegten Abrechnungen ergeben würden und der Kläger ohne weiteres in der Lage sei, auf dieser Basis die Richtigkeit der erhaltenen Provisionszahlungen nachzuvollziehen.

   Beweis: Schreiben der Beklagten v. 2.3.2021, Anlage K 4
7. **Der Kläger hatte während der Vertragslaufzeit die Geschäftsbeziehung der Beklagten zu den Vertragskunden in großem Umfang ausgebaut. Zum Ende des Jahres 2020 hatten die Verkäufe der Beklagten an Vertragskunden betragsmäßig ein mehr als doppelt so großes Volumen wie zum Zeitpunkt des Vertragsbeginns im Jahre 2014.**

   Beweis: Übersicht Ausbau Geschäftsbeziehung mit Vertragskunden, Anlage K 5
8. **Für das Jahr 2020 betrugen die Provisionseinnahmen des Klägers aus dem Handelsvertretervertrag . . . . . EUR (siehe oben unter I. 5.). Im Jahr 2019 betrugen die**

Provisionseinnahmen ..... EUR, im Jahr 2018 ..... EUR, im Jahr 2017 ..... EUR sowie im Jahr 2016 ..... EUR.

Beweis: Provisionsabrechnungen für die Jahre 2016 – 2019, Anlagen K 6 – K 10

9. Die Beklagte unterhält auch nach der Vertragsbeendigung des Handelsvertretervertrages umfangreiche Geschäftsbeziehungen mit den Vertragskunden, welche zwischenzeitlich durch einen neuen Vertriebsmittler für die Beklagte betreut werden. Der Kläger hat demgegenüber aufgrund der Vertragsbeendigung erhebliche Provisionsverluste erlitten und konnte diese nicht kompensieren. Die Provisionsverluste des Klägers entsprechen zumindest in gleicher Höhe den Vorteilen, welche die Beklagte mit den Vertragskunden hat.[13]

10. Der Kläger forderte die Beklagte zur Bezahlung des hier mindestens geltend gemachten Ausgleichsbetrags mit Schreiben v. 2.2.2021 unter Fristsetzung bis zum 25.2.2021 auf (vgl. Anlage K 3). Mit Schreiben v. 2.3.2021 verweigerte die Beklagte eine Bezahlung (vgl. Anlage K 4). Die Beklagte behauptet, die Voraussetzungen für einen Ausgleichsanspruch seien nicht gegeben, da die Beklagte den Handelsvertretervertrag aufgrund einer mehrwöchigen Erkrankung des Klägers im Jahre 2019 wegen eines wichtigen Grundes habe kündigen können. Darüber hinaus habe der Kläger die Geschäftsbeziehungen zu den Vertragskunden nicht in einem solchen Umfang ausgebaut, dass dies einen Ausgleichanspruch begründen könnte.
Die Klageerhebung ist aufgrund der Verweigerungshaltung der Beklagten zu den von dem Kläger geltend gemachten Ansprüchen geboten.

II.

Die Klage ist zulässig und in vollem Umfang begründet. Dem Kläger steht der geltend gemachte Anspruch auf Buchauszug, auf Provisionszahlungen sowie auf Zahlung eines Ausgleichsanspruchs zu.

1. Die vorliegende Erhebung der Stufenklage ist nach § 254 ZPO zulässig.[14]
2. Der klägerische Anspruch auf Buchauszug basiert auf § 87c Abs. 2 HGB. Der Anspruch auf Erteilung des Buchauszugs besteht vorliegend, anders als die Beklagte meint, unabhängig davon, ob die Beklagte dem Kläger für das Jahr 2020 bereits Abrechnungen erteilte. Der Inhalt des geltend gemachten Buchauszugs geht weit über die Informationen hinaus, welche die Beklagte dem Kläger im Wege der Abrechnung offen gelegt hat, so dass der geltend gemachte Anspruch in vollem Umfang besteht.[15, 16, 17]
3. Der im Wege der Stufenklage geltend gemachte Anspruch auf Provisionszahlungen steht dem Kläger gem. § 87 Abs. 2 S. 1 HGB zu.
4. Der Handelsvertretervertrag zwischen dem Kläger und der Beklagten wurde mWz 31.12.2020 aufgrund einer Kündigung durch die Beklagte beendet. Dem Kläger steht daher nach § 89b HGB ein Ausgleichsanspruch gegenüber der Beklagten zu. Bei dem in Klageantrag Nr. 1c) geltend gemachten Betrag handelt es sich nur um den mindestens entstandenen Ausgleichsanspruch des Klägers. Der von der Beklagten zu erteilende Buchauszug wird ergeben, dass sich der Ausgleichsanspruch weiter erhöhen wird.
5. Die Voraussetzungen für den von dem Kläger geltend gemachten Ausgleichsanspruch nach § 89b HGB sind gegeben.[18]
So wurde der Handelsvertretervertrag durch die Beklagte gekündigt. Selbst wenn die Beklagte, wie außergerichtlich behauptet, den Handelsvertretervertrag aufgrund einer Erkrankung des Klägers im Jahre 2019 außerordentlich hätte kündigen können, was nicht der Fall war, kann dies zu keinem anderen Ergebnis führen. Die behaupteten Gründe würden keine Folge eines klägerischen Verschuldens darstellen. Der Kläger trägt nicht das Verschulden für seine Krankheit im Jahr 2019. § 89b Abs. 3 Nr. 2 HGB ist daher nicht einschlägig.[19]

Darüber hinaus hat der Kläger den Umsatz der Beklagten mit den Vertragskunden seit Beginn der Handelsvertretertätigkeit für die Beklagte mehr als verdoppelt.[20] Mit diesen Vertragskunden stehen der Beklagten auch nach Beendigung des Handelsvertretervertrages erhebliche Vorteile zu. Die Beklagte unterhält, über einen anderen Vertriebsmittler, nach wie vor umfangreiche Geschäftsbeziehungen zu den Vertragskunden. Diese Vorteile entsprechen zumindest den Provisionsausfällen des Klägers, welche dieser anlässlich der Vertragsbeendigung erleidet.

6. Der Ausgleichsanspruch des Klägers bemisst sich nach dem Rohausgleich gem. § 89b Abs. 1 HGB, welcher durch den Höchstbetrag nach § 89b Abs. 2 HGB begrenzt wird. Auf Grundlage der dem Kläger zur Verfügung stehenden Informationen ergibt sich mindestens der in Klageantrag Nr. 1c) geltend gemachte Betrag iHv . . . . . EUR.
[Ausführungen zur Berechnung des Rohausgleichs][21]
[Ausführungen zur Berechnung des Höchstbetrages]

7. Die Provisionen des Klägers sind ab Fälligkeit mit dem gesetzlichen Zinssatz gem. § 353 S. 1 HGB iVm § 352 Abs. 1 S. 1 HGB zu verzinsen. Eine genaue Angabe der Fälligkeitszeitpunkte ist erst nach Erhalt des Buchauszugs möglich.

8. Der geltend gemachte Ausgleichanspruch ist mit der Vertragsbeendigung am 31.12.2020 entstanden und seit diesem Zeitpunkt fällig.[22] Die Beklagte schuldet mithin auf den streitgegenständlichen Ausgleichsanspruch Fälligkeitszinsen gem. § 353 S. 1 HGB iVm § 352 Abs. 1 S. 1 HGB. Die Beklagte befindet sich darüber hinaus seit dem 26.2.2021 mit der Bezahlung des mindestens geltend gemachten Ausgleichsbetrags in Verzug. Nach § 286 Abs. 1 S. 1 BGB iVm § 288 Abs. 1 S. 1, Abs. 2 BGB ist der mit dem Klageantrag Nr. 1c) geltend gemachte Mindestbetrag daher iHv 9 Prozentpunkten über dem jeweiligen Basiszinssatz p. a. seit diesem Zeitpunkt zu verzinsen.
Rechtsanwalt

Anmerkungen

1. Örtlich zuständig ist nach § 29 ZPO iVm § 269 BGB das Gericht, in dessen Bezirk der Schuldner seine Niederlassung hat, was bei Ansprüchen des Handelsvertreters auf Provision, Ausgleichsanspruch und Buchauszug das Gericht am Sitz des Unternehmers ist (vgl. Küstner/Thume VertriebsR-HdB II/*Thume* Kap. XVII Rn. 5).

2. Dem Handelsvertreter werden in § 87c HGB Informationsrechte gegenüber dem Unternehmer eingeräumt.

Nach § 87c Abs. 1 HGB (auf erster Stufe) kann der Handelsvertreter auf monatlicher Basis (bei abweichender vertraglicher Gestaltung mindestens für Dreimonatszeiträume) von dem Unternehmer Abrechnung über die Provisionen verlangen, auf welche der Handelsvertreter einen Anspruch hat (der Unternehmer ist auch ohne ein entsprechendes Verlangen zur Abrechnung verpflichtet). Auf der zweiten Stufe kann der Handelsvertreter gem. § 87c Abs. 2 HGB einen Anspruch auf Buchauszug geltend machen. Auf der dritten Stufe, sozusagen als Ergänzung, steht dem Handelsvertreter nach § 87c Abs. 3 HGB ein Auskunftsanspruch zu, welcher sich auf die Umstände bezieht, die nach erfolgter Abrechnung und Erteilung eines Buchauszuges im Hinblick auf die Entstehung, die Fälligkeit und die Berechnung des Provisionsanspruchs noch offen geblieben sind; also insb. solche Umstände, die sich nicht aus den Geschäftsbüchern des Unternehmers ergeben (BGH 21.3.2001 – VIII ZR 149/99, NJW 2001, 2333).

Der Anspruch des Handelsvertreters, einen Buchauszug (wie in dem vorliegenden Muster) geltend machen zu können, hat in der Praxis erhebliche Bedeutung. Der Anspruch auf Buchauszug wird häufig im Wege der Stufenklage mit Provisionszahlungsansprüchen und einem Ausgleichsanspruch kombiniert. Der Anspruch auf Buchauszug kann während des laufenden Handelsvertretervertrages oder im Zusammenhang mit einer Vertragsbeendigung geltend gemacht werden. Im Zusammenhang mit einer Auseinandersetzung bei Beendigung eines Handelsvertretervertrages verwenden Handelsvertreter die Geltendmachung eines Buchauszugs nicht selten dafür, Druck auf den Unternehmer auszuüben, um diesen zu einem Einlenken in der Auseinandersetzung über die finanziellen Ansprüche zu bewegen (vgl. Baumbach/Hopt/*Hopt* HGB § 87c Rn. 13; Giesler Praxis VertriebsR/*Klapperich*, 3. Aufl. 2018, § 2 Rn. 337). Grund für den Einsatz als Druckmittel ist, dass die Erteilung eines Buchauszugs für den Unternehmer oftmals einen hohen Aufwand verursacht.

3. Bei der Ermittlung des Streitwerts ist für die Stufenklage strittig, ob die Ansprüche beider Stufen zusammenzurechnen sind (vgl. Zöller/*Herget*, 33. Aufl. 2020, ZPO § 3 Rn. 16.158 – Stufenklage) oder ob, wie bei dem Gebührenstreitwert nach § 44 GKG, der höhere Wert maßgeblich sein soll (so Musielak/Voit/*Heinrich* ZPO § 3 Rn. 34 – Stufenklage). Dieser Streit betrifft vorliegend insb. die Klageanträge auf Buchauszug und Provisionszahlung. Der Anspruch auf Buchauszug ist mit einem Bruchteil des Wertes des erhofften Provisionsanspruchs anzusetzen, regelmäßig zwischen 1/10 und 4/10 (BGH Urt. v. 8.1.1997 – XII ZR 307/95, NJW 1997, 1016; Musielak/Voit/*Heinrich* ZPO § 3 Rn. 23 – Auskunft), wobei dieser Bruchteil bei hohem Wert der begehrten Informationen für den Anspruchsteller überschritten werden kann (Zöller/*Herget* ZPO § 3 Rn. 16.28 – Auskunft); der Provisionsanspruch ist in der Höhe anzusetzen, die aufgrund realistischer Erwartungen zum Zeitpunkt der Antragstellung zu schätzen ist (vgl. Musielak/Voit/*Heinrich* ZPO § 3 Rn. 34 mwN; EBJS/*Löwisch* HGB § 87c Rn. 93). In aller Regel dürfte der Provisionszahlungsanspruch höher sein, so dass dieser (je nachdem, welcher Ansicht gefolgt wird) entweder ohne den Wert der Buchauszugsklage oder gemeinsam mit dieser heranzuziehen ist. Der vorliegend ebenfalls geltend gemachte Ausgleichsanspruch erhöht nach § 5 ZPO in jedem Fall den Streitwert um den geltend gemachten Mindestbetrag. Lässt sich aufgrund realistischer Erwartungen nach den vorstehend dargelegten Grundsätzen bereits ein höherer Wert für den Ausgleichsanspruch annehmen, so wäre dieser für den vorläufigen Streitwert erhöhend zu berücksichtigen.

4. Bei einer anderen Fallkonstellation (als für dieses Muster zugrunde gelegt) wäre es möglich, dass der Handelsvertreter für bestimmte Zeiträume auch einen zusätzlichen Abrechnungsanspruch geltend macht, bspw. wenn in bestimmten Zeiträumen eine Abrechnung durch den Unternehmer nicht erfolgt ist. Der zusätzliche Antrag müsste in einem solchen Fall lauten (vgl. auch Küstner/Thume VertriebsR-HdB I/*Riemer* Kap. VI Rn. 76):

Die Beklagte wird verurteilt, über die dem Kläger zustehenden Provisionen abzurechnen, welche sich für die Zeit vom . . . . . bis zum . . . . . aus Geschäften mit den Kunden . . . . . ergeben.

Wenn der Unternehmer zwar regelmäßig abgerechnet hat, die Abrechnung aber unvollständig ist, kann der Handelsvertreter auch im Klagewege eine Ergänzung der Abrechnung fordern (vgl. *Emde* MDR 2003, 1151 (1152 f.) mit weiteren Angaben zum erforderlichen Inhalt einer Abrechnung).

5. Vollstreckt wird ein Urteil auf Erteilung eines Buchauszugs nach § 887 ZPO durch Beauftragung eines Wirtschafts- oder Buchprüfers, für dessen Kosten der Unternehmer aufzukommen hat. Eine Vollstreckung durch Zwangsmaßnahmen gem. § 888 ZPO kommt nur in Ausnahmefällen in Betracht, da die Erstellung des Buchauszugs grds. als vertretbare Handlung angesehen wird (vgl. Baumbach/Hopt/*Hopt* HGB § 87c Rn. 12). Die Ermächtigung zur Ersatzvornahme hindert den Schuldner jedoch nicht daran, selbst zu erfüllen. Die Duldungspflicht und die Pflicht, die vertretbare Handlung vorzunehmen, bestehen nebeneinander (vgl. OLG Brandenburg, Beschl. v. 24.2.2020 – 7 W 38/19, ZVertriebsR 2020, 115).

6. Bei einer großen Anzahl an Vertragskunden kann für die Auflistung der einzelnen Vertragskunden auch auf eine konkrete und verständliche Anlage Bezug genommen werden; dies ist grds. für die Einhaltung des Bestimmtheitsgrundsatzes nach § 253 Abs. 2 Nr. 2 ZPO ausreichend (BGH Urt. v. 4.10.2000 – VIII ZR 289/99, NJW 2001, 445; Musielak/Voit/*Foerste* ZPO § 253 Rn. 29, 5a).

7. In der diesem Muster zugrunde gelegten Fallkonstellation wurde dem Handelsvertreter ein bestimmter Kundenkreis iSv § 87 Abs. 2 S. 1 HGB zugewiesen. Der Antrag auf Buchauszug bezieht sich daher auf alle Geschäfte des Unternehmers mit diesen Kunden, da alle Geschäfte provisionsrelevant sind. Ist der Handelsvertreter als Vermittlungsvertreter iSv § 87 Abs. 1 S. 1 HGB eingesetzt worden, das heißt, stehen ihm nur dann Provisionsansprüche zu, wenn er ein Geschäft vermittelt hat, so bezieht sich der Anspruch auf Buchauszug auf alle von dem Handelsvertreter vermittelten Geschäfte. In diesem Fall wäre der erste Teil des Antrags auf Buchauszug wie folgt zu fassen (zu den Anforderungen an den Klageantrag in einem Verfahren auf Erteilung eines Buchauszugs vgl. auch *Emde* VertriebsR § 87c Rn. 204 ff.):

Die Beklagte wird verurteilt, dem Kläger einen Buchauszug über sämtliche von dem Kläger vermittelten Geschäfte zu erteilen, welche in der Zeit v. 1.1.2020 bis zum 31.12.2020 zwischen der Beklagten und Kunden (ggf. in einem bestimmten Vertragsgebiet) zustande gekommen sind.

8. Der Buchauszug muss Auskunft über alle provisionsrelevanten Geschäftsverhältnisse geben. Auch schwebende provisionspflichtige Geschäfte, die unter § 87 HGB fallen könnten, sind hiervon umfasst (vgl. LG Frankfurt Urt. v. 25.5.2018 – 2-05 O 222/16, ZVertriebsR 2018, 252–260 (red. Leitsatz und Gründe)). Der Buchauszug muss außerdem die Positionen beinhalten, über die gestritten wird (vgl. EBJS/*Löwisch* HGB § 87c Rn. 93). Nur zweifelsfrei nicht provisionspflichtige Geschäfte dürfen unberücksichtigt bleiben (vgl. OLG Düsseldorf, Urt. v. 2.4.2020 – 16 U 6/19, ZVertriebsR 2020, 306). Der Buchauszug muss daher im Zeitpunkt von dessen Erstellung alle Geschäfte, die für die Berechnung, die Höhe und die Fälligkeit der Provisionen relevant sind, vollständig widerspiegeln. Der Anspruch erstreckt sich auf alle Informationen, welche aus den Geschäftsbüchern des Unternehmers entnommen werden können (BGH Urt. v. 21.3.2001 – VIII ZR 149/99, NJW 2001, 2333). Keine Aussage muss der Buchauszug über Umstände treffen, welche die Beziehung des Unternehmers zu dem Handelsvertreter betreffen, wie bspw. die konkreten Provisionssätze und die sich bei der Anwendung dieser Provisionssätze auf die mitgeteilten Geschäftsverhältnisse ergebenden Provisionshöhen; diese muss der Handelsvertreter selbst berechnen (BGH Urt. v. 21.3.2001 – VIII ZR 149/99, NJW 2001, 2333).

Der Buchauszug muss die erteilten Informationen, also die geschäftlichen Vorgänge, klar und übersichtlich darstellen; Anspruch auf Erteilung des Buchauszugs in einer bestimmten Form (zB in tabellarischer Form) besteht jedoch nicht (BGH Urt. v. 21.3.2001 – VIII ZR 149/99, NJW 2001, 2333).

Die einzelnen Angaben eines Buchauszugs, die vorliegend in dem Klageantrag enthalten sind (zu den Angaben, welche ein Buchauszug zu enthalten hat vgl. auch *Emde* MDR 2003, 1151 (1156 ff.) mwN), müssen nach teilweise vertretener Auffassung nicht zwingend in dem Klageantrag genannt werden, da der Begriff des Buchauszugs hinreichend eindeutig durch die Rspr. konkretisiert sei (so OLG Frankfurt a. M. Beschl. v. 28.1.2002 – 5 W 2/02, NJW-RR 2002, 823; *Emde* MDR 2003, 1151 (1159); *Emde* VertriebsR § 87c Rn. 204; aA OLG Saarbrücken 15.6.2001 – 1 U 78/01 – 19, NJW-RR 2002, 34 (35)). Die Angabe des betroffenen Geschäftsbereichs und des Zeitraums, auf welchen sich der Antrag beziehe, reiche aus, eine darüber hinausgehende Konkretisierung sei im Antrag nicht erforderlich, uU jedoch sinnvoll, da hierdurch bereits im Erkenntnisverfahren über die Provisionsrelevanz entschieden werden könne (OLG Hamm Urt. v. 14.5.2018 – 18 U 85/17, ZVertriebsR 2018, 375 (Gründe) = ZVertriebsR 2019, 25 (mAnm *Semler*)). Ungeachtet der Frage, ob die Aufnahme der einzelnen Angaben des Buchauszugs in einem Klageantrag fakultativ ist oder nicht, ist die Auflistung der einzelnen Angaben bereits im Klageantrag zu empfehlen, da dies außerdem Streitigkeiten im Vollstreckungsverfahren über die Vollständigkeit des erteilten Buchauszugs vermeiden kann (vgl. EBJS/*Löwisch* HGB § 87c Rn. 110). Nur in bestimmten Fällen kann es angezeigt sein, den Antrag allgemein zu halten und keine einzelnen Angaben in den Klageantrag aufzunehmen, um ein Teilunterliegen zu vermeiden oder wenn Unsicherheit über die provisionsrelevanten Umstände besteht (vgl. *Emde* VertriebsR § 87c Rn. 204).

9. Ein zusätzlicher Antrag auf Versicherung der Richtigkeit und Vollständigkeit der Angaben des Buchauszugs an Eides statt erlangt erst Bedeutung, nachdem der Buchauszug erteilt wurde und auch nur dann, wenn hinreichende Zweifel an der Richtigkeit und Vollständigkeit bestehen (vgl. hierzu Küstner/Thume VertriebsR-HdB I/*Riemer* Kap. VI Rn. 75). In bestimmten Konstellationen kann der Antrag auf Versicherung an Eides statt jedoch bereits gemeinsam mit der Klage auf Buchauszug angedroht werden, wenn nämlich bereits vergangenes Verhalten des Beklagten den Verdacht begründet, dass der Buchauszug nicht richtig oder unvollständig erteilt werden könnte (→ Form. I.D.11); in diesem Fall kann ein entsprechender Antrag auch eine gewisse Druckfunktion erfüllen. Der Antrag ist einem solchen Fall wie folgt zu formulieren:

Erforderlichenfalls die Richtigkeit und Vollständigkeit der Angaben des Buchauszugs an Eides statt zu versichern.

10. Der Anwalt des Handelsvertreters kann noch einen weiteren Antrag aufnehmen, der den Unternehmer dazu verpflichtet, über etwaige sich aus dem Buchauszug ergebende Provisionen abzurechnen (vgl. *Emde* VertriebsR § 87c Rn. 205). Der Antrag lautet wie folgt:

Die Beklagte wird verurteilt, über sich aus dem Buchauszug ergebende, noch nicht abgerechnete Provisionen abzurechnen.

Zwingend ist dieser weitere Antrag nicht, da eine Abrechnung keine Voraussetzung für die Fälligkeit der Provisionen ist, vgl. § 87a Abs. 4 HGB. Darüber hinaus könnte sich auch eine auf Grundlage des Buchauszugs zu erstellende Abrechnung aus Sicht des Handelsvertreters als unzutreffend darstellen, da der Unternehmer in eine Abrechnung nur die Ansprüche aufzunehmen hat, die er als bestehend ansieht (vgl. OLG Hamm Urt. v. 19.3.2009 – 18 U 137/08, BeckRS 2009, 24245). Die weitere Abrechnung erspart es dem Handelsvertreter nicht, selbst zu prüfen, welche Provisionsansprüche er auf Basis des Buchauszuges für berechtigt hält und einfordern möchte.

11. Der Ausgleichsanspruch, welcher Handelsvertretern in bestimmten Fällen bei einer Vertragsbeendigung zusteht, kann ebenfalls als Teil der Buchauszugsstufenklage geltend gemacht werden, da sich die endgültige Höhe des Ausgleichsanspruchs erst ermitteln lässt, wenn auf Basis des Buchauszugs ermittelt wurde, ob über die abgerechneten Provisionen hinaus noch weitere Provisionsansprüche bestehen (*Emde* VertriebsR § 87c Rn. 197). Die Möglichkeit der Geltendmachung des Ausgleichsanspruchs im Wege der Stufenklage wird jedoch nach teilweise vertretener Auffassung nur eingeschränkt für zulässig erachtet. Der Ausgleichsanspruch soll im Wege der Stufenklage nicht ausschließlich mit einem Anspruch auf Buchauszug zu kombinieren sein. Im Wege der Stufenklage soll der Ausgleichsanspruch nur mit dem Anspruch auf Auskunft nach § 87c Abs. 3 HGB geltend gemacht werden können, oder (so wie in der vorliegenden Fallkonstellation) wenn auf zweiter Stufe zusätzlich auch ein Anspruch auf Provisionszahlung oder Schadensersatz geltend gemacht wird (vgl. EBJS/*Löwisch* HGB § 87c Rn. 109; Küstner/Thume VertriebsR-HdB II/*Thume* Kap. XVII Rn. 10). Zu beachten ist in jedem Fall, dass die kombinierte Geltendmachung von Buchauszugsklage und Ausgleichanspruch eine Entscheidung über den Ausgleichsanspruch verzögert, da das Gericht zunächst über die erste Stufe, also den Anspruch auf Buchauszug, entscheiden wird (vgl. *Emde* VertriebsR § 87c Rn. 197).

12. Die Geltendmachung eines unbezifferten Leistungsantrags, in welchem die eigentliche Höhe des Ausgleichsanspruchs in das Ermessen des Gerichts gestellt wird und lediglich ein Mindestbetrag in dem Klageantrag genannt wird, ist nach herrschender Auffassung ausreichend (vgl. Küstner/Thume VertriebsR-HdB II/*Thume* Kap. XVII Rn. 9).

13. In einem streitigen Verfahren müsste, je nach Einzelfall, zu Provisionsverlusten des Handelsvertreters (Prognose) und Unternehmervorteilen konkret vorgetragen werden. Die Umstände der Unternehmervorteile betreffen jedoch die Sphäre des Unternehmers, sodass es in der Regel als ausreichend erachtet wird, wenn der Handelsvertreter darauf hinweist, dass dem Unternehmer zumindest in Höhe der Provisionsverluste Vorteile entstehen werden (vgl. Küstner/Thume VertriebsR-HdB II/*Thume* Kap. VII Rn. 173). Bei diesen Ausführungen kann es zu Überschneidungen mit der Berechnung des Rohausgleichs kommen, so dass die diesbezüglichen Ausführungen im tatsächlichen Teil der Klageschrift etwas kürzer gehalten werden können. Die Berechnung des Rohausgleichs ist in diesem Muster als Teil der Rechtsausführungen vorgesehen, da die Berechnung die Erläuterung der Anwendung von Grundsätzen der Rspr. erforderlich macht. Teilweise wird die Berechnung des Ausgleichsanspruchs wegen der beschriebenen Überschneidungen auch vollständig im tatsächlichen Teil der Klageschrift dargestellt.

14. → Anm. 11.

15. Provisionsabrechnungen können nur dann die Erteilung eines Buchauszugs ersetzen, wenn in den Provisionsabrechnungen alle Informationen enthalten sind, welche auch in einen Buchauszug aufzunehmen wären. Dies betrifft insb. auch Angaben zu etwaigen Stornierungen der provisionsrelevanten Geschäfte (BGH Urt. v. 21.3.2001 – VIII ZR 149/99, NJW 2001, 2333). Da die Abrechnungen über diesen Umstand zumeist keine Auskunft geben, ist es für den Unternehmer regelmäßig schwer, mit Hinweis auf eine erteilte Provisionsabrechnung die Erteilung eines Buchauszugs rechtmäßig zu verweigern.

Abgelehnt werden kann die Erteilung eines Buchauszugs dann, wenn der Handelsvertreter die Provisionsabrechnungen des Unternehmers anerkannt hat; ein stillschweigendes Anerkenntnis wird zumeist ausscheiden, so dass ein ausdrückliches Anerkenntnis des Handelsvertreters einzuholen ist, wenn hierdurch künftige Buchauszugsansprüche vermieden werden sollen (BGH 20.9.2006 – VIII ZR 100/05, NJW-RR 2007, 246). In diesem Zusammenhang ist zu berücksichtigen, dass das Schweigen des Handelsvertreters auf Abrechnungen grds. nicht deren Anerkenntnis begründet; etwas anderes kann nach herrschender Auffassung weder in Standardverträgen noch in Individualverträgen vereinbart werden (BGH Urt. v. 20.9.2006 – VIII ZR 100/05, NJW-RR 2007, 246; Giesler Praxis VertriebsR/*Klapperich* § 2 Rn. 331).

16. Zweifel an der Richtigkeit der vorgelegten Abrechnungen sind keine Voraussetzung des Anspruchs auf einen Buchauszug (vgl. Küstner/Thume VertriebsR-HdB I/*Riemer*, 5. Aufl. 2016, Kap. VI Rn. 106). Der Anspruch kann vielmehr bis zu einer Einigung (bzw. eines Anerkenntnisses, → Anm. 15) des Handelsvertreters und des Unternehmers über die erteilten Provisionsabrechnungen geltend gemacht werden (BGH Urt. v. 23.10.1981 – I ZR 171/79, VersR 1982, 265).

17. Häufig wird der Unternehmer vorbringen, dass ein Anspruch auf Buchauszug nicht verhältnismäßig ist.

Hohe Kosten für die Erstellung und Erteilung eines Buchauszugs stellen nach der Rspr. des BGH jedoch keinen Grund dar, die Erteilung des Buchauszugs verweigern zu können (BGH Urt. v. 20.9.2006 – VIII ZR 100/05, NJW-RR 2007, 246).

Allerdings darf der Handelsvertreter den Anspruch auf Erteilung eines Buchauszugs auch nicht rechtsmissbräuchlich einsetzen. Dies stellt angesichts der Rspr. des BGH jedoch nur eine Grenze in Ausnahmekonstellationen dar. So hat das Landgericht Hannover bspw. die Klage auf Erteilung eines Buchauszugs in einem Fall als rechtsmissbräuchlich gewertet und abgewiesen, in welchem der Unternehmer dem Handelsvertreter über zwölf Jahre hinweg kontinuierlich umfangreiche Abrechnungen vorlegte, diese vom Handelsvertreter stets unbeanstandet geblieben sind und der Handelsvertreter erst nach Vertragsbeendigung und nach Geltendmachung eines Ausgleichanspruchs, welcher vom Unternehmer abgelehnt wurde, einen Buchauszug begehrte (LG Hannover Urt. v. 7.2.2001 – 23 O 4512/99–128, VersR 2001, 764; zu der Grenze der Rechtsmissbräuchlichkeit auch insges. *Emde* MDR 1999, 1108).

Eine weitere Grenze für die Geltendmachung des Anspruchs auf Buchauszug ist die Einrede der Verjährung. Auf die Verjährung des Anspruchs auf Erteilung eines Buchauszugs (wie auch auf die anderen Informationsansprüche in § 87c HGB) finden die allgemeinen Verjährungsvorschriften des BGB Anwendung. Hierbei war jedoch lange strittig, ob die dreijährige Regelfrist mit dem Ende des Jahres zu laufen beginnt, auf welches sich der Anspruch auf Buchauszug bezieht oder ob der Anspruch erst mit dem Ende des Jahres zu laufen beginnt, in welchem dem Handelsvertreter eine vollständige Abrechnung erteilt wurde; letzteres hätte die weitreichende Folge, dass der Anspruch in vielen Fällen erst innerhalb der zehnjährigen Verjährungsfrist verjähren würde (hierzu insges. *Gräfe*, ZVertriebsR 2015, 227 mwN und mit guten Argumenten für einen Verjährungsbeginn zum Ende des Jahres, für welches der Buchauszug verlangt wird). Der BGH hat diese Frage wie folgt entschieden (BGH Urt. v. 3.8.2017 – VII ZR 32/17, BB 2017, 2194 mAnm *Thume*): Die Verjährung des Anspruchs auf Buchauszug beginnt am Schluss des Jahres, in dem der Unternehmer dem Handelsvertreter eine abschließende Provisionsabrechnung erteilt hat; die Provisionsabrechnung muss hierbei nicht vollständig sein, also gerade nicht alle dem Handelsvertreter zustehenden Provisionen umfassen. Die Entscheidung des BGH führt dazu, dass der von Handelsvertretern häufig als Druckmittel verwendete Anspruch auf Buchauszug an Druckpotential eingebüßt hat (*Gräfe* Anmerkung zu BGH Urt. v. 3.8.2017 – VII ZR 32/17, ZVertriebsR 2017, 301).

18. Ein Handelsvertreter kann nach § 89b HGB einen Ausgleichsanspruch geltend machen, wenn (1) der Handelsvertretervertrag beendet wurde, (2) der Unternehmer mit geworbenen Kunden auch nach der Vertragsbeendigung noch erhebliche Vorteile hat, (3) die Zahlung eines Ausgleichsanspruchs der Billigkeit entspricht, insb. unter Berücksichtigung der dem Handelsvertreter etwaig entgangenen Provisionen, und (4) keine Ausschlussgründe (zB aus § 89b Abs. 3 HGB) vorliegen.

19. Der Unternehmer kann sich unter den Voraussetzungen des § 89b Abs. 3 HGB darauf berufen, dass der Grund für die Kündigung bei dem Handelsvertreter lag und daher ein Ausgleichsanspruch ausscheidet. Erforderlich ist das Vorliegen eines wichtigen Grundes für eine außerordentliche Kündigung (iSv § 89a HGB) sowie, dass dieser wichtige Grund auf ein schuldhaftes Verhalten des Handelsvertreters zurückzuführen ist. Nicht jede außerordentliche Kündigung führt also zu einem Ausschluss des Ausgleichsanspruchs (vgl. *Emde* VertriebsR § 89b Rn. 329). Nicht erforderlich ist allerdings, dass der Unternehmer auch tatsächlich eine außerordentliche Kündigung ausgesprochen hat. Liegen die beschriebenen Gründe vor, ist auch eine ordentliche Kündigung ausreichend, um einen Ausgleichsanspruch auszuschließen (vgl. Küstner/Thume VertriebsR-HdB II/*Thume* Kap. XI Rn. 152 mwN). Nach Auffassung des OLG München erfüllt die wiederholte telefonische Erklärung der Unzufriedenheit des Unternehmers in Bezug auf die Leistung des Handelsvertreters die Voraussetzungen für die eine außerordentliche Kündigung vorbereitende Abmahnung nicht (OLG München Urt. v. 17.4.2019 – 7 U 2711/18, ZVertriebsR 2019, 254–259 (red. Leitsatz und Gründe)).

Die Erkrankung eines Handelsvertreters von nicht nur vorübergehender Dauer kann den Unternehmer zu einer außerordentlichen Kündigung aus wichtigem Grund berechtigen. Allerdings ist dieser Kündigungsgrund häufig nicht auf ein schuldhaftes Verhalten des Handelsvertreters zurückzuführen, so dass die Geltendmachung eines Ausgleichsanspruchs dadurch nicht ausgeschlossen wird (vgl. Küstner/Thume VertriebsR-HdB I/*Riemer* Kap. VIII Rn. 317 mwN).

20. § 89b Abs. 1 S. 1 Nr. 1 HGB setzt für das Entstehen eines Ausgleichsanspruchs voraus, dass der Handelsvertreter für den Unternehmer neue Kunden geworben hat. Für eine Konstellation wie die vorliegende, in welcher dem Handelsvertreter ein bestimmter Kundenkreis zur Betreuung überlassen wurde, bestimmt § 89b Abs. 1 S. 2 HGB, dass es der Werbung eines neuen Kunden gleichsteht, wenn der Handelsvertreter die Geschäftsverbindung mit bestehenden Kunden so wesentlich erweitert hat, dass dies einer Neuwerbung wirtschaftlich gleichkommt. Wann eine wesentliche Erweiterung vorliegt, wird nicht einheitlich bewertet. Nach langer Zeit überwiegender Auffassung erfordert dies, dass der Warenumsatz des Unternehmers mit den entsprechenden Kunden zum Zeitpunkt der Vertragsbeendigung (unter Bereinigung etwaiger Preissteigerungen) doppelt so hoch wie zum Zeitpunkt des Vertragsbeginns ist (vgl. Küstner/Thume VertriebsR-HdB II/*Thume* Kap. VI Rn. 40 mwN). Es gibt aber auch aktuelle Tendenzen in Rechtsprechung und Literatur, die eine wesentliche Erweiterung bereits unterhalb der Schwelle des Doppelten als gegeben erachteten (OLG Celle Urt. v. 16.2.2017 – 11 U 88/16, BeckRS 2017, 113113 Rn. 35, Steigerung von 50 %; *Westphal* DB 2010, 1333 (1335); *Emde* VertriebsR § 89b Rn. 104). Die Steigerung muss auf die Vermittlungsbemühungen des Handelsvertreters zumindest mitursächlich zurückzuführen sein. Für diesen Umstand ist der Handelsvertreter – wie für alle Voraussetzungen des Ausgleichsanspruchs – beweispflichtig. Allerdings hat der BGH entschieden, dass davon auszugehen ist, die Steigerungen seien auf den Handelsvertreter zurückzuführen, solange der Unternehmer zu den Umsatzsteigerungen nichts Stichhaltiges vorträgt (BGH Urt. v. 3.6.1971 – VII ZR 23/70, NJW 1971, 1611).

21. Bei der Berechnung des Rohausgleichs (vgl. hierzu Küstner/Thume VertriebsR-HdB II/*Thume* Kap. IV Rn. 13 ff.; Rechenbeispiel in von v. Rechenberg/Ludwig Kölner HGR-HdB/*Loycke* Kap. 2 Rn. 137) ist eine Prognose der Provisionsverluste des Handelsvertreters für einen bestimmten Zeitraum nach Vertragsende auf Basis der Provisionen des letzten Vertragsjahres anzustellen (zB für einen Prognosezeitraum von fünf Jahren, mit welchem die Provisionen des letzten Vertragsjahres sodann zu multiplizieren sind). Danach erfolgen bestimmte prozentuale Abzüge von dem für den Prognosezeitraum ermittelten Betrag, um die vom Gesetz geforderte Billigkeit zu berücksichtigen. Der hierdurch ermittelte Betrag bildet nach Abzinsung den Rohausgleich. Der Ausgleichsanspruch ist begrenzt auf den sog. Höchstbetrag, der einer Jahresvergütung entspricht; die Jahresvergütung wird berechnet aus dem Durchschnitt der letzten fünf Vertragsjahre oder, sollte diese kürzer gewesen sein, aus der tatsächlichen Vertragsdauer (§ 89b Abs. 2 HGB).

Bis zu einer Gesetzesänderung von § 89b HGB im Jahre 2009 war nach herrschender Auffassung dergestalt zu verfahren, dass die Unternehmervorteile regelmäßig den Provisionsverlusten des Handelsvertreters entsprachen. Es erfolgte daher bei der Berechnung des Ausgleichsanspruchs zu diesem Punkt eine Gleichsetzung und es wurde nach vorstehend skizzierter Berechnung verfahren. Nach der Gesetzesänderung wird jedoch teilweise vertreten, dass der Ausgleichsanspruch in Einzelfällen anders zu berechnen ist und stärker als bisher auf die Ermittlung der eigentlichen Unternehmervorteile abzustellen ist, da in Folge der Novellierung von § 89b HGB die Unternehmervorteile in § 89b Abs. 1 S. 1 Nr. 1 HGB ein höheres eigenständiges Gewicht als bisher erhielten. Überwiegend wird jedoch vertreten, dass in der Mehrheit der Fälle von den Provisionsverlusten des Handelsvertreters auf die Unternehmervorteile geschlossen werden kann und im Regelfall der Rohausgleich des Handelsvertreters auf Grundlage der vorstehenden Berechnung ermittelt werden kann (vgl. hierzu Küstner/Thume VertriebsR-HdB II/*Thume* Kap. VII Rn. 109, 173). Der BGH hat in diesem Zusammenhang entschieden, dass zur Ermittlung des Unternehmervorteils ein Anspruch auf Auskunft über den vom Unternehmer mit dem Produkt erzielten Rohertrag (Deckungsbeitrag I) zur Durchsetzung eines Ausgleichsanspruchs nicht bestehe, da dieses nicht hinreichend aussagekräftig und daher nicht erforderlich sei; maßgeblich sei einzig der geschaffene Kundenstamm („*goodwill*"), dessen Wert von der Gewinnmarge zu unterscheiden sei (BGH Urt. v. 24.9.2020 – VII ZR 69/19, ZVertriebsR 2020, 386 (mAnm *Gräfe*)).

22. Nach einer in Rspr. und Lit. vertretenen Auffassung entsteht der Ausgleichsanspruch an dem Tag des Vertragsendes, nämlich mit der Vertragsbeendigung (vorliegend also am 31.12.2020) und wird zu diesem Zeitpunkt auch fällig (BGH 6.8.1997 – VIII ZR 92/96, NJW 1998, 71; MüKoHGB/*Ströbl* § 89b Rn. 262). Nach anderer Auffassung tritt unter Hinweis auf § 187 Abs. 1 BGB das Entstehen und die Fälligkeit am Tage nach der Vertragsbeendigung (vorliegend also am 1.1.2021) ein (vgl. *Emde* VertriebsR § 89b Rn. 466; EBJS/*Löwisch* HGB § 89b Rn. 29). Fällt das Vertragsende, wie in der vorliegenden Fallkonstellation, auf das Ende eines Jahres, hat die Streitfrage wegen § 199 Abs. 1 Nr. 1 BGB auch Auswirkungen auf den Verjährungsbeginn des Ausgleichsanspruchs (vgl. EBJS/*Löwisch* HGB § 89b Rn. 29).

4. Klage des Vertragshändlers auf Ausgleichsanspruch

Landgericht Frankfurt
Kammer für Handelssachen

Klage

der Firma XYZ GmbH, gesetzlich vertreten durch den Geschäftsführer Y
(vollständiger Name und Firmenanschrift)

– Klägerin –

Prozessbevollmächtigter: Rechtsanwalt . . . . .
gegen
die Firma ABC GmbH, gesetzlich vertreten durch den Geschäftsführer B
(vollständiger Name und Firmenanschrift)

– Beklagte –

wegen Ausgleichanspruch
Vorläufiger Streitwert: . . . . . EUR
Namens und in Vollmacht der Klägerin erhebe ich Klage und werde beantragen:

1. **Die Beklagte wird verurteilt, an die Klägerin . . . . . EUR[1] nebst Zinsen hieraus iHv 5 Prozentpunkten p.a. seit 30.6.2020 und iHv 9 Prozentpunkten über dem jeweiligen Basiszinssatz p.a. seit dem 11.3.2021 zu zahlen.**
2. **Die Beklagte trägt die Kosten des Rechtsstreits.**
3. **Das Urteil ist vorläufig vollstreckbar.**

Für den Fall des schriftlichen Vorverfahrens wird vorsorglich für den Fall der nicht rechtzeitigen Anzeige der Verteidigungsbereitschaft Versäumnisurteil gegen die Beklagte beantragt.

Begründung

Der Klägerin steht der geltend gemachte Zahlungsanspruch als Ausgleichsanspruch aus einem Vertragshändlervertrag zu.

I.

1. **Die Klägerin ist eine Gesellschaft mit beschränkter Haftung mit Sitz in Wiesbaden. Die Klägerin ist spezialisiert auf den Vertrieb von Produkten aus dem Bereich der intelligenten Gebäudetechnik. Hierfür betreibt die Klägerin deutschlandweit eine Vielzahl von Ladenlokalen, in welchen sie entsprechende Produkte an Endkunden vertreibt. Die Endkunden der Klägerin sind gewerbliche Kunden, welche die von der Klägerin vertriebenen Produkte in ihren Büro- und sonstigen Firmengebäuden einsetzen. Darüber hinaus unterhält die Klägerin einen Onlineshop zum Vertrieb ihrer Produkte.**
2. **Die Beklagte ist eine GmbH mit Sitz in Frankfurt am Main. Die Beklagte ist Teil des Y-Konzerns, einem weltweit agierenden Hersteller von Technologieprodukten für unterschiedliche Branchen. Die Beklagte gehört zu der Business-Division „Smart Office" des Y-Konzerns und ist zuständig für die Länder Deutschland, Schweiz und Italien.**
3. **Die Klägerin war seit dem 1.7.2014 als Vertragshändler für bestimmte Produkte der Beklagten (nachfolgend „Vertragsprodukte") auf Grundlage des Vertragshändlervertrages v. 1.7.2014 eingesetzt (nachfolgend „Vertragshändlervertrag").**

   Beweis: Vertragshändlervertrag v. 1.7.2014, Anlage K 1
4. **Das der Klägerin vertraglich exklusiv zugewiesene Vertriebsgebiet war Deutschland. Es war der Klägerin vertraglich untersagt, aktiv die Vertragsprodukte an Kunden in Länder zu verkaufen, die anderen Vertriebsmittlern exklusiv vorbehalten waren.[2]**
5. **Die Klägerin hat sich auf den Vertrieb der Produkte einiger weniger, international besonders renommierter Hersteller spezialisiert. Diese hochwertige Positionierung machte die Klägerin auch für die Beklagte attraktiv. Die Beklagte vertreibt ihre Produkte auch in anderen Ländern stets über besonders ausgewählte exklusive Vertragshändler.**
6. **Die Klägerin war auf Grundlage des Vertragshändlervertrages sehr weitgehend in die Vertriebs- und Absatzorganisation der Beklagten integriert. Diese vertragliche Einbindung spiegelte sich auch in der tatsächlich zwischen der Klägerin und der Beklagten gelebten Vertragspraxis wider.[3]**

   Ausweislich von § 1 des Vertragshändlervertrages traf die Klägerin eine Pflicht, die Vertragsprodukte in dem ihr zugewiesenen Vertriebsgebiet Deutschland bestmöglich zu vertreiben. In § 2 des Vertragshändlervertrages waren der Klägerin umfangreiche und detaillierte Berichtspflichten auferlegt. Darüber hinaus war es der Klägerin in § 4 des Vertragshändlervertrages vorgeschrieben, die Vertragsprodukte in ihren Ladenlokalen und in dem Onlineshop nach bestimmten Vorgaben zu präsentieren sowie bei der Bewerbung der Vertragsprodukte ausschließlich die dafür überlassenen Materialien der Beklagten zu verwenden. Für sonstige Werbemaßnahmen war die Klägerin verpflichtet, die Richtlinien der Beklagten einzuhalten. Für Abweichungen von diesen Richtlinien musste die Klägerin die vorherige schriftliche Zustimmung der Beklagten einholen. Auch regelmäßige Schulungen des Personals waren der Klägerin vorgeschrieben. Darüber hinaus enthielt der Vertragshändlervertrag in § 5 jährliche Mindestabnahmepflich-

ten für die Klägerin sowie die Pflicht für die Klägerin, den Kundendienst und sonstige After-Sales-Serviceleistungen für die Vertragsprodukte zu erbringen.

7. Die Klägerin war ausweislich von § 8 des Vertragshändlervertrages verpflichtet, die Daten ihrer Kunden zu erfassen und der Beklagten in Quartalsberichten zu übermitteln. Die Klägerin ist dieser Pflicht regelmäßig nachgekommen.

   Beweis: Quartalsberichte aus den Jahren 2019 und 2020, Anlagenkonvolut K 2

8. Die Beklagte leitete im Frühjahr 2019 eine Umstellung ihrer Vertriebsorganisation ein. Die Beklagte beabsichtigte, ab Mitte des Jahres 2020 ihre Produkte in Deutschland selbst zu vertreiben und sich nicht weiter der Zwischenschaltung von Vertragshändlern bei Verkäufen an Endkunden zu bedienen. Aus diesem Grund kündigte die Beklagte den Vertragshändlervertrag mittels Schreiben v. 10.12.2019 ordentlich mWz 30.6.2020.

   Beweis: Kündigungsschreiben der Beklagten v. 10.12.2019, Anlage K 3

9. Für das Jahr 2020 (bis zum 30.6.2020) betrug die Marge der Klägerin, also die Differenz zwischen dem Einkaufspreis der Vertragsprodukte bei der Beklagten und dem von der Klägerin erzielten Weiterverkaufspreis, ... EUR. Die Marge für das Jahr 2019 betrug . . . . . EUR, für das Jahr 2018 . . . . . EUR, für das Jahr 2017 . . . . . EUR, für das Jahr 2016 . . . . . EUR sowie für das zweite Halbjahr 2015 . . . . .

   Beweis: Übersicht Margen der Klägerin für die Jahre 2015–20120, Anlagen K 4 – K 9

10. Die Klägerin hat während der Laufzeit des Vertragshändlervertrages das Geschäft mit Vertragsprodukten für die Beklagte in Deutschland aufgebaut. Die Beklagte war vor diesem Zeitpunkt in Deutschland nicht durch den Verkauf der Vertragsprodukte aktiv. Sämtliche Kunden der Vertragsprodukte wurden also durch die Klägerin neu geworben.

11. Die Klägerin erleidet in Folge der Vertragsbeendigung erhebliche Verluste. Die dargelegten Margen, welche die Klägerin mit Vertragsprodukten erzielen konnten, machten einen Anteil von 60 % des klägerischen Gesamtumsatzes aus. Die Verluste der Klägerin entsprechen zumindest in gleicher Höhe den Vorteilen, welche die Beklagte mit den gewonnen Vertragskunden hat.[4]

12. Bei den Vertragsprodukten handelt es sich um langlebige Produkte. Die durchschnittliche Lebensdauer der Vertragsprodukte beträgt fünfzehn Jahre. Die gewonnenen Kunden werden sich nach der Vertragsbeendigung für den Kauf der Vertragsprodukte direkt an die Beklagte wenden und für einen Zeitraum von mindestens vier Jahren von dieser beziehen. Die jährliche Abwanderungsquote der gewonnenen Kunden lag in der Vergangenheit bei ca. 15 %.

    Beweis: Einholung Sachverständigengutachten durch einen vom Gericht zu benennenden Sachverständigen
    Zeugnis des . . . .[5]

13. Die Klägerin hat die Beklagte mit Schreiben v. 5.2.2021 unter Fristsetzung bis zum 10.3.2021 zur Bezahlung eines Ausgleichsanspruchs iHv . . . . . EUR aufgefordert. Der geltend gemachte Anspruch wurde durch die Beklagte in vollem Umfang zurückgewiesen, mit der Begründung, die Voraussetzungen für einen Ausgleichsanspruch seien nicht gegeben.

    Beweis: Schreiben der Klägerin v. 5.2.2021, Anlage K 10
    Schreiben der Beklagten v. 18.3.2021, Anlage K 11

Die Erhebung dieser Klage war demnach geboten.

II.

Die Klage ist zulässig und begründet. Der klägerische Vertragshändlerausgleichsanspruch besteht in der geltend gemachten Höhe.

1. Der geltend gemachte Ausgleichsanspruch besteht dem Grunde nach. Die Klägerin war während der Laufzeit des Vertragshändlervertrages in die Absatz- und Vertriebsorganisation der Beklagten integriert und darüber hinaus vertraglich dazu verpflichtet, die Daten ihrer Kunden der Beklagten zu überlassen.[6] Die von der Rspr. aufgestellten Voraussetzungen für eine analoge Anwendung von § 89b HGB sind daher gegeben.[7]

2. Die Voraussetzungen für den geltend gemachten Ausgleichanspruch nach § 89b HGB analog sind gegeben. Der Vertragshändlervertrag zwischen der Klägerin und der Beklagten wurde mWz 30.6.2020 beendet. Der Beklagten stehen erhebliche Vorteile aus dem von der Klägerin gewonnenen Kundenstamm zu. Diese erheblichen Vorteile entsprechen zumindest den Verlusten der Klägerin anlässlich der Vertragsbeendigung.

3. Der Ausgleichsanspruch der Klägerin bemisst sich nach dem Rohausgleich gem. § 89b Abs. 1 HGB analog, welcher durch den Höchstbetrag nach § 89b Abs. 2 HGB analog begrenzt wird.[8]
[Hier sind sodann Ausführungen zur Berechnung des Rohausgleichs und des Höchstbetrages aufzunehmen, die allerdings den Umfang dieses Musters übersteigen.]

4. Der geltend gemachte Ausgleichanspruch ist am 30.6.2020 entstanden und seit diesem Zeitpunkt fällig.[9] Die Beklagte schuldet mithin auf den streitgegenständlichen Ausgleichsanspruch Fälligkeitszinsen gem. § 353 S. 1 HGB iVm § 352 Abs. 1 S. 1 HGB. Nach § 286 Abs. 1 S. 1 BGB iVm § 288 Abs. 1 S. 1, Abs. 2 BGB ist der Ausgleichsanspruch iHv 9 Prozentpunkten über dem jeweiligen Basiszinssatz p.a. seit Verzugseintritt ab 11.3.2021 zu verzinsen.
Rechtsanwalt

Anmerkungen

1. Die Höhe des Ausgleichsanspruchs kann auch in das Ermessen des Gerichts gestellt werden; es ist jedoch (wie oben bei der Klage des Handelsvertreters, → Form. II.G.3 Anm. 12) jedenfalls ein Mindestbetrag zu nennen (vgl. Schultze/Wauschkuhn/*Wauschkuhn*, Der Vertragshändlervertrag, Rn. 1006).

2. In Vertriebsverträgen gelten für die Einschränkung des Weiterverkaufs wettbewerbsrechtlich strenge Vorgaben. Nach Art. 4 lit. b der Vertikal-GVO (EU) Nr. 330/2010 kann grds. das Vertriebsgebiet eines Vertriebsmittlers (hier also des Vertragshändlers) innerhalb der EU nicht beschränkt werden. Art. 4 lit. b i Vertikal-GVO (EU) Nr. 330/2010 ermöglicht es jedoch, dem Vertriebsmittler den aktiven Weiterverkauf in Gebiete zu untersagen, die sich der Unternehmer selbst vorbehalten oder die er einem Dritten ausschließlich zugewiesen hat (vgl. *Schultze/Pautke/Wagener* Vertikal-GVO, Die Gruppenfreistellungsverordnung für vertikale Vereinbarungen Rn. 721 ff.). Der passive Vertrieb (also der Verkauf in Folge einer Kontaktaufnahme von Kunden ohne vorherige Aufforderung durch den Vertriebsmittler) lässt sich jedoch grds. nicht einschränken.

3. Die Ausführungen in diesem Zusammenhang sind für die Begründung eines Ausgleichsanspruchs eines Vertragshändlers besonders wichtig (→ Anm. 6, 7), so dass hierauf ein besonderes Gewicht gelegt werden sollte. Der Vertragshändler ist für das Vorliegen der Voraussetzungen eines Ausgleichanspruchs darlegungs- und beweispflichtig. Die Klage sollte daher nicht nur auf vertragliche Regelungen Bezug nehmen, sondern es sollte auch der Beweis geführt werden, dass diese Vertragspflichten in der Praxis gelebt wurden.

4. Wie auch bei der Klage auf Ausgleichsanspruch eines Handelsvertreters (vgl. → Form. II.G.3 Anm. 13.) wird es in der Regel als ausreichend erachtet, wenn der Vertragshändler darauf hinweist, dass dem Unternehmer zumindest in Höhe seiner Verluste Vorteile entstehen werden.

5. Bei den in diesem Zusammenhang gemachten Angaben handelt es sich um wichtige Kriterien für die Berechnung der Höhe des Ausgleichsanspruchs (→ Anm. 8). Auch hierfür ist der Vertragshändler darlegungs- und beweispflichtig. Der Vertragshändler wird hierzu regelmäßig eigene Vertriebsmitarbeiter als Zeugen benennen und die Einholung eines Sachverständigengutachtens beantragen.

6. Die an dieser Stelle im Einzelfall zu führende Argumentation mit der Schilderung der konkreten Gegebenheiten des Falles ist für die Begründung eines Vertragshändlerausgleichsanspruchs besonders wichtig.

7. Das HGB kennt einen Ausgleichsanspruch nur für Handelsvertreter, § 89b HGB, nicht aber für Vertragshändler. Es ist in der deutschen Rspr. jedoch bereits seit vielen Jahren anerkannt, dass unter bestimmten Voraussetzungen auch ein Vertragshändler in analoger Anwendung von § 89b HGB einen Ausgleichsanspruch gegenüber dem Unternehmer geltend machen kann. Voraussetzung für eine analoge Anwendung von § 89b HGB ist, (1) dass der Vertragshändler in die Absatzorganisation des Unternehmers dergestalt eingegliedert ist, dass seine Vertragspflichten denen eines Handelsvertreters vergleichbar sind und (2) dass der Vertragshändler vertraglich verpflichtet ist, dem Unternehmer spätestens im Zeitpunkt der Beendigung des Vertragshändlervertrages seinen Kundenstamm zu übertragen (ua BGH Urt. v. 13.1.2010 – VIII ZR 25/08, NJW-RR 2010, 1263; *Wauschkuhn/Teichmann* ZVertriebsR 2013, 139 (141 ff.); Martinek/Semler/Flohr VertriebsR-HdB/*van der Moolen* § 27 Rn. 7 ff.). Zusätzlich müssen auch alle Voraussetzungen erfüllt sein, die für den Ausgleichsanspruch des Handelsvertreters gelten (→ Form. II.G.3 Anm. 18).

Ob ein Vertragshändler einem Handelsvertreter vergleichbar in die Absatzorganisation eines Unternehmers integriert ist, beurteilt sich auf Basis einer Gesamtbewertung aller die Vertragsbeziehung kennzeichnenden Merkmale. Die Rspr. hat eine Vielzahl an Kriterien aufgestellt, welche als Indizien bei der Beurteilung herangezogen werden können (hierzu jeweils mwN, Schultze/Wauschkuhn/*Wauschkuhn* Der Vertragshändlervertrag Rn. 778 ff.; *Emde* VertriebsR vor § 84 Rn. 359 ff.; v. Rechenberg/Ludwig Kölner HGR-HdB/*Loycke* Kap. 2 Rn. 168 f.). Es müssen nicht alle Indizien vorliegen, um eine Eingliederung annehmen zu können. Grds. lässt sich nach den Vorgaben der Rspr. festhalten, dass umso eher eine Eingliederung angenommen werden kann, je mehr der Indizien erfüllt sind (vgl. Giesler Praxis VertriebsR/*Vogels* § 3 Rn. 488 ff.); dies ist jedoch nicht zwingend (OLG Köln Urt. v. 21.9.2012 – 19 U 113/11, BeckRS 2013, 02968, welches trotz Einschlägigkeit mehrerer Indizien eine Eingliederung ablehnte).

Die zweite Voraussetzung für eine analoge Anwendung von § 89b HGB ist nur erfüllt, wenn der Vertragshändler vertraglich zu einer Überlassung von Kundendaten verpflichtet ist; eine Überlassung ohne vertragliche Verpflichtung ist für die Erfüllung dieser Analogievoraussetzung nicht ausreichend (vgl. Martinek/Semler/Flohr VertriebsR-HdB/*van der Moolen* § 27 Rn. 14 ff.). Die zweite Voraussetzung liegt ebenfalls nicht vor, wenn der Unternehmer nach der Vertragsbeendigung vertraglich verpflichtet ist, die während der Vertragslaufzeit erhaltenen Kundendaten wieder zu löschen (BGH 5.2.2015 – VII ZR 315/13, NJW 2015, 1300). Die Erforderlichkeit dieser zweiten Voraussetzung wird jedoch teilweise in Frage gestellt (*Emde* ZVertriebsR 2020, 3).

Außerdem hat das LG Nürnberg-Fürth entschieden, dass für die Anwendung der Analogie allein maßgeblich ist, ob Unternehmervorteile gegeben sind, es also nicht mehr darauf ankommt, dass der Kundenstamm übertragen wird (LG Nürnberg-Fürth Beschl. v. 27.11.2018 – 2 HK O 10103/12, ZVertriebsR 2019, 50 mAnm *Emde*).

8. Für die konkrete Berechnung der Höhe des Vertragshändlerausgleichsanspruchs ist, wie auch bei dem Ausgleichsanspruch des Handelsvertreters, der Rohausgleich zu ermitteln und dieser der Höhe nach mit dem Ausgleichshöchstbetrag zu vergleichen. Falls der Rohausgleich über dem Höchstbetrag liegt, ist der Ausgleichsanspruch auf den Höchstbetrag beschränkt (hierzu ausf. jeweils mit Rechenbeispiel Schultze/Wauschkuhn/*Wauschkuhn* Der Vertragshändlervertrag Rn. 891 ff. mwN).

Im Ausgangspunkt ist für die Berechnung die „Vergütung" des Vertragshändlers aus dem letzten Vertragsjahr mit Stammkunden heranzuziehen (Marge zwischen Einkaufs- und Verkaufspreis). Von diesem Vergütungsbetrag sind bestimmte Abzüge für händlertypische Tätigkeitsbestandteile (zB für Lagerhaltung und Warenpräsentation) sowie für die verwaltende Tätigkeit des Vertragshändlers (zB Aufwendungen für die Auslieferung der vertriebenen Produkte) vorzunehmen. Hintergrund der vorzunehmenden Abzüge ist, eine Vergleichbarkeit der Vertragshändlermarge mit der Provision des Handelsvertreters zu erreichen. Der so ermittelte Wert ist heranzuziehen, um die künftigen Unternehmergewinne und die Vertragshändlerverluste zu ermitteln. Die Vertragshändlervergütung ist auf eine bestimmte Anzahl an Jahren hochzurechnen; die Anzahl der Jahre hängt von dem jeweils vertriebenen Produkt ab (zB Prognosezeitraum von fünf Jahren). Von diesem Prognosezeitraum sind prozentuale Abschläge zB für Abwanderungsquoten, Sogwirkung der Marke des Unternehmers etc vorzunehmen. Der so ermittelte Betrag ist – ebenso wie bei einem Handelsvertreter – abzuzinsen und stellt den Rohertrag dar.

Der Höchstbetrag berechnet sich aus der durchschnittlichen Jahresvergütung des Vertragshändlers unter Zugrundelegung der letzten fünf Vertragsjahre oder der tatsächlichen Vertragsdauer, sollte diese kürzer gewesen sein.

9. Der Ausgleichsanspruch entsteht im Zeitpunkt der Beendigung des Vertragshändlervertrages und wird zu diesem Zeitpunkt auch fällig (vgl. Schultze/Wauschkuhn/*Wauschkuhn* Der Vertragshändlervertrag Rn. 1002). Die im Zusammenhang mit dem Ausgleichsanspruch des Handelsvertreters dargestellte Diskussion darüber, ob dies der letzte Tag der Vertragslaufzeit oder der darauf folgende Tag ist, ist auch bei dem Ausgleichsanspruch des Vertragshändlers relevant (→ Form. II.G.3 Anm. 22).

5. Klage des Vertragshändlers auf Rücknahme Warenlager

Landgericht Bremen
Kammer für Handelssachen

Klage

der Firma XYZ GmbH, gesetzlich vertreten durch den Geschäftsführer Y
(vollständiger Name und Firmenanschrift)

– Klägerin –

Prozessbevollmächtigter: Rechtsanwalt . . . . .
gegen
die Firma ABC GmbH, gesetzlich vertreten durch den Geschäftsführer B
(vollständiger Name und Firmenanschrift)

– Beklagte –

wegen Rücknahme von Warenlager
Vorläufiger Streitwert: . . . . . EUR

Namens und in Vollmacht der Klägerin erhebe ich Klage und werde beantragen:

1. **Die Beklagte wird verurteilt, an die Klägerin . . . . . EUR nebst Zinsen hieraus in Höhe 9 Prozentpunkten über dem jeweiligen Basiszinssatz p.a. seit dem 1.2.2021 zu zahlen, Zug um Zug gegen Übergabe und Übereignung der folgenden Waren . . . . .[1]**
2. **Es wird festgestellt, dass sich die Beklagte mit der Abnahme der folgenden Waren . . . . . seit 1.2.2021 im Verzug der Annahme befindet.[2]**
3. **Die Beklagte trägt die Kosten des Rechtsstreits.**
4. **Das Urteil ist vorläufig vollstreckbar.**

Für den Fall des schriftlichen Vorverfahrens wird vorsorglich für den Fall der nicht rechtzeitigen Anzeige der Verteidigungsbereitschaft Versäumnisurteil gegen die Beklagte beantragt.

Begründung

Der Klägerin steht der geltend gemachte Anspruch auf Rücknahme und Bezahlung eines Warenlagers zu.

I.

1. **Die Klägerin ist ein Handelsunternehmen mit Sitz in Hannover. Die Beklagte ist Herstellerin bestimmter Werkzeuge mit Sitz in Bremen; die Werkzeuge der Beklagten kommen ausschließlich bei Industriekunden zum Einsatz.**
2. **Die Klägerin war für die Beklagte zwischen 1.1.2011 und 31.12.2020 als Vertragshändlerin tätig. Der zwischen den Parteien dieses Rechtsstreits bestehende Vertragshändlervertrag (nachfolgend „Vertragshändlervertrag") wurde durch die Beklagte mittels Kündigungsschreiben v. 12.5.2020 ordentlich mWz 31.12.2020 gekündigt.**

   Beweis: Vertragshändlervertrag v. 3.12.2010, Anlage K 1
   Kündigungsschreiben der Beklagten v. 12.5.2020, Anlage K 2
3. **Die Klägerin vertrieb während der Laufzeit des Vertragshändlervertrages bestimmte Produkte der Beklagten (nachfolgend „Vertragsprodukte"). Nach § 3 des Vertragshändlervertrages war die Klägerin verpflichtet, ein Warenlager mit Vertragsprodukten zu unterhalten. Der Vertragshändlervertrag sah eine bestimmte Mindestmenge an Vertragsprodukten vor, welche die Klägerin während der Laufzeit des Vertragshändlervertrages vorzuhalten hatte, um eine kurzfristige Belieferung der Kunden sicherzustellen.**
4. **Mit Beendigung des Vertragshändlervertrages entfiel ausweislich von § 7 des Vertragshändlervertrages das Recht der Klägerin, sich als Vertragshändler der Beklagten zu bezeichnen. Darüber hinaus ist es der Klägerin seit diesem Zeitpunkt nicht mehr gestattet, die Marketingmaterialien der Beklagten zu verwenden.**
5. **Das streitgegenständliche Warenlager beinhaltet die in dem Klageantrag Nr. 1 genannten, zum Gegenstand dieses Verfahrens gemachten Vertragsprodukte. Die Produkte sind allesamt neu, originalverpackt und unbeschädigt.[3]**

   Beweis: Aufstellung Produkte Warenlager, Anlage K 3
   Lieferscheine für Produkte Warenlager, Anlage K 4
   Zeugnis des . . . . .
6. **Der Gesamtwert der Vertragsprodukte des Warenlagers beträgt auf Basis des Einkaufspreises, welchen die Klägerin an die Beklagte bezahlt hat, ... EUR.**
7. **Der Klägerin war es trotz erheblicher Bemühungen nicht möglich, die Vertragsprodukte des Warenlagers zu verkaufen. Die streitgegenständliche Menge an Vertragsprodukten entspricht der Menge, welche die Klägerin nach dem Vertragshändlervertrag während der Vertragslaufzeit mindestens vorhalten musste.**

8. Die Klägerin und die Beklagte besprachen vor dem Hintergrund der klägerischen Absatzbemühungen im Dezember 2020 mehrfach eine Abnahme des Warenlagers durch die Beklagte. Die Beklagte verweigerte diese Abnahme jedoch stets.

Beweis: E-Mail der Klägerin v. 2.12.2020, Anlage K 5
E-Mail der Beklagten v. 4.12.2020, Anlage K 6

9. Mit Schreiben v. 20.12.2020 forderte die Klägerin die Beklagte auf, bis spätestens 31.1.2021 das Warenlager Zug um Zug gegen Bezahlung abzuholen. Dies wurde durch die Beklagte unter Zurückweisung einer entsprechenden Pflicht mit Schreiben v. 12.2.2021 abgelehnt.

Beweis: Schreiben der Klägerin v. 20.12.2020, Anlage K 7
Schreiben der Beklagten v. 12.2.2021, Anlage K 8

Klageerhebung ist nach alledem geboten.

II.

Die Klage ist zulässig und in vollem Umfang begründet. Der Anspruch der Klägerin resultiert aus einer nachvertraglichen Treuepflicht der Beklagten aus dem beendeten Vertragshändlervertrag der Parteien.

1. Der Klägerin steht dem Grunde nach ein Anspruch auf Abnahme und Bezahlung des streitgegenständlichen Warenlagers zu. Die entsprechende Verpflichtung der Beklagten folgt als nachvertragliche Treuepflicht aus dem Vertragshändlervertrag der Parteien, da die Klägerin verpflichtet war, in jedem Fall einen Mindestbestand an Vertragsprodukten in dem Warenlager vorzuhalten.[4, 5]

2. Der von der Klägerin geltend gemachte Anspruch besteht der Höhe nach. So übersteigt die streitgegenständliche Anzahl an Vertragsprodukten des Warenlagers nicht die Menge, welche die Klägerin vertraglich vorhalten musste.[6] Darüber hinaus sind die streitgegenständlichen Vertragsprodukte neu, originalverpackt und unbeschädigt.[7] Der in dieser Klage geltend gemachte Betrag entspricht dem Preis, für welchen die Klägerin die Vertragsprodukte bei der Beklagten gekauft hat.[8, 9]

3. Nach § 286 Abs. 1 S. 1 BGB iVm § 288 Abs. 1 S. 1, Abs. 2 BGB ist der Zahlungsanspruch der Klägerin iHv 9 Prozentpunkten über dem jeweiligen Basiszinssatz p.a. seit Verzugseintritt ab 1.2.2021 zu verzinsen.[10]

4. Die Beklagte befindet sich mit der Abnahme des Warenlagers seit dem 1.2.2021 im Verzug der Annahme nach § 293 BGB iVm § 295 S. 1 Alt. 1 BGB. Die Beklagte hatte mehrfach geäußert, nicht zu einer Abnahme des Warenlagers verpflichtet zu sein (vgl. E-Mail v. 4.12.2020, Anlage K 6). Das Angebot der Klägerin aus ihrem Schreiben v. 20.12.2020 mit Fristsetzung zum 31.1.2021 (Anlage K 7) war daher für die Begründung des Annahmeverzugs ausreichend.

Rechtsanwalt

Anmerkungen

1. Die Gegenstände des Warenlagers sind entweder direkt in dem Antrag aufzuführen oder es ist auf eine konkrete und übersichtliche Anlage zu verweisen (→ Form. II.G.3 Anm. 6).

2. Ein Feststellungsantrag im Hinblick auf den Annahmeverzug der Beklagten ist wegen § 756 Abs. 1, § 765 Nr. 1 ZPO sinnvoll (vgl. Zöller/*Seibel* ZPO § 756 Rn. 10). Ohne die gerichtliche Feststellung, dass die Beklagte sich mit der Abnahme der Lagerware im Verzug der Annahme befindet, müsste die Klägerin im Vollstreckungsverfahren nachweisen, dass ein Fall des Annahmeverzugs vorliegt.

3. Für den Zustand des Warenlagers ist der Vertragshändler beweispflichtig. Soweit möglich, sollte der Vertragshändler daher eine genaue Aufstellung der Produkte des Warenlagers vorlegen sowie korrespondierende Nachweise zu dem Alter der entsprechenden Produkte (bspw. Lieferscheine). Darüber hinaus kann für den Zustand des Warenlagers ein Mitarbeiter als Zeuge benannt werden sowie hilfsweise die Einholung eines Sachverständigengutachtens über den Zustand des Warenlagers angeboten werden.

4. Kommt es zu einer Beendigung eines Vertragshändlervertrages, begehren die Vertragshändler nicht selten, dass der Unternehmer die noch bei dem Vertragshändler liegenden Produkte zurückkaufen soll. Eine solche Verpflichtung des Unternehmers besteht im Ausgangspunkt nicht. Der Vertragshändler ist ein selbständiges Unternehmen, welches grds. selbst das Absatzrisiko der von ihm gekauften Produkte trägt. Etwas anderes kann nur dann gelten, wenn (wie in der diesem Muster zugrunde gelegten Fallkonstellation) der Vertragshändler verpflichtet ist, eine bestimmte Menge an Produkten in einem Warenlager vorzuhalten (vgl. BGH Urt. v. 23.11.1994 – VIII ZR 254/93, NJW 1995, 524; Schultze/Wauschkuhn/*Wauschkuhn* Der Vertragshändlervertrag Rn. 698 ff.; Giesler Praxis VertriebsR/*Köhnen* § 3 Rn. 403 ff.; *Wauschkuhn* ZVertriebsR 2019, 149 (mit ausführlicher Behandlung des Anspruchs auf Rücknahme des Warenlagers und Vorschlägen zur Vertragsgestaltung)).

5. Ob der Vertragshändler verpflichtet ist, den Anspruch auf Abnahme des Warenlagers innerhalb einer bestimmten Zeit geltend zu machen, wird nicht einheitlich beurteilt. Teilweise wird vertreten, der Vertragshändler müsse den Anspruch, um berechtigte Unternehmerinteressen zu schützen, innerhalb angemessener Frist geltend machen (vgl. mit guten Argumenten Schultze/Wauschkuhn/*Wauschkuhn* Der Vertragshändlervertrag Rn. 723 ff.). Demgegenüber lehnt eine andere Auffassung eine entsprechende Pflicht ab und beurteilt die Grenze für die Geltendmachung des Anspruchs allgemein nach den Voraussetzungen der Verwirkung und Verjährung (vgl. OLG Köln Urt. v. 1.3.2002 – 19 U 182/01, VersR 2002, 886; Giesler Praxis VertriebsR/*Köhnen* § 3 Rn. 428).

6. Ein Anspruch des Vertragshändlers, dass der Unternehmer Vertragsprodukte aus einem Warenlager abnimmt, die nicht von der Pflicht zur Lagerhaltung umfasst waren (die also quantitativ über der vertraglich vorgegebenen Lagermenge liegen) besteht grds. nicht (vgl. Schultze/Wauschkuhn/*Wauschkuhn* Der Vertragshändlervertrag Rn. 702 mwN).

7. Lagerware, die beschädigt oder in sonstiger Weise einen verschlechterten Zustand aufweist, ist grds. nicht von dem Nebenanspruch auf Abnahme eines Warenlagers umfasst (vgl. Giesler Praxis VertriebsR/*Köhnen* § 3 Rn. 413).

8. Nicht einheitlich wird beurteilt, welche Vergütung für das zurückzunehmende Warenlager heranzuziehen ist. Teilweise wird im Ausgangspunkt auf den Preis abgestellt, welchen der Vertragshändler an den Unternehmer gezahlt hat, wobei die dem Vertragshändler eingeräumten Rabatte und sonstigen Vergünstigungen berücksichtigt werden müssen (so zB Giesler Praxis VertriebsR/*Köhnen* § 3 Rn. 420 mwN). Demgegenüber sind andere Autoren der Auffassung, für die Vergütung des Warenlagers sei auf den Verkehrswert zum Zeitpunkt der Rücknahme abzustellen, da die Wertminderung – insbesondere bei ordentlicher Vertragsbeendigung durch den Unternehmer – berücksichtigt werden müsse. Ein Abstellen auf den Einkaufspreis sei dem Vertragshändler somit nicht immer gestattet (so zB Schultze/Wauschkuhn/*Wauschkuhn* Der Vertragshändlervertrag Rn. 734 mwN).

9. Zumindest bei entsprechender vertraglicher Gestaltung hat die Rspr. es gebilligt, bei dem Rückkauf eines Warenlagers einen gewissen prozentualen Abzug vorzunehmen (zB bei Ersatzteilen 10 % des Einkaufspreises, BGH Urt. v. 23.11.1994 – VIII ZR 254/93, NJW 1995, 524). Im Hinblick auf die Höhe eines vertraglich festgelegten Abzuges ist zu

unterscheiden, ob es sich bei den entsprechenden vertraglichen Regelungen um Individualvereinbarungen oder um AGB des Unternehmers handelt. Auch ohne entsprechende vertragliche Vereinbarung kann erwogen werden, einen pauschalen Abzug vorzunehmen, um etwaigen Verwertungsverlusten und Bearbeitungsaufwendungen des Unternehmers Rechnung zu tragen (vgl. so offenbar Martinek/Semler/Flohr VertriebsR-HdB/*van der Moolen* § 28 Rn. 20 ff.)

Darüber hinaus ist durch den BGH entschieden worden, dass auf den Lagerabnahmeanspruch die Rücktrittsregeln nach § 346 ff. BGB analog zur Anwendung kommen (BGH Urt. v. 12.1.1994 – VIII ZR 165/92, NJW 1994, 1060 (1067)). Dies kann dazu führen, auch wenn dies für die Rechtslage nach der Schuldrechtsreform im Jahr 2002 noch nicht entschieden wurde, dass der Vertragshändler Wertersatz für die Verwendung bspw. von Vorführprodukten leisten muss (vgl. Giesler Praxis VertriebsR/*Köhnen* § 3 Rn. 421 f.). In bestimmten Fällen könnte daher erwogen werden, einen gewissen Abzug von dem angesetzten Wert der Lagerware vorzunehmen, um ein Teilunterliegen zu vermeiden.

10. Der Anspruch der Klägerin lautet hier auf Zug-um-Zug Leistung. Bei einem solchen Anspruch ist für die Möglichkeit, den Schuldner (hier also den Unternehmer) in Verzug setzen zu können, nicht nur Voraussetzung, dass die Leistung des Schuldners angemahnt wird (also Zahlungsaufforderung), sondern auch, dass der Gläubiger (hier also der Vertragshändler) dem Schuldner die eigene Leistungspflicht in einer den Gläubigerverzug begründenden Art und Weise anbietet (vgl. MüKoBGB/*Ernst* § 286 Rn. 23 ff.; Palandt/*Grüneberg* BGB § 286 Rn. 14).

Fälligkeitszinsen nach § 353 S. 1 HGB iVm § 352 Abs. 1 S. 1 HGB können nicht verlangt werden, wenn eine Zug-um-Zug Leistung geltend gemacht wird (vgl. Baumbach/Hopt/*Hopt* HGB § 353 Rn. 1).

H. Bank- und Kapitalmarktrecht

1. Klage nach Widerruf eines Verbraucherdarlehens wegen Rückforderung der Vorfälligkeitsentschädigung/überschießender Nutzungsersatz

An das (Amts-)Landgericht[1]
– Kammer für Bank- und Finanzgeschäfte[1] –

Klage

der

.....
– Klägerin zu 1 –

und des

– Kläger zu 2 –
Prozessbevollmächtigte: .....

gegen

.....
– Beklagte –
Prozessbevollmächtigte: .....

wegen Rückforderung nach Widerruf eines Bankdarlehens

Vorläufiger Streitwert: .....

Namens und in Vollmacht der Kläger erhebe ich Klage und werde beantragen:

Die Beklagte wird verurteilt, an die Kläger als Mitgläubiger ..... EUR zzgl. Zinsen iHv 5 Prozentpunkten[15] über dem Basiszinssatz seit .....[2] zu zahlen.

Begründung

Die Kläger verlangen von der Beklagten nach Widerruf eines Verbraucherdarlehens die Rückzahlung der an diese gezahlten Vorfälligkeitsentschädigung.

Die Kläger verlangen von der Beklagten nach Widerruf eines Verbraucherdarlehens die Rückzahlung der an diese gezahlten Vorfälligkeitsentschädigung sowie Nutzungsersatz für die an diese auf das Darlehen erbrachten Zahlungen.

Die Parteien schlossen am ..... in der Geschäftsstelle ..... der Beklagten[3] einen Darlehensvertrag über ..... EUR. Der Darlehensvertrag enthielt folgende

„Widerrufsbelehrung

.....“

Darlehensvertrag vom ....., Anlage K .....

Das Darlehen wurde den Klägern am .... abzüglich eines Bearbeitungsentgelts iHv ..... EUR ausgezahlt. Die Kläger erbrachten ab .... bis .... die vertraglich geschuldeten Zins- und Tilgungsleistungen iHv ..... EUR.[4]

Als die Kläger den Vertrag vorzeitig ablösen wollten, erklärte sich Beklagte mit der vorzeitigen Rückführung des Darlehens nur gegen Zahlung einer Vorfälligkeitsentschädigung iHv ..... EUR und eines Bearbeitungsentgelts iHv ..... EUR einverstanden.

Schreiben der Beklagten vom ....., Anlage K .....

Die Kläger zahlten das Darlehen inklusive der Vorfälligkeitsentschädigung am ..... zurück.[4]

Mit Schreiben vom ..... erklärten die Kläger den Widerruf ihrer auf Abschluss des Darlehensvertrags gerichteten Willenserklärung vom ..... und forderten die Beklagte auf, bis zum ..... einen Betrag von ..... EUR zu erstatten. Die Beklagte wies den Widerruf mit Schreiben vom ..... zurück und verweigerte jede Zahlung.

Schreiben der Kläger vom ....., Anlage K .....; Schreiben der Beklagten vom ....., Anlage K .....

Der übliche Zinssatz für ein Darlehen der hier gewährten Art mit einer Laufzeit von ..... betrug im fraglichen Zeitraum nach den Zinsstatistiken der Deutschen Bundesbank[5] ..... %.

Auszug aus den Zinsstatistiken der Dt. Bundesbank Anlage K ....., hilfsweise Sachverständigengutachten

Den Klägern steht ein Widerrufsrecht gem. §§ 491, 495 BGB zu.[6] Sie haben den Darlehensvertrag mit der Beklagten nicht in Ausübung ihrer beruflichen Tätigkeit geschlossen, sondern für sich als Privatperson, also als Verbraucher.[7]

Die Kläger waren auch noch nach vorzeitiger Rückzahlung des Darlehens zum Widerruf ihrer Vertragserklärungen vom ...... berechtigt, da die dem Darlehensvertrag beigefügte Widerrufsbelehrung nicht den bei Vertragsschluss gültigen gesetzlichen Vorgaben[8] entsprochen hat: .....

Das Widerrufsrecht war nach vorzeitiger Rückführung des Darlehens inklusive der von der Beklagten bedungenen Vorfälligkeitsentschädigung weder nach § ..... in der seinerzeit gültigen Fassung erloschen[8] und auch nicht verwirkt, da es am Ablauf eines längeren Zeitraums fehlt, in dem sich die Beklagte darauf hätte einrichten können, dass der Kläger die Wirksamkeit des Vertragsverhältnisses noch in Frage stellen könnte (vgl. etwa BGH NJW 2017, 243 Rn. 29–34)......[9]

Die Beklagte kann sich nicht darauf berufen, dass die Belehrung gem. § ....[10] den gesetzlichen Anforderungen entsprochen hätte.......

(Variante: Soweit kein Immobiliardarlehensvertrag geschlossen wurde, auf die Verbraucherkreditrichtlinie abzustellen ist und die Belehrung den sogen. „Kaskadenverweis" auf § 492 Abs. 2 BGB enthält:

„Die dem Kläger erteilte Widerrufsinformation ist fehlerhaft, weil die in ihr enthaltene Verweisung auf "alle Pflichtangaben nach § 492 Abs. 2 BGB" nicht klar und verständlich iSd Art. 247 § 6 Abs. 1 EGBGB in der hier maßgeblichen Fassung (.....)[10] ist. Nach der Meinung des Bundesgerichtshofs ist zwar der Verweis in der Widerrufsinformation auf § 492 Abs. 2 BGB in Kombination mit der beispielhaften Aufzählung von Pflichtangaben nach den Maßstäben des nationalen Rechts klar und verständlich. Der EuGH hat aber mit Urteil vom 26.3.2020 (C-66/19, NJW 2020, 1423 – Kreissparkasse Saarlouis) entschieden, dass Art. 10 Abs. 2 Buchst. p der Richtlinie 2008/48/EG des Europäischen Parlaments und des Rates vom 23.4.2008 über Verbraucherkreditverträge und zur Aufhebung der Richtlinie 87/102/EWG des Rates (ABl. 2008 L 133, S. 66, berichtigt in ABl. 2009 L 207, S. 14, ABl. 2010 L 199, S. 40, und ABl. 2011 L 234, S. 46; im Folgenden: Verbraucherkreditrichtlinie) dahin auszulegen ist, dass er dem entgegensteht, dass ein Kreditvertrag hinsichtlich der in Art. 10 dieser Richtlinie genannten Angaben auf eine nationale Vorschrift verweist, die selbst auf weitere Rechtsvorschriften des betreffenden Mitgliedstaats verweist. Deshalb hält der BGH

im Geltungsbereich der Verbraucherkreditrichtlinie in Bezug auf Allgemein-Verbraucherdarlehensverträge an seiner entgegenstehenden Rechtsprechung nicht fest, nach der ein solcher Verweis klar und verständlich ist (BGH NJW 2021, 307 Rn. 14–16)."

Das damals gültige im Bundesgesetzblatt veröffentlichte Muster[10] wies zum Widerrufsrecht und zu den Widerrufsfolgen folgenden Text auf:

„Widerrufsinformation

. . . . ."

Die Schutzwirkung des § . . . . .[10] greift nach BGH NJW 2016, 3512 Rn. 24 grundsätzlich nur ein, wenn der Verwender ein Formular verwendet, das dem Muster sowohl inhaltlich als auch in der äußeren Gestaltung vollständig entspricht. Nur Anpassungen, die den vom Gesetzgeber selbst nach Art. . . . . .[10] als unschädlich anerkannten Abweichungen ihrer Qualität nach entsprechen, ohne die Deutlichkeit der Belehrung zu schmälern, lassen die Gesetzlichkeitsfiktion unberührt. Zu solchen unbedenklichen Anpassungen rechnen zum Beispiel das Einrücken oder Zentrieren von Überschriften, der Verzicht auf eine Einrahmung oder deren individuelle Gestaltung. Ebenfalls bleibt die Gesetzlichkeitsfiktion erhalten, wenn der Unternehmer die Widerrufsbelehrung im Text einem konkreten Verbrauchervertrag zuordnet oder ohne Abstriche bei der Verständlichkeit des Textes Begriffe des Musters durch Synonyme ersetzt. Die Gesetzlichkeitsfiktion geht auch nicht verloren, wenn der Unternehmer von sich selbst nicht in wörtlicher Übereinstimmung mit dem Muster in der dritten Person Singular, sondern in der ersten Person Plural spricht. Das ist hier aber nicht der Fall, weil . . . . .

Deshalb sind gem. § 357 Abs. 1, 346 Abs. 1 BGB aF die empfangenen Leistungen zurückzugewähren und die gezogenen Nutzungen herauszugeben.[11] Da Wertersatz für den Gebrauchsvorteil des Darlehens zu leisten ist, steht den Klägern der Nachweis frei, dass der Wert des Gebrauchsvorteils niedriger war als der im Vertrag bedungene Zins.[12] Das ist hier der Fall, weil der marktübliche Zinssatz (vgl. dazu etwa Palandt/*Grüneberg*, BGB, 80. Aufl. 2021, § 346 Rn. 10) im fraglichen Zeitraum bei . . . . .% lag, wie die vorgelegte Zinsstatistik der Deutschen Bundesbank belegt.

Nach der Rechtsprechung des BGH besteht bei den von den Klägern geleisteten Zahlungen an die beklagte Bank eine tatsächliche Vermutung dafür, dass diese Nutzungen im Wert des gesetzlichen Verzugszinses iHv 2,5 (5) Prozentpunkten über dem Basiszinssatz gezogen hat, die sie als Nutzungsersatz herausgeben muss.[13] Die Kläger haben danach insoweit einen Zinsanspruch iHv 2,5 (5) Prozentpunkten über dem Basiszinssatz jeweils ab Leistung der Zahlung aus §§ 357, 346 Abs. 1 BGB (BGH Urt. v. 12.7.2016 – XI ZR 564/15, BeckRS 2016, 17206 Rn. 58 und NJW 2017, 2104 Rn. 15).

Die Kläger berechnen ihre Forderung wie folgt:[14]

Leistungen an die Beklagte	. . . . . EUR
Zzgl. Zinsen iHv 2,5 (5) Prozentpunkten aus je . . . . . EUR[13]	. . . . . EUR
von . . . . . bis . . . . .(Eingang der letzten Zahlung)[14]	
von . . . . . bis . . . . .(Eingang der letzten Zahlung)[14]	
. . . . .	
und aus dem Gesamtbetrag von . . . . . ab . . . . . (Eingang der letzten Zahlung) bis Rechtshängigkeit (bzw. Verzugseintritt)[13, 15]	. . . . . EUR
abzüglich ausgezahltes Darlehen	– . . . . . EUR
abzüglich (ggf. *nur* marktübliche) Verzinsung	– . . . . . EUR
Überzahlung	. . . . . EUR

Die Klageforderung ist ab Klagezustellung gem. §§ 291, 288 Abs. 1 BGB zu verzinsen.[15]

Die Klageforderung ist gem. § 288 Abs. 1 BGB seit Verzugseintritt[15] zu verzinsen.

Rechtsanwalt

Anmerkungen

1. Ob die Klage an das **Amts- oder das Landgericht** zu richten ist, ist vom Streitwert abhängig. Bei den Landgerichten muss gem. § 72a Abs. 1 Nr. 1 GVG eine **Fachkammer** für Bank und Finanzgeschäfte eingerichtet sein, diese ergibt sich aus der meist im Internet abrufbaren Geschäftsverteilung.

2. Datum des Verzugseintritts (siehe dazu auch unten → Anm. 15), sonst Rechtshängigkeit. Die Kläger sind Mitgläubiger, BGH NJW 2018, 223 Rn. 27.

3. Das Formular geht von einem **Präsenzgeschäft** aus, bei Hautür- oder Fernabsatzgeschäften können sich je nach Zeitpunkt des Abschlusses weitere Besonderheiten ergeben, vgl. BGH NJW-RR 2017, 815 Rn. 24–33.

4. Ein Beweisangebot ist mit der Klage (noch) nicht erforderlich, die Bank wird ggf. substanziiert bestreiten müssen. Vgl. dazu und zum folgenden *Servais* NJW 2014, 3748 ff.

5. Bzw. den EWU-Zinsstatistiken, abrufbar auf der Internetseite der Deutschen Bundesbank.

6. Es muss unbedingt geprüft werden, ob ein **Widerrufsrecht noch besteht.** Nach **Art. 229 § 38 Abs. 3 EGBGB** erlosch bei **Immobiliardarlehensverträgen** gem. § 492 Abs. 1a S. 2 BGB in der vom 1.8.2002 bis einschließlich 10.6.2010 geltenden Fassung, die zwischen dem 1.9.2002 und dem 10.6.2010 geschlossen wurden, ein fortbestehendes Widerrufsrecht spätestens am 21.6.2016, wenn das Fortbestehen des Widerrufsrechts darauf beruhte, dass die dem Verbraucher erteilte Widerrufsbelehrung den zum Zeitpunkt des Vertragsschlusses geltenden Anforderungen des Bürgerlichen Gesetzbuchs nicht entsprochen hat. Bei **Haustürgeschäften** galt das nur, wenn die beiderseitigen Leistungen aus dem Verbraucherdarlehensvertrag bei Ablauf des 21.5.2016 vollständig erbracht worden waren, andernfalls erlöschen die fortbestehenden Widerrufsrechte erst einen Monat nach vollständiger Erbringung der beiderseitigen Leistungen aus dem Vertrag. Bei einem nach dem 20.3.2016 geschlossenen **Immobiliarverbraucherdarlehensvertrag** erlischt das Widerrufsrecht nach **§ 356b Abs. 2 S. 4 BGB, Art. 229 § 38 Abs. 1 EGBGB** spätestens zwölf Monate und 14 Tage nach dem Vertragsschluss oder nach dem Zeitpunkt, in dem der Darlehensgeber dem Darlehensnehmer eine für diesen bestimmte Vertragsurkunde, seinen schriftlichen Vertragsantrag oder eine Abschrift der Vertragsurkunde oder seines Antrags zur Verfügung gestellt hat, wenn dies erst nach dem Vertragsschluss geschehen ist.

7. Der **Verbraucherbegriff** ergibt sich aus § 13 BGB, die Darlegungs- und Beweislast für einen nicht § 491 BGB unterfallenden – gewerblichen – Verwendungszweck trägt der Kreditgeber (BGH NJW 1993, 2367 (2368)).

8. Hier ist wegen der ständig **wechselnden Gesetzesfassungen** eine sorgfältige Recherche nach dem anzuwendenden Recht erforderlich. Zu beachten ist dabei Art. 229 § 5 S. 2 EGBGB. Auf Dauerschuldverhältnisse ist seit dem 1.1.2003 das BGB grundsätzlich in der dann geltenden Fassung anzuwenden, soweit nicht Art. 229 § 9 als lex specialis anderes vorschreibt (BGH NZG 2010, 433 Rn. 16 f.). Nach § 358 Abs. 5 BGB idF ab 13.6.2014 ist die Anwendung von § 358 Abs. 2 u. 4 auf Darlehensverträge, die der Finanzierung des **Erwerbs von Finanzinstrumenten** dienen, nicht mehr zulässig. Die Vorschrift ist gem. Art. 229 § 32 Abs. 1 EGBGB ab 13.6.2014 anzuwenden. Nach Art. 229 § 32 Abs. 4 EGBGB erlischt das Widerrufsrecht bei einem **Haustürgeschäft**, durch das der Unternehmer dem Verbraucher eine entgeltliche Finanzierungshilfe gewährt und das vor dem

11.6.2010 geschlossen wurde, zwölf Monate und 14 Tage nach vollständiger Erbringung der beiderseitigen Leistungen aus dem Vertrag, frühestens jedoch am 27.6.2015. Für das Widerrufsrecht eines Allgemein-Verbraucherdarlehensvertrags gibt es vorbehaltlich Anm. 6 keinen Erlöschenstatbestand und es besteht bis zur Grenze der Verwirkung (BeckOK BGB/*Müller-Christmann*, 57. Ed. Stand 1.8.2020, BGB § 356b Rn. 12).

9. Im Einzelfall kann gegen den Widerruf der **Einwand unzulässiger Rechtsausübung** erhoben werden, BGH NJW 2016, 3518; Rn. 15–17, 20–23; 38–42, 46. Dies gilt aber nur bei besonderen Umständen, BGH NJW 2016, 3512, Rn. 33–49. Das Motiv des Widerrufs ist für die Beurteilung dieser Frage regelmäßig unerheblich, BGH NJW 2016, 1951 Rn. 15–21, anders für einen Fachanwalt für Bankrecht BGH NJW-RR 2018, 301 Rn. 17 unter Verweis auf OLG Schleswig Urt. v. 31.3.2016 – 5 U 188/15, BeckRS 2016, 118384 Rn. 47. Denn die mit dem Widerruf verbundene Verbraucherbegünstigung kann nicht allgemein ohne gesetzgeberischen Auftrag korrigiert werden, BGH NJW 2016, 2428 Rn. 18–23. Das Zeitmoment knüpft an den Zeitraum zwischen dem Abschluss des Darlehensvertrags (BGH NJW 2016, 3512 Rn. 37) und der Erklärung des Widerrufs (BGH Beschl. v. 23.2.2021 – XI ZR 328/20, BeckRS 2021, 5765) an. Es ist meist erfüllt. Das Umstandsmoment kann insbesondere bei einvernehmlicher Vertragsbeendigung vorliegen (BGH NJW 2017, 243 Rn. 30). Ein weiteres Kriterium kann die Sicherheitenfreigabe durch die Bank sein (BGH NJW 2018, 1390 Rn. 20 mwN) und zwar auch bei verbundenen Geschäften (BGH Beschl. v. 3.12.2019 – XI ZR 100/19, BeckRS 2019, 33265). Bei der Einbeziehung eines tatsächlich nicht abgeschlossenen Vertrages in die Widerrufsinformation kann zu berücksichtigen sein, dass für den Darlehensnehmer klar erkennbar war, dass ein solcher Vertrag tatsächlich nicht abgeschlossen worden ist, er die entsprechende Rüge erst in der Rechtsmittelinstanz erhoben hat und keinen Nutzungsersatz bezahlen will, BGH NJW 2021, 307 Rn. 27, 28. Ansonsten gilt, dass Vertragserfüllung allein dieses Kriterium nicht erfüllt (NJW 2016, 3512 Rn. 39) und je länger der Vertragsschluss zurückliegt, desto geringere Anforderungen an das Umstandsmoment zu stellen sind (NJW-RR 2018, 47 Rn. 9).

10. Es ist die zur Zeit des Vertragsschlusses **gültige Norm** (s. dazu Art. 229 §§ 5 ff. EGBGB) einzufügen. Größte Sorgfalt bei der Ermittlung des anzuwendenden Rechts empfiehlt sich dringend, da sich hier die Vorschriften und Muster seit Einführung der **BGB-InfoVO** im Jahre 2002 bis zur aktuell gültigen Vorschrift Art. 247 § 6 Abs. 2 S. 3 EGBGB iVm mit den Mustern Anl. 7 und 8 zu Art. 247 EGBGB immer wieder geändert haben.

11. §§ 357 Abs. 1, 346 Abs. 1 BGB aF sind nur noch auf Verträge anzuwenden, die bis zum 12.6.2014 abgeschlossen worden sind, seitdem gilt § 357a BGB nF, nach dem der Darlehensnehmer **keinen Anspruch auf Nutzungsersatz** mehr hat (BT-Drs. 17/12637, 65).

12. Das gilt gem. § 495 Abs. 2 Nr. 3 S. 2 aF iVm §§ 346 Abs. 2 S. 2, 357a Abs. 3 S. 2 BGB **ab 11.6.2010 nur** noch für **grundpfandrechtbesicherte Darlehen.**

13. Der gesetzliche **Verzugszinssatz** für Immobiliarverbraucherdarlehen beträgt gem. § 497 Abs. 4 S. 1 BGB 2,5 Prozentpunkte über dem Basiszinssatz.

14. Die Ratenzahlungen sind jeweils **ab Zahlungseingang** bei der Bank zu verzinsen (BGH NJW 2009, 3572 Rn. 29). Sinnvoll ist es, die einzelnen Zahlungen bis zu dem Zeitpunkt zu verzinsen, in dem keine weiteren Zahlungen mehr geleistet wurden und ab diesen Zeitpunkt den Gesamtbetrag bis zur Rechtshängigkeit zu verzinsen. Ab diesem Zeitpunkt wird die **Verzinsung** der Klageforderung verlangt (BGH NJW 2017, 2104 Rn. 44). Der Rückgewährsanspruch entsteht als Folge des Widerrufs und unterliegt ab

Zugang des Widerrufs der dreijährigen **Regelverjährung** der §§ 195, 199 BGB (BGH Beschl. v. 14.3.2018 – IV ZR 159/17 – BeckRS 2018, 5059 Rn. 4.

Zur **Berechnung** vgl. OLG Nürnberg BKR 2016, 205 Rn. 39 ff, Revision gem. BGH NJW 2016, 3512 weitgehend erfolglos.

15. Verzug ist nur bei einer **bezifferten Mahnung** denkbar, BGH NJW 2017, 1823 Rn. 24–30. Der Verzugs- bzw. Prozesszinssatz zugunsten des Darlehensnehmers beträgt 5 Prozentpunkte über dem Basiszinssatz, BGH NJW 2017, 2104 Rn. 44.

2. Feststellungsklage und Klage auf Freigabe der Sicherheiten nach Widerruf eines Darlehensvertrags

An das (Amts-)Landgericht[1]
– Kammer für Bank- und Finanzgeschäfte –[1]

Klage

des . . . . .
– Kläger –
Prozessbevollmächtigte: . . . . .
gegen
. . . . .
– Beklagte –
Prozessbevollmächtigte: . . . . .
wegen Feststellungen und Löschung einer Grundschuld nach Widerruf eines Bankdarlehens
Vorläufiger Streitwert: . . . . .[2]

Namens und in Vollmacht des Klägers erhebe ich Klage und werde beantragen:

I. Es wird festgestellt, dass der Beklagten aus dem Darlehensvertrag Nr. . . . . vom . . . . . ab dem Zugang der Widerrufserklärung vom . . . . . kein Anspruch mehr auf den Vertragszins und die vertragsgemäße Tilgung zusteht.[3]

II. Es wird festgestellt, dass der Klägerin der Beklagten aus Anlass und im Zusammenhang mit dem Abschluss des in Ziff. I. bezeichneten Darlehensvertrags nur noch die Zahlung von . . . . . EUR schuldet.[4]

III. Die Beklagte wird verurteilt, nach Zahlung von . . . . . EUR durch den Kläger diesem ein Angebot auf Abtretung der Grundschuld an dem Sondereigentum . . . . ., Eigentumswohnung Nr. . . . ., vorgetragen im Grundbuch von . . . . ., Band . . . . ., Blatt, ... Abteilung . . . . . lfd. Nr. . . . . zu unterbreiten.[5]

IV. Es wird festgestellt, dass die Beklagte mit der Annahme des in Ziff. II. genannten Geldbetrags in Verzug ist.

V. Es wird festgestellt, dass die Beklagte den Kläger von den vom . . . . . bis zur Entgegennahme der Zahlung gem. Ziff. II. für das Darlehen Nr. . . . . zu zahlenden Bereitstellungszinsen freizustellen hat.

Begründung

Der Kläger begehrt nach dem Widerruf eines Verbraucherdarlehensvertrags die Feststellung, zu keinen vertraglichen Leistungen an die Beklagte verpflichtet zu sein und

außerdem die Verurteilung der Beklagten zur Abgabe eines Angebots auf Abtretung der dieser sicherungshalber bestellten Grundschuld.

Die Parteien schlossen am . . . . in der Geschäftsstelle . . . . der Beklagten[6] einen Darlehensvertrag über . . . . . EUR. Der Kläger verpflichtete sich, eine erstrangige Grundschuld für das zu finanzierende Objekt notariell zu bestellen, was anschließend geschah, wie aus Ziff. III. des Klageantrags ersichtlich. Die Grundschuld diente nach der Sicherungszweckabrede nur der Besicherung des streitigen Darlehens.[7] Dem Darlehensvertrag war folgende Belehrung beigefügt:

„Widerrufsinformation

. . . . .“

Darlehensvertrag vom . . . ., Anlage K . . . .; Grundbuchauszug, Anlage K . . . .; Grundschuldzweckerklärung, Anlage K . . . .

Das Darlehen wurde dem Kläger am . . . . . abzüglich eines Bearbeitungsentgelts iHv . . . . . EUR und einer Wertermittlungsgebühr iHv . . . . ., dh iHv . . . . . EUR ausgezahlt. Der Kläger erbrachte ab . . . . . bis . . . . . die vertraglich geschuldeten Zins- und Tilgungsleistungen. iHv . . . . . EUR.

Mit Schreiben vom . . . . . erklärte der Kläger den Widerruf seiner auf Abschluss des Darlehensvertrags gerichteten Willenserklärung vom . . . . . und forderte die Beklagte auf, bis zum . . . . . ihre abschließende Forderung unter Zugrundelegung des marktüblichen Zinssatzes bekannt zu geben und der Löschung der sicherungshalber eingetragenen Grundschuld gegen Zahlung des noch zu benennenden Betrags zuzustimmen. Die Beklagte wies den Widerruf mit Schreiben vom . . . . .zurück und bestand auf der Zahlung der vertraglich vereinbarten Raten.

Schreiben der Kläger vom . . . . ., Anlage K . . . . .
Schreiben der Beklagten vom . . . . ., Anlage K . . . . .

Der übliche Zinssatz für ein Darlehen der hier gewählten Art mit einer Laufzeit von . . . . . betrug im fraglichen Zeitraum nach den Zinsstatistiken der Deutschen Bundesbank . . . . . %.[8]

Auszug aus den Zinsstatistiken der Dt. Bundesbank Anlage K . . . . ., hilfsweise Sachverständigengutachten

Der Kläger hat der Beklagten am . . . . . die Bezahlung des gem. nachstehender Berechnung noch geschuldeten Betrags gem. § 294 BGB angeboten,[9] die Beklagte hat ausdrücklich erklärt, eine solche Zahlung nicht entgegennehmen zu wollen und auf Weiterzahlung der aus dem Darlehensvertrag geschuldeten Raten bestanden.

Schreiben der Kläger vom . . . . ., Anlage K . . . . .
Schreiben der Beklagten vom . . . . ., Anlage K . . . . .

Der Kläger hat am . . . . . mit der . . . . . die Bereitstellung eines Darlehens iHv . . . . . zum Ausgleich der Forderungen der Beklagten vereinbart. Hierfür zahlt er Bereitstellungszinsen iHv . . . . .

Darlehensvertrag vom . . . . ., Anlage K . . . . .

Der Kläger kann in der vorliegenden Konstellation ausnahmsweise die Feststellung des der Beklagten noch geschuldeten Betrags verlangen. . . . . .[4]

Dem Kläger steht ein Widerrufsrecht gem. §§ 491, 495 BGB zu.[10] Er hat den Darlehensvertrag mit der Beklagten nicht in Ausübung seiner beruflichen Tätigkeit geschlossen, sondern für sich als Privatperson, also als Verbraucher.[11]

Der Kläger war zum Widerruf seiner Vertragserklärungen vom . . . . . berechtigt, da die dem Darlehensvertrag beigefügte Widerrufsbelehrung nicht den bei Vertragsschluss gültigen gesetzlichen Vorgaben entsprochen hat: . . . . .[12]

Die Beklagte kann sich nicht darauf berufen, dass die Belehrung gem. § . . . . .[13] den gesetzlichen Anforderungen entsprochen hätte. Das damals gültige im Bundesgesetzblatt veröffentlichte Muster wies zum Widerrufsrecht und zu den Widerrufsfolgen folgenden Text auf:

„Widerrufsinformation

. . . . .“

Die Schutzwirkung des § . . . . .[13] greift nach BGH NJW 2016, 3512 Rn. 24 grundsätzlich nur ein, wenn der Verwender ein Formular verwendet, das dem Muster sowohl inhaltlich als auch in der äußeren Gestaltung vollständig entspricht. Nur Anpassungen, die den vom Gesetzgeber selbst nach Art. . . . . .[13] als unschädlich anerkannten Abweichungen ihrer Qualität nach entsprechen, ohne die Deutlichkeit der Belehrung zu schmälern, lassen die Gesetzlichkeitsfiktion unberührt. Zu solchen unbedenklichen Anpassungen rechnen zum Beispiel das Einrücken oder Zentrieren von Überschriften, der Verzicht auf eine Einrahmung oder deren individuelle Gestaltung. Ebenfalls bleibt die Gesetzlichkeitsfiktion erhalten, wenn der Unternehmer die Widerrufsbelehrung im Text einem konkreten Verbrauchervertrag zuordnet oder ohne Abstriche bei der Verständlichkeit des Textes Begriffe des Musters durch Synonyme ersetzt. Die Gesetzlichkeitsfiktion geht auch nicht verloren, wenn der Unternehmer von sich selbst nicht in wörtlicher Übereinstimmung mit dem Muster in der dritten Person Singular, sondern in der ersten Person Plural spricht. Das ist hier aber nicht der Fall, weil . . . . .[14]

Deshalb sind gem. §§ 357 Abs. 1, 346 Abs. 1 BGB[15] die empfangenen Leistungen einschließlich der Sicherheiten zurückzugewähren und die gezogenen Nutzungen herauszugeben. Da Wertersatz für den Gebrauchsvorteil des Darlehens zu leisten ist, steht dem Kläger der Nachweis frei, dass der Wert des Gebrauchsvorteils niedriger war als der im Vertrag bedungene Zins.[16] Das ist hier der Fall, weil der marktübliche Zinssatz (vgl. dazu etwa Palandt/*Grüneberg* BGB, 80. Aufl. 2021, § 346 Rn. 10) im fraglichen Zeitraum bei . . . . . % lag, wie die vorgelegte Zinsstatistik belegt. Die Zinspflicht endet gem. § 301 BGB mit Beginn des Annahmeverzugs der Beklagten, da der Kläger das bereitstehende Darlehen zur Finanzierung der berechtigten Rückforderung der Beklagten nicht anderweitig nutzt, besteht auch unter diesem Gesichtspunkt keine weiter Zinsforderung der Beklagten (§ 302 BGB).

Nach der Rspr. des BGH besteht bei den vom Kläger geleisteten Zahlungen an die beklagte Bank eine tatsächliche Vermutung dafür, dass diese Nutzungen im Wert des gesetzlichen Verzugszinses iHv 2,5 Prozentpunkten[17] über dem Basiszinssatz gezogen hat, die sie als Nutzungsersatz herausgeben muss. Der Kläger hat danach insoweit einen Zinsanspruch iHv 2,5 Prozentpunkten über dem Basiszinssatz jeweils ab Leistung der Zahlung aus §§ 357, 346 Abs. 1 BGB (BGH NJW 2007, 2401 Rn. 35).[18]

Der Kläger berechnet die Forderung der Beklagten wie folgt:

Leistungen an die Beklagte	**. . . . . EUR**
zzgl. Zinsen iHv 2,5 Prozentpunkten[17] aus je . . . . . EUR[15]	**. . . . . EUR**
von . . . . . bis . . . . .(Eingang der letzten Zahlung)[18]	
von . . . . . bis . . . . .(Eingang der letzten Zahlung)[18]	
aus dem Gesamtbetrag von . . . . . ab . . . . .(Eingang der letzten Zahlung), bis zum . . . . .(Verzugseintritt)	**. . . . . EUR**
und aus dem Gesamtbetrag ab . . . . . (Verzugseintritt) iHv 5 Prozentpunkten über dem Basiszinssatz[17, 20]	
abzüglich ausbezahltes Darlehen	**– . . . . . EUR**
abzüglich (ggf. *nur* marktübliche) Verzinsung	**– . . . . . EUR**
Restforderung der Beklagten[19]	**. . . . . EUR**

Die Beklagte hat den Kläger nach dessen Angebot auf Leistung des noch geschuldeten Betrags am . . . . unter dem Gesichtspunkt des Verzugs[9] von den an die . . . . . zu entrichtenden Bereitstellungzinsen gem. § 249 Abs. 1 BGB freizustellen. Da der Anspruch mangels Kenntnis des Zeitpunkts, in dem die Beklagte die Zahlung des Klägers entgegennimmt, nicht beziffert werden kann, kann insoweit nur Feststellungsklage erhoben werden (BGH NJW-RR 2010, 952 Rn. 33).

Der Streitwert bemisst sich nach dem Wert der bis zum bis zum Widerruf geleisteten Zins- und Tilgungszahlungen (vgl. BGH BKR 2016, 204 Rn. 3), das sind . . . . .. Daneben ist der Antrag II. nicht gesondert zu berücksichtigen. Der Streitwert Antrag III. bemisst sich nach dem Nominalbetrag der Grundschuld, vgl. BGH BKR 2016, 204 Rn. 4. Antrag IV. ist nicht gesondert zu berücksichtigen. Antrag V. ist – geschätzt (. . . . . Monate x . . . . EUR x 80 %) – mit . . . . . EUR zu bewerten.[2]

Rechtsanwalt

Anmerkungen

1. Ob die Klage an das **Amts- oder das Landgericht** zu richten ist, ist vom Streitwert abhängig. Bei den Landgerichten muss gem. § 72a Abs. 1 Nr. 1 GVG eine **Fachkammer** für Bank und Finanzgeschäfte eingerichtet sein, diese ergibt sich aus der meist im Internet abrufbaren Geschäftsverteilung. Für den Klageantrag auf Abgabe der Erklärung zur Übertragung der Grundschuld gilt der dingliche Gerichtstand des **§ 24 ZPO** nicht, BGHZ 54, 201 (202 ff.) = NJW 1970, 1789 f.; anders zur Bewilligung der Löschung der Grundschuld, OLG Brandenburg Beschl. v. 9.4.2014 – 1 (Z) Sa 13/14, BeckRS 2014, 08192 unter II.3.a mwN.

2. Streitwert, Feststellungsklage: Der BGH (Beschl. v. 25.10.2016 – XI ZR 6/16, BeckRS 2016, 19930 Rn. 5) bemisst den Wert der Feststellung, dass der zwischen den Parteien geschlossene Darlehensvertrag wirksam widerrufen wurde, nach der Hauptforderung, die der Kläger vor Verrechnung mit der Gegenforderung der Beklagten beanspruchen zu können meint, also den bis zum Widerruf geleisteten Zins- und Tilgungszahlungen. Daneben hat die negative Feststellung, dass der Kläger der Beklagten nicht mehr als den von ihm aufgrund des Rückgewährschuldverhältnisses errechneten Saldo schuldet, nach BGH BKR 2016, 204 Rn. 3 keinen eigenständigen, darüber hinausgehenden Wert. Wird die Löschung einer Grundschuld begehrt, richtet sich der hierauf bezogene Streitwert grundsätzlich nach dem Nominalbetrag der Grundschuld (BGH BKR 2016, 204 Rn. 4). Daneben kommt der Feststellung des Annahmeverzugs kein eigener Wert zu (BGH Beschl. v. 23.2.2010 – XI ZR 219/09, BeckRS 2010, 05470). Der Feststellungsantrag Bereitstellungszinsen muss geschätzt werden. Bei **verbundenen Geschäften** bemisst sich der Streitwert nach dem Nettodarlehensbetrag zuzüglich einer etwa geleisteten Anzahlung; davon ist ggf. der vom Kläger aufgerechnete Wertersatzanspruch der Beklagten in Abzug zu bringen, soweit dieser nicht entsprechend §§ 367 Abs. 1, § 396 Abs. 2 BGB auf die herausverlangten Zinsen zu verrechnen ist (BGH Beschl. v. 14.7.2020 – XI ZR 389/19,BeckRS 2020, 18316.

3. Antragsformulierung nach BGH NJW 2017, 2340, der Tenor ist abgedruckt in BeckRS 2017, 113360. **Unzulässig** ist in jedem Fall der Antrag auf Feststellung, der Wirksamkeit der Kündigung, BGH Beschl. v. 14.7.2009 – XI ZR 569/07, BeckRS 2009, 22513 Rn. 2. Dort ist verwiesen auf BGH NJW-RR 2008, 1495 Rn. 48. Nach dieser Entscheidung kann die Wirksamkeit eines Vertrags Gegenstand einer Feststellungsklage sein. **Ausnahmsweise** kann nach BGH NJW-RR 2017, 815 Rn. 16 auf die Feststellung geklagt werden, dass sich das Vertragsverhältnis in ein Rückgewährsschuldverhältnis gewandelt habe. Dann muss im konkreten Fall gesichert sein, dass der Rechtsstreit die

Meinungsverschiedenheiten der Parteien **endgültig bereinigt**. Im entschiedenen Fall hatte die Beklagte mit einer Hilfswiderklage eine Abrechnung vorgenommen, gegen die die Kläger sachlich nichts erinnert hatten. Damit war zu erwarten, dass ein dem Feststellungsantrag rechtskräftig stattgebendes Erkenntnis zu einer endgültigen Klärung sämtlicher Streitpunkte führen würde. Ansonsten geht der BGH vom **Vorrang der Leistungsklage** auf Rückzahlung der geleisteten Tilgungs- und Zinsraten aus (BGH NJW 2017, 1823 Rn. 11 ff.). Das OLG Nürnberg (BKR 2017, 375 unter II.1.a) geht davon aus, dass dieser Vorrang nicht mehr gilt, wenn „Aufrechnungserklärungen" hinsichtlich der wechselseitigen Zahlungsansprüche vorliegen. Dem steht entgegen, dass der BGH kein Feststellungsinteresse sieht, solange die Bank sich ihres **vertraglichen Anspruchs berühmt**, nicht aber eines Anspruchs aus dem Rückgewährsschuldverhältnis (BGH NJW 2017, 2340 Rn. 13).

Die **Zinspflicht** endet gem. §§ 301, 302 BGB mit Beginn des Annahmeverzugs der Beklagten, es sei denn der Kläger zieht aus der anderweitigen Verwendung der Darlehensvaluta des Zahlungsbetrags Vorteile.

4. Laut KG BKR 2015, 109 Rn. 24 ist es zulässig, die **Feststellung des noch geschuldeten Betrags** zu beantragen, weil bei der unter Ziff. III. beantragten Verurteilung nur die Feststellung der Leistungspflicht des Beklagten in Rechtskraft erwachse, nicht aber die Pflicht des Klägers zur Gegenleistung (BGH NJW-RR 2010, 1295 Rn. 9 mwN). Allerdings ist lt. BGH die **Feststellungsklage nur dann ausnahmsweise** zulässig, wenn im konkreten Fall gesichert ist, dass der Rechtsstreit die Meinungsverschiedenheiten der Parteien **endgültig bereinigt** und sich die Beklage **überhaupt eines Anspruchs** aus dem Rückgewährsschuldverhältnis **berühmt** (→ Anm. 3). Erhebt die Beklagte Hilfswiderklage auf Zahlung des von ihr errechneten Betrags, entfällt das Feststellungsinteresse und ist der Feststellungsantrag **für erledigt** zu erklären. Negative **Kostenfolgen** sollten sich nicht einstellen, wenn je nach Höhe des Hilfswiderklageantrags mit einem sofortigen (Teil-) Anerkenntnis gearbeitet wird, da die Streitgegenstände identisch sind und keine Werterhöhung bedingen (BGH NJW-RR 1992, 1404). Außerdem soll dem Antrag, nicht mehr als . . . . . zu schulden, neben dem Antrag, festzustellen, keine vertraglichen Leistungen zu schulden, kein eigener Wert zukommen (BGH BKR 2016, 204 Rn. 3).

5. Sichert die Grundschuld – wie regelmäßig – auch Ansprüche aus dem **Rückgewährschuldverhältnis**, ist der Anspruch auf Rückgewähr des Sicherungsmittels aus der Sicherungsabrede im Sinne einer beständigen Vorleistungspflicht regelmäßig durch den Wegfall des Sicherungszwecks aufschiebend bedingt. Der Kläger kann in diesem Fall **lediglich die Abgabe** eines Angebots auf Abtretung der Grundschuld nach Leistung eines bestimmt bezeichneten Betrages verlangen, BGH BKR 2017, 152 Rn. 7. Zum Antrag in diesem Fall vgl. a. BGH Urt. v. 24.4.2018 – XI ZR 207/17, BeckRS 2018, 16912 Tenor u. Rn. 9, 10. Es handelt sich allerdings um eine **Klage auf künftige Leistung** iSv § 259 ZPO, so dass die **Besorgnis** bestehen muss, dass die Beklagte nach Leistung der geschuldeten Zahlung die Grundschuld **nicht freigeben** wird (vgl. etwa BGH NJW-RR 1995, 589).

6. Das Formular geht von einem **Präsenzgeschäft** aus, bei Hautür- oder Fernabsatzgeschäften ergeben sich je nach Zeitpunkt des Abschlusses weitere Besonderheiten, vgl. BGH NJW-RR 2017, 815 Rn. 24–33.

7. Die **Sicherungsabrede** erfasst bei dem Widerruf eines Darlehensvertrags auch ohne ausdrückliche Vereinbarung regelmäßig die Rückforderungsansprüche des Kreditgebers (BGH NJW 2004, 158).

8. Bzw. den EWU-Zinsstatistiken, abrufbar auf der Internetseite der Deutschen Bundesbank.

9. Verzug kann aufgrund ausdrücklicher Äußerung des BGH bei erfolgreichem Widerruf **nur** dann angenommen werden, wenn vorher die geschuldete Leistung in einer den Annahmeverzug begründenden Weise **angeboten** worden ist (BGH NJW 2017, 1823 Rn. 27).

10. Es muss unbedingt geprüft werden, ob ein **Widerrufsrecht noch besteht.** Nach **Art. 229 § 38 Abs. 3 EGBGB** erlosch bei **Immobiliardarlehensverträgen** gem. § 492 Abs. 1a S. 2 BGB in der vom 1.8.2002 bis einschließlich 10.6.2010 geltenden Fassung, die zwischen dem 1.9.2002 und dem 10.6.2010 geschlossen wurden, ein fortbestehendes Widerrufsrecht spätestens am 21.6.2016, wenn das Fortbestehen des Widerrufsrechts darauf beruhte, dass die dem Verbraucher erteilte Widerrufsbelehrung den zum Zeitpunkt des Vertragsschlusses geltenden Anforderungen des Bürgerlichen Gesetzbuchs nicht entsprochen hat. Bei **Haustürgeschäften** galt das nur, wenn die beiderseitigen Leistungen aus dem Verbraucherdarlehensvertrag bei Ablauf des 21.5.2016 vollständig erbracht worden waren, andernfalls erlöschen die fortbestehenden Widerrufsrechte erst einen Monat nach vollständiger Erbringung der beiderseitigen Leistungen aus dem Vertrag. Bei einem nach dem 20.3.2016 geschlossenen **Immobiliarverbraucherdarlehensvertrag** erlischt das Widerrufsrecht nach **§ 356b Abs. 2 S. 4 BGB, Art. 229 § 38 Abs. 1 EGBGB** spätestens zwölf Monate und 14 Tage nach dem Vertragsschluss oder nach dem Zeitpunkt, in dem der Darlehensgeber dem Darlehensnehmer eine für diesen bestimmte Vertragsurkunde, seinen schriftlichen Vertragsantrag oder eine Abschrift der Vertragsurkunde oder seines Antrags zur Verfügung gestellt hat, wenn dies erst nach dem Vertragsschluss geschehen ist.

11. Der **Verbraucherbegriff** ergibt sich aus § 13 BGB, die Darlegungs- und Beweislast für einen nicht § 491 BGB unterfallenden – gewerblichen – Verwendungszweck trägt der Kreditgeber (BGH NHW 1993, 2367 (2368)).

12. Hier ist wegen der ständig **wechselnden Gesetzesfassungen** eine sorgfältige Recherche nach dem anzuwendenden Recht erforderlich. Zu beachten ist dabei Art. 229 § 5 S. 2 EGBGB. Auf Dauerschuldverhältnisse ist seit dem 1.1.2003 das BGB grundsätzlich in der dann geltenden Fassung anzuwenden, soweit nicht Art. 229 § 9 als lex specialis anderes vorschreibt (BGH NZG 2010, 433 Rn. 16 f.). Nach § 358 Abs. 5 BGB idF ab 13.6.2014 ist die Anwendung von § 358 Abs. 2 u. 4 auf Darlehensverträge, die der Finanzierung des **Erwerbs von Finanzinstrumenten** dienen, nicht mehr zulässig. Die Vorschrift ist gem. Art. 229 § 32 Abs. 1 EGBGB ab 13.6.2014 anzuwenden. Nach Art. 229 § 32 Abs. 4 EGBGB erlischt das Widerrufsrecht bei einem **Haustürgeschäft**, durch das der Unternehmer dem Verbraucher eine entgeltliche Finanzierungshilfe gewährt und das vor dem 11.6.2010 geschlossen wurde, zwölf Monate und 14 Tage nach vollständiger Erbringung der beiderseitigen Leistungen aus dem Vertrag, frühestens jedoch am 27.6.2015. Für das verbraucherkreditrechtliche Widerrufsrecht gibt es keinen Erlöschenstatbestand und es besteht bis zur Grenze der Verwirkung (BeckOK BGB/*Müller-Christmann*, 46. Ed. Stand 1.11.2017, BGB § 356b Rn. 11). Im Einzelfall kann gegen den Widerruf der **Einwand unzulässiger Rechtsausübung** erhoben werden, BGH NJW 2016, 3518; Rn. 15–17, 20–23; 38–42, 46. Dies gilt allerdings nur bei besonderen Umständen, BGH NJW 2016, 3512, Rn. 33–49. Das Motiv des Widerrufs ist für die Beurteilung dieser Frage allerdings unerheblich, BGH NJW 2016, 1951 Rn. 15–21; anders für einen Fachanwalt für Bankrecht BGH Urt. v. 7.11.2017 – XI ZR 369/16, BeckRS 2017, 134974 Rn. 17 unter Verweis auf OLG Schleswig Urt. v. 31.3.2016 – 5 U 188/15, BeckRS 2016, 118384 Rn. 47. Denn die mit dem Widerruf verbundene Verbraucherbegünstigung kann nicht allgemein ohne gesetzgeberischen Auftrag korrigiert werden, BGH NJW 2016, 2428 Rn. 18–23. Das Zeitmoment knüpft an den Zeitpunkt des Abschlusses des Darlehensvertrags an BGH NJW 2016, 3512 Rn. 37 und läuft bis zur Erklärung des Widerrufs (BGH Beschl. v. 23.2.2021 – XI ZR 328/20, BeckRS 2021, 5765). Es ist meist erfüllt. Das Umstandsmoment kann insbesondere bei einvernehmlicher Vertragsbeendigung vorliegen. Ansonsten gilt, dass Vertragserfüllung allein dieses Kriterium nicht erfüllt (BGH NJW 2016, 3512 Rn. 39) und je länger der Vertragsschluss zurückliegt, desto geringere Anforderungen an das Umstandsmoment zu stellen sind (BGH NJW-RR 2018, 47 Rn. 9).

13. Es ist die zur Zeit des Vertragsschlusses **gültige Norm** (s. dazu Art. 229 §§ 5 ff. EGBGB) einzufügen. Größte Sorgfalt bei der Ermittlung der anzuwendenden Rechts empfiehlt sich dringend, da sich hier die Vorschriften und Muster seit Einführung der **BGB-InfoVO** im Jahre 2002 bis zur aktuell gültigen Vorschrift Art. 247 § 6 Abs. 2 S. 3 EGBGB iVm mit den Mustern Anl. 7 und 8 zu Art. 247 EGBGB immer wieder geändert haben.

14. Siehe zur Feststellung der **Fehlerhaftigkeit der Belehrung** beispielhaft KG BKR 2015, 109 Rn. 45, 46, andererseits LG Heidelberg BKR 2015, 154 zur drucktechnischen Hervorhebung der Widerrufsbelehrung.

15. §§ 357 Abs. 1, 346 Abs. 1 BGB aF sind nur noch auf Verträge anzuwenden, die bis zum 12.6.2014 abgeschlossen worden sind, seitdem gilt § 357a BGB nF, nach dem der Darlehensnehmer **keinen Anspruch auf Nutzungsersatz** mehr hat (BT-Drs. 17/12637, 65).

16. Das gilt gem. § 495 Abs. 2 Nr. 3 S. 2 aF iVm § 346 Abs. 2 S. 2, 357a Abs. 3 S. 2 BGB ab 11.6.2010 **nur** noch für **grundpfandrechtbesicherte Darlehen**.

17. Der gesetzliche **Verzugszinssatz** für Immobiliarverbraucherdarlehen beträgt gem. § 497 Abs. 4 S. 1 BGB **2,5 Prozentpunkte** über dem Basiszinssatz.

18. Die Ratenzahlungen sind jeweils **ab Zahlungseingang** bei der Bank **zu verzinsen** (BGH NJW 2009, 3572 Rn. 29). Sinnvoll ist es, die einzelnen Zahlungen bis zu dem Zeitpunkt zu verzinsen, in dem keine weiteren Zahlungen mehr geleistet wurden und ab diesen Zeitpunkt den Gesamtbetrag zu verzinsen. Als vorläufiger Endzeitpunkt könnte der Zeitpunkt der Klageerhebung dienen. In jedem Fall muss der gem. Antrag II. angebotene **Zahlungsbetrag laufend überprüft** werden. Der Rückgewährsanspruch entsteht als Folge des Widerrufs und unterliegt ab Zugang des Widerrufs der dreijährigen **Regelverjährung** der §§ 195, 199 BGB (BGH Beschl. v. 14.3.2018 – IV ZR 159/17 BeckRS 2018, 5059 Rn. 4).

19. Zur **Berechnung** vgl. OLG Nürnberg BKR 2016, 205 Rn. 39 ff, Revision gem. BGH NJW 2016, 3512 weitgehend erfolglos.

20. Verzug ist nur bei einer **bezifferten Mahnung** denkbar, BGH NJW 2017, 1823 Rn. 24–30. Der Verzugs- bzw. Prozesszinssatz zugunsten des Darlehensnehmers beträgt 5 Prozentpunkte über dem Basiszinssatz, NJW 2017, 2104 Rn. 44.

3. Leistungs- und Feststellungsklage nach Widerruf Kfz-Finanzierungsdarlehen

An das (Amts-)Landgericht
– Kammer für Bank- und Finanzgeschäfte[1] –

Klage

des . . . . . .
– Kläger –
Prozessbevollmächtigte: . . . . . .
gegen
. . . . . .

– Beklagte –

Prozessbevollmächtigte: . . . . .

wegen Leistung und Feststellung nach Widerruf eines Kfz-Finanzierungsdarlehens

Vorläufiger Streitwert: . . . . .[2]

Namens und in Vollmacht des Klägers erhebe ich Klage und werde beantragen:

I. Es wird festgestellt, dass der Beklagten aus dem Darlehensvertrag Nr. . . . . .. vom . . . . . ab dem Zugang der Widerrufserklärung vom . . . . . kein Anspruch mehr auf den Vertragszins und die vertragsgemäße Tilgung zusteht.[3]

II. Die Beklagte wird verurteilt,[4] **an den Kläger . . . . . EUR zuzüglich Zinsen hieraus in Höhe von 5 Prozentpunkten über dem Basiszinssatz seit . . . . .**[5] **zu zahlen, nach Übergabe des Kfz Marke . . . . . Typ . . . . ., FahrzeugIdentNr. . . . . . nebst Fahrzeugschein und sämtlichen Fahrzeugschlüsseln.**[6]

III. Es wird festgestellt, dass die Beklagte mit der Annahme des in Ziff. II. genannten Fahrzeugs in Verzug ist.[7]

IV. Die Beklagte wird verurteilt, an den Kläger weitere . . . . . EUR nebst Zinsen iHv 5 Prozentpunkten über dem Basiszinssatz seit Rechtshängigkeit zu zahlen.[15, 16]

(Variante: Hilfsweise für den Fall, dass Antrag IV. zurückgewiesen wird:

Die Beklagte wird verurteilt, den Kläger von den vorgerichtlichen Rechtsanwaltskosten gem. Kostennote der Rechtsanwälte . . . . .. vom . . . . . iHv . . . . . innerhalb von 4 Wochen nach Rechtskraft des Urteils freizustellen.[8]

Für den Fall des fruchtlosen Fristablaufs wird die Beklagte verurteilt, ... EUR nebst Zinsen iHv 5 Prozentpunkten über dem Basiszinssatz seit Fristablauf an den Kläger zu zahlen.[9]***)***

Der Kläger macht die Rückabwicklung des mit der beklagten Bank zur Finanzierung des Erwerbs des im Antrag näher bezeichneten Pkw geschlossenen Darlehensvertrags geltend. Die Parteien schlossen am . . . . . im Autohaus . . . . . einen Darlehensvertrag über netto . . . . . EUR zur Finanzierung des Erwerbs des am gleichen Tag mit dem beiliegenden Kaufvertrag erworbenen Pkw. Der Darlehensvertrag wurde von dem Mitarbeiter des Autohauses, der dem Kläger auch den Pkw verkauft hat vermittelt und gleichzeitig mit dem Kaufvertrag für den Pkw ausgefertigt und unterschrieben. Einziger Grund für Abschluss des Darlehensvertrags war die Finanzierung des vom Kläger erworbenen Pkw, der der Beklagten gem. Ziffer des Darlehensvertrags zur Sicherheit übereignet wurde. Der Darlehensvertrag enthielt folgende Widerrufsbelehrung:

Darlehensvertrag vom . . . . . ., Anlage K . . . . . .; Kaufvertrag vom . . . . ., Anlage K . . . . ..

Das erworbene Fahrzeug wurde dem Kläger am . . . . . übergeben. Er erbrachte ab . . . . . bis . . . . . die vertraglich geschuldeten Zins- und Tilgungsleistungen. iHv . . . . . EUR. Außerdem leistete er an das Autohaus . . . . . eine Anzahlung von . . . . .

Kontoauszüge, Anlage K . . . . ., Quittung des Autohauses vom . . . . ., Anlage K . . . . .[10]

Mit Schreiben vom . . . . . widerrief der Kläger seine auf Abschluss des Darlehensvertrags gerichtete Willenserklärung vom . . . . .. Gleichzeitig bot er der Beklagten an, das an sie sicherungsübereignete Fahrzeug am . . . . . in ihrer Niederlassung . . . . . nebst Fahrzeugschein und Fahrzeugschlüsseln zu übergeben.[7] **Er forderte die Beklagte auf, nach Rückgabe des Fahrzeugs innerhalb von einer Woche die von ihm bis zu diesem Zeitpunkt geleisteten Raten iHv . . . . . EUR nebst der geleisteten Anzahlung von . . . . . EUR zurückzuzahlen. Vorsorglich erklärte er, dass alle weiteren künftigen Zahlungen auf das Darlehen ohne Anerkennung einer Rechtspflicht hierzu und unter dem Vorbehalt der Rückforderung erfolgen würden.**

Schreiben des Klägers vom . . . . ., Anlage K . . . . .

Die Beklagte hat mit Schreiben vom . . . . . den Widerruf zurückgewiesen und auf Weiterzahlung der aus dem Darlehensvertrag geschuldeten Raten bestanden.

Schreiben der Beklagten vom . . . . ., Anlage K . . . . .

Dem Kläger steht ein Widerrufsrecht gem. §§ 491, 495 BGB zu. Er hat den Darlehensvertrag mit der Beklagten nicht in Ausübung seiner beruflichen Tätigkeit geschlossen, sondern für sich als Privatperson, also als Verbraucher.[11]

Der Kläger war zum Widerruf seiner Vertragserklärungen vom . . . . . berechtigt, da die dem Darlehensvertrag beigefügte Widerrufsbelehrung nicht den bei Vertragsschluss gültigen gesetzlichen Vorgaben entsprochen hat: . . . . .[12]

Die dem Kläger erteilte Widerrufsbelehrung hatte folgenden Wortlaut:

„Widerrufsinformation

. . . . ."

Die dem Kläger erteilte Widerrufsinformation ist fehlerhaft, weil die in ihr enthaltene Verweisung auf "alle Pflichtangaben nach § 492 Abs. 2 BGB" nicht klar und verständlich iSd Art. 247 § 6 Abs. 1 EGBGB in der hier maßgeblichen Fassung (. . . . .[12]) ist. Nach der Meinung des Bundesgerichtshofs ist zwar der Verweis in der Widerrufsinformation auf § 492 Abs. 2 BGB in Kombination mit der beispielhaften Aufzählung von Pflichtangaben nach den Maßstäben des nationalen Rechts klar und verständlich. Der EuGH hat aber mit Urteil vom 26.3.2020 (C-66/19, NJW 2020, 1423 – Kreissparkasse Saarlouis) entschieden, dass Art. 10 Abs. 2 Buchst. p der Richtlinie 2008/48/EG des Europäischen Parlaments und des Rates vom 23.4.2008 über Verbraucherkreditverträge und zur Aufhebung der Richtlinie 87/102/EWG des Rates (ABl. 2008 L 133, S. 66, berichtigt in ABl. 2009 L 207, S. 14, ABl. 2010 L 199, S. 40, und ABl. 2011 L 234, S. 46; im Folgenden: Verbraucherkreditrichtlinie) dahin auszulegen ist, dass er dem entgegensteht, dass ein Kreditvertrag hinsichtlich der in Art. 10 dieser Richtlinie genannten Angaben auf eine nationale Vorschrift verweist, die selbst auf weitere Rechtsvorschriften des betreffenden Mitgliedstaats verweist. Deshalb hält der BGH im Geltungsbereich der Verbraucherkreditrichtlinie in Bezug auf Allgemein-Verbraucherdarlehensverträge an seiner entgegenstehenden Rechtsprechung nicht fest, nach der ein solcher Verweis klar und verständlich ist (BGH NJW 2021, 307 Rn. 14–16).

Die Beklagte kann sich nicht darauf berufen, dass die Belehrung gem. Art. 247 § 6 Abs. 2 S. 3, 12 Abs. 1 S. 3 EGBGB den gesetzlichen Anforderungen entsprochen hätte. Das damals gültige im Bundesgesetzblatt veröffentlichte Muster[12] wies zum Widerrufsrecht und zu den Widerrufsfolgen folgenden Text auf:

„Widerrufsinformation

. . . . ."

Die Schutzwirkung der Art. 247 §§ 6 Abs. 2 S. 3, 12 Abs. 1 S. 3 greift nach BGH NJW 2016, 3512 Rn. 24 grundsätzlich nur ein, wenn der Verwender ein Formular verwendet, das dem Muster sowohl inhaltlich als auch in der äußeren Gestaltung vollständig entspricht. Nur Anpassungen, die den vom Gesetzgeber selbst nach Art. 247 §§ 6 Abs. 2 S. 3, 12 Abs. 1 S. 3 EGBGB als unschädlich anerkannten Abweichungen ihrer Qualität nach entsprechen, ohne die Deutlichkeit der Belehrung zu schmälern, lassen die Gesetzlichkeitsfiktion unberührt. Zu solchen unbedenklichen Anpassungen rechnen zum Beispiel das Einrücken oder Zentrieren von Überschriften, der Verzicht auf eine Einrahmung oder deren individuelle Gestaltung. Ebenfalls bleibt die Gesetzlichkeitsfiktion erhalten, wenn der Unternehmer die Widerrufsbelehrung im Text einem konkreten Verbrauchervertrag zuordnet oder ohne Abstriche bei der Verständlichkeit des Textes Begriffe des Musters durch Synonyme ersetzt. Die Gesetzlichkeitsfiktion geht auch nicht verloren, wenn der Unternehmer von sich selbst nicht in wörtlicher Überein-

stimmung mit dem Muster in der dritten Person Singular, sondern in der ersten Person Plural spricht.

Das ist hier aber nicht der Fall, weil . . . . ..

Bei dem Kfz-Kaufvertrag und dem Finanzierungsdarlehen mit der Beklagten handelt es sich um verbundene Geschäfte iSv § 358 Abs. 3 S. 1u. S. 2 BGB, weil das Darlehen der Finanzierung des Fahrzeugerwerbs diente und beide Verträge eine wirtschaftliche Einheit bilden. außerdem bediente sich die Beklagte beim Abschluss des Darlehensvertrags der Mitwirkung des Autoverkäufers.

Deshalb sind gem. §§ 358 Abs. 2 u. Abs. 4 S. 1, 357 Abs. 1 BGB die empfangenen Leistungen zurückzugewähren.

Nach Meinung des BGH muss der Kläger nach§ 358 Abs. 4 S. 1 Hs. 2 iVm § 357 Abs. 7 BGB hat der Kläger im Rahmen der Rückabwicklung des mit dem Verbraucherdarlehen verbundenen Fahrzeugkaufvertrags Wertersatz für den Wertverlust des Fahrzeugs zu leisten (BGH NJW 2021, 307 Rn. 30 ff.), weil die Beklagte den Kläger in der zitierten Widerrufsinformation über eine mögliche Wertersatzpflicht unterrichtet hat. Der Wertverlust bemisst sich nach der Vergleichswertmethode. Danach hat der Kläger die Differenz zwischen dem unter Heranziehung der vertraglichen Gegenleistung zu ermittelnden Verkehrswert des finanzierten Fahrzeugs bei Abschluss des Darlehensvertrags und dem Verkehrswert des Fahrzeugs bei dessen Rückgabe an den Darlehensgeber zu ersetzen. Diesen bemisst der Kläger aufgrund des Alters und der Laufleistung des Fahrzeugs von . . . . km mit . . . . . EUR.[13]

(Variante: Nach § 358 Abs. 4 S. 1 Hs. 2 iVm § 357 Abs. 7 Nr. 2 BGB hat die Beklagte keinen Anspruch auf Wertersatz für die Fahrzeugnutzung, weil . . . .[14])

Der Kläger berechnet seine Forderung wie folgt:

Ratenzahlungen an die Beklagte zuzüglich Anzahlung	**. . . . EUR**
abzüglich Verzinsung gem. §§ 358 Abs. 4 S. 1, 357a Abs. 3 S. 1 BGB vom . . . . bis	**– . . . . EUR**
abzüglich Wertersatz für die Fahrzeugnutzung	**. . . . . EUR**
Überzahlung	**. . . . .EU**

Die Beklagte befindet sich mit der Annahme des infolge der Verbindung der beiden Verträge statt der Darlehensvaluta zurückzugebenen Fahrzeugs infolge ihrer Zurückweisung des Widerrufs und des Angebots, das Fahrzeugs herauszugeben,[7] mit ihrem Schreiben vom . . . . in Verzug, so dass gem. § 301 BGB ab diesem Zeitpunkt die Zinspflicht entfällt.

(Variante: Aufgrund des zu erwartenden Klageabweisungsantrags befindet sich die Beklagte jedenfalls dann im Annahmeverzug, vgl. BGH NJW-RR 2011, 910 Rn. 25), so dass gem. § 301 BGB ab diesem Zeitpunkt die Zinspflicht entfällt.[16])

Die Klageforderung ist ab der Leistungsverweigerung der Beklagten mit Schreiben vom . . . . gem. §§ 286 Abs. 2 Nr. 3, 288 Abs. 1 BGB zu verzinsen. Außerdem hat die Beklagte die Kosten meiner nach Verzugseintritt erfolgten außergerichtlichen Einschaltung zu ersetzen.[15] Der insoweit gegebene Freistellungsanspruch wandelt sich aufgrund des zu erwartenden Klageabweisungsantrags gem. § 250 S. 2 BGB in einen Zahlungsanspruch (BGH NJW 2004, 1868 unter II. A. 1).

Der Streitwert bemisst sich nach dem Nettodarlehensbetrag in Höhe von . . . . . EUR zuzüglich Anzahlung von . . . . EUR abzüglich des Wertersatzanspruchs der Beklagten, soweit er auf deren Hauptforderung verrechnet worden ist (. . . . EUR).[2]

(Variante: Der Streitwert für den unbedingt gestellten Antrag I.[4] bemisst nach dem Betrag der vom Kläger noch geschuldeten Raten (. . . . . EUR), während nach § 45 Abs. 1 S. 2 GKG die Eventualanträge ab Antrag II. solange außer Ansatz zu bleiben haben, solange über sie nicht entschieden wird, OLG Frankfurt Beschl. v. 13.8.2010 – 4 W 34/ 10, BeckRS 2010, 21944 mwN).[4]

Rechtsanwalt

Anmerkungen

1. Ob die Klage an das **Amts- oder das Landgericht** zu richten ist, ist vom Streitwert abhängig. Bei den Landgerichten muss gem. § 72a Abs. 1 Nr. 1 GVG eine **Fachkammer** für Bank und Finanzgeschäfte eingerichtet sein, diese ergibt sich aus der meist im Internet abrufbaren Geschäftsverteilung.

2. Streitwert: Wird nach dem Widerruf eines verbundenen Darlehens auf die Feststellung geklagt, zu weiteren Zahlungen auf das Darlehen nicht verpflichtet zu sein und außerdem Leistungsantrag hinsichtlich der schon erbrachten Zahlungen gestellt, bemisst sich der Streitwert der vom Kläger erstrebten Verurteilung nach dem Nettodarlehensbetrag zuzüglich einer etwa geleisteten Anzahlung; davon ist ggf. der von ihm aufgerechnete Wertersatzanspruch in Abzug zu bringen, soweit dieser nicht entsprechend § 367 Abs. 1, § 396 Abs. 2 BGB auf die herausverlangten Zinsen zu verrechnen ist (BGH Beschl. v. 14.7.2020 – XI ZR 389/19, BeckRS 2020, 18316. Verlangt der Darlehensnehmer nur die Zahlung des sich nach Aufrechnung zu seinen Gunsten ergebenden Saldos, ist der geforderte Betrag anzusetzen, soweit dieser keine Nebenforderungen enthält (BGH Beschl. v. 10.07.2018 – XI ZR 149/18, BeckRS 2018, 17435 Rn. 4).

3. Antragsformulierung nach BGH NJW 2017, 2340, der Tenor ist abgedruckt in BeckRS 2017, 113360. **Unzulässig** ist in jedem Fall der Antrag auf Feststellung, der Wirksamkeit der Kündigung, BGH Beschluss v. 14.7.2009 – XI ZR 569/07, BeckRS 2009, 22513 Rn. 2. Dort ist verwiesen auf BGH NJW-RR 2008, 1495 Rn. 48. Nach dieser Entscheidung kann die Wirksamkeit eines Vertrags Gegenstand einer Feststellungsklage sein. **Ausnahmsweise** könnte nach BGH NJW-RR 2017, 815 Rn. 16 auf die Feststellung geklagt werden, dass sich das Vertragsverhältnis in ein Rückgewährsschuldverhältnis gewandelt habe. Dann müsste gewährleistet sein, dass der Rechtsstreit die **Meinungsverschiedenheiten** der Parteien **endgültig bereinigt** Das scheidet aber regelmäßig aus, da der Wertersatzanspruch der Bank wegen der Fahrzeugnutzung (vgl. dazu BGH NJW 2021, 307, Rn. 31 ff.) entweder insgesamt oder jedenfalls der Höhe nach streitig sein wird. Ansonsten geht der BGH vom **Vorrang der Leistungsklage** auf Rückzahlung der geleisteten Tilgungs- und Zinsraten aus (BGH NJW 2017, 1823, Rn. 11 ff.).

Die **Zinspflicht** endet gem. §§ 301, 302 BGB mit Beginn des Annahmeverzugs der Beklagten, es sei denn der Kläger zieht aus der anderweitigen Verwendung der Darlehensvaluta des Zahlungsbetrags Vorteile.

4. Denkbar wäre es, den Leistungsantrag und die Folgenanträge als **Hilfsantrag** für den Fall zu formulieren, dass der Feststellungsantrag Erfolg hat. Das könnte zur Folge haben, dass bei Abweisung des Feststellungsantrags als Streitwert nur der Wert der zum Zeitpunkt der Klageerhebung noch geschuldeten Raten in Ansatz gebracht wird (str., vgl. dazu *Herberger* NJOZ 2020, 1089 (1094) mwN). Es wird allerdings regelmäßig damit zu rechnen, dass dann zulässiger Weise (NJW-RR 2008, 1495 Rn. 48) Widerklage auf Feststellung der Wirksamkeit des Darlehensvertrags erhoben wird, das würde dann wohl zum Ansatz des Nettodarlehensbetrags zuzüglich einer etwa geleisteten Anzahlung führen (→ Anm. 2).

5. Seit Annahmeverzug (→ Anm. 6, 7) bzw. Rechtshängigkeit.

6. Dieser Antrag kann wegen der **Vorleistungspflicht des Darlehensnehmers** aus § 358 Abs. 4 S. 1 iVm § 357 Abs. 4 S. 1BGB nur dann mit Aussicht auf Erfolg gestellt werden, wenn sich die Bank mit der Annahme des finanzierten Fahrzeugs in Verzug befindet (BGH NJW 2021, 307 Rn. 29) oder der Kläger nachweist, dass er das Fahrzeug an die Beklagte abgesandt hat (BGH NJW 2021, 307 Rn. 23).

7. Die Rückgabepflicht des Darlehensnehmers ist eine **Bring- oder Schickschuld**, die der Schuldner dem Gläubiger an dessen Wohnsitz anbieten oder an ihn absenden muss. Das Fahrzeug muss also in einer den **Annahmeverzug** begründenden Weise nach § 293 bis § 297 BGB angeboten werden. Es muss der Bank also das Fahrzeug an deren Sitz tatsächlich angeboten oder an sie nachweisbar abgesandt worden sein (§ 294 BGB). Ein wörtliches Angebot muss der Vorleistungspflicht der Vorleistungspflicht des Darlehensnehmers genügen. Es muss die Herausgabe des Fahrzeugs angeboten werden (BGH NJW 2021, 307 Rn. 24).

8. Der zunächst gem. §§ 249 Abs. 1, 257 BGB gegebene Anspruch auf **Freistellung** von den Rechtsverfolgungskosten wandelt sich bei endgültiger Ablehnung der Ersatzleistung, also spätestens mit dem zu erwartendem Klageabweisungsantrag in einen Zahlungsanspruch, vgl. BGH NJW 2004, 1868.

9. Die **Fristsetzung** gem. § 250 S. 1 BGB kann gem. § 255 Abs. 1 ZPO im Urteil erfolgen.

10. Beweisangebot nicht zwingend erforderlich, es kann auch abgewartet werden, ob und in welcher Höhe bestritten wird.

11. Der **Verbraucherbegriff** ergibt sich aus § 13 BGB, die Darlegungs- und Beweislast für einen nicht § 491 BGB unterfallenden – gewerblichen – Verwendungszweck trägt der Kreditgeber (BGH NHW 1993, 2367 (2368)).

12. Es ist jeweils auf den **Gesetzesstand bei Vertragsschluss** abzustellen. Das Formular basiert auf der Rechtslage Anfang Mai 2021.

13. Aus EuGH NJW 2009, 3015 Rn. 27 ist zu folgern, dass der Unternehmer die **Beweislast** für die Höhe des Wertverlusts trägt, allerdings trifft den Darlehensnehmer wegen des naturgemäß nicht gegebenen Einblicks der Bank insoweit die **sekundäre Darlegungslast** zum Zustand des Fahrzeugs.

14. Etwa weil die Beklagte ihn **nicht** über seine mögliche **Wertersatzpflicht** bzw. gar nicht über sein **Widerrufsrecht** (geschieht gelegentlich in der Annahme, es handele um einen gewerblichen Vertrag) unterrichtet hat (Umkehrschluss aus (BGH NJW 2021, 307 Rn. 31).

15. Vgl. zur Erstattung der vorgerichtlichen Anwaltskosten unter dem Gesichtspunkt des Verzugs BGH NJW 2017, 1823, Rn. 23 ff.

16. Tritt **Verzug erst nach Klagerhebung** ein, können vorgerichtliche Kosten mangels Verzugseintritts unter dem Gesichtspunkt des Schadensersatzes nicht geltend gemacht werden (BGH NJW 2021, 307, Rn. 25). Die Erstattung vorgerichtlich verauslagter Anwaltskosten kann nicht mit der Begründung verlangt werden, die Bank sei zum Schadensersatz verpflichtet, weil sie ihre Verpflichtung zur Erteilung einer ordnungsgemäßen Widerrufsbelehrung verletzt habe. Rechtsverfolgungskosten sind nur dann ersatzfähig, wenn sie sich auf einen vom Schädiger zu ersetzenden Schaden beziehen. Vor der Entstehung von Ansprüchen nach § 357 Abs. 1 S. 1 BGB soll die Widerrufsbelehrung nicht schützen (BGH NJW 2017, 1823 Rn. 35).

4. Klage nach Neuberechnung Darlehensverzinsung wegen fehlerhafter Gesamtbetragsangabe

An das (Amts-)Landgericht[1]
– Kammer für Bank- und Finanzgeschäfte[1] –

Klage

des .....

– Kläger –

Prozessbevollmächtigte: .....

gegen

.....

– Beklagte –

Prozessbevollmächtigte: .....

wegen Rückzahlung überzahlter Kreditzinsen.

Vorläufiger Streitwert: .....

Namens und in Vollmacht des Klägers erhebe ich Klage und werde beantragen:

Die Beklagte wird verurteilt, an den Kläger ..... EUR nebst Zinsen hieraus iHv 5 Prozentpunkten über dem Basiszinssatz seit ..... zu zahlen.

Begründung

Der Kläger verlangt von der Beklagten die Rückzahlung überzahlter Kreditzinsen.

Der Kläger schloss am ..... mit der Beklagten den als Anlage K ..... vorgelegten Darlehensvertrag über ..... EUR (Nennwert) ab. Der Darlehensvertrag lautet auszugsweise:

„.....“[2]

Der Kläger leistete folgende Zahlungen an die Beklagte:

..... EUR.

Ausweislich der als Anlage K ..... vorgelegten Jahresabrechnungen verrechnete die Beklagte vom ..... bis ..... jeweils den vertraglich bedungenen Zins von ..... %.

Bei Zugrundelegung des gesetzlichen Zinssatzes von 4 % hätte der Kläger im genannten Zeitraum jedoch nur ..... EUR zahlen müssen.

Der Kläger verlangt von der Beklagten die Rückzahlung seiner über die gesetzlichen Zinsen hinausgehenden Zinszahlungen für die Jahre .....[3] Denn der Darlehensvertrag enthält keine Angaben zu dem Gesamtbetrag der Belastungen bis zum ..... als dem unter Ziff. .... des Darlehensvertrages angegebenen Laufzeitende, weil die Gesamtbetragsangabe in Ziff. .... des Darlehensvertrages nicht den Vorgaben des § 491a Abs. 1 BGB, Art. 247, § 3 Abs. 1 Nr. 8 EGBGB iVm § 6 PAngV entspricht. Deshalb reduziert sich der geschuldete Darlehenszins gemäß 494 Abs. 2 S. 2 BGB auf den gesetzlichen Zinssatz iHv 4 % (§ 246 BGB). Das Darlehen ist als unechte Abschnittsfinanzierung iSv BGH NJW-RR 2011, 1140 Rn. 15 ff, anzusehen, deshalb war die Beklagte verpflichtet, in der Gesamtbetragsangabe alle vom Kläger zu erbringenden Leistungen bis zum Ende der Vertragslaufzeit am ..... – und nicht nur, wie geschehen, nur bis zum ..... – zu benennen.

Der Anspruch auf Rückzahlung der überzahlten Zinsen folgt aus § 812 Abs. 1, § 818 Abs. 1 BGB. Die Höhe der von der Beklagten aus den rechtsgrundlos geleisteten Überzahlungen gezogenen Nutzungen ist gem. § 287 ZPO auf 5 (2,5) Prozentpunkte[4]

über dem jeweiligen Basiszinssatz zu schätzen, da der gesetzliche Verzugszinssatz erfahrungsgemäß die bei Banken übliche Mindestkapitalnutzung darstellt (BGH NJW-RR 2018, 814 Rn. 35 mwN). Der Nutzungsersatz für die in den einzelnen Raten enthaltenen Überzahlungen berechnet sich wie folgt:

1. Aus . . . . . EUR[5] vom . . . . . bis . . . . .[6] = ... Tage/360x . . . . .% (5 (2,5) Prozentpunkte[4] über dem Basiszinssatz), gesamt . . . . . EUR.

2. Aus . . . . . EUR[5] vom . . . . . bis . . . . .[6] = ... Tage/360x . . . . . % (5 (2,5) Prozentpunkte[4] über dem Basiszinssatz), gesamt . . . . . EUR.

. . . . .

Der errechnete Gesamtbetrag inklusive Nutzungsersatz ist seit Verzugseintritt (Klageerhebung) zu verzinsen (BGH NJW 2017, 2104 Rn. 44; NJW 2019, 2851 Rn. 10).
Rechtsanwalt

Anmerkungen

1. Ob die Klage an das **Amts- oder das Landgericht** zu richten ist, ist vom Streitwert abhängig. Bei den Landgerichten muss gem. § 72a Abs. 1 Nr. 1 GVG eine **Fachkammer** für Bank und Finanzgeschäfte eingerichtet sein, diese ergibt sich aus der meist im Internet abrufbaren Geschäftsverteilung.

2. Einzufügen sind die Passagen zum Zinssatz, zur Laufzeit und zum Gesamtbetrag.

3. Geltend zu machen sind nur die **unverjährten Zahlungen**, die Verjährung beginnt jeweils am Ende des Jahres, in dem die Zahlungen geleistet worden sind und endet gem. §§ 195, 199 BGB drei Jahre später (OLG München Urt. v. 2.2.2010 – 5 U 4820/09, BeckRS 2011, 6822 unter II. 4).

4. Der gesetzliche **Verzugszinssatz** für Immobiliarverbraucherdarlehen beträgt gem. § 497 Abs. 4 S. 1 BGB 2,5 Prozentpunkte über dem Basiszinssatz.

5. Differenz zwischen der geleisteten und der tatsächlich geschuldeten Zahlung.

6. Einzufügen ist jeweils der Tag nach Eingang der einzelnen Zahlungen bei der Bank und das Enddatum, also der Tag vor dem Tag, ab dem Verzinsung des Gesamtbetrags verlangt wird.

5. Zahlungsklage gegen die Bank nach Widerruf des mit einem Fondsbeitritt verbundenen Darlehensvertrags

An das (Amts-)Landgericht[1]
– Kammer für Bank- und Finanzgeschäfte[1] –

Klage

des . . . . .
– Kläger –
Prozessbevollmächtigte: . . . . .
gegen
. . . . .
– Beklagte –
Prozessbevollmächtigte: . . . . .

wegen Zahlung nach Widerruf eines Bankdarlehens

Vorläufiger Streitwert: . . . . .[2]

Namens und in Vollmacht des Klägers erhebe ich Klage und werde beantragen:

I. Die Beklagte wird verurteilt, an den Kläger . . . . . EUR nebst Zinsen iHv 5 Prozentpunkten über dem Basiszinssatz seit dem . . . . . zu zahlen, Zug um Zug gegen Übertragung der Beteiligung[3] des Klägers an der . . . . . im Nennwert von . . . . . EUR.[4]

Die Beklagte wird verurteilt, an den Kläger . . . . . EUR nebst Zinsen iHv 5 Prozentpunkten über dem Basiszinssatz seit dem . . . . . zu zahlen, Zug um Zug gegen Übertragung der Rechte aus dem Treuhandvertrag[3] hinsichtlich der Beteiligung des Klägers an der . . . . . im Nennwert von . . . . . EUR.[4]

II. Es wird festgestellt, dass sich die Beklagte mit der Annahme der in Ziff. I. bezeichneten Beteiligung in Verzug befindet.

Begründung

Der Kläger verlangt von der Beklagten nach Widerruf eines mit einer Fondsbeteiligung verbundenen Verbraucherdarlehens die Rückgewähr der an diese und die Fondsgesellschaft geleisteten Zahlungen.

Der Kläger schloss mit der Beklagten den im Emissionsprospekt der . . . . . abgedruckten Darlehensvertrag vom . . . . . über einen Nettodarlehensbetrag iHv . . . . . EUR. Laut Vertrag war Verwendungszweck die teilweise Finanzierung der Beteiligung an der genannten Fondsgesellschaft. Die Rückzahlung sollte spätestens mit Auflösung der Gesellschaft am . . . . . erfolgen. Es waren ab dem . . . . . % vom Kläger Zinsen zu zahlen. Dem Darlehensvertrag war folgende Belehrung beigefügt:

„Widerrufsinformation

. . . . .“

Darlehensvertrag vom . . . . ., Anlage K . . . . .

Emissionsprospekt, Anlage K . . . . .

Der Kläger hatte sich mit einem Betrag iHv . . . . . EUR an der Fondsgesellschaft beteiligt. Er zahlte darauf . . . . . EUR aus eigenen Mitteln; zudem wurde die Darlehensvaluta eingezahlt.

Zeichnungsschein, Anlage K . . . . .

Einzahlungsbestätigung der Fondsgesellschaft, K . . . . .

Die Ausschüttungen iHv insgesamt . . . . . EUR wurden vertragsgemäß zur – teilweisen – Rückführung der Darlehensvaluta verwendet und iHv . . . . . an den Kläger ausbezahlt.

Mit Schreiben vom . . . . . erklärte der Kläger den Widerruf des Darlehensvertrags und forderte die Beklagte zur Rückzahlung der an sie und die Fondsgesellschaft erbrachten Zahlungen nebst Nutzungsersatz abzüglich der von der Fondsgesellschaft an ihn ausbezahlten Ausschüttungen auf. Die Beklagte wies den Widerruf und das Zahlungsverlangen mit Schreiben vom . . . . . zurück.

Schreiben des Klägers vom . . . . ., Anlage K . . . . .

Schreiben der Beklagten vom . . . . ., Anlage K . . . . .

Dem Kläger steht ein Widerrufsrecht gem. §§ 491, 495 BGB zu. Er hat den Darlehensvertrag mit der Beklagten nicht in Ausübung seiner beruflichen Tätigkeit geschlossen, sondern für sich als Privatperson, also als Verbraucher.[5]

Der Kläger war zum Widerruf seiner Vertragserklärungen vom . . . . . berechtigt, da die dem Darlehensvertrag beigefügte Widerrufsbelehrung nicht den bei Vertragsschluss gültigen gesetzlichen Vorgaben[6] entsprochen hat, weil . . . . .

Die Beklagte kann sich nicht darauf berufen, dass die Belehrung gem. § . . . . .[6] den gesetzlichen Anforderungen entsprochen hätte. Das damals gültige im Bundesgesetzblatt veröffentlichte Muster wies zum Widerrufsrecht und zu den Widerrufsfolgen folgenden Text auf:

„Widerrufsinformation
. . . . ."

Die Schutzwirkung des § . . . . .[7] greift nach BGH NJW 2016, 3512 Rn. 24 grundsätzlich nur ein, wenn der Verwender ein Formular verwendet, das dem Muster sowohl inhaltlich als auch in der äußeren Gestaltung vollständig entspricht. Nur Anpassungen, die den vom Gesetzgeber selbst nach Art. 245 EGBGB, § 14 Abs. 3 BGB-InfoV aF als unschädlich anerkannten Abweichungen ihrer Qualität nach entsprechen, ohne die Deutlichkeit der Belehrung zu schmälern, lassen die Gesetzlichkeitsfiktion unberührt. Zu solchen unbedenklichen Anpassungen rechnen zum Beispiel das Einrücken oder Zentrieren von Überschriften, der Verzicht auf eine Einrahmung oder deren individuelle Gestaltung. Ebenfalls bleibt die Gesetzlichkeitsfiktion erhalten, wenn der Unternehmer die Widerrufsbelehrung im Text einem konkreten Verbrauchervertrag zuordnet oder ohne Abstriche bei der Verständlichkeit des Textes Begriffe des Musters durch Synonyme ersetzt. Die Gesetzlichkeitsfiktion geht auch nicht verloren, wenn der Unternehmer von sich selbst nicht in wörtlicher Übereinstimmung mit dem Muster in der dritten Person Singular, sondern in der ersten Person Plural spricht. Das ist hier aber nicht der Fall, weil . . . . .[8]

Bei dem Fondsbeitritt des Klägers und dem streitgegenständlichen Darlehensvertrag handelt es sich um verbundene Verträge gem. § 358 Abs. 3 BGB, weil der Beitritt zur Publikumsgesellschaft ausweislich des Emissionsprospekts zwangsweise nur mit der Darlehensfinanzierung durch die Beklagte möglich war. Bezeichnenderweise wurde der Darlehensvertrag gleichzeitig mit dem Zeichnungsschein unterschrieben, ohne dass der Kläger Kontakt mit der Beklagten gehabt hätte.[9]

Das Widerrufsrecht ist nicht verwirkt, da es am Ablauf eines längeren Zeitraums fehlt, in dem sich die Beklagte darauf hätte einrichten können, dass der Kläger die Wirksamkeit des Vertragsverhältnisses noch in Frage stellen könnte (vgl. etwa BGH NJW 2017, 243, Rn. 29–34). . . . . .[10]

Aufgrund des Widerrufs treten gem. §§ 357, 346, 358 BGB[11] die mit der Klage geltend gemachten Rechtsfolgen ein. Die Beklagte hat die vom Kläger erhaltenen Zinszahlungen ebenso wie die vom Kläger an die Fondsgesellschaft geleisteten Zahlungen . . . . . jeweils einschließlich Nutzungsersatz abzüglich der an den Kläger ausbezahlten Ausschüttungen zurückzuzahlen;[12] der Kläger hat im Gegenzug die Rechte aus seiner Beteiligung an die Beklagte zu übertragen. Der Kläger berechnet seine Forderung wie folgt:

Leistungen an die Beklagte insgesamt	. . . . . EUR
Zinsen iHv 5 Prozentpunkten aus je . . . . . EUR	. . . . . EUR
von . . . . . bis . . . . .[12]	
von . . . . . bis . . . . .[12]	
. . . . .	
und aus dem Gesamtbetrag von . . . . . ab . . . . .,[12] bis zum . . . . .[11]	. . . . . EUR
zzgl. der an die Gesellschaft bezahlte Beteiligung . . . . . EUR nebst von	. . . . . EUR
dieser ersparter Schuldzinsen[13] in Höhe . . . . . vom . . . . . bis	
abzüglich erhaltene Ausschüttungen iHv	– . . . . . EUR
Gesamt[14]	. . . EUR

Der errechnete Gesamtbetrag inklusive Nutzungsersatz ist seit Verzugseintritt (Klageerhebung) zu verzinsen (BGH NJW 2017, 2104 Rn. 44).

Rechtsanwalt

Anmerkungen

1. Ob die Klage an das **Amts- oder das Landgericht** zu richten ist, ist vom Streitwert abhängig. Bei den Landgerichten muss gem. § 72a S. 1 Nr. 1 GVG eine **Fachkammer** für Bank und Finanzgeschäfte eingerichtet sein, diese ergibt sich aus der meist im Internet abrufbaren Geschäftsverteilung.

2. Der Annahmeverzug gem. Antrag II. ist neben dem Zahlungsantrag nicht gesondert zu bewerten (BGH NJW-RR 2010, 1295 Rn. 16).

3. Nach BGH NZG 2017, 1230 Rn. 18 ist bei einer Direktbeteiligung diese als solche zu übertragen, während einer treuhänderischen Beteiligung nur die Rechte aus dem Treuhandvertrag übertragen werden können.

4. Nach BGH NJW 2016, 3455 Rn. 18–21 reicht die Bezeichnung des Fonds, wenn der Kläger allein Inhaber der dem Schuldner als Gegenleistung angebotenen Beteiligung und nicht Inhaber weiterer Beteiligungen ist. Dann kann die abzutretende Forderung bereits anhand der persönlichen Angaben des Gläubigers identifiziert werden.

5. Der **Verbraucherbegriff** ergibt sich aus § 13 BGB, die Darlegungs- und Beweislast für einen nicht § 491 BGB unterfallenden – gewerblichen – Verwendungszweck trägt der Kreditgeber (BGH NJW 1993, 2367 (2368)).

6. Hier ist wegen der **ständig wechselnden Gesetzesfassungen** eine sorgfältige Recherche nach dem anzuwendenden Recht erforderlich, zu beachten ist dabei Art. 229 § 5 S. 2 EGBGB, dass auf Dauerschuldverhältnisse seit dem 1.1.2003 das BGB grundsätzlich in der dann geltenden Fassung anzuwenden ist, soweit nicht Art. 229 § 9 als lex specialis anderes vorschreibt (BGH NZG 2010, 433 Rn. 16 f.; sa *Servais* NJW 2014, 3748 ff.).

7. Es ist die zur Zeit des Vertragsschlusses **gültige Norm** (s. dazu Art. 229 §§ 5 ff. EGBGB) einzufügen. Größte Sorgfalt bei der Ermittlung der anzuwendenden Rechts empfiehlt sich dringend, da sich hier die Vorschriften und Muster seit Einführung der **BGB-InfoVO** im Jahre 2002 bis zur aktuell gültigen Vorschrift Art. 247 § 6 Abs. 2 S. 3 EGBGB iVm mit den Mustern Anl. 7 und 8 zu Art. 247 EGBGB immer wieder geändert haben.

8. Siehe zur Feststellung der **Fehlerhaftigkeit der Belehrung** beispielhaft KG BKR 2015, 109 Rn. 45/46. Sollte nur die Widerrufsbelehrung nur hinsichtlich der **Beteiligung an der Fondsgesellschaft** fehlerhaft gewesen sein, kann eine Klage trotz des verbundenen Geschäfts nicht erfolgreich gegen die **Bank** gerichtet werden. Denn der Kläger kann sich in diesem Fall erst für die Zukunft von der Beteiligung lösen. Dies gilt auch für den Darlehensvertrag, deshalb hat der BGH in einem entsprechenden Fall nicht nur die Rückforderungsklage, sondern auch den Antrag auf die Feststellung zurückgewiesen, der Bank zu keinen Leistungen mehr verpflichtet zu sein (NJW-RR 2011, 406, Rn. 20).

9. Sollte die Belehrung auch nicht hinreichend über die Rechtsfolgen des Widerrufs des Darlehensvertrags im Hinblick auf das **verbundene Geschäft** belehren, könnte hier wie folgt fortgefahren werden:

> **„Daher war gemäß Art. 247 § 12 Abs. 1 S. 2 Nr. 2b EGBGB auch über die Rechtsfolgen gemäß § 358 Abs. 2 BGB zu belehren. Der von der Beklagten verwendete Text der Widerrufsbelehrung bringt nicht unmissverständlich zum Ausdruck, dass durch einen wirksamen Widerruf des Darlehensvertrags auch die Bindung an den Gesellschaftsvertrag entfällt, weil . . . . .“**

10. Im Einzelfall kann gegen den Widerruf der **Einwand unzulässiger Rechtsausübung** erhoben werden, BGH NJW 2016, 3518; Rn. 15–17, 20–23; 38–42, 46. Dies gilt aber nur bei besonderen Umständen, BGH NJW 2016, 3512, Rn. 33–49. Das Motiv des Widerrufs ist für die Beurteilung dieser Frage regelmäßig unerheblich, BGH NJW 2016, 1951 Rn. 15–21, anders für einen Fachanwalt für Bankrecht BGH NJW-RR 2018, 301 Rn. 17 unter Verweis auf OLG Schleswig Urt. v. 31.3.2016 – 5 U 188/15, BeckRS 2016, 118334 Rn. 47. Denn die mit dem Widerruf verbundene Verbraucherbegünstigung kann nicht allgemein ohne gesetzgeberischen Auftrag korrigiert werden, BGH NJW 2016, 2428 Rn. 18–23. Das Zeitmoment knüpft an den Zeitraum zwischen dem Abschluss des Darlehensvertrags (BGH NJW 2016, 3512 Rn. 37) und der Erklärung des Widerrufs (BGH Beschl. v. 23.2.2021 – XI ZR 328/20, BeckRS 2021, 5765) an. Es ist meist erfüllt. Das Umstandsmoment kann insbesondere nach Abwicklung der Fondsbeteiligung vorliegen. Ein weiteres Kriterium kann die Sicherheitenfreigabe durch die Bank sein (BGH, (NJW 2018, 1390, Rn. 20 mwN) und zwar auch bei verbundenen Geschäften (BGH Beschl. v. 3.12.2019 – XI ZR 100/19 – BeckRS 2019, 33265). Allerdings gilt, dass Vertragserfüllung allein dieses Kriterium nicht erfüllt (NJW 2016, 3512, Rn. 39). Je länger der Vertragsschluss zurückliegt, desto geringere Anforderungen werden an das Umstandsmoment zu stellen sein (NJW-RR 2018, 47 Rn. 9).

11. Zu beachten ist, dass § 358 Abs. 5 BGB idF ab 13.6.2014 die Anwendung von § 358 Abs. 2 u. 4 auf Darlehensverträge, die der **Finanzierung des Erwerbs von Finanzinstrumenten** iSv § 1 Abs. 11 S. 1 KWG dienen, nicht mehr zulässt, der Verbraucher also auch bei einem verbundenen Geschäft auf den Risiken seines Finanzinstruments sitzen bleibt (Palandt/*Grüneberg* BGB, 80. Aufl. 2021, § 358 Rn. 25, BT-Drs. 17/12637, 66). Die Vorschrift ist gem. Art. 229 § 32 Abs. 1 EGBGB ab 13.6.2014 anzuwenden. §§ 357 Abs. 1, 346 Abs. 1 BGB aF sind ohnehin nur noch auf Verträge anzuwenden, die bis zum 12.6.2014 abgeschlossen worden sind, seitdem gilt § 357a BGB nF, nach dem der Darlehensnehmer **keinen Anspruch auf Nutzungsersatz** mehr hat.

12. Der klagende Darlehensnehmer kann nach Widerruf der Darlehensvertragserklärung vom Darlehensgeber die aus seinem eigenen Vermögen erbrachten Zins- und Tilgungsleistungen zurückfordern sowie die Rückabtretung gewährter Sicherheiten verlangen, etwa der Rechte aus einer Kapitallebensversicherung. An ihn oder direkt an die kreditgebende Bank geflossene Fondsausschüttungen verbleiben der Bank bzw. sind an sie nach den Regeln des Vorteilsausgleichs herauszugeben, da der Verbraucher sonst besser stünde, als er ohne die Beteiligung am Fonds gestanden hätte (BGH NJW 2007, 2401, Rn. 22). Die Zins- und ggf. Tilgungszahlungen des Klägers sind jeweils ab Zahlungseingang bei der Bank unter dem Gesichtspunkt des Nutzungsersatzes zu **verzinsen** (BGH NJW 2009, 3572, Rn. 29); s. aber → Anm. 11 aE. Sinnvoll ist es, die einzelnen Zahlungen bis zu dem Zeitpunkt zu verzinsen, in dem keine weiteren Zahlungen mehr geleistet wurden und ab diesen Zeitpunkt den Gesamtbetrag. Als vorläufiger Endzeitpunkt könnte der Zeitpunkt der Klageerhebung dienen. Der Rückgewährsanspruch entsteht als Folge des Widerrufs und unterliegt ab Zugang des Widerrufs der dreijährigen **Regelverjährung** der §§ 195, 199 BGB (BGH Beschl. v. 14.3.2018 – IV ZR 159/17, BechRS 2018, 5059 Rn. 4).

13. Eine Verzinsung der **Zahlungen an den Fonds** muss gesondert begründet werden, da insoweit zunächst die von diesem tatsächlich erzielten Zinsvorteile maßgeblich sind (§ 346 Abs. 1 BGB).

14. Zur **Berechnung** vgl. OLG Nürnberg BKR 2016, 205 Rn. 39 ff, Revision gem. BGH NJW 2016, 3512 weitgehend erfolglos.

6. Stufen- und Feststellungsklage gegen Fondsgesellschaft nach Widerruf einer Beteiligung an einem Publikumsfonds

An das (Amts-)Landgericht[1]

– Kammer für Bank- und Finanzgeschäfte[1] –

Klage

des . . . . .

– Kläger –

Prozessbevollmächtigte: . . . . .

gegen

. . . . .

– Beklagte zu 1[2] –

Prozessbevollmächtigte: . . . . .

– Beklagte zu 2[2] –

Prozessbevollmächtigte: . . . . .

wegen Erstellung einer Auseinandersetzungsbilanz (und Feststellung) nach Widerruf der Beteiligung an einem Publikumsfonds

Vorläufiger Streitwert: . . . . .[3]

Namens und in Vollmacht des Klägers erhebe ich Stufenklage[4] und werde beantragen:

I. Die Beklagten werden gesamtschuldnerisch verurteilt, zum Stichtag[5]. . . . . eine Auseinandersetzungsbilanz der Beklagten zu 1 zu erstellen.[6]

(II.) Es wird festgestellt, dass der Beklagten zu 1 aufgrund des am . . . . . erklärten Widerrufs des Klägers mit Ausnahme eines sich ggf. aus der gem. Ziff. I zu erstellenden Auseinandersetzungsbilanz ergebenden Zahlungsanspruchs keine weiteren Ansprüche aus der am . . . . . gezeichneten Beteiligung zustehen.[7]

II. (III). Die Beklagte zu 1 wird verurteilt, an den Kläger einen nach Vorlage der Auseinandersetzungsbilanz einen Betrag in noch zu bestimmender Höhe nebst Zinsen iHv 5 Prozentpunkten über dem Basiszinssatz seit Rechtshängigkeit zu zahlen.

Begründung

Der Kläger verlangt nach dem Widerruf seiner Beteiligung an der beklagten Fondsgesellschaft im Wege der Stufenklage die Erstellung der Auseinanderbesetzungsbilanz und ggf. die Auskehrung seines sich ergebenden Guthabens.

Der Kläger verlangt nach dem Widerruf seiner Beteiligung an der beklagten Fondsgesellschaft im Wege der Stufenklage die Erstellung der Auseinanderbesetzungsbilanz und begehrt die Feststellung, mit Ausnahme eines etwa negativen Auseinandersetzungsguthabens zu keinen weiteren Zahlungen an die Beklagte verpflichtet zu sein.

Der Kläger beteiligte sich mit Beitrittserklärung vom . . . . . an der Beklagten zu 1, einem geschlossenen Fonds in der Rechtsform einer . . . . . mit . . . . . EUR.

Davon war ein Einmalbetrag von . . . . . EUR zur sofortigen Zahlung fällig; weitere . . . . . EUR waren in . . . . . monatlichen Raten ab . . . . . zu entrichten.

Im Zeichnungsschein ist der Kläger unter der Überschrift „Widerrufsbelehrung" (ggf. „Rückgabebelehrung"[10]) wie folgt auf sein Widerrufsrecht (ggf. Rückgaberecht) hingewiesen worden:

„Widerrufsbelehrung (ggf. Rückgabebelehrung)

. . . . ."

Zeichnungsschein vom . . . . ., Anlage K . . . . .

Der Kläger zahlte den Zeichnungsbetrag am . . . . .

Der Kläger zahlte den Einmalbetrag am . . . . . und weitere . . . . . Raten à. . . . . EUR, insgesamt . . . . . EUR.

Kontoauszüge in chronologischer Reihenfolge, Anlagenkonvolut K . . . . .

Der Beteiligungsvertrag wurde durch . . . . . wie folgt angebahnt: . . . . .[8] Der Kläger wird zum Beweistermin erscheinen und beantragt, dazu gem. § 137 Abs. 4 ZPO gehört zu werden.

Zeugnis . . . . .

Der Kläger widerrief seine Beteiligung mit Schreiben vom . . . . ., das der Beklagten zu 1 am . . . . . zugegangen ist. In dem Schreiben habe ich die Beklagte zu 1 aufgefordert, innerhalb von . . . . . eine Auseinandersetzungsbilanz vorzulegen und den sich ergebenden Saldo auf mein Anderkonto auszuzahlen. Mit Schreiben vom . . . . . hat die Beklagte zu 1 mitgeteilt, die Widerrufsbelehrung sei jedenfalls deshalb wirksam, weil sie den bei Vertragsschluss gültigen gesetzlichen Vorgaben entsprochen habe, der Widerruf sei daher verfristet.
Außerdem besteht die Beklagte zu 1 darauf, dass der Kläger weiterhin die monatlichen Raten entrichtet.

Mein Schreiben vom . . . . ., Anlage K . . . . .
Schreiben der Beklagten zu 1 vom . . . . ., Anlage K . . . . .

Der Beteiligungsvertrag wurde in einer Haustürsituation gem. § . . . . .[9] geschlossen. Daher steht dem Kläger ein Widerrufsrecht nach § . . . . .[9] zu. Die genannten Vorschriften finden auf Verträge über den Beitritt zu einer Gesellschaft, die der Kapitalanlage dienen soll, nach der vom EuGH bestätigten ständigen Rechtsprechung des BGH Anwendung (BGH NJW-RR 2012, 1197, Rn. 13).

Die Widerrufsbelehrung (ggf. Rückgabebelehrung[10]) entsprach nicht den gesetzlichen Anforderungen und setzte deshalb den Lauf der Widerrufsfrist nicht in Gang (§ 355 Abs. 2 BGB, BGH NJW-RR 2011, 785, Rn. 13), weil . . . . .

Die Beklagte zu 1 kann sich nicht darauf berufen, dass die Belehrung gem. § . . . . .[10] den gesetzlichen Anforderungen entsprochen hätte. Das damals gültige im Bundesgesetzblatt veröffentlichte Muster[10] wies zum Widerrufsrecht und zu den Widerrufsfolgen (ggf. Rückgaberecht) folgenden Text auf:

„Widerrufsbelehrung (ggf. Rückgabebelehrung)

. . . . ."

Die Schutzwirkung des § . . . . .[10] greift nach BGH NJW 2016, 3512 Rn. 24 grundsätzlich nur ein, wenn der Verwender ein Formular verwendet, das dem Muster sowohl inhaltlich als auch in der äußeren Gestaltung vollständig entspricht. Nur Anpassungen, die den vom Gesetzgeber selbst nach Art. 245 EGBGB, § 14 Abs. 3 BGB-InfoV aF als unschädlich anerkannten Abweichungen ihrer Qualität nach entsprechen, ohne die Deutlichkeit der Belehrung zu schmälern, lassen die Gesetzlichkeitsfiktion unberührt. Zu solchen unbedenklichen Anpassungen rechnen zum Beispiel das Einrücken oder Zentrieren von Überschriften, der Verzicht auf eine Einrahmung oder deren individuelle Gestaltung. Ebenfalls bleibt die Gesetzlichkeitsfiktion erhalten, wenn der Unternehmer die Widerrufsbelehrung im Text einem konkreten Verbrauchervertrag zuordnet oder ohne Abstriche bei der Verständlichkeit des Textes Begriffe des Musters durch Synonyme ersetzt. Die Gesetzlichkeitsfiktion geht auch nicht verloren, wenn der Unternehmer von sich selbst nicht in

wörtlicher Übereinstimmung mit dem Muster in der dritten Person Singular, sondern in der ersten Person Plural spricht.

Das ist hier aber nicht der Fall, weil .....

Der Widerruf der Beitrittserklärung führt zur Anwendung der Grundsätze der fehlerhaften Gesellschaft[11] und zur Verpflichtung der Beklagten zu 1 zur Ermittlung des Werts des Gesellschaftsanteils des fehlerhaft beigetretenen Gesellschafters im Zeitpunkt seines Ausscheidens (BGH NJW 2013, 155 Rn. 46 mwN).

Die Beklagten befinden sich infolge der Weigerung der Beklagten zu 1, die Wirksamkeit des Widerrufs anzuerkennen und die Auseinandersetzungsbilanz vorzulegen, im Verzug. Daher behalte ich mir vor, für den Fall, dass die Auseinandersetzungsbilanz eine Forderung der Beklagten zu 1 ergeben sollte, den Klageantrag III auf die Feststellung umzustellen, dass die Beklagten gesamtschuldnerisch die Kosten der Unbegründetheit des ursprünglichen Klageantrags III zu tragen haben (insoweit würde eine zulässige Klageänderung vorliegen, BGH NJW 1994, 2895 (2896) unter 3).

Der Streitwert ergibt sich aus .....[3]

Rechtsanwalt

Anmerkungen

1. Ob die Klage an das **Amts- oder das Landgericht** zu richten ist, ist vom Streitwert abhängig. Bei den Landgerichten muss gem. § 72a Abs. 1 Nr. 1 GVG eine **Fachkammer** für Bank und Finanzgeschäfte eingerichtet sein, diese ergibt sich aus der meist im Internet abrufbaren Geschäftsverteilung. Zu beachten ist hier ggf. auch die Zuständigkeit der **Handelskammer** nach § 95 Abs. 1 Nr. 4.a) GVG.

2. Neben der **Fondsgesellschaft** kann wegen der Erstellung der Auseinandersetzungsbilanz auch gegen die **geschäftsführende Gesellschafterin** geklagt werden, BGH NJW 2009, 437 Rn. 11.

3. Der **Streitwert** für die Stufenklage ergibt sich aus dem vom Kläger geschätzten Wert des Leistungsantrags (BGH GRUR 2012, 959 Rn. 5) bzw. eines Bruchteils zwischen 10 und 25 % des angestrebten Anspruchs (BGH Beschl. v. 19.4.2018 – IX ZB 62/17, BeckRS 2018, 8563 Rn. 10). Die (negative) Feststellungsklage ist ggf. mit dem Wert der ausstehenden Raten ggf. unter Einbeziehung von §§ 3,9 ZPO zu bemessen (OLG Karlsruhe NJOZ 2013, 784).

4. Nach dem Widerruf kann **nicht** Klage **auf Rückzahlung** der erbrachten Zahlungen erhoben werden, weil dieser (nur) zur Anwendung der Grundsätze der fehlerhaften Gesellschaft, und zur Verpflichtung der Fondsgesellschaft zur Ermittlung und Auskehrung des Werts des Gesellschaftsanteils des fehlerhaft beigetretenen Gesellschafters im Zeitpunkt seines Ausscheidens führt (BGH NJW 2013, 155 Rn. 46 mwN). Das kann dazu führen, dass wegen der von der Gesellschaft während der Dauer der Mitgliedschaft des Widerrufenden erwirtschafteten Verluste das Abfindungsguthaben negativ ist, der widerrufende Gesellschafter also nicht nur seine Einlage nicht zurückerhält, sondern **seinerseits zu Zahlungen** an die Gesellschaft **verpflichtet** ist (BGH Urt. v. 22.5.2012 – II ZR 88/11, BeckRS 2012, 16122 Rn. 30). Schlimmstenfalls müssen vereinbarte Raten weiter entrichtet werden, wenn sie zur Gläubigerbefriedigung benötigt werden (BGH DStR 2017, 2005 Rn. 8–23; sa BGH Urt. v. 30.1.2018 – II ZR 95/16, BeckRS 2018, 4239 Rn. 40 ff.). Falls mit einem negativen Auseinandersetzungsguthaben zu rechnen ist, kann auch eine **isolierte Stufenklage**, erhoben werden. Der (unbestimmte) Leistungsantrag kann aber auch auf die Feststellung umgestellt werden, dass die Beklagten gesamtschuldnerisch die Kosten der Unbegründetheit des ursprünglichen Leistungsantrags zu tragen haben (insoweit würde eine zulässige Klageänderung vorliegen, BGH NJW 1994, 2895 (2896) unter 3). Stufenklage sollte in jedem Fall erhoben werden, wenn die Notwendigkeit besteht, die Verjährung hinsichtlich eines sich aus der Auseinandersetzungsbilanz ergebenden Zahlungsanspruchs zu unterbrechen. Dieser entsteht mit dem Zeitpunkt des Ausscheidens, also mit dem Zugang der Widerrufserklärung bei der Gesellschaft (BGH NJW-RR 2012, 1197 Rn. 25). Die Fälligkeit, mithin der Verjährungsbeginn ist streitig, es wird vertreten, dass diese sofort eintritt, nach anderer Auffassung soll diese erst mit Erstellung der Auseinandersetzungsbilanz eintreten oder jedenfalls in dem Zeitpunkt, in dem die Auseinandersetzungsbilanz voraussichtlich erstellt sein wird (BeckOK BGB/*Schöne*, 59. Ed. Stand: 1.5.2021, § 738 Rn. 19; zur stillen Gesellschaft vgl. BGH DStR 2017, 675 Rn. 13–16). Der Anspruch auf Erstellung der Auseinandersetzungsbilanz verjährt nach § 195 BGB ab dem Wirksamwerden des Widerrufs (so jedenfalls BGH NJW 2012, 917 Rn. 15 zum Auftrag).

5. Der Zahlungsanspruch entsteht mit dem Zeitpunkt des Ausscheidens, Stichtag ist also der Zugang der Widerrufserklärung bei der Gesellschaft (BGH NJW-RR 2012, 1197 Rn. 26).

6. Laut BGH NJW 1981, 749 ist der Antrag auf Verurteilung zur Mitwirkung an einer Auseinandersetzungsbilanz zu **unbestimmt**, bei der hier beantragten Verurteilung zur Erstellung der Bilanz kann die Entscheidung, welche weiteren Handlungen hierfür im Einzelnen vorzunehmen sind, im Vollstreckungsverfahren getroffen werden (laut OLG Bremen Urt. v. 6.7.2009 – 3 U 30/07, BeckRS 2009, 23801, OLG Koblenz NZG 2002, 371 mwN). Die Erstellung einer Auseinandersetzungsbilanz ist eine **vertretbare Handlung** nach § 887 ZPO, BGH NJW 2009, 431 Rn. 11.

7. Laut Beschl. des BGH Beschl. v. 14.7.2009 – XI ZR 569/07, BeckRS 2009, 22513 Rn. 2 ist ein Antrag (nur) auf **Feststellung der Wirksamkeit des Widerrufs** unzulässig (rechtliche Vorfrage). BGH Urt. v. 22.5.2012 – II ZR 88/11, BeckRS 2012, 16122 Rn. 30 f. ist aber zu entnehmen, dass der – nicht zu weit gefasste – Antrag zulässig ist, dass kein gesellschaftsvertraglicher Anspruch mehr besteht, sa BGH NJW 2017, 2340 Rn. 9.

8. Zu schildern ist die **Haustürsituation**. Das frühere Tatbestandsmerkmal (§ 312 BGB aF) des Bestimmtwerdens zum Vertragsschluss ist als europarechtswidrig beanstandet worden (*Bülow* ZIP 2012, 1745), ein Kausalitätserfordernis im Wege einer einschränkenden Auslegung findet im Gesetz keine Stütze und ist europarechtlich unzulässig (BeckOK BGB/*Maume*, 59. Ed. Stand: 1.8.2021, § 312b Rn. 9). Dennoch sollte aus Gründen der anwaltlichen Vorsicht ausgehend etwa von BGH NJW 2009, 431 substanziiert die Haustürsituation geschildert werden. Dies gilt auch, weil die beklagte Seite das Vorliegen einer Haustürsituation substanziiert bestreiten muss, widrigenfalls diese als zugestanden gilt (BGH NJW-RR 2012, 197 Rn. 16).

9. Es ist die zur Zeit des Vertragsschlusses **gültige Norm** (s. dazu Art. 229 § 5 ff. EGBGB) einzufügen. Größte Sorgfalt bei der Ermittlung der anzuwendenden Rechts empfiehlt sich dringend, da sich hier die Vorschriften ab dem HaustürWG über § 312 BGB in der ab 1.1.2002 bis 10.6.2010 und v. 11.6.2010 bis 12.6.2014 gültigen Fassung bis zur aktuell gültigen Vorschrift des § 312g BGB immer wieder geändert haben. Ggf. ist darauf hinzuweisen, dass das Tatbestandsmerkmal des „Bestimmtwerdens" europarechtswidrig ist (s. Anm. 8).

10. Insoweit galt ab 1.9.2002 die **BGB-InfoV** (§ 14 Abs. 1 u. 3 sowie Anl. 2 u. 3), ab 11.6.2010 bis 12.6.2014 § 360 Abs. 3 BGB aF sowie die Muster der Anl. 1 u. 2 zum Einführungsgesetz zum Bürgerlichen Gesetzbuch und nun Art. 246b § 2 Abs. 3 **EGBGB** mit Anlage 3.

11. Aus diesem Grund kann eine Klage trotz des verbundenen Geschäfts **nicht** erfolgreich gegen die **Bank** gerichtet werden. Der Kläger kann sich erst für die Zukunft von der Beteiligung lösen. Dies gilt auch für den Darlehensvertrag, deshalb hat der BGH in einem entsprechenden Fall nicht nur die Rückforderungsklage, sondern auch den Antrag auf die Feststellung zurückgewiesen, der Bank zu keinen Leistungen mehr verpflichtet zu sein (NJW-RR 2011, 406 Rn. 20).

7. Musterfeststellungsklage gegen Bank wegen Zinsanpassungsklausel Sparbuch

An das Oberlandesgericht[1]
– Senat für Musterfeststellungsklagen[2] –

Musterfeststellungsklage

des . . . . .
– Musterkläger –
Prozessbevollmächtigte: . . . . .
gegen
. . . . .
– Musterbeklagte –
Prozessbevollmächtigte: . . . . .
wegen Musterfeststellung hinsichtlich der von der beklagten Bank in ihren Sparverträgen verwendeten Zinsanpassungsklausel
Vorläufiger Streitwert: . . . . .[3]
Namens und in Vollmacht des Klägers erhebe ich Klage und werde beantragen:

I. Es wird festgestellt,[4] dass die Beklagte mit ihren Kunden, die Verbraucher sind, bei Abschluss eines Formularsparvertrags mit der Klausel:
„Die . . . . . zahlt den jeweils gültigen Zinssatz, zur Zeit . . . . . %."
keine wirksame Zinsanpassungsvereinbarung geschlossen hat.
II. Es wird festgestellt,[4] dass die Musterbeklagte verpflichtet ist, die Zinsanpassungen für die im Antrag zu 2. genannten formularmäßigen Sparverträge auf der Grundlage . . . . . vorzunehmen,
hilfsweise
auf der Grundlage von . . . . . vorzunehmen.

Begründung

I. Die Musterfeststellungsklage ist zulässig.1. Der Musterkläger ist als qualifizierte Einrichtung iSv § 606 Abs. 1 S. 1 ZPO klagebefugt, da sämtliche Voraussetzungen des § 606 Abs. 1 S. 2 Nr. 1 bis 5 ZPO vorliegen:
Dies wird für den Musterkläger als Verbraucherverband, der in die Liste nach § 4 UKlaG eingetragen ist (aktuelle Version auf der Internetseite des Bundesamts für Justiz abrufbar), nach § 606 Abs. 1 S. 4 ZPO unwiderleglich vermutet. Denn der Kläger wird überwiegend mit öffentlichen Mitteln gefördert. . . . . .
Haushaltsplan des Musterklägers für das Jahr . . . . . Anlage K . . . . .; Auszug aus dem Bundes- bzw. Landeshaushaltsplan für Jahr . . . . . Anlage K . . . . ., Eidesstattliche Versicherung, hilfsweise Zeugnis des . . . . .
(Variante: Der Musterkläger erfüllt die Voraussetzungen des § 606Abs. 1 S. 2 ZPO:
a) er hat über 350 natürliche Personen als Mitglied,[5]

Auszug aus der Mitgliederliste Anlage K . . . . ., Eidesstattliche Versicherung, hilfsweise Zeugnis des . . . . .

b) er ist seit . . . . . in die Liste nach § 4 UKlaG eingetragen (aktuelle Version auf der Internetseite des Bundesamts für Justiz abrufbar),
Auszüge aus den Listen nach § 4 UKlaG seit . . . . ., Anlagenkonvolut K . . . . .

c) er nimmt in Erfüllung seiner satzungsmäßigen Aufgaben Verbraucherinteressen weitgehend durch nicht gewerbsmäßige aufklärende oder beratende Tätigkeiten wahr. Der durch die Tätigkeit des Musterklägers erzielte Verbraucherschutz ist ganz maßgebend auf nicht gewerbsmäßige Aufklärung bzw. Beratung zurückzuführen. Daneben spielt die (außer)gerichtliche Geltendmachung von Verbraucherinteressen nur eine untergeordnete Rolle. . . . . .[6]
Satzung des Musterklägers, Anlage K . . . . .; Auszüge aus den Tätigkeitberichten des Musterklägers für die Jahre . . . . . nebst eidesstattlicher Versicherung des . . . . ., dass diese inhaltlich zutreffen, Anlagenkonvolut K . . . . ., hilfsweise wird die Vernehmung des . . . . . als Zeuge beantragt.

d) der Musterkläger erhebt weder diese noch andere Musterfeststellungsklagen zum Zwecke der Gewinnerzielung. . . . . .
Eidesstattliche Versicherung des . . . . ., hilfsweise wird die Vernehmung des . . . . . als Zeuge beantragt.

e) der Musterkläger erhält keine Zuwendungen von Unternehmen.
Auszüge aus den testierten Jahresabschlüssen des Musterkläger von . . . . . bis . . . . .)

2. Die Musterbeklagte ist als . . . . . passivlegitimiert,[7] insbesondere würde ein rechtskräftiges Musterfeststellungsurteil gem. § 613 Abs. 1 S. 1 ZPO das zur Entscheidung eines Rechtsstreits zwischen einem angemeldeten Verbraucher und der Beklagten berufene Gericht binden.

3. Das Zulässigkeitserfordernis des § 606 Abs. 2 S. 1 Nr. 2 ZPO ist erfüllt. Von den Feststellungszielen hängen die Ansprüche oder Rechtsverhältnisse von mindestens zehn Verbrauchern ab:

a) Herr . . . . ., der bei Abschluss des Sparvertrages nicht im Rahmen einer gewerblichen oder selbständigen beruflichen Tätigkeit handelte, hat am . . . . . mit der Musterbeklagten einen Sparvertrag abgeschlossen, der die im Antrag I. zitierte Zinsanpassungsklausel enthält. Die Beklagte hat ihm in den Jahren von . . . . . bis . . . . . nach eigenem Gutdünken Zinsen in Höhe von . . . . . gutgeschrieben. Herr . . . . . hat die Beklagte mit Schreiben vom . . . . . aufgefordert, die Zinsanpassungen für seinen Sparverträge auf der Grundlage von . . . . . vorzunehmen und den zu zahlenden Zins neu zu berechnen und anschließend seinem Sparkonto gutzuschreiben. Die Beklagte hat sowohl die Vornahme der Zinsanpassungen als auch die Neuberechnung des Zinses abgelehnt.

Unter Zugrundelegung von Zinsanpassungen auf der beantragten Grundlage hätte die Musterbeklagte bei überschlägiger Berechnung Herrn . . . . . Zinsen in Höhe von ca. . . . . . gutschreiben müssen.[8]

Eidesstattliche Versicherung des Herrn . . . . . vom . . . . .,[9]
Sparbuch des Herrn . . . . .,
Schreiben des Herrn . . . . . vom . . . . .,
Schreiben der Musterbeklagten vom . . . . .
Zinsberechnung Herr . . . . ., Anlagenkonvolut K . . . . .

b) Frau . . . . ., die bei Abschluss des Sparvertrages nicht im Rahmen einer gewerblichen oder selbständigen beruflichen Tätigkeit handelte, hat am . . . . . mit der Musterbeklagten einen Sparvertrag abgeschlossen, der die im Antrag I. zitierte Zinsanpassungsklausel enthält. Die Beklagte hat ihr in den Jahren von . . . . . bis . . . . . nach eigenem Gutdünken Zinsen in Höhe von . . . . . gutgeschrieben. Frau . . . . . hat die Beklagte mit Schreiben vom

..... aufgefordert, die Zinsanpassungen für ihren Sparverträge auf der Grundlage von ..... vorzunehmen und den zu zahlenden Zins neu zu berechnen und anschließend ihrem Sparkonto gutzuschreiben. Die Beklagte hat sowohl die Vornahme der Zinsanpassungen als auch die Neuberechnung des Zinses abgelehnt.

Unter Zugrundelegung von Zinsanpassungen auf der beantragten Grundlage hätte die Musterbeklagte bei überschlägiger Berechnung Frau ..... Zinsen in Höhe von ca...... gutschreiben müssen.[8]

Eidesstattliche Versicherung der Frau ..... vom .....,[9]
Sparbuch der Frau .....,
Schreiben der Frau ..... vom .....,
Schreiben der Musterbeklagten vom .....
Zinsberechnung Frau ....., Anlagenkonvolut K .....

.....

II. Ich beantrage, die Musterfeststellungsklage mit nachfolgender Darstellung des Lebenssachverhalts gem. § 607 Abs. 2 ZPO innerhalb von 2 Wochen nach der Zustellung an die Beklagten im Musterklageregister bekannt zu machen:[10]

„Die Musterbeklagte hat mit Kunden, die Verbraucher sind, seit den 1990er Jahren Sparverträge geschlossen. In diesen wurde ein vom Zeitpunkt des Vertragsschlusses abhängiger Anfangszinssatz sowie dessen Veränderlichkeit während der Vertragslaufzeit nach folgender Klausel: „Die ..... zahlt den jeweils gültigen Zinssatz, zur Zeit ..... %." vereinbart. Nach Meinung des Musterklägers ist das keine wirksame Vereinbarung über die Art und Weise der Zinsanpassung. Ebenso berechne die Musterbeklagte die den betroffenen Sparern zustehenden Zinsen bisher falsch. Daraus sollen sich für die jeweiligen Sparer Ansprüche auf die Gutschrift erheblicher Zinsbeträge und auf Auszahlung des daraus resultierenden erhöhten Kontoguthabens ergeben.

Der Kläger begehrt daher die Feststellung, dass bei Abschluss der genannten Sparverträge keine wirksame Zinsanpassungsvereinbarung getroffen worden sei, sowie die Klärung derjenigen Parameter, die im Rahmen ergänzender Vertragsauslegung der Zinsanpassung während der Laufzeit der Sparverträge zugrunde zu legen sind.“

Die Einzahlung des Gerichtskostenvorschusses erfolgt unmittelbar nach vorläufiger Streitwertfestsetzung nach § 63 Abs. 1 GKG, die ich hiermit anrege.

III. Die Musterfeststellungsklage ist begründet.

Nach den Feststellungen des Musterklägers verwendet die Beklagte mindestens seit ..... die im Antrag zu I. wiedergegebene Zinsanpassungsklausel.

Die in den Anlagekonvoluten K ..... bis K ..... in Ablichtung vorgelegten Sparvertragsurkunden, Zeugnis des .....

1. Feststellungsziel 1:

Diese Zinsänderungsklausel ist nach § 10 Nr. 4 AGBG, soweit die Sparverträge vor dem 1.1.2003 ausgelaufen sind, bzw. nach § 308 Nr. 4 BGB, Art. 229 § 5 S. 2 EGBGB für nach diesem Zeitpunkt endende Verträge unwirksam, da die Befugnis eines Kreditinstituts, dem Sparer den jeweils durch Aushang bekannt gemachten Zinssatz zu zahlen, nicht das erforderliche Mindestmaß an Kalkulierbarkeit möglicher Zinsänderungen aufweist (BGH NJW-RR 2011, 625 Rn. 11 mwN). Allerdings wird von der Unwirksamkeit der Zinsänderungsklausel nicht die zu Grunde liegende Vereinbarung eines variablen Zinssatzes erfasst, da es sich dabei um eine eigenständige, ihrerseits nicht gegen ein Klauselverbot verstoßende, kontrollfreie Preisregelung handelt (BGH NJW-RR 2011, 625 Rn. 12).

2. Feststellungsziel 2:
Daher müssen durch ergänzende Vertragsauslegung die Parameter einer Zinsanpassung festgestellt werden, die in sachlicher und zeitlicher Hinsicht dem mutmaßlichen Parteiwillen entsprechen. Der Referenzzins, dessen Veränderung Anlass und Höhe einer Zinsanpassung bestimmt, hat sich grundsätzlich an Zinsen für vergleichbare langfristige Spareinlagen zu orientieren. Dabei muss der anfängliche relative Abstand des bei Abschluss des jeweiligen Sparvertrags vereinbarten Vertragszinses zum Referenzzins für die Vertragslaufzeit beibehalten werden (BGHNJW-RR 2011, 625 Rn. 22 ff; sa BGH NJW-RR 2017, 942 Rn. 32). Die in der von der Deutschen Bundesbank für inländische Banken erhobenen Zinsstatistik . . . . . kann nach der beiliegenden gutachterlichen Stellungnahme des Sachverständigen . . . . . als maßgebliche Referenz herangezogen werden.

Gutachterliche Stellungnahme des . . . . . vom . . . . ., Anlage K . . . . .

Damit steht fest, dass die von der Musterbeklagten ausweislich ihrer jeweiligen Preisaushänge . . . . . vorgenommenen Zinsanpassungen zu Lasten ihrer Sparer unrichtig sind, weil tatsächlich folgende Zinsanpassungen vorzunehmen sind:

. . . . ..

IV. Streitwert[3]

Angesichts des Umstands, dass sich beim Musterkläger mehr als . . . . . betroffene Sparer der Musterbeklagten gemeldet haben, die nach überschlägiger Berechnung Gutschriftansprüche jedenfalls in Höhe von . . . ., in Einzelfällen auch in Höhe von . . . . . verfolgen (s.a. oben I.3.a ff), erscheint eine Bemessung des Streitwerts mit . . . . . EUR angemessen, aber auch ausreichend (§§ 48 GKG, 3 ZPO).

Rechtsanwalt

Anmerkungen

1. Bzw. das **Bayerische Oberste Landesgericht** in Bayern, §§ 119 Abs. 3 S. 2 GVG, § 8a GZV Ju Bayern; in NRW ist gem. § 1 NRWMFVVEVO für alle OLG-Bezirke das **OLG Hamm** zuständig. Zuständig ist gem. § 32c ZPO das Oberlandesgericht am Sitz des Beklagten.

2. Über den **Geschäftsverteilungsplan** kann eruiert werden, ob nur ein Senat für Musterfeststellungsklagen am jeweiligen OLG eingerichtet ist oder ob die Zuständigkeit je nach Sachgebiet bei einzelnen Senaten liegt, der zuständige Senat sollte dann mit dessen Ordnungsnummer bezeichnet werden.

3. Nach § 48 Abs. 1 S. 1 GKG ist bei der Wertfestsetzung von §§ 3 ZPO ff auszugehen. Nach § 48 Abs. 1 S. 2 GKG gilt eine **Höchstgrenze von 250.000 EUR.** ME sollte davon ausgegangen werden, wie viele Verbraucher sich der Musterfeststellungsklage (potenziell) anschließen und welche Ansprüche insgesamt bestehen (dürften) und insoweit der übliche Abschlag von 20 % gegenüber einer entsprechenden Leistungsklage vorgenommen werden (vgl. etwa BGH Beschl. v. 15.9.2020 – VI ZR 238/20, BeckRS 2020, 26875 Rn. 7 mwN). Das OLG Stuttgart will bei Formularverträgen entsprechend der Rechtsprechung zum UKlaG einen Regelstreitwert pro angegriffener Klausel annehmen und ggf. bei überragender wirtschaftlicher Bedeutung für die Branche einen Zuschlag gewähren (BKR 2019, 298 Rn. 39 ff.).

4. Es muss nach § 606 Abs. 1 S. 1 jeweils die Feststellung des Vorliegens oder Nichtvorliegens von tatsächlichen und rechtlichen Voraussetzungen für das Bestehen oder Nichtbestehen von Ansprüchen oder Rechtsverhältnissen (**Feststellungsziele**) zwischen Verbrauchern und einem Unternehmer begehrt werden. Nach der Rechtsprechung des BGH zum KapMuG bildet jedes Feststellungsziel, also jede gesondert begehrte Feststellung zum

Vorliegen oder Nichtvorliegen einer anspruchsbegründenden oder anspruchsausschließenden Voraussetzung ein gesondertes Rechtsschutzbegehren und damit einen **eigenständigen Streitgegenstand** des Musterfeststellungsverfahrens (BGHZ 216, 37 Rn. 32 f.).

5. Hier ist Vorsicht geboten und eine **schlüssige Darstellung** zu liefern, im Fall der ersten Musterfeststellungsklage gegen die Mercedes-Bank hat der BGH eine „Internetmitgliedschaft" ohne organschaftlich Teilhabrechte nicht ausreichen lassen (BGH NJW 2021, 1014 Rn. 18).

6. Der Verbraucherschutz, der durch die tatsächlich ausgeübten Tätigkeiten des Musterklägers erreicht wird, muss bei wertender Gesamtbetrachtung ganz maßgebend auf **nicht gewerbsmäßige Aufklärung** oder Beratung zurückzuführen sein. Die (außer-)gerichtliche Geltendmachung von Verbraucherinteressen darf daneben nur eine untergeordnete Rolle haben. Gewerblich ist etwa eine Tätigkeit, wenn überwiegend darin besteht, durch die Analyse der Allgemeinen Geschäftsbedingungen beispielsweise von Kreditinstituten Rechtsverstöße zu identifizieren, deren Verwender mit anwaltlicher Hilfe abzumahnen und die Fehlerhaftigkeit der Geschäftsbedingungen anschließend gerichtlich durchzusetzen (BGH NJW 2021, 1014 Rn. 30 f.).

7. Es ist nicht zwingend erforderlich, dass der Beklagte **Unternehmer** ist. Es reicht, dass die Feststellung des Vorliegens oder Nichtvorliegens von tatsächlichen und rechtlichen Voraussetzungen für das Bestehen oder Nichtbestehen von Ansprüchen oder Rechtsverhältnissen (Feststellungsziele) zwischen Verbrauchern und einem Unternehmer gerichtet sind. (OLG München NZI 2020, 912 Rn. 35 f.)

8. Dient einerseits dem Beleg, dass ein **bezifferter Anspruch** des Verbrauchers von den Feststellungszielen iSv § 606 Abs. 2 Nr. 2 ZPO abhängt, und anderseits der überschlägigen Berechnung des Streitwerts (→ Anm. 3)

9. Insoweit reicht **Glaubhaftmachung** gem. § 606 Abs. 3 Nr. 2 ZPO.

10. Gem. § 606 Abs. 2 S. 2 ZPO soll die Klageschrift für den Zweck der **Bekanntmachung** im Klageregister eine **kurze Darstellung** des vorgetragenen Lebenssachverhaltes enthalten.

8. Zahlungsklage einer Bank oder Sparkasse nach Kündigung der Geschäftsbeziehung, eines Kontokorrentkontos bzw. eines Darlehens

An das (Amts-)Landgericht
– Kammer für Bank- und Finanzgeschäfte[1] –

Klage

der

. . . . .
– Klägerin –
Prozessbevollmächtigte: . . . . .
gegen
. . . . .
– Beklagter –
Prozessbevollmächtigte: . . . . .
wegen Zahlung nach Kündigung . . . . .[2]

Vorläufiger Streitwert: . . . . .

Namens und in Vollmacht der Klägerin erhebe ich Klage und werde beantragen:

Der Beklagte wird verurteilt, an die Klägerin . . . . . EUR zzgl. Zinsen iHv . . . . .[4] Prozentpunkten über dem Basiszinssatz seit . . . . . zu zahlen.

(Variante: Der Beklagte wird verurteilt, an die Klägerin . . . . . EUR[3] zzgl. Zinsen iHv . . . . .[4] Prozentpunkten über dem Basiszinssatz seit . . . . . und weitere . . . . . EUR[5] zzgl. Zinsen iHv . . . . .[4] Prozentpunkten höchstens jedoch . . . . . % über dem Basiszinssatz seit . . . . . zu zahlen.)

Die klagende . . . . .[6] macht gegen den Beklagten nach Kündigung . . . . .[2] die Zahlung der noch bestehenden Verbindlichkeiten geltend, nachdem dieser angekündigt hat, einen Mahn- bzw. Vollstreckungsbescheid nicht widerspruchslos ergehen zu lassen und auch nicht bereit war, ein notarielles Schuldanerkenntnis wegen seinen Verbindlichkeiten abzugeben.[7]

Der Beklagte unterhielt bei der Klägerin seit . . . . . ein Girokonto. Mit dem Beklagten am . . . . . zugegangenem Schreiben vom . . . . . kündigte die Klägerin die Geschäftsbeziehung aus wichtigem Grund, weil . . . . .[8] außerdem forderte sie den Beklagten, den offenen Saldo bis zum . . . . . anzuschaffen.[9]

Girovertrag vom . . . . ., Anlage K . . . . .
Kündigungsschreiben . . . . ., Anlage K . . . . .

Am Tag des Zugangs der Kündigung betrug der Saldo zu Lasten des Beklagten . . . . .. Dies ergibt sich daraus, dass der Beklagte den Rechnungsabschluss der Klägerin zum . . . . . anerkannt hat, weil er nach dessen Zugang am . . . . . innerhalb von 6 Wochen keine Einwendungen erhoben hat (Nr. . . . . . der AGB der Klägerin).

Rechnungsabschluss vom . . . . ., Anlage K . . . . .
aktuelle AGB[10] der Klägerin, Anlage K . . . . .

Seitdem ist es noch zu folgenden Kontenbewegungen gekommen:

Tag	Wert	Grund
. . . . .	– . . . . . EUR	Anerkannter Saldo
. . . . .	. . . . . EUR	. . . . .
. . . . . .		
		Endsaldo

Tagesauszüge, Anlagenkonvolut K . . . . .
Zeugnis des Kontosachbearbeiters . . . . .

Der Beklagte hat auf die Klageforderung gem. § 355 Abs. 1 HGB, §§ 286 Abs. 1, 288 Abs. 1 BGB seit dem . . . . . Zinsen in Höhe von . . . . . Prozentpunkten über dem Basiszinssatz zu zahlen.

(Variante: Die Parteien schlossen am . . . . . den beiliegenden . . . . .-Darlehensvertrag.[11] Nach dessen Inhalt schuldet der Beklagte nach Auszahlung der Darlehensvaluta in Höhe von . . . . . jeweils zum . . . . . eines Monats die Zahlung von . . . . .. seinen diesbezüglichen Pflichten ist er bis . . . . . nachgekommen. Seit dem . . . . . leistet der Beklagte keine Zahlungen mehr. Bis zum . . . . . war er mit mehr als zwei unmittelbar aufeinander folgenden Raten in Verzug und betrug der Zahlungsrückstand mehr als . . . . . % des Nennbetrags des Darlehens.[12]

Darlehensvertrag vom . . . . ., Anlage K . . . . .
Darlehenskontoauszug vom . . . . ., Anlage K . . . . .

Daraufhin hat die Klägerin dem Beklagten mit Schreiben vom ..... eine zweiwöchige Frist zur Zahlung des an diesem Tag rückständigen Betrags von ..... mit der Erklärung gesetzt, dass sie bei Nichtzahlung innerhalb der Frist die Bezahlung der gesamten Restschuld verlange. Gleichzeitig hat sie dem Beklagten ein Gespräch über die Möglichkeiten einer einverständlichen Regelung angeboten. Eine Reaktion des Beklagten erfolgte nicht.

Schreiben ....., Anlage K .....
Zeugnis des Darlehenssachbearbeiters .....

Die Klägerin hat den Darlehensvertrag nach fruchtlosem Fristablauf mit dem Beklagten am ..... zugegangenem Schreiben vom ..... gekündigt und den Beklagten erfolglos aufgefordert, den eingeklagten Betrag unverzüglich zu begleichen. Dieser berechnet sich wie folgt:

Wert	Grund
..... EUR	am Tag der Kündigung Restschuld lt. Darlehensvertrag
– ..... EUR	gem. § 501 BGB abzüglich der Zinsen und laufzeitabhängigen Kosten des Darlehens, die auf die Zeit nach Zugang der Kündigung entfallen.
	Endsaldo

Kündigungsschreiben ....., Anlage K .....
Finanzmathematische Rückrechnung der nicht mehr geschuldeten laufzeitabhängigen Darlehenskosten, Anlage K .....
Erholung eines Sachverständigengutachtens

Der geschuldete Betrag ist gem. §§ 497 Abs. 1 (ggf. Abs. 4 S. 1), 288 Abs. 1 BGB mit ..... mit Zinsen in Höhe von ..... über dem Basiszinssatz zu verzinsen.[13]

(Variante: Die Klägerin macht gegen den Beklagten, der kein Verbraucher ist, den Schaden dergestalt geltend, dass sie in einem ersten Schritt den gesamten ab dem Wirksamwerden der Kündigung noch geschuldeten künftigen Zahlungsstrom aus Zins- und Tilgungsleistungen ermittelt hat, wobei sie die bei ordnungsgemäßer Vertragsdurchführung zu zahlenden Zinsen zugrunde gelegt und die Beträge um die ersparte Risikovorsorge und die ersparten jährlichen Verwaltungsaufwendungen gekürzt hat. Die sich daraus ergebenden Beträge sind in einem zweiten Schritt unter Zugrundlegung des aktiven Wiederanlagezinses von ....., abgezinst worden, der auf dem Kapitalmarkt bei der laufzeitkongruenten Anlage in sichere Kapitalmarkttitel zu erzielen war.[14]

Finanzmathematische Berechnung, Anlage K .....
Erholung eines Sachverständigengutachtens

Der geschuldete Betrag ist gem. §§ 497 Abs. 1 (ggf. Abs. 4 S. 1), 288 Abs. 1 BGB mit ..... mit Zinsen in Höhe von ..... über dem Basiszinssatz zu verzinsen.[13]*)*

Die Klägerin hat mit Eintritt des Verzugs des Klägers am ..... mit der Erbringung der monatlich geschuldeten Raten ein Sonderkonto zur Ermittlung der gem. § 497 Abs. 1 BGB geschuldeten Zinses gebildet. Insoweit schuldet der Beklagte die Zahlung von ..... EUR, das ergibt sich aus folgender Berechnung unter Zugrundelegung eines Zinssatzes von .....[4] *Prozentpunkten über dem Basiszinssatz:*

Rate	fällig am	Zinsen bis .....
..... EUR	.....	..... EUR
..... EUR	.....	..... EUR
......		
		..... EUR

Die Klägerin hat die Zahlung des Gesamtbetrags mit Schreiben vom ..... bis zum ..... angemahnt, daher befindet sich der Beklagte mit der Zahlung seit ..... in Verzug. Gem. §§ 497 Abs. 2 S. 2, 289 S. 2 BGB kann die Klägerin den durch die ausgebliebene Zahlung eingetretenen Schaden bis zur Höhe des gesetzlichen Zinssatzes von ..... % gem. § .....[15] geltend machen. Die Klägerin wählt die Methode der abstrakten Berechnung des entgangenen (Wiederanlage-)Zinses[13] gem. § ..... BGB, so dass der Beklagte insoweit Zinsen in Höhe von ..... Prozentpunkten über dem Basiszinssatz,[4] höchstens jedoch in Höhe von ..... %[15] zu zahlen hat.

Rechtsanwalt

Anmerkungen

1. Ob die Klage an das **Amts- oder das Landgericht** zu richten ist, ist vom Streitwert abhängig. Bei den Landgerichten muss gem. § 72a Abs. 1 Nr. 1 GVG eine **Fachkammer** für Bank und Finanzgeschäfte eingerichtet sein, diese ergibt sich aus der meist im Internet abrufbaren Geschäftsverteilung.

2.. ..... der **Geschäftsbeziehung**, des **Girokotos**, des **Darlehensvertrags** vom oä.

3. Fälliger **Gesamtdarlehensbetrag ohne** die vor Fälligstellung angefallenen Verzugszinsen, § 497 Abs. 2 S. 1 BGB.

4. Bei Verbrauchern gem. § 288 Abs. 1 S. 2 BGB Zinsen in Höhe von **5 Prozentpunkten** über dem Basiszinssatz seit Verzugseintritt bzw. Rechtshängigkeit, ansonsten gem. § 288 Abs. 2 BGB Zinsen in Höhe von **9 Prozentpunkten** über dem Basiszinssatz.

5. Betrag der **vor Gesamtfälligkeit** des Darlehens angefallenen **Verzugszinsen** §§ 497 Abs. 2 S. 2, 289 S. 2, 246 BGB bzw. § 352 Abs. 1 S. 1 HGB.

6. Bank oder Sparkasse.

7. Es sollte klargestellt werden, dass **kostengünstigere Möglichkeiten** zur Schaffung eines Titels versagt haben.

8. Ein wichtiger Grund zur Beendigung des Dauerschuldverhältnisses ist nur dann gegeben, wenn bei einer **Gesamtwürdigung aller Umstände** des Einzelfalles und einer Abwägung der Interessen beider Vertragsparteien die Fortsetzung der Geschäftsbeziehung dem Kündigenden nicht zugemutet werden kann vgl. BGH NJW 2013, 1519 Rn. 11 ff. Bei einem **Basiskontovertrag** muss § 42 Abs. 3, 4 ZKG beachtet werden. Sparkassen haben zusätzlich ihre Grundrechtsbindung zu beachten (BGH NJW 2003, 1658).

9. Die **verzugsbegründende Mahnung** kann mit dem Kündigungsschreiben verbunden werden, BGH NJW 2010, 294 Rn. 13 f.

10. Ggf. müssen die **Konsequenzen aus BGH: NJW 2021, 2273** Rn. 10 – 38 jedenfalls gegenüber Verbrauchern gezogen werden und nicht wirksam vereinbarte Entgelte (bzw. -erhöhungen) aufgrund von nicht wirksam vereinbarten Änderungen der Geschäftsbedingungen aus dem Saldo herausgerechnet werden, soweit der diesbezügliche Saldenberichtigungs- bzw. Bereicherungsanspruch des Kunden noch nicht verjährt ist.

11. Ggf. **Immobiliar-Verbraucherdarlehens–** bzw. **Verbraucherdarlehensvertrag.**

12. Bei Verbraucherdarlehen abhängig von der Laufzeit (§ 493 Abs. 1 Nr. 1.b) BGB) 5 **oder 10% des Nennbetrags,** bei einem Immobiliar-Verbraucherdarlehensvertrag gem. § 498 Abs. 2 BGB **2,5 % des Nennbetrags.**

13. Das Formular geht von **abstrakter Berechnung** des Verzugsschadens aus, ggf. kann nach § 497 Abs. 1 S. 2 BGB auch der konkret entstandene Schaden geltend gemacht werden.

14. BGH NJW 2018, 1812 Rn. 38. Neben dieser Berechnung kann **nicht zusätzlich Verzugszins** für nicht pünktlich gezahlte Raten verlangt werden.

15. Entweder **4 oder 5 %** gem. § 246 BGB oder § 352 Abs. 1 S. 1 HGB.

9. Klage auf (vertraglichen) Schadensersatz gegen Finanzanlageberater/-vermittler

An das (Amts-)Landgericht[1]
– Kammer für Bank- und Finanzgeschäfte[2] –

Klage

des . . . . .
– Kläger –
Prozessbevollmächtigte: . . . . .
gegen
. . . . .
– Beklagte –
Prozessbevollmächtigte: . . . . .
wegen Schadensatz wegen fehlerhafter Anlageberatung[3]
Vorläufiger Streitwert: . . . . .[4]
Namens und in Vollmacht des Klägers erhebe ich Klage und werde beantragen:

I. Die Beklagte . . . . . wird verurteilt, an den Kläger . . . . . EUR nebst Zinsen gem. Ziff. II. dieses Antrags zu zahlen, und zwar Zug um Zug gegen Abgabe eines Angebots auf Übertragung der Rechte des Klägers aus seiner Beteiligung[5] an der . . . . . im Nennwert von . . . . . EUR.

II. Die Beklagte wird verurteilt, die Klageforderung gem. Ziff. I. dieses Antrags mit . . . . . % wie folgt zu verzinsen:
aus . . . . . EUR vom . . . . . bis zum . . . . .,
aus . . . . . EUR vom . . . . . bis zum . . . . .,
. . . . .
aus . . . . . EUR von . . . . . bis . . . . . Aus dem zuletzt genannten Betrag sind seit . . . . . Zinsen iHv 5 Prozentpunkten über dem Basiszinssatz zu zahlen.[19]

III. Es wird festgestellt, dass die Beklagte den Kläger so zu stellen hat, als sei er die unter Ziff. I. bezeichnete Beteiligung nicht eingegangen und zwar Zug um Zug gegen Abgabe eines Angebots auf Übertragung der Rechte aus der in Ziff. I. benannten Beteiligung.

Es wird festgestellt, dass die Beklagte den Kläger von etwaigen Nachteilen freizustellen hat,[6] die er dadurch erleidet, dass er von den Finanzbehörden nicht sogleich ohne Berücksichtigung der in Ziffer I. genannten Beteiligung einkommenssteuerlich ver-

anlagt worden ist und zwar Zug um Zug gegen Abgabe eines Angebots auf Übertragung der Rechte aus der dort näher bezeichneten Beteiligung.[7]

IV. Die Beklagte wird verurteilt, den Kläger von allen Ansprüchen der . . . . . aus dem Darlehen vom . . . . ., KontoNr. . . . ., freizustellen.[6]

Es wird festgestellt, dass der Beklagten aus dem Darlehen vom . . . . ., KontoNr. . . . . keine Ansprüche gegen den Kläger den Kläger zustehen.[8]

V. Es wird festgestellt, dass sich die Beklagte mit der Annahme der in Ziff. I genannten Rechte in Verzug befindet.[9]

VI. Die Beklagte wird verurteilt, an den Kläger weitere . . . . . EUR nebst Zinsen iHv 5 Prozentpunkten über dem Basiszinssatz seit Rechtshängigkeit zu zahlen.

Hilfsweise für den Fall, dass Antrag VI. zurückgewiesen wird:

Die Beklagte wird verurteilt, den Kläger von den vorgerichtlichen Rechtsanwaltskosten gem. Kostennote der Rechtsanwälte . . . . . vom . . . . . iHv . . . . . innerhalb von 4 Wochen nach Rechtskraft des Urteils freizustellen.[10]

Für den Fall des fruchtlosen Fristablaufs wird die Beklagte verurteilt, ... EUR nebst Zinsen iHv 5 Prozentpunkten über dem Basiszinssatz seit Fristablauf an den Kläger zu zahlen.[11]

Begründung

Der Kläger macht gegen die Beklagte Schadensersatzansprüche wegen fehlerhafter Anlageberatung/-vermittlung geltend.

Der . . . . . Jahre alte Kläger ist von Beruf . . . . . Er zeichnete am . . . . . eine Beteiligung an dem Publikumsfonds . . . . . Die Einlage von . . . . . EUR nebst . . . . . Agio wurde iHv . . . . . EUR durch ein verpflichtend bei der . . . . . aufzunehmendes Darlehen finanziert, weitere . . . . . EUR zahlte der Kläger selbst.

Zeichnungsschein Anlage K . . . . .
Emissionsprospekt Anlage K 2 (nur für das Gericht, § 133 Abs. 3 ZPO)
Darlehensvertrag vom . . . . ., Anlage K . . . . .
Einzahlungsbestätigung der Fondsgesellschaft, K . . . . .

Die Beteiligung wurde durch die Beklagte angebahnt.

(Falls erforderlich[12]) Sie trat durch . . . . . an den Kläger heran. Dieser stellte sich als Mitarbeiter der Beklagten vor und legte dem Kläger eine Visitenkarte der Beklagten vor, nach der er bei der Beklagten als Vertriebsmitarbeiter tätig war. Die angebotene Beteiligung gehörte zum damaligen Zeitpunkt zur Produktpalette der Beklagten, die in einer Vielzahl von Verfahren wegen ihrer diesbezüglichen Beratung auf Schadensersatz in Anspruch genommen wird.

Übergebene Visitenkarte, Anlage K . . . . .
Screenshot der Internetseite der Beklagten zum Anlagezeitpunkt, Anlage K . . . . .
Zeuge . . . . .
Einvernahme des Geschäftsführers der Beklagten als Partei

Die Beklagte ist als . . . . . tätig.[13]

Zwischen den Parteien ist ein Anlagevermittlungsvertrag zustande gekommen, weil . . . . .[14]

Zwischen den Parteien ist ein Anlageberatungsvertrag zustande gekommen, weil . . . . .[14]

Vor Zeichnung fanden insgesamt ..... Gesprächstermine statt. Bei diesen waren zugegen: ..... In diesen erklärte die Beklagte: .....[15] Der Kläger wird zum Beweistermin erscheinen und beantragt, dazu gem. § 137 Abs. 4 ZPO gehört zu werden.

Zeugnis[16]

Parteivernahme des Geschäftsführers der Beklagten[16]

Die dem Kläger erteilten Auskünfte trafen nicht zu, weil .....[17]

Der Kläger hätte die Anlage nicht gezeichnet, wenn er zutreffend informiert worden wäre.[18] Stattdessen hätte er .....[19]

Der Kläger hat von der Fondsgesellschaft folgende Ausschüttungen erhalten:

Am ..... EUR,

am ..... EUR

.....

Abrechnungen der Fondsgesellschaft für die Jahre ..... in chronologischer Reihenfolge, Anlage K .....

Der Kläger hat mich am ..... beauftragt, seine Schadensersatzansprüche zunächst außergerichtlich gegenüber der Beklagten geltend zu machen.[20] Ich habe die Beklagte am ..... unter dem gleichzeitigen Angebot auf Übertragung aller Rechte aus der Beteiligung des Klägers aufgefordert, die vom Kläger erbrachten Zahlungen nebst Zinsen und vorgerichtlichen Anwaltskosten zu begleichen. Dies hat die Beklagte am ..... unter Bestätigung des Eingangs meines Schreibens am ..... abgelehnt.

Die mit Schreiben vom ..... gesetzte Frist zur Erklärung und zur Begleichung der vorgerichtlichen Rechtsanwaltskosten ist fruchtlos verstrichen.

Daraufhin hat mir der Kläger Klagauftrag erteilt.[21] Die Kosten für die außergerichtliche Rechtsverfolgung habe ich dem Kläger mit Kostennote vom ..... in Rechnung gestellt.

Anwaltsschreiben, Anlage K .....

Schreiben der Beklagten, Anlage K .....
Kostennote vom ....., Anlage K .....

Die Beklagte ist dem Kläger aufgrund der Verletzung ihrer Pflicht zur ordnungsgemäßen Anlageberatung zum Schadensersatz verpflichtet. Sie hat ihn so zu stellen, als hätte er die Anlage nicht gezeichnet. Sein Schaden besteht in dem an die Fondsgesellschaft geleisteten tatsächlichen Aufwand inklusive des Agios,
abzüglich des aufgenommenen Finanzierungsdarlehens, von dem die Beklagte den Kläger freizustellen hat.

Von der Ersatzpflicht mit umfasst sind die steuerlichen Nachteile, die mittelbar oder unmittelbar aus der Beteiligung resultierten.[22]

Der Zahlungsanträge Ziff. I u. II errechnen sich aus der vom Kläger selbst bezahlten Einlage zzgl. des Agios. Abzuziehen sind die erhaltenen Ausschüttungen in einer Gesamthöhe von ..... EUR. Seit Zahlung des Zeichnungsbetrags schuldet die Beklagte gem. § 252 S. 1 BGB die Zinsen, die der Kläger erzielt hätte, wenn er die streitgegenständliche Beteiligung nicht gezeichnet hätte. Der Kläger hatte den für die Zahlung verwendeten Geldbetrag zuvor als ..... angelegt, er hätte es ansonsten als ..... angelegt. Dabei hätte er einen Zinssatz von ..... % erzielt. Mit diesem Zinssatz ist die Klageforderung bis Verzugseintritt zu verzinsen, BGH NJW-RR 2005, 170 (171).[19] Seit Zugang der anwaltlichen Zahlungsaufforderung unter dem Angebot der Übertragung der Beteiligung am ..... sind Zinsen iHv 5 Prozentpunkten über dem Basiszinssatz zu zahlen (§§ 286 Abs. 1, 288 Abs. 1 BGB).[19]

Die zu Ziff. III u. IV erhobene Zwischenfeststellungsklage ist nicht an die positiv festzustellende Voraussetzung gebunden, dass der Kläger an der alsbaldigen Feststellung des

Rechtsverhältnisses ein rechtliches Interesse hat. Es genügt schon die bloße Möglichkeit, dass das inzidenter ohnehin zu klärende Rechtsverhältnis zwischen den Parteien noch über den gegenwärtigen Streitgegenstand hinaus Bedeutung hat oder gewinnen kann (BGH NJW 1977, 1637). Das ist hier der Fall, weil einerseits die Finanzbehörden die Anerkennung der steuerlich geltend gemachten Abschreibungen im Anlagejahr in Zweifel ziehen und diesbezüglich ein finanzgerichtliches Verfahren anhängig ist und anderseits dem Kläger etwa bei Insolvenz der Fondsgesellschaft weitere Schäden drohen (etwa Rückforderung von Ausschüttungen, BGH NJW-RR 2012, 1312 Rn. 35. Hinsichtlich der begehrten Freistellung von etwaigen steuerlichen Nachteilen droht eine Neufeststellung der vom Kläger in den Jahren ..... zu leistenden Einkommenssteuer und der Ansatz von Nachzahlungszinsen gem. §§ 233a, 238 AO, die ohne die von der Beklagten eingeworbenen Beteiligung nicht angefallen wären. Mangels Vorliegens eines entsprechenden Steuerbescheids kann derzeit nur auf Feststellung geklagt werden (BGH NJW-RR 2010, 952 Rn. 33 mwN).

Hinsichtlich der Antrags Ziff. V. hat die Beklagte den Kläger von den Verbindlichkeiten aus dem Finanzierungsdarlehen gem. § 249 BGB freizustellen, hier steht der Betrag der Forderung, von der freizustellen ist, durch die Bezugnahme auf das Darlehenskonto fest. Sollte das Gericht diese Auffassung nicht teilen, wäre jedenfalls eine entsprechende Feststellung zu treffen, weil der gestellte Leistungsantrag als Minus einen entsprechenden Feststellungsantrag enthält (BGH NZG 2013, 101 Rn. 33).

Die Beklagte befindet sich im Verzug, nachdem sie das Angebot des Klägers auf Übertragung der Beteiligung ausgeschlagen hat (BGH BKR 2013, 158 Rn. 3).

(Variante: Der Verzug der Beklagten mit der Annahme der Beteiligung, deren Übertragung der Kläger hiermit und im Klageantrag I. anbietet, wird festzustellen sein, da diese – voraussichtlich – Klageabweisung beantragen wird (BGH NJW-RR 2011, 910 Rn. 25, BKR 2012, 521 Rn. 14).[9])

(Variante: Der Verzug der Beklagten mit der Annahme der Übertragung der Rechte aus dem Treuhandvertrag, die der Kläger hiermit und im Klageantrag I. anbietet, wird festzustellen sein, da diese – voraussichtlich – Klageabweisung beantragen wird (BGH NJW-RR 2011, 910 Rn. 25, BKR 2012, 521 Rn. 14).[9])

Die Beklagte ist verpflichtet, dem Kläger die vorgerichtlichen Rechtsanwaltskosten zu ersetzen.[20] Der insoweit gegebene Freistellungsanspruch hat sich aufgrund der schon außergerichtlich erklärten Weigerung, Schadensersatz zu leisten, gem. § 250 S. 2 BGB in einen Zahlungsanspruch gewandelt (BGH NJW 2004, 1868 unter II. A. 1). Gem. VV 2300 RVG lagen die Voraussetzungen für die Überschreitung der Regelgebühr von 1,3 vor, weil meine Tätigkeit sich umfangreich, schwierig und damit überdurchschnittlich darstellte.[23] Zur Vorbereitung des ersten Schreibens an die Beklagte war zunächst der genaue Inhalt der Gespräche im Vorfeld der Anlage zu klären und anschließend mit der zu eruierenden persönlichen Einkommens- und Vermögenssituation des Klägers, aber auch den individuellen Eigenschaften der vermittelten Kapitalanlage anhand des umfangreichen Emissionsprospekts abzugleichen. Dieser war zudem auf Plausibilität zu prüfen, um die Frage nach dem Vorliegen von individuellen Beratungsfehlern beantworten zu können.

Aufgrund meiner Befassung mit einer Vielzahl von Parallelfällen habe ich die vor Klageerhebung erforderliche außergerichtliche Aufforderung, Schadensersatz gegen Übertragung der Beteiligung zu leisten, per Formblattschreiben gefertigt. Ein solches vorformuliertes Schreiben ist im Anlagestreit kein einfaches Schreiben iSv VV 2302 RVG, BGH Urt. v. 28.5.2013 – XI ZR 148/11, BeckRS 2013, 10421 Rn. 33. Das ergibt sich schon daraus, dass zunächst der genaue Inhalt der Gespräche im Vorfeld der Anlage zu klären und anschließend mit der zu eruierenden persönlichen Einkommens-

und Vermögenssituation des Klägers, aber auch den individuellen Eigenschaften der vermittelten Kapitalanlage anhand des umfangreichen Emissionsprospekts abzugleichen war. Deshalb ist der Ansatz einer 1,3 Gebühr gerechtfertigt.

Vorläufiger Streitwert:[4] Der Streitwert ergibt sich aus dem Zahlungsantrag gem. Ziff. I. Hinsichtlich Antrag III. sind bisher keine konkreten Gläubigerforderungen bekannt. ***Hinsichtlich des Feststellungsantrags Ziff. III rechnet der Kläger damit, dass sich sein zu versteuerndes Einkommen infolge der Nichtanerkennung der Abschreibungen im Jahre ..... um ..... erhöht, das ergibt bei einem zu versteuernden Einkommen von ..... EUR und Anwendung der .....Tabelle eine Steuernachforderung von ca. ..... EUR. Nach § 233a Abs. 2 S. 1 AO beginnt der Zinslauf 15 Monate nach Ablauf des Jahres, in dem die Steuer entstanden ist, also an 1.4. ..... bis zum Erlass des zu erwartenden Steuerbescheids. Gem. § 238 Abs. 1 AO sind für jeden vollen Monat 0,5 % Zinsen[24] zu entrichten, also schätzungsweise ..... EUR, hiervon bringe ich 80 % in Ansatz.***

Zu Antrag IV. beträgt der Darlehenskontostand laut dem beigefügten Kontoauszug derzeit ..... EUR. Anträge II, V und VI sind gem. § 4 Abs. 1 ZPO nicht zu bewerten.
Rechtsanwalt

Anmerkungen

1. Ob die Klage an das Amts- oder das Landgericht zu richten ist, ist vom Streitwert abhängig. Allerdings gilt gem. § 71 Abs. 2 Nr. 3 GVG die **ausschließliche Zuständigkeit** des Landgerichts, wenn wegen der Verwendung einer falschen oder irreführenden öffentlichen Kapitalmarktinformation oder der Unterlassung der gebotenen Aufklärung darüber, dass eine öffentliche Kapitalmarktinformation falsch oder irreführend ist, geklagt wird, insoweit muss die Klage nicht (auch) gegen einen Prospektverantwortlichen iSd § ZPO § 32b Nr. 1 ZPO gerichtet werden (OLG Frankfurt/Main, NJOZ 2019, 542 Rn. 16). Dagegen ist der ausschließliche Gerichtsstand des **§ 32b Abs. 1 Nr. 2 ZPO** nur anwendbar, wenn jedenfalls ein Beklagter unter dem Gesichtspunkt der Prospektverantwortung in Anspruch genommen wird, die Klage muss dann allerdings gegen alle Beklagte auf die Verwendung des unrichtigen Prospekts gestützt werden (BGH NJW-RR 2013, 1302 Rn. 7 ff; sa NJW-RR 2017, 693 Rn. 11 ff). Aufgrund der Konzentrationsermächtigung des § 32b Abs. 2 ZPO gelten in diversen Ländern **Sonderzuständigkeiten** einzelner Landgerichte für mehrere Gerichtsbezirke, vgl. dazu BeckOK ZPO/*Toussaint*, 41. Ed. Stand: 1.7.2021, § 32b Rn. 24.1). Derzeit bestehen folgende Zuständigkeiten:

Land	Zuständiges Gericht	Vorschrift
Bayern	LG Augsburg, LG Landshut, LG München I, LG Nürnberg-Fürth	§ 37 BayGZVJu
Hessen	LG Frankfurt a. M.	§ 46 HESJuZuV
Nordrhein-Westfalen	LG Düsseldorf, LG Dortmund, LG Köln	§ 1 KonzVOZPOKapMuG
Sachsen	LG Leipzig, LG Dresden	§ 11 Abs. 2 SächsJOrgVO
Thüringen	LG Gera	§ 5 Abs. 3 ThürGerZustVO

2. Bei den Landgerichten muss gem. § 72a Abs. 1 Nr. 1 GVG eine **Fachkammer** für Bank und Finanzgeschäfte eingerichtet sein, diese ergibt sich aus der meist im Internet abrufbaren Geschäftsverteilung.

3. Das Formular befasst sich **nur** mit **vertraglichen Ansprüchen**. Für das Geltendmachen von deliktischen Ansprüchen aufgrund gleichgelagerter Sachverhalte gelten deutlich höhere Anforderungen, etwa die Verschuldensvermutung aus § 280 Abs. 1 S. 2 BGB gilt nicht. Zwar kann nach BGH NJW-RR 2013, 1448 Rn. 25 im Rahmen des § 826 BGB auf den Nachweis der konkreten Kausalität für den Willensentschluss des jeweiligen Anlegers selbst bei extrem unseriöser Kapitalmarktinformation nicht verzichtet werden und dementsprechend das enttäuschte allgemeine Anlegervertrauen auf die Erfüllung der in die Anlage gesetzten Erwartungen nicht ausreichend sein. Allerdings gelten die Grundsätze über die Beeinflussung der Anlageentscheidung durch Prospektfehler unabhängig davon, ob das Schadensersatzbegehren auf vertragliche oder deliktische Anspruchsgrundlagen gestützt wird. Weist also der Anleger nach, dass ein fehlerhafter Prospekt Gegenstand seiner Anlageberatung war, muss die beklagte Partei die Kausalitätsvermutung widerlegen (BGH NZG 2020, 1030 Rn. 39). Das gilt aber nicht, wenn die (subjektiven) Voraussetzungen eines Straftatbestandes festzustellen sind, weil diesbezüglich kein Anscheinsbeweis gelten kann (BGH NZG 2014, 949 Rn. 46). Es bietet sich folgende Gliederung der Ausführungen an:

Vertragsschluss mit dem Anspruchsgegner
Verletzung einer Vertragspflicht • Darstellung der Pflicht • Verletzung der Pflicht
(Kausalität für Anlageentscheidung wird idR widerlegbar vermutet.)
Schaden
(Verschulden wird vermutet, § 280 Abs. 1 S. 2 BGB)

Zum **deliktischen Schadensersatzanspruch** s. → Form. II.H.12.

4. Zu bewerten ist der Zahlungsantrag I, hinsichtlich des Antrags III. ist der zu erwartende Schaden näher darzulegen und der Wert mit 80 % der drohenden Inanspruchnahme durch Dritte zu bemessen (BGH Beschl. v. 28.9.2017 – III ZR 580/16, BeckRS 2017, 128871 Rn. 7–9). Hinsichtlich Antrag IV. ist der Stand des Darlehenskontos zu berücksichtigen (BGH NJW-RR 2012, 60 Rn. 2; sa BGH Beschl. v. 25.7.2017 – XI ZR 545/16, BeckRS 2017, 121095 und Beschl. v. 3.8.2017 – III ZR 445/16, BeckRS 2017, 121625 Rn. 8). Zinsen (BGH NJW 2013, 3100 Rn. 6), Verzugsfeststellung und vorgerichtliche Rechtsanwaltskosten sind nicht zu bewerten (BGH Beschl. v. 29.4.2010 – III ZR 145/09, BeckRS 2010, 11946 Rn. 3).

5. Sa BGH, Beschl. v. 28.11.2007 – III ZR 214/06, BeckRS 2007, 65138 Rn. 3: Immer wieder ins Feld geführte **Schwierigkeiten bei der Übertragung** von Gesellschaftsbeteiligungen stehen weder der Zug-um-Zug-Leistung noch der Feststellung des Annahmeverzugs entgegen. Diese Schwierigkeiten fallen in den Risikobereich der schadensersatzpflichtigen Beklagten und nicht in denjenigen der geschädigten Kläger. Nach BGH NJW 2016, 3455 Rn. 18–21 reicht die Bezeichnung des Fonds, wenn der Kläger allein Inhaber der dem Schuldner als Gegenleistung angebotenen Beteiligung und nicht Inhaber weiterer Beteiligungen ist. Dann kann die abzutretende Forderung bereits anhand der persönlichen Angaben des Gläubigers identifiziert werden. Nach BGH NZG 2017, 1230 Rn. 17 ist bei einer Direktbeteiligung diese als solche zu übertragen, während einer treuhänderischen Beteiligung nur die Rechte aus dem Treuhandvertrag übertragen werden können.

6. In **Abtretungsfällen** ist zu beachten, dass der Freistellungsanspruch prinzipiell nur an Gläubiger der Forderung abtretbar ist, von der freigestellt werden soll (also nicht Ehegatte o. ä.), BGH NZG 2013, 502 Rn. 26.

7. Soll auch auf **Feststellung** einer allgemeinen **Schadensfreistellungspflicht** geklagt werden, steckt dieser Antrag schon in dem allgemeineren Antrag und kann nicht gesondert ausgeurteilt werden, ggf. kann er durch „insbesondere . . . . ." in den allgemeinen Antrag eingefügt werden, BGH NJW-RR 2012, 1312 Rn. 38.

8. Ist die Beklagte die **Finanzierungsbank,** ist nicht Freistellung zu beantragen, sondern die Feststellung, dass der Kläger aus dem Darlehen nichts mehr schuldet. Der Feststellungsantrag wird jedoch unzulässig, wenn die Beklagte im Gegenzug auf Zahlung der Darlehensschuld klagt und diese Widerklage nicht mehr einseitig zurückgenommen werden kann, BGH NJW 2011, 2198 Rn. 28. Bei mehreren Beklagten kann gegen die übrigen Beklagten Freistellung neben der Feststellung beantragt werden, da die Freistellungsverpflichtung auch die Abwehr unberechtigter Ansprüche des Gläubigers mit umfasst (BGH NJW-RR 2011, 479 Rn. 12).

9. Ein **wörtliches Angebot,** das in dem Zug um Zug Antrag gem. Ziff. I. liegt, reicht aus, wenn nicht die uneingeschränkte Bereitschaft besteht, die Zug um Zug Leistung anzunehmen **und** den Schadensersatz zu leisten (BGH NJW 1997, 561 unter II. 1), was regelmäßig nicht der Fall ist.

10. Der zunächst gem. §§ 249 Abs. 1, 257 BGB gegebene Anspruch auf **Freistellung** von den Rechtsverfolgungskosten wandelt sich bei endgültiger Ablehnung der Ersatzleistung, also spätestens mit dem zu erwartendem Klageabweisungsantrag in einen Zahlungsanspruch, vgl. BGH NJW 2004, 1868. Kann nicht vorhergesehen werden, ob sich für die Gegenseite ein Prozessbevollmächtigter bestellt, sollte aus Vorsichtsgründen ein Freistellungsantrag gestellt oder jedenfalls darauf hingewiesen werden, dass der Zahlungsantrag als Minus den Freistellungsantrag enthält, der ggf. hilfsweise gestellt werden kann (BGH NZG 2013, 101 Rn. 33).

11. Die **Fristsetzung** gem. § 250 S. 1 BGB kann gem. § 255 Abs. 1 ZPO im Urteil erfolgen.

12. Die Darlegungs- und Beweislast für die **Zurechnung des Handelns** eines Dritten trägt der Kläger. Wird im Vorfeld bestritten, dass die Kontaktperson für die Vermittlungs-/Beratungsfirma aufgetreten ist, wären hier nähere Darlegungen veranlasst. Auf eine sekundäre Darlegungslast der beklagten Seite kann nur verwiesen werden, wenn entweder die Mitarbeit der Kontaktperson bei dieser unstreitig ist oder nachgewiesen werden kann (BGH NJW-RR 2014, 614 Rn. 17). Wenn das Produkt – erkennbar – nicht zur **Produktpalette** der Beklagten gehört, scheidet eine Einstandspflicht unter vertraglichen Gesichtspunkten aus (BGH NJW-RR 2013, 1513 Rn. 12–14). Allerdings mag ggf. eine Haftung unter dem Gesichtspunkt der culpa in contrahendo gem. § 241 Abs. 2, § 311 Abs. 2 BGB in Betracht kommen, wenn bspw. eine nicht hinreichend sicherheitsüberprüfte Person als Handelsvertreter tätig wird (BGH NJW-RR 2013, 1513 Rn. 21 ff.).

13. Wegen der besonders hohen Anforderungen an die **Bankberatung** (vgl. etwa BGH NJW 2013, 1223 Rn. 28) Prüfung des angebotenen Produkts mit banküblichem, kritischem Sachverstand) sollte klagestellt werden, ob gegen eine freie Beraterin oder eine Bank vorgegangen wird. Wenn eine Bank ihre Vermögensberatung erkennbar an eine Gesellschaft ausgelagert hat, die nicht als Geschäftsbank tätig ist, gelten die Regeln für freie Berater (BGH BKR 2013, 288 Rn. 16 mwN – Tochtergesellschaft einer Sparkasse).

14. Die genaue **Einordnung des Vertragsverhältnisses** ist nicht in jedem Fall zwingend erforderlich, da unabhängig von der Einordnung der Vertragsverhältnisses keine unzutreffenden Angaben gemacht werden dürfen (BGH NJW-RR 2011, 270 Rn. 44). Inhalt und Umfang der Aufklärungs- und Hinweispflichten sind generell von den Umständen des Einzelfalls abhängig (BGH NJW 2009, 3429 Rn. 49). Zur Abgrenzung Beratung/Vermittlung vgl. etwa BGH NJW 2017, 2268 Rn. 32 f.; sa NJW-RR 1989, 150 oder OLG Düsseldorf Urt. v. 15.7.2004 – 6 U 158/03, BeckRS 2004, 09870 unter B. I. 1b.aa.

15. Hier ist der beanstandete **Gesprächsinhalt** zu schildern. Dabei ist der klageführende Anleger nicht gehalten, die genauen Formulierungen darzustellen, die der Anlageberater oder -vermittler beim Anlagegespräch gewählt hat. Es genügt, wenn er die (behaupteten) Angaben und Versäumnisse des Beraters oder Vermittlers in ihrem inhaltlichen Kerngehalt wiedergibt. (BGH NJW-RR 2013, 296 Rn. 15).

16. Es sollten alle Personen, die an den Gesprächen teilgenommen haben, als **Zeugen** benannt werden, ist der Berater/Vermittler verklagt, kann dessen **Parteivernahme** beantragt werden. Nach BGH NJW 2010, 3292 Rn. 14–16 sind die Grundsätze für Vieraugengespräche nicht anzuwenden, wenn an den Gesprächen auch Personen teilgenommen haben, die nicht der Gegenseite zuzurechnen sind. Den Belangen der in Beweisnot geratenen Partei ist Genüge getan, wenn diese bei oder nach der Beweisaufnahme vor Gericht persönlich anwesend ist und die Möglichkeit hat, ihre Darstellung vom Verlauf des Gesprächs durch eine Wortmeldung gem. § 137 Abs. 4 ZPO persönlich vorzutragen oder den Zeugen zu befragen. Das OLG Frankfurt a. M. hat eine auf ein Vieraugengespräch gestützte Klage ohne Einvernahme des Anlegers wegen Beweisfälligkeit abgewiesen, weil der **Berater nicht als Zeuge benannt** worden ist (BKR 2013, 126 Rn. 18; anders ders. Senat des OLG Frankfurt a. M. Urt. v. 10.10.2012 – 19 U 235/11, BeckRS 2012, 22557 sub II.). Tatsächlich ist es zur Wahrung der Subsidiarität nicht erforderlich, eine im Lager des Prozessgegners stehende Person als Zeugen bzw. diesen selbst als Partei zu benennen (BGH NJW 2020, 776 Rn. 23; vgl. zusammenfassend BGH NJW 2017, 3367 Rn. 14–21).

17. Zu schildern ist, warum die erteilten **Informationen** aus der Sicht im Zeitpunkt des Beratungsgesprächs **unzutreffend** waren. Während die Aufklärung über die für die Anlageentscheidung wesentlichen Umstände richtig und vollständig zu sein hat, muss die Bewertung und Empfehlung eines Anlageobjekts unter Berücksichtigung der genannten Gegebenheiten ex ante betrachtet lediglich vertretbar gewesen sein. Das Risiko, dass sich eine aufgrund anleger- und objektgerechter Beratung getroffene Anlageentscheidung im Nachhinein als falsch erweist, trägt der Anleger (BGH NJW 2011, 1949 Rn. 20 mwN).

18. Die Behauptung, bei ordnungsgemäßer Information wäre nicht gezeichnet worden, reicht zunächst aus. Geht man von einer Pflichtverletzung aus, ist zu prüfen, wie sich der Kläger bei pflichtgemäßem Vorgehen der Bekl. verhalten hätte. Dabei kommt ihm eine **Kausalitätsvermutung** zugute, die das Recht des Anlegers sichert, in eigener Entscheidung und Abwägung des Für und Wider darüber zu befinden, ob er in ein bestimmtes Projekt investieren will oder nicht. Um sie zu widerlegen, muss der Aufklärungspflichtige jedenfalls darlegen, dass der einzelne Anleger den unterlassenen Hinweis unbeachtet gelassen hätte (vgl. etwa BGH NJW 2018, 462 Rn. 31 und zum unmittelbaren Beweis durch Parteivernehmung bzw. zum indiziellen Beweis durch Zeugenvernehmung BGH Urt. v. 16.5.2019 – III ZR 176/18, BeckRS 2019, 11447 Rn. 24).

19. Zinsen aus dem Anlagebetrag können **vor Verzugseintritt** nur unter dem Gesichtspunkt der entgangenen Anlagezinsen verlangt werden, die ggf. nach § 287 ZPO durch das Gericht zu schätzen sind. Für eine solche Schätzung bedarf es einer tatsächlichen Grundlage, die der Anleger darzutun hat. Dabei kommt eine Erstattung von Wiederanlagezinsen in Höhe der für Sparbriefe oder Bundeswertpapiere durchschnittlich erzielbaren Zinssätze ebenso wenig wie die Erstattung eines Mindestschadens in Höhe des gesetzlichen Zinssatzes von 4 % p. a. in Betracht (BGH NJW 2012, 2266 Rn. 11–17). Mit der Behauptung einer steuersparenden Alternativanlage ist lt. BGH NJW 2017, 250 Rn. 35 das Verlangen eines festen jährlichen Zinsgewinns auf den investierten Betrag wie bei einer festverzinslichen Anlageform nicht vereinbar. Bei risikobewussten Anlegern ist es nicht zu beanstanden, wenn sich das Tatsachengericht nicht davon überzeugen kann, bei einer Alternativanlage sei eine Mindestrendite erzielt worden (BGH Urt. v. 16.5.2019 – III ZR 176/18, BeckRS 2019, 11447 Rn. 31).

20. Entfällt bzgl. der **vorgerichtlichen Rechtsanwaltskosten,** wenn die Beklagte bekanntermaßen zahlungsunwillig ist und der Versuch einer außergerichtlichen Forderungsdurchsetzung auch nicht aus sonstigen Gründen erfolgversprechend erschien. Dann ist die außergerichtliche Rechtsverfolgung nicht zweckentsprechend und damit nicht ersatzfähig (BGH BKR 2013, 283 Rn. 36–38).

21. Ein **vorgerichtliches Anspruchsschreiben** kann auch auf einem Mandat zur gerichtlichen Forderungsdurchsetzung beruhen. Dann wäre es durch die Verfahrensgebühr gem. VV RVG Nr. 3100 abgegolten. Ob auch eine Geschäftsgebühr nach VV 2300 RVG entstanden ist, hängt von Art und Umfang des erteilten Mandats ab, wozu der Kläger vortragen muss. Ein nur bedingt für den Fall des Scheiterns des vorgerichtlichen Mandats erteilter Prozessauftrag steht der Gebühr aus VV 2300 RVG allerdings nicht entgegen (BGH BKR 2013, 283 Rn. 37; sa NJW-RR 2019, 1332 Rn. 43).

22. So etwa BGH NZG 2014, 1261 Rn. 93 ff.

23. Wenn die **Rahmengebühr** von einem Dritten zu ersetzen ist, ist die von dem Rechtsanwalt getroffene Bestimmung nach § 14 Abs. 1 S. 4 RVG (nur dann) nicht verbindlich, wenn sie unbillig ist. Dabei steht dem Rechtsanwalt auch im Anwendungsbereich des Rechtsanwaltsvergütungsgesetzes ein Spielraum (sog Toleranzgrenze) von 20 % zu. Hält sich der Anwalt innerhalb dieser Grenze und ergeben sich keine Anhaltspunkte dafür, dass die Tätigkeit unterdurchschnittlich war, ist die von ihm festgelegte Gebühr jedenfalls nicht iSd § 14 Abs. 1 S. 4 RVG unbillig und daher von dem ersatzpflichtigen Dritten hinzunehmen (BGH NJW-RR 2012, 887 Rn. 4, sa OLG München NJOZ 2014, 1234 unter I.4.). Eine **Erhöhung der Schwellengebühr** von 1,3, die die Regelgebühr **für durchschnittliche Fälle** darstellt, auf eine 1,5-fache Gebühr ist aber **nicht der gerichtlichen Überprüfung** hinsichtlich des Vorliegens der **tatbestandlichen Voraussetzungen** für eine Überschreitung der Regelgebühr von 1,3 entzogen. Andernfalls könnte der Rechtsanwalt für durchschnittliche Sachen, die nur die Regelgebühr von 1,3 rechtfertigen, ohne weiteres eine 1,5-fache Gebühr verlangen. Dies verstieße gegen den Wortlaut und auch gegen den Sinn und Zweck des gesetzlichen Gebührentatbestandes in VV 2300 RVG, der eine Erhöhung der Geschäftsgebühr über die Regelgebühr hinaus **nicht in das Ermessen** des Rechtsanwalts stellt, sondern bestimmt, dass eine Gebühr von mehr als 1,3 nur gefordert werden kann, wenn die Tätigkeit umfangreich oder schwierig und damit überdurchschnittlich war (vgl. BGH NJW-RR 2013, 1020 Rn. 8; NJOZ 2016, 190 Rn. 21).

24. Nach becklink 2020670 hat das BVerfG mit Beschluss vom 8.7.2021 zu den Az.: 1 BvR 2237/14 und 1 BvR 2422/17 entschieden, dass die Zinshöhe gem. § 238 AO spätestens seit 2014 evident realitätsfern und die Regelung des § 233a AO iVm § 238 Abs. 1 S. 1 AO für alle Verzinsungszeiträume ab dem 1.1.2014 mit dem Grundgesetz unvereinbar sei. Die Konsequenzen bleiben abzuwarten.

10. Prospekthaftungsklage

An das Landgericht[1]
– Kammer für Bank- und Finanzgeschäfte[2] **–**

Klage

des . . . .
– Kläger –

Prozessbevollmächtigte: . . . . .
gegen
. . . . .
– Beklagte –
Prozessbevollmächtigte: . . . . .

wegen Prospekthaftung
Vorläufiger Streitwert: . . . . .[3]
Namens und in Vollmacht des Klägers erhebe ich Klage und werde beantragen:

I. Die Beklagte . . . . . wird verurteilt, an den Kläger . . . . . EUR nebst Zinsen gem. Ziff. II. dieses Antrags zu zahlen, und zwar Zug um Zug gegen Abgabe eines Angebots auf Übertragung der Rechte des Klägers aus seiner Beteiligung an der . . . . . im Nennwert von . . . . . EUR.[4]

II. Die Beklagte wird verurteilt, die Klageforderung gem. Ziff. I. dieses Antrags mit . . . . . %[17] wie folgt zu verzinsen:
aus . . . . . EUR vom . . . . . bis zum . . . . .,
aus . . . . . EUR vom . . . . . bis zum . . . . .,
. . . .
aus der Hauptforderung von . . . . . EUR von . . . . . bis . . . . .
Aus dem zuletzt genannten Betrag sind seit . . . . . Zinsen iHv 5 Prozentpunkten über dem Basiszinssatz zu zahlen.

III. Es wird festgestellt, dass die Beklagte den Kläger so zu stellen hat, als sei er die unter Ziff. I. bezeichnete Beteiligung nicht eingegangen und zwar Zug um Zug gegen Abgabe eines Angebots auf Übertragung der Rechte aus der in Ziff. I. genannten Beteiligung.

Es wird festgestellt, dass die Beklagte den Kläger von etwaigen Nachteilen freizustellen hat,[5] die er dadurch erleidet, dass er von den Finanzbehörden nicht sogleich ohne Berücksichtigung der unter Ziffer I. genannten Beteiligung einkommensteuerlich veranlagt worden ist und zwar Zug um Zug gegen Abgabe eines Angebots auf Übertragung der Rechte aus der in Ziff. I. näher bezeichneten Beteiligung.[6]

IV. Die Beklagte wird verurteilt, den Kläger von allen Ansprüchen der . . . . . aus dem Darlehen vom . . . ., KontoNr. . . . ., freizustellen.[5]

Alternative: V. Es wird festgestellt, dass der Beklagten aus dem Darlehen vom . . . ., KontoNr. . . . . keine Ansprüche gegen den Kläger den Kläger zustehen.[7]

V. Es wird festgestellt, dass sich die Beklagte mit der Annahme der in Ziff. I genannten Rechte in Verzug befindet.[8]

VI. Die Beklagte wird verurteilt, an den Kläger weitere . . . . . EUR nebst Zinsen iHv 5 Prozentpunkten über dem Basiszinssatz seit Rechtshängigkeit zu zahlen.

Hilfsweise für den Fall, dass Antrag VI. zurückgewiesen wird:
Die Beklagte wird verurteilt, den Kläger von den vorgerichtlichen Rechtsanwaltskosten gem. Kostennote der Rechtsanwälte . . . . . vom . . . . . iHv . . . . . innerhalb von vier Wochen nach Rechtskraft des Urteils freizustellen.[9]
Für den Fall des fruchtlosen Fristablaufs wird die Beklagte verurteilt, ... EUR nebst Zinsen iHv 5 Prozentpunkten über dem Basiszinssatz seit Fristablauf an den Kläger zu zahlen.[10]

Begründung

Der Kläger nimmt die Beklagt unter dem Gesichtspunkt der Prospekthaftung im engeren Sinne auf Schadensersatz in Anspruch.

Die Beklagte war der Initiator, Gestalter und Gründer der . . . . ., einer Publikumsgesellschaft.[11]

Der Beklagte war Geschäftsführer und Mehrheitsgesellschafter der Initiatorin der . . . . ., der . . . . .GmbH, die den Emissionsprospekt herausgebracht hat.

Der Geschäftsführer der Beklagten legte den Gegenstand des Fonds fest und trat nach außen als derjenige in Erscheinung, dessen Tätigkeit und Zuverlässigkeit die Verwirklichung der im Prospekt genannten und im Rahmen des Gesellschaftsvertrages liegenden Objekte gewährleistet (vgl. Prospekt S. . . . .) Nach Gründung der Gesellschaft war er deren Geschäftsführer, unter dessen Verantwortung und Leitung alle wesentlichen geschäftlichen Maßnahmen getroffen wurden. Demgemäß erschien er persönlich – bei Herausgabe des Emissionsprospekts – als der Garant dafür, dass die gesellschaftlichen Vorhaben mit aller Sorgfalt vorbereitet und insb. die Verlautbarungen in dem Prospekt vollständig und richtig sind (grdl. BGH NJW 1978, 1625).

Emissionsprospekt vom . . . . ., Anlage K . . . . . (nur für das Gericht, § 133 Abs. 3 ZPO)
Handelsregisterauszüge, Anlage K . . . . .

Der Beklagte war ausweislich S. . . . . des Emissionsprospekts der Herausgeber des Prospekts der . . . . . (BGH NJW 1990, 2461 unter I. 2. c)

Emissionsprospekt vom . . . . ., Anlage K . . . . . (nur für das Gericht, § 133 Abs. 3 ZPO).

Der Beklagte ist von Beruf . . . . . und ist als berufsmäßiger Sachkenner Prospektgarant, der ausweislich S. . . . . des Prospekts als solcher in Erscheinung getreten ist:

„. . . . .“

In dieser Eigenschaft hat er ausweislich S. . . . . des Prospekts (Anlage K 1) folgende Erklärungen abgegeben:

„. . . . .“

Deshalb hat er für die Richtigkeit dieser Erklärungen einzutreten (grdl. BGH NJW 1990, 2461 unter II. 2).

Emissionsprospekt vom . . . . ., Anlage K . . . . . (nur für das Gericht, § 133 Abs. 3 ZPO).

Der Beklagte war Hintermann der . . . . . Als solcher ist er zwar im Prospekt nicht in Erscheinung getreten. Er hat aber aufgrund der nachstehend dargestellten und nach außen hervorgetretenen Umstände die Gesamtverantwortung für den Fonds übernommen:

. . . . .[12]

Falls erforderlich:[13] Die als Anlage K 1 vorgelegte Broschüre der Beklagten erhebt nicht nur tatsächlich, sondern auch nach dem von ihr vermittelten Eindruck nach den Anspruch, eine das Publikum umfassend informierende Beschreibung der Anlage zu sein, wie sich aus den folgenden Auszügen ergibt:

S. . . . .: „. . . . .“.

S. . . . .: „. . . . .“.

Im Prospekt (Anlage K . . . . .) finden sich hinsichtlich . . . . . folgende Ausführungen:[14]

S. . . . .: „. . . . .“

S. . . . .: „. . . . .“

Diese Darstellung ist falsch, weil . . . . .[15]

Zeugnis . . . . .
Einvernahme des . . . . . als Partei
Anlagen K . . . . .

Der Kläger hätte die Anlage nicht gezeichnet, wenn er zutreffend informiert worden wäre.[16] Stattdessen hätte er . . . . .[17]

Der Kläger hat von der Fondsgesellschaft folgende Ausschüttungen erhalten:

Am . . . . . EUR

Am . . . . . EUR

. . . . .

Abrechnungen der Fondsgesellschaft für die Jahre . . . . . in chronologischer Reihenfolge, Anlage K . . . . .[18]

Der Kläger hat mich am . . . . . beauftragt, seine Schadensersatzansprüche zunächst außergerichtlich gegenüber der Beklagten geltend zu machen.[19] Ich habe die Beklagte am . . . . . unter dem gleichzeitigen Angebot auf Übertragung aller Rechte aus der Beteiligung des Klägers aufgefordert, die vom Kläger erbrachten Zahlungen nebst Zinsen und vorgerichtlichen Anwaltskosten zu bezahlen. Dies hat die Beklagte am . . . . . unter Bestätigung des Eingangs meines Schreibens am . . . . . abgelehnt.

Die mit Schreiben vom . . . . . gesetzte Frist zur Erklärung und zur Begleichung der vorgerichtlichen Rechtsanwaltskosten ist fruchtlos verstrichen.

Daraufhin hat mir der Kläger Klagauftrag erteilt.[20] Die Kosten für die außergerichtliche Rechtsverfolgung habe ich dem Kläger mit Kostennote vom . . . . . in Rechnung gestellt.

Anwaltsschreiben, Anlage K . . . . .
Schreiben der Beklagten, Anlage K . . . . .
Kostennote vom . . . . ., Anlage K . . . . .

Die Beklagte ist dem Kläger aufgrund der Verletzung ihrer Prospektpflicht zum Schadensersatz verpflichtet. Sie hat ihn so zu stellen, als hätte er die Anlage nicht gezeichnet. Sein Schaden besteht in dem an die Fondsgesellschaft geleisteten tatsächlichen Aufwand inklusive des Agios.

abzüglich des aufgenommenen Finanzierungsdarlehens, von dem die Beklagte den Kläger freizustellen hat.

Von der Ersatzpflicht mit umfasst sind die steuerlichen Nachteile, die mittelbar oder unmittelbar aus der Beteiligung resultierten.[21]

Der Zahlungsanträge Ziff. I u. II errechnen sich aus der vom Kläger selbst bezahlten Einlage zzgl. des Agios. Abzuziehen sind die erhaltenen Ausschüttungen in einer Gesamthöhe von . . . . . EUR. Seit Zahlung des Zeichnungsbetrags schuldet die Beklagte gem. § 252 S. 1 BGB die Zinsen, die der Kläger erzielt hätte, wenn er die streitgegenständliche Beteiligung nicht gezeichnet hätte. Der Kläger hatte den für die Zahlung verwendeten Geldbetrag zuvor als . . . . . angelegt, er hätte ihn ansonsten als . . . . . angelegt. Dabei hätte er einen Zinssatz von . . . . . % erzielt. Mit diesem Zinssatz ist die Klageforderung bis Verzugseintritt zu verzinsen, BGH NJW-RR 2005, 170 (171). Seit Zugang der anwaltlichen Zahlungsaufforderung unter dem Angebot der Übertragung der Beteiligung am . . . . . sind Zinsen iHv 5 Prozentpunkten über dem Basiszinssatz zu zahlen (§§ 286 Abs. 1, 288 Abs. 1 BGB).[17]

Die zu Ziff. III u. IV erhobene Zwischenfeststellungsklage ist nicht an die positiv festzustellende Voraussetzung gebunden, dass der Kläger an der alsbaldigen Feststellung des Rechtsverhältnisses ein rechtliches Interesse hat. Es genügt schon die bloße Möglichkeit, dass das inzidenter ohnehin zu klärende Rechtsverhältnis zwischen den Parteien noch über den gegenwärtigen Streitgegenstand hinaus Bedeutung hat oder gewinnen kann (BGH NJW 1977, 1637). Das ist hier der Fall, weil einerseits die Finanzbehörden die Anerkennung der steuerlich geltend gemachten Abschreibungen im Anlagejahr in Zweifel ziehen und diesbezüglich ein finanzgerichtliches Verfahren anhängig ist und anderseits dem Kläger etwa bei Insolvenz der Fondsgesellschaft weitere Schäden drohen (etwa

Rückforderung von Ausschüttungen, BGH NJW-RR 2012, 1312 Rn. 35). Hinsichtlich der begehrten Freistellung von etwaigen steuerlichen Nachteilen droht eine Neufeststellung der vom Kläger in den Jahren . . . . . zu leistenden Einkommenssteuer und der Ansatz von Nachzahlungszinsen gem. §§ 233a, 238 AO[23], die ohne die von der Beklagten eingeworbenen Beteiligung nicht angefallen wären. Mangels Vorliegens eines entsprechenden Steuerbescheids kann derzeit nur auf Feststellung geklagt werden (BGH NJW-RR 2010, 952 Rn. 33 mwN).

Hinsichtlich des Antrags Ziff. V. hat die Beklagte den Kläger von den Verbindlichkeiten aus dem Finanzierungsdarlehen gem. § 249 BGB freizustellen, der Betrag der Forderung, von der freizustellen ist, steht durch die Bezugnahme auf das Darlehenskonto fest. Sollte das Gericht diese Auffassung nicht teilen, wäre jedenfalls eine entsprechende Feststellung zu treffen, weil der gestellte Leistungsantrag als Minus einen entsprechenden Feststellungsantrag enthält (BGH NZG 2013, 101 Rn. 33).

Die Beklagte befindet sich im Verzug, nachdem sie das Angebot des Klägers auf Übertragung der Beteiligung ausgeschlagen hat (BGH Beschl. v. 20.12.2011 – XI ZR 295/11, BeckRS 2012, 01722 Rn. 3).

(Variante: Der Verzug der Beklagten mit der Annahme der Beteiligung, deren Übertragung der Kläger hiermit und im Klageantrag I. anbietet, wird festzustellen sein, da diese – voraussichtlich – Klageabweisung beantragen wird (BGH NJW-RR 2011, 910 Rn. 25, BKR 2012, 521 Rn. 14).[8])

(Variante: Der Verzug der Beklagten mit der Annahme der Übertragung der Rechte aus dem Treuhandvertrag, die der Kläger hiermit und im Klageantrag I. anbietet, wird festzustellen sein, da diese – voraussichtlich – Klageabweisung beantragen wird (BGH NJW-RR 2011, 910 Rn. 25, BKR 2012, 521 Rn. 14).[8])

Die Beklagte ist verpflichtet, dem Kläger die vorgerichtlichen Rechtsanwaltskosten zu ersetzen; der insoweit gegebene Freistellungsanspruch hat sich aufgrund der schon außergerichtlich erklärten Weigerung, Schadensersatz zu leisten, gem. § 250 S. 2 BGB in einen Zahlungsanspruch gewandelt (BGH NJW 2004, 1868 unter II. A. 1). Gem. VV 2300 RVG lagen die Voraussetzungen für die Überschreitung der Regelgebühr von 1,3 vor, weil meine Tätigkeit sich umfangreich, schwierig und damit überdurchschnittlich darstellte.[22] Im Vorfeld des ersten Schreibens an die Beklagte war zunächst die Frage nach einem Prospektfehler anhand des umfangreichen Prospekts zu klären.

Aufgrund meiner Befassung mit einer Vielzahl von Parallelfällen habe ich die vor Klagerhebung erforderliche außergerichtliche Aufforderung, Schadensersatz gegen Übertragung der Beteiligung zu leisten, per Form. gefertigt. Ein solches vorformuliertes Schreiben ist im Anlagestreit kein einfaches Schreiben iSv VV 2302 RVG, BGH BeckRS 2013, 10421 Rn. 33. Das ergibt sich schon daraus, dass zunächst die Frage nach einem Prospektfehler anhand des umfangreichen Prospekts und die Frage der Kausalität und des ersatzfähigen Schadens aufgrund einer individuellen Befragung des Klägers zu klären war.

Der Streitwert ergibt sich aus dem Zahlungsantrag gem. Ziff. I. Hinsichtlich Antrag III. sind bisher keine konkreten Gläubigerforderungen bekannt.

Hinsichtlich des Feststellungsantrags Ziff. III rechnet der Kläger damit, dass sich sein zu versteuerndes Einkommen infolge der Nichtanerkennung der Abschreibungen im Jahre . . . . . um . . . . . erhöht, das ergibt bei einem zu versteuernden Einkommen von . . . . . EUR und Anwendung der . . . . .Tabelle eine Steuernachforderung von ca. . . . . . EUR. Nach § 233a Abs. 2 S. 1 AO beginnt der Zinslauf 15 Monate nach Ablauf des Jahres, in dem die Steuer entstanden ist, also am 1.4. . . . . bis zum Erlass des zu erwartenden Steuerbescheids. Gem. § 238 Abs. 1 AO sind für jeden vollen Monat 0,5 % Zinsen[23] zu entrichten, also schätzungsweise . . . . . EUR. 80 % davon ergeben: . . . . .

Zu Antrag IV. beträgt der Darlehenskontostand lt. dem beigefügten Kontoauszug derzeit . . . . . EUR. Anträge II, V und VI sind gem. § 4 Abs. 1 ZPO nicht zu bewerten.
Rechtsanwalt

Anmerkungen

1. Gem. § 71 Abs. 2 Nr. 3 GVG ist das Landgericht ausschließlich zuständig. Aufgrund der Konzentrationsermächtigung des § 32b Abs. 2 ZPO gelten in diversen Ländern **Sonderzuständigkeiten** einzelner Landgerichte für mehrere Gerichtsbezirke, BeckOK ZPO/*Toussaint*, 41. Ed. Stand: 1.7.2021, § 32b Rn. 24.1) Derzeit bestehen folgende Regelungen;

Land	Zuständiges Gericht	Vorschrift
Bayern	LG Augsburg, LG Landshut, LG München I, LG Nürnberg-Fürth	§ 37 BayGZVJu
Hessen	LG Frankfurt a. M.	§ 46 HESJuZuV
Nordrhein-Westfalen	LG Düsseldorf, LG Dortmund, LG Köln	§ 1 KonzVOZPOKapMuG
Sachsen	LG Leipzig, LG Dresden	§ 11 Abs. 2 SächsJOrgVO
Thüringen	LG Gera	§ 5 Abs. 3 ThürGerZustVO

2. Bei den Landgerichten muss gem. § 72a Abs. 1 Nr. 1 GVG eine **Fachkammer** für Bank und Finanzgeschäfte eingerichtet sein, diese ergibt sich aus der meist im Internet abrufbaren Geschäftsverteilung.

3. Zu bewerten ist der Zahlungsantrag I, hinsichtlich des Antrags III. ist der zu erwartende Schaden näher darzulegen und der Wert mit 80 % der drohenden Inanspruchnahme durch Dritte zu bemessen (BGH Beschl. v. 28.9.2017 – III ZR 580/16, BeckRS 2017, 128871 Rn. 7–9). Hinsichtlich Antrag IV. ist der Stand des Darlehenskontos zu berücksichtigen (BGH NJW-RR 2012, 60 Rn. 2; sa BGH Beschl. v. 25.7.2017 – XI ZR 545/16, BeckRS 2017, 121095 und Beschl. v. 3.8.2017 – III ZR 445/16, BeckRS 2017, 121625 Rn. 8). Zinsen (BGH NJW 2013, 3100 Rn. 6), Verzugsfeststellung und vorgerichtliche Rechtsanwaltskosten sind nicht zu bewerten (BGH Beschl. v. 29.4.2010 – III ZR 145/09, BeckRS 2010, 11946 Rn. 3)..

4. Immer wieder ins Feld geführte **Schwierigkeiten bei der Übertragung** von Gesellschaftsbeteiligungen stehen weder der Zug-um-Zug-Leistung noch der Feststellung des Annahmeverzugs entgegen. Diese Schwierigkeiten fallen in den Risikobereich der schadensersatzpflichtigen Beklagten und nicht in denjenigen des geschädigten Klägers (BGH Beschl. v. 28.11.2007 – III ZR 214/06, BeckRS 2007, 65138 Rn. 3). Nach BGH NJW 2016, 3455 Rn. 18–21 reicht die Bezeichnung des Fonds, wenn der Kläger allein Inhaber der dem Schuldner als Gegenleistung angebotenen Beteiligung und nicht Inhaber weiterer Beteiligungen ist. Dann kann die abzutretende Forderung bereits anhand der persönlichen Angaben des Gläubigers identifiziert werden. Nach BGH NZG 2017, 1230 Rn. 17 ist bei einer Direktbeteiligung diese als solche zu übertragen, während einer treuhänderischen Beteiligung nur die Rechte aus dem Treuhandvertrag übertragen werden können.

5. In **Abtretungsfällen** ist zu beachten, dass der Freistellungsanspruch prinzipiell nur an Gläubiger der Forderung abtretbar ist, von der freigestellt werden soll (also nicht Ehegatte o. ä.), BGH NZG 2013, 502 Rn. 26.

6. Soll auch auf Feststellung einer **allgemeinen Schadensfreistellungspflicht** geklagt werden, steckt dieser Antrag schon in dem allgemeineren Antrag und kann nicht gesondert ausgeurteilt werden, ggf. kann er durch „ insbesondere . . . . ." in den allgemeinen Antrag eingefügt werden, BGH NJW-RR 2012, 1312 Rn. 38.

7. Ist die Beklagte die **Finanzierungsbank**, ist nicht Freistellung zu beantragen, sondern die Feststellung, dass der Kläger aus dem Darlehen nichts mehr schuldet. Der Feststellungsantrag wird jedoch unzulässig, wenn die Beklagte im Gegenzug auf Zahlung der Darlehensschuld klagt und die Widerklage nicht mehr einseitig zurückgenommen werden kann, vgl. BGH NJW 2011, 2198 Rn. 28. Bei mehreren Beklagten kann gegen die übrigen Beklagten Freistellung neben der Feststellung beantragt werden, da die Freistellungsverpflichtung auch die Abwehr unberechtigter Ansprüche des Gläubigers mit umfasst (BGH NJW-RR 2011, 479 Rn. 12).

8. Ein **wörtliches Angebot**, das in dem Zug-um-Zug-Antrag gem. Ziff. I. liegt, reicht aus, wenn nicht die uneingeschränkte Bereitschaft besteht, die Zug-um-Zug-Leistung anzunehmen **und** den Schadensersatz zu leisten (BGH NJW 1997, 561 unter II.1), was regelmäßig nicht der Fall ist.

9. Der zunächst gem. §§ 249 Abs. 1, 257 BGB gegebene Anspruch auf Freistellung von den **Rechtsverfolgungskosten** wandelt sich bei endgültiger Ablehnung der Ersatzleistung, also spätestens mit dem zu erwartendem Klageabweisungsantrag in einen Zahlungsanspruch, vgl. BGH NJW 2004, 1868. Kann nicht vorhergesehen werden, ob sich für die Gegenseite ein Prozessbevollmächtigter bestellt, sollte aus Vorsichtsgründen ein Freistellungsantrag gestellt oder jedenfalls darauf hingewiesen werden, dass der Zahlungsantrag als Minus den Freistellungsantrag enthält, der ggf. hilfsweise gestellt werden kann (BGH NZG 2013, 101 Rn. 33).

10. Die **Fristsetzung** gem. § 250 S. 1 BGB kann gem. § 255 Abs. 1 ZPO im Urteil erfolgen.

11. Es ist zunächst zu prüfen, ob der Prospekt unter **spezialgesetzliche Regelungen** fällt, die eine Definition des Prospekthaftenden kennen, etwa § 13 Abs. 1 VerkProspG aF iVm § 44 Abs. 1 BörsG aF oder nun § 21 WpPG oder § 306 Abs. 1 KAGB (vgl. dazu *Hanke* BKR 2014, 441 ff.). Dann ist die Darstellung an diesen Vorschriften zu orientieren und auf die einschlägigen Vorschriften zu verweisen. Dann sind aber auch die spezialgesetzlichen Verjährungsregelungen zu beachten, da dann laut BGH NJW 2021, 1318 Rn. 26 etwa eine Haftung unter dem Aspekt einer vorvertraglichen Pflichtverletzung aufgrund der Verwendung der unrichtigen, unvollständigen oder irreführenden Prospekts als Mittel der schriftlichen Aufklärung ausgeschlossen ist.

Die Haftung für Prospektfehler kommt auch für **andere Personen** in Betracht. Zu denken ist etwa an **Mittelverwendungskontrolleure** unter dem Gesichtspunkt des Vertrages zu Gunsten Dritter (BGH NJW 2020, 3451 Rn. 12 mwN), **Prospektprüfer** unter dem Gesichtspunkt des Vertrages zu Gunsten Dritter (BGH NJW 2004, 3420; 2010, 1279 Rn. 15 – bei Kenntnisnahme vom Gutachten; BGH, NJW 2014, 2345 Rn. 8 ff. für falsches Testat in Wertpapierprospekt unter vertraglichen Gesichtspunkten, NZG 2020, 1030 Rn. 24 ff nach § 826 BGB); **Treuhandkommanditisten** und **Gründungskommanditisten** unter dem Gesichtspunkt des Verschuldens bei Vertragsschluss nach §§ 280 Abs. 1, 311 Abs. 2 BGB (BGH NJW-RR 2018, 873 Rn. 16/17 mwN), sa → Anm. 11.

12. Hier müssen präzise die Einzelumstände angegeben und unter Beweis gestellt werden, aus denen sich die gezogene Folgerung der **Hintermannstellung** ergibt. Nach BGH NZG 2014, 1261 Rn. 84–91 reicht es nicht, dass die in Anspruch genommene Person mit dem Fonds zusammenarbeitet und daher in einem gewissen Maße das Gelingen der Fondsprojekte von ihr abhängig ist. Es muss sich ergeben, dass maßgeblicher Einfluss auf die Konzeption genommen wurde. Beispiele aus der Rechtsprechung: BGH NJW 1992, 228 unter II.1.b; NJW 2001, 436 unter III; NJW-RR 2008, 1365

Rn. 15 ff.; NJW 2010, 1077 Rn. 21; NZG 2012, 1262 Rn. 36–40; NZG 2014, 1384 Rn. 113 u. 115; NJW-RR 2016, 169 Rn. 15, 16; Urt. v. 13.8.2020 – III ZR 148/19, BeckRS 2020, 23374 Rn. 18), NJW 2021, 1318 Rn. 24 f.

13. In aller Regel ist die **Prospekteigenschaft** nicht fraglich. Ablehnend für den „Informer" eines Onlinebrokers OLG Schleswig NJW-RR 2015, 109; für Ad hoc-Mitteilungen BGH NJW 2004, 2664 unter I.2.a; für eine 19-seitige „Produktbroschüre" mit dem ausdrücklichen und ausführlichen Hinweis darauf, dass die Broschüre keinen Prospekt iSd Wertpapierprospektgesetzes darstelle, BGH NJW 2013, 2343 Rn. 22/23; sa Beschl. v. 23.11.2015 – XI ZR 519/14, BeckRS 2015, 20796; bejahend für eine 80-seitige „Produktinformation" BGH NJW 2012, 758 Rn. 21–27.

14. Es ist darzulegen, welche Darstellung der Prospekt hinsichtlich der zu rügenden **Fehler** enthält. Ausgangspunkt ist, welche Prospektpassagen aus der der Sicht ex ante falsch sind, hinsichtlich des Verständnisses des Inhalts ist auf das **Verständnis** eines durchschnittlichen Anlegers bei sorgfältiger und eingehender Lektüre abzustellen (BGH NJW-RR 2019, 621 Rn. 20 mwN). Sollte sich der Fehler erst **nach Prospektherausgabe**, aber vor Übergabe des Prospekts an den Anleger ergeben haben, ist zu beachten, dass sich eine Prospekthaftung auch aus der Weiterverwendung des nun unrichtigen Prospekts gegenüber einem größeren Kreis anderer, bislang noch nicht angesprochener Anleger ergeben kann (BGH NZG 2014, 949 Rn. 39 mwN zur deliktischen Haftung; BGH NJW 1993, 2865 unter I. mwN zur Prospektberichtigungspflicht).

15. Hier sind die Tatsachen unter Beweisangebot zu benennen, aus denen sich die **Fehlerhaftigkeit der Prospektangaben** ergibt. Zu beachten ist, dass sich häufig dann Fehler einschleichen, wenn aus der ex post-Sicht etwa die Fehlerhaftigkeit einer Prognose dargestellt wird. Tatsächlich ist es ausreichend, wenn die Prognosen im Prospekt durch sorgfältig ermittelte Tatsachen gestützt und – aus ex ante-Sicht – vertretbar sind (BGH NJW-RR 2012, 1312 Rn. 17 mwN; anders BGH Beschl. v. 6.10.2020 – XI ZB 28/19, BeckRS 2020, 34138 Rn. 45 für den Fall, dass die Prognose eine unsichere anlagespezifische Tatsache gestützt wird und auf das Vorliegen dieser Unsicherheit nicht hingewiesen wird). Bei internen Vorgängen kann der Prospekthaftende zwar im Einzelfall gehalten sein, auf schlüssigen Vortrag hin nach den Grundsätzen der sekundären Darlegungslast substanziiert zu bestreiten (NJW 2020, 1962 Rn. 37 mwN – Dieselskandal), generell sind aber auch hier die Hürden hoch (BGH NJW 2011, 3028 Rn. 21 mwN), so wird etwa die – kostspielige –Auswertung umfangreicher Strafakten verlangt (BGH NJW 2015, 236 Rn. 108) und jedenfalls die Darlegung von Anhaltspunkten dafür, dass die Prospektdarstellung unrichtig ist (BGH NZG 2013, 899 Rn. 43–45).

16. Die Behauptung, bei ordnungsgemäßer Information wäre nicht gezeichnet worden, reicht zunächst aus. Geht man von einer Pflichtverletzung aus, ist zu prüfen, wie sich der Kläger bei pflichtgemäßem Vorgehen der Bekl. verhalten hätte. Dabei kommt ihm eine **Kausalitätsvermutung** zugute, die das Recht des Anlegers sichert, in eigener Entscheidung und Abwägung des Für und Wider darüber zu befinden, ob er in ein bestimmtes Projekt investieren will oder nicht. Um sie zu widerlegen, muss der Aufklärungspflichtige jedenfalls darlegen, dass der einzelne Anleger den unterlassenen Hinweis unbeachtet gelassen hätte (vgl. etwa BGH NJW 2018, 462 Rn. 31 und zum unmittelbaren Beweis durch Parteivernehmung bzw. zum indiziellen Beweis durch Zeugenvernehmung BGH Urt. v. 16.5.2019 – III ZR 176/18, BeckRS 2019, 11447 Rn. 24).

17. Zinsen aus dem Anlagebetrag können **vor Verzugseintritt** nur unter dem Gesichtspunkt der entgangenen Anlagezinsen verlangt werden, die ggf. nach § 287 ZPO durch das Gericht zu schätzen sind. Für eine solche Schätzung bedarf es einer tatsächlichen Grundlage, die der Anleger darzutun hat. Dabei kommt eine Erstattung von Wiederanlagezinsen in Höhe der für Sparbriefe oder Bundeswertpapiere durchschnittlich erzielbaren Zinssätze ebenso wenig wie die Erstattung eines Mindestschadens in Höhe des gesetzlichen Zinssatzes von 4 % p. a. in Betracht (BGH NJW 2012, 2266 Rn. 11–17). Mit der Behauptung einer steuersparenden Alternativanlage ist lt. BGH NJW 2017, 250 Rn. 35 das Verlangen eines festen jährlichen Zinsgewinns auf den investierten Betrag wie bei einer festverzinslichen Anlageform nicht vereinbar. Bei risikobewussten Anlegern ist es nicht zu beanstanden, wenn sich das Tatsachengericht nicht davon überzeugen kann, bei der einer Alternativanlage sei eine Mindestrendite erzielt worden (BGH Urt. v. 16.5.2019 – III ZR 176/18, BeckRS 2019, 11447 Rn. 31)

18. Beweisangebot zunächst nicht erforderlich, wenn die Beklagte weiß (wissen muss), was der Anleger erhalten hat.

19. Entfällt bzgl. der **vorgerichtlichen Rechtsanwaltskosten**, wenn die Beklagte bekanntermaßen zahlungsunwillig ist und der Versuch einer außergerichtlichen Forderungsdurchsetzung auch nicht aus sonstigen Gründen erfolgversprechend erschien. Dann ist die außergerichtliche Rechtsverfolgung nicht zweckentsprechend und damit nicht ersatzfähig (BGH BKR 2013, 283 Rn. 36–38).

20. Ein **vorgerichtliches Anspruchsschreiben** kann auch auf einem Mandat zur gerichtlichen Forderungsdurchsetzung beruhen. Dann wäre es durch die Verfahrensgebühr gem. VV RVG Nr. 3100 abgegolten. Ob auch eine Geschäftsgebühr nach VV 2300 RVG entstanden ist, hängt von Art und Umfang des erteilten Mandats ab, wozu der Kläger vortragen muss. Ein nur bedingt für den Fall des Scheiterns des vorgerichtlichen Mandats erteilter Prozessauftrag steht der Gebühr aus VV 2300 RVG allerdings nicht entgegen (BGH BKR 2013, 283 Rn. 37; sa NJW-RR 2019, 1332 Rn. 43).

21. So etwa BGH NZG 2014, 1261 Rn. 93 ff.

22. Wenn die **Rahmengebühr** von einem Dritten zu ersetzen ist, ist die von dem Rechtsanwalt getroffene Bestimmung nach § 14 Abs. 1 S. 4 RVG (nur dann) nicht verbindlich, wenn sie unbillig ist. Dabei steht dem Rechtsanwalt auch im Anwendungsbereich des Rechtsanwaltsvergütungsgesetzes ein Spielraum (sog Toleranzgrenze) von 20 % zu. Hält sich der Anwalt innerhalb dieser Grenze und ergeben sich keine Anhaltspunkte dafür, dass die Tätigkeit unterdurchschnittlich war, ist die von ihm festgelegte Gebühr jedenfalls nicht iSd § 14 Abs. 1 S. 4 RVG unbillig und daher von dem ersatzpflichtigen Dritten hinzunehmen (BGH NJW-RR 2012, 887 Rn. 4, sa OLG München NJOZ 2014, 1234 unter I.4.). Eine **Erhöhung der Schwellengebühr** von 1,3, die die Regelgebühr **für durchschnittliche Fälle** darstellt, auf eine 1,5-fache Gebühr ist aber **nicht der gerichtlichen Überprüfung** hinsichtlich des Vorliegens der **tatbestandlichen Voraussetzungen** für eine Überschreitung der Regelgebühr von 1,3 entzogen. Andernfalls könnte der Rechtsanwalt für durchschnittliche Sachen, die nur die Regelgebühr von 1,3 rechtfertigen, ohne weiteres eine 1,5-fache Gebühr verlangen. Dies verstieße gegen den Wortlaut und auch gegen den Sinn und Zweck des gesetzlichen Gebührentatbestandes in VV 2300 RVG, der eine Erhöhung der Geschäftsgebühr über die Regelgebühr hinaus **nicht in das Ermessen** des Rechtsanwalts stellt, sondern bestimmt, dass eine Gebühr von mehr als 1,3 nur gefordert werden kann, wenn die Tätigkeit umfangreich oder schwierig und damit überdurchschnittlich war (vgl. BGH NJW-RR 2013, 1020 Rn. 8; NJOZ 2016, 190 Rn. 21).

23. Nach becklink 2020670 hat das BVerfG mit Beschluss vom 8.7.2021 zu den Az.: 1 BvR 2237/14 und 1 BvR 2422/17 entschieden, dass die Zinshöhe gem. § 238 AO spätestens seit 2014 evident realitätsfern und die Regelung des § 233a AO iVm § 238 Abs. 1 S. 1 AO für alle Verzinsungszeiträume ab dem 1.1.2014 mit dem Grundgesetz unvereinbar sei. Die Konsequenzen bleiben abzuwarten.

11. Musterverfahrensantrag nach dem KapMuG

Musterverfahrensantrag

An das Landgericht . . . . .
. . . . . Kammer
In dem Rechtsstreit . . . . . O . . . . ./. . . . .[1]

. . . . .
– Kläger –
Prozessbevollmächtigte: . . . . .
gegen
. . . . .
– Beklagte –
Prozessbevollmächtigte: . . . . .

wegen Schadensersatzanspruch aufgrund falscher, irreführender oder unterlassener öffentlicher Kapitalmarktinformation.

aufgrund Verwendung einer falschen oder irreführenden öffentlichen Kapitalmarktinformation.

wegen Unterlassung der gebotenen Aufklärung darüber, dass eine öffentliche Kapitalmarktinformation falsch oder irreführend ist.[2]

beantrage ich, folgenden Musterverfahrensantrag im Klageregister bekannt zu machen:

Feststellungsziel 1[3]	**Es wird festgestellt, dass . . . . .**
a.[4]	**Falsche Darstellung bzgl. . . . .[5]**
	Die *Kapitalmarktinformation* schildert . . . . . Tatsächlich . . . . .
	Beweis: ***Darstellung in der Kapitalmarktinformation:*. . . . . Anlage MK . . . . . S.. . . . .** ***Tatsächliche Situation* : . . . . .**
b.[4]	**Falsche Darstellung bzgl. . . . .[5]**
	Die *Kapitalmarktinformation* schildert . . . . . Tatsächlich . . . . .
	Beweis: ***Darstellung in der Kapitalmarktinformation:*. . . . . Anlage MK . . . . . S.. . . . .** ***Tatsächliche Situation* : . . . . .**
Feststellungsziel 2[3]	**Es wird festgestellt, dass . . . . .**
a.[4]	**Falsche Darstellung bzgl. . . . .[5]**
	Die *Kapitalmarktinformation* schildert . . . . . Tatsächlich . . . . .
	Beweis: ***Darstellung in der Kapitalmarktinformation:*. . . . . Anlage MK . . . . . S.. . . . .** ***Tatsächliche Situation* : . . . . .**
b.[4]	**Falsche Darstellung bzgl. . . . .[5]**
	Die *Kapitalmarktinformation* schildert . . . . . Tatsächlich . . . . .

	Beweis: *Darstellung in der Kapitalmarktinformation:.* . . . . Anlage MK . . . . .S.. . . . . *Tatsächliche Situation* : . . . . .
Feststellungsziel 3[6]	Es wird festgestellt, dass . . . . .
	Zwischen dem Kläger und den Beklagten ist umstritten, ob . . . . . Die Auffassung der Kläger trifft zu, weil . . . . .
Feststellungsziel 4[6]	Es wird festgestellt, dass . . . . .
	Zwischen dem Kläger und den Beklagten ist umstritten, ob . . . . . Die Auffassung der Kläger trifft zu, weil . . . . .

Begründung

Wie der Kammer bekannt, sind zwischen einzelnen Anlegern und den hier Beklagten zahlreiche Zivilprozesse anhängig bzgl. deren Beteiligung an . . . . . In diesen wird um die Frage gestritten, ob der Angebotsprospekt idF vom . . . . . fehlerhaft ist. Diesbezüglich wird insb. in den Verfahren . . . . .[7] geltend gemacht, dass der Prospekt in den in obiger Tabelle zu Feststellungszielen 1 und 2 geltend gemachten Punkten unrichtig ist, was die Beklagten in Abrede stellen.[8]

Außerdem bestehen in rechtlicher Hinsicht die oben zu Feststellungszielen 3 – . . . . . dargestellten Auffassungsunterschiede in rechtlicher Hinsicht. Diese sind jeweils entscheidungserheblich, weil . . . . .[8]

Ich bitte bei Veröffentlichung des Musterverfahrensantrags bzw. des Vorlagebeschlusses von der Bekanntgabe des Namens und der Adresse des Antragstellers abzusehen. Nach § 6 Abs. 4 KapMuG ist nur der Inhalt des Vorlagebeschlusses im Klageregister öffentlich bekannt zu machen. Die Bekanntmachung dient der Unterrichtung der Öffentlichkeit, die wegen der Sperrwirkung des § 7 KapMuG und der Aussetzungspflicht nach § 8 KapMuG ein Interesse daran hat, den vollständigen Inhalt des Vorlagebeschlusses aus dem Register entnehmen zu können. Um diese Zielsetzung zu gewährleisten, ist in § 6 Abs. 3 KapMuG der erforderliche Inhalt des Vorlagebeschlusses vorgegeben. Danach hat der Vorlagebeschluss die Feststellungsziele und eine knappe Darstellung des den Musterverfahrensanträgen zugrunde liegenden Lebenssachverhalts zu enthalten. Zu dem weiteren Inhalt des Vorlagebeschlusses finden sich in § 6 KapMuG keine weiteren Vorgaben, so dass auf den in § 3 Abs. 2 KapMuG geregelten Umfang der öffentlichen Bekanntmachung zurückzugreifen ist. Aus dem Wortlaut der Vorschrift folgt, dass nur die für den weiteren Verfahrensgang erforderlichen Daten im Klageregister bekannt gemacht werden dürfen, die sich aus dem Gesetz ergeben. Die Aufzählung ist abschließend, so dass danach die einzelnen Kläger der Ausgangsverfahren nicht bekannt zu machen sind. Die Kenntnis der Daten der einzelnen Kläger der Ausgangsverfahren spielt für den Fortgang des Musterverfahrens keine Rolle und ist daher nicht im Klageregister zu veröffentlichen (vgl. OLG Celle NJW-RR 2017, 1450 Rn. 25–27).
Rechtsanwalt

Anmerkungen

1. Anzugeben ist das Aktenzeichen des bereits **anhängigen Rechtsstreits**, in dem der Antrag gestellt wird. Auch wenn der Musterverfahrensantrag zugleich mit der Klageerhebung gestellt wird, sollte dies mit einem gesonderten Schriftsatz neben der Klage geschehen, weil sich dieser nur auf die Feststellungsziele, nicht aber die individuellen Besonderheiten des klageweise geltend gemachten Sachverhalts bezieht.

2. Im Betreff ist anzugeben, um **welche Art** Rechtsstreit iSv § 1 Abs. 1 KapMuG es sich handelt.

3. Unter Feststellungsziel 1 ff. sind sämtliche – verallgemeinerungsfähigen – **tatsächlichen Streitfragen** hinsichtlich einer bestimmten Kapitalmarktinformation anzugeben iSv § 2 Abs. 1 KapMuG, die durch Beweisaufnahme im Musterverfahren allgemeinverbindlich geklärt werden sollen. Es empfiehlt sich nicht, mehrere zu unterschiedlichen Zeitpunkten erteilten bzw. nicht erteilten Kapitalmarktinformationen in einem Antrag zusammenzufassen. Denn § 1 Abs. 1 KapMuG spricht von einer Kapitalmarktinformation bzw. in Nr. 3 von dem Erfüllungsanspruch aus einem Vertrag und nur hinsichtlich der Definition der in Frage kommenden Bezugsgegenstände von Kapitalmarktinformation*en.* Jedes Feststellungsziel bildet einen eignen Streitgegenstand, es handelt es sich also **bei jeder angeblich fehlerhaften oder unzureichenden Aussage** um ein **eigenständiges Feststellungsziel** iSd § 2 Abs. 1 S. 1 KapMuG (BGH BGHZ 216, 37 Rn. 32 f.).

4. Die strittigen Gesichtspunkte sollten jeweils einzeln mit den dazugehörigen **Beweisangeboten** angesprochen werden, damit im Vorlagebeschluss möglichst alle zu klärenden Behauptungen angesprochen werden, ohne dass es – zeitraubender – Berichtigungs- oder Ergänzungsanträge bedarf. Der Vorlagebeschluss (§ 6 Abs. 1 KapMuG) und der Erweiterungsbeschluss (§ 15 Abs. 1 KapMuG) treten im Musterverfahren an die Stelle einer verfahrenseinleitenden Klageschrift. Die dort aufgenommenen Feststellungsziele müssen die zu treffenden Feststellungen ebenso **bestimmt bezeichnen.** Demnach muss das Feststellungsziel so deutlich gefasst sein, dass der Streitgegenstand und der Umfang der Prüfungs- und Entscheidungsbefugnis des Gerichts erkennbar abgegrenzt sind. Diesen Anforderungen wird die Formulierung eines Feststellungsziels, die Fehlerhaftigkeit der Kapitalmarktinformation „insbesondere durch folgende Aussagen" festzustellen, hinsichtlich der weiteren nicht ausdrücklich aufgeführten Aussagen nicht gerecht. Der Antrag muss erkennen lassen, welche Prospektfehler genau der Musterkläger rügt. Ein auf die Feststellung eines Prospektfehlers gerichtetes Feststellungsziel ist nur dann hinreichend bestimmt formuliert, wenn es die beanstandete **Aussage oder Auslassung der Kapitalmarktinformation** selbst **wiedergibt.** Es ist nicht Aufgabe des Oberlandesgerichts, einen Prospektfehler, der sich aus dem Parteivorbringen ergibt, in einer stattgebenden Entscheidung erstmals selbstständig auszuformulieren. Wird einem Oberlandesgericht ein zu unbestimmt formuliertes Feststellungsziel gem. § 6 Abs. 1 S. 1 KapMuG vom Landgericht zur Entscheidung vorgelegt, so hat es dieses – nach erfolglos erteiltem Hinweis (§ 139 Abs. 1 S. 2 ZPO entsprechend) – ohne Sachentscheidung als unzulässig zurückzuweisen vgl. dazu BGH BGHZ 216, 37 Rn. 64–66 zu einem „Konditionenblatt" u. NJW-RR 2019, 38 Rn. 33–38 u. 123 sowie 153 zu adhoc-Mitteilungen). Allerdings sind nach BGH Beschl. v. 6.7.2021 – XI ZB 27/19, BeckRS 2021, 22326 Rn. 34 im Falle der vollständigen Unbestimmtheit sämtlicher im Vorlagebeschluss enthaltener Feststellungsziele diese sämtlich als unzulässig zurückzuweisen und ist von einer „ersetzenden Konkretisierung" durch einen Erweiterungsbeschluss abzusehen.

5. Unabhängig von der sorgfältig zu prüfenden Frage, welche Normen im Einzelfall anzuwenden sind, ist Ausgangspunkt die Frage, welche Informationen aus der der Sicht **ex ante** falsch sind, hinsichtlich des Verständnisses des Inhalts der Kapitalmarktinformation ist auf das **Verständnis** eines durchschnittlichen Anlegers bei sorgfältiger und eingehender Lektüre abzustellen (BGH NJW-RR 2019, 621 Rn. 20 mwN).

6. Die allgemein beantwortbaren **strittigen Rechtsfragen,** die entscheidungsrelevant sind, sollten einzeln nacheinander benannt werden.

7. Hier sollte tunlichst auf **neun weitere gleichgerichtete Anträge** verwiesen werden, um bereits im Antragszeitpunkt den Vorlagebeschluss sicherzustellen (§ 6 Abs. 1 S. 1 Kap-

MuG). Haben mehrere Personen gemeinsam Klage erhoben, ohne dass die Voraussetzungen der notwendigen Streitgenossenschaft nach § 62 ZPO vorliegen, so kommt für jeden Kläger gemäß § 61 ZPO ein selbständiges Prozessrechtsverhältnis zustande. Die mehreren Prozessrechtsverhältnisse sind durch die – einfache – Streitgenossenschaft lediglich zu einem äußerlich einheitlichen Verfahren miteinander verbunden. Der Sache nach handelt es sich aber um selbständige Verfahren, die bei der Frage, ob die erforderliche Anzahl an Anträgen erreicht ist, mit zu berücksichtigen sind (BGH NJW 2008, 2187 Rn. 10).

8. Darzulegen ist gem. § 2 Abs. 3 S. 2 KapMuG die **Bedeutung über den Einzelfall** hinaus.

12. Klage wegen Beteiligung an einer sittenwidrigen Schädigung am Beispiel des „Churnings"

An das Amts-/Landgericht .....
– Kammer für Bank- und Finanzgeschäfte[1] –

Klage

des .....
– Kläger –
Prozessbevollmächtigte: .....
gegen
.....
– Beklagte –
Prozessbevollmächtigte: .....
wegen sittenwidriger Schädigung[2]
Vorläufiger Streitwert: .....
Namens und in Vollmacht des Klägers erhebe ich Klage und werde beantragen:

I. Die Beklagte wird verurteilt, an den Kläger ..... EUR nebst Zinsen iHv 5 Prozentpunkten über dem Basiszinssatz[3]
aus .....EUR vom ..... bis .....,[4]
aus ..... EUR vom ..... bis .....
.....
und aus der Hauptforderung von ..... EUR seit dem ..... zu zahlen.

II. Die Beklagte wird ferner verurteilt, an den Kläger weitere ..... EUR nebst Zinsen hieraus iHv 5 Prozentpunkten über dem Basiszinssatz seit ..... zu zahlen.

Hilfsweise für den Fall, dass Antrag II. zurückgewiesen wird:
Die Beklagte wird verurteilt, den Kläger von den vorgerichtlichen Rechtsanwaltskosten gem. Kostennote der Rechtsanwälte ..... vom ..... iHv ..... innerhalb von 4 Wochen nach Rechtskraft des Urteils freizustellen.[5]
Für den Fall des fruchtlosen Fristablaufs wird die Beklagte verurteilt, ... EUR nebst Zinsen iHv 5 Prozentpunkten über dem Basiszinssatz seit Fristablauf an den Kläger zu zahlen.[6]

Begründung

Der Kläger nimmt die Beklagte wegen sittenwidriger Schädigung anlässlich des Abschlusses von Börsentermingeschäften auf Schadensersatz in Anspruch.
Der zum Zeitpunkt der Vertragsanbahnung ..... Jahre alte Kläger ist von Beruf .....

Die Beklagte ist ein in . . . . . ansässiges Brokerhaus, das für Kunden Börsentermingeschäfte durchführt. Die Abwicklung der Wertpapiergeschäfte erfolgt über eine von der Beklagten für gewerbliche Vermittlungsunternehmen zur Verfügung gestellte Plattform vollelektronisch. Den Kontakt des Klägers zur Beklagten stellte das in . . . . . ansässige Vermittlungsunternehmen . . . . . her. Dieses war als selbständige Finanzdienstleisterin tätig und bei der Bundesanstalt für Finanzdienstleistungen registriert; es verfügte über die aufsichtsrechtlich erforderlichen Genehmigungen. Zu einem persönlichen Kontakt zwischen dem Kläger und der Beklagten kam es nicht. Zwischen der Klägerin und dem Vermittlungsunternehmen . . . . . kam es durch den für dieses tätigen Zeugen . . . . . am . . . . .zum Abschluss eines Geschäftsbesorgungsvertrages zur Durchführung von Börsentermingeschäften.

Vertrag vom . . . . ., Anlage K . . . . .

Zur Durchführung der Geschäfte eröffnete die Beklagte für den Kläger das Transaktionskonto mit der Nummer . . . . . Der Kläger unterschrieb dazu den als Anlage K . . . . . vorgelegten Kontoführungsvertrag. Vor Abschluss des Vertrages wurde er weder von der Beklagten selbst, noch von der Vermittlerin über die Risiken der vereinbarten Börsenoptionsgeschäfte informiert. Dies, obwohl er solche noch nie getätigt hatte, wie er dem zur Anbahnung der Geschäftskontakts eingeschalteten Zeugen . . . . . sofort mitgeteilt hat, als dieser ihm vorschlug, die streitgegenständliche Geschäftsbeziehung einzugehen. Übergeben wurde lediglich eine allgemein gehaltene Informationsbroschüre in englischer Sprache. Diese enthielt einerseits keine konkreten Hinweise auf die Risiken der hier geplanten Geschäfte aufgrund der nachstehenden im Einzelnen dargestellten Gebührenstruktur der Beklagten und war andererseits für den Kläger aufgrund seiner nicht hinreichenden Kenntnisse der englischen Sprache auch nicht verständlich. Das hat er dem Zeugen . . . . . anlässlich der Übergabe des Prospekts und vor Unterzeichnung des als Anlage K . . . . . vorgelegten Geschäftsbesorgungsvertrags auch gesagt.

Vertrag vom . . . . ., Anlage K . . . . .
Kontoführungsvertrag, Anlage K . . . . .
Informationsbroschüre, Anlage K . . . . .
Einvernahme des Zeugen . . . . .

Der Kläger wird zum Termin erscheinen und beantragt, gem. § 137 Abs. 4 ZPO zu Verlauf und Inhalt der Beratungsgespräche gehört zu werden.

Der Kläger zahlte insgesamt . . . . . EUR auf das ihm vom Zeugen . . . . . genannte Konto bei der Beklagten ein und zwar . . . . . EUR am . . . . . und . . . . . EUR am . . . . . Die Beklagte zahlte insgesamt . . . . . EUR, davon . . . . . EUR am . . . . . und . . . . . EUR am . . . . . an den Kläger aus.

Kontoauszüge in chronologischer Reihenfolge, Anlagenkonvolut K . . . . .

Die Beklagte wickelte für den Kläger im Zeitraum vom . . . . . bis zum . . . . . folgende Optionsgeschäfte ab:

. . . . .

Kontoauszüge in chronologischer Reihenfolge, Anlagenkonvolut K . . . . .

Aus den vorgelegten Auszügen ergibt sich, dass im Namen des Klägers insgesamt . . . . . Kaufaufträge mit einem Volumen von . . . . . Optionskontrakten erteilt wurden. Für jeden dieser Kontrakte wurde eine Kommission von . . . . . berechnet. Darüber hinaus hatte der Kläger eine Dienstleistungsgebühr iHv . . . . . % sowie eine Gewinnbeteiligung von . . . . . % zu zahlen, sämtliche Beträge wurden mit der jeweiligen Transaktion zugunsten der Vermittlerin vom Guthaben des Klägers abgebucht.

Der Kläger hat mich am . . . . . beauftragt, seine Schadensersatzansprüche zunächst außergerichtlich gegenüber der Beklagten geltend zu machen.[7] Ich habe die Beklagte am . . . . . aufgefordert, die vom Kläger erbrachte Einzahlung abzüglich der erhaltenen

Auszahlungen nebst Zinsen und vorgerichtlichen Anwaltskosten zurück zu zahlen. Dies hat die Beklagte am ..... abgelehnt.[5]

Die mit Schreiben vom ..... gesetzte Frist zur Begleichung der vorgerichtlichen Rechtsanwaltskosten ist fruchtlos verstrichen.

Daraufhin hat mir der Kläger Klagauftrag erteilt.[8] Die Kosten für die außergerichtliche Rechtsverfolgung habe ich dem Kläger mit Kostennote vom ..... in Rechnung gestellt.

Anwaltsschreiben, Anlage K .....
Schreiben der Beklagten, Anlage K .....
Kostennote vom ....., Anlage K .....

Die internationale Zuständigkeit deutscher Gerichte ergibt sich trotz des Sitzes der Beklagten im Ausland aus § 32 ZPO. Der deliktische Gerichtsstand ist aufgrund der Beteiligung der Beklagten an der sittenwidrigen Schädigung des Klägers eröffnet. Diese ist in Deutschland begangen worden, da die Geschäfte über die Vermittlerin in Deutschland veranlasst worden sind. Deren Tatbeiträge muss sich die Beklagte bei der Frage der internationalen Zuständigkeit nach § 32 ZPO zurechnen lassen (BGH NZG 2010, 550 unter II. 1. a u. b; Urt. v. 24.6.2014 – VI ZR 315/13, BeckRS 2014, 15813 Rn. 19, 25, 36, 37).[9] Im Übrigen ist auch der Vermögensschaden des Klägers in Deutschland eingetreten, da er aufgrund der mangelnden Aufklärung dazu veranlasst wurde, Geld aus Deutschland auf ein bei der Beklagten eingerichtetes Konto zu transferieren (BGH BKR 2010, 421 Rn. 28–30; sa EuGH NJW 2015, 1581 Rn. 55). Da der Tatort in ..... liegt, ist auch die örtliche Zuständigkeit des angegangenen Gerichts gegeben.

Nach BGH NZG 2010, 550 unter II. 2. b. aa. (2) ist hier jedenfalls nach Art. 41 Abs. 1 EGBGB deutsches Recht anzuwenden, weil die den Sachverhalt wesentlich prägende Handlung in Deutschland stattgefunden hat. Denn die Beklagte hat als Brokerunternehmen durch die von ihr selbst im Wesentlichen vorgegebene vertragliche Konstruktion die Aufklärungs-, Leistungs- und Einstandspflichten gegenüber dem Kläger weitgehend auf die Vermittlerin als ein selbständiges Finanzdienstleistungsunternehmen übertragen, das seinen Sitz in einem anderen Staat hat als sie. Damit befindet sich der Ort der den Sachverhalt wesentlich prägenden Ausführungshandlungen und damit auch der für die Beklagte kollisionsrechtlich maßgebliche Handlungsort in dem Staat, in dem das gegenüber dem Kläger als Anleger handelnde Finanzdienstleistungsunternehmen seinen Sitz hat. Dieser befindet sich in .....

Die Beklagte hat sich an der von der Vermittlerin begangenen sittenwidrigen Schädigung beteiligt. Nach der ständigen Rechtsprechung des BGH sind gewerbliche Vermittler von Terminoptionen verpflichtet, Kaufinteressenten vor Vertragsschluss schriftlich die Kenntnisse zu vermitteln, die sie in die Lage versetzen, den Umfang ihres Verlustrisikos und die Verringerung ihrer Gewinnchance durch den Aufschlag auf die Optionsprämie richtig einzuschätzen. Dazu gehört neben der Bekanntgabe der Höhe der Optionsprämie auch die Aufklärung über die wirtschaftlichen Zusammenhänge des Optionsgeschäfts und die Bedeutung der Prämie sowie ihren Einfluss auf das mit dem Geschäft verbundene Risiko. So muss darauf hingewiesen werden, dass die Prämie den Rahmen eines vom Markt noch als vertretbar angesehenen Risikobereichs kennzeichnet und ihre Höhe den noch als realistisch angesehenen, wenn auch weitgehend spekulativen Kurserwartungen des Börsenfachhandels entspricht. Ferner ist darzulegen, ob und in welcher Höhe ein Aufschlag auf die Prämie erhoben wird und dass ein solcher Aufschlag die Gewinnerwartung verschlechtert, weil ein höherer Kursausschlag als der vom Börsenfachhandel als realistisch angesehene notwendig ist, um in die Gewinnzone zu kommen. In diesem Zusammenhang muss unmissverständlich darauf hingewiesen werden, dass höhere Aufschläge vor allem Anleger, die mehrere verschiedene Optionen erwerben, aller Wahrscheinlichkeit nach im Ergebnis praktisch chancenlos machen. Die Aussagekraft dieses Hinweises, der schriftlich und in auch für flüchtige Leser auffälliger Form zu erfolgen hat, darf weder

durch Beschönigungen noch auf andere Weise beeinträchtigt werden (BGH NJW-RR 2005, 556 unter II. 1. a mwN).

Die Chancenlosigkeit der durchgeführten Geschäfte beruht auf den von der Vermittlerin ausweislich der vorgelegten Kontoauszüge vereinnahmten Dienstleistungsgebühr und Gewinnbeteiligung. Denn der Aufschlag von . . . . . % auf die Kommission verschiebt Gleichgewicht zwischen Chancen und Risiken deutlich (BGH NJW-RR 2006, 627 Rn. 20 mwN).

Entsprechende Informationen enthalten weder der Vertrag (Anlage K . . . . .) mit der Vermittlerin noch die für den Kläger ohnehin nicht verständliche Informationsbroschüre (Anlage K . . . . .). Der Kläger war aufklärungsbedürftig, weil er weder anlageerfahren ist noch sich als anlageerfahren geriert oder gar auf eine Aufklärung verzichtet hat (BGH NJW 2004, 3628 unter II. 3. a).

Die Vermittlerin hat vorsätzlich gehandelt. Ihr oblag es, für eine ordnungsgemäße Aufklärung des Klägers Sorge zu tragen. Dass die von ihr verwendeten Unterlagen nicht ausreichend waren, lag angesichts der spätestens seit Beginn der 90er Jahre bestehenden höchstrichterlichen Rechtsprechung zum Inhalt der Aufklärungspflichten eines Vermittlers von hochspekulativen Börsentermingeschäften auf der Hand. Sollte ihr dies nicht bekannt gewesen sein, so hätte sie sich dieser Erkenntnis jedenfalls bewusst verschlossen, was dem Vorsatz gleichzustellen ist.

Das Geschäftsmodell der Vermittlerin verstößt gegen die guten Sitten, weil es darauf angelegt ist, für den Anleger chancenlose Geschäfte zum ausschließlich eigenen Vorteil zu vermitteln. Wie sich ihrer Informationsbroschüre entnehmen lässt, ist die Erbringung einer den Gebühren der Anleger entsprechenden äquivalenten Leistung von vornherein nicht beabsichtigt. Es geht ihr nur darum, mit Hilfe für die Anleger chancenloser Geschäfte durch überhöhte Gebühren und Aufschläge hohe Gewinne zu erzielen. Da sich an diesem Geschäftsmodell bei gehöriger Aufklärung kein vernünftig denkender Mensch beteiligen würde, zielt es von vornherein ganz bewusst darauf ab, uninformierte, leichtgläubige Menschen unter sittenwidriger Ausnutzung ihres Gewinnstrebens und ihres Leichtsinns als Geschäftspartner zu gewinnen und sich auf deren Kosten zu bereichern (BGH NJW-RR 2006, 627 Rn. 26).

Es liegt auf der Hand, dass der Kläger bei ordnungsgemäßer Aufklärung über die praktisch nicht gegebenen Erfolgschancen der vermittelten Optionsgeschäfte diese nicht eingegangen wäre. Sollte die Kammer diesen Beweis als noch nicht geführt ansehen, wäre insoweit gem. § 448 ZPO seine Parteivernehmung anzuordnen.[10]

Die Beklagte hat einen objektiven Tatbeitrag zur sittenwidrigen Schädigung des Klägers geleistet. Sie hat der Vermittlerin, die über keine Börsenzulassung verfügte, den Zugang zur Börse ermöglicht. Ohne das Onlinesystem hätte die Vermittlerin die Geschäfte nicht ausführen können. Gerade für diese Dienste hat die Beklagte auch ihre Provision erhalten.

Die Beklagte hat vorsätzlich gehandelt. Sie hat jedenfalls billigend in Kauf genommen, dass die Vermittlerin Anleger dazu veranlasste, hochspekulative Börsentermingeschäfte ohne die erforderliche Aufklärung durchzuführen. Ihr war als Onlinebrokerhaus bekannt, dass Börsentermingeschäfte mit privaten Anlegern hochspekulativ und mit erheblichen Risiken für diese verbunden sind und deshalb besondere Aufklärungspflichten begründen. Durch die Geschäftsverbindung mit der Vermittlerin hatte sie eine Verbindung nach Deutschland geschaffen, die eine Information über die insoweit in Deutschland geltenden Regeln schon im eigenen Haftungsinteresse dringend erforderte. Außerdem musste sie aufgrund der schon zahlreich aufgetretenen Missbrauchsfälle wissen, dass für die Vermittlerin aufgrund der hohen Gebühren ein großer Anreiz bestand, ihre geschäftliche Überlegenheit zum Schaden der Anleger auszunutzen. Dennoch hat sie offensichtlich deren Verhalten nicht kontrolliert und damit eine als möglich erkannte

vorsätzlich sittenwidrige Schädigung des Klägers billigend in Kauf genommen. Selbst wenn sie das von der Vermittlerin praktizierte Geschäftsmodell nicht positiv gekannt haben sollte, handelte sie jedenfalls bedingt vorsätzlich. Denn sie hat die als möglich erkannte Schädigung des Klägers in Kauf genommen. Mit der Eröffnung des Zugangs zu ihrem automatischen Online-System hat sie die faktische Ausführung der Transaktionen mit Wirkung für den Kläger und dessen Anlagegeld trotz der ihr bekannten hohen Missbrauchsgefahr ermöglicht. Das Geschäftsmodell der Vermittlerin hat sie offensichtlich nicht vorab geprüft und diese nach Belieben „schalten und walten" lassen. Damit hat sie ihre Augen bewusst vor der sich aufdrängenden Erkenntnis der Sittenwidrigkeit des Geschäftsmodells verschlossen und gleichwohl ermöglicht, dieses unkontrolliert zu betreiben. Sie hat also die Verwirklichung der erkannten Gefahr dem Zufall überlassen und zumindest bedingt vorsätzlich Beihilfe zu der unerlaubten Handlung der Vermittlerin geleistet (BGH NZG 2010, 550 unter II. 2. b. bb (2) (b) (bb)).

Danach ist der Kläger so zu stellen, wie er stehen würde, wenn seine geschäftliche Unterlegenheit nicht missbraucht worden wäre und er die hochriskanten Geschäfte nicht getätigt hätte. In diesem Fall wäre ihm der Verlust in Höhe von . . . . . EUR erspart geblieben.

Die Zinspflicht der Beklagten ergibt sich ab dem jeweiligen Eingang der Gelder unter dem Gesichtspunkt des Verzugs mit der Rückzahlung der dem Kläger entzogenen Mittel, BGH NJW-RR 2008, 918 Rn. 13.

Die Beklagte ist verpflichtet, dem Kläger die vorgerichtlichen Rechtsanwaltskosten zu ersetzen;[7] der insoweit gegebene Freistellungsanspruch hat sich aufgrund der Weigerung, Schadensersatz zu leisten, gem. § 250 S. 2 BGB in einen Zahlungsanspruch gewandelt (BGH NJW 2004, 1868 unter II. A. 1). Gem. VV 2300 RVG lagen die Voraussetzungen für die Überschreitung der Regelgebühr von 1,3 vor,[11] weil meine Tätigkeit sich umfangreich, schwierig und damit überdurchschnittlich darstellte. Im Vorfeld des ersten Schreibens an die Beklagte war anhand einer Befragung des Klägers und der Auswertung der – umfangreichen – Unterlagen und Kontoauszüge die Frage nach der Sittenwidrigkeit des Handelns der Beklagten, aber auch des anwendbaren Rechts abzuklären.

Aufgrund meiner Befassung mit einer Vielzahl von Parallelfällen habe ich die vor Klagerhebung erforderliche außergerichtliche Aufforderung, Schadensersatz zu leisten, per Formular gefertigt. Ein solches vorformuliertes Schreiben ist im Anlagestreit kein einfaches Schreiben iSv VV 2302 RVG, BGH BeckRS 2013, 10421. Das ergibt sich schon daraus, dass zunächst die Frage nach einer sittenwidrigen Schädigung aufgrund umfangreicher Unterlagen und einer individuellen Befragung des Klägers zu klären war.

Rechtsanwalt

Anmerkungen

1. Bei den Landgerichten muss gem. § 72a Abs. 1 Nr. 1 GVG eine **Fachkammer** für Bank und Finanzgeschäfte eingerichtet sein, diese ergibt sich aus der meist im Internet abrufbaren Geschäftsverteilung.

2. Es sei ausdrücklich darauf hingewiesen, dass die **Darlegungsanforderungen** bei einer Klage aufgrund Delikts **deutlich höher** sind, als bei einer entsprechenden vertraglichen Inanspruchnahme. Daher kann nicht mit der – unbesehenen – Übernahme eines Formulars für vertragliche Haftung gearbeitet werden. Belegen mag dies etwa der Umstand, dass die Vermutung aufklärungsrichtigen Verhaltens nicht für die Feststellung der Voraussetzungen eines Straftatbestandes gilt (BGH NZG 2014, 949 Rn. 46). Allerdings gelten die Grundsätze über die Beeinflussung der Anlageentscheidung durch Prospektfehler unabhängig davon, ob das Schadensersatzbegehren auf vertragliche oder deliktische Anspruchsgrundlagen gestützt wird. Weist also der Anleger nach, dass ein fehlerhafter Prospekt Gegenstand seiner Beratung war, muss die beklagte Partei die Kausalitätsvermutung widerlegen (BGH NZG 2020, 1030 Rn. 39). Folgende Gliederung der tatsächlichen Ausführungen bietet sich für einen deliktischen Schadensersatzanspruch an:

§ 823 Abs. 2 iVm § 263 StGB
Täuschung über Tatsachen mit Wissen des Täters • Tatsachenlage („Istzustand") • falsche Darstellung der Tatsachen
täuschungsbedingter **Irrtum**
Kausalität für Anlageentscheidung
Schaden
Stoffgleichheit zwischen Schaden und dem vom Täte angestrebten Vorteil
vorsätzliches Handeln in rechtwidriger Bereicherungsabsicht

Zum **vertraglichen Schadensersatzanspruch**: → Form. II.H.9.

3. Mit der rechtswidrigen Entziehung der ihr nicht zustehenden Geldbeträge gerät die Beklagte gem. § 286 Abs. 2 Nr. 4 BGB unmittelbar in **Verzug** (BGH NJW-RR 2008, 918 Rn. 13).

4. Ausgangsbetrag ist die erste Einzahlung, die bis zur ersten Veränderung durch eine weitere Einzahlung oder Auszahlung zu Grunde zu legen ist; **Endbetrag** ist der zuletzt noch offene Betrag.

5. Der zunächst gem. §§ 249 Abs. 1, 257 BGB gegebene Anspruch auf Freistellung von den **vorgerichtlichen Rechtsverfolgungskosten** wandelt sich bei endgültiger Ablehnung der Ersatzleistung, also spätestens mit dem zu erwartendem Klageabweisungsantrag in einen Zahlungsanspruch, BGH NJW 2004, 1868. Kann nicht vorhergesehen werden, ob sich für die Gegenseite ein Prozessbevollmächtigter bestellt, sollte aus Vorsichtgründen ein Freistellungsantrag gestellt oder jedenfalls darauf hingewiesen werden, dass der Zahlungsantrag als Minus den Freistellungsantrag enthält, der ggf. hilfsweise gestellt werden kann (BGH NZG 2013, 101 Rn. 33).

6. Die Fristsetzung gem. § 250 S. 1 BGB kann gem. § 255 Abs. 1 ZPO im Urteil erfolgen.

7. Entfällt bzgl. der vorgerichtlichen Rechtsanwaltskosten, wenn die Beklagte **bekanntermaßen zahlungsunwillig** ist und der Versuch einer außergerichtlichen Forderungsdurchsetzung auch nicht aus sonstigen Gründen erfolgversprechend erschien. Dann ist die außergerichtliche Rechtsverfolgung nicht zweckentsprechend und damit nicht ersatzfähig (BGH BKR 2013, 283 Rn. 36–38).

8. Ein **vorgerichtliches Anspruchsschreiben** kann auch auf einem Mandat zur gerichtlichen Forderungsdurchsetzung beruhen. Dann wäre es durch die Verfahrensgebühr gem. VV 3100 RVG abgegolten. Ob auch eine Geschäftsgebühr nach VV 2300 RVG entstanden ist, hängt von Art und Umfang des erteilten Mandats ab, wozu der Kläger vortragen muss. Ein nur bedingt für den Fall des Scheiterns des vorgerichtlichen Mandats erteilter Prozessauftrag steht der Gebühr aus VV 2300 RVG allerdings nicht entgegen (BGH BKR 2013, 283 Rn. 37; sa NJW-RR 2019, 1332 Rn. 43).

9. Das gilt nur, wenn die internationale Zuständigkeit nach der ZPO zu bestimmen ist. Anders für Art. 5 Nr. 3 LugÜ II bzw. Art. 5 Nr. 3 EuGVVO, wenn der im Inland auftretende Täter nicht mit verklagt wird, BGH NJOZ 2017, 1031 Rn. 14–22)

10. Laut OLG Düsseldorf BeckRS 2010, 03609 unter II.2.b.bb kann in einer Konstellation, wie der vorliegenden, von der Vermutung aufklärungsrichtigen Verhaltens ausgegangen werden. Das erscheint wegen der ansonsten rigiden Rechtsprechung zur **Kausalität** bei deliktischen Haftungstatbeständen nicht zweifelsfrei (BGH NJW-RR 2013, 1448 Rn. 25, NZG 2014, 949 Rn. 46 zu Straftatbeständen) ist aber in der Revisionsentscheidung BGH, NZG 2010, 550 nicht beanstandet worden, sa BGH NJW 2020, 1962 Rn. 49–51 – Dieselskandal.

11. Wenn die **Rahmengebühr** von einem Dritten zu ersetzen ist, ist die von dem Rechtsanwalt getroffene Bestimmung nach § 14 Abs. 1 S. 4 RVG (nur dann) nicht verbindlich, wenn sie unbillig ist. Dabei steht dem Rechtsanwalt auch im Anwendungsbereich des Rechtsanwaltsvergütungsgesetzes ein Spielraum (sog Toleranzgrenze) von 20 % zu. Hält sich der Anwalt innerhalb dieser Grenze und ergeben sich keine Anhaltspunkte dafür, dass die Tätigkeit unterdurchschnittlich war, ist die von ihm festgelegte Gebühr jedenfalls nicht iSd § 14 Abs. 1 S. 4 RVG unbillig und daher von dem ersatzpflichtigen Dritten hinzunehmen (BGH NJW-RR 2012, 887 Rn. 4, sa OLG München NJOZ 2014, 1234 unter I.4.). Eine **Erhöhung der Schwellengebühr** von 1,3, die die Regelgebühr **für durchschnittliche Fälle** darstellt, auf eine 1,5-fache Gebühr ist aber **nicht der gerichtlichen Überprüfung** hinsichtlich des Vorliegens der **tatbestandlichen Voraussetzungen** für eine Überschreitung der Regelgebühr von 1,3 entzogen. Andernfalls könnte der Rechtsanwalt für durchschnittliche Sachen, die nur die Regelgebühr von 1,3 rechtfertigen, ohne weiteres eine 1,5-fache Gebühr verlangen. Dies verstieße gegen den Wortlaut und auch gegen den Sinn und Zweck des gesetzlichen Gebührentatbestandes in VV 2300 RVG, der eine Erhöhung der Geschäftsgebühr über die Regelgebühr hinaus **nicht in das Ermessen** des Rechtsanwalts stellt, sondern bestimmt, dass eine Gebühr von mehr als 1,3 nur gefordert werden kann, wenn die Tätigkeit umfangreich oder schwierig und damit überdurchschnittlich war (vgl. BGH NJW-RR 2013, 1020 Rn. 8; NJOZ 2016, 190 Rn. 21).

13. Antrag im Spruchverfahren

An das
Landgericht . . . . .[1]
. . . . . Kammer für Handelssachen[2]

Antrag auf Festsetzung einer angemessenen Barabfindung gem. § 1 Nr. . . . . SpruchG

des . . . . .
– Antragsteller –
***Prozessbevollmächtigte:* . . . . .**[3]

gegen
. . . . .
– Antragsgegnerin[4] **–**
***Prozessbevollmächtigte:* . . . . .**[3]

Namens und in Vollmacht des Antragstellers beantrage ich:

Die angemessene Barabfindung für die am . . . . . beschlossene Übertragung der Aktien der . . . . . AG auf die Antragsgegnerin wird auf mehr als . . . . . EUR je auf den Inhaber lautender Stückaktie festgesetzt.[5]

Begründung

Der Antragsteller ist Inhaber von . . . . .[6] Aktien der . . . . . AG, dies war auch schon am . . . . .[7] der Fall, als der Beschluss der Hauptversammlung, die Aktien der verbliebenen Minderheitsaktionäre gegen eine Abfindung von . . . . . EUR je auf den Inhaber lautenden Stückaktie auf die Antragsgegnerin zu übertragen in das Handelsregister eingetragen wurde.[8]

Bankbestätigung vom . . . . ., liegt bei[8]

Protokoll der Hauptversammlung vom . . . . ., dessen Vorlage der Antragsgegnerin aufgegeben werden möge[9]

Im Vorfeld der Hauptversammlung vom . . . . . erstellte die Antragsgegnerin den auf § 327c Abs. 2 S. 1 AktG gestützten Bericht über die Voraussetzungen der Übertragung der Aktien der Minderheitsaktionäre der . . . . . AG auf die Antragsgegnerin sowie die Angemessenheit der festgesetzten Barabfindung, dem als Anlage die gutachterliche Stellungnahme der . . . . . Wirtschaftsprüfungsgesellschaft zur Ermittlung der angemessenen Barabfindung zum Stichtag . . . . . beigefügt war. Diese Stellungnahme ermittelte einen Ertragswert iHv . . . . . EUR und einen Börsenwert von . . . . . EUR je auf den Inhaber lautenden Stückaktie.

Der vom Landgericht . . . . . mit Beschl. v. . . . . ., Az. . . . . . gem. § 327c Abs. 2 S. 3 bestellte Abfindungsprüfer, die . . . . . Wirtschaftsprüfungsgesellschaft, gelangte in ihrem Prüfungsbericht vom . . . . . zu dem Ergebnis, dass die auf der Grundlage des durchschnittlichen gewichteten Börsenkurses im Zeitraum von drei Monaten vor dem . . . . .[10] festgelegte Barabfindung von . . . . . EUR angemessen sei. Unter Zugrundelegung des Ertragswerts gelange man zu keiner höheren Barabfindung.

Der vom Landgericht . . . . . mit Beschl. v. . . . . ., Az. . . . . . gem. § 327c Abs. 2 S. 3 bestellte Abfindungsprüfer, die . . . . . Wirtschaftsprüfungsgesellschaft, gelangte in ihrem Prüfungsbericht vom . . . . . zu dem Ergebnis, dass die auf der Grundlage des Ertragswerts festgelegte Barabfindung von . . . . . EUR angemessen sei. Unter Zugrundelegung des durchschnittlichen gewichteten Börsenkurses im Zeitraum von drei Monaten vor dem . . . . . gelange man zu keiner höheren Barabfindung.

Übertragungsbericht vom . . . . .
Gutachterliche Stellungnahme vom . . . . .
Prüfungsbericht vom . . . . .
Der Antragsteller geht davon aus, dass die genannten Unterlagen gem. § 7 Abs. 3 SpruchG von der Antragsgegnerin vorgelegt werden.

Der im Ertragswertverfahren festgelegte Unternehmenswert ist unzutreffend niedrig, weil . . . . .[11]

Der von der Abfindungsprüferin bei Festlegung zugrunde gelegte Börsenkurs ist nicht zutreffend ermittelt, weil . . . . .[11]

(Variante: Bisher liegen dem Antragsteller folgende Unterlagen . . . . . nicht vor, die nach § 7 Abs. 3 SpruchG vorzulegen sind.

Es wird beantragt, der Antragsgegnerin nach § 7 Abs. 3 S. 3 SpruchG aufzugeben, dem Antragsteller unverzüglich und kostenlos eine Abschrift der genannten Unterlagen zu erteilen und außerdem,

die Frist zur Begründung dieses Antrags iSv § 4 Abs. 2 S. 2 Nr. 4 SpruchG bis . . . . . zu verlängern. Es bleibt vorbehalten, für den Fall, dass die Unterlagen nicht bis zum . . . . . vorliegen, weitere Fristverlängerung zu beantragen.

Dem Antragsteller liegen die bezeichneten Unterlegen aus folgenden Gründen . . . . ., die er nicht zu vertreten hat, bisher nicht vor.
Eidesstattliche Versicherung des Antragstellers vom . . . . .)

Anmerkungen

1. Die örtliche Zuständigkeit richtet sich gem. § 2 SpruchG, nach dem Sitz der Antragsgegnerin. Zu beachten ist, dass gem. § 71 Abs. 4 GVG die Landesregierungen ermächtigt sind, die **Zuständigkeit** bei einem LG zu konzentrieren. Derzeit bestehen folgende Sonderregelungen (vgl. BeckOGK/*Drescher*, Stand 1.6.2021, SpruchG § 2 Rn. 7):

Land	Zuständiges Gericht	Vorschrift
Baden-Württemberg	LG Stuttgart, LG Mannheim	§ 13 Abs. 2 Nr. 8 BWZuVOJu
Bayern	LG München I, LG Nürnberg-Fürth	§ 26 Abs. 1 BayGZVJu
Hessen	LG Frankfurt a. M.	§ 38 Nr. 5 HessJuZuV
Mecklenburg-Vorpommern	LG Rostock	§ 4 Abs. 1 Nr. 5 MVKonzVO iVm §§ 95 Abs. 2 Nr. 2, 71 Abs. 2 Nr. 4e GVG
Niedersachen	LG Hannover	§ 2 Nr. 10/11 NdsZustVOJustiz
Nordrhein-Westfalen	LG Düsseldorf, LG Dortmund, LG Köln	§ 1 Nr. 1 NRWKonzVOGesR
Rheinland-Pfalz	LG Koblenz, LG Frankenthal (Pfalz)	§ 10 Abs. 1 ZivilZustV RP
Sachsen	LG Leipzig	§ 10 Nr. 8 SächsJOrgVO

2. Spruchverfahren sind **Handelssachen** gem. §§ 95 Abs. 2 Nr. 2, 71 Abs. 2 Nr. 4e GVG.

3. Im Spruchverfahren gilt gem. § 17 Abs. 1 SpruchG neben den speziellen Regelungen des SpruchG das **FamFG**, mithin besteht kein Anwaltszwang.

4. Zu bestimmen nach § 5 SpruchG.

5. Der Antrag geht von einem Fall des § 1 Nr. 3 SpruchG aus. Es muss **kein bezifferter Antrag** gestellt werden (BGH NZG 2012, 191 Rn. 23).

6. Wird die **Anzahl der Aktien** nicht angegeben und nachgewiesen, wird bei der Festsetzung des Gegenstandswerts für die anwaltliche Tätigkeit regelmäßig von einem Anteil ausgegangen und der Mindestwert von 5.000 EUR angesetzt (vgl. § 31 Abs. 1 S. 3 u. 4 RVG). Im Übrigen soll nach § 4 Abs. 2 S. 3 SpruchG im Antrag die Zahl der gehaltenen Anteile angegeben werden.

7. Auch **Stichtag** für die Bewertung nach § 327b Abs. 1 S. 1 AktG.

8. Die **Antragsberechtigung** ergibt sich aus § 3 SpruchG. In den Fällen der Nr. 1, 3, 4 u. 5 kann die Antragsberechtigung gem. § 3 S. 2 SpuchG nur durch **Urkunden** bewiesen werden. Maßgeblich für die Wahrung der **Antragsfrist** gem. § 4 Abs. 1 SpruchG. Fristwahrend ist nur der Antrag beim örtlich zuständigen LG, OLG München NZG 2010, 306 unter II. 1 mwN.

9. Für den Antragsgegner bestehen diverse **Vorlagepflichten** nach § 7 Abs. 3 SpruchG. Die Vorlage der gleichen Unterlagen durch diverse Antragsteller macht daher keinen Sinn.

10. MüKoAktG/*van Rossum*, 5. Aufl. 2020, § 305 Rn. 94 ff.

11. Eine **inhaltliche Begründung** des Antrags ist gem. § 4 Abs. 2 Nr. 4 SpruchG **zwingend erforderlich.** Zwar sind an die Begründung des Antrags im Spruchverfahren keine besonders strengen Anforderungen zu stellen und muss kein bezifferter Antrag gestellt werden, so dass auch keine Berechnung verlangt werden kann; im Gegenteil sollen die Anforderungen nach der Gesetzesbegründung zum Spruchverfahrensgesetz ausdrücklich nicht überspannt werden. Die Antragsbegründung darf sich aber nicht darauf beschränken, angesetzte Bewertungsparameter als zu niedrig und einen anderen als „fair" zu bezeichnen (BGH NZG 2012, 191 Rn. 23 f.). Die pauschale Bezugnahme auf „in dieser Sache bereits vorliegende Anträge und deren Begründungen" reicht nicht (OLG München NZG 2009, 190 unter II. 1. a).

I. Sachenrecht

1. Klage auf Herausgabe nach § 861 BGB

An das
Amtsgericht[1, 2, 3]

Klage

des .....
– Klägers –

Prozessbevollmächtigter: .....
gegen

den .....
– Beklagten –

wegen

Herausgabe

Vorläufiger Streitwert:[4] 800 EUR.

Namens und mit Vollmacht des Klägers erhebe ich Klage und werde beantragen:

I. Der Beklagte wird verurteilt, die Schreibmaschine Neptun S X 20, Fabrik-Nummer 725, an den Kläger herauszugeben.[5, 6]

II. Die Herausgabe kann nur binnen 14 Tagen nach Rechtskraft dieses Urteils erfolgen.[7]

III. Der Beklagte wird verurteilt, nach fruchtlosem Ablauf der Frist nach Z. II, an den Kläger 800 EUR als Schadensersatz zu bezahlen.[8, 9, 10]

Begründung:

Der Kläger hat die im Antrag genannte Schreibmaschine von der Firma Neptun für die Zeit vom 1.2. .... bis 31.12. .... gemietet. Er hatte sie vom 1.2. .... an in Besitz.

Beweis: Zeugnis des Herrn ....., zu laden bei der Firma Neptun, ...; Zeugnis der Frau ....., zu laden beim Kläger

Der Beklagte, der bis zum 31.12. .... freier Handelsvertreter für die Werbeagentur des Klägers war, behauptet, er habe die Maschine gemietet und sei deshalb zum Besitz berechtigt. Dies ist jedoch nicht richtig. Am 31.12. .... hat der Beklagte die Schreibmaschine mitgenommen und in sein neues Büro verbracht. Dem Kläger steht deshalb ein Anspruch auf Wiedereinräumung des Besitzes nach § 861 BGB zu.

Der Kläger hat für das Jahr ..... eine Miete von 800 EUR im Voraus bezahlt.

Beweis: Zeugnis des Herrn ....., wie oben.

Diesen Betrag macht er im Falle des Antrags Z. III als Entschädigung für die entgangene Nutzung der Schreibmaschine geltend.[10] Der Beklagte hat bereits erklärt, der Kläger erhalte weder die Maschine noch bekomme er Geld dafür.[11]

Beweis: Zeugnis des Herrn ....., wie oben.

Anmerkungen

1. Möglich ist auch eine einstweilige Verfügung, gerichtet auf Herausgabe. Sie verstößt nicht gegen das Vorwegnahmeverbot und ist ohne Glaubhaftmachung des Verfügungsgrundes möglich (Palandt/*Herrler* BGB § 861 Rn. 11). Zur einstweiligen Verfügung → Form. I.R.4, 7 ff.; zur Herausgabeklage nach § 985 BGB → Form. II.I.9.

2. Die sachliche Zuständigkeit richtet sich nach dem Streitwert und hier nach dem Wert der Sache (vgl. § 6 ZPO, → Anm. 4).

3. Örtlich zuständig ist das Gericht des allgemeinen Gerichtsstands (§§ 12–19a ZPO). Bei Zusammentreffen des Anspruchs nach § 861 BGB mit einem Anspruch aus unerlaubter Handlung ist für die auf § 861 BGB gestützte Klage § 32 ZPO maßgeblich (BGH NJW 2003, 828). § 29 ZPO ist nicht anwendbar, da es sich um keine Streitigkeit aus einem Vertragsverhältnis handelt. Für Grundstücke ist der ausschließliche Gerichtsstand des § 24 Abs. 1 ZPO zu beachten. Im dinglichen Gerichtsstand kann bei Grundstücken auch ein Schadensersatzanspruch wegen anlässlich der Besitzentziehung entstandener Schäden geltend gemacht werden (§ 26 ZPO).

4. Maßgebend für den Streitwert ist der Verkehrswert der Sache (vgl. § 6 ZPO), auch dann, wenn die Parteien zuvor einen Kaufvertrag zu einem bestimmten Preis abgeschlossen haben (→ Form. II.A.4 Anm. 2).

5. Der Anspruch kann neben § 861 BGB auch auf §§ 985, 1007 BGB gestützt werden, wenn deren Voraussetzungen vorliegen.

6. Tritt während des Rechtsstreits Besitzverlust beim Beklagten ein, kann der Kläger auf das Interesse übergehen (§ 264 Nr. 3 ZPO).

7. Zum Antrag auf Fristsetzung → Form. II.A.4 Anm. 7.

8. Zur Zulässigkeit des Antrags auf Schadensersatz → Form. II.A.4 Anm. 7.

9. Zur Frage, welchen Antrag der Kläger im Falle des Besitzverlustes nach Rechtshängigkeit zu stellen hat, → Form. II.A.4 Anm. 9; zur Umwandlung des unmittelbaren Besitzes in mittelbaren vgl. Palandt/*Herrler* BGB § 861 Rn. 7.

10. Wegen schuldhafter Besitzentziehung kann dem Kläger neben dem Herausgabeanspruch nach § 861 BGB ein Schadensersatzanspruch nach § 823 Abs. 1 BGB zustehen, den er im Wege der objektiven Klagehäufung schon mit dieser Klage geltend machen kann.

11. Der Antrag Z. III ist nur unter den Voraussetzungen der §§ 259, 510b ZPO zulässig (→ Form. II.A.4 Anm. 8).

2. Klage auf Beseitigung einer Besitzstörung nach § 862 BGB

An das
Amtsgericht[1, 2]

Klage

des . . . . .
– Klägers –

Prozessbevollmächtigter: . . . . .
gegen

den . . . . .
– Beklagten –

wegen

Beseitigung einer Besitzstörung

Vorläufiger Streitwert:[3] 750 EUR.
Namens und mit Vollmacht des Klägers erhebe ich Klage und werde beantragen:
Der Beklagte wird verurteilt, die auf dem Grundstück FlStNr. . . . ., Gemarkung . . . . ., Grundbuchheft Nr. . . . ., an der Ostgrenze errichtete Backsteinmauer zu beseitigen.[4, 5]

Begründung:

Der Kläger ist Mieter des im Antrag genannten Grundstücks.

Beweis: Mietvertrag zwischen dem Kläger und Herrn . . . . . vom 7.7. . . . . in Anlage.

Von der östlichen Grundstücksgrenze nach Westen gemessen, in einer Entfernung von ca. 20 cm, hat der Beklagte eine 5m lange, 20 cm hohe und 10 cm breite Mauer errichtet. Der Beklagte behauptet, die Mauer stehe auf seinem und nicht auf dem vom Kläger gemieteten Grundstück. Dies ist jedoch nicht richtig.

Beweis: Einnahme eines Augenscheins; Pläne des Katasteramts . . . . . in Anlage; Grundbuchauszug . . . . . in Anlage; Sachverständigengutachten.

Der Kläger ist in der Nutzung des von ihm gemieteten Grundstücks gestört, weshalb ihm ein Beseitigungsanspruch nach § 862 BGB zusteht.[4]

Anmerkungen

1. Zur Möglichkeit einer einstweiligen Verfügung → Form. II.I.1 Anm. 1.

2. Zur sachlichen und örtlichen Zuständigkeit → Form. II.I.1 Anm. 2, 3.

3. Der Streitwert ist gem. § 3 ZPO nach dem Interesse des Klägers an der Beseitigung der Besitzstörung zu schätzen (MüKo ZPO/*Wöstmann* § 3 Rn. 50).

4. Der Mieter kann in bestimmten Fällen zur Duldung verpflichtet sein, nämlich dann, wenn der Eigentümer durch § 906 BGB zur Duldung verpflichtet wäre.

5. Dem Kläger steht auch die Unterlassungsklage zur Verfügung, wenn erstmals Störungen drohen oder weitere Störungen zu besorgen sind (§ 862 Abs. 1 S. 2 BGB). Die Störung kann auch vom Nachbargrundstück ausgehen (vgl. zur Belästigung durch Hunde und Katzen OLG Hamm NJW-RR 1990, 335; OLG Köln, LG Ellwangen und AG Diez NJW 1985, 2338 ff.; *Dieckmann* NJW 1985, 2311; sowie zur Störung durch Baulärm OLG München NJW-RR 1992, 1097, OLG Düsseldorf OLGR 1997, 89; BayObLG NJW 1987, 1950 auch zur Frage einer trotz Duldungspflicht möglichen Mietminderung zum unberechtigten Parken auf fremden Grundstücken BGH Urt. v. 18.12.2015 – V ZR 160/14, NJW 2016, 863; Palandt/*Herrler* BGB § 862 Rn. 3 ff. mit weiteren Beispielen aus der Rspr.). Umstritten ist, ob es sich um eine Besitzstörung handelt, wenn der Vermieter die Weiterleitung von ihm bezogener Energie etc an den Mieter verweigert und die Leitungen absperrt (vgl. zum Streitstand Palandt/*Herrler* BGB § 862 Rn. 4; verneinend BGH NJW 2009, 1947).

3. Einstweilige Verfügung auf Eintragung einer Vormerkung zur Sicherung einer Bauhandwerker-Sicherungshypothek

An das
Amtsgericht[1, 2]

Einstweilige Verfügung

des . . . . .
– Antragstellers –

Prozessbevollmächtigter: . . . . .
gegen

den . . . .
– Antragsgegner –[3]

wegen

Vormerkung zur Sicherung einer Bauhandwerker-Sicherungshypothek
Vorläufiger Streitwert:[2] 15.000 EUR.
Namens und mit Vollmacht des Antragstellers beantrage ich, im Wege der einstweiligen Verfügung – wegen Dringlichkeit ohne mündliche Verhandlung[4] – für Recht zu erkennen:
Im Grundbuch von . . . . . wird zu Lasten der Wohnungseigentumseinheiten[5] des Antragsgegners, Grundbuchheft . . . . ., $^{450}/_{1000}$ Miteigentumsanteile, verbunden mit dem Sondereigentum an der Wohnung Erdgeschoss Nr. 1 gemäß Aufteilungsplan, Grundbuchheft . . . . ., und $^{550}/_{1000}$ Miteigentumsanteile, verbunden mit dem Sondereigentum an der Wohnung Obergeschoss Nr. 8 gemäß Aufteilungsplan,[6] zugunsten des Antragstellers eine Vormerkung zur Sicherung des Anspruchs des Antragstellers auf Einräumung einer Sicherungs-(Gesamt-) Hypothek für seine Forderung aus Bauvertrag vom 6.5. . . . . gemäß Schlussrechnung vom 3.3. . . . . iHv 53.000 EUR sowie wegen eines Kostenbetrages von 1.430,56 EUR[7] eingetragen.[8]
Es wird beantragt,
den Antrag auf Eintragung der Vormerkung durch das Gericht beim zuständigen Grundbuchamt einzureichen.[9, 10]

Begründung:

1. [11] Die Parteien schlossen am 6.5. . . . . einen Bauvertrag über die Ausführung der Außenputzarbeiten am Bauvorhaben . . . . ., dem die VOB/B zugrunde liegt. Der Antragsteller hat die nach dem Vertrag und Leistungsverzeichnis erforderlichen Arbeiten – Lieferung und Anbringung von Rippenstrickmetall (Putzträger), Lieferung und Anbringung von Eckschutzschienen, Anbringung des Außenputzes und der Rabitzkästen – bis 15.2. . . . . ausgeführt. Am 23.2. . . . . fand eine förmliche Abnahme im Beisein der Parteien statt.[12] Am 3.3. . . . . erteilte der Antragsteller Schlussrechnung über den

Betrag von	**153.000 EUR**
worauf der Antragsgegner als Abschlagszahlung	**100.000 EUR**
bezahlt hat, so dass ein Rest von	**53.000 EUR**
verbleibt.	

Die 30-tägige Prüfungsfrist ist abgelaufen.[13] Auf die Mahnung des Antragstellers vom 5.5. . . . . ist keine Zahlung erfolgt.
Mängelansprüche werden vom Antragsgegner nicht geltend gemacht, was sich bis zum 23.2. . . . . aus dem Abnahmeprotokoll vom 23.2. . . . . ergibt. Die vom Antragsteller ausgeführten Leistungen sind mangelfrei.[14]
Der Antragsgegner ist Eigentümer des im Antrag genannten Wohnungseigentums.

Beweis: Beglaubigter Grundbuchauszug in Anlage.

Der Antragsteller hat wegen seiner restlichen Vergütungsforderung gegen den Antragsgegner nach § 650e BGB Anspruch auf Einräumung einer Sicherungshypothek, zu deren Sicherung er auf Grund §§ 883, 885 BGB die Eintragung einer Vormerkung verlangen kann. Einen Anspruch auf Bauhandwerkersicherheit nach § 650f BGB hat der Antragsteller nicht geltend gemacht und er hat eine Sicherheit für seinen Vergütungsanspruch auch nicht erlangt.[19]

2. [15] Der Verfügungsanspruch ist glaubhaft gemacht durch eidesstattliche Versicherung des Antragstellers.[16]

3. Der Antragsgegner ist derzeit nicht in der Lage, seinen Zahlungspflichten gegenüber Gläubigern nachzukommen. Gegen den Antragsgegner hat der Antragsteller in anderer Sache erfolglos die Zwangsvollstreckung betrieben. Mehrere andere Gläubiger betreiben ebenfalls die Zwangsvollstreckung gegen den Antragsgegner.[17]

Beweis:[18] Pfändungsprotokoll des Gerichtsvollziehers . . . . . vom . . . . .

Es besteht die Gefahr, dass der Antragsteller durch Zeitverlust um die Vorteile der einstweiligen Verfügung gebracht würde, wenn die übrigen Gläubiger die Zwangsvollstreckung in das Grundstück vorrangig betreiben könnten.

Rechtsanwalt[20, 21]

Anmerkungen

1. Das Gesetz ermöglicht die Klage auf Eintragung der Bauhandwerkersicherungshypothek (§ 650eBGB). Der Gläubiger muss sie erheben, wenn der Schuldner trotz Eintragung der Vormerkung aufgrund einer einstweiligen Verfügung nicht bezahlt. Die Vormerkung dient nur zur Sicherung der Rangstelle für die Bauhandwerkersicherungshypothek, die ihrerseits nur auf Grund eines Titels – in der Regel kommt hier nur ein Urteil und keiner der sonstigen Titel (§ 794 Abs. 1 ZPO) in Betracht – eingetragen werden kann. Als Hauptsacheklage iSd § 926 ZPO nach Erlass einer einstweiligen Verfügung scheidet die Zahlungsklage aus (hM; OLG Celle BauR 2004, 696 = NJW-RR 2003, 1529; zB OLG Düsseldorf NJW-RR 1986, 322; OLG Frankfurt a. M. NJW 1983, 1129; Musielak/Voit/*Huber* ZPO § 926 Rn. 14; OLG Frankfurt a. M. BauR 1984, 535 = SFH Nr. 1 zu § 926 ZPO jeweils mwN). Der Antrag der **selbständigen** Hypothekenklage kann folgendermaßen lauten:

„Der Beklagte wird verurteilt, die Eintragung einer Sicherungshypothek (für die Forderung des Klägers aus Bauvertrag v. 6.5. . . . . gemäß Schlussrechnung v. 3.3. . . . .) iHv 53.000 EUR zzgl. . . . . % hieraus seit . . . . . sowie wegen eines Kostenbetrages iHv . . . . . EUR im Grundbuch . . . . . zu bewilligen".

Wird die Hypothekenklage nach **vorheriger** Eintragung einer **Vormerkung** erhoben, dann muss der Klagantrag zur Rangwahrung folgenden Zusatz enthalten:

„. . . . . Sicherungshypothek an der Rangstelle der im Grundbuch . . . . . in Abteilung III laufende Nummer . . . . . eingetragenen Vormerkung . . . . .".

Die Vormerkung für Teilleistungen gibt keine Rangsicherung für nachfolgende Arbeiten (BGH BauR 2001, 1783 = NJW 2001, 3701). Gegenüber vorrangig eingetragenen Auflassungsvormerkungen von Erwerbern zB beim Bauträgermodell, stellt die Hypothek und die darauf gerichtete Vormerkung keine Sicherheit dar (vgl. zum Löschungsanspruch der durch Auflassungsvormerkung Gesicherten *Nettesheim* BB 1994, 301). Die hinsichtlich des Klagantrags bei der Hypothekenklage früher vorgeschlagene Einschränkung „Zug um Zug gegen Löschung der auf Grund einstweiliger Verfügung eingetragenen Vormerkung" wird nicht mehr empfohlen. Das KG (vgl. *Borgmann* AnwBl 1986, 501 (502)) hat nämlich die Auffassung vertreten, dass damit gleichzeitig die Löschung der Vormerkung bewilligt werde und die Hypothek damit nicht die gleiche Rangstelle wie die Vormerkung erhalte, sondern am Ende einzutragen sei!

Der Anspruch auf Bauhandwerkersicherungshypothek und entsprechende Vormerkung ist nach § 650f Abs. 4 ausgeschlossen, wenn und soweit der Unternehmer Sicherheit nach § 650f Abs. 1 u. 2 BGB erlangt hat. Eine bloße Finanzierungsbestätigung einer Bank reicht insoweit jedoch nicht (OLG Naumburg NJW-RR 2004, 743). Ein Ausschluss der Hypothek in AGB ist unwirksam (OLG Celle BauR 2001, 834), soweit keine anderweitige Sicherheit eingeräumt wird (Palandt/*Retzlaff* BGB § 650e Rd. 1).

2. Sachlich und örtlich zuständig ist zwar in erster Linie das Gericht, bei dem die Hauptsache zu verhandeln ist (§ 937 Abs. 1, § 943 ZPO). Daneben begründet jedoch § 942 Abs. 2 ZPO die Zuständigkeit des Amtsgerichts, in dessen Bezirk das Grundstück belegen ist. Der Streitwert für eine Hauptsacheklage – maßgebend für die Gebühren, → Anm. 2 – ist nach dem Interesse an der Sicherstellung zu schätzen (§§ 48 Abs. 1 GKG, 6 ZPO). Für Vormerkungen zur Sicherung einer Bauhandwerker-Sicherungshypothek wird $^1/_3$ bis $^1/_4$ der Forderung angesetzt (Musielak/*Voit* ZPO § 3 Rn. 24. Für 1/3: OLG Celle Urt. v. 5.3.2015 – 13 U 12/15, NJOZ 2015, 1043).Wird die Werklohnklage mit der Klage auf Eintragung einer Hypothek zur Absicherung der Werklohnforderung verbunden, so sind die Werte beider Anträge für die Streitwertbemessung zu addieren (OLG Düsseldorf IBR 2009, 248). Das ist jedoch umstritten.

3. Vom Grundsatz her müssen der Besteller beim Bauvertrag und der Eigentümer in „rechtlicher Hinsicht" identisch sein (BGH BauR 1988, 88 = NJW 1988, 255 = ZfBR 1988, 72; OLG Hamm BauR 1990, 365). Während früher überwiegend vertreten wurde, dass wirtschaftliche Identität ausreicht, genügt dies nach Auffassung des BGH regelmäßig nicht, OLG Celle NJW-RR 2003, 236. Allerdings kann sich der Eigentümer nach Treu und Glauben in Ausnahmefällen wie der Besteller behandeln lassen müssen (BGH BauR 1988, 88 = NJW 1988, 255 = ZfBR 1988, 72; OLG Celle BauR 2005, 443 (Eheleute); OLG Celle BauR 2001, 834; OLG Naumburg NZBau 2000, 79). Die Identität dürfte auch dann zu bejahen sein, wenn eine Durchgriffshaftung des Eigentümers gegeben ist (zur Rspr. Palandt/*Retzlaff* BGB § 650e Rn. 5), für den Fall der wirtschaftlichen Beherrschung OLG München BauR 2004, 1992 und für Beauftragungen durch die WEG als Verband *Drasdo* NJW-Spezial 2008, 513. Bei Veräusserung des Grundstücks ist Identität idR zu verneinen (BGH Urt. v. 18.12.2014 – VII ZR 139/13, NJW 2015 2015, 552. Ausnahmen können bei Schädigungsabsicht und kollusivem Zusammenwirken gelten (BGH aaO).

4. Die einstweilige Verfügung ergeht in aller Regel auf mündliche Verhandlung hin. Nur in „dringenden Fällen" kann ohne mündliche Verhandlung ein Beschluss ergehen (→ Anm. 17; zur einstweiligen Verfügung vgl. *Siegburg* BauR 1990, 290).

5. Denkbar ist auch, dass es sich nicht um Wohnungseigentum (§ 1 Abs. 2 WEG), sondern um Teileigentum (§ 1 Abs. 3, 6 WEG) handelt.

6. Ist das Eigentum noch nicht geteilt (§ 8 WEG) oder durch vertragliche Vereinbarung (§ 3 WEG) noch nicht entstanden, so lautet der Antrag – ebenso wie bei Eigentum –:

„Im Grundbuch von ..... wird zu Lasten des Eigentums des Antragsgegners am Grundstück ....., Grundbuchheft ....., eine Vormerkung .....".

Die Sicherheit kann auch als Gesamthypothek an mehreren Grundstücken des Auftraggebers in voller Höhe eingetragen werden (BGH BauR 2000, 1084). Bei der Bildung von Wohnungseigentum wandelt sich die Vormerkung voll auf dieses um (OLG Hamm NJW-RR 1999, 393).

7. Durch die Bauhandwerker-Sicherungshypothek nach § 650e BGB sind auch die Kosten der Rechtsverfolgung und damit auch die Kosten der Eintragung der Vormerkung sicherbar (vgl. Palandt/*Retzlaff* BGB § 650e Rn. 6). Sicherbar sind alle aus dem Vertrag herrührenden Forderungen des Unternehmers, auch Restvergütungsansprüche gem. § 649 S. 2 BGB (OLG Düsseldorf NJW-RR 2004, 18 = BauR 2004, 549). Maßgeblich ist der Wert der erbrachten Leistungen. Mängel vermindern den Wert der erbrachten Leistungen (BGH NJW 1977, 947).

8. Die einstweilige Verfügung muss innerhalb eines Monats nach Verkündung – bei mündlicher Verhandlung – bzw. Zustellung – ohne mündliche Verhandlung – vollzogen sein, da sie sonst auf Widerspruch des Antragsgegners hin aufgehoben werden muss (§ 929 Abs. 2 ZPO). Die Vollziehung erfolgt durch Eintragung im Grundbuch, nicht durch Zustellung an den AG. (§§ 941, 932 Abs. 2 ZPO). Für sie genügt deshalb der Eintragungsantrag des Gerichts (OLG Celle BauR 2000, 1901). Um die Fristeinhaltung zu kontrollieren, ist es allerdings sicherer, wenn der Prozessbevollmächtigte des Antragstellers den Antrag selbst stellt. Die Eintragung kann schon vor der Zustellung der einstweiligen Verfügung erfolgen. Die Zustellung muss dann jedoch innerhalb einer Woche nach der Vollziehung und vor Ablauf der Monatsfrist des § 929 Abs. 2 ZPO erfolgt sein (§ 929 Abs. 3 ZPO). Unterbleibt die Zustellung oder erfolgt sie verspätet, dann ist die einstweilige Verfügung auf Widerspruch aufzuheben (zB LG Düsseldorf NJW-RR 1999, 383). Der Gegenstandswert für das Betreiben der Vollziehung ergibt sich nicht aus der Höhe der Forderung; maßgebend ist vielmehr das Interesse des Gläubigers an der Sicherung der Forderungen (OLG Frankfurt a. M. VersR 1984, 490).

9. Die Vorschrift des § 941 ZPO eröffnet die Möglichkeit, dass das Gericht den Eintragungsantrag stellen kann. Ein Antrag des Antragstellers hierauf ist zwar nach § 941 ZPO nicht erforderlich (→ Anm. 8). Die Entscheidung, ob das Gericht dem Ersuchen nachkommt und den Eintragungsantrag stellt, liegt in seinem Ermessen. Der Tenor (zum eigenen Ersuchen des Antragstellers → Anm. 10) könnte folgendermaßen lauten:

„Das Grundbuchamt wird um die Eintragung der Vormerkung ..... ersucht."

Lehnt das Gericht den Antrag ab, so kann der Tenor folgendermaßen lauten: „Es bleibt dem Antragsteller überlassen, die Eintragung der Vormerkung im Grundbuch zu beantragen." Jedenfalls muss der Antragsteller die Frist genauestens überwachen. Sicherheitshalber sollte er selbst einen Eintragungsantrag stellen. Es kommt nicht selten vor, dass die Gerichte die Eintragungsanträge übersehen oder zu spät stellen.

Der Antrag des Gerichts wahrt die Frist für die Vollziehung der einstweiligen Verfügung (§ 932 Abs. 3 ZPO entspr., BLHAG § 941 Rn. 5). Dennoch muss der Antragsteller daneben die Vollziehung vornehmen (→ Anm. 8).

10. Das Eintragungsersuchen des Antragstellers – im Falle der Ablehnung durch das Gericht – kann folgendermaßen aussehen:

„Hiermit beantrage ich, die in der einstweiligen Verfügung des Amtsgerichts . . . . . vom . . . . . enthaltene Vormerkung zur Sicherung einer Bauhandwerker-Sicherungshypothek im Grundbuch von . . . . ., FlStNr. . . . . Grundbuchheft Nr. . . . ., einzutragen und von der Eintragung Nachricht zu geben."

11. Hier folgt die Darlegung des Verfügungsanspruchs. Der Anspruch auf die Sicherungshypothek kann in AGB nicht wirksam ausgeschlossen werden (BGH NJW 1984, 2100; OLG Celle BauR 2001, 834). Für Architekten und Ingenieure bestand bei bis zum 31.12.2017 abgeschlossenen Verträgen der Anspruch nur dann, wenn sich ihre Leistung „wertsteigernd" im Grundstück realisiert hat (zB OLG Hamm BauR 2000, 1087 = NJW-RR 2000, 971 = NZBau 2000, 338; OLG Koblenz NZBau 2006, 188). Nach OLG Düsseldorf (BauR 2007, 1601) soll dies bei Kündigung des Bestellers nicht gelten. Das KG vertritt mit dem Argument der Neuregelung des Bauvertragsrechts die Auffassung, dass eine Wertsteigerung in diesen Fällen für ab dem 1.1.2018 abgeschlossene Verträge grundsätzlich nicht erforderlich ist (KG ZfBR 2021,426; aA OLG Celle NZBau 2020, 306). Die Höhe des Anspruchs wird durch einen vertraglich vereinbarten Sicherheitseinbehalt nicht beeinflusst (BGH BauR 2000, 919 = NZBau 2000, 198).

12. Abnahme, soweit die VOB (B) Vertragsgegenstand ist, vgl. § 12 VOB (B), iü. § 641 BGB) ist zwar Fälligkeitsvoraussetzung des Schlusszahlungsanspruchs, ebenso bei Zugrundeliegen der VOB (B) und bei ab dem 1.1.2018 abgeschlossenen BGB-Werkverträgen, § 650g Abs. 4, die Erteilung einer Schlussrechnung (§ 16 Abs. 3 VOB (B). Die einstweilige Verfügung kann jedoch auch wegen einer Abschlagszahlung und wegen einer noch nicht fälligen Forderung beantragt werden (Palandt/*Retzlaff* BGB § 650e Rn. 6; BGH NJW 1977, 947 = BauR 1977, 208; OLG Düsseldorf BauR 1976, 211). Die Glaubhaftmachung ist dann jedoch mit großem Risiko verbunden (→ Anm. 16). Zumindest eine Abschlagsrechnung sollte vorliegen.

13. Vgl. § 16 Abs. 3 Nr. 1 VOB (B); → Anm. 12.

14. Mängelansprüche des Bestellers sind im Verfahren der einstweiligen Verfügung zu berücksichtigen, soweit sie zB durch privates Sachverständigengutachten glaubhaft gemacht werden. Dies gilt nach der bisherigen Rspr. des BGH für die Rechtslage vor Abnahme und auch danach sowie für alle Mängelrechte des Bestellers, nämlich Erfüllungsanspruch, Nachbesserungsanspruch, Minderungsanspruch und Schadensersatzanspruch (BGH NJW 1977, 947 = BauR 1977, 208; OLG Düsseldorf Urt. v. 5.2.2013 – 21 U 123/12; OLG Celle BauR 2003, 133; OLG Koblenz NJW-RR 1994, 796; OLG Celle BauR 1986, 588. Nach der bisherigen Rspr. des BGH dürfte jedoch der nach Abzug eines angemessenen Betrages für die Mängel zweifelsfrei offen stehende Rest sicherbar gewesen sein (→ Anm. 16). Die Höhe des Abzugs für glaubhaft gemachte Mängel kann das Gericht nach § 287 ZPO schätzen (OLG Celle BauR 2001, 1623). Nach zutreffender Auffassung (MüKoBGB/*Busche* § 650e Rd. 25 f; Palandt/*Retzlaff* BGB § 650e Rn. 6) hat sich hieran für ab dem 1.1.2018 abgeschlossene Verträge nichts geändert. Ob sich allerdings an der Heranziehung der (fiktiven) Mangelbeseitigungskosten aufgrund der BGH-Entscheidung Urt. v. 22.1.2018 – VII ZR 46/17, NZbau 2018, 21 etwas ändert und – anders als bisher – zur Vereinfachung auf die Mangelbeseitigungskosten (hierzu MüKoBGB/Busche § 650e Rn 26) nicht mehr zurückgegriffen werden kann, ist noch nicht abschließend absehbar. Es erscheint jedoch zutreffend, die in der BGH-Entscheidung (aaO) für die Schadensermittlung ausgeführten Überlegungen (Rn. 41) auf die im vorliegenden Zusammenhang relevante Problematik zu übertragen und damit nicht mehr auf die (fiktiven) Mangelbeseitigungskosten, sondern auf die nach § 287 ZPO zu schätzende Störung des Äquivalenzverhältnisses abzustellen, dh eine Kürzung anhand der Vergütungsteile, die auf die mangelhaften Leistungen entfallen, vorzunehmen.

15. Ein Verfügungsgrund – nämlich die Besorgnis, dass die Rechtsverwirklichung durch Veränderung des bestehenden Zustands erheblich erschwert oder gar vereitelt wird (§ 935 ZPO), oder dass die begehrte Maßnahme, insb. zur Abwendung wesentlicher Nachteile oder zur Verhinderung drohender Gewalt, erforderlich ist (§ 940 ZPO) – muss bei der Vormerkung nicht dargetan werden (§ 885 Abs. 1 S. 1 BGB). Ob es sich dabei um eine widerlegbare Vermutung handelt, ist umstritten (so zB OLG Hamm BauR 2004, 872 = NJW-RR 2004, 379 = NZBau 2004, 330: 1½ Jahre nach Erstellung der Schlussrechnung; OLG Celle BauR 2003, 1439; OLG Düsseldorf BauR 2000, 921 = NJW-RR 2000, 825 = NZBau 2000, 293, das den Verfügungsgrund verneint, wenn die Schlussrechnung 1½ Jahre nach Beendigung der Arbeiten erstellt wird und der Unternehmer dann nochmals 9 Monate bis zum Antrag auf einstweilige wartet; ebenso OLG Saarbrücken BauR 1993, 348 für den Fall, dass der Auftraggeber eine Bürgschaft über Hauptsumme und Kosten anbietet; keine Berufung auf die Vermutung nach § 885 BGB bei Abwarten mit der Beantragung der Verfügung 13 Monate nach Abschluss der Arbeiten, die Eilbedürftigkeit muss dann glaubhaft gemacht werden (OLG Nürnberg Beschl. v. 3.11.2015 – 13 U 1988/15; aA OLG Koblenz MDR 2007, 1307: Dringlichkeit durch Abwarten nicht widerlegt, wenn Bauherr Zahlungen versprochen hat). Die Eilbedürftigkeit kann – wenn sich die äußeren Umstände verändern – auch wiederaufleben (OLG Schleswig NJW 2020, 1682)

16. Soweit nicht Beweis durch Urkunden, wie Vertrag, Schlussrechnung, Abnahmeprotokoll usw, erbracht wird, ist Glaubhaftmachung durch eidesstattliche Versicherung erforderlich (hierzu § 294 ZPO). Statt der Glaubhaftmachung kann das Gericht Sicherheitsleistung zulassen (§§ 936, 921 Abs. 2 ZPO). Es kann und sollte sie auch zusätzlich verlangen, wenn keine Urkunden beigefügt sind und Glaubhaftmachung nur durch eidesstattliche Versicherung erfolgt. Die Glaubhaftmachung entfällt hinsichtlich des Verfügungsgrundes, da dieser selbst bei der Vormerkung nicht dargetan werden muss (→ Anm. 15). Problematisch ist, ob sich die Glaubhaftmachung auch auf die Mangelfreiheit erstrecken muss. Nach hier vertretener Auffassung ist zu unterscheiden, ob eine Abschlagszahlung oder die Restforderung aus der Schlussrechnung geltend gemacht wird. Im zweiten Fall muss die Abnahme vorliegen (→ Anm. 12). Für die Mangelfreiheit bis zur Abnahme trifft den Unternehmer die Darlegungslast und die Pflicht zur entsprechenden Glaubhaftmachung; bzgl. solcher Mängel, die nach der Abnahme auftreten, ist der Auftraggeber zur Darlegung und Glaubhaftmachung verpflichtet, da diese nicht zum Verfügungsanspruch gehören, sondern Einwendungen darstellen.

17. Soll die einstweilige Verfügung ohne mündliche Verhandlung ergehen, muss der Antragsteller darlegen, dass es sich um einen „dringenden Fall“ handelt (§ 937 Abs. 2 ZPO). Daran ändert es nichts, dass es der Angabe und Glaubhaftmachung eines Verfügungsgrundes wegen § 885 Abs. 1 S. 2 BGB nicht bedarf, da § 937 Abs. 2 eine gesteigerte Dringlichkeit voraussetzt.

18. Die Dringlichkeit ist entweder durch Urkunden zu beweisen oder glaubhaft zu machen (→ Anm. 16).

19. Der Anspruch auf Bauhandwerkersicherungshypothek und die darauf gerichtete Vormerkung besteht nicht, wenn der „Unternehmer“ eine Sicherheit nach § 650f BGB „erlangt“ hat (§ 650f Abs. 4 BGB; OLG Köln BauR 1996, 272; OLG Düsseldorf NJW-RR 2004, 18: bloßes Sicherungsverlangen reicht für Ausschluss nicht aus; Finanzierungsbestätigung durch Bank reicht auch nicht (OLG Naumburg NJW-RR 2004, 743 (744))). Auch wenn dies keine Anspruchsvoraussetzung für die Hypothek und Vormerkung sein dürfte, sondern eine Einwendung, empfiehlt es sich, im Antrag und in der Klage dazu Stellung zu nehmen. Ein Anspruch soll darüber hinaus auch dann nicht bestehen, wenn es sich beim AG um eine juristische Person des öffentlichen Rechts handelt, über deren Vermögen ein Insolvenzverfahren unzulässig ist (OLG Köln Hinweisbeschluss BauR 2020, 130).

Kosten und Gebühren

20. Die Vormerkung kann aufgrund einstweiliger Verfügung oder Bewilligung des Eigentümers/Bestellers eingetragen werden. Beantragt der Unternehmer die einstweilige Verfügung, ohne zuvor zur Bewilligung aufgefordert zu haben, so ist umstritten, ob er die Kosten des Verfahrens zu tragen hat, wenn der Besteller sofort anerkennt (zB OLG Düsseldorf NJW 1972, 1676; BauR 1976, 285; 1979, 358; 1980, 92; OLG Stuttgart Beschl. v. 30.4.1975 – 12 W 43/74; OLG Köln Urt. v. 27.11.1974 – 16 U 124/74; OLG Köln Beschl. v. 23.5.1997 – 11 W 15/97, NJW-RR 1997; 1242; OLG Stuttgart Beschl. v. 5.7.1994 – 2 U 290/93).

Fristen und Rechtsmittel

21. Die einstweilige Verfügung muss innerhalb eines Monats vollzogen sein, da sie sonst auf Widerspruch des Antragsgegners aufzuheben ist (→ Anm. 8). Gegen die durch Beschluss erlassene einstweilige Verfügung kann der Antragsgegner zeitlich unbefristet Widerspruch einlegen (§§ 936, 924 Abs. 1 ZPO) oder einen Aufhebungsantrag wegen veränderter Umstände wie Zahlungen oder neuer Mängel (§§ 936, 927 ZPO) stellen (zum Rechtfertigungsverfahren bei Erlass der einstweiligen Verfügung durch das Amtsgericht der Belegenheit → Form. I.R.5). Er kann ferner beantragen, dass dem Antragsteller Frist zur Erhebung der Hauptsacheklage gesetzt wird (§ 942 ZPO). Der Antragsgegner kann sich aber auch nur gegen die Kostenentscheidung wehren mit Hilfe des Kostenwiderspruchs (OLG Düsseldorf NJW 1972, 1955). Gegen Urteile aufgrund mündlicher Verhandlung ist die Berufung gegeben. Ist die einstweilige Verfügung in der Sonderzuständigkeit des AG (§ 942 Abs. 2 ZPO) ergangen, kann nur der Antrag auf Fristsetzung für die Hauptsacheklage gestellt werden.

4. Klage des Vormerkungsberechtigten nach § 888 BGB auf Zustimmung zur Eintragung bzw. Löschung

An das
Landgericht[1, 2, 3]

Klage

des . . . . .
– Klägers –

Prozessbevollmächtigter: . . . . .
gegen

den . . . .
– Beklagten –

wegen

Zustimmung zur Löschung einer Hypothek.
Vorläufiger Streitwert:[2] 50.000 EUR.

Namens und mit Vollmacht des Klägers erhebe ich Klage und werde beantragen:

Der Beklagte wird verurteilt, seine Zustimmung zur Löschung der im Grundbuch . . . . ., FlStNr. . . . . Grundbuchheft . . . . ., zu seinen Gunsten eingetragenen Hypothek im Nennbetrag von 50.000 EUR zu erteilen.[4, 5]

Begründung:

Zugunsten des Klägers ist im Grundbuch . . . . ., FlStNr. . . . ., Grundbuchheft . . . . ., seit 1.4. . . . . eine Auflassungsvormerkung eingetragen. Am 1.5. . . . . bewilligte der Eigentümer dem Beklagten die Eintragung einer Hypothek über den Betrag von 50.000 EUR. Die Eintragung ist am 1.6. . . . . erfolgt.

Die Verfügung des Eigentümers ist gegenüber dem Kläger gem. § 883 Abs. 2 BGB unwirksam. Daneben hat der Kläger nach § 888 Abs. 1 BGB Anspruch gegen den Beklagten auf Zustimmung zur Löschung der Hypothek, den er mit der Klage geltend machen muss, da der Beklagte mit Schreiben vom . . . . . seine Zustimmung verweigert hat.

Der Anspruch des Klägers auf Auflassung ist fällig.[6] Der Kläger hat den nach dem Kaufvertrag mit dem Eigentümer zu zahlenden Kaufpreis vereinbarungsgemäß an den Notar . . . . . als Treuhänder bezahlt.

Beweis: Zeugnis des Notars . . . . .

Nach dem Kaufvertrag hat der Eigentümer demnach die Auflassung zu erklären.

Beweis: notarieller Kaufvertrag vom . . . . .

Anmerkungen

1. Die Klage auf Zustimmung zur Eintragung bzw. Löschung ist zu unterscheiden von der Klage gegen den Vertragspartner bzw. (früheren) Eigentümer. Gegen diesen hat der Vormerkungsberechtigte Erfüllungs- oder Schadensersatzansprüche. Hier geht es um die Klage gegen den Dritterwerber. Die Vormerkung macht zwar entgegenstehende Eintragungen relativ unwirksam (§ 883 Abs. 2 BGB). Das Grundbuch wird aber nicht unrichtig, sodass keine Grundbuchberichtigung verlangt werden kann. Es besteht gegen den Dritterwerber der Anspruch auf Zustimmung nach § 888 BGB.

2. Die sachliche Zuständigkeit richtet sich nach dem Streitwert. Dieser bemisst sich bei Löschung einer Grundschuld bzw. Hypothek nach dem Nennbetrag, bei Löschung einer Vormerkung, eines Widerspruchs oder eines Vorkaufsrechts nach dem Interesse an der Berichtigung des Grundbuchs gem. § 3 ZPO, auf etwa $^1/_{10}$ bis $^1/_5$ des Wertes des Grundstücks (Musielak/Voit ZPO § 3 Rn. 37).

3. Örtlich zuständig ist ausschließlich das Gericht, in dessen Bezirk das Grundstück belegen ist, da § 24 ZPO für die Klage des Vormerkungsberechtigten gilt, sofern die Wirkung des § 883 Abs. 2 BGB gegen Dritte geltend gemacht wird (Musielak/Voit ZPO § 24 Rn. 11), nicht dagegen, sofern aus dem vorgemerkten Anspruch geklagt wird.

4. Der Vormerkungsberechtigte kann jedenfalls die Abgabe der Erklärungen verlangen, die zur Anspruchserfüllung notwendig sind (GBO-Bewilligung) und ggf. Vorlage von Grundpfandrechtsbriefen (vgl. Palandt/*Herrler* BGB § 888 Rn. 4). Da diese zur Änderung des Grundbuchs erforderlich sind, muss unbedingt daran gedacht werden, auch die Übergabe der Grundpfandrechtsbriefe zu verlangen.

5. Die Zwangsvollstreckung erfolgt nach § 894 ZPO.

6. Nach einer Entscheidung des OLG Düsseldorf (OLGZ 1977, 330) ist die Fälligkeit des Auflassungsanspruchs Voraussetzung für die Löschung. Zur Sicherheit sollte deshalb dazu vorgetragen werden, obwohl es sich auch nach Auffassung des OLG um „Einwendungstatsachen aus dem Verhältnis zwischen Verkäufer und Käufer" handelt.

5. Klage auf Grundbuchberichtigung nach § 894 BGB

An das
Landgericht[1, 2, 3]

Klage

des . . . .
– Klägers –

Prozessbevollmächtigter: . . . .
gegen

den . . . . .
– Beklagten –

wegen

Grundbuchberichtigung

Vorläufiger Streitwert:[2] 70.000 EUR.

Namens und mit Vollmacht des Klägers erhebe ich Klage und werde beantragen:

I. Der Beklagte wird verurteilt, seine Zustimmung zur Berichtigung des Grundbuchs . . . ., FlStNr. . . . ., Grundbuchheft . . . ., Abt. . . . ., insofern zu erteilen, als nicht der Beklagte, sondern der Kläger Eigentümer dieses Grundstücks ist.[4, 5]

II. Es wird festgestellt, dass nicht der Beklagte, sondern der Kläger Eigentümer des Grundstücks . . . . . ist.[6]

Begründung:

Am 7.5. . . . . schloss der Vater des Klägers mit dem Beklagten einen notariellen Vertrag über die Schenkung des im Antrag genannten Grundstücks an den Beklagten. Der Vertrag ist vollzogen, der Beklagte im Grundbuch am 7.10. . . . . eingetragen worden. Der Vater des Klägers verstarb am 5.12. . . . . Der Kläger ist alleiniger Erbe.

Beweis: Erbschein des . . . . . in Anlage.

Der Vater des Klägers war zum Zeitpunkt des Vertragsabschlusses – am 7.5. . . . . – nicht mehr geschäftsfähig. Er litt zu diesem Zeitpunkt unter einer Hirnkrankheit, die es ihm unmöglich machte, seine Entschließungen von vernünftigen Erwägungen abhängig zu machen. Seine Willensfreiheit war völlig ausgeschlossen.

Beweis: Sachverständiges Zeugnis des Herrn Dr. . . . .; Sachverständigengutachten.

Der zwischen dem Vater des Klägers und dem Beklagten abgeschlossene Schenkungsvertrag und die Auflassung vom . . . . . waren damit nichtig (§ 104 Nr. 2, § 105 Abs. 1 BGB). Der Kläger ist gem. § 1922 Abs. 1 BGB Eigentümer des im Antrag genannten Grundstücks geworden. Die Eintragung im Grundbuch steht mit der materiellen Rechtslage in Widerspruch, sodass ein Berichtigungsanspruch nach § 894 BGB besteht.

Anmerkungen

1. Die Sicherung des Anspruchs auf Grundbuchberichtigung nach § 894 BGB erfolgt durch Eintragung eines Widerspruchs im Grundbuch (→ Form. II.I.6) nach § 899 BGB aufgrund einer einstweiligen Verfügung. Für eine Klage nach § 894 BGB fehlt das Rechtsschutzbedürfnis, wenn der Kläger die Unrichtigkeit des Grundbuchs nachweisen kann (§§ 22, 29 GBO), da hier ein einfacher Bewilligungsantrag an das Grundbuchamt genügt (OLG Zweibrücken NJW 1967, 1809). Im vorliegenden Fall kann der Nachweis der Geschäftsunfähigkeit nicht iSv §§ 22, 29 GBO geführt werden.

2. Die sachliche Zuständigkeit richtet sich nach dem Streitwert. Dieser bemisst sich bei der Berichtigung der Eigentumsverhältnisse am Grundstück nach dem Verkehrswert ohne Abzug der Belastungen (BGH NJW 1958, 1397), bei Berichtigung von Belastungen nach deren Nennwert.

3. Örtlich ist das Gericht des belegenen Grundstücks ausschließlich zuständig (§ 24 Abs. 1 ZPO).

4. Es genügt nicht, wenn der Berechtigte auf Löschung des tatsächlich Eingetragenen klagt (BGH NJW 1970, 1544; zur Aktivlegitimation vgl. OLG Zweibrücken NJW-RR 1989, 1100). In Einzelfällen kann statt des Berichtigungsantrags auch ein anderer Antrag gestellt werden, zB statt Berichtigung Auflassung oder statt Umwandlung in eine Eigentümergrundschuld Antrag auf Löschungsbewilligung (Palandt/*Herrler* BGB § 894 Rn. 8 mit Nachw.).

5. Die Zwangsvollstreckung erfolgt nach § 894 ZPO.

6. Mit der Entscheidung (BGH 9.2.2018 – V ZR 299/14, NJW 2019, 71) hat der BGH eine umstrittene Frage beantwortet: Mit dem Urteil über den Grundbuchberichtigungsanspruch wird die dingliche Rechtslage nicht festgestellt. Hierzu ist ein weiterer Feststellungsantrag, ggf. im Wege der Zwischenfeststellungsklage erforderlich und zulässig.

6. Einstweilige Verfügung auf Eintragung eines Widerspruchs gegen die Richtigkeit des Grundbuchs (§ 899 BGB)

An das
Amtsgericht[1, 2]

Einstweilige Verfügung

des .....
– Antragstellers –

Prozessbevollmächtigter: .....
gegen

den .....
– Antragsgegner –

wegen

Eintragung eines Widerspruchs gegen die Richtigkeit des Grundbuchs.
Vorläufiger Streitwert:[3] 35.000 EUR.
Namens und mit Vollmacht des Antragstellers beantrage ich, im Wege der einstweiligen Verfügung – wegen Dringlichkeit ohne mündliche Verhandlung[4] – für Recht zu erkennen:

Im Grundbuch von . . . ., FlSt . . . ., Grundbuchheft . . . ., wird zugunsten des Antragstellers ein Widerspruch gegen das Eigentumsrecht des Antragsgegners eingetragen.[5]

Es wird beantragt,

den Antrag auf Eintragung des Widerspruchs durch das Gericht beim zuständigen Grundbuchamt einzureichen.[6, 7]

Begründung:

Am 7.5. . . . . schloss der Vater des Antragstellers mit dem Antragsgegner einen notariellen Vertrag über die Schenkung des im Antrag genannten Grundstücks an den Antragsgegner. Der Vertrag ist vollzogen, der Antragsgegner im Grundbuch am 7.10. . . . . eingetragen worden. Der Vater des Antragstellers verstarb am 5.12. . . . . Der Antragsteller ist alleiniger Erbe.

Beweis: Erbschein des . . . . . in Anlage.

Der Vater des Antragstellers war zum Zeitpunkt des Vertragsabschlusses – am 7.5. . . . . – nicht mehr geschäftsfähig. Er litt zu diesem Zeitpunkt unter einer Hirnkrankheit, die es ihm unmöglich machte, seine Entschließungen von vernünftigen Erwägungen abhängig zu machen. Seine Willensfreiheit war völlig ausgeschlossen.

Der vorstehende Sachverhalt ist glaubhaft gemacht durch eidesstattliche Versicherung des Dr. . . . . vom . . . .[7]

Der zwischen dem Vater des Antragstellers und dem Antragsgegner abgeschlossene Schenkungsvertrag und die Auflassung vom . . . . . waren damit nichtig (§§ 104 Nr. 2, 105 Abs. 1 BGB). Der Antragsteller ist gem. § 1922 Abs. 1 BGB Eigentümer des im Antrag genannten Grundstücks geworden. Die Eintragung im Grundbuch steht mit der materiellen Rechtslage in Widerspruch, sodass ein Berichtigungsanspruch nach § 894 BGB besteht.

Diesen Anspruch hat der Antragsteller mit der Klage geltend gemacht. Zur Sicherstellung ist daneben die vorliegende einstweilige Verfügung, gerichtet auf Widerspruch, erforderlich.

Anmerkungen

1. Der Widerspruch schützt den Berechtigten in der Zeit, bis das Urteil nach § 894 BGB (→ Form. II.I.5) rechtskräftig ist, vor gutgläubigem Erwerb durch Dritte (§§ 892 Abs. 1 S. 1, 893 BGB; vgl. auch §§ 900 Abs. 1 S. 3; 902 Abs. 2; 927 Abs. 3 BGB).

2. Zur sachlichen und örtlichen Zuständigkeit → Form. II.I.3 Anm. 2.

3. Der Streitwert richtet sich nach dem Interesse an der Eintragung des Widerspruchs und ist in aller Regel geringer als die Hauptsache zu bewerten (BLAHZPO Anh. § 3 Rn. 139)?.

4. Zur Dringlichkeit und zum Verfahren → Form. II.I.3 Anm. 4, 17, 18.

5. Zum Vollzug der einstweiligen Verfügung → Form. II.I.3 Anm. 8, → Form. II.E.5 Anm. 3.

6. Zu diesem Antrag vgl. die entsprechenden Ausführungen → Form. II.I.3 Anm. 9, 10.

7. Dargelegt und glaubhaft gemacht werden muss nur der Verfügungsanspruch, nicht dagegen der Verfügungsgrund (§ 899 Abs. 2 S. 2 BGB). Zur Glaubhaftmachung → Form. II.I.3 Anm. 16.

7. Klage auf Einräumung eines Notwegs (§ 917 BGB)

An das
Landgericht[1, 2, 3]

Klage

des . . . . .
– Klägers –[4]

Prozessbevollmächtigter: . . . . .
gegen

den . . . . .
– Beklagter Ziffer 1 –
den . . . . .
– Beklagter Ziffer 2 –[5]

wegen
Einräumung eines Notwegs.
Vorläufiger Streitwert:[2] 6.000 EUR.
Namens und mit Vollmacht des Klägers erhebe ich Klage und werde beantragen:
Die Beklagten werden verurteilt, dem Kläger den Zugang und die Zufahrt mit dem Personenkraftwagen von der X-Straße über einen 2m breiten Grundstücksstreifen – von der östlichen Grenze des Grundstücks der Beklagten in rechten Winkel gemessen – des Grundstücks . . . . . der Beklagten zum Grundstück des Klägers . . . . . Zug um Zug gegen Zahlung einer Notwegrente[6] iHv . . . . . EUR jährlich zu gewähren.[7]

Begründung:

Der Kläger ist Eigentümer des Haus-Grundstücks . . . . . Die Beklagten sind Eigentümer des benachbarten Grundstücks . . . . . Das Grundstück des Klägers hat keinen eigenen Zugang zur öffentlichen Straße.

Beweis: Einnahme eines Augenscheins.

Über andere Grundstücke als das der Beklagten ist im Augenblick für das klägerische Grundstück ein Zugang zur öffentlichen Straße nicht gegeben. Der im Antrag vorgeschlagene Zugang ist derjenige, der den kürzeren Weg über das Grundstück der Beklagten bildet.

Beweis: Einnahme eines Augenscheins.

Dem Kläger steht nach § 917 Abs. 1 S. 1 BGB ein Notwegrecht zu.

Anmerkungen

1. Praktische Bedeutung hat das Notwegrecht vor allem auch als Einrede gegenüber der Unterlassungsklage nach § 1004 BGB (zur Unterlassungsklage → Form. II.I.11).

2. Die sachliche Zuständigkeit richtet sich nach dem Streitwert. Dieser ist in entsprechender Anwendung des § 7 ZPO zu ermitteln (MüKoZPO/*Wöstmann* § 3 Rn. 102; OLG Jena MDR 1999, 196). Der Wert des Notwegrechts für das berechtigte Grundstück ist zu schätzen.

3. Örtlich zuständig ist ausschließlich das Gericht, in dessen Bezirk die Grundstücke belegen sind (§ 24 Abs. 1 ZPO).

4. Das Notwegrecht kann nur der Eigentümer geltend machen, nicht der Besitzer, Pächter, Mieter, Nießbraucher. Miteigentümer können den Anspruch auf Einräumung eines Notwegerechts nur gemeinsam geltend machen (BGH NJW 2006, 3426). Diese Personen sind zwar zur Benutzung des Notwegs berechtigt. Ein klagbarer Anspruch steht ihnen jedoch nicht zur Verfügung (Palandt/*Herrler* BGB § 917 Rn. 8 mit Nachw.; BGH NJW-RR 2006, 1160; NZM 2014, 267). Das Notwegerecht berechtigt nur zum Überfahren der belasteten Fläche, um zum berechtigten Grundstück zu gelangen, nicht aber zum Überfahren, um auf dem berechtigten Grundstück parken zu können (OLG Schleswig BeckRS 2021, 85334). Die Sicherstellung der Erreichbarkeit des Grundstücks mittels KFZ ist Gegenstand des Notwegerechts (BGH NJW-RR 2015, 1234; NJW-RR 2014, 398; BGH NJW-RR 2009, 515; BGH BeckRS 2014, 9239; OLG Hamm 2019, 54607). Der Eigentümer des Grundstücks, für das ein Notwegerecht in Anspruch genommen wird, muss auch Umbaumaßnahmen in Kauf nehmen, um den Zugang sicherzustellen. Nur wenn dies nicht möglich ist oder die Wirtschaftlichkeit der Grundstücksnutzung aufgehoben ist, kann er die Nutzung eines Notweges über ein Nachbargrundstück beanspruchen (OLG Nürnberg BeckRS 2021,5889). Ein Notwegerecht zum Erreichen des Grundstücks mittels KFZ ist ausgeschlossen, wenn das Grundstück in einem autofreien Gebiet liegt (BGH BeckRS 2020, 46143). Gleiches gilt dann, wenn das Grundstück aufgrund der konkreten Nutzungsart und der besonderen Umstände objektiv nicht dazu bestimmt war, mittels KFZ angefahren zu werden (OLG Hamm BeckRS 2019, 54607: ursprüngliches Wochenendhaus).

5. Der Berechtigte muss gegen alle Miteigentümer des benachbarten Grundstücks klagen, da diese in notwendiger Streitgenossenschaft stehen (§ 62 Fall 2 ZPO; BGH NJW 1984, 2210). Eine Notwegklage, die nicht gegen alle Miteigentümer gerichtet ist, ist unzulässig (BGH NJW 1984, 2210).

6. Der Anspruch auf Notwegrente entsteht mit dem Notwegrecht selbst. Das Verlangen des Berechtigten ist Tatbestandsmerkmal für das Entstehen einer Duldungs- und damit auch der Rentenzahlungspflicht (BGH NJW 1985, 1952). Wegen der Möglichkeit eines Zurückbehaltungsrechts im Hinblick auf die Rente sollte der Kläger den Zug-um-Zug-Antrag aufnehmen, um Kostennachteile einer teilweisen Klagabweisung zu vermeiden (→ Form. II.A.1 Anm. 3). Die Benutzung muss notwendig sein. Bei einem Wohngrundstück ist die Zufahrt für KFZ zum Grundstück notwendig (BGH NJW-RR 2009, 515).

7. Die Richtung und der Umfang des Notwegs müssen in der Klage nicht unbedingt angegeben sein (Palandt/*Herrler* § 917 Rn. 13), der Urteilstenor muss beides jedoch enthalten (§ 917 Abs. 1 S. 2 BGB).

8. Auflassungsklage

An das
Landgericht[1, 2]

Klage

des . . . . .
– Klägers Ziff. 1 –
des . . . . .
– Klägers Ziff. 2 –

Prozessbevollmächtigter: . . . . .
gegen

den . . . . .
– Beklagten –

wegen
Auflassung.
Vorläufiger Streitwert:[2] 70.000 EUR.
Namens und mit Vollmacht des Klägers erhebe ich Klage und werde beantragen:
Der Beklagte wird verurteilt, das Grundstück Gemarkung . . . . ., FlStNr. . . . . ., Grundbuchheft . . . . ., an die Kläger zu je hälftigem Miteigentum aufzulassen[3] und die Eintragung im Grundbuch zu bewilligen.[4, 5]

Begründung:

Die Parteien schlossen am 5.2. . . . . einen notariellen Kaufvertrag über das im Eigentum des Beklagten stehende, im Antrag genannte Grundstück. Der Kaufpreis beträgt nach § 2 des Vertrages 70.000 EUR. Die Auflassung ist von der vollständigen Bezahlung des Kaufpreises nach § 2 des notariellen Kaufvertrages abhängig.

Beweis: Notarieller Kaufvertrag vom 5.2. . . . . des Notars . . . . ., Urkundenrolle Nr. . . . .

Die Kläger haben den Kaufpreis am 7.3. . . . . bezahlt.

Beweis: Bankbestätigte Einzahlungsquittung der Bank des Beklagten vom 7.3. . . . . in Anlage im Original.

Der Auflassungsanspruch der Kläger ergibt sich aus dem Vertrag iVm §§ 433, 873, 925 BGB.

Anmerkungen

1. Örtlich zuständig ist das Gericht des allgemeinen Gerichtsstandes des Schuldners (§§ 12–19 ZPO). § 24 ZPO ist nicht anwendbar (zB Musielak/*Voit* § 24 Rn. 9; Zöller/*Schultzky* ZPO § 24 Rn. 9). Die Vorschrift gilt auch nicht für die Klage auf Herausgabe eines Grundstücks, wenn der Kläger nicht Eigentümer ist, jedoch bei Herausgabeklage aufgrund bestehenden Eigentums (→ Form. II.I.9 Anm. 1).

2. Die sachliche Zuständigkeit richtet sich nach dem Streitwert. Dieser wird nach § 6 ZPO bestimmt. Maßgebend ist dabei der Verkehrswert, abzüglich Belastungen, wenn verkehrswertmindernd, nicht der Einheitswert und auch nicht der Kaufpreis (zB Musielak/*Voit* ZPO § 3 Rn. 23). Diese Auffassung ist jedoch nicht unumstritten. Teilweise wird auf den Wert der offenen Gegenforderung abgestellt zB OLG Nürnberg NJW-RR 2011, 1007 mwN). Der Wert ist jedenfalls dann nach § 3 ZPO zu schätzen, wenn es nicht um die Auflassung, sondern nur um den Vollzug der bereits erklärten Auflassung geht (BGH NJW 2002, 684).

3. Möglich ist auch folgende Fassung des Antrags:

„. . . . . zu erklären, dass das Eigentum an dem Grundstück . . . . . je zur Hälfte auf die Kläger übergehen soll und die Kläger je zur Hälfte als Miteigentümer des Grundstücks . . . . . im Grundbuch eingetragen werden sollen."

Der Antrag bei Wohnungseigentum kann folgendermaßen lauten:

„. . . . . verurteilt, einen Miteigentumsanteil von $^{169}/_{1000}$ (iW.: einhundertneunundsechzig Tausendstel) an dem Grundstück . . . . ., verbunden mit dem Sondereigentum an der Wohnung . . . . . an den Kläger aufzulassen . . . . ."

Zur Klage auf Übereignung von beweglichen Sachen → Form. II.A.4. Die Verurteilung zur Auflassung eines Teilgrundstücks ist schon vor dem Teilungsvollzug im Grundbuch möglich (BGH NJW 1984, 1959). Eine Verurteilung zur Auflassung ist auch bei Unmöglichkeit nicht ausgeschlossen (BGH NJW 1999, 2034).

4. Die Zwangsvollstreckung erfolgt nach § 894 ZPO. Damit ist die Auflassung aber noch nicht erfolgt, vielmehr liegt nur die Erklärung des Beklagten = Eigentümers vor. Der Gläubiger muss nun unter Vorlage des rechtskräftigen Urteils seine Auflassungserklärung vor einem Notar abgeben (zu dieser Auflassungserklärung aufgrund eines Urteils → Form. II.I.8 Anm. 3). Die bloße Vorlage des Urteils reicht nicht aus (OLG München Beschl. v. 21.3.2017 – 34 Wx 22/17), der Gläubiger muss seine Erklärung vor dem Notar abgeben. Die Anwesenheit des Beklagten = Eigentümers ist trotz § 925 Abs. 1 S. 1 BGB nicht erforderlich (zB Palandt/*Herrler* BGB § 925 Rn. 6).

5. Ist der Kaufpreis noch nicht vollständig bezahlt bzw. durch Aufrechnung erloschen, so kommt für den Kläger ein Zug-um-Zug-Antrag in Frage (vgl. auch § 320 Abs. 2 BGB bei geringen Rückständen). Zu diesem Antrag → Form. II.A.1 Anm. 3, zur Vollstreckung vgl. zusätzlich § 894 Abs. 1 S. 2 ZPO. In den Fällen der Klage auf Auflassung Zug um Zug ist auch hinsichtlich der Gegenleistung Bestimmtheit erforderlich (BGH NJW 1993, 324).

9. Herausgabeklage nach § 985 BGB

An das
Amtsgericht[1, 2]

Klage

des . . . . .
– Klägers –

Prozessbevollmächtigter: . . . . .
gegen

den . . . . .
– Beklagten –

wegen
. . . . .
Vorläufiger Streitwert:[2] 2.500 EUR.
Namens und mit Vollmacht des Klägers erhebe ich Klage und werde beantragen:

I. Der Beklagte wird verurteilt, die Schleifmaschine . . . . . an den Kläger herauszugeben.[3]

II. Die Erfüllung des Antrags Ziff. I kann nur binnen 14 Tagen nach Rechtskraft dieses Urteils erfolgen.[4]

III. Der Beklagte wird verurteilt, nach fruchtlosem Ablauf der Frist nach Z. II, an den Kläger 2.500 EUR als Schadensersatz zu bezahlen.[5, 6]

Begründung:

Der Kläger verkaufte und übergab am 3.2. . . . . der Einzelfirma des Beklagten die im Antrag genannte Schleifmaschine. In einem privatschriftlichen Vertrag vereinbarten die Parteien, dass der Beklagte 2.750 EUR in fünf Raten à 550 EUR, jeweils monatlich im

Voraus zum 1. eines Monats, beginnend am 1.3. . . . ., zu bezahlen habe. Im Vertrag ist weiter vereinbart, dass der Kläger zum Rücktritt berechtigt ist, wenn der Beklagte mit mehr als einer Rate in Rückstand gerät. Schließlich ist der Eigentumsübergang von der vollständigen Bezahlung des Kaufpreises abhängig gemacht.

Beweis: Kaufvertrag vom 3.2. . . . . in Anlage.

Der Beklagte hat die am 1.3. und 1.4. . . . . fälligen Raten nicht bezahlt. Der Kläger ist mit Einschreiben-Rückschein vom 7.4. . . . . vom Kaufvertrag zurückgetreten.[6]

Beweis: Einschreiben-Rückschein vom 7.4. . . . . in Anlage.

Der Kläger hat einen Herausgabeanspruch nach § 985 BGB. Das Besitzrecht des Beklagten ist durch Rücktritt erloschen.

Die Schleifmaschine hat noch einen Wert von 2.500 EUR, da es sich um eine Spezialanfertigung handelt.

Beweis: Sachverständigengutachten.

Anmerkungen

1. Örtlich zuständig ist das Gericht des allgemeinen Gerichtsstands (§§ 12–19 ZPO). Für die Herausgabeklage bei Grundstücken ist nach § 24 ZPO der dingliche Gerichtsstand gegeben, wenn der Kläger Eigentümer ist, andernfalls der allgemeine Gerichtsstand (→ Form. II.A.4 Anm. 3 a; → Form. II.I.8 Anm. 1).

2. Die sachliche Zuständigkeit bemisst sich nach dem Streitwert. Hierbei ist der nach § 6 ZPO zu bestimmende Wert der Sache maßgebend. Entscheidend ist der Verkehrswert, nicht der Einheitswert oder der Kaufpreis (MüKoZPO/*Wöstmann* § 6 Rn. 6).

3. Evtl. muss der Kläger einen Antrag Zug um Zug gegen Erstattung von Aufwendungsersatz nach §§ 994 ff. BGB stellen. Zum Zug-um-Zug-Antrag → Form. II.A.1 Anm. 3.

4. Der Schadensersatzanspruch ergibt sich aus den §§ 281 Abs. 1, 280 BGB. Zum Antrag auf Fristsetzung nach § 255 ZPO → Form. II.A.4 Anm. 7.

5. Zum Schadensersatzanspruch und seiner Verbindung mit den Anträgen Ziff. I u. II → Form. II.A.4 Anm. 9, 10. Er kann nur unter den Voraussetzungen der §§ 259, 510b ZPO bereits mit den anderen Anträgen verknüpft werden.

6. Vollstreckt der Kläger aus Ziff. III des Urteilstenor, so kann der Beklagte in entsprechender Anwendung von § 255 BGB Übertragung des Eigentums Zug um Zug gegen Bezahlung verlangen (str., vgl. Palandt/*Herrler* BGB § 985 Rn. 14). Um Kostennachteile zu vermeiden, kann der Kläger Antrag Ziff. III deshalb folgendermaßen fassen: „Der Beklagte wird verurteilt, nach fruchtlosem Ablauf der Frist nach Ziff. II, an den Kläger Zug um Zug gegen Übertragung des Eigentums an der Schleifmaschine . . . . . 2.500 EUR als Schadensersatz zu bezahlen." Wird der Antrag so formuliert, wie dies im vorliegenden Fall geschehen ist, liegt in diesem Antrag gleichzeitig auch das Verlangen nach Schadensersatz statt der Leistung. Erfolgt die Verurteilung mit diesem Wortlaut und läuft die Frist ab, ist damit der Herausgabeanspruch ausgeschlossen (BGH Urt. v. 9.11.2017 – IC ZR 305/16, NJW 2018, 786), was sich aus § 281 Abs. 4 ergibt. Will der Gläubiger diesen Automatismus ausschalten, was möglich ist, muss er in der Klage deutlich machen, dass das Verlangen nach Schadenersatz aufschiebend bedingt ist (BGH aaO). Danach wäre Klagantrag Z.III wie folgt zu formulieren:

Der Beklagte wird verurteilt, nach fruchtlosem Ablauf der Frist nach Z.II und nach Schadensersatzverlangen durch den Kläger an diesen EUR 2.500 als Schadensersatz zu bezahlen..

10. Beseitigungsklage nach § 1004 BGB

An das
Landgericht[1, 2, 3]

Klage

des . . . . .
– Klägers –[4]

Prozessbevollmächtigter: . . . . .
gegen

den . . . . .
– Beklagten –[5]

wegen

Beseitigung.

Vorläufiger Streitwert:[2] **10.000 EUR.**

Namens und mit Vollmacht des Klägers erhebe ich Klage und werde beantragen:

Der Beklagte wird verurteilt, seinen auf dem Grundstück . . . . . ausgeübten Schweinemästereibetrieb einzustellen.[6, 7]

Begründung:

Der Kläger ist Eigentümer des Grundstücks . . . . ., das seit 1968 bebaut ist. Es liegt in einer Wohnsiedlung. Der Beklagte betreibt auf seinem 200m westlich vom klägerischen Grundstück gelegenen Grundstück . . . . . einen Schweinemästereibetrieb. Durch diesen Schweinemästereibetrieb treten auf dem Grundstück des Klägers üble Gerüche („penetrant, süßlich und Ekel erregend") auf, die von tierischen Exkrementen und der Zubereitung der Fütterung in der Mästerei des Beklagten herrühren.

Beweis: Einnahme eines Augenscheins; Sachverständigengutachten.

Durch diese Gerüche wird die Benutzung des Grundstücks des Klägers, das mit einem Wohngebäude bebaut ist, für das Empfinden eines Durchschnittsmenschen nach Art, Stärke, Häufigkeit und Dauer – je nach den Witterungsverhältnissen – nicht nur unwesentlich beeinträchtigt.[8]

Beweis: Einnahme eines Augenscheins.

Die Anlage des Mastbetriebs des Beklagten ist hinsichtlich Unterbringung der Tiere, Futteraufbereitung, Ablagerung und Abbau der tierischen Ausscheidungen unzureichend, da keinerlei Behälter, Silos oder gemauerte Räume zur Verfügung stehen.[9]

Der Anspruch des Klägers aus § 1004 Abs. 1 S. 1 BGB ist demnach nicht durch eine Duldungspflicht nach § 906 BGB eingeschränkt.[10]

Anmerkungen

1. Das Gesetz stellt ähnliche Ansprüche auch für andere absolute Rechte zur Verfügung (vgl. zB Palandt/*Herrler* BGB § 1004 Rn. 4); zu erwähnen sind die entsprechenden Regelungen bei der Grunddienstbarkeit (§ 1027 BGB), beim Nießbrauch (§ 1065 BGB), bei der Hypothek (§ 1134 BGB) und beim Pfandrecht (§ 1227 BGB). Die Rspr. hat die Unterlassungsklage daneben auf weitere absolute Rechte (allgemeines Persönlichkeitsrecht, Recht am eigenen Bild, Recht auf persönliche Ehre, Recht am eingerichteten und ausgeübten Gewerbebetrieb) und auf weitere gesetzlich geschützte Rechtsgüter erstreckt (→ Form. II.F.3 „Vorbeugende Unterlassungsklage" und → Form. II.F.4 Anm. 1).

2. Die sachliche Zuständigkeit richtet sich nach dem Streitwert. Dieser bemisst sich nach anhand der Wertminderung des Grundstücks oder anhand des Aufwandes zur Beseitigung des störenden Zustandes BGH Beschl. v. 7.5.2015 – V ZR 159/14, BeckRS 2015, 09900).

3. Soweit es sich um Grundstücke handelt, ist örtlich ausschließlich dasjenige Gericht zuständig, in dessen Bezirk das gestörte Grundstück belegen ist (§ 24 Abs. 1 ZPO;). IÜ ist der allgemeine Gerichtsstand gegeben.

4. Aktiv legitimiert ist der Eigentümer.

5. Als Störer kommt sowohl derjenige in Frage, der durch Handlungen oder pflichtwidrige Unterlassung unmittelbar oder mittelbar stört, als auch derjenige, der durch einen Zustand stört (Palandt/*Herrler* BGB § 1004 Rn. 16 ff.). Die Zustandsstörereigenschaft ergibt sich nicht alleine aufgrund der Rechtsstellung als zB Eigentümer, sondern nur dadurch, dass die Beeinträchtigung wenigstens mittelbar auf den Willen des „Störers" zurückgeht (BGH NJW 2003, 2377 (2379); NJW 2007, 432). Der Veräußerer ist nicht passivlegitimiert für Störungen, die nach der Übertragung des Nutzungsrechts auf den Erwerber erfolgen (BGH NJW 1998, 3273 für eine Grunddienstfreiheit betreffend Bierbezug). Es greifen auch die Grundsätze zum mittelbaren Handlungsstörer. Hierzu gehört derjenige, der die störende Handlung eines Dritten adäquat kausal veranlasst, zB Vermietung eines Gegenstandes zu einem Gebrauch, der beeinträchtigenden Lärm erzeugt (BGH NJW 2006, 992). Allerdings kommt eine Haftung als mittelbarer Handlungsstörer nur dann in Betracht, wenn der Betroffene Einfluss auf die Störungsursache ausüben kann (BGH NJW 2003, 2377: bejaht bei Rohrbruch; BGH BeckRS 2020, 40968: verneint bei Rohrbruch im Bereich eines Mieters aufgrund der Nichtbeheizung durch diesen im Winter).

6. Der Beseitigungsanspruch ist grds. nur auf die Beseitigung bestimmter Störungen, wie Geräusche, Staubniederlassungen, Gerüche, gerichtet (BGH NJW 1958, 1776 mit Nachw.; NJW 1999, 2896 zu brandbedingten Schäden). Eine Beeinträchtigung liegt bei jedem Eingriff in die rechtliche oder tatsächliche Herrschaftsmacht des Eigentümers vor (BGH NJW 2005, 1366), zB durch Einsickern von Chemikalien (BGH NJW 2005, 1366). In Ausnahmefällen kann er jedoch auf Einstellung des Betriebs gerichtet sein, wenn nur diese bestimmte Maßnahme die Beseitigung der Störung gewährleistet (BGH NJW 1977, 146). Im Falle des § 14 BImSchG besteht kein Anspruch auf Einstellung, sondern nur auf schützende Maßnahmen.

7. Der Klageantrag und der Urteilstenor müssen nicht auf Einstellung für eine bestimmte Zeit oder zu einem bestimmten Zweck – etwa Umgestaltung des Betriebs – lauten. Es genügt, wenn sich aus den Entscheidungsgründen eine Beschränkung dahin ergibt, dass beim derzeitigen Zustand der Betrieb eingestellt wird (BGH NJW 1977, 146). Es muss grds. dem Störer überlassen bleiben, welche Maßnahmen er zur Beseitigung der

Störung ergreift. Eine Konkretisierung auf eine bestimmte Maßnahme ist nur dann zulässig, wenn lediglich eine bestimmte Maßnahme in Betracht kommt (BGH NJW 2004, 1035).

8. Zunächst müssen die Immissionen dargelegt werden. Dann hat der Kläger die Tatsachen dafür vorzutragen, dass es sich um keine unwesentliche Beeinträchtigung nach § 906 Abs. 1 BGB handelt.

9. Der Kläger muss ferner vortragen, dass es sich um keine ortsübliche Benutzung des Grundstücks durch den Beklagten iSd § 906 Abs. 2 BGB handelt (für den vorliegenden Fall BGH NJW 1977, 146; OLG Schleswig NJW-RR 1996, 399).

10. Verschulden ist nicht erforderlich.

11. Unterlassungsklage nach § 1004 BGB

An das
Landgericht[1, 2, 3, 4]

Klage

des . . . . .
– Klägers –

Prozessbevollmächtigter: . . . . .
gegen

den . . . . .
– Beklagten –

wegen

Unterlassung
Vorläufiger Streitwert:[2] 10.000 EUR.

Namens und mit Vollmacht des Klägers erhebe ich Klage und werde beantragen:
Der Beklagte wird verurteilt, es bei Meidung eines für jeden Fall der Zuwiderhandlung fälligen Ordnungsgeldes bis zu 250.000 EUR ersatzweise Ordnungshaft bis zu sechs Monaten oder Ordnungshaft bis zu sechs Monaten, im Wiederholungsfalle Ordnungshaft bis zu zwei Jahren, zu unterlassen, eine Gaststätte oder ein Tanzcafé auf dem Grundstück zu betreiben . . . .[9]

Begründung:

Der Kläger ist Eigentümer des Grundstücks . . . . . Der Beklagte hat auf seinem daneben gelegenen Grundstück im reinen Wohngebiet eine Gaststätte mit Tanzcafé errichtet. Die baurechtliche Genehmigung wurde dem Beklagten erteilt. Widerspruch und Klage des Klägers im Verwaltungsverfahren wurden abgewiesen.

Unabhängig davon steht dem Kläger ein Unterlassungsanspruch nach § 1004 Abs. 1 BGB zu, da durch den Betrieb der Gaststätte, des Cafés und vor allem wegen der Tanzveranstaltungen erhebliche Störungen durch Lärm für die umliegenden Grundstücke zu erwarten sind.[5, 6] Der Beklagte hat elektroakustische Anlagen eingerichtet, die höhere Lautstärken und Lärmeinwirkungen auf das Grundstück des Klägers verursachen, als dies entsprechend den VDI-Richtlinien (Ausgabe . . . . .) zulässig ist.[7]

Beweis: Sachverständigengutachten.

Auch der von den Gästen der Gaststätte in Zukunft verursachte Lärm wird über den Richtwerten nach der VDI-Richtlinie liegen.

Beweis: Sachverständigengutachten.

Dies ergab sich bereits anlässlich eines Probelaufs der Geräte und einer Einführungsveranstaltung.

Eine Duldungspflicht des Klägers nach § 906 BGB besteht damit nicht. Der Beklagte hat die Eröffnung der Gaststätte mit Tanzveranstaltungen auf 1.7. . . . . angekündigt.[8]

Anmerkungen

1. Zur Beseitigungsklage nach § 1004 BGB → Form. II.E.10; zur Erstreckung auf andere geschützte Rechte außer dem Eigentum → Anm. 1 mit Nachw.; zur vorbeugenden Unterlassungsklage → Form. II.F.3.

2. Die sachliche Zuständigkeit richtet sich nach dem Streitwert. Dieser bemisst sich nach dem Interesse des Klägers an der Unterlassung (MüKoBGB/*Raff* § 1004 Rn. 320).

3. Zur örtlichen Zuständigkeit → Form. II.I.10 Anm. 3.

4. Der ordentliche Rechtsweg ist ausgeschlossen, wenn die Beeinträchtigung durch hoheitliche Tätigkeit des Staates erfolgt (BGH BGHZ 41, 264; NJW 1993, 1656). Es muss dann Klage beim Verwaltungsgericht erhoben werden. Bei sonstiger Tätigkeit des Staates ist der ordentliche Rechtsweg gegeben.

5. Dem Wortlaut nach setzt § 1004 Abs. 1 S. 1, S. 2 BGB voraus, dass bereits eine Beeinträchtigung aufgetreten ist und deshalb Wiederholungsgefahr besteht („. . . . . weitere Beeinträchtigungen . . . . .“). Entgegen dem Wortlaut der Bestimmung wird jedoch bereits dann ein Unterlassungsanspruch gewährt, wenn ein Eingriff drohend bevorsteht („vorbeugende Unterlassungsklage“, Palandt/*Herrler* BGB § 1004 Rn. 32).

6. Die etwa erteilte baurechtliche oder baupolizeiliche Genehmigung hat auf den Anspruch nach § 1004 BGB keinen Einfluss (BGH LM Nr. 44 zu § 1004 BGB; Ausnahme: § 14 BImSchG).

7. Vgl. zur wesentlichen Beeinträchtigung und Ortsüblichkeit nach § 906 BGB und zur Anwendung der VDI-Richtlinien: BGH LM Nr. 36 zu § 906 BGB = MDR 1971, 119.

8. Im Regelfall muss nach § 1004 Abs. 1 S. 2 BGB die Wiederholungsgefahr dargetan und bewiesen werden (vgl. zB Palandt/*Herrler* BGB § 1004 Rn. 32 f.; BGH NJW 2005, 594), die jedoch im vorliegenden Fall bei Abwehr einer erstmals drohenden Beeinträchtigung entfällt. Stattdessen muss jedoch vorgetragen und bewiesen werden, dass ein erster Eingriff unmittelbar bevorsteht. Fand eine rechtswidrige Beeinträchtigung einmal statt, spricht eine Vermutung für das Vorliegen der Wiederholungsgefahr (BGH NJW 2004, 1035).

9. Die Androhung kann bereits in das Urteil aufgenommen werden (§ 890 Abs. 2 ZPO). Der erforderliche Antrag sollte auf jeden Fall gestellt werden.

12. Hypothekenklage nach § 1147 BGB

An das
Landgericht[1, 2, 3, 4]

Klage

des . . . . .
– Klägers –[5]

Prozessbevollmächtigter: . . . . .
gegen

den . . . . .
– Beklagten –[6]

wegen

Duldung der Zwangsvollstreckung.

Vorläufiger Streitwert:[3] 40.000 EUR.

Namens und mit Vollmacht des Klägers erhebe ich Klage und werde beantragen:

I. Der Beklagte wird verurteilt, an den Kläger 40.000 EUR nebst 5 % Zinsen über dem Basiszinssatz seit . . . . . Zug-um-Zug gegen Übergabe einer Löschungsbewilligung und des Hypothekenbriefes . . . . . zu bezahlen.[8]

II. Der Beklagte wird verurteilt, aus der im Grundbuch . . . . ., Grundbuchheft . . . . ., in Abt. 3, lfd. Nr. 1, eingetragenen Hypothek iHv 40.000 EUR nebst . . . . . % Zinsen[7] hieraus seit . . . . . die Zwangsvollstreckung in das Grundstück . . . . . Zug-um-Zug gegen Übergabe des Hypothekenbriefes . . . . . zu dulden.[9]

Begründung:

Der Kläger ist Gläubiger der im Grundbuch . . . . . eingetragenen Briefhypothek.

Beweis: Hypothekenbrief und beglaubigter Grundbuchauszug vom . . . . .[10] in Anlage.

Der Beklagte ist Eigentümer des Grundstücks . . . . .

Beweis: Grundbuchauszug vom . . . . .[11]

Er ist darüber hinaus Schuldner aus dem Darlehensvertrag zwischen den Parteien vom . . . . . Darlehen und Hypothek sind fällig.[12] Die Kündigung[13] des dem Beklagten gewährten Darlehens erfolgte am 26.6. . . . . zum 30.9. . . . .

Beweis: Einschreiben-Rückschein vom 26.6. . . . ., zugestellt am 27.6. . . . ., in Anlage.

Der Beklagte hat auf seine Verbindlichkeit nichts bezahlt. Der Beklagte wurde mit Schreiben vom . . . . . aufgefordert, eine Unterwerfungserklärung nach § 794 Abs. 1 Nr. 5 ZPO abzugeben.

Beweis: Vorlage Schreiben vom . . . . ., Anlage K. . . . .

Innerhalb der hierzu gesetzten Frist erfolgte jedoch keine Reaktion.[14]

Anmerkungen

1. Die Klage „aus der Hypothek" ist von der Klage aus dem Grundgeschäft streng zu unterscheiden. Letztere ist Zahlungsklage in Form der allgemeinen Leistungsklage. Ein Titel wegen der zugrunde liegenden Forderung genügt zwar ebenso zur Zwangsvollstreckung, verschafft dem Titel jedoch nicht den Rang der Hypothek. Die Hypothekenklage nach § 1147 BGB ist auch von der Klage auf Eintragung einer Bauhandwerkersicherungshypothek zu unterscheiden (→ Form. II.I.3 Anm. 1). Behandelt wird hier die Hypothekenklage; für Grundschuld und Rentenschuld gelten die Ausführungen entsprechend. Es besteht die Möglichkeit, den Anspruch im Urkundenprozess geltend zu machen (§ 592 S. 2 ZPO).

2. Voraussetzung für die Zwangsvollstreckung ist auch im Falle des § 1147 BGB ein Vollstreckungstitel. Außer dem Urteil kommt hier vor allem eine vollstreckbare Urkunde (§ 794 Abs. 1 Nr. 5 ZPO), ggf. mit Eintragung der Unterwerfungsklausel in das Grundbuch, in Frage, sodass die Unterwerfungserklärung gegenüber jedem Eigentümer des Grundstücks wirkt (§ 800 ZPO). Liegt eine derartige vollstreckbare Urkunde vor, so ist die Hypothekenklage mangels Rechtsschutzbedürfnisses unzulässig.

3. Die sachliche Zuständigkeit richtet sich nach dem Streitwert. Dieser bemisst sich nach dem Betrag derder gesicherten Forderung, begrenzt durch den Wert des Sicherungsgegenstandes (Nennwert, nicht Höhe der Valutierung (MüKoZPO/*Wöstmann* § 6 Rn. 17). Heranzuziehen ist der jeweils höhere Wert. Aufgrund des Additionsverbotes wegen wirtschaftlicher Identität sind die Streitwerte von persönlicher und dinglicher Klage nicht zusammenzurechnen.

4. Örtlich zuständig ist ausschließlich das Gericht des belegenen Grundstücks (§ 24 Abs. 1 ZPO). Die persönliche Klage kann im gleichen Gerichtsstand erhoben werden (§ 25 ZPO). § 25 gilt jedoch nur insoweit, als Schuldner und Eigentümer identisch sind. IÜ ist der Schuldner am eigenen Gerichtsstand zu verklagen (→ Anm. 8).

5. Aktiv legitimiert ist der Gläubiger der Hypothek.

6. Passiv legitimiert ist der Eigentümer des Grundstücks. Dem Kläger hilft hierbei die Vermutung des § 1148 S. 1 BGB. Sind persönlicher Schuldner und Eigentümer nicht identisch, dann entfällt der Klagantrag Ziff. I.

7. Die Höhe des Zinssatzes richtet sich nach der getroffenen Vereinbarung, ansonsten nach den allgemeinen Vorschriften (zB §§ 286 Abs. 1, 288, 291 BGB). Aus Gründen der Bestimmtheit im Hinblick auf die Zwangsvollstreckung ist zu empfehlen, dass Hauptsumme und Zinsen genau angegeben werden, obwohl beides im Grundbuch eingetragen ist.

8. Insoweit handelt es sich um die Klage aus dem zugrunde liegenden Schuldverhältnis (Schuldklage). Diese kann mit der Hypothekenklage im Wege objektiver Klagenhäufung verbunden werden (vgl. zur örtlichen Zuständigkeit → Anm. 4; zum Streitwert → Anm. 3). Dies gilt jedoch nur, wenn Schuldner und Eigentümer identisch sind. Ist Schuldner eine andere Person, dann muss der Klagantrag Ziff. I gegen diesen gerichtet werden und entfällt bei der Klage gegen den Eigentümer. Im Wege der subjektiven Klagehäufung kann der Kläger zwar auch bei Verschiedenheit von Schuldner und Eigentümer beide Klagen zu einem Rechtsstreit anhängig machen, aber allerdings nur dann, wenn für die Schuldklage nach §§ 12–19 ZPO der gleiche Gerichtsstand für den Schuldner gegeben ist. §§ 25 f. ZPO helfen dem Kläger hier nicht weiter. Zum Zug-um-Zug-Antrag s. die nachfolgende Anmerkung.

9. Spätestens nach Durchführung der Zwangsvollstreckung oder nach Zahlung zur Abwendung der Zwangsvollstreckung hat der Eigentümer einen Anspruch auf Aushändigung der Löschungsunterlagen. Dem Eigentümer steht wegen dieses Anspruchs ein Zurückbehaltungsrecht zu (Palandt/*Herrler* BGB § 1144 Rn. 2). Mit den Zug-um-Zug-Anträgen sollen Kostennachteile vermieden werden, wenn der Eigentümer die entsprechende Einrede erhebt. Die im Urteil dem Gläubiger aufgegebene Vorlage des Grundschuldbriefes und der Löschungsbewilligung ist in der Regel keine Gegenleistung iSd § 765 ZPO (OLG Hamm JurBüro 1979, 913; *Stöber,* 21. Aufl. 2009, ZVG § 15 Rn. 46). Dennoch müssen die Unterlagen dann jedoch zusammen mit dem Titel dem Vollstreckungsgericht vorliegen (*Stöber,* 19. Aufl. 2009, ZVG § 15 Rn. 46; *Böttcher,* 6. Aufl. 2010, ZVG § 16 Rn. 67). Ferner sollte eine Erklärung abgegeben werden, wonach die Unterlagen nach Beendigung der Zwangsvollstreckung an den Schuldner herauszugeben sind. Nach einer Literaturmeinung ist nur der Brief, nicht jedoch die Löschungsbewilligung vorzulegen, da das Vollstreckungsgericht für die Löschung zu sorgen habe (*Böttcher,* 5. Aufl. 2010, ZVG § 16 Rn. 67). Daran wurde der Zusatz bei Klageantrag Ziffer 2 orientiert.

10. Bei der Buchhypothek genügt der Nachweis der Berechtigung durch Vorlage eines Grundbuchauszugs (§ 891 Abs. 1 BGB). Bei der Briefhypothek kann statt des Grundbuchauszugs eine „zusammenhängende, auf einen eingetragenen Gläubiger zurückführende Reihe von öffentlich beglaubigten Abtretungserklärungen" vorgelegt werden (§ 1155 BGB).

11. Insoweit besteht eine Vermutung nach § 1148 S. 1 BGB.

12. Fälligkeit ist für beide Klagen Voraussetzung. Das Darlehen und die Hypothek werden entweder nach Vereinbarung oder aber durch Kündigung (§§ 609, 1141 Abs. 1 BGB) fällig.

13. Zu einem Fall fristloser Kündigung BGH JZ 1980, 528.

14. Im Hinblick auf eine mögliche Auferlegung der Kosten nach § 93 ZPO in dem Fall, dass der Schuldner die Forderung nach Klageerhebung sofort anerkennt, sollte sicherheitshalber der Schuldner aufgefordert werden. eine Erklärung nach § 794 Abs. 1 Nr. 5 ZPO abzugeben. Auch wenn in der Praxis nur sehr selten mit der Abgabe einer entsprechenden sofortigen Anerkenntniserklärung zu rechnen ist, besteht insoweit jedenfalls ein gewisses Prozesskostenrisiko, wenn der Schuldner nicht zuvor aufgefordert wird (vgl. zB auch Palandt/*Herrler* BGB § 1147 Rn. 3).

J. Wohnungseigentumsrecht

1. Klage einer Gemeinschaft von Wohnungseigentümern auf Vor- und Nachschuss

An das Amtsgericht
Abteilung für Wohnungseigentumssachen[1, 2]

Klage[3]

Gemeinschaft der Wohnungseigentümer[4] Y.-Straße Nr. . . . ., ... (PLZ, Ort), vertreten durch den Verwalter,[5, 6] Z.-Straße Nr. . . . ., ... (PLZ, Ort),
– Klägerin –
Prozessbevollmächtigter:[7, 8] V., W.-Straße . . . ., ... (PLZ, Ort),
gegen
1. Ba., wohnhaft X.-Straße Nr. . . . ., ... (PLZ, Ort),
2. Bb., wohnhaft X.-Straße Nr. . . . ., ... (PLZ, Ort),
– Beklagte[9] –,
wegen Beiträgen zu den Kosten der Gemeinschaft der Wohnungseigentümer[10]
Namens und in Vollmacht[11] der Klägerin erhebe ich Klage und beantrage:[12]
1. Die Beklagten werden als Gesamtschuldner verurteilt, an die Klägerin als Beiträge zu den Kosten der Gemeinschaft der Wohnungseigentümer . . . . . EUR[13] nebst Zinsen iHv 5 Prozentpunkten über dem jeweiligen Basiszinssatz hieraus[14] seit Klagezustellung[15] zu zahlen.[16]
2. Die Beklagten werden als Gesamtschuldner verurteilt, die Kosten des Rechtsstreits zu tragen.[17]
3. Für den Fall, dass das Gericht ein schriftliches Vorverfahren anordnet und die Beklagten ihre Verteidigungsbereitschaft nicht rechtzeitig anzeigen, den Erlass eines Versäumnisurteils.[18, 19]

Es wird angeregt, von einer Güteverhandlung abzusehen, da sie erkennbar aussichtslos erscheint. Die Beklagten haben außerprozessual keine oder nur unzulässige Einwendungen erhoben.[20]

Begründung[21]

Die Beklagten sind Wohnungseigentümer in der Wohnungseigentumsanlage Y.-Straße Nr. . . . ., ... (PLZ, Ort).
Die Beklagten sind je zur Hälfte Miteigentümer der Wohnungseigentumsrechte Nr. . . . . und . . . . ., des Teileigentums Nr. . . . . sowie der beiden Teileigentumsrechte Nr. . . . . und . . . . . (Tiefgaragenstellplätze).[22]

Beweis:[23] Auszug aus dem Wohnungsgrundbuch in Fotokopie.

Die Beklagten schulden der Klägerin als Gesamtschuldner[24] folgende Vor- und Nachschüsse:[25, 26]
. . . . . EUR Nachschüsse für das Wirtschaftsjahr . . . . . und zwar für
a) das Wohnungseigentumsrecht Nr. . . . . EUR;
b) das Wohnungseigentumsrecht Nr. . . . . EUR;
c) das Teileigentumsrecht Nr. . . . . EUR und

d) die beiden Tiefgaragenplätze je . . . . . EUR, zusammen . . . . . EUR;

. . . . . EUR Vorschüsse für die Zeit vom . . . . . bis . . . . . insgesamt iHv . . . . . EUR und zwar für

a) das Wohnungseigentumsrecht Nr. . . . . EUR (monatlich . . . . . EUR);
b) das Wohnungseigentumsrecht Nr. . . . . EUR (monatlich . . . . . EUR);
c) das Teileigentumsrecht Nr. . . . . EUR (monatlich . . . . . EUR) und
d) die beiden Tiefgaragenplätze zusammen . . . . EUR (monatlich je . . . . . EUR).

. . . . . EUR Vorschuss auf die Sonderumlage gemäß Beschluss der Versammlung zu TOP . . . . . vom . . . . ., davon entfallend auf

a) das Wohnungseigentumsrecht Nr. . . . . EUR (entspricht . . . . . EUR je $^1/_{1000}$ Miteigentumsanteil, hier $^x/_{1000}$);
b) das Wohnungseigentumsrecht Nr. . . . . EUR (entspricht . . . . . EUR je $^1/_{1000}$ Miteigentumsanteil, hier $^y/_{1000}$);
c) das Teileigentumsrecht . . . . . EUR (entspricht . . . . . EUR je $^1/_{1000}$ Miteigentumsanteil, hier $^z/_{1000}$);
d) die beiden Tiefgaragenplätze . . . . . EUR (entspricht . . . . . EUR je $^1/_{1000}$ Miteigentumsanteil, hier zusammen $^{zz}/_{1000}$).

Gesamtbetrag . . . . . EUR

Die Vorschüsse für das Wirtschaftsjahr . . . . .[27] sind durch Beschluss[28] zu TOP . . . ., die Nachschüsse[29] in der Versammlung vom . . . . . bestimmt worden. Schließlich sind in dieser Versammlung zu TOP . . . . . auch Vorschüsse für eine Sonderumlage[30] beschlossen worden. Sämtliche Beschlüsse sind bestandskräftig.[31]

Aus den jeweiligen Beschlüssen ergeben sich die von den Beklagten nach der Größe ihres Miteigentumsanteils[32] (. . . . ./1000) zu zahlenden Hausgeldzahlungen.

In den jeweiligen Beschlüssen ist festgelegt, dass die Forderungen sofort fällig sind.[33, 34]

Beweis (jeweils in Fotokopie vorgelegt):[35] Niederschrift der Versammlung vom . . . ., Mitteilung des Verwalters an die Beklagten vom . . . . ., Teilungserklärung mit Gemeinschaftsordnung.

Auf die Zahlungsaufforderung[36] des Verwalters mit Schreiben vom . . . . . haben die Beklagten weder Vor- noch die Nachschüsse bezahlt.

Es wird angeregt, ausdrücklich „. . . . . als Beiträge zu den Kosten der Gemeinschaft der Wohnungseigentümer aus dem Jahr . . . . ." zu tenorieren. Dieser Ausspruch ermöglicht der Klägerin den von § 10 Abs. 3 S. 2 ZVG geforderten Nachweis.[37]

Der Wert des Streitgegenstandes entspricht der Klageforderung.[38] Beglaubigte und einfache Abschrift liegen an.[39, 40]

Ein Kostenvorschuss von . . . . . ist eingezahlt.[41]

Der Klageerhebung ist kein Versuch einer Mediation oder eines anderen Verfahrens der außergerichtlichen Konfliktbeilegung vorausgegangen. Einem solchen Verfahren stehen Gründe entgegen.[42]

Rechtsanwalt[43, 44, 45, 46, 47, 48]

Schrifttum: Kommentare: *Bärmann,* Wohnungseigentumsgesetz, 14. Aufl. 2018; Beck'scher Online-Kommentar WEG; *Elzer,* SwK-Wohnungseigentumsrecht, 1. Aufl. 2021; *Hügel/Elzer,* Wohnungseigentumsgesetz, 3. Aufl. 2021; *Jennißen,* Wohnungseigentumsgesetz, 7. Aufl. 2021; *MüKoBGB,* WEG, 8. Aufl. 2021; *Riecke/Schmid,* Wohnungseigentumsgesetz, 5. Aufl. 2019; *Staudinger,* Wohnungseigentumsgesetz, 2018. – Sonstiges: *Bärmann/Seuß,* Praxis des Wohnungseigentums, 7. Aufl. 2018; *Dötsch/Schultzky/Zschieschack,* WEG-Recht 2021, 2021; *Elzer,* Forderungsmanagement für WEG-Verwalter, 2020; *Elzer/Fritsch/Meier*, Wohnungseigentumsrecht, 3. Aufl. 2018; *Harz/Riecke/Schmid,*

Handbuch des Fachanwalts Miet- und Wohnungseigentumsrecht, 7. Aufl. 2020; *Hügel*, Rechtshandbuch Wohnungseigentum, 5. Aufl. 2021; *Lehmann-Richter/Wobst*, WEG-Reform 2020, 2020; *Skauradszun/Elzer/Hinz/Riecke*, Die WEG-Reform 2020/2021, 2021.

Anmerkungen

1. Was eine WEG-Streitigkeit ist, bestimmt § 43 Abs. 2 WEG. Für WEG-Streitigkeiten gilt die ZPO. Die ZPO-Bestimmungen werden für die Beschlussklagen durch § 44 WEG ergänzt (§ 45 WEG bestimmt Fristen für die Anfechtungsklage iSv § 44 Abs. 1 S. 1 WEG). § 43 Abs. 1 S. 1 WEG bestimmt nur den Gerichtsstand der Gemeinschaft der Wohnungseigentümer. § 43 Abs. 1 S. 2 WEG gibt einen besonderen Gerichtsstand für Haftungsklagen iSv § 9a Abs. 4 S. 1 WEG.

Für die bereits vor dem 1. Dezember 2020 bei Gericht anhängigen Verfahren sind die Vorschriften des dritten Teils dieses Gesetzes in ihrer bis dahin geltenden Fassung weiter anzuwenden (dazu ua *Hügel/Elzer* § 48 Rn. 8 ff.). Dies gilt auch für Klagen nach § 21 Abs. 8 WEG aF (LG Frankfurt a.M. BeckRS 2021, 12343 Rn. 5). Für die bereits vor dem 1.12.2020 bei Gericht anhängigen Verfahren soll die Prozessführungsbefugnis des Wohnungseigentümers über diesen Zeitpunkt entsprechend § 48 Abs. 5 WEG fortbestehen, bis dem Gericht eine schriftliche Äußerung des nach § 9b WEG vertretungsberechtigten Organs über einen entgegenstehenden Willen der Gemeinschaft der Wohnungseigentümer zur Kenntnis gebracht wird (BGH NZM 2021, 561 Rn. 23).

2. Die örtliche Zuständigkeit für eine Klage einer Gemeinschaft von Wohnungseigentümern gegen einen Wohnungseigentümer bestimmt § 43 Abs. 2 Nr. 2 WEG. Danach ist für Streitigkeiten über die Rechte u. Pflichten zwischen der Gemeinschaft der Wohnungseigentümer u. Wohnungseigentümern das Gericht örtlich ausschließlich zuständig, in dessen Bezirk das Grundstück liegt. Zu Streitigkeiten iSv § 43 Abs. 2 Nr. 2 WEG gehören ua Hausgeldklagen (BGH NZM 2010, 445 Rn. 10; *Bruns/Hirtzen* ZWE 2018, 73; *Hügel/Elzer* WEG § 43 Rn. 60).

Die sachliche Zuständigkeit bestimmt sich nach dem GVG. Für Rechtsstreitigkeiten nach § 43 Abs. 2 WEG sind gem. § 23 Nr. 2 Buchst. c GVG im ersten Rechtszug ohne Rücksicht auf den Wert des Streitgegenstandes die AG ausschließlich sachlich zuständig. Die Wohnungseigentümer können eine andere Zuständigkeit gem. § 40 Abs. 2 S. 1 Nr. 2 ZPO weder vereinbaren noch nach § 39 ZPO durch rügelose Verhandlung begründen, § 40 Abs. 2 S. 2 ZPO.

Verklagt ein Dritter die Gemeinschaft der Wohnungseigentümer oder einen Wohnungseigentümer, richtet sich die sachliche Zuständigkeit nach § 43 Abs. 1 S. 1 WEG. Für Streitigkeiten über Ansprüche, deren Gegenstand an Geld oder Geldeswert die Summe von 5.000 EUR nicht übersteigt, sind danach gem. § 23 Nr. 1 GVG die AG zuständig. Für Streitigkeiten über Ansprüche, deren Gegenstand an Geld oder Geldeswert die Summe von 5.000 EUR übersteigt, sind hingegen gem. § 71 Abs. 1 GVG die LG zuständig, es sei denn, die Parteien hätten eine Gerichtsstandvereinbarung geschlossen oder der Beklagte hat – ggf. belehrt nach § 504 ZPO – ohne die Unzuständigkeit des angerufenen Gerichts geltend zu machen, mündlich zur Hauptsache verhandelt.

Die Klageschrift muss gem. § 253 Abs. 2 Nr. 1 ZPO das Gericht bezeichnen. Das für WEG-Streitigkeiten zuständige Eingangsgericht ist das AG. Das GVG schreibt diesem nicht vor, für Wohnungseigentumssachen besondere Spruchkörper einzurichten. Anders als § 23b Abs. 1, § 23c Abs. 1 GVG, die bestimmen, dass bei jedem Amtsgericht – abgesehen vom Fall der Konzentration gem. § 23d GVG – eine Abteilung für Familiensachen (Familiengericht) u. Abteilungen für Betreuungssachen, Unterbringungssachen u. betreuungsgerichtliche Zuweisungssachen (Betreuungsgerichte) zu bilden sind, müssen die Gerichte keine besonderen Spruchkörper für WEG-Streitigkeiten einrichten (OLG

München NJW-RR 2008, 1466; *Hügel/Elzer* WEG § 43 Rn. 18). Es ist allein Sache des Präsidiums, wie es die Richtergeschäftsaufgaben hinsichtlich der WEG-Sachen u. der sonstigen streitigen Zivilsachen verteilt u. ob es überhaupt eine spezielle Sachgebietszuständigkeit für WEG-Streitigkeiten vorsieht (was bei größeren Amtsgerichten im Hinblick auf die erforderlichen Spezialkenntnisse sinnvoll ist).

Die Praxis ist uneinheitlich. Für eine § 253 Abs. 2 Nr. 1 ZPO genügende Bezeichnung reichte es demnach aus, die Klage an das örtlich zuständige AG ohne Adressierung an das „Wohnungseigentumsgericht" oder die „Abteilung für Wohnungseigentumssachen" zu richten. Soweit bei einem Gericht besondere Spruchkörper für Wohnungseigentumssachen eingerichtet wurden, empfiehlt es sich aber, die Klage für eine klare Zuordnung bereits in der Briefannahmestelle des Gerichts ausdrücklich an die für WEG-Streitigkeiten zuständige Abteilung zu adressieren. Fehlt diese Angabe, ist eine Klage aber nicht unzulässig. Bezeichnet gleichsam umgekehrt das AG eine Sache als „Wohnungseigentumssache" oder „WEG-Streitigkeit" ist daraus allerdings nicht zwingend zu schließen, dass die in § 72 Abs. 2 GVG angeordnete Zuständigkeitskonzentration eingreift. Ein Rechtsanwalt unterliegt idR allerdings einem – zur Wiedereinsetzung wegen schuldloser Fristversäumung führenden – unverschuldeten Rechtsirrtum, wenn er die Berufung in einer WEG-Streitigkeit aufgrund einer unrichtigen Rechtsmittelbelehrung nicht bei dem nach § 72 Abs. 2 GVG zuständigen Berufungsgericht, sondern bei dem für allgemeine Zivilsachen zuständigen Berufungsgericht einlegt (stRspr, etwa BGH NJW-RR 2021, 140 Rn. 7).

3. Auch in einer WEG-Streitigkeit muss die Klageschrift gem. § 253 Abs. 2 Nr. 1 ZPO die Bezeichnung der Parteien enthalten. Kläger wie Beklagter – u. ggf. ihre gesetzlichen Vertreter – sind dabei gem. § 253 Abs. 4, § 130 Nr. 1 ZPO nach Namen, Stand oder Gewerbe, Wohnort u. Parteistellung zu bezeichnen (BGH NJW 2011, 3237 Rn. 8; NJW 2011, 1738 Rn. 11).

Für Hausgeldklagen ist gem. § 592 ZPO – wie für Mietprozesse (BGH NZM 2013, 614 Rn. 34; NJW 2007, 1061 Rn. 9 ff.) – auch ein Urkundenprozess möglich (LG Frankfurt a. M. ZMR 2020, 142; *Elzer* Forderungsmanagement 9.4.6; Bärmann/Seuß/*Müller* § 85 Rn. 59; aA *Greiner* ZWE 2015, 149 (154)). Dieser Weg kann sich anbieten, um eine schnelle Durchsetzung u. Titulierung zu erreichen. Die Klage muss nach § 593 Abs. 1 ZPO die Erklärung enthalten, dass im Urkundenprozess geklagt werde. Zum Nachweis der Hausgeldschuld sind nach hM als Urkunden vorzulegen: Die Niederschrift über die Beschlüsse nach § 28 Abs. 1 S. 1, Abs. 2 S. 1 WEG oder ein Auszug aus der Beschluss-Sammlung. Ferner ist ein Grundbuchauszug hilfreich. Unstreitige, zugestandene oder offenkundige Tatsachen bedürfen, abgesehen von der Säumnis der beklagten Partei, allerdings keiner Urkundenvorlage (BGH NJW 2015, 475 Rn. 14).

4. Die Gemeinschaft der Wohnungseigentümer (auch genannt: teilrechtsfähiger Verband, Wohnungseigentümergemeinschaft, Verband Wohnungseigentümergemeinschaft, Verband, Verband sui generis, Gemeinschaft) ist nach § 9a Abs. 1 S. 1 WEG mit der Fähigkeit ausgestattet, Rechte zu erwerben u. Verbindlichkeiten einzugehen. Nach § 9a Abs. 3 WEG ist ihr ua das Gemeinschaftsvermögen zugewiesen. Zum Gemeinschaftsvermögen gehören insb. nach § 28 Abs. 1 S. 1, Abs. 2 S. 1 WEG durch Beschluss (→ Anm. 29) begründete Zahlungsansprüche gegen die Wohnungseigentümer der Wohnungseigentumsanlage (BGH NZM 2017, 445 Rn. 7).

Um Ihre Rechte einzuklagen – u. um Pflichten gegen die Wohnungseigentümer durchzusetzen –, kann die Gemeinschaft der Wohnungseigentümer nach § 9a Abs. 1 S. 1 WEG vor Gericht klagen u. verklagt werden, ist also parteifähig.

Nach § 9a Abs. 1 S. 3 WEG muss die klagende oder beklagte Gemeinschaft der Wohnungseigentümer die Bezeichnung „Gemeinschaft der Wohnungseigentümer" oder „Wohnungseigentümergemeinschaft" gefolgt von der bestimmten Angabe des gemeinschaftlichen Grundstücks führen. Die verlangte Bestimmtheit ist iSv § 15 Grundbuchverfügung zu verstehen. Die Angabe kann deshalb ebenso durch die postalische Anschrift „Gemeinschaft der Wohnungseigentümer A-Allee Nr. . . . ., Postleitzahl" wie durch die Grundbuchbezeichnung „Gemeinschaft der Wohnungseigentümer Gemarkung . . . ., ... Flur . . . . ., Flurstücke . . . . ." geleistet werden (OLG Rostock ZWE 2014, 122; LG Bremen Rpfleger 2007, 315; Schneider ZfIR 2021, 93 (97)).

5. Eine Gemeinschaft von Wohnungseigentümern ist nach § 51 ZPO prozessfähig, weil sie zwar Prozesshandlungen nicht selbst, aber durch Vertreter vornehmen oder entgegennehmen kann. Die Gemeinschaft der Wohnungseigentümer wird nach § 9b Abs. 1 S. 1 WEG durch den Verwalter oder nach § 9b Abs. 1 S. 2 WEG durch die Wohnungseigentümer vertreten.

Ob der Verwalter im Verhältnis zur Gemeinschaft der Wohnungseigentümer zur Erhebung einer Hausgeldklage befugt ist, richtet sich nach § 27 Abs. 1 Nr. 1, Abs. 2 WEG. Nach hM unterfällt die Hausgeldklage grds. § 27 Abs. 1 Nr. 1 WEG (BR-Drs. 168/20, 84; BT-Drs. 19/22634, 47; *Schultzky* ZWE 2021, 62 (65); *Hügel/Elzer* WEG § 27 Rn. 122). Im Übrigen können die Wohnungseigentümer nach § 27 Abs. 2 WEG für Klarheit sorgen.

Kann der Rechtsanwalt einen Vertragsschluss mit der Gemeinschaft der Wohnungseigentümer nicht darlegen, können ihm allein (BGH NJW 2017, 2683 Rn. 10; LG Frankfurt ZWE 2017, 320 Rn. 10) oder ihm u. dem Verwalter nach einer Quote (Zöller/Herget ZPO § 91 Rn. 2) die Kosten des Rechtsstreits auferlegt werden.

6. Der Verwalter ist grds. nicht befugt, als Prozessstandschafter für die Gemeinschaft der Wohnungseigentümer aufzutreten (BGH NZM 2012, 30 Rn. 6; grdl. NJW 2011, 1361 Rn. 8 ff.). Die Befugnis, Rechte der Wohnungseigentümergemeinschaft in eigenem Namen geltend zu machen, ist nur selten gegeben, etwa, wenn sich der Verwalter der Gemeinschaft gegenüber schadenersatzpflichtig gemacht hat u. ihn die Gemeinschaft vor diesem Hintergrund zur Schadenminimierung ermächtigt, auf eigene Kosten einen (zweifelhaften) Anspruch der Gemeinschaft gegen Dritte durchzusetzen.

7. In einem Parteiprozess können die Parteien den Rechtsstreit selbst führen. Ua in einer Hausgeldklage ist die Vertretung durch Rechtsanwälte rechtlich nicht iSv § 79 ZPO „geboten". Die Gemeinschaft der Wohnungseigentümer kann daher eine Hausgeldklage selbst führen. § 79 ZPO steht dem nicht entgegen. Der Verwalter ist Organ der Gemeinschaft der Wohnungseigentümer (s. bereits BGH NZM 2015, 135 Rn. 12; NJW 2014, 1294 Rn. 12; NZM 2014, 312 Rn. 8).

8. Die Gemeinschaft der Wohnungseigentümer kann sich auch in einem Parteiprozess von einem Rechtsanwalt vertreten lassen. Der Anwaltsvertrag für einen Anwalts- oder Parteiprozess wird unmittelbar zwischen dem Rechtsanwalt u. der Gemeinschaft der Wohnungseigentümer geschlossen (§ 9a Abs. 1 S. 1 WEG). Die Gemeinschaft der Wohnungseigentümer wird nach § 9b Abs. 1 S. 1 WEG vom Verwalter vertreten. Fehlt es an einem Vertreter, müssen nach § 9b Abs. 1 S. 2 WEG die Wohnungseigentümer die Gemeinschaft beim Vertragsschluss vertreten. Richtet sich die Klage gegen den Verwalter, zB wenn dieser auch Wohnungseigentümer ist, wird die Gemeinschaft der Wohnungseigentümer nach § 9b Abs. 2 WEG vertreten.

9. In einer Hausgeldklage ist der zu verklagen, der die geltend gemachten Ansprüche zu erfüllen hat. Anzuknüpfen ist an die Eigentümerstellung zum Fälligkeitszeitpunkt (→ Anm. 23), wenn auch, wie § 7 Abs. 2 WEG zeigt, eine – vereinbarte – „Erwerberhaftung" vorstellbar ist (sa BGH NJW 2012, 2797 Rn. 11; NJW 1994, 2950 unter III.3). Schuldner kann auch eine Partei kraft Amtes sein. Zur möglichen Verteidigung eines Hausgeldschuldners → Form. II.J.21 Anm. 14 ff.

10. Ein „Betreff" ist weit verbreitet, aber keine gesetzliche Anforderung. Der Betreff erleichtert Briefannahmestelle, Eingangsregistratur u. Generalprozessliste die Zuordnung einer Klage, insb. wenn der Hinweis „Wohnungseigentumsgericht" (→ Anm. 2) unterblieben ist.

11. Die Floskel „in (versicherter) Vollmacht" ist nicht falsch, aber auch nicht erforderlich. Bei der Prozessvollmacht handelt es sich um eine Sachurteilsvoraussetzung, deren Vorliegen zwar in jeder Lage des Verfahrens zu prüfen ist, in der Praxis aber jedenfalls bei Rechtsanwälten als Bevollmächtigten nur nach entsprechender Rüge (§ 88 ZPO) geprüft wird. Ist die Vollmacht zu beweisen, reicht eine „anwaltliche Versicherung" nicht. Notwendig, aber auch ausreichend ist grds. eine Urkunde über die Vollmachterteilung. Zum Nachweis der Bevollmächtigung gem. § 80 Abs. 1 ZPO ist das Original der Vollmachtsurkunde vorzulegen (BGH NJW 2007, 772 Rn. 9).

12. Nach § 253 Abs. 2 Nr. 2 ZPO muss die Klageschrift die bestimmte Angabe des Gegenstandes u. des Grundes des erhobenen Anspruchs enthalten. Damit wird der Streitgegenstand abgegrenzt u. zugleich die Grundlage für eine etwa erforderlich werdende Zwangsvollstreckung geschaffen. Daran gemessen ist ein Klageantrag grds. hinreichend bestimmt, wenn er den erhobenen Anspruch konkret bezeichnet, dadurch den Rahmen der gerichtlichen Entscheidungsbefugnis (§ 308 ZPO) absteckt, Inhalt u. Umfang der materiellen Rechtskraft der begehrten Entscheidung (§ 322 ZPO) erkennen lässt, das Risiko eines Unterliegens des Klägers nicht durch vermeidbare Ungenauigkeit auf den Beklagten abwälzt u. schließlich eine Zwangsvollstreckung aus dem Urteil ohne eine Fortsetzung des Streits im Vollstreckungsverfahren erwarten lässt (stRspr, vgl. etwa BGH NJW-RR 2021, 401 Rn. 9; NZM 2018, 444 Rn. 15; NJW 2016, 708 Rn. 8). Unbestimmte Klageanträge sind nur ausnahmsweise etwa bei einer Beschlussersetzungsklage nach § 44 Abs. 1. S. 2 WEG zulässig (→ Form. II.J.6).

13. Soweit ein Land von der Möglichkeit des § 15a Abs. 1 EGZPO Gebrauch gemacht hat, in bestimmten Sachlagen die Zulässigkeit einer Klage von einem Einigungsversuch vor einer Gütestelle abhängig zu machen, ist nach Maßgabe der jeweiligen Landesgesetze vorstellbar, dass vor einer Klageerhebung ein Einigungsversuch durchlaufen werden muss. Das kommt zwar wegen § 15a Abs. 2 Nr. 1 EGZPO nicht für Anfechtungsklagen nach § 44 Abs. 1 S. 1 WEG in Betracht, da diese gem. § 45 S. 1 WEG binnen einer gesetzlichen Frist zu erheben sind. Ein Einigungsversuch ist aber in Hausgeldklagen bis zu 750 EUR vorstellbar. Bei diesen Klagen sollte daher ggf. von der Möglichkeit eines Mahnverfahrens Gebrauch gemacht werden (→ Form. II.J.17). § 15a Abs. 1 EGZPO ist nämlich nicht anzuwenden für die Durchführung des streitigen Verfahrens, wenn ein Anspruch im Mahnverfahren geltend gemacht worden ist. Wurde ein Einigungsversuch erfolglos unternommen, ist darauf in der Klageschrift hinzuweisen.

14. Anspruchsgrund u. Höhe eines etwaigen Zinsanspruchs richten sich nach den allgemeinen Bestimmungen des bürgerlichen Rechtes, §§ 288, 291 BGB. Eine von der gesetzlichen Regelung abweichende Höhe kann durch Vereinbarung iSv § 10 Abs. 1 S. 2 WEG bestimmt sein. Ob die Wohnungseigentümer eine solche Bestimmung getroffen haben, ist vor Klageerhebung vom Verwalter zu erfragen.

15. Für die Voraussetzungen der Rechtshängigkeit sind §§ 261, 253, 696 Abs. 3 ZPO anzuwenden.

16. Das zu entrichtende Hausgeld kann ggf. auch dann geltend gemacht werden, wenn es noch nicht fällig ist (→ Anm. 22). Denn es ist vorstellbar, Hausgeldzahlungen als nicht von einer Gegenleistung abhängige Geldforderung anzusehen u. die Klage auf künftige Zahlung nach § 257 ZPO zuzulassen (LG Hamburg ZMR 2019, 366 (367) = BeckRS 2018, 47096 Rn. 5; LG München I ZWE 2018, 447 Rn. 16; *Greiner* ZWE 2015, 149 (155)). Eine entsprechende Verurteilung ist ggf. aber nur zu erreichen, wenn der betreffende Wohnungseigentümer bereits in der Vergangenheit mehrfach säumig gewesen ist.

Ferner ist vorstellbar, Hausgeldzahlungen als wiederkehrende Leistungen iSv § 258 ZPO anzusehen (LG Hamburg ZMR 2019, 366 (367) = BeckRS 2018, 47096 Rn. 5; *Greiner* ZWE 2015, 149 (155)). Wiederkehrende Leistungen sind nämlich solche einseitigen Verpflichtungen, die sich in ihrer Gesamtheit als Folge eines u. desselben Rechtsverhältnisses ergeben, so dass die einzelne Leistung nur noch vom Zeitablauf abhängig ist, ohne dass aber der Umfang der Schuld von vornherein feststeht (BGH NJW 1986, 3142 unter II. 2. a). Vorteil ist, dass nicht jeden Monat eine Klageerweiterung wegen des fällig gewordenen Hausgeldes eingereicht werden muss. Der zukünftige Zeitraum, für den Leistung verlangt wird, darf nur in zumutbaren u. überschaubaren Grenzen einbezogen werden. Der Zahlungsantrag muss sich idR auf das Wirtschaftsjahr beschränken, für das der Wirtschaftsplan beschlossen wurde. Sollte ein säumiger Miteigentümer ausdrücklich erklären, dass er zukünftig keine Vorauszahlungen mehr erbringen werde, ist gem. § 259 ZPO ggf. auch ein Klageantrag auf künftige Leistung gerechtfertigt (→ Anm. 34).

17. Das Gericht hat nach § 308 Abs. 2 ZPO über die Verpflichtung, die Prozesskosten zu tragen, auch ohne Antrag zu erkennen. Eines dahingehenden Antrages bedarf es nicht. Eine „Antragstellung" ist dennoch sinnvoll. Sie erlangt nämlich Bedeutung für den Fall, dass die Hauptsache wegfällt (→ Form. I.D.1 Anm. 9). Eine Kostenentscheidung in einer WEG-Streitigkeit ergeht nach §§ 91 ff. ZPO, soweit nicht § 44 Abs. 4 WEG etwas anderes anordnet (s. dazu Kosten u. Gebühren, → Anm. 45 ff.).

Eines Antrags, dass das Gericht ein Urteil für „vorläufig vollstreckbar" erklären soll, bedarf es auch nicht. Die Anordnung der vorläufigen Vollstreckbarkeit wird von Amts wegen getroffen, vgl. § 704 Abs. 1 ZPO. Anders ist es, soweit der Kläger eine ggf. zu leistende Sicherheit nach § 709 ZPO nicht oder nur unter erheblichen Schwierigkeiten leisten kann. In diesem Falle bietet sich bereits in der Klage ein Antrag nach § 714 Abs. 1, § 710 ZPO an, das Urteil auch ohne Sicherheitsleistung für vorläufig vollstreckbar zu erklären.

Eine solche Anordnung ist möglich, wenn die Aussetzung der Vollstreckung dem Gläubiger einen schwer zu ersetzenden oder schwer abzusehenden Nachteil bringen würde oder aus einem sonstigen Grund für den Gläubiger unbillig wäre, insb. weil er die Leistung für seine Lebenshaltung oder seine Erwerbstätigkeit dringend benötigt, vgl. § 710 ZPO. Dies ist vor allem der Fall, wenn die Gemeinschaft der Wohnungseigentümer die eingeklagten Hausgelder dringend zur Bewirtschaftung der Anlage benötigt. Antrag:

„Es wird beantragt, das Urteil ohne Sicherheitsleistung für vorläufig vollstreckbar zu erklären, weil die Aussetzung der Vollstreckung der Klägerin einen schwer zu ersetzenden oder schwer abzusehenden Nachteil bringen würde".

Ein in erster Instanz unterlassener Vollstreckungsschutzantrag hinsichtlich des erstinstanzlichen Urteils kann im Berufungsrechtszug grds. nicht nachgeholt werden (KG ZMR 2016, 858; OLG Naumburg BeckRS 2014, 9224; OLG Frankfurt MDR 2009, 229; aA OLG Stuttgart MDR 1998, 858). Zur Begründung eines Schutzantrags bedarf es eines konkreten Vortrags; Floskeln oder Textbausteine sind ungenügend (*Toussaint* FD-ZVR 2014, 358774). Der Antrag muss außerdem nicht nur gem. § 714 Abs. 1 ZPO vor Schluss der mündlichen Verhandlung, sondern vor allem – als Sachantrag – in der mündlichen Verhandlung gestellt werden (BGH BeckRS 2009, 19526 Rn. 7). Der Schutzantrag gilt nur dann bereits durch Einreichung eines Schriftsatzes als gestellt, wenn das Berufungsgericht ankündigt, dass es die Berufung nach § 522 Abs. 2 ZPO durch Beschluss zurückweisen will (BGH NJW 2012, 1292 Rn. 7).

18. Hat die beklagte Partei entgegen § 276 Abs. 1 S. 1, Abs. 2 ZPO nicht rechtzeitig angezeigt, dass sie sich gegen die Klage verteidigen wolle, so trifft auf Antrag des Klägers das Gericht die Entscheidung ohne mündliche Verhandlung, § 331 Abs. 1 S. 1 ZPO. Der Antrag kann – u. sollte – schon in der Klageschrift gestellt werden, § 331 Abs. 1 S. 2 ZPO.

19. Erkennt die beklagte Partei den gegen sie geltend gemachten Anspruch ganz oder zum Teil an, so ist sie dem Anerkenntnis gemäß zu verurteilen. Für die Verurteilung bedarf es nach § 307 ZPO weder einer mündlichen Verhandlung noch eines dahingehenden Antrags.

20. Der mündlichen Verhandlung geht nach § 278 Abs. 2 S. 1 ZPO zum Zwecke der gütlichen Beilegung des Rechtsstreits grds. eine Güteverhandlung voraus. Etwas anderes gilt, wenn bereits ein Einigungsversuch vor einer außergerichtlichen Gütestelle stattgefunden hat oder die Güteverhandlung erkennbar aussichtslos erscheint. Aussichtslosigkeit liegt bei Hausgeldklagen regelmäßig vor, da die Forderungen der Gemeinschaft meist unstreitig sind u. es den Beklagten allenfalls um eine Verzögerung des Rechtsstreits geht. Um dies zu vermeiden, sollte angeregt werden – ein Antragsrecht besteht nicht –, dass das Gericht wegen Aussichtslosigkeit von einer Güteverhandlung absieht.

21. Die Klageschrift muss nach § 253 Abs. 2 Nr. 2 ZPO begründet werden. Die Begründung wird durch die bestimmte Angabe des Gegenstandes u. des Grundes des erhobenen Anspruchs geboten. Die Angaben bezwecken, dem Schuldner den Willen des Gläubigers zur Durchsetzung seiner Forderungen zu verdeutlichen (BGH NJW-RR 2005, 216 unter II), vor allem aber, den Streitgegenstand festzulegen. Zur Skizzierung des Lebenssachverhaltes sollten die Beteiligten, die Umstände, Ort u. Zeit in der Klageschrift genau u. umfassend beschrieben werden. Die gebotene Individualisierung kann zwar auch durch eine konkrete Bezugnahme auf andere Schriftstücke geboten werden, weil es reicht, in der Klageschrift den Lebenssachverhalt zu kennzeichnen u. durch die konkrete Bezugnahme auf Anlagen deutlich zum Ausdruck zu bringen, dass deren gesamter Inhalt zum Gegenstand der Klagebegründung gemacht werden soll (BGH NJW-RR 2005, 216 unter II; NJW-RR 2004, 639 unter II.3.a); dieser Weg empfiehlt sich aber idR nicht.

Eine alternative Klagehäufung, bei der der Kläger ein einheitliches Klagebegehren aus mehreren prozessualen Ansprüchen (Streitgegenständen) herleitet u. dem Gericht die Auswahl überlässt, auf welchen Klagegrund es die Verurteilung stützt, verstieße gegen das Gebot des § 253 Abs. 2 Nr. 2 ZPO, den Klagegrund bestimmt zu bezeichnen, u. wäre unzulässig (BGH GmbHR 2021, 252 Rn. 15; GRUR 2017, 397 Rn. 28; BeckRS 2014, 01621 Rn. 2; GRUR 2012, 304 Rn. 18); das Entsprechende gilt, wenn die Begründung unklar ist.

22. Gläubigerin der nach § 28 Abs. 1 S. 1, Abs. 2 S. 1 WEG durch Beschluss (→ Anm. 29) begründeten Forderungen ist nach § 9a Abs. 3 WEG die Gemeinschaft der Wohnungseigentümer (BGH NZM 2017, 445 Rn. 7). Schuldner des Hausgeldes im weiteren Sinne ist nach ganz hM, wer bei Fälligkeit der Forderung aus einem Beschluss nach § 28 Abs. 1 S. 1, Abs. 2 S. 1 WEG Wohnungseigentümer ist (BGH NZM 2020, 755 Rn. 24; NJW 2018, 2044 Rn. 8; NJW-RR 2012, 217 Rn. 9; aA *Elzer* ZWE 2018, 153 (156): Entstehung der Forderung).

Wird Wohnungseigentum durch Erbfall oder durch Zuschlag in der Zwangsversteigerung gem. § 90 Abs. 1 ZVG außerhalb des Grundbuchs erworben, ist auch der Erbe oder Ersteigerer Wohnungseigentümer. Das laufende Hausgeld schulden können ferner zB ein Insolvenzverwalter (BGH NJW 2011, 3098 Rn. 8), ein Zwangsverwalter (BGH NJW 2012, 1293 Rn. 12) oder ein Testamentsvollstrecker (BGH NJW 2012, 316).

Wer lediglich Bucheigentümer ist, schuldet u. haftet nicht (BGH NJW 2012, 3232 Rn. 8). Im Hausgeldprozess kann nicht von der Wirksamkeit eines Erwerbsvertrags ausgegangen werden (aA LG Nürnberg-Fürth NZM 2011, 283). Besteht an einem Wohnungseigentum ein Nießbrauch, schuldet der Wohnungseigentümer das Hausgeld, nicht der Nießbraucher (BGH Rpfleger 1979, 58 unter 2); das Entsprechende gilt bei einem Dauerwohn- oder Dauernutzungsrecht sowie bei einem Wohnungsberechtigten iSv § 1093 BGB.

Für Beitragsschulden einer Personengesellschaft gilt § 128 HGB (BayObLGZ 1988, 368). Ist eine Gesellschaft bürgerlichen Rechts (§ 705 BGB) Wohnungseigentümerin, haften für ihre Verbindlichkeiten entsprechend § 128 HGB iVm § 736 Abs. 2 BGB ihre Gesellschafter als Gesamtschuldner persönlich (BGH NJW 2020, 3315 Rn. 8; NJW-RR 2016, 463 Rn. 6; NZG 2016, 221 Rn. 34). Ein ehemaliger Wohnungseigentümer ist nur für die Forderungen Verpflichteter, die während seiner Zeit als Wohnungseigentümer fällig geworden sind. Ein Beschluss, der einen Nichteigentümer verpflichten wollte, wäre nichtig (BGH NJW 2012, 2797 Rn. 11; NZM 2012, 159 Rn. 10). Die Nachhaftung erstreckt sich auch auf das Hausgeld, das auf nach seinem Ausscheiden aus der Gesellschaft von den Wohnungseigentümern gefassten Beschlüssen beruht; auch insoweit handelt es sich um Altverbindlichkeiten iSv § 160 Abs. 1 S. 1 HGB (BGH NJW 2020, 3315 Rn. 17). Die Frist des § 160 Abs. 1 S. 2 HGB beginnt mit der positiven Kenntnis des Verwalters von dem Ausscheiden des Gesellschafters aus der GbR (BGH NJW 2020, 3315 Rn. 28).

Hat der teilende Eigentümer ein Wohnungs- oder Teileigentum an einen Erwerber veräußert u. sind die Voraussetzungen eines werdenden Wohnungseigentümers erfüllt (§ 8 Abs. 3 WEG), kann auch dieser Hausgeldschuldner sein (sa BGH WuM 2018, 177 Rn. 18; NJW 2015, 2877 Rn. 5). Ein Sondernachfolger haftet für solche Verbindlichkeiten, die nach seiner Eintragung im Wohnungsgrundbuch fällig geworden sind (BGH NJW 1999, 3713 unter III.4)

In einer kurzen Sachverhaltsdarstellung im Rahmen der Klagebegründung sollte erläutert werden, welches Sondereigentum u. welcher Sondereigentümer betroffen sind. Um die Zuordnung der geltend gemachten Forderungen zu einem betroffenen Sondereigentum zu erleichtern, sollte die Wohnungs- oder Buchhaltungsnummer angegeben werden, unter der das Sondereigentum vom Verwalter geführt wird, u. die es erlaubt, eine inhaltliche Verbindung zwischen Abrechnung u. Sondereigentum herzustellen.

23. IdR gelten auch in WEG-Streitigkeiten die allgemeinen u. besonderen Vorschriften über die Beweisaufnahme nach §§ 355 ff. ZPO. Grds. muss danach der Kläger die Tatsachen darlegen u. nachweisen, mit denen er ihm günstige Normen ausfüllen will (umfassend dazu aus WEG-Sicht *Dötsch/Hogenschurz* NZM 2010, 297 (299)). Das sind die anspruchsbegründenden Tatsachen. Der Beklagte muss hingegen die Tatsachen nachweisen, die den Eintritt der dem Kläger günstigen Rechtswirkung verhindern oder diese Wirkung später vernichten oder hemmen. Dies sind Einwendungen oder Einreden gegen den Anspruch. Die Regel lautet also: Der Kläger trägt die Beweislast für die rechtsbegründenden, die beklagten Wohnungseigentümer für die rechtsvernichtenden, rechtshindernden, rechtshemmenden Tatbestandsmerkmale („Normentheorie"). Besonderheiten gelten für Anfechtungsklagen u. für formelle Beschlussmängel (→ Form. II.J.4 Anm. 24).

Ist die Eigentümerstellung eines Wohnungseigentümers streitig, kann sie idR nur durch einen Grundbuchauszug oder die Grundakten selbst bewiesen werden. Der Zeugenbeweis ist für diese Tatsache ungeeignet. Allerdings kann in einem Verfahren zwischen der Gemeinschaft der Wohnungseigentümer u. einem Wohnungseigentümer ein anderer Wohnungseigentümer grds. Zeuge sein (Staudinger/*Lehmann-Richter* WEG Vorbemerkungen zu §§ 43–50 WEG Rn. 100). Dem steht nicht der Umstand entgegen, dass ein Wohnungseigentümer nach § 9b Abs. 1 S. 2 WEG potenziell zur Vertretung der Gemeinschaft der Wohnungseigentümer berechtigt ist (AG Lichtenberg ZMR 2008, 576); etwas anderes muss gelten, wenn ein Verwalter fehlt (vgl. zu den Personengesellschaften BGH NJW 1965, 106; *Dötsch* NZM 2015, 473 ff.).

24. Mehrere Inhaber eines Wohnungseigentums haften für die geschuldeten Beiträge als Gesamtschuldner (OLG Köln RNotZ 2015, 288; OLG Hamm OLGZ 1989, 167; LG Saarbrücken ZWE 2010, 416).

25. In der Begründung der Klage sollte iE klargestellt werden, welche Forderungen eingeklagt sind. Werden – wie im Fall – in einer Klage mehrere Ansprüche erhoben, sind grds. die für jeden Anspruch geforderten Teilbeträge anzugeben; insb. ist bei einer Teilleistungsklage, mit der mehrere selbständige Ansprüche geltend gemacht werden, genau anzugeben, wie sich der eingeklagte Betrag auf die einzelnen Ansprüche verteilen soll u. in welcher Reihenfolge diese Ansprüche zur Entscheidung des Gerichts gestellt werden sollen (BGH NJW 2013, 1367 Rn. 14s. aber BGH NZM 2018, 444 Rn. 33).

Wird ein Gesamtbetrag verlangt, ist eine monatliche Aufschlüsslung, welcher Betrag unter Berücksichtigung der vom beklagten Wohnungseigentümer geleisteten Zahlungen jeweils noch als restlicher begehrt wird, nicht erforderlich (BGH NZM 2018, 444 Rn. 16; NJW 2013, 1367 Rn. 15). Eine nähere Aufschlüsselung ist nur dann erforderlich, wenn nur ein Teil dessen einklagt wird, was der Gemeinschaft der Wohnungseigentümer ihrer Auffassung nach zusteht.

26. Als Hausgeld werden im allgemeinen Sprachgebrauch alle auf die Wohnungseigentümer umzulegenden Gemeinschaftskosten bezeichnet. Eine Hausgeldforderung beruht entweder auf einem Beschluss über nach § 28 Abs. 1 S. 1 WEG über die Vorschüsse zur Kostentragung u. zu den nach § WEG § 19 Abs. 2 Nr. 4 WEG oder durch Beschluss vorgesehenen Rücklagen u. stellt sich dann nach hM als eine Vorschusszahlung auf die erwarteten Kosten der Gemeinschaft der Wohnungseigentümer dar (Hausgeld im engeren Sinne). Oder sie beruht auf einem Beschluss nach § 28 Abs. 2 S. 1 WEG über die Einforderung von Nachschüssen. Ein „Sonderumlage" als Nachtragshaushalt zum Wirtschaftsplan ist nach hM ein Beschluss nach § 28 Abs. 1 S. 1 WEG über die Vorschüsse zur Kostentragung.

27. Eine Zahlungspflicht nach § 28 Abs. 1 S. 1 WEG setzt einen Beschluss voraus, der die konkrete Zahlungspflicht des einzelnen Wohnungseigentümers verbindlich festgelegt.

Formulierungsvorschlag:

„Es werden folgende monatlich jeweils im Voraus fällige Vorschüsse beschlossen:

Eigentümer	Vorschuss zur Kostentragung	Vorschuss zur Erhaltungsrücklage
1	30	50
2	45	75
3	75	125

Der Beschluss gilt ab ___. Er gilt so lange, bis ein neuer Beschluss über Vorschüsse gefasst wird."

28. Der Zahlungsanspruch der Gemeinschaft der Wohnungseigentümer folgt nicht aus § 16 Abs. 2 S. 1 WEG, sondern aus einem auf § 28 Abs. 1 S. 1 beruhenden Beschluss (BGH NZM 2017, 445 Rn. 6; NJW 2012, 2648 Rn. 18; NJW-RR 2012, 217 Rn. 9). Vor der Beschlussfassung fehlt es an einer Forderung (BGH NZM 2017, 445 Rn. 6; NJW 1996, 725 unter II.2.a; NJW 1993, 593 unter I.2.a). In einer Hausgeldklage sind daher die entsprechenden Beschlüsse darzulegen u. – soweit darüber Streit besteht – auch zu beweisen (OLG Hamm ZMR 2009, 865).

29. Auch eine Zahlungspflicht nach § 28 Abs. 2 S. 1 WEG setzt einen Beschluss voraus, der die konkrete Zahlungspflicht des einzelnen Wohnungseigentümers verbindlich festgelegt.

Formulierungsvorschlag:

„Es werden folgende Nachschüsse für das Jahr ___ beschlossen:

Eigentümer	Nachschuss zur Kostentragung	Nachschuss zur Erhaltungsrücklage
1	30	50
2	45	75
3	75	125

Die Nachschüsse sind sofort fällig."

30. Es kann nach § 28 Abs. 1 S. 1 WEG unterjährig beschlossen werden, dass die Wohnungseigentümer (weitere) Vorschüsse (Sonderumlage) an die Gemeinschaft der Wohnungseigentümer zu zahlen haben (BGH NJW 2018, 2044 Rn. 6; → Anm. 26). Für Sinn u. Zweck einer Sonderumlage ist zu unterscheiden: Zum einen gibt es „Ausfallsonderumlagen". So liegt es, wenn die Vorschüsse u. das Gemeinschaftsvermögen nicht reichen, die fälligen Verbindlichkeiten zu erfüllen (BGH NJW 1989, 3018 unter 1.a). Zum anderen kommen Sonderumlagen zur Finanzierung von Erhaltungsmaßnahmen oder baulichen Veränderungen in Betracht (sa *Mundt* NZM 2007, 864 (866)). Hier geht es der Sache nach um die Aufstockung der Mittel für die Erhaltungsrücklage oder um eine Rücklage für bauliche Veränderungen. Dieser Beschluss muss grds. den Umlageschlüssel, die Gesamthöhe der Sonderumlage u. eine betragsmäßige Bestimmung enthalten (*Elzer* MietRB 2005, 141 (144)).

31. Ob ein Beschluss nach § 28 Abs. 1 S. 1, Abs. 2 S. 1 WEG bestandskräftig ist, ist für die Hausgeldklage belanglos (*Hügel/Elzer* WEG § 23 Rn. 163). Hausgeld wird auch geschuldet, wenn der entsprechende Beschluss angefochten ist (LG Frankfurt a. M. ZWE 2015, 427). Nach Bestandskraft sind gegen die Höhe der geleisteten Zahlungen aber keine Einwendungen mehr möglich, sodass die Mitteilung der Bestandskraft die Durchsetzung der Hausgeldklage ggf. „fördern" kann.

32. Gem. § 16 Abs. 2 S. 1 WEG sind die Kosten der Gemeinschaft der Wohnungseigentümer nach dem Verhältnis der im Grundbuch eingetragenen Miteigentumsanteile umzulegen; idR ist die Größe der Miteigentumsanteile nach Hundertsteln, Tausendsteln oder Zehntausendsteln angegeben. Abweichungen von § 16 Abs. 2 S. 1 WEG sind durch eine Umlagevereinbarung oder einen auf § 16 Abs. 2 S. 2 WEG oder auf einer Öffnungsklausel iSv § 23 Abs. 1 WEG fußenden Beschluss möglich. In solchen Fällen muss zur Schlüssigkeit der Klage die entsprechende Vereinbarung oder der entsprechende Beschluss dargelegt u. – wenn sie streitig sind – etwa durch Vorlage einer Urkunde nach § 420 ZPO oder ein anderes Beweismittel bewiesen werden.

33. Wann ein Vor- und/oder Nachschuss fällig ist, können die Wohnungseigentümer durch einen auf § 28 Abs. 3 WEG gestützten Beschluss (sa BGH WuM 2018, 240 Rn. 21) oder durch eine Vereinbarung bestimmen (*Merle* ZWE 2007, 321 (322)). Es kann etwa angeordnet sein, dass die Vorschüsse zu Beginn des Wirtschaftsjahres insgesamt fällig werden, den Wohnungseigentümern jedoch die Möglichkeit monatlicher Teilzahlungen eingeräumt wird, solange sie nicht mit einem näher bestimmten Teilbetrag (zB mehr als einer Monatsrate) in Rückstand geraten (Verfallklausel). Die Wohnungseigentümer können ferner eine Vorfälligkeitsregelung beschließen. Danach werden die Vorschüsse für das Wirtschaftsjahr nicht auf einmal zu Jahresbeginn mit gleichzeitiger Stundung fällig, sondern in monatlichen Teilbeträgen. Allerdings tritt bei einem näher qualifizierten

Zahlungsverzug (zB zwei Monatsraten) Fälligkeit für den gesamten noch offenen Jahresbeitrag ein. Fehlt eine Bestimmung, werden Vor- u. Nachschüsse nach § 271 Abs. 1 BGB fällig (*Hügel/Elzer* WEG § 28 Rn. 222).

34. Die Gemeinschaft der Wohnungseigentümer kann ggf. auch erst künftig fällig werdende Forderungen gegen einen Wohnungseigentümer einklagen (→ Anm. 16). Gem. § 259 ZPO ist eine Klage auf zukünftige Leistung zulässig, wenn den Umständen nach die Besorgnis gerechtfertigt ist, dass der Schuldner sich der rechtzeitigen Leistung entziehen werde. Dies ist regelmäßig der Fall, wenn der Schuldner den Anspruch „ernsthaft" bestreitet (BGH NJW-RR 2005, 1518 unter II. 2; NJW 1999, 954 unter II.2). Dass einem Wohnungseigentümer ggf. ein Zurückbehaltungsrecht zusteht u. er daher zur Herausgabe nur Zug um Zug gegen Zahlung verurteilt werden könnte (§ 274 Abs. 1 BGB), steht der Zulässigkeit einer Klage gem. § 259 ZPO nicht entgegen (BGH NJW-RR 2005, 1518 unter II.2; NJW 1965, 440 unter II.1.c). Allerdings ist fraglich, was die Anspruchsgrundlage sein soll.

35. Bestreitet der Hausgeldschuldner, dass gegen ihn durch Beschluss Ansprüche begründet wurden, dass diese fällig sind und/oder bestreitet er die verlangte, ggf. übergesetzliche Zinshöhe, sind die anspruchsbegründenden Beschlüsse oder Vereinbarungen zu beweisen. In der Praxis werden dazu in der Regel Fotokopien vorgelegt, was meist dazu führt, dass die Tatsache unstreitig wird. Neben den genannten Urkunden kann auch ein Auszug aus der Beschluss-Sammlung iSv § 24 Abs. 7 WEG vorgelegt werden.

36. Für das Entstehen der Zahlungsverpflichtung oder auch für den Eintritt der Fälligkeit ist eine Zahlungsaufforderung keine Voraussetzung. Ein zusätzliches Mahnschreiben mit Fristsetzung empfiehlt sich vor Einleitung eines gerichtlichen Verfahrens deshalb, weil so am einfachsten u. ggf. auch beweisbar die Voraussetzungen dafür geschaffen werden, dass einerseits Verzugszinsen ab einem früheren Zeitpunkt als dem Eintritt der Rechtshängigkeit (entsprechend § 291 BGB), nämlich dem Zeitpunkt des erfolglosen Ablaufs der Zahlungsfrist (§ 284 Abs. 1 BGB) geltend gemacht werden können – wenn nicht ohnehin schon früher Verzug zu einem etwa durch eine Vereinbarung oder einen Beschluss festgelegten kalendermäßig bestimmten Fälligkeitszeitpunkt eingetreten ist (§ 284 Abs. 2 BGB).

37. Gem. § 10 Abs. 3 S. 2 ZVG muss der Titel, aufgrund dessen die Vollstreckung nach § 10 Abs. 1 Nr. 2 ZVG betrieben wird, die Verpflichtung des Schuldners zur Zahlung, die Art u. den Bezugszeitraum des Anspruchs sowie seine Fälligkeit erkennen lassen. Es ist sinnvoll, dass diese Angaben bereits dem Tenor entnommen werden können, weil aus der vollstreckbaren Ausfertigung des Urteils nicht erkennbar ist, dass es sich um Ansprüche nach § 10 Abs. 1 Nr. 2 ZVG u. um welchen Beitragszeitraum es sich handelt. Ein Gericht ist nicht gezwungen, den Einschub zu tenorieren. Die Gerichte kommen einer Anregung aber häufig nach. Benennt der Titel versehentlich einen anderen Schuldgrund, ist das Vollstreckungsgericht an die Falschbezeichnung gebunden, ohne dass eine anderweitige Glaubhaftmachung gem. § 10 Abs. 3 S. 3 ZVG möglich wäre (LG Mönchengladbach Rpfleger 2009, 257).

38. Die Klageschrift soll nach § 253 Abs. 3 Nr. 2 ZPO die Angabe des Wertes des Streitgegenstandes enthalten, wenn hiervon die Zuständigkeit des Gerichts abhängt u. der Streitgegenstand nicht in einer bestimmten Geldsumme besteht. Das ist bei WEG-Streitigkeiten nicht der Fall, sodass eine Angabe entbehrlich ist. Anders ist es bei Klagen nach § 43 Abs. 1 S. 1, S. 2 WEG gegen die Gemeinschaft der Wohnungseigentümer und mithaftende Wohnungseigentümer (→ Form. II.J.16). Die Angabe des Wertes des Streitgegenstandes kann allerdings Bedeutung für § 167 ZPO „demnächst" haben. Bislang sieht es die Rspr. zwar als unschädlich an, dass eine Partei eine Streitwertanfrage des

Gerichts abwartet (BGH NJW-RR 1992, 470 unter II.1a; NJW 1978, 215 unter 1.a). Eine Streitwertanfrage muss allerdings „zügig" beantwortet werden (BGH NJW 1994, 1073 unter 2). Ferner ist zu beachten, dass nach Ablauf einer angemessenen Frist erfragt werden muss, weshalb die Klage noch nicht zugestellt ist (BGH NJW 2006, 3206 Rn. 18). Welcher Zeitraum idS „angemessen" ist, hängt von den besonderen Umständen des jeweiligen Einzelfalls ab (BGH NJW-RR 2006, 1436 Rn. 18). Eine Erkundigungspflicht erwächst nicht vor Ablauf von einem Monat (BGH WuM 2014, 2314 Rn. 16). Für die Streitwertfestsetzung gilt das GKG (→ Anm. 44–46).

39. Die Klageschrift sowie sonstige Anträge u. Erklärungen einer Partei, die zugestellt werden sollen, sollen – sofern sie nicht elektronisch eingereicht werden, vgl. § 253 Abs. 5 S. 2 ZPO – nach § 253 Abs. 5 S. 1 ZPO in Abschrift in der „erforderlichen Zahl" eingereicht werden. Denn zur Erhebung der Klage ist nach §§ 253 Abs. 1, 166 ff. ZPO die Zustellung einer beglaubigten Abschrift der Klageschrift erforderlich (BGH NJW 2016, 1517 Rn. 8). Soweit eingereichte Schriftstücke nicht beglaubigt wurden, ist dies Aufgabe der Geschäftsstelle (§ 169 Abs. 2 S. 2 ZPO). Ein Mangel kann nach § 189 ZPO dadurch geheilt worden, dass eine einfache Abschrift der Klageschrift zugestellt wird (BGH NJW 2016, 1517 Rn. 14).

Sind – wie im Fall – zwei Wohnungseigentümer beklagt, müssen Klage u. sonstige Anträge u. Erklärungen einer Partei, die zugestellt werden sollen, jeweils dreifach (original u. jeweils eine beglaubigte u. eine einfache Abschrift) eingereicht werden.

Unterbleibt die Einreichung von Abschriften, werden diese gegen Auslagenberechnung bei Gericht gefertigt oder vom Kläger angefordert; letzteres kann die Zustellung der Klage verzögern u. die Vorwirkung nach § 167 ZPO gefährden.

40. Die Klageschrift soll sich nach § 253 Abs. 3 Nr. 3 ZPO dazu äußern, ob einer Entscheidung der Sache durch den Einzelrichter Gründe entgegenstehen. Diese Äußerung ist für eine Hausgeldklage entbehrlich, da es beim sachlich ausschließlich zuständigen Amtsgericht den Einzelrichter als besondere Institution nicht gibt. Eine entsprechende Äußerung ist indes nicht schädlich; erforderlich wird sie erst mit Einreichung einer Berufung (→ Form. II.J.21 Anm. 21).

41. Das Gericht kann in sämtlichen Verfahren des § 43 Abs. 2 WEG einen Gerichtskostenvorschuss verlangen. Ist der Kläger vermögenslos, können sowohl ein Wohnungseigentümer als auch die Gemeinschaft der Wohnungseigentümer unter den Voraussetzungen der §§ 114 ff. ZPO Prozesskostenhilfe erhalten. Der Gemeinschaft der Wohnungseigentümer kann Prozesskostenhilfe als parteifähiger Vereinigung iSd § 116 ZPO Ziff. 2 ZPO nur unter den dort genannten Voraussetzungen gewährt werden (BGH NJW-RR 2019, 723 Rn. 6; NJW 2010, 2814 Rn. 6). Das setzt neben der gem. § 114 ZPO erforderlichen Erfolgsaussicht der Rechtsverfolgung oder Rechtsverteidigung u. dem Fehlen von Mutwillen voraus, dass weder die Gemeinschaft der Wohnungseigentümer als Verband noch die wirtschaftlich Beteiligten – die Wohnungseigentümer – die Kosten aufbringen können. Darüber hinaus darf Prozesskostenhilfe nur bewilligt werden, wenn die Unterlassung der Rechtsverfolgung oder Rechtsverteidigung dem allgemeinen Interesse zuwiderlaufen würde (BGH NZI 2015, 413 Rn. 7 ff.; NJW 2011, 1595 Rn. 10).

42. § 253 Abs. 3 Nr. 1 ZPO, → Anm. 21.

43. Eine den Anforderungen des § 130 Nr. 6 ZPO genügende Unterschrift liegt bei einem die Identität des Unterzeichnenden ausreichend kennzeichnenden Schriftzug vor, der individuelle u. entsprechend charakteristische Merkmale aufweist, die die Nachahmung erschweren, der sich als Wiedergabe eines Namens darstellt u. der die Absicht einer vollen Unterschrift erkennen lässt – selbst wenn der Schriftzug nur flüchtig niedergelegt u. von einem starken Abschleifungsprozess gekennzeichnet ist (BGH GRUR-RS

2020, 41053 Rn. 9; NJW-RR 2017, 445 Rn. 7; VersR 2020, 1472 Rn. 11; NJW-RR 2015, 699 Rn. 8). Selbst ein vereinfachter u. nicht lesbarer Namenszug kann als Unterschrift anzuerkennen sein, wobei insb. von Bedeutung ist, ob der Unterzeichner auch sonst in gleicher oder ähnlicher Weise unterschreibt (BGH NJW-RR 2017, 445 Rn. 7; NJW-RR 2015, 699 Rn. 8). Die Unterschrift muss dem äußeren Erscheinungsbild nach allerdings ein Schriftzug sein, der erkennen lässt, dass der Unterzeichner seinen vollen Namen u. nicht nur eine Abkürzung hat niederschreiben wollen (BGH NJW-RR 2017, 445 Rn. 7; BGH NJW 1999, 60 unter II. 1). Ein Schriftzug, der seinem äußeren Erscheinungsbild nach eine bewusste u. gewollte Namensabkürzung darstellt, genügt daher nicht (BGH BeckRS 2010, 4929 Rn. 10).

Ein Rechtsanwalt, der den Schriftsatz mit dem Zusatz „iV" unterzeichnet, handelt erkennbar als Unterbevollmächtigter u. übernimmt mit seiner Unterschrift die Verantwortung für den Inhalt (BGH NJW-RR 2012, 1139 Rn. 9). Wird die Unterschrift hingegen lediglich mit dem Zusatz „iA" („im Auftrag") geleistet, gibt der Rechtsanwalt damit idR zu erkennen, dass er nicht die Verantwortung für den Inhalt des Schriftsatzes übernehmen, sondern gegenüber dem Gericht nur als Erklärungsbote auftreten will, u. genügt damit den Formerfordernissen des Gesetzes nicht (BGH NJW 2018, 1689 Rn. 16; GRUR 2018, 222 Rn. 12). Dabei ist grds. ohne Bedeutung, ob der Zusatz „iA" der Unterschrift maschinenschriftlich oder handschriftlich vom Unterzeichnenden hinzugesetzt wird (BGH NJW 2018, 1689 Rn. 16). Die Unterzeichnung mit dem Zusatz „iA" ist nur dann unschädlich, wenn der unterzeichnende Rechtsanwalt als Sozietätsmitglied zum Kreis der beim Berufungsgericht zugelassenen Prozessbevollmächtigten des Berufungsklägers zählt u. damit unmittelbar in Ausführung des auch ihm selbst erteilten Mandats tätig geworden ist (BGH NJW 2018, 1689 Rn. 16; NJW 2013, 237 Rn. 12). Da eine Auslegung unter Heranziehung von Umständen außerhalb der Urkunde nicht in Betracht kommt, muss sich dies aus der Rechtsmittelschrift selbst ergeben (BGH NJW 2018, 1689 Rn. 16).

Fehlt die Unterschrift, kann eine nach § 133 Abs. 1 S. 1 ZPO gleichzeitig eingereichte beglaubigte Abschrift die Urschrift ersetzen, wenn der Beglaubigungsvermerk vom Prozessbevollmächtigten der Partei eigenhändig unterschrieben ist (BGH NJW 2012, 1738 Rn. 9). → Form. I.D.1 Anm. 24.

Kosten und Gebühren

44. Die Kostenentscheidung in einer WEG-Streitigkeit ergeht wie in einem normalen ZPO-Verfahren nach den Bestimmungen der §§ 91 ff. ZPO, soweit § 44 Abs. 4 WEG nichts anderes bestimmt.

45. Für den Gebührenstreitwert ist zu unterscheiden. In Beschlussklagen (§ 44 Abs. 1 WEG) ist er nach § 49 S. 1 GKG auf das Interesse aller Wohnungseigentümer an der Entscheidung festzusetzen. Der Gebührenstreitwert darf nach § 49 S. 2 GKG den siebeneinhalbfachen Wert des Interesses des Klägers u. der auf seiner Seite Beigetretenen sowie den Verkehrswert ihres Wohnungseigentums nicht übersteigen (näher Toussaint/Elzer GKG § 49).

Bei allen anderen WEG-Streitigkeiten richtet sich der Gebührenstreitwert nach § 48 Abs. 1 S. 1 GKG iVm §§ 3 ff. ZPO. Bestimmend ist danach allein das Interesse der klagenden Partei. Bei Ermittlung des Interesses ist nicht allein auf den Wortlaut des Klageantrags abzustellen, sondern durch Auslegung der wirkliche Wille des Klägers (§ 133 BGB) zu ermitteln. Zu den Einzelheiten s. Toussaint/*Elzer* ZPO § 3 Rn. 23 „WEG-Streitigkeiten".

46. Die Rechtsanwaltsgebühren für eine WEG-Streitigkeit unterscheiden sich nicht von einem normalen Zivilprozess u. bestimmen sich nach dem RVG iVm seinem Vergütungsverzeichnis-VV (Anl. 1 zu § 2 Abs. 2 RVG). Für das Einleiten einer Klage entsteht eine 1,3 Verfahrensgebühr gem. VV 3100 RVG, § 13 RVG, für die mündliche Verhandlung eine 1,2 Terminsgebühr nach VV 3104 RVG, § 13 RVG u. im Falle eines Vergleichsabschlusses eine 1,0 Einigungsgebühr gem. VV 1003 RVG, § 13 RVG. Für die Berufung zum LG entsteht eine erhöhte 1,6 Verfahrensgebühr gem. VV 3200 RVG, § 13 RVG, die Terminsgebühr entsteht in Höhe 1,2 gem. VV 3202 RVG, § 13 RVG. Besonderheiten können aus § 44 Abs. 4 WEG folgen. Eine Mehrvertretungsgebühr (Erhöhungsgebühr nach Nr. 1008 VV RVG: Erhöhung der normalen Prozess- oder Geschäftsgebühr um 0,3 pro weiteren Auftraggeber auf höchstens 2,0 Gesamtgebühr) fällt an, wenn ein Rechtsanwalt nicht die Gemeinschaft der Wohnungseigentümer, sondern mehrere Wohnungseigentümer vertritt.

Rechtsmittel

47. In Streitigkeiten nach § 43 Abs. 2 WEG ist nach § 72 Abs. 2 S. 1 GVG grds. das für den Sitz des OLG zuständige LG gemeinsames Berufungs- u. Beschwerdegericht für den Bezirk des OLG, in dem das AG seinen Sitz hat. Dies gilt auch für ein Rechtsmittel oder einen Rechtsbehelf in Zwangsvollstreckungsverfahren gegen einen in einem Verfahren nach § 43 Abs. 2 Nr. 1–4 WEG ergangenen Titel (BGH NJW 2009, 1282 Rn. 7; OLG Oldenburg NJW 2009, 859 (860)). Beispielhaft seien genannt: Die Berufung gegen Urteile nach § 767 ZPO (BGH NJW 2009, 1282 Rn. 7), der Streit um die Frage, ob eine auf einen Prozessvergleich gestützte Vertragsstrafe verwirkt ist (BGH NJW 2010, 1818 Rn. 7), eine sofortige Beschwerde nach § 793 ZPO gegen einen Beschluss nach §§ 887 ff. ZPO (OLG Oldenburg NJW 2009, 859 (860); LG Kassel NJW-RR 2011, 304) oder eine Beschwerde nach § 71 Abs. 1 GBO.

48. Die Landesregierungen sind durch § 72 Abs. 2 S. 3 GVG ermächtigt worden, selbst oder durch ihre Landesjustizverwaltungen anstelle des nach § 72 Abs. 2 S. 1 GVG zuständigen Gerichts ein anderes LG im Bezirk des OLG zu bestimmen. Von dieser Möglichkeit haben bislang sechs Länder Gebrauch gemacht. Ein Rechtsanwalt unterliegt in aller Regel hingegen dann einem unverschuldeten Rechtsirrtum, wenn er die Berufung in einer Wohnungseigentumssache aufgrund einer unrichtigen Rechtsmittelbelehrung nicht bei dem nach § 72 Abs. 2 GVG zuständigen Berufungsgericht, sondern bei dem für allgemeine Zivilsachen zuständigen Berufungsgericht einlegt (BGH NJW 2020, 1525 Rn. 12; NJW 2017, 3002 Rn. 13); dies gilt selbst für einen Fachanwalt im Miet- u. Wohnungseigentumsrecht (BGH NZM 2018, 43 Rn. 15).

Übersicht (vgl. dazu auch BeckOK WEG/*Elzer* § 43 Rn. 129):

Land	**OLG-Bezirk**	**Landgericht**
Baden-Württemberg: Auf § 4 Abs. 1 BWAGGVG – Gesetz zur Ausführung des Gerichtsverfassungsgesetzes und von Verfahrensgesetzen der ordentlichen Gerichtsbarkeit v. 16.12.1975, BWGBl. 868 – gestützter Erlass des Justizministeriums v. 20.2.2007	OLG Karlsruhe	LG Karlsruhe
	OLG Stuttgart	LG Stuttgart
Bayern	OLG Bamberg	LG Bamberg
	OLG München	LG München I
	OLG Nürnberg	LG Nürnberg-Fürth
Berlin	KG	LG Berlin

Land	OLG-Bezirk	Landgericht
Brandenburg: § 3 GerZV (Gerichtszuständigkeitsverordnung v. 2.9.2014, BbgGVBl. II 1): „Das Landgericht Frankfurt (Oder) ist in Streitigkeiten nach § 43 Nummer 1 bis 4 und 6 des Wohnungseigentumsgesetzes gemeinsames Berufungs- und Beschwerdegericht für den Bezirk des Brandenburgischen Oberlandesgerichts."	OLG Brandenburg	LG Frankfurt/Oder
Bremen	OLG Bremen	LG Bremen
Hamburg	OLG Hamburg	LG Hamburg
Hessen	OLG Frankfurt a. M.	LG Frankfurt a. M.
Mecklenburg-Vorpommern	OLG Rostock	LG Rostock
Niedersachsen: § 10 ZustVO-Justiz (Verordnung zur Regelung von Zuständigkeiten in der Gerichtsbarkeit und der Justizverwaltung v. 18.12.2009, Nds. GVBl. 506, berichtigt Nds. GVBl. 2010, 283): „Abweichend von § 72 Abs. 2 Satz 1 des Gerichtsverfassungsgesetzes ist in Streitigkeiten nach § 43 Nrn. 1 bis 4 und 6 des Wohnungseigentumsgesetzes für den Oberlandesgerichtsbezirk Oldenburg das Landgericht Aurich gemeinsames Berufungs- und Beschwerdegericht."	OLG Braunschweig	LG Braunschweig
	OLG Celle	LG Lüneburg
	OLG Oldenburg	LG Aurich
Nordrhein-Westfalen	OLG Hamm	LG Dortmund
	OLG Düsseldorf	LG Düsseldorf
	OLG Köln	LG Köln
Rheinland-Pfalz: § 1 WEGStrZVO (Landesverordnung zur Bestimmung des gemeinsamen Berufungs- und Beschwerdegerichts in Streitigkeiten nach § 43 Nr. 1 bis 4 und 6 des Wohnungseigentumsgesetzes für den Bezirk des Pfälzischen Oberlandesgerichts Zweibrücken v. 22.8.2007, RhPfGVBl. 142): „In Streitigkeiten nach § 43 Nr. 1 bis 4 und 6 des Wohnungseigentumsgesetzes ist das Landgericht Landau in der Pfalz gemeinsames Berufungs- und Beschwerdegericht für den Bezirk des Pfälzischen Oberlandesgerichts Zweibrücken."	OLG Koblenz	LG Koblenz
	OLG Zweibrücken	LG Landau
Saarland	OLG Saarbrücken	LG Saarbrücken
Sachsen	OLG Dresden	LG Dresden
Sachsen-Anhalt: § 8 ZivilAGZustV ST (Verordnung über Zuständigkeiten der Amtsgerichte und Landgerichte in Zivilsachen vom 12.2.1992 (GVBl. LSA 664), zuletzt geändert durch Verordnung v. 12.2.2021 (GVBl. LSA 57): „Dem Landgericht Dessau-Roßlau werden die Streitigkeiten nach § 43 Abs. 2 des Wohnungseigentumsgesetzes als gemeinsames Berufungs- und Beschwerdegericht für den Bezirk des Oberlandesgerichts Naumburg zugewiesen."	OLG Naumburg	LG Dessau-Roßlau

Land	OLG-Bezirk	Landgericht
Schleswig-Holstein: § 24 JZVO (Landesverordnung zur Bestimmung von Zuständigkeiten in der Justiz v. 15.11.2019, GVOBl. Schl.-H. 546), zuletzt geändert durch Verordnung v. 7.12.2020 (GVOBl. 994): „Als gemeinsames Berufungs- und Beschwerdegericht für den Bezirk des Schleswig-Holsteinischen Oberlandesgerichts für Streitigkeiten nach § 43 Absatz 2 des Wohnungseigentumsgesetzes wird das Landgericht Itzehoe bestimmt".	OLG Schleswig	LG Itzehoe
Thüringen	OLG Jena	LG Gera

Wohin Berufungen u. Beschwerden in Verfahren nach § 43 Abs. 1 S. 1 WEG zu richten sind, bestimmen § 72 Abs. 1, Abs. 2 GVG. Beträgt der Zuständigkeitsstreitwert 5.000 EUR oder weniger, ist gem. § 23 Abs. 1 GVG erstinstanzlich das AG zuständig. Nach § 72 Abs. 1 GVG ist in diesem Falle daher grds. das örtlich zuständige LG das funktionell zuständige Berufungsgericht. War nach dem Zuständigkeitsstreitwert gem. § 71 Abs. 1 GVG das LG erstinstanzlich zuständig, in dem das Grundstück liegt, sind nach § 119 Abs. 1 Nr. 2 GVG für Berufungen die OLG funktionell zuständig.

2. Anfechtungsklage nach § 44 Abs. 1 S. 1 WEG ohne Begründung

An das Amtsgericht[1]
Abteilung für Wohnungseigentumssachen[2]

Klage[3]

Wohnungseigentümer A., X.-Straße Nr. . . . ., ... (PLZ, Ort),
– Kläger[4] –
Prozessbevollmächtigter: V., W.-Straße Nr. . . . ., ... (PLZ, Ort),
gegen
die Gemeinschaft der Wohnungseigentümer, X.-Straße Nr. . . . ., ... (PLZ, Ort), vertreten durch den Verwalter, Y.-Straße Nr. . . . ., ... (PLZ, Ort),[5]
– Beklagte –
Prozessbevollmächtigter: V., W.-Straße Nr. . . . ., ... (PLZ, Ort),[6]
wegen Ungültigkeit/Nichtigkeit eines Beschlusses[7]
Vorläufiger Gebührenstreitwert:[8] . . . . .
Namens und in Vollmacht[9] des Klägers erhebe ich Klage und beantrage:[10]

1. **Dem Kläger wird vorsorglich Wiedereinsetzung wegen etwaiger Versäumung der Frist[11] zur Anfechtung des Beschlusses vom . . . . . zu Tagesordnungspunkt . . . . . (. . . . .) der Eigentümerversammlung vom . . . . . (. . . . .) – Nr. . . . . der Beschluss-Sammlung der . . . . mit folgendem Inhalt . . . . . gewährt.**
2. **Der Beschluss[12] vom . . . . . zu Tagesordnungspunkt . . . . . (. . . . .) der Eigentümerversammlung vom . . . . . (. . . . .) – Nr. . . . . der Beschluss-Sammlung der . . . . ., mit dem die Wohnungseigentümer beschlossen haben, die Kosten der Treppenhausreinigung künftig nach der Anzahl der Wohnungseigentumsrechte umzulegen, wird für ungültig erklärt,[13]**
   hilfsweise für den Fall, dass der Beschluss nichtig ist:
   Es wird festgestellt, dass der Beschl. v. . . . . . zu Tagesordnungspunkt . . . . . (. . . . .)

der Eigentümerversammlung vom . . . . . (. . . . .) – Nr. . . . . der Beschluss-Sammlung der . . . . . mit folgendem Inhalt . . . . . nichtig ist.[14]

3. Der Gemeinschaft der Wohnungseigentümer werden die Prozesskosten auferlegt.[15]

4. Für den Fall, dass das Gericht ein schriftliches Vorverfahren anordnet und die Beklagten ihre Verteidigungsbereitschaft nicht rechtzeitig anzeigen, den Erlass eines Versäumnisurteils.[16, 17, 18]

Hinweis

Der Kläger ist Eigentümer eines Miteigentumsanteils in der im Rubrum genannten Wohnungseigentumsanlage. Die Beklagte ist die Gemeinschaft der Wohnungseigentümer. Mit der Klage wird ein Teil des Beschlusses vom . . . . . zum Tagesordnungspunkt . . . . . (. . . . .) der Eigentümerversammlung vom . . . . . (. . . . .) – Nr. . . . . der Beschluss-Sammlung – angegriffen. Eine Begründung bleibt einer Klagebegründungsschrift vorbehalten.[19]

Beglaubigte und einfache Abschriften sind beigefügt.[20]

Ein Kostenvorschuss von . . . . . ist eingezahlt.[21]

Der Klageerhebung ist kein Versuch einer Mediation oder eines anderen Verfahrens der außergerichtlichen Konfliktbeilegung vorausgegangen. Einem solchen Verfahren stehen keine Gründe entgegen.[22]

Rechtsanwalt[23, 24, 25]

Anmerkungen

1. Für Beschlussklagen ist gem. § 43 Abs. 2 Nr. 4 WEG das Gericht, in dessen Bezirk das Grundstück liegt, ausschließlich örtlich zuständig. Eine Beschlussklage ist nach § 44 Abs. 1 S. 1 WEG ua die Anfechtungsklage (zur Klagefrist → Anm. 11). Zur sachlichen Zuständigkeit → Form. II.J.1 Anm. 1.

Das zuerkennende Urteil bei einer Anfechtungsklage ist Gestaltungsurteil u. beraubt den (ggf. teilweise) angefochtenen Beschluss ex tunc (von Anfang an) seiner Wirkungen. Hat der Verwalter den angefochtenen Beschluss nach § 27 Abs. 1 Nr. 1 WEG bereits durchgeführt, kommt bei Erfolg der Anfechtungsklage ein Folgenbeseitigungsanspruch in Betracht (LG München I ZWE 2021, 42 Rn. 23; LG Hamburg NJW 2011, 2660; *Elzer* MietRB 2016, 300 ff.; *Drabek* ZWE 2015, 385 ff.). Wird eine Anfechtungsklage hingegen rechtskräftig als unbegründet abgewiesen, erwächst der angegriffene Beschluss in Bestandskraft (dazu iE *Hügel/Elzer* WEG § 23 Rn. 169).

Das Urteil wirkt nach § 44 Abs. 3 WEG für und gegen alle Wohnungseigentümer, obwohl sie nicht Partei des Rechtsstreits sind. Damit ist auch ein Wohnungseigentümer, der kein Kläger einer Beschlussklage war, der materiellen Rechtskraft (§ 322 ZPO) eines Urteils in einer Beschlussklage unterworfen und kann sich auf die Rechtskraft berufen, so als sei er selbst Kläger gewesen. Gegen den Verwalter wirkt das Urteil nicht. Will man Verwalter an die Rechtskraft binden, bedarf er einer Streitverkündung. Eine Streitverkündung ist idR zwingend, wenn eine zum Schadenersatz führende Pflichtverletzung des Verwalters im Raum steht.

Die Wohnungseigentümer, die nicht klagen, können der Gemeinschaft der Wohnungseigentümer oder den klagenden Wohnungseigentümern als Streithelfer beitreten. Tritt ein Wohnungseigentümer der Gemeinschaft der Wohnungseigentümer bei, gelten die dadurch verursachten Kosten nach § 44 Abs. 4 WEG allerdings nur dann als notwendig zur zweckentsprechenden Rechtsverteidigung im Sinne des § 91 ZPO, wenn die Streithilfe „geboten" war. Dies ist der Fall, wenn die Rechtsverteidigung aus Sicht eines verständigen Wohnungseigentümers ausnahmsweise nicht allein der Gemeinschaft der Wohnungseigentümer überlassen werden kann (BR-Drs. 168/20, 95; *Hügel/Elzer* WEG § 44 Rn. 101).

2. → Form. II.J.1 Anm. 2.

3. Das Form. stellt eine Anfechtungsklage ohne Begründung vor (zur Klagefrist → Anm. 11). Anders als nach § 253 Abs. 2 Nr. 2 ZPO muss nach § 45 S. 1 WEG eine Anfechtungsklage nämlich nicht schon mit der Klageschrift, sondern erst innerhalb zweier Monate nach der Beschlussfassung begründet werden. Die Klageschrift kann sich – wie hier – auf ein Aktiv- u. Passivrubrum u. die notwendige Ankündigung der Anträge beschränken. Bleibt eine Anfechtungsklage zunächst ohne eine Begründung, muss der Klageschrift eine Klagebegründungsschrift folgen (→ Form. II.J.3).

Ob der Rechtsanwalt die Klage sofort begründet oder zunächst nur erhebt u. später begründet, hängt ua davon ab, ob er die Klage mit Klageerhebung bereits begründen kann. Eine sofortige Begründung ist grds. ratsam, da die Begründungsfrist des § 45 S. 1 WEG (→ Form. II.J.3 Anm. 4) leicht verpasst werden kann. Auch steht bei einer sofortigen Begründung der Streitgegenstand von Anfang an fest u. es können sich keine Probleme mit dem „Nachschieben" von Gründen ergeben (→ Form. II.J.3 Anm. 7).

Eine bereits mit der Klage verbundene Begründung ist indessen nicht möglich, wenn der Kläger diese noch nicht geben kann, zB weil er nicht zur Versammlung geladen wurde u. weder eine Niederschrift noch eine Beschluss-Sammlung noch Informationen zur Versammlung vorliegen. Von einer Begründung kann indes auch dann abgesehen werden, wenn sie bereits gegeben werden könnte; ein Verstoß gegen § 282 ZPO kann darin nicht liegen.

Die Klage mit dem Ziel, dass das Gericht einen Beschluss für ungültig erklären soll, ist eine Anfechtungsklage (§ 44 Abs. 1 S. 1 WEG). Diese Klage ist die einzige Möglichkeit eines Wohnungseigentümers, einem ordnungswidrigen, aber nicht nichtigen Beschluss mit Eintritt der rechtskräftigen Entscheidung seiner Bindungskraft zu entkleiden. Streitgegenstand einer Anfechtungsklage ist va die Prüfung formeller u. materieller Mängel eines Beschlusses (→ Form. II.J.3 Anm. 7). Streitgegenstand ist daneben nach bislang hM, ob der angegriffene Beschluss nichtig ist u. deshalb keine Wirkungen entfaltet (→ Anm. 14), u. ob der Anfechtende dem Beschluss ggf. zustimmen musste (BGH NJW 2015, 549 Rn. 15).

4. Anfechtungsbefugt iSv § 44 Abs. 1 S. 1 WEG ist jeder Wohnungseigentümer. Auf die Frage des Stimmrechts des Wohnungseigentümers kommt es nicht an (KG NJW-RR 1996, 642 (643)). Die Anfechtungsbefugnis eines Wohnungseigentümers kann in seltenen Ausnahmefällen verwirkt werden (BVerfGE 32, 305 unter II. 2. b – mit der Folge, dass eine gleichwohl erhobene Klage unzulässig ist, vgl. BGH NJW 2012, 2578 Rn. 9, LG Düsseldorf ZMR 2013, 459 (460)). Es ist nicht erforderlich, dass der Anfechtende durch den Beschluss persönlich „betroffen" ist oder sonst Nachteile erleidet (BGH NJW 2003, 3124 unter III. 1. b). Ein Wohnungseigentümer verliert sein Anfechtungsrecht nicht dadurch, dass sein Wohnungseigentum auf einen anderen überschrieben wird (BGH NJW 2002, 3709). Auch ein werdender Wohnungseigentümer ist anfechtungsberechtigt (BGH NJW-RR 2017, 1042 Rn. 6).

Bei einer juristischen Person steht das Anfechtungsrecht der Gesellschaft zu. Für eine OHG sind nach § 114 Abs. 1 HGB sämtliche Gesellschafter anfechtungsbefugt. Für eine KG handelt der Komplementär. Ist eine rechtsfähige GbR Eigentümerin eines Wohnungs- oder Teileigentums, ist diese anfechtungsbefugt. Eine Anfechtungsbefugnis für einen Gesellschafter kommt in Notfällen analog § 744 Abs. 2 BGB in Betracht (BGH NJW 1955, 1027). Bei einer Innengesellschaft ist der einzelne Gesellschafter außer in Notfällen wegen § 709 BGB allein nicht anfechtungsbefugt (aA *Becker* ZWE 2008, 405 (407)). Steht ein Recht Mehreren gemeinschaftlich zu, ist jeder Gemeinschafter potenziell anfechtungsbefugt (OLG Frankfurt a. M. NZM 2007, 490; KG NJW-RR 1994, 278 (279)).

Anfechtungsbefugt sind auch gesetzliche Verwalter eines Wohnungseigentums; das sind zB der Insolvenz-, der Zwangs- oder der Nachlassverwalter. Mietern eines Sondereigentums steht hingegen kein originäres eigenes Antragsrecht zu, auch wenn sie von einem Beschluss betroffen sind. Auch dinglich Berechtigten wie Grundpfandrechtsgläubigern oder Nießbrauchern steht keine Anfechtungsbefugnis zu (BGH BeckRS 2020, 43834 Rn. 7; NJW 2015, 2968 Rn. 8).

Der Verwalter ist, sofern er nicht Wohnungseigentümer ist, nicht befugt, einen Beschluss anzufechten. Auch ein „Nicht-Wohnungseigentümer", etwa ein Zweiterwerber, ist aus eigenem Recht nicht anfechtungsbefugt (LG Rostock ZWE 2014, 382).

5. Die Anfechtungsklage ist gem. § 44 Abs. 2 S. 1 WEG gegen die Gemeinschaft der Wohnungseigentümer zu richten. Diese wird nach § 9b Abs. 1 S. 1 WEG grds. vom Verwalter vertreten. Fehlt ein Verwalter, vertreten nach § 9b Abs. 1 S. 2 WEG alle Wohnungseigentümer gemeinsam die Gemeinschaft der Wohnungseigentümer. Da einer der Gesamtvertreter aber der Kläger und nach § 181 BGB von der Vertretung ausgeschlossen ist, wird vertreten, dass die Gemeinschaft der Wohnungseigentümer prozessunfähig ist (*Lehmann-Richter/Wobst* NJW 2021, 662 Rn. 36). Dann könnte die Klage auch keinem Wohnungseigentümer nach § 170 Abs. 3 ZPO zugestellt und müsste nach § 57 ZPO ein Prozesspfleger oder nach § 26 Abs. 1 WEG ein Verwalter bestellt werden (MüKoBGB/*Hogenschurz* WEG § 44 Rn. 52). Nach hM vertreten daher die anderen Wohnungseigentümer – ohne den Kläger – die Gemeinschaft der Wohnungseigentümer (LG Frankfurt a. M. BeckRS 2021, 20053 Rn. 19; BeckRS 2021, 1523 Rn. 14; *Suilmann* ZWE 2021, 246 (247); *Hügel/Elzer* § 44 Rn. 39 „kupierte Gesamtvertretung").

6. Der Prozessbevollmächtigte der Gemeinschaft der Wohnungseigentümer kann angegeben werden, wenn er bei Klageerhebung bereits bekannt ist; die Angabe kann das Verfahren beschleunigen. Gibt der Kläger im Rubrum der Klageschrift einen Rechtsanwalt als Prozessbevollmächtigten der Gemeinschaft der Wohnungseigentümer an, so ist dieser als für den Rechtszug bestellter Prozessbevollmächtigter gem. § 172 Abs. 1 S. 1 ZPO anzusehen u. es ist an ihn zuzustellen (BGH NJW-RR 2011, 997 Rn. 12 ff.).

Das Risiko, dass der vom Kläger als Prozessbevollmächtigter des Beklagten bezeichnete Anwalt keine Prozessvollmacht besitzt u. die an diesen bewirkte Zustellung deshalb unwirksam ist, trägt der Kläger (BGH NJW-RR 2011, 997 Rn. 15). Ob sich daher die Angabe des Prozessbevollmächtigten der Wohnungseigentümer empfiehlt, ist eine Frage des Einzelfalls.

In erster Instanz ist der Verwalter nach § 9b Abs. 1 S. 1 WEG in der Lage, eine Anfechtungsklage aufseiten der Gemeinschaft der Wohnungseigentümer selbst zu „führen". Dem steht § 79 Abs. 2 ZPO nicht entgegen. Der Verwalter darf nach § 9b Abs. 1 S. 1 WEG im Namen u. in Vollmacht der Gemeinschaft der Wohnungseigentümer Schriftsätze fertigen, vor Gericht auftreten u. Anträge formulieren. Ferner darf der Verwalter Berufung einlegen.

Der Verwalter ist allerdings auch nach § 9b Abs. 1 S. 1 WEG nicht in der Lage, für die Gemeinschaft der Wohnungseigentümer jegliche prozessualen Erklärungen abzugeben (aA MüKoBGB/Hogenschurz WEG § 44 Rn. 51). Ist ein Verband beklagt (vor allem die AG und GmbH), kann er nach hM zwar prozessual darauf verzichten, die Tatsachen des Klägers zu bestreiten; der Verband soll die Tatsachen sogar zugestehen können (§ 288 ZPO). Und der Verband soll ferner säumig sein können und befugt sein, ein Rechtsmittel nicht einzulegen oder dieses zurücknehmen (*Hügel/Elzer* § 44 Rn. 125).

Ein Verband soll auf der anderen Seite im Rahmen einer Beschlussmängelklage aber nicht befugt sein, diese durch einen Prozessvergleich zu vernichten. Ein Verband soll nämlich nicht über den Streitgegenstand verfügen können (BGH NJW 1996, 1753 unter

II 5; OLG Jena NZG 2006, 467 (468)). Der als Passivpartei fungierende Verband soll nach einhelliger Ansicht auch nicht dazu berechtigt sein, im Verein mit dem klagenden Mitglied über die Wirksamkeit des Beschlusses zu befinden oder ihn abzuändern; diese Befugnis liege allein bei der Gesamtheit der Verbandsmitglieder (s. a. BGH NJW 1996, 175 unter II 5). Ob der Verband die Klage dann auch nicht anerkennen kann, ist streitig (verneinend exemplarisch OLG München NJW-RR 1997, 988; LG Koblenz GmbHR 2004, 260; offen gelassen von BGH NJW-RR 1993, 1253 unter III; OLG Jena NZG 2006, 467 (468); bejahend beispielhaft OLG Düsseldorf BeckRS 2018, 34266 Rn. 48; *Bork* ZIP 1992, 1205 ff.).

7. → Form. II.J.1 Anm. 10.

8. Ebenso wie für eine Hausgeldklage (→ Form. II.J.1 Anm. 38), ist für eine Anfechtungsklage die Angabe des Wertes des Streitgegenstandes möglich, aber entbehrlich, da die sachliche Zuständigkeit des Gerichts nicht vom Gegenstandswert abhängt.

9. → Form. II.J.1 Anm. 11.

10. Auf Grund der Klageschrift u. des in ihr zwingend enthaltenen Antrages (→ Form. II.J.1 Anm. 12) muss innerhalb der Klagefrist (→ Anm. 11) feststehen, welche konkretisierbar bezeichneten Beschlüsse angegriffen werden (BGH NZM 2020, 1114 Rn. 9; NZM 2015, 218 Rn. 9; NJW 2010, 446 Rn. 15). Lässt sich das Rechtsschutzziel auch durch die gebotene Auslegung der Klageschrift nicht eindeutig ermitteln, gehen die verbleibenden Unklarheiten zu Lasten des Klägers (BGH NZM 2020, 1114 Rn. 9; NZM 2015, 218 Rn. 9). Ein unbestimmter Klageantrag ist grds. unzulässig (→ Form. II. J.6 Anm. 10), die Klage daher durch Prozessurteil abzuweisen.

Um dies zu vermeiden, sollte der Klageantrag einer Anfechtungsklage neben der Nummer des Beschlusses ggf. den Ort u. das Datum der Versammlung (dazu BGH NZM 2020, 1114 Rn. 12), den Gegenstand des Beschlusses sowie den entsprechenden Tagesordnungspunkt bezeichnen, zu dem der Beschluss gefasst wurde. Im Einzelfall kann ein Schlagwort reichen (Nachschüsse; Entlastung des Verwalters) oder die Angabe, um welchen Tagesordnungspunkt es geht, oder um welche Nummer in der Beschluss-Sammlung es sich handelt. Für die Herstellung der Bestimmtheit muss der klagende Wohnungseigentümer allerdings im Antrag weder die Niederschrift noch einen Auszug aus der Beschluss-Sammlung in Bezug nehmen noch nennen, welcher Tagesordnungspunkt der angegriffene Beschluss (wohl) gewesen ist – auch wenn das sehr hilfreich ist.

Ist der Klageantrag nicht deutlich genug gefasst oder greift er zu kurz, ist er – wie alle Prozesshandlungen u. -erklärungen – durch Ausübung der materiellen Prozessleitung gem. § 139 Abs. 1 S. 2 ZPO aufzuklären (BGH ZWE 2013, 47 Rn. 12; NJW-RR 2010, 70 Rn. 5) oder vom Gericht entsprechend § 133, § 157 BGB (BGH NJW-RR 1994, 568) unter Berücksichtigung seines Inhaltes u. der vom Kläger gegebenen Begründung auszulegen. Für die Auslegung von Klageanträgen ist nicht der Wortlaut, sondern der erklärte Wille entscheidend, wie er aus der Klagebegründung, den sonstigen Begleitumständen u. nicht zuletzt der Interessenlage hervorgeht (BGH NJW 2016, 2181 Rn. 18).

§ 308 Abs. 1 ZPO steht einer solchen Auslegung nicht entgegen (BGH ZWE 2015, 143 Rn. 9; NJW 2013, 3089 Rn. 20; ZWE 2013, 47 Rn. 12). Denn die Auslegung dient gerade der Feststellung des Beantragten. Im Zweifel gilt, was nach den Maßstäben der Rechtsordnung vernünftig ist u. der recht verstandenen Interessenlage entspricht (BGH ZWE 2017, 233 Rn. 5; NJW 2016, 2181 Rn. 18; NZM 2015, 218 Rn. 9; NJW 2013, 1744 Rn. 23). Dies steht idR einer Auslegung des Klageantrags entgegen, die zu einer Unwirksamkeit der Prozesshandlung, zB wegen Unbestimmtheit des Klageantrags, u. in der Folge zu der Versäumung einer Ausschlussfrist führt (BGH ZWE 2017, 233 Rn. 5; BeckRS 2013, 19859 Rn. 3).

Der Anfechtungskläger kann einen Beschluss – sofern er iSv § 301 Abs. 1 S. 1 ZPO teilbar ist – auch nur teilweise angreifen (BGH NZM 2015, 218 Rn. 9; ZWE 2013, 47 Rn. 9; NJW 2010, 2127 Rn. 6). Diese Möglichkeit besteht nach bislang hM va bei dem Beschluss, mit dem die Vor- oder Nachschüsse beschlossen werden (→ Form. II.J.7 Anm. 11). Sie besteht ferner bei Beschlüssen, die mehrere Gegenstände haben. Soll bei einem Beschluss nur ein einzelner Gegenstand angefochten werden, ist das klarzustellen. Fehlt es hieran, ist der gesamte Beschluss Streitgegenstand (OLG München ZMR 2006, 949). Eine in unzulässiger Weise beschränkte Anfechtungsklage ist im Zweifel als Anfechtung des ganzen Beschlusses auszulegen (BGH ZWE 2013, 47 Rn. 12).

11. Eine Anfechtungsklage muss gem. § 45 S. 1 WEG innerhalb eines Monats nach der Beschlussfassung erhoben (Klagefrist) u. innerhalb zweier Monate nach der Beschlussfassung begründet werden (zur Begründungsfrist → Form. II.J.3 Anm. 4, zur Begründung s. hingegen → Form. II.J.3 Anm. 7). Durch Verwendung des Begriffs „Erhebung" wird auf die Rechtshängigkeit der Klage (§ 253 Abs. 1 iVm § 261 Abs. 1 ZPO) u. damit auf die Zustellung der Klageschrift abgestellt, wobei § 167 ZPO anwendbar ist. Die Anfechtungsfrist wird als materiell-rechtlich verstanden (BGH BeckRS 2020, 43834 Rn. 15; NZM 2015, 218 Rn. 8; grdl. NJW 2009, 999 Rn. 7). Das Gericht hat die Einhaltung der Frist anhand der aus Akte u. Antrag ersichtlichen Tatsachen von Amts wegen zu prüfen (*Dötsch* ZMR 2008, 433 (436)). Ein einredeweises „berufen" auf den Ablauf der Frist durch die Beklagten ist nicht erforderlich; rügeloses Einlassen (§ 295 ZPO) der Beklagten ist unschädlich.

Die Monatsfrist des § 45 S. 1 WEG beginnt mit dem Tag der Beschlussfassung zu laufen (BayObLG NJW-RR 1989, 656; OLG Hamm OLGZ 1985, 147; LG Bonn ZMR 2003, 784). Ein Beschluss kommt mit Feststellung u. Verkündung des Beschlussergebnisses durch den Versammlungsleiter zustande. Ist ein Beschluss bedingt, ist Tag der Beschlussfassung der Eintritt der Bedingung (aA *Jennißen* NJW 1998, 2253 (2256); MüKoBGB/*Hogenschurz* WEG Rn. 3). Erst mit Bedingungseintritt – zu dem es nicht kommen muss – ist der Beschluss „gefasst". Ein Beschluss außerhalb der Versammlung nach § 23 Abs. 3 WEG kommt mit seiner Feststellung u. einer an alle Wohnungseigentümer gerichteten Mitteilung des Beschlussergebnisses zustande (BGH ZWE 2001, 530 unter II. 2. a) dd) (5).

Der BGH beschreibt als Verkündungszeitpunkt (= Tag der Beschlussfassung) den Tag, an dem mit der Kenntnisnahme der Beschlussfeststellung durch die Wohnungseigentümer nach den gewöhnlichen Umständen gerechnet werden kann. Diese Ungenauigkeit u. Unklarheit „gewöhnliche Umstände" sollte dahin aufgelöst werden, dass die Anfechtungsfrist beginnt mit der Mitteilung an den letzten Wohnungseigentümer: idR weiß kein Wohnungseigentümer u. weiß das Gericht nicht, wann mit einer Kenntnisnahme üblicherweise zu rechnen war.

Tag der Beschlussfassung ist bei einem Beschluss, der in einer Versammlung gefasst wurde, das Datum der Versammlung. Der Fristbeginn ist nicht davon abhängig, wann ein Wohnungseigentümer Kenntnis von den in der Versammlung gefassten Beschlüssen nimmt, ob er an der Versammlung teilgenommen oder wann ihn die Niederschrift über die Versammlung erreicht hat. Da jeder Wohnungseigentümer damit rechnen muss, dass auf einer Versammlung Beschlüsse gefasst werden, muss er sich bei Nichtteilnahme selbst Kenntnis vom Ergebnis der Versammlung verschaffen, wenn er nicht eine Fristversäumung riskieren will (BayObLG ZMR 2005, 559).

Nach § 45 S. 2 WEG sind die §§ 233–238 ZPO auf die Versäumung der Klagefrist – u. auf die Versäumung der Klagebegründungsfrist – entsprechend anzuwenden. Zur Wiedereinsetzung iÜ → Form. II.J.4 Anm. 31.

12. Ein Beschluss ist die rechtliche Fassung eines einheitlichen Willens aus den Einzelwillen der Abstimmenden (umfassend *Skauradszun* Der Beschluss als Rechtsgeschäft,

2020). Er ist weder Vertrag noch Kontrakt, sondern mehrseitiges Rechtsgeschäft eigener Art. Zweck ist es, mehrere identische u. gleichgerichtete Willenserklärungen („Ja-Stimmen") zur Bestimmung der Willensbildung u. zur Klärung, was gilt, zu kanalisieren u. zu bündeln (*Wenzel* ZWE 2000, 382 (383)).

Beschlüsse dienen der innerorganisatorischen Willensbildung der Wohnungseigentümer sowie der Willensbildung der Gemeinschaft der Wohnungseigentümer. Durch einen Beschluss wollen die Wohnungseigentümer ihre Beziehungen als „Wohnungseigentümer" u. Mitinhaber des gemeinschaftlichen Eigentums oder als Inhaber des Sondereigentums innerhalb des durch das Gesetz bereits abstrakt bestimmten Rahmens konkret-individuell u. angepasst gerade auf die Verhältnisse einer bestimmten Wohnungseigentumsanlage regeln.

Beschwert nicht der gesamte Beschluss den Kläger, sondern nur ein Teil, sollte – schon aus Kostengründen – zulässigerweise (→ Anm. 10) nur dieser Teil angegriffen werden.

13. Der Antrag einer Anfechtungsklage muss auf die Erklärung der Ungültigkeit lauten. Ziel ist eine richterliche Gestaltung (→ Anm. 1). Das Gericht soll einen zwar nicht nichtigen, aber auch nicht ordnungsmäßigen Beschluss für ungültig erklären. Die Erklärung ist notwendig, weil nach § 23 Abs. 4 S. 2 WEG ein Beschluss solange gültig ist, die ihm Unterworfenen bindet u. vom Verwalter nach § 27 Abs. 1 Nr. 1 WEG auszuführen ist, solange er nicht durch rechtskräftiges Urteil für ungültig erklärt ist.

14. Streitgegenstand einer Anfechtungsklage ist neben der Rechtswidrigkeit eines Beschlusses (Ordnungsmäßig- oder Ordnungswidrigkeit) nach bislang herrschender, jetzt aber sehr umstrittener (siehe nur MüKoBGB/*Hogenschurz* WEG § 44 Rn. 4) Meinung auch die Frage, ob der angegriffene Beschluss nichtig ist u. deshalb keine Wirkungen entfaltet (BGH NJW 2013, 65 Rn. 8; NJW 2009, 3655 Rn. 19). Die Gründe für eine Anfechtungsklage können bei Vorliegen der sachlichen Voraussetzung zur Nichtigkeit des angefochtenen Beschlusses führen. Die Begründungsfrist des § 45 S. 1 WEG gilt insoweit nicht (BGH NJW 2009, 2132 Rn. 25).

Der Kläger sollte aus diesem Grunde u. wegen der Unsicherheit, ob das Gericht den angegriffenen Beschluss nur für ordnungswidrig hält, grds. hilfsweise die Feststellung der Nichtigkeit beantragen. Allerdings ist das Gericht im Falle der Nichtigkeit eines Beschlusses nicht gem. § 308 Abs. 1 S. 1 ZPO an den Antrag auf Ungültigkeitserklärung gebunden (BGH NJW 2011, 2202 Rn. 13; NJW 2011, 679 Rn. 5), so dass der Antrag nur der Vorsicht halber gestellt ist. Ein Beschluss ist nach § 23 Abs. 4 S. 1 WEG nichtig, wenn er gegen Vorschriften des WEG verstößt, auf deren Einhaltung nicht „verzichtet" werden kann. Nichtigkeit kann sich ferner daraus ergeben, dass ein Beschluss seinem Inhalt nach gegen andere zwingende Vorschriften oder gegen die guten Sitten verstößt (BGH NJW 2012, 3571 Rn. 5; NJW 2009, 2132 Rn. 27), in den „Kernbereich des Wohnungseigentums" eingreift (BGH NJW 2009, 2132 Rn. 27), gegen unverletzliche Strukturprinzipien verstößt, zu unbestimmt ist oder die Grenzen der Beschlusskompetenz überschreitet (*Hügel/Elzer* WEG § 23 Rn. 121 ff.).

15. → Form. II.J.1 Anm. 17.

16. Ist die Gemeinschaft der Wohnungseigentümer säumig, kann das Gericht im schriftlichen Vorverfahren auf Antrag des Klägers ein Versäumnisurteil zu seinen Gunsten erlassen. Wird eine Klage zunächst nicht begründet, kann ein Versäumnisurteil nicht ergehen. Dem Gericht ist ohne Begründung eine Schlüssigkeitsprüfung nach § 331 Abs. 1 ZPO verwehrt. Da es keines Antrags bedarf, es sich also nur um eine Anregung handelt, ist die Formulierung aber unschädlich u. sollte aus Gründen der Vorsicht gewählt werden.

17. Erkennt die Gemeinschaft der Wohnungseigentümer an und ist das möglich (→ Anm. 6), hat das Gericht auch ohne Antrag ein Anerkenntnisurteil zu erlassen. Ob § 93 ZPO anwendbar ist, ist Frage des Einzelfalls. Die Gemeinschaft der Wohnungseigentümer darf sich vor Prozessbeginn ohne Rücksicht auf Verschulden u. die materielle Rechtslage nicht so verhalten haben, dass der Kläger vernünftigerweise annehmen durfte, er werde ohne die Klage nicht zu seinem Recht kommen (BGH NJW 1979, 2040 (2041)). Davon wird er idR angesichts von Klage- u. Klagebegründungsfrist ausgehen müssen (sa LG Lüneburg ZWE 2012, 281).

18. Der mündlichen Verhandlung geht nach § 278 Abs. 2 S. 1 ZPO zum Zwecke der gütlichen Beilegung des Rechtsstreits grds. eine Güteverhandlung voraus (→ Form. II.J.1 Anm. 20). Ob ein Ausnahmefall des § 278 Abs. 2 S. 1 ZPO vorliegt, der es dem Gericht erlaubt von einer Güteverhandlung abzusehen, sollte der Kläger vortragen. Im Regelfall ist bei Anfechtungsklagen eine Güteverhandlung mit dem Ziel eines auch in WEG-Streitigkeiten möglichen Prozessvergleichs (*Dötsch* NZM 2013, 625 ff.; *Elzer* ZMR 2009, 649 ff.) sinnvoll u. richtig.

19. → Anm. 3.

20. → Form. II.J.1 Anm. 39.

21. Auch bei Anfechtungsklagen kann das Gericht nach § 12 Abs. 1 S. 1 GKG die Gebühr im Allgemeinen verlangen (BGH NJW 2009, 999 Rn. 16). Die Gebühr muss nach seiner Anforderung innerhalb eines Zeitraums eingezahlt werden, der sich um zwei Wochen bewegt oder nur geringfügig darüber liegt (BGH NJW-RR 2012, 527 Rn. 7; NJW 2009, 999 Rn. 16; *Elzer* MietRB 2012, 179 (180)). Kann eine Klage wegen des fehlenden Kostenvorschusses nicht „demnächst" iSv § 167 ZPO zugestellt werden, ist sie als unbegründet abzuweisen.

Ist der Kläger vermögenslos, können sowohl ein Wohnungseigentümer als auch die Gemeinschaft der Wohnungseigentümer unter den Voraussetzungen der §§ 114 ff. ZPO Prozesskostenhilfe erhalten (→ Form. II.J.1 Anm. 41). Ob ein Prozesskostenhilfegesuch die Anfechtungsfrist des § 45 S. 1 WEG wahrt, ist streitig (dagegen AG Stuttgart WuM 2018, 233; *Bonifacio* ZMR 2007, 592 (593); MüKoBGB/*Hogenschurz* WEG § 45 Rn. 17; diff. *Dötsch* NZM 2008, 309 (311 ff.); dafür Riecke/Schmid/*Abramenko* WEG § 46 Rn. 6a). Problemen ist durch die nach § 45 S. 2 WEG für anwendbar erklärten Vorschriften über die Wiedereinsetzung zu begegnen (*Hügel/Elzer* WEG § 45 Rn. 25).

22. → § 253 Abs. 3 Nr. 1 ZPO. Einer Anfechtungsklage kann idR wegen der Anfechtungsfrist keine außergerichtliche Konfliktbeilegung vorausgehen. Gegen eine prozessbegleitende außergerichtliche Konfliktbeilegung spricht hingegen nichts.

23. → Form. II.J.1 Anm. 43, → Form. II.J.3.

Kosten und Gebühren

24. Der Gebührenstreitwert einer Anfechtungsklage bemisst sich nach § 49 GKG. → Form. II.J.1 Anm. 44–46. Der Streitwert ist danach auf das Interesse aller Wohnungseigentümer an der Entscheidung festzusetzen u. darf den siebeneinhalbfachen Wert des Interesses des Klägers und der auf seiner Seite Beigetretenen sowie den Verkehrswert ihres Wohnungseigentums nicht übersteigen. Im Fall geht es um die Änderung eines Umlageschlüssels, einen Beschluss nach § 16 Abs. 2 S. 2 WEG. Die Kosten der Gemeinschaft der Wohnungseigentümer bleiben davon unberührt. Es geht nur um die Interessen der Wohnungseigentümer. Nahe liegt, von den Kosten der klagenden Partei vor und nach der Änderung des Umlageschlüssels auszugehen u. dann § 49 S. 2 GKG anzuwenden.

Beispiel:

Muss die klagende Partei vor der Änderung des Umlageschlüssels für die Treppenhausreinigung jährlich 360 EUR aufbringen u. danach 500 EUR, beträgt der Gebührenstreitwert 1.050 EUR (7,5x 140).

Rechtsmittel

25. Zu den Rechtsmitteln → Form. II.J.1 Anm. 47, 48.

3. Klagebegründungsschrift einer Anfechtungsklage

An das Amtsgericht[1]
Abteilung für Wohnungseigentumssachen[2]

Klagebegründungsschrift[3, 4]

In dem Rechtsstreit . . . . . (Aktenzeichen)
. . . . . (Name) gegen . . . . . (Name)[5]
begründe ich die Klage[6] wie folgt:[7, 8]
Der Verwalter lud den Kläger nicht zur Versammlung vom . . . . . Der Kläger erfuhr von der Versammlung erst drei Wochen nach dem Versammlungstag. Eine Niederschrift der Versammlung liegt zurzeit entgegen § 24 Abs. 6 Satz 1 WEG nicht vor.
Sämtliche in der Versammlung gefassten Beschlüsse leiden wegen der Nichtladung des Klägers unter einem formellen Beschlussmangel;[9] ggf. sind sie sogar nichtig. Der als „Querulant" geltende Kläger muss davon ausgehen, vom Verwalter vorsätzlich nicht geladen worden zu sein.[10]
Der mit der Klage allein[11] angegriffene Beschluss nach § 16 Abs. 2 S. 2 WEG beruht auf dem Ladungsmangel. Welche Mehrheiten für den Beschluss bestanden, kann der Kläger der Beschluss-Sammlung nicht entnehmen.[12] Der Kläger hätte jedenfalls gegen die Änderung des Umlageschlüssels gestimmt und in der Versammlung die Gründe für seine ablehnende Haltung dargetan. Er muss davon ausgehen, dass der Beschluss dann so nicht zustande gekommen wäre. Denn der Umlageschlüssel „Anzahl der Bewohner" ist nicht ordnungsmäßig.[13]
Beglaubigte und einfache Abschrift[14] sowie ein Auszug aus der Beschluss-Sammlung zu TOP . . . . .[15] sind beigefügt.
Rechtsanwalt[16, 17, 18]

Anmerkungen

1. → Form. II.J.1 Anm. 2.

2. → Form. II.J.1 Anm. 2.

3. Die Begründung einer Anfechtungsklage kann, muss aber nicht mit Erhebung der Klage geboten werden (→ Form. II.J.2 Anm. 3). Denn das WEG räumt der klagenden Partei durch § 45 S. 1 WEG die Möglichkeit ein, eine Anfechtungsklage binnen der Klagefrist (→ Form. II.J.2 Anm. 11) zunächst nur zu erheben u. erst später, nämlich binnen zweier Monate nach Beschlussfassung, zu begründen (→ Anm. 4). Diese Klagebegründungsschrift sollte aus Gründen der Klarstellung als solche überschrieben werden. Dies ist aber nicht zwingend (BGH NJW 2009, 2132 Rn. 7).

4. Eine Anfechtungsklage muss nach § 45 S. 1 WEG innerhalb zweier Monate nach der Beschlussfassung begründet werden (Begründungsfrist). Die Begründungsfrist ist gewahrt, wenn der klagende Wohnungseigentümer die Anfechtungsklage selbst rechtzeitig begründet; § 62 Abs. 1 ZPO ist nicht anwendbar (BGH NJW 2009, 2132 Rn. 21; aA *Derleder* FS Merle, 2010, 111 (123)). Das Gericht kann die Begründungsfrist nicht analog § 520 Abs. 1 S. 2 ZPO verlängern (BGH NJW 2009, 3655 Rn. 8). Auch eine Verlängerung nach § 224 Abs. 2 ZPO ist nicht möglich (AG Wernigerode ZMR 2008, 88). Wegen Versäumung der Begründungsfrist kann nach §§ 233 ff. ZPO hingegen nach § 45 S. 2 WEG Wiedereinsetzung in den vorigen Stand beantragt werden, s. dazu → Form. II.J.4 Anm. 31.

5. Die Klagebegründungsschrift bedarf nur eines „kurzen" oder „abgekürzten" Rubrums. Diese Kurzform genügt, da das Verfahren bereits mit einem vollen Rubrum (insbesondere durch die Klageschrift) eröffnet worden ist u. bei Gericht geführt wird. Die Kurzbenennung des Klägers u. der Beklagten kann frei gewählt werden, sollte aber so eindeutig wie möglich sein. Der Name der Gemeinschaft der Wohnungseigentümer ergibt sich aus § 9a Abs. 1 S. 3 WEG.

6. Die Klagebegründungsschrift baut auf der Klage → Form. II.J.2 auf.

7. Nach namhaften Stimmen ist seit der WEG-Reform jeder Beschlussmangel, der es nach dem Vortrag der klagenden Partei rechtfertigt, den Beschluss für ungültig zu erklären, ein eigenständiger Lebenssachverhalt. Wird ein Beschluss wegen verschiedener Mängel angefochten, lägen dem deshalb unterschiedliche Streitgegenstände zugrunde (*Lehmann-Richter/Jacoby* ZMR 2021, 273 (274)).

Folgt man dieser Sichtweise, liegt bei mehreren in einer Klage genannten Beschlussmängeln eine objektive Klagehäufung vor. Die klagende Partei muss dann dem Gericht eine Prüfungsreihenfolge vorgeben (*Elzer* FD-ZVR 2019, 413126) – was sie allerdings nach einem Hinweis auch nachholen können soll (*Elzer* FD-ZVR 2014, 355754). Wohl noch nicht entschieden ist, ob – was nahe liegt – im Berufungsrechtszug für den Kläger als Berufungsbeklagten eine Nachholung nur binnen der Frist des § 524 Abs. 2 S. 2 ZPO zur Einlegung der Anschlussberufung möglich wäre, da in der „Klarstellung" der Sache nach eine nicht nach § 264 Nr. 2 ZPO privilegierte Klageänderung im Berufungsrechtszug liegt, die der Kläger als Berufungsbeklagter aber nur während des Laufs zur Einlegung der Anschlussberufung vornehmen kann (*Elzer* GRUR-Prax 2014, 117; s.a. *Lehmann-Richter/Jacoby* ZMR 2021, 273 (277)). Es wäre allerdings nicht mehr möglich, dem Gericht ohne nähere Erläuterung bis zum Schluss der mündlichen Verhandlung mehrere Beschlussmängel darzulegen. Verführe der Kläger so, wäre die Klage unzulässig (*Lehmann-Richter/Jacoby* ZMR 2021, 273 (275); s.a. *Elzer* FD-ZVR 2018, 402802).

Die Ansicht, jeder Beschlussmangel sei ein eigenständiger Lebenssachverhalt, hat iÜ nach § 39 I GKG auch Auswirkungen auf den Gebührenstreitwert (hier sollte man allerdings wirtschaftliche Identität annehmen; näher Toussaint/*Elzer* GKG § 39 Rn. 17) u. die Kostengrundentscheidung: wegen der Mängel, die die Rechtsbehauptung nicht tragen, müsste die Klage „iÜ" abgewiesen u. müssten der klagenden Partei die Kosten auferlegt werden (*Lehmann-Richter/Jacoby* ZMR 2021, 273 (274)). Im Rahmen des § 92 Abs. 1 ZPO könnte sich der Prozesserfolg u. -verlust dabei nach dem Verhältnis der Anzahl der erfolgreichen oder erfolglosen Streitgegenstände zum Gesamtgebührenstreitwert ausrichten (s.a. BGH GRUR 2016, 1300 Rn. 73).

Es erscheint allerdings auch weiterhin vertretbar, wenn auch keineswegs als sicher, als Lebenssachverhalt alle Mängel anzusehen, die einem Beschluss anhaften (BeckOK WEG/

Elzer WEG § 44 Rn. 57; s.a. einerseits BGH NZG 2002, 957 unter 2.b u. andererseits BGH NZG 2010, 618 Rn. 3 jeweils zu § 246 AktG). Der Kläger könnte das Gericht bis zu einer obergerichtlichen Klärung um einen Hinweis bitten, wie es selbst die Rechtslage beurteilt.

Formulierungsvorschlag:

Für den Fall, dass das Gericht jeden Beschlussmangel als Lebenssachverhalt ansieht, bittet die klagende Partei um einen Hinweis nach § 139 ZPO (BGH GRUR 2011, 521 Rn. 13). Sie wird dann die Beschlussmängel in ein Verhältnis zueinander setzen.

Alternativ könnte die klagende Partei die Beschlussmängel als eigenständige Haupt- u. Hilfsanträge in den Rechtsstreit einführen. Dazu wären die Beschlussmängel vorab danach zu bewerten, mit welcher Sicherheit sie das Klageziel – die Erklärung der Ungültigkeit – tragen. Als Hauptantrag sollte der Beschlussmangel gewählt werden, der nach Ansicht der klagenden Partei die größte Aussicht auf Erfolg hat, bei etwa gleich hoher Erfolgsaussicht derjenige, der vermutlich keine oder eine schnelle bzw. kostengünstige Beweisaufnahme (keine Gutachten etc) erwarten lässt.

Formulierungsvorschlag:

Der Beschluss der Versammlung vom . . . . . zum Tagesordnungspunkt . . . . . – Nr. . . . . . der Beschluss-Sammlung der . . . . ., mit dem die Wohnungseigentümer . . . . . beschlossen haben, wird wegen folgenden Beschlussmangels . . . . . für ungültig erklärt.
Hilfsweise für den Fall, dass das Gericht diesen Beschlussmangel als nicht durchgreifend erachtet:
Der Beschluss der Versammlung vom . . . . . zum Tagesordnungspunkt . . . . . – Nr. . . . . . der Beschluss-Sammlung der . . . . ., mit dem die Wohnungseigentümer . . . . . beschlossen haben, wird wegen folgenden Beschlussmangels . . . . . für ungültig erklärt.
Hilfsweise für den Fall, dass das Gericht auch diesen Beschlussmangel als nicht durchgreifend erachtet:
Der Beschluss der Versammlung vom . . . . . zum Tagesordnungspunkt . . . . . – Nr. . . . . . der Beschluss-Sammlung der . . . . ., mit dem die Wohnungseigentümer . . . . . beschlossen haben, wird wegen folgenden Beschlussmangels . . . . . für ungültig erklärt.

Im Fall sind beide Wege unnötig, da die klagende Partei als Beschlussmangel nur den Ladungsmangel geltend macht.

8. Notwendig ist – ähnlich wie bei § 520 Abs. 3 S. 2 ZPO (→ Form. II.J.21 Anm. 7) – eine einzelfallbezogene u. auf den Streitfall zugeschnittene Begründung (LG Berlin ZWE 2013, 333; LG München I ZMR 2013, 659 (660); LG Hamburg ZWE 2011, 133 (134)), anhand derer das Gericht erkennen kann, aus welchen Gründen der angefochtene Beschluss ungültig sein soll (LG Hamburg ZMR 2008, 414; *Elzer* NJW 2009, 2098 (2100)).

Erforderlich ist also, dass der Kläger die Mängeltatsachen benennt, auf die er seine Klage stützen will; zu nennen ist der konkrete Mangel (oder mehrere) u. seine Auswirkungen auf den Beschluss (LG München I ZMR 2013, 659 (660)). Als Beschlussmängel kommen neben diversen Ladungsmängeln u. Mängeln des Ablaufs der Versammlung (= formelle Beschlussmängel) vor allem dem Beschluss anhaftende Ermessensfehler, Verstöße gegen § 18 Abs. 2 WEG sowie eine Beschlussunbestimmtheit oder ein Verstoß gegen den Gleichbehandlungsgrundsatz in Betracht.

Der Kläger sollte nach bislang hM (→ Anm. 7) idR sämtliche ernsthaft in Betracht kommenden formellen u./oder materiellen Beschlussmängel jedenfalls ihrem wesentlichen tatsächlichen Kern nach (BGH ZWE 2017, 99 Rn. 16; NJW 2012, 1434 Rn. 5) selbst u. nicht unter Verweisung auf Anlagen, etwa die Niederschrift oder die Beschluss-Sammlung, auf- u. ausführen (BGH ZWE 2017, 99 Rn. 16). Eine Substanziierung im Einzelnen soll allerdings noch nicht erforderlich sein (BGH NJW 2012, 1434 Rn. 5; NJW 2009, 2132 Rn. 13). Die Beschreibung eines Beschlussmangels darf sich nicht in Worthülsen u.

Wertungen erschöpfen (*Elzer* NJW 2009, 2098 (2100); ZMR 2009, 256 (257)). Nicht ausreichend ist ferner der blasse Vortrag, ein Beschuss sei „nicht ordnungsmäßig" oder „rechtswidrig" (LG Hamburg ZMR 2012, 126; ZWE 2011, 132 (133); AG Bonn ZMR 2008, 245 (246); *Briesemeister* ZMR 2008, 253 (254)).

Ein Kläger kann sich die von anderen Klägern geltend gemachten Anfechtungsgründe nach Ablauf der Klagebegründungsfrist nicht zu eigen machen (BGH NJW 2009, 2132 Rn. 22). Es bietet sich für den Anfechtungskläger daher an, die Schriftsätze anderer Anfechtungskläger auf dort geltend gemachte Beschlussmängel durchzusehen u. – wenn noch möglich – diese selbst in das Verfahren einzuführen.

Wenn eine Klageschrift in einem Anfechtungsverfahren zunächst nicht ausreichend begründet ist, kann der Kläger bereits eingebrachte Gründe weiter ausführen. Eine vertiefende Substanziierung innerhalb der Begründungsfrist vorgetragener Gründe ist auch nach Fristablauf denkbar (*Bergerhoff* NZM 2007, 425 (428)). Ein Nachschieben weiterer Anfechtungsgründe, die ggf. auch geeignet sind, den angefochtenen Beschluss zu Fall zu bringen, ist hingegen nach hM nicht möglich (BGH NJW 2011, 2202 Rn. 18; NJW 2009, 3655 Rn. 12; NJW 2009, 2132 Rn. 22; NJW 2009, 999 Rn. 10). Hat der Kläger ohne sein Verschulden zunächst einen Anfechtungsgrund nicht präsentiert, ist allerdings wohl eine Wiedereinsetzung wegen Versäumung dieses Grundes möglich (*Elzer* ZMR 2009, 256 (257); *Suilmann* MietRB 2009, 134 (135)).

9. Fehler in der Einladung zur Versammlung sind Mängel, die zur Anfechtbarkeit, grds. aber nicht zur Nichtigkeit der angefochtenen Beschlüsse führen können (BGH BeckRS 2020, 41912 Rn. 14; NJW 2012, 3571 Rn. 5). Die Antwort auf die Frage, ob der Einladungsfehler „ursächlich" war, liegt auf tatsächlichem Gebiet. Prüfsteine bei der Beurteilung können zB einstimmig gefasste Beschlüsse u. eine Gegnerschaft oder feindselige Stimmung gegen den Antragsteller sein. Von Bedeutung ist ferner, ob der Anfechtende den Inhalt der gefassten Beschlüsse sachlich angreift oder die Anfechtungsgegner an einer entgegenstehenden Rechtsansicht festhalten.

10. Wenn einzelne Wohnungseigentümer vorsätzlich von ihrer Mitwirkung in der Versammlung ausgeschlossen werden sollen u. deshalb die Ladung unterbleibt, soll ein Beschluss nichtig sein (BGH NJW 2012, 3571 Rn. 8; BayObLG ZMR 2005, 801; OLG Köln ZMR 2004, 299 (300); OLG Zweibrücken ZMR 2004, 60 (63)). So liegt es auch bei schwerwiegenden Verstößen, die dazu führen, dass das Teilnahme- u. Mitwirkungsrecht eines Wohnungseigentümers in gravierender Weise ausgehebelt wird (BGH BeckRS 2021, 22431 Rn. 32; NZM 2021, 236 Rn. 14; NJW-RR 2020, 840 Rn. 18) oder wenn die Regeln des Wohnungseigentumsgesetzes über die Verwaltung des gemeinschaftlichen Eigentums systematisch missachtet werden (BGH BeckRS 2021, 22431 Rn. 32; NZM 2021, 236 Rn. 14), etwa Einladungen zu Versammlungen immer wieder sehenden Auges u. bewusst von einem dazu nicht ermächtigten oder sonst befugten Wohnungseigentümer ausgesprochen werden (BGH BeckRS 2021, 22431 Rn. 32; NZM 2021, 236 Rn. 14). Jedenfalls solche Beschlüsse verstoßen gegen den „Kernbereich der Mitgliedschaft", weil sie den Eigentümer von seinem elementaren Mitverwaltungsrecht aus § 19 Abs. 1 WEG rechtswidrig ausschließen.

11. Eine Vorratsanfechtung – darunter versteht man die Anfechtung aller in einer Versammlung gefassten Beschlüsse (der Kläger nennt also nicht die angegriffenen Beschlüsse, sondern eine Versammlung u. macht alle dort gefassten Beschlüsse zum Gegenstand der Anfechtungsklage) – ist nach hM möglich u. bestimmt genug (BGH ZWE 2017, 233 Rn. 6; LG Stuttgart DWE 2013, 167; aA *Hügel/Elzer* WEG § 44 Rn. 157), empfiehlt sich aber nicht. Sie bedroht den Kläger mit hohen Kosten. Der Kläger wird sich für die Notwendigkeit einer Vorratsanfechtung auch nicht auf das Fehlen einer Niederschrift berufen können, wenn die Beschluss-Sammlung ordnungsmäßig geführt ist (LG München I NJW 2008, 1823).

12. Das Gesetz verlangt weder vom Führer der Beschluss-Sammlung noch vom Abfasser der Niederschrift die Beurkundung der Anzahl der für u. gegen einen Beschluss abgegebenen Stimmen. In der Praxis werden jedoch in aller Regel in der Niederschrift als „Kann-Inhalt" die Stimmenverhältnisse mitgeteilt.

13. Zur „Beruhensvermutung" → Form. II.J.4 Anm. 24. Die Änderung des gesetzlichen Umlageschlüssels zum Umlageschlüssel „Anzahl von Wohnungseigentumsrechten – Einheiten" soll nicht ordnungsmäßig sein (LG Itzehoe ZMR 2018, 696). Dem ist nicht zu folgen. Der gesetzliche Umlageschlüssel korreliert nicht mit der Größe der zu reinigenden Flächen, allenfalls mit den Wohn- u. Nutzflächen. Ein Umlageschlüssel „Anzahl von Wohnungseigentumsrechten – Einheiten" ist daher der Sache nach nicht zu beanstanden (*Hügel/Elzer* WEG § 16 Rn. 69).

14. → Form. II.J.1 Anm. 39.

15. Da es keine Niederschrift gibt, der angegriffene Beschluss nach seinem Inhalt aber klar sein muss, muss der Beschluss durch die Beschluss-Sammlung individualisiert werden.

16. → Form. II.J.1 Anm. 43. Die Klagebegründung ist als bestimmender Schriftsatz zu qualifizieren (LG Bamberg ZWE 2017, 465 Rn. 14). Die Begründungsfrist kann nur durch einen ordnungsmäßig unterzeichneten Schriftsatz gewahrt werden (LG Bamberg ZWE 2017, 465 Rn. 16).

Gebühren und Kosten

17. Zu den Gebühren und Kosten → Form. II.J.2 Anm. 24.

Rechtsmittel

18. Zu den Rechtsmitteln → Form. II.J.1 Anm. 47, 48.

4. Anfechtungsklage nach § 44 Abs. 1 S. 1 WEG mit Begründung (formelle Mängel)

An das Amtsgericht[1]
Abteilung für Wohnungseigentumssachen[2]

Klage[3]

Wohnungseigentümer A., X.-Straße Nr. . . . ., ... (PLZ, Ort),
– Kläger[4] –
Prozessbevollmächtigter: V., W.-Straße Nr. . . . ., ... (PLZ, Ort),
gegen
die Gemeinschaft der Wohnungseigentümer X.-Straße Nr. . . . ., ... (PLZ, Ort), vertreten durch den Verwalter B., Y.-Straße Nr. . . . ., ... (PLZ, Ort),[5]
– Beklagte –
Prozessbevollmächtigter: V., W.-Straße Nr. . . . ., ... (PLZ, Ort),[6]
wegen Ungültigkeit eines Beschlusses[7]
Vorläufiger Gebührenstreitwert:. . . .[8]
Namens und in Vollmacht[9] des Klägers erhebe ich Klage und beantrage:[10]

1. Dem Kläger wird vorsorglich Wiedereinsetzung wegen etwaiger Versäumung der Frist[11] zur Anfechtung des Beschlusses vom . . . . . zu Tagesordnungspunkt . . . . . (. . . . .) der Versammlung vom . . . . . (. . . . .) – Nr. . . . . der Beschluss-Sammlung der . . . . . mit folgendem Inhalt . . . . . gewährt.
2. Der „Beschluss"[12] der Versammlung vom . . . . . zu Tagesordnungspunkt . . . . . (. . . . .) der Versammlung vom . . . . . (. . . . .) – Nr. . . . . der Beschluss-Sammlung der . . . . . mit folgendem Inhalt . . . . . wird für ungültig erklärt,[13] hilfsweise, es wird festgestellt, dass der Beschluss der Versammlung vom . . . . . zu Tagesordnungspunkt . . . . . (. . . . .) der Eigentümerversammlung vom . . . . . (. . . . .) – Nr. . . . . der Beschluss-Sammlung der . . . . . mit folgendem Inhalt . . . . nichtig ist.[14]
3. Der Gemeinschaft der Wohnungseigentümer werden die Prozesskosten auferlegt.[15]
4. Für den Fall, dass das Gericht ein schriftliches Vorverfahren anordnet und die Beklagten ihre Verteidigungsbereitschaft nicht rechtzeitig anzeigen, den Erlass eines Versäumnisurteils.[16, 17, 18]

Begründung[19, 20]

Die Niederschrift über die Versammlung der Wohnungseigentümer der Wohnungseigentumsanlage X.-Straße Nr. . . . ., vom . . . ., in der dem Kläger das Wohnungseigentumsrecht Nr. . . . . gehört, weist zu Tagesordnungspunkt . . . . folgende Beschlussfassung aus: „Auf einem Teil der Grünfläche neben dem Wohngebäude werden 10 Garagen in Fertigbauweise errichtet; die Finanzierung der Gesamtbaukosten von . . . . . erfolgt je zur Hälfte aus der Erhaltungsrücklage bzw. aus einer von den Wohnungseigentümern entsprechend der Größe ihrer Miteigentumsanteile aufzubringenden Umlage."

An der Versammlung, zu der der Verwalter mit Schreiben vom . . . . . unter Hinweis auf den einzigen Tagesordnungspunkt „Verschiedenes" eingeladen hatte,[21] haben nach der Niederschrift 46 von 85 Wohnungseigentümern teilgenommen. Die Gemeinschaftsordnung enthält keine Abweichung von der gesetzlichen Regelung zur Beschlussfähigkeit.[22] Bei der Abstimmung über den beanstandeten Beschluss haben 16 Eigentümer mit Ja, 17 mit Nein gestimmt und 13 haben sich der Stimme enthalten.[23]

Beweis (jeweils in Fotokopie):[24] Einladungsschreiben vom . . . . ., Versammlungsniederschrift vom, Teilungserklärung mit Gemeinschaftsordnung.

Nach der Gemeinschaftsordnung ist zwar richtig nach Köpfen abgestimmt worden.[25] Die erforderliche Mehrheit für eine Beschlussfassung lag aber nicht vor, ein Beschluss ist daher nicht zustande gekommen.[26] Darüber hinaus war auch die Bezeichnung des Gegenstandes der Abstimmung in der Einladung nicht ausreichend.[27] Vor allem aber durften die Eigentümer den Kläger zur Finanzierung nicht in Anspruch nehmen.[28] Im Übrigen wäre die Versammlung nicht beschlussfähig gewesen.[29]

Der Antrag auf Wiedereinsetzung wird vorsorglich[30] gestellt, weil der Kläger ohne sein Verschulden von dem angeblichen Beschluss erst nach Ablauf eines Monats seit der Abstimmung Kenntnis erhielt,[31] als der Verwalter ihn zur Bezahlung der Umlage aufforderte. Der Kläger selbst hatte an der Versammlung nicht teilgenommen; er brauchte nach der unzureichenden Angabe der Tagesordnung im Einladungsschreiben nicht mit einer Beschlussfassung von so weit reichender Bedeutung zu rechnen.[32] Er hat die Niederschrift der Versammlung erst innerhalb der vergangenen zwei Wochen[33] erhalten.

Beweis:[34] Einladungsschreiben vom . . . . ., Anwesenheitsliste zur Versammlung vom . . . . ., Vernehmung der Wohnungseigentümer . . . .[35]

Der eingangs genannte „Beschluss" wird wegen der dargestellten Mängel bei der Beschlussfassung angefochten für den Fall, dass der Beschluss als zustande gekommen angesehen würde.[36]

Beglaubigte und einfache Abschrift liegen bei.[37] Ein Kostenvorschuss von . . . . ist eingezahlt.[38]

Der Klageerhebung ist kein Versuch einer Mediation oder eines anderen Verfahrens der außergerichtlichen Konfliktbeilegung vorausgegangen. Einem solchen Verfahren stehen keine Gründe entgegen.[39]
Rechtsanwalt[40, 41, 42]

Anmerkungen

1. → Form. II.J.2 Anm. 1.

2. → Form. II.J.2 Anm. 2.

3. → Form. II.J.2 Anm. 3.

4. → Form. II.J.2 Anm. 4.

5. → Form. II.J.2 Anm. 5.

6. → Form. II.J.2 Anm. 6.

7. → Form. II.J.2 Anm. 7.

8. → Form. II.J.2 Anm. 8.

9. → Form. II.J.2 Anm. 9.

10. → Form. II.J.2 Anm. 10.

11. → Form. II.J.2 Anm. 11.

12. → Form. II.J.2 Anm. 12.

13. → Form. II.J.2 Anm. 13.

14. → Form. II.J.2 Anm. 14.

15. → Form. II.J.2 Anm. 15.

16. → Form. II.J.2 Anm. 16.

17. → Form. II.J.2 Anm. 17.

18. → Form. II.J.2 Anm. 18.

19. → Form. II.J.3 Anm. 4.

20. → Form. II.J.3 Anm. 7.

21. Unter dem TOP „Verschiedenes/Sonstiges" können – sind nicht zugleich Unterpunkte aufgeführt, die den Anforderungen des § 23 Abs. 2 WEG genügen (Staudinger/*Häublein* WEG § 24 Rn. 193) – keine wesentlichen Angelegenheiten beschlossen werden, sondern allenfalls Gegenstände von untergeordneter Bedeutung (OLG München ZMR 2006, 68 (70); BayObLG WuM 2004, 366). Welche Beschlussgegenstände von „untergeordneter Bedeutung" sind, ist nach den konkreten Umständen des Einzelfalls zu beurteilen.

22. Nach § 25 Abs. 2 S. 1 WEG ist in einer Versammlung das Kopfstimmrecht angeordnet. Nach diesem Grundsatz besitzt jeder Wohnungseigentümer ohne Rücksicht auf Größe und Wert seines Miteigentumsanteils – oder die Anzahl der von ihm gehaltenen Wohnungs- oder Teileigentumsrechte – eine Stimme (BGH NJW 1989, 1087 unter A. II. 2. e). Die Wohnungseigentümer können sich für eine andere Gewichtung ihrer Stimmen entscheiden und gem. § 10 Abs. 1 S. 2 WEG anstelle des Kopfstimmrechts ein anderes Stimmrechtsprinzip vereinbaren (BGH NJW 2015, 3371 Rn. 10; NJW 2012, 2650 Rn. 18; NJW 2012, 921 Rn. 8; *Hügel/Elzer* WEG § 25 Rn. 21). Gängig sind das Objekt- (Wertung der Stimmen nach Anzahl der Wohnungs- u. selbständigen Teileigentumsrechte) und das Wertprinzip (Wertung der Stimmen nach Größe der Miteigentumsanteile).

23. Für das Zustandekommen eines Beschlusses bedarf es – sofern keine gesetzliche oder vereinbarte Qualifizierung zu erfüllen ist – einer einfachen Mehrheit von „Ja-Stimmen". Bei der Auszählung ist zu prüfen, ob mehr „Ja-Stimmen" als „Nein-Stimmen" für einen Beschlussantrag abgegeben worden sind. Stimmenthaltungen gelten nach § 25 Abs. 1 WEG als nicht abgegebene Stimmen und sind nicht mitzuzählen (s. auch BGH NJW 1989, 1090 unter II. 2. c).

24. Zum Beweis s. zunächst allgemein → Form. II.J.1 Anm. 23; zum Beweisrecht im Zusammenhang mit der Anfechtungsklage s. ferner umfassend *Dötsch/Hogenschurz* NZM 2010, 297 ff.; sowie *Hügel/Elzer* WEG § 44 Rn. 111 ff. Den Kläger trifft die Darlegungs- und Beweislast hinsichtlich des Anfechtungsgrundes. Behauptet zB ein Wohnungseigentümer, dass ein von ihm angegriffener „Beschluss" nicht verkündet worden sei, muss er diesen formellen Mangel beweisen (AG Regensburg ZMR 2009, 412 (413)).

Bei formellen Beschlussmängeln gilt als Besonderheit die „Vermutung" (der Erfahrungssatz), dass der Beschluss auf diesem beruht (OLG Frankfurt a. M. NZM 2007, 806; KG ZMR 2006, 794 (795); LG Frankfurt a. M. NZG 2015, 553; LG Berlin ZMR 2013, 457). Von der Ursächlichkeit des formellen Beschlussmangels ist auszugehen, bis der Beweis des Gegenteils zweifelsfrei erbracht ist.

Eine Ungültigerklärung scheidet in der Regel erst aus, wenn feststeht, dass sich der Beschlussmangel auf das Abstimmungsergebnis nicht ausgewirkt hat (BGH BeckRS 2020, 41912 Rn. 14; NJW 2011, 679 Rn. 10). Anders verhält es sich nur bei schwerwiegenden Verstößen, die dazu führen, dass das Teilnahme- und Mitwirkungsrecht eines Mitgliedes in gravierender Weise ausgehebelt wird (BGH BeckRS 2020, 41912 Rn. 14; NJW 2011, 679 Rn. 10; NJW-RR 2020, 840 Rn. 18) oder wenn die Regeln des Wohnungseigentumsgesetzes über die Verwaltung des gemeinschaftlichen Eigentums systematisch missachtet, etwa Einladungen zu Wohnungseigentümerversammlungen immer wieder sehenden Auges und bewusst von einem dazu nicht ermächtigten oder sonst befugten Wohnungseigentümer ausgesprochen werden (BGH BeckRS 2020, 41912 Rn. 14).

25. → Anm. 23.

26. Damit der „Tatbestand" eines Beschlusses erfüllt ist, müssen bestimmte „Entstehungsvoraussetzungen" gegeben sein (*Hügel/Elzer* WEG Vor §§ 23 ff. Rn. 10 ff.; s. a. Staudinger/*Häublein* WEG § 23 Rn. 21 ff.). Für einen Versammlungsbeschluss wird idR gefordert, dass es für eine Beschlussfassung eines dafür geeigneten Ortes und einer Ladung der Stimmberechtigten zur Versammlung bedarf. Ferner wird verlangt, dass ein hinreichend bestimmter Beschlussantrag, eine Abstimmung und eine Beschlussmehrheit nötig sind. Schließlich muss das Abstimmungsergebnis vom Versammlungsleiter festgestellt und als Beschluss verkündet werden. Wenn der Versammlungsleiter zu Unrecht ein positives Beschlussergebnis verkündet, muss dieses Ergebnis nach hM im Wege der Anfechtungsklage vernichtet werden (s. a. *Skauradszun* Der Beschluss als Rechtsgeschäft, 2020, § 4).

Ein Beschluss über eine bauliche Veränderung bedarf nach §§ 20 Abs. 1, 25 Abs. 1 WEG einer einfachen Mehrheit. Dies bedeutet, dass mehr Ja-Stimmen als Nein-Stimmen vorliegen müssen. Hieran fehlt es im Fall, da die Nein-Stimmen in der Mehrheit waren. Wird unter Missachtung der Tatsachen und entgegen der Rechtslage ein (positives)

Abstimmungsergebnis festgestellt und ein „Beschluss" verkündet, entsteht nach hM allerdings durch die bloße Verkündung eines falschen Abstimmungsergebnisses ein (freilich anfechtbarer) Beschluss (BGH NJW 2009, 2132 Rn. 29; OLG München ZMR 2007, 480 (481); LG München ZMR 2008, 915 (916); aA *Elzer* ZWE 2007, 165 ff.).

27. Nach § 23 Abs. 2 WEG ist es zur Gültigkeit eines Beschlusses notwendig, dass sein Gegenstand bei der Einberufung ausreichend und angemessen „bezeichnet" ist. Durch die Bezeichnung sollen die Wohnungseigentümer vor allem vor überraschenden Beschlüssen geschützt werden. Die Wohnungseigentümer sollen durch die frühzeitige Bezeichnung die Möglichkeit haben, sich bereits anhand der Tagesordnung auf die Beratung und Beschlussfassung sämtlicher in der Eigentümerversammlung anstehender Punkte vorzubereiten und sich zu entscheiden, ob sie wegen eines bestimmten Punktes an der Eigentümerversammlung teilnehmen oder nicht. „Bezeichnung" meint Benennung und Kennzeichnung, dem Beschlussgegenstand soll „ein Name" gegeben werden. Eine Erläuterung und/oder Begründung, was sich hinter einem Beschlussgegenstand verbirgt und warum er auf die Tagesordnung gesetzt worden ist, ist grds. nicht erforderlich.

Was der Ladende für die ausreichende Bezeichnung eines Beschlussgegenstandes leisten muss und wann er im Einzelfall den Anforderungen des § 23 Abs. 2 WEG (noch) genügt, ist Tatfrage (*Hügel/Elzer* WEG § 23 Rn. 76). IdR genügt eine „schlagwortartige" Bezeichnung (BGH NZM 2015, 595 Rn. 11; NJW 2013, 3098 Rn. 22; NJW-RR 2012, 343 Rn. 9).

28. Wer die Kosten einer baulichen Veränderung zu tragen hat, bestimmt sich nach § 21 WEG. Danach haben grds. die Wohnungseigentümer, denen eine bauliche Veränderung gestattet wurde (§ 21 Abs. 1 S. 1 WEG) oder die mit „Ja" gestimmt haben (§ 21 Abs. 3 S. 1 WEG), die Kosten zu tragen. Etwas anderes gilt, wenn die Voraussetzungen des § 21 Abs. 2 S. 1 WEG vorliegen oder wenn die Wohnungseigentümer nach § 21 Abs. 5 S. 1 WEG eine abweichende Verteilung der Kosten beschlossen haben. Da die Voraussetzungen dieser Ausnahmen im Fall nicht vorliegen, haben die Kosten nach § 21 Abs. 3 S. 1 WEG nur die Wohnungseigentümer zu tragen, die mit „Ja" gestimmt haben.

29. Jede Versammlung ist „beschlussfähig". Auf die Anzahl der erschienenen Wohnungseigentümer oder der von diesen repräsentierten Miteigentumsanteile kommt es nicht an. Die Wohnungseigentümer können allerdings etwas anderes vereinbaren. Der Einwand des Klägers hätte daher Erfolg, wenn es eine solche (Alt-)Vereinbarung gibt und diese trotz § 47 S. 1 WEG anwendbar ist. Ob es so liegt, ist eine Frage des Einzelfalls.

30. Ein Antrag auf Wiedereinsetzung ist innerhalb von zwei Wochen ab Beseitigung des Hindernisses zu stellen. Die Frist beginnt mit dem Tag, an dem das Hindernis behoben ist, dh ab Kenntnis bzw. Kennenmüssen der Nichtrechtzeitigkeit der Anfechtung (BGH BeckRS 2013, 6128 Rn. 9; MDR 2011, 1208 Rn. 7). Die Wiedereinsetzungsfrist beginnt bei Geltendmachung mehrerer Hinderungsgründe erst mit der Beseitigung des letzten Hinderungsgrundes zu laufen (BGH BeckRS 2018, 1917 Rn. 12). Der Antragsteller muss die Tatsachen, die eine Wiedereinsetzung begründen, darlegen und glaubhaft machen. Nach Ablauf eines Jahres, von dem Ende der versäumten Anfechtungsfrist an gerechnet, kann Wiedereinsetzung nicht mehr beantragt werden, selbst wenn bis zu diesem Zeitpunkt weder die Einladung zur Versammlung noch die Niederschrift bekannt gegeben worden sind (KG NZM 1999, 569).

31. Für eine erfolgreiche Wiedereinsetzung muss der Anfechtende ohne sein Verschulden verhindert gewesen sein, die Anfechtungsfrist des § 45 S. 1 WEG einzuhalten, und einen Antrag innerhalb von zwei Wochen ab Beseitigung des Hindernisses stellen. Ob die Versäumung unverschuldet ist, hängt davon ab, ob der Anfechtende die den Umständen nach gebotene und ihm nach seinen persönlichen Verhältnissen zumutbare Sorgfalt hat walten lassen. Die fehlende Kenntnis von einem Beschluss kann eine Wiedereinsetzung stützen, wenn der anfechtende Wohnungseigentümer nicht zur Versammlung geladen wurde und deshalb von ihr und den dort gefassten Beschlüssen keine Kenntnis erlangt hat (BayObLG NZM 1998, 815 (816)). Ein Wohnungseigentümer, der trotz ordnungsmäßiger Einladung an einer Versammlung nicht teilgenommen hat, muss sich hingegen rechtzeitig vor Ablauf der Anfechtungsfrist danach erkundigen, welche Beschlüsse gefasst worden sind (OLG Hamm ZMR 1999, 199 (200); KG ZMR 1997, 254 (256)). Unterlässt der Wohnungseigentümer die gebotene Erkundigung, ist die Versäumung der Anfechtungsfrist nicht unverschuldet. Ein objektives Hindernis stellt es wegen der Beschluss-Sammlung nicht mehr dar, wenn die Niederschrift innerhalb der Frist des § 45 S. 1 WEG noch nicht vorliegt oder dem Wohnungseigentümer eine Einsichtnahme nicht ermöglicht wurde (sa LG Frankfurt a.M. BeckRS 2021, 12348 Rn. 4).

32. → Anm. 27.

33. Der Verwalter ist vorbehaltlich einer anderweitigen Regelung zur Übersendung einer Niederschrift nicht verpflichtet (BayObLG ZMR 2003, 435). Es ist daher Sache des anfechtungswilligen Wohnungseigentümers, sich durch Einsicht in die Niederschrift oder in die Beschluss-Sammlung Kenntnis über die gefassten Beschlüsse zu verschaffen (BayObLG ZMR 2003, 435). Eine Wiedereinsetzung in den vorigen Stand kann daher nicht bewilligt werden, wenn der Eigentümer unter Beigabe der Tagesordnung zur Eigentümerversammlung geladen wurde und die Möglichkeit bestand, innerhalb der Anfechtungsfrist die Niederschrift oder Beschluss-Sammlung einzusehen.

34. → Form. II.J.1 Anm. 35.

35. Bei der Anfechtungsklage eines Wohnungseigentümers stehen sich der klagende Wohnungseigentümer und die Gemeinschaft der Wohnungseigentümer als Parteien gegenüber. Ein Wohnungseigentümer kann daher Zeuge sein.

36. Der Zusatz *„für den Fall. . . . .“* entfällt bei der bloßen Anfechtung.

37. → Form. II.J.2 Anm. 24.

38. → Form. II.J.2 Anm. 25.

39. → § 253 Abs. 3 Nr. 1 ZPO. Einer Anfechtungsklage kann in der Regel wegen der Anfechtungsfrist keine außergerichtliche Konfliktbeilegung vorausgehen. Gegen eine prozessbegleitende außergerichtliche Konfliktbeilegung spricht hingegen nichts.

40. → Form. II.J.2 Anm. 24.

Kosten und Gebühren

41. → Form. II.J.2 Anm. 28.

Rechtsmittel

42. Zu den Rechtsmitteln → Form. II.J.1 Anm. 47 und → Form. II.J.1 Anm. 48.

5. Klage eines Wohnungseigentümers auf Unterlassung

An das Amtsgericht[1]
Abteilung für Wohnungseigentumssachen[2]

Klage

Wohnungseigentümer A., X.-Straße Nr. . . . ., (PLZ, Ort),
– Kläger[3] –
Prozessbevollmächtigter: V., W.-Straße Nr. . . . ., (PLZ, Ort),
gegen
1) Wohnungseigentümer B., X.-Straße Nr. . . . ., (PLZ, Ort),
2) Mieter M., X.-Straße Nr. . . . ., (PLZ, Ort),
– Beklagte[4] –
wegen Unterlassung[5]
vorläufiger Gebührenstreitwert:[6] . . . . .

Unter Einzahlung eines Kostenvorschusses von . . . . . EUR[7] beantrage ich im Namen und mit Vollmacht[8] des Klägers:

1. Die Beklagten zu verurteilen, es zu unterlassen, durch eine Geräuschentwicklung über 35 Dezibel (A) bzw. 25 Dezibel (A) in der Zeit von 22.00 Uhr bis 7.00 Uhr werktags, bzw. 8.00 Uhr an Sonn- und Feiertagen der zu seinem Teileigentum gehörenden Klimaanlage den Kläger in der Benutzung seines Sondereigentums zu stören.[9]
2. Den Beklagten wird angedroht, dass für jeden Fall der Zuwiderhandlung ein Ordnungsgeld bis zur Höhe von 250.000 EUR und für den Fall, dass dieses nicht beigetrieben werden kann, Ordnungshaft oder Ordnungshaft bis zu 6 Monaten festgesetzt wird.[10]
3. Den Beklagten die Kosten des Rechtsstreits aufzuerlegen.[11]
4. Für den Fall, dass das Gericht ein schriftliches Vorverfahren anordnet und die Beklagten ihre Verteidigungsbereitschaft nicht rechtzeitig anzeigen, den Erlass eines Versäumnisurteils.[12]

Begründung[13]

Der Kläger und der Beklagte zu 1) sind Wohnungseigentümer in der Wohnungseigentumsanlage X.-Straße Nr. . . . . in Z.-Stadt. Der Kläger ist Eigentümer des im x-ten Stock gelegenen Sondereigentums Nr. . . . ., der Beklagte zu 1) Eigentümer der in seinem Teileigentum[14] stehenden Geschäfts- und Lagerräume im Keller- und Erdgeschoss mit der Nr. . . . . Diese gewerblichen Räume sind an den Beklagten zu 2) zum Zweck des Betriebes einer Bäckerei vermietet.[15]

Der Betrieb der Bäckerei beginnt in den Morgenstunden um 2.00 Uhr. Er verursacht so starke Geräusche, dass der Kläger und alle übrigen Miteigentümer tagsüber und auch nachts in einem Maß gestört werden, das erheblich über das Ortsübliche hinausgeht.[16] In der Gemeinschaftsordnung ist darüber hinaus festgelegt, dass im Teileigentum des Beklagten zu 1) nur ein „Laden" zulässig ist.[17]

Beweis:[18] Vernehmung von D., Verwalter der Wohnungseigentumsanlage, Teilungserklärung und Gemeinschaftsordnung in Kopie, Einholung eines schalltechnischen Gutachtens.

Der Beklagte zu 1) wurde am . . . . . aufgefordert, Abhilfe zu schaffen. Da der Beklagte zu 1) und der Beklagte zu 2) sich mit Schreiben vom . . . . . weigern, Abhilfe zu schaffen, sind weitere Beeinträchtigungen zu erwarten, so dass der gestellte Antrag auf Unterlassung der Störungen gerechtfertigt ist.[19]

Drei beglaubigte und einfache Abschriften sind beigefügt.[20]

Der Klageerhebung ist kein Versuch einer Mediation oder eines anderen Verfahrens der außergerichtlichen Konfliktbeilegung vorausgegangen. Einem solchen Verfahren stehen keine Gründe entgegen.[21]

Rechtsanwalt[22, 23, 24]

Anmerkungen

1. Bei Streitigkeiten über die sich aus der Gemeinschaft der Wohnungseigentümer u. aus der Verwaltung des gemeinschaftlichen Eigentums ergebenden Rechte u. Pflichten der Wohnungseigentümer untereinander ist gem. § 43 Abs. 2 Nr. 1 WEG das Gericht, in dessen Bezirk das Grundstück liegt, ausschließlich zuständig. Die Zuständigkeitszuweisung ist weit auszulegen, um die Gefahr sich widersprechender oder unzutreffender Entscheidungen zu verringern u. darüber hinaus sicherzustellen, dass mit spezieller Sachkunde ausgestattete Wohnungseigentumsgerichte bei allen gemeinschaftsbezogenen Verfahrensgegenständen entscheiden (BGH NJW-RR 2014, 13 Rn. 4; NJW 2009, 1282 Rn. 9; s.a. BGH NJW 2015, 2968 Rn. 6). Zur sachlichen Zuständigkeit → Form. II.J.1 Anm. 1.

2. → Form. II.J.1 Anm. 2.

3. Die Abwehr von Störungen des Sondereigentums ist Angelegenheit der Wohnungseigentümer als Einzelpersonen (BGH NZM 2021, 613 Rn. 13; LG Frankfurt a.M. BeckRS 2021, 20349 Rn. 4; *Klimesch* IMR 2021, 85). Nur die Wohnungseigentümer selbst sind Anspruchsinhaber oder -gegner u. damit im Prozess aktiv- oder passivlegitimiert. Dies gilt nicht nur, wenn sich die Ansprüche gegen einen anderen Wohnungseigentümer richten. Es gilt auch dann, wenn Anspruchsgegner ein außerhalb der Wohnungseigentümergemeinschaft stehender Dritter ist (Drittnutzer). Anspruchsgrundlagen gegen einen anderen Wohnungseigentümer sind § 14 Abs. 2 Nr. 1 WEG u./oder § 1004 Abs. 1 BGB u. ist gegen einen Drittnutzer § 1004 Abs. 1 WEG.

Geht es hingegen um die Abwehr einer Störung des gemeinschaftlichen Eigentums durch einen Wohnungseigentümer oder Drittnutzer, muss dieser Anspruch nach § 9a Abs. 2 Fall 1 WEG von der Gemeinschaft der Wohnungseigentümer verfolgt werden. Die Wohnungseigentümer haben daher weder eine Möglichkeit noch die Notwendigkeit, die Verfolgung eines Abwehranspruchs wegen des gemeinschaftlichen Eigentums durch einen Beschluss zu einer Aufgabe der Gemeinschaft der Wohnungseigentümer zu machen (BGH NZM 2021, 717 Rn. 13).

Für die bereits vor dem 1.12.2020 bei Gericht anhängigen Verfahren soll die Prozessführungsbefugnis des Wohnungseigentümers über diesen Zeitpunkt entsprechend § 48 Abs. 5 WEG fortbestehen, bis dem Gericht eine schriftliche Äußerung des nach § 9b WEG vertretungsberechtigten Organs über einen entgegenstehenden Willen der Gemeinschaft der Wohnungseigentümer zur Kenntnis gebracht wird (BGH NZM 2021, 613 Rn. 7; 2021, 561 Rn. 23).

4. Beklagter einer auf § 43 Abs. 2 Nr. 1 WEG fußenden Klage sind einer oder mehrere Wohnungseigentümer. Dies gilt auch, wenn der Wohnungseigentümer als Vermieter auf seinen Mieter einwirken soll. Hat ein Wohnungseigentümer an seinem Wohnungseigentum einen Nießbrauch bestellt, kann er ggf. als mittelbarer Handlungsstörer auf Unterlassung in Anspruch genommen werden (BGH NJW 2014, 2640 Rn. 8).

Abwehransprüche (einschließlich nachbarrechtlicher) gegen Dritte, zB Mieter, sind hingegen keine WEG-Streitigkeiten (BGH NJW 2015, 2968 Rn. 7). Die örtliche u. sachliche Zuständigkeit für eine Klage gegen den störenden Mieter eines vermietenden Wohnungseigentümers folgt aus den allgemeinen Vorschriften (BGH NJW-RR 2014, 1107 Rn. 4).

Vorstellbar ist, dass dasselbe Gericht u. ggf. sogar dieselbe Abteilung des Amtsgerichts örtlich u. sachlich zuständig ist. Örtliche wie sachliche Zuständigkeit können aber auch auseinanderfallen. In diesem Falle kann eine Bestimmung nach § 36 Abs. 1 Nr. 3 ZPO angeregt werden (BGH NJW-RR 2011, 589 Rn. 13; NZM 2014, 669 Rn. 5; *Elzer* ZfIR 2014, 702 (703)). Wird dieser Weg beschritten u. wird das AG als gemeinsames Gericht bestimmt, kann nicht angeordnet werden, dass die „Abteilung für Wohnungseigentumssachen" innerhalb des AG zuständig ist (*Ott* ZWE 2008, 488 (489)): die Abteilung für Wohnungseigentumssachen ist kein gesetzlich bestimmter besonderer Spruchkörper (→ Form. II.J.1 Anm. 4).

5. → Form. II.J.1 Anm. 10.

6. → Form. I.D.6 Anm. 4. Der Gebührenstreitwert richtet sich nach § 48 Abs. 1 S. 1 GKG iVm §§ 3 ff. ZPO. Bestimmend ist danach allein das Interesse der klagenden Partei. Bei Ermittlung des Interesses ist nicht allein auf den Wortlaut des Klageantrags abzustellen, sondern durch Auslegung der wirkliche Wille des Klägers (§ 133 BGB) zu ermitteln. Zu den Einzelheiten s. Toussaint/*Elzer* ZPO § 3 Rn. 23 „WEG-Streitigkeiten". Da es um dieselbe Störung geht, dürfte bei der hier vorliegenden subjektiven Klagehäufung wirtschaftliche Identität vorliegen (Toussaint/*Elzer* GKG § 39 Rn. 18).

7. → Form. II.J.1 Anm. 41.

8. → Form. II.J.1 Anm. 11.

9. S. zunächst → Form. I.D.6 Anm. 5. Wohnungseigentümer untereinander haben Anspruch auf Unterlassung jeglicher Lärmbelästigungen, die über das zumutbare Maß (§ 14 Abs. 1 Nr. 2, Abs. 2 Nr. 1 WEG) hinausgehen u. die durch sie selbst verursacht werden (BGH NJW 2015, 1442 Rn. 5).

Um zulässig zu sein, muss die Unterlassungsklage – wie die auf ein Tun gerichtete Leistungsklage – den Voraussetzungen des in § 253 Abs. 2 Nr. 2 ZPO formulierten Bestimmtheitsgebots genügen. Es bedarf also einer genauen, das Gericht nach § 308 ZPO bindenden Angabe des Streitgegenstandes, die mit einem hinreichend bestimmten Sachantrag korrespondiert (*Schmitt-Gaedke/Arz* JuS 2015, 126 (128)).

In einem Antrag auf Vornahme von Handlungen, mit denen ein bestimmter Erfolg erreicht werden soll, muss der Kläger allerdings nur den angestrebten Erfolg bestimmt bezeichnen. Er darf die Auswahl zwischen verschiedenen, zur Herbeiführung des Erfolges geeigneten Mitteln dem Schuldner überlassen (BGH NJW-RR 1996, 659 unter I) u. ist hierzu sogar verpflichtet, wenn es sich – wie hier – um einen Anspruch auf Beseitigung einer Störung handelt (BGH NJW-RR 2021, 401 Rn. 10). Wegen der Besonderheiten der immissionsrechtlichen Unterlassungsklage sind in diesem Bereich Klageanträge mit dem Gebot, allgemein Störungen bestimmter Art, bspw. Geräusche u. Gerüche, zu unterlassen, mithin zulässig (BGH NJW 1993, 1656 unter I. 2; NJW 1958, 1776 unter II. 1.).

Der Kläger sollte indes die zu unterlassende Beeinträchtigung u. die Grenze des zulässigen Lärms möglichst genau beschreiben, auch wenn es vielfach unmöglich ist, mit Worten das Maß unzulässiger Einwirkungen so zu bestimmen, dass der Beeinträchtigte hinreichend geschützt wird u. nicht schon eine geringfügige Änderung der Einwirkung trotz einer fortdauernden nicht zu duldenden Belästigung das Verbot hinfällig macht. Die hier gewählten Dezibel-Werte orientieren sich an den Richtwerten der Technischen Anleitung zum Schutz gegen Lärm – TA Lärm – für Immissionsorte innerhalb von Gebäuden (s. a. LG Hamburg ZMR 2018, 391). Denn die Einhaltung der einschlägigen Richtwerte der TA Lärm indiziert nach § 906 Abs. 1 S. 2u. S. 3 BGB die Unwesentlichkeit einer Lärmbeeinträchtigung (BGH ZfBR 2021, 155 Rn. 10), während die Überschreitung der Richtwerte die Wesentlichkeit der Beeinträchtigung indiziert (BGH ZfBR 2021, 155 Rn. 10; NZM 2020, 811 Rn. 34). Die Grenze der im Einzelfall zumutbaren Geräuschbelästigung kann aber nicht mathematisch exakt, sondern nur aufgrund wertender Beurteilung festgesetzt werden. Wann eine wesentliche Beeinträchtigung vorliegt, beurteilt sich nach dem Empfinden eines verständigen Durchschnittsmenschen u. dem, was diesem unter Würdigung anderer öffentlicher u. privater Belange zuzumuten ist. Von der indiziellen Bedeutung der Richtwertüberschreitung nach § 906 Abs. 1 S. 2u. S. 3 BGB ist deshalb abzuweichen, wenn besondere Umstände des Einzelfalls dies gebieten (BGH ZfBR 2021, 155 Rn. 10; NZM 2020, 811 Rn. 34). Deshalb kann eine von dem Nachbarn nicht hinzunehmende wesentliche Beeinträchtigung auch bei Einhaltung der einschlägigen Richtwerte vorliegen. Denn die Lästigkeit eines Geräuschs, die rechtlich für das Immissionsrecht entscheidend ist, hängt nicht allein von Messwerten (zumal von Mittelungspegeln), sondern von einer Reihe anderer Umstände ab, für die es auf das eigene Empfinden des Tatrichters ankommt (BGH ZfBR 2021, 155 Rn. 10).

Sehr üblich ist daneben eine Ausrichtung an DIN-Vorschriften (BGH NJW 2015, 1442 Rn. 7; NJW 2012, 2725 Rn. 9). Zur Frage, wann Lärmbelästigungen als ein das in § 14 Abs. 1 Nr. 2, Abs. 2 WEG bestimmte Maß überschreitender Nachteil (zum Begriff → Form. II.J.12 Anm. 13) zu werten sind, vgl. ferner OLG Düsseldorf NZM 2008, 288 (290); OLG Schleswig OLG-Report 2007, 935; LG Lüneburg ZWE 2014, 49; AG Reutlingen ZWE 2013, 169.

10. Die nach § 890 Abs. 2 ZPO notwendige Androhung eines Ordnungsmittels kann bereits in dem die Verpflichtung aussprechenden Urteil enthalten sein. Wird der Antrag im Erkenntnisverfahren vergessen, ist die Androhung im Rahmen der Zwangsvollstreckung auf Antrag des Gläubigers von dem Prozessgericht des ersten Rechtszuges zu erlassen, § 890 Abs. 2 ZPO. S. a. → Form. I.D.6 Anm. 6.

11. → Form. II.J.1 Anm. 17.

12. → Form. II.J.1 Anm. 18.

13. → Form. II.J.1 Anm. 21, → Form. II.J.11 Anm. 13.

14. Nach hM ist gem. §§ 3 u. 8 WEG für jedes Sondereigentum zu bestimmen, ob es der Nutzung als Wohnung (Wohnungseigentum) oder ob es nicht Wohnzwecken dienen soll (Teileigentum) (BayObLG WE 1994, 153; *Rapp* MittBayNot 1998, 77; aA KG NJW-RR 2011, 517 (518); WuM 2008, 165). Diese Einordnung ist nach hM allerdings nur eine schuldrechtliche Bestimmung iSv § 10 Abs. 1 S. 2 WEG (BGH NJW 2018, 41 Rn. 6; NJW-RR 2012, 1036 Rn. 9).

15. Gebraucht der Mieter das gemeinschaftliche Eigentum in einer Weise, die die Grenzen des § 906 BGB überschreitet oder gegen § 10 Abs. 1 S. 2 WEG und/oder § 19 Abs. 1 WEG verstößt, können die anderen Wohnungseigentümer gegen den vermietenden Sondereigentümer, aber auch unmittelbar gegen den Mieter vorgehen u. Unterlassung verlangen (BGH NZG 2021, 113 Rn. 27; NZM 2020, 107 Rn. 13). Was dem Mieter mietrechtlich erlaubt ist, ist unerheblich. Durch eine bloß schuldrechtliche Regelung (Mietvertrag) können die nach § 1004 BGB ua sachenrechtlich geschützten Eigentümerpositionen der anderen Wohnungseigentümer nicht wirksam eingeschränkt werden. Eine Bindung der anderen Wohnungseigentümer an einen von ihren Gebrauchsbestimmungen abweichenden Mietvertrag scheitert schon an dem allgemeinen Grundsatz, dass der Vermieter keine Verträge zulasten Dritter schließen u. keine Rechte vermitteln kann, die er selbst nicht hat.

Nach hM sind Drittnutzer auch schuldrechtlichen Benutzungsvereinbarungen u. Benutzungsbeschlüssen unterworfen. Zwischen den verschiedenen Benutzungsbestimmungen ist kein Unterschied zu machen. Daher ist zB ein Mieter an die Haus- u./oder Gemeinschaftsordnung gebunden (BGH NZM 2020, 664 Rn. 20; LG Hamburg ZMR 2012, 354; *Jacoby* ZWE 2012, 70 (73)). Andere wollen nur dem Gesetz, verdinglichten

Vereinbarungen u. auf einer Öffnungsklausel beruhenden Entscheidungen eine dingliche Wirkung beimessen (*Armbrüster/Müller* ZMR 2007, 321 (323)). Nach noch aA kann vom Mieter die Unterlassung einer Störung (dort: Hundehaltung) nicht aufgrund eines Beschlusses verlangt werden (LG Nürnberg-Fürth ZMR 2010, 69; AG Hannover ZMR 2010, 153).

16. Jeder Wohnungseigentümer hat dafür zu sorgen, dass die in § 14 Abs. 1 Nr. 1 WEG genannten Pflichten der Wohnungseigentümer untereinander auch durch die Personen eingehalten werden, denen er die Benutzung seines Wohnungseigentums ganz oder teilweise überlässt (PWW/*Elzer/Riecke* WEG § 14 Rn. 17; s.a. OLG Frankfurt a.M. ZWE 2012, 35).

17. Die Mit- oder der Alleineigentümer können über die Bestimmung eines Sondereigentums als Wohnungs- oder Teileigentum gem. §§ 5 Abs. 4, 10 Abs. 1 S. 2, 19 Abs. 1 WEG (→ Anm. 15) hinaus weitergehende Einschränkungen der Benutzung u. damit eine Konkretisierung des nach § 14 Abs. 1 Nr. 2, Abs. 2 Nr. 1 WEG erlaubten Gebrauchs bestimmen (→ Form. II.J.11 Anm. 17). Einerseits können sie nach § 10 Abs. 1 S. 2 WEG Vereinbarungen zum Gebrauch treffen. Anderseits besteht für eine Benutzungsbestimmung nach § 19 Abs. 1 WEG aber auch eine Beschlusskompetenz.

Nach § 10 Abs. 1 S. 2 WEG kann zB bestimmt sein, dass ein Teileigentum nur als „Laden“ gebraucht werden darf (zum Gebrauch „Keller“ → Form. II.J.11 Anm. 17, 18). Nach allgemeinem Sprachgebrauch werden unter einem „Laden“ oder „Ladenraum“ Geschäftsräume verstanden, in denen ständig Waren zum Verkauf dargeboten werden, bei denen aber der Charakter einer (bloßen) Verkaufsstätte im Vordergrund steht (BGH NJW 2020, 921 Rn. 21). Das typische Geschäft für einen Laden ist der Warenkleinverkauf durch den Einzelhandel u. das Waren verkaufende Handwerk (OLG München GuT 2007, 40). Den Betrieb einer Gaststätte (BGH NJW 2020, 921 Rn. 21; NJW 2016, 53 Rn. 20) oder einer Bäckerei umfasst dies regelmäßig nicht. Der gewerbliche Gebrauch muss aber nicht zwingend nur in dem Betreiben eines Ladengeschäftes bestehen. Nach der herrschenden, typisierenden Betrachtungsweise (→ Form. II.J.11 Anm. 17, 18) ist auch ein Gebrauch zulässig, der die Wohnungseigentümer jedenfalls nicht mehr als ein Laden stört oder beeinträchtigt (KG KGReport Berlin 2007, 521).

Die Rspr. knüpft für die Frage einer Störung vor allem an die Öffnungszeiten u. die Lärm- u. Geruchsbeeinträchtigung an. Ob eine landesrechtliche Freigabe der Ladenöffnungszeiten dazu führt, dass die Bezeichnung als „Ladenraum“ im Sinn einer dynamischen Verweisung die Öffnung zur Nachtzeit erlaubt (verneinend AG Nürnberg ZWE 2015, 35) u. darüber hinaus bewirkt, dass bestimmte Arten von Gaststätten mit der Zweckbestimmung als Laden vereinbar sind, ist offen (BGH NJW 2016, 53 Rn. 20).

18. → Form. II.J.1 Anm. 23.

19. → Form. I.D.6 Anm. 1, 7. Tatbestandsvoraussetzung für einen auf § 14 Abs. 2 Nr. 1 WEG gestützten Abwehranspruch ist, dass ein Wohnungseigentümer die im Sondereigentum stehenden Gebäudeteile oder das gemeinschaftliche Eigentum entgegen dem Erlaubten (wieder) gebraucht. Eine Wiederholungsgefahr ist nicht erforderlich, da § 14 Abs. 2 Nr. 1 WEG ein eigenständiger schuldrechtlicher Anspruch ist (s. auch BGH NZM 2017, 37 Rn. 24; NJW 2015, 1442 Rn. 5).

20. → Form. II.J.1 Anm. 40, → Form. II.J.2 Anm. 20.

21. § 253 Abs. 3 Nr. 1 ZPO.

22. → Form. II.J.1 Anm. 43.

Kosten und Gebühren

23. → Form. II.J.1 Anm. 44–46.

Rechtsmittel

24. Zum Wohnungseigentümer: → Form. II.J.1 Anm. 47, 48. Zum Mieter: Stellt der Rechtsstreit im Verhältnis zum Mieter keine WEG-Sache dar, richtet sich die Zuständigkeit für den Mieter dennoch nach § 72 Abs. 2 GVG, wenn die Entscheidung erster Instanz Wohnungseigentümer u. Mieter betrifft (*Elzer* ZfIR 2014, 703). Ungeklärt ist, was gilt, wenn der Wohnungseigentümer bereits vor der Entscheidung in erster Instanz ausgeschieden ist (BGH NJW-RR 2014, 1107 Rn. 7). Nahe liegt, auch dann § 72 Abs. 2 GVG anzuwenden (*Elzer* ZfIR 2014, 703).

6. Beschlussersetzungsklage

An das Amtsgericht[1]
Abteilung für Wohnungseigentumssachen[2]

Klage[3]

Wohnungseigentümer A., X.-Straße Nr. . . . . ., (PLZ, Ort),
– Kläger[4] –
Prozessbevollmächtigter: V., W.-Straße Nr. . . . . ., (PLZ, Ort),
gegen
Gemeinschaft der Wohnungseigentümer X.-Straße Nr. . . . . ., ... (PLZ, Ort), gemeinschaftlich vertreten durch Wohnungseigentümer, namentlich aufgeführt in der anliegenden Eigentümerliste,
– Beklagte[5] –
wegen Ausfalls des Selbstorganisationsrechts der Wohnungseigentümer[6]
vorläufiger Gebührenstreitwert:[7] . . . . .

Unter Einzahlung eines Kostenvorschusses von . . . . . EUR[8] beantrage ich im Namen und mit Vollmacht[9] des Klägers:

1. **Das Gericht soll für die Gemeinschaft der Wohnungseigentümer X.-Straße Nr. . . . . ., ...) eine Person ab dem (Nennung des Datums) zum Verwalter bestellen.[10]**
2. **Die Kosten des Rechtsstreits werden der Beklagten auferlegt.[11]**
3. **Für den Fall, dass das Gericht ein schriftliches Vorverfahren anordnet und die Beklagten ihre Verteidigungsbereitschaft nicht rechtzeitig anzeigen, den Erlass eines Versäumnisurteils.[12]**

Begründung[13]

Kläger und Beklagte sind Miteigentümer der Wohnungseigentumsanlage X.-Straße Nr. . . . . ., ... (PLZ, Ort). Die Parteien haben die Wohnungseigentumsanlage seit der Entstehung im Jahre . . . . . reihum selbst verwaltet.[14] Jetzt ist es über die Führung der Verwaltung und die Ordnungsmäßigkeit der Verwaltung zu Streit gekommen. Auf zwei Versammlungen, zuletzt in der vom . . . . ., haben sich die Wohnungseigentümer mit dem Beschlussantrag des Klägers, einen Verwalter zu bestellen, befasst. Ein Beschluss kam jeweils nicht zustande.[15, 16]

Beweis: Versammlungsniederschrift vom . . . . . und vom . . . . . in Fotokopie.

Der Kläger schlägt folgende Personen für das Verwalteramt vor, die jeweils ihre Bereitschaft erklärt haben, dieses zu übernehmen: . . . . . .[17] Für jede dieser Personen legt der Kläger als Anlage deren Verwalterverträge in Entwurf vor (die Anlagen K 1, K 2 und K 3).[18]

Beglaubigte und einfache Abschrift liegen an.[19]

Der Klageerhebung ist kein Versuch einer Mediation oder eines anderen Verfahrens der außergerichtlichen Konfliktbeilegung vorausgegangen. Einem solchen Verfahren stehen keine Gründe entgegen.[20]

Rechtsanwalt[21, 22, 23]

Anmerkungen

1. Der Streit, ob u. ggf. welcher Verwalter zu bestellen ist, ist eine Streitigkeit über die sich aus der Gemeinschaft der Wohnungseigentümer u. aus der Verwaltung des gemeinschaftlichen Eigentums ergebenden Rechte u. Pflichten der Wohnungseigentümer untereinander. Nach § 43 Abs. 2 Nr. 1 WEG ist deshalb örtlich ausschließlich zuständig das Gericht, in dessen Bezirk das Grundstück liegt. Zur sachlichen Zuständigkeit → Form. II. J.1 Anm. 1.

2. → Form. II.J.1 Anm. 2.

3. Unterbleibt eine iSv § 44 Abs. 2 S. 2 WEG „notwendige" Beschlussfassung (→ Anm. 13), kann das Gericht auf Klage eines Wohnungseigentümers diesen Beschluss fassen (Beschlussersetzungsklage). Da die gerichtliche Entscheidung für ihre vollen Wirkungen noch der Rechtskraft bedarf (BGH NZM 2018, 401 Rn. 12; NJW 2013, 2271 Rn. 21; NJW 2011, 3025 Rn. 11) und diese durch Rechtsmittel bedroht sein kann, kann es sich anbieten, die Beschlussersetzungsklage mit einem Antrag auf Erlass einer einstweiligen Verfügung nach §§ 935, 940 ZPO mit dem Antrag, bis zum rechtskräftigen Abschluss des Hauptsacheverfahrens einen Verwalter zu bestellen, zu „flankieren" (BGH NJW 2018, 3305 Rn. 23; NZM 2014, 312 Rn. 19; BGH NJW 2011, 3025 Rn. 11).

Streitig ist, auf welche Art u. Weise die Beschlussersetzungsklage u. eine Leistungsklage gegen die Gemeinschaft der Wohnungseigentümer abzugrenzen sind, zB bei der Erzwingung einer vereinbarten Zustimmung, bei einem Anspruch auf einen Beschluss nach § 20 Abs. 3 WEG und wenn der Verwalter nach § 27 Abs. 1, Abs. 2 WEG ohne Beschluss handeln kann. Maßgeblich ist nach einer Ansicht, ob nach materiellem Recht eine Regelung beschlossen werden könnte (*Hogenschurz* MietRB 2021, 155 (158)). Andere stellen demgegenüber darauf ab, ob beschlossen werden muss (*DSZ* WEG-Recht 2021 Kap. 14 Rn. 149). Die zweite Ansicht ist überzeugender (BeckOK/*Elzer* WEG § 44 Rn. 192).

4. Kläger kann jeder Wohnungseigentümer sein, auch der iSv § 8 Abs. 3 WEG „werdende". Die Gemeinschaft der Wohnungseigentümer ist nicht prozessführungsbefugt, auch nicht, wenn sie selbst Wohnungseigentümerin ist. Sie wäre Kläger u. Beklagter. Auch der Verwalter oder ein Dritter sind nicht berechtigt, eine Beschlussersetzungsklage zu erheben.

5. Beklagte einer Beschlussersetzungsklage ist nach § 44 Abs. 2 S. 1 WEG die Gemeinschaft der Wohnungseigentümer. Die Gemeinschaft der Wohnungseigentümer wird nach § 9b Abs. 1 S. 1 WEG grds. durch den Verwalter gerichtlich u. außergerichtlich vertreten. Hat – wie im Fall – die Gemeinschaft der Wohnungseigentümer allerdings keinen Verwalter, wird sie nach § 9b Abs. 1 S. 2 WEG durch die Wohnungseigentümer gemeinschaftlich vertreten. Da der Kläger denklogisch einer der Gesamtvertreter ist u. damit entsprechend § 181 BGB an einer Mitvertretung gehindert ist, wird teilweise angenommen, die Gemeinschaft der Wohnungseigentümer sei deshalb prozessunfähig (*Lehmann-Richter/Wobst* NJW 2021, 662 Rn. 36). Nach aA wird die Gemeinschaft der Wohnungseigentümer in diesem Falle durch die verbleibenden Wohnungseigentümer vertreten (LG Frankfurt a.M. BeckRS 2021, 20053 Rn. 20; ZWE 2021, 185 Rn. 13; *Suilmann* ZWE 2021, 246 (247); BeckOGK/WEG *Skauradszun* § 44 Rn. 64; *Hügel/Elzer* WEG § 44 Rn. 39).

Das Form. folgt der hM. Folgt man der Minderansicht, müssten die Wohnungseigentümer einen Verwalter bestellen. Bestellen sie keinen Verwalter, was anzunehmen ist, hat das Gericht auf Antrag des Klägers gem. § 57 Abs. 1 ZPO einen Prozesspfleger einzusetzen. Fraglich ist, wer sein Ansprechpartner aufseiten der Gemeinschaft der Wohnungseigentümer ist. Der Rechtsanwalt des Klägers kann das Gericht um einen Hinweis nach § 139 ZPO bitten oder bereits vorsorglich die Bestellung eines Prozesspflegers beantragen.

„Sieht das Gericht die Beklagte als prozessunfähig an, weil der Kläger als einer der Gesamtvertreter an einer Vertretung gehindert ist, wird beantragt, der Beklagten gem. § 57 Abs. 1 ZPO einen besonderen Vertreter zu bestellen".

Folgt man der zurzeit hM, ist allerdings fraglich, ob das Gericht die Klage nach § 170 Abs. 3 ZPO einem Wohnungseigentümer zustellen kann (bejahend LG Frankfurt a.M. BeckRS 2021, 20053 Rn. 22). Für diesen Wohnungseigentümer bestünde dann aber keine Pflicht, die anderen Gesamtvertreter der Gemeinschaft der Wohnungseigentümer zu benachrichtigen (*Elzer* MDR 2021, 334 Rn. 25; *Lehmann-Richter/Wobst* Rn. 1926; aA *Dötsch/Schultzky/Zschieschack* Kapitel 14 Rn. 72). Da dann aber der Sinn u. Zweck des § 44 Abs. 2 S. 2 WEG leer liefe, ist das Gericht ggf. als verpflichtet anzusehen, von § 170 Abs. 3 ZPO keinen Gebrauch zu machen u. die Beschlussklage allen Wohnungseigentümern mit Ausnahme des oder der klagenden Wohnungseigentümer zuzustellen (*Elzer* MDR 2021, 334 Rn. 25). IÜ kann der zufällig als Adressat bestimmte Wohnungseigentümer grds. nichts zur Verteidigung der Gemeinschaft der Wohnungseigentümer tun: er allein kann die Gemeinschaft der Wohnungseigentümer jenseits von § 18 Abs. 3 WEG nicht vertreten. Möglich ist allerdings eine Streithilfe.

6. → Form. II.J.1 Anm. 10.

7. Der Gebührenstreitwert einer Beschlussersetzungsklage ist nach § 49 S. 1 GKG auf das Interesse aller Wohnungseigentümer an der Entscheidung festzusetzen, darf allerdings den siebeneinhalbfachen Wert des Interesses des Klägers u. der auf seiner Seite Beigetretenen sowie den Verkehrswert ihres Wohnungseigentums nicht übersteigen, § 49 S. 2 GKG (zu den Einzelheiten Toussaint/*Elzer* GKG § 49).

Bei der Feststellung des Interesses an einer Bestellung, soll nach hM an die auf die gesamte Vertragslaufzeit entfallende Verwaltervergütung angeknüpft werden können (BGH BeckRS 2021, 10854 Rn. 6; NJW 2016, 3104 Rn. 4; sachgerechter erscheint, an das Interesse anzuknüpfen, einen „Verwalter zu haben", vgl. *Elzer* NZM 2008, 432 (433)). Folgt man der hM, wird idR § 49 S. 2 GKG maßgeblich und auf den siebeneinhalbfachen Wert seines Interesses abzustellen sein (= Vergütungsanteil des klagenden Wohnungseigentümers x Laufzeit des Verwaltervertrags [= Bestellungszeit]).

8. → Form. II.J.1 Anm. 41.

9. → Form. II.J.1 Anm. 11.

10. Bei der Formulierung des Klageantrages ist zu beachten, dass das Beschlussersetzungsurteil nicht die zur Annahme eines Beschlussantrags fehlenden Stimmen ergänzt, sondern selbst regelt, was gilt. Er ist daher darauf zu richten, dass das Gericht im Wege der Gestaltung anstelle der Wohnungseigentümer einen Beschluss fasst. Ein auf Zustimmung zu einem Beschlussantrag (oder auf Zustimmung der übrigen Wohnungseigentümer zu der Durchführung einer bestimmten Maßnahme) gerichteter Klageantrag ist idR als Gestaltungsantrag iSv § 44 Abs. 1 S. 2 WEG auszulegen (BGH NZM 2018, 611 Rn. 6; 2016, 523 Rn. 18u. Rn. 19).

Bei der Formulierung des Beschlussersetzungsantrags genügt die Angabe eines Rechtsschutzzieles (BGH ZWE 2017, 224 Rn. 11; NJW 2017, 64 Rn. 7; NZM 2016, 523 Rn. 19; NJW 2013, 2271 Rn. 23), also die grobe Schilderung des Beschlussinhaltes, auf den die Beschlussersetzungsklage zielt.

„Das Gericht soll für die Außenanlagen [oder Stellplätze] der Wohnungseigentumsanlage (genaue Nennung) eine Benutzungsregelung schaffen".

Der Kläger kann den angestrebten Beschluss allerdings auch beispielhaft nennen u. ausformulieren (so etwa *Lehmann-Richter/Wobst* Rn. 1868). Er sollte dann aber klarstellen, dass die Ausformulierung exemplarisch ist. Jede Ausformulierung ist grds. so zu verstehen (*Hügel/Elzer* WEG § 44 Rn. 197)

Eine Beschränkung der Rechte u. Pflichten des Verwalters sollte nicht in den Antrag aufgenommen werden. Etwa für eine nach hM mögliche Begrenzung der Amtszeit des Verwalters besteht kein Anlass (BayObLG NJW-RR 1989, 461). Bei gerichtlicher Bestellung eines Verwalters ist vom Gesetz weder vorgesehen, dass der Richter diesen Verwalter zur baldigen Abhaltung einer Versammlung zur Neuwahl eines „ordentlichen" Verwalters zu verpflichten hat, noch wird vom Gesetz eine gerichtliche Begrenzung der Amtszeit verlangt. Umgekehrt überschreitet das Gericht sein Rechtsfolgeermessen, wenn es ohne sachliche Notwendigkeit die gesetzlich geregelten Kompetenzen des Verwalters erweitert (OLG München NZM 2007, 649).

Im Rahmen der Entscheidung hat das Gericht den Grundsatz der Verhältnismäßigkeit zu wahren u. darf nicht ohne Grund in die Privatautonomie der Wohnungseigentümer eingreifen, indem es Regelungen trifft, die deren Entscheidungsfreiheit über das erforderliche Maß hinaus einschränken. Ebenso wie die Wohnungseigentümer bei ihrer Beschlussfassung hat das Gericht bei Abfassung des Urteilstenors, die materiellen Vorgaben des Wohnungseigentumsgesetzes u. namentlich das Gebot ordnungsmäßiger Verwaltung zu beachten (BGH NZM 2018, 401 Rn. 10).

11. Die Kosten sollten danach verteilt werden, inwieweit das Rechtsschutzziel des Klägers Erfolg hatte. Hat ein Wohnungseigentümer einen Anspruch auf einen konkreten Beschluss, ist die Kostengrundentscheidung daher idR nach § 91 Abs. 1 S. 1 ZPO zu treffen. Ist hingegen eine Ermessensentscheidung zu treffen, ist § 92 Abs. 2 Nr. 2 ZPO entsprechend anzuwenden (BR-Drs. 168/20, 90). Vorstellbar u. im Einzelfall sinnvoll ist es dann, dass das Gericht für außergerichtliche u. gerichtliche Kosten differenziert u. zB nur die Gerichtskosten einer Partei auferlegt (s. a. *Schmid* DWE 2011, 114 (116)). Vorstellbar ist auch eine Kostenteilung oder eine Kostenaufhebung entsprechend § 92 Abs. 1 S. 1 ZPO.

12. → Form. II.J.1 Anm. 18. Wie → Anm. 5 dargestellt, ist noch unklar, ob die verwalterlose Gemeinschaft der Wohnungseigentümer bei einer Beschlussersetzungsklage prozessunfähig ist u. wer sie vertreten kann. Durch die Gesamtvertretung wird es häufig, ggf. sogar idR keine wirksame Verteidigungsanzeige geben.

13. Soweit die Verwaltung des gemeinschaftlichen Eigentums u. die Benutzung des gemeinschaftlichen Eigentums u. des Sondereigentums nicht durch eine Vereinbarung geregelt sind u. der Verwalter nicht nach § 27 Abs. 1 WEG allein handeln kann, beschließen die Wohnungseigentümer nach § 19 Abs. 1 WEG über eine ordnungsmäßige Verwaltung u. Benutzung. Kommt es zu keinem Beschluss, ist er aber notwendig, bedarf es einer Klage, einen Beschluss subsidiär durch das Gericht fassen zu lassen.

Diese Klage ist die in § 44 Abs. 1 S. 2 WEG geregelte Beschlussersetzungsklage. Sie ermöglicht es dem Gericht, anstelle der Wohnungseigentümer einen notwendigen Beschluss zu fassen. Möglich ist jede denkbare Entscheidung in Bezug auf die Verwaltung des gemeinschaftlichen Eigentums oder die Benutzung des gemeinschaftlichen Eigentums u./oder des Sondereigentums, die durch Beschluss zu fassen ist.

Das Gericht gibt einer zulässigen Beschlussersetzungsklage statt, wenn der vom Kläger begehrte Beschluss „notwendig" ist. Ein Beschluss ist notwendig, wenn der Kläger einen Anspruch auf den Beschluss hat (BR-Drs. 168/20, 92). Ein Wohnungseigentümer hat auf einen Beschluss einen Anspruch, wenn sein Gegenstand noch nicht durch Gesetz, Vereinbarung oder Beschluss geregelt ist, seine Fassung aber ordnungsmäßiger Verwaltung entspricht u. er zum Zeitpunkt der mündlichen Verhandlung zwingend ansteht. Entsprechendes gilt, wenn es um andere Maßnahmen geht, die in der Verantwortung der Gemeinschaft der Wohnungseigentümer stehen, zB die Durchsetzung von Schadenersatzansprüchen. Besteht Ermessen, den Beschluss erst zu einem späteren Zeitpunkt zu fassen, ist die Klage als derzeit unbegründet abzuweisen.

Ein Anspruch auf einen Beschluss ist in seltenen Fällen vorstellbar, wenn die Wohnungseigentümer kein Ermessen haben, ihn nicht zu fassen. Ein Anspruch auf einen Beschluss ist weiter vorstellbar, wenn die Wohnungseigentümer für einen Beschluss zwar ein Ermessen haben, sich ihr Entschließungs- u. auch ihr Auswahlermessen aber ausnahmsweise bereits auf einen konkreten Beschlussinhalt verengt haben. Ein Anspruch auf einen Beschluss ist vor allem aber dann vorstellbar, wenn sich zwar das Entschließungsermessen der Wohnungseigentümer, eine Entscheidung zu treffen, bereits auf ein Tun verengt hat, nicht aber ihr Auswahlermessen. Dieser Fall ist in Praxis u. Theorie der häufigste.

14. § 18 Abs. 2 Nr. 1 WEG gibt jedem Wohnungseigentümer einen Anspruch auf Bestellung einer geeigneten Person zum Verwalter. Dieser Anspruch kann nach Vorbefassung der Wohnungseigentümer eingeklagt werden (BGH NJW 2018, 3305 Rn. 23; NJW 2011, 3025 Rn. 11). Dies gilt auch in einer Zweiergemeinschaft (LG Frankfurt a. M. ZWE 2017, 231).

Die Bestellung eines Verwalters entspricht stets ordnungsmäßiger Verwaltung (*Hügel/Elzer* WEG § 26 Rn. 117; s. a. BGH NZM 2019, 630 Rn. 17: „jedenfalls in einer größeren Wohnungseigentumsanlage"; aA *Heinemann* MietRB 2013, 224 (225); ohne Stellungnahme LG Frankfurt a. M. ZWE 2017, 231). Dies ist aus den Bestimmungen abzuleiten, die wie §§ 9b Abs. 1 S. 1, 24, 27 Abs. 1, 28 WEG einen Verwalter voraussetzen, u. ist jedenfalls Gewohnheitsrecht u. folgt jetzt auch aus § 19 Abs. 2 Nr. 6 WEG (*Hügel/Elzer* WEG § 26 Rn. 117).

15. Der Kläger hätte nach hM diese „Negativbeschlüsse" anfechten können. Dazu bestand aus prozessualer Sicht aber kein Anlass. Ein Negativbeschluss lässt die Rechtslage unverändert. Ein Negativbeschluss entfaltet gegen eine erneute Beschlussfassung über denselben Gegenstand keine Sperrwirkung (BGH NJW-RR 2019, 976 Rn. 16; NJW 2015, 3713 Rn. 13; NJW 2012, 1722 Rn. 5). Ein ablehnender Beschluss kann einem späteren Verpflichtungsantrag nicht entgegengehalten werden, weil er sich in der Ablehnung eines Beschlussantrags erschöpft (OLG München NZM 2007, 522 (523)).

16. Die Klage nach § 44 Abs. 1 S. 2 WEG ist zweifach „subsidiär". Zum einen ist sie nur möglich, wenn sich die notwendige Entscheidung nicht bereits aus dem Gesetz ergibt (→ Anm. 13). U. zum anderen ist sie nur möglich, wenn die Wohnungseigentümer nicht selbst durch eine Vereinbarung oder einen Beschluss eine Entscheidung getroffen haben. Der Kläger muss daher zunächst versucht haben, eine Entscheidung der Wohnungseigentümer herbeizuführen.

Fehlt es hieran, fehlt für die Klage das Rechtsschutzbedürfnis (BGH NJW-RR 2019, 909 Rn. 13; NJW 2018, 1749 Rn. 14). Eine Ausnahme besteht, wo eine vorherige Befassung unnötige „Förmelei" wäre (BGH NJW 2017, 64 Rn. 8; NJW 2015, 613

Rn. 7). Dies ist der Fall, wenn auf Grund besonderer Umstände feststeht, dass das Begehren des den Antrag stellenden Miteigentümers in einer Versammlung mit Sicherheit keine Mehrheit gefunden hätte (KG ZMR 1999, 509; BayObLG NJW-RR 1986, 445). Anders verhält es sich bereits, wenn etwa auf Grund des Fehlverhaltens des Versammlungsleiters eine ordnungsmäßige, eine Diskussion aller stimmberechtigten Eigentümer ermöglichende Eigentümerversammlung nicht stattgefunden hat, aus einer gewissen zeitlichen Verzögerung keine ernstlichen Nachteile zu befürchten sind u. dem Antragsteller deshalb eine nochmalige Befassung der Eigentümerversammlung zugemutet werden kann (KG NJW-RR 1989, 976).

17. Eine besondere Sachurteilsvoraussetzung der Beschlussersetzungsklage, die eine Ausprägung des Beibringungsgrundsatzes darstellt, ist die folgende: Der Kläger muss dem Gericht – ggf. nach Hinweis gem. § 139 ZPO – eine ausreichende tatsächliche „Schätzgrundlage" für eine richterliche Ermessensentscheidung verschaffen (LG Frankfurt a.M. ZWE 2020, 56 Rn. 13; LG Dortmund ZWE 2016, 32), wenn er nicht Anspruch auf einen konkreten Beschluss hat (→ Anm. 13). Denn im ZPO-Verfahren obliegt es der klagenden Partei, den Prozessstoff darzustellen. Ihm ist eine Amtsermittlung grundsätzlich unbekannt. Muss das Gericht nach § 44 Abs. 1 S. 2 WEG ein Ermessen ausüben, ist es mithin am Kläger, die für diese Ermessensentscheidung erforderlichen Tatsachen beizubringen (LG Dortmund ZMR 2017, 259; ZWE 2017, 143).

18. Der Kläger muss die Ermessensentscheidung so vorbereiten, als wären die Wohnungseigentümer selbst mit dem Gegenstand befasst. Ihn entlastet nicht, dass es in der Versammlung grundsätzlich Aufgabe der Gemeinschaft der Wohnungseigentümer wäre, die entsprechenden Informationen zu geben oder zu organisieren. Ein die gerichtliche Ermessensentscheidung vorbereitender Vortrag des Klägers ist nur entbehrlich, wenn auch die Wohnungseigentümer ihn nicht benötigen würden. Im Einzelfall kann ferner die Gemeinschaft der Wohnungseigentümer nach den Grundsätzen der sekundären Darlegungslast weiteren Vortrag schulden. Kommt der klagende Wohnungseigentümer seinen Pflichten auch nach Hinweis (§ 139 ZPO) u. einer angemessenen Fristsetzung entsprechend § 356 ZPO nicht nach, ist die Klage in Ermangelung eines dann nicht mehr bestehenden Rechtsschutzbedürfnisses zu verwerfen (so auch LG Hamburg ZMR 2016, 724), jedenfalls aber als unbegründet abzuweisen.

Geht es um die Bestellung einer Person zum Verwalter, müssen daher Personen vorgeschlagen u. muss dargelegt werden, dass diese bereit sind, sich bestellen zu lassen (LG Frankfurt a.M. ZWE 2020, 56 Rn. 13; LG Hamburg ZMR 2016, 724; LG Dortmund ZMR 2016, 387 (388)); ferner sind dem Gericht nach hM die jeweiligen Konditionen des Verwaltervertrags vorzustellen (LG Frankfurt a.M. ZWE 2020, 56 Rn. 13; LG Dortmund ZMR 2016, 387 (388)).

19. → Form. II.J.1 Anm. 39.

20. § 253 Abs. 3 Nr. 1 ZPO.

21. → Form. I.D.1 Anm. 24.

Kosten und Gebühren

22. → → Form. II.J.1 Anm. 44–46.

Rechtsmittel

23. S. zunächst → Form. II.J.1 Anm. 47, 48. Fraglich ist, ob die Kostenentscheidung isoliert angegriffen werden kann. Gem. § 99 Abs. 1 ZPO ist die Anfechtung einer Kostenentscheidung zwar unzulässig, wenn nicht gegen die Entscheidung in der Hauptsache ein Rechtsmittel eingelegt wird. Dies ist für eine Ermessensentscheidung nur über die Kosten ggf. aber nicht angemessen. Will sich eine Partei nur gegen die Kostenentscheidung wehren, böte es sich daher an, §§ 91a Abs. 2 S. 1, 99 Abs. 2 S. 1 ZPO analog anzuwenden (LG Nürnberg-Fürth WuM 2013, 434; *Dötsch* MietRB 2013, 244). Die hM lehnte das aber zu § 49 WEG aF ab (Bärmann/*Roth* WEG § 49 Rn. 13; Staudinger/*Lehmann-Richter* WEG § 49 Rn. 9).

7. Anfechtungsklage nach § 44 Abs. 1 S. 1 WEG mit Begründung (Nachschüsse)

An das Amtsgericht[1]
Abteilung für Wohnungseigentumssachen[2]
Klage[3]
Wohnungseigentümer A., X.-Straße Nr. . . . ., ... (PLZ, Ort),
– Kläger[4] –
Prozessbevollmächtigter: V., W.-Straße Nr. . . . ., ... (PLZ, Ort),
gegen
die Gemeinschaft der Wohnungseigentümer X.-Straße Nr. . . . ., ... (PLZ, Ort), vertreten durch den Verwalter B., Y.-Straße Nr. . . . ., ... (PLZ, Ort),[5]
– Beklagte –
Prozessbevollmächtigter: V., W.-Straße Nr. . . . ., ... (PLZ, Ort),[6]
wegen Ungültigkeit eines Beschlusses[7]
Vorläufiger Gebührenstreitwert:[8] . . . . .
Namens und in Vollmacht[9] des Klägers erhebe ich Klage und beantrage:[10]

1. **Der Beschluss der Versammlung vom . . . . . zum Tagesordnungspunkt . . . . . – Nr. . . . . der Beschluss-Sammlung der . . . . ., mit dem die Wohnungseigentümer die Nachschüsse für das Jahr . . . . . beschlossen haben, wird in Höhe von . . . . . für ungültig erklärt.[11, 20]**
2. **Der Beklagten werden die Kosten des Rechtsstreits auferlegt.[12]**
3. **Für den Fall, dass das Gericht ein schriftliches Vorverfahren anordnet und die Beklagten ihre Verteidigungsbereitschaft nicht rechtzeitig anzeigen, den Erlass eines Versäumnisurteils.**

Begründung[13]

I. Die Wohnungseigentümer haben in ihrer Versammlung am . . . . . zum Tagesordnungspunkt . . . . . nach § 28 Absatz 2 Satz 1 WEG mehrheitlich die Nachschüsse für das Jahr . . . . . beschlossen.[14]

Beweis: Versammlungsniederschrift vom . . . . . in Fotokopie.

II. Dieser Beschluss widerspricht einer ordnungsmäßigen Verwaltung iSv § 18 Abs. 2 WEG.[15] Denn der Kläger müsste bei einer richtigen Berechnung statt . . . . . nur . . . . . zahlen. Bei der Berechnung des Nachschusses in den Einzeljahresabrechnungen hat der Verwalter für die Kostenpositionen . . . . . und . . . . . die falschen Umlageschlüssel

eingesetzt.[16] Der Verwalter hat außerdem die Kosten in Höhe von . . . . . EUR für die Erhaltung von . . . . . allein auf den Kläger umlegt. Ein Umlageschlüssel, dass der Kläger diese Kosten der Gemeinschaft der Wohnungseigentümer allein tragen müsste, ist aber nicht erkennbar.[17] Der Verwalter hat auch folgende Einnahmen . . . . . nicht berücksichtigt.[18] IÜ ist nicht berücksichtigt worden, dass der Kläger in Höhe von . . . . . EUR und nicht nur in Höhe von . . . . . EUR Vorschüsse geleistet hatte.[19]

III. Sollte das Gericht die beantragte Teilanfechtung nicht für zulässig erachten, wird nach § 139 ZPO um einen Hinweis gebeten. Der Antrag ist in diesem Falle dahin gestellt und auszulegen, dass die Nachschüsse insgesamt angegriffen sind.[20]

Beglaubigte und einfache Abschrift liegen bei.[21]

Ein Kostenvorschuss von . . . . . ist eingezahlt.[22]

Der Klageerhebung ist kein Versuch einer Mediation oder eines anderen Verfahrens der außergerichtlichen Konfliktbeilegung vorausgegangen. Einem solchen Verfahren stehen keine Gründe entgegen.[23]

Rechtsanwalt[24, 25, 26, 27]

Anmerkungen

1. → Form. II.J.2 Anm. 1.

2. → Form. II.J.1 Anm. 2.

3. Das Formular stellt eine Anfechtungsklage mit Begründung vor. Der Angriff auf die nach § 28 Abs. 2 S. 1 WEG beschlossene Verpflichtung, Nachschüsse zu zahlen, war in der Praxis bislang der häufigste Angriff eines Wohnungseigentümers gegen einen Beschluss. Zu einer Anfechtung zunächst ohne Begründung → Form. II.J.2.

4. → Form. II.J.2 Anm. 4.

5. → Form. II.J.2 Anm. 5.

6. → Form. II.J.2 Anm. 6.

7. → Form. II.J.2 Anm. 7.

8. Geht der klagende Wohnungseigentümer gegen sämtliche nach § 28 Abs. 2 S. 1 WEG beschlossenen Nachschüsse vor, entspricht der Gebührenstreitwert nach § 49 S. 1 GKG der Summe aller Nachschüsse. Nach § 49 S. 2 GKG darf er aber den siebeneinhalbfachen Wert des Interesses des Klägers und der auf seiner Seite Beigetretenen sowie den Verkehrswert ihres Wohnungseigentums nicht übersteigen. Der Gebührenstreitwert entspricht damit idR dem siebeneinhalbfachen Wert des Nachschusses, den der Kläger nach § 28 Abs. 2 S. 1 WEG schuldet.

Beispiel:

Die Nachschüsse insgesamt belaufen sich auf 10.000 EUR. Nach § 49 S. 1 GKG sind 10.000 EUR als Gebührenstreitwert anzusetzen. Wenn der klagende Wohnungseigentümer aber nur 200 EUR als Nachschuss schuldet, ist der Gebührenstreitwert nach § 49 S. 2 GKG auf 1.500 EUR festzusetzen.

Der vorgeschlagene Antrag würde den Gebührenstreitwert abermals reduzieren: Nach § 49 S. 2 GKG ist nämlich nur der Betrag anzusetzen, der sich als Ergebnis einer Subtraktion zwischen dem beschlossenen und dem behaupteten Nachschuss ergibt. Beispiel: Der Nachschuss beläuft sich auch 200 EUR. Der klagende Wohnungseigentümer meint, nur 180 EUR zu schulden. Der Gebührenstreitwert beträgt damit 150 EUR (7,5x 20). Es ist ggf. vorstellbar, diesen Wert auch dann anzunehmen, wenn der ganze Nachschuss angegriffen wird, da das Interesse der klagenden Partei auch dann hinter dem Antrag zurückbleibt. Allerdings knüpft der BGH für die Beschwer idR an den bezifferten Wert und nicht das Interesse an (BGH NJW-RR 2021, 527 Rn. 11).

9. → Form. II.J.2 Anm. 9.

10. → Form. II.J.2 Anm. 10.

11. Inwieweit ein Beschl. v. Gericht zu überprüfen ist, bestimmt nach § 308 Abs. 1 ZPO der Antrag des Klägers. Dem Kläger ist es nach bislang hM möglich, nur einen „rechnerisch selbständigen u. abgrenzbaren Teil" der Abrechnung anzugreifen (BGH ZWE 2020, 246 Rn. 5; 2013, 47 Rn. 9; NJW 2011, 2202 Rn. 18; NJW 2010, 2127 Rn. 6). Hat der klagende Wohnungseigentümer zulässigerweise nur einen Teil des Beschlusses angegriffen, bleibt dieser dann iÜ unberührt (BGH NJW 2010, 2127 Rn. 18; NJW 2007, 1869 Rn. 12).

Unklar ist, ob dies auch auf die Nachschüsse und die Anpassung der Vorschüsse nach § 28 Abs. 2 S. 1 WEG zutrifft. Zum Teil wird diese Frage bejaht (*Hügel/Elzer* WEG § 28 Rn. 211). Die Einschränkung „rechnerisch selbständiger u. abgrenzbarer Teil" – u. damit eine teilweise Ungültigkeitserklärung – setze voraus, dass der unbeanstandet gebliebene Teil allein Bestand haben könnte u. anzunehmen ist, dass die Wohnungseigentümer ihn so beschlossen hätten (BGH NJW 2012, 2648 Rn. 15). Daran dürfte bei Nachschüssen eigentlich kein Zweifel bestehen. Danach wäre es möglich, den Beschluss nach § 28 Abs. 2 S. 1 WEG nur wegen eines Teils des gegen die klagende Partei gerichteten Nachschusses anzufechten. Würde die klagende Partei den ganzen Beschluss angreifen, müsste die Klage daher iÜ abgewiesen werden u. die klagende Partei müsste nach § 92 Abs. 1, Abs. 2 ZPO die Kosten ganz oder teilweise tragen.

Beispiel:

Alle Nachschüsse belaufen sich auf 10.000 EUR. Angepasste Vorschüsse gibt es nicht. Auf die klagende Partei entfällt ein Nachschuss von 500 EUR. Die klagende Partei meint, dieser müsse sich auf 410 EUR belaufen, da man Kosten von 100 EUR nicht auf alle 10 Wohnungseigentümer (jeder müsse dann 10 EUR tragen), sondern nur auf ihn umgelegt habe. Der Kläger könnte u. sollte den Beschluss dann nur iHv 90 EUR angreifen.

Nach aA ist allerdings eine Teilanfechtung nur in Bezug auf die Kostentragung u. die Nachschüsse auf die Rücklagen möglich (*Lehmann-Richter/Wobst* Rn. 884; SEHR/*Becker* § 7 Rn. 65), iÜ aber nicht. Nach einer weiteren Ansicht ist eine Teilanfechtung gar nicht möglich (*DSZ* Kap. 10 Rn. 100).

Es besteht die Möglichkeit, dass das Gericht der Minderansicht folgt und der klagenden Partei ganz oder überwiegend die Kosten des Rechtsstreits auferlegt. Das Formular folgt nach dem Gebot des sichersten Weges (BGH NJW 2009, 2949 Rn. 9) der Minderansicht. Da aber nicht absehbar ist, wie die Gerichte entscheiden, sollte um einen Hinweis gebeten werden (dazu näher → Anm. 20). Ferner wäre es möglich u. ggf. ebenso ratsam, die „Gesamtanfechtung" als Hilfsantrag zu formulieren.

Formulierungsvorschlag:

Hilfsweise für den Fall, dass das Gericht eine Teilanfechtung nicht für möglich u. als unzulässig erachtet, wird beantragt, den Beschluss der Versammlung vom . . . . . zum Tagesordnungspunkt . . . . . – Nr. . . . . der Beschluss-Sammlung . . . . ., mit dem die Wohnungseigentümer die Nachschüsse für das Jahr . . . . . beschlossen haben, für ungültig zu erklären.

Es ist iÜ nach allen Ansichten nicht möglich, nur den auf einen Wohnungseigentümer entfallenden Nachschuss/die Vorschussanpassung anzufechten. Hat die Klage Erfolg, müssen nämlich die anderen Wohnungseigentümer mehr Nachschuss zahlen oder die Anpassung ihrer Vorschüsse fällt geringer aus (*DSZ* Kap. 10 Rn. 101; *Lehmann-Richter/Wobst* Rn. 888).

Da die klagende Partei mehrere Beschlussmängel behauptet, ist bei der Antragsfassung die Diskussion zu beachten, ob jeder Beschlussmangel ein Lebenssachverhalt bildet (dazu iE → Form. II.J.3 Anm. 7).

12. → Form. II.J.2 Anm. 15.

13. → Form. II.J.3 Anm. 3–7. Die Anfechtungsklage, die sich gegen den Beschluss über die Nachschüsse wendet, war bislang in der Praxis eine häufige Anfechtungsklage (→ Anm. 3). Zu ihrer Begründung ist anzugeben, warum der Beschluss nach § 28 Abs. 2 S. 1 WEG (→ Form. II.J.1 Anm. 28, 29) einer ordnungsmäßigen Verwaltung iSv § 18 Abs. 2 WEG widerspricht. Dies ist der Fall, wenn der Beschluss nach § 28 Abs. 2 S. 1 WEG formell nicht ordnungsmäßig zustande kam, wenn der Wohnungseigentümer den Nachschuss nicht schuldet oder wenn er weniger Nachschuss schuldet.

Ein formeller Beschlussmangel liegt zB vor, wenn die Jahresabrechnung vor der Beschlussfassung nicht geprüft werden konnte. Inhaltliche Fehler liegen vor, wenn die Kosten u./oder Rücklagen nach unzutreffenden Umlageschlüsseln umgelegt wurden (BGH NJW 2018, 3717 Rn. 15; 2007, 1869 Rn. 13), die Kosten u./oder Rücklagen in einer unzutreffenden Höhe auf die Wohnungseigentümer umlegt wurden, zB wenn Ausgaben u./oder Einnahmen vergessen wurden (BayObLG NJW-RR 1992, 1169; LG Dortmund ZMR 2020, 213; LG Rostock ZMR 2017, 835; LG Frankfurt a. M. ZWE 2016, 332 (333); LG München I ZWE 2016, 182; LG Berlin ZMR 2013, 918), bspw. dann, wenn ein Wohnungseigentümer behauptet, mehr Hausgeld gezahlt zu haben, oder die Umlage der Kosten auf die Wohnungseigentümer nicht den Anforderungen der HeizkostenV genügt (BGH ZWE 2020, 246 Rn. 8; NJW 2018, 3717 Rn. 15).

Kein Beschlussmangel ist es hingegen, wenn nur im Zahlenwerk (der Jahresabrechnung iSv § 28 Abs. 2 S. 2 WEG) Fehler gemacht wurden, die sich nicht auf die Höhe der Nachschüsse u./oder der Anpassung der Vorschüsse auswirken. Neutral sind zB grds. zwei Fehler, die sich aufheben. Einen Mangel stellt es auch nicht dar, wenn vom Verwalter zu Unrecht getätigte Ausgaben auf die Wohnungseigentümer umgelegt werden. Solche Ausgaben gehören in die Jahresabrechnung u. sind auf die Wohnungseigentümer umzulegen (*Hügel/Elzer* § 28 Rn. 130). Unproblematisch ist es auch, wenn die Verwaltungsbeiräte im Rahmen einer Stellungnahme nach § 29 Abs. 2 S. 2 WEG Zweifel geäußert hatten, denen die Wohnungseigentümer nicht nachgehen (OLG München ZWE 2011, 262), wenn die Verwaltungsbeiräte die Jahresabrechnung nicht geprüft haben oder der Beschluss mit einem „Korrekturvorbehalt" versehen ist, dass Korrekturen ggf. später vorzunehmen sind (aA LG München I MietRB 2017, 140). Kein Problem liegt vor, wenn die Jahresabrechnung unverständlich oder unschlüssig ist oder in der Jahresabrechnung Zinsen falsch dargestellt sind, wenn im Vermögensbericht Zahlungen auf die Erhaltungsrücklage falsch dargestellt sind, wenn im Vermögensbericht der Kontoanfangsbestand plus Einnahmen minus Ausgaben nicht der Kontoendbestand ist und die Differenz auch nicht nachvollziehbar erläutert wird oder wenn die Kontostände zu Jahresbeginn und -ende nicht angegeben werden. Gab es keine Jahresabrechnung, fassen die Wohnungseigentümer aber einen Beschluss nach § 28 Abs. 2 S. 1 WEG, liegt hierin noch kein Beschlussmangel (BR-Drs. 168/20, 86). Allerdings dürfte es ausgeschlossen sein, Nachschüsse u./oder die Anpassung der Vorschüsse ohne Zahlenwerk zu berechnen. So ein Beschluss wäre jedenfalls nicht ordnungsmäßig. Betrifft ein Fehler nur „Kleinstbeträge", soll die Ungültigerklärung nach Treu und Glauben (§ 242 BGB) nicht verlangt werden können (BayObLG NJW-RR 1997, 716; AG Saarbrücken ZMR 2013, 153 (155)). Der Beschluss ist nichtig, soweit er Rückstände früherer Jahre neu begründen will (BGH NJW 2013, 1003 Rn. 13).

Die Darlegungs- u. Beweislast, dass der Beschluss nicht ordnungsmäßiger Verwaltung entspricht, trägt der Anfechtende. Unklar ist iÜ, ob die klagende Partei in Bezug auf den Beschluss nach § 28 Abs. 2 S. 1 WEG ausnahmsweise (zum Grundsatz nach hM → Form. II.J.3 Anm. 7) Anfechtungsgründe „nachschieben" kann (so *Lehmann-Richter/Wobst* Rn. 894).

14. → Form. II.J.1 Anm. 29.

15. Für alle Anfechtungsklagen ist der Maßstab, ob der angegriffene Beschluss erfolgreich angriffen werden kann, § 18 Abs. 2 Nr. 1 WEG. Danach kann jeder Wohnungseigentümer von der Gemeinschaft der Wohnungseigentümer eine Verwaltung des gemeinschaftlichen Eigentums sowie eine Benutzung des gemeinschaftlichen Eigentums und des Sondereigentums verlangen, die dem Interesse der Gesamtheit der Wohnungseigentümer nach billigem Ermessen (ordnungsmäßige Verwaltung und Benutzung) und, soweit solche bestehen, den gesetzlichen Regelungen, Vereinbarungen und Beschlüssen entsprechen.

16. Für die Antwort auf die Frage, wie die Kosten der Gemeinschaft der Wohnungseigentümer umzulegen sind, ist zu unterscheiden. Nach § 16 Abs. 2 S. 1 WEG hat jeder Wohnungseigentümer die Kosten nach dem Verhältnis seines Anteils (§ 16 Abs. 1 S. 2 WEG) zu tragen. Die Wohnungseigentümer können nach § 16 Abs. 2 S. 2 WEG für einzelne Kosten oder bestimmte Arten von Kosten eine von § 16 Abs. 2 S. 1 oder von einer Umlagevereinbarung abweichende Verteilung beschließen. Dies gilt aber nur für die „normalen" Betriebs-, Erhaltungs- u. Verwaltungskosten sowie für die Lasten der Gemeinschaft der Wohnungseigentümer u./oder der Wohnungseigentümer.

Für die Umlage der Kosten des Betriebs der zentralen Warmwasserversorgungsanlage u. des Betriebs der zentralen Heizungsanlage ist der in § 16 Abs. 2 S. 1 WEG bestimmte Umlageschlüssel hingegen nicht anwendbar (BGH NJW-RR 2020, 526 Rn. 10). Für die Umlage dieser Kosten müssen die Wohnungseigentümer daher zunächst einen Umlageschlüssel bestimmen (BGH NJW-RR 2020, 526 Rn. 10). Fehlt es hieran, ist grds. § 9a HeizkostenV anzuwenden (OLG Hamburg ZMR 2004, 769 (770); *Rüscher* ZfIR 2012, 435; *Hügel/Elzer* § 16 Rn. 25); etwas anderes gilt, wenn ausnahmsweise § 7 Abs. 1 S. 2 HeizkostenV einschlägig ist. Die Kosten einer baulichen Veränderung sind schließlich nach § 21 Abs. 1 S. 1, Abs. 2 S. 1, Abs. 3 S. 1, Abs. 5 S. 1 WEG oder nach einer Umlagevereinbarung zu verteilen. Daneben ist als Umlageschlüssel ein Kostenvertrag möglich.

17. Soll ein Wohnungseigentümer Kosten der Gemeinschaft der Wohnungseigentümer allein tragen, muss das nach § 16 Abs. 2 S. 2 WEG beschlossen, nach § 10 Abs. 1 S. 2 WEG vereinbart oder in § 21 Abs. 1 S. 1, Abs. 3 S. 1, Abs. 5 S. 1 WEG so bestimmt sein.

18. Zu den Einnahmen gehören va das Hausgeld (LG München I ZWE 2016, 182) – auch das aus Vorjahren (BayObLG WuM 1993, 92; LG Dortmund ZMR 2016, 221) – Mieten, Pachteinnahmen, Entgelte und sonstige Zahlungen, zB einer Versicherung. Auch Zinsen sind Einnahmen (LG Dortmund ZMR 2016, 221). Sie können entstehen, wenn ein Wohnungseigentümer oder ein Dritter sich mit der Bedienung einer Forderung der Gemeinschaft der Wohnungseigentümer im Verzug befindet. Sind die Einnahmen nicht vollständig angegeben, ist die Jahresabrechnung nicht ordnungsmäßig (LG Frankfurt a.M. ZWE 2014, 137; LG Berlin ZMR 2013, 918). Ob die Einnahmen an die Wohnungseigentümer „ausgekehrt" werden oder wie sonst mit ihnen umzugehen ist, haben die Wohnungseigentümer – idR nach Vorschlag des Verwalters – zu beschließen (LG Frankfurt a.M. ZWE 2018, 272 Rn. 12).

19. Nachschuss ist der anteilig auf ein Wohnungs- oder Teileigentumsrecht umgelegte Betrag, um den die mit dem Wirtschaftsplan beschlossenen (Soll-)Vorschüsse hinter den tatsächlichen Ausgaben nach Saldierung mit umzulegenden Einnahmen zurückbleiben (BGH NJW-RR 2017, 844 Rn. 6; NJW 2014, 2197 Rn. 20). Zu rechnen ist nach Soll-Vorschüssen (LG Dortmund ZMR 2017, 423 (424)).

Beispiel:

Waren als Vorschuss 4.800 EUR geschuldet (Soll), sind auf ein Wohnungs- oder Teileigentumsrecht aber Ist-Ausgaben in Höhe von 5.200 EUR entfallen, ist als Nachschuss („Abrechnungsspitze") ein Betrag von 400 EUR auszuweisen.

Hat ein Wohnungseigentümer mehr Vorschüsse geleistet, als von der Gemeinschaft der Wohnungseigentümer berücksichtigt werden, wirkt sich dieser Mangel bei der Berechnung der Nachschüsse dennoch aus. Denn dann sind in der Höhe der (weiteren) Vorschüsse keine Einnahmen der Gemeinschaft der Wohnungseigentümer berücksichtigt worden.

20. Greift ein Klageantrag zu kurz, ist er durch Ausübung der materiellen Prozessleitung gem. § 139 Abs. 1 S. 2 ZPO aufzuklären (BGH ZWE 2013, 47 Rn. 12; NJW-RR 2010, 70 Rn. 5) oder vom Gericht entsprechend §§ 133, 157 BGB (BGH NJW-RR 1994, 568) unter Berücksichtigung seines Inhaltes und der vom Kläger gegebenen Begründung auszulegen. Für die Auslegung ist nicht der Wortlaut, sondern der erklärte Wille entscheidend, wie er aus der Klagebegründung, den sonstigen Begleitumständen und nicht zuletzt der Interessenlage hervorgeht (BGH NJW 2016, 2181 Rn. 18). Im Zweifel gilt, was nach den Maßstäben der Rechtsordnung vernünftig ist und der recht verstandenen Interessenlage entspricht (BGH ZWE 2017, 233 Rn. 5; NJW 2016, 2181 Rn. 18; NZM 2015, 218 Rn. 9; NJW 2013, 1744 Rn. 23). Dies steht idR einer Auslegung des Klageantrags entgegen, die zu einer Unwirksamkeit der Prozesshandlung, zB wegen Unbestimmtheit des Klageantrags, und in der Folge zu der Versäumung einer Ausschlussfrist führt (BGH ZWE 2017, 233 Rn. 5; BeckRS 2013, 19859 Rn. 3). Eine in unzulässiger Weise beschränkte Anfechtungsklage ist daher im Zweifel grds. als Anfechtung des ganzen Beschlusses auszulegen (BGH ZWE 2013, 47 Rn. 11; *Hügel/Elzer* WEG § 44 Rn. 156).

21. → Form. II.J.1 Anm. 39, 40.

22. → Form. II.J.2 Anm. 21.

23. → Form. II.J.2 Anm. 22.

24. → Form. II.J.1 Anm. 43.

Kosten und Gebühren

25. → Form. II.J.1 Anm. 44–46; → Form. II.J.2 Anm. 24.

Fristen

26. Zur Anfechtungsfrist → Form. II.J.2 Anm. 11. Zur Begründungsfrist → Form. II. J.3 Anm. 4.

Rechtsmittel

27. → Form. II.J.1 Anm. 47.

8. Klage auf eine Vereinbarung

An das Amtsgericht
Abteilung für Wohnungseigentumssachen[1]
Klage
Wohnungseigentümer A., X.-Straße Nr. . . . . ., ... (PLZ, Ort),
– Kläger[2] **–**
Prozessbevollmächtigter: V., W.-Straße Nr. . . . . ., ... (PLZ, Ort),
gegen

die Eigentümer der Wohnungseigentumsanlage X.-Straße Nr. . . . . ., ... (PLZ, Ort), namentlich aufgeführt in der anliegenden Eigentümerliste, Anlage K 1,

– Beklagte[3, 4, 19] –

Prozessbevollmächtigter: V., W.-Straße Nr. . . . . ., ... (PLZ, Ort),

Verwalter der Wohnungseigentumsanlage: B., Y.-Straße Nr. . . . . ., ... (PLZ, Ort),[5]

Erzwingung einer Vereinbarung[6]

Vorläufiger Gebührenstreitwert: . . . . .[7]

Unter Einzahlung eines Kostenvorschusses von . . . . . EUR[8] beantrage ich im Namen und mit Vollmacht[9] des Klägers:

1. Die Beklagten werden verurteilt,
   a) folgender Vereinbarung zuzustimmen: „Hunde sind im Bereich des gemeinschaftlichen Eigentums an einer Leine zu führen, die nicht länger als einen Meter sein darf. Eine Ausnahme gilt für Blinden- und Therapiehunde."[10]
   hilfsweise für den Fall, dass der Kläger auf eine Vereinbarung mit diesem Inhalt nach Ansicht des Gerichts keinen Anspruch hat,
   in Bezug auf das Anleinen von Hunden einer Vereinbarung zuzustimmen, deren Inhalt in das billige Ermessen des Gerichts gestellt wird und durch die erreicht wird, dass von keinem Hund eine vermeidbare Störungen ausgeht, soweit es sich nicht um Blinden- und Therapiehunde und ähnliche Hunde handelt.[11]
   b) zuzustimmen, dass die Vereinbarung in den Wohnungsgrundbüchern auf Kosten der Gemeinschaft der Wohnungseigentümer eingetragen wird.[12]
2. Den Beklagten werden die Kosten des Rechtsstreits auferlegt.[13]
3. Für den Fall, dass das Gericht ein schriftliches Vorverfahren anordnet und die Beklagten ihre Verteidigungsbereitschaft nicht rechtzeitig anzeigen, den Erlass eines Versäumnisurteils.[14]

Begründung[15]

Der Kläger ist Eigentümer eines Miteigentumsanteils in der im Rubrum genannten Wohnungseigentumsanlage. Die Beklagten sind die Miteigentümer.

In der Wohnungseigentumsanlage gibt es zehn Wohnungseigentumsrechte, die von den Eigentümern selbst bewohnt werden. Neun Eigentümer sind – wie der Kläger – älter als 70 Jahre und halten keine Hunde. Ein Eigentümer hat drei junge Hunde. Diese Hunde laufen bislang frei im gemeinschaftlichen Eigentum herum. Sie springen dabei – wohl aus Übermut – die Bewohner an. Zwei der Eigentümer sind bereits zu Fall gekommen, einer hat sich den Oberschenkelhals gebrochen. Der Kläger meint zwar, dass eine Hundeanleinpflicht bereits nach §§ 14 Abs. 2 Nr. 1, 14 Abs. 1 Nr. 2 WEG und § 1004 Abs. 1 S. 1 BGB besteht;[16] jedenfalls besteht bei der besonderen Altersstruktur der Wohnungseigentümer aber ein Anspruch auf eine Vereinbarung.

Mit der Klage wird gestützt auf § 10 Abs. 2 WEG eine solche Vereinbarung verlangt.[17]

Der Kläger hat die anderen Wohnungseigentümer mehrfach erfolglos aufgefordert, der Vereinbarung zuzustimmen.[18]

Sollte das Gericht der Ansicht sein, dass die Gemeinschaft der Wohnungseigentümer zu verklagen ist, wird nach § 139 ZPO um einen Hinweis gebeten. Der Antrag ist in diesem Falle dahin gestellt und auszulegen, dass die Gemeinschaft der Wohnungseigentümer die Beklagte sein soll.[19]

Beglaubigte und einfache Abschriften sind beigefügt.[20]

Der Klageerhebung ist kein Versuch einer Mediation oder eines anderen Verfahrens der außergerichtlichen Konfliktbeilegung vorausgegangen. Einem solchen Verfahren stehen keine Gründe entgegen.[21]

Rechtsanwalt[22, 23, 24]

Anmerkungen

1. → Form. II.J.5 Anm. 1.

2. Auf Abschluss einer Vereinbarung kann jeder Wohnungseigentümer klagen, auch der iSv § 8 Abs. 3 WEG „werdende".

3. Ein Wohnungseigentümer kann nach § 10 Abs. 2 WEG eine vom Gesetz abweichende Vereinbarung oder die Anpassung einer Vereinbarung verlangen u. hierauf klagen. Unsicher ist, wer zu verklagen ist.

Nach einer Ansicht, die darauf aufbaut, dass es sich um eine Leistungsklage handelt (*Blankenstein* AnwZert MietR 23/2020), sind die Wohnungseigentümer zu beklagen (*DSZ* Kap. 14 Rn. 141; BeckOGK/*Falkner* § 10 Rn. 240). § 44 Abs. 2 bis Abs. 4 WEG seien nicht entsprechend anwendbar (*Hügel/Elzer* WEG § 44 Rn. 17). Anders sei es nur, wenn man, wie bei § 10 Abs. 6 S. 3 WEG aF, bei den Pflichten für die Zwangsvollstreckung eine Passivstandschaft für möglich hielte, oder bei § 10 Abs. 2 WEG jedenfalls auch Gestaltungsklagen oder gestaltende Leistungsklagen erlaubte. Nach aA, die auf § 18 Abs. 1 WEG blickt, ist die Gemeinschaft der Wohnungseigentümer als Beklagte in Betracht zu ziehen (*Lehmann-Richter/Wobst* Rn. 1973). Das Form. folgt dem Gebot des sichersten Weges (BGH NJW 2009, 2949 Rn. 9) und daher der derzeit hM. Da nicht absehbar ist, wie die Gerichte entscheiden, sollte ergänzend um einen Hinweis gebeten werden (dazu näher → Anm. 19).

Nicht abgesichert ist iÜ auch auf dem Boden der hM, was gilt, wenn ein Wohnungseigentümer bereits vor Klageerhebung rechtsverbindlich, zB notariell (§ 29 GBO), erklärt, der Vereinbarung, auf welche die Klage abzielt, zuzustimmen. Nahe liegt in diesem Falle, nur die Wohnungseigentümer zu verklagen, die sich vorher nicht erklärt haben (BGH NJW 2018, 1254 Rn. 12; LG München I ZMR 2014, 55; *Elzer* MietRB 2014, 205).

4. Dritte müssen der Änderung zustimmen, wenn – was zu empfehlen ist – die erstrittene Vereinbarung in das Wohnungsgrundbuch eingetragen werden soll (→ Anm. 12) u. sie nach den allgemeinen Bestimmungen zustimmungsbefugt sind (aA BayObLG NJW-RR 1987, 714 (715); *Rapp* DNotZ 2009, 335 (346)).

5. Wie ausgeführt, ist nach einer Ansicht, die Gemeinschaft der Wohnungseigentümer die richtige Beklagte (→ Anm. 3). Ggf. muss es daher nach einem Hinweis des Gerichts (→ Anm. 19) zu einem gewillkürten Beklagtenwechsel auf die Gemeinschaft der Wohnungseigentümer kommen. Vor diesem Hintergrund bietet es sich an, dem Gericht von Anfang an den Vertreter der Gemeinschaft der Wohnungseigentümer zu benennen.

6. → Form. II.J.1 Anm. 10.

7. → Form. I.D.6 Anm. 4.

8. → Form. II.J.1 Anm. 41.

9. → Form. II.J.1 Anm. 11.

10. Besitzt ein Wohnungseigentümer nach § 10 Abs. 2 WEG einen Anspruch auf eine konkrete Vereinbarung, kann das Gericht die anderen Wohnungseigentümer dazu verpflichten, der Änderung zuzustimmen, wie sie vom Anspruchsinhaber vorgeschlagen wird (§ 308 ZPO). Ggf. kann daneben auch auf Feststellung der neuen oder geänderten Vereinbarung geklagt werden (s. BGH NJW 2012, 373 Rn. 34).

11. Besitzt ein Wohnungseigentümer keinen Anspruch auf eine konkrete Vereinbarung, sollte nach der früher hM neben einer auf § 10 Abs. 2 WEG gestützten Klage die

Möglichkeit bestehen, nach der Bestimmung des § 21 Abs. 8 WEG aF (= § 44 Abs. 1 S. 2 WEG) auf eine Vereinbarung zu klagen, deren Inhalt in das billige Ermessen des Gerichts gestellt wird (BGH ZWE 2017, 224 Rn. 30; NJW 2017, 64 Rn. 26). Im Klageantrag müsse der Kläger in diesem Falle das Regelungsziel der verlangten Vereinbarung umschreiben (BGH NJW 2017, 64 Rn. 26). Dieser Ansicht hat der Gesetzgeber eine Absage erteilt (BR-Drs. 168/20, 93). Er hat mit § 44 Abs. 1 S. 2 WEG allein die Möglichkeit schaffen wollen, eine Beschlussersetzung herbeizuführen.

Indes ist bei der Parallel-Norm § 313 BGB sehr umstritten, wie bestimmt der Antrag formuliert sein muss. Denn die Vielfalt an denkbaren Anpassungsalternativen macht es dem Kläger häufig unmöglich, einen bestimmten Antrag zu stellen (*Schmidt-Kessel/Baldus* NJW 2002, 2076; *Dauner-Lieb/Dötsch* NJW 2003, 921 (923)). Insoweit kann es nicht schaden, einen Hilfsantrag zu formulieren u. das Gericht jedenfalls zu bitten, nach § 139 ZPO auf einen vertretbaren Antrag hinzuwirken.

12. § 10 Abs. 2 WEG gibt nach bislang hM einen Anspruch auf Zustimmung zur Eintragung der Abänderung im Grundbuch (*Greiner* ZWE 2012, 410 (415); *Becker* ZWE 2011, 172; *Hügel/Elzer* NZM 2009, 457 (460)).

13. → Form. II.J.1 Anm. 17.

14. → Form. II.J.1 Anm. 18.

15. → Form. II.J.1 Anm. 21.

16. Ob Hunde mit Blick auf § 14 Abs. 1 Nr. 2, Abs. 2 Nr. 1 WEG u./oder § 1004 Abs. 1 S. 1 BGB anzuleinen sind, ist Frage des Einzelfalles (BGH NZM 2015, 595 Rn. 23; LG Itzehoe ZWE 2015, 32; aA AG München ZMR 2013, 573; *Klimesch* IMR 2015, 45). „Gefährliche" Hunde sind jedenfalls anzuleinen (OLG Karlsruhe NZM 2008, 776) vor allem „Kampfhunde" (streitig ist, ob es Kampfhunde überhaupt gibt u. welche Hunderassen ggf. hierzu gehören; die Wohnungseigentümer können grds. definieren, welche Hunde in ihrer Wohnungseigentumsanlage als „Kampfhunde" gelten sollen).

17. Eine vom Gesetz abweichende Vereinbarung kann nach § 10 Abs. 2 WEG verlangt werden, soweit ein Festhalten an der geltenden Regelung aus schwerwiegenden Gründen unter Berücksichtigung aller Umstände des Einzelfalles, insb. der Rechte u. Interessen der anderen Wohnungseigentümer, als unbillig erscheint. Geht es um eine Benutzungsvereinbarung, kommt es also jeweils darauf an, ob allein die angestrebte Regelung als „billig" erscheint. In einer Wohnungseigentumsanlage mit überwiegend alten Wohnungseigentümern, die in der Wohnungseigentumsanlage selbst wohnen, ist dies vorstellbar, aber keineswegs sicher.

18. Voraussetzung für ein Rechtsschutzbedürfnis ist ggf., dass der Kläger zuvor an die anderen Wohnungseigentümer erfolglos herangetreten u. diese um Abschluss der gewollten Vereinbarung u. Einigung gebeten hat (OLG Hamm ZMR 2008, 156 (159); *Abramenko* ZMR 2007, 424; s. aber BGH ZMR 2010, 542 Rn. 17).

19. Greift der Klageantrag im Einzelfall zu kurz, sind seine Reichweite und sein Umfang – wie alle Prozesshandlungen u. -erklärungen – durch Ausübung der materiellen Prozessleitung gem. § 139 Abs. 1 S. 2 ZPO aufzuklären (BGH ZWE 2013, 47 Rn. 12; NJW-RR 2010, 70 Rn. 5) oder vom Gericht entsprechend §§ 133, 157 BGB (BGH NJW-RR 1994, 568) unter Berücksichtigung seines Inhaltes und der vom Kläger gegebenen Begründung auszulegen. Im Zweifel gilt, was nach den Maßstäben der Rechtsordnung vernünftig ist u. der recht verstandenen Interessenlage entspricht (stRspr, exemplarisch BGH ZWE 2017, 233 Rn. 5; NJW 2016, 2181 Rn. 18; NZM 2015, 218 Rn. 9; NJW 2013, 1744 Rn. 23). Dies steht in aller Regel einer Auslegung des Klageantrags entgegen, die zu einer Unwirksamkeit der Prozesshandlung führt (BGH ZWE 2017, 233 Rn. 5; BeckRS 2013, 19859 Rn. 3).

Da streitig ist, ob die Wohnungseigentümer oder die Gemeinschaft der Wohnungseigentümer zu verklagen ist (→ Anm. 3), sollten die Gerichte hier helfen. Einem Beklagtenwechsel zu diesem frühen Zeitpunkt dürfte nichts entgegenstehen. Der Beklagtenwechsel verlangt die Zustimmung der bisherigen Beklagten (BGH NJW 2006, 1351 Rn 25). Sie kann nach bislang hM weder vom Gericht durch Zulassung des Beklagtenwechsels wegen Sachdienlichkeit ersetzt noch ihre Verweigerung wegen Rechtsmissbrauchs als unbeachtlich angesehen werden u. ist nur dann entbehrlich, wenn noch nicht mündlich zur Hauptsache verhandelt worden ist. Dies könnte im Verhältnis der Wohnungseigentümer zur Gemeinschaft der Wohnungseigentümer aber anders sein (sa BGH NJW 2016, 53 Rn. 8).

20. → Form. II.J.1 Anm. 39, → Form. II.J.2 Anm. 23.

21. § 253 Abs. 3 Nr. 1 ZPO.

22. → Form. II.J.1 Anm. 43.

Kosten und Gebühren

23. → Form. II.J.1 Anm. 44–46.

Rechtsmittel

24. → Form. II.J.1 Anm. 47, 48.

9. Klage eines Wohnungseigentümers gegen Sondernutzungsberechtigten auf Unterlassung

An das Amtsgericht[1]
Abteilung für Wohnungseigentumssachen[2]
Klage
Wohnungseigentümer A., X.-Straße Nr. . . . ., ... (PLZ, Ort),
– Kläger[3] –
Prozessbevollmächtigter: V., W.-Straße Nr. . . . ., ... (PLZ, Ort),
gegen
Wohnungseigentümer B., X.-Straße Nr. . . . ., ... (PLZ, Ort),
– Beklagter[4] –
wegen Beseitigung[5]
vorläufiger Gebührenstreitwert:.[6]. . . . .
Unter Einzahlung eines Kostenvorschusses von . . . . . EUR[7] beantrage ich im Namen und mit Vollmacht[8] des Klägers:

1. Den Beklagten zu verurteilen, den sein Gartensondernutzungsrecht umgebenden Zaun wieder abzubauen.[9]
2. Dem Beklagten die Kosten des Rechtsstreits aufzuerlegen.[10]

3. Für den Fall, dass das Gericht ein schriftliches Vorverfahren anordnet und der Beklagte seine Verteidigungsbereitschaft nicht rechtzeitig anzeigt, den Erlass eines Versäumnisurteils.[11]

Begründung[12]

Die Parteien sind Miteigentümer der Wohnungseigentumsanlage X.-Straße Nr. . . . . in Z.-Stadt. Der Beklagte hat ein Sondernutzungsrecht[13] an einer seinem im Erdgeschoss liegenden Sondereigentum vorgelagerten Gartenfläche (im Aufteilungsplan als „SNR 1" gekennzeichnet).[14]

Beweis: Aufteilungsplan in Kopie; Teilungserklärung und Gemeinschaftsordnung in Kopie.

Der Beklagte hat diese Fläche am . . . . . eingezäunt. Hierin liegt eine bauliche Veränderung. Eine Vereinbarung oder einen Beschluss nach § 20 Abs. 1 WEG, der die Einzäunung erlauben würde, gibt es nicht.[15] Der Kläger hat den Beklagten am . . . . aufgefordert, den Zaun wieder zu entfernen.[16]

Der Beklagte meint, zur Errichtung eines Zauns berechtigt zu sein. Er habe nur den bereits vorhandenen Zaun, der nicht mehr zu reparieren gewesen sei, durch einen neuen ersetzt. Richtig sei zwar, dass auch für die Errichtung des ursprünglichen Zauns keine Genehmigung bestanden habe. Entsprechende Ansprüche seien aber verjährt.[17] Der Beklagte hat sich außerprozessual außerdem auf Verwirkung berufen. Der Kläger ist hingegen Ansicht, dass durch die Auswechslung des Zauns eine neue Rechtslage geschaffen worden sei.[18] Der Kläger wird durch den Zaun in der Benutzung seines Sondereigentums durch Schattenwurf gestört.[19]

Beglaubigte und einfache Abschriften sind beigefügt.[20]

Der Klageerhebung ist kein Versuch einer Mediation oder eines anderen Verfahrens der außergerichtlichen Konfliktbeilegung vorausgegangen. Einem solchen Verfahren stehen keine Gründe entgegen.[21]

Rechtsanwalt[22, 23, 24]

Anmerkungen

1. → Form. II.J.5 Anm. 1.

2. → Form. II.J.1 Anm. 2.

3. Der Kläger muss geltend machen, im Sondereigentum gestört zu werden (→ Form. II.J.5 Anm. 3.). Hierzu sollte in der Begründung vorgetragen werden (→ Anm. 19).

4. → Form. II.J.5 Anm. 4.

5. → Form. II.J.1 Anm. 10.

6. → Form. I.D.6 Anm. 4. → Form. II.J.5 Anm. 6.

7. → Form. II.J.1 Anm. 41

8. → Form. II.J.1 Anm. 11.

9.→ Form. I.D.6 Anm. 5, → Form. II.J.5 Anm. 9.

10. → Form. II.J.1 Anm. 17.

11. → Form. II.J.1 Anm. 18.

12. → Form. II.J.1 Anm. 21.

13. Die Wohnungseigentümer können vereinbaren, dass einem von ihnen positiv ein über § 16 Abs. 1 S. 3 WEG hinausgehendes alleiniges Gebrauchs- u. idR alleiniges Nutzungsrecht an wesentlichen Gebäudebestandteilen (OLG München ZMR 2007, 561), Räumen (OLG München RNotZ 2009, 541 (542); AG Oberhausen ZMR 2013, 145) oder Flächen des gemeinschaftlichen Eigentums eingeräumt u. zugleich der Mitgebrauch der anderen Wohnungseigentümer an diesen Teilen, Räumen oder Flächen negativ beschränkt (= grds. ausgeschlossen) wird (stRspr., etwa BGH NZM 2018, 568 Rn. 16; NJW 2017, 1167 Rn. 9; NZM 2016, 861 Rn. 11). Dieses Recht, das die sachenrechtliche Zuordnung nicht berührt (BGH NZM 2018, 568 Rn. 16; NJW 2015, 549 Rn. 19), nennt ua § 5 Abs. 4 S. 2 WEG „Sondernutzungsrecht".

14. Die dem Sondernutzungsrecht unterliegenden Teile, Räume oder Flächen müssen hinreichend bestimmt sein (BGH NZM 2012, 464 Rn. 10; NJW 2012, 676 Rn. 13). Dieser Anforderung kann durch wörtliche Beschreibung oder Kennzeichnung auf einem Lageplan (BGH NJW 2002, 2247; KG ZWE 2007, 447), der nicht „Teil" des Aufteilungsplans sein muss (OLG Düsseldorf ZWE 2010, 368; OLG Frankfurt a. M. DNotZ 2007, 470), genügt werden. Sind die Grenzen auch im Wege der Auslegung nicht zu ermitteln, gibt es kein Sondernutzungsrecht (OLG Düsseldorf ZWE 2010, 368; OLG Hamburg ZMR 2006, 468; LG Hamburg ZMR 2010, 62 (63)).

15. Eine bauliche Veränderung ist nur zulässig, wenn ihr die anderen Wohnungseigentümer im Wege der Vereinbarung oder durch einen auf § 20 Abs. 1 WEG beruhenden Beschluss zugestimmt haben.

16. Ein Wohnungseigentümer, der seine Rechte überschreitet, kann darauf von jedem anderen Wohnungseigentümer, vom Verwalter oder der Gemeinschaft der Wohnungseigentümer hingewiesen u. entsprechend abgemahnt werden. Dies ist prozessual mit Blick auf § 93 ZPO zwingend.

17. Verjährung führt lediglich dazu, dass die übrigen Wohnungseigentümer eine faktische Duldungspflicht trifft. Diese Rechtsposition gibt dem betreffenden Eigentümer nicht die Befugnis, den errichteten Zustand weiter zu verändern, etwa indem er den von ihm geschaffenen baulichen Zustand modernisiert oder instand setzt (OLG Düsseldorf NZM 2009, 442; LG Frankfurt a. M. NZM 2014, 798; s. a. BGH NJW 2016, 53 Rn. 15).

18. Der Anspruch, einer baulichen Veränderung entgegenzutreten, kann verwirkt werden (§ 242 BGB). Die Verwirkung als Unterfall der unzulässigen Rechtsausübung wegen der illoyal verspäteten Geltendmachung von Rechten setzt neben einem Zeitmoment, für das die maßgebliche Frist mit dem Zustandekommen des Verbrauchervertrags zu laufen beginnt, ein Umstandsmoment voraus (stRspr, BGH ZMR 2018, 529 Rn. 21; NJW 2016, 3512 Rn. 37; NJW-RR 2015, 781 Rn. 12; NJW 2014, 1230 Rn. 13). Ein Recht ist verwirkt, wenn sich der Schuldner wegen der Untätigkeit seines Gläubigers über einen gewissen Zeitraum hin bei objektiver Beurteilung darauf einrichten darf u. eingerichtet hat, dieser werde sein Recht nicht mehr geltend machen, so dass die verspätete Geltendmachung gegen Treu u. Glauben verstößt. Zu dem Zeitablauf müssen besondere, auf dem Verhalten des Berechtigten beruhende Umstände hinzutreten, die das Vertrauen des Verpflichteten rechtfertigen, der Berechtigte werde sein Recht nicht mehr geltend machen (stRspr, BGH NJW 2016, 3512 Rn. 37; NJW-RR 2015, 781 Rn. 12). Ob eine Verwirkung vorliegt, richtet sich nach den vom Tatrichter festzustellenden u. den zu würdigenden Umständen des Einzelfalls (stRspr, BGH NJW 2016, 3512 Rn. 37; NZM 2014, 78 Rn. 7). Verwirkung kann sich immer nur auf einen bestimmten Zustand beziehen (OLG Celle ZMR 2004, 689 (690); OLG Köln NJW-RR 1995, 851; ZMR 1997, 47).

Aus der Hinnahme einer bestimmten, aus Sicht der Wohnungseigentümer vielleicht aber noch verträglichen zweckwidrigen Nutzung ergibt sich auch mit Rücksicht auf Treu u. Glauben kein Vertrauenstatbestand auf eine beträchtliche Ausweitung dieser Nutzung. Erhebliche Ausweitungen einer bisher hingenommenen Beeinträchtigung können Anlass sein, gegen einen Störer tätig zu werden. Wenn zB ein vor vielen Jahren gepflanzter Baum schließlich so hoch wächst, dass er den Bewohnern oberer Etagen Licht u. Sicht raubt, steht dem Beseitigungsverlangen nicht entgegen, dass in früherer Zeit mit dem Hochwachsen des Baumes gerechnet werden musste (OLG Köln ZMR 1997, 47).

19. Nach § 9a Abs. 2 WEG iVm § 1004 Abs. 1 BGB, §§ 14 Abs. 1 Nr. 1, 18 Abs. 2 Nr. 2 WEG ist es grds. an der Gemeinschaft der Wohnungseigentümer, gegen eine unzulässige bauliche Veränderung als Störung des gemeinschaftlichen Eigentums vorzugehen (BGH BeckRS 2021, 23748 Rn. 13; *Hügel/Elzer* § 20 Rn. 162). Ein Wohnungseigentümer kann nur eine Störung seines Sondereigentums geltend machen (BGH NZM 2021, 613 Rn. 13; BeckOK BGB/*Hügel* WEG § 20 Rn. 31).

20. → Form. II.J.1 Anm. 39, → Form. II.J.2 Anm. 23.

21. § 253 Abs. 3 Nr. 1 ZPO.

22. → Form. II.J.1 Anm. 43.

Kosten und Gebühren

23. → Form. II.J.1 Anm. 44–46.

Rechtsmittel

24. → Form. II.J.1 Anm. 47, 48.

10. Klage eines Wohnungseigentümers auf Abberufung des Verwalters

An das Amtsgericht[1]
Abteilung für Wohnungseigentumssachen[2]

Klage[3]

Wohnungseigentümer A., X.-Straße Nr. . . . ., (PLZ, Ort),
– Kläger[4] –
Prozessbevollmächtigter: V., W.-Straße Nr. . . . ., (PLZ, Ort),
gegen
die Gemeinschaft der Wohnungseigentümer X.-Straße Nr. . . . ., ... (PLZ, Ort), vertreten durch den Verwalter B., Y.-Straße Nr. . . . ., ... (PLZ, Ort),
– Beklagte[5] –
wegen Abberufung der Verwalterin[6]
vorläufiger Gebührenstreitwert:[7] . . . . .
Unter Einzahlung eines Kostenvorschusses von . . . . . EUR[8] beantrage ich im Namen und mit Vollmacht[9] des Klägers:

1. Die . . . . . wird als Verwalterin der Beklagten abberufen. Der am. . . . . (Datum) zwischen der Beklagten und der . . . . . geschlossene Verwaltervertrag wird aus wichtigem Grund gekündigt.[10]

2. Die Kosten des Rechtsstreits werden der Beklagten auferlegt.[11]

3. Für den Fall, dass das Gericht ein schriftliches Vorverfahren anordnet und die Beklagte ihre Verteidigungsbereitschaft nicht rechtzeitig anzeigt, den Erlass eines Versäumnisurteils.[12]

Begründung[13]

Die Wohnungseigentümer haben die B-GmbH, Y.-Straße Nr. . . . ., ... (PLZ, Ort), in ihrer Versammlung am . . . . . (Datum) zur Verwalterin ihrer Wohnungseigentumsanlage bestellt. Am selben Tage schloss die Gemeinschaft der Wohnungseigentümer mit der B-GmbH einen Verwaltervertrag.

Beweis: Niederschrift der Versammlung vom . . . . . in Fotokopie, Auszug aus der Beschluss-Sammlung, Fotokopie des Verwaltervertrags.

Der Kläger hat in der Versammlung vom . . . . . erfolglos beantragt, die B-GmbH als Verwalterin abzuberufen und die Kündigung des Verwaltervertrags auszusprechen. Der Antrag fand keine Mehrheit. Er wurde mehrheitlich abgelehnt.[14]

Beweis: Niederschrift der Versammlung vom . . . . . in Fotokopie, Auszug aus der Beschluss-Sammlung.

Die B-GmbH ist indes aus mehreren Gründen abzuberufen. Diese Gründe tragen auch die Kündigung des Verwaltervertrags aus wichtigem Grund.

Zum einen beschimpfte der Geschäftsführer der B-GmbH den Kläger auf der letzten Versammlung wiederholt mit Worten: „Kretin“ und „Querulant“.[15]

Beweis: Vernehmung des Geschäftsführers der B-GmbH, Anhörung des Klägers.

Zum anderen erstellt die B-GmbH seit Jahren fehlerhafte Jahresabrechnungen und nach Weisungen des Mehrheitseigentümers. Dadurch sind die Nachschüsse stets fehlerhaft berechnet.[16]

Beweis: Vernehmung des Geschäftsführers der B-GmbH, Anhörung des Klägers, Jahresabrechnungen der Jahre . . . . .

Beglaubigte und einfache Abschrift sind beigefügt.[17]

Der Klageerhebung ist kein Versuch einer Mediation oder eines anderen Verfahrens der außergerichtlichen Konfliktbeilegung vorausgegangen. Einem solchen Verfahren stehen Gründe entgegen. Der Kläger lehnt die B-GmbH als Verwalterin ab.[18]

Rechtsanwalt[19, 20, 21]

Anmerkungen

1. → Form. II.J.6 Anm. 1.

2. → Form. II.J.1 Anm. 2.

3. Es handelt sich um eine Beschlussersetzungsklage (→ Form. II.J.6 Anm. 3). Es soll ein Beschluss als das in § 23 Abs. 1 S. 1 WEG vorgesehene Ergebnis der kollektiven Willensbildung der Wohnungseigentümer herbeigeführt werden. Speziell für dieses Anliegen hat der Gesetzgeber mit der Einführung von § 44 Abs. 1 S. 2 WEG die Möglichkeit geschaffen, eine Beschlussersetzung durch gerichtliches Gestaltungsurteil herbeizuführen (s. bereits BGH NZM 2018, 611 Rn. 6; NJW 2012, 1207 Rn. 16).

4. → Form. II.J.6 Anm. 4. Auf § 18 Abs. 2 Nr. 1 WEG gestützt kann jeder Wohnungseigentümer auf eine Abberufung klagen (BayObLG NJW-RR 1997, 1443; *Hügel/Elzer* WEG § 26 Rn. 163).

5. → Form. II.J.6 Anm. 5.

6. → Form. II.J.1 Anm. 11.

7. → Form. II.J.6 Anm. 7. Der Gebührenstreitwert einer Beschlussersetzungsklage ist nach § 49 S. 1 GKG auf das Interesse aller Wohnungseigentümer an der Entscheidung festzusetzen. Er darf den siebeneinhalbfachen Wert des Interesses des Klägers u. der auf seiner Seite Beigetretenen sowie den Verkehrswert ihres Wohnungseigentums nicht übersteigen (§ 49 S. 2 GKG).

Streiten die Wohnungseigentümer um die Abberufung einer Person vom Verwalteramt, ist nach hM das Interesse anhand der in der restlichen Vertragslaufzeit anfallenden Verwaltervergütung zu schätzen (BGH BeckRS 2021, 10854 Rn. 6; NJW 2016, 3104 Rn. 4; NJW 2012, 1884 Rn. 18). Das Interesse des klagenden Wohnungseigentümers ist hingegen nach seinem Anteil an der jeweils zugrunde zu legenden Verwaltervergütung zu bestimmen (BGH BeckRS 2021, 10854 Rn. 6; BeckRS 2018, 7875 Rn. 6; BeckRS 2018, 4066 Rn. 1; NZM 2017, 635 Rn. 5). Folgt man der hM, wird idR § 49 S. 2 GKG maßgeblich und auf den siebeneinhalbfachen Wert seines Interesses abzustellen sein (= Vergütungsanteil des klagenden Wohnungseigentümers x Restlaufzeit des Verwaltervertrags [= Bestellungszeit]).

8. → Form. II.J.1 Anm. 41.

9. → Form. II.J.1 Anm. 11.

10. S. zunächst → Anm. 3. Geht es darum, die Zustimmung der übrigen Wohnungseigentümer zu einem Beschlussantrag (oder die Zustimmung der übrigen Wohnungseigentümer zu der Durchführung einer bestimmten Maßnahme) zu erreichen, ist auf gerichtliche Beschlussersetzung gem. § 44 Abs. 1 S. 2 WEG zu klagen. Mit dem Ende der Bestellungszeit endet auch der Verwaltervertrag, sofern die Vertragsparteien das Ende der Bestellung als auflösende Bedingung (§ 158 Abs. 2 BGB) ausdrücklich oder schlüssig vereinbart haben (*Hügel/Elzer* WEG § 26 Rn. 173 und Rn. 124; Staudinger/*Jacoby* WEG § 26 Rn. 204 und Rn. 196; s. a. LG Düsseldorf ZMR 2011, 898 (899); *Horst* DWE 2016, 4 (5)). Da dies nicht sicher ist (Staudinger/*Jacoby* WEG § 26 Rn. 204), sollte der Klageantrag wenigstens zur Klarstellung ausdrücklich auch die Kündigung des Verwaltervertrags umfassen. Im Übrigen gilt § 26 Abs. 3 S. 2 WEG.

11. → Form. II.J.1 Anm. 17.

12. → Form. II.J.1 Anm. 18.

13. Die Bestellung – bzw. Nichtabberufung – des Verwalters widerspricht den Grundsätzen ordnungsmäßiger Verwaltung iSv § 18 Abs. 2 WEG, wenn die Wohnungseigentümer den ihnen zustehenden Beurteilungsspielraum überschreiten; dies ist anzunehmen, wenn die Bestellung – bzw. Nichtabberufung – objektiv nicht (mehr) vertretbar erscheint (BGH NJW 2015, 1378 Rn. 5; NJW 2012, 3175 Rn. 7). Die Klage auf Abberufung hat Erfolg, wenn sich das Ermessen der Wohnungseigentümer, den Verwalter abzuberufen (BGH NJW 2012, 3175 Rn. 8), auf „Null" reduziert hat und ausnahmsweise nur eine Abberufung ordnungsmäßiger Verwaltung iSv § 18 Abs. 2 WEG entspricht (BGH NJW 2012, 3175 Rn. 8; OLG Celle ZWE 2002, 474; OLG Düsseldorf NZM 1998, 517). → Form. II.J.6 Anm. 10. Der Verwalter kann jederzeit wegen jedes Grundes abberufen werden.

14. Bevor das Gericht angerufen werden kann, müssen mit Blick auf das Rechtsschutzbedürfnis (OLG Köln ZMR 2009, 311) grds. die anderen Wohnungseigentümer mit einem Abberufungsbegehren befasst werden, es sei denn, die Anrufung wäre reine Förmelei (OLG Düsseldorf NZM 1998, 517; BayObLG NJW-RR 1997, 1443; umfassend. → Form. II.J.6 Anm. 16).

15. Beleidigt der Verwalter einen Wohnungseigentümer zB als „Querulant", kann diese Bezeichnung eine Abbestellung rechtfertigen (AG Tostedt ZMR 2011, 917; s. a. OLG

Köln FGPrax 2007, 214; LG Lüneburg ZMR 2012, 133). Der Verwalter muss nämlich die Interessen aller Wohnungseigentümer gleichermaßen vertreten. Dies setzt voraus, dass der Verwalter die Anliegen der einzelnen Wohnungseigentümer unvoreingenommen prüft und sie ggf. mit einer sachlichen Empfehlung zur Entscheidung durch die Versammlung stellt. Dabei muss der Verwalter insb. in internen Auseinandersetzungen zwischen einzelnen Eigentümern die Objektivität wahren, da er allen Wohnungseigentümern gleichermaßen zur ordnungsmäßigen Verwaltung verpflichtet ist. Beschimpft der Verwalter einen Wohnungseigentümer, fehlt es hieran. Dass dabei das Verhältnis lediglich zu einem Wohnungseigentümer zerstört ist, soll ausreichen (OLG Rostock ZMR 2010, 223).

16. Legt der Verwalter keine Jahresabrechnungen vor (OLG Düsseldorf ZWE 2002, 477) oder folgt er bei seinen Jahresabrechnungen einseitig der Anweisung des Mehrheitseigentümers, obwohl diese Art der Jahresabrechnung nicht den Grundsätzen ordnungsmäßiger Verwaltung entspricht, kann die Abberufung des Verwalters wegen Verletzung der Neutralitätspflicht verlangt werden (OLG Köln NZM 1999, 126).

17. → Form. II.J.1 Anm. 39.

18. § 253 Abs. 3 Nr. 1 ZPO.

19. → Form. I.D.1 Anm. 24.

Kosten und Gebühren

20. → Form. II.J.1 Anm. 44–46.

Rechtsmittel

21. → Form. II.J.1 Anm. 47, 48.

11. Klage der Gemeinschaft der Wohnungseigentümer gegen Störer

An das Amtsgericht[1]
Abteilung für Wohnungseigentumssachen[2]

Klage[3]

Gemeinschaft der Wohnungseigentümer Y.-Straße Nr. . . . . ., ... (PLZ, Ort),
vertreten durch den Verwalter, Z.-Straße Nr. . . . . ., ... (PLZ, Ort),
– Klägerin[4] –
Prozessbevollmächtigter: V., W.-Straße . . . . ., ... (PLZ, Ort),
gegen
Wohnungseigentümer B., wohnhaft X.-Straße Nr. . . . . ., ... (PLZ, Ort),
– Beklagter[5] –
wegen Unterlassung
vorläufiger Gebührenstreitwert:[6] . . . . . .

Unter Einzahlung eines Kostenvorschusses von . . . . . . EUR[7] beantrage ich im Namen und mit Vollmacht[8] der Klägerin:

1. Den Beklagten zu verurteilen, es zu unterlassen, die Kellerräume seines Wohnungseigentumsrechts Nr. . . . . ., Y.-Straße Nr. . . . . ., ... (PLZ, Ort), eingetragen im Grundbuch von . . . . . ., als Wohn- und Schlafräume zu nutzen.[9]

2. Dem Beklagten wird angedroht, dass für jeden Fall der Zuwiderhandlung ein Ordnungsgeld bis zur Höhe von 250.000 EUR und für den Fall, dass dieses nicht beigetrieben werden kann, Ordnungshaft oder Ordnungshaft bis zu 6 Monaten festgesetzt wird.[10]
3. Dem Beklagten die Kosten des Rechtsstreits aufzuerlegen.[11]
4. Für den Fall, dass das Gericht ein schriftliches Vorverfahren anordnet und der Beklagte seine Verteidigungsbereitschaft nicht rechtzeitig anzeigt, den Erlass eines Versäumnisurteils.[12]

Begründung[13]

A. Der Beklagte ist Eigentümer eines Wohnungseigentumsrechts in der Wohnungseigentumsanlage X.-Straße Nr. . . . . ., ... (PLZ, Ort). Die Klägerin ist die Gemeinschaft der Wohnungseigentümer. Die Wohnungseigentümer haben auf der Versammlung vom . . . . . . zu TOP . . . . . . entschieden, Unterlassungsansprüche wegen Störung des gemeinschaftlichen Eigentums gegen den Beklagten durch die Gemeinschaft der Wohnungseigentümer wahrnehmen zu lassen.[14]

Beweis: Niederschrift der Versammlung vom . . . . . . in Fotokopie; Auszug aus der Beschluss-Sammlung.

Die Wohnungseigentumsanlage besteht aus einem Haus mit acht Wohnungseigentumsrechten. Der Beklagte erwarb das im Antrag näher genannte Wohnungseigentumsrecht . . . . . . Das Sondereigentum besteht aus einem Wohnzimmer mit integrierter Küche, einem Schlafzimmer, einem Sanitärraum und einem Flur sowie die im Antrag genannten Kellerräume.

Beweis: Vorlage des Grundbuchauszugs in Fotokopie

In der Teilungserklärung vom . . . . . . heißt es unter Ziff. II. wir folgt:

„Im Einzelnen erfolgt die Aufteilung in Wohnungseigentumsrechte wie folgt: 1. 125/1000 Miteigentumsanteile, verbunden mit dem Sondereigentum an der Wohnung belegen im Erdgeschoss und Keller mit einer Nutzfläche von 154,33 qm, die in der Abgeschlossenheitserklärung mit Ziffer 1 bezeichnet ist, sowie dem Sondernutzungsrecht . . . . . ."

Beweis: Teilungserklärung und Gemeinschaftsordnung in Fotokopie.

Die teilende Eigentümerin stattete bei Errichtung des Hauses die Kellerräume zur Wohnung, die baurechtlich nicht als Wohnung zugelassen sind, mit einer Dusche, einem Waschbecken, Anschlüssen für (eine später eingebaute) Toilette, Fernseher und Telefon sowie Heizkörpern, in der Folgezeit auch mit einer Wendeltreppe zur Wohnung aus. Der Beklagte gebraucht die Kellerräume als Wohn- und Schlafräume für seine Kinder.

Beweis: Teilungserklärung und Gemeinschaftsordnung in Fotokopie; Anhörung des Verwalters.

Dieser Gebrauch ist unzulässig. Den anderen Wohnungseigentümern steht ein Unterlassungsanspruch aus § 1004 Abs. 1 S. 1 BGB zu.[15] Die Bezeichnung in der Teilungserklärung, das Sondereigentum im Keller sei „Keller", stellt eine Benutzungsvereinbarung („Zweckbestimmung") dar, die nur eine Benutzung als Kellerraum erlaubt.[16] Die Teilungserklärung ist nicht dahin zu verstehen, dass die Wohnung „im Erdgeschoss und Keller" belegen ist, sondern vielmehr jeweils dahin, dass das Sondereigentum an der Wohnung, belegen im Erdgeschoss, und an dem Keller besteht (vgl. § 1 Abs. 2, Abs. 3 WEG). Die Einordnung hat zur Folge, dass die so bezeichneten Räume nur als Keller (Lager- und Abstellraum) oder nur in einer Weise genutzt werden dürfen, die nicht mehr stört oder beeinträchtigt als ein Gebrauch als Keller.[17] Dabei gilt nach herrschender Meinung eine typisierende – also nicht auf die Beeinträchtigungen im konkreten Fall abgestellte – Betrachtungsweise.[18]

Der Beklagte wurde am . . . . . . erfolglos aufgefordert, den Gebrauch des Kellers als Wohnung zu unterlassen.[19]

B. Die außerprozessual vom Beklagten geltend gemachte Verteidigung überzeugt nicht.[20]

1. Soweit sich der Beklagte auf Verwirkung berufen hat, ist ihm nicht zu folgen; es fehlt jedenfalls am Umstandsmoment.[21] **Der Beklagte kann keine besonderen Umstände benennen, aufgrund derer er sich nach Treu und Glauben darauf einrichten durfte und eingerichtet hat, dass die Wohnungseigentümer ihr Recht auf Unterlassung nicht mehr geltend machen werden.**

2. Der Anspruch ist auch nicht verjährt. Der Beklagte benutzt den Keller nur zeitweise zu Wohnzwecken. Sollen wiederholte gleichartige Störungen abgewehrt werden, die zeitlich unterbrochen auftreten, löst indes jede neue Einwirkung einen neuen Anspruch aus.[22]

3. Schließlich besitzt der Beklagte auch keinen Änderungsanspruch nach § 10 Abs. 2 WEG; jedenfalls kann er diesen nicht in diesem Verfahren geltend machen.[23]

Beglaubigte und einfache Abschrift sind beigefügt.[24]

Der Klageerhebung ist kein Versuch einer Mediation oder eines anderen Verfahrens der außergerichtlichen Konfliktbeilegung vorausgegangen. Einem solchen Verfahren stehen keine Gründe entgegen.[25]

Rechtsanwalt[26, 27, 28]

Anmerkungen

1. Ausschließlich örtlich zuständig für die Klage auf Unterlassung einer Störung durch einen Wohnungseigentümer ist gem. § 43 Abs. 2 Nr. 2 WEG das Gericht, in dessen Bezirk das Grundstück liegt. Zur sachlichen Zuständigkeit → Form. II.J.1 Anm. 1.

2. → Form. II.J.1 Anm. 2.

3. Die Abwehr von Störungen des gemeinschaftlichen Eigentums ist Angelegenheit der Gemeinschaft der Wohnungseigentümer (→ Form. II.J.5 Anm. 3). Die Gemeinschaft der Wohnungseigentümer macht die Rechte der Wohnungseigentümer in „gekorener Ausübungsbefugnis" in gesetzlicher Prozessstandschaft geltend (s. a. BGH NJW 2015, 1020 Rn. 7; NJW 2014, 2861 Rn. 22).

4. → Form. II.J.1 Anm. 4.

5. Beklagter ist der Wohnungseigentümer, der selbst stört, oder für die Störungen durch einen Drittnutzer, zB einen Mieter, einzustehen hat.

6. Der Gebührenstreitwert bestimmt sich nach § 48 Abs. 1 S. 1 GKG iVm §§ 3 ff ZPO. Maßgebend ist das wirtschaftliche Interesse der hinter der Gemeinschaft der Wohnungseigentümer stehenden Wohnungseigentümer. Bei „normalen" Unterlassungsansprüchen werden häufig niedrige Pauschalen von 1.000–1.500 EUR angesetzt, etwa beim Verbot der Haustierhaltung (OLG Karlsruhe WE 1988, 97) oder bei Lärm. Wenn sich aus dem Sachverhalt keine ausreichenden Anhaltspunkte für die Schätzung ergeben, kommt eine wertende Heranziehung der für vergleichbare Konstellationen vorgesehenen Auffang- bzw. Regelstreitwerte zB in § 52 Abs. 2 GKG (5.000 EUR), § 3 Abs. 3 GNotKG (5.000 EUR) oder § 42 Abs. 3 FamGKG in Betracht.

7. → Form. II.J.1 Anm. 41.

8. → Form. II.J.1 Anm. 11.

9. → Form. II.J.5 Anm. 9.

10. → Form. II.J.5 Anm. 10.

11. → Form. II.J.1 Anm. 17.

12. → Form. II.J.1 Anm. 18.

13. Eine Klage auf Unterlassung ist begründet, wenn die Gemeinschaft der Wohnungseigentümer darlegen u. ggf. beweisen kann, dass der Beklagte das gemeinschaftliche Eigentum entgegen den gesetzlichen Regelungen (§ 14 Abs. 1 Nr. 2 WEG), Vereinbarungen (§ 10 Abs. 1 S. 2 WEG) oder Beschlüssen (§ 19 Abs. 1 WEG) benutzt.

14. Der Verwalter kann die Gemeinschaft der Wohnungseigentümer nach § 9b Abs. 1 S. 1 WEG vertreten. Ob er es auch darf, ist eine Frage des § 27 WEG oder der Vereinbarungen. Der Verwalter ist danach nur dann berechtigt, gegen einen störenden Wohnungseigentümer vorzugehen, wenn das so vereinbart u./oder beschlossen ist, wenn das Vorgehen untergeordnete Bedeutung hat u. nicht zu erheblichen Verpflichtungen führt (§ 27 Abs. 1 Nr. 1 WEG) oder wenn das Vorgehen zur Wahrung einer Frist oder zur Abwendung eines Nachteils erforderlich ist (§ 27 Abs. 1 Nr. 2 WEG). IdR bedarf es einer Entscheidung der Wohnungseigentümer nach § 27 Abs. 2 WEG (*Hügel/Elzer* § 27 Rn. 65).

15. Die Wohnungseigentümer können nach § 1004 Abs. 1 BGB eine Benutzung der im Sondereigentum stehenden Gebäudeteile u. des gemeinschaftlichen Eigentums verlangen, die dem Gesetz, den Vereinbarungen u. Beschlüssen und, soweit sich die Regelung hieraus nicht ergibt, dem Interesse der Gesamtheit der Wohnungseigentümer nach billigem Ermessen entspricht (s. a. BGH NJW 2015, 1020 Rn. 6). Bei einem Verstoß gegen die Pflichten ist neben einem Unterlassungsanspruch aus § 1004 Abs. 1 BGB ein Anspruch aus § 14 Abs. 1 Nr. 1 WEG gegeben.

16. Die Wohnungseigentümer können durch eine vereinbarte (§ 10 Abs. 1 S. 2 WEG) oder beschlossene (§ 19 Abs. 1 WEG) Zweckbestimmung den nach § 14 Abs. 1 Nr. 2 WEG zulässigen Gebrauch des gemeinschaftlichen Eigentums konkretisieren („Zweckbestimmungen ieS“). Daneben steht idR die Bestimmung nach §§ 3 u. 8 WEG, dass ein Sondereigentum Wohnungs- oder Teileigentum ist („Zweckbestimmungen iwS“; → Form. II.J.5 Anm. 14).

Eine Zweckbestimmung ieS beschäftigt sich mit der erlaubten Intensität einer durch § 3 WEG oder § 8 WEG bereits „rahmenartig“ festgelegten Benutzung. Die Rspr. spricht von „Zweckbestimmungen mit Vereinbarungscharakter“ (BGH NJW 2018, 41 Rn. 6; NJW-RR 2015, 781 Rn. 5; NJW 2015, 454 Rn. 10). Diese Terminologie macht klar, dass es sich um keinen Beschluss handelt. Allerdings kann eine Bestimmung nur eine Vereinbarung oder ein Beschluss sein, nicht aber bloß einen solchen „Charakter“ haben. Es sollte daher zur begrifflichen Klarheit besser von einer vereinbarten – im Gegensatz zu einer beschlossenen – Zweckbestimmung gesprochen werden.

17. Ein Wohnungs-/Teileigentümer ist nicht darauf beschränkt, sein Wohnungs-/Teileigentum ausschließlich zu der in §§ 1 Abs. 2, Abs. 3, 10 Abs. 1 S. 2, 19 Abs. 1 WEG vorgesehenen Benutzung zu verwenden. Aus einer ergänzenden Vertragsauslegung bzw. aus Art. 14 Abs. 1 GG iVm § 13 Abs. 1 WEG folgt das Recht, ein Wohnungs- u./oder Teileigentum auch zu anderen Zwecken gebrauchen u. zu nutzen. Entscheidend ist, ob ein anderer Gebrauch die übrigen Wohnungseigentümer nicht über das Maß hinaus beeinträchtigt, das bei einer typischen Benutzung (typisierende Betrachtungsweise) zu erwarten ist (stRspr, BGH ZMR 2020, 322 Rn. 10; ZMR 2020, 202 Rn. 14).

Die Benutzung von Nebenräumen zu nicht nur vorübergehenden Wohnzwecken beeinträchtigt stets, da sie die Wohnungseigentumsanlage um eine weitere „Wohneinheit“ vergrößert (BGH NZM 2015, 495 Rn. 5; NJW 2014, 2640 Rn. 7). Entsprechendes gilt, wenn man nicht nur in einem Nebenraum wohnt, sondern wenn es sich um eine Wohnungseigentumsanlage handelt, in der es nur Teileigentum gibt (BGH ZWE 2018,

261 Rn. 9). Offen ist, was in einer Wohnungseigentumsanlage gilt, in der es sowohl Wohnungs- als auch Teileigentum gibt (BGH ZWE 2018, 261 Rn. 9; s. auch LG Frankfurt ZWE 2019, 279 Rn. 12 ff. u. LG Berlin ZMR 2019, 530).

18. Für die Frage, ob eine bestimmungswidrige Benutzung mehr als die erlaubte stört, sind die konkreten Umstände idR unbeachtlich. Zu fragen ist vielmehr, ob der „typische" Gebrauch stören würde (BGH ZMR 2018, 529 Rn. 13; NJW 2010, 3093 Rn. 16). Entscheidend ist, ob bei einem „normalen" Gebrauch unzulässige Störungen zu erwarten sind. Eine typisierende Betrachtungsweise bedeutet nach einem Teil der Rechtsprechung – inkonsequent – nicht, dass Einzelfallumstände gänzlich außer Betracht zu bleiben haben (OLG Frankfurt a. M. ZWE 2012, 35 (36); OLG München MDR 2005, 1102 (1103)). Eine typisierende Betrachtungsweise soll es ferner erfordern, den tatsächlichen Gebrauch nach seiner Art u. Durchführung sowie den damit verbundenen Folgen (zB die zu erwartende Besucherfrequenz, Besucherstrukturen, Begleitkriminalität) zu konkretisieren u. auf die örtlichen Gegebenheiten (zB Umfeld, Charakter der Anlage u. die diesen prägenden Verhältnisse, Lage im Gebäude) u. zeitlichen Verhältnisse (etwa Öffnungszeiten) zu beziehen (LG München I ZWE 2011, 275 (276)).

19. Ohne Mahnung dürfte es an einem Rechtsschutzbedürfnis fehlen; jedenfalls droht ein sofortiges Anerkenntnis mit der Kostenfolge des § 93 ZPO.

20. Es ist eine Frage des „Geschmacks", ob bereits der Kläger die Einwendungen des Beklagten darstellt. Ist klar, dass sich der Beklagte verteidigen wird u. ist ferner klar, was der Beklagte einwenden wird, ist es angesichts des § 283 ZPO aber keinesfalls falsch, sich frühzeitig mit den Positionen der Gegenseite auseinanderzusetzen.

21. Unterlassungs- u./oder Beseitigungsansprüche können verwirkt werden (BGH ZMR 2018, 529 Rn. 14 ff.; NJW-RR 2015, 781 Rn. 11; ZMR 2011, 967 Rn. 7; ZWE 2010, 266 unter I. 2). Eine Verwirkung setzt voraus, dass zu einem Zeitablauf (Zeitmoment) besondere, auf dem Verhalten des Berechtigten beruhende Umstände (Umstandsmoment) hinzutreten, die das Vertrauen des Verpflichteten rechtfertigen, der Berechtigte werde seinen Anspruch nicht mehr geltend machen (stRspr, exemplarisch BGH NZM 2018, 909 Rn. 15; NJW 2014, 1230 Rn. 13).

Ob – was im Wohnungseigentumsrecht nur selten der Fall ist – Verwirkung anzunehmen ist, richtet sich nach den vom Tatrichter festzustellenden u. zu würdigenden Umständen des Einzelfalls (BGH NJW 2006, 219 Rn. 23). Die maßgebliche Frist beginnt mit jeder Zuwiderhandlung neu (BGH ZMR 2018, 529 Rn. 18; NJW-RR 2015, 781 Rn. 12; NZM 2006, 192 Rn. 11). Eine Verwirkung kann sich ferner immer nur auf einen bestimmten Zustand beziehen. Ein Sondernachfolger muss sich idR die in der Person seines Rechtsvorgängers eingetretene Verwirkung entgegenhalten lassen (BGH ZWE 2010, 266 unter I. 2; OLG Frankfurt a. M. ZfIR 2011, 83).

22. Ein Anspruch auf Unterlassung einer unzulässigen Benutzung verjährt nach Entstehung der Zuwiderhandlung (§ 199 Abs. 5 BGB) gem. § 195 BGB in drei Jahren (BGH NJW-RR 2015, 781 Rn. 6; NJW 2014, 2861 Rn. 5; OLG Hamm ZMR 2009, 386). Sollen – wie häufig bei § 15 WEG – wiederholte gleichartige Störungen abgewehrt werden, die zeitlich unterbrochen auftreten, löst jede neue Einwirkung einen neuen Anspruch aus (BGH NJW-RR 2015, 781 Rn. 9; ZMR 2011, 967 Rn. 7; GE 2007, 1481 Rn. 10). Auch nach der Verjährung bleibt der von dem Störer geschaffene Zustand rechtswidrig; er kann von dem Gestörten daher auf eigene Kosten beseitigt werden (BGH NJW 2013, 1962 Rn. 13; NJW 2011, 1069 Rn. 18).

23. Verletzt ein Wohnungseigentümer eine Benutzungsbestimmung, hat er aber nach § 10 Abs. 2 WEG einen Anspruch auf Änderung dieser Regelung, kann er gegenüber einem Unterlassungsanspruch keinen Änderungsanspruch geltend machen (BGH ZWE

2018, 261 Rn. 17). Ein berechtigtes Anpassungsbegehren muss erst in der Gemeinschaftsordnung umgesetzt werden. Wer gegen den Willen der übrigen Wohnungseigentümer die Änderung einer Vereinbarung erreichen will, muss eine darauf gerichtete (Wider-)Klage gegen die anderen Wohnungseigentümer oder die in Standschaft handelnde Gemeinschaft der Wohnungseigentümer erheben.

24. → Form. II.J.1 Anm. 39.

25. § 253 Abs. 3 Nr. 1 ZPO.

26. → → Form. II.J.1 Anm. 43.

Kosten und Gebühren

27. → Anm. 6, → Form. II.J.1 Anm. 44–46.

Rechtsmittel

28. → Form. II.J.1 Anm. 47, 48.

12. Klage einer Gemeinschaft von Wohnungseigentümern gegen Wohnungseigentümer auf Rückbau

An das Amtsgericht[1]
Abteilung für Wohnungseigentumssachen[2]

Klage[3]

Wohnungseigentümergemeinschaft Y.-Straße Nr. . . . ., ... (PLZ, Ort), vertreten durch den Verwalter, Z.-Straße Nr. . . . ., ... (PLZ, Ort),
– Klägerin[4] –
Prozessbevollmächtigter: V., W.-Straße . . . . ., ... (PLZ, Ort),
gegen
Wohnungseigentümer B., wohnhaft X.-Straße Nr. . . . ., ... (PLZ, Ort),
– Beklagter[5] –
wegen Schadenersatz/Beseitigung
vorläufiger Gebührenstreitwert:[6] . . . . .

Unter Einzahlung eines Kostenvorschusses von . . . . . EUR[7] beantrage ich im Namen und mit Vollmacht[8] der Klägerin:

1. **Den Beklagten zu verurteilen, das aus massiven Steinen errichtete Gartenhaus mit einer Grundfläche von 12 qm, errichtet vom Wohngebäude aus gesehen in der hinteren rechten Ecke der Sondernutzungsfläche, auf der seinem im Erdgeschoss gelegenen Sondereigentum (Nr. 1 im Aufteilungsplan) vorgelagerten Sondernutzungsfläche auf seine Kosten bis zum . . . . . vollständig zu entfernen.[9]**
2. **Dem Beklagten die Kosten des Rechtsstreits aufzuerlegen.[10]**
3. **Für den Fall, dass das Gericht ein schriftliches Vorverfahren anordnet und der Beklagte seine Verteidigungsbereitschaft nicht rechtzeitig anzeigt, den Erlass eines Versäumnisurteils.[11]**

Begründung

Der Beklagte hat auf seiner seinem im Erdgeschoss gelegenen Sondereigentum (Nr. . . . . im Aufteilungsplan) vorgelagerten Sondernutzungsfläche am . . . . . aus massiven Steinen ein Gartenhaus errichtet.

Beweis: Lichtbild der Sondernutzungsfläche, Augenschein und Fotokopie des Aufteilungsplans

Hierfür fehlt ihm der nach § 20 Abs. 1 WEG notwendige Beschluss.[12]

Die Wohnungseigentümer haben den Beklagten in der Versammlung vom . . . . . vergeblich durch Beschluss zu TOP . . . . . aufgefordert, das Gartenhaus bis zum . . . . . zu entfernen. Zugleich haben sie dem Beklagten zu TOP . . . . . angedroht, dass die Gemeinschaft der Wohnungseigentümer gegen ihn Klage erheben wird, wenn die Frist fruchtlos verstreicht.[13]

Beweis: Fotokopie der Niederschrift der Versammlung vom . . . . .

Im Hinblick auf eine mögliche Rechtsverfolgung haben die Wohnungseigentümer beschlossen, das Rückbauverlangen[14] durch die Gemeinschaft der Wohnungseigentümer verfolgen zu lassen und haben den Verwalter nach § 27 Abs. 2 WEG ermächtigt, alles zu veranlassen und einen Rechtsanwalt zu beauftragen.[15]

Beweis: Fotokopie der Niederschrift der Versammlung vom . . . . .

Beglaubigte und einfache Abschrift sind beigefügt.[16]

Der Klageerhebung ist kein Versuch einer Mediation oder eines anderen Verfahrens der außergerichtlichen Konfliktbeilegung vorausgegangen. Einem solchen Verfahren stehen keine Gründe entgegen.[17]

Rechtsanwalt[18, 19, 20]

Anmerkungen

1. Ausschließlich örtlich zuständig für die Klage gegen einen Wohnungseigentümer auf Beseitigung/Rückbau einer von ihm vorgenommenen unzulässigen baulichen Veränderung am gemeinschaftlichen Eigentum ist gem. § 43 Abs. 2 Nr. 1 WEG (wenn ein Wohnungseigentümer vorgeht) oder gem. § 43 Abs. 2 Nr. 2 WEG (wenn die Gemeinschaft der Wohnungseigentümer klagt) das Gericht, in dessen Bezirk das Grundstück liegt. S. iÜ → Form. II.J.11 Anm. 1.

2. → Form. II.J.1 Anm. 2.

3. → Form. II.J.11 Anm. 3.

4. → Form. II.J.1 Anm. 4.

5. Anspruchsgegner einer rechtswidrigen Baumaßnahme ist der im Zeitpunkt der Baumaßnahme eingetragene Wohnungseigentümer als Handlungsstörer; unmittelbarer Handlungsstörer ist, wer die Beeinträchtigung adäquat kausal durch eine eigene Handlung verursacht; mittelbarer Handlungsstörer ist, wer eine Beeinträchtigung durch einen anderen in adäquater Weise durch seine Willensbetätigung verursacht u. in der Lage ist, die unmittelbar auftretende Störung zu verhindern (BGH NJW-RR 2018, 1165 Rn. 9; LG Nürnberg-Fürth ZMR 2009, 483 (485)). Sein Sondernachfolger kann nicht auf Beseitigung/Rückbau verklagt werden (KG ZMR 2007, 639; OLG Hamburg ZMR 2006, 377 (378)). Denn der Sondernachfolger ist bloßer Zustandsstörer (Zustandsstörer ist derjenige, durch dessen maßgebenden Willen der beeinträchtigende Zustand aufrechterhalten wird; die Beeinträchtigung muss – wenigstens mittelbar – auf den Willen des Eigentümers oder Besitzers der störenden Sache zurückgehen) u. kann idR nur verpflichtet werden, die Beseitigung einer störenden baulichen Veränderung zu dulden (OLG Düsseldorf ZMR

2008, 731 (732); KG ZMR 2007, 639). Nur im Einzelfall kann auch der Zustandsstörer verpflichtet sein, zurückzubauen. Das ist dann der Fall, wenn ihm die Störung „zurechenbar" ist. Dies setzt voraus, dass er nicht nur tatsächlich u. rechtlich in der Lage ist, die Störung zu beseitigen, sondern zudem, dass die Störung bei der gebotenen wertenden Betrachtung durch seinen maßgebenden Willen zumindest aufrechterhalten wird (BGH NJW 2015, 2027 Rn. 14; NZM 2010, 365 Rn. 14; NZM 2007, 130 Rn. 14).

Der Erwerber eines Wohnungseigentumsrechts, der mit dem Bauträger eine von dem Aufteilungsplan abweichende bauliche Ausgestaltung vereinbart, ist hinsichtlich der sich daraus ergebenden Veränderungen des gemeinschaftlichen Eigentums weder Handlungs- noch Zustandsstörer (BGH NJW 2015, 2027 Rn. 8 ff.).

6. → Form. II.J.5 Anm. 6.Der Gebührenstreitwert bestimmt sich nach § 48 Abs. 1 S. 1 GKG iVm §§ 3 ff. ZPO. Maßgebend ist das wirtschaftliche Interesse der hinter der Gemeinschaft der Wohnungseigentümer stehenden Wohnungseigentümer. Wird die Beseitigung einer baulichen Veränderung verlangt, bemisst sich das Interesse am ideellen, ggf. aber auch wirtschaftlichen Interesse, den ursprünglichen Zustand wiederherzustellen (BGH NJW-RR 2017, 912 Rn. 7; 2017, 584 Rn. 5). Dieses bemisst sich bei der Störung von Grundeigentum grds. nach dem Wertverlust den das Wohnungseigentum des Klagenden durch die Störung erleidet (BGH ZMR 2020, 775 Rn. 4; MDR 2018, 1396 Rn. 7). Ferner geht es um das Interesse durch eine optische u./oder Substanzbeeinträchtigung (BGH BeckRS 2006, 06829 Rn. 8), nicht aber um die Rückbaukosten (aA ggf. BGH ZMR 2020, 775 Rn. 6).

7. → Form. II.J.1 Anm. 41.

8. → Form. II.J.1 Anm. 11.

9. Aus einem Titel, der eine Handlungsverpflichtung begründet, muss sich der Inhalt der Handlung, die ggf. erzwungen werden soll, eindeutig ergeben. → Form. I.D.5 Anm. 4. Verstreicht die Frist fruchtlos, ist nach § 887 Abs. 1, Abs. 2 ZPO vorzugehen.

10. → Form. II.J.1 Anm. 17.

11. → Form. II.J.1 Anm. 18.

12. S. zunächst → Form. II.J.4 Anm. 26. Zu iSv § 14 Abs. 1 Nr. 2 WEG bzw. § 1004 Abs. 1 S. 1 BGB beeinträchtigenden baulichen Veränderungen ist der Sondernutzungsberechtigte grds. nur befugt, wenn die anderen Wohnungseigentümer diesen Veränderungen nach § 20 Abs. 1 WEG zustimmen (s. a. BGH NZM 2014, 245 Rn. 7). Die Zustimmung kann im Wege des Beschlusses oder durch eine Vereinbarung erteilt werden (zur Vereinbarung s. a. BGH NZM 2014, 245 Rn. 7; NJW 2012, 676 Rn. 8). Eine Zustimmungsvereinbarung soll dabei „als bereits erteilt" gelten, „soweit bauliche Veränderungen Eingang in die Beschreibung des Sondernutzungsrechts gefunden haben" oder wenn sie „nach dem Inhalt des jeweiligen Sondernutzungsrechts üblicherweise vorgenommen werden u. der Wohnungseigentumsanlage dadurch kein anderes Gepräge verleihen" (BGH NZM 2014, 245 Rn. 7; NJW 2012, 676 Rn. 8).

13. Wohnungseigentümer können u. sollten mit Blick auf § 93 ZPO einen Störer vor einer Klageerhebung abmahnen. Dem Störer ist vor Augen zu führen, was er „falsch" macht u. was geschieht, wenn er seinen Fehler nicht korrigiert. Hierin – in einer Abmahnung – muss sich der Beschluss allerdings erschöpfen. Wohnungseigentümer sind nämlich nicht befugt, außerhalb der gemeinschaftlichen Kosten u. Lasten einem Miteigentümer Leistungspflichten aufzuerlegen. Wäre dieses beabsichtigt, wäre der Beschluss nichtig (BGH NJW 2014, 2861 Rn. 5; NJW 2012, 1724 Rn. 11; grdl. NZM 2010, 285 Rn. 10).

14. Der Anspruch auf Unterlassung u. Beseitigung beruht auf § 1004 Abs. 1 BGB, aber auch auf § 14 Abs. 1 Nr. 1 WEG.

15. Der auf §§ 823 Abs. 1, 249 Abs. 1 BGB gestützte Wiederherstellungsanspruch kann nach § 9a Abs. 2 WEG nur von der Gemeinschaft der Wohnungseigentümer ausgeübt werden (s. a. BGH NJW 2014, 1090 Rn. 17). Auch der damit ggf. konkurrierende (BGH NJW 2014, 1090 Rn. 17) Anspruch auf Unterlassung u. Beseitigung nach § 1004 Abs. 1 BGB, § 20 Abs. 1, § 18 Abs. 2, § 14 Abs. 1 Nr. 1 WEG ist von der Gemeinschaft der Wohnungseigentümer auszuüben. Anders ist es, wenn ein Wohnungseigentümer durch eine bauliche Veränderung in seinem Sondereigentum gestört wird. Diese Störung kann nur der Wohnungseigentümer verfolgen, dessen Sondereigentum beeinträchtigt wird.

Der Verwalter besitzt nach § 9b Abs. 1 S. 1 WEG von Gesetzes wegen die Möglichkeit, die Gemeinschaft der Wohnungseigentümer zu vertreten. Der Beschluss dient nur der Entscheidung, die Störung zu verfolgen und den Verwalter „intern" zu ermächtigen.

16. → Form. II.J.1 Anm. 39.

17. § 253 Abs. 3 Nr. 1 ZPO.

18. → Form. II.J.1 Anm. 43.

Kosten und Gebühren

19. → Anm. 6, → Form. II.J.1 Anm. 44–46.

Rechtsmittel

20. → Form. II.J.1 Anm. 47, 48.

13. Klage auf Entziehung von Wohnungseigentum

An das Amtsgericht[1]
Abteilung für Wohnungseigentumssachen[2]

Klage[3]

Gemeinschaft der Wohnungseigentümer Y.-Straße Nr. . . . ., ... (PLZ, Ort), vertreten durch den Verwalter, Z.-Straße Nr. . . . ., ... (PLZ, Ort),
– Klägerin[4] –
Prozessbevollmächtigter: V., W.-Straße . . . . ., ... (PLZ, Ort),
gegen
Wohnungseigentümer B., wohnhaft X.-Straße Nr. . . . ., ... (PLZ, Ort),
– Beklagter[5] –
wegen Entziehung des Wohnungseigentums
vorläufiger Gebührenstreitwert:[6] . . . . .
Namens und in Vollmacht[7] der Klägerin erhebe ich Klage und beantrage:

1. Der Beklagte wird verurteilt, sein in der Wohnungseigentumsanlage Y.-Straße Nr. . . . ., ... (PLZ, Ort), gelegenes Wohnungseigentum mit der Nr. . . . ., bestehend aus einem . . . . ./1.000stel Miteigentumsanteil, verbunden mit dem Sondereigentum an der Wohnung Obergeschoss links, im Aufteilungsplan bezeichnet mit Nr. . . . ., eingetragen im Grundbuch des Amtsgerichts (. . . . .), Blatt (. . . . .), zu veräußern.[8]

2. Die Kosten des Rechtsstreits werden dem Beklagten auferlegt.
3. Das Urteil ist vorläufig vollstreckbar.[9]
4. Für den Fall, dass das Gericht ein schriftliches Vorverfahren anordnet und der Beklagte seine Verteidigungsbereitschaft nicht rechtzeitig anzeigt, den Erlass eines Versäumnisurteils.[10]

Es wird angeregt, von einer Güteverhandlung abzusehen, da sie erkennbar aussichtslos erscheint. Der Beklagte hat außerprozessual keine oder nur unzulässige Einwendungen erhoben.[11]

Begründung[12]

Die Klägerin ist die Gemeinschaft der Wohnungseigentümer der Wohnungseigentumsanlage X.-Straße Nr. . . . . . in Z.-Stadt. Der Beklagte ist Eigentümer des in dieser Wohnungseigentumsanlage gelegenen Wohnungseigentumsrechts Nr. . . . ., bestehend aus einem Miteigentumsanteil von . . . . ./1000, verbunden mit dem Sondereigentum an der Wohnung Nr. . . . . laut amtlichem Aufteilungsplan.

Beweis: Auszug aus dem Wohnungsgrundbuch in Fotokopie.

Der Beklagte erbringt seit zwei Jahren keine monatlichen Zahlungen zu den Kosten und Lasten des gemeinschaftlichen Eigentums nach Maßgabe der Gemeinschaftsordnung. Er schuldet der Klägerin folgende Hausgelder:[13]

. . . . . EUR Nachschüsse für das Wirtschaftsjahr . . . . . und zwar für
a) das Wohnungseigentumsrecht Nr. . . . . EUR,
b) das Wohnungseigentumsrecht Nr. . . . . EUR;

. . . . . EUR Vorschüsse für die Zeit vom . . . . . bis . . . . . insgesamt iHv . . . . . EUR und zwar für
a) das Wohnungseigentumsrecht Nr. . . . . EUR (monatlich . . . . . EUR),
b) das Wohnungseigentumsrecht Nr. . . . . EUR (monatlich . . . . . EUR);

. . . . . EUR Vorschüsse auf eine Sonderumlage gemäß Beschluss der Versammlung vom . . . . ., davon entfallend auf
a) das Wohnungseigentumsrecht Nr. . . . . EUR (entspricht . . . . . EUR je $^1/_{1000}$ Miteigentumsanteil, hier $^x/_{1000}$);
b) das Wohnungseigentumsrecht Nr. . . . . EUR (entspricht . . . . . EUR je $^1/_{1000}$ Miteigentumsanteil, hier $^y/_{1000}$).

Gesamtbetrag . . . . . EUR

Die Vorschüsse für das Wirtschaftsjahr . . . . . und die Nachschüsse für das Wirtschaftsjahr . . . . . sind in der Versammlung vom . . . . . beschlossen worden. Schließlich sind in dieser Versammlung zu TOP . . . . . auch die Vorschüsse für die Sonderumlage beschlossen worden. Sämtliche Beschlüsse sind bestandskräftig.

Aus den jeweiligen Beschlüssen iVm Abschnitt . . . . . der Gemeinschaftsordnung vom . . . . . ergibt sich das vom Beklagten zu zahlende Hausgeld.

In den jeweiligen Beschlüssen ist festgelegt, dass die Forderungen sofort fällig sind.

Beweis: Niederschrift der Versammlung vom . . . . ., Mitteilung des Verwalters an den Beklagten vom . . . . ., Teilungserklärung mit Gemeinschaftsordnung, alle in Fotokopie vorgelegt.

Der Beklagte befindet sich nach dem Vorstehenden mit der Erfüllung seiner Verpflichtungen zur Lasten- und Kostentragung (§§ 16 Abs. 2 S. 1, 28 Abs. 1 S. 1, Abs. 2 S. 1 WEG) in Höhe eines erheblichen Betrags in Verzug. Die Klägerin musste ihre Ansprüche auf das vom Beklagten zu zahlende Hausgeld jeweils in – bisher insgesamt . . . . . – Verfahren nach § 43 Abs. 2 Nr. 2 WEG gerichtlich geltend machen, teils durch den Gerichtsvollzieher beitreiben lassen. Damit hat der Beklagte so schwer gegen Gemein-

schaftspflichten verstoßen, dass den anderen Wohnungseigentümern eine Fortsetzung des Gemeinschaftsverhältnisses mit dem Beklagten nicht mehr zuzumuten ist.

Der Verwalter hat den Beklagten im Namen der Gemeinschaft der Wohnungseigentümer wegen seiner fortlaufend unpünktlichen Erfüllung der Lasten- und Kostentragungspflicht mit Schreiben vom . . . . . und . . . . . abgemahnt.[14]

Beweis: Schreiben vom . . . . . und . . . . . in Fotokopie, Zeugnis von A., W.-Straße . . . . ., ... (PLZ, Ort), Mitarbeiter des Verwalters.

In der Versammlung vom . . . . . zu TOP . . . . . haben die Wohnungseigentümer mit 23 von insgesamt 45 vorhandenen Stimmen beschlossen, vom Beklagten die Veräußerung seines Wohnungseigentumsrechts zu verlangen.[15]

Beweis: Niederschrift der Versammlung vom . . . . ., in Kopie.

Mit Beschluss der Versammlung vom . . . . . haben die Wohnungseigentümer den Verwalter nach § 27 Abs. 2 WEG ermächtigt, im Namen der Gemeinschaft der Wohnungseigentümer gegen den Beklagten Entziehungsklage zu erheben.[16]

Beweis: Niederschrift der Versammlung vom . . . . ., in Kopie.

Der Verkehrswert des Wohnungseigentumsrechts wird mit . . . . . EUR beziffert.[17]

Beglaubigte und einfache Abschrift sind beigefügt.[18] Ein Kostenvorschuss von . . . . . ist eingezahlt.[19]

Der Klageerhebung ist kein Versuch einer Mediation oder eines anderen Verfahrens der außergerichtlichen Konfliktbeilegung vorausgegangen. Einem solchen Verfahren stehen nach dem Inhalt der Klage Gründe entgegen.[20]

Rechtsanwalt[21, 22, 23, 24]

Anmerkungen

1. Ausschließlich örtlich zuständig für die Klage auf Entziehung eines Wohnungseigentumsrechts nach § 17 WEG ist gem. § 43 Abs. 2 Nr. 2 WEG das Gericht, in dessen Bezirk das Grundstück liegt (s. a. BGH NZM 2017, 37 Rn. 12; NJW-RR 2014, 452 Rn. 4u. Rn. 7). Zur sachlichen Zuständigkeit → Form. II.J.1 Anm. 2. Besondere Sachurteilsvoraussetzung (BGH NJW 2011, 3026 Rn. 4; OLG Rostock ZMR 2009, 470; *Elzer* MietRB 2011, 299 (302)) der Entziehungsklage ist ein Entziehungsbeschluss (→ Anm. 15), sofern es sich um keine Zweiergemeinschaft handelt.

2. → Form. II.J.1 Anm. 2.

3. Hat sich ein Wohnungseigentümer einer so schweren Verletzung der ihm gegenüber anderen Wohnungseigentümern obliegenden Verpflichtungen schuldig gemacht, dass diesen die Fortsetzung der Gemeinschaft mit ihm nicht mehr zugemutet werden kann, kann die Gemeinschaft der Wohnungseigentümer von ihm nach § 17 Abs. 1 WEG im Wege der Klage die Veräußerung seines Wohnungseigentumsrechts verlangen (Entziehungsklage).

Eine Entziehungsklage darf als letztes Mittel gegen einen gemeinschaftsschädigenden Wohnungseigentümer eingesetzt werden (BVerfG NJW 1994, 241 (242); BGH NZM 2018, 468 Rn. 9; NZM 2018, 1024 Rn. 16; NZM 2017, 37 Rn. 21). Die Gemeinschaft der Wohnungseigentümer hat vor Erhebung der Klage die bestehenden u. ihr zumutbaren Möglichkeiten zur Unterbindung störenden Verhaltens auszuschöpfen, wozu auch die Abmahnung des betroffenen Wohnungseigentümers gehört (→ Anm. 14). Unterbleibt eine Abmahnung, ist die Klage nicht unzulässig, aber zurzeit unbegründet. Wird die Klage auf eine schwere Pflichtverletzung iSv § 17 Abs. 1 WEG gestützt, ist das ggf. in einer Gewalttätigkeit, in Beleidigungen oder einem störenden Gebrauch des gemeinschaftlichen Eigentums oder Sondereigentums zu sehen.

Zahlungsrückstände rechtfertigen eine Entziehung in Anlehnung an das Mietrecht, wenn sie einen Umfang angenommen haben, der einen so schweren Eingriff in das Wohnungseigentum wie dessen Entziehung rechtfertigt. Die Zahlung von Hausgeld ist eine Kardinalpflicht, deren Nichterfüllung eine Entziehung rechtfertigen kann (SEHR/*Schneider* § 11 Rn. 5; *Lehmann-Richter/Wobst* WEG-Reform 2020 Rn. 1550; s. auch LG Frankfurt a. M. BeckRS 2021, 29554 Rn. 11). Ist ein Wohnungseigentümer mit seinem Hausgeld säumig, kann eine Entziehung allerdings auch über eine Hausgeldklage (→ Form. J.II.1) bewirkt werden. Denn auch ein in einem Hausgeldrechtsstreit erlangter Titel kann Grundlage einer Zwangsvollstreckung nach § 10 Abs. 1 Nr. 2 ZVG sein. Dieser Weg ist dem Weg über eine Entziehungsklage ggf. sogar vorzuziehen (s. auch LG Frankfurt a. M. BeckRS 2021, 29554 Rn. 11; *DSZ* WEG-Recht 2020/2021 Kap. 12 Rn. 16).

4. Die Ausübung des Entziehungsrechts steht nach § 17 Abs. 1 WEG der Gemeinschaft der Wohnungseigentümer zu. Sie nimmt nach hier vertretener Ansicht die Rechte der Wohnungseigentümer als Rechteinhaber allerdings bloß als gesetzliche Prozessstandschafterin nach § 9a Abs. 2 WEG wahr (PWW/*Elzer/Riecke* § 17 WEG Rn. 2; s. a. → Form. II.J.11 Anm. 3). Die Wohnungseigentümer als Anspruchsinhaber sind für eine Entziehungsklage nicht prozessführungsbefugt.

Dies gilt auch in einer Zweiergemeinschaft. Die Gemeinschaft der Wohnungseigentümer soll allerdings einzelne Wohnungseigentümer ermächtigen können, ihr zustehende Ansprüche im eigenen Namen geltend zu machen (BGH NJW 2014, 1019 Rn. 9; NJW 2007, 1353 Rn. 6); dies braucht nicht einmal ausdrücklich zu geschehen (s. a. BGH NJW 2007, 1353 Rn. 6; NJW 2005, 3146 unter III. 1).

5. Zu verklagen ist der Miteigentümer, der sich einer schweren Verletzung der ihm gegenüber anderen Wohnungseigentümern obliegenden Verpflichtungen schuldig gemacht hat. Steht ein Sondereigentum Mehreren gesamthänderisch zu u. stört nur einer von ihnen, kann die Entziehung des ganzen Wohnungseigentums von allen verlangt werden (BGH NZM 2018, 1024 Rn. 8; LG Köln ZMR 2002, 227).

Bei Bruchteilseigentum gilt nach hM nichts anderes (BGH NZM 2018, 1024 Rn. 13). Der nicht störende Miteigentümer soll aber berechtigt sein, die Wirkungen des Entziehungsurteils bis zur Erteilung des Zuschlags dadurch abzuwenden, dass er den Miteigentumsanteil des störenden Miteigentümers selbst erwirbt, den störenden Miteigentümer dauerhaft u. einschränkungslos aus der Wohnungseigentumsanlage entfernt u. dass er der Gemeinschaft der Wohnungseigentümer alle Kosten ersetzt, die dieser durch die Führung des Entziehungsrechtsstreits u. die Durchführung eines Zwangsversteigerungsverfahrens zur Durchsetzung des Entziehungsanspruchs entstanden sind (BGH NZM 2018, 1024 Rn. 31 ff.).

6. Der Gebührenstreitwert bestimmt sich nach § 48 Abs. 1 S. 1 GKG iVm §§ 3 ff. ZPO. Maßgebend ist das wirtschaftliche Interesse der hinter der Gemeinschaft der Wohnungseigentümer stehenden Wohnungseigentümer. Die hM bestimmt dieses Interesse überraschender Weise bislang nicht am Interesse, die Störung zu unterbinden, sondern nach dem Verkehrswert des zu veräußernden Wohnungs- oder Teileigentumsrechts (BGH NJW 2006, 3428; OLG Köln NZM 2011, 553; OLG Rostock ZMR 2006, 476). Mit § 3 ZPO ist das kaum zu vereinbaren.

7. → Form. II.J.1 Anm. 11.

8. Gegenstand des Eigentumsentziehungsverfahrens ist die Frage, ob der Sondereigentümer sein Wohnungseigentumsrecht veräußern muss (BGH NJW 2006, 3428). Der Klageantrag ist auf Veräußerung des Wohnungseigentumsrechts gerichtet (*Böttcher*

Rpfleger 2009, 181 (191)). Alternativ soll ein Antrag auf Veräußerung des Wohnungseigentumsrechts

Formulierungsvorschlag:

. . . . . „durch Duldung der Zwangsvollstreckung entsprechend den Vorschriften des Ersten Abschnitts des ZVG/Gesetzes über die Zwangsversteigerung und die Zwangsverwaltung"

und – in Fällen der Eigennutzung – zur Räumung des Objekts gestellt werden können (*Elzer* MietRB 2011, 299 (302)).

9. Ist die Entziehungsklage zulässig u. begründet, ergeht ein Veräußerungsurteil. Es verpflichtet den verurteilten Wohnungseigentümer zur Veräußerung des Wohnungseigentums, gibt aber keinen Anspruch auf Räumung u. Herausgabe des Wohnungseigentums (BGH NZM 2017, 37 Rn. 13). Aus dem Veräußerungsurteil ergibt sich allerdings, dass sich der frühere Eigentümer gemeinschaftsschädigend verhalten u. den Gemeinschaftsfrieden gestört hat. Aus seinem Handeln in der Vergangenheit wird die Prognose abgeleitet, dass er auch künftig nicht von seinem gemeinschaftsschädigenden Verhalten Abstand nehmen wird (BGH NZM 2017, 37 Rn. 14).

Das Veräußerungsurteil hat die Wirkungen des § 894 S. 1 ZPO, ersetzt aber nicht die zur Veräußerung erforderlichen Erklärungen Dritter, etwa die Genehmigung des Vormundschaftsgerichts bei Minderjährigen oder unter Betreuung stehenden Personen oder die Zustimmung nach § 12 WEG. Nach § 704 Abs. 1 ZPO kann das Veräußerungsurteil auch ein Versäumnisurteil sein (LG Rostock ZMR 2013, 675). Aus dem Veräußerungsurteil kann 30 Jahre lang vollstreckt werden (§ 197 Abs. 1 Nr. 3 BGB). Der Veräußerungsanspruch kann durch Eintragung einer Vormerkung oder eines einstweiligen Verfügungsverbots abgesichert werden.

10. → Form. II.J.1 Anm. 18.

11. → Form. II.J.1 Anm. 20.

12. Die nach § 253 Abs. 2 Nr. 2 ZPO erforderliche Begründung muss alle anspruchsbegründenden Tatsachen umfassen, aus denen sich die Berechtigung zum Begehren nach § 17 WEG ergibt. Dazu gehört, dass den Wohnungseigentümern eine Fortsetzung der Gemeinschaft mit dem beklagten Wohnungseigentümer nicht mehr zugemutet werden kann.

So liegt es nach § 17 Abs. 1 WEG, wenn sich der Beklagte einer so schweren Verletzung der ihm gegenüber anderen Wohnungseigentümern oder der Gemeinschaft der Wohnungseigentümer obliegenden Verpflichtungen schuldig gemacht hat, dass diesen die Fortsetzung der Gemeinschaft mit ihm nicht mehr zugemutet werden kann. Die Voraussetzungen liegen insb. vor, wenn der Wohnungseigentümer trotz Abmahnung wiederholt gröblich gegen die ihm nach § 14 Abs. 1u. Abs. 2 obliegenden Pflichten verstößt.

Außerdem ist darzulegen, dass über das Entziehungsverlangen mit der erforderlichen Mehrheit beschlossen u. drittens der Beklagte zuvor wirksam (→ Anm. 16) abgemahnt wurde. Für sämtliche Voraussetzungen trägt die Gemeinschaft als Klägerin die Darlegungs- u. Beweislast (*Hügel/Elzer* WEG § 17 Rn. 30).

13. Stützt sich die Entziehungsklage auf Hausgeldrückstände, so ist iE u. detailliert darzulegen, dass sich der Beklagte mit der Erfüllung seiner gem. § 28 Abs. 1 S. 1, Abs. 2 S. 1 WEG beschlossenen Verpflichtungen zur Lasten- u. Kostentragung (iE → Form. II. J.1) in maßgeblicher Höhe in Verzug befindet. Maßstab hierfür dürfte entspr. § 18 Abs. 2 Nr. 2 WEG aF wenigstens ein 3-Monats-Betrag sein, der drei vom Hundert des Einheitswertes des Wohnungseigentums des Beklagten übersteigt.

14. Der säumige Wohnungseigentümer muss, wie auch § 17 Abs. 2 WEG zeigt, vor einer Beschlussfassung über eine Entziehungsklage abgemahnt werden (BGH NZM 2018, 468 Rn. 9; NJW 2011, 3026 Rn. 4; NJW 2007, 1353 Rn. 14).

Von einer Abmahnung kann allerdings abgesehen werden, wenn sie den anderen Wohnungseigentümern unzumutbar ist oder keinen Erfolg verspricht (BGH NZM 2018, 468 Rn. 9; NJW 2011, 3026 Rn. 4; NJW 2007, 1353 Rn. 15). Ferner ist eine Abmahnung entbehrlich, wenn ein Wohnungseigentümer nach Erhebung der Entziehungsklage das dort beanstandete Verhalten fortsetzt (BGH NZM 2018, 468 Rn. 10).

Eine Abmahnung setzt keinen Beschluss voraus (BGH NZM 2019, 630 Rn. 6; NJW 2011, 3026 Rn. 8; NJW 2007, 1353 Rn. 23). Für eine Abmahnung genügt es, dass der Verwalter oder ein Wohnungseigentümer sie ausspricht (BGH NZM 2019, 630 Rn. 6). Ob dem Entziehungsbeschluss die erforderliche Abmahnung vorausgegangen ist, ist im Rahmen einer ggf. gegen einen Entziehungsbeschluss gerichteten Anfechtungsklage zu prüfen (BGH NJW 2011, 3026). Die inhaltliche Richtigkeit der in der Abmahnung aufgeführten Gründe u. die Frage, ob nach der Abmahnung erneut gegen Pflichten verstoßen worden ist, ist hingegen ausschließlich Gegenstand der Entziehungsklage (BGH NJW 2011, 3026 Rn. 7).

15. Ob einem Wohnungseigentümer das Wohnungseigentum entzogen werden soll, müssen die Wohnungseigentümer beschließen (BT-Drs. 19/18791, 57; aA BeckOK WEG/*Hogenschurz* § 17 Rn. 29). Einer besonderen Mehrheit bedarf es nicht.

Das Gericht hat für die Begründetheit der Entziehungsklage zu prüfen, ob es einen nicht nichtigen Entziehungsbeschluss gibt, u. ob sich der beklagte Wohnungseigentümer einer so schweren Verletzung der ihm gegenüber anderen Wohnungseigentümern obliegenden Verpflichtungen schuldig gemacht, dass diesen die Fortsetzung der Gemeinschaft mit ihm nicht mehr zugemutet werden kann (OLG München ZMR 2008, 412; BayObLG NJW-RR 1999, 887; KG NJW-RR 1994, 855).

Hält der Beklagte oder ein anderer Wohnungseigentümer den Beschluss über das Veräußerungsverlangen formell nicht für ordnungsmäßig, muss er ihn nach § 43 Abs. 2 Nr. 4, § 44 Abs. 1 S. 1 WEG anfechten (OLG Rostock ZMR 2009, 470). Nur mit der Anfechtungsklage können formelle Mängel beim Zustandekommen des Beschlusses geprüft werden (s. a. BGH NZM 2019, 630 Rn. 8) sowie, ob der Beschluss seinem Inhalt nach überhaupt dahin ausgelegt werden kann, dass mit ihm die Veräußerung des Wohnungseigentums verlangt wird (BayObLG NJW-RR 1999, 887 (888); OLG Hamm MDR 1990, 343). Da eine Anfechtungsklage gem. § 23 Abs. 4 S. 2 WEG keinen Suspensiveffekt besitzt, sollte sie durch eine einstweilige Verfügung nach §§ 935, 940 ZPO „flankiert" werden (→ Form. II.J.18).

Aufgrund des Entziehungsbeschlusses kommt – zur Verhinderung von Belastungen – der Erlass eines Verfügungsverbots im Wege einer einstweiligen Verfügung in Betracht.

16. Der Verwalter ist befugt, die Gemeinschaft der Wohnungseigentümer nach § 9b Abs. 1 S. 1 WEG bei einer Entziehungsklage zu vertreten. Für die Initiierung bedarf es im Innenverhältnis eines Beschlusses nach §§ 27 Abs. 2, 19 Abs. 1 WEG. Die Frage, ob ein Wohnungseigentümer verklagt wird, unterfällt wegen ihrer besonderen Bedeutung nicht § 27 Abs. 1 Nr. 1 WEG.

17. Die Angabe des Verkehrswertes iSv § 74a Abs. 5 S. 1 ZVG – der idR zu Beginn des Verfahrens zu schätzen ist – ist notwendig für die Berechnung des Streitwertes, → Anm. 7. Der Verkehrswert wird vom Gericht, nötigenfalls nach Anhörung von Sachverständigen, festgesetzt.

18. → Form. II.J.1 Anm. 39.

19. → Form. II.J.1 Anm. 41.

20. § 253 Abs. 3 Nr. 1 ZPO.

21. → Form. II.J.1 Anm. 43.

22. Vollstreckung. Das Veräußerungsurteil entzieht nicht Wohnungseigentum, sondern ermöglicht dessen Versteigerung nach den Vorschriften des ZVG (→ Anm. 9). Das Veräußerungsurteil oder ein gerichtlicher oder vor einer Gütestelle geschlossener Vergleich, durch den sich der Wohnungseigentümer zur Veräußerung seines Wohnungseigentums verpflichtet, berechtigt jeden Miteigentümer zur Zwangsvollstreckung entsprechend den Vorschriften des ZVG, § 17 Abs. 4 WEG. Die Ausübung dieses Rechts steht der Gemeinschaft der Wohnungseigentümer zu.

§ 17 Abs. 4 S. 1 WEG ordnet die entsprechende Anwendung der §§ 1–161 ZVG an. Da diese Vorschriften vor allem für Zwangsversteigerungen wegen Geldforderungen verfasst sind, ist für jede zu prüfen, ob u. wie sie angewendet werden kann. In der Antragstellung ist die Zustimmung zu einer freiwilligen Veräußerung des Schuldners zu sehen. Die Wirkungen des § 23 ZVG bleiben hinsichtlich aller sonstigen rechtsgeschäftlichen Verfügungen u. solcher im Wege der Zwangsvollstreckung (*Schneider* NZM 2014, 498 (499)). Der Titel steht im Rang des § 10 Abs. 1 Nr. 5 ZVG (*Schmidberger* ZMR 2012, 168; Palandt/*Wicke* WEG § 19 Rn. 1; *Hügel/Elzer* WEG § 17 Rn. 34); nach aA ist er „ranglos" (*Schneider* NZM 2014, 498 (499); *Klose* MietRB 2009, 183 (187)). Keine Probleme bestehen bei der Anwendung ua von §§ 15, 20 u. 23 ZVG (Beschlagnahmewirkung). § 30a ZVG ist nicht anwendbar (*Schneider* NZM 2014, 498 (500); aA LG Regensburg ZWE 2017, 406). § 81 Abs. 1 ZVG ist zu modifizieren: Der zur Veräußerung Verpflichtete muss als Bieter – auch über einen Strohmann – im Versteigerungsverfahren ausgeschlossen sein (*Schneider* NZM 2014, 498 (500); aA *Böttcher* Rpfleger 2009, 181 (191)). Ein etwaiger Übererlös gebührt dem vormaligen Wohnungseigentümer (*Schneider* NZM 2014, 498 (500)).

Für die Zwangsversteigerung werden Gerichtskosten nach Maßgabe von § 54 GKG iVm Nr. 2210 ff. KV-GKG erhoben. Hinzu kommen Auslagen des Gerichts.

Kosten und Gebühren

23. → Form. II.J.1 Anm. 44–46. Kosten eines Rechtsstreits gem. § 17 WEG sind Kosten der Verwaltung iSv § 16 Abs. 2 S. 1 WEG.

Rechtsmittel

24. Zu den Rechtsmitteln → Form. II.J.1 Anm. 47, 48.

14. Klage gegen Verwalter auf Herausgabe von Verwaltungsunterlagen

An das Amtsgericht[1]
Abteilung für Wohnungseigentumssachen[2]

Klage[3]

Gemeinschaft der Wohnungseigentümer Y.-Straße Nr. . . . ., ... (PLZ, Ort), vertreten durch den Verwalter,[4] Z.-Straße Nr. . . . ., ... (PLZ, Ort),
– Klägerin[5] –
Prozessbevollmächtigter:[6] V., W.-Straße . . . ., ... (PLZ, Ort),

gegen

A., Y.-Straße Nr. . . . ., (PLZ, Ort),

– Beklagter –[7]

wegen Herausgabe der Verwaltungsunterlagen und Rechnungslegung[8]

vorläufiger Gebührenstreitwert:[9] . . . .

Namens und in Vollmacht[10] der Klägerin erhebe ich Klage und beantrage:

1. Der Beklagte wird verpflichtet, sämtliche Verwaltungsunterlagen betreffend die Wohnungseigentumsanlage X.-Straße Nr. . . . . in Z.-Stadt im Original an die Klägerin herauszugeben,[11] insbesondere
   a) die Liste mit Namen und Anschriften aller Wohnungseigentümer;[12]
   b) alle Versammlungsniederschriften mit Eigentümerbeschlüssen nebst Einberufungsschreiben;[13]
   c) Gesamt- und Einzelabrechnungen und Vermögensberichte;[14]
   d) Hausgeldkonten und etwaige Gelder der Gemeinschaft der Wohnungseigentümer;[15]
   e) Wirtschaftspläne;[16]
   f) Kontoauszüge und sonstige Unterlagen für das Konto der Gemeinschaft der Wohnungseigentümer bei . . . . . (Name des Kreditinstituts) Nr. . . . .;[17]
   g) Rechnungen, Überweisungsträger, sonstige Belege;
   h) die Beschluss-Sammlung;[18]
   i) alle sonstigen aus der Verwaltung der Wohnungseigentumsanlage herrührenden Unterlagen, auch solche, die er im Zuge der Verwaltertätigkeit in Form von Dateien angelegt hat;[19]
2. Rechnung zu legen durch Erstellung einer Schlussrechnung zum . . . . . ferner die Abrechnung für die Zeit vom . . . . . bis . . . . . (Jahresabrechnung . . . . .)[20] zu erstellen und vorzulegen.
3. Der Beklagte hat die Kosten des Rechtsstreits zu tragen.[21]
4. Für den Fall, dass das Gericht ein schriftliches Vorverfahren anordnet und der Beklagte seine Verteidigungsbereitschaft nicht rechtzeitig anzeigt, den Erlass eines Versäumnisurteils.[22]

Begründung[23]

Der Beklagte wurde zum . . . . . (Datum) durch Beschluss der Versammlung vom . . . . . mit Stimmenmehrheit als Verwalter abberufen; gleichzeitig wurde der Verwaltervertrag gekündigt.[24]

Beweis:[25] Versammlungsniederschrift vom . . . ., in Fotokopie.

Die Wohnungseigentümer haben beschlossen, Herrn A. . . . . (Name, Adresse) zum neuen Verwalter zu bestellen und den Beklagten zur Herausgabe der in der Klage aufgeführten Verwaltungsunterlagen und zur Rechnungslegung aufzufordern.[26]

Beweis:[27] Versammlungsniederschrift vom . . . ., in Fotokopie.

In Ausführung des Beschlusses forderte der neue Verwalter den Beklagten mehrfach vergeblich zur Herausgabe auf. Der Beklagte hat immer noch sämtliche Verwaltungsunterlagen aus dem beendeten Verwalterverhältnis in Besitz.[28]

Beweis:[29] Anhörung von A., Verwalter der Wohnungseigentumsanlage.

Der Beklagte hat bisher auch noch keine Schlussrechnung[30] erstellt; auch die Abrechnung für das Vorjahr (. . . . .) fehlt noch.

Beweis: Vernehmung der Verwaltungsbeiratsmitglieder C., D., E., alle X.-Straße Nr. . . . ., ... (PLZ, Ort), als Zeugen.[31]

Der Beklagte ist gemäß Verwaltervertrag zur Erstellung der letzten Abrechnung auch im Falle seiner Abberufung verpflichtet.[32]

Beweis: Vorlage des Verwaltervertrags vom . . . . . in Fotokopie.

Der Beklagte kann nicht damit gehört werden, er verfüge über die Unterlagen nicht mehr oder könne jedenfalls daran ein Zurückbehaltungsrecht ausüben.[33] Keine Rolle spielt auch, dass der Abberufungsbeschluss anfochten worden ist.[34]
Beglaubigte und einfache Abschrift sind beigefügt.[35]
Der Klageerhebung ist kein Versuch einer Mediation oder eines anderen Verfahrens der außergerichtlichen Konfliktbeilegung vorausgegangen. Einem solchen Verfahren stehen keine Gründe entgegen.[36]
Rechtsanwalt[37, 38, 39]

Anmerkungen

1. Die örtliche Zuständigkeit für eine Klage, bei der über die Rechte und Pflichten des Verwalters bei der Verwaltung des gemeinschaftlichen Eigentums gestritten wird, bestimmt § 43 Abs. 2 Nr. 3 WEG. Danach ist das Gericht örtlich ausschließlich zuständig, in dessen Bezirk das Grundstück liegt. Für die Zuweisung ist allein ausschlaggebend, dass das vom Verwalter in Anspruch genommene Recht oder die ihn treffende Pflicht in einem inneren Zusammenhang mit der ihm übertragenen Verwaltung des gemeinschaftlichen Eigentums steht (BGH NJW 1980, 2466 unter I. 5. a); grdl. NJW 1972, 1318 unter II. 1. b). Die Zuweisungsnorm des § 43 Abs. 2 Nr. 3 WEG ist weit zu verstehen. Es spielt keine entscheidende Rolle, worauf die Rechte u. Pflichten eines Verwalters, um die gestritten wird, beruhen, ob auf dem Gesetz (auch dem BGB) oder auf Vertrag (OLG Köln NJW-RR 2005, 1096). Zur sachlichen Zuständigkeit → Form. II.J.1 Anm. 1.

2. → Form. II.J.1 Anm. 2.

3. Eine Klage auf Herausgabe der Verwaltungsunterlagen wird häufig nicht ausreichen. Da der neue Verwalter als Organ der Gemeinschaft der Wohnungseigentümer sofort auf die Unterlagen angewiesen ist, sollte die Herausgabeklage idR mit einem Antrag auf Erlass einer einstweiligen Verfügung „flankiert" werden (s. a. allgemein → Form. I.R.4). Zwar kann wegen des „Verbots der Vorwegnahme der Hauptsache" (dazu *Saenger* JZ 1999, 970 ff.) häufig keine endgültige Herausgabe verlangt werden (s. a. *Bonifacio* ZMR 2007, 592 (596)). Es kann aber jedenfalls die Herausgabe an einen Sequester beantragt werden (§ 938 Abs. 2 ZPO). Ferner kann beantragt werden, dass der Verwalter die Unterlagen für die Dauer von zB sechs Wochen an die Gemeinschaft der Wohnungseigentümer zwecks Einsichtnahme zu übergeben hat (AG Kehlheim ZMR 2008, 83). Schließlich kann im Einzelfall volle Erfüllung verlangt werden (BGH GRUR 2018, 292 Rn. 34; LG Itzehoe ZMR 2015, 54 (56)). Dies ist der Fall, wenn die Gemeinschaft der Wohnungseigentümer auf die Nutzung der Unterlagen dringend angewiesen ist. Dies dürfte sogar idR der Fall sein.

4. → Form. II.J.1 Anm. 5.

5. Kläger eines Verfahrens nach § 43 Abs. 2 Nr. 3 WEG können neben einem jetzigen u. dem ehemaligen Verwalter die Gemeinschaft der Wohnungseigentümer, die Wohnungseigentümer oder einzelne Wohnungseigentümer sein. Da der Verwaltervertrag zwischen der Gemeinschaft der Wohnungseigentümer u. dem Verwalter geschlossen wird u. die Pflichten des Verwalters auf Herausgabe u. Rechnungslegung vornehmlich vertragliche bzw. nachvertragliche sind, ist richtiger Kläger die Gemeinschaft der

Wohnungseigentümer (BGH WuM 2018, 244 Rn. 19; OLG Frankfurt a.M. ZMR 2013, 647 (648)).

6. → Form. II.J.1 Anm. 7.

7. Nach § 43 Abs. 2 Nr. 3 WEG kann Beklagter ua ein „Verwalter" sein. Verwalter idS ist grds. der nach § 26 Abs. 1 WEG bestellte Verwalter. Aber auch Ansprüche gegen einen früheren Verwalter können nach § 43 Abs. 2 Nr. 3 WEG verfolgt werden. Dies ist der Fall, wenn sie ihre Grundlage in der früheren Verwaltertätigkeit haben oder mit der Abwicklung der Verwaltung zusammenhängen (BGH ZWE 2011, 405 unter III. 2a); NJW-RR 2011, 589 Rn. 11). Zu diesen Fällen gehören ua Ansprüche auf die Erstellung der Jahresabrechnung (BGH WuM 2018, 244 Rn. 15), auf Auskunft, auf Rechnungslegung oder auf Herausgabe (OLG Hamm NZM 2008, 850).

8. → Form. II.J.1 Anm. 11.

9. Der Gebührenstreitwert bestimmt sich nach § 48 Abs. 1 S. 1 GKG iVm §§ 3 ff. ZPO. Maßgebend ist das wirtschaftliche Interesse der hinter der Gemeinschaft der Wohnungseigentümer stehenden Wohnungseigentümer an den Verwaltungsunterlagen. Es gilt nach § 6 ZPO der Wert der jeweiligen Verwaltungsunterlage. Mittelbare wirtschaftlichen Folgen haben bei der Bemessung hingegen außer Betracht zu bleiben.

10. → Form. II.J.1 Anm. 11.

11. Bei Beendigung des Verwaltervertrags u. Ende des Amtes hat der Ex-Verwalter alles, was er zur Ausführung seiner Verwaltertätigkeit erlangt hat, gem. §§ 667, 675 BGB herauszugeben, insb. alle Verwaltungsunterlagen im Original (BGH WuM 2018, 244 Rn. 19; NJW 1997, 2106 unter II. 2. a); OLG Frankfurt a. M. ZMR 2013, 647 (648); LG Itzehoe ZMR 2015, 54 (55)).

Zu den iSv § 667 BGB „erhaltenen" Verwaltungsunterlagen gehören die dem Verwalter übergebenen, aber auch die von ihm über die Verwaltung selbst angelegten Akten, sonstigen Unterlagen u. Dateien (BGH NJW-RR 2004, 1290 unter II. 1; BayObLG WuM 1996, 661; LG Itzehoe ZMR 2015, 54 (55)). Auch der Erbe des Verwalters muss die Verwaltungsunterlagen herausgeben. Den Erben trifft aber – anders als den Verwalter – keine Pflicht, nicht mehr vorhandene Unterlagen wiederzubeschaffen (LG Düsseldorf ZMR 2013, 213).

Der Verwalter, der zugleich Bauträger war, muss auch die Bauunterlagen herausgeben, soweit sie die Errichtung der Wohnungseigentumsanlage betreffen u. insb. für Gewährleistungs- u. sonstige Ansprüche gegenüber den am Bau Beteiligten von Bedeutung sind (BayObLG ZMR 2001, 819; OLG Hamm NJW-RR 1988, 268).

12. Der Verwalter ist nach bislang hM verpflichtet, eine Eigentümerliste zu führen (BGH NZM 2018, 685 Rn. 10 NJW 2013, 1003 Rn. 12; AG Ulm ZMR 2011, 920; *Schreiner* NZM 2011, 761 (762)). Die Liste steht nach § 9a Abs. 3 WEG im Eigentum der Gemeinschaft der Wohnungseigentümer.

13. Über die in jeder Versammlung gefassten Beschlüsse ist gem. § 24 Abs. 6 S. 1 WEG unverzüglich eine Niederschrift (auch Protokoll genannt) aufzunehmen. Die Niederschrift dient dazu, die Inhalte der Beschlüsse für die Zukunft zu „sichern". Weiter soll sie die Wohnungseigentümer, die an der Versammlung nicht teilgenommen haben, über deren Inhalte unterrichten (BayObLG BayObLGReport 2004, 759; LG Hamburg ZMR 2011, 664 (665)).

14. Die Verpflichtung zur jährlichen Aufstellung einer Abrechnung (Gesamt- u. Einzelabrechnungen) über den Wirtschaftsplan ergibt sich aus § 28 Abs. 2 S. 2 WEG.

15. Konten der Gemeinschaft der Wohnungseigentümer sind vom Verwalter auf deren Namen anzulegen (LG Saarbrücken NZM 2018, 518 Rn. 16; *Elzer* ZWE 2011, 207), Barmittel sind von ihm herauszugeben. Verlangt ein Auftraggeber von dem Geschäftsbesorger nach Beendigung des Vertragsverhältnisses nach §§ 675, 667 BGB Herausgabe des zur Durchführung der Geschäftsbesorgung Erhaltenen u. nicht bestimmungsgemäß Verbrauchten, kann er dabei ohne weiteres auf Rückzahlung des dem Geschäftsbesorger überlassenen Geldbetrags klagen (BGH NJW 1993, 2106 (2108)). Im Prozess ist es daher Sache des Verwalters, iE darzulegen u. zu beweisen, dass das Geld in Erledigung des Auftrags verbraucht worden ist.

16. Die Aufstellung eines Wirtschaftsplans für jedes Kalenderjahr ist durch § 28 Abs. 1 S. 2 WEG vorgeschrieben. Zum Wirtschaftsplan gehört unverzichtbar der Einzelwirtschaftsplan, aus dem sich anhand der geltenden Umlageschlüssel die Umlage der voraussichtlichen Kosten auf die einzelnen Eigentümer als Vorschuss ergibt.

17. Forderungen gegenüber Banken sind Teil des der Gemeinschaft der Wohnungseigentümer nach § 9a Abs. 3 WEG zugeordneten Gemeinschaftsvermögens.

18. Der Verwalter muss nach § 24 Abs. 8 S. 1 WEG eine Beschluss-Sammlung führen. Sie ist Teil des Gemeinschaftsvermögens u. bei Beendigung des Verwalteramtes vom bis dahin bestellten Amtsinhaber herauszugeben. Wird die Sammlung elektronisch geführt, ist ein Ausdruck oder ein Datensatz herauszugeben. Der Verwalter besitzt an der Beschluss-Sammlung kein Zurückbehaltungsrecht.

19. Als „sonstigen aus der Verwaltung der Wohnungseigentumsanlage herrührenden Unterlagen" in Betracht kommen zB Vollmachtsurkunden, Pläne, Kostenangebote, behördliche Genehmigungen, Versicherungspolicen, technische Beschreibungen, Betriebsanleitungen, Gewährleistungsunterlagen, Wartungsbücher (für Aufzüge, Notstromaggregate usw), Schlüsselpläne, Steuer- u. Sozialversicherungsunterlagen für die beschäftigten Arbeitnehmer usw (im Einzelnen *Hügel/Elzer* WEG § 18 Rn. 153 ff.).

Diese Verwaltungsunterlagen können u. müssen nach hM nicht zwingend iE bezeichnet werden, da der Vollstreckungstitel gem. § 888 ZPO vollstreckt wird (OLG Hamburg ZMR 2008, 148 (150); OLG Frankfurt a. M. WuM 1999, 61; BayObLG WuM 1988, 323; BeckOK ZPO/*Stürner* § 888 Rn. 6; aA LG Frankfurt a. M. ZWE 2019, 289 Rn. 6: die herauszugebenden Gegenstände sind nach § 883 ZPO konkret zu bezeichnen, was ein Vorgehen im Wege der Stufenklage erforderlich macht). Eine Konkretisierung ist nur dann unerlässlich, wenn nicht die Herausgabe aller Verwaltungsunterlagen, sondern nur aller zur Verwaltung erforderlichen Unterlagen verlangt wird (OLG Hamburg ZMR 2008, 148 (150)).

Diese Herausgabepflicht bezieht sich nicht nur auf die im Zuge der Verwaltertätigkeit in Papierform erhaltenen u. angelegten Unterlagen, sondern selbstverständlich auch auf die im Zuge der Verwaltertätigkeit in „EDV-Form" angelegten Dateien (LG Itzehoe ZMR 2015, 54 (55)). Die Herausgabe in „Papierform" führt nicht dazu, dass die Gemeinschaft der Wohnungseigentümer daneben keinen Anspruch auf Herausgabe von Dateien in EDV-Form hat (LG Itzehoe ZMR 2015, 54 (55)).

20. Der Anspruch auf Rechnungslegung, der aus § 666 S. 2 BGB folgt, dient va der Prüfung der ordnungsmäßigen Verwaltertätigkeit (BGH NJW 1997, 2106 unter II. 2. a). Begrenzt wird der Anspruch durch das Schikaneverbot, § 226 BGB. Der Anspruch ist nach bislang hM ausgeschlossen, wenn bereits die Aufstellung der Jahresabrechnung verlangt werden kann (BayObLG WE 1994, 280; KG WE 1988, 17); für die Aufstellung diskutiert werden 3 bis 6 Monate nach Ablauf des Kalenderjahres.

Rechnung zu legen heißt „verkürzt abzurechnen". Rechnungslegung ist auf Erstellung einer „abgebrochenen" Einnahmen- u. Ausgabenabrechnung (§ 259 Abs. 1 BGB) gerichtet. Die Verpflichtung umfasst neben der verständlichen u. nachvollziehbaren Darlegung aller Einnahmen u. Ausgaben beim Verwalterwechsel die Vorlage von Belegen (LG Köln ZMR 2010, 642) sowie eine Entwicklung der Bankkonten.

21. → Form. II.J.1 Anm. 17.

22. → Form. II.J.1 Anm. 18.

23. → Form. II.J.1 Anm. 21.

24. Die Entscheidung über die Abberufung des Verwalters wird nach § 26 Abs. 1 WEG durch Beschluss getroffen, nur in Ausnahmefällen durch das Gericht, niemals aber im Wege einstweiliger Verfügung (AG Hamburg-Blankenese ZMR 2008, 918; aA *Schmid* DWE 2009, 85 (87)). Neben der Willensbildung durch Beschluss bedarf es nach umstrittener, aber richtiger Ansicht (s. a. § 9b Abs. 2 WEG) einer Ausführung durch Willenserklärung. Die Abberufung durch Beschluss ist zu trennen von der Beendigung des zugrunde liegenden Vertragsverhältnisses zwischen der Gemeinschaft der Wohnungseigentümer u. dem Verwalter; diese erfolgt durch Kündigung. Die Beendigungsgründe sind allerdings häufig identisch (s. a. → Form. II.J.10 Anm. 13). Ein Vertrag mit dem Verwalter endet nach § 26 Abs. 3 S. 2 WEG spätestens sechs Monate nach dessen Abberufung.

25. → Form. II.J.1 Anm. 23.

26. Die gerichtliche Geltendmachung eines Herausgabeanspruchs setzt nach bislang hM einen Beschluss voraus (OLG Hamburg ZMR 2008, 148 (150)). Ob § 27 Abs. 1 S. 1 WEG hieran etwas ändert, bleibt abzuwarten, liegt aber nahe. Jedenfalls ist der Verwalter nach § 9b Abs. S. 1 WEG auch ohne Beschluss berechtigt, die Klage zu veranlassen u. zu führen.

Nach §§ 666 S. 2, 259 BGB ist der Verwalter zur Rechnungslegung nebst Vorlage der üblichen Belege verpflichtet, die im Rahmen der Verwaltertätigkeit erlangten Belege u. Unterlagen sind zudem nach § 667 BGB herauszugeben. Diese Ansprüche sind umfänglich; sie sind nicht auf solche Unterlagen beschränkt, die die Gemeinschaft der Wohnungseigentümer zur Prüfung ihrer Ansprüche benötigt. Vielmehr erfassen die Ansprüche sämtliche Unterlagen u. Konten, in denen Vorgänge betreffend die Wohnungseigentumsanlage gebucht sind (OLG Hamm NZM 2008, 850; BayObLG NJWE-MietR 1997, 14).

27. → Form. II.J.1 Anm. 23.

28. Dem Verwalter muss die Willensbildung der Wohnungseigentümer, eine Rechnungslegung u. eine Herausgabe der Verwaltungsunterlagen zu verlangen (→ Anm. 26), mitgeteilt werden. Der Beschluss als bloßes Instrument der Willensbildung ist dazu ungeeignet (→ Anm. 24; aA *Greiner* ZWE 2008, 454 ff.). Der Beschluss ist daher vom neuen Verwalter gem. § 27 Abs. 1 Nr. 1 WEG auszuführen. Die Ausführung kann im Einzelfall zugleich in der Verkündung des Beschlusses liegen. Dann aber muss der Altverwalter in der Versammlung anwesend sein.

29. Der neue Verwalter ist Teil der Handlungsorganisation der Gemeinschaft der Wohnungseigentümer u. kann als deren originäres Organ nicht Zeuge sein. Es spricht aber nichts dagegen, den neuen Verwalter nach § 141 Abs. 3 ZPO anzuhören.

30. → Anm. 20.

31. Sofern dem Verwaltungsbeirat nicht ausnahmsweise Nichteigentümer angehören – die Wahl von Nichteigentümern ist nach hM anfechtbar, aber nicht nichtig (BayObLG NJW-RR 1992, 210; LG Karlsruhe ZWE 2009, 168; *DSZ* Kap. 11 Rn. 12; *Lehmann-Richter/Wobst* Rn. 573) – kann der Vorsitzende als Zeuge ausscheiden, wenn die

Gemeinschaft der Wohnungseigentümer klagt. Das ist nach § 9b Abs. 2 WEG der Fall, wenn es keinen (neuen) Verwalter gibt (→ Form. II.J.1 Anm. 8).

32. Die Gemeinschaft kann mit dem Verwalter über seine gesetzlichen Pflichten hinausgehende Pflichten vereinbaren. In diesem Falle schulden ggf. zwei Verwalter die Erstellung der Jahresabrechnung. Zur Frage, was bei einem Verwalterwechsel allgemein gilt s. BGH NJW 2018, 1969.

33. Der Verwalter kann dem Anspruch nicht entgegenhalten, die Herausgabe sei nicht möglich, da er die verlangten Unterlagen nicht mehr im Besitz habe. Der Vortrag, nicht mehr im Besitz der Unterlagen zu sein, ist nicht hinreichend, eine entlastende Unmöglichkeit darzutun, jedenfalls nicht dann, wenn feststeht, dass der Verwalter im Besitz der Unterlagen war (OLG Hamm ZMR 2007, 982).

Nach jedenfalls bislang hM kann ein Schuldner ohne Beweisaufnahme zur Leistung verurteilt werden, wenn die Unmöglichkeit zwischen den Parteien streitig ist, sie aber in jedem Fall von dem Schuldner zu vertreten wäre (*Kohler* AcP 205, 2005, 93 ff.; *Kaiser* MDR 2004, 311 ff.; *Schur* NJW 2002, 2518 ff.; ohne Stellungnahme BGH NJW 2010, 1068 Rn. 22). Hat der Verwalter die Herausgabeunmöglichkeit zu vertreten, haftet er auf Schadenersatz (§§ 280 Abs. 1, Abs. 3, 283, 249 BGB).

IÜ gilt, dass der Anspruch auf Rechnungslegung (§ 666 S. 2 BGB) nicht allein dadurch eingeschränkt wird, dass der Schuldner die (Original-)Belege weggegeben oder sonst verloren hat. Vielmehr muss der Schuldner in diesen Fällen von den Empfängern der Belege Kopien anfordern oder sich sonst um den Ersatz derselben bemühen. Der abberufene Verwalter muss die Jahresabrechnung aber erst dann erstellen, wenn ihm die Verwaltungsunterlagen zur Verfügung stehen (AG München ZMR 2015, 591 = BeckRS 2014, 19657). Gegenüber dem Anspruch auf Herausgabe von Verwaltungsunterlagen steht dem früheren Verwalter auch kein Zurückbehaltungsrecht etwa wegen Vergütungsansprüchen zu (OLG Hamm ZMR 2007, 982).

34. Der abberufene Verwalter ist verpflichtet, die Verwaltungsunterlagen sofort u. vollständig herauszugeben, auch wenn er den Abberufungsbeschluss angefochten hat u. das Anfechtungsverfahren noch nicht rechtskräftig abgeschlossen ist (s. a. OLG Celle NZM 2005, 748; AG Syke ZWE 2008, 489).

35. → Form. II.J.1 Anm. 39.

36. § 253 Abs. 3 Nr. 1 ZPO.

37. → Form. II.J.1 Anm. 43.

Kosten und Gebühren

38. → Form. II.J.1 Anm. 44–46.

Rechtsmittel

39. Zu den Rechtsmitteln → Form. II.J.1 Anm. 47, 48.

15. Klage gegen die Gemeinschaft der Wohnungseigentümer auf Ladung zur Versammlung gem. §§ 18 Abs. 2, 43 Abs. 2 Nr. 2 WEG

An das Amtsgericht[1]

Abteilung für Wohnungseigentumssachen[2]

Klage

Wohnungseigentümer A., X.-Straße Nr. . . . ., ... (PLZ, Ort),

– Kläger[3] –

Prozessbevollmächtigter: V., W.-Straße Nr. . . . ., ... (PLZ, Ort),

gegen

die Gemeinschaft der Wohnungseigentümer X.-Straße Nr. . . . ., ... (PLZ, Ort), vertreten durch den Verwalter B., Y.-Straße Nr. . . . ., ... (PLZ, Ort),

– Beklagte[4] –

Prozessbevollmächtigter: V., W.-Straße Nr. . . . ., ... (PLZ, Ort),

wegen Ladung zur Versammlung

Vorläufiger Gebührenstreitwert: . . . . .[5]

Namens und in Vollmacht[6] des Klägers erhebe ich Klage und beantrage:

1. Die Beklagte wird verurteilt, zu einer Versammlung der Gemeinschaft der Wohnungseigentümer X.-Straße Nr. . . . ., ... (PLZ, Ort) zu laden.[7]

2. Der Beklagten werden die Prozesskosten auferlegt.[8]

3. Für den Fall, dass das Gericht ein schriftliches Vorverfahren anordnet und die Beklagten ihre Verteidigungsbereitschaft nicht rechtzeitig anzeigen, den Erlass eines Versäumnisurteils.[9, 10]

Begründung[11]

Nach § 24 Abs. 1 WEG wird die Versammlung der Wohnungseigentümer von dem Verwalter mindestens einmal im Jahr einberufen. Hierzu ist es bislang (Stand 1.10) nicht gekommen. Weder der Verwalter[12] noch der Vorsitzende des Verwaltungsbeirats[13] haben dem Kläger einen Grund mitgeteilt, warum sie nicht namens der Gemeinschaft der Wohnungseigentümer laden.

Beglaubigte und einfache Abschrift liegen bei.[14] Ein Kostenvorschuss von . . . . . ist eingezahlt.[15]

Der Klageerhebung ist kein Versuch einer Mediation oder eines anderen Verfahrens der außergerichtlichen Konfliktbeilegung vorausgegangen. Einem solchen Verfahren stehen keine Gründe entgegen.[16]

Rechtsanwalt[17, 18, 19, 20, 21]

Anmerkungen

1. Die örtliche Zuständigkeit für eine Klage bei der über die Rechte u. Pflichten der Gemeinschaft der Wohnungseigentümer bei der Verwaltung des gemeinschaftlichen Eigentums gestritten wird, bestimmt § 43 Abs. 2 Nr. 2 WEG. Danach ist das Gericht örtlich ausschließlich zuständig, in dessen Bezirk das Grundstück liegt. Die Zuweisungsnorm des § 43 Abs. 2 Nr. 2 WEG ist weit zu verstehen. Es spielt keine entscheidende Rolle, worauf die Rechte u. Pflichten, um die gestritten wird, beruhen. Zur sachlichen Zuständigkeit → Form. II.J.1 Anm. 1.

2. → Form. II.J.1 Anm. 2.

3. Jeder Wohnungseigentümer ist nach § 18 Abs. 2 WEG befugt, von der Gemeinschaft der Wohnungseigentümer die Erfüllung der ihr nach § 18 Abs. 1 WEG obliegenden Leistungen zu verlangen. Diese Pflichten sind umfassend. Die Gemeinschaft der Wohnungseigentümer ist nach § 18 Abs. 1 WEG ua verpflichtet, die Einsichtnahme in die Verwaltungsunterlagen zu ermöglichen (§ 18 Abs. 4 WEG), zur Versammlung der Wohnungseigentümer zu laden (§ 24 Abs. 1 WEG), den Wohnungseigentümern eine Jahresabrechnung, einen Wirtschaftsplan u. einen Vermögensbericht vorzulegen (§ 28 Abs. 1 S. 2, Abs. 2 S. 2, Abs. 4), die Pflichten aus § 9a Abs. 2 WEG wahrzunehmen oder die Wohnungseigentümer zu informieren. Die Klage steht exemplarisch für solche Leistungsklagen.

Bedarf es vor einem Tun der Gemeinschaft der Wohnungseigentümer eines Beschlusses, ist hingegen eine Beschlussersetzungsklage nach § 44 Abs. 1 S. 2 WEG zu erheben (dazu → Form. J.II.10).

4. Die Klage ist gegen die Gemeinschaft der Wohnungseigentümer zu richten. Zur Vertretung der Gemeinschaft der Wohnungseigentümer → Form. II.J.2 Anm. 5.

5. Der Gebührenstreitwert bestimmt sich nach § 48 Abs. 1 S. 1 GKG iVm §§ 3 ff. ZPO. Maßgebend ist das wirtschaftliche Interesse des Wohnungseigentümers an der Ladung. Bei der Klage eines Wohnungseigentümers auf Einberufung der Eigentümerversammlung soll der hälftige Wert des Tagesordnungspunktes, über den nach dem Willen des Wohnungseigentümers entschieden werden soll, maßgeblich sein (BayObLG ZMR 1998, 299). Dem ist eher nicht zu folgen (LG Frankfurt a. M. ZWE 2016, 292). Denn streitwertbestimmend ist die Frage, ob eine Eigentümerversammlung mit einem entsprechenden Tagesordnungspunkt einzuberufen ist; der begehrte Beschluss selbst ist nicht streitgegenständlich.

6. → Form. II.J.1 Anm. 11.

7. Es handelt sich um keine Beschlussersetzungs-, sondern um eine Leistungsklage. Der Antrag muss diese Leistung beschreiben: Wie die Gemeinschaft der Wohnungseigentümer ihre Pflicht erfüllt, ist grds. ihr zu überlassen.

8. → Form. J.II.2 Anm. 15.

9. → Form. J.II.2 Anm. 16.

10. → Form. J.II.2 Anm. 17.

11. Nach § 18 Abs. 2 Nr. 1 WEG kann jeder Wohnungseigentümer von der Gemeinschaft der Wohnungseigentümer eine Verwaltung des gemeinschaftlichen Eigentums verlangen, die dem Interesse der Gesamtheit der Wohnungseigentümer nach billigem Ermessen (ordnungsmäßige Verwaltung) u., soweit solche bestehen, den gesetzlichen Regelungen, Vereinbarungen u. Beschlüssen entspricht. Jeder Wohnungseigentümer ist anspruchsberechtigt. Der Verwalter oder Dritte, zB Drittnutzer, haben hingegen aus § 18 Abs. 2 Nr. 1 WEG keinen Anspruch. Verpflichtet ist grds. die Gemeinschaft der Wohnungseigentümer. Für diese handelt ihr zuständiges Organ. Ein einzelner Wohnungseigentümer ist verpflichtet, wenn die Wohnungseigentümer ihm durch eine Vereinbarung Verwaltungskompetenz übertragen haben

12. Die Versammlung der Wohnungseigentümer ist nach § 24 Abs. 1 WEG von dem Verwalter mindestens einmal im Jahr einberufen. Die Versammlung der Wohnungseigentümer muss von dem Verwalter nach § 24 Abs. 2 WEG ferner in den durch Vereinbarung der Wohnungseigentümer bestimmten Fällen, iÜ dann einberufen werden, wenn dies in Textform unter Angabe des Zwecks u. der Gründe von mehr als einem Viertel der Wohnungseigentümer verlangt wird.

13. Fehlt ein Verwalter oder weigert er sich pflichtwidrig, die Versammlung der Wohnungseigentümer einzuberufen, so kann die Versammlung nach § 24 Abs. 3 WEG auch durch den Vorsitzenden des Verwaltungsbeirats, dessen Vertreter oder einen durch Beschluss ermächtigten Wohnungseigentümer einberufen werden. Diese Personen handeln als Organ der Gemeinschaft der Wohnungseigentümer. Handeln sie nicht, ist daher die Gemeinschaft der Wohnungseigentümer zu verklagen.

14. → Form. J.II.1 Anm. 39.

15. → Form. J.II.1 Anm. 41.

16. → Form. J.II.1 Anm. 42.

17. → Form. J.II.1 Anm. 26.

18. → Form. J.II.1 Anm. 27.

19. → Form. J.II.1 Anm. 28.

Kosten und Gebühren

20. → Anm. 5, → Form. II.J.1 Anm. 44–46.

Rechtsmittel

21. Zu den Rechtsmitteln → Form. II.J.1 Anm. 47 und → Form. II.J.1 Anm. 48.

16. Klage eines Dritten gegen die Gemeinschaft der Wohnungseigentümer nach § 43 Abs. 1 S. 1 WEG und Wohnungseigentümer

An das Amtsgericht[1]
Abteilung für Wohnungseigentumssachen[2]

Klage

A.-GmbH, gesetzlich vertreten durch ihren Geschäftsführer, Y.-Straße Nr. . . . ., (PLZ, Ort), ebenda,
– Klägerin[3] –
Prozessbevollmächtigter: V., W.-Straße . . . ., ... (PLZ, Ort),
gegen
1) Gemeinschaft der Wohnungseigentümer Y.-Straße Nr. . . . ., ... (PLZ, Ort), vertreten durch den Verwalter V., Z.-Straße Nr. . . . ., ... (PLZ, Ort),[4]
2) Eigentümer der Wohnungseigentumsanlage X.-Straße Nr. . . . ., ... (PLZ, Ort), namentlich aufgeführt in der anliegenden Eigentümerliste,[5]
– Beklagte –
wegen Werklohn[6]
Vorläufiger Gebührenstreitwert:[7] . . . .
Namens und in Vollmacht[8] der Klägerin erhebe ich Klage und beantrage:[9]
1. Die Beklagten werden wie Gesamtschuldner[10] verurteilt, an die Klägerin 1.000 EUR nebst Zinsen iHv 5 Prozentpunkten über dem jeweiligen Basiszinssatz zu zahlen.

2. Die Beklagte zu 1) wird darüber hinaus verurteilt, an die Klägerin weitere 9.000 EUR nebst Zinsen iHv 5 Prozentpunkten über dem jeweiligen Basiszinssatz zu zahlen.

3. Die Beklagten haben die Kosten des Rechtsstreits wie Gesamtschuldner zu tragen.[11]

4. Für den Fall, dass das Gericht ein schriftliches Vorverfahren anordnet und die Beklagten ihre Verteidigungsbereitschaft nicht rechtzeitig anzeigen, den Erlass eines Versäumnisurteils.[12]

Begründung[13]

Die Klägerin schloss mit der Beklagten zu 1), vertreten durch den Verwalter V, am ..... einen Werkvertrag. Inhalt war die umfassende Renovierung des Treppenhauses der Wohnungseigentumsanlage zu einem Werklohn von 10.000 EUR.

Beweis: Fotokopie des Werkvertrags vom .....

V. war nach dem Beschluss der Wohnungseigentümer zu TOP ..... der Versammlung vom ..... berechtigt, die Beklagte zu 1) gegenüber der Klägerin im Zusammenhang mit dem Werkvertrag,[14] auch mit der Abnahme,[15] zu vertreten.

Beweis:[16] Fotokopie der Niederschrift der Versammlung vom .....

Die Arbeiten wurden von der Beklagten zu 1), vertreten durch V., am ..... beanstandungsfrei abgenommen.

Beweis: Fotokopie des Abnahmeprotokolls vom ....., Vernehmung des B. A.-Straße ....., ... (PLZ, Ort), Bauleiter der Klägerin.

Trotz Mahnungen ist die Werklohnforderung bis heute nicht erfüllt worden.

Die Beklagten zu 2) haften der Klägerin neben der Beklagten zu 1) gesetzlich nach § 9a Abs. 4 S. 1 Hs. 1 WEG entsprechend ihrem Miteigentumsanteil.[17]

Beglaubigte und einfache Abschriften sind beigefügt.[18]

Der Klageerhebung ist kein Versuch einer Mediation oder eines anderen Verfahrens der außergerichtlichen Konfliktbeilegung vorausgegangen. Einem solchen Verfahren stehen keine Gründe entgegen.[19]

Rechtsanwalt[20, 21, 22]

Anmerkungen

1. Die örtliche Zuständigkeit für die Klage eines Dritten gegen eine Gemeinschaft von Wohnungseigentümern bestimmt sich nach § 43 Abs. 1 S. 1 WEG. Danach hat die Gemeinschaft der Wohnungseigentümer ihren allgemeinen Gerichtsstand bei dem Gericht, in dessen Bezirk das Grundstück liegt. Bei diesem Gericht kann nach § 43 Abs. 1 S. 2 WEG auch die Klage gegen Wohnungseigentümer im Fall des § 9a Abs. 4 S. 1 WEG erhoben werden, wenn diese für Verpflichtungen der Gemeinschaft der Wohnungseigentümer in Anspruch genommen werden. Die sachliche Zuständigkeit bestimmt sich jeweils nach den allgemeinen Regelungen (→ Form. II.J.1 Anm. 1).

2. → Form. II.J.1 Anm. 2.

3. Kläger nach § 43 Abs. 1 S. 1 WEG können „Dritte" sein. Klagt die Gemeinschaft der Wohnungseigentümer u./oder die Wohnungseigentümer aktiv gegen Dritte, bleibt es bei den allgemeinen Zuständigkeitsregeln, auch bei negativen Feststellungsklagen (*Abramenko* AGS 2006, 281 (282)). Dritter ist, wer nicht „als" Wohnungseigentümer klagt. Dritter kann zB der Verwalter, ein Werkunternehmer, ein Versicherer oder ein Dienstleister sein. Ein Wohnungseigentümer ist Dritter, soweit er der Gemeinschaft der Wohnungseigentümer oder den anderen Wohnungseigentümern nicht „als Wohnungseigentümer", sondern als „Jedermann" gegenübertritt, zB wenn er Werk- oder Dienstlohn einklagt (Staudinger/*Lehmann-Richter* WEG § 43 Rn. 58).

4. Die Gemeinschaft der Wohnungseigentümer kann nach § 9a Abs. 1 S. 1 WEG gegenüber Dritten Verbindlichkeiten eingehen. Wird die Gemeinschaft der Wohnungseigentümer verklagt – was nach § 9a Abs. 1 S. 1 WEG zulässig ist –, führt sie die Bezeichnung „Gemeinschaft der Wohnungseigentümer" oder „Wohnungseigentümergemeinschaft" gefolgt von der bestimmten Angabe des gemeinschaftlichen Grundstücks, § 9a Abs. 1 S. 3 WEG. Wenn die Gemeinschaft nach § 43 Abs. 1 S. 1 WEG verklagt wird, wird sie gem. § 9b WEG vertreten (→ Form. II.J.2 Anm. 5).

5. Neben der Gemeinschaft der Wohnungseigentümer haftet nach § 9a Abs. 4 S. 1 Hs. 1 WEG jeder Wohnungseigentümer einem Gläubiger für Verbindlichkeiten der Gemeinschaft der Wohnungseigentümer, die während seiner Zugehörigkeit zur Gemeinschaft entstanden oder während dieses Zeitraums fällig geworden sind, nach dem Verhältnis seines Miteigentumsanteils (→ Anm. 17). Die Klage gegen die neben der Gemeinschaft haftenden Wohnungseigentümer ist vor allem sinnvoll, wenn eine Vollstreckung auch gegen die Wohnungseigentümer geplant ist. Ein nur gegen die Gemeinschaft der Wohnungseigentümer erstrittener Titel erlaubt keine Vollstreckung gegen einen Wohnungseigentümer; ob dieses auch umgekehrt gilt, ist unklar (s. zur Außen-GbR BGH NJW 2007, 1813 Rn. 22; NJW 2004, 3632 unter II. 2. c) (4).

6. → Form. II.J.1 Anm. 10.

7. Der Gebührenstreitwert richtet sich nach § 48 Abs. 1 S. 1 GKG iVm §§ 3 ff. ZPO. Bestimmend ist danach allein das Interesse der klagenden Partei. Gibt die klagende Partei – wie im Fall 10.000 EUR– eine bestimmte Geldsumme an, gibt diese das Interesse an (Toussaint/*Elzer* ZPO § 3 Rn. 6). Da es um dieselbe Zahlung geht, liegt bei der hier vorliegenden subjektiven Klagehäufung wirtschaftliche Identität vor (Toussaint/*Elzer* GKG § 39 Rn. 18).

8. → Form. II.J.1 Anm. 13.

9. → Form. II.J.1 Anm. 14.

10. Die Wohnungseigentümer und die Gemeinschaft der Wohnungseigentümer sind zwar nicht Gesamtschuldner, haften aber „wie" Gesamtschuldner (*Derleder/Fauser* ZWE 2007, 2 (5)). Das Verhältnis der Wohnungseigentümer zur Gemeinschaft der Wohnungseigentümer entspricht der Rechtslage bei Inanspruchnahme einer OHG und eines persönlichen Gesellschafters nach §§ 128, 129 HGB. Die einzelnen Wohnungseigentümer sind – als einfache Streitgenossen nach § 59 ZPO – als Teil-Gesamtschuldner zu verklagen (*Briesemeister* NZM 2007, 225 (229)).

Zahlungen der Gemeinschaft der Wohnungseigentümer bringen die akzessorische Haftung anteilig zum Erlöschen (Bärmann/*Suilmann* WEG § 10 Rn. 334; aA BeckOGK/*Falkner* WEG § 9a Rn. 214). Eigenleistungen eines Wohnungseigentümers sollen auf seine Haftung voll angerechnet werden. Eigenleistungen, die ein anderer Wohnungseigentümer erbringt, sollen hingegen nach ganz hM nur auf dessen Quotenhaftung, nicht aber auf die Haftung anderer angerechnet werden (BeckOGK/*Falkner* WEG § 9a Rn. 215; Riecke/Schmid/*Lehmann-Richter* WEG § 10 Rn. 381).

11. → Form. II.J.1 Anm. 17.

12. → Form. II.J.1 Anm. 18.

13. Die Klage des Dritten ist begründet, wenn er darlegen – und ggf. beweisen – kann, dass die Gemeinschaft der Wohnungseigentümer mit ihm einen Vertrag geschlossen hat, der Anspruch entstanden ist, nicht untergegangen und durchsetzbar ist.

14. Der Verwalter besitzt nach § 9b Abs. 1 S. 1 WEG eine gesetzliche Vertretungsmacht. Der Vortrag, dass der Verwalter auch im Innenverhältnis nach § 27 Abs. 2 WEG – wie im Fall – oder nach § 27 Abs. 1 WEG befugt war, den Vertrag zu schließen, schadet aber nicht.

15. Der Verwalter ist nach §§ 9b Abs. 1 S. 1, 27 Abs. 1, Abs. 2 WEG zu einer tatsächlichen und rechtlichen Abnahme befugt (s. a. zum alten Recht *Merle* ZWE 2010, 2 (5); Staudinger/*Jacoby* WEG § 27 Rn. 90 und aA LG Hamburg ZMR 2017, 261; *Pauly* ZWE 2011, 349 (352); *Ott* ZWE 2010, 157 (159)).

16. Neben der Niederschrift kommt ein Auszug aus der Beschluss-Sammlung in Betracht. Beide sind dem Dritten in der Regel zwar nicht zugänglich. Es ist aber anzunehmen, dass der Dritte gegen die Gemeinschaft der Wohnungseigentümer nach §§ 280, 241 BGB einen Anspruch auf Auskunft hat.

17. Ein Gläubiger der Gemeinschaft der Wohnungseigentümer hat für deren Verbindlichkeiten die Wahl, in dem nach § 9a Abs. 4 S. 1 Hs. 1 WEG gesetzlich bestimmten Maße neben der Gemeinschaft auch jetzige und sogar frühere Miteigentümer des gemeinschaftlichen Eigentums samtverbindlich anteilig in Anspruch zu nehmen.

§ 9a Abs. 4 S. 1 Hs. 1 WEG ordnet als Parallelvorschrift zu § 128 S. 1 HGB die Haftung der Eigentümer neben der Gemeinschaft der Wohnungseigentümer an. „Haftung" meint, dass der in Anspruch genommene jetzige oder ehemalige Wohnungseigentümer für eine Verpflichtung der Gemeinschaft einstehen muss. Als „Verbindlichkeit" sind sowohl rechtsgeschäftlich begründete als auch gesetzliche Ansprüche anzusehen. Eine Inanspruchnahme der Wohnungseigentümer persönlich ist stets möglich und nicht nur dann, wenn die Gemeinschaft nicht „liquide" ist (*Armbrüster* GE 2007, 420 (426)).

Der Kläger als Werkunternehmer hat gegen die Wohnungseigentümer ferner einen Anspruch auf Eintragung einer Bauhandwerkersicherungshypothek auf deren Miteigentumsanteilen. Aus der anteiligen Außenhaftung folgt, dass sich die Wohnungseigentümer als Eigentümer des Grundstücks von einem Bauwerkunternehmer im Bereich der dinglichen Haftung nach § 242 BGB wie ein Besteller behandeln lassen müssen (*Hager* FS Spiegelberger, 2009, 1213 (1216); *Armbrüster* ZWE 2008, 167 (168); Riecke/Schmid/*Lehmann-Richter* WEG § 10 Rn. 387).

18. → Form. II.J.1 Anm. 39, → Form. II.J.2 Anm. 23.

19. § 253 Abs. 3 Nr. 1 ZPO.

20. → Form. II.J.1 Anm. 43.

Kosten und Gebühren

21. → Form. II.J.1 Anm. 44–46.

Rechtsmittel

22. Zu den Rechtsmitteln → Form. II.J.1 Anm. 47, 48.

17. Mahnverfahren der Gemeinschaft der Wohnungseigentümer nach § 43 Abs. 2 Nr. 2 WEG

Amtliches Formular[1-14]

Antrag auf Erlass eines Mahnbescheids **- Deckblatt -** **Seite 1 von 4**

Wohnungseigentümergemeinschaft Wilhelmstraße 9 80801 München

gegen Frank Mustermann

- maschinell lesbarer Antrag für das automatisierte Verfahren - 001 BARC0003 665435 46C01D2

B

An das
Amtsgericht Coburg
- Mahngericht -
96441 Coburg

17.04.2021

Ich beantrage, aufgrund der im beigefügten Barcode verschlüsselten Daten einen Mahnbescheid zu erlassen und in diesen die Kosten des Verfahrens aufzunehmen. Die unten aufgeführten Hinweise des Gerichts habe ich beachtet.

Geschäftszeichen des Antragstellers/Prozessbevollmächtigten:
23/2021

Absender (Antragsteller / ges. Vertreter / Prozessbevollmächtigter):

Wohnungseigentümergemeinschaft
Wilhelmstraße 9
80801 München
Wilhelmstraße 9
80801 München

Ort | Datum | Unterschrift des Antragstellers/Vertreters/Prozessbevollm.

Hinweise des Gerichts:

1. Dieses Anschreiben muss unterschrieben und zusammen mit dem Kontrollausdruck (Seiten 2 bis 3) sowie dem anschließenden Barcode-Ausdruck (Seiten 4 bis 4) beim zuständigen Mahngericht eingereicht werden. Verwenden Sie zum Druck ausschließlich weißes Standardpapier der Größe DIN A 4 (80g/qm) und versenden Sie den **Original**ausdruck in **einfacher** Ausführung auf dem Postweg, **ohne** ihn zu knicken.
2. Übermitteln Sie den Antrag **nicht per Fax!** Dadurch kommt es in der Regel zu einem technisch bedingten Qualitätsverlust. Der Antrag ist danach regelmäßig nicht mehr maschinell lesbar.
3. Die rechts oben angegebene Nummer (001 BARC0003 665435 46C01D2) muss auf allen Seiten identisch sein, der Antrag darf nur aus 4 Seiten bestehen. Nachträgliche Ergänzungen, Veränderungen oder Streichungen des Textes oder Barcodes sind unzulässig. Bei erforderlichen Änderungen geben Sie bitte die Daten neu ein und drucken den Antrag für das Gericht erneut aus.
4. Ist eine Druckseite fehlerhaft gedruckt, verschmutzt oder nicht lesbar, so drucken Sie bitte den gesamten Antrag erneut aus.
5. Beachten Sie auch die Hinweise in der Internetanwendung www.online-mahnantrag.de zu Papier, Druck und Versand.

Die Nichtbeachtung der Hinweise gefährdet die maschinelle Lesbarkeit (§ 702 Abs. 2 ZPO) und kann damit die Bearbeitung des Antrags verzögern, zu Beanstandungen oder zur kostenpflichtigen Zurückweisung führen (§ 691 ZPO).

Antrag auf Erlass eines Mahnbescheids **Seite 2 von 4**

Wohnungseigentümergemeinschaft Wilhelmstraße 9 80801 München

gegen Frank Mustermann

- maschinell lesbarer Antrag für das automatisierte Verfahren - 0C1 BARC0003 665435 46C01D2

Verfahrenswährung: **EUR**

Bankverbindung

IBAN/BIC.: **DE88100100101000000000 / SFBCGDE55XX**

Kontozuordnung: **Der erste/einzige Antragsteller ist Kontoinhaber.**

Antragsteller

1. Antragsteller

Rechtsform: **WEG**

Name: **Wohnungseigentümergemeinschaft**
Wilhelmstraße 9
80801 München

Straße: **Wilhelmstraße 9**

PLZ/Ort/Nation: **80801 München**

1. Gesetzlicher Vertreter

Rechtsform: **WEG vertr. d. Verw.-OHG**

Name: **C.H. Beck oHG**

Straße: **Wilhelmstraße 9**

PLZ/Ort/Nation: **80801 München**

2. Gesetzlicher Vertreter
(vertritt: C.H. Beck oHG, München)

Funktion: **Persönl.haftender Gesellschafter**

Name: **Carl Gottlob Beck**

Straße: **Wilhelmstraße 9**

PLZ/Ort/Nation: **80801 München**

Antragsgegner

1. Antragsgegner

Anrede: **Herr**

Vorname: **Frank**

Nachname: **Mustermann**

Straße: **Wilhelmstraße 9**

PLZ/Ort/Nation: **80801 München**

Prozessgericht

Anschrift: **Amtsgericht München**
80315 München

Antrag auf Erlass eines Mahnbescheids **Seite 3 von 4**

Wohnungseigentümergemeinschaft Wilhelmstraße 9 80801 München

gegen Frank Mustermann

- maschinell lesbarer Antrag für das automatisierte Verfahren - 001 BARC0003 665435 46C01D2

Ansprüche

Summe der Hauptforderungen:	**4.800,00 EUR**
1. Katalogisierbarer Anspruch	
Anspruch:	**Wohn-/Hausgeld für Wohnungseigentümergemeinschaft (Katalog-Nr. 90)**
Mitteilungsform:	**Beschluss vom 01.06.2022**
Rechnungsnummer:	**Wohnungseigentum Nr. 3**
ab/vom:	**01.01.2021**
bis:	**31.12.2021**
Betrag:	**4.800,00 EUR**
Anspruchszusatz	
PLZ/Ort/Nation:	**80801 München**
Straße/Hausnummer:	**Wilhelmstraße 9**

Allgemeine Angaben

Geschäftszeichen: **23/2021**

Ich erkläre, dass der Anspruch von einer Gegenleistung nicht abhängt.
Im Falle eines Widerspruchs beantrage ich die Durchführung des streitigen Verfahrens.

Zuständiges Mahngericht

Amtsgericht Coburg
- Mahngericht -
96441 Coburg

Antrag auf Erlass eines Mahnbescheids **Seite 4 von 4**

Wohnungseigentümergemeinschaft Wilhelmstraße 9 80801 München

gegen Frank Mustermann

\- maschinell lesbarer Antrag für das automatisierte Verfahren - 001 BARC0003 665435 46C01D2

001BARC000366543546C01D2001002002004

Vermerke des Gerichts:

Dezernat

Eingangsdatum (TT.MM.JJ)

Bearbeitungsdatum

Bearbeitungsschlüssel

Zusatzschl.

Betrag EUR (Schlüssel 16/17) ,

Früheres Eingangsdatum (Schl. 52)

IP-Adresse: 78.55.134.67

Schrifttum: → Form. I.B.1.

Anmerkungen

1. → Form. I.B.1. Wird der Antrag auf Erlass eines Mahnbescheids von einem Rechtsanwalt oder einer registrierten Person nach § 10 Abs. 1 S. 1 Nr. 1 des RDG gestellt, muss der Antrag nach § 690 Abs. 3 S. 2 ZPO in einer maschinell lesbaren Form übermittelt werden. Dafür stehen mehrere Möglichkeiten zur Verfügung: die Übermittlung der Anträge über das Elektronische Gerichts- u. Verwaltungspostfach (EGVP), die Einreichung von Datenträgern oder die Einreichung eines Antrags auf Papier unter Einsatz des Barcode-Verfahrens. Während die Nutzung des EGVP eine Signaturkarte u. ein Kartenlesegerät bedingt, kann der Barcodeantrag auch ohne zusätzliche Hardware gestellt werden. Der Barcodeantrag wird mit Hilfe der Anwendung „online-Mahnantrag" (www.online-mahnantrag.de) erstellt. Die erstellte Datei wird in einem Barcode verschlüsselt, der vom Gericht ausgelesen werden kann. Das vorgestellte Formular ist eine solche Datei.

2. Ist die Gemeinschaft der Wohnungseigentümer Antragstellerin in einem Mahnverfahren, ist nach § 43 Abs. 1 S. 1 WEG – wenn nach § 689 Abs. 3 S. 1 ZPO keine spezialgesetzliche Zuständigkeit besteht – grds. das Gericht, in dessen Bezirk das Grundstück liegt, örtlich ausschließlich zuständig; § 689 Abs. 2 ZPO ist nicht anzuwenden. Nach § 689 Abs. 1 S. 1 ZPO sind die AGe sachlich zuständig. Stellt der Verwalter gegen die Gemeinschaft der Wohnungseigentümer oder stellt ein Wohnungseigentümer einen Mahnantrag, gelten keine Besonderheiten. Das Mahnverfahren bietet sich va für ausstehende Vor- u. Nachschüsse an.

Das Mahnverfahren ist nicht zu empfehlen, wenn mit einem Widerspruch des Antragsgegners zu rechnen ist. Ferner dann nicht, wenn die Forderung einer spezifizierten Begründung bedarf, etwa wenn sie mehrfach aus unterschiedlichen Zahlungsansprüchen zusammengesetzt ist, u. vor allem dann, wenn diese verschiedene Wohn- bzw. Teileigentumsrechte betreffen. In solchen Fällen sollte gleich eine Hausgeldklage erhoben werden (→ Form. II.J.1). Andernfalls wird das Verfahren mit Überleitung vom Mahnverfahren nach Widerspruch in das streitige Verfahren oder gar infolge Zurückweisung des Mahnantrags wegen nicht genügend genauer Bezeichnung des geltend gemachten Anspruchs ggf. umständlicher u. jedenfalls langwieriger.

3. Wie auch sonst, müssen für Mahnanträge die nach § 703c Abs. 1 S. 1 ZPO vorgeschriebenen Vordrucke für die nicht maschinelle bzw. die maschinelle Bearbeitung verwendet werden (→ Form. I.B.1 Anm. 5).

4. Nach § 690 Abs. 3 S. 2 ZPO können Rechtsanwälte oder nach § 10 Abs. 1 S. 1 Nr. 1 RDG registrierte Personen Mahnanträge nur auf elektronischem Weg einreichen. Hierfür stehen mehrere Möglichkeiten zur Verfügung, → Anm. 1, → Form. I.B.1. Wird die Gemeinschaft der Wohnungseigentümer von den Wohnungseigentümern nach § 9b Abs. 1 S. 2 WEG vertreten, kann der Antrag nichtelektronisch gestellt werden. Auch für manuelle „Papier-Anträge" besteht allerdings ein Vordruckzwang. Zum Ausfüllen u. Bedrucken kann der „Online-Mahnantrag" genutzt werden („Papiervordrucke").

5. Für die Einreichung des Mahnantrags gem. § 690 ZPO, § 43 Abs. 2 Nr. 2 WEG gelten für die Antragsberechtigung, die Bezeichnung der Antragsteller, die Verfahrensvollmacht, eine eventuelle Prozessstandschaft usw dieselben Grundsätze wie bei einer Klage (→ Form. II.J.1 Anm. 3–7, → Form. II.J.2). IÜ sind auch die Voraussetzungen des § 690 ZPO zu erfüllen (s. dazu iE → Anm. 6–9). Als zuständiges Gericht ist – abweichend von § 689 Abs. 2 ZPO – das ausschließlich zuständige AG der belegenen Sache zu bezeichnen (§ 43 Abs. 1 S. 1).

6. Der Mahnantrag ist sorgfältig u. vollständig auszufüllen. Der Rechtspfleger hat den Antrag auf offensichtliche Fehler u. Unstimmigkeiten bei den gesetzlich geforderten Angaben zu überprüfen u. ggf. ihre Richtigstellung zu veranlassen. Unvollständige oder ungenaue Angaben können zu Rückfragen des Mahngerichts u. damit zu einer Verzögerung oder gar zu einer Zurückweisung des Mahnantrags führen.

7. Unabhängig davon, welcher Weg zur Antragstellung gewählt wird, ist die Gemeinschaft der Wohnungseigentümer als Antragstellerin einzutragen (§ 690 Abs. 1 Nr. 1 ZPO). Sie muss die Bezeichnung „Gemeinschaft der Wohnungseigentümer" oder „Wohnungseigentümergemeinschaft" gefolgt von der bestimmten Angabe des gemeinschaftlichen Grundstücks führen (→ Form. II.J.1 Anm. 4). Wird die Gemeinschaft nach § 9b Abs. 1 S. 1 WEG vom Verwalter vertreten, ist er mit vollständiger Anschrift einzutragen. Wird die Gemeinschaft nach § 9b Abs. 1 S. 2 WEG von allen Wohnungseigentümern vertreten, sind diese einzutragen.

8. Bei der Bezeichnung des Antragsgegners nach § 690 Abs. 1 Nr. 1 ZPO bestehen keine Unterschiede zum allgemeinen Mahnverfahren. Bei Inanspruchnahme mehrerer Personen ist zweckmäßigerweise für jeden Antragsgegner ein eigener Formularsatz auszufüllen, weil das Mahnverfahren unterschiedlich verlaufen kann. Bei einer etwaigen Inanspruchnahme mehrerer Antragsgegner als Gesamtschuldner mit Hilfe eines Formulars ist dies zu vermerken. Überwiegend wird angenommen, dass mehrere Miteigentümer (auch solche nach Bruchteilen) einer Wohnungs- bzw. Teileigentumseinheit gesamtschuldnerisch für die Erfüllung ihrer Kosten- u. Lastentragungspflicht, also insb. auch für ihre Hausgeldverpflichtungen, haften (→ Form. II.J.1 Anm. 25).

9. Der Antrag muss nach § 690 Abs. 1 Nr. 3 ZPO vor allem die Bezeichnung des Anspruchs unter bestimmter Angabe der verlangten Leistung enthalten; Haupt- u. Nebenforderungen sind gesondert u. einzeln zu bezeichnen. Für die Individualisierung sind keine Substanziierung oder Begründung erforderlich. Es genügt, dass der Anspruch durch seine Kennzeichnung von anderen Ansprüchen so unterschieden u. abgegrenzt wird, dass er Grundlage eines der materiellen Rechtskraft fähigen Vollstreckungstitels sein kann u. dem Schuldner die Beurteilung ermöglicht, ob er sich gegen den Anspruch zur Wehr setzen will. Wann diese Anforderungen erfüllt sind, kann nicht allgemein u. abstrakt festgelegt werden; vielmehr hängen Art u. Umfang der erforderlichen Angaben im Einzelfall von dem zwischen den Parteien bestehenden Rechtsverhältnis u. der Art des Anspruchs ab (BGH NJOZ 2017, 1485 Rn. 12; NZG 2015, 905 Rn. 63). Bei der Geltendmachung einer Mehrzahl von Einzelforderungen muss deren Bezeichnung im Mahnbescheid dem Antragsgegner ermöglichen, die Zusammensetzung des verlangten Gesamtbetrags aus für ihn unterscheidbaren Ansprüchen zu erkennen (BGH NJW 2008, 3498 Rn. 7).

Wird ein einheitlicher Anspruch geltend gemacht, der sich aus mehreren Rechnungsposten zusammensetzt, bedarf es keiner Aufschlüsselung der Rechnungsposten im Mahnbescheid. Die entsprechend notwendige Substanziierung kann im Laufe des Rechtsstreits beim Übergang in das streitige Verfahren nachgeholt werden (BGH NJW 2013, 3509 Rn. 16). Umfasst der im Mahnbescheid geltend gemachte Betrag dagegen mehrere, nicht auf einem einheitlichen Anspruch beruhende u. deshalb selbständige Einzelforderungen, zB aus einem Einzelwirtschaftsplan, einer Abrechnungsspitze u. einer Sonderumlage (ggf. über mehrere Jahre), so bedarf es bereits einer Aufschlüsselung im Mahnbescheid, ggf. unter Bezugnahme auf die entsprechenden Beschlüsse u. Niederschriften. In diesen Fällen kann eine Individualisierung nach Ablauf der Verjährungsfrist im anschließenden Streitverfahren nicht nachgeholt werden (BGH NJW 2013, 3509 Rn. 17).

Zur Bezeichnung des geltend gemachten Anspruchs kann auch auf Rechnungen oder andere Schriftstücke Bezug genommen werden (BGH NJOZ 2017, 1485 Rn. 12; NZG

2015, 905 Rn. 64; NJW 2013, 3509 Rn. 14; NJW 2011, 613 Rn. 11), zB auf Beschlüsse über Vor- oder Nachschüsse bzw. die entsprechenden Niederschriften. Stammen solche Schriftstücke vom Gläubiger, müssen sie dem Schuldner zugegangen sein. Nur dann, wenn ein solches Schriftstück dem Schuldner bereits bekannt ist, braucht es dem Mahnbescheid nicht in Abschrift beigefügt zu werden (BGH NJW 2011, 613 Rn. 11; NJW 2008, 3498 Rn. 7). Es ist nicht erforderlich, dass auch ein außenstehender Dritter allein aufgrund der Angaben im Mahnbescheid erkennen kann, um welche Forderungen es geht (BGH NJOZ 2017, 1485 Rn. 12).

Bei Hausgeldforderungen ist danach wichtig, dass bei ihnen (als Hauptforderung) die jeweilige Einzelforderung nach ihrem Entstehungsgrund (zB Nachschuss für das Jahr ..... gem. Beschl. v. ....., Vorschuss auf Sonderumlage gem. Beschl. v. ....., Vorschüsse für die Monate ..... gem. Beschl. v. .....) u. ebenso unverwechselbar die Zuordnung des Wohnungs- bzw. Teileigentumsrechts (mindestens mit Bezeichnung der Wohnungseigentumsanlage u. Angabe der Nr. des entsprechenden Wohnungseigentums nach der Teilungserklärung) genau bezeichnet werden. Deutlich werden muss, ob es sich um Vor- u./ oder Nachschüsse oder sonstige Forderungen handelt. Bei Vorschüssen ist der Zeitraum genau anzugeben, für den diese verlangt werden, mit Hinweis auf Beschluss u. den angewandten Umlageschlüssel, etwa entsprechend der Höhe der Miteigentumsanteile (zB. . . . ./1000) nach § 16 Abs. 1 S. 2, Abs. 2 S. 1 WEG. Nicht ausreichend ist etwa: „Hausgeldforderung gemäß Kontoauszug oder gemäß Mahnschreiben vom .....".

Falls mehrere Einzelposten aufgeführt wurden, sollte ihre Summe als solche deutlich angegeben werden. Für alle unter dem Oberbegriff Hausgeld geltend gemachten Forderungen ist als Katalognummer die Nr. 90 einzutragen. Nebenkosten, etwa vorgerichtliche Kosten, müssen wenigstens knapp erläutert werden. Hinsichtlich der Kosten der Rechtsverfolgung mit Hilfe eines Rechtsanwalts oder Rechtsbeistands gibt es keine Besonderheiten gegenüber dem allgemeinen Mahnverfahren; sie berechnet das Gericht. Geltend gemachte Hausgeldansprüche werden praktisch nie von einer Gegenleistung abhängen. Das Ankreuzen des betreffenden Feldes sollte jedenfalls nicht übersehen werden.

10. Nach § 43 Abs. 1 S. 1 WEG ist, wenn die Gemeinschaft der Wohnungseigentümer Antragstellerin ist, für Mahnverfahren das Gericht, in dessen Bezirk das Grundstück liegt, ausschließlich zuständig. Insoweit ist § 689 Abs. 2 ZPO nicht anzuwenden. Der Antrag auf Durchführung des streitigen Verfahrens im Falle des Widerspruchs sollte zur Beschleunigung des Verfahrens stets gestellt werden. Durch Ergänzung der Nr. 1210 des KV-GKG ist klargestellt, dass die Verfahrensgebühr erst mit dem Eingang der Akten bei dem für das streitige Verfahren als zuständig bezeichneten Gericht entsteht.

11. Bei der Angabe eines Rechtsanwalts als Prozessbevollmächtigten bestehen keine Besonderheiten gegenüber dem allgemeinen Mahnverfahren. Der Verwalter kann nach § 9b Abs. 1 S. 1 WEG einen Rechtsanwalt beauftragen.

12. Für den Widerspruch, den Antrag auf Erlass eines Vollstreckungsbescheids u. den Einspruch gegen einen Vollstreckungsbescheid ergeben sich gegenüber dem allgemeinen Mahnverfahren keine größeren Besonderheiten. → Form. I.B.2, → Form. I.B.4. Im Falle eines Widerspruchs u. wenn Antragsteller oder Antragsgegner die Durchführung des streitigen Verfahrens nach § 696 ZPO beantragt haben oder im Falle des Einspruchs gegen einen Vollstreckungsbescheid, gibt das Mahngericht das Verfahren unanfechtbar an das nach § 690 Abs. 1 Nr. 5 ZPO bezeichnete Gericht ab. Mit Eingang der Akten bei diesem Gericht wird der Mahnantrag als Klage nach § 43 Abs. 2 Nr. 2 WEG angesehen, das weitere Verfahren ist gewöhnliches ZPO-Verfahren. Wenn der Widerspruch zurückgenommen wird, erlässt das WEG-Gericht den Vollstreckungsbescheid nach § 699 Abs. 1 S. 3 ZPO.

Kosten und Gebühren

13. → Form. I.B.1 Anm. 10, → Form. I.B.2 Anm. 3, 4, → Form. I.B.4 Anm. 8.

Rechtsmittel

14. → Form. I.B.1 Anm. 11, → Form. I.B.2 Anm. 5, → Form. I.B.4 Anm. 9. Gibt das Gericht, das den Mahnbescheid erlassen hat, den Rechtsstreit nach § 696 Abs. 1 S. 1 ZPO oder das Gericht, das den Vollstreckungsbescheid erlassen hat, den Rechtsstreit nach § 700 Abs. 1 S. 1 ZPO ab, handelt es sich um eine WEG-Streitigkeit iSv § 43 Abs. 2 Nr. 2 WEG, → Form. II.J.1 Anm. 2.

18. Antrag auf Erlass einer einstweiligen Verfügung gegen einen Beschluss

An das Amtsgericht[1]
Abteilung für Wohnungseigentumssachen[2]
E I L T ! ! Bitte sofort vorlegen!

Antrag auf Erlass einer einstweiligen Verfügung[3]

Wohnungseigentümer W. Z.-Straße Nr. . . . ., ... (PLZ, Ort),
– Antragsteller[4] –
Verfahrensbevollmächtigter:[5] V., W.-Straße . . . . ., ... (PLZ, Ort),
gegen
die Gemeinschaft der Wohnungseigentümer, X.-Straße Nr. . . . ., ... (PLZ, Ort), vertreten durch den Verwalter, Y.-Straße Nr. . . . ., ... (PLZ, Ort),
– Antragsgegnerin[6] –
Verwalter: V. T.-Straße Nr. . . . ., ... (PLZ, Ort),
vorläufiger Verfahrenswert:[7] . . . . .

Ich beantrage – wegen der Dringlichkeit der Angelegenheit ohne mündliche Verhandlung durch Beschluss[8] – den Erlass folgender einstweiliger Verfügung:

1. Die Bindung an den auf der Versammlung der Wohnungseigentumsanlage X.-Straße Nr. . . . ., ... (PLZ, Ort), zu TOP . . . . . gefassten Beschluss, die Berechnungsgrundlage für die Betriebskosten ab Wirtschaftsjahr 2019 abzuändern, die Penthäuser der Wohnungseigentumsanlage neu zu vermessen und auf Grund des Vermessungsergebnisses die Umlage der Betriebskosten neu zu berechnen, Nr. . . . . der Beschluss-Sammlung der Wohnungseigentümergemeinschaft X.-Straße Nr. . . . ., ... (PLZ, Ort), wird bis zum rechtskräftigen Abschluss der Anfechtungsklage im Verfahren Amtsgericht . . . . ., Aktenzeichen . . . . ., aufgehoben.[9]

2. Den Antragsgegnern werden die Verfahrenskosten auferlegt.[10]

Begründung[11]

Antragsteller und Antragsgegner bilden die Wohnungseigentümergemeinschaft X.-Straße Nr. . . . ., ... (PLZ, Ort). Auf der Versammlung vom . . . . . wurde zu TOP . . . . . mit sechs gegen fünf Stimmen beschlossen (Nr. . . . . der Beschluss-Sammlung), die Berechnungsgrundlage für die Betriebskosten ab Wirtschaftsjahr 2022 abzuändern, die Penthäuser der Wohnungseigentumsanlage neu zu vermessen und auf Grund des Vermes-

sungsergebnisses die Umlage der Betriebskosten neu zu berechnen. Der Antragsteller hat diesen Beschluss vor dem Amtsgericht . . . . ., Aktenzeichen . . . . ., fristgemäß angefochten. Der Beschluss leidet unter einem formellen Mangel. Der Antragsteller ist nicht zur Versammlung geladen worden.

Beweis: Eidesstattliche Versicherung des Antragstellers (Anlage A 1).[12]

Wäre der Antragsteller geladen worden, hätte er gegen den Beschluss gestimmt, so dass eine Mehrheit nicht zustande gekommen wäre.

Beweis: Eidesstattliche Versicherung des Antragstellers (Anlage A 2).[13]

Den Wohnungseigentümern würden durch die Anwendung des Beschlusses erhebliche Kosten entstehen, die im Fall seiner Ungültigerklärung vergebens aufgewendet wären. Für eine Abrechnung auf Grundlage des Beschlusses müssten zunächst durch einen Sachverständigen die Spitzböden vermessen und die „Quadratmeter der einzelnen Wohnungen" berechnet werden. Die Kosten dieser Maßnahme sind nach Angabe des Verwalters mit ca. 5.000 EUR zu veranschlagen. Weitere Kosten von rund 3.000 EUR würden nach Angabe des Verwalters entstehen, wenn die Abrechnung unter Anwendung eines anderen Umlageschlüssels wiederholt werden müsste. Es erscheint daher angemessen, dass die Abrechnung der Betriebskosten nach den maßgebenden Bestimmungen der Gemeinschaftsordnung vorgenommen wird, bis über den Antrag auf Ungültigerklärung des angefochtenen Beschlusses entschieden ist.

Der Antragsteller hat den Verwalter gebeten, den Beschluss wegen der Anfechtung nicht auszuführen. Der Verwalter verweigert dies. Er hat dem Antragsteller erklärt, zur Ausführung verpflichtet zu sein. Er werde in den nächsten Tagen einen Sachverständigen mit der Vermessung beauftragen. Um Schaden abzuwenden, ist daher eine einstweilige Verfügung wegen der Dringlichkeit der Angelegenheit ohne mündliche Verhandlung durch Beschluss geboten.

Beweis: Eidesstattliche Versicherung des Antragstellers (Anlage A 3).[14]

Beglaubigte und einfache Abschrift sind beigefügt.[15]

Dem Antrag ist kein Versuch einer Mediation oder eines anderen Verfahrens der außergerichtlichen Konfliktbeilegung vorausgegangen. Einem solchen Verfahren stehen wegen der Eilbedürftigkeit Gründe entgegen.[16]

Rechtsanwalt[17, 18, 19]

Anmerkungen

1. Für den Erlass einer einstweiligen Verfügung, die sich mit der Bindung an einen Beschluss befasst, ist nach § 937 Abs. 1 ZPO, § 43 Abs. 2 Nr. 4 WEG das Gericht, in dessen Bezirk das Grundstück liegt, örtlich ausschließlich zuständig (s. a. *Schuschke* NZM 2017, 673 (674)). Die Frage, ob ein Beschluss außer Kraft zu setzen ist, ist eine Streitigkeit über die Gültigkeit von Beschlüssen der Wohnungseigentümer iSv § 43 Abs. 2 Nr. 4 WEG. Die sachliche Zuständigkeit folgt den allgemeinen Vorschriften (→ Form. II. J.1 Anm. 2).

2. → Form. II.J.1 Anm. 2.

3. Wie in jedem anderen, der ZPO unterworfenen Verfahren kommt auch in WEG-Streitigkeiten einstweiliger Rechtsschutz nach §§ 916 ff. ZPO in Betracht (*Schuschke* NZM 2017, 673 ff.; Bärmann/Seuß/*Müller* § 83; *Hügel/Elzer* Vor §§ 43 ff. WEG Rn. 37 ff.; Staudinger/*Lehmann-Richter* Vorbemerkungen zu §§ 43–50 WEG Rn. 60 ff.). Vorstellbar ist neben Arrest, Sicherungs- u. Regelungsverfügung im Einzelfall auch eine Leistungsverfügung (etwa, wenn ein Unterlassungs- u./oder Beseitigungsanspruch geltend

gemacht wird). Die Durchsetzung setzt neben dem Verfügungsanspruch einen -grund voraus (Arrestanspruch u. -grund), also ein besonderes Bedürfnis an einer Eilentscheidung.

Ein Arrest kommt va gegen einen Wohnungseigentümer in Betracht, der Hausgeld (Vorschuss u./oder Nachschuss) schuldet. Einstweilige Verfügungen kommen ua in den Blick, um die Bindungskraft eines Beschlusses vorläufig aufzuheben (→ Anm. 10). Daneben kommen zB die vorläufige Bestellung eines Verwalters (BGH NJW 2014, 1447 Rn. 19; NJW 2011, 3025 Rn. 11), sofern kein Verwalter bestellt ist (LG Hamburg ZMR 2009, 69 (70)), die Herausgabe u. die befristete Einsichtnahme in die Verwalterunterlagen (AG Kelheim ZMR 2008, 82 (83); → Form. II.J.4 Anm. 3) oder in die Beschluss-Sammlung oder die Sicherung oder die Regelung der Benutzung nach § 19 WEG in Betracht.

Das Gesuch hat entsprechend § 253 Abs. 2 ZPO den allgemeinen Anforderungen zu genügen; die Beteiligten sind grds. genau zu bezeichnen (→ Anm. 6); erforderlich ist grds. auch ein bestimmter Antrag (→ Anm. 10). Schließlich muss der Antragsteller Verfügungsanspruch u. -grund bezeichnen (→ Anm. 12).

Erweist sich die Anordnung einer einstweiligen Verfügung als von Anfang an ungerechtfertigt oder wird die angeordnete Maßregel auf Grund des § 926 Abs. 2 ZPO oder des § 942 Abs. 3 ZPO aufgehoben, ist der Wohnungseigentümer, der die Anordnung erwirkt hat, verpflichtet, den anderen Wohnungseigentümern nach § 945 ZPO u. nach seinen Maßgaben Schadenersatz zu leisten. Dieser Anspruch steht der Gemeinschaft der Wohnungseigentümer zu (aA zum alten Recht LG Frankfurt a. M. WuM 2018, 59).

4. Antragsteller eines Antrags auf Erlass einer einstweiligen Verfügung nach §§ 935, 940 ZPO, § 43 Abs. 2 Nr. 4 WEG kann jeder Wohnungseigentümer sein.

5. Für die Antragstellung besteht kein Anwaltszwang, § 936 Abs. 2, § 920 Abs. 3, § 78 Abs. 5 ZPO.

6. Zu verklagen ist – wie bei der Anfechtungsklage – die Gemeinschaft der Wohnungseigentümer (*Hügel/Elzer* WEG § 44 Rn. 215; MüKoBGB/*Hogenschurz* WEG § 44 Rn. 41).

7. Die Angabe des Verfahrenswerts ist nicht erforderlich, da § 12 GKG nur Klagen betrifft. Der Gebührenstreitwert für eine einstweilige Verfügung wird gem. § 53 Abs. 1 Nr. 1 GKG, § 3 ZPO festgesetzt. Es bemisst sich nach dem Interesse des Antragstellers an der Sicherung des Anspruchs (*Schuschke* NZM 2017, 673 (677); Toussaint/*Elzer* ZPO § 3 Rn. 23 „Einstweilige Verfügung"). Die Rspr. setzt regelmäßig pauschal $^1/_2$ bis $^2/_3$ des Wertes der Hauptsache an.

8. Das angerufene Gericht kann nach § 937 Abs. 2 ZPO in dringenden Fällen sowie dann, wenn der Antrag auf Erlass einer einstweiligen Verfügung zurückzuweisen ist, ausnahmsweise auf Antrag ohne mündliche Verhandlung durch Beschluss entscheiden. Ein dringender Fall setzt voraus, dass die Durchführung eines selbst kurzfristig anberaumten Termins wegen der daraus folgenden Verzögerung den Zweck des einstweiligen Rechtsschutzes gefährden würde (Musielak/Voit/*Huber* ZPO § 937 Rn. 4).

9. Ein Gesuch auf Erlass einer einstweiligen Verfügung bedarf nach § 936 Abs. 2, § 920 Abs. 1 ZPO eines Antrags. Soll eine laufende oder geplante Anfechtungsklage durch eine einstweilige Verfügung flankiert werden, empfiehlt sich, die Bindungswirkung eines Beschlusses für die Dauer des Verfahrens zu bekämpfen. Antragsziel ist, die Bindungswirkung des Beschlusses (dazu *Hügel/Elzer* WEG § 23 Rn. 163 ff.) vorübergehend aufzuheben. Alternativ mag man formulieren, den Beschluss „vorübergehend außer Kraft" zu setzen (Elzer/Fritsch/Meier/*Lehmann-Richter* § 3 Rn. 207) oder „die Vollziehung des Beschlusses auszusetzen" (so zB LG München I ZWE 2017, 234, ZWE 2014, 371; LG

Hamburg BeckRS 2015, 03602u. *Schuschke* NZM 2017, 673 (676)) – wobei es allerdings nicht immer um einen Vollzug iSd § 27 Abs. 1 Nr. 1 WEG gehen wird.

Der Antrag „dem Verwalter die Durchführung eines Beschlusses vorläufig zu untersagen" ist hingegen nicht befriedigend, da statt des Verwalters wohl auch die anderen Wohnungseigentümer den Beschluss durchführen könnten. Der Antrag, den angefochtenen Beschluss im Wege einstweiliger Verfügung „für ungültig" zu erklären, stellte hingegen die Vorwegnahme der Hauptsache dar u. wäre nicht möglich.

Ist die Anfechtungsklage noch nicht anhängig, hat das Gericht nach §§ 936, 926 Abs. 1 BGB auf Antrag ohne mündliche Verhandlung anzuordnen, dass der Antragsteller binnen einer zu bestimmenden Frist Klage zu erheben habe. Bei der Fristbestimmung wird sich das Gericht an der Anfechtungsfrist (→ Form. II.J.2 Anm. 11) orientieren.

10. → Form. II.J.1 Anm. 17.

11. Der Antrag auf Erlass einer einstweiligen Verfügung muss nach § 936 Abs. 2, § 920 Abs. 1 ZPO den Verfügungsanspruch sowie den Verfügungsgrund bezeichnen. „Bezeichnung" meint, dass der Antragsteller für eine Schlüssigkeitsprüfung alle anspruchsbegründenden Tatsachen von Verfügungsanspruch u. -grund darlegt, seinen Antrag also begründet.

12. Nach § 936, § 920 Abs. 2 ZPO ist der Verfügungsanspruch glaubhaft zu machen. Soll ein Beschluss seiner Wirkungen vorübergehend entkleidet werden, muss der Antragsteller zur Darlegung seines Verfügungsanspruchs einen formellen oder materiellen Beschlussmangel darlegen u. glaubhaft machen oder darlegen u. glaubhaft machen, dass der Beschluss nichtig ist. Grds. trifft den Antragsteller die Darlegungs- u. Beweislast dafür, dass ein Beschluss nicht ordnungsmäßig ist (→ Form. II.J.1 Anm. 23).

13. Nach § 936, § 920 Abs. 2 ZPO ist der Verfügungsgrund glaubhaft (s. a. → Anm. 14) zu machen. Für die Darlegung des Verfügungsgrundes ist zwischen den verschiedenen Arten der einstweiligen Verfügung zu unterscheiden. Geht es darum, nach § 935, § 940 ZPO ein streitiges Rechtsverhältnis vorläufig zu regeln, muss dies zur Abwendung wesentlicher Nachteile oder zur Verhinderung drohender Gefahr oder aus anderen Gründen nötig erscheinen. Soll ein Beschluss seiner Wirkungen vorübergehend entkleidet werden, muss der Antragsteller darlegen u. glaubhaft machen, warum die trotz der Anfechtung (→ Anm. 9) nach § 27 Abs. 1 Nr. 1 WEG gebotene Ausführung des Beschlusses zu einem wesentlichen Nachteil führen würde.

Ausgangspunkt ist dabei die Wertung von § 23 Abs. 4 S. 2 WEG, dass auch fehlerhafte Beschlüsse bis zu ihrer Ungültigkeitserklärung wirksam u. also vollziehbar sind. Das Gesetz misst dem Vollziehungs- mithin grds. ein größeres Gewicht bei als dem Aussetzungsinteresse (LG München I ZWE 2017, 234; ZMR 2014, 396; LG Köln ZMR 2016, 139; LG Hamburg ZMR 2015, 43 (44); aA *Weber* FS Stürner 2013, 613 (618 ff.)). Die Vollziehung des Beschlusses für die Zeit des schwebenden Anfechtungsverfahrens kann angesichts dieser Wertung nur dann per einstweiliger Verfügung ausgesetzt werden, wenn glaubhaft gemacht wurde, dass im konkreten Einzelfall ausnahmsweise die Interessen des anfechtenden Miteigentümers überwiegen, etwa weil ihm ein weiteres Zuwarten wegen drohender irreversibler Schäden nicht mehr zugemutet werden kann oder weil bei unstreitiger Sachlage u. gefestigter Rspr. die Rechtswidrigkeit des Beschlusses derart offenkundig ist, dass es hierfür nicht erst der umfassenden Prüfung durch ein Hauptsacheverfahren bedarf (LG München I ZWE 2017, 234; LG Köln ZMR 2016, 139; LG Hamburg ZMR 2015, 43 (44)).

14. Der Antragsteller muss den dringenden Fall iSv § 937 Abs. 1 ZPO glaubhaft machen (Musielak/Voit/*Huber* ZPO § 937 Rn. 4). Dieser ist weder mit dem Verfügungsgrund noch mit der von § 942 ZPO geforderten Dringlichkeit zu verwechseln.

15. → Form. II.J.1 Anm. 39.

16. Ob § 253 Abs. 3 Nr. 1 ZPO auf §§ 920, 936 ZPO analog anzuwenden ist, ist unsicher. Die Angabe in der Antragsschrift schadet jedenfalls nicht.

17. → Form. II.J.1 Anm. 43.

Kosten und Gebühren

18. Zu Kosten und Gebühren → Form. II.J.1 Anm. 44–46.

Rechtsmittel

19. → Form. II.J.1 Anm. 47, 48.

19. Antrag auf Erlass einer einstweiligen Verfügung zur Einberufung einer Versammlung

An das Amtsgericht[1]
Abteilung für Wohnungseigentumssachen[2]
E I L T ! ! Bitte sofort vorlegen!

Antrag auf Erlass einer einstweiligen Verfügung[3]

Wohnungseigentümer W. Z.-Straße Nr. . . . ., ... (PLZ, Ort).
– Antragsteller[4] –
Verfahrensbevollmächtigter:[5] V., W.-Straße . . . . ., ... (PLZ, Ort),
gegen
die Gemeinschaft der Wohnungseigentümer, X.-Straße Nr. . . . ., ... (PLZ, Ort),
vertreten durch den Verwalter, Y.-Straße Nr. . . . ., ... (PLZ, Ort),
– Antragsgegnerin[6] –
vorläufiger Verfahrenswert:[7] . . . . .

Ich beantrage – wegen der Dringlichkeit der Angelegenheit ohne mündliche Verhandlung durch Beschluss[8] – den Erlass folgender einstweiliger Verfügung:

1. **Der Antragsteller ist ermächtigt, die Wohnungseigentümer der Wohnungseigentumsanlage . . . . . zu einer Versammlung auf den . . . . . (Datum) in . . . . . (Versammlungsort und Versammlungsstätte) mit folgender Tagesordnung . . . . . (Entwurf einer Tagesordnung) zu laden.[9]**
2. **Den Antragsgegnern werden die Verfahrenskosten auferlegt.[10]**

Begründung[11]

Antragsteller und Antragsgegner bilden die Wohnungseigentümergemeinschaft Z.-Straße Nr. . . . ., ... (PLZ, Ort).

In der nur aus sechs Eigentümern bestehenden Wohnungseigentümergemeinschaft, in der kein Verwalter bestellt ist und in der es keinen Verwaltungsbeirat gibt, sind eine Reihe von Punkten zu regeln. Zurzeit besteht zB weder ein Wirtschaftsplan noch wurde über das letzte Wirtschaftsjahr bislang abgerechnet. Nach einem Sturm ist außerdem über die Instandsetzung der Fassade Beschluss zu fassen. Alle diese Punkte sowie die Bestellung eines Verwalters erfordern die Abhaltung einer Eigentümerversammlung.

Beweis: Eidesstattliche Versicherung des Antragstellers (Anlage A 1).[12]

Der Verfügungsanspruch folgt aus § 18 Abs. 2 Nr. 1 WEG.[13]
Beglaubigte und einfache Abschriften liegen bei.[14]
Dem Antrag ist kein Versuch einer Mediation oder eines anderen Verfahrens der außergerichtlichen Konfliktbeilegung vorausgegangen. Einem solchen Verfahren stehen wegen der Eilbedürftigkeit Gründe entgegen.[15]
Rechtsanwalt[16, 17, 18]

Anmerkungen

1. → Form. II.J.18 Anm. 1.

2. → Form. II.J.18 Anm. 2.

3. → Form. II.J.18 Anm. 3

4. → Form. II.J.18 Anm. 4

5. → Form. II.J.18 Anm. 5

6. Ist eine Einberufung eilig, kann nach §§ 935, 940 ZPO eine Regelungsverfügung verlangt werden (*Hügel/Elzer* NZM 2009, 457 (467)). Es ist sogar ratsam, diesen Antrag zu stellen, da naheliegend ist, dass ein entsprechendes Urteil erst mit Eintritt der Rechtskraft wirksam ist (s.a. LG Frankfurt a.M. ZWE 2014, 142 (143)). Voraussetzung für eine Regelungsverfügung ist allerdings, dass für diesen Weg ein Rechtsschutzbedürfnis besteht (s.a. *Skauradszun* ZWE 2016, 61 (62)). Ein Rechtsschutzbedürfnis ist ggf. zu verneinen, wenn plausibel ist, dass die Wohnungseigentümer zu einer Universalversammlung zusammenkommen (*Skauradszun* ZWE 2016, 61 (62)).

Weiterhin unklar ist, ob ein Wohnungseigentümer unter Inanspruchnahme seines Notgeschäftsführungsrechts nach § 18 Abs. 3 WEG einberufen könnte. Dass eine solche, eine Gefahr abwendende Maßnahme gerade in der Ladung zu einer Eigentümerversammlung besteht, ist nach hM abzulehnen (*Elzer* ZfIR 2011, 461 (463); Staudinger/*Häublein* WEG § 24 Rn. 71; aA Staudinger/*Lehmann-Richter* WEG § 21 Rn. 64).

7. → Form. II.J.18 Anm. 7.

8. → Form. II.J.18 Anm. 8.

9. Nach § 24 Abs. 1, Abs. 2 WEG obliegt das Recht zur Einberufung einer Eigentümerversammlung grds. dem Verwalter als Organ der Gemeinschaft der Wohnungseigentümer, in den Fällen des § 24 Abs. 3 WEG dem Vorsitzenden des Verwaltungsbeirats oder einem Wohnungseigentümer als Organ der Gemeinschaft der Wohnungseigentümer.

Ausnahmsweise sind aber auch die Eigentümer berechtigt, eine Eigentümerversammlung einzuberufen. Dies ist der Fall, sofern die Einberufung einvernehmlich durch alle Wohnungseigentümer erfolgt (BGH NZM 2011, 806 Rn. 4). Handeln die Wohnungseigentümer nicht einvernehmlich, kann sich ein Wohnungseigentümer nach §§ 18 Abs. 2, 44 Abs. 1 S. 2 WEG – liegen die Voraussetzungen des § 18 Abs. 2 WEG vor – vom Gericht zu einer Einberufung einer Eigentümerversammlung ermächtigen lassen (OLG Zweibrücken NZM 2011, 79; *Briesemeister* NZM 2009, 64; Staudinger/*Häublein* WEG § 24 Rn. 72).

Die Tagesordnung kann etwa wie folgt lauten: TOP 1: Bestellung eines Verwalters. TOP 2: Einholung eines Sachverständigengutachtens wegen Fassadenschäden. TOP 3: Diskussion über die Ansätze eines Wirtschaftsplans sowie über geeignete Umlageschlüssel. TOP 4: Abrechnung über das abgelaufene Wirtschaftsjahr.

10. → Form. II.J.18 Anm. 10.

11. → Form. II.J.18 Anm. 11. Anspruchsgrund ist, dass – wie § 24 Abs. 1 WEG zeigt – eine ordnungsmäßige Verwaltung mindestens eine Eigentümerversammlung jährlich mit den genannten Punkten erfordert. Im Hinblick auf § 18 Abs. 2, 44 Abs. 1 S. 2 WEG sollte im Antrag geschildert werden, welche Gegenstände im Einzelnen eine zeitnahe Versammlung erfordern.

12. → Form. II.J.18 Anm. 12.

13. Anspruchsgrundlage ist § 18 Abs. 2 WEG (*Skauradszun* ZWE 2016, 61 (62)).

14. → Form. II.J.1 Anm. 39.

15. → Form. II.J.18 Anm. 16.

16. → Form. II.J.1 Anm. 43.

Kosten und Gebühren

17. Zu Kosten und Gebühren → Form. II.J.1 Anm. 44–46.

Rechtsmittel

18. → Form. II.J.1 Anm. 47, 48.

20. Berufungsschrift gegen Hausgeldurteil

An das Landgericht[1, 2]
Kammer für Wohnungseigentumssachen[3]

Berufung[4]

Wohnungseigentümer W., Y.-Straße Nr. . . . ., ... (PLZ, Ort),

– Berufungskläger und Beklagter –

Prozessbevollmächtigter: V., W.-Straße . . . ., ... (PLZ, Ort)
gegen
Gemeinschaft der Wohnungseigentümer Y.-Straße Nr. . . . ., ... (PLZ, Ort), vertreten durch den Verwalter,[5] Z.-Straße Nr. . . . ., ... (PLZ, Ort),

– Berufungsbeklagte und Klägerin –

Prozessbevollmächtigter:[6] V., W.-Straße . . . ., ... (PLZ, Ort),
Beschwer: . . . . .[7]
Namens und in Vollmacht[8] des Beklagten und Berufungsklägers lege ich gegen das am . . . . . verkündete und am . . . . . zugestellte Urteil des Amtsgerichts[9]. . . . . Aktenzeichen . . . . .

Berufung[10]

ein. Anträge und Begründung bleiben der Berufungsbegründungsschrift vorbehalten.[11] Die Urteilsausfertigung, deren Rückgabe erbeten wird,[12] sowie beglaubigte und einfache Abschrift sind beigefügt.[13]
Rechtsanwalt[14, 15, 16]

Anmerkungen

1. Die Berufung in einer WEG-Streitigkeit muss – wie jedes Rechtsmittel – als solches statthaft sein sowie zulässig – wozu neben der gesetzlich vorgesehenen Form u. Frist auch die übrigen Sachurteilsvoraussetzungen gehören. Außerdem muss der Rechtsmittelführer die Prozesshandlungsvoraussetzungen erfüllen. Gegenüber einer „normalen" Berufung sind einige Besonderheiten zu beachten (*Elzer* MietRB 2008, 156 ff.). Die wichtigste besteht darin, dass in Verfahren nach § 43 Abs. 2 WEG eine Beschwerde oder Berufung nur an eines der 24 nach § 72 Abs. 2 GVG als gemeinsames Berufungs- u. Beschwerdegericht funktionell zuständigen LG gerichtet werden kann (s. dazu die Tab. → Form. II.J.1 Anm. 47, 48). IÜ Anm. 2.

2. S. zur Berufung allgemein → Form. I.O.1 Anm. 2. Die Berufungsschrift muss nach § 519 Abs. 1 ZPO bei einem der 24 zuständigen Konzentrations-LG eingelegt werden (→ Form. II.J.1 Anm. 47, 48). Wird die Berufung versehentlich bei einem falschen LG eingelegt, scheidet eine fristwahrende Verweisung in entsprechender Anwendung von § 281 ZPO grds. aus (stRspr, exemplarisch BGH NZM 2016, 168 Rn. 12; NZM 2014, 669 Rn. 8). Etwas anderes gilt nur dann, wenn die Frage, ob eine WEG-Streitigkeit vorliegt, für bestimmte Fallgruppen noch nicht höchstrichterlich geklärt ist, man über deren Beantwortung „mit guten Gründen" unterschiedlicher Auffassung sein kann (stRspr, exemplarisch BGH NJW-RR 2017, 525 Rn. 15; grdl. NJW 2010, 1818 Rn. 11) u. der Berufungskläger sodann entsprechend § 281 ZPO (hilfsweise) die Verweisung an das nach Auffassung des angerufenen Gerichts zuständige Berufungsgericht beantragt (BGH NZM 2016, 168 Rn. 12; NJW 2015, 2968 Rn. 9). Auf diesen Antrag muss das Gericht gem. § 139 Abs. 1 ZPO hinweisen. Die Antragstellung kann im Revisionsverfahren nachgeholt werden (BGH NZM 2017, 262 Rn. 16; NJW 2015, 2968 Rn. 10).

Wird ein fristgebundener Rechtsmittelschriftsatz irrtümlich beim falschen Gericht eingereicht u. kann dieses seine Unzuständigkeit „ohne Weiteres" bzw. „leicht u. einwandfrei" erkennen, ist der fehlgeleitete Schriftsatz allerdings „im Rahmen des üblichen Geschäftsganges" an das zuständige Gericht weiterzuleiten (stRspr, BGH BeckRS 2021, 22084 Rn. 7 NJW-RR 2016, 1340 Rn. 12; NJW-RR 2014, 1 Rn. 14; NJW 2012, 78 Rn. 14). Wird vom Gericht eine Unzuständigkeit festgestellt, besteht freilich keine Verpflichtung zu einer beschleunigten Weiterleitung oder zur Unterrichtung des Berufungsführers oder seines Prozessbevollmächtigten. Ergreift das fälschlicherweise angerufene Gericht keine fristwahrenden Maßnahmen, obgleich der Schriftsatz bei ihm so frühzeitig eingegangen ist, dass die fristgerechte Weiterleitung an das zuständige Gericht im ordentlichen Geschäftsgang ohne Weiteres hätte erwartet werden können, wirkt sich das Verschulden des Rechtsmittelführers oder seines Prozessbevollmächtigten nicht mehr aus (BVerfG NJW 2006, 1579 Rn. 11; BGH NJW 2011, 2053 Rn. 13), so dass ihm Wiedereinsetzung in den vorigen Stand zu gewähren ist (stRspr, exemplarisch BGH NJW-RR 2016, 1340 Rn. 12; NJW-RR 2014, 1 Rn. 14). Die Zuständigkeit muss durch einen Richter dann geprüft werden, wenn die Rechtsmittelschrift nach der Praxis des Gerichts üblicherweise dem Vorsitzenden vorgelegt wird. Vorher kommt es auf das Wissen des zuständigen Geschäftsstellenbeamten an (BGH NJW 2012, 78 Rn. 15). Ist der Geschäftsgang so organisiert, dass eingehende Schriftstücke von der Geschäftsstelle dem zuständigen Vorsitzenden oder Einzelrichter gleich vorgelegt werden, muss der Geschäftsstellenbeamte nicht selbst ohne Kenntnis u. Verfügung des Vorsitzenden die Weiterleitung eines Schriftstücks veranlassen.

3. Für WEG-Streitigkeiten gibt es am LG – anders als nach § 93 Abs. 1 S. 1 GVG für Handelssachen – keine besonderen „WEG-Kammern". Für eine genügende Bezeichnung des angerufenen Gerichts reichte es aus, die Berufung an das örtlich zuständige LG ohne besondere Adressierung zu richten. Soweit indes dort besondere Spruchkörper für Wohnungseigentumssachen eingerichtet wurden – wie eigentlich immer –, empfiehlt es sich auch für die Berufung, diese für eine klare Zuordnung bereits in der Briefannahmestelle des Gerichts ausdrücklich an die für Wohnungseigentumssachen zuständige Kammer zu adressieren. Fehlt diese Angabe, ist eine Berufung aber nicht unzulässig.

4. Eine Berufung wird durch Einreichung der Berufungsschrift beim Berufungsgericht eingelegt (§ 519 Abs. 1 ZPO). Die Berufungsschrift sollte wegen § 519 Abs. 2 Nr. 2 ZPO mit „Berufung" überschrieben sein, jedenfalls die Erklärung enthalten, dass Berufung eingelegt ist.

5. Die Berufung ist nach § 9b Abs. 1 S. 1 WEG dem Verwalter zuzustellen. Gibt es keinen Verwalter, ist die Berufung nach § 9b Abs. 1 S. 2 WEG den Wohnungseigentümern zuzustellen (→ Form. J.II.2 Anm. 5).

6. Nach § 9b Abs. 1 S. 1 WEG ist der Verwalter befugt, im Namen der Gemeinschaft der Wohnungseigentümer einen gegen sie gerichteten Rechtsstreit im Erkenntnis- u. Vollstreckungsverfahren zu führen. In diesem Rahmen kann er im Namen der Gemeinschaft u. ohne Rücksprache mit den Wohnungseigentümern einen Rechtsanwalt beauftragen (s. a. BGH NJW 2013, 3098 Rn. 13; NZM 2012, 277 Rn. 23).

7. Auch eine Berufung in WEG-Streitigkeiten ist nur zulässig, wenn sie zugelassen ist oder die Beschwer des Berufungsklägers mehr als 600 EUR beträgt, § 511 Abs. 2 ZPO. Für die Frage der Beschwer in WEG-Sachen (dazu ausführlich *Brändle* ZAP 2020, 31; *Drasdo* NZM 2019, 327; *Brückner* NJW 2017, 3185 (3186); *Hügel/Elzer* § 43 WEG Rn. 32 ff.) – die der Berufungsführer nach § 511 Abs. 3 ZPO glaubhaft machen muss – kommt es darauf an, worüber rechtskräftig entschieden werden sollte u. worüber tatsächlich entschieden worden ist, mithin auf den Umfang der prozessualen Rechtskraftwirkung, die das Urteil haben würde, wenn es nicht angefochten werden könnte (BGH NZM 2012, 422 Rn. 10; NZM 2011, 716 Rn. 7).

Maßgebend für die Beschwer des Berufungsklägers (oder Widerklägers) ist sein individuelles vermögenswertes Interesse an der Änderung der angefochtenen Entscheidung (stRspr, exemplarisch BGH NZM 2017, 529 Rn. 4; NZM 2017, 635 Rn. 3). Ergibt der Vergleich der in der Klage aufgestellten Rechtsbehauptung mit dem Inhalt der ergangenen Entscheidung, dass dem Kläger das zuerkannt worden ist, was er begehrt hat, fehlt ihm ein schutzwürdiges Interesse an der Abänderung der Entscheidung in der Rechtsmittelinstanz (BGH NZM 2011, 716 Rn. 7). Erhebt der Kläger mehrere Anträge, ist seine Beschwer nach § 5 ZPO durch eine Addition der Werte zu errechnen. Ohne Bedeutung sind die Erfolgsaussichten des Rechtsmittels (BGH NZM 2015, 940 Rn. 12; NZM 2013, 682 Rn. 7). Die Beschwer ist vom Gebührenstreitwert zu unterscheiden u. entspricht ihm idR nicht (BGH NZM 2017, 528 Rn. 3; ZWE 2017, 101 Rn. 2). Das Änderungsinteresse des Rechtsmittelführers erhöht oder ermäßigt sich also nicht dadurch, dass bei der Bemessung des Streitwerts auch eine Reihe anderer Kriterien zu berücksichtigen ist (BGH ZWE 2017, 101 Rn. 2). Der Wert der Beschwer ist keiner Erhöhung nach § 49 GKG zugänglich.

Auch im Berufungsverfahren hat der Berufungsführer den Wert der Beschwer gem. § 511 Abs. 3 ZPO glaubhaft zu machen. Anders als im Verfahren der Nichtzulassungsbeschwerde ist jedoch ein auf den Wert des Beschwerdegegenstandes bezogenes zwingendes, fristgebundenes Begründungserfordernis nicht vorgesehen (BGH NZM 2018, 995 Rn. 6). Daher darf das Berufungsgericht die Berufung nicht allein deshalb als unzulässig verwerfen, weil der Wert des Beschwerdegegenstandes nicht gem. § 511 Abs. 3 ZPO glaubhaft gemacht worden ist. Vielmehr hat es den Wert bei der Entscheidung über die Zulässigkeit der Berufung auf Grund eigener Lebenserfahrung und Sachkenntnis nach freiem Ermessen zu schätzen (BGH NZM 2018, 995 Rn. 6; NJW-RR 2012, 1103

Rn. 17); als Tatsachengericht muss es den Akteninhalt von Amts wegen auswerten (BGH NZM 2018, 995 Rn. 6).

8. → Form. II.J.1 Anm. 11.

9. Nach § 519 Abs. 2 Nr. 1 ZPO ist das Urteil zu bezeichnen, gegen das die Berufung gerichtet wird. Eine vollständige Bezeichnung erfordert die Angabe der Parteien, des Gerichts, welches das angefochtene Urteil erlassen hat, des Verkündungsdatums u. des Aktenzeichens (*Elzer* FD-ZVR 2013, 349613). Zwar führt nicht jede Ungenauigkeit zur Unzulässigkeit des Rechtsmittels (BGH NJW-RR 2013, 1278 Rn. 8; NZI 2013, 763 Rn. 18). § 519 Abs. 2 Nr. 1 ZPO ist aber nur entsprochen, wenn bis zum Ablauf der Rechtsmittelfrist zweifelsfrei angegeben wird, für wen u. gegen wen das Rechtsmittel eingelegt werden soll (stRspr, exemplarisch BGH BeckRS 2018, 2667 Rn. 10; NJOZ 2017, 1492 Rn. 14), wobei an die Bezeichnung des Rechtsmittelgegners weniger strenge Anforderungen gestellt werden (BGH BeckRS 2013, 20191 Rn. 9; NJW-RR 2011, 281 Rn. 11; NJW-RR 2009, 208 Rn. 5).

Die erforderliche Klarheit ist nicht allein aus der ausdrücklich gewählten Bezeichnung zu erzielen u. kann auch im Wege der Auslegung der Berufungsschrift u. der etwa sonst im Zeitpunkt des Ablaufs der Berufungsfrist vorliegenden Unterlagen gewonnen werden (BGH BeckRS 2018, 2667 Rn. 10; NJOZ 2017, 1492 Rn. 14). Dabei sind, wie auch sonst bei der Ausdeutung von Prozesserklärungen, alle Umstände des jeweiligen Einzelfalls zu berücksichtigen. Eine „Wiedereinsetzung" ist nicht möglich (BGH BeckRS 2008, 36 Rn. 15).

10. Die Berufungsschrift muss nach § 519 Abs. 2 Nr. 2 ZPO die Erklärung enthalten, dass gegen das in der Berufungsschrift genannte Urteil „Berufung" eingelegt werde. Die Berufungsschrift sollte sich dieses Wortlauts bedienen, jedenfalls aber erkennen lassen, dass der Berufungskläger die Überprüfung u. Abänderung des angefochtenen Urteils durch die nächsthöhere Instanz anstrebt (Musielak/Voit/*Ball* ZPO § 519 Rn. 5; → Form. I.O.1 Anm. 8). Die Formulierung von Berufungsanträgen ist in der Berufungsschrift noch nicht erforderlich.

11. Die Berufungsbegründung ist, sofern sie nicht bereits in der Berufungsschrift enthalten ist, gem. § 520 Abs. 3 S. 1 ZPO in einem Schriftsatz bei dem Berufungsgericht einzureichen. → Form. II.J.21.

12. Gem. § 519 Abs. 3 ZPO soll mit der Berufungsschrift eine Ausfertigung oder beglaubigte Abschrift des angefochtenen Urteils vorgelegt werden. Ein Verstoß ist zwar unschädlich. Die Beifügung sollte aber nie unterbleiben, da sie ua dazu dienen kann, Unklarheiten der Berufungsschrift zu beheben (BGH NJW-RR 2013, 1278 Rn. 7; BeckRS 2008, 00036 Rn. 9; NJW 2006, 1003 Rn. 7).

13. → Form. II.J.1 Anm. 39. Nach § 519 Abs. 4, § 133 Abs. 1 S. 1 ZPO soll der Berufungsführer die für die Zustellung erforderliche Zahl von Abschriften der Schriftsätze u. deren Anlagen beifügen.

14. Zur „Form" der Unterschrift → Form. II.J.1 Anm. 43; → Form. I.O.1 Anm. 11. Die Berufungsschrift muss von einem dazu bevollmächtigten und bei dem Prozessgericht zugelassenen Rechtsanwalt zwar nicht selbst verfasst, aber nach eigenverantwortlicher Prüfung genehmigt und unterschrieben sein (stRspr, exemplarisch BGH NJW-RR 2021, 567 Rn. 4; BeckRS 2018, 7216 Rn. 13; NJW-RR 2017, 760 Rn. 6) Wenn sich allerdings aus anderen Anhaltspunkten eine der Unterschrift vergleichbare Gewähr für die Urheberschaft und den Willen ergibt, das Schreiben in den Rechtsverkehr zu bringen, kann das Fehlen einer Unterschrift ausnahmsweise unschädlich sein (BGH BeckRS 2018, 7216 Rn. 14). Der Mangel der Unterschrift in einem als Urschrift der Berufung gedachten

Schriftsatz kann zB durch eine gleichzeitig eingereichte beglaubigte Abschrift dieses Schriftsatzes behoben werden, auf der der Beglaubigungsvermerk von dem Prozessbevollmächtigten handschriftlich vollzogen worden ist (BGH BeckRS 2018, 7216 Rn. 15; NJW 2012, 1738 Rn. 9).

Kosten und Gebühren

15. → Form. I.O.1 Anm. 14.

Fristen

16. → Form. I.O.1 Anm. 15–18; → Form. II.J.1 Anm. 47, 48.

21. Berufungsbegründungsschrift gegen Hausgeldurteil

An das Landgericht[1]
Kammer für Wohnungseigentumssachen[2]
Aktenzeichen Berufungsinstanz

Berufungsbegründungsschrift[3]

Wohnungseigentümer W., Y.-Straße Nr. . . . ., ... (PLZ, Ort),
– Berufungskläger und Beklagter –
Prozessbevollmächtigter: V., W.-Straße . . . . ., ... (PLZ, Ort)
gegen
Gemeinschaft der Wohnungseigentümer Y.-Straße Nr. . . . ., ... (PLZ, Ort), vertreten durch den Verwalter, Z.-Straße Nr. . . . ., ... (PLZ, Ort),
– Berufungsbeklagte und Klägerin –
Prozessbevollmächtigter: V., W.-Straße . . . . ., ... (PLZ, Ort),
Aktenzeichen: LG . . . . .[4]
Wert der Beschwer: . . . . .[5]

Namens und in Vollmacht des Berufungsklägers begründe ich die Berufung und beantrage:

> **Unter Abänderung des am . . . . . verkündeten Urteils des AG . . . . . (Aktenzeichen) wird die Klage abgewiesen.[6]**

Begründung[7]

Das Amtsgericht hat der Klage zu Unrecht iHv 5.500 EUR stattgegeben. Es wird die Verletzung materiellen Rechts gerügt.[8]

A. Das Amtsgericht hat übersehen (Seite 5 des Urteils), dass die Klageforderung nicht entstanden ist. Der Beklagte hat den Beschluss über die Nachschüsse vom . . . . . angefochten, weil er nicht zur Versammlung geladen worden war.

Beweis: Beiziehung der Akte . . . . . AG . . . . . (Aktenzeichen).

Bevor der Beschluss nicht bestandskräftig ist, ist der Beklagte zu Zahlungen nicht verpflichtet.[9]

B. Der Beklagte ist als Eigentümer des Wohnungseigentumsrechts . . . . . erst am . . . . . im Grundbuch eingetragen worden.[10]

Beweis: Auszug aus dem Grundbuch in Kopie.

Er schuldet daher nicht – wie es das Amtsgericht aber angenommen hat (Seite 6 des Urteils) – für die Monate ..... bis ..... die Vorschüsse.[11] Das Amtsgericht hat weiter übersehen, dass die Einzelabrechnung im Kopf den Voreigentümer ..... nennt und daher noch gar nicht fällig ist.[12]

Beweis: Einzelabrechnung vom ..... in Kopie.

C. Der Nachschuss ist jedenfalls durch Aufrechnung ausnahmsweise erloschen. Der Beklagte hat – wie in erster Instanz vorgetragen wurde, aber unbeachtet blieb (Seiten 3 und 7 des Urteils) –[13] iHv. .... die Gaswerke ..... wegen einer gegen die Klägerin gerichteten Forderung nach § 9a Abs. 4 S. 1 Hs. 1 WEG befriedigt.[14, 15]

Beweis: Schreiben der Gaswerke vom ..... in Kopie, Vernehmung des Sachbearbeiters der Gaswerke, N. N.,[16] der für die Abrechnung der Klägerin zuständig ist.

Auf das gesamte erstinstanzliche Vorbringen des Beklagten, insb. in den Schriftsätzen vom ..... und den dortigen Beweisantritten, wird ergänzend Bezug genommen.[17]

D. Der Anspruch der Klägerin ist auch durch Erfüllung erloschen. Der Beklagte hat die von ihm geschuldeten Vorschüsse ..... vollständig erbracht.

Beweis: Kontoauszüge vom ..... in Kopie, Anhörung des Verwalters.

Die Jahresabrechnung ..... weist zwar aus, dass der Beklagte nur in ..... Monaten Zahlungen geleistet hat. Dies ist aber unzutreffend. Die Erfüllungswirkung ist bereits zum Zeitpunkt des Zahlungseinganges auf dem Hausgeldkonto eingetreten und hat seine Hausgeldschuld verringert. Diese Schuld wird durch einen Abrechnungsfehler nicht erneuert, abgesehen davon wäre es rechtsmissbräuchlich und würde gegen Treu und Glauben verstoßen, wenn eine Gemeinschaft von Wohnungseigentümern unter Hinweis auf ein nicht bestandskräftig gewordenes Zahlenwerk einen Anspruch geltend machen würde, der in Wirklichkeit in dieser Höhe gar nicht mehr besteht.[18]

E. Der Beklagte geht schließlich davon aus, die Klageforderung sei verjährt[19] ..... (näher ausführen). Sollte das Berufungsgericht eine Ergänzung für erforderlich halten, wird um einen Hinweis nach § 139 ZPO gebeten.[20]

Einer Entscheidung der Sache durch den Einzelrichter stehen keine Gründe entgegen.[21]

Beglaubigte und einfache Abschrift sind beigefügt.[22]

Rechtsanwalt[23, 24, 25, 26, 27]

Anmerkungen

1. → Form. II.J.20 Anm. 2.

2. → Form. II.J.20 Anm. 3.

3. Die Berufungsbegründungsschrift sollte – auch wenn dies nicht vorgeschrieben ist – mit „Berufungsbegründung" überschrieben sein oder jedenfalls einen Hinweis enthalten, dass mit ihr die Berufung begründet wird (→ Form. I.O.2 Anm. 1).

Die Berufungsbegründungsschrift muss gem. § 520 Abs. 3 S. 2 Nr. 1 ZPO die Erklärung enthalten, inwieweit das Urteil angefochten wird u. welche Abänderungen des Urteils beantragt werden (Berufungsanträge). Sie grenzt also den Prüfungsstoff ab. Was der Berufungsführer für eine zulässige Berufungsbegründung ferner leisten muss, regeln § 520 Abs. 3 S. 2 Nr. 2–4 ZPO.

§ 520 Abs. 3 S. 2 Nr. 2 u. 3 ZPO sind auf das Prüfungsprogramm der §§ 513 Abs. 1, 529 Abs. 1 Nr. 1 ZPO zugeschnitten. § 520 Abs. 3 S. 2 Nr. 4 ZPO schaut hingegen auf § 513 Abs. 1, § 529 Abs. 1 Nr. 2, § 531 Abs. 2 ZPO (BGH NJW 2003, 2531 unter II. 2. b). Fasst man die Bestimmungen zusammen, muss eine Berufungsbegründung wenigstens zwei Inhalte haben: nach § 520 Abs. 3 S. 2 Nr. 1 ZPO die Erklärung der Reichweite des berufungsrechtlichen Angriffs (→ Anm. 6) sowie nach § 520 Abs. 3 S. 2 Nr. 2/Nr. 3 ZPO die Bezeichnung einer erheblichen Rechtsverletzung u./oder die Angabe konkreter Anhaltspunkte für einen Feststellungsmangel (→ Anm. 7). Auf die Darlegung einer erheblichen Rechtsverletzung kommt es freilich nur für diejenigen Rechtsverletzungen an, die nicht von Amts wegen zu berücksichtigen sind (§ 529 Abs. 2 S. 1 ZPO).

4. Für eine leichtere Zuordnung sollte das Aktenzeichen des Berufungsgerichts benannt werden. Werden Berufung u. Begründung der Berufung in einem Schriftsatz geleistet, ist das Aktenzeichen der I. Instanz zu nennen. Anders als vorgeschlagen, ist für die Berufungsbegründungsschrift ein kurzes Rubrum ausreichend (→ Form. II.J.3 Anm. 5). Ein vollständiges Rubrum schadet aber nicht – u. erzieht zur Sorgfalt bei den Namen u. Adressen.

5. Der Berufungskläger hat nach § 511 Abs. 3 Hs. 1 ZPO zum einen in jedem Falle die Beschwer glaubhaft zu machen. Die Berufungsbegründungsschrift soll gem. § 520 Abs. 4 Nr. 1 ZPO zum anderen aber auch die Angabe des Wertes des nicht in einer bestimmten Geldsumme bestehenden Beschwerdegegenstandes enthalten, wenn von ihm die Zulässigkeit der Berufung abhängt. Daraus folgt: Ein auf den Wert des Beschwerdegegenstandes bezogenes fristgebundenes Begründungserfordernis ist nicht zwingend (BGH NZM 2018, 995 Rn. 6). Daher darf das Berufungsgericht die Berufung nicht allein deshalb als unzulässig verwerfen, weil der Wert des Beschwerdegegenstandes nicht glaubhaft gemacht worden ist (BGH NZM 2018, 995 Rn. 6). Vielmehr hat es den Wert bei der Entscheidung über die Zulässigkeit der Berufung aufgrund eigener Lebenserfahrung u. Sachkenntnis nach freiem Ermessen zu schätzen (BGH NZM 2018, 995 Rn. 6).

Hierauf sollte sich ein Kläger aber nie verlassen! Besser ist es, stets Angaben zur Beschwer zu machen. Dabei ist auch zu beachten, dass frühe u. substanziierte Angaben bei der Durchführung der Nichtzulassungsbeschwerde helfen können. Denn nach der stRspr ist es einer Partei verwehrt, sich im Nichtzulassungsbeschwerdeverfahren auf der Grundlage neuen Vorbringens auf einen höheren, die erforderliche Rechtsmittelbeschwer erreichenden Streitwert zu berufen, wenn sie die Streitwertfestsetzung in den Vorinstanzen nicht beanstandet u. auch nicht glaubhaft gemacht hat, dass bereits in den Vorinstanzen vorgebrachte Umstände, welche die Festsetzung eines höheren Streitwerts – u. einer damit einhergehenden entsprechenden Beschwer – rechtfertigen, nicht ausreichend berücksichtigt worden sind (exemplarisch BGH BeckRS 2020, 29030 Rn. 7).

6. Nach § 520 Abs. 3 S. 2 Nr. 1 ZPO muss die Berufungsbegründung die Erklärung enthalten, ob u. inwieweit das Urteil angefochten wird u. welche Abänderungen des Urteils beantragt werden (Berufungsanträge). Auf Berufungsanträge sollte nie verzichtet werden. Nach stRspr genügt es allerdings, wenn die Berufungsbegründungsschrift ihrem gesamten Inhalt nach erkennen lässt, in welchem Umfang u. mit welchem Ziel das Urteil der ersten Instanz angefochten werden soll (BGH NJW-RR 2020, 1188 Rn. 17; NJW-RR 2019, 1022 Rn. 9). War der Beklagte – wie hier – in erster Instanz vollständig unterlegen, muss er die Abänderung des zuerkennenden Urteils u. die Abweisung der Klage beantragen. Möglich ist auch, das Urteil erster Instanz nur teilweise zu bekämpfen. Zu Berufungsanträgen sowie Anträgen zum Vollstreckungsschutz iE → Form. I.O.2 Anm. 3–6. Ob ein in erster Instanz unterlassener Vollstreckungsschutzantrag hinsichtlich des erstinstanzlichen Urteils im Berufungsrechtszug nachgeholt werden kann, ist streitig (BeckOK ZPO/*Ulrici* ZPO § 714 Rn. 3). Im Hinblick auf den Wortlaut von § 714 ZPO sowie die Funktion von § 718 Abs. 1 ZPO ist eine entsprechende Nachholung richtigerweise insgesamt ausgeschlossen (KG MDR 2016, 1170; OLG Dresden ZMR 2016, 27).

Ein nach § 712 ZPO angeordneter Vollstreckungsschutz betrifft nur die Zwangsvollstreckung aus dem Urteil, in dem die Schutzanordnungen getroffen sind. Wurde in erster Instanz erfolgreich ein Antrag nach § 712 ZPO gestellt, muss dieser daher in der Berufungsinstanz wiederholt werden (BGH GuT 2013, 217 Rn. 7). Im Berufungsverfahren gilt der Schutzantrag nach § 712 ZPO bereits durch Einreichung eines Schriftsatzes als gestellt, wenn das Berufungsgericht ankündigt, dass es die Berufung nach § 522 Abs. 2 ZPO durch Beschluss zurückweisen will (BGH NJW 2012, 1292 Rn. 7).

7. → Form. I.O.2 Anm. 7. Eine Berufung kann darauf gestützt werden, dass die angegriffene Entscheidung auf einer Rechtsverletzung iSd § 546 ZPO beruht oder nach § 529 ZPO zugrunde zu legende Tatsachen eine andere Entscheidung rechtfertigen.

Wird die Berufung darauf gestützt, die angefochtene Entscheidung beruhe auf einer Rechtsverletzung, müssen nach § 520 Abs. 3 S. 2 Nr. 2 ZPO die Umstände bezeichnet werden, aus denen sich die Rechtsverletzung u. deren Erheblichkeit für die angefochtene Entscheidung ergeben sollen. Zugeschnitten auf den Streitfall u. aus sich heraus verständlich sind dazu diejenigen Punkte rechtlicher Art darzulegen, die als unzutreffend beurteilt angesehen werden. Ferner sind die Gründe anzugeben, aus denen sich die Fehlerhaftigkeit jener Punkte u. deren Erheblichkeit für die angefochtene Entscheidung herleiten lassen. In der Berufungsbegründungsschrift ist aus sich heraus u. verständlich anzugeben, welche bestimmten Punkte des angefochtenen Urteils der Berufungskläger bekämpft u. welche tatsächlichen oder rechtlichen Gründe der Berufungskläger ihnen im Einzelnen entgegensetzt. Dazu reicht es nicht, den Vortrag erster Instanz zu wiederholen (stRspr, exemplarisch BGH NJW 2018, 386 Rn. 11; NJW-RR 2015, 511 Rn. 7; NJW-RR 2007, 414 Rn. 10). Die Berufungsbegründung muss ferner auf den konkreten Streitfall „zugeschnitten" sein (stRspr, exemplarisch BGH BeckRS 2020, 32874 Rn. 7; NJW-RR 2020, 503 Rn. 5). Es verbieten sich daher formelhafte Wendungen, die bloße Bezeichnung einer angeblich verletzten oder zu Unrecht außer Acht gelassenen Norm, Textbausteine, die weitgehend andere Rechtsstreitigkeiten betreffen (stRspr, exemplarisch BGH NJW-RR 2020, 503 Rn. 5; NJW-RR 2020, 1187 Rn. 11; NJW 2020, 2119 Rn. 11), eine Verweisung lediglich auf das Vorbringen erster Instanz (BGH NJW 2020, 2119 Rn. 11) oder allgemeine Redewendungen wie „Rechtsauffassung fehlerhaft" (stRspr, exemplarisch BGH NJW 2020, 2119 Rn. 11; NJW-RR 2020, 503 Rn. 5; NJW 2013, 174 Rn. 10). Schließlich muss deutlich werden, dass die Berufungsbegründung gerade dem angegriffenen Urteil gilt.

Hat das Erstgericht die Abweisung der Klage hinsichtlich eines prozessualen Anspruchs auf mehrere voneinander unabhängige, selbständig tragende rechtliche Erwägungen gestützt, muss die Berufungsbegründung das Urteil in allen diesen Punkten angreifen u. für jede der mehreren Erwägungen darlegen, warum sie die Entscheidung nicht trägt (stRspr, exemplarisch BGH BeckRS 2020, 31235 Rn. 8; NZI 2018, 325 Rn. 7; NJW-RR 2015, 511 Rn. 8).

Bei einem teilbaren Streitgegenstand oder bei mehreren Streitgegenständen muss sich die Berufungsbegründung grds. auf alle Teile des Urteils erstrecken, hinsichtlich derer eine Änderung beantragt wird (BGH NJW 2015, 3040 Rn. 11; NJW-RR 2007, 414 Rn. 10). Enthält die Berufungsbegründung immerhin zu einem Punkt eine § 520 Abs. 3 S. 2 Nr. 2 ZPO genügende Begründung, ist sie insgesamt zulässig, wenn dies geeignet ist, der angegriffenen Entscheidung insgesamt die Grundlage zu entziehen (BGH NZI 2018, 325 Rn. 7; NJW-RR 2012, 440 Rn. 7).

Nach § 520 Abs. 3 S. 2 Nr. 2 ZPO ist auch darzulegen, warum die Ausgangsentscheidung aus Sicht des Berufungsführers zu Unrecht Nebenforderungen zugesprochen hat. Erfasst ein substanziierter Angriff die gesamte Hauptforderung, so hat das Berufungsgericht, wenn es der Klage ganz oder teilweise stattgeben will, zwar ohne weitere Rüge auch den Zinsanspruch von sich aus zu prüfen u. ist ausnahmsweise (BGH NJW 1997, 314 unter III) nicht gehindert, den von ihm für unbegründet gehaltenen Teil des Zinsanspruchs abzuweisen, wenn es die Forderung in der Hauptsache nach erneuter tatrichterlicher Würdigung wiederum für gerechtfertigt halten sollte (BGH NJW 2012, 2796 Rn. 16; NJW 1994, 1656 unter III. 2) – wenn der Zinsanspruch nicht mit einer gegenüber der Entscheidung zur Hauptsache eigenständigen Begründung abgewiesen wurde (BGH NJW 1997, 314 unter III). Etwas anderes gilt aber für andere Nebenforderungen (BGH NJW 2012, 2796 Rn. 17) – u. sollte auch für Zinsen gelten (*Elzer* FD-ZVR 2014, 357416).

Wird die Berufung darauf gestützt, die nach § 529 ZPO zugrunde zu legenden Tatsachen rechtfertigten eine andere Entscheidung, sind gem. § 520 Abs. 3 S. 2 Nr. 3 ZPO konkrete Anhaltspunkte zu bezeichnen, die Zweifel an der Richtigkeit u. Vollständigkeit der Tatsachenfeststellungen im angefochtenen Urteil begründen u. deshalb eine erneute Feststellung gebieten. Der Berufungsführer muss für die Bezeichnung Anhaltspunkte mitteilen u. begründen, warum keine Bindung an die festgestellten Tatsachen bestehen soll. Solche Anhaltspunkte können sich insb. aus Verfahrensfehlern ergeben, die bei der Feststellung des Sachverhaltes unterlaufen sind. Anhaltspunkte bestehen ua dann, wenn Feststellungen beurkundeten Zeugenaussagen widersprechen (bei Parteiaussagen u. Urkunden kann nichts anderes gelten), u. dann, wenn es für die Glaubwürdigkeit der Zeugen auf deren persönlichen Eindruck ankommt u. die erste Instanz diese nicht erörtert (BGH NJW 2014, 2797 Rn. 16). Gelingt es dem Berufungsführer, seine Zweifel zu formulieren, ist es am Berufungsgericht, von Amts wegen seinen eigenen Zweifeln an der Richtigkeit u. Vollständigkeit der entscheidungserheblichen Feststellungen nachzugehen (BGH NJW 2005, 1583 unter II. 2). Zweifel liegen vor, wenn aus der für das Berufungsgericht gebotenen Sicht eine gewisse – nicht notwendig überwiegende – Wahrscheinlichkeit dafür besteht, dass im Fall der Beweiserhebung die erstinstanzliche Feststellung keinen Bestand haben wird, sich also deren Unrichtigkeit herausstellt. Ist dies der Fall, obliegt dem Berufungsgericht die Kontrolle der tatsächlichen Entscheidungsgrundlage des erstinstanzlichen Urteils im Fall eines zulässigen Rechtsmittels ungeachtet einer entsprechenden Berufungsrüge (BGH NJW 2014, 2797 Rn. 10).

Die Berufungsbegründung muss das Ergebnis der geistigen Arbeit des Berufungsanwalts sein (BGH NJW-RR 2021, 567 Rn. 5; NJW 2005, 2709; NJW 1989, 3022). Zwar ist der Berufungsanwalt nicht gehindert, die Berufungsbegründung von anderen Personen vorbereiten zu lassen. Erforderlich ist aber, dass der Unterzeichnende die Berufungsbegründung selbständig prüft u. auf Grund der Prüfung die volle Verantwortung für den Schriftsatz übernimmt (BGH NJW 2008, 1311 Rn. 5). In begründeten Einzelfällen, zB bei einer Vielzahl von Klägern mit verschiedenen Angriffen, kann es sich empfehlen, vor der Begründung eine Gliederung/Inhaltsverzeichnis zu fertigen bzw. einleitende Bemerkungen zu machen (s. a. *Stackmann* NJW 2003, 3665 (3666)). IÜ sind die allgemeinen Vorschriften über die vorbereitenden Schriftsätze nach § 130 ZPO auch auf die Berufungsbegründungsschrift anzuwenden, § 520 Abs. 5 ZPO.

Eine unzulängliche Berufungsbegründung kann nach Fristablauf grds. nicht mehr geheilt werden. Angriffe gegen die Rechtsanwendung können bis zum Erlass des Berufungsurteils vorgebracht werden, weil das Berufungsgericht gem. § 529 Abs. 2 S. 2 ZPO insoweit die Richtigkeit des angefochtenen Urteils ohnehin vAw zu prüfen hat. Angriffe gegen die tatsächlichen Feststellungen – beruhen sie nicht auf einem vAw zu prüfenden Verfahrensmangel – können ferner unter den Voraussetzungen des § 233 ZPO bis zum Schluss der mündlichen Verhandlung nachgeholt werden, wenn der Mangel einen Wiederaufnahme- oder Verfassungsbeschwerdegrund darstellt (im Einzelnen MüKoZPO/*Rimmelspacher* ZPO § 520 Rn. 76).

Die Berufungsbegründung kann ausnahmsweise auch dadurch geboten werden, dass auf andere Schriftsätze, zB solche im Prozesskostenhilfeverfahren, Bezug genommen wird. Dies ist möglich, wenn die anderen Schriftsätze von einem beim Berufungsgericht zugelassenen Rechtsanwalt unterzeichnet sind u. inhaltlich den Anforderungen der Berufungsbegründung gerecht werden. Dafür ist nicht erforderlich, dass innerhalb der Begründungsfrist ausdrücklich auf solche Schriftsätze verwiesen wird, wenn sich eine entsprechende Bezugnahme aus den Begleitumständen u. aus dem Zusammenhang ergibt

(BGH NJW 2008, 1740 Rn. 11). Ob die Ausführungen schlüssig, hinreichend substanziiert u. rechtlich haltbar sind, ist allerdings jeweils unerheblich (stRspr, exemplarisch BGH NJW-RR 2020, 503 Rn. 5; NJW 2012, 3581 Rn. 8; NZM 2012 Rn. 7).

8. Die Berufung ist als unzulässig zu verwerfen, wenn der Berufungskläger zwar einen Berufungsantrag angekündigt hat, der die Berufungssumme erreicht, die Berufung aber bis zum Ablauf der Berufungsbegründungsfrist nur hinsichtlich eines Teils der beantragten Abänderung des angefochtenen Urteils, der die Berufungssumme nicht erreicht, in einer den Anforderungen des § 520 Abs. 3 S. 2 Nr. 2 ZPO genügenden Weise begründet hat.

9. Auch wenn ein Beschluss nicht ordnungsmäßig ist, bindet er sofort sämtliche an- u. abwesenden Wohnungseigentümer, wenn er nicht nichtig ist (BGH ZWE 2014, 265 Rn. 6; NJW 2013, 2271 Rn. 22; *Hügel/Elzer* WEG § 23 Rn. 163). Ob ein Hausgeldbeschluss nach § 28 Abs. 1 S. 1, Abs. 2 S. 1 WEG angefochten ist, ist für die Hausgeldklage u. die Verpflichtung, Zahlungen zu leisten, daher unerheblich (OLG Frankfurt a. M. ZMR 2007, 291 (293); BayObLG ZWE 2001, 593 (594); → Form. II.J.1 Anm. 31). Nicht einmal, wenn ein Beschluss auf Zahlung von Hausgeld rechtskräftig für ungültig erklärt wird, entfällt nach hM der Rechtsgrund für eine Zahlung (BGH NZM 2020, 755 Rn. 17 ff.; aA *Elzer* ZMR 2014, 259 ff.).

10. Primärer Schuldner der Kosten der Gemeinschaft der Wohnungseigentümer iSv § 16 Abs. 2 S. 1 WEG ist, wer zum Zeitpunkt des Beschlusses nach § 28 Abs. 1 S. 1, Abs. 2 S. 1 WEG Wohnungseigentümer ist (BGH NZM 2021, 146 Rn. 23; NJW 2018, 2044 Rn. 8; NZM 2012, 159 Rn. 9). Wohnungseigentümer idS. ist, wer zu Recht im Wohnungs- oder Teileigentumsgrundbuch eingetragen ist (BGH ZMR 2017, 906 Rn. 6; NJW 2012, 3232 Rn. 8). Wird Wohnungseigentum durch Erbfall oder durch Zuschlag in der Zwangsversteigerung gem. § 90 Abs. 1 ZVG außerhalb des Grundbuchs erworben, ist allerdings der Erbe oder Ersteigerer auch ohne Eintragung Wohnungseigentümer. S. iÜ → Form. II.J.1 Anm. 22.

11. Ein Sondernachfolger schuldet nur die Verbindlichkeiten, die nach seiner Eintragung im Wohnungs- oder Teileigentumsgrundbuch als Eigentümer des entsprechenden Wohnungseigentums fällig geworden sind (BGH NZM 2021, 146 Rn. 23; NJW 2018, 2044 Rn. 8; NZM 2012, 159 Rn. 11). Will ein Beschluss eine neue Schuld für Altverbindlichkeiten begründen, ist er nichtig (BGH NZM 2012, 159 Rn. 9; *Hügel/Elzer* WEG § 28 Rn. 154). Zur vereinbarten Erwerberhaftung → Form. II.J.1 Anm. 9. Das erworbene Wohnungseigentum haftet nicht für die Hausgeldschulden des Rechtsvorgängers (BGH NZM 2018, 403 Rn. 18; NJW 2013, 3515 Rn. 8; dazu *Schneider* ZWE 2014, 61 ff.).

12. Die sich aus dem Wohnungseigentum ergebenden Rechte u. Pflichten nach § 28 Abs. 1 S. 1, Abs. 2 S. 1 WEG sind an das jeweilige Wohnungseigentum, nicht an seinen Eigentümer geknüpft. Berechtigt u. verpflichtet ist nach hM daher derjenige, der tatsächlich zum Zeitpunkt der Fälligkeit des Hausgeldes Eigentümer des Wohnungseigentumsrechts ist; eine falsche Adressierung ist daher unerheblich (BGH NJW-RR 2012, 217 Rn. 12). Wann eine einheitenbezogene Forderung fällig ist, haben primär die Wohnungseigentümer durch einen auf § 28 Abs. 3 WEG gestützten Beschluss oder durch eine Vereinbarung allgemein u. abstrakt zu bestimmen. Fehlt es an einer Bestimmung, werden Zahlungsansprüche nach § 271 Abs. 1 BGB fällig.

13. Nach § 533 ZPO ist eine Aufrechnungserklärung zulässig, wenn diese auf Tatsachen gestützt werden kann, die das Berufungsgericht seiner Verhandlung u. Entscheidung über die Berufung ohnehin nach § 529 ZPO zugrunde zu legen hat.

14. Gegen aus § 28 Abs. 1 S. 1, Abs. 2 S. 1 WEG begründete Forderungen (→ Form. II. J.1 Anm. 26) kann der Schuldner grds. nicht aufrechnen (BGH NZM 2020, 755 Rn. 32; NZM 2016, 445 Rn. 15; *Hügel/Elzer* WEG § 28 Rn. 297). Ausnahmen werden einerseits für anerkannte oder unbestrittene oder rechtskräftig festgestellte Gegenforderungen des Hausgeldschuldners gegen die Gemeinschaft der Wohnungseigentümer gemacht (BGH NZM 2016, 445 Rn. 15). Diesen Gegenforderungen werden Ansprüche aus Notgeschäftsführung gem. § 18 Abs. 3 WEG, insb. unstreitige Erstattungsansprüche wegen der Bezahlung von Verbindlichkeiten der Gemeinschaft der Wohnungseigentümer gegenüber Versorgungsunternehmen (KG ZMR 2004, 618 (619); 2002, 861) sowie Ansprüche aus §§ 670, 680, 683, 812 ff. BGB gleichgestellt (OLG München ZMR 2007, 397 (398); offen gelassen von BGH NZM 2016, 445 Rn. 15). Für mögliche Forderungen aus § 14 Abs. 3 WEG soll das Aufrechnungsverbot hingegen gelten (OLG München NJW-RR 2007, 735; LG München I ZMR 2009, 638 (639); aA *Hügel/Elzer* WEG § 28 Rn. 303).

15. Gegenüber einem Anspruch der Gemeinschaft der Wohnungseigentümer auf Zahlung von Hausgeld oder eines Saldos aus einer Abrechnung oder einer Sonderumlage ist aus denselben Gründen wie bei der Aufrechnung (→ Anm. 14) jedes Zurückbehaltungsrecht ausgeschlossen (BGH NZM 2020, 755 Rn. 32; OLG München ZMR 2006, 881 (882); 2006, 647; s.a. BGH NJW 2012, 2797 Rn. 15). Ein Hausgeldschuldner kann ein Zurückbehaltungsrecht auch nicht darauf stützen, dass der gesetzliche oder vereinbarte Umlageschlüssel grob unbillig sei u. deshalb gegen die übrigen Wohnungseigentümer ein Anspruch auf Abänderung bestehe (*Elzer* ZMR 2005, 730 (733)).

16. Im Grundsatz erfordert jede Beweisaufnahme einen Beweisantrag der beweisbelasteten Partei. Ist das Beweismittel ein Zeuge, sind vom Beweisführer dessen Name u. eine ladungsfähige Anschrift mitzuteilen (*Elzer* FD-ZVR 2015, 365682). Ist der Beweisführer in der Lage, den Namen zu nennen, ist ihm eine ladungsfähige Adresse aber noch unbekannt, darf der Beweisantritt nur unter den Voraussetzungen des § 356 ZPO unberücksichtigt bleiben (BVerfG NJW 2000, 945 unter II. 1. b). Die individualisierende Benennung eines Zeugen ist auch ohne Angabe seiner ladungsfähigen Anschrift ein den Anforderungen des § 373 ZPO genügender beachtlicher Beweisantritt. Danach ist das Gericht erst dann berechtigt, von einer Beweiserhebung abzusehen, wenn es zur Behebung des Hindernisses fruchtlos eine Frist gesetzt hat u. nach seiner freien Überzeugung die später mögliche Berücksichtigung des Beweismittels das Verfahren verzögern würde.

Nach neuerer Rspr. reicht die Berufung auf das „Zeugnis N.N." hingegen grds. nicht aus (BGH NZI 2015, 191 Rn. 6; NJW 2011, 1738 Rn. 8.). Ein Angebot auf Vernehmung eines mit „N.N." benannten Zeugen sei nur dann zu berücksichtigen, wenn dieser – etwa durch Hinweis auf seine konkrete betriebliche Funktion – hinreichend individualisierbar sei. Die pauschale Benennung zB eines „instruierten Mitarbeiters" lasse diese Individualisierung vermissen. Ebenso verhalte es sich, wenn man sich auf das Zeugnis des „zuständigen Mitarbeiters" berufe.

17. → Form. I.O.1 Anm. 10.

18. Die Zahlungen der Wohnungseigentümer als Einnahmen sind kein Gegenstand des Beschlusses nach § 28 Abs. 2 S. 1 WEG. Der Nachschuss wird nach Soll-Vorschüssen berechnet.

19. Die Ansprüche aus § 28 Abs. 1 S. 1, Abs. 2 S. 1 WEG verjähren in 3 Jahren (BGH NJW 2012, 2797 Rn. 18). Die Verjährung beginnt nach § 199 Abs. 1 BGB mit dem Schluss des Jahres, in dem der Anspruch entstanden ist. Der Anspruch ist entstanden, wenn er beschlossen ist u. notfalls im Wege der Klage durchgesetzt werden kann (BGH NJW-RR 2000, 647 (648)). Der Beschluss über die Nachschüsse führt nicht zu einem Neubeginn der Verjährung der Vorschüsse (BGH NJW 2012, 2797 Rn. 20).

Kenntnis iSv § 199 Abs. 1 Nr. 2 BGB erlangt die Gemeinschaft der Wohnungseigentümer nach § 9b Abs. 1 S. 1 WEG grds. durch den Verwalter (s. a. BGH NJW 2014, 1294 Rn. 12; NJW 2012, 2797 Rn. 18; *Elzer* MietRB 2014, 312 (313)). Gibt es keinen Verwalter, erlangt die Gemeinschaft Kenntnis durch die Wohnungseigentümer (§ 9b Abs. 1 S. 2 WEG; ein Wohnungseigentümer reicht).

Eine Wissenszurechnung zum Verwalter kommt nicht in Betracht, wenn sich der Anspruch zwar nicht gegen ihn selbst richtet, jedoch mit einem gegen ihn gerichteten Anspruch in einem so engen Zusammenhang steht, dass die Befürchtung besteht, der Verwalter werde nicht zu einer sachgerechten Verfolgung des Anspruchs beitragen (BGH NJW 2014, 1294 Rn. 20).

20. → Form. I.O.2 Anm. 11.

21. Die Berufungsbegründung soll gem. § 520 Abs. 4 Nr. 2 ZPO eine Äußerung dazu enthalten, ob einer Entscheidung der Sache durch den Einzelrichter Gründe entgegenstehen.

22. → Form. II.J.20 Anm. 13.

23. Als bestimmender Schriftsatz muss die Berufungsbegründung grds. von einem zur Vertretung bei dem Berufungsgericht berechtigten Rechtsanwalt eigenhändig unterschrieben sein (BGH NJW 2013, 1966 Rn. 8; NJW 2013, 237 Rn. 9; NJW-RR 2012, 1140 Rn. 7). Die Berufungsbegründung kann von einem zugelassenen Rechtsanwalt auch in Untervollmacht unterzeichnet werden (BGH NJW-RR 2012, 1139 Rn. 8). Zur „Form" der Unterschrift → Form. II.J.1 Anm. 43; → Form. I.O.2 Anm. 13.

Kosten und Gebühren

24. → Form. I.O.1 Anm. 14.

Rechtsmittel

25. → Form. II.J.1 Anm. 46, 47. Die Berufungsentscheidungen der LG u. der OLG können mit der Revision angegriffen werden. Als Revisionsgericht zuständig ist nach § 133 GVG der BGH. Zulässigkeitsvoraussetzung ist, dass die Revision vom Berufungsgericht gem. § 543 Abs. 1 Nr. 1 ZPO zugelassen worden ist.

26. Gegen eine nicht erfolgte Zulassung kann nach § 544 Abs. 1 S. 1 ZPO eine Nichtzulassungsbeschwerde eingelegt werden. Gem. § 544 Abs. 2 Nr. 1 ZPO ist diese nur zulässig, wenn der Wert der mit der Revision geltend zu machenden Beschwer 20.000 EUR übersteigt – es sei denn, das Berufungsgericht hat die Berufung als unzulässig verworfen (§ 544 Abs. 1 S. 2 ZPO).

27. Rügt eine Partei die Verletzung ihres rechtlichen Gehörs u. sind andere Rechtsmittel nicht gegeben, ist gem. § 321a ZPO eine Anhörungsrüge möglich. Sie ist begründet, wenn das Gericht den Anspruch des Rügeführers auf rechtliches Gehör in entscheidungserheblicher Weise verletzt hat (Rügevoraussetzungen) u. der Rügeführer diese Fehler benennt u. rügt. Auf ein Verschulden des Gerichts kommt es nicht an.

Die Verletzung anderer Verfahrens(grund)rechte, zB des Rechts auf ein faires Verfahren (Art. 2 Abs. 1, Art. 20 Abs. 3 GG), des Gebots des gesetzlichen Richters (Art. 101 Abs. 1 S. 2 GG) oder des Willkürverbots (Art. 3 GG), ist unbeachtlich. Die fachgerichtliche Kontrolle kann nur mit einer Gegenvorstellung gerügt werden.

Neben Anhörungsrüge u. Gegenvorstellung kommt keine außerordentliche Beschwerde in Betracht (BGH NJW-RR 2007, 1654 Rn. 6; BauR 2006, 1019 Rn. 2).

K. Familiensachen

Abstammungssachen und Verfahren auf Kindesunterhalt

1. Vaterschaftsanfechtung

An das ....., den .....

Amtsgericht[1]
– Familiengericht –

Antrag

der (Mutter) .....
– Antragstellerin –[2]

Verfahrensbevollmächtigte: Rechtsanwälte .....[3]
gegen
(Vater) .....
– Antragsgegner –
wegen Vaterschaftsanfechtung
weitere Verfahrensbeteiligte:
(Kind) geb. .....
Beteiligter zu 3)
vorläufiger Verfahrenswert: ..... EUR[5]
Verfahrensgebühren iHv ..... EUR sind beigefügt in .....
Namens und im Auftrag der Antragstellerin wird unter Vorlage besonderer Verfahrensvollmacht beantragt:

I. Es wird festgestellt, dass das Kind ....., geb. am 1.12.2019, nicht das Kind des Antragsgegners ist.[4]

II. Die Gerichtskosten tragen die Antragstellerin und der Antragsgegner je zur Hälfte. Die Beteiligten tragen ihr außergerichtlichen Kosten selbst.[6]

Begründung:

1. Die Antragstellerin und der Antragsgegner haben am ..... die Ehe geschlossen. Die Antragstellerin hat den Antragsgegner jedoch im September 2018 verlassen, um mit Herrn X. Y. in ständiger ehelicher Gemeinschaft zusammenzuleben. Aus dieser Verbindung stammt das im Antrag genannte, am 1.12.2019 geborene Kind (Beteiligter zu 3), welches nach § 1592 BGB noch als Kind des Antragsgegners als Vater gilt.[8]

2. Die Antragstellerin hat im Dezember 2018 Scheidung ihrer Ehe mit dem Antragsgegner beantragt. Das Scheidungsverfahren ist beim Familiengericht ..... unter dem Az.: ..... noch anhängig. Der Antragsgegner widersetzt sich dort der Ehescheidung und behauptet, entgegen dem auch dortigen Sachvortrag der Antragstellerin, der Vater des Kindes zu sein.

   Herr X. Y., von dem das Kind stammt, ist bereit, seine Vaterschaft anzuerkennen; der Antragsgegner lehnte jedoch seine Zustimmung hierzu außergerichtlich ab.

   Beweis: Schreiben des Antragsgegners vom .....

3. Eine Abstammung des im Antrag genannten Kindes vom Antragsgegner als Vater ist aus den folgenden Gründen unmöglich. Vielmehr ist Herr X. Y. der genetische Vater.[9]
- **Beiwohnung?**
- **Empfängniszeit-Vermutung?**
- **Erbbiologische Fragen.**

4. Die Antragstellerin ist selbst anfechtungsberechtigt[7] (§ 1600 Abs. 1 Nr. 3 BGB). Die Anfechtungsfrist des § 1600b Abs. 1 und 2 BGB ist eingehalten.

5. Es wird angeregt, dem beteiligten Kind einen Ergänzungspfleger zu bestellen.[10]

6. Der Kostenantrag entspricht § 183 FamFG.

Rechtsanwalt[11, 12]

Anmerkungen

1. Für die sog Abstammungssachen (Katalog in § 169 FamFG: Feststellung des Bestehens oder Nichtbestehens eines Eltern-Kindes-Verhältnisses, insb. der Wirksamkeit oder Unwirksamkeit einer Vaterschaftsanerkennung; Vaterschaftsanfechtung, Ersetzung der Einwilligung in eine genetische Abstammungsuntersuchung und Anordnung der Probeentnahme, auf Einsicht in ein Abstammungsgutachten oder Aushändigung einer Abschrift) ist ausschließlich zuständig das **Familiengericht** (sachliche Zuständigkeit: § 23a Abs. 1 Nr. 1 GVG, § 111 Nr. 3 FamFG, örtliche Zuständigkeit § 170 FamFG), in dessen Bezirk das Kind seinen gewöhnlichen Aufenthalt hat (§ 170 Abs. 1 FamFG, Ersatzzuständigkeiten ergeben sich aus § 170 Abs. 2 u. 3 FamFG). Das Abstammungsverfahren ist eine (selbständige) Familiensache. Eine förmliche Verbindung beim Gericht der Ehesache (im vorgestellten Fall: Scheidung) ist nicht vorgesehen.

2. Antragstellerin ist im vorliegenden Fall die Mutter. Das Anfechtungsrecht, ist verfassungskonform gem. § 1600 Abs. 1 Nr. 3 BGB auf die Mutter ausgedehnt; zu den Fristen und Formalien s. §§ 1600–1600d BGB.

3. Es besteht in erster Instanz beim Familiengericht und im Beschwerdeverfahren kein Anwaltszwang (§§ 114, 10 FamFG).

4. Verfahren nach dem FamFG. Es gilt ein eingeschränkter Amtsermittlungsgrundsatz, § 177 FamFG. In Anfechtungsverfahren dürfen von den Beteiligten nicht vorgebrachte Tatsachen nur berücksichtigt werden, wenn sie geeignet sind, dem Fortbestand der Vaterschaft zu dienen oder der Anfechtende ihrer Berücksichtigung nicht widerspricht. Gem. § 177 Abs. 2, 3 FamFG ist eine förmliche Beweisaufnahme durchzuführen, der Freibeweis ist ausgeschlossen. Neben der Einvernahme der Beteiligten ist idR ein Abstammungsgutachten einzuholen (Musielak/*Borth* FamFG § 177 Rn. 2). Es besteht aber auch die Möglichkeit, ein von den Beteiligten einvernehmlich erholtes Gutachten mit deren Zustimmung zur Entscheidungsgrundlage zu machen, wenn keine Zweifel an dessen Richtigkeit bestehen (Musielak/*Borth* FamFG § 177 Rn. 8). Beteiligte sind gem. § 172 FamFG die Mutter (§ 1591 BGB), das Kind und der Vater (§ 1592 Nr. 1–3 BGB). Der Mann iSd § 1600 Abs. 1 Nr. 2 BGB ist in einem Verfahren zwischen Kind, Mutter und rechtlichem Vater nicht Verfahrensbeteiligter, weil das Anfechtungsrecht nur die Eltern unmittelbar betrifft (BGH NJW 2007, 3063).

5. Regelwert für das Verfahren: 2.000 EUR, § 47 FamGKG; bei Unbilligkeit kann erhöht oder ermäßigt werden, § 47 Abs. 2 FamGKG. Es besteht Vorschusspflicht gem. § 14 Abs. 3 FamGKG, aber nicht für ein minderjähriges Kind als Antragsteller, dem auch keine Kosten auferlegt werden dürfen, § 81 Abs. 3 FamFG.

6. Bei Erfolg des Anfechtungsantrages gilt § 183 FamFG; die Regelung entspricht § 93c ZPO aF; das minderjährige Kind trägt keine Kosten. Bei Zurückweisung des Antrages gelten die allgemeinen Vorschriften der §§ 80, 81 FamFG. Bei Verfahren nach § 169 Nr. 1–3 FamFG ist § 183 FamFG ebenfalls nicht anwendbar, sondern §§ 81, 82 FamFG.

7. Die Anfechtung muss höchstpersönlich erklärt werden. Für ein in der Geschäftsfähigkeit beschränktes oder geschäftsunfähiges Kind muss die Anfechtung durch den gesetzlichen Vertreter erklärt werden. Zur Möglichkeit einer Beistandschaft durch das Jugendamt vgl. § 1712 BGB und ferner § 174 FamFG (Verfahrensbeistand für das Kind) und näher → Form. II.K.2 Anm. 3.

8. Die gesetzliche Vaterschaftsvermutung auf den im Zeitpunkt der Geburt mit der Mutter des Kindes verheirateten Mann (§ 1592 Nr. 1 BGB) gilt grds. auch dann, wenn die Ehe durch Tod aufgelöst und innerhalb von 300 Tagen nach der Auflösung ein Kind geboren wurde (§ 1593 Abs. 1 BGB mit Sonderregelungen, insb. bei weiterer Eheschließung der verwitweten Mutter). Für Kinder, die nach Anhängigkeit eines Scheidungsantrags geboren werden, soll wegen des zu vermutenden, vorausgegangenen Zerwürfnisses zwischen den Ehegatten (ebenso wohl bei Eheaufhebungsantrag) die gesetzliche Vaterschaft nicht mehr vermutet werden, um den Beteiligten das uU kostspielige förmliche Abstammungsverfahren zu ersparen (§ 1599 BGB). Diese Erleichterung greift jedoch nicht bei bloßem Getrenntleben und ferner nicht (so im vorgestellten Fall), wenn die weiteren Erfordernisse nicht erfüllt sind, welche § 1599 Abs. 2 BGB aufstellt, nämlich

- Vaterschaftsanerkennung durch den genetischen Vater mit Zustimmung der Mutter, ggf. auch des Kindes (§ 1592 Nr. 2, § 1594 mit § 1598 BGB), welche hier in diesem Stadium bereits entgegen § 1594 Abs. 2 BGB wirksam abgegeben werden kann (§ 1599 Abs. 2 S. 1 aE BGB), **und**
- Zustimmung zur Anerkennung durch den noch mit der Mutter verheirateten Ehemann (wobei die Anerkennung frühestens mit Rechtskraft des dem Scheidungsantrag stattgebenden Urteils wirksam wird, § 1599 Abs. 2 S. 3 BGB).

Dieses bei Einigkeit aller Beteiligter vereinfachte Verfahren wird im vorgestellten Fall aber gerade vom Ehemann abgelehnt.

9. Zu den Beweismitteln vgl. etwa Palandt/*Siede* BGB Vor §§ 1591 Rn. 11–13 mwN).

10. Erfolgt die Vaterschaftsanfechtung durch den Vater oder die Mutter als Antragstellerin, ist das Kind Muss-Beteiligter gem. § 172 FamFG. Bei der Anfechtung durch das Kind sind die Eltern von der gesetzlichen Vertretung des Kindes ausgeschlossen (BGH NJW 2009, 1496). Ist der Vater iSd § 1592 Nr. 1 u. 2, § 1593 BGB der Antragsteller, ist die Mutter von der gesetzlichen Vertretung des Kindes nur ausgeschlossen, wenn sie mit dem rechtlichen Vater verheiratet ist (BGH FamRZ 2012, 859). Bei Antragstellung durch die Mutter sind die Eltern von der gesetzlichen Vertretung gem. § 1629 Abs. 2 S. 1, § 1795 Abs. 2, § 181 BGB ausgeschlossen. In diesen Fällen muss ein Ergänzungspfleger bestellt werden (BGH FamRZ 2012, 859; Musielak/*Borth* FamFG § 9 Rn. 12). IÜ folgt aus der notwendigen Beteiligung der Mutter im Abstammungsverfahren noch kein Ausschluss von der Vertretung des Kindes.

Kosten und Gebühren

11. Gerichtskosten: KV 1320 ff. FamGKG; Rechtsanwaltsgebühren: VV 3100 ff. RVG. Der Verfahrenswert beträgt im Regelfall 2.000 EUR, kann aber höher oder niedriger festgesetzt werden, § 47 FamGKG.

Fristen und Rechtsmittel

12. Wie nach bisherigem Recht wird die Endentscheidung in Abstammungssachen mit Rechtskraft wirksam, § 184 Abs. 1 FamFG. Die materielle Rechtskraft wirkt für und gegen alle, § 184 Abs. 2 FamFG. Gegen den Beschluss des Familiengerichts findet Beschwerde statt (§ 58 Abs. 1 FamFG); die Beschwerdefrist beträgt einen Monat ab Bekanntgabe des Beschlusses, spätestens mit Ablauf von fünf Monaten nach Erlass des Beschlusses, § 63 Abs. 1 u. 3 FamFG. Die Beschwerde muss zum Familiengericht, das den Beschluss erlassen hat, eingelegt werden, § 64 Abs. 1 FamFG. Beschwerdeberechtigt sind alle Verfahrensbeteiligten, gegen deren Begehren entschieden wurde, darüber hinaus aber auch Personen, die am Verfahren nicht beteiligt waren, aber zu beteiligen gewesen wären, § 184 Abs. 3 FamFG.

2. Antrag auf Feststellung eines Eltern-Kind-Verhältnisses und Kindesunterhalt

An das . . . . ., den . . . . .

Amtsgericht[1]
– Familiengericht –

Antrag

des minderjährigen Kindes . . . . ., geb. am . . . . ., vertreten durch[2] das Kreisjugendamt . . . . . als Beistand[3]
– Antragsteller –
gegen
(Vater) . . . . .
– Antragsgegner –wegen Feststellung der Vaterschaft und Kindesunterhalt[4]
weitere Verfahrensbeteiligte:
(Mutter) . . . . .
Beteiligte zu 3)
vorläufiger Verfahrenswert: . . . . . EUR[6]
Namens des Antragstellers wird beantragt:[5]

I. Es wird festgestellt, dass der Antragsgegner der Vater des Antragstellers ist.

II. Der Antragsgegner wird verpflichtet, an den Antragsteller zu Händen seiner Mutter, der Beteiligten zu 3), als gesetzlicher Vertreter ab dem . . . . .[7] einen monatlichen Kindesunterhalt in Höhe des Mindestunterhalts der 1. Altersstufe zu bezahlen, abzüglich des hälftigen Kindergeldes, derzeit monatlich . . . . ., fällig monatlich im Voraus zum Ersten eines Monats.

III. Die sofortige Wirksamkeit der Entscheidung zu Ziff. II ab Rechtskraft der Entscheidung zu Ziff. I wird angeordnet.[7a]

IV. Der Antragsgegner trägt die Kosten des Verfahrens.[8]

Begründung:

1. Die Mutter des am . . . . . geborenen Antragstellers, Frau . . . . ., (Beteiligte zu 3) ist alleinige Inhaberin der elterlichen Sorge für den Antragsteller. Eine Sorgeerklärung, die Sorge für den Antragsteller gemeinsam zu übernehmen (§ 1626a BGB) wollte der Antragsgegner nicht abgeben, da er die Vaterschaft leugnet. Auf ihren Antrag hat

jedoch das eingangs erwähnte Jugendamt für die Durchsetzung der hier geltend gemachten Ansprüche die Beistandschaft übernommen (§ 1712 BGB).

2. Die Beteiligte zu 3) hat mit dem Antragsgegner in den Jahren ..... (Daten) ..... in eheähnlicher Gemeinschaft zusammen gelebt, bis sie vom Antragsgegner am ..... (Datum) ..... verlassen wurde. Innerhalb der gesetzlichen Empfängniszeit des § 1600d Abs. 3 BGB hat der Antragsgegner der Beteiligten zu 3), damals und bis heute unverheiratet, jedoch als einziger beigewohnt. Schwerwiegende Zweifel an seiner damit vermuteten Vaterschaft bestehen nicht.[7]

Beweis: .....

Weiterer Sachvortrag mit Beweisanregungen zur Abstammung des Antragstellers bleibt vorbehalten.

3. Da der Antragsgegner die Vaterschaft bestreitet, ist er im durch gerichtlichen Beschluss gem. § 1600d Abs. 1 BGB als Vater des Antragstellers festzustellen.

4. Die Zuständigkeit des angerufenen Gerichts ergibt sich für den Feststellungsantrag aus §§ 23a Abs. 1 Nr. 1 GVG, 111 Nr. 3, 170 FamFG.

5. Der Antragsgegner lehnt die Zahlung von Kindesunterhalt ab, und verweigert auch jegliche Auskunft über seine Einkommensverhältnisse, obwohl er hierzu mehrfach mündlich und schriftlich, zuletzt mit Schreiben des Jugendamts vom ..... unter Fristsetzung auf den ..... (Datum) aufgefordert worden war.[7]

Beweis: Schreiben des Jugendamtes vom ..... als Ast 1 in Kopie anbei

Daher wird iVm dem Antrag auf Vaterschaftsfeststellung zugleich beantragt, den Antragsgegner zur Zahlung des Mindestunterhalts abzüglich des hälftigen Kindergeldes zu verpflichten.[9, 10] Die Mutter des Antragstellers bezieht das staatliche Kindergeld. Daher ergibt sich derzeit ein monatlich zu zahlender Kindesunterhalt iHv ..... EUR.

6. Die Zuständigkeit des Gerichts ergibt sich aus § 237 Abs. 2 FamFG.

7. Es wird beantragt, beide Verfahren gem. § 179 Abs. 1 S. 2 FamFG miteinander zu verbinden.

8. Verfahrensgebühren iHv ..... EUR sind beigefügt.[11]

Jugendamt .....[12, 13]

Anmerkungen

1. Für Abstammungssachen auf Vaterschaftsfeststellung ist ausschließlich das Familiengericht zuständig (sachlich gem. § 23a Abs. 1 Nr. 1 GVG, § 111 Nr. 3 FamFG; örtlich gem. § 170 FamFG). Das Unterhaltsverfahren nach § 237 FamFG ist grds. ein selbständiges Verfahren (s. § 179 Abs. 1 S. 2 FamFG; OLG Hamm FamRZ 2011, 523; Musielak/*Borth* FamFG § 237 Rn. 1). Zuständig ist ausschließlich das Familiengericht, bei dem das Verfahren auf Feststellung der Vaterschaft im ersten Rechtszug anhängig ist, § 237 Abs. 2 FamFG. Das Gericht kann beide Verfahren gem. § 179 Abs. 1 S. 2 verbinden. Deswegen erscheint weiterhin eine einheitliche Antragstellung in einem Schriftsatz möglich. Lehnt das Gericht eine Verbindung ab, führt dies nicht zur Unzulässigkeit des Unterhaltsantrages, sondern zur Fortführung der Verfahren als jeweils gesonderte Verfahren.

2. In Abstammungssachen besteht kein Anwaltszwang in I. Instanz (→ Form. II.K.1 Anm. 3). Dagegen besteht für Kindesunterhaltsverfahren grds Anwaltszwang (§§ 114 Abs. 1, 111 Nr. 8, 231 Abs. 1 Nr. 1). Für einen Beteiligten (hier der Antragsteller), der durch das Jugendamt als Beistand vertreten ist, bedarf es der Vertretung durch einen Anwalt nicht (§ 114 Abs. 4 Nr. 2 FamFG). Für den Antragsgegner dagegen dürfte für das

Unterhaltsverfahren Anwaltszwang bestehen auch wenn es mit dem Verfahren auf Vaterschaftsfeststellung verbunden ist. Denn es bleibt ein selbständiges Verfahren, § 179 Abs. 1 S. 2 FamFG.

3. Gem. § 1626a BGB kann eine gemeinsamen Sorge der beiden nichtverheirateten Elternteile für das gemeinschaftliche Kind begründet werden, wenn die Eltern gemeinsame Sorgeerklärungen abgeben, einander heiraten oder durch gerichtliche Entscheidung. Deshalb musste § 1629 Abs. 2 S. 2 BGB klarstellen, dass auch in diesen Fällen nur der Elternteil, in dessen Obhut sich das Kind befindet (im vorgestellten Fall: die Mutter) Unterhaltsansprüche des Kindes gegen den anderen Elternteil als insoweit alleiniger gesetzlicher Vertreter geltend machen kann. Für die Vaterschaftsfeststellung hat die Mutter notfalls ein eigenes Antragsrecht.

Im vorgestellten Fall hat die Mutter jedoch von der durch das Beistandsgesetz geschaffenen – auf Antrag einzurichtenden und wieder zu beendenden, also freiwilligen – Beistandschaft gemäß Neufassung der §§ 1712–1717 BGB durch das Jugendamt Gebrauch gemacht; dessen Vertretung geht, so lange der beantragende Elternteil das will, im Verfahren der Vertretung durch den sorgeberechtigten Elternteil vor, § 173 FamFG.

Eigene Ansprüche der Mutter (Entbindungskosten, Unterhaltsansprüche der Mutter aus § 1615l BGB) werden hier nicht näher behandelt, wären aber ebenfalls Familienstreitsachen (§ 231 Abs. 1 Nr. 3 FamFG).

4. Geltend gemacht werden kann höchstens der Mindestunterhalt unter Abzug des hälftigen Kindergeldes. Einwendungen des Schuldners (mangelnde Leistungsfähigkeit, Erfüllung) sind ausgeschlossen und dem Abänderungsverfahren gem. § 238 FamFG vorbehalten (BGH FamRZ 2003, 304; 2003, 1095). Das gilt auch für den Einwand der Erfüllung, der ggf. im Wege des Vollstreckungsgegenantrags durchgesetzt werden muss.

5. Als Alternativen zum hier vorgestellten Kindesunterhalt-Annexverfahren sind aber stets zu prüfen, zumal der Unterhalt oft hinter dem gesetzlichen Anspruch zurückbleiben wird:

a) Antrag des Kindes oder der Mutter auf Unterhaltsregelung durch einstweilige Anordnung (oder Unterhaltssicherung) gem. § 248 FamFG, der schon nach Anhängigkeit des Verfahrens auf Vaterschaftsfeststellung (oder VKH-Antrag) möglich ist, wobei bei Antrag des Kindes die Mutter im gleichen Verfahren sogar für ihren eigenen Unterhalt (Entbindungskosten, Betreuungsunterhalt) eine einstweilige Anordnung erwirken kann;
b) getrennter Antrag auf Verurteilung im vereinfachten Verfahren bis zum 1,2-fachen des Mindestunterhalts gem. §§ 249 ff. FamFG. (was für viele Normalfälle gegenüber der früheren Rechtslage eine wichtige Vereinfachung und Erleichterung schafft). Das Verfahren hat in der Praxis allerdings keine große Bedeutung, → Form. II.K.3 Anm. 3);
c) Schließlich steht (weiterhin) der normale Hauptsacheantrag auf Kindesunterhalt gem. § 231 Abs. 1 Nr. 1 FamFG auf bestimmte, dem Einzelfall angepasste Beträge zur Verfügung, der aber wiederum die vorherige Vaterschaftsfeststellung voraussetzt.

6. Regelwert für das Verfahren auf Vaterschaftsfeststellung: 2.000 EUR, § 47 FamGKG; für Kindesunterhalt: § 51 FamGKG. Zu beachten ist, dass bei Verbindung des nichtvermögensrechtlichen Verfahrens auf Vaterschaftsfeststellung mit dem vermögensrechtlichen Anspruch auf Unterhalt nur ein Gegenstandswert und zwar der höhere von beiden maßgebend ist, also keine Addition erfolgt, § 33 Abs. 1 S. 2 FamGKG.

7. In Abweichung von § 1613 Abs. 1 BGB kann gem. § 1613 Abs. 2 Nr. 2a BGB der Kindesunterhalt auch für die Zeit vor der gerichtlichen Vaterschaftsfeststellung oder der Anerkennung der Vaterschaft geltend gemacht werden (Fall der rechtlichen Verhinderung wegen § 1594 Abs. 1, § 1600d Abs. 4 BGB).

7a. Für den Fall, dass der Unterhaltspflichtige nur Beschwerde gegen die Unterhaltsverpflichtung einlegt, ist ein Antrag auf Anordnung der sofortigen Wirksamkeit sinnvoll. Die Verpflichtung zur Zahlung von Kindesunterhalt wird jedoch nicht vor Rechtskraft der Feststellung der Vaterschaft wirksam (§ 237 Abs. 4 FamFG). Die sofortige Wirksamkeit kann daher nur für die Zeit nach Rechtskraft des Feststellungsbeschlusses angeordnet werden (Musielak/*Borth* FamFG § 237 Rn. 3).

8. Die Kostenverteilung erfolgt nach allgemeinen Grundsätzen der §§ 81, 243 FamFG. Eine anderweitige Kostenverteilung nach billigem Ermessen kann insb. dann eingreifen, wenn der Unterhaltsschuldner durch verzögerte oder nicht ausreichende Auskunftserteilung das Verfahren erschwert hat.

9. Für den Antragsgegner käme in Betracht die außergerichtliche, wirksame Anerkennung der Vaterschaft, §§ 1594 ff. BGB, welche auch der Zustimmung der Mutter bedarf (§ 1595 Abs. 1 BGB): zu den Formalitäten einschließlich des nunmehr möglichen Widerrufs des Mannes vgl. §§ 1597, 1598 BGB.

10. Auch hier kann der Antragsgegner das Rechtsschutzbedürfnis außergerichtlich durch Verpflichtungsurkunde beseitigen, vgl. § 59 Abs. 1 Nr. 1, § 60 SGB VIII (kostenlose Titulierung durch das Jugendamt).

11. Stets ist zu prüfen, ob ein Antrag auf Verfahrenskostenhilfe in Betracht kommt.

Kosten und Gebühren

12. Gerichtskosten: KV 1320 ff. FamGKG; Rechtsanwaltsgebühren: VV 3100 ff. RVG. Der Verfahrenswert beträgt im Regelfall 2.000 EUR, kann aber höher oder niedriger festgesetzt werden, § 47 FamGKG.

Fristen und Rechtsmittel

13. Befristete Beschwerde, §§ 58, 63 FamFG, einzulegen beim Gericht erster Instanz binnen eines Monats § 64 Abs. 1 FamFG; für die Beschwerde gegen die Unterhaltsanordnung gilt die zweimonatige Begründungsfrist des § 117 Abs. 1 S. 3 FamFG; zuständig für das Beschwerdeverfahren ist das OLG, § 119 Abs. 1 Nr. 1a GVG; → Form. II. K.34 Anm. 1–7. Richtet sich die Beschwerde nur gegen die Vaterschaftsfeststellung, wird der Beschluss zur Unterhaltszahlung auch erst mit Rechtskraft der Vaterschaftsfeststellung wirksam § 237 Abs. 4 FamFG.

3. Antrag auf dynamisierten Kindesunterhalt im vereinfachten Verfahren (streitiges Verfahren)

An das ....., den .....

Amtsgericht
– Familiengericht –[1]
In Sachen
des minderjährigen Kindes ....., geb. am ....., gesetzlich vertreten durch seine Mutter, Frau .....

. . . . .

– Antragsteller –

Verfahrensbevollmächtigter: Rechtsanwalt . . . . .[2]

gegen

Herrn . . . . .

. . . . .

– Antragsgegner –

Verfahrensbevollmächtigte: Rechtsanwälte . . . . .

wegen Kindesunterhalt im vereinfachten Verfahren[3]

Verfahrenswert: . . . . .[4]

wird namens und in bereits vorgelegter Vollmacht des Antragstellers im bisherigen vereinfachten Verfahren (Az.: . . . . .) nunmehr beantragt:

I. Das streitige Verfahren nach § 255 Abs. 1 FamFG wird durchgeführt.

II. Der Unterhalt für den Antragsteller wird entsprechend dem im vereinfachten Verfahren gestellten Festsetzungsantrag des Antragstellers festgesetzt.

III. Die sofortige Wirksamkeit der Entscheidung wird angeordnet.[5]

Ferner wird beantragt, dem Antragsteller für das streitige Verfahren Verfahrenskostenhilfe unter Beiordnung seines bisherigen Verfahrensbevollmächtigten zu bewilligen.

IE: . . . . .

Begründung:

1. Der minderjährige Antragsteller, Kind des Antragsgegners, hat unter dem . . . . . im vereinfachten Verfahren (Az.: . . . . .) gem. § 249 Abs. 1 FamFG die Erstfestsetzung seines Unterhalts beantragt. Der Antragsgegner hat hiergegen zulässige Einwendungen erhoben, gemäß gerichtlicher Mitteilung vom . . . . .[6]

2. Das Verfahren gilt daher als mit der Zustellung des Feststellungsantrags rechtshängig gewordene Familienstreitsache. Die Kosten des vereinfachten Verfahrens sind Teil der Kosten des nunmehrigen streitigen Verfahrens, da der heutige Antrag vor Ablauf von sechs Monaten nach Zugang der genannten Mitteilung gestellt ist (§§ 254, 255 Abs. 6 FamFG).[7]

3. Die vom Antragsgegner in zulässiger Weise erhobenen Einwände, insb. wegen mangelnder Leistungsfähigkeit, sind nicht zutreffend, weil . . . . .[8, 9]
Einzelheiten: . . . . .
Beweismittel: . . . . .

Rechtsanwalt[10, 11]

Anmerkungen

1. Grds. ist das Familiengericht am gewöhnlichen inländischen Aufenthaltsort des Kindes oder des gesetzlich vertretenden Elternteils (§ 232 Abs. 1 Nr. 2 FamFG) für das vereinfachte Verfahren zuständig. § 260 FamFG erlaubt den Ländern davon abweichende Zuständigkeiten. Das Kind kann aber dennoch den Antrag nach § 249 FamFG auch bei dem Gericht seines Aufenthalts einreichen, § 260 Abs. 2 FamFG. Bei Einwendungen, die nicht im vereinfachten Verfahren behandelt werden können, schließt sich auf Antrag das dortige Verfahren nach § 255 FamFG an. Dafür richtet sich die örtliche Zuständigkeit wieder nach § 232 Abs. 1 Nr. 1 u. 2 FamFG (Musielak/*Borth* FamFG § 232 Rn. 3.

2. Es handelt sich um einen Antrag des Kindes im eigenen Namen, gesetzlich vertreten durch die alleinsorgeberechtigte Mutter (wichtig ua bei der Beurteilung der Bedürftigkeit bei der Prüfung eines Verfahrenskostenhilfeantrages).

Es besteht Anwaltszwang im streitigen Verfahren gem. § 255 FamFG. Anträge und Erklärungen im vereinfachten Verfahren können zwar vor dem Urkundsbeamten der Geschäftsstelle abgegeben werden (§ 257 FamFG). Nach dem Übergang ins streitige Verfahren besteht diese Möglichkeit aber nicht mehr, → Form. II.K.2 Anm. 2.

3. Das vereinfachte Verfahren über den Unterhalt Minderjähriger hat keine große praktische Bedeutung erlangt. Es können höchstens 120 % des Mindestunterhalts zur Festsetzung beantragt werden. Verzugszinsen können nur ab dem Zeitpunkt der Zustellung des Festsetzungsantrages für die bis dahin rückständigen Unterhaltsansprüche verlangt werden, nicht für künftige Zeiträume (BGH FamRZ 2008, 1428). Obwohl der festsetzbare Unterhalt im Einzelfall hinter den gesetzlichen Kindesunterhaltsansprüchen zurückbleiben kann, bietet dieses Verfahren verschiedene, alternativ zu prüfende Verbesserungen gegenüber Verfahren anderer Art (zB Annex-Verfahren zur Vaterschaftsfeststellung, § 237 FamFG → Form. II.K.2), nämlich
a) etwas über dem Existenzminimum liegende feste Unterhaltsbeträge in drei Altersstufen;
b) rasche Titulierung oder Erlangung der Einkommensauskünfte des Unterhaltsschuldners
c) verstärkt durch den sehr weitgehenden Ausschluss von Einwendungen des Antragsgegners und uU Beweiserleichterungen für das Kind (→ Anm. 6).

4. Vgl. 51 Abs. 1, 2 S. 3 FamGKG (Jahresbetrag des zur Festsetzung beantragten laufenden Kindesunterhalts zzgl. der Rückstände).

5. Gem. § 116 Abs. 3 S. 3 FamFG soll die sofortige Wirksamkeit angeordnet werden, wobei hinsichtlich aufgelaufener Rückstände Zurückhaltung geboten ist (BGH NJW 2013, 3584).

6. Ist das vereinfachte Verfahren statthaft (§ 249 FamFG: Unterhalt minderjähriger Kinder, die mit dem in Anspruch genommenen Elternteil nicht in einem Haushalt leben, nicht mehr als das 1,2fache des Mindestunterhalts), greift es nicht in andere Unterhaltsregelungen ein (§ 249 Abs. 2 FamFG) und enthält der Antrag den in § 250 Abs. 1 Nr. 1–13 FamFG genau festgelegten Mindestinhalt, so stehen dem Antragsgegner nur zwei eng gefasste Arten von Einwendungen zu:
a) gegen die Zulässigkeit des vereinfachten Verfahrens, § 252 Abs. 1 S. 1 FamFG;
b) andere Einwendungen **nur** dann, wenn der Unterhaltsschuldner gewissermaßen die dort bestimmten Gegenleistungen erbringt (Bereiterklärung und Verpflichtung zur Unterhaltsleistung; Erfüllungseinwand nur bei konkreter Darlegung der gezahlten Beträge und ggf. Verpflichtung zur Begleichung von Unterhaltsrückständen; Einwand eingeschränkter oder fehlender Leistungsfähigkeit nur, wenn zugleich „unter Verwendung des eingeführten Formulars" umfassende Einkünfte- und Vermögensauskunft nebst Belegen vorgelegt wird).

7. Dem summarischen, zugleich aber für die Vergangenheit insoweit präkludierenden Verfahren trägt § 255 FamFG Rechnung (Möglichkeit eines streitigen Anschlussverfahrens auf Antrag eines Beteiligten). Das spezielle Abänderungsverfahren im vereinfachten Verfahren (§ 655 ZPO aF) kennt das FamFG nicht mehr. Die Abänderung erfolgt im normalen Verfahren gem. § 240 FamFG. Hier wird das Anschlussverfahren nach § 255 FamFG dargestellt, das bei fristgerechter Einleitung (vgl. Text) Rückwirkung und erleichterte Kostenwirkung entfaltet. Der vorangegangene Festsetzungsantrag gemäß Vordruck gilt dabei als Antragsschrift (§ 255 Abs. 3 FamFG), die vorher gemäß Vordruck erhobenen Einwendungen (soweit zulässig) als Antragserwiderung (§ 255 Abs. 2 S. 2 FamFG).

8. Das Vereinfachte Verfahren mit seinen beschränkten Maximalbeträgen dürfte sich allenfalls bei selbständigen Kindesunterhaltssachen außerhalb des Scheidungsverbunds (zu Letzterem → Form. II.K.13) auch als ein das einstweilige Anordnungsverfahren zum Teil ersetzendes Verfahren einsetzen lassen, das kompliziertere Unterhaltsfragen dem streitigen Anschlussverfahren überlässt. Ferner ist es in entsprechenden Fällen zur Beschleunigung der Auskunftsbereitschaft von Unterhaltsschuldnern geeignet.

9. Außergerichtlich kann der Unterhaltsschuldner natürlich auch hier, wie bisher vereinfacht und kostengünstig, einen vollstreckbaren Schuldtitel errichten oder in den gesetzlichen Grenzen Unterhaltsvereinbarungen mit dem Kind treffen.

Kosten und Gebühren

10. Gerichtskosten: Für das vereinfachte Verfahren nach § 249 Abs. 1 FamFG: KV 1210 FamGKG (0,5 Verfahrensgebühr), bei Beschwerden gegen Endentscheidungen KV 1211 ff. FamGKG; bei Durchführung des streitigen Verfahrens gem. § 255 FamFG: es fällt die Gebühr der Nr. 1220 KV FamGKG an (BT-Drs. 16/6308, 310). Rechtsanwaltsgebühren: 1,3 Nr. 3100 VV RVG; das vereinfachte Verfahren und ein sich anschließendes Streitverfahren sind zwei Angelegenheiten mit Anrechnung der Verfahrensgebühr, s. § 17 Nr. 3 RVG, Nr. 3100 Abs. 1 VV RVG.

Fristen und Rechtsmittel

11. Wird der Antrag auf Durchführung des Vereinfachten Verfahrens zurückgewiesen, weil er den Voraussetzungen nicht entspricht, ist eine Rechtsbehelf dagegen ausgeschlossen (§ 250 Abs. 2 FamFG). Es kann aber ein neuer Antrag gestellt werden. Gegen Festsetzungsbeschluss: befristete Beschwerde, §§ 58, 256 FamFG (die Einschränkung zulässiger Einwendungen dauert fort). Gegen Entscheidungen im streitigen Anschluss- oder Abänderungsverfahren: Rechtsmittel wie in anderen Familienstreitsachen: befristete Beschwerde; → Form. II.K.34.

4. Abänderungsantrag gegen Unterhaltstitel

An das . . . . ., den . . . . .

Amtsgericht[1]
– Familiengericht –

Antrag

der Frau . . . . ., ...
– Antragstellerin –
Verfahrensbevollmächtigter: Rechtsanwalt . . . . .[2]
gegen
Herrn . . . . .
– Antragsgegner –
wegen Abänderung eines Unterhaltstitels[3]
vorläufiger Verfahrenswert: . . . . . EUR[4]
Namens und im Auftrag der Antragstellerin wird beantragt:

I. Der Beschluss des Amtsgerichts – Familiengericht – . . . . . v. 17.12.2015, AZ: . . . . ., wird dahin abgeändert, dass der Antragsgegner verpflichtet wird, ab 1.8.2020 an die Antragstellerin für das Kind Martin, geb. . . . . einen monatlich im Voraus zu entrichtenden monatlichen Unterhalt iHv . . . . . EUR zu bezahlen.[5, 11]

II. Der Antragsgegner trägt die Kosten des Verfahrens.[6]

III. Die sofortige Wirksamkeit der Entscheidung in Ziff. I wird angeordnet.[7]

Begründung:

1. Die Antragstellerin und der Antragsgegner sind noch verheiratet, leben jedoch seit September 2014 vollständig getrennt. Ein Scheidungsverfahren ist nicht anhängig. Die Antragstellerin betreut die bei ihr lebenden gemeinschaftlichen ehelichen Kinder Paul, geb. am . . . . . und Martin, geb. am . . . . ., deren Unterhaltsansprüche die Antragstellerin in Verfahrensstandschaft gem. § 1629 Abs. 3 BGB geltend macht.[8]
2. Durch Endbeschluss des Amtsgerichts – Familiengerichts – . . . . . v. 17.12.2015, Az.: . . . . ., ergangen auf Grund der mündlichen Verhandlung v. 10.12.2015,[9] wurde der Antragsgegner auf Antrag der Antragstellerin rechtskräftig verpflichtet, an die beiden Kinder zu Händen der Antragstellerin einen monatlichen Kindesunterhalt von jeweils . . . . . EUR zu bezahlen. Mit dem vorliegenden Antrag wird gem. § 238 FamFG nicht lediglich eine Anpassung an die Veränderung der allgemeinen wirtschaftlichen Verhältnisse, sondern die Anpassung an einen nach der letzten mündlichen Verhandlung im vorangegangenen Verfahren eingetretenen wesentlich gestiegenen Unterhaltsbedarf geltend gemacht.
3. Im vorangegangenen Unterhaltsverfahren wurde der Unterhaltsanspruch für die Kinder Martin und Paul, die zum Zeitpunkt der damaligen Erstentscheidung fünf Jahre alt waren, aus einem damaligen, durch eine Gehaltsauskunft des Arbeitgebers des Antragsgegners v. 30.10.2015 mit 2.875 EUR/Monat angegebenen Nettoeinkommen des Antragsgegner und den damals geltenden Sätzen der Düsseldorfer Tabelle (Altersstufe 1) abgeleitet. Im Beschluss v. 17.12.2015 wird auch hierauf allein abgestellt.

   Beweis im Bestreitensfall: Beiziehung der Akten des Amtsgerichts – Familiengericht – . . . . ., Az.: . . . . ., insb. des Terminsprotokolls vom . . . . . und des Beschlusses v. 17.12.2015.
4. Inzwischen haben sich nicht nur die Sätze der Düsseldorfer Tabelle zum Kindesunterhalt erhöht. Vielmehr sind seitdem weitere wesentliche Änderungen der besonderen Unterhaltsverhältnisse eingetreten, iE:
   (zB gestiegener Unterhaltsbedarf, Altersstufen-Wechsel oÄ)
   (zB wesentlich höhere Leistungsfähigkeit des Unterhaltsschuldners, Gehaltserhöhungen oÄ)

   Beweis im Bestreitensfall: . . . . .
5. Der Antragsgegner ist vom Unterfertigten mit dem in der Anlage beigefügten Schreiben v. 24.8.2020 zu dieser erhöhten Zahlung und zur Auskunftserteilung über seine Einkommens- und Vermögensverhältnisse zum Zwecke der Unterhaltsfeststellung unter Fristsetzung auf den 15.9.2020 zunächst außergerichtlich aufgefordert worden. Er hat zwar seine Bereitschaft erklärt, „künftig über eine angemessene Unterhaltsanpassung mit sich reden zu lassen", verweigert sich aber einer konkret bezifferten Titulierung, so dass dieser Antrag geboten war.
6. Verfahrensgebühren iHv . . . . . EUR sind eingezahlt, eine Kopie des Überweisungsbeleges ist beigefügt.[10]

Rechtsanwalt[12, 13]

Anmerkungen

1. Der im Form. vorgestellte Antrag auf Abänderung eines den gesetzlichen Kindesunterhalt regelnden „isolierten“ Unterhaltsbeschlusses des Familiengerichts gem. § 238 FamFG bei getrennt lebenden Eltern ohne Scheidungsverfahren wird hier wegen des Sachzusammenhanges im Teil „Kindschaftssachen und Kindesunterhalt“ gebracht. Es handelt sich um eine selbständige Familienstreitsache (§ 111 Nr. 8, § 112 Nr. 1 FamFG). Abänderungsverfahren, die nach dem 1.9.2009 eingeleitet werden, folgen den Regeln des FamFG, auch wenn es sich um die Abänderung eines Titels nach altem Recht handelt, Art. 111 S. 2 FGG-RG. Ausschließlich zuständig ist daher das Familiengericht, bei dem die Ehesache im ersten Rechtszug anhängig ist oder war, andernfalls das Familiengericht am gewöhnlichen Aufenthaltsort des Kindes oder seines gesetzlich vertretenden Elternteils, § 232 Abs. 1 FamFG. Ergibt sich aus § 232 Abs. 1 FamFG keine ausschließliche Zuständigkeit, sind Wahlzuständigkeiten gem. § 232 Abs. 3 FamFG eröffnet. Familiensache ist – alternativ – auch das Vereinfachte Verfahren, allerdings mit Besonderheiten (keine Verbindung mit einer anhängigen Ehesache, § 232 Abs. 1 Nr. 1 FamFG; besondere, enge Statthaftigkeitsvoraussetzungen, insb. eine – im vorgestellten Fall nicht angenommene – Begrenzung auf maximal das 1,2-fache des Mindestunterhalts; umfangreicher Ausschluss von Einwendungen des Unterhaltsschuldners; → Form. II.K.3).

2. Es besteht Anwaltszwang auch in I. Instanz gem. § 114 Abs. 1, § 112 Nr. 1, § 231 Abs. 1 Nr. 1 FamFG. § 114 FamFG verdrängt § 78 ZPO vollständig.

3. Das Abänderungsverfahren über Unterhalt ist eine selbständige Familienstreitsache (zur Abgrenzung → Form. II.K.10 Anm. 4). Zusätzliche Erfordernisse und Besonderheiten ergeben sich für das Rechtsschutzbedürfnis und die Präklusion des Tatsachenvortrags aus § 238 FamFG selbst. Alle für den abzuändernden Titel maßgeblichen Bemessungsfaktoren sind vom Antragsteller darzulegen und zu beweisen; auch seinerzeit vorhandene unbekannte Umstände sind präkludiert; bei Quotenbemessung erfolgt keine Änderung bei Änderung einzelner Bedarfsposten, so BGH NJW 1983, 1118; auch bei fiktivem Arbeitseinkommen, OLG Karlsruhe FamRZ 1983, 931. Die Rspr. u. Lit. zur Abgrenzung des Abänderungsverfahrens von ähnlichen Verfahren, auch zum sog Nachforderungsantrag, und zu den Feinheiten der Präklusion ist kaum mehr überschaubar, Überblick bei *Graba*, Die Abänderung von Unterhaltstiteln, 4. Aufl. 2011, Rn. 378 ff. Grundsatz stets: kein Wiederaufrollen des alten Sachverhalts (BGH FamRZ 1987, 259; instruktiv auch OLG Köln NJW-RR 1996, 1349 mwN. BGH NJW 1998, 161: grds. ist alles präkludiert, was bis zur letzten mündlichen Tatsachenverhandlung des letzten vorangegangenen Verfahrens, auch früheren Abänderungsverfahrens, in irgendeiner Form – selbst durch Abänderungswiderantrag – hätte geltend gemacht werden können. Das gilt jedoch – in Abweichung von der früheren Rspr. der BGH – nicht, wenn der Unterhaltsschuldner im Vorverfahren als Gegner eines Abänderungsverlangens auf Unterhaltserhöhung des laufenden Unterhalts voll obsiegt hat (BGH NJW 2018, 1753). Ist die Verpflichtung zu Kindesunterhalt durch Verbundentscheidung ergangen, ist der Abänderungsantrag trotz § 1629 BGB gegen das Kind zu richten, wenn die Voraussetzungen des gesetzlichen Verfahrensstandschaft weggefallen sind, BGH NJW 1983, 1976; Musielak/*Borth* FamFG § 238 Rn. 30. Eine einstweilige Einstellung der Vollstreckung kann der Unterhaltsschuldner in entsprechender Anwendung des § 769 ZPO beantragen, vgl. § 242 FamFG.

Interessante Möglichkeiten – auch zur Verminderung des Kostenrisikos – bietet die Ausgestaltung des Abänderungsantrages als Stufenantrag, → Anm. 11.

4. Berechnung (Jahresbetrag der Abweichung) nach § 51 FamGKG.

5. Bei einer Abänderung gerichtlicher Entscheidungen gilt: Grds. kann nur für die Zeit ab Rechtshängigkeit des Abänderungsantrages abgeändert werden. Sowohl für die Erhöhung als auch die Herabsetzung sieht das Gesetz aber praktisch wichtige Ausnahmen vor: Die **Erhöhung** kann schon ab dem Zeitpunkt verlangt werden, ab dem die Voraussetzungen des § 1613 BGB erfüllt sind. Ab dem Ersten des Monats, in dem dem Schuldner ein Auskunftsverlangen oder eine Zahlungsaufforderung zugegangen ist, kann nachverlangt werden, § 1613 Abs. 1 S. 2 BGB. Eine **Herabsetzung** kann rückwirkend ab dem Ersten des Folgemonats, in dem ein entsprechendes Auskunfts- oder Verzichtsverlangen gestellt worden ist, längstens für ein Jahr vor Rechtshängigkeit des Abänderungsantrages verlangt werden. Bei einem rückwirkenden Herabsetzungsantrag ist aber stets zu prüfen, ob dieser angesichts des drohenden Einwandes der Entreicherung (§ 818 Abs. 3 BGB) hinsichtlich schon gezahlten Unterhalts sinnvoll ist.

6. Kostenentscheidung folgt § 243 FamFG.

7. Entscheidungen in Familienstreitsachen werden gem. § 116 Abs. 3 S. 1 FamFG mit Rechtskraft wirksam und vollstreckbar. Das Gericht kann die sofortige Wirksamkeit anordnen (§ 116 Abs. 3 S. 2 FamFG); bei Endentscheidungen mit der Verpflichtung zu Unterhaltszahlungen soll die sofortige Wirksamkeit angeordnet werden. Für den Antragsteller empfiehlt sich ein entsprechender Antrag, obwohl es sich um eine von Amts wegen zu treffende Entscheidung handelt. Werden länger zurückreichende Unterhaltsrückstände verlangt (sa OLG Jena FuR 2017, 98) oder werden UVG-Leistungen erbracht, soll nach dem Regierungsentwurf (BT-Drs. 16/6308, 224) auf die Anordnung der sofortigen Wirksamkeit verzichtet werden; ebenso auch BGH NJW 2013, 3584; und Musielak/*Borth* FamFG § 116 Rn. 7 für den Fall, dass schon eine einstweilige Anordnung besteht. Der Antragsteller muss die Umstände vortragen, die für die Anordnung der sofortigen Wirksamkeit sprechen, soweit es um rückständigen Unterhalt geht. Der Schuldner kann gem. § 242 FamFG iVm § 769 ZPO die Einstellung der Vollstreckung (idR gegen Sicherheitsleistung) beantragen. Anders als bei einem Leistungsantrag auf Unterhalt ist nicht § 120 FamFG für die Einstellung der Vollstreckung maßgeblich, der eine Einstellung gegen Sicherheitsleistung nicht mehr kennt und strenge Voraussetzungen hat (nicht zu ersetzender Nachteil für den Schuldner bei Fortsetzung der Vollstreckung).

8. Zu den Vertretungsverhältnissen für das minderjährige Kind allgemein vgl. § 1629 Abs. 2 u. 3 BGB.

9. Wegen etwaiger Präklusion in § 238 Abs. 2 FamFG; hierzu und zum Begriff der „wesentlichen Änderung der für die Unterhaltsbemessung maßgebenden Verhältnisse“ (Faustregel: 10 % Änderung) → Anm. 3; sowie BGH NJW 1986, 383 zur Änderung der Verhältnisse während des Beschwerdeverfahrens s. Musielak/*Borth* FamFG § 238 Rn. 7 ff.; zur Anwendung des § 239 FamFG auf gerichtliche Vergleiche und für vorläufig vollstreckbar erklärte Anwaltsvergleiche vgl. ferner Musielak/*Borth* FamFG § 239 Rn. 1 ff.

10. Prüfung zweckmäßig, ob stattdessen besser Antrag auf Verfahrenskostenhilfe (→ Form. I.C.1 → Form. I.C.3) oder auf Verfahrenskostenvorschuss über eine einstweilige Anordnung nach § 246 Abs. 1 FamFG möglich wäre. Die Zustellung des Antrages erfolgt (falls keine VKH bewilligt wurde) im Allgemeinen erst, wenn die Verfahrensgebühren von drei Gerichtsgebühren einbezahlt sind, § 14 FamGKG, Nr. 1220 KV FamGKG. Zu den Ausnahmen s. § 15 FamGKG

11. Die Rspr. erlaubt auch einen Abänderungsantrag in Form des *Stufenantrages* (aA noch OLG Hamburg FamRZ 1982, 935; bejahend BGH NJW 1985, 195 (196); NJW 1993, 1920): dies ermöglicht eine Minderung des Kostenrisikos, vor allem aber frühere Rechtshängigkeit des Unterhaltsanspruch (wichtig wegen § 1613 BGB); zum Stufenantrag bei beziffertem Mindestbetrag vgl. BGH NJW-RR 2003, 68. Zu Form und Inhalt des Auskunftsanspruchs → Form. II.K.13.

Kosten und Gebühren

12. Gerichtskosten: 3,0 Verfahrensgebühren KV 1220 FamGKG; Rechtsanwaltsgebühren: 1,3 Verfahrensgebühr Nr. 3100 VV RVG; 1,2 Terminsgebühr VV 3104 RVG.

Fristen und Rechtsmittel

13. Grds. befristete Beschwerde, §§ 58, 63 FamFG, einzulegen bei Gericht der ersten Instanz, § 64 Abs. 1 FamFG; die Frist zur notwendigen Beschwerdebegründung beträgt in Familienstreitsachen zwei Monate § 117 Abs. 1 S. 3 FamFG. Die Beschwerdebegründung ist beim Beschwerdegericht einzureichen, § 117 Abs. 1 S. 2 FamFG. Zuständig für das Beschwerdeverfahren ist das OLG, § 119 Abs. 1 Nr. 1a GKG → Form. II.K.34.

Ehesachen, insbesondere Scheidung

5. Eheaufhebungsantrag

An das . . . . ., den . . . . .

Amtsgericht[1]
– Familiengericht –

Antrag

des . . . . .
– Antragsteller –
Verfahrensbevollmächtigte: Rechtsanwälte . . . . .[2]
gegen
. . . . .
– Antragsgegnerin –
wegen Aufhebung der Ehe[3]
vorläufiger Verfahrenswert: . . . . . EUR[4]

Unter Vorlage besonderer Verfahrensvollmacht[5] wird namens und im Auftrag des Antragstellers folgendes beantragt:

I. Die am . . . . . vor dem Standesbeamten des Standesamtes Augsburg, Heiratsregister Nr. . . . . ./. . . . ., geschlossene Ehe der Beteiligten wird aufgehoben.[6]

II. Die Antragsgegnerin trägt die Kosten des Verfahrens.[7]

Begründung:

1. Der Antragsteller, dessen erste langjährige glückliche, aber zu seinem größten Bedauern kinderlos gebliebene Ehe Mitte 2011 durch den Tod seiner Ehefrau beendet wurde, hat nach mehrmonatiger Beziehung die Ehe gemäß Antrag mit der wesentlich jüngeren Antragsgegnerin geschlossen. Der Antragsteller wollte an sich keine neue Ehe eingehen und hat dies der Antragsgegnerin zu Beginn ihrer Beziehung auch mehrfach, zum Teil vor Zeugen, unter Darlegung der Gründe offen gesagt. IE: . . . . .

Beweis: . . . . .

Zur dennoch erfolgten Eheschließung der Beteiligten – beide sind deutsche Staatsangehörige-[8] kam es ausschließlich deshalb, weil die Antragsgegnerin dem Antragsteller selbst und dem größten Teil seiner Freunde, Bekannten und Verwandten ab . . . . . eröffnete, dass sie vom Antragsteller ein Kind erwarte. Der Antragsteller hat die Ehe dann doch geschlossen, nicht nur wegen des gesellschaftlichen Drucks auf Grund der Erklärungen der Antragsgegnerin, sondern auch zur Erfüllung seines viele Jahre gehegten Kinderwunsches und in der Hoffnung, doch eine Familie mit Kindern gründen zu können.

Beweis: . . . . .

2. Nur wenige Wochen nach der Geburt des am . . . . . geborenen Kindes musste der Antragsteller zunächst vermuten und dann feststellen, dass das Kind in Wirklichkeit von einem anderen Mann stammt, mit dem die Antragsgegnerin seit mehreren Jahren eine ständige intime Beziehung hat. Dieser und inzwischen auch die Antragsgegnerin haben das nunmehr eingeräumt. Das Familiengericht . . . . . hat durch die vor zwei Monaten ergangene Entscheidung vom . . . . . rechtskräftig festgestellt, dass dieses Kind nicht vom Antragsteller stammt, ja nicht einmal in der Zeit empfangen wurde, in der der Antragsteller vor der Ehe der Antragsgegnerin bereits beigewohnt hatte.

Beweis: . . . . .

3. Der Antragsteller hat sich also bei der Eheschließung über solche Umstände geirrt, die ihn bei Kenntnis der Sachlage und bei richtiger Würdigung des Wesens der Ehe – unabhängig von den ebenfalls sehr unterschiedlichen Vermögensverhältnissen der Beteiligten – von der Eingehung der Ehe abgehalten hätten. Er ist zur Eingehung der Ehe durch arglistige Täuschung der Antragsgegnerin bestimmt worden, die inzwischen selbst eingeräumt hat, dass sie dies aus kaltblütiger Berechnung getan hat, um sich ein luxuriöses Leben im Kreise der sehr wohlhabenden Familie des Antragstellers zu verschaffen (§ 1314 Abs. 2 Nr. 3 BGB).

Beweis: . . . . .

Die Antragsfrist des § 1317 Abs. 1 BGB ist gewahrt.[9] Der Antragsteller hat sich sofort von der Antragsgegnerin getrennt als er von den geschilderten Umständen Kenntnis erlangt hatte.

4. Verfahrensgebühren iHv . . . . . EUR sind eingezahlt; eine Kopie des Überweisungsbeleges ist beigefügt.[10]

Rechtsanwalt[11, 12]

Anmerkungen

1. Der Antrag auf Eheaufhebung kommt praktisch fast nur noch vor in Fällen arglistiger Täuschung (§ 1314 Abs. 2 Nr. 3 BGB, wie hier), und den durch EheschlRG eingeführten Fällen der Scheinehe (§ 1314 Abs. 2 Nr. 5 BGB: Hauptmotiv ist die Verhinderung von Scheinehen mit Ausländern zum Zweck der Erlangung einer Aufenthaltserlaubnis oder der Verhinderung der Abschiebung). § 1314 Abs. 2 Nr. 5 BGB ist eng auszulegen. Er bezweckt die Verhinderung von Rechtsmissbrauch. Versorgungsehen oder sog Namensehen werden von § 1314 Abs. 2 Nr. 5 BGB nicht erfasst (str., vgl. zum Meinungsstand Palandt/*Siede* BGB § 1314 Rn. 14). Ausschließlich zuständig in dieser Ehesache ist das Familiengericht; zur örtlichen Zuständigkeit vgl. § 122 FamFG und näher → Form. K.II.6 Anm. 1. Die Aufhebung der Ehe wird durch Gestaltungsbeschluss mit Wirkung ex nunc ausgesprochen. Der wirtschaftlich wichtigste Gesichtspunkt der Wahl des Aufhebungs- an Stelle eines Scheidungsantrags, nämlich die Beseitigung der vor allem vermögensrechtlichen Wirkungen der Ehe, wird stark eingeschränkt und durch

Billigkeitsgesichtspunkte überlagert, vor allem im Interesse gemeinschaftlicher Kinder (§ 1318 BGB).

2. Anwaltszwang, § 114 Abs. 1, 121 Nr. 2 FamFG.

3. Katalog der Ehesachen (Scheidung, Eheaufhebung, Feststellung des Bestehens oder Nichtbestehens einer Ehe) ist in § 121 FamFG geregelt. Der Antrag auf Herstellung des ehelichen Lebens, der in der Praxis bedeutungslos war, gehört nicht mehr dazu. Bis auf die Ehesache „Scheidung" ist kein Verbund möglich; einstweilige Anordnungen nach §§ 49 ff. FamFG sind jedoch auch hier grds. möglich. Oft ist eine Verbindung mit dem Scheidungsantrag (dann Verbund) zweckmäßig und – im Hilfsverhältnis – möglich (§ 126 FamFG). Schon nach früherem Recht hielt die Rspr. nach rechtskräftiger Ehescheidung eine nachträgliche Eheaufhebungsklage mangels Rechtsschutzinteresse für unzulässig; folgerichtig hat der BGH aber einen gerichtlich durchsetzbaren Anspruch des (auch dort) betroffenen Ehemannes anerkannt, der Auflösung seiner Ehe durch den vorangegangenen Scheidungsbeschluss nunmehr (nachträglich von den Eheaufhebungsgründen in Kenntnis gesetzt) die – anderen – Rechtsfolgen der Eheaufhebung (§ 37 Abs. 2 EheG) beigeben zu lassen (BGH FamRZ 1997, 1209 f.; Palandt/*Siede* BGB § 1318 Rn. 17). Dies geschieht durch Gestaltungs- oder Feststellungsbeschluss.

4. § 43 FamGKG (mindestens 3.000 EUR), 3-Monats-Nettoeinkommen der Eheleute. Vermögen wird in der Regel mit 5 % aus dem Gesamtvermögen beider Ehegatten nach Abzug von Freibeträgen angesetzt (Freibetrag idR 60.000 EUR je Ehegatte und 30.000 EUR für jedes gemeinschaftliche minderjährige Kind).

5. Vgl. § 114 Abs. 5 FamFG.

6. Fall nachgebildet der Entscheidung BGH FamRZ 1997, 1209 (zum Unterschieben eines außerehelichen Kindes als Grund für Unterhaltsverwirkung nach § 1579 BGB vgl. BGH NJW 1983, 451; NJW 1983, 1548; OLG Hamm FamRZ 2017, 724; OLG Brandenburg NJW-RR 2000, 1098).

7. § 132 Abs. 1 FamFG; hier weitergehende Kostenentscheidung zu Lasten der Antragsgegnerin nach der Regelung des § 132 Abs. 1 S. 2 FamFG denkbar.

8. Sachvortrag dazu ist zweckmäßig wegen hiervon uU abhängender internationaler Zuständigkeit (vgl. §§ 97, 98 FamFG) und nach IPR anzuwendender materieller Rechtsnormen (Art. 13 EGBGB).

9. Das Institut der Bestätigung an sich nach § 1314 Abs. 2 BGB aufhebbarer Ehen (hier insb. durch Fortsetzung der Ehe nach Kenntnis) ist in (§ 1315 Abs. 1 Nr. 4 BGB) geregelt und unterliegt allgemeinen Beweislastregeln.

Die Antragsfrist beträgt ein Jahr ab Entdeckung (§ 1317 Abs. 1 BGB). In Scheinehe-Fällen (§ 1314 Abs. 2 Nr. 5 BGB, → Anm. 1) gilt dagegen keine Antragsfrist, allerdings ist eine „Heilung" (Bestätigung) auch hier möglich über § 1315 Abs. 1 Nr. 5 BGB (Miteinanderleben „als Ehegatten"), vgl. OLG Celle FamRZ 2004, 949.

10. Die Zustellung des Antrages erfolgt im Allgemeinen nur, wenn die gerichtliche Verfahrensgebühr einbezahlt ist, § 14 FamGKG. Sie beträgt zwei Gebühren, Nr. 1110 KV FamGKG. Zu den Ausnahmen der Einzahlungspflicht s. § 15 FamGKG.

Kosten und Gebühren

11. Gerichtskosten: 2,0 Gebühren KV 1110 FamGKG; Rechtsanwaltsgebühren: 1,3 Verfahrensgebühr VV 3100 RVG, 1,2 Terminsgebühr VV 3104 RVG. Strittig, ob bei

Scheinehen VKH zu gewähren ist (ja: OLG Karlsruhe FamRZ 2004, 1760; nein: OLG Koblenz FamRZ 2004, 548; OLG Naumburg FamRZ 2004, 548).

Fristen und Rechtsmittel

12. Befristete Beschwerde, §§ 58, 63 FamFG, einzulegen beim Gericht erster Instanz binnen eines Monats § 64 Abs. 1 FamFG; die Frist zur notwendigen Beschwerdebegründung beträgt zwei Monate ab Bekanntgabe des Beschlusses, § 117 Abs. 1 S. 3 FamFG; → Form. II.K.34.

6. Antrag auf streitige Härtescheidung (auch bei Getrenntleben von weniger als einem Jahr)

An das ....., den .....

Amtsgericht[1]
– Familiengericht –

Antrag

der .....
– Antragstellerin –
Verfahrensbevollmächtigte: Rechtsanwälte .....[2]
gegen
den .....
– Antragsgegner –
Verfahrensbevollmächtigte: Rechtsanwälte .....[15]
wegen streitiger Ehescheidung[3]
vorläufiger Verfahrenswert: ..... EUR[4]

Unter Vorlage besonderer Verfahrensvollmacht[2] bitten wir namens der Antragstellerin um Anberaumung eines möglichst nahen Termins zur mündlichen Verhandlung[5] und stellen folgende Anträge:

I. Die am 15.2.2011 vor dem Standesbeamten in ....., Heiratsregister Nr. ..../....., geschlossene Ehe der beteiligten Ehegatten wird geschieden.

II. Der Antragsgegner trägt die Kosten des Verfahrens.[6]

Begründung:

I. Persönliche Verhältnisse der Beteiligten[7]

1. Die Antragstellerin, geb. am ....., und der Antragsgegner, geb. am ....., beide Deutsche Staatsangehörige,[7] haben wie im Antrag bezeichnet die Ehe geschlossen. Der letzte gemeinsame gewöhnliche Aufenthalt der Ehegatten befand sich unter der Anschrift der Antragstellerin im Bezirk des angerufenen Familiengerichts.[1]

2. Aus der Ehe sind keine Kinder hervorgegangen.[8]

Beweis zu 1–2: Familienstammbuch; Reisepässe, im Termin vorzulegen.

3. Familiensachen iS des § 111 FamFG sind anderweitig nicht anhängig.[8]

II. Wirtschaftliche Verhältnisse der Beteiligten:[7]

1. Die Antragstellerin ist Miteigentümerin zu $^1/_2$ der Eigentumswohnung (frühere Ehewohnung) der Beteiligten in ....., ... mit einem derzeitigen Verkehrswert von ..... EUR und einer derzeitigen Belastung von noch ca. .... EUR, die sie

selbst bewohnt; sie ist seit Eheschließung nicht mehr berufstätig und verfügt derzeit über kein eigenes Einkommen.

2. Der Antragsgegner hat derzeit ein monatliches Nettoeinkommen von . . . . . EUR und ist ebenfalls Miteigentümer zu $^1/_2$ dieser Eigentumswohnung.

III. Ehescheidung:

1. Die Ehe der Beteiligten ist gescheitert.[9]

a) Die Lebensgemeinschaft der Ehegatten besteht nicht mehr, ihre Wiederherstellung ist ausgeschlossen: die Ehegatten haben seit dem . . . . . bereits innerhalb der ehelichen Wohnung getrennt gelebt und getrennte Haushalte geführt; seit dem . . . . . ist der Antragsgegner aus der Ehewohnung ausgezogen.

b) Der Antragsgegner will die eheliche und häusliche Gemeinschaft nicht wiederherstellen, weil er die eheliche Lebensgemeinschaft ablehnt. Er strebt dringend die Scheidung und eine neue eheliche Verbindung mit einer anderen Frau an, mit der er seit etwa . . . . . ständige und fortdauernde Beziehungen unterhältDie Fortsetzung der Ehe würde für die Antragstellerin aus Gründen, die allein in der Person des Antragsgegners liegen, eine unzumutbare Härte darstellen (§ 1565 Abs. 2 BGB).

Die Antragstellerin hatte sich bisher völlig ehegemäß verhalten und ahnte von dem heimlichen ehewidrigen Verhältnis des Antragsgegners zu dieser anderen Frau nichts. Sie erfuhr erst am . . . . . hiervon und musste feststellen, dass es sich um eine gemeinsame Bekannte der Ehegatten handelte, welche die Antragstellerin bisher zudem als ihre beste Freundin betrachtet hatte. Im Rahmen einer schweren ehelichen Auseinandersetzung am . . . . . gestand der Antragsgegner das bereits seit Anfang Juni . . . . . andauernde ehebrecherische Verhältnis in allen Einzelheiten. Er erklärte, dass seine neue Lebensgefährtin zwischenzeitlich von ihm schwanger sei. Er gestand ferner ein, dass diese andere Frau „die große Liebe seines Lebens" sei, die er als seine zukünftige Frau auch mehreren – zum Teil gemeinsamen – Bekannten der Ehegatten sowie seiner Mutter vorgestellt hatte. Auf die Bitte der Antragstellerin, sich diesen Entschluss nochmals zu überlegen, lehnte der Antragsgegner brüsk ab und bekräftigte seinen Entschluss, sich unbedingt scheiden zu lassen, um jene andere Frau zu heiraten. Er zog – nach kurzem Getrenntleben innerhalb der ehelichen Wohnung[10] – am . . . . . zu dieser anderen Frau in deren Appartement. Er tritt mit seiner neuen Partnerin nunmehr ständig in seinem eigenen und im gemeinsamen Freundeskreis auf und stellt diese als seine künftige Frau vor.

Beweis: Beweis zu 1–3: Beteiligteneinvernahme

2 Der Antragsgegner, der auch in der Folgezeit ständig erklärt hat, er wolle keine Fortsetzung der Ehe, sondern die Scheidung zwecks Heirat seiner Freundin, wird diesen Sachverhalt im Scheidungstermin zugeben.[11]

IV. Folgesachen[12]

1. Elterliche Sorge/Umgang/Kindesunterhalt.
Anträge hierzu entfallen.

2. Versorgungsausgleich
Die Beteiligten streben die möglichst rasche Regelung des gesetzlichen Versorgungsausgleichs durch Vereinbarung an; insoweit darf auf unseren gesonderten, gleichzeitigen Schriftsatz zu diesem Punkt verwiesen werden.[14]

3. Auch sonstige Folgesachen (Ehegattenunterhalt/Ehewohnung/Hausrat/Zugewinn) wollen die Beteiligten nicht anhängig machen. Sie haben sich hierüber bereits gemäß der als Anlage 1 beigefügten Scheidungsvereinbarung verständigt, die gerichtlich protokolliert werden soll.[13, 16]

V. Kosten/Hilfs- und Verfahrensanträge/Sonstiges

1. **Der eingangs gestellte Antrag, allein dem Antragsgegner die Kosten des Scheidungsverfahrens aufzuerlegen, rechtfertigt sich gem. § 150 Abs. 4 S. 3 FamFG aus der in Anlage 1 vorgelegten Scheidungsvereinbarung (dortige Ziff. 7).**
2. **Hilfs- oder Verfahrensanträge werden derzeit nicht gestellt.**
3. **Verfahrensgebühren iHv ..... EUR sind eingezahlt, eine Kopie des Überweisungsbeleges ist beigefügt.**[17]

Rechtsanwalt[18, 19]

Anmerkungen

1. Ausschließliche Zuständigkeit nach § 122 FamFG, jeweils Amtsgericht – Familiengericht – in folgender Reihenfolge:

- gewöhnlicher Aufenthalt eines Ehegatten mit den (allen) gemeinsamen minderjährigen Kindern, also nicht, wenn Kinder verteilt leben (BGH NJW-RR 1987, 1348);
- gewöhnlicher Aufenthalt eines Ehegatten mit einem Teil der gemeinschaftlichen minderjährigen Kinder, sofern bei dem anderen Ehegatten keine gemeinsamen minderjährigen Kinder ihren gewöhnlichen Aufenthalt haben.
- letzter gemeinsamer gewöhnlicher Aufenthalt, wenn einer der Ehegatten diesen bei Rechtshängigkeit noch hat;
- gewöhnlicher Aufenthalt des Antragsgegners im Inland;
- gewöhnlicher Aufenthalt des Antragstellers im Inland;
- Amtsgericht – Familiengericht – Berlin-Schöneberg.

Zur internationalen Zuständigkeit vgl. § 98 FamFG. § 98 FamFG wird weitgehend verdrängt von der Brüssel IIa-VO (Verordnung (EG) Nr. 2201/2003 des Rates über die Zuständigkeit und die Anerkennung und Vollstreckung von Entscheidungen in Ehesachen und in Verfahren betreffend die elterliche Verantwortung und zur Aufhebung der Verordnung (EG) Nr. 1347/2000), in Kraft seit 1.3.2005. Sie ist in ihrem räumlichen Anwendungsbereich zwingendes Recht. Sie gilt in allen Mitgliedsstaaten der EU mit Ausnahme von Dänemark. Die Ausführungsbestimmungen für das Inland sind im Internationalen Familienverfahrensgesetz (IntFamRVG vom 26.1.2005, BGBl. I 162) geregelt. Seit 21.6.2012 gilt für Deutschland und 13 weitere Mitgliedsstaaten der EU die Rom III-VO (VO (EU) Nr. 1259/2010 des Rates v. 20.12.2010, zur Durchführung einer verstärkten Zusammenarbeit im Bereich des auf die Ehescheidung und Trennung ohne Auflösung des Ehebands anzuwendenden Rechts. Die VO regelt das anzuwendende materielle Recht, wobei vorrangig an den gewöhnlichen Aufenthaltsort der Ehegatten angeknüpft wird. Auch eine Rechtswahl durch die Eheleute ist möglich und häufig sinnvoll bei Ehen mit Auslandsbezug.

2. Grds. besteht Anwaltszwang vor dem Familiengericht in Ehesachen, Folgesachen und selbständigen Familienstreitsachen, § 114 Abs. 1 FamFG. Die Ausnahmen sind in § 114 Abs. 4 FamFG geregelt. Besondere Vollmacht ist erforderlich in Ehesachen (sie erstreckt sich auch auf Folgesachen, § 114 Abs. 5 FamFG).

3. Die Durchführung eines streitigen Scheidungsverfahrens ist ohne zweiten Anwalt möglich (zur einvernehmlichen Scheidung vgl. unten und → Form. II.K.7). Nur kann der Antragsgegner dann keine Verfahrenshandlungen vornehmen. Hier wollen die Beteiligten einen umfassenden gerichtlichen Vergleich schließen, auch zum Versorgungsausgleich, was ohne beiderseitige anwaltliche Vertretung nicht möglich ist. Es ist ein eingeschränktes Amtsermittlungsverfahren mit den sich aus §§ 133 ff. FamFG ergebenden Besonderheiten; zum Antragsinhalt, § 133 FamFG.

4. Gegenstandswert: § 43 FamGKG, nicht unter 3.000 EUR.

5. Eine rasche Terminsansetzung, auch wenn für einen Beteiligten vorteilhaft, ist nicht erzwingbar. Selbst unschlüssige Härtescheidungsanträge können aber durch Hinausschieben der Terminierung, Vorziehen der Ermittlungen zum VA etc trotz Widerspruchs des (scheidungsunwilligen) Antragsgegners oder über Beschwerdeeinlegung über das Trennungsjahr gebracht werden.

6. In der Regel Kostenaufhebung, jedoch nach billigem Ermessen des Gerichts unter – nicht bindender, aber tunlicher – Beachtung der Einigung der Ehegatten (§ 150 Abs. 4 FamFG).

7. Allgemeine Angaben zu persönlichen und wirtschaftlichen Verhältnissen in vielfacher Richtung zweckmäßig, → Form. II.K.8 Anm. 7.

Angaben zur Staatsangehörigkeit sind erforderlich, weil hiervon unter Umständen die internationale Zuständigkeit (vgl. §§ 97, 98 FamFG) sowie das anzuwendende materielle Recht abhängt → Anm. 1.

8. Diese Angaben sind bei jeder Scheidung zwingend erforderlich (§ 133 FamFG), Verstoß kann jedoch durch Nachreichung eines Schriftsatzes geheilt werden.

9. An die Gründe des § 1565 Abs. 2 BGB stellt die Rspr. strenge Anforderungen. Die unzumutbare Härte bezieht sich nicht darauf, weiter zusammen leben zu müssen, sondern weiter verheiratet zu sein (BGH NJW 1981, 449). Es muss unzumutbar sein, das Trennungsjahr abwarten zu müssen. Die Gründe müssen in der Person des anderen Ehegatten, also des Scheidungsgegners vorliegen. In Betracht kommen schwere Eheverfehlungen des anderen Ehegatten, zB wiederholte Misshandlungen gegenüber dem Ehegatten oder anderen Familienmitgliedern (OLG Stuttgart FamRZ 2002, 239; OLG Oldenburg FamRZ 2018, 1897), demütigende Verhaltensweisen iVm Tätlichkeiten oder ernstzunehmenden Bedrohungen (BGH FamRZ 1981, 127), Drohung gegenüber Dritten, den anderen Ehegatten zu töten (OLG Dresden FamRZ 2013, 627). Ehebruch reicht für sich betrachtet idR als Härtefall nicht aus. Maßgebend ist eine Gesamtbetrachtung der Begleitumstände, wofür auch von Bedeutung ist, ob die Beziehung offen im Freundes- und Familienkreis oder nur heimlich geführt wird. Bejaht wurde eine unzumutbare Härte, wenn eine Schwangerschaft aus der ehewidrigen Beziehung hervorgeht (OLG Hamm FamRZ 2014, 2004), wenn die Beziehung mit Angehörigen der Familie geführt wird (OLG Köln FPR 2003, 250: Beziehung mit Schwester der Ehefrau; OLG Oldenburg FamRZ 1992, 682: Zusammenleben der Ehefrau mit Bruder des Ehemannes). Ein Zusammenleben mit einem neuen Partner in früherer Ehewohnung dürfte nach heutiger Bewertung wohl nicht ausreichen (*Weber* NJW 2006, 3039), ebenso wenig die Aufnahme einer neuen Beziehung nach der Trennung. Auch die Nichtzahlung von Unterhalt genügt jedenfalls ohne weitere Umstände nicht (OLG Stuttgart FamRZ 2001, 1458). Sind Härtefallgründe bekannt und ist eine schnelle Scheidung gewünscht, sollte der Scheidungsantrag auch unverzüglich eingereicht werden. Je länger zugewartet wird, desto eher wird dem Antragsteller ein weiteres Zuwarten bis zum Ablauf des Trennungsjahres zuzumuten sein.

Die „positive" Härteklausel hat in der Praxis inzwischen sehr stark an Bedeutung verloren wegen der Neigung, auch unschlüssige oder unrichtige Scheidungsanträge irgendwie doch über das Trennungsjahr zu bringen, → Form. II.K.8 Anm. 3. Auch das Interesse der unterhaltsberechtigten Ehefrau, möglichst lange Trennungsunterhalt beziehen zu können und nicht der Gefahr einer Unterhaltsbegrenzung ausgesetzt zu sein wie im nachehelichen Unterhalt, kann gegen einen Härtefallantrag sprechen. Im vorgestellten, nicht seltenen Fall aus der Praxis sind aber beide Ehegatten an schnellstmöglicher Scheidung interessiert, der Ehemann insb. zur Einräumung aller Vorwürfe bereit.

10. Zum Begriff des Getrenntlebens, speziell innerhalb der ehelichen Wohnung, → Form. II.K.7 Anm. 9.

11. Beschränkung des Tatsachen- und Beweisvorbringens bei Aussicht auf Einigung der Ehegatten weiterhin zweckmäßig, zulässig und erwünscht.

12. Anträge in Folgesachen können in die Antragsschrift bzgl. der Ehescheidung aufgenommen werden. Es empfiehlt sich jedoch schriftsatzmäßige Trennung und Anlage gesonderter Akten für Anwalt und Gericht, weil jede Folgesache bei Gericht ein eigenes Unterheft erhält, unter Umständen ein anderes Schicksal haben kann und insb. an manchen Folgesachen Dritte beteiligt sind (vgl. §§ 139 FamFG; ferner → Form. II.K.8 Anm. 12).

13. Zu beachten: Ein Verzicht auf künftigen Unterhalt während des Bestehens der Ehe ist nicht möglich (§ 1614 BGB), er ist lediglich möglich für den Zeitraum nach Scheidung (§ 1585c BGB). Wegen Vereinbarungen zum Getrenntleben → Anm. 16.

14. Vereinbarungen über den Versorgungsausgleich, die vor Rechtskraft der Scheidung geschlossen werden, bedürfen der notariellen Beurkundung oder der gerichtlichen Protokollierung, jedoch nicht mehr der Genehmigung des Gerichts, § 7 VersAusglG, § 127a BGB.

15. Lässt sich ein Beteiligter (in der Regel der/die Antragsgegner/in) nicht oder nicht mehr vertreten, so kommt Beiordnung eines Rechtsanwalts in Betracht (§§ 138 FamFG; → Form. I.C.2) und ist häufig, gerade in VKH-Fällen zur Herstellung der „Waffengleichheit" auch geboten (vgl. etwa OLG Köln FamRZ 1998, 251 zu § 121 Abs. 2 S. 1 ZPO).

16. Wegen Vereinbarungen vgl. auch BeckFormB FamR Kap. F, G, K, (nachehelicher Unterhalt, Zugewinn, Versorgungsausgleich).

17. Es müssen zwei Gebühren als gerichtliche Verfahrenskosten eingezahlt werden, § 14 FamGKG, Nr. 1110 KV FamGKG. Sonst erfolgt idR keine Zustellung des Antrages. Zu den Ausnahmen s. § 15 FamGKG.

Kosten und Gebühren

18. Gerichtskosten: 2,0 Gerichtsgebühren KV 1110 FamGKG, Rechtsanwaltsgebühren: 1,3 Verfahrensgebühr 3100 und 1,2 Terminsgebühr VV 3104 RVG. Zur Berechnung der Einkommens- und Vermögensverhältnisse für den Gegenstandswert einer Ehesache – § 43 FamGKG – wird meist abgestellt auf das 3-Monats-Nettoeinkommen beider Ehegatten minus 250 EUR für jedes unterhaltsberechtigte Kind. Vermögen der Ehegatten wird idR mit 5 % (nach Abzug von Freibeträgen von 60.000 EUR je Ehegatte und 30.000 EUR für jedes minderjährige Kind) angesetzt, dazu Gerold/Schmidt/*Müller-Rabe* RVG Anh. VI Rn. 490 ff.

Fristen und Rechtsmittel

19. IE → Form. II.K.34.

7. Antrag auf einverständliche Scheidung (Getrenntleben von mindestens einem Jahr)

An das . . . . ., den . . . . .

Amtsgericht[1]
– Familiengericht –

Antrag

der . . . . .
– Antragstellerin –
Verfahrensbevollmächtigte: Rechtsanwälte . . . . .[2]
gegen
den . . . . .
– Antragsgegner –
Verfahrensbevollmächtigte: Rechtsanwälte . . . . .[3]
wegen einverständlicher Ehescheidung
vorläufiger Verfahrenswert: . . . . . EUR[4]
Unter Vorlage besonderer Verfahrensvollmacht[2] bitten wir namens der Antragstellerin um Anberaumung eines möglichst nahen Termins zur mündlichen Verhandlung[5] und stellen gegen den Antragsgegner folgende Anträge:

I. Die am 1.4.2002 vor dem Standesbeamten in . . . . ., Heiratsregister Nr. . . . . ./. . . . ., geschlossene Ehe der beteiligten Ehegatten wird geschieden.

II. Die Kosten des Verfahrens werden gegeneinander aufgehoben.[6]

Begründung:

I. Persönliche Verhältnisse der Beteiligten[7]

1. **Die Antragstellerin, geb. am . . . . ., und der Antragsgegner, geb. am . . . . ., beide Deutsche Staatsangehörige, haben wie im Antrag bezeichnet die Ehe geschlossen. Die Beteiligten haben ihren derzeitigen gewöhnlichen Aufenthalt zwar im Bezirk verschiedener Familiengerichte, jedoch hat ihn die Antragstellerin mit den gemeinsamen minderjährigen Kindern (s. unten 2.) im Bezirk des angerufenen Familiengerichts.[1]**
2. **Aus der Ehe sind folgende gemeinschaftliche Kinder hervorgegangen:**
   a) . . . . ., geb. . . . . .
   b) . . . . ., geb. . . . . .[7]
   Beweis zu 1–2: Familienstammbuch anbei
3. **Familiensachen iSd § 111 FamFG sind anderweitig nicht anhängig.[7]**

II. Wirtschaftliche Verhältnisse der Beteiligten

1. **Die Antragstellerin, in den ersten 10 Monaten nach Eheschließung zunächst noch berufstätig, sodann Hausfrau ohne Einkommen, ist seit dem . . . . . wieder halbtags berufstätig als Friseurin mit einem monatlichen Nettoeinkommen von . . . . . EUR. Sie verfügt über kein nennenswertes Vermögen.**
2. **Der Antragsgegner hat derzeit ein monatliches Nettoeinkommen als angestellter Kraftfahrer von . . . . . EUR. Auch er verfügt über kein nennenswertes Vermögen.**

III. Ehescheidung

1. **Die Ehe der Beteiligten ist gescheitert.[8]**
   a) Die Lebensgemeinschaft der Ehegatten besteht nicht mehr: die Beteiligten lebten seit Anfang April 2018 zunächst innerhalb der ehelichen Wohnung (3-Zimmer-

Wohnung mit Wohnzimmer, Elternschlafzimmer, Kinderzimmer, Küche und Bad mit Toilette) räumlich getrennt in der Form, dass die Antragstellerin das Schlafzimmer, der Antragsgegner gelegentlich das Wohnzimmer benutzten. Der Antragsgegner versorgte sich selbst, die Antragstellerin führte nur für sich und die gemeinsamen ehelichen Kinder den Haushalt. Soweit die Ehegatten hierbei zusammenkamen, handelte es sich nur um ein durch die Umstände bedingtes Nebeneinander ohne persönliche Beziehungen.[9]

b) Der Antragsgegner hat eine ständige Freundin, mit der er mindestens seit Anfang April 2019 den größten Teil seiner Freizeit und die Wochenenden verbrachte. Nachdem er aus der ehelichen Wohnung zunächst nur deshalb nicht ausgezogen ist, weil die Wohnung seiner Freundin zu klein ist, hat er sich seit . . . . . ein möbliertes Zimmer gemietet, bis er mit seiner neuen Partnerin eine neue Wohnung findet; die Wiederherstellung der ehelichen Lebensgemeinschaft lehnt er auf Grund der Beziehung zur Freundin ab.[10]

c) Die Beteiligten haben zwar über kürzere Zeit, und zwar vom . . . . . bis zum . . . . . im Zusammenhang mit einer gemeinsamen Urlaubsreise wieder zusammengelebt. Dies sollte der Versöhnung der Ehegatten dienen, der Versuch ist jedoch gescheitert, weil der Antragsgegner die Beziehung zu seiner Freundin nicht beenden will.[11]

Beweis zu 1. a)–1. b): Beteiligteneinvernahme beider Ehegatten.

2. Der Antragsgegner wird durch seine Verfahrensbevollmächtigten sowie bei seiner Anhörung die Zustimmung zur Scheidung, wie sie bereits in der als Anlage 1 hiermit vorgelegten Scheidungsvereinbarung zum Ausdruck kommt, erneut erklären.[8] Da die Ehegatten seit einem Jahr getrennt leben, die Antragstellerin Scheidung begehrt und der Antragsgegner der Scheidung zustimmt, ist das Scheitern der Ehe und deren Zerrüttung unwiderlegbar zu vermuten (§ 1566 Abs. 1 BGB).

IV. Folgesachen[12]

1. Elterliche Sorge/Umgang/Kindesunterhalt[13]
Gem. § 133 Abs. 1 Nr. 2 FamFG wird erklärt, dass die Beteiligten folgende Scheidungsvereinbarung im Termin protokollieren wollen:
a) Die Beteiligten sind sich darüber einig, dass Anträge zur Übertragung der elterlichen Sorge für die gemeinsamen Kinder auf einen Elternteil und zur Regelung des Umgangs der Eltern mit den Kindern nicht gestellt werden sollen, weil sich diese über das Fortbestehen der gemeinsamen elterlichen Sorge und über den Umgang einig sind.[14]
b) In Ziff. 1 der Scheidungsvereinbarung haben sich die Beteiligten auch über den Unterhalt gegenüber den gemeinsamen ehelichen Kindern geeinigt.[15]

2. Ehegattenunterhalt/Ehewohnung/Haushaltsgegenstände
a) Die Einigung der Beteiligten über den Ehegattenunterhalt ist in Ziff. 2 der Scheidungsvereinbarung enthalten.
b) Eine Einigung der Beteiligten über die Rechtsverhältnisse an der Ehewohnung und an den Haushaltsgegenständen liegt vor gemäß der beigefügten Scheidungsvereinbarung für die Ehewohnung (Ziff. 3) und den gemeinsamen Haushaltssachen (Ziff. 4).[16]

3. Zugewinnausgleich/sonstige Vermögensfragen
Anträge zum ehelichen Güterrecht sind nicht veranlasst (vgl. auch Ziff. 5 der vorgelegten Scheidungsvereinbarung[17]).

4. Versorgungsausgleich
Für den Versorgungsausgleich, über den von Amts wegen zu entscheiden ist, bitten wir um Übersendung der entsprechenden Formulare.[18]

V. Kosten/Hilfs- und Verfahrensanträge/Sonstiges

1. Bei den geschilderten Einkommens- und Vermögensverhältnissen ist eine Abweichung von der gesetzlichen Kostenregelung nicht veranlasst.

2. Die anfangs aufgeführten Verfahrensbevollmächtigten des Antragsgegners, mit denen die vorgelegte Scheidungsvereinbarung[19] ausgehandelt wurde, sind unmittelbar zustellungsbevollmächtigt.

3. Verfahrensgebühren iHv . . . . . EUR sind eingezahlt; eine Kopie des Überweisungsbeleges ist beigefügt.[20]

Rechtsanwalt[21, 22]

Anmerkungen

1–7. → Form. II.K.6 Anm. 1–8

8. Grundtatbestand des § 1565 Abs. 1 BGB ergänzt durch die beiden zusätzlichen Merkmale des § 1566 Abs. 2 BGB (1 Jahr Getrenntleben/Zustimmung bzw. beiderseitiger Scheidungsantrag). Die Angabe, dass der Antragsgegner zustimmen wird, ist bei der einverständlichen Scheidung nach §§ 1566 BGB, nicht mehr erforderlich (vgl. § 133 Abs. 1 FamFG), aber zweckmäßig. Ein einverständliches Scheidungsverfahren kann auch aus einem zunächst streitigen Scheidungsverfahren hervorgehen. Der Antragsgegner kann aber auch dann, wenn er sich zur Zustimmung verpflichtet hat, diese Erklärung bis zum Schluss der mündlichen Verhandlung, selbst noch in der Beschwerdeinstanz, frei widerrufen (§ 134 Abs. 2 FamFG). Der Antragsteller muss dann zur streitigen Scheidung übergehen, BGH NJW 1984, 1303.

9. Zum Begriff des Getrenntlebens (objektive Trennung und Trennungsabsicht) vgl. Palandt/*Siede* BGB § 1567 Rn. 2 ff. Erfolgt die Trennung innerhalb der ehelichen Wohnung, ist die Aufgabe des gemeinsamen Haushalts und der wesentlichen persönlichen Beziehungen erforderlich; bloß räumliches „Nebeneinander" schadet nicht, wenn aus objektiv erkennbaren Umständen (vor allem Sorge für Kinder) erklärbar, zB BGH NJW 1979, 1360; oder OLG Köln NJW 1987, 1561. Auch ein nicht völliges Getrenntleben kann bei ersichtlich unheilbarer Zerrüttung ausreichen, vgl. OLG München FamRZ 1978, 596, jedoch kann erneutes Zusammenleben über mehr als drei Monate die Trennung unterbrechen, OLG Hamm NJW-RR 1986, 554.

10. In der Praxis genügt häufig der Vortrag, die Ehe sei zerrüttet oder das Trennungsjahr abgelaufen. Manche Gerichte verlangen aber auch substantiierten Sachvortrag, aus dem sich die Zerrüttung ableitet.

11. Zum Begriff der „Versöhnung" → Form. II.K.9 Anm. 7

12. → Form. II.K.8 Anm. 12 und → Form. II.K.10 Anm. 4

13. Bei streitiger Scheidung oder Streit zu diesen Einzel-Familiensachen → Form. II. K.10

14. Gem. § 133 Abs. 1 FamFG muss der Scheidungsantrag folgende Angaben enthalten:

- Namen und Geburtsdaten der gemeinschaftlichen minderjährigen Kinder sowie die Mitteilung ihres gewöhnlichen Aufenthalts
- die Erklärung, ob die Ehegatten eine Regelung über die elterliche Sorge, den Umgang, und die Unterhaltspflicht gegenüber den gemeinschaftlichen minderjährigen Kindern sowie die durch die Ehe begründete gesetzliche Unterhaltspflicht, die Rechtsverhältnisse an der Ehewohnung und am Hausrat getroffen haben

- die Angabe, ob Familiensachen, an denen beide Ehegatten beteiligt sind, anderweitig anhängig sind

Werden die Angaben auch auf Nachfrage des Gerichts nicht gemacht, ist der Scheidungsantrag als unzulässig abzuweisen (Musielak/*Borth* FamFG § 133 Rn. 4; OLG Saarbrücken NZFam 2014, 371). Mängel können bis zum Schluss der mündlichen Verhandlung behoben werden. Es ist nicht Voraussetzung, dass eine Einigung in den von § 133 Abs. 1 Nr. 2 FamFG genannten Punkten erfolgt ist. Die Mitteilung, dass dies nicht erfolgt ist, reicht aus und bleibt folgenlos (Musielak/*Borth* FamFG § 133 Rn. 3).

15. Im Falle einer Einigung kann der Titel entweder durch einen Verfahrensvergleich herbeigeführt werden (in diesem Falle – da Verfahrenshandlung – ist Mitwirkung eines Rechtsanwalts auf Seiten des Antragsgegners nötig, so BGH NJW 1991, 1743) oder aber durch notarielle Urkunde oder durch Anwaltsvergleich, § 796a ZPO. Bei streitiger Scheidung oder Einzelstreit zu diesem Punkt → Form. II.K.13 Anm. 1–19; → Anm. 19.

16. Eine Einigung über Ehewohnung und Hausrat ist nicht Voraussetzung für eine einverständliche Scheidung, → Anm. 14.

17. Anträge zum ehelichen Güterrecht (alle Güterstände) stehen – auch bei einverständlicher Scheidung – im Belieben der Beteiligten. Ob eine Einigung in güterrechtlichen Fragen erzielt wurde, gehört auch nicht zu den Mitteilungspflichten des § 133 Abs. 1 Nr. 2 FamFG; → Form. II.K.16 Anm. 1–15; → Anm. 19.

18. → Form. II.K.21 Anm. 1–6

19. Hinweise auf Gestaltungsmuster bei → Form. II.K.6 Anm. 16.

20. Es müssen zwei Gebühren als Verfahrenskosten eingezahlt werden, § 14 FamGKG, Nr. 1110 KV FamGKG. Sonst erfolgt idR keine Zustellung des Antrages. Zu den Ausnahmen s. § 15 FamGKG.

Kosten und Gebühren

21. → Form. II.K.6

Fristen und Rechtsmittel

22. IE → Form. II.K.34; befristete Beschwerde, §§ 58, 63 FamFG, einzulegen beim Gericht erster Instanz binnen eines Monats, § 64 Abs. 1 FamFG; die Frist zur notwendigen Beschwerdebegründung beträgt zwei Monate ab Bekanntgabe des Beschlusses, § 117 Abs. 1 S. 3 FamFG; die Beschwerdebegründung ist beim Beschwerdegericht einzureichen, § 117 Abs. 1 S. 2 FamFG; zuständig für das Beschwerdeverfahren ist das OLG; § 119 Abs. 1 Nr. 1a GVG: zur Anschlussbeschwerde vgl. § 145 FamFG.

8. Antrag auf streitige Scheidung (Getrenntleben ab einem Jahr)

An das . . . . ., den . . . . .

Amtsgericht[1]
– Familiengericht –

Antrag

des . . . . .
– Antragsteller –
Verfahrensbevollmächtigter: Rechtsanwalt . . . . .[2]
gegen
. . . . .
– Antragsgegnerin –
wegen Ehescheidung[3]
vorläufiger Verfahrenswert: . . . . . EUR[4]

Unter Vorlage besonderer Verfahrensvollmacht[5] bitten wir namens und im Auftrag des Antragstellers um Termin[6] zur mündlichen Verhandlung und stellen für diesen folgende Anträge:

I. Die am . . . . . vor dem Standesamt . . . . ., Heiratsregister Nr. . . . ./. . . . . geschlossene Ehe der beteiligten Ehegatten wird geschieden.

II. Die Kosten des Verfahrens werden gegeneinander aufgehoben.

Begründung:

I. Persönliche Verhältnisse der Beteiligten[7]

1. Der Antragsteller, geb. am . . . . ., und die Antragsgegnerin, geb. am . . . . ., beide Deutsche Staatsangehörige,[8] haben die im Antrag bezeichnete Ehe geschlossen. Die Antragsgegnerin, bei der die gemeinsamen minderjährigen Kinder derzeit noch leben, hat ihren gewöhnlichen Aufenthalt im Bezirk des angerufenen Familiengerichts.[1]

2. Aus der Ehe der Beteiligten sind folgende gemeinsame minderjährige Kinder hervorgegangen

a) Paul, geb. am . . . . .

b) Michael, geb. am . . . . .

Beweis zu 1. u. 2.: Familienstammbuch . . . . .

3. Familiensachen iSd § 111 FamFG sind anderweitig nicht anhängig.

II. Wirtschaftliche Verhältnisse der Beteiligten[7]

1. Der Antragsteller, früher Ingenieur im Anstellungsverhältnis mit einem monatlichen Nettoeinkommen von 3.500 EUR, ist seit 1.1.2018 als selbständiger Handelsvertreter mit sehr unregelmäßigem Einkommen, im Durchschnitt derzeit 2.000 EUR netto/Monat, tätig. Er verfügt über kein nennenswertes Vermögen.
Er hat in der Vergangenheit für die Antragsgegnerin und die gemeinsamen ehelichen Kinder monatlich ca. 1.050 EUR geleistet, diese Beträge aber infolge eines niedrigeren Einkommens in den letzten Monaten erheblich einschränken müssen, zumal er seit Januar 2021 für ein weiteres (außereheliches) Kind unterhaltspflichtig ist.

2. Die Antragsgegnerin soll nach ihren Angaben derzeit ohne Arbeitseinkommen sein. Sie verfügt aber über zinsbringende Ersparnisse iHv mindestens 20.000 EUR jährlich.

III. Ehescheidung

1. Die Ehe der Beteiligten ist gescheitert.[9]
   a) Die eheliche Lebensgemeinschaft besteht nicht mehr: die Beteiligten leben bereits seit Mai 2017 getrennt, zunächst bis Oktober 2017 unter Aufhebung der persönlichen, insb. ehelichen, Beziehungen und bei getrennter Haushaltsführung in der damaligen ehelichen Wohnung in . . . . ., ab Ende Oktober 2017 in der Weise, dass der Antragsteller aus der damaligen ehelichen Wohnung auszog und seitdem in . . . . . mit seiner Lebensgefährtin, Frau X, ständig zusammenlebt, mit der er inzwischen das am 1.1.2021 geborene Kind . . . . . hat.
   b) Da die Beteiligten im Zeitpunkt der letzten mündlichen Verhandlung[6] über den Scheidungsantrag mindestens 3 Jahre getrennt leben, ist das Scheitern der Ehe unwiderlegbar zu vermuten (§ 1566 Abs. 2 BGB).
2. Rein vorsorglich wird darauf hingewiesen,[10] dass die Ehe der Beteiligten unabhängig von der genauen Dauer der Trennungszeit schon jetzt als endgültig und unwiderruflich gescheitert anzusehen ist:
   Der Antragsteller hat sich schon Anfang 2017 von der Antragsgegnerin abgewandt, mit der er ständig Auseinandersetzungen hatte. Mit einer anderen Frau, nämlich Frau X., besteht seitdem eine Beziehung und seit Ende Oktober 2017 darüber hinaus ständiges Zusammenleben in häuslicher Gemeinschaft. Schon vor seinem Auszug aus der damaligen ehelichen Wohnung in . . . . ., erst recht nach dem Zusammenziehen mit Frau X. hat der Antragsteller der Antragsgegnerin immer wieder klar und deutlich erklärt, dass er die Wiederherstellung der Lebensgemeinschaft mit ihr ablehne und dringend die Scheidung wolle, um Frau X. zu heiraten, auch weil er noch gemeinsame Kinder mit ihr wünsche. Die fortbestehenden Kontakte zwischen den Beteiligten basieren nur noch auf dem Umgang mit den gemeinsamen ehelichen Kindern.
   Beweis zu 1–2: Beteiligteneinvernahme;
   Die bisherige Ablehnung der Scheidung durch die Antragsgegnerin erfolgt seit langem nicht mehr aus innerer Bindung der Antragsgegnerin an diese gescheiterte Ehe, sondern allein aus Feindseligkeit gegenüber dem Antragsteller und seiner Freundin.

IV. Folgesachen[11, 12]

1. Elterliche Sorge/Umgang/Kindesunterhalt
   a) Zur elterlichen Sorge für das Kind Paul, geb. am . . . . ., wird Antrag auf Übertragung der elterlichen Sorge auf den Antragsteller in gesondertem Schriftsatz gestellt. Ein Antrag für das Kind Michael, geb. am . . . . ., wird derzeit nicht gestellt, wenngleich eine Einigung zwischen den Beteiligten bislang nicht erzielt werden konnte.[13]
   b) Eine Einigung in der Frage des Umgangsrechts mit beiden Kindern konnte bislang nicht erreicht werden.[14]
   c) Über die Höhe des Kindesunterhalts konnte bislang keine Einigung der Parteien für die Zeit ab 1.1.2021 erzielt werden.[15]
2. Ehegattenunterhalt/Ehewohnung/Haushaltssachen
   a) Seitens des Antragstellers sind Anträge zum Ehegattenunterhalt derzeit nicht veranlasst.[15] Eine Einigung wurde bislang nicht erzielt.
   b) Anträge zur Ehewohnung entfallen, zumal die Antragsgegnerin die frühere eheliche Wohnung, von ihr seit Ende Oktober 2017 allein bewohnt, im Jahre 2020 aufgelöst hat und mit dem Hausrat in eine eigene Wohnung gezogen ist.
   c) Anträge zu Haushaltssachen bleiben jedoch vorbehalten,[16] da noch keine vollständige Einigung herbeigeführt werden konnte.

3. Zugewinn/sonstige Vermögensfragen
   Anträge zum Zugewinn will der Antragsteller, obwohl möglicherweise ein Zugewinn seitens der Antragsgegnerin vorliegt, derzeit ebenfalls nicht stellen.[16]
4. Versorgungsausgleich
   Dieser ist hier an sich von Amts wegen durchzuführen.[17] Jedoch beantragt der Antragsteller insoweit Vorwegentscheidung über den Scheidungsantrag (s. unten → V. 2. mit weiterer Begründung).

V. Kosten/Hilfs- und Verfahrensanträge/Sonstiges

1. Die gesetzliche Kostenfolge gem. § 150 Abs. 1 FamFG erscheint angemessen.
2. Vorwegentscheidung über Scheidung vor Versorgungsausgleich:
   Der Antragsteller war während der Ehezeit[18] mehrfach selbständig, dann wieder in verschiedenen Bereichen als Angestellter tätig und bei verschiedenen Versorgungsträgern versichert, so dass sich ein sehr komplizierter Versicherungsverlauf ergibt. Über Teilaspekte, insb. die Zulässigkeit und Bewertung von durch den Antragsteller während Zeiten selbständiger Tätigkeit entrichteten freiwilligen Einzahlungen und Nachzahlungen zur Sozialversicherung, muss der Antragsteller einen Rechtsstreit in der Sozialgerichtsbarkeit möglicherweise noch anstrengen; dies wird vom Ausgang eines derzeit beim Landesarbeitsgericht . . . ., Aktenzeichen . . . . . anhängigen Arbeitsgerichtsprozesses des Antragstellers mit seiner früheren Arbeitgeberin, der Fa. . . . ., abhängen, in welchem es unter anderem um die Frage geht, ob das letzte Anstellungsverhältnis des Antragstellers zu dieser Firma bis zum 31.12.2017 Bestand hatte oder auf Grund fristloser Arbeitgeberkündigung bereits im Januar 2017 beendet wurde. Dies hat Auswirkungen auf die Versorgungsanwartschaften des Antragstellers in der gesetzlichen Rentenversicherung.[19]
   Beweis: . . . .
   . . . .
   Die gleichzeitige Entscheidung über den Versorgungsausgleich würde daher den Scheidungsausspruch so außergewöhnlich verzögern, dass der Aufschub, bei vergleichsweise geringerer Bedeutung der Folgesache, im Hinblick auf die langjährige Trennung und die Notwendigkeit baldiger Legitimierung des nichtehelichen Kindes des Antragstellers mit X. eine unzumutbare Härte darstellen würde.[20] Es wird daher die Abtrennung der Folgesache Versorgungsausgleich gem. § 140 Abs. 2 Nr. 2 FamFG beantragt.
3. Bereits jetzt wird gem. § 142 Abs. 2 FamFG beantragt, im Falle einer Abweisung seines Scheidungsantrages das Verfahren über die elterliche Sorge für das Kind Paul als selbständige Familiensache fortzuführen.[21, 22]
4. Verfahrensgebühren iHv . . . . EUR sind eingezahlt; eine Kopie des Überweisungsbeleges ist beigefügt.[23]

Rechtsanwalt[24, 25]

Anmerkungen

1–2. → Form. II.K.6 Anm. 1, 2

3. Zum Begriff der Trennung → Form. II.K.7 Anm. 9; zu möglichen Einwendungen des scheidungsunwilligen Ehegatten → Form. II.K.9; → Anm. 9, 10). Die Ehe kann geschieden werden, wenn sie gescheitert ist, § 1565 Abs. 1 BGB. Das Scheitern wird unwiderlegbar vermutet, wenn die Eheleute seit einem Jahr getrennt leben und der andere Ehegatte dem Scheidungsantrag zustimmt oder die Scheidung selbst beantragt, § 1566 Abs. 1 BGB. Das Scheitern wird unwiderlegbar vermutet, wenn die Eheleute drei Jahre getrennt leben, § 1566 Abs. 2 BGB.

Allerdings wurden in der Praxis die Anforderungen an das Vorliegen der Zerrüttung und deren Nachweis ständig herabgesetzt, so dass in aller Regel trotz Abweisungsantrag des Antragsgegners nach einem Jahr Trennung streitig geschieden wird (falls nicht Folgesachen Verzögerung bringen).

4–5. → Form. II.K.5 Anm. 4, 5

6. Wann das Familiengericht den ersten – und bei Beweisschwierigkeiten zur Trennungszeit möglicherweise letzten – Scheidungstermin vor Antragsabweisung ansetzt, liegt in dessen pflichtgemäßem Ermessen. Die Praxis ist auch bei eindeutig verfrühten Scheidungsanträgen sehr unterschiedlich; nicht immer erfolgt im Interesse des scheidungsunwilligen Antragsgegners sehr kurzfristige Terminierung mit Antragsabweisung.

Häufiger sind geduldete oder vom Familiengericht selbst veranlasste Verzögerungen (zB Vorermittlungen zum VA, denen sich der Antragsgegner nicht entziehen kann und die den Scheidungsantrag hinsichtlich der Trennungsfrist irgendwann schlüssig bzw. beweisbar machen. BGH NJW 1997, 1007 f. stellte die lange strittige Frage klar, dass verfrühte Anträge nach Zeitablauf im Verfahren nach dem Stand der letzten mündlichen Verhandlung zu beurteilen und damit (selbst bei Verdacht auf Manipulation zB des Zugewinn-Stichtages) letztlich zur Scheidung führen können, dies insb. auch noch in der Beschwerde; immerhin drohen dem voreiligen Antragsteller dann aber *Kostennachteile* (für das Beschwerdeverfahren § 113 Abs. 1 S. 2, § 150 Abs. 4 FamFG iVm § 97 ZPO analog; BGH NJW 1997, 1007).

7. Genauer Vortrag zu den persönlichen und wirtschaftlichen Verhältnissen über die Mindestanforderungen des § 133 FamFG hinaus empfiehlt sich normalerweise als Check-Liste für den bearbeitenden Anwalt und zur Vermeidung späterer Rückfragen und Verzögerungen, für rasche Ermittlung von Gegenstandswert und Kosten einschließlich Kostenvorschüssen, aber auch als Bezugsbasis für spätere Einzelausführungen zu einzelnen Sachanträgen (einschließlich Folgesachen).

8. Bedeutsam für internationale Zuständigkeit (§§ 97, 98 FamFG) und das nach IPR anzuwendende materielle Recht (Art. 17 EGBGB; Brüssel IIa-VO, Rom III-VO → Form. II.K.6 Anm. 1).

9. Wegen der Unbestimmtheit der Rechtsbegriffe in § 1567 Abs. 1, insb. bei Getrenntleben innerhalb der ehelichen Wohnung und kürzeren „Versöhnungszeiten" gem. § 1567 Abs. 2 BGB (vgl. zB OLG Hamm NJW-RR 1986, 554: erneutes Zusammenleben von mehr als drei Monaten unterbricht Trennung; OLG Köln FamRZ 1982, 1015; vier Monate), ist bei echter streitiger Scheidung substantiierter Vortrag zur Trennung erforderlich. Das „Scheitern der Ehe" ist Grundtatbestand für alle Scheidungsvarianten.

10. Wegen → Anm. 9 (Chancen für scheidungsunwillige Antragsgegner beim Bestreiten ausreichender Trennungszeiten, → Form. II.K.9) und als Vorgriff zu gegnerischen Aussetzungsanträgen nach § 136 FamFG (ggf. auch als Vorbereitung einer Vorwegentscheidung aus § 140 FamFG) empfiehlt sich häufig mindestens sofortige Ermittlung, oft auch baldiger schriftsätzlicher Vortrag weiterer das Scheitern der Ehe begründender Umstände mit Beweismitteln.

11. Gem. § 133 Abs. 1 FamFG muss der Scheidungsantrag folgende Angaben enthalten:

- Namen und Geburtsdaten der gemeinschaftlichen minderjährigen Kinder sowie die Mitteilung ihres gewöhnlichen Aufenthalts
- die Erklärung, ob die Ehegatten eine Regelung über die elterliche Sorge, den Umgang, und die Unterhaltspflicht gegenüber den gemeinschaftlichen minderjährigen Kindern

sowie die durch die Ehe begründete gesetzliche Unterhaltspflicht, die Rechtsverhältnisse an der Ehewohnung und am Hausrat getroffen haben
- die Angabe, ob Familiensachen, an denen beide Ehegatten beteiligt sind, anderweitig anhängig sind

Werden die Angaben auch auf Nachfrage des Gerichts nicht gemacht, ist der Scheidungsantrag als unzulässig abzuweisen (Musielak/*Borth* FamFG § 133 Rn. 4; OLG Saarbrücken NZFam 2014, 371). Mängel können bis zum Schluss der mündlichen Verhandlung behoben werden. Es ist nicht Voraussetzung, dass eine Einigung in den von § 133 Abs. 1 Nr. 2 FamFG genannten Punkten erfolgt ist. Die Mitteilung, dass dies nicht erfolgt ist, reicht aus und bleibt folgenlos (Musielak/*Borth* FamFG § 133 Rn. 3).

12. Folgesachen sind die in § 137 Abs. 2 u. 3 FamFG genannten Verfahren, wenn eine Entscheidung für den Fall der Scheidung zu treffen ist. Der Versorgungsausgleich ist Folgesache von Amts wegen. Weitere Voraussetzung ist, dass die Anträge in Unterhaltssachen, Ehewohnungs- und Haushaltssachen sowie Güterrechtssachen zwei Wochen vor der mündlichen Verhandlung in der Scheidungssache anhängig gemacht werden, § 137 Abs. 2 S. 1 FamFG. Die Berechnung der Frist im Wege der Rückwärtsberechnung ist streitig. Es empfiehlt sich, vorsichtshalber eine Frist von 15 Tagen zu notieren (Beispiel: Scheidungstermin ist bestimmt auf den 30.6. Dann vorsorglich letzter Tag für die Frist des § 137 Abs. 2 FamFG: 15.6.; vgl. zur Problematik *Grandel* FF 2011, 133; *Schröder* FF 2011, 301). Anträge auf elterliche Sorge, Umgangsrecht oder Kindesherausgabe können bis zum Schluss der mündlichen Verhandlung in der Scheidungssache erster Instanz noch anhängig gemacht werden. Das Gericht kann aber die Einbeziehung in den Verbund ablehnen, wenn sie dem Kindeswohl widerspricht, § 137 Abs. 3 FamFG. Wird die Zweiwochenfrist des § 137 Abs. 2 FamFG für Anträge auf Zugewinnausgleich oder nachehelichen Unterhalt versäumt, kann keine Abtrennung erfolgen, sondern es muss der Antrag als unzulässig abgewiesen werden, da neben einem Scheidungsverfahren keine isolierte Folgesache zulässig ist (ebenso Musielak/*Borth* FamFG § 137 Rn. 33; aA: OLG Oldenburg NJW-Spezial 2010, 677).

13. Jeder Ehegatte kann rechtzeitig, dh vor Schluss der mündlichen Verhandlung durch entsprechende Anträge Aufnahme in den Scheidungsverbund erreichen, auch über Umgang oder Herausgabe (§ 137 Abs. 3 FamFG). Inzwischen besteht die Tendenz der Rspr., es möglichst bei gemeinsamer elterlicher Sorge zu belassen, wenn wenigstens minimaler Konsens zwischen den Eltern möglich erscheint (vgl. *Weber* NJW 2004, 3084 (3086 ff.); in den Grenzen der Entscheidung des BVerfG FamRZ 2004, 354). In der Praxis sind Verfahren in Kindschaftssachen nur selten Folgesachen, weil in aller Regel eine sofortige Entscheidung begehrt wird und nicht erst für die Zeit nach der Scheidung. Ein Zwangsverbund wie nach altem Recht aus § 623 Abs. 3 ZPO aF besteht nicht mehr.

14. § 133 Abs. 1 Nr. 2 FamFG verlangt eine Erklärung, ob über das Umgangsrecht eine Einigung der Eheleute gefunden werden konnte.

15. Unterhaltsansprüche des Kindes für die Zeit der noch bestehenden Ehe und Unterhaltsansprüche des Ehegatten aus § 1361 BGB sind, obwohl Familiensachen, keine Folgesachen. Die Zeit bis zur Rechtskraft des Scheidungsbeschlusses kann mit einstweiligen Anordnungen überbrückt werden (zum einstweiligen Rechtsschutz in Unterhaltssachen außerhalb des Scheidungsverfahrens → Form. II.K.30). In der Praxis wird daher empfohlen, den gesamten Kindesunterhalt von Anfang an (nicht erst „ab Rechtskraft der Scheidung") in einem selbständigen Verfahren (→ Form. II.K.13) und nicht im Verbund geltend zu machen (mit Ausnahmen, so wenn wegen eines Sorgerechtsstreites auch die Barunterhaltspflicht schon dem Grunde nach streitig ist).

16. Nach §§ 1361a, 1568b BGB auch als isolierte Familiensache ohne Scheidungsverfahren möglich für Ehewohnung und Hausrat. Isolierte einstweiligen Anordnungen gem. § 49 FamFG zulässig, → Form. II.K.29, zu einstweiligen Anordnungen nach dem GewaltschutzG → Form. II.K.28. Angaben, ob eine Einigung über güterrechtliche Ansprüche erzielt wurde, schreibt § 133 FamFG nicht vor.

17. Obwohl der Versorgungsausgleich von Amts wegen betrieben wird, erfordern zahlreiche Sondervorschriften zusätzliche förmliche Anträge der Beteiligten, andere mindestens speziellen Tatsachenvortrag, → Form. II.K.21 → Form. II.K.22, insb. → Form. II. K.21 Anm. 4.

18. Legaldefinition in § 3 VersAusglG: Der Ausgleichszeitraum endet am Ende des der Zustellung des Scheidungsantrages vorausgegangenen Monats auch dann, wenn das Scheidungsverfahren später längere Zeit zum Ruhen kommt (aA AG Stuttgart NJW 1978, 646 f.; dagegen *Parche* NJW 1979, 139 (140), in diesem Sinne – wenn auch zum Zugewinn – auch BGH FamRZ 1983, 350: alter Stichtag bleibt); diff. BGH NJW-RR 2004, 1297 bei zwischenzeitlicher Versöhnung. Zur Problematik der Verzinsung im Versorgungsausgleich s. Palandt/*Siede* VersAusglG § 14 Rn. 8.

19. Eine Abtrennung der Folgesache Versorgungsausgleich ist gem. § 140 Abs. 2 Nr. 2 FamFG möglich, wenn der Versorgungsausgleich ausgesetzt ist. Zum jetzigen Zeitpunkt liegen diese Voraussetzungen noch nicht vor. Der Abtrennung nach § 140 Abs. 2 Nr. 2 FamFG muss die Aussetzung der Folgesache Versorgungsausgleich durch das Familiengericht gem. § 221 FamFG wegen bereits anhängigem Verfahren (zB Sozialgericht, Verwaltungsgericht, Arbeitsgericht) vorausgegangen sein, so Musielak/*Borth* FamFG § 140 Rn. 5. Die künftige Aussetzung des Versorgungsausgleich gem. § 221 Abs. 2 FamFG ist aber zu erwarten. Eine Abtrennung gem. § 140 Abs. 2 Nr. 5 FamFG verlangt eine außergewöhnliche Verzögerung des Verfahrens. Die Rspr. legt als Richtwert eine Verfahrensdauer von zwei Jahren zugrunde (BGH NJW 1991, 2491). Weitere Voraussetzung ist das Vorliegen einer unzumutbaren Härte.

20. § 140 FamFG ist eine „Kann" Vorschrift. Es empfiehlt sich daher zusätzlich zum Tatbestand des § 140 Abs. 2 Nr. 1–5 Ausführungen zur pflichtgemäßen Ermessensausübung zu machen.

21. Bei **Abweisung** des Scheidungsantrages werden die Folgesachen gem. § 142 Abs. 2 S. 1 FamFG gegenstandslos. Dies gilt nicht für Folgesachen des § 137 Abs. 3 FamFG und für solche Folgesachen, für die ein Beteiligter vor der Entscheidung ausdrücklich erklärt hat, sie fortführen zu wollen, § 142 Abs. 2 FamFG. Diese Verfahren werden dann als selbständige Verfahren fortgeführt. Einer Entscheidung darüber bedarf es nicht. Auch eine **Rücknahme** des Scheidungsantrages erstreckt sich auf die Folgesachen, § 141 FamFG. Es besteht die Möglichkeit, die Folgesachen als selbständige Verfahren fortzusetzten, wenn dies von einem Beteiligten vor Wirksamwerden der Rücknahme erklärt wird, § 141 S. 2 FamFG. Ausgenommen davon sind die nicht zur Disposition der Beteiligten stehenden Sorgerechtsverfahren wegen Gefährdung des Kindeswohls, § 141 S. 2 FamFG, die auch ohne Fortsetzungserklärung fortgeführt werden. Die Folgesache Versorgungsausgleich kann ohne Scheidungsverfahren nicht fortgesetzt werden. Eine Folgesache nachehelicher Unterhalt kann auf Trennungsunterhalt umgestellt werden (Musielak/*Borth* FamFG § 141 Rn. 6). Die derart verselbständigte Familiensache erfährt regelmäßig zugleich eine Änderung nach prozessualem Streitgegenstand und materieller Rechtsgrundlage, schon deshalb, weil sie nun nicht mehr „für den Fall der Scheidung" beantragt wird.

22. § 140 FamFG ermöglicht eine Abtrennung einer Folgesache aus dem Verbund auf Antrag jedes Ehegatten. Abgetrennte Verfahren auf Kindes- und Ehegattenunterhalt bleiben Folgesachen, § 137 Abs. 5 S. 1 FamFG. IÜ werden abgetrennte Folgesachen als selbständige Familiensachen mit besonderer Kostenentscheidung fortgeführt, § 137 Abs. 5 S. 2 FamFG. Diese Hauptsacheentscheidung (zB nach § 1671 BGB) kann dann über den Scheidungsausspruch hinaus fortgelten.

23. Es müssen zwei Gebühren als Verfahrenskosten eingezahlt werden, § 14 FamGKG, Nr. 1110 KV FamGKG. Sonst erfolgt idR keine Zustellung des Antrages. Zu den Ausnahmen s. § 15 FamGKG.

Kosten und Gebühren

24. Wie → Form. II.K.6 Anm. 18. Zum Anspruch auf Verfahrenskostenvorschuss → Form. II.K.26.

Fristen und Rechtsmittel

25. IE → Form. II.K.34.

9. Antrag auf streitige Scheidung (hier: Einwendungen der Antragsgegnerin)

An das **. . . . ., den . . . .**

Amtsgericht[1]
– Familiengericht –

Antrag

in der Ehesache
. . . . .
– Antragsteller –
Verfahrensbevollmächtigter: Rechtsanwalt . . . . .[2]
gegen
. . . . .
– Antragsgegnerin –
Verfahrensbevollmächtigte: Rechtsanwälte . . . . .[2]
wegen streitiger Ehescheidung[3]
Az.: . . . . .

bestellen wir uns unter Vorlage besonderer Verfahrensvollmacht[4] für die Antragsgegnerin, in deren Namen und Auftrag wir dem Scheidungsantrag des Antragstellers entgegentreten mit folgenden Anträgen:

I. Der Ehescheidungsantrag wird abgewiesen.

II. Hilfsweise: Das Verfahren wird gem. § 136 Abs. 1 FamFG auf die Dauer von 6 Monaten ausgesetzt.

III. Der Antragsteller trägt die Kosten des Verfahrens.

Begründung:

I. Persönliche Verhältnisse der Beteiligten

1. Die Angaben des Antragstellers zur Eheschließung und den gemeinsamen ehelichen Kindern sind richtig.
2. Auch sind Familiensachen zurzeit anderweitig nicht anhängig, jedoch hat der Antragsteller bereits im Jahre 2012 versucht, sich von der Antragsgegnerin wegen angeblicher unzumutbarer Härte gem. § 1565 Abs. 1 u. 2 BGB scheiden zu lassen, diesen Scheidungsantrag jedoch im seinerzeitigen Verfahren kurz nach Einreichung vorbehaltslos zurückgenommen.

Beweis: Scheidungsakten des Amtsgerichts – Familiengerichts – . . . . ., Aktenzeichen . . . . ., deren Beiziehung hiermit beantragt wird.

II. Wirtschaftliche Verhältnisse der Beteiligten

1. Die Angaben des Antragstellers zu seinen wirtschaftlichen Verhältnissen müssen bestritten werden. Die Antragsgegnerin muss davon ausgehen, dass der Antragsteller derzeit auch als selbständiger Handelsvertreter über ein monatliches Nettoeinkommen von mindestens 3.000 EUR verfügt und erhebliches Vermögen[5] hat, insb. aus Lebensversicherungsverträgen (Kapitallebensversicherungen), Aktien und anderen Wertpapieren, mindestens einem Bausparvertrag, ferner zwei Beteiligungen an Handelsgesellschaften, welche die Antragsgegnerin nicht nennen kann (iÜ s. unten IV. 4).
Auch die Angaben über vom Antragsteller geleistete Unterhaltszahlungen sind so nicht richtig (iÜ s. unten IV. 1.).
2. Die Antragsgegnerin ist nicht erwerbstätig. Sie betreut die beiden gemeinsamen ehelichen Kinder Paul und Michael, die bei ihr leben. Die Antragsgegnerin ist wegen einer nach der Trennung diagnostizierten psychischen Erkrankung erwerbsunfähig. Bei ihr wurde eine schwere depressive Erkrankung festgestellt. Infolge der völlig unzureichenden Unterhaltsleistungen des Antragstellers hat sie die von diesem behaupteten Ersparnisse bereits verbrauchen müssen, den Rest, derzeit höchstens noch 3.500 EUR, benötigt sie als Notreserve.

III. Ehescheidung

1. Die Ehe zwischen den Beteiligten ist nicht endgültig gescheitert, obwohl die Lebensgemeinschaft der Ehegatten derzeit nicht besteht. Aus der Sicht der Antragsgegnerin kann vielmehr durchaus erwartet werden, dass die Ehegatten die eheliche Lebensgemeinschaft eines Tages wiederherstellen werden.[6]
   a) Soweit der Antragsteller seinen Scheidungsantrag auf §§ 1566 Abs. 2, 1567 BGB stützt, scheitert dieser schon daran, dass die gesetzliche Trennungszeit von drei Jahren in Wirklichkeit noch nicht abgelaufen ist. Die angeführten Streitigkeiten im Jahre 2017 waren durch Seitensprünge des Antragstellers mit anderen Frauen verursacht, welche die Antragsgegnerin dem Antragsteller jedoch aus ehelicher Gesinnung und im Interesse eines geborgenen Zuhauses der gemeinsamen Kinder in einer intakten Familie verziehen hat. Auch haben die Beteiligten zwischen Mai und Oktober 2017 in der damaligen ehelichen Wohnung in . . . . . noch nicht iSd § 1567 BGB vollständig getrennt gelebt; vielmehr . . . . .[7]

      Beweis: . . . . . – als Zeugen –.
   b) Ferner kam es zwischen den Beteiligten im Januar 2019 anlässlich eines gemeinsamen Skiurlaubs mit den Kindern zu einer Versöhnung und einem erneuten Zusammenleben über einen Zeitraum, der über ein Zusammenleben iSd § 1567 Abs. 2 BGB deutlich hinausging. IE . . . . .[7]
      Der Antragsteller äußerte damals mehrfach die Absicht, zur Antragsgegnerin zurückzukehren.

      Beweis: Beteiligteneinvernahme; . . . . . – als Zeugen –.

2. Aussetzungsantrag
   a) Auch das Verhalten des Antragstellers nach seinem Auszug aus der damaligen ehelichen Wohnung in . . . . . im März 2020 (nicht: Oktober 2017) zeigt, dass die Ehe der Beteiligten durchaus noch zu retten ist. Jedenfalls erscheint die hilfsweise beantragte Aussetzung des Verfahrens gem. § 136 Abs. 1 FamFG gerechtfertigt, weil Aussicht auf Fortsetzung der Ehe trotz der derzeitigen Verbindung des Antragstellers zu jener Frau X. und des angeblich vom Antragsteller stammenden Kindes aus dieser Beziehung besteht. Dies ergibt sich iE aus folgenden Umständen: . . . . .
      Beweis: . . . . .

   Der Antragsteller hat noch im Jahre 2020 wiederholt seine Bereitschaft zum Ausdruck gebracht, zur Antragsgegnerin und den gemeinsamen Kindern zurückzukehren: . . . . .
      Beweis: . . . . .

   Die Antragsgegnerin ist bereit, mit dem Antragsteller zusammen eine Eheberatungsstelle in Anspruch zu nehmen (§ 136 Abs. 4 FamFG).
   b) Eine Aussetzung des Verfahrens auf die Dauer von mindestens sechs Monaten ist danach selbst dann gesetzlich möglich (§ 136 Abs. 3 S. 2 FamFG) und hier auch sachlich begründet, wenn das Gericht von einer Trennung von bereits drei Jahren als erweisbar ausgehen würde.[8]
3. Rein vorsorglich beruft sich die Antragsgegnerin auf die Härteklausel des § 1568 BGB.[9]
   a) Die Aufrechterhaltung dieser Ehe ist notwendig im Interesse der beiden minderjährigen Kinder Paul und Michael, wie sich insb. aus Folgendem ergibt: . . . .
      Beweis: . . . . .
4. Darüber hinaus würde eine Scheidung im derzeitigen Zeitpunkt für die Antragsgegnerin auf Grund außergewöhnlicher Umstände eine so schwere Härte darstellen, dass die Aufrechterhaltung der Ehe auch unter Berücksichtigung der Belange des Antragstellers hier ausnahmsweise geboten erscheint (§ 1568 Abs. 1 Alt. 2 BGB).[10] Die Antragsgegnerin, heute 46 Jahre, hat sich für den Antragsteller, heute 58 Jahre, menschlich und wirtschaftlich aufgeopfert, der jetzt wegen seiner ehewidrigen Verbindung zu Frau X., 22 Jahre, aus der Ehe fortstrebt. Die geltend gemachten Umstände vornehmlich menschlich psychologischer, sind insb. folgende: . . . . .
   Beweis: . . . . .
5. Die vom Antragsteller – der immerhin die derzeitige Krise dieser Ehe allein verschuldet hat – geltend gemachten Belange sind nicht so schwerwiegend, dass sie die Anwendung des § 1568 Abs. 1 BGB im vorliegenden Falle ausschließen würden; denn . . . . .
   Beweis: . . . . .

IV. Folgesachen und weitere selbständige Familiensachen:[12]

Da der Scheidungsantrag abzuweisen, mindestens das Verfahren auszusetzen ist, kommt eine Entscheidung über die vom Antragsteller für den Fall der Scheidung beantragten anderen Familiensachen nicht in Betracht (§ 142 Abs. 2 S. 1 FamFG).

Die Antragsgegnerin macht lediglich rein vorsorglich für den Fall, dass das Gericht dem Scheidungsantrag dennoch stattgeben sollte, zu anderen Familiensachen iSd § 137 FamFG, soweit erforderlich, folgende Ausführungen:

1. Elterliche Sorge
   a) Dem Antrag des Antragstellers, ihm allein die elterliche Sorge für das gemeinsame eheliche Kind Paul zu übertragen, wird die Antragsgegnerin in gesonder-

tem Schriftsatz entgegentreten. Für beide Kinder wird Übertragung auf die Mutter allein beantragt werden.[11]

b) Es trifft zu, dass bisher eine einvernehmliche Regelung über den Umgang des Antragstellers mit den Kindern nicht erzielt werden konnte.

2. Ehegattenunterhalt
Die Antragsgegnerin hat zwischenzeitlich einen Antrag auf Erlass einer einstweiligen Anordnung Ehegattenunterhalt[14] gestellt. Das Verfahren ist beim Familiengericht unter dem Aktenzeichen . . . . . anhängig.

3. Die Antragsgegnerin hat auch zum Kindesunterhalt[5] gleichzeitig einen Antrag als Hauptsacheverfahren eingereicht. Dieses Verfahren trägt das Aktenzeichen . . . . .[13]

4. Zugewinn/sonstige Vermögensfragen
Rein vorsorglich für den Fall, dass dem Scheidungsantrag dennoch stattgegeben werden sollte, wird die Antragsgegnerin in gesondertem Schriftsatz noch einen Stufenantrag auf Zugewinnausgleich als Folgesache anhängig machen.[15]

5. Versorgungsausgleich
Die Antragsgegnerin widersetzt sich dem Antrag auf Abtrennung, weil die vom Antragsteller behaupteten Verzögerungsumstände so nicht zutreffen jedenfalls das Interesse der Antragsgegnerin an einer Regelung aller Folgesachen im Verbund, wenn schon geschieden werden soll, im Rahmen der Ermessensentscheidung des § 140 FamFG überwiegt. IE . . . . .[16]
Beweis: . . . . .

V. Kosten/Verfahrens- und Hilfsanträge/Sonstiges

1. Hinsichtlich des Kostenantrages wird gebeten zu prüfen, ob bei den dargestellten, ggf. näher aufzuklärenden wirtschaftlichen Verhältnissen beider Beteiligten nicht eine die Antragsgegnerin stärker entlastende Kostenverteilung billig erscheint (§ 150 Abs. 4 S. 1 FamFG).[18]

2. Ein Antrag auf einstweilige Anordnung eines Verfahrenskostenvorschusses wird noch mit gesondertem Schriftsatz gestellt werden.[17]

Rechtsanwalt[19, 20]

Anmerkungen

1–2. Der zugrundeliegende Sachverhalt ist in → Form. II.K.8 zu ersehen. Zur Zuständigkeit und zum Anwaltszwang → Form. II.K.6 Anm. 1, 2. Dort auch (→ Anm. 3) zu einem streitigem Scheidungsverfahren ohne zweiten Anwalt, was bei Einwendungen der in diesem Muster vorgesehenen Art von vorneherein ausscheidet.

3. Sowohl bei – wie hier – einseitig streitigem Scheidungsantrag wie bei beiderseits streitigem, dh nur auf Scheitern der Ehe, ggf. zusätzlich auf § 1565 Abs. 2 BGB gestützten Scheidungsanträgen liegt streitige Scheidung mit einem einheitlichem Streitgegenstand (Bestand der Ehe) vor.

4. § 114 Abs. 5 FamFG; gilt automatisch auch für die – hier nur hilfsweise – geltend gemachten Folgesachen, § 114 Abs. 5 S. 2 FamFG. Auch in diesem Antrags-Erwiderungsschriftsatz wird das Schema teilweise getrennter Aktenführung beibehalten, → Form. II. K.6 Anm. 12.

5. Zur erweiterten Unterhaltspflicht (auch mit dem Stamm des Vermögens) der Eltern gegenüber minderjährigen unverheirateten Kindern vgl. § 1603 Abs. 2 BGB.

6. Angegriffen wird die zweite Voraussetzung des Grundtatbestandes in § 1565 Abs. 1 S. 2 BGB („Prognose“; zu den Einzelkriterien vgl. Palandt/*Siede* BGB § 1565 Rn. 3 insb.

auch zur Beweislast für ehegünstige Umstände und zur besonderen Bedeutung des Zeitmoments). Zugleich wichtig für Aussetzungsantrag nach § 136 FamFG, → Anm. 8.

7. Zum Begriff des Getrenntlebens → Form. II.K.7 Anm. 9, → Form. II.K.8 Anm. 9; Trennungsfristen sind genau festzustellen. Zum „Zusammenleben über kürzere Zeit, das der Versöhnung der Ehegatten dienen soll" (Beweislast: Scheidungsantragsgegner, OLG Celle FamRZ 1979, 234) und der Abgrenzung der „echten Versöhnung" von dem „Zusammenleben über längere Zeit" Palandt/*Siede* BGB § 1567 Rn. 6 ff.

8. Aussetzung nach § 136 FamFG ist für den an der Ehe festhaltenden Ehegatten formell uU leichter erreichbar als Durchdringen mit der Härteklausel des § 1568 Abs. 1 BGB. Die Aussetzung ist theoretisch auch nach mehr als einjährigem Getrenntleben noch gegen erklärten Willen des scheidungswilligen Partners, ja sogar nach mehr als dreijähriger Trennung (arg. aus § 136 Abs. 3 S. 2 FamFG) möglich, zumal in die freie, von Beweisergebnissen weitgehend entbundene Überzeugung des Gerichts gestellt. In der Praxis kann es daher gefährlich sein, Antrag nach § 136 FamFG und Berufung auf § 1568 BGB – wie hier aus Platzgründen vorgenommen – im gleichen Verfahrenszeitpunkt hilfsweise hintereinander zu schalten, da die Berufung auf die Härteklausel, wenn sie überhaupt Erfolgsaussicht haben soll (→ Anm. 9), häufig zum Eingeständnis der Zerrüttung, uU zu schwerwiegenden Angriffen gegen Person und Verhalten des scheidungswilligen Partners führen muss.

9. Härteklauseln nach § 1568 BGB (sog „negative Härteklauseln" im Gegensatz zur „positiven Härteklausel" des § 1565 Abs. 2 BGB) stellen eine eng auszulegende Ausnahme dar (*Ambrock* FamRZ 1978, 314 (318)). Die Vorschrift muss, obwohl als „Sollvorschrift" ausgestaltet, als zwingende Vorschrift interpretiert werden (hierzu und zu den Varianten des § 1568 BGB, Palandt/*Siede* BGB § 1568 Rn. 1, 4 f.; BVerfG NJW 1981, 108, nicht die Scheidung schlechthin soll verhindert werden, sondern die Scheidung *zur Unzeit*). Etwas günstiger für die Anwendung BGH NJW 1979, 1042 (ähnlicher Fall wie im Text, wobei die Argumentation stark an die moralisch wirtschaftliche Betrachtungsweise zum alten § 48 Abs. 2 EheG erinnert), sehr „scheidungsfreundlich" aber wieder BGH FamRZ 1981, 1161, durch Ehekrise, aber nicht Scheidungsausspruch ausgelöste Gemütskrankheit mit Selbstmordversuch noch nicht ausreichend. In der zweiten Alternative wird die Härteklausel also äußerst selten durchdringen, erst recht nach der Beseitigung der 5-Jahres-Frist als absoluter Grenze durch UÄndG v. 20.2.1986; erfolgreich zB bei jahrzehntelanger Ehe und trotz langjähriger Trennung bestehender Suizidgefahr vgl. bei KG FamRZ 1983, 1133, anders wieder OLG Hamm FamRZ 1990, 60, Möglichkeit psychotherapeutischer Behandlung.

10. Der scheidungsunwillige, sich auf die Härteklausel berufende Ehegatte muss die Scheidung ausdrücklich (Antrag) ablehnen und zur Wiederherstellung der Ehe bereit sein (BGH FamRZ 1985, 905); nicht ganz ungefährlich daher auch die – hier aus Platzgründen zusammengefasste – Antragstellung zu Folgesachen für den Fall der Scheidung im gleichen Verfahrenszeitpunkt.

11. IE → Form. II.K.10; → Anm. 13. Kindschaftssachen über elterliche Sorge, Umgang und Herausgabe sind nur dann Verbundverfahren, wenn ein Ehegatte rechtzeitig die Einbeziehung in den Verbund beantragt und nicht eine sofortige Regelung, sondern eine Entscheidung für den Fall der Scheidung begehrt wird, § 137 Abs. 3 FamFG. Deswegen sind Kindschaftssachen in der Praxis selten Folgesachen.

12. Für Folgesachen sollten jeweils gesonderte Schriftsätze eingereicht werden, da für Folgesachen in den Gerichtsakten in aller Regel eigene Unterhefte eingerichtet werden.

13. → Form. II.K.13, dort auch zur Abgrenzung von Unterhaltssachen als Folgesachen (nur ab Scheidung) und als – nicht im Verbund laufende – andere Familiensachen (für die Zeit des Getrenntlebens). Der scheidungsunwillige Ehegatte wird versuchen, durch Belassen im Verbund baldigen Scheidungsausspruch zu erschweren.

14. Auch beim Ehegattenunterhalt muss verfahrensmäßig genau zwischen Unterhalt für die Zeit des Getrenntlebens bis zur Scheidung und die Zeit danach unterschieden werden, → Anm. 13, → Form. II.K.13 Anm. 4. In der Praxis dürften auch Hauptsacheanträge zu Ehewohnung und Haushaltssachen, zumal bei Beteiligung Dritter an solchen Verfahren, zu erheblichen Verzögerungen des Scheidungsausspruches führen, → Form. II. K.20 Anm. 3.

Zur einstweiligen Anordnung → Form. II.K.30. Das Verfahren auf Erlass einer einstweiligen Anordnung ist im FamFG neu geregelt. Einstweilige Anordnungen sind selbständige Verfahren. Sie setzen kein Hauptsacheverfahren voraus, § 51 Abs. 3 FamFG. Zuständig für eine einstweilige Anordnung auf Unterhalt ist das Gericht, das für die Hauptsache zuständig wäre, § 50 Abs. 1 S. 1 FamFG oder – bei anhängiger Hauptsache – das Gericht des ersten Rechtszuges bzw. das Beschwerdegericht bei anhängigem Beschwerdeverfahren, § 50 Abs. 1 S. 2 FamFG. Eine Ausnahmezuständigkeit für besonders dringende Fälle enthält § 50 Abs. 2 FamFG. Für Unterhaltssachen sieht § 232 Abs. 1 Nr. 1 FamFG vorrangig die ausschließliche örtliche Zuständigkeit des Gerichts vor, bei dem die Ehesache anhängig ist oder war.

15. → Form. II.K.16.

16. Zu Interessenabwägung und Voraussetzungen → Form. II.K.8 Anm. 19.

17. Vgl. als Beispiel → Form. II.K.26. Dort auch näher zu Verfahrenskostenhilfe und Verfahrenskostenvorschuss.

18. Anders als im früheren § 93a Abs. 1 S. 2 Nr. 1 ZPO ist in § 150 Abs. 4 FamFG das Kriterium der unverhältnismäßigen Beeinträchtigung der Lebensführung nicht enthalten. Dieser Gesichtspunkt ist jedoch weiterhin beachtlich, falls dessen Voraussetzungen vorliegen (Musielak/*Borth* FamFG § 150 Rn. 13).

Kosten und Gebühren

19. Wie → Form. II.K.6, → Form. II.K.8. Zur VKH → Form. I.C.1ff., ferner → Form. II.K.26 Anm. 14.

Fristen und Rechtsmittel

20. IE → Form. II.K.34.

Elterliche Sorge und Umgangsrecht

10. Antrag auf Regelung der elterlichen Sorge im Verbund

An das . . . ., den . . . .

Amtsgericht[1]
– Familiengericht –

Antrag auf Regelung der elterlichen Sorge

in Sachen
des . . . . .
– Antragsteller –
Verfahrensbevollmächtigter: Rechtsanwalt . . . .[3]
gegen
. . . . .
– Antragsgegnerin –
Verfahrensbevollmächtigter: Rechtsanwälte . . . . .[3]
wegen streitiger Ehescheidung
hier: Folgesache elterliche Sorge über die gemeinsamen ehelichen Kinder der Beteiligten[4]
a) Paul, geb. . . . .;
b) Michael, geb. . . . .;
Aktenzeichen: . . . . .
vorläufiger Gegenstandswert: . . . . . EUR[5]

Namens und in bereits vorgelegter besonderer Verfahrensvollmacht (§ 114 Abs. 5 FamFG) der Antragsgegnerin im obigen Scheidungsverfahren nehmen wir Bezug auf den Scheidungsantrag des Antragstellers vom . . . . und seiner Antragsschriftsatz vom gleichen Tag in diesem Verfahren. Danach beantragt der Antragsteller iRd anhängigen Scheidungsverfahrens die Übertragung der elterlichen Sorge für das gemeinsame eheliche Kind Paul der Beteiligten auf sich allein, während er für das gemeinsame eheliche Kind Michael der Beteiligten keinen Vorschlag unterbreiten will.

Für die Antragsgegnerin treten wir dem entgegen mit folgenden Anträgen:

I. Die elterliche Sorge für die gemeinsamen ehelichen Kinder Paul, geb. am . . . . und Michael, geb. am . . . . . der Beteiligten wird für die Zeit nach der Scheidung der Mutter allein übertragen.

II. Es wird beantragt, das Verfahren in den Verbund aufzunehmen.[2]

III. Die Kosten folgen der Scheidungssache.[6]

Begründung:

1. Die Beteiligten können sich zur elterlichen Sorge für das gemeinsame Kind Michael, geb. am . . . ., leider nicht einigen;[10] auch zum Sorgerecht für das Kind Paul, geb. am . . . ., bestehen Gegensätze. Die Übertragung der elterlichen Sorge für die Kinder auf die Mutter allein entspricht jedoch dem Kindeswohl am besten. Von der Entwicklung her ist insb. Michael noch sehr kindlich, es besteht eine besonders enge Bindung zur Mutter und eine ausgesprochene Angst vor dem Vater. Die Kinder, auch Paul, sollten ferner zusammenbleiben können.

Hierfür sprechen ferner folgende Einzelumstände . . . . .

Beweis: . . . . .

Die Kinder werden bei der Mutter, wie das Jugendamt bestätigen wird, auch bestens betreut (§ 1671 Abs. 2 BGB).

Eine persönliche Anhörung der Kinder erscheint zweckmäßig und wird angeregt (§ 159 Abs. 2 FamFG).[7]

2. Aber auch dem Wohl des gemeinsamen ehelichen Kindes Paul, geb. am . . . . ., entspricht am besten die beantragte Sorgerechtsentscheidung. Der mit Schriftsatz des Antragstellers vom . . . . . vorgelegte handschriftliche Brief von Paul, welcher einen „Vorschlag zur elterlichen Sorge für mich" an den „sehr geehrten Herrn Familienrichter" enthält, ist so unkindlich abgefasst, dass er offenbar unter dem Einfluss des Vaters zustande gekommen ist. Ein Widerspruchsrecht steht ihm zwar aus Altersgründen bereits zu (§ 1671 Abs. 2 Nr. 1 BGB). Selbst wenn Paul diesen seinen Vorschlag aufrechterhalten sollte, ist das Familiengericht hieran jedoch nicht gebunden, sondern hat hier allein nach dem Kindeswohl gem. § 1671 Abs. 2 Nr. 2 BGB zu entscheiden.[8]

Eine andere als die hier beantragte Regelung würde insb. der starken Bindung von Paul an seinen jüngeren Bruder Michael und der fortbestehenden Bindung an die Mutter entgegen § 1671 Abs. 2 Nr. 2 BGB nicht hinreichend gerecht werden. Ferner sind folgende Einzelumstände zu berücksichtigen:

. . . . .

Beweis: . . . . .

Eine ausführliche Anhörung von Paul durch das Familiengericht gem. § 159 Abs. 1 FamFG, ggf. unter Zuziehung eines Jugendpsychologen, wird dringend angeregt, da auch die Antragsgegnerin nicht ausschließen will, dass sein Wille für diese Entscheidung von Bedeutung ist.[7]

3. Die Kostenentscheidung folgt aus § 150 FamFG.

4. Wie schon in der Antragserwiderung zum Scheidungsantrag selbst ausgeführt, erfolgen die vorstehenden Anträge und Ausführungen nur hilfsweise für den Fall, dass dem Scheidungsantrag des Antragstellers – gegen den Willen der Antragsgegnerin – stattgegeben werden sollte.[9]

Rechtsanwalt[11, 12]

Anmerkungen

1. Zugrundeliegender Sachverhalt wie → Form. II.K.8, → Form. II.K.9. Ausschließlich sachlich und örtlich zuständig für Kindschaftssachen gemeinschaftlicher Kinder ist das Familiengericht (Fälle der §§ 1671, 1672, 1678, 1681, 1696 BGB), bei dem die Ehesache im ersten Rechtszug anhängig war oder ist (§ 152 Abs. 1 FamFG), sonst das Familiengericht, in dessen Bezirk das Kind seinen gewöhnlichen Aufenthalt hat (§ 152 Abs. 2 FamFG). Bei Verbundverfahren kommt nur das Gericht der Ehesache in Betracht. Kindschaftssachen im Verbund sind in der Praxis selten, da meist eine Regelung schon für die Zeit der Trennung erforderlich ist.

2. Eine Kindschaftssache über die elterliche Sorge, das Umgangsrecht oder die Herausgabe eines gemeinschaftlichen Kindes oder den Umgang eines Ehegatten mit dem Kind des anderen, kann als selbständiges Verfahren oder als Verbundsache geführt werden (§ 137 Abs. 3 FamFG). Zur Aufnahme in den Verbund ist erforderlich, dass ein Ehegatte die Einbeziehung in den Verbund beantragt und die Entscheidung für die Zeit nach der Scheidung begehrt wird, also nicht schon für die Trennungszeit. Im letzteren Fall erfolgt eine Abtrennung gem. § 145 ZPO. Für die Antrag auf Aufnahme in den Verbund reicht es aus, dass sich aus dem Antrag ergibt, dass die Entscheidung für den Fall der Scheidung beantragt ist und der Schriftsatz zum Aktenzeichen des Scheidungsverfahrens eingereicht wird. Vorsorglich könnte es sich empfehlen, einen ausdrücklichen Einbeziehungsantrag zu stellen. Die Zweiwochenfrist des § 137 Abs. 2 FamFG gilt für Kindschaftssachen des § 137 Abs. 3 FamFG nicht (Musielak/*Borth* FamFG § 137 Rn. 30). Ein selbständiges Verfahren neben der Scheidungssache mit dem Ziel einer Entscheidung über die elterliche Sorge erst für die Zeit nach der Scheidung ist nicht denkbar. Ein solcher Antrag wäre unzulässig, wenn er nicht umgestellt wird auf eine sofortige Regelung schon für die Trennungszeit.

3. Soweit – wie hier – im Verbund, Anwaltszwang, § 114 Abs. 1 FamFG. Zu den Einzelheiten → Form. II.K.6 Anm. 2.

4. Das auf ein „typisches Scheidungsverfahren" zugeschnittenes Verbundprinzip führt zu teilweise unklaren Überschneidungen. Überblick:

a) Die meisten Familiensachen sind sowohl als Folgesachen wie als selbständige Familiensachen (ggf. mit anderer materieller Rechtsgrundlage) möglich, nämlich elterliche Sorge, Umgangsregelung, Kindesherausgabe, ferner Unterhalt gegenüber gemeinschaftlichen Kindern und Ehegattenunterhalt, schließlich Ehewohnung und Hausrat und eheliches Güterrecht (außer den Fällen der §§ 1385, 1386 BGB, die nicht „für den Fall der Scheidung" gedacht sind).

b) Versorgungsausgleichssachen sind von Gesetzes wegen Folgesachen.

c) Schließlich sind einzelne Familiensachen (andere Ehesachen als Scheidung, Ehegatten- und Kindesunterhalt für Trennungszeit bis zur Scheidung, ferner Abänderungsverfahren hieraus) grds. nur „isoliert" denkbar, also außerhalb des Verbundes.

Wegen des iRd Verbundes geltenden „Mischverfahrens" (gegenseitige Überlagerung von Vorschriften der ZPO und des FamFG), des Anwaltszwangs und der Rechtsmittel, der Frage nach Lösbarkeit oder Nichtlösbarkeit des Verbundes sind diese Unterscheidungen weiterhin auch praktisch von Bedeutung.

5. Bei Kindschaftssachen im Verbund erhöht sich für jede Kindschaftssache der Verfahrenswert der Scheidungssache um 20 %, höchstens um 4.000 EUR, § 44 Abs. 2 S. 1 FamGKG; eine Kindschaftssache ist auch dann, wenn sie mehrere Kinder betrifft, nur ein Verfahrensgegenstand, § 44 Abs. 1 S. 1 Hs. 2 FamGKG (in isolierten Verfahren beträgt der Gegenstandswert 4.000 EUR). Der Wert kann nach den Umständen des Einzelfalls erhöht oder ermäßigt werden, §§ 44 Abs. 3, 45 Abs. 1 u. 3 FamGKG).

6. Der Kostenverbund des § 150 FamFG ist eine nicht ausdehnbare Sonderregelung für Scheidungs- und Folgesachen; hier auch abweichender Kostenantrag gem. § 150 Abs. 4 FamFG denkbar.

7. In den Kindschaftssachen gilt auch im Verbund das Vorrang- und Beschleunigungsgebot gem. § 155 FamFG (Musielak/*Borth* FamFG § 137 Rn. 41). Es ist daher dann sofort Termin zu bestimmen, wenn die Scheidung streitig ist. Das Gleiche gilt, wenn der Scheidungsantrag abweisungsreif ist (Musielak/*Borth* FamFG § 137 Rn. 41).

§ 159 FamFG regelt die persönliche Anhörung des Kindes. Das Gericht muss das Kind, das 14 Jahre oder älter ist, anhören, es sei denn das Verfahren betrifft ausschließlich das Vermögen des Kindes (Streit um die Vermögenssorge). Auch Kinder unter 14 Jahren sind gem. § 159 Abs. 2 FamFG anzuhören, wenn sie aufgrund ihres persönlichen Entwicklungsgrades in der Lage sind, die Vorgänge im Zusammenhang mit der Trennung ihrer Eltern zu verstehen. Somit scheidet eine Anhörung nur bei einem Kleinkind aus oder wenn die Voraussetzungen des § 159 Abs. 3 FamFG vorliegen (s. Musielak/*Borth* FamFG § 159 Rn. 3 f.).

Das Gericht kann zur Wahrung der subjektiven Rechte des Kindes einen Verfahrensbeistand bestellen, § 158 FamFG. Er soll auch bei der gerichtlichen Anhörung des Kindes anwesend sein, § 159 Abs. 4 S. 3 FamFG.

8. Maßstab für die Entscheidung ist § 1671 Abs. 2 Nr. 2 FamFG. Die Beibehaltung der gemeinsamen elterlichen Sorge hat nicht grds. Vorrang vor der Alleinsorge. Letztere ist auch nicht ultima ratio (BVerfG FamRZ 2004, 354; BGH NJW 2000, 203). Nach BGH NJW 2008, 994 lässt sich aus der gesetzlichen Regelung keine Vermutung ableiten, dass die gemeinsame elterliche Sorge die beste Form der Wahrnehmung von Elternverantwortung ist (sa Palandt/*Götz* BGB § 1671 Rn. 13, *Britz* FF 2015, 387; ebenso BGH NJW 2016, 2497 für elterliche Sorge bei nicht miteinander verheirateter Eltern). Die Übertragung der alleinigen Sorge setzt aber voraus, dass dies dem Kindeswohl am besten entspricht. Dazu ist konkreter Sachvortrag erforderlich, zum einen hinsichtlich des Scheiterns der gemeinsamen Sorgeverantwortung und zum anderen dazu, warum eine alleinige Sorge dem Kindeswohl besser entspricht und ob dazu die elterliche Sorge im Ganzen oder nur Teilbereiche der elterlichen Sorge übertragen werden müssen (zB Aufenthaltsbestimmungsrecht, Gesundheitsfürsorge, schulische Angelegenheiten, Vermögenssorge). Dazu müssen konkrete tatrichterliche Feststellungen getroffen werden (BGH NJW 2005, 2080). Kriterien für die Beurteilung sind ua:

- Kooperationsfähigkeit und -bereitschaft der Eltern
- Kontinuität der Betreuung
- Bindungen des Kindes und Wille des Kindes
- Bindungstoleranz, dh die Bereitschaft eines Elternteils, den Umgang des Kindes mit dem anderen Elternteil zuzulassen und zu fördern

Der Grundsatz der Verhältnismäßigkeit gebietet es, sich auf die Übertragung von Teilbereichen der elterlichen Sorge zu beschränken, wenn dadurch das Kindeswohl gewahrt ist (BVerfG FamRZ 2004, 1015). Sehr häufig wird daher vom Gericht nur eine Entscheidung zum Aufenthaltsbestimmungsrecht getroffen, während es iÜ bei der gemeinsamen elterlichen Sorge verbleibt.

9. Eine Erklärung über die Fortsetzung der Kindschaftssache bei Abweisung des Scheidungsantrages als selbständige Familiensache ist gem. § 142 Abs. 2 S. 2 FamFG (anders bei Rücknahme des Scheidungsantrages, s. § 141 S. 2 FamFG) nicht erforderlich, aber dennoch zweckmäßig. Das Verfahren wird dann als eigenständiges Verfahren mit eigener Kostenentscheidung fortgesetzt. Daneben kann ein Verfahren auf einstweilige Anordnung anhängig sein, das als selbständiges Verfahren von der Beendigung des Scheidungsverfahrens unberührt bleibt.

Die Abtrennung einer Kindschaftsfolgesache aus einem anhängigen Scheidungsverfahren ist in § 140 Abs. 2 Nr. 3 iVm § 137 Abs. 3 FamFG geregelt. Damit wird dem besonderen Beschleunigungsgebot zur Wahrung des Kindeswohls Rechnung getragen. Eine Abtrennung kommt aber auch in Betracht, um eine dem Kindeswohl im Einzelfall dienliche Aussetzung der Kindschaftssache zu ermöglichen und das Scheidungsverfahren weiter betreiben zu können (Musielak/*Borth* FamFG § 140 Rn. 6).

10. Zum Inhalt möglicher Vereinbarungen zur Ausübung des Sorgerechts vgl. BeckFormB FamR/*Finger* Kap. E.

Kosten und Gebühren

11. Gerichtskosten: bei Entscheidung im Verbund aus KV 1110 ff. FamGKG (einheitlicher Gegenstandswert, § 44 Abs. 1 FamGKG); der Gegenstandswert für die Ehesache ergibt sich aus § 43 FamGKG; für jede Kindschaftssache regelt § 44 Abs. 2 FamGKG eine prozentuale Erhöhung um 20 %, höchstens um 4.000 EUR. Eine Erhöhung ist unter den Voraussetzungen des § 44 Abs. 3 FamGKG möglich. Bei Abtrennung und Fortführung als selbständige Verfahren in den Fällen der §§ 137 Abs. 5 S. 2 FamFG oder gem. § 141 S. 2 u. 3, § 142 Abs. 2 S. 2 u. 3 FamFG gelten die Kostenbestimmungen für das jeweilige

Verfahren; Rechtsanwaltsgebühren: VV 3100 ff. RVG. Der Amtsermittlungsgrundsatz steht der Bewilligung von VKH für Teilnahme des bedürftigen Elternteils am Verfahren nicht entgegen, OLG München OLG-Report 1994, 127.

Fristen und Rechtsmittel

12. → Form. II.K.34, → Form. II.K.35. Das betroffene Kind hat ab Vollendung des 14. Lebensjahres ein eigenes Beschwerderecht (§ 60 FamFG).

11. Antrag auf Regelung des Umgangs mit Kindern

An das **. . . ., den . . . .**

Amtsgericht[1]
– Familiengericht –

Antrag

des . . . .
– Antragsteller –
Verfahrensbevollmächtigter: Rechtsanwalt . . . .[2]
gegen
Mutter . . . .
– Antragsgegnerin –
wegen Umgangsrecht[3]
weitere Verfahrensbeteiligte:
Kind Paul, geb. . . . .
Beteiligter zu 3)
Kind Michael, geb. . . . .
Beteiligter zu 4)
vorläufiger Verfahrenswert: . . . . EUR[4]
zeigen wir an, dass wir den Antragsteller vertreten; Bevollmächtigung wird versichert. Namens des Antragstellers stellen wir für diesen folgende Anträge:[5]

I. Dem Antragsteller wird der persönliche Umgang ohne Anwesenheit der Antragsgegnerin mit dem gemeinsamen ehelichen Kind Michael, geb. . . . . wie folgt gewährt:
   a) jeden 2. Samstag von vormittags 9.00 Uhr bis abends 18.00 Uhr, beginnend ab Samstag, den . . . .;
   b) die ersten drei Wochen während der Sommer-Schulferien von Michael, beginnend mit dem ersten Samstag der Ferien ab 9.00 Uhr bis zum vierten Samstag der Ferien 18.00 Uhr;
   c) an Weihnachten und Ostern jährlich abwechselnd mit der Antragsgegnerin jeweils an zwei aufeinander folgenden Feiertagen.

II. Die Antragsgegnerin wird angewiesen, das Kind Michael zu dieser Zeit pünktlich zur Abholung durch den Antragsteller bereitzuhalten und es ggf. durch geeignete erzieherische Maßnahmen anzuhalten, mit dem Antragsteller mitzugehen.

III. Dem Antragsteller wird der persönliche Umgang mit dem gemeinsamen ehelichen Kind Paul, geb. . . . . gewährt wie folgt:
   a) jedes 2. Wochenende, abwechselnd mit den für Michael vorgesehenen Samstagen, von Samstag, 8.00 Uhr bis Sonntag, 19.00 Uhr, beginnend ab Samstag, den . . . .;

b) An jedem ersten Mittwoch-Nachmittag des Monats nach der Schule 14.00 Uhr bis abends, 20.00 Uhr;
c) jährlich für die Hälfte der jeweiligen Schulferien.
d) an Weihnachten und Ostern jährlich abwechselnd mit der Antragsgegnerin jeweils an zwei aufeinander folgenden Feiertagen.

IV. Die Antragsgegnerin wird angewiesen, sich gegenüber den Kindern aller moralisch abwertenden Äußerungen über die Erziehungsqualitäten und die Vaterbindung des Antragstellers gegenüber seinen Kindern, sowie über dessen Freundin, Frau X., und das gemeinsame Kind mit dieser zu enthalten.[6]

V. Die Kosten des Verfahrens werden gegeneinander aufgehoben.[7]

Begründung:

1. Die Beteiligten haben am ..... vor dem Standesamt ..... die Ehe geschlossen.
Aus der Ehe sind zwei gemeinschaftliche Kinder hervorgegangen wie folgt:
Paul, geb. am .....
Michael, geb. am .....
Der Antragsteller lebt von der Antragsgegnerin seit dem ..... getrennt. Beide Kinder leben bei der Beteiligten zu 2).
Im anhängigen Scheidungsverfahren der Beteiligten, anhängig beim Familiengericht ..... unter dem Az.: ..... strebt der Antragsteller die alleinige elterliche Sorge für das gemeinsame eheliche Kind Paul für die Zeit nach der Scheidung an, während er hinsichtlich des gemeinsamen weiteren ehelichen Kindes Michael ein gemeinsames Sorgerecht für möglich hält.

2. Da der elterliche Umgang des Antragstellers mit den Kindern bisher nicht gerichtlich geregelt und ihm von der Antragsgegnerin nur völlig unzureichend gewährt wird, ist dieser Antrag gem. § 1684 BGB[8] – ferner der gleichzeitig eingereichte Antrag auf einstweilige Anordnung – erforderlich:

a) Seinen Sohn Michael darf der Antragsteller derzeit nach dem Willen der Antragsgegnerin nur einmal monatlich am Samstagnachmittag in der Wohnung der Antragsgegnerin besuchen, die dabei mehr oder weniger ständig anwesend bleibt, sich einmischt und selbst Spaziergänge in der näheren Umgebung der Wohnung nur selten erlaubt.
Das Kind Michael ist hierdurch und durch ständige moralisch abwertende Redensarten der Mutter über den Vater, der ein Versager sei und nicht einmal sich selbst, geschweige denn Kinder erziehen könne, ferner mit einer Schlampe und deren Bankert zusammenlebe (gemeint sind die Freundin X. des Antragstellers und das gemeinsame Kind mit dieser), völlig verwirrt und verängstigt. Er weigert sich nur deshalb häufig, den Antragsteller überhaupt zu begrüßen oder mit ihm mitzugehen. Wiederholt wurde dem Antragsteller selbst an diesen wenigen Besuchstagen der Zutritt durch die Antragsgegnerin mit Ausreden über angebliche Verhinderungen oder angebliche Ablehnung des Besuches durch Michael verweigert. Wegen der näheren Einzelheiten darf auf die im bereits eingeleiteten Verfahren einstweiligen Anordnung eingereichte eidesstattliche Versicherung des Antragstellers vom ..... (dortige Ziff. 1.) Bezug genommen werden.
Das Verfahren auf einstweilige Anordnung ist beim Familiengericht unter dem Az.: ..... anhängig. Im dortigen Verfahren erstrebt der Antragsteller eine einstweilige Anordnung, die es ihm gestattet, beide Kinder am Wochenende in drei Wochen von Freitagabend bis Sonntagabend zu sich nehmen zu können, um mit ihnen gemeinsam zu den Großeltern des Antragstellers reisen zu können. Der Vater des Antragstellers feiert an dem bezeichneten Wochenende seinen 70. Geburtstag.
Beweis: .....[9]

Die mit diesem Hauptsacheantrag beantragte Umgangsregelung ist – bei richtigem Verhalten der Mutter – für ein Kind dieser Altersstufe nicht abträglich, sondern angemessen und der fortbestehenden Vater-Kind-Beziehung förderlich (§ 1684 BGB), die weiteren hierzu beantragten Anordnungen nach den Umständen geboten (§ 1684 Abs. 3 BGB).

b) Der Sohn Paul steht, wie bereits im gleichzeitigen Antrag auf Übertragung der elterlichen Sorge für ihn auf den Antragsteller vom . . . . . dargelegt, seinem Vater persönlich sehr nahe, will selbst die Übertragung der elterlichen Sorge für ihn auf den Antragsteller allein und teilt mit ihm seit Jahren dessen technische und sportliche Interessen, insb. das Interesse an Wochenendausflügen ins Gebirge.
Er ist altersbedingt auch sonst häufig, zB mit Freunden und Schulkameraden, selbständig unterwegs und selten zu Hause bei der Antragsgegnerin. Deren Aversionen gegen den Antragsteller, die auch ihm gegenüber häufig in Ausdrucksweisen wie den unter a) angeführten zum Ausdruck kommen, lehnt er ab. Die beantragte Umgangsregelung entspricht daher dem Willen, den Neigungen und den Bindungen an den Vater für diesen fast 16jährigen Jugendlichen am besten und ist für ihn angemessen und förderlich. Wegen der weiteren Einzelheiten darf erneut auf die im gleichzeitigen einstweiligen Anordnungsverfahren vom Antragsteller vorgelegte eidesstattliche Versicherung vom . . . . . (insb. die dortige Ziff. 2.) Bezug genommen werden.

Beweis: . . . . .

c) Es ist gesetzlich zwingend vorgesehen, den Jugendlichen Paul in diesem Zusammenhang ausführlich anzuhören (§ 159 FamFG). Dagegen wird beantragt, von einer Anhörung des Kindes Michael zur Frage der Umgangsregelung gem. § 159 Abs. 3 FamFG abzusehen,[10] da diese Anhörung seine Verwirrung – zumal in dieser Frage der konkreten Ausgestaltung des Umgangsrechts – nur erhöhen und nachteilige psychische Folgen für ihn haben würde.

3. Ein förmliches Vermittlungsverfahren nach § 165 FamFG erscheint aussichtslos, weil . . . . . (Einzelheiten).[11]

4. Die Kostenfolge ergibt sich aus § 81 FamFG, wobei berücksichtigt werden möge, dass die Antragsgegnerin durch grobes Verschulden Anlass zu diesem Verfahren gegeben hat.[7]

Rechtsanwalt[12, 13]

Anmerkungen

1–3. Zugrundeliegender Sachverhalt wie → Form. II.K.8; → Form. II.K.10. Vgl. zunächst → Form. II.K.10 Anm. 1–4; Ein Antrag auf Umgangsregelung ist in der Praxis kaum je eine Folgesache im Scheidungsverbund, weil keine Regelung für die Zeit nach der Scheidung, sondern ab der Trennung erstrebt wird, § 137 Abs. 2 S. 1 FamFG. Als selbständiges Verfahren unterliegt es den Regelungen der §§ 151 ff. FamFG.

Ausschließlich örtlich zuständig ist vorrangig das Familiengericht, bei dem die Ehesache anhängig ist oder war, § 152 Abs. 1 FamFG. Ansonsten ist das Gericht zuständig, in dessen Bezirk das Kind seinen gewöhnlichen Aufenthalt hat, § 152 Abs. 2 FamFG.

Das Verfahren der einstweiligen Anordnung setzt kein anhängiges Hauptsacheverfahren mehr voraus. Die einstweilige Anordnung ist ein selbständiges Verfahren mit eigenen gerichtlichen Aktenzeichen. Die Abgrenzung zum Hauptsacheverfahren ergibt sich zum einen daraus, dass die einstweilige Anordnung grds. nur zu vorläufigen Regelungen führt und grds. (Ausnahmen zB § 246 FamFG: In Unterhaltssachen genügt ein einfaches Regelungsbedürfnis, Musielak/*Borth* FamFG § 246 Rn. 1) ein dringendes Bedürfnis für ein sofortiges Tätigwerden des Gerichts bestehen muss, § 49 Abs. 1 FamFG. Unklar ist, ob dieser hohe Eingriffsmaßstab auch für einstweilige Anordnungen in Kindschaftssachen gilt (zum Problem s. Musielak/*Borth* FamFG § 49 Rn. 8). Wenn umgekehrt eine fortlaufende Umgangsregelung bereits über eine einstweilige Anordnung besteht, wird sich die Frage stellen, ob für ein Hauptsacheverfahren mit gleichem Regelungsziel noch ein Regelungsbedürfnis besteht.

4. Regelmäßig 4.000 EUR; der Regelwert kann nach den Umständen des Einzelfalles erhöht oder ermäßigt werden, § 45 Abs. 1, 3 FamGKG.

5. Für die Vollstreckung von Umgangstiteln gilt, dass sie einen konkreten und bestimmten Inhalt haben müssen. Art, Ort und Zeit des Umgangs müssen sich aus dem Titel selbst bestimmen lassen (OLG Celle FamRZ 2006, 556). Die Vollstreckung eines Umgangstitels setzt hinreichend bestimmte und konkrete Regelungen voraus. Erforderlich sind genaue und erschöpfende Bestimmungen über Art, Ort und Zeit des Umgangs. Nicht erforderlich sind detailliert bezeichnete Verpflichtungen des betreuenden Elternteils, etwa zum Bereithalten oder Abholen (BGH NJW-RR 2012, 324u. BGH NJW-RR 2016, 1153). Anders als § 33 FGG alten Rechts stellt § 89 FamFG nämlich nicht auf den Verstoß gegen Verpflichtungen, eine Handlung vorzunehmen, zu unterlassen oder zu dulden ab, sondern großzügiger auf die Zuwiderhandlung gegen den Vollstreckungstitel und die darin aufgenommenen Pflichten.

Der Antrag auf Umgangsregelung muss nicht den inhaltlichen Anforderungen an die Vollstreckbarkeit genügen. Im Antrag soll die Vorstellung des Antragstellers über den Umfang des Umgangs zum Ausdruck kommen. Bei der Formulierung einer Vereinbarung oder gerichtlichen Entscheidung muss jedoch darauf geachtet werden.

Denkbar ist folgende Formulierung:

„Der Umgang des Antragstellers mit den beiden Kindern Paul. . . . . geb. . . . . und Michael. . . . . geb. . . . . findet wie folgt statt:

a) an jedem zweiten Wochenende von Samstag 9.00 Uhr bis Sonntag 18.00 Uhr, beginnend ab dem Wochenende Samstag, den . . . . . bis Sonntag, den . . . . .

b) in der Woche, an deren Ende kein Wochenendumgang stattfindet jeweils Freitags von 14.00h bis 19.00h

c) In den Schulferien wie folgt:

aa) in den Sommerferien jeweils die ersten drei Wochen, beginnend am Samstag nach dem letzten Schultag um 9.00h bis Samstag des vierten Ferienwochenendes um 18.00h

bb) in den Oster- und Pfingstferien jeweils die erste Ferienwoche von Samstag nach dem letzten Schultag um 9.00h bis zum Sonntag am Ende der ersten Ferienwoche 18.00h

cc) in den Weihnachtsferien jährlich am 25.12. des Jahres von 9.00h bis 19.00h und vom 31.12. bis zum 6.1. des Folgejahres

dd) die Herbstferien verbringen die Kinder bei der Mutter

Die Vollstreckung gerichtlicher Umgangsbeschlüsse oder gerichtlich gebilligter Vereinbarungen (§ 156 Abs. 2 FamFG) erfolgt gem. §§ 86 ff. FamFG → Form. II.K.12. Eine gerichtliche Vereinbarung bedarf der Zustimmung aller Verfahrensbeteiligter, also auch des Jugendamtes, falls es auf seinen Antrag am Verfahren beteiligt ist gem. § 162 Abs. 2 S. 2 FamFG oder es sich um ein Verfahren wegen Kindeswohlgefährdung handelt gem. § 162 Abs. 2 S. 1 FamFG, des Verfahrensbeistands (§ 158 Abs. 3 S. 2 FamFG) und des betroffenen Kindes, wenn es mindestens 14 Jahre alt (§ 60 FamFG) ist. Ein jüngeres Kind wird hinsichtlich der Zustimmung zum Vergleich durch seine Eltern vertreten. Fehlt eine notwendige Zustimmung, liegt ein wesentlicher Verfahrensmangel vor und die Vereinbarung ist nicht vollstreckungsfähig (OLG Brandenburg FamRZ 2017, 391; Musielak/*Borth* FamFG § 156 Rn. 9; *Krekeler* FuR 2017, 240 (241)) oder jedenfalls mit der Beschwerde anfechtbar (BGH NJW 2020, 687).

6. § 1684 Abs. 2 BGB verpflichtet die Eltern zu Loyalität und Wohlverhalten zum Schutz des Eltern-Kind Verhältnis. Das Gericht kann gem. § 1684 Abs. 3 S. 2 BGB durch Anordnungen zur Erfüllung dieser Pflicht anhalten als milderes Mittel gegenüber den Möglichkeiten aus § 1666 BGB bei Gefährdung des Kindeswohls.

7. Die Kostenentscheidung richtet sich nach § 81 FamFG. Er umfasst sowohl die Gerichtskosten wie auch die außergerichtlichen Kosten, die nach billigem Ermessen den Beteiligten aufzuerlegen sind. Das Ermessen wird durch § 81 Abs. 2 FamFG eingeschränkt.

8. Durch das Kindschaftsrechtsreformgesetz wurde die materielle Rechtsgrundlage neu gefasst und auf Umgangspflichten der Eltern sowie ein ausdrückliches Recht des Kindes auf Umgang mit den Eltern erweitert (§ 1684 BGB und § 1626 Abs. 3 BGB). Die Regelungsmöglichkeiten sind erweitert, insb. in Form des sog beschützten Umgangs (§ 1684 Abs. 4 S. 3 u. 4 BGB) zumal das Umgangsrecht auf weitere nahe Verwandte (und den nichtehelichen Vater) ausgedehnt wurde (§§ 1626 Abs. 2 und 1685 BGB).

9. Zu unterscheiden sind Anhörung zB nach § 160 FamFG, und Beweis (Zeugeneinvernahme).

10. Vgl. § 159 Abs. 2 u. 3 FamFG, → Form. II.K.10 Anm. 7 mwN. Antrag, von Anhörung abzusehen, ist nach der Gesetzeslage und der Rspr. wenig aussichtsreich (s. BGH NJW 2020, 687), in der erstinstanzlichen Praxis jedoch einen Versuch wert.

11. Das FamFG hat in § 165 über die Betonung der besonderen Vermittlungsrolle des Richters und der Beratungsstellen in Kinder berührenden Verfahren hinaus ein konkret ausgestaltetes gerichtliches Vermittlungsverfahren in Umgangsangelegenheiten vorgesehen, das dem früheren § 52a FGG aF entspricht. Das Vermittlungsverfahren hatte bisher keine praktische Bedeutung; ob VKH unter Beiordnung eines Bevollmächtigten bewilligt werden kann, wird von den Oberlandesgerichten unterschiedlich beurteilt (vgl. die Übersicht bei Musielak/*Borth* FamFG § 165 Rn. 2).

Kosten und Gebühren

12. Wie → Form. II.K.10 Anm. 11, Gegenstandswert: 4.000 EUR als Regelbetrag, der nach den Umständen des Einzelfalles angepasst werden kann, § 45 Abs. 1 u. 3 FamGKG; Gerichtskosten: 0,5 Verfahrensgebühr gem. KV 1310 FamGKG; die Kosten des gerichtlichen Vermittlungsverfahrens sind Kosten des anschließenden Erkenntnisverfahrens, soweit von Amts wegen oder auf Antrag binnen eines Monats eingeleitet (§ 165 Abs. 5 S. 3 FamFG); Rechtsanwaltsgebühren: VV 3100 ff. RVG.

Fristen und Rechtsmittel

13. Vgl. Anm. bei → Form. II.K.10, → Form. II.K.35. Auch hier hat das betroffene Kind ab Vollendung des 14. Lebensjahres ein eigenes Beschwerderecht (§ 60 FamFG). Der Billigungsbeschluss eines gerichtlichen Umgangsvergleichs ist ebenfalls mit der Beschwerde anfechtbar (s. BGH NJW 2020, 687) → Form. II.K.12.

12. Antrag auf Ordnungsgeld gem. § 89 FamFG

An das ....., den .....

Amtsgericht[1]
– Familiengericht –

Antrag

des .....
– Antragsteller –
Verfahrensbevollmächtigter: Rechtsanwalt .....[2]
gegen
.....
– Antragsgegnerin –
wegen Ordnungsgeld
weitere Verfahrensbeteiligte:
Kind Michael. ...., geb. 1.12.2015 .....
Beteiligter zu 3)
vorläufiger Verfahrenswert: ..... EUR[3]

zeigen wir an, dass wir den Antragsteller vertreten; Bevollmächtigung wird versichert. Namens des Antragstellers stellen wir für diesen folgende Anträge:[4]

I. Wegen Zuwiderhandlung gegen die gerichtliche Umgangsvereinbarung des FamG Augsburg vom 1.3.2021 in Verbindung mit dem gerichtlichen Billigungsbeschluss des FamG Augsburg vom 5.3.2021, AZ: 401 F 3452/20 wird gegen die Antragsgegnerin ein Ordnungsgeld festgesetzt, dessen Höhe in das Ermessen des Gerichts gestellt wird.

II. Die Antragsgegnerin trägt die Kosten des Verfahrens.[5]

Begründung:

1. Die Beteiligten haben am 1.3.2021 vor dem Familiengericht Augsburg eine Umgangsvereinbarung[6] über den Umgang des Antragstellers mit dem Kind Michael. .... geb. 1.12.2015 geschlossen.
   Die Vereinbarung regelt den Umgang des Antragstellers wie folgt:[7]
   „1. Der Antragsteller ist berechtigt, das Kind Michael. .... geb. am 1.12.2015 alle zwei Wochen jeweils an den geraden Wochen von Freitag, 18.00h bis Sonntag 17.00h zu sich
   zu nehmen. Der Turnus beginnt ab Freitag, 12.3.2021 (Kalenderwoche 10)
2. Der Antragsteller ist berechtigt, das Kind Michael jeweils die Hälfte der Schulferien zu sich zu nehmen. Die Zeiten werden die Beteiligten jeweils bis spätestens vier Wochen vor Ferienbeginn untereinander absprechen.“[7]

Beweis: Gerichtliche Umgangsvereinbarung vom 1.3.2021 in Kopie anbei

Da der vom Gericht bestellte Verfahrensbeistand zum Zeitpunkt des Abschlusses der gerichtlichen Umgangsvereinbarung die Sitzung wegen eines anderen Termins bereits verlassen hatte, hat das Gericht nachträglich dessen Zustimmung zur Umgangsvereinbarung eingeholt und mit Beschl. v. 5.3.2021 die Umgangsvereinbarung gerichtlich gebilligt[8] und den Hinweis gem. § 89 Abs. 1,2 FamFG zu den Folgen eines Verstoßes gegen die Vereinbarung erteilt.[9]

Beweis: Gerichtlicher Billigungsbeschluss mit Warnhinweis vom 5.3.2021 in Kopie anbei

Das gerichtliche Protokoll vom 1.3.2021 mit der Umgangsvereinbarung als auch der gerichtliche Billigungsbeschluss mit Warnhinweis vom 5.3.2021 wurden vom Familiengericht der Antragsgegnerin am 14.3.2021 förmlich zugestellt.[10]

Beweis: Zustellungsurkunden in der Gerichtsakte, Beiziehung der Akte FamG Augsburg 401 F 3452/20

Nach Abschluss der gerichtlichen Vereinbarung hat der Umgang zunächst gut funktioniert. Der Sohn Michael wurde seitens der Antragsgegnerin pünktlich zu den Umgangszeiten übergeben. Der Antragsteller und sein Sohn hatten unbeschwerte Umgangswochenenden.

Seit dem 7.5.2021 verweigert die Antragsgegnerin jedoch die Durchführung des Umgangs.

In den Kalenderwochen 18 (7. bis 9.5.2021) und 20 (21. bis 23.5.2021) fand kein Umgang statt.

Die Antragsgegnerin teilte dem Antragsteller lapidar jeweils einen Tag vor dem vorgesehenen Termin per e-mail mit, dass der Umgang nicht stattfinde. Der Antragsteller brauche erst gar nicht zur Abholung des Sohnes zu kommen. Eine Begründung dafür teilte sie nicht mit.

Beweis: e-mails der Antragsgegnerin vom 6.5.2021 und 20.5.2021 in Kopie anbei

Auf Nachfrage, warum der Umgang entfalle, erhielt der Antragsteller keine Begründung, sondern eine weitere mail der Antragsgegnerin, dass sie sich auch in Zukunft nicht mehr an die Vereinbarung gebunden fühle. Diese widerspreche dem Kindeswohl.[11]

Beweis: e-mail der Antragsgegnerin vom 21.5.2021 in Kopie anbei

Das Verhalten der Antragsgegnerin verstößt gegen die gerichtliche Umgangsvereinbarung, so dass der Antrag auf Festsetzung eines Ordnungsgeldes gegen die Antragsgegnerin erforderlich ist.[11]

Die Höhe des Ordnungsgeldes wird in das Ermessen des Gerichts gestellt. Die Antragsgegnerin ist in Vollzeit berufstätig und verfügt nach Kenntnis des Antragstellers über monatliche Einkünfte von netto 1.700 EUR.

Rechtsanwalt[12, 13]

Anmerkungen

1. Das Vollstreckungsverfahren ist ein eigenständiges Verfahren. Örtlich zuständig ist gem. § 88 Abs. 1 FamFG das Familiengericht, in dessen Bezirk die Person zur Zeit der Einleitung der Vollstreckung ihren gewöhnlichen Aufenthalt hat. Gemeint ist damit das Kind, wegen dessen der Umgang vollstreckt werden soll (Musielak/*Borth* FamFG § 88 Rn. 2).

Für das Verfahren gilt der Beschleunigungsgrundsatz, § 88 Abs. 3 S. 1 FamFG.

2. Ein Anwaltszwang besteht für das Verfahren nicht, §§ 10 Abs. 1, 114 FamFG.

3. Für Verfahren zur Anordnung von Ordnungsmitteln fallen Gerichtskosten in Form einer Festgebühr von 22 EUR an (KV 1602 FamGKG). Der Verfahrenswert für die Anwaltsgebühren wird auf Antrag vom Gericht festgesetzt. Er orientiert sich gem. § 25 RVG im Regelfall an einem Drittel bis einem Fünftel des Werts der Hauptsache und wird häufig in Höhe von 1.000 EUR festgesetzt.

4. Die Ordnungsmittel (Ordnungsgeld; Ordnungshaft) haben Sanktionscharakter. Daher kommt die Verhängung der Ordnungsmittel auch und gerade dann in Betracht, wenn der Verstoß gegen die Umgangsregelung bereits begangen wurde und wegen Zeitablaufs der Zweck nicht mehr zu erreichen ist, zB der Umgang an einem bestimmten

Feiertag (BGH NJW-RR 2014, 513; BGH NJW-RR 2016, 69). § 89 Abs. 1 FamFG ist eine Kann-Vorschrift. Es muss keine konkrete Höhe des Ordnungsgeldes beantragt werden. Es sollte ggf. zu den Einkommensverhältnissen der Antragsgegnerseite vorgetragen werden, damit das Gericht Anhaltspunkte für die Ausübung seines Ermessens bei der Festsetzung der Höhe hat.

5. Der Antragsgegnerin sind gem. § 92 Abs. 2 FamFG mit der Festsetzung von Ordnungsmitteln auch die Kosten des Verfahrens aufzuerlegen.

6. Die Vollstreckung findet statt aus den in § 86 FamFG genannten Titeln, bei Umgangsregelungen insbesondere aus gerichtlichen Beschlüssen und gerichtlich gebilligten Vergleichen iSd § 156 Abs. 2 FamFG. Gerichtliche Umgangsbeschlüsse sind mit Wirksamwerden vollstreckbar, § 86 Abs. 2 FamFG. Wirksam werden sie gem. § 40 Abs. 1 FamFG mit Bekanntgabe an die Beteiligten, für die er bestimmt ist. Einer Vollstreckungsklausel bedürfen Umgangstitel nur, wenn die Vollstreckung nicht durch das Gericht erfolgt, das den Titel erlassen hat.

7. Eine Umgangsvereinbarung ist nur vollstreckbar, wenn sie hinreichend bestimmt gefasst ist. Erforderlich sind genaue und erschöpfende Bestimmungen über Art, Ort und Zeit des Umgangs. Nicht erforderlich sind detailliert bezeichnete Verpflichtungen des betreuenden Elternteils, etwa zum Bereithalten oder Abholen (BGH NJW-RR 2012, 324; BGH NJW-RR 2016, 1153). Denn anders als § 33 FGG alten Rechts stellt § 89 FamFG nicht auf den Verstoß gegen Verpflichtungen, eine Handlung vorzunehmen, zu unterlassen oder zu dulden ab, sondern großzügiger auf die Zuwiderhandlung gegen den Vollstreckungstitel. Ziff. 1 der Vereinbarung in obigem Muster erfüllt die Bestimmtheitserfordernisse, Ziff. 2 dagegen nicht.

8. Vergleiche gem. § 156 Abs. 1 FamFG in Verfahren über die Kindesherausgabe oder den Umgang sind vollstreckbar, wenn sie gerichtlich gebilligt sind. Die Billigung ist durch gerichtlichen Beschluss auszusprechen und zu begründen. Erst dadurch entsteht der Vollstreckungstitel (KG FamRZ 2011, 588; OLG Frankfurt FamRZ 2012, 573; OLG Naumburg BeckRS 2011, 27394; *Krekeler* FuR 2017, 240; *Borth* FamRZ 2011, 958; *Hammer* FamRZ 2011, 1268; *Schlünder* FamRZ 2012, 9, 14; Thomas/Putzo/*Hüßtege* FamFG § 156 Rn. 10; *Cirullies* FPR 2012, 473(474); Musielak/*Borth* FamFG § 156 Rn 8. Die gerichtliche Billigung setzt voraus, dass die Zustimmung aller Beteiligten, die der Vereinbarung zustimmen müssen, vorliegt. Dazu gehören der Verfahrensbeistand, das Jugendamt, wenn es Antrag auf förmliche Beteiligung am Verfahren gestellt hat gem. § 162 Abs. 2 FamFG und das Kind, wenn es 14 Jahre oder älter ist, § 7 Abs. 2 Nr. 1 FamFG. Unklar ist dabei, ob die Eltern als gesetzliche Vertreter die Zustimmung für das Kind erklären können und welche Folgen es hat, wenn das Kind widerspricht (dazu *Hammer* FamRZ 2011, 1268(1269); *Heiter* FamRZ 2009, 85(89)). Wurde die gerichtliche Billigung trotz Fehlens der notwendigen Zustimmung eines Verfahrensbeteiligten erteilt, ist streitig, ob die Vereinbarung unwirksam und trotz Billigung als Vollstreckungstitel untauglich ist (so *Krekeler* FuR 2017, 240(241); OLG Brandenburg FamRZ 2017, 391) oder nur anfechtbar (OLG München FF 2015, 30; OLG Hamm NZFam 2015, 1074). Der Billigungsbeschluss ist sehr weitgehend anfechtbar, auch für den Elternteil, der eigentlich dem Vergleich zugestimmt hatte (BGH NJW 2020, 687). Neben formeller Fehler (fehlende Zustimmung eines zustimmungspflichtigen Beteiligten zur Umgangsvereinbarung; fehlerhafte Protokollierung, fehlender oder fehlerhafter Warnhinweis gem. § 89 FamFG, fehlende Kindesanhörung) kann die Beschwerde auch darauf gestützt werden, dass die Umgangsregelung nicht (mehr) dem Kindeswohl entspricht (BGH NJW 2020, 687). Die Zustimmung zur gerichtlichen Umgangsvereinbarung ist frei widerruflich bis zur letzten Tatsacheninstanz. Die Beschwerdefrist eines in einem Hauptsacheverfahren Umgang geschlossenen Vergleichs beträgt einen Monat, § 63 Abs. 1 FamFG. Ist der gebilligte Vergleich in einem Verfahren der einstweiligen Anordnung geschlossen worden und soll lediglich das eA-Verfahren beenden, besteht keine Beschwerdemöglichkeit, § 57 S. 1 FamFG.

9. Als besondere Vollstreckungsvoraussetzung verlangt § 89 Abs. 2 FamFG, dass die Verpflichteten auf die Folgen einer Zuwiderhandlung hingewiesen worden sind. Entgegen dem Wortlaut der Vorschrift, der sich nur auf Beschlüsse bezieht, gilt die Hinweispflicht nach allg. Meinung auch für den gerichtlich gebilligten Vergleich (BVerfG NJW 2011, 2347; Prütting/Helms/*Hammer* FamFG § 89 Rn 26; Keidel/*Giers* FamFG § 89 Rn 12; *Cirullies* FPR 2012, 473(474); Musielak/*Borth* FamFG § 89 Rn 5; *Krekeler* FuR 2017, 240). Der Warnhinweis muss idR im Billigungsbeschluss erfolgen(so Musielak/*Borth* FamFG § 156 Rn. 8). Ob ein separater Hinweis im Protokoll oder Verfügung des Gerichts oder seine Aufnahme in Vereinbarung genügt, ist zweifelhaft (unklar BVerfG NJW 2011, 2347: "In einen gerichtlich gebilligten Vergleich zur Regelung des Umgangs, wie er vorliegend geschlossen wurde, ist ebenfalls eine Belehrung gem. § 89 Abs. 2 FamFG aufzunehmen"). Ein Beschluss nach § 89 Abs. 2 FamFG muss auf die Folgen einer Zuwiderhandlung ausdrücklich hinweisen. Fehlt ein Hinweis im Tenor, ist er in der Begründung deutlich, zB durch eine Überschrift, erkennbar zu machen (OLG Oldenburg NZFam 2016, 37). Der Hinweis gem. § 89 Abs. 2 FamFG muss so formuliert werden, dass er auch für Laien verständlich ist. Er muss über alle in Betracht kommenden Ordnungsmittel belehren. Der bloße Hinweis auf die Vorschrift des § 89 Abs. 2 FamFG genügt nicht (OLG Schleswig, NZFam 2016, 136). Ein Belehrung allein über das Ordnungsgeld oder die Ordnungshaft ohne Angabe der Obergrenzen für Ordnungsgeld und Ordnungshaft genügt nicht. Ein Ordnungsgeldbeschluss kann nicht als teilweise zutreffend angesehen werden, weil der Hinweis des Gerichts den zutreffenden Sanktionsrahmen für das Ordnungsgeld, aber nicht für die Ordnungshaft wiedergegeben hat. Der Hinweis erfüllt dann in seiner Gesamtheit die inhaltlichen Mindestanforderungen nicht und kann deshalb die notwendige Warnfunktion nicht übernehmen (OLG Oldenburg FamRZ 2014, 145; OLG Naumburg NZFam 2015, 182; OLG Hamm NZFam 2016, 279). Eines Hinweises auf die Entlastungsmöglichkeit gem. § 89 Abs. 4 FamFG bedarf es hingegen nicht (OLG Naumburg FamRZ 2016, 1106). Der Hinweis nach § 89 Abs. 2 FamFG muss sich auf die Folgen einer Zuwiderhandlung gegen eine bereits bestehende titulierte Umgangsverpflichtung beziehen. Wird diese Verpflichtung später geändert, wird der bereits erteilte Hinweis insoweit gegenstandslos; es bedarf deshalb eines erneuten Hinweises (BGH NJW-RR 2016, 1153).

10. Für die FG-Familiensache regelt § 87 Abs. 2 FamFG im Grundsatz, dass die Vollstreckung nur beginnen darf, wenn der Beschluss bereits zugestellt ist oder gleichzeitig zugestellt wird. § 87 Abs. 2 FamFG verlangt eine förmliche Zustellung iSd § 15 Abs. 2 S. 1 FamFG. Bloße Bekanntmachung genügt nicht. Die Vorschrift entspricht § 750 Abs. 1 S. 1 ZPO, der für die ZPO und nach § 120 Abs. 1 FamFG für die Familienstreitsachen maßgebend ist. Der Wortlaut beider Vorschriften ist auf „Beschlüsse" bzw „Urteile" beschränkt. So wie § 750 ZPO grundsätzlich für alle Titel gilt, die nach der ZPO vollstreckt werden (§ 795 S. 1 ZPO), ist auch § 87 Abs. 2 FamFG für jeden nach dem FamFG möglichen Vollstreckungstitel anzuwenden. Auch gerichtlich gebilligte Vereinbarungen (§ 156 Abs. 2 FamFG) müssen als Vollstreckungsvoraussetzung gem. § 87 Abs. 2 FamFG zugestellt sein (OLG Brandenburg MDR 2017, 405; OLG Frankfurt FamRZ 2012, 573; KG FamRZ 2017, 919; *Ernst* NZFam 2015, 804; Prütting/Helms/*Hammer* FamFG § 87 Rn. 9). Dabei stellt sich die Frage, ob bei Auseinanderfallen von Umgangsvereinbarung und Billigungsbeschluss nur der gerichtliche Billigungsbeschluss oder beides zugestellt werden muss. Das hängt davon ab, ob als Vollstreckungstitel die Vereinbarung, der Billigungsbeschluss oder beides in Kombination anzusehen ist. Die Problematik ähnelt derjenigen aus § 278 Abs. 6 ZPO und ist ungeklärt. Gem. OLG

Karlsruhe FamRZ 2019, 1451; OLG Frankfurt FuR 2019, 547; OLG Oldenburg NJW-RR 2018, 1416; OLG Brandenburg MDR 2017, 405; *Kischkel* NZFam 2019, 907; *Völker/Clausius* Sorge- und Umgangsrecht, 8. Aufl. 2021, § 6 Rn. 14 müssen Protokoll mit Vereinbarung und Billigungsbeschluss zugestellt werden. Gem. OLG Frankfurt FamRZ 2012, 573 findet die Vollstreckung aus gerichtlich gebilligten Umgangsvergleichen statt, wenn der Beschluss bereits zugestellt ist. Im Zweifel ist zu empfehlen, sowohl das Protokoll mit der Umgangsvereinbarung als auch den Billigungsbeschluss förmlich zustellen zu lassen. Ob eine Zustellung durch den Beteiligten möglich ist, ist unklar. Eine dem § 751 Abs. 1 S. 2 ZPO entsprechende Vorschrift fehlt im FamFG. Für eine zulässige Beteiligtenzustellung sprechen sich ua Musielak/*Borth* FamFG § 15 Rn. 3 und Prütting/Helms/*Hammer* FamFG § 87 Rn. 9 aus. Nach anderer Ansicht ist eine Amtszustellung erforderlich (OLG Oldenburg NJW-RR 2018, 1416; *Kischkel* NZFam 2019, 907); einschränkend: *Krekeler* FuR 2017, 240(241)(Amtszustellung sei geboten); Hk-ZV/*Giers* FamFG Rn. 132 (Zustellungen „grds. von Amts wegen"); differenzierend OLG Brandenburg MDR 2017, 405; MüKoFamFG/*Schumann* § 156 Rn. 28: Billigungsbeschluss: Amtszustellung, da hoheitlich errichtete Vollstreckungsgrundlage; Protokoll mit Vereinbarung: wahlweise Parteizustellung oder Amtszustellung (so OLG Brandenburg MDR 2017, 405; OLG Brandenburg FamRZ 2017, 391, Prütting/Helms/*Hammer* FamFG § 87 Rn. 9). Es empfiehlt sich, vorrangig auf eine förmliche Zustellung durch das Gericht zu drängen.

11. Der Antragsteller muss den Verstoß gegen die Umgangsverpflichtungen der Gegenseite substantiiert darlegen, § 27 FamFG. Langes Zuwarten mit der Antragstellung kann entgegenstehen, es sei denn, es können weitere Folgeverstöße dargelegt werden (OLG Frankfurt NZFam 2017, 966). Ein Ordnungsmittel setzt außerdem Verschulden voraus (BVerfG NJW 2007, 860). Der Antragsteller braucht dazu jedoch nichts vorzutragen, da § 89 Abs. 4 FamFG eine Verschuldensvermutung aufstellt, die vom Zuwiderhandelnden widerlegt werden muss. Die Substantiierungs- und Feststellungslast liegt beim Verpflichteten (OLG Saarbrücken NJW-Spezial 2013, 5; *Völker* FPR 2012, 485, 487). Wegen § 1684 II BGB muss der Verpflichtete darlegen, wie er auf das Kind eingewirkt hat, um es zum Umgang zu bewegen (BGH NJW-RR 2012, 324; strenger OLG Saarbrücken NJW-Spezial 2013, 5: Dazu ist „verschärft substantiierter Sachvortrag" erforderlich). Eine erneute Prüfung der Rechtmäßigkeit der zu vollstreckenden Entscheidung findet im Vollstreckungsverfahren grundsätzlich nicht statt. Neu hinzutretende Umstände können der Vollstreckung nur dann zur Wahrung des Kindeswohls entgegenstehen, wenn darauf auch ein zulässiger Antrag auf Abänderung des Ausgangstitels und auf Einstellung der Zwangsvollstreckung nach § 93 Abs. 1 Nr. 4 FamFG gestützt ist (BGH NJW-RR 2012, 324).

Kosten und Gebühren

12. Für Verfahren zur Anordnung von Ordnungsmitteln fallen Gerichtskosten in Form einer Festgebühr von 22 EUR an (KV 1602 FamGKG). Der Verfahrenswert für die Anwaltsgebühren wird auf Antrag vom Gericht festgesetzt. Er orientiert sich gem. § 25 RVG im Regelfall an einem Drittel bis einem Fünftel des Werts der Hauptsache (OLG München FamRZ 2011, 1687) und wird häufig in Höhe von 1.000 EUR festgesetzt. Nicht maßgebend ist die Höhe des Ordnungsgeldes.

Rechtsanwaltsgebühren: VV 3309 ff. RVG (VV Vorbem. 3.3.3 Abs. 1 Nr. 2 RVG); für das Beschwerdeverfahren gelten VV 3500 ff. RVG.

Fristen und Rechtsmittel

13. Der Beschluss ist gem. § 87 Abs. 4 FamFG mit der sofortigen Beschwerde nach den Vorschriften der ZPO, §§ 567 ff. ZPO innerhalb der Frist von zwei Wochen (§ 569 ZPO) anfechtbar. Die Rechtsbeschwerde ist zulässig, wenn sie vom OLG zugelassen wurde, §§ 87 Abs. 4 FamFG, § 574 Abs. 1 Nr. 2, Abs. 3 ZPO.

Unterhaltsachen

13. Antrag (Stufenantrag) auf Ehegatten- und Kindesunterhalt

An das . . . . ., den . . . . .

Amtsgericht[1]
– Familiengericht –

Antrag

der . . . . .
– Antragstellerin –[2]
Verfahrensbevollmächtigter: Rechtsanwalt . . . . .[3]
gegen
. . . . .
– Antragsgegner –
wegen Ehegatten- und Kindesunterhalt[4]
vorläufiger Verfahrenswert: . . . . . EUR[5]
Wir zeigen an, dass wir die Antragstellerin vertreten; Bevollmächtigung wird versichert.
Namens und im Auftrag der Antragstellerin wird beantragt:[7]
I. Der Antragsgegner wird verpflichtet, der Antragstellerin

1. Auskunft[17] zu erteilen durch Vorlage einer schriftlichen, systematischen Aufstellung über
   a) seine Bruttoeinkünfte einschließlich Sonderzuwendungen aus dem Anstellungsverhältnis mit der Firma . . . . . und die hierauf vorgenommenen Abzüge für Kranken-, Pflege-, Alters- und Erwerbsunfähigkeitsvorsorge (einschließlich Arbeitslosigkeit) sowie für Steuern, nebst Erläuterung dieser Abzüge für die Zeit v. 1.6.2020 bis zum 31.5.2021;
   b) seine Bruttoeinkünfte nebst Abzügen für Steuern und Erläuterungen dieser Abzüge aus seinem Gewerbebetrieb „Unternehmensberatung X" für den Zeitraum 2018–2020;
   c) seine sonstigen Einkünfte und Steuererstattungen, insb. aus Kapitalvermögen, unter Darlegung der Bruttoeinnahmen und der Abzüge nebst Erläuterungen dieser Abzüge für die Jahre 2018–2020;

2. die erteilten Auskünfte gem. Ziff. I. 1. zu belegen durch
   a) Vorlage der vollständigen, auch die Sonderzuwendungen und alle Abzüge erfassenden Gehaltsbescheinigungen für die Zeit v. 1.6.2020 bis zum 31.5.2021 und der Lohnsteuerbescheinigung 2020;

b) Vorlage der Bilanzen nebst Gewinn- und Verlustrechnungen der Firma „Unternehmensberatung X" für die Jahre 2018–2020 sowie der für diese Jahre hierfür abgegebenen Umsatzsteuererklärungen;

c) Vorlage der Einkommenssteuererklärungen 2018–2020 nebst vollständigen, gesetzlich vorgeschriebenen Anlagen hierzu (soweit nicht bereits Gegenstand vorstehender Anträge) sowie der Steuerbescheide für die Veranlagungsjahre 2018 bis 2020.

Vorlage der Kapitalertragsbescheinigungen aller beteiligten Finanzinstitute für das Jahr 2020.

II. Der Antragsgegner wird erforderlichenfalls verpflichtet, die Richtigkeit und Vollständigkeit der Auskünfte gem. Ziff. I. eidesstattlich zu versichern.[9]

III. Der Antragsgegner wird verpflichtet, an die Antragstellerin folgenden jeweils monatlich im Voraus zu entrichtenden monatlichen Unterhalt, rückwirkend ab dem .....[10] zu bezahlen:

1. in Höhe der sich aus Ziff. I. und ggf. Ziff. II. ergebenden Beträge für Elementarunterhalt und Vorsorgeunterhalt[11] der Antragstellerin;

2. in Höhe der sich aus Ziff. I. und ggf. Ziff. II. ergebenden Beträge für das gemeinsame eheliche Kind ..... geb. am .....;

3. in Höhe der sich aus Ziff. I. und ggf. Ziff. II. ergebenden Beträge für das gemeinsame eheliche Kind ..... geb. am .....

IV. Der Antragsgegner trägt die Kosten des Verfahrens.[12]

V. Die sofortige Wirksamkeit der Entscheidung wird angeordnet.

Begründung:

1. Die vom Antragsgegner seit ..... getrennt lebende Antragstellerin macht hiermit im Wege des Stufenantrags zunächst die ihr selbst und den gemeinsamen minderjährigen ehelichen Kindern[2] (§ 1629 BGB) zustehenden Auskunftsansprüche (§§ 1605, 1580 BGB) geltend, zur Klärung der Unterhaltsansprüche für sich und die von ihr allein betreuten gemeinsamen Kinder ....., geb. am ....., und ....., geb. am .....

Die Antragstellerin ist nicht erwerbsfähig, ohne Einkommen oder Vermögen, ferner ohne jede Sicherung für Alter, Erwerbsunfähigkeit und Krankheit. IE ist ihre wirtschaftliche Situation derzeit wie folgt: .....

2. Der Antragsgegner zahlt derzeit keinerlei Unterhalt für Ehefrau und Kinder, nicht einmal für die früher gemeinsame eheliche Mietwohnung, erklärt vielmehr, die Antragstellerin solle lieber arbeiten gehen.

Er hat jedoch derzeit ein monatliches Nettoeinkommen aus einem Anstellungsverhältnis bei der Firma ....., ferner Einkünfte aus Kapitalvermögen und aus einer von ihm schon vor dem Zeitpunkt der Trennung Anfang 2013 gegründeten, bis heute betriebenen selbständigen Tätigkeit als Unternehmensberater. Genauere Kenntnisse hierüber hat die Antragstellerin nicht. Der Antragsgegner hat ihr letztmals vor mehr als einem Jahr lediglich eine „Verdienstbescheinigung" für einen konkreten Monat (Juli 2019) über seine damaligen Bezüge bei der Firma ..... vorgelegt. Über seine jährlichen Gesamtbezüge und gesetzlichen Abzüge sowie über seine sonstigen Einkünfte gemäß dem Stufenantrag zu I. hat er Belege nicht vorgelegt und Auskunft hierüber mit unzutreffenden Gründen – ua der Behauptung, die Antragstellerin sei selbst mit eigenen angeblichen Auskunftspflichten in Verzug – verweigert.

Die Antragstellerin hat jedoch in Erfahrung bringen können, dass seine Bezüge bei der Firma ..... erst kürzlich angehoben wurden: .....

Beweis:[8]

.....

3. Soweit die Auskunftsanträge nicht nur auf die Bruttoeinnahmen, sondern auch auf die Erläuterungen der hiervon durch den Antragsgegner sicherlich vorgenommenen Abzüge, insb. steuerlicher Art, gerichtet sind, sind die Anträge auch deshalb gerechtfertigt, weil erfahrungsgemäß bei Personen vom Lebensstandard des Antragsgegners häufig erhebliche steuerlich wirksame Abzüge zB für Verluste aus Beteiligungen oder Absetzungen für Immobilienanlagen vorgenommen werden, welche in der Regel zu einer Korrektur der steuerlichen Nettoeinkünfte nach unterhaltsrechtlichen Grundsätzen führen müssen.

4. Der Antragsgegner[13] dürfte allein bei der Firma . . . . ., bei der er als Prokurist in leitender Position tätig ist, nach der dort gegebenen Gehaltsregelung inzwischen ein Nettoeinkommen nach Gruppe 9 der Düsseldorfer Tabelle (Stand: 1.1.2021)[14] erzielen; jedenfalls steht eine solche Gehaltserhöhung für den Antragsgegner dort unmittelbar bevor. Eine derartige, absehbare Erhöhung der daraus folgenden Unterhaltsverpflichtung des Antragsgegners ist bereits jetzt zu berücksichtigen.[15]

5. Eine genaue Bezifferung des Ehegattenunterhalts für die Antragstellerin und insb. dessen Aufteilung in Elementarunterhalt und Altersvorsorgeunterhalt ist derzeit mangels hinreichender Auskünfte noch nicht möglich. Speziell zum Vorsorgeunterhalt wird jedoch rein vorsorglich bereits jetzt ausgeführt . . . .[16]

6. Das Scheidungsverfahren ist beim hiesigen Familiengericht seit dem . . . . unter dem Aktenzeichen . . . . rechtshängig. Unter dem Aktenzeichen . . . . . ist ein Verfahren auf einstweilige Anordnung Kindesunterhalt anhängig.[6]

7. Der Kostenantrag ist hier gerechtfertigt gem. § 243 Nr. 1 u. 2 FamFG.

8. Der Antrag auf Anordnung der sofortigen Wirksamkeit folgt aus § 116 Abs. 3 S. 3 FamFG.

9. Verfahrensgebühren iHv . . . . . EUR sind eingezahlt; eine Kopie des Überweisungsbeleges ist beigefügt.[18]

Rechtsanwalt[19, 20]

Anmerkungen

1. Zugrundegelegt ist ein Stufenantrag auf Ehegatten- und Kindesunterhalt außerhalb der Scheidung als selbständige Familienstreitsache. Ausschließlich sachlich zuständig das Amtsgericht als Familiengericht, § 23a Abs. 1 Nr. 1, § 23b Abs. 1 Nr. 5 u. 6 GVG, § 111 Nr. 8 FamFG; für selbständige Unterhaltsverfahren ergibt sich die ausschließliche örtliche Zuständigkeit aus § 232 FamFG: Vorrangig ist das Gericht der Ehesache zuständig, bei dem die Ehesache im ersten Rechtszug anhängig ist oder war, § 232 Abs. 1 Nr. 1 FamFG; ansonsten ist für den Kindesunterhalt Minderjähriger oder privilegierter Volljähriger iSd § 1603 Abs. 2 BGB das Gericht ausschließlich zuständig, in dessen Bezirk das Kind oder der Elternteil, der für das Kind zu handeln befugt ist, seinen gewöhnlichen (inländischen) Aufenthalt hat, § 232 Abs. 1 Nr. 2 FamFG. Für den Ehegattenunterhalt gilt folgende örtliche Zuständigkeit:

- Gericht, bei dem die Ehesache anhängig ist oder war, § 232 Abs. 1 Nr. 1 FamFG
- ansonsten gelten die Vorschriften der §§ 12, 13 ff. ZPO, § 232 Abs. 2 FamFG, wobei an die Stelle des Wohnsitzes der gewöhnliche Aufenthaltsort tritt
- wahlweise auch das Gericht, bei dem ein Verfahren über Kindesunterhalt in erster Instanz anhängig ist, § 232 Abs. 3 Nr. 1 FamFG
- wahlweise das Gericht des gewöhnlichen Aufenthalts des Antragstellers, falls der Antragsgegner keinen inländischen Gerichtsstand hat.

Für Familienstreitsachen gelten die Vorschriften der ZPO-Verfahren mit Besonderheiten aus §§ 113, 231 ff. FamFG.

Gem. § 246 FamFG besteht die Möglichkeit, eine einstweilige Anordnung auf Getrenntlebensunterhalt (§ 1361 BGB) und laufenden Kindesunterhalt zu beantragen. Das Verfahren der einstweiligen Anordnung setzt kein anhängiges Hauptsachverfahren bzw. VKH-Verfahren mehr voraus.

Zur funktionellen Zuständigkeit und Verfahrensbesonderheiten im „Vereinfachten Verfahren" über den Unterhalt minderjähriger Kinder → Form. II.K.3, dort auch zur Frage, für welche Fallgestaltungen sich das jeweilige Verfahren anbietet.

2. Zur Vertretungsbefugnis der Antragstellerin gem. § 1629 Abs. 2 u. 3 BGB → Form. II.K.3 Anm. 2.

3. Es besteht auch für das selbständige Unterhaltsverfahren als Hauptsacheverfahren Anwaltszwang, § 114 Abs. 1 FamFG.

4. Zum Verfahren innerhalb und außerhalb des Verbundes und zur Vertretungsbefugnis des Elternteils, der die Obhut hat, → Anm. 1, 2 mwN. Die Verfahrensstandschaft gem. § 1629 BGB dauert bei einem bereits laufenden Verfahren über die Rechtskraft der Scheidung hinaus fort, bis das Unterhaltsverfahren abgeschlossen ist, wenn der beantragende Teil noch die elterliche Sorge hat. Für neue Verfahren nach rechtskräftiger Scheidung besteht keine Verfahrensstandschaft mehr. Die Volljährigkeit des Kindes führt zu einem automatischen Beteiligtenwechsel(Palandt/*Götz* BGB § 1629 Rn. 29, 31). Unterhaltstitel über Kindesunterhalt, die in Verfahrensstandschaft ergangen sind, können nach Rechtskraft der Scheidung durch den Elternteil in eigenem Namen weiter vollstreckt werden. Der Titel kann aber auch auf das Kind umgeschrieben werden, vgl. auch Palandt/*Götz* BGB § 1629 Rn. 33. Mit Volljährigkeit des Kindes entfällt die Vollstreckungsbefugnis des Elternteils und der Titel muss auf das Kind umgeschrieben werden.

5. Da neben dem Auskunftsanspruch auch der noch unbezifferte Leistungsanspruch rechtshängig wird, ist gem. § 38 FamFG der höhere Anspruch für den Gegenstandswert maßgebend. Das ist regelmäßig der noch unbezifferte Leistungsantrag, der nach den mutmaßlichen Erwartungen des Antragstellers geschätzt werden soll, somit nach § 51 FamGKG (12-Monats-Unterhalt zzgl. der verlangten Rückstände). Abzustellen ist dabei nach hM auf die Erwartungen zur Zeit der Antragstellung (BGH FamRZ 1993, 1189; OLG München MDR 2006, 1134; aA KG NJW-RR 1998, 1615; OLG Stuttgart FamRZ 2008, 534: nach den Erkenntnissen am Ende der Instanz). Wenn Auskunft und ein bezifferter Teilantrag auf Unterhalt kombiniert werden, gilt nicht § 38, sondern § 33 Abs. 1 S. 1 FamGKG (Groß, Anwaltsgebühren in Ehe- und Familiensachen, 2014 § 8 Rn. 67; HK-FamGKG/*Schneider* § 51 Rn. 79).

6. Eigenes einstweilige Anordnung-Muster wird behandelt bei → Form. II.K.30 mwN. Das Rechtsschutzbedürfnis für ein Hauptsacheverfahren ist durch einstweilige Anordnung grds. nicht ausgeschlossen aus folgenden Gründen:
- rückständiger Unterhalt kann im einstweiligen Anordnungsverfahren nicht geltend gemacht werden
- der in der einstweiligen Anordnung zugesprochene Unterhalt ist wegen nur summarischer Prüfung uU nicht der volle zustehende Unterhalt
- häufig notwendige Sachverständigengutachten können im einstweiligen Anordnungsverfahren nicht erholt werden
- gleiches gilt für Zeugenbeweis nicht präsenter Zeugen
- einstweiligen Anordnungsbeschlüsse erwachsen nicht in formelle Rechtskraft
- keine Präklusionswirkung bei einstweiligen Anordnungsbeschlüssen
- wenn der Antragsgegner keine Einstellung der Vollstreckung erreichen kann, bleibt ihm nur der negative Feststellungsantrag in der Hauptsache.

Aus den genannten Gründen kann auch eine Verfahrenskostenhilfe für ein gleichzeitiges oder nachfolgendes Hauptsacheverfahren nicht wegen Mutwilligkeit versagt werden.

7. Ein Stufenantrag empfiehlt sich zur Verminderung des Kostenrisikos, aber auch zur Schaffung baldiger Rechtshängigkeit (§ 1613 BGB), die hier bereits mit zunächst unbeziffertem Stufenantrag eintritt und Mahnung bewirkt, BGH FamRZ 1990, 283 (285); Zu Möglichkeiten zu späterer Erledigterklärungen und Kostenfolgen vgl. Musielak/*Borth* FamFG § 231 Rn. 22.

Trotz der §§ 259 ff. BGB herrscht in der Praxis oft Unklarheit über Art und Umfang der Auskunftspflicht, weshalb die neuere Rspr. wiederholt darauf hingewiesen hat, die Lieferung von „Mosaiksteinchen“ oder nur von Belegen ohne Aufstellung genüge nicht, es sei vielmehr ein „geschlossenes Auskunftswerk“ vorzulegen. Der Auskunftsantrag muss einen vollstreckungsfähigen Inhalt haben, insb. Zeitraumangaben, vgl. *Schürmann* FuR 2005, 49; MAH FamR/*Friederici/Unger* § 5 Rn. 51, Belege zur Auskunft müssen im Klageantrag bezeichnet werden; BGH NJW-RR 1993, 1027.

Anerkannt ist die Pflicht unselbständiger Schuldner zur Auskunft über mindestens ein Jahr vgl. BGH FamRZ 1983, 996 (mit engen Ausnahmen zur Vorlagepflicht von Einkommensteuerbescheiden bei Zusammenveranlagung mit neuem Ehegatten), selbständiger Schuldner über regelmäßig drei Jahre, BGH NJW 1982, 1642.

Eine Zurückhaltung der eigenen wegen Fehlens der gegnerischen Auskunft ist regelmäßig unzulässig (OLG Hamm NJW-RR 1996, 4), auch bei Härtegründen gem. § 1579 BGB (vgl. OLG München FuR 1997, 274). Die strittige Frage, ob die Auskunft vom Schuldner persönlich zu unterzeichnen ist, ist vom BGH dahingehend entschieden worden, dass es sich um eine sog Wissenserklärung handelt, die zwar nicht durch einen Stellvertreter, wohl aber über einen Boten abgegeben werden kann. Daher ist eine persönliche Unterschrift nicht erforderlich (BGH NJW 2008, 917).

8. Der Unterhaltsgläubiger, speziell beim Ehegatten-Trennungs- und Scheidungsunterhalt, hat die *Darlegungs- und Beweislast* für seine eigene Bedürftigkeit (konkrete Angaben über Lebenssituation und wirtschaftliche Verhältnisse, BGH FamRZ 1986, 244 ff.), für eheliche Lebensverhältnisse als Maß des Unterhaltsbedarfs und Leistungsfähigkeit des Unterhaltsschuldners (BGH NJW-RR 1987, 194 f.), bei Unterhalt aus § 1573 BGB ferner für ausreichende Erfüllung eigener Erwerbsobliegenheit (BGH NJW-RR 1987, 194 f.), hilfsweise dafür, dass deren Nichterfüllung nicht kausal für die Erwerbslosigkeit ist (BGH FamRZ 1986, 885 und BGH NJW-RR 1987, 962 mwN), in Fällen des § 1573 Abs. 4 ferner dafür, dass eine nachhaltige Unterhaltssicherung fehlschlug (BGH FamRZ 1985, 1234). Die Rspr. gewährt gewisse Beweiserleichterungen, vor allem beim Vortrag außergewöhnlicher Umstände durch den Unterhaltsschuldner (BGH FamRZ 1983, 352) und uU eine Beweislastumkehr bei früherer Einräumung von Einkommen (BGH FamRZ 2004, 496). Der Unterhaltsschuldner ist dagegen darlegungs- und beweispflichtig für die neg. Härteklausel (§ 1579 BGB; → Form. II.K.14 Anm. 5–6) und für die Voraussetzungen zeitlicher oder betragsmäßiger Begrenzungen aus § 1578b BGB. Trägt der Schuldner konkrete Umstände vor, nach denen ehebedingte Nachteile nicht vorliegen, obliegt es nach den Grundsätzen der korrespondierenden Beweislast dem Gläubiger, seinerseits, fortbestehende ehebedingte Nachteile aufzuzeigen (BGH NJW 2012, 3434 mAnm *Maurer*; BGH NJW 2012, 74; NJW 2010, 3653; NJW 2010, 1813).

Zu Einwendungen des Unterhaltsschuldners und seiner Darlegungs- und Beweislast → Form. II.K.14.

9. Zusätzliche Voraussetzung (§ 260 BGB) ist der Nachweis (Beweislast: Auskunftsgläubiger) nicht vollständiger/richtiger Auskunft. Gelegentlich wird daher empfohlen, dass der Auskunftsgläubiger an sich jetzt schon beweisbare Auskunftspositionen bei eigenem Vortrag zunächst zurückhält. Die Strafdrohung als wichtigste Sanktion fal-

scher/unvollständiger Auskunft bleibt dennoch ein stumpfes Schwert, solange der Auskunftsgläubiger keine anderen konkreten Nachweise liefern kann (zumal der für Strafbarkeit notwendige Vorsatz regelmäßig später abgestritten wird).

In der Rspr. finden sich verstärkt Tendenzen, bei einer Auskunftspflichtverletzung als weitere Sanktion *Verwirkung* oder Teilverwirkung anzunehmen (OLG München FuR 1997, 274: Verschweigen eigener Einkünfte durch Unterhaltsgläubiger als versuchter Prozessbetrug: Teilverwirkung 20 %; BGH FamRZ 2007, 1532 zur grob falschen Darstellung der Eigeneinkünfte).

10. Der Trennungsunterhalt kann – ebenso wie der Kindesunterhalt – rückwirkend unter den Verzugsvoraussetzungen des § 1613 Abs. 1, 1361 Abs. 4 S. 1360a Abs. 3 BGB verlangt werden. Es genügt für den Eintritt der Verzugsvoraussetzungen, dass Auskunft über die Einkommensverhältnisse des Schuldners verlangt wurde. Der nachehliche Unterhalt im Verbund kann nur ab dem Zeitpunkt der Rechtskraft der Scheidung (§ 137 Abs. 2 S. 1 FamFG) geltend gemacht werden. Nach Rechtskraft der Scheidung kann der nacheheliche Unterhalt im isolierten Verfahren eingeklagt werden, uU rückwirkend ab dem Zeitpunkt der rechtskräftigen Scheidung. Voraussetzung ist auch hier, dass sich der Schuldner nach Rechtskraft der Scheidung in Zahlungsverzug befunden hat oder ein Auskunftsverlangen gestellt wurde, § 1585b Abs. 2, § 1613 Abs. 1 BGB. Wegen der fehlenden Identität zwischen Trennungs- und nachehelichem Unterhalt wirkt ein Verzug bzgl. des Trennungsunterhalts nicht fort. Die Voraussetzungen der § 1613 Abs. 1, § 1585b Abs. 2 BGB müssen vielmehr erneut geschaffen werden (iE s. Palandt/*von Pückler* BGB § 1585b Rn. 2). Zum Zeitpunkt des Zugangs des Schreibens, mit dem der nacheheliche Unterhalt geltend gemacht wurde, muss die Scheidung nach der sehr formalistischen Rspr. bereits rechtskräftig gewesen sein (BGH NJW 1992, 1956).

11. Nicht erst nach Rechtskraft der Scheidung kann Altersvorsorgeunterhalt verlangt werden, sondern schon als Trennungsunterhalt, allerdings erst ab Rechtshängigkeit des Scheidungsantrages, § 1361 Abs. 1 S. 2 BGB.

12. Hier bessere Möglichkeiten für eine anderweitiger Kostenverteilung als Kostenaufhebung, da beide Alternativen von § 243 S. 2 Nr. 1 u. 2 FamFG in Frage kommen. § 243 FamFG verdrängt als Spezialregelung die eigentlich gem. § 113 FamFG anzuwendenden §§ 91 ff. ZPO. Grds. entscheidet das Gericht nach billigem Ermessen. Allerdings wird der Ermessensspielraum durch die Regelung in § 243 S. 2 FamFG („insbesondere") stark eingeschränkt. Der Ermessensspielraum wird sich daher vor allem bei der Berücksichtigung von Teilunterliegen außerhalb des maßgeblichen 12-Monats-Zeitraumes (§ 51 Abs. 1 S. 1 FamGKG) auswirken (zB Befristung eines unbefristet eingeklagten nachehelichen Unterhalts). Daneben (außer Verfahrenskostenhilfe) einstweilige Anordnung auf Verfahrenskostenvorschuss nach § 246 FamFG möglich, → Form. II.K.25.

13. Wichtig wegen der teilweise eingeschränkten Möglichkeiten späterer Abänderung über § 238 FamFG, vgl. hierzu *Graba*, Die Abänderung von Unterhaltstitel, 4. Aufl. 2011, Rn. 381 ff., allgemein zu den schwierigen Abgrenzungen zwischen Abänderungsantrag, (§ 238 FamFG), Zusatzantrag und Vollstreckungsabwehrantrag, *Graba*, Die Abänderung von Unterhaltstitel, 4. Aufl. 2011, Rn. 118 ff., 188 ff., → Form. II.K.4 Anm. 9 mwN.

14. Die Düsseldorfer Tabelle nebst ergänzenden Erläuterungen knüpft an den gesetzlich in § 1612a BGB geregelten Mindestunterhalt an. Sie ist eine Unterhaltsbedarfstabelle zur Vereinheitlichung des Unterhaltsrechts. Daneben haben die einzelnen OLG eigene Leitlinien herausgegeben. Zu den Unterhaltsverwirkungsklauseln des § 1579 Abs. 1 Nr. 2–4 aus, → Form. II.K.14 und dortige Anm.

15. Auf Umstände, die bereits im Vorprozess zuverlässig voraussehbar waren, aber nicht vorgetragen worden sind, kann ein späterer Abänderungsantrag nicht gestützt werden, BGH NJW 2004, 3108; OLG München OLGR 2008, 133.

16. Zur Unterscheidung Elementarunterhalt/Vorsorgeunterhalt vgl. §§ 1361 Abs. 1 S. 1, 1578 Abs. 3 BGB; zu den Kosten einer angemessenen Altersvorsorge s. *Bergschneider* FamRZ 2003, 1609, *Borth* FPR 2004, 549. Die Berechnung des Altersvorsorgeunterhalts erfolgt durch Anknüpfung an den errechneten laufenden Elementarunterhalt, der so behandelt wird als sei er ein sozialversicherungspflichtiges Netto-Erwerbseinkommen, das unter Berücksichtigung der Sozialabgaben mittels der „Bremer Tabelle" auf ein Bruttoeinkommen hochgerechnet wird. Aus dem auf diese Weise ermittelten Bruttoeinkommen wird der jeweilige Anteil zur gesetzlichen Rentenversicherung (ohne Berücksichtigung einer Beitragsbemessungsgrenze, BGH NJW 2007, 144) herausgerechnet (derzeit ab 1.1.2021: 18,6 %). Jedenfalls dann, wenn der Unterhaltspflichtige seinerseits eine zusätzliche Altersvorsorge in vergleichbarer prozentualer Größenordnung betreibt, kann der Unterhaltsberechtigte einen erhöhten Altersvorsorgeunterhalt (22,6 %) geltend machen (BGH NJW 2019, 3570). In einem zweiten Schritt wird der Elementarunterhalt neu berechnet. Dieser ermäßigt sich dadurch, dass der Altersvorsorgeunterhalt vorab vom Einkommen des Verpflichteten in Abzug gebracht wird (MAH FamR/*Grandel* § 8 Rn. 132 f.; zur sog *Bremer Tabelle,* fortgeführt von *Gutdeutsch,* vgl. FamRB 2018, 80 zum Stand 1.1.2018). Zur getrennten Geltendmachung (zulässig nach BGH NJW 2007, 144; FamRZ 1982, 1187) und zur Substantiierung (BGH NJW 1982, 1986) ist ferner stets zu beachten, dass fehlende oder undeutliche *Trennung* beider Unterhaltsformen in Antrag/Schriftsätzen spätere Nachforderungen ausschließen, mindestens gefährden kann (nur erschwerte Abänderungsmöglichkeit! vgl. BGH FamRZ 1985, 690). Wird der Vorsorgeunterhalt erstmals mit dem Abänderungsantrag geltend gemacht, ist für die Berechnung der Betrag maßgebend, auf den der Elementarunterhalt zu erhöhen ist, BGH NJW 1988, 1875. Die Unterscheidung zwischen Elementar- und Vorsorgeunterhalt muss auch im Antrag und Tenor vorgenommen werden, der Altersvorsorgeunterhalt gesondert beziffert werden (vgl. daher Ziff. III der Anträge im Text), BGH FamRZ 1983, 152; OLG Hamm FamRZ 1997, 1278.

17. Vollstreckung des Auskunftsbeschlusses: §§ 120 Abs. 1 FamFG, 888, 889 ZPO.

18. Es müssen drei Gebühren als Verfahrensgebühren einbezahlt werden, § 14 FamGKG, Nr. 1220 KV FamGKG. Sonst erfolgt idR keine Zustellung des Antrages. Zu den Ausnahmen s. § 15 FamGKG.

Kosten und Gebühren

19. Entscheidung im selbständigen Verfahren: GK aus KV 1220 FamGKG; RA aus VV 3100 ff. RVG. Der Verfahrenswert für die Auskunfts- und die weiteren Stufen ist ein einheitlicher. Er richtet sich nach dem jeweils höchsten Wert, § 38 FamGKG; sa Gerold/Schmidt/*Müller-Rabe* RVG Anh. Kap VI Rn. 549 f.).

Fristen und Rechtsmittel

20. Befristete Beschwerde, §§ 58, 63 FamFG, einzulegen beim Gericht erster Instanz binnen eines Monats § 64 Abs. 1 FamFG; die Frist zur notwendigen Beschwerdebegründung beträgt zwei Monate ab Bekanntgabe des Beschlusses, § 117 Abs. 1 S. 3 FamFG; die Beschwerdebegründung ist beim Beschwerdegericht einzureichen, § 117 Abs. 1 S. 2 FamFG; zuständig für das Beschwerdeverfahren ist das OLG, § 119 Abs. 1 Nr. 1a GVG; → Form. II.K.34.

14. Erwiderung auf einen Antrag wegen Unterhalt

An das **. . . . ., den . . . . .**

Amtsgericht
– Familiengericht[1] –
In der Familiensache
der . . . . .
– Antragstellerin –
Verfahrensbevollmächtigte:[1] RA . . . . .
gegen
. . . . .
– Antragsgegner –
wegen Ehegatten- und Kindesunterhalt (Stufenantrag)
Az.: . . . . .

wird namens und im Auftrag des Antragsgegners auf den Stufenantrag der Antragstellerin wie folgt erwidert:

I. Der Antrag wird abgewiesen.[8]

II. Die Antragstellerin hat die Kosten des Verfahrens zu tragen.

Vorsorglich wird bereits jetzt beantragt,

von der Anordnung der sofortigen Wirksamkeit abzusehen bzw. die Vollstreckung der Entscheidung über die Verpflichtung zur Zahlung von Unterhalt einzustellen oder zu beschränken.[9]

Begründung:

1. Der Auskunftsanspruch ist schon als solcher, zumindest teilweise, nicht begründet:

a) Der Anspruch auf Auskunft und Belege für das Kalenderjahr 2020 ist bereits erfüllt. Denn die Beteiligten haben für das Jahr 2020 noch eine gemeinsame Veranlagung durchgeführt, in deren Verlauf der Antragstellerin sämtliche begehrten Auskünfte für dieses Jahr erteilt und sämtliche von ihr hier begehrten Unterlagen zugänglich gemacht worden sind.[2] IE: . . . . .

b) Soweit die Antragstellerin darüber hinaus für die Jahre 2018 und 2020 Auskünfte und Belege über Einkünfte aus der „Unternehmensberatung X" und sonstige Einkünfte, insb. aus Kapitalvermögen, begehrt, ist dieses Verlangen rechtsmissbräuchlich. Der Antragsgegner hat seine Einkünfte insoweit bereits in anderer Weise ausreichend belegt und kann ein schutzwürdiges Interesse an der Zurückhaltung der hierauf bezogenen Steuerunterlagen geltend machen. Denn auf Grund besonderer Umstände besteht hier die Gefahr einer missbräuchlichen Verwendung dieser Unterlagen durch die Antragstellerin.[3] IE: . . . . .

c) Schließlich ist der geltend gemachte Auskunftsanspruch unzulässig, jedenfalls unbegründet. Denn die begehrte Auskunft kann für die Bemessung eines Unterhaltsanspruchs der Antragstellerin gegenüber dem Antragsgegner nicht von Bedeutung sein, weil der Antragstellerin aus keinem rechtlichen oder tatsächlichen Gesichtspunkt derzeit ein Unterhaltsanspruch zusteht. Dies gilt insb. für die behaupteten Einkünfte, die der Antragsgegner aus der „Unternehmensberatung X" erzielt, deren Aufbau erst nach der Trennung der Beteiligten, nämlich erst ab . . . . . begonnen hat. Diese Einkünfte stellen sich dar als eine unerwartete, vom Normalverlauf abweichende Entwicklung, die nicht geeignet ist, die ehelichen Lebensverhältnisse und damit das Maß des Unterhalts der Antragstellerin zu prägen.[4] IE: . . . . .

d) Ferner hat die Antragstellerin jeden Ehegatten-Unterhaltsanspruch gegen den Antragsgegner verwirkt. Wegen der Einzelheiten darf insoweit auf die Ausführungen zu Ziff. 2. verwiesen werden.

e) Den Kindesunterhalt leistet der Antragsgegner in Wirklichkeit nach seinen Möglichkeiten durchaus. IE: . . . . .

Beweis: . . . . .

2. Der Antragstellerin steht schon dem Grunde nach derzeit keinerlei Ehegatten-Unterhaltsanspruch zu.

a) Die Antragstellerin hat sich schon vor der endgültigen Trennung der Beteiligten und weiter bis heute wiederholt schwerer vorsätzlicher Vergehen gegen den Antragsgegner schuldig gemacht (§ 1579 Abs. 1 Nr. 3 BGB). Sie hat insb. am . . . . . den Antragsgegner bei einer Party im Hause seines Chefs, zu der sie unerlaubt eingedrungen war, mit einem Messer angefallen und verletzt, ferner bereits seit Ende 2017 wiederholt bis in jüngste Zeit hinein immer wieder versucht, durch fortgesetzte schwere Beleidigungen und Verleumdungen sowie durch schwerwiegende falsche Anschuldigungen den Antragsgegner bei seinem Chef und verschiedenen Geschäftspartnern zu schädigen. IE: . . . . .[5]

b) Nach Auffassung des Antragsgegners verfügt die Antragstellerin in Wirklichkeit über erhebliche Einkünfte aus – möglicherweise schwarz betriebener – „freiberuflicher" Übersetzertätigkeit und aus Kapitalvermögen. Dieses stammt aus einer im Jahre 2019 zwischen den Beteiligten vorgezogenen Auseinandersetzung des Zugewinnausgleichs, in dessen Rahmen ein gemeinsames Ferienhaus der Beteiligten verkauft und hieraus der Antragstellerin ein ganz erheblicher Erlösanteil zugewiesen wurde. IE: . . . . .

Beweis: . . . . .

Sollte sich jedoch in diesem Rechtsstreit herausstellen, dass die Antragstellerin diesen ganz erheblichen Erlösanteil nicht mehr zur Verfügung hat – die Antragstellerin hat solches außergerichtlich dem Antragsgegner gegenüber bereits angedeutet – und es tatsächlich böswillig unterlässt, ihre bereits vor der Ehe erworbenen und während der ersten Jahre der Ehe auch eingesetzten Fähigkeiten und Erwerbsmöglichkeiten als Übersetzerin zur Einkommenserzielung einzusetzen, so hätte die Antragstellerin ihre behauptete Bedürftigkeit mutwillig herbeigeführt (§ 1579 Abs. 1 Nr. 4 BGB). Unterhaltsrechtlich würde sich hieraus folgendes ergeben: . . . . .[6]

c) Darüber hinaus ist die Antragstellerin schon vor der endgültigen Trennung der Beteiligten, wahrscheinlich schon Ende 2018, mutwillig und ohne Anlass durch den Antragsgegner aus der bis dahin intakten Ehe der Beteiligten ausgebrochen, indem sie sich ehebrecherisch einem anderen Partner zuwandte und mit diesem mehrere Monate in Augsburg unter Zurücklassung des Antragsgegners und der beiden gemeinsamen ehelichen Kinder zusammenlebte. Zwar ist die Antragstellerin anlässlich der endgültigen Trennung der Beteiligten Mitte 2019 wieder in die damals eheliche Wohnung zurückgekehrt, dies aber nur, weil ihr dies von ihrem damaligen Anwalt zwecks Erhaltung etwaiger eigener Unterhaltsansprüche geraten worden war. In Wirklichkeit hat die Antragstellerin das Verhältnis zu jenem anderen Partner auch damals nicht aufgegeben. Sie hat dieses Verhältnis sofort nach der endgültigen Trennung der Beteiligten – der Antragsgegner musste damals notgedrungen ausziehen – fortgesetzt, hat diesen Partner spätestens seit Anfang 2020 in die frühere eheliche Wohnung aufgenommen, führt ihm den Haushalt und lebt mit ihm in eheähnlicher Lebensgemeinschaft zusammen. IE: . . . .[5]

Beweis: . . . . .

Damit hat die Antragstellerin auch aus „anderen Gründen" iSd § 1579 Abs. 1 Nr. 2 BGB jeden eigenen Unterhaltsanspruch verwirkt.

d) Einwendungen zur Höhe des etwa verbleibenden Unterhaltsanspruchs der Antragstellerin bleiben ausdrücklich vorbehalten.[7]

3. Richtig ist, dass ein gesondertes Verfahren auf einstweilige Anordnung Kindesunterhalt anhängig ist. Sollte einstweilige Anordnung zunächst ergehen, müsste sich der Antragsgegner insoweit Rechtsmittel vorbehalten.[8]

4. Bereits jetzt wird Namens des Antragsgegners vorsorglich die Beschränkung der Vollstreckung eines etwaigen Beschlusses über die Zahlung von Ehegattenunterhalt beantragt.[9] Der Antrag stützt sich auf § 120 Abs. 2 S. 2 u. 3 FamFG. Eine Vollstreckung würde dem Antragsgegner einen nicht zu ersetzenden Nachteil bringen.

IE: . . . . .

Rechtsanwalt[10, 11]

Anmerkungen

1. Sachverhalt wie → Form. II.K.13. Zur Zuständigkeit, Verfahrensvollmacht, Anwaltszwang und Zulässigkeit des Stufenantrages → Form. II.K.13 Anm. 1–5.

2. Einwand der Erfüllung; ggf. müsste der hier die Auskunft begehrende Ehegatte nach allgemeinen Grundsätzen den Zusatzantrag auf eidesstattliche Versicherung der Richtigkeit und Vollständigkeit geltend machen, → Form. II.K.13 Anm. 9.

3. Einwand sehr strittig und unsicher, Auskunftsanspruch geht grds. sehr weit (zB gegenüber einem Rechtsanwalt als Mitglied einer Sozietät auch auf die wirtschaftlichen Verhältnisse der Sozietät, damit indirekt der Mitgesellschafter, so – für Auskunftsanspruch zum Zugewinn, § 1379 BGB, OLG Hamm NJW 1983, 1914). BGH NJW 1993, 3262 (3269) mwN.

4. Die Höhe des Unterhaltsbedarfs bemisst sich auch beim Trennungsunterhalt nach den ehelichen Lebensverhältnissen. Der Begriff entspricht demjenigen aus § 1578 Abs. 1 S. 1 BGB. Die – materiell-rechtliche – Frage, welche konkreten Umstände (in der Praxis vor allem: Einkommensverhältnisse) die „ehelichen Lebensverhältnisse bestimmen", ist für den Trennungs- wie Nachscheidungsunterhalt des Ehegatten von entscheidender Bedeutung. Der maßgebliche Zeitpunkt für die Ermittlung ist nicht starr der Zeitpunkt der Trennung oder Scheidung. Die ehelichen Lebensverhältnisse sind beim Trennungsunterhalt jedenfalls durch die Entwicklungen bis zur Scheidung geprägt (BGH FamRZ 1999, 367 (368 f.)). Die Rspr. des BGH zu den Surrogationseinkünften führte dazu, dass auch Veränderungen nach der Trennung in weitem Umfang die maßgeblichen ehelichen Lebensverhältnisse beeinflussen. Ausgenommen davon sind Veränderungen, die auf einer unerwarteten und vom Normalverlauf erheblich abweichenden Entwicklung beruhen (Palandt/*von Pückler* BGB § 1361 Rn. 63) oder verschuldete Einkommensrückstände (BGH FamRZ 2007, 793 (795); FamRZ 2003, 590 (591)). Vgl. den Rechtsprechungsüberblick bei MAH FamR/*Grandel* § 8 Rn. 65 ff. Dabei hat Darlegungs- und Beweislast derjenige Ehegatte, der sich auf eine unerwartete Entwicklung beruft (BGH FamRZ 1983, 352). Besonders sorgfältiger Tatsachenvortrag ist hier also stets erforderlich.

5. Die – gänzliche oder teilweise – „Verwirkung" des Ehegatten-Unterhaltsanspruchs aus den verschiedenen Gesichtspunkten des § 1579 BGB wegen grober Unbilligkeit kann auch beim Trennungsunterhalt eine Rolle spielen, §§ 1361 Abs. 3, 1579 Nr. 2–8 BGB. Sie zwingt beide Seiten zu besonders ausführlichem Sachvortrag nebst Beweisantritten. Dies gilt insb. für die „anderen, ebenso schwerwiegenden Gründe" des § 1579 Abs. 1 Nr. 8 BGB und Nr. 7 BGB: Von besonderer Praxisrelevanz ist der jetzt in § 1579 Nr. 2 BGB geregelte Fall des Zusammenlebens des getrennten oder geschiedenen Ehepartners mit einem anderen Partner in „eheähnlicher Lebensgemeinschaft" ohne – offizielle – Unterhaltung durch diesen auf Kosten des Unterhaltsschuldners, auch wenn der Ehepartner die Kinder betreuen muss, BGH NJW 1984, 297, ferner (Fall der schweren Verfehlung gem. § 1579 Abs. 1 Nr. 7 BGB) BGH NJW 1984, 296, jeweils mwN) Zu § 1579 BGB sa MAH FamR § 9 mit „Checkliste" der Prüfungskriterien für das Vorliegen einer verfestigten Lebensgemeinschaft.

Unabhängig und in Kombination mit einer Teilverwirkung rechnet die Rspr. der unterhaltsberechtigten Ehefrau, die mit einem neuen Partner zusammenlebt, fiktive Einkünfte für die vermutete Erbringung hausfraulicher Leistungen zu (dogmatisch wird dies zT auch über ersparte Aufwendungen begründet).

6. Einwand, dass der Unterhaltsgläubiger seine Bedürftigkeit mutwillig herbeigeführt hat, § 1579 Abs. 1 Nr. 4 BGB, bei vorzeitiger Verschwendung des Zugewinnausgleichs sehr einschränkend OLG Karlsruhe FamRZ 1983, 506; zur Berücksichtigung des durch Zugewinnausgleich erhaltenen Vermögens ferner allgemein BGH NJW 1985, 909.

7. Da der Antragsgegner im vorgestellten Fall schon jede Auskunftspflicht, erst recht Unterhaltspflicht dem Grunde nach bestreiten will, wird er sich mit der Höhe des Anspruchs kaum jetzt schon auseinandersetzen können. Gegen den hier – kombiniert – geltend gemachten Anspruch auf Auskunft und Zahlung von *Kindesunterhalt* helfen seine hier behandelten Einwendungen (in der Regel) ohnehin nicht. Die häufigsten Einwendungen zur Höhe sind

- Einwand des geminderten Unterhaltsbedarfs (zB durch anderweitige Einkünfte);
- Einwand der geminderten/entfallenen eigenen Leistungsfähigkeit;
- Einwand, dass eigene Einkünfte des Unterhaltsschuldners (ganz oder teilweise) die ehelichen Lebensverhältnisse vor Trennung/Scheidung nicht „geprägt" haben (→ Anm. 4). Nach aktueller Rspr. des BGH kann zwar bis zu einem Familieneinkommen der Ehegatten in Höhe des Doppelten des höchsten in der Düsseldorfer Tabelle ausgewiesenen Einkommensbetrags (11.000,00 EUR) tatsächlich vermutet werden, dass es vollständig für den Lebensbedarf der Familie verwendet worden ist (BGH NJW 2018, 468; BGH NJW 2019, 3570). Aber auch unterhalb dieser Grenze kann eingewendet werden, dass nicht alle Einkünfte für den Lebensbedarf verbraucht wurden, sondern ein Teil davon für angemessene Vermögensbildung eingesetzt wurde. Über einem Familieneinkommen von 11.000,00 EUR hinaus genügt es für den Unterhaltspflichtigen, die vollständige Verwendung des Einkommens für Lebensunterhalt zu bestreiten. In diesem Fall muss der Unterhaltsberechtigte die Verwendung des Einkommens für den Lebensbedarf darlegen und im Bestreitensfall in vollem Umfang beweisen (BGH NJW 2018, 468; BGH NJW 2019, 3570; sa *Gutdeutsch* FamRZ 2019, 944 ff.).

8. Negativer Feststellungsantrag gegen einen Unterhaltsantrag ist unzulässig (OLG Düsseldorf FamRZ 1985, 1149), anders jedoch als negativer Feststellungsantrag gegen Unterhaltsverpflichtung aus einstweiliger Anordnung, wenn für den streitigen Unterhaltszeitraum kein Hauptsacheverfahren rechtshängig ist. Mit ihm kann zB eingewendet werden, dass die Bedürftigkeit des Berechtigten entfallen ist; zulässig auch für die Vergangenheit (OLG Düsseldorf FamRZ 1985, 1147).

9. Das FamFG kennt kein Zusammenspiel mehr zwischen vorläufiger Vollstreckbarkeit und Einstellung gegen Sicherheitsleistung, vom Ausnahmefall der Einstellung der Vollstreckung in Abänderungsverfahren gem. § 242 FamFG iVm 769 ZPO abgesehen. In Unterhaltssachen soll gem. § § 116 Abs. 3 S. 3 FamFG die sofortige Wirksamkeit als Vollstreckungsvoraussetzung angeordnet werden. Dem kann der Antragsgegner mit einem Antrag auf Beschränkung oder Einstellung der Vollstreckung gem. § 120 Abs. 2 S. 2 FamFG entgegentreten. Dazu muss er glaubhaft machen, dass ihm die

Vollstreckung einen nicht zu ersetzenden Nachteil bringen würde. Es ist streitig, ob der Antrag im Beschwerdeverfahren zulässig ist, wenn er nicht bereits in erster Instanz gestellt worden war. Nach OLG Frankfurt a.M. NJW-RR 2011, 1303 ist ein Antrag auf Einstellung der Vollstreckung im Beschwerdeverfahren unzulässig, wenn der Schuldner es versäumt hat, erstinstanzlich einen Antrag nach § 120 Abs. 2 S. 2 FamFG zu stellen. Es zieht die Parallele zur Rspr. des BGH, dass eine Einstellung der Vollstreckung im Revisionsverfahren nicht zulässig ist, wenn in der Berufungsinstanz kein Schutzantrag gestellt worden war (BGH FamRZ 2011, 884). OLG Frankfurt (6. Senat) FamRZ 2016, 76 und FamRZ 2015, 1233) halten ihn erstmals im Beschwerdeverfahren nur für zulässig, wenn er auf Gründe gestützt wird, die zur Zeit der letzten mündlichen Verhandlung erster Instanz noch nicht vorlagen oder aus anderen Gründen nicht vorgetragen und glaubhaft gemacht werden konnten. Das OLG Hamm FamRZ 2011, 1678 hält zwar einen Antrag aus 120 Abs. 2 S. 2 FamFG ebenfalls für unzulässig, will aber einen Antrag aus §§ 120 Abs. 2 S. 3 FamFG, 719 ZPO zulassen. Nach anderer und herrschender Ansicht kommt es nicht darauf an, ob in erster Instanz ein Vollstreckungsschutzantrag gestellt worden war (OLG Rostock FamRZ 2011, 306; OLG Bremen FamRZ 2011, 322). Der letzteren Ansicht ist zuzustimmen. Die Entscheidung des BGH beruht auf den Besonderheiten des Revisionsverfahrens und ist nicht auf das Beschwerdeverfahren übertragbar. Die Erfolgsaussichten der Beschwerde können sinnvoll nur vom Beschwerdegericht in die Entscheidung zum Vollstreckungsschutz einbezogen werden. Wegen der rechtlichen Unsicherheit sollte aber vorsorglich stets bereits in erster Instanz ein Schutzantrag gestellt werden. Bislang kommt das in der Praxis nur selten vor. Über die Einstellung und Beschränkung der Vollstreckung entscheidet das Gericht erster Instanz. Die Entscheidung zu § 120 Abs. 2 FamFG ergeht nur auf Antrag. Der Antrag muss daher in erster Instanz vor Schluss der mündlichen Verhandlung (§ 714 Abs. 1 ZPO) gestellt werden. Eine Nachholung ist nicht möglich. Die Tatsachen, die für die Schutzanordnung sprechen, müssen unstreitig sein oder glaubhaft (§ 294 ZPO) gemacht werden (§ 120 Abs. 2 S. 2 FamFG). Das Gericht hat kein Ermessen bei der Entscheidung. Liegen die Voraussetzungen vor, muss eine Einstellung oder Beschränkung der Vollstreckung erfolgen. IdR wird das Gericht erster Instanz dann aber bereits vor der Anordnung der sofortigen Wirksamkeit absehen. Über einen im Beschwerdeverfahren gestellten Antrag entscheidet das OLG.

In Unterhaltssachen sind viele Fälle denkbar, in denen bei Ausschluss des Entreicherungseinwandes zwar materiell-rechtlich ein Rückforderungsanspruch wegen zu Unrecht bezahltem Unterhalt besteht, dieser aber dauerhaft nicht beitreibbar ist, weil der Unterhaltsberechtigte das Geld verbraucht hat, mittellos ist und nur unterhalb der Pfändungsfreigrenzen verdient. In der Rspr. wird überwiegend angenommen, dass dies als ein nicht zu ersetzender Nachteil bewertet werden und die Vollstreckung mit dieser Begründung beschränkt oder von der Anordnung der sofortigen Wirksamkeit abgesehen werden kann (so OLG Rostock FamRZ 2011, 306; OLG Hamm FamFR 2012, 160; OLG Hamm FamRZ 2011, 1317; OLG Bremen FamRZ 2011, 322; OLG Frankfurt a. M. FamRZ 2010, 1370; HK-FamVerfR/Kemper FamFG § 120 Rn. 9). Dagegen spricht, dass Unterhaltsberechtigte seinerseits häufig zur Existenzsicherung auf die Unterhaltszahlung dringend angewiesen sein wird. Außerdem würde durch eine zu weitgehende Anwendung des § 120 Abs. 2 FamFG die Stellung des Gläubigers erheblich geschwächt, obwohl der Gesetzgeber durch die Neuregelung gerade eine Stärkung der Gläubigerrechte bezweckte (so OLG Hamm OLG Rostock FamFR 2011, 306; KKW/*Weber* FamFG § 120 Rn. 17; s. zur Problematik auch Musielak*Borth* FamFG § 120 Rn. 4). Diese Unsicherheit hinsichtlich der Beschränkung der Vollstreckung macht es für die Gläubiger aber interessant, zusätzlich zum Hauptsacheverfahren eine einstweilige Anordnung in Unterhaltssachen zu beantragen.

Kosten und Gebühren

10. Wie → Form. II.K.13, insb. → Form. II.K.13 Anm. 5. (diff. Gegenstandswert bei isolierter Auskunft/bei Stufenantrag).

Fristen und Rechtsmittel

11. Wie → Form. II.K.13 Anm. 20.

15. Antrag auf Zustimmung zum begrenzten Real-Splitting

An das **. . . ., den . . . .**

Amtsgericht
– Familiengericht[1] –

Antrag

des . . . .
– Antragsteller –
Verfahrensbevollmächtigter: RA . . . .
gegen
. . . .
– Antragsgegnerin –
wegen Zustimmung zum begrenzten Realsplitting
vorläufiger Verfahrenswert:[2] . . . . EUR
Namens und in Vollmacht des Antragstellers wird beantragt:[3]

I. Die Antragsgegnerin wird verpflichtet, gegenüber dem Finanzamt . . . . zur Steuernummer . . . . eine Willenserklärung mit dem Inhalt abzugeben, dass die Antragsgegnerin dem sog begrenzten Realsplitting gem. § 10 Abs. 1 Nr. 1, § 22 Nr. 1a EStG für den Veranlagungszeitraum 2020 im Rahmen der Veranlagung zur Einkommen-, Kirchensteuer und zum Solidaritätszuschlag für einen Unterhaltsbetrag von . . . . EUR zustimmt.

II. Die Antragsgegnerin hat die Kosten des Verfahrens zu tragen.

III. Die sofortige Wirksamkeit der Entscheidung wird angeordnet.[4]

Begründung

1. Die Ehe der Beteiligten ist durch Verbundbeschluss des Familiengerichts . . . . vom 17.12.2019 rechtskräftig geschieden worden. Hierbei wurde der Antragsteller zugleich rechtskräftig verpflichtet, an die Antragsgegnerin einen monatlichen nachehelichen Ehegattenunterhalt von 1.100 EUR wegen damals angeblich bestehender krankheitsbedingter Erwerbsunfähigkeit der Antragsgegnerin zu bezahlen mit Wirkung ab Scheidung. Dem ist der Antragsteller nachgekommen. Er hat in 2020 Ehegattenunterhalt iHv . . . . EUR bezahlt.

Beweis: . . . .

2. Der Antragsteller befindet sich einkommensbedingt in einer hohen Steuerprogression. Er hat deshalb die Antragsgegner mit Schreiben vom . . . . und Anwaltschreiben vom . . . . unter Fristsetzung aufgefordert, ihre Zustimmung zur Angabe der an die Antragsgegnerin geleisteten und noch zu leistenden laufenden Unterhaltszahlungen als

Sonderausgabe bei seinem zuständigen Einkommensteuerfinanzamt, zunächst für den Veranlagungszeitraum 2020 zu erklären. Der Antragsteller hat sich dabei zugleich verpflichtet, der Antragsgegnerin alle Nachteile auszugleichen, die ihr durch Ansatz seiner Unterhaltsleistungen in 2020 und folgende als Sonderausgaben nach § 10 Abs. 1 EStG entstehen.

Beweis: 1. Schreiben des Antragstellers vom ..... Als Anlage Ast 1 in Kopie anbei
2. Schreiben des anwaltlichen Vertreters des Antragsteller vom ..... als Anlage Ast 2 in Kopie anbei

Der Antragsteller hat aufgrund seiner Einkommensverhältnisse eine Steuerbelastung von ca. 38 % aus einem zu versteuernden Einkommen von ..... EUR. Die Antragsgegnerin liegt aufgrund ihres deutlich niedrigeren Einkommens von ..... EUR bei einer Steuerbelastung von nur 26 %. Nach Ausgleich der Steuermehrbelastung der Antragsgegnerin verbleibt dem Antragsteller eine Steuerersparnis von ca. ..... EUR.

3. Die Antragsgegnerin hat zunächst nicht reagiert, sodann mit Schreiben vom ..... ihres Anwalts dieses Verlangen des Antragstellers endgültig abgelehnt mit der Behauptung, sie, die Antragsgegnerin, erleide hierdurch „unübersehbare steuerliche Nachteile", außerdem stehe die vom Antragsteller in den vorgenannten Schreiben gleichzeitig erklärte Bereitschaft zur Freistellung der Antragsgegnerin von steuerlichen Nachteilen wegen seines „undurchsichtigen Finanzgebarens" nur auf dem Papier.

Beweis: Die vorbezeichneten Schreiben, insbes. ..... als Anlagen Ast 3 u. 4 in Kopie anbei

4. Die gerichtliche Klärung ist daher geboten, und zwar wegen ernstlicher und endgültiger Weigerung der Antragsgegnerin zunächst für den nunmehr laufenden steuerlichen Veranlagungszeitraum 2020. Der Anspruch auf Zustimmung ist nach der Rspr. als Nebenpflicht aus dem bestehenden gesetzlichen Unterhaltsverhältnis auch in der obigen Form begründet.
Insbes. ist der Antragsteller nicht verpflichtet, ohne besondere, von der Antragsgegnerin darzulegende und ggf. zu beweisende Umstände schon jetzt eine Sicherheitsleistung für die von ihm gleichzeitig einzugehende Freistellungsverpflichtung anzubieten oder zu übernehmen.
5. Die Antragsgegnerin schädigt durch ihr Verhalten nicht nur den Antragsteller, der sich wegen seiner daraus resultierenden überhöhten Steuerbelastung weitergehende Schadensersatzansprüche ausdrücklich vorbehält. Bei ordnungsgemäßem Verhalten der Antragsgegnerin hätte der Antragsteller seine Unterhaltsleistungen bis zum 30.11.2020 noch lohnsteuerabzugsmindernd auf seiner Lohnsteuerkarte 2021 eintragen lassen können, da er seine Einkünfte im Wesentlichen aus unselbständiger Tätigkeit als Angestellter bezieht. Die Antragsgegnerin schmälert vielmehr hierdurch auch die Bemessungsgrundlage (Nettoeinkommen des Antragstellers) für ihren eigenen Unterhaltsanspruch.
6. Die beantragte Kostenentscheidung ist hier nach allgemeinen Grundsätzen gerechtfertigt.
7. Es handelt sich um eine sonstige Familiensache iSd § 266 Abs. 1 Nr. 2 FamFG. Ein Zuwarten bis zur Rechtskraft der gerichtlichen Entscheidung würde für den Antragsteller eine unzumutbare finanzielle Belastung bedeuten. Das ergibt sich aus folgenden Gründen: ..... Es wird daher gem. § 116 Abs. 1 S. 2 FamFG beantragt, die sofortige Wirksamkeit der Entscheidung anzuordnen.[4]
8. Verfahrensgebühren iHv ..... EUR sind eingezahlt; eine Kopie des Überweisungsbeleges ist beigefügt.[5]

Rechtsanwalt[6, 7]

Anmerkungen

1. Der Anspruch auf Zustimmung zum begrenzten Realsplitting war nach altem Recht ebenso wie der Anspruch auf Schadensersatz bei unberechtigter Verweigerung der Zustimmung als Familiensache aus dem Gesichtspunkt des Sachzusammenhangs mit dem Unterhaltsanspruch angesehen worden. vgl. zum alten Recht OLG Hamm FamRZ 1987, 489 und Thomas/Putzo/*Hüßtege,* 29. Aufl. 2008, ZPO § 621 Rn. 28a. Nunmehr gehört das Verfahren zu den sonstigen Familiensachen des § 266 Abs. 1 Nr. 2 FamFG (Musielak/*Borth* FamFG § 266 Rn. 10). Das Verfahren ist Familienstreitsache; die örtliche Zuständig richtet sich nach § 267 FamFG (ausschließlich örtlich zuständig ist vorrangig das Gericht, bei dem die Ehesache im ersten Rechtszug anhängig ist oder war, § 267 Abs. 1 FamFG; iÜ richtet sich die örtliche Zuständigkeit nach den Vorschriften der ZPO, wobei an die Stelle des Wohnsitzes der gewöhnliche Aufenthalt tritt, § 267 Abs. 2 FamFG).

2. Der Streitwert sollte der angestrebten Steuerersparnis beim Antragsteller entsprechen.

3. Zu den materiellen Rechtsgrundlagen und zur Ausgestaltung der Anträge des hier geltend gemachten Anspruchs vgl. zB MAH FamR/*Arens* § 33 Rn. 134 ff. mwN; insb. ausf. mwN BGH NJW-RR 2005, 225, Zustimmung zu – noch – gemeinsamer ESt-Veranlagung; FamRZ 1998, 954, Realsplitting, dort auch zu den – eingeschränkten – Voraussetzungen, zu denen der Unterhaltsgläubiger Sicherheit für den Freistellungsanspruch verlangen kann; ferner BGH FamRZ 1988, 820 (821). Bei Zustimmung des unterhaltsberechtigten Ehepartners zum begrenzten Realsplitting – § 10 Abs. 1 Nr. 1 EStG – besteht Anspruch auf Erstattung aller daraus erwachsenden wirtschaftlichen Nachteile, nicht nur der steuerlichen Nachteile. Andere Nachteile des Unterhaltsberechtigten können zB der Verlust sozialrechtlicher Leistungsansprüche oder der Wegfall in der Mitversicherung in der Krankenversicherung des Ehegatten sein, Einzelheiten mit weiteren Beispielen s. MAH FamR/*Arens* § 33 Rn. 172 ff.

4. Der Beschluss des Gerichts wird erst mit Rechtskraft wirksam, § 116 Abs. 2 S. 1, § 112 Nr. 3, § 266 Abs. 1 FamFG. Das Gericht kann die sofortige Wirksamkeit der Entscheidung gem. § 116 Abs. 3 S. 2 FamFG anordnen; s. dazu und zur Einstellung der Vollstreckung auch → Form. II.K.14 Anm. 9.

5. Es müssen drei Gebühren als Verfahrensgebühren einbezahlt werden, § 14 FamGKG, Nr. 1220 KV FamGKG. Sonst erfolgt idR keine Zustellung des Antrages. Zu den Ausnahmen s. § 15 FamGKG.

Kosten und Gebühren

6. GK aus Nr. 1220 ff. FamGKG; Rechtsanwaltsgebühren: VV 3100 ff. RVG.

Fristen und Rechtsmittel

7. Befristete Beschwerde, §§ 58, 63 FamFG, einzulegen beim Gericht erster Instanz binnen eines Monats § 64 Abs. 1 FamFG; die Frist zur notwendigen Beschwerdebegründung beträgt zwei Monate ab Bekanntgabe des Beschlusses, § 117 Abs. 1 S. 3 FamFG; zuständig für das Beschwerdeverfahren ist das OLG, § 119 Abs. 1 Nr. 1a GVG; → Form. II.K.34.

Güterrechtssachen, Ehewohnung und Hausrat

16. Antrag auf Zugewinnausgleich (Stufenantrag)

An das . . . . ., den . . . . .

Amtsgericht[1]
– Familiengericht –

Antrag[2]

der . . . . .
– Antragstellerin –[2]
Verfahrensbevollmächtigte: Rechtsanwälte . . . . .[3]
gegen
. . . . .
– Antragsgegner –[2]
Verfahrensbevollmächtigter: Rechtsanwalt . . . . .[3]
wegen Zugewinnausgleich (Auskunft und Zahlung)[1, 2]
vorläufiger Verfahrenswert: . . . . . EUR[4]
Wir zeigen an, dass wir die Antragstellerin vertreten; Bevollmächtigung wird versichert.[5]
Namens und im Auftrag der Antragstellerin wird beantragt:
I. Der Antragsgegner wird verpflichtet, der Antragstellerin

1. Auskunft[9] zu erteilen über sein Endvermögen[7] per 31.7.2019[6]
   a) durch Vorlage eines schriftlichen, systematisch gegliederten Bestandsverzeichnisses unter Angabe von Art und Umfang der Einzelposten, ferner folgender wertbildender Faktoren:
   zum bebauten Grundbesitz in . . . . . Angaben über Grundstücksgröße, Belastungen, Baujahr, Bauweise, Nutzungsarten, Nutzflächen und Einnahmen sowie Ausgaben der Jahre 2017–2019;
   zum Einzelunternehmen „Unternehmensberatung X“ Angaben zu deren Aktiva und Passiva per 31.12.2018 und zu deren Umsätzen und Gewinnen/Verlusten der Jahre 2017–2019;
   zu der für den Antragsteller bei der Z-Lebensversicherung . . . . . bestehenden Kapitallebensversicherung . . . . . Angaben über Deckungskapital, Zinsen, Gewinnbeteiligung und Beteiligung am voraussichtlichen kollektiven Schlussgewinn (Zeitwertermittlung);
   zu dem vom Antragsteller beruflich genutzten Kraftfahrzeug Angaben zu Alter, Kilometerstand, Ausstattung und Erhaltungszustand; und
   b) diese Auskünfte zu belegen[10] durch
   Grundbuchauszug und Kontoauszüge über Belastungsstände per 31.7.2019, sowie Vorlage der Einnahmen-Ausgaben-Überschussrechnungen 2017–2019 zum obigen Grundbesitz;
   Anlagenverzeichnisse, Jahresumsatzsteuererklärungen und Jahresabschlüsse 2017–2019 zur obigen „Unternehmensberatung X“;

2. Auskunft zu erteilen über die ihm zum 1.12.2007 von seinen Eltern schenkweise zugewendete Beteiligung[7] an der Handelsgesellschaft in Firma „ABC-KG“
   a) durch Vorlage einer schriftlichen Aufstellung unter Angabe von Art und Umfang dieser Beteiligung, ferner folgender wertbildender Faktoren:[8]

- Aktiva und Passiva per 31.12.2007 sowie Umsätze und Gewinne/Verluste der Jahre 2004–2007 dieses Unternehmens;

b) diese Auskünfte zu belegen[10] durch

- Vorlage der Jahresabschlüsse (Bilanzen, Gewinn- und Verlustrechnungen, Anhänge und Anlagenverzeichnisse) dieses Unternehmens für die Jahre 2004–2007.

II. Der Antragsteller wird verpflichtet, die Richtigkeit der vorgelegten Verzeichnisse und Aufstellungen gem. Ziff. I. an Eides Statt zu versichern.

III. Der Antragsgegner wird verpflichtet, einen sich aus der Auskunft ergebenden noch zu berechnenden Zugewinnausgleich zzgl. 5 % Zinsen über Basiszinssatz seit dem . . . . . an die Antragstellerin zu bezahlen.

IV. Der Antragsgegner trägt die Kosten des Verfahrens.

Begründung:

1. Die Beteiligten hatten am . . . . . vor dem Standesamt Augsburg die Ehe geschlossen. Die Beteiligten leben seit Mitte 2016 getrennt. Der Scheidungsantrag des Antragsgegners wurde über das Familiengericht Augsburg der Antragstellerin am 31.7.2019 zugestellt. Die Ehe wurde durch Beschluss des Familiengerichts Augsburg vom 10.3.2020 geschieden. Die Scheidung ist seit dem 10.3.2020 auch rechtskräftig.

   Beweis: Endbeschluss des Familiengerichts Augsburg mit Rechtskraftvermerk in Kopie anbei, Anlage Ast 1

2. Die Beteiligten lebten im gesetzlichen Güterstand. Über den Zugewinnausgleich zwischen den Beteiligten konnte außergerichtlich keine Einigung erzielt werden. Die Antragstellerin hat dem Antragsgegner bereits mit Schreiben vom . . . . . das in Anlage 2 beigefügte eigene Vermögensverzeichnis über ihr Anfangsvermögen und Endvermögen vorgelegt und ihn unter Fristsetzung bis zum . . . . aufgefordert, ebenfalls über sein Anfangs- und Endvermögen in der Ehezeit in der Form des § 260 BGB Auskunft zu erteilen. Er wurde darin auch aufgefordet, den sich aus der Auskunft ergebenden Zugewinnausgleich zu bezahlen.

   Beweis: . . . . .

   Der Antragsgegner, welcher schon während der Ehezeit sich alleine um die wirtschaftlichen Angelegenheiten der Familie gekümmert, seine eigenen vermögensmäßigen Dispositionen stets für sich selbst erledigt und der Antragstellerin keinen näheren Einblick gegeben hat, weigert sich jedoch, gem. §§ 1379 Abs. 1 S. 1 Nr. 2, 260 BGB die erforderlichen Auskünfte zu erteilen, obwohl er sie unschwer erteilen könnte, während die Antragstellerin schuldlos zur eigenen, hinreichend sicheren Erstellung eines solchen Bestandsverzeichnisses außer Stande ist. Sie kann insb. auch die näheren Umstände und den Wert der dem Antragsgegner am . . . . von seinen Eltern schenkweise zugewendeten KG-Beteiligung an der ABC-KG, welche das Anfangsvermögen des Antragstellers erhöht (§ 1375 Abs. 2 BGB), nicht selbst feststellen, weil . . . .

   Beweis: . . . . .

3. Die Antragstellerin hat gemäß der obigen Anlage 1, welche vom Antragsgegner bisher in keiner Weise beanstandet wurde, während der Ehezeit keinen Zugewinn erzielt.

   Beweis: Beweis im Bestreitensfall: . . . . .

   Der Antrag auf Zugewinnausgleich in der obigen Form, nämlich in der Form des Stufenantrages, war daher geboten.[11]

4. Der Kostenantrag ergibt sich aus.[12]

5. Verfahrensgebühren iHv . . . . . EUR sind eingezahlt; eine Kopie des Überweisungsbeleges ist beigefügt. Die Antragstellerin schätzt den sich ergebenden Zugewinnausgleich auf ca. . . . . EUR.[13]

Rechtsanwalt[14, 15]

Anmerkungen

1. Ausschließlich sachlich und nach der gesetzlichen Geschäftsverteilung zuständig für alle güterrechtlichen Auseinandersetzungen (alle Güterstände, also nicht nur für Zugewinnausgleich, sondern auch für alle Sonderfragen und -verfahren, auch die Verfahren der §§ 1382, 1383 BGB) ist das Familiengericht, § 23a Abs. 1 Nr. 1, § 23b Abs. 1 GVG, § 111 Nr. 8, § 261 FamFG. Ausschließlich örtlich zuständig ist vorrangig das Gericht, bei dem die Ehesache im ersten Rechtszug anhängig ist oder war, § 262 Abs. 1 FamFG. Der Gerichtstand der Ehesache geht anderen ausschließlichen Gerichtsständen vor, zB dem aus §§ 767, 802 ZPO für die Vollstreckungsgegenklage, § 262 Abs. 1 S. 2 FamFG. IÜ richtet sich die örtliche Zuständigkeit nach den Vorschriften der ZPO, wobei an die Stelle des Wohnsitzes der gewöhnliche Aufenthalt tritt, § 262 Abs. 2 FamFG.

2. Es handelt sich um eine Familienstreitsache, § 112 Nr. 2 FamFG. Das Verfahren kann in den Verbund einbezogen werden oder als selbständiges Verfahren nach Rechtskraft der Scheidung geführt werden, § 137 Abs. 2 Nr. 4 FamFG. Als Verbundverfahren kommt eine Abtrennung unter den Voraussetzungen des § 140 Abs. 1, 2 Nr. 1, 4 oder 5 FamFG. (vgl. aber BGH NJW 1987, 1772, wonach eine Verfahrensdauer von etwa 2 Jahren noch normal ist). Bei Getrenntleben kommt ein Verfahren aus §§ 1385, 1386 BGB in Betracht.

3. Es besteht Anwaltszwang sowohl für ein selbständiges Zugewinnausgleichsverfahren als auch als Folgesache, § 114 Abs. 1 FamFG.

4. Der Gegenstandswert sollte bei unbeziffertem Antrag – wie hier – angegeben werden. Zur Bemessung → Form. II.K.13 Anm. 5; BGH NJW 1994, 2895: bei Stufenantrag – wie hier – ist wegen §§ 38 FamGKG von den (vermuteten) Erwartungen des Antragstellers auszugehen, ggf. durch – später zu korrigierende – Schätzung. Ein gewisser Ausgleich des Kostenrisikos ist über § 80 Abs. 2 FamFG möglich.

5. Da es sich hier nicht um eine Folgesache handelt, bedarf der Anwalt keiner besonderen Vollmacht gem. § 114 Abs. 5 FamFG.

6. Im neuen Recht zum Zugewinn wird im Scheidungsfall sowohl für die Berechnung des Zugewinns als auch für die Höhe der Ausgleichsforderung auf den Zeitpunkt der Rechtshängigkeit der Scheidung abgestellt, § 1384 BGB. Das bedeutet, dass Vermögensänderungen nach Zustellung des Scheidungsantrages die Höhe des Ausgleichsanspruchs nicht mehr beeinflussen können. Zu beachten ist eine neu gefasste Kappungsgrenze in § 1378 Abs. 2 BGB: Die Höhe der Ausgleichsforderung wird durch den Wert des Vermögens des ausgleichspflichtigen Ehegatten begrenzt, das nach Abzug der Verbindlichkeiten bei Beendigung des Güterstandes vorhanden ist. Gemeint ist mit der „Beendigung des Güterstandes" in § 1378 Abs. 2 BGB aber nicht die Rechtskraft der Scheidung, sondern wegen § 1384 BGB der Zeitpunkt der Rechtshängigkeit des Scheidungsantrages (BR-Drs. 635/08, 35 f.). Diese Neuregelung ist Folge der Anerkennung eines negativen Anfangsvermögens und soll sicherstellen, dass der ausgleichspflichtige Ehegatte jedenfalls keine Verbindlichkeiten eingehen muss, um den Zugewinnausgleich bezahlen zu können. Das gilt jedoch nicht in den Fällen der illoyalen Vermögensminderungen des § 1375 Abs. 2 S. 1 BGB. Die Kappungsgrenze erhöht sich in diesem Fall um den Betrag, der gem. § 1375 Abs. 2 S. 1 BGB dem Endvermögen wieder hinzuzurechnen ist, § 1378 Abs. 2 S. 2 BGB. Insoweit muss der Ausgleichspflichtige dann auch, ggf. ein Darlehen zur Finanzierung des Zahlungsbetrages aufnehmen. Berechnungszeitpunkt für das Anfangsvermögen ist der Tag der Eheschließung; Berechnungszeitpunkt für das Endvermögen bei Scheidung gem. § 1384 BGB ist der Zeitpunkt der Rechtshängigkeit des Scheidungsantrages. Auch längeres Ruhen ein und desselben Verfahrens führt nicht zur Abänderung des ursprünglichen Berechnungszeitpunkts, selbst bei zwischenzeitiger Versöhnung (str., BGH FamRZ 1983, 350; FamRZ 2006, 260; OLG Frankfurt a. M. FamRZ 1982, 1013; aA OLG Karlsruhe FamRZ 1980, 1119). Ruht ein Scheidungsverfahren trotz jahrelangem Getrenntleben und wird dann im selben Verfahren vom Antragsteller ein neuer Scheidungsantrag gestellt, ist dieser nur als weiterer Antrag im noch anhängigen Verfahren anzusehen, der das ursprüngliche Verfahren fortsetzt und den früheren Stichtag nicht beseitigt (BGH FamRZ 2006, 260). Anderes kann gelten, wenn die Berufung auf den früheren Stichtag als Verstoß gegen Treu und Glauben anzusehen wäre, um grob unbillige und dem Gerechtigkeitsempfinden in unerträglicher Weise widersprechende Ergebnisse zu verhindern. Das ist denkbar, wenn konkrete Tatsachen dafür vorliegen, dass ein Ehegatte mit einem verfrühten Scheidungsantrag in illoyaler Weise bezweckt, dass der andere an einer für ihn konkret absehbaren und erheblichen Vermögensmehrung nicht mehr teilhat (Johannsen/Henrich/Althammer/*Kohlenberg,* Familienrecht, 7. Aufl. 2020, § 1384 Rn. 3).

Hatten beide Eheleute in demselben Verfahren Scheidungsantrag gestellt und nimmt der frühere Antragsteller später seinen Scheidungsantrag wieder zurück oder wird dieser abgewiesen, verbleibt es bei dem Stichtag der ersten Zustellung, wenn die Ehe auf den Widerantrag hin geschieden worden ist (BGH FamRZ 1996, 1142). Sind mehrere Scheidungsverfahren rechtshängig, ist für den Stichtag das Verfahren maßgebend, das zur Scheidung geführt hat, auch wenn der Antrag im anderen Verfahren nicht zurückgenommen wurde (BGH FamRZ 1983, 350).

7. Gem. § 1379 BGB kann nunmehr sowohl Auskunft über das Endvermögen als auch das Anfangsvermögens des anderen Ehegatten verlangt werden. Neu geregelt wurde auch die für die Praxis dringend erforderliche Verpflichtung, auf Verlangen auch Belege zur Auskunft vorzulegen. Die Auskunftsverpflichtung besteht nicht nur bei Scheidungsverfahren, sondern auch bei Verfahren auf Aufhebung der Ehe, auf vorzeitigen Ausgleich des Zugewinns bei vorzeitiger Aufhebung der Zugewinngemeinschaft oder auf vorzeitige Aufhebung der Zugewinngemeinschaft, § 1379 Abs. 1 S. 1 Nr. 2 BGB. Problematisch ist die Formulierung in § 1379 Abs. 1 S. 1 Nr. 2 BGB, dass die Auskunft erteilt werden muss „soweit es für die Berechnung des Anfangs- und Endvermögens maßgeblich ist." Es kann damit nicht gemeint sein, dass der Auskunftsverpflichtete einen eigenen Beurteilungsspielraum haben soll, was rechtlich für den Zugewinn maßgeblich ist (problematisch zB für treuhänderisch gehaltenes Vermögen oder Bewertung einer Vorerbschaft). Vielmehr muss über alle Vermögensbestandteile Auskunft gegeben werden, auch die rechtlich streitigen, damit der Auskunftsberechtigte in die Lage versetzt wird, eine eigene rechtliche Beurteilung vornehmen zu können.

Darüber hinaus hat der Gesetzgeber auch einen neuen Anspruch auf Auskunft und Belegvorlage über das Vermögen zum Zeitpunkt der Trennung eingeführt, § 1379 Abs. 1 S. 1 Nr. 1 BGB. Der Anspruch entsteht bereits mit der Trennung, setzt also keinen Scheidungsantrag voraus, § 1379 Abs. 2 BGB. Damit sollen Vermögensverschiebungen nach der Trennung verhindert oder jedenfalls nachweisbar gemacht werden. § 1375 Abs. 2 S. 2 BGB beinhaltet eine Umkehr der Darlegungs- und Beweislast zu Lasten des Auskunftspflichtigen, wenn seine Auskunft zum Trennungszeitpunkt ein höheres Vermögen ausweist als zum Endstichtag.

Zum Umfang der Auskunft OLG Hamm NJW 1983, 1914 (ua Pflicht zur Vorlage des RA-Sozietätsvertrages). Entschieden ist vom BGH, dass die Auskunft (Wissenserklärung) vom Auskunftsschuldner nicht persönlich unterzeichnet werden muss (BGH NJW 2008, 917). *Hausrat,* der nach den Vorschriften über die Verteilung von Haushaltssachen verteilt wird, ist kein Bestandteil des Endvermögens Daher besteht auch keine Auskunftspflicht zum Endvermögen nach § 1379 BGB, BGH FamRZ 1984, 144 mwN zu Haushaltssachen, die im Alleineigentum eines Ehegatten stehen. Hausrat, den ein Ehegatte in die Ehe eingebracht hatte, ist Bestandteil seines Anfangsvermögens und – soweit es am Endstichtag noch vorhanden war – auch Teil seines Endvermögens.

8. Der Anspruch auf Auskunft zum Anfangsvermögen muss auch einen Anspruch auf Auskunft über das dem Anfangsvermögen hinzuzurechnende Vermögen iSd § 1374 Abs. 2 BGB umfassen, weil auch dieses „maßgeblich“ gem. § 1379 Abs. 1 S. 1 Nr. 2 BGB ist.

9. Das neue Recht unterscheidet nunmehr drei Zeiträume mit Auskunftsansprüchen zwischen den Ehegatten (→ Form. II.K.17):
- während der Ehe bis zur Trennung der Ehegatten: ein Auskunftsanspruch über das Vermögen „im Großen und Ganzen“ wird abgeleitet aus §§ 1353, 242 BGB (BGH NJW 2015, 154; FamRZ 1976, 516; FamRZ 1978, 677; Palandt/*Siede* BGB § 1353 Rn. 13). Eine Belegpflicht besteht insoweit nicht.
- nach der Trennung: aus § 1379 Abs. 2 BGB (Auskunft und Belegvorlage)
- nach Rechtshängigkeit des Scheidungsantrages oder anderer in § 1379 Abs. 1 genannter Verfahren: aus § 1379 Abs. 1 S. 1 BGB: über das Vermögen zur Zeit der Trennung und das Anfangs- (nebst Hinzurechnungsvermögen) und Endvermögen zu den maßgeblichen Stichtagen und zu illoyalen Vermögensverfügungen iSd § 1375 Abs. 2 BGB (Auskunft und Belegvorlage) → Form. II.K.18 Anm. 6.

10. Zur Belegvorlage → Form. II.K.17 Anm. 9

11. Vorabentscheidung (Teilbeschluss) über Auskunft, Endentscheidung durch Endbeschluss.

12. Der Kostenantrag stützt sich auf § 91 ZPO, § 113 Abs. 1 FamFG.

13. Es müssen drei Gebühren als Verfahrensgebühren einbezahlt werden, § 14 FamGKG, Nr. 1220 KV FamGKG. Sonst erfolgt idR keine Zustellung des Antrages. Zu den Ausnahmen s. § 15 FamGKG. Auch hier wäre ggf. Verfahrenskostenhilfe möglich; eine einstweilige Anordnung auf Kostenvorschuss, abgeleitet aus § 246 FamFG, wäre nicht möglich, da die Beteiligten bereits rechtskräftig geschieden sind. Der materiell rechtliche Anspruch aus § 1360a Abs. 4, § 1361 Abs. 4 BGB besteht nur bis zum Eheende.

Kosten und Gebühren

14. Bei – wie hier – isolierter Entscheidung GK aus KV 1220 ff. FamGKG; Rechtsanwaltsgebühren: VV 3100 ff. RVG. Der Verfahrenswert für die Auskunfts- und die weiteren Stufen ist ein einheitlicher. Er richtet sich nach dem jeweils höchsten Wert, § 38 FamGKG; sa Gerold/Schmidt/*Müller-Rabe* RVG Anh. Kap. VI Rn. 550).

Zur Verfahrenskostenhilfe → Form. I.C.1ff.; → Form. II.K.26 zur einstweiligen Anordnung Verfahrenskostenvorschuss.

Fristen und Rechtsmittel

15. Befristete Beschwerde, §§ 58, 63 FamFG, einzulegen beim Gericht erster Instanz binnen eines Monats § 64 Abs. 1 FamFG; die Frist zur notwendigen Beschwerdebegründung beträgt zwei Monate ab Bekanntgabe des Beschlusses, § 117 Abs. 1 S. 3 FamFG; zuständig für das Beschwerdeverfahren ist das OLG, § 119 Abs. 1 Nr. 1a GVG; → Form. II.K.34. Problematisch kann im Einzelfall der Beschwerdewert aus § 61 Abs. 1 FamFG sein. Der Beschwerdewert bei Entscheidung nur über die Auskunftsstufe bemisst sich allein nach dem Auskunftsanspruch (BGH NJW 2000, 1724).

17. Auskunftsantrag im Zugewinnausgleich

An das . . . . ., den . . . .

Amtsgericht
– Familiengericht –[1]

Antrag

der . . . .
– Antragstellerin –
Verfahrensbevollmächtigte: Rechtsanwälte[2]. . . . .
gegen
. . . .
– Antragsgegner –
Verfahrensbevollmächtigter: Rechtsanwalt . . . . .
wegen Auskunft Zugewinnausgleich
Vorläufiger Verfahrenswert: . . . . . EUR[4]

Wir zeigen an, dass wir die Antragstellerin vertreten; Bevollmächtigung wird versichert. Namens und im Auftrag der Antragstellerin wird beantragt:

I. Der Antragsgegner wird verpflichtet, der Antragstellerin Auskunft[3] zu erteilen

1. über sein Endvermögen[5] zum 5.9.2020 durch Übersendung einer geordneten Aufstellung aller Aktiva und Passiva.
2. über sein Vermögen zum 9.1.2018[6] durch Vorlage einer geordneten Aufstellung aller Aktiva und Passiva.
3. über sein Anfangsvermögen[7] zum 8.7.1996 durch Übersendung einer geordneten Aufstellung aller Aktiva und Passiva.
4. über alle Vermögenswerte, die der Antragsgegner zwischen dem 8.7.1996 und dem 5.9.2020 von Todes wegen oder mit Rücksicht auf ein künftiges Erbrecht, durch Schenkung oder als Ausstattung erworben hat unter Angabe des Wertes und Abzug der Verbindlichkeiten.[8]

II. Der Antragsgegner wird verpflichtet, die Auskunft durch Vorlage folgender Unterlagen zu belegen:[9]

Zu I. 1.:

- **Hinsichtlich des im Endvermögen befindlichen Hausgrundstücks Am Anger 7, Augsburg, durch Vorlage des Einheitswertbescheides des Finanzamts Augsburg und durch Vorlage der Brandversicherungsurkunde für das Jahr 2020.**
- **Hinsichtlich des Girokontos und des Sparguthabens sowie der weiteren Konten bei der Stadtsparkasse Augsburg durch Vorlage einer Kontostandsbestätigung der Stadtsparkasse Augsburg zum 5.9.2020.**

Zu I. 2.:

- **Hinsichtlich des Wertpapierdepots Nr. 39764 bei der Stadtsparkasse Augsburg durch Vorlage einer Bestätigung der Stadtsparkasse Augsburg über den Wert der im Depot befindlichen Wertpapiere zum 9.1.2018.**
- **Hinsichtlich der Kapitallebensversicherung bei der Allianz Lebensversicherungs-AG durch Vorlage einer Zeitwertauskunft der Allianz Lebensversicherungs-AG zum 31.12.2017.**

Zu I. 3.:

- Zum Darlehen bei der Stadtsparkasse Augsburg eine Bestätigung über den Darlehensstand der Stadtsparkasse Augsburg zum 8.7.1996.

II. Der Antragsgegner trägt die Kosten des Verfahrens.[10]

III. Die sofortige Wirksamkeit des Beschlusses wird angeordnet.[11]

Begründung:

Die Beteiligten sind rechtskräftig geschiedene Eheleute. Sie haben am 8.7.1996 vor dem Standesbeamten in Augsburg die Ehe geschlossen. Sie lebten im gesetzlichen Güterstand. Aufgrund des Scheidungsantrags der Antragstellerin, der dem Antragsgegner durch das Familiengericht Augsburg am 5.9.2020 zugestellt worden war, wurde die Ehe durch Beschluss des Familiengerichts Augsburg vom 15.3.2021 geschieden. Aufgrund beiderseits erklärten Rechtsmittelverzichts ist die Scheidung am 15.3.2021 rechtskräftig geworden.

Die Trennung der Beteiligten erfolgte am 9.1.2018. Zum damaligen Zeitpunkt zog der Antragsgegner in Trennungsabsicht aus der Ehewohnung aus. Seither lebten die Beteiligten getrennt.

Beweis: Beiziehung der Akten des Familiengerichts Augsburg, Az.: . . . . .

Mit Schreiben v. 12.4.2021 wurde der Antragsgegner aufgefordert, der Antragstellerin Auskunft zu erteilen über sein Vermögen zum Zeitpunkt des Endstichtags am 5.9.2020, zum Anfangsstichtag am 8.7.1996 sowie zum Zeitpunkt der Trennung am 9.1.2018. Er wurde außerdem aufgefordert, Auskunft zu erteilen über die Schenkungen und Erbschaften, die er während der Ehe von Dritten erhalten hat.

Beweis: Schreiben v. 12.4.2021 in Kopie anbei Anlage Ast 1

Der Antragsgegner beantwortete das Schreiben nicht. Es erfolgte keine Auskunftserteilung. Da die Antragstellerin nur ungefähre Kenntnis über die Vermögenssituation des Antragsgegners zu den Stichtagen hat, muss der Auskunftsanspruch gerichtlich geltend gemacht werden.

Die Antragstellerin weiß, dass zum Endstichtag am 5.9.2020 der Antragsgegner Alleineigentümer des Hausgrundstücks Am Anger 7 in Augsburg war. Sie hat darüber hinaus Kenntnis, dass der Antragsgegner bei der Stadtsparkasse Augsburg ein Girokonto und ein Sparguthaben unterhalten hat. Insoweit werden die im Antrag geltend gemachten Belege verlangt.

Die Antragstellerin weiß auch, dass der Antragsgegner zum Trennungszeitpunkt ein Wertpapierdepot mit der Nr. 39764 bei der Stadtsparkasse Augsburg unterhalten hat und darüber hinaus jedenfalls noch eine Lebensversicherung bei der Allianz Lebensversicherungs-AG vorhanden war.

Die Antragstellerin hat auch Kenntnis darüber, dass am Tag der Eheschließung der Antragsgegner noch ein Darlehen bei der Stadtsparkasse Augsburg abzubezahlen hatte. Insoweit wird als Beleg die Darlehensbestätigung mit dem Darlehensstand am Tag der Eheschließung geltend gemacht.

Die Antragstellerin behält sich vor, weitere Belege anzufordern, sobald die Auskünfte des Antragsgegners mit den einzelnen Vermögenspositionen vorliegen.

Verfahrensgebühren iHv . . . . . EUR sind eingezahlt; eine Kopie des Überweisungsbeleges ist beigefügt.[12]

Rechtsanwalt[13, 14]

Anmerkungen

1. Zur Zuständigkeit → Form. II.K.16 Anm. 1. Die Geltendmachung des Auskunftsanspruchs zur Berechnung von Zugewinnausgleichsansprüchen ist eine Güterrechtssache iSd § 261 Abs. 1 FamFG. Eine Ehesache ist nicht mehr anhängig. Derartige Zuständigkeit bestimmt sich daher nach den §§ 12, 13 ff. ZPO, § 262 FamFG. Anstelle des Wohnsitzes tritt der gewöhnliche Aufenthalt des Antragsgegners.

2. Es besteht Anwaltszwang gem. § 114 Abs. 1, § 112 Nr. 2 FamFG.

3. Ein isolierter Auskunftsantrag anstelle eines Stufenantrages kann sinnvoll sein, wenn erhebliche Zweifel daran bestehen, ob sich rechnerisch ein Zugewinnausgleich ergeben wird. Zu beachten ist, dass ein isolierter Auskunftsantrag im Verbundverfahren nicht möglich ist. Er kann nur als isoliertes Verfahren geltend gemacht werden. Der isolierte Auskunftsantrag hemmt auch nicht die Verjährungsfrist für den Anspruch auf Zugewinnausgleich, selbst wenn spätere Erhebung eines Leistungsantrags angekündigt wird (OLG Celle NJW-RR 1995, 1411; Palandt/*Ellenberger* BGB § 204 Rn. 2, 13).

4. Der Gegenstandswert des reinen Auskunftsantrags wird gem. § 23 Abs. 1 RVG, § 42 Abs. 1 FamGKG, § 3 ZPO danach bemessen, wie groß die Bedeutung der Auskunft für den Antragsteller ist, s. *Groß*, Anwaltsgebühren in Ehe- und Familiensachen, 2014, § 8 Rn. 66 (häufig mit $^1/_3$ des zu erwartenden Zahlungsanspruchs bemessen, aber auch mit 1/10 bis ¼, BGH FamRZ 2000, 948).

5. In der Reform des Zugewinnausgleichs hat der Gesetzgeber zum 1.1.2009 auch das System der Auskunftsansprüche im Zugewinnausgleich erweitert und um eine Pflicht zur Belegvorlage ergänzt. Auskunftsansprüche bestehen nunmehr auch über das Anfangsvermögen und das Vermögen zum Trennungszeitpunkt. Alle Auskunftsansprüche werden ergänzt um einen Anspruch auf Belegvorlage. Es gibt nunmehr auch Ansprüche auf Auskunft und Belegvorlage bei vorzeitigem Zugewinnausgleich (zur Ausgestaltung der Auskunftsansprüche s. *Büte* FPR 2009, 283 ff.). Der Anspruch auf Auskunft über das Endvermögen zum Zeitpunkt der Zustellung des Scheidungsantrags ergibt sich aus § 1379 Abs. 1 S. 1 Nr. 2 BGB. Er umfasst auch den Anspruch auf Auskunft über illoyale Vermögensverfügungen iSd § 1375 Abs. 2 S. 1 BGB → Anm. 8. Auch wenn § 260 BGB in der neuen Fassung des § 1379 BGB nicht mehr ausdrücklich erwähnt ist, gilt diese Vorschrift für alle Auskunftsfälle, in denen der Schuldner ein Bestandsverzeichnis vorzulegen hat (Palandt/*Grüneberg* BGB § 260 Rn. 3). Vorzulegen ist ein geordnetes Verzeichnis für den Bestand aller Aktiva und Passiva zum Stichtag. Soweit Wertangaben nicht ohne weiteres möglich sind, sind die wertbildenden Merkmale anzugeben (BGH NJW 1982, 1643). Dazu gehören bei Grundstücken die Lage, Größe, Art der Bebauung, bei Unternehmen die sich aus den Jahresabschlüssen der letzten drei bis fünf Jahre ergebenden Zahlen, beim Pkw Angaben über Modell, Typ, Kilometerstand und Baujahr, bei Kapitallebensversicherungen (soweit nicht eine Berechnung der Versicherungsgesellschaft vorgelegt werden kann) die Angabe des Abschlussjahres, des Fälligkeitszeitpunkts, der Prämienhöhe, der Versicherungssumme und des Beginns der Beitragszahlung (*Schulz/Hauß* Vermögensauseinandersetzung bei Trennung und Scheidung Rn. 777).

6. § 1379 Abs. 1 S. 1 Nr. 1 BGB begründet einen Auskunftsanspruch über das Vermögen zum Zeitpunkt der Trennung. Die Erweiterung des Auskunftsanspruchs über das Vermögen zum Zeitpunkt der Trennung hat das Ziel, Vermögensverschiebungen zwischen der Trennung der Ehegatten und der Rechtshängigkeit des Scheidungsantrages zu vermeiden (BT-Drs. 16/13027, 11). Der Anspruch kann bereits nach Trennung der Eheleute geltend gemacht werden (§ 1379 Abs. 2 BGB). Er setzt nicht voraus, dass bereits das Scheidungsverfahren eingeleitet ist, § 1379 Abs. 2 BGB. Der Anspruch umfasst gem. §§ 260, 261 BGB ebenfalls die Erstellung eines geordneten und übersichtlichen Verzeichnisses aller Aktiva und Passiva zum Trennungszeitpunkt. Ist das Endvermögen geringer als das Vermögen zum Trennungszeitpunkt, muss der Auskunftspflichtige darlegen und beweisen, dass keine illegale Vermögensminderung vorgelegen hat, § 1375 Abs. 2 S. 2 BGB. Problematisch ist, wie der Anspruch durchgesetzt werden kann, wenn der Trennungszeitpunkt zwischen den Eheleuten streitig ist. Es besteht auch die Gefahr, dass ein Ehegatte, der eine Trennungsabsicht hat, illoyale Vermögensverschiebungen jetzt schon vor Einleitung der Trennung vornimmt, so dass auch der Auskunftsanspruch des § 1379 Abs. 2 BGB nicht vermeiden wird, dass ein Ehegatte ggf. derartige Vermögensminderungen des anderen Ehegatten nicht wird beweisen können. Zum Auskunftsanspruch über illoyale Vermögensverfügungen → Form. II.K.18 Anm. 6.

7. Der Anspruch auf Auskunft über das Vermögen zum Tag der Eheschließung ergibt sich aus § 1379 Abs. 1 Nr. 2 BGB; → Anm. 5.

8. § 1379 Abs. 1 S. 1 Nr. 2 regelt einen Auskunftsanspruch über das Vermögen, „soweit es für die Berechnung des Anfangs- und Endvermögens maßgeblich ist". Daraus ist abzuleiten, dass auch ein Anspruch auf Auskunft über Vermögenserwerb besteht, der Hinzurechnungsvermögen iSd § 1374 Abs. 2 BGB ist. Die Formulierung ist nach diesseitiger Auffassung nicht so zu verstehen, dass der Auskunftsverpflichtete darüber zu entscheiden hätte, ob ein Vermögenserwerb „maßgeblich" für die Zugewinnberechnung ist. Es sind vielmehr alle Erwerbsvorgänge offenzulegen, damit der Auskunftsberechtigte eine eigene Prüfungsmöglichkeit hat, ob ein Vermögenserwerb zugewinnrechtlich relevant ist oder nicht.

9. In allen Fällen des Auskunftsanspruchs sind auf Anforderung nunmehr Belege vorzulegen, § 1379 Abs. 1 S. 3 BGB. Damit wird die bereits im Unterhaltsrecht bestehende Pflicht zur Vorlage von Belegen auch auf den Zugewinnausgleich erstreckt und eine wesentliche Schwäche des bisherigen Rechts zum Zugewinnausgleich beseitigt. Die Pflicht zur Vorlage von Belegen besteht nur in dem Umfang, in dem solche Belege noch vorhanden sind. Die Belegvorlage gilt auch für Belege, die leicht zu beschaffen sind (zB Bankbestätigungen, Zeitwertberechnungen der Lebensversicherungsgesellschaften). Wie im Unterhaltsrecht dürfte auch hier streitig sein, ob grds. die Vorlage des Originals verlangt werden kann, von dem der Gläubiger eine Kopie erstellen kann (so KG FamRZ 1982, 614; Palandt/*von Pückler* BGB § 1605 Rn. 12) oder ob lediglich ein Anspruch auf eine Belegkopie besteht (so OLG Frankfurt a. M. FamRZ 1997, 1296). Bereits mit der Geltendmachung des Auskunftsanspruchs kann beantragt werden, bestimmte Belege vorzulegen, wenn der Antragsteller von bestimmten Vermögensgegenständen sichere Kenntnis hat. Die Belege sind jedoch im Antrag genau zu bezeichnen (BGH NJW 1983, 1056). Sobald die Auskunft des Schuldners vorliegt, können hinsichtlich der sich daraus ergebenden weiteren Vermögensgegenstände oder Verbindlichkeiten weitere Belege angefordert werden.

10. Die Kostenentscheidung folgt aus § 91 ZPO, § 113 Abs. 1 FamFG.

11. Der Beschluss auf Auskunftserteilung und Belegvorlage wird gem. § 116 Abs. 3 FamFG erst mit Rechtskraft wirksam. Das Gericht kann aber die sofortige Wirksamkeit anordnen. Die Vollstreckung erfolgt gem. § 120 FamFG, § 888 ZPO bzgl. des Auskunftsanspruchs (hM: s. OLG Rostock OLG-NL 2006, 161; Thomas/Putzo/*Seiler* ZPO § 888 Rn. 2).

12. Es müssen drei Gebühren als Verfahrensgebühren einbezahlt werden, § 14 FamGKG, Nr. 1220 KV FamGKG. Sonst erfolgt idR keine Zustellung des Antrages. Zu den Ausnahmen s. § 15 FamGKG.

Kosten und Gebühren

13. Bei – wie hier – isolierter Entscheidung GK aus KV 1220 ff. FamGKG; Rechtsanwaltsgebühren: VV 3100 ff. RVG. Der Verfahrenswert richtet sich nach einem Bruchteil des zu schätzenden Wertes des hinter der Auskunft stehenden Leistungsanspruchs. Es wird idR ein Bruchteil zwischen 1/10 und 1/4 des Leistungswertes angesetzt (Gerold/Schmidt/*Müller-Rabe* RVG Anh. Kap. VI Rn. 47).

Zur Verfahrenskostenhilfe → Form. I.C.1, → Form. I.C.3 und zum Antrag auf Verfahrenskostenvorschuss → Form. II.K.26.

Fristen und Rechtsmittel

14. Befristete Beschwerde, §§ 58, 63 FamFG, einzulegen beim Gericht erster Instanz binnen eines Monats § 64 Abs. 1 FamFG; die Frist zur notwendigen Beschwerdebegründung beträgt zwei Monate ab Bekanntgabe des Beschlusses, § 117 Abs. 1 S. 3 FamFG; zuständig für das Beschwerdeverfahren ist das OLG, § 119 Abs. 1 Nr. 1a GVG; die nachfolgende Beschwerdebegründung ist beim Beschwerdegericht einzureichen. Die Begründungsfrist ist nicht gewahrt, wenn die Begründung bereits im Einlegungsschriftsatz erfolgt ist, das Erstgericht den Schriftsatz aber nicht innerhalb der Begründungsfrist an das Beschwerdegericht weitergeleitet hat. Es besteht jedoch idR die Möglichkeit der Wiedereinsetzung, wenn das Gericht die Akten nicht im gewöhnlichen Geschäftsgang weitergeleitet hatte, → Form. I.F.1 → Form. I.F.2. Problematisch ist, ob der Beschwerdewert (600 EUR) aus § 61 Abs. 1 FamFG erreicht ist. Der Beschwerdewert für eine Beschwerde gegen den Beschluss, in dem die Verpflichtung zur Auskunft angeordnet wurde, bemisst sich allein nach dem Interesse des Beschwerdeführers, die Auskunft nicht erteilen zu müssen (BGH FamRZ 2009, 594; FamRZ 2008, 1336). Maßstab hierfür ist der Aufwand an Zeit und Kosten für eine ordnungsgemäße Auskunftserteilung. Soweit es dafür – wie im Regelfall – nicht erforderlich ist, einen Sachverständigen hinzuzuziehen, wird in der Praxis meist der Beschwerdewert nicht erreicht sein. Dasselbe gilt für die Beschwer bei der Verpflichtung zur Abgabe der Eidesstattlichen Versicherung.

Der Beschwerdewert für eine Beschwerde gegen die Abweisung des Auskunftsantrages richtet sich nach einem Bruchteil des zu schätzenden Wertes des hinter der Auskunft stehenden Leistungsanspruchs. Es wird idR ein Bruchteil zwischen 1/10 und 1/4 des Leistungswertes angesetzt (Gerold/Schmidt/*Müller-Rabe* RVG Anh. VI Rn. 54, 47).

18. Auskunftsantrag über illoyale Vermögensverfügungen im Zugewinnausgleich

An das . . . . ., den . . . . .

Amtsgericht
– Familiengericht –[1]

Antrag

der . . . . .
– Antragstellerin –
Verfahrensbevollmächtigte: Rechtsanwälte[2]**. . . . .**

gegen

. . . . .

– Antragsgegner –

Verfahrensbevollmächtigter: Rechtsanwalt . . . . .

wegen Auskunft Zugewinnausgleich

Vorläufiger Verfahrenswert: . . . . . EUR[3]

Wir zeigen an, dass wir die Antragstellerin vertreten; Bevollmächtigung wird versichert.

Namens und im Auftrag der Antragstellerin wird beantragt:

I. Der Antragsgegner wird verpflichtet, der Antragstellerin Auskunft[4, 5] zu erteilen

1. über den Verbleib[6] der Kapital-Lebensversicherung des Antragstellers bei der Allianz Lebensversicherungs-AG Versicherungsnummer 12763309/98;
2. im Falle der Auflösung dieser Lebensversicherung über den Zeitpunkt der Auflösung und die Höhe des Auszahlungsbetrages;[6]
3. über die Verwendung des Auszahlungsbetrages.[6]

II. Der Antragsgegner wird verpflichtet, die Auskunft durch Vorlage folgender Unterlagen zu belegen:[7]

1. einer Bestätigung der Allianz Lebensversicherungs-AG über den Zeitpunkt und die Höhe der Auszahlung;
2. weiterer nach Auskunftserteilung noch zu bezeichnender Belege über die Verwendung der Gelder[7]

III. Der Antragsgegner wird verpflichtet, die Richtigkeit seiner Auskunft an Eides Statt zu versichern.[8]

IV. Der Antragsgegner trägt die Kosten des Verfahrens.[9]

V. Die sofortige Wirksamkeit des Beschlusses wird angeordnet.[10]

Begründung:

Die Beteiligten sind rechtskräftig geschiedene Eheleute. Sie haben am 8.7.1996 vor dem Standesbeamten in Augsburg die Ehe geschlossen. Sie lebten im gesetzlichen Güterstand und lebten seit 9.1.2018 getrennt. Aufgrund des Scheidungsantrags der Antragstellerin, der dem Antragsgegner durch das Familiengericht Augsburg am 5.9.2020 zugestellt worden war, wurde die Ehe durch Beschluss des Familiengerichts Augsburg vom 15.3.2021 geschieden. Aufgrund beiderseits erklärten Rechtsmittelverzichts ist die Scheidung am 15.3.2021 rechtskräftig geworden.

Die Trennung der Beteiligten erfolgte am 9.1.2018. Zum damaligen Zeitpunkt zog der Antragsgegner in Trennungsabsicht aus der Ehewohnung aus. Seither lebten die Beteiligten getrennt.

Beweis: Beiziehung der Akten des Familiengerichts Augsburg, Az.: . . . . .

Außergerichtlich wurde für die Antragstellerin der Zugewinnausgleich geltend gemacht. Mit Schreiben v. 12.4.2021 wurde der Antragsgegner aufgefordert, der Antragstellerin Auskunft zu erteilen über sein Vermögen zum Zeitpunkt des Endstichtags am 5.9.2020, zum Anfangsstichtag am 8.7.1993 sowie zum Zeitpunkt der Trennung am 9.1.2018. Er wurde außerdem aufgefordert, Auskunft zu erteilen über die Schenkungen und Erbschaften, die er während der Ehe von Dritten erhalten hat.

Beweis: Schreiben v. 12.4.2021 in Kopie anbei Anlage Ast 1

Der Antragsgegner erteilte mit Schreiben v. 30.4.2021 die erbetene Auskunft und legte dazu Belege vor.

Beweis: Schreiben des Antragsgegners v. 30.4.2021 in Kopie anbei, Anlage Ast 2.

Weder in der Auskunft zum Trennungszeitpunkt noch in der Endvermögensauskunft des Antragsgegners ist die Lebensversicherung des Antragsgegners bei der Allianz Lebensversicherungs-AG mit der im Antrag bezeichneten Versicherungsnummer aufgeführt.

Nach seiner Auskunft verfügt der Antragsgegner auch nur über geringe Barmittel zu den Auskunftsstichtagen.

Beweis: Auskunft des Antragsgegners zur Trennungs- und Endvermögen als Anlagen Ast 3 u. 4 in Kopie anbei

Die Antragstellerin weiß, dass der Antragsgegner bis kurz vor der Trennung als Versicherungsnehmer eine Lebensversicherung bei der Allianz Lebensversicherungs-AG unterhalten hat. Sie hat kurz vor der Trennung in den Unterlagen des Antragsgegners eine Mitteilung der Allianz über den Wert der Lebensversicherung zum 31.12.2017 gesehen und sich eine Kopie hiervon gemacht.

Beweis: Schreiben der Allianz Lebensversicherungs-AG v. 4.1.2018 als Anlage Ast 5 in Kopie anbei

Warum diese Lebensversicherung des Antragsgegners in seinen Vermögensauskünften nicht aufgeführt ist, ist der Antragstellerin nicht bekannt. Der Antragsgegner wurde aufgefordert, über den Verbleib dieser Lebensversicherung Auskunft zu erteilen.

Beweis: Schreiben der Antragstellerin v. 15.5.2021 als Anlage Ast 6 anbei

Mit Schreiben v. 23.5.2021 teilte er nur lapidar mit, seine Auskünfte seien zutreffend, die Lebensversicherung habe nicht mehr bestanden.

Beweis: Schreiben des Antragsgegners als Anlage Ast 7 in Kopie anbei

Der Auskunftsantrag wird auf § 1379 Abs. 1 Nr. 2 BGB gestützt, der Antrag auf Belegvorlage beruht auf § 1379 Abs. 1 S. 2 BGB.

Die Antragstellerin behält sich vor, weitere Belege[7] anzufordern, sobald die Auskünfte des Antragsgegners über den Verbleib der Versicherungssumme vorliegen.

Verfahrensgebühren iHv ..... EUR sind eingezahlt; eine Kopie des Überweisungsbeleges ist beigefügt.[11]

Rechtsanwalt[12, 13]

Anmerkungen

1. Zur Zuständigkeit → Form. II.K.16 Anm. 1. Die Geltendmachung des Auskunftsanspruchs zur Berechnung von Zugewinnausgleichsansprüchen ist eine Güterrechtssache iSd § 261 Abs. 1 FamFG. Eine Ehesache ist nicht mehr anhängig. Derartige Zuständigkeit bestimmt sich daher nach den §§ 12, 13 ff. ZPO, § 262 FamFG. Anstelle des Wohnsitzes tritt der gewöhnliche Aufenthalt des Antragsgegners.

2. Es besteht Anwaltszwang gem. §§ 114 Abs. 1, 112 Nr. 2 FamFG.

3. Der Gegenstandswert des reinen Auskunftsantrags wird gem. § 23 Abs. 1 RVG, § 42 Abs. 1 FamGKG, § 3 ZPO danach bemessen, wie groß die Bedeutung der Auskunft für den Antragsteller, s. *Groß,* Anwaltsgebühren in Ehe- und Familiensachen, 2014, § 8 Rn. 66 (häufig mit $^1/_3$ des zu erwartenden Zahlungsanspruchs bemessen).

4. Ein isolierter Auskunftsantrag (ergänzt um die Stufe der Eides stattlichen Versicherung) anstelle eines Stufenantrages kann sinnvoll sein, wenn erhebliche Zweifel daran bestehen, ob sich rechnerisch ein Zugewinnausgleich ergeben wird. Zu beachten ist, dass ein isolierter Auskunftsantrag im Verbundverfahren nicht möglich ist. Er kann nur als isoliertes Verfahren geltend gemacht werden. Der isolierte Auskunftsantrag hemmt auch nicht die Verjährungsfrist für den Anspruch auf Zugewinnausgleich, selbst wenn spätere Erhebung eines Leistungsantrags angekündigt wird (OLG Celle NJW-RR 1995, 1411; Palandt/*Ellenberger* BGB § 204 Rn. 2, 13).

5. Zu den Ansprüchen auf Auskunft und Belegvorlage allgemein im Zugewinn → Form. II.K.17 Anm. 5–9.

6. Die Auskunftsverpflichtung gem. § 1379 Abs. 1 S. 1 Nr. 2 BGB reicht, „soweit es für die Berechnung des Anfangs- und Endvermögens maßgeblich ist." § 1375 Abs. 2 BGB regelt, dass illoyale Vermögensminderungen im Sinne dieser Vorschrift dadurch korrigiert werden, dass der Betrag, um den sich das Vermögen dadurch vermindert hat, dem Endvermögen wieder hinzugerechnet wird. In entsprechender Weise erhöht sich auch die Kappungsgrenze des § 1378 Abs. 2 S. 2 BGB. Streitig war, ob sich aus § 1579 Abs. 1 Nr. 2 BGB auch ein Anspruch auf Auskunft über illoyale Vermögensverfügungen ableiten lässt. Weitgehend wurde dies bejaht, vgl. OLG Brandenburg FamFR 2012, 62; FamRZ 2011, 568; *Haußleiter/Schulz* Kap. 1 Rn. 463 ff.; MüKoBGB/*Koch* § 1379 Rn. 24; *Bergschneider* FamRZ 2009, 1713. Der BGH hat sich dieser Auffassung grds. angeschlossen. Im Falle des § 1579 Abs. 1 S. 1 Nr. 2 BGB (Verschwendung von Vermögen) verlangt der BGH jedoch einschränkend, dass der Auskunftsberechtigte bestimmte Tatsachen vortragen muss, die ein illoyales Verhalten nahelegen (BGH NJW 2012, 3635). Das gilt jedenfalls dann, wenn es um Vorgänger vor der Trennung geht. Eine allgemeine Aufforderung, über illoyale Verfügungen iSd § 1375 Abs. 2 BGB Auskunft zu erteilen, wird in der Praxis ohnehin nicht zweckmäßig und zum Scheitern verurteilt sein. Die gerichtliche Geltendmachung ist unabhängig von den Vorgaben des BGH nur sinnvoll, wenn konkrete Anhaltspunkte für illoyale Vermögensminderungen dargestellt und ggf. belegt werden können, aus denen sich der konkrete Verdacht ergibt. § 1379 BGB erweitert den Zeitraum, innerhalb dessen illoyalen Vorgängen nachgegangen werden kann, gegenüber dem früheren Recht. Zwar leitete die Rspr. auch aus § 242 BGB einen Auskunftsanspruch ab, wenn der überprüfungswürdige Vorgang in zeitlicher Nähe zum Endstichtag lag. Abhängig von der Höhe des ungeklärten Geldbetrages war dies idR ein Zeitraum von einigen Monaten bis zu einem Jahr, vgl. OLG Frankfurt a. M. FamRZ 2006, 416; OLG Köln FamRZ 2005, 274; OLG Bremen FamRZ 1999, 94; OLG Köln FamRZ 1999, 1071. Der Anspruch aus § 1379 BGB reicht weiter zurück, auch vor den Zeitpunkt der Trennung, vgl. OLG Brandenburg FamFR 2012, 62.

Für Vorgänge nach der Trennung wird der Auskunftsanspruch nicht durch die Beweislastumkehr aus § 1375 Abs. 2 S. 2 BGB verdrängt. Es bleibt ein Anwendungsbereich zB in den Fällen, in denen der Abgang gewisser Vermögenswerte durch anderweitigen Vermögenserwerb ausgeglichen wird (Palandt/*Siede* BGB § 1379 Rn. 2).

Während der Ehezeit bis zur Trennung (BGH NJW 2012, 3635) ergibt sich ein Auskunftsanspruch eines Ehegatten gegen den anderen auf Unterrichtung über Vermögensbewegungen „in groben Zügen" als Verpflichtung aus der ehelichen Lebensgemeinschaft gem. § 1353 BGB (BGH FamRZ 1978, 677; FamRZ 1976, 516).

7. Der Anspruch auf Belegvorlage ergibt sich aus § 1379 Abs. 1 S. 2 BGB. Nach hM kann die Vorlage des Originals zur Einsicht verlangt werden, Palandt/*Siede* BGB § 1379 Rn. 12; KG FamRZ 1982, 614; aA nur Kopien: OLG Frankfurt a. M. FamRZ 1997, 1296. In der Praxis genügen idR Kopien. Die Belege müssen schon im Antrag genau bezeichnet sein, BGH NJW 1983, 1056. Der Anspruch wäre sonst zu unbestimmt und damit abzuweisen. Er wäre auch nicht vollstreckbar. Sobald die Auskunft des Schuldners vorliegt, können hinsichtlich der sich daraus ergebenden weiteren Vermögensgegenstände oder Verbindlichkeiten weitere Belege angefordert werden; → Form. II.K.17 Anm. 9.

8. Zum Antrag auf eidesstattliche Versicherung → Form. II.K.13 Anm. 9.

9. Die Kostenentscheidung folgt aus § 91 ZPO, § 113 Abs. 1 FamFG.

10. Der Beschluss auf Auskunftserteilung und Belegvorlage wird gem. § 116 Abs. 3 FamFG erst mit Rechtskraft wirksam. Das Gericht kann aber die sofortige Wirksamkeit anordnen. Die Vollstreckung erfolgt gem. § 120 FamFG, § 888 ZPO bzgl. des Auskunftsanspruchs durch Zwangsgeldfestsetzung/Zwangshaft (hM: s. OLG Jena FuR 2016, 120; Thomas/Putzo/*Seiler* ZPO § 888 Rn. 2). Eine vorangegangene Androhung des Zwangsgeldes ist gem. § 888 Abs. 2 ZPO nicht erforderlich. Die Vollstreckung der Herausgabe von Belegen erfolgt gem. §§ 883 ZPO, 120 FamFG durch den Gerichtsvollzieher.

11. Es müssen drei Gebühren als Verfahrensgebühren einbezahlt werden, § 14 FamGKG, Nr. 1220 KV FamGKG. Sonst erfolgt idR keine Zustellung des Antrages. Zu den Ausnahmen s. § 15 FamGKG.

Kosten und Gebühren

12. Bei – wie hier – isolierter Entscheidung GK aus KV 1220 ff. FamGKG; Rechtsanwaltsgebühren: VV 3100 ff. RVG. Der Verfahrenswert richtet sich nach einem Bruchteil des zu schätzenden Wertes des hinter der Auskunft stehenden Leistungsanspruchs. Es wird idR ein Bruchteil zwischen 1/10 und 1/4 des Leistungswertes angesetzt (Gerold/Schmidt/*Müller-Rabe*/ RVG Anh. VI Rn. 47).

Zur Verfahrenskostenhilfe → Form. I.C.1; → Form. I.C.3.

Fristen und Rechtsmittel

13. Befristete Beschwerde, §§ 58, 63 FamFG, einzulegen beim Gericht erster Instanz binnen eines Monats § 64 Abs. 1 FamFG; die Frist zur notwendigen Beschwerdebegründung beträgt zwei Monate ab Bekanntgabe des Beschlusses, § 117 Abs. 1 S. 3 FamFG; zuständig für das Beschwerdeverfahren ist das OLG, § 119 Abs. 1 Nr. 1a GVG; die nachfolgende Beschwerdebegründung ist beim Beschwerdegericht einzureichen. Die Begründungsfrist ist nicht gewahrt, wenn die Begründung bereits im Einlegungsschriftsatz erfolgt ist, das Erstgericht den Schriftsatz aber nicht innerhalb der Begründungsfrist an das Beschwerdegericht weitergeleitet hat. Es besteht jedoch idR die Möglichkeit der Wiedereinsetzung, wenn das Gericht die Akten nicht im gewöhnlichen Geschäftsgang weitergeleitet hatte. Problematisch ist, ob der Beschwerdewert (600 EUR) aus § 61 Abs. 1 FamFG erreicht ist. Der Beschwerdewert bei Entscheidung nur über die Auskunftsstufe bemisst sich allein nach dem Interesse des Beschwerdeführers, die Auskunft nicht erteilen zu müssen (BGH FamRZ 2009, 594; 2008, 1336). Maßstab hierfür ist der Aufwand an Zeit und Kosten für eine ordnungsgemäße Auskunftserteilung. Soweit es dafür – wie im Regelfall – nicht erforderlich ist, einen Sachverständigen hinzuzuziehen, wird in der Praxis meist der Beschwerdewert nicht erreicht sein. Dasselbe gilt für die Beschwer bei der Verpflichtung zur Abgabe der Eidesstattlichen Versicherung.

Der Beschwerdewert für eine Beschwerde gegen die Abweisung des Auskunftsantrages richtet sich nach einem Bruchteil des zu schätzenden Wertes des hinter der Auskunft stehenden Leistungsanspruchs. Es wird idR ein Bruchteil zwischen 1/10 und 1/4 des Leistungswertes angesetzt (Gerold/Schmidt/*Müller-Rabe* RVG Anh. VI Rn. 47, 54).

19. Antrag auf vorzeitigen Zugewinnausgleich

An das ....., den .....

Amtsgericht[1]
– Familiengericht –

Antrag

der .....
– Antragstellerin –
Verfahrensbevollmächtigte:[2] Rechtsanwälte .....
gegen
.....
– Antragsgegner –
Verfahrensbevollmächtigter:[2] Rechtsanwalt .....
wegen vorzeitigem Zugewinnausgleich[4]
Vorläufiger Verfahrenswert: ..... EUR[3]

Wir zeigen an, dass wir die Antragstellerin vertreten; Bevollmächtigung wird versichert.
Namens und im Auftrag der Antragstellerin wird beantragt:[4]

I. Die Zugewinngemeinschaft der Beteiligten wird vorzeitig aufgehoben.[5]
II. Der Antragsgegner wird verpflichtet, Auskunft zu erteilen über den Bestand seines Endvermögens zum Zeitpunkt der Zustellung dieses Antrags durch Vorlage einer geordneten Aufstellung aller Aktiva und Passiva.
III. Der Antragsgegner wird verpflichtet, die nach Auskunftserteilung noch zu bezeichnenden Belege vorzulegen.[6]
IV. Der Antragsgegner wird verpflichtet, an Eides Statt zu versichern, dass er nach bestem Wissen die Auskunft so vollständig erteilt hat, wie er dazu imstande ist.
V. Der Antragsgegner wird verpflichtet, an die Antragstellerin einen noch zu beziffernden Zugewinnausgleich zu bezahlen.[6]
VI. Der Antragsgegner trägt die Kosten des Verfahrens.[8]
VII. Die sofortige Wirksamkeit des Beschlusses wird angeordnet.[9]

Begründung:

Die Beteiligten sind getrenntlebende Eheleute. Sie haben am 8.7.1996 vor dem Standesbeamten in Augsburg die Ehe geschlossen. Sie leben im gesetzlichen Güterstand. Die Parteien leben seit 8.6.2021 getrennt. Damals ist der Antragsgegner aus der Ehewohnung ausgezogen. Seitdem besteht keine Lebensgemeinschaft zwischen den Beteiligten mehr.
Das Scheidungsverfahren ist noch nicht anhängig.

Die Antragstellerin macht vorzeitigen Zugewinnausgleich geltend in Form des Gestaltungsantrages kombiniert mit dem Stufenantrag auf Leistung des vorzeitigen Zugewinnausgleichs.

1. Der Antragsgegner wurde sowohl vor der Trennung wie nach der Trennung aufgefordert, über sein Vermögen zu unterrichten und Auskunft zu erteilen.
   Die ersten Schreiben erfolgten noch vor der Trennung. Mit Schreiben v. 15.9.2020 war der Antragsgegner aufgefordert worden, die Antragstellerin über sein Vermögen, das heißt die wesentlichen Vermögensgegenstände zu unterrichten. Ihm wurde in dem Schreiben Frist zur Auskunftserteilung bis 6.10.2020 gesetzt.

   Beweis: Schreiben v. 15.9.2020 in Kopie anbei.

Eine Antwort des Antragsgegners erfolgte nicht. Daher wurde der Antragsgegner mit einem weiteren Schreiben v. 27.10.2020 unter Fristsetzung bis 10.11.2020 erneut aufgefordert,[5] die Antragstellerin über sein Vermögen zu unterrichten.

Beweis: Schreiben v. 27.10.2020 in Kopie anbei.

Auch hierauf erfolgte keinerlei Antwort des Antragsgegners.
Auch ein drittes Schreiben[5] vom 15.11.2020, die Antragstellerin über sein Vermögen zu unterrichten, blieb erfolglos.

Beweis: Schreiben vom 15.11.2020 in Kopie anbei

Nach der Trennung am 8.6.2021 wurde der Antragsgegner mit Schreiben v. 22.7.2021 erneut aufgefordert, die Antragstellerin über sein wesentliches Vermögen zu unterrichten. Ihm wurde dabei Frist bis 5.8.2021 gesetzt.

Beweis: Schreiben v. 22.7.2021 in Kopie anbei.

Auch auf dieses Schreiben erfolgte keinerlei Reaktion des Antragsgegners.

2. Die Antragstellerin hat ein versehentlich an sie adressiertes Schreiben der Deutschen Bank, Filiale Augsburg vom 27.5.2021 erhalten. Darin befand sich ein Depotauszug über das Wertpapierdepot des Antragsgegners bei der Deutschen Bank mit der Depot-Nr. 435170. Aus dem Depotauszug ergibt sich, dass der Antragsgegner am 24.5.2021 sämtliche im Depot befindlichen Wertpapiere im Wert von 43.287,20 EUR veräußert hat und das Wertpapierdepot nunmehr auf Null steht.[5]

   Beweis: Schreiben des Stadtsparkasse Augsburg v. 27.5.2021 in Kopie anbei

3. Es liegen somit die Voraussetzungen für die Durchführung des vorzeitigen Zugewinnausgleichs sowohl nach § 1385 Nr. 2 wie nach Nr. 4 BGB vor. Der Antragsgegner hat sich, wie sich aus obigen Ausführungen ergibt, ohne Grund beharrlich geweigert, die Antragstellerin über den Bestand seines Vermögens zu unterrichten.[5] Das Wertpapierdepot bei der Deutschen Bank stellt nach Kenntnis der Antragstellerin das wesentliche Barvermögen des Antragsgegners dar. Er hat alle Wertpapiere und damit seine gesamten Ersparnisse auf einen Schlag veräußert und das Geld auf sein Girokonto transferieren lassen. Einen wirtschaftlichen Grund dafür gibt es nicht. Die Antragstellerin kann es sich nur so erklären, dass zu befürchten ist, dass der Antragsgegner seine Ersparnisse verfügbar macht, um sie leichter beiseite zu schaffen und dadurch sein Vermögen zum Nachteil der Antragstellerin zu vermindern.[7]

4. Mit dem gleichzeitig gestellten Leistungsantrag[4] wird Zahlung des vorzeitigen Zugewinnausgleichs im Wege des Stufenantrags geltend gemacht. Die Antragstellerin selbst hat in der Ehe keinen Zugewinnausgleich erwirtschaftet. Sie besaß zu Ehebeginn Ersparnisse iHv 5.400 EUR. Zum Zeitpunkt der Trennung hatte sie lediglich ein Girokonto, das am Tag der Trennung einen Betrag von 324,81 EUR aufwies und noch das Sparbuch, auf dem sich noch Ersparnisse von 2.843,85 EUR befanden. Der Antragsgegner, der, soweit bekannt, bei Ehebeginn seinerseits vermögenslos war, hat während der Ehe erhebliches Vermögen dazu gewonnen. Neben dem oben genannten Wertpapierdepot ist er zumindest noch Alleineigentümer einer vermieteten Eigentumswohnung in der Schäfflerstraße 5 in Augsburg, deren Verkehrswert deutlich über dem noch abzuzahlenden Restdarlehen liegen dürfte. Die Antragstellerin geht von einem Zugewinnausgleichsanspruch in der Größenordnung von ca. 50.000 EUR aus.

Verfahrensgebühren iHv ..... EUR sind eingezahlt; eine Kopie des Überweisungsbeleges ist beigefügt.[10]
Rechtsanwalt[11, 12]

Anmerkungen

1. Zur Zuständigkeit → Form. II.K.16 Anm. 1; die Geltendmachung des vorzeitigen Zugewinnausgleichs verbunden mit dem Leistungsantrag auf Zahlung des vorzeitigen Zugewinnausgleichs ist eine Güterrechtssache iSd § 261 Abs. 1 FamFG. Eine Ehesache ist noch nicht rechtshängig. Die Zuständigkeit bestimmt sich nach §§ 12, 13 ff. ZPO, § 262 FamFG. Anstelle des Wohnsitzes tritt der gewöhnliche Aufenthalt des Antragsgegners.

2. Es besteht Anwaltszwang gem. § 114 Abs. 1, § 112 Nr. 2 FamFG.

3. Der Gegenstandswert richtet sich nach dem Interesse des Antragstellers an der vorzeitigen Beendigung des Güterstands und der Zahlung eines vorzeitigen Zugewinnausgleichs. Der Betrag ist gem. § 113 Abs. 1 FamFG, § 3 ZPO zu schätzen. Der Gegenstandswert für den Gestaltungsantrag dürfte im Regelfall mit einem Viertel des künftigen Ausgleichsanspruchs anzusetzen sein, wenn der Scheidungsantrag nicht rechtshängig ist (BGH NJW 1973, 369). Der Gegenstandswert der Stufenanträge richtet sich nach der in Betracht kommenden Höhe des Zugewinnausgleichsanspruchs. Die Gegenstandswerte beider Anträge sind zu addieren (§ 33 Abs. 1 S. 1 FamGKG; Gerold/Schmidt/*Müller-Rabe* Anh. VI Rn. 770). Gelangt der Stufenantrag über die Auskunftsstufe nicht hinaus, wird für den reinen Auskunftsantrag in der Regel $^1/_{10}$ bis zu $^1/_3$ des zu erwartenden Zahlungsanspruchs anzusetzen sein, → Form. II.K.17 Anm. 4.

4. Mit der Reform des Zugewinnausgleichs zum 1.9.2009 ist auch das System des vorzeitigen Zugewinnausgleichs geändert worden. Nach altem Recht war zunächst nur die Klage auf vorzeitigen Ausgleich des Zugewinns in Form einer Gestaltungsklage möglich. Erst mit Rechtskraft des Gestaltungsurteils mit dem Inhalt, dass der Zugewinn der Parteien vorzeitig ausgeglichen wird, war danach für den ausgleichsberechtigten Ehegatten die Erhebung einer Auskunfts-, Stufen- oder Leistungsklage möglich. Zwar konnten auch schon nach altem Recht die Gestaltungsklage und die Leistungsklage miteinander verbunden werden. Über die Leistungsklage durfte aber erst nach Rechtskraft des Teilurteils auf vorzeitigen Zugewinnausgleich entschieden werden (vgl. zum alten Recht OLG Celle FamRZ 1983, 171). Nach neuem Recht erhält der ausgleichsberechtigte Ehegatte bei Vorliegen der Voraussetzungen für die vorzeitige Aufhebung der Zugewinngemeinschaft auch einen Anspruch auf Zahlung des Zugewinnausgleichs, der gleichzeitig mit dem Anspruch auf Aufhebung der Zugewinngemeinschaft geltend gemacht werden kann (BR-Drs. 635/08, 36 f.). Es handelt sich aber um zwei Verfahrensgegenstände, nämlich einen Gestaltungs- und einen Leistungsantrag, */Schulz/Hauß* Kap. 1 Rn. 597. Ein Leistungsantrag ohne Stellung des Gestaltungsantrages auf vorzeitigen Zugewinnausgleich dürfte nicht zulässig sein. Dagegen spricht der Wortlaut des § 1385 BGB („bei vorzeitiger Aufhebung der Zugewinngemeinschaft"). Dagegen sprechen auch die Gesetzesmaterialien, in denen es heißt, dass der Anspruchsinhaber „gleichzeitig" Leistung und Rechtsgestaltung verlangen kann (BR-Drs. 635/08, 37). Es empfiehlt sich in jedem Falle, außer dem Leistungsantrag auch den Gestaltungsantrag mit anhängig zu machen.

Für den Ausgleichspflichtigen eröffnet § 1386 BGB die Möglichkeit, einen isolierten Gestaltungsantrag auf vorzeitige Aufhebung der Zugewinngemeinschaft zu stellen, wenn die Voraussetzungen des § 1385 BGB erfüllt sind.

5. Der Antrag auf vorgezogenen Zugewinnausgleich kann nicht im Verbund geltend gemacht werden (KG FamRZ 2001, 166). Der Antrag auf vorgezogenen Zugewinnausgleich ist unter folgenden Voraussetzungen möglich:

a) Wenn die Ehegatten mindestens 3 Jahre getrennt leben. Der Begriff der Trennung entspricht dem aus § 1567 BGB. Die 3-Jahres-Frist muss bis zum Schluss der mündlichen Verhandlung abgelaufen sein (Palandt/*Siede* BGB § 1386 Rn. 4). Meist wird innerhalb der dreijährigen Trennungsfrist schon der Scheidungsantrag rechtshängig sein, so dass der Endstichtag nach § 1384 BGB schon gesetzt ist. Es kann aber der Fall eintreten, dass das Scheidungsverfahren wegen sonstiger Folgesachen so lange dauert, dass die 3-Jahres-Frist ab Trennung verstrichen ist. Hier empfiehlt es sich, den Antrag auf vorzeitigen Zugewinnausgleich (außerhalb des Verbundes) einzureichen, denn mit der Rechtskraft des Gestaltungsbeschlusses beginnt dann bereits die Verzinsung des sich ergebenden Zugewinnausgleichs und nicht erst mit Rechtskraft der Scheidung (*Kogel* FPR 2009, 279 (280)). Wird das Verfahren auf vorzeitigen Zugewinnausgleich parallel zum Scheidungsverfahren betrieben, ist der frühere Zustellungstag für die Berechnung maßgebend. Nicht maßgebend ist dabei, welches Verfahren das Ende des Güterstandes schließlich herbeiführt (OLG Bamberg FamRZ 1997, 91; OLG Hamm FamRZ 1982, 609; MüKoBGB/*Koch* § 1384 Rn. 14).

b) Wenn Handlungen der in § 1365 BGB (Verfügungen über das Vermögen im Ganzen oder einen Vermögensgegenstand, der im Wesentlichen das ganze Vermögen ausmacht) oder § 1375 Abs. 2 BGB (illoyale Vermögensminderungen) bezeichneten Art zu befürchten sind und dadurch eine erhebliche Gefährdung der Erfüllung der Ausgleichsforderung zu besorgen ist. Im Gegensatz zum bisherigen Recht müssen nach neuem Recht solche Handlungen nicht bereits vorgenommen sein. Es genügt, dass deren künftige Vornahme zu befürchten ist. Damit werden die engen Voraussetzungen des alten Rechts erweitert. Zu den Fällen des § 1365 BGB vgl. Palandt/*Siede* BGB § 1365 Rn. 2 ff. Darunter kann auch ein mangels Zustimmung unzulässiger Antrag auf Durchführung einer Teilungsversteigerung fallen (stRspr, BGH NJW 2007, 3124; *Wever* FamRZ 2008, 1485 (1487)). Die Möglichkeit des Gestaltungsantrags auf vorzeitigen Zugewinnausgleich besteht in den Fällen des § 1385 Nr. 2 BGB nur für den Zugewinnausgleichsberechtigten. Denn nur bei ihm kann eine erhebliche Gefährdung der Erfüllung der Ausgleichsforderung zu besorgen sein (*Kogel* FPR 2009, 279 (281)).

c) Wenn der andere Ehegatte längere Zeit hindurch die wirtschaftlichen Verpflichtungen, die sich aus dem ehelichen Verhältnis ergeben, schuldhaft nicht erfüllt hat und anzunehmen ist, dass er sie auch in Zukunft nicht erfüllen wird. Praktisch relevant wird das meist in den Fällen sein, in denen eine Unterhaltsverpflichtung nicht erfüllt wird.

d) Wenn der andere Ehegatte sich ohne ausreichenden Grund beharrlich weigert oder sich ohne ausreichenden Grund bis zur Erhebung der Klage auf Auskunft beharrlich geweigert hat, ihn über den Bestand seines Vermögens zu unterrichten. Aus § 1353 BGB wird von der Rspr. eine Verpflichtung zur Unterrichtung über das Vermögen „im Großen und Ganzen" abgeleitet. Wird ein solcher Unterrichtungsanspruch geltend gemacht und – wie in der Praxis häufig – vom anderen Ehegatten verweigert, können diese Voraussetzungen vorliegen. In der Regel sind die Voraussetzungen erfüllt, wenn dreimal vergeblich zur Unterrichtung aufgefordert wurde. Dagegen kann der vorzeitige Zugewinnausgleich nicht verlangt werden mit der Begründung, die Auskunft über das Vermögen zum Trennungszeitpunkt (§ 1379 Abs. 2 BGB) sei nicht erfüllt worden. Das leitet der BGH aus dem Wortlaut ab. § 1385 Nr. 4 BGB erwähnt nur die Unterrichtungspflicht iSd § 1353 BGB. Die Pflicht zur Unterrichtung über das Vermögen im Großen und Ganzen sei auch kein Minus gegenüber der Auskunftspflicht, sondern ein aliud (BGH NJW 2015, 154). Damit wird der Anwendungsbereich für einen vorzeitigen Zugewinnausgleich erheblich eingeschränkt. Wenn illoyale Vermögensverfügungen im Raum stehen, empfiehlt es sich, statt des Auskunftsanspruchs zum Trennungszeitpunkt zunächst nur den Anspruch auf Unterrichtung über wesentliche Vermögensvorgänge aus § 1353 BGB geltend zu machen. Allerdings wird vertreten, dass der allgemeine Anspruch auf Unterrichtung nur bis zur Trennung geltend gemacht werden kann (BGH NJW 2012, 3635; Büte FF 2010, 279(291)s. auch *Kogel* FamRZ 2015, 369 ff.). s. zu den Auskunftsansprüchen → Form. II.K.17.

6. Zum Stufenantrag → Form. II.K.16.

7. In Fällen erfolgter oder zu befürchtender illoyaler Vermögensverfügungen iSd § 1375 Abs. 2 BGB dient der Antrag auf vorzeitigen Ausgleich des Zugewinns auch als Grundlage für die Beantragung eines Arrestes. Zum alten Recht war streitig, ob bei Vorliegen eines Arrestgrundes als Arrestanspruch der künftige Anspruch auf Zugewinnausgleich in Betracht kam oder nur der Anspruch auf Sicherheitsleistung nach § 1389 BGB aF. Die Vorschrift des § 1389 BGB ist im neuen Recht nunmehr ersatzlos entfallen. Wenn die Voraussetzungen des Anordnungsgrundes und der Geltendmachung des vorzeitigen Zugewinnausgleichs vorliegen, kann nunmehr dieser künftige Zugewinnausgleichsanspruch auch im Wege des Arrestes nach § 916 ZPO gesichert werden (BR-Drs. 635/08, 37). *Kogel* FPR 2009, 279 (282) weist auf die Problematik hin, wenn gerade kein vorzeitiger Zugewinnausgleich verlangt wird und sich bspw. im Rahmen eines schon laufenden Scheidungsverfahrens plötzlich eine Situation auftut, bei der sofortiges Handeln gefordert wird, also ein Arrestgrund vorliegt. In diesen Fällen wird auf die hM in der Rspr. zurückzugreifen sein, nach der auch schon der künftige Zugewinnausgleichsanspruch durch Arrest gesichert werden kann (OLG Karlsruhe FamRZ 2007, 408; OLG München FamRZ 2007, 1101.

8. Die Kostenentscheidung richtet sich nach §§ 113 Abs. 1 FamFG, 91 ff. ZPO.

9. Der Beschluss wird mit Rechtskraft wirksam § 116 Abs. 3 S. 1 FamFG. § 116 Abs. 3 S. 2 FamFG sieht die Möglichkeit vor, die sofortige Wirksamkeit anzuordnen. Allerdings tritt die Gütertrennung im Sinne von § 1388 BGB erst mit Rechtskraft des Beschlusses auf Anordnung des vorzeitigen Zugewinnausgleichs ein.

10. Es müssen drei Gebühren als Verfahrensgebühren einbezahlt werden, § 14 FamGKG, Nr. 1220 KV FamGKG. Sonst erfolgt idR keine Zustellung des Antrages. Zu den Ausnahmen s. § 15 FamGKG.

Kosten und Gebühren

11. Bei – wie hier – isolierter Entscheidung GK aus Nr. 1220 ff. KV FamGKG; Rechtsanwaltsgebühren: Nr. 3100 ff. VV RVG; zum Gegenstandswert → Anm. 3; zur Verfahrenskostenhilfe → Form. I.C.1 → Form. I.C.3 und zum Anspruch auf Verfahrenskostenvorschuss → Form. II.K.26.

Fristen und Rechtsmittel

12. Befristete Beschwerde, §§ 58, 63 FamFG, einzulegen beim Gericht erster Instanz binnen eines Monats § 64 Abs. 1 FamFG; die Frist zur notwendigen Beschwerdebegründung beträgt zwei Monate ab Bekanntgabe des Beschlusses, § 117 Abs. 1 S. 3 FamFG; zuständig für das Beschwerdeverfahren ist das OLG, § 119 Abs. 1 Nr. 1a GVG; die nachfolgende Beschwerdebegründung ist beim Beschwerdegericht einzureichen. Die Begründungsfrist ist nicht gewahrt, wenn die Begründung bereits im Einlegungsschriftsatz erfolgt ist, das Erstgericht den Schriftsatz aber nicht innerhalb der Begründungsfrist an das Beschwerdegericht weitergeleitet hat; es wird jedoch Wiedereinsetzung von Amts wegen oder auf Antrag zu gewähren sein. → Form. II.K.34 Anm. 4. Problematisch kann im Einzelfall der Beschwerdewert aus § 61 Abs. 1 FamFG sein. Der Beschwerdewert bei

Entscheidung nur über die Auskunftsstufe bemisst sich allein nach dem Auskunftsanspruch (BGH NJW 2000, 1724).

20. Antrag auf Zuteilung von Ehewohnung und Haushaltssachen

An das **. . . . ., den . . . . .**

Amtsgericht[1]
– Familiengericht –

Antrag

der . . . . .
– Antragstellerin –
Verfahrensbevollmächtigter: Rechtsanwalt . . . . .[2]
gegen
. . . . .
– Antragsgegner –
Verfahrensbevollmächtigter: Rechtsanwalt . . . . .[2]
wegen Ehewohnung und Haushaltssachen[3]
vorläufiger Verfahrenswert: . . . . .[4]
Weitere Beteiligte:
Herr . . . . . (Vermieter der Ehewohnung) – Beteiligter zu 3)[5]
Ich zeige an, dass ich die Antragstellerin vertrete; Bevollmächtigung wird versichert.
Namens und im Auftrag der Antragstellerin werden folgende Anträge gestellt:[10]

I. Die Ehewohnung[6] (Wohnung Nr. . . . . . im Anwesen . . . . .) wird der Antragstellerin zur alleinigen Nutzung zugewiesen.

II. Das zwischen den Beteiligten zu 1) und 2) und dem Vermieter . . . . . aufgrund des Mietvertrages vom . . . . . bestehende Mietverhältnis über die in Ziff. I bezeichnete Wohnung wird von der Antragstellerin alleine fortgesetzt. Der Antragsgegner scheidet aus dem Mietverhältnis aus.[7]

III. Der eheliche Hausrat[8] wird zwischen den Beteiligten zu 1) und 2) wie folgt aufgeteilt:[9]

1. Die Antragstellerin erhält:
a) . . . . .
b) . . . . .
. . . . .

2. Der Antragsgegner erhält:
a) . . . . .
b) . . . . .
. . . . .

IV. Der Antragsgegner trägt die Gerichtskosten und die außergerichtlichen Kosten der Antragstellerin.[11]

Begründung:

1. Die Beteiligten haben am . . . . . die Ehe geschlossen. Die Beteiligten sind auf Grund des kurz nach Eheschließung gemeinschaftlich abgeschlossenen Mietvertrages vom . . . . . mit dem Beteiligten zu 3) . . . . . als Vermieter,[5] Mieter der Wohnung Nr. . . . . . im Anwesen . . . . . (Ehewohnung). Auf den Mietvertrag hat der Antragsgegner bei Mietbeginn aus eigenen Mitteln eine Kaution an den Vermieter iHv . . . . . EUR

geleistet. Die Ehe der Beteiligten wurde durch Beschluss des Familiengerichts . . . . . vom . . . . . rechtskräftig geschieden. Aus der Ehe sind die beiden minderjährigen Kinder Michael, geb. . . . . und Sophie, geb. . . . . hervorgegangen. Beide Kinder leben seit der Trennung bei der Antragstellerin.

2. Seit dem Auszug des Antragsgegners am . . . . . aus der bisher gemeinsamen ehelichen Mietwohnung wird diese von der Antragstellerin mit den gemeinsamen ehelichen Kindern alleine bewohnt. Der Antragsgegner lebt seit seinem Auszug bei seinen Eltern. Obwohl der Antragsgegner sich dem widersetzt und vehement fordert, dass die Antragstellerin ihm die Wohnung wieder alleine überlassen müsse, kann der Antragstellerin und den Kindern wegen schlechter finanzieller Verhältnisse und günstiger Lage dieser Wohnung zu Schule und Kindergarten ein Umzug auf absehbare Zeit nicht zugemutet werden. Folgende Gründe sind maßgeblich: . . . . .

   Beweis: . . . . .

   Der Antragsgegner ist räumlich und finanziell unabhängig. Er findet für sich alleine und mit seinen Einkommensverhältnissen wesentlich leichter eine eigene Wohnung.

3. Ferner hat der Antragsgegner damit begonnen, nach seinem freien Belieben und gegen den Widerspruch der Antragstellerin einzelne Stücke des durchgehend in gemeinsamem Miteigentum der Beteiligten stehende Haushaltssachen wegzubringen, darunter . . . . ., und . . . . ., welche die Antragstellerin für den Haushalt mit den Kindern dringend benötigt. Antrag auf einstweilige Anordnung wird insoweit gesondert gestellt.

4. Die gesamten Haushaltsgegenstände der Beteiligten ergeben sich aus der als Anlage 1 beigefügten Hausratsliste mit ungefähren Anschaffungsdaten, wobei die Wertangaben zum Neuwert laut Rechnungen erfolgt sind. Davon kommen höchstens 30 % als derzeitiger Wert in Betracht; zT sind sie wertlos.

   Beweis: im Bestreitensfall: Sachverständigengutachten

5. Die beantragte Entscheidung zur Ehewohnung, nämlich Zuweisung der Mietwohnung an die Antragstellerin allein entspricht § 1568a Abs. 1 BGB. Die Antragstellerin und die bei ihr lebenden Kinder sind auf die Nutzung der Wohnung aus den oben genannten Gründen in stärkerem Maße angewiesen als der Antragsgegner.
   Gleiches gilt für die vorgeschlagene Aufteilung der durchweg im gemeinsamen Eigentum beider Ehegatten stehenden Haushaltsgegenstände (§ 1568b Abs. 1 BGB). Die Antragstellerin ist bereit, dem Antragsgegner eine Ausgleichszahlung in Höhe des Zeitwertes derjenigen Haushaltsgegenstände, welche über den Hälfteanteil der Antragstellerin hinaus bei der Antragstellerin bleiben sollen, gemindert um jeweils 50 % zu zahlen. IE ist hierzu vorzutragen: . . . . .

6. Die Kostenentscheidung sollte die schlechte finanzielle Lage der Antragstellerin mit den von ihr betreuten Kindern berücksichtigen. Außerdem hat die Antragstellerin keinen Anlass für das Verfahren gegeben. Sie hatte schon vorgerichtlich den Antragsgegner unter Übersendung der Liste der gesamten Haushaltssachen aufgefordert, den ihm unterbreiteten Vorschlag zur Aufteilung zuzustimmen. Das Schreiben enthält auch eine Aufforderung, der Überlassung der Wohnung an die Antragstellerin und die Kinder zuzustimmen und an einer Umschreibung des Mietvertrages auf die Antragstellerin als alleinige Mieterin mitzuwirken.

   Beweis: Schreiben vom . . . . . als Anlage Ast 1 in Kopie anbei

   Eine Reaktion des Antragsgegners erfolgte nur dahingehend, dass der immer weitere Gegenstände ohne Absprache mit der Antragstellerin aus der Wohnung holte.[11]

Rechtsanwalt[12, 13]

Anmerkungen

1. Das Verfahren ist Familiensache, § 111 Nr. 5 FamFG. Ausschließlich sachlich und nach der gesetzlichen Geschäftsverteilung zuständig ist das Familiengericht, § 23b Abs. 1 Nr. 1 GVG. Örtlich ausschließlich zuständig ist in vorgegebener Rangfolge primär das Gericht, bei dem die Ehesache im ersten Rechtszug anhängig ist oder war, danach das Gericht, in dessen Bezirk sich die gemeinsame Wohnung der Eheleute befindet, § 201 Nr. 1 u. 2 FamFG, andernfalls das Gericht des persönlichen Aufenthalts des Antragsgegners und an letzter Stelle das Gericht des persönlichen Aufenthalts des Antragstellers, § 201 Nr. 3 u. 4 FamFG. Zu den Familiensachen gehört auch der Anspruch auf Rückschaffung entzogener Haushaltsgegenstände (BGH FamRZ 1982, 1200); auch Schadensersatzansprüche wegen nicht herausgegebener Gegenstände sind jetzt sonstige Familiensachen gem. § 266 Abs. 1 Nr. 2 u. 3 FamFG (anders zum alten Recht BGH FamRZ 1980, 45). Die Auskunftsansprüche bzgl. der Personen, an die Hausrat verkauft worden ist, zur Geltendmachung der Unwirksamkeit der Veräußerung sind ebenfalls eine sonstige Familiensache nach § 266 Abs. 1 Nr. 2 u. 3 FamFG (so schon zum alten Recht OLG Düsseldorf FamRZ 1985, 721).

2. Es besteht kein Anwaltszwang gem. § 114 Abs. 1 FamFG.

3. Mit dem Antrag wird eine endgültige Regelung von Ehewohnung und Haushaltssachen nach der Scheidung angestrebt. Nach Aufhebung der Hausratsverordnung sind die Regelungen über die Überlassung der Ehewohnung (§ 1568a BGB) und die Verteilung der Haushaltssachen nach der Scheidung (§ 1368b BGB) im BGB geregelt. Die Anträge aus §§ 1568a, 1568b BGB können auch im Verbund gestellt werden, § 137 Abs. 2 Nr. 3 BGB. Bei Rücknahme des Scheidungsantrags ist dann die Folgesache gegenstandslos. Sie können als selbstständige Familiensachen (dann mit dem Ziel einer vorläufigen Regelung für die Zeit der Trennung) fortgesetzt werden, wenn vor der Wirksamkeit der Rücknahme eine Fortsetzungserklärung abgegeben wird, § 141 S. 2 FamFG.

4. Der Gegenstandswert ermittelt sich gem. § 48 FamGKG wie folgt: **Ehewohnung:** vorläufige Regelung nach § 1361b BGB: 3.000 EUR; endgültige Regelung nach § 1568a BGB: 4.000 EUR; **Haushaltssachen:** vorläufige Regelung nach § 1361a BGB: 2.000 EUR; endgültige Regelung nach § 1568b BGB: 3.000 EUR. Die Werte können nach den Umständen des Einzelfalles aber auch höher oder niedriger festgesetzt werden, § 48 Abs. 3 FamGKG.

5. Der Vermieter der Ehewohnung ist Muss-Beteiligter, § 204 Abs. 1 FamFG, mit Anspruch auf rechtliches Gehör. Für diesen besteht, auch soweit Folgesache, insoweit kein Anwaltszwang (§ 114 Abs. 1 FamFG). Das Jugendamt ist in Ehewohnungssachen auf Antrag zu beteiligen, wenn minderjährige Kinder im Haushalt leben, § 204 Abs. 2 FamFG.

6. Zum Begriff der Ehewohnung vgl. *Götz/Brudermüller,* Die gemeinsame Wohnung, 2008, Rn. 165 ff. Er ist weit auszulegen und umfasst alle Räume, die die Ehegatten gemeinsam zu Wohnzwecken genutzt haben oder die zumindest zu gemeinsamen Wohnzwecken bestimmt waren (BGH FamRZ 1990, 987 (988)). Dazugehören auch die gemeinsam genutzten Nebenräume wie Keller, Garage und ein dazugehöriger Garten. Nicht zur Ehewohnung gehören Räume, die ausschließlich beruflich genutzt werden.

Die Anordnung einer Ausgleichszahlung an den weichenden Ehegatten für besondere Aufwendungen für die Anmietung und Einrichtung der Ersatzwohnung, Kaution oder Kosten des Umzugs sieht auch das neue Recht nicht vor. Da der Gesetzgeber den Meinungsstreit darüber im alten Recht nicht zum Anlass einer gesetzlichen Regelung dazu genommen hat, scheint er sich wohl gegen die Möglichkeit einer Ausgleichszahlung ausgesprochen zu haben (sa *Götz/Brudermüller,* Die gemeinsame Wohnung, 2008, Rn. 300).

Wenn der Antragsgegner noch in der Wohnung wohnt, sollte der Zuweisungsantrag mit einem Antrag auf Räumung und Herausgabe verbunden werden. Der Beschluss auf Zuweisung ist kein Vollstreckungstitel hinsichtlich der Räumung und Herausgabe (OLG Stuttgart FamRZ 2002, 559). Die Räumungsanordnung muss zwar grds. von Amts wegen ausgesprochen werden (§ 209 Abs. 1 FamFG); es empfiehlt sich aber dennoch ein entsprechender Antrag wie folgt:

„I. Der Antragsgegner wird verpflichtet, die in Ziff. . . . . genannte Wohnung . . . . . sofort zu räumen und an die Antragstellerin herauszugeben; § 885 Abs. 2 bis 4 ZPO sind nicht anzuwenden.
II. Der Antragsgegner wird verpflichtet, seine persönlichen Sachen mitzunehmen, insb. seine sämtlichen Bekleidungsstücke aus dem Schlafzimmerschrank und . . . . .
III. Der Antragsgegner wird verpflichtet, der Antragstellerin sämtliche Wohnungsschlüssel und den Schlüssel zum Briefkasten zu übergeben.
IV. Der Antragsgegner wird verpflichtet, es zu unterlassen, die in Ziff. . . . . bezeichnete Wohnung nach der Räumung ohne vorherige Zustimmung der Antragstellerin wieder zu betreten.
V. Dem Antragsgegner wird verboten, das Mietverhältnis über die in Ziff. . . . . bezeichnete Wohnung zu beenden.“

Das Gericht wird idR dem Antragsgegner eine Räumungsfrist zubilligen.

7. Der Ehegatte, dem die Wohnung überlassen wird, tritt an Stelle des weichenden Ehegatten in das Mietverhältnis ein, § 1568a Abs. 3 BGB.

Ist der weichende Ehegatte der alleinige Mieter, lautet der Antrag wie folgt:

„Die Antragstellerin tritt an Stelle des Antragsgegners in das vom Antragsgegner mit dem Vermieter . . . . . aufgrund Mietvertrages vom . . . . . bestehende Mietverhältnis über die in Ziff. . . . . bezeichnete Wohnung ein. Der Antragsgegner scheidet aus dem Mietverhältnis aus“.

Zu den Einzelheiten s. *Götz/Brudermüller,* Die gemeinsame Wohnung, 2008, Rn. 84 ff.

Besteht kein Mietverhältnis an der Ehewohnung, zB weil der weichende Ehegatte Allein- oder Miteigentümer ist, kann ein – ggf. befristetes Mietverhältnis – begründet werden, § 1568a Abs. 5 BGB.

8. Zum Begriff der Haushaltssachen vgl. Palandt/*Götz* BGB § 1361a Rn. 3 ff.; Die aktuelle gesetzliche Regelung hat im Wesentlichen die Regelung aus § 8 HausratsVO übernommen. Eine dem § 9 HausratsVO entsprechende Regelung fehlt in § 1368b BGB, weil Hausrat im Alleineigentum nur noch im Rahmen eines güterrechtlichen Ausgleichs berücksichtigt werden soll. Einen klagbaren Auskunftsanspruch über den Bestand des Hausrats soll es nicht geben, wegen § 203 Abs. 2 FamFG sehr zweifelhaft, vgl. aber OLG Düsseldorf FamRZ 1985, 1152: Amtsermittlungsgrundsatz, der zu ähnlichem Ergebnis führe. Außerdem kann das Gericht eine Auflage machen, eine Aufstellung sämtlicher Haushaltsgegenstände zu machen, s. § 206 Abs. 1 Nr. 2 FamFG.

Nach jetzt gefestigter Rspr. gehört Hausrat nicht in den Zugewinn (daher insoweit zB auch keine Auskunftspflicht aus § 1379 BGB), vgl. BGH FamRZ 1984, 144 mwN; Besprechung dazu von *Smid* NJW 1985, 173.

9. Das Verfahren erfasst die Aufteilung der im gemeinsamen Eigentum der Eheleute stehenden Haushaltsgegenstände durch Zuweisung von Alleineigentum, § 1568b Abs. 1 BGB. Während der Trennungszeit kann dagegen nur eine vorläufige Nutzungsüberlassung gem. § 1361a BGB vorgenommen werden. Die Verteilung erfolgt am Maßstab der Billigkeit und danach, wer – unter Berücksichtigung des Wohls der Kinder – stärker auf den Gegenstand angewiesen ist, § 1568b Abs. 1 BGB. Um diesem Maßstab gerecht werden zu können, ist eine umfassende Darstellung aller Haushaltsgegenstände nebst

Bestimmung des Wiederbeschaffungswertes (so Musielak/*Borth* FamFG § 206 Rn. 2; OLG Zweibrücken FamRZ 1993, 82 (84)) erforderlich. Der Antrag soll die Gegenstände enthalten, deren Zuteilung der Antragsteller begehrt, außerdem soll eine Aufstellung sämtlicher Haushaltsgegenstände mit genauer Bezeichnung beigefügt werden § 203 Abs. 2 FamFG Diese Sollvorschrift wird ergänzt durch die Möglichkeit des Gerichts, unter Fristsetzung anzuordnen, dass jeder Ehegatte eine Liste aller Haushaltssachen vorlegen muss, die Gegenstände anzugeben hat, die er zugeteilt haben möchte oder bestimmte Belege vorzulegen hat, § 206 Abs. 1 FamFG, wobei die Fristversäumung mit den Präklusionsfolgen aus § 206 Abs. 2 BGB verbunden ist. Als Durchführungsanordnungen (§ 209 Abs. 1 FamFG) kommen Herausgabeanordnungen in Betracht für Haushaltsgegenstände, die nicht im Besitz des künftigen Berechtigten sind.

10. Die Endentscheidung in Ehewohnungs- und Haushaltssachen wird erst mit der Rechtskraft wirksam (§ 209 Abs. 2 FamFG). Bei einer vorläufigen Nutzungszuweisung der Ehewohnung während der Trennungszeit nach § 1361b BGB soll die sofortige Wirksamkeit angeordnet werden, um eine einstweilige Anordnung zu vermeiden (§ 209 Abs. 2 S. 2 FamFG). Bei einer Entscheidung über die endgültige Zuweisung der Ehewohnung nach Scheidung gem. § 1568a BGB oder von Haushaltssachen ist es wegen der rechtsgestaltenden Dauerwirkung der Regelung nicht möglich oder jedenfalls nicht geboten, eine sofortige Wirksamkeit anzuordnen (Musielak/*Borth* FamFG § 209 Rn. 12; Thomas/Putzo/*Hüßtege* FamFG § 209 Rn. 5). Eine angeordnete Räumungsverpflichtung oder die Verpflichtung zur Herausgabe von Haushaltsgegenständen wird nach § 86 Abs. 1, § 95 Abs. 1 u. 2 FamFG iVm §§ 883 ff. ZPO vollstreckt.

11. Die Kostenentscheidung richtet sich nach § 81 FamFG. Im Rahmen des gerichtlichen Ermessens können auch die wirtschaftlichen Verhältnisse der Beteiligten berücksichtigt werden (Musielak/*Borth* FamFG § 81 Rn. 3). Im Wesentlichen sind jedoch die in § 81 Abs. 2 FamFG genannten Kriterien maßgebend.

Kosten und Gebühren

12. Für den Gegenstandswert unterscheidet § 48 FamGKG danach, ob es sich um ein vorläufiges Verfahren nach §§ 1361a, b BGB oder ein Verfahren nach §§ 1568a, b BGB handelt:
Ehewohnung: Verfahren nach § 1361b BGB: 3.000 EUR; Verfahren nach § 1568a BGB: 4.000 EUR
Haushaltssachen: Verfahren nach § 1361a BGB: 2.000 EUR; Verfahren nach § 1568b BGB: 3.000 EUR jeweils als fester Wert; Gerichtskosten: KV 1320 FamGKG; Rechtsanwaltsgebühren: VV 3100 ff. RVG.

Fristen und Rechtsmittel

13. Befristete Beschwerde, §§ 58, 63 FamFG, einzulegen beim Gericht erster Instanz binnen eines Monats § 64 Abs. 1 FamFG; die Beschwerde muss nicht begründet werden, § 65 Abs. 1 FamFG; eine Begründung ist aber empfehlenswert; zuständig für das Beschwerdeverfahren ist das OLG, § 119 Abs. 1 Nr. 1a GVG; → Form. II.K.35.

Versorgungsausgleich

21. Versorgungsausgleich – Antrag auf Nichtdurchführung und gerichtliche Protokollierung einer Vereinbarung nach § 7 VersAusglG

An das ....., den .....

Amtsgericht[1]
– Familiengericht –

Antrag

In der Ehesache
.....
– Antragstellerin –
Verfahrensbevollmächtigter: Rechtsanwalt .....[2]
gegen
den .....
– Antragsgegner –
– noch nicht vertreten –[2]
wegen Ehescheidung
hier: Versorgungsausgleich[3] – Antrag auf Nichtdurchführung und Genehmigung nach § 7 VersAusglG
vorläufiger Verfahrenswert: ..... EUR[5]
Az: .....

nehme ich Bezug auf meine besondere Verfahrensvollmacht für die Antragstellerin, eingereicht mit Antragsschriftsatz auf Ehescheidung vom heutigen Tage, in welchem ich als dortige Anlage 1 eine umfassende privatschriftliche Scheidungsvereinbarung der Beteiligten mit (insb. in Ziff. 4 u. 6) einer ausführlichen Vereinbarung auch über den Versorgungsausgleich vorgelegt habe. Ich stelle für die Antragstellerin folgende Anträge:[4]

I. Ein Versorgungsausgleich zwischen den Beteiligten findet nicht statt.[8]

II. Ferner wird die gerichtliche Protokollierung der Vereinbarung der Beteiligten über den Versorgungsausgleich durch das Familiengericht hiermit beantragt.[6]

Der Antragsgegner wird sich anwaltlich vertreten lassen.[2]

Begründung:

1. Die vorgelegte privatschriftliche Vereinbarung der Beteiligten über den Versorgungsausgleich soll durch Protokollierung im Scheidungstermin über §§ 7 Abs. 2 VersAusglG, 127a BGB die rechtswirksame Form erhalten. Die geplante Vereinbarung der Beteiligten ist inhaltlich nicht zu beanstanden. Die vereinbarte Leistung des Antragsgegners, die danach an die Stelle der möglichen Teilung von Versorgungsanwartschaften zwischen den Beteiligten treten soll, ist auch unter Einbeziehung der Unterhaltsregelung und der Vermögensauseinandersetzung zwischen den Beteiligten zur Sicherung der Antragstellerin für den Fall der Erwerbsunfähigkeit und des Alters geeignet und führt außerdem zu einem nach Art und Höhe angemessenen Ausgleich unter den Ehegatten, so dass keine Wirksamkeits- oder Durchsetzungshindernisse entgegenstehen (§ 1 Abs. 2 VersAusglG).
   a) Wie bereits im Antrag auf Ehescheidung (vgl. dort Ziff. I. u. II.) dargelegt, war die Ehe der Beteiligten nur von sehr kurzer Dauer und kinderlos; beide Beteiligten sind relativ jung, wobei der Antragsgegner erfolgreich im Erwerbsleben steht und die Antragstellerin bereits am ..... wieder ihren bis zur Eheschließung ausgeübten

Beruf als angestellte Steuerbevollmächtigte mit einem monatlichen Nettoeinkommen von 2.800 EUR/Monat aufnehmen wird. Bei ihrem Alter hat sie daher noch ausreichend Zeit, sich selbst eine ausreichende Sicherung für den Fall der Erwerbsunfähigkeit und des Alters mit den auch schon vor der Ehe erworbenen Anwartschaften zu schaffen.

b) **Darüber hinaus soll für die Antragstellerin in Ziff. I. u. II. der vorgelegten privatschriftliche Scheidungsvereinbarung ein relativ großzügiger Ehegattenunterhalt, unabhängig von diesem bevorstehenden Erwerbseinkommen, bis einschließlich 31.12.2023 bezahlt werden.**

c) **Auch die in der Scheidungsvereinbarung (Ziff. III.) vorgesehene Regelung aller Ansprüche aus dem ehelichen Güterrecht ist, wie sich hieraus und den der Vereinbarung beigefügten Aufstellungen über den beiderseitigen Zugewinn beider Ehegatten ergibt, für beide, insb. die Antragstellerin, angemessen.**

d) **Die beiderseits während der Ehezeit[7] erworbenen Versorgungsanwartschaften, die auszugleichen wären, sind – insb. im Vergleich mit den außerhalb der Ehe erworbenen Versorgungsanwartschaften – relativ gering.**

Beweis: Ausrechnung des Rentenberaters . . . . . vom . . . . . für beide Beteiligte.

e) **Darüber hinaus soll (vgl. Ziff. 4.–6. der vorgelegten Scheidungsvereinbarung) der Antragstellerin als zusätzliche Gegenleistung des Antragsgegners anstelle des gesetzlichen Versorgungsausgleichs die noch dem Antragsgegner gehörende Hälfte der gemeinsamen Eigentumswohnung (vgl. hierzu bereits Ziff. II. der Scheidungsantragsschrift) übereignet werden, bei einem derzeitigen Verkehrswert von . . . . EUR und einer derzeitigen Belastung von nur ca. . . . . EUR.**

Beweis: Schätzgutachten hierzu.

2. **Da die vorgelegte Vereinbarung inhaltlich nicht zu beanstanden ist, ist für die Einholung von Rentenauskünften kein Raum und auszusprechen, dass der Versorgungsausgleich nicht stattfindet;[8] die Vereinbarung ist für die Antragstellerin sogar insgesamt wesentlich günstiger, weil . . . .[9]**
3. **Die Beteiligten haben in der beigefügten Vereinbarung geregelt, dass die Kosten der Vereinbarung gegeneinander aufgehoben werden.[10]**

Rechtsanwalt[11, 12]

Anmerkungen

1. Die Verfahren, die den Versorgungsausgleich betreffen sind Familiensachen und den Familiengerichten zugeordnet gem. §§ 217, 111 Nr. 7 FamFG, § 23b Abs. 1 GVG (zur Abgrenzung zu anderen Verfahren, die hinsichtlich der Auswirkungen des Versorgungsausgleichs dem Verwaltungs- oder Sozialgericht zugeordnet sein können (s. Musielak/*Borth* FamFG § 217 Rn. 1). Ausschließlich zuständig für den Versorgungsausgleich ist das Familiengericht der Ehesache, da es sich um eine Folgesache handelt, § 137 Abs. 2 Nr. 1, § 218 Nr. 1 FamFG sonst – soweit isoliert überhaupt möglich, → Anm. 3 – richtet sich die örtliche Zuständigkeit nach § 218 FamFG.

2. Anwaltszwang und Erfordernis zu besonderer Verfahrensvollmacht, § 114 Abs. 1 u. 5 FamFG (soweit Folgesache, → Anm. 3). Eine angestrebte Vereinbarung zu gerichtlichem Protokoll führt zu Anwaltszwang für beide Beteiligten, Formmangel zur Nichtigkeit. Vom Anwaltszwang befreit sind nach § 114 Abs. 3 FamFG die Träger der gesetzlichen Rentenversicherung, der Beamtenversorgung und der berufsständischen Versorgungen, dagegen nicht die privatrechtlich organisierten Versorgungsträger (private Rentenversicherungen, Träger betrieblicher Altersversorgungen).

3. Der öffentlich rechtliche Versorgungsausgleich ist als isolierte Familiensache jedenfalls bei Scheidung nach deutschem Recht nicht denkbar (Zwangsverbund). Selbständige Verfahren nach der Scheidung können sein (s. Musielak/*Borth* FamFG § 217 Rn. 5 f.):

- öffentlich rechtlicher Versorgungsausgleich, wenn die Ehe im Ausland geschieden wurde, unter den Voraussetzungen des Art. 17 Abs. 3 EGBGB
- Abänderungsverfahren gem. §§ 225 ff. FamFG
- Verfahren des schuldrechtlichen und verlängerten schuldrechtlichen Versorgungsausgleichs gem. §§ 20–26 VersAusglG
- Verfahren zum Versorgungsausgleich (VA) bei Ausschluss eines Versorgungsausgleichs im Ehevertrag, der sich nach der Scheidung als unwirksam herausstellt (BGH FamRZ 2009, 215; FamRZ 1991, 681).

4. Bei der Vielfalt der versorgungsrechtlichen Möglichkeiten kommt – mit entsprechend erhöhter Haftungsgefahr für den beratenden Anwalt – eine große Anzahl von Verfahrens- und Antragsmöglichkeiten in Betracht oder es besteht das Erfordernis zu erweitertem Sachvortrag:

1. Besonders wichtig ist die sorgfältige und ggf. beschleunigte *Ermittlung* aller bestehender Anwartschaften. Das ist nach neuem Recht von besonderer Bedeutung, da – anders als beim alten § 10a VAHRG – im Abänderungsverfahren nach §§ 51, 52 VersAusglG nur die Anrechte mit einbezogen werden, die auch Grundlage der abzuändernden Entscheidung waren (*Weil* FF 2009, 149 (155)). Anrechte, die in der Ausgangsentscheidung vergessen wurden, bleiben außen vor. *Vor* Verfahrensbeginn kann sich (auch für bessere Prognose) eine Rentenauskunft lohnen (§ 109 Abs. 1 u. 5 SGB VI, uU auch für Ehegatten über § 74 Nr. 2b SGB X). Eine entsprechende Regelung sieht § 79 BBG vor. *Nach* Verfahrensbeginn beginnt die Ermittlung insb. durch beiderseitige Ausfüllung der vom Familiengericht vermittelten Formulare, ferner durch sorgfältige Prüfung erteilter Auskünfte (Mandant und Gegner).
   Ist einer der Eheleute dabei säumig, so sind alternativ möglich: gerichtliche Aufforderungs- und ggf. Zwangsmaßnahmen gem. § 220 Abs. 3 u. 5, § 35 FamFG (verfahrensrechtliche Auskunftspflicht) oder auch auf Antrag einer Partei die Auskunftsklage nach §§ 4 Abs. 1 u. 5 VersAusglG, 1605 Abs. 1 S. 2, 3 BGB (materiell rechtliche Auskunftspflicht), ggf. im Wege des Stufenantrags (Vorabentscheidung durch Teilbeschluss über Auskunftsanspruch, Endentscheidung im Verbundbeschluss, vgl. die Grundsätze bei → Form. II.K.16 Anm. 8), zu vollstrecken über § 95 Abs. 1 Nr. 3 FamFG, § 888 ZPO.
2. Spezifizierter *Tatsachenvortrag* ist erforderlich für die Darlegung der groben Unbilligkeit im Rahmen der Ausschluss- und Beschränkungsfälle des § 27 VersAusglG (→ Form. II.K.22).
3. *Antrag* (und *Tatsachenvortrag*) ist erforderlich, wenn dargelegt werden soll, dass ein Anrecht nicht auszugleichen ist, weil es weder durch Arbeit noch Vermögen geschaffen oder aufrechterhalten worden ist iSd § 2 Abs. 2 Nr. 1 VersAusglG.
4. Bei einer Ehezeit von bis zu drei Jahren findet ein Versorgungsausgleich nur statt, wenn ein Ehegatte dies beantragt, § 3 Abs. 3 VersAusglG. Es muss also an die erforderliche Antragsstellung gedacht werden. Die Frist des § 137 Abs. 2 S. 1 FamFG gilt hierfür nicht, Musielak/*Borth* FamFG § 137 Rn. 34.
5. Der ausgleichsberechtigte Ehegatte können gem. § 14 Abs. 2 Nr. 1 VersAusglG eine externe Teilung eines Anrechts vereinbaren, wobei der Berechtigte gem. § 15 Abs. 1 VersAusglG ein Wahlrecht hat, ob ein bestehendes Anrecht ausgebaut werden soll oder ein neues begründet werden soll. Die Vereinbarung bedarf der Mitwirkung des Versorgungsträgers. Eine praktische Bedeutung hat sie nicht.
6. Obwohl von Amts wegen zu berücksichtigen, empfiehlt sich ein entsprechender Sachvortrag, wenn ein Ausgleich eines Anrechtes für den berechtigten Ehegatten unwirt-

schaftlich wäre und somit das Anrecht nicht ausgleichsreif gem. § 19 Abs. 2 Nr. 3 VersAusglG ist. Gleiches gilt für die Fälle des § 19 Abs. 3 VersAusglG. Anrechte eines Ehegatten bei einem ausländischen Versorgungsträger können im Verfahren des Versorgungsausgleichs nicht ausgeglichen werden. Umgekehrt findet dann ein Ausgleich auch der sonstigen Anrechte der Ehegatten nicht statt, soweit dies für den anderen Ehegatten unbillig wäre (§ 19 Abs. 3 VersAusglG). Die Gründe für die Unbilligkeit sollten ggf. von dem betroffenen Ehegatten dargelegt werden.

7. Bezieht der ausgleichspflichtige Ehegatte eine laufende Versorgung aus einem im Versorgungsausgleich bei Scheidung noch nicht ausgeglichenen Anrecht, kann der ausgleichsberechtigte Ehegatte den Ausgleichswert als Rente (schuldrechtliche Ausgleichsrente) im isolierten Verfahren nach der Scheidung verlangen (zu den Voraussetzungen iE s. § 20 VersAusglG). Ggf. muss also dieses Verlangen gestellt werden und Abtretung des Anspruchs gegen den Versorgungsträger in Höhe der Ausgleichsrente verlangt werden, § 21 Abs. 1 VersAusglG; entsprechendes gilt bei dem Bezug von Kapitalzahlungen aus einem noch nicht ausgeglichenen Anrecht, § 22 VersAusglG.
8. Nach § 23 VersAusglG kann in bestimmten Fällen statt einer Teilung eine Abfindung verlangt werden, was ggf. zu prüfen und vorzutragen ist; auch das Wahlrecht bzgl. der Zielversorgung ist auszuüben.

5. Der Gegenstandswert für das Versorgungsausgleichsverfahren im Scheidungsverbund beträgt für den Regelfall 10 % des in drei Monaten erzielten Nettoeinkommens der Ehegatten für jedes der im Verfahren zu berücksichtigenden Anrechte, kann aber bei Unbilligkeit erhöht oder ermäßigt werden, § 50 Abs. 1, 3 FamGKG. Wenn eine Vereinbarung zum Versorgungsausgleich geschlossen und die Genehmigung des Gerichts eingeholt werden soll, wird ebenfalls von einem Gegenstandswert gem. § 50 Abs. 1 FamGKG auszugehen sein (OLG München FamRZ 2011, 1813; OLG Düsseldorf FamRZ 2010, 2102) auszugehen sein.

6. Eine Vereinbarung der Beteiligen über den Versorgungsausgleich bedarf vor Rechtskraft der Scheidung der notariellen Beurkundung oder ersatzweise der gerichtlichen Protokollierung gem. § 127a BGB, vgl. § 7 VersAusglG. Streitig ist, ob eine gerichtliche Vereinbarung gem. § 278 Abs. 6 ZPO wirksam ist (bejahend OLG Frankfurt a. M. BeckRS 2012, 16081; einschränkend OLG München FamRZ 2011, 812; abl. OLG Brandenburg FamRZ 2008, 1192). Es ist daher unbedingt zu raten, von dieser Form der Vereinbarung abzusehen und die Vereinbarung in mündlicher Verhandlung zu protokollieren. Die Jahresgrenze des § 1408 Abs. 2 S. 2 BGB aF für die Wirksamkeit des Ausschlusses des Versorgungsausgleichs gibt es nicht mehr, soweit das neue Recht des Versorgungsausgleichs anwendbar ist. Eine gerichtliche Genehmigung ist für Vereinbarungen zum Versorgungsausgleich im Rahmen der Scheidung nicht mehr erforderlich. Allerdings ist in § 6 Abs. 2, § 8 VersAusglG ausdrücklich geregelt, dass die Vereinbarung einer Inhalts- und Ausübungskontrolle standhalten muss. Das knüpft an die Rspr. des BGH zur Wirksamkeit ehevertraglicher Vereinbarungen an. Das Gericht muss iRd Scheidungsverfahrens diese Voraussetzungen prüfen, sonst ist der Versorgungsausgleich ganz oder eingeschränkt im Rahmen der Ausübungskontrolle durchzuführen. Es empfiehlt sich entsprechender Sachvortrag der Beteiligten, da die Gerichte die Inhaltskontrolle unterschiedlich handhaben.

7. Legaldefinition in § 3 Abs. 1 VersAusglG. Die Ehezeit verlängert sich auch nicht deshalb, weil das Verfahren – uU längere Zeit – zum Ruhen gekommen ist (aA AG Stuttgart NJW 1978, 646 f.; dagegen *Parche* NJW 1979, 139 (140)). Anwartschaften, die durch Nachentrichtung für die Ehezeit nach Ablauf der Ehezeit erworben werden, fallen nicht in den Versorgungsausgleich, wohl aber solche während der Ehe für Zeiten vor der Ehe (sog In-Prinzip), BGH NJW 1985, 2024.

8. In § 224 Abs. 3 FamFG ist geregelt, dass das Gericht in den entsprechenden Fällen in der Beschlussformel ggf. feststellt, dass ein Wertausgleich über den Versorgungsausgleich nicht stattfindet.

9. Nicht selten wird das Familiengericht, um die Rechtsfolgen des gesetzlichen VA mit denen der Beteiligtenvereinbarung vergleichen zu können, dennoch Auskünfte der Versorgungsträger einholen. Verzögerung hierdurch ist kein Grund für eine Abtrennung. Die Beteiligten können noch im Verfahren Änderungsanregungen des Familiengerichts aufgreifen und die ursprünglich vorgelegte Vereinbarung abändern.

10. Haben die Beteiligten eine Vereinbarung über die Kosten getroffen, soll das Gericht sie übernehmen, § 150 Abs. 4 S. 3 FamFG.

Kosten und Gebühren

11. Bei Verbundverfahren Gegenstandswert einheitlich nach § 44 Abs. 1 FamGKG, für den Versorgungsausgleich nach § 50 FamGKG. Gerichtskosten: KV 1110 FamGKG; soweit isoliert möglich: Gerichtskosten nach KV 1320 FamGKG; Rechtsanwaltsgebühren: Nr. 3100 ff. VV RVG.

Fristen und Rechtsmittel

12. Vgl. bei Verbundurteil → Form. II.K.34, bei isolierter Entscheidung → Form. II. K.35.

22. Versorgungsausgleich – Antrag auf Ausschluss wegen Unbilligkeit

An das **. . . . ., den . . . . .**

Amtsgericht[1]
– Familiengericht –

Antrag

In der Ehesache
der . . . . .
– Antragstellerin –
Verfahrensbevollmächtigte: Rechtsanwälte . . . . .[1]
gegen
. . . . .
– Antragsgegner –
wegen Ehescheidung
hier: Versorgungsausgleich – Ausschluss gem. § 27 VersAusglG[2]
vorläufiger Verfahrenswert: . . . . . EUR[3]
Aktenzeichen: . . . . .
nehmen wir Bezug auf unsere besondere Verfahrensvollmacht[4] **für die Antragstellerin, vorgelegt mit deren Antragsschrift auf Ehescheidung vom . . . . ., in deren Ziff. I. u. II. wir bereits auf die persönlichen und wirtschaftlichen Verhältnisse der Beteiligten eingegangen sind, insb. deren Erwerbsleben während der Ehe und die sich hieraus für den Versor-**

gungsausgleich ergebenden Umstände. IRd anhängigen Scheidungsverfahrens stellen wir für die Antragstellerin folgende Anträge:

I. Ein Versorgungsausgleich zwischen den Beteiligten findet nicht statt.

II. Die Kosten des Verfahrens werden gegeneinander aufgehoben.

Begründung:

1. Die Antragstellerin, damals gerade fertig ausgebildete Fremdsprachensekretärin, und der Antragsgegner, damals Professor für Weltraumtechnik mit einem Gastschuljahr am New Yorker Institut für Weltraumforschung, beide Deutsche, haben vor mehr als fünf Jahren in New York geheiratet und gelebt; der Antragsgegner hat die Antragstellerin jedoch ein Jahr nach Eheschließung und wenige Wochen nach Geburt des einzigen gemeinsamen Kindes . . . . ., geb. am . . . . ., nachdem diese mit Eheschließung ihre dortige Erwerbstätigkeit aufgegeben hatte, verlassen, um als freier Berater eines Raketenprojekts in Zaire tätig zu sein. Er hat in den folgenden fünf Jahren nichts mehr von sich hören lassen und insb. für die Antragstellerin und das Kind keinerlei Unterhalt mehr geleistet.

Der Antragstellerin blieb nichts anderes übrig, als nach Deutschland zurückzukehren, wo sie schließlich vor vier Jahren glücklicherweise eine sehr gut bezahlte Stellung als Chefsekretärin mit Rentenversicherungspflicht bei der Deutschen Rentenversicherung Bund fand. Sie hat aus beiden Versorgungen inzwischen nicht unerhebliche Versorgungsanwartschaften erworben. Sie hat außerdem vor vier Jahren eine private Rentenversicherung abgeschlossen, in die sie erhebliche Beträge einbezahlt hat. Ein Scheidungsantrag gegen den Antragsgegner war aus verschiedenen Gründen erst jetzt möglich.

Beweis: Anstellungsvertrag der Antragstellerin bei . . . . .;
. . . . .

2. Der Antragsgegner, der übrigens inzwischen in Deutschland ein selbständiges Ingenieurbüro betreibt und auch aus dieser Tätigkeit keine Versorgungsanwartschaften erwirbt, macht geltend – was ihm nicht zu widerlegen ist – auch in der früheren Ehezeit weder in den USA noch anderswo ausgleichsfähige Versorgungsanwartschaften erworben zu haben.

Beweis: Schreiben des Antragsgegners an die Antragstellerin vom . . . . .

3. Da der Antragsgegner, wie oben dargelegt, seine Unterhaltspflicht gegenüber der Antragstellerin und dem gemeinsamen ehelichen Kind seit Jahren gröblich verletzt hat, muss ein Versorgungsausgleich zugunsten des Antragsgegners in diesem Falle ausgeschlossen werden.

4. Die Kostenfolge ergibt sich aus § 150 Abs. 1 FamFG.

Rechtsanwalt[5, 6]

Anmerkungen

1. Zu Zuständigkeit, Verfahren, Anwaltszwang und Vollmacht → Form. II.K.20 Anm. 1, 2.

2. Während § 1587c BGB aF die Ausschlussgründe noch nach Fallgruppen unterschieden hat, enthält § 27 VersAusglG lediglich eine Generalklausel. Der Anwendungsbereich ist im Wesentlichen deckungsgleich, so dass auf die Rspr. zu § 1587c BGB aF zurückgegriffen werden kann. Die neue Regelung ist aber deutlich flexibler. Da es einen Einmalausgleich in nur eine Richtung nicht mehr gibt, kann die Ausschlussnorm nunmehr auch bei treuwidrigem Verhalten des Ausgleichspflichtigen Anwendung finden und sich auf einzelne auszugleichende Anrechte beschränken (*Weil* FF 2009, 149 (152)). Die Vorschrift ist als eine Art Verwirkungstatbestand aus Billigkeitsgründen von Amts wegen zu beachten, ein Antrag ist nicht erforderlich, wohl aber spezifizierter *Tatsachenvortrag*, vgl. iÜ die Übersicht in → Form. II.K.21 Anm. 4. Grds. sind an die „grobe Unbilligkeit" strenge Anforderungen zu stellen. Andererseits kann das Gericht stark differenzieren („soweit"), also zB Teilausschluss oder Teilentscheidungen vornehmen. Neben dem hier vorgestellten Fall einer zum Ausschluss führenden groblichen Unterhaltspflichtverletzung, vgl. zB OLG Stuttgart NJW 1982, 241; ähnlich BGH NJW-RR 1987, 578 kann eine Vereitelung von Versorgungsansprüchen oder ein erhebliches wirtschaftliches Ungleichgewicht zum gänzlichen oder teilweisen Ausschluss des Versorgungsausgleichs führen, zB BGH NJW-RR 1987, 324 mwN. Es können auch rein objektive Gesichtspunkte ausreichen, uU (so jedenfalls OLG Celle NJW 1979, 1659) sogar entgegenstehender ausdrücklich erklärter und wohl überlegter Parteiwille (anderweitige private Vermögensauseinandersetzung mit Ausgleichsregelung) oder langjährige Trennung (zB BGH NJW-RR 2004, 1231); nach BGH NJW-RR 1987, 322 sind auch ggf. Auswirkungen zwischen VA und Zugewinnausgleich zu berücksichtigen, zB bei freiwilliger, späterer Nachentrichtung; vgl. zusf. auch *Brudermüller* NJW 2004, 3239.

3. Jetzt Prozentwerte gem. § 50 FamGKG für den Regelfall, die aber nach den Umständen des Einzelfalls auch erhöht oder ermäßigt werden können, vgl. → Form. II. K.21 Anm. 5.

4. § 114 Abs. 5 FamFG.

Kosten und Gebühren

5. Wie → Form. II.K.21. Denkbar sind ferner – meist spätere – Einzel- und Nebenverfahren, zB aus §§ 20 ff. VersAusglG auf schuldrechtliche Ausgleichszahlungen oder Abänderungsverfahren nach §§ 225 ff. FamFG; Gegenstandswert: § 50 FamGKG: Gerichtskosten bei isolierten Verfahren: KV 1320 FamGKG, für Rechtsanwaltsgebühren: VV 3100 RVG.

Fristen und Rechtsmittel

6. Vgl. zunächst → Form. II.K.21 Anm. 12, ferner → Form. II.K.34 (Verbund) und → Form. II.K.35 (isolierte Entscheidungen).

23. Versorgungsausgleich – Antrag auf schuldrechtliche Ausgleichsrente (§ 20 VersAusglG)

An das
Amtsgericht
– Familiengericht[2] –

Antrag

In der Ehesache
der . . . . .
– Antragstellerin –
Verfahrensbevollmächtigte:[3] RA . . . . .
gegen
. . . . .

– Antragsgegner –
Verfahrensbevollmächtigte:[3] RA . . . . .
wegen schuldrechtlicher Ausgleichszahlung[1]
vorläufiger Verfahrenswert:[4] . . . . .
stelle ich für die Antragstellerin zum Versorgungsausgleich folgenden

Antrag:[5]

I. Der Antragsgegner wird verpflichtet, an die Antragstellerin eine monatliche schuldrechtliche Ausgleichsrente hinsichtlich der von der Antragsgegnerin bezogenen ausländischen Betriebsrente der Fa. . . . ., Schweiz zu bezahlen, zahlbar ab dem . . . . ., jeweils monatlich im Voraus zum Ersten eines Monats.[5]

II. Die Gerichtskosten tragen die Beteiligten je zur Hälfte; außergerichtliche Kosten werden nicht erstattet.[7]

Begründung:

1. Die Beteiligten hatten am 10.8.1989 vor dem Standesbeamten in Augsburg die Ehe geschlossen. Beide Beteiligte waren in der in der kinderlos gebliebenen Ehe fast durchgängig berufstätig.
Der Scheidungsantrag des Antragstellers wurde der Antragsgegnerin am . . . . . zugestellt. Das Scheidungsverfahren war beim Familiengericht Augsburg unter dem AZ: . . . . . anhängig. Die Ehe wurde mit Beschluss des Gerichts vom . . . . . geschieden. Der Beschluss ist seit demselben Tag rechtskräftig.

Beweis: Beiziehung der Akten des Familiengerichts Augsburg Az.: . . . . .

Im Scheidungsverfahren wurden iRd Versorgungsausgleichs folgende Anrechte der Beteiligten durch den dinglichen Versorgungsausgleich im Wege der internen Teilung ausgeglichen.
Anrechte der Antragstellerin:
a) . . . . .
b) . . . . .
Anrechte des Antragsgegners:
c) . . . . .
d) . . . . .
Darüber hinaus hatte der Antragsgegner noch eine ausländische Anwartschaft auf eine betriebliche Altersrente bei der Fa. . . . . mit Sitz in der Schweiz. Aus diesem Anrecht bezog der Antragsgegner zur Zeit der Scheidung noch keine Rente.

Beweis: Beiziehung der Akten des Familiengerichts wie oben, Rentenauskunft der Fa. . . . . .

Dieses Anrecht war daher nicht ausgleichungsreif iSd §§ 5, 19 VersAusglG und wurde daher in den Wertausgleich bei Scheidung nicht einbezogen.

2. Die Antragstellerin bezieht seit dem . . . . . Leistungen auf Altersrente. Sie hat am . . . . . die Regelaltersgrenze der gesetzlichen Rentenversicherung erreicht. Auch der Antragsgegner bezieht seit Beginn dieses Monats Versorgungsleistungen ua aus der genannten betrieblichen Altersversorgung der Fa. . . . . .

Es ist daher der schuldrechtliche Ausgleich dieser Betriebsrente durchzuführen.[6]
Rechtsanwalt[8, 9]

Anmerkungen

1. In den Versorgungsausgleich bei Scheidung werden nur ausgleichsreife Anrechte einbezogen, §§ 19 Abs. 1 VersAusglG. Nicht ausgleichungsreif ist ein Anrecht

- wenn es dem Grund oder der Höhe nach nicht hinreichend verfestigt ist, insb. noch verfallbar
- soweit es auf eine abzuschmelzende Leistung gerichtet ist
- soweit sein Ausgleich für den Ausgleichsberechtigten unwirtschaftlich wäre
- wenn es bei einem ausländischen, zwischenstaatlichen oder überstaatlichen Versorgungsträger besteht.

Für solche nicht ausgleichsreifen Anrechte ist der schuldrechtliche Ausgleich vorgesehen, §§ 20 ff. VersAusglG. Ausländische Versorgungen sind häufig sehr werthaltig.

2. Das Verfahrens des schuldrechtlichen Versorgungsausgleichs ist eine isolierte Versorgungsausgleichssache gem. § 217 VersAusglG. Ausnahmsweise können die Ansprüche (außer § 26 VersAusglG) im Verbund geltend gemacht werden, wenn sie bereits fällig sind (zur Fälligkeit s. unten Nr. 6), Musielak/*Borth* FamFG § 223 Rn. 5. Im isolierten Verfahren nach abgeschlossenem Scheidungsverfahren wie hier gilt für örtliche Zuständigkeit die Stufenregelung in § 218 Nr. 2–5 FamFG.

3. Im selbständigen Verfahren des Versorgungsausgleichs außerhalb des Verbunds besteht Anwaltszwang für die Ehegatten und die sonstigen Beteiligten nur im Rechtsbeschwerdeverfahren, § 114 Abs. 1–3 FamFG.

4. Zum Gegenstandswert vgl. § 50 FamGKG: für jedes Anrecht 20 % des in drei Monaten erzielten Nettoeinkommens der ehemaligen Ehegatten, mindestens 1.000 EUR (OLG Nürnberg FamRZ 2011, 132).

5. Über Ausgleichsansprüche nach der Scheidung im schuldrechtlichen Versorgungsausgleich entscheidet das Gericht nur auf Antrag, § 223 FamFG. Die Höhe der monatlichen Ausgleichsrente muss nicht beziffert werden.

6. Die Fälligkeitsvoraussetzungen für den Anspruch auf schuldrechtliche Ausgleichsrente sind wie im alten Recht geregelt:

- Der ausgleichspflichtige Ehegatte bezieht eine noch nicht ausgeglichene Rente
- Der ausgleichsberechtigte Ehegatte bezieht selbst eine Versorgung oder er hat die Regelaltersgrenze der gesetzlichen Rentenversicherung erreicht oder er erfüllt die gesundheitlichen Voraussetzungen für eine laufende Versorgung wegen Invalidität, § 20 Abs. 2 VersAusglG.

Der ausgleichsberechtigte Ehegatte kann gem. § 21 Abs. 1 VersAusglG vom Ausgleichspflichtigen die Abtretung der Rentenansprüche gegen den Versorgungsträger in Höhe der Ausgleichsrente verlangen. Der Anspruch kann bei Weigerung des Pflichtigen wiederum gerichtlich geltend gemacht werden.

7. Zu Vereinbarungen → Form. II.K.21 Anm. 6.

Kosten und Gebühren

8. Die Kostenentscheidung richtet sich nach § 81 FamFG; zu den Gerichts- und Rechtsanwaltskosten → Form. II.K.21 Anm. 11. Der Verfahrenswert beträgt im Regelfall 20 % des in drei Monaten erzielten Nettoeinkommens der Ehegatten für jedes auszugleichende Anrecht, mindestens 1.000 EUR, § 50 Abs. 1 FamGKG. Bei Unbilligkeit kann ein höherer oder niedrigerer Wert angesetzt werden, § 50 Abs. 3 FamGKG.

Fristen und Rechtsmittel

9. → Form. II.K.21, → Form. II.K.22.

24. Versorgungsausgleich – Bezifferung des Antrags auf schuldrechtliche Ausgleichsrente mit Abtretungsantrag (§ 20 VersAusglG)

An das
Amtsgericht
– Familiengericht[2] –

Bezifferung des Antrags auf schuldrechtliche Ausgleichsrente

Az.: 401 F 1454/20
In der Versorgungsausgleichssache
der . . . . .
– Antragstellerin –
Verfahrensbevollmächtigte:[3] RA . . . . .
gegen
. . . . .
– Antragsgegner –
Verfahrensbevollmächtigte:[3] RA . . . . .
wegen schuldrechtlicher Ausgleichszahlung[1]
vorläufiger Verfahrenswert:[4]. . . . .
wird nunmehr nach Eingang der Berechnungen des Versorgungsträgers der Anspruch der Antragstellerin auf schuldrechtliche Ausgleichsrente wie folgt beziffert:

Antrag:[5]

1. Der Antragsgegner wird verpflichtet, für den Zeitraum ab 1.8.2020 bis zum 31.8.2021 eine schuldrechtliche Ausgleichsrente iHv 4.945,02 EUR an die Antragstellerin zu bezahlen, zzgl. 5 % Zinsen über Basiszinssatz[5] ab . . . . .
2. Der Antragsgegner wird verpflichtet, ab 1.9.2021 eine monatliche schuldrechtliche Ausgleichsrente iHv 381,86 EUR an die Antragstellerin zu bezahlen, zahlbar jeweils monatlich im Voraus zum 1. eines Monats zzgl. 5 % Zinsen über Basiszinssatz ab Fälligkeit der jeweiligen Zahlungsrate.
3. Der Antragsgegner wird verpflichtet, seine Ansprüche gegen die C-Versicherung AG. aus der betrieblichen Altersversorgung, Personalnummer 12345 in Höhe eines künftigen monatlichen Zahlbetrages von 381,86 EUR ab . . . . . an die Antragstellerin abzutreten.[6]

Begründung:

Aufgrund der vom Gericht angeforderten korrigierten Mitteilung der C-Versicherung v. 26.7.2021 ist nun die monatliche Rente des Antragsgegners aus dieser betrieblichen Altersversorgung bekannt, so dass um eine rasche Entscheidung über den Antrag v. 2.8.2020 gebeten wird. Die gesamte Anwartschaftszeit der betrieblichen Altersversorgung des Antragsgegners fällt in die Ehezeit. Die Zusage und der Betriebseintritt des Antragsgegners lagen nach Ehebeginn, der Zeitpunkt des Ausscheidens des Antragstellers erfolgte vor Ehezeitende.
Die Betriebsrente des Antragsgegners betrug laut Auskunft der C-Versicherungs-AG ab 1.8.2020 monatlich 1.056,57 EUR und ab 1.10.2020 monatlich 1.079,81 EUR.
Anzurechnen ist darauf der Teil der Betriebsrente des Antragsgegners, der bereits über den öffentlich-rechtlichen Versorgungsausgleich im Scheidungsurteil des Familiengerichts . . . . . v. 21.8.1999 AZ: . . . . . im Wege des erweiterten Splittings gem. § 3b Abs. 1 Nr. 1 VAHRG, § 18 SGB IV bezogen auf den 28.2.1999 nach damaligem Recht übertragen worden war. Das war ausweislich des Scheidungsurteils ein Betrag von

88,20 DM. Umgerechnet gem. § 53 VersAusglG auf die aktuellen Werte ergibt sich folgende Berechnung:[7]
45,10 EUR (= 88,20 DM) dividiert durch Rentenwert am 28.2.1999 = 24,36 EUR (damals 47,65 DM) × Rentenwert ab 1.7.2020 (34,19 EUR) ergibt 63,30 EUR. Das ist der ab 1.7.2020 bereits durch erweitertes Splitting ausgeglichene monatliche Betrag.
Die Anrechte der beteiligten Eheleute bei der gesetzlichen Rentenversicherung waren im Scheidungsurteil zugunsten der Antragstellerin ausgeglichen worden.
Der Antragsgegner bezieht schon seit mehreren Jahren die Rente aus der betrieblichen Altersversorgung der C-Versicherungs-AG. Die Antragstellerin bezieht seit 1.8.2020 Altersrente für Frauen. Der Rentenbescheid der Deutschen Rentenversicherung Bund v. 13.2.2020 für die Antragstellerin war bereits mit dem Antrag v. 2.6.2020 vorgelegt worden.
Auf die Ausgleichsrente entfallen anteilig Beiträge des Antragsgegners zur gesetzlichen Kranken- und Pflegeversicherung, wie sie in nachfolgender Zusammenfassung berücksichtigt sind.[8]
Es ergibt sich daher folgende Berechnung :
Zeiträume August und September 2020:

Betriebsrente C-Versicherungs-AG	**1.056,57 EUR**
Daraus Hälfteanteil	**528,29 EUR**
abzüglich anteiliger Beitrag zur Kranken- und Pflegeversicherung	**– 92,71 EUR**
abzüglich bereits über erweitertes Splitting ausgeglichen	**– 63,30 EUR**
ergibt schuldrechtlicher Ausgleichsbetrag monatlich	**372,28 EUR**

Zeitraum ab Oktober 2020:

Betriebsente C-Versicherungs-AG	**1.079,81 EUR**
Daraus Hälfteanteil	**539,91 EUR**
abzüglich anteiliger Beitrag zur Kranken- und Pflegeversicherung	**– 94,75 EUR**
abzüglich bereits durch erweitertes Splitting ausglichen	**– 63,30 EUR**
ergibt schuldrechtlicher Ausgleichsbetrag ab 1.10.2020 monatlich	**381,86 EUR**

Für die Zeit von August 2020 bis August 2021 ergibt dies einen Gesamtanspruch gegen den Antragsgegner iHv insgesamt 4.945,02 EUR.
Ab September 2021 ergibt sich ein künftiger monatlich im Voraus fälliger[5] Anspruch iHv 381,86 EUR.
Der Anspruch auf Abtretung der künftig fällig werdenden monatlichen Ausgleichsrente folgt aus § 21 Abs. 1 VersAusglG. [6]
Rechtsanwalt[9, 10]

Anmerkungen

1. In den Versorgungsausgleich bei Scheidung werden nur ausgleichsreife Anrechte einbezogen, §§ 19 Abs. 1 VersAusglG. Nicht ausgleichungsreif ist ein Anrecht
- wenn es dem Grund oder der Höhe nach nicht hinreichend verfestigt ist, insb. noch verfallbar
- soweit es auf eine abzuschmelzende Leistung gerichtet ist
- soweit sein Ausgleich für den Ausgleichsberechtigten unwirtschaftlich wäre
- wenn es bei einem ausländischen, zwischenstaatlichen oder überstaatlichen Versorgungsträger besteht.

Für solche nicht ausgleichsreifen Anrechte ist der schuldrechtliche Ausgleich vorgesehen, §§ 20 ff. VersAusglG.

2. Das Verfahrens des schuldrechtlichen Versorgungsausgleichs ist eine isolierte Versorgungsausgleichssache gem. § 217 VersAusglG. Ausnahmsweise können die Ansprüche (außer § 26 VersAusglG) im Verbund geltend gemacht werden, wenn sie bereits fällig sind (zur Fälligkeit s. u. Nr. 6), Musielak/*Borth* FamFG § 223 Rn. 5. Im isolierten Verfahren nach abgeschlossenem Scheidungsverfahren wie hier gilt für die örtliche Zuständigkeit die Stufenregelung in § 218 Nr. 2–5 FamFG. Es ist das Recht des Versorgungsausgleichs ab 1.9.2009 anzuwenden, auch wenn das Scheidungsurteil mit Versorgungsaugleich, aus dem der Anspruch resultiert, noch nach altem Recht ergangen war. Maßgeblich ist das zur Zeit der Einleitung dieses Verfahrens geltende Recht, Art. 111 Abs. 1 FGG-RG, § 48 Abs. 1 VersAusglG.

3. Im selbständigen Verfahren des Versorgungsausgleichs außerhalb des Verbunds besteht Anwaltszwang für die Ehegatten und die sonstigen Beteiligten nur im Rechtsbeschwerdeverfahren, § 114 Abs. 1–3 FamFG.

4. Zum Gegenstandswert vgl. § 50 FamGKG: für jedes Anrecht 20 % des in drei Monaten erzielten Nettoeinkommens der ehemaligen Ehegatten, mindestens 1.000 EUR (OLG Nürnberg FamRZ 2011, 132).

5. Über Ausgleichsansprüche nach der Scheidung im schuldrechtlichen Versorgungsausgleich entscheidet das Gericht nur auf Antrag, § 223 FamFG. Die Höhe der monatlichen Ausgleichsrente muss nicht beziffert werden. Es gilt der Amtsermittlungsgrundsatz gem. § 26 FamFG. Es empfiehlt sich jedoch eine Bezifferung, die idR möglich ist, wenn die vom Gericht eingeholten Auskünfte des Versorgungsträgers vorliegen. Die Bezifferung und Tenorierung darf nicht in einem Prozentsatz der auszugleichenden Rente erfolgen (BGH NJW 2008, 153). Zinsen können ab Antragstellung (auch wenn unbeziffert) oder vorgerichtlicher Inverzugsetzung verlangt werden. Auch ein Stufenantrag analog § 254 ZPO ist möglich (jurisPK-BGB/*Roggatz* VersAusglG § 20 Rn. 36). Die Ausgleichrente ist monatlich im Voraus fällig, § 20 Abs. 3 VersAusglG, § 1585 Abs. 1 S. 2 BGB. Zum Abtretungsantrag → Anm. 6.

6. Die Fälligkeitsvoraussetzungen für den Anspruch auf schuldrechtliche Ausgleichsrente sind wie im alten Recht geregelt:
- Der ausgleichspflichtige Ehegatte bezieht eine noch nicht ausgeglichene Rente
- Der ausgleichsberechtigte Ehegatte bezieht selbst eine Versorgung oder er hat die Regelaltersgrenze der gesetzlichen Rentenversicherung erreicht oder er erfüllt die gesundheitlichen Voraussetzungen für eine laufende Versorgung wegen Invalidität, § 20 Abs. 2 VersAusglG.

Der ausgleichsberechtigte Ehegatte kann gem. § 21 Abs. 1 VersAusglG vom Ausgleichspflichtigen die Abtretung der Rentenansprüche gegen den Versorgungsträger in Höhe der Ausgleichsrente verlangen. Der Anspruch kann bei Weigerung des Pflichtigen wiederum gerichtlich geltend gemacht werden. Die Abtretung ist nur für die künftigen Zahlungen auf Ausgleichsrente möglich, nicht für die bis zur gerichtlichen Entscheidung aufgelaufenen Rückstände, § 21 Abs. 2 VersAusglG. Die Abtretung wirkt erfüllungshalber (Palandt/*Siede* VersAusglG § 21 Rn. 1). Der Ausgleichsanspruch erlischt mit dem Tod des Ausgleichsberechtigten, § 21 Abs. 4 VersAusglG. Dann erlischt auch die Abtretung und der Anspruch fällt an den ausgleichspflichtigen Ehegatten zurück (*Glockner/Hoenes/Weil*, Der Versorgungsausgleich, 2. Aufl. 2013, § 10 Rn. 47). Die Abtretung sollte stets beantragt werden. Sie schützt vor der Pfändung anderweitiger Gläubiger des Ausgleichspflichtigen. Außerdem kann bei Tod des Ausgleichspflichtigen, durch den der Anspruch auf schuldrechtliche Ausgleichsrente endet, der ausgleichsberechtigte Ehegatte umgehend den verlängerten schuldrechtlichen Ausgleichsanspruch beantragen (s. dazu *Glockner/Hoenes/Weil*, Der Versorgungsausgleich, 2. Aufl. 2013, § 10 Rn. 48, 62 ff.). Eine Abtretung ist bei ausländischen Anrechten nicht möglich.

7. Der im damaligen Scheidungsurteil errechnete dynamisierte Betrag, der im erweiterten Splitting ausgeglichen worden ist, kann nicht ungeprüft übernommen werden. Vielmehr ist daraus der aktuelle Rentenwert nach Maßgabe des § 53 VersAusglG zu ermitteln. Diese Berechnung hat für alle dynamisierten Anrechte zu erfolgen. Soweit im alten Scheidungsurteil ein konkreter Betrag genannt sein sollte, der dem Ausgleich nach der Scheidung verbleibt, ist dieser nicht bindend. Vielmehr sind alle Anrechte zu aktualisieren und Veränderungen nach Ehezeitende zu berücksichtigen, § 5 Abs. 2 S. 2 VersAusglG, vgl. *Borth*, Versorgungsausgleich, Kap. 4 Rn. 33 ff.).

8. Der Ausgleichswert muss gem. § 20 Abs. 1 S. 2 VersAusglG um darauf entfallende Sozialversicherungsbeiträge oder vergleichbare Aufwendungen bereinigt werden, auch soweit die Beitragsbemessungsgrenze überschritten wird (OLG Hamm NJW-Spezial 2013, 422; aA OLG Stuttgart FamRZ 2011 mit abl. Anm. *Borth*). Dazu zählen insb. Kosten der Kranken- und Pflegeversicherung. Für Betriebsrenten iSd § 229 Abs. 1 SGB V muss der Versicherte den vollen Beitragssatz bezahlen, §§ 248 Abs. 1 S. 1, 249a SGB V. Die auf den Ausgleichswert entfallende anteilige Einkommensteuer ist dagegen nicht abzugsfähig (OLG Bremen NJW-Spezial 2012, 614).

Kosten und Gebühren

9. Die Kostenentscheidung richtet sich nach § 81 FamFG; zu den Gerichts- und Rechtsanwaltskosten → Form. II.K.21 Anm. 11. Der Verfahrenswert beträgt im Regelfall 20 % des in drei Monaten erzielten Nettoeinkommens der Ehegatten für jedes auszugleichende Anrecht, mindestens 1.000 EUR, § 50 Abs. 1 FamGKG. Bei Unbilligkeit kann ein höherer oder niedrigerer Wert angesetzt werden, § 50 Abs. 3 FamGKG.

Fristen und Rechtsmittel

10. → Form. II.K.21, → Form. II.K.22.

Lebenspartnerschaften

25. Antrag auf Aufhebung der Lebenspartnerschaft

An das
Amtsgericht
– Familiengericht[2] –

Anträge

In der Lebenspartnerschaftssache[1]
des . . . . .
– Antragsteller –
Verfahrensbevollmächtigte:[3] RA . . . . .
gegen
. . . . .

– Antragsgegner –
Verfahrensbevollmächtigter: RA . . . . .
Beteiligter: Herr X (Vermieter der Partnerwohnung)[6] – Beteiligter zu 3)
– wegen Aufhebung der Lebenspartnerschaft ua
vorläufiger Verfahrenswert:[4] . . . . . EUR
stellen wir für den Antragsteller in besonderer Verfahrensvollmacht folgende Anträge:[5]

I. Die zwischen dem Antragsteller und dem Antragsgegner am 10.8.2012 in . . . . . vor dem Standesbeamten begründete Lebenspartnerschaft (Reg. Nr. . . . . .) wird aufgehoben.
II. Der Antragsgegner wird verpflichtet, an den Antragsteller einen nachpartnerschaftlichen Unterhalt ab Rechtskraft des Aufhebungsbeschlusses von . . . . . EUR pro Monat, zahlbar jeweils am Monatsersten, zunächst bis zum . . . . ., zu bezahlen.
III. Die von den Beteiligten gemeinsam in . . . . . im Anwesen . . . . . erster Stock links angemietete Wohnung, zu ca. 65 qm, bestehend aus einem Wohnzimmer, einem Schlafzimmer, einer Küche, einem Bad, Kellerabteil, wird dem Antragsteller ab Rechtskraft des Aufhebungsbeschlusses zur alleinigen Nutzung zugewiesen.
IV. Das zwischen den Beteiligten und dem Vermieter[6] . . . . . aufgrund des Mietvertrages vom . . . . . bestehende Mietverhältnis über die in Ziff. III bezeichnete Wohnung wird vom Antragsteller ab Rechtskraft des Aufhebungsbeschlusses alleine fortgesetzt. Der Antragsgegner scheidet aus dem Mietverhältnis aus.
V. Ein Versorgungsausgleich findet nicht statt.[7]
VI. Die Kosten des Verfahrens werden gegeneinander aufgehoben.
VII. Anträge auf einstweilige Anordnungen/Schutzmaßnahmen erfolgen gesondert.[8]

Begründung:

1. Der Antragsteller und der Antragsgegner, beide deutsche Staatsangehörige und volljährig, haben sich Anfang 2012 kennen gelernt und ihre Lebenspartnerschaft wie im Antrag angegeben am 10.8.2012 begründet und eintragen lassen. Eine Umwandlung der Lebenspartnerschaft in eine gleichgeschlechtliche Ehe wurde beim Standesamt nicht durchgeführt.[9] Beide Beteiligte haben unmittelbar nach Begründung ihrer Lebenspartnerschaft die in Antrag III. bezeichnete Wohnung gemeinsam von Herrn . . . . . (Vermieter und Beteiligter zu 3)[6] angemietet und in dieser einen auf Dauer angelegten gemeinsamen Haushalt geführt. Wohnungs- und Lebensunterhalt wurden im Wesentlichen finanziert aus dem erheblichen Einkommen des Antragsgegners als Computergrafiker, da der Antragsteller unter anderem aus Gesundheitsgründen nur gelegentlich erwerbstätig sein konnte.
2. Vor etwa drei Monaten verlor der Antragsgegner (vorübergehend) seinen gut bezahlten Arbeitsplatz und veränderte sein Verhalten gegenüber dem Antragsteller radikal, wobei auch eine vom Antragsgegner immer stärker entwickelte Eifersucht wegen eher harmloser Kontakte des Antragstellers zu anderen Männern mitspielte. Mit der Behauptung, der Antragsteller sei „sein Eigentum" und müsse „gesetzlich für ihn sorgen", zwang der Antragsgegner den Antragsteller durch Drohungen und vielfache Misshandlungen zur Prostitution und zur Ablieferung des hieraus erlangten Geldes. Als der Antragsteller dies schließlich verweigerte, wurde er vom Antragsgegner in der gemeinsamen Wohnung eingesperrt, deren Schlüssel alleine der Antragsgegner hat.
   IE:
   . . . . .
   Beweismittel: . . . . .
3. Dem Antragsteller gelang erst vor einigen Tagen die Flucht, er ist zurzeit mittellos, da seine Ausweispapiere noch in der Wohnung sind, auch ohne Zugriff auf sein eigenes Bankkonto, und nur vorübergehend bei Freunden untergekommen.

Er hat durch Anwaltsschreiben vom . . . . . vom Antragsgegner unverzüglich die alleinige Überlassung der Wohnung gemäß Antrag III. an sich verlangt. Eine Reaktion des Antragsgegners erfolgte nicht. Dieser hat ihn vielmehr bereits aufgespürt und droht, ihn „mit seinem Messer aufzuschlitzen".

. . . . .

Beweismittel: . . . . .

4. Aufhebung der Lebenspartnerschaft
Die Fortsetzung dieser Lebenspartnerschaft wäre aus den oben dargestellten, allein in der Person des Antragsgegners liegenden Gründen für den Antragsteller eine unzumutbare Härte (§ 15 Abs. 2 Nr. 3 LPartG), eine Wartezeit für ihn nicht mehr erträglich.

5. Partnerschaftlicher Unterhalt[5]
Der Antragsteller, schon vorher gesundheitlich nicht stabil und ohne festes Erwerbseinkommen, ist durch die monatelangen Misshandlungen und Nachstellungen physisch und psychisch so schwer erkrankt, dass von ihm für mindestens ein Jahr eine Erwerbstätigkeit nicht erwartet werden kann. Der Unterhalt nach Antrag zu II. erscheint auch angemessen (§ 5 LPartG).
IE:

. . . . .

Beweismittel: . . . . .

6. Wohnungszuweisung[5, 6]
Aus den gleichen Gründen ist der Antragsteller auf die Wohnung gemäß Antrag zu III. angewiesen (§ 17 LPartG mit § 1568a BGB analog). Die Miete könnte vom Sozialamt bezahlt werden.
IE: . . . . .

7. Eine notarielle Erklärung gegenüber dem Amtsgericht, dass im Falle der Aufhebung der Lebenspartnerschaft der Versorgungsausgleich durchgeführt werden soll, haben die Beteiligten nicht abgegeben.[5]

8. Einstweilige Anordnungen werden gesondert beantragt werden.[8]

9. Verfahrensgebühren iHv . . . . . EUR sind eingezahlt; eine Kopie des Überweisungsbeleges ist beigefügt.[10]

Rechtsanwalt[11, 12]

Anmerkungen

1. § 270 FamFG stellt nunmehr die dort bezeichneten Lebenspartnerschaftssachen (Statussachen, Fürsorge und Unterhalt, Partner-Güterrecht, aber auch die Aufteilung der Haushaltssachen und die Zuteilung der gemeinsamen Wohnung) – also auch hier sowohl Familiensachen wie Familienstreitsachen – durch Verweisung auf die für diese Verfahren unter Ehegatten geltenden Vorschriften verfahrensmäßig weitgehend gleich. Dazu gehört auch der Verweis auf die Vorschriften zum Verbundverfahren, die entsprechend anzuwenden sind (Musielak/*Borth* FamFG § 270 Rn. 2). Zur Abgrenzung von einstweiligen Regelungen → Anm. 6.

2. Zuständig ist also auch hier das Familiengericht (→ Form. II.K.6 Anm. 1, → Form. II.K.13 Anm. 1 mwN).

3. Anwaltszwang gem. §§ 114 Abs. 1, 270 FamFG. (für Statussachen und „Folgesachen in allen Rechtszügen").

4. Auf die Anmerkungen zum Gegenstandswert zu → Form. II.K.6 Anm. 4, → Form. II.K.13 Anm. 5 kann verwiesen werden.

5. Das Form. beinhaltet ein Verbundverfahren: die §§ 137 ff. FamFG gelten kraft Verweisung in § 270 FamFG. Zu den einzelnen Verbundanträgen:

a) Entsprechend zur Scheidung der Ehe wird durch Beschluss die Lebenspartnerschaft aufgehoben, vgl. die Formulierung in § 15 Abs. 1 LPartG; welche Behörde zur Entgegennahme der Erklärungen zur Begründung einer Lebenspartnerschaft zuständig ist, regelte ursprünglich das Landesrecht; teilweise waren die Standesämter zuständig, teilweise die Notare (Bayern); seit 1.1.2009 war durch § 17 S. 2 PStRG, §§ 22, 23 LPartG einheitlich das Standesamt zuständig, vorbehaltlich einer Landesöffnungsklausel.

b) Das LPartG enthält Regelungen zum Trennungs- (§ 12 LPartG)und nachpartnerschaftlichen Unterhalt (§ 16 LPartG). § 16 LPartG verweist zum nachpartnerschaftlichen Unterhalt auf §§ 1570–1586b u. 1609 BGB.

c) § 17 LPartG ermöglicht Regelungen zur gemeinsamen Wohnung der Lebenspartner für die Zeit nach der Aufhebung der Lebenspartnerschaft unter Verweis auf § 1568a BGB; zu ggf. weiter erforderlicher Durchsetzungsanträge → Form. II.K.20 Anm. 6–7. Der Vermieter ist am Verfahren zu beteiligen, §§ 204, 270 FamFG.

6. Zur Verbundproblematik bei Einbeziehung Dritter (Vermieter) → Anm. 5.

7. Das LPartG kannte ursprünglich keinen Versorgungsausgleich unter Lebenspartnern. Die Vorschriften zum VA sind erst durch das Gesetz zur Überarbeitung des Lebenspartnerschaftsrechts v. 15.12.2004 aufgenommen worden. Die Übergangsvorschrift des § 21 Abs. 4 LPartG sieht vor, dass Lebenspartner, deren Partnerschaft vor dem 1.1.2005 begründet worden war, durch notarielle Erklärung gegenüber dem Amtsgericht bis 31.12.2005 erklären konnten, dass bei einer Aufhebung ihrer Lebenspartnerschaft ein Versorgungsausgleich durchgeführt werden soll.

8. Die Verweisung in § 270 FamFG eröffnet ferner auch in Lebenspartnerschaftssachen die gesamte Palette des einstweiligen Rechtsschutzes in den jeweiligen Familien- und Familienstreitsachen.

9. Durch das Gesetz zur Einf. des Rechts auf Eheschließung für Personen gleichen Geschlechts mit Wirkung ab 1.10.2017 können nunmehr auch gleichgeschlechtliche Personen die Ehe schließen. Bestehende Lebenspartnerschaften wandeln sich nicht automatisch in eine Ehe um. Vielmehr erfolgt dies nur auf Antrag. Dazu müssen beide Lebenspartnerinnen oder Lebenspartner gegenseitig persönlich und bei gleichzeitiger Anwesenheit beim Standesamt erklären, miteinander eine Ehe auf Lebenszeit führen zu wollen, § 20a LPartG.

10. Es müssen zwei Gebühren als Verfahrensgebühren einbezahlt werden, §§ 5, 14 FamGKG, KV 1110 FamGKG. Sonst erfolgt idR keine Zustellung des Antrages. Zu den Ausnahmen s. § 15 FamGKG.

Kosten und Gebühren

11. → Form. II.K.6 ff., → Form. II.K.13, → Form. II.K.17. In Verfahren des einstweiligen Rechtsschutzes wie, → Form. II.K.28 → Form. II.K.29.

Fristen und Rechtsmittel

12. Befristete Beschwerde, §§ 58, 63 FamFG iVm, § 270 FamFG einzulegen beim Gericht erster Instanz binnen eines Monats § 64 Abs. 1 FamFG; die Frist zur notwendigen Beschwerdebegründung beträgt zwei Monate ab Bekanntgabe des Beschlusses, § 117

Abs. 1 S. 3, 270 FamFG. Die Beschwerdebegründung ist beim Beschwerdegericht einzureichen, § 117 Abs. 1 S. 2 FamFG; Anschlussrechtsmittel im Verbund gem. §§ 145, 270 FamFG.

26. Antrag auf einstweilige Anordnung wegen Verfahrenskostenvorschuss

An das **....., den .....**

Amtsgericht[1]
– Familiengericht –

Antrag auf einstweilige Anordnung

der .....
– Antragstellerin –
Verfahrensbevollmächtigter: Rechtsanwalt .....[2]
gegen
.....
– Antragsgegner –
– derzeit noch nicht vertreten –
wegen einstweilige Anordnung Verfahrenskostenvorschuss[3]
vorläufiger Verfahrenswert: ..... EUR[4]

Ich nehme Bezug auf die im vorbezeichneten Scheidungsverfahren von mir für die Antragstellerin mit deren Ehescheidungsantrag vom ..... eingereichte besondere Verfahrensvollmacht. Namens und im Auftrag der Antragstellerin wird der Erlass folgender einstweiliger Anordnung – wegen Dringlichkeit ohne mündliche Verhandlung[5] **– beantragt:**

I. Der Antragsgegner wird im Wege der einstweiligen Anordnung verpflichtet, an die Antragstellerin einen Verfahrenskostenvorschuss iHv 3.279,40 EUR zu bezahlen.[6, 7]

II. Der Antragsgegner trägt die Kosten des Verfahrens.[12]

Begründung:

1. Die Antragstellerin macht einen Anspruch auf Verfahrenskostenvorschuss für die Kosten eines Scheidungsverfahrens[6] **und die Kosten für diesen Antrag auf einstweilige Anordnung**[11] **geltend. Mit Schriftsatz vom ..... wurde für die Antragstellerin der in Anlage beigefügte Scheidungsantrag beim Familiengericht ..... eingereicht. Das Verfahren trägt das Aktenzeichen .....**
Zur Glaubhaftmachung: Scheidungsantrag vom ..... in Kopie anbei
Da noch kein Verfahrenskostenvorschuss eingezahlt wurde, wurde der Antrag dem Antragsgegner noch nicht zugestellt.

2. Der Gegenstandswert für das Scheidungsverfahren berechnet sich wie folgt:

Monatliches Einkommen der Antragstellerin:	**0,00 EUR**
Monatliches Einkommen des Antragsgegners:	**4.000,00 EUR**
Summe	**4.000,00 EUR**
Abzüglich Freibetrag für zwei Kinder	**– 500,00 EUR**
Verbleiben	**3.500,00 EUR**
Für drei Monate also	**10.500,00 EUR**

Zzgl. Versorgungsausgleich, geschätzt für zwei Versorgungen	2.400,00 EUR
Ergibt Gegenstandswert	12.900,00 EUR

Der Antragsgegner verfügt noch über Barvermögen von 50.000 EUR, das den Freibetrag nicht übersteigt. Es ergibt sich also ein Gegenstandswert für die Scheidung iHv 12.900 EUR.[9]
Daraus errechnen sich die Kosten des Scheidungsverfahrens wie folgt:[10]

Anwaltskosten wie folgt:	1,3 Verfahrensgebühr	865,80 EUR
	1,2 Terminsgebühr	799,20 EUR
	Postpauschale	20,00 EUR
	19 % MwSt	320,15 EUR
Einzubezahlender Gerichtskostenvorschuss		590,00 EUR
Gesamt		2.595,15 EUR

3. Für das Verfahren auf Erlass der einstweiligen Anordnung entstehen folgende Kosten, für die ebenfalls ein Vorschussanspruch geltend gemacht wird:[11]

Gegenstandswert:		2.595,15 EUR
	1,3 Verfahrensgebühr	288,60 EUR
	1,2 Terminsgebühr	266,40 EUR
	Postpauschale	20,00 EUR
	19 % MwSt	109,25 EUR
	Gesamt	684,25 EUR

4. Die Antragstellerin ist bedürftig. Sie ist wie bisher während der Ehezeit nicht erwerbstätig, mit der Betreuung der beiden gemeinsamen minderjährigen ehelichen Kinder im Alter von zwei und fünf Jahren voll ausgelastet und ohne eigenes Einkommen oder Vermögen, erhält vom Antragsgegner derzeit lediglich die Wohnungsmiete und einen unzureichenden Unterhaltszuschuss für sich und die Kinder von insgesamt ca. 1.100 EUR.

   Glaubhaftmachung: Eidesstattliche Versicherung Antragstellerin vom . . . .

   Sie ist daher derzeit ohne erhebliche Beeinträchtigung eines angemessenen Lebensunterhaltes für sich und die Kinder außerstande, die erforderlichen Verfahrenskosten selbst zu tragen, so dass der Antrag nach § 1360a BGB, § 246 Abs. 2 FamFG begründet ist.[8] Scheidungsantrag und Folgesachen sind auch hinreichend aussichtsreich.
5. Der Antragsgegner ist leistungsfähig für den Verfahrenskostenvorschuss. Er verfügt über ein monatliches Einkommen von 4.000 EUR. Davon bezahlt er der Antragstellerin lediglich einen Kindes- und Ehegattenunterhalt von zusammen derzeit 1.100 EUR. Der Antragsgegner hat außerdem ein Barvermögen von 50.000 EUR, über das er jederzeit verfügen kann

   Glaubhaftmachung: eidesstattliche Versicherung Antragstellerin vom . . . .
   Gehaltsbescheinigungen des Antragsgegners von . . . . . bis . . . . . anbei

   Der Antragsgegner war mit Schreiben vom . . . . . aufgefordert worden, diesen Kostenvorschuss zu bezahlen. Der Antragsgegner lehnte mit Schreiben vom . . . . . die Zahlung ab.

Glaubhaftmachung: Schreiben des anwaltlichen Vertreters der Antragstellerin vom ..... in Kopie anbei

Schreiben des Antragsgegners vom ..... in Kopie anbei.

6. **Der Antragsgegner hat die Kosten des Verfahrens gem. § 243 Nr. 1 FamFG zu tragen.**[12]
7. **Verfahrensgebühren iHv ..... EUR sind eingezahlt; eine Kopie des Überweisungsbeleges ist beigefügt.**[13]

Rechtsanwalt[14, 15]

Anmerkungen

1. Zuständigkeit: Das Verfahren ist eine Familienstreitsache, weil der Anspruch auf Verfahrenskostenvorschuss dem Unterhaltsrecht zuzuordnen ist, §§ 112 Nr. 1, 231 Abs. 1 Nr. 2 FamFG. Die örtliche und sachliche Zuständigkeit richtet sich nach § 50 FamFG iVm § 113 Abs. 1, 119 Abs. 1 FamFG. Zuständig ist das Gericht, das für die Hauptsache im ersten Rechtszug zuständig wäre bzw. das Gericht, bei dem die Hauptsache anhängig ist. Während des Beschwerdeverfahrens in der Hauptsache ist das Beschwerdegericht zuständig. Für besonders dringende Fälle enthält § 50 Abs. 2 FamFG eine Eilzuständigkeit des Gerichts, in dessen Bezirk das Bedürfnis für ein gerichtliches Tätigwerden bekannt ist. Die Voraussetzungen des § 50 Abs. 2 FamFG sind besonders streng zu prüfen (Musielak/*Borth* FamFG § 50 Rn. 7). Ist die Hauptsache in der Rechtsbeschwerdeinstanz anhängig, ist für den Erlass einer einstweiligen Anordnung wiederum das erstinstanzliche Gericht zuständig (Umkehrschluss aus § 50 Abs. 1 S. 2 Hs. 2; so auch Musielak/*Borth* FamFG § 50 Rn. 6 unter Hinweis auf die Begründung RegE, BT-Drs. 16/6308, 200). Zwischen geschiedenen Eheleuten besteht kein Anspruch auf Verfahrenskostenvorschuss, da §§ 1360a Abs. 4, 1361 Abs. 4 S. 4 eine wirksame Ehe voraussetzen (BGH NJW 1985, 2265). Der Anspruch besteht jedoch fort, wenn vor Rechtskraft der Scheidung bereits Verzug hinsichtlich des Anspruchs auf Verfahrenskostenvorschuss bestanden hat (OLG Nürnberg FamRZ 1990, 421; Palandt/*von Pückler* BGB § 1360a Rn. 10, offen gelassen in BGH NJW 2017, 1960).

2. Das einstweilige Anordnungsverfahren auf Verfahrenskostenvorschuss unterliegt nicht dem Anwaltszwang, obwohl für selbständige Familienstreitsachen grds. Anwaltszwang gilt (§ 114 Abs. 1 FamFG). § 114 Abs. 4 Nr. 1 FamFG nimmt jedoch Verfahren der einstweiligen Anordnung vom Anwaltszwang aus.

3. Im FamFG hat der Gesetzgeber das Recht der einstweiligen Anordnung völlig neu geregelt. Einstweilige Anordnungsverfahren sind selbständige Verfahren. Die Anhängigkeit eines gleichartigen Hauptsacheverfahrens ist nicht erforderlich. Auch wenn parallel ein Hauptsacheverfahren anhängig ist, bleibt es ein selbständiges Verfahren, ähnlich dem Arrest und der einstweiligen Verfügung. Damit wird die einstweilige Anordnung in der Praxis einen noch breiteren Raum einnehmen als bisher schon.

4. Für den Gegenstandswert bei der einstweiligen Anordnung auf Verfahrenskostenvorschuss gilt § 35 FamGKG: Maßgebend ist der verlangte Betrag.

5. Das Gericht kann ohne mündliche Verhandlung entscheiden, §§ 51 Abs. 2 S. 2, 119 Abs. 1 S. 1 FamFG; in Eilfällen, die bei einem Verfahren wegen Verfahrenskostenvorschuss kaum je vorliegen werden, kann auch ohne vorherige Anhörung des Gegners entschieden werden; zur Wahrung des rechtlichen Gehörs ist sie dann unverzüglich nachzuholen.

6. Der Erlass einer einstweiligen Anordnung setzt eine materielle Anspruchsgrundlage und eine verfahrensmäßige Grundlage voraus. Materiell rechtlich kann der Anspruch auf Verfahrenskostenvorschuss wie folgt abgeleitet werden:

- Unter nicht getrennt lebenden Eheleuten iRd Anspruchs auf Familienunterhalt aus § 1360a Abs. 4 BGB
- Unter getrennt lebenden Eheleuten aus §§ 1361 Abs. 4, 1360a Abs. 4 BGB
- Minderjährige und volljährige, noch in der Ausbildung befindliche Kinder haben einen Anspruch gegen ihre Eltern (BGH NJW 2005, 1722, der die streitige Frage für volljährige Kinder in diesem Sinne entschieden hat) aus §§ 1603 Abs. 1, 1610 BGB
- der minderjährigen Kinder ggf. gegen ihre Großeltern gem. §§ 1607, 1603 Abs. 1 BGB
- unter zusammen oder getrennt lebenden Lebenspartnern aus §§ 5 und 12 LPartG iVm §§ 1360a, 1361 BGB.

Keinen Anspruch auf Verfahrenskostenvorschuss gibt nach rechtskräftiger Scheidung der Ehe bzw. Aufhebung der Lebenspartnerschaft (zur Ausnahme → Anm. 1).

Neben Bedürftigkeit des Anspruchsstellers und Leistungsfähigkeit des Verpflichteten ist Voraussetzung, dass der Vorschuss die Kosten eines gerichtlichen Verfahrens (vgl. § 246 Abs. 1 FamFG) in einer persönlichen Angelegenheit (s. dazu Palandt/*von Pückler* BGB § 1360a Rn. 14) betrifft. Kosten einer außergerichtlichen Rechtsverfolgung können nicht verlangt werden (so schon zum alten Recht *Büte* FF 2004, 272 (273); aA zum alten Recht *Kleinwegener* FamRZ 1992, 755). IÜ muss der Anspruch der Billigkeit entsprechen; dazu gehört, dass die beabsichtigte Rechtsverfolgung eine hinreichende Erfolgsaussicht hat. Die Vorschusspflicht entfällt nicht dadurch, dass der Pflichtige ein Darlehen in Höhe der geltend gemachten Kosten anbietet (OLG Frankfurt NJW-Spezial 2014, 36.

Der Anspruch richtet sich auf die künftig anfallenden Kosten des gerichtlichen Verfahrens. Nach Ende des gerichtlichen Verfahrens, für dessen Kosten der Vorschuss verlangt wird, besteht kein Anspruch mehr auf vorher nicht geltend gemachten Verfahrenskostenvorschuss, BGH NJW 1985, 2265; Musielak/*Borth* FamFG § 246 Rn. 32 (bejahend jedoch, falls vorher Verzug, OLG Bamberg FamRZ 1986, 484). Die Vollstreckung aus einem schon ergangenen Beschluss ist aber weiterhin möglich. Spätere Rückforderung bei erheblicher Verbesserung der wirtschaftlichen Verhältnisse des anderen Ehegatten oder bei Aufhebung der einstweiligen Anordnung kommt als familienrechtlicher Anspruch eigener Art am Maßstab der Billigkeit in Betracht, auf den §§ 814, 818 Abs. 3 keine Anwendung finden (BGH BGHZ 110, 247). Zur Problematik im Zusammenspiel mit einem späteren Kostenerstattungsanspruch zwischen den Beteiligten s. Palandt/*von Pückler* BGB § 1360a Rn. 21 ff., BGH FamRZ 2010, 452; OLG Nürnberg FuR 2002, 287).

Die verfahrensmäßige Grundlage für eine einstweilige Anordnung auf Verfahrenskostenvorschuss für ein gerichtliches Verfahren ergibt sich in allen Unterhaltsfällen des § 231 FamFG aus § 246 FamFG, also für Ansprüche der Kinder und Ehegatten. Für Lebenspartner ist § 246 FamFG kraft Verweisung über §§ 269 Abs. 1, 111 Nr. 9 FamFG.

Ein dringendes Bedürfnis gem. § 49 FamFG ist für die einstweilige Anordnung aus § 246 FamFG nicht erforderlich, da § 246 FamFG die Voraussetzungen insoweit abweichend regelt (Musielak/*Borth* FamFG § 246 Rn. 1). Es genügt ein einfaches Regelungsbedürfnis. Das Anordnungsverfahren verlangt einen bezifferten Antrag.

7. Eines Antrags auf Anordnung der sofortigen Wirksamkeit des Beschlusses bedarf es im vorliegenden Fall nicht. Zwar werden Endentscheidungen in Familienstreitsachen erst mit Rechtskraft wirksam, § 116 Abs. 3 FamFG, so dass es ggf. des Antrags auf Anordnung der sofortigen Wirksamkeit bedarf, die das Gericht in Unterhaltssachen auch anordnen soll, § 116 Abs. 3 S. 2 u. 3 FamFG. Da gegen eine einstweilige Anordnung in Unterhaltssachen aber gem. § 57 FamFG kein Rechtsmittel gegeben ist und einstweilige

Anordnungen schon ihrem Sinn und Zweck als Eilentscheidungen sofort wirksam sind, ist es nicht notwendig, die sofortige Wirksamkeit anzuordnen.

8. Das Verhältnis zur (staatlichen) Verfahrenskosten-Hilfe ist in der Praxis oft schwierig: grds. soll ein Anspruch auf Vorschuss als „vorhandenes Vermögen" (§ 115 Abs. 2 ZPO, § 76 Abs. 1 FamFG) Anspruch gegen den Staat auf Hilfe ausschließen bzw. beschränken (Subsidiarität), was langwierige Vorwegbeurteilungen der Rechtslage (Unterhaltsanspruch gegeben?) mit ungeklärten zusätzlichen Kostenrisiken verursachen kann, vgl. Thomas/Putzo/*Seiler* ZPO § 115 Rn. 19. Der VKV muss zeitnah realisierbar sein. Verfahrenskostenvorschuss kann auch in Raten geschuldet werden, BGH NJW-RR 2004, 1662. Für das Verfahrenskostenhilfeverfahren selbst gibt es keine Verfahrenskostenhilfe, hier sollte Antrag nach dem Beratungshilfegesetz gestellt werden, BGH FamRZ 1985, 690. Näheres → Anm. 14.

9. Der Gegenstandswert des Scheidungsverfahrens ergibt sich aus § 43 FamGKG; grds. dreimonatiger Nettoverdienst der Ehegatten; bei der Berechnung des monatlichen Nettoeinkommens der Eheleute wird idR ein Freibetrag von 250 EUR für jedes gemeinsame minderjährige Kind in Abzug gebracht; Vermögen wird idR in der Weise berücksichtigt, dass vom gemeinsamen Vermögen der Eheleute zunächst Freibeträge abgezogen werden iHv 60.000 EUR je Ehegatte und weitere 30.000 EUR für jedes gemeinschaftliche minderjährige Kind; die Handhabung kann in den Bereichen der einzelnen OLG aber unterschiedlich sein; der Mindestgegenstandswert beträgt 3.000 EUR. Der Gegenstandswert für den Versorgungsausgleich ist in § 50 FamGKG geregelt. Für den Versorgungsausgleich im Scheidungsverfahren ist für jedes Anrecht 10 % des in drei Monaten erzielten gemeinsamen Nettoeinkommens der Ehegatten anzusetzen (also vor Abzug der Freibeträge für die Kinder), mindestens jedoch 1.000 EUR. Das Vermögen der Ehegatten bleibt außer Ansatz.

10. Zur Höhe des Verfahrenskostenvorschusses: OLG München FamRZ 1987, 301: Wie nach §§ 9 RVG, also: in der Regel jetzt zwei Anwaltsgebühren zzgl. Unkostenpauschale und MwSt, zzgl. des einzubezahlenden Gerichtskostenvorschusses oder der anfallenden Gerichtskosten einschl. ggf. anfallender Sachverständigenkosten oÄ; für den beabsichtigten Scheidungsantrag müssen zwei Gerichtsgebühren als Gerichtskostenvorschuss einbezahlt werden, § 14 Abs. 1 FamGKG, 1110 KV FamGKG.

11. Es können zugleich auch die Kosten, die für das einstweilige Anordnungsverfahren selbst anfallen, geltend gemacht werden, OLG Frankfurt a. M. FamRZ 1979, 732; Musielak/*Borth* FamFG § 246 Rn. 33.

12. Als selbständiges Verfahren enthält der Beschluss auch eine selbständige Kostenentscheidung, § 51 Abs. 4 FamFG. Die Kostenentscheidung folgt nicht mehr- wie zum alten Recht – der Hauptsache. Die Kostenverteilung folgt dem § 243 FamFG, der die nach § 113 Abs. 1 FamFG eigentlich anzuwendenden §§ 91 ff. ZPO verdrängt.

13. Da Verfahren der einstweiligen Anordnung selbständige Verfahren sind, gelten grds. für sie auch die Vorschrift des § 14 FamGKG zur Vorauszahlung (streitig). Die Vorauszahlung beträgt 1,5 Gebühren, Nr. 1420 KV FamGKG. Besondere Bedeutung hat bei einstweiligen Anordnungen die Ausnahmevorschrift des § 15 FamGKG.

Kosten und Gebühren

14. Gerichtskosten: 1,5 Gebühren gem. KV 1420 FamGKG. Für Verfahren über den Erlass einer einstweiligen Anordnung und über deren Aufhebung oder Änderung werden die Gerichtsgebühren nur einmal erhoben, Vorb. 1.4 KV FamGKG. Rechtsanwaltsgebühren: Jede einstweilige Anordnung ist ein selbständiges Verfahren und eine eigene gebührenrechtliche Angelegenheit. Zum Verfahren gehören alle Abschnitte über der Antrag, über die mündliche Verhandlung bis zu allen Abänderungs- und Aufhebungsanträgen (§ 16 Nr. 5 RVG). Mehrere Verfahren der einstweilige Anordnung bilden jeweils eine eigene Angelegenheit, § 15 Abs. 2 S. 2 RVG. Es fallen die gleichen Gebühren an wie in den Hauptsacheverfahren, also aus VV 3100 ff. RVG. Anträge auf Aussetzung der Vollziehung (§ 55 FamFG) und auf Feststellung des Außer-Kraft-Tretens (§ 56 FamFG) sind von der Verfahrensgebühr abgegolten. Eine erhöhte Terminsgebühr aus der Summe der Gegenstandswerte der Hauptsache und der einstweilige Anordnung fällt an, wenn in einem Termin in der Hauptsache auch über die einstweilige Anordnung verhandelt wird; zur Anrechnung in diesem Fall vgl. VV 3104 Abs. 2, Vorb. 3 Abs. 3 RVG. Abänderungs- und Aufhebungsverfahren bilden im Verhältnis zum Anordnungsverfahren dieselbe Angelegenheit. Sie bilden – anders als im alten Recht – keinen weiteren gebührenrechtlichen Gegenstand mehr, weil § 18 Nr. 1, 2 RVG aF entfallen ist. Wird über die einstweilige Anordnung schriftlich entschieden und dann Antrag auf mündliche Verhandlung (§ 54 FamFG) gestellt, bleibt es ein gebührenrechtlicher Gegenstand. Werden einstweilige Anordnung und Hauptsache in einem Vergleich erledigt, werden die Werte für die Berechnung der Einigungsgebühr zusammengerechnet. Wird eine einstweilige Anordnung in erster Instanz und später eine weitere in zweiter Instanz beantragt, liegen zwei Angelegenheiten vor (§ 15 Abs. 2 S. 2 RVG). Die Gegenstandswerte ergeben sich aus §§ 41, 43 FamGKG, § 23 Abs. 1 RVG.

Fristen und Rechtsmittel

15. Beschlüsse in Verfahren der einstweiligen Anordnung sind grds. nicht mit der Beschwerde anfechtbar, § 57 S. 1 FamFG. Eine Ausnahme besteht nur für Entscheidungen erster Instanz aufgrund mündlicher Verhandlung in den in § 57 S. 2 FamFG genannten Fällen. Einstweilige Anordnungen in Unterhaltssachen sind nicht mit der Beschwerde anfechtbar. Hat das Gericht ohne mündliche Verhandlung entschieden, kann stets nur Antrag gestellt werden, über die einstweilige Anordnung nach mündlicher Verhandlung erneut zu beschließen (§ 54 Abs. 2 FamFG). Falls Beschwerde möglich, ist sie beim Familiengericht einzulegen, § 64 FamFG. Für die früher von der Rspr. entwickelte Beschwerdemöglichkeit wegen greifbarer Gesetzeswidrigkeit bleibt infolge der Einführung der Verfahrensrüge nach § 321a ZPO, die sich auch in § 44 FamFG wieder findet, kein Raum mehr (BVerfG NJW 2007, 2538; BGH FamRZ 2003, 1551; Musielak/*Borth* FamFG § 57 Rn. 15 f.).

27. Antrag auf einstweilige Anordnung wegen elterlicher Sorge und Herausgabe eines Kindes

An das **. . . ., den . . . .**

Amtsgericht[1]
– Familiengericht –

Antrag auf einstweilige Anordnung

des . . . . .
– Antragsteller –
Verfahrensbevollmächtigter: Rechtsanwalt . . . .[2]

gegen
Frau . . . . ., Mutter des Kindes
– Antragsgegnerin –
wegen einstweiliger Anordnung[5] elterliche Sorge und Kindesherausgabe[3]
Weitere Beteiligte:
Kind . . . . ., geb. am . . . . . vertreten durch die Beteiligte zu 2)
– Beteiligte zu 3)[4]
vorläufiger Verfahrenswert: . . . . . EUR[7]

Ich zeige an, dass ich den Antragsteller vertrete; Bevollmächtigung wird versichert. Es wird namens und im Auftrag des Antragstellers der Erlass folgender einstweiliger Anordnung – wegen Dringlichkeit ohne mündliche Verhandlung[8] – beantragt:

I. Das Aufenthaltsbestimmungsrecht für das gemeinsame eheliche Kind . . . . . der Beteiligten, geb. am . . . . ., wird einstweilen dem Antragsteller übertragen.
II. Die Herausgabe des gemeinsamen ehelichen Kindes . . . . . durch die Antragsgegnerin an den Antragsteller wird angeordnet.
III. Für den Fall der Zuwiderhandlung gegen die unter Nr. II angeordnete Herausgabeverpflichtung kann gegen die Antragsgegnerin ein Ordnungsgeld bis zu 25.000 EUR, ersatzweise Ordnungshaft oder für den Fall, dass die Anordnung des Ordnungsgeldes keinen Erfolg verspricht, Ordnungshaft bis zu sechs Monaten angeordnet werden.[6]
IV. Die Anwendung unmittelbaren Zwangs zur Durchsetzung der Herausgabeanordnung wird zugelassen[6]
V. Die Durchsuchung der Wohnung der Antragsgegnerin unter der Anschrift . . . . . wird zum Zwecke der Durchsetzung der Herausgabeanordnung genehmigt.[6]
VI. Die Antragsgegnerin trägt die Gerichtskosten und die außergerichtlichen Kosten des Antragsstellers.[9]

Begründung:

1. Die Ehe der Beteiligten, aus der das gemeinsame eheliche Kind . . . . ., geb. am . . . . ., hervorgegangen ist, wurde nach Getrenntleben der Beteiligten durch Endbeschluss des Amtsgerichts – Familiengericht – . . . . . am . . . . . (Aktenzeichen: . . . . .) rechtskräftig geschieden. In Übereinstimmung mit dem damals vorgelegten Vorschlag beider Beteiligten wurde im Scheidungsbeschluss die elterliche Sorge für das Kind . . . . . der) Antragsgegnerin allein übertragen. Der Scheidung vorausgegangen war der Wegzug der Antragsgegnerin mit dem Kind aus der früheren Ehewohnung nach . . . . . zu ihrer Mutter. Diese werde sich, wie die Antragsgegnerin damals vortragen ließ, während der Zeit ihrer Berufstätigkeit zusätzlich um das Kind kümmern.

Glaubhaftmachung: Akten des Scheidungsverfahrens . . . . ., insb. von den Beteiligten vorgelegte Scheidungsvereinbarung vom . . . . . und Schriftsatz der Antragsgegnerin, der damaligen Antragstellerin, vom . . . . . an das Familiengericht . . . . .

2. Im Scheidungsverfahren hat der Antragsteller den eigentlichen Grund für die Zerrüttung der Ehe nicht vorgetragen, nämlich ständigen, trotz zweimaliger Entziehungskuren wiederholten Alkoholmissbrauch durch die Antragsgegnerin, welche hierdurch mehrere Arbeitsstellen alsbald wieder verlor; ferner hat er nicht vorgetragen den eigentlichen Grund seiner Zustimmung zu dem übereinstimmenden Vorschlag der Beteiligten, die elterliche Sorge auf die Mutter zu übertragen, nämlich wiederholte Selbstmorddrohungen der Antragsgegnerin ihm gegenüber für den Fall, dass sie das Kind nicht erhalte, verbunden mit ausdrücklicher Zusicherung, dem Alkohol zu entsagen und sich besser als früher um das Kind zu kümmern.

Glaubhaftmachung: Schreiben der Antragsgegnerin an Antragsteller vom . . . . . und vom . . . . .; eidesstattliche Versicherung des Antragstellers vom . . . . . (insb. Ziff. 1.), in Kopie anbei.

Die nachstehenden Feststellungen über die Lebensverhältnisse des gemeinsamen Kindes . . . . . bei der Antragsgegnerin und ihrer Mutter seit Scheidung, welche der Antragsteller in den letzten Monaten treffen musste, zwingen ihn, seine damalige Zustimmung zur Übertragung der elterlichen Sorge auf die Antragsgegnerin zu widerrufen und eine andere Regelung der elterlichen Sorge anzustreben.

3. Bei seinen Besuchen beim Kind, erstmals möglich geworden durch Regelung des elterlichen Umgangs im vorbezeichneten Scheidungsbeschluss, musste der Antragsteller feststellen, dass die Antragsgegnerin unmittelbar nach dem Scheidungsbeschluss wieder rückfällig und nach einer einwöchigen „Sauftour" in Gaststätten der Umgebung am . . . . . dringlich zur Alkoholentziehung in die Klinik . . . . . eingeliefert wurde, in der sie nach Mitteilung ihrer Mutter mindestens 6 Monate ständig verbleiben wird. Die Mutter der Antragsgegnerin beklagte sich beim Antragsteller mehrfach, dass sie, zumal als Rentnerin mit Nebentätigkeit, des damals zweieinhalbjährigen Kindes . . . . ., das „zu frech" sei, nicht Herr werde und es immer wieder schlagen müsse; ein Versuch, das nunmehr dreijährige Kind ganztägig in einem Kindergarten am Ort unterzubringen, scheiterte daran, dass das Kind dort nach nur drei Wochen als störend zurückgewiesen wurde. Auf Befragen erklärten die dortigen beiden Kindergärtnerinnen dem Antragsteller, das Kind habe wiederholt Spuren von Schlägen aufgewiesen, sei verwahrlost und offensichtlich verhaltensgestört, während des dreiwöchigen Kindergartenbesuches ferner nur unregelmäßig hergebracht und abgeholt worden; der Antragsteller solle dringend richterliche Hilfe in Anspruch nehmen.

Glaubhaftmachung: Eidesstattliche Versicherung Antragsteller vom . . . . . (Ziff. 2. u. 3.); Schreiben Kindergarten . . . . . an Antragsteller vom . . . . ., in Fotokopie beigefügt.

Gleichwohl verweigern die Antragsgegnerin, die der Antragsteller deshalb persönlich aufsuchte, wie auch ihre Mutter hartnäckig jede Änderung des bisherigen Zustandes.

4. Der frühere übereinstimmende Vorschlag der Beteiligten über die elterliche Sorge bindet das Familiengericht nicht. Die angestrebte Entscheidung ist zur Wahrung des Wohls des Kindes, das weder von seiner Mutter noch von deren Mutter hinreichend betreut werden kann und bereits deutliche Zeichen von Verwahrlosung und Verhaltensstörungen zeigt, dringend erforderlich.
5. Beim Alter des Kindes erscheint eine Anhörung des Kindes selbst, jedenfalls im Eilverfahren, nicht angezeigt. Die besondere Eilbedürftigkeit der Sache – insb., da das Kind bei der Mutter der Antragsgegnerin häufig geschlagen, häufig vernachlässigt und von ihr offensichtlich auch innerlich nicht akzeptiert wird – rechtfertigt eine sofortige einstweilige Anordnung des Familiengerichts vor Anhörung des Jugendamtes und persönlicher Anhörung durch das Gericht, bevor Schlimmeres geschieht.[8] Beides kann nachgeholt werden, sobald sich das Kind in der Obhut des Antragstellers befindet.
6. Dieser hat durch Übernahme einer Teilzeitbeschäftigung und Vormerkung eines Halbtagsplatzes in einer nahe seiner Wohnung gelegenen Kinderkrippe seinerseits Vorsorge für eine intensive Betreuung des Kindes getroffen.

Glaubhaftmachung: Eidesstattliche Versicherung Antragsteller vom . . . . . (insb. Ziff. 4) wie vor.

7. Die Festsetzung von Ordnungsmitteln verspricht keinen Erfolg. Die Antragsgegnerin und auch deren Mutter erklärten schon im Vorfeld mehrmals, sie werden eine gerichtliche Entscheidung, die zu ihren Ungunsten ausfalle, unter keinen Umständen befolgen. Ordnungsgeld sei bei ihnen ohnehin nicht vollstreckbar. Sie gehen lieber in Haft als dass sie das Kind freiwillig herausgeben.

Glaubhaftmachung: Eidesstattliche Versicherung des Zeugen ..... anbei.

Wegen der bestehenden Kindeswohlgefährdung ist eine schnelle Durchsetzung erforderlich

8. Die Kostenentscheidung folgt aus § 81 FamFG.[9]

Rechtsanwalt[10, 11]

Anmerkungen

1. Für selbständige Verfahren auf Regelung der elterlichen Sorge oder Teilbereichen davon und wenn es um Ansprüche auf Herausgabe des Kindes zwischen Eltern oder von Dritten geht, ist ausschließlich das Familiengericht zuständig. Die ausschließliche örtliche Zuständigkeit folgt aus § 152 FamFG. Ist eine Ehesache anhängig, ist vorrangig das Gericht der Ehesache erste Instanz zuständig, soweit es um gemeinschaftliche Kinder der Ehegatten geht, ansonsten das Gericht am gewöhnlichen Aufenthalt des Kindes. Als Auffangzuständigkeit ist § 152 Abs. 3 u. 4 FamFG zu beachten (Ort des Bekanntwerdens eines Fürsorgebedürfnisses).

2. Für ein selbständiges Verfahren außerhalb des Verbunds besteht kein Anwaltszwang, weder für ein Hauptsacheverfahren (§ 114 Abs. 1 FamFG) noch für eine Verfahren der einstweiligen Anordnung (§ 114 Abs. 4 Nr. 1 FamFG).

3. Materielle Rechtsgrundlagen: § 1671 BGB ist nicht einschlägig, da die elterliche Sorge im Rahmen der einvernehmlichen Sorgeentscheidung bereits auf die Mutter alleine übertragen war. Die Abänderung der nach § 1671 BGB getroffenen Entscheidung erfolgt gem. § 1696 BGB und ggf. auch § 1666 BGB (Palandt/*Götz* BGB § 1696 Rn. 3; sa § 166 Abs. 1 FamFG). Der Maßstab des § 1696 BGB („aus triftigen, das Wohl des Kindes nachhaltig berührenden Gründen") ist strenger als der Maßstab des § 1671 BGB. Die Vorteile der Neuregelung müssen die Nachteile, die mit der Änderung verbunden sind, deutlich überwiegen (OLG Köln FamRZ 2005, 1276; MAH FamR/*Lang* § 14 Rn. 408). Andererseits darf die Hürde nicht zu hoch angesetzt werden, insb. wenn es um die Wahrung des Kinderwillens geht (OLG Hamm FamRZ 2005, 746).

Der Anspruch auf Herausgabe des Kindes folgt aus § 1632 BGB.

4. Das minderjährige Kind ist in Verfahren der elterlichen Sorge Beteiligter gem. § 7 Abs. 2 Nr. 1 FamFG, auch wenn es noch nicht 14 Jahre alt ist, Musielak/*Borth* FamFG § 7 Rn. 10. Die Bekanntmachung der Entscheidung erfolgt an das Kind, wenn es das 14. Lebensjahr vollendet hat. Es hat ein eigenes Beschwerderecht, § 164 FamFG. Bei einem erheblichen Interessengegensatz ist ein Verfahrensbeistand für das Kind zu bestellen, § 158 Abs. 2 Nr. 1 FamFG. Der Bestellung eines Ergänzungspflegers für das Kind bedarf es dann idR nicht.

5. Das Verfahren der einstweiligen Anordnung ist nunmehr ein selbständiges Verfahren. Der gleichzeitigen Anhängigkeit eines Hauptsacheverfahrens bedarf es nicht mehr (§ 51 Abs. 3 S. 1 FamFG). Auf Antrag eines Beteiligten muss das Gericht das Hauptsacheverfahren einleiten (§ 52 Abs. 1 S. 1 FamFG). Für eine einstweilige Anordnung bedarf es grds. eines dringenden Bedürfnisses für ein sofortiges Tätigwerden (Anordnungsgrund). Das liegt vor, wenn ein Zuwarten bis zur Hauptsacheentscheidung nicht ohne Eintritt erheblicher Nachteile möglich wäre (Musielak/*Borth* FamFG § 49 Rn. 3);

auf die frühere Rspr. zu § 621g ZPO aF kann zurückgegriffen werden. Ein allgemeines Regelungsbedürfnis genügt in Unterhaltssachen (§ 246 Abs. 1 FamFG) und in Umgangsverfahren, in denen die Teilnahme an einer Beratung oder ein schriftliches Gutachten angeordnet wird (§ 156 Abs. 3 S. 2 FamFG: Das Gericht soll eine einstweilige Anordnung zum Umgangsrecht erlassen). Ob in den Kindschaftssachen des § 151 Nr. 1–3 FamFG auch stets ein dringendes Regelungsbedürfnis vorliegen muss, ist unklar. Zwar gilt § 49 FamFG auch ohne besondere Bezugnahme, andererseits ist nicht klar, welcher Maßstab gelten soll, wenn das Gericht mit den Beteiligten des Hauptsacheverfahrens den Erlass einer einstweiligen Anordnung zu erörtern hat, falls eine Einigung im Termin nicht erzielt werden konnte (s. zur Problematik Musielak/*Borth* FamFG § 49 Rn. 8).

6. Der Beschluss in Kindschaftssachen wird mit der Bekanntgabe wirksam, § 40 Abs. 1 FamFG. Die Vollziehung der Herausgabeanordnung erfolgt über §§ 88 ff. FamFG. Der Beschluss der einstweiligen Anordnung bedarf der Vollstreckungsklausel nur, wenn für oder gegen einen anderen als in dem Beschluss bezeichneten Beteiligten vollstreckt werden soll, § 53 Abs. 1 FamFG. Die Herausgabeanordnung erfolgt durch Festsetzung von Ordnungsgeld oder Ordnungshaft, § 89 FamFG. Im Herausgabebeschluss muss von Amts wegen auf die Folgen der Zuwiderhandlung hingewiesen werden, § 89 Abs. 2 FamFG. Die Ordnungshaft darf die Dauer von sechs Monaten nicht übersteigen, § 89 Abs. 3 FamFG, § 802j Abs. 1 ZPO. Es empfiehlt sich dennoch ein entsprechender Antrag in der Antragsschrift. Die Anwendung unmittelbaren Zwangs bedarf der gerichtlichen Anordnung, § 90 FamFG und ist aus Gründen der Verhältnismäßigkeit nicht zulässig zur Durchsetzung des Umgangsrechts, § 90 Abs. 2 FamFG. Die Durchsuchung der Wohnung bedarf wiederum einer eigenen richterlichen Genehmigung, § 91 FamFG. Personen, die Mitgewahrsam an der Wohnung haben, haben die Durchsuchung dann zu dulden, § 91 Abs. 3 S. 1 FamFG.

7. Für Kindschaftssachen sieht § 45 FamGKG einen Verfahrenswert von 3.000 EUR vor, der nach den Umständen des Einzelfalles erhöht oder ermäßigt werden kann. Die Anträge auf Aufenthaltsbestimmung und Herausgabe stellen zwei verschiedene Gegenstände dar, deren Wert zu addieren ist. Für die einstweilige Anordnung ist gem. § 41 FamGKG im Regelfall aber nur der hälftige Wert anzusetzen. Im vorliegenden Fall ergibt sich dann ein Regelwert von 4.000 EUR ((4.000 + 4.000) : 2).

8. Das Gericht kann ohne mündliche Verhandlung entscheiden, § 51 Abs. 2 S. 2 FamFG. In Kindschaftssachen verlangen allerdings die speziellen Verfahrensregelungen, dass in aller Regel ein Termin mit den Beteiligten stattfindet, s. § 155 Abs. 2 S. 1 FamFG (Musielak/*Borth* FamFG § 51 Rn. 9).

9. Die Kostenentscheidung ist nach den Grundsätzen des § 81 FamFG zu treffen; in der Praxis wird wohl in Kindschaftssachen idR Kostenaufhebung erfolgen.

Kosten und Gebühren

10. Gerichtskosten: es entsteht im Verfahren der einstweiligen Anordnung in Kindschaftssachen eine 0,3 Verfahrensgebühr gem. KV 1410 FamGKG; sie entsteht nicht in Verfahren, die in den Rahmen einer Vormundschaft oder Pflegschaft fallen. Für die Anordnung von Zwangs- und Ordnungsmitteln fällt je Anordnung eine Gebühr von 22 EUR an, KV 1601, 1602 FamGKG. Rechtsanwaltsgebühren: Jede einstweilige Anordnung ist ein selbständiges Verfahren und eine eigene gebührenrechtliche Angelegenheit. Mehrere Verfahren der einstweilige Anordnung bilden jeweils eine eigene Angelegenheit, § 15 Abs. 2 S. 2 RVG. Es fallen die gleichen Gebühren an wie in den Hauptsacheverfahren, also aus VV 3100 ff. RVG. Abänderungs- und Aufhebungsverfahren bilden im Verhältnis zum Anordnungsverfahren dieselbe Angelegenheit. Sie bilden keinen weiteren gebührenrechtlichen Gegenstand. Wird über die einstweilige Anordnung schriftlich entschieden und dann Antrag auf mündliche Verhandlung (§ 54 FamFG) gestellt, bleibt es ein gebührenrechtlicher Gegenstand. Wird eine einstweilige Anordnung in erster Instanz und später eine weitere in zweiter Instanz beantragt, liegen zwei Angelegenheiten vor (§ 15 Abs. 2 S. 2 RVG). Die Gegenstandswerte ergeben sich aus §§ 41, 45 FamGKG, § 23 Abs. 1 RVG.

Fristen und Rechtsmittel

11. Beschlüsse in Verfahren der einstweiligen Anordnung, die in erster Instanz aufgrund mündlicher Erörterung in den in § 57 S. 2 FamFG genannten Fällen (ua Beschlüsse zur elterlichen Sorge und Herausgabe des Kindes an den anderen Elternteil) sind mit der Beschwerde anfechtbar. Hat das Gericht ohne mündliche Erörterung entschieden, kann stets nur Antrag gestellt werden, über die einstweilige Anordnung nach mündlicher Verhandlung erneut zu beschließen (§ 54 Abs. 2 FamFG). Falls Beschwerde möglich, ist sie beim Familiengericht einzulegen, § 64 FamFG. Die Frist beträgt zwei Wochen, § 63 Abs. 2 FamFG. Für die früher von der Rspr. entwickelte Beschwerdemöglichkeit wegen greifbarer Gesetzeswidrigkeit bleibt infolge der Einführung der Verfahrensrüge nach § 321a ZPO, die sich auch in § 44 FamFG wieder findet, kein Raum mehr (BVerfG NJW 2007, 2538; BGH NJW-RR 2011, 640; Thomas/Putzo/*Seiler* ZPO § 567 Rn. 7; Musielak/*Borth* FamFG § 57 Rn. 15 f.

28. Antrag auf einstweilige Anordnung wegen Gewaltschutz

An das **. . . . ., den . . . . .**

Amtsgericht[1]
– Familiengericht –

Antrag auf einstweilige Anordnung

der . . . . .
– Antragstellerin –
Verfahrensbevollmächtigter: Rechtsanwalt . . . . .[2]
gegen
. . . . .
– Antragsgegner –
wegen einstweiliger Anordnung Gewaltschutz[3]
vorläufiger Verfahrenswert: . . . . . EUR[5]

Namens und im Auftrag der Antragstellerin wird der Erlass folgender einstweiliger Anordnung – wegen Dringlichkeit ohne mündliche Verhandlung[7] **– beantragt:**[3]

I. Dem Antragsgegner wird verboten, die eheliche Wohnung der Antragstellerin in . . . . . ohne Zustimmung der Antragstellerin zu betreten.

II. Dem Antragsgegner wird verboten, sich der Antragstellerin weniger als 100m zu nähern.

III. Der Antragsgegner wird verpflichtet, sich bei einem zufälligen Zusammentreffen mit der Antragstellerin unverzüglich bis auf einen Abstand von mindestens 100m zu entfernen.

IV. Dem Antragsgegner wird verboten, mit der Antragstellerin über Telefon, Telefax, Handy, Internet oder E-Mail Kontakt aufzunehmen.

V. Die sofortige Wirksamkeit der Anordnungen nach Nr. I–IV wird angeordnet.[6]

VI. Die Zulässigkeit der Vollstreckung der Anordnungen Nr. I–IV vor der Zustellung an den Antragsgegner wird angeordnet.[6]

VII. Die Anträge I–IV werden auf die Dauer von sechs Monaten befristet.[4]

VIII. Dem Antragsgegner wird für jeden Fall der Zuwiderhandlung gegen die unter Nr. I–IV getroffenen Anordnungen die Verhängung eines Ordnungsgeldes bis zu 250.000 EUR, ersatzweise Ordnungshaft oder Ordnungshaft bis zu sechs Monaten angedroht.

IX. Der Antragsgegner trägt die Gerichtskosten und die außergerichtlichen Kosten der Antragstellerin.

Begründung:

1. Zwischen den Beteiligten ist beim Familiengericht . . . . . bereits das Scheidungsverfahren als Härtefallscheidung anhängig. Die Beteiligten leben derzeit getrennt wie folgt: Der Antragsgegner ist vor vier Monaten aus der bisher gemeinsamen ehelichen Wohnung der Beteiligten in . . . . ., bestehend aus einem Wohnzimmer, einem Schlafzimmer, einer Küche und einem Bad mit Toilette, ausgezogen und hat mit seiner ständigen Freundin eine neue Wohnung genommen. Die Antragstellerin bewohnt die Wohnung nunmehr allein mit den von ihr betreuten gemeinsamen Kindern . . . . . und . . . . . und ist auf die Wohnung auch angewiesen. Die Ehewohnung war von den Beteiligten gemeinsam gemietet.

Glaubhaftmachung: Mietvertrag vom . . . . .;
eidesstattliche Versicherung Antragstellerin vom . . . . . (Ziff. 1.), beigefügt.

2. Wie in der beigefügten eidesstattlichen Versicherung der Antragstellerin vom . . . . . (insb. Ziff. 2. u. 3.) näher dargelegt, hat der Antragsgegner die Antragstellerin vor seinem Auszug wiederholt schwer verprügelt. Er kommt jedoch auch nach seinem Auszug immer wieder unangemeldet, teilweise mitten in der Nacht, in die Wohnung zurück, um die Antragstellerin zu belästigen, die nichts mehr von ihm wissen will. Bei solchen Gelegenheiten hat er sie, besonders wenn er angetrunken war, mehrfach grob beschimpft und misshandelt, zweimal so stark, dass ärztliche Hilfe in Anspruch genommen werden musste. In die Wohnung dringt er jeweils ein mit einem von ihm zurückbehaltenen Haus- und Wohnungsschlüssel. IE: . . . . .

Glaubhaftmachung: Eidesstattliche Versicherung Antragstellerin, wie vor;
Ärztliche Atteste des . . . . . vom . . . . . und . . . . .

3. Am vergangenen Samstag ist der Antragsteller auf diese Weise erneut in die eheliche Wohnung eingedrungen und hat von dort zahlreiche Gegenstände, die der Antragstellerin zum persönlichen Gebrauch dienen, in seine neue Wohnung mitgenommen. Der Antragstellerin hat er nur erklärt, daran sei sie selber schuld, die Gegenstände gehörten ferner ihm; er nehme sie ihr wegen des undankbaren Verhaltens der Antragstellerin ihm gegenüber weg. Er kündigte an, die mitgenommenen Schmuckstücke der Antragstellerin an Unbekannte zu veräußern, Hauptsache die Antragstellerin finde sie nie wieder auf. Als die Antragstellerin sich der Wegnahme widersetzte, hat sie der Antragsgegner erneut geschlagen.

Glaubhaftmachung: Eidesstattliche Versicherung Antragstellerin, und ärztliche Atteste wie vor (Ziff. 4.).

4. Die Anträge sind gem. §§ 1, 2 GewSchG begründet. Das besondere Regelungs- und Eilbedürfnis ergibt sich aus dem für die Antragstellerin bedrohlichen und grob rechtswidrigen, völlig uneinsichtigen Verhalten des Antragsgegners.

5. Die Kostenentscheidung folgt aus § 81 FamFG.

Rechtsanwalt[8, 9]

Anmerkungen

1. Das Form. enthält Anträge, die sich aus dem Gewaltschutzgesetz ableiten. Sie gehören zu den Familiensachen, § 111 FamFG. Alle Gewaltschutzsachen sind mit der Einführung des „Großen Familiengerichts" kraft Sachzusammenhangs dem Familiengericht zugewiesen. Allgemein zu einstweiligen Regelungen durch einstweilige Anordnung → Form. II.K.26 → Form. II.K.27 mwN. Die streitige Frage, ob ein Eilverfahren um den Zutritt zur Ehewohnung zwischen getrennt lebenden Ehegatten ebenfalls Familiensache ist, ist durch die Einführung des Großen Familiengerichts obsolet. Solche Verfahren sind sonstige Familiensachen gem. § 266 Abs. 1 Nr. 2 FamFG, ebenso Ehestörungsanträge wegen Verletzung der räumlich-gegenständlich geschützten Bereichs der Ehe, auch wenn sie gegen Dritte gerichtet sind (Musielak/*Borth* FamFG § 266 Rn. 10 mwN).

Örtlich zuständig ist für die Gewaltschutzanträge das nach § 211 FamFG zuständige Gericht.

2. → Form. II.K.26 Anm. 2.

3. Das Verfahren für Maßnahmen nach dem GewSchG ist ein Antragsverfahren, das Gericht wird nicht von Amts wegen tätig. Die einzelnen Maßnahmen gem. § 1 GewSchG brauchen allerdings im Antrag nicht konkretisiert werden, es empfiehlt sich aber ein Antrag mit dem Umfang der gewünschten Anordnungen. Materiell rechtliche Anspruchsgrundlage für Anordnungen nach § 1 GewSchG sind die Ansprüche aus §§ 1004, 823 Abs. 1 BGB wegen Verletzung der dort genannten Schutzgüter (Palandt/*Götz* GewSchG § 1 Rn. 4). Es muss eine vorsätzliche Verletzungshandlung vorliegen, wobei ein vorübergehender Ausschluss der Steuerungsfähigkeit den Vorsatz nicht beseitigt, § 1 Abs. 3 GewSchG. Wegen des präventiven Charakters des GewSchG muss Wiederholungsgefahr hinsichtlich der Rechtsgutsverletzung oder deren Androhung bestehen. Ist es zu Gewalttaten schon gekommen, gilt jedoch die idR nur schwer widerlegbare Vermutung, dass weitere Rechtsgutsverletzungen zu befürchten sind (MAH FamR/*Müller* § 16 Rn. 24). Es ist eine FG-Familiensache.

Ein Betretungsverbot kann nach § 1 GewSchG ausgesprochen werden. Bestand zwischen Opfer und Täter zur Zeit der Tat ein auf Dauer angelegter gemeinsamer Haushalt, kann weitergehend nach § 2 GewSchG eine zeitliche befristete Nutzungsüberlassung der Wohnung verlangt werden. Diese Voraussetzungen sind nicht gegeben, wenn die Eheleute schon getrennt gelebt haben oder Trennungsabsicht besteht (MAH FamR/*Müller* § 16 Rn. 41). Dann ist § 1361b BGB maßgebend. Das GewSchG erlaubt nur vorläufige Regelungen (also zB keine Neugestaltung des Mitverhältnisses unter Einbeziehung des Vermieters).

4. Die Anordnungen nach § 1 GewSchG sollen befristet werden, wobei die Frist dann auch verlängert werden kann, § 1 Abs. 1 S. 2 GewSchG. In der Regel werden die Anordnungen auf maximal sechs Monate befristet. Maßgebend sind die Umstände des Einzelfalles (OLG Brandenburg ZKJ 2006, 376, OLG Köln FamRZ 2003, 1281). Zu Schutzmöglichkeiten bei Lebenspartnern → Form. II.K.25 Anm. 5.

5. Gegenstandswert für die Verfahren der einstweiligen Anordnung: Der Wert ist niedriger anzusetzen als der Wert eines Hauptsacheverfahrens, im Regelfall um die Hälfte: In

Gewaltschutzsachen nach § 1 GewSchG beträgt der Regelwert für die einstweilige Anordnung daher 1.000 EUR, nach § 2 GewSchG 1.500 EUR; nach den Umständen des Einzelfalls kann der Wert höher oder niedriger angesetzt werden, §§ 49, 41 FamGKG.

6. Entscheidungen in Gewaltschutzsachen werden erst mit Rechtskraft wirksam, § 216 Abs. 1 FamFG; wegen des meist gegebenen dringenden Bedürfnisses der sofortigen Vollziehbarkeit soll das Gericht die sofortige Wirksamkeit von Amts wegen anordnen, § 216 Abs. 1 S. 2 FamFG. Das gilt aber nur für Hauptsacheverfahren. Einstweilige Anordnungen sind ihrer Natur nach sofort wirksam und vollstreckbar, auch wenn gem. § 57 S. 2 Nr. 4 FamFG gegen die einstweilige Anordnung das Rechtsmittel der Beschwerde statthaft ist, vgl. KKW/*Giers* FamFG § 216 Rn. 1. Dennoch kann sich zur Klarstellung ein deklaratorischer Antrag auf Anordnung der sofortigen Wirksamkeit in der Praxis empfehlen. Weitergehend kann das Gericht nach § 216 Abs. 2 FamFG hinsichtlich der Anordnungen zum Gewaltschutz auch die Zulässigkeit der Vollstreckung vor der Zustellung an den Antragsgegner anordnen. Für einstweilige Anordnungen entspricht dies der allgemeinen Regelung des § 53 Abs. 2 FamFG. Es empfiehlt sich eine entsprechende Antragstellung. Bei Beschwerdeeinlegung kann das Beschwerdegericht nach pflichtgemäßem Ermessen eine einstweilige Anordnung auf Aussetzung der Vollziehung erlassen, § 64 Abs. 3 FamFG. Ein Antrag ist von Gesetzes wegen nicht erforderlich, in der Praxis aber wohl schon. Die Vollstreckung der Anordnungen nach dem GewSchG ist in § 96 FamFG geregelt. In Betracht kommt neben der Verhängung von Ordnungsgeld (§§ 95 Abs. 1 Nr. 4 FamFG, 890 ZPO) die Beiziehung eines Gerichtsvollziehers bei Verstößen gegen Anordnungen nach § 1 GewSchG (§ 96 Abs. 1 FamFG; zu den Einzelheiten vgl. Musielak/*Borth* FamFG § 96 Rn. 2 f.).

7. → Form. II.K.26 Anm. 5.

Kosten und Gebühren

8. Gerichtskosten: einstweilige Anordnung 1,5 Verfahrensgebühr KV 1420 FamGKG Rechtsanwaltsgebühren: VV 3100 ff. RVG. Der Verfahrenswert folgt aus §§ 49 Abs. 1, 41 S. 2 FamGKG und beträgt idR 1.500 (bei Ehewohnungszuweisung) bzw. 1.000 EUR bei Verfahren gem. § 1 GewSchG. Es muss VKH für jedes Verfahren auf einstweilige Anordnung gesondert ausdrücklich beantragt und bewilligt werden.

Fristen und Rechtsmittel

9. Beschlüsse in Verfahren der einstweiligen Anordnung, die in erster Instanz aufgrund mündlicher Erörterung ergangen sind, sind nur in den in § 57 S. 2 FamFG genannten Fällen (ua Beschlüsse über einen Antrag nach §§ 1, 2 GewSchG) mit der Beschwerde anfechtbar. Hat das Gericht ohne mündliche Erörterung entschieden, kann stets nur Antrag gestellt werden, über die einstweilige Anordnung nach mündlicher Verhandlung erneut zu beschließen (§ 54 Abs. 2 FamFG). Soweit Beschwerde möglich, ist sie beim Familiengericht einzulegen, § 64 FamFG; die Frist beträgt zwei Wochen, § 63 Abs. 2 FamFG. Für die früher von der Rspr. entwickelte Beschwerdemöglichkeit wegen greifbarer Gesetzeswidrigkeit bleibt infolge der Einführung der Verfahrensrüge nach § 321a ZPO, die sich auch in § 44 FamFG wieder findet, kein Raum mehr (BVerfG NJW 2007, 2538; BGH NJW-RR 2011, 640; Thomas/Putzo/*Seiler* ZPO § 567 Rn. 7; Musielak/*Borth* FamFG § 57 Rn. 15 f.

29. Antrag auf einstweilige Anordnung wegen Verteilung von Haushaltsgegenständen bei Getrenntleben

An das ....., den .....

Amtsgericht[1]
– Familiengericht –

Antrag auf einstweilige Anordnung

der .....
– Antragstellerin –
Verfahrensbevollmächtigter: Rechtsanwalt .....[2]
gegen
.....
– Antragsgegner –
wegen einstweiliger Anordnung Haushaltssache[3]
vorläufiger Verfahrenswert: ..... EUR[4]

Namens und im Auftrag der Antragstellerin wird der Erlass folgender einstweiliger Anordnung – wegen Dringlichkeit ohne mündliche Verhandlung[8] – beantragt:[3]

I. Der Antragstellerin werden die in beiliegender Liste Ast 1 bezeichneten Haushaltsgegenstände vorläufig zur Nutzung während der Dauer des Getrenntlebens der Beteiligten überlassen.

II. Der Antragsgegner wird verpflichtet, die in der beigefügten Liste Ast 1 bezeichneten Gegenstände an die Antragstellerin zur Nutzung herauszugeben.[5]

III. Der Antragsgegner hat es zu unterlassen, die in der beigefügten Liste Ast 1 bezeichnete Gegenstände zu veräußern, zu verschenken oder zu vernichten.[5]

IV. Die Zulässigkeit der Vollstreckung der Anordnungen Nr. I–III vor der Zustellung an den Antragsgegner wird angeordnet.[6]

V. Dem Antragsgegner wird für jeden Fall der Zuwiderhandlung gegen die unter Nr. III getroffene Anordnung die Verhängung eines Ordnungsgeldes bis zu 250.000 EUR, ersatzweise Ordnungshaft oder Ordnungshaft bis zu sechs Monaten angedroht.[7]

VI. Der Antragsgegner trägt die Gerichtskosten und die außergerichtlichen Kosten der Antragstellerin.

Begründung:

1. Zwischen den Beteiligten ist beim Familiengericht ..... bereits das Scheidungsverfahren als Härtefallscheidung anhängig. Die Beteiligten leben derzeit getrennt. Die Antragstellerin ist zusammen mit der gemeinsamen Tochter Julia, geb. .... vor zwei Monaten aus der bisher gemeinsamen ehelichen Wohnung der Beteiligten in ....., bestehend aus einem Wohnzimmer, einem Schlafzimmer, einer Küche und einem Bad mit Toilette, ausgezogen und hat eine neue Wohnung genommen. Der Antragsgegner bewohnt die Ehewohnung nunmehr allein.

Glaubhaftmachung: eidesstattliche Versicherung Antragstellerin vom ..... (Ziff. 1.), als Anlage Ast 1 beigefügt.

2. Die in der beigefügten Liste genau bezeichneten[5] Gegenstände wurden von den Beteiligten aus gemeinsamen Mitteln während der Ehe gemeinsam für den Haushalt erworben.

Glaubhaftmachung: 1. Liste der Haushaltsgegenstände als Anlage Ast 2 anbei
2. Eidesstattliche Versicherung der Antragstellerin Ast 1 anbei

Mit Schreiben vom ..... und vom ..... hatte die Antragstellerin den Antragsgegner vorgerichtlich vergeblich aufgefordert, die in der Liste Ast 1 genannten Sachen der Antragstellerin zur Nutzung zur Verfügung zu stellen.

Glaubhaftmachung: Schreiben der Antragstellerin vom ..... und vom ..... als Anlagen Ast 3 u. 4 in Kopie anbei

3. Der Antragsgegner lehnt es ab, der Antragstellerin auch nur einen einzigen Haushaltsgegenstand zu überlassen. Er hat erklärt, die Antragstellerin sei selbst Schuld. Schließlich habe sie ihn nicht zu verlassen brauchen. Wegen des undankbaren Verhaltens der Antragstellerin ihm gegenüber sehe er es nicht ein, ihr die Gegenstände zur Verfügung zu stellen. Er kündigte sogar an, diese Sachen an Unbekannte zu veräußern, Hauptsache die Antragstellerin finde sie nie wieder auf.

Glaubhaftmachung: 1. E-Mail des Antragsgegners vom ..... als Anlage Ast 5 in Kopie anbei
2. Eidesstattliche Versicherung der Antragstellerin, wie vor

4. Die Anträge sind gem. § 1361a Abs. 2 BGB begründet. Die in der Liste der verlangten Gegenstände Ast 1 bezeichneten Sachen wurden aus gemeinsamen Mitteln während der Ehe für den gemeinsamen Haushalt gekauft. Die Bezahlung erfolgte jeweils vom gemeinsamen Girokonto der Beteiligten, auf das die Lohnzahlungen beider Eheleute eingingen. IE: .....

Glaubhaftmachung: 1. Eidesstattliche Versicherung der Antragstellerin, wie vor
2. Kaufbelege und Rechnungen als Anlagenkonvolut Ast 6 in Kopie anbei

Die Antragstellerin hat sich die Mühe gemacht und eine Liste aller gemeinsamen Haushaltsgegenstände zusammengestellt. Daraus wird deutlich, dass sie nur einen kleinen Teil davon mit diesem Antrag zur Nutzungsüberlassung verlangt. Daher besteht auch kein Anlass für die Festsetzung einer Nutzungsvergütung.

Glaubhaftmachung: Liste aller Haushaltsgegenstände als Anlage Ast 7 in Kopie anbei

Das besondere Regelungs- und Eilbedürfnis ist gegeben. Es handelt sich um Gegenstände, die die Antragstellerin auch zur Versorgung der gemeinsamen Tochter Julia dringend benötigt, wie die Waschmaschine und den Trockner, während der Antragsgegner von seiner Mutter versorgt wird, die ihm auch ihren Haushalt zur Nutzung zur Verfügung stellt.

Glaubhaftmachung: Eidesstattliche Versicherung der Antragstellerin, wie vor

5. Auf Grund der Ankündigung des Antragsgegners, die Gegenstände an Dritte weiterzugeben oder zu vernichten, ist eine entsprechende Unterlassungsverfügung dringend erforderlich.[5]
6. Die Kostenentscheidung folgt aus § 81 FamFG.

Rechtsanwalt[9, 10]

Anmerkungen

1. Das Form. enthält Anträge in einer Haushaltssache, die sich aus § 1361a BGB ableiten. Haushaltssachen gehören zu den Familiensachen, § 111 Nr. 5 FamFG. § 1361a BGB erlaubt nur die vorläufige Nutzungsüberlassung von Haushaltssachen an einen Ehegatten für die Dauer des Getrenntlebens. Die Eigentumsverhältnisse bleiben unberührt, § 1361a Abs. 4 BGB. § 1568b BGB regelt die endgültige Überlassung und Übereignung von Haushaltssachen für die Zeit nach der Scheidung, ggf. gegen eine angemessene Ausgleichszahlung, § 1568b Abs. 3 BGB. Daher unterscheiden sich die Anträge, je nachdem, ob ein Fall des § 1361a BGB oder des § 1568b BGB vorliegt. Zum Begriff der „Haushaltssachen" vgl. MAH FamR/*Müller* § 18 Rn. 1 ff.; Palandt/*Götz* BGB § 1361a Rn. 3. Dazu gehören alle den Eheleuten gemeinsam gehörende Gegenstände, die nach den Lebensverhältnissen für das Zusammenleben und den Haushalt der Eheleute und Kinder bestimmt sind, unabhängig davon, wann sie angeschafft wurden und welchen Wert sie haben, sa BGH NJW 1984, 1758. Gegenstände im Alleineigentum eines Ehegatten unterliegen dem güterrechtlichen Ausgleich, BGH NJW 2011, 183. Keine Haushaltsgegenstände sind Sachen des persönlichen Gebrauchs eines Ehegatten (zB die Briefmarkensammlung als Hobby eines Ehegatten, das Musikinstrument, das nur ein Ehegatte benutzt) oder die überwiegend der beruflichen Nutzung dienen (zB der Pkw, der überwiegend beruflich genutzt wird).

Örtlich zuständig für das Verfahren ist das nach § 201 FamFG zuständige Gericht.

2. → Form. II.K.26 Anm. 2.

3. Verfahren über Haushaltssachen sind Antragsverfahren, das Gericht wird nicht von Amts wegen tätig, § 203 FamFG. Für das Verfahren der einstweiligen Anordnung wie auch für das Hauptsacheverfahren gilt der Amtsermittlungsgrundsatz, § 26 FamFG. Einstweilige Anordnungen sind möglich, wenn das gem. § 49 Abs. 1 FamFG erforderliche dringende Bedürfnis an einer Regelung gegeben ist. Der Antrag soll die Angabe der Gegenstände enthalten, deren Zuteilung begehrt wird, § 203 Abs. 2 S. 1 FamFG. IdR beziehen sich einstweilige Anordnungen auf die Zuteilung bestimmter Haushaltsgegenstände, die vom Antragsteller zur Versorgung der Kinder dringend benötigt werden (Waschmaschine, Kühlschrank etc) und die der Antragsteller wegen des Fehlens finanzieller Mittel nicht selbst beschaffen kann, Musielak/*Borth* FamFG § 200 Rn. 28. Es empfiehlt sich daher immer, die verlangten Sachen konkret zu bezeichnen, vgl. die Soll-Vorschrift in § 203 Abs. 2 S. 1 FamFG. Fehlt die Angabe der verlangten Gegenstände ist der Antrag nicht unzulässig. Das Gericht kann jedoch gem. § 206 Abs. 1 FamFG jedem Ehegatten aufgeben, mitzuteilen, welche Gegenstände er begehrt. Materiell rechtliche Anspruchsgrundlage ist im vorliegenden Fall § 1361a BGB. Den Eheleuten gemeinsam gehörende Haushaltsgegenstände werden nach den Grundsätzen der Billigkeit verteilt. Haushaltsgegenstände im Alleineigentum eines Ehegatten kann dieser grds. herausverlangen. Insoweit ist § 1361a BGB für die Nutzungsregelung lex specialis zu § 985 BGB, BGH BGHZ 67, 217. Ausnahmsweise kann auch ein Alleineigentümer verpflichtet sein, die Sache unter den Voraussetzungen des § 1361a Abs. 1 S. 2 BGB dem anderen Ehegatten zum Gebrauch zu überlassen.

4. In Haushaltssachen nach §§ 1361a BGB, 200 Abs. 2 Nr. 1 FamFG (Getrenntleben) beträgt der Gegenstandswert für Hauptsacheverfahren 2.000 EUR; in Verfahren gem. §§ 1568b BGB, 200 Abs. 2 Nr. 2 FamFG beträgt er 3.000 EUR. Für einstweilige Anordnungen ist § 41 FamGKG zu beachten, so dass idR vom Hälftebetrag der Hauptsache auszugehen ist

5. Das Gericht soll mit der Endentscheidung auch die Anordnungen treffen, die zu ihrer Durchführung erforderlich sind, § 209 Abs. 1 FamFG. Die Zuweisung zur vorläufigen Nutzung verschafft dem Berechtigten noch nicht den Besitz der Sache, so dass als Annexanordnung idR die Verpflichtung zur Herausgabe notwendig ist, damit die Zuweisung vollstreckbar wird, Prütting/Helms/*Neumann*, FamFG, FamFG § 209 Rn. 7. In Betracht kommt auch eine Verpflichtung zur Rückgabe bereits aus der ehemaligen Ehewohnung entfernter Gegenstände oder – wie hier – das Verbot, Gegenstände zu veräußern, verschenken oder zu vernichten. Für die Vollstreckbarkeit ist zu bedenken, dass die Gegenstände in vollstreckbarer Weise bezeichnet werden müssen.

6. Entscheidungen in Haushaltssachen werden immer erst mit Rechtskraft wirksam, § 209 Abs. 2 S. 1 FamFG. Das gilt aber nur für Hauptsacheverfahren. Einstweilige Anordnungen sind ihrer Natur nach sofort wirksam und vollstreckbar, zumal gem. § 57 S. 1 FamFG gegen die einstweilige Anordnung keine Beschwerde statthaft ist, vgl. Keidel/*Giers* FamFG § 209 Rn. 2. Dennoch kann sich zur Klarstellung ein deklaratorischer Antrag auf Anordnung der sofortigen Wirksamkeit in der Praxis empfehlen. Weitergehend kann das Gericht nach § 53 Abs. 2 FamFG auch die Zulässigkeit der Vollstreckung vor der Zustellung an den Antragsgegner anordnen. Die einstweilige Anordnung wird dann mit Erlass wirksam, dh wenn er vom Gericht unterschrieben und in den Geschäftsgang gegeben wurde, Keidel/*Giers* FamFG § 53 Rn. 6. Es empfiehlt sich eine entsprechende Antragstellung.

7. Die Vollstreckung der Anordnungen in Haushaltssachen ist in § 95 FamFG geregelt, der auf die Vorschriften der ZPO verweist. In Betracht kommt neben der Wegnahme der zu überlassenden Sachen durch den Gerichtsvollzieher, § 883 ZPO, die Verhängung von Ordnungsgeld (§ 95 Abs. 1 Nr. 4 FamFG, § 890 ZPO) bei Verstoß gegen die Unterlassungsverpflichtung; dabei ist die Notwendigkeit der Androhung gem. § 890 Abs. 2 ZPO zu beachten. § 95 Abs. 4 FamFG lässt daneben auch die Zwangsgeldfestsetzung gem. § 888 ZPO zu.

8. → Form. II.K.26 Anm. 5.

Kosten und Gebühren

9. Gerichtskosten: einstweilige Anordnung 1,5 Verfahrensgebühr KV 1420 FamGKG Rechtsanwaltsgebühren: VV 3100 ff. RVG. Der Verfahrenswert beträgt gem. §§ 48 Abs. 3, 41 S. 2 FamGKG 1.000 EUR. Bei Unbilligkeit kann ein höherer oder niedrigerer Wert angesetzt werden, § 48 Abs. 3 FamGKG. Es muss VKH für jedes Verfahren auf einstweilige Anordnung gesondert ausdrücklich beantragt und bewilligt werden.

Fristen und Rechtsmittel

10. Beschlüsse in Haushaltssachen der einstweiligen Anordnung, die in erster Instanz aufgrund mündlicher Erörterung ergangen sind, sind gem. § 57 S. 1 FamFG nicht mit der Beschwerde anfechtbar. Hat das Gericht ohne mündliche Erörterung entschieden, kann stets nur Antrag gestellt werden, über die einstweilige Anordnung nach mündlicher Verhandlung erneut zu beschließen (§ 54 Abs. 2 FamFG). Für die früher von der Rspr. entwickelte Beschwerdemöglichkeit wegen greifbarer Gesetzeswidrigkeit bleibt infolge der Einführung der Verfahrensrüge nach § 321a ZPO, die sich auch in § 44 FamFG wieder findet, kein Raum mehr (BVerfG NJW 2007, 2538; BGH NJW-RR 2011, 640; Thomas/Putzo/*Seiler* ZPO § 567 Rn. 7; Musielak/*Borth* FamFG § 57 Rn. 15 f.

30. Antrag auf einstweilige Anordnung wegen Kindes- und Ehegatten-Trennungsunterhalt

An das ....., den .....

Amtsgericht
– Familiengericht[1] –

Antrag auf einstweilige Anordnung[2]

der .....
– Antragstellerin –
Verfahrensbevollmächtigte:[3] RA .....
gegen
.....
– Antragsgegner –
wegen einstweiliger Anordnung auf Trennungs- und Kindesunterhalt
vorläufiger Verfahrenswert:[4]..... EUR
zeige ich an, dass ich die Antragstellerin vertrete; Bevollmächtigung wird versichert. Namens der Antragstellerin wird im Wege der einstweiligen Anordnung – ohne mündliche Verhandlung – beantragt:[5, 8]

I. Der Antragsgegner wird verpflichtet, an die Antragstellerin ab Rechtshängigkeit des Antrages[6] einen Ehegattenunterhalt[10] iHv monatlich 541 EUR zu bezahlen, zahlbar monatlich im Voraus zum Ersten eines Monats zzgl. 5 % Zinsen über Basiszinssatz ab Fälligkeit der jeweiligen Monatsrate.

II. Der Antragsteller wird verpflichtet, an die Antragstellerin[7] für das Kind Peter geb. am ..... ab Rechtshängigkeit des Antrages[6] einen monatlichen Kindesunterhalt iHv 110 % des Mindestunterhalts der jeweiligen Altersstufe abzüglich des hälftigen Kindergeldes, derzeit monatlich ..... EUR zu bezahlen, zahlbar monatlich im Voraus zum Ersten eines Monats zzgl. 5 % Zinsen über Basiszinssatz ab Fälligkeit der jeweiligen Monatsrate.

III. Der Antragsteller wird verpflichtet, an die Antragstellerin[7] für das Kind Claudia geb. am ..... ab Rechtshängigkeit des Antrages[6] einen monatlichen Kindesunterhalt iHv 110 % des Mindestunterhalts der jeweiligen Altersstufe abzüglich des hälftigen Kindergeldes, derzeit monatlich ..... EUR zu bezahlen, zahlbar monatlich im Voraus zum Ersten eines Monats zzgl. 5 % Zinsen über Basiszinssatz ab Fälligkeit der jeweiligen Monatsrate.

IV. Der Antragsgegner trägt die Kosten des Verfahrens.[11, 12]

Begründung:

1. Die Antragstellerin und der Antragsgegner haben am ..... vor dem Standesamt Augsburg die Ehe geschlossen. Aus der Ehe sind die beiden Kinder Peter geb. am ..... und Claudia geb. am ..... hervorgegangen.
Der Antragsgegner hat sich am ..... von der Antragstellerin getrennt und ist am gleichen Tag aus der gemeinsam gemieteten Ehewohnung ausgezogen. Die beiden Kinder leben bei der Antragstellerin. Sie sind beide Schüler und ohne eigene Einkünfte und Vermögen.

Glaubhaftmachung: Eidesstattliche Versicherung der Antragstellerin anbei als Anlage Ast 1

2. Mit Schreiben vom ..... wurde der Antragsgegner unmittelbar nach der Trennung aufgefordert, Auskunft über seine Einkünfte zur Berechnung des Ehegatten- und Kindesunterhalts zu erteilen und seine Gehaltsbescheinigungen nebst aktuellem Steuerbescheid zu übersenden.[9] Dem kam der Antragsgegner auch nach. Mit Schreiben vom ..... wurde daraufhin ein Trennungsunterhalt iHv ..... EUR und ein Kindesunterhalt iHv 115 % des Mindestunterhalts abzüglich des hälftigen Kindergeldes geltend gemacht.

   Glaubhaftmachung: Schreiben vom ..... als Anlage Ast 2 in Kopie anbei.

   Der Antragsgegner antwortete, dass sich seiner Ansicht nach kein Unterhaltsanspruch ergebe und leistete keine Unterhaltszahlungen.

   Glaubhaftmachung: Schreiben des Antragsgegners vom ..... als Anlage Ast 3 in Kopie anbei.

3. Die Antragstellerin ist bedürftig. Sie verfügt nur über eine Rente wegen Erwerbsunfähigkeit iHv 800 EUR monatlich. Sie betreute seit deren Geburt die beiden gemeinsamen ehelichen Kinder Peter geb. ..... (12 Jahre alt) und Claudia geb. ..... (9 Jahre alt) Während des ersten Trennungsjahres wäre die Antragstellerin entgegen der Ansicht des Antragsgegners nicht zur Aufnahme einer Erwerbstätigkeit verpflichtet. Aber auch nach Ablauf des Trennungsjahres ist die Antragstellerin bedürftig. Wie dem Antragsgegner bekannt ist, leidet die Antragstellerin seit vielen Jahren an Multipler Sklerose. Die Antragstellerin ist inzwischen an den Rollstuhl gebunden. Auch die Beweglichkeit der Arme ist stark eingeschränkt. Die Antragstellerin ist zu 100 % schwerbehindert. Die Ausübung einer Berufstätigkeit ist nicht mehr möglich. Sie bezieht eine Rente wegen Erwerbsunfähigkeit von 800 EUR monatlich.

   Glaubhaftmachung: Bescheid des Versorgungsamtes vom ..... über die Schwerbehinderung als Anlage Ast 4 in Kopie anbei
   Ärztliches Gutachten der Uni Klinik ..... vom ..... als Anlage Ast 5 in Kopie anbei
   Rentenbescheid der Dt. Rentenversicherung Bund vom ..... als Anlage Ast 6 in Kopie anbei.

4. Aus den vorgelegten Gehaltsbescheinigungen des Antragsgegners ergibt sich ein monatliches Einkommen nach Abzug der Kosten für Krankenkasse/Pflegeversicherung und Altersvorsorge von netto 3.000 EUR. Hinzu kommt eine Steuerrückzahlung im letzten Jahr von 1.200 EUR.

   Glaubhaftmachung: Gehaltsbescheinigungen des Antragsgegners von ..... bis ..... als Anlagen Ast 7 in Kopie anbei
   Einkommensteuerbescheid für das Jahr ..... als Anlage Ast 8 in Kopie anbei.

   Sonstige Unterhaltspflichten hat der Antragsgegner nicht.

5. Daraus ergibt sich folgende Unterhaltsberechnung

Einkommen des Antragsgegners	3.000EUR
abzüglich 5 % berufsbedingte Aufwendungen	– 150 EUR
verbleiben	2.850 EUR
zzgl. anteilige Steuerrückzahlung	100 EUR
Summe	2.950 EUR
abzüglich Kindesunterhalt Peter (581–109,50 EUR)[13], gerundet	– 472 EUR
abzüglich Kindesunterhalt Claudia (497–109,50 EUR)[13], gerundet	– 388 EUR
verbleiben	2.090 EUR

nach Abzug $^{1}/_{10}$ Erwerbstätigenbonus	**1.881 EUR**
zzgl. Einkünfte Antragstellerin	**800 EUR**
Summe beider Einkünfte	**2.681 EUR**
daraus Bedarf der Antragstellerin ½	**1.341 EUR**
abzüglich eigene Einkünfte	**– 800 EUR**
ergibt Unterhaltsanspruch	**541 EUR**

6. Dynamisiert ergibt sich ein Kindesunterhalt von 110 % des Mindestunterhalts für jedes Kind. Für die Antragstellerin verbleibt ein Trennungsunterhalt von 541 EUR monatlich. Die Zahlung dieser Unterhaltsbeträge wird für den Monatsersten ab Zustellung dieses Antrags vorläufig verlangt. Weitergehende, in der Hauptsache verfolgte Unterhaltsansprüche sowie die gesonderte Geltendmachung von Unterhaltsrückständen für die Vergangenheit, wegen derer der Antragsgegner bereits in Verzug gesetzt wurde, bleiben vorbehalten.

7. Verfahrenskosten iHv ..... EUR sind eingezahlt; eine Kopie des Überweisungsbeleges ist beigefügt.[14]

Rechtsanwalt[15, 16]

Anmerkungen

1. Das Verfahren ist eine Familienstreitsache, weil der Anspruch auf Kindes- und Trennungsunterhalt gerichtet ist, § 112 Nr. 1, § 231 Abs. 1 Nr. 1 u. 2 FamFG. Die örtliche und sachliche Zuständigkeit richtet sich nach § 50 FamFG iVm § 113 Abs. 1, § 119 Abs. 1 FamFG. Zuständig ist das Gericht, das für die Hauptsache im ersten Rechtszug zuständig wäre bzw. das Gericht, bei dem die Hauptsache anhängig ist. Während des Beschwerdeverfahrens in der Hauptsache ist das Beschwerdegericht zuständig. Für besonders dringende Fälle enthält § 50 Abs. 2 FamFG eine Eilzuständigkeit des Gerichts, in dessen Bezirk das Bedürfnis für ein gerichtliches Tätigwerden bekannt ist. Die Voraussetzungen des § 50 Abs. 2 FamFG sind besonders streng zu prüfen (Musielak/*Borth* FamFG § 50 Rn. 7). Ist die Hauptsache in der Rechtsbeschwerdeinstanz anhängig, ist für den Erlass einer einstweiligen Anordnung wiederum das erstinstanzliche Gericht zuständig (Umkehrschluss aus § 50 Abs. 1 S. 2 Hs. 2; so auch Musielak/*Borth* FamFG § 50 Rn. 6 unter Hinweis auf die Begründung RegE, BT-Drs. 16/6308, 200).

2. Im FamFG hat der Gesetzgeber das Recht der einstweiligen Anordnung völlig neu geregelt. Einstweilige Anordnungsverfahren sind jetzt selbständige Verfahren. Die Anhängigkeit eines gleichartigen Hauptsacheverfahrens ist nicht mehr erforderlich. Auch wenn parallel ein Hauptsacheverfahren anhängig ist, bleibt es ein selbständiges Verfahren, ähnlich dem Arrest und der einstweiligen Verfügung. Der Erlass einer einstweiligen Anordnung setzt eine materielle Anspruchsgrundlage und eine verfahrensmäßige Grundlage voraus.

3. Ein Anwaltszwang besteht in Verfahren der einstweiligen Anordnung nicht, § 114 Abs. 4 Nr. 1 FamFG.

4. Für den Verfahrenswert bei der einstweiligen Anordnung gilt § 51 iVm § 41 FamGKG: Maßgebend ist für ein Hauptsacheverfahren Ehegattenunterhalt die Hälfte des für die ersten zwölf Monate nach Einreichung verlangten Betrages oder die Hälfte des Gesamtbetrages des künftig geforderten Unterhalts, falls dieser niedriger ist. Rückstände können mit der einstweiligen Anordnung nicht verlangt werden, so dass § 51 Abs. 2 FamGKG in der Praxis bei richtiger Handhabung keine Rolle spielt. Wird der Antrag später für eine Zeit nach Ablauf der ersten zwölf Monate erhöht oder ermäßigt, hat dies keinen Einfluss auf den Verfahrenswert. Beim Kindesunterhalt ist für den Fall, dass ein dynamisierter Kindesunterhalt geltend gemacht wird, der sich bei Einreichung des Antrags daraus errechnende Zahlbetrag für die Berechnung maßgebend. Beispiel (Düsseldorfer Tabelle Stand 1.1.2021): Werden zB 110 % des Mindestunterhalts der zweiten Altersstufe geltend gemacht, ergibt sich daraus ein monatlicher Unterhalt von 387,50 EUR (497–109,50 EUR). Entgegen dem missverständlichen Wortlaut wird nicht der Mindestunterhalt in Ansatz gebracht, sondern der verlangte Unterhalt (so schon zum alten Recht OLG Karlsruhe JurBüro 2001, 254; OLG Köln FamRZ 2002, 684). Der Verfahrenswert für ein Hauptsacheverfahren beträgt dann 4.104 EUR (342 EUR × 12 EUR) und für die einstweilige Anordnung die Hälfte daraus, somit 2.052 EUR.

5. Die Möglichkeit einer einstweiligen Anordnung Unterhalt beruht auf §§ 49, 246 FamFG. Aus § 246 FamFG ergibt sich, dass kein dringendes Bedürfnis für ein sofortiges Tätigwerden des Gerichts erforderlich ist, sondern der Anordnungsgrund schon bei einem einfachen Regelungsbedürfnis erfüllt ist (Musielak/*Borth* FamFG § 246 Rn. 1). Aus § 246 FamFG ergibt sich auch, dass nicht nur eine Sicherungsanordnung oder ein Notunterhalt möglich ist, sondern im Wege der Leistungsverpflichtung der volle Unterhalt zugesprochen werden kann. Trennung- und nachehelicher Unterhalt sind nicht identisch. Es stellt sich daher das Problem, ob eine einstweilige Anordnung zum Ehegattenunterhalt, die während der Trennung der Eheleute erlassen wurde, über die Rechtskraft der Ehescheidung hinaus fort wirkt. Wegen der Eigenständigkeit des Verfahrens der einstweiligen Anordnung gibt es – anders als zum alten Recht – keine Gründe mehr, die Wirkung der e. A. über die Scheidung hinaus reichen zu lassen. Daher ist ein Antrag auf Aufhebung gem. § 54 FamFG für die Zeit nach Rechtskraft der Scheidung möglich (Keidel/*Giers* FamFG § 246 Rn. 9; Thomas/Putzo/*Seiler* FamFG § 246 Rn. 3; *Christl* NJW 2012, 3334, 3335; AG Rosenheim FamRZ 2012, 1823; unklar Johannsen/Henrich/*Büte* FamR § 56 Rn. 3 (jedenfalls Aufhebung auf Antrag). Die Fälle des Außer-Kraft-Tretens der einstweiligen Anordnung sind in § 56 FamFG geregelt. Zum negativen Feststellungsantrag s. Musielak/Borth/*Borth* FamFG § 54 Rn. 16 und → Form. II.K.32. Die einstweilige Anordnung muss nicht zeitlich befristet werden, sie kann es aber, zB eine einstw. Anordnung Ehegattenunterhalt bis zur Rechtskraft der Scheidung (OLG Jena FamRZ 2011, 491; Keidel/*Giers* FamFG § 246 Rn. 7; *Viefhues* FuR 2015, 558, (561); *Löhning/Heiß* FamRZ 2009, 1101, (1103). Eine Befristung kann sich auch aus materiell rechtlichen Vorschriften ergeben, zB aus §§ 1579, 1578b BGB. Im Regelfall wird eine mündliche Verhandlung durchzuführen sein, § 246 Abs. 2 FamFG.

Die materiell rechtliche Grundlage für den Trennungsunterhalt ergibt sich aus § 1361 BGB und für den Kindesunterhalt aus §§ 1601, 1612a BGB.

6. Mit der einstweiligen Anordnung können grds. keine Unterhaltsrückstände geltend gemacht werden (hM, s. Musielak/*Borth* FamFG § 246 Rn. 6 mwN; OLG Hamm FamRZ 1980, 816 (817)). Ganz ausnahmsweise kann anderes gelten, wenn Verzug mit Unterhaltszahlungen besteht und der fehlende Unterhalt zur Zahlung rückständiger Miete verwendet werden soll (OLG Düsseldorf FamRZ 1987, 611; Musielak/*Borth* FamFG § 246 Rn. 6). Unterhalt kann über die einstweilige Anordnung ab dem Monatsersten nach Zustellung des Antrags zugesprochen werden, so wohl die überwiegende Meinung wegen § 1613 Abs. 1 S. 2 BGB. Rückstände für die Zeit bis dahin müssen im Wege eines gesonderten, nicht in den Verbund fallenden Hauptsacheantrages geltend gemacht werden.

7. Nach Trennung bis zur Rechtskraft der Scheidung kann der betreuende Elternteil den Unterhaltsanspruch des minderjährigen Kindes gegen den anderen Elternteil nur im eigenen Namen geltend machen (gesetzliche Verfahrensstandschaft, § 1629 Abs. 3 BGB). Der Antrag kann lauten auf Zahlung an das Kind . . . . . zu Händen des jeweiligen

Elternteils (so OLG Frankfurt a.M. FamRZ 1994, 1041) oder auf Zahlung an den jeweiligen Elternteil für das Kind (so OLG Hamm FamRZ 1990, 1375).

8. Endentscheidungen in Familienstreitsachen werden erst mit Rechtskraft wirksam und wären dann erst vollstreckbar, § 116 Abs. 3 S. 1 FamFG. Vergleichbar mit der vorläufigen Vollstreckbarkeit kennt das FamFG die Anordnung der sofortigen Wirksamkeit von Endentscheidungen, die in Unterhaltssachen angeordnet werden soll, § 116 Abs. 3 S. 3 FamFG. Für eine einstweilige Anordnung Unterhalt erübrigt sich eine solche Anordnung, da eine Beschwerde dagegen nicht möglich ist, § 57 FamFG, und einstweilige Anordnungen ihrer Natur nach stets mit ihrem Erlass wirksam und vollstreckbar sind, OLG Hamm FPR 2011, 232; LG Koblenz FuR 2017, 42; Prütting/Helms/*Dürbeck* § 53 Rn. 1.

9. Neben den materiell rechtlichen Auskunftsansprüchen kennt das FamFG erweiterte verfahrensrechtliche Auskunftspflichten der Beteiligten (§ 235 FamFG) und Dritter (§ 236 FamFG). Ob sich solche Anordnungen des Gerichts für das summarische, auf eine schnelle Titelerlangung gerichtete Verfahren der einstweiligen Anordnung eignen, erscheint fraglich (ebenso Musielak/*Borth* FamFG § 235 Rn. 1 für das vereinfachte Verfahren nach § 249 FamFG).

10. Während es sich im Unterhalts-Hauptsacheverfahren uU empfiehlt, den Elementar- und Vorsorgeunterhalt gesondert zu beziffern und zu begründen, ist es eine Frage des jeweiligen örtlichen Gerichtsgebrauchs, ob dies im einstweiligen Anordnungsverfahren notwendig, überhaupt möglich oder zweckmäßig ist: An sich handelt es sich um ein summarisches Verfahren, das einstweilige, dafür aber möglichst rasche Abhilfe schaffen soll. Viele Familienrichter halten einstweilige Anordnungsregelung für Vorsorge-Unterhalt nicht für „dringend", andere ermitteln jedoch bereits im einstweiligen Anordnungsverfahren (fast) genauso sorgfältig wie im Hauptsacheprozess, so dass die einstweilige Anordnung oft einer Endentscheidung gleichkommt.

11. Als selbständiges Verfahren enthält der Beschluss über die einstweilige Anordnung eine eigene Kostenentscheidung am Maßstab der Sonderregelung des § 243 FamFG, der die §§ 91 ff. ZPO, die gem. § 113 Abs. 1 FamFG eigentlich anzuwenden wären, verdrängt. § 243 Nr. 1 FamFG entspricht §§ 91, 92 ZPO; § 243 Nr. 2 FamFG gibt § 93d ZPO aF wieder.

12. Für die Vollstreckung der einstweiligen Anordnung bedarf es grds. keiner Vollstreckungsklausel, es sei denn, es soll für oder gegen andere als im Beschluss bezeichnete Beteiligte vollstreckt werden, § 53 FamFG. Da es kein Rechtsmittel gegen die einstweilige Anordnung in Unterhaltssachen gibt (§ 57 S. 1 FamFG), ist die Anordnung der sofortigen Wirksamkeit (§ 116 Abs. 3 FamFG) nicht erforderlich. Die Vollstreckung erfolgt gem. § 120 Abs. 1 FamFG nach den Vorschriften der ZPO.

13. Berechnet gemäß Düsseldorfer Tabelle, Stand 1.1.2021 mit einem Abschlag von einer Einkommensstufe, da drei Unterhaltsberechtigte zu berücksichtigen sind.

14. Da Verfahren der einstweiligen Anordnung selbständige Verfahren sind, gilt grds. für sie auch die Vorschrift des § 14 FamGKG zur Vorschusszahlung (streitig). Die Vorauszahlung beträgt 1,5 Gebühren, Nr. 1420 KV FamGKG. Besondere Bedeutung hat bei einstweiligen Anordnungen die Ausnahmevorschrift des § 15 FamGKG. Zu prüfen ist auch stets die Möglichkeit des Verfahrensvorschusses bzw. der Verfahrenskostenhilfe.

Kosten und Gebühren

15. → Form. II.K.26 Anm. 14.

Fristen und Rechtsmittel

16. → Anm. 8, sowie § 57 FamFG (also keine weiterführenden Rechtsmittel bei einstweiligen Unterhaltsanordnung) und → Form. II.K.31 → Form. II.K.32. Ist sie ohne mündliche Verhandlung ergangen, kann Antrag auf erneute Entscheidung nach mündlicher Verhandlung gestellt werden, § 54 Abs. 2 FamFG. Ansonsten bleibt nur der Abänderungsantrag innerhalb der Instanz gem. § 54 Abs. 1 FamFG. Für den Antragsgegner bleibt als Ausgleich dafür, dass die einstweilige Anordnung kein Hauptsacheverfahren mehr voraussetzt und die fehlende Beschwerdemöglichkeit der Weg, zu beantragen, dass der Beteiligte, zu dessen Gunsten die einstweilige Anordnung ergangen ist, binnen einer vom Gericht bestimmten Frist das Hauptsacheverfahren einleiten bzw. einen Verfahrenskostenhilfeantrag stellen muss. In Unterhaltssachen, die nur auf Antrag eingeleitet hat, muss das Gericht einem solchen Antrag nachkommen, § 53 Abs. 2 FamFG. Die Frist für die Einleitung der Hauptsache darf drei Monate nicht übersteigen. Bei Nichteinhaltung der gesetzten Frist ist die einstweilige Anordnung aufzuheben, § 52 Abs. 2 S. 3 FamFG. Eine einstweilige Unterhaltsanordnung tritt außer Kraft, soweit eine „anderweitige Regelung" wirksam wird, § 56 Abs. 1 FamFG. Die anderweitige Entscheidung muss den Unterhalt betreffen, der in der einstweiligen Anordnung geregelt ist. Die anderweitige Endentscheidung muss in Familienstreitsachen wirksam sein, dh rechtskräftig sein, soweit ihre Wirksamkeit nicht später eintritt, § 56 Abs. 1 FamFG. Eine anderweitige Endentscheidung ist auch ein Beschluss, in dem festgestellt wird, dass der Unterhaltsanspruch nicht besteht. Zu diesem sog negativen Feststellungsantrag → Form. II.K.32. Ein Abänderungsantrag nach § 238 FamFG gegen eine einstweilige Anordnung ist nicht zulässig, da § 238 FamFG nur für Endentscheidungen, die eine abschließende Regelung zum Unterhalt beinhalten, anwendbar ist (vgl. zu § 323 ZPO: BGH FamRZ 1983, 892). Zur Möglichkeit der Aufhebung einer im Trennungszeitraum ergangenen einstweiligen Anordnung zum Ehegattenunterhalt nach Rechtskraft der Scheidung → Anm. 5.

31. Antrag auf Abänderung und mündliche Verhandlung über einstweilige Anordnung

An das **. . . . ., den . . . . .**

Amtsgericht[1]
– Familiengericht –

Antrag

In der Familiensache
der . . . . .
– Antragstellerin –
Verfahrensbevollmächtigter: Rechtsanwalt . . . . .[2]
gegen
. . . . .
– Antragsgegner –

Verfahrensbevollmächtigter: Rechtsanwalt . . . . .[2]
wegen Abänderung einstweiliger Anordnung über Ehegatten- und Kindesunterhalt[3]
Aktenzeichen: . . . . .
zeige ich an, dass ich den Antragsgegner vertrete; Bevollmächtigung wird versichert. Namens und im Auftrag des Antragsgegners wird mündliche Verhandlung und der Erlass folgenden Abänderungsbeschlusses beantragt:

I. Der Beschluss des Amtsgerichts – Familiengerichts – . . . . . vom . . . . . wird in Ziff. III. aufgehoben.
II. In Ziff. I. und II. wird der vorbezeichnete Beschluss dahin abgeändert, dass der Antragsgegner an die Antragstellerin als Ehegattenunterhalt monatlich . . . . . EUR und für das gemeinsame eheliche minderjährige Kind . . . . . monatlich . . . . . EUR zu bezahlen hat.
III. Die Vollstreckung des vorbezeichneten Beschlusses in Ziff. III. wird ausgesetzt.[10]
IV. Die Vollstreckung des Beschlusses in Ziff. I u. II wird ausgesetzt, soweit der titulierte Betrag in Ziff. I einen monatlichen Unterhalt von . . . . . EUR und in Ziff. II von . . . . . EUR übersteigt.[10]
V. Die Antragstellerin trägt die Kosten des Verfahrens.[5]

Begründung:

1. Das Familiengericht hat dem Antragsgegner im Wege einstweiliger Anordnung durch ohne mündliche Verhandlung ergangenen Beschluss[6] vom . . . . . die Zahlung eines monatlichen Unterhalts auferlegt von . . . . . EUR an seine getrennt lebende Ehefrau, die Antragstellerin, und von . . . . . EUR an das bei dieser lebende gemeinsame eheliche, minderjährige Kind . . . . ., geb. am . . . . . (Ziff. I. u. II.), ferner die Leistung eines Verfahrenskostenvorschusses für ein von der Antragstellerin beabsichtigtes Hauptsacheverfahren Unterhalt iHv . . . . . EUR (Ziff. III. des Beschlusses). Gem. § 54 Abs. 2 FamFG wird hiermit beantragt, nach mündlicher Verhandlung erneut zu entscheiden.[4]
2. Dem ohne mündliche Verhandlung ergangenen Beschluss wurde eine eidesstattliche Versicherung der Antragstellerin zugrunde gelegt, wonach der Antragsgegner derzeit über ein monatliches Nettoeinkommen von . . . . . EUR verfüge, während die Antragstellerin kein nennenswertes Einkommen habe.
3. Diese Angaben der Antragstellerin mögen im Zeitpunkt ihres Antrages auf einstweilige Anordnung zutreffend gewesen sein; inzwischen sind jedoch in den Einkommensverhältnissen des Antragsgegners und in den Vermögensverhältnissen der Antragstellerin wesentliche Veränderungen eingetreten:[7]
   a) Der Antragsgegner wurde aus seiner Arbeitsstelle fristlos entlassen. Ob und wann er – nach Ablauf der vom Arbeitsamt gegen ihn verhängten Sperrfrist von . . . . . – überhaupt Arbeitslosengeld und in welcher Höhe beziehen wird, ist derzeit zwischen dem Antragsgegner und dem zuständigen Arbeitsamt strittig, jedenfalls ist der Antragsgegner derzeit ohne Einkommen.

      Glaubhaftmachung: Schreiben Arbeitsamt . . . . . an Ag. vom . . . . .;
      eidesstattliche Versicherung Ag. vom . . . . . (insb. Ziff. 1.).

   b) Dagegen hat die Antragstellerin einige Tage nach Erlass des angefochtenen Beschlusses den oberen Teil des von den Beteiligten gemeinsam gemieteten, vom Antragsgegner nicht mehr bewohnten Reihenhauses an ein Ehepaar . . . . . für monatlich . . . . . untervermietet und von ihren Eltern inzwischen eine Geldzuwendung in der stattlichen Höhe von . . . . . EUR erhalten und nach eigener Aussage zinsbringend angelegt. Der Antragsgegner, obwohl derzeit ohne jedes Einkommen, ist zwar bemüht, immerhin einen geminderten Unterhalt zu bezahlen.

Bei den jetzt gegebenen eigenen Einkünften ist jedoch auch die Antragstellerin verpflichtet, auf diese Einkünfte und Vermögenswerte für sich und das gemeinsame Kind zurückzugreifen.[8]

4. Ferner entspricht die Leistung eines Verfahrenskostenvorschusses durch den Antragsgegner bei dieser Situation nicht mehr der Billigkeit und den Grundsätzen der § 1361 Abs. 4, § 1360a Abs. 4 BGB.[9]

Der ohne mündliche Verhandlung ergangene Beschluss ist daher antragsgemäß abzuändern.

Rechtsanwalt[11, 12]

Anmerkungen

1. Für das Verfahren auf erneute Entscheidung über die einstweilige Anordnung nach mündlicher Verhandlung gem. § 54 Abs. 2 FamFG ist das Gericht weiter zuständig, das den Beschluss erlassen hat.

2. Ein Anwaltszwang besteht im Verfahren der einstweiligen Anordnung und im Abänderungsverfahren nicht, § 114 Abs. 4 Nr. 1 FamFG.

3. Der Antrag auf erneute Entscheidung nach mündlicher Verhandlung setzt voraus, dass über den Anordnungsantrag ohne mündliche Verhandlung entschieden worden ist, § 54 Abs. 2 FamFG. Ansonsten bleibt der allgemeine Abänderungsantrag nach § 54 Abs. 1 FamFG, der jederzeit gestellt werden, auch wiederholt, falls neue Tatsachen vorliegen (sonst fehlt das Rechtsschutzbedürfnis für eine wiederholte Überprüfung Musielak/*Borth* FamFG § 54 Rn. 9 unter Hinweis auf OLG Karlsruhe FamRZ 1989, 642; OLG Zweibrücken FamRZ 1986, 1229 (1230)). Die Aufhebung oder Abänderung der einstweiligen Anordnung setzt nicht voraus, dass eine nachträgliche Änderung der Sach- oder Rechtslage eingetreten ist. Es findet eine umfassende Überprüfung der Ausgangsentscheidung statt (Musielak/*Borth* FamFG § 54 Rn. 6). Eine abändernde oder aufhebende Entscheidung kann auch rückwirkend erfolgen. Die Anträge nach § 54 FamFG sind zu unterscheiden von anderen Vorgehensweisen. Hat der Antragsteller mit seinem Antrag keinen (vollen) Erfolg kann er statt einer Abänderung oder Neuentscheidung nach mündlicher Verhandlung auch einen Hauptsacheantrag stellen.

Dem Antragsgegner bleiben folgende Möglichkeiten:

- Anträge nach § 54 FamFG. Bestätigt das Gericht daraufhin seine Entscheidung, ist keine Beschwerde möglich, § 57 S. 1 FamFG.
- Antrag nach § 52 Abs. 2 FamFG, so dass das Gericht dem Antragsteller eine Frist zur Einleitung des Hauptsacheverfahrens setzen wird
- Einleitung eines Hauptsacheverfahrens auf Feststellung, dass ein Unterhaltsanspruch nicht oder nicht in voller Höhe besteht (negativer Feststellungsantrag), ggf. verbunden mit einem hilfsweisen Antrag auf Rückzahlung des gezahlten Unterhalts (zum Ausschluss des Entreicherungseinwandes nach § 818 Abs. 3 BGB, → Form. II.K.32; streitig ist, ob für einen negativen Feststellungsantrag das Rechtsschutzbedürfnis besteht, wenn die einstweilige Anordnung ohne mündliche Verhandlung erlassen wurde und nicht alle Möglichkeiten des § 54 FamFG ausgeschöpft worden sind. Denn insoweit sei der Antrag nach § 54 Abs. 2 FamFG vorrangig. Ein Rechtsschutzbedürfnis wird man jedenfalls dann nicht verneinen können, wenn der Unterhaltspflichtige seine Einwendungen im Eilverfahren vorgebracht hatte und das Gericht die Einstweilige Anordnung nach mündlicher Verhandlung erlassen hatte (Musielak/*Borth* FamFG § 54 Rn. 15).
- Denkbar ist auch ein Vollstreckungsgegenantrag nach § 767 ZPO, wenn rechtsvernichtende oder rechtshemmende Einwendungen (Erfüllung, Stundung, Verzicht auf die Rechte aus dem Titel) bestehen.

4. Das Abänderungsverfahren nach § 54 Abs. 2 FamFG setzt das ursprüngliche Anordnungsverfahren fort.

5. Die Kostenentscheidung richtet sich nach § 243 FamFG.

6. Zulässigkeitsvoraussetzung des Abänderungsantrages nach § 54 Abs. 2 FamFG ist vorherige Entscheidung ohne mündliche Verhandlung; → Form. II.K.26 Anm. 5.

7. → Anm. 3.

8. Auf die Verwertung des Stammes des Vermögens darf der getrennt lebende unterhaltsberechtigte Ehegatte nur ausnahmsweise verwiesen werden (vgl. Palandt/*von Pückler* BGB § 1361 Rn. 21 mwN).

9. Da eine einstweilige Anordnung auf Verfahrenskostenvorschuss nur eine vorläufige Regelung ist, kann diese – nach § 54 FamFG überprüfbar – bei Änderung der tatsächlichen Voraussetzungen wieder entfallen oder gar rückzahlbar werden (vgl. Palandt/*von Pückler* BGB § 1360a Rn. 19–21 mwN). Dies ist insb. der Fall, wenn der Rechtsstreit vor Zahlung beendet ist (BGH NJW 1985, 2265). Offen ist, ob das auch dann gilt, wenn vorher Verzug eingetreten ist, → Form. II.K.26 Anm. 6. Zur Höhe des Verfahrenskostenvorschusses: OLG München FamRZ 1987, 301: wie nach §§ 9 RVG, also: in der Regel jetzt Verfahrens- und Terminsgebühr zzgl. Unkostenpauschale und MwSt, zzgl. des einzubezahlenden Gerichtskostenvorschusses oder der anfallenden Gerichtskosten einschl. ggf. anfallender Sachverständigenkosten oÄ. Für den beabsichtigten Scheidungsantrag müssen zwei Gerichtsgebühren als Gerichtskostenvorschuss einbezahlt werden, § 14 Abs. 1 FamGKG, 1110 KV FamGKG. Es können zugleich auch die Kosten, die für das einstweilige Anordnungsverfahren selbst anfallen, geltend gemacht werden, OLG Frankfurt a. M. FamRZ 1979, 732; Musielak/*Borth* FamFG § 246 Rn. 33.

10. Ein Abänderungsantrag hemmt die Vollstreckung der einstweiligen Anordnung nicht. Gem. § 55 FamFG kann beantragt werden, die Vollstreckung der einstweiligen Anordnung auszusetzen oder zu beschränken. Die Entscheidung ergeht nach pflichtgemäßem Ermessen des Gerichts, insb. unter Berücksichtigung der Erfolgsaussichten des Abänderungsantrages. Das Gericht kann die weitere Vollstreckung von einer Sicherheitsleistung oder der Erfüllung von Auflagen abhängig machen (Musielak/*Borth* FamFG § 55 Rn. 2). Gegen den Aussetzungsbeschluss ist kein Rechtsmittel möglich.

Kosten und Gebühren

11. Da auch dieser Verfahrensabschnitt zum gleichen Rechtszug gehört: Keine zusätzlichen Gerichtskosten und Anwaltsgebühren (→ Form. II.K.26 Anm. 14), aber uU jetzt als weitere RA-Gebühr die Terminsgebühr nach VV 3104 RVG.

Fristen und Rechtsmittel

12. Gegen einstweilige Anordnungen auf Grund mündlicher Verhandlung in Unterhaltssachen gibt es keine Beschwerdemöglichkeit. Sie besteht nur in den in § 57 FamFG genannten Verfahren. Möglich ist ein negativer Feststellungsantrag mit der die Unterhaltsanordnung außer Kraft gesetzt werden kann, soweit noch kein Hauptsacheantrag auf Unterhalt rechtshängig ist (anderweitige Regelung iSd § 56 Abs. 1 S. 1 FamFG); → Form. II.K.32.

32. Negativer Feststellungsantrag bei Fortbestand einstweiliger Anordnung und Antrag auf Rückzahlung überzahlten Unterhalts

An das ….., den …..

Amtsgericht
Familiengericht[1] –
Feststellungs[2]– mit Rückforderungsantrag[3] und Antrag auf einstweilige Einstellung der Vollstreckung
In Sachen
des …..
– Antragsteller –
Verfahrensbevollmächtigte:[4] RA …..
gegen
…..
– Antragsgegnerin –
wegen Feststellung und Rückforderung[2, 3]
vorläufiger Verfahrenswert:[5] ….. EUR
wird namens und im Auftrag des Antragstellers unter Vorlage einer Originalvollmacht folgendes beantragt:

I. Es wird festgestellt, dass der Antragsteller der Antragsgegnerin aus der einstweiligen Anordnung des Amtsgerichts – Familiengerichts – ….. v. 21.7.2020 mit Wirkung ab ….. keinen Unterhalt mehr schuldet.

II. Hilfsweise[3] für den Fall und im Umfang der Begründetheit des Antrages nach Nr. 1 wird beantragt, die Antragsgegnerin zu verpflichten, den vom Antragsteller an die Antragsgegnerin für die Zeit ab ….. monatlich bezahlten Ehegattenunterhalt iHv monatlich 900 EUR an den Antragsteller zurückzubezahlen.

III. Die Antragsgegnerin hat die Kosten[6] des Verfahrens zu tragen.

IV. Die sofortige Wirksamkeit des Beschlusses wird angeordnet.[7]
Zugleich stelle ich für den Antragsteller folgenden Antrag:[8]
Die Vollstreckung aus der einstweiligen Anordnung des Amtsgerichts – Familiengerichts – ….. v. 21.7.2020 wird, soweit sie sich auf Ansprüche ab dem ….. bezieht, einstweilen eingestellt.

Begründung:

1. Die Beteiligten haben am 5.5.2008 die Ehe geschlossen. Aus der Ehe sind keine Kinder hervorgegangen. Die Beteiligten leben seit Anfang 2019 getrennt. Das Amtsgericht – Familiengericht – ….. hatte auf Antrag der Antragsgegnerin dem Antragsteller durch einstweilige Anordnung v. 21.7.2020 nach mündlicher Verhandlung auferlegt, an die Antragsgegnerin einen monatlichen Ehegattenunterhalt von 900 EUR mit Wirkung ab 1.5.2020 zu bezahlen. Dieser Beschluss besteht fort bis heute und konnte bisher auch nicht durch eine anderweitige Regelung ersetzt werden.

2. Das Familiengericht ging damals davon aus, dass die seinerzeit nicht erwerbstätige Antragsgegnerin trotz Bemühungen eine Erwerbstätigkeit in naher Zukunft nicht finden werde und dass der Antragsteller damals über ein monatliches Durchschnitts-Nettoeinkommen von (umgerechnet) 2.400 EUR verfügte. Der Antragsteller zahlte diese monatliche Unterhaltsrente von 900 EUR regelmäßig, da er von der Antragsgegnerin hierzu mehrfach unter Androhung der Vollstreckung aufgefordert wurde.

3. **Er musste jedoch dann vor drei Monaten seine Zahlungen einstellen, weil sich die beiderseitigen wirtschaftlichen Verhältnisse wesentlich geändert haben. Insbes. hat die Antragsgegnerin seit vier Monaten, wie der Antragsteller inzwischen erfahren hat, eine Ganztagsbeschäftigung für monatlich netto 1.500 EUR aufgenommen. Außerdem ist der Antragsteller wegen Insolvenz seines Arbeitgebers vor drei Monaten arbeitslos geworden und bezieht bis heute lediglich ca. 600 EUR netto an Arbeitslosengeld. Zudem ist er mit erheblichen Rückzahlungsverpflichtungen aus der Ehezeit zusätzlich belastet. IE: . . . . .**

   Glaubhaftmachung: . . . . .
4. **Obwohl der Antragsgegner daher spätestens seit dem . . . . . gegenüber dem Antragsteller kein Ehegattenunterhalt mehr zusteht, hat diese trotz Gegenvorstellungen des Antragstellers aus der einstweiligen Anordnung vom . . . . . die Vollstreckung eingeleitet.**
   Da nach herrschender Meinung die Rechtsbehelfe des Vollstreckungsgegenantrages (§ 767 ZPO) und des Abänderungsantrags (§ 238 FamFG) gegen die fortbestehende einstweilige Anordnung nicht gegeben sind und ein Abänderungsantrag gem. § 54 FamFG keine Beschwerdemöglichkeit eröffnet, steht dem Antragsteller hiergegen der hier erhobene negative Feststellungsantrag zur Verfügung, und zwar auch rückwirkend.[3]
5. **Zugleich wird hilfsweise für den Fall der Begründetheit des Feststellungsantrages der Anspruch auf Rückzahlung des ab dem . . . . . monatlich zur Abwendung der Vollstreckung bis zum Abschluss des Verfahrens weiter gezahlten Unterhalts geltend gemacht.**
6. **Unabhängig davon, welche der in Betracht kommenden Vorschriften (§§ 707, 719, 769 ZPO iVm § 120 FamFG)[8] insoweit entsprechend anzuwenden sind, ist im Rahmen dieses negativen Feststellungsantrages auch vorläufiger Rechtsschutz auf einstweilige Einstellung der Vollstreckung aus der einstweiligen Anordnung möglich[6] und hier nach Sachlage geboten, weil . . . . .**

Verfahrensgebühren iHv . . . . . EUR sind eingezahlt; eine Kopie des Überweisungsbeleges ist beigefügt.
Rechtsanwalt[9, 10]

Anmerkungen

1. Der Fall des Form. betrifft materiell rechtlich die gesetzliche Unterhaltspflicht auf Trennungsunterhalt zwischen Ehegatten (§§ 1361 BGB), über welche – wie in der Praxis nicht selten – in der Hauptsache selbst nicht entschieden wurde, wohl aber durch einstweilige Anordnung (→ Form. II.K.30). Der Antrag auf Feststellung, dass kein Unterhaltsanspruch (mehr) besteht, ist Unterhaltssache iSd § 231 FamFG, ebenso der Antrag auf Rückzahlung überzahlten Unterhalts aus ungerechtfertigter Bereicherung, weil die Anträge ihre Wurzeln im materiellen Unterhaltsrecht (Sachzusammenhang) haben, auch wenn die konkrete Anspruchsgrundlage nicht unmittelbar zum Familienrecht gehört (zB § 812 BGB), sa Musielak/*Borth* FamFG § 231 Rn. 7 f. Sachlich zuständig ist das Amtsgericht, § 23a Abs. 1 Nr. 1 GVG, § 111 Nr. 8 FamFG, dort das Familiengericht, § 23b GVG. Die ausschließliche örtliche Zuständigkeit ergibt sich aus § 232 FamFG.

2. Die hier fortbestehende (§ 56 FamFG) einstweilige Anordnung ist nicht Endentscheidung, so dass kein Abänderungsantrag gem. § 238 FamFG möglich ist und sie ist gem. § 57 FamFG unanfechtbar. Die – normalerweise stets offene – Möglichkeit eines Abänderungsantrags über § 54 Abs. 1 FamFG bleibt in der ersten Instanz, weil auch die Abänderungsentscheidung unanfechtbar ist. Die einstweilige Anordnung erwächst nicht in materielle Rechtskraft. Der BGH lässt seit der Entscheidung v. 9.2.1983, NJW 1983, 1330 (BGH NJW 1991, 705) den negativen Feststellungsantrag für den eine Herabsetzung oder Beseitigung begehrenden Unterhaltsschuldner, aber auch Leistungsantrag (Nachforderungsklage) für den Unterhaltsgläubiger zu, und zwar auch rückwirkend für vergangene Zeiträume ab Beginn der einstweiligen Anordnung (wegen fehlender materieller Rechtskraftwirkung s. Musielak/*Borth* FamFG § 54 Rn. 15, ebenso BGH FamRZ 1989, 850). Diese Hauptsacheverfahren führen dann zu der „anderweitigen Regelung" durch welche die einstweilige Anordnung außer Kraft tritt (§ 56 Abs. 1 S. 1 FamFG; sa Musielak/*Borth* FamFG § 54 Rn. 15 f.).

3. Die gleiche Wirkung hat der Rückforderungsantrag über §§ 812, 818 Abs. 4 BGB. Der Vollstreckungsabwehrantrag (§§ 767, 795 ZPO) gegen eine einstweilige Anordnung nach mündlicher Verhandlung bleibt zwar erhalten, ist aber auf bestimmte Arten von Einwendungen begrenzt, die uU auch von der Präklusion bedroht sind, vgl. zB BGH FamRZ 1985, 802, → Form. II.K.31 Anm. 3. Nach früherer Gesetzeslage vor dem 1.9.2009 war die Stellung des negativen Feststellungsantrages nicht auseichend, um die verschärfte Haftung nach § 814 Abs. 4 BGB und damit den Ausschluss des Entreicherungseinwandes gem. § 818 Abs. 3 BGB auszuschließen. Vielmehr musste der Rückforderungsantrag rechtshängig sein. Ob in analoger Anwendung des § 241 FamFG nunmehr schon der negative Feststellungsantrag ausreicht (so Musielak/*Borth* FamFG § 241 Rn. 4; aA *van Els* FPR 2013, 535), ist ungeklärt, so dass sich weiterhin der zusätzliche Rückforderungsantrag dringend empfiehlt. Jedenfalls erspart dies ein später uU notwendig werdendes zweites Gerichtsverfahren. Den Antrag auf Rückforderung erst künftig gezahlter wiederkehrender Leistungen hat der BGH gem. § 258 ZPO als zulässig erachtet (BGH NJW 1992, 2415 (2417)). Zur Vermeidung von Kostennachteilen kann dies hilfsweise für den Fall der Begründetheit des Feststellungsantrages geschehen (BGH NJW 1992, 2415 (2417)). Der Hilfsantrag wird (auflösend bedingt) rechtshängig iSd § 818 Abs. 4 BGB (Musielak/Voit/*Foerste* ZPO § 260 Rn. 4b). Ist der Feststellungsantrag unbegründet, tritt die Bedingung nicht ein, so dass über den Hilfsantrag nicht entschieden werden muss und er sich nicht streitwerterhöhend auswirkt (§ 39 Abs. 1 S. 2 FamGKG). Wegen des drohenden Entreicherungseinwandes (§ 818 Abs. 3 BGB) wird es oft zweckmäßig sein, den Rückforderungsantrag nur für die Zeit ab Rechtshängigkeit des Antrages zu stellen.

4. Es besteht Anwaltszwang gem. §§ 114 Abs. 1, 112 Nr. 1, 231 Abs. 1 Nr. 2 FamFG.

5. Für den Gegenstandswert gilt § 51 FamGKG. Der Hilfsantrag erhöht den Gegenstandswert nur, wenn über ihn entschieden wird, § 39 Abs. 1 S. 2 FamGKG. Soweit der Zeitraum der Feststellung und der Rückforderung identisch ist, erfolgt keine Zusammenrechnung; es wird der höhere Wert zugrundegelegt. Für Zeiträume, die nicht identisch sind, sich also nur einer der Anträge darauf bezieht (zB rückwirkende Feststellung) wird addiert, § 39 Abs. 1 S. 3 FamGKG; vgl. *Groß*, Anwaltsgebühren in Ehe- und Familiensachen, 2014, § 8 Rn. 55 mwN.

6. Die Kostenregelung folgt § 243 FamFG, weil beide Anträge zu den Unterhaltssachen gehören. → Anm. 1.

7. Es ist ungeklärt, ob die sofortige Wirksamkeit der negativen Feststellung angeordnet werden kann. Die Entscheidung über das Bestehen oder Nichtbestehen des Unterhaltsanspruchs wird erst mit Rechtskraft wirksam (§ 116 Abs. 3 FamFG); für Unterhaltssachen, zu denen auch dieser Feststellungsantrag gehört sieht § 116 Abs. 3 FamFG die Möglichkeit vor, die sofortige Wirksamkeit anzuordnen. Das spricht grds. für die Zulässigkeit einer solchen Anordnung. Nach anderer Ansicht widerspreche es jedoch dem Regelungszweck des § 56 FamFG einen regelungslosen Zeitraum zu vermeiden, der dann entstehen könne, wenn gegen den für sofort wirksam erklärten Feststellungsbeschluss, der das Nichtbestehen des Unterhaltsanspruchs feststellt, Beschwerde eingelegt wird. Deswegen gelte die Rspr. des BGH zum alten Recht, dass auf die Rechtskraft der

Hauptsacheentscheidung abzustellen sei, weiter (Musielak/*Borth* FamFG § 56 Rn. 10 unter Verweis auf BGH NJW 1991, 705). Es empfiehlt sich für den Antragsteller jedoch wegen der ungeklärten Rechtsfrage sehr, einen entsprechenden Antrag zu stellen, zumal er nicht sicher davon ausgehen kann, dass das Gericht seinem Antrag auf einstweilige Einstellung der Vollstreckung stattgeben wird.

8. Die Möglichkeit des Einstellungsantrages ergibt sich aus §§ 120 Abs. 2 FamFG iVm §§ 707, 719, 769 ZPO analog. Schon zum alten Recht hatte der BGH für die negative Feststellungsklage die Möglichkeit der einstweiligen Einstellung analog §§ 707, 719, 769 ZPO bejaht (BGH FamRZ 1983, 355). Über die Einstellung und Beschränkung der Vollstreckung entscheidet das Gericht erster Instanz. Die Entscheidung zu § 120 Abs. 2 FamFG ergeht nur auf Antrag. Der Antrag muss daher in erster Instanz vor Schluss der mündlichen Verhandlung (§ 714 Abs. 1 ZPO) gestellt werden. Eine Nachholung ist nicht möglich. Die Tatsachen, die für die Schutzanordnung sprechen, müssen unstreitig sein oder glaubhaft (§ 294 ZPO) gemacht werden (§ 120 Abs. 2 S. 2 FamFG). Das Gericht hat kein Ermessen bei der Entscheidung. Liegen die Voraussetzungen vor, muss eine Einstellung oder Beschränkung der Vollstreckung erfolgen. Die Entscheidung ist in den Tenor aufzunehmen.

Streitig ist, ob eine Einstellung der Vollstreckung gegen Sicherheitsleistung des Verpflichteten zulässig ist, vergleichbar §§ 717, 707 ZPO, oder ob eine Beschränkung in der Gestalt zulässig ist, dass der Berechtigte die Vollstreckung nur gegen Sicherheitsleistung durchführen darf bzw. die sofortige Wirksamkeit nur gegen Sicherheitsleistung möglich ist. Dafür sprechen sich aus: *Rasch* FPR, 2010, 150 (152); HK-ZV/*Giers/Bachmann* FamFG Rn. 78; Thomas/Putzo/*Seiler* FamFG § 120 Rn. 7 offen gelassen haben es *Giers* FamRB 2009, 87 (88); Bork/Jacoby/Schwab/*Althammer,* FamFG, 2. Aufl. 2013, § 95 Rn. 11; dagegen sprechen sich aus: Musielak/*Borth* FamFG § 120 Rn. 2 f.; Prütting/Helms/*Helms,* FamFG, § 120 Rn. 8; *Griesche* FamRB 2009, 258. Die Möglichkeit, die Vollstreckung nur gegen Sicherheitsleistung zuzulassen oder sie gegen Sicherheitsleistung des Verpflichteten einzustellen, wäre eine vernünftige und praktikable Lösung, die schon bisher den gegensätzlichen Interessen gerecht geworden ist. Dem ist aber entgegenzuhalten, dass der Gesetzgeber bewusst eine Systemänderung in Abweichung zu den §§ 708 ff. ZPO vorgenommen hat, die bindend ist, mit dem Ziel, die Gläubigerstellung zu stärken. Daher ist – was bedauerlich ist – die Möglichkeit der Beschränkung der Vollstreckung über die Anordnung einer Sicherheitsleistung nicht eröffnet (OLG Bremen FamRZ 2011, 322; OLG Hamm FamRZ 2011, 589).

Streitig ist, ob in Familienstreitsachen das Beschwerdegericht die Vollstreckung einstweilen gem. § 120 Abs. 2 FamFG einstellen darf, wenn in erster Instanz kein Antrag auf Beschränkung gestellt worden war. Verneinend: OLG Frankfurt a. M. NJW-RR 2011, 1303, vermittelnd: OLG Hamm FamRZ 2011, 1678: es hält zwar einen Antrag aus 120 Abs. 2 S. 2 FamFG ebenfalls für unzulässig, will aber einen Antrag aus § 120 Abs. 2 S. 3 FamFG, § 719 ZPO zulassen. Bejahend: OLG Rostock FamRZ 2011, 306; OLG Bremen FamRZ 2011, 322. Der letzteren Ansicht ist zuzustimmen.

Kosten und Gebühren

9. → Form. II.K.4, → Form. II.K.13.

Fristen und Rechtsmittel

10. Befristete Beschwerde, §§ 58, 63 FamFG, einzulegen beim Gericht erster Instanz binnen eines Monats § 64 Abs. 1 FamFG; die Frist zur notwendigen Beschwerdebegründung beträgt zwei Monate ab Bekanntgabe des Beschlusses, § 117 Abs. 1 S. 2 FamFG; die Beschwerdebegründung ist beim Beschwerdegericht einzureichen, § 117 Abs. 1 S. 2 FamFG; zuständig für das Beschwerdeverfahren ist das OLG, § 119 Abs. 1 Nr. 1a GVG; → Form. II.K.34.

33. Befristete Beschwerde gegen einstweilige Anordnung in Familiensachen des FamFG

An das **. . . . ., den . . . . .**

AG . . . . .
– Familiengericht[2] –

Befristete Beschwerde[1]

In der Ehesache
. . . . .
– Antragstellerin und Beschwerdegegnerin –
Verfahrensbevollmächtigter: RA . . . . .[3]
gegen
. . . . .
– Antragsgegner und Beschwerdeführer –
Verfahrensbevollmächtigte:[3] RA . . . . .
wegen Zuweisung der Ehewohnung
Beschwerdewert: . . . . . EUR[4]
Az. des Familiengerichts: . . . . .
lege ich namens und in vorgelegter Verfahrensvollmacht für den Antragsgegner und Beschwerdeführer gegen die einstweilige Anordnung des Amtsgerichts – Familiengerichts – . . . . . obigen Aktenzeichens vom . . . . ., zugestellt am . . . . ., befristete Beschwerde ein mit folgenden Anträgen:

I. Die einstweilige Anordnung des Amtsgerichts – Familiengerichts – . . . . . vom . . . . . wird aufgehoben. Der Antrag der Antragstellerin wird abgewiesen.

II. Die Antragstellerin und Beschwerdegegnerin hat die Kosten[7] des Verfahrens zu tragen.

Begründung:[1]

1. Zwischen den Beteiligten, kinderlose Eheleute, welche seit dem . . . . . in der gemeinsamen ehelichen Wohnung in . . . . . im Anwesen . . . . . getrennt leben, ist seit dem . . . . . unter dem Az.: . . . . . beim Familiengericht . . . . . das Scheidungsverfahren anhängig. Unter dem oben genannten Aktenzeichen war auf Betreiben der Antragstellerin auch ein Verfahren auf vorläufige Zuweisung der ehelichen Wohnung (Mietwohnung) auf die Antragstellerin allein anhängig.
Das Getrenntleben in der gemeinsamen ehelichen Wohnung gestaltete sich zwar schwierig, weil insb. die Antragstellerin wiederholt in den getrennten Wohnungsbereich des Antragsgegners einzudringen versuchte.
Einzelheiten: . . . . .
Der Antragsgegner hat sich aber trotz aller Differenzen sehr bemüht, die Situation so erträglich wie möglich zu halten, und sich hierbei nichts zu Schulden kommen lassen.

2. Die Antragstellerin hat es jedoch unter Berufung auf § 1361b BGB und das Gewaltschutzgesetz, für richtig gehalten, mit Antrag vom . . . . . sowie einem inhaltlich

unzutreffenden, nur durch ihre eigene eidesstattliche Versicherung vom gleichen Tag belegten Tatsachenvortrag, das Familiengericht zu veranlassen, durch eine hiermit angegriffene einstweilige Anordnung nach mündlicher Verhandlung[5] am ..... die gemeinsame Ehewohnung der Antragstellerin alleine zuzuweisen und dem Antragsgegner jegliches Betreten der Wohnung mit sofortiger Wirkung zu untersagen.
IE: .....

3. Die von der Antragstellerin dabei behaupteten angeblichen Übergriffe des Antragsgegners (mehrfache schwere körperliche Misshandlungen und Bedrohungen) haben jedoch entweder nicht stattgefunden oder sich so wie von der Antragstellerin behauptet nicht abgespielt, vielmehr .....
Einzelheiten: .....
Beweismittel: .....
In der sehr kurzfristig anberaumten mündlichen Verhandlung[5] vom ..... des Familiengerichts war der Antragsgegner außer Stande, sich ordnungsgemäß zu verteidigen und den obigen Tatsachenvortrag[6] nebst Beweismitteln vorzubringen, weil .....

4. Der Antragsgegner ist wirtschaftlich und praktisch außer Stande, sich auch nur im weiteren Bereich seiner Teilzeitarbeitsstelle in ..... mit unregelmäßigem Schichtdienst kurzfristig eine andere Wohnung zu nehmen oder auch nur zu finden. Eine vorübergehende Unterkunft zB in einer Pension kann er sich wirtschaftlich ebenfalls nicht leisten. Zudem hat er wegen des gerichtlichen Betretungsverbots nicht einmal Zugang zu seinen persönlichen Gegenständen in der Ehewohnung.
IE: .....

5. Die angefochtene einstweilige Anordnung ist daher auf Grund unrichtiger Tatsachen und unter fehlerhafter Beurteilung des Begriffs der „unbilligen Härte", sowie unter Verletzung der Grundsätze eines ausreichenden rechtlichen Gehörs ergangen und insgesamt aufzuheben.

6. Eine selbständige Kostenentscheidung ist hier möglich und erforderlich, weil .....[7]

Rechtsanwalt[8, 9]

Anmerkungen

1. Im Grundsatz gilt: Gegen erstinstanzliche Endentscheidungen des Familiengerichts findet die befristete Beschwerde statt, sofern durch Gesetz nichts anderes bestimmt ist. Die einfache, unbefristete Beschwerde nach altem Recht gibt es nicht mehr. Im Gegensatz zu Endentscheidungen sind bloße Zwischen- und Nebenentscheidungen nicht anfechtbar, es sei denn, das FamFG lässt eine Beschwerde ausdrücklich zu (zB gegen einen Beschluss auf Abweisung eines Befangenheitsantrages gem. § 6 Abs. 2 FamFG). Die Beschwerdefrist beträgt – soweit gesetzlich keine andere Frist bestimmt ist – einen Monat, § 63 Abs. 1 FamFG. Beschwerden gegen eine einstweilige Anordnung oder gegen einen Beschluss, der die Genehmigung eines Rechtsgeschäftes zum Gegenstand hat, können nur binnen zwei Wochen angefochten werden, § 63 Abs. 2 FamFG. Die Frist beginnt mit schriftlicher Bekanntgabe des Beschlusses an den jeweiligen Beteiligten, also nicht erst mit der Zustellung, selbst wenn diese vorgeschrieben sein sollte, § 63 Abs. 3, § 41 Abs. 1 S. 2 FamFG. In vermögensrechtlichen Streitigkeiten ist die Beschwerde nur zulässig, wenn der Wert des Beschwerdegegenstandes 600 EUR übersteigt oder das Erstgericht die Beschwerde zugelassen hat (§ 61 FamFG). Die Beschwerde wird immer bei dem Gericht eingelegt, dessen Entscheidung angefochten wird, § 64 Abs. 1 FamFG. Das unterscheidet das FamFG wesentlich vom alten Recht, bei dem in vielen Fällen das Rechtsmittel beim Rechtsmittelgericht (vgl. § 621e Abs. 3 oder § 629a Abs. 2 ZPO aF) einzulegen war. Endentscheidung iSd § 58 Abs. 1 FamFG ist ein Beschluss, durch den ein Verfahrensgegenstand ganz oder teilweise erledigt wird, § 28 Abs. 1 FamFG. Dazu zählt auch ein Beschluss, in dem über eine beantragte einstweilige Anordnung entschieden wird. Allerdings sind diese Entscheidungen in Verfahren der einstweiligen Anordnung gem. § 57 FamFG nur in den dort genannten Fällen anfechtbar, sonst nicht. Im vorliegenden Fall war eine einstweilige Anordnung gem. § 1361b BGB ergangen, die beschwerdefähig ist, § 57 Nr. 5, § 200 Abs. 1 Nr. 1 FamFG. Die Beschwerde ist jedoch nur statthaft, wenn die gesamte Wohnung und nicht nur einzelne Räume zur alleinigen Nutzung zugewiesen wurde (OLG Nürnberg FamRZ 2010, 1463; Prütting/Helms/*Dürbeck* § 57 Rn. 10). Vom Ausnahmefall des § 117 FamFG (Ehe- und Familienstreitsachen) abgesehen, muss die Beschwerde nicht begründet werden. Eine Begründung soll jedoch nach Möglichkeit erfolgen und ist in jedem Falle zweckmäßig und empfehlenswert. Zu § 571 ZPO wird zT die Ansicht vertreten, dass eine fehlenden Begründung idR zur Unbegründetheit der Beschwerde führt (Thomas/Putzo/*Seiler* ZPO § 571 Rn. 1). Das Gericht kann auch eine Frist zur Begründung setzten, § 65 Abs. 2 FamFG. Die Beschwerdeberechtigung ergibt sich aus §§ 59, 60 FamFG. Zum Übergangsrecht: Auf Verfahren, die vor dem 1.9.2009 eingeleitet worden sind oder deren Einleitung bis dahin beantragt worden ist, gilt weiter das alte Recht (Art. 111 S. 1 FGG-Reformgesetz). Das gilt auch für die Rechtsmittelinstanz. War also für die erste Instanz noch das alte Recht anwendbar, ist das alte Recht auch noch für die Rechtsmittelinstanz maßgebend (Art. 111 FGG-RG; BGH NJW 2011, 386; Thomas/Putzo/*Hüßtege,* 39. Aufl. 2018, FamFG Art. 111 FGG-RG Rn. 11; Ausnahme: Art. 111 Abs. 5 FGG-RG zum Versorgungsausgleich)).

2. Die Beschwerde wird stets beim Ausgangs- und nicht beim Rechtsmittelgericht eingelegt (→ Anm. 1). Von dort wird das Verfahren an das zuständige Rechtsmittelgericht weitergeleitet. Die Beschwerde soll begründet werden, § 65 Abs. 1 FamFG. Über die Beschwerde gegen familiengerichtliche Entscheidungen entscheidet das OLG (§ 119 Abs. 1 Nr. 1a GVG).

3. Zum Anwaltszwang: Für das Beschwerdeverfahren besteht nur in Ehesachen und Folgesachen sowie Familienstreitsachen gem. § 112 FamFG Anwaltszwang, § 114 Abs. 1 FamFG, im vorliegenden Verfahren also nicht. Anders als in Ehe- und Familienstreitsachen (vgl. § 64 Abs. 2 S. 1 FamFG) kann daher in den sonstigen Familiensachen die Beschwerde auch zur Niederschrift der Geschäftsstelle eingelegt werden.

4. Der Beschwerdewert beträgt im Regelfall bei einer einstweiligen Anordnung gem. § 1361b BGB 1.500 EUR (§§ 48 Abs. 1, 41 FamGKG).

5. Die Beschwerde ist nur statthaft, wenn die einstweilige Anordnung nach mündlicher Verhandlung ergangen ist. Ansonsten bleibt nur der vorrangige Antrag auf erneute Entscheidung gem. § 54 Abs. 2 FamFG; eine Beschwerde wäre unzulässig (Musielak/*Borth* FamFG § 57 Rn. 1).

6. Die Beschwerde kann auch auf neue Tatsachen und Beweismittel gestützt werden, § 65 Abs. 3 FamFG. In Ehesachen und Familienstreitsachen ist die Beschränkung des § 115 FamFG zu beachten.

7. In FG-Familiensachen ist § 84 FamFG anzuwenden und iÜ § 81 Abs. 1, in Ehe- und Familienstreitsachen ist § 97 ZPO über § 113 Abs. 1 S. 2 FamFG anzuwenden.

Kosten und Gebühren

8. Gerichtskosten: 2.0 Gebühr nach KV 1422 FamGKG; Rechtsanwaltsgebühren: Es fällt die 1,6 Verfahrensgebühr aus VV 3200 RVG an (vgl. Vorb. 3.2.1 Nr. 2b); ggf. (eine mündliche Verhandlung ist nicht zwingend, § 68 Abs. 3 S. 2 FamFG) kann die 1,2 Terminsgebühr der VV 3202 RVG entstehen.

Fristen und Rechtsmittel

9. Gegen einen Beschluss im Verfahren über die Anordnung, Abänderung oder Aufhebung einer einstweiligen Anordnung ist keine Rechtsbeschwerde möglich, § 70 Abs. 4 FamFG. Das gilt auch dann, wenn die irrtümlich vom Beschwerdegericht zugelassen worden war (BGH NJW 2003, 1531).

34. Befristete Beschwerde gegen Verbundbeschluss

An das . . . . ., den . . . . .

Amtsgericht[1]
– Familiengericht –

Beschwerde[2]

der . . . . .
– Antragstellerin und Beschwerdeführerin –
Verfahrensbevollmächtigter: Rechtsanwalt . . . . .[3]
gegen
. . . . .
– Antragsgegner und Beschwerdegegner[2] **–**
Verfahrensbevollmächtigte I. Instanz: Rechtsanwälte . . . . .[3]
wegen Ehescheidung
hier: Versorgungsausgleich und Zugewinnausgleich[4]
vorläufiger Verfahrenswert: . . . . . EUR[5]
Aktenzeichen I. Instanz: . . . . .
Ich nehme Bezug auf die im Scheidungsverfahren I. Instanz für die Antragstellerin vorgelegte besondere Verfahrensvollmacht.[7] **Namens und im Auftrag der Antragstellerin und Beschwerdeführerin lege ich hiermit gegen den anliegenden Beschluss des Amtsgerichts – Familiengerichts – . . . . . vom . . . . . Az.: . . . . ., zugestellt am . . . . .,**[6]

befristete Beschwerde

ein mit folgenden

Anträgen:[4]

I. Der Beschluss des Amtsgerichts – Familiengerichts – . . . . . vom . . . . ., Az.: . . . . ., wird in Ziff. II. dahingehend abgeändert, dass ein Versorgungsausgleich nicht stattfindet.[8]

II. Der Beschluss des Amtsgerichts – Familiengerichts – . . . . . vom . . . . ., Az.: . . . . ., wird in Ziff. III. wird aufgehoben. Der Antrag des Antragsgegners und Beschwerdegegners auf Zahlung von Zugewinnausgleich wird abgewiesen.[9]

III. Der Antragsgegner und Beschwerdegegner hat die Kosten des Beschwerdeverfahrens zu tragen.[13]

Begründung:

I. Verfahrens- und Sachstand:

1. Durch den angegriffenen Beschluss des Familiengerichts (Ziff. I.) wurde auf Antrag der Antragstellerin, welchem sich der Antragsgegner angeschlossen hat, die kinder-

lose Ehe der Beteiligten geschieden. Die Beteiligten haben sich trotz der noch offenen Streitpunkte (Versorgungsausgleich und Zugewinnausgleich) hinsichtlich des Scheidungsausspruches dahin verständigt, dass der Antragsgegner insoweit Rechtsmittel nicht einlegen und insoweit auch auf Anschlussbeschwerde und sein Antragsrecht nach § 147 FamFG verzichten wird; auch die Antragstellerin erklärt hiermit, beschränkt auf Ziff. I. (Scheidungsausspruch) des angegriffenen Beschlusses des Familiengerichts . . . . . vom . . . . ., Verzicht auf Beschwerde und Anschlussbeschwerde und vorsorglich auch auf das Antragsrecht nach § 147 FamFG.[10]

2. **Jedoch hat der angefochtene Beschluss in Ziff. II. den Versorgungsausgleich gem. § 1 VersAusglG zwischen den Beteiligten zu Lasten der Antragstellerin durchgeführt und dabei zu Unrecht den Tatsachenvortrag der Antragstellerin gem. § 27 VersAusglG nicht hinreichend gewürdigt, wonach die Inanspruchnahme der Antragstellerin hier grob unbillig wäre.[13]**
3. **Ferner hat der angegriffene Beschluss des Familiengerichts in Ziff. III. auf Antrag des Antragsgegners die Antragstellerin zu Unrecht zur Zahlung eines Zugewinnausgleichs iHv . . . . . EUR, verpflichtet.**
   Hiergegen richtet sich die fristgerecht eingelegte und hiermit zugleich begründete[12] Beschwerde der Antragstellerin.

II. Beschwerdebegründung:

1. Versorgungsausgleich (Ziff. II. des angefochtenen Beschlusses)
   Entgegen der Auffassung des Erstgerichts kann ein Versorgungsausgleich nicht stattfinden, weil die Inanspruchnahme der Antragstellerin hier gemäß § 27 VersAusglG grob unbillig wäre:
   . . . . .[11]
2. Zugewinnausgleich (Ziff. III. des angefochtenen Urteils)
   Ferner hat das Erstgericht zu Unrecht einen den unstreitigen Zugewinn des Antragsgegners übersteigenden Zugewinn der Antragstellerin angenommen und zwar durch zu niedrigen Ansatz des Anfangsvermögens der Antragstellerin. Außerdem hat das Gericht zu Unrecht in das Endvermögen der Antragstellerin eine angebliche Vermögensminderung gem. § 1375 Abs. 2 Nr. 1 BGB einbezogen. Schließlich hat das Erstgericht zu Unrecht ein Recht der Antragstellerin auf Leistungsverweigerung wegen grober Unbilligkeit (§ 1381 BGB) verneint. Es hat den hierzu von der Antragstellerin dargelegten, spezifizierten Tatsachenvortrag unzureichend gewürdigt und hierzu von der Antragstellerin angebotene Beweise nicht erhoben.
   IE:
   . . . . .[12]
3. Der Kostenantrag wird auf § 97 ZPO iVm § 113 Abs. 1 FamFG gestützt.[13]
4. Vorsorglich: Es wird Antrag auf Zulassung der Rechtsbeschwerde[14] gestellt und wie folgt begründet . . . . .

Rechtsanwalt[15, 16]

Anmerkungen

1. Die Beschwerde wird immer bei dem Gericht eingelegt, dessen Entscheidung angefochten wird, § 64 Abs. 1 FamFG. Eine Abhilfemöglichkeit besteht für das Erstgericht in Familiensachen nicht, § 68 Abs. 1 S. 2 FamFG.

2. Im Grundsatz gilt: Gegen erstinstanzliche Endentscheidungen des Familiengerichts findet die befristete Beschwerde statt, sofern durch Gesetz nichts anderes bestimmt ist.

Die einfache, unbefristete Beschwerde nach altem Recht gibt es nicht mehr. Im Gegensatz zu Endentscheidungen sind bloße Zwischen- und Nebenentscheidungen nicht anfechtbar, es sei denn, das FamFG lässt eine Beschwerde ausdrücklich zu (zB gegen einen Beschluss auf Abweisung eines Befangenheitsantrages gem. § 6 Abs. 2 FamFG). Die Beschwerdefrist beträgt- soweit gesetzlich keine andere Frist bestimmt ist – einen Monat, § 63 Abs. 1 FamFG. Beschwerden gegen eine einstweilige Anordnung oder gegen einen Beschluss, der die Genehmigung eines Rechtsgeschäftes zum Gegenstand hat, können nur binnen zwei Wochen angefochten werden, § 63 Abs. 2 FamFG. Die Frist beginnt mit schriftlicher Bekanntgabe des Beschlusses an den jeweiligen Beteiligten, also nicht erst mit der Zustellung, selbst wenn diese vorgeschrieben sein sollte, § 63 Abs. 3, § 41 Abs. 1 S. 2 FamFG. In vermögensrechtlichen Streitigkeiten ist die Beschwerde nur zulässig, wenn der Wert des Beschwerdegegenstandes 600 EUR übersteigt oder das Erstgericht die Beschwerde zugelassen hat (§ 61 FamFG). Endentscheidung iSd § 58 Abs. 1 FamFG ist ein Beschluss, durch den ein Verfahrensgegenstand ganz oder teilweise erledigt wird, § 28 Abs. 1 FamFG. Abweichend vom Grundsatz, dass eine Beschwerde nicht begründet werden muss, bedürfen Beschwerden – wie hier vorliegend – in Ehe- und Familienstreitsachen zwingend der Begründung und eines bestimmten Sachantrages (§ 117 FamFG). Die Begründungsfrist beträgt zwei Monate. Sie beginnt mit der schriftlichen Bekanntgabe des Beschlusses, hier der Verbundentscheidung, § 117 Abs. 1 S. 2 FamFG. Sie kann gem. § 520 Abs. 2 ZPO, § 117 Abs. 1 S. 3 FamFG verlängert werden. Die dazu ergangene Rspr. ist weiterhin maßgebend (s. dazu Musielak/Voit/*Ball* ZPO § 520 Rn. 7 ff.). Die Beschwerdebegründung ist beim Beschwerdegericht einzureichen, § 117 Abs. 1 S. 2 FamFG. Die Beschwerdeberechtigung ergibt sich aus §§ 59, 60 FamFG. Zum Beschwerdeverfahren → Form. II.K.33; → Form. II.K.35.

3. Zum Anwaltszwang: Für das Beschwerdeverfahren besteht nur in Ehesachen und Folgesachen sowie Familienstreitsachen gem. § 112 FamFG Anwaltszwang, § 114 Abs. 1 FamFG. Für das vorliegende Beschwerdeverfahren besteht also Anwaltszwang. Anders als in Ehe- und Familienstreitsachen (vgl. § 64 Abs. 2 S. 1 FamFG) kann in den sonstigen Familiensachen die Beschwerde auch zur Niederschrift der Geschäftsstelle eingelegt werden.

4. Die Einlegung der Beschwerde und ihre Begründung können gesondert innerhalb der unterschiedlichen Fristen erfolgen. Schon die Einlegung der Beschwerde kann sich auf eine Teilanfechtung beschränken, muss es aber nicht. Der Umfang der Anfechtung ergibt sich dann erst aus den Sachanträgen der Beschwerdebegründung, § 117 Abs. 1 FamFG. Bei unbeschränkter Einlegung liegt dann keine teilweise Rücknahme der Beschwerde vor (vgl. zum entsprechenden § 520 ZPO Musielak/Voit/*Ball* ZPO § 520 Rn. 19). Die Einlegung erfolgt beim Erstgericht, ein nachfolgender Begründungsschriftsatz ist beim Beschwerdegericht einzureichen (→ Anm. 2). Die Begründungsfrist ist nicht gewahrt, wenn die Begründung bereits im Einlegungsschriftsatz erfolgt ist, das Erstgericht den Schriftsatz aber nicht innerhalb der Begründungsfrist an das Beschwerdegericht weitergeleitet hat. Es wird jedoch Wiedereinsetzung von Amts wegen oder auf Antrag zu gewähren sein.

5. In vermögensrechtlichen Sachen ist die Beschwerde zulässig, wenn der Beschwerdewert 600 EUR übersteigt, darunter nur bei Zulassung. In nichtvermögensrechtlichen Sachen ist die Beschwerde unabhängig von einem Beschwerdewert zulässig. In Versorgungsausgleichssachen gilt der Beschwerdewert nur im Fall der Anfechtung einer Kostenentscheidung, § 228 FamFG. In der Folgesache Zugewinn entspricht der streitige Betrag dem Beschwerdewert, § 35 FamGKG; → Form. II.K.16 Anm. 4. Der Beschwerdewert muss nicht immer mit dem Gegenstandswert für die Gebühren identisch sein, §§ 40, 54 FamGKG. In Unterhaltssachen ergibt sich der Gebührenwert aus § 51 FamGKG (12-facher Monatsbetrag), die Beschwer, die für die Statthaftigkeit der Beschwerde maßgeblich ist, jedoch aus dem 3,5-fachen Wert des Jahresbetrages des mit der Beschwerde angefochtenen laufenden monatlichen Unterhalts (§§ 9 ZPO, 113 Abs. 1 FamFG iVm § 54 FamGKG; Musielak/*Borth* FamFG § 117 Rn. 24). In FG Familiensachen, die nicht vermögensrechtlicher Art sind, kann eine selbständige Kostenentscheidung mit Beschwerde gem. § 58 FamFG angefochten werden, ohne dass die Mindestbeschwer aus § 61 Abs. 1FamFG gewahrt sein muss. In FG Familiensachen, die vermögensrechtliche Streitigkeiten sind (zB Haushaltssachen) gilt § 61 Abs. 1 FamFG mit dem Beschwerdewert von mehr als 600, EUR (BGH FamRZ 2013, 1876). In Familienstreitsachen und Ehesachen sind isolierte Kostenentscheidungen gem. § 567 ZPO (und nicht gem. § 58 FamFG) anfechtbar. Der Beschwerdewert muss 200, EUR übersteigen (BGH NJW 2011, 3654).

6. Für die Zustellung des Beschlusses über die Verbundentscheidung gilt § 317 Abs. 1 ZPO gem. § 113 Abs. 1 FamFG.

7. Vgl. § 114 Abs. 5 FamFG.

8. → Form. II.K.22.

9. → Form. II.K.16.

10. Über Scheidungs- und Folgesachen ist gem. § 142 Abs. 1 FamFG durch einheitlichen Beschluss zu entscheiden. Die Endentscheidung in einer Ehesache wird erst mit Rechtskraft wirksam, § 116 Abs. 2 FamFG. Umgekehrt werden Entscheidungen in Folgesachen vor Rechtskraft der Scheidung nicht wirksam, § 148 FamFG. Werden Teile der Endentscheidung angefochten, können im Wege der Anschlussbeschwerde oder durch Erweiterung des Rechtsmittels andere Familiensachen (ua auch der Scheidungsausspruch) ebenso noch angefochten werden und zwar jeweils bis zum Ablauf eines Monats nach Zustellung der letzten Rechtsmittelbegründung, § 145 FamFG. Um ein dadurch bedingtes Hinausschieben der Rechtskraft der Ehescheidung zu vermeiden, können die Eheleute gem. § 144 FamFG auf Rechtsmittel gegen den Scheidungsausspruch und auf die Anschlussbeschwerde gegen den Scheidungsausspruch verzichten. Dann tritt Rechtskraft der Scheidung ein unabhängig vom Beschwerdeverfahren in den Folgesachen. Die Verzichtserklärung kann erst nach Bekanntgabe des Scheidungsbeschlusses wirksam erklärt werden, § 67 Abs. 1 FamFG. Der Anwaltszwang (§ 114 Abs. 1 FamFG) ist zu beachten. Eines zusätzlichen Verzichtes auf das Antragsrecht nach § 147 FamFG bzgl. des Scheidungsausspruchs bedarf es dagegen an sich nicht, um in erster Instanz die Scheidung rechtskräftig werden zu lassen. Denn durch den Verzicht nach § 144 FamFG kann die Scheidungssache nicht mehr in die Beschwerdeinstanz kommen. Damit entfällt für den BGH in der Rechtsbeschwerdeinstanz die Möglichkeit, den Scheidungsausspruch über § 147 FamFG aufzuheben (Musielak/*Borth* FamFG § 144 Rn. 3; OLG Frankfurt a. M. FamRZ 1985, 821). Es empfiehlt sich dennoch eine entsprechende, jeden Zweifel beseitigende ergänzende Verzichtserklärung. Ist die Scheidungssache aber noch in der Beschwerdeinstanz im Verbund verhaftet und wegen einer Folgesache die Rechtsbeschwerde zugelassen, ist der Verzicht auf das Antragsrecht nach § 147 FamFG zur Herbeiführung der Rechtskraft der Scheidung in jedem Falle notwendig. Legt ein Versorgungsträger Beschwerde ein, kann der Scheidungsausspruch nicht mehr mit Anschlussbeschwerde an dessen Beschwerde angefochten werden, § 145 Abs. 3 FamFG.

11. → Form. II.K.22.

12. → Form. II.K.16.

13. Die Kostenentscheidung im Beschwerdeverfahren bei Verbundentscheidungen sowie in isolierten Ehesachen und Familienstreitsachen erfolgt nach § 97 ZPO iVm § 113 Abs. 1 FamFG.

14. Über die Zulassung der Rechtsbeschwerde muss das Gericht von Amts wegen (§ 70 Abs. 2 FamFG) entscheiden. Ein entsprechender Antrag nebst Begründung ist aber sehr empfehlenswert. Eine NZB gibt es im FamFG nicht. Ohne Zulassung ist die Rechtsbeschwerde in den in § 70 Abs. 3 FamFG genannten Fällen statthaft. Bei einstweiligen Anordnungen und Arrestverfahren gibt es generell keine Rechtsbeschwerde. Die Rechtsbeschwerde muss binnen eines Monats nach schriftlicher Bekanntgabe der Beschwerdeentscheidung eingelegt und begründet sein, § 71 FamFG. Die Einlegung erfolgt beim Rechtsbeschwerdegericht (BGH gem. § 133 GVG). Es besteht Anwaltszwang, § 114 Abs. 2 FamFG.

Kosten und Gebühren

15. Gerichtskosten: 3,0 Verfahrensgebühr KV 1120 FamGKG; Rechtsanwaltsgebühren: VV 3200 ff. RVG.

Fristen und Rechtsmittel

16. Das FamFG kennt keine weitere Beschwerde. Es gibt nur die Möglichkeit einer Rechtsbeschwerde. In Familiensachen ist sie nur statthaft, wenn sie vom Beschwerdegericht zugelassen wurde, gleichgültig, ob die Beschwerde als unbegründet oder nach § 68 Abs. 2 S. 2 FamFG bereits als unzulässig zurückgewiesen wurde, vgl. § 70 Abs. 1 FamFG. Eine Nichtzulassungsbeschwerde ist nicht eröffnet. Zuständig für die Rechtsbeschwerde ist der BGH (§ 133 GVG).

35. Befristete Beschwerde gegen einen Beschluss in einer FG-Familiensache

An das **. . . . ., den . . . . .**

Amtsgericht[1]
– Familiengericht –

Beschwerde[2]

des . . . . .
– Antragstellers und Beschwerdeführers –
Verfahrensbevollmächtigte: Rechtsanwälte . . . . .[3]
gegen
(Mutter) . . . . .
– Antragsgegnerin –
wegen elterlicher Sorge[2]
Weitere Beteiligte:
(Kind) geb. . . . . ., gesetzlich vertreten durch die Antragsgegnerin
– Beteiligter zu 3) –[4]
Rechtsanwalt . . . . . als Verfahrensbeistand[4]

vorläufiger Verfahrenswert: . . . . . EUR[5]

Aktenzeichen I. Instanz: . . . . .

Unter Bezugnahme auf die von uns für den Antragsteller und Beschwerdeführer bereits in I. Instanz vorgelegte Verfahrensvollmacht legen wir hiermit für diesen gegen den beigefügten Beschluss des Amtsgerichts – Familiengerichts – . . . . . vom . . . . ., Az.: . . . . ., zugestellt am . . . . .,

Beschwerde

ein mit folgenden

Anträgen:

I. Der Beschluss des Amtsgerichts – Familiengerichts – . . . . . vom . . . . ., Az.: . . . . ., wird aufgehoben.

II. Die elterliche Sorge für das gemeinsame eheliche Kind der Beteiligten . . . . ., geb. am . . . . ., wird auf den Antragsteller und Beschwerdeführer allein übertragen.

III. Die Antragsgegnerin trägt die Gerichtskosten des Beschwerdeverfahrens und die außergerichtlichen Kosten des Antragstellers.[6]

Begründung erfolgt in einem gesonderten Schriftsatz.[7]

Rechtsanwalt[8, 9]

Anmerkungen

1. Die Beschwerde wird immer bei dem Gericht eingelegt, dessen Entscheidung angefochten wird, § 64 Abs. 1 FamFG. Eine Abhilfemöglichkeit besteht für das Erstgericht in Familiensachen nicht, § 68 Abs. 1 S. 2 FamFG. Zuständig für die Beschwerde ist das OLG, § 119 Abs. 1 Nr. 1a GVG mit §§ 111 Nr. 2, 151 Nr. 1 FamFG.

2. → Form. II.K.34 Anm. 2 : Gegen erstinstanzliche Endentscheidungen des Familiengerichts findet die befristete Beschwerde statt, sofern durch Gesetz nichts anderes bestimmt ist. Die einfache, unbefristete Beschwerde nach altem Recht gibt es nicht mehr. Im Gegensatz zu Endentscheidungen sind bloße Zwischen- und Nebenentscheidungen nicht anfechtbar, es sei denn, das FamFG lässt eine Beschwerde ausdrücklich zu (zB gegen einen Beschluss auf Abweisung eines Befangenheitsantrages gem. § 6 Abs. 2 FamFG). Die Beschwerdefrist beträgt – soweit gesetzlich keine andere Frist bestimmt ist – einen Monat, § 63 Abs. 1 FamFG. Beschwerden gegen eine einstweilige Anordnung oder gegen einen Beschluss, der die Genehmigung eines Rechtsgeschäftes zum Gegenstand hat, können nur binnen zwei Wochen angefochten werden, § 63 Abs. 2 FamFG. Die Frist beginnt mit schriftlicher Bekanntgabe des Beschlusses an den jeweiligen Beteiligten, also nicht erst mit der Zustellung, selbst wenn diese vorgeschrieben sein sollte, § 63 Abs. 3, § 41 Abs. 1 S. 2 FamFG. Kindschaftssachen sind keine vermögensrechtlichen Streitigkeiten; daher kommt es auf die Beschwerdesumme des § 61 FamFG nicht an.

3. Es besteht kein Anwaltszwang für ein Beschwerdeverfahren in Familiensachen, da es sich hier nicht um eine Ehe-, Folge- oder Familienstreitsache handelt, § 114 Abs. 1 FamFG.

4. Das minderjährige Kind ist Beteiligter des Verfahrens der elterliche Sorge gem. § 7 Abs. 2 Nr. 1 FamFG, auch wenn es noch nicht 14 Jahre alt ist, Musielak/*Borth* FamFG § 7 Rn. 10. Die Bekanntmachung der Entscheidung erfolgt an das Kind, wenn es das 14. Lebensjahr vollendet hat. Es hat ein eigenes Beschwerderecht, § 164 S. 1 FamFG. Bei einem erheblichen Interessengegensatz ist ein Verfahrensbeistand für das Kind zu bestellen, § 158 Abs. 2 Nr. 1 FamFG. Der Bestellung eines Ergänzungspflegers für das Kind bedarf es dann idR nicht.

5. Im isolierten Verfahren wegen elterlicher Sorge beträgt der Gegenstandswert im Regelfall 4.000 EUR, auch wenn das Verfahren mehrere Kinder betrifft, § 45 Abs. 1 Nr. 1 FamGKG. Im Verbund erhöht sich der Gegenstandswert der Ehesache um 20 %, höchstens um 4.000 EUR, § 44 Abs. 2 FamGKG.

6. Da es sich in diesem Muster nicht um eine Scheidungsfolgesache, sondern ein isoliertes Verfahren handelt, ist nicht § 150 FamFG anzuwenden, sondern §§ 81, 84 FamFG.

7. Vom Ausnahmefall des § 117 FamFG (Ehe- und Familienstreitsachen) abgesehen, muss die Beschwerde nicht begründet werden. Eine Begründung soll jedoch nach Möglichkeit erfolgen und ist in jedem Falle zweckmäßig und empfehlenswert. Zu § 571 ZPO wird zT die Ansicht vertreten, dass eine fehlenden Begründung idR zur Unbegründetheit der Beschwerde führt (Thomas/Putzo/*Seiler* ZPO § 571 Rn. 1). Das wird für die vom Amtsermittlungsgrundsatz geprägten Kindschaftssachen nicht zulässig sein. Das Gericht kann auch eine Frist zur Begründung setzten, § 65 Abs. 2 FamFG. Die Beschwerdeberechtigung ergibt sich aus §§ 59, 60 FamFG.

Kosten und Gebühren

8. Gerichtskosten: im hier vorgestellten Fall (Beschwerde gegen isolierte Sorgerechtsentscheidung in I. Instanz) 1,0 Gebühr für Beschwerdeverfahren Nr. 1314 KV FamGKG; Ermäßigung auf 0,5 bei Beendigung des Beschwerdeverfahrens ohne Endentscheidung; für einzelne kindschaftsrechtliche Verfahren werden keine Gerichtsgebühren erhoben, s. Vorb. 1.3.1 KV – FamGKG; Rechtsanwaltsgebühren: Nr. 3200 ff. VV RVG.

Fristen und Rechtsmittel

9. Das FamFG kennt keine weitere Beschwerde. Es gibt nur die Möglichkeit einer Rechtsbeschwerde. In Familiensachen ist sie nur statthaft, wenn sie vom Beschwerdegericht zugelassen wurde, gleichgültig, ob die Beschwerde als unbegründet oder nach § 68 Abs. 2 S. 2 FamFG bereits als unzulässig zurückgewiesen wurde, vgl. § 70 Abs. 1 FamFG. Eine Nichtzulassungsbeschwerde ist nicht eröffnet. Zuständig für die Rechtsbeschwerde ist der BGH (§ 133 GVG).

L. Erbrecht

1. Antrag auf Erteilung eines Erbscheins (bei gesetzlicher und gewillkürter Erbfolge)

Amtsgericht
– Nachlassgericht[4] –
. . . . .

Antrag[3] auf Erteilung eines Erbscheins[1, 2]

des . . . . . (Name und Anschrift)

- Antragstellers[5] -

Namens und in beigefügter Vollmacht[6] des Antragstellers beantrage ich die Erteilung eines gemeinschaftlichen Erbscheins (Alleinerbscheins/Teilerbscheins)[3] folgenden Inhalts:[7]

Erben
des am . . . . . (Datum) mit letzten gewöhnlichen Aufenthalt in . . . . . verstorbenen . . . . . (Name des Erblassers), geboren am . . . . . (Datum) in . . . . .,
sind

1. Frau . . . . . (Erbe mit Anschrift) zu . . . . ./. . . . . Anteil,[7, 23, 24]
2. Frau . . . . . zu . . . . ./. . . . . Anteil
und
3. Herr . . . . . zu . . . . ./. . . . . Anteil.

***(evtl. Beschränkungen/Hilfsanträge: . . . . .)*[7]**

Begründung:[8]

Am . . . . . (Datum) verstarb in . . . . . der am . . . . . (Datum) in . . . . . geborene Herr . . . . . (im Folgenden Erblasser genannt).[10]

Nachweis: Auf die in der Nachlassakte – im Hause –, Az. . . . . ., befindliche Sterbeurkunde wird Bezug genommen.[11]
***(oder)* Sterbeurkunde[11] des Standesamts . . . . . vom . . . . . (Datum)**

Der Erblasser hatte seinen letzten gewöhnlichen Aufenthalt in . . . . . und war deutscher Staatsangehöriger.[12]

Er hatte am . . . . . (Datum) vor dem Standesbeamten in . . . . . mit Frau . . . . . geb. . . . . . (Name, Datum)[9] die Ehe geschlossen und war bis zu seinem Tode mit dieser verheiratet.[13, 14]

Nachweis: Eheurkunde[15] der Stadt . . . . . vom . . . . . (Datum), Nr. . . . . .

Die Eheleute lebten im gesetzlichen Güterstand der Zugewinngemeinschaft.[16]

Der Erblasser hinterlässt folgende Abkömmlinge:[9, 13]

- **Frau . . . . ., geboren am . . . . . (Datum) in . . . . ., wohnhaft . . . . .,[9]**
- **Herr . . . . ., geboren am . . . . . (Datum) in . . . . ., wohnhaft . . . . .[9]**
- **Ein weiterer Abkömmling, Herr . . . . ., ist am . . . . . kinderlos vorverstorben.[17]**
  Nachweis: Geburtsurkunde[15] der Stadt . . . . . vom . . . . . (Datum), Nr. . . . . ., zur Beteiligten zu 2),

Geburtsurkunde der Stadt . . . . . vom . . . . . (Datum), Nr. . . . . ., zum Beteiligten zu 3), Sterbeurkunde[11] der Stadt . . . . . vom . . . . . (Datum), Nr. . . . . ., zum verstorbenen Kind

(Variante: Gesetzliche Erbfolge)
Der Erblasser hat, soweit bekannt, keine Verfügung von Todes wegen hinterlassen.[18] Es kommt die gesetzliche Erbfolge zur Anwendung.[7]
Demnach wurde der Erblasser von seiner Ehefrau, der Beteiligten zu 1), zur Hälfte und von seinen Kindern, den Beteiligten zu 2) und 3) zu je ein Viertel beerbt.[13, 23]
Andere Personen, durch die der Antragsteller von der Erbfolge ausgeschlossen oder sein Erbteil gemindert werden würde, sind und waren nicht vorhanden.[17]

(Variante: Gewillkürte Erbfolge)
Der Erblasser hat die am . . . . . vom Nachlassgericht . . . . . zu Az. . . . . . eröffnete Verfügung von Todes wegen vom . . . . . (Datum) hinterlassen.[19]
Nachweis: Auf die Nachlassakte – im Hause –, Az. . . . . ., wird Bezug genommen[20].
***(oder)* Eigenhändiges Testament[20] vom . . . . . (Datum) im Original anbei**

Ausweislich des Testaments vom . . . . . hat der Erblasser die vorgenannten Beteiligten zu den genannten Erbanteilen[23, 24] zu seinen Erben berufen.[7, 19]
. . . . .(ggf. weitere Begründung, etwa zur Auslegung der Verfügung oder Anwendung von Auslegungsregeln, zB § 2069 BGB)
Weitere sonstige Verfügungen von Todes wegen sind nicht vorhanden bzw. bekannt.[19]

Ein Rechtsstreit über das Erbrecht des Antragstellers ist nicht anhängig.[21]
Der Antragsteller hat die Erbschaft angenommen.[22]
***(Beim gemeinschaftlichem Erbschein:* Der Antragsteller und die übrigen Erben haben die Erbschaft angenommen.)**
Der Antragsteller ist bereit, gem. § 352 Abs. 3 FamFG seine Angaben an Eides Statt zu versichern,[25] bittet jedoch darum, ihm (und den anderen Miterben) die Abgabe einer eidesstattlichen Versicherung gem. § 352 Abs. 3 S. 4 FamFG zu erlassen.[26]
Mit beigefügter Erklärung[26] versichert der Antragsteller nach bestem Wissen und Gewissen, dass ihm nichts bekannt ist, was der Richtigkeit und Vollständigkeit der in diesem Antrag gemachten Angaben entgegensteht.
Im Nachlass befinden sich ua Immobilien in . . . . .[27] Es befindet sich kein Hof iSd HöfeO im Nachlass.[28] Vermögen im Ausland ist nicht vorhanden.[29]
Der Wert des Nachlasses nach Abzug der Erblasserschulden beträgt ca. . . . . EUR[30].
Ich bitte um Erteilung einer Ausfertigung[31] und zweier beglaubigter Abschriften des Erbscheins zu Händen des Unterzeichners.
Rechtsanwalt[32, 33]

Schrifttum: Bartsch, Erbscheinsantrag: Gebühr nach Nr. 3100 VV RVG oder Nr. 3101 Nr. 3 VV RVG?, ZErb 2012, 123; *Böhringer*, Erbschein trotz notarieller Verfügung von Todes wegen?, ZEV 2017, 68; *Bredemeyer*, Erbrechtliche Legitimation durch Erbschein, Europäisches Nachlasszeugnis, Testament oder Vollmacht, ZEV 2016, 65; *Dillberger/Fest*, Effektiver Schutz von Grundstücken vor den Gefahren der §§ 2365 f. BGB bereits vor Kraftlosigkeit des unrichtigen Erbscheins, ZEV 2009, 220; *Döbereiner*, Das Gesetz zum Internationalen Erbrecht und zur Änderung von Vorschriften zum Erbschein, NJW 2015, 2449; *Dorsel*, Europäische Erbrechtsverordnung und Europäisches Nachlasszeugnis, ZErb 2014, 212; *Dressler*, Der erbrechtliche Auslegungsvertrag – Gestaltungshilfe bei einvernehmlichen Nachlassregelungen, ZEV 1999, 289; *Hertel*, Nachweis der Erbfolge im Grundbuchverfahren – bisher und nach der EuErbVO, ZEV

2013, 539; *Horn* in: Kroiß/Horn/Solomon, Nachfolgerecht, 2. Aufl. 2019; *Horn/Krätzschel*, Kosten im Erbscheinsverfahren, NJW 2016, 3350; *Horn/Krätzschel*, Einstweiliger Rechtsschutz im nachlassgerichtlichen Verfahren, ZEV 2018, 14; *Ivo*, Die Legitimation des Erben ohne Erbschein, ZErb 2006, 7; *Klinger/Gierl*, Münchener Prozessformularbuch Erbrecht, 5. Aufl., München 2021; *Klumpp*, Die einstweilige Anordnung zur Sicherstellung von Ausfertigungen des Erbscheins, BWNotZ 2014, 145; *Krätzschel* in: Firsching/Graf, Nachlassrecht, 11. Aufl. 2019; *Kroiß*, Das neue Nachlassverfahrensrecht, ZErb 2008, 300; *Kroiß*, Die internationale Zuständigkeit im Nachlassverfahren nach dem FamFG, ZEV 2009, 493; *Kroiß*, Kostenrechtsmodernisierung: Die Gerichtskosten in Nachlasssachen nach dem neuen Gerichts- und Notarkostengesetz (GNotKG), ZEV 2013, 413; *Kroiß*, Kosten und Gebühren im Erbscheinsverfahren: Aktuelle Entwicklungen in der Rechtsprechung, ZEV 2016, 619; *Krause*, Erbscheinsanträge, ZFE 2008, 104; *Kuhn/Trappe*, Kostenrechtsmodernisierung: Die Kosten im Erbscheinsverfahren nach Inkrafttreten des FamFG und des 2. KostRMoG, ZEV 2013, 419; *Roth*, Das Europäische Nachlasszeugnis, NJW-Spezial 2015, 551; *Schmitz*, Das Europäische Nachlasszeugnis, RNotZ 2017, 269; *Schneider*, Der Gegenstandswert im Erbscheinverfahren, ErbR 2011, 210; *Schneider*, Kosten in Erbscheinsverfahren, ErbR 2017, 134; *Süß*, Das Europäische Nachlasszeugnis, ZEuP 2013, 725; *Terner*, Der missbräuchliche Widerspruch gegen die Erbscheinserteilung, ZEV 2014, 184; *Wittkowski*, Die Beantragung und Erteilung von Erbscheinen in Erbfällen mit Auslandsberührung nach dem FamFG, RNotZ 2010, 102; *Zimmer*, Die postmortale (Vorsorge-)Vollmacht als Ersatz für den Erbschein im Grundbuchrecht, NJW 2016, 3341; *Zimmermann*, Der Erlass der eidesstattlichen Versicherung im Erbscheinsverfahren, ZErb 2008, 151; *ders.*, Das neue Nachlassverfahren nach dem FamFG, ZEV 2009, 53; *ders.*, Das Verhältnis des Erbscheinverfahrens zur Erbenfeststellungsklage, ZEV 2010, 457; *ders.*, Der gemeinschaftliche Erbschein ohne Erbquoten, ZEV 2015, 520.

Anmerkungen

Sachverhalt

Das vorliegende Formular fasst den Erbscheinsantrag aufgrund gesetzlicher Erbfolge und den aufgrund gewillkürter Erbfolge in einem einheitlichen Muster zusammen. Soweit § 352 Abs. 1 und 2 FamFG, je nach Berufungsgrund, unterschiedliche Angaben im Erbscheinsantrag erfordert, stellt das Muster zwei Module zur Verfügung.

Das Formular behandelt den Antrag auf Erteilung eines gemeinschaftlichen Erbscheins, um dessen Besonderheiten abhandeln zu können. Will der Anwender einen Allein- oder Teilerbschein beantragen, lässt sich das Muster sehr leicht modifizieren. So kann bei einem Alleinerbschein beantragt werden: „Alleinerbe/Alleinerbin des/der . . . . . . ist . . . . . .“ Bei einem Teilerbschein sind die übrigen Miterben zu benennen. Soweit diese unbekannt sind, ist auch dieser Umstand darzulegen.

1. Der Erbschein ist ein vom Nachlassgericht auf Antrag ausgestelltes amtliches Zeugnis, das eine oder mehrere Personen als Erben einer verstorbenen Person zur Zeit des Erbfalls ausweist und für den Rechtsverkehr feststellt, mit welcher Erbquote der Erbe den Erblasser beerbt hat und ggf. welchen Verfügungsbeschränkungen er unterliegt (zum Verhältnis zur Erbenfeststellungsklage → Form. II.L.6 Anm. 1).

Ein Erbschein dient der **Sicherheit im Rechtsverkehr.** Denn einerseits wird gesetzlich vermutet (§ 2365 BGB), dass dem im Erbschein als Erben Genannten das angegebene Erbrecht zusteht (positive Vermutung) und für den Erben andere als die im Erbschein angegebenen Verfügungsbeschränkungen nicht bestehen (negative Vermutung).

Zum anderen gewährt der Erbschein **Gutglaubensschutz** im Rechtsverkehr: Zugunsten eines gutgläubigen Dritten gilt der Inhalt des Erbscheins als richtig und ermöglich so einen gutgläubigen, lastenfreien Erwerb (§ 2366 BGB; öffentlicher Glaube des Erbscheins). Spiegelbildlich kann der Dritte an den Erbscheinserben mit gegenüber dem wahren Erben befreiender Wirkung leisten (§ 2367 BGB).

Im Prozess bringt der Erbschein dem durch ihn ausgewiesenen Kläger eine Erleichterung in der Beweisführung. Allerdings ist die Vermutung mit allen Beweismitteln widerlegbar (vgl. Palandt/*Weidlich* § 2365 Rn. 2).

Im **Grundbuchverkehr** ist der Nachweis der Erbfolge grds. durch einen Erbschein zu führen, wenn die Erbfolge nicht auf einer öffentlich beurkundeten Verfügung von Todes wegen beruht (§ 35 Abs. 1 S. 1, 2 GBO). Einen für die Grundbuchberichtigung auf das Immobilienvermögen beschränkten und kostenprivilegierten Erbschein gibt es seit Einführung des GNotKG nicht mehr!

Soll im Rahmen der Erbauseinandersetzung, nach Erbteilsübertragung oder Abschichtung ein Grundstück jedoch auf einen Miterben übertragen werden, kommt *statt* eines Erbscheins auch die Beantragung eines *Überleitungszeugnisses* in Betracht (§ 36 GBO; Muster s. BeckOF Erbrecht/*Schewe*, Form. 5.6.8). Hierfür gelten dieselben Anforderungen wie für die Beantragung eines Erbscheins (§ 354 Abs. 1 FamFG), jedoch entstehen nur Kosten nach dem Wert der Immobilie als Verfahrenswert (§ 41 GNotKG).

2. Mit Inkrafttreten der EuErbVO ist seit dem 17.08.15 für internationale Erbfälle neben den Erbschein das **Europäische Nachlasszeugnis** (ENZ) getreten (Art. 62 ff. der EuErbVO). Dieses gilt nicht für Großbritannien, Irland und Dänemark, aufgrund bilateraler Verträge ebenso nicht für die Türkei, Russland und den Iran.

Bei Ausstellung eines ENZ ist zwingend das Formblatt V der Durchführungsverordnung (EU) Nr. 1329/2014 nebst Anlagen zu verwenden; für die Antragstellung selbst ist die Verwendung des Formulars hingegen nicht obligatorisch (EuGH, ErbR 2019, 109), aber gleichwohl zu empfehlen.

Da im Gegensatz zum Erbschein die Wirkung des ENZ auf sechs Monate befristet ist (mit der Möglichkeit, Verlängerung zu beantragen, Art. 70 Abs. 3 EuErbVO), der deutsche Erbschein aber weiterhin in allen Teilnehmerstaaten anzuerkennen ist, sei es nach Art. 39 oder Art. 59 EuErbVO, sollte zunächst mit den ausländischen Beteiligten und Behörden abgesprochen werden, ob nicht statt des ENZ ein deutscher Erbschein beantragt werden kann.

Zum Europäischen Nachlasszeugnis, vgl. *Roth* NJW-Spezial 2015, 551; *Schmitz* RNotZ 2017, 269; *Süß* ZEuP 2013, 725.

Ausführlich zum Erbfall mit Auslandsbezug: *Döbereiner* NJW 2015, 2449; *Dorsel* ZErb 2014, 212; *Kroiß* ZEV 2009, 493; *Wittkowski* RNotZ 2010, 102.

Da das ENZ zumindest derzeit noch keine größere Relevanz für die anwaltliche Praxis hat, wurde auf die Aufnahme eines Musters in dieses Formularbuch verzichtet.

3. Ein Erbschein wird nur auf Antrag erteilt (§ 2353 BGB). Das Nachlassgericht wird nicht von Amts wegen tätig.

Ein Erbschein kann als **Alleinerbschein** für den Alleinerben (§ 2353 Alt. 1 BGB; Muster bei MPFormB ErbR/*Gierl*, Form. G.I.1-2) oder als Teilerbschein über den Erbteil eines Miterben erteilt werden (§ 2353 Alt. 2 BGB; Muster bei MPFormB ErbR/*Gierl*, Form. G. I.5). Letzteren zu beantragen ist aber nur dann sinnvoll, wenn der Miterbe über seinen Anteil am Nachlass verfügen will (§ 2033 Abs. 1 S. 1 BGB); für eine Grundbuchberichtigung genügt ein Teilerbschein nicht (§§ 22, 47 GBO).

Ferner kann ein Erbschein erteilt werden als **gemeinschaftlicher Erbschein** für alle Miterben (§ 352a FamFG – dieses Muster) oder als gemeinschaftlicher Teilerbschein für mehrere Miterben (Muster bei MPFormB ErbR/*Gierl*, Form. G.I.6).

Praxisrelevant ist ferner der sog. **Sammelerbschein**, in dem mehrere aufeinanderfolgende Erbgänge in einer Urkunde zusammengefasst sind, wie bspw. die Erbfälle nach dem Ableben beider Elternteile (vgl. Palandt/*Weidlich* § 2353 Rn. 69; Muster bei MPFormB ErbR/*Gierl*, Form. G.I.7).

Zum **gegenständlich beschränkten Erbschein** bezogen auf das in Deutschland befindliche Vermögen, wenn sich im Nachlass (auch) Auslandsvermögen befindet, vgl. Palandt/*Weidlich* § 2353 Rn. 64–67; Muster bei MPFormB ErbR/*Gierl*, Form. G.I.12-13.

Bei Sondererbfolge in einen landwirtschaftlichen Hof erteilt das Landwirtschaftsgericht ein **Hoffolgezeugnis**, § 18 Abs. 2 S. 3 HöfeO.

4. Sachlich zuständig für die Erteilung von Erbscheinen sind die Amtsgerichte als Nachlassgericht, §§ 2353 BGB, § 23a Abs. 1 Nr. 2, Abs. 2 Nr. 2 GVG iVm. § 342 Abs. 1 Nr. 6 FamFG. Funktionell ist bei gesetzlicher Erbfolge der Rechtspfleger (§ 3 Nr. 2c RPflG), bei gewillkürter Erbfolge der Richter (§ 16 Abs. 1 Nr. 6 RPflG) zuständig.

Örtlich zuständig ist regelmäßig das Nachlassgericht, in dessen Bezirk der Erblasser zum Zeitpunkt seines Todes seinen gewöhnlichen Aufenthalt hatte (§ 343 Abs. 1 FamFG; in Ermangelung eines inländischen gewöhnlichen Aufenthalts, s. Abs. 2 und 3, eingeschränkt durch Art. 4 EuErbVO).

Die internationale Zuständigkeit bestimmt sich danach, in welchem Hoheitsgebiet der Erblasser seinen gewöhnlichen Aufenthalt hatte (Art. 4 EuErbVO; EuGH NJW 2018, 2309).

5. Antragsberechtigt sind der Alleinerbe, jeder einzelne Miterbe (§ 352a Abs. 1 S. 2 FamFG), der Erbeserbe als Rechtsnachfolger des Erben, ein Erbteilserwerber, Testamentsvollstrecker, Nachlassverwalter, Nachlassinsolvenzverwalter, Insolvenzverwalter bei Insolvenz eines Erben, ein Abwesenheitspfleger, ggf. der Betreuer und sogar jeder Gläubiger des Erblassers oder Erben, der über einen vollstreckbaren Titel verfügt (§§ 792, 896 ZPO).

Nicht antragsberechtigt sind Nachlassgläubiger wie Vermächtnisnehmer, Auflagen- und Pflichtteilsberechtigte (sofern kein vollstreckbarer Titel vorliegt), Ersatzerben vor Eintritt des Ersatzerbfalls, Nacherben vor Eintritt des Nacherbfalls sowie der Nachlasspfleger.

6. Der Erbschein kann schriftlich oder zur Niederschrift der Geschäftsstelle des Nachlassgerichts beantragt werden (§ 25 Abs. 1 FamFG); der Antrag soll begründet und von dem Antragsteller oder seinem Bevollmächtigten unterschrieben werden (§ 23 S. 1, 5 FamFG).

Eine Antragstellung durch bevollmächtigte Rechtsanwälte ist möglich (§ 10 Abs. 2 S. 1 FamFG). Die Vollmacht ist schriftlich zu den Gerichtsakten einzureichen (§ 11 S. 1 FamFG) und wird von Amts wegen geprüft (§ 26 FamFG).

Aufgrund der Pflicht, bestimmte Angaben durch **eidesstattliche Versicherung** glaubhaft machen zu müssen (§ 352 Abs. 3 S. 2 FamFG), werden jedoch in der Praxis die meisten Erbscheinsanträge direkt zur Niederschrift der Geschäftsstelle beim Nachlassgericht ober bei einem Notar gestellt, da dann zugleich mit dem Antrag auch die Versicherung an Eides Statt (dazu Palandt/*Weidlich* § 2353 Rn. 27, 62) abgegeben werden kann.

7. Der **Erbscheinsantrag** muss inhaltlich genau bestimmt sein und das beanspruchte Erbrecht (die Erbquoten) exakt bezeichnen (Palandt/*Weidlich* § 2353 Rn. 13). Das Nachlassgericht ist an den Antrag gebunden. Weder darf es über ihn hinausgehen noch kann es einem Antrag auch nur teilweise stattgeben (MüKoBGB/*Grziwotz* § 2353 Rn. 75; Palandt/*Weidlich* § 2353 Rn. 48). Der Antrag muss daher „deckungsgleich" mit dem zu erteilenden Erbschein sein und alle im Erbschein auszuweisenden Angaben und ggf. **Beschränkungen** (zB durch die Einsetzung eines Nacherben oder Anordnung der Testamentsvollstreckung, § 352c FamFG; s. hierzu → Form. II.L.2) enthalten.

Der Erbschein (und demzufolge auch der Antrag) **muss** angeben: Den Erblasser, den oder die Erben und ihre Erbteile (Ausn.: § 352a Abs. 2 S. 2 FamFG; → Anm. 24), die Feststellung, dass die Personen Erben geworden sind, sowie eventuelle Beschränkungen des Erben.

Ferner **soll** der Erbschein zur Vermeidung von Verwechselungen und zum Zwecke des Grundbuchverkehrs die nach § 15 Abs. 1 GBV erforderlichen Angaben enthalten (Palandt/*Weidlich* § 2353 Rn. 3; MüKoBGB/*Grziwotz* § 2353 Rn. 46), nämlich den Erblasser mit Vor- und Familiennamen, ggf. frühere Familiennamen und akademische Titel, den Geburtstag des Erblassers, seinen letzten gewöhnlichen Aufenthalt und sein Todesdatum, sowie sämtliche Erben mit vollständigen Namen, Geburtsdaten und aktuellem Wohnsitz.

Hauptantrag und Hilfsanträge (auch mehrfach gestuft) mit sachlich unterschiedlichen Inhalten sind zulässig, wenn jeder Antrag für sich das damit beanspruchte Erbrecht bestimmt bezeichnet und dem Nachlassgericht die Reihenfolge der Prüfung und Entscheidung vorgegeben wird (Palandt/*Weidlich* § 2353 Rn. 16). Hilfsanträge empfehlen sich insbesondere dann, wenn die Erbfolge unklar (weil zB das Testament auslegungsbedürftig) oder bestritten ist, um keine kostenpflichtige Zurückweisung zu riskieren.

Aus der inhaltlichen Bestimmtheit des Antrags wird gefolgert, dass der Berufungsgrund angegeben werden soll, ob das Erbrecht also auf gesetzlicher oder gewillkürter Erbfolge beruht (Palandt/*Weidlich* § 2353 Rn. 13; Burandt/Rojahn/*Gierl*, FamFG § 352 Rn. 13). Da der Erbschein den Berufungsgrund aber nicht verlautbart, sollte dieser mE nicht in den Antrag i.e.S. aufgenommen werden, sich aber aus der Antragsbegründung eindeutig ergeben. Er gehört zum materiell-rechtlichen Teil der Anspruchsbegründung.

8. Kernstück der **Begründung eines Erbscheinsantrags** bilden die nach § 352 FamFG erforderlichen Angaben und Nachweise. Bei gesetzlicher Erbfolge hat der Antragsteller die nach § 352 Abs. 1 S. 1 Nr. 1 – 8, S. 2 FamFG geforderten Angaben zu machen, bei gewillkürter Erbfolge die nach Abs. 2 Nr. 1 – 3.

§ 352 Abs. 3 FamFG bestimmt, welche Angaben der Antragsteller durch öffentliche Urkunden (insb. Personenstandsurkunden, §§ 55 ff. PStG) förmlich nachzuweisen oder an Eides Statt zu versichern hat.

Fehlende Angaben oder Nachweise können nachgeholt werden. Die fehlende Mitwirkung des Antragstellers führt letztlich zur Unzulässigkeit und Zurückweisung des Erbscheinsantrags. Kann der Antragsteller jedoch bestimmte Urkunden ohne Verschulden nicht vorlegen, muss das Nachlassgericht nach § 26 FamFG von Amts wegen ermitteln (Burandt/Rojahn/*Gierl* FamFG § 352 Rn. 4 mwN).

9. § 352 FamFG schreibt die Angabe der nach § 345 Abs. 1 FamFG am Erbscheinsverfahren Beteiligten nicht vor. Gleichwohl hat das Gericht die „Kann"-Beteiligten gem. § 7 Abs. 4 FamFG von dem Verfahren zu benachrichtigen und über ihr Hinzuziehungsrecht zu belehren. Nötigenfalls hat das Gericht die möglichen Beteiligten von Amts wegen zu ermitteln (OLG Köln ZEV 2010, 89).

Um Nachfragen des Nachlassgerichts und die sonst mit der amtswegigen Ermittlung der Beteiligten verbundene Zeitverzögerung zu vermeiden, empfiehlt es sich, zumindest die gesetzlichen und die nach den eröffneten Verfügungen von Todes wegen in Betracht kommenden Erben schon in der Antragsschrift mit Namen und aktuellen Anschriften zu benennen.

10. § 352 Abs. 1 S. 1 Nr. 1, Abs. 2 Nr. 3 FamFG: Sowohl bei gesetzlicher als auch gewillkürter Erbfolge ist die Angabe des exakten Todeszeitpunkts erforderlich, wobei regelmäßig der Sterbetag genügt. Die Angabe ist entbehrlich, wenn dem Nachlassgericht bereits eine Sterbeurkunde vorliegt, die Tatsache also offenkundig ist. Der Sterbeort muss nicht angegeben werden. Auch Angaben zum Geburtstag und -ort werden nicht gefordert, dienen aber der Identifizierung des Erblassers und Individualisierung des Erbfalls.

11. Der nach § 352 Abs. 3 FamFG erforderliche Nachweis des Todes erfolgt durch Vorlage einer Sterbeurkunde (§§ 55 Abs. 1 Nr. 5, 60 PStG) oder von Todeserklärungs- und Todeszeitfeststellungsbeschlüssen nach §§ 23, 44 VerschG. Bei älteren Vorgängen kommen auch Standesregisterauszüge oder Familienstammbücher in Betracht.

Zum Benutzungs- und Erteilungsrecht standesamtlicher Personenstandsurkunden, s. § 62 PStG. Sollte ein Standesamt bei einem Antrag „anderer Personen“ Bedenken wegen der Schutzbedürftigkeit bestimmter Daten äußern, kann die Erteilung der Urkunde ausschließlich zu Händen des Nachlassgerichts beantragt werden (OLG Düsseldorf ErbR 2020, 579, 580 aE).

Ist das Gericht bereits im Besitze der Urkunden, genügt die Bezugnahme auf die Nachlassakte.

12. § 352 Abs. 1 S. 1 Nr. 2, Abs. 2 Nr. 3 FamFG: Bei gesetzlicher und gewillkürter Erbfolge verlangt das Gesetz Angaben zum letzten gewöhnlichen Aufenthalt und zur Staatsangehörigkeit des Erblassers. Ersteres ermöglicht dem Nachlassgericht die Prüfung seiner örtlichen Zuständigkeit (§ 343 FamFG) und kann für die Bestimmung des anzuwendenden Rechts maßgeblich sein (Art. 21 EuErbVO), letzteres kann Bedeutung für eine getroffene Rechtswahl (Art. 22 ff. EuErbVO) oder das Erbstatut bei bilateralen Verträgen (s. Art. 75 Abs. 1 EuErbVO) haben.

13. § 352 Abs. 1 S. 1 Nr. 3 FamFG: Bei gesetzlicher Erbfolge ist das Verhältnis, auf dem das Erbrecht des Antragstellers beruht, anzugeben. Der Antragsteller hat zu begründen, warum er Erbe ist, und dass und warum kein anderer Erbe geworden ist. Er hat insb. mitzuteilen und ggf. näher zu begründen, ob die erbrechtsbegründende Stellung zum Erblasser auf dem Ehegatten- oder dem Verwandtenerbrecht beruht. Demzufolge sind anzugeben:

(1) Die gesetzlichen Erben und ihr Verwandtschaftsverhältnis zum Erblasser sowie

(2) der Ehegatte oder eingetragene Lebenspartner des Erblassers.

Beruht die Erbfolge auf einer Annahme als Kind, sind die die gesetzliche Erbfolge begründenden Umstände anzugeben und zu beweisen. Bei nichtehelichen Kindern ist die Vaterschaftsanerkennung (§ 1594 ff. BGB) oder die gerichtliche Vaterschaftsfeststellung (§§ 1592 Nr. 3, 1600d BGB) darzulegen und nachzuweisen.

Anzugeben ist ferner die zu erwartende Geburt eines weiteren Erben (§ 1923 Abs. 2 BGB).

Auch bei gewillkürter Erbfolge empfehlen sich diese Angaben, um entsprechende Nachfragen des Nachlassgerichts zu vermeiden (→ Anm. 9)

14. § 352 Abs. 1 Nr. 4, S. 2 FamFG: Bei gesetzlicher Erbfolge hat der Antragsteller anzugeben, ob und welche Personen vorhanden sind oder waren, durch die er von der Erbfolge ausgeschlossen oder sein Erbrecht gemindert werden würde.

War der Erblasser verheiratet, ist der Tag der Eheschließung anzugeben und dass die Ehe beim Tode des Erblassers noch bestand. Andernfalls sollte im Hinblick auf § 352 Abs. 1 Nr. 4, S. 2 FamFG angegeben werden, ob der Ehegatte vorverstorben ist oder die Ehe rechtskräftig geschieden wurde. Dies wäre durch Sterbeurkunde bzw. Scheidungsbeschluss nachzuweisen.

Entsprechendes gilt für eingetragene Lebenspartner (§§ 1, 6, 10 LPartG).

15. Die Eheschließung ist durch die Ausfertigung oder beglaubigte Abschrift der Heirats- bzw. Eheurkunde oder Lebenspartnerschaftsurkunde (§§ 57, 58 PStG) nachzuweisen, die Geburt eines Kindes durch Geburtsurkunde (§ 59 PStG).

Zum Benutzungs- und Erteilungsrecht standesamtlicher Personenstandsurkunden, s. § 62 PStG und → Anm. 11).

Eine Annahme als Kind ist durch entsprechenden Beschluss des Familiengerichts nachzuweisen.

16. Lebten die Eheleute oder eingetragenen Lebenspartner im gesetzlichen Güterstand der Zugewinngemeinschaft, so ist auch dieser Umstand anzugeben, da er das gesetzliche Erbrecht des Ehegatten bzw. Partners und damit auch der übrigen Erben beeinflusst (§ 1931 BGB, § 6 LPartG iVm § 1371 Abs. 1 BGB).

17. § 352 Abs. 1 S. 2, Abs. 2 Nr. 3 FamFG: Sowohl bei gesetzlicher als auch gewillkürter Erbfolge ist bei *Wegfall* einer erbfolgerelevanten Person anzugeben, in welcher Weise diese Person vor oder nach dem Erbfall weggefallen ist. In diesem Fall soll angegeben werden, wer an die Stelle des Weggefallenen getreten ist (Burandt/Rojahn/*Gierl* FamFG § 352 Rn. 8).

18. § 352 Abs. 1 S. 1 Nr. 5 FamFG: Bei gesetzlicher Erbfolge hat sich der Antragsteller über das Vorhandensein von Testamenten oder Erbverträgen zu erklären, auch wenn diese nach seiner Auffassung widerrufen, ungültig oder gegenstandslos sein sollten.

Will der Antragsteller sein gesetzliches Erbrecht darauf stützen, dass er eine Verfügung von Todes wegen für ungültig hält, sollte hier ein Schwerpunkt seiner Antragsbegründung liegen!

19. § 352 Abs. 2 Nr. 1 und 2 FamFG: Bei gewillkürter Erbfolge hat der Antragsteller sämtliche Verfügungen von Todes wegen anzugeben und insbesondere die Verfügung zu bezeichnen, auf der seiner Auffassung nach sein Erbrecht beruht. Ergibt sich die verfügte Erbfolge erst aus weiteren Umständen (etwa den Eintritt von Bedingungen), sind diese ebenfalls vorzutragen und idR an Eides Statt zu versichern.

20. Das gewillkürte Erbrecht kann nur durch Vorlage der Urschrift der Verfügung von Todes wegen nachgewiesen werden. Soweit das Nachlassgericht durch frühere Ablieferung oder nach erfolgter Testamentseröffnung bereits im Besitz der Urschrift ist, reicht wegen Offenkundigkeit die Bezugnahme auf die Nachlassakte (Palandt/*Weidlich* § 2353 Rn. 25; Burandt/Rojahn/*Gierl* FamFG § 352 Rn. 30).

21. § 352 Abs. 1 S. 1 Nr. 6, Abs. 2 Nr. 3 FamFG: Bei gesetzlicher und gewillkürter Erbfolge ist anzugeben, ob ein Rechtsstreit über das Erbrecht des Antragstellers anhängig ist. Ein solcher Rechtsstreit kann dazu führen, dass das Erbscheinsverfahren ausgesetzt wird (§ 21 FamFG), bis vor dem Prozessgericht der Rechtsstreit zwischen den Erbprätendenten entschieden ist.

22. § 352 Abs. 1 S. 1 Nr. 7, Abs. 2 Nr. 3 FamFG: Sowohl bei gesetzlicher als auch gewillkürter Erbfolge hat der Antragsteller anzugeben, ob er die Erbschaft angenommen hat. Eine solche (konkludente) Annahme der Erbschaft ist jedoch bereits schon in der Beantragung des Erbscheins zu sehen. Daher ist eine Ausschlagung der Erbschaft nach Antragstellung nicht mehr möglich (§ 1943 BGB).

Wird ein gemeinschaftlicher Erbschein nicht von allen Miterben beantragt, so hat er gem. § 352a Abs. 3 FamFG die Angabe zu enthalten, dass die übrigen Erben die Erbschaft ebenfalls angenommen haben.

Sofern der Antragsteller nicht weiß, ob ein Miterbe die Erbschaft angenommen hat, sollte beim Nachlassgericht nachgefragt werden, ob dort eine Ausschlagung bekannt geworden ist. Dann kann im Erbscheinsantrag hierauf Bezug genommen und ausgeführt werden, dass die Erbschaft durch Verstreichenlassen der Ausschlagungsfrist als angenommen gilt (§ 1943, 2. Hs. BGB). Bei gewillkürter Erbfolge sollte der Antragsteller sicherheitshalber noch nachfragen, wann dem Miterben die Verfügung von Todes wegen eröffnet wurde. Dann kann er zumindest den Ablauf einer Ausschlagungsfrist kalkulieren (wegen des unklaren Postlaufs mit Sicherheitszuschlag).

23. § 352 Abs. 1 S. 1 Nr. 8, Abs. 2 Nr. 3 FamFG: Schließlich ist sowohl bei gesetzlicher als auch gewillkürter Erbfolge die Größe der Erbquoten anzugeben.

Abweichend hiervon kann ein gemeinschaftlicher Erbschein auch als sog. „quotenloser" Erbschein" ohne Angaben der Erbquoten beantragt werden (nachstehend → Anm. 24).

24. In dem Antrag auf Erteilung eines gemeinschaftlichen Erbscheins sind sämtliche Erben mit ihren Erbquoten anzugeben (§ 352a Abs. 2 S. 1 FamFG). Mit der Neureglung in Abs. 2 S. 2 kann seit dem 17.8.15 nunmehr auch ein Erbschein ohne Quoten erteilt werden (sog. „**quotenloser Erbschein**"), wenn „alle Antragsteller in dem Antrag auf die Aufnahme der Erbteile in den Erbschein verzichten."

Ein solcher Erbschein kann sich dann anbieten, wenn zwar die Anzahl der Erben bekannt ist, ihre Erbquoten untereinander aber noch nicht feststehen (etwa, weil bei einem „Verteilungstestament" ohne ausdrückliche Erbeinsetzung die Werte der zugewandten Vermögensgruppen oder Einzelgegenstände noch nicht ermittelt sind).

Allerdings ist immer noch umstritten und noch nicht höchstrichterlich entschieden, ob für die Erteilung eines quotenlosen Erbscheins die Zustimmung bzw. der Verzicht aller in Betracht kommenden Miterben auf die Aufnahme der Erbquoten erforderlich ist (so OLG München NJW-RR 2019, 971; OLG Bremen ErbR 2021, 152) oder bereits der Verzicht nur des Antragstellers ausreicht, selbst wenn die übrigen Miterben der Erteilung eines quotenlosen gemeinschaftlichen Erbscheins widersprechen (so OLG Düsseldorf NJW-RR 2020, 388; die wegen Divergenz zugelassene Rechtsbeschwerde wurde leider nicht eingelegt).

Unklar ist ebenfalls noch, ob nach einem quotenlos erteilten Erbschein später ein Erbschein mit Quoten erteilt werden kann und ob der quotenlose Erbschein dann einzuziehen ist oder ergänzt werden kann.

25. Nach § 352 Abs. 3 S. 3 FamFG hat der Antragsteller sämtliche im Antrag gemachten Angaben, die nicht nach Abs. 3 S. 1 durch öffentliche Urkunden nachzuweisen sind, insbesondere „negative" Tatsachen, sowie die Tatsache, dass der Erblasser zur Zeit seines Todes im Güterstand der Zugewinngemeinschaft gelebt hat, durch **Versicherung an Eides Statt** glaubhaft zu machen.

Der Antragsteller hat die eidesstattliche Versicherung höchstpersönlich vor Gericht, auch einem Rechtshilfegericht, oder einem deutschen Notar (im Ausland vor dem Konsularbeamten, § 12 Nr. 2 KonsularG) abzugeben. Das gilt auch, wenn der Antragsteller nicht Erbe, sondern ein antragsberechtigter Dritter ist, wie zB der Testamentsvollstrecker, Nachlassverwalter, Insolvenzverwalter oder ein Nachlassgläubiger mit Titel (→ Anm. 5). Für Minderjährige unter 16 Jahren (vgl. § 455 Abs. 2 ZPO) müssen dessen gesetzliche Vertreter die Versicherung abgeben. Gewillkürte Stellvertretung ist dagegen nicht möglich.

Bei einem Antrag auf Erteilung eines gemeinschaftlichen Erbscheins ist die eidesstattliche Versicherung von allen Erben abzugeben, sofern nicht das Nachlassgericht die Versicherung eines oder mehrerer Erben für ausreichend hält (§ 352a Abs. 4 FamFG).

26. Das Nachlassgericht kann dem Antragsteller die **eidesstattliche Versicherung** nach pflichtgemäßem Ermessen **erlassen**, wenn es sie nicht für erforderlich hält (§ 352 Abs. 3 S. 4 FamFG). Dies dürfte aber nur ausnahmsweise in Betracht kommen, wenn der Sachverhalt klar und einfach gelagert oder bereits durch ein anderes Erbscheinsverfahren geklärt ist und durch die eidesstattliche Versicherung keine weitere Sachaufklärung zu erwarten ist (Palandt/*Weidlich* § 2353 Rn. 30; Burandt/Rojahn/*Gierl* FamFG § 3525 Rn. 36; zur umfassenden Darstellung der Ermessenkriterien s. *Zimmermann* ZErb 2008, 151).

Ungeachtet dessen sollte in einem anwaltlich verfassten Erbscheinsantrag immer der Erlass der Verpflichtung zur Abgabe der eidesstattlichen Versicherung angeregt und eine entsprechende, vom Antragsteller unterschriebene Erklärung beigefügt werden.

27. Gesetzlich nicht vorgeschrieben, aber zu empfehlen ist, bereits im Erbscheinsantrag anzugeben, ob und welche **Immobilien** sich im Nachlass befinden. Denn das Nachlassgericht ist nach § 83 GBO verpflichtet, dem zuständigen Grundbuchamt Mitteilung zu machen, falls ihm Nachlassgrundstücke bekannt werden. Daher würde das Gericht ohne entsprechende Angaben Nachfrage beim Antragsteller oder den übrigen Erben halten, was das Erbscheinsverfahren verzögern kann.

28. Ebenfalls nicht vorgeschrieben, aber ratsam zur Vermeidung von Rückfragen des Gerichts ist die Angabe, ob sich ein **Hof iSd HöfeO** im Nachlass befindet. Denn hinsichtlich eines Hofes käme es zu einer Sondererbfolge nach der HöfeO; außerdem wäre für das gesamte Erbscheinsverfahren – auch hinsichtlich des hoffreien Vermögens – das Landwirtschaftsgericht zuständig (§ 18 Abs. 1 HöfeO).

29. Auch eine Erklärung über **Auslandsvermögen** empfiehlt sich, um entsprechende Rückfragen des Gerichts zu vermeiden. Mit der Angabe, dass kein Auslandsvermögen vorhanden ist, wird dem Gericht signalisiert, dass auf den gesamten Erbfall deutsches Recht anzuwenden ist und kein nur auf die im Inland befindlichen Gegenstände „gegenständlich beschränkter Erbschein" (§ 352c FamFG) erteilt werden soll.

30. Schließlich sollten noch Angaben zum Wert des Nachlasses gemacht werden, um diesbezügliche Rückfragen des Gerichts im Hinblick auf die Gerichtskostenberechnung zu vermeiden.

31. Gem. § 357 Abs. 2 S. 1 FamFG kann jeder, der ein rechtliches Interesse glaubhaft macht, die Erteilung einer Ausfertigung eines Erbscheins vom Nachlassgericht verlangen. Dies ist zunächst natürlich der Antragsteller, aber auch jeder weitere Erbe, Testamentsvollstrecker oder sonst Antragsberechtigte, insbesondere auch ein Gläubiger, der einen Erbschein zur Klauselumschreibung auf den Rechtsnachfolger benötigt und sein rechtliches Interesse durch Vorlage der vollstreckbaren Ausfertigung seines Titels glaubhaft machen kann.

Es können auch mehrere Ausfertigungen beantragt werden, etwa wenn mehrere Grundbücher bei verschiedenen Grundbuchämtern berichtigt werden müssen.

Kosten und Gebühren

32. (1) **Geschäftswert:** Für die Erteilung eines Erbscheins, eines Europäischen Nachlasszeugnisses und für die Abgabe der eidesstattlichen Versicherung zur Erlangung dieser Zeugnisse entspricht der Geschäftswert dem Wert des Nachlasses im Zeitpunkt des Erbfalls (§ 40 Abs. 1 S. 1 GNotKG). Abgezogen werden von dem Wert des Aktiv-Nachlasses nach S. 2 nur noch die vom Erblasser herrührenden Verbindlichkeiten; Erbfallschulden, insbesondere Beerdigungskosten, Vermächtnisse, Pflichtteile, Auflagen oder Erbschaftssteuer bleiben nun unberücksichtigt (BT-Drs. 17/11471, S. 165).

Für ein Hoffolgezeugnis s. § 40 Abs. 1 S. 3, 4 GNotKG, zum Kostenprivileg für land- und forstwirtschaftliche Betriebe mit Hofstelle, s. § 48 GNotKG.

Wird lediglich ein Teilerbschein beantragt, bestimmt sich der Geschäftswert nur nach dem Wert des Erbteils des oder der Miterben (§ 40 Abs. 2 GNotKG).

(2) **Gerichtskosten:** Es entsteht eine 1,0 Verfahrensgebühr nach KV12210 GNotKG und Tabelle B für das Verfahren über den Antrag auf Erteilung eines Erbscheins oder ein ENZ, sofern nicht die Ermäßigungstatbestände der Nrn. 12211 oder 12213 KV greifen.

Für die Abnahme der eidesstattlichen Versicherung nach § 352 Abs. 3 FamFG wird gem. KV12210 Abs. 1, Vorb. 1 Abs. 2 iVm KV 23300 GNotKG eine weitere 1,0 Verfahrensgebühr nach Tabelle B erhoben.

An Auslagen können Zeugenauslagen und Sachverständigenhonorare nach dem JVEG anfallen.

(3) **Notarkosten:** Wird der Erbscheinsantrag über einen Notar gestellt, der gleichzeitig die eidesstattliche Versicherung abnimmt, erhält der Notar nach KV 23300 GNotKG lediglich eine 1,0 Gebühr nach Tabelle B. Nach Vorb. 2.3.3. Abs. 2 KV wird der Erbscheinsantrag an das Nachlassgericht mit dieser Gebühr abgegolten.

(4) **Anwaltskosten:** Nach § 32 Abs. 1 RVG ist der für die Gerichtsgebühren gerichtlich festgesetzte Wert grds. auch für die Gebühren des Anwalts maßgeblich. Vertritt der Anwalt jedoch einen von mehreren Miterben, die unterschiedlich am Verfahren beteiligt sind, richtet sich der Verfahrenswert nur nach dem Wert des von dem vertretenen Miterben beanspruchten Erbteils (BGH NJW 1968, 2334). Auf Antrag kann der Anwalt den Gegenstandswert dann nach § 33 RVG gesondert festsetzen lassen.

Für die Vertretung im Erbscheinsverfahren erhält der Anwalt die Gebühren nach VV 3100 ff. RVG. Stellt er „lediglich" den Erbscheinsantrag ohne besonderen Begründungsaufwand und bleibt das Verfahren nichtstreitig, soll er nach hM nur eine 0,8 Verfahrensgebühr nach VV 3101 Nr. 3 RVG erhalten (so Gerold/Schmidt/*Müller-Rabe* VV 3101 Rn. 120 ff.; krit. *Bartsch* ZErb 2012, 123; aA *Mayer* in: Mayer/Kroiß, Hk-RVG VV 3101 Rn. 59, der wegen des besonderen Begründungsaufwands bei Erbscheinsanträgen eine 1,3 Verfahrensgebühr als angemessen ansieht). Geht die Begründung über die „normale" Antragsbegründung hinaus oder wird das Erbscheinsverfahren „streitig", entsteht natürlich eine 1,3 Verfahrensgebühr.

Für die Wahrnehmung eines Termins entsteht neben der (dann in jedem Fall 1,3-fachen) Verfahrensgebühr auch eine 1,2 Terminsgebühr nach VV 3104 RVG. Möglich ist auch eine Einigungsgebühr, VV 1003 RVG.

Bei Vertretung mehrerer Miterben soll ein Gebührenzuschlag nach VV 1008 RVG in Betracht kommen (OLG München ZEV 2006, 366; aA zu Recht *Schneider* ErbR 2011, 210).

Ausführlich zur Abrechnung des erbrechtlichen Mandats nach dem RVG, s. MAH ErbR/*Schneider* § 2 Rn. 97–209; zu den Kosten im Erbscheinsverfahren, s. *Schneider* ErbR 2017, 134; *Horn/Krätzschel* NJW 2016, 3350; *Kroiß* ZEV 2013, 413; *Kuhn/Trappe* ZEV 2013, 419.

Zum Deckungsschutz, zur Prozessfinanzierung sowie zur **Interessenkollision im Erbrecht** und ihre Auswirkung auf die Vergütung, s. die Literaturhinweise in → Form. II.L.6 Anm. 12.

(5) **Kostenentscheidung des Gerichts:** Zur Kostenentscheidung im Erbscheinsverfahren nach §§ 80 ff FamFG und zum Ermessen des Gerichts, s. BGH NJW-RR 2016, 200; OLG Hamm ErbR 2019, 706; OLG München ZEV 2012, 661; Kroiß/Horn/Solomon/*Horn* Nachfolgerecht FamFG § 81 Rn. 10 ff.; *Kroiß* ZEV 2016, 619.

Rechtsmittel

33. Gegen die Zurückweisung des Erbscheinsantrags und gegen den Feststellungsbeschluss (§ 352e Abs. 1 FamFG) ist nach §§ 58 ff. FamFG die Beschwerde statthaft, einzulegen binnen einer Frist von einem Monat (§ 63 FamFG) ab Bekanntgabe bei dem Gericht, dessen Entscheidung angefochten werden soll (§ 64 FamFG). Soweit der Feststellungsbeschluss in einem nichtstreitigen Verfahren nicht bekanntgegeben wurde, beginnt die Frist spätestens nach Ablauf von fünf Monaten (§§ 352e Abs. 1 S. 4, 63 Abs. 3 S. 2 FamFG; OLG Hamm ZEV 2019, 307).

Das Ausgangsgericht kann der Beschwerde abhelfen. Hilft es nicht ab, hat es die Beschwerde unverzüglich dem Beschwerdegericht vorzulegen (68 Abs. 1 FamFG).

Beachte: Wurde ein Erbschein bereits erteilt, ist die Beschwerde gegen den Feststellungsbeschluss nur noch insoweit zulässig, als die Einziehung des Erbscheins beantragt wird (§ 352e Abs. 3 FamFG).

Beschwerdegericht ist das Oberlandesgericht (§ 119 Abs. 1 Nr. 1 lit. b GVG). Die Rechtsbeschwerde zum Bundesgerichtshof (§ 133 GVG) ist in Nachlasssachen nur noch statthaft, wenn das OLG sie in seinem Beschluss zugelassen hat (§ 70 Abs. 1 FamFG); eine Nichtzulassungsbeschwerde gibt es in FamFG-Verfahren nicht.

2. Antrag auf Erteilung eines Erbscheins bei Vor- und Nacherbfolge

Amtsgericht
– Nachlassgericht[4] –
. . . . .

Antrag[2] auf Erteilung eines Erbscheins[1] für den Vorerben[3, 7]

der . . . . .

- Antragstellerin[5] -

Namens und in beigefügter Vollmacht[6] der Antragstellerin beantrage ich die Erteilung eines Vorerben-Alleinerbscheins folgenden Inhalts:[7]

Vorerbin[7]
des am . . . . . (Datum) in . . . . . mit letzten gewöhnlichen Aufenthalt in . . . . . verstorbenen
. . . . . (Name Erblasser), geboren am . . . . . (Datum) in . . . . .,
ist:
Frau . . . . geb. . . . . . (Erbe mit Geb.-Datum und Anschrift)

- Ehefrau des Verstorbenen -

Es ist Nacherbfolge angeordnet, die mit dem Tod der Vorerbin eintritt.[7]
Nacherben sind[7]
a) . . . . . (Name, Geb.-Datum, Anschrift des Nacherben)

- Tochter des Verstorbenen -

b) . . . . . (Name, Geb.-Datum, Anschrift des Nacherben)

- Sohn des Verstorbenen -

(*oder:* Nacherben sind die bei Eintritt der Nacherbfolge vorhandenen Abkömmlinge . . . . .[8])
(*ggf.*) Die Vorerbin ist von den gesetzlichen Beschränkungen gem. § 2136 BGB befreit.[7]
(*ggf.*) Das Nacherbenanwartschaftsrecht ist nicht vererblich.[9]
(*ggf.*) Es ist Ersatznacherbfolge angeordnet.[10]
Ersatzerben sind: . . . . .
(*ggf.*) Es ist Testamentsvollstreckung angeordnet.[7, 11]
***(evtl. Hilfsanträge:. . . . .)*[12]**

Begründung:[13]

. . . . .[14]

Der Erblasser hat die am . . . . . (Datum) vom Nachlassgericht . . . . . zu Az. . . . . . eröffnete Verfügung von Todes wegen vom . . . . . (Datum) hinterlassen.[15]

Nachweis: Auf die Nachlassakte – im Hause –, Az. . . . . ., wird Bezug genommen[16]
(*oder*) Eigenhändiges Testament vom . . . . . (Datum) im Original[16] anbei

Ausweislich dieses Testaments hat der Erblasser die Antragstellerin zur befreiten Vorerbin und seine Tochter aus erster Ehe, Frau . . . . ., sowie seinen Sohn aus erster Ehe, Herrn . . . . ., zu Nacherben zu gleichen Teilen, ersatzweise deren jeweilige Kinder zu Ersatznacherben eingesetzt.[15]

. . . . .[17]

Weitere sonstige Verfügungen von Todes wegen sind nicht vorhanden bzw. bekannt.[18]

. . . . .[19]

Es wird gebeten, eine Ausfertigung[19] und zwei beglaubigte Abschriften des Vorerbenerbscheins zu Händen des Unterzeichners zu erteilen.

Rechtsanwalt[29, 30]

(Variante:
Antrag[2] auf Erteilung eines gemeinschaftlichen Nacherbscheins[1, 20])

1. der . . . . .

- Antragstellerin[21] -

2. des . . . . .

- Antragstellers[21] -

Namens und in beigefügter Vollmacht[6] der Antragsteller beantrage ich die Erteilung eines gemeinschaftlichen Nacherbscheins[20] folgenden Inhalts:[22]

Erben[23]

des am . . . . . (Datum) in . . . . . mit letzten gewöhnlichen Aufenthalt in . . . . . verstorbenen

. . . . . (Name des ursprünglichen Erblassers), geboren am . . . . . (Datum) in . . . . ., sind in Folge des Todes der Vorerbin . . . . . am . . . . . (Sterbedatum der Vorerbin)[24]

1. Herr . . . . . geb. . . . . . (Nacherbe mit Geb.-Datum und Anschrift)

zu . . . . ./. . . . . Anteil

2. Frau . . . . . geb. . . . . . (Nacherbin mit Geb.-Datum und Anschrift)

zu . . . . ./. . . . . Anteil

(ggf.) Es ist Testamentsvollstreckung angeordnet für die Erbin zu 2. bis zur Vollendung ihres 25. Lebensjahres.[11]

(evtl. Hilfsanträge: . . . . .)[12]

Begründung:[22]

Der Erblasser hat die am . . . . . (Datum) vom Nachlassgericht . . . . . zu Az. . . . . . erstmals eröffnete Verfügung von Todes wegen vom . . . . . hinterlassen.[14, 15]

Nachweis: Auf die Nachlassakte – im Hause –, Az. . . . . ., wird Bezug genommen.[16]

Ausweislich dieses Testaments hat der Erblasser seine Ehefrau . . . . . zur Vorerbin und die Antragsteller zu seinen Nacherben zu je 1/2 Anteil eingesetzt, ersatzweise deren Abkömmlinge nach den Regeln der gesetzlichen Erbfolge.[15]

Die Nacherbfolge sollte mit dem Tod der Vorerbin eintreten. Die Vorerbin, Frau . . . . ., ist nunmehr am . . . . . (Datum) in . . . . . verstorben.[24]

Nachweis: Auf die Nachlassakte – im Hause –, Az. . . . . ., und die dortige Sterbeurkunde wird Bezug genommen.[16]

(oder) Sterbeurkunde des Standesamts . . . . . vom . . . . . (Datum)[16]

Damit ist am . . . . . (Datum) der Nacherbfall eingetreten und sind die Antragsteller Nacherben des Erblassers geworden.[25]

Weitere sonstige Verfügungen von Todes wegen sind nicht vorhanden bzw. bekannt.[18, 19]

Beschränkungen in Form einer Testamentsvollstreckung oder einer weiteren Nacherbfolge hat der Erblasser nicht verfügt.[26]

Die Antragsteller sind bereit, gem. § 352 Abs. 3 FamFG ihre Angaben an Eides Statt zu versichern, bitten jedoch im Hinblick auf das bereits für die Vorerbin durchgeführte Erbscheinsverfahren (Az. . . . . .) darum, ihnen die Abgabe einer eidesstattlichen Versicherung gem. § 352 Abs. 3 S. 4 FamFG zu erlassen.[19, 27]

Es wird gebeten, eine Ausfertigung[19] und zwei beglaubigte Abschriften des Nacherbscheins noch vor Einziehung oder Kraftloserklärung[28] des Vorerbenerbscheins zu Händen des Unterzeichners zu erteilen.)

Rechtsanwalt[29, 30]

Schrifttum: Siehe die Schrifttumshinweise in → Form. II.L.1

Anmerkungen

1. Zur Funktion und Wirkung eines Erbscheins → Form. II.L.1 Anm. 1

2. Zum Antragserfordernis (§ 2353 BGB) → Form. II.L.1 Anm. 3

3. Hat der Erblasser in einer Verfügung von Todes wegen Vor- und Nacherbfolge angeordnet, also ein zeitliches Aufeinanderfolgen verschiedener Erben desselben Erblassers bezüglich derselben Erbschaft, dann kann nach Eintritt des Erbfalls nur ein Erbschein für den Vorerben beantragt und erteilt werden, da dieser Erbe vor dem Nacherben geworden ist (§ 2100 BGB).
Da der Vorerbe nach dem Gesetz in seiner Verfügungsbefugnis beschränkt ist, ist diese Beschränkung für den Rechtsverkehr und zum Schutze des Nacherben im Erbschein zu verlautbaren (§ 352b FamFG).

4. Zur Zuständigkeit des Nachlassgerichts → Form. II.L.1 Anm. 4

5. **Antragsberechtigt** bis zum Eintritt des Nacherbfalls (§ 2106 BGB) ist nur der Vorerbe, eine den Nachlass verwaltende Person und ein Vollstreckungsgläubiger des Erblassers oder Vorerben (s.a. → Form. II.L.1 Anm. 5). Bei Privatgläubigern des Vorerben sind jedoch §§ 2115 BGB, 326, 773 ZPO zu beachten.
Nicht antragsberechtigt ist hingegen der Nacherbe, da ihm die Erbschaft noch nicht angefallen ist. Er kann auch nicht Erteilung an den Vorerben beantragen (BayObLG NJW-RR 1999, 805).

6. Im Erbscheinsverfahren ist die Vertretung durch Rechtsanwälte zulässig (§ 10 Abs. 2 S. 1 FamFG); iÜ → Form. II.L.1 Anm. 6.

7. Der Erbschein hat nicht nur festzustellen, wer den Erblasser mit welcher Erbquote beerbt hat, sondern auch, welchen (Verfügungs-) **Beschränkungen** der Erbe unterliegt. Hat der Erblasser Vor- und Nacherbschaft oder Testamentsvollstreckung angeordnet, ist dies gem. § 352b FamFG im Erbschein zu verlautbaren. Da das Nachlassgericht an den Antrag gebunden ist, dieser also „deckungsgleich" mit dem zu erteilenden Erbschein sein muss (→ Form. II.L.1 Anm. 7), sind bei angeordneter Vor- und Nacherbschaft die in § 352b Abs. 1 FamFG geforderten Angaben in den Erbscheinsantrag aufzunehmen, nämlich
a) dass Nacherbfolge angeordnet ist,
b) unter welcher Voraussetzung die Nacherbfolge eintritt (der Erblasser kann in seiner Verfügung von Todes wegen einen Zeitpunkt oder ein Ereignis bestimmen, mit dem die Nachfolge eintreten soll, zB eine Wiederverheiratung, den Abschluss eines Studiums, das Erreichen eines bestimmten Alters des Nacherben oder die Geburt einer Person; trifft der Erblasser keine Bestimmung, tritt der Nacherbfall mit dem Tode des Vorerben ein, § 2106 Abs. 1 BGB),
c) wer Nacherbe und – bei entsprechender Anordnung – Nachnach- oder Ersatznacherbe ist (hier sollen die vollständigen Namen und bekannten Anschriften angegeben werden),
d) und ob und in welchem Umfang der Vorerbe von Beschränkungen befreit sein soll (§§ 2136 f. BGB; um dem Vorerben den Nachweis nicht bestehender Verfügungsbeschränkungen zu ermöglichen, ist die Befreiung von einzelnen Verfügungsbeschränkungen im Erbschein anzugeben (MüKoBGB/*Grziwotz* Anh. § 2353 Rn. 82); schweigt der Antrag oder der Erbschein zu Befreiungen, ist vom Normalfall der beschränkten Vorerbschaft auszugehen).

Um die Beschränkungen des Erben durch die Einsetzung eines Nacherben im Erbschein deutlich hervorzuheben, wird der Erbe zumeist als „Vorerbe“ gekennzeichnet.

8. Ist die namentliche Angabe der eingesetzten Nacherben noch nicht möglich (etwa in den Fällen der §§ 2101, 2104, 2105 BGB), ist eine möglichst genaue Umschreibung zu wählen (Palandt/*Weidlich* Einf v 2100 Rn. 13).

9. Stirbt der eingesetzte Nacherbe zwischen Erbfall und Nacherbfall, bestimmt § 2108 Abs. 2 BGB, dass seine Nacherbenanwartschaft auf seine Erben übergeht, sofern kein anderer Erblasserwille anzunehmen ist. Da die Vererblichkeit der „Normalfall“ ist, muss nur die Nichtvererblichkeit in den Erbschein aufgenommen werden.

10. Ersatznacherben sind im Erbschein des Vorerben ebenfalls anzugeben, gleich, ob der Erblasser solche ausdrücklich eingesetzt hat oder sich ihre Einsetzung erst durch Testamentsauslegung oder aufgrund von Auslegungsregeln (zB § 2069 BGB) ergibt (Palandt/*Weidlich* Einf v § 2100 Rn. 13; Burandt/Rojahn/*Gierl* FamFG § 352b Rn. 13).

11. Nach § 352b Abs. 2 FamFG ist als Verfügungsbeschränkung auch eine angeordnete **Testamentsvollstreckung** im Erbschein zu verlautbaren. Eine Beschränkung der Befugnisse des Testamentsvollstreckers ist nur dann im Erbschein anzugeben, wenn der Erbe dadurch für Teilbereiche uneingeschränkt verfügungsbefugt ist.

Ist die Testamentsvollstreckung nur auf einzelne Miterben oder einzelne Nachlassgegenstände angeordnet, muss der Erbschein dies ebenfalls ausweisen, da im Rechtsverkehr für Dritte ersichtlich sein muss, welcher Erbe inwieweit verfügungsbeschränkt ist.

Entgegen dem missverständlichen Wortlaut des § 352b Abs. 2 FamFG ist der Name des Testamentsvollstreckers nicht im Erbschein anzugeben. Ein Wechsel der Person des Testamentsvollstreckers berührt die Richtigkeit des Erbscheins nicht.

12. Zum evtl. Erfordernis von Hilfsanträgen → Form. II.L.1 Anm. 7.

13. Der Erbscheinsantrag für den Vorerben hat die allgemeinen Angaben zu Erblasser und Vorerben zu enthalten, wie ein allgemeiner Erbschein bei gewillkürter Erbfolge (§ 352 Abs. 2 FamFG). Insoweit wird auf → Form. II.L.1 Anm. 8–12, 17, 19 ff. Bezug genommen.

Zusätzlich sind die nach § 352b Abs. 1 FamFG zu machenden Angaben zu begründen.

14. Begründung und Nachweise wie → Form. II.L.1 Anm. 10–16.

15. § 352 Abs. 2 Nr. 1 FamFG: Hier ist die Erbenstellung des Antragstellers zu begründen; er hat die Verfügung zu bezeichnen, auf der das behauptete Erbrecht beruht, → Form. II.L.1 Anm. 19.

16. § 352 Abs. 3 FamFG: Die Erbfolge ist, soweit nicht bereits beim Nachlassgericht offenkundig, durch die Urschrift der Verfügung von Todes wegen nachzuweisen (s. a.→ Form. II.L.1 Anm. 20).

17. Hier erfolgt ggf. eine weitere Begründung, etwa zur Auslegung der Verfügung von Todes wegen oder zur Anwendung von Auslegungsregeln, zum Umfang der Befreiung, zur Vererblichkeit der Nacherbenanwartschaft nach § 2108 Abs. 2 BGB, zu einer Ersatznacherbschaft usw.

18. Angabe nach § 352 Abs. 2 Nr. 2 FamFG; → Form. II.L.1 Anm. 19.

19. Weitere Begründung/Angaben und Erklärungen wie → Form. II.L.1 Anm. 17, 21 ff.; zum „Verlangen“ einer Ausfertigung des Erbscheins gem. § 357 Abs. 2 FamFG, → Form. II.L.1 Anm. 31.

20. Mit **Eintritt des Nacherbfalls** hört der Vorerbe auf, Erbe zu sein, und fällt die Erbschaft dem Nacherben an (§ 2139 BGB). Ein dem Vorerben erteilter Erbschein ist unrichtig geworden und folglich einzuziehen (§ 2361 BGB). Nunmehr ist nur noch dem Nacherben ein neuer Erbschein zu erteilen, da jetzt er – zeitlich nach dem Vorerben – der Erbe des Erblassers geworden ist (Palandt/*Weidlich* Einf v § 2100 Rn. 15).

Mehreren Nacherben kann auf Antrag ein gemeinschaftlicher Nacherbschein erteilt werden.

21. Mit Eintritt des Nacherbfalls ist nur noch der Nacherbe antragsberechtigt. Im Übrigen gilt → Form. II.L.1 Anm. 5 entsprechend.

22. Für die Erteilung eines Erbscheins für den Nacherben gilt § 352b Abs. 1 FamFG nicht; die Anforderungen an Begründung und Nachweise ergeben sich zunächst aus den allgemeinen Regeln (→ Form. II.L.1).

Darüber hinaus ist der Vor- und Nacherbe sowie das den Nacherbfall auslösende Ereignis zu benennen (→ Anm. 24).

23. Da der Nacherbe unbeschränkter Vollerbe des Erblassers wird, ist dies im Erbschein zu verlautbaren und der Nacherbe als „Erbe" zu bezeichnen.

Sollte der Erblasser jedoch eine weitere Nacherbfolge angeordnet und einen sog. Nachnacherben bestimmt haben, wäre der Nacherbe seinerseits wiederum „nur" Vorerbe. In diesem Fall wäre ihm ein Vorerbenerbschein nach § 352b Abs. 1 FamFG zu erteilen.

24. In einem Nacherbschein ist der **Zeitpunkt** (Datum) und das den **Nacherbfall auslösende Ereignis** anzugeben (BayObLG NJW-RR 2004, 1376; 1377; BayObLG NJW-RR 1990, 199, 200; Palandt/*Weidlich* Einf v § 2100 Rn. 15).

Fehlt der Hinweis auf den Eintritt und den Zeitpunkt der Nacherbfolge, ist der Erbschein teilweise unrichtig, da er die Rechtslage nicht in vollem Umfang wiedergibt.

Ein derartiger Nacherbschein wäre auch nicht zu einer Grundbuchberichtigung geeignet. Denn § 35 Abs. 1 S. 1 GBO erfordert sowohl im Hinblick auf die Person des Nacherben als auch den Eintritt des Nacherbfalls den Nachweis durch einen dem Nacherben erteilten Erbschein (BGH NJW 1982, 2499, 2500, letzter Satz). Es reicht nicht aus, wenn das Recht des Nacherben gem. § 51 GBO im Grundbuch eingetragen ist und eine Sterbeurkunde des Vorerben vorgelegt wird (BGH NJW 1982, 2499, 2500, letzter Satz; OLG München DNotZ 2013, 153 = BeckRS 2012, 21806).

25. Ggf. weitere Begründung zur Nacherbenstellung, etwa zur Auslegung der Verfügung von Todes wegen oder zu Auslegungsregeln.

26. Dieser Zusatz ist gesetzlich nicht vorgeschrieben, soll aber klarstellen, dass keine Beschränkungen iSd § 352b FamFG in den Erbschein aufgenommen zu werden brauchen.

Andernfalls sind an dieser Stelle weitere Ausführungen erforderlich.

27. Einer erneuten **eidesstattlichen Versicherung** soll es beim Nacherbschein idR nicht bedürfen, wenn für den Vorerben bereits ein Erbschein erteilt war (Firsching/Graf/*Krätzschel*, NachlassR § 38 Rn. 42; Kroiß/Horn/Solomon/*Poller* NachfolgeR FamFG § 352b Rn. 8). Dies kann mE jedoch nur gelten, wenn für den Eintritt der Nacherbfolge oder die Höhe der Erbquote nicht das Fehlen weiterer Abkömmlinge, der Nichteintritt einer bestimmten Bedingung oder sonstige erbfolgerelevante Negativtatsachen glaubhaft zu machen sind.

28. Ist oder wurde ein erteilter Erbschein unrichtig, hat das Nachlassgericht den unrichtigen Erbschein von Amts wegen einzuziehen (§ 2361 S. 1 BGB) oder, wenn er nicht sofort erlangt werden kann, für kraftlos zu erklären (§ 353 Abs. 1 FamFG).

An dieser Stelle kann das Nachlassgericht an die Einziehung dezent „erinnert" werden. Möglich ist aber auch, die Einziehung zu „beantragen", was allerdings nur eine Anregung darstellt (§ 24 Abs. 1 FamFG).

Zur Einziehung eines unrichtigen Erbscheins und zu weitergehendem Rechtsschutz → Form. II.L.3.

Kosten und Gebühren

29. Siehe ausführlich → Form. II.L.1 Anm. 32.

Allerdings ist für den nach § 40 GNotKG maßgeblichen Geschäftswert nicht auf den Wert des der Nacherbfolge unterliegenden Vermögens zum Zeitpunkt des Erbfalls, sondern den zur Zeit der Nacherbfolge abzustellen (OLG Hamm ZErb 2015, 354 = BeckRS 2015, 14613).

Der Erbschein für den Nacherben ist ein „neuer" Erbschein im Verhältnis zum Erbschein für den Vorerben und löst daher neue Gebühren aus.

Rechtsmittel

30. → Form. II.L.1 Anm. 33

3. Antrag auf Einziehung eines unrichtigen Erbscheins

Amtsgericht
– Nachlassgericht[3] –
. . . . .

Anregung[4] zur Einziehung[1, 7] eines unrichtigen[2] Erbscheins

In der Nachlassangelegenheit
. . . . . (Erblasser/in), verstorben am . . . . . (Datum)
Az. . . . . .
zeige ich mit angefügter Vollmacht an, Herrn . . . . .
- Antragsteller -
anwaltlich zu vertreten.[5]
Namens meiner Mandantschaft rege ich an,[4]

den am . . . . . (Datum) vom Nachlassgericht . . . . . unter Az . . . . . an . . . . . (Erbscheinserbe) erteilten Erbschein wegen Unrichtigkeit einzuziehen, *hilfsweise* für kraftlos zu erklären.[1, 7]

***(optional)* Gleichzeitig rege ich als vorläufige Sicherungsmaßnahme[10] an,**

die einstweilige Rückgabe der Ausfertigung des vorbezeichneten Erbscheins zu den Akten des Nachlassgerichts anzuordnen und dem Erbscheinserben die Verfügung über Nachlassgegenstände zu verbieten.

***(ggf.)* Ferner beantrage ich die Erteilung folgenden Erbscheins:[8]**

Erben

des am . . . . . (Datum) verstorbenen . . . . . (Erblasser) mit letzten gewöhnlichen Aufenthalt in . . . . . sind

1. Frau . . . . . (Erbin mit Anschrift) zu . . . . ./. . . . . Anteil

und

2. Herr . . . . . (Erbe mit Anschrift) zu . . . . ./. . . . . Anteil

geworden.

Begründung:[1]

Am . . . . . (Datum) erteilte das Amtsgericht – Nachlassgericht – . . . . . den im Antrag näher bezeichneten Erbschein an Herrn/Frau . . . . .

Dieser Erbschein ist unrichtig und damit gem. § 2361 BGB von Amts wegen einzuziehen. Eine Unrichtigkeit liegt vor, wenn die für die Begründung des damaligen Antrags erforderlichen Tatsachen nicht oder nicht mehr als festgestellt zu erachten sind (§ 352e Abs. 1 FamFG)[2]**.**

Die Unrichtigkeit des Erbscheins ergibt sich daraus, dass . . . . .[6] **(Begründung/Nachweise).**

***(ggf.)* Zum (eigenen) Erbscheinsantrag: . . . . .**[8]

***(ggf.)* Zum Sicherungsbedürfnis: . . . . .**[10]

Rechtsanwalt[9, 10, 11]

Schrifttum: Siehe die Schrifttumshinweise in → Form. II.L.1.

Anmerkungen

1. Ergibt sich, dass ein erteilter **Erbschein unrichtig** ist, hat das Nachlassgericht den unrichtigen Erbschein von Amts wegen einzuziehen (§ 2361 S. 1 BGB). Mit seiner Einziehung wird der Erbschein kraftlos (S. 2).

Kann das Nachlassgericht den Erbschein nicht sofort erlangen, hat es ihn durch Beschluss für kraftlos zu erklären (§ 353 Abs. 1 FamFG). Die **Kraftloserklärung** wird mit Ablauf eines Monats nach Veröffentlichung im Bundesanzeiger wirksam.

Streng zu trennen von der Einziehung ist die Berichtigung des Erbscheins wegen offenbarer Unrichtigkeit gem. § 42 FamFG (zum Antrag auf Berichtigung eines Erbscheins, vgl. MPFormB ErbR/*Gierl* Form. G.II.4).

2. Ein Erbschein ist oder wird unrichtig, wenn die Voraussetzungen seiner Erteilung entweder schon von Anfang an nicht gegeben waren oder später entfallen sind (Palandt/*Weidlich* § 2361 Rn. 2). **Unrichtigkeitsgründe** können sich aus schweren formellen Fehlern ergeben oder auf eine abweichende materielle Rechtslage zurückzuführen sein, etwa weil wegen Testierunfähigkeit, Formmangels, fehlender Echtheit oder Verstoßes gegen die Bindungswirkung eines Ehegattentestaments oder Erbvertrags sich die dem erteilten Erbschein zugrunde gelegene Verfügung von Todes wegen als unwirksam erweist, ein später aufgefundenes Testament die dortigen Verfügungen widerrufen hatte, eine anderweitige Testamentsauslegung zu einer anderen rechtlichen Beurteilung führt (BayObLG NJW-RR 1997, 836; OLG Hamm BeckRS 2007, 17932) oder ein weiterer unbekannter oder „übersehener“ Erbe hinzutritt.

Als nachträgliche Unrichtigkeitsgründe kommen insb. in Betracht der Eintritt der Nacherbfolge (OLG Köln FamRZ 2003, 1784), Wegfall der Testamentsvollstreckung (OLG Köln FamRZ 1993, 1124), die Anfechtung der letztwilligen Verfügung (BayObLG FamRZ 1990, 1037), eine erfolgreiche Erbunwürdigkeitsklage, die Anfechtung von Annahme oder Ausschlagung der Erbschaft oder die Annahme oder Ausschlagung durch einen Miterben (vgl. Palandt/*Weidlich* § 2361 Rn. 2).

Der Einziehung steht nicht entgegen, dass seit der Erbscheinerteilung ein langer Zeitraum vergangen ist (BGH ZEV 2010, 468; BayObLG ZEV 2003, 369.

Zur Klage auf Herausgabe eines unrichtigen Erbscheins gem. § 2362 Abs. 1 BGB, s. MPFormB ErbR/*Gierl* Form. G.II.5 und zum Antrag auf Kraftlosigkeitserklärung eines erteilten Erbscheins gem. § 2361 Abs. 2 BGB, vgl. MPFormB ErbR/*Gierl* Form. G.II.6.

3. **Örtlich zuständig** für die Einziehung oder Kraftloserklärung eines Erbscheins ist das Nachlassgericht, das den Erbschein erteilt hat, selbst wenn es bei seiner Erteilung international, örtlich oder sachlich nicht zuständig war und der Erbschein wegen dieses Fehlers eingezogen werden soll (MüKoBGB/*Grziwotz* § 2361 Rn. 36).
Zur Zuständigkeit des Nachlassgerichts → Form. II.L.1 Anm. 4.

4. Während ein Erbschein nur auf Antrag erteilt wird, hat die Einziehung eines unrichtigen Erbscheins von Amts wegen zu erfolgen (§ 2361 BGB). Erfolgt die Einziehung (mangels entsprechender Kenntnis) nicht von Amts wegen, kann jeder Betroffene die Einleitung eines Einziehungsverfahren **anregen** (§ 24 Abs. 1 FamFG).

5. Im Einziehungsverfahren ist Vertretung zulässig, § 10 Abs. 2 S. 1 FamFG; zur Verfahrensvollmacht, s. § 11 FamFG.

6. Hier ist zu begründen, warum der einzuziehende Erbschein unrichtig ist (→ Anm. 2). Ggf. sind entsprechende Nachweise vorzulegen.

7. Zieht das Nachlassgericht einen (vermeintlich) unrichtigen Erbschein ein, erlässt es eine Einziehungsanordnung an den Inhaber des Erbscheins mit der Aufforderung, den Erbschein bei Meidung eines Zwangsgeldes (§ 35 FamFG) innerhalb einer bestimmten Frist abzuliefern.

8. Regelmäßig hilft es dem „Antragsteller“ nicht, lediglich die Einziehung eines Erbscheins anzuregen, wenn er nicht auch anstelle des einzuziehenden Erbscheins einen „neuen“, ihn ausweisenden Erbschein beantragt. Daher ist in der Praxis die Anregung der Einziehung – eher als umgekehrt, wie hier – der Annex eines „neuen“ Erbscheinsantrags des Antragstellers.
Hierzu wird auf → Form. II.L.1 und → Form. II.L.2 verwiesen.

Kosten und Gebühren

9. (1) **Geschäftswert** für die Einziehung eines Erbscheins ist der Wert des Nachlasses im Zeitpunkt des Erbfalls, bei eingetretener Nacherbfolge der Wert zur Zeit der Nacherbfolge, abzüglich der Erblasserverbindlichkeiten (§ 40 Abs. 1 S. 1 Nr. 3, S. 2 GNotKG).
Bei einem Miterben richtet sich der Wert nach § 40 Abs. 2 GNotKG.
(2) **Gerichtskosten:** Für die Einziehung eines Erbscheins entsteht nach KV 12215 Nr. 1 GNotKG eine 0,5 Verfahrensgebühr nach Tabelle B, höchstens jedoch eine Gebühr von 400,00 EUR. Die Kappung greift also ab einem Wert von über 440.000 EUR.
(3) **Anwaltskosten:** → Form. II.L.1 Anm. 32 (4)
Stellt der Anwalt lediglich einen Einziehungsantrag ohne besonderen Begründungsaufwand und nimmt lediglich die Entscheidung des Gerichts entgegen, dürfte lediglich eine 0,8 Verfahrensgebühr nach VV 3101 RVG anfallen (*str.*).

Einstweiliger Rechtsschutz

10. (1) Vorläufiger Rechtsschutz kann durch **einstweilige Anordnung** des **Nachlassgerichts** nach §§ 49 ff. FamFG erlangt werden. Der Anordnungsanspruch ergibt sich aus § 2361 BGB (OLG Saarbrücken NJW-RR 2012, 588; OLG Schleswig BeckRS 2015, 17100); ein Anordnungsgrund liegt vor, wenn ein dringendes Bedürfnis für ein sofortiges Tätigwerden besteht. Dafür ist glaubhaft zu machen, dass eine Entscheidung in der Hauptsache nicht abgewartet werden könne, weil eine erhebliche Beeinträchtigung der zu schützenden Interessen zu befürchten sei, etwa durch das Betreiben von Grundbuchberichtigungen durch den Erbscheinserben bei umfangreichem Grundbesitz (OLG Frankfurt a. M. BeckRS 2015, 15242) oder aufgrund konkreter Hinweise auf eine beabsichtigte Veräußerung von Nachlassgegenständen durch den Erbscheinserben an gutgläubige Dritte (BayObLG BeckRS 1992, 00500).

Im Beschwerdeverfahren kann eine einstweilige Anordnung nach § 64 Abs. 3 FamFG erlassen werden (vgl. auch *Horn/Krätzschel* ZEV 2018, 14; *Klumpp* BWNotZ 2014, 14).

(2) Ferner ist eine **einstweilige Verfügung** nach §§ 935, 940 ZPO durch das **Prozessgericht** möglich. Der Verfügungsanspruch ergibt sich dabei aus § 2362 BGB (BeckOK BGB/*Siegmann/Höger*BGB § 2361 Rn. 15; *Horn/Krätzschel* ZEV 2018, 14, 17); der Verfügungsgrund folgt aus der Natur der Vermutungswirkung des § 2365 BGB, die gutgläubige Rechtsänderungen (§§ 2366, 2367 BGB) zum Nachteil des „wahren" Erben ermöglicht (Kroiß/Horn/Solomon/*Krätzschel* NachfolgeR ZPO § 940 Rn. 8). Zu beachten und möglicherweise nachteilig ist jedoch, dass nicht das Prozessgericht im besonderen Gerichtsstand der Erbschaft (§ 27 ZPO) zuständig ist, sondern ausschließlich dasjenige am Wohnsitz des Schuldners (§§ 937, 943, 802 ZPO). Etwas anders soll aus prozessökonomischen Gründen gelten, wenn die (vorläufige) Herausgabe des Erbscheins mit einer Erbschaftsklage (§ 2018 BGB; → Form. II.L.8) verbunden würde (MüKoBGB/*Grziwotz* § 2362 Rn. 6; Burandt/Rojahn/*Gierl* BGB § 2362 Rn. 7).

(3) Da eine einstweilige Verfügung oder Anordnung die Hauptsache nicht vorwegnehmen darf (mit der Herausgabe des Erbscheins an das Nachlassgericht würde dieser kraftlos, § 2361 BGB), es also eine „einstweilige Einziehung" oder „einstweilige Kraftloserklärung" nicht geben kann, kann der Beteiligte nur beantragen, dass dem Erbscheinserben die Verfügung über Nachlassgegenstände verboten und/oder der Erbschein durch vorläufige Hinterlegung beim Nachlassgericht sichergestellt wird. Zu einer solchen Anordnung ist das Nachlassgericht gem. § 49 Abs. 1 FamFG auch von Amts wegen berechtigt (OLG Saarbrücken NJW-RR 2012, 588).

(5) Zum Schutz vor Grundbuchverfügungen durch einstweilige Verfügung, s. *Horn/Krätzschel* ZEV 2018, 14 (17) (Ziff. 4); *Dillberger/Fest* ZEV 2009, 220.

Rechtsmittel

11. Gegen die Einziehung oder Ablehnung der Einziehung ist die Beschwerde gem. §§ 58 ff. FamFG statthaft. Hier gilt → Form. II.L.1 Anm. 33 entsprechend.

Ist der Erbschein dagegen bereits eingezogen, ist die Beschwerde gegen den Einziehungsbeschluss nur insoweit zulässig, als die Erteilung eines neuen gleichlautenden Erbscheins beantragt wird (§ 353 Abs. 3 FamFG).

4. Antrag auf Einleitung der Nachlasspflegschaft bei unklarer Erbfolge

An das
Amtsgericht[1, 2]
In der Nachlasssache
der am . . . . . (Datum) geboren und am . . . . . (Datum) verstorbenen . . . . . (Erblasserin)
zuletzt wohnhaft gewesen . . . . .[3]
vertreten wir Herrn . . . . . (Name, Anschrift)

- Antragsteller -

den einzigen Sohn der verwitweten Erblasserin, als deren gesetzlichen Erben. Das Nachlassgericht . . . . . (Ort) hat eine letztwillige Verfügung der Erblasserin, datierend vom . . . . . (Datum), unter dem Geschäftszeichen . . . . . eröffnet, in der eine Nichte der Erblasserin, Frau . . . . . (Name), derzeit wohnhaft in . . . . . (Anschrift), als Alleinerbin eingesetzt wurde.
Zwischen unserem Mandanten und der vermeintlichen testamentarischen Erbin[4] besteht Streit über die Testierfähigkeit der Erblasserin zum Zeitpunkt der Testamentserrichtung. Nach Aussagen des behandelnden Arztes bestehen aufgrund fortgeschrittener Demenz erhebliche Zweifel an der Wirksamkeit der letztwilligen Verfügung vom . . . . . (Datum). Da das Nachlassgericht zur Klärung dieser Frage Betreuungsakten beigezogen hat und voraussichtlich eine umfangreiche Beweisaufnahme einschließlich der Einholung eines Sachverständigengutachtens erforderlich werden wird, ist mit einer alsbaldigen Entscheidung zur Frage der Testierfähigkeit nicht zu rechnen.
Die erforderlichen Sicherungs- und Fürsorgemaßnahmen für den Nachlass können derzeit weder von unserem Mandanten als gesetzlichen Erben noch von der vermeintlichen testamentarischen Erbin ergriffen werden: So muss das Mietverhältnis der Erblasserin beendet und der Haushalt aufgelöst werden. Weiter müssen verschiedene Nachlassverbindlichkeiten berichtigt und das Aktiendepot umgeschichtet werden.
Damit ist sowohl die Person des Erben ungewiss[4] als auch der Nachlass sicherungsbedürftig[5] iSd § 1960 BGB.
Rechtsanwalt[6, 7]

Schrifttum: Bredemeyer, Einwirkungsmöglichkeiten für den Nachlasspfleger am Beispiel der Lebensversicherung, ZEV 2014, 287; *Elzer*, Prozesskostenhilfe für Nachlasspfleger?, Rpfleger 1999, 162; *Everts*, Nachlasspflegschaft trotz transmortaler Vollmacht, NJW 2010, 2318; *Fröhler*, Leitfaden Nachlasspflegschaft - Unverbindliche Entscheidungs- und Überprüfungshilfe bei der nachlassgerichtlichen Anordnung und Überwachung von Nachlasspflegschaften, BWNotZ 2014, 70; *Jochum/Pohl*, Nachlasspflegschaft, 5. Aufl. 2014; *Klinger/Pohl*, Münchener Prozessformularbuch Erbrecht, 5. Aufl. 2021 → Form. F.II.1; *Primozic*, Kann der Nachlasspfleger zum Nachlass gehörende Pflichtteilsansprüche geltend machen?, NJW 2000, 711; *Zimmermann*, Die Nachlasspflegschaft, 5. Aufl. 2020; *ders.*, Vergütung und Ersatz von Aufwendungen des Nachlasspflegers, ZEV 1999, 329; *ders.*, Vergütung und Aufwendungsersatz des Nachlasspflegers bei vermögendem Nachlass, ZEV 2001, 15; *ders.*, Probleme der Teil-Nachlasspflegschaft, FGPrax 2004, 198; *ders.*, Die Vergütung des Nachlasspflegers seit 1.7.2005, ZEV 2005, 473; *ders.*, Die Nachlasspflegschaft und sonstige Nachlassverfahren im FamFG, Rpfleger 2009, 437; *ders.*, Der Nachlasspfleger im Zivilprozess, ZEV 2011, 631; *ders.*, Neuere Rechtsprechung zur Vergütung von Betreuern, Verfahrenspflegern, Verfahrensbeiständen und Nachlasspflegern, FamRZ 2011, 1776.

Anmerkungen

1. Die **Nachlasspflegschaft** iSd § 1960 BGB dient der Ermittlung der unbekannten Erben und/oder der Erhaltung bzw. Sicherung des Nachlasses für den Erben (BGH NJW 2005, 756; 1968, 353), nicht der Befriedigung der Nachlassgläubiger (Palandt/*Weidlich* § 1960 Rn. 15). Die Nachlasspflegschaft ist ein Unterfall der Pflegschaft. Gem. §§ 1915 Abs. 1, 1897 BGB sind die Vorschriften der §§ 1773 ff. BGB entsprechend anwendbar. Der Nachlasspfleger ist aktiv und passiv als Vertreter des Erben zur Prozessführung befugt (vgl. §§ 53, 243 ZPO).

2. Sachlich zuständig ist das Amtsgericht (§ 23a Abs. 1 Nr. 2, Abs. 2 Nr. 2 GVG iVm § 342 FamFG), das als Nachlassgericht für die Sicherung des Nachlasses zu sorgen hat (§ 1960 Abs. 1, Abs. 2 BGB).

3. Örtlich zuständig ist das Amtsgericht (Nachlassgericht), in dessen Bezirk der Erblasser seinen gewöhnlichen Aufenthalt zur Zeit des Erbfalls hatte (§ 343 Abs. 1 Hs. 1 FamFG). Hatte der Erblasser keinen inländischen Wohnsitz, ist das Gericht zuständig, in dessen Bezirk er zur Zeit des Erbfalls seinen Aufenthalt hatte. War der Erblasser Deutscher und hatte er zur Zeit des Erbfalls im Inland weder Wohnsitz noch Aufenthalt, ist das Amtsgericht Schöneberg in Berlin zuständig (§ 343 Abs. 2 FamFG). Funktionell zuständig ist der Rechtspfleger (§ 3 Nr. 2c RPflG).

4. Der Erbe ist **unbekannt**, solange nicht zur Gewissheit des Nachlassgerichts geklärt ist, ob gesetzliche oder testamentarische Erbfolge eintritt (BayObLG FamRZ 1996, 308). Sind nur einzelne Erben unbekannt, kann nur eine Teilpflegschaft angeordnet werden, wobei zusätzlich auch das Fürsorgebedürfnis gegeben sein muss (OLG Schleswig ZEV 2014, 626). Steht nach den klaren tatsächlichen oder rechtlichen Verhältnissen im Zeitpunkt der gerichtlichen Entscheidung mit hoher Wahrscheinlichkeit fest, wer Erbe ist, ist der Erbe nicht „unbekannt" iSd § 1960 Abs. 1 BGB (KG NJW-RR 1999, 157; OLG Köln NJW-RR 1989, 454). Müssen noch einzelne Dokumente und Nachweise für die Erbscheinerteilung beschafft werden, ist der Erbe nicht ohne weiteres unbekannt, sofern nicht das Fehlen derartiger Unterlagen konkret ernsthafte Zweifel an seiner Berufung zum gesetzlichen Erben hervorruft (OLG Schleswig ZEV 2014, 62).

Ungewissheit über die Person des Erben kann bestehen bei konkreten Zweifeln an der Gültigkeit einer Verfügung von Todes wegen (BayObLG NJW-RR 2004, 939; OLG Düsseldorf FGPrax 2012, 260), ernstlichen Zweifeln an der Testierfähigkeit des Erblassers (BayObLG FamRZ 1996, 308; OLG Karlsruhe FGPrax 2003, 229), bei Erbscheineinziehung (BayObLGZ 1962, 307), bei verwickelter oder weitläufiger Erbfolge (BayObLGRp 1984, 102), bei nicht offensichtlich unbegründetem Streit zwischen mehreren Erbprätendenten über die Erbfolge (BGH ZEV 2013, 36; BayObLG Rpfleger 1984, 102), vor Feststellung der nichtehelichen Vaterschaft (OLG Stuttgart NJW 1975, 880; OLG Schleswig BeckRS 2011, 18372) und bei Ungewissheit über die Wirksamkeit von Annahme oder Ausschlagung.

Kein Sicherungsbedürfnis besteht bei bekannten zerstrittenen Erben (OLG Zweibrücken Rp 1986, 433) oder wenn sich die Miterben untereinander misstrauen (OLG Schleswig ZEV 2014, 626). Bei nur unbekanntem Aufenthalt der Erben kann nur Abwesenheitspflegschaft (§ 1911 BGB) angeordnet werden.

5. Ein **Sicherungsbedürfnis** besteht bei Gefährdung des Nachlasswertes (OLG Karlsruhe FGPrax 2003, 229), wobei die Entscheidung hierüber im pflichtgemäßen Ermessen des Nachlassgerichts steht (OLG Frankfurt OLGR 2005, 442; BayObLG Rpfleger 2004, 218). Ein Sicherungsbedürfnis besteht grds. nicht, wenn die Nachlassverwaltung durch eine zuverlässige und handlungsfähige Person gesichert ist (zB vorläufiger Erbe, Testamentsvollstrecker, Bevollmächtigter des Erblassers; BGH ZEV 2013, 36; *Everts*, NJW 2010, 2318). Dies gilt aber nicht, wenn der Nachlass nach Art und Umfang eine ungewöhnlich schwierige und bedeutsame Verwaltung notwendig macht und wenn nach den Umständen eine den Belangen des noch unbekannten Erben gerecht werdende Verwaltung durch einen vom Erblasser über den Tod hinaus Bevollmächtigten nicht als gewährleistet angesehen werden kann (OLG Karlsruhe FGPrax 2003, 229; KG ZEV 1999, 395).

Kosten und Gebühren

6. Nachlassgericht: Jahresgebühr gemäß KV 12311 GNotKG. Geschäftswert ist der Wert des aktiven Nachlasses, also ohne Schuldenabzug. Kostenschuldner sind nur die Erben (§ 24 Nr. 2 GNotKG).

Der **Rechtsanwalt** erhält eine 1,3 Verfahrensgebühr (Nr. 3100 VV RVG). Der Gegenstandswert entspricht gem. § 23 Abs. 1 S. 1 RVG dem Geschäftswert. Ausführlich zur Abrechnung des erbrechtlichen Mandats nach dem RVG vgl. MAH ErbR/*Schneider* § 2 Rn. 97–209. Zum Deckungsschutz der Rechtsschutzversicherung in erbrechtlichen Angelegenheiten vgl. *Kind* ZErb 2016, 195. Zur Prozessfinanzierung im Erbrecht vgl. *Kuhn/Trappe* ZEV 2013, 246.

Ausführlich zur **Abrechnung des erbrechtlichen Mandats** nach dem RVG: MAH ErbR/*Schneider*, § 2 Rn. 97–209; zu Streitwert und Beschwer bei Erbrechtsprozessen: *Klingelhöffer*, ZEV 2009, 379; zum **Deckungsschutz der Rechtsschutzversicherung** in erbrechtlichen Angelegenheiten: *Kind*, ZErb 2016, 195; zur Prozessfinanzierung im Erbrecht: *Kuhn/Trappe* ZEV 2013, 246; zur **Interessenkollision im Erbrecht** und ihre Auswirkung auf die Vergütung: *Potthast*, ErbR 2021, 376 und 466, sowie *Offermann-Burckart*, ZEV 2007, 151.

Fristen und Rechtsmittel

7. Sowohl gegen die Einleitung der Nachlasspflegschaft als auch gegen die Ablehnung des Antrages ist das Rechtsmittel der **Beschwerde** gegeben (§ 58 FamFG), sofern der Wert des Beschwerdegegenstandes 600,– EUR übersteigt oder wenn das Nachlassgericht die Beschwerde zugelassen hat, § 61 FamFG.

Die Beschwerde ist bei dem Amtsgericht, das die angefochtene Entscheidung erlassen hat, einzulegen, § 64 Abs. 1 FamFG. Die Erhebung der Beschwerde bei dem Beschwerdegericht ist nicht mehr möglich, dies soll der Verfahrensbeschleunigung dienen. Der Beschluss ist zwingend mit einer Rechtsbehelfsbelehrung zu versehen, die das Rechtsbeschwerdegericht mit dessen Sitz sowie die einzuhaltende Form und Frist zu enthalten hat, § 39 FamFG.

Gegen die Ablehnung der Anordnung der Nachlasspflegschaft ist derjenige **beschwerdeberechtigt**, dessen Recht durch die Ablehnung beeinträchtigt wird, hier also der Antragsteller, § 59 FamFG. Gibt das Gericht dem Antrag statt, können hierdurch andere Erbprätendenten beschwert sein, die aufgrund der genannten Vorschrift dann ebenfalls beschwerdeberechtigt sind.

5. Antrag auf Anordnung der Nachlassverwaltung

Amtsgericht
– Nachlassgericht[3] –
.....

Antrag[4] auf Anordnung der Nachlassverwaltung[1, 2]

In der Nachlassangelegenheit
nach ..... (Erblasser), verstorben am ..... (Datum)
(bisher bekanntes Az. .....)
zeige ich mit angefügter Vollmacht die anwaltliche Vertretung[5]
des Herrn .....

– Antragstellers[4] –

und
der Frau .....

– Antragstellerin[4] –

an, in deren Namen ich hiermit beantrage,

über den Nachlass der am ..... (Datum) mit letztem gewöhnlichen Aufenthalt in ..... verstorbenen ..... (Erblasserin) Nachlassverwaltung anzuordnen.

Begründung:[1]

Die am ..... (Datum) verstorbene Erblasserin ist von den Antragstellern beerbt worden.[6]

Glaubhaftmachung: Auf die Nachlassakte – im Hause –, Az. ....., wird Bezug genommen.[6]

***(oder)* Testament vom ..... (Datum) nebst Eröffnungsprotokoll vom ..... (Datum)**
***(oder)* Erbschein des Amtsgerichts ..... vom ..... (Datum), Az. .....**

Mit ihrem Antrag beabsichtigen die Antragsteller, ihre Haftung für Nachlassverbindlichkeiten auf den Nachlass zu beschränken.[7]

Der Nachlass ist unübersichtlich. Nach den bisherigen Erkenntnissen der Antragsteller ist jedoch bereits absehbar, dass eine die Kosten des Verfahrens deckende Nachlassmasse vorhanden ist.[8]

Glaubhaftmachung: Vorläufige Nachlassaufstellung der Antragsteller vom ..... (Datum)

Keiner der Antragsteller haftet gegenüber Nachlassgläubigern unbeschränkbar;[9] die Erbengemeinschaft ist noch nicht auseinandergesetzt.[10]

Da der Nachlass ua aus vermieteten Immobilien besteht, rege ich für die Auswahl des Nachlassverwalters an, eine Person mit Erfahrung im Bereich der Immobilien- und Grundstücksverwaltung auszuwählen.[11]

Rechtsanwalt[12, 13]

Schrifttum: Herzog, Die Erbenhaftung, 2016 (zit.: *Herzog*, Erbenhaftung, § Rn); *Jünemann*, Nachlassinsolvenz, ZErb 2011, 59; *Roth*, Praxis der Nachlassverwaltung, NJW-Spezial 2018, 487; *Wiester* in: Münchener Anwaltshandbuch Erbrecht (Hrsg. Scherer), 5. Aufl., München 2018 (zit.: MAH ErbR/*Bearb.* § Rn.)

Anmerkungen

1. Ziel: Ab dem Erbfall haftet der Erbe für Nachlassverbindlichkeiten (§ 1967 BGB) nicht nur mit dem Nachlass, sondern auch mit seinem eigenen Vermögen. Will der Erbe sein Eigenvermögen vor dem Zugriff von Nachlassgläubigern schützen, muss er aktiv werden und entweder

a) die Anordnung der Nachlassverwaltung oder
b) die Eröffnung der Nachlassinsolvenz

beantragen (§ 1975 BGB).

Beide förmlichen Verfahren führen zu einer rechtlichen Absonderung des Nachlassvermögens von dem Privatvermögen des Erben und zur gegenständlichen Beschränkung der Haftung auf den Nachlass. Die Haftungsbeschränkung gilt gegenüber jedem Nachlassgläubiger.

Die Nachlassverwaltung dient der (vollständigen) Befriedigung der Nachlassgläubiger bei zureichendem Nachlass, das Insolvenzverfahren hingegen der (quotalen) Befriedigung bei unzureichendem Nachlass.

Ist der Nachlass überschuldet oder droht Zahlungsunfähigkeit, sollte der Schuldner (Erbe) tunlichst statt der Nachlassverwaltung die Eröffnung des Nachlassinsolvenzverfahrens (§§ 315–331 InsO) beantragen. Zwar hindern Überschuldung oder Zahlungsunfähigkeit die Anordnung der Nachlassverwaltung nicht; der Schuldner läuft jedoch Gefahr, sich andernfalls den Gläubigern gegenüber wegen Verstoßes gegen die Insolvenzantragspflicht schadensersatzpflichtig zu machen (§ 1980 Abs. 1 S. 2 BGB).

Stellt der Nachlassverwalter einen Insolvenzgrund fest, hat er unverzüglich Insolvenz zu beantragen. Mit Eröffnung des Nachlassinsolvenzverfahrens endet die Nachlassverwaltung automatisch (§ 1988 Abs. 1 BGB).

Nachlassinsolvenz ist nicht vor dem Nachlassgericht, sondern vor dem Insolvenzgericht zu beantragen (§§ 2, 315 InsO). Da die Insolvenzgerichte – je nach Bundesland – eigene Antragsformulare mit diversen Anlagen bereithalten, wurde von einem Formular in diesem Prozessformularbuch abgesehen. Vertiefend zur Nachlassinsolvenz s. *Jünemann*, ZErb 2011, 59.

2. Mit Wirksamkeit des Beschlusses des Nachlassgerichts (§§ 40 f. FamFG), mit dem Nachlassverwaltung angeordnet wurde, verliert der Erbe *ex nunc* die Befugnis, den Nachlass selbst zu verwalten und über ihn zu verfügen (§ 1984 Abs. 1 S. 1 BGB). Diese Befugnis geht auf den Nachlassverwalter über (§§ 1984 Abs. 1 S. 2, 1985 BGB; 80 Abs. 1 InsO). Der Erbe verliert zudem seine Aktiv- und Passivlegitimation. Laufende Prozesse werden unterbrochen (§ 240, 241 Abs. 3 ZPO) und können vom Nachlassverwalter als Partei kraft Amtes aufgenommen werden.

3. Sachlich zuständig für die Anordnung der Nachlassverwaltung sind die Amtsgerichte als Nachlassgericht, §§ 1962, 1981 Abs. 1 BGB, § 23a Abs. 1 S. 1 Nr. 2, Abs. 2 Nr. 2 GVG iVm. § 342 Abs. 1 Nr. 8 FamFG; funktionell zuständig ist der Rechtspfleger (§§ 3 Nr. 2c, 16 Abs. 1 Nr. 1 RPflG).

Örtlich zuständig ist das Nachlassgericht, in dessen Bezirk der Erblasser zum Zeitpunkt seines Todes seinen gewöhnlichen Aufenthalt hatte (§ 343 Abs. 1 FamFG; in Ermangelung eines inländischen gewöhnlichen Aufenthalts, s. Abs. 2 und 3, eingeschränkt durch Art. 4 EuErbVO).

Die internationale Zuständigkeit bestimmt sich danach, in welchem Hoheitsgebiet der Erblasser seinen gewöhnlichen Aufenthalt hatte (Art. 4 EuErbVO; EuGH NJW 2018, 2309).

4. Nachlassverwaltung wird nie von Amts wegen angeordnet, sondern immer nur auf Antrag.

Antragsberechtigt ist der **Alleinerbe** (§ 1981 Abs. 1 BGB), der Erbeserbe (OLG Jena, NJW-RR 2009, 304) und der Nacherbe nach Eintritt des Nacherbfalls (§ 2144 BGB), ebenso ein Erbschaftskäufer (§ 2383 BGB), der Testamentsvollstrecker oder bei Gütergemeinschaft der verwaltende Ehegatte (§ 318 InsO analog; Palandt/*Weidlich* § 1981 Rn. 1aE).

Der Erbe ist selbst dann antragsberechtigt, wenn Testamentsvollstreckung angeordnet ist! So kann der Erbe einem ihm unliebsamen Testamentsvollstrecker die Verfügungsgewalt über den Nachlass „aus den Händen schlagen" (MAH ErbR/*Wiester*, § 24 Rn. 10) – jedenfalls bis zur Abwicklung der Nachlassverbindlichkeiten.

Antragsberechtigt ist ferner jeder **Nachlassgläubiger**, wenn die Voraussetzungen des § 1981 Abs. 2 S. 1 BGB vorliegen und noch keine zwei Jahre seit der Annahme der Erbschaft verstrichen sind (Abs. 2 S. 2). Als Nachlassgläubiger sind auch Miterben antragsberechtigt, die pflichtteilsberechtigt oder Vermächtnisnehmer sind (Palandt/*Weidlich* § 1981 Rn. 2).

Miterben können den Antrag auf Nachlassverwaltung **nur gemeinschaftlich** und nur vor der Teilung des Nachlasses stellen (§§ 1981 Abs. 1, 2062 BGB). Nach hM ist der Antrag unzulässig, wenn auch nur ein Miterbe den Gläubigern gegenüber unbeschränkt haftet (Palandt/*Weidlich* § 2062 Rn. 1).

Da die Beantragung der Nachlassverwaltung keine Verwaltungsmaßnahme iSd § 2038 BGB darstellt, kann sie nicht durch Mehrheitsbeschluss erzwungen werden (Palandt/*Weidlich* § 2062 Rn. 1; *Herzog*, Erbenhaftung, § 8 Rn. 4). Ein einzelner Miterbe kann den Antrag nur dann stellen, wenn er gleichzeitig auch Nachlassgläubiger ist (s. o.).

Nicht antragsberechtigt ist der Nachlasspfleger, da er für die Befriedigung der Gläubiger nicht zu sorgen hat, und der Erblasser-Insolvenzverwalter, weil mit dem Tod des Schuldners das ursprüngliche Insolvenzverfahren automatisch in ein Nachlassinsolvenzverfahren übergeleitet wird (vgl. OLG München FamRZ 2014, 1735 = BeckRS 2014, 8912).

5. Der Antragsteller kann sich im Verfahren anwaltlich vertreten lassen, § 10 Abs. 2 S. 1 FamFG; zur Verfahrensvollmacht s. § 11 FamFG.

Vertritt ein Rechtsanwalt alle oder mehrere Miterben, besteht stets (zumindest latent) die Gefahr einer **Interessenkollision** (§ 45 BRAO; zur Interessenkollision im Erbrecht und ihre Auswirkung auf die Vergütung s. die Literaturhinweise in → Form. II.L.6 Anm. 12).

6. Der antragstellende Erbe hat sein Erbrecht darzulegen (vgl. → Form. II.L.6 Anm. 10) und durch Vorlage einer Verfügung von Todes wegen oder eines Erbscheins glaubhaft zu machen. War bei Gericht bereits ein Nachlassverfahren anhängig, reicht die Bezugnahme auf eine dort geführte Nachlassakte, wenn sich die Erbenstellung aus dieser ergibt, also offenkundig ist.

Der Testamentsvollstrecker hat sein Amt durch Vorlage der Amtsannahmebescheinigung oder ein Testamentsvollstreckerzeugnis glaubhaft zu machen.

Nachlassgläubiger müssen hingegen ihre Forderung und die Gefährdung der Befriedigung aller Gläubiger glaubhaft machen und ggf. beweisen (Palandt/*Weidlich* § 1981 Rn. 4).

7. Bei einem Erbenantrag bedarf es keines Anordnungsgrundes; das Gericht hat ohne Weiteres die Nachlassverwaltung anzuordnen. Da legitimes Hauptziel des antragstellenden Erben zumeist ist, die Beschränkung seiner Haftung herbeizuführen, schadet es nicht, den Antrag mit diesem Rechtsschutzinteresse zu begründen.

8. Voraussetzung für die Anordnung der Nachlassverwaltung ist stets, dass zumindest eine die Verfahrenskosten deckende Masse vorhanden ist (**Kostendeckungsgrundsatz,** § 1982 BGB), also bei Verwertung des Aktivnachlasses die entstehenden Gerichtsgebühren und Auslagen sowie die Vergütung und Auslagen des Verwalters (§ 1987 BGB) beglichen werden können (su → Anm. 12).

Ob eine kostendeckende Masse vorhanden ist, prüft und entscheidet das Nachlassgericht nach pflichtgemäßem Ermessen (MüKoBGB/*Küpper* § 1982 Rn. 1), wobei es in der Praxis häufig den Nachlassverwalter mit der Ermittlung beauftragt.

Fehlt es an einer kostendeckenden Masse, kann das Nachlassgericht die Anordnung der Nachlassverwaltung ablehnen (§ 1982 BGB); stellt sich das Fehlen später heraus, hebt es die Nachlassverwaltung von Amts wegen auf (§ 1988 Abs. 2 BGB).

Hinweis: Selbst wenn der Erbe es für möglich hält oder sich später herausstellt, dass keine kostendeckende Masse vorhanden ist, „lohnt" sich der Antrag für den Erben: Denn mit dem ablehnenden oder aufhebenden Beschluss des Nachlassgerichts kann der Erbe die Unzulänglichkeit des Nachlasses und damit die Voraussetzungen der **Dürftigkeitseinrede** (vgl. → Form. II.L.22 Anm. 1) nachweisen. Ein weiterer Vorteil: Im Prozess gegen den Erben ist das Prozessgericht an die Entscheidung des Nachlassgerichts gebunden (*Herzog*, Erbenhaftung, § 8 Rn. 16).

Erkennt der Erbe dagegen, dass keine kostendeckende Masse vorhanden oder der Nachlass überschuldet ist, sollte er vielmehr Insolvenzantrag stellen, um einer Schadensersatzhaftung nach § 1980 Abs. 1 S. 2 BGB zu entgehen!

9. Das Antragsrecht des Erben (nicht das der Gläubiger) erlischt, sobald er allen Gläubigern gegenüber unbeschränkbar haftet (§ 2013 BGB). Ohne besondere Anhaltspunkte wird dies vom Nachlassgericht jedoch nicht geprüft. Gleichwohl empfiehlt sich ein kurzer Hinweis, um evtl. Nachfragen des Gerichts zu vermeiden.

10. Bei einem Miterbenantrag empfiehlt sich der Hinweis, dass die Erbengemeinschaft noch nicht auseinandergesetzt ist, um Rückfragen des Gerichts im Hinblick auf § 2062 BGB zu vermeiden.

11. Ordnet das Nachlassgericht Nachlassverwaltung an, bestimmt es idR zugleich einen Nachlassverwalter. Die Auswahl des Verwalters steht dabei im pflichtgemäßen Ermessen des Gerichts (Palandt/*Weidlich* § 1981 Rn. 5). Der Erbe oder einzelne Miterben können dagegen nicht zum Nachlassverwalter bestellt werden (Palandt/*Weidlich* § 1981 Rn. 5).

Erfordert die Zusammensetzung des Nachlasses eine gewisse Sachkunde, ist es ratsam, dass der antragstellende Erbe darauf hinweist und die Auswahl einer sachkundigen Person anregt (zB den langjährigen Steuerberater des Erblassers). Zuvor empfiehlt es sich, durch Rücksprache sicherzustellen, dass der Vorgeschlagene bereit ist, das Amt zu übernehmen, denn eine Pflicht zur Amtsübernahme besteht nicht (§ 1981 Abs. 3 BGB).

Kosten und Gebühren

12. (1) **Geschäftswert** für die Anordnung der Nachlassverwaltung ist, wenn dem Verfahren kein Gläubigerantrag zugrunde liegt, der Wert des von der Verwaltung betroffenen Vermögens (§ 64 Abs. 1 GNotKG) zum Zeitpunkt der ersten Antragstellung (§ 59 S. 1 GNotKG), ohne Abzug der Verbindlichkeiten (§ 38 GNotKG).

Bei einem Gläubigerantrag ist Geschäftswert der Wert der Forderung des Gläubigers, ohne Nebenforderungen (§§ 64 Abs. 2, 37 Abs. 1 GNotKG), maximal der Aktivwert des zu verwaltenden Nachlasses. Mehrere Forderungen werden zusammengerechnet (§ 35 Abs. 1 GNotKG).

(2) **Gerichtskosten:** Nach §§ 24 Nr. 5, 64 Abs. 1, KV 12310 GNotKG entsteht für die Anordnung eine 0,5-Gebühr nach Tabelle A. Für eine länger dauernde Nachlassverwaltung entsteht noch eine Jahresgebühr nach KV 12311 GNotKG iRv 10,00 EUR je angefangene 5.000,00 EUR des Nachlasswerts, mindestens jedoch 200,00 EUR, sowie für einzelne Rechtshandlungen (bspw. Genehmigung eines Rechtsgeschäfts) eine Gebühr nach KV 12312 GNotKG.

Zu den Gerichtskosten zählen ferner die Kosten der öffentlichen Bekanntmachung und evtl. Eintragungen ins Grundbuch (§ 1983 BGB).

(3) **Kosten Nachlassverwalter:** Der Nachlassverwalter erhält eine angemessene Vergütung (§§ 1987, 1915, 1836 BGB iVm VBVG) und Ersatz seiner Auslagen (§§ 1975, 1915 Abs. 1, 1835 670 BGB). Nach heute hM kann der Nachlassverwalter eine Vergütung nach Stundensätzen abrechnen (*Herzog*, Erbenhaftung, § 8 Rn. 14 mwN in Fn. 25). Hinsichtlich der Höhe des Stundensatzes steht den Nachlassgerichten, je nach

nutzbaren Fachkenntnissen und Umfang und Schwierigkeit der Verwaltung, ein weites Ermessen zu. Die Festsetzung eines Stundensatzes von netto 100 EUR befand der BGH für ermessensfehlerfrei (BGH ZEV 2018, 394 mAnm *Küpper*); bei einem anwaltlichen Nachlassverwalter hielt das OLG Saarbrücken (NJW-RR 2015, 844) einen Stundensatz von 125 EUR für gerechtfertigt.

(4) **Anwaltskosten:** In Verfahren der freiwilligen Gerichtsbarkeit erhält der Rechtsanwalt die Gebühren nach VV 3100 ff. RVG. Stellt der Anwalt in einem nichtstreitigen Verfahren auf Anordnung der Nachlassverwaltung lediglich den Antrag ohne besonderen Begründungsaufwand und nimmt die Entscheidung des Gerichts entgegen, dürfte nur eine 0,8 Verfahrensgebühr nach VV 3101 RVG anfallen.

Ausführlich zur Abrechnung im erbrechtlichen Mandat, zur **Interessenkollision im Erbrecht** und ihre Auswirkung auf die Vergütung sowie zu weiteren Literaturhinweisen → Form. II.L.6 Anm. 12.

Rechtsmittel

13. Der **Antrag des Erben** auf Anordnung der Nachlassverwaltung ist unbefristet jederzeit möglich, solange noch kein Nachlassinsolvenzverfahren eröffnet wurde (§ 1988 BGB).

Wird der Erbenantrag zurückgewiesen, ist gegen den Zurückweisungsbeschluss die Beschwerde nach §§ 58 ff. FamFG statthaft. Wurde dem Antrag stattgegeben, ist der Beschluss unanfechtbar (§ 359 Abs. 1 FamFG), es sei denn, dass die Anordnung rechtlich unzulässig war, etwa weil sie auf Antrag nur einiger Miterben erfolge; dann steht den übrigen Miterben ausnahmsweise die Beschwerde offen (OLG Hamm ErbR 2015, 688).

Miterben können das Beschwerderecht nur gemeinschaftlich ausüben (Bumiller/*Harders* FamFG § 359 Rn. 4).

Wird ein **Gläubigerantrag** zurückgewiesen, steht nur dem Gläubiger die Beschwerde zu (§ 59 Abs. 2 FamFG), wird ihm stattgegeben, steht nur dem Erben oder jedem Miterben sowie dem Testamentsvollstecker die Beschwerde offen (§ 359 Abs. 2 FamFG).

S. im Übrigen → Form. II.L.1 Anm. 33 (entsprechend).

6. Klage auf Feststellung des Erbrechts

An das
Landgericht[2]
. . . . .

Klage

des Herrn . . . . .

– Klägers[3] –

– Prozessbevollmächtigte: . . . . . –

gegen

1. Frau . . . . . (Name und Anschrift der Prätendentin)

– Beklagte[3] zu 1) –

2. Herrn . . . . . (Name und Anschrift des Prätendenten)

– Beklagten zu 2) –

wegen: Feststellung des Erbrechts[1]
vorläufiger Streitwert: . . . . .[4]

Namens und in beigefügter Vollmacht des Klägers erhebe ich Feststellungsklage[5] gegen die Beklagten und werde beantragen:

I. Es wird festgestellt, dass der Kläger Alleinerbe *(oder)* Miterbe zu einem . . . . . Anteil nach der am . . . . (Datum) geborenen und am . . . . . (Datum) in . . . . . (Ort) verstorbenen Frau . . . . . (Erblasserin), geworden ist.[6]

Hilfsweise für den Fall, dass das Erbrecht des Klägers nicht festgestellt wird, beantrage ich,

die Beklagten als Gesamtschuldner zu verurteilen,[7]
. . . . .

Für den Fall des Vorliegens der gesetzlichen Voraussetzungen beantrage ich bereits jetzt schon den Erlass entsprechender
(Teil-) Anerkenntnis- bzw. (Teil-) Versäumnisurteile.[8]

Einer Entscheidung der Sache durch den Einzelrichter stehen aus Sicht der Klägerin keine Gründe entgegen.

(oder) Einer Übertragung der Sache auf den Einzelrichter steht entgegen, dass die Rechtssache besondere Schwierigkeiten tatsächlicher oder rechtlicher Art aufweist und zudem grundsätzliche Bedeutung hat.[9]

Begründung:[10]

I. Der Kläger ist der Sohn der im Feststellungsantrag näher bezeichneten Erblasserin, die Beklagte zu 1) seine Schwester, der Beklage zu 2) deren Sohn.

Am 1.12.2019 errichtete die Erblasserin ein handschriftliches Testament, in dem sie die Beklagten zu ihren Erben einsetzte; der Kläger wäre somit enterbt. Die Erblasserin hatte jedoch zuvor mit ihrem am 12.3.2009 vorverstorbenen Ehemann, dem Vater bzw. Großvater der Parteien, ein sog. Berliner Testament errichtet, in dem die Eheleute den Kläger und die Beklagte zu 1) zu Schlusserben des Längerlebenden von ihnen eingesetzt hatten.

Beweis: Gemeinschaftliches Testament vom 3.7.2006 und Einzeltestament vom 1.12.2019 nebst Eröffnungsprotokoll des Amtsgerichts . . . . . vom 15.2.2021, Az. . . . . .;
Beiziehung der Nachlassakte . . . . . – Amtsgericht . . . . .

Die Beklagten bestreiten das Erbrecht des Klägers.

II. Die Feststellungsklage ist nach § 256 ZPO zulässig, da der Kläger ein Interesse an der alsbaldigen rechtskräftigen Feststellung seines bestrittenen Erbrechts hat. In einem Erbscheinsverfahren kann er eine solche der materiellen Rechtskraft fähige Feststellung nicht erreichen (BVerfG ZEV 2020, 489; BGH ZEV 2010, 468).

III. Die Feststellungsklage ist auch begründet. Die Schlusserbeneinsetzung in dem gemeinschaftlichen Testament war wechselbezüglich und nach dem Erstversterben ihres Ehemannes für die Erblasserin bindend (§ 2271 Abs. 2 BGB). Das hiergegen verstoßende Testament vom 1.12.19 ist somit unwirksam und der Kläger neben seiner Schwester, der Beklagten zu 1), Miterbe zu einem halben Anteil geworden.

IV. Für den Fall, dass das Gericht das Erbrecht des Klägers nicht feststellen, sondern zur Auffassung gelangen sollte, die Abänderungsklausel in Ziff. 4 des gemeinschaftlichen Testaments vom 3.7.2006, nach der der Überlebende die „Erbquoten unter unseren Abkömmlingen abändern" dürfe, erlaube (entgegen OLG Düsseldorf ZEV 2007, 275) auch eine Abänderung „auf null", also die Enterbung eines Kindes (so wohl OLG Frankfurt NJW-RR 2020, 1017), erhebt der Kläger hilfsweise Pflichtteilsstufenklage.[7]

Rechtsanwalt[11, 12, 13]

Schrifttum: Adam, Die Vereinheitlichung der gerichtlichen Erbenfeststellung, ZEV 2016, 233; *Jussen,* Die erbrechtliche Anfechtung des Minderjährigen, ZEV 2003, 181; *Horn/Kroiß*, Testamentsauslegung, 2. Aufl., München 2019; *Giehring*, Der Gebührenstreitwert im Erbfeststellungsprozess – Ungereimtes in der Rechtsprechung des IV. Zivilsenats des Bundesgerichtshofs, ZEV 2014, 282; *Jülicher/Klinger,* Selbstanfechtung zur Beseitigung der Bindungswirkung gemeinschaftlicher Testamente und Erbverträge, NJW-Spezial 2007, 567; *Kanzleiter,* Die Anfechtung wegen Übergehens eines Pflichtteilsberechtigten nach §§ 2079, 2281 BGB bei Erbvertrag und gemeinschaftlichem Testament, DNotZ 2016, 74; *Kind*, Der Versicherungsschutz in „erbrechtlichen Angelegenheiten" nach den „Allgemeinen Rechtsschutzbedingungen" (ARB), ZErb 2016, 195; *Klingelhöffer*, Streitwert und Beschwer bei Erbrechtsprozessen, ZEV 2009, 379; *Klinger/Ruby*, Beweisfragen zur Wirksamkeit von Testamenten, NJW-Spezial 2005, 301 und 349; *Klinger/de Leve, Gierl, Bornewasser/Hacker* in: Münchener Prozessformularbuch Erbrecht, 5. Aufl., München 2021; *Kollmeyer*, Justizreform zur Einrichtung von Spezialkammern für Erbrecht, ZEV 2020, 273; *Krebber*, Die Anfechtbarkeit des Erbvertrags wegen Motivirrtums, DNotZ 2003, 20; *Kuhn/Trappe*, 15 Jahre Prozessfinanzierung im Erbrecht, ZEV 2013, 246; *Musielak*, Der Irrtum des Erblassers und der Erben, ZEV 2016, 353; *Offermann-Burckart*, Interessenlage und Interessenwiderstreit in erbrechtlichen Mandaten, ZEV 2007, 151; *Potthast*, Interessenkollision im Erbrecht – Berufsrechtliche Grundlagen und Rechtsfolgen eines Verstoßes, ErbR 2021, 376 ff. und 466 ff.; *Rohlfing/Mittenzwei,* Der Erklärungsgegner bei der Anfechtung eines Erbvertrags oder gemeinschaftlichen Testaments, ZEV 2003, 49; *Schneider* in: Münchener Anwaltshandbuch Erbrecht (Hrsg. Scherer), 5. Aufl., München 2018; *Veit*, Die Anfechtung von Erbverträgen durch den Erblasser, NJW 1993, 1553; *Zimmermann,* Das Verhältnis des Erbscheinverfahrens zur Erbenfeststellungsklage, ZEV 2010, 457.

Anmerkungen

1. Ist die Erbfolge zwischen potentiellen Erben streitig, können sie die Erbfolge entweder in einem Erbscheinsverfahren vor dem Nachlassgericht (→ Form. II.L.1) oder in einem Klageverfahren auf Feststellung des Erbrechts (sog. **Erbenfeststellungsklage**) vor dem Prozessgericht klären lassen. Eine Erbenfeststellungsklage ist sogar noch nach einem durchgeführten Erbscheinsverfahren möglich, da ein Erbschein keine materielle Rechtskraftwirkung erzeugt und das Prozessgericht nicht bindet (BGH ZEV 2010, 468, Rn. 12; NJW-RR 1987, 1090). Aus diesem Grund ist auch eine Verfassungsbeschwerde gegen eine letztinstanzliche Entscheidung im Erbscheinsverfahren unzulässig, da der Erbprätendent zunächst mit der Erbenfeststellungsklage den Rechtsweg vor den Fachgerichten ausschöpfen muss (BVerfG ZEV 2020, 489; ZEV 2017, 48; ZEV 2006, 74).

Umgekehrt erzeugt jedoch ein Erbenfeststellungsurteil Bindungswirkung für das Erbscheinsverfahren (OLG München, NJW 2016, 2512). Da das Ergebnis eines Feststellungsverfahrens für das Erbscheinsverfahren „vorgreiflich" ist, kann das Nachlassgericht das Erbscheinsverfahren aussetzen (§ 21 Abs. 1 FamFG; noch zum alten Recht: BayObLG FamRZ 1999, 336 = BeckRS 1998, 4656).

Die Wahl des Verfahrens – Erbscheinsantrag oder Feststellungsklage (zum Verhältnis beider Verfahren, vgl. *Adam* ZEV 2016, 233) – ist vor dessen Einleitung sorgfältig abzuwägen:

Vorteile der jeweiligen Verfahren: Das Erbscheinsverfahren ist regelmäßig der billigere und schnellere Weg, um zu einer Feststellung zu gelangen. Zudem hat das Nachlassgericht die entscheidungserheblichen Tatsachen von Amts wegen zu ermitteln (Amtsermittlungsgrundsatz). Ein erteilter Erbschein erleichtert im Prozess die Beweisführung; die Vermutungswirkung des § 2365 BGB ist von der Gegenseite durch Beweis des Gegenteils zu widerlegen (MüKoBGB/*Grziwotz* § 2365 Rn. 8).

Vorteil des Erbenfeststellungsverfahrens ist dagegen, dass die Erbenfeststellung in materielle Rechtskraft erwächst.

Nachteile: Im Erbenfeststellungsverfahren ist ein Gerichtskostenvorschuss zu leisten und müssen sämtliche Tatsachen von den Parteien beigebracht, dargelegt und notfalls bewiesen werden.

Nachteil des Erbscheins ist die fehlende Rechtskraft- und Bindungswirkung. Auf ein Feststellungsurteil ist ein etwa anderslautend erteilter Erbschein wegen Unrichtigkeit von Amts wegen einzuziehen.

Taktik: Ist die Wirksamkeit eines Testaments streitig, könnte es taktisch eher sinnvoll sein, diese Frage im Rahmen eines Erbscheinsverfahrens klären zu lassen, um sich den Amtsermittlungsgrundsatz (§ 26 FamFG) zunutze zu machen (vgl. *Klinger/Ruby* NJW-Spezial 2005, 301).

Hinweis: Befinden sich Immobilien im Nachlass und ist das **Grundbuch** zu berichtigen, so kann nach § 35 GBO der Unrichtigkeitsnachweis nur durch einen Erbschein oder eine zweifelsfreie notarielle Verfügung von Todes wegen geführt werden (Nachweistypenzwang). Das bedeutet, dass selbst ein rechtskräftiges Erbenfeststellungsurteil zur Berichtigung des Grundbuchs nicht ausreicht!

Etwas anderes gilt für ein stattgebendes Urteil auf Bewilligung der Grundbuchberichtigung, da es dann auf den Unrichtigkeitsnachweis nicht mehr ankommt (s. OLG München ZErb 2018, 41 unter 3.a).

2. Zur örtlichen und sachlichen Zuständigkeit des Gerichts s. zunächst das Grundmuster → Form. I.D.1 Anm. 2; zum elektronischen Rechtsverkehr → Form. I.D.1 Anm. 1.

Beachte: Spätestens mit Wirkung ab dem 1.1.2021 werden bei sämtlichen Landgerichten **Spezialkammern** (§ 72a Abs. 1 Nr. 6 GVG) und bei allen Oberlandesgerichten Spezialsenate (§ 119a Abs. 1 Nr. 6 GVG für erbrechtliche Streitigkeiten gebildet (zur Reform, s. *Kollmeyer*, ZEV 2020, 273). Diese Sonderzuständigkeit gilt für Rechtsstreitigkeiten, die ab dem 1.1.2021 anhängig geworden sind (vgl. § 40a EGGVG; Musielak/Voit/*Wittschier* GVG § 72a Rn. 1)

Örtlich hat der Kläger bei Klagen, welche die Feststellung des Erbrechts, Ansprüche des Erben gegen einen Erbschaftsbesitzer, Ansprüche aus Vermächtnissen oder sonstigen Verfügungen von Todes wegen, Pflichtteilsansprüche oder die Teilung der Erbschaft zum Gegenstand haben, die Wahl (§ 35 ZPO), ob er am allgemeinen Gerichtsstand des Beklagten (§ 13 ZPO) oder am besonderen **Gerichtsstand der Erbschaft** (§ 27 ZPO) Klage erhebt; dies ist der allgemeine Gerichtsstand des Erblassers zum Zeitpunkt seines Todes (Abs. 1) oder der letzte inländische Wohnsitz, wenn der Erblasser Deutscher war und bei seinem Tod keinen allgemeinen Wohnsitz im Inland hatte; im Übrigen ist das Amtsgericht Schöneberg in Berlin zuständig (Abs. 2).

3. Zur Gestaltung des Rubrums → Form. I.D.1 Anm. 3–6. Die Angabe der Prozessbevollmächtigten in der Klageschrift ist nicht vorgeschrieben. Gibt der Kläger in der Klageschrift einen Prozessbevollmächtigten auf Beklagtenseite an, etwa weil dieser bereits außergerichtlich tätig war, trägt der Kläger das Risiko, dass der als Prozessbevollmächtigter des Beklagten bezeichnete Anwalt keine Prozessvollmacht besitzt oder sich für nicht zustellungsempfangsbevollmächtigt erklärt und somit die an ihn bewirkte Zustellung unwirksam ist (BVerfG NJW 2007, 3486; BGH NJW-RR 2011, 997). Die Angabe sollte daher sicherheitshalber unterbleiben.

Parteien des Rechtsstreits auf Feststellung des Erbrechts sind die Erbprätendenten. Da die Rechtskraft eines Feststellungsurteils nur zwischen den Parteien des Rechtsstreits Wirkung erzeugt, sollte der Kläger unbedingt darauf achten, *sämtliche* Erbprätendenten in den Rechtsstreit miteinzubeziehen.

Kläger kann ausnahmsweise auch ein Testamentsvollstrecker sein, wenn der Testamentsvollstrecker gerade in *dieser* Eigenschaft ein rechtliches Interesse an der Feststellung hat (BGH NJW-RR 1987, 1090 (1091)) und die alsbaldige Feststellung des Erbrechts für die Erfüllung seiner Pflichten und die Ausführung der letztwilligen Verfügungen des Erblassers erforderlich ist (MüKoBGB/*Zimmermann* § 2212 Rn. 10).

Will der Beklagte seinerseits seine Erbenstellung feststellen lassen, muss er Feststellungswiderklage erheben, ggf. sogar Drittwiderklage (ausführlich zur Zulässigkeit, s. BGH NJW 2021, 1093 Rn. 25 ff. mwN).

4. Allgemein zur Angabe des Streitwerts → Form. I.D.1 Anm. 8.

Bei einer Erbenfeststellungsklage ist für die Höhe des Streitwertes nicht der Wert des Nachlasses, sondern nach § 3 ZPO das Interesse des Klägers an der Feststellung maßgebend, also der Wert des behaupteten bzw. streitigen Erbanteils. Hiervon ist sodann der bei positiven Feststellungsklagen übliche Abzug von 20 % vorzunehmen (vgl. BGH NJW-RR 1988, 689; ZEV 2011, 656); bei einer negativen Feststellungsklage findet hingegen kein Abzug statt (BGH BeckRS 2018, 29638; ZEV 2007, 134).

Im Falle einer Erbenfeststellungswiderklage sind die Werte von Klage und Widerklage nicht gem. § 45 Abs. 1 S. 3 GKG zu addieren; vielmehr ist nur der höhere der beiden Werte als Streitwert festzusetzen (BGH ZEV 2011, 656 und ZEV 2012, 159; ZEV 2007, 134; krit. *Giehring* ZEV 2014, 282).

5. Eine Feststellungsklage ist nur dann zulässig, wenn neben den allgemeinen Sachurteilsvoraussetzungen ein schutzwürdiges Interesse des Klägers an alsbaldiger Feststellung des Bestehens oder Nichtbestehens eines Rechtsverhältnisses besteht (§ 256 ZPO; sa → Form. I.D.3 Anm. 1). Ein solches **Feststellungsinteresse** liegt nach stRspr nur vor, wenn dem Recht oder der Rechtslage des Klägers eine gegenwärtige Gefahr der Unsicherheit droht und wenn das erstrebte Urteil geeignet ist, diese Gefahr zu beseitigen (BGH ZEV 2010, 468 Rn. 8 mwN; BGH NJW 2010, 1877 Rn. 12 mwN.). Das (Mit-) Erbrecht ist ein solches Rechtsverhältnis; seine Gefährdung liegt regelmäßig darin, dass der Beklagte das Recht des Klägers ernstlich bestreitet oder er sich eines eigenen Rechts gegenüber dem Kläger berühmt (BGH ZEV 2010, 468 Rn. 8 mwN).

Das Feststellungsinteresse fehlt auch nicht deshalb, weil ein Erbscheinsverfahren parallel betrieben wird, betrieben wurde (BGH ZEV 2010, 468 Rn. 9 und 11 ff.) oder noch betrieben werden könnte (OLG Brandenburg ZEV 2010, 143, 144).

Ein Feststellungsinteresse fehlt grds. bei Klagen gegen einen noch lebenden Erblasser (BGHZ 37, 137 (145)), es sei denn, es handelt sich um einen Streit über Rechte aus einem Erbvertrag (OLG Düsseldorf, ZEV 1994, 171) oder die positive oder negative Feststellung des Pflichtteilsentziehungsrechts (BGHZ 109, 306; BGH NJW 2004, 1874).

6. Der Klageantrag muss das festzustellende Rechtsverhältnis hinreichend bestimmt iSd § 253 Abs. 2 Nr. 2 ZPO bezeichnen, da der Umfang der Rechtshängigkeit und der späteren Rechtskraft feststehen muss (BGH NJW 1983, 2247 (2250) unter 3.).

7. (1) Die streitige Frage, ob ein Pflichtteilsberechtigter (Mit-) Erbe geworden ist oder tatsächlich enterbt wurde, kann gerade in einem Erbscheinsverfahren beträchtliche Zeit in Anspruch nehmen. Für den Pflichtteilsberechtigten droht dann ggf. die **Verjährung** seines Pflichtteilsanspruchs. Will der Pflichtteilsberechtigte nicht riskieren, dass später ein Gericht nicht von „fehlender Kenntnis" oder von „grob fahrlässiger Unkenntnis" und damit vom Anlaufen der Verjährungsfrist ausgeht, kann (und sollte) der Pflichtteilsberechtigte den Erben entweder als Erbschaftsbesitzer (→ Form. II.L.8) oder – wie hier – auf Erbenfeststellung verklagen und diese Klage mit einer **hilfsweisen Pflichtteilsstufenklage** (→ Form. II.L.20) verbinden, um die Verjährung zu hemmen (vgl. OLG Düsseldorf FamRZ 1996, 445, 446).

(2) Sollte bereits ein Erbschein erteilt sein, kommt im Wege der Klagehäufung (nicht als Hilfsantrag!) ein Antrag auf Herausgabe des unrichtigen Erbscheins an das Nachlassgericht in Betracht. Wegen der langen Verfahrensdauer dürfte es jedoch angezeigt sein,

beim Nachlassgericht die Herausgabe per einstweiliger Anordnung anzuregen (→ Form. II.L.3 Anm. 10).

8. Der Antrag auf Erlass eines Versäumnisurteils kann bereits in der Klageschrift gestellt werden (§ 331 Abs. 3 S. 2 ZPO). Er wird zwar nur relevant, wenn das Gericht das schriftliche Vorverfahren (§ 276 Abs. 1 ZPO) anordnet und der Beklagte seine Verteidigungsabsicht nicht innerhalb einer Notfrist von zwei Wochen anzeigt; gleichwohl sollte der Antrag standardmäßig bereits in der Klageschrift gestellt werden, da das Gericht nach seinem freien Ermessen (§ 272 Abs. 2 ZPO) frühen ersten Termin (§ 275 ZPO) bestimmen oder das schriftliche Vorverfahren anordnen kann.

Ein Antrag auf Erlass eines Anerkenntnisurteils ist zwar (seit 2002) entbehrlich, da nach einem Anerkenntnis ein entsprechendes Anerkenntnisurteil von Amts wegen ergeht (§ 307 ZPO). Hat jedoch der Kläger in der Klageschrift vorsorglich einen solchen Antrag gestellt, dann verlangt sein Anspruch auf rechtliches Gehör, dass er vor Erlass des Anerkenntnisurteils über ein Anerkenntnis des Beklagten informiert wird, um sich zu dessen Wirksamkeit oder Reichweite äußern oder einen weitergehenden, vom Anerkenntnis nicht erfassten Sachantrag stellen zu können (BGH NJW 2004, 2019 zu Ziff. II.4.). Daher empfiehlt es sich, auch den (eigentlich entbehrlichen) Antrag auf Erlass eines Anerkenntnisurteils standardmäßig in der Klageschrift zu stellen.

9. Nach § 253 Abs. 3 Nr. 3 ZPO soll sich der Kläger in der Klageschrift dazu äußern, ob einer Entscheidung der Sache durch den Einzelrichter Gründe entgegenstehen.

Mit der Einrichtung von **Spezialkammern für erbrechtliche Streitigkeiten** ab dem 01.01.21 (→ Anm. 2) ist nunmehr nach § 348 Abs. 1 S. 2 Nr. 1, Alt. 1 ZPO eine originäre Kammerzuständigkeit begründet worden mit der Folge, dass die Sache nur dann (aber unanfechtbar) auf den Einzelrichter übertragen werden kann, wenn die Rechtssache keine besonderen Schwierigkeiten tatsächlicher oder rechtlicher Art aufweist und keine grundsätzliche Bedeutung hat (§ 348a Abs. 1 Nr. 1 und 2 ZPO; s. i.Ü. auch Nr. 3).

Möchte der Kläger die Übertragung auf den Einzelrichter verhindern, sollte er begründen, warum nach seiner Auffassung die Rechtssache tatsächlich oder rechtlich schwierig ist oder grundsätzliche Bedeutung hat.

10. Zur Klagebegründung s. zunächst → Form. I.D.1 Anm. 17–25.

Im Falle der Erbenfeststellungsklage muss der Kläger schlüssig darlegen und nötigenfalls beweisen, warum und zu welcher Quote er Erbe nach dem Erblasser geworden ist.

Die **Gründe** für einen Erbprätendentenstreit sind mannigfaltig: So kann der Kläger seine Rechtsposition etwa auf eine Ausschlagung oder die Anfechtung einer Erbschaftsannahme eines Mit-, Vor- oder Nacherben, einen Erbverzicht, eine Erbunwürdigkeitserklärung, die Unwirksamkeit einer enterbenden Verfügung von Todes wegen aufgrund von Testierunfähigkeit, Fälschung oder Anfechtung gem. §§ 2078, 2079 BGB (zur Anfechtung s. vertiefend: *Kanzleiter* DNotZ 2016, 74; *Musielak* ZEV 2016, 353; *Rohlfing/Mittenzwei* ZEV 2003, 49; *Jussen* ZEV 2003, 181; *Krebber* DNotZ 2003, 20), einen Verstoß gegen die Bindungswirkung wechselbezüglicher Verfügungen eines gemeinschaftlichen Testaments oder vertragsmäßiger Verfügungen in einem Erbvertrag (zur Beseitigung der Bindungswirkung durch Selbstanfechtung, s. *Jülicher/Klinger* NJW-Spezial 2007, 567; *Veit* NJW 1993, 1553) oder eine bestimmte Auslegung stützen.

Wer ein Erbrecht für sich in Anspruch nimmt, trägt die **Beweislast** für sämtliche sein Erbrecht begründenden Tatsachen, während den das Erbrecht Bestreitenden die Beweislast für die rechtshindernden oder rechtsvernichtenden Einwendungen trifft (BGH NJW 1991, 1052 (1053)). So ist der Feststellungskläger zB für den Tod des Erblassers, die Voraussetzungen der gesetzlichen oder gewillkürten Erbfolge, eine form- und fristgerechte Ausschlagung eines Dritten oder die Wirksamkeit einer Anfechtung hinsichtlich Form, Frist, Anfechtungsgrund und Kausalität darlegungs- und beweispflichtig. Gibt es

Auslegungs- oder Ergänzungsregeln, geben diese die Beweislastverteilung vor (Horn/Kroiß/*Kroiß* § 29 Rn. 38). Die Vermutungswirkung des § 2365 BGB ist nur durch den Beweis des Gegenteils widerlegbar (§ 292 ZPO), wobei § 2365 BGB im Erbprätendentenstreit jedoch keine Anwendung findet (Horn/Kroiß/*Kroiß* § 30 Rn. 7).

Wer sein Erbrecht auf eine Verfügung von Todes wegen stützt, ist für die Echtheit und Formwirksamkeit der Verfügung, den Testierwillen (*Klinger/Ruby* NJW-Spezial 2005, 301) oder den Eintritt einer aufschiebenden oder auflösenden Bedingung (vgl. OLG Düsseldorf, ZEV 2020, 487 Rn. 16) darlegungs- und beweispflichtig. Ist die Testierfähigkeit des Erblassers streitig, trägt derjenige die Beweislast, der sich auf die Testier*un*fähigkeit beruft (Palandt/*Weidlich* § 2229 Rn. 11), da das Gesetz von der grundsätzlichen Testierfähigkeit ausgeht.

Für einen Widerruf oder eine Testamentsanfechtung ist hingegen derjenige beweispflichtig, der das Testament nicht gelten lassen will (*Klinger/Ruby* NJW-Spezial 2005, 349).

Die Auslegung selbst ist Rechtsanwendung, nicht dem Beweis zugänglich und originäre Aufgabe des Tatrichters; hier hat jedoch diejenige Partei die Anknüpfungstatsachen beizubringen, die ihr Auslegungsergebnis stützen sollen.

11. Weiterführende Verweise: Zur Klage auf Feststellung der Rechtsstellung als Vorerbe, MPFormB ErbR/*de Leve* Form. L.I.4; zur Klage auf Feststellung des Vollerbrechts bei Wegfall des Nacherben, MPFormB ErbR/*de Leve* Form. L-I.5; zur Klage auf Feststellung des Bestehens einer befreiten Vorerbschaft, MPFormB ErbR/*de Leve* Form. L.I.6; zur Feststellungsklage des Erblassers auf Feststellung der Wirksamkeit der Pflichtteilsshy; entziehung, MPFormB ErbR/*Bornewasser/Hacker* Form. P.I.5; zur Feststellungsklage des Pflichtteilsberechtigten wegen Nichtbestehens eines Pflichtteilsentziehungsrechts, MPFormB ErbR/*Bornewasser/Hacker* Form. P.III.6; zur Erbenfeststellungsklage und Widerklage, MPFormB ErbR/*Gierl* Form. H.I.1 und Form. H.I.2; zum Auslandsbezug und zur EuErbVO, s. MPFormB ErbR/*Gierl* Form. H.I.1 Anm. 12.

Kosten und Gebühren

12. (1) Zum Streitwert → Anm. 4.

(2) Gerichtskostenvorschuss: 3,0 Verfahrensgebühr (KV 1210 GKG). Gemäß § 12 GKG stellt das Gericht dem Beklagten die Klage erst nach Zahlung des Gerichtskostenvorschusses zu, sofern kein Fall des § 14 GKG vorliegt.

(3) Rechtsanwaltsgebühren: Der Rechtsanwalt verdient die Regelgebühren nach Teil 3 VV RVG.

Ausführlich zur Abrechnung des erbrechtlichen Mandats nach dem RVG: MAH ErbR/*Schneider* § 2 Rn. 97–209; zu Streitwert und Beschwer bei Erbrechtsprozessen: *Klingelhöffer* ZEV 2009, 379; zum Deckungsschutz der Rechtsschutzversicherung in erbrechtlichen Angelegenheiten: *Kind* ZErb 2016, 195; zur Prozessfinanzierung im Erbrecht: *Kuhn/Trappe* ZEV 2013, 246; zur **Interessenkollision im Erbrecht** und ihre Auswirkung auf die Vergütung: *Potthast* ErbR 2021, 376 und ErbR 2021, 466, sowie *Offermann-Burckart* ZEV 2007, 151.

Rechtsmittel

13. Zur Berufung und Berufungsbegründung, → Form. I.O.1 und → Form. I.O.3.

7. Auskunfts- bzw. Stufenklage unter Miterben (wegen ausgleichungspflichtiger Zuwendungen und Verwaltungsmaßnahmen)

An das
Landgericht[2]
. . . . .

Klage

des Herrn . . . . .

– Klägers[3] –

– Prozessbevollmächtigte: . . . . . –
gegen
Frau . . . . . (Name und Anschrift der Miterbin)

– Beklagte[3] –

wegen: Auskunftserteilung[1]
vorläufiger Streitwert: . . . . .[4]
Namens und in beigefügter Vollmacht des Klägers erhebe ich Klage gegen die Beklagte und werde beantragen:

I. Die Beklagte wird verurteilt, dem Kläger Auskunft in Form eines geordneten schriftlichen Verzeichnisses zu erteilen über sämtliche unter Abkömmlingen möglicherweise ausgleichungspflichtigen Zuwendungen, die sie zu Lebzeiten des am . . . . (Datum) geborenen und am . . . . . (Datum) in . . . . verstorbenen Herrn . . . . (Erblasser) erhalten hat, einschließlich der Art und Menge der Vorausempfänge, deren wertbildenden Faktoren, der Zuwendungszeitpunkte sowie der einschlägigen Anordnungen des Erblassers im Zusammenhang mit den Zuwendungen,
***insbesondere*, welche Zuwendungen sie aus Anlass ihrer Eheschließung mit . . . . . am . . . . . (Datum), zur Überbrückung ihrer Arbeitslosigkeit in der Zeit von . . . . . (Datum) bis . . . . . (Datum) sowie anlässlich der Einrichtung ihrer Heilpraktiker-Praxis . . . . vom Erblasser erhalten hat.[5]**

II. Die Beklagte wird verurteilt, der Erbengemeinschaft nach dem am . . . . (Datum) geborenen und am . . . . . (Datum) in . . . . . verstorbenen Herrn . . . . ., bestehend aus dem Kläger, der Beklagten und . . . . . (ggf. weitere Miterben), den Bestand der Erbschaft am . . . . . (Todestag) mitzuteilen, unter Vorlage einer geordneten Zusammenstellung über alle seit dem Erbfall bis zum . . . . . über das Nachlassvermögen getätigten Einnahmen und Ausgaben Rechnung zu legen und Belege zu allen Buchungspositionen auf den Konten des Erblassers in der Zeit vom . . . . (Datum) bis zum . . . . (Datum) vorzulegen.[6]

III. Die Beklagte wird verurteilt, zu Protokoll an Eides statt zu versichern, dass sie die Auskunft nach Ziff. I und die Zusammenstellung nach Ziff. II nach bestem Wissen so vollständig erteilt hat, wie sie hierzu imstande war.[7]

Für den Fall des Vorliegens der gesetzlichen Voraussetzungen beantrage ich bereits jetzt schon den Erlass entsprechender

(Teil-) Anerkenntnis- bzw. (Teil-) Versäumnisurteile.[8]

Einer Entscheidung der Sache durch den Einzelrichter stehen aus Sicht der Klägerin keine Gründe entgegen.

***(oder)* Einer Übertragung der Sache auf den Einzelrichter steht entgegen, dass die Rechtssache besondere Schwierigkeiten tatsächlicher oder rechtlicher Art aufweist und zudem grundsätzliche Bedeutung hat.[9]**

Begründung:[10]

I. Die Parteien sind Geschwister und als einzige Abkömmlinge die gesetzlichen Erben des am . . . . . (Datum) verwitwet verstorbenen, im Klageantrag näher bezeichneten Erblassers.

Beweis: Kopie des Erbscheins vom . . . . .

1. Wie der Kläger inzwischen von Dritten erfahren hat, soll die Beklagte anlässlich ihrer Hochzeit am . . . . . erhebliche Geldzuwendungen vom Erblasser erhalten haben. Außerdem war sie in der Zeit vom . . . . . (Datum) bis . . . . . (Datum) arbeitslos und soll vom Erblasser monatliche Bar-Apanagen erhalten haben. Schließlich soll der Erblasser, als die Beklagte ihre Heilpraktiker-Praxis eröffnete, die Praxis-Einrichtung bezahlt und die Mietkaution entrichtet haben.

Beweis: Einvernahme von . . . . . als Zeuge

Die Kontoauszüge weisen in den fraglichen Zeiträumen lediglich Barabhebungen oder Überweisungen an die Beklage mit dem Verwendungszweck „bekannt" aus.

Beweis: Kopie der Kontoauszüge vom . . . . . (Datum)

2. Unmittelbar nach dem Tod des Erblassers hat die Beklagte sämtliche Kontoauszüge, Rechnungsordner und sonstige Unterlagen aus dem Büro des Erblassers an sich genommen und führt seitdem die Verwaltung des Nachlasses unter Ausschluss des Klägers. So organisierte sie die Beerdigung allein, bezahlte diverse Rechnungen, veräußerte verschiedene Haushaltsgegenstände, ebenso das Kfz. und das Motorrad des Erblassers, und löste den Hausstand i.Ü. auf.

Beweis: Einvernahme von . . . . . als Zeuge

II. Der Anspruch des Klägers auf Auskunftserteilung[6] über lebzeitige, möglicherweise ausgleichungspflichtige Zuwendungen des Erblassers an Abkömmlinge sowie ggf. auf Abgabe der eidesstattlichen Versicherung ergibt sich aus § 2057 BGB, der auf Auskunftserteilung und Rechnungslegung hinsichtlich der übernommenen Verwaltung sowie ggf. auf Abgabe der eidesstattlichen Versicherung aus §§ 681 S. 2, 666, 259 BGB.

Da die Beklagte auf die Aufforderung mit Anwaltschreiben vom . . . . . (Datum), Auskunft über die lebzeitigen Zuwendungen zu erteilen und über ihre Verwaltung des Nachlasses Rechnung zu legen, nicht innerhalb der gesetzten Frist reagierte, ist Klage erforderlich.

Rechtsanwalt[11, 12, 13]

Schrifttum: Bornewasser/Klinger, Können Miterben untereinander Auskunft über den Nachlassbestand verlangen? NJW-Spezial 2004, 349; *Klinger,* Auskunfts- und Rechenschaftspflicht eines Bevollmächtigten gegenüber den Erben eines Vollmachtgebers, NJW-Spezial 2007, 206; *Klinger/Flechtner,* Münchener Prozessformularbuch Erbrecht, 5. Aufl. 2021, Form. K.I.1, Form. K.I.3; *Lindenau/Arweiler,* Auskunftspflichten im Erbrecht, NJW 2017, 3553; *Roth,* Auskunft über alle ausgleichungspflichtigen Zuwendungen nötig, NJW-Spezial 2016, 263; *Sarres,* Auskunftspflichten zwischen Miterben über lebzeitige Zuwendungen gem. § 2057 BGB, ZEV 2000, 349; *ders.,* Erbrechtliche Auskunftsansprüche aus Treu und Glauben (§ 242 BGB), ZEV 2001, 225; *ders.,* Die Auskunfts- und Rechenschaftspflicht nach § 666 BGB im System der erbrechtlichen Auskunftsansprüche, ZEV 2008, 512; *ders.,* Erbrechtliche Auskunftsansprüche, 3. Aufl. 2017.

Anmerkungen

Sachverhalt

Dieses Formular geht gedanklich von einem Sachverhalt aus, in dem ein Miterben-Abkömmling, der schon zu Lebzeiten des Erblassers Zuwendungen erhalten haben könnte, nach dessen Tod den erbengemeinschaftlichen Nachlass verwaltet hat, um im Muster Klageanträge auf Grundlage der Ansprüche nach § 2057 BGB und § 666 BGB kumulativ darstellen zu können. Der Anwender ist selbstverständlich gehalten, seinen konkreten Einzelfall einer eigenverantwortlichen Rechtsprüfung zu unterziehen und zu entscheiden, ob die Muster-Anträge kumulativ oder – wie in der Praxis häufig – nur alternativ in Betracht kommen.

1. Unter **Miterben** gibt es **keinen allgemeinen Auskunftsanspruch** über Bestand und Verbleib des Nachlasses. Ein solcher Anspruch lässt sich weder aus erbrechtlichen Bestimmung noch aus Treu und Glauben herleiten, da die Miterbenstellung als solche keine für die Bejahung einer Auskunftspflicht genügende Sonderbeziehung begründet (BGH NJW-RR 1989, 450; OLG Karlsruhe ErbR 2019, 178; OLG Düsseldorf ErbR 2014, 296; OLG Köln ZEV 2013, 339; OLG Koblenz ZEV 2013, 453; OLG Düsseldorf ZEV 2007, 184). Vielmehr kann sich jeder (Mit-) Erbe als Rechtsnachfolger des Erblassers jederzeit selbst Kenntnis über Bestand und Wert des Nachlasses verschaffen.

Ein Miterbe kann jedoch **auskunfts- und/oder rechenschaftspflichtig** sein nach

a) **§ 2027 Abs. 1 BGB**, wenn er sich gut- oder bösgläubig als Erbschaftsbesitzer geriert, also etwas aus der Erbschaft aufgrund eines vermeintlichen oder angemaßten, ihm in Wirklichkeit nicht oder nicht in diesem Umfang zustehenden Erbrechts erlangt hat; ein Miterbe wird erst dann zum Erbschaftsbesitzer, wenn er sich die Stellung eines Alleinerben anmaßt und die Rechte der Miterben negiert (BGH Urt. v. 12.12.2003 – V ZR 158/03, FamRZ 2004, 537; OLG Köln ErbR 2017, 741); → Form. II.L.8;

b) **§ 2027 Abs. 2 BGB**, wenn er, ohne Erbschaftsbesitzer zu sein, nach dem Erbfall Sachen aus dem Nachlass – egal, ob gut- oder bösgläubig – in Besitz genommen oder die Möglichkeit tatsächlicher Verfügung erlangt hat, bevor die Miterben den Besitz ergriffen haben; → Form. II.L.8;

c) **§ 2028 Abs. 1 BGB**, wenn er sich zur Zeit des Erbfalls mit dem Erblasser in häuslicher Gemeinschaft befunden hat; → Form. II.L.8;

d) **§ 2057 BGB** über alle nach §§ 2050 ff. BGB möglicherweise ausgleichungspflichtigen Zuwendungen; s. **Muster-Klageantrag zu Ziff. 1** sowie → Anm. 5;

e) **§§ 666, 681, 687 Abs. 2 BGB**, wenn er – gleich, ob mit oder ohne Auftrag oder in angemaßter Eigengeschäftsführung, sei es schon zu Lebzeiten des Erblassers oder nach dessen Tod – die Verwaltung des Nachlasses alleine geführt hat (vgl. lesenswert: OLG Düsseldorf ZEV 2016, 259); der **Muster-Klageantrag zu Ziff. 2** enthält einen Vorschlag für den Fall, dass ein Miterbe nach Eintritt des Erbfalls die Verwaltung des Nachlasses übernommen hat; zu den Klageanträgen gegen einen vom Erblasser Bevollmächtigten (dies kann ein general-, vorsorge- oder kontobevollmächtigter Dritter, aber natürlich auch ein späterer Miterbe sein) → Form. II.L.9.

Ausnahmsweise gewährt die Rechtsprechung darüber hinaus noch einen Auskunftsanspruch nach **§ 242 BGB**, wenn ein Recht, dessen Durchsetzung die Auskunft dienen soll, dem Grunde nach feststeht (BGH, NJW-RR 1989, 450) und *„die zwischen den Parteien bestehenden Rechtsbeziehungen es mit sich bringen, dass der Berechtigte in entschuldbarer Weise über Bestehen oder Umfang des Rechts im Ungewissen ist, er sich die zur Vorbereitung und Durchsetzung seines Anspruchs notwendigen Auskünfte nicht auf zumutbare Weise selbst beschaffen kann und der Verpflichtete die zur Beseitigung der*

Ungewissheit erforderliche Auskunft unschwer, dh ohne unbillig belastet zu sein, zu erteilen vermag" (stRspr, vgl. nur BGHZ 126, 109 = NJW 1995, 386; BGH NJW 1986, 127; BGHZ 61, 180 = NJW 1973, 1876; BGHZ 10, 385 = NJW 1954, 70, 71; RGZ 73, 286, 2; OLG Köln ZEV 2013, 339; OLG Koblenz ZEV 2013, 453; OLG Düsseldorf ZEV 2007, 184; sa *Sarres* ZEV 2001, 225).

Ebenfalls aus § 242 BGB hat der BGH einen Auskunftsanspruch des Vertragserben (oder bindend eingesetzten Schlusserben) gegen den iSv § 2287 BGB Beschenkten (BGHZ 97, 188 = NJW 1986, 1755) sowie einen Auskunfts- und Wertermittlungsanspruch des pflichtteilsberechtigten Erben gegen den vom Erblasser iSv § 2329 BGB beschenkten Miterben hergeleitet (BGH NJW 1993, 2737 im Anschluss an BGHZ 108, 393 = NJW 1990, 180).

War ein Miterbe bereits zu Lebzeiten des Erblassers zu dessen **Betreuer** bestellt, kommen schließlich Auskunfts- und Rechenschaftslegungsansprüche nach §§ 1908i, 1890, 1922 BGB in Betracht.

2. Zur örtlichen und sachlichen Zuständigkeit des Gerichts → Form. I.D.1 Anm. 2; zum elektronischen Rechtsverkehr → Form. I.D.1 Anm. 1; zur Einrichtung von Spezialkammern für erbrechtliche Streitigkeiten → Form. II.L.6 Anm. 2.

Örtlich ist für Auskunftsklagen gegen den Erbschaftsbesitzer der besondere Gerichtsstand des § 27 ZPO eröffnet (s. → Form. II.L.6 Anm. 2). Streitig ist dies für die Ansprüche nach §§ 2027 Abs. 2, 2028 BGB (zum Meinungsstand s. MüKoBGB/*Helms* § 2027 Rn. 14; BLAH ZPO § 27 Rn. 7). Der Anspruch aus § 2057 BGB fällt als vorbereitender Anspruch zur „Teilung der Erbschaft" ebenfalls unter § 27 ZPO (BGH NJW 1992, 364). Auf §§ 666, 681, 687 Abs. 2 BGB gestützte Klagen sind dagegen vor dem allgemeinen Gerichtsstand der Beklagtenseite zu führen.

3. Zur Gestaltung des Rubrums → Form. I.D.1 Anm. 3–6; zur Angabe der Prozessbevollmächtigten → Form. II.L.6 Anm. 3.

Inhaber der Ansprüche nach §§ 2027, 2028, 666, 681, 687 Abs. 2 BGB sind bei einer Mehrheit von Erben sämtliche Miterben in Erbengemeinschaft, also in ihrer gesamthänderischen Verbundenheit. Der Anspruch kann jedoch gem. § 2039 Abs. 1 BGB von jedem einzelnen Miterben in **gesetzlicher Prozess- und Vollstreckungsstandschaft**, dh im eigenen Namen und nicht in Vertretung der übrigen Miterben, durchgesetzt werden (Palandt/*Weidlich* § 2039 Rn. 6).

Bei angeordneter Testamentsvollstreckung wird § 2039 BGB von § 2212 BGB verdrängt und ist nur der Testamentsvollstrecker aktivlegitimiert. Klagebefugt können ebenfalls sein: der Nachlassverwalter und -insolvenzverwalter, ein Erbteilskäufer, ein Gläubiger, der einen Erbteil gepfändet hat, sowie ein Nacherbe nach Eintritt des Nacherbfalls, wohl aber nicht der Nachlasspfleger (BGH NJW 1972, 1752).

Der Anspruch nach § 2057 BGB ist hingegen ein Individualanspruch eines jeden Miterbenabkömmlings gegen jeden einzelnen anderen Miterbenabkömmling. Auch ein Auseinandersetzungstestamentsvollstrecker kann aktivlegitimiert sein, Nachlass- und Nachlassinsolvenzverwalter jedoch nur bei besonderem Interesse (Palandt/*Weidlich* § 2057 Rn. 1).

Wegen § 2316 BGB steht der Auskunftsanspruch nach § 2057 BGB auch einem enterbten pflichtteilsberechtigten Abkömmling zu, da die fiktive Ausgleichung zu einer Verschiebung der (Ausgleichungs-) Pflichtteilsquote führt.

4. Allgemein zur Angabe des Streitwerts, → Form. I.D.1 Anm. 8.

Der Streitwert für Auskunftsansprüche richtet sich nach dem Leistungsanspruch, den die Auskunft vorbereiten oder erleichtern soll, und beläuft sich idR nur auf eine Quote von 10 bis 25 % des Leistungsanspruchs. Je geringer die Kenntnisse des Klägers über die zur Begründung des Leistungsanspruchs maßgeblichen Tatsachen sind, desto höher ist die

Quote anzusetzen (BGH NJW-RR 2018, 1265 Rn. 10; NJW-RR 2012, 130 Ls. 2 u. Rn. 14; ZEV 2006, 265, Ls.; Zöller/*Herget* ZPO § 3 Rn. 16 „Auskunft").

Auch der Streitwert für einen Antrag auf Abgabe der eidesstattlichen Versicherung beträgt nur einen Bruchteil des Leistungsantrags, idR zwischen 25 und 75 % (vgl. Musielak/Voit/*Heinrich* ZPO § 3 Rn. 26 „eidesstattliche Versicherung"; Mayer/Kroiß/*Kroiß* RVG Anhang I, III. Streitwerte im Erbrecht Rn. 10). Ein besonderes Geheimhaltungsinteresse ist gesondert zu berücksichtigen (BGH NJW-RR 2013, 257).

Im Falle einer **Stufenklage** (→ Anm. 7) werden für den **Zuständigkeitsstreitwert** die Werte der einzelnen Ansprüche addiert (§ 5 ZPO). Für den **Gebührenstreitwert** ist indes nur der höchste Wert der verbundenen Ansprüche maßgebend (§ 44 GKG), idR der Wert des Zahlungsanspruchs oder des herauszugebenden Gegenstands. Solange der Kläger bei einer Stufenklage den Zahlungsanspruch nicht beziffert oder die herauszugebenden Gegenstände nicht bezeichnet, muss der Wert der Leistungsstufe geschätzt werden. Abzustellen ist dabei auf das wirtschaftliche Interesse des Klägers bzw. seine Vorstellungen zu Beginn der Instanz (§ 40 GKG), auch wenn die Leistungsstufe später nicht weiterverfolgt wird (OLG Schleswig MDR 2014, 494 = BeckRS 2014, 03996).

5. Abkömmlinge des Erblassers, die zur gesetzlichen Erbfolge berufen sind (§ 2050 Abs. 1 BGB) oder durch letztwillige Verfügung auf ihre gesetzlichen Erbteile eingesetzt wurden (§ 2052 BGB), sind verpflichtet, **bei der Erbauseinandersetzung** bestimmte lebzeitige Zuwendungen des Erblassers untereinander auszugleichen. Zur Sicherung der Ausgleichung kann jeder Miterbe von den einzelnen übrigen Miterben Auskunft verlangen über

a) Ausstattungen gem. § 2050 Abs. 1 iVm § 1624 BGB,
b) Zuschüsse zum Einkommen oder Aufwendungen für die Berufsvorbildung, die das die Vermögensverhältnisse des Erblassers entsprechende Maß überstiegen haben (sog. Übermaßzuwendungen), sowie
c) sonstige Zuwendungen, insb. Schenkungen, bei denen der Erblasser vor oder spätestens bei der Zuwendung die Ausgleichung angeordnet hat.

Geschuldet ist eine zeitlich und gegenständlich unbeschränkte „Totalaufklärung" (*Sarres* ZEV 2000, 349). Der Auskunftsanspruch besteht unabhängig davon, ob Zuwendungen tatsächlich erfolgt sind oder überhaupt Anhaltspunkte für eine Zuwendung vorliegen (Palandt/*Weidlich* § 2057 Rn. 1), und umfasst sämtliche auch nur *möglicherweise* oder gar nach Auffassung des Beklagten nicht ausgleichungspflichtige Zuwendungen (OLG Frankfurt ErbR 2017, 630; OLG München ErbR 2016, 405; OLG München NJW 2013, 2690; Palandt/*Weidlich* § 2057 Rn. 1; *Roth* NJW-Spezial 2016, 263; *Sarres* ZEV 2000, 349, 350). Andernfalls könnte der Sicherungszweck des § 2057 BGB nicht erreicht werden, bliebe dem Auskunftsschuldner die Beurteilung überlassen, welche Auskunft er erteilt und welche nicht.

Anzugeben sind auch die ausgleichungsrelevanten Eigenschaften der zugewandten Gegenstände, wie Art, Maß und die wertbildenden Faktoren, Anordnungen des Erblassers bei der Zuwendung sowie (wegen § 2055 Abs. 2 BGB) der Zuwendungszeitpunkt (Palandt/*Weidlich* § 2057 Rn. 1; MüKoBGB/*Ann* § 2057 Rn. 6; Burandt/Rojahn/*Flechtner*, BGB § 2057 Rn. 7).

Ein Bestandsverzeichnis nach § 260 Abs. 1 BGB wird allerdings nur geschuldet, wenn die Vorempfänge aus einem „Inbegriff von Gegenständen" (zum Begriff s. Palandt/*Grüneberg* § 260 Rn. 2) bestanden haben.

6. Nach § 2039 Abs. 1 BGB kann der in Prozessstandschaft klagende Miterbe grds. nur Leistung an alle Miterben verlangen. Leistung an sich kann er ausnahmsweise dann fordern, wenn er von allen übrigen Miterben hierzu ermächtigt wurde (BGH NJW-RR 2005, 955), was bei einem Vorgehen gegen einen Miterben naturgemäß ausscheidet.

§ 666 BGB gewährt drei umfassende, selbständige Informationsansprüche auf Benachrichtigung (eigeninitiativ), Auskunft und Rechenschaftslegung (auf Verlangen), wobei sich der konkrete Anspruchsinhalt unter Berücksichtigung der Grundsätze von Treu und Glauben danach bestimmt, was nach dem Gegenstand der Besorgung, der Üblichkeit im Geschäftsverkehr und dem Zweck der Information erwartet werden kann (BGHZ 192, 1 = NJW 2012, 917 Rn. 20; OLG Düsseldorf ZEV 2016, 259 Rn. 29; Palandt/*Sprau* § 666 Rn. 3). Bei einer Nachlassverwaltung hat der Verpflichtete gem. § 259 Abs. 1 BGB ausgehend vom Bestand zum Todestag über die seit dem Erbfall geführten Geschäfte Rechenschaft durch eine geordnete Aufstellung der Einnahmen und Ausgaben zu legen und jedenfalls zu den Buchungspositionen auf den Erblasserkonten Belege vorzulegen (OLG Düsseldorf ZEV 2016, 259 Rn. 31). Zwar entsteht der Rechnungslegungsanspruch grundsätzlich erst nach Beendigung des Auftrags, jedoch kann bei Dauerverwaltungen Rechenschaftslegung auch in periodischen Zeitabschnitten verlangt werden (vgl. BGH NJW-RR 2016, 1391 Rn. 38, Palandt/*Sprau* § 666 Rn. 4).

Beachte: Bei Eheleuten, in einem Eltern-Kind-Verhältnis, bei nichtehelichen Lebensgefährten oder sonst nahestehenden Personen mit besonderem Vertrauensverhältnis ist stets genau zu prüfen, ob tatsächlich ein Auftragsverhältnis (mit den Pflichten des § 666 BGB) oder „nur" ein Gefälligkeitsverhältnis ohne Rechtsbindungswille zum Erblasser bestand (vgl. BGH NJW 2000, 3199; NJW 1986, 1870 [Ehegatten]; OLG Düsseldorf ZEV 2007, 184 mzustAnm. *Muscheler* und OLG Zweibrücken OLGR 2005, 132 = BeckRS 2004, 9275 [Kontovollmacht Lebensgefährte]; OLG Naumburg BeckRS 2008, 11185 Rn. 30 ff.; [Großmutter/Enkel]; *Muscheler* in Anm. zu BGH Urt. v. 14.11.2006 – X ZR 34/05, ZEV 2007, 182 (184) [Mutter/Tochter]; *Klinger* NJW-Spezial 2007, 206; allerdings hat BGH ZErb 2009, 91, dann klargestellt, dass seine Rechtsprechung zum Auftragsverhältnis zwischen Eheleuten auf Fallgestaltungen mit sonstigem familiären oder personalen Einschlag nicht ohne Weiteres übertragbar ist).

Hinzu kommt, dass die Pflichten aus § 666 BGB ausdrücklich oder konkludent abbedungen werden können (vgl. BGH NJW-RR 1990, 131; *Sarres* ZEV 2008, 512 (514) unter 2.4).

7. Der Auskunfts- bzw. Rechnungslegungsantrag kann im Wege der **Stufenklage** gem. § 254 ZPO (vgl. → Form. I.D.11 Anm. 1–12) mit einem Antrag auf Abgabe der eidesstattlichen Versicherung (§ 259 Abs. 2 bzw. §§ 2057 S. 2, 260 Abs. 2 BGB) sowie auf Zahlung und/oder Herausgabe verbunden werden, wenn der Anspruchsteller „Unregelmäßigkeiten" erwartet oder ggf. Verjährung im Raume steht (zur Vollstreckung der Teil-Urteile auf Auskunft und eidesstattlicher Versicherung → Form. II.L.8 Anm. 15).

Der **Leistungsantrag** kann dann lauten,

Formulierungsvorschlag:

. . . . . . die Beklagte zu verurteilen, an die Erben nach . . . . ., bestehend aus . . . . ., einen in nach Erteilung von Auskunft und Rechenschaft noch näher zu beziffernden Betrag nebst Zinsen seit . . . . . zu zahlen sowie die hiernach noch näher zu bezeichnenden Gegenstände an die Erben herauszugeben (bzw. zu hinterlegen oder an einen gerichtlichen Sequester abzuliefern).

Steht eine Ausgleichung in Frage, kommt auf der dritten Stufe auch ein zunächst **unbezifferter Feststellungsantrag** zur Klärung von Grund und Höhe einer Ausgleichung unter den Erben als Vorfrage der Erbauseinandersetzung in Betracht (BGH NJW-RR 1992, 771; NJW-RR 1990, 1220).

Bei der Ausgleichung von Zuwendungen nach § 2050 BGB könnte der Antrag lauten:

Formulierungsvorschlag:

Es wird festgestellt, dass bei der Auseinandersetzung der Erbengemeinschaft nach dem am . . . . . . (Datum) geborenen und am . . . . . (Datum) mit letztem Aufenthalt in . . . . . verstorbenen . . . . ., bestehend aus . . . . ., an den Kläger aus dem Nachlass des am . . . . . (Datum) verstorbenen, zuletzt

in . . . . . wohnhaften . . . . . (Erblasser) im Rahmen der Erbauseinandersetzung wegen der nach Auskunftserteilung näher zu bestimmenden Zuwendungen ein nach Auskunftserteilung näher zu beziffernder Betrag als unter Abkömmlingen ausgleichungspflichtige Zuwendungen an den Kläger zu leisten ist.

Bei der Ausgleichung von zB Pflegeleistungen nach § 2057a BGB könnte der Antrag lauten:

Formulierungsvorschlag:

Es wird festgestellt, dass an den Kläger aus dem Nachlass des am . . . . . (Datum) verstorbenen, zuletzt in . . . . . wohnhaften . . . . . (Erblassers) im Rahmen der Erbauseinandersetzung ein der Billigkeit entsprechender Ausgleichungsbetrag nach § 2057a BGB, jedoch mindestens in Höhe von . . . . . EUR, zu leisten ist.

8. Zum Antrag auf Erlass eines (Teil-) Versäumnis- oder/und (Teil-) Anerkenntnisurteils → Form. II.L.6 Anm. 8.

9. Zur Äußerung in der Klageschrift gem. § 253 Abs. 3 Nr. 3 ZPO, ob einer Entscheidung der Sache durch den Einzelrichter Gründe entgegenstehen → Form. II.L.6 Anm. 9.

10. Zur Klagebegründung zunächst → Form. I.D.1 Anm. 17–25.

Der Kläger muss hinsichtlich des Anspruchs aus § 2057 BGB darlegen und notfalls beweisen, dass er und die Beklagtenseite zum Kreis der auskunftsberechtigten Abkömmlinge gehören. Er braucht dagegen keine bestimmten Zuwendungen oder Anhaltspunkte dafür vorzutragen (BeckOK BGB/*Lohmann* § 2057 Rn. 5). Gibt der Kläger jedoch Hinweise auf bestimmte Zuwendungen, zwingt er den Auskunftspflichtigen dadurch zu einem substantiierten Vortrag (Burandt/Rojahn/*Flechtner* BGB § 2057 Rn. 5).

Im Rahmen des Anspruchs nach § 666 BGB muss der Kläger darlegen und beweisen, warum und aufgrund welcher Voraussetzungen er oder die Erbengemeinschaft ab wann gegen wen einen Anspruch auf Auskunftserteilung oder Rechnungslegung, Abgabe der eidesstattlichen Versicherung, Zahlung oder Herausgabe hat.

Kosten und Gebühren

11. (1) Zum Streitwert → Anm. 4.

(2) Zum Gerichtskostenvorschuss → Form. II.L.6 Anm. 12.

(3) **Rechtsanwaltsgebühren:** Der Rechtsanwalt verdient die Regelgebühren nach Teil 3 VV RVG. Bei einer **Stufenklage** verdient er die Gebühren in derselben Instanz jedoch nur einmal, auch wenn über die verschiedenen Stufen getrennt verhandelt und entschieden wird. Die Verfahrensgebühr gem. VV 3100 RVG richtet sich dabei stets nach dem festgesetzten Wert nach § 44 GKG (also idR nach dem höchsten Wert), die Terminsgebühr gem. VV 3104 RVG dagegen nur nach dem Wert derjenigen Stufe, auf der ein Verhandlungstermin stattgefunden hat. Haben auf mehreren Stufen Termine stattgefunden, kann der Anwalt wegen § 15 Abs. 2 RVG gleichwohl nur eine Terminsgebühr fordern, allerdings eine solche aus dem höchsten Wert.

Wird nach Verhandlung auf der Auskunftsstufe die Stufenklage jedoch antragsgemäß insgesamt abgewiesen, weil sich etwa ergibt, dass schon der Leistungsantrag dem Grunde nach nicht besteht, umfasst der Klageabweisungsantrag auch den Leistungsantrag und richtet sich die Terminsgebühr folglich nach dem Wert der Leistungsstufe.

Bleibt die Stufenklage „stecken", muss der Anwalt den Streitwert der entsprechenden Stufe(n) gem. § 33 RVG festsetzen lassen.

Ausführlich zur Abrechnung im erbrechtlichen Mandat, zur **Interessenkollision im Erbrecht** und ihre Auswirkung auf die Vergütung sowie zu weiteren Literaturhinweisen → Form. II.L.6 Anm. 12.

Rechtsmittel

12. Zur Berufungseinlegung und Berufungsbegründung → Form. I.O.1, → Form. I. O.3.

Beachte: Will der Beklagte Berufung gegen ein (Teil-) Urteil einlegen, das ihn zur Auskunftserteilung verurteilt hat, bemisst sich der Wert des Beschwerdegegenstands gem. § 511 Abs. 2 Nr. 1 ZPO nicht nach dem Angriffsinteresse des Klägers, sondern nach dem Abwehrinteresse des Beklagten und Berufungsklägers, die begehrte Auskunft *nicht* erteilen zu müssen. Dabei ist allein auf den Aufwand an Zeit und Kosten abzustellen, der für ihn mit der Auskunftserteilung verbunden ist (BGH ZEV 2017, 278; BGH V ZB 149/12, BeckRS 2013, 1092; NJW 2011, 3790; NJW 2011, 926; NJW 2008, 2036, Tz. 8; BGHZ 128, 85 (87 f.) = NJW 1995, 664) mit der Folge, dass häufig die Berufungssumme von 600 EUR nicht überschritten wird (vgl. im Einzelnen: Musielak/Voit/*Heinrich* ZPO § 3 Rn. 23 „Auskunft").

Auch bei einer Verurteilung zur Abgabe der eidesstattlichen Versicherung richtet sich der Beschwerdewert nur nach dem Aufwand an Zeit und Kosten, den die Abgabe der eidesstattlichen Versicherung erfordert sowie nach einem evtl. Geheimhaltungsinteresse des Verurteilten (BGH NJW-RR 2013, 1033 Rn. 14 mwN). Da der BGH den Zeitaufwand entsprechend § 22 JVEG bemisst (seit dem 1.1.2021: 25 EUR/Std.), wird die Berufungssumme auch hier regelmäßig nicht überschritten.

Hat hingegen das Gericht nach Verhandlung auf der Auskunftsstufe die Stufenklage insgesamt abgewiesen, dann gehört zur Beschwer des Klägers nicht nur der gestellte Auskunftsantrag, sondern auch der rechtshängig gewordene unbezifferte Zahlungs- bzw. Herausgabeantrag (vgl. BGH XII ZB 290/20, NJW-RR 2021, 257).

Zwangsvollstreckung

13. Zur Vollstreckung der einzelnen Teil-Urteile bei der Stufenklage, s. → Form. II.L.8 Anm. 15.

8. Auskunfts- bzw. Stufenklage des Erben gegen den Erbschaftsbesitzer und/oder Hausgenossen

An das
Landgericht[2]
. . . . .

Stufenklage

des Herrn . . . . .

– Klägers[3] **–**

– Prozessbevollmächtigte: . . . . . –

gegen

Frau . . . . .

– Beklagte[3] **–**

wegen: Auskunfts- und Erbschaftsanspruchs auf Herausgabe[1]
vorläufiger Streitwert: . . . . .[4]

Namens und in beigefügter Vollmacht des Klägers erhebe ich Klage gegen die Beklagte und werde beantragen:

I. Die Beklagte wird verurteilt, dem Kläger Auskunft[5] zu erteilen
1. über den Bestand des Nachlasses des am . . . . . (Datum) geborenen und am . . . . . (Datum) in . . . . . verstorbenen Herrn . . . . . (Erblassers) zum Stichtag . . . . . durch Vorlage eines geordneten Bestandsverzeichnisses; dabei sind die einzelnen Nachlassgegenstände so genau (nach Marke, Farbe, Form, Größe und sonstige individuelle Beschaffenheitsmerkmale) zu bezeichnen, dass sie zweifelsfrei von anderen Gegenständen unterschieden werden können,
2. welche Erbschaftsgegenstände in ihren Besitz gelangten und welche Erbschaftsgegenstände sich noch in ihrem Besitz befinden,
3. über den Verbleib einzelner Erbschaftsgegenstände, die sich nicht mehr in ihrem Besitz befinden, auch sofern nicht mehr auffindbar oder vorhanden, insbesondere mitzuteilen, was ihr über den Verbleib folgender Erbschaftsgegenstände bekannt ist: . . . . .;
4. über Veräußerungserlöse oder sonstige Surrogate, die sie für nicht mehr vorhandene Erbschaftsgegenstände erhalten hat, und welche Gegenstände oder Forderungen sie durch Rechtsgeschäft mit Mitteln der Erbschaft erworben hat,
5. welche Nutzungen und Früchte sie aus den Erbschaftsgegenständen gezogen hat.

II. Die Beklagte wird weiter verurteilt, dem Kläger Auskunft zu erteilen, welche erbschaftlichen Geschäfte sie nach dem Tode des am . . . . . (Datum) geborenen und am . . . . . (Datum) in . . . . . verstorbenen Herrn . . . . . (Erblassers) geführt hat.[6]

III. Die Beklagte wird verurteilt, zu Protokoll an Eides statt zu versichern, dass sie die Auskunft nach Ziff. I und die Angaben nach Ziff. II nach bestem Wissen so vollständig erteilt hat, als sie hierzu imstande war.[7]

IV. Die Beklagte wird verurteilt, an den Kläger sämtliche nach Auskunftserteilung näher zu bezeichnenden Erbschaftsgegenstände, Surrogate und Nutzungen herauszugeben und/oder einen nach Auskunftserteilung näher zu beziffernden Geldbetrag, insbesondere für den Fall einer sich herausstellenden Verschlechterung oder Unmöglichkeit der Herausgabe von Erbschaftsgegenständen einen näher zu beziffernden Schadensersatz bzw. Wertersatz nebst Zinsen i.Hv. fünf Prozentpunkten über dem Basiszinssatz seit dem . . . . . zu zahlen.[8]

Auf der ersten Stufe werde ich die Anträge zu Ziff. I und II stellen.[6, 9]

Für den Fall des Vorliegens der gesetzlichen Voraussetzungen beantrage ich bereits jetzt schon den Erlass entsprechender

(Teil-) Anerkenntnis- bzw. (Teil-) Versäumnisurteile.[10]

Einer Entscheidung der Sache durch den Einzelrichter stehen aus Sicht der Klägerin keine Gründe entgegen.

***(oder)* Einer Übertragung der Sache auf den Einzelrichter steht entgegen, dass die Rechtssache besondere Schwierigkeiten tatsächlicher oder rechtlicher Art aufweist und zudem grundsätzliche Bedeutung hat.[11]**

Begründung:[12]

I. Der Kläger ist der einzige Sohn des im Klageantrag näher bezeichneten, am . . . . . (Datum) verstorbenen Erblassers aus dessen erster Ehe, die Beklagte dessen Lebensgefährtin.

Nur ein halbes Jahr, nachdem die Mutter des Klägers verstorben war, hat sich der Erblasser der Beklagten zugewandt, die sogleich zu ihm in seine Eigentumswohnung

eingezogen ist und seitdem den Kläger von jeglichem Kontakt zu seinem Vater ausgeschlossen hat.

Wie der Kläger nunmehr erfahren musste, hat der Erblasser nur einen Monat vor seinem Tod ein handschriftliches Testament vom . . . . . verfasst, mit dem er die Beklagte zu seiner Alleinerbin eingesetzte. Unterdessen hatte der Erblasser mit seiner vorverstorbenen Ehefrau, der Mutter des Klägers, am . . . . . ein sog. Berliner Testament errichtet, in dem die Eheleute den Kläger wechselbezüglich bindend zum Schlusserben des Längerlebenden von ihnen eingesetzt hatten.

Beweis: Gemeinschaftliches Testament der Eheleute . . . . . vom . . . . . (Datum) und Einzeltestament des Erblassers vom . . . . . (Datum) nebst Eröffnungsprotokoll des Amtsgerichts . . . . . vom . . . . ., Az. . . . . .

Die Beklagte bestreitet das Erbrecht des Klägers. So meinte sie mit E-Mail vom . . . . ., der Kläger solle bleiben, wo der Pfeffer wachse; wenn er meine, sich davon Erfolg zu versprechen, könne er ja Pflichtteilsansprüche anmelden.

Beweis: E-Mail der Beklagten an den Kläger vom . . . . . (Datum)

Unmittelbar nach dem Tod des Erblassers hat die Beklagte das Schloss zur Eigentumswohnung des Erblasser austauschen lassen und beruft sich unter Vorlage einer Kopie des Einzeltestaments Dritten gegenüber darauf, Alleinerbin des Erblassers zu sein. So soll sie bereits verschiedene Haushaltsgegenstände, das Kfz. und das Motorrad des Erblassers veräußert haben.

Außerdem ist sie zwischenzeitlich aus der Erblasserwohnung ausgezogen und hat diese dem Vernehmen nach vermietet.

Beweis: Zeugnis des/der . . . . .

II. Die Klage ist begründet. Die Ansprüche gegen die Beklagte ergeben sich aus §§ 2027, 260, 2018 BGB[5] sowie §§ 2028 Abs. 1 und 2 BGB.[6]

Die Schlusserbeneinsetzung in dem gemeinschaftlichen Testament der Eheleute war wechselbezüglich und nach dem Erstversterben seiner Ehefrau für den Erblasser bindend (§ 2271 Abs. 2 BGB). Das hiergegen verstoßende Testament vom . . . . . ist unwirksam und der Kläger alleiniger Schlusserbe des Erblassers geworden.[12]

Die Beklagte maßt sich somit ein ihr nicht zustehendes Erbrecht an; gleichzeitig war sie zum Zeitpunkt des Todes des Erblassers „Hausgenossin" des Erblassers zum Zeitpunkt seines Todes.

Die nähere Bezeichnung der Herausgabeansprüche des Klägers bleibt der Leistungsstufe vorbehalten.

Rechtsanwalt[13, 14, 15]

Schrifttum: Klinger/Flechtner, Münchener Prozessformularbuch Erbrecht, 5. Aufl. 2021, Form. J.II.3; *Lindenau/Arweiler*, Auskunftspflichten im Erbrecht, NJW 2017, 3553; *Muscheler*, Der Erbschaftsanspruch, Teil 1, ErbR 2009, 38; *Muscheler*, Der Erbschaftsanspruch, Teil 2, ErbR 2009, 76; *Roth*, Die Herausgabeklage gegen den Erbschaftsbesitzer, NJW-Spezial 2016, 359; *Roth*, Rechtliche Probleme beim Erbschaftsbesitz, NJW-Spezial 2013, 743; *Sarres*, Auskunftsansprüche gegen den Erbschaftsbesitzer, ZEV 1998, 298; *ders.*, Erbrechtliche Auskunftsansprüche, 3. Aufl., München 2017; *K.-H. Schmitz*, Die Verteilung der Beweislast in den Fällen des § 2018 BGB, ErbR 2017, 11; *Schulte*, Verurteilung zur Auskunftserteilung – Bemessung von Rechtsmittelbeschwer und Kostenstreitwert, MDR 2000, 805; *Zeising*, Verschärfte Haftung des Erbschaftsbesitzers bei schwebendem Erbscheinerteilungsverfahren, ZErb 2009, 172.

Anmerkungen

Sachverhalt

Dieses Formular geht gedanklich von einem Sachverhalt aus, in dem sich ein Hausgenosse des Erblassers nach dem Erbfall ein ihm nicht zustehendes Erbrecht anmaßt, um als Muster Klageanträge sowohl gegen den Erbschaftsbesitzer als auch gegen einen Hausgenossen vorschlagen zu können. In den Anmerkungen ist ferner die Situation des sonstigen Besitzers iSd § 2027 Abs. 2 BGB aufgezeigt, soweit sich Anspruchsvoraussetzungen und Klageanträge decken oder voneinander abweichen. Der Anwender ist selbstverständlich gehalten, seinen konkreten Einzelfall einer eigenverantwortlichen Rechtsprüfung zu unterziehen und genau zu subsumieren.

1. Dem Erben, auf den sowohl das Vermögen des Erblassers als Ganzes (§ 1922 Abs. 1 BGB) als auch dessen Besitzstellung (§ 857 BGB) übergegangen ist, stehen mit dem Erbfall sämtliche dinglichen und schuldrechtlichen **Einzelansprüche** des Eigentümers oder Besitzers gegenüber Dritten zu (zB §§ 985, 987 ff., 1007, 861, 894, 812, 823 ff. BGB). Mit dem sog. Erbschaftsanspruch gewähren die §§ 2018 ff. BGB dem „wahren" Erben zusätzlich einen besonderen, auf die Herausgabe des Nachlasses als Gesamtheit gerichteten erbrechtlichen **Gesamtanspruch** gegen jede Person, die aufgrund eines vermeintlichen oder angemaßten, ihr in Wirklichkeit nicht oder nicht in diesem Umfang zustehenden Erbrechts etwas aus der Erbschaft erlangt hat (Palandt/*Weidlich* § 2018 Rn. 1; MüKoBGB/*Helms* § 2018 Rn. 1), den sog. Erbschaftsbesitzer. Der Gesamtanspruch umfasst den Anspruch auf Herausgabe der erlangten Erbschaftsgegenstände (§ 2018 BGB), ihrer Surrogate (§ 2019 BGB) und der Nutzungen einschließlich der Früchte, an denen der Erbschaftsbesitzer Eigentum erworben hat (§ 2020 BGB).

Zweck des als Gesamtanspruch ausgestalteten Erbschaftsanspruchs ist es, dem wahren Erben gegen einen sein Erbrecht bestreitenden Besitzer von Erbschaftsgegenständen die Rechtsverfolgung zu erleichtern, indem er durch eine „Universalklage" (Motive V, S. 578 ff) an einem einheitlichen Gerichtsstand Zugriff auf den gesamten (vorhandenen) Nachlass, seinen wirtschaftlichen Zuwachs (Surrogate, Nutzungen) oder zumindest seinen Wert erhält, ohne auf Einzelklagen angewiesen zu sein und einem möglicherweise bereits verstreuten Nachlass unzumutbar „hinterherrennen" zu müssen (s. *Muscheler* ErbR 2009, 38, 45). Zudem ist zugunsten des Erben die Beweislastverteilung erleichtert (→ Anm. 12); zur Verjährung, s. u.

Erbschaftsbesitzer ist nach § 2018 BGB also nur, wer objektiv einen Vermögensvorteil aus der Erbschaft erlangt und subjektiv sich dabei zu Unrecht ein Erbrecht anmaßt hat. Nimmt der Erbschaftsbesitzer später kein Erbrecht mehr für sich in Anspruch, lässt dies den einmal entstandenen Erbschaftsanspruch nicht entfallen (BGH FamRZ 1985, 693 = BeckRS 2010, 5450). Dementsprechend rückt auch der Erbe des Erbschaftsbesitzers in dessen Verpflichtung aus § 2018 BGB ein, ohne dass eine weitere Erbrechtsanmaßung auch durch ihn erforderlich wäre (BGH NJW 1985, 3068).

Nach § 2030 BGB steht dem Erbschaftsbesitzer der Erbschaftserwerber gleich, dem der Erbschaftsbesitzer die Erbschaft oder seinen (vermeintlichen) Erbanteil veräußert hat (§§ 2371, 2385 BGB).

Kein Erbschaftsbesitzer ist hingegen, wer zwar Erbschaftsgegenstände besitzt, sich aber keines Erbrechts berühmt, etwa weil er aufgrund eines (wenn auch nur vermeintlichen) schuldrechtlichen Anspruchs (zB Leihe, Miete, Schenkung oder Vermächtnis), rechtsgrundlos (zB als Dieb) oder kraft Amtes besitzt (zB Testamentsvollstrecker, Nachlasspfleger), ebenso nicht der vorläufige Erbe nach erfolgter Ausschlagung (vgl. Palandt/*Weidlich* § 2018 Rn. 8). Gegen solche Personen kann der wahre Erbe nicht den Erbschaftsanspruch als Gesamtanspruch, sondern nur die ihm als Erben zustehenden Einzelansprüche (s. o.) geltend machen. Allerdings erleichtert der Auskunftsanspruch nach § 2027 Abs. 2 BGB die Klage gegen solche Personen, sofern diese den Erbschaftsgegenstand erst nach dem Erbfall aus dem Nachlass in Besitz genommen haben, bevor der Erbe den unmittelbaren oder mittelbaren Besitz tatsächlich ergriffen hat.

Zur Vorbereitung seines Herausgabeanspruchs gewährt § 2027 BGB dem wahren Erben sowohl gegen den Erbschaftsbesitzer (Abs. 1) als auch gegen denjenigen, der, ohne Erbschaftsbesitzer zu sein, eine Sache aus dem Nachlass in Besitz genommen hat, einen umfassenden **Auskunftsanspruch** über den Bestand der Erbschaft und den Verbleib von Erbschaftsgegenständen.

Darüber hinaus besteht nach § 2028 Abs. 1 BGB ein häufig übersehener Auskunftsanspruch gegen den „**Hausgenossen**" des Erblassers. Dieser ist allerdings nicht so weitgehend wie der Anspruch nach § 2027 BGB; der Hausgenosse muss lediglich Auskunft über geführte erbschaftliche Geschäfte erteilen und mitteilen, was ihm über den Verbleib der Erbschaftsgegenstände bekannt ist. Recherchieren muss der Hausgenosse dagegen nicht.

Verjährung: Für die Ansprüche aus §§ 985, 2018 BGB sowie die der Geltendmachung der Herausgabeansprüche aus Eigentum dienenden Ansprüche nach §§ 2027, 2028 sowie § 242 BGB gilt die **dreißigjährige Verjährungsfrist** nach § 197 Abs. 1 Nr. 2 BGB. Die übrigen vorgenannten Einzelansprüche, auch die aus §§ 987 ff. BGB, unterliegen dagegen der Regelverjährung (mit Ausnahme des Anspruchs aus § 861 BGB, der nach einem Jahr erlischt, § 864 Abs. 1 BGB, sowie des Anspruchs aus § 894 BGB, der unverjährbar ist, § 898 BGB).

2. Zur örtlichen und sachlichen Zuständigkeit des Gerichts → Form. I.D.1 Anm. 2; zum elektronischen Rechtsverkehr → Form. I.D.1 Anm. 1; zur Einrichtung von Spezialkammern für erbrechtliche Streitigkeiten → Form. II.L.6 Anm. 2.

Örtlich ist für Klagen gegen den Erbschaftsbesitzer der besondere Gerichtsstand des § 27 ZPO eröffnet (→ Form. II.L.6 Anm. 2), nach hM ebenso für Auskunftsklagen gegen den sonstigen Besitzer iSd § 2027 Abs. 2 BGB und den Hausgenossen nach § 2028 BGB (zum Meinungsstand s. MüKoBGB/*Helms* § 2027 Rn. 14; BLAH ZPO § 27 Rn. 7).

Die Einzelansprüche gegen sonstige Besitzer können unterdessen nur am allgemeinen Gerichtsstand des Beklagten (§§ 12 ff. ZPO) oder, wenn die Herausgabe einer unbeweglichen Sache begehrt wird, im ausschließlichen Gerichtsstand des § 24 ZPO geltend gemacht werden.

3. Zur Gestaltung des Rubrums → Form. I.D.1 Anm. 3–6; zur Angabe der Prozessbevollmächtigten → Form. II.L.6 Anm. 3.

Inhaber der Ansprüche nach §§ 2027, 2028 BGB ist der („wahre") Erbe. Aktivlegitimiert sind ferner jeder Miterbe (§ 2039 BGB), die zur Verwaltung des Nachlasses berechtigten Personen, der Erbteilserwerber oder -käufer (§§ 2033, 2371, 2374 BGB) sowie ein Gläubiger, der den Erbschafts- bzw. Herausgabeanspruch gepfändet hat.

Passivlegitimiert ist im Falle des § 2027 Abs. 1 BGB der **Erbschaftsbesitzer** und im Falle des Abs. 2 der **sonstige Besitzer**, der einen Erbschaftsgegenstand erst nach dem Erbfall aus dem Nachlass in Besitz genommen hat, bevor der Erbe den unmittelbaren oder mittelbaren Besitz tatsächlich ergriffen hat.

Auskunftspflichtig im Falle des § 2028 BGB ist der „**Hausgenosse**". In weiter Auslegung versteht man darunter jeden, der sich zur Zeit des Todes des Erblassers mit diesem in häuslicher Gemeinschaft befunden hat und so wegen seiner räumlichen und persönlichen Beziehung zum Erblasser Gelegenheit hatte, Kenntnis von dem Verbleib der Erbschaftsgegenstände zu erlangen (Palandt/*Weidlich* § 2018 Rn. 1; MüKoBGB/*Helms* § 2028 Rn. 3; Burandt/Rojahn/*Gierl* BGB § 2028 Rn. 3). Der Anspruch setzt weder einen gemeinsamen Hausstand, Familienzugehörigkeit noch sonst eine enge Beziehung voraus;

auskunftspflichtig kann auch eine Pflegeperson, Haushaltsangestellte, ein Untermieter, ggf. ein Besucher, der sich für ein paar Tage im Hausstand aufgehalten hat oder uU sogar ein Stockwerksnachbar sein (Nachw. *wie vor*).

Anspruchsgegner kann auch ein **Miterbe** sein, der sich eines über seine Erbquote hinausgehenden Erbrechts berühmt, sonst den Besitz ergriffen hat oder zur Zeit des Erbfalls „Hausgenosse" war (OLG Koblenz ZErb 2014, 72; s. a. → Form. II.L.7 Anm. 1).

4. Allgemein zur Angabe des Streitwerts→ Form. I.D.1 Anm. 8.

Zum Streitwert bei Anträgen auf Auskunftserteilung und Abgabe der eidesstattlichen Versicherung sowie zu den Besonderheiten bei einer Stufenklage → Form. II.L.7 Anm. 4.

5. (a) Der Erbschaftsbesitzer und der sonstige Besitzer hat dem Erben gem. §§ 2027 Abs. 1, 2, 260 Abs. 1 BGB Auskunft über den Bestand des Nachlasses in Form eines geordneten Bestandsverzeichnisses zu erteilen. Das Bestandsverzeichnis muss dabei schriftlich verkörpert sein, ohne jedoch der gesetzlichen Schriftform des § 126 BGB entsprechen zu müssen; eine eigenhändige Unterschrift des Schuldners ist also nicht erforderlich (BGH NJW 2008, 917 Rn. 13).

Das Verzeichnis muss „nur" den **Aktivbestand** des Nachlasses beauskunften; Angaben zu Nachlassverbindlichkeiten, Werten oder lebzeitigen Schenkungen muss es dagegen nicht enthalten (Palandt/*Weidlich* § 2027 Rn. 1; *Sarres* ZEV 1998, 298 (299)). Nach OLG Hamm soll § 2027 BGB keinen Anspruch auf ein Verzeichnis des Bestands zum Stichtag des Erbfalles, sondern lediglich zum aktuellen Aktivbestand des Nachlasses gewähren (OLG Hamm BeckRS 2014, 18338 Rn. 16). Dies kann jedoch nicht richtig sein. Denn der historische Gesetzgeber (Motive V, S. 586 f., Protokolle V, S. 715 f.) wollte dem Erbschaftsbesitzer mit § 2027 BGB die Verpflichtung auferlegen, „über die zur Erbschaft gehörenden Gegenstände und deren Verbleib Auskunft zu erteilen", und war der Auffassung, in der Verpflichtung, „nicht nur den örtlichen, sondern auch wirtschaftlichen Verbleib" zu beauskunften, sei eine Pflicht zur Rechenschaftsablegung bereits enthalten. Wäre die Auffassung des OLG Hamm richtig, liefe die Rechenschaftspflicht über den Verbleib vollkommen ins Leere.

Da der Auskunftsanspruch der Durchsetzung des Hauptanspruchs dient, hat die Auskunft sämtliche Informationen zu enthalten, die der Berechtigte benötigt, um seinen Anspruch geltend machen zu können (Palandt/*Grüneberg* § 260 Rn. 14; MüKoBGB/*Krüger* § 260 Rn. 40). Das bedeutet, dass der (Erbschafts-) Besitzer die herauszugebenden Erbschaftsgegenstände so genau zu beschreiben hat, dass der Erbe in die Lage versetzt wird, diese auf der Leistungsstufe „bestimmt" iSd § 253 Abs. 2 Nr. 2 ZPO und vollstreckungsfähig zu bezeichnen.

(b) Da der (Erbschafts-) Besitzer nur herausgeben kann, was er (noch) besitzt, hat er diese Gegenstände zu offenbaren und wie vor zu beschreiben.

(c) Nach § 2027 Abs. 1 BGB ist weiterhin Auskunft über den örtlichen und wirtschaftlichen **Verbleib** (s. o.) der nicht mehr vorhandenen oder nicht mehr auffindbaren Gegenstände zu erteilen. Dies umfasst etwa die Mitteilung, ob und welche Gegenstände entsorgt, verschenkt oder verkauft wurden. Der Anspruch dient ua der Vorbereitung eventueller Wertersatzansprüche gem. §§ 2021, 818 Abs. 2 BGB oder Schadensersatzansprüche gem. §§ 2023 ff. BGB gegen den Erbschaftsbesitzer. Soweit Auskunft über den *Verbleib* der Gegenstände zu erteilen ist, kann die Auskunftspflicht auch auf eine Rechnungslegung hinauslaufen (s. o.), so dass der Besitzer im Einzelfall auch Belege nach § 259 zu erteilen hat (*Muscheler* ErbR 2009, 76 (87) mwN in Fn. 53, 54).

Sollte dem Erben bekannt sein, welche Erbschaftsgegenstände nicht mehr vorhanden sind, können diese konkreten Gegenstände im Klageantrag auf Auskunft über den Verbleib bezeichnet werden.

(d) Schließlich umfasst die Auskunftspflicht des Erbschaftsbesitzers auch die Benennung eventueller Surrogate (§ 2019 BGB) sowie die gezogenen Früchte und Nutzungen (§ 2020 BGB). Letzteres gilt auch für den sonstigen Besitzer (§§ 987 ff. iVm § 260 BGB).

6. Nach § 2028 BGB ist der Hausgenosse (→ Anm. 3) verpflichtet, dem Erben Auskunft über die von ihm geführten erbschaftlichen Geschäfte sowie über den Verbleib von Erbschaftsgegenständen zu erteilen.

Sofern der Erbschaftsbesitzer gleichzeitig Hausgenosse war, können auf der ersten Stufe die Anträge zu Ziff. I und II gestellt werden; der Antrag auf Auskunft über den Verbleib ist in Antrag I.3. enthalten.

Sofern jedoch **lediglich ein Auskunftsanspruch gegen den Hausgenossen** in Betracht kommt, ist der Antrag Ziff. II mit dem Antrag Ziff. I.3. zu kombinieren; die übrigen Anträge zu Ziff. I.1., 2., 4., 5. entfallen. Denn nach hM braucht der Hausgenosse weder Auskunft über den Bestand der Erbschaft zu erteilen noch ein Bestandsverzeichnis nach § 260 Abs. 1 BGB vorzulegen (OLG Hamm ErbR 2015, 48, 50; LG Mönchengladbach ErbR 2016, 409, 410; MüKoBGB/*Helms* § 2028 Rn. 4; *Sarres*, Erbrechtliche Auskunftsansprüche, Rn. 162 f.; aA OLG Koblenz ZErb 2014, 72, 74, das annimmt, dass die Auskunftspflicht über den „Verbleib" auch solche Erbschaftsgegenstände umfasse, die seit Eintritt des Erbfalls keine Zustandsveränderung erfahren haben, sodass der Anspruchsberechtigte umfassend über den Nachlassbestand in Kenntnis zu setzen sei).

7. Nach §§ 2027 Abs. 1 u. 2, 260 Abs. 2 BGB haben der Erbschafts- und der sonstige Besitzer, wenn Grund zu der Annahme besteht, dass das Verzeichnis nicht mit der erforderlichen Sorgfalt aufgestellt wurde, auf Verlangen zu Protokoll **an Eides statt zu versichern**, dass er nach bestem Wissen den Bestand so vollständig angegeben habe, als er dazu imstande sei.

Für den Hausgenossen gilt dasselbe nach § 2028 Abs. 2 BGB; allerdings bezieht sich die Versicherung auf die Vollständigkeit seiner Angaben, nicht auf den Bestand.

Unvollständige, unrichtige oder mehrfach berichtigte Angaben können die Annahme mangelnder Sorgfalt begründen. Diese Voraussetzungen muss der Kläger darlegen, insbesondere, dass der Verpflichtete bei gehöriger Sorgfalt die Unvollständigkeit bzw. Unrichtigkeit seiner Auskunft hätte vermeiden können (BGHZ 89, 137 (139); OLG Düsseldorf BeckRS 2016, 5873; OLG Frankfurt a.M. NJW-RR 1993, 1483, das ausreichen ließ, dass aus dem Verhalten des Verpflichteten die Bestrebung erkennbar wurde, die Auskunftserteilung mit allen juristischen Mitteln zu verhindern oder zu verzögern).

Beachte: Für die Abnahme der eidesstattlichen Versicherung ist niemals der Notar oder gar der Prozessrichter, sondern bis zu einer Verurteilung ausschließlich der Rechtspfleger bei dem für den Wohnsitz des Erben zuständigen **Amtsgericht** zuständig (§§ 410 Nr. 1, 413 FamFG); nach einer Verurteilung → Anm. 15 (2).

Achtung: Die **Kosten** der Abnahme der eidesstattlichen Versicherung hat derjenige zu tragen, der sie verlangt (§ 261 Abs. 2 BGB), also der Kläger.

8. Der Erbschaftsbesitzer hat alles aus der Erbschaft „Erlangte", das noch vorhanden ist, einschließlich der Surrogate (§ 2019 BGB), Nutzungen und Früchte (§ 2020 BGB) an den Erben herauszugeben. Soweit eine Herausgabe nicht möglich ist, besteht ein Wertersatzanspruch nach §§ 2021, 818 Abs. 2 BGB.

Gegen sonstige Besitzer (wie auch dem besitzenden Hausgenossen) stehen dem Erben nur die in → Anm. 1 genannten Einzelansprüche zu.

Wegen § 253 Abs. 2 Nr. 2 ZPO sind die einzelnen Gegenstände, deren Herausgabe verlangt wird, bestimmt zu bezeichnen. Da der Kläger hierzu ohne Auskunft regelmäßig nicht in der Lage ist, wird sinnvollerweise zumeist – wie in diesem Muster – **Stufenklage** gem. § 254 ZPO (vgl. → Form. D.I.11 Anm. 1–12) mit einem zunächst unbestimmten Leistungsantrag zu erheben sein (*Roth* NJW-Spezial 2016, 359).

9. Bestreitet der Erbschaftsbesitzer im Laufe des Prozesses die Erbenstellung des Klägers, ist die Erbenstellung des Klägers für die Ansprüche nach §§ 2018, 2027 BGB ein vorgreifliches Rechtsverhältnis iSd § 256 Abs. 2 ZPO. In diesem Fall sollte der Kläger bis zur mündlichen Verhandlung, auf die ein Urteil ergeht, seine Klage um einen **Zwischenfeststellungsantrag** auf Feststellung seines Erbrechts erweitern. Insoweit wird wegen des Antrags und der weiteren Ausführungen auf → Form. II.L.6 verwiesen.

10. Zum Antrag auf Erlass eines (Teil-) Versäumnis- oder/und (Teil-) Anerkenntnisurteils → Form. II.L.6 Anm. 8.

11. Zur Äußerung in der Klageschrift gem. § 253 Abs. 3 Nr. 3 ZPO, ob einer Entscheidung der Sache durch den Einzelrichter Gründe entgegenstehen → Form. II.L.6 Anm. 9.

12. Zur Klagebegründung, s. zunächst → Form. I.D.1 Anm. 17–25.

Der Kläger muss zunächst sein Erbrecht darlegen und nötigenfalls beweisen (zu den Einzelheiten → Form. II.L.6 Anm. 10). Bei der Klage gegen den Erbschaftsbesitzer hat er sodann die Tatsache, dass der Beklagte Erbschaftsgegenstände aufgrund einer Erbrechtsanmaßung erlangt hat, darzulegen und ggf. zu beweisen. Anders als bei einer auf § 985 oder § 1007 BGB gestützten Herausgabeklage braucht der Erbe dagegen nicht nachzuweisen, welches Recht dem Erblasser an den einzelnen herausverlangten Erbschaftsgegenständen zustand oder dass der Beklagte die Gegenstände noch besitzt (MüKoBGB/*Helms* § 2018 Rn. 35 mwN; *Roth* NJW-Spezial 2016, 359). Im Bestreitensfall ist der Kläger jedoch für die Nachlasszugehörigkeit einzelner Gegenstände beweisbelastet (OLG Oldenburg NJWE-FER 1998, 183; *Schmitz* ErbR 2017, 11, 13 mwN in Fn. 26).

Bei Klagen gegen „sonstige" Besitzer hat der Kläger den Besitz des Beklagten sowie sämtliche Voraussetzungen der jeweiligen Einzelansprüche darzulegen und zu beweisen. Beim Hausgenossen muss er zudem beweisen können, dass sich dieser zur Zeit des Erbfalls in häuslicher Gemeinschaft mit dem Erblasser befunden hat.

Kosten und Gebühren

13. (1) Zum Streitwert → Anm. 4.

(2) Zum Gerichtskostenvorschuss → Form. II.L.6 Anm. 12.

(3) Zu den Rechtsanwaltsgebühren, insb. bei einer Stufenklage → Form. II.L.7 Anm. 11.

Ausführlich zur Abrechnung im erbrechtlichen Mandat, zur **Interessenkollision im Erbrecht** und ihre Auswirkung auf die Vergütung sowie zu weiteren Literaturhinweisen → Form. II.L.6 Anm. 12.

Rechtsmittel

14. Zur Berufungseinlegung und Berufungsbegründung → Form. I.O.1, → Form. I. O.3.

Zur Berufungssumme bei beabsichtigten Berufungen gegen zur Auskunftserteilung oder Abgabe der eidesstattlichen Versicherung verurteilenden Teil-Urteilen → Form. II. L.7 Anm. 12.

Zwangsvollstreckung

15. (1) Die durch Teil-Urteil titulierte Verpflichtung zur Auskunftserteilung stellt eine „nicht vertretbare Handlung" dar, die nach § 888 ZPO zu vollstrecken ist (BGH, NJW 2019, 231).

(2) Die Verpflichtung zur Abgabe der eidesstattlichen Versicherung wird – wenn der Schuldner die Versicherung nicht im Verfahren nach §§ 410 ff. FamFG freiwillig abgibt – nach § 889 ZPO vollstreckt. Der Gläubiger kann beim Vollstreckungsgericht zunächst einen Antrag auf Terminsbestimmung zur Abgabe der eidesstattlichen Versicherung stellen, was noch keine Maßnahme der Zwangsvollstreckung darstellt (OLG Düsseldorf BeckRS 1993, 5112; Musielak/Voit/*Lackmann* ZPO § 889 Rn. 5). Erscheint der Schuldner im Termin sodann nicht oder verweigert er die Abgabe, erfolgt auf Antrag des Gläubigers die Zwangsvollstreckung nach §§ 889 Abs. 2, 888 ZPO, wobei allerdings Zwangsgeld und Zwangshaft nicht vom Prozessgericht, sondern durch den Richter beim Vollstreckungsgericht festgesetzt wird (§ 4 RPflG).

(3) Die Zwangsvollstreckung wegen Geldforderungen erfolgt in das bewegliche Vermögen nach §§ 803 ff. ZPO und in das unbewegliche Vermögen (oder Schiffe) nach §§ 864 ff. ZPO. Die Vollstreckung zur Erzwingung der Herausgabe richtet sich bei beweglichen Sachen nach §§ 883 f. ZPO, bei unbeweglichen Sachen (oder Schiffen) nach § 885 ZPO, die zur Vornahme von Handlungen nach §§ 887 f. ZPO, die zur Erzwingung von Duldungen oder Unterlassungen nach § 890 ZPO, und die Verurteilung zur Abgabe einer Willenserklärung vollstreckt sich nach § 894 S. 1 ZPO mit Rechtskraft des Urteils selbst durch die Fiktion, dass die Willenserklärung als abgegeben gilt. Nach § 895 ZPO gilt aber bereits durch ein vorläufig vollstreckbares Urteil die Eintragung einer Vormerkung oder eines Widerspruchs als bewilligt.

9. Stufenklage auf Auskunft und Rechenschaftslegung gegen einen bevollmächtigten Miterben

An das
Landgericht[1]

Stufenklage[2]

der . . . . .

- Klägerin[3] –

Prozessbevollmächtigter:[4]. . . . .

gegen

. . . . .

- Beklagter[3] –

wegen: Auskunft, Rechenschaft und Zahlung[5, 6]
Vorläufiger Streitwert:[7] EUR . . . . .
Namens und mit Vollmacht des Klägers erhebe ich Stufenklage[8] und werde beantragen zu erkennen:

I. Der Beklagte wird verurteilt,

1. den Miterben[17] der am . . . . . (Datum) verstorbenen (Erblasserin) . . . . . ein Bestandsverzeichnis über deren Nachlass zum Stichtag . . . . . (Datum) vorzulegen,

2. den Miterben[17] der am . . . . . (Datum) verstorbenen (Erblasserin) . . . . . Auskunft über den Stand der Rechtsgeschäfte zu erteilen, die der Beklagte in Ausübung der von der Erblasserin . . . . . am . . . . . (Datum) erteilten Vorsorgevollmacht sowie der am . . . . . (Datum) erteilten Kontovollmacht getätigt hat, insbesondere Auskunft über den Verbleib des Kaufpreises von EUR . . . . . gem. dem notariellen Kaufvertrag vom . . . . . (Datum) (URNr. . . . . . der Notarin . . . . .) zu erteilen,
3. den Miterben[17] der am . . . . . verstorbenen (Erblasserin) . . . . . eine geordnete und vollständige Zusammenstellung der Einnahmen und Ausgaben vorzulegen, die seitens des Beklagten in Ausübung der mit der Vorsorgevollmacht vom . . . . . (Datum) getätigten Verfügungen erfolgt sind, und
4. den Miterben[17] der am . . . . . (Datum) verstorbenen (Erblasserin) . . . . . sämtliche hierzu bestehenden Belege und Urkunden in Form von Verträgen, Rechnungen, Auftragsbestätigungen, Kontoauszügen bezügliche aller Konten der am . . . . . (Datum) verstorbenen (Erblasserin) . . . . . in geordneter Form herauszugeben.

II. Der Beklagte wird für den Fall, dass er die Auskünfte[16] und verlangte Rechenschaft gemäß den Klageanträgen I. 1. bis I. 4. nicht mit der erforderlichen Sorgfalt erteilt bzw. ablegt, dazu verurteilt, an Eides statt zu versichern, die verlangten Auskünfte vollständig und richtig erteilt und die verlangte Rechenschaft vollständig und richtig abgelegt zu haben.[9]

Nach Erledigung der Anträge[8] gemäß Ziffer I. und II. wird für den Kläger beantragt:

III. Der Beklagte wird verurteilt, den Miterben der am . . . . . verstorbenen (Erblasserin) . . . . . einen nach Auskunftserteilung, Rechenschaftslegung und ggfs. eidesstattlicher Versicherung gem. Ziffern I. – II. noch zu beziffernden Betrag nebst 5 % Zinsen über dem Basiszinssatz seit . . . . . zu zahlen.[10]

IV. Der Beklagte trägt die Kosten des Rechtsstreits.[11]

Es wird angeregt, das schriftliche Vorverfahren anzuordnen.[12] Für den Fall der Fristversäumung wird beantragt, gegen den Beklagten ein Versäumnisurteil ohne mündliche Verhandlung zu erlassen.[13]

Mit einer Entscheidung durch den Einzelrichter ist die Klägerin einverstanden.[14]

Begründung:[15]

Die am . . . . . (Datum) verstorbene Mutter der Prozessparteien hatte dem Beklagten eine Vorsorge- und Kontovollmacht erteilt. Der Beklagte hat mittels der notariellen Vorsorgevollmacht eine im Alleineigentum der Erblasserin stehende Immobilie veräußert und die ihm erteilte Vorsorge- und Kontovollmacht für weitere Verfügungen verwendet.

Die Klägerin macht als Miterbin der Erblasserin im eigenen Namen gegenüber dem Beklagten als Vollmachtnehmer gem. § 2039 BGB[17] Ansprüche auf Auskunft, Rechenschaft und Zahlung geltend.

I. Sachverhalt

1. Frau . . . . . (nachfolgend auch „Erblasserin" genannt) ist am . . . . . (Datum) verstorben.

Beweis:[18] Kopie der Eröffnungsniederschrift des Nachlassgerichts . . . . . vom . . . . .

Die verwitwete Erblasserin hat mit notariellem Testament vom . . . . . (Datum) drei ihrer vier Kinder als Miterben mit folgenden Erbquoten eingesetzt:

– Frau . . . . . zu 4/24,
– den Beklagten zu 7/24,
– und die Klägerin zu 13/24.

Beweis: Kopie des notariellen Testaments vom . . . . . (Datum)

2. Die Erblasserin hat dem Beklagten am . . . . . (Datum) eine notarielle Vollmacht erteilt.

Beweis: Kopie der Vollmacht vom . . . . . (Datum)

Die Erblasserin hat dem Beklagten am ..... (Datum) für ihre Konten bei der ..... Bank eine Kontovollmacht erteilt.

Beweis: Kopie der Konto-/Depotvollmacht vom ..... (Datum)

3. Der Beklagte hat im Namen der Erblasserin insbesondere folgende Verfügung über deren Vermögen getroffen:

a) Der Beklagte hat im Namen der Erblasserin unter Verwendung der notariellen Vollmacht vom ..... die im Alleineigentum der Erblasserin stehende Immobilie in ..... an ..... (Käufer) zu einem Kaufpreis von EUR ..... .veräußert. Gem. Ziff. 5 dieses Kaufvertrages sollte der Käufer den Kaufpreis auf das Konto der Erblasserin bei der ..... Bank in ..... mit der IBAN-Nummer ..... zahlen.

Beweis: Kopie des Kaufvertrages vom ..... (Datum)

b) Der Beklagte hat die ihm erteilte Vorsorge- und Kontovollmacht für weitere Verfügungen verwendet.

(*Darstellung der Kontoverfügungen*)

Beweis: Kontoverlaufsübersicht zum Konto der Erblasserin bei der ..... Bank vom ..... (Datum)

4. Mit anwaltlichem Schreiben vom ..... hat die Klägerin den Beklagten zur Erfüllung der im Klageantrag unter Ziff. I und Ziff. II. näher bezeichneten Ansprüchen bis spätestens ..... auffordern lassen.

Beweis: Anwaltliches Aufforderungsschreiben vom ..... (Datum)

Der Beklagte ist seiner Auskunfts- und Rechenschaftsverpflichtung bisher nicht im gesetzlich geschuldeten Umfang nachgekommen. Damit ist Klage geboten.

II. Rechtliche Ausführungen[16, 17]

Als Bevollmächtigter ist der Beklagte gem. § 666 BGB gesetzlich verpflichtet, auf Verlangen Auskunft in Form eines Bestandsverzeichnisses zu erteilen und Rechenschaft über den Gebrauch der Vollmacht abzulegen. Diese Ansprüche können nach dem Ableben des Vollmachtgebers gem. § 2039 BGB auch von jedem einzelnen Miterben geltend gemacht werden, allerdings nur auf Leistung an alle Miterben (st. Rspr.; OLG München Urt. v. 6.12.2017, BeckRS 2017, 134185 = MitBayNot 2018, 435 mAnm *Volmer* = ZEV 2018, 149, mAnm *Kollmeyer*; BGH Urt. v 27.1.2016 – Az. XII ZR 33/15, Rn. 14,BeckRS 2016, 4427; Palandt/*Weidlich*, § 2039 BGB Rn. 8).[17]

1. Der Klageantrag zu I. 1. beruht auf § 666 BGB

Der dem Grunde nach bestehende Auskunftsanspruch der Erblasserin gemäß § 666 BGB ist durch den Tod der Erblasserin im Wege der Universalsukzession gemäß § 1922 Abs. 1 BGB auf die Erben übergegangen. Dieser Anspruch umfasst auch die Vorlage eines Bestandsverzeichnisses iSd § 260 Abs. 1 BGB (OLG München Urt. v. 6.12.2017 Rn. 24 – 33, BeckRS 2017, 134185).

Der Anspruch der Erben auf Erteilung eines Bestandsverzeichnisses ist auch nicht gemäß § 362 Abs. 1 BGB durch Erfüllung erloschen, da der Beklagte bislang kein Bestandsverzeichnis erteilt hat. Ein Bestandsverzeichnis iSd § 260 Abs. 1 ist die übersichtliche Darstellung der Aktiv- und Passivposten zu einem bestimmten Zeitpunkt.

Die bislang vom Beklagten erteilten Auskünfte genügen diesen Anforderungen nicht. Es wurden nämlich nur ..... vorgelegt. Weder bei den Kontounterlagen noch den beiden Buchungsübersichten handelt es sich um eine geordnete Gegenüberstellung der Aktiva und Passiva zum Todestag der Erblasserin am ..... (Datum).

2. Der Klageantrag zu I. 2. beinhaltet das weitere Informationsrecht der Klägerin über den Inhalt und die Umstände der von der beklagten Partei getätigten Geschäfte informiert zu werden. Diese Auskunftspflicht geht über den Anspruch auf Rechenschaftslegung

hinaus (Palandt/*Sprau*, 79. Aufl. 2020, § 666 Rn. 3; OLG München Urt. v. 6.12.2017, Rn,. 34 – 38, BeckRS 2017, 134185).

3. Die Klageanträge zu I. 3. und I. 4. beinhalten die Pflicht zur Rechnungslegung gem. §§ 666, 259 Abs. 1 BGB.

Die Erben haben des Weiteren gegen den Beklagten gemäß §§ 666, 1922 Abs. 1 BGB Anspruch auf Auskunft hinsichtlich des Stands der Rechtsgeschäfte, die der Beklagte in Ausübung der Generalvollmacht und/oder der gesonderten Kontovollmacht für das Konto bei der . . . . . Bank tätigte. Der Anspruch aus § 666 BGB umfasst gemäß § 259 Abs. 1 BGB die Rechenschaftslegung (Palandt/*Grüneberg* BGB, 76. Auflage, München 2017, § 259 Rn. 4). Rechenschaftslegung wiederum ist eine übersichtliche, in sich verständliche Zusammenstellung der Einnahmen und Ausgaben. Sie muss nicht nur den Zustand zum Stichtag, sondern die Entwicklung zu ihm aufzeigen. Die Angaben müssen so detailliert und verständlich sein, dass der Berechtigte ohne fremde Hilfe in der Lage ist, seine Ansprüche nach Grund und Höhe zu überprüfen (Palandt/*Grüneberg* § 259 Rn. 8).

4. Der Klageantrag zu II. bleibt gemäß § 259 Abs. 2 BGB[9] vorbehalten für den Fall, dass der Beklagte die Auskünfte nicht vollständig und richtig erteilt bzw. die verlangte Rechenschaft nicht vollständig und richtig ablegt.

5. Zum Klageantrag Ziff. III.

Erst nach Auskunftserteilung, Rechenschaftslegung und gegebenenfalls eidesstattlicher Versicherung, ist die Klägerin in der Lage, den der Erbengemeinschaft zustehenden Zahlungsanspruch gegen den Beklagten zu beziffern.

Wegen der Verzugszinsen wird auf die Entscheidung des Bundesgerichtshofs (NJW 1981, 1729) hingewiesen, wonach der auskunftspflichtige Schuldner auch durch eine unbezifferte, einem zulässigen Antrag in einer Stufenklage entsprechenden Mahnung, in Verzug gerät.

III. Zum Streitwert

Rechtsanwalt[19]

Schrifttum: Bornewasser/Klinger, Können Miterben untereinander Auskunft über den Nachlassbestand verlangen?, NJW-Spezial 2004, 349; *Klinger*, Auskunfts- und Rechenschaftspflicht eines Bevollmächtigten gegenüber den Erben eines Vollmachtgebers, NJW-Spezial 2007, 206; Klinger/*Flechtner,* Münchener Prozessformularbuch Erbrecht, 5. Aufl. 2021 → Form. K.I.1 → Form. K.I.3; *Lindenau/Arweiler*, Auskunftspflichten im Erbrecht, NJW 2017, 3553; *Pamp*, Das „abgeräumte Bankkonto" – Vollmachtsgebrauch und Beweislastfragen, (Teil 1) ErbR 2013, 194; *Pamp*, (Teil 2) ErbR 2013, 226; *Sarres,* Auskunftspflichten zwischen Miterben über lebzeitige Zuwendungen gem. § 2057 BGB, ZEV 2000, 349; *Sarres,* Erbrechtliche Auskunftsansprüche aus Treu und Glauben (§ 242 BGB), ZEV 2001, 225; *Sarres,* Die Auskunfts- und Rechenschaftspflicht nach § 666 BGB im System der erbrechtlichen Auskunftsansprüche, ZEV 2008, 512; *Sarres,* Erbrechtliche Auskunftsansprüche, 3. Aufl. 2017; *Teschner*, Die Durchsetzung des erbrechtlichen Anspruchs in der Stufenklage, ErbR 2012, 194; *Teschner*, Die (Pflichtteils-)Stufenklage: Vor- und Nachteile einer Standardklage, ZEV 2015, 75; *Trimborn von Landenberg*, Die Vollmacht vor und nach dem Erbfall, 3. Auflage 2017, *Wrede*, Kostenfalle Pflichtteilsstufenklage, ErbR 2014, 275.

Anmerkungen

1. Zur Bezeichnung des Gerichts → Form. I.D.1 Anm. 2, zum elektronischen Rechtsverkehr → Form. I.D.1 Anm. 1.

Örtliche Zuständigkeit: Auf §§ 666, 681, 687 Abs. 2 BGB gestützte Klagen sind vor dem allgemeinen Gerichtsstand der Beklagtenseite zu führen. Der besondere Gerichtsstand der Erbschaft des § 27 PO gilt trotz seines Zwecks, eine Konzentration der Streitigkeiten um einen Erbfall bei einem Gericht zu ermöglichen (MüKoZPO/*Patzina* § 27 Rn. 1), nicht für alle denkbaren erbrechtlichen Streitigkeiten, sondern nur für die in § 27 Abs. 1 ZPO abschließend Aufgezählten (vgl. LG Nürnberg-Fürth ZEV 2019, 587 Rn. 5; BeckOK ZPO/*Toussaint* § 27 Rn. 1). Die in der Vorschrift genannten Streitigkeiten setzen jeweils den bereits erfolgten Eintritt des Erbfalls voraus; es handelt sich um Ansprüche aus Rechtsverhältnissen, die durch den Erbfall als solchen entstehen (BGH BeckRS 1965, 31175825).

2. Allgemein zur Stufenklage → Form. I.D.11 Anm. 1.

3. Zur Bezeichnung der Parteien → Form. I.D.1 Anm. 2–4.

4. Zur Angabe der Prozessbevollmächtigten, → Form. I.D.1 Anm. 6.

5. Zur Zuständigkeit der Spezialkammern für Erbrecht seit 1.1.2021 vgl. § 72a Abs. 1 Nr. 6 GVG.

6. Zur Kurzbezeichnung des Streitgegenstands → Form. I.D.1 Anm. 7

7. Allgemein zur Angabe des **Streitwerts** → Form. I.D.1 Anm. 8. Zum Zuständigkeitsstreitwert bei einer Stufenklage → Form. I.D.11 Anm. 1. Der Streitwert für Auskunftsansprüche richtet sich nach dem Leistungsanspruch, den die Auskunft vorbereiten oder erleichtern soll, und beläuft sich idR nur auf eine Quote von 10 bis 25 % des Leistungsanspruchs. Je geringer die Kenntnisse des Klägers sind, desto höher ist die Quote anzusetzen (BGH NJW-RR 2018, 1265 Rn. 10; NJW-RR 2012, 130 (Ls. 2u. Rn. 14); BGH ZEV 2006, 265 (Ls.); Zöller/*Herget*, ZPO, § 3 Rn. 16 „Auskunft").

8. Zur Antragstellung und zum Teilurteil innerhalb einer Stufenklage → Form. I.D.11 Anm. 4, 9.

9. Zur Abgabe der eidesstattlichen Versicherung → Form. I.D.11 Anm. 5.

10. Zu den Verzugszinsen → Form. I.D.1 Anm. 23.

11. Zum Kostenantrag → Form. I.D.1 Anm. 10.

12. Zur Güteverhandlung, zum frühen ersten Termin und zum schriftlichen Vorverfahren → Form. I.D.1 Anm. 14, 15.

13. Zum Antrag auf Erlass eines Versäumnisurteils oder/und (Teil-)Anerkenntnisurteils → Form. I.D.1 Anm. 15.

14. Zum Einverständnis mit der Übertragung der Sache auf den Einzelrichter → Form. I.D.1 Anm. 16.

15. Allgemein zum Inhalt der Klagebegründung → Form. I.D.1 Anm. 17.

16. Allgemein zu den Auskunftsansprüchen unter Miterben → Form. II.L.7 Anm. 1. Zum Anspruch gemäß § 666 BGB auf Benachrichtigung, Auskunft und Rechenschaftslegung → Form. II.L.7 Anm. 6.

17. Inhaber der Ansprüche nach §§ 666, 681, 687 Abs. 2 BGB sind sämtliche Miterben in Erbengemeinschaft, also in ihrer gesamthänderischen Verbundenheit. Der Anspruch kann jedoch gem. § 2039 Abs. 1 BGB von jedem einzelnen Miterben in **gesetzlicher Prozessstandschaft**, dh im eigenen Namen und nicht in Vertretung der übrigen Miterben, durchgesetzt werden (Palandt/*Weidlich* § 2039 Rn. 6). Leistung an sich kann er ausnahmsweise nur dann fordern, wenn er von allen übrigen Miterben hierzu ermächtigt wurde (BGH NJW-RR 2005, 955).

18. Allgemein zur Bezeichnung der Beweismittel → Form. I.D.1 Anm. 18–21.

19. Allgemein zum Unterschriftserfordernis → Form. I.D.1 Anm. 25.

Kosten und Gebühren

Allgemein zum Streitwert → Form. II.L.9 Anm. 7. Allgemein zum Gerichtskostenvorschuss und zu den Rechtsanwaltsgebühren → Form. I.D.1 Anm. 26, 27. Allgemein zur Abrechnung im erbrechtlichen Mandat und zu weiteren Literaturhinweisen, s. → Form. II.L.6 Anm. 12.

Fristen und Rechtsmittel

Zur Berufungseinlegung und Berufungsbegründung → Form. I.O.1; → Form. I.O.2. Zur Berufungssumme: → Form. II.L.7 Anm. 12.

10. Klage des Erben gegen die Erblasserbank auf Auskunft

An das
Landgericht[2]

Klage[1]

der .....

- Klägerin[3] –

Prozessbevollmächtigter:[3]. ....

gegen

die Sparkasse .....

- Beklagte[3] –

wegen: Auskunft[4]
Vorläufiger Streitwert:[5] EUR .....
Namens und mit Vollmacht des Klägers erhebe ich Klage und werde beantragen zu erkennen:

I. Die Beklagte wird verurteilt, der Klägerin Auskunft über sämtliche Konten und Wertpapierdepots zu erteilen, die der am ..... (Datum) verstorbene Erblasserin ....., geboren am ..... (Datum), bei der .....-Sparkasse unterhielt, und zwar durch Vorlage einer geordneten Aufstellung aller Einzelpositionen sowie der dazugehörigen Unterlagen.

II. Der Beklagte trägt die Kosten des Rechtsstreits.

Es wird angeregt, das schriftliche Vorverfahren[6] anzuordnen. Für den Fall des Vorliegens der gesetzlichen Voraussetzungen beantrage ich bereits jetzt schon den Erlass entsprechender
(Teil-) Anerkenntnis- bzw. (Teil-) Versäumnisurteile[6]
Einer Entscheidung der Sache durch den Einzelrichter stehen aus Sicht der Klägerin keine Gründe entgegen.[6]

Begründung:[7]

Die Klägerin macht als Miterbin der Erblasserin gem. § 2039 BGB einen Anspruch auf Auskunft gegenüber der Beklagten, bei der die Erblasserin Konten und Wertpapierdepots unterhielt, geltend.

I. Sachverhalt

1. Frau ..... geboren am ..... (Datum) (nachfolgend auch „Erblasserin“ genannt) ist am ..... (Datum) mit letztem gewöhnlichen Aufenthalt in ..... verstorben. Die Erblasserin war in erster und einziger Ehe verheiratet mit Herr ..... geboren am ..... (Datum), vorverstorben am. .... (Datum).

Aus dieser Ehe sind die Klägerin sowie der Sohn, Herr ..... als einzige Abkömmlinge hervorgegangen.

Beweis: Geburtsurkunde vom ..... (Datum)

2. Die Erblasserin hat nach dem Ableben ihres Ehemannes mit notariellem Einzeltestament vom ..... (Datum) die Klägerin und den Sohn ..... als Miterben zu gleichen Teilen eingesetzt.

Beweis: Beglaubigte Abschrift des notariellen[8] Testaments vom ..... (Datum)
Beglaubigte Abschrift der Eröffnungsniederschrift[8] des Nachlassgerichts ..... vom ..... (Datum)

3. Die Erblasserin unterhielt bei der ..... Sparkasse in ..... folgende Konten und Wertpapierdepots:

a) Konto mit der IBAN .....
b) Konto mit der IBAN .....
c) Konto mit der IBAN .....
d) Wertpapierdepot mit der Nummer .....

Beweis: Kopie der Konto- und Depoteröffnungsunterlagen vom .....

4. Im Nachlass der Erblasserin finden sich zu diesen Konten und dem Wertpapierdepot einzelne Kontoauszüge und Depotaufstellungen.

Beweis: Kopie der Kontoauszüge vom ..... (Datum) sowie Depotaufstellung vom ..... (Datum)

Weitere Unterlagen (Kontoauszüge, Depotauszüge, Jahressteuerbescheinigungen) sind im Nachlass der Erblasserin nicht auffindbar.

5. Mit anwaltlichem Schreiben vom ..... (Datum) hat die Klägerin die Beklagte unter Vorlage der beglaubigten Abschrift des notariellen Testaments vom ..... (Datum) und der beglaubigten Abschrift der Eröffnungsniederschrift des Nachlassgerichts ..... vom ..... (Datum) auffordern lassen, gegenüber der Erbengemeinschaft Auskunft über sämtliche Konten und Depots, die die Erblasserin zum Zeitpunkt ihres Todes dort unterhielt, zu erteilen.

Beweis: Anwaltliches Aufforderungsschreiben vom ..... (Datum)

Die Beklagte verweigert die Erteilung der Auskunft unter Berufung auf das Bankgeheimnis. Außerdem wäre die Suche nach den Konto- und Depotunterlagen unzumutbar.

Beweis: Kopie des Schreibens der Beklagten vom ..... (Datum)

Die Klägerin hat daraufhin gegenüber der Beklagten angeboten, die Informationsbeschaffungskosten[9] Zug um Zug gegen Erteilung der Informationen zu übernehmen.

Beweis: Kopie des anwaltlichen Schreibens vom ..... (Datum)

Die Beklagte verweigert gleichwohl die Auskunftserteilung. Damit ist Klage geboten.

II. Rechtliche Ausführungen

1. Der Auskunftsanspruch der Klägerin ergibt sich aus dem § 666 BGB. Aus dem Girovertrag ist das Kreditinstitut verpflichtet, die Kontenentwicklung fortlaufend in Kontoauszügen zu dokumentieren und dem Kunden auf Rückfrage Erläuterungen zu geben (BGH NJW 1985, 2699; WM 2001, 621; OLG Schleswig NJW-RR 2000, 780; OLG Celle NJW-RR 2008, 1584). Der Inhaber eines Girokontos hat darüber hinaus gegen das kontoführende Institut einen Auskunftsanspruch, der auch Vorgänge, über die das Kreditinstitut den Kunden bereits unterrichtet hat, betrifft und der nicht nur die Erteilung von Kontoauszügen, sondern auch zusätzliche Auskünfte umfasst, soweit sie zur Überprüfung der Richtigkeit einzelner Buchungen erforderlich sind (BGH NJW 2001, 1486; OLG Celle NJW-RR 2008, 1584).

Der Auskunftsanspruch umfasst die Kontenstände zum Todeszeitpunkt, aber auch alles andere, was den Erben interessieren könnte (*Bartsch* ZErb 1999, 21). Der Erbe ist berechtigt, Unterlagen wie Kontoauszüge, Rechnungsabschlüsse, Kopien von Vollmachten oder Verträge zugunsten Dritter zu verlangen, wobei er der Bank die entstehenden Kosten erstatten muss.

2. Der schuldrechtliche Auskunftsanspruch zwischen dem Erblasser und der Bank geht im Wege der Rechtsnachfolge (§ 1922 BGB) auf den bzw. die Erben über. Bei einer Erbengemeinschaft[10] kann der Auskunftsanspruch nach § 2039 Satz 2 BGB zwar von jedem Miterben alleine geltend gemacht werden, aber nur mit der Maßgabe der Auskunftserteilung an alle Mitglieder der Erbengemeinschaft.

3. Dem allem steht das Bankgeheimnis zugunsten des verstorbenen früheren Kunden nicht entgegen, denn Herr des Bankgeheimnisses ist nunmehr der Erbe. Vermögensrechtliche Angelegenheiten sind auch bei gegenteiligen Anweisungen des Erblassers offenzulegen.

Die Beklagte kann nicht einwenden, dass ihr die Suche nach den mit der Auskunft zu übermittelnden Unterlagen unzumutbar[9] ist. Insofern besteht eine Beschaffungspflicht (BGH NJW 2001, 1486). Dies gilt erst recht, weil die Klägerin außergerichtlich angeboten hat, die Informationsbeschaffungskosten[9] zu tragen.

III. Zum Streitwert

Die Klägerin schätzt den Leistungsanspruch, der mit dem Auskunftsanspruch vorbereitet werden soll, auf vorläufig . . . . . Euro ein. Der Streitwert der Auskunft beträgt vorliegend 25 % des Leistungsanspruchs, da die Klägerin so gut wie keine Kenntnisse von den Kontoständen hat.

Rechtsanwalt[11, 12]

Schrifttum: Fischer/Kühne/Wahrlich, 2015, Anwaltsformulare Bankvermögen im Erbfall; *Klinger*, Auskunfts- und Rechenschaftspflicht eines Bevollmächtigten gegenüber den Erben eines Vollmachtgebers, NJW-Spezial 2007, 206; *Lindenau/Arweiler*, Auskunftspflichten im Erbrecht, NJW 2017, 3553; *Osterloh-Konrad*, Informationsansprüche im Erbrecht: Besondere Fragestellungen, ErbR 2012, 326; *Ott-Eulberg/Schebasta/Bartsch*, 3. Aufl. 2017, Erbrecht und Banken, *Pamp*, Das „abgeräumte Bankkonto" – Vollmachtsgebrauch und Beweislastfragen, (Teil 1) ErbR 2013, 194; *Pamp,* (Teil 2) ErbR 2013, 226; *Sarres,* Auskunftspflichten zwischen Miterben über lebzeitige Zuwendungen gem. § 2057 BGB, ZEV 2000, 349; *Sarres*, Erbrechtliche Auskunftsansprüche aus Treu und Glauben (§ 242 BGB), ZEV 2001, 225; *Sarres*, Die Auskunfts- und Rechenschaftspflicht nach § 666 BGB im System der erbrechtlichen Auskunftsansprüche, ZEV 2008, 512; *Sarres,* Erbrechtliche Auskunftsansprüche, 3. Aufl. 2017; *Teschner*, Die Durchsetzung des erbrechtlichen Anspruchs in der Stufenklage, ErbR 2012, 194.

Anmerkungen

1. Nach § 666 BGB hat der Inhaber eines Girokontos gegen das kontoführende Kreditinstitut einen **Auskunftsanspruch**, der auch Vorgänge betrifft, über die das Kreditinstitut den Kunden bereits unterrichtet hat, und der nicht nur die Erteilung von Kontoauszügen, sondern auch zusätzliche Auskünfte umfasst, soweit sie zur Überprüfung der Richtigkeit einzelner Buchungen erforderlich sind. Dieser Anspruch gegen die Bank ist nicht auf den Fall beschränkt, dass dem Kunden die Unterlagen ohne sein Verschulden abhandengekommen sind. Sofern sein Auskunftsverlangen nicht mutwillig oder missbräuchlich erscheint, ist es vielmehr unerheblich, wie und warum der Kunde in die Lage geraten ist, erneut um Auskunft bitten zu müssen (BGH NJW 1989, 1601; NJW 2001, 1486, 1486). Der aus der Geschäftsverbindung des Kontoinhabers sich ergebende Anspruch gem. §§ 675, 666 BGB auf – erneute – Auskunft geht mit dem Tode des Erblassers auf dessen Erben über (BGHZ 104, 107, 109 = NJW 1989, 1601).

2. Zur Bezeichnung des Gerichts → Form. I.D.1 Anm. 2. Zum elektronischen Rechtsverkehr → Form. I.D.1 Anm. 1.

3. Zur Bezeichnung der Parteien → Form. I.D.1 Anm. 3–6. Zur Angabe der Prozessbevollmächtigten → Form. I.D.1 Anm. 6. Zur Unterschrift des Rechtsanwalts→ Form. I. D.1 Anm. 25.

4. Zur Kurzbezeichnung des Streitgegenstands → Form. I.D.1 Anm. 7.

5. Allgemein zur Angabe des Streitwerts → Form. I.D.1 Anm. 8. Der **Streitwert für Auskunftsansprüche** richtet sich nach dem Leistungsanspruch, den die Auskunft vorbereiten oder erleichtern soll, und beläuft sich idR nur auf eine Quote von 10 bis 25 % des Leistungsanspruchs. Je geringer die Kenntnisse des Klägers sind, desto höher ist die Quote anzusetzen (BGH NJW-RR 2018, 1265 Rn. 10; NJW-RR 2012, 130 (Ls. 2u. Rn. 14); BGH ZEV 2006, 265 (Ls.); Zöller/*Herget* ZPO § 3 Rn. 16 „Auskunft").

6. Zur Güteverhandlung, zum frühen ersten Termin und zum schriftlichen Vorverfahren → Form. I.D.1 Anm. 14, 15. Zum Antrag auf Erlass eines Versäumnisurteils oder/ und Anerkenntnisurteils → Form. I.D.1 Anm. 15 und → Form. I.G. Zur Übertragung der Sache auf den Einzelrichter → Form. I.D.1 Anm. 16.

7. Zum Inhalt der Klagebegründung → Form. I.D.1 Anm. 17, 22. Zur Bezeichnung der Beweismittel → Form. I.D.1 Anm. 18–21 und → Form. I.H.

8. Der Erbe ist nicht verpflichtet, sein Erbrecht durch einen **Erbschein** nachzuweisen (BGH NJW 2013, 3716 mwN; BGH NJW 2005, 2779). Die in der Praxis wichtigste alternative Erbenlegitimation ist die notarielle letztwillige Verfügung, die in Verbindung mit der Eröffnungsniederschrift regelmäßig als Erbennachweis genügt (BGH NJW 2005, 2779; OLG Hamm ZEV 2010, 596). Grundsätzlich kann der Erbe sein Erbrecht auch durch Vorlage eines eröffneten eigenhändigen Testaments belegen, wenn dieses eindeutig ist (BGH NJW 2016, 2409).

9. Die Verpflichtung der Bank zur nochmaligen Auskunft unterliegt zudem **keinen festen zeitlichen Beschränkungen**. Sie entfällt insbesondere nicht etwa jeweils für die Zeiträume, für die ein Rechnungsabschluss zu einem Saldoanerkenntnis nach § 355 HGB geführt hat (BGH NJW 1985, 2699, 2700).

Der Auskunftsanspruch des Inhabers eines Girokontos gegen das kontoführende Kreditinstitut erlischt ferner nicht mit Ablauf der sechs- bzw. zehnjährigen handelsrechtlichen Aufbewahrungsfrist (§ 257 HGB), wenn die zur Auskunftserteilung benötigten Unterlagen bei dem Kreditinstitut noch tatsächlich vorhanden sind (BGH NJW 2001, 1486).

Der Anspruch aus § 666 BGB setzt zudem nicht voraus, dass die begehrte Auskunft der Vorbereitung eines weiter gehenden anderen Anspruchs dienen soll. Nach ständiger Rechtsprechung des Bundesgerichtshofs genügt vielmehr das allgemeine Interesse des Auftraggebers, die Tätigkeit des Auftraggebers zu kontrollieren (BGH NJW 2012, 58; NJW 2001, 1486). Einem durch die Erteilung der nochmaligen Auskunft auf Seiten des Kreditinstituts verursachten Aufwand wird dadurch Rechnung getragen, dass die Bank die Auskunft grundsätzlich nur Zug um Zug gegen Kostenerstattung erteilen muss (BGH NJW 2001, 1486).

10. Bei einer **Erbengemeinschaft** steht das Recht auf Auskunft allen Erben gemeinschaftlich zu (Ott-Eulberg/Schebesta/Bartsch/*Ott-Eulberg/Schebesta* Erbrecht und Banken § 11 Rn. 17). Jeder Miterbe kann das Recht gem. § 2039 BGB im eigenen Namen geltend machen, allerdings nur zu Gunsten aller (BGH NJW 1965, 396). Die Bank ist deshalb nicht berechtigt, die Auskunft mit dem Hinweis zu verweigern, sie habe bereits einem anderen Miterben Auskunft erteilt; andernfalls wäre der schnellste Miterbe der einzig informierte. Richtig ist, dass die Bank die erste Auskunft allen Miterben zur Verfügung stellt. Sie lässt sich vom Miterben, der die Auskunft begehrt, die Anschrift der übrigen Miterben geben und übersendet ihnen ebenfalls die Auskunft (*Osterloh-Konrad* ErbR 2012, 329). Ist das unterblieben, so haben die später auftauchenden Miterben jedenfalls Anspruch darauf, dass ihnen eine Abschrift der früheren Auskunft erteilt wird.

Kosten und Gebühren

11. Zum **Gerichtskostenvorschuss** und zu den **Rechtsanwaltsgebühren** → Form. I.D.1 Anm. 26, 27.

Ausführlich zur **Abrechnung des erbrechtlichen Mandats** nach dem RVG: MAH ErbR/*Schneider* § 2 Rn. 97–209; zu Streitwert und Beschwer bei Erbrechtsprozessen: *Klingelhöffer* ZEV 2009, 379; zum Deckungsschutz der Rechtsschutzversicherung in erbrechtlichen Angelegenheiten: *Kind* ZErb 2016, 195; zur Prozessfinanzierung im Erbrecht: *Kuhn/Trappe* ZEV 2013, 246; zur **Interessenkollision im Erbrecht** und ihre Auswirkung auf die Vergütung: *Potthast* ErbR 2021, 376 und 466, sowie *Offermann-Burckart* ZEV 2007, 151.

Rechtsmittel

12. Zur Berufungseinlegung und Berufungsbegründung → Form. I.O.1; → Form. I.O.3. Zur Berufungssumme: → Form. II.L.7 Anm. 12.

11. Klage des Vertragserben bzw. Schlusserben gegen den Beschenkten bei beeinträchtigender Schenkung des Erblassers

An das
Landgericht[1]

Stufenklage[2]

des .....

- Klägerische Partei[3] –

Prozessbevollmächtigter:[4].....

gegen

.....

- Beklagte Partei[3] –

wegen: Auskunft und Rückforderung einer Zuwendung analog § 2287 BGB[5,6]

Vorläufiger Streitwert:[7] EUR ......

I. Namens und in Vollmacht der von uns vertretenen klägerischen Partei beantragen wir im Wege der Leistungsklage:
   1. Die beklagte Partei wird verurteilt, das im Grundbuch von ....., Band ....., Blatt ....., eingetragene Grundstück Flur-Nr. ....., Gebäude- und Freifläche, an die klägerische Partei herauszugeben, aufzulassen und die entsprechende Eigentumsänderung im Grundbuch zu bewilligen.
   2. Die beklagte Partei wird verurteilt, an die klägerische Partei einen Betrag von ..... nebst Zinsen hieraus in Höhe von 5 %-Punkten über dem Basiszinssatz seit ..... (oder) ..... Rechtshängigkeit der Klage zu zahlen.[10]

II. Namens und in Vollmacht der von uns vertretenen klägerischen Partei erheben wir weiter Stufenklage[8] mit folgenden Anträgen:
   1. Die beklagte Partei wird auf der ersten Stufe[8] der Klage verurteilt, der klägerischen Partei Auskunft zu erteilen über alle voll oder teilweise unentgeltlichen Zuwendungen, die sie außer dem vorstehend in Ziffer I. bezeichneten Grundstück vom Erblasser ....., zuletzt wohnhaft in ....., gestorben am ....., erhalten hat.
   2. Für den Fall, dass die Auskunft nicht mit der erforderlichen Sorgfalt errichtet worden sein sollte, wird die beklagte Partei in einer folgenden Stufe[8] der Klage verurteilt, zu Protokoll an Eides statt zu versichern, dass sie die Auskunft so vollständig und richtig angegeben hat, als sie dazu in der Lage ist.[9]
   3. Nach Auskunftserteilung gem. Klageantrag Ziffer II.1. wird die beklagte Partei in einer weiteren Stufe[8] der Klage verurteilt,
      a) etwaige weitere Gegenstände, die der Erblasser der beklagten Partei geschenkt hat, an die klägerische Partei zu übereignen und herauszugeben;
      b) etwaige Geldzuwendungen, die die beklagte Partei vom Erblasser erhalten hat, nebst Zinsen in Höhe von 5 %-Punkten über dem Basiszinssatz seit Rechtshängigkeit der Klage an die klägerische Partei auszuzahlen.

III. Die beklagte Partei trägt die Kosten des Rechtsstreits.[11]

Es wird angeregt, das schriftliche Vorverfahren anzuordnen.[12] Für den Fall der Fristversäumung wird beantragt, gegen den Beklagten ein Versäumnisurteil ohne mündliche Verhandlung zu erlassen.[13]

Mit einer Entscheidung durch den Einzelrichter ist die Klägerin einverstanden.[14]

Begründung:[15]

Die klägerische Partei[17] macht mit der Leistungsklage gemäß Ziffer I. als beeinträchtigter Schlusserbe einen Anspruch auf Übertragung einer Zuwendung des Erblassers gegen die beklagte Partei als Zuwendungsempfänger gemäß § 2287 BGB geltend.[16] Weiter wird analog § 2287iVm § 818 Abs. 1 BGB Nutzungsersatz seit Eintritt des Erbfalls gefordert.

Mit der Stufenklage gemäß Ziffer II. begehrt die klägerische Partei gemäß § 242 BGB Auskunft über weitere Zuwendungen iSd § 2287 BGB, die die beklagte Partei vom Erblasser erhalten hat.

A. Sachverhalt

I. Erbfall und beteiligte Personen

Die Parteien sind Geschwister. Die Mutter der Parteien verstarb am ..... (Datum). Nach dem Tode der Mutter zog die beklagte Partei mit ihrer Familie in das Haus des Vaters. In der Folgezeit verschlechterten sich die Beziehungen der klägerischen Partei zum Vater merklich. Es kam wiederholt zu heftigen Wortwechseln, weil der Vater gegenüber der klägerischen Partei unbegründete Vorwürfe machte. Daran beteiligte sich auch die beklagte Partei. Der klägerischen Partei drängte sich der Eindruck auf, dass die beklagte Partei den Vater gegen ihn aufhetzte. Der Vater der Parteien (nachfolgend auch „Erblasser" genannt) verstarb am ..... (Datum).

II. Für die Erbfolge maßgebliche Verfügung von Todes wegen

1. Die Eltern der Parteien, die Eheleute ..... (Namen) errichteten am ..... (Datum) ein gemeinschaftliches Testament, in dem sie sich gegenseitig als Erben einsetzten. Zugleich bestimmten sie, dass nach dem Tode des Längstlebenden der beiderseitige Nachlass an die klägerische Partei fallen sollte.

Beweis:[18] Testament vom ..... (Datum) – (Fotokopie anbei)
Beiziehung der Nachlassakten des Amtsgerichts – Nachlassgericht – ..... (Ort), Gz. .....

2. Unter dem ..... (Datum) errichtete der Vater ein privatschriftliches Testament, in dem er die beklagte Partei als seine Alleinerbin einsetzte. Dieses Testament ist gemäß § 2271 Abs. 2 BGB für die Erbfolge nicht maßgeblich.[20]

Beweis:[18] Testament vom ..... (Datum) – (Fotokopie anbei)
Beiziehung der Nachlassakten des Amtsgerichts – Nachlassgericht – ..... (Ort), Gz. .....

3. Das Nachlassgericht ..... hat am ..... einen Erbschein erteilt, der die klägerische Partei als Alleinerben des Erblassers ausweist.

Beweis:[18] Kopie des Erbscheins vom ..... als

B. Zur Klage auf Übereignung und Herausgabe gemäß Ziffer I.1.

Der von der klägerischen Partei[17] mit der Leistungsklage gemäß Ziffer I.1. geltend gemachte Anspruch auf Übertragung und Herausgabe einer Grundstückszuwendung analog § 2287 BGB[27, 28, 29] hat als Voraussetzungen:

- Zuwendungen des Erblassers an die beklagte Partei[21]
- Bindung des Erblassers an seine wechselbezügliche Verfügung iSd § 2270 BGB[19]
- objektive Beeinträchtigung des Schluss- bzw. Vertragserben[22]
- Beeinträchtigungsabsicht des Erblassers[24]

I. Zuwendungen des Erblassers an die beklagte Partei

1. Der Schenkungsbegriff[21] in § 2287 BGB entspricht dem des § 516 BGB. Erforderlich ist also eine Zuwendung des Erblassers, durch die objektiv die Substanz seines Vermögens vermindert und das Vermögen des Empfängers entsprechend vermehrt wird. Notwendig ist weiter eine Einigung über die Unentgeltlichkeit der Zuwendung (Palandt/*Weidlich* § 2287 Rn. 4).

Bei einem auffallend groben Missverhältnis von Leistung und Gegenleistung spricht eine tatsächliche Vermutung für die Einigung über die Unentgeltlichkeit der Zuwendung (BGH NJW-RR 1986,1135; BGH NJW 1982, 43; Palandt/*Weidlich* § 2287 Rn. 4). Ist der Wertunterschied so groß, dass die Annahme der Entgeltlichkeit von vorneherein als abwegig erscheint, geht die Rechtsprechung ohne weiteres von einer Unentgeltlichkeitsvereinbarung aus. Eine zeitliche Beschränkung (wie zB bei § 2325 Abs. 3 BGB) besteht im Rahmen des § 2287 BGB nicht (Palandt/*Weidlich* § 2287 Rn. 4).

2. Die Anwendung dieser Grundsätze auf den streitgegenständlichen Fall ergibt Folgendes.

a) Der Erblasser hat zu Lebzeiten folgende Zuwendung zugunsten der beklagten Partei getätigt:

Durch notariellen Vertrag vom ..... (Datum) übertrug der Vater das Hausgrundstück im Wege einer Schenkung an die beklagte Partei. Diese wurde am ..... (Datum) als Eigentümerin im Grundbuch eingetragen. Der Wert des Grundstückes wird mit ..... EUR angegeben.

Beweis:[18] Notarieller Vertrag vom ..... (Datum),
URNr. ..../..... des Notars ..... (Name) in ..... (Ort)

b) Bei der Übertragung verfolgte der Vater lediglich die Absicht der klägerischen Partei die Vorteile der Erbeinsetzung in dem gemeinschaftlichen Testament der Eltern zu entziehen. Das ergibt sich auch aus dem privatschriftlichen Testament vom ..... (Datum). Ein beachtenswertes Interesse des Erblassers an der Übertragung des Grundstücks ist nicht ersichtlich. Er verfügte über ein monatliches Renteneinkommen von über ..... EUR. Bei seinem Tode waren keine Ersparnisse vorhanden. Hinzu kommt, dass der Erblasser überraschend verstorben ist und bis zu seinem Tode nicht pflegebedürftig war.

Sollte das Gericht hierzu noch weiteren Tatsachenvortrag oder Beweisantritte für notwendig erachten, bitten wir um einen Hinweis gemäß § 139 ZPO (vgl. auch BGH NJW-RR 1997, 441).

II. Bindung des Erblassers an seine wechselbezügliche Verfügung iSd § 2270 BGB[19]

Nach ständiger Rechtsprechung des BGH (Fundstellen bei Palandt/*Weidlich* § 2271, Rn. 10) kommt die Bestimmung des § 2287 BGB bei einem gemeinschaftlichen Testament auf bindend gewordene Verfügungen entsprechend zur Anwendung.

Die im gemeinschaftlichen Testament vom ..... angeordnete Schlusserbeneinsetzung der klägerischen Partei ist wechselbezüglich iSd § 2270 BGB: .....

Mit dem Ableben des erstversterbenden Ehegatten trat damit Bindungswirkung zu Lasten des länger lebenden Ehegatten gem. § 2271 Abs. 2 BGB ein.

III. Objektive Beeinträchtigung des Schlusserben iSd § 2287 BGB[22]

1. Die Erberwartung des Schlusserben ist durch die unter Ziff. B.I.2. dargestellte Schenkung objektiv beeinträchtigt, weil damit in die geschützte Schlusserbenstellung der klägerischen Partei eingegriffen wurde.

IV. Beeinträchtigungsabsicht des Erblassers iSd § 2287 BGB[24]

1. Die Herausgabe einer Zuwendung gem. § 2287 BGB setzt voraus, dass der erbvertraglich bzw. durch ein gemeinschaftliches Testament gebundene Erblasser zu Lebzeiten ein unentgeltliches Rechtsgeschäft in der Absicht vorgenommen hast, den Vertrags- bzw. Schlusserben zu beeinträchtigen.

2. Die Beweislast für die Anspruchsvoraussetzungen, insbesondere für die Schenkung und für das Handeln in Beeinträchtigungsabsicht (BeckOK BGB/Litzenburger BGB § 2287 Rn. 33; BGH NJW 1976, 749), trägt der Anspruchsteller. Bei einem auffallenden, groben Missverhältnis zwischen Leistung und Gegenleistung spricht jedoch eine tatsächliche Vermutung für eine Schenkung (BGH NJW 1982, 43). Hat der Anspruchsteller das

fehlende lebzeitige Eigeninteresse schlüssig und substantiiert behauptet, so muss zunächst der Beschenkte seinerseits schlüssig Umstände darlegen, die auf das Vorhandensein eines solchen Interesses des Erblassers schließen lassen. Dann erst trifft den Anspruchsteller die volle Beweislast (BGH NJW 1986, 1755; OLG Köln FamRZ 1992, 607; ZErb 2003, 21).

4. Die Anwendung dieser Grundsätze auf den streitgegenständlichen Fall ergibt Folgendes:

Die in der Klageschrift unter Ziff. B. I.2.a) dargestellte Vermögensdisposition des Erblassers zugunsten der beklagten Partei ist nicht durch ein anzuerkennendes lebzeitiges Eigeninteresse gerechtfertigt, sondern erfolgten ausschließlich in der Absicht, der klägerischen Partei die finanziellen Vorteile der bindend angeordneten Erbeinsetzung zu entziehen oder zu schmälern.

Die beklagte Partei hat vorgerichtlich keinerlei Umstände dargelegt, aus denen sich ein lebzeitiges Eigeninteresse des Erblassers ergeben könnte.

Sollte das Gericht hierzu noch weiteren Tatsachenvortrag oder Beweisantritte für notwendig erachten, bitten wir um einen Hinweis gemäß § 139 ZPO (vgl. auch BGH NJW-RR 1997, 441).

V. Aktivlegitimation

Der Herausgabeanspruch des § 2287 BGB entsteht mit dem Anfall der Erbschaft an den Vertragserben bzw. Schlusserben. Als persönlicher Anspruch[17] des Vertrags- bzw. Schlusserben gehört der Herausgabeanspruch nicht zum Nachlass (Palandt/*Weidlich* § 2287 Rn. 10). Der Anspruch aus § 2287 BGB geht auf Herausgabe des Geschenks nach den §§ 818 bis 822 BGB.

VI. Passivlegitimation; Umfang der Haftung

1. Der Anspruch aus § 2287 BGB richtet sich gegen den Beschenkten. § 2287 BGB enthält einen Rechtsfolgenverweis auf die §§ 818–822 BGB.[25]

2. Ist der Beschenkte zugleich pflichtteilsberechtigt, ist der Bereicherungsanspruch aus § 2287 BGB nach der Rechtsprechung des BGH (NJW 1984, 121) auf das beschränkt, was nach Begleichung des Pflichtteils übrig bleibt.[23]

3. Im streitgegenständlichen Fall gehört die beklagte Partei als Abkömmling des Erblassers zum Kreis der pflichtteilsberechtigten Personen gemäß § 2303 Abs. 1 BGB. Der Bereicherungsanspruch aus § 2287 BGB ist deshalb beschränkt auf die nach Erfüllung von Pflichtteilsansprüchen verbleibende Schenkung bzw. den nach Abzug von Pflichtteil verbleibenden Schenkungswert.

Die Höhe des Pflichtteils der beklagten Partei berechnet sich wie folgt: . . . . .

C. Zur Klage auf Nutzungsersatz gemäß Klageantrag Ziffer I.2.

Der Anspruch der klägerischen Partei auf Herausgabe tatsächlich gezogener Nutzungen ergibt sich aus den §§ 2287, 818 Abs. 1 BGB. Die von der beklagten Partei tatsächlich gezogenen Gebrauchsvorteile sind Nutzungen i. S.d § 100 BGB und können in Natur nicht herausgegeben werden. Für derartige Nutzungen ist daher nach § 818 Abs. 2 BGB Wertersatz zu leisten, dessen Höhe sich nach der ortsüblichen Miete bestimmt (Palandt/*Ellenberger* § 100 Rn. 2; BGH NJW 1998, 1707).

Im streitgegenständlichen Fall gilt folgendes: . . . . .

(Anmerkung: Der Kläger muss zur Begründung des Nutzungsersatzanspruches darlegen und beweisen, ab welchem Zeitpunkt die beklagte Partei Nutzungen gezogen hat und wie hoch die ortsübliche Miete ist.)

D. Zur Stufenklage[8] gemäß Klageantrag Ziffer II.[27, 28, 29]

Der Vertrags- bzw. Schlusserbe kann gegen den Beschenkten im Wege einer Stufenklage Auskunft[26] und Herausgabe geltend machen.

I. Zum Auskunftsanspruch gemäß § 242 BGB[26] gemäß Klageantrag Ziffer II.1.

1. Nicht § 2287 BGB, wohl aber § 242 BGB gewährt dem Vertragserben nach dem Tod des Erblassers ein Recht auf Auskunft durch den Beschenkten, wenn und soweit jener die Anspruchsvoraussetzungen des § 2287 BGB schlüssig und substantiiert dargelegt hat (BGH NJW 1986, 1755; *Spanke* ZEV 2006, 485 (486 f.)). Die Anforderungen an die Darlegungspflicht steigen dabei umso höher, je konkreter der Beschenkte ein lebzeitiges Eigeninteresse des Erblassers behauptet (BGH NJW 1986, 1755). Dagegen hat der Vertragserbe keinen Anspruch auf Ausforschung einzelner Voraussetzungen, insbesondere auf Mitteilung von Schenkungen (BGH NJW 1973, 1876; BGH NJW 1986, 1755).

2. Im streitgegenständlichen Fall gilt folgendes:

Das Bestehen des Hauptanspruchs aus § 2287 BGB wurde oben unter Buchstabe B. dargelegt und unter Beweis gestellt. Sollte das Gericht hierzu noch weiteren Tatsachenvortrag oder Beweisantritte für notwendig erachten, bitten wir um einen Hinweis gemäß § 139 ZPO (vgl. auch BGH, NJW-RR 1997, 441).

(Anmerkung: Der Kläger muss zur Begründung des Auskunftsanspruchs zusätzlich und in substantiierter Weise Tatsachen vortragen und beweisen, die greifbare Anhaltspunkte für eine sein Recht beeinträchtigende Schenkung ergeben.)

II. Zum Herausgabeanspruch gemäß Klageantrag Ziffer II.3.

Die weiteren herauszugebenden Gegenstände werden nach erfolgter Auskunftserteilung im Einzelnen bezeichnet werden. Etwaige Geldzuwendungen werden nach Auskunftserteilung beziffert werden.

E. Zum Gegenstandswert

Der Streitwert ergibt sich aus dem Wert des Geschenkes (§ 3 ZPO). Der Wert des Grundstücks wird mit . . . . . EUR angegeben.

Rechtsanwalt[30, 31, 32]

Schrifttum: Damrau, Wann muss bei beeinträchtigenden Schenkungen (§§ 2288, 2287 BGB) der Miterbe, wann der Beschenkte in Anspruch genommen werden? ZEV 2016, 413; *Klingelhöffer*, Probleme der Darlegungs- und Beweislast im Erbrecht, ZEV 2007, 361; *Klinger/Roth,* Beweislastverteilung bei „böswilliger Schenkung" iSd § 2287 BGB, NJW-Spezial 2008, 519; *Klinger/Schlitt,* Münchener Prozessformularbuch Erbrecht, 5. Aufl. 2021 → Form. N.II.2; *Lindenau/Arweiler*, Auskunftspflichten im Erbrecht, NJW 2017, 3553; *Roth*, Erblasserschenkung und Beeinträchtigung des Vertragserben, NJW-Spezial 2017, 551; *Schindler*, Objektive Beeinträchtigung iSv § 2287 BGB, Pflichtteilsrecht und Herausgabe der Schenkung, ZErb 2007, 39; *Spanke*, Den Vertragserben beeinträchtigende Schenkungen in der Beratungspraxis, ZEV 2006, 485; *Winkler v. Mohrenfels*, Die Auskunfts- und Wertermittlungspflicht des vom Erblasser Beschenkten, NJW 1987, 2557.

Anmerkungen

1. Zur Bezeichnung des Gerichts → Form. I.D.1 Anm. 2. Zum elektronischen Rechtsverkehr → Form. I.D.1 Anm. 1.

Örtliche Zuständigkeit: Der besondere **Gerichtsstand der Erbschaft des § 27 ZPO** gilt für den Anspruch des Vertragserben bzw. Schlusserben gegen den Beschenkten analog § 2287 BGB nicht, da dieser Anspruch nicht in den Nachlass gehört (BGHZ 78, 1; BGHZ 108, 73).

2. Allgemein zur Stufenklage → Form. I.D.11 Anm. 1.

3. Zur Bezeichnung der Parteien → Form. I.D.1 Anm. 2–4.

4. Zur Angabe der Prozessbevollmächtigten, → Form. I.D.1 Anm. 6.

5. Zur Zuständigkeit der **Spezialkammern für Erbrecht** seit 1.1.2021 vgl. § 72a Abs. 1 Nr. 6 GVG. Nach der Gesetzesbegründung sollen der Spezialzuständigkeit „erbrechtliche Angelegenheiten im Sinne des Fünften Buches des Bürgerlichen Gesetzbuchs (BGB)" unterfallen (BR-Drs. 366/19, S. 19; BT-Drs. 19/13828, S. 22). Dies erscheint jedoch zu weitgehend, weil damit auch die Zuständigkeit bei Ansprüchen, die den Erben zB als Nachlassverbindlichkeit treffen, oder bei Verfügungen unter Lebenden auf den Todesfall (§ 2301 BGB) bestehen könnte (so auch: *Schultzky* MDR 2020, 1, 2; *Fölsch* NJW 2020, 801, 802). Dem Sinn der Spezialisierung entspricht es vielmehr, die Zuständigkeit auf erbrechtliche Ansprüche iSd § 27 ZPO zu beschränken (Musielak/Voit/*Wittschier*, 18. Aufl. 2021, GVG § 72a Rn. 2–9). Demnach wären die Spezialkammern für Erbrecht bei Klagen gem. § 2287 BGB nicht zuständig.

6. Zur Kurzbezeichnung des Streitgegenstands → Form. I.D.1 Anm. 7

7. Allgemein zur Angabe des Streitwerts → Form. I.D.1 Anm. 8. Zum Zuständigkeitsstreitwert bei einer Stufenklage → Form. I.D.11 Anm. 1. Der **Streitwert für Auskunftsansprüche** richtet sich nach dem Leistungsanspruch, den die Auskunft vorbereiten oder erleichtern soll, und beläuft sich idR nur auf eine Quote von 10 bis 25 % des Leistungsanspruchs. Je geringer die Kenntnisse des Klägers sind, desto höher ist die Quote anzusetzen (BGH NJW-RR 2018, 1265 Rn. 10; NJW-RR 2012, 130 (Ls. 2u. Rn. 14); BGH ZEV 2006, 265 (Ls.); Zöller/*Herget* ZPO § 3 Rn. 16 „Auskunft").

8. Zur Antragstellung und zum Teilurteil innerhalb einer Stufenklage → Form. I.D.11 Anm. 4, 9.

9. Zur Abgabe der eidesstattlichen Versicherung → Form. I.D.11 Anm. 5.

10. Zu den Verzugszinsen → Form. I.D.1 Anm. 23.

11. Zum Kostenantrag → Form. I.D.1 Anm. 10.

12. Zur Güteverhandlung, zum frühen ersten Termin und zum schriftlichen Vorverfahren → Form. I.D.1 Anm. 14, 15.

13. Zum Antrag auf Erlass eines Versäumnisurteils oder/und (Teil-)Anerkenntnisurteils → Form. I.D.1 Anm. 15.

14. Zur Übertragung der Sache durch die Zivilkammer auf den Einzelrichter → Form. I.D.1 Anm. 16.

15. Allgemein zum Inhalt der Klagebegründung → Form. I.D.1 Anm. 17.

16. Nach § 2287 BGB kann ein Vertragserbe von einem Beschenkten die Herausgabe des Geschenkes nach den Vorschriften über die ungerechtfertigte Bereicherung verlangen, wenn der Erblasser die Schenkung in der Absicht gemacht hat, den Vertragserben zu beeinträchtigen.

17. Der Anspruch aus § 2287 BGB entsteht erst mit dem Anfall der Erbschaft und ist ein persönlicher Anspruch des Vertrags- bzw. Schlusserben, er **gehört also nicht zum Nachlass** (BGH NJW 1989, 2389). Mehrere Vertrags- oder Schlusserben können deshalb Herausgabe des Geschenks nur zu einem der Erbquote entsprechenden Anteil (Palandt/*Weidlich* § 2287 Rn. 11), nicht also Herausgabe an die Erbengemeinschaft verlangen (BGH NJW 1982, 43). Ausnahmsweise kann Übertragung des Alleineigentums begehrt werden, wenn dem Miterben der verschenkte Gegenstand in der letztwilligen Verfügung durch Teilungsanordnung zugedacht war (OLG Frankfurt NJW-RR 1991, 1157).

18. Allgemein zur Bezeichnung der Beweismittel → Form. I.D.1 Anm. 18–21.

19. § 2287 BGB gilt in analoger Anwendung auch für bindend gewordene Verfügungen in einem gemeinschaftlichen Testament (BGHZ 82, 274; Palandt/*Weidlich* § 2271 Rn. 9). Die *Beweislast* für das Vorliegen einer wechselbezüglichen (§ 2270 BGB) bzw. vertragsmäßigen (§ 2278 BGB) Verfügung trägt im Herausgabeprozess der Vertrags- bzw. Schlusserbe, dem dabei die Auslegungsregel des § 2270 Abs. 2 BGB zugutekommt.

Die Rückforderung scheitert, wenn der Ehegatte des Schenkers zum Zeitpunkt der Schenkung noch lebte, weil in diesem Fall die wechselbezügliche Verfügung des Erblassers noch nicht bindend geworden war (allg. zur Bindungswirkung erbrechtlicher Verfügungen vgl. *Klinger/Scheuber* NJW-Spezial 2006, 157).

20. Nach §§ 2271, 2296 BGB kann bei wechselbezüglichen Verfügungen jeder Ehegatte zu Lebzeiten des anderen Ehegatten durch notarielle Erklärung diesem gegenüber seine Verfügung widerrufen. Mit dem Tode des anderen Ehegatten erlischt jedoch dieses Widerrufsrecht. Damit wird auch die Testierfreiheit des Überlebenden eingeschränkt (Palandt/*Weidlich* § 2271 Rn. 9).

21. Der **Schenkungsbegriff** in § 2287 BGB entspricht dem des § 516 BGB. Erforderlich ist also eine Zuwendung des Erblassers, durch die objektiv die Substanz seines Vermögens vermindert und das Vermögen des Empfängers entsprechend vermehrt wird. Notwendig ist weiter eine Einigung über die Unentgeltlichkeit der Zuwendung (Palandt/*Weidlich* § 2287 Rn. 4). Anders als zB bei § 2325 Abs. 3 BGB kann die Schenkung auch mehr als zehn Jahre vor dem Tode erfolgt sein.

Erfasst werden auch Pflicht- und Anstandsschenkungen (§ 2330 BGB), gemischte Schenkungen (BGH NJW-RR 1996, 133) und unbenannte Zuwendungen zwischen Ehegatten (BGH NJW 1992, 564). Bei einer **gemischten Schenkung** kann der Beschenkte den Einwand erheben, dass seine von ihm erbrachte Gegenleistung Zug-um-Zug zu erstatten ist (BGH NJW 1980, 2307). Eine Schenkung kann entfallen, wenn die Zuwendung als Entgelt für die Übernahme einer Pflegepflicht oder für geleistete Mitarbeit erbracht worden ist (BGH NJW-RR 1986, 1135). Der Nachweis einer vollentgeltlichen Gegenleistung wird dem Beschenkten im Herausgabeprozess aber nur gelingen, wenn im Schenkungsvertrag Art und Höhe der Gegenleistungen präzise beschrieben werden und der Beschenkte bis zum Tod des Schenkers jede erbrachte Leistung lückenlos dokumentiert hat.

Die **Beweislast** dafür, dass eine Einigung über die Unentgeltlichkeit der Zuwendung vorliegt, trägt der Vertrags- bzw. Schlusserbe. Bei einem auffallend groben Missverhältnis von Leistung und Gegenleistung, das über ein geringes Maß deutlich hinausgehen muss (BGH NJW 1982, 43), spricht jedoch eine tatsächliche Vermutung für eine solche Einigung. Diese Beweiserleichterung stellt aber keine Beweislastumkehr dar mit der Folge, dass der Beschenkte lediglich Tatsachen vortragen und beweisen muss, die geeignet sind, die Vermutung auszuräumen (BGH WM 1973, 680). Ist der Wertunterschied so groß, dass die Annahme der Entgeltlichkeit von vornherein als abwegig erscheint, geht die Rspr. (BGH NJW 1982, 43) ohne weiteres von einer Unentgeltlichkeitsvereinbarung aus.

22. Der Vertragserbe muss in seiner berechtigten Erberwartung (*Beisenherz* ZEV 2005, 8) objektiv beeinträchtigt sein (BGH NJW-RR 1989, 259; vgl. hierzu auch Palandt/*Weidlich* BGB § 2287 Rn. 5). So reicht der Schutz des § 2287 BGB nur insoweit, als auch der Erblasser im Rahmen des Erbvertrags oder des gemeinschaftlichen Testaments gebunden ist (MüKoBGB/*Musielak* § 2287 Rn. 10). Nach herrschender Meinung (Palandt/*Weidlich* BGB § 2287 Rn. 8) führt die **Zustimmung** des Vertragserben zu beeinträchtigenden Schenkungen zu einem Verlust der Rechte aus § 2287 BGB, wenn die Zustimmung in notarieller Form erklärt ist.

23. Der Bereicherungsanspruch aus § 2287 BGB ist beschränkt auf die nach Erfüllung von **Pflichtteils- oder Zugewinnausgleichsansprüchen** verbleibende Schenkung bzw. den nach Abzug von Pflichtteil und Zugewinn verbleibenden Schenkungswert (BGH NJW 1992, 564; BGH NJW 1984, 121, auch zum Herausgabeanspruch des den Pflichtteil übersteigenden Wertes der zugewendeten Sache). Pflichtteil und Zugewinn sind dem insoweit berechtigten Schenker somit zu belassen. Verlangt der Vertrags- bzw. Schlusserbe die Herausgabe des Geschenks, so muss er Zug-um-Zug zugleich den fiktiven Pflichtteil des Beschenkten auskehren (Palandt/*Weidlich* § 2287 Rn. 5, 11). Einer dahingehenden Einrede des Beschenkten bedarf es im Prozess nicht (BGH NJW 1984, 121). Gleiches gilt beim zugewinnausgleichsberechtigten Ehegatten.

Entsprechendes gilt bei einem im Erbvertrag vereinbarten Vermächtnisvorbehalt betreffend den unentgeltlich zugewandten Vermögensgegenstand (BGH WM 1986, 1221) oder die Aufteilung des Vermögens im Wege der vorweggenommenen Erbfolge entsprechend einer im Erbvertrag vereinbarten Teilungsanordnung (BGH NJW 1982, 43; MüKoBGB/*Musielak* § 2287 Rn. 10). Auch bei Veränderung des Güterstandes zwischen Ehegatten wird grundsätzlich eine Beeinträchtigung berechtigter Erberwartungen des Vertragserben abgelehnt (BGH NJW 1992, 558; MüKoBGB/*Musielak* § 2287 Rn. 5).

24. Die **Absicht des Erblassers,** dem Vertrags- bzw. Schlusserben die Vorteile der Erbeinsetzung zu entziehen oder zu schmälern, muss nach neuerer Rspr. nicht mehr das einzige oder das treibende Motiv für die Schenkung gewesen sein. Dies hat zur Folge, dass die inneren Motive des Erblassers nicht bis zum Letzten aufgeklärt zu werden brauchen (Palandt/*Weidlich* § 2287 Rn. 6). Um den Vertrags- bzw. Schlusserben vor zu großen Beweisschwierigkeiten zu bewahren, nimmt der BGH (NJW 1984, 121) eine Beeinträchtigungsabsicht des Erblassers bereits dann an, wenn dieser **kein anerkennenswertes Eigeninteresse** (wirtschaftlicher oder auch ideeller Natur) an der Zuwendung hatte. Eine Kenntnis des Beschenkten von der Beeinträchtigungsabsicht ist nicht erforderlich; sie kann aber im Rahmen der §§ 2287, 819 BGB Bedeutung gewinnen und Grundlage für eine Haftung aus § 826 BGB sein (BGH NJW 1980, 2307).

Da die Motivationslage des Erblassers für den Vertrags- bzw. Schlusserben meist im Dunkeln bleibt, ist es nach der Rspr. (BGH NJW 1986, 1755) zulässig, im Herausgabeprozess ohne weitere Begründung das Fehlen des lebzeitigen Eigeninteresses zu behaupten. Auf diesen Vortrag hin muss der Beschenkte schlüssig die Umstände darlegen, die für ein solches Interesse sprechen. Erst dann muss der Vertrags- bzw. Schlusserbe die angeführten Motive widerlegen und das Fehlen der behaupteten Absicht beweisen.

Ein lebzeitiges Eigeninteresse wurde zB in folgenden Fällen bejaht (zu den **Fallgruppen** vgl. Palandt/*Weidlich* § 2287 Rn. 6 und 7; MüKoBGB/*Musielak* § 2287 Rn. 14):

- Der Erblasser nimmt die Schenkung vor, um seine Altersversorgung zu verbessern (BGH NJW 1992, 2630; OLG Köln ZEV 2000, 317; OLG München NJW-RR 1987, 1484).
- Der Erblasser möchte den Beschenkten zwecks Betreuung und Pflege im Alter an sich binden (BGH NJW 1992, 2630).
- Der Vertrags- bzw. Schlusserbe hat sich schwerer Verfehlungen gegen den Erblasser schuldig gemacht (LG Gießen MDR 1981, 582).
- Der Beschenkte übernimmt – ohne rechtliche Bindung – Leistungen zur Betreuung des Erblassers, erbringt diese tatsächlich und will diese auch in Zukunft vornehmen (BGH ZEV 2012, 37).

Der klagende Vertrags- bzw. Schlusserbe kann aber darlegen und unter Beweis stellen, dass ungeachtet des angegebenen Motivs der beeinträchtigende Charakter des Geschäfts überwiegt oder die angestrebten Beweisgründe nur vorgeschoben wurden (BGH NJW 1982, 43). Eine nachträglich als ungerecht empfundene Ungleichbehandlung mehrerer Kinder ist nicht anzuerkennen, da dieses Interesse auf die Zeit nach dem Tod gerichtet ist (BGH NJW-RR 2005, 1462; OLG Celle OLGR 2003, 326). Ein Sinneswandel des Erblassers, insb. die Entwicklung intensiverer Beziehungen zum Beschenkten, rechtfertigt keine Freistellung von der erbvertraglichen Bindung (BGH NJW 1982, 1100; NJW 1980, 2307; OLG Köln NJW-RR 1992, 200).

Bei der Prüfung des lebzeitigen Eigeninteresses steht dem Tatrichter ein revisionsrechtlich nicht nachprüfbarer Beurteilungsspielraum zu, wenn erkennbar alle relevanten Wertungsgesichtspunkte berücksichtigt sind und keine deutlichen Wertungsfehler vorliegen (BGH NJW 1986, 1755).

25. § 2287 BGB enthält einen **Rechtsfolgenverweis** auf die §§ 818–822 BGB. Soweit sich der Beschenkte auf den Entreicherungseinwand des § 818 Abs. 3 BGB beruft, trägt er hierfür die Beweislast (BGH NJW 1999, 1181). Dieser Einwand entfällt jedoch, wenn die Herausgabeklage bereits rechtshängig war (§ 818 Abs. 4 BGB) oder der Beschenkte die Benachteiligungsabsicht des Erblassers kannte bzw. später davon erfuhr (§ 819 BGB). Hierfür ist der Vertrags- bzw. Schlusserbe beweispflichtig (BGH NJW 1958, 1725).

Die **verschärfte Haftung** tritt im Fall des § 819 BGB ein, sobald der Beschenkte von der Bindung des Erblassers an den Erbvertrag und von dessen Beeinträchtigungsabsicht Kenntnis erlangt; die Kenntnis der Tatsachen, aus denen nach der Lebenserfahrung auf eine Beeinträchtigungsabsicht zu schließen ist, genügt. Erfährt der Beschenkte bereits vor dem Erbfall hiervon, so tritt die Haftung mit dem Erbfall ein (Münchener Kommentar/*Musielak* § 2287 BGB Rn. 21).

Mehreren Vertrags- bzw. Schlusserben steht der – nicht in die gesamthänderische Bindung fallende – Anspruch nach Bruchteilen entsprechend den Erbquoten zu (BGH NJW 1980, 2461; BGH NJW 1989, 2389). Ein Miterbe kann daher nicht Herausgabe an die Erbengemeinschaft verlangen, sondern nur Einräumung des Miteigentums entsprechend seiner Erbquote (BGH NJW 1982, 43). Ist dem Miterben der verschenkte Gegenstand allerdings in der letztwilligen Verfügung durch Teilungsanordnung zugedacht, kann ausnahmsweise Herausgabe an sich selbst verlangen (OLG Frankfurt NJW-RR 1991, 1157).

Bei **teilweiser** Unentgeltlichkeit (zB bei einer gemischten Schenkung) ist nach der Rechtsprechung zu unterscheiden (Palandt/*Weidlich* § 2287 Rn. 11):
- Überwiegt der unentgeltliche Charakter des Rechtsgeschäfts, geht der Anspruch auf Herausgabe der Leistung unter Erstattung der Gegenleistung (BGH NJW 1953, 501).
- Überwiegt dagegen der entgeltliche Teil, richtet sich der Anspruch auf Zahlung der Differenz zwischen dem Wert des Gegenstandes und dem der erbrachten Gegenleistung (BGH NJW-RR 2012, 207). Wegen der damit verbundenen Wertverschiebung darf dabei ein vorbehaltener Nießbrauch nicht mit seinem kapitalisierten Wert abgezogen werden (*Keim* ZEV 2002, 93, 94; vgl. BGHZ 82, 274; BGH FamRZ 1989, 175).

26. Der BGH (NJW 1986, 1755) gewährt dem Vertragserben in engen Grenzen ein **Auskunftsrecht** gegenüber dem vom Erblasser Beschenkten (Palandt/*Weidlich* § 2287 Rn. 14). Gleiches muss bei einem gem. § 2271 Abs. 2 BGB bindend gewordenen Ehegattentestament zu Gunsten des Schlusserben gelten. Der Berechtigte muss den Hauptanspruch schlüssig darlegen und in substantiierter Weise Tatsachen vortragen und beweisen, die greifbare Anhaltspunkte für eine sein Recht beeinträchtigende Schenkung ergeben. Es muss sich um eine Zuwendung handeln, die unter solchen Umständen erfolgt, welche die Annahme nahelegen, es gehe mindestens teilweise um eine Schenkung, für die ein anerkennenswertes lebzeitiges Eigeninteresse nicht besteht (BGH NJW 1982, 1100). Dabei wächst die Vortragslast des Vertragserben in dem Maße, in dem der Begünstigte konkrete Behauptungen zum lebzeitigen Eigeninteresse aufstellt. Erst dann kann der Richter hinreichend sicher vom Bestehen eines Anspruchs gegen den Beschenkten ausgehen und zu dessen Durchsetzung vorab zur Auskunftserteilung - nicht aber schon zur Wertermittlung - verurteilen (BGH NJW 1984, 487).

27. Der Anspruch aus § 2287 Abs. 1 BGB **verjährt** gemäß § 2287 Abs. 2 BGB in drei Jahren vom Erbfall an unter Verzicht auf subjektive Voraussetzungen für den Verjährungsbeginn (Palandt/*Weidlich* BGB § 2287 Rn. 13). Vgl. auch *Schindler/Walter* ZEV 2017, 7.

28. Konkurrierende Ansprüche: Ist der Vertragserbe bzw. Schlusserbe zugleich Pflichtteilsberechtigter, wird er primär den Anspruch aus § 2287 BGB geltend machen, weil dieser auf Herausgabe des gesamten Geschenkes gerichtet ist. Wenn dieser Anspruch scheitern sollte, verbleibt ihm dennoch der Pflichtteilsergänzungsanspruch aus § 2325 BGB iVm § 2329 BGB in Höhe seiner Pflichtteilsquote, wenn dessen Voraussetzungen vorliegen (Palandt/*Weidlich* BGB § 2287 Rn. 2). Ein mit erbvertraglicher Bindungswirkung eingesetzter Nacherbe kann sich gegen unentgeltliche Geschäfte des Vorerben außer auf Grund des § 2287 BGB auch durch den Anspruch gem. § 2113 Abs. 2 BGB zur Wehr setzen (OLG Celle MDR 1948, 142).

29. Zu Lebzeiten des Erblassers kann der künftige Anspruch aus § 2287 Abs. 1 BGB weder durch Arrest, noch durch einstweilige Verfügung, noch durch Vormerkung im Grundbuch abgesichert werden (BayObLGZ 1952, 290; OLG Koblenz MDR 1987, 935; Palandt/*Weidlich* BGB § 2287 Rn. 17). Zur Klage auf Eintragung einer Vormerkung zu Lebzeiten des Erblassers bei Vorliegen eines Verfügungsunterlassungsvertrages vgl. MPFormB ErbR/Klinger/*Schlitt* Form. N.I.4.

30. Allgemein zum Unterschriftserfordernis → Form. I.D.1 Anm. 25.

Kosten und Gebühren

31. Gerichtskostenvorschuss: 3,0 Verfahrensgebühr (KV 1210 GKG). **Rechtsanwaltsgebühren:** Regelgebühren nach Teil 3 VV RVG. Ausführlich zur Abrechnung des erbrechtlichen Mandats nach dem RVG vgl. MAH ErbR/*Schneider* § 2 Rn. 97–209. Zum Streitwert und Beschwer bei Erbrechtsprozessen vgl. *Klingelhöffer* ZEV 2009, 379.

Ausführlich zur **Abrechnung des erbrechtlichen Mandats** nach dem RVG: MAH ErbR/*Schneider* § 2 Rn. 97–209; zu Streitwert und Beschwer bei Erbrechtsprozessen: *Klingelhöffer*, ZEV 2009, 379. Zum Deckungsschutz der **Rechtsschutzversicherung** in erbrechtlichen Angelegenheiten vgl. *Kind* ZErb 2016, 195. Zur Prozessfinanzierung im Erbrecht vgl. *Kuhn/Trappe* ZEV 2013, 246. Zum **Verbot der Vertretung widerstreitender Interessen** in erbrechtlichen Mandaten und den Auswirkungen auf den Vergütungsanspruch vgl. *Offermann-Burckart* ZEV 2007, 151.

Rechtsmittel

32. Zur Berufungseinlegung und Berufungsbegründung → Form. I.O.1, → Form. I.O.3.

12. Klage des Vorerben gegen den Nacherben auf Einwilligung in eine Grundstücksveräußerung

An das
Landgericht[2]

Klage[1]

der .....

- Klägerin[3] –

Prozessbevollmächtigter: .....

gegen

.....

- Beklagter –

wegen: Zustimmung des Nacherben zu einer Verfügung[4]

Vorläufiger Streitwert: EUR .....

Namens und mit Vollmacht der Klägerin erhebe ich Klage und werde beantragen:

I. Der Beklagte wird verurteilt, in die Eigentumsübertragung des im Grundbuch von ..... (Ort) Blatt ..... eingetragenen Grundstücks auf die ..... (Name und Anschrift der Klägerin) einzuwilligen.

II. Der Beklagte hat die Kosten des Rechtsstreits zu tragen.

Es wird angeregt, das schriftliche Vorverfahren anzuordnen.[5] Für den Fall des Vorliegens der gesetzlichen Voraussetzungen beantrage ich bereits jetzt schon den Erlass eines entsprechenden

Anerkenntnis- bzw. Versäumnisurteils[5]

Einer Entscheidung der Sache durch den Einzelrichter stehen aus Sicht der Klägerin keine Gründe entgegen.[5]

Begründung:[6]

Die Klägerin ist die Witwe des am ..... (Datum) in ..... (Ort) verstorbenen Kaufmanns K ..... (Erblasser) mit letztem Wohnsitz in ..... (Ort). Dieser war Eigentümer mehrerer Grundstücke, insb. des im Grundbuch von ..... Blatt ..... eingetragenen unbebauten Grundstücks. Bei seinem Tode hinterließ er außerdem Bargeld iHv ..... EUR. Demgegenüber bestanden Schulden iHv ..... EUR.

Am ..... (Datum) haben der Erblasser und die Klägerin vor dem Notar ..... in ..... (Ort) ein gemeinschaftliches Testament errichtet. Darin haben sie sich gegenseitig als Erben eingesetzt. Nach dem Tode des Längstlebenden soll der Nachlass des Kaufmanns K auf den Beklagten übergehen, der der einzige Abkömmling des K aus dessen erster Ehe ist. Der Nachlass der Klägerin soll deren nichtehelichen Tochter T zufallen. Hierin ist die Anordnung einer Vor- und Nacherbschaft[7] zu sehen.

Beweis: Testament vom ..... (Datum)
Beiziehung der Nachlassakten des Amtsgerichts – Nachlassgericht – ..... (Ort), Gz. .....

Die Klägerin beabsichtigt, die Schulden des Erblassers zu begleichen. Da das hinterlassene Bargeld dazu nicht ausreicht, muss ein Grundstück veräußert werden.

Das im Grundbuch von ..... (Ort) Blatt ..... eingetragene Grundstück ist zum Preise von ..... EUR an ..... (Name und Anschrift) verkauft worden.

Beweis: Kaufvertrag vom ..... (Datum)

Der vereinbarte Kaufpreis entspricht dem tatsächlichen Wert des Grundstücks.

Beweis: Wertgutachten vom ..... (Datum)

Der Beklagte weigert sich trotz schriftlicher Aufforderung,[8] der Veräußerung zuzustimmen.

Beweis: Schreiben vom ..... (Datum)

Deshalb ist Klage geboten.

Rechtsanwalt[9, 10]

Schrifttum: Becker/Klinger, Die Rechte des Nacherben während der Vorerbschaft, NJW-Spezial 2005, 205; *Becker/Klinger,* Die Rechtstellung des Nacherben bei Eintritt der Nacherbfolge, NJW-Spezial 2005, 445; *Böttcher,* Die Vor- und Nacherbfolge in der Grundbuchpraxis, NotBZ 2011, 269; *Daragan,* Die Vor- und Nacherbschaft aus zivilrechtlicher und steuerrechtlicher Sicht, ZErb 2001, 43; *de Leve,* Aufwendungen des Vorerben – Erstattungspflicht des Nacherben, ZEV 2005, 16; *Dillmann,* Verfügungen während der Vorerbschaft, RNotZ 2002, 2; *Harder,* Unentgeltliche Verfügungen und ordnungsgemäße Nachlassverwaltung des Vorerben, DNotZ 1994, 822; *Heider,* Die Befugnis des Vorerben zu unentgeltlichen Verfügungen über Nachlassgegenstände, ZEV 1995, 1; *Heskamp,* Überführung von Nachlassgegenständen in das nacherbenfreie Vermögen des Vorerben, RNotZ 2014, 517; *Keim,* Erbauseinandersetzung zwischen Vor- und Nacherben durch Freigabe aus der Nacherbenbindung? DNotZ 2003, 822; *Klinger/Roth,* Der befreite Vorerbe, NJW-Spezial 2008, 391; *Klinger/Roth,* Abgrenzung der Vor- und Nacherbschaft zu verwandten Rechtsinstituten, NJW-Spezial 2009, 135; *Klinger/de Leve,* Münchener Prozessformularbuch Erbrecht, 5. Aufl. 2021 → Form. L.II.1; *Lindenau/Arweiler,* Auskunftspflichten im Erbrecht, NJW 2017, 3553; *Mayer,* Der superbefreite Vorerbe? – Möglichkeiten und Grenzen der Befreiung des Vorerben, ZEV 2000, 1; *G. Müller,* Möglichkeiten der Befreiung des Vorerben über § 2136 BGB hinaus, ZEV 1996, 179; *Muscheler,* Konsolidation bei Übertragung der Nacherbenanwartschaft auf den Vorerben, ZEV 2012, 289; *Muscheler,* Schadensersatz bei befreiter Vorerbschaft, ZEV 2012, 389; *Sarres,* Auskunftspflichten bei Vor- und Nacherbschaft, ZEV 2004, 56; *Voit,* Außergewöhnliche Aufwendungen des Vorerben zur Erhaltung der Erbschaft und ihre Finanzierung durch Kredite, ZEV 1994, 138; *Weidlich,* Rechtsgeschäfte zwischen Vor- und Nacherben zur Aufhebung der Nacherbenbindung, ZErb 2014, 325.

Anmerkungen

1. Der Vorerbe ist grds. in seiner Befugnis zur freien **Verfügung über den Nachlass nach §§ 2113–2115 BGB beschränkt** (§ 2112 BGB), der Nacherbe kann weitere beschränkende Rechte geltend machen (§§ 2116–2118 BGB). Dafür ist der Nacherbe nach § 2120 S. 1 BGB verpflichtet, seine Zustimmung zu solchen Verfügungen des Vorerben zu erteilen, die zur ordnungsgemäßen Verwaltung des Nachlasses erforderlich sind. Die Zustimmung kann als vorherige Einwilligung (§ 183 BGB) oder nachträgliche Genehmigung (§ 185 BGB) erteilt werden. Praxisrelevant ist dabei häufig die Versilberung eines nachlasszugehörigen Grundstücks, insb. zur Berichtigung von Nachlassverbindlichkeiten (vgl. Palandt/*Weidlich* § 2120 Rn. 2).

Die **Zustimmungspflicht des Nacherben** nach § 2120 S. 1 BGB ist nur für den nicht befreiten Vorerben von Bedeutung. Der vollständig befreite Vorerbe (§ 2136 BGB) braucht nur für unentgeltliche Verfügungen iSv § 2113 Abs. 2 S. 1 BGB die Zustimmung des Nacherben (Palandt/*Weidlich* § 2113 Rn. 6). In der Praxis dürfte aber kaum ein Fall denkbar sein, in welchem die unentgeltliche Veräußerung eines Grundstücks einer ordnungsgemäßen Verwaltung entspricht (vgl. hierzu MPFormB ErbR/*de Leve* → Form. II. N.1 Anm. 3).

2. Zur Bezeichnung des Gerichts → Form. I.D.1 Anm. 2, zum elektronischen Rechtsverkehr → Form. I.D.1 Anm. 1. Zum besonderen Gerichtsstand der Erbschaft gem. § 27 ZPO → Form. II.L.1 Anm. 1 und → Form. II.D.6 Anm. 2.

3. Zur Bezeichnung der Parteien → Form. I.D.1 Anm. 3–6. Zur Angabe der Prozessbevollmächtigten → Form. I.D.1 Anm. 6.

4. Zur Kurzbezeichnung des Streitgegenstands → Form. I.D.1 Anm. 7. Zur Zuständigkeit der Spezialkammern für Erbrecht seit 1.1.2021 vgl. § 72a Abs. 1 Nr. 6 GVG → Form. II.L.9 Anm. 5. Zur Angabe des Streitwerts → Form. I.D.1 Anm. 8.

5. Zur Güteverhandlung, zum frühen ersten Termin und zum schriftlichen Vorverfahren → Form. I.D.1 Anm. 14, 15. Zum Antrag auf Erlass eines Versäumnisurteils oder/und Anerkenntnisurteils → Form. I.D.1 Anm. 15 und → Form. I.G. Zur Übertragung der Sache auf den Einzelrichter → Form. I.D.1 Anm. 16.

6. Zum Inhalt der Klagebegründung → Form. I.D.1 Anm. 17, 22. Zur Bezeichnung der Beweismittel → Form. I.D.1 Anm. 18–21 und → Form. I.H. Zur Bezeichnung der Anlagen → Form. I.D.1 Anm. 19. Zur beglaubigten und einfachen Abschrift der Klageschrift → Form. I.D.1 Anm. 24.

7. Wenn Ehegatten sich in einem gemeinschaftlichen Testament gegenseitig als Erben eingesetzt und bestimmt haben, dass nach dem Tode des Überlebenden der beiderseitige Nachlass an einen Dritten fallen soll, so ist nach § 2269 BGB der Dritte im Zweifel als sog Schlusserbe eingesetzt.

Bei § 2269 BGB handelt es sich um eine Auslegungsregel. Für die Annahme eines Berliner Testamentes iSd § 2269 BGB ist entscheidend, ob die Eheleute das beiderseitige Vermögen ersichtlich als Einheit angesehen und eine verschiedene Rechtsstellung des Überlebenden zu den beiden ursprünglichen Vermögensmassen und die Möglichkeit einer Trennung der Massen beim Tode des Längstlebenden haben ausschließen wollen (vgl. RG 113, 240; Palandt/*Weidlich* BGB § 2269 Rn. 7, 8). Nach dem den Klagegrund bildenden Testament sollen nach dem Tode des Längstlebenden die beiden ursprünglichen Vermögensmassen der Eheleute getrennt verschiedenen Personen zufallen. Deshalb dürfte das Testament die **Anordnung von Vor- und Nacherbschaft** enthalten.

8. Vor Klageerhebung muss der Vorerbe den Nacherben ordnungsgemäß zur Abgabe der Zustimmungserklärung auffordern und dabei die konkrete Verfügung und die Gründe nachvollziehbar und nachprüfbar darlegen (OLG Düsseldorf NJW-RR 1996, 905).

Kosten und Gebühren

9. Gerichtskostenvorschuss: 3,0 Verfahrensgebühr (KV 1210 GKG). **Rechtsanwaltsgebühren:** Regelgebühren nach Teil 3 VV RVG.

Ausführlich zur **Abrechnung des erbrechtlichen Mandats** nach dem RVG: MAH ErbR/*Schneider* § 2 Rn. 97–209; zu Streitwert und Beschwer bei Erbrechtsprozessen: *Klingelhöffer* ZEV 2009, 379; zum Deckungsschutz der **Rechtsschutzversicherung** in erbrechtlichen Angelegenheiten: *Kind* ZErb 2016, 195; zur Prozessfinanzierung im Erbrecht: *Kuhn/Trappe* ZEV 2013, 246; zur **Interessenkollision im Erbrecht** und ihre Auswirkung auf die Vergütung: *Potthast* ErbR 2021, 376 und 466, sowie *Offermann-Burckart,* ZEV 2007, 151.

Rechtsmittel

10. Zur Berufungseinlegung und Berufungsbegründung → Form. I.O.1, → Form. I.O.3.

13. Klage des Nacherben gegen den Vorerben auf Vorlage eines Nachlassverzeichnisses

An das
Landgericht[2, 3]

Klage[1]

des . . . . .

- Klägers[4] –

Prozessbevollmächtigter: . . . . .

gegen

. . . . .

- Beklagten –

wegen: Auskunft durch Vorlage eines Nachlassverzeichnisses[5]
Vorläufiger Streitwert:[6] EUR . . . . .
Namens und mit Vollmacht des Klägers erhebe ich Klage und werde beantragen:
I Der Beklagte wird verurteilt, dem Kläger Auskunft zu erteilen über die zum Nachlass des am . . . . . (Datum) mit letztem Wohnsitz in . . . . . (Ort) gestorbenen Herrn . . . . . (Erblasser) gehörenden Gegenstände, einschließlich etwaiger Surrogate[9,] durch Vorlage eines von einem Notar[10,] aufgenommenen Verzeichnisses.[11,]
II Der Beklagte hat die Kosten des Rechtsstreits zu tragen.
Es wird angeregt, das schriftliche Vorverfahren anzuordnen.[7] Für den Fall des Vorliegens der gesetzlichen Voraussetzungen beantrage ich bereits jetzt schon den Erlass eines entsprechenden
Anerkenntnis- bzw. Versäumnisurteils[7]
Einer Entscheidung der Sache durch den Einzelrichter stehen aus Sicht der Klägerin keine Gründe entgegen.[7]

Begründung:[8]

Am . . . . . (Datum) verstarb in . . . . . (Ort) der Großvater des Klägers, Herr . . . . . (Erblasser). Der Erblasser war verwitwet und hat als einziges Kind den Beklagten hinterlassen. Mit privatschriftlichem Testament vom . . . . (Datum) hat der Erblasser den beklagten Sohn als nicht befreiten Vorerben[12,] und den klagenden Enkelsohn als Nacherben[13,] eingesetzt.

Beweis:[8] Testament vom . . . . (Datum)
Beiziehung der Nachlassakten des Amtsgerichts – Nachlassgericht – . . . . . (Ort), Gz. . . . . .

Mit Schreiben vom . . . . . (Datum) hat der Kläger den Beklagten aufgefordert, Auskunft über die zur Erbschaft gehörenden Gegenstände durch Vorlage eines notariellen Verzeichnisses zu erteilen.

Beweis: Schreiben des Klägers vom . . . . . (Datum)

Da der Beklagte dieser Aufforderung bisher nicht nachgekommen ist, ist Klage geboten.
Rechtsanwalt[14, 15]

Schrifttum: Becker/Klinger, Die Rechte des Nacherben während der Vorerbschaft, NJW-Spezial 2005, 205; *dies.,* Die Rechtstellung des Nacherben bei Eintritt der Nacherbfolge, NJW-Spezial 2005, 445; *Daragan,* Die Vor- und Nacherbschaft aus zivilrechtlicher und steuerrechtlicher Sicht, ZErb 2001, 43; *de Leve,* Aufwendungen des Vorerben

– Erstattungspflicht des Nacherben, ZEV 2005, 16; *Dillmann*, Verfügungen während der Vorerbschaft, RNotZ 2002, 2; *Heskamp*, Überführung von Nachlassgegenständen in das nacherbenfreie Vermögen des Vorerben, RNotZ 2014, 517; *Keim*, Erbauseinandersetzung zwischen Vor- und Nacherben durch Freigabe aus der Nacherbenbindung? DNotZ 2003, 822; *Klinger/de Leve*, Münchener Prozessformularbuch Erbrecht, 5. Aufl. 2021 → Form. M.I.1; *Klinger/Roth*, Der befreite Vorerbe, NJW-Spezial 2008, 391; *Klinger/Roth*, Abgrenzung der Vor- und Nacherbschaft zu verwandten Rechtsinstituten, NJW-Spezial 2009, 135; *Lindenau/Arweiler*, Auskunftspflichten im Erbrecht, NJW 2017, 3553; *Muscheler*, Konsolidation bei Übertragung der Nacherbenanwartschaft auf den Vorerben, ZEV 2012, 289; *ders.*, Schadensersatz bei befreiter Vorerbschaft, ZEV 2012, 389; *Sarres*, Auskunftspflichten bei Vor- und Nacherbschaft, ZEV 2004, 56; *Voit*, Außergewöhnliche Aufwendungen des Vorerben zur Erhaltung der Erbschaft und ihre Finanzierung durch Kredite, ZEV 1994, 138; *Weidlich*, Rechtsgeschäfte zwischen Vor- und Nacherben zur Aufhebung der Nacherbenbindung, ZErb 2014, 325.

Anmerkungen

1. Die **Kontroll- und Sicherungsrechte** der §§ 2121–2123, 2127–2129 BGB, die sofort nach Eintritt des Vorerbfalls geltend gemacht werden können, stellen die schärfste Waffe des Nacherben dar, dem Vorerben die Grenzen seiner Rechtsmacht aufzuzeigen. Der Nacherbe kann gem. § 2121 BGB vom Vorerben zu beliebiger Zeit – jedoch nur einmal (BGH NJW 1995, 456) – auf Kosten des Nachlasses die **Erstellung eines Bestandsverzeichnisses** der Erbschaftsgegenstände verlangen. Hierdurch soll der Nacherbe ein Beweismittel für die Durchsetzung seiner Rechte im Nacherbfall erhalten. Der so bewirkte psychologische Druck auf den Vorerben kann noch verstärkt werden, wenn der Nacherbe eine behördliche bzw. notarielle Verzeichnisaufnahme und seine Hinzuziehung einfordert (§ 2121 Abs. 2, 3 BGB). Besteht Grund zur Annahme, dass der Vorerbe durch seine Verwaltung den Nachlass und damit den späteren Herausgabeanspruch des Nacherben (§ 2130 BGB) gefährdet, kann der Nacherbe gem. § 2127 BGB jederzeit – auch mehrfach – Auskunft über den Bestand (nicht auch über den Verbleib) des Nachlasses verlangen (vgl. dazu *Sarres* ZEV 2004, 56).

2. Zur Bezeichnung des Gerichts → Form. I.D.1 Anm. 2. Zum elektronischen Rechtsverkehr → Form. I.D.1 Anm. 1.

3. Der besondere **Gerichtsstand der Erbschaft** nach §§ 27, 28 ZPO ist vorliegend nicht eröffnet. Es handelt sich auch nicht um eine Klage gegen den Vorerben als Erbschaftsbesitzer iSv § 27 Abs. 1 ZPO, denn Erbschaftsbesitzer in diesem Sinne ist nur derjenige, der die Erbschaft aufgrund eines vermeintlichen, ihm in Wirklichkeit gar nicht zustehenden Erbrechts besitzt (MüKoZPO/*Patzina* § 27 Rn. 7).

4. Zur Bezeichnung der Parteien → Form. I.D.1 Anm. 3–6. Zur Angabe der Prozessbevollmächtigten, → Form. I.D.1 Anm. 6. Zur Unterschrift des Rechtsanwalts→ Form. I. D.1 Anm. 25.

5. Zur Kurzbezeichnung des Streitgegenstands → Form. I.D.1 Anm. 7. Zur Zuständigkeit der Spezialkammern für Erbrecht seit 1.1.2021 vgl. § 72a Abs. 1 Nr. 6 GVG → Form. II.L.9 Anm. 5.

6. Der Wert der Auskunftsklage und der Klage auf Vorlage eines Nachlassverzeichnisses richtet sich nicht nach dem Wert des Nachlasses, sondern gem. § 3 ZPO nach dem Interesse des Klägers, das regelmäßig mit 25 % der Hauptforderung bewertet wird.

7. Zur Güteverhandlung, zum frühen ersten Termin und zum schriftlichen Vorverfahren → Form. I.D.1 Anm. 14, 15. Zum Antrag auf Erlass eines Versäumnisurteils oder/und Anerkenntnisurteils → Form. I.D.1 Anm. 15 und → Form. I.G. Zur Übertragung der Sache auf den Einzelrichter → Form. I.D.1 Anm. 16.

8. Zum Inhalt der Klagebegründung → Form. I.D.1 Anm. 17, 22. Zur Bezeichnung der Beweismittel → Form. I.D.1 Anm. 18–21 und → Form. I.H.

9. Maßgeblicher Zeitpunkt für den Inhalt des Verzeichnisses ist nicht der Erbfall, sondern der Tag der Aufnahme des Verzeichnisses (BGH NJW 1995, 456). Nach dem Erbfall zum Nachlass gekommene Surrogate (§ 2111 BGB) sind daher in das Verzeichnis aufzunehmen, nicht aber inzwischen ausgeschiedene Gegenstände.

Entzieht sich der Vorerbe seiner Auskunftspflicht aus § 2121 BGB oder legt er ein unrichtiges oder unvollständiges Verzeichnis vor, kann das den Anspruch auf Sicherheitsleistung nach § 2128 BGB begründen. Eine Verpflichtung des Vorerben zur **Abgabe einer eidesstattlichen Versicherung** über die Richtigkeit und Vollständigkeit des Verzeichnisses besteht nicht (Palandt/*Weidlich* BGB § 2121 Rn. 4). Hat der Vorerbe durch seine Verwaltung die Rechte des Nacherben erheblich verletzt, steht diesem neben dem Auskunftsanspruch aus § 2121 BGB auch ein solcher aus § 2127 BGB zu.

10. Auf Verlangen des Nacherben muss der Vorerbe gem. § 2121 Abs. 3 BGB ein amtliches Verzeichnis aufnehmen lassen. Gem. § 20 Abs. 1 BNotO sind hierfür allgemein **Notare** zuständig.

11. Das vorzulegende Verzeichnis kann sich auf die zum Zeitpunkt seiner Errichtung vorhandene Aktiva beschränken, braucht also *nicht die Passiva* zu enthalten (Palandt/*Weidlich* BGB § 2121 Rn. 2). Es besteht kein Anspruch auf Wertangaben (BGH NJW 1981, 2051).

12. Für den Klageanspruch aus § 2121 Abs. 1 BGB ist die Frage, ob eine **befreite oder nicht befreite Vorerbschaft** vorliegt (vgl. dazu *Klinger/Roth* NJW-Spezial 2008, 391) ohne Bedeutung, da der Erblasser den Vorerben von den Verpflichtungen aus § 2121 BGB nicht befreien kann (vgl. § 2136 BGB).

13. Hat der Erblasser es unterlassen, das Ereignis zu bestimmen, mit dem der **Nacherbfall** eintritt (zB Wiederverheiratung des Ehepartners; bestimmtes Alter des Vorerben), regelt § 2106 Abs. 1 BGB, dass die Nacherbfolge mit dem Tod des Vorerben eintritt. Das Vermögen des Erblassers geht als Ganzes gem. § 2139 BGB mit dinglicher Wirkung auf den Nacherben über. Schlägt dieser die Nacherbschaft aus (§ 2142 Abs. 1 BGB), wird – sofern der Erblasser nichts anderes angeordnet hat – der Vorerbe zum Vollerben.

Kosten und Gebühren

14. Zum Streitwert → Form. I.D.1 Anm. 8. Zum Gerichtskostenvorschuss und zu den Rechtsanwaltsgebühren → Form. I.D.1 Anm. 26, 27.

Ausführlich zur **Abrechnung des erbrechtlichen Mandats** nach dem RVG: MAH ErbR/*Schneider* § 2 Rn. 97–209; zu Streitwert und Beschwer bei Erbrechtsprozessen: *Klingelhöffer* ZEV 2009, 379; zum Deckungsschutz der **Rechtsschutzversicherung** in erbrechtlichen Angelegenheiten: *Kind* ZErb 2016, 195; zur Prozessfinanzierung im Erbrecht: *Kuhn/Trappe* ZEV 2013, 246; zur **Interessenkollision im Erbrecht** und ihre Auswirkung auf die Vergütung: *Potthast* ErbR 2021, 376 und 466, sowie *Offermann-Burckart* ZEV 2007, 151.

Rechtsmittel

15. Zur Berufungseinlegung und Berufungsbegründung → Form. I.O.1; → Form. I.O.3. Zur Berufungssumme: → Form. II.L.7 Anm. 12.

14. Klage des Nacherben gegen einen beschenkten Dritten auf Grundbuchberichtigung

An das
Landgericht[2]

Klage[1]

des . . . . .

- Klägers[3] **–**

Prozessbevollmächtigter:[3]**. . . . .**

gegen

. . . . .

- Beklagten[3] **–**

wegen: Grundbuchberichtigung[4]
Vorläufiger Streitwert:[7] **EUR . . . . .**

Namens und mit Vollmacht des Klägers erhebe ich Klage und werde beantragen:

I. Der Beklagte wird verurteilt, darin einzuwilligen, dass das Grundbuch von . . . . . . (Ort) Blatt . . . . . . dahin berichtigt wird, dass Eigentümer des eingetragenen Grundstücks der Kläger ist, und zwar Zug um Zug[8] **gegen Zahlung von . . . . . . EUR.**

II. Der Beklagte hat die Kosten des Rechtsstreits zu tragen.

Es wird angeregt, das schriftliche Vorverfahren[5] **anzuordnen. Für den Fall des Vorliegens der gesetzlichen Voraussetzungen beantrage ich bereits jetzt schon den Erlass eines entsprechenden**

Anerkenntnis- bzw. Versäumnisurteils[5]

Einer Entscheidung der Sache durch den Einzelrichter stehen aus Sicht der Klägerin keine Gründe entgegen.[5]

***(oder)* Einer Übertragung der Sache auf den Einzelrichter steht entgegen, dass die Rechtssache besondere Schwierigkeiten tatsächlicher oder rechtlicher Art aufweist und zudem grundsätzliche Bedeutung hat.**

Begründung:[6]

Der am . . . . . . (Datum) in . . . . . . (Ort) verstorbene Rentner . . . . . . (Erblasser) wurde auf Grund eines privatschriftlichen Testamentes vom . . . . . . (Datum) von seiner Ehefrau . . . . . . als befreite Vorerbin[9] **beerbt. Die Parteien sind Söhne der Eheleute . . . . . . Aufgrund des Testaments vom . . . . . . (Datum) wurde nach dem Tode der Frau . . . . . . am . . . . . . (Datum) der Kläger Erbe des Erblassers.**

Beweis: Testament vom . . . . . . (Datum)
Beiziehung der Nachlassakten des Amtsgerichts – Nachlassgericht – . . . . . . (Ort),
Gz. . . . . . .
Kopie des Erbscheins vom . . . . . .

Zum Nachlass des Erblassers gehörte das im Klageantrag genannte Grundstück. Aufgrund eines notariellen Vertrages vom . . . . . (Datum) übertrug Frau R dieses Grundstück auf den Beklagten. Sie behielt sich ein unentgeltliches Wohnrecht vor. Außerdem verpflichtete sich der Beklagte, Frau R in kranken Tagen zu pflegen und zu verpflegen.

Das Grundstück hatte im Zeitpunkt der Übertragung einen Wert von . . . . . EUR. Der Wert der Gegenleistungen des Beklagten betrug allenfalls . . . . . EUR.

Beweis: Sachverständigengutachten

Der Beklagte weigert sich, in die Berichtigung des Grundbuches einzuwilligen, obwohl es sich zumindest um eine gemischte Schenkung gehandelt hat, so dass die Verfügung über das Grundstück mit Eintritt des Nacherbfalles unwirksam[10] geworden ist.

Rechtsanwalt[11, 12]

Schrifttum: Becker/Klinger, Die Rechte des Nacherben während der Vorerbschaft, NJW-Spezial 2005, 205; *dies.,* Die Rechtstellung des Nacherben bei Eintritt der Nacherbfolge, NJW-Spezial 2005, 445; *Daragan,* Die Vor- und Nacherbschaft aus zivilrechtlicher und steuerrechtlicher Sicht, ZErb 2001, 43; *de Leve*, Aufwendungen des Vorerben – Erstattungspflicht des Nacherben, ZEV 2005, 16; *Dillmann*, Verfügungen während der Vorerbschaft, RNotZ 2002, 2; *Heskamp*, Überführung von Nachlassgegenständen in das nacherbenfreie Vermögen des Vorerben, RNotZ 2014, 517; *Keim,* Erbauseinandersetzung zwischen Vor- und Nacherben durch Freigabe aus der Nacherbenbindung? DNotZ 2003, 822; *Klinger/de Leve,* Münchener Prozessformularbuch Erbrecht, 5. Aufl. 2021 → Form. M.II.2; *Klinger/Roth,* Der befreite Vorerbe, NJW-Spezial 2008, 391; *Klinger/Roth,* Abgrenzung der Vor- und Nacherbschaft zu verwandten Rechtsinstituten, NJW-Spezial 2009, 135; *Lindenau/Arweiler*, Auskunftspflichten im Erbrecht, NJW 2017, 3553; *Muscheler*, Konsolidation bei Übertragung der Nacherbenanwartschaft auf den Vorerben, ZEV 2012, 289; *ders.*, Schadensersatz bei befreiter Vorerbschaft, ZEV 2012, 389; *Sarres*, Auskunftspflichten bei Vor- und Nacherbschaft, ZEV 2004, 56; *Voit*, Außergewöhnliche Aufwendungen des Vorerben zur Erhaltung der Erbschaft und ihre Finanzierung durch Kredite, ZEV 1994, 138; *Weidlich*, Rechtsgeschäfte zwischen Vor- und Nacherben zur Aufhebung der Nacherbenbindung, ZErb 2014, 325.

Anmerkungen

1. Der Anspruch auf **Grundbuchberichtigung** folgt aus § 894 BGB. Eine Unrichtigkeit des Grundbuchs liegt darin, dass die grundbuchliche Eigentumssituation seit dem Nacherbfall nicht mehr mit der materiellen Eigentumslage übereinstimmt. Für den Anspruch aus § 894 BGB ist es ausreichend, dass die Unrichtigkeit nachträglich eingetreten ist (Palandt/*Herrler* BGB § 894 Rn. 2).

Eine Verfügung des Vorerben wäre trotz Verstoßes gegen die Verbote in § 2113 BGB wirksam, wenn der Dritte gutgläubig erworben hat (§ 2113 Abs. 3 BGB). Das ist bspw. der Fall, wenn die Nacherbfolge nicht im Grundbuch vermerkt (§ 51 GBO) und auch sonst dem Erwerber nicht positiv bekannt ist. Der Nacherbenvermerk bewirkt aber keine Grundbuchsperre.

Der Nacherbe kann auf Grund seines allgemeinen Anspruchs auf **Rechenschaft** gem. § 2130 Abs. 2 BGB vom Vorerben auch Auskunft über von diesem vorgenommene Verfügungen iSd § 2113 Abs. 1 und Abs. 2 BGB verlangen. Liegen Anhaltspunkte dafür vor, dass derartige Verfügungen vorgenommen wurden, so kann der Nacherbe unmittelbar vom Erwerber Auskunft verlangen, wenn diese vom Vorerben nicht mehr zu erlangen ist (zB Tod des Vorerben; BGH NJW 1972, 907).

Zur **Stufenklage des Nacherben** gegen den Vorerben *nach* Eintritt des Nacherbfalls auf Rechnungslegung, Vorlage eines Bestandsverzeichnisses, eidesstattliche Versicherung, Herausgabe der Erbschaft und Zustimmung zur Grundbuchberichtigung vgl. MPFormB ErbR/*de Leve* Form M. II. 1. .

2. Zur Bezeichnung des Gerichts → Form. I.D.1 Anm. 2. Zum elektronischen Rechtsverkehr → Form. I.D.1 Anm. 1. Der besondere Gerichtsstand der Erbschaft gem. § 27 ZPO (→ Form. II.L.1 Anm. 1und →Form. II.D.6 Anm. 2) ist vorliegend nicht eröffnet. Dem Nacherben bleibt nur die Klage im ausschließlichen dinglichen Gerichtsstand nach § 24 ZPO, weil es vorliegend um die Geltendmachung eines Grundbuchberichtigungsanspruchs geht. Ausschließlich zuständig ist also das Gericht, in dessen Bezirk das Grundstück belegen ist.

3. Zur Bezeichnung der Parteien → Form. I.D.1 Anm. 3–6. Zur Angabe der Prozessbevollmächtigten → Form. I.D.1 Anm. 6. Zur Unterschrift des Rechtsanwalts→ Form. I. D.1 Anm. 25.

4. Zur Kurzbezeichnung des Streitgegenstands → Form. I.D.1 Anm. 7. Zur Zuständigkeit der Spezialkammern für Erbrecht seit 1.1.2021 vgl. § 72a Abs. 1 Nr. 6 GVG → Form. II.L.9 Anm. 5. Zur Angabe des Streitwerts → Form. I.D.1 Anm. 8.

5. Zur Güteverhandlung, zum frühen ersten Termin und zum schriftlichen Vorverfahren → Form. I.D.1 Anm. 14, 15. Zum Antrag auf Erlass eines Versäumnisurteils oder/ und Anerkenntnisurteils → Form. I.D.1 Anm. 15 und → Form. I.G. Zur Übertragung der Sache auf den Einzelrichter → Form. I.D.1 Anm. 16.

6. Zum Inhalt der Klagebegründung → Form. I.D.1 Anm. 17, 22. Zur Bezeichnung der Beweismittel → Form. I.D.1 Anm. 18–21 und → Form. I.H.

7. Für den Streitwert einer Grundbuchberichtigungsklage gilt § 6 ZPO. Die Gegenleistung des Klägers („Zahlung von . . . . . . EUR“) bleibt außer Betracht.

8. Die **Zwangsvollstreckung** richtet sich nach § 894 ZPO. Wenn die Willenserklärung von einer Gegenleistung abhängig gemacht ist, tritt die Vollstreckungswirkung erst ein, wenn eine vollstreckbare Ausfertigung des rechtskräftigen Urteils erteilt ist. Diese darf aber erst dann erteilt werden, wenn der Nachweis der Erfüllung oder des Annahmeverzuges erbracht ist (vgl. § 726 ZPO).

9. Nach § 2136 BGB kann der Erblasser den Vorerben nicht von allen gesetzlich vorgesehenen Beschränkungen befreien. Eine Befreiung ist insb. für unentgeltliche Verfügungen nicht zulässig (§ 2113 Abs. 2 BGB).

Eine Verfügung ist unentgeltlich, wenn nach wirtschaftlichen Gesichtspunkten der Vorerbe objektiv ohne gleichwertige Gegenleistung aus der Erbmasse Opfer bringt und subjektiv die Ungleichwertigkeit erkennt oder bei ordnungsmäßiger Verwaltung hätte erkennen müssen (BGH NJW 1984, 366; Palandt/*Weidlich* BGB § 2113 Rn. 10).

10. Die Verfügung des Vorerben ist mit Eintritt des Nacherbfalles insoweit unwirksam, als das Recht des Nacherben vereitelt oder beeinträchtigt würde. Wenn die Verfügung teilweise unentgeltlich erfolgt ist, liegt die Beeinträchtigung lediglich in der Differenz, um die die Gegenleistung wertmäßig hinter dem weggegebenen Nachlassgegenstand zurückbleibt. Dabei ist es bei der befreiten Vorerbschaft gleichgültig, ob die Gegenleistung in den Nachlass gelangt oder nur dem Vorerben zugutegekommen ist. Der Nacherbe kann daher die Einwilligung in die Grundbuchberichtigung nur gegen *Rückerstattung der Gegenleistung* verlangen (vgl. BGH NJW 1985, 382).

Kosten und Gebühren

11. Zum Streitwert → Form. I.D.1 Anm. 8. Zum Gerichtskostenvorschuss und zu den Rechtsanwaltsgebühren → Form. I.D.1 Anm. 26, 27.

Ausführlich zur **Abrechnung des erbrechtlichen Mandats** nach dem RVG: MAH ErbR/*Schneider* § 2 Rn. 97–209; zu Streitwert und Beschwer bei Erbrechtsprozessen: *Klingelhöffer* ZEV 2009, 379; zum Deckungsschutz der **Rechtsschutzversicherung** in erbrechtlichen Angelegenheiten: *Kind* ZErb 2016, 195; zur Prozessfinanzierung im Erbrecht: *Kuhn/Trappe* ZEV 2013, 246; zur **Interessenkollision im Erbrecht** und ihre Auswirkung auf die Vergütung: *Potthast* ErbR 2021, 376 und 466, sowie *Offermann-Burckart* ZEV 2007, 151.

Rechtsmittel

12. Zur Berufungseinlegung und Berufungsbegründung → Form. I.O.1; → Form. I.O.3. Zur Berufungssumme: → Form. II.L.7 Anm. 12.

15. Klage eines Miterben wegen Geltendmachung einer Nachlassforderung

An das
Landgericht[2]

Klage[1, 12]

des . . . . .

- Kläger[3] –

Prozessbevollmächtigter:[3] . . . . .

gegen

. . . . .

- Beklagter[3] –

wegen: Kaufpreisforderung[4]
Vorläufiger Streitwert: EUR . . . . .
Namens und mit Vollmacht des Klägers[7] erhebe ich Klage und werde beantragen:
I. Der Beklagte wird verurteilt, an die Erbengemeinschaft[8] nach dem am . . . . . (Datum) verstorbenen . . . . . (Name) bestehend aus:
- **dem Kläger,**
- **dem . . . . . (Name und Anschrift),**
- **dem . . . . . (Name und Anschrift)**

1. . . . . . EUR nebst Zinsen iHv 5 Prozentpunkten über dem jeweiligen Basiszinssatz ab Rechtshängigkeit zu zahlen.
II. Der Beklagte hat die Kosten des Rechtsstreits zu tragen.
Es wird angeregt, das schriftliche Vorverfahren[5] anzuordnen. Für den Fall des Vorliegens der gesetzlichen Voraussetzungen beantrage ich bereits jetzt schon den Erlass eines entsprechenden
Anerkenntnis- bzw. Versäumnisurteils[5]

Einer Entscheidung der Sache durch den Einzelrichter stehen aus Sicht der Klägerin keine Gründe entgegen.[5]

Begründung:[6]

Am . . . . . (Datum) verstarb in . . . . . (Ort) Herr . . . . ., der Vater des Klägers. Er wurde kraft Gesetzes von dem Kläger und seinen beiden Brüdern beerbt.

Beweis:[6] **Kopie des Erbscheins vom . . . . . (Datum)**

Die Aktivlegitimation des Klägers ergibt sich aus § 2039 BGB.[8, 10, 11]

Der Vater hatte durch notariellen Vertrag vom . . . . . (Datum) sein im Grundbuch von . . . . . (Ort) Blatt . . . . . eingetragenes Grundstück an den Beklagten verkauft.

Beweis: Kaufvertrag vom . . . . . (Datum)

Einen Restbetrag des vereinbarten Kaufpreises iHv . . . . . EUR hat der Beklagte noch nicht gezahlt.[9] **Mit Schreiben vom . . . . . (Datum) hat der Beklagte erklärt, er rechne mit einer Forderung in gleicher Höhe gegen den Kläger auf.**

Beweis: Schreiben vom . . . . . (Datum)

Diese Aufrechnung[13] **ist unzulässig.**

Rechtsanwalt[14, 15]

Schrifttum: Holtmeyer, Die Verjährung von Ansprüchen im Recht der Erbengemeinschaft, ZEV 2013, 53; *Klinger/Flechtner,* Münchener Prozessformularbuch Erbrecht, 5. Aufl. 2021 Form. K. III. 6, *Stützel*, Grenzen von Einzel- und Mehrheitsentscheidungen in der Erbengemeinschaft, NJW 2013, 3543.

Anmerkungen

1. Der einzelne Miterbe handelt iRd § 2039 BGB als **gesetzlicher Prozessstandschafter.** Er klagt in eigenem Namen auf Leistung an die Erbengemeinschaft (BGH NJW 2014, 1886). Er, und nicht die Erbengemeinschaft, ist daher als Partei im Rubrum aufzuführen. Einer Mitwirkung der übrigen Erben bedarf es hierzu nicht. Deren Widerspruch macht die Klage regelmäßig nicht unzulässig (BGH NJW 2014, 1886).

Da nur der klagende Miterbe Partei des Verfahrens wird, ist es den übrigen Miterben möglich, als Zeugen im Verfahren aufzutreten. Das Ziel des Beklagten wird es dann allerdings sein, diese in Form einer Drittwiderklage aus ihrer Zeugenrolle zu drängen.

2. Zur Bezeichnung des Gerichts → Form. I.D.1 Anm. 2. Zum elektronischen Rechtsverkehr → Form. I.D.1 Anm. 1. Zum besonderen Gerichtsstand der Erbschaft gem. § 27 ZPO → Form. II.L.1 Anm. 1und →Form. II.D.6 Anm. 2.

3. Zur Bezeichnung der Parteien → Form. I.D.1 Anm. 3–6. Zur Angabe der Prozessbevollmächtigten, → Form. I.D.1 Anm. 6. Zur Unterschrift des Rechtsanwalts→ Form. I. D.1 Anm. 25.

4. Zur Kurzbezeichnung des Streitgegenstands → Form. I.D.1 Anm. 7. Zur Zuständigkeit der Spezialkammern für Erbrecht seit 1.1.2021 vgl. § 72a Abs. 1 Nr. 6 GVG → Form. II.L.9 Anm. 5. Zur Angabe des Streitwerts → Form. I.D.1 Anm. 8.

5. Zur Güteverhandlung, zum frühen ersten Termin und zum schriftlichen Vorverfahren → Form. I.D.1 Anm. 14, 15. Zum Antrag auf Erlass eines Versäumnisurteils oder/ und Anerkenntnisurteils → Form. I.D.1 Anm. 15 und → Form. I.G. Zur Übertragung der Sache auf den Einzelrichter → Form. I.D.1 Anm. 16.

6. Zum Inhalt der Klagebegründung → Form. I.D.1 Anm. 17, 22. Zur Bezeichnung der Beweismittel → Form. I.D.1 Anm. 18–21 und → Form. I.H.

7. Klagen mehrere, aber nicht alle Miterben in eigenem Namen, besteht zwischen ihnen keine notwendige Streitgenossenschaft; denn jeder Miterbe könnte den Anspruch auch allein verfolgen (str.). Das gilt auch, wenn alle Miterben gemeinsam klagen (BGH NJW 1985, 385 zu § 1011; offen gelassen von BGH NJW 1989, 2133).

8. Ansprüche, die zum Nachlass gehören, kann nach § 2039 BGB ein einzelner Miterbe allein und im eigenen Namen geltend machen. Er kann aber regelmäßig **nur Leistung an alle Miterben** fordern. Mit Zustimmung der anderen Miterben kann der Miterbe auf Leistung an sich selbst klagen. Der BGH (NJW-RR 2005, 887; NJOZ 2007, 742) hat eine Klage auf Leistung an den klagenden Miterben allein auch dann für zulässig gehalten, wenn damit die Auseinandersetzung in zulässiger Weise vorweggenommen wird, etwa dann, wenn die Klage gegen den einzigen Miterben gerichtet ist, Nachlassverbindlichkeiten nicht bestehen und der Kläger nur den Anteil verlangt, der ihm bei der endgültigen Auseinandersetzung zufallen würde.

9. Der Schuldner seinerseits kann sich nur durch Leistung an alle Miterben von seiner Schuld befreien (OLG Koblenz NJW-RR 2005, 1678). Wenn die Miterben zur Annahme nicht bereit sind, muss er Hinterlegung für alle erwirken (vgl. Palandt/*Weidlich* BGB § 2039 Rn. 8).

10. Keine Ansprüche iSv § 2039 BGB sind **Gestaltungsrechte** wie die Kündigung, der Rücktritt, der Widerruf (BGH NJW 1989, 2694). Gestaltungsrechte sind als Verfügungen grds. gem. § 2040 der Erbengemeinschaft vorbehalten. Sie können von den Miterben grds. nur gemeinsam ausgeübt werden. Stellt sich die Kündigung eines Darlehens gegenüber einem Miterben als Maßnahme der ordnungsgemäßen Verwaltung dar, bedarf es dafür nicht der Einstimmigkeitsvoraussetzung des § 2040 BGB. Sie kann vielmehr nach den §§ 2038 Abs. 2, 745 BGB mit Stimmenmehrheit der Erbengemeinschaft beschlossen werden (OLG Schleswig ZEV 2015, 101; OLG Frankfurt ZEV 2012, 258). Auch die Einziehung einer Forderung aufgrund Mehrheitsbeschlusses hat der BGH (ZEV 2013, 81) mittlerweile für wirksam erachtet, sofern es sich um eine Maßnahme der ordnungsgemäßen Verwaltung iSd § 2038 Abs. 1 S. 2 BGB handele. Das OLG Brandenburg (ZEV 2012, 261) hat diese Rspr. auf die Kündigung von Verträgen über ein Giro- und ein Sparkonto ausgedehnt. Ausführlich dazu *Stützel* NJW 2013, 3543.

11. Auch Ansprüche gegen einen Miterben können nach § 2039 BGB von anderen Miterben im eigenen Namen geltend gemacht werden (BGH WM 1975, 1179). Dem in Anspruch genommenen Miterben kann im Hinblick auf sein Auseinandersetzungsguthaben (§ 2042 BGB) ein Leistungsverweigerungsrecht nach § 273 BGB zustehen, wenn die Einziehung der Schuld nach den Umständen des Einzelfalls den Grundsätzen einer ordnungsgemäßen Verwaltung des Nachlasses widerspricht, den Miterben unbillig beschweren und damit gegen Treu und Glauben verstoßen würde (RGZ 65, 5; OLG Düsseldorf ZEV 2015, 125).

12. Das für oder gegen einen Miterben ergangene rechtskräftige Urteil schafft für und gegen die anderen Miterben keine Rechtskraft (RGZ 93, 127; Palandt/*Weidlich* § 2039 Rn. 6). Die Klage des einzelnen Miterben hemmt die Verjährung (§ 204 Abs. 1 Nr. 1 BGB) auch für die Übrigen (Palandt/*Weidlich* § 2039 Rn. 6; str.).

13. Der Anspruchsgegner kann nur solche **Gegenrechte** geltend machen, die sich gegen die Miterbengemeinschaft richten, nicht jedoch Rechte, die ihm nur gegen einzelne Miterben - auch gegen denjenigen Miterben, der den Anspruch durchsetzt – zustehen (Palandt/*Weidlich* § 2040 Rn. 6). Eine Ausnahme hat der BGH (NJW 1966, 773) in dem

Fall zugelassen, dass der klagende Miterbe sich arglistig gegenüber dem Anspruchsgegner verhalten hatte und die anderen Miterben, denen Arglist nicht vorgeworfen werden konnte, der Erhebung der Klage widersprochen hatten; die Klage wurde als unzulässig abgewiesen. Gegenrechte der Erbengemeinschaft gegenüber den Rechten des Anspruchsgegners, die im Wege der Replik eingewandt werden sollen, können wiederum nur von allen Erben gemeinsam ausgeübt werden; doch kann sich ein Miterbe allein auf eine bereits vom Erblasser oder nach dem Erbfall von allen Erben erklärte Aufrechnung berufen.

Kosten und Gebühren

14. Zum Streitwert → Form. I.D.1 Anm. 8. Zum Gerichtskostenvorschuss und zu den Rechtsanwaltsgebühren → Form. I.D.1 Anm. 26, 27.

Ausführlich zur **Abrechnung des erbrechtlichen Mandats** nach dem RVG: MAH ErbR/*Schneider* § 2 Rn. 97–209; zu Streitwert und Beschwer bei Erbrechtsprozessen: *Klingelhöffer* ZEV 2009, 379; zum Deckungsschutz der **Rechtsschutzversicherung** in erbrechtlichen Angelegenheiten: *Kind* ZErb 2016, 195; zur Prozessfinanzierung im Erbrecht: *Kuhn/Trappe* ZEV 2013, 246; zur **Interessenkollision im Erbrecht** und ihre Auswirkung auf die Vergütung: *Potthast* ErbR 2021, 376 und 466, sowie *Offermann-Burckart* ZEV 2007, 151.

Rechtsmittel

15. Zur Berufungseinlegung und Berufungsbegründung → Form. I.O.1; → Form. I.O.3. Zur Berufungssumme: → Form. II.L.7 Anm. 12.

16. Klage eines Nachlassgläubigers gegen Miterben bei Testamentsvollstreckung

An das
Landgericht[2]

Klage[1]

des . . . . .

– Klägers[3] –

Prozessbevollmächtigter:[3]. . . . .

gegen

1. . . . . .

– Beklagten[3] zu 1) –

2. . . . . .

– Beklagten zu 2) –

3. den Rechtsanwalt . . . . . (Testamentsvollstrecker), als Testamentsvollstrecker hinsichtlich des Nachlasses des am . . . . . (Datum) verstorbenen Herrn . . . . . (Erblasser)[7]

– Beklagten zu 3) –

wegen: Forderung[4]
Vorläufiger Streitwert:[12] . . . . . EUR
Namens und mit Vollmacht des Klägers erhebe ich Klage und werde beantragen:

I. Die Beklagten zu 1. und 2. werden als Gesamtschuldner[9] verurteilt, an den Kläger ..... EUR nebst Zinsen iHv 5 Prozentpunkten über dem jeweiligen Basiszinssatz ab Rechtshängigkeit zu zahlen.

II. Der Beklagte zu 3. wird verurteilt, die Zwangsvollstreckung wegen der vorstehenden Forderung in den Nachlass des am ..... (Datum) verstorbenen ..... (Erblasser) zu dulden.

III. Die Beklagten haben die Kosten des Rechtsstreits als Gesamtschuldner zu tragen.

Es wird angeregt, das schriftliche Vorverfahren[5] anzuordnen. Für den Fall des Vorliegens der gesetzlichen Voraussetzungen beantrage ich bereits jetzt schon den Erlass entsprechender

(Teil-) Anerkenntnis- bzw. (Teil-) Versäumnisurteile[5]

Einer Entscheidung der Sache durch den Einzelrichter stehen aus Sicht der Klägerin keine Gründe entgegen.[5]

Begründung:[6]

Der Kläger hat am ..... (Datum) dem Landwirt ..... ein Darlehen iHv ..... EUR gewährt, das am ..... (Datum) zur Rückzahlung fällig sein sollte.

Beweis:[6] Darlehensvertrag vom ..... (Datum)

Eine Rückzahlung ist noch nicht erfolgt. L verstarb am ..... (Datum). Er wurde von den Beklagten zu 1) und 2) auf Grund eines privatschriftlichen Testaments vom ..... (Datum) zu je $^{1}/_{2}$ beerbt.

Der Beklagte zu 3) ist in diesem Testament gemäß § 2197 Abs. 1 BGB zum Testamentsvollstrecker[8] ernannt worden. Eine Beschränkung seiner Rechte im Sinne von § 2208 BGB ist nicht erfolgt.

Beweis: Testament vom ..... (Datum)
Erbschein vom ..... (Datum)
Testamentsvollstreckerzeugnis vom ..... (Datum)
Beiziehung der Nachlassakten des Amtsgerichts – Nachlassgericht – ..... (Ort), Gz. ....

Der Beklagte zu 3) hat das Amt als Testamentsvollstrecker gemäß § 2202 BGB angenommen.

Die Beklagten haben geltend gemacht, der Nachlass sei dürftig.[10, 11] Dies wird bestritten.

Rechtsanwalt[12, 13]

Schrifttum: Damrau, Gesamttestamentsvollstrecker im Prozess: Gesamtvollstrecker in Passivprozessen und im Berufungsverfahren, ZEV 2013, 647; *Garlichs/Mankel,* Die passive Prozessführungsbefugnis des Testamentsvollstreckers bei Teilverwaltung, MDR 1998, 511; *Garlichs,* Der Testamentsvollstrecker privat, ZEV 1996, 447; *Klinger/Zimmermann,* Münchener Prozessformularbuch Erbrecht, 5. Aufl. 2021 Form. R. IV. 3; *Köpf*, Die Geltendmachung des Pflichtteilsanspruchs bei Testamentsvollstreckung: § 2213 Abs. 1 S. 3 BGB als halbzwingendes Recht, ZEV 2013, 235.

Anmerkungen

1. Bei Verwaltung des *ganzen* Nachlasses kann nach § 2213 Abs. 1 S. 1 BGB ein Nachlassanspruch sowohl gegen die Erben als auch gegen den Testamentsvollstrecker gerichtlich geltend gemacht werden. Nach § 748 Abs. 1 ZPO ist zur **Zwangsvollstreckung in den Nachlass** ein gegen den Testamentsvollstrecker ergangenes Urteil erforderlich. Zweckmäßig ist eine Klage gegen die Erben auf Leistung und zugleich gegen den

Testamentsvollstrecker auf Leistung oder auf Duldung der Zwangsvollstreckung (Palandt/*Weidlich* § 2213 Rn. 1).

Nach § 2213 Abs. 1 S. 3 BGB können **Pflichtteilsansprüche** nur gegen die Erben geltend gemacht werden. Dies gilt auch dann, wenn dem Testamentsvollstrecker die Verwaltung des ganzen Nachlasses zusteht (Palandt/*Weidlich* § 2213 Rn. 6). Nach *Köpf* ZEV 2013, 235 kann ein Erblasser seinen Testamentsvollstrecker in Abweichung von § 2213 Abs. 1 S. 3 BGB mit der Abwicklung von Pflichtteilsansprüchen betrauen. Zur Geltendmachung eines in den Nachlass fallenden Pflichtteilsanspruchs durch den Testamentsvollstrecker vgl. BGH NJW 2015, 59.

2. Zur Bezeichnung des Gerichts → Form. I.D.1 Anm. 1. Zum besonderen Gerichtsstand der Erbschaft gem. § 27 ZPO → Form. II.L.1 Anm. 1und →Form. II.D.6 Anm. 2. Sowohl der Erbe als auch der Testamentsvollstrecker können am Gerichtsstand der Erbschaft (§§ 27, 28 ZPO) verklagt werden. Bei unterschiedlichem Gerichtsstand kann nach § 36 Nr. 3 ZPO die Bestimmung eines zuständigen Gerichts beantragt werden.

3. Zur Bezeichnung der Parteien → Form. I.D.1 Anm. 3–6. Zur Angabe der Prozessbevollmächtigten → Form. I.D.1 Anm. 6. Zur Unterschrift des Rechtsanwalts→ Form. I. D.1 Anm. 25.

4. Zur Kurzbezeichnung des Streitgegenstands → Form. I.D.1 Anm. 7. Zur Zuständigkeit der Spezialkammern für Erbrecht seit 1.1.2021 vgl. § 72a Abs. 1 Nr. 6 GVG → Form. II.L.9 Anm. 5. Zur Angabe des Streitwerts → Form. I.D.1 Anm. 8.

5. Zur Güteverhandlung, zum frühen ersten Termin und zum schriftlichen Vorverfahren → Form. I.D.1 Anm. 14, 15. Zum Antrag auf Erlass eines Versäumnisurteils oder/und Anerkenntnisurteils → Form. I.D.1 Anm. 15 und → Form. I.G. Zur Übertragung der Sache auf den Einzelrichter → Form. I.D.1 Anm. 16.

6. Zum Inhalt der Klagebegründung → Form. I.D.1 Anm. 17, 22. Zur Bezeichnung der Beweismittel → Form. I.D.1 Anm. 18–21 und → Form. I.H.

7. Der Beklagte zu 3. ist als Testamentsvollstrecker **Partei kraft Amtes.** Ist nur der Erbe oder der Testamentsvollstrecker verklagt, so kann der jeweils andere als Streithelfer beitreten (§ 66 ZPO) oder es kann ihm der Streit verkündet werden (§ 72 ZPO). Mangels Rechtskrafterstreckung sind in einem gegen den Erben gerichteten Verfahren Erbe und Testamentsvollstrecker keine notwendigen Streitgenossen (BFH NJW-RR 1996, 1025). Die gegen den Erben erhobene Leistungs- oder Feststellungsklage und die gegen den Testamentsvollstrecker erhobene Klage (auf Leistung, Feststellung oder Duldung) können als einheitlicher Rechtsstreit (§ 59 ZPO) oder aber auch getrennt verfolgt werden.

8. Ist die Testamentsvollstreckung erloschen und unterliegt daher der Nachlass der alleinigen Verfügung und Verwaltung des Erben, so kann der Titel gegen diesen nach §§ 728 Abs. 2, 327 ZPO umgeschrieben werden (*Damrau* ZEV 2013, 647).

9. Nach § 2058 BGB haften Miterben für die Nachlassverbindlichkeiten als **Gesamtschuldner.** Zur Zwangsvollstreckung in den Nachlass ist nach § 747 ZPO ein gegen alle Erben ergangenes Urteil erforderlich. Bis zur Teilung des Nachlasses hat der Gläubiger grds. die Wahl zwischen der Gesamtschuldklage nach § 2058 BGB und der Gesamthandklage nach § 2059 Abs. 2 BGB, die gegen alle Erben gemeinsam als solche zu richten ist.

10. Dem vorläufig unbeschränkt haftenden Erben stehen nach §§ 1975, 1990–1992 BGB **Haftungsbeschränkungsrechte** zu. In § 2059 BGB ist außerdem für jeden Miterben bis zur Teilung ein besonderes Verweigerungsrecht vorgesehen. In diesen Fällen werden grds. im Urteil die Einwendungen zur Haftungsbeschränkung nicht ausgesprochen, sondern nur nach § 780 ZPO vorbehalten (→ Form. II.L.22). Ohne den Vorbehalt im

Urteil kann die beschränkte Haftung in der Zwangsvollstreckung nicht geltend gemacht werden. Der Vorbehalt kann nur dann im Urteil ausgesprochen werden, wenn der Erbe die Einrede einer beschränkten Haftung (§ 780 ZPO) geltend gemacht hat, wird somit nicht von Amts wegen ausgesprochen.

11. Zur Klageerwiderung der Miterben mit Herbeiführung des vorläufigen Haftungsbeschränkungsvorbehalts aus § 2059 Abs. 1 S. 1 BGB vgl. MPFormB ErbR/*Joachim* Form. S. II.1Form. S.II.1.

Kosten und Gebühren

12. Zum Streitwert → Form. I.D.1 Anm. 8. Zum Gerichtskostenvorschuss und zu den Rechtsanwaltsgebühren → Form. I.D.1 Anm. 26, 27.

Ausführlich zur **Abrechnung des erbrechtlichen Mandats** nach dem RVG: MAH ErbR/*Schneider* § 2 Rn. 97–209; zu Streitwert und Beschwer bei Erbrechtsprozessen: *Klingelhöffer* ZEV 2009, 379; zum Deckungsschutz der **Rechtsschutzversicherung** in erbrechtlichen Angelegenheiten: *Kind* ZErb 2016, 195; zur Prozessfinanzierung im Erbrecht: *Kuhn/Trappe* ZEV 2013, 246; zur **Interessenkollision im Erbrecht** und ihre Auswirkung auf die Vergütung: *Potthast* ErbR 2021, 376 und 466, sowie *Offermann-Burckart* ZEV 2007, 151.

Rechtsmittel

13. Zur Berufungseinlegung und Berufungsbegründung → Form. I.O.1; → Form. I.O.3. Zur Berufungssumme: → Form. II.L.7 Anm. 12.

17. Antrag eines Miterben auf Teilungsversteigerung und Beitrittsantrag des Antragsgegners

Amtsgericht
– Vollstreckungsgericht[2] –
. . . . . (Ort)

Antrag[3] auf Teilungsversteigerung[1]

Zum Zwecke der Aufhebung der Erbengemeinschaft[4] nach dem am . . . . . in . . . . . geborenen und am . . . . . in . . . . . verstorbenen . . . . . (Erblasser), bestehend aus den Miterben,

1) Herrn . . . . . (Name, Anschrift)

– Antragsteller –[3, 5]

und

2) Frau . . . . . (Name, Anschrift)

– Antragsgegnerin –[5, 8]

3) Herrn . . . . . (Name, Anschrift)

– Antragsgegner –

beantrage ich namens und unter Vorlage der auf mich lautenden Verfahrensvollmacht des Antragstellers,

zum Zwecke der Aufhebung der Gemeinschaft die Zwangsversteigerung des im Grundbuch des Amtsgerichts . . . . ., Blatt . . . . ., Flur . . . . ., Flurstück . . . . ., Gebäude- und Freifläche, ... (Anschrift), groß: . . . . . m², verzeichneten Grundstücks[5] anzuordnen.

Begründung:[1]

Die Beteiligten sind die Erben des vorgenannten Erblassers in ungeteilter Erbengemeinschaft.[5]

Beweis: Erbschein[6] des Amtsgerichts – Nachlassgericht – . . . . . (Ort) vom . . . . . (Datum)
(alternativ:) Auf die Nachlassakte Az. . . . . . VI . . . . ./. . . . . – im Hause – wird gem. § 17 Abs. 3 ZVG Bezug genommen.[6]

Der Erblasser war Alleineigentümer des im Antrag näher bezeichneten Grundbesitzes.[5]

(*alternativ bei bereits erfolgter Eintragung der Erben*:)

Durch Grundbuchberichtigung vom . . . . . sind die Beteiligten als Eigentümer – in Erbengemeinschaft – in das Grundbuch eingetragen worden.[5]

Beweis: Beglaubigter Grundbuchauszug[6] vom . . . . . (Datum)
(alternativ:) Statt Vorlage eines Zeugnisses des Grundbuchamts wird gem. § 17 Abs. 2 ZVG auf das Grundbuch – im Hause – Bezug genommen.[6]

Die Zwangsversteigerung dient der Liquidierung des unbeweglichen Nachlasses und damit der Vorbereitung der Erbauseinandersetzung. Die Erlösverteilung bleibt der Auseinandersetzung vorbehalten.[4]

Teilungsanordnungen des Erblassers liegen nicht vor[4].

(ggf.) Der Ehegatte des Antragstellers hat in die Teilungsversteigerung eingewilligt.[6]

Beweis: Zustimmungserklärung des Ehegatten[6] des ASt., ... vom . . . . . in Anlage anbei

(*bei mehreren Grundstücken*:)

Die Grundstücke sollen einzeln/zusammen ausgeboten werden.[7]

Rechtsanwalt[14, 15]

Beitrittsantrag[8, 12] des Antragsgegners

Amtsgericht
– Vollstreckungsgericht[10] –
. . . . . (Ort)

In dem Zwangsversteigerungsverfahren

. . . . .

bestelle ich mich unter Vorlage der auf mich lautenden Verfahrensvollmacht für den Miteigentümer/Miterben . . . . .[11]

Namens meines Mandanten beantrage ich für diesen die

Zulassung des Beitritts zur Teilungsversteigerung

im vorgenanntem Verfahren.

Mit Beschl. v. . . . . . wurde auf Antrag des Miterben/Miteigentümers . . . . . die Teilungsversteigerung des im Grundbuch von . . . . . eingetragenen Grundstücks . . . . . angeordnet.

Mein Mandant ist, wie sich aus der Verfahrensakte ergibt, Miterbe/Miteigentümer nämlichen Grundstücks. Weitere Miterben/Miteigentümer sind . . . . . (vollständige Namen und Anschriften).[13]

Beweis: Erbschein des Amtsgerichts – Nachlassgericht – . . . . . (Ort) vom . . . . . (Datum)
(alternativ:) Auf die Nachlassakte Az. . . . . . VI . . . . ./. . . . . – im Hause – wird gem. § 17 Abs. 3 ZVG Bezug genommen.
(bzw.) Beglaubigter Grundbuchauszug vom . . . . . (Datum)
(oder) Zeugnis des Grundbuchamts . . . . . vom . . . . .
(alternativ:) Statt Vorlage eines Zeugnisses des Grundbuchamts wird gem. § 17 Abs. 2 ZVG auf das Grundbuch – im Hause – Bezug genommen.

(ggf. Hinweis:) Es wird ausdrücklich darauf hingewiesen, dass der vorliegende Beitrittsantrag nicht als Zustimmung zum Versteigerungsverfahren zu werten ist, sondern ausschließlich als Schutzmaßnahme erfolgt, damit der bisherige Antragsteller nicht allein über den Fortgang des Verfahrens bestimmen kann.[9]
Rechtsanwalt[14, 15]

Schrifttum: Becker, Die freiwillige Grundstücksversteigerung, notar 2014, 359; *Bothe,* Die Teilungsversteigerung, 2. Aufl. 2020; *Brandt,* Mediation in der Erbauseinandersetzung, ZEV 2010, 133; *Böttcher*, Teilungsversteigerung von Grundstücken, FPR 2012, 502; *Böttcher,* Der Ablauf eines Teilungsversteigerungsverfahrens, FPR 2013, 345; *Damrau*, Druck bei der Erbauseinandersetzung durch Pfandverkauf, ZEV 2008, 216; *Eberl-Borges*, Der blockierende Miterbe, ErbR 2008, 6; *Grunewald,* Die Vertretung mehrerer Miterben durch einen Rechtsanwalt bzw. eine Sozietät, ZEV 2006, 386; *Holzer*, Das Verfahren zur Auseinandersetzung des Nachlasses nach dem FamFG, ZEV 2013, 656; *Kiderlen/Roth,* Taktisches Verhalten des Miterben in der Teilungsversteigerung, NJW-Spezial 2008, 455; *Kiderlen*, Abenteuer Teilungsversteigerung, ErbR 2008, 187; *Kiderlen/Roth*, Hindernisse für die Teilungsversteigerung, NJW-Spezial 2012, 103; *Kiderlen*, Ausgewählte Probleme der Teilungsversteigerung bei Nachlassgrundstücken, ZEV 2018, 385; *Klinger/Flechtner,* Münchener Prozessformularbuch Erbrecht, 5. Aufl. 2021, Form. K.VIII.1 und Form. K.VIII.2; *Kogel*, Teilungsversteigerung und Zurückbehaltungsrechte – ein Albtraum?, NJW 2017, 2520; *Mahlmann*, Die Vertretung Minderjähriger in einer Erbengemeinschaft bei der Veräußerung von Nachlassgegenständen, ZEV 2009, 320; *Najdecki*, Teilungsversteigerung bei Vor- und Nacherbschaft, DNotZ 2007, 643; *Nickel*, Die Teilungsversteigerung als Sonderfall der Zwangsversteigerung, FPR 2013, 370; *Roth*, Klippen bei der Einleitung der Teilungsversteigerung, NJW-Spezial 2016, 295; *Schneider/Thiel*, Kosten in der Teilungsversteigerung, NZFam 2018, 64 ff., 118 ff.; *Storz/Kiderlen,* Praxis der Teilungsversteigerung, 6. Aufl. 2016; *Storz*, Die einstweilige Einstellung der Teilungsversteigerung, FPR 2013, 356; *Stützel*, Grenzen von Einzel- und Mehrheitsentscheidungen in der Erbengemeinschaft, NJW 2013, 3543; *Zimmermann*, Vermittlung der Erbauseinandersetzung durch das Nachlassgericht, ZEV 2009, 374.

Anmerkungen

1. Nach §§ 2042 Abs. 2, 749 Abs. 1 BGB kann grds. jeder Miterbe jederzeit die Auseinandersetzung der Erbengemeinschaft verlangen. Grundvoraussetzung ist, dass der Anspruch auf eine Gesamtauseinandersetzung gerichtet (einen Anspruch auf eine dingliche oder persönliche Teilauseinandersetzung gibt es nicht) und der Nachlass teilungsreif ist.

Zur Herbeiführung der Teilungsreife sieht das Gesetz in §§ 2042 Abs. 2, 752 ff. BGB Auseinandersetzungsregeln vor, die zwingend einzuhalten sind, wenn sich die Erben nicht anderweitig einigen. Dazu ist der nicht teilbare Nachlass zunächst zu liquidieren. Bei Grundstücken geschieht dies nach § 2042 Abs. 2, 753 Abs. 1 S. 1 BGB iVm §§ 180, 181 Abs. 2 ZVG durch „Zwangsversteigerung zum Zwecke der Aufhebung einer Gemeinschaft“, die sog. Teilungsversteigerung.

Jeder Miterbe (Teilhaber) kann also unabhängig von der Größe seines Anteils jederzeit gegen den Willen der übrigen Teilhaber die Teilungsversteigerung betreiben, selbst wenn Kaufangebote vorliegen sollten oder bereits ein Teilungsplan erstellt ist.

Bei der Teilungsversteigerung gelten die Regeln der Forderungsversteigerung entsprechend, soweit sich aus §§ 181–185 ZVG nichts anderes ergibt (§ 180 Abs. 1 ZVG).

In der Praxis zeigt sich, dass „taktische" Versteigerungsanträge oftmals katalytisch wirken und selbst bei festgefahrenen Erbengemeinschaften die Verhandlungs- und Einigungsbereitschaft plötzlich erhöhen.

2. Sachlich und örtlich **ausschließlich zuständig** für Teilungsversteigerungsverfahren ist das Amtsgericht als Vollstreckungsgericht, in dessen Bezirk das zu versteigernde Grundstück belegen ist (§ 869 ZPO iVm §§ 1 Abs. 1, 15 ZVG; §§ 764, 802 ZPO). Zu beachten ist, dass einige Bundesländer bestimmten Amtsgerichten die Zuständigkeit für mehrere Amtsgerichtsbezirke zugewiesen haben können.

Funktionell zuständig für Zwangsversteigerungen ist der Rechtspfleger (§ 3 Nr. 1 i) RPflG).

Liegt ein Grundstück in den Bezirken verschiedener Amtsgerichte oder ist die Teilungsversteigerung mehrerer Grundstücke in verschiedenen Bezirken in demselben Verfahren zulässig, bestimmt auf Gesuch das zunächst höhere gemeinschaftliche Gericht eines der Amtsgerichte zum Versteigerungsgericht (§ 2 ZVG).

3. Die Teilungsversteigerung wird nur auf Antrag angeordnet (§§ 180, 15 ZVG). Der Antrag kann schriftlich oder zu Protokoll der Geschäftsstelle gestellt werden.

Antragsberechtigt ist jeder Teilhaber einer Bruchteils- oder Gesamthandsgemeinschaft, insbesondere also jeder Miterbe, auch der Vorerbe, nicht jedoch der Nacherbe vor Eintritt des Nacherbfalls. Ferner sind antragsberechtigt der eingetragene Bruchteils- oder Erbteilserwerber, der Pfändungspfandgläubiger eines Teilhabers, ein Nießbraucher zusammen mit dem Miteigentümer (§ 1066 Abs. 2 BGB), sowie ein Testamentsvollstrecker.

Nicht antragsberechtigt sind hingegen Nachlasspfleger oder Nachlassgläubiger.

In der Teilungsversteigerung hat der Antragsteller die Rolle des Gläubigers, die übrigen Beteiligten die des Schuldners, sofern sie dem Verfahren nicht beitreten.

Kleines/großes Antragsrecht: Besteht eine Erbengemeinschaft an einem Bruchteil einer Bruchteilsgemeinschaft, hat ein Teilhaber die Wahl, ob er „nur" die Aufhebung der Erbengemeinschaft an dem Bruchteil (sog. kleines Antragsrecht) oder gleich die Teilungsversteigerung der gesamten Bruchteilsgemeinschaft betreiben möchte (sog. großes Antragsrecht). Das kleine Antragsrecht kann sich etwa anbieten, wenn der Antragsteller den Bruchteil selbst „billig" ersteigern möchte, da er kaum Bieter-Konkurrenz befürchten muss.

4. Die Teilungsversteigerung ist zulässig, wenn

(1) Versteigerungsgegenstand ein nicht in Natur teilbares Grundstück, ein grundstücksgleiches Recht, ein Schiff oder Luftfahrzeug ist, an dem

(2) eine Bruchteils- oder Gesamthandsgemeinschaft besteht, die aufgehoben werden soll, und

(3) der betreibende Antragsteller ein Recht zur Auseinandersetzung hat.

Anders als bei der Forderungsversteigerung ist bei der Teilungsversteigerung ein vollstreckbarer Titel nicht erforderlich (§ 181 Abs. 1 ZVG).

Ob der Auseinandersetzung Rechte entgegenstehen, soll und kann das Vollstreckungsgericht jedoch nicht prüfen; entsprechende Einwendungen (etwa ein Auseinandersetzungsverbot, ein Aufgebotsverfahren, unbestimmte Erbteile, eine Teilungsanordnung des Erblassers oder eine angeordnete Testamentsvollstreckung) sind im Wege der (unechten) Drittwiderspruchsklage analog § 771 ZPO geltend zu machen.

Erforderlich für die Zulässigkeit des Versteigerungsantrags ist allerdings, dass aus dem Antrag hervorgeht, dass „die Versteigerung die Auseinandersetzung der Erbengemeinschaft überhaupt **bezweckt**" (vgl. KG ErbR 2012, 348, das die Zulässigkeit einer Teilungsversteigerung von inneren Tatsachen, den Absichten und Plänen des die Versteigerung betreibenden Miterben abhängig macht). Allerdings wird der Auseinandersetzungswille vom Vollstreckungsgericht nicht von Amts wegen geprüft, sondern mit

Antragstellung bis zum Beweis des Gegenteils vermutet (RG JW 1919, 42; *Storz/Kiderlen*, B.1.4.3. mwN).

Versteigerung nur einzelner von mehreren Grundstücken: Beantragt der Antragsteller die Versteigerung lediglich eines oder einzelner von mehreren Grundstücken, ist dies nach hM grundsätzlich zulässig, sofern mit dem Antrag nicht eine unzulässige Teilerbauseinandersetzung beabsichtigt ist (vgl. KG ErbR 2012, 348). Denn die Teilungsversteigerung selbst führt nicht bereits zur (Teil-) Auseinandersetzung der Gemeinschaft, sondern bereitet eine (spätere) Auseinandersetzung durch Verwertung (Versilberung) erst vor (BGHZ 52, 99 unter 2.b.; *Stöber* ZVG § 180 Rn. 65; Palandt/*Weidlich* § 2042 Rn. 8; Damrau/Tanck/*Rißmann* § 2042 Rn. 36; MüKoBGB/*Ann* § 2042 Rn. 26 u. 66; BeckOK BGB/*Lohmann* § 2042 Rn. 3; MüPFormB-ErbR/*Flechtner* Form. K.VIII.1 Anm. 1). Der Versteigerungsübererlös fällt als Surrogat in den Nachlass, und erst mit der Verteilung des Erlöses wäre, wie sich aus § 753 Abs. 1 BGB ergibt, eine (Teil-) Auseinandersetzung vollzogen (Palandt/*Sprau* § 753 Rn. 5/6; Burandt/Rojahn/*Flechtner* BGB § 2042 Rn 21; BeckOK BGB/*Lohmann* § 2042 Rn. 1).

Letztlich überführt die Teilungsversteigerung lediglich die Gemeinschaft am (unteilbaren) Grundstück in eine solche am (teilbaren) Erlös (*Storz/Kiderlen* Teilungsversteigerung A. 1.1; MAH ErbR/*Koslowski* § 62 Rn. 55).

Es müssen also nicht sämtliche Grundstücke gleichzeitig versteigert werden; vielmehr steht es jedem Erben frei festzulegen, in welcher Reihenfolge die Grundstücke versilbert werden sollen (*Storz/Kiderlen*, B 1.3.2.; MAH ErbR/*Koslowski* § 62 Rn. 55; MüPFormB-ErbR/*Flechtner* Form.K.VIII.1 Anm. 1].

Fazit: In einem Teilungsversteigerungsantrag sollte vorsorglich kurz dargelegt werden, dass die Versteigerung zur Vorbereitung der Gesamtauseinandersetzung erfolgt und die Erlösverteilung der Auseinandersetzung vorbehalten bleibt.

5. In dem Teilungsversteigerungsantrag sind anzugeben:

(1) Das zu versteigernde Grundstück muss so genau bezeichnet sein, dass es zweifelsfrei aus dem Grundbuch festgestellt werden kann (§ 16 Abs. 1 ZVG). Hier sollte der Inhalt des Grundbuchs exakt wiedergegeben werden!

(2) Alle Miteigentümer/Erben/Teilhaber sind mit vollem Namen und ladungsfähiger Anschrift zu benennen (§ 16 Abs. 1 ZVG). Der Antrag hat sich gegen sämtliche am Grundstück beteiligten Miterben als Antragsgegner zu richten. Sind Miterben unbekannt, ist der bestellte Nachlasspfleger zu benennen oder, falls noch keiner bestellt ist, beim Nachlassgericht Nachlasspflegschaft zu beantragen (§ 1961 BGB).

(3) Das aufzuhebende Gemeinschaftsverhältnis ist zu nennen sowie die Beteiligung des Antragstellers an der Gemeinschaft.

(4) Die Antragsberechtigung iSd § 181 Abs. 2 ZVG muss dargelegt werden, dass also der Antragsteller eingetragener Eigentümer oder Erbe eines eingetragenen Eigentümers ist oder er das Recht des Eigentümers oder Erben auf Auseinandersetzung ausübt.

(5) Aus dem Antrag muss zumindest ersichtlich sein, dass die Teilungsversteigerung begehrt wird.

6. Dem Vollstreckungsgericht ist nachzuweisen,

(1) dass der Antragsteller und die übrigen Teilhaber (Antragsgegner) im Grundbuch eingetragen sind (§§ 181 Abs. 2, 17 Abs. 1 ZVG), durch Vorlage eines Zeugnisses des Grundbuchamts, eines beglaubigten Grundbuchauszugs, der nicht älter als eine Woche sein sollte, oder durch Bezugnahme auf das Grundbuch, wenn das Grundbuchamt demselben Amtsgericht angehört (§ 17 Abs. 2 ZVG), oder

(2) dass der noch nicht eingetragene Antragsteller und/oder Antragsgegner Erbe des eingetragenen Eigentümers ist, durch Vorlage eines Erbscheins, einer Verfügung von Todes wegen mit Eröffnungsprotokoll, ausländischer Zeugnisse oder durch Bezugnahme auf die Nachlassakten im Hause (§ 17 Abs. 3 ZVG);

(3) dass ggf. erforderliche Genehmigungen des Familien- oder Betreuungsgerichts vorliegen;

(4) dass bei bestehender Zugewinngemeinschaft eine ggf. nach § 1365 BGB erforderliche Einwilligung des Ehegatten des Antragstellers vorliegt. Die Zustimmung unterliegt keiner Form (BGH NJW 1982, 1099; Palandt/*Brudermüller* § 1365 Rn. 15). Stellt der Grundstücksanteil nahezu das ganze Vermögen des Antragstellers dar, muss die Zustimmung bereits bei Antragstellung vorliegen (BGH, NJW 2007, 3124).

7. Wird die Teilungsversteigerung mehrerer Grundstücke beantragt, so wird für jedes rechtlich selbständige Grundstück zunächst ein selbständiges Versteigerungsverfahren eingeleitet; die Verfahren können aber gem. § 18 ZVG verbunden werden. Dies führt im Versteigerungstermin dazu, dass die Grundstücke gem. § 63 Abs. 1 ZVG einzeln auszubieten sind, wenn nicht mindestens ein Beteiligter spätestens im Termin und noch vor der Aufforderung zur Abgabe von Geboten ein Gesamt- oder Gruppenausgebot verlangt (§ 63 Abs. 2 ZVG) und alle anderen anwesenden Beteiligten auf Einzelausgebote verzichten (§ 63 Abs. 4 ZVG).

8. Der die Teilungsversteigerung allein betreibende Antragsteller kann jederzeit und ohne Rücksicht auf die anderen Teilhaber den Versteigerungsantrag zurücknehmen (§§ 180 Abs. 1, 29 ZVG) oder die einstweilige Einstellung des Verfahrens bewilligen (§§ 180 Abs. 1, 30 ZVG), sogar noch nach der Bietstunde mit der Folge, dass der Zuschlag zu versagen ist (§ 33 ZVG). Er hat somit das Verfahren „in der Hand", kann allein über den Zuschlag entscheiden, je nachdem, ob ihm Bieter oder Gebot gefällt oder nicht, und sogar mit diesem Argument offensiv Bietinteressenten vom Bieten abhalten, um das Objekt selbst weit unter Wert zu ersteigern.

Damit der Antragsgegner dem Antragsteller nicht vollkommen ausgeliefert ist, sieht das Gesetz eine wichtige Schutzmaßnahme vor: Den **Beitritt** gem. § 27 ZVG.

Denn mit der Zulassung des Beitritts hat der beitretende Antragsgegner fortan dieselben Rechte, wie wenn auf seinen Antrag die Versteigerung angeordnet worden wäre (§ 27 Abs. 2 ZVG). Antragsteller und Antragsgegner haben nun jeweils eine Doppelrolle in zwei formal selbständigen Verfahren. Bewilligt der Antragsteller die einstweilige Einstellung „seines" Verfahrens, wird das Verfahren des Beitretenden fortgesetzt. Ein einzelner Beteiligter kann also den Zuschlag nicht mehr einseitig verhindern.

Daher sollte jeder interessierte Antragsgegner immer die Zulassung des Beitritts beantragen!

9. Als Schutzmaßnahme sollte der Antragsgegner auch dann beitreten, wenn er die Teilungsversteigerung ablehnt und sich gegen diese zu wehren beabsichtigt. Um nicht Gefahr zu laufen, dass ein Gericht den Beitritt als Zustimmung zur Teilungsversteigerung wertet und eine Erinnerung oder Drittwiderspruchsklage wegen rechtsmissbräuchlichen Verhaltens abweist, sollte im Beitrittsantrag ausdrücklich darauf hingewiesen werden, dass der Beitritt keine Zustimmung darstellt, sondern nur zu Verteidigungszwecken erfolgt (vgl. *Storz/Kiderlen* C 3.4.1; *Bothe* § 2 Rn. 42).

10. Örtlich und sachlich zuständig für den Beitrittsantrag ist das Amtsgericht, das die Teilungsversteigerung angeordnet hat bzw. das Teilungsversteigerungsverfahren durchführt (§ 180 Abs. 1, 1, 27 ZVG).

11. Beitrittsberechtigt ist jeder Miterbe oder Miteigentümer, der seinerseits berechtigt gewesen wäre, die Teilungsversteigerung zu beantragen, also jeder bisherige Antragsgegner.

Darüber hinaus kann auch der Gläubiger eines Miterben oder Miteigentümers, der den Auseinandersetzungsanspruch gepfändet hat, beitreten.

12. Der Beitrittsantrag ist rechtzeitig zu stellen! Denn der Beitritt wird im Versteigerungstermin nur dann berücksichtigt, wenn der Beitrittsbeschluss **mindestens vier Wochen** vor dem Versteigerungstermin allen Verfahrensbeteiligten **zugestellt** worden ist (§ 44 Abs. 2 ZVG). Es ist also ausreichend „Vorlauf" und Unvorhergesehenes einzukalkulieren!

13. Bei der Teilungsversteigerung sollte es ausreichen, wenn ein Antragsgegner schlicht die Zulassung seines Beitritts beantragt. Da sich bereits alle erforderlichen Angaben und Nachweise in der Verfahrensakte befinden, müssen das zu versteigernde Grundstück, sämtliche Miteigentümer/Miterben, das aufzuhebende Gemeinschaftsverhältnis, der Eigentumsnachweis und sonstige Urkunden nicht noch einmal angegeben bzw. vorgelegt werden (*Storz/Kiderlen* C 3.4).

Sofern der Beitrittsantrag jedoch kurz vor dem Versteigerungstermin gestellt wird und die Frist des § 44 Abs. 2 ZVG gefährdet werden könnte, empfiehlt es sich gleichwohl, sicherheitshalber einen den §§ 16, 17 ZVG entsprechenden Antrag zu stellen.

Kosten und Gebühren

14. (1) **Gericht:** Bei Gericht fallen die Gebühren gem. KV 2210–2216 GKG an.

Für die Entscheidung über den Antrag auf Anordnung der Versteigerung oder über den Beitritt zum Verfahren entsteht zunächst eine Festgebühr von 110 EUR (KV 2210).

Ferner wird je eine 0,5 Gebühr erhoben für das Verfahren im Allgemeinen (KV 2211), den Versteigerungstermin (KV 2213) und für das Verteilungsverfahren (KV 2215), berechnet nach dem gem. § 74a Abs. 5 ZVG festgesetzten Verkehrswert bzw. dem Meistgebot zzgl. des Werts der bestehenbleibenden Rechte (§ 54 Abs. 1, 3 GKG).

Die 0,5 Gebühr für die Erteilung des Zuschlags (KV 2214) richtet sich nach dem Meistgebot (§ 54 Abs. 2 GKG) zzgl. wiederum des Werts bestehenbleibender Rechte.

Hinzu kommen noch Zustellungskosten (KV 9002), Bekanntmachungskosten (KV 9004), die Sachverständigenkosten (KV 9005) und sonstige Auslagen (zB KV 9006, 9013).

Spätestens bei der Bestimmung des Zwangsversteigerungstermins ist vom Antragsteller als Kostenschuldner (§ 26 GKG; mehrere haften als Gesamtschuldner, § 31 GKG) ein **Vorschuss** in Höhe des Doppelten einer Gebühr für die Abhaltung des Versteigerungstermins zu erheben (§ 15 Abs. 1 GKG, KV 2213).

(2) **Anwalt:** Für die Tätigkeit im Zwangsversteigerungsverfahren bis zur Einleitung des Verteilungsverfahrens erhält der Anwalt eine 0,4 Verfahrensgebühr nach VV 3311 Nr. 1 RVG.

Für die Teilnahme im Verteilungsverfahren oder für die außergerichtliche Verteilung fällt eine weitere 0,4 Verfahrensgebühr an (VV 3311 Nr. 2 RVG).

Für die Wahrnehmung des Versteigerungstermins für einen Beteiligten verdient der Anwalt eine 0,4 Terminsgebühr (VV 3312 RVG).

Auch für Anträge auf einstweilige Einstellung, Vollstreckungsschutzanträge nach § 765a ZPO oder für Verhandlungen mit dem Ziel der Aufhebung des Verfahrens erhält der Anwalt „nur" eine 0,4 Gebühr nach VV 3311 Nr. 6 RVG),

Für die Erinnerung oder sofortige Beschwerde darf der Anwalt eine 0,5 Verfahrensgebühr nach VV 3500 RVG berechnen. Sollte ein Termin stattfinden, kann eine 0,5 Terminsgebühr nach VV 3513 RVG anfallen.

Der **Gegenstandswert** richtet sich nach § 26 RVG, der unterschiedliche Werte vorsieht, je nachdem, ob der Anwalt den Gläubiger, Schuldner oder einen Bieter vertritt und wie hoch der Anteil des beteiligten Gemeinschafters ist.

Beachte: Eine außergerichtlich verdiente Geschäftsgebühr (zB für den Versuch der Auseinandersetzung) wird nach Vorb. 3 Abs. 4 auf die Gebühr nach VV 3311 Nr. 1 RVG voll **angerechnet!** Der Anwalt arbeitet in dem sich anschließenden Versteigerungsverfahren nach dem RVG somit umsonst!

Angesichts dessen und der ohnehin „geradezu grotesk schäbig" (*Bothe* § 1 Rn. 21) ausfallenden Vergütung für die komplexe, verantwortungsvolle und haftungsträchtige Tätigkeit im Teilungsversteigerungsverfahren ist der Abschluss einer **Vergütungsvereinbarung zwingend.**

Ausführlich zur Abrechnung im erbrechtlichen Mandat, zur **Interessenkollision im Erbrecht** und ihre Auswirkung auf die Vergütung sowie zu weiteren Literaturhinweisen → Form. II.L.6 Anm. 12.

Rechtsmittel

15. (1) Gegen selbständige **Maßnahmen** des Vollstreckungsgerichts findet, wenn zuvor eine Anhörung stattgefunden hat, die befristete Erinnerung nach § 11 Abs. 2 S. 1 RPflG statt, einzulegen binnen zwei Wochen.

Daneben ist die unbefristete Vollstreckungserinnerung statthaft, § 766 ZPO.

(2) Gegen **Entscheidungen** des Vollstreckungsgerichts findet die sofortige Beschwerde statt (§§ 793, 567 ff. ZPO), einzulegen binnen einer Notfrist von zwei Wochen (§ 569 ZPO). Bis zum Zuschlag ist die Beschwerdemöglichkeit allerdings nach § 95 ZVG eingeschränkt.

Für die Beschwerde gegen die Entscheidung über den Zuschlag (**Zuschlagsanfechtung**) gelten die §§ 567 ff. ZPO, soweit sich aus §§ 96–104 ZVG nichts anderes ergibt.

In Ausnahme von § 95 ZVG findet die sofortige Beschwerde auch gegen (a) den Wertfestsetzungsbeschluss (§ 74a Abs. 5 S. 3 ZVG) und (b) Beschlüsse über die einstweilige Einstellung nach § 180 Abs. 2, 3 iVm § 30b Abs. 3 ZVG sowie nach hM auch gegen (c) die Verfahrensverbindung nach § 18 ZVG und (d) die Sicherungsmaßnahmen nach § 25 ZVG statt.

Die Rechtsbeschwerde zum Bundesgerichtshof ist nur noch statthaft, wenn das Landgericht als Beschwerdegericht die Rechtsbeschwerde zugelassen hat (§ 574 Abs. 1 Nr. 2 ZPO). Eine Nichtzulassungsbeschwerde gibt es nicht.

(3) Bei Vorliegen einer besonderen Härte kann der Antragsgegner auch form- und fristlos Vollstreckungsschutz nach § 765a ZPO beantragen (BGH, NJW 2007, 3430).

(4) Im Verteilungsverfahren kann formlos, aber nur sofort Widerspruch gegen den Teilungsplan erhoben werden (§ 115 Abs. 1 ZVG, §§ 876 – 882 ZPO). Wird der Widerspruch als unzulässig zurückgewiesen, ist hiergegen die sofortige Beschwerde statthaft; führt er nicht zur Abänderung, kann der Widersprechende innerhalb eines Monats Widerspruchsklage vor dem Prozessgericht erheben (§ 878 Abs. 1 ZPO).

(5) **Materielle Einwendungen** (hierzu → Anm. 4), die nicht aus dem Grundbuch ersichtlich (§ 28 ZVG) oder unstreitig sind, können nicht vor dem Vollstreckungsgericht, sondern sind mit der (unechten) Drittwiderspruchsklage (§ 771 ZPO) vor dem Prozessgericht geltend zu machen. Das Vollstreckungsgericht kann die Versteigerung nur einstellen, beschränken oder aufheben, wenn ihm eine Entscheidung des Prozessgerichts vorgelegt wird (§§ 775 f. ZPO).

Der Antrag geht dahin, die Teilungsversteigerung für unzulässig zu erklären.

Stets sollte daran gedacht werden, den Klageantrag mit einem Antrag auf einstweilige Einstellung der Teilungsversteigerung (§§ 771 Abs. 3, 769 ZPO) zu verbinden!

Der Einstellungsbeschluss muss dann vom Kläger dem Vollstreckungsgericht in Ausfertigung vorgelegt werden (§ 775 Nr. 2 ZPO).

18. Erbauseinandersetzungsklage unter Miterben

An das
Landgericht[2]

Klage[1]

des . . . . .

- Klägers[3] –

Prozessbevollmächtigter:[3] . . . . .

gegen

. . . . .

- Beklagten[3] –

wegen: Erbauseinandersetzung[4]
Vorläufiger Streitwert:[5] EUR . . . . .
Namens und mit Vollmacht des Klägers erhebe ich Klage und werde beantragen:

I. Der Beklagte wird verurteilt, zur Herbeiführung der Erbauseinandersetzung nach dem am . . . . . (Datum) verstorbenen . . . . . (Erblasser) folgendem Teilungsplan[9, 13, 15, 16] zuzustimmen:
   1. Das im Grundbuch des Amtsgerichts . . . . . von . . . . . (Ort), Blatt . . . . .– Gemarkung . . . . . FlNr. . . . ., FLStNr. . . . ., Liegenschaftsnummer . . . . . – eingetragene Grundstück erhält der Kläger mit Inventar zum Alleineigentum.
   2. Der Beklagte erhält das Guthaben auf dem Konto mit der Nr. . . . . bei der Sparkasse in . . . . . (Ort).

II. Der Beklagte wird verurteilt, das im Grundbuch von . . . . . (Ort), Blatt . . . . ., eingetragene Grundstück an den Kläger als Alleineigentümer aufzulassen und in die Eintragung des Klägers als Eigentümer im Grundbuch zu bewilligen.[10]

III. Der Beklagte hat die Kosten des Rechtsstreits zu tragen.

Es wird angeregt, das schriftliche Vorverfahren[6] anzuordnen. Für den Fall des Vorliegens der gesetzlichen Voraussetzungen beantrage ich bereits jetzt schon den Erlass entsprechender
(Teil-) Anerkenntnis- bzw. (Teil-) Versäumnisurteile[6]
Einer Entscheidung der Sache durch den Einzelrichter stehen aus Sicht der Klägerin keine Gründe entgegen.[6]

Begründung:[7]

Die Parteien sind Brüder. Ihre Mutter ist schon im Jahre . . . . . verstorben. Am . . . . . (Datum) verstarb auch ihr Vater, ... (Erblasser). Dieser war Eigentümer des im Grundbuch von . . . . . (Ort), Blatt . . . . ., eingetragenen Grundstückes. Außerdem hinterließ er bei seinem Tode ein Sparguthaben bei der Sparkasse in . . . . . (Ort) iHv . . . . . EUR.

Am . . . . . (Datum) errichtete der Vater der Parteien ein privatschriftliches Testament. Darin bestimmte er, dass nach seinem Tode der Kläger das im Grundbuch von . . . . . (Ort), Blatt . . . . ., eingetragene Grundstück und der Beklagte das Sparguthaben erhalten sollten.[12]

Beweis: Testament vom . . . . . (Datum)
Beiziehung der Nachlassakten des Amtsgerichts – Nachlassgericht – . . . . . (Ort), Gz. . . . . .

Mit Schreiben vom . . . . . (Datum) hat der Kläger die Aufteilung des Nachlasses entsprechend dem letzten Willen des Vaters verlangt.

Beweis: Schreiben des Klägers vom ..... (Datum)

Der Beklagte weigert sich.[8, 11]

Beweis: Schreiben des Beklagten vom ..... (Datum)

Nachlassverbindlichkeiten sind nicht vorhanden. Der Nachlass ist teilungsreif.[14]
Rechtsanwalt[17, 18]

Schrifttum: Adam, Erbauseinandersetzung – Praxisrelevant Hintergründe und Muster einer Erbteilungsklage, MDR 2014, 1060; *Brandt,* Mediation in der Erbauseinandersetzung, ZEV 2010, 133; *Damrau,* Die Abschichtung, ZEV 1996, 361; *Eberl-Borges,* Der blockierende Miterbe, ErbR 2008, 6; *Grunewald,* Die Vertretung mehrerer Miterben durch einen Rechtsanwalt bzw. eine Sozietät, ZEV 2006, 386; *Holzer,* Das Verfahren zur Auseinandersetzung des Nachlasses nach dem FamFG, ZEV 2013, 656; *Jünemann,* Praktische Konsequenzen der Abschichtung von Miterben, ZEV 2012, 65; *Klinger/Flechtner,* Münchener Prozessformularbuch Erbrecht 5. Aufl. 2021 Form. K. VI.; *Klinger/Maulbetsch,* Abschichtung – Formfreier Eigentumserwerb von Nachlassimmobilien durch einen Miterben, NJW-Spezial 2005, 397; *Klinger/Maulbetsch,* Die Erbteilungsklage, NJW-Spezial 2007, 349; *Klinger/Roth,* Teilauseinandersetzung durch den Testamentsvollstrecker?, NJW-Spezial 2006, 541; *Krug,* Die Erbteilungsklage, ErbR 2008, 62; *Lindenau/Arweiler,* Auskunftspflichten im Erbrecht, NJW 2017, 3553; *Muscheler,* Ausschluss der Erbauseinandersetzung durch den Erblasser, ZEV 2010, 340; *Reimann,* Die steckengebliebene Erbauseinandersetzung, ZEV 2009, 120; *Roth/Funke,* Minderjährige Erben in der Erbengemeinschaft, NJW-Spezial 2013, 615; *Steiner,* Die Praxis der Klage auf Erbauseinandersetzung, ZEV 1997, 89; *Stritter,* Das notarielle Verfahren zur Vermittlung der Erbauseinandersetzung nach den §§ 363 ff. FamFG, ZErb 2016, 57; *Werkmüller,* Aufgaben und Funktionen der Bank in der Erbauseinandersetzung, ZEV 2001, 340; *Winkler,* Verhältnis von Erbteilsübertragung und Erbauseinandersetzung – Möglichkeiten der Beendigung der Erbengemeinschaft, ZEV 2001, 435; *Zimmermann,* Vermittlung der Erbauseinandersetzung durch das Nachlassgericht, ZEV 2009, 374.

Anmerkungen

1. Nach § 2042 BGB kann grds. jeder Erbe jederzeit die Auseinandersetzung verlangen. Die Auseinandersetzungsklage ist auf den **Abschluss eines Auseinandersetzungsvertrages** zu richten; der Klageantrag lautet dementsprechend auf Zustimmung zu der begehrten Auseinandersetzung. Das gerichtliche Urteil ersetzt gem. § 894 ZPO die Zustimmung der anderen, nicht teilungswilligen Miterben zum vorgelegten Teilungsplan.

Ob der Kläger sogleich Erbauseinandersetzungsklage erhebt oder aber zunächst den Antrag auf **gerichtliche Vermittlung der Erbauseinandersetzung** (§§ 363 ff. FamFG) stellt, steht in seinem Belieben (Palandt/*Weidlich* BGB § 2042 Rn. 19). Ausführlich zum Verfahren der Vermittlung einer Erbauseinandersetzung nach den §§ 363 ff. FamFG vgl. *Stritter* ZErb 2016, 57 und *Holzer,* ZEV 2013, 656.

Bestehen Unklarheiten über Umfang und Teilbarkeit des Nachlasses nach §§ 752, 753 BGB, kann der teilungswillige Miterbe eine **Feststellungsklage** hinsichtlich einzelner Streitpunkte erheben, wenn dies einer sinnvollen Klärung der Grundlagen der Erbauseinandersetzung dient. Die Rspr. hat hierfür ein Feststellungsinteresse anerkannt (BGH NJW-RR 1990, 1220). Vorfragen, die mittels Feststellungsklage geklärt werden können, sind zB Ausgleichungspflichten gem. §§ 2050 ff. BGB (BGH FamRZ 1992, 665; OLG Koblenz NJOZ 2002, 1280), Verwaltungsmaßnahmen der Miterben (§ 2038 BGB), die dingliche Surrogation (§ 2041 BGB), Nachlassforderungen (§ 2039 BGB), Teilungsanord-

Kosten und Gebühren

17. Zum Streitwert → Form. I.D.1 Anm. 8. Zum Gerichtskostenvorschuss und zu den Rechtsanwaltsgebühren → Form. I.D.1 Anm. 26, 27.

Ausführlich zur **Abrechnung des erbrechtlichen Mandats** nach dem RVG: MAH ErbR/*Schneider* § 2 Rn. 97–209; zu Streitwert und Beschwer bei Erbrechtsprozessen: *Klingelhöffer* ZEV 2009, 379; zum **Deckungsschutz der Rechtsschutzversicherung** in erbrechtlichen Angelegenheiten: *Kind* ZErb 2016, 195; zur Prozessfinanzierung im Erbrecht: *Kuhn/Trappe* ZEV 2013, 246; zur **Interessenkollision im Erbrecht** und ihre Auswirkung auf die Vergütung: *Potthast* ErbR 2021, 376 und 466, sowie *Offermann-Burckart* ZEV 2007, 151.

Rechtsmittel

18. Zur Berufungseinlegung und Berufungsbegründung → Form. I.O.1; → Form. I.O.3. Zur Berufungssumme: → Form. II.L.7 Anm. 12.

19. Klage des Vermächtnisnehmers gegen den Erben auf Vermächtniserfüllung

An das
Landgericht[2]
. . . . .

Klage[1]

des Herrn . . . . . (Name und Anschrift)

– Klägers –[3]

– Prozessbevollmächtigte/r: . . . . . –
gegen
1. Frau . . . . . (Name und Anschrift)

– Beklagte zu 1) –[3]

2. Herrn . . . . . (Name und Anschrift)

– Beklagten zu 2) –[3]

wegen: Vermächtniserfüllung[1]
vorläufiger Streitwert: . . . . .[4]
Namens und in beigefügter Vollmacht des Klägers erhebe ich Klage gegen die Beklagten und kündige folgende Anträge an:

I. Die Beklagten werden als Gesamtschuldner[5] **verurteilt, an den Kläger einen Betrag iRv . . . . . nebst Zinsen iHv fünf Prozentpunkten über dem Basiszinssatz seit Rechtshängigkeit zu zahlen.**[6]

II. Die Beklagten werden gesamthänderisch[5] **verurteilt,**

1. das im Grundbuch des Amtsgerichts . . . . ., Grundbuch von . . . . . (Ort), Blatt . . . . ., Flur/Flurstück . . . . ., eingetragene Grundstück mit einer Größe von . . . . . qm an den Kläger aufzulassen und dessen Eintragung als Eigentümer ins Grundbuch zu bewilligen;[7]

2. dem Kläger den lebenslangen, unentgeltlichen Nießbrauch an dem gesamten im Grundbuch des Amtsgerichts . . . . ., Grundbuch von . . . . . (Ort), Blatt . . . . ., Flur/

Flurstück . . . . ., eingetragenen Grundstück mit einer Größe von . . . . . qm zu bestellen und die Eintragung des Nießbrauchs an nächstoffener Rangstelle in das Grundbuch zu bewilligen;[8]

3. dem Kläger an allen Räumen im Erdgeschoss des auf dem im Grundbuch des Amtsgerichts . . . . ., Grundbuch von . . . . . (Ort), Blatt . . . . ., Flur/Flurstück . . . . ., eingetragenen Grundstück aufstehenden Wohnhauses ein lebenslanges, unentgeltliches Wohnungsrecht zu bestellen und die Eintragung des Wohnungsrechts an nächstoffener Rangstelle in das Grundbuch zu bewilligen;[9]

4. an den Kläger den Pkw der Marke . . . . . mit dem amtlichen Kennzeichen . . . . ., Baujahr . . . . ., Fahrgestellnummer . . . . . zu übereignen und einschließlich der zugehörigen Zulassungsbescheinigung Teil II herauszugeben;[10]

5. an den Kläger den Auszahlungsanspruch gegenüber der . . . . .-Bank aus der Spareinlage mit Sparbuch-Nr. . . . . . abzutreten und das Sparbuch an den Kläger herauszugeben;[11]

6. das Miteigentum an den bei der . . . . .-Bank im Depot Nr. . . . . . verwahrten Wertpapiere, nämlich . . . . . (Aufzählung), an den Kläger zu übereignen und die . . . . .-Bank anzuweisen, die im dortigen Depot verwahrten Wertpapiere in Nennbetrag und Stückzahl in das Depot des Klägers bei der . . . . .-Bank, Nr. . . . . ., auszuliefern, bei der Auslieferung ggf. verbleibende Bruchteile zu veräußern und den Veräußerungserlös auf das Konto des Klägers bei der . . . . .-Bank, Nr. . . . . ., zu überweisen.[12]

Für den Fall des Vorliegens der gesetzlichen Voraussetzungen beantrage ich bereits jetzt schon den Erlass eines entsprechenden

Anerkenntnis- bzw. Versäumnisurteils.[13]

Einer Entscheidung der Sache durch den Einzelrichter stehen aus Sicht der Klägerin keine Gründe entgegen.

***(oder)* Einer Übertragung der Sache auf den Einzelrichter steht entgegen, dass die Rechtssache besondere Schwierigkeiten tatsächlicher oder rechtlicher Art aufweist und zudem grundsätzliche Bedeutung hat.[14]**

Begründung:[15]

Die Beklagten sind die Erben der am . . . . . verstorbenen Erblasserin, der Kläger Vermächtnisnehmer.

Nach Ziff. 4 des Testaments hat die Erblasserin dem Kläger nachstehende Gegenstände im Wege eines Vermächtnisses zugewandt: . . . . ..

Beweis: Testament der Erblasserin vom . . . . . nebst Eröffnungsprotokoll des Amtsgerichts . . . . . vom . . . . ., Az. . . . . .

Mit Einschreiben vom . . . . . hat der Kläger erklärt, die Vermächtnisse anzunehmen, und die Beklagten aufgefordert, die Vermächtnisse zu erfüllen.

Beweis: Aufforderungsschreiben des Klägers vom . . . . .

Auf diese Aufforderung haben sich die Beklagten bis heute weder geäußert noch Erfüllungshandlungen vorgenommen, so dass Klage geboten ist.

Rechtsanwalt[16, 17, 18]

Schrifttum: Biebl, Pflichtteil und Vermächtnis kumulativ, ZErb 2010, 99; *Bredemeyer*, Das Sparbuch im Erbfall, ZEV 2013, 483; *Eder*, Die rechtsgeschäftliche Übertragung von Aktien, NZG 2004, 107; *Eder*, Die rechtsgeschäftliche Übertragung von Aktien, NZG 2004, 107; *Halding-Hoppenheit*, Sicherstellung der Vermächtniserfüllung, RNotZ 2005, 311; *Haspl*, Der Ersatzvermächtnisnehmer nach § 2069 BGB, ZEV 2013, 60; *Hofstetter*, Dinglich gesichertes Wohnrecht oder schuldrechtliches Wohnrecht als Gegenstand eines Vermächtnisses, ZEV 1996, 17; *Jünemann*, Die Rechtsposition des Bestimmungsvermächtnisnehmers, ZEV 2011, 163; *Keilbach*, Die Auskunftsrechte des Vermächtnisnehmers, FamRZ 1996, 1191; *Keim*, Vermächtnisse zugunsten Minderjähriger: Schwierigkeiten und Lösungsmöglichkeiten, ZEV 2011, 563; *Klinger/Roth*, Abgrenzung von Teilungsanordnung und Vorausvermächtnis, NJW-Spezial 2008, 263; *Klinger/Schlitt*, Münchener Prozessformularbuch Erbrecht, 5. Aufl. 2021, Kap. O.; *Kornexel*, Geld-, Immobilien- und Hausratsvermächtnisse, ZEV 2002, 173; *Maulbetsch* in: Roth/Maulbetsch/Schulte, Vermächtnisrecht, München 2013; *Muscheler*, Testamentsvollstreckung und Vermächtnis, ZEV 2011, 230; *Muscheler*, Das gemeinschaftliche Vermächtnis, NJW 2012, 1399; *Roth*, Praktische Fragen zum Quotenvermächtnis, NJW-Spezial 2017, 39; *ders.*, Auskunftsansprüche bei einem Vermächtnis, NJW-Spezial 2017, 743; *Sarres*, Erbrechtliche Auskunftsansprüche, München 2017; *ders.*, Erbrechtliche Auskunftsansprüche aus Treu und Glauben, ZEV 2001, 225; *Schlichting*, Der Verwendungsersatzanspruch des Vorvermächtnisnehmers gegen den Nachvermächtnisnehmer, ZEV 2000, 385; *Schlitt*, Der mit einem belasteten Erbteil und einem Vermächtnis bedachte Pflichtteilsberechtigte, ZEV 1998, 216; *Spall*, Vollzug eines Nachvermächtnisses durch den Testamentsvollstrecker, ZEV 2002, 5; *Tersteegen*, Vermächtnisweise Zuwendung von Grundstücken und Rechten an Grundstücken, ZErb 2013, 284 und 313; *van Venrooy*, Annahme und Ausschlagung von Vermächtnissen, 1998; *Warlich/Kühne*, Das Geldvermächtnis – Auslegungsfragen und Gestaltungsempfehlungen, ZErb 2012, 259; *Weidmann*, Vermächtniserfüllung durch Testamentsvollstrecker: steuerliche Haftungsgefahren und Vermeidungsstrategien, ZEV 2014, 404; *Wieneke/Kunz*, Das Gesetz zur Einführung von elektronischen Wertpapieren, NZG 2021, 316.

Anmerkungen

Dieses Formular behandelt als Muster exemplarisch verschiedene Klageanträge zu den in der Praxis häufigsten Vermächtnisanordnungen, die aber idR nur einzeln und selten mehrfach alternativ vorkommen werden. Der Anwender wird zu prüfen haben, welche Anträge für seinen konkreten Einzelfall zur Anwendung kommen können.

1. Nach § 1922 BGB geht mit dem Tod einer Person deren Vermögen als Ganzes auf eine oder anteilig auf mehrere andere Personen, den oder die Erben, über (Grundsatz der Gesamtrechtsnachfolge). Einzelne Gegenstände können somit nicht „vererbt" werden. Der Erblasser kann jedoch in seinem Testament (§ 1939 BGB) oder in einem Erbvertrag (§ 1941 BGB) **Vermächtnisse** anordnen und dadurch sowohl einem Nichterben einzelne Vermögensvorteile zuwenden als auch einen Erben zusätzlich begünstigen (§ 2150 BGB; sog. Vorausvermächtnis).

Gegenstand des Vermächtnisses kann alles sein, was Gegenstand eines Schuldverhältnisses sein kann. Mit der Anordnung eines Vermächtnisses durch den Erblasser wird der Begünstigte, der sog. Vermächtnisnehmer, jedoch nicht automatisch und unmittelbar Forderungsinhaber oder Eigentümer des zugewandten Gegenstands. Vielmehr erhält er „lediglich" einen schuldrechtlichen Anspruch auf Leistung des vermachten Gegenstands (§ 2174 BGB). Zur Erfüllung des Vermächtnisses ist somit stets ein gesonderter **Übertragungsakt** erforderlich.

Der Vermächtnisanspruch entsteht regelmäßig mit dem Erbfall (§ 2176 BGB; Ausnahmen §§ 2177–2179 BGB), ist für den belasteten Erben Nachlassverbindlichkeit (§ 1967 Abs. 2 BGB) und unterliegt der allgemeinen Regelverjährung (§§ 199 Abs. 1, 195 BGB; Palandt/*Weidlich* § 2147 Rn. 7), wobei allerdings Vermächtnisse, die Rechte an Grundstücken betreffen, der 10-jährigen Verjährungsfrist des § 196 BGB unterliegen sollen (OLG München ErbR 2021, 440; NJW-RR 2017, 1418).

Die **Vermächtniserfüllungsklage** ist gerichtet auf die zur **Erfüllung** notwendigen Übertragungsakte. Dies sind etwa bei einem Geldvermächtnis die Zahlung, bei einem Sachvermächtnis von Mobilien die Einigung und Übergabe (§§ 929 ff. BGB), bei Immobilien die Auflassung und Eintragung ins Grundbuch (§§ 925, 873 BGB; §§ 13, 19 f. GBO), bei einem Rechtsvermächtnis die Abtretung (§ 389 BGB), beim Vermächtnis auf Einräumung oder Aufhebung eines dinglichen Rechts die Einigung über die Rechtsänderung und die Eintragung der Rechtsänderung/Löschung im Grundbuch (§§ 873, 875 BGB), bei einem Erlassvermächtnis die Einigung nach § 397 BGB und bei einer Schuldübernahme die Einigung nach § 415 BGB und Freistellung bis zur erforderlichen Genehmigung des Gläubigers.

Das rechtskräftige Urteil ersetzt (als Vollstreckungsmaßnahme) die erforderlichen Willenserklärungen des/der Beklagten (§ 894 ZPO). Bereits mit dem „nur" vorläufig vollstreckbaren Urteil kann der Kläger aber schon eine **Vormerkung** in das Grundbuch eintragen lassen, da die Eintragung einer Vormerkung als durch den Beklagten bewilligt gilt (§ 895 S. 1 ZPO).

2. Zur örtlichen und sachlichen Zuständigkeit des Gerichts → Form. I.D.1 Anm. 2; zum elektronischen Rechtsverkehr, → Form. I.D.1 Anm. 1; zur Einrichtung von Spezialkammern für erbrechtliche Streitigkeiten → Form. II.L.6 Anm. 2.

Örtlich ist für Klagen, die Ansprüche aus Vermächtnissen zum Gegenstand haben, der besondere Gerichtsstand des § 27 ZPO eröffnet (→ Form. II.L.6 Anm. 2).

3. Zur Gestaltung des Rubrums, → Form. I.D.1 Anm. 3–6; zur Angabe der Prozessbevollmächtigten → Form. II.L.6 Anm. 3.

Aktivlegitimiert kann nur ein Vermächtnisnehmer sein, auch ein Miterbe als Vorausvermächtnisnehmer (§ 2150 BGB). Ist für den Bedachten Testamentsvollstreckung angeordnet, ist nur der Testamentsvollstrecker klagebefugt.

Passivlegitimiert ist der mit einem Vermächtnis Beschwerte; dies kann nur ein Erbe oder ein Vermächtnisnehmer sein (§ 2147 BGB); bei einer Mehrheit von Erben, die alle mit einem Vermächtnis beschwert sind → Anm. 5; sofern der Erblasser nur einzelne von mehreren Miterben beschwert hat (§ 2148 BGB), sind nur diese zu verklagen. Je nach Vermächtnisgegenstand kann die Klage auch gegen den Nachlasspfleger, -verwalter, -konkursverwalter oder Testamentsvollstrecker zu richten sein.

4. Streitwert ist der Wert des zu übertragenden Vermächtnisgegenstands, bei mehreren Gegenständen der addierte Wert (§ 5 ZPO, § 39 Abs. 1 GKG).

Ist ein Vorausvermächtnisnehmer selbst als Miterbe belastet, ist bei der Bemessung des Gegenstandswerts, wenn er Gesamtschuldklage erhoben hat, der Wert des Erbteils des bedachten Miterben vom Wert des Vermächtnisgegenstands abzuziehen (KG ErbR 2020, 668 mAnm *Höhmann*).

5. Bei einer **Mehrheit von Erben**, die als Erbengemeinschaft sämtlich mit einem Vermächtnis beschwert sind, hat der Vermächtnisnehmer bis zur Auseinandersetzung die Wahl, ob er gegen die Erben Gesamtschuldklage (§ 2058 BGB) oder Gesamthandsklage (§ 2059 Abs. 2 BGB) erheben will (→ Form. II.L.20 Anm. 7). Geht es um die Klage auf Zahlung von Geld, bietet sich die Gesamtschuldklage an; begehrt der Vermächtnisnehmer dagegen zur Erfüllung seines Vermächtnisses eine Verfügung sämtlicher Miterben (§ 2040 BGB), bietet sich die Gesamthandsklage an (MAH ErbR/*Siegmann/Scheuing* § 23 Rn. 75).

Ist ein **Miterbe** als Vorausvermächtnisnehmer (§ 2150 BGB) selbst Nachlassgläubiger, können im Rahmen der Gesamthandsklage lediglich die die Erfüllung verweigernden Miterben verklagt werden. Der Antrag ist dann zu beschränken auf die *Befriedigung aus dem Nachlass*. Dabei muss sich der Miterbennachlassgläubiger – anders als bei der Gesamtschuldklage – keine Kürzung um den seinem Anteil an der Erbschaft entsprechenden Wert gefallen lassen (BGH NJW-RR 1988, 710; OLG München ErbR 2017, 664; OLG Karlsruhe NJW-RR 2005, 1317; OLG Köl OLGR 1997, 25 = BeckRS 1996, 07456; Kroiß/Ann/Mayer/*Kick*, BGB § 2058 Rn. 36; MAH ErbR/*Siegmann/Scheuning* § 23 Rn. 84 f.).

6. Bei einem Geldzahlungsvermächtnis, bei dem ein bestimmter Geldbetrag zugewandt wurde, kann der in der Verfügung von Todes wegen genannte Betrag zur Zahlung beantragt werden.

Problematischer ist dies beim sog. **Quotenvermächtnis,** wenn der Erblasser dem Vermächtnisnehmer einen bestimmten prozentualen Anteil am gesamten (Brutto- oder Netto-) Nachlass oder an einzelnen Nachlassgegenständen zugewandt hat (zum Quotenvermächtnis, s. *Roth* NJW-Spezial 2017, 39). Denn hier ist die Höhe der Quote von der Zusammensetzung und dem Wert des Nachlasses oder einzelner Nachlassgegenstände abhängig, den der Vermächtnisnehmer idR nicht kennt. Daher wird die Auslegung eines Quotenvermächtnisses ergeben oder zumindest nach § 242 BGB (LG Karlsruhe ZErb 2005,130; LG Köln NJW-RR 1990, 13) zuzubilligen sein, dass dem Vermächtnisnehmer diejenigen zweckentsprechenden Hilfsansprüche zustehen (oder als mitvermacht gelten), die zur Durchsetzung seines Vermächtnisanspruchs erforderlich sind (*Maulbetsch* in: Roth/Maulbetsch/Schulte, Vermächtnisrecht, § 5 Rn. 30 f.; *Sarres* Erbrechtliche Auskunftsansprüche Rn. 682 ff.).

Der Vermächtnisnehmer kann dann im Falle eines Quotenvermächtnisses wegen der Auskunfts- und Wertermittlungsansprüche (ähnlich wie bei der Pflichtteilsklage) **Stufenklage** gem. § 254 ZPO erheben (vgl. → Form. I.D.11 Anm. 1–12 und → Form. II.L.20 Anm. 2, auch zum Erfordernis einer außergerichtlichen Stufenmahnung).

Dasselbe gilt beim Quotenvermächtnis „auf den **Überrest**"; hier kommt zusätzlich ein Anspruch auf Rechnungslegung in Betracht.

Bei einem Vermächtnis bezogen auf den „steuerlichen Gewinn" besteht ein Anspruch auf Vorlage der Gewinnfeststellung des Finanzamts.

7. Zur Übertragung des Eigentums an einem Grundstück bedarf es der Einigung zwischen Veräußerer und Erwerber, die bei gleichzeitiger Anwesenheit vor einem Notar zu erklären ist (§ 925 Abs. 1 BGB). Das rechtskräftige Urteil ersetzt die Auflassungserklärung und Eintragungsbewilligung (§ 19 GBO) des Beschwerten, nicht jedoch die des Vermächtnisnehmers, der seine eigene formbedürftige Auflassungserklärung noch von einem Notar beurkunden lassen muss. Dabei wird die nach § 925 BGB erforderliche „gleichzeitige Anwesenheit" durch das rechtskräftige Urteil, das der Vermächtnisnehmer in Ausfertigung mit Rechtskraftzeugnis bei der Beurkundung vorlegen muss, ersetzt (BayObLGZ 83, 181).

Ist, wie etwa bei einem Übernahmevermächtnis, die Immobilie nur Zug-um-Zug gegen eine Gegenleistung zu übereignen, sind die §§ 894 Abs. 1 S. 2 BGB, 726, 730 ZPO zu beachten.

Existiert bereits ein Vermächtniserfüllungsvertrag durch einen vollmachtlosen Vertreter, geht der Klageantrag auf Genehmigung dieses Vertrages (§ 185 BGB).

Ist der Vermächtnisnehmer nicht im Besitze der Immobilie, empfiehlt sich, die Klage um den Antrag zu erweitern, das *„Grundstück zu räumen und geräumt an den Kläger herauszugeben."*

Im Falle des § 2184 BGB hat der Beschwerte dem Vermächtnisnehmer ferner die seit Anfall des Vermächtnisses gezogenen Früchte und Surrogate herauszugeben. Ggf. haftet er auch auf den Verzögerungsschaden.

8. Der Erblasser kann dem Vermächtnisnehmer den Nießbrauch an Gegenständen oder an Rechten, wie zB Gesellschaftsanteilen, Aktien, GmbH-Anteilen, Urheber- und Patentrechten, Gewinnanteilen oder an einem Auseinandersetzungsguthaben bei Personengesellschaften, zuwenden. Das in der Praxis häufigste Nießbrauchsvermächtnis ist freilich dasjenige an Grundstücken oder Grundstücksteilen.

Beim grundstücksbezogenen Nießbrauchsvermächtnis ist die Klage auf Abgabe der dinglichen Einigungserklärung nach § 873 BGB und der Eintragungsbewilligung nach § 19 GBO erheben. Mit Rechtskraft des Urteils gelten die Erklärungen des Beklagten als abgegeben (§ 894 ZPO). Der Vermächtnisnehmer kann sodann mit der Ausfertigung des Urteils mit Rechtskraftzeugnis (und somit in der Form des § 29 GBO) beim Grundbuchamt formlos die Eintragung des Nießbrauchs zu seinen Gunsten beantragen (§ 13 GBO). Bereits mit dem vorläufig vollstreckbaren Urteil ist die Eintragung einer Vormerkung in das Grundbuch möglich (§ 985 ZPO).

Ggf. ist der Klageantrag zu modifizieren, wenn der Erblasser einen vom gesetzlichen Inhalt abweichenden Nießbrauch an einem einzelnen Nachlassgegenstand, den Nießbrauch am Gesamtnachlass (§§ 1046 ff. BGB) oder an einer Quote des Nachlasses (§ 1089 BGB) vermacht hat.

Zum Klageantrag bei einem Nießbrauch an einem Recht (zB dem Nießbrauch an einem Erbteil), s. das Muster bei *Maulbetsch* in Roth/Maulbetsch/Schulte, Vermächtnisrecht, § 5 Rn. 49.

9. Beim Wohnungsrechtsvermächtnis gilt das in → Anm. 8 Ausgeführte entsprechend.

10. Beim Vermächtnis mobiler Gegenstände geht die Klage auf Einigung und Übergabe bzw. Übergabesurrogate nach §§ 929 ff. BGB. Die Willenserklärung wird gem. § 984 ZPO fingiert, der Realakt der Übergabe nach § 879 Abs. 1 ZPO durch den Gerichtsvollzieher vollstreckt.

11. Mit der Anordnung eines Forderungsvermächtnisses erlangt der Bedachte gem. § 2174 BGB gegen den Beschwerten den Anspruch auf Abtretung (§ 398 BGB) des vermachten Auszahlungsanspruchs (§§ 700 Abs. 1, 488 Abs. 1 Satz 2 BGB) nebst Zinsen (§ 2184 BGB) und etwaige Nebenrechte (§§ 401, 402 BGB; Palandt/*Weidlich* § 2173 Rn. 1).

Bei einem Sparbuch geht mit der Abtretung des Auszahlungsanspruchs nach § 952 Abs. 1 BGB das Eigentum am Sparbuch auf den Zessionar über, der das Sparbuch wegen § 808 Abs. 1 S. 2, Abs. 2 S. 1 BGB nach § 985 BGB herausverlangen kann und sollte (s. vertiefend, *Bredemeyer* ZEV 2013, 483).

Dasselbe gilt für Hypotheken-, Grundschuld- und Rentenschuldbriefe (§ 952 Abs. 2 BGB) und die verbrieften Forderungen.

Ist die Forderung vor dem Erbfall erloschen, ist die Auslegungsregel des § 2173 S. 1 BGB zu beachten, nach der der Vermächtnisnehmer die Leistung auch dann beanspruchen kann, wenn sie noch im Nachlass vorhanden ist.

12. Der Muster-Antrag geht von dem in der Praxis inzwischen häufigsten Fall girosammelverwahrter Wertpapiere aus (§ 5 DepotG). In diesen Fällen ist der Depotinhaber nicht Eigentümer der verwahrten Wertpapiere, sondern Miteigentümer nach Bruchteilen an den zum Sammelbestand des Verwahrers gehörenden Wertpapieren derselben Art (§ 6 Abs. 1 DepotG). §§ 7 Abs. 1, 8 DepotG gewähren dem Miteigentümer einen schuldrechtlichen Anspruch auf Auslieferung von Wertpapieren aus dem Sammelbestand in Höhe des Nennbetrages bzw. der Stückzahl, die für ihn in Verwahrung genommen wurden (MüKoBGB/*Heermann* § 675b Rn. 5; *Eder* NZG 2004, 107 (110)).

Die Übertragung des Miteigentums an dem Sammelbestand erfolgt nach § 929 S. 1 BGB. Die „Übergabe" wird dabei nach hM – unter Einschaltung der Wertpapiersammelbank (das ist in Deutschland die Clearstream Banking AG) – durch Umstellung des Besitzmittlungsverhältnisses von der Depotbank des Veräußerers auf die des Erwerbers (*Eder* NZG 2004, 107 (112)) bzw. durch die Umbuchung von Girosammel-Depotgutschriften ersetzt (BGH, NJW 2005, 1275). Streng genommen stellt die Wertpapiersammelbank das Besitzmittlungsverhältnis auf Weisung (Geheiß) des Veräußerers bzw. seiner Depotbank um, indem sie das Konto der Depotbank des Veräußerers belastet und der Depotbank des Erwerbers eine entsprechende Gutschrift erteilt (*Wieneke/Kunz* NZG 2021, 316 mwN in Fn. 10).

Um die Übertragung zu bewirken, wird der Veräußerer regelmäßig einen Übertragungsvertrag iSd § 675b BGB mit seiner Depotbank schließen, die sodann die zur Übertragung des Miteigentumsanteils erforderlichen Handlungen vornehmen wird (MüKoBGB/*Heermann* § 675b Rn. 6).

Ein Titel, der auf die Übertragung sammelverwahrter Wertpapiere gerichtet ist, kann in entsprechender Anwendung des § 886 ZPO vollstreckt werden (BGHZ 160, 121 = NJW 2004, 3340). Der Gläubiger kann also den Anspruch des Schuldners aus §§ 7, 8 DepotG gegen die Depotbank pfänden und sich überweisen lassen.

Um diesen „steinigen" Weg im Rahmen der Zwangsvollstreckung zu vermeiden, ist im Muster-Antrag die „Anweisung" an die Depotbank iSd § 675b BGB aufgenommen. Der Antrag enthält also zwei Willenserklärungen, die mit Rechtskraft des Urteils als abgegeben gelten (§ 894 Abs. 1 ZPO). So kann der Gläubiger der Depotbank dann die Urteilsausfertigung mit Rechtskraftzeugnis vorlegen, übersenden oder nach § 132 BGB zustellen und auf diese Weise selbst die Übertragung an sich veranlassen.

Nach § 2184 BGB stehen dem Vermächtnisnehmer auch die seit dem Anfall des Vermächtnisses gezogenen **Früchte** (Zinsen, Dividenden, Ausschüttungen) und **Surrogate** zu. Daher kann sich hier ggf. anbieten, im Wege der Stufenklage (→ Form. I.D.11 Anm. 1–12) einen diesbezüglichen Auskunftsantrag und unbezifferten Leistungsantrag zu stellen.

Siehe vertiefend zu den unterschiedlichen Wertpapierarten und deren Übertragung, Palandt/*Sprau* § 675 Rn. 16, § 675b Rn. 2 und Einf v § 793 Rn. 1 ff.; *Eder* NZG 2004, 107.

13. Zum Antrag auf Erlass eines (Teil-) Versäumnis- oder/und (Teil-) Anerkenntnisurteils → Form. II.L.6 Anm. 8.

14. Zur Äußerung in der Klageschrift gem. § 253 Abs. 3 Nr. 3 ZPO, ob einer Entscheidung der Sache durch den Einzelrichter Gründe entgegenstehen → Form. II.L.6 Anm. 9.

15. Zur Klagebegründung, s. zunächst → Form. I.D.1 Anm. 17–25.

Der Kläger muss den Tod des Erblassers, die wirksame Anordnung des geltend gemachten Vermächtnisses und die Erbenstellung des Beklagten darlegen und notfalls beweisen. Der Untervermächtnisnehmer trägt die Beweislast dafür, dass sein Vermächtnisanspruch entstanden und fällig ist. Beruft sich der Hauptvermächtnisnehmer auf § 2187 BGB, muss er beweisen, dass er die Erfüllung des ihm selbst zugewandten Vermächtnisses noch nicht oder nicht mehr verlangen kann (MüKoBGB/*Rudy* § 2186 Rn. 6).

Kosten und Gebühren

16. (1) Zum Streitwert → Anm. 4.

(2) Zum Gerichtskostenvorschuss → Form. II.L.6 Anm. 12.

(3) Zu den Rechtsanwaltsgebühren → Form. II.L.7 Anm. 11.

Ausführlich zur Abrechnung im erbrechtlichen Mandat, zur **Interessenkollision im Erbrecht** und ihre Auswirkung auf die Vergütung sowie zu weiteren Literaturhinweisen → Form. II.L.6 Anm. 12.

Rechtsmittel

17. Zur Berufungseinlegung und Berufungsbegründung → Form. I.O.1, → Form. I.O.2.

Einstweiliger Rechtsschutz

18. Da zwischen Erbfall und Erfüllung des Vermächtnisses häufig eine längere Zeitspanne liegen kann – insbesondere bei aufschiebend bedingt oder betagt angeordneten Vermächtnissen –, in der der Erfüllungsanspruch vereitelt oder erschwert werden kann, ist stets an die (vorläufige) Sicherung des Vermächtnisanspruchs zu denken!

(1) Bei grundstücksbezogenen Vermächtnissen (zB Übereignung, Nießbrauch, Wohnungsrecht) bietet sich insbesondere die Eintragung einer **Vormerkung** in das Grundbuch an, denn diese kann auch zur Sicherung bedingter und künftiger Ansprüche eingetragen werden (§ 883 Abs. 1 S. 2 BGB). Bewilligt der Erbe die Vormerkung nicht freiwillig, kann der Vermächtnisnehmer eine **einstweilige Verfügung** (§§ 935 ff. ZPO) auf Eintragung einer Vormerkung beantragen, ohne dass er – entgegen §§ 936, 920 Abs. 2 ZPO – die Gefährdung des abzusichernden Anspruchs glaubhaft machen müsste (§ 885 Abs. 1 S. 2 BGB), da diese widerlegbar vermutet wird (jeweils zur Vormerkung einer Bauhandwerkersicherungshypothek: OLG Celle MDR 2015, 453 = BeckRS 2015, 07621; OLG Düsseldorf NJW-RR 2013, 798).

Beachte: In dem Antrag auf Erlass einer einstweiligen Verfügung zur Eintragung einer Vormerkung sollte das Gericht nach dem Antrag gebeten werden, das zuständige Grundbuchamt um die Eintragung der Vormerkung nach Erlass der einstweiligen Verfügung zu **ersuchen** und den Antrag auf Eintragung einer Vormerkung an das Grundbuchamt weiterzuleiten (§ 941 ZPO, § 38 GBO).

Beachte: Ist der beschwerte Erbe noch nicht im Grundbuch voreingetragen, muss innerhalb der Vollziehungsfrist beim Nachlassgericht gem. § 357 Abs. 2 S. 1 FamFG die Erteilung einer Ausfertigung eines **Erbscheins** beantragt werden mit der Bitte, die Ausfertigung direkt an das Grundbuchamt (im Hause) weiterzuleiten, verbunden mit der weiteren Bitte an das Grundbuchamt, gem. § 14 GBO die **Grundbuchberichtigung** durch (Vor-) Eintragung des im Erbschein ausgewiesenen Erben als Eigentümer vorzunehmen und sodann in Vollziehung der Verfügung die Vormerkung einzutragen.

(2) Bei Geldforderungen oder Ansprüchen, die in eine Geldforderung übergehen können, ist unter engen Voraussetzungen der **Arrest** (§§ 916 ff. ZPO) zulässig. S. hierzu → Form. II.L.20 Anm. 27 sowie → Form. I.R.1.

20. Stufenklage des Pflichtteilsberechtigten gegen den Erben auf Auskunft, eidesstattliche Versicherung, Wertermittlung und Zahlung des Pflichtteils

An das
Landgericht[3]
. . . . .

Stufenklage[2]

des Herrn . . . . .

– Klägers[4] **–**

– Prozessbevollmächtigte: . . . . . –
gegen
1. Frau . . . . . (Name und Anschrift der Erbin)

– Beklagte[5] zu 1) –

2. Herrn . . . . . (Name und Anschrift des Erben)

– Beklagten zu 2) –

wegen: Auskunft, Wertermittlung, eidesstattlicher Versicherung sowie Zahlung des Pflichtteils und der Pflichtteilsergänzung[1]
vorläufiger Streitwert: . . . . .[6]
Namens und in beigefügter Vollmacht des Klägers erhebe ich Stufenklage gegen die Beklagten und kündige folgende gestuften Anträge an:

Die Beklagten werden als Gesamtschuldner[7] verurteilt,

I. dem Kläger Auskunft[8] über Bestand, Umfang, Höhe und Verbleib des realen und des fiktiven[9] Nachlasses des am . . . . . in . . . . . verstorbenen . . . . . (Erblassers) zum Zeitpunkt seines Todes zu erteilen durch Vorlage eines privatschriftlichen Bestandsverzeichnisses gem. § 260 BGB* *(oder)* * eines durch einen zuständigen Beamten oder Notar[11] aufgenommenen Verzeichnisses,[10] bei dessen Aufnahme der Kläger hingezogen[12] worden ist, und das insbesondere folgende Positionen umfassen muss:[13]

1. Sämtliche – auch international belegene – Aktiva, insbesondere alle beim Erbfall vorhandenen Sachen und Forderungen wie Barvermögen, Guthaben bei Kreditinstituten, Wertpapierdepots und Fonds, Immobilienvermögen, Wertgegenstände wie Gemälde, Edelmetalle, Schmuck und sonstige Kunstgegenstände, Briefmarken- oder Münzsammlungen, sämtlichen Hausrat, Kraftfahrzeuge sowie Unternehmen und Unternehmensbeteiligungen; es sind jeweils sämtliche wertbildenden Faktoren mitzuteilen;
2. sämtliche – auch international belegene – Passiva, namentlich alle beim Erbfall vorhandenen oder durch den Erbfall entstandenen Nachlassverbindlichkeiten (Erblasser- und Erbfallschulden);
3. ohne zeitliche Befristung sämtliche möglicherweise nach §§ 2050 ff. BGB ausgleichungspflichtigen Zuwendungen[9] des Erblassers an Abkömmlinge (Ausstattungen, Zuschüsse sowie Schenkungen, bei denen der Erblasser die Anrechnung auf den Erbteil angeordnet hat) mit jeweiliger Angabe des Datums des Zuwendungsvollzugs, des Wertes und des Namens des Zuwendungsempfängers;
4. sämtliche ergänzungspflichtigen Zuwendungen oder Schenkungen[9] (einschließlich Teil- und gemischter Schenkungen sowie ehebedingte Zuwendungen) des Erblassers an die Beklagten oder dritte Personen mit jeweiliger Angabe des Datums des Zuwendungsvollzugs, des Wertes der Zuwendung und des Namens des Zuwendungsempfängers, und zwar ohne zeitliche Befristung, soweit es sich handelt um
   a) Gegenstände, an denen sich der Erblasser ein Nutzungsrecht (Wohnungs- oder Nießbrauchrecht) vorbehalten hat,
   b) Gegenstände, an denen sich der Erblasser Widerrufs- oder Rückübertragungsrechte vorbehalten hat,
   c) Gegenstände, die der Erblasser tatsächlich genutzt hat,
   d) Leistungen aus Lebensversicherungen an bezugsberechtigte Dritte sowie aus sonstigen Verträgen zugunsten Dritter auf den Todesfall, insbesondere aus Unfallversicherungen, Bausparverträgen und Rechtsgeschäften mit Kreditinstituten; bei Lebensversicherungen mit widerruflichem Bezugsrecht ist der

Rückkaufswert in der letzten juristischen Sekunde vor dem Tod des Erblassers anzugeben und zu belegen;

e) Zuwendungen an den verwitweten Ehegatten ab Eheschließung,

im Übrigen

f) ergänzungspflichtige Schenkungen des Erblassers innerhalb der letzten 10 Lebensjahre vor seinem Tode,[9] einschließlich solcher, von denen die Beklagten meinen,

aa) dass die Zuwendungen nicht oder nur zum Teil unentgeltlich erfolgt seien; hier sind die Vertragsbedingungen und die Gegenleistung anzugeben und zu belegen; oder

bb) dass es sich um Anstands- oder Pflichtschenkungen handele;

II. dem Kläger ferner Auskunft zu erteilen,

1. in welchem Güterstand[14] der Erblasser zur Zeit seines Todes gelebt hat; ggf. ist der Ehevertrag vorzulegen;
2. ob ein gesetzlicher Erbe einen Erbverzicht[15] erklärt hat; ggf. ist die notarielle Urkunde vorzulegen;
3. ob und ggf. wem der Erblasser Vollmacht erteilt hat, über sein Vermögen, insbesondere seine Bankkonten, zu verfügen, und ob in diesem Zusammenhang Forderungen des Nachlasses gegen Bevollmächtigte bestehen;[16]

III. dem Kläger im Hinblick auf die Fa. . . . . .A-GmbH, ..., HRB . . . . . AG . . . . ., sowie evtl. sonstige Unternehmen und Unternehmensbeteiligungen des Erblassers sämtliche Bilanzen (iSd HGB) der letzten fünf Jahre vor dem Tod des Erblassers mitsamt den jeweiligen Gewinn- und Verlustrechnungen mit Anhängen, Anlagespiegeln, Kontenübersichten sowie den zugrunde liegenden Geschäftsbüchern und Belegen vorzulegen; falls eine Abschlussbilanz erstellt wurde, auch diese;[17]

IV. die Werte nachstehender Gegenstände zum Todesdatum, den . . . . ., durch einen öffentlich bestellten und vereidigten Sachverständigen, *hilfsweise* durch einen unabhängigen und unparteiischen Sachverständigen, zu ermitteln und dem Kläger je eine Ausfertigung der erstellten Sachverständigengutachten vorzulegen:[18]

1. Des bebauten Grundstücks . . . . . (Ort), verzeichnet im Grundbuch von . . . . ., Blatt . . . . ., Flur . . . . ., Flurstück . . . . ., mit einer Größe von . . . . . m^2; dabei hat der Sachverständige zusätzlich die Wertsteigerung zu ermitteln, die die Immobilie durch die Renovierungs- und (Luxus-) Modernisierungsmaßnahmen im Jahre 2010 erfahren hat;
2. der Landwirtschaftsfläche . . . . . (Ort), verzeichnet im Grundbuch von . . . . ., Blatt . . . . ., Flur . . . . ., Flurstück . . . . ., mit einer Größe von . . . . . m^2; dabei hat der Sachverständige zusätzlich zu ermitteln, welchen Wert das Grundstück zum Zeitpunkt des Erwerbs Mitte 2001 hatte;
3. der Kapitalgesellschaft . . . . .B-GmbH, ... (Sitz), HRB . . . . . AG . . . . .;

V. für den Fall, dass die vorgerichtlich und im Rahmen dieses Verfahrens erteilten Auskünfte nicht mit der erforderlichen Sorgfalt erteilt worden sind, an Eides Statt zu versichern,[19] dass die Beklagten die Auskünfte zum Bestand des realen und fiktiven Nachlasses des am . . . . . in . . . . . verstorbenen . . . . . (Erblassers) nach bestem Wissen so vollständig angegeben haben, wie sie dazu in der Lage waren;[19]

VI. die Werte der zum Nachlass gehörenden sowie der dem Nachlass aufgrund einer Ausgleichungs- oder Ergänzungspflicht hinzuzurechnenden, nach Auskunftserteilung näher zu bezeichnenden Gegenstände durch öffentlich bestellte und vereidigte Sachverständige, hilfsweise durch unabhängige und unparteiische Sachverständige, zu ermitteln und dem Kläger je eine Ausfertigung der erstellten Sachverständigengutachten vorzulegen;[18]

VII. an den Kläger einen Pflichtteils- und Pflichtteilsergänzungsbetrag[1] in nach Auskunftserteilung und Wertermittlung näher zu bestimmender Höhe nebst Zinsen iHv fünf Prozentpunkten über dem Basiszinssatz seit dem . . . . . (*ggf.* abzüglich am . . . . . gezahlter . . . . . EUR) zu zahlen.[2, 20]

Auf der ersten Stufe werde ich die Anträge I. bis IV.[21] stellen. Die Anträge V.-VII. nebst Begründungen bleiben den weiteren Stufen vorbehalten.

Für den Fall des Vorliegens der gesetzlichen Voraussetzungen beantrage ich bereits jetzt schon den Erlass entsprechender

(Teil-) Anerkenntnis- bzw. (Teil-) Versäumnisurteile.[22]

Einer Entscheidung der Sache durch den Einzelrichter stehen aus Sicht der Klägerin keine Gründe entgegen.

(oder) Einer Übertragung der Sache auf den Einzelrichter steht entgegen, dass die Rechtssache besondere Schwierigkeiten tatsächlicher oder rechtlicher Art aufweist und zudem grundsätzliche Bedeutung hat.[23]

Begründung:[24]

Der Kläger ist das nichteheliche Kind des am . . . . . mit letztem Wohnsitz[3] in . . . . . verstorbenen Erblassers, die Beklagte zu 1) seine Ehefrau und der Beklagte zu 2) dessen ehelicher Sohn.

Beweis: Vaterschaftsanerkennungsurkunde des Jugendamts . . . . . vom . . . . .

Mit Testament vom . . . . . hat der Erblasser seine Ehefrau und seinen Sohn aus dieser Ehe, den Beklagten zu 2), zu seinen Erben zu gleichen Anteilen eingesetzt.

Beweis: Testament vom . . . . . nebst Eröffnungsprotokoll des Amtsgerichts . . . . . vom . . . . ., Az. . . . . .

Mit seinem Testament hat der Erblasser den Kläger folglich enterbt. Als Abkömmling des Erblassers stehen dem Kläger somit dem Grunde nach Pflichtteils- und Pflichtteilsergänzungsansprüche gem. §§ 2303, 2317, 2325 BGB sowie die Hilfsansprüche nach § 2314 BGB gegen die Beklagten als Erben des Erblassers zu.

Auf die Stufenmahnung des Unterzeichners vom . . . . . haben die Beklagten keinerlei Reaktion gezeigt, so dass Klage geboten ist.

Die Anträge zu I. bis IV. sollen auf derselben Stufe verfolgt werden. Dies ist zulässig, da die Grundstücke und die . . . . .B-GmbH, deren Werte zu ermitteln begehrt werden, bekannt und konkret bezeichnet sind und die Wertermittlung nicht von der zuvor zu erteilenden Auskunft abhängt.

Lediglich der Antrag zu VI. wäre von der Auskunft abhängig, da die nicht bekannten Gegenstände erst hiernach bestimmt werden könnten. Daher ist dieser Antrag erst für die Folgestufe vorbehalten.

Was den Wertermittlungsanspruch angelangt, wird in der Literatur weit überwiegend vertreten, dass der Pflichtteilsberechtigte lediglich einen Anspruch darauf habe, dass der Erbe den Wert durch einen unabhängigen und unparteiischen Sachverständigen ermitteln lässt. Allerdings hat der BGH sowohl in seinen Urteilen vom 08.07.85 (II ZR 150/84) und 4.10.1989 (IVa ZR 198/88) als auch in einem neueren (*insoweit* von der Literatur unbeachtet gebliebenen) Urteil vom 8.12.2004 (IV ZR 223/03) einen Antrag auf Wertermittlung durch einen *öffentlich bestellten und vereidigten* Sachverständigen zugesprochen. . . . . .[18]

Damit ein Teil-Versäumnisurteil ergehen kann, wird um die Einleitung des schriftlichen Vorverfahrens gebeten.[22]

Rechtsanwalt[25, 26, 27, 28]

Schrifttum: Adam, Die Verjährung des Pflichtteilsanspruchs nach der Reform des Erb- und Verjährungsrechts, ZErb 2015, 1; *Außner*, Formelle Anforderungen an das privatschriftliche Nachlassverzeichnis, ZEV 2020, 743; *v. d. Auwera*, Die Rechte des Pflichtteilsberechtigten im Rahmen seines Auskunftsanspruchs nach § 2314, ZEV 2008, 359; *Bartsch*, Sind der Auskunft über den tatsächlichen Nachlass nach § 2314 Abs. 1 BGB Belege beizufügen?, ZEV 2004, 176; *Beckmann*, Nacherbschaft oder Pflichtteil? – Die Entscheidung des als Nacherbe eingesetzten Pflichtteilsberechtigten gem. § 2306 BGB, ZEV 2012, 637; *Cornelius*, Auskunfts- und Wertermittlungsverlangen des enterbten Pflichtteilsberechtigten bei pflichtteilsergänzungsrechtlich relevanten Veräußerungen, ZEV 2005, 286; *Damrau*, Der Anspruch auf Berichtigung und Ergänzung des Bestandsverzeichnisses (§ 2314 BGB), ZEV 2009, 274; *Edenfeld*, Auskunftsansprüche der Pflichtteilsberechtigten, ZErb 2005, 346; *Fleischer/Horn*, Verlauf und Optimierung der Pflichtteilsstufenklage einschließlich Zwangsvollstreckung, ZErb 2013, 105 und 133; *Horn* in: Münchener Anwaltshandbuch Erbrecht, München 2018; *Horn*, Wertermittlung im Pflichtteilsrecht, ZEV 2018, 627; *Jülicher/Klinger,* Die Ausschlussfrist beim Pflichtteilsergänzungsanspruch, NJW-Spezial 2004, 253; *Jülicher/Klinger,* Der Pflichtteil des Ehegatten, NJW-Spezial 2008, 647; *Klinger,* Notarielles Nachlassverzeichnis – sinnvolles Mittel zur Feststellung des pflichtteilsrelevanten Nachlasses?, NJW-Spezial 2004, 61; *Klinger/Kasper,* Münchener Prozessformularbuch Erbrecht, 5. Aufl. 2021, Form. P.V.3; *Klinger/Mohr,* Der Pflichtteilsergänzungsanspruch des Erben, NJW-Spezial 2007, 13; *Klinger/Mohr,* Der Belegvorlageanspruch des Pflichtteilsberechtigten, NJW-Spezial 2008, 71; *Köpf*, Die Geltendmachung des Pflichtteilsanspruchs bei Testamentsvollstreckung: § 2213 Abs. 1 Satz 3 BGB als halbzwingendes Recht, ZEV 2013, 235; *Kreienberg*, „Einpreisen" von sogenannten „Wart- und Pflegeverpflichtungen", ZErb 2015, 101; *Kuhn/Trappe*, Der Anspruch auf ein notarielles Nachlassverzeichnis gemäß § 2314 Abs. 1 S. 3 BGB: Prozessuale Durchsetzung des Anspruchs; ZEV 2011, 514; *Lenz*, Das prozessuale Verhalten des Klägers und die Folgen für die Verfahrenskosten bei „stecken gebliebener" Stufenklage, ZErb 2006, 375; *Lenz/Riedel,* Die Geltendmachung von Pflichtteilsergänzungsansprüchen gegen den vom Erblasser Beschenkten, ZErb 2002, 4; *Lindenau/Arweiler*, Auskunftspflichten im Erbrecht, NJW 2017, 3553; *Link*, Nießbrauchsvorbehalt und Pflichtteilsergänzung, ZEV 2005, 283; *J. Mayer,* Der beschränkte Pflichtteilsverzicht, ZEV 2000, 263; *Roth*, Zwangsmittel bei Nichterfüllung des notariellen Nachlassverzeichnisses, NJW-Spezial 2017, 679; *Roth*, Der Arrest im Pflichtteilsverfahren – das unterschätzte Sicherungsmittel, NJW-Spezial 2014, 359; *Roth*, Neues zum notariellen Nachlassverzeichnis, NJW-Spezial 2011, 231; *Roth*, Die Wertermittlungsklage gegen den Erben, NJW-Spezial 2011, 487; *Roth*, Ausgewählte Einzelfragen zum notariellen Nachlassverzeichnis gem. § 2314 Abs. 1 S. 3 BGB, ZErb 2007, 402; *Roth/Maulbetsch*, Geltendmachung von Pflichtteilsansprüchen bei Testamentsvollstreckung, NJW-Spezial 2008, 711; *Schindler*, Gesamtschuld- und Gesamthandsklage eines Miterbennachlassgläubigers, ZEV 2011, 295; *Schlitt*, Der Umfang des Auskunftsanspruchs des Pflichtteils- und Pflichtteilsergänzungsberechtigten gegenüber dem Erben wegen des Bankvermögen des Erblassers, ZEV 2007, 515; *Schneider*, Die Zwangsvollstreckung des Wertermittlungsanspruchs im Pflichtteilsrecht, ZEV 2011, 353; *Siebert*, Der Pflichtteilsergänzungsanspruch gegenüber dem Beschenkten, ZEV 2013, 241; *Tanck*, Bezifferte Teilklage im Rahmen der Stufenklage auf Auskunft, Wertermittlung und Pflichtteilszahlung, ZErb 2006, 302; *Tegelkamp*, Anwesenheitsrechte bei der Erstellung des Nachlassverzeichnisses nach § 2314 Abs. 1 S. 2 Alt. 1 BGB, ZErb 2011, 33; *Teschner*, Die Durchsetzung des erbrechtlichen Anspruchs in der Stufenklage, ErbR 2012, 194; *Trappe*, Die Pro-rata-Regelung bei der Pflichtteilsergänzung, ZEV 2010, 388; *van Eymeren*, Die Anwendung der Pro-rata-Regelung auf den Umfang der Ausfallhaftung des Letztbeschenkten, ZEV 2011, 343; *Weidlich*, Ehegattenzuwendung und Pflichtteilsergänzung in der Zugewinngemeinschaft, ZEV 2014, 345; *Wendt*, Pflichtteilsergänzung und widerrufliche Bezugsrechtsbestimmung in der Lebensversicherung, ZNotP 2011, 242; *Zimmer*, Der Notar als Detektiv? – Zu den Anforderungen an das notarielle

Nachlassverzeichnis, ZEV 2008, 365; *ders.*, Der Auskunftsanspruch über den „fiktiven Nachlass", NJW 2015, 1.

Anmerkungen

1. Hat der Erblasser Abkömmlinge, seinen Ehegatten, eingetragenen Lebenspartner (§ 10 Abs. 6 LPartG) oder seine Eltern durch Verfügung von Todes wegen von der gesetzlichen Erbfolge ausgeschlossen, steht diesen Personen gegen den oder die Erben der sog. Pflichtteil zu (§ 2303 BGB). Eltern sind jedoch nur dann pflichtteilsberechtigt, wenn der Erblasser keine Abkömmlinge hinterlässt (§ 2309 BGB).

Der **Pflichtteilsanspruch** ist ein reiner Geldzahlungsanspruch gegen den Erben und besteht in der Hälfte des Wertes des gesetzlichen Erbteils. Wegen der Verknüpfung von Pflichtteil und Güterrecht gelten für den Ehegatten bzw. eingetragenen Lebenspartner Besonderheiten (→ Anm. 14).

Hat der Erblasser zu Lebzeiten Schenkungen an Dritte gemacht und dadurch sein Vermögen geschmälert, steht einem Pflichtteilsberechtigten unter den Voraussetzungen der §§ 2325 ff. BGB ein **Pflichtteilsergänzungsanspruch** zu. Er kann als Ergänzung des Pflichtteils den Betrag verlangen, um den sich der Pflichtteil erhöht, wenn der Wert des geschenkten Gegenstands – freilich unter Berücksichtigung von Abschmelzung und Ausschlussfrist gem. § 2325 Abs. 3 BGB – dem realen Nachlass fiktiv hinzugerechnet wird (sog. fiktiver Nachlass).

Der Pflichtteilsergänzungsanspruch ist ein rechtlich selbständiger außerordentlicher Pflichtteilsanspruch und vom Bestehen eines ordentlichen Pflichtteilsanspruchs unabhängig. Er kann somit auch einem Erben oder Vermächtnisnehmer zustehen (§ 2326 BGB), sofern dieser abstrakt pflichtteilsberechtigt ist, also zum pflichtteilsberechtigten Personenkreis (s. § 2303 BGB) gehört, und ein Pflichtteilsanspruch nicht aus anderen Gründen ausgeschlossen ist (vgl. dazu *Klinger/Mohr* NJW-Spezial 2007, 13; die seinerzeit noch vertretene Theorie der Doppelberechtigung hat der BGH (NJW 2012, 2730) inzwischen aufgegeben).

Beide Ansprüche bilden verschiedene Streitgegenstände, auch wenn sie wesensähnlich sind (BGH, NJW 1974, 1327; NJW 1972, 760), da der für die Begründung eines Pflichtteilsergänzungsanspruchs kennzeichnende Sachverhalt eine Schenkung des Erblassers unter Lebenden und – anders als der Pflichtteilsanspruch – gerade nicht auf eine wertmäßige Beteiligung am Nachlass gerichtet ist (BGHZ 132, 240). Dies kann grundsätzlich Auswirkung auf den Lauf und die Hemmung der **Verjährung** haben.

Dennoch ist in der Rechtsprechung anerkannt, dass durch die Klage auf den ordentlichen Pflichtteil zugleich die Verjährung des Ergänzungsanspruchs sowie umgekehrt durch die Klage zunächst auf Pflichtteilsergänzung auch die Verjährung des ordentlichen Pflichtteilsanspruchs gehemmt wird (BGH NJW 2019, 234, Rn. 13; BGH, BeckRS 1974, 106509; NJW 1972, 760; MüKoBGB/Lange § 2332 Rn. 12), wenn sich die Ansprüche gegen denselben Schuldner richten.

Nichtsdestotrotz empfiehlt es sich, aus anwaltlicher Vorsicht klarzustellen, dass mit der Stufenklage beide Ansprüche, also Pflichtteilsanspruch und Pflichtteilsergänzungsanspruch, verfolgt werden sollen.

2. Da ein Pflichtteilsberechtigter oftmals nur wenig bis keinerlei Kenntnis von Zusammensetzung und Wert des Nachlasses hat, aber für Grund und Höhe seines Anspruchs darlegungs- und beweispflichtig ist, gibt § 2314 Abs. 1 BGB dem pflichtteilsberechtigten Nichterben vorbereitende Hilfsansprüche gegen den Erben auf Auskunftserteilung und Wertermittlung an die Hand, um ihn in die Lage zu versetzen, seinen Pflichtteilsanspruch beziffern zu können.

Leistet der Erbe trotz Aufforderung nicht oder unzureichend, kann der Pflichtteilsberechtigte **isoliert** auf Auskunft, Wertermittlung und/oder Abgabe der eidesstattlichen Versicherung klagen. Dies birgt jedoch die Gefahr, dass der Pflichtteilsanspruch ob der oft langen Verfahrensdauern und sich ggf. anschließenden Vollstreckungsverfahren verjähren könnte. Denn auch für den Pflichtteilsanspruch gilt die kurze Regelverjährung des § 199 Abs. 1 BGB, und die Geltendmachung der vorbereitenden Hilfsansprüche hemmt den Lauf der Verjährung des Pflichtteilsanspruchs nicht (OLG Düsseldorf, FamRZ 1999, 1097; Palandt/*Weidlich* § 2317 Rn. 19 und Palandt/*Ellenberger* § 204 Rn. 2).

Um die Verjährung des Pflichtteilsanspruchs zu verhindern, kann der Pflichtteilsberechtigte seine Hilfsansprüche zusammen mit einem zunächst noch *unbezifferten* Zahlungsantrag im Wege der **Stufenklage** gem. § 254 ZPO (vgl. → Form. I.D.11 Anm. 1–12) geltend machen. Denn sämtliche mit der Stufenklage geltend gemachten Ansprüche werden sofort rechtshängig (§ 261 Abs. 1 ZPO) und dadurch auch die Verjährung des noch nicht bezifferten Leistungsantrags (in jeder Höhe, BGH, NJW-RR 1995, 770) gehemmt (§ 204 Abs. 2 Nr. 1 BGB). Die Verjährung des unbezifferten Zahlungsanspruchs wird allerdings nur in der Höhe gehemmt, in der er später beziffert wird (BGH NJW 2012, 2180, Rn. 21; NJW 2007, 2560; NJW 1995, 188; NJW 1992, 2563; Palandt/*Ellenberger* § 204 Rn. 2; *Teschner* ErbR 2012, 194, 196)!

Vor Erhebung einer Stufenklage empfiehlt es sich dringend, den oder die Erben außergerichtlich zur Auskunftserteilung, Wertermittlung und unbeziffert zur Zahlung aufzufordern (sog. „**Stufenmahnung**"). Denn zum einen wird der Erbe nur durch eine solche Stufenmahnung in Verzug gesetzt und hat er die Pflichtteilsforderung zu verzinsen (es sei denn, er hätte die Verzögerung nicht zu vertreten, BGHZ 80, 269 = NJW 1981, 1729; OLG Naumburg, FamRZ 2012, 1674 = BeckRS 2012, 5982), zum anderen verhindert sie ein „sofortiges" Anerkenntnis mit entsprechender Kostenfolge (§ 93 ZPO).

3. Zur örtlichen und sachlichen Zuständigkeit des Gerichts → Form. I.D.1 Anm. 2; zum elektronischen Rechtsverkehr → Form. I.D.1 Anm. 1; zur Einrichtung von Spezialkammern für erbrechtliche Streitigkeiten → Form. II.L.6 Anm. 2.

Für Klagen des Pflichtteilsberechtigten, die seinen Pflichtteilsanspruch zum Gegenstand haben, ist der besondere Gerichtsstand der Erbschaft (§ 27 ZPO) eröffnet (→ Form. II.L.6 Anm. 2).

4. Zur Gestaltung des Rubrums → Form. I.D.1 Anm. 3–6; zur Angabe der Prozessbevollmächtigten → Form. II.L.6 Anm. 3.

Aktivlegitimiert kann nur ein Pflichtteilsberechtigter sein, also ein Abkömmling, der Ehegatte, Lebenspartner oder ein Elternteil.

5. Der Pflichtteils- und Pflichtteilsergänzungsanspruch richtet sich gegen den oder die **Erben.** Nur wenn und soweit der Erbe nicht zur Pflichtteilsergänzung verpflichtet ist, etwa weil der Nachlass zur Erfüllung des Anspruchs nicht ausreicht oder gar überschuldet ist, kann und muss sich der Pflichtteilsberechtigte subsidiär an den zuletzt Beschenkten halten (§ 2329 BGB; s. → Form. II.L.21).

Mehrere Erben haften als Gesamtschuldner (§§ 2058, 1967 Abs. 2 BGB). Auch wenn der Pflichtteilsberechtigte gegen jeden einzelnen oder alle Miterben zusammen vorgehen kann, empfiehlt es sich mE, die Klage gegen sämtliche Miterben zu erheben, um wegen des Leistungsausspruchs später in den ungeteilten Nachlass vollstrecken zu können (§ 747 ZPO). Außerdem kann so verhindert werden, dass der Anspruch gegen einzelne Miterben unterschiedlich verjährt (s. § 425 Abs. 2 BGB).

Allerdings muss der Kläger bei dieser Vorgehensweise damit rechnen, dass die Miterben die Einrede des ungeteilten Nachlasses erheben (§ 2059 BGB) und die Aufnahme eines Haftungsbeschränkungsvorbehalts beantragen (§ 780 ZPO; → Form. II.L.22). Sie haften dann nur noch mit ihrem Anteil am Nachlass.

Bei den Hilfsansprüchen auf Auskunft und Wertermittlung handelt es sind unterdessen um höchstpersönliche Verpflichtungen der Erben, für die sie als Gesamtschuldner nach § 421 BGB haften; eine Haftungsbeschränkung ist, da keine Nachlassverbindlichkeit, insoweit nicht möglich (allenfalls hinsichtlich der Kosten, § 2314 Abs. 2 BGB).

Ist **Testamentsvollstreckung** angeordnet, kann der Pflichtteil gleichwohl nur gegen den oder die Erben geltend gemacht werden (§ 2213 Abs. 1 S. 3 BGB). Um in den Nachlass vollstrecken zu können, bedarf es dann noch eines **Duldungstitels** gegen den Testamentsvollstrecker (§ 748 Abs. 3 ZPO), so dass es sich empfiehlt, die Klage um den Testamentsvollstrecker zu erweitern mit dem Antrag,

„die/den Beklagte/n zu x) als Testamentsvollstrecker/in über den Nachlass des am . . . . . . verstorbenen . . . . . . zu verurteilen, die Zwangsvollstreckung in den Nachlass des Erblassers wegen der Pflichtteilsforderung gem. Ziff. . . . . . zu dulden."

Zu weiteren möglichen Beklagten, s. *Fleischer/Horn* ZErb 2013, 105, 107.

6. Allgemein zur Angabe des Streitwerts, → Form. I.D.1 Anm. 8; zum Zuständigkeits- und Gebührenstreitwert bei Stufenklagen → Form. II.L.7 Anm. 4 und → Form. I.D.11 Anm. 3.

7. Bei einer Erbenmehrheit hat der Gläubiger bis zur Teilung (Auseinandersetzung) des Nachlasses die Wahl, ob er gegen die Beklagten Gesamthandsklage (§ 2059 BGB) oder Gesamtschuldklage (§ 2058 Abs. 2 BGB) erheben will (BGH, NJW 1963, 1611).

Mit der **Gesamthandsklage** erhalten Gläubiger einen Titel zur Vollstreckung in den ungeteilten Nachlass. Sie bietet sich etwa an, wenn der Gläubiger eine Verfügung durch alle Miterben nach § 2040 BGB begehrt, etwa die Übertragung eines Nachlassgrundstücks oder die Erfüllung eines Vermächtnisses (MAH ErbR/*Siegmann/Scheuing* § 23 Rn. 75 mit Muster-Klageanträgen in § 61 Rn. 30 ff.); zur Vermächtniserfüllung, s. a. → Form. II.L.19 Anm. 5.

Im Übrigen empfiehlt sich die **Gesamtschuldklage**, weil ein entsprechender Titel bis zur Teilung den Vollstreckungszugriff auf jeden Miterbenanteil (§ 2059 Abs. 1 BGB, § 859 ZPO) und auch noch nach der Auseinandersetzung die Vollstreckung gegen jeden einzelnen Miterben ermöglicht.

Im Klageantrag sollte klar zum Ausdruck kommen, welche „Klageart" gewählt wird.

8. Der Erbe hat dem pflichtteilsberechtigten Nichterben gem. § 2314 Abs. 1 S. 1 BGB über den Bestand des beim Erbfall tatsächlich vorhandenen („realen") Nachlasses (Aktiva und Passiva) **Auskunft** zu erteilen. Hierbei sind die Nachlassgegenstände nach Anzahl, Art und wertbildenden Faktoren zu bezeichnen (BGH NJW 1982, 1644). Werte muss der Erbe hingegen nicht angeben, da ihm idR die entsprechende Expertise fehlt. Insoweit steht dem Pflichtteilsberechtigten der selbständige Wertermittlungsanspruch durch Sachverständige gem. § 2314 Abs. 1 S. 2 BGB zur Verfügung (s. → Anm. 18).

9. Weiter muss der Erbe – auf besonderes Verlangen (Burandt/Rojahn/*Horn* BGB § 2314 Rn. 26 mwN) – auch den sog. „fiktiven Nachlass" beauskunften (BGHZ 33, 373; Palandt/*Weidlich* § 2314 Rn. 9), also alle ausgleichungspflichtigen Zuwendungen iSd. §§ 2316, 2050 ff. BGB sowie sämtliche ergänzungspflichtigen Schenkungen iSd § 2325 BGB (→ Form. II.L.21 Anm. 6). Die Auskunftspflicht erstreckt sich auch auf die Person des Zuwendungsempfängers und bei Verträgen zu Gunsten Dritter auch auf das Zuwendungsverhältnis (OLG Karlsruhe, ZEV 2000, 280).

Ebenfalls ist Auskunft zu erteilen über Pflicht- und Anstandsschenkungen iSv § 2330 (BGH NJW 1962, 245), ehebezogene Zuwendungen, die einem Pflichtteilsergänzungsanspruch unterliegen können, angeblich wertlose Zuwendungen (BGH LM § 260 Nr. 1) sowie alle Rechtsgeschäfte, die möglicherweise pflichtteilsrelevant sind (Burandt/Rojahn/*Horn* BGB § 2314 Rn. 27).

In der Praxis ist zur Freude des Erben selbst in anwaltlichen Stufenmahnungen und Klagen immer wieder zu lesen, dass der Pflichtteilsberechtigte – offenbar im Hinblick auf § 2325 Abs. 3 BGB – „nur" Auskunft über Schenkungen des Erblassers innerhalb der letzten 10 Jahre fordert. Dies stellt eine anwaltliche Pflichtverletzung dar. Denn auf Verlangen schuldet der Erbe Auskunft über ausgleichungspflichtige Zuwendungen stets ohne zeitliche Befristung, ebenso über ergänzungspflichtige Schenkungen, wenn der Erblasser – wie so oft zB bei Immobilien – sich ein Nutzungsrecht an dem Schenkungsgegenstand vorbehalten oder er den Gegenstand tatsächlich genutzt hat, ein Widerrufs-, Rücktritts- oder Rückforderungsrecht vereinbart hat oder die Schenkung an den Ehegatten erfolgte (s. § 2325 Abs. 3 S. 3 BGB).

Lediglich ergänzungspflichtige Schenkungen im Übrigen unterliegen der zehnjährigen Ausschlussfrist des § 2325 Abs. 3 BGB.

10. Die Auskunft ist durch Vorlage eines Bestandsverzeichnisses zu erteilen (§§ 2314 Abs. 1 S. 2, § 260 BGB). Fotos von Nachlassgegenständen sind kein Ersatz für ein solches Bestandsverzeichnis (OLG Düsseldorf ErbR 2020, 733).

Der Pflichtteilsberechtigte kann wählen, ob er sich mit einem privatschriftlichen Nachlassverzeichnis des Erben (zu den formellen Anforderungen, s. *Außner* ZEV 2020, 743) begnügt oder ein durch einen zuständigen Beamten oder Notar aufgenommenes Verzeichnis (sog. amtliches oder **notarielles Nachlassverzeichnis**) verlangt (§ 2314 Abs. 1 S. 3 BGB).

Der Pflichtteilsberechtigte kann auch kumulativ zunächst ein privatschriftliches und später ein amtliches Verzeichnis fordern (BGHZ 33, 373; OLG Köln FamRZ 1992, 1104; OLG Oldenburg NJW-RR 1993, 782). Dabei hemmt der im Rahmen einer Stufenklage zunächst geltend gemachte Anspruch auf Auskunft durch Vorlage eines privatschriftlichen Nachlassverzeichnisses sogar die Verjährung des Anspruchs auf Auskunft durch Vorlage eines notariellen Nachlassverzeichnisses (BGH NJW 2019, 234).

Soweit der Erbe selbst nicht in der Lage sein sollte, die geforderten Informationen zu erteilen, kann er sich auf sein fehlendes Wissen nicht berufen, sondern ist verpflichtet, sich die notwendigen **Kenntnisse** bei Dritten zu **verschaffen** (BGHZ 89, 24, 28 = NJW 1989, 1601 unter 2.) und bestehende Auskunftsansprüche zu nutzen (BGH, NJW 2020, 2187 Rn. 11), etwa bei Kreditinstituten, Versicherern, möglicherweise beschenkten Personen, befassten Notaren, sonstigen Hilfspersonen oder Registern. Er ist auch grds. verpflichtet, die Kontoauszüge des Erblassers der letzten 10 Jahre auf mögliche Schenkungen zu überprüfen (MAH ErbR/*Horn* § 29 Rn. 340). Sind Kontoauszüge nicht mehr vorhanden, muss er sich diese bei den Kreditinstituten besorgen (BGHZ 107, 104 = NJW 1989, 1601 unter II.2.a), selbst wenn dem Auskunftsverpflichteten hierfür Gebühren iHv 1.500 EUR in Rechnung gestellt werden sollten (OLG Stuttgart, ZEV 2016, 330).

Auf die objektive **Unmöglichkeit** der Auskunftserteilung kann sich der Auskunftsverpflichtete nur dann berufen, wenn sämtliche ihm zur Verfügung stehenden Erkenntnismöglichkeiten versagen, nachdem er alle zumutbaren Anstrengungen unternommen hat (OLG München ZEV 2018, 149 Rn. 29).

Urkunden oder Belege müssen vom Erben de lege lata nicht vorgelegt werden (vgl. *Bartsch* ZEV 2004, 176; *Klinger/Mohr* NJW-Spezial 2008, 71), da nur Auskunft, aber keine Rechnungslegung iSd § 259 BGB geschuldet ist. Eine Ausnahme hiervon hat der BGH (NJW 1975, 258) allerdings bei Unternehmen oder Unternehmensbeteiligungen zugelassen (→ Anm. 17).

11. Möchte der Pflichtteilsberechtigte ein amtliches Verzeichnis aufgenommen wissen, befindet sich der Erbe jedoch im Ausland, dann sollte im Hinblick auf § 10 KonsularG vorsorglich die Aufnahme des Verzeichnisses *„durch einen zuständigen Beamten oder Notar"* beantragt werden (*Fleischer/Horn* ZErb 2013, 105 107).

Nach mittlerweile gefestigter Rechtsprechung bietet das **notarielle Nachlassverzeichnis** gegenüber dem privaten Verzeichnis eine größere Gewähr für Klarheit, Übersichtlichkeit und Richtigkeit, da der Notar zur Durchführung eigener Ermittlungen berechtigt und verpflichtet ist (BGH NJW 2019, 234; BGHZ 193, 260 = NJW 2012, 2730 Rn. 8; BGHZ 33, 373).

Ein notarielles Nachlassverzeichnis genügt nur dann den Anforderungen des § 2314 Abs. 1 S. 3 BGB, wenn der Notar den Nachlassbestand **selbst und eigenständig** – wenn auch zunächst ausgehend von den Angaben des Auskunftspflichtigen – **geprüft und ermittelt** hat (BGH NJW 2019, 231; NJW 2019, 234 Rn. 22; BVerfG NJW 2016, 2943; OLG München ZEV 2017, 460; OLG Bamberg ZEV 2016, 580; OLG Koblenz NJW 2014, 1972; OLG Köln ZEV 2013, 362; OLG Hamm BeckRS 2012, 15291; OLG Saarbrücken ZEV 2011, 373, ZEV 2010, 416; OLG Schleswig NJW-RR 2011, 946; OLG Köln BeckRS 2009, 13430; OLG Düsseldorf BeckRS 2008, 06712; LG Kleve NJW-RR 15, 1288; Palandt/*Weidlich* § 2314 Rn. 7; Burandt/Rojahn/*Müller* BGB § 2314 Rn. 48; MüKoBGB/*Lange* § 2314 Rn. 22; *Kuhn/Trappe* ZEV 2011, 347(350)).

Dabei darf der Notar sich nicht darauf beschränken, vom Erben vorgelegte Belege lediglich auf Plausibilität zu überprüfen und sich im Übrigen auf die Angaben des Erben zu verlassen (OLG Düsseldorf BeckRS 2008, 06712; OLG Saarbrücken ZEV 2011, 373; OLG Celle DNotZ 2003, 62; OLG Oldenburg NJW-RR 1993, 782). Er muss durch seine Unterschrift schließlich bestätigen, dass er, der Notar, für den Inhalt verantwortlich ist (OLG Saarbrücken ZEV 2011, 373).

Bei der Ermittlung des Nachlassbestands hat der Notar diejenigen Nachforschungen anzustellen, die ein objektiver Dritter in der Lage des Gläubigers für erforderlich halten würde (BGH NJW 2019, 231, Rn. 32; NJW 2020, 2187, Rn. 8).

In der Regel wird die Begehung der Erblasserwohnung nebst Verzeichnis der dort befindlichen Gegenstände und die Durchsicht von Unterlagen im Hinblick auf Guthaben, Verbindlichkeiten und Grundbesitz angezeigt sein (DNotI-Report 2003, 137). Geboten ist auch eine Anfrage bei den Grundbuchämtern. Eigentumsverzeichnisse aufgeführter Immobilien sind dem notariellen Nachlassverzeichnis beizufügen (OLG Saarbrücken ZEV 2011, 373).

Der Notar muss ferner Ermittlungen über den fiktiven Nachlass anstellen (OLG Hamm BeckRS 2012, 15291; OLG Köln ErbR 2013, 328). Hierzu hat er sich eine Vollmacht des Auskunftsverpflichteten erteilen zu lassen, um bei Banken und Sparkassen, die in der Nähe des letzten Wohnortes des Erblassers eine Zweigstelle unterhalten, Anfrage halten zu können, ob in den letzten 10 Jahren eine Kundenverbindung zum Erblasser bestanden hat; sodann hat er die (vollständigen) Kontoauszüge, Sparbücher oder vergleichbare Bankunterlagen für einen 10-Jahres-Zeitraum einzusehen und auf ungewöhnliche Vorgänge zu untersuchen (OLG Koblenz ZEV 2014, 308).

Bei Krediten hat sich der Notar die Darlehensverträge vorlegen lassen, um zu prüfen, ob der Erblasser tatsächlich (Mit-) Schuldner war und ob Sicherheiten gegeben wurden, die der Erbe nicht als nachlasszugehörig angegeben hat (OLG Saarbrücken ZEV 2011, 373).

Der Notar ist bei Lebensversicherungen verpflichtet, von sich aus bei den in Frage kommenden Versicherern nach Verträgen zum Todeszeitpunkt zu fragen und durch Einsichtnahme in die vollständigen Versicherungsscheine sowohl die in den Nachlass fallenden Versicherungsleistungen als auch die Einräumung von Bezugsrechten zu ermitteln (OLG Saarbrücken ZEV 2011, 373).

Hat der Notar Zweifel an der Richtigkeit der Auskünfte des Erben, muss er den Pflichtteilsberechtigten hierüber informieren (*Nieder* ZErb 2004, 63).

Zum Anspruch auf Ergänzung bzw. Berichtigung eines notariellen Nachlassverzeichnisses, s. lehrbuchmäßig BGH NJW 2020, 2187 mAnm *Schönenberg-Wessel*, mAnm *Fleischer/Horn* ErbR 2020, 557.

12. Der Pflichtteilsberechtigte hat nach § 2314 Abs. 1 S. 2 BGB das Recht, bei der Aufnahme der Verzeichnisse zugezogen zu werden (vgl. dazu *Tegelkamp* ZErb 2011, 33). So erhält er dann auch Einblick in Belege.

Will der Pflichtteilsberechtigte zugezogen werden, muss er dies im Klageantrag formulieren und titulieren lassen (*Fleischer/Horn* ZErb 2013, 105, 107); jedenfalls muss er seine Zuziehung vor der Niederschrift verlangen (Schlitt/Müller PflichtteilsR-HdB/*Blum* § 2 Rn. 61). Wird hiernach das Verzeichnis ohne Hinzuziehung des Pflichtteilsberechtigten erstellt, hat dies keine Erfüllungswirkung (OLG Koblenz ErbR 2021, 232) und kann der Pflichtteilsberechtigte die Wiederholung der Aufnahme in seiner Gegenwart verlangen (MüKoBGB/*Lange* § 2314 Rn. 42).

Der ausufernden Praxis, von dem Zuziehungsrecht deshalb Gebrauch zu machen, um im Notartermin auf den Erben zu treffen und diesen mit der eigenen Anwesenheit zu konfrontieren, hat der BGH (NJW 2019, 231) nunmehr einen Riegel vorgeschoben, indem er in Leitsatz 4 ausführt:

„Ist der Erbe beim Notar persönlich erschienen und hat er dabei Angaben zum Nachlass gemacht, hat er bei fehlendem weiteren Aufklärungsbedarf seiner Mitwirkungspflicht genügt und ist nicht verpflichtet, in einem für die förmliche Aufnahme des Nachlassverzeichnisses bestimmten Termin, bei dem der Auskunftsberechtigte anwesend ist, erneut zu erscheinen."

13. § 254 ZPO entbindet den Kläger nur, vorläufig keinen bezifferten Leistungsantrag stellen zu müssen; die übrigen Anträge müssen jedoch den Anforderungen des § 253 Abs. 2 Satz 2 Nr. 2 ZPO genügen und die vorzunehmende Handlung so genau bezeichnen, dass der Beklagte im Fall einer antragsgemäßen Verurteilung eindeutig erkennen kann, was von ihm verlangt wird. Der Klageantrag muss einen vollstreckungsfähigen Inhalt haben (BGH NJW 1983, 1056 unter 2.; OLG Köln FamRZ 2012, 483).

Es empfiehlt sich daher dringend, auf den Klageantrag besondere Sorgfalt zu verwenden, die begehrten Handlungen genauestens zu beschreiben und ggf. (abweichend vom Muster) auch einzelne erwünschte Informationen zu bestimmten Vermögenspositionen, Vorgängen oder Personen gesondert beauskunftet zu verlangen.

14. Die Frage nach dem Güterstand des Erblassers ist nur dann relevant, wenn der Erblasser zum Zeitpunkt seines Todes verheiratet oder verpartnert war und der Erbe von einem Abkömmling in Anspruch genommen wird. Denn der Güterstand hat maßgeblichen Einfluss auf das gesetzliche Ehegattenerbrecht (s. §§ 1931, 1371 BGB) und damit auf die gesetzliche Erbquote der Abkömmlinge, nach der sich die Höhe der Pflichtteilsquote bestimmt (§ 2303 Abs. 1 S. 2 BGB; s. hierzu näher *Jülicher/Klinger* NJW-Spezial 2008, 647; Palandt/*Weidlich* BGB § 2303 Rn. 14 ff.). Daher hat der Erbe bei einem verheirateten Erblasser auch den ehelichen Güterstand zu beauskunften (OLG Düsseldorf NJW 1996, 3156).

War der Erblasser zur Zeit seines Todes nicht verheiratet oder verwitwet, ist der Antrag 2. a) folglich zu streichen.

15. Die Frage nach einem Erbverzicht ist pflichtteilsrelevant, da der Verzichtende bei der Ermittlung der für die Pflichtteilsberechnung maßgebenden Erbquoten nicht mitgezählt wird (§ 2310 S. 2 BGB). Dies führt zur Erhöhung der Pflichtteilsquoten der übrigen Berechtigten.

16. Antrag nach *Fleischer/Horn* ZErb 2013, 105 (108), und MAH ErbR/*Horn* § 29 Rn. 47 (jeweils ohne Nachw.).

17. Gehört zum Nachlass ein Unternehmen oder eine Unternehmensbeteiligung, kann der Pflichtteilsberechtigte die Vorlage von Bilanzen sowie von Gewinn- und Verlustrechnungen, Umsatzzahlen und andere Gegebenheiten, die zur Wertermittlung dienen können, verlangen (BGHZ 33, 373 unter II. 4; OLG Düsseldorf NJW-RR 1997, 454; Palandt/*Weidlich* § 2314 Rn. 10 mwN).

18. (1) Nach § 2314 Abs. 2 S. 2 BGB kann der Pflichtteilsberechtigte vom Erben verlangen, dass der Wert der Nachlassgegenstände durch Sachverständige ermittelt wird. Dieser **Wertermittlungsanspruch** ist gerichtet auf die Vorlage bewertungsrelevanter Unterlagen sowie, wenn die dargelegten Informationen kein hinreichendes Bild über den Wert des Nachlasses ermöglichen, auf Ausarbeitung und Vorlage eines Bewertungsgutachtens durch Sachverständige (BGH NJW 1975, 258; OLG Köln ZEV 2006, 77; OLG Brandenburg ZErb 2004, 132). Er umfasst sowohl den realen als auch den fiktiven Nachlass (BGHZ 107, 200; BGHZ 89, 24) und wird zugesprochen, wenn Nachlasszugehörigkeit bzw. Schenkung unstreitig oder vom Pflichtteilsberechtigten bewiesen sind (BGH NJW 1986, 127).

Das Gutachten ist vom Erben zu beauftragen; es ist seine Sache, welchen Sachverständigen er auswählt. Die Kosten gehen zulasten des Nachlasses (§ 2314 Abs. 2 BGB). Gibt der Pflichtteilsberechtigte selbst ein Gutachten in Auftrag, kann er die Kosten nicht auf den Nachlass abwälzen (Palandt/*Weidlich* § 2314 Rn. 18; MüKoBGH/*Lange* § 2314 Rn. 21).

(2) Der Wertermittlungsanspruch ist ein vom Auskunftsanspruch zu unterscheidender, vollkommen unabhängiger Anspruch (BGHZ 89, 24; BGHZ 33, 373), der als solcher der Regelverjährung (§§ 199 Abs. 1, 195 BGB) unterliegt und gesondert geltend gemacht werden muss. Die gerichtliche Geltendmachung des Auskunftsanspruchs hemmt die Verjährung des selbständigen Wertermittlungsanspruchs nicht.

Auf der anderen Seite steht der Wertermittlungsanspruch regelmäßig in einem zeitlich bedingten Stufenverhältnis mit dem Auskunftsanspruch. Denn die Ermittlung des Wertes des Nachlasses setzt denknotwendig voraus, dass der Nachlass bekannt, die Auskunft also bereits erteilt ist. In der Regel versetzt erst die erteilte Auskunft den Pflichtteilsberechtigten in die Lage, beurteilen zu können, für welche Nachlassgegenstände ihm eine Bestimmung des Wertes möglich und für welche er auf eine Wertermittlung durch die Erben angewiesen ist, um seinen Zahlungsanspruch beziffern zu können (vgl. OLG Koblenz ZEV 2013, 389 (391) unter II.).

Sind dem Pflichtteilsberechtigten jedoch schon vor Auskunftserteilung Gegenstände bekannt, deren Werte er ermitteln lassen möchte, kann er seinen Antrag auf Wertermittlung zur gleichzeitigen Entscheidung mit dem Antrag auf Auskunftserteilung stellen. In diesem Fall sind die Gegenstände in dem Antrag so genau zu bezeichnen, dass der Antrag einen vollstreckungsfähigen Inhalt hat (vgl. Klageantrag zu Ziff. IV sowie → Anm. 13).

Sind indes Nachlassgegenstände noch nicht bekannt, sollte der Pflichtteilsberechtigte einen noch unbestimmten Klageantrag auf Wertermittlung stellen, in dem er sich vorbehält, Wertermittlung der „nach Auskunftserteilung näher zu bezeichnenden Gegenstände" zu verlangen (s. Klageantrag zu Ziff. VI. sowie → Anm. 18; diesen Antrag – gleichsam auf der „dritten" Stufe – sollte der Pflichtteilsberechtigte mE immer vorsorglich zur Vermeidung der Verjährung stellen!).

(3) Bei **verschenkten Immobilien** und sonstigen nicht verbrauchbaren Sachen gilt nach § 2325 Abs. 2 S. 2 BGB das sog. Niederstwertprinzip. Danach ist der Wert zum Todeszeitpunkt maßgeblich, wenn nicht der (indexierte) Wert zum Zeitpunkt des Schenkungsvollzugs der niedrigere ist. Daher kann (und muss) der Pflichtteilsberechtigte **Wertermittlung zu** diesen **zwei Stichtagen** beantragen (hM, vgl. BGHZ 108, 393 (397) unter I.3.; OLG Brandenburg FamRZ 1998, 1265, Ls. 2).

(4) Zur **Qualifikation des Sachverständigen** ist die hM der Auffassung, der Pflichtteilsberechtigte habe keinen Anspruch auf Wertermittlung durch einen öffentlich bestellten und vereidigten Sachverständigen (OLG Köln FamRZ 2012, 483; OLG Düsseldorf NJW-RR 1997, 454; MüKoBGB/Lange § 2314 Rn. 21); insoweit könne der Pflichtteilsberech-

tigte nur verlangen, dass die Werte durch unabhängige und unparteiische Sachverständige ermittelt würden, solange jedenfalls der Sachverständige „ausreichend qualifiziert" und nicht „selbsternannt" sei (vgl. *Horn* ZEV 2018, 627 (629) mwN.). Andererseits hat der BGH schon mehrfach die Beklagtenseite im Tenor verurteilt, Werte durch öffentlich bestellte und vereidigte Sachverständige zu ermitteln (BGH Urt. v. 8.7.1985- II ZR 150/84, BGH Urt. v. 4.10.1989- IVa ZR 198/88 und BGH Urt. v. 8.12.2004- IV ZR 223/03, BeckRS 2005, 01096). Dies mag revisionsrechtliche Gründe gehabt haben.

Die Praxis zeigt jedoch leider, dass in Anspruch genommene Erben häufig „Sachverständige" mit fraglicher Qualifikation oder „Gefälligkeitsgutachten" beauftragen, um den Pflichtteilsberechtigten zu übervorteilen. Zwar soll der Wertermittlungsanspruch den Pflichtteilsberechtigten „nur" in die Lage versetzen, das Risiko der Geltendmachung seines Anspruchs einzuschätzen, gleichwohl meine ich, dass ihm zur Minimierung seines Risikos – und zur Vermeidung eines überflüssigen Streits über die Qualifikation des Sachverständigen (für die der Erbe beweispflichtig wäre, vgl. MüKoBGH/*Lange* § 2314 Rn. 60; Burandt/Rojahn/*Horn* BGB § 2314 Rn. 75) – ein Anspruch auf eine „geprüfte" Qualität der Wertermittlung zugebilligt werden muss, damit der Anspruch auf Wertermittlung nicht gänzlich entkleidet wird.

Da die Bezeichnung „Sachverständiger" gesetzlich nicht geschützt ist, betätigen sich viele nicht hinreichend qualifizierte Gutachter auf dem Markt. Um von solchen Anbietern abzugrenzen, können öffentlich-rechtliche Körperschaften (zB die Handwerks-, Industrie- und Handels- oder Architektenkammern) im Interesse der Allgemeinheit und auf Grundlage von § 36 GewO Sachverständige „öffentlich bestellen", wenn diese in einem Prüfungsverfahren vor einem Fachgremium nachweisen, dass sie persönlich geeignet sind und ihre fachliche Qualifikation sowie besondere praktische Erfahrung die ihrer Fachkollegen deutlich übersteigt.

Auch nach der öffentlichen Bestellung stehen die Sachverständigen unter der ständigen Aufsicht durch die Kammern, unterliegen einer Fortbildungspflicht, dürfen Aufträge nur aus wichtigem Grund ablehnen und müssen gegen Haftungsrisiken eine Versicherung vorhalten. Zudem wird der öffentlich bestellte Sachverständige darauf vereidigt, dass er seine Aufgabe als Sachverständiger unabhängig, weisungsfrei, persönlich, gewissenhaft und unparteiisch erfüllt und sein Gutachten entsprechend erstattet. Dieser Eid geht schon inhaltlich über den ggf. nach § 410 Abs. 1 ZPO zu leistenden Eid hinaus. Insoweit greift die Argumentation der OLGe Düsseldorf und Köln (OLG Köln FamRZ 2012, 483; OLG Düsseldorf NJW-RR 1997, 454), mit der sie den Anspruch auf Wertermittlung durch öffentlich bestellte und vereidigte Sachverständige ablehnten, nämlich, dass eine Allgemeinvereidigung über Qualifikation und Unabhängigkeit des Sachverständigen nichts aussage, erheblich zu kurz, zumal sie unberücksichtigt lässt, dass derartige Eide ja nur von entsprechend qualitätsgeprüften, „öffentlich bestellten" Sachverständigen geleistet werden.

Hinzu kommt, dass die Gerichte im Streitfalle über die ermittelten Werte ohnehin auf der Zahlungsstufe ein gerichtliches Sachverständigengutachten einholen müssten und dabei nach § 404 Abs. 3 ZPO gehalten wären, bevorzugt „öffentlich bestellte" Sachverständige heranzuziehen. Spätestens seit dem SachVRÄndG vom 15.10.16, mit dem der Gesetzgeber das Ziel verfolgte, die Parteienbeteiligung bei der Auswahl der Sachverständigen zu stärken, die Gutachtenqualität zu erhöhen und dadurch gleichzeitig lange Verfahrensdauern zu verkürzen, wird die „restriktive" Haltung der hM zu überdenken sein, dem Pflichtteilsberechtigten a priori das Gutachten eines qualitätsgeprüften Sachverständigen – und damit uU sogar ein „streitschlichtendes" Gutachten – zu verweigern und ihn mit erheblichem Prozess- und Kostenrisiko in ein Beweisverfahren zu treiben, das der Gesetzgeber gerade zu vermeiden suchte.

Das Muster enthält daher den Antrag auf Wertermittlung durch einen öffentlich bestellten und vereidigten Sachverständigen und den *Hilfsantrag* auf einen unabhängigen und unparteiischen Sachverständigen als „Minus".

19. Nach §§ 2314 Abs. 1 S. 2, § 260 Abs. 2 BGB hat der Erbe auf Verlangen zu Protokoll an **Eides statt** zu versichern, dass er nach bestem Wissen den Bestand so vollständig angegeben habe, als er dazu imstande sei.

Der Anspruch ist begründet, wenn Grund zu der Annahme besteht, dass das Verzeichnis nicht mit der erforderlichen Sorgfalt aufgestellt wurde. Unvollständige, unrichtige oder mehrfach berichtigte Angaben können die Annahme mangelnder Sorgfalt begründen. Diese Voraussetzungen muss der Kläger darlegen, will er nach Erledigung der ersten Stufe das Verfahren auf der zweiten Stufe fortsetzen, insbesondere, dass der Verpflichtete bei gehöriger Sorgfalt die Unvollständigkeit bzw. Unrichtigkeit seiner Auskunft hätte vermeiden können (BGHZ 89, 137 (139); OLG Düsseldorf BeckRS 2016, 5873; OLG Frankfurt a. M. NJW-RR 1993, 1483, das ausreichen ließ, dass aus dem Verhalten des Verpflichteten die Bestrebung erkennbar wurde, die Auskunftserteilung mit allen juristischen Mitteln zu verhindern oder zu verzögern).

Zuständig für die Abnahme der eidesstattlichen Versicherung ist niemals der Notar oder gar der Prozessrichter, sondern bis zu einer Verurteilung ausschließlich der Rechtspfleger bei dem für den Wohnsitz des Erben zuständigen Amtsgericht (§§ 410 Nr. 1, 413 FamFG), nach einer Verurteilung ausschließlich das Vollstreckungsgericht (§ 889 ZPO; zur Vollstreckung → Anm. 28).

Achtung: Die Kosten der Abnahme der eidesstattlichen Versicherung hat derjenige zu tragen, der sie verlangt (§ 261 Abs. 2 BGB), also hier der Pflichtteilsberechtigte.

20. Auf der letzten Stufe, der sog. Zahlungs- bzw. Leistungsstufe, ist schließlich der zunächst noch unbezifferte Zahlungsanspruch geltend zu machen.

Häufig findet sich in Pflichtteilsstufenklagen der Antrag, „. . . *den sich nach Auskunftserteilung und Wertermittlung ergebenden Betrag . . . zu zahlen.*" Der Kläger ist jedoch nicht darauf beschränkt, lediglich den Betrag zu fordern, der sich aus der verlangten Auskunft ergibt, sondern behält die volle Dispositionsfreiheit, wie er den Leistungsanspruch errechnen und beziffern will (BGH NJW 2012, 2180 Rn. 33).

Um nicht den falschen Eindruck zu erwecken, der Kläger wolle sich auf den vom Erben mitgeteilten Sachverhalt bzw. dessen Zahlenwerk beschränken, sondern sich vielmehr vorbehalten, das Ergebnis auch eigener Ermittlungen in den Prozess einzuführen, empfiehlt sich die von *Fleischer/Horn* ZErb 2013, 105, 110, vorgeschlagene und hier übernommene Formulierung des Leistungsantrags.

Der pflichtteilsberechtigte Kläger kann, wenn er meint, ohne Auskunft oder Wertermittlung schon einen Mindestbetrag beziffern zu können, auch im Wege der Klagehäufung einen **Teilbetrag** einklagen (BGH NJW-RR 2003, 68 zum Zugewinnausgleich; OLG München ZErb 2012, 135; OLG Brandenburg BeckRS 2004, 30336787). Das Gericht darf jedoch gem. § 301 Abs. 1 Satz 2 ZPO nur dann durch Teil-Urteil entscheiden, wenn über den mit der Stufenklage geltend gemachten weitergehenden Zahlungsantrag zugleich ein – mit dem Teil-Urteil zu kombinierendes – Grundurteil ergeht und dabei keine Gefahr besteht, dass das Teil-Urteil in Widerspruch zu dem späteren Schlussurteil gerät (BGH Urt. v. 26.4.1989 – IVb ZR 48/88, NJW 1989, 2821; *Fleischer/Horn* ZErb 2013, 133 (134), IV.1.a)). Da aber bei einer Stufenklage nicht auszuschließen ist, dass im Laufe des Verfahrens der Grund des Anspruchs oder einzelne Berechnungspositionen, die dem Teil-Urteil zugrunde zu legen sind, streitig oder infolge neuen Vortrags oder geänderter Rechtsauffassung anders beurteilt werden könnten, ist ein Teilantrag jedoch relativ riskant und wohl nur dann anzuraten, wenn der Kläger sich eine (außergerichtliche) Auskunft zu eigen und einen unstreitigen Mindestnachlasswert geltend macht.

Sind die Hilfsansprüche erfüllt und liegen sämtliche Auskünfte und Wertermittlungen vor, muss der Kläger nunmehr seinen Zahlungsanspruch beziffern. Hierzu billigt ihm die Rechtsprechung eine „angemessene Frist“ zu (BGH NJW 1992, 2563 unter I.3.d). Droht Verjährung, ist unbedingt die Sechs-Monatsfrist des § 204 Abs. 2 BGB zu beachten!

21. Das Gericht entscheidet über jede Stufe durch Teil-Urteil, mit dem die Vollstreckung betrieben und gegen das grds. Berufung eingelegt werden kann. Über die Kosten wird einheitlich erst im Schluss-Urteil entschieden.

Der Kläger kann mehrere prozessuale Ansprüche zur gleichzeitigen Entscheidung auf einer Stufe beantragen. Er kann auch jederzeit von einer Stufe zur nächsten Stufe übergehen, solange noch kein Teil-Urteil vorliegt; in diesem Fall muss er die Rechtskraft des Teil-Urteils abwarten, da erst danach eine Verhandlung und Entscheidung über die nächste Stufe zulässig ist (BGH NJW 2002, 1042 unter II. 4.)

Der Kläger kann auch einzelne Stufen ohne Kostennachteile überspringen, da dies keine Klageänderung darstellt (§ 264 Nr. 2 ZPO). Zulässig soll sogar sein, wieder auf eine „frühere“ Stufe zurückzukehren (OLG München ZErb 2012, 135 (137); FamRZ 1995, 678; *Teschner* ErbR 2012, 194 (204).). Liegt jedoch bereits ein Auskunftstitel vor, soll hingegen ein Wechsel auf die Auskunftsstufe zur Ergänzung der Auskunft nicht mehr möglich sein (OLG Schleswig NJW-RR 2011, 1449).

Das Gericht kann auch schon auf der Auskunftsstufe die Stufenklage insgesamt abweisen, wenn sich bei der Prüfung des Auskunftsanspruchs bereits ergibt, dass dem Hauptanspruch die materiell-rechtliche Grundlage fehlt (BGH NJW 2002, 1042 unter II. 4.).

22. Zum Antrag auf Erlass eines (Teil-) Versäumnis- oder/und (Teil-) Anerkenntnisurteils, s. → Form. II.L.6 Anm. 8.

23. Zur Äußerung in der Klageschrift gem. § 253 Abs. 3 Nr. 3 ZPO, ob einer Entscheidung der Sache durch den Einzelrichter Gründe entgegenstehen, s. → Form. II.L.6 Anm. 9.

24. Allgemein zur Klagebegründung, s. zunächst → Form. I.D.1 Anm. 17–25. Im Einzelnen:

(1) Zur Schlüssigkeit der auf § 2314 BGB gestützten Stufenklage muss der Kläger zunächst nur darlegen und nötigenfalls beweisen, dass

- der Beklage Erbe nach dem Erblasser geworden ist,
- der Kläger zum pflichtteilsberechtigten Personenkreis gehört, also Abkömmling, Ehegatte, verpartnerter Lebenspartner oder Elternteil des Erblassers ist, und
- der Erblasser ihn durch Verfügung von Todes wegen von der sonst eintretenden gesetzlichen Erbfolge ausgeschlossen hat, der Kläger also enterbter Nichterbe ist.

Macht der Kläger bereits auf der ersten Stufe Wertermittlungsansprüche geltend, muss er zudem darlegen und nötigenfalls beweisen, dass der Gegenstand, dessen Wert er zu ermitteln begehrt, zum realen oder fiktiven Nachlass gehört, also

- zum Todeszeitpunkt im (Mit-) Eigentum des Erblassers stand, also nachlasszugehörig ist, oder
- früher einmal im (Mit-) Eigentum des Erblassers gestanden hat und sodann von diesem (teil-) unentgeltlich auf einen Dritten übertragen wurde.

Allein auf den bloßen Verdacht hin, der Erblasser habe einen bestimmten Gegenstand innerhalb der Frist des § 2325 Abs. 3 BGB weggeschenkt, billigt die Rechtsprechung dem Pflichtteilsberechtigten neben dem Auskunftsanspruch nicht auch noch einen Wertermittlungsanspruch zu (BGHZ 89, 24, Ls. 1).

(2) Alles Weitere ist Gegenstand der **Leistungsstufe**. Erst hier hat weiterer Vortrag zu erfolgen und ist der Kläger darlegungs- und beweispflichtig für sämtliche Tatsachen, von denen sein Anspruch dem Grunde und der Höhe nach abhängt (BGHZ 7, 134),

insbesondere für den Wert des realen und fiktiven Nachlasses, Umstände, die die Höhe seiner Pflichtteilsquote bestimmen (auch zu begünstigenden Verschiebungen durch Ausgleichungspflichten nach § 2316 BGB), sowie dafür, dass eine vom Erben substantiiert dargelegte Nachlassverbindlichkeit nicht besteht (BGH NJW-RR 2010, 1378 Rn. 9).

Kosten und Gebühren

25. (1) Zum **Zuständigkeits- und Gebührenstreitwert** bei Anträgen auf Auskunftserteilung und Abgabe der eidesstattlichen Versicherung sowie zu den Besonderheiten bei einer Stufenklage → Form. II.L.7 Anm. 4.

(2) Zum **Gerichtskostenvorschuss** → Form. II.L.6 Anm. 12.

(3) Zu den **Rechtsanwaltsgebühren**, insb. bei einer Stufenklage → Form. II.L.7 Anm. 11.

Ausführlich zur Abrechnung im erbrechtlichen Mandat, zur **Interessenkollision im Erbrecht** und ihre Auswirkung auf die Vergütung sowie zu weiteren Literaturhinweisen → Form. II.L.6 Anm. 12.

Rechtsmittel und Berufungssumme

26. Zur Berufungseinlegung und Berufungsbegründung → Form. I.O.1, → Form. I. O.3.

Bei einer Stufenklage, bei der über jede Stufe gesondert durch Teil-Urteil entschieden wird, ist die Berufung gegen jedes Teil-Urteil und gegen das Schluss-Urteil statthaft.

Zur Berufungssumme bei beabsichtigten Berufungen gegen zur Auskunftserteilung oder Abgabe der eidesstattlichen Versicherung verurteilenden Teil-Urteilen → Form. II. L.7 Anm. 12.

Einstweiliger Rechtsschutz

27. Da Pflichtteilsprozesse mitunter mehrere Jahre dauern können, besteht die Gefahr, dass der Erbe den Nachlass verbraucht, sich seiner entledigt oder sich ins Ausland absetzt und so der Anspruch des Pflichtteilsberechtigten vereitelt wird. Daher ist stets zu prüfen, ob der Anspruch nicht durch ein **Arrestverfahren** (§ 916 ff. ZPO) abgesichert werden muss (vgl. im Einzelnen, *Roth*, NJW-Spezial 2014, 359; s. auch das Muster → Form. I. R.1 mit den dortigen Anmerkungen).

Zwangsvollstreckung

28. Die durch Teil-Urteil titulierte Verpflichtung zur Auskunftserteilung – auch soweit ein notarielles Nachlassverzeichnis aufzunehmen ist (BGH NJW 2019, 231; OLG Düsseldorf ZEV 2017, 101 mAnm *Schneider*) – stellt eine „nicht vertretbare Handlung" dar, die nach § 888 ZPO zu vollstrecken ist (zu den „vier Stufen" und Zwangsmitteln bei der Vollstreckung nach § 888 ZPO, s. *Roth* NJW-Spezial 2017, 679).

Dasselbe gilt nach hM auch für die Verpflichtung zur Wertermittlung (OLG Oldenburg ZEV 2011, 383; OLG Düsseldorf ZErb 2009, 41 unter II.B.1; dagegen OLG Hamm ZEV 2011, 383, das § 887 ZPO anwendet; differenzierend *Schneider* ZEV, 2011, 353).

Zur Vollstreckung der Verpflichtung zur Abgabe der eidesstattlichen Versicherung → Form. II.L.8 Anm. 15 (2).

21. Klage des Pflichtteilsergänzungsberechtigten gegen den Beschenkten

An das
Landgericht[3]
.....

Klage

des Herrn .....

– Klägers[4] –

gegen
Frau ..... (Name und Anschrift der Beschenkten)

– Beklagte[4] –

wegen: Duldung der Zwangsvollstreckung zwecks Pflichtteilsergänzung[1, 2]
vorläufiger Streitwert: .....[5]

Namens und in beigefügter Vollmacht des Klägers erhebe ich Klage gegen die Beklagte und kündige folgende Anträge[9, 10] an:

I. Die Beklagte wird verurteilt, wegen einer Forderung iHv ..... EUR nebst Zinsen iHv fünf Prozentpunkten über dem jeweiligen Basiszinssatz seit Rechtshängigkeit die Zwangsvollstreckung des Klägers in das im Grundbuch von ..... (Ort), Blatt ....., Flur/Flurstück ....., eingetragene Grundstück zu dulden.[6]

II. Die Beklagte kann die Zwangsvollstreckung nach Ziff. I durch Zahlung eines Betrages i.H.v. ..... EUR zzgl. Zinsen in Höhe von fünf Prozentpunkten über dem Basiszinssatz seit Rechtshängigkeit abwenden.[7]

Hilfsweise für den Fall, dass die Herausgabe des Geschenks wegen seiner Beschaffenheit nicht möglich oder die Beklagte aus anderen Gründen zur Herausgabe außerstande ist, wird die Beklagte verurteilt, Wertersatz iHv ..... EUR nebst Zinsen iHv fünf Prozentpunkten über dem jeweiligen Basiszinssatz seit Rechtshängigkeit zu zahlen.[8]

Für den Fall des Vorliegens der gesetzlichen Voraussetzungen beantrage ich bereits jetzt schon den Erlass eines entsprechenden

Anerkenntnis- bzw. Versäumnisurteils.[11]

Einer Entscheidung der Sache durch den Einzelrichter stehen aus Sicht des Klägers keine Gründe entgegen.

(oder) Einer Übertragung der Sache auf den Einzelrichter steht entgegen, dass die Rechtssache besondere Schwierigkeiten tatsächlicher oder rechtlicher Art aufweist und zudem grundsätzliche Bedeutung hat.[12]

Begründung:[13]

Der Kläger ist der Sohn des am ..... verstorbenen Erblassers, die Beklagte die vom Erblasser beschenkte Tochter seiner zweiten Ehefrau.

Mit Testament vom ..... hat der Erblasser seine zweite Ehefrau zu seiner Alleinerbin eingesetzt.

Beweis: Testament vom ..... nebst Eröffnungsprotokoll des Amtsgerichts ..... vom ....., Az. .....

Auf die Stufenmahnung des Klägers vom ..... hat die Beklagte privatschriftlich umfassend Auskunft über den Bestand des realen und fiktiven Nachlasses erteilt, freiwillig Belege vorgelegt und die Dürftigkeitseinrede erhoben.

Beweis: Schreiben der Ehefrau des Erblassers vom .....

Wie die erteilte Auskunft ergab, hatte der Erblasser der Beklagten bereits am ..... sein vermietetes Mehrfamilienhaus in ..... schenkweise übertragen.

Beweis: Notarieller Übertragungsvertrag vom .....
Grundbuchauszug des Amtsgerichts ..... – Grundbuchamt – vom .....

Dem Kläger steht damit nach der Auskunft der Beklagten und dem mitübersandten Wertgutachten grundsätzlich ein Pflichtteilsergänzungsanspruch iHv ..... EUR zu, der sich wie folgt berechnet:

.....

Da der Nachlass tatsächlich beim Tode des Erblassers wertlos war, haftet die Beklagte gem. § 2329 BGB[6] **als Beschenkte wegen des Pflichtteilsergänzungsanspruches des Klägers auf Duldung der Zwangsvollstreckung in das geschenkte Grundstück, einschließlich des Anspruchs auf Herausgabe der Nutzungen und Surrogate.**

Rechtsanwalt[14, 15, 16]

Schrifttum: Fleischer/Horn, Verlauf und Optimierung der Pflichtteilsstufenklage einschließlich Zwangsvollstreckung, ZErb 2013, 105 ff. und 133 ff.; *Klinger/Bornewasser/Hacker,* Münchener Prozessformularbuch Erbrecht, 5. Aufl. 2021, Form. P.VI.2; *Klinger/Mohr,* Der Pflichtteilsergänzungsanspruch des Erben, NJW-Spezial 2007, 13; *Lenz/Riedel*, Die Geltendmachung von Pflichtteilsergänzungsansprüchen gegen den vom Erblasser Beschenkten, ZErb 2002, 4; *Lindenau/Arweiler*, Auskunftspflichten im Erbrecht, NJW 2017, 3553; *Pentz,* Haftung des Beschenkten nach § 2329 BGB, MDR 1998, 132; *Roth*, Keine Haftung des Beschenkten ohne Dürftigkeitseinrede des Erben, NJW-Spezial 2018, 552; *Schindler*, Pflichtteilsberechtigter Erbe und pflichtteilsberechtigter Beschenkter, Diss., Angelbachtal 2004; *Siebert*, Der Pflichtteilsergänzungsanspruch gegenüber dem Beschenkten, ZEV 2013, 241; *Teschner*, Die Durchsetzung des erbrechtlichen Anspruchs in der Stufenklage, ErbR 2012, 194; *van Eymeren*, Die Anwendung der Pro-rata-Regelung auf den Umfang der Ausfallhaftung des Letztbeschenkten, ZEV 2011, 343. Siehe auch das Schrifttum bei → Form. II.L.20.

Anmerkungen

1. Hat der Erblasser zu Lebzeiten sein Vermögen durch (teil-) unentgeltliche Zuwendungen oder Schenkungen an Dritte geschmälert, können sowohl der pflichtteilsberechtigte Nichterbe als auch der pflichtteilsberechtigte Erbe **Pflichtteilsergänzung** nach §§ 2325 ff. BGB verlangen (s. hierzu näher → Form. II.L.20 Anm. 1 und → Form. II. L.20 Anm. 5; zur belohnenden und gemischten Schenkung, s. Palandt/*Weidlich* § 2325 Rn. 8, 9; allgemein zur Bewertung, zu den Einsatzzeitpunkten und zur Indexierung, Palandt/*Weidlich* § 2325 Rn. 18 ff.; zum Anlaufen der Abschmelzungsfrist, Palandt/*Weidlich* § 2325 Rn. 24 ff.; zu „Leistung" und zur „Genuss-Rechtsprechung", BGHZ 125, 395 = NJW 1994, 1791 beim vorbehaltenen Nießbrauch und BGHZ 211, 38 = NJW 2016, 2957 bei einem [teilweise] vorbehaltenen Wohnungsrecht).

2. Für die Pflichtteilsergänzungsansprüche haftet grundsätzlich der Erbe (§ 1967 Abs. 2 BGB); er kann aber seine Haftung auf den Nachlass beschränken (s. im Einzelnen → Form. II.L.22 Anm. 1–5) oder seinen eigenen Pflichtteils- und Pflichtteilsergänzungsanspruch gegenüber dem Gläubiger verteidigen (§ 2328 BGB). Daher regelt § 2329 BGB eine **subsidiäre Ausfallhaftung des Beschenkten** für Pflichtteilsergänzungsansprüche, wenn und soweit der Erbe zur Pflichtteilsergänzung nicht verpflichtet ist (Palandt/*Weidlich* § 2329 Rn. 2; MüKoBGB/*Lange* § 2329 Rn. 1). Die Haftung des Beschenkten setzt also da ein, wo die Zahlungsverpflichtung des Erben aufhört (OLG Brandenburg FamRZ 2010, 933 = BeckRS 2009, 20726).

Der Erbe ist zur **Ergänzung des Pflichtteils** nicht oder nur teilweise verpflichtet, wenn und soweit

- kein Nachlass vorhanden oder der Nachlass überschuldet ist (BGHZ 80, 205 (209) = NJW 1981, 1446),
- der Erbe seine Haftungsbeschränkung auf den Nachlass herbeigeführt und/oder die Dürftigkeitseinrede erhoben hat (§§ 1975 ff., 1990 BGB, § 327 InsO),
- er nur noch als Teilschuldner gem. § 2060 BGB haftet oder
- ihm die Einrede aus § 2328 BGB zusteht (BGHZ 80, 205; BGHZ 85, 274 = NJW 1983, 1485).

Bloße Zahlungsunfähigkeit des Erben reicht nach hM jedoch nicht aus, um den Durchgriff auf den Beschenkten zu ermöglichen (Palandt/*Weidlich* § 2329 Rn. 2). Ebenso verhält es sich, wenn der Beschenkte die Einrede des § 2328 BGB nicht erhebt (MüKoBGB/*Lange* § 2329 Rn. 9). Eine Haftung des Beschenkten scheidet auch dann aus, wenn der Anspruch des Pflichtteilsberechtigten gegen den Erben aus § 2325 BGB verjährt ist (LG Stuttgart ZErb 2018, 244 Rn. 22; *Roth* NJW-Spezial 2018, 552).

Ist der Pflichtteilsberechtigte der **Alleinerbe**, so geht der Anspruch von vornherein gegen den Beschenkten (§ 2329 Abs. 1 S. 2 BGB). Entsprechendes gilt für den pflichtteilsberechtigten Miterben, wenn der Nachlass wertlos oder zur Befriedigung der Pflichtteilsansprüche nicht ausreichend ist; hier müssen die Miterben nicht zuvor die Einreden der Dürftigkeit oder des § 2328 BGB erhoben haben (BGHZ 80, 205 = NJW 1981, 1446).

Bei **mehreren Beschenkten** haftet der früher Beschenkte seinerseits nur subsidiär gegenüber dem zuletzt Beschenkten (§ 2329 Abs. 3 BGB). Für die Frage, welche von mehreren Schenkungen als die frühere anzusehen ist, ist der Zeitpunkt des Schenkungsvollzugs maßgeblich (BGHZ 85, 274 = NJW 1983, 1485), bei einer noch nicht vollzogenen Schenkung der Zeitpunkt des Erbfalls (OLG Frankfurt a. M. BeckRS 2011, 25574).

Bei mehreren gleichzeitig Beschenkten ist streitig, ob die Beschenkten nur anteilig (hM, OLG Hamm FamRZ 2011, 594; MüKoBGB/*Lange* § 2329 Rn. 25; Burandt/Rojahn/*Horn* BGB § 2329 Rn. 24) oder als Gesamtschuldner haften (so mit Recht *Schindler* Pflichtteilsberechtigter Erbe und pflichtteilsberechtigter Beschenkter, Rn. 944 ff., unter Hinweis auf BGH NJW 1991, 1824 und BGHZ 137, 76 = NJW 1998, 537 zu § 528 Abs. 2 BGB, der § 2329 Abs. 3 BGB entspricht).

Hat der Beschenkte den geschenkten Gegenstand wiederum selbst an einen Dritten verschenkt, kommt nach § 822 BGB auch der Dritte als Beklagter in Betracht.

3. Zur örtlichen und sachlichen Zuständigkeit des Gerichts → Form. I.D.1 Anm. 2; zum elektronischen Rechtsverkehr → Form. I.D.1 Anm. 1; zur Einrichtung von Spezialkammern für erbrechtliche Streitigkeiten → Form. II.L.6 Anm. 2.

Für Klagen des Pflichtteilsberechtigten, die seinen Pflichtteilsanspruch zum Gegenstand haben, ist der besondere Gerichtsstand der Erbschaft (§ 27 ZPO) eröffnet (→ Form. II.L.6 Anm. 2).

4. Zur Gestaltung des Rubrums → Form. I.D.1 Anm. 3–6; zur Angabe der Prozessbevollmächtigten → Form. II.L.6 Anm. 3.

Aktivlegitimiert kann nur ein Pflichtteilsberechtigter sein, also ein Abkömmling, der Ehegatte, Lebenspartner oder ein Elternteil (§ 2303 BGB, § 10 Abs. 6 LPartG).

Haben mehrere Pflichtteilsberechtigte einen Ergänzungsanspruch, kann jeder einzelne für sich und unabhängig von den anderen seinen Anspruch geltend machen (MüKoBGB/*Lange* § 2329 Rn. 4). Allerdings sind sie wegen der Rechtsnatur des Anspruchs auf Duldung der Zwangsvollstreckung insoweit Gesamtgläubiger iSd §§ 428, 430 BGB, da die Leistung nur einmal und nicht von mehreren Gläubigern mehrfach verlangt werden kann (HK-PflichtteilsR/*Gietl* § 2329 Rn. 2m. N.b. Staudinger/*Olshausen* 2015, § 2329 Rn. 3).

5. Allgemein zur Angabe des Streitwerts → Form. I.D.1 Anm. 8.

Bei Klagen auf Duldung der Zwangsvollstreckung bemisst sich der Streitwert nach dem Wert der Forderung, wegen der vollstreckt werden soll, oder dem Wert des Vollstreckungsobjekts, falls dieser niedriger sein sollte (§ 6 ZPO; gilt für den Gebührenstreitwert analog).

6. Nach § 2329 Abs. 1 BGB geht der Anspruch des Pflichtteilsberechtigten gegen den Beschenkten weder auf Zahlung des Fehlbetrags an der Pflichtteilsergänzung noch auf die Herausgabe des Geschenks, sondern auf **Duldung der Zwangsvollstreckung** in den geschenkten Gegenstand wegen des zu beziffernden Fehlbetrags (Palandt/*Weidlich* § 2325 Rn. 1). Die Haftung des Beschenkten ist also doppelt beschränkt: Er haftet erstens nur für den Fehlbetrag, also die Differenz zwischen der Pflichtteilsergänzung, die der Pflichtteilsberechtigte zu beanspruchen hat, und demjenigen, zu dessen Leistung der Erbe und/oder ein später Beschenkter verpflichtet ist (BGHZ 107, 200 = NJW 1989, 2887), und zweitens nur mit dem Geschenk als Vollstreckungsobjekt.

Der Pflichtteilsberechtigte kann wegen seines Anspruchs nach § 2329 Abs. 1 BGB sogar in einen vom Erblasser verschenkten Miteigentumsanteil an einem Grundstück vollstrecken, wenn durch Vereinigung aller Miteigentumsanteile in einer Hand Alleineigentum des Beschenkten entstanden ist, denn der Miteigentumsanteil wird zum Zwecke der Zwangsvollstreckung insoweit als fortbestehend fingiert (BGH NJW 2013, 3786).

Der Beschenkte hat die Zwangsvollstreckung auch in einen unteilbaren Gegenstand zu dulden, wenn dessen Wert den Pflichtteilsergänzungsanspruch übersteigt.

Lediglich bei Geldgeschenken oder im Falle einer Haftung auf Wertersatz nach § 818 Abs. 2 BGB kann der Antrag ausnahmsweise auf Zahlung gerichtet werden (Palandt/*Weidlich* § 2329 Rn. 5).

7. Nach § 2329 Abs. 2 BGB kann der Beschenkte die Vollstreckung durch Zahlung des fehlenden Betrags abwenden. Für sein **Abwendungsrecht** reicht es allerdings nicht aus, wenn der Beschenkte „lediglich" den Wert seines Geschenks, in das vollstreckt werden soll, bezahlt. Vielmehr muss er den **gesamten fehlenden Ergänzungsbetrag** bezahlen, der ggf. wesentlich höher sein kann als der Wert seines Geschenks (HK-PflichtteilsR/*Gietl* § 2329 Rn. 28; BeckOGK/*Schindler* § 2329 Rn. 90).

8. Ein eventueller Wertersatzanspruch kann vorsorglich schon als Hilfsantrag geltend gemacht werden; der Zinsanspruch ergibt sich aus §§ 818 Abs. 4, 291 BGB oder §§ 819, 292 BGB, bei Verzug nach Mahnung, § 288.

9. **Weitere vorbereitende Anträge:** Neben dem Hauptanspruch auf Duldung der Zwangsvollstreckung und einem eventuellen Hilfsantrag auf Wertersatz nach diesem Muster kommen ggf. noch weitere Klageanträge in Betracht, die der Pflichtteilsberechtigte isoliert oder – wegen der kurzen Verjährung ratsam – im Wege der Stufenklage gem. § 254 ZPO (vgl. → Form. I.D.11 Anm. 1–12) verfolgen kann:

(1) **Auskunft und Wertermittlung.** Der Pflichtteilsberechtigte kann gegen den Beschenkten auch Auskunfts- und/oder Wertermittlungsansprüche (vgl. → Form. II.L.20) geltend machen. Im Fall einer Stufenklage lautet der Leistungsantrag dann zunächst auf Duldung der Zwangsvollstreckung *„wegen einer nach Auskunftserteilung und Wertermittlung näher zu beziffernden Forderung"*. Dabei stehen dem pflichtteilsberechtigten Nichterben auch gegen den Beschenkten die Auskunftsansprüche nach § 2314 BGB zu (BGHZ 89, 24), dem pflichtteilsberechtigten Erben nach § 242 BGB jedoch nur, wenn *„er sich die erforderlichen Kenntnisse nicht auf andere, ihm zumutbare Weise verschaffen kann und der Beschenkte die Auskunft unschwer zu geben vermag"* (BGHZ 61, 180 = NJW 1973, 1876).

Allerdings schuldet der Beschenkte weder ein Bestandsverzeichnis nach § 260 BGB, sondern nur Auskunft über die ihm zugeflossenen Zuwendungen (BGH, NJW-RR 2014, 1102 Rn. 10), noch Auskunft oder Wertermittlung auf eigene Kosten (BGHZ 107, 200 = NJW 1989, 2887); hier müsste der Pflichtteilsberechtigte die Übernahme der Kosten zusagen (BGHZ 108, 393 = NJW 1990, 180).

(2) **Nutzungen und Surrogate.** Aufgrund der Rechtsfolgenverweisung auf das Bereicherungsrecht in § 2329 Abs. 1 BGB hat der Beschenkte ferner die gezogenen Nutzungen und Surrogate herauszugeben bzw. die Zwangsvollstreckung in Surrogate zu dulden.

10. Verjährungshemmende Anträge: Der Anspruch des Pflichtteilsberechtigten gegen den Beschenkten auf Pflichtteilsergänzung verjährt – anders als der Anspruch gegen den Erben – gem. § 2332 Abs. 1 BGB kenntnisunabhängig nach Ablauf von drei Jahren ab dem Erbfall. Da die auf § 2325 BGB gestützte Klage gegen den Erben die Verjährung der Ansprüche gegen den Beschenkten aus § 2329 BGB nur dann hemmt, wenn Erbe und Beschenkter personenidentisch sind (BGHZ 107, 200 = NJW 1989, 2887), muss der Pflichtteilsberechtigte dann, wenn der Beschenkte ein Nichterbe ist, unbedingt daran denken, vorsorglich und rechtzeitig verjährungshemmende Maßnahmen einzuleiten, sollte der Beschenkte den Anspruch nicht anerkennen oder auf die Einrede der Verjährung verzichten:

(1) Der Pflichtteilsberechtigte kann im Rahmen der Pflichtteilsstufenklage gegen den Erben (→ Form. II.L.20) sogleich den Beschenkten **mitverklagen** oder ihm unter den Voraussetzungen des § 72 ZPO den **Streit verkünden** (*Klinger/Ruby* NJW-Spezial 2005, 493), um die Verjährung zu hemmen (§ 204 Abs. 1 Nr. 6 BGB; str.). Solange jedenfalls der Pflichtteilsberechtigte sowohl vom Erben als auch vom Beschenkten noch Auskunft über den tatsächlichen und den fiktiven Nachlass verlangt, kann er Stufenklage mit dem Endziel der Leistung der Ergänzung zugleich gegen den Erben und den Beschenkten erheben, ohne dass das Gericht die Klage gegen den Beschenkten vorab als „derzeit unbegründet" abweisen darf (OLG Celle ZEV 2013, 43).

(2) Befindet sich der Pflichtteilsberechtigte noch im Streit mit dem Erben und/oder kann er die Höhe seines Pflichtteilsergänzungsanspruchs noch nicht beziffern, sollte er zur Hemmung der Verjährung **Feststellungsklage** gegen den Beschenkten erheben (OLG Düsseldorf FamRZ 1996, 445) mit den Anträgen (nach *Fleischer/Horn* ZErb 2013, 105, 111),

1. festzustellen, dass der Kläger von dem Beklagten als Beschenkten gem. § 2329 BGB die Herausgabe des Grundstücks (. . .) zum Zwecke der Befriedigung wegen des fehlenden Betrages nach den Vorschriften über die ungerechtfertigte Bereicherung fordern kann, soweit die Erben nach (. . .) nicht zur Pflichtteilsergänzung verpflichtet sind;
2. der Beklagte kann die Zwangsvollstreckung nach Ziffer 1) durch Bezahlung des fehlenden Betrages, wie in Ziffer 1., beantragt (zzgl. Zinsen) abwenden.

(3) Sofern noch nicht feststeht, in welcher Höhe der Letztbeschenkte noch bereichert ist und ob und wegen welchen Fehlbetrags der früher Beschenkte die Zwangsvollstreckung in die ihm geschenkten Gegenstände dulden muss, kann gegen den Letztbeschenkten Leistungsklage und gegen den früher Beschenkten gleichermaßen Feststellungsklage erhoben werden (BGHZ 17, 336 = NJW 1955, 1185).

11. Zum Antrag auf Erlass eines (Teil-) Versäumnis- oder/und (Teil-) Anerkenntnisurteils → Form. II.L.6 Anm. 8.

12. Zur Äußerung in der Klageschrift gem. § 253 Abs. 3 Nr. 3 ZPO, ob einer Entscheidung der Sache durch den Einzelrichter Gründe entgegenstehen → Form. II.L.6 Anm. 9.

13. Allgemein zur Klagebegründung, s. zunächst → Form. I.D.1 Anm. 17–25.

Zur Schlüssigkeit seiner auf § 2329 BGB gestützten Klage muss der Kläger darlegen und im Bestreitensfall beweisen,

- dass er, der Kläger, zum pflichtteilsberechtigten Personenkreis gehört,
- dass der Beklagte vom Erblasser eine Schenkung erhalten hat, und zwar bei mehreren Beschenkten als zeitlich Letzter,
- dass und in welcher Höhe dem Kläger ein Pflichtteilsergänzungsanspruch nach § 2325 BGB zusteht; hier muss er Bestand und Wert des realen und fiktiven Nachlasses in den Prozess einführen (BGH ZEV 2007, 280; FamRZ 1961, 272; RGZ 80, 135; OLG Düsseldorf FamRZ 1996, 445),
- dass, warum und in welcher Höhe der Erbe zur Pflichtteilsergänzung nicht verpflichtet ist (Palandt/*Weidlich* BGB § 2329 Rn. 5; Burandt/Rojahn/*Horn* BGB § 2329 Rn. 29); und
- wie hoch der Fehlbetrag ist, für den der Beschenkte nun die Zwangsvollstreckung in den Schenkungsgegenstand zu dulden oder bei einem Geldgeschenk Zahlung zu leisten hat.
- Darüber hinaus ist im gegebenen Fall der Pflichtteilsberechtigte beweispflichtig für den Eintritt der verschärften Haftung gem. §§ 818 Abs. 4, 819 Abs. 1 BGB nach Eintritt des Erbfalls (vgl. BeckOGK/*Schindler* § 2329 Rn. 834).

Dagegen trifft den Beschenkten die Darlegungs- und Beweislast für das Fehlen oder den Wegfall der Bereicherung und das Vorhandensein eines vorrangig haftenden später Beschenkten (MüKoBGB/*Lange* § 2329 Rn. 6).

Kosten und Gebühren

14. (1) Zum Zuständigkeits- und Gebührenstreitwert, s. o. → Anm. 5.

(2) Zum Gerichtskostenvorschuss → Form. II.L.6 Anm. 12.

(3) Zu den Rechtsanwaltsgebühren → Form. II.L.6 Anm. 12; für den Fall einer Stufenklage → Form. II.L.7 Anm. 11.

Ausführlich zur Abrechnung im erbrechtlichen Mandat, zur **Interessenkollision im Erbrecht** und ihre Auswirkung auf die Vergütung sowie zu weiteren Literaturhinweisen → Form. II.L.6 Anm. 12.

Rechtsmittel

15. Zur Berufungseinlegung und Berufungsbegründung → Form. I.O.1, → Form. I. O.3.

Zur Berufungssumme bei Teil-Urteilen im Rahmen einer Stufenklage → Form. II.L.7 Anm. 12.

Zwangsvollstreckung

16. Der Titel auf Duldung der Zwangsvollstreckung wegen einer Geldforderung wird bei verschenkten beweglichen Sachen und Forderungen durch Pfändung (§ 803, 808 ff., 828 ff. ZPO) und bei unbeweglichen Gegenständen nach § 866 ZPO vollstreckt (BGH NJW 2013, 3786 Rn. 17).

Zur Vollstreckung der einzelnen Teil-Urteile bei der Stufenklage,→ Form. II.L.8 Anm. 15.

22. Antrag des beklagten Erben auf Aufnahme eines Haftungsbeschränkungsvorbehalts in den Urteilstenor

Landgericht
. . . . . (Ort)
In dem Rechtsstreit
. . . . .
bestelle ich mich mit angefügter Vollmacht für den/die Beklagte/n und kündige den Antrag an,

die Klage abzuweisen.

Vorsorglich und hilfsweise für den Fall des (teilweisen) Unterliegens beantrage[3, 4] ich die Aufnahme eines

Haftungsbeschränkungsvorbehalts[1, 2]

gem. § 780 ZPO in den Tenor des Urteils des Inhalts, dass

dem Beklagten die Beschränkung seiner Haftung für Hauptanspruch und Nebenforderungen sowie die Kosten des Rechtsstreits[5] auf den Nachlass des am . . . . . in . . . . . verstorbenen . . . . . (Erblassers) vorbehalten wird.

Begründung:[1]

I. Zum Klageabweisungsantrag: . . . . .
II. Zum Antrag auf Aufnahme eines Haftungsbeschränkungsvorbehalts:[4]
Mit seiner Klage verfolgt der/die Kläger/in eine reine Nachlassverbindlichkeit.[7, 8]
Die/Der Beklagte erhebt hiermit die Dürftigkeitseinrede (§ 1990 BGB)/Erschöpfungseinrede (§ 1989 BGB)/Überschwerungseinrede (§ 1992 BGB)/Ausschließungseinrede (§ 1973 BGB)/Verschweigungseinrede (§ 1974 BGB)/Einrede des ungeteilten Nachlasses (§ 2059 BGB).[10]
Zur Erhaltung dieser und ggf. weiterer Einreden zur Beschränkung seiner/ihrer Haftung auf den Nachlass ist zugunsten der/s Beklagten jedenfalls ein Haftungsbeschränkungsvorbehalt in den Tenor des Urteils aufzunehmen (§ 780 Abs. 1 ZPO).[6, 9]
Rechtsanwalt[11, 12]

Schrifttum: Herzog, Die Erbenhaftung, Bonn 2016 (zit.: *Herzog,* § Rn.)*; Horn,* Anm. zu BGH, Urt. v. 21.10.20, VIII ZR 261/18, ZErb 2021, 60, 65; *Joachim,* Anm. zu BGH, Urt. v. 21.10.20, VIII ZR 261/18, ZEV 2021, 161, 166; *ders.,* Anm. zu BGH, Urt. v. 2.2.2010, VI ZR 82/09, ZEV 2010, 314, 315; *Klinger/Joachim,* Vorbehalt der beschränkten Erbenhaftung als Regressfalle, NJW-Spezial 2005, 541; *Krätzschel* in: Firsching/Graf, Nachlassrecht, 11. Aufl. 2019 (zit.: Firsching/Graf/*Bearb.*, § Rn.); *Krug* in: Krug/Rudolf/Kroiß/Bittler, Anwaltformulare Erbrecht, 6. Auflage 2019 (zit.: KRKB ErbR/*Bearb.*, § Rn.); *Roth,* Vollstreckungsabwehrklage bei Vorbehalt der beschränkten Erbenhaftung, NJW-Spezial 2018, 551; *Siegman/Scheuing* in: Münchener Anwaltshandbuch Erbrecht, 5. Auf. 2018; *Tolani,* Anm. zu BGH, Urt. v. 21.10.20, VIII ZR 261/18, NJW 2021, 701, 706

Anmerkungen

1. Ab dem Erbfall haftet der Erbe für Nachlassverbindlichkeiten (§ 1967 BGB) nicht nur mit dem Nachlass, sondern auch mit seinem eigenen Vermögen. Um sein Eigenvermögen vor dem Zugriff von Nachlassgläubigern zu schützen, kann der Erbe entweder
a) die Anordnung der Nachlassverwaltung beim Nachlassgericht (→ Form. L.II.5) oder
b) die Eröffnung der Nachlassinsolvenz (§§ 315 Ff. InsO) beim Insolvenzgericht

beantragen (§ 1975 BGB).

Beide förmlichen Verfahren führen zu einer rechtlichen Absonderung des Nachlassvermögens vom Privatvermögen des Erben und zur gegenständlichen Beschränkung der Haftung auf den Nachlass. Nachlassgläubigern steht somit nur noch das Nachlassvermögen als Haftungsmasse zur Verfügung.

Ist der Nachlass hingegen derart dürftig, dass es an einer die Kosten der Nachlassverwaltung oder des Nachlassinsolvenzverfahrens deckenden Masse fehlt, und ist entweder die Einleitung dieser Verfahren nicht tunlich oder wurden die Verfahren aus diesem Grunde aufgehoben (§ 1988 Abs. 23 BGB) bzw. eingestellt (§ 207 Abs. 1 InsO), kann der Erbe gegenüber Nachlassgläubigern die sog. **Dürftigkeitseinrede** erheben (§ 1990 BGB).

Die Haftungsbeschränkung durch Nachlassverwaltung, Nachlassinsolvenz oder Dürftigkeitseinrede gilt gegenüber allen Nachlassgläubigern.

Daneben gibt es noch weitere Einreden, die der Erbe *einzelnen* Nachlassgläubigern entgegenhalten kann, um diesen gegenüber seine Haftung auf den Nachlass zu beschränken (zB die Ausschließungs- und Verschweigungseinrede gem. §§ 1973, 1974 BGB nach durchgeführtem Aufgebotsverfahren [§§ 1970 ff. BGB, 454 ff. FamFG], vorübergehend die Einrede des § 1958, die Dreimonatseinrede des § 2014 BGB, die Aufgebotseinrede des § 2015 BGB, jeweils iVm § 782 S. 2 ZPO, die Überschwerungseinrede gegenüber Vermächtnisnehmern und Auflagenberechtigten nach § 1992 BGB, die Beschränkung der Minderjährigenhaftung nach § 1629a BGB, bei Miterben bis zur Teilung die „Einrede des ungeteilten Nachlasses" gem. § 2059 BGB; s. im Einzelnen *Herzog* § 4 Rn. 21 ff.).

2. Die **Haftungsbeschränkung des Erben** wird in der Zwangsvollstreckung nicht automatisch berücksichtigt (s. § 781 ZPO). Vielmehr muss der Erbe seine Einwendungen im Wege der Vollstreckungsabwehrklage nach § 785 ZPO geltend machen (zur Vollstreckungsabwehrklage bei Vorbehalt der beschränkten Erbenhaftung, s. *Roth* NJW-Spezial 2018, 551).

Hierbei ist nun die Besonderheit zu beachten, dass der Erbe als Schuldner einer Nachlassverbindlichkeit die Haftungsbeschränkung nach § 780 Abs. 1 ZPO im Rahmen der Vollstreckung nur dann geltend machen kann, wenn sie ihm bereits im Titel – und das sind neben Urteilen auch sämtliche in § 794 ZPO genannten Titel – vorbehalten wurde (Ausnahmen siehe § 780 Abs. 2 ZPO).

Fehlt der Haftungsbeschränkungsvorbehalt im Titel, ist der Erbe mit den Einreden der Dürftigkeit, der Nachlassverwaltung, der Nachlassinsolvenz oder der ungeteilten Erbengemeinschaft **präkludiert** und haftet dann mit seinem eigenen Privatvermögen (Burandt/Rojahn/*Joachim* BGB vor §§ 1967–2017 Rn. 18; *Horn* ZErb 2021, 65).

3. Aufgrund der Präklusionsfolge (→ Anm. 2) ist es daher eine grundsätzliche **Pflicht des Anwalts**, dessen Mandant als Erbe wegen einer Nachlassverbindlichkeit in Anspruch genommen wird, auf einen entsprechenden Vorbehalt im Urteil (§§ 780 Abs. 1, 305 Abs. 1 ZPO) oder in sonstige Titel iSd § 794 ZPO hinzuwirken, andernfalls er wegen Pflichtverletzung auf Schadensersatz haftet (BGH NJW 1991, 2839; OLG Koblenz FamRZ 2019, 626 = BeckRS 2018, 35156 Rn. 61; Palandt/*Weidlich* Einf v § 1967 Rn. 5; Burandt/Rojahn/*Joachim* BGB vor §§ 1967–2017 Rn. 21; *Horn*, ZErb 2021, 60 (65)).

„Der Rechtsanwalt hat den Mandanten, der als Erbe wegen Nachlassverbindlichkeiten in Anspruch genommen wird, über Bedeutung und Wirkung einer Haftungsbeschränkung sowie die Möglichkeiten zu ihrer Realisierung zu belehren. (. . .) Dabei entspricht es in aller Regel dem wohlverstandenen Interesse seiner Partei, den Vorbehalt infolge der erheblichen damit verbundenen rechtlichen Vorteile jedenfalls vorsorglich anzubringen" (BGH, NJW 1991, 2839, unter II. 1.; da der Anwalt den Vorbehalt nicht hatte aufnehmen lassen, haftete er für den dadurch entstandenen Schaden).

So ist insbesondere daran zu denken, bei einem „sofortigen Anerkenntnis" die Klageforderung nur unter dem Vorbehalt der beschränkten Erbenhaftung anzuerkennen (vgl. OLG München Beschl. v. 27.6.1995 – 7 W 1669/95, BeckRS 1995, 30837694; Burandt/Rojahn/*Joachim* BGB vor §§ 1967–2017 Rn. 22) und den Haftungsbeschränkungsvorbehalt in einen ggf. abzuschließenden Prozessvergleich (BGH NJW 1991, 2839) oder einen Kostenfestsetzungsbeschluss (vgl. LG Leipzig ZEV 1999, 234) aufzunehmen zu lassen.

Auch sollte gegen einen Mahnbescheid Widerspruch und gegen ein Versäumnisurteil oder einen Vollstreckungsbescheid Einspruch eingelegt werden, um so eine Verurteilung unter Vorbehalt zu erreichen (zum Haftungsbeschränkungsvorbehalt als Regressfalle, *Klinger/Joachim* NJW-Spezial 2005, 541).

Verstirbt der Erblasser während eines gegen ihn geführten Prozesses und nimmt der Erbe den Rechtsstreit auf, kann und muss er jetzt für die Aufnahme des Vorbehalts in den Tenor sorgen (KRKB ErbR/*Krug*, § 11 Rn. 494).

4. Für die **Aufnahme eines Haftungsbeschränkungsvorbehalts** gem. § 780 ZPO bedarf es weder eines besonderen Antrags noch eines Sachvortrags oder einer Begründung (BGH ZEV 2010, 314 mAnm *Joachim*; NJW 1983, 2378). Es reicht aus, wenn sich der beklagte Erbe im Erkenntnisverfahren auf den Haftungsbeschränkungsvorbehalt beruft oder auch nur den allgemeinen Vorbehalt der beschränkten Erbenhaftung begehrt (BGH NJW 1983, 2378 (2379); BGHZ 122, 297 (305) = NJW 1993, 1851; KG NJW-RR 2003, 941 (942); OLG Celle ZEV 2010, 409 mAnm *Schindler*). Dabei genügt es, wenn aus dem gesamten Verteidigungsvorbringen bei verständiger Würdigung eindeutig der Wille hervorgeht, eine Beschränkung der Haftung auf den Nachlass herbeizuführen und nicht mit dem eigenen Vermögen zur Haftung herangezogen zu werden (vgl. BGH NJW 1964, 2298 (2300) aE; NJW 1983, 2378 (2379) aE; OLG Celle ZEV 2011, 409 (410)).

Gleichwohl sollte ein gewissenhafter Anwalt aus Gründen anwaltlicher Vorsicht stets einen **gesonderten Antrag** stellen (ebenso *Herzog* § 11 Rn. 21; *Horn* ZErb 2021, 65, 66), am besten standardmäßig bereits mit der Klageerwiderung, damit der Haftungsbegrenzungsvorbehalt ob der oftmals langen Prozessdauern nicht in Vergessenheit gerät.

Dies gilt selbst dann, wenn der Beklagte die Voraussetzungen der Haftungsbegrenzung noch nicht darzulegen vermag oder nicht einmal weiß, ob sie überhaupt eintreten werden (BGH NJW 2021, 701, Rn. 18; NJW 1991, 2839 unter I.2.b.bb).

5. Da der Haftungsbeschränkungsvorbehalt regelmäßig nur die Hauptforderung erfasst, sollte der Vorbehalt unbedingt auch für die **Nebenforderungen** (insb. Zinsen, s. OLG Stuttgart ErbR 2016, 383) und Kosten (vgl. BGH NJW-RR 2015, 521, zu den Kosten bei italienischem Erbstatut) beantragt werden.

Hinsichtlich der Prozesskosten ist jedoch zu beachten, dass der Erbe die Kosten der eigenen Prozessführung grds. ohne die Möglichkeit einer Haftungsbeschränkung selbst zu tragen hat, da es sich hierbei nicht um eine Nachlass-, sondern eine Eigenverbindlichkeit handelt (vgl. OLG Düsseldorf FamRZ 2010, 496 = BeckRS 2009, 29747; KG NJW-RR 2003, 941; OLG Koblenz NJW-RR 1997, 1160; OLG Celle BeckRS 1995, 30885671).

Etwas anderes gilt aber dann, wenn die Prozesskosten durch eine Prozessführung des Erblassers entstanden sind. Dann sind die Kosten unzweifelhaft Nachlassverbindlichkeit und muss sich der Vorbehalt auf diese Prozesskosten erstrecken (KRKB ErbR/*Krug* § 11 Rn. 495).

Geht der Vorbehalt nicht aus der Kostengrundentscheidung hervor, kann er im Kostenfestsetzungsverfahren nicht berücksichtigt werden.

Verlangt zB ein Pflichtteilsberechtigter Auskunft durch ein notarielles Nachlassverzeichnis und/oder Wertermittlung durch Sachverständige, so fallen die hierdurch entstehenden Kosten dem Nachlass zur Last (§ 2314 Abs. 2 BGB). Hier sollte im Antrag der Vorbehalt um „*die Kosten der Auskunftserteilung und Wertermittlung*" ergänzt werden!

6. Ist eine den §§ 780 ff. ZPO unterliegende Einrede erhoben, dann kann das Prozessgericht die Frage des Haftungsumfangs entweder sachlich aufklären und darüber entscheiden oder sich mit dem Ausspruch des Vorbehalts der Haftungsbeschränkung im Urteil begnügen und die sachliche Klärung dem Zwangsvollstreckungsverfahren (RGZ 69, 292; RGZ 77, 245) oder einem späteren Rechtsstreit nach § 785 ZPO überlassen (BGH NJW 2021, 701, Rn. 19, m Anm *Tolani*; mAnm *Joachim* ZEV 2021, 166; mAnm *Horn* ZErb 2021, 66; BGH ZEV 2010, 314; NJW-RR 1989, 1226 (1230); BayObLG ZEV 2000, 151).

Das Gericht kann sich sogar bei gegebener Entscheidungsreife darauf beschränken, den Erben unter Vorbehalt zu verurteilen (BGH NJW 2021, 701, Rn. 19 mwN; NJW 1991, 2839). Es steht ihm aber auch frei, die Klage abzuweisen, wenn die Erschöpfung des Nachlasses iSd § 1990 Abs. 1 BGB feststeht (BGH NJW 2021, 701, Rn. 20; Palandt/*Weidlich* vor § 1967 Rn. 5; Firsching/Graf NachlassR*Krätzschel* § 20 Rn. 15).

7. Allerdings darf ein Haftungsbeschränkungsvorbehalt nach § 780 ZPO nur ausgesprochen werden, wenn der Erbe im Prozess wegen einer **(reinen) Nachlassverbindlichkeit** (§ 1967 BGB) in Anspruch genommen wird (BGH NJW 2021, 701 mAnm *Tolani*; mAnm *Joachim* ZEV 2021, 166; mAnm *Horn* ZErb 2021, 66; BGH ZEV 2020, 29, Rn. 51; ZEV 2013, 609, Rn. 6; NJW 1991, 2839).

Handelt es sich bei der Klageforderung hingegen um eine sog. Nachlasserbenschuld (also eine Verbindlichkeit aufgrund vornehmlich rechtsgeschäftlichen Handelns im Rahmen der ordnungsgemäßen Nachlassverwaltung) oder gar eine reine Eigenschuld des Erben, ist eine Haftungsbeschränkung auf den Nachlass nicht möglich. In diesem Fall kommt folglich auch die Aufnahme eines Haftungsbeschränkungsvorbehalts nicht in Betracht (BGH, NJW 2021, 701, Rn. 20).

8. Der Beklagte sollte im Hinblick auf → Anm. 7 kurz darauf hinweisen und ggf. begründen, dass es sich bei der Klageforderung um eine reine Nachlassverbindlichkeit handelt.

Will der Kläger eine unbeschränkte Verurteilung des Beklagten herbeiführen, muss er bereits in erster Instanz des Erkenntnisverfahrens substantiiert darlegen, dass die Voraussetzungen einer Nachlasserbenschuld oder einer reinen Eigenverbindlichkeit gegeben sind und deshalb kein Vorbehalt ausgesprochen werden darf (*Joachim* ZEV 2021, 166). Der beklagte Erbe müsste dem dann entgegentreten.

9. Die Einrede ist bis spätestens bis zum Schluss der letzten mündlichen Verhandlung zu erheben. Wurde dies vom Beklagten versäumt (oder hat das Gericht die Einrede übersehen), muss er **Berufung** einlegen, um eine rechtskräftige vorbehaltlose Verurteilung zu verhindern (dazu näher → Anm. 12).

10. Ein **Miterbe** muss unbedingt die Einrede des ungeteilten Nachlasses erheben und einen Haftungsbeschränkungsvorbehalt erwirken, um den Gläubiger nach § 2059 Abs. 1 BGB auf den ungeteilten Nachlass verweisen zu können (BeckOK ZPO/*Preuß* § 780 Rn. 5).

Kosten und Gebühren

11. Für den Antrag auf und die Aufnahme des Haftungsbeschränkungsvorbehalts fallen keine besonderen Gerichts- und Anwaltskosten an.

Wegen der Anwaltsvergütung sei auch der Beklagtenvertreter auf die Literaturhinweise ua zur Abrechnung im erbrechtlichen Mandat und zur **Interessenkollision im Erbrecht** und ihre Auswirkung auf die Vergütung in → Form. II.L.6 Anm. 12 verwiesen.

Rechtsmittel

12. (1) Hat es der Beklagte versäumt, die Einrede der beschränkten Erbenhaftung bis zum Schluss der letzten mündlichen Verhandlung zu erheben, oder hat das Gericht die Einrede übersehen, dann kann der Beklagte Berufung einlegen mit dem ausschließlichen Ziel, die beschränkte Haftung geltend zu machen und eine vorbehaltlose Verurteilung zu verhindern (Zöller/*Stöber* ZPO § 780 Rn. 10; Musielak/Voit/*Lackmann*, ZPO § 780 Rn. 8; *Tolani* NJW 2021, 706).

Ein (erstmals) im Berufungsrechtszug erhobener Vorbehalt der beschränkten Erbenhaftung ist unabhängig von § 531 Abs. 2 ZPO zuzulassen, da seine Voraussetzungen – Erbfall und Erbenstellung des Beklagten – unstreitig sind (BGH, ZEV 2010, 314, mAnm *Joachim*). Ob die materiell-rechtlichen Voraussetzungen für eine Haftungsbeschränkung gegeben sind, ist für die Aufnahme des Vorbehalts nicht entscheidungserheblich.

(2) Auch der Kläger kann, wenn dem Beklagen die Haftungsbeschränkung vorbehalten wurde, Berufung gegen das Vorbehaltsurteil einlegen, da er durch den Vorbehalt insoweit beschwert ist, als der Vorbehalt die für ein Folgegericht bindende Feststellung enthält, dass es sich bei der Klageforderung um eine reine Nachlassverbindlichkeit (§ 1967 BGB) handelt, und der Kläger dadurch im Falle einer auf diesen Vorbehalt gestützten Vollstreckungsabwehrklage des Beklagten mit dem (erneuten) Einwand, es handle sich um eine Nachlasserben- oder Eigenschuld, präkludiert ist (BGH NJW 2021, 701).

(3) In der Revision ist die Einrede der beschränkten Erbenhaftung nur ausnahmsweise zuzulassen, wenn ihre Erhebung in der letzten Tatsacheninstanz nicht möglich war, etwa weil erst nach Abschluss der Berufungsinstanz der Erbfall eingetreten ist (vgl. BAG NJW 2014, 413, Rn. 16; BGHZ 54, 204 = NJW 1970, 1742) oder eine Nachlassverwaltung aufgehoben wurde (BGH, NJW 1962, 1250; RG DR 44, 292, 294).

Eine Revision mit dem Ziel, den Beschränkungsvorbehalt nachzuholen, ist unterdessen unzulässig (BGHZ 54, 204; Musielak/Voit/*Lackmann* ZPO § 780 Rn. 6).

(4) Der Erbe kann gegen einen Mahnbescheid Widerspruch und gegen einen Vollstreckungsbescheid Einspruch einlegen, um eine Verurteilung unter Vorbehalt zu erhalten.

Nach Widerspruch oder Einspruch soll es sogar möglich sein, ein kostenprivilegiertes sofortiges Anerkenntnis (§ 93 ZPO) unter Vorbehalt der beschränkten Erbenhaftung abzugeben (OLG Naumburg Beschl. v. 5.5.2015 – 12 W 92/14, BeckRS 2015, 19775; MAH ErbR/*Siegmann/Scheuing* § 61 Rn. 4).

23. Klage des Erben gegen den Testamentsvollstrecker auf Erstellung eines Nachlassverzeichnisses

An das
Landgericht[2]

Klage[1]

des . . . . .

- Klägers[3] –

Prozessbevollmächtigter:[4] . . . . .

gegen

. . . . .

- Beklagten -

als Testamentsvollstrecker[3] über den Nachlass des am . . . . . (Datum) in . . . . . (Ort) verstorbenen Erblassers . . . . . –

wegen: Erstellung eines Nachlassverzeichnisses[5]

Vorläufiger Streitwert:[6] EUR . . . . .

Namens und mit Vollmacht des Klägers erhebe ich Klage und werde beantragen:

I. Der Beklagte wird verurteilt, dem Kläger ein Verzeichnis über den Nachlass des am . . . . . (Datum) in . . . . . (Ort) verstorbenen Erblassers . . . . . mitzuteilen, wobei das Verzeichnis durch einen Notar[10] aufzunehmen ist.[11, 12]

II. Der Beklagte hat die Kosten des Rechtsstreits zu tragen.

Es wird angeregt, das schriftliche Vorverfahren[7] anzuordnen. Für den Fall des Vorliegens der gesetzlichen Voraussetzungen beantrage ich bereits jetzt schon den Erlass eines entsprechenden

Anerkenntnis- bzw. Versäumnisurteils[7]

Einer Entscheidung der Sache durch den Einzelrichter[7] stehen aus Sicht der Klägerin keine Gründe entgegen.

Begründung:[8]

Am . . . . . (Datum) verstarb in . . . . . (Ort) Herr . . . . . (Erblasser). Die Ehefrau des Erblassers ist vorverstorben. Aus seiner Ehe ist der Kläger als einziger Abkömmling hervorgegangen und deshalb gesetzlicher Alleinerbe.

Beweis:[8] Erbschein des Amtsgerichts – Nachlassgericht – . . . . . (Ort) vom . . . . . (Datum)

Der Erblasser hat den Beklagten als seinen langjährigen Steuerberater testamentarisch zum Testamentsvollstrecker ernannt.

Beweis: Privatschriftliches Testament vom . . . . . (Datum)
Testamentsvollstreckerzeugnis des Amtsgerichts – Nachlassgericht – . . . . . (Ort) vom . . . . . (Datum)

Der Beklagte hat sein Amt als Testamentsvollstrecker durch Erklärung gegenüber dem Nachlassgericht am . . . . . (Datum) angenommen.

Beweis: Beiziehung der Akten des Amtsgerichts – Nachlassgericht – . . . . . (Ort) mit dem Geschäftszeichen . . . . .

Nachdem der Beklagten dem Kläger ca. zwei Monate nach Amtsannahme immer noch kein Nachlassverzeichnis zugeleitet hat, hat dieser mit Schreiben vom . . . . . (Datum) den Beklagten aufgefordert, ein durch einen Notar aufgenommenes Nachlassverzeichnis vorzulegen.

Beweis: Schreiben des Klägers vom . . . . . (Datum)

Da der Beklagte hierauf nicht reagiert hat, ist Klage geboten.[13]

Die Verpflichtung des Beklagten ergibt sich aus § 2215 Abs. 1 u. 4 BGB.[9]

Rechtsanwalt[14, 15]

Schrifttum: Klinger/*Zimmermann*, Münchener Prozessformularbuch Erbrecht 5. Aufl. 2021 → Form. R.III.1; *Lindenau/Arweiler*, Auskunftspflichten im Erbrecht, NJW 2017,

3553; *Maluche*, Auswirkungen des FamFG auf die Testamentsvollstreckung, ZEV 2010, 551; *Muscheler*, Die vom Testamentsvollstrecker erteilte Vollmacht, ZEV 2008, 213; *Roth*, Praxisfragen zu erbrechtlichen Nachlassverzeichnissen, NJW-Spezial 2017, 423; *Sarres*, Die Auskunftspflichten des Testamentsvollstreckers, ZEV 2000, 92; *Sarres.*, Die Auskunfts- und Rechenschaftspflicht nach § 666 BGB im System der erbrechtlichen Auskunftsansprüche, ZEV 2008, 512; *Schmidl*, Risiken am Beginn der Testamentsvollstreckung, ZErb 2010, 251; *Schreinert*, Das notarielle Nachlassverzeichnis, RNotZ 2008, 61; *Voss*, Entlastung des Testamentsvollstreckers auf Grundlage der Schlussabrechnung nach § 2218 BGB, ZEV 2007, 363; *Werner*, Wie man einen Testamentsvollstrecker los wird, ZEV 2010, 126; *Zimmermann*, Das Nachlassverzeichnis des Testamentsvollstreckers, ZEV 2019,197.

Anmerkungen

1. Das **Nachlassverzeichnis** iSd § 2215 BGB ist unverzichtbare Grundlage für die ordnungsgemäße Amtsführung und Abwicklung durch den Testamentsvollstrecker und wichtiges Kontrollmittel der Erben (Palandt/*Weidlich* § 2218 Rn. 1). Die Verpflichtung zur Nachlassherausgabe und zur Rechnungslegung nach §§ 2218, 666, 667 BGB ergibt sich ihrem Umfang nach aus dem Nachlassverzeichnis. Da dadurch Vermögensänderungen dokumentiert werden, ist es auch es für die Haftung des Testamentsvollstreckers nach § 2219 BGB bedeutsam.

2. Zur Bezeichnung des Gerichts → Form. I.D.1 Anm. 2. Zum elektronischen Rechtsverkehr → Form. I.D.1 Anm. 1. Der besondere Gerichtsstand der Erbschaft gem. § 27 ZPO ist für Klagen aus § 2215 BGB nicht einschlägig.

3. Zur Bezeichnung der Parteien → Form. I.D.1 Anm. 3–6. Die Klage richtet sich gegen den Testamentsvollstrecker in seiner Amtseigenschaft (OLG Koblenz NJW-RR 1993, 462); insoweit liegt also kein Fall des § 2213 BGB vor.

4. Zur Angabe der Prozessbevollmächtigten, → Form. I.D.1 Anm. 6. Zur Unterschrift des Rechtsanwalts→ Form. I.D.1 Anm. 25.

5. Zur Kurzbezeichnung des Streitgegenstands → Form. I.D.1 Anm. 7. Zur Zuständigkeit der Spezialkammern für Erbrecht seit 1.1.2021 vgl. § 72a Abs. 1 Nr. 6 GVG → Form. II.L.9 Anm. 5.

6. Zur **Angabe des Streitwerts** → Form. I.D.1 Anm. 8. Der Streitwert einer solchen Klage richtet sich nach dem Interesse des Klägers am Verzeichnis, entspricht nicht dem Nachlasswert selbst, sondern ist mit ca. 1/3 zu schätzen (*Zimmermann* ZEV 2019, 197).

Für die Kosten von Prozessen über die persönlichen Verpflichtungen des Testamentsvollstreckers aus §§ 2215, 2218, 666 BGB haftet der Testamentsvollstrecker persönlich, nicht der Nachlass (KG OLGE 10, 303).

7. Zur Güteverhandlung, zum frühen ersten Termin und zum schriftlichen Vorverfahren → Form. I.D.1 Anm. 14, 15. Zum Antrag auf Erlass eines Versäumnisurteils oder/und Anerkenntnisurteils → Form. I.D.1 Anm. 15 und → Form. I.G. Zur Übertragung der Sache auf den Einzelrichter → Form. I.D.1 Anm. 16.

8. Zum Inhalt der Klagebegründung → Form. I.D.1 Anm. 17, 22. Zur Bezeichnung der Beweismittel → Form. I.D.1 Anm. 18–21 und → Form. I.H.

9. Die **Erstellung und Übermittlung des Nachlassverzeichnisses** an die Erben ist eine der zentralen Pflichten des Testamentsvollstreckers (BayObLG ZEV 1998, 381). Ein Verstoß stellt regelmäßig eine grobe Pflichtverletzung dar (OLG Koblenz NJW-RR 1993, 462).

Das Verzeichnis hat eine Aufstellung der Nachlassgegenstände und der Nachlassverbindlichkeiten zu enthalten. Der Testamentsvollstrecker ist nicht verpflichtet, den Wert der Nachlassgegenstände zu ermitteln oder zB durch Einschaltung eines Sachverständigen ermitteln zu lassen, soweit er selbst dazu nicht in der Lage ist (BayObLG ZEV 1997, 381). Das Verzeichnis braucht nur die Nachlassgegenstände zu umfassen, die der Verwaltung des Testamentsvollstreckers unterliegen. Auch Gegenstände und Verbindlichkeiten, deren Zugehörigkeit zum Nachlass zweifelhaft ist, sind aufzuführen (OLG Karlsruhe NJWE-FER 1998, 255).

Nach der Annahme des Amtes ist der Testamentsvollstrecker **unaufgefordert** verpflichtet, dem Erben unverzüglich, das heißt ohne schuldhaftes Zögern (§ 121 BGB), ein Nachlassverzeichnis vorzulegen (§ 2215 Abs. 1 BGB). Diese Verpflichtung endet mit der Kündigung des Amtes, und zwar auch dann, wenn bisher noch gar kein Verzeichnis erstellt wurde (OLG Koblenz NJW-RR 1993, 462).

Die Errichtung eines Nachlassverzeichnisses durch den Testamentsvollstrecker kann jeder (Mit- und Nach-)Erbe, aber auch der Erbteilspfandgläubiger und der Erbschaftsnießbraucher verlangen. Der Erblasser kann den Testamentsvollstrecker von der Errichtung nicht dispensieren (§ 2220 BGB), aber der Erbe kann darauf verzichten, und zwar auch stillschweigend (OLG Hamburg OLGE 43, 403). Demgegenüber können Pflichtteilsberechtigte (RGZ 50, 225) und grds. auch Vermächtnisnehmer eine solche Aufstellung nicht verlangen. Jedoch kann sich aus § 2219 die mittelbare Verpflichtung ergeben, dem Vermächtnisnehmer im Einzelfall ein Nachlassverzeichnis vorzulegen.

10. Der Erbe kann auch verlangen, dass das Verzeichnis durch einen **Notar** aufgenommen wird (§ 2215 Abs. 4 BGB). Die hierdurch zusätzlich anfallenden Kosten hat gem. § 2215 Abs. 5 BGB der Nachlass zu tragen. Die Erstellung eines amtlichen Nachlassverzeichnisses kann der Erbe auch noch nach längerer Zeit verlangen (RG JW 1916, 673).

11. Gem. § 2215 Abs. 3 BGB kann der Erbe verlangen, dass er *bei der Aufnahme des Verzeichnisses zugezogen* wird. Der entsprechende Klageantrag könnte dann lauten:

„Der Beklagte wird verurteilt, dem Kläger ein in Anwesenheit des Klägers aufgenommenes Verzeichnis über den Nachlass des am. . . . . (Datum) in. . . . . (Ort) verstorbenen Erblassers mitzuteilen."

12. Besteht Grund zur Annahme, dass der Testamentsvollstrecker das Verzeichnis nicht mit der erforderlichen Sorgfalt erstellt hat, kann von ihm eine *eidesstattliche Versicherung* verlangt werden. Dieser Antrag kann vorsorglich in der Klage angekündigt werden.

13. Im Hinblick auf die Kostenregelung des § 93 ZPO ist es ratsam, den Testamentsvollstrecker vorprozessual zur Abgabe des Verzeichnisses aufzufordern.

Kosten und Gebühren

14. Zum Streitwert → Form. I.D.1 Anm. 8. Zum Gerichtskostenvorschuss und zu den Rechtsanwaltsgebühren → Form. I.D.1 Anm. 26, 27.

Ausführlich zur **Abrechnung des erbrechtlichen Mandats** nach dem RVG: MAH ErbR/*Schneider* § 2 Rn. 97–209; zu Streitwert und Beschwer bei Erbrechtsprozessen: *Klingelhöffer* ZEV 2009, 379; zum **Deckungsschutz der Rechtsschutzversicherung** in erbrechtlichen Angelegenheiten: *Kind* ZErb 2016, 195; zur Prozessfinanzierung im Erbrecht: *Kuhn/Trappe* ZEV 2013, 246; zur **Interessenkollision im Erbrecht** und ihre Auswirkung auf die Vergütung: *Potthast* ErbR 2021, 376 und 466, sowie *Offermann-Burckart* ZEV 2007, 151.

Rechtsmittel

15. Zur Berufungseinlegung und Berufungsbegründung → Form. I.O.1; → Form. I.O.3. Zur Berufungssumme: → Form. II.L.7 Anm. 12.

24. Klage des Erben gegen den Testamentsvollstrecker auf Rechnungslegung

An das
Landgericht[2]

Klage[1]

des . . . . .

- Klägers[3] –

Prozessbevollmächtigter:[4]. . . . .

gegen

. . . . .

- Beklagten -

als Testamentsvollstrecker[3] über den Nachlass des am . . . . . (Datum) in . . . . . (Ort) verstorbenen Erblassers . . . . . –
wegen: Rechnungslegung[5, 10]
Vorläufiger Streitwert:[6] EUR . . . . .
Namens und mit Vollmacht des Klägers erhebe ich Klage und werde beantragen:

I. Der Beklagte wird verurteilt, dem Kläger eine geordnete Zusammenstellung[9] aller Einnahme und Ausgaben des seiner Verwaltung unterliegenden Nachlasses des am . . . . . (Datum) verstorbenen . . . . . (Erblasser) nebst Belegen für die Zeit vom . . . . . (Datum) bis . . . . . (Datum) zu erteilen.

II. Für den Fall, dass die Zusammenstellung nicht mit der erforderlichen Sorgfalt errichtet sein sollte, wird der Beklagte verurteilt, an Eides statt zu versichern,[11] die Zusammenstellung nach bestem Wissen und so vollständig vorgenommen zu haben, wie er hierzu imstande war.

III. Der Beklagte hat die Kosten des Rechtsstreits zu tragen.

Es wird angeregt, das schriftliche Vorverfahren[7] anzuordnen. Für den Fall des Vorliegens der gesetzlichen Voraussetzungen beantrage ich bereits jetzt schon den Erlass entsprechender
(Teil-) Anerkenntnis- bzw. (Teil-) Versäumnisurteile[7]
Einer Entscheidung der Sache durch den Einzelrichter[7] stehen aus Sicht der Klägerin keine Gründe entgegen.

Begründung:[8]

Am . . . . . (Datum) verstarb in . . . . . (Ort) Herr . . . . . (Erblasser). Die Ehefrau des Erblassers ist vorverstorben. Aus seiner Ehe ist der Kläger als einziger Abkömmling hervorgegangen und damit gesetzlicher Alleinerbe.

Beweis:[8] Erbschein des Amtsgerichts – Nachlassgericht – . . . . . (Ort) vom . . . . . (Datum)

Der Erblasser hat den Beklagten als seinen langjährigen Steuerberater testamentarisch zum Testamentsvollstrecker ernannt.

Beweis: Privatschriftliches Testament vom ..... (Datum)

Der Beklagte hat sein Amt als Testamentsvollstrecker durch Erklärung gegenüber dem Nachlassgericht am ..... (Datum) angenommen.

Beweis: Beiziehung der Akten des Amtsgerichts – Nachlassgericht – ..... (Ort) mit dem Geschäftszeichen .....
Testamentsvollstreckerzeugnis des Amtsgerichts – Nachlassgericht – ..... (Ort) vom ..... (Datum)

Der Beklagte hat dem Kläger ca. zwei Monate nach Amtsannahme ein Nachlassverzeichnis zugeleitet.

Beweis: Schreiben des Beklagten mit Nachlassverzeichnis vom ..... (Datum)

Da der Kläger in der Folgezeit vom Beklagten nichts mehr hörte, hat er den Beklagten mit Schreiben vom ..... (Datum) aufgefordert, für die Zeit vom ..... (Datum) bis ..... (Datum) Rechenschaft zu legen.

Beweis: Schreiben des Klägers vom ..... (Datum)

Nachdem der Beklagte hierauf nicht reagiert hat, ist Klage geboten.

Die Verpflichtung des Beklagten auf Rechnungslegung ergibt sich aus §§ 2218 Abs. 2, 666, 259 BGB.[1,9, 11]

Rechtsanwalt[12, 13]

Schrifttum: Klinger/Zimmermann, Münchener Prozessformularbuch Erbrecht, 5. Aufl. 2021 → Form. R.III.2; *Maluche*, Auswirkungen des FamFG auf die Testamentsvollstreckung, ZEV 2010, 551; *Muscheler*, Die vom Testamentsvollstrecker erteilte Vollmacht, ZEV 2008, 213; *Sarres,* Die Auskunftspflichten des Testamentsvollstreckers, ZEV 2000, 92; *Sarres,* Die Auskunfts- und Rechenschaftspflicht nach § 666 BGB im System der erbrechtlichen Auskunftsansprüche, ZEV 2008, 512; *Schmidl*, Risiken am Beginn der Testamentsvollstreckung, ZErb 2010, 251; *Voss*, Entlastung des Testamentsvollstreckers auf Grundlage der Schlussabrechnung nach § 2218 BGB, ZEV 2007, 363; *Werner*, Wie man einen Testamentsvollstrecker los wird, ZEV 2010, 126; *Zimmermann*, Das Nachlassverzeichnis des Testamentsvollstreckers, ZEV 2019, 197.

Anmerkungen

1. Der Testamentsvollstrecker ist gem. §§ 2218, 666 BGB verpflichtet, dem Erben die erforderlichen Nachrichten zukommen zu lassen, auf Verlangen über den Stand der Testamentsvollstreckung **Auskunft** zu erteilen und nach der Beendigung seines Amtes **Rechenschaft** abzulegen. Diese Pflichten dienen dazu, dass der Erbe seine jeweilige Situation im Rahmen der Testamentsvollstreckung stets richtig und vollständig beurteilen kann. Kommt der Testamentsvollstrecker diesen Verpflichtungen nicht oder nicht in ausreichendem Maße nach, kann darin gem. § 2227 BGB ein wichtiger Grund für seine Entlassung liegen (BayObLG NJW-RR 1988, 645). Von den Verpflichtungen aus § 2218 BGB kann der Erblasser den Testamentsvollstrecker nicht befreien (§ 2220 BGB); der Erbe kann aber darauf verzichten.

Zeitlich hat der Testamentsvollstrecker die Rechenschaft nach Erfüllung seiner Aufgaben, ggf. auch schon nach Erledigung einer selbständigen Einzelaufgabe abzulegen, auch wenn er schon entlassen ist. Bei einer länger dauernden Verwaltung (Abwicklungs- oder Dauervollstreckung) kann der Erbe nach § 2218 Abs. 2 BGB jährlich Rechnungslegung verlangen.

2. Zur Bezeichnung des Gerichts → Form. I.D.1 Anm. 2. Zum elektronischen Rechtsverkehr → Form. I.D.1 Anm. 1. Die Klage kann sowohl am allgemeinen Gerichtsstand des Testamentsvollstreckers als auch vor dem Gericht der Vermögensverwaltung (§ 31 ZPO), nicht aber am Gerichtsstand der Erbschaft (§ 27 ZPO) erhoben werden.

3. Zur Bezeichnung der Parteien → Form. I.D.1 Anm. 3–6. Die Klage richtet sich gegen den Testamentsvollstrecker in seiner Amtseigenschaft (OLG Koblenz NJW-RR 1993, 462); insoweit liegt also kein Fall des § 2213 BGB vor.

4. Zur Angabe der Prozessbevollmächtigten, → Form. I.D.1 Anm. 6. Zur Unterschrift des Rechtsanwalts→ Form. I.D.1 Anm. 25.

5. Zur Kurzbezeichnung des Streitgegenstands → Form. I.D.1 Anm. 7. Zur Zuständigkeit der Spezialkammern für Erbrecht seit 1.1.2021 vgl. § 72a Abs. 1 Nr. 6 GVG → Form. II.L.9 Anm. 5.

6. Zur **Angabe des Streitwerts** → Form. I.D.1 Anm. 8. Wie die Auskunft dient die Rechnungslegung der Vorbereitung des Hauptanspruches, so dass der Streitwert mit 20–25 % des Hauptsacheanspruchs angesetzt wird. Hängt die Durchsetzung des Zahlungsanspruches von der Rechnungslegung ab, kann der Streitwert auch in der Nähe des Hauptsachewerts liegen. Zur Schätzung gem. § 3 ZPO vgl. auch BGH ZEV 2001, 30.

7. Zur Güteverhandlung, zum frühen ersten Termin und zum schriftlichen Vorverfahren → Form. I.D.1 Anm. 14, 15. Zum Antrag auf Erlass eines Versäumnisurteils oder/und Anerkenntnisurteils → Form. I.D.1 Anm. 15 und → Form. I.G. Zur Übertragung der Sache auf den Einzelrichter → Form. I.D.1 Anm. 16.

8. Zum Inhalt der Klagebegründung → Form. I.D.1 Anm. 17, 22. Zur Bezeichnung der Beweismittel → Form. I.D.1 Anm. 18–21 und → Form. I.H.

9. Art und Ausmaß der Rechnungslegung sind stets einzelfallbezogen zu ermitteln. Als Faktoren können Umfang des Nachlasses, Anzahl der Nachlasspositionen, Aufwand der Dokumentation von Aktiva und Passiva sowie Umfang der Geschäftstätigkeit bzw. Informationsinteressen der Erben genannt werden (*Sarres* ZEV 2000, 92). Sofern die Belege über die Verwaltung des Nachlasses versehentlich vernichtet worden sind, besteht kein Unvermögen des Testamentsvollstreckers zur Rechnungslegung. Auch bei umfangreichen Verwaltungen müssen alle Einnahmen und Ausgaben nachgewiesen werden; jedoch wird es bei solchen im Allgemeinen genügen, wenn die Einnahmen und Ausgaben in großen Posten angegeben und erläutert werden und wegen der Einzelbeträge auf die Bücher verwiesen wird.

Der Testamentsvollstrecker ist auch dann zur Rechnungslegung verpflichtet, wenn er **entlassen** ist, wenn ihm ein erheblicher Teil der Einnahmen als Vorausvermächtnis zufällt und er dafür die Nachlassverbindlichkeiten persönlich zu tragen hat oder wenn der Nachlass durch die angeordneten Vermächtnisse und Auflagen aufgezehrt werden sollte.

10. Ein Klageantrag auf „Rechnungslegung" ist nicht ausreichend; er muss vielmehr einen Inhalt haben, der für die Zwangsvollstreckung geeignet ist.

11. Der Testamentsvollstrecker ist verpflichtet, die Richtigkeit der vorgelegten Rechnungslegung gem. § 259 Abs. 2, § 260 Abs. 2 BGB eidesstattlich zu versichern, wenn Grund zu der Annahme besteht, dass die Angaben nicht mit der erforderlichen Sorgfalt gemacht worden sind.

Kosten und Gebühren

12. Zum Streitwert → Form. I.D.1 Anm. 8. Zum Gerichtskostenvorschuss und zu den Rechtsanwaltsgebühren → Form. I.D.1 Anm. 26, 27.

Ausführlich zur **Abrechnung des erbrechtlichen Mandats** nach dem RVG: MAH ErbR/*Schneider* § 2 Rn. 97–209; zu Streitwert und Beschwer bei Erbrechtsprozessen: *Klingelhöffer* ZEV 2009, 379; zum **Deckungsschutz der Rechtsschutzversicherung** in erbrechtlichen Angelegenheiten: *Kind* ZErb 2016, 195; zur Prozessfinanzierung im Erbrecht: *Kuhn/Trappe* ZEV 2013, 246; zur **Interessenkollision im Erbrecht** und ihre Auswirkung auf die Vergütung: *Potthast* ErbR 2021, 376 und 466, sowie *Offermann-Burckart* ZEV 2007, 151.

Rechtsmittel

13. Zur Berufungseinlegung und Berufungsbegründung → Form. I.O.1; → Form. I.O.3. Zur Berufungssumme: → Form. II.L.7 Anm. 12.

25. Antrag auf Entlassung des Testamentsvollstreckers

An das
Amtsgericht
– Nachlassgericht[2] –
. . . .

Antrag auf Entlassung des Testamentsvollstreckers[1]

Gz. . . . .
In der Nachlasssache
. . . . (Erblasser), verstorben am . . . . . (Datum)
zeige ich unter Vollmachtsvorlage an, dass ich den Alleinerben . . . . .
- Antragsteller -
anwaltlich vertrete. Namens des Alleinerben beantrage[3] ich,

I. den Testamentsvollstrecker . . . . . zu entlassen[7] und ihm die Kosten des Entlassungsverfahrens aufzuerlegen;

II. dass das Nachlassgericht . . . . . das Testamentsvollstreckerzeugnis vom . . . . . (Datum) nach Erlass des Entlassungsbeschlusses vom Antragsgegner zurückfordert.

Begründung:[1]

. . . . . (Erblasser) ist am . . . . . (Datum) mit letztem gewöhnlichem Aufenthalt in . . . . . verstorben. Der Erblasser hat mit handschriftlichen Testament vom . . . . . (Datum) den Antragsteller zum Alleinerben eingesetzt und Herrn . . . . .
- Antragsgegner -
zum Testamentsvollstrecker ernannt.

Beweis: Kopie des handschriftlichem Testaments vom . . . . . (Datum)

Herr . . . . . hat das Amt des Testamentsvollstreckers am . . . . . (Datum) durch Erklärung gegenüber dem Nachlassgericht angenommen. Das Amtsgericht – Nachlassgericht – . . . . . hat am . . . . . (Datum) ein Zeugnis erteilt, das den Antragsgegner als Testamentsvollstrecker über den Nachlass des . . . . . (Erblasser), verstorben am . . . . . (Datum) ausweist.

Beweis: Kopie des Testamentsvollstreckerzeugnisses vom . . . . . (Datum)

Der Antragsgegner übt seit diesem Zeitpunkt das Amt als Testamentsvollstrecker aus. Die ihm obliegenden Aufgaben sind noch nicht vollständig erfüllt, da . . . . .

Im Namen des Antragstellers wird nunmehr die Entlassung des Testamentsvollstreckers beantragt,[3] weil folgende wichtige Gründe[4, 56] dafür vorliegen (§ 2227 BGB):

1. Der Antragsgegner hat trotz mehrfacher schriftlicher Aufforderung des Antragstellers erst mit erheblicher Verzögerung ein Nachlassverzeichnis iSd § 2215 BGB vorgelegt.

Beweis: Kopie des Aufforderungsschreibens vom . . . . . (Datum)

2. Das vom Antragsgegner am . . . . . (Datum) vorgelegte Nachlassverzeichnis weist erhebliche Mängel auf, die den Anforderungen des § 2215 BGB nicht genügen: Im Verzeichnis fehlen detaillierte Angaben über die Bankkonten und die Münzsammlung des Erblassers.

Beweis: Kopie des Nachlassverzeichnisses vom . . . . . (Datum)

3. Der Erblasser hatte im Testament vom . . . . . (Datum) angeordnet, dass die zum Nachlass gehörende Eigentumswohnung in München . . . . . durch den Testamentsvollstrecker veräußert werden soll. Nachdem die Annahme des Amts als Testamentsvollstrecker zwischenzeitlich . . . . . Jahre zurückliegt, hat der Antragsteller den Antragsgegner mit Schreiben vom . . . . . (Datum) und vom . . . . . (Datum) aufgefordert, Auskunft über den Stand der Dinge zu erteilen. Der Antragsgegner hat auf diese Schreiben bisher nicht reagiert.

Beweis: Kopie der Schreiben vom . . . . . (Datum) und vom . . . . . (Datum)

4. Der Antragssteller hat den Antragsgegner mit Schreiben vom . . . . . (Datum) aufgefordert, für das Jahr . . . . . gemäß § 2218 Abs. 2 BGB Rechnung zu legen. Der Antragsgegner hat auf diese Aufforderung nicht reagiert.

Beweis: Kopie des Schreibens vom . . . . . (Datum)

Über die Kosten des Entlassungsverfahrens kann das Gericht nach § 81 FamFG entscheiden. Es entspricht billigem Ermessen, dass der Testamentsvollstrecker die Anwaltskosten des Antragstellers aus eigenen Mitteln erstattet.

Mit dem Zugang des Entlassungsbeschlusses beim Testamentsvollstrecker wird das diesem erteilte Testamentsvollstreckerzeugnis kraftlos (§ 2368 Abs. 3 Hs. 2 BGB). Es ist deshalb nach Erlass des Entlastungsbeschlusses vom Antragsgegner zurückzufordern.

Rechtsanwalt[8, 9]

Schrifttum: Muscheler, Testamentsvollstreckung und Nachlassnutzungen, ZEV 2017, 65; *Reimann*, Entlassung des Testamentsvollstreckers und letztwillige Schiedsklausel, ZEV 2009, 317; *Reimann*, Vereinbarungen über die vorzeitige Beendigung der Testamentsvollstreckung, NJW 2005, 789; *Sarres*, Die Auskunftspflichten des Testamentsvollstreckers, ZEV 2000, 90; *Werner*, Wie man einen Testamentsvollstrecker los wird, ZEV 2010, 126; *Zimmermann*, Das Nachlassverzeichnis des Testamentsvollstreckers, ZEV 2019, 197.

Anmerkungen

1. Voraussetzung für die Entlassung nach § 2227 BGB ist, dass ein „**wichtiger Grund**" vorliegt. Das Gesetz nennt als Beispiele eine grobe Pflichtverletzung des Testamentsvollstreckers sowie dessen Unfähigkeit zur ordnungsgemäßen Geschäftsführung. Diese Aufzählung ist nicht abschließend (Palandt/*Weidlich* Rn. 2).

2. Sachlich zuständig ist gemäß § 2227 BGB das Nachlassgericht. Die **örtliche** Zuständigkeit ergibt sich aus § 343 FamFG.

3. Antragsberechtigt sind die Erben, Miterben, die ihren Erbanteil nach § 2033 BGB veräußert oder verpfändet haben, Nacherben, Vermächtnisnehmer, Auflageberechtigte (MüKoBGB/*Zimmermann* Rn. 5; Palandt/*Weidlich* Rn. 7 mwN), Mitvollstrecker (OLG Köln NJW-RR 1987, 1098) und Pflichtteilsberechtigte (KG NJW-RR 2005, 809). Antragsberechtigt kann ein Miterbe auch dann sein, wenn sein Anteil nicht der Testamentsvollstreckung unterliegt (OLG Hamm ZEV 2003, 565; aA OLG München NJW-RR 2006, 14).

Nicht antragsberechtigt sind dagegen Auflagenbegünstigte, gewöhnliche Nachlassgläubiger, Eigengläubiger des Erben, auch wenn sie den Erbteil gepfändet haben und ein früherer Testamentsvollstrecker (OLG München ZEV 2011, 651).

4. Eine **grobe Pflichtverletzung** setzt in aller Regel Verschulden des Testamentsvollstreckers voraus (Burandt/Rojahn/*Heckschen* § 2227 Rn. 6; MüKoBGB/*Zimmermann* Rn. 8). Zudem muss die Pflichtverletzung **„grob"**, also erheblich sein. Nicht jeder Fehler, wie zB die Verspätung oder die Unvollständigkeit beim Nachlassverzeichnis oder bei der Abrechnung kann ohne weiteres zur Entlassung führen.

5. Die **Unfähigkeit** zur ordnungsmäßigen Geschäftsführung setzt kein Verschulden des Testamentsvollstreckers voraus, jedoch eine derart nachhaltige Beeinträchtigung der Vollstreckungstätigkeit, dass von ordnungsgemäßer Verwaltung nicht mehr gesprochen werden kann (Burandt/Rojahn/*Heckschen* § 2227 Rn. 7; Palandt/*Weidlich* § 2227 Rn. 4). Sie kann sich aus Untätigkeit ergeben, zB bei langjähriger Dauer einer normalen Abwicklungsvollstreckung, soweit die Verzögerung auf dem Verhalten des Testamentsvollstreckers beruht (OLG Köln NJW-RR 2005, 94). Unfähigkeit kann auch dann vorliegen, wenn sich der Testamentsvollstrecker nach seinem persönlichkeitsbedingten Verhalten zu einer sachlichen Auseinandersetzung mit anderen Personen über die im Rahmen seiner Amtsführung zu regelnden Angelegenheiten als nicht in der Lage erweist (OLG Hamm NJW-RR 2007, 878). Unfähigkeit kann auch bei Krankheit, Abwesenheit, Verschollenheit oder Haft für dauernde oder längere Zeit sowie aus völliger Nichteignung, Untätigkeit, Insolvenz oder Vermögensverfall des Testamentsvollstreckers oder bei Ableistung der eidesstattlichen Versicherung vorliegen (MüKoBGB/*Zimmermann* § 2227 Rn. 9).

6. Ein **wichtiger Grund iSv § 2227BGB** kann im Einzelfall ua vorliegen bei (Aufzählung nach: Burandt/Rojahn/*Heckschen* § 2227 Rn. 11):

- Völliger Untätigkeit (BGH NJW 1962, 912), Untätigkeit wegen längerer Abwesenheit oder Krankheit und dadurch bedingter nachhaltiger Beeinträchtigung der Testamentsvollstreckung (BayObLG NJWE-FER 1998, 110), gegenständlich beschränkte Untätigkeit, zB Nichtverwaltung eines in der Schweiz belegenen und möglicherweise der Steuerhinterziehung dienenden Kontos (OLG Schleswig ZEV 2009, 296).
- Eigennützige Amtsführung (OLG Karlsruhe NJW-RR 2005, 527), Ungleichbehandlung der Miterben (BGH NJW 1957, 1916), Nichtbefolgung von Erblasseranordnungen (BayObLG FamRZ 2000, 573), Verstoß gegen eine Vereinbarung mit den Erben (OLG Hamm NJW-RR 2008, 1687), völlig unwirtschaftliche Verwaltung, wobei unternehmerische Entscheidungen nur einer eingeschränkten Nachprüfung unterliegen (BayObLG NJW-RR 1990, 1420), ungerechtfertigte Prozessführung, Verletzung der Anhörungspflicht.
- Nichtvorlegen oder mangelhafte Erstellung des Nachlassverzeichnisses (OLG Schleswig BeckRS 2016, 03776), pflichtwidrige Amtsübertragung oder Bevollmächtigung sowie Verlangen einer unverhältnismäßigen Vergütung (OLG Köln NJW-RR 1987, 1097). Im Einzelfall die Bedienung eigener Forderungen aus dem Nachlass ohne dies den Erben nachvollziehbar dazutun (OLG Düsseldorf ZErb 2013, 61).

- Dem Testamentsvollstrecker steht nach § 2221 BGB nur ein Anspruch auf eine angemessene Vergütung zu. Die Inanspruchnahme einer überhöhten Vergütung kann daher zu einer Entlassung führen (KG MittBayNot 2012, 54).
- Zerwürfnisse zwischen dem Testamentsvollstrecker und den Erben im Sinne einer tiefgreifenden Feindschaft oder eines erheblichen Interessenkonfliktes, kann ein Entlassungsgrund darstellen. Um den Erben nicht die Möglichkeit an die Hand zu geben, den unliebsamen Testamentsvollstrecker all zu leicht aus dem Amt zu drängen, ist dabei jedoch ein strenger Maßstab anzulegen (vgl. insb. *Werner* ZEV 2010, 126; *Roth* NJW-Spezial 2011, 39).

7. Die Entlassung des Testamentsvollstreckers führt nicht zwangsläufig zur **Beendigung der Testamentsvollstreckung** insgesamt. Diese endet nur dann, wenn in der letztwilligen Verfügung des Erblassers keine Ersatzberufung (§ 2197 Abs. 2 BGB), keine Ernennung eines bestimmungsberechtigten Dritten (§ 2189 BGB), keine Ermächtigung zur Ernennung eines Nachfolgers (§ 2199 Abs. 2 BGB) und kein Ersuchen an das Nachlassgericht (§ 2200 BGB) enthalten ist. Das „Ersuchen" im Sinne von § 2200 BGB kann in der letztwilligen Verfügung auch konkludent enthalten sein, woran keine strengen Anforderungen zu stellen sind (OLG Hamm, ZEV 2001, 271).

Kosten und Gebühren

8. Die **Gerichtskosten** richten sich nach § 65 GNotKG. Inwieweit der Testamentsvollstrecker seine ihm entstandenen oder auferlegten Kosten aus dem Nachlass entnehmen kann, hängt davon ab, ob er das Verfahren zur Durchsetzung des Erblasserwillens für erforderlich halten durfte (OLG Oldenburg NJW-RR 1996, 582).

Ausführlich zur **Abrechnung des erbrechtlichen Mandats** nach dem RVG: MAH ErbR/*Schneider* § 2 Rn. 97–209; zu Streitwert und Beschwer bei Erbrechtsprozessen: *Klingelhöffer* ZEV 2009, 379; zum **Deckungsschutz der Rechtsschutzversicherung** in erbrechtlichen Angelegenheiten: *Kind* ZErb 2016, 195; zur Prozessfinanzierung im Erbrecht: *Kuhn/Trappe* ZEV 2013, 246; zur **Interessenkollision im Erbrecht** und ihre Auswirkung auf die Vergütung: *Potthast* ErbR 2021, 376 und 466, sowie *Offermann-Burckart* ZEV 2007, 151.

Rechtsmittel

9. Mit Bekanntmachung des Entlastungsbeschlusses an den Testamentsvollstrecker endet dessen Amt. Die hiergegen innerhalb der Monatsfrist eingelegte **Beschwerde** nach §§ 58 ff. FamFG hat keine aufschiebende Wirkung; jedoch kann das Beschwerdegericht durch einseitige Anordnung die Vollziehung aussetzen (§§ 64 Abs. 3, 49 FamFG). Das Testamentsvollstreckerzeugnis wird kraftlos (§ 2368 Abs. 3 BGB) und vom Nachlassgericht zurückgenommen.

M. Gesellschaftsrecht

1. Beschluss zur Einleitung eines Verfahrens, einschließlich Geltendmachung eines Organhaftungsanspruchs

Niederschrift

über einen Beschluss[1] der Gesellschafterversammlung[2] der . . . . .-GmbH

Wir, die unterzeichnenden alleinigen Gesellschafter der . . . . .-GmbH, halten hiermit unter Verzicht auf alle durch Gesetz und der Satzung vorgeschriebenen Formen und Fristen der Einberufung, Ankündigung und Durchführung eine Gesellschafterversammlung der . . . . .– GmbH ab und behandeln darin, was folgt:

Grundlagen

I. Gesellschaftsrechtliche Verhältnisse

Die . . . . .-GmbH („Gesellschaft") mit Sitz in . . . . . ist verzeichnet im Handelsregister des Amtsgerichts . . . . . unter HRB . . . . .. Das stimmberechtigte Stammkapital der Gesellschaft von . . . . . EUR ist eingeteilt in . . . . . Geschäftsanteile im Nennbetrag von je . . . . . EUR. Die Unterzeichner sind mit je . . . . . Geschäftsanteilen, dh zu je ½, am Stammkapital beteiligt.[3]

Herr . . . . . ist neben Herrn . . . . . Fremdgeschäftsführer der Gesellschaft.

II. Anspruchsbegründender Sachverhalt

Herr . . . . . hat seine Verpflichtung als Geschäftsführer gegenüber der Gesellschaft verletzt, diejenige Sorgfalt walten zu lassen, die ein ordentlicher Geschäftsmann in verantwortlich leitender Position bei selbständiger treuhänderischer Wahrnehmung fremder Vermögensinteressen einzuhalten hat.[4]

Er verschaffte sich und Dritten zu Lasten der Gesellschaft diverse Vermögensvorteile, auf die Herr . . . . . und Dritte keinen Anspruch hatten. Im Einzelnen:

– Er rechnete private Reisekosten iHv . . . . . EUR als vermeintlich betrieblich veranlasst über die Gesellschaft ab und veranlasste die Zahlung dieses Betrags aus dem Gesellschaftsvermögen an sich.[5]
– Er veranlasste eine Zahlung iHv . . . . . EUR für die vermeintliche Erbringung von Lieferungen und Leistungen durch die . . . . .-GmbH an die Gesellschaft. Weder bestand ein Vertragsverhältnis zwischen der . . . . .-GmbH und der Gesellschaft noch wurden Lieferungen und Leistungen an die Gesellschaft erbracht, die die Zahlung dieses Betrags durch die Gesellschaft an die . . . . .-GmbH gerechtfertigt hätten.[6]
– Er beteiligte sich als Kommanditist an der . . . . .-GmbH & Co. KG, die im Wettbewerb zur Gesellschaft steht. Diese Kommanditbeteiligung war der Gesellschaft angeboten worden, Herr . . . . . verheimlichte diese Opportunität seinem Mitgeschäftsführer und den unterzeichnenden Gesellschaftern und nahm die Geschäftschance für sich wahr.[7]

III. Sachverhaltsermittlung und rechtliche Würdigung

Nachdem sich für seinen Mitgeschäftsführer, Herrn . . . . ., Anhaltspunkte für ein pflichtwidriges, schadensstiftendes Fehlverhalten von Herrn . . . . . bei der Amtsausübung als Geschäftsführer ergeben hatten, informierte dieser die Unterzeichner am . . . . . über seinen Verdacht. Die Unterzeichner beschlossen, die Angelegenheit intern untersuchen zu lassen.

Der Sachverhalt wurde zunächst durch den Leiter der internen Revision, Herrn . . . . ., und sodann durch die Wirtschaftsprüfungsgesellschaft . . . . .-GmbH ermittelt. Diese erstellte unter dem . . . . . ihren Bericht zu den tatsächlichen Feststellungen (beigefügt als Anlage 1). Der Bericht enthält auch Feststellungen zu den vermutlichen Vermögensverhältnissen von Herrn . . . . ., die eine erfolgreiche Vollstreckung eines Titels bis zu . . . . . EUR erwarten lassen.

Auf dieser Grundlage erstellte die Rechtsanwaltssozietät . . . . . PartG mbB ein Rechtsgutachten (beigefügt als Anlage 2) vom . . . . ., in dem die Haftung von Herrn . . . . . gegenüber der Gesellschaft festgestellt wurde.

Anhaltspunkte dafür, dass die tatsächlichen Feststellungen oder die rechtliche Würdigung in dem Bericht und dem Rechtsgutachten unzutreffend sein könnten, bestehen nicht.[8]

Erwägungen und Abwägung

Die Gesellschafter haben in Anbetracht des Vorstehenden folgende Erwägungen angestellt:

- Der Sachverhalt ist zweifelsfrei festgestellt und rechtlich gewürdigt. Daraus folgt eine Haftung von Herrn . . . . . iRv . . . . . EUR. Der Anspruch ist wirtschaftlich werthaltig.
- Es liegen keine Umstände vor, die die Gesellschafter im Interesse der Gesellschaft veranlassen würden, von einer Inanspruchnahme von Herrn . . . . . abzusehen.
  - Die Pflichtverletzungen sind nach den Feststellungen zum Sachverhalt vorsätzlich begangen.
  - Mögliche Reputationsrisiken, die durch die Gerichtsöffentlichkeit einer Auseinandersetzung drohen, überwiegen jedenfalls nicht das Vemögensinteresse der Gesellschaft an der Durchsetzung des Anspruchs.
  - Sonstige Gründe für eine nur eingeschränkte Inanspruchnahme des Geschäftsführers liegen nicht vor.

Da nach all dem keine Erwägung gegen die vollständige Inanspruchnahme des Geschäftsführers spricht, ist eine Abwägung der Erwägungen entbehrlich.

Beschluss

Die Gesellschafter beschließen in Erwägung und Abwägung des Vorstehenden einstimmig ohne Enthaltung, was folgt:

1. Die Bestellung von Herrn . . . . . zum Geschäftsführer wird mit sofortiger Wirkung widerrufen. Herr . . . . . wird nicht entlastet. Der Geschäftsführeranstellungsvertrag wird außerordentlich fristlos aus wichtigem Grund, vorsorglich zum nächst zulässigen Zeitpunkt gekündigt. Zur Kundgabe des Widerrufs der Bestellung und der Erklärung der Kündigung wird Herr . . . . . beauftragt und ermächtigt.
2. Gegen Herrn . . . . . werden die gegen ihn im Zusammenhang mit dem folgenden anspruchsbegründenden Sachverhalt bestehenden Ansprüche der Gesellschaft außergerichtlich und gerichtlich geltend und zur Sicherung etwaiger Ansprüche aus der D&O-Versicherung eine Anzeige an diese gemacht:[9]

a) Er rechnete private Reisekosten iHv . . . . . EUR als vermeintlich betrieblich veranlasst über die Gesellschaft ab und veranlasste die Zahlung dieses Betrags aus dem Gesellschaftsvermögen an sich.

b) Er veranlasste eine Zahlung iHv . . . . . EUR für die vermeintliche Erbringung von Lieferungen und Leistungen durch die . . . . .-GmbH an die Gesellschaft. Weder bestand ein Vertragsverhältnis zwischen der . . . . .-GmbH und der Gesellschaft, noch wurden Lieferungen und Leistungen an die Gesellschaft erbracht, die die Zahlung dieses Betrags durch die Gesellschaft an die . . . . .-GmbH gerechtfertigt hätten.

c) Er beteiligte sich als Kommanditist an der . . . . .-GmbH & Co. KG, die im Wettbewerb zur Gesellschaft steht. Diese Kommanditbeteiligung war der Gesellschaft angeboten worden, Herr . . . . . verheimlichte diese Opportunität seinem Mitgeschäftsführer und den unterzeichnenden Gesellschaftern und nahm die Geschäftschance für sich wahr.

3. Zur Sicherung der Durchsetzung der Ansprüche der Gesellschaft soll ein dinglicher Arrest gegen Herrn . . . . . ausgebracht werden.

4. Soweit sich infolge der Geltendmachung der Ansprüche Vergleichsgespräche ergeben, sollen diese geführt werden.

5. Herr . . . . . wird zur Vertretung der Gesellschaft in Prozessen bestimmt, die sie gegen die Geschäftsführer zu führen hat. Herr . . . . . soll der Gesellschafterversammlung im Turnus von drei Monaten über den Stand der Angelegenheit Bericht erstatten; unberührt bleibt die Pflicht zur anlassbezogenen Berichterstattung von Ereignissen, insbesondere, sofern diese eine Entscheidung der Gesellschafterversammlung erfordern.

6. Die Rechtsanwaltssozietät . . . . . PartG mbB soll damit beauftragt werden, die Gesellschaft zu beraten und zu vertreten.

7. Änderungen, Ergänzungen sowie eine Aufhebung dieser Beschlüsse bleiben vorbehalten.

____

Name
Ort, Datum

____

Name
Ort, Datum

Anmerkungen

1. Der Beschluss ist das Rechtsgeschäft und die übliche Form der Entscheidung von Organen (hier der Gesellschafterversammlung der GmbH). Sofern das anwendbare Gesellschaftsrecht dies nicht vorschreibt (vgl. etwa §§ 46 Nr. 8, 47 Abs. 1 GmbHG, Geltendmachung von Ansprüchen unterliegt der „Bestimmung" der Gesellschafter, die nach § 47 Abs. 1 GmbHG „durch Beschlussfassung" erfolgt), besteht aber keine Verpflichtung, Entscheidungen über die Geltendmachung von Ansprüchen in dieser Form zu treffen.

2. Die Organkompetenz zur Entscheidung über die Geltendmachung des Anspruchs ergibt sich aus dem jeweiligen Verbandsrecht (Gesetz, Gesellschaftsvertrag, sonstige Kompetenzzuordnung) und dem Gegenstand der Geltendmachung des Anspruchs. Im Personengesellschaftsrecht kann sich die Zuständigkeit der Gesellschafter etwa aus § 709 Abs. 1 BGB (grundsätzliche Allzuständigkeit der Gesellschafter bei der GbR, sofern keine Mehrheitsentscheidung, § 709 Abs. 2 BGB, oder Übertragung der Geschäftsführung bestimmt ist, § 710 BGB) oder §§ 116 Abs. 2, 161 Abs. 2, 164 S. 1 HGB (Zuständigkeit der Gesellschafterversammlung für Geschäfte, die über den gewöhnlichen Betrieb des Handelsgewerbes der Gesellschaft hinausgehen, wozu ua auch – abhängig vom Streitgegenstand (zB außergewöhnliche Prozesse gegen Gesellschafter, vgl. BGH 12.6.1997 – IX ZR 172/96, BeckRS 1997, 04951) – die Prozessführung zählen kann, siehe eingehend MüKoHGB/*Jickeli* § 116 Rn. 29 f., 35) ergeben. In der AG obliegt die Geltendmachung von Organhaftungsansprüchen gegen den Vorstand dem Aufsichtsrat, vgl. BeckOGK/*Fleischer* AktG § 93 Rn. 345, und umgekehrt, vgl. MüKoAktG/*Habersack* § 116 Rn. 77.

3. Im Personengesellschaftsrecht gilt grds. das Einstimmigkeitsprinzip, sodass Beschlüsse der Zustimmung aller Gesellschafter bedürfen (vgl. § 709 Abs. 1 Hs. 2 BGB für die GbR, § 119 Abs. 1 HGB für die OHG; für das Recht der KG gilt das Prinzip, dass Beschlüsse grds. nur der Zustimmung aller Komplementäre, nicht aber der Kommanditisten bedürfen, es sei denn, die in Rede stehende Maßnahme geht über den gewöhnlichen Betrieb des Handelsgewerbes der Gesellschaft hinaus, vgl. §§ 161 Abs. 2, 119 Abs. 1, 164 S. 1 HGB). Wird – was gesellschaftsrechtlich zulässig ist – gesellschaftsvertraglich vom Einstimmigkeitsprinzip zugunsten des Mehrheitsprinzips abgewichen, so bestimmt sich das Stimmrecht der Gesellschafter in Ermangelung einer anderweitigen gesellschaftsvertraglichen Regelung grds. nach Köpfen, dh jedem Gesellschafter steht eine Stimme zu (vgl. § 709 Abs. 2 BGB für GbR, § 119 Abs. 2 HGB für OHG, §§ 161 Abs. 2, 119 Abs. 1 HGB für Komplementäre einer KG). Innerhalb der weiten Grenzen des § 138 BGB kann jedoch im Gesellschaftsvertrag auch vereinbart werden, dass sich die Mehrheit nach anderen Kriterien als der Mehrheit nach Köpfen bestimmt. So kann das Stimmrecht, was im Personenhandelsgesellschaftsrecht üblich ist, etwa nach Kapitalanteilen gestaffelt werden, vgl. zum Ganzen MüKoHGB/*Schäfer* § 709 Rn. 102.

4. Zentraler gesellschaftsrechtlicher (Innen-)Haftungstatbestand des Geschäftsführers gegenüber der GmbH bildet § 43 Abs. 2 GmbHG. In einer GmbH & Co. KG haftet der Geschäftsführer der Komplementär-GmbH im Falle von Pflichtverletzungen der KG gegenüber grds. nach den Grundsätzen des Vertrags mit Schutzwirkung zugunsten Dritter, wobei zumindest das aus § 43 Abs. 2 GmbHG herrührende organschaftliche Sonderrechtsverhältnis zwischen Geschäftsführer und Komplementär-GmbH Schutzwirkung zugunsten der KG entfaltet. Das gilt jedenfalls, wenn die alleinige oder wesentliche Aufgabe der Komplementär-GmbH in der Führung der Geschäfte der KG besteht, vgl. BGH 16.6.2013 – II ZR 86/11, NZG 2013, 1021 im 1. Leitsatz; HCL/*Paefgen* GmbHG § 43 Rn. 303. Verletzt der geschäftsführende Gesellschafter einer Personengesellschaft dieser gegenüber seine Geschäftsführerpflichten, so steht der Gesellschaft grds. ein Schadensersatzanspruch gegen diesen nach § 280 Abs. 1 BGB oder §§ 280 Abs. 2, 286 BGB zu. In diesem Rahmen haftet der geschäftsführende Gesellschafter aber grds. nur für die eigenübliche Sorgfalt (§ 708 BGB), BeckOGK/*Geibel* BGB § 708 Rn. 6. Der Vorstand einer AG haftet dieser gegenüber bei Verletzung seiner Sorgfalts- und Treuepflichten gemäß § 93 Abs. 2 AktG; entsprechendes gilt nach § 116 Satz 1 AktG für den Aufsichtsrat.

5. Der Geschäftsführer verstößt gegen seine Treuepflicht und haftet der Gesellschaft gegenüber daher grds. gemäß § 43 Abs. 2 GmbHG, wenn er die Gesellschaft veranlasst, ihm Leistungen mit privatem Bezug zu erbringen, insbesondere private Reisekosten zu erstatten, vgl. OLG Naumburg 30.11.1998 – 11 U 22/98, NZG 1999, 353 (354); M/H/L/S/*Ziemons*, GmbHG, § 43 Rn. 251.

6. Der Geschäftsführer verletzt seine Sorgfaltspflicht und haftet der Gesellschaft gegenüber daher grds. gemäß § 43 Abs. 2 GmbHG, wenn er Gesellschaftsvermögen verschwendet. Aus dem Verbot, Gesellschaftsvermögen zu verschwenden, ergeben sich etwa die konkreten Einzelpflichten, keine für die Gesellschaft nachteiligen Verträge abzuschließen, keine Waren oder Dienstleistungen einzukaufen, für die bei der Gesellschaft kein Bedarf besteht und keine Zahlungen zu erbringen, sofern eine Zahlungspflicht der Gesellschaft nicht besteht oder sich nicht nachverfolgen lässt, siehe weiterführend Rowedder/Schmidt-Leithoff/*Schnorbus*, GmbHG, § 43 Rn. 33.

7. Der Geschäftsführer verletzt seine Treuepflicht und haftet der Gesellschaft gegenüber daher grds. gemäß § 43 Abs. 2 GmbHG, wenn er Geschäftschancen, die dem Geschäftsbereich der Gesellschaft zuzurechnen sind, für sich selbst ausnutzt, siehe weiterführend M/H/L/S/*Ziemons*, GmbHG, § 43 Rn. 262 ff.

8. Schon aus allgemeinen Erwägungen gebotener Sorgfalt sollte die zur Anspruchsgeltendmachung berufene Gesellschafterversammlung sich nicht ungeprüft – und damit quasi blind – auf die Feststellungen und Schlussfolgerungen ihrer Berater (Wirtschaftsprüfer, Rechtsanwalt) verlassen und die erstellten Berichte und Gutachten stattdessen vielmehr selbst einer Plausibilitätskontrolle unterziehen. Soweit es sich um einen Organhaftungsfall in der AG handelt – und damit grds. der Aufsichtsrat (für die Anspruchsgeltendmachung gegenüber dem Vorstand) bzw. der Vorstand (für die Anspruchsgeltendmachung gegenüber dem Aufsichtsrat) zuständig ist – gilt das angesichts eigener Haftungsrisiken des zur Anspruchsverfolgung berufenen Organs umso mehr (vgl. zu BGHZ 135, 244 = NJW 1997, 1926 („ARAG/Garmenbeck") BeckOGK/*Spindler* AktG § 116 Rn. 62 ff. zur AG). Nach der ISION-Rechtsprechung des BGH kann sich ein Organmitglied, das sich auf fachkundigen – im Ergebnis aber unzutreffenden – (Rechts-)Rat verlassen hat, nur dann erfolgreich auf fehlendes Verschulden iSd § 93 Abs. 2 AktG berufen, wenn es sich unter umfassender Darstellung der Verhältnisse der Gesellschaft und Offenlegung der erforderlichen Unterlagen von einem unabhängigen, für die zu klärende Frage fachlich qualifizierten Berufsträger beraten hat lassen und die erteilte Rechtsauskunft einer sorgfältigen Plausibilitätskontrolle unterzogen hat, vgl. BGH 20.9.2011 – II ZR 234/09, NZG 2011, 1271 Rn. 18 („ISION"). Zur Geltendmachung von Ansprüchen gegen außerhalb der Gesellschaft stehende Dritter vgl. *Zeyher/Mader*, ZHR 185 (2021), 125 ff. Was die Beurteilung der Erfolgsaussichten und der Organverantwortung in dieser Hinsicht angeht, kann der Maßstab des § 114 ZPO fruchtbar gemacht werden ("hinreichende Aussicht auf Erfolg"); in Abgrenzung hiervon § 246a Abs. 2 Nr. 1 Fall 2 AktG ("offensichtlich unbegründet"). § 114 ZPO ist als Maßstab für die Organpflichten bei der Entscheidung über die Geltendmachung von Ansprüchen geeignet. Dies folgt ua daraus (vgl. ferner *Zeyher/Mader*, ZHR 185 (2021), 125, (134 ff.)), dass derselbe Maßstab in den § 3a ARB 2010 für Rechtsschutzversicherungen zur Anwendung kommt (vgl. auch § 128 S. 1 VVG); dort geht es darum, im Interesse der Versichertengemeinschaft die Deckung ablehnen zu können (vgl. BGH, NJW 1988, 266), bei der Organverwantwortung geht es ganz ähnlich darum, dass der Organwalter seinen Pflichten als Treuhänder fremder Vermögensinteressen gerecht wird (vgl. BGHZ 129, 30, 34 = NJW 1995, 1290 (1291)).

9. Die Anzeige der Anspruchsgeltendmachung gegenüber der D&O-Versicherung stellt eine Obliegenheit des Versicherungsnehmers dar (vgl. § 30 Abs. 1 VVG), die sich üblicherweise auch in den D&O-Versicherungsbedingungen findet, vgl. *v. Schenck* NZG 2015, 494 (498).

2. Beschluss zum Abschluss eines Vergleichs, einschließlich Organhaftungsanspruch

Niederschrift
über einen Beschluss[1] der Gesellschafterversammlung[2] der . . . . .– GmbH

Wir, die unterzeichnenden alleinigen Gesellschafter der . . . . .-GmbH, halten hiermit unter Verzicht auf alle durch Gesetz und der Satzung vorgeschriebenen Formen und Fristen der Einberufung, Ankündigung und Durchführung eine Gesellschafterversammlung der . . . . .-GmbH ab und behandeln darin was folgt:

Grundlagen

I. Gesellschaftsrechtliche Verhältnisse

Die . . . . .-GmbH („Gesellschaft") mit Sitz in . . . . . ist verzeichnet im Handelsregister des Amtsgerichts . . . . . unter HRB . . . . .. Das stimmberechtigte Stammkapital der Gesellschaft von . . . . . EUR ist eingeteilt in . . . . . Geschäftsanteile im Nennbetrag von je . . . . . EUR. Die Unterzeichner sind mit je . . . . . Geschäftsanteilen, dh zu je ½, am Stammkapital beteiligt.

Herr . . . . . ist neben Herrn . . . . . Fremdgeschäftsführer der Gesellschaft.

II. Sachverhalt

Herr . . . . . hat seine Verpflichtung als Geschäftsführer gegenüber der Gesellschaft verletzt, diejenige Sorgfalt walten zu lassen, die ein ordentlicher Geschäftsmann in verantwortlich leitender Position bei selbständiger treuhänderischer Wahrnehmung fremder Vermögensinteressen einzuhalten hat.[3]

Er verschaffte sich und Dritten zu Lasten der Gesellschaft diverse Vermögensvorteile, auf die Herr . . . . . und Dritte keinen Anspruch hatten. Im Einzelnen:

- Er rechnete private Reisekosten iHv . . . . . EUR als vermeintlich betrieblich veranlasst über die Gesellschaft ab und veranlasste die Zahlung dieses Betrags aus dem Gesellschaftsvermögen an sich.[4]
- Er veranlasste eine Zahlung iHv . . . . . EUR für die vermeintliche Erbringung von Lieferungen und Leistungen durch die . . . . .-GmbH an die Gesellschaft. Weder bestand ein Vertragsverhältnis zwischen der . . . . .-GmbH und der Gesellschaft noch wurden Lieferungen und Leistungen an die Gesellschaft erbracht, die die Zahlung dieses Betrags durch die Gesellschaft an die . . . . .-GmbH gerechtfertigt hätten.[5]
- Er beteiligte sich als Kommanditist an der . . . . .-GmbH & Co. KG, die im Wettbewerb zur Gesellschaft steht. Diese Kommanditbeteiligung war der Gesellschaft angeboten worden, Herr . . . . . verheimlichte diese Opportunität seinem Mitgeschäftsführer und den unterzeichnenden Gesellschaftern und nahm die Geschäftschance für sich wahr.[6]

Mit Beschl. v. . . . . . hat die Gesellschafterversammlung daher ua entschieden, dass gegenüber Herrn . . . . . die gegen ihn im Zusammenhang mit dem dargestellten anspruchsbegründenden Sachverhalt bestehenden Ansprüche der Gesellschaft außergerichtlich und gerichtlich geltend gemacht werden. In diesem Zusammenhang wurde Herr . . . . . zur Vertretung der Gesellschaft in Prozessen bestimmt, die sie gegen die Geschäftsführer zu führen hat und die Rechtsanwaltssozietät . . . . . PartG mbB damit beauftragt, die Gesellschaft zu beraten und zu vertreten. Ebenso wurde beschlossen, dass Vergleichsgespräche geführt werden sollen, soweit sie sich infolge der Geltendmachung der Ansprüche ergeben.

Mit Klageschrift vom ..... hat die Gesellschaft die gegen Herrn ..... im Zusammenhang mit dem dargestellten anspruchsbegründenden Sachverhalt bestehenden Ansprüche in Höhe eines Betrages von ..... EUR gegenüber diesem vor dem Landgericht ..... geltend gemacht.

Die Gesellschaft und Herr ..... führen derzeit Vergleichsgespräche über die geltend gemachten Ansprüche. Es steht im Raum, den Rechtsstreit durch Prozessvergleich zu beenden, durch den sich Herr ..... zur Zahlung einer Vergleichssumme in Höhe von ..... EUR zur Abgeltung sämtlicher der Gesellschaft gegen Herrn ..... aus dem dargestellten anspruchsbegründenden Sachverhalt ergebenden Ansprüche und zur Beilegung des Rechtsstreits verpflichtet. Herrn ..... hat seine Bereitschaft erklärt, einen solchen Vergleich abzuschließen.

III. Sachverhaltsermittlung und rechtliche Würdigung

Hinsichtlich der Ermittlung des anspruchsbegründenden Sachverhalts wird auf die Darstellung im Beschluss der Gesellschafterversammlung vom ..... Bezug genommen, der sämtlichen Gesellschaftern bekannt ist.

Über den Verlauf des Rechtsstreits sowie die Vergleichsgespräche, deren jeweiliger Stand und ihre Entwicklung wurde die Gesellschafterversammlung regelmäßig und umfassend von Herrn ..... sowie durch die Rechtsanwaltssozietät ..... PartG mbB unterrichtet, die die Gesellschaft im Rechtsstreit vertritt.

Die Rechtsanwaltssozietät ..... PartG mbB erstellte darüber hinaus ein Rechtsgutachten (beigefügt als Anlage 1) vom ....., in dem die Wahrscheinlichkeit des Obsiegens im Rechtsstreit, die tatsächliche und rechtliche Vollstreckbarkeit eines Titels gegen Herrn ..... sowie die mit der Prozessführung nach dem gegenwärtigen Verfahrensstand verbundenen Chance und Risiken beurteilt und den Chancen und Risiken eines Vergleichsschlusses gegenübergestellt werden.

Anhaltspunkte dafür, dass die tatsächlichen Feststellungen oder die rechtliche Würdigung in dem Rechtsgutachten unzutreffend sein könnten, bestehen nicht.[7]

Erwägungen und Abwägung

Die Gesellschafter haben in Anbetracht des Vorstehenden folgende Erwägungen angestellt:[8]

- Der Sachverhalt ist zweifelsfrei festgestellt und rechtlich gewürdigt. Daraus folgt, dass die Chancen bzw. Vorteile eines Vergleichsschlusses dessen Risiken bzw. Nachteile überwiegen. Es ist davon auszugehen, dass sich die Vermögenslage der Gesellschaft bei Abschluss des Vergleichs (Einigungsszenario) besser entwickeln wird, als bei Nichtabschluss des Vergleichs und weiterer Führung des Rechtsstreits (Nichteinigungsszenario).[9]
- Im Falle des Abschlusses des Vergleichs erhielte die Gesellschaft eine Zahlung der Vergleichssumme in Höhe von ..... EUR. Durch den Abschluss des Vergleichs würden zudem Aufwendungen und Ressourcen erspart, die für die weitere Prozessführung gemacht bzw. eingesetzt werden müssten. Mögliche Reputationsrisiken in der Öffentlichkeit, die durch den Abschluss des Vergleichs drohen würden, sind kaum ersichtlich.[10]
- Im Falle des Nichtabschlusses des Vergleichs besteht keine sichere Erwartung, dass die Gesellschaft im Rechtsstreit gegen Herrn ..... in vollem Umfang obsiegen wird. Es besteht keine Sicherheit, dass sich die der Anspruchsgeltendmachung zugrundeliegen-

den tatsächlichen Umstände in Gänze beweisen lassen und die rechtliche Argumentation in vollem Umfang durchdringt:[11]

- **Im Rahmen der Mitteilung seiner vorläufigen Einschätzung hat der mit dem Rechtsstreit befasste Spruchkörper des Landgerichts . . . . . die Parteien darauf hingewiesen, dass Ansprüche der Gesellschaft gegen Herrn . . . . . wegen der Verletzung seiner Pflichten als Geschäftsführer der Gesellschaft grundsätzlich in Betracht kommen, jedoch nicht gänzlich zweifelsfrei sind.[12]**
- **Die Auswertung bereits gerichtlich entschiedener Vergleichsfälle hat ergeben, dass zwar einige Vergleichsfälle die Rechtsansicht der Gesellschaft stützen, andere aber auch gegen die Rechtsansicht der Gesellschaft ins Feld geführt werden könnten.[13]**

Im Rahmen einer Gegenüberstellung des Einigungs- und des Nichteinigungsszenarios ergibt sich nach alledem, dass die Vergleichssumme unter Berücksichtigung weiterer mittelbarer Faktoren über dem um das Prozessrisiko reduzierten Betrag des gegenüber Herrn . . . . . geltend gemachten Anspruchs liegt.[14]

Beschluss

Die Gesellschafter beschließen in Erwägung und Abwägung des Vorstehenden mit sämtlichen Stimmen ohne Enthaltung, was folgt:

1. **Dem Abschluss eines Vergleichs zur Beilegung des am Landgericht . . . . . rechtshängigen Rechtsstreits zwischen der Gesellschaft und Herrn . . . . . wegen der Verletzung von Pflichten als Geschäftsführer, der eine Verpflichtung von Herrn . . . . . zur Zahlung einer Vergleichssumme in Höhe von . . . . . EUR vorsieht, wird zugestimmt.**
2. **Der Geschäftsführer Herr . . . . . wird angewiesen, die Vergleichsgespräche mit Herrn . . . . . fortzuführen und den unter Ziffer 1 genannten Vergleich mit Unterstützung der prozessführenden Rechtsanwaltssozietät . . . . . PartG abzuschließen.**
3. **Änderungen, Ergänzungen sowie eine Aufhebung dieser Beschlüsse bleiben vorbehalten.**

. . . . .
Name
Ort, Datum
. . . . .
Name
Ort, Datum

Anmerkungen

1. Gemäß §§ 46 Nr. 8, 47 Abs. 1 GmbHG unterliegt die Geltendmachung von Ansprüchen der „Bestimmung" der Gesellschafter, die nach § 47 Abs. 1 GmbHG „durch Beschlussfassung" erfolgt. Unter § 46 Nr. 8 GmbHG fällt nach hM *e contrario* auch jede Maßnahme, durch die eine bereits erfolgte Anspruchsgeltendmachung rückgängig gemacht, erledigt oder begrenzt wird, mithin auch der Abschluss eines Vergleichs über einen Organhaftungsanspruch, vgl. MüKoGmbHG/*Liebscher* § 46 Rn. 244. Dementsprechend besteht in der GmbH der Beschlusszwang auch im Hinblick auf den Abschluss eines Vergleichs über Organhaftungsansprüche.

2. Die Organkompetenz zur Entscheidung über einen Vergleichsschluss über einen Organhaftungsanspruch ergibt sich aus dem jeweiligen Verbandsrecht (Gesetz, Gesellschaftsvertrag, sonstige Kompetenzzuordnung) und folgt als *„actus contrarius"* im Grundsatz der Organkompentenz zur Geltendmachung des Anspruchs. Siehe zur Organkompetenz im Personengesellschaftsrecht bereits → Form. II.M.1 Anm. 2; bei der AG liegt die Organkompetenz zur Geltendmachung von Organhaftungsansprüchen gegenüber dem Vorstand zwar grds. beim Aufsichtsrat (vgl. nur BeckOGK/*Fleischer* AktG § 93 Rn. 345). Über einen Organhaftungsanspruch kann sich die AG allerdings erst drei Jahre nach Entstehung des Anspruchs vergleichen – und auch das nur, wenn die Hauptversammlung dem Vergleichsschluss zustimmt (und nicht eine Minderheit, deren Anteile zusammen 10 % des Grundkapitals erreichen, zur Niederschrift Widerspruch erhebt), § 93 Abs. 4 S. 3 und S. 4 AktG. Materiell liegt die Organkompetenz für den Abschluss eines Vergleichs über Organhaftungsansprüche bei der AG dementsprechend bei der Hauptversammlung. Von § 93 Abs. 4 S. 3 AktG umfasst ist dabei nach hM sowohl der außergerichtliche Vergleich als auch der Prozessvergleich, vgl. BeckOGK/*Fleischer* AktG § 93 Rn. 340.

3. Siehe zu den Innenhaftungstatbeständen der Leitungsorgane bei den einzelnen Gesellschaftsformen bereits → Form. II.M.1 Anm. 4.

4. Siehe zu einer derartigen Pflichtverletzung bereits die Erläuterung bei → Form. II. M.1 Anm. 5.

5. Siehe zu einer derartigen Pflichtverletzung bereits die Erläuterung bei → Form. II. M.1 Anm. 6.

6. Siehe zu einer derartigen Pflichtverletzung bereits die Erläuterung bei → Form. II. M.1 Anm. 7.

7. Siehe zur Obliegenheit, die von den Beratern der Gesellschaft (Wirtschaftsprüfer, Rechtsanwalt) erstellten Berichte und Gutachten einer Plausibilitätskontrolle zu unterziehen, bereits → Form. II.M.1 Anm. 8.

8. Siehe zu den im Rahmen der Frage relevanten Gesichtspunkten, ob ein Vergleich abgeschlossen werden soll, unter dem Aspekt der Organhaftung des Vertretungsorgans ausführlich *Zeyher/Mader* ZHR 185 (2021), 125 (163 ff.). Diese Erwägungen gelten im Grundsatz auch für den Fall, dass ein Organhaftungsanspruch gegen den Geschäftsführer einer GmbH im Wege des Vergleichsschlusses erledigt wird, wobei bei einer Entscheidung durch die Gesellschafterversammlung idR keine Haftungsrisiken für die Geschäftsführer drohen, da der Beschluss haftungsentlastend wirkt (vgl. §§ 37 Abs. 1, 43 Abs. 3 S. 3 GmbHG), vgl. MüKoGmbHG/*Fleischer* § 43 Rn. 275 ff.

9. Die Frage, ob ein Vergleichsschluss im Unternehmensinteresse liegt, erfordert im Ausgangspunkt eine Gegenüberstellung und Bewertung von Einigungsszenario und Nichteinigungsszenario, vgl. *Zeyher/Mader* ZHR 185 (2021), 125 (165).

10. Siehe zu den maßgeblichen Aspekten zur Bewertung des Einigungsszenarios *Zeyher/Mader* ZHR 185 (2021), 125 (165 ff.).

11. Siehe zu den maßgeblichen Aspekten zur Bewertung des Nichteinigungsszenarios *Zeyher/Mader* ZHR 185 (2021), 125 (167 ff.).

12. Die Bedeutung der vorläufigen Einschätzung des mit der Sache befassten Spruchkörpers darf im Rahmen der Bewertung des Nichteinigungsszenarios nicht überschätzt werden, da es sich naturgemäß nur um eine vorläufige Einschätzung handeln kann, an die das Gericht nicht gebunden ist. Die Existenz von Rechtsmitteln zeigt zudem, dass ein Festhalten an einer Rechtsauffassung keineswegs pflichtwidrig sein muss, wenn man vor dem bzw. den Instanzgericht(en) damit nicht durchgedrungen ist und/oder an einem Standpunkt festhält, der nicht im Einklang mit einer vorläufigen Einschätzung des mit der Sache befassten Spruchkörpers steht, siehe dazu *Zeyher/Mader* ZHR 185 (2021), 125 (167 f.).

13. Bedeutung erlangen entschiedene Vergleichsfälle im Rahmen der Bewertung des Nichteinigungsszenarios insbesondere, wenn sich der Rechtsstreit noch nicht in der letzten Instanz befindet und es sich bei den Vergleichsfällen um Entscheidungen höherrangiger Gerichte handelt, vgl. *Zeyher/Mader* ZHR 185 (2021), 125 (168).

14. Siehe zu diesem Maßstab *Zeyher/Mader* ZHR 185 (2021), 125 (171).

3. Auflösungsklage nach § 133 HGB

An das
Landgericht . . . . .
Kammer für Handelssachen[1]

Klage

des . . . . . **(Kläger[2])**

Prozessbevollmächtigter: . . . . .
gegen

den . . . . . **(Beklagter[3])**

wegen
Auflösung einer Kommanditgesellschaft (§§ 161 Abs. 2, 133 HGB)
Vorläufiger Streitwert:[4]. . . . . EUR
Namens und mit Vollmacht des Klägers erhebe ich Klage und werde beantragen:
1. Die im Handelsregister des Amtsgerichts . . . . . unter der Register-Nr. HRA . . . . . eingetragene Kommanditgesellschaft in Firma . . . . . wird aufgelöst.[5]
2. Der Beklagte trägt die Kosten des Rechtsstreits.
Zur

Begründung

trage ich vor:

I.

Die Parteien sind die einzigen Gesellschafter der Kommanditgesellschaft in Firma . . . . .

Der Kläger ist der persönlich haftende Gesellschafter mit einer Einlage von **. . . . . EUR,**
der Beklagte ist Kommanditist
mit einem Kommanditanteil von **. . . . . EUR**
des insgesamt **. . . . . EUR**

betragenden Kapitals.
Zwischen den Parteien besteht der zum 1.1.20 . . . . . abgeschlossene und als Anlage K 1 dieser Klage beigefügte Gesellschaftsvertrag.[6]

II.

Der Kläger begehrt die Auflösung der Kommanditgesellschaft nach § 133 HGB aus wichtigem Grund. Zwischen den Parteien besteht ein dauerndes tiefgehendes Zerwürfnis, das jede gedeihliche Zusammenarbeit sowohl im privaten Bereich (dazu III. 1.)[7] als auch innerhalb der Gesellschaft ausschließt. Der Beklagte stört fortgesetzt den Kläger in der Geschäftsführung. Der Beklagte maßt sich ihm nach dem Gesellschaftsvertrag nicht zustehende Rechte an (dazu III. 2.).[8] Überdies ist dem Kläger als dem alleinigen persönlich haftenden Gesellschafter der Kommanditgesellschaft ein Festhalten am Gesellschaftsvertrag auch deswegen nicht mehr zumutbar, weil die Gesellschaft von Anbeginn an mit Verlust arbeitet und eine Änderung der Ertragslage auch nicht zu erwarten ist (dazu III. 3.).[9]

III.

1. Das Zerwürfnis zwischen den Parteien:
Die Parteien sind Geschwister. Sie haben das Geschäft, das sie als Kommanditgesellschaft betreiben, von ihrem Vater geerbt. Da der Kläger sich auf die Führung der Geschäfte des väterlichen Betriebes beruflich vorbereitet, der Beklagte indes einen ganz anderen Berufsweg eingeschlagen hatte, haben sich die Parteien auf die Rechtsform einer Kommanditgesellschaft geeinigt. Der Beklagte sollte nach dem übereinstimmenden Willen beider Parteien nur die gesetzlichen Rechte des Kommanditisten haben.
Während sich die beiden Geschwister nach Gründung der Gesellschaft zunächst verstanden und der Beklagte mit der Geschäftsführung des Klägers zufrieden war, ist der Beklagte seit einiger Zeit dazu übergegangen, den Kläger ständig zu kritisieren, ohne Gründe dafür anzugeben. Der Beklagte hat den Kläger wiederholt vor Angestellten der Gesellschaft schwer beleidigt. Er hat ihn am . . . . . als Taugenichts und am . . . . . als Betrüger bezeichnet. Versuche des Klägers, den Beklagten dazu zu bewegen, diese schweren Beleidigungen zurückzunehmen, sind fehlgeschlagen. Der Beklagte hat vielmehr noch vor wenigen Tagen seine Beschimpfungen des Klägers wiederholt.
Beweis: Zeugnis . . . . .
2. Die misslichen Beziehungen zwischen den Parteien beschränken sich nicht nur auf den privaten Bereich. Auch in geschäftlichen Dingen ist mit dem Beklagten kein Auskommen mehr. Der Beklagte stört die Geschäftsführung ständig. Er maßt sich Rechte an, die er nicht hat und er schädigt aus reiner Abneigung gegen den Kläger die Gesellschaft. So hat der Beklagte dem Kläger den Einkauf günstiger Rohstoffe für die Gesellschaft nicht nur untersagt, sondern den Exporteur . . . . . durch unmittelbare Intervention – durch einen Anruf am . . . . . – an der Belieferung der Gesellschaft gehindert.
Der Gesellschaft ist damit ein erheblicher Gewinn entgangen.
Beweis: 1. Zeugnis . . . . .,
2. Gutachten eines Sachverständigen.
Von Angestellten der Gesellschaft verlangt der Beklagte ständig Auskunft über Umsätze und er begehrt fortgesetzt die Aufschlüsselung nach Geschäften ab Lager, Direktgeschäften und Geschäften mit bestimmten Abnehmern. Er fordert Bekanntgabe der gesamten Korrespondenz mit Kunden und schreibt Geschäftspartner der Gesellschaft auch unmittelbar an. Der Beklagte verlangt von Prokuristen der Gesellschaft die Aushändigung von Aktenstücken und bringt ihm ausgehändigte Aktenstücke auch auf mehrmalige Aufforderung hin nicht zurück.[10] Er widersetzt sich der Anschaffung der notwendigsten Geräte für die Gesellschaft und bemerkt gegenüber Lieferanten der Gesellschaft, mit der Gesellschaft gehe es unter der Herrschaft des Klägers abwärts.

Obwohl das Entnahmerecht im Gesellschaftsvertrag ausdrücklich ausgeschlossen ist,[11] hat der Beklagte wiederholt größere Beträge der Gesellschaftskasse entnommen und sich geweigert, die Beträge unverzüglich wieder einzuzahlen. Der Kläger hat zwar wiederholt versucht, den Beklagten durch einstweilige Verfügungen an bestimmten gesellschaftsvertragswidrigen Verhaltensweisen zu hindern. Der Beklagte entwickelt jedoch immer neue Methoden zur Störung der Geschäftsführung, so dass der Kläger zu dem letzten Mittel der Auflösungsklage greifen muss.[12]

Beweis: Zeugnis .....

3. Die Gesellschaft arbeitet von Anbeginn an mit erheblichen Verlusten. In den Anlagen K 2–K 5 lege ich die Bilanzen für die Geschäftsjahre 20 ..... bis 20 ..... vor, aus denen sich ergibt, dass die Gesellschaft in den Jahren 20 ..... bis 20 ..... Verluste von jährlich etwa gleich bleibend ..... EUR erlitten hat. Dem Kläger ist bekannt geworden, dass auch schon vor Gründung der Gesellschaft der Vater der Parteien viele Jahre mit einem negativen Betriebsergebnis gearbeitet hat.
Der Vater der Parteien hat damals die Verluste jeweils aus privaten Mitteln ausgeglichen, so dass eine Liquidierung des Unternehmens nicht notwendig wurde.
In Anlage K 6 lege ich die Kopie eines Schreibens der Wirtschaftsprüfungsgesellschaft ..... vom ..... vor. Aus diesem Bericht ergibt sich eindeutig, dass eine Verbesserung der Ertragslage nicht zu erwarten ist.
Dem Kläger ist es bei dieser Sachlage als dem alleinigen persönlich haftenden Gesellschafter nicht zuzumuten, abzuwarten, bis das Kapital vollständig aufgezehrt ist und bis die Gläubiger der Gesellschaft den Kläger persönlich in Anspruch nehmen.

IV.

Die Sache ist Handelssache.

Den Streitwert gebe ich mit ..... EUR an.

Die Gerichtskosten werden unverzüglich nach Aufforderung eingezahlt.
Rechtsanwalt

Anmerkungen

Vorbemerkung: Der Regierungsentwurf eines Gesetzes zur Modernisierung des Personengesellschafsrechts (MoPeG) vom 20. Januar 2021, dessen Verkündung noch in der 19. Legislaturperiode erfolgte und der gemäß Art. 135 MoPeG am 1.1.2024 in Kraft treten wird, sieht eine weitgehende Reform des Personengesellschaftsrechts vor. Nach dem Regierungsentwurf wird der heutige § 133 HGB der weitgehend inhaltsgleichen Regelung des § 139 HGB-E weichen. Änderungen ergeben sich dahingehend, dass die ursprünglich in § 133 Abs. 1 und Abs. 2 HGB getroffenen Regelungen redaktionell in Absatz 1 zusammengefasst werden. § 139 HGB-E Abs. 1 trägt darüber hinaus dem Umstand Rechnung, dass § 132 Abs. 2 HGB-E ein bisher nicht geregeltes und umstrittenes außerordentliches Kündigungsrecht des Gesellschafters aus wichtigem Grund enthalten wird (siehe dazu Begr. RegE, S. 289; zum Streitstand vgl. BGH 12.5.1977 – II ZR 89/75, BGHZ 69, 160 ff.; MüKoHGB/*K. Schmidt* § 132 Rn. 37 ff.). Praktische Auswirkungen hat dies voraussichtlich einerseits auf die in →Anm. 6 angesprochene Möglichkeit, gesellschaftsvertraglich ein Ausscheiden des (erfolgreich) klagenden Gesellschafters vorzusehen; mit der Bereitstellung eines außerordentlichen Kündigungsrechts entfällt möglicherweise das praktische Bedürfnis einer solchen Regelung. Daneben soll nach dem Willen des Reformgesetzgebers die Kündigung aus wichtigem Grund nach § 132 Abs. 2 HGB-E ein milderes Mittel ggü. der Auflösungsklage nach § 139 HGB-E sein, da hierbei keine Auswirkungen auf Dritte zu befürchten sind (Begr. RegE, S. 288 f.). Dies ist bei der Abwägung zu berücksichtigen (→ Anm. 12).

1. Nach § 95 Abs. 1 Nr. 4a GVG ist die Kammer für Handelssachen funktionell zuständig, sofern gem. § 71 GVG die Zuständigkeit des LG eröffnet ist (MüKoHGB/*K. Schmidt* § 133 Rn. 43). Eine Schiedsgerichtsabrede ist zulässig (BayObLG 24.2.1984 – Breg 3 Z 197/83, WM 1984, 809; Baumbach/Hopt/*Roth* HGB § 133 Rn. 19; Habersack/*Schäfer*, Das Recht der OHG, § 133 Rn. 75). Die örtliche Zuständigkeit bestimmt sich nach §§ 12, 17 ZPO und §§ 22, 17 ZPO.

2. Die Auflösungsklage kann durch jeden Gesellschafter der OHG bzw. KG erhoben werden (Baumbach/Hopt/*Roth* HGB § 133 Rn. 13; Habersack/*Schäfer*, Das Recht der OHG, § 133 Rn. 1; MüKoHGB/*K. Schmidt* § 133 Rn. 45). Mehrere Kläger sind notwendige Streitgenossen iSv § 62 Abs. 1 Alt. 2 ZPO (BGH 15.6.1959 – II ZR 44/58, BGHZ 30, 195 (197) = NJW 1959, 1638; MüKoHGB/*K. Schmidt* § 133 Rn. 47 mwN).

3. Die Gesellschafter sind notwendige Streitgenossen, es müssen deswegen alle anderen Gesellschafter verklagt werden (BGH 15.6.1959 – II ZR 44/58, BGHZ 30, 195 (197); ZIP 1997, 1919; Baumbach/Hopt/*Roth* HGB § 133 Rn. 13; MüKoHGB/*K. Schmidt* § 133 Rn. 48); es sei denn, sie haben mit bindender Wirkung dem Kläger gegenüber in die Auflösung eingewilligt (BGH 15.9.1997 – II ZR 97/96, NJW 1998, 146; BGH 17.12.2001 – II ZR 31/00, WM 2002, 293 (294); Baumbach/Hopt/*Roth* HGB § 133 Rn. 13; Habersack/*Schäfer*, Das Recht der OHG, § 133 Rn. 53 f.; krit. MüKoHGB/*K. Schmidt* § 133 Rn. 48). Im Gesellschaftsvertrag kann festgelegt werden, dass die Klage gegen die Gesellschaft zu richten ist (EBJS/*Lorz* HGB § 133 Rn. 35; Röhricht/v. Westphalen/*Haas* HGB § 133 Rn. 24). Dies empfiehlt sich insb. bei Publikumsgesellschaften (für bei dieser per se gegebene passive Prozessführungsbefugnis durch die Gesellschaft MüKoHGB/*K. Schmidt* § 133 Rn. 50).

4. Der Streitwert richtet sich nach dem Interesse des Klägers an der Auflösung. Als Anhaltspunkt für das Interesse dient der Wert der Beteiligung des Klägers (Zöller/*Herget* ZPO § 3 Rn. 16, Stichwort: Auflösung einer Gesellschaft oder GmbH).

5. Die Klage nach § 133 HGB ist Gestaltungsklage. Die Wirkung tritt mit der Rechtskraft des Urteils ein (Habersack/*Schäfer*, Das Recht der OHG, § 133 Rn. 64; MüKoHGB/*K. Schmidt* § 133 Rn. 58 f.). Zur Frage, ob Beendigung der Gesellschaft zu einem späteren Zeitpunkt im Urteil ausgesprochen werden kann vgl. Habersack/*Schäfer*, Das Recht der OHG, § 133 Rn. 66; MüKoHGB/*K. Schmidt* § 133 Rn. 55; EBJS/*Lorz* HGB § 133 Rn. 40.

6. Die Auflösungsklage kann nach HGB nicht ausgeschlossen und auch nicht den Regelungen des § 133 HGB zuwider beschränkt werden, § 133 Abs. 3 HGB; jedoch kann der Gesellschaftsvertrag in einigen Beziehungen Regelungen treffen, so über Ausscheiden dessen, der Auflösungsklage erhebt oder ein Auflösungsurteil erwirkt (BGH LM 20 zu § 142 HGB; Habersack/*Schäfer*, Das Recht der OHG, § 133 Rn. 76 mwN mit der Einschränkung, dass dem Gesellschafter in diesem Fall eine volle Abfindung zum Verkehrswert bei Unanwendbarkeit etwaiger Abfindungsbeschränkungen zusteht) oder über den wichtigen Grund selbst (Baumbach/Hopt/*Roth* HGB § 133 Rn. 18 f.; MüKoHGB/*K. Schmidt* § 133 Rn. 67); zulässig soll auch eine Regelung sein, wonach bei Vorliegen eines wichtigen Grundes in der Person eines anderen Gesellschafters Ausschließungsklage statt Auflösungsklage vorgeschrieben wird (Habersack/*Schäfer*, Das Recht der OHG, § 133 Rn. 77). Zu weiteren gesellschaftsvertraglichen Regelungen vgl. MüKoHGB/*K. Schmidt* § 133 Rn. 67 ff.

7. Unter einem wichtigen Grund zur Auflösung versteht man einen Sachverhalt, der das Zusammenwirken der Gesellschafter zur Erreichung des Gesellschaftszwecks nachhaltig beeinträchtigt und dem Kläger die Fortsetzung der Gesellschaft unzumutbar macht (BGH 30.11.1951 – II ZR 109/51, BGHZ 4, 108 (113); MüKoHGB/*K. Schmidt* § 133 Rn. 11 mwN; Baumbach/Hopt/*Roth* HGB § 133 Rn. 5 mwN).

Nach stRspr ist ein dauerndes tiefgehendes Zerwürfnis zwischen den Gesellschaftern einer Personenhandelsgesellschaft ein wichtiger Grund iSd § 133 HGB (BGH 30.11.1951 – II ZR 109/51, BGHZ 4, 108 (113); BGH LM Nr. 4u. Nr. 6 zu § 133 HGB; BGH 15.4.1985 – II ZR 274,83, NJW 1985, 1901; OLG Düsseldorf 30.6.1988 – 6 U 310/87, NJW 1989, 172; Habersack/*Schäfer*, Das Recht der OHG, § 133 Rn. 26).

8. Darin liegt die Verletzung einer nach dem Gesellschaftsvertrag bestehenden wesentlichen Verpflichtung iSv § 133 Abs. 2 HGB (vgl. Habersack/*Schäfer*, Das Recht der OHG, § 133 Rn. 25; MüKoHGB/*K. Schmidt* § 133 Rn. 30). Weitere Beispiele für Pflichtverstöße: Straftaten, Veruntreuung, Wettbewerbsverstöße (MüKoHGB/*K. Schmidt* § 133 Rn. 27 ff.; Röhricht/v. Westphalen/*Haas* HGB § 133 Rn. 9 f.). Auch unverschuldete Pflichtverstöße können einen wichtigen Grund darstellen (Baumbach/Hopt/*Roth* HGB § 133 Rn. 8).

9. Nach stRspr ist die dauernde Ertraglosigkeit einer Gesellschaft Auflösungsgrund iSd § 133 HGB (RG JW 1913, 265 (266); 1927, 1684; 1927, 1350; Habersack/*Schäfer*, Das Recht der OHG, § 133 Rn. 37; Baumbach/Hopt/*Roth* HGB § 133 Rn. 10; MüKoHGB/*K. Schmidt* § 133 Rn. 17; EBJS/*Lorz* HGB § 133 Rn. 19).

10. Zum Ausschluss des Kommanditisten von der Geschäftsführung s. § 164 HGB, zum Umfang seines Prüfungsrechts § 166 HGB.

11. So auch nach Gesetz: § 169 HGB.

12. Die Auflösungsklage ist als äußerstes Mittel anzusehen, sie setzt deswegen voraus, dass weniger einschneidende Maßnahmen (zB Kündigung, Zeitablauf oder Entziehung der Geschäftsführungs- und Vertretungsbefugnis) nicht auch Abhilfe schaffen könnten (BGH 10.6.1996 – II ZR 102/95, NJW 1996, 2573; BGH 12.5.1977 – II ZR 89/75, BGHZ 69, 160 (169); Habersack/*Schäfer*, Das Recht der OHG, § 133 Rn. 13; MüKoHGB/*K. Schmidt* § 133 Rn. 13 mwN).

4. Ausschließungsklage nach § 140 HGB

An das
Landgericht . . . . .
Kammer für Handelssachen[1]

Klage

der

1. . . . . **(Kläger Nr. 1)**
2. . . . . **(Kläger Nr. 2)**[2]

Prozessbevollmächtigter: . . . . .

gegen

den . . . . . **(Beklagter)**[3]

wegen
Ausschließung aus einer offenen Handelsgesellschaft (§ 140 HGB)
Vorläufiger Streitwert:[4] . . . . . EUR
Namens und mit Vollmacht der Kläger erhebe ich Klage und werde beantragen:
1. Der Beklagte wird aus der offenen Handelsgesellschaft in Firma . . . . . ausgeschlossen.[5]
2. Der Beklagte trägt die Kosten des Rechtsstreits.
Zur

Begründung

trage ich vor:

I.

Die Parteien sind Gesellschafter der Firma . . . . . OHG. Dem Beklagten ist gesellschaftsvertraglich die Geschäftsführung übertragen. Die Kläger sind von der Geschäftsführung ausgeschlossen.[6]

Eine Kopie des Gesellschaftsvertrages der unter HRA des Amtsgerichts – Registergerichts – . . . . . eingetragenen Firma . . . . . OHG füge ich in Anlage K 1 bei.

II.

Gegen den Beklagten läuft ein Ermittlungsverfahren bei der Staatsanwaltschaft . . . . ., in welchem der Vorwurf erhoben ist, der Beklagte habe seine Geliebte am . . . . . ermordet. Aufgrund eines Haftbefehls des Amtsgerichts . . . . . befindet sich der Beklagte seit über drei Monaten in Untersuchungshaft. Die Massenmedien haben sich des Kriminalfalls wiederholt angenommen und dabei auch die Zugehörigkeit des Beklagten zur . . . . . OHG wiederholt erwähnt.

Beweis: Presseberichte (Kopien einschlägiger Pressemeldungen sind in Anlagen K 2–K 10 beigefügt).

Im Verhalten von Geschäftspartnern und in der Auftragsentwicklung hat die Gesellschaft seit Bekanntwerden des Verdachts gegen den Beklagten schon empfindliche wirtschaftliche Nachteile erlitten.

Beweis: Zeugnis des Prokuristen . . . . .

III.

Die Kläger begehren die Ausschließung des Beklagten aus der Gesellschaft nach § 140 HGB.[7]

Um die Gesellschaft wirksam vor weiteren schweren Vermögensschäden zu schützen, ist es erforderlich, dass der Beklagte aus der Gesellschaft ausgeschlossen und die Öffentlichkeit alsbald über diesen Ausschluss informiert wird.[8]

Den Klägern kann nicht zugemutet werden abzuwarten, bis der Beklagte im Strafverfahren rechtskräftig verurteilt ist, da in der Zwischenzeit die Existenz der Gesellschaft bedroht wäre und der für §§ 140, 133 HGB erforderliche wichtige Grund durch das Ermittlungsverfahren, insb. den Haftbefehl, schon gegeben ist. Bereits ein begründeter Verdacht stellt einen wichtigen Grund iSd § 140 HGB dar.[9]

Die Entziehung von Geschäftsführungs- und Vertretungsbefugnis kann unter diesen Umständen den Belangen der Gesellschaft nicht genügen.[10]

Die Kläger sind auch nicht in erster Linie gehalten, auf Auflösung der Gesellschaft nach § 133 HGB zu klagen, da der einzige Grund in der Person des Beklagten liegt, § 140 HGB.[11]

IV.

Die Sache ist Handelssache.

V.

Den Streitwert gebe ich mit . . . . . EUR an.
Die Gerichtskosten werden unverzüglich nach Aufforderung eingezahlt.
Rechtsanwalt

Anmerkungen

Vorbemerkung: Der Regierungsentwurf eines Gesetzes zur Modernisierung des Personengesellschafsrechts (MoPeG) vom 20. Januar 2021, dessen Verkündung noch in der 19. Legislaturperiode erfolgte und der gemäß Art. 135 MoPeG am 1.1.2024 in Kraft treten wird, sieht eine weitgehende Reform des Personengesellschaftsrechts vor. Nach dem Regierungsentwurf wird der heutige § 140 Abs. 1 HGB dem weitgehend inhaltsgleichen § 134 HGB-E weichen. Im Einklang mit der geltenden Rechtslage können die Gesellschafter das Gestaltungsklageerfordernis für die Ausschließung eines Gesellschafters weiterhin abbedingen und den Gesellschafter durch Beschluss ausschließen. Das folgt nach dessen Aufhebung allerdings nicht mehr aus dem geltenden § 133 Abs. 3 Nr. 6 HGB (vgl. Habersack/*Schäfer*, Das Recht der OHG, § 140 Rn. 57; Begr. RegE, S. 285) und wird deswegen gesetzlich klargestellt. Die Regelung des § 140 Abs. 2 HGB findet sich im neu eingefügten § 135 Abs. 2 HGB-E, der die vermögensrechtlichen Folgen des Ausscheidens, nämlich Ansprüche auf Freistellung von der Haftung aus § 128 HGB und auf angemessene Abfindung enthält (Begr. RegE, S. 286).

1. Nach § 95 Abs. 1 Nr. 4a GVG ist – bei Zuständigkeit des Landgerichts gem. § 71 GVG – die Kammer für Handelssachen funktionell zuständig. Eine Schiedsgerichtsabrede ist zulässig (Baumbach/Hopt/*Roth* HGB § 140 Rn. 22, § 133 Rn. 19; MüKoHGB/*K. Schmidt* § 140 Rn. 90 mwN). Die örtliche Zuständigkeit ergibt sich aus §§ 12, 17 ZPO und aus §§ 22, 17 ZPO.

2. Mehrere Kläger sind notwendige Streitgenossen (BGH 15.6.1959 – II ZR 44/58, BGHZ 30, 195 (197); MüKoHGB/*K. Schmidt* § 140 Rn. 73).

3. Eine Klage gegen mehrere auszuschließende Gesellschafter gleichzeitig ist möglich (BGH 28.4.1975 – II ZR 16/73, BGHZ 64, 253; BGH 18.10.1976 – II ZR 98/75, BGHZ 68, 81 (84); Baumbach/Hopt/*Roth* HGB § 140 Rn. 19; Habersack/*Schäfer*, Das Recht der OHG, § 140 Rn. 38). Diese sind nach hM notwendige Streitgenossen (Baumbach/Hopt/*Roth* HGB § 140 Rn. 19; Habersack/*Schäfer*, Das Recht der OHG, § 140 Rn. 41; anders RGZ 146, 169 (173 f.); MüKoHGB/*K. Schmidt* § 140 Rn. 74).

Nicht auf Klägerseite beteiligte Gesellschafter müssen nach hM – wie bei der Auflösungsklage nach § 133 HGB, → Form. II.M.3 Anm. 2, 3 – dann nicht mitverklagt werden, wenn ihr bindendes Einverständnis mit dem Klageziel vorliegt (so die Rspr., BGH 18.10.1976 – II ZR 98/75, BGHZ 68, 81; BGH 15.9.1997 – II ZR 97/96, NJW 1998, 146; BGH 4.3.2002 – II ZR 77/00, ZIP 2002, 710 (711), und die überwiegende Meinung, vgl. Baumbach/Hopt/*Roth* HGB § 140 Rn. 17; Habersack/*Schäfer*, Das Recht der OHG, § 140 Rn. 37; verneinend MüKoHGB/*K. Schmidt* § 140 Rn. 71 mwN). Liegt ein solches nicht vor, opponiert also ein nicht auszuschließender Gesellschafter gegen den Ausschluss, ist fraglich, ob dieser notwendiger Streitgenosse des auszuschließenden Gesellschafters ist. Die Rspr. verneint dies (BGH 28.4.1975 – II ZR 16/73, BGHZ 64,

253 (259); BGH 18.10.1976 – II ZR 98/75, BGHZ 68, 81 (85); anders etwa MüKoHGB/*K. Schmidt* § 140 Rn. 74).

4. Der Streitwert ist gem. § 3 ZPO nach freiem Ermessen zu bestimmen. Maßgebend ist grds. das Interesse des Klägers, welches anhand des Wertes seiner Beteiligung zu ermitteln ist (BGH 27.4.2009 – II ZB 16/08, NJW 2009, 3161 Rn. 11; Zöller/*Herget* ZPO § 3 Rn. 16 – Stichwort: Ausschluss aus einer Gesellschaft).

5. Die Ausschließungsklage ist wie die Auflösungsklage nach § 133 HGB Gestaltungsklage; wie bei jener tritt die Wirkung mit der Rechtskraft des Urteils ein (Habersack/*Schäfer*, Das Recht der OHG, § 140 Rn. 45; MüKoHGB/*K. Schmidt* § 140 Rn. 83; Baumbach/Hopt/*Roth* HGB § 140 Rn. 22; EBJS/*Lorz* HGB § 140 Rn. 34).

6. Möglich ist auch die Ausschließung des einzigen vertretenden OHG-Gesellschafters. Das führt dann zu Gesamtvertretung der anderen, vgl. Baumbach/Hopt/*Roth* HGB § 140 Rn. 8.

Auch der einzige Komplementär einer KG kann nach hM ausgeschlossen werden, BGH 18.10.1976 – II ZR 98/75, BGHZ 68, 81 (82); Baumbach/Hopt/*Roth* HGB § 140 Rn. 8; Habersack/*Schäfer*, Das Recht der OHG, § 140 Rn. 27.

7. § 140 HGB ist abdingbar (Baumbach/Hopt/*Roth* HGB § 140 Rn. 28; diff. MüKoHGB/*K. Schmidt* § 140 Rn. 89); so kann auch im Gesellschaftsvertrag geregelt sein, dass an die Stelle der Klage ein Ausschließungsbeschluss tritt (Nachprüfung durch Feststellungsklage, BGH 17.12.1959 – II ZR 32/59, BGHZ 31, 295 ff.; BGH 20.1.1977 – II ZR 217/75, BGHZ 68, 212 (214); BGH 13.7.1981 – II ZR 56/80, BGHZ 81, 263 (265 f.); BGH 5.6.1989 – II ZR 227/88, BGHZ 107, 351 (256); Baumbach/Hopt/*Roth* HGB § 140 Rn. 30; Habersack/*Schäfer*, Das Recht der OHG, § 140 Rn. 52 mwN; Beschlussbeispiel in MVHdB I GesR/*Wenzel*/*Breier* → Form. II.27. Sieht der Gesellschaftsvertrag einen Ausschluss durch Gesellschafterbeschluss vor, führt dies nach hM zur Unzulässigkeit einer Ausschließungsklage (BGH 15.1.2001 – II ZR 32/99, DStR 2001, 495 mAnm *Goette;* BeckHdB PersGes/*Sauter* § 10 Rn. 102).

Eine Regelung im Gesellschaftsvertrag, nach welcher der Ausschluss eines Gesellschafters durch die übrigen auch ohne wichtigen Grund vorgesehen ist, bzw. der darauf beruhende Gesellschafterbeschluss – sog „Hinauskündigung" – unterliegt nach der Rspr. und (zurückhaltenderen) Lehre sachlichen Einschränkungen, BGH 20.1.1977 – II ZR 217/75, BGHZ 68, 212; BGH 9.7.1990 – II ZR 194/89, BGHZ 112, 103; BGH 7.2.1994 – II ZR 191/92, BGHZ 125, 74; eine Klausel, die das Hinauskündigen nach freiem Ermessen zulässt, ist unwirksam. Kündigungsbeispiel in MVHdB I GesR/*Wenzel*/*Breier* → Form. II.29. Eine Ausschließung auch ohne wichtigen Grund kann nur dann wirksam im Vertrag vereinbart werden, wenn hierfür sachlich gerechtfertigte Gründe bestehen (BGH 20.1.1977 – II ZR 217/75, BGHZ 68, 212 (215); BGH 19.9.1988 – II ZR 329/87, BGHZ 105, 213; BGH 5.6.1989 – II ZR 227/88, BGHZ 107, 351; BGH 9.7.1990 – II ZR 194/89, BGHZ 112, 103; BGH 7.2.1994 – II ZR 191/92, BGHZ 125, 74; OLG Hamm 21.1.1999 – 27 U 179/98, NZG 1999, 712 (714)); krit., iErg jedoch zust. MüKoHGB/*K. Schmidt* § 140 Rn. 100. Zu der in diesem Zusammenhang diskutierten Frage der Wirksamkeit von Buchwertabfindungsklauseln → Form II.M.8.

8. Nach BGH 17.12.1959 – II ZR 32/59, BGHZ 31, 295 (304) ist ein wichtiger Grund zur Ausschließung eines Gesellschafters „immer dann gegeben, wenn in der Person dieses Gesellschafters Umstände vorliegen, die den anderen Gesellschaftern bei verständiger Abwägung aller in Betracht kommenden Tatsachen die Fortsetzung des Gesellschaftsverhältnisses mit gerade diesem Gesellschafter unzumutbar machen"; es bedarf der „Berücksichtigung aller Umstände des Falles", BGH 15.9.1997 – II ZR 97/96, NJW 1998, 146; BGH 14.6.1999 – II ZR 193/98, ZIP 1999, 1355; Habersack/*Schäfer*, Das

Recht der OHG, § 140 Rn. 9 mwN; MüKoHGB/*K. Schmidt* § 140 Rn. 18 mwN; es hat eine Interessenabwägung stattzufinden (Westermann/Wertenbruch PersGes-HdB/*Westermann* Rn. 1094 f.). Persönliche Spannungen und gesellschaftsbezogene Meinungsverschiedenheiten können die Ausschließung eines Kommanditisten aus der Gesellschaft nur in besonders schwerwiegenden Fällen rechtfertigen, BGH 12.12.1994 – II ZR 206/93, GmbHR 1995, 131 f.; BGH 15.9.1997 – II ZR 97/96, NJW 1998, 146. Spannungen unter den Gesellschaftern reichen nur aus, wenn sie nachhaltig sind und wenn Einseitigkeit des Ausschließungsgrundes vorliegt, also die Spannungen auf das Verhalten allein bzw. überwiegend des Auszuschließenden zurückgehen (BGH 10.6.1991 – II ZR 234/89, NJW-RR 1991, 1249 (1251)). Da der Kommanditist von Gesetzes wegen eher als Kapitalgeber denn als Mitunternehmer gilt, sind für diesen an eine Ausschließung höhere Anforderungen zu stellen als bei einem Komplementär (BGH 12.12.1994 – II ZR 206/93, GmbHR 1995, 131 f.; BGH 15.9.1997 – II ZR 97/96, NJW 1998, 146 (147)). Zu Fallgruppen vgl. ausf. MüKoHGB/*K. Schmidt* § 140 Rn. 16 ff.; Habersack/*Schäfer*, Das Recht der OHG, § 140 Rn. 6 ff.

In geeigneten Fällen kann die Klage unbegründet sein, wenn der Beklagte eine weniger harte Regelung vorgeschlagen, die Gesellschafter diese aber abgelehnt haben, hierzu Baumbach/Hopt/*Roth* HGB § 140 Rn. 23.

9. Ein Verschulden ist nicht notwendige Voraussetzung für den wichtigen Grund, BGH 18.10.1976 – II ZR 978/75, WM 1977, 500 (502); Baumbach/Hopt/*Roth* HGB § 140 Rn. 7; Habersack/*Schäfer*, Das Recht der OHG, § 140 Rn. 9.

10. Wie bei der Auflösungsklage ist auch hier zu prüfen, ob das mildere Mittel der Entziehung von Vertretungs- und Geschäftsführungsbefugnis nach §§ 117, 127 HGB genügt; BGH 30.11.1951 – II ZR 109/51, BGHZ 4, 108 (112); BGH 31.3.2003 – II ZR 8/01, BB 2003, 1198 (zu § 737 BGB); Habersack/*Schäfer*, Das Recht der OHG, § 140 Rn. 16; Westermann/Wertenbruch PersGes-HdB/*Westermann* Rn. 1094b.

11. Ob zwischen der Auflösungsklage und der Ausschließungsklage ein Rangverhältnis besteht, ist streitig, vgl. Habersack/*Schäfer*, Das Recht der OHG, § 140 Rn. 15; MüKoHGB/*K. Schmidt* § 140 Rn. 13; überwiegend wird dies abgelehnt; → Form. II.M.3 Anm. 6.

5. Geschäftsführungsbefugnis- und Vertretungsmachtentziehungsklage nach §§ 117, 127 HGB

An das
Landgericht . . . . .
Kammer für Handelssachen[1]

Klage

der

1. . . . . **(Kläger Nr. 1)**
2. . . . . **(Kläger Nr. 2)**
3. . . . . **(Kläger Nr. 3)**[2]

Prozessbevollmächtigter: . . . . .
gegen

den . . . . . (Beklagter)

wegen
Entziehung der Geschäftsführungsbefugnis und der Vertretungsmacht
Vorläufiger Streitwert:[3] . . . . . EUR
Namens und mit Vollmacht der Kläger erhebe ich Klage und werde beantragen:
1. **Dem Beklagten wird die Befugnis, die Geschäfte der Firma . . . . . OHG zu führen und diese Gesellschaft zu vertreten, entzogen.[4]**
2. **Der Beklagte trägt die Kosten des Verfahrens.**

Zur

Begründung

trage ich vor:

I.

Die Parteien sind die Gesellschafter der Firma . . . . . OHG. Dem Kläger Nr. 1 und dem Beklagten ist gesellschaftsvertraglich die Geschäftsführung übertragen, und zwar jedem einzeln.[5] Die Kläger Nr. 2 u. 3 sind von der Geschäftsführung ausgeschlossen.
Eine Kopie des Gesellschaftsvertrages[6] der unter HRA des Amtsgerichts – Registergerichts – . . . . . eingetragenen Firma . . . . . OHG füge ich in Anlage K 1 bei.

II.

Der 75 Jahre alte Beklagte ist seit drei Jahren bettlägerig. Die mit der Geschäftsführung verbundenen Handlungen sind dem Beklagten infolge dessen unmöglich. Insbes. kann er keine Korrespondenz erledigen, keine Termine wahrnehmen und keine Verhandlungen führen. Mit einer Wiederherstellung seiner Arbeitsfähigkeit kann nicht gerechnet werden.
Beweis: Gutachten eines Sachverständigen
Er kann daher die Tätigkeit eines Geschäftsführers der . . . . . OHG nicht mehr ausüben.

III.

Die beim Beklagten gegebene Unfähigkeit zur ordnungsgemäßen Geschäftsführung ist ein wichtiger Grund zur Entziehung[7] der Geschäftsführungsbefugnis auf Grund § 117 HGB und der Vertretungsmacht auf Grund § 127 HGB.

IV.

Den Streitwert gebe ich mit . . . . . EUR an.
Die Gerichtskosten werden unverzüglich nach Aufforderung eingezahlt.
Rechtsanwalt

Anmerkungen

Vorbemerkung: Der Regierungsentwurf eines Gesetzes zur Modernisierung des Personengesellschafsrechts (MoPeG) vom 20. Januar 2021, dessen Verkündung noch in der 19. Legislaturperiode erfolgte und der gemäß Art. 135 MoPeG am 1.1.2024 in Kraft treten wird, sieht eine weitgehende Reform des Personengesellschaftsrechts vor. Nach dem Regierungsentwurf werden die heutigen Regelungen über die Geschäftsführungsbefugnis in §§ 114 – 117 HGB in dem neuen § 116 HGB-E zusammengefasst; die Regelung des § 117 HGB entspricht dann § 116 Abs. 5 HGB-E mit dem Unterschied, dass die auch bislang anerkannte (→ Anm. 4) Möglichkeit der teilweisen Entziehung der Geschäftsführungsbefugnis nun ausdrücklich aus Gründen der Einführung eines milderen Mittels gesetzlich geregelt wird (so auch § 715 Abs. 5 BGB-E, vgl. Begr. RegE, S. 172). Auch wenn anders als bei der Neuregelung der Vorschriften über die GbR an dem Klageerfordernis der übrigen Gesellschafter festgehalten worden ist und die Entziehung durch Beschluss aus Gründen der gerechten Verteilung der Klagelast nicht geregelt wurde, bleibt nach der Begründung des Regierungsentwurfs eine abweichende Regelung im Gesellschaftsvertrag zulässig (Begr. RegE, S. 276 f.). Auch die bislang in §§ 125 – 127 HGB geregelten Vorschriften über die Vertretung der Gesellschaft werden in § 124 HGB-E zusammengefasst werden. § 127 HGB wird dann § 124 Abs. 5 HGB-E entsprechen. Auch hier wird im Gegensatz zur GbR auf eine gesetzliche Regelung zur Entziehung der Vertretungsbefugnis durch Beschluss aus ähnlichen Gründen verzichtet; eine Abbedingung des Gestaltungsklageerfordernisses im Gesellschaftsvertrag bleibt aber möglich (Begr. RegE, S. 281).

1. Die örtliche Zuständigkeit ergibt sich sowohl aus §§ 12, 17 ZPO als auch aus §§ 22, 17 ZPO. Die Sache ist Handelssache (§ 95 Abs. 1 Nr. 4a HGB), sofern das LG sachlich zuständig ist (§ 71 GVG). Eine Schiedsgerichtsabrede ist zulässig, vgl. Baumbach/Hopt/*Roth* HGB § 117 Rn. 8.

2. Die Klage muss von allen Mitgesellschaftern erhoben werden; die Kläger sind notwendige Streitgenossen, vgl. Baumbach/Hopt/*Roth* HGB § 117 Rn. 6 f.; Habersack/*Schäfer*, Das Recht der OHG, § 117 Rn. 63; MüKoHGB/*Jickeli* § 117 Rn. 67, und zwar auch dann, wenn im Gesellschaftsvertrag vorgesehen ist, dass ein Mehrheitsbeschluss als Entziehungsgrund genügt, Habersack/*Schäfer*, Das Recht der OHG, § 117 Rn. 63. Ausnahmen sollen gelten, wenn die Vertretungsbefugnis mehrerer geschäftsführender Gesellschafter entzogen werden soll – diese können zugleich verklagt werden – und wenn ein Gesellschafter bindend sein Einverständnis mit der Vorgehensweise erklärt hat (MüKoHGB/*Jickeli* § 117 Rn. 60 f.; Habersack/*Schäfer*, Das Recht der OHG, § 117 Rn. 52).

Bei Weigerung eines Gesellschafters kann gegen diesen zugleich auf Zustimmung geklagt werden (BGH 18.10.1976 – II ZR 98/75, BGHZ 68, 81 (84); MüKoHGB/*Jickeli* § 117 Rn. 64; Baumbach/Hopt/*Roth* HGB § 117 Rn. 6 f.; Habersack/*Schäfer*, Das Recht der OHG, § 117 Rn. 55). Streitig ist, ob die Gesellschafter aus dem Gesellschaftsvertrag zur Mitwirkung verpflichtet sind, vgl. Baumbach/Hopt/*Roth* HGB § 117 Rn. 6; MüKoHGB/*Jickeli* § 117 Rn. 62 mwN.

3. Der Streitwert ist gem. § 3 ZPO zu schätzen.

4. Die Klage ist Gestaltungsklage. Mit der Rechtskraft des Urteils wird die Entziehung wirksam (MüKoHGB/*Jickeli* § 117 Rn. 65; MüKoHGB/*K. Schmidt* § 127 Rn. 24).

Gesetzliche Grundlagen sind die §§ 117, 127 HGB, die nicht zwingend sind; MüKoHGB/*Jickeli* § 117 Rn. 79. Zur „Kündigung der Geschäftsführung und Vertretung" durch den Personengesellschafter vgl. *K. Schmidt* Betr. 1988, 2241. Die Anträge auf Entziehung der Geschäftsführungsbefugnis und Entziehung der Vertretungsmacht werden meistens verbunden (MüKoHGB/*K. Schmidt* § 127 Rn. 23). Fehlt der ausdrückliche Antrag auf Entziehung der Vertretungsmacht, so kann die Auslegung des Antrags auf Entziehung der Geschäftsführungsbefugnis ergeben, dass er in diesem enthalten ist; vgl. BGH 9.12.1968 – II ZR 33/67, BGHZ 51, 198 (199); Baumbach/Hopt/*Roth* HGB § 127 Rn. 8; Habersack/*Schäfer*, Das Recht der OHG, § 117 Rn. 61; MüKoHGB/*K. Schmidt* § 127 Rn. 23.

Auch eine teilweise Entziehung ist möglich, zB nur der Vertretungsmacht oder von Teilen der Geschäftsführungsbefugnis, sei es, dass dies beantragt ist, sei es, dass das Urteil hinter dem Antrag zurückbleibt (str., BGH 10.12.2001 – II ZR 139/00, WM 2002, 342

(343); Habersack/*Schäfer*, Das Recht der OHG, § 117 Rn. 15; Baumbach/Hopt/*Roth* HGB § 117 Rn. 5 mwN; MüKoHGB/*Jickeli* § 117 Rn. 19).

Entsprechend § 117 HGB sind auch einzelne die Geschäftsführung betreffende Rechte eines nicht geschäftsführenden Gesellschafters entziehbar, Baumbach/Hopt/*Roth* HGB § 117 Rn. 3; MüKoHGB/*Jickeli* § 117 Rn. 9.

Für die KG ist in diesem Zusammenhang zu beachten, dass nach BGH 9.12.1968 – II ZR 33/67, BGHZ 51, 198 die Entziehung der Vertretungsmacht (anders Geschäftsführungsbefugnis) beim einzigen persönlich haftenden Gesellschafter nicht möglich sein soll (BGH 3.11.1997 – II ZR 353/96, NJW 1998, 1225; BGH 10.12.2001 – II ZR 139/00, NJW-RR 2002, 540; krit. MüKoHGB/*K. Schmidt* § 127 Rn. 7). Die Kommanditisten können nach §§ 133, 140 HGB vorgehen (Baumbach/Hopt/*Roth* HGB § 127 Rn. 3).

Eine vorläufige Entziehung ist durch einstweilige Verfügung möglich (→ Form. II.M.6; BeckHdB PersGes/*Stengel* § 3 Rn. 116; Habersack/*Schäfer*, Das Recht der OHG, § 117 Rn. 67).

5. Die Klagemöglichkeit ist unabhängig davon, ob der Beklagte der alleinige Geschäftsführer ist oder nicht, und auch davon, ob er Einzelgeschäftsführungsbefugnis oder Gesamtgeschäftsführungsbefugnis hat. Im letzten Fall wandelt sich die Geschäftsführungsbefugnis des Verbleibenden nicht automatisch in Einzelbefugnis um, vgl. Baumbach/Hopt/*Roth* HGB § 117 Rn. 10; Habersack/*Schäfer*, Das Recht der OHG, § 117 Rn. 77; es besteht vielmehr ein Anspruch gegen alle Beteiligten auf Neuordnung, der gegen einen Widersprechenden (in der Regel den hier Beklagten) auch im Klagewege (Verbindung der Klagen) geltend gemacht werden kann, Baumbach/Hopt/*Roth* HGB § 117 Rn. 10; MüKoHGB/*Jickeli* § 117 Rn. 77; Habersack/*Schäfer*, Das Recht der OHG, § 117 Rn. 82.

6. Zu achten ist auf abweichende Bestimmungen im Gesellschaftsvertrag. Dieser kann die Entziehung von Geschäftsführungsbefugnis und Vertretungsbefugnis sowohl erschweren als auch erleichtern (MüKoHGB/*Jickeli* § 117 Rn. 79), er kann zB einen Gesellschafterbeschluss zur Entziehung selbst genügen lassen (das ist ein anderer Fall als der in → Anm. 2 genannte), so dass eine Gestaltungsklage nicht mehr erforderlich ist, BGH 20.12.1982 – II ZR 110/82, BGHZ 86, 177 (180); BGH 17.12.1959 – II ZR 32/59, BGHZ 31, 295 (298 ff.); MüKoHGB/*Jickeli* § 117 Rn. 83; BeckHdB PersGes/*Stengel* § 3 Rn. 231; Habersack/*Schäfer*, Das Recht der OHG, § 117 Rn. 71; Westermann/Wertenbruch PersGes-HdB/*Wertenbruch* Rn. 308.

7. Unfähigkeit durch Krankheit und Alter sind nicht in jedem Fall ausreichender Entziehungsgrund. Die Gesamtumstände im Zusammenhang mit der gesellschaftsvertraglichen Treuepflicht sind zu berücksichtigen, vgl. Habersack/*Schäfer*, Das Recht der OHG, § 117 Rn. 38; MüKoHGB/*Jickeli* § 117 Rn. 29 ff.; MüKoHGB/*K. Schmidt* § 127 Rn. 17.

Der im Gesetz weiter genannte wichtige Grund, grobe Pflichtverletzung, setzt Verschulden voraus, zB Unterlassung ordnungsgemäßer Buchführung, ungerechtfertigter Insolvenzantrag oder Schikane der Mitgesellschafter, BGH 25.4.1983 – II ZR 170/82, NJW 1984, 173; BGH 18.10.1976 – II ZR 98/75, WM 1977, 500 (502).

6. Antrag auf Erlass einer einstweiligen Verfügung zur vorläufigen Entziehung der Geschäftsführungsbefugnis und Vertretungsmacht nach §§ 117, 127 HGB, §§ 935 ff. ZPO

An das
Landgericht . . . . .
Kammer für Handelssachen

Antrag

der

1. . . . . (Antragsteller Nr. 1)
2. . . . . (Antragsteller Nr. 2)

Prozessbevollmächtigter: . . . . .
gegen

den . . . . . (Antragsgegner)

wegen
vorläufiger Entziehung der Geschäftsführungsbefugnis und Vertretungsmacht (§§ 117, 127 HGB)
Namens und mit Vollmacht der Antragsteller stelle ich den Antrag, gegen den Antragsgegner ohne vorgängige mündliche Verhandlung durch

Beschluss

folgende
einstweilige Verfügung
zu erlassen:
Dem Antragsgegner wird bis zur rechtskräftigen Entscheidung über die Klage der Antragsteller gegen den Antragsgegner auf Ausschließung des Antragsgegners aus der offenen Handelsgesellschaft in Firma . . . . . die Befugnis, die Geschäfte der Firma . . . . . OHG zu führen und diese Gesellschaft zu vertreten, entzogen.[1] Geschäftsführungsbefugnis und Vertretungsmacht werden Herrn Rechtsanwalt . . . . . übertragen.[2]
Zur

Begründung

trage ich vor:

I.

(Hier zunächst derselbe Sachverhalt wie in → Form. II.M.4 unter I. und II. dargestellt).
Die Antragsteller[3] haben auf Grund dieses Sachverhalts am . . . . . beim angerufenen Gericht Klage mit dem Antrag erhoben, den Antragsgegner aus der offenen Handelsgesellschaft in Firma . . . . . auszuschließen.

II.

Zur Glaubhaftmachung des vorgetragenen Sachverhalts nehme ich Bezug auf:
1. Ausschließungsklage gegen den Antragsgegner, als Kopie in Anlage ASt 1,
2. eidesstattliche Versicherung des Antragstellers zu 1 vom . . . . . in Anlage ASt 2,
3. Kopien einschlägiger Pressemeldungen in Anlagen ASt 3–ASt . . . . .

III.

Den Antragstellern kann bei der glaubhaft gemachten Sachlage nicht zugemutet werden, abzuwarten, bis über die Ausschließungsklage entschieden ist. Nur die sofortige Entziehung von Geschäftsführungs- und Vertretungsbefugnis kann die Gesellschaft vor weiteren schweren Schäden schützen. Die Übertragung der Geschäftsführungs- und Vertretungsbefugnis bis zur rechtskräftigen Entscheidung über die Ausschließungsklage an einen Dritten liegt auch im Interesse des Antragsgegners.

IV.

Die Sache ist Handelssache. Das besondere Eilbedürfnis ergibt sich aus dem glaubhaft gemachten Sachvortrag.
Rechtsanwalt

Anmerkungen

Vorbemerkung: Der Regierungsentwurf eines Gesetzes zur Modernisierung des Personengesellschafsrechts (MoPeG) vom 20. Januar 2021, dessen Verkündung noch in der 19. Legislaturperiode erfolgte und der gemäß Art. 135 MoPeG am 1.1.2024 in Kraft treten wird, sieht eine weitgehende Reform des Personengesellschaftsrechts vor. Inwieweit sich diesbezüglich Änderungen für die Regelung des § 117 HGB ergeben, kann der Vorbemerkung zu → Form. II.M.5. entnommen werden.

1. Die Möglichkeit der vorläufigen Entziehung von Geschäftsführungsbefugnis und Vertretungsmacht durch einstweilige Verfügung ist von der hM anerkannt; BGH 11.7.1960 – II ZR 260/59, BGHZ 33, 105 (107 ff.); MüKoHGB/*Jickeli* § 117 Rn. 69; Habersack/*Schäfer*, Das Recht der OHG, § 117 Rn. 67 ff. Es gelten in Ermangelung von Spezialregelungen die §§ 935 ff. ZPO (MüKoHGB/*Jickeli* § 117 Rn. 69).

Die vorläufige Entziehung der Geschäftsführungs- und Vertretungsbefugnis durch einstweilige Verfügung kommt in Frage sowohl beim Hauptprozess über die (endgültige) Entziehung als auch bei Auflösungs- und Ausschließungsklage, vgl. Habersack/*Schäfer*, Das Recht der OHG, § 117 Rn. 67. Zur vorläufigen Entziehung durch ein Schiedsgericht durch Anordnung einer Enthaltungspflicht bei Verfahrensbeginn vgl. Baumbach/Hopt/*Roth* HGB § 117 Rn. 8; MüKoHGB/*Jickeli* § 117 Rn. 87; MüKoHGB/*K. Schmidt* § 127 Rn. 35. Ob vorläufige Entziehung oder eine andere einstweilige Maßnahme angeordnet wird, ist Sache des richterlichen Ermessens, vgl. Baumbach/Hopt/*Roth* HGB § 117 Rn. 7; MüKoHGB/*Jickeli* § 117 Rn. 72.

2. Nach BGH 11.7.1960 – II ZR 260/59, BGHZ 33, 105 (Ausschließungsprozess gegen den einzigen geschäftsführungsbefugten und vertretungsberechtigten Gesellschafter einer OHG) ist die Übertragung der Befugnisse auf einen Nichtgesellschafter zulässig, wenn diese einstweilige Regelung erforderlich ist; zust. Baumbach/Hopt/*Roth* HGB § 125 Rn. 8; Habersack/*Schäfer*, Das Recht der OHG, § 117 Rn. 67; Westermann/Wertenbruch PersGes-HdB/*Wertenbruch* Rn. 342a; MüKoHGB/*Jickeli* § 117 Rn. 72.

3. Bei einer einstweiligen Verfügung muss wie bei der Hauptsache der Antrag von allen übrigen Gesellschaftern gestellt werden; vgl. MüKoHGB/*Jickeli* § 117 Rn. 71; Habersack/*Schäfer*, Das Recht der OHG, § 117 Rn. 68; iÜ → Form. II.M.4 Anm. 3.

Nach der Judikatur des BGH – BGH 9.11.1987 – II ZR 100/87, BGHZ 102, 172 23 – wird bei der Publikums-KG eine Mehrheitsentscheidung statt der Mitwirkung aller Gesellschafter für ausreichend erachtet (zust. MüKoHGB/*Jickeli* § 117 Rn. 5; EBJS/*Drescher* HGB § 117 Rn. 3). Wegen der von § 108 HGB verlangten Mitwirkung aller Gesellschafter bei der Anmeldung zur Eintragung in das Handelsregister ist in solchem Fall ein weiterer Antrag an das Prozessgericht zu empfehlen, dass Eintragung angeordnet werde, dazu *Reichert/Winter* BB 1988, 981 (991).

7. Klage auf Bilanzmitteilung nach § 166 HGB

An das
Landgericht . . . . .
Kammer für Handelssachen[1]

Klage

des . . . . . **(Kläger)**

Prozessbevollmächtigter: . . . . .
gegen

die . . . . . KG **(Beklagte)[2]**

wegen
Bilanzmitteilung
Vorläufiger Streitwert: . . . . . EUR[3]
Namens und mit Vollmacht des Klägers erhebe ich Klage und werde beantragen:

1. Die Beklagte wird verurteilt, dem Kläger eine Abschrift des steuerlichen Jahresabschlusses der . . . . . Kommanditgesellschaft in . . . . . für das Geschäftsjahr. . . . . bestehend aus der Steuerbilanz zum 30.9. . . . . und der steuerlichen Gewinn- und Verlustrechnung für die Zeit vom 1.10. . . . . bis 30.9. . . . . mitzuteilen.
2. Die Beklagte trägt die Kosten des Rechtsstreits.

Zur

Begründung

trage ich vor:

I.

Der Kläger ist Kommanditist der beklagten . . . . . KG in . . . . . (HRA . . . . . des Handelsregisters des AG . . . . .)
Eine Kopie des Gesellschaftsvertrages der Beklagten füge ich in Anlage K 1 und einen unbeglaubigten Auszug aus dem Handelsregister betreffend die Beklagte in Anlage K 2 bei.

II.

Der Jahresabschluss ist für das im Antrag genannte Geschäftsjahr von der Beklagten nach Handels- und Steuerrecht erstellt worden.
Die geschäftsführenden Komplementäre . . . . . und . . . . . der Beklagten haben dem Kläger lediglich eine Abschrift der Handelsbilanz zur Verfügung gestellt. Die geschäftsführenden Komplementäre weigern sich, dem Kläger eine Abschrift der Gewinn- und Verlustrechnung und der Steuerbilanz zu überlassen mit der Begründung, sie hätten Aktennotizen über die Umsätze des Geschäftsjahres zugeschickt und dem Kläger anheimgestellt, die Bücher einzusehen.

III.

Der Kläger hat als Kommanditist nach § 166 Abs. 1 HGB einen Anspruch auf die abschriftliche Mitteilung des Jahresabschlusses.
Hierzu gehört außer dem handelsrechtlichen Jahresabschluss auch der steuerliche Jahresabschluss.[4]
Mit der Überlassung der genannten Unterlagen ist der Anspruch daher nicht erfüllt.

IV.

Den Streitwert gebe ich mit . . . . . EUR an.
Die Gerichtskosten werden unverzüglich nach Aufforderung eingezahlt.
Rechtsanwalt

Anmerkungen

Vorbemerkung: Der Regierungsentwurf eines Gesetzes zur Modernisierung des Personengesellschaftsrechts (MoPeG) vom 20. Januar 2021, dessen Verkündung noch in der 19. Legislaturperiode erfolgte und der gemäß Art. 135 MoPeG am 1.1.2024 in Kraft treten wird, sieht eine weitgehende Reform des Personengesellschaftsrechts vor. Nach dem Regierungsentwurf werden die heutigen Regelungen über die Kontrollrechte des Kommanditisten aus § 166 HGB durch den neugeschaffenen § 166 HGB-E einer Neuregelung unterzogen. Das demnach in § 166 Abs. 1 HGB-E geregelte Einsichtsrecht soll demjenigen des geltenden § 166 Abs. 1 HGB entsprechen, wobei der Regelungsgehalt durch einen ausdrücklichen Verweis auf § 242 Abs. 3 HGB (Bilanz sowie Gewinn- und Verlustrechnung) deutlicher herausgestellt wird. Daneben wird § 166 Abs. 1 S. 2 HGB-E den als Verfahrensvorschrift konzipierten § 166 Abs. 3 HGB ersetzen, der ein außerordentliches Auskunftsrecht aus wichtigem Grund enthält. Stattdessen soll der Kommanditist Auskunft über Gesellschaftsangelegenheiten verlangen können, sofern dies zur Wahrnehmung seiner Mitgliedschaftsrechte erforderlich ist. Dies soll anhand einer Interessenabwägung beurteilt werden, wobei als Regelbeispiel für ein überwiegendes Informationsinteresse der Grund zur Annahme unredlicher Buchführung eingeführt wird. Das Streitverfahren nach §§ 375 Nr. 1, 376 FamFG entfällt, eine Geltendmachung der Rechte im Wege des einstweiligen Rechtsschutzes soll jedoch möglich bleiben. Schließlich stellt § 166 Abs. 2 HGB-E klar, dass eine gesellschaftsvertragliche Abbedingung oder Beschränkung dieser Rechte unwirksam sein soll, was jedoch der geltenden Rechtslage entspricht (vgl. zur Neuregelung insgesamt Begr. RegE, S. 300 f.).

1. § 95 Abs. 1 Nr. 4a GVG.

2. Der Anspruch auf Information und Einsicht in den Jahresabschluss und die Buchführungsunterlagen nach § 166 Abs. 1 HGB richtet sich gegen die Kommanditgesellschaft (BGH 8.7.1957 – II ZR 54/56, BGHZ 25, 115 (118); BGH 28.5.1962 – II ZR 156/61, WM 1962, 883; BayObLG 4.7.1991 – BReg 3 Z 151/90, BB 1991, 1589; OLG Celle 11.5.1983 – 9 U 160/82, ZIP 1983, 943 (944); Baumbach/Hopt/*Roth* HGB § 166 Rn. 1; MüKoHGB/*Grunewald* § 166 Rn. 30). Daneben besteht ein allgemeines, nicht kodifiziertes und auf die Mitgliedschaft und die Treuepflicht gestütztes Informationsrecht in den durch § 166 Abs. 2 HGB gesetzten Grenzen (Staub/*Casper* HGB § 166 Rn. 2, 21; Baumbach/Hopt/*Roth* HGB § 166 Rn. 11). § 166 Abs. 3 HGB regelt schließlich ein außerordentliches, weitergehendes Informationsrecht, das bei Vorliegen eines wichtigen Grundes gerichtlich angeordnet werden kann (Staub/*Casper* HGB § 166 Rn. 42 ff., 49; Baumbach/Hopt/*Roth* HGB § 166 Rn. 8). Zum Anspruch des mittelbaren gegen den unmittelbaren Kommanditisten auf Auskunft über Namen und Anschriften anderer

Kommanditisten vgl. BGH 16.12.2014 – II ZR 277/13, WM 2015, 328. Das Recht aus § 166 Abs. 1 HGB wird vor den ordentlichen Gerichten geltend gemacht; einstweiliger Rechtsschutz nach § 935 ff. ist möglich (Staub/*Casper* HGB § 166 Rn. 40; Baumbach/Hopt/*Roth* HGB § 166 Rn. 14). Demgegenüber ist das Recht aus § 166 Abs. 3 HGB als echtes Streitverfahren nach §§ 375 Nr. 1, 376 Abs. 1 FamFG im Rahmen der freiwilligen Gerichtsbarkeit vor dem Amtsgericht geltend zu machen, in dessen Bezirk die KG ihren Sitz hat (Staub/*Casper* HGB § 166 Rn. 49; Baumbach/Hopt/*Roth* HGB § 166 Rn. 15).

3. Der Streitwert ist gem. § 3 ZPO anhand des Interesses des Klägers zu schätzen (Zöller/*Herget* ZPO § 3 Rn. 16, Stichwort: Gesellschaft).

4. Dass der Kommanditist nicht nur den handelsrechtlichen, sondern auch den steuerlichen Jahresabschluss in Abschrift verlangen kann, ist hL, vgl. Baumbach/Hopt/*Roth* HGB § 166 Rn. 3; MüKoHGB/*Grunewald* § 166 Rn. 10; BeckHdB PersGes/*Gesell* § 4 Rn. 106.

Zu den Kontrollrechten in der GmbH & Co. KG und im Konzern vgl. MüKoHGB/*Grunewald* § 166 Rn. 27 ff.

8. Klage des ausgeschiedenen Gesellschafters auf Abfindung nach §§ 161 Abs. 2, 105 Abs. 3 HGB, § 738 BGB

An das
Landgericht . . . . .
Kammer für Handelssachen[1]

Klage

des . . . . . **(Kläger)**

Prozessbevollmächtigter . . . . .
gegen

die . . . . . KG **(Beklagte Nr. 1)**

und

den . . . . . **(Beklagter Nr. 2)**

wegen
Abfindung nach § 161 Abs. 2, § 105 Abs. 3 HGB, § 738 BGB
Streitwert: . . . . . EUR
Namens und mit Vollmacht der Klägerin erhebe ich Klage und werde beantragen:

1. **Die Beklagten werden wie Gesamtschuldner**[2] **verurteilt, an den Kläger . . . . . EUR zzgl. Zinsen iHv 5 Prozentpunkten über dem jeweiligen Basiszinssatz seit Rechtshängigkeit zu zahlen.**
2. **Die Beklagten tragen wie Gesamtschuldner die Kosten des Rechtsstreits.**

Zur

Begründung

trage ich vor:

I.

1. Der Kläger war Kommanditist der Beklagten Nr. 1, deren persönlich haftender Gesellschafter der Beklagte Nr. 2 ist. Der Kläger ist auf Grund einer „Kündigung" durch die Beklagte Nr. 1 vom . . . . ., zu der er keinen Grund gegeben, die er aber hingenommen hat[3] und der er auch nicht mehr entgegentreten will, zum 31.12.20 . . . . . aus der Beklagten Nr. 1 ausgeschieden. Eine Kopie des Gesellschaftsvertrages lege ich in Anlage K 1, die Kopie eines Handelsregisterauszuges der Beklagten Nr. 1 lege ich in Anlage K 2 vor.
   Die Beklagte Nr. 1 hat das sich aus § . . . . . des Gesellschaftsvertrages iVm der Bilanz zum 31.12.20. . . . . ergebende Auseinandersetzungsguthaben des Klägers iHv . . . . . EUR am . . . . . an den Kläger ausbezahlt. Die Parteien sind sich darüber einig, dass der bezahlte Betrag nach der in § . . . . . des Gesellschaftsvertrages vorgesehenen Buchwertabfindungsklausel richtig berechnet ist. Die Buchwertabfindungsklausel wurde im Jahre 20. . . . . durch Beschluss der Gesellschafterversammlung der Beklagten Nr. 1, von dem ich eine Kopie in Anlage K 3 beifüge, in den Gesellschaftsvertrag der Beklagten Nr. 1 aufgenommen. Bereits damals überstieg der – seither weiter gestiegene – wahre Wert des Unternehmens der Beklagten Nr. 1 den Buchwert erheblich, nämlich um das Fünffache.
   Beweis: Gutachten eines Sachverständigen
2. Der Kläger begehrt von den Beklagten den im Klageantrag 1 genannten Betrag. Dieser Betrag ergibt sich, wenn man den Abfindungsanspruch unter Berücksichtigung der stillen Reserven und des Firmenwerts (good will) der Beklagten Nr. 1 berechnet. Über die Berechnung des Betrages sind sich die Parteien einig.[4] Das vom Kläger vorgelegte Gutachten der Wirtschaftsprüfungsgesellschaft . . . . . ist von der Beklagten Nr. 1 nicht in Zweifel gezogen worden. Vorsorglich beruft sich der Kläger zum Beweis für die Richtigkeit der Berechnung der stillen Reserven und des Firmenwerts in dem der Klage als Anlage K 4 beigefügten Gutachten der genannten Wirtschaftsprüfungsgesellschaft auf das Gutachten eines Sachverständigen.

II.

1. Die Beklagte Nr. 1 schuldet den eingeklagten Betrag nach § 738 Abs. 1 BGB iVm §§ 161 Abs. 2, 105 Abs. 3 HGB. Zu dem nach § 738 Abs. 2 BGB zu schätzenden Wert des Gesellschaftsvermögens gehören sowohl die stillen Reserven als auch der Firmenwert[5] Die Buchwertabfindungsklausel ist sittenwidrig und nach § 138 BGB bzw. § 723 Abs. 3 BGB, § 133 Abs. 3 HGB nichtig.[6] Der Kläger, der der Gesellschaft als Kommanditist seit 25 Jahren angehört und zur Thesaurierung des Gewinns bei allen Gewinnverwendungsbeschlüssen beigetragen hat, wurde von der Beklagten Nr. 1 grundlos „hinausgekündigt".
2. Der Beklagte Nr. 2 haftet neben der Beklagten Nr. 1 wie ein Gesamtschuldner (§§ 161 Abs. 2, 128 HGB).

III.

Die Sache ist Handelssache.

IV.

Den Streitwert gebe ich mit . . . . . EUR an. Die Gerichtskosten werden unverzüglich nach Aufforderung eingezahlt.
Rechtsanwalt

Anmerkungen

Vorbemerkung: Der Regierungsentwurf eines Gesetzes zur Modernisierung des Personengesellschafsrechts (MoPeG) vom 20. Januar 2021, dessen Verkündung noch in der 19. Legislaturperiode erfolgte und der gemäß Art. 135 MoPeG am 1.1.2024 in Kraft treten wird, sieht eine weitgehende Reform des Personengesellschaftsrechts vor. Nach dem Regierungsentwurf wird die Vorschrift des § 738 BGB, die über die nur marginal veränderten §§ 105 Abs. 2, 161 Abs. 2 HGB-E auch auf die OHG und KG Anwendung findet, durch § 728 BGB-E ersetzt. Der Regelungsgehalt wird im Wesentlichen übernommen. Während der Abfindungsanspruch nach § 738 Abs. 1 S. 2 BGB wegen der Angleichung der Rechtsfolgen von Auflösung und Ausscheiden auf einen fiktiven Auseinandersetzungsanspruch abstellt, wird in § 728 Abs. 1 S. 1 HGB-E diese Verknüpfung entfallen; stattdessen erhält der ausscheidende Gesellschafter Anspruch auf eine „angemessene Abfindung", wovon sich der Reformgesetzgeber mehr Freiraum bei der Anspruchsermittlung verspricht. Zugleich sollen finanzielle Belastungen durch den Abfluss von Gesellschaftskapital in den Blick genommen werden, ohne dass einem den widerstreitenden Interessen zwischen Ausscheidendem und Gesellschaft Vorrang eingeräumt wird (vgl. Begr. RegE, S. 203). Ferner steht dem ausgeschiedenen Gesellschafter nach § 728 Abs. 1 HGB-E ein Anspruch auf Befreiung von der persönlichen Haftung für fällige Gesellschaftsverbindlichkeiten zu, für den die Gesellschaft auch Sicherheit leisten kann. Die bereits heute bestehende Möglichkeit der gesellschaftsvertraglichen Disposition über die Abfindungsansprüche wird in § 728 Abs. 1 S. 1 BGB-E klargestellt; insgesamt soll die durch den BGH entwickelte, zweistufige Wirksamkeitskontrolle anhand von § 138 BGB (→ Anm. 5) in ihrer heutigen Form unverändert bleiben; von einer anderweitigen Regelung wurde bewusst abgesehen. Der Abfindungsanspruch soll nach dem Regierungsentwurf „angemessen" und damit ein vollwertiges Äquivalent für den Verlust der Mitgliedschaft sein, ohne dass eine bestimmte Bewertungsmethode vorgegeben wird (Begr. RegE, S. 204).

§ 728 Abs. 2 BGB-E übernimmt im Wesentlichen § 738 Abs. 2 BGB mit dem Unterschied, dass statt dem Gesellschaftsvermögen nun unmittelbar auf den Gesellschaftsanteil als Bewertungsobjekt abgestellt wird. Ob und inwieweit rein anteilsbezogene Faktoren bei der Ermittlung der angemessenen Abfindung zu berücksichtigen sind (etwa disquotale Ergebnis- und Stimmverteilung, Entnahme-, Ausschüttungs- und Kündigungsbeschränkungen, Minderheitenabschläge sowie rechtliche und faktische Unveräußerlichkeiten), soll einer Klärung durch die Rechtsprechung vorbehalten bleiben (Begr. RegE, S. 204 f.).

1. Handelssache nach § 95 Abs. 1 Nr. 4a GVG.

2. Gesellschaft und haftender Gesellschafter sind keine echten Gesamtschuldner, BGH 9.5.1963 – II ZR 124/61, BGHZ 39, 319 (323 f.); EBJS/*Hillmann* HGB § 128 Rn. 21; Baumbach/Hopt/*Roth* HGB § 128 Rn. 19 f.; und – zur einfachen Streitgenossenschaft – Baumbach/Hopt/*Roth* HGB § 128 Rn. 39; hierzu auch MüKoHGB/*K. Schmidt* § 128 Rn. 19, 21. In der Praxis ist die Formulierung „wie Gesamtschuldner" häufig.

3. Zur Frage der Wirksamkeit der „Hinauskündigung" → Form. II.M.4 Anm. 7 und die dort genannte Lit.

4. Andernfalls kann Kläger auch auf Aufstellung der Abschichtungsbilanz klagen (Stufenklage), BGH 22.9.2008 – II ZR 257/07, WM 2009, 76 ff.; BGH 16.5.1994 – II ZR 223/92, NJW-RR 1994, 1185 (1186); MüKoHGB/*K. Schmidt* § 131 Rn. 136; Baumbach/Hopt/*Roth* HGB § 131 Rn. 51; Muster bei Vorwerk/*Parigger* M 91.10, wofür ein über den Buchwert hinausgehender Abfindungsanspruch Voraussetzung ist, BGH 25.9.1980 – II ZR 255/79, WM 1980, 1362.

Zur Frage, ob ein Anspruch auf Feststellung der Abschichtungsbilanz gegen die anderen Gesellschafter besteht und ob eine dahingehende Leistungsklage oder eine Feststellungsklage bzgl. der gesamten Bilanz gegeben ist, oder ob nur einzelne Bilanzansätze oder Berechnungsmethoden durch Feststellungsklage angreifbar sind vgl. BLAH/*Hartmann* ZPO § 256 Rn. 60 – Auseinandersetzung; MüKoHGB/*K. Schmidt* § 131 Rn. 136.

5. BGH 18.4.2002 – IX ZR 72/99, ZIP 2002, 1148; OLG Celle 29.5.2002 – 9 U 310/01, NZG 2002, 862; Palandt/*Sprau* BGB § 738 Rn. 5, § 718 Rn. 5, jeweils mwN.

6. Zur Beurteilung von Buchwertklauseln allgemein vgl. Baumbach/Hopt/*Roth* HGB § 131 Rn. 58 ff.; MüKoBGB/*Schäfer* § 738 Rn. 64 f.; Habersack/*Schäfer*, Das Recht der OHG, § 131 Rn. 162 ff.

Buchwertklauseln sind nicht grds. unzulässig (BGH 9.1.1989 – II ZR 83/88, NJW 1989, 2685; BGH 24.9.1984 – II ZR 256/83, NJW 1985, 192; OLG Naumburg 26.8.1999 – 2 U 315/97, NZG 2000, 698; BeckHdB PersGes/*Sauter* § 10 Rn. 157; MüKoHGB/*K. Schmidt* § 131 Rn. 167). Besteht allerdings bereits bei Aufnahme der Klausel in den Gesellschaftsvertrag ein erhebliches Missverhältnis zwischen Buchwert und wahrem Wert, ist die Klausel nach heute hM unwirksam (Baumbach/Hopt/*Roth* HGB § 131 Rn. 64; MüKoHGB/*K. Schmidt* § 131 Rn. 168). Die Unwirksamkeit der Buchwertklausel wird mit unterschiedlichen Begründungen angenommen: nach BGH LM 8 zu § 738 BGB Sittenwidrigkeit der Vertragsklausel gem. § 138 BGB (zust. MüKoHGB/*K Schmidt* § 131 Rn. 156; nach Baumbach/Hopt/*Roth* HGB § 131 Rn. 61, 64 eher gem. § 723 Abs. 3 BGB; ebenso BGH 16.12.1991 – II ZR 58/91, BGHZ 116, 359 (369) für die GmbH). Für das „erhebliche Missverhältnis" gibt es keine festen Prozentsätze (BGH 24.5.1993 – II ZR 36/92, NJW 1993, 2101 (2103); Baumbach/Hopt/*Roth* HGB § 131 Rn. 64; *Hülsmann* NJW 2002, 1673); die in der Literatur genannten Spannen liegen zwischen 50 % und 75 % des wahren Anteilswerts (Westermann/Wertenbruch, PersG-HdB/*Wertenbruch*, Rz. I 663a: 50–75 %; EBJS/*Lorz*, § 131 Rn. 135: 50 %; MüKoBGB/*Schäfer*, § 738 Rn. 52: Faustregel 2/3, wenn nicht weitere Beschränkung durch Auszahlungsmodalitäten; Habersack/*Schäfer*, Das Recht der OHG, § 131 Rn. 176: Faustregel 2/3; *K. Schmidt*, GesR, § 50 2. c) ee):Faustregel 50–60 %); *Wolf*, MittBayNot 2013, 9 (11): 50–80 %). Tritt erst im Laufe der Zeit das grobe Missverhältnis ein und wird dadurch das Kündigungsrecht des Gesellschafters in tatsächlicher Hinsicht beeinträchtigt, wird die gesellschaftsvertragliche Abfindungsklausel nicht unwirksam (BGH 20.9.1993 – II ZR 104/92, BGHZ 123, 281; unklar indes BGH 21.1.2014 – II ZR 87/13, BeckRS 2014, 9619 Rn. 11 f.; anders noch BGH 24.5.1993 – II ZR 36/92, WM 1993, 1412). Nach der Rspr. ist jedoch eine ergänzende Vertragsauslegung der vertraglichen Abfindungsregelung geboten (BGH 20.9.1993 – II ZR 104/92; BGHZ 123, 281; BGH 13.6.1994 – II ZR 38/93, BGHZ 126, 226 (233 f.); OLG Naumburg 26.8.1999 – 2 U 315/97, NZG 2000, 698; BeckHdB PersGes/*Sauter* § 10 Rn. 157; MüKoBGB/*Schäfer* § 738 Rn. 53 f.). Zur Sittenwidrigkeit eines Abfindungsausschlusses im Fall einer (groben) Verletzung der Interessen der Gesellschaft oder einer Verletzung der Pflichten des Gesellschafters BGH 29.4.2014 – II ZR 216/13, BeckRS 2014, 13220 Rn. 15 für die GmbH.

9. Klage auf Mitwirkung bei der Eintragung einer offenen Handelsgesellschaft nach §§ 108, 16 HGB

An das
Landgericht .....
Kammer für Handelssachen[1]

Klage

der ..... (Klägerin[2])

Prozessbevollmächtigter: .....
gegen

die ..... (Beklagte)

wegen
Mitwirkung bei der Eintragung einer offenen Handelsgesellschaft (§§ 108, 16 HGB)
Vorläufiger Streitwert: ..... EUR[3]
Namens und mit Vollmacht der Klägerin erhebe ich Klage und werde beantragen:
1. Die Beklagte wird verurteilt, die Firma ..... GmbH & Co. OHG zum Handelsregister des Amtsgerichts ..... anzumelden.[4]
2. Die Beklagte trägt die Kosten des Rechtsstreits.

Zur

Begründung

trage ich vor

I.

Die Parteien sind Gesellschaften mit beschränkter Haftung. Sie haben am ..... eine offene Handelsgesellschaft unter der Firma ..... GmbH & Co. OHG[5] errichtet. Nach § ..... des Gesellschaftsvertrages hat die Gesellschaft am ..... begonnen. Eine Kopie des Gesellschaftsvertrages füge ich als Anlage K 1 bei.
Die Klägerin hat am ..... die ..... GmbH & Co. OHG zur Eintragung in das Handelsregister des Amtsgerichts ..... angemeldet. Die Beklagte hat sich gemäß dem in Kopie als Anlage K 2 beigefügten Schreiben ohne Angabe von Gründen geweigert, bei der Anmeldung zum Handelsregister mitzuwirken.

II.

Zur Mitwirkung ist die Beklagte verpflichtet (§ 108 HGB).[6] Die Klägerin ist auf die Verurteilung der Beklagten nach § 16 Abs. 1 HGB[7] angewiesen.

III.

Den Streitwert gebe ich mit ..... EUR an.
Die Gerichtskosten werden unverzüglich nach Aufforderung eingezahlt.
Rechtsanwalt

Anmerkungen

Vorbemerkung: Der Regierungsentwurf eines Gesetzes zur Modernisierung des Personengesellschafsrechts (MoPeG) vom 20. Januar 2021, dessen Verkündung noch in der 19. Legislaturperiode erfolgte und der gemäß Art. 135 MoPeG am 1.1.2024 in Kraft treten wird, sieht eine weitgehende Reform des Personengesellschaftsrechts vor. Nach dem Regierungsentwurf soll der neue § 106 HGB-E die derzeit bestehenden Regelungen §§ 106 – 108 HGB zur Anmeldung zum Handelsregister vereinen sowie weitere Regelungen zum Statuswechsel in eine Personenhandelsgesellschaft mit Blick auf das in §§ 707 ff. BGB-E neu eingeführte Gesellschaftsregister enthalten. So stimmen § 106 Abs. 1 HGB und § 106 Abs. 1 HGB-E wortlautgleich überein. § 106 Abs. 2 HGB-E enthält die gegenüber dem geltenden Recht nunmehr ergänzten Angaben, die die Anmeldung enthalten muss. § 106 Abs. 6 HGB-E entspricht § 107 HGB mit der Ergänzung, dass auch das Ausscheiden eines Gesellschafters zu den anmeldepflichtigen Tatsachen zählt; insoweit wird die Regelung aus § 143 Abs. 2 HGB hier inkorporiert. § 108 HGB wird nach dem Entwurf inhaltsgleich in § 106 Abs. 7 HGB-E geregelt sein; hier wird zusätzlich die Regelung aus § 143 Abs. 3 HGB inkorporiert, wonach bei Ausscheiden eines Gesellschafters durch Tod die Anmeldung ohne die Erben erfolgen kann. Eine weitere Ausnahme sieht § 106 Abs. 7 HGB-E – wie auch § 108 HGB – auch für Änderung der Geschäftsanschrift vor; diese kann durch die Gesellschaft erfolgen (vgl. Begr. RegE, S. 261 ff.).

1. Zuständigkeit sowohl nach §§ 17, 22 ZPO als auch nach § 29 ZPO (Erfüllungsort ist Sitz des Registergerichts). Handelssache nach § 95 Abs. 1 Nr. 4a GVG.

2. Kläger sind die übrigen Gesellschafter, nicht die Gesellschaft (BGH 25.5.1983 – VIII ZR 16/81, WM 1983, 786; Baumbach/Hopt/*Roth* HGB § 108 Rn. 7; MüKoHGB/*Langhein* § 108 Rn. 5).

3. Der Streitwert ist gem. § 3 ZPO zu schätzen. Dabei ist die Bedeutung des anzumeldenden Vorgangs für den Kläger maßgebend (Zöller/*Herget* ZPO § 3 Rn. 16, Stichwort: Handelsregister).

4. Zur Anmeldepflicht und zum Inhalt der Anmeldung vgl. § 106 HGB. Nach § 108 HGB ist die Anmeldung von allen Gesellschaftern zu bewirken, auch bei der Kommanditgesellschaft (OLG Hamm 20.2.1989 – 15 W 5/88, WM 1989, 830 (831); BayObLG 3.3.1988 – BReg 3 Z 184/87, WM 1988, 710; Baumbach/Hopt/*Roth* HGB § 108 Rn. 1. Die Anmeldung hat gem. § 12 Abs. 1 HGB elektronisch in öffentlich beglaubigter Form zu erfolgen.

5. Zur Firma einer OHG, in der keiner der Gesellschafter eine natürliche Person ist, vgl. BGH 9.12.1976 – II ZB 6/76, BGHZ 68, 12 (14); BGH 18.9.1975 – II ZB 9/74, BGHZ 65, 103 (105); BGH 18.3.1974 – II ZR 167/72, BGHZ 62, 216 (227); danach ist der auf die beschränkte Haftung hinweisende Zusatz „GmbH" in jedem Falle geboten.

6. Zur gesellschaftsrechtlichen Anmeldeverpflichtung vgl. BGH 15.6.1959 – II ZR 44/58, BGHZ 30, 195 (197 f.); BGH 21.12.1973 – V ZR 202/71, NJW 1974, 498 (499); Baumbach/Hopt/*Roth* HGB § 108 Rn. 7.

7. Die rechtskräftige Verurteilung zur Anmeldung ersetzt die Anmeldung (§ 894 ZPO; § 16 Abs. 1 HGB; Baumbach/Hopt/*Roth* HGB § 108 Rn. 7).

10. Klage gegen einen Gesellschafter nach §§ 176, 128 HGB

An das
Landgericht .....
Kammer für Handelssachen[1]

Klage

der ..... GmbH, vertreten durch den Geschäftsführer ..... (Klägerin)

Prozessbevollmächtigter: .....
gegen

den ..... (Beklagter)

wegen
Kaufpreiszahlung (gegen einen Gesellschafter)
Vorläufiger Streitwert: ..... EUR
Namens und mit Vollmacht des Klägers erhebe ich Klage und werde beantragen:
1. Der Beklagte wird verurteilt, an die Klägerin ..... EUR nebst Zinsen iHv 5 % hieraus von ..... bis ..... und iHv 9 Prozentpunkten über dem jeweiligen Basiszinssatz hieraus seit ..... zu zahlen.
2. Der Beklagte trägt die Kosten des Rechtsstreits.

Zur

Begründung

trage ich vor:

I.

Die Klägerin betreibt einen KFZ-Handel. Sie verkauft Nutzfahrzeuge der Marke .....
Der Beklagte ist (Gründungs-)Gesellschafter (Kommanditist) der ..... KG. Die ..... KG betreibt eine Spedition. Sie hat mit Vertrag vom ..... bei der Klägerin drei LKW der Marke ....., Typ ..... zu einem Gesamtpreis von ..... EUR gekauft.

Beweis: 1. Kaufvertrag vom ....., Anlage K 1
2. Zeugnis .....

Zum Zeitpunkt des Vertragsschlusses war die ..... KG noch nicht in das Handelsregister eingetragen. Die Eintragung erfolgte erst am ....., wie sich aus dem Handelsregisterauszug HRA ..... des Handelsregisters ....., ergibt, welchen ich als Anlage K 2 beifüge.

Der Beklagte hat der Geschäftsaufnahme durch die ..... KG vor Eintragung zugestimmt.

Beweis: 1. Zeugnis .....
2. Zeugnis .....

Die Klägerin wusste bei Abschluss des Kaufvertrages nicht, dass der Beklagte lediglich Kommanditist der ..... KG ist.

Beweis: Zeugnis .....

Die drei Fahrzeuge wurden vereinbarungsgemäß am ..... an die ..... KG übergeben und übereignet.

Beweis: Zeugnis .....

Am . . . . . wurde der . . . . . KG von der Klägerin eine Rechnung über . . . . . EUR zugeschickt, die ich in Kopie als Anlage K 3 beifüge.
Da keine Zahlung seitens der . . . . . KG erfolgte, hat die Klägerin mit Schreiben vom . . . . ., das ich als Anlage K 4 beifüge, gemahnt. Die . . . . . KG antwortete mit Schreiben vom . . . . ., beigefügt als Anlage K 5, dass Sie die Forderung in voller Höhe anerkenne und unverzüglich begleichen werde.
Bis zum heutigen Tag ist keine Zahlung erfolgt.

Beweis: Zeugnis . . . . .

Die . . . . . KG ist inzwischen nicht mehr zur Zahlung des geschuldeten Betrages in der Lage, da über ihr Vermögen das Insolvenzverfahren eröffnet worden ist.

Beweis: Eröffnungsbeschluss des AG . . . . . vom . . . . ., Anlage K 6

Der Kläger hat den Beklagten zur Zahlung aufgefordert und am . . . . . gemahnt, die jeweiligen Schreiben füge ich als Anlage K 7 und K 8 bei. Der Beklagte hat bestritten, selbst zur Zahlung verpflichtet zu sein.

II.

Die . . . . . KG betreibt ein Handelsgewerbe iSv § 1 HGB.[2] Sie hat ihren Geschäftsbetrieb vor der Eintragung im Handelsregister aufgenommen. Nach § 123 Abs. 2 HGB ist die . . . . . KG folglich mit Aufnahme ihres Geschäftsbetriebes entstanden, auch wenn sie zu diesem Zeitpunkt noch nicht im Handelsregister eingetragen war. Der Beklagte hat der Geschäftsaufnahme vor Eintragung zugestimmt.[3] Unter diesen Voraussetzungen haftet der Beklagte gem. §§ 176 Abs. 1, 128 HGB auch als Kommanditist für die Verbindlichkeiten der . . . . . KG, die vor Eintragung begründet wurden, wie ein persönlich haftender Gesellschafter, es sei denn, dem Gläubiger war die Kommanditistenstellung bekannt.[4]
Die Klägerin hat gegen die . . . . . KG aus dem zwischen der Klägerin und der . . . . . KG geschlossenen Kaufvertrag vom . . . . . unstreitig einen Kaufpreisanspruch gem. § 433 Abs. 2 BGB. Dieser Anspruch ist mit Abschluss des Kaufvertrages, also vor der Eintragung im Handelsregister entstanden.[5] Der Klägerin war die Kommanditistenstellung des Beklagten zum Zeitpunkt der Entstehung der Forderung, also bei Abschluss des Kaufvertrages, nicht bekannt.[6] Folglich haftet der Beklagte gegenüber der Klägerin für den Kaufpreisanspruch iHv . . . . . EUR persönlich. Die später erfolgte Eintragung der . . . . . KG in das Handelsregister berührt die Haftung nicht.[7]
Für die Klägerin und die . . . . . KG war der Kaufvertrag beiderseitiges Handelsgeschäft. Daher kann die Klägerin vom Tage der Fälligkeit an Zinsen iHv 5 % fordern, § 352 Abs. 1, § 353 HGB. Seit dem . . . . . ist der Beklagte in Zahlungsverzug. Er hat deswegen ab diesem Zeitpunkt die Hauptforderung mit 9 Prozentpunkten über dem jeweils gültigen Basiszinssatz zu verzinsen, § 288 Abs. 2 BGB.[8]

III.

Den Streitwert gebe ich mit . . . . . EUR an.
Die Gerichtskosten werden unverzüglich nach Aufforderung eingezahlt.
Rechtsanwalt

Anmerkungen

Vorbemerkung: Der Regierungsentwurf eines Gesetzes zur Modernisierung des Personengesellschafsrechts (MoPeG) vom 20. Januar 2021, dessen Verkündung noch in der 19. Legislaturperiode erfolgte und der gemäß Art. 135 MoPeG am 1.1.2024 in Kraft treten wird, sieht eine weitgehende Reform des Personengesellschaftsrechts vor. Die

Kommanditistenhaftung in §§ 171 ff. HGB wird hierdurch in Teilen neu geregelt (vgl. zum Ganzen Begr. RegE, S. 303 ff. sowie *K. Schmidt* ZHR 185 (2021), 16 (40 f.). Soweit für das vorliegende Formular relevant, wird § 176 Abs. 1 HGB-E zukünftig als Voraussetzung für die unbeschränkte persönliche Haftung des Kommanditisten (die wortlautgleich in § 126 HGB-E geregelt sein wird) vom Beginn der Geschäfte ausgehen, ohne dass sich hieraus voraussichtlich eine qualitative Änderung ergibt (vgl. Begr. RegE, S. 307). Eine grundlegende Änderung erfährt § 176 Abs. 1 S. 1 HGB durch den Wegfall des Haftungsprivilegs des Kommanditisten bei Kenntnis des Gläubigers von der Kommanditistenstellung trotz fehlender Eintragung in § 176 Abs. 1 S. 1 HGB-E (→Anm. 6). Dies begründet der Regierungsentwurf mit einer Besserstellung des nicht eingetragenen Kommanditisten einer „Ist-Kommanditgesellschaft" im Vergleich zum Gesellschafter einer GbR oder auch einer „Kann-Kommanditgesellschaft" (Begr. RegE, S. 307). Mit der Streichung soll einerseits die Gleichbehandlung wiederhergestellt werden; andererseits soll ein positiver Anreiz zur Eintragung des Kommanditisten in das Handelsregister gesetzt werden, die nun bezüglich der Haftungsbeschränkung konstitutiv wirkt (*K. Schmidt* ZHR 185 (2021), 16 (41).

1. Die Zuständigkeit der Kammer für Handelssachen richtet sich nach § 95 Abs. 1 Nr. 4a GVG.

Eine Klage gegen einen Gesellschafter nach § 128 HGB ist Handelssache, wenn das der Klage zugrundeliegende Geschäft ein beiderseitiges Handelsgeschäft ist (Zöller/*Lückemann* GVG § 95 Rn. 5). Ist das Geschäft kein beiderseitiges Handelsgeschäft, ist die Zivilkammer zuständig.

Richtet sich die Klage gegen die Gesellschaft und den Gesellschafter, so bestimmt sich die örtliche Zuständigkeit nach allgemeinen Grundsätzen (eine Art. 8 Nr. 1 EuGVVO entsprechende Regelung zur örtlichen Zuständigkeit gibt es in der ZPO nicht, BGH 30.11.2009 – II ZR 55/09, NJW-RR 2010, 644 Rn. 4), so dass – falls es keinen gemeinsamen Gerichtsstand gibt – Gesellschaft und Gesellschafter gesondert an unterschiedlichen Orten verklagt werden müssen (vgl. *Habersack*/Schäfer, Das Recht der OHG, § 124 Rn. 29).

2. Betreibt die Gesellschaft kein Handelsgewerbe iSv § 1 HGB, ist § 176 Abs. 1 HGB nicht anwendbar, da bis zur Eintragung keine KG, sondern eine GbR vorliegt; die zukünftigen Kommanditisten haften grds. persönlich und unbeschränkt (Röhricht/v. Westphalen/Haas/*Mock* HGB § 176 Rn. 3; MüKoHGB/*K. Schmidt* § 176 Rn. 6). Übernimmt die Gesellschaft allerdings ein bereits eingetragenes Einzelkaufmannsgeschäft und führt die Firma fort, so ist § 176 Abs. 1 HGB anwendbar (Baumbach/Hopt/*Roth* HGB § 176 Rn. 5). Das Verhältnis zwischen Gesellschaft und Gesellschafter muss im Antrag („wie Gesamtschuldner") jedenfalls dann nicht zum Ausdruck kommen, wenn diese gesondert verklagt werden (vgl. LG Bielefeld 2.11.1961 – 1 S 225/61, NJW 1962, 111).

3. Die Zustimmung kann auch in schlüssiger Weise erteilt werden, zB im Falle der Einbringung eines werbenden Unternehmens in die Gesellschaft (BGH 28.10.1981 – II ZR 129/80, BGHZ 82, 209 (211); RG 4.3.1930 – II 207/29, RGZ 128, 172 (180); MüKoHGB/*K. Schmidt* § 176 Rn. 12; Röhricht/v. Westphalen/Haas/*Mock* HGB § 176 Rn. 11). Die unbeschränkte Haftung besteht nur für Verbindlichkeiten, die nach der Zustimmung entstanden sind (MüKoHGB/*K. Schmidt* § 176 Rn. 12). Der Kommanditist kann der Haftung entgehen, wenn er seinen Beitritt unter der aufschiebenden Bedingung der Handelsregistereintragung stellt (BGH 28.10.1981 – II ZR 129/80, BGHZ 82, 209 (212, 215); BGH 21.3.1983 – II ZR 113/82, NJW 1983, 2258 (2259); Baumbach/Hopt/*Roth* HGB § 176 Rn. 1).

4. Der Kommanditist haftet gem. § 128 HGB. Da es sich jedoch um eine Vertrauenshaftung handelt, kommt eine unbeschränkte Haftung nur bei Rechtsgeschäften und rechtsgeschäftsähnlichen Tatbeständen in Betracht, nicht bei deliktischen Ansprüchen (BGH 28.10.1981 – II ZR 129/80, BGHZ 82, 209 (215); Röhricht/v. Westphalen/Haas/*Mock* HGB § 176 Rn. 16; MüKoHGB/*K. Schmidt* § 176 Rn. 37; abw. wohl BSG 25.9.1975 – 12 RJ 124/74, MDR 1976, 259 f.; 1976, 962). Nach § 176 Abs. 2 HGB haftet auch ein in die Gesellschaft eintretender Kommanditist bis zur Eintragung unbeschränkt (dazu Baumbach/Hopt/*Roth* HGB § 176 Rn. 9; MüKoHGB/*K. Schmidt* § 176 Rn. 19 ff. mwN).

5. Für die Haftung aus einem von der KG abgeschlossenen Vertrag kommt es auf den Zeitpunkt des Vertragsabschlusses, nicht auf den einer später eingetretenen Bedingung an (BGH 11.12.1978 – II ZR 235/77, DB 1979, 1123).

6. Kennt der Gläubiger die Kommanditistenstellung zum Zeitpunkt der Begründung der Verbindlichkeit, haftet der Kommanditist nur beschränkt iSd §§ 171–173 HGB auf die im Gesellschaftsvertrag festgesetzte Haftsumme bzw. Pflichteinlage (BGH 28.3.1977 – II ZR 230/75, NJW 1977, 1820 (1821); MüKoHGB/*K. Schmidt* § 176 Rn. 33). Voraussetzung ist dabei die positive Kenntnis der Kommanditistenstellung des konkret in Anspruch genommenen Kommanditisten, nicht ausreichend ist die Kenntnis, dass die Gesellschaft eine KG ist (Baumbach/Hopt/*Roth* HGB § 176 Rn. 4; Röhricht/v. Westphalen/Haas/*Mock* HGB § 176 Rn. 12). Kennen müssen, auch schuldhaftes, schadet dem Gläubiger nicht (RG 4.3.1930 – II 207/29, RGZ 128, 172 (182); MüKoHGB/*K. Schmidt* § 176 Rn. 13). Ausreichend ist aber, wenn der Gläubiger Kenntnis über alle persönlich haftenden Gesellschafter hat (BGH 7.7.1986 – II ZR 167/85, WM 1986, 1280; Baumbach/Hopt/*Roth* HGB § 176 Rn. 4). Bei einer GmbH & Co. KG verneint die hM regelmäßig auch vor Eintragung eine unbeschränkte Haftung der Kommanditisten, da der Rechtsverkehr davon ausgehen müsse, dass neben der GmbH kein persönlich haftender Gesellschafter besteht (Baumbach/Hopt/*Roth* HGB Anh. § 177a Rn. 19; EBJS/*Henze/Notz* HGB § 177a Anh. 1 Rn. 53; unklar BGH 21.3.1983 – II ZR 113/82, NJW 1983, 2258).

7. Die Haftung entfällt – im Gegensatz zur Handelndenhaftung nach § 11 Abs. 2 GmbHG, → Form. II.M.18 – nicht mit der Eintragung (Baumbach/Hopt/*Roth* HGB § 176 Rn. 13; MüKoHGB/*K. Schmidt* § 176 Rn. 42). Die unbeschränkte Haftung entfällt allerdings gem. §§ 159, 160 HGB, der auf § 176 HGB entsprechend anwendbar ist, nach fünf Jahren (BGH 22.9.1980 – II ZR 204/79, BGHZ 78, 114 (117); Baumbach/Hopt/*Roth* HGB § 176 Rn. 13; EBJS/*Strohn* HGB § 176 Rn. 20). Die Ausschlussfrist beginnt mit der Eintragung zu laufen (MüKoHGB/*K. Schmidt* § 176 Rn. 43).

8. Verzugszinsen nach § 288 BGB (fünf bzw. – bei ausschließlicher Beteiligung von Unternehmern – neun (§ 288 Abs. 2 BGB) Prozentpunkte über dem Basiszinssatz, oder mehr als Verzugsschaden); ggf. schon ab Fälligkeit 5 % Fälligkeitszinsen gem. §§ 352, 353 HGB. Zur Frage der Entgeltforderung iSv § 288 Abs. 2 BGB MüKoBGB/*Ernst* § 286 Rn. 82.

11. Klage auf Aufwendungsersatz eines Gesellschafters nach § 110 HGB

An das
Landgericht .....
Kammer für Handelssachen[1]

Klage

des ..... (Kläger)

Prozessbevollmächtigter: .....
gegen

die ..... KG (Beklagte)

wegen
Forderung (Ersatz von Aufwendungen nach § 110 HGB)
Vorläufiger Streitwert: ..... EUR
Namens und mit Vollmacht des Klägers erhebe ich Klage und werde beantragen:
1. Die Beklagte wird verurteilt, an den Kläger ..... EUR nebst 5 % Zinsen hieraus seit ..... zu zahlen.
2. Die Beklagte trägt die Kosten des Rechtsstreits.
Zur

Begründung

trage ich vor:

I.

Der Kläger war bis zum 31.12.20 ..... der einzige geschäftsführungs- und vertretungsberechtigte persönlich haftende Gesellschafter der Beklagten. Zum 1.1.20 ..... schied er infolge einer Übertragung seiner Beteiligung an der Beklagten auf Herrn ..... als neuen persönlich haftenden Gesellschafter aus der Beklagten aus. Einen aktuellen Handelsregisterauszug über die Beklagte lege ich in Anlage K 1 vor.

Die Beklagte hatte für den Kaufmann ..... gegenüber der .....-Bank wegen einer Darlehensforderung über ..... EUR selbstschuldnerisch gebürgt, s. die Kopie der Bürgschaftsurkunde in Anlage K 2. Die .....-Bank nahm nach Fälligkeit des Anspruchs auf Rückzahlung des Darlehens und Zahlungsverweigerung durch den Kaufmann ..... die Beklagte in Anspruch. Da diese ihrerseits über liquide Mittel nicht verfügte, befriedigte der Kläger am 15.12. 20 ..... aus privaten Mitteln die .....-Bank. Ich lege eine Kopie des Kontoauszugs über das Konto des Klägers, aus dem die Überweisung ersichtlich ist, in Anlage K 3 vor. Zu diesem Zeitpunkt war der Kläger noch persönlich haftender Gesellschafter der Beklagten (s. den Handelsregisterauszug in Anklage K 1).[2]

II.

Zur Zahlung der Bürgschaftssumme an die .....-Bank war der Kläger nach § 765 BGB, § 128 HGB verpflichtet. Die Beklagte hat dem Kläger den Betrag nach § 110 HGB zu erstatten.[3] Die Beklagte hat den zu erstattenden Betrag seit dem ....., dem Tag der Zahlung der Bürgschaftssumme an die .....-Bank, mit 5 % zu verzinsen.[4]

III.

Die Beklagte hat ihren Sitz in . . . ., wodurch nach § 17 ZPO der Gerichtsstand bei dem angerufenen Gericht begründet wird.

IV.

Den Streitwert gebe ich mit . . . . . EUR an.
Die Gerichtskosten werden unverzüglich nach Aufforderung eingezahlt.
Rechtsanwalt

Anmerkungen

Vorbemerkung: Der Regierungsentwurf eines Gesetzes zur Modernisierung des Personengesellschafsrechts (MoPeG) vom 20. Januar 2021, dessen Verkündung noch in der 19. Legislaturperiode erfolgte und der gemäß Art. 135 MoPeG am 1.1.2024 in Kraft treten wird, sieht eine weitgehende Reform des Personengesellschaftsrechts vor. In deren Zuge wird die Vorschrift des § 110 HGB vollständig gestrichen. Stattdessen wird der Aufwendungsersatzanspruch ausschließlich im Recht der GbR im neu geschaffenen § 716 BGB-E geregelt, der im Wesentlichen die heutige Regelung des § 713 BGB übernimmt und die bislang über einen Verweis auf das Auftragsrecht enthaltenen Regelungen ausdrücklich implementiert (vgl. dazu Begr. RegE, S. 180 f.). § 716 BGB-E wird über die Verweisung der nur marginal angepassten §§ 105 Abs. 2, 161 Abs. 2 HGB-E neben der GbR auch für die OHG und die KG anwendbar sein.

Hintergrund der Anpassung ist der Umstand, dass § 110 HGB jedem Gesellschafter der OHG einen Aufwendungsersatzanspruch zubilligt, während § 713 BGB nur für den geschäftsführenden Gesellschafter auf die §§ 664–670 BGB verweist. Während der Gesetzgeber bei der früher noch schuldrechtlich betrachteten GbR mit dem Verweis auf § 670 BGB zudem bewusst nur freiwillige Vermögensopfer einbezog, während die Einschränkung für die OHG und § 110 HGB als zu eng empfunden wurde, sieht der Reformgesetzgeber diese Unterschiede nicht mehr als gerechtfertigt an. Zudem bestehe heute ohnehin Einigkeit, dass die Freiwilligkeit des Vermögensopfers auch für den Ersatzanspruch aus § 670 BGB keine Voraussetzung mehr ist, sodass der Regelungszweck entfallen ist (EBJS/*Bergmann* § 110 Rn. 1; Begr. RegE, S. 180 f.).

Hinsichtlich des Regelungsinhalts werden in § 716 BGB-E einige Anpassungen vorgenommen werden. So wird § 716 Abs. 1 BGB-E in Abweichung von § 110 Abs. 1 Var. 1 HGB von Aufwendungen „zum Zwecke der Geschäftsbesorgung" sprechen, wofür jedoch weiterhin ein Tätigwerden im Geschäftskreis der Gesellschaft für die Gesellschaft erforderlich sein soll. Der Anspruch auf Ersatz von Verlusten hat nach § 716 Abs. 1 BGB-E gegenüber § 110 Abs. 1 Var. 2 HGB zur Voraussetzung, dass sie „unmittelbar infolge der Geschäftsbesorgung" erlitten werden. § 716 Abs. 2 BGB-E gibt dem Gesellschafter einen Anspruch auf Vorschusszahlung, der sich aktuell aus § 713 BGB iVm 669 BGB ergibt. § 716 Abs. 3 BGB-E enthält einen Anspruch auf Herausgabe des durch die Geschäftsführung erlangten, der sich aktuell aus § 713 BGB iVm § 667 BGB ergibt. Schließlich fasst § 716 Abs. 4 BGB-E die derzeit in § 110 Abs. 2 HGB sowie in § 713 BGB iVm § 668 BGB geregelte Verzinsungspflicht zusammen. Nicht nur hat die Gesellschaft ersatzfähige Aufwendungen und Verluste zu verzinsen, sondern auch nach § 716 Abs. 3 BGB-E herauszugebendes Geld ist durch den Gesellschafter zu verzinsen (Begr. RegE, S. 181 f.).

1. Die Sache ist Handelssache nach § 95 Abs. 1 Nr. 4a GVG. Die örtliche Zuständigkeit folgt aus §§ 17, 22 ZPO.

2. Ersatzberechtigt sind alle (auch die nichtgeschäftsführenden) Gesellschafter mit Bezug auf Aufwendungen aus der Zeit ihrer Zugehörigkeit zur Gesellschaft. Nicht ersatzberechtigt sind jedoch ausgeschiedene Gesellschafter, die nach Ausscheiden Aufwendungen im Gesellschaftsinteresse tätigen (vgl. Baumbach/Hopt/*Roth* HGB § 110 Rn. 2).

3. Aufwendungen in Gesellschaftsangelegenheiten sind Vermögensopfer, die der Gesellschafter im Interesse der Gesellschaft und freiwillig, dh ohne nach dem Innenverhältnis der Gesellschafter untereinander dazu verpflichtet zu sein, gemacht hat (vgl. Baumbach/Hopt/*Roth* HGB § 110 Rn. 7; MüKoHGB/*Langhein* § 110 Rn. 11); dazu gehört auch das Eintreten für Gesellschaftsschulden, für die der Gesellschafter dem Gläubiger gegenüber nach § 128 HGB haftet (vgl. Baumbach/Hopt/*Roth* HGB § 110 Rn. 8, 10). Zum Anspruch auf Aufwendungsersatz vgl. Baumbach/Hopt/*Roth* HGB § 110 Rn. 7 ff.; BGH 2.7.1962 – II ZR 204/60, BGHZ 37, 299 (301) mwN.

4. Die Zinspflicht ergibt sich aus § 110 Abs. 2 HGB, auch aus § 256 BGB, die Zinshöhe aus § 352 Abs. 2 HGB, vgl. Baumbach/Hopt/*Roth* HGB § 110 Rn. 15; Habersack/*Schäfer*, Das Recht der OHG, § 110 Rn. 26. Das Gleiche gilt für die Zahlung eines Kommanditisten, der nach § 128 BGB nicht verpflichtet wäre, vgl. Baumbach/Hopt/*Roth* HGB § 110 Rn. 2.

12. Klage auf Unterlassung von Wettbewerb nach § 112 HGB

An das
Landgericht . . . . .
Kammer für Handelssachen[1]

Klage

der

1. . . . . **(Kläger Nr. 1)**
2. . . . . **(Kläger Nr. 2)**
3. . . . . **(Kläger Nr. 3)**

Prozessbevollmächtigter: . . . . .
gegen

den . . . . . **(Beklagter)**

wegen
Unterlassung von Wettbewerb (§ 112 HGB)
Vorläufiger Streitwert: . . . . . EUR[2]
Namens und mit Vollmacht der Kläger erhebe ich Klage und werde beantragen:
1. Dem Beklagten wird bei Vermeidung von Ordnungsgeld oder Ordnungshaft verboten, als Geschäftsführer oder Gesellschafter der . . . . . GmbH Personenkraftwagen zu vermieten.
2. Der Beklagte trägt die Kosten des Rechtsstreits.
Zur

Begründung

trage ich vor:

I.

1. Die Kläger sind Kommanditisten,[3] der Beklagte ist der persönlich haftende Gesellschafter der . . . . . KG.
Zweck der im Handelsregister des Amtsgerichts . . . . . unter HRA . . . . . eingetragenen . . . . . KG ist die gewerbliche Vermietung von Kraftfahrzeugen aller Art, die seit Jahren ausgeübt wird.
Eine Kopie des Gesellschaftsvertrages füge ich als Anlage K 1 bei.

2. Der Beklagte hat zusammen mit seiner Ehefrau am . . . .[4] die . . . . . GmbH gegründet. Die Gesellschaft ist im Handelsregister des Amtsgerichts . . . . . unter HRB . . . . . eingetragen. Der Beklagte ist der alleinvertretungsberechtigte Geschäftsführer der . . . . . GmbH, deren Unternehmenszweck die gewerbliche Vermietung von Kraftfahrzeugen aller Art ist.
Einen Handelsregisterauszug, die Firma . . . . . GmbH betreffend, lege ich in Anlage K 2, eine Kopie der Satzung der . . . . . GmbH in Anlage K 3 vor.

3. Die Kläger haben die vom Beklagten nachgesuchte Einwilligung, im Handelszweig der . . . . . KG geschäftlich tätig zu werden, verweigert.

Beweis: Zeugnis . . . . .
Ehefrau des Beklagten.

II.

1. Der Beklagte, der ohne Einwilligung als Gesellschafter und Geschäftsführer der . . . . . GmbH Kraftfahrzeuge vermietet, verstößt gegen § 112 HGB.

2. Auf § 1 GWB kann sich der Beklagte nicht berufen. Das gesetzliche Wettbewerbsverbot des § 112 HGB ist Ausfluss und notwendiger Bestandteil der Verpflichtung des Beklagten in seiner Eigenschaft als geschäftsführender Gesellschafter, seine Tätigkeit am Gesellschaftszweck auszurichten und sich für das gemeinsame Ziel einzusetzen. Ob und in welchen Fällen § 1 GWB zumindest eine einschränkende Auslegung des § 112 HGB gebietet, braucht hier nicht untersucht zu werden, da der Beklagte der einzige persönlich haftende Gesellschafter der . . . . . KG ist.[5, 6]

III.

Den Streitwert gebe ich mit . . . . . EUR an.
Die Gerichtskosten werden unverzüglich nach Aufforderung eingezahlt.
Rechtsanwalt

Anmerkungen

Vorbemerkung: Der Regierungsentwurf eines Gesetzes zur Modernisierung des Personengesellschafsrechts (MoPeG) vom 20. Januar 2021, dessen Verkündung noch in der 19. Legislaturperiode erfolgte und der gemäß Art. 135 MoPeG am 1.1.2024 in Kraft treten wird, sieht eine weitgehende Reform des Personengesellschaftsrechts vor. In deren Rahmen werden die Vorschriften der §§ 112, 113 HGB nahezu wortlautidentisch mit redaktionellen Anpassungen in die §§ 117, 118 HGB-E übernommen. Jedoch gibt es im Detail Unterschiede. So verbietet § 112 Abs. 1 Var. 1 HGB die Beteiligung als persönlich haftender Gesellschafter an einer gleichartigen „Handelsgesellschaft". Der Regierungsentwurf zu § 117 Abs. 1 HGB-E untersagt hier weitreichender eine solche Beteiligung an einer „Gesellschaft" (Begr. RegE, S. 59), obwohl die Begründung auf die Wortlautidentität mit § 112 Abs. 1 HGB verweist (Begr. RegE, S. 281). Vor dem Hintergrund, dass nach der hM der Literatur der Anwendungsbereich bereits nach geltendem Recht über den

Wortlaut hinaus auch Beteiligungen an Nicht-Handelsgesellschaften iSv § 6 Abs. 1 HGB, wie der GbR umfasst (zur fehlenden Eigenschaft als Handelsgesellschaft MüKoHGB/*K. Schmidt* § 6 Rn. 7; dazu, dass § 112 Abs. 1, 2. Var. HGB auch die Beteiligung an einer GbR umfasst Habersack/*Schäfer*, Das Recht der OHG, § 112 Rn. 24; EBJS/*Bergmann* HGB § 112 Rn. 14 f.; MüKoHGB/*Langhein* § 112 Rn. 17), ist zweifelhaft, ob der Reformgesetzgeber den Anwendungsbereich verändern wollte.

Daneben enthält § 118 Abs. 4 HGB-E im Gegensatz zu § 113 Abs. 4 HGB die Klarstellung, dass neben dem Recht der Gesellschafter zur Auflösung der Gesellschaft auch das Recht zur Ausschließung des betreffenden Gesellschafters unberührt bleibt, was bereits der geltenden Rechtslage entspricht (Begr. RegE, S. 281).

1. Die Sache ist Handelssache nach § 95 Abs. 1 Nr. 4a GVG. Die örtliche Zuständigkeit ergibt sich aus §§ 17, 22 ZPO.

2. Der Streitwert bemisst sich gem. § 3 ZPO nach dem Interesse des Klägers an der Unterlassung des Wettbewerbs, insb. nach der Beeinträchtigung, die von dem beanstandeten Verhalten verständigerweise zu besorgen ist, vgl. Zöller/*Herget* ZPO § 3 Rn. 16, Stichwort: Unterlassung.

3. Der Unterlassungsanspruch nach § 112 HGB kann von jedem Mitgesellschafter – nicht notwendig von allen gemeinsam – geltend gemacht werden (BGH 21.2.1978 – KZR 6/77, BB 1978, 467; Habersack/*Schäfer*, Das Recht der OHG, § 112 Rn. 38), ohne dass es eines Beschlusses über die Geltendmachung des Anspruchs bedarf. § 113 Abs. 2 HGB gilt für den Unterlassungsanspruch nicht (Baumbach/Hopt/*Roth* HGB § 113 Rn. 9; BeckHdB PersGes/*Gesell* § 4 Rn. 175; dagegen EBJS/*Bergmann* HGB § 113 Rn. 34).

Außer Unterlassung kann nach § 113 HGB Schadensersatz oder stattdessen von dem das Wettbewerbsverbot verletzenden Gesellschafter gefordert werden, dass er die für eigene Rechnung gemachten Geschäfte als für Rechnung der Gesellschaft eingegangen gelten lässt und die aus Geschäften für fremde Rechnung bezogene Vergütung herausgibt oder seinen Anspruch auf die Vergütung abtritt (§ 113 Abs. 1 HGB).

4. Wesentlich ist uU die zeitliche Reihenfolge (vgl. § 112 Abs. 2 HGB u. Baumbach/Hopt/*Roth* HGB § 112 Rn. 9 ff.; MüKoHGB/*Langhein* § 112 Rn. 28).

5. Dass der Beklagte die Wettbewerbstätigkeit nicht im eigenen Namen ausübt, sondern als Geschäftsführer und Gesellschafter einer Kapitalgesellschaft, ist für die Anwendung des § 112 HGB ohne Belang (BGH 21.2.1978 – KZR 6/77, BB 1978, 467; BGH 5.12.1983 – II ZR 242/82, NJW 1984, 1351; Baumbach/Hopt/*Roth* HGB § 112 Rn. 4).

6. § 1 GWB könnte nur eingreifen, wenn die den persönlich haftenden Gesellschafter treffenden Wettbewerbsbeschränkungen geeignet wären, die Marktverhältnisse zu beeinflussen (BGH 14.10.1976 – KZR 36/75, BGHZ 68, 6 (10 ff.); ebenso BGH 21.2.1978 – KZR 6/77, BB 1978, 467; BGH 19.10.1993 – KZR 3/92, NJW 1994, 384 (386)). Aber auch dann wäre das gesetzliche Wettbewerbsverbot des § 112 HGB nur unwirksam, wenn es sich bei der in Rede stehenden Personenhandelsgesellschaft nicht um den gesetzlichen Regelfall einer umfassenden Arbeits- und Haftungsgemeinschaft handeln würde (BGH 21.2.1978 – KZR 6/77, BB 1978, 467; MüKoHGB/*Langhein* § 112 Rn. 32 f.). § 1 GWB greift trotz der Regelung in § 112 HGB ein, wenn ein rein kapitalistisch beteiligter Gesellschafter auf Unterlassung wettbewerblicher Tätigkeit in Anspruch genommen wird (BGH 6.12.1962 – KZR 4/62, BGHZ 38, 306 (314); BGH 21.2.1978 – KZR 6/77, BGHZ 70, 331; BGH 5.12.1983 – II ZR 242/82, 89, 162 (165 f.); zum Ganzen vgl. auch Baumbach/Hopt/*Roth* HGB § 112 Rn. 15 ff. mwN; EBJS/*Bergmann* HGB § 112 Rn. 35 ff.).

13. Klage auf Schadensersatz gegen Geschäftsführer wegen Verletzung der Geschäftschancenlehre nach § 114 Abs. 1 HGB

An das
Landgericht . . . . .
Kammer für Handelssachen[1]

Klage

der . . . . . OHG, ...

(Klägerin)

Prozessbevollmächtigter: . . . . .
gegen

den . . . . . (Beklagter)

wegen
Schadensersatz (§§ 280, 241 Abs. 2, 242 BGB; §§ 112, 113, 114 HGB)
Vorläufiger Streitwert: . . . . . EUR
Namens und mit Vollmacht der Klägerin erhebe ich Klage und werde beantragen:

1. Der Beklagte wird verurteilt, das Grundstück Gemarkung von . . . . . im Grundbuch von . . . . ., Amtsgericht . . . . ., Grundbuchblatt . . . . ., Flur . . . . ., verzeichnet im Bestandsverzeichnis unter Lfd. Nr. . . . . . bis . . . . . Zug-um-Zug gegen Zahlung von EUR . . . . . lastenfrei – mit Ausnahme der in Abt. II unter Nr. . . . . . verzeichneten Belastungen und Beschränkungen – an die Klägerin aufzulassen, die Eintragung der Klägerin als Eigentümer im Grundbuch zu bewilligen, das Grundstück zu räumen und an die Klägerin herauszugeben.
2. Es wird festgestellt, dass der Beklagte im Verzug der Annahme mit der Zahlung iHv EUR . . . . . ist.[2]
3. Der Beklagte trägt die Kosten des Rechtsstreits.

Zur

Begründung

trage ich vor:

I.

1. Der Beklagte hat sich mit seinem Bruder, Herrn . . . . ., am . . . . . 20. . . . . in einer Offenen Handelsgesellschaft – der Klägerin – zusammengeschlossen (Amtsgericht . . . . ., HRA . . . . .), deren gesellschaftsvertraglich festgelegter Unternehmensgegenstand der Erwerb, das Halten und das Verwalten von Wohn- und Geschäftsgebäuden sowie unbebauter Grundstücke ist. Beide Gesellschafter sind alleingeschäftsführungs- und alleinvertretungsbefugt und sind am Kapital der Gesellschaft zu gleichen Teilen beteiligt.

   Beweis: 1. Vorlage des Auszugs aus dem Handelsregister vom . . . . .,
   2. Vorlage des Gesellschaftsvertrags vom . . . . .

2. Der Beklagte hat nach seinen Angaben gegenüber Herrn . . . . . am Morgen des . . . . . 20. . . . . bei Lektüre der Tageszeitung zum Frühstück zu Hause eine Annonce über ein zu veräußerndes Grundstück gelesen. Er hat daraufhin Kontakt zu dem prospektiven Veräußerer aufgenommen, ist sich mit ihm binnen kurzer Zeit handelseinig geworden und hat das Grundstück am . . . . . 20. . . . . erworben. Der Beklagte

hatte für den Erwerb des Grundstücks Aufwendungen iHv ..... EUR, die auch die Klägerin gehabt hätte.

Beweis: Zeugnis des Herrn .....

3. Der Beklagte hat zwar über den Briefbogen der Klägerin korrespondiert, die Ressourcen der Klägerin eingesetzt, ua hat er von der Klägerin erstellte Bewertungsgutachten für die Kaufvertragsverhandlungen eingesetzt, und seinen Mitgesellschafter darüber unterrichtet, dass er an einer „tollen Gelegenheit" für die Klägerin „dran" sei. Die Klägerin hat er in den weiteren Erwerbsvorgang indes nicht mehr eingebunden. Insbesondere hat er den Erwerb durch sich gegenüber seinem Mitgesellschafter weder offengelegt noch diesen um Zustimmung ersucht.[3]

Beweis: 1. Vorlage des Schreibens des Beklagten an den prospektiven Käufer vom ..... und des Bewertungsgutachtens vom .....,
2. Parteivernehmung des Herrn .....

4. Am ..... 20. .... hat eine Gesellschafterversammlung der Klägerin unter Beteiligung des Beklagten und Herrn ..... stattgefunden. Die Geltendmachung des Anspruchs gegen den Beklagten wurde mit den Stimmen des Herrn ..... beschlossen; dass der Beklagte hiergegen stimmte, hinderte das wirksame Zustandekommen des Beschlusses nicht. Der Beklagte unterlag einem Stimmrechtsausschluss.[4]

Beweis: Vorlage der Niederschrift über die Gesellschafterversammlung der Klägerin vom .....

5. Zwar trifft es zu, dass die Klägerin nicht über liquide Mittel verfügte, um das Grundstück erwerben zu können. Sie verfügt indes über unbelastete Grundstücke in ihrem gegenwärtigen Bestand, die sie ohne weiteres grundpfandrechtlich Beleihen und sich hierdurch den erforderlichen Kredit zu marktüblichen Bedingungen verschaffen kann.

Beweis: 1. Vorlage des Auszugs aus dem Grundbuch vom .....,
2. Parteivernehmung des Herrn .....

II.

1. Der Beklagte schuldet wegen zu vertretender Verletzung seiner Pflicht zur Geschäftsführung nach §§ 280, 241 Abs. 2, 242 BGB iVm §§ 112, 113, 114 HGB im Wege des Schadensersatzes Herausgabe des entgegen der Geschäftschancenlehre erlangten Grundstücks, und zwar Zug-um-Zug gegen Erstattung der zum Erwerb getätigten Aufwendungen, die auch die Klägerin bei einem Erwerb gehabt hätte.[5]
2. Aus der Treuepflicht des Geschäftsführers ergibt sich, dass es ihm ohne Zustimmung nicht erlaubt ist, im Geschäftszweig der Gesellschaft Geschäfte für eigene Rechnung zu tätigen oder tätigen zu lassen oder den Vollzug bereits von der Gesellschaft abgeschlossener Geschäfte durch Abwicklung auf eigene Rechnung oder in sonstiger Weise zu beeinträchtigen oder zu vereiteln.[6]
3. Die Geschäftschance zum Erwerb des streitgegenständlichen Grundstücks war der Klägerin abstrakt zugeordnet, da der Erwerb von Grundstücken in den gesellschaftsvertraglich festgelegten Unternehmensgegenstand fällt. Ferner war die Geschäftschance der Klägerin auch konkret zugeordnet. Der Beklagte hat als alleingeschäftsführungs- und alleinvertretungsbefugter Gesellschafter der Klägerin Kenntnis von der Geschäftschance erlangt; dabei ist unerheblich, dass er die Kenntnis im privaten Kontext erlangt hat. Er bahnte den Erwerb zunächst über die Klägerin an, sah dann aber davon ab, ihn über diese zu vollziehen und nutzte die Geschäftschance pflichtwidrig privat.[7]

4. Von einem Geschäftsführer, dem sich eine Geschäftschance für die Gesellschaft bietet, wird grundsätzlich erwartet, alles Erdenkliche zu tun, um diese für die Gesellschaft zu nutzen. Eine Kreditfinanzierung wäre möglich gewesen.[8]

III.

Den Streitwert gebe ich mit . . . . . EUR an.[9] **Die Gerichtskosten werden unverzüglich nach Aufforderung eingezahlt.**
Rechtsanwalt

Anmerkungen

Vorbemerkung: Der Regierungsentwurf eines Gesetzes zur Modernisierung des Personengesellschafsrechts (MoPeG) vom 20. Januar 2021, dessen Verkündung noch in der 19. Legislaturperiode erfolgte und der gemäß Art. 135 MoPeG am 1.1.2024 in Kraft treten wird, sieht eine weitgehende Reform des Personengesellschaftsrechts vor. Nach dem Regierungsentwurf wird § 114 Abs. 1 HGB – in dem die Geschäftschancenlehre dogmatisch verortet ist – inhaltsgleich in § 116 Abs. 1 HGB-E übernommen. Insgesamt wird § 116 HGB-E die Regelungen über die Geschäftsführung aus §§ 114 – 117 HGB zusammenfassen. Da die Geschäftschancenlehre sich aus der Treuepflicht ergibt und der Reformgesetzgeber aufgrund der Vielschichtigkeit und Vielfalt denkbarer Anwendungsfälle von einer Kodifizierung allgemeiner gesellschaftsrechtlicher Grundsätze wie der Treuepflicht abgesehen hat (vgl. Begr. RegE, S. 159), ist davon auszugehen, dass sich durch die Reform keine Änderung ihrer inhaltlichen Ausgestaltung ergeben wird.

1. Die Angelegenheit ist Handelssache nach § 95 Abs. 1 Nr. 4a GVG. Die sachliche Zuständigkeit bestimmt sich regulär nach §§ 23 Nr. 1, 71 Abs. 1 GVG, die örtliche Zuständigkeit ergibt sich aus §§ 12 f., 22 ZPO.

2. Der Antrag kann auf Herausgabe des Erlangten im Wege der Naturalrestitution gerichtet werden (§ 249 Abs. 1 BGB). Das Erlangte (hier das Grundstück) ist lastenfrei herauszugeben; eine Ausnahme bilden bereits bei Erwerb vorhandene Lasten, die auch die Gesellschaft hätte übernehmen müssen (dies betrifft bei Grundstücken idR die Belastungen in Abt. II). Wegen §§ 894 Satz 2, 726 Abs. 2 Fall 2, 756 Abs. 1, 765 Nr. 1 ZPO sollte die Feststellung des Annahmeverzugs beantragt werden.

3. Die Gesellschafter können die Geschäftschance durch Zustimmung freigeben; in Ermangelung einer entsprechenden Mehrheitsklausel, bedarf es der Zustimmung sämtlicher Gesellschafter (BGH 8.5.1989 – II ZR 229/88, NJW 1989, 2687). Für die Zustimmung ist der betreffende Gesellschafter darlegungs- und beweisbelastet, weil es sich um einen ihn begünstigenden Ausnahmetatbestand handelt (vgl. BGH 4.12.2012 – II ZR 159/10, NJW-RR 2013, 363 (365) Rn. 28).

4. § 116 Abs. 2 HGB erfordert einen Beschluss der Gesellschafterversammlung zur Geltendmachung des Anspruchs (BGH 12.6.1997 – IX ZR 172/96, BeckRS 1997, 04951). Der betroffene Gesellschafter unterliegt hierbei aus zwingenden Sachgründen einem Stimmrechtsausschluss, der immer dann eingreift, wenn es darum geht, ob die Gesellschaft einen gegen den betroffenen Gesellschafter gerichteten Anspruch geltend macht (BGH 9.5.1974 – II ZR 84/72, NJW 1974, 1555 (1556)).

5. Werden die aus der Geschäftschancenlehre folgenden Pflichten vorsätzlich verletzt, treten in freier Anspruchskonkurrenz § 826 BGB und §§ 823 Abs. 2 BGB iVm § 266 StGB hinzu; damit kommt auch § 852 BGB zur Anwendung. Aufwendungen, die die berechtigte

Gesellschaft ebenfalls hätte tätigen müssen, sind im Wege der Vorteilsausgleichung Zug-um-Zug zu erstatten (vgl. BGH 4.12.2012 – II ZR 159/10, NJW-RR 2013, 363 Rn. 45).

6. Vgl. BGH 4.12.2012 – II ZR 159/10, NJW-RR 2013, 363 Rn. 21 mwN (zur GbR, auf die die Grundsätze der Geschäftschancenlehre jedenfalls dann anwendbar sind, wenn diese eine „Erwerbsgesellschaft" oder eine „unternehmenstragende" Gesellschaft darstellt, Rn. 20); BGH 9.1.1989 – II ZR 83/88, NJW 1989, 2687 (zur KG). Die Geschäftschancenlehre ist eine besondere Ausprägung der Treuepflicht. Ihre Abgrenzung zum Wettbewerbsverbot aus § 112 HGB (→ Form. II.M.12) ergibt sich insbesondere daraus, dass sie in Abweichung von § 112 Abs. 2 HGB unverzichtbar ist sowie, dass sie auch für Geschäfte außerhalb des Handelszweigs der Gesellschaft Geltung beansprucht (Habersack/*Schäfer*, Das Recht der OHG, § 114 Rn. 46 mwN; MüKoHGB/*Rawert* § 114 Rn. 48).

7. Zur abstrakten und konkreten Zuordnung der Geschäftschance an die Gesellschaft vgl. BGH 4.12.2012 – II ZR 159/10, NJW-RR 2013, 363 Rn. 22 ff., und zur Unerheblichkeit der privaten Kenntniserlangung vgl. BGH, aaO, Rn. 27).

8. Die Finanzierbarkeit steht der Wahrnehmung einer Geschäftschance oftmals nicht entgegen. Nach der Rspr. kommt neben der Aufnahme eines Kredits unter Umständen auch die Aufnahme eines kapitalkräftigen Partners als stiller Gesellschafter in Betracht (vgl. BGH 4.12.2012 – II ZR 159/10, NJW-RR 2013, 363 Rn. 30 ff. mwN).

9. Der Streitwert bemisst sich nach dem Interesse des Klägers, d. h. dem Wert, den die Geschäftschance (abzüglich der hierfür erforderlichen Aufwendungen) für ihn hat (§ 3 ZPO).

14. Beschlussmängelklage in GmbH & Co. KG

An das
Landgericht . . . . .
Kammer für Handelssachen[1]

Klage

des. . . . .

(Kläger)

Prozessbevollmächtigter: . . . . .
gegen

den . . . . .[2]	**(Beklagter zu 1)**
den	**(Beklagter zu 2)**
die . . . . . GmbH	**(Beklagte zu 3)**
die . . . . . GmbH & Co. KG[3]	**(Beklagte zu 4)**

wegen
Nichtigkeitsfeststellung und Anfechtung
Vorläufiger Streitwert: . . . . . EUR[4]
Namens und mit Vollmacht des Klägers erhebe ich Klage und werde beantragen:

1. **gegenüber den Beklagten zu 1 bis 4 festzustellen, dass die folgenden in der Gesellschafterversammlung der Beklagten zu 4 am . . . . . gefassten Beschlüsse nichtig sind:**
   a) **Zu TOP 1 . . . . .**

b) Zu TOP 2 . . . . .
c) Zu TOP 3 . . . . .
2. gegenüber der Beklagten zu 3:
   a) festzustellen, dass die folgenden in der Gesellschafterversammlung der Beklagten zu 3 am . . . . . gefassten Beschlüsse nichtig sind:
      aa) Zu TOP 1 . . . . .
      bb) Zu TOP 2 . . . . .
      cc) Zu TOP 3 . . . . .
   b) hilfsweise – für den Fall, dass der vorstehende Antrag auf Nichtigkeitsfeststellung abgewiesen wird – die folgenden in der Gesellschafterversammlung der Beklagten zu 3 am . . . . . gefassten Beschlüsse für nichtig zu erklären:
      aa) Zu TOP 1 . . . . .
      bb) Zu TOP 2 . . . . .
      cc) Zu TOP 3 . . . . .
3. Die Beklagten tragen die Kosten des Rechtsstreits.

Zur

Begründung

trage ich vor:

I.

1. Der Kläger und die Beklagten zu 1 bis 3 sind die einzigen Gesellschafter der Beklagten zu 4. Der Kläger und die Beklagten zu 1 und 2 sind deren Kommanditisten und halten jeweils $^{1}/_{3}$ des Kommanditkapitals der Beklagten zu 4, wonach sich auch deren Stimmrecht bemisst; die Beklagte zu 3 ist deren zur Geschäftsführung und Vertretung befugte Komplementärin, die am Kapital der Beklagten zu 4 nicht beteiligt ist und daher auch kein Stimmrecht hat.

   Beweis: 1. Vorlage des Auszugs aus dem Handelsregister der Beklagten zu 4 vom . . . . .
   2. Vorlage des Gesellschaftsvertrags der Beklagten zu 4 vom . . . . .

2. Der Kläger und die Beklagten zu 1 und zu 2 sind zudem die einzigen Gesellschafter der Beklagten zu 3. Das Stammkapital und das damit verbundene Stimmrecht ist beteiligungsidentisch zur Beklagten zu 4.

   Beweis: 1. Vorlage der Gesellschafterliste der Beklagten zu 3 vom . . . . .
   2. Vorlage der Satzung der Beklagten zu 3 vom . . . . .

3. Sowohl der Gesellschaftsvertrag der Beklagten zu 4 als auch die Satzung der Beklagten zu 3 sehen eine Frist zur Ladung zu einer Gesellschafterversammlung von zwei Wochen vor. Ferner ist in beiden festgelegt, dass die Beschlussgegenstände in der Ladung anzugeben sind.

   Beweis: 1. Vorlage des Gesellschaftsvertrags der Beklagten zu 4 vom . . . . .
   2. Vorlage der Satzung der Beklagten zu 3 vom . . . . .

4. Der Gesellschaftsvertrag der Beklagten zu 4 enthält zwar eine allgemeine Mehrheitsklausel, bestimmt indes ua für Gesellschaftsvertragsänderungen eine ¾-Mehrheit.

   Beweis: wie vor

5. Mit Schreiben vom . . . . . 20. . . . . lud der Geschäftsführer der Beklagten zu 3 auf den . . . . . 20. . . . . zu außerordentlichen Gesellschafterversammlungen der Beklagten zu 3 und der Beklagten zu 4 ein. Damit lagen zwischen dem Datum der Einladung und den Gesellschafterversammlungen keine zwei Wochen.

Beweis: 1. Vorlage der Einladung zur Gesellschafterversammlung der Beklagten zu 4 vom .....
2. Vorlage der Einladung zur Gesellschafterversammlung der Beklagten zu 3 vom .....

6. Als Gegenstand gaben die Ladungen zu TOP 1, TOP 2 und TOP 3 lediglich gleichlautend „Gesellschaftsvertragsänderung" unter Bezug auf die jeweilige Bestimmung im Gesellschaftsvertrag der Beklagten zu 4 bzw. der Satzung der Beklagten zu 3 an, die geändert werden sollten. Der Änderungswortlaut selbst war nicht angegeben.

Beweis: wie vor

7. In den Gesellschafterversammlungen stimmten die Beklagten zu 1 und zu 2 für die Änderung des Gesellschaftsvertrags bzw. der Satzung, der Kläger stimmte dagegen. Gleichwohl stellte der Geschäftsführer der Beklagten zu 3, der die Gesellschafterversammlungen als vertraglich vorgesehener Versammlungsleiter leitete, das Zustandekommen der Beschlüsse fest.

Beweis: 1. Niederschrift über die Gesellschafterversammlung der Beklagten zu 3 vom .....
2. Niederschrift über die Gesellschafterversammlung der Beklagten zu 4 vom .....

8. Der Gesellschaftsvertrag der Beklagten zu 4 und die Satzung der Beklagten zu 3 sehen jeweils eine Frist von einem Monat zur gerichtlichen Geltendmachung von Beschlussmängeln vor.

Beweis: 1. Vorlage des Gesellschaftsvertrags der Beklagten zu 4 vom .....
2. Vorlage der Satzung der Beklagten zu 3 vom .....

II.

1. Die in der Gesellschafterversammlung der Beklagten zu 4 gefassten Beschlüsse sind nichtig. Es liegen sowohl formelle als auch materielle Mängel vor, die die Nichtigkeitsfeststellung rechtfertigen.
2. Es besteht ein Interesse an der Feststellung der Nichtigkeit der in der Beklagten zu 4 gefassten Beschlüsse sowohl dieser gegenüber als auch gegenüber deren Gesellschaftern, die der Nichtigkeit widersprachen. Da im Vorhinein nicht sicher feststellbar ist, ob die Kriterien des BGH zur Übernahme des kapitalgesellschaftsrechtlichen Beschlussmängelsystems vorliegen, hier aber eine Klagefrist vertraglich festgelegt ist, besteht ein Interesse an der Nichtigkeitsfeststellung auch der Beklagten zu 4 gegenüber.[5]
3. Die Ladungsfrist von zwei Wochen wurde nicht eingehalten. Es handelt sich um eine Zwischenfrist, so dass der Tag des Zugangs der Einladung und der Tag der Abhaltung der Versammlung frei sein müssen. Dies war hier nicht der Fall. Auf den Tag der Absendung der Einladung kommt es bei Kommanditgesellschaften des vorliegenden Zuschnitts nicht an.[6]
4. Ferner waren die vorgeschlagenen Änderungen des Gesellschaftsvertrags nicht ordnungsgemäß angekündigt. Zwar waren die Beschlussgegenstände angegeben, nicht jedoch der Wortlaut der Gesellschaftsvertragsänderung, über den Beschluss gefasst werden sollte. Diese Information ist indes bei derart weitreichenden Entscheidungen erforderlich, damit sich die Gesellschafter auf die Entscheidung vorbereiten können.[7]
5. Darüber hinaus ist die Gesellschaftsvertragsänderung nicht mit der erforderlichen Mehrheit beschlossen worden. Zwar sieht der Gesellschaftsvertrag der Gesellschaft eine Mehrheitsklausel nach Maßgabe der Kommanditkapitalanteile vor (vgl. § 119 Abs. 2 Hs. 1 HGB), indes gilt dies nicht für Änderungen des Gesellschaftsvertrags selbst, wofür eine ¾-Mehrheit erforderlich ist.[8]

III.

1. **Gleichermaßen nichtig sind die Beschlüsse, die in der Beklagten zu 3 gefasst wurden, jedenfalls sind sie auf die Anfechtung hin für nichtig zu erklären.[9]**
2. **Die Anfechtungs- bzw. Nichtigkeitsgründe bei der Beschlussfassung in der Beklagten zu 3 entsprechen den geltend gemachten Beschlussmängeln in der Beklagten zu 4.**

IV.

Den Streitwert gebe ich mit . . . . . EUR an. Die Gerichtskosten werden unverzüglich nach Aufforderung eingezahlt.
Rechtsanwalt

Anmerkungen

Vorbemerkung: Der Regierungsentwurf eines Gesetzes zur Modernisierung des Personengesellschafsrechts (MoPeG) vom 20. Januar 2021, dessen Verkündung noch in der 19. Legislaturperiode erfolgte und der gemäß Art. 135 MoPeG am 1.1.2024 in Kraft treten wird, sieht eine weitgehende Reform des Personengesellschaftsrechts vor. Nach dem Regierungsentwurf wird in den §§ 110 – 115 HGB-E ein grundlegend neues Beschlussmängelrecht für die Personenhandelsgesellschaften eingeführt (vgl. Begr. RegE, S. 124 ff.; *K. Schmidt*, ZHR 185 (2121), S. 16 (36 f.)). Dessen Regelungen können hier nur überblicksartig dargestellt werden.

So übernimmt der Regierungsentwurf unter Beachtung der weitgehenden Gestaltungsfreiheit und der rechtsformspezifischen Besonderheiten der Personengesellschaften das aktienrechtliche Anfechtungsmodell. § 110 HGB-E differenziert dementsprechend zwischen anfechtbaren und nichtigen Gesellschafterbeschlüssen und sieht entsprechend die Möglichkeit der Anfechtung- (§§ 110 Abs. 1, 113 HGB-E) und Nichtigkeitsklage (§ 110 Abs. 2 S. 2, 114 HGB-E) vor. Hiernach sollen Verfahrensfehler grds. zur Anfechtbarkeit führen, während es bei inhaltlichen Fehlern maßgeblich auf die durch das zwingende Recht gezogenen Gestaltungsgrenzen beim Beschlussinhalt ankommen soll, ob diese zur Anfechtbarkeit oder Nichtigkeit führen; die Entscheidung soll weitgehend Rechtsprechung und Literatur überlassen bleiben (Begr. RegE, S. 125).

§§ 111–113 HGB-E geben sodann einen prozessualen Rahmen für die Anfechtungsklage vor, der nach § 114 HGB-E gleichermaßen für die Nichtigkeitsklage gilt. Nach § 111 Abs. 1 HGB-E ist jeder klagebefugt, der zum Zeitpunkt der Beschlussfassung Gesellschafter ist. § 112 Abs. 1 HGB-E sieht eine Klagefrist von drei Monaten ab Bekanntgabe des Beschlusses vor, die gesellschaftsvertraglich auf bis zu einen Monat verkürzt werden kann. *K. Schmidt* sieht hierin Verzahnungsprobleme bei der GmbH & Co. KG, die zu gesellschaftsvertraglichen Regelungen einladen (*K. Schmidt* ZHR 185 (2021), S. 16 (36)). Zuständig für die Klage ist nach § 113 Abs. 1 HGB-E das Landgericht, in dessen Bezirk die Gesellschaft ihren Sitz hat. Die Klage ist nach § 113 Abs. 2 HGB-E gegen die Gesellschaft zu richten; § 113 Abs. 3 HGB-E sieht eine unverzügliche Unterrichtung der übrigen Gesellschafter über die Erhebung der Klage und die Lage des Rechtsstreits vor, auf die das Gericht hinzuwirken hat. Schließlich hat ein klagestattgebendes Urteil nach § 113 Abs. 6 HGB-E rechtliche Wirkung gegen alle Gesellschafter, auch wenn sie nicht am Rechtsstreit beteiligt sind (Begr. RegE, S. 125 ff.).

Die Neuregelung des Beschlussmängelrechts adressiert die unten dargestellten Probleme in Verbindung mit der gesellschaftsvertraglichen Implementierung des kapitalgesellschaftsrechtlichen Beschlussmängelsystems (→ Anm. 3 zur Passivlegitimation, → Anm. 5 zur Klagefrist) und sorgt so für mehr Rechtssicherheit. Zugleich adressiert die Gesetzesbegründung die Schiedsfähigkeit von Beschlussmängelstreitigkeiten (dazu →

Anm. 1), auch wenn auf eine Regelung verzichtet wird. Jedoch habe sich durch die in der Entscheidung „Schiedsfähigkeit II" aufgestellten Voraussetzungen für eine wirksame Schiedsvereinbarung und ihre Übertragbarkeit auf die KG durch die Entscheidung „Schiedsfähigkeit III" – verbunden mit der Einführung des kapitalgesellschaftlichen Beschlussmängelsystems – die Diskussion über die vollumfängliche Anwendbarkeit dieser Mindestanforderungen auf Personengesellschaften „*erübrigt*" (Begr. RegE, S. 126).

Zur neu eingeführten positiven Beschlussfeststellungsklage in § 115 HGB-E siehe Vorbemerkung zu → Form. II.M.15.

1. Beschlussmängelklagen bei Handelsgesellschaften sind Handelssachen nach § 95 Abs. 1 Nr. 4a GVG. Die sachliche Zuständigkeit bestimmt sich regulär nach §§ 23 Nr. 1, 71 Abs. 1 GVG, die örtliche Zuständigkeit ergibt sich aus §§ 12 f., 22 ZPO. Eine objektive Klagehäufung bei Beschlussmängeln, die sowohl die KG als auch deren Komplementär-GmbH betreffen, ist nach § 260 ZPO zulässig; Voraussetzung ist, dass es einen gemeinsamen Gerichtsstand gibt (idR § 22 ZPO). Zwischen den dem Beschlussmangel widersprechenden Gesellschaftern, gegen die die Beschlussmängelklage bei Personengesellschaften zu richten ist, besteht keine notwendige, sondern eine einfache Streitgenossenschaft (§§ 59 ff. ZPO, vgl. nur Habersack/*Schäfer*, Das Recht der OHG, § 119 Rn. 91).

Die Anforderungen, die an Schiedsabreden zur Streiterledigung von Beschlussmängel bei der GmbH gestellt werden, sind für die Praxis durch die Entscheidung „Schiedsfähigkeit II" geklärt (der Begriff „Schiedsfähigkeit" ist technisch nicht zutreffend, soll aber – da er in der Diskussion als Schlagwort verwendet wird und daher gebräuchlich ist – auch hier Verwendung finden; Näheres bei FS Thümmel/*Liebscher*, 2020 S. 487 (488)). Dies sind folgende Anforderungen (BGH, 6.4.2009 – II ZR 255/08, SchiedsVZ 2009, 233, 235 Tz. 20 – „Schiedsfähigkeit II"; Näheres zu den Voraussetzungen bei FS Thümmel/*Liebscher*, 2020 S. 487 (489 f.): „*Die Schiedsabrede muss grundsätzlich mit Zustimmung sämtlicher Gesellschafter in der Satzung verankert sein; alternativ reicht eine außerhalb der Satzung unter Mitwirkung sämtlicher Gesellschafter und der Gesellschaft getroffene Absprache aus. Jeder Gesellschafter muss – neben den Gesellschaftsorganen – über die Einleitung und den Verlauf des Schiedsverfahrens informiert und dadurch in die Lage versetzt werden, dem Verfahren zumindest als Nebenintervenient beizutreten [. . . . .]. Sämtliche Gesellschafter müssen an der Auswahl und Bestellung der Schiedsrichter mitwirken können, sofern nicht die Auswahl durch eine neutrale Stelle erfolgt; im Rahmen der Beteiligung mehrerer Gesellschafter auf einer Seite des Streitverhältnisses kann dabei grundsätzlich das Mehrheitsprinzip zur Anwendung gebracht werden [. . . . .]. Schließlich muss gewährleistet sein, dass alle denselben Streitgegenstand betreffenden Beschlussmängelstreitigkeiten bei einem Schiedsgericht konzentriert werden.*" Sollten diese Voraussetzungen nicht erfüllt sein, sollte als Folge die Schiedsabrede nach § 138 Abs. 1 BGB unwirksam sein. In Reaktion hierauf wurden die Ergänzenden Regeln für gesellschaftsrechtliche Streitigkeiten der Deutschen Institution für Schiedsgerichtsbarkeit, sog. DIS-ERGeS, entwickelt, die auf der Homepage der Deutschen Gesellschaft Institution für Schiedsgerichtsbarkeit (DIS) abrufbar sind.

Die „Schiedsfähigkeit" von Beschlussmängelstreitigkeiten bei Personengesellschaften war lange Zeit beinahe unumstritten, sofern diese nicht das kapitalgesellschaftsrechtliche Beschlussmängelsystem übernommen hatten. Denn die Besonderheiten, die im kapitalgesellschaftsrechtlichen Beschlussmängelsystem bestehen und sich daraus ergeben, dass die Beschlussmängelklage gegen die Gesellschaft zu richten ist, deren Ergebnis aber auch Rechtswirkungen gegenüber den Gesellschaftern zeitigt, beanspruchten nach beinahe einhelliger Auffassung dort keine Geltung. Bei Personengesellschaften sind widersprechende Gesellschafter am Verfahren zu beteiligen (vgl. nur Habersack/*Schäfer*, Das Recht der OHG, § 109 Rn. 68; *Sackmann* SchiedsVZ 2016, 1041 (1042 f.)), es sei denn, im

Gesellschaftsvertrag ist das kapitalgesellschaftsrechtliche Beschlussmängelsystem vereinbart (dann ist die Klage gegen die Gesellschaft selbst zu richten, siehe → Anm. 3).

Im Jahr 2017 hat der BGH diese Praxis grundlegend in Frage gestellt (BGH 6.4.2017 – I ZB 23/16, SchiedsVZ 2017, 194 (195 f.) Tz. 25 ff. – „Schiedsfähigkeit III"). Der BGH entschied – diesmal in Person des 1. Zivilsenats –, dass die Kautelen zur Sicherstellung einer Gleichwertigkeit mit den Standards eines staatlichen Beschlussmängelverfahrens, die in der Entscheidung „Schiedsfähigkeit II" zum GmbH-Beschlussmängelrecht geprägt wurden, *„jedenfalls im Grundsatz für Personengesellschaften wie Kommanditgesellschaften"* gelten, *„sofern bei diesen gegenüber Kapitalgesellschaften keine Abweichungen geboten sind"*. Die Diskussion darüber, welche Konsequenzen aus der Entscheidung „Schiedsfähigkeit III" für die Praxis zu ziehen sind und insbesondere, ob erstens sämtliche Anforderungen aus „Schiedsfähigkeit II" gelten und zweitens den „Schiedsfähigkeit II"-Anforderungen nicht bereits durch das personengesellschaftsrechtliche Beschlussmängelsystem Rechnung getragen ist, hat gerade erst begonnen (vgl. etwa *Borris* NZG 2017, 761 ff.; *Göz/Peitsmeyer* SchiedsVZ 2018, 7 ff.; *K. Schmidt* NZG 2018, 121 ff.; FS Thümmel/*Liebscher*, 2020 S. 487 (492 ff.)). Ist im Gesellschaftsvertrag der Personengesellschaft das kapitalgesellschaftsrechtliche Beschlussmängelsystem festgelegt, kann nach der Entscheidung „Schiedsfähigkeit III" kein Zweifel (mehr) daran bestehen, dass die „Schiedsfähigkeit II"-Anforderungen auch hierfür gelten. Genügt die Schiedsabrede diesen Anforderungen in diesem Fall nicht (beispielhaft können auch hier die DIS-ERGeS festgelegt werden, um den Anforderungen Genüge zu tun, vgl. *Sackmann* SchiedsVZ 2016, 1041 (1045 f.); *Borris* NZG 2017, 761(766); *Göz/Peitsmeyer* SchiedsVZ 2018, 7, 13 f.; FS Thümmel/*Liebscher,* 2020 S. 487 (497 f.)), muss ein Beschlussmangel vor einem staatlichen Gericht geltend gemacht werden. Im Übrigen wird es oft zu Zweifelsfällen kommen. Ist die Beschlussmängelklage vertraglich fristgebunden, kommt man ggf. nicht umhin, sowohl ein Schiedsverfahren als auch ein Verfahren vor einem staatlichen Gericht einzuleiten, will man den (stets gebotenen) sichersten Weg beschreiten; dies vor dem Hintergrund, dass die Gegenseite in derartigen Fällen häufig opportunistisch agieren wird, vgl. auch FS Thümmel/*Liebscher,* 2020 S. 487 (490).

Der Wirksamkeit der Schiedsabreden bei Personengesellschaften steht ferner in der Praxis die bei Personengesellschaften gelegentlich vernachlässigte Formvorschrift des § 1031 Abs. 5 S. 3 Hs. 1 ZPO entgegen. Denn deren Gesellschafter sind oft Verbraucher, der Gesellschaftsvertrag an sich ist nicht beurkundungsbedürftig und wird daher auch idR nicht beurkundet (zur Ausnahme von der Formvorschrift bei notarieller Beurkundung § 1031 Abs. 5 S. 3 Hs. 2 ZPO); die Gesellschaftsverträge von Personengesellschaften sehen aber gelegentlich Schiedsklauseln und keine gesonderten Schiedsvereinbarungen vor (anders dann, wenn man § 1066 ZPO auch auf eine im Personengesellschaftsvertrag verankerte Schiedsklausel zur Anwendung bringt, vgl. hierzu nur Habersack/*Schäfer*, Das Recht der OHG, § 109 Rn. 68 mwN). Zur Rechtsnachfolgeproblematik, vgl. *K. Schmidt* NZG 2018, 121(124 f.); BGH 2.10.1997 – III ZR 2/96, NJW 1998, 371 f.

2. Passivlegitimiert bei Beschlussmängelklagen im Personengesellschaftsrecht sind grds. sämtliche Gesellschafter, die dem Mangel widersprechen (vgl. Habersack/*Schäfer*, Das Recht der OHG, § 119 Rn. 91). Dies gilt auch dann, wenn der betreffende Gesellschafter kein Stimmrecht hat.

3. Den Gesellschaftern steht es frei, das kapitalgesellschaftsrechtliche System insofern zu übernehmen, als die Klage nicht gegen die widersprechenden Gesellschafter, sondern gegen die Gesellschaft zu richten ist. Nicht möglich ist indes die Kreation einer Gestaltungsklage in Form einer vertraglich vereinbarten Anfechtungsklage (vgl. Habersack/*Schäfer*, Das Recht der OHG, § 119 Rn. 92). Der BGH hat Kriterien geprägt, die für die Übernahme des kapitalgesellschaftsrechtlichen Beschlussmängelsystems sprechen, auch wenn nicht ausdrücklich bestimmt ist, dass die Personengesellschaft passivlegitimiert sein soll; hierzu zählen ua die Festlegung von Klagefristen und die Verwendung des Begriffs Anfechtung (vgl. BGH 17.7.2006 – II ZR 242/04, NJW 2006, 2854 (2855) Tz. 14). In der Praxis besteht die Schwierigkeit, dass im Vorhinein oft nicht sicher feststeht, ob die Merkmale hinreichend sind, um von einer Übernahme des kapitalgesellschaftsrechtlichen Systems auszugehen. Besteht in einem solchen Fall eine Klagefrist, geht man in der Praxis dazu über, die Klage vorsorglich auch gegen die Personengesellschaft zu richten. Nach zutreffender, allerdings obergerichtlich bestrittener Auffassung (vgl. OLG Stuttgart, 26.2.2014 – 14 U 14/13, BeckRS 2015, 01986) besteht in einer solchen Lage jedenfalls ein rechtliches Interesse an der Nichtigkeitsfeststellung auch gegenüber der Personengesellschaft, gerade weil insofern eine Unsicherheit besteht und dem den Beschlussmangel geltend machenden Gesellschafter das Risiko einer Verfristung der Klage nicht zuzumuten ist (vgl. → Anm. 5).

4. Vgl. BGH 21.2.2002 – II ZR 91/00, NJW-RR 2002, 823 zur Bemessung des Streitwerts. § 247 AktG findet analog auf Publikumspersonengesellschaften Anwendung; im Übrigen gilt er nicht (BGH aaO).

5. Falls gesellschaftsvertraglich eine Frist zur Geltendmachung eines Beschlussmangels bestimmt ist, aber nicht feststeht, ob die widersprechenden Gesellschafter oder die Gesellschaft passivlegitimiert sind, hat der den Beschlussmangel geltend machende Gesellschafter ein rechtliches Interesse iSv § 256 Abs. 1 ZPO an der Feststellung des Beschlussmangels gegenüber allen in Betracht kommenden Passivlegitimierten. Denn in der Praxis ist jedenfalls nicht gesichert, dass eine Beschlussmängelklage, die gegen einen falschen Beklagten erhoben wird, die materiell-rechtliche Ausschlussfrist wahrt (vgl. zu der ähnlich gelagerten Frage, ob eine Klage vor einem staatlichen Gericht die Verjährung hemmt, wenn der Beklagte die Schiedseinrede nach § 1032 ZPO erhebt, Staudinger/*Peters/Jacoby* BGB § 204 Rn. 27; der Unterschied liegt indes darin, dass es in diesen Fällen eine – wenn auch unzulässige – Klage gegen den richtigen Beklagten gibt).

6. Die Missachtung der Ladungsfrist stellt einen Verfahrensfehler dar, der die Nichtigkeit der gefassten Beschlüsse begründet. Eine Ausnahme gilt dann, wenn ausgeschlossen werden kann, dass das Zustandekommen des Beschlusses durch den Fehler beeinflusst ist (vgl. BGH 11.3.2014 – II ZR 24/13, BeckRS 2014, 9521 Tz. 13; BGH 16.10.2012 – II ZR 251/10, BeckRS 2012, 25540 Tz. 47). Die Frist ist eine Zwischenfrist (analog § 51 Abs. 1 S. 2 GmbHG, vgl. BGH 30.3.1987 – II ZR 180/86, NJW 1987, 2580 (2581)); handelt es sich nicht um eine Publikumsgesellschaft (zu dieser BGH 30.3.1998 – II ZR 20/97, NJW 1998, 1946, 1947), findet § 121 Abs. 4 S. 1 Hs. 2 AktG keine Anwendung, es kommt nach zutreffender Auffassung analog der Rspr. zum GmbH-Recht darauf an, wann die Einladung dem letzten Gesellschafter unter normalen Umständen zugegangen wäre (vgl. BGH 30.3.1987 – II ZR 180/86, NJW 1987, 2580 (2581); Habersack/*Schäfer*, Das Recht der OHG, § 119 Rn. 18).

7. Ohne gesellschaftsvertragliche Festlegung müssen die Gegenstände der Tagesordnung bei regulären Beschlussgegenständen nicht angegeben werden, § 51 Abs. 2 und Abs. 4 GmbHG sind insofern nicht analog anwendbar (vgl. BGH 14.11.1994 – II ZR 160/93, NJW 1995, 1353 (1356)), oftmals ist dies jedoch in Anlehnung an das GmbH-Recht vorgesehen, so dass eine Missachtung einen Beschlussmangel begründet. Unabhängig davon ist – wegen des berechtigten Informationsbedürfnisses des Gesellschafters bei der Vorbereitung seiner Entscheidung – bei Änderungen des Gesellschaftsvertrags und vergleichbar schwerwiegenden oder komplizierten Beschlussgegenständen sogar der zur Abstimmung zu stellende Beschlussvorschlag bzw. Beschlussinhalt in der Einladung anzugeben (vgl. BGH 14.11.1994 – II ZR 160/93, NJW 1995, 1353 (1356)).

8. Die Verfehlung der erforderlichen Stimmenmehrheit ist ein Wirksamkeitsmangel; darauf, ob der Beschluss förmlich festgestellt worden ist, kommt es im personengesellschaftsrechtlichen Beschlussmängelsystem nicht an (Habersack/*Schäfer*, Das Recht der OHG, § 119 Rn. 88).

9. Vgl. hierzu das → Form. II.M.21. Die objektive Klagehäufung ist zulässig (vgl. → Form. II.M.21 Anm. 1) und in der Praxis sinnvoll, weil die Beschlussmängel oft gleichlaufen.

15. Klage auf Feststellung eines Beschlussergebnisses in der GmbH & Co. KG, einschließlich Unterwerfungserklärung nicht verfahrensbeteiligter Gesellschafter

An das
Landgericht . . . . .
Kammer für Handelssachen[1]

Klage

des . . . . . **(Kläger)**

Prozessbevollmächtigter: . . . . .
gegen

den . . . . . **(Beklagte zu 1)**
den . . . . . **(Beklagter zu 2)**[2]
die . . . . . GmbH **(Beklagter zu 3)**[3]

wegen
Beschlussfeststellung
Vorläufiger Streitwert: . . . . . EUR[4]
Namens und mit Vollmacht des Klägers erhebe ich Klage und werde beantragen:

1. **Es wird gegenüber den Beklagten zu 1 bis 3 festgestellt, dass der Beschluss, mit dem die Gesellschafterversammlung der . . . . .-GmbH & Co. KG, mit Sitz in . . . . ., eingetragen im Handelsregister des Amtsgerichts . . . . ., HRA Nr. . . . . . am . . . . . folgenden Beschlussantrag (Punkt 1 der Tagesordnung) abgelehnt hat, nichtig ist:**[5]
   „Herr . . . . ., geboren am . . . . ., wohnhaft . . . . ., Dipl.-Kfm., wird mit Wirkung zum . . . . . zum Geschäftsführer der . . . . .-GmbH, mit Sitz in . . . . ., eingetragen im Handelsregister des Amtsgerichts . . . . ., HRB Nr. . . . . . bestellt. Die Geschäftsführung der . . . . .-GmbH wird bevollmächtigt und angewiesen, mit Herrn . . . . . zum . . . . . in Vertretung der . . . . .-GmbH & Co. KG, mit Sitz in . . . . ., eingetragen im Handelsregister des Amtsgerichts . . . . ., HRA Nr. . . . . . einen Geschäftsführeranstellungsvertrag zu den folgenden Konditionen abzuschließen:
   – . . . . .
   – . . . . .
   – . . . . .“
2. **Es wird gegenüber der Beklagten zu 3 festgestellt, dass die Gesellschafterversammlung der Beklagten zu 3 am . . . . . folgenden Beschluss (Punkt 1 der Tagesordnung) zustimmend gefasst hat:**[6]
   „Herr . . . . ., geboren am . . . . ., wohnhaft . . . . ., Dipl.-Kfm., wird mit Wirkung zum

. . . . . zum Geschäftsführer der . . . . .-GmbH, mit Sitz in . . . . ., eingetragen im Handelsregister des Amtsgerichts . . . . ., HRB Nr. . . . . . bestellt. Die Geschäftsführung der . . . . .-GmbH wird bevollmächtigt und angewiesen, mit Herrn . . . . . zum . . . . . in Vertretung der . . . . .-GmbH & Co. KG, mit Sitz in . . . . ., eingetragen im Handelsregister des Amtsgerichts . . . . ., HRA Nr. . . . . . einen Geschäftsführeranstellungsvertrag zu den folgenden Konditionen abzuschließen:

– . . . . .

– . . . . .

– . . . . .“

3. Die Beklagten tragen die Kosten des Rechtsstreits.

Zur

Begründung

trage ich vor:

I.

1. Der Kläger und die Beklagten zu 1 bis 3 sind Gesellschafter der . . . . .-GmbH & Co. KG. Der Kläger und die Beklagten zu 1 und 2 sind Kommanditisten der . . . . .-GmbH & Co. KG und halten jeweils 1/3 des Kommanditkapitals, wonach sich entsprechend des Gesellschaftsvertrags der . . . . .-GmbH & Co. KG auch das Stimmrecht bemisst. Die Beklagte zu 3 ist die zur Geschäftsführung und Vertretung der . . . . .-GmbH & Co. KG befugte Komplementärin. Sie ist am Kapital der . . . . .-GmbH & Co. KG nicht beteiligt und verfügt daher über kein Stimmrecht in der Gesellschafterversammlung. Weitere Komplementärin der . . . . .-GmbH & Co. KG ist die . . . . .. Diese verfügt ebenfalls über keinen Kapitalanteil und damit über kein Stimmrecht.

Beweis: 1. Handelsregisterauszug der . . . . .-GmbH & Co. KG vom . . . . ., in Kopie vorgelegt als Anlage K . . . . .
2. Gesellschaftsvertrag der . . . . .-GmbH & Co. KG vom . . . . ., in Kopie vorgelegt als Anlage K . . . . .

2. Der Kläger und die Beklagten zu 1 und 2 sind darüber hinaus die einzigen Gesellschafter der Beklagten zu 3. Das Stammkapital und das damit verbundene Stimmrecht ist identisch zu der . . . . .-GmbH & Co. KG. Geschäftsführer der Beklagten zu 3 ist . . . . ..

Beweis: 1. Handelsregisterauszug der Beklagten zu 3 vom . . . . ., in Kopie vorgelegt als Anlage K . . . . .
2. Gesellschafterliste der Beklagten zu 3 vom . . . . ., in Kopie vorgelegt als Anlage K . . . . .
3. Satzung der Beklagten zu 3 vom . . . . ., in Kopie vorgelegt als Anlage K . . . . .

3. Der Gesellschaftsvertrag der . . . . .-GmbH & Co. KG enthält eine allgemeine Mehrheitsklausel. Darüber hinaus enthält der Gesellschaftsvertrag der . . . . .-GmbH & Co. KG keinerlei Regelungen zur Geltendmachung von Beschlussmängeln; anwendbar sind ausschließlich die gesetzlichen Bestimmungen.

Beweis: Gesellschaftsvertrag . . . . .-GmbH & Co. KG, in Kopie vorgelegt als Anlage K . . . . .

4. Der Gesellschaftsvertrag der . . . . .-GmbH & Co. KG enthält darüber hinaus in § . . . . . eine Regelung, wonach dem Gesellschafterstamm des Klägers – zu dem auch die nicht an diesem Rechtsstreit beteiligte Komplementärin der . . . . .-GmbH & Co. KG, die . . . . ., gehört – ein Benennungsrecht hinsichtlich der Geschäftsführung der Beklagten zu 3 zusteht. Dies hat den Hintergrund, dass bei Gründung der Beklagten zu 3 und der . . . . .-GmbH & Co. KG zunächst allein der andere Gesellschafterstamm – bestehend

aus den Beklagten zu 1 und zu 2 – einen Geschäftsführer stellte, die Gesellschafter sich jedoch einig waren, dass auch der Gesellschafterstamm des Klägers in der Geschäftsführung vertreten sein soll, sobald dieser einen nach Alter und Qualifikation geeigneten Kandidaten stellt.

Beweis: 1. Gesellschaftsvertrag der . . . . .-GmbH & Co. KG, Anlage K . . . . .
2. Vernehmung des Klägers als Partei

5. Am . . . . . übte der Gesellschafterstamm des Klägers sodann auf die gesellschaftsvertraglich vorgeschriebene Weise sein Benennungsrecht aus und benannte schriftlich gegenüber den Beklagten zu 1 und zu 2 den . . . . . als künftigen Mitgeschäftsführer in der Beklagten zu 3. Dies wurde durch die Beklagten zu 1 und zu 2 jedoch ohne Angabe eines Grundes zurückgewiesen; eine Bestellung des Klägers zum Geschäftsführer fand in der Folge nicht statt.

Beweis: 1. Schreiben vom . . . . ., in Kopie vorgelegt als Anlage K . . . . .
2. Vernehmung des Klägers als Partei

6. Der Kläger und die Komplementärin . . . . . stellten die Bestellung des Klägers zum Geschäftsführer der Beklagten zu 3 sodann als einzigen Tagesordnungspunkt in den ordnungsgemäß einberufenen Gesellschafterversammlungen der Beklagten zu 3 und der . . . . .-GmbH & Co. KG zur Abstimmung. Nach eingehender Erörterung und Diskussion wies der Kläger darauf hin, dass aufgrund des gesellschaftsvertraglichen Benennungsrechts eine Abstimmung gegen seine Bestellung zum Geschäftsführer der Beklagten zu 3 mangelbehaftet sein würde.

Es wurde sodann in beiden Gesellschafterversammlungen der Beklagten zu 3 und der . . . . .-GmbH & Co. KG über den Beschlussantrag mit folgendem Ergebnis abgestimmt:

Der Kläger stimmte jeweils für den Beschlussantrag, die Beklagten zu 1 und 2 stimmten jeweils gegen den Beschlussantrag. Der Kläger widersprach jeweils der Stimmabgabe durch die Beklagten zu 1 und 2 und teilte mit, dass die Gesellschafterversammlung einstimmig für den Beschlussantrag gestimmt habe, da die Stimmen der Beklagten zu 1 und 2 nicht mitgezählt werden dürften. Die Beklagten zu 1 und 2 widersprachen dieser Auffassung. Eine Feststellung über das Beschlussergebnis erfolgte jeweils nicht.

Beweis: 1. Protokoll der Gesellschafterversammlung der . . . . .-GmbH & Co. KG vom . . . ., in Kopie vorgelegt als Anlage K . . . . .
2. Protokoll der Gesellschafterversammlung der Beklagten zu 3 vom . . . ., in Kopie vorgelegt als Anlage K . . . . .
3. Vernehmung des Klägers als Partei

7. In der Folge hatte sich die . . . . ., die im Ausland lebt und deswegen an dem vorliegenden Rechtsstreit nicht beteiligt werden möchte, als weitere Komplementärin der . . . . .-GmbH & Co. KG durch die folgende Erklärung bindend dem Ausgang des vorliegenden Rechtsstreits unterworfen:

„Erklärung

Ich,. . . . ., bin Komplementärin der. . . . .GmbH & Co. KG („Gesellschaft"), eingetragen im Handelsregister des Amtsgerichts. . . . ., HRA Nr.. . . . .. Am. . . . .fand eine Gesellschafterversammlung der Gesellschaft statt. Über das Ergebnis der Beschlussfassung besteht unter den übrigen Gesellschaftern der Gesellschaft Streit, der gerichtlich geklärt werden soll. Hierzu erkläre ich, dass ich mich außergerichtlich unwiderruflich bindend dem Ausgang des bzw. der hierüber stattfindenden Gerichtsverfahren(s) unterwerfe. Es ist daher entbehrlich, insofern Klage gegen mich zu erheben. Eine bereits erhobene Klage ist zurückzunehmen. Ich werde im Zusammenhang mit dem bzw. den Gerichtsverfahren mit keinerlei Kosten belastet.

(Unterschrift)"[7]

Beweis: 1. Unterwerfungserklärung der . . . . ., in Kopie vorgelegt als Anlage K . . . . .
2. Zeugnis der . . . . ., zu laden über . . . . .

II.

1. Der Antrag Ziff. 1 ist zulässig und statthaft. Es besteht ein Interesse an der Feststellung, dass die Ablehnung des Beschlusses in der Gesellschafterversammlung der . . . . .-GmbH & Co. KG, wonach der . . . . . zum Geschäftsführer der Beklagten zu 3 bestellt und die Geschäftsführung zugleich angewiesen wird, einen Geschäftsführeranstellungsvertrag mit ihm abzuschließen, nichtig ist.[8]

2. Die ablehnenden Stimmen der Beklagten zu 2 und zu 3 in der Gesellschafterversammlung der . . . . .-GmbH & Co. KG sind unwirksam, da dem Gesellschafterstamm des Klägers hinsichtlich des Geschäftsführers der Beklagten zu 3 ein statutarisches Benennungsrecht zukommt. Die Ablehnung ohne sachlichen Grund stellt einen Verstoß gegen die Stimmbindung aus dem Gesellschaftsvertrag der . . . . .-GmbH & Co. KG dar; die Stimmen der Beklagten zu 2 und zu 3 waren nicht mitzuzählen, der Beschluss kam folglich mit den Stimmen des Klägers zustande.[9]

3. Passivlegitimiert sind in diesem Fall alle widersprechenden Gesellschafter der . . . . .-GmbH & Co. KG; einschließlich der Beklagten zu 3, die über keinerlei Kapitalanteil verfügt. Eine abweichende Regelung sieht der Gesellschaftsvertrag der . . . . .-GmbH & Co. KG nicht vor. Die weitere Komplementärin . . . . . musste nicht beklagt werden, da sie sich durch gesonderte Erklärung dem Ausgang dieses Rechtsstreits bindend unterworfen hat.

4. Ebenfalls zulässig und statthaft ist der unter Ziff. 2 gestellte Feststellungsantrag betreffend die Gesellschafterversammlung der Beklagten zu 3. Eine Beschlussfeststellung muss hier dann erfolgen, wenn wie vorliegend eine Feststellung des Beschlusses durch den Versammlungsleiter unterblieben ist. Zum Feststellungsinteresse wird auf die obigen Ausführungen Bezug genommen. Unterliegen sämtliche Gesellschafter einer GmbH, wie hier, einer Stimmbindung, begründet die stimmbindungswidrige Stimmabgabe einen Beschlussmangel.

III.

Die Sache ist Handelssache. Den Streitwert gebe ich mit . . . . . EUR an.

Die Gerichtskosten werden unverzüglich nach Aufforderung eingezahlt.

Rechtsanwalt

Anmerkungen

Vorbemerkung: Der Regierungsentwurf eines Gesetzes zur Modernisierung des Personengesellschafsrechts (MoPeG) vom 20. Januar 2021, dessen Verkündung noch in der 19. Legislaturperiode erfolgte und der gemäß Art. 135 MoPeG am 1.1.2024 in Kraft treten wird, sieht eine weitgehende Reform des Personengesellschaftsrechts vor. Nach dem Regierungsentwurf wird in den §§ 110 – 115 HGB-E ein grundlegend neues Beschlussmängelrecht für die Personenhandelsgesellschaften eingeführt (vgl. Begr. RegE, S. 124 ff.; *K. Schmidt* ZHR 185 (2121), S. 16 (36 f.)).

So übernimmt der Regierungsentwurf unter Beachtung der weitgehenden Gestaltungsfreiheit und der rechtsformspezifischen Besonderheiten der Personengesellschaften das aktienrechtliche Beschlussmängelmodell. Die einzelnen Regelungen und Besonderheiten werden ausführlich in der Vorbemerkung zu → Form. II.M.14 dargestellt.

Etwaige Unsicherheiten über die Implementierung des kapitalgesellschaftlichen Beschlussmängelsystems erübrigen sich voraussichtlich, da der Regierungsentwurf dieses als Beschlussmängelsystem für alle Personenhandelsgesellschaften einführt.

Die Anfechtungsklage soll die Feststellungsklage allerdings nur innerhalb ihres Anwendungsbereichs verdrängen. Mit § 115 HGB-E wird für den Fall, dass Streit darüber besteht, ob und mit welchem Ergebnis ein Beschluss gefasst worden ist, eine positive Beschlussfeststellungsklage geschaffen, die mit dem Antrag auf Nichtigerklärung des ablehnenden Beschlusses verbunden werden kann. Auch auf diese sind nach § 115 S. 2 HGB-E die Regelungen für die Anfechtungsklage (Klagebefugnis, Klagefrist, Passivlegitimation, etc) aus §§ 111 – 113 HGB-E anwendbar (Begr. RegE, S. 126; *K. Schmidt* ZHR 185 (2021), S. 16 (36).

1. Beschlussmängelklagen bei Handelsgesellschaften sind Handelssachen nach § 95 Abs. 1 Nr. 4a GVG. Für weitere Einzelheiten, auch zur Schiedsfähigkeit, siehe → Form. II.M.14 Anm. 1).

2. Wird mit einer Klage die Feststellung begehrt, dass ein in der Gesellschafterversammlung einer Personengesellschaft gefasster Beschluss nichtig ist, so ist diese Klage gegen sämtliche Mitgesellschafter, nicht gegen die Gesellschaft zu richten (vgl. Habersack/*Schäfer*, Das Recht der OHG, § 119 Rn. 91; Reichert GmbH & Co. KG/*Liebscher* § 18 Rn. 82; Henssler/Strohn/*Finkh* HGB § 119 Rn. 59). Dies umfasst grundsätzlich auch die nicht am Kapital beteiligten Gesellschafter; maßgeblich ist allein, dass sie hinsichtlich der Wirksamkeit des Beschlusses einen gegenteiligen Standpunkt einnehmen (Henssler/Strohn/*Finkh* HGB § 119 Rn. 59; EBJS/*Freitag* HGB § 119 Rn. 77). Die KG ist hinsichtlich der in ihrer Gesellschafterversammlung gefassten Beschlüsse nur dann passivlegitimiert, wenn die Gesellschafter bei Abschluss des Gesellschaftsvertrags das kapitalgesellschaftliche System zugrunde legen wollten. Für Einzelheiten siehe → Form. II.M.14 Anm. 3.).

3. Hinsichtlich der in der KG gefassten Beschlüsse ist auch die nicht am Kapital beteiligte Komplementär-GmbH passivlegitimiert; die Klage ist daher auch gegen diese zu richten (Reichert GmbH & Co. KG/*Liebscher* § 18 Rn. 81). Umgekehrt wäre auch die nicht stimmberechtigte Komplementärin zu Beschlussmängelklagen aktivlegitimiert und klagebefugt (KG Berlin 23.3.1995 – 2 U 3723/94, NJW-RR 1995, 1442 ff.). Hinsichtlich der in der GmbH gefassten Beschlüsse ist die Klage nach § 246 Abs. 2 Satz 1 AktG analog stets allein gegen die GmbH zu richten (Reichert GmbH & Co. KG/*Liebscher*, § 18 Rn. 74; HCL/*Raiser*/*Schäfer* GmbHG Anh. § 47 Rn. 197, 252).

4. Zum Streitwert siehe → Form. II.M.14 Anm. 4. § 247 AktG ist in der Personenhandelsgesellschaft nicht analog anzuwenden. Eine Bestimmung erfolgt vielmehr anhand des wirtschaftlichen Interesses an der Beschlussfassung, §§ 3 ff. ZPO.

5. Der Klageantrag Ziff. 1 in Bezug auf die KG ist ein Feststellungsantrag zu Geltendmachung eines Beschlussmangels im personengesellschaftsrechtlichen System (Habersack/*Schäfer*, HGB, § 119 Rn. 91; MüKoHGB/*Enzinger* § 119 Rn. 97; Reichert GmbH & Co. KG/*Liebscher*, § 18 Rn. 81). Für einen solchen besteht ein Rechtsschutzinteresse dann, wenn dem Recht oder der Rechtslage eine gegenwärtige Gefahr oder Unsicherheit dadurch droht, dass der Beklagte es ernstlich bestreitet und das erstrebte Urteil geeignet ist, diese Gefahr zu beseitigen (Zöller/*Greger* ZPO § 256 Rn. 7; BGH 13.1.2010 – VIII ZR 351/08, NJW 2010, 1877 Rn. 12).

6. Ist in der GmbH die Feststellung eines Beschlussergebnisses wie vorliegend unterblieben, ist statt Geltendmachung von Beschlussmängeln durch Anfechtungs- oder Nichtigkeitsklage eine positive Beschlussfeststellungsklage dahingehend zu erheben, dass ein bestimmter Beschluss gefasst worden ist (BGH 28.1.1980 – II ZR 84/79, NJW 1980,

1527; MüKoGmbHG/*Drescher* § 47 Rn. 218; HCL/*Raiser/Schäfer* GmbHG Anh. § 47 Rn. 251). Nach der „Kerbnägel-Entscheidung" (BGH NJW 1983, 1910) schlägt der Verstoß gegen eine Stimmbindung, der sämtliche GmbH-Gesellschafter unterliegen, als Beschlussmangel auf die Beschlussfassung in der GmbH durch.

7. Wie in → Anm. 2 dargelegt, ist die Klage gegen sämtliche opponierenden Mitgesellschafter zu richten; wird die Klage demgegenüber nicht gegen alle, sondern nur gegen ausgewählte Gesellschafter gerichtet, fehlt ihr idR das Feststellungsinteresse, da es insoweit an einer endgültigen Beilegung der streitigen Rechtsfrage fehlt (Reichert GmbH & Co. KG/*Liebscher*, § 18 Rn. 83; Habersack/*Schäfer*, HGB, § 119 Rn. 91). Etwas Anderes gilt dann, wenn sich ein Gesellschafter unwiderruflich dem Ausgang des Beschlussmängelverfahrens unterwirft (zur Möglichkeit: Reichert GmbH & Co. KG/*Liebscher*, § 18 Rn. 83; Habersack/*Schäfer*, HGB, § 119 Rn. 92; MüKoHGB/*Enzinger*, § 119 Rn. 97). Unter Umständen kann die Vereinbarung einer Passivlegitimation der Gesellschaft im Gesellschaftsvertrag als eine solche Unterwerfung ausgelegt werden (Reichert GmbH & Co. KG/*Liebscher*, § 18 Rn. 83; Habersack/*Schäfer*, HGB, § 119 Rn. 92; MüKoHGB/*Enzinger*, § 119 Rn. 97).

8. Neben der Bestellung und Abberufung kommt der Gesellschafterversammlung nach § 46 Nr. 5 GmbHG als Annexkompetenz auch die Zuständigkeit für die Begründung, Ausgestaltung, Änderung und Beendigung des Geschäftsführeranstellungsvertrags zu. Diese kann – wie vorliegend etwa mit inhaltlichen Vorgaben – auf den Mitgeschäftsführer übertragen werden, der die Gesellschaft beim Abschluss vertritt (HCL/*Hüffer/ Schäfer* GmbHG § 46 Rn. 61 ff.; MüKoGmbHG/*Liebscher* § 46 Rn. 186; Baumbach/ Hueck/*Zöllner/Noack* GmbHG § 46 Rn. 36 ff.), wobei der Anstellungsvertrag üblicherweise unmittelbar mit der GmbH & Co. KG zustande kommt.

9. Ist im Gesellschaftsvertrag einem bestimmten Gesellschafter oder einer bestimmten Gruppe von Gesellschaftern das Recht eingeräumt, ein Mitglied der Geschäftsführung zu benennen, so handelt es sich hierbei um ein deliktsrechtlich geschütztes Sonderrecht entsprechend § 35 BGB (MüKoGmbHG/*Reichert/Weller* § 14 Rn. 95, 100; OLG Stuttgart 28.12.1998 – 20 W 14/98, BeckRS 2008, 17571). Durch die Ausübung des Benennungsrechts entsteht bei Vorliegen der Voraussetzungen des Sonderrechts eine Stimmbindung der Gesellschafter, die benannte Person zum Geschäftsführer zu bestellen (BGH 10.10.1988 – II ZR 3/88, NJW-RR 1989, 542 (543); OLG Saarbrücken 24.11.2004 – 1 U 202/04, GmbHR 2005, 546 (548); Lutter/Hommelhoff/*Bayer* GmbHG § 46 Rn. 25; *Cramer* NZG 2011, 171; *Lutter* ZIP 1986, 1195; Scholz/*K. Schmidt* GmbHG § 46 Rn. 83). Eine Verweigerung der Zustimmung ist nur dann zulässig, wenn objektive sachliche Gründe vorliegen, die im Interesse der Gesellschaft liegen. Es besteht weder ein Ermessen noch ein Beurteilungsspielraum der Gesellschafterversammlung (OLG Saarbrücken 24.11.2004 – 1 U 202/04, GmbHR 2005, 546 (548); OLG Hamm 8.7.1985 – 8 U 295/83, ZIP 1986, 1188 (1194); Lutter/Hommelhoff/*Bayer* GmbHG § 46 Rn. 25; *Cramer* NZG 2011, 171; *Lutter* ZIP 1986, 1195; Scholz/*K. Schmidt* GmbHG § 46 Rn. 83).

16. Objektive und subjektive Erweiterung einer Schiedsklage (ad-hoc) auf Erstattung von Überentnahmen und Feststellung des Verlusts der Mitgliedschaft aufgrund Ausschließung eines Gesellschafters aus der GmbH & Co. KG aus wichtigem Grund

An das
Schiedsgericht,[1] bestehend aus
. . . . ., Vorsitzender des Schiedsgerichts
. . . . ., Beisitzender Schiedsrichter
. . . . ., Beisitzender Schiedsrichter

Objektive und subjektive Erweiterung der Schiedsklage

die . . . . . GmbH & Co. KG (Schiedsklägerin zu 1)

Prozessbevollmächtigter: . . . . .
gegen

den . . . . . (Schiedsbeklagter)

Dem Rechtsstreit tritt als weitere Schiedsklägerin bei

die . . . . . GmbH (Schiedsklägerin zu 2)[2]

Prozessbevollmächtigter: . . . . .
wegen
Erstattung von Überentnahmen und Ausschließung aus wichtigem Grund
Vorläufiger Streitwert: . . . . . EUR

Namens und mit Vollmacht der Schiedskläger erweitere ich die Schiedsklage objektiv und subjektiv und werde beantragen:

1. Der Schiedsbeklagte wird verurteilt, an die Schiedsklägerin zu 1 einen Betrag von . . . . . EUR nebst Zinsen hieraus iHv 5 Prozentpunkten über dem jeweiligen Basiszinssatz seit dem . . . . . zu zahlen.
2. Es wird festgestellt, dass der Schiedsbeklagte der Schiedsklägerin zu 1 zum Ersatz der Rechtsverfolgungskosten verpflichtet ist, soweit diese für die Verfolgung der in diesem Verfahren ursprünglich geltend gemachten Ansprüche auf Auskunftserteilung, Abgabe der Versicherung an Eides statt und Rückerstattung etwaiger Überentnahmen für durch die Beteiligung verursachte persönliche Steuerschulden entstanden sind.

Namens und im Auftrag der Schiedsklägerin zu 2, die sich der Schiedsklage im Wege es Parteibeitritts[3] anschließt, stelle ich ergänzend folgende Klageanträge:

3. Es wird festgestellt, dass der Schiedsbeklagte nicht mehr Gesellschafter der im Handelsregister des Amtsgerichts . . . . . unter HRA . . . . . eingetragenen Gesellschaft in Firma . . . . . GmbH & Co. KG ist.
4. Der Schiedsbeklagte wird verurteilt, an einer Handelsregisteranmeldung zum Amtsgericht . . . . ., Registergericht, zu der unter HRA . . . . . eingetragenen Gesellschaft in Firma . . . . . GmbH & Co. KG mitzuwirken, mit der eingetragen wird:
   „Der Kommanditist. . . . ., geboren am. . . . ., wohnhaft. . . . ., ist aus der Gesellschaft ausgeschieden."

Schließlich beantrage ich namens und im Auftrag beider Schiedsklägerinnen
5. Der Schiedsbeklagte trägt die Kosten des Schiedsverfahrens.

Zur

Begründung

trage ich vor:

I.

Die Schiedsklägerin zu 1 hatte mit ursprünglich erhobener Schiedsklage im Wege der Stufenklage gesellschaftsvertraglich vereinbarte Auskunfts- und ggf. Zahlungsansprüche sowie Ansprüche auf Abgabe einer eidesstattlichen Versicherung der Schiedsklägerin zu 1 gegen den Schiedsbeklagten aufgrund von Entnahmen aus dem Gesellschaftsvermögen zum Bestreiten von privaten Steuerverbindlichkeiten geltend gemacht (vgl. Schiedsklageschriftsatz der Schiedsklägerin zu 1 vom .....).

Nachdem der Schiedsbeklagte gegenüber der Schiedsklägerin zu 1 nunmehr seine Einkommensteuerbescheide für die Jahre ..... bis ..... vorgelegt hat, ist die Schiedsklägerin zu 1 in der Lage, ihre Zahlungsansprüche zu beziffern und geht auf den Zahlungsanspruch über. Zugleich erweitert die Schiedsklägerin zu 1 ihre Klage um den mit Antrag zu 2 gestellten Feststellungsantrag sowie die unter Ziff. 3 und 4 gestellten Anträge, für die die Schiedsklägerin zu 2 dem Rechtsstreit im Wege des Parteibeitritts beitritt. Im Einzelnen:

II.

1. Die Schiedsklägerin zu 1 ist Trägerin eines mittelständischen Unternehmens für ...... Der Schiedsbeklagte ist als Kommanditist mit einer Kommandit- und Hafteinlage iRv ..... EUR beteiligt, was einem Anteil von 25 % am Kommanditkapital entspricht. Weiterer Kommanditist ist der ..... mit einer Einlage von ..... EUR, was einem Anteil von 75 % am Kommanditkapital entspricht. Persönlich haftende Gesellschafterin der Schiedsklägerin zu 1 ohne Einlage ist die Schiedsklägerin zu 2, weiterer persönlich haftende Gesellschafter ohne Einlage ist der ...... Die Stimmrechte folgen der Kapitalbeteiligung an der Schiedsklägerin zu 1, wobei der ..... als persönlich haftende Gesellschafter ohne Einlage über eine einzelne Stimme verfügt.

Beweis: 1. Gesellschaftsvertrag der Schiedsklägerin zu 1, in Kopie vorgelegt als Anlage SK-.....
2. Handelsregisterauszug der Schiedsklägerin zu 1, in Kopie vorgelegt als Anlage SK-.....

2. Der Gesellschaftsvertrag der Schiedsklägerin enthält in § ..... eine Regelung, wonach die Gesellschafter berechtigt sind, diejenigen Beträge zu entnehmen, die erforderlich sind, um die durch die Beteiligung verursachten persönlichen Steuerschulden zu begleichen. Als Gegenstück sieht der Gesellschaftsvertrag in § ..... vor, dass der Gesellschafter gegenüber der Schiedsklägerin zu 1 im Hinblick auf die von ihm aufgrund seiner Beteiligung an der Gesellschaft geschuldeten Steuern auskunftspflichtig ist und etwaige Überentnahmen an die Schiedsklägerin zu 1 zu erstatten sind.

„Jeder Gesellschafter kann die Beträge entnehmen, die erforderlich sind, um die durch die Beteiligung verursachten persönlichen Steuerschulden zu begleichen. [......] Die Steuerbescheide sind der Gesellschaft vorzulegen. Steuererstattungen sind der Gesellschaft zurückzuzahlen."

Beweis: Gesellschaftsvertrag der Schiedsklägerin zu 1, in Kopie vorgelegt als Anlage SK-.....

3. Der Schiedsbeklagte zahlte seine Steuerschulden in der Vergangenheit nicht selbst gegenüber dem Finanzamt. Stattdessen nahm die Schiedsklägerin zu 1 diese Zahlungen unter Anrechnung auf das oben genannte Entnahmerecht vor, ohne dass der Schiedsbeklagte der Schiedsklägerin zu 1 indes jemals Auskunft über etwaige Rückzahlungen durch Vorlage der Steuerbescheide gegeben hat. Erst infolge der von der Schiedsklägerin zu 1 zunächst erhobenen Auskunftsklage und der Vorlage der Steuerbescheide ist die Schiedsklägerin zu 1 nun in der Lage, ihren Rückzahlungsanspruch zu beziffern. Hiernach hat der Schiedsbeklagte in den Jahren ..... bis ..... Rückzahlungen erhalten und ist der Schiedsklägerin somit zur Erstattung der entsprechenden Überentnahmen iHv insgesamt ..... EUR verpflichtet, nämlich
– ..... EUR für das Jahr .....
– ..... EUR für das Jahr ....., sowie
– ..... EUR für das Jahr ......

Beweis: 1. Steuerbescheide des Schiedsbeklagten der Jahre ..... bis ....., in Kopie vorgelegt als Anlage SK-.....
2. Zeugnis des Steuerberaters des Schiedsbeklagten

4. Neben der über mehrere Jahre zu Unrecht vereinnahmten Steuerrückzahlungen zu Lasten der Schiedsklägerin zu 1 weigert sich der Schiedsbeklagte fortwährend und beharrlich, an gesellschaftsrechtlichen Vorgängen teilzunehmen. So war er für seine übrigen Mitgesellschafter über Monate nicht erreichbar, beantwortete keine Schreiben der Schiedsklägerin zu 1, nahm eine Vielzahl an ihn gerichteter Einschreiben nicht an und verweigert sich jeglicher konstruktiven Zusammenarbeit.

Beweis: 1. Zeugnis des .....
2. Zeugnis der .....

5. Mit Gesellschafterbeschluss vom ..... wurde der Schiedsbeklagte in der ordnungsgemäß einberufenen Gesellschafterversammlung der Schiedsklägerin zu 1 mit den Stimmen des anderen Kommanditisten ..... sowie des persönlich haftenden Gesellschafters ..... aus wichtigem Grund aus der Schiedsklägerin zu 1 ausgeschlossen. Der Gesellschaftsvertrag sieht insoweit in § ..... vor:

„Ein Gesellschafter kann durch Gesellschafterbeschluss mit einer Mehrheit von 75 % der vertretenen Stimmen aus der Gesellschaft ausgeschlossen werden, wenn in seiner Person ein wichtiger Grund iSv § 133 Abs. 2 HGB vorliegt. Der betroffene Gesellschafter hat hierbei kein Stimmrecht.“

Beweis: 1. Protokoll der Gesellschafterversammlung vom ....., in Kopie vorgelegt als Anlage SK-.....
2. Gesellschaftsvertrag der Schiedsklägerin zu 1, Anlage SK-.....

6. Der Gesellschaftsvertrag der Schiedsklägerin zu 1 enthält in § ..... die folgende Klausel, die auf einen gesonderten Schiedsvertrag verweist:

„Alle Streitigkeiten zwischen den Gesellschaftern untereinander oder zwischen der Gesellschaft und einem Gesellschafter sollen unter Ausschluss des ordentlichen Rechtswegs durch ein Schiedsgericht entschieden werden. Für das Schiedsgericht gelten die Bestimmungen des Schiedsvertrags, der diesem Gesellschaftsvertrag als Anlage beigefügt ist und als Bestandteil dieses Vertrages gilt.“

Der Schiedsvertrag enthält ua Regelungen über Verfahrensort, anwendbares Recht sowie Sprache des Verfahrens. Darüber hinaus sieht er ein aus drei Schiedsrichtern bestehendes Schiedsgericht vor, von dem jede Partei einen Beisitzer benennen darf. Im Übrigen wird auf die Regelungen der §§ 1025 ff. ZPO verwiesen.

Beweis: Schiedsvertrag vom ....., in Kopie vorgelegt als Anlage SK-.....

Die Schiedsklägerin zu 1 hatte bereits in ihrem Vorlageantrag gegenüber dem Schiedsbeklagten Herrn ..... als Schiedsrichter benannt. Die an diesem Verfahren nicht

beteiligten Kommanditisten ..... und persönlich haftenden Gesellschafter ..... haben hinsichtlich des Ausgangs dieses Schiedsverfahrens eine Unterwerfungserklärung abgegeben. Die Schiedsklägerin zu 2 hat sich dem laufenden Verfahren darüber hinaus durch Parteibeitritt unterworfen.

Beweis: 1. Unterwerfungserklärungen vom ....., in Kopie vorgelegt als Anlage SK-.....

2. Beitrittserklärung der Schiedsklägerin zu 2, in Kopie vorgelegt als Anlage SK-.....

III.

1. Die objektiv und subjektiv erweiterte Schiedsklage der Schiedsklägerin zu 1 ist zulässig. Die Schiedsklägerin zu 1 ist hinsichtlich der ursprünglich erhobenen Stufenklage auf einen Zahlungsanspruch übergegangen und hat ihren Antrag teilweise auf einen Feststellungsantrag geändert. Hinsichtlich des Übergangs auf den Zahlungsanspruch in Ziff. 1 handelt es sich um eine stets zulässige Klageänderung nach § 264 Nr. 2 ZPO. Im Schiedsverfahren ist dies ohne Weiteres nach § 1046 Abs. 2 Var. 1 ZPO möglich.[4] Hinsichtlich des Feststellungsantrags Ziff. 2 gilt, dass die ursprünglich von der Schiedsklägerin zu 1 erhobene Auskunftsklage insoweit unbegründet war; die Schiedsklägerin zu 1 hat insoweit einen Schadensersatzanspruch wegen der Kosten der durch den Schiedsbeklagten verursachten, unbegründeten Rechtsverfolgung gemäß §§ 280 Abs. 1, 2, 286 Abs. 1 S. 1 BGB. Eine Anspruchsänderung ist wiederum nach § 1046 Abs. 2 Var. 1 ZPO zulässig.[5]

2. Auch die Schiedsklage der Schiedsklägerin zu 2 ist zulässig. Es bestehen auch keine Bedenken gegen einen Parteibeitritt. Sind sämtliche Streitgenossen schiedsgebunden, ist eine subjektive Klagehäufung kraft Natur der Sache zulässig. Darüber hinaus kann ein schiedsgebundener Dritter in ein laufendes Schiedsverfahren einbezogen werden, wenn er sich dem Verfahren qua Parteibeitritt freiwillig unterwirft und damit das bestellte Schiedsgericht akzeptiert. Darüber hinaus ist auch der Feststellungantrag zulässig, da die Schiedsklägerin zu 2 prozessführungsbefugt ist und Streitigkeiten über den Bestand der Mitgliedschaft unter den Gesellschaftern auszutragen sind.

3. Zulässig ist ebenfalls die Klage der Schiedsklägerin auf 2 auf Mitwirkung an der Handelsregistereintragung. Auch hier ist die Schiedsklägerin zu 2 prozessführungsbefugt, da der gesellschaftsrechtliche Mitwirkungsanspruch von jedem Gesellschafter geltend gemacht werden kann.

4. Die Klagebegehren sind darüber hinaus auch begründet. Der Rückerstattungsanspruch der Schiedsklägerin zu 1 folgt aus § 812 Abs. 1 S. 1, 1. Alt. BGB iVm dem Gesellschaftsvertrag.[6] Hinsichtlich der Rechtsverfolgungskosten Klageantrag Ziff. 2 folgt der Anspruch als materiell-rechtlicher Schadensersatzanspruch aus §§ 280 Abs. 1, 2, 286 Abs. 1 S. 1 BGB. Hinsichtlich des Ausschlusses des Schiedsbeklagten wurde ein formell ordnungsgemäßer Gesellschafterbeschluss gefasst. In den unberechtigten Überentnahmen und der Verweigerung jeglicher konstruktiver Mitarbeit liegt ein wichtiger Grund iSv § 133 Abs. 2 HGB vor.[7] Schließlich haben die Gesellschafter der Schiedsklägerin zu 1 gemäß §§ 161 Abs. 2, 143 Abs. 1, 2, 108 HGB einen Anspruch auf Mitwirkung des Schiedsbeklagten bei der Anmeldung seines Ausscheidens zum Handelsregister.[8]

Rechtsanwalt

Anmerkungen

Vorbemerkung: Der Regierungsentwurf eines Gesetzes zur Modernisierung des Personengesellschafsrechts (MoPeG) vom 20. Januar 2021, dessen Verkündung noch in der

19. Legislaturperiode erfolgte und der gemäß Art. 135 MoPeG am 1.1.2024 in Kraft treten wird, sieht eine weitgehende Reform des Personengesellschaftsrechts vor. Nach dem Regierungsentwurf wird in den §§ 110 – 115 HGB-E ein grundlegend neues Beschlussmängelrecht für die Personenhandelsgesellschaften eingeführt (vgl. Begr. RegE, S. 124 ff.; *K. Schmidt* ZHR 185 (2121), S. 16 (36 f.); Vorb. zu → Form. II.M.14. Dies umfasst auch eine positive Beschlussfeststellungsklage in § 115 HGB-E (Vorb. zu → Form. II.M.15).

Darüber hinaus wird § 122 HGB durch § 122 HGB-E einer Neuregelung unterzogen. Die bisherige Unterscheidung zwischen dem gewinnunabhängigen Entnahmerecht von 4 % aus § 122 Abs. 1 Hs. 1 HGB sowie dem darüber hinausgehenden Anteil aus § 122 Abs. 1 Hs. 2 HGB wird aufgegeben; stattdessen geht das Gesetz nunmehr von einer Vollausschüttung aus, wobei weiterhin das Interesse der Selbstfinanzierung der Gesellschaft gegen das Ausschüttungsinteresse abzuwägen ist. Inwieweit sich demnach hinsichtlich der Zulässigkeit vertraglicher Gestaltungen ein Unterschied ergibt, überlässt der Reformgesetzgeber der Kautelarpraxis (Begr. RegE, S. 284).

1. Entscheiden sich die Parteien dazu, durch Schiedsvereinbarung iSv § 1029 ZPO die Entscheidungskompetenz einem Schiedsgericht zuzuweisen und zugleich die Zuständigkeit staatlicher Gerichte auszuschließen (Wieczorek/Schütze/*Schütze* ZPO § 1029 Rn. 8 ff.; MüKoZPO/*Münch* § 1029 Rn. 116 ff.; Stein/Jonas/*Schlosser* ZPO § 1029 Rn. 52), steht es ihnen frei, statt eines institutionellen Schiedsverfahrens (→ Form. II. M.41) ein Ad-hoc-Schiedsverfahren zu vereinbaren. Dies hat zur Folge, dass sie nicht an eine institutionelle Schiedsgerichtsordnung gebunden (diese ist freilich idR auch weitgehend nachgiebig), sondern in der Bestimmung der Verfahrensvorschriften weitestgehend frei sind. § 1025 ff. ZPO setzen freilich Grenzen, die etwa den Anspruch auf Gleichbehandlung der Parteien durch das Schiedsgericht oder den Anspruch auf rechtliches Gehör der Parteidisposition entziehen (Wieczorek/Schütze/*Schütze* ZPO § 1029 Rn. 67 ff.; *Lörcher/Lörcher* SchiedsVZ 2005, 179 (180)). Wird ein Ad-hoc-Schiedsverfahren vereinbart, stellt dies höhere Anforderungen an die Verfahrensbeteiligten und die Schiedsrichter, zB müssen Schiedsrichterverträge entworfen und abgeschlossen und Verfahrensregeln festgelegt werden (Wieczorek/Schütze/*Schütze* ZPO § 1029 Rn. 68). Zu beachten ist, dass bei der Einbeziehung von Beschlussmängelstreitigkeiten umfassende Regelungen in der Schiedsklausel notwendig sind, um die Vorgaben aus BGH 6.4.2009 – II ZR 255/08, SchiedsVZ 2009, 233, 235 Tz. 20 – „Schiedsfähigkeit II" umzusetzen (zu diesen Voraussetzungen im Einzelnen → Form. II.M.14 Anm. 1). Hierbei besteht wegen der Komplexität die Gefahr, nicht alle Anforderungen zutreffend umzusetzen (Bürgers/Fett/*Meier* KGaA § 5 Rn. 700 ff.). Bei Schiedsvereinbarungen, die Personen(handels) gesellschaften betreffen, wird oft § 1031 Abs. 5 S. 3 Hs. 1 ZPO nicht beachtet und lediglich eine Schiedsklausel im Gesellschaftsvertrag vorgesehen. Da der Gesellschaftsvertrag idR nicht beurkundet ist, kommt die Ausnahme nach § 1031 Abs. 5 S. 3 Hs. 2 ZPO nicht zur Anwendung.

2. Soweit das Verhältnis zwischen den Gesellschaftern in Rede steht, sind Streitigkeiten allein zwischen den Gesellschaftern auszutragen. Deswegen kann die Schiedsklägerin zu 2 als persönlich haftende Gesellschafterin Feststellungsklage über das Nichtbestehen der Mitgliedschaft gegen den betroffenen Gesellschafter erheben (BGH 15.6.1959 – II ZR 44/58, NJW 1959, 1683 (1684); BGH 5.6.1967 – II ZR 128/65, NJW 1967, 2159; MüKoHGB/*K. Schmidt* § 105 Rn. 174 mwN). Hierbei müssen nicht sämtliche verbliebenen Gesellschafter förmlich beitreten. Außergerichtliche Unterwerfungserklärung unter den Ausgang des Verfahrens ist ausreichend (BGH 15.9.1997 – II ZR 97/96, NJW 1998, 146; für Musterformulierung siehe → Form. II.M.15). Bei Personengesellschaften reicht für das Feststellungsinteresse aus, dass über die Wirksamkeit eines Beschlusses Rechtsunsicherheit besteht (BGH 25.10.2016 – II ZR 232/15, BeckRS 2016, 113770 Rn. 33),

wobei vorliegend kein Beschlussmangel streitgegenständlich ist, sondern die sich daraus ergebende Folge des Verlustes der Mitgliedschaft. Entsprechendes gilt für die Mitwirkung zur Handelsregisteranmeldung; auch hier kann der gesellschaftsvertragliche Mitwirkungsanspruch von jedem Gesellschafter geltend gemacht werden (BGH 15.6.1959 – II ZR 44/58, NJW 1959, 1683 (1684); EBJS/*Born* HGB § 108 Rn. 5; MüKoHGB/*Langhein* § 108 Rn. 5).

3. Eine subjektive Klagehäufung ist bereits kraft Natur der Sache zulässig, wenn sämtliche Parteien schiedsgebunden sind (MüKoZPO/*Münch* § 1029 Rn. 66). Ein schiedsgebundener Dritter kann in das zwischen anderen Parteien laufende Schiedsverfahren durch Parteibeitritt einbezogen werden. Er unterwirft sich in diesem Fall freiwillig dem bereits bestellten Schiedsgericht (Zöller/*Geimer* ZPO, § 1042 Rn. 37; MüKoZPO/*Münch* § 1029 Rn. 61; Musielak/*Voit* ZPO § 1042 Rn. 10).

4. Geht der Kläger von seinem zunächst im Wege der Stufenklage gestellten Auskunftsanspruch nach erteilter Auskunft auf einen bezifferten Klageanspruch über, wie im vorliegenden Formular angelegt, liegt hierin eine stets zulässige Klageänderung nach § 264 Nr. 2 ZPO. Mit der Bezifferung verfolgt der Kläger das ursprünglich nur mittelbar verfolgte Klageziel auf derselben rechtlichen und tatsächlichen Grundlage nunmehr unmittelbar. Das Fallenlassen des Auskunftsanspruchs erfordert keine Erledigungserklärung und auch keine teilweise Klagerücknahme oder einen Teilverzicht (BGH 15.11.2000 – IV ZR 274/99, NJW 2001, 833; OLG Köln 9.8.1995 – 19 U 280/94, MDR 1996, 637; OLG Düsseldorf 17.11.1995 – 7 U 216/94, NJW-RR 1996, 839; Zöller/*Althammer* ZPO, § 91a Rn. 58 „Stufenklage"; Zöller/*Greger* ZPO, § 254 Rn. 12; Wieczorek/Schütze/*Assmann* ZPO § 254 Rn. 53). Dieselben Grundsätze gelten im Schiedsverfahren. Der Schiedskläger kann nach § 1046 Abs. 2 Var. 1 ZPO ohne Weiteres von Auskunfts- auf Zahlungsklage übergehen (MüKoZPO/*Münch* § 1046 Rn. 22; Thomas/Putzo/*Seiler* ZPO § 1046 Rn. 8).

5. Ergibt die im Rahmen der Stufenklage erteilte Auskunft, dass ein Leistungsanspruch nicht besteht, so tritt insoweit eine Erledigung der Hauptsache nicht ein. Denn eine wirksame Erledigungserklärung liegt nur vor, wenn die Klage im Zeitpunkt des nach ihrer Zustellung eingetretenen, erledigenden Ereignisses zulässig und begründet war (BGH 5.5.1994 – III ZR 98/93, NJW 1994, 2895 (2896)). Der Kläger hat in diesem Fall einen Schadensersatzanspruch wegen der Kosten der unbegründeten Klage infolge der zu Unrecht nicht erteilten Auskunft nach §§ §§ 280 Abs. 1, 2, 286 Abs. 1 S. 1 BGB (BGH 5.5.1994 – III ZR 98/93, NJW 1994, 2895 (2896); MüKoZPO/*Becker-Eberhard* § 254 Rn. 27). Der Antrag kann im Wege der Klageänderung in einen Feststellungsantrag umgestellt werden; im Schiedsverfahren gilt entsprechendes nach § 1046 Abs. 2 Var. 1 ZPO (MüKoZPO/*Münch* § 1046 Rn. 21 f.).

6. Der Gesellschaftsvertrag sieht vorliegend *expressis verbis* eine Rückzahlungspflicht hinsichtlich nicht erforderlicher Steuerentnahmen vor. Ein entsprechender Anspruch folgt auch aus § 812 Abs. 1 S. 1, 1. Alt. BGB, da insoweit eine Leistung ohne Rechtsgrund vorliegt. Zwar entspricht es der hM, dass laufende Steuern des Gesellschafters wie Einkommenssteuern in jedem Fall nach § 122 Abs. 1, Var. 2 HGB entnahmefähig sind – auch wenn der Gesellschaftsvertrag ein solches Entnahmerecht nicht vorsieht, wobei die Rspr unentschlossen ist (Habersack/*Schäfer*, Das Recht der OHG, § 122 Rn. 21aE; Rn. 31; Heymann/*Emmerich* HGB § 122 Rn. 18; FS Lutter/*Ulmer*, 2000, S. 935 (951 f.); Baumbach/Hopt/*Roth* HGB § 122 Rn. 17; EBJS/*Ehricke* HGB § 122 Rn. 55; aA BGH 29.3.1996 – II ZR 263/94, BGHZ 132, 263 (277); offenlassend BGH 16.4.2013 – II ZR 118/11, NJW 2013, 2511; tendenziell für Entnahmerecht BGH 26.4.2010 – II ZR 69/09, NZG 2010, 783 Rn. 5). Jedoch sind darüber hinausgehend – wie vorliegend – Vertragsgestaltungen möglich, die das Entnahmerecht einschränken (Habersack/*Schäfer*, Das Recht der OHG, § 122 Rn. 31).

7. Abbedingung der Ausschließungsklage und Ausschließung durch Beschluss ist zulässig (→ Form. II.M.4 Anm. 7). Zu wichtigen Ausschließungsgründen siehe → Form. II.M.4 Anm. 8. Vorliegend sind namentlich überhöhte Entnahmen (BGH 23.2.1981 – II ZR 229/79, NJW 1981, 2302 (2303); OLG Köln 19.12.2013 – 18 U 218/11, BeckRS 2014, 1271; MHdB GesR I/*Butzer*/*Knof* § 83 Rn. 30; MHdB GesR II/*Schmid* § 45 Rn. 53) ein wichtiger Grund iSv § 133 Abs. 2 HGB.

8. Die Existenz des Mitwirkungsanspruchs nach §§ 161 Abs. 2, 143 Abs. 1, 2, 108 HGB ist in Rechtsprechung und Literatur allgemein anerkannt (BGH 17.12.2001 – II ZR 31/00, NZG 2002, 233 (234); BGH 10.12.1973 – II ZR 53/72, NJW 1974, 498 (499); MüKoHGB/*Krafka* § 16 Rn. 3). Er besteht insbesondere ggü dem bereits ausgeschiedenen Kommanditisten und kann nur von Mitgesellschaftern, nicht von der Gesellschaft geltend gemacht werden (KG 20.1.2011 – 23 U 209/10, BeckRS 2011, 4832).

17. Klage auf Abstimmung und Zahlung gemäß konsortialvertraglicher Stimmbindung und Dividendenauszahlungsabrede gegen Konsorte und Vertragsgesellschaft

An das
Landgericht . . . .
Kammer für Handelssachen[1]

Klage

des (Kläger)

Prozessbevollmächtigter: . . . .
gegen

den . . . . (Beklagter zu 1)
die . . . .AG (Beklagte zu 2)

wegen Stimmbindung und Dividendenauszahlung
Vorläufiger Streitwert: . . . . EUR
Namens und mit Vollmacht des Klägers erhebe ich Klage und werde beantragen:

1. Der Beklagte zu 1 wird verurteilt, folgendem Beschlussvorschlag in der am . . . . stattfindenden Hauptversammlung der Beklagten zu 2 zuzustimmen:[2]
„Vorstand und Aufsichtsrat schlagen vor, den Bilanzgewinn von EUR. . . . .wie folgt zu verwenden:
(1) Ausschüttung an die Aktionäre EUR. . . . .durch Zahlung einer Dividende iHv EUR. . . . .je Stammaktie
(2) Einstellung in Gewinnrücklagen EUR. . . . .
(3) Gewinnvortrag EUR. . . . .“

2. Es wird gegenüber dem Beklagten zu 1 und gegenüber der Beklagten zu 2 festgestellt, dass die Beklagte zu 2 berechtigt und verpflichtet ist, nach Fassung eines Beschlusses der Hauptversammlung der Beklagten zu 2 über die Gewinnverwendung, nach Maßgabe von § . . . . des zwischen dem Kläger und dem Beklagten zu 1 und der Beklagten zu 2 als Vertragspartei bestehenden Konsortialvertrags vom . . . ., der wie folgt lautet

. . . . ., Auszahlungen mit schuldbefreiender Wirkung an den Kläger und den Beklagten zu 1 zu bewirken.

3. Die Beklagten tragen die Kosten des Rechtsstreits.

Zur

Begründung

trage ich vor:

I.

1. Der Kläger und der Beklagte zu 1 sind die beiden einzigen Aktionäre der Beklagten zu 2. Der Kläger ist mit 55 %, der Beklagte zu 1 mit 45 % am stimmberechtigten Grundkapital der Beklagten zu 2 beteiligt.

   Beweis: Vorlage des Aktienregisters

2. Die Satzung der Beklagten zu 2 sieht vor, dass Beschlüsse anstatt mit einfacher mit einer Mehrheit von 60 % des stimmberechtigten Grundkapitals zu fassen sind.

   Beweis: Vorlage der Satzung der Beklagten zu 2

3. Der Kläger, der Beklagte zu 1 und die Beklagte zu 2 sind ferner Parteien eines Konsortialvertrags, der am . . . . . abgeschlossen wurde. Der Kläger und der Beklagte zu 1 haben darin untereinander wechselseitige Rechte und Pflichten mit Blick auf ihre Beteiligung am Grundkapital der Beklagten zu 2 übernommen. Dazu zählt eine Stimmbindung, zu der § . . . . . Konsortialvertrags bestimmt was folgt:
   „Vor jeder Hauptversammlung der. . . . .AG findet eine Versammlung der Konsorten statt, die darüber beschließt, wie die Stimmrechte der Konsorten zu den Gegenständen der Tagesordnung der Hauptversammlung ausgeübt werden sollen. Das Stimmrecht der Konsorten richtet sich nach ihrem Stimmrecht in der Hauptversammlung der. . . . .AG. Die Konsortialbeschlüsse bedürfen der einfachen Mehrheit der abgegebenen Stimmen.“

   Beweis: Vorlage des Konsortialvertrags

4. §. . . . . des Konsortialvertrags legt außerdem einen Gewinnauszahlungsschlüssel fest, der von § 60 Abs. 1 AktG abweicht. Die Beklagte zu 2 ist in dem Konsortialvertrag von den Konsorten ermächtigt, die Gewinnauszahlung mit schuldbefreiender Wirkung nach dem konsortialvertraglichen Gewinnauszahlungsschlüssel vorzunehmen.

   Beweis: Wie vor

5. Am . . . . . wurde ein Konsortialbeschluss gefasst, nach dem in der Hauptversammlung der Beklagten zu 2 ein Gewinnverwendungsbeschluss gefasst werden soll, wie er mit dem Antrag Ziffer I.1. begehrt wird. Der Beklagte zu 1 hat noch in der Sitzung erklärt, dem in der Hauptversammlung nicht zuzustimmen. Ferner hat der Beklagte zu 1 erklärt, dass die Beklagte zu 2 nicht berechtigt sei, den Gewinn abweichend von § 60 Abs. 1 AktG auszubezahlen. Der Alleinvorstand der Beklagten zu 2, der an der Sitzung teilnahm, schloss sich der Erklärung des Beklagten zu 1 zur vermeintlichen Unrechtmäßigkeit der Gewinnauszahlung an.

   Beweis: Vorlage der Niederschrift über die Konsortialversammlung am . . . . .

II.

1. Der Beklagte zu 1 ist nach §§ 709, 705, 241 Abs. 1 S. 1 BGB iVm §. . . . . des Konsortialvertrags dazu verpflichtet, sein Stimmrecht nach Maßgabe des am . . . . . gefassten Konsortialbeschlusses abzugeben. Darauf, dass die Mehrheitserfordernisse im Konsortium von denen in der Hauptversammlung abweichen, kommt es für die Wirksamkeit des gefassten Konsortialbeschlusses nicht an.[3]

2. Nach §§ 362 Abs. 2, 185 Abs. 1 BGB iVm § . . . . . des Konsortialvertrags ist die Beklagte zu 2 dazu berechtigt und verpflichtet, den Gewinn abweichend von § 60 Abs. 1 AktG auszubezahlen. Die streitgegenständliche Gewinnauszahlungsabrede schließt an den Gewinnverwendungsbeschluss an, so dass hierin kein Verstoß gegen § 60 Abs. 3 AktG liegt. Über den Gewinnauszahlungsanspruch kann nach allgemeinen privatrechtlichen Maßgaben frei verfügt werden.[4] Der Kläger hat ein Interesse an der Feststellung (§ 256 Abs. 1 ZPO), da die Berechtigung und Verpflichtung der Beklagten zu 2 zur Auszahlung nach Maßgabe des Konsortialvertrags durch die Beklagten bestritten ist.

III.

Den Streitwert gebe ich mit . . . . . EUR an. Die Gerichtskosten werden unverzüglich nach Aufforderung eingezahlt.
Rechtsanwalt

Anmerkungen

Vorbemerkung: Der Regierungsentwurf eines Gesetzes zur Modernisierung des Personengesellschafsrechts (MoPeG) vom 20. Januar 2021, dessen Verkündung noch in der 19. Legislaturperiode erfolgte und der gemäß Art. 135 MoPeG am 1.1.2024 in Kraft treten wird, sieht eine weitgehende Reform des Personengesellschaftsrechts vor. Nach dem Regierungsentwurf wird insbesondere auch das für die Rechtsform des Konsortiums maßgebliche Recht der GbR einer grundlegenden Neuordnung unterzogen (vgl. insgesamt Begr. RegE, S. 140 ff.). § 705 Abs. 1 BGB-E wird jedoch im Wesentlichen die Regelung des § 705 BGB mit einigen sprachlichen Anpassungen übernehmen, während § 705 Abs. 2 BGB-E regelungstechnisch neue Legaldefinitionen für die rechtsfähige und die nicht rechtsfähige GbR einführt, die für das vorliegende Formular jedoch voraussichtlich keine Bedeutung haben (Begr. RegE, S. 141). Hinsichtlich der Regelung des § 709 Abs. 2 BGB und der Zweifelsregelung der Stimmmehrheit nach Köpfen wird der neue § 709 BGB-E, der die Regelungen aus § 706 Abs. 1 und 3, 709 Abs. 2 und 722 BGB zusammenfasst, in § 709 Abs. 3 BGB-E abweichend regeln, dass die Stimmkraft in erster Linie nach dem vereinbarten Beteiligungsverhältnis, hilfsweise nach dem Verhältnis der vereinbarten Werte der Beiträge und höchsthilfsweise nach Köpfen zu bemessen ist. Hiermit wird nach der Begründung des Reformgesetzgebers nur das klargestellt, was bereits der geltenden Praxis entspricht (Begr. RegE, S. 162).

1. Die Sache ist nach § 95 Abs. 1 Nr. 4a GVG eine Handelssache, sofern gem. § 71 GVG die Zuständigkeit des LG eröffnet ist. Für die Zuständigkeit aus § 95 Abs. 1 Nr. 4a GVG müssen keine Rechte und Pflichten aus der Satzung in Streit stehen, es genügt ein Bezug zu mitgliedschaftsrechtlichen Rechte und Pflichten (vgl. LG Osnabrück 14.5.1981 – 9 O 331/80, LSK 1983, 450046 zu einem Darlehensvertrag). Die örtliche Zuständigkeit bestimmt sich nach §§ 12 f., 17 und 29 ZPO. Es ist zulässig (und gebräuchlich), Schiedsvereinbarungen für Streitigkeiten aus Konsortialverträgen abzuschließen. Dabei ist bei Nicht-Unternehmern als Parteien § 1031 Abs. 5 ZPO zu beachten. Nach derzeitigem Stand der Rspr. wird eine Beschlussmängelstreitigkeit, die nach den Grundsätzen der „Kerbnägel-Entscheidung" (BGH 20.1.1983 – II ZR 243/81, NJW 1983, 1910) durch die Missachtung eines Konsortialbeschlusses begründet wird, an den alle Gesellschafter der Vertragsgesellschaft gebunden sind, bei einer AG als Vertragsgesellschaft nicht vor einem Schiedsgericht ausgetragen werden können (vgl. → Form. II.M.14 Anm. 1).

2. Eine (konsortialvertragliche) Stimmbindung kann im Wege der Leistungsklage durchgesetzt werden (MüKoAktG/*Arnold* § 136 Rn. 93; Hüffer/*Koch* AktG § 133

Rn. 29 f.). Da zwischen der Fassung des Konsortialbeschlusses und der Hauptversammlung oft nur ein kurzer Zeitraum liegt, kommt dem einstweiligen Rechtsschutz besondere Bedeutung zu (vgl. zur Kontroverse über dessen Zulässigkeit MüKoAktG/*Arnold* § 136 Rn. 97 ff.; Hüffer/*Koch* AktG § 133 Rn. 31). Neben einer Leistungsverfügung, die (zusätzlich zu den Voraussetzungen des Vorliegens eines Verfügungsanspruchs und eines Verfügungsgrunds) nur zulässig ist, wenn das Interesse des Antragstellers erheblich überwiegt (vgl. aus der obergerichtlichen Rspr. zur GmbH OLG Frankfurt/M. 27.11.1991 – 21 W 35/91, NJW-RR 1992, 934 („*nur bei einer schwerwiegenden Beeinträchtigung der Antragstellerbelange*"); gleichsinnig etwa OLG Hamburg 28.6.1991 – 11 U 65/91, NJW 1992, 186 mwN), kommt ein Verbot in Betracht, bis zu einer abschließenden Entscheidung in der Hauptsache für einen Beschlussvorschlag zu stimmen, der dem die Stimmbindung auslösenden Konsortialbeschluss zuwiderläuft (vgl. zur GmbH OLG Koblenz 27.2.1986 – 6 U 261/86, NJW 1986, 1692, Spindler/Stilz/*Rieckers* AktG, § 136 Rn. 65). Im Übrigen kommen als Sanktionen im Fall der konsortialvertragswidrigen Abstimmung Schadensersatz wegen Pflichtverletzung (Hüffer/*Koch* AktG § 133 Rn. 30) und (sofern vereinbart) die Verwirkung einer Vertragsstrafe in Frage (vgl. OLG Karlsruhe 12.1.2005 – 7 U 181/03, BeckRS 2005, 05696 und BGH 24.11.2008 – II ZR 116/08, NJW 2009, 669 (673) Rn. 26 – „Schutzgemeinschaftsvertrag II").

3. Im Grundsatz kann der Konsortialvertrag geringere Anforderungen an die Fassung des Konsortialbeschlusses stellen als es das Recht der betreffenden Vertragsgesellschaft (zB das AktG oder das UmwG oder auch die Satzung) tut (vgl. BGH 24.11.2008 – II ZR 116/08, NJW 2009, 669 – „Schutzgemeinschaftsvertrag II"). Grenzen ergeben sich aus dem allgemeinen Beschlussmängelrecht des Konsortiums nach § 709 BGB (vgl. BGH aaO).

4. Es ist umstritten, ob eine von § 60 Abs. 1 AktG abweichende Gewinnauszahlungsabrede in einem Konsortialvertrag eine AG betreffend getroffen werden darf (vgl. zur Diskussion nur MüKoAktG/*Bayer* § 60 Rn. 16 unter Verweis auf LG Frankfurt a. M. 23.12.2014 – 3-05 O 47/14, NZG 2015, an dem das OLG Frankfurt a. M. in der Berufung indes erhebliche Zweifel geäußert hat (s. u.) einerseits und Hüffer/*Koch* AktG, § 60 Rn. 6 andererseits). Nach zutreffender Auffassung liegt hierin kein Verstoß gegen § 60 Abs. 3 AktG (oder gar § 23 Abs. 5 AktG), weil die Gewinnauszahlungsabrede im Anschluss an die Gewinnverwendung wirkt und den korporationsrechtlichen Vorgang unberührt lässt. Den Aktionären steht es insofern frei, auch unter Einbeziehung der AG über den Gewinnauszahlungsanspruch zu disponieren, zB durch die Erteilung einer Einziehungsermächtigung, durch eine Anweisung oder eine Vorausabtretung (vgl. zu den verschiedenen Rechtsgestaltungen und dem Fall, dem das og Urteil des LG Frankfurt a. M. zugrunde lag, *Harbarth/Zeyher/Brechtel* AG 2016, 801).

18. Klage gegen handelnden Gründer nach § 11 Abs. 2 GmbHG

An das
Landgericht . . . . .
Zivilkammer

Klage

des . . . . . **(Kläger)**

Prozessbevollmächtigter: . . . . .

gegen

den . . . . . (Beklagter)

wegen

Forderung gegen einen Geschäftsführer einer noch nicht eingetragenen GmbH

Streitwert: . . . . . EUR

Namens und mit Vollmacht der Klägerin erhebe ich Klage und werde beantragen:

1. Der Beklagte wird verurteilt, an den Kläger . . . . . EUR nebst Zinsen iHv 5 Prozentpunkten über dem jeweiligen Basiszinssatz hieraus seit . . . . . zu bezahlen.
2. Der Beklagte trägt die Kosten des Rechtsstreits.

Zur

Begründung

trage ich vor:

I.

Durch notariellen Vertrag vom . . . . . gründete der Beklagte zusammen mit seinem Mitgesellschafter . . . . . die . . . . .-GmbH. Auf das Stammkapital von . . . . . EUR sollten der Beklagte . . . . . EUR und sein Mitgesellschafter . . . . . EUR einlegen. Gesellschaftszweck sollte der An- und Verkauf von Gebrauchtwagen sein. Zum Geschäftsführer ist der Beklagte bestellt worden. Die . . . . .-GmbH ist in das Handelsregister nicht eingetragen worden.

Alsbald nach der Gründung der . . . . .-GmbH hat der Beklagte im Namen der . . . . .-GmbH vom Kläger ein Kraftfahrzeug gekauft. Der vereinbarte Kaufpreis von . . . . . EUR wurde nicht bezahlt.

Dieser Sachvortrag ist unstreitig.

II.

Der Kläger hat den Beklagten mit dem in Kopie als Anlage K 1 beigefügten Schreiben erstmalig zur Zahlung aufgefordert und mit dem in Kopie als Anlage K 2 beigefügten Schreiben gemahnt. Der Beklagte hat bestritten, selbst zur Zahlung verpflichtet zu sein. Die Gesellschaftskasse sei zwar erschöpft. Seine Haftung entfalle aber deswegen, weil er seine Einlage bereits geleistet habe. Für den „Verbrauch“ seiner Einlage im Zusammenhang mit anderen Geschäften der . . . . .-GmbH habe er nicht einzustehen.

III.

Der Anspruch ist nach § 11 Abs. 2 GmbHG begründet.[1] Der Beklagte ist als bestellter Geschäftsführer für die künftige GmbH tätig geworden. Er haftet als Handelnder im Sinne des § 11 Abs. 2 GmbHG.[2] Es kann dahingestellt bleiben, ob die Behauptung des Beklagten zutrifft, wonach dieser seiner Einlageverpflichtung nachgekommen ist. Die persönliche Haftung als handelnder Geschäftsführer der im Entstehen begriffenen GmbH besteht unabhängig von der Einlageverpflichtung als Mitglied der künftigen GmbH.[3]

Der Beklagte ist in Zahlungsverzug. Er hat deswegen die Hauptforderung mit 5 % über dem jeweils gültigen Basiszinssatz zu verzinsen.[4]

IV.

Den Streitwert gebe ich mit . . . . . EUR an.

Die Gerichtskosten werden unverzüglich nach Aufforderung eingezahlt.

Rechtsanwalt

Anmerkungen

1. § 11 Abs. 2 GmbHG regelt nur einen Ausschnitt aus der Haftung in der Vorgesellschaft; zu dieser grdl. Scholz/*K. Schmidt* GmbHG § 11 Rn. 79 ff. Die Handlungshaftung nach § 11 Abs. 2 GmbHG besteht nur für die Zeit nach Beurkundung des Gesellschaftsvertrags (Vorgesellschaft) und nicht für Rechtsgeschäfte der Vorgründungsgesellschaft, so BGH 7.5.1984 – II ZR 276/83, BGHZ 91, 148; BGH 17.12.1984 – II ZR 69/84, WM 1985, 479; dazu Baumbach/Hueck/*Fastrich* GmbHG § 11 Rn. 46; Scholz/*K. Schmidt* GmbHG § 11 Rn. 98; MüKoGmbHG/*Merkt,* § 11 Rn. 122; sie endet mit der Eintragung der GmbH, BGH 13.6.1977 – II ZR 232/75, BGHZ 69, 95 (103 f.); BGH 9.3.1981 – II ZR 54/80, BGHZ 80, 129 (137 ff.); BGH 16.3.1981 – II ZR 59/80, BGHZ 80, 182; dazu insb. Scholz/*K. Schmidt* GmbHG § 11 Rn. 107, 118; Baumbach/Hueck/*Fastrich* GmbHG § 11 Rn. 53; MüKoGmbHG/*Merkt,* § 11 Rn. 145. Wird die Gesellschaft während des Rechtsstreits im Handelsregister eingetragen, muss der Kläger zur Vermeidung einer Klagabweisung die Klage zurücknehmen oder die Hauptsache für erledigt erklären (BGH 12.7.1973 – VII ZR 170/71, BGHZ 61, 140 (144) – eine Anwendung des § 265 Abs. 2 ZPO auf die befreiende Schuldübernahme nach § 414 BGB hält der BGH nicht für möglich; zum Meinungsstreit vgl. Zöller/*Greger* ZPO § 265 Rn. 5a; ob der Kläger den neuen Schuldner im Wege des gewillkürten Parteiwechsels in den Rechtsstreit einbeziehen kann, ließ BGH 12.7.1973 – VII ZR 170/71, BGHZ 61, 140 (144) offen.

2. Dass die Haftung nach § 11 Abs. 2 GmbHG nur die mit der Geschäftsführung befassten Personen betrifft, wird heute im Gegensatz zur früheren Meinung überwiegend angenommen (BGH 15.12.1975 – II ZR 95/73, BGHZ 65, 378; BGH 15.6.1978 – II ZR 205/76, BGHZ 72, 45; BGH 7.5.1984 – II ZR 276/83, BGHZ 91, 150 f.; Baumbach/Hueck/*Fastrich* GmbHG § 11 Rn. 47; HCL/*Ulmer/Habersack* GmbHG § 11 Rn. 133 ff.; Scholz/*K. Schmidt* GmbHG § 11 Rn. 104, 112 ff.; MüKoGmbHG/*Merkt,* § 11 Rn. 127).

3. Der Einwand, die Einlage sei geleistet, könnte allenfalls gegenüber der von § 11 Abs. 2 GmbHG unabhängigen Haftung als Vorgesellschafter relevant sein und wird je nach Ansicht über den Umfang der Vertretungsmacht des Geschäftsführers in der Vorgesellschaft unterschiedlich beurteilt, vgl. dazu HCL/*Ulmer/Habersack* GmbHG § 11 Rn. 77 ff.

4. Verzugszinsen nach § 288 BGB (fünf bzw. – bei ausschließlicher Beteiligung von Unternehmern – neun (§ 288 Abs. 2 BGB) Prozentpunkte über dem Basiszinssatz, oder mehr als Verzugsschaden); ggf. schon ab Fälligkeit 5 % Fälligkeitszinsen gem. §§ 352, 353 HGB.

19. Klage auf Nachschuss gegen einen GmbH-Gesellschafter nach § 26 GmbHG

An das
Landgericht . . . . .
Kammer für Handelssachen[1]

Klage

der . . . . . GmbH **(Klägerin)**

Prozessbevollmächtigter: . . . . .
gegen

den . . . . . (Beklagter)

wegen
Zahlung eines Nachschusses nach § 26 GmbHG
Streitwert: . . . . . EUR
Namens und mit Vollmacht der Klägerin erhebe ich Klage und werde beantragen:
1. Der Beklagte wird verurteilt, an die Klägerin den in der Gesellschafterversammlung vom . . . . . beschlossenen, auf ihn entfallenden Nachschuss von . . . . . EUR nebst Zinsen iHv 5 Prozentpunkten über dem jeweiligen Basiszinssatz seit Rechtshängigkeit zu bezahlen.[2]
2. Der Beklagte trägt die Kosten des Rechtsstreits.

Zur

Begründung

trage ich vor:

I.

Der Beklagte ist mit einem Geschäftsanteil von . . . . . EUR Gesellschafter der Klägerin, deren Stammkapital . . . . . EUR beträgt. Nach § . . . . . der Satzung[3] der Klägerin können die Gesellschafter mit einfacher Mehrheit[4] die Einforderung von Nachschüssen beschließen, wenn alle Geschäftsanteile voll eingezahlt sind. Die Nachschusspflicht ist auf einen Betrag beschränkt, der 20 % der Geschäftsanteile entspricht.[5]
Die Nachschüsse sind drei Monate nach Beschlussfassung fällig.

Beweis: Satzung der Klägerin, die ich als Anlage K 1 vorlege.

Am . . . . . haben die Gesellschafter der Klägerin in einer ordnungsgemäß einberufenen Gesellschafterversammlung gegen die Stimmen des Beklagten beschlossen, Nachschüsse von allen Gesellschaftern iHv 15 % der Geschäftsanteile anzufordern. Die Klägerin hat den Beklagten drei Monate nach Beschlussfassung aufgefordert, ... EUR in die Gesellschaftskasse einzuzahlen. Der Beklagte hat sich geweigert, seiner Verpflichtung nachzukommen.

Beweis: 1. Einladung vom . . . . . zur Gesellschafterversammlung vom . . . . . (Kopie in Anlage K 2);
2. Protokoll über die Gesellschafterversammlung vom . . . . . (Kopie in Anlage K 3);
3. Aufforderungsschreiben der Klägerin vom . . . . . (Kopie in Anlage K 4).

II.

Der geltend gemachte Anspruch ergibt sich aus § 26 GmbHG iVm § . . . . . der Satzung der Klägerin.[6]

III.

Die Sache ist Handelssache.

IV.

Den Streitwert gebe ich mit . . . . . EUR an.
Die Gerichtskosten werden unverzüglich nach Aufforderung eingezahlt.
Rechtsanwalt

Anmerkungen

1. § 95 Abs. 1 Nr. 4a GVG.

2. Ausreichend ist – da Zahlungsklage – ein einfacher Zahlungsantrag; von der Beschlussfassung an gehört der Anspruch zu den Aktiva der Gesellschaft (HCL/*Leuschner* GmbHG § 26 Rn. 47; Scholz/*Emmerich* GmbHG § 26 Rn. 3; MüKoGmbHG/*Schütz* § 26 Rn. 67).

3. Eine nachträgliche Einführung der Nachschusspflicht durch Änderung der Satzung erfordert außer satzungsändernder Mehrheit Zustimmung aller von der Nachschusspflicht betroffenen Gesellschafter und muss notariell beurkundet werden, § 53 Abs. 2, 3 GmbHG, KG 20.12.1999 – 2 U 6691/98, NZG 2000, 688; Baumbach/Hueck/*Kersting* GmbHG § 26 Rn 7; HCL/*Leuschner* GmbHG § 26 Rn. 29; Scholz/*Emmerich* GmbHG § 26 Rn. 9a f.; MüKoGmbHG/*Schütz,* § 26 Rn. 45.

4. Das wäre auch die ohne besondere Regelung ausreichende Mehrheit, §§ 47, 45 GmbHG, vgl. OLG Frankfurt a. M. 10.1.1992 – 10 U 308/90, GmbHR 1992, 665; Baumbach/Hueck/*Kersting* GmbHG § 26 Rn. 8; HCL/*Leuschner* GmbHG § 26 Rn. 42.

5. Die Nachschusspflicht kann durch die Satzung begrenzt werden, § 26 Abs. 3 GmbHG. Dies kann durch Festlegung von Höchstbeträgen oder durch Festlegung von Quoten der Stammeinlage erfolgen (Scholz/*Emmerich* GmbHG § 26 Rn. 11; HCL/*Leuschner* GmbHG § 26 Rn. 52; MüKoGmbHG/*Schütz* § 26 Rn. 83). Zur Notwendigkeit der Festsetzung einer Obergrenze in der Satzung bei der Erhebung einer Sonderumlage beim Idealverein vgl. BGH 24.9.2007 – II ZR 91/06, NJW-RR 2008, 194.

6. Zur Nachschusspflicht nach den §§ 26–28 GmbHG vgl. Baumbach/Hueck/*Kersting* GmbHG § 26 Rn. 1 ff.; HCL/*Leuschner* GmbHG §§ 26–28. Zur Frage der Rückzahlung vgl. §§ 46 Nr. 3, 30 Abs. 2 GmbHG.

20. Antrag auf Einberufung einer Gesellschafterversammlung bzw. Ergänzung der Tagesordnung nach § 50 GmbHG

An die

. . . . . GmbH

Einberufungsverlangen für eine Gesellschafterversammlung der . . . . . GmbH

Sehr geehrter Herr . . . . .,[1]

ich fordere Sie hiermit gemäß § 50 Abs. 1 GmbHG dazu auf, unverzüglich form- und fristgerecht eine Gesellschafterversammlung der . . . . . GmbH einzuberufen, die nachfolgenden Beschlussgegenstände in die Tagesordnung der einzuberufenden Gesellschafterversammlung der . . . . . GmbH aufzunehmen und den Gesellschaftern form- und fristgerecht anzukündigen. Eine auf mich ausgestellte Vollmacht des Herrn . . . . ., der 40 % des Stammkapitals der . . . . . GmbH hält (siehe Gesellschafterliste der . . . . . GmbH vom . . . . .), füge ich im Original bei.[2]

TOP 1: Abberufung von Herrn . . . . . als Geschäftsführer der . . . . . GmbH aus wichtigem Grund und Kündigung des Geschäftsführeranstellungsvertrags mit der . . . . . GmbH aus wichtigem Grund[3]

Die Gesellschafterversammlung möge beschließen:

1. Die Bestellung von Herrn . . . . . zum Geschäftsführer der . . . . . GmbH wird mit sofortiger Wirkung widerrufen.
2. Der Geschäftsführeranstellungsvertrag mit der . . . . . GmbH wird außerordentlich fristlos aus wichtigem Grund sowie hilfsweise ordentlich zum nächstmöglichen Zeitpunkt gekündigt. Herr . . . . . wird beauftragt und bevollmächtigt, sämtliche Erklärungen zum Vollzug der Kündigung abzugeben.
3. Sollte sich eine Nichtigkeit, Lücke oder eine Undurchführbarkeit in einem der vorstehend gefassten Beschlüsse (Ziffern 1. und/oder 2.) dieses TOP 1 herausstellen, bleibt der Rest des betreffenden Beschlusses hiervon unberührt; § 139 BGB ist ausgeschlossen.

Begründung:

Herr . . . . . hat in seiner Eigenschaft als Geschäftsführer der . . . . . GmbH wiederholt und in schwerwiegender Form gegen die ihm obliegenden Pflichten verstoßen.

Insbesondere hat Herr . . . . . in einer Vielzahl von Fällen fortgesetzt gegen Beschränkungen seiner Geschäftsführungs- und Vertretungsbefugnis verstoßen. Die sich hieraus ergebenden Restriktionen in der Geschäftsführung werden durch Herrn . . . . . vorsätzlich missachtet. Ferner wurde durch Beschluss der Gesellschafterversammlung bestimmt, dass Herr . . . . . die . . . . . GmbH lediglich zusammen mit einem anderen Geschäftsführer vertreten darf, wohingegen ihm die gemeinsame Vertretung mit einem Prokuristen ausdrücklich untersagt ist. Gegen diese Beschränkungen verstößt Herr . . . . . bei der Abgabe von rechtlichen Erklärungen im Namen der . . . . . GmbH fortgesetzt.

TOP 2: Durchführung einer Sonderprüfung, Geltendmachung von Ansprüchen gegen Herrn . . . . . und Bestellung eines Prozessvertreters in der . . . . . GmbH zur Geltendmachung von Ansprüchen gegen Herrn . . . . .

Die Gesellschafterversammlung möge beschließen:

1. Es wird eine Sonderprüfung der Amtsführung des Herrn . . . . . angeordnet. Im Rahmen der Sonderprüfung soll geprüft werden, welche rechtlichen Erklärungen Herr . . . . . als Geschäftsführer der . . . . . GmbH ohne Einbindung eines zweiten Geschäftsführers abgegeben hat (insbesondere sämtliche Vertragsabschlüsse) und ob diese rechtlichen Erklärungen im Einzelfall im Innenverhältnis pflichtgemäß sowie im Außenverhältnis wirksam sind bzw. ob und in welchem Umfang Heilungsmaßnahmen im Unternehmensinteresse liegen und ggf. getroffen werden müssen. Außerdem soll geprüft werden, ob und in welchem Umfang Schadensersatzansprüche und/oder sonstige Ansprüche gleich welcher Art und gleich auf welcher Rechtsgrundlage der . . . . . GmbH gegen Herrn . . . . . aus oder im Zusammenhang mit dem im vorstehenden Satz skizzierten Sachverhalt bestehen.
   a) Zum Sonderprüfer wird Herr Rechtsanwalt . . . . . bestellt.
   b) Der Sonderprüfer darf sich ihm geeignet erscheinender Hilfspersonen, insbesondere solcher, die zur beruflichen Verschwiegenheit verpflichtet sind, bedienen und sich beraten und unterstützen lassen. Er kann die Unterstützung fachlich qualifizierten Personals, insbesondere von Personen mit Kenntnissen des Gegenstands der Sonderprüfung und/oder der Branche, heranziehen.
   c) Die Geschäftsführung der . . . . . GmbH wird angewiesen, dem Sonderprüfer ungehinderten Zugang zu Personal und – insbesondere seinen Auftrag betreffenden – Unterlagen der . . . . . GmbH zu gewähren.
   d) Die Geschäftsführung der . . . . . GmbH wird angewiesen, mit dem Sonderprüfer eine Vereinbarung zu marktüblichen Bedingungen abzuschließen; der Sonderprüfer und seine Hilfspersonen und Personal sind zur Verschwiegenheit zu verpflichten. Die Kosten der Sonderprüfung trägt zunächst die . . . . . GmbH.
2. Sämtliche sich aus der Sonderprüfung (Ziffer 1) dieses TOP 2 ergebende Ansprüche der . . . . . GmbH gegen Herrn . . . . . werden geltend gemacht und sämtliche zur

Geltendmachung der Ansprüche gegen Herrn ..... zweckmäßige Handlungen werden vorgenommen.

3. Es wird ein Vertreter für Prozesse der ..... GmbH gegen Herrn ..... bestellt.
   a) Der Vertreter ist damit zu beauftragen, die im Rahmen der Sonderprüfung (Ziffer 1) dieses TOP 2 festgestellten Schadensersatzansprüche und/oder sonstige Ansprüche gleich welcher Art und gleich auf welcher Rechtsgrundlage der ..... GmbH gegen Herrn ..... gerichtlich durchzusetzen und dabei insbesondere auch Ersatz der durch die Sonderprüfung und den Prozessvertreter entstehenden Kosten zu verlangen.
   b) Zum Prozessvertreter wird Herr ..... bestellt.
   c) Der Vertreter darf sich ihm geeignet erscheinender Hilfspersonen, insbesondere solcher, die zur beruflichen Verschwiegenheit verpflichtet sind, bedienen und sich beraten und unterstützen lassen. Er kann die Unterstützung fachlich qualifizierten Personals, insbesondere von Personen mit Kenntnissen des Gegenstands der Sonderprüfung und/oder der Branche, heranziehen.
   d) Die Geschäftsführung der ..... GmbH wird angewiesen, dem Prozessvertreter ungehinderten Zugang zu Personal und – insbesondere seinen Auftrag betreffenden – Unterlagen der ..... GmbH zu gewähren. Er darf insbesondere das Ergebnis der Sonderprüfung (Ziffer 1) dieses TOP 2 verwerten.
   e) Die Geschäftsführung der ..... GmbH wird angewiesen, mit dem Prozessvertreter eine Vereinbarung zu marktüblichen Bedingungen abzuschließen; der Prozessvertreter und seine Hilfspersonen und Personal sind zur Verschwiegenheit zu verpflichten. Die Kosten der Prozessvertretung trägt zunächst die ..... GmbH.
4. Sollte sich eine Nichtigkeit, Lücke oder eine Undurchführbarkeit in einem der vorstehend gefassten Beschlüsse (Ziffern 1. und/oder 2. und/oder 3. dieses TOP 2) herausstellen, bleibt der Rest des betreffenden Beschlusses hiervon unberührt; § 139 BGB ist ausgeschlossen.

Begründung:

Da Herr ..... wiederholt rechtliche Erklärungen im Namen der ..... GmbH abgegeben und hierbei seine eingeschränkte Vertretungsbefugnis missachtet hat, muss überprüft werden, ob die rechtlichen Erklärungen im Außenverhältnis wirksam sind oder ob Heilungsmaßnahmen ergriffen werden sollen und müssen. Darüber hinaus ist der Umfang der Pflichtverstöße insgesamt aufzuklären, um den Umfang der Schadensersatzansprüche zu ermitteln. Über die Geltendmachung von Ansprüchen gegen Herrn ..... ist Beschluss zu fassen und ein Vertreter zur gerichtlichen Durchsetzung gegen Herrn ..... zu bestellen.

Sollten Sie dem Verlangen nicht bis zum ..... nachkommen, wird Herr ..... von seinem Selbsthilferecht nach § 50 Abs. 3 GmbHG Gebrauch machen.[4]

Mit freundlichen Grüßen

Rechtsanwalt

Anmerkungen

1. Das Einberufungsverlangen ist an den Geschäftsführer zu richten, der funktional zuständig ist (Baumbach/Hueck/*Zöllner/Noack* GmbHG § 50 Rn. 4).

2. In der Praxis kommt es auf die Frage der Formbedürftigkeit einer Vollmacht des Gesellschafters für ein Einberufungsverlangen nicht an, da bei Nichtvorlage eine Zurückweisung analog § 174 BGB droht (vgl. Baumbach/Hueck/*Zöllner/Noack* GmbHG § 50

Rn. 5). Im Einberufungsverlangen sind Angaben zum Quorum von 10 % des Stammkapitals zu machen (MüKoGmbHG/*Liebscher* § 50 Rn. 20).

3. Es sind der Zweck und die Gründe für das Einberufungsverlangen anzugeben, d. h. die Tagesordnung und Angaben zur Eilbedürftigkeit (MüKoGmbHG/*Liebscher* § 50 Rn. 20). Obwohl entbehrlich (vgl. Baumbach/Hueck/*Zöllner/Noack* GmbHG § 50 Rn. 6), empfiehlt es sich, die Beschlussanträge – die in der Versammlung indes auch gestellt werden müssen – ebenfalls in das Verlangen aufzunehmen und durch den Geschäftsführer mit der Einberufung ankündigen zu lassen. Bei kontroversen und komplexen Beschlussanträgen empfiehlt es sich ferner, eine Regelung zum Umgang mit § 139 BGB zu treffen (vgl. zur Anwendung von § 139 BGB auf Beschlüsse, OLG München 28.11.2007 – 7 U 4498/07, BeckRS 2008, 00281 Rn. 39 und OLG Karlsruhe 14.3.2018 – 11 U 35/17, BeckRS 2018, 3504 Rn. 73 ff., jeweils zur Bestellung eines besonderen Vertreters gemäß § 147 AktG). Unter denselben Voraussetzungen kann eine Tagesordnungsergänzung nach § 50 Abs. 2 GmbHG verlangt werden (vgl. Baumbach/Hueck/*Zöllner/Noack* GmbHG § 50 Rn. 14 f.).

Im Formular ist der in der Praxis häufige Fall behandelt, in dem es um den Widerruf der Bestellung eines Geschäftsführers aus wichtigem Grund (vgl. §§ 38 Abs. 2, 46 Nr. 5 GmbHG) sowie die entsprechende Beendigung von dessen Anstellungsvertrag (vgl. § 626 BGB) geht, wofür eine Annexkompetenz der Gesellschafterversammlung entsprechend § 46 Nr. 5 GmbHG besteht (vgl. zu beidem Baumbach/Hueck/*Zöllner/Noack* GmbHG § 46 Rn. 34 ff., 36 ff.; MüKoGmbHG/*Liebscher* § 46 Rn. 97 ff., 125 ff., dort auch zum Vollzug der Beendigung des Anstellungsvertrags durch einen von der Gesellschafterversammlung beauftragten und bevollmächtigten Vertreter). Ferner wird die Durchführung einer Sonderprüfung der Amtsführung des Geschäftsführers (vgl. § 46 Nr. 6 GmbHG, vgl. zur Sonderprüfung als Gegenstand eines Maßregelbeschlusses MüKoGmbHG/*Liebscher*, § 46 Rn. 197, Baumbach/Hueck/*Zöllner/Noack* GmbHG § 46 Rn. 50), die Geltendmachung von Ansprüchen gegen den Geschäftsführer aus dem betreffenden Lebenssachverhalt sowie die Bestellung eines Prozessvertreters behandelt (vgl. § 46 Nr. 8 Fall 1 und Fall 2 GmbHG, zum Inhalt dieser Beschlüsse Baumbach/Hueck/*Zöllner/Noack* GmbHG § 46 Rn. 62, 67 ff.; MüKoGmbHG/*Liebscher* § 46 Rn. 249 ff., 275 f.).

4. Eine Ermächtigung durch das Registergericht entsprechend § 122 Abs. 3 S. 1 AktG kommt bei der GmbH nicht in Betracht. Dafür besteht das Selbsthilferecht nach § 50 Abs. 3 S. 1 GmbHG. Umstritten ist, ob daneben in Sonderfällen ein Rechtsschutzbedürfnis für eine Klage gegeben sein kann (vgl. zur Diskussion Baumbach/Hueck/*Zöllner/Noack* GmbHG § 50 Rn. 11; MüKoGmbHG/*Liebscher* § 50 Rn. 40 f.).

21. Anfechtungsklage und positive Beschlussfeststellungsklage bei der GmbH

An das
Landgericht . . . . .
Kammer für Handelssachen[1]

Klage

des . . . . . **(Kläger)**

gegen

die . . . . . GmbH (Beklagte[2])

wegen
Anfechtung eines Gesellschafterbeschlusses und Beschlussfeststellung
vorläufiger Streitwert: . . . . . EUR[3]
namens und mit Vollmacht des Klägers erhebe ich Klage und werde beantragen:

1. Der Beschluss der Gesellschafterversammlung der Beklagten vom . . . . . wonach der Antrag mit dem Inhalt: „Die Bestellung von Herrn B zum Geschäftsführer der Gesellschaft wird mit sofortiger Wirkung widerrufen." abgelehnt worden ist, wird für nichtig erklärt.[4]
2. Es wird festgestellt, dass in der Gesellschafterversammlung der Beklagten vom . . . . . der folgende Beschluss gefasst worden ist: „Die Bestellung von Herrn B zum Geschäftsführer der Gesellschaft wird mit sofortiger Wirkung widerrufen.".[5]
3. Die Beklagte trägt die Kosten des Rechtsstreits.

Zur

Begründung

trage ich vor:

I.

Der Kläger ist Gesellschafter der Beklagten mit einem Geschäftsanteil von . . . . . EUR. Das Stammkapital der Beklagten beträgt insgesamt . . . . . EUR. Davon halten neben dem Kläger dessen Mitgesellschafter . . . . . einen Geschäftsanteil von . . . . . EUR und dessen weiterer Mitgesellschafter . . . . . einen Geschäftsanteil von . . . . . EUR. Der Gesellschafter . . . . . war alleiniger Geschäftsführer der Beklagten. Ich lege in Kopie als Anlage K 1 einen unbeglaubigten Handelsregisterauszug der Beklagten, als Anlage K 2 die derzeit gültige Satzung der Beklagten und als Anlage K 3 deren letzte zum Handelsregister gereichte Gesellschafterliste vor.

Der geschäftsführende Gesellschafter, ..., hat den Kläger ua in den Gesellschafterversammlungen vom . . . . ., vom . . . . . und vom . . . . . mehrfach beleidigt und in der Gesellschafterversammlung vom . . . . . darüber hinaus mittels Schlägen und Tritten tätlich angegriffen.

Beweis: Zeugnis des A

Die gravierenden gesundheitlichen Folgen des tätlichen Angriffes für den Kläger sind aus dem in Anlage K 4 beigefügten ärztlichen Attest ersichtlich.

In der zwischen den Parteien unstreitig ordnungsgemäß einberufenen Gesellschafterversammlung der Beklagten vom . . . . ., in der sämtliche Gesellschafter der Beklagten anwesend waren, wurde über den ebenfalls unstreitig ordnungsgemäß angekündigten Antrag mit folgendem Wortlaut abgestimmt:

„Die Bestellung von Herrn . . . . . zum Geschäftsführer der Gesellschaft wird mit sofortiger Wirkung widerrufen."

Bei der Beschlussfassung stimmte der Kläger für den Antrag, beide Mitgesellschafter . . . . . und . . . . . stimmten gegen den Antrag. Daraufhin stellte der seinerzeitige alleinige Geschäftsführer, der Gesellschafter . . . . ., als Versammlungsleiter fest, dass der Antrag abgelehnt wurde,[6] s. das Protokoll der Gesellschafterversammlung, Kopie als Anlage K 5.

II.

Dieses Beschlussergebnis ist rechtswidrig zustande gekommen. Der geschäftsführende Gesellschafter . . . . . hatte bei der Beschlussfassung kein Stimmrecht. Bei der Beschlussfassung über die Abberufung eines Geschäftsführers aus wichtigem Grund ist der

Abzuberufende vom Stimmrecht ausgeschlossen.[7] Ein wichtiger Grund liegt in den beleidigenden Äußerungen des Gesellschafters ..... gegenüber dem Kläger und insb. in dem tätlichen Angriff.[8] Die Stimme des Gesellschafters ..... hätte aus diesem Grund von dem Versammlungsleiter nicht mitgezählt werden dürfen. Der Beschluss ist daher anfechtbar.[9]

Die Satzung der Beklagten enthält keine Regelung über die Mehrheitserfordernisse bei der Abberufung von Geschäftsführern. Folglich genügt für einen Abberufungsbeschluss die einfache Mehrheit der abgegebenen Stimmen.[10] Bei korrekter Stimmzählung ist dem Antrag mit der Mehrheit der abgegebenen Stimmen zugestimmt worden. Das Beschlussergebnis ist daher gerichtlich wie beantragt festzustellen.

Die Sache ist Handelssache gem. § 95 Abs. 1 Nr. 4a GVG.

III.

Den Streitwert gebe ich mit ..... EUR an.

Die Gerichtskosten werden unverzüglich nach Aufforderung eingezahlt.

Rechtsanwalt[11]

Anmerkungen

1. § 95 Abs. 1 Nr. 4a GVG. Zuständig ist analog § 246 Abs. 3 S. 1 AktG ausschließlich das LG, in dessen Bezirk die Gesellschaft ihren Sitz hat (Baumbach/Hueck/*Zöllner/Noack* GmbHG Anh. § 47 Rn. 168; Rowedder/Schmidt-Leithoff/*Ganzer* GmbHG Anh. § 47 Rn. 59; Scholz/*K. Schmidt* GmbHG § 45 Rn. 150; MüKoGmbHG/*Wertenbruch* Anh. § 47 Rn. 323). Ob die Landesregierungen durch Rechtsverordnung die Zuständigkeit für die Bezirke mehrerer Landgerichte bei einem LG konzentrieren können, § 246 Abs. 3 S. 3 iVm § 148 Abs. 2 S. 3 AktG analog, ist umstritten. Nach Hüffer/*Koch* AktG § 246 Rn. 37 möglich, um besondere Sachkunde bei einem LG des OLG-Bezirks zu nutzen, abl. BeckOK GmbHG/*Leinekugel*, Anh. § 47 Rn. 211. Bayern hat die Konzentration auf Streitigkeiten begrenzt, die eine Aktiengesellschaft oder eine Kommanditgesellschaft auf Aktien betreffen und damit GmbH-rechtliche Streitigkeiten ausgenommen, § 21 GZVJu. Beschlussmängel im GmbH-Recht sind schiedsfähig; die Schiedsgerichtsabreden bedürfen indes besonderer, höchstrichterlich festgesetzter Mindestanforderungen, was deren Zulässigkeit begrenzt (BGH 6.4.2009 – II ZR 255/08, WM 2009, 991 – „Schiedsfähigkeit II"; BGH 10.5.2001 – III ZR 262/00, NJW 2001, 2176; BGH 29.3.1996 – II ZR 124/95, BGHZ 132, 278; Baumbach/Hueck/*Zöllner/Noack* GmbHG Anh. § 47 Rn. 33 ff.; HCL/*Raiser/Schäfer* GmbHG Anh. § 47 Rn. 206 ff.; MüKoGmbHG/*Wertenbruch* Anh. § 47 Rn. 403). Für die vom BGH festgesetzten Mindestanforderungen einer wirksamen Schiedsvereinbarung in der GmbH (→ Form. II.M.14 Anm. 1).

2. Die Klage ist immer gegen die Gesellschaft zu richten (Baumbach/Hueck/*Zöllner/Noack* GmbHG Anh. § 47 Rn. 163; HCL/*Raiser/Schäfer* GmbHG Anh. § 47 Rn. 197; MüKoGmbHG/*Wertenbruch* Anh. § 47 Rn. 283 jeweils mwN; aA *Joost* ZGR 1984, 71 ff. für personalistische Gesellschaft). Anders als bei der Aktiengesellschaft (→ Form. II.M.34 Anm. 2) wird die Gesellschaft nur durch die Geschäftsführer und nicht durch den Aufsichtsrat vertreten (Baumbach/Hueck/*Zöllner/Noack* GmbHG Anh. § 47 Rn. 165; Rowedder/Schmidt-Leithoff/*Ganzer* GmbHG Anh. § 47 Rn. 46; Scholz/*K. Schmidt* GmbHG § 45 Rn. 149; MüKoGmbHG/*Wertenbruch* Anh. § 47 Rn. 285). Zur vertraglichen Übernahme des kapitalgesellschaftsrechtlichen Beschlussmängelrechtsregimes bei Personengesellschaften BGH 1.3.2011 – II ZR 83/09, NJW 2011, 2578; mit voraussichtlichem Inkrafttreten des Regierungsentwurf eines Gesetzes zur Modernisierung des Personengesellschafsrechts (MoPeG) am 1.1.2023 gemäß Art. 135 MoPeG wird das kapitalgesellschaftliche Beschlussmängelsystem mit Anfechtungs- und Nichtigkeitsklage auch auf Personenhandelsgesellschaften übertragen, vgl. Vorbemerkung zu → Form. II.M.14.

3. Für die Streitwertbemessung gilt § 247 Abs. 1 S. 1 AktG, wobei die Begrenzung aus § 247 Abs. 1 S. 2 AktG auf die GmbH nicht anwendbar ist (OLG Karlsruhe 9.9.1994 – 15 W 30/94, GmbHR 1995, 302; Baumbach/Hueck/*Zöllner/Noack* GmbHG Anh. § 47 Rn. 171; *Emde* Betr. 1996, 1557; aA MüKoGmbHG/*Wertenbruch* Anh. § 47 Rn. 351; *Scholz/K. Schmidt* § 45 Rn. 153).

4. Für die Anfechtung von Gesellschafterbeschlüssen der GmbH gelten die aktienrechtlichen Vorschriften der §§ 243 ff. AktG entsprechend (HCL/*Raiser/Schäfer* GmbHG Anh. § 47 Rn. 3; Rowedder/Schmidt-Leithoff/*Ganzer* GmbHG Anh. § 47 Rn. 1; MüKoGmbHG/*Wertenbruch* Anh. § 47 Rn. 226). Wie bei der Aktiengesellschaft verfolgen Anfechtungs- und Nichtigkeitsklage dasselbe Rechtsschutzziel (→ Form. II.M.34 Anm. 4).

5. Die Verbindung einer Anfechtungsklage mit einer positiven Beschlussfeststellungsklage ist zulässig (BGH 26.10.1983 – BGHZ 88, 320; BGH 20.1.1986 – II ZR 73/85, BGHZ 97, 28; BGH 10.5.2001 – III ZR 262/00, NJW 2001, 2176; OLG Hamm 12.4.2000 – 8 U 165/99, NZG 2000, 1036; Baumbach/Hueck/*Zöllner/Noack* GmbHG Anh. § 47 Rn. 186; Lutter/Hommelhoff/*Bayer* GmbHG Anh. § 47 Rn. 40; Rowedder/Schmidt-Leithoff/*Ganzer* GmbHG Anh. § 47 Rn. 67; MüKoGmbHG/*Wertenbruch* Anh. § 47 Rn. 372; *Bauschatz* NZG 2002, 317). Der Feststellungsantrag muss dabei aber auch innerhalb der Anfechtungsfrist (s. hierzu unten Rechtsmittel und Fristen) gestellt werden (Baumbach/Hueck/*Zöllner/Noack* GmbHG Anh. § 47 Rn. 188). Dies gilt nicht für eine isolierte Beschlussfeststellungsklage, wenn in der Gesellschafterversammlung vom Versammlungsleiter kein förmliches Beschlussergebnis festgestellt wurde (BGH 1.3.1999 – II ZR 205/98, GmbHR 1999, 477). Stellt das Gericht den Beschluss fest, gilt diese Entscheidung gegenüber der Gesellschaft und allen Gesellschaftern und Gesellschaftsorganen (BGH 13.3.1980 – II ZR 54/78, BGHZ 76, 191 (199); BGH 20.1.1986 – II ZR 73/85, BGHZ 97, 28 (31); Lutter/Hommelhoff/*Bayer* GmbHG Anh. § 47 Rn. 40; MüKoGmbHG/*Wertenbruch* Anh. § 47 Rn. 386). Eine erneute Anfechtung des festgestellten Beschlusses ist nach hM nicht möglich (BGH 13.3.1980 – II ZR 54/78, BGHZ 76, 191; krit. dazu *Bauschatz* NZG 2002, 317 (319 ff.)). Um hinreichende Rechtschutzmöglichkeiten der anderen Gesellschafter zu gewährleisten, haben die Geschäftsführer oder das Gericht alle Gesellschafter unverzüglich über die Klageerhebung zu informieren; die Gesellschafter können dem Verfahren als Nebenintervenienten beitreten (BGH 20.1.1986 – II ZR 73/85, BGHZ 97, 28 (31); Baumbach/Hueck/*Zöllner/Noack* GmbHG Anh. § 47 Rn. 169 f.; MüKoGmbHG/*Wertenbruch* Anh. § 47 Rn. 291; *Emde* ZIP 1998, 1475 (1477)).

6. Ein Beschluss der Gesellschafterversammlung, der vom Versammlungsleiter festgestellt wurde, ist vorläufig verbindlich; formelle oder materielle Mängel können nur durch Erhebung der Anfechtungsklage geltend gemacht werden (BGH 21.3.1988 – II ZR 308/87, BGHZ 104, 66; OLG Hamburg 28.6.1991 – 11 U 148/90, GmbHR 1992, 43; HCL/*Raiser/Schäfer* GmbHG Anh. § 47 Rn. 3; MüKoGmbHG/*Wertenbruch* Anh. § 47 Rn. 229).

7. Zwar besteht bei der Abberufung eines Gesellschaftergeschäftsführers für diesen grds. kein Stimmverbot nach § 47 Abs. 4 GmbHG. Erfolgt die Abberufung allerdings aus wichtigem Grund, hat der Abzuberufende kein Stimmrecht (BGH 20.12.1982 – II ZR 110/82, BGHZ 86, 177; OLG Frankfurt a.M. 4.12.1998 – 5 W 33/98, GmbHR 1999, 551; Baumbach/Hueck/*Zöllner/Noack* GmbHG § 47 Rn. 85; Baumbach/Hueck/*Beurskens* GmbHG § 38 Rn. 37 f., HCL//*Hüffer/Schäfer* GmbHG § 47 Rn. 187 ff.; MüKoGmbHG/*Drescher* § 47 Rn. 162).

8. Zu einem ähnlichen Sachverhalt vgl. BGH 26.3.1956 – II ZR 57/55, BGHZ 20, 246; BGH 24.10.1994 – II ZR 91/94, DStR 1994, 1746; vgl. zu wichtigen Gründen auch OLG Hamburg 28.6.1991 – 11 U 148/90, GmbHR 1992, 43; Lutter/Hommelhoff/*Kleindiek* GmbHG § 38 Rn. 20 ff.; Scholz/*U.H. Schneider/S.H. Schneider* GmbHG § 38 Rn. 43 ff.; MüKoGmbHG/*Stephan/Tieves* § 38 Rn. 96.

9. Die unrichtige Feststellung des Abstimmungsergebnisses auf Grund der Nichtbeachtung eines Stimmrechtsausschlusses führt zur Anfechtbarkeit des Beschlusses (BGH 21.3.1988 – II ZR 308/87, BGHZ 104, 66 (69); Baumbach/Hueck/*Zöllner/Noack* GmbHG Anh. § 47 Rn. 116; Lutter/Hommelhoff/*Bayer* GmbHG § 47 Rn. 49; MüKoGmbHG/*Wertenbruch* Anh. § 47 Rn. 162).

10. Die Abberufung eines Geschäftsführers erfolgt durch Gesellschafterbeschluss, § 46 Nr. 5 GmbHG. Solange keine abweichenden Satzungsbestimmungen bestehen, genügt dabei die einfache Mehrheit der abgegebenen Stimmen (Baumbach/Hueck/*Beurskens* GmbHG § 38 Rn. 34; MüKoGmbHG/*Stephan/Tieves* § 38 Rn. 24).

Fristen und Rechtsmittel

11. Auch bei der GmbH muss die Anfechtungsklage innerhalb einer angemessenen Frist erhoben werden. Nach der hM ist die einmonatige Frist des § 246 Abs. 1 AktG nicht unmittelbar anzuwenden, sondern dient lediglich als Leitbild (BGH 21.3.1988 – II ZR 308/87, BGHZ 104, 66 (71); Baumbach/Hueck/*Zöllner/Noack* GmbHG Anh. § 47 Rn. 145; HCL/*Raiser/Schäfer* GmbHG Anh. § 47 Rn. 179 ff.; MüKoGmbHG/*Wertenbruch* Anh. § 47 Rn. 301). Für die Praxis empfiehlt es sich jedenfalls, diese Frist zu wahren, schon da der BGH in einer neueren Entscheidung von der Geltendmachung der Monatsfrist des § 246 AktG auch im Recht der GmbH auszugehen scheint (BGH 14.3.2005 – II ZR 153/03, NZG 2005, 479 (480 f.)). Innerhalb der Frist sind auch die Anfechtungsgründe geltend zu machen, eine spätere Geltendmachung führt zur Verfristung (BGH 14.3.2005 – II ZR 153/03, NZG 2005, 479 (480 f.)).

22. Klage auf Berichtigung der Gesellschafterliste samt Antrag auf Zuordnung eines Widerspruchs zu der Gesellschafterliste nach §§ 40 Abs. 1 GmbHG, 935 ff. ZPO

An das
Landgericht . . . .[1]
Kammer für Handelssachen[2]

Klage

des . . . . **(Kläger/Antragsteller**[3]**)**

Prozessbevollmächtigter: . . . .
gegen

die . . . .-GmbH **(Beklagte zu 1**[4]**)**
den . . . . **(Antragsgegner zu 2**[5]**)**

wegen

Berichtigung der Gesellschafterliste sowie Anordnung eines Widerspruchs (§§ 40 Abs. 1, 16 Abs. 3 S. 4 GmbHG)
Vorläufiger Streitwert:[6] . . . . . EUR
Namens und mit Vollmacht des Klägers erhebe ich Klage und werde beantragen:
1. Die Beklagte zu 1 wird verurteilt, eine gegenüber der Fassung vom . . . . . berichtigte Gesellschafterliste der Beklagten zu 1 zu erstellen und zur Aufnahme zum Handelsregister des Amtsgerichts . . . . . unter der Handelsregisternummer HRB . . . . . einzureichen, die hinsichtlich sämtlicher Geschäftsanteile der Beklagten zu 1, die wie folgt in der Gesellschafterliste der Beklagten zu 1 in der Fassung vom . . . . . erfasst sind, Herrn . . . . ., geb. am . . . . ., wohnhaft . . . . ., als Gesellschafter der Beklagten zu 1 ausweist (was dessen prozentualer Beteiligung am Stammkapital von 100 % entspricht), und zwar
   – hinsichtlich des Geschäftsanteils nummeriert in der Gesellschafterliste der Beklagten zu 1 in der Fassung vom . . . . . mit der lfd. Nr. . . . . . und einem Nennwert von . . . . . EUR (was einer prozentualen Beteiligung am Stammkapital iHv . . . . . % entspricht),
   – hinsichtlich des Geschäftsanteils nummeriert in der Gesellschafterliste der Beklagten zu 1 in der Fassung vom . . . . . mit der lfd. Nr. . . . . . und einem Nennwert von . . . . . EUR (was einer prozentualen Beteiligung am Stammkapital iHv . . . . . % entspricht),
   – hinsichtlich des Geschäftsanteils nummeriert in der Gesellschafterliste der Beklagten zu 1 in der Fassung vom . . . . . mit der lfd. Nr. . . . . . und einem Nennwert von . . . . . EUR (was einer prozentualen Beteiligung am Stammkapital iHv . . . . . % entspricht).[7]

Ich beantrage darüber hinaus – wegen besonderer Dringlichkeit ohne mündliche Verhandlung und durch den Vorsitzenden allein – die folgende

Einstweilige Verfügung und Anordnung

zu erlassen:
1.
   a) Es wird angeordnet, dass zu der im Handelsregister des Amtsgerichts . . . . . unter der Handelsregisternummer HRB . . . . . geführten Liste der Gesellschafter der Beklagten zu 1 in der Fassung vom . . . . . zugunsten des Klägers/Antragstellers, bis zu einer rechtskräftigen Entscheidung in der Hauptsache oder bis zum Abschluss eines das Verfügungs- und/oder Hauptsacheverfahren beendenden gerichtlichen oder außergerichtlichen Vergleichs, ein Widerspruch gegen die Inhaberstellung des Antragsgegners zu 2 an den Geschäftsanteilen mit den lfd. Nrn. . . . . . bis . . . . . und einem Nennwert von je . . . . . EUR (was einer prozentualen Beteiligung am Stammkapital iHv je . . . . . % entspricht) und insgesamt . . . . . EUR (was einer prozentualen Beteiligung am Stammkapital iHv insgesamt . . . . . % entspricht) einzutragen ist.
   b) Der Beklagten zu 1 und dem Antragsgegner zu 2 wird im Wege einer einstweiligen Regelung auferlegt, den Kläger/Antragsteller, bis zu einer rechtskräftigen Entscheidung in der Hauptsache oder bis zum Abschluss eines das Verfügungs- und/oder Hauptsacheverfahren beendenden gerichtlichen oder außergerichtlichen Vergleichs, als Gesellschafter der Beklagten zu 1 mit den sich daraus ergebenden Gesellschafterrechten, insbesondere den Vermögens- und Verwaltungsrechten, aus den Geschäftsanteilen an der Beklagten zu 1 mit den lfd. Nrn. . . . . . bis . . . . . und einem Nennwert von je . . . . . EUR (was einer prozentualen Beteiligung am Stammkapital iHv je . . . . . % entspricht) und insgesamt . . . . . EUR (was einer prozentualen Beteiligung am Stammkapital iHv insgesamt . . . . . % entspricht), zu behandeln.[8]

2. Die Beklagte zu 1 und der Antragsgegner zu 2 tragen die Kosten des Rechtsstreits.

[Je nach Gestaltung des Falls im Einzelfall können in diesem Zusammenhang auch weitere, im vorliegenden Sachverhalt nicht angelegte, Verfügungsanträge sinnvoll sein:

3.

a) Dem Antragsgegner zu 2 wird, bis zu einer rechtskräftigen Entscheidung in der Hauptsache oder bis zum Abschluss eines das Verfügungs- und/oder Hauptsacheverfahren beendenden gerichtlichen oder außergerichtlichen Vergleichs, untersagt, über die im Handelsregister des Amtsgerichts . . . . unter der Handelsregisternummer HRB . . . . . in der Liste der Gesellschafter der Beklagten zu 1 geführten Geschäftsanteile mit den lfd. Nrn. . . . . . bis . . . . . und einem Nennwert von je . . . . . EUR (was einer prozentualen Beteiligung am Stammkapital iHv je . . . . . % entspricht) und insgesamt . . . . . EUR (was einer prozentualen Beteiligung am Stammkapital iHv insgesamt . . . . . % entspricht) zu verfügen.[12]

b) Dem Antragsgegner zu 2 wird für den Fall der Zuwiderhandlung gegen die Untersagungsverpflichtung nach Ziffer 4.a) ein Ordnungsgeld bis zur Höhe von 250.000 EUR und für den Fall, dass dieses nicht beigetrieben werden kann, ersatzweise Ordnungshaft, oder Ordnungshaft bis zu sechs Monaten angedroht, wobei die Ordnungshaft insgesamt zwei Jahre nicht übersteigen darf.[13]

4.

a) Dem Antragsgegner zu 2 wird, bis zu einer rechtskräftigen Entscheidung in der Hauptsache oder bis zum Abschluss eines das Verfügungs- und/oder Hauptsacheverfahren beendenden gerichtlichen oder außergerichtlichen Vergleichs, untersagt, Gesellschafterrechte, insbesondere Vermögens- und Verwaltungsrechte, aus den Geschäftsanteilen der Beklagten zu 1 mit den lfd. Nrn. . . . . . bis . . . . . und einem Nennwert von je . . . . . EUR (was einer prozentualen Beteiligung am Stammkapital iHv je . . . . . % entspricht) und insgesamt . . . . . EUR (was einer prozentualen Beteiligung am Stammkapital iHv insgesamt . . . . . % entspricht) auszuüben.[14]

b) Dem Antragsgegner zu 2 wird für den Fall der Zuwiderhandlung gegen die Untersagungsverpflichtung nach Ziffer 5.a) ein Ordnungsgeld bis zur Höhe von 250.000 EUR und für den Fall, dass dieses nicht beigetrieben werden kann, ersatzweise Ordnungshaft, oder Ordnungshaft bis zu sechs Monaten angedroht, wobei die Ordnungshaft insgesamt zwei Jahre nicht übersteigen darf].

Zur

Begründung

trage ich vor:

I.

Bei dem Kläger handelt es sich um den Gründer der Beklagten zu 1, der seit zwanzig Jahren deren alleinvertretungsberechtigter, von den Beschränkungen des § 181 BGB befreiter Geschäftsführer sowie einziger Gesellschafter war.

Beweis: Chronologischer Handelsregisterauszug der Beklagten zu 1, Anlage K . . . . .

Im Jahr 20. . . . entschied sich der Kläger aus Altersgründen, seine Geschäftsanteile an der Beklagten zu 1 zu verkaufen und zu veräußern sowie als Geschäftsführer aus der Beklagten zu 1 auszuscheiden.

Bei der Beklagten zu 1 handelt es sich um eine im Handelsregister des Amtsgerichts . . . . . unter der Handelsregisternummer HRB . . . . . eingetragene GmbH.

II.

1. Der Kläger und der aktuell in der Gesellschafterliste beim Handelsregister geführte Scheingesellschafter, der Antragsgegner zu 2, schlossen am 1.1.20. . . . . einen Kauf- und Übertragungsvertrag hinsichtlich sämtlicher Geschäftsanteile der Beklagten zu 1. Zu diesem Zeitpunkt wies die zum Handelsregister des Amtsgerichts . . . . . angemeldete Gesellschafterliste den Kläger als Inhaber sämtlicher Geschäftsanteile an der Beklagten zu 1 mit der lfd. Nr. . . . . .-. . . . . aus.

Beweis: Gesellschafterliste der Beklagten zu 1 beim Amtsgericht . . . . ., Handelsregisternummer HRB . . . . ., mit Stand vom 1.1.20. . . . ., Anlage K . . . . .

Der Anteils- und Übertragungsvertrag regelt in § . . . . ., dass der Beklagte seine Geschäftsanteile an den Antragsgegner zu 2 nur unter der aufschiebenden Bedingung der vollständigen Zahlung der letzten Kaufpreisrate abtritt.

„Übertragungsstichtag und aufschiebend bedingte Abtretung
Die Anteile werden mit Wirkung zum . . . . . übertragen. Die Übertragung der Anteile wird jedoch erst wirksam, wenn folgende Bedingungen erfüllt sind:
(a) Vollständige Zahlung der letzten Kaufpreisrate.“

Beweis: Anteils- und Übertragungsvertrag vom 1.1.20. . . . ., Anlage K . . . . .

2. Mit Schreiben vom 31.5.20. . . . . teilte der Antragsgegner zu 2 mit, die Zahlung der am 1.6.20. . . . . fälligen letzten Kaufpreisrate nicht erbringen zu können. Als Grund hierfür gab er fehlende liquide Mittel und Probleme bei der Erlangung einer weiteren Kaufpreisfinanzierung an. Er forderte den Beklagten zu 1 zudem (grundlos) zur Kaufpreisminderung in Höhe der letzten Rate auf.

Beweis: Vom Beklagten zu 2 unterzeichnetes Schreiben an den Kläger vom 31.5.20. . . . ., Anlage K . . . . .

3. Obwohl die aufschiebende Bedingung des Kauf- und Übertragungsvertrags vom 1.1.20. . . . . nicht eingetreten war, wurde in der Folge durch den beurkundenden Notar unter der Registernummer HRB . . . . . der Beklagten zu 1 eine geänderte Gesellschafterliste eingereicht, die den Antragsgegner zu 2 zu Unrecht als alleinigen Inhaber der dem Kläger zustehenden Geschäftsanteile ausweist. Als Grund der Änderung der Inhaberschaft wird auf den Anteils- und Übertragungsvertrag verwiesen. Dies stellte der Kläger durch eine Einsicht ins Handelsregister fest.

Beweis: Geänderte Gesellschafterliste der Beklagten zu 1 beim Amtsgericht . . . . ., Handelsregisternummer HRB . . . . ., mit Stand vom . . . . ., Anlage K . . . . .

4. Der Kläger forderte den Antragsgegner zu 2 über zwei Jahre hinweg mehrfach vergeblich zur Zahlung der letzten Kaufpreisrate sowie zur Berichtigung der beim Amtsgericht unter der Registernummer der Beklagten zu 1 geführten Gesellschafterliste auf.

Beweis: Schreiben des Klägers vom . . . . . sowie vom . . . . . und vom . . . . ., Anlage K . . . . .

5. Eine Zahlung der letzten Kaufpreisrate oder eine Änderung der Gesellschafterliste sind bis heute nicht erfolgt.

III.

1. Die Sache ist Handelssache.

2. Die Klage ist zulässig. Sie ist unmittelbar gegen die Gesellschaft zu richten.

3. Der Anspruch auf Korrektur der Gesellschafterliste ist begründet. Die beim Handelsregister des Amtsgerichts . . . . . geführte Gesellschafterliste der Beklagten zu 1 weicht von der materiellen Rechtslage ab, da die Anteilsabtretung nur unter einer aufschiebenden Bedingung erfolgte, die nicht eingetreten ist.[9] Der Anspruch kann weder verjähren, noch verwirkt werden.[10]

4. Der Antrag auf Zuordnung eines Widerspruchs zu sämtlichen in der Gesellschafterliste der Beklagten zu 1 geführten Geschäftsanteilen mit den lfd. Nrn. . . . . .-. . . . . ist ebenfalls zulässig und begründet. Er ist gegen den im Handelsregister als Gesellschafter Geführten zu richten. Es besteht ein Verfügungsanspruch aufgrund der wahren Inhaberschaft des Klägers an den Geschäftsanteilen. Der Verfügungsgrund ergibt sich aus der abstrakten Gefahr eines gutgläubigen Erwerbs; er muss nicht glaubhaft gemacht werden.[11] Zudem ist

IV.

Den Streitwert gebe ich mit . . . . . EUR an.

Die Gerichtskosten werden unverzüglich nach Aufforderung eingezahlt.

Rechtsanwalt

Anmerkungen

1. Werden, wie vorliegend, Hauptsacheverfahren und Antrag auf Erlass einer einstweiligen Anordnung verbunden, ist das Gericht der Hauptsache gemäß §§ 937 Abs. 1, 943 Abs. 1 ZPO auch für den Erlass der einstweiligen Anordnung zuständig (Baumbach/Hueck/*Servatius* GmbHG § 16 Rn. 41).

2. Sachlich kann – streitwertabhängig (§§ 23, 71 GVG) – das AG oder das LG zuständig sein. In der Praxis dürfte dies stets das LG sein, in diesem Fall ergibt sich die funktionelle Zuständigkeit der Kammer für Handelssachen aus § 95 Abs. 1 Nr. 4a GVG.

3. Die Klage auf Korrektur der Gesellschafterliste kann durch jeden Gesellschafter der Gesellschaft erhoben werden, der zu Unrecht nicht in der zum Handelsregister eingereichten Gesellschafterliste geführt wird. Obwohl der Anspruch nicht kodifiziert ist und § 40 Abs. 3 GmbHG lediglich einen sekundären Schadensersatzanspruch vorsieht, folgt der Anspruch nach hM in Rechtsprechung und Literatur aus der Mitgliedschaft selbst (BGH 17.12.2013 – II ZR 21/12, NZG 2014, 185 Rn. 33 f.; KG 10.7.2019 – 2 W 16/19, NZG 2019, 913, Rn. 9; OLG München 17.7.2015 – 14 W 1137/15, NJW-RR 2016, 106, Rn. 28; OLG Hamm 16.4.2014 – 8 U 82/13, NZG 2014, 783, 784; Baumbach/Hueck/*Servatius* GmbHG § 40 Rn. 84; HCL/*Paefgen,* GmbHG, § 40 Rn. 152; Lutter/Hommelhoff/*Bayer* GmbHG § 40 Rn. 58; Scholz/*Seibt* GmbHG § 40 Rn. 67). Der Anspruch trägt dem Umstand Rechnung, dass gemäß § 16 Abs. 1 GmbHG gegenüber der Gesellschaft nur derjenige als Gesellschafter gilt, der in der Gesellschafterliste geführt wird. Der Geschäftsführer einer GmbH ist nach höchstrichterlicher Rechtsprechung auch befugt, eine unrichtige, vom Notar nach § 40 Abs. 1 S. 2 GmbHG eingereichte Gesellschafterliste zu korrigieren (BGH 17.12.2013 – II ZR 21/12, NZG 2014, 184 Rn. 33).

4. Die Klage ist nach hM in Rechtsprechung und Literatur unmittelbar gegen die Gesellschaft, nicht etwa gegen ihren Geschäftsführer zu richten (BGH 17.12.2013 – II ZR 21/12, NZG 2014, 184; KG 10.7.2019 – 2 W 16/19, NZG 2019, 913, Rn. 10; OLG München 17.7.2015 – 14 W 1137/1; 5, NJW-RR 2016, 106, Rn. 28; OLG Hamm 16.4.2014 – 8 U 82/13, NZG 2014, 783, 784; MüKoGmbHG/*Heidinger* § 40 Rn. 147; Baumbach/Hueck/*Servatius* GmbHG § 40 Rn. 84; HCL/*Paefgen,* GmbHG, § 40 Rn. 152; Lutter/Hommelhoff/*Bayer* GmbHG § 40 Rn. 58; Scholz/*Seibt* GmbHG § 40 Rn. 67).

5. Gemäß § 16 Abs. 3 S. 4 GmbHG kann durch einstweilige Verfügung ein Widerspruch der beim Handelsregister geführten Gesellschafterliste ein Widerspruch zugeordnet werden. Der Antrag ist gegen denjenigen zu richten, der in der Gesellschafterliste als Anteilsinhaber ausgewiesen ist (HCL/*Paefgen,* GmbHG, § 16 Rn. 183; MüKoGmbHG/

Heidinger § 16 Rn. 286; Baumbach/Hueck/*Servatius* GmbHG § 16 Rn. 42; OLG Jena 5.12.2012 – 2 U 557/12, BeckRS 2013, 2129).

6. Der Streitwert richtet sich nach § 3 ZPO und entspricht dem wirtschaftlichen Interesse des Klägers an seiner Aufnahme in die Gesellschafterliste. Da dieses in der Vereitelung eines gutgläubigen Erwerbs seiner Geschäftsanteile (ggf. auch der Sicherung seiner Teilnahme- und Teilhaberechte) besteht, ist mit der obergerichtlichen Rechtsprechung von 50 % des Nennwerts der Geschäftsanteile auszugehen (OLG Jena 9.10.2013 – 2 U 678/12, BeckRS 2013, 20825).

7. Bei der Bezeichnung der betroffenen Geschäftsanteile im Klageantrag sind sämtliche Pflichtangaben aus § 40 Abs. 1 S. 1 GmbHG zu machen. Diese bestehen aus Name, Vorname, Wohnort und Geburtsdatum des klagenden bzw. antragstellenden Gesellschafters sowie die jeweiligen Nennbeträge, der laufenden Nummer sowie der neu eingeführten, durch den Nennbetrag vermittelten prozentualen Beteiligung am Stammkapital. Die Art und Weise der Darstellung der Prozentangaben regelt § 4 Abs. 4 GesLV.

8. Die Zuordnung eines Widerspruchs zugunsten des Klägers trägt dem Umstand Rechnung, dass § 16 Abs. 1 S. 1 GmbHG einen gutgläubigen Erwerb der Geschäftsanteile vom Nichtberechtigten ermöglicht, sofern dieser als Inhaber der Geschäftsanteile in der zum Handelsregister anzumeldenden Gesellschafterliste geführt wird. Ein solcher gutgläubiger Erwerb ist nach § 16 Abs. 1 S. 3 GmbH nicht möglich, wenn zugunsten des wahren Anteilsinhabers ein Widerspruch zugeordnet ist. Eine Verbindung von Hauptsacheklage und einstweiligem Rechtsschutzantrag in demselben Verfahren ist grundsätzlich zulässig (Zöller/*Vollkommer* ZPO Vorb. §§ 916 ff. Rn. 1b; BGH 1.6.2017 – I ZR 152/13, GRUR 2017, 938 Rn. 36). Daneben kann im Wege der Regelungsanordnung verfügt werden, den Kläger einstweilen so zu behandeln, als sei er Inhaber der streitgegenständlichen Geschäftsanteile (vgl. OLG München 2.12.2020 – 7 U 4305/20, NZG 2021, 293; Zöller/*Vollkommer* ZPO § 940 Rn. 8.13); diese Regelungsanordnung hat Gestaltungswirkung und wird durch Zustellung im Parteibetrieb vollzogen (vgl. Musielak/Voit/*Huber* ZPO § 936 Rn. 5). Zur Meidung der Aufnahme einer unrichtigen Gesellschafterliste in das Handelsregister kann eine Untersagungsverfügung beantragt werden mit folgendem Antrag:

„Der Beklagten zu 1 wird, bis zu einer rechtskräftigen Entscheidung in der Hauptsache oder bis zum Abschluss eines das Verfügungs- und/oder Hauptsacheverfahren beendenden (gerichtlichen oder außergerichtlichen) Vergleichs, untersagt, die notarielle Gesellschafterliste betreffend die Beklagte zu 1 vom. . . . .des Notars. . . . ., mit Amtssitz in. . . . ., durch Einreichung einer von einem Geschäftsführer der Beklagten zu 1 unterzeichneten Gesellschafterliste zur Aufnahme in den Registerordner zum Handelsregister des Amtsgerichts. . . . .unter HRB . . . . .im Hinblick auf die vom Kläger an der Beklagten zu 1 gehaltenen Geschäftsanteile mit den mit den lfd. Nrn.. . . . .bis. . . . .und einem Nennwert von je. . . . .EUR (was einer prozentualen Beteiligung am Stammkapital iRv je. . . . . % entspricht) und insgesamt. . . . .EUR (was einer prozentualen Beteiligung am Stammkapital iRv insgesamt. . . . . % entspricht) zu ändern.“

Daneben sollte das zuständige Registergericht eilig angeschrieben und der Antrag auf Erlass einer einstweiligen Verfügung bzw. deren Erlass mitgeteilt werden, um zu verhindern, dass Fakten geschaffen werden. Zwar ist die Reichweite der Prüfungskompetenz der Registergerichte umstritten (vgl. OLG München 2.12.2020 – 7 U 4305/20, NZG 2021, 293 (294 f.) Rn. 32), in der Praxis setzen diese das Registerverfahren aber oft bis zur Klärung der Hauptsache aus, sofern innerhalb der dann durch den Registerrichter gesetzten Frist (§§ 21, 381 FamFG) Hauptsacheklage erhoben wird, die auf Feststellung der Mitgliedschaft gerichtet ist.

9. Der Anspruch auf Korrektur der Gesellschafterliste ist begründet, wenn materiellrechtliche Inhaberschaft der Geschäftsanteile und in der Gesellschafterliste ausgewiesene Inhaberschaft auseinanderfallen. sowie der wahre Berechtigte auseinanderfallen. Im Falle der ausdrücklichen Abtretung unter einer *„aufschiebenden Bedingung"* erfolgt der Rechtsübergang nach § 158 Abs. 1 BGB erst mit Bedingungseintritt, sodass der Veräußerer bis dahin materiell-rechtlicher Inhaber der Geschäftsanteile bleibt.

10. Da der Anspruch auf Korrektur der Gesellschafterliste aus der Mitgliedschaft selbst folgt, kann er nicht verjähren. Würde das Recht auf Berichtigung verjähren, wäre dies gleichbedeutend mit der Verjährung der Mitgliedschaft als solcher, die der wahre Gesellschafter dann nicht mehr ausüben könnte (vgl. § 16 Abs. 1 S. 1 GmbHG). Eine solche Wirkung kennt das deutsche Gesellschaftsrecht nicht (Inhaberschaft als absolutes Recht: MüKoBGB/*Grothe* § 194 Rn. 5; BeckOK/*Henrich* BGB § 194 Rn. 16; Palandt/*Ellenberger* BGB § 194 Rn. 4. Beteiligung am Gesellschaftsvertrag als Dauerschuldverhältnis: BGH 26.6.2008 – I ZR 221/05, NJW 2008, 2995 (2996); MüKoBGB/*Grothe* § 194 Rn. 3; BeckOK/*Henrich* BGB § 194 Rn. 19; Palandt/*Ellenberger* BGB § 194 Rn. 7). Darüber hinaus lässt sich eine Analogie zu § 898 BGB ziehen, der die Unverjährbarkeit der §§ 894–896 BGB anordnet. Die Interessenlage hinsichtlich der Gesellschafterliste, die nach § 16 Abs. 3 S. 1 GmbHG einen gutgläubigen Erwerb des Anteils ermöglicht, entspricht derjenigen des § 892 Abs. 1 BGB. Könnte das Recht zur Korrektur verjähren, wäre der angestrebte Verkehrsschutz obsolet (vgl. MüKoBGB/*Kohler* § 898 Rn. 1). Entsprechendes gilt für die Verwirkung.

11. Nach zutreffender, ganz herrschender Auffassung reicht es für die Anordnung eines Widerspruchs im Rahmen der einstweiligen Verfügung aus, dass ein Verfügungsanspruch, mithin ein materiell-rechtlicher Anspruch auf Listenkorrektur glaubhaft gemacht wird; die Glaubhaftmachung erfolgt durch präsente Beweismittel, § 936iVm §§ 920 Abs. 2, 294 ZPO (HCL/*Paefgen* GmbHG § 16 Rn. 183; Baumbach/Hueck/*Servatius* GmbHG § 16 Rn. 41; Lutter/Hommelhoff/*Bayer* GmbHG § 16 Rn. 97). § 16 Abs. 3 S. 5 GmbHG regelt demgegenüber in Anlehnung an § 899 Abs. 2 S. 2 BGB, dass ein Verfügungsgrund nicht glaubhaft zu machen ist. Ausreichend ist die abstrakte Gefahr des gutgläubigen Erwerbs nach § 16 Abs. 1 S. 1 GmbHG (OLG München 17.7.2015 – 14 W 1132/15, NZG 2015, 1272 Rn. 56; OLG Jena 5.12.2012 – 2 U 557/12, RNotZ 2013, 445 (450); HCL/*Paefgen* GmbHG § 16 Rn. 183; Baumbach/Hueck/*Servatius* GmbHG § 16 Rn. 41; Lutter/Hommelhoff/*Bayer* GmbHG § 16 Rn. 97; *Dittert* NZG 2015, 221 (222 f.); aA nur OLG Nürnberg 19.8.2014 – 12 W 1568/14, NZG 2014, 1347; BeckOK/*Wilhelmi* GmbHG § 16 Rn. 109.). Zu den technischen Einzelheiten des Widerspruchs in der elektronisch geführten Gesellschafterliste siehe Lutter/Hommelhoff/*Bayer* GmbHG § 16 Rn. 91.

12. Der Widerspruch gegen die Gesellschafterliste vereitelt allein die Möglichkeit des gutgläubigen Erwerbs nach § 16 Abs. 3 S. 1 GmbHG, er beseitigt nicht die Legitimationswirkung aus § 16 Abs. 1 GmbHG hinsichtlich der Gesellschafterstellung. Entsprechend ist es dem Listengesellschafter weiterhin möglich, über die Gesellschaftsanteile zu verfügen (Lutter/Hommelhoff/*Bayer* GmbHG § 16 Rn. 93; BeckOK/*Wilhelmi* GmbHG § 16 Rn. 111; HCL/*Löbbe* GmbHG § 16 Rn. 178). Es kann daher sinnvoll sein, dem Listengesellschafter zusätzlich die Verfügung über die Geschäftsanteile zu untersagen. Erforderlich hierfür sind ein Verfügungsanspruch und ein Verfügungsgrund. Der Verfügungsanspruch besteht in einem aus der Mitgliedschaft folgenden quasi-negatorischen Abwehr- und Unterlassungsanspruch aus §§ 1004, 823 Abs. 1 BGB. Die Mitgliedschaft in einem Verband ist ein absolutes Recht iSv § 823 BGB und hat Eigentumscharakter iSv Art. 14 GG (BGH 23.3.1990 – II ZR 179/89, NJW 1990, 2877 (2878); BVerfG 7.8.1962 – 1 BvL 16/60, NJW 1962, 1667; Palandt/*Sprau* BGB § 823 Rn. 21). Eine Begehungsgefahr hinsichtlich der drohenden Verfügung über die Anteile kann sich je nach Sachverhalt aus dem sonstigen rechtsmissbräuchlichen Verhalten des Listengesellschafters ergeben. Als Verfügungsgrund ist erforderlich, dass die Verwirklichung des Rechts des Antragstellers ohne die einstweilige Verfügung vereitelt oder wesentlich erschwert wird und dem keine überwiegenden, irreparablen Schädigungen des Antragsgegners gegenüberstehen (MüKoZPO/*Drescher* § 935 Rn. 46). Anders als im Fall von § 16 Abs. 3 S. 5 GmbHG (→ Anm. 11) muss der Verfügungsgrund glaubhaft gemacht werden.

13. Die Antragsfassung ergibt sich aus § 890 Abs. 1 ZPO.

14. Neben der Möglichkeit, trotz des eingetragenen Widerspruchs über die Geschäftsanteile zu verfügen (→ Anm. 12), steht dem Listengesellschafter auch im Übrigen die Ausübung von Gesellschafterrechten offen. So bleiben etwa gefasste Beschlüsse auch im Falle des Erfolgs der Hauptsacheklage wirksam (vgl. für die Einziehung BGH 2.7.2019 – II ZR 406/17, NJW 2019, 3155 Rn. 38 ff.). Droht die Einreichung einer geänderten Gesellschafterliste erst noch und ist wie im vorliegenden Fall nicht erfolgt, steht dem wahren Inhaber – neben einem Anspruch auf Untersagung der Einreichung – als Minus dazu ein Anspruch auf einstweilige Untersagung der Ausübung von Gesellschafterrechten zu (BGH 17.12.2013 – II ZR 21/12, NZG 2014, 184 (188) Rn. 39). Auch in diesem Fall ist der Verfügungsgrund gesondert glaubhaft zu machen.

23. Klage auf Schadensersatz gegen Geschäftsführer nach § 43 Abs. 2 GmbHG wegen Verletzung der Organverantwortung

An das
Landgericht .....
Kammer für Handelssachen[1]

Klage

der

.....GmbH, vertreten durch Herrn Rechtsanwalt .....[2] **(Klägerin)**

Prozessbevollmächtigter: .....
gegen

den ..... (Beklagter)

wegen Schadensersatz (§ 43 GmbHG)
Vorläufiger Streitwert: ..... EUR[3]
Namens und mit Vollmacht der Klägerin erhebe ich Klage und werde beantragen:
1. **Der Beklagte wird verurteilt, EUR ..... nebst Zinsen iHv 5 Prozentpunkten über dem jeweiligen Basiszinssatz hieraus seit dem ..... an die Klägerin zu bezahlen.**
2. **Der Beklagte trägt die Kosten des Rechtsstreits.**

Zur

Begründung

trage ich vor:

I.

1. **Der Beklagte amtierte bis zum ..... als Alleingeschäftsführer der Klägerin. Seine Bestellung wurde mit Beschl. v. ..... widerrufen, zugleich wurde beschlossen, die**

streitgegenständlichen Organhaftungsansprüche gegen ihn geltend zu machen und Herrn Rechtsanwalt ..... als Prozessvertreter zu bestellen.[4]

Beweis: 1. Vorlage des Auszugs aus dem Handelsregister vom .....,
2. Vorlage der Niederschrift der Gesellschafterversammlung der Klägerin vom .....

2. Dem Beklagten liegt als Organpflichtwidrigkeit zur Last, dass er den Erwerb sämtlicher Geschäftsanteile der ..... GmbH durch die Klägerin ohne Unternehmensprüfung (sog. Due Diligence) durchführte. Dies geschah, obwohl er in dem der Unternehmenstransaktion zugrunde liegenden Beschluss der Gesellschafterversammlung der Klägerin vom ..... dazu angewiesen wurde, eine Unternehmensprüfung durchzuführen.
Die ..... GmbH fiel kurz nach dem Erwerb in Insolvenz. Der für die Geschäftsanteile gezahlte Kaufpreis iHv EUR ..... Mio. ist daher nutzlos aufgewendet worden. Die im Nachgang durchgeführte Prüfung ergab, dass die Insolvenzreife bei einer marktüblichen Unternehmensprüfung im Vorfeld der Unternehmenstransaktion erkannt worden wäre. Die Unternehmenstransaktion wäre in diesem Fall unterblieben; in dem transaktionsvorbereitenden Gesellschafterbeschluss ist als Bedingung der Unternehmenstransaktion festgelegt, dass sich das zu erwerbende Unternehmen aus eigener Kraft finanziert, der Erwerb eines Sanierungsfalls war nicht genehmigt.[5]

Beweis: 1. Vorlage des Insolvenzeröffnungsbeschlusses vom .....,
2. Vorlage der Prüfung im Nachgang zu der Unternehmenstransaktion vom .....
3. Vorlage der Niederschrift über die Gesellschafterversammlung der Klägerin am .....

II.

1. Der Beklagte schuldet Schadensersatz gemäß § 43 Abs. 2 GmbHG iH des nutzlos aufgewendeten Kaufpreises zum Erwerb der Geschäftsanteile der ..... GmbH.
2. Es kann dahinstehen, ob es zu den gesetzlich determinierten Amtspflichten eines Geschäftsleiters aus § 43 Abs. 1 GmbHG gehört, eine Unternehmensprüfung durchzuführen. Denn der Beklagte hatte jedenfalls die Weisung der Gesellschafterversammlung nach § 37 Abs. 1 Fall 2 GmbHG zu beachten und eine Unternehmensprüfung durchzuführen.[6]

III.

Den Streitwert gebe ich mit ..... EUR an. Die Gerichtskosten werden unverzüglich nach Aufforderung eingezahlt.

Rechtsanwalt

Anmerkungen

1. Organhaftungsklagen sind Handelssachen nach § 95 Abs. 1 Nr. 4a GVG. Die sachliche Zuständigkeit bestimmt sich regulär nach §§ 23 Nr. 1, 71 Abs. 1 GVG, die örtliche Zuständigkeit ergibt sich aus §§ 12 f. oder 29 ZPO (Sitz der GmbH, vgl. BGH 10.2.1992 – II ZR 23/91, NJW-RR 1992, 800). Organhaftungssachen sind schiedsfähig (MüKoGmbHG/*Fleischer*, § 43 Rn. 334a); in der Praxis kommt dies indes kaum vor (vgl. zu den Gründen ausführlich *Krieger*, Gesellschaftsrecht in der Diskussion, 2017, 181 ff.).

2. Die Bestellung eines Prozessvertreters ist nicht erforderlich, wenn die GmbH anderweitig durch ihre(n) Geschäftsführer im Organhaftungsverfahren vertreten ist (besteht ein Aufsichtsrat, ist dieser grundsätzlich organkompetent, § 52 Abs. 1 GmbHG iVm § 112 AktG, vgl. Baumbach/Hueck/*Zöllner*/*Noack* GmbHG § 52 Rn. 116, 250, 305); eine Bestätigung dieser Vertretungsregelung durch Gesellschafterbeschluss ist nicht erforderlich (BGH 22.3.2016 – II ZR 253/15, BeckRS 2016, 15578).

3. Maßgeblich ist der zu kompensierende Schaden (§ 3 ZPO).

4. Der Beschluss zur Geltendmachung von Organhaftungsansprüchen nach § 46 Nr. 8 GmbHG ist materiell-rechtliche Klagevoraussetzung (BGH 4.11.2002 – II ZR 224/00, NJW 2003, 358); eine ohne Gesellschafterbeschluss erhobene Klage kann die Verjährung nach § 204 Abs. 1 Nr. 1 BGB gleichwohl hemmen (BGH 15.3.2011 – II ZR 301/09, BeckRS 2011, 7927).

5. Die GmbH trifft (analog § 93 Abs. 2 AktG, § 34 Abs. 2 GenG) die Darlegungs- und Beweislast dafür, dass und inwieweit ihr durch ein Verhalten des Geschäftsführers in dessen Pflichtenkreis ein Schaden erwachsen ist, wobei ihr die Erleichterungen des § 287 ZPO zugutekommen können. Der Geschäftsführer hat hingegen darzulegen und erforderlichenfalls zu beweisen, dass er seinen Sorgfaltspflichten nach § 43 Abs. 1 GmbHG entsprochen oder er die Pflichtverletzung nicht zu vertreten hat, oder dass der Schaden auch bei pflichtgemäßem Alternativverhalten eingetreten wäre (BGH 4.11.2002 – II ZR 224/00, NJW 2003, 358).

6. Vgl. zur Pflicht des Geschäftsführers, eine Due Diligence im Vorfeld einer Unternehmenstransaktion durchzuführen, OLG Oldenburg 22.6.2006 – 1 U 34/03, NZG 2007, 434; LG Frankfurt 7.10.1997 – 3/11 O 44/96, ZIP 1998, 641 (644); LG Hannover 23.2.1977 – 1 O 123/75, AG 1977, 198, 200. Ein Verstoß gegen einen Weisungsbeschluss iSv § 37 Abs. 1 Fall 2 GmbHG stellt in jedem Fall eine objektive Pflichtverletzung iSd § 43 Abs. 2 GmbHG dar (vgl. MüKoGmbHG/*Fleischer* § 43 Rn. 26 f.).

24. Klage gegen Geschäftsführer wegen Zahlungen nach Insolvenzreife gemäß § 15b Abs. 4 S. 1 InsO

An das
Landgericht . . . . .[1]
Zivilkammer[2]

Klage

des . . . . . als Insolvenzverwalter über das Vermögen der . . . . .-GmbH i.L.[3] (Kläger)

Prozessbevollmächtigter: . . . . .
gegen

den . . . . . (Beklagter zu 1)
den . . . . . (Beklagter zu 2)

wegen
Insolvenzverschleppungshaftung gemäß § 15b InsO[4]
Vorläufiger Streitwert: . . . . . EUR

Namens und mit Vollmacht des Klägers erhebe ich Klage und werde beantragen:

1. Die Beklagten werden verurteilt, an den Kläger gesamtschuldnerisch . . . . . EUR nebst Zinsen iHv 5 Prozentpunkten über dem jeweiligen Basiszinssatz seit Rechtshängigkeit zu zahlen.
2. Die Beklagten tragen die Kosten des Rechtsstreits.[5]

Zur

Begründung

trage ich vor:

I.

1. Der Kläger handelt als Insolvenzverwalter über das Vermögen der . . . . .-GmbH i.L., nachstehend Insolvenzschuldnerin genannt. Das Amtsgericht . . . . . – Insolvenzgericht – hat mit Beschl. v. . . . . . 2021 unter dem Aktenzeichen . . . . . das Insolvenzverfahren über das Vermögen der Insolvenzschuldnerin eröffnet und den Kläger zum Insolvenzverwalter bestellt.

Beweis: Beschluss des Amtsgerichts . . . . . vom . . . . ., in Kopie vorgelegt als Anlage K- . . . . .

2. Die Beklagten zu 1 und zu 2 waren seit . . . . . bzw. seit . . . . . zu Geschäftsführern der Insolvenzschuldnerin bestellt. Sie waren jeweils einzelvertretungsberechtigt und von den Beschränkungen des § 181 BGB befreit.

Beweis: Handelsregisterauszug der Insolvenzschuldnerin vom . . . . ., in Kopie vorgelegt als Anlage K-. . . . .

II.

1. Die Insolvenzschuldnerin schloss das Geschäftsjahr 2020 mit einem Verlust in Höhe von . . . . . EUR ab. Der nicht durch Eigenkapital gedeckte Fehlbetrag in der Bilanz der Insolvenzschuldnerin betrug zum 31.12.2020 . . . . . EUR. Damit lag spätestens zum Ende des Jahres 2020 eine rechnerische Überschuldung vor; Anhaltspunkte für stille Reserven, die im handelsrechtlichen Abschluss keinen Niederschlag finden, bestehen nicht.

Beweis: 1. Bilanz der Insolvenzschuldnerin zum 31. Dezember . . . . ., in Kopie vorgelegt als Anlage K-. . . . .
2. Überschuldungsbilanz der Insolvenzschuldnerin vom . . . . ., in Kopie vorgelegt als Anlage K-. . . . .

2. Aus dieser rechnerischen Überschuldung resultierte eine existenzbedrohende Situation für die Insolvenzschuldnerin. Denn sie verfügte angesichts der zwei Monate später fälligen Rückzahlung einer hohen Darlehensrückzahlungsrate nicht über ausreichend liquide Mittel, um ihre laufenden Verbindlichkeiten zu decken. Entsprechend wurden laufende Verbindlichkeiten ab dem . . . . . 2021 nicht mehr durch die Insolvenzschuldnerin bedient. Es trat Zahlungsunfähigkeit ein.

Beweis: 1. Kontoauszug des Geschäftskontos der Insolvenzschuldnerin für den betreffenden Zeitraum, in Kopie vorgelegt als Anlage K-. . . . .
2. Zeugnis des . . . . .

3. Bereits im Vorfeld der Erstellung der Bilanz zum Ende des Jahres 2020 beauftragten die Beklagten einen Sanierungsberater mit der Restrukturierung der Finanzverbindlichkeiten und des operativen Geschäfts der Insolvenzschuldnerin. Aus einer E-Mail-Korrespondenz zwischen dem Sanierungsberater und Beklagten zu 1 und dem Beklagten zu 2 vom Ende des Jahres 2020 geht jedoch hervor, dass der Sanierungsberater keine Chance

auf eine Restrukturierung sah und der Insolvenzschuldnerin auch keine positive Fortbestehensprognose bescheinigen konnte.

Beweis: E-Mail-Korrespondenz zwischen dem Sanierungsberater und dem Beklagten zu 1 und dem Beklagten zu 2 vom . . . . ., in Kopie vorgelegt als Anlage K-. . . . .

4. Zwei Monate nach Eintritt der Zahlungsunfähigkeit, am . . . . . 2021, stellten die Beklagten für die Insolvenzschuldnerin Insolvenzantrag beim Amtsgericht . . . . ..

Beweis: Insolvenzantrag der Beklagten vom . . . . ., Anlage K-. . . . .

III.

Die Beklagten zu 1 und zu 2 veranlassten in den zwei Monaten nach Eintritt der Zahlungsunfähigkeit am . . . . . 2021 bis zur Beantragung der Eröffnung des Insolvenzverfahrens insgesamt . . . . . pflichtwidrige Auszahlungen. Hierzu führten sie Auszahlungen von dem Geschäftskonto der Insolvenzschuldnerin aus. Die pflichtwidrigen Auszahlungen belaufen sich auf einen Gesamtbetrag von . . . . . EUR. Es handelt sich im Einzelnen um:

– . . . . .

– . . . . .

– . . . . .

Beweis: Kontoauszüge des Geschäftskontos der Insolvenzschuldnerin vom . . . . ., in Kopie vorgelegt als Anlage K-. . . . .

IV.

1. Der Kläger hat einen Rückzahlungsanspruch gegen die Beklagten iHv . . . . . EUR gemäß § 15b Abs. 4 S. 1 iVm 80 Abs. 1 InsO. Durch die Eröffnung des Insolvenzverfahrens über das Vermögen der Insolvenzschuldnerin und der Bestellung des Klägers zum Insolvenzverwalter ist das Recht der Insolvenzschuldnerin, das zur Insolvenzmasse gehörende Vermögen zu verwalten und über es zu verfügen, gemäß § 80 Abs. 1 InsO auf den Kläger übergegangen.

2. Gemäß § 15b Abs. 1 S. 1 InsO durften die Geschäftsführer der Insolvenzschuldnerin als die antragspflichtigen Mitglieder des Vertretungsorgans nach dem Eintritt der Zahlungsunfähigkeit bzw. der rechnerischen Überschuldung ohne positive Fortbestehensprognose der Insolvenzschuldnerin keine Zahlungen mehr für diese vornehmen.[6] Hier lag im streitgegenständlichen Zeitraum eine Überschuldung iSv § 19 Abs. 2 S. 1 InsO vor, da das Vermögen der Insolvenzschuldnerin die bestehenden Verbindlichkeiten nicht mehr deckte (rechnerische Überschuldung) und keine positive Fortführungsprognose bestand. Mit der Einstellung der Erfüllung laufender Verbindlichkeiten am . . . . . lag Zahlungsunfähigkeit iSv § 17 Abs. 2 InsO vor.[7]

3. Da die Beklagten dennoch Zahlungen entgegen § 15b Abs. 1 S. 1 InsO geleistet haben, sind sie gemäß § 15b Abs. 4 S. 1 InsO zur Erstattung verpflichtet. Die Zahlungen waren auch nicht gemäß § 15b Abs. 1 S. 2 InsO mit der Sorgfalt eines ordentlichen Geschäftsmannes vereinbar. Hierbei kommt es nicht entscheidend darauf an, ob es sich bei den Zahlungen gemäß § 15b Abs. 2 S. 1 und 2 InsO um solche gehandelt hat, die der Aufrechterhaltung des Geschäftsbetriebs zur nachhaltigen Beseitigung der Insolvenzreife oder zur Vorbereitung eines Insolvenzantrags erfolgt sind. Denn jedenfalls war zum Zeitpunkt der Zahlungen die maßgebliche Frist zur Stellung eines Insolvenzantrags gemäß § 15a Abs. 1 S. 1 und 2 InsO abgelaufen, sodass die Vermutung des § 15b Abs. 3 InsO greift, wonach solche Zahlungen idR nicht mit der Sorgfalt eines ordentlichen

Geschäftsmannes vereinbar sind. Diese Vermutung haben die Beklagten außergerichtlich nicht widerlegt.[8]

4. Sowohl die Überschuldung als auch die drohende Zahlungsunfähigkeit waren für die Beklagten auch erkennbar. Denn unabhängig von einer nicht erforderlichen konkreten Kenntnis aller Einzelheiten waren sie gemäß § 41 GmbHG verpflichtet, für eine ordnungsgemäße Buchführung zu sorgen. Das Verschulden wird in diesem Fall vermutet.[9]

V.

Den Streitwert gebe ich mit . . . . . EUR an.

Die Gerichtskosten werden unverzüglich nach Aufforderung eingezahlt.

Rechtsanwalt

Anmerkungen

1. Sachlich kann – streitwertabhängig (§§ 23, 71 GVG) – das AG oder das LG zuständig sein.

2. Ob bei streitwertabhängiger Zuständigkeit des Landgerichts die Zuständigkeit der Kammer für Handelssachen eröffnet ist, ist umstritten. Ein beiderseitiges Handelsgeschäft iSv § 95 Abs. 1 Nr. 1 GVG liegt nicht vor, da es sich weder beim Geschäftsführer einer GmbH (BGH 8.11.2005 – XI ZR 34/05, NJW 2006, 431 Rn. 15; Altmeppen/*Altmeppen* GmbHG § 6 Rn. 5; Baumbach/Hueck/*Beurskens* GmbHG § 6 Rn. 2) noch beim Insolvenzverwalter (BGH 25.2.1987 – VIII ZR 341/86, NJW 1987, 1940, 1941; MüKoInsO/*Vuia* § 80 Rn. 100; aA entgegen dem Wortlaut von § 95 Abs. 1 Nr. 4a GVG bei der Insolvenzanfechtung nicht auf die Person des klagenden Insolvenzverwalters, sondern der Gesellschaft als Insolvenzschuldnerin abstellend LG Dortmund 20.3.2015 – 4 O 374/14, NZI 2015, 894; LG München 29.6.1999 – 10 O 5741/99, EWiR 1999, 845; LG Köln 18.4.2001 – 21 O 39/01, DZWir 2002, 2017, dagegen jedoch bereits die hM für die Insolvenzanfechtung BGH 9.7.1987 – IX ZR 167/86, NJW 1987, 2821; MüKoInsO/*Kirchhof/Piekenbrock* § 143 Rn. 19mwN; *Beumling* NZI 2015, 895mwN) um einen Kaufmann iSd handelsrechtlichen Vorschriften handelt. Noch unklarer wird die Frage beantwortet, ob es sich um einen Anspruch aus dem Rechtsverhältnis zwischen den Mitgliedern einer Handelsgesellschaft oder zwischen dieser und ihren Mitgliedern oder Vorstehern und der Gesellschaft nach § 95 Abs. 1 Nr. 4a GVG handelt. Unter „Vorstehern" iSd Vorschrift sind gesetzliche Vertreter, also auch die Geschäftsführer zu verstehen (Zöller/*Lückemann* ZPO § 95 GVG Rn. 8; Wieczorek/Schütze/*Schreiber* ZPO § 95 GVG Rn. 5). Entscheidend ist allerdings, ob ein Anspruch aus dem "*Rechtsverhältnis zwischen den Vorstehern [. . . . .] und der Gesellschaft*" geltend gemacht wird. Dies wird zT ohne weitere Begründung bejaht (Baumbach/Hueck/*Haas* GmbHG § 64 GmbHG aF Rn. 29; ohne Differenzierung, ob der Anspruch durch den Insolvenzverwalter geltend gemacht wird Scholz/*Bitter* GmbHG § 64 GmbHG aF Rn. 212; OLG Stuttgart 22.11.2004 – 14 AR 7/04, GmbHR 2005, 106 (Leitsatz)). Demgegenüber geht jedoch die sowohl in der Rechtsprechung als auch Literatur herrschende Meinung (BGH 14.4.1987 – IX ZR 260/86, NJW 1987, 3133; BGH 5.10.1994 – XII ZR 53/93, NJW 1994, 3232; MüKoInsO/*Vuia* § 80 Rn. 27; K. Schmidt/*Sternal*, InsO, § 80 Rn. 19 jeweils mwN) von der sog. Amtstheorie aus, wonach der Insolvenzverwalter materiell-rechtlich und prozessual im eigenen Namen und aus eigenem Recht mit Wirkung für und gegen die Masse handelt. Legt man dies zugrunde, liegt gerade kein Rechtsverhältnis zwischen den Geschäftsführern und der Gesellschaft vor.

3. Gemäß § 80 Abs. 1 ZPO geht mit der Eröffnung des Insolvenzverfahrens das Recht des Insolvenzschuldners, das zur Insolvenzmasse gehörende Vermögen zu verwalten und über es zu verfügen, auf den Insolvenzverwalter über. Damit geht eine umfassende Prozessführungsbefugnis einher. Nach der Amtstheorie (→ Anm. 2) führt der Insolvenzverwalter einen das Vermögen des Insolvenzschuldners betreffenden Prozess in eigenem Namen und in eigener Verantwortung als Partei kraft Amtes. Dies ist in der Klageschrift zweifelsfrei zu kennzeichnen (K. Schmidt/*Sternal* InsO § 80 Rn. 37).

4. Die Regelung des § 15b InsO wurde mit Wirkung zum 1. Januar 2021 durch das Sanierungs- und Insolvenzrechtsfortentwicklungsgesetz (SanInsFoG, BT-Drs. 19/24181, S. 58, BR-Drs. 762/20 und BGBl. I 2020, S. 3256) eingeführt. § 15b Abs. 4 InsO ersetzt künftig als einheitlicher Haftungstatbestand die bis dahin bestehenden Regelungen in den gesellschaftsrechtlichen Gesetzen, insbesondere § 64 GmbHG aF sowie §§ 93 Abs. 3 Nr. 6iVm 92 Abs. 2 AktG aF, 130a HGB aF. Der zeitliche Anwendungsbereich von § 15b InsO ergibt sich aus Art. 25 SanInsFoG, wonach § 64 GmbHG und §§ 93, 92 AktG auf alle bis zum Jahresende 2020 vorgenommenen „Zahlungen" anzuwenden ist, während für alle ab dem 1.1.2021 vorgenommenen Zahlungen nur noch § 15b InsO gilt (*Bitter* ZIP 2021, 321, 332).

5. Nach § 15b Abs. 4 S. 2 InsO ist der Anspruch auf den tatsächlichen Schaden der Gläubigerschaft begrenzt, was eine bedeutende Änderung gegenüber der bisherigen Rechtslage ist. Liegt der Gesamtschaden unterhalb der Summe der verbotswidrigen Zahlungen und kann der Organwalter das nachweisen, muss ihm nicht mehr das Verfolgungsrecht in Höhe des Betrags vorbehalten bleiben, den der Zahlungsempfänger im Insolvenzverfahren erlöst hätte (vgl. BeckOK/*Wolfer* InsO § 15b Rn. 21). Im Übrigen ist weiterhin zu berücksichtigen, dass analog § 255 BGB als Ausdruck der Grundsätze des Vorteilsausgleichs und des Bereicherungsverbots eingreift (dazu BGH 12.12.1996 – IX ZR 214/95, NJW 1997, 1008, 1012; OLG München 17.9.1999 – 23 U 1514/99, NZG 2000, 741, 743; MüKoBGB/*Oetker* § 255 Rn. 1). Dementsprechend kann der Geschäftsführer seiner Haftung zwar nicht entgegenhalten, dass der Insolvenzverwalter zunächst die Möglichkeit der Insolvenzanfechtung in Anspruch nimmt. Er kann jedoch analog § 255 BGB die Abtretung des Erstattungsanspruchs der Masse Zug-um-Zug gegen Erstattung der pflichtwidrigen Zahlungen verlangen (Altmeppen/*Altmeppen*, GmbHG, § 64 Rn. 24; Henssler/Strohn/*Arnold*, GesR, § 64 GmbHG Rn. 35 f.; Scholz/*K. Schmidt*, GmbHG, § 64 Rn. 67).

6. § 15b Abs. 1 Satz 1 InsO normiert nun ausdrücklich das Zahlungsverbot hinsichtlich Zahlungen nach Eintritt von Zahlungsunfähigkeit und Überschuldung, das in § 64 GmbHG aF implizit vorausgesetzt wurde. Änderungen zu dem bislang geltenden Recht sollen damit nicht verbunden sein, sodass der Begriff der Zahlung weiterhin weit auszulegen ist und auch Vermögensabflüsse erfasst, die nicht in Form einer Geldleistung erfolgen (Begr. RegE, BT-Drs. 19/24181, S. 194; *Bitter* ZIP 2021, 321, 323).

7. Der Tatbestand des § 15b Abs. 4 Satz 1 InsO knüpft wie die Vorgängervorschrift, § 64 Abs. 1 Satz 1 GmbHG aF, daran an, dass Zahlungen nach Eintritt der Insolvenzreife, also entweder nach Eintritt der Überschuldung iSv § 19 Abs. 1 InsO oder nach Eintritt der Zahlungsunfähigkeit iSv § 17 InsO, erfolgen. Für die Feststellung der Überschuldung ist nach dem modifizierten zweistufigen Überschuldungsbegriff zunächst zu prüfen, ob eine positive Fortführungsprognose iSv § 19 Abs. 2 Satz 2, 2. Halbsatz InsO besteht. Ist dies voraussichtlich über einen seit dem 1.1.2021 gesetzlich verankerten Zeitraum von 12 Monaten der Fall, ist der bilanzielle Vergleich von Aktiva und Passiva grds. zu vernachlässigen, da ein Unternehmen nicht in ein Insolvenzverfahren gezwungen werden soll, weil zu einem eher zufälligen Zeitpunkt das Vermögen die Verbindlichkeiten nicht mehr deckt (siehe im Einzelnen Scholz/*Bitter* GmbHG Vor § 64aF Rn. 42 ff.; *Bitter* ZIP 2021,

321, 323; MüKoInsO/*Drukarczyk*/*Schüler* § 19 Rn. 48 ff.). Im Haftungsprozess wegen Insolvenzverschleppung hat der Kläger hingegen nur die rechnerische Überschuldung zu beweisen, während für die positive Fortführungsprognose der Geschäftsführer die Beweislast trägt (Scholz/*Bitter* GmbHG § 64aF Rn. 96; zum Nachweis durch eine Überschuldungsbilanz BGH 8.3.2012 – IX ZR 102/11, WM 2012, 665). Zahlungsunfähigkeit iSv § 17 Abs. 2 Satz 1 InsO liegt vor, wenn der Schuldner nicht mehr in der Lage ist, fällige Verbindlichkeiten mit Bar- oder Buchgeld oder sofort verfügbaren Kreditmitteln zu erfüllen (Scholz/*Bitter* GmbHG Vor § 64aF Rn. 18 f.). Der Nachweis erfolgt durch eine Gegenüberstellung verfügbarer Zahlungsmittel und fälliger Verbindlichkeiten (Einzelheiten bei Scholz/*Bitter* GmbHG Vor § 64aF Rn. 28 ff.). Ein Nachweis ist nicht erforderlich, wenn die Zahlungsunfähigkeit nach § 17 Abs. 2 Satz 2 InsO gesetzlich vermutet wird, weil der Schuldner die Zahlungen eingestellt hat. Eine Überschneidung zwischen der Überschuldung und der drohenden Zahlungsunfähigkeit iSv § 18 InsO ist – auch nach der Neuregelung der Tatbestände zum 1.1.2021 – nicht zu vermeiden (*Piekenbrock* NZI-Beilage 2021, 82, 83; MüKoInsO/*Drukarczyk* § 18 Rn. 79 ff.), wobei der Prognosezeitraum nach § 18 Abs. 2 S. 2 InsO idR 24 Monate beträgt.

8. In § 15b Abs. 2 InsO sind – entsprechend § 64 Satz 2 GmbHG aF – Privilegierungstatbestände aufgenommen, wonach eine Zahlung ausnahmsweise nicht zu einer Erstattungspflicht führt. Dies ist der Fall, wenn Zahlungen im ordnungsgemäßen Geschäftsgang mit der Sorgfalt eines ordentlichen und gewissenhaften Geschäftsleiters erfolgen, um eine Betriebsfortführung zur Erhaltung der Masse zu ermöglichen. Privilegiert sind hiernach gemäß § 15b Abs. 2 Satz 2 InsO Zahlungen, die innerhalb den Drei- bzw. Sechs-Wochen-Fristen des § 15a Abs. 1 Satz 2 und 2 InsO zur Stellung des Insolvenzantrags erfolgen, sofern sie der nachhaltigen Beseitigung der Insolvenzreife oder der Vorbereitung des Insolvenzantrags dienen. Darüber hinaus sind nach § 15b Abs. 2 Satz 3 InsO Zahlungen privilegiert, die zwischen Antragstellung und Eröffnung des Insolvenzverfahrens mit der Zustimmung eines vorläufigen Insolvenzverwalters vorgenommen werden. Sind hingegen die in § 15a Abs. 1 Satz 1 und 2 InsO bestimmten Fristen abgelaufen, sind Zahlungen nach der gesetzlichen Vermutung von § 15b Abs. 3 InsO idR nicht mit der Sorgfalt eines ordentlichen Geschäftsmanns vereinbar (für Einzelheiten zur Neuregelung siehe *Bitter* ZIP 2021, 321, 325 ff.).

9. Für die Haftung nach § 15b Abs. 4 InsO genügt – wie für § 64 GmbHG aF – leichte Fahrlässigkeit. Hierbei werden zugunsten der Gesellschaft die Pflichtwidrigkeit und das Verschulden vermutet, wenn eine Zahlung nach Eintritt der Insolvenzreife vorgenommen wird (BGH 26.1.2016 – II ZR 394/13, NZG 2016, 658, Rn. 32 ff.). Der Geschäftsführer kann sich im Gegenzug hinsichtlich der fehlenden Erkennbarkeit der Insolvenzreife entlasten. Er muss darlegen, dass diese trotz Einhaltung der gebotenen Sorgfalt nicht erkennbar war, was im Hinblick auf die Pflichten aus §§ 41, 43 GmbHG jedoch nicht ohne Weiteres möglich ist (zu den Pflichten BGH 26.1.2016 – II ZR 394/13, NZG 2016, 658, Rn. 34 ff.; vgl. insgesamt auch Scholz/*Bitter* GmbHG § 64aF Rn. 189 ff.).

25. Antrag auf Feststellung nach §§ 51a, 51b GmbHG

An das
Landgericht . . . . .
Kammer für Handelssachen[1]

Antrag

des . . . . . (Antragsteller)

Verfahrensbevollmächtigter: . . . . .
gegen

die . . . . . GmbH (Antragsgegnerin)[2]

auf gerichtliche Entscheidung über das Informationsrecht nach §§ 51a, 51b GmbHG
Geschäftswert: 5.000 EUR[3]
Namens und mit Vollmacht des Antragstellers stelle ich den

Antrag,

festzustellen,[4] dass die Geschäftsführer der Antragsgegnerin Auskunft darüber zu geben haben, ob und zu welchen Bedingungen sich die Antragsgegnerin durch Vertrag mit der Firma . . . . . verpflichtet hat, ihren gesamten Bedarf an Sand für die Dauer von zehn Jahren bei der Firma . . . . . zu decken.
Zur

Begründung

trage ich vor:

I.

Die Antragsgegnerin ist eine Gesellschaft mit beschränkter Haftung, die sich satzungsgemäß mit der Herstellung und dem Vertrieb von Zement befasst. Der Antragsteller ist Gesellschafter der Antragsgegnerin. Er ist Inhaber eines Unternehmens, das sich mit der Gewinnung und dem Vertrieb von Sand befasst.
In der Gesellschafterversammlung vom . . . . . hat der Antragsteller die Geschäftsführer der Antragsgegnerin gebeten, Auskunft darüber zu geben, ob die Antragsgegnerin gegenüber der Firma . . . . . die vertragliche Verpflichtung übernommen hat, den gesamten Bedarf an Sand bei der Firma . . . . . zu decken und welche Bedingungen in diesem Vertrag vereinbart worden sind.
Die Geschäftsführer haben die Auffassung vertreten, sie könnten dem Antragsteller hierüber keine Auskunft geben, da der Antragsteller sich mit der Gewinnung und dem Vertrieb von Sand gewerblich befasse und der Antragsteller somit die erbetene Auskunft zu gesellschaftsfremden Zwecken verwenden und dadurch der Antragsgegnerin einen nicht unerheblichen Nachteil zufügen werde. Die Gesellschafter haben die Auffassung der Geschäftsführer mehrheitlich geteilt und die Erteilung der begehrten Auskunft durch Beschluss verweigert.[5]
Eine Kopie des Beschlusses füge ich in Anlage ASt 1 bei.

II.

Der Antragsteller begehrt die gerichtliche Entscheidung über das Auskunftsrecht nach § 51b GmbHG, § 132 AktG. Die Antragsberechtigung des Antragstellers folgt aus § 51b

S. 2 GmbHG. Die Verpflichtung der Geschäftsführer, dem Antragsteller die gewünschte Auskunft zu geben, folgt aus § 51a Abs. 1 GmbHG.[6] Zur Verweigerung der erbetenen Auskunft besteht kein Grund. Die Antragsgegnerin kann weder schlüssig dartun noch beweisen, dass der Antragsteller die erbetene Auskunft zu gesellschaftsfremden Zwecken verwenden und dadurch der Gesellschaft einen nicht unerheblichen Nachteil zufügen wird.[7] Gerade weil der Antragsteller Konkurrent der Firma . . . . . ist, liegt die Erteilung der erbetenen Auskunft im Interesse der Antragsgegnerin. Der Antragsteller ist der Überzeugung, dass er schon auf Grund der geographischen Nähe seines Unternehmens zur Antragsgegnerin in der Lage wäre, Sand an die Antragsgegnerin zu günstigeren Konditionen zu liefern als die Firma . . . . ..
Rechtsanwalt[8]

Anmerkungen

1. Die Zuständigkeit des Landgerichts und hier der Kammer für Handelssachen ergibt sich aus der Verweisung von § 51b GmbHG auf § 132 AktG, für den die Regelungen der § 71 Abs. 2 Nr. 4b, § 95 Abs. 2 Nr. 2, § 94 GVG gelten. Hat eine Landesregierung von ihrer Konzentrationsermächtigung nach § 71 Abs. 4 GVG durch Verordnung Gebrauch gemacht, so gilt diese Verordnung nicht automatisch für das Verfahren nach § 51b GmbHG (so für die entsprechende Vorgängerregelung des § 132 Abs. 1 S. 3 AktG aF BGH 5.2.1987 – I ARZ 737/86, WM 1987, 870; OLG Hamm 3.5.1982 – II ZR 78/81, ZIP 1982, 840; krit. Baumbach/Hueck/*Zöllner/Noack* GmbHG § 51b Rn. 2; → Form. II. M.31 Anm. 1; besonders geregelte Zuständigkeit für das Verfahren nach § 51b GmbHG bspw. in Baden-Württemberg für den OLG-Bezirk Karlsruhe das LG Mannheim und für den OLG-Bezirk Stuttgart das LG Stuttgart, § 13 Abs. 2 Nr. 4 ZuVOJu; in Bayern für die LG-Bezirke des OLG München das LG München I und für die LG-Bezirke der OLG Nürnberg und Bamberg das LG Nürnberg-Fürth, § 27 Abs. 1 GZVJu; in Hessen das LG Frankfurt a. M., § 38 Nr. 1c JuZuV; in Niedersachsen das LG Hannover, § 2 Nr. 3 ZustVO-Justiz). Für eine Übersicht aller Zuständigkeitskonzentrationen siehe MüKoGmbHG/*Hillmann* § 51b Rn. 18. Das Verfahren ist ein Verfahren der Freiwilligen Gerichtsbarkeit (§ 132 Abs. 3 iVm § 99 AktG).

Über den ausschließlich im Verfahren der freiwilligen Gerichtsbarkeit geltend zu machenden Auskunftsanspruch kann selbst dann durch Beschluss entschieden werden, wenn zunächst das Verfahren als Klageverfahren eingeleitet worden und das Gericht als Gericht der ordentlichen streitigen Gerichtsbarkeit tätig geworden ist (BGH 22.5.1995 – II ZB 2/95, NJW-RR 1995, 1183; MüKoGmbHG/*Hillmann* § 51b Rn. 20). Es besteht kein Anwaltszwang, der Antrag kann auch zu Protokoll der Geschäftsstelle erklärt werden, §§ 10 Abs. 1, 25 FamFG; zur Vollstreckbarkeit des Beschlusses und zur Art und Weise der Zwangsvollstreckung vgl. HCL/*Hüffer/Schäfer* GmbHG § 51b Rn. 21 f.; MüKoGmbHG/*Hillmann* § 51b Rn. 49; die Vollstreckung erfolgt nach § 888 ZPO, vgl. § 132 Abs. 4 S. 2 AktG und OLG Frankfurt a. M. 17.7.1991 – 20 W 43/91, NJW-RR 1992, 171; sowie BayObLG 25.3.1996 – 3Z BR 50/96, NJW-RR 1997, 489. Eine Schiedsgerichtsvereinbarung ist zulässig (Baumbach/Hueck/*Zöllner/Noack* GmbHG § 51b Rn. 3; HCL/*Hüffer/Schäfer* GmbHG § 51b Rn. 27; MüKoGmbHG/*Hillmann* § 51b Rn. 31).

2. Antragsgegner ist die Gesellschaft, vertreten durch den Geschäftsführer (Baumbach/Hueck/*Zöllner/Noack* GmbHG § 51b Rn. 7; MüKoGmbHG/*Hillmann* § 51b Rn. 15).

3. Vgl. § 81 FamFG; § 1 Abs. 2 Nr. 1, 36 Abs. 3 GNotKG, MüKoGmbHG/*Hillmann* § 51b Rn. 45.

4. Antrag und Beschlusstenor sollen auf Feststellung lauten, vgl. Baumbach/Hueck/*Zöllner/Noack* GmbHG § 51b Rn. 1; aA HCL/*Hüffer/Schäfer* GmbHG § 51b Rn. 5 (Leistungsantrag, auf Feststellung gerichteter Antrag sei aber zulässig und als Leistungsantrag auszulegen). S. zur Antragstellung, insb. zum Bestimmtheitserfordernis, OLG Düsseldorf 21.6.1995 – 19 W 2/95 AktE, NJW-RR 1996, 414; OLG Frankfurt a.M. 10.8.1995 – 20 W 364/92, NJW-RR 1996, 415. Der Antrag muss sich nicht auf konkrete Informationen beziehen, sondern kann allgemein gehalten werden (OLG Düsseldorf 21.6.1995 – 19 W 2/95 AktE, GmbHR 1995, 902 (904); OLG Frankfurt a.M. 15.11.1996 – 20 W 610/94, GmbHR 1997, 130). Es ist umstritten, ob es bei Informationsrechten einen vorläufigen Rechtschutz (vgl. §§ 49 ff. FamFG) gibt (nach wie vor zurückhaltend Baumbach/Hueck/*Zöllner/Noack* GmbHG § 51b Rn. 10a; nach Einführung §§ 49 ff. FamFG befürwortend Scholz/*K. Schmidt* GmbHG § 51b Rn. 32; HCL/*Hüffer/Schäfer* GmbHG § 51b Rn. 17; MüKoGmbHG/*Hillmann* § 51b Rn. 30).

5. Ein Verweigerungsbeschluss ist nicht Antragsvoraussetzung (BGH 6.3.1997 – II ZB 4/96, GmbHR 1997, 705; Baumbach/Hueck/*Zöllner/Noack* GmbHG § 51b Rn. 4; Lutter/Hommelhoff/*Bayer* GmbHG § 51b Rn. 12; Scholz/*K. Schmidt* GmbHG § 51b Rn. 12; MüKoGmbHG/*Hillmann* § 51b Rn. 10).

6. Erwogen wird, ob als einschränkende Voraussetzung des Auskunfts- und Einsichtsrechts des Gesellschafters ein Informationsbedürfnis verlangt werden könnte (so BayObLG 1.7.1993 – 3Z BR 96/93, BB 1993, 1547; Scholz/*K. Schmidt* GmbHG § 51a Rn. 8; Baumbach/Hueck/*Zöllner/Noack* GmbHG § 51a Rn. 27 ff., abl. Roth/Altmeppen/*Altmeppen* GmbHG § 51a Rn. 21; MüKoGmbHG/*Hillmann* § 51a Rn. 78; OLG Stuttgart 8.2.1983 – 8 W 496/82, GmbHR 1983, 242; KG 23.12.1987 – 2 W 6008/87, ZIP 1988, 714) oder ob sich die Grenzen nur aus der Treupflicht gegenüber der Gesellschaft (HCL/*Hüffer/Schäfer* GmbHG § 51a Rn. 56 f., 60; Lutter/Hommelhoff/*Bayer* GmbHG § 51a Rn. 3) ergeben. Die Rechte (Auskunft und Einsicht) können auch durch Bevollmächtigte, die zur Berufsverschwiegenheit verpflichtet sind, ausgeübt werden, vgl. OLG Frankfurt a. M. 10.8.1995 – 20 W 364/92, BB 1995, 1867 (1868); Lutter/Hommelhoff/*Bayer* GmbHG § 51a Rn. 6; Scholz/*K. Schmidt* GmbHG § 51a Rn. 15; MüKoGmbHG/*Hillmann* § 51a Rn. 19; auch der Gesellschafter selbst soll zu Vertraulichkeit verpflichtet sein, Scholz/*K. Schmidt* GmbHG § 51a Rn. 6; Lutter/Hommelhoff/*Bayer* GmbHG § 51a Rn. 31 ff; MüKoGmbHG/*Hillmann* § 51a Rn. 11.

Zur Frage der Zulässigkeit der Anfechtungsklage gegen den Gesellschafterbeschluss nach § 51a Abs. 2 S. 2 GmbHG neben dem Antrag auf gerichtliche Entscheidung gem. § 51b GmbHG vgl. BGH 7.12.1987 – II ZR 86/87, WM 1988, 121; Baumbach/Hueck/*Zöllner/Noack* GmbHG § 51a Rn. 46 ff.; MüKoGmbHG/*Hillmann* § 51b Rn. 54 ff.; zum Informationsrecht in der GmbH & Co. KG vgl. BGH 11.7.1988 – II ZR 346/87, ZIP 1988, 1175; HCL/*Hüffer/Schäfer* GmbHG § 51a Rn. 80 f.; MüKoGmbHG/*Hillmann* § 51b Rn. 58 ff.; zum Informationsrecht bzgl. verbundener Unternehmen vgl. HCL/*Hüffer/Schäfer* GmbHG § 51a Rn. 23 ff. Ansprüche nach § 51a GmbHG sind nicht pfändbar (BGH 29.4.2013 – VII ZB 14/12, BeckRS 2013, 8455).

7. Vgl. § 51a Abs. 2 GmbHG; nach BayObLG 15.10.1999 – 3Z BR 239/99, GmbHR 1999, 1296; OLG Stuttgart 8.2.1983 – 8 W 496/82, GmbHR 1983, 242 kann die Information verweigert werden, wenn die Gefahr der gesellschaftsfremden Verwendung mit der Folge nicht unerheblicher Nachteilszufügung wahrscheinlich ist; im Regierungsentwurf vorgesehene weitere Verweigerungsgründe sind nicht in das Gesetz übernommen worden; dass die Geschäftsführer zur Auskunft nicht verpflichtet sein können, wenn sie sich durch die Erteilung strafbar machen würden, versteht sich auch ohne gesetzliche Regelung, so Bericht des Rechtsausschusses, abgedr. bei *Deutler,* Das neue GmbH-Recht, GmbH-Novelle 1980, 96; Lutter/Hommelhoff/*Bayer* GmbHG § 51a Rn. 37.

Kosten und Gebühren

8. Zur Kostenentscheidung und zu den Kosten des Verfahrens vgl. § 81 FamFG; § 1 Abs. 2 Nr. 1 GNotKG; ausf. HCL/*Hüffer/Schäfer* GmbHG § 51b Rn. 23 f.

26. Klage auf Ausschluss eines Gesellschafters einer GmbH

An das
Landgericht . . . . .
Kammer für Handelssachen[1]

Klage

der . . . . . GmbH (Klägerin)[2]

Prozessbevollmächtigter: . . . . .
gegen

den . . . . . (Beklagter)

wegen
Ausschluss aus einer GmbH
Vorläufiger Streitwert: . . . . . EUR[3]
Namens und mit Vollmacht der Klägerin erhebe ich Klage und werde beantragen:
1. Der Beklagte wird aus der im Handelsregister des Amtsgerichts . . . . . unter HRB . . . . . eingetragenen . . . . . Gesellschaft mit beschränkter Haftung (Klägerin) unter der Bedingung ausgeschlossen, dass die Klägerin innerhalb eines Zeitraumes von höchstens sechs Monaten ab Rechtskraft dieser Entscheidung an den Beklagten . . . . . EUR bezahlt. Unter dieser Bedingung wird die Klägerin für befugt erklärt, nach ihrer Wahl die Einziehung oder die Abtretung des Geschäftsanteils des Beklagten an sich, einen Mitgesellschafter oder einen Dritten herbeizuführen.[4]
2. Der Beklagte trägt die Kosten des Rechtsstreits.
Zur

Begründung

trage ich vor:

I.

Die Klägerin ist eine Gesellschaft mit beschränkter Haftung, deren Stammkapital . . . . . EUR beträgt. An dieser sind . . . . . und . . . . . jeweils mit einem Geschäftsanteil von . . . . . EUR beteiligt. Der Beklagte, der zugleich alleiniger Geschäftsführer der Klägerin war, ist an dieser mit einem Geschäftsanteil von . . . . . EUR beteiligt.
Die Klägerin betreibt in der Innenstadt von . . . . . einen erstklassigen Hotel- und Restaurantbetrieb. Der Beklagte hatte sich an der Klägerin . . . . . Monate vor Klageerhebung beteiligt und auf Wunsch seiner Mitgesellschafter auch die alleinige Geschäftsführung übernommen. Er hatte sich – unzutreffend – als erfahrener Gastronom und Hotelier beworben. Der Beklagte hatte verschwiegen, dass er wiederholt wegen Meineides, Diebstahls und Hehlerei bestraft worden war und dass er deswegen mehrere Freiheitsstrafen verbüßt hatte. Nach Eintritt des Beklagten als Gesellschafter-Geschäfts-

führer der Klägerin hat er in mindestens zehn Fällen die gesamten Tageseinnahmen des Hotel- und Restaurantbetriebes der Klägerin aus der Kasse entnommen, in der Spielbank ..... verspielt und trotz mehrmaliger Aufforderung den Betrag nicht zurückbezahlt. Auf Antrag der Staatsanwaltschaft ..... hat das Amtsgericht ..... Haftbefehl gegen den Beklagten erlassen. Dem Vollzug hat er sich durch die Flucht ins Ausland entzogen.

In mehreren Briefen hat sich der Beklagte geweigert, seinen Geschäftsanteil an einen von den Gesellschaftern ..... und ..... benannten Dritten gegen Vergütung des Verkehrswerts zu übertragen. Auch den Vorschlag von ..... und ....., den Geschäftsanteil zunächst auf einen Treuhänder zu übertragen, hat der Beklagte schriftlich abgelehnt.

In der Gesellschafterversammlung vom ..... haben die Gesellschafter ..... und ..... den Beklagten abberufen und beschlossen, Ausschlussklage gegen ihn zu erheben.

Den Verkehrswert der Beteiligung des Beklagten hat die Klägerin von der Wirtschaftsprüfungsgesellschaft ..... schätzen lassen. Die Klägerin ist bereit, den ermittelten und im Klageantrag genannten Betrag innerhalb von sechs Monaten nach Rechtskraft des Urteils an den Beklagten zu zahlen.

Ich lege die Satzung der Klägerin, die letzte Gesellschafterliste, einen Handelsregisterauszug, das Protokoll mit dem Wortlaut des Beschlusses, wonach Ausschlussklage erhoben werden soll, die erwähnten Schreiben des Beklagten und das Bewertungsgutachten der Wirtschaftsprüfungsgesellschaft ..... in Anlagen K 1–K ..... vor und berufe mich zum Beweis für die Richtigkeit des vorgetragenen Sachverhalts auf das Zeugnis ..... sowie für die Richtigkeit des ermittelten Wertes der Beteiligung des Beklagten auf das Gutachten eines Sachverständigen.

II.

Die Ausschließung eines Gesellschafters ist zwar in der Satzung der Klägerin nicht vorgesehen.[5] Sie ist aber nach stRspr und herrschender Lehre auch ohne entsprechende Satzungsbestimmung zulässig.[6]

Der Ausschluss des Beklagten ist geboten, weil der Beklagte durch seine Person und durch sein Verhalten die Erreichung des Gesellschaftszweckes zumindest erheblich gefährdet und das Verbleiben des Beklagten in der Gesellschaft im Hinblick auf seine Person und sein Verhalten für diese untragbar ist.[7]

Der Ausschluss des Beklagten ist das Einzige in Betracht kommende Mittel, da sich der Beklagte beharrlich weigert, seinen Anteil an einen Dritten, zumindest an einen Treuhänder, zu übertragen.[8]

Der Ausschlussklage ist ein einstimmiger Gesellschafterbeschluss vorausgegangen, an welchem der Beklagte nicht mitgewirkt hat.[9]

Die Klägerin bietet dem Beklagten den Verkehrswert seiner Beteiligung.[10]

III.

Die Sache ist Handelssache.

IV.

Den Streitwert gebe ich mit ..... EUR an.

Die Gerichtskosten werden unverzüglich nach Aufforderung eingezahlt.

Rechtsanwalt

Anmerkungen

1. § 61 Abs. 3 GmbHG findet auf die Ausschließungsklage keine analoge Anwendung (Scholz/*Seibt* GmbHG Anh. § 34 Rn. 42; MüKoGmbHG/*Strohn* § 34 Rn. 159), Klage kann daher beim Gerichtsstand des Gesellschaftssitzes (§§ 22, 17 ZPO) wie auch bei dem des Beklagten erhoben werden. Sachlich kann – streitwertabhängig (§§ 23, 71 GVG) – das AG oder das LG zuständig sein. In letzterem Falle ergibt sich die funktionelle Zuständigkeit der Kammer für Handelssachen aus § 95 Abs. 1 Nr. 4a GVG.

2. Für den Ausschluss aus einer Zweimann-Gesellschaft wird verbreitet eine Klagebefugnis nicht nur der Gesellschaft, sondern auch des verbleibenden Gesellschafters anerkannt (Baumbach/Hueck/*Kersting* GmbHG Anh. § 34 Rn. 8a; HCL/*Ulmer/Habersack* GmbHG Anh. § 34 Rn. 33; MüKoGmbHG/*Strohn* § 34 Rn. 147, 163, jeweils mwN; offengelassen in BGH 1.4.1953 – II ZR 235/52, BGHZ 9, 157 (177); BGH 17.2.1955 – II ZR 316/53, BGHZ 16, 317 (322)).

3. Der Streitwert ist gem. § 3 ZPO nach freiem Ermessen zu bestimmen. Maßgebend soll nach der herrschenden Meinung das Interesse der die Ausschließung betreibenden Gesellschafter sein, welches anhand des Wertes ihrer Beteiligung zu ermitteln sei (OLG Neustadt 9.2.1964 – 1 W 1/64, MDR 1964, 605; OLG Frankfurt a. M. 12.10.1966 – 5 W 6/66, MDR 1967, 138; Zöller/*Herget* ZPO § 3 Rn. 16, Stichwort: Ausschluss/Ausschlussklage, jeweils im Anschluss an BGH 28.11.1955 – II ZR 19/55, BGHZ 19, 173 (175) (zur OHG)).

4. Antrag angelehnt an den Vorschlag bei HCL/*Ulmer/Habersack* GmbHG Anh. § 34 Rn. 38. Ob Bedingungserfordernis (Verbindung Ausschluss mit Abfindung im Antrag) nach BGH 24.1.2012 – II ZR 109/11, BeckRS 2012, 4370 (zur Zwangseinziehung) bei Ausschlussklage wegfällt, indem der Ausschluss mit Rechtskraft des Urteils sofort wirksam wird und die verbleibenden Gesellschafter für die Abfindung des ausgeschlossenen Gesellschafters (*pro rata* ihrer Beteiligung am Stammkapital) haften, ist fraglich, vgl. Baumbach/Hueck/*Kersting* GmbHG Anh. § 34 Rn. 13 f.; Scholz/*Seibt* GmbHG Anh. § 34 Rn 43 f., 46 dezidiert gegen eine Abweichung von dem Bedingungserfordernis, ausführlich zum Streitstand MüKoGmbHG/*Strohn* § 34 Rn. 170 ff.

5. Der Gesellschaftsvertrag kann den Ausschluss eines Gesellschafters aus wichtigem Grund durch Gesellschafterbeschluss vorsehen (BGH 1.4.1953 – II ZR 235/52, BGHZ 9, 157 (160); BGH 25.1.1960 – II ZR 22/59, BGHZ 32, 17 (22); HCL/*Ulmer/Habersack* GmbHG Anh. § 34 Rn. 21 ff.; MüKoGmbHG/*Strohn* § 34 Rn. 167). Dann ist eine Ausschlussklage nicht mehr erforderlich (BGH 10.6.1991 – II ZR 234/89, GmbHR 1991, 362; MüKoGmbHG/*Strohn* § 34 Rn. 157) und auch nicht mehr zulässig (OLG Stuttgart 23.3.1989 – 2 U 36/88, GmbHR 1989, 466; Baumbach/Hueck/*Kersting* GmbHG Anh. § 34 Rn. 16), der ausgeschlossene Gesellschafter muss vielmehr im Wege der Beschlussanfechtungsklage vorgehen (MüKoGmbHG/*Strohn* § 34 Rn. 168). Allein die Möglichkeit der Einziehung macht die Ausschlussklage indes nicht unstatthaft (OLG Düsseldorf 22.10.1998 – 6 U 78/97, GmbHR 1999, 543). Zur Wirksamkeit eines Einziehungsbeschlusses zur Ausschließung eines Gesellschafters aus wichtigem Grund und zur möglichen Haftung der Gesellschafter für die Abfindung, BGH 24.1.2012 – II ZR 109/11, BeckRS 2012, 4370.

6. Die Ausschlussklage, die im Gesetz nicht vorgesehen ist, ist von der Rspr. des BGH (im Anschluss an RG 13.8.1942 – II 67/41, RGZ 169, 330) anerkannt; vgl. die in → Anm. 2 zitierten Urteile sowie BGH 13.1.2003 – II ZR 227/00, NZG 2003, 286 ff. Wie BGH die einhellige Lehre (Baumbach/Hueck/*Kersting* GmbHG Anh. § 34 Rn. 2 ff.;

HCL/*Ulmer/Habersack* GmbHG Anh. § 34 Rn. 9 ff. mwN). Dieser Komplex wurde entgegen dem Entwurf in der GmbH-Novelle nicht geregelt. Zum einstweiligen Rechtsschutz vgl. *Lutz* BB 2000, 833.

7. Der wichtige Grund muss in der Person des auszuschließenden Gesellschafters gegeben sein, BGH 1.4.1953 – II ZR 235/52, BGHZ 9, 157 (159); BGH 17.2.1955 – II ZR 316/53, BGHZ 16, 317 (322); HCL/*Ulmer/Habersack* GmbHG Anh. § 34 Rn. 11 ff.; Scholz//*Seibt* GmbHG Anh. § 34 Rn. 29 f.; zur Frage, wann bei Mitverschulden des Klägers die Ausschließung noch gerechtfertigt ist, BGH 23.2.1981 – II ZR 229/79, BGHZ 80, 346; BGH 22.1.1990 – II ZR 21/89, NJW-RR 1990, 530; BGH 13.2.1995 – II ZR 225/93, ZIP 1995, 567; BGH 15.9.1997 – II ZR 97/96, BB 1997, 2339 (2340 f.). Ein wichtiger Grund liegt vor, wenn den übrigen Gesellschaftern die Fortsetzung der Gesellschaft nicht mehr zuzumuten ist und die Mitgliedschaft des Gesellschafters den Fortbestand der Gesellschaft gefährdet (Beispiele bei Baumbach/Hueck/*Kersting* GmbHG Anh. § 34 Rn. 3; MüKoGmbHG/*Strohn* § 34 Rn. 126 ff.).

8. BGH 17.2.1955 – II ZR 316/53, BGHZ 16, 317 (322) („Ausschließung nur das letzte und äußerste Mittel"); Baumbach/Hueck/*Kersting* GmbHG Anh. § 34 Rn. 6; HCL/*Ulmer/Habersack* GmbHG Anh. § 34 Rn. 17 f.; MüKoGmbHG/*Strohn* § 34 Rn. 136 ff.

9. Über die Notwendigkeit eines Gesellschafterbeschlusses zur Erhebung der Ausschlussklage besteht Einvernehmen (BGH 17.2.1955 – II ZR 316/53, BGHZ 16, 317 (322); BGH 13.1.2003 – II ZR 173/02, NZG 2003, 284 (285); MüKoGmbHG/*Strohn* § 34 Rn. 144). Der Beklagte wirkt bei der Beschlussfassung nicht mit (BGH 1.4.1953 – II ZR 235/52, BGHZ 9, 157; OLG Düsseldorf 22.10.1998 – 6 U 78/97, GmbHR 1999, 543; Baumbach/Hueck/*Kersting* GmbHG Anh. § 34 Rn. 9; HCL/*Ulmer/Habersack* GmbHG Anh. § 34 Rn. 27; MüKoGmbHG/*Strohn* § 34 Rn. 152). Umstritten ist, welche Mehrheit für die Beschlussfassung bei fehlender Satzungsregelung erforderlich ist (für Dreiviertelmehrheit: hM BGH 1.4.1953 – II ZR 235/52, BGHZ 9, 157; BGH 13.1.2003 – II ZR 173/02, NZG 2003, 284 (285) (anders noch die Vorinstanz: OLG Köln 20.6.2000 – 18 U 36/00, GmbHR 2001, 110); HCL/*Ulmer/Habersack* GmbHG Anh. § 34 Rn. 25 ff.; MüKoGmbHG/*Strohn* § 34 Rn 150; für einfache Mehrheit: Scholz/*Seibt* GmbHG Anh. § 34 Rn. 39).

10. Zur Frage der Koppelung von Ausschließungsurteil mit der Zahlung der Vergütung für den Geschäftsanteil vgl. BGH 1.4.1953 – II ZR 235/52, BGHZ 9, 157 ff.; 16, 317 ff.; OLG Hamm 6.5.1992 – 8 U 171/91, BB 1992, 2311 f.; HCL/*Ulmer/Habersack* GmbHG Anh. § 34 Rn. 38; Scholz/*Seibt* GmbHG Anh. § 34 Rn. 43 f., 46; Baumbach/Hueck/*Kersting* GmbHG Anh. § 34 Rn. 12 ff. unter Berücksichtigung von BGH 24.1.2012 – II ZR 109/11, BeckRS 2012, 04370 (→ Anm. 4); zur Frage der Regelung der Abfindungsberechnung im Gesellschaftsvertrag vgl. BGH 12.6.1975 – II ZB 12/73, BGHZ 65, 22 (26 ff.); BGH 16.12.1991 – II ZR 58/91, BGHZ 116, 359; BGH 24.5.1993 – II ZR 36/92, NJW 1993, 2101; BGH 13.6.1994 – II ZR 38/93, BGHZ 126, 226; zur Rspr. und Lit. zum Thema Abfindung bei Personengesellschaften → Form. II.M.8 Anm. 6.

27. Klage auf Auflösung einer GmbH nach § 61 GmbHG

An das
Landgericht . . . . .
Kammer für Handelssachen[1]

Klage

des . . . . . (Kläger)

Prozessbevollmächtigter: . . . . .
gegen

die . . . . . (Beklagte)[2]

wegen
Auflösung einer GmbH (§ 61 GmbHG)
Vorläufiger Streitwert: . . . . . EUR[3]
Namens und mit Vollmacht des Klägers erhebe ich Klage und werde beantragen:
1. Die im Handelsregister des Amtsgerichts . . . . . unter HRB . . . . . eingetragene Gesellschaft mit beschränkter Haftung wird aufgelöst.[4]
2. Die Beklagte trägt die Kosten des Rechtsstreits.

Zur

Begründung

trage ich vor:

I.

Der Kläger ist mit einem Geschäftsanteil von . . . . . EUR Gesellschafter der Beklagten, an der noch die beiden Brüder des Klägers mit Geschäftsanteilen von . . . . . EUR und . . . . . EUR beteiligt sind. Die beiden Mitgesellschafter des Klägers sind Geschäftsführer, der Kläger selbst ist es nicht. Kopie der Satzung der Beklagten, Kopie der letzten Gesellschafterliste der Beklagten und ein Handelsregisterauszug werden in Anlagen K 1 bis K 3 vorgelegt.
Der Kläger und seine Mitgesellschafter haben vor . . . . . Jahren die Beklagte mit dem Zweck gegründet, ein am Altrhein in . . . . . gelegenes Grundstück zu pachten und den dort damals vorhandenen Kies abzubauen und an die Zementindustrie zu verkaufen. Demgemäß heißt es in § 2 der Satzung der Beklagten:
„Gegenstand des Unternehmens ist der Abbau von Kies auf dem Grundstück . . . . (Grundbuch von . . . . ., Bd. . . . . Bl. . . . .) und der Handel mit dem gewonnenen Kies".
Seit . . . . . sind die Kiesvorräte erschöpft und sämtliche Lagerbestände verkauft.

Beweis: Augenschein;
Gutachten eines Sachverständigen;
Zeugnis des . . . . .

Der Verpächter hat den Pachtvertrag zum . . . . . gekündigt. Die Wirksamkeit der Kündigung steht außer Streit.
Der Kläger hat sich vergeblich bemüht, die Mitgesellschafter zu einem Auflösungsbeschluss zu bewegen. Die Mitgesellschafter haben sich geweigert, an einem Auflösungsbeschluss mitzuwirken.

II.

Da der Gesellschaftszweck unmöglich geworden ist,[5] ist die Gesellschaft auf Antrag des Klägers, dessen Geschäftsanteil 10 % des Stammkapitals übersteigt,[6] aufzulösen.

III.

Das angerufene Gericht ist ausschließlich zuständig.[7] Die Sache ist Handelssache.

IV.

Den Streitwert gebe ich mit . . . . . EUR an.
Die Gerichtskosten werden unverzüglich nach Aufforderung eingezahlt.
Rechtsanwalt

Anmerkungen

1. § 61 Abs. 3 GmbHG, § 95 Abs. 1 Nr. 4a GVG, vgl. auch Baumbach/Hueck/*Haas* GmbHG § 61 Rn. 19.

2. Die Auflösungsklage ist gegen die Gesellschaft zu richten (§ 61 Abs. 2 S. 1 GmbHG). Vertreten wird die Gesellschaft durch ihre Geschäftsführer (vgl. UHL/*Casper* GmbHG § 61 Rn. 31; MüKoGmbHG/*Limpert* § 61 Rn. 46).

3. Für den Streitwert maßgeblich ist das nach § 3 ZPO zu schätzende Interesse des Klägers an der Auflösung, dh im Regelfall der Wert seines Geschäftsanteils (hM, vgl. Baumbach/Hueck/*Haas* GmbHG § 61 Rn. 25; UHL/*Casper* GmbHG § 61 Rn. 48).

4. Gestaltungsklage. Mit Rechtskraft ist die Gesellschaft aufgelöst (Baumbach/Hueck/*Haas* GmbHG § 61 Rn. 22; MüKoGmbHG/*Limpert* § 61 Rn. 51).

5. Das Unmöglichwerden der Erreichung des Gesellschaftszwecks – und hier speziell die Zweckerreichung selbst – ist nach § 61 GmbHG ein wichtiger Grund zur Auflösung kraft Gesetzes, vgl. UHL/*Casper* GmbHG § 61 Rn. 13 ff.; MüKoGmbHG/*Limpert* § 61 Rn. 21 ff.

Ein wichtiger Grund iSv § 61 GmbHG liegt außerdem vor, wenn dem Kläger nicht zugemutet werden kann, die Gesellschaft fortzusetzen (UHL/*Casper* GmbHG § 61 Rn. 10; MüKoGmbHG/*Limpert* § 61 Rn. 30) bzw. das Verhältnis zwischen den Gesellschaftern tiefgreifend und unheilbar zerrüttet ist (BGH 23.2.1981 – II ZR 229/79, BGHZ 80, 346; BGH 15.4.1985 – II ZR 274/83, NJW 1985, 1901; RG 23.1.1920 – II 180/19, RGZ 98, 66; RG 27.6.1940 – II 31/39, RGZ 164, 257; unter Berücksichtigung des Verschuldens, RG 27.6.1940 – II 31/39, RGZ 164, 257 (263); Baumbach/Hueck/*Haas* GmbHG § 61 Rn. 6 ff., 11; UHL/*Casper* GmbHG § 61 Rn. 22; MüKoGmbHG/*Limpert* § 61 Rn. 33).

Hinsichtlich des Anwendungsbereichs des § 61 GmbHG ist gegenüber der früheren Lit. und Rspr. einschränkend zu berücksichtigen, dass Austritt und Ausschließung, gegenüber denen die Auflösung subsidiär ist, heute allgemein anerkannt sind (vgl. Lutter/Hommelhoff/*Kleindiek* GmbHG § 61 Rn. 1); heute sind daher nur noch wenige Fälle denkbar, in denen die Auflösung in Betracht kommt, vgl. Lutter/Hommelhoff/*Kleindiek* GmbHG § 61 Rn. 8 f. mit Beispielen.

Zu den bei der Personenhandelsgesellschaft sehr ähnlichen Problemen und zur Frage des Rangverhältnisses der möglichen Klagen → Form. II.M.3; → Form. II.M.4 mAnm aus der neueren Lit.

6. § 61 Abs. 2 S. 2 GmbHG. Klagen mehrere Gesellschafter, sind ihre Geschäftsanteile zusammenzurechnen. Die Gesellschafter sind notwendige Streitgenossen gem. § 62 ZPO

(Baumbach/Hueck/*Haas* GmbHG § 61 Rn. 16; Lutter/Hommelhoff/*Kleindiek* GmbHG § 61 Rn. 3).

7. § 61 Abs. 3 GmbHG; in Betracht kommt nach ganz hA auch eine Schiedsgerichtsabrede im Gesellschaftsvertrag, vgl. Baumbach/Hueck/*Haas* GmbHG § 61 Rn. 20; UHL/*Casper* GmbHG § 61 Rn. 38 f. mwN; MüKoGmbHG/*Limpert* § 61 Rn. 53.

28. Antrag auf Bestellung eines Vorstandes nach § 85 AktG

An das
Amtsgericht[1] . . . . .

Antrag

des . . . . . (Antragsteller)

Verfahrensbevollmächtigter: . . . . .[2]
auf Bestellung eines Vorstandes für die . . . . . AG nach § 85 AktG.
Namens und mit Vollmacht des Antragstellers stelle ich folgende Anträge:

1. Für die . . . . . AG (HRB . . . . . des Amtsgerichts – Registergerichts –) . . . . . wird ein Vorstand bestellt.
2. Die Beteiligte . . . . . AG trägt die Verfahrenskosten.[3]

Zur

Begründung

trage ich vor:

I.

Die in den Anträgen genannte Beteiligte ist eine Aktiengesellschaft, die ihre aquisitorische Tätigkeit eingestellt hat. Sie verfügt über erhebliches Umlaufvermögen. Der Antragsteller hatte der Beteiligten am . . . . . ein Darlehen über . . . . . EUR gewährt, das am . . . . . zur Rückzahlung fällig war. Der Antragsteller hat die Beteiligte wiederholt zur Rückzahlung aufgefordert. Das letzte Mahnschreiben des Antragstellers, das dieser eingeschrieben gegen Rückschein abgeschickt hatte, kam mit dem Vermerk „unzustellbar" zurück. Recherchen des Antragstellers haben ergeben, dass die Beteiligte keine Bevollmächtigten hat und dass der einzige Vorstand . . . . . am . . . . . gestorben ist. Aufforderungen des Antragstellers an den Aufsichtsrat der Beteiligten wurden nicht beantwortet.

Der Antragsteller hat ein dringendes Interesse daran, mit der Beteiligten über die rasche Rückzahlung des Darlehens zu verhandeln, entsprechende Vereinbarungen zu treffen und ggf. Klage gegen die Beteiligte zu erheben und zu vollstrecken.

II.

Der Antrag ist nach § 85 AktG begründet.[4] Die Beteiligte hat keinen Vorstand. Es fehlt daher das erforderliche Vorstandsmitglied. Die Bestellung eines Vorstandes durch das Gericht ist dringend geboten, da der Aufsichtsrat seiner Pflicht, einen Vorstand zu bestellen, nicht nachkommt und dem Antragsteller wesentlicher Nachteil droht, wenn er nicht alsbald gegen die Beteiligte Klage erheben und in das im Augenblick noch vorhandene Umlaufvermögen vollstrecken kann.[5]

Rechtsanwalt

Anmerkungen

1. Zuständig ist grds. das Amtsgericht, in dessen Bezirk das LG seinen Sitz hat, zu dessen Bezirk der Sitz der Gesellschaft gehört (§§ 23a Abs. 1 Nr. 2, Abs. 2 Nr. 4 GVG iVm §§ 375 Nr. 3, 376 Abs. 1, 377 Abs. 1 FamFG, 14 AktG). Die Landesregierungen können durch Rechtsverordnung die Zuständigkeit anderer Amtsgerichte begründen, § 376 Abs. 2 FamFG (so geschehen bspw. in Baden-Württemberg für den OLG-Bezirk Karlsruhe die Amtsgerichte Freiburg und Mannheim, für den OLG-Bezirk Stuttgart die Amtsgerichte Stuttgart und Ulm, §§ 5, 5a ZuVOJu; in Bayern für den LG-Bezirk Landshut das AG München, für den LG-Bezirk Nürnberg-Fürth das AG Fürth und für den LG-Bezirk Regensburg das AG Straubing, §§ 32, 9 GZVJu; in Rheinland-Pfalz im Landgerichtsbezirk Bad Kreuznach dem AG Bad Kreuznach, im Landgerichtsbezirk Koblenz dem AG Koblenz und dem AG Montabaur, im Landgerichtsbezirk Mainz dem AG Mainz, im Landgerichtsbezirk Trier dem AG Wittlich, im Landgerichtsbezirk Frankenthal (Pfalz) dem AG Ludwigshafen am Rhein, im Landgerichtsbezirk Kaiserslautern dem AG Kaiserslautern, im Landgerichtsbezirk Landau in der Pfalz dem AG Landau in der Pfalz, im Landgerichtsbezirk Zweibrücken dem AG Zweibrücken, § 3 Abs. 1 ZFGGZuVO).

2. Antrag nach § 23 FamFG, der zu Protokoll des Gerichts erklärt werden kann, § 25 Abs. 1 FamFG. Nach § 10 FamFG mögliche Vertretung durch einen Rechtsanwalt nicht notwendig.

3. Die Aktiengesellschaft ist Beteiligte gem. § 7 FamFG mit Beschwerderecht nach § 59 FamFG. Die Anhörung des Aufsichtsrats ist zulässig und wird von MüKoAktG/*Spindler* § 85 Rn. 12 empfohlen (vgl. § 34 FamFG).

4. Zu den Voraussetzungen des § 85 AktG vgl. Hüffer/*Koch* AktG § 85 Rn. 2 f.; Kölner Komm AktG/*Mertens/Cahn* § 85 Rn. 2 ff.; MüKoAktG/*Spindler* § 85 Rn. 4 ff.; Antragsteller kann auch ein Dritter sein, insb. ein Dritter, der gegen die Aktiengesellschaft Klage erheben oder vollstrecken will, so MüKoAktG/*Spindler* § 85 Rn. 9.

5. Zur Dringlichkeit vgl. MüKoAktG/*Spindler* § 85 Rn. 7 f.; Hüffer/*Koch* AktG § 85 Rn. 3.

29. Antrag auf Abberufung eines Aufsichtsratsmitglieds nach § 103 AktG

An das
Amtsgericht[1] . . . . .

Antrag

des Aufsichtsrats[2] der . . . . . AG **(Antragsteller)**

Verfahrensbevollmächtigter:[3] . . . . .
gegen

den . . . . .[4] **(Antragsgegner)**

wegen

Abberufung eines Aufsichtsratsmitgliedes

Namens und mit Vollmacht des Antragstellers stelle ich folgende Anträge:

1. Der Antragsgegner wird als Aufsichtsratsmitglied der . . . . . AG abberufen.

2. Der Antragsgegner trägt die Verfahrenskosten.

Zur

Begründung

trage ich vor:

Der Antragsteller besteht aus drei Mitgliedern[5] und ist Aufsichtsrat der . . . . . AG. Der Antragsteller hat in seiner Sitzung vom . . . . . gegen die schriftlich abgegebene Stimme des Antragsgegners beschlossen,[6] dessen gerichtliche Abberufung zu beantragen, weil in dessen Person folgender wichtiger Grund[7] vorliegt:

Gegen den Antragsgegner wurde wegen des Verdachts strafbarer Handlungen vor vier Monaten ein Haftbefehl durch das Amtsgericht . . . . . auf Antrag der Staatsanwaltschaft in . . . . . erlassen, dessen Vollziehung sich der Antragsgegner durch die Flucht ins Ausland entziehen konnte. Über die Vorwürfe gegen den Antragsgegner wurde in den Massenmedien wiederholt berichtet. In diesen Berichten wurde auch darauf hingewiesen, dass der Antragsgegner Mitglied des Aufsichtsrates der . . . . . AG sei.

Selbst wenn der Antragsgegner an den Beschlussfassungen des Antragstellers jeweils dadurch teilnehmen würde, dass er seine schriftliche Stimmabgabe überreichen lässt, ist dem Antragsteller die weitere Zusammenarbeit mit dem Antragsgegner nicht zumutbar, weil zum einen die notwendige Beratung aller Mitglieder des Antragstellers nicht möglich ist und zum anderen die weitere Zugehörigkeit des Antragsgegners zum Antragsteller den Ruf und damit die Ertragslage der . . . . . AG nachhaltig beeinträchtigen würde. Der Antrag beruht auf § 103 Abs. 3 S. 1 u. 2 AktG.

Rechtsanwalt

Anmerkungen

1. Zuständig ist grds. das Amtsgericht in dessen Bezirk das LG seinen Sitz hat, zu dessen Bezirk der Sitz der Gesellschaft gehört (§ 23a Abs. 1 Nr. 2, Abs. 2 Nr. 4 GVG iVm §§ 375 Nr. 3, 376 Abs. 1, 377 Abs. 1 FamFG, 14 AktG). Die Landesregierungen können durch Rechtsverordnung die Zuständigkeit anderer Amtsgerichte begründen, § 376 Abs. 2 FamFG, vgl. hierzu → Form. II.M.28 Anm. 1. Kostenschuldner sind der Antragsgegner und die Gesellschaft (vgl. Kölner Komm AktG/*Mertens/Cahn* § 103 Rn. 40; dagegen MüKoAktG/*Habersack* § 103 Rn. 45 und Spindler/Stilz/*Spindler* AktG, § 103 Rn. 41, die die jeweiligen Verfahrensbeteiligten als Kostenschuldner ansieht, wobei die antragstellenden Mitglieder des Aufsichtsrats einen Anspruch auf Freistellung und Erstattung haben sollen).

2. Antragsteller ist nicht die AG, sondern der Aufsichtsrat der AG (§ 103 Abs. 3 S. 1 AktG). Ist das abzuberufende Mitglied auf Grund der Satzung in den Aufsichtsrat entsandt worden, sind auch Aktionäre, die 10 % des Grundkapitals oder den anteiligen Betrag von 1 Mio. EUR halten antragsberechtigt, § 103 Abs. 3 S. 3 AktG (Hüffer/*Koch* AktG § 103 Rn. 12).

3. Kein Anwaltszwang, § 10 FamFG.

4. Antragsgegner ist das abzuberufende Aufsichtsratsmitglied (vgl. MüKoAktG/*Habersack* § 103 Rn. 44).

5. Mindestmitgliederzahl bei nicht mitbestimmten Aufsichtsräten (§ 95 Abs. 1 S. 1 AktG); zugleich Mindestzahl für die Beschlussfähigkeit (§ 108 Abs. 2 S. 3 AktG). Mit der Abberufung des Antragsgegners wird der Aufsichtsrat der AG beschlussunfähig. Auf Antrag des Vorstandes, eines Aufsichtsrates oder eines Aktionärs hat das Gericht den Aufsichtsrat auf die notwendige Mitgliederzahl zu ergänzen, § 104 Abs. 1 AktG (→ Form. II.M.30). Über einen solchen Antrag kann hier schon vor Entscheidung über den Abberufungsantrag entschieden werden, da dem Fehlen eines Aufsichtsratsmitgliedes seine längere Zeit dauernde Verhinderung gleichzusetzen ist (Kölner Komm AktG/*Mertens/Cahn* § 104 Rn. 5; MüKoAktG/*Habersack* § 104 Rn. 12).

6. Dem Antrag hat ein Beschluss des Aufsichtsrats vorauszugehen. Das betroffene Aufsichtsratsmitglied ist hierbei nicht stimmberechtigt (hM, vgl. zB Hüffer/*Koch* AktG § 103 Rn. 12; Kölner Komm AktG/*Mertens/Cahn* § 103 Rn. 30; MHdB GesR IV/*Hoffmann-Becking* § 30 Rn. 99; MüKoAktG/*Habersack* § 103 Rn. 35), allerdings kann und muss das betreffende Mitglied des Aufsichtsrats an der Abstimmung teilnehmen und durch Stimmenthaltung Beschlussfähigkeit bei dreiköpfigem Gremium (vgl. § 108 Abs. 2 S. 3 AktG) herstellen (BGH 2.4.2007 – II ZR 325/05, NZG 2007, 516 Rn. 13; Kölner Komm AktG/*Mertens/Cahn* § 103 Rn. 30; Spindler/Stilz/*Spindler* AktG, § 103 Rn. 30; Hüffer/*Koch* AktG, § 108 Rn. 16; aA MüKoAktG/*Habersack* § 103 Rn. 35).

7. Zum wichtigen Grund vgl. MüKoAktG/*Habersack* § 103 Rn. 39 ff.; Hopt/Wiedemann/*Hopt/Roth* AktG § 103 Rn. 53 ff.; Hüffer/*Koch* AktG § 103 Rn. 10 f.

30. Antrag auf Ergänzung des Aufsichtsrats nach § 104 AktG

An das
Amtsgericht[1] . . . . .

Antrag

des . . . . . (Antragsteller)[2]

auf Ergänzung des Aufsichtsrats der . . . . . AG nach § 104 Abs. 2 AktG.

Als alleiniges Mitglied des Vorstandes der Gesellschaft beantrage ich, dass

Herr . . . . ., geb. am . . . . . und wohnhaft in . . . . .
gem. § 104 Abs. 2 AktG zum Aufsichtsratsmitglied der Gesellschaft bestellt wird.[3]

Begründung

Nach § . . . . . der Satzung der Gesellschaft, Kopie in Anlage ASt 1, ist eine Amtsniederlegung von Aufsichtsratsmitgliedern mit sofortiger Wirkung zulässig. Das von der Hauptversammlung gewählte Mitglied des Aufsichtsrates der . . . . . AG, Herr . . . . ., hat sein Amt zum 1.8.20. . . . . niedergelegt.[4]

Beweis: Erklärung über die Amtsniederlegung, in Kopie als Anlage ASt 2.

Seit dem 1.8.20. . . . ., also seit mehr als drei Monaten,[5] besteht der Aufsichtsrat nur noch aus fünf Mitgliedern. Nach § . . . . . der Satzung der . . . . . Gesellschaft müssen dem Aufsichtsrat jedoch mindestens sechs Mitglieder angehören.[6] Die nächste ordentliche Hauptversammlung, auf der die Ergänzungswahl erfolgen soll, kann frühestens zu Beginn des nächsten Jahres erfolgen.

Herr . . . . ., der zur Bestellung vorgeschlagen wird, ist auf Grund seiner langjährigen Mitgliedschaft in weiteren Aufsichtsräten anderer Gesellschaften sowie seiner langjährigen Tätigkeit im Vorstand der Gesellschaft für das Amt eines Aufsichtsratsmitglieds geeignet.[7] Ich füge in Anlage ASt 3 eine Liste sämtlicher weiterer Mitgliedschaften des

Herrn . . . . . in Aufsichtsräten und in Anlage ASt 4 einen von ihm unterzeichneten Lebenslauf bei. Hinderungsgründe aus § 100 AktG bestehen nicht.[8]

Vorstand

Anmerkungen

1. Das Gericht entscheidet im Verfahren nach dem FamFG (§§ 375 Nr. 3 FamFG, 23a Abs. 2 Nr. 4 GVG). Zuständig ist grds. das Amtsgericht in dessen Bezirk das Landgericht seinen Sitz hat, zu dessen Bezirk der Sitz der Gesellschaft gehört (§ 23a Abs. 1 Nr. 2 GVG iVm §§ 376 Abs. 1, 377 Abs. 1 FamFG, 14 AktG). Die Landesregierungen können durch Rechtsverordnung die Zuständigkeit anderer Amtsgerichte begründen, § 376 Abs. 2 FamFG, → Form. II.M.28 Anm. 1. Es besteht kein Anwaltszwang (§ 10 FamFG).

2. Antragsbefugt sind stets der Vorstand, jedes Aufsichtsratsmitglied und jeder Aktionär, § 104 Abs. 1 S. 1 AktG. Der Vorstand ist gem. § 104 Abs. 1 S. 2 AktG zur Antragstellung verpflichtet, wenn der Aufsichtsrat nicht beschlussfähig und vor der nächsten Aufsichtsratssitzung eine Ergänzung nicht zu erwarten ist. Bei mitbestimmten Gesellschaften können gem. § 104 Abs. 1 S. 3 AktG auch bestimmte Arbeitnehmervertretungen den Antrag stellen (vgl. Hüffer/*Koch* AktG § 104 Rn. 4; MHdB GesR IV/*Hoffmann-Becking* § 30 Rn. 75; MüKoAktG/*Habersack* § 104 Rn. 19 ff.).

3. § 104 Abs. 1 AktG ermöglicht die gerichtliche Bestellung eines Aufsichtsratsmitglieds, wenn der Aufsichtsrat nicht die nach Gesetz oder Satzung zur Beschlussfähigkeit erforderliche Zahl von Mitgliedern hat. Nach § 108 Abs. 2 AktG sind dies grds. mindestens die Hälfte der Mitglieder des Aufsichtsrats, wenigstens aber drei Mitglieder (vgl. dazu Hüffer/*Koch* AktG § 108 Rn. 15 ff.). Demgegenüber genügt für eine Bestellung nach § 104 Abs. 2 AktG, dass die in Gesetz oder Satzung festgesetzte Zahl an Mitgliedern über einen Zeitraum von drei Monaten nicht erreicht wird. Solange das gerichtlich bestellte Mitglied im Amt ist, hat es die gleichen Rechte und Pflichten, wie die anderen Mitglieder des Aufsichtsrats (MHdB GesR IV/*Hoffmann-Becking* § 30 Rn. 78; MüKoAktG/*Habersack* § 104 Rn. 55). Die gerichtlich bestellten Aufsichtsratsmitglieder verlieren ihr Amt automatisch, sobald der Mangel behoben ist, § 104 Abs. 5 AktG, also der Aufsichtsrat beschlussfähig bzw. ordnungsgemäß besetzt ist (Hüffer/*Koch* AktG § 104 Rn. 15). Der Mangel kann behoben werden durch Bestellung eines neuen Mitglieds und ggf. auch durch Herabsetzung der satzungsmäßigen Anforderungen (vgl. Hüffer/*Koch* AktG § 104 Rn. 16).

4. Die hM hält die Niederlegung des Aufsichtsratsmandats auch ohne wichtigen Grund für zulässig, solange sie nicht zur Unzeit erfolgt (Kölner Komm AktG/*Mertens/Cahn* § 103 Rn. 56; Hüffer/*Koch* AktG § 103 Rn. 17; MHdB GesR IV/*Hoffmann-Becking* § 30 Rn. 92). Dies gilt erst recht bei einer entsprechenden Satzungsregelung.

5. Nach § 104 Abs. 2 S. 1 AktG hat das Gericht den Aufsichtsrat zu ergänzen, wenn der Aufsichtsrat seit mehr als drei Monaten unterbesetzt ist. In dringenden Fällen kann die Bestellung gem. § 104 Abs. 2 S. 2 AktG bereits vor Ablauf der dreimonatigen Frist erfolgen (vgl. hierzu Hüffer/*Koch* AktG § 104 Rn. 8 f.). Ein dringender Fall ist bei mitbestimmten Gesellschaften immer gegeben, wenn eine Unterbesetzung vorliegt und nicht nur ein sog. weiteres Mitglied fehlt, § 104 Abs. 3 Nr. 2 AktG (MüKoAktG/*Habersack* § 104 Rn. 29).

6. Der Aufsichtsrat einer AG muss gem. § 95 AktG aus mindestens drei Mitgliedern bestehen, die Zahl der Mitglieder muss durch drei teilbar sein und die am Grundkapital ausgerichteten Höchstzahlen dürfen nicht überschritten werden. Weitere Bestimmungen über die Zahl der Aufsichtsräte enthalten die Mitbestimmungsgesetze (vgl. Hüffer/*Koch* AktG § 96 Rn. 4 ff.; MHdB GesR IV/*Hoffmann-Becking* § 28 Rn. 9 ff.).

7. Üblicherweise wird vom Antragsteller ein Vorschlag über die Person des zu bestellenden Aufsichtsratsmitglieds gemacht (Hüffer/*Koch* AktG § 104 Rn. 5). Das Gericht ist an den Vorschlag allerdings nicht gebunden (BayObLG 20.8.1997 – 3Z BR 193/97, BayObLGZ 1997, 262; MHdB GesR IV/*Hoffmann-Becking* § 30 Rn. 76). Bei mitbestimmten Gesellschaften ist auf die Wahrung des Verhältnisses von Arbeitgeber- und Arbeitnehmervertretern zu achten, § 104 Abs. 4 AktG. Zu den Anforderungen an die gerichtliche Bestellung vgl. OLG Bamberg 19.2.2014 – 8 W 2/14, NZG 2014, 497 und OLG Hamm 28.5.2013 – 27 W 35/13, NZG 2013, 1099.

8. Das bestellte Mitglied muss, wie alle anderen Mitglieder auch, die persönlichen Voraussetzungen für Aufsichtsratsmitglieder gem. § 100 AktG erfüllen. Insbes. darf kein Hinderungsgrund aus § 100 Abs. 2 AktG vorliegen (vgl. dazu Hüffer/*Koch* AktG § 100 Rn. 9 ff.; MüKoAktG/*Habersack* § 104 Rn. 33).

31. Antrag im Auskunftserzwingungsverfahren nach § 132 AktG

An das
Landgericht . . . . .
Kammer für Handelssachen[1]

Antrag

des . . . . . **(Antragsteller**[2]**)**

gegen
die . . . . . AG

vertreten durch den Vorstand,[3] **nämlich** **(Antragsgegnerin)**
. . . . .

wegen
Auskunftserteilung gem. § 132 AktG[4]
vorläufiger Geschäftswert: 5.000 EUR[5]
namens und mit Vollmacht des Antragstellers beantrage ich:
1. Der Vorstand der Antragsgegnerin[6] **wird verpflichtet, dem Antragsteller zu folgenden Fragen Auskunft zu geben:**
a) . . . . .
b) . . . . .
2. Die Kosten des Verfahrens sowie die Kosten des Antragstellers zur Durchsetzung seines Auskunftsbegehrens werden der Antragsgegnerin auferlegt.
Zur

Begründung

trage ich vor:

I.

Der Antragsteller war zum Zeitpunkt der Hauptversammlung der Antragsgegnerin vom . . . . . deren Aktionär. Er ist es noch heute.[7]

Beweis: Bescheinigung der A-Bank in Anlage ASt 1

In der Hauptversammlung der Antragsgegnerin vom . . . . . sollte über TOP 2 „Entlastung der Mitglieder des Vorstandes" beschlossen werden, s. die Einladung zur Hauptversammlung am . . . . . gemäß der Bekanntmachung im elektronischen Bundesanzeiger, Kopie in Anlage ASt 2.

Vor der Beschlussfassung zu TOP 2 stellte der Antragsteller ua folgende Fragen an den Vorstand der Antragsgegnerin:

1. . . . .

2. . . . .

Ich verweise hierzu auf die Niederschrift der Hauptversammlung vom . . . . . Kopie in Anlage ASt 3.

Der Vorstand verweigerte die Beantwortung der Fragen 1 u. 2 ohne Begründung,[8] dies ist ersichtlich aus der Niederschrift der Hauptversammlung vom . . . . . (Anlage ASt 3), in die der Notar diese Tatsache auf Verlangen des Antragstellers aufgenommen hat.[9]

II.

Der Vorstand der Antragsgegnerin war gem. § 131 Abs. 1 AktG verpflichtet, dem Antragsteller die gestellten Fragen vollständig zu beantworten. Die Fragen waren zur sachgemäßen Beurteilung des Gegenstandes der Tagesordnung erforderlich.[10] Die Frage 1 betrifft die Ausübung von Mandaten in konzernfremden Unternehmen durch Mitglieder des Vorstands, die Frage 2 bezieht sich auf ein wesentliches Geschäft, das mit ursächlich für den drastischen Rückgang des Jahresüberschusses war.[11] Ein Auskunftsverweigerungsrecht bestand nicht.[12] Insbes. droht der . . . . . AG durch die Beantwortung der Fragen kein erheblicher Nachteil.[13] Die begehrte Auskunft wurde bis zum heutigen Tag nicht erteilt.[14]

III.

Das angerufene Gericht ist ausschließlich zuständig. Die Sache ist gesetzlich der Kammer für Handelssachen zugewiesen.[15, 16]

Anmerkungen

1. Zuständig für das Auskunftserzwingungsverfahren ist ausschließlich das LG des Gesellschaftssitzes, § 132 Abs. 1 AktG, und zwar – soweit eine solche gebildet ist – die Kammer für Handelssachen (§§ 71 Abs. 2 Nr. 4b, 95 Abs. 2 Nr. 2 GVG). Die Landesregierungen können durch Rechtsverordnung die Zuständigkeit für die Bezirke mehrerer Landgerichte bei einem LG konzentrieren, § 71 Abs. 4 GVG (so geschehen bspw. in Baden-Württemberg für den OLG-Bezirk Karlsruhe beim LG Mannheim und für den OLG-Bezirk Stuttgart beim LG Stuttgart, § 13 Abs. 2 Nr. 3a ZuVOJu; in Bayern für die LG-Bezirke des OLG München beim LG München I, für die LG-Bezirke der Oberlandesgerichte Nürnberg und Bamberg beim LG Nürnberg-Fürth, § 14 Abs. 1 GZVJu; in Hessen beim LG Frankfurt a. M., § 38 Nr. 1c JuZuV; in Niedersachsen beim LG Hannover, § 2 Nr. 3 ZustVO-Justiz; in Nordrhein-Westfalen für die Bezirke der Landgerichte Düsseldorf, Duisburg, Kleve, Krefeld, Mönchengladbach und Wuppertal beim LG Düsseldorf, für die Bezirke der Landgerichte Arnsberg, Bielefeld, Bochum, Detmold, Dortmund, Essen, Hagen, Münster, Paderborn und Siegen beim LG Dortmund und für die Bezirke der Landgerichte Aachen, Bonn und Köln beim LG Köln, § 1 Nr. 7 KonzVO-GesR). Die Vereinbarung der Zuständigkeit eines Schiedsgerichts ist unzulässig (Hopt/Wiedemann/*Decher* AktG § 132 Rn. 15). Das Auskunftserzwingungsverfahren ist ein

Verfahren der freiwilligen Gerichtsbarkeit (§§ 132 Abs. 3, 99 Abs. 1 AktG). Es gilt der Amtsermittlungsgrundsatz (§ 26 FamFG; sa Hopt/Wiedemann/*Decher* AktG § 132 Rn. 30; Hüffer/*Koch* AktG § 132 Rn. 7). Der Antragsteller ist weder einem Anwaltszwang (§ 10 FamFG) noch besonderen Anforderungen an die Formulierung des Antrags unterworfen (OLG Dresden 1.12.1998 – 7 W 426/98, AG 1999, 274; OLG Koblenz 19.7.1995 – 6 W 274/95, NJW-RR 1995, 1378; Hüffer/*Koch* AktG § 132 Rn. 4).

2. Antragsberechtigt ist jeder Aktionär, dem die begehrte Auskunft nicht erteilt worden ist, § 132 Abs. 2 S. 1 Fall 1 AktG. Weder ein Protokollierungsverlangen gem. § 131 Abs. 5 AktG noch ein Widerspruch zur Niederschrift sind erforderlich (Hopt/Wiedemann/*Decher* AktG § 132 Rn. 16; Hüffer/*Koch* AktG § 132 Rn. 4a). Es reicht auch, dass er sich ein Auskunftsbegehren eines anderen Aktionärs zu Eigen macht (BayObLG 30.11.1995 – 3Z BR 161/93, WM 1996, 119; LG Berlin 24.6.1993 – 93 O 244/92, ZIP 1993, 1632; Hüffer/*Koch* AktG § 132 Rn. 4a). Auch die übrigen Aktionäre, die an der Hauptversammlung teilgenommen haben, sind antragsberechtigt, wenn über den Tagesordnungspunkt Beschluss gefasst worden ist und sie Widerspruch zur Niederschrift erklärt haben, § 132 Abs. 2 S. 1 Fall 2 AktG. Ein Aktionär, der in der Hauptversammlung nicht erschienen oder vertreten war, ist nicht antragsberechtigt (Hüffer/*Koch* AktG § 132 Rn. 5). Die Aktionärseigenschaft muss zum Zeitpunkt der Hauptversammlung vorgelegen haben und von der Antragstellung bis zur Entscheidung des Gerichts vorliegen (Hopt/Wiedemann/*Decher* AktG § 132 Rn. 21; MHdB GesR IV/*Semler* § 37 Rn. 49 (3. Auflage), Kölner Komm. AktG/*Kersting* § 132 Rn. 30).

3. Antragsgegnerin ist die Gesellschaft. Sie wird ausschließlich durch den Vorstand vertreten (Hopt/Wiedemann/*Decher* AktG § 132 Rn. 22; Kölner Komm AktG/*Kersting* § 132 Rn. 42; MHdB GesR IV/*Semler* § 37 Rn. 50 (3. Auflage)). Eine Doppelvertretung wie bei der Anfechtungsklage (→ Form. II.M.34 Anm. 2) ist nicht erforderlich.

4. Nach § 131 AktG hat ein Aktionär Anspruch darauf, dass ihm auf der Hauptversammlung Auskunft über die Angelegenheiten der Gesellschaft erteilt wird. Erhält er die ersuchte Auskunft nicht oder nicht vollständig, kann er seinen Anspruch im sog. Auskunftserzwingungsverfahren gem. § 132 AktG durchsetzen. Daneben ist auch die Erhebung einer Anfechtungsklage gem. § 243 AktG bzw. – in den gesetzlich vorgesehenen Fällen – ein Antrag im Spruchverfahren gem. §§ 1 ff. SpruchG möglich (zum Verhältnis von Anfechtungsklage und Auskunftserzwingung zueinander BGH 29.11.1982 – II ZR 88/81, BGHZ 86, 1; KG 8.3.2001 – 2 U 1909/00, NZG 2001, 803; Hopt/Wiedemann/*Decher* AktG § 132 Rn. 8 ff.; Hüffer/*Koch* AktG § 132 Rn. 2; MüKoAktG/*Schäfer* § 243 Rn. 114 ff.; MüKoAktG/*Kubis* § 132 Rn. 61; MHdB GesR IV/*Hoffmann-Becking* § 38 Rn. 62). Umstritten ist, ob ein Auskunftserzwingungsverfahren nur zulässig ist, wenn keine oder eine unvollständige Auskunft erteilt wurde (so KG 16.7.2009 – 23 W 69/08, WM 2010, 324 (325); LG Dortmund 1.10.1998 – 20 AktE 8/98, AG 1999, 133; LG Köln 2.4.1990 – 91 O 132/89, AG 1991, 38; Kölner Komm AktG/*Zöllner,* 1. Aufl. 1985, § 132 Rn. 5) oder auch wenn eine unrichtige Auskunft erteilt wird (so LG München I 28.5.2010 – 5 HK O 14307/07, WM 2010, 1699 (1701), Hopt/Wiedemann/*Decher* AktG § 132 Rn. 7; Hüffer/*Koch* AktG § 132 Rn. 4a; Kölner Komm AktG/*Kersting* § 132 Rn. 6; aA noch in der Voraufl. Kölner Komm AktG/*Zöllner,* 1. Aufl. 1985, § 132 Rn. 5; MHdB GesR IV/*Semler* § 37 Rn. 51 (3. Auflage); offen gelassen in BGH 14.1.2014 – II ZB 5/12, NZG 2014, 423(430) Rn. 83; BayObLG 17.7.2002 – 3Z BR 394/01, BayObLGZ 2002, 227 (230)).

5. Vgl. § 36 Abs. 3 GNotKG. Die Verfahrenskosten werden den Verfahrensbeteiligten gem. § 132 Abs. 5 AktG nach billigem Ermessen auferlegt; Gebühren werden nach § 1 Abs. 2 Nr. 1 GNotKG erhoben (vgl. Hüffer/*Koch* AktG § 132 Rn. 10).

6. Träger der Auskunftspflicht ist die AG. Die Erteilung der Auskunft hat jedoch durch den Vorstand als Organ der Gesellschaft zu erfolgen (BVerfG 20.9.1999 – 1 BvR 636/95, NJW 2000, 349; OLG Düsseldorf 5.11.1987 – 19 W 6/87, NJW 1988, 1033 (1034); MüKoAktG/*Kubis* § 131 Rn. 19 ff.; Hüffer/*Koch* AktG § 131 Rn. 5 ff.).

7. Das Auskunftsrecht steht nur den Aktionären der Gesellschaft zu, sofern sie an der Hauptversammlung teilnehmen. Es ist unabhängig vom Stimmrecht, so dass auch stimmrechtslose bzw. vom Stimmrecht ausgeschlossene Aktionäre Auskunft verlangen können (Hüffer/*Koch* AktG § 131 Rn. 4; MHdB GesR IV/*Hoffmann-Becking* § 38 Rn. 4). Zur Aktionärseigenschaft als Antragsvoraussetzung → Anm. 2. Zur verfassungsrechtlichen Bedeutung des Informationsrechts BVerfG 20.9.1999 – 1 BvR 636/95, NJW 2000, 349. Zum Umfang der Auskunftspflicht in der Hauptversammlung BGH 5.11.2013 – II ZB 28/12, NJW 2014, 541.

8. Die Verweigerung setzt – vorbehaltlich einer abweichenden Regelung in Satzung oder Geschäftsordnung – einen einstimmigen Vorstandsbeschluss voraus (BGH 23.11.1961 – II ZR 4/60, BGHZ 36, 121; MüKoAktG/*Kubis* § 131 Rn. 110; Hüffer/*Koch* AktG § 131 Rn. 54). Der Vorstandsbeschluss kann auch konkludent gefasst werden (BGH 9.2.1987 – II ZR 119/86, BGHZ 101, 1; OLG Frankfurt a. M. 6.11.1990 – 5 U 191/84, AG 1986, 233; Hüffer/*Koch* AktG § 131 Rn. 54).

9. Nach § 131 Abs. 5 AktG kann der Aktionär, demgegenüber eine Auskunft verweigert wurde, verlangen, dass seine Frage und der Grund der Auskunftsverweigerung in die Niederschrift über die Verhandlung aufgenommen werden. Die Regelung dient Beweiszwecken (Hüffer/*Koch* AktG § 131 Rn. 77). Dies ist jedoch nicht Voraussetzung für einen Antrag nach § 132 AktG (→ Anm. 2).

10. Das Auskunftsrecht betrifft alle Angelegenheiten der Gesellschaft, soweit sie zur sachgemäßen Beurteilung des Gegenstandes der Tagesordnung erforderlich sind, § 131 Abs. 1 S. 1 AktG. Die Beschränkung auf zur sachgemäßen Beurteilung des Gegenstands der Tagesordnung einer Hauptversammlung erforderliche Informationen ist unionsrechtlich zulässig (BGH 5.11.2013 – II ZB 28/12, NJW 2014, 541). Das Merkmal „Angelegenheiten der Gesellschaft" ist weit auszulegen (Hüffer/*Koch* AktG § 131 Rn. 12; MHdB GesR IV/*Hoffmann-Becking* § 38 Rn. 9). Bezüglich der Erforderlichkeit kommt es nach herrschender Meinung darauf an, dass die begehrte Auskunft aus Sicht eines objektiv denkenden Aktionärs für die Urteilsfindung wesentlich ist (BGH 5.11.2013 – II ZB 28/12, NJW 2014, 541 Rn. 20; OLG München 4.7.2001 – 7 U 5285/00, NZG 2002, 187 (188); BayObLG 30.11.1995 – 3 Z BR 161/93, WM 1996, 119; OLG Frankfurt a. M. 4.8.1993 – 20 W 295/90, AG 1994, 39; KG 31.1.1996 – 23 U 3989/94, AG 1996, 421 (423); Hopt/Wiedemann/*Decher* AktG § 131 Rn. 132). Für den Tagesordnungspunkt Entlastung soll ein strenger Maßstab gelten (BayObLG 22.3.1999 – 3Z BR 250/98, NZG 1999, 554; OLG Düsseldorf 17.7.1991 – 19 W 2/91, WM 1991, 2148 (2153); Hüffer/*Koch* AktG § 131 Rn. 33). Eine Auflistung der Einzelfälle findet sich bei Hüffer/*Koch* AktG § 131 Rn. 30 ff.; MHdB GesR IV/*Hoffmann-Becking* § 38 Rn. 21 ff. Die Darlegungslast für die Erforderlichkeit trägt der Antragsteller (Hopt/Wiedemann/*Decher* AktG § 132 Rn. 39).

11. Zu der Auskunftspflicht über Mandate von Vorstandsmitgliedern in konzernfremden Unternehmen BayObLG 30.11.1995 – 3Z BR 161/93, WM 1996, 119 (121); KG 24.8.1995 – 2 W 4557/94, ZIP 1995, 1592 (1594); LG München I 24.6.1993 – 17 HKO 20038/90, AG 1993, 519; OLG Düsseldorf 22.7.1986 – 19 W 2/86, AG 1987, 21. Zur Darlegung von einzelnen Geschäften BGH 5.11.2013 – II ZB 28/12, NJW 2014, 541 Rn. 41 ff. (Übernahme einer Privatbank); BayObLG 22.3.1999 – 3Z BR 250/98, NZG 1999, 554 (Geschäfte zwischen AG und Aufsichtsratsmitgliedern).

12. § 131 Abs. 3 AktG zählt die Umstände auf, unter denen der Vorstand ein Auskunftsverweigerungsrecht hat. Abgesehen von einem missbräuchlichen Auskunftsverlangen oder der Unmöglichkeit der Auskunftserteilung ist § 131 Abs. 3 AktG abschließend (BGH 5.11.2013 – II ZB 28/12, NJW 2014, 541; Hüffer/*Koch* AktG § 131 Rn. 54 ff., 66 ff.; MHdB GesR IV/*Hoffmann-Becking* § 38 Rn. 41). Das Vorliegen eines Verweigerungsrechts hat die Antragsgegnerin darzulegen (Hopt/Wiedemann/*Decher* AktG § 132 Rn. 40; Hüffer/*Koch* AktG § 132 Rn. 7).

13. Zur Nachteilszufügung vgl. Hopt/Wiedemann/*Decher* AktG § 131 Rn. 297 ff.; MüKoAktG/*Kubis* § 131 Rn. 115 ff.; Hüffer/*Koch* AktG § 131 Rn. 55; MHdB GesR IV/*Hoffmann-Becking* § 38 Rn. 43 ff. Der Nachteil muss der Gesellschaft oder einem verbundenen Unternehmen iSv § 15 AktG drohen.

14. Erhält der Antragsteller nachträglich die begehrte Auskunft, wird der Antrag unbegründet (Hopt/Wiedemann/*Decher* AktG § 132 Rn. 43).

Kosten und Gebühren

15. Gem. § 132 Abs. 5 AktG bestimmt das mit dem Verfahren befasste Gericht nach billigem Ermessen, welchem Beteiligten die Kosten des Verfahrens aufzuerlegen sind. Gebühren werden nach § 1 Abs. 2 Nr. 1 GNotKG erhoben (Hüffer/*Koch* AktG § 132 Rn. 10).

Fristen und Rechtsmittel

16. Die Antragsfrist beträgt gem. § 132 Abs. 2 S. 2 AktG zwei Wochen und beginnt mit dem Ende der Hauptversammlung. Da es sich um eine materielle Ausschlussfrist handelt, ist eine Wiedereinsetzung in den vorigen Stand nicht möglich (OLG Dresden 1.12.1998 – 7 W 426/98, AG 1999, 274; Hopt/Wiedemann/*Decher* AktG § 132 Rn. 23; Hüffer/*Koch* AktG § 132 Rn. 5). Die Entscheidung ergeht durch Beschluss, gegen den gem. § 132 Abs. 3 S. 2 AktG die Beschwerde zulässig ist, wenn das LG sie in seiner Entscheidung zulässt (dazu Hüffer/*Koch* AktG § 132 Rn. 8; MHdB GesR IV/*Hoffmann-Becking* § 38 Rn. 63).

32. Klage auf Schadensersatz gegen Leitungs- und Aufsichtsorgan einer SE nach Art. 51 SE-VO wegen Verletzung der Organverantwortung

An das
Landgericht . . . . .
Kammer für Handelssachen[1]

Klage

der

. . . . . SE, vertreten durch ihren Vorstand bestehend aus **(Klägerin)**
. . . . . und vertreten durch ihren Aufsichtsrat bestehend
aus . . . . .

Prozessbevollmächtigter: . . . . .
gegen

den . . . . . (Beklagter zu 1)
den . . . . . (Beklagter zu 2)
den . . . . . (Beklagter zu 3)
den . . . . . (Beklagter zu 4)
den . . . . . (Beklagter zu 5)

wegen Schadensersatz (Art. 51 SE-VO)
Vorläufiger Streitwert: . . . . . EUR
Namens und mit Vollmacht der Klägerin erhebe ich Klage und werde beantragen:

1. **Die Beklagten werden gesamtschuldnerisch verurteilt, EUR . . . . . nebst Zinsen iHv 5 Prozentpunkten über dem jeweiligen Basiszinssatz hieraus seit . . . . . an die Klägerin zu bezahlen.**[2]
2. **Die Beklagten tragen die Kosten des Rechtsstreits.**

Zur

Begründung

trage ich vor:

I.

1. Die Beklagten zu 1 und zu 2 waren die beiden Mitglieder des Vorstands der Klägerin, die Beklagten zu 3 bis 5 waren Mitglieder von deren Aufsichtsrat. Mit Beschluss der Hauptversammlung vom . . . . . wurde die Bestellung der Beklagten zu 3 bis 5 widerrufen und es wurden die Damen und Herren . . . . . zu Mitgliedern des Aufsichtsrats bestellt. Diese wiederum widerriefen die Bestellung der Beklagten zu 1 und zu 2 und bestellten Frau . . . . . und Herrn . . . . . zu Mitgliedern des Vorstands.

   Beweis: 1. Vorlage der Niederschrift der Hauptversammlung der Klägerin vom . . . . .,
   2. Vorlage des Auszugs der Niederschrift der Aufsichtsratssitzung der Klägerin vom . . . . .

2. Diesem Wechsel im Leitungs- und Aufsichtsorgan lag folgender Sachverhalt zugrunde, der auch die Grundlage des vorliegenden Organhaftungsverfahrens bildet: Die Beklagten zu 1 und zu 2 bestachen im Zeitraum . . . . . systematisch Amtsträger im In- und Ausland, um für die Klägerin Aufträge einzuwerben. Die Beklagten zu 3 bis 5 wurden hierüber im Rahmen der Vorstandsberichte unterrichtet, schritten indes hiergegen nicht ein. Im Rahmen der staatsanwaltschaftlichen Ermittlungen, die zwischenzeitlich zu mehreren rechtskräftigen Verurteilungen einzelner Beklagter führten sowie einer internen Untersuchung der Klägerin, wurden insbesondere folgende Einzelfälle aktenkundig: . . . . .

   Beweis: 1. Vorlage des Berichts über die interne Untersuchung vom . . . . .,
   2. Vorlage der Auszüge der Vorstandsberichte im Zeitraum vom . . . . . bis . . . . .
   3. Vorlage der staatsanwaltschaftlichen Ermittlungsakte,
   4. Vorlage der strafgerichtlichen Urteile gegen die Beklagten . . . . .

3. Die Klägerin stellte interne Untersuchungen an und beauftragte hierfür die Wirtschaftsprüfungsgesellschaft . . . . . sowie die Rechtsanwaltssozietät . . . . . Hierfür fiel ein Honoraraufwand von . . . . . EUR an.

   Beweis: 1. Vorlage des Berichts über die interne Untersuchung vom . . . . .,
   2. Vorlage der Honorarrechnungen der Wirtschaftsprüfungsgesellschaft . . . . . und der Rechtsanwaltssozietät . . . . . vom . . . . .

4. Infolge der Gesetzesverstöße beendeten folgende Vertragspartner . . . . . ihre vertraglichen Beziehungen mit der Klägerin aufgrund von Beendigungsrechten für den Fall von Non-Compliance, wodurch dieser ein Gewinn von . . . . . EUR entging.

Beweis: 1. Vorlage der Verträge mit folgenden Vertragspartnern . . . . .,
2. Vorlage der Vertragsbeendigungserklärungen folgender Vertragspartner . . . . .
3. Vorlage des Gutachtens der Wirtschaftsprüfungsgesellschaft . . . . . zur Berechnung des entgangenen Gewinns
4. Sachverständigengutachten

5. Nach den Feststellungen im Rahmen der internen Untersuchung flossen jedenfalls . . . . . EUR an Schmiergeldern aus dem Vermögen der Klägerin ab.

Beweis: Vorlage des Berichts über die interne Untersuchung vom . . . . .

6. Die Klägerin hat sich mit den folgenden Vertragspartnern . . . . . über von diesen gerichtlich geltend gemachten Schadensersatzansprüche anlässlich der Schmiergeldzahlungen i. H. v. . . . . . EUR verglichen. Nach Beurteilung durch den prozessführenden Rechtsanwalt und nach den entsprechenden Hinweisen der erkennenden Gerichte bestand jeweils eine Lage, in der der Klägerin der Vergleichsabschluss ratsam erscheinen musste.

Beweis: 1. Zeugnis des Herrn Rechtsanwalt . . . . .,
2. Vorlage der Hinweisverfügungen folgender Gerichte . . . . .

II.

1. Die Beklagten schulden als Gesamtschuldner Schadensersatz nach Art. 51 der VO (EG) Nr. 2157/2001 iVm §§ 93, 116 AktG.

2. Die Beklagten zu 1 und zu 2 waren dazu verpflichtet, bei ihrer Amtsführung die geltenden Gesetze zu beachten und insbesondere nicht gegen Strafgesetze (hier insbesondere §§ 334 ff. StGB) zu verstoßen. Den Beklagten zu 3 bis 5 oblag es, die Beklagten zu 1 und zu 2 zu überwachen und in diesem Rahmen auf eine gesetzeskonforme Amtsführung durch die Beklagten zu 1 und zu 2 hinzuwirken.[3]

3. Die Beklagten haben der Klägerin gesamtschuldnerisch den Schaden zu ersetzen, der durch den Abfluss von Schmiergeldern, Aufklärungsaufwendungen, entgangenen Gewinn und die Schadensbegrenzungsvergleiche entstanden ist.[4]

III.

Den Streitwert gebe ich mit . . . . . EUR an. Die Gerichtskosten werden unverzüglich nach Aufforderung eingezahlt.
Rechtsanwalt

Anmerkungen

1. Vgl. → Form. II.M.23 Anm. 1, die hier entsprechend gilt. Mitglieder des Aufsichtsrats sind „Vorsteher" der SE iSv § 95 Abs. 1 Nr. 4a GVG, vgl. OLG München 12.11.2009 – 31 AR 521/09, NZG 2010, 668 zur AG.

2. Bei einer dualistisch verfassten SE gilt das Organhaftungsrecht der AG entsprechend (vgl. MüKoAktG/*Reichert/Brandes* Art. 51 SE-VO Rn. 10; Spindler/Stilz/*Eberspächer* AktG Art. 51 Rn. 4). Gegenüber den (ehemaligen) Mitgliedern des Aufsichtsrats wird die SE durch den Vorstand vertreten (MüKoAktG/*Habersack* § 116 Rn. 77), gegenüber den (ehemaligen) Mitgliedern des Vorstands durch den Aufsichtsrat (MüKoAktG/*Spindler* § 93 Rn. 215),

Art. 51 SE-VO iVm §§ 78, 112 AktG). Zur Geltendmachung von Organhaftungsansprüchen gegen Mitglieder des Vorstands und des Aufsichtsrats in einem Verfahren, vgl. OLG Frankfurt a. M. 15.2.2008 – 10 U 90/07, NZG 2008, 836 (dort durch den Insolvenzverwalter). Es besteht grds. eine Organpflicht der Mitglieder des Vorstands bzw. des Aufsichtsrats, im Rahmen ihrer Organkompetenz Organhaftungsansprüche für die SE geltend zu machen (vgl. BGH 21.4.1997 – II ZR 175/95, NJW 1997, 1926 ff. – „ARAG/Garmenbeck" für den Aufsichtsrat gegenüber dem Vorstand und MüKoAktG/*Habersack* § 116 Rn. 8 für den Vorstand gegenüber dem Aufsichtsrat). Zwischen den Mitgliedern des Vorstands und Aufsichtsrats besteht nach hM sowohl organintern als auch organübergreifend eine Gesamtschuld (§ 421 BGB, vgl. MüKoAktG/*Habersack* § 116 Rn. 78; Hüffer/*Koch* AktG, § 116 Rn. 13; Spindler/Stilz/*Fleischer* AktG, § 93 Rn. 262; aA nur Schmidt/Lutter/*Drygala* AktG, § 116 Rn. 52; *Schäfer/Groh*, FS Ebke 2021, S. 773 (777 f.); *Groh,* Einstandspflichten und gestörte Gesamtschuld in der Vorstandshaftung, 2020, S. 125 ff.), was entsprechende Regressansprüche nach sich ziehen kann (§ 426 BGB). In der Praxis ist vermehrt zu beobachten, dass Organmitglieder zur Regresssicherung nicht zur Streitverkündung greifen (§§ 72 ff. ZPO), sondern Streitverkündungsvereinbarungen treffen (vgl. hierzu OLG Düsseldorf 4.3.1993 – 18 U 167/92, NJW-RR 1993, 1471 f.), um die Wirkungen der Streitverkündung (namentlich die Nebeninterventionswirkung nach § 68 Hs. 1 ZPO und die Hemmung wegen Rechtsverfolgung nach § 204 Abs. 1 Nr. 6 BGB, dies idR durch Verzicht auf die Erhebung der Einrede der Verjährung) durch eine Vereinbarung zu erreichen, ohne in der Streitverkündungsschrift zum Grund der Streitverkündung vortragen zu müssen (vgl. § 73 S. 1 ZPO), was häufig als ungünstig empfunden wird, da man gerichtsöffentlich einen ungünstigen Ausgang des Rechtsstreits und einen Anspruch auf Schadloshaltung für diesen Fall in den Raum stellen muss.

3. Neben der Organstellung ist die schadensstiftende, zu vertretende Organpflichtverletzung Voraussetzung für die Organhaftung. Zur Legalitätspflicht, vgl. LG München I 10.12.2013 – 5 HK O 1387/10, BeckRS 2014, 1998; Hüffer/*Koch* AktG § 93 Rn. 6. „Nützliche" Gesetzesverstöße kommen nicht in Betracht (vgl. Spindler/Stilz/*Fleischer* AktG § 93 Rn. 36, zur Frage des Vorteilsausgleichs dort Rn. 38 ff.). Bestehen Anhaltspunkte dafür, dass der Vorstand die Geschäfte nicht ordnungsgemäß führt, muss der Aufsichtsrat eingreifen (vgl. BGH 1.12.2008 – II ZR 102/07, NZG 2009, 107 (110) Rn. 21). Eine Billigung des pflichtwidrigen Vorstandshandelns durch den Aufsichtsrat hat keine Auswirkungen auf die Vorstandshaftung (§ 93 Abs. 4 S. 2 AktG). Nach § 93 Abs. 2 S. 2 AktG trifft die SE – gegebenenfalls mit der Erleichterung des § 287 ZPO – die Darlegungs- und Beweislast für einen Schaden und dessen Verursachung durch ein möglicherweise pflichtwidriges Verhalten des Organmitglieds in seinem Pflichtenkreis. Das Organmitglied hat dagegen darzulegen und zu beweisen, dass es seine Pflichten nicht verletzt oder jedenfalls schuldlos gehandelt hat oder dass der Schaden auch bei einem rechtmäßigen Alternativverhalten eingetreten wäre (BGH 22.2.2011 – II ZR 146/09, NZG 2011, 549 (550) Rn. 17 zum Vorstand; BGH 16.3.2009 – II ZR 280/07, NZG 2009, 550 (553) Rn. 42 zum Aufsichtsrat).

4. Gezahlte Schmiergelder können einen ersatzfähigen Schaden darstellen (vgl. LG München I 10.12.2013 – 5 HK O 1387/10, BeckRS 2014, 1998). Zur Ersatzfähigkeit der Aufklärungsaufwendungen uÄ, vgl. *Lüneborg/Resch* NZG 2018, 209; LG München I 10.12.2013 – 5 HK O 1387/10, BeckRS 2014, 1998. Ein Schadensbegrenzungsvergleich unterbricht nur dann den haftungsrechtlichen Zusammenhang zwischen der Organpflichtverletzung und der Schadensherbeiführung, wenn die SE durch den Abschluss in ungewöhnlicher und unsachgemäßer Weise in den schadensträchtigen Geschehensablauf eingegriffen und eine weitere Ursache gesetzt hat, die den Schaden endgültig herbeiführte (vgl. BGH 21.5.1992 – I ZR 175/90, NJW-RR 1992, 1196 (1197)). Zur Frage der Beschränkung der Haftung von Organmitgliedern zur Meidung von deren wirtschaftlicher Existenzvernichtung, vgl. Hüffer/*Koch*, AktG, § 93 Rn. 51 f.

33. Gerichtlicher Antrag auf Ermächtigung zur Einberufung der Hauptversammlung bzw. Ergänzung der Tagesordnung nach § 122 AktG

An das
Amtsgericht .....
Registergericht[1]

Antrag

des ..... **(Antragsteller)**

Verfahrensbevollmächtigter: .....
gegen

die..... **(Antragsgegnerin[2])**

wegen Einberufung der Hauptversammlung

Namens und mit Vollmacht des Antragstellers beantrage ich gemäß § 122 Abs. 3 S. 1 AktG, den Antragsteller zu ermächtigen, die Hauptversammlung der Antragsgegnerin für das Geschäftsjahr ..... einzuberufen, auf der die folgenden Tagesordnungspunkte behandelt werden sollen:[3]

1. Vorlage des festgestellten Jahresabschlusses, sowie des Berichts des Aufsichtsrats für das Geschäftsjahr .....

2. Beschlussfassung über die Verwendung des Bilanzgewinns aus dem Geschäftsjahr .....
Die Hauptversammlung möge beschließen:
„Der Bilanzgewinn von ..... EUR wird wie folgt verwendet:
a) Ausschüttung an die Aktionäre iRv ..... EUR durch Zahlung einer Dividende von ..... EUR je Aktie
b) Gewinnvortrag iRv ..... EUR"

3. Bestellung eines Sonderprüfers nach § 142 Abs. 1 AktG im Zusammenhang mit vermögenswerten Zuwendungen jeglicher Art, insbesondere Auszahlungen aus dem Vermögen und/oder auf Rechnung des Vermögens der Antragsgegnerin an die Aktionärin .....
Die Hauptversammlung möge beschließen:
„Zur Untersuchung der Zuwendung von Gesellschaftsvermögen an die Aktionärin ..... zu folgenden Lebenssachverhalten im Zeitraum der Jahre .....: (1) Auszahlungen iHv insgesamt mindestens ..... EUR an die Aktionärin ..... zwischen Oktober und Dezember ..... wegen vermeintlicher Vergütung von Lizenzen, (2) Auszahlungen iHv insgesamt mindestens ..... EUR an die Aktionärin ..... zwischen August und Dezember ....., die mit dem Betreff „Lagerbestand" deklariert wurden, sowie (3) Auszahlung eines Betrags von ..... EUR im Jahr ..... und/oder im Jahr ..... an die Aktionärin ....., wird nach folgender Maßgabe eine Sonderprüfung durchgeführt:
a) Im Rahmen der Sonderprüfung sollen folgende Fragen geprüft werden:
aa) Welche vermögenswerten Zuwendungen zu folgenden Lebenssachverhalten im Zeitraum der Jahre .....:
(1) Auszahlungen iHv insgesamt mindestens ..... EUR an die Aktionärin .....

zwischen Oktober und Dezember . . . . . wegen vermeintlicher Vergütung von Lizenzen,
(2) Auszahlungen iHv insgesamt mindestens . . . . . EUR an die Aktionärin . . . . . zwischen August und Dezember . . . . ., die mit dem Betreff „Lagerbestand“ deklariert wurden und
(3) Auszahlung eines Betrags von . . . . . EUR im Jahr . . . . . und/oder im Jahr . . . . . an die Aktionärin . . . . .,
sind aus dem Gesellschaftsvermögen und/oder auf Rechnung des Vermögens der Antragsgnerin an die Aktionärin . . . . . erfolgt?

bb) Wie wurden die unter Ziffer 2. a) aa) genannten vermögenswerten Zuwendungen jeglicher Art, insbesondere Auszahlungen, aus dem Gesellschaftsvermögen und/oder auf Rechnung des Vermögens der Antragsgegnerin deklariert?

cc) Soweit es sich bei den unter Ziffer 2. a) aa) genannten vermögenswerten Zuwendungen jeglicher Art, insbesondere Auszahlungen aus dem Gesellschaftsvermögen und/oder auf Rechnung des Vermögens der Antragsgegnerin, um Darlehensgewährungen handelt: In welcher Höhe wurden die Darlehen verzinst und wie wurden sie besichert?

dd) Auf wessen unmittelbare oder mittelbare Veranlassung sind die unter Ziffer 2. a) aa) genannten vermögenswerten Zuwendungen jeglicher Art, insbesondere Auszahlungen aus dem Gesellschaftsvermögen und/oder auf Rechnung des Vermögens der Antragsgegnerin, erfolgt und welche Personen haben an der Zuwendung unmittelbar und/oder mittelbar mitgewirkt?

ee) Welche Einflussnahme auf die Antragsgegnerin bzw. deren Organe übten die Empfänger bzw. deren Organe oder sonstige für diese handelnde Personen der unter Ziffer 2. a) aa) genannten vermögenswerten Zuwendungen jeglicher Art, insbesondere Auszahlungen aus dem Gesellschaftsvermögen und/oder auf Rechnung des Vermögens der Antragsgegnerin, aus?

ff) Wurden Gegenleistungen für die unter Ziffer 2. a) aa) genannten vermögenswerten Zuwendungen jeglicher Art, insbesondere Auszahlungen aus dem Gesellschaftsvermögen und/oder auf Rechnung des Vermögens der Antragsgegnerin, erbracht?

gg) Waren die Gegenleistungen für die unter Ziffer 2. a) aa) genannten vermögenswerten Zuwendungen jeglicher Art, insbesondere Auszahlungen aus dem Gesellschaftsvermögen und/oder auf Rechnung des Vermögens der Antragsgegnerin, objektiv werthaltig, deckten sie den Vermögenswert der Zuwendung vollständig und waren sie für den Geschäftsbetrieb der Antragsgegnerin nutzbar?

hh) Wurden die unter Ziffer 2. a) aa) genannten vermögenswerten Zuwendungen jeglicher Art, insbesondere Auszahlungen aus dem Gesellschaftsvermögen und/oder auf Rechnung des Vermögens der Antragsgegnerin, zurückerstattet? Falls ja, wann und wie ist dies genau geschehen?

b) Zum Sonderprüfer wird . . . . . bestellt.

c) Der Sonderprüfer darf sich ihm geeignet erscheinender Hilfspersonen, insbesondere solcher, die zur beruflichen Verschwiegenheit verpflichtet sind, bedienen und sich beraten und unterstützen lassen.

d) Dem Sonderprüfer ist unmittelbarer unbehinderter Zugang zu Personal und insbesondere seinen Auftrag betreffenden Unterlagen der Antragsgegnerin zu gewähren.

e) Der Sonderprüfer erhält eine Vergütung (einschließlich Auslagen), die sich nach marktüblichen Konditionen richtet. Die Kosten der Sonderprüfung trägt die Antragsgegnerin.

Sollte sich eine Anfechtbarkeit, Nichtigkeit, Lücke oder eine Undurchführbarkeit in dem vorstehend gefassten Beschluss des Antrags und Gegenstands zu diesem TOP 3 herausstellen, bleibt der Rest des Beschlusses hiervon unberührt und bestehen; die direkte oder entsprechende Anwendung des § 139 Hs. 1 BGB ist ausgeschlossen."

4. Geltendmachung von Ansprüchen nach § 147 Abs. 1 AktG im Zusammenhang mit vermögenswerten Zuwendungen jeglicher Art, insbesondere Auszahlungen aus dem Gesellschaftsvermögen und/oder auf Rechnung des Vermögens der Antragsgegnerin an die Aktionärin . . . . .
Die Hauptversammlung möge beschließen:
„Die Ansprüche der Antragsgegnerin, die sich im Zusammenhang mit der Zuwendung von Gesellschaftsvermögen an die Aktionärin . . . . . zu folgenden Lebenssachverhalten im Zeitraum der Jahre . . . . .: (1) Auszahlungen i. H. v. insgesamt mindestens . . . . . EUR an die Aktionärin . . . . . zwischen Oktober und Dezember . . . . . wegen vermeintlicher Vergütung von Lizenzen, (2) Auszahlungen i. H. v. insgesamt mindestens . . . . . EUR an die Aktionärin zwischen August und Dezember . . . . ., die mit dem Betreff „Lagerbestand" deklariert wurden und (3) Auszahlung eines Betrags von . . . . . EUR im Jahr . . . . . und/oder im Jahr . . . . . an die Aktionärin . . . . ., ergeben, sind – unabhängig von den Ergebnissen der Sonderprüfung zu TOP 3 – geltend zu machen, und zwar insbesondere, aber nicht ausschließlich:
a) gegen die Mitglieder des Vorstands (i) . . . . . und (ii) . . . . . wegen Verletzung der Organpflichten und deliktischem Handeln gem. § 93 Abs. 2 AktG, § 826 BGB, § 823 Abs. 2 BGB iVm § 266 StGB, einschließlich eines pflichtwidrigen Unterlassens der Geltendmachung von Rückzahlungs- bzw. Rückforderungs- und Organhaftungsansprüchen,
b) gegen die Mitglieder des Aufsichtsrats (i) . . . . ., (ii) . . . . . und (iii) . . . . . wegen Verletzung der Organpflichten und deliktischen Handelns gem. §§ 93 Abs. 2, 116 AktG, § 826 BGB, § 823 Abs. 2 BGB iVm § 266 StGB, einschließlich eines pflichtwidrigen Unterlassens der Geltendmachung von Organhaftungsansprüchen,
c) gegen die Aktionärin . . . . . wegen einer Nachgründungshaftung nach § 53 AktG bzw. wegen einer unzulässigen Einflussnahme nach §§ 117, 317, 318 AktG und
d) sämtliche Rechte und Ansprüche gegen die vorgenannten Rechtsträger aus und im Zusammenhang mit den unter lit. a) bis c) geschilderten Tatkomplexen, insbesondere in diesem Zusammenhang verwirklichte Organpflichtverletzungen der unter lit. a) und b) genannten Personen.
Sollte sich eine Anfechtbarkeit, Nichtigkeit, Lücke oder eine Undurchführbarkeit in dem vorstehend gefassten Beschluss des Antrags und Gegenstands zu diesem TOP 4 herausstellen, bleibt der Rest des Beschlusses hiervon unberührt und bestehen; die direkte oder entsprechende Anwendung des § 139 Hs. 1 BGB ist ausgeschlossen."

5. Bestellung eines besonderen Vertreters der Antragsgegnerin nach § 147 Abs. 2 AktG zur Geltendmachung von Ansprüchen im Zusammenhang mit vermögenswerten Zuwendungen jeglicher Art, insbesondere Auszahlungen aus dem Gesellschaftsvermögen und/oder auf Rechnung des Vermögens der Antragsgegnerin an die Aktionärin . . . . .
Die Hauptversammlung möge beschließen:
„Zur Geltendmachung der Ansprüche der Antragsgegnerin – unabhängig von den Ergebnissen der Sonderprüfung zu TOP 3 –, die sich im Zusammenhang mit der Zuwendung von Gesellschaftsvermögen an die Aktionärin . . . . ., zu folgenden Lebenssachverhalten im Zeitraum der Jahre . . . . .: (1) Auszahlungen iHv insgesamt mindestens . . . . . EUR an die Aktionärin . . . . . zwischen Oktober und Dezember

. . . . . wegen vermeintlicher Vergütung von Lizenzen, (2) Auszahlungen iHv insgesamt mindestens . . . . . EUR an die Aktionärin zwischen August und Dezember . . . . ., die mit dem Betreff „Lagerbestand" deklariert wurden und (3) Auszahlung eines Betrags von . . . . . EUR im Jahr . . . . . und/oder im Jahr . . . . . an die Aktionärin . . . . ., ergeben, und zwar insbesondere, aber nicht ausschließlich:

a) gegen die Mitglieder des Vorstands (i) . . . . . und (ii) . . . . . wegen Verletzung der Organpflichten und deliktischem Handeln gem. § 93 Abs. 2 AktG, § 826 BGB, § 823 Abs. 2 BGB iVm § 266 StGB, einschließlich eines pflichtwidrigen Unterlassens der Geltendmachung von Rückzahlungs- bzw. Rückforderungs- und Organhaftungsansprüchen,
b) gegen die Mitglieder des Aufsichtsrats (i) . . . . ., (ii) . . . . . und (iii) . . . . . wegen Verletzung der Organpflichten und deliktischen Handelns gem. §§ 93 Abs. 2, 116 AktG, § 826 BGB, § 823 Abs. 2 BGB iVm § 266 StGB, einschließlich eines pflichtwidrigen Unterlassens der Geltendmachung von Organhaftungsansprüchen,
c) gegen die Aktionärin . . . . . wegen einer Nachgründungshaftung nach § 53 AktG bzw. wegen einer unzulässigen Einflussnahme nach §§ 117, 317, 318 AktG und
d) sämtliche Rechte und Ansprüche gegen die vorgenannten Rechtsträger aus und im Zusammenhang mit den unter lit. a) bis c) geschilderten Tatkomplexen, insbesondere in diesem Zusammenhang verwirklichte Organpflichtverletzungen der unter lit. a) und b) genannten Personen.

wird nach folgender Maßgabe – unabhängig von den Ergebnissen der Sonderprüfung zu TOP 3 – ein besonderer Vertreter der Antragsgegnerin bestellt:

a) Zum besonderen Vertreter der Antragsgegnerin wird . . . . . bestellt.
b) Der besondere Vertreter darf sich ihm geeignet erscheinender Hilfspersonen, insbesondere solcher, die zur beruflichen Verschwiegenheit verpflichtet sind, bedienen und sich beraten und unterstützen lassen.
c) Dem besonderen Vertreter ist unmittelbarer unbehinderter Zugang zu Personal und insbesondere seinen Auftrag betreffenden Unterlagen der Antragsgegnerin zu gewähren.
d) Der besondere Vertreter erhält eine Vergütung (einschließlich Auslagen), die sich nach marktüblichen Konditionen richtet. Die Kosten der Vertretung trägt die Antragsgegnerin.

Sollte sich eine Anfechtbarkeit, Nichtigkeit, Lücke oder eine Undurchführbarkeit in dem vorstehend gefassten Beschluss des Antrags und Gegenstands zu diesem TOP 5 herausstellen, bleibt der Rest des Beschlusses hiervon unberührt und bestehen; die direkte oder entsprechende Anwendung des § 139 Hs. 1 BGB ist ausgeschlossen."

Hauptversammlungsleitung[4]

Ich rege nach § 122 Abs. 3 S. 2 AktG an, Herrn . . . . . zum Leiter der Hauptversammlung zu bestimmen.

Zur

Begründung

trage ich vor:[5]

1. Die Mitglieder des Vorstands sowie die Mitglieder des Aufsichtsrats der Antragsgegnerin haben die ordentliche Hauptversammlung der Antragsgegnerin für das Geschäftsjahr . . . . . bis zum heutigen Tag nicht einberufen, obschon diese nach den gesetzlichen Vorschriften (§ 175 Abs. 1 S. 1 AktG) und § . . . . . der Satzung der Antragsgegnerin in den ersten acht Monaten des Geschäftsjahrs durchgeführt werden muss und damit spätestens . . . . hätte stattfinden müssen.
2. Mit Schreiben vom . . . . ., das wir diesem Antrag als Anlage Ast. 1 in Kopie beifügen, haben wir an den Vorstand der Antragsgegnerin Namens und in Vollmacht der

Antragstellerin das Verlangen gerichtet, die Hauptversammlung der Antragsgegnerin für das Geschäftsjahr . . . . . einzuberufen und die ebenfalls in dem Schreiben aufgeführten Tagesordnungspunkte bekannt zu machen.

3. Bereits zuvor, namentlich mit Schreiben vom . . . . . (Anlage Ast. 2), haben wir ein Tagesordnungsergänzungsverlangen an den Vorstand der Antragsgegnerin adressiert und verlangt, dass die jetzigen Tagesordnungspunkte 3 bis 5 auf die Tagesordnung einer einzuberufenden ordentlichen Hauptversammlung zu setzen und bekannt zu machen sind.

4. Wie bereits dargestellt, ist die Einberufung der Hauptversammlung der Antragsgegnerin bis zum heutigen Tage nicht erfolgt. Der Vorstand der Antragsgegnerin hat das Tagesordnungsergänzungsverlangen der Antragstellerin unbeachtet gelassen.

5. Auch die Aufsichtsratsmitglieder der Antragsgegnerin, die wir mit Schreiben vom . . . . . (Anlage Ast. 3) sowie mit Schreiben vom . . . . . (Anlage Ast. 4) aufgefordert haben, den Vorstand der Antragsgegnerin zu veranlassen, die Hauptversammlung für das Geschäftsjahr . . . . . einzuberufen und/oder dem Tagesordnungsergänzungsverlangen nachzukommen, respektive selbst tätig zu werden, sind bis zum heutigen Tag untätig geblieben.

6. Ein weiteres Zuwarten ist der Antragstellerin nicht zuzumuten. Da der Vorstand es unter Verstoß gegen das Gesetz und die Satzung der Antragsgegnerin seit nunmehr . . . . . Monaten unterlässt, die Hauptversammlung für das Geschäftsjahr . . . . . einzuberufen, können die Aktionäre gerade nicht darauf verwiesen werden, mit ihrem Verlangen bis zu nächsten ordentlichen Hauptversammlung zu warten. Die Untätigkeit von Vorstand und Aufsichtsrat sind vielmehr für sich ausreichend, den Antrag der Antragsteller zu begründen.

7. Die Vollmachten der Antragsteller, dieses Verlangen an den Vorstand zu richten sowie diesen gerichtlichen Antrag zu stellen, sind dem Vorstand mit einem weiteren Schreiben . . . . . im Original zugegangen und diesem Antrag als Kopie (Anlage Ast. 5 und Anlage Ast. 6) beigefügt.

8. Die Antragstellerin verfügt unstreitig über mehr als den zwanzigsten Teil (5 %) des Grundkapitals der Antragsgegnerin. Der Antragsteller hält . . . . . der . . . . . Aktien der Antragsgegnerin und damit eine Beteiligung in Höhe von . . . . . %. Ergänzend verweisen wir zum Nachweis der Aktionärsrechte der Antragsteller auf das Aktienregister.

9. Nach § . . . . . der Satzung der Antragsgegnerin führt der Vorsitzende des Aufsichtsrats den Vorsitz der Hauptversammlung. Der satzungsmäßige Versammlungsleiter, Herr . . . . ., gewährleistet indes keine unparteiische Leitung der Hauptversammlung, sodass ein unabweisbar dringendes Bedürfnis besteht, den Versammlungsleiter nach § 122 Abs. 3 S. 2 AktG durch das Gericht bestimmen zu lassen. Die Tagesordnungspunkte der einzuberufenden Hauptversammlung sind darauf gerichtet, Ansprüche gegen Herrn . . . . . geltend zu machen (TOP 4) und auch zu diesem Zweck einen besonderen Vertreter zu bestellen (TOP 5). Es ist daher zu befürchten, dass Herr . . . . ., um einer rechtlichen Überprüfung seines Verhaltens als Aufsichtsratsmitglied zu entgehen, die Hauptversammlung nicht in Einklang mit den gesetzlichen und satzungsmäßigen Vorschriften leiten wird. Dafür spricht insbesondere auch, dass Herr . . . . . auf unsere Aufforderung, die Hauptversammlung durch den Vorstand zu veranlassen, respektive in seiner Funktion als Aufsichtsratsmitglied selbst tätig zu werden, mit Schreiben vom . . . . . (Anlage Ast. 7) versicherte, dem Vorstand eine Frist zur Einberufung der ordentlichen Hauptversammlung gesetzt zu haben, die er allerdings ohne ersichtliche Konsequenzen hat verstreichen lassen. Mit dem Schreiben vom . . . . . (Anlage Ast. 8) beweist der Aufsichtsratsvorsitzende einmal mehr eindrücklich, dass er vorsätzlich an der Verschleppung der ordentlichen Hauptversammlung mitwirkt, um sich selbst und

die übrigen Mitglieder der Verwaltung den berechtigten Anliegen der Antragsteller zu entziehen, indem er die Prüfung und die Geltendmachung von Ansprüchen der Antragsgegnerin rechtswidrig und vorsätzlich unter Vorgabe abwegiger Entschuldigungen verzögert; sollten die Mitglieder des Vorstandes – wie von ihm behauptet – ein ernsthaftes gesundheitliches Problem haben, das es ihnen unmöglich macht, die Hauptversammlung fristgemäß einzuberufen, müsste der Aufsichtsrat dies tun, weil das Wohl der Antragsgegnerin dies erforderte (§ 111 Abs. 3 AktG). Herr . . . . ., der statt des Aufsichtsratsvorsitzenden die Hauptversammlung leiten soll, ist praktisch wie akademisch im Aktienrecht exzellent ausgewiesen. Zur näheren Darlegung seiner Qualifikation fügen wir einen Lebenslauf bei (Anlage Ast. 9).

Dem Antrag des Antragstellers ist daher stattzugeben.

Den Geschäftswert gebe ich mit . . . . . EUR an.

Rechtsanwalt

Anmerkungen

1. Nach §§ 375 Nr. 3, 376 Abs. 1 FamFG iVm § 23a Abs. 1 Nr. 2, Abs. 2 Nr. 4 GVG ist für das unternehmensrechtliche Verfahren nach § 122 Abs. 3 AktG das Amtsgericht zuständig, in dessen Bezirk das LG seinen Sitz hat, zu dessen Bezirk der Sitz der Gesellschaft gehört (vgl. § 14 AktG). Die Bundesländer haben von der Möglichkeit Gebrauch gemacht, die Verfahren zu konzentrieren (siehe die Aufzählung bei Keidel/*Heinemann* FamFG § 376 Rn. 10–26).

2. Antragsgegner ist die Gesellschaft, nicht der Vorstand; § 122 Abs. 1 S. 1 Halbs. 2 AktG bezeichnet insofern nur die funktionelle Zuständigkeit des Vorstands, an den das zugrunde liegende Verlangen zu richten ist (MüKoAktG/*Kubis* § 122 Rn. 11).

3. Wie bei § 50 GmbHG (vgl. → Form. II.M.20) sind Zweck und Gründe anzugeben, idR geschieht dies – über die Angabe der erforderlichen Beschlussgegenstände hinaus (Hüffer/*Koch* AktG § 122 Rn. 9) – durch Formulierung konkreter Beschlussanträge, die dann auch zum Gegenstand des Antrags auf gerichtliche Ermächtigung gemacht werden; diese sollten bei kontroversen und komplexen Beschlussanträgen eine Regelung zu § 139 BGB enthalten (vgl. OLG München 28.11.2007 – 7 U 4498/07, BeckRS 2008, 00281 Rn. 39 und OLG Karlsruhe 14.3.2018 – 11 U 35/17, BeckRS 2018, 3504 Rn. 73 ff., jeweils zur Bestellung eines besonderen Vertreters). Das erfolglose Verlangen nach Einberufung der Hauptversammlung durch einen Aktionär, der das Quorum erfüllt, ist darzulegen (MüKoAktG/*Kubis* § 122 Rn. 47). Der Antrag auf gerichtliche Ermächtigung muss schriftlich gestellt und soll unter Angabe der Beweismittel und Beifügung der in Bezug genommenen Urkunden in Ur- oder Abschrift begründet werden (vgl. § 23 Abs. 1 S. 1, S. 2, S. 4 und S. 5 FamFG). Die Antragsberechtigung steht dem nach § 122 Abs. 1 bzw. Abs. 2 AktG Berechtigten zu, der das vorhergehende Minderheitsverlangen erfolglos erhoben hat. Der gerichtliche Antrag kann gestellt werden, wenn – wie im Formular vorausgesetzt – eine Hauptversammlung trotz berechtigtem Verlangen innerhalb angemessener Frist nicht einberufen wird (MüKoAktG/*Kubis* § 122 Rn. 46). Die Kostenentscheidung ergeht nach §§ 22, 81 FamFG iVm § 122 Abs. 4 S. 2 AktG; der Geschäftswert wird nach §§ 67, 77 ff. GNotKG festgesetzt. Einstweiliger Rechtsschutz in Form einer einstweiligen Anordnung (vgl. §§ 49 ff. FamFG) ist zulässig (Hüffer/*Koch* AktG § 122 Rn. 24) und wird in der Praxis bei einem dringenden Bedürfnis für ein sofortiges Tätigwerden auch gewährt.

4. Das Gericht kann daneben nach § 122 Abs. 3 S. 2 AktG einen Hauptversammlungsleiter bestimmen (vgl. hierzu MüKoAktG/*Kubis* § 122 Rn. 60 f.). Sofern der Antragsteller dies anregt, empfiehlt es sich einen Vorschlag zu unterbreiten und die Geeignetheit des vorgeschlagenen Kandidaten nachzuweisen. Eine isolierte Bestimmung eines Versammlungsleiters ist statthaft und entspricht der gerichtlichen Praxis (vgl. OLG Hamburg 16.12.2011 – 11 W 89/11, AG 2012, 294).

5. Die Begründung entspricht in der Praxis idR der Begründung des Einberufungs- bzw. Ergänzungsverlangens, das gegenüber der Gesellschaft gestellt worden ist (§ 122 Abs. 1 bzw. Abs. 2 AktG). Das Formular behandelt den in der Praxis häufig vorkommenden Fall, dass (ggf. neben den ordentlichen Gegenständen der Tagesordnung, vgl. § 175 Abs. 1 AktG) jeweils über eine Sonderprüfung (§§ 142 ff. AktG, zur Beschlussfassung vgl. Hüffer/*Koch* AktG § 142 Rn. 9 f.), die Geltendmachung von Organhaftungsansprüchen (§ 147 Abs. 1 AktG, vgl. ausführlich zu den Anforderungen an den zu fassenden Beschluss OLG Köln 9.3.2017 – 18 U 19/16, NZG 2017, 1344 ff.) und über die Bestellung eines besonderen Vertreters (§ 147 Abs. 2 AktG, zur Beschlussfassung vgl. Hüffer/*Koch* AktG § 147 Rn. 10 ff.) Beschluss gefasst werden soll.

34. Aktienrechtliche Anfechtungsklage nach § 246 AktG

An das
Landgericht . . . . .
Kammer für Handelssachen[1]

Klage

des . . . . . **(Kläger)**

Prozessbevollmächtigter: . . . . .
gegen

die . . . . . **(Beklagte)**

vertreten durch den Vorstand, nämlich . . . . .
und den Aufsichtsrat,[2] **nämlich . . . . .**
wegen
Anfechtung eines Hauptversammlungsbeschlusses
Vorläufiger Streitwert:[3] **. . . . . EUR**
Namens und mit Vollmacht des Klägers erhebe ich Klage mit folgenden Anträgen:

1. Die Beschlüsse der Hauptversammlung der Beklagten vom . . . . ., durch welche dem Aufsichtsrat (Punkt . . . . . der Tagesordnung) und dem Vorstand (Punkt . . . . . der Tagesordnung) Entlastung erteilt wurde, werden für nichtig erklärt.[4]
2. Die Beklagte trägt die Kosten des Rechtsstreits.

Zur

Begründung

trage ich vor:

I.

Der Kläger war zum Zeitpunkt der Bekanntmachung der Tagesordnung für die Hauptversammlung der Beklagten vom . . . . . deren Aktionär. Er ist es noch heute.

Beweis: Bescheinigung der . . . . .-Bank (Anlage K 1).

Die Punkte . . . . (Entlastung des Aufsichtsrats) und 4 (Entlastung des Vorstands) der Tagesordnung für die Hauptversammlung vom . . . . . wurden von dem die Versammlung leitenden Vorsitzenden des Aufsichtsrates . . . . . weder aufgerufen, noch wurden Wortmeldungen (des Klägers und des Zeugen . . . . .) zugelassen, noch wurden Fragen des weiteren Zeugen . . . . . zu diesem Tagesordnungspunkt beantwortet. Der Versammlungsleiter schritt zur Abstimmung, ohne den Teilnehmern der Hauptversammlung auch nur die Gelegenheit zur Aussprache zu geben.

Beweis: Zeugnis . . . .und . . . ..

Gegen die beiden mit großer Mehrheit gefassten Beschlüsse hat der Kläger Widerspruch zur Niederschrift des amtierenden Notars erklärt.

Beweis: Niederschrift des Notars . . . . . über die Hauptversammlung vom . . . . . (Anlage K 2)

II.

Der Kläger ist als in der Hauptversammlung erschienener Aktionär,[5] der Widerspruch zur Niederschrift erklärt hat,[6] zur Anfechtung befugt.

Die Klage ist auch begründet. Beide Beschlüsse verletzen das Gesetz.[7] Zur gesetzmäßigen Erledigung der Tagesordnung gehört, dass die Tagesordnungspunkte aufgerufen werden, dass die Aktionäre Gelegenheit erhalten, sachdienliche Ausführungen zu den Verhandlungsgegenständen zu machen, und dass sie ihr Fragerecht ausüben können. Diese Rechte der Aktionäre hat der Versammlungsleiter missachtet.

III.

Das angerufene Gericht ist ausschließlich zuständig.[8] Die Sache ist Handelssache.

IV.

Ich stelle vorab den Antrag, anzuordnen, dass sich die Verpflichtung des Klägers zur Zahlung von Gerichtskosten nach einem seiner Wirtschaftslage angepassten Teil des Streitwerts bemisst.[9]

Begründung:

Der Kläger ist Student. Er verfügt außer der einen Aktie der Beklagten über keinerlei Vermögen. Da seine Eltern nicht imstande sind, ihn zu unterhalten, ist er ausschließlich auf öffentliche Mittel (nach dem Bundesausbildungsförderungsgesetz) angewiesen.

Glaubhaftmachung: Eidesstattliche Versicherung des Klägers vom . . . . (Anlage K 3).

Dass die sog BAföG-Mittel nur für den notwendigsten Unterhalt ausreichen, kann als gerichtsbekannt unterstellt werden.

Rechtsanwalt[10]

Anmerkungen

1. Zuständig für die Klage ist ausschließlich das LG, in dessen Bezirk die Gesellschaft ihren Sitz hat, § 246 Abs. 3 S. 1 AktG und dort – falls gebildet – die Kammer für Handelssachen, § 246 Abs. 3 S. 2 AktG. Die Landesregierungen können durch Rechtsverordnung die Zuständigkeit für die Bezirke mehrerer Landgerichte bei einem LG konzentrieren, § 246 Abs. 3 S. 3 iVm § 148 Abs. 2 S. 3 AktG (so geschehen bspw. in Baden-Württemberg für den OLG-Bezirk Karlsruhe beim LG Mannheim und für den OLG-Bezirk Stuttgart beim LG Stuttgart, § 13 Abs. 2 Nr. 7a ZuVOJu; in Bayern für die Landgerichtsbezirke des OLG München beim LG München I und für die Landgerichtsbezirke der Oberlandesgerichte Nürnberg und Bamberg beim LG Nürnberg-Fürth, § 21

GZVJu; in Niedersachsen beim LG Hannover, § 2 Nr. 7 ZustVO-Justiz; in Nordrhein-Westfalen für die Bezirke der Landgerichte Düsseldorf, Duisburg, Kleve, Krefeld, Mönchengladbach und Wuppertal beim LG Düsseldorf, für die Bezirke der Landgerichte Arnsberg, Bielefeld, Bochum, Detmold, Dortmund, Essen, Hagen, Münster, Paderborn und Siegen beim LG Dortmund und für die Bezirke der Landgerichte Aachen, Bonn und Köln beim LG Köln, § 1 Nr. 9 KonzVOGesR).

2. § 246 Abs. 2 S. 2 AktG. Klagt der Vorstand oder ein Vorstandsmitglied, wird die Gesellschaft durch den Aufsichtsrat, klagt ein Aufsichtsratsmitglied, wird sie durch den Vorstand vertreten (§ 246 Abs. 2 S. 3 AktG). Im Anfechtungsprozess auf Antrag eines Aktionärs wird die Beklagte durch Vorstand und Aufsichtsrat vertreten (über die Gründe für diese Regelung und zur Problematik der Willensbildung bei gemeinsamer Vertretung durch Vorstand und Aufsichtsrat vgl. Kölner Komm AktG/*Noack/Zetsche* § 246 Rn. 75; MüKoAktG/*Schäfer* § 246 Rn. 55 ff.). Eine Ersatzzustellung an den Aufsichtsrat kann nicht unter der Geschäftsadresse der Gesellschaft erfolgen (BGH 22.5.1989 – II ZR 206/88, BGHZ 107, 296 (299); OLG Stuttgart 10.1.2001 – 20 U 91/99, AG 2001, 315 (316); OLG Hamburg 4.5.2001 – 11 U 274/00, AG 2002, 521 (523)). Da die Anfechtungsklage innerhalb eines Monats nach der Beschlussfassung erhoben werden muss (§ 246 Abs. 1 AktG), muss der Kläger im Hinblick auf § 167 ZPO bereits in der Klageschrift die ladungsfähige Anschrift mindestens eines Aufsichtsratsmitglieds angeben, wobei dies die Privatanschrift des Aufsichtsratsmitglieds oder dessen Geschäftsanschrift sein kann (vgl. allgemein zu Fragen der Zustellung auch Hüffer/*Koch* AktG § 246 Rn. 33 ff.).

3. Zum Streitwert vgl. § 247 Abs. 1 AktG; Hüffer/*Koch* AktG § 247 Rn. 4 ff.

4. Die Anfechtungsklage ist eine Gestaltungsklage, die darauf gerichtet ist, einen Beschluss (oder mehrere Beschlüsse) der Hauptversammlung für nichtig zu erklären. Da Anfechtungs- und Nichtigkeitsklage das gleiche Ziel verfolgen, hat das Gericht unabhängig von der Antragsformulierung den Beschluss auf Anfechtungs- und Nichtigkeitsgründe zu überprüfen (BGH 17.2.1997 – II ZR 41/96, BGHZ 134, 364; BGH 1.3.1999 – II ZR 305/97, ZIP 1999, 580; BGH 20.9.2004 – II ZR 288/02, BGHZ 160, 253; Hüffer/*Koch* AktG § 246 Rn. 12 f.; MüKoAktG/*Schäfer* § 246 Rn. 21 f.). Die Antragsfassung folgt aus §§ 241 Nr. 5, 248 Abs. 1 S. 1 AktG.

5. § 245 Nr. 1 AktG. Der anfechtende Aktionär muss die Aktien schon vor der Bekanntmachung der Tagesordnung erworben haben. Der Kläger verliert die Anfechtungsbefugnis nach hM auch dann nicht, wenn er seine Aktie während der Dauer des Rechtsstreits veräußert (BGH 25.2.1965 – II ZR 287/63, BGHZ 43, 261 (267) für die GmbH, incidenter jedoch auch für die AG; vgl. auch Hopt/Wiedemann/*K. Schmidt* AktG § 245 Rn. 17; Hüffer/*Koch* AktG § 245 Rn. 8). Zur rechtsmissbräuchlichen Anfechtungsklage und Nichtigkeitsklage vgl. BGH 22.5.1989 – II ZR 206/88, BGHZ 107, 296; OLG Frankfurt a. M. 19.2.1991 – 5 U 5/86, ZIP 1991, 657; OLG Stuttgart 22.3.2002 – 20 W 32/01, AG 2003, 456 (457); *Henze* ZIP 2002, 97 (100); Hüffer/*Koch* AktG § 245 Rn. 22 ff.).

6. § 245 Nr. 1 AktG. Der Widerspruch kann schon vor der Beschlussfassung und danach bis zum Schluss der Hauptversammlung erfolgen. Er muss nicht beurkundet worden sein. Deswegen ist auch Zeugenbeweis möglich (Hopt/Wiedemann/*K. Schmidt* AktG § 245 Rn. 21; Hüffer/*Koch* AktG § 245 Rn. 15).

7. Die Anfechtungsklage kann wegen Verletzung von Gesetz oder Satzung erhoben werden (§ 243 Abs. 1 AktG). Einen Überblick über die „praktisch" wichtigen Anfechtungsgründe gibt Hüffer/*Koch* AktG § 243 Rn. 5 ff. § 243 Abs. 4 AktG sieht vor, dass wegen unrichtiger, unvollständiger oder verweigerter Erteilung von Informationen ein Hauptversammlungsbeschluss nur angefochten werden kann, wenn ein objektiv urteilender Aktionär die Erteilung der Information als wesentliche Voraussetzung für die sachgerechte Wahrnehmung seiner Teilnahme- und Mitgliedschaftsrechte angesehen hätte. Soweit unrichtige, unvollständige oder unzureichende Informationen die Ermittlung, Höhe oder Angemessenheit von Ausgleich, Abfindung, Zuzahlung oder sonstige Kompensationen betreffen, ist die Anfechtungsklage ausgeschlossen, wenn das Gesetz für Bewertungsrügen ein Spruchverfahren vorsieht. Der Aktionär, der anficht, braucht kein persönliches Interesse an der Vernichtung des Beschlusses darzutun, es sei denn, es handelt sich um einen Beschluss, durch den ein Antrag abgelehnt worden ist (BGH 25.2.1965 – II ZR 287/63, BGHZ 43, 261 (265); BGH 19.12.1977 – II ZR 136/76, BGHZ 70, 117 (118 f.); BGH 22.5.1989 – II ZR 206/88, BGHZ 107, 296 (308)). Missbrauch des Anfechtungsrechts als privates Gestaltungsrecht des Aktionärs führt nicht zum Fehlen oder Wegfall des Rechtsschutzinteresses, sondern zum Verlust der materiellen Berechtigung und damit zum Verlust der Anfechtungsbefugnis; die Klage ist dann zwar nicht unzulässig, aber unbegründet (BGH 15.6.1992 – II ZR 173/91, NJW-RR 1992, 1388; OLG Stuttgart 23.1.2002 – 20 U 54/01, AG 2003, 165; Hüffer/*Koch* AktG § 245 Rn. 30). Rechtsmissbräuchlichkeit der Anfechtungsklage ist dadurch gekennzeichnet, dass der Kläger die Gesellschaft in grob eigennütziger Weise zu einer Leistung veranlassen will, auf die er keinen Anspruch hat (BGH 22.5.1989 – II ZR 206/88, BGHZ 107, 296 (311); MüKoAktG/*Schäfer* § 245 Rn. 52 ff.). Die Anfechtung eines Hauptversammlungsbeschlusses kann auch auf einen Nichtigkeitsgrund gestützt werden, dieser unterliegt nicht der Ausschlussfrist des § 246 Abs. 1 AktG (BGH 26.9.1994 – II ZR 236/93, NJW 1995, 260).

8. § 246 Abs. 3 S. 1 AktG.

9. Zur Streitwertspaltung vgl. § 247 Abs. 2 AktG sowie Hüffer/*Koch* AktG § 247 Rn. 11 ff. Zur Glaubhaftmachung genügt eine eidesstattliche Versicherung, § 294 ZPO. Der Antrag kann nur ausnahmsweise noch nach der Verhandlung zur Hauptsache gestellt werden, § 247 Abs. 3 AktG. Eine in erster Instanz getroffene Entscheidung, nach der sich die Verpflichtung der antragstellenden Partei nach einem ihrer Wirtschaftslage angepassten Teil des Streitwerts bemisst, wirkt nicht für die folgenden Instanzen (BGH 12.10.1992 – II ZR 213/91, AG 1993, 85; str. vgl. Hüffer/*Koch* AktG § 247 Rn. 18).

Fristen und Rechtsmittel

10. Die Anfechtungsklage muss innerhalb eines Monats nach der Beschlussfassung erhoben werden, § 246 Abs. 1 AktG. Eine Wiedereinsetzung in den vorigen Stand ist nicht möglich, da es sich um eine materiell-rechtliche Frist handelt (Hopt/Wiedemann/*K. Schmidt* AktG § 246 Rn. 33; Hüffer/*Koch* AktG § 246 Rn. 20). Die Frist beginnt nach hM mit Ende der Hauptversammlung zu laufen (Hopt/Wiedemann/*K. Schmidt* AktG § 246 Rn. 36; Hüffer/*Koch* AktG § 246 Rn. 22; Kölner Komm AktG/*Noack/Zetsche* § 246 Rn. 20).

35. Aktienrechtliche Nichtigkeitsklage nach § 249 AktG

An das
Landgericht .....
Kammer für Handelssachen[1]

Klage

des ..... **(Kläger)**

Prozessbevollmächtigter: .....
gegen

die ..... **(Beklagte)**

vertreten durch den Vorstand, nämlich .....
und den Aufsichtsrat,[2] nämlich .....
wegen Feststellung der Nichtigkeit eines Hauptversammlungsbeschlusses
Vorläufiger Streitwert:[3] ..... EUR
Namens und mit Vollmacht des Klägers erhebe ich Klage mit folgenden Anträgen:

1. Es wird festgestellt, dass die Beschlüsse der Hauptversammlung der Beklagten vom ....., durch welche dem Aufsichtsrat (Punkt 3 der Tagesordnung) und dem Vorstand (Punkt 4 der Tagesordnung) Entlastung erteilt wurde, nichtig sind.[4]
2. Die Beklagte trägt die Kosten des Rechtsstreits.

Zur

Begründung

trage ich vor:

I.

Der Kläger war zum Zeitpunkt der Hauptversammlung der Beklagten vom ..... deren Aktionär. Er ist es noch heute.

Beweis: Bescheinigung der .....-Bank (Anlage K 1).

Die Punkte ..... (Entlastung des Aufsichtsrats) und ..... (Entlastung des Vorstands) der Tagesordnung für die Hauptversammlung vom ..... wurden von dem die Versammlung leitenden Vorsitzenden des Aufsichtsrates ..... ordnungsgemäß aufgerufen und behandelt. Nach mehreren Wortmeldungen schritt der Versammlungsleiter zur Abstimmung. Auf Vorschlag des Versammlungsleiters wurde offen abgestimmt. Weder bei der Beschlussfassung über die Entlastung des Aufsichtsrats noch bei der Beschlussfassung über die Entlastung des Vorstandes waren deutliche Mehrheiten erkennbar. Der Vorsitzende verzichtete darauf, die Stimmen zählen zu lassen. In der Niederschrift des Notars ..... ist zu beiden Punkten der Tagesordnung lediglich protokolliert: „Entlastung erteilt".

II.

Beide Beschlüsse sind nichtig. Dies folgt aus §§ 241 Nr. 2,[5] 130 Abs. 2 AktG. Entgegen der Vorschrift des § 130 Abs. 2 AktG ist in der Niederschrift über die Beschlüsse der Hauptversammlung zu den hier interessierenden beiden Tagesordnungspunkten weder die Art noch das Ergebnis der Abstimmung, noch die Feststellung des Vorsitzenden über die Beschlussfassung angegeben.

Der Kläger ist als Aktionär zur Erhebung der Nichtigkeitsklage nach § 249 AktG befugt.[6] Der Kläger hat auch ein besonderes Feststellungsinteresse.[7] Die Beklagte bestreitet die Nichtigkeit des Beschlusses. Der Kläger ist der Auffassung, dass mit ihm die Mehrheit gegen Entlastung von Aufsichtsrat und Vorstand gestimmt hat.

III.

Das angerufene Gericht ist ausschließlich zuständig.[8] Die Sache ist Handelssache.

IV.

Ich stelle vorab den Antrag, anzuordnen, dass sich die Verpflichtung des Klägers zur Zahlung von Gerichtskosten nach einem seiner Wirtschaftslage angepassten Teil des Streitwerts bemisst.[9]

Begründung

Der Kläger ist Student. Er verfügt außer der einen Aktie der Beklagten über keinerlei Vermögen. Da seine Eltern nicht imstande sind, ihn zu unterhalten, ist er ausschließlich auf öffentliche Mittel (nach dem Bundesausbildungsförderungsgesetz) angewiesen.

Glaubhaftmachung: Eidesstattliche Versicherung des Klägers vom . . . . . (Anlage K 2).

Dass die sog BAföG-Mittel nur für den notwendigsten Unterhalt ausreichen, kann als gerichtsbekannt unterstellt werden.

Rechtsanwalt

Anmerkungen

1. Sachlich und örtlich ausschließlich zuständig ist das Landgericht des Gesellschaftssitzes, § 249 Abs. 1 S. 1 AktG iVm § 246 Abs. 3 S. 1 AktG; falls gebildet, ist dort die Kammer für Handelssachen zuständig, § 249 Abs. 1 S. 1 AktG iVm § 246 Abs. 3 S. 2 AktG. Die Landesregierungen können durch Rechtsverordnung die Zuständigkeit für mehrere Landgerichte bei einem LG konzentrieren, § 249 Abs. 1 S. 1 AktG iVm §§ 246 Abs. 3 S. 3, 148 Abs. 2 S. 3 AktG, vgl. hierzu MüKoAktG/*Schäfer* § 249 Rn. 20; → Form. II.M.34 Anm. 1.

2. § 249 Abs. 1 S. 1 AktG iVm § 246 Abs. 2 S. 2 AktG; → Form. II.M.34 Anm. 2.

3. § 249 Abs. 1 S. 1 AktG iVm § 247 Abs. 1 AktG; → Form. II.M.34 Anm. 3.

4. Feststellungsklage nach § 249 AktG; zum Verhältnis von Nichtigkeits- und Anfechtungsklage → Form. II.M.34 Anm. 4.

5. Zu den Nichtigkeitsgründen außerhalb des § 241 AktG vgl. Hopt/Wiedemann/*K. Schmidt* AktG § 241 Rn. 20; Kölner Komm AktG/*Noack/Zetsche* § 241 Rn. 6. Zur Heilung der Nichtigkeit OLG Düsseldorf 5.4.2001 – 6 U 91/00, Betr. 2001, 2086, Hüffer/*Koch* AktG § 242 Rn. 1 ff.; zur Heilung von nichtigen Bestimmungen der Ursprungssatzung BGH 19.6.2000 – II ZR 73/99, WM 2000, 1544.

6. Vgl. § 249 AktG; hier ist streitig, ob der Kläger schon zum Zeitpunkt der Hauptversammlung Aktionär gewesen sein muss; hM lässt es genügen, wenn die Aktionärstellung zum Schluss der mündlichen Verhandlung vorliegt; eine Aktionärsstellung bei der Beschlussfassung wird nicht verlangt (OLG Stuttgart 10.1.2001 – 20 U 91/99, AG 2001, 315 (316); Hüffer/*Koch* AktG § 249 Rn. 5; Hopt/Wiedemann/*K. Schmidt* AktG § 249 Rn. 13). Zur rechtsmissbräuchlichen Nichtigkeitsklage → Form. II.M.34 Anm. 5, 7.

7. Das Feststellungsinteresse nach § 256 ZPO ist auch hier erforderlich, aber in der Regel zu bejahen; vgl. Hüffer/*Koch* AktG § 249 Rn. 11; MüKoAktG//*Schäfer* § 249 Rn. 4a.

8. § 249 Abs. 1 S. 1 iVm § 246 Abs. 3 S. 1 AktG.

9. § 249 Abs. 1 S. 1 iVm § 247 Abs. 2 AktG; → Form. II.M.34 Anm. 9.

36. Antrag auf gerichtliche Feststellung des angemessenen Ausgleichs und der angemessenen Abfindung nach §§ 304, 305 AktG und dem Spruchverfahrensgesetz

An das[1]
Landgericht . . . . .
Kammer für Handelssachen[2]

Antrag

des . . . . . **(Antragsteller)[3]**

Prozessbevollmächtigter: . . . . .
gegen

die . . . . .-AG **(Antragsgegnerin)[4]**

vertreten durch den Vorstand, nämlich . . . . .
auf gerichtliche Feststellung des angemessenen Ausgleichs und der angemessenen Abfindung nach §§ 304, 305 AktG.[5]
Namens und mit Vollmacht des Antragstellers stelle ich den Antrag,
den geschuldeten Ausgleich und die vertraglich zu gewährende Abfindung zu bestimmen.
Zur

Begründung

trage ich vor:

I.

Die Antragsgegnerin ist mit 76 % beteiligte Muttergesellschaft der . . . . .-AG – einer Aktiengesellschaft mit Sitz in . . . . . Die . . . . .-AG befasst sich mit der Herstellung und dem Vertrieb von . . . . . und erzielte 20. . . . . einen Jahresumsatz von . . . . .
Der Antragsteller ist seit . . . . . Jahren Aktionär der . . . . .-AG.[6]

Beweis: Bescheinigung der . . . . .-Bank in Anlage ASt 1

II.

Die . . . . .-AG und die Antragsgegnerin haben am . . . . . einen Beherrschungsvertrag abgeschlossen, auf Grund dessen die . . . . .-AG die Leitung der Gesellschaft der Antragsgegnerin unterstellt.
Der Beherrschungsvertrag sieht für die außenstehenden Aktionäre einen Ausgleich in Form einer jährlichen Zahlung iHv . . . . . EUR vor. Die Barabfindung für die außenstehenden Aktionäre soll nach diesem Vertrag . . . . . EUR je Aktie zum Nennbetrag von . . . . . betragen.

Wegen der Einzelheiten nehme ich Bezug auf den in Anlage ASt 2 beigefügten Beherrschungsvertrag vom .....

Dem Beherrschungsvertrag haben die Hauptversammlungen der .....-AG und der Antragsgegnerin zugestimmt. Der Vertrag ist am ..... im Handelsregister des Amtsgerichts ..... eingetragen worden; er wurde am ..... bekanntgemacht (vgl. § 4 Abs. 1 S. 1 Nr. 1 SpruchG iVm § 10 Abs. 2 HGB).

III.

1. **Der im Beherrschungsvertrag vorgesehene Ausgleich ist nicht angemessen iSd § 304 Abs. 1 S. 2 iVm § 304 Abs. 2 AktG. Als Ausgleichszahlung ist nach § 304 Abs. 2 AktG mindestens die jährliche Zahlung des Betrags zuzusichern, der nach der bisherigen Ertragslage der Gesellschaft und ihren künftigen Ertragsaussichten unter Berücksichtigung angemessener Abschreibungen und Wertberichtigungen, jedoch ohne Bildung anderer Gewinnrücklagen, voraussichtlich als durchschnittlicher Gewinnanteil auf die einzelne Aktie verteilt werden könnte. Aus den folgenden Ausführungen ergibt sich, dass der angebotene Ausgleich unangemessen ist.**
   (Hier sind im Regelfall die Feststellungen eines von der Partei beauftragten Gutachters wiederzugeben, mit Beweisantritt[7])
2. **Außer der Verpflichtung zum Ausgleich nach § 304 AktG muss ein Beherrschungsvertrag auch die Verpflichtung des anderen Vertragsteils enthalten, auf Verlangen eines außenstehenden Aktionärs dessen Aktien gegen eine im Vertrag bestimmte angemessene Abfindung zu erwerben. Die im Beherrschungsvertrag vorgesehene Abfindung ist nicht angemessen. Zwar ist eine Barabfindung nach § 305 Abs. 2 Nr. 2 AktG möglich,[8] die angebotene Barabfindung ist indes nicht angemessen. Auch dies ergibt sich aus dem beigefügten Gutachten *(vgl. oben)*.**

IV.

Die Kosten sind nach § 15 Abs. 2 SpruchG der Antragsgegnerin aufzuerlegen. Ich rege an, die Antragsgegnerin auch zu verpflichten, dem Antragsteller seine außergerichtlichen Kosten zu erstatten.[9]

Rechtsanwalt[10]

Anmerkungen

1. Das Verfahren bestimmt sich nach dem Spruchverfahrensgesetz, § 304 Abs. 3 S. 3 und § 305 Abs. 5 S. 2 AktG iVm § 1 Nr. 1 SpruchG. Das Spruchverfahrensgesetz ist anwendbar auf die gerichtliche Bestimmung von Abfindungen, Ausgleichen und Zuzahlungen im Rahmen von gesellschaftsrechtlichen Strukturmaßnahmen (s. zu den Anwendungsfällen iE § 1 SpruchG).

2. Örtlich und sachlich zuständig ist das LG des Sitzes der Gesellschaft, der antragsbefugte Aktionäre angehören, § 2 Abs. 1 S. 1 SpruchG iVm § 71 Abs. 2 Nr. 4e GVG. Zuständig ist die Kammer für Handelssachen, §§ 94, 95 Abs. 2 Nr. 2 GVG. Insbes. für den Fall von Verschmelzungen, für den regelmäßig die Zuständigkeit mehrerer Gerichte begründet sein kann, verweist § 2 Abs. 1 S. 2 SpruchG auf § 2 Abs. 1 FamFG, zuständig ist dann das Gericht, welches zuerst in der Sache tätig geworden ist. Gem. § 71 Abs. 4 GVG sind die Landesregierungen ermächtigt, die Zuständigkeit bei einem LG zu konzentrieren (so geschehen bspw. in Baden-Württemberg für den OLG-Bezirk Karlsruhe das LG Mannheim und für den OLG-Bezirk Stuttgart das LG Stuttgart, § 13 Abs. 2 Nr. 8 ZuVOJu; in Bayern für die LG-Bezirke des OLG München das LG München I, für die

LG-Bezirke der OLG Nürnberg und Bamberg das LG Nürnberg-Fürth, § 26 Abs. 1 GZVJu; in Hessen das LG Frankfurt a. M., § 38 Nr. 5 JuZuV; in Niedersachsen das LG Hannover, § 2 Nr. 10 ZustVO-Justiz; in Nordrhein-Westfalen für die Bezirke der Landgerichte Düsseldorf, Duisburg, Kleve, Krefeld, Mönchengladbach und Wuppertal das LG Düsseldorf, für die Bezirke der Landgerichte Arnsberg, Bielefeld, Bochum, Detmold, Dortmund, Essen, Hagen, Münster, Paderborn und Siegen das LG Dortmund und für die Bezirke der Landgerichte Aachen, Bonn und Köln das LG Köln, § 1 Nr. 1a) KonzVOGesR; in Rheinland-Pfalz für den OLG-Bezirk Koblenz das LG Koblenz, für den Bezirk des pfälzischen OLG Zweibrücken dem LG Frankenthal (Pfalz), § 10 Abs. 1 ZFGGZuVO).

3. Die Antragsberechtigung ist in § 3 SpruchG geregelt. Gem. § 3 S. 1 Nr. 1 SpruchG ist im Fall des Spruchstellenverfahrens über die Bemessung eines angemessenen Ausgleichs bzw. einer angemessenen Abfindung gem. §§ 304, 305 AktG jeder außenstehende Aktionär (nur der beherrschten Gesellschaft, vgl. Hüffer/*Koch* AktG Anh. § 305 SpruchG § 3 Rn. 2; Emmerich/*Habersack*, Aktien- und GmbH-Konzernrecht, § 304 AktG Rn. 16) antragsbefugt. Gem. § 6 Abs. 1 S. 1 SpruchG hat das Gericht den Antragsberechtigten, die das Verfahren nicht durch eigene Anträge angestrengt haben, einen gemeinsamen Vertreter zu bestellen.

4. Wer Antragsgegner ist, regelt § 5 SpruchG. Hier ist die herrschende Gesellschaft Antragsgegnerin; anders als nach früherem Recht kann der Antrag nicht auch gegen die beherrschte Gesellschaft gerichtet werden (*Büchel* NZG 2003, 794; Emmerich/*Habersack*, Aktien- und GmbH-Konzernrecht, § 5 SpruchG Rn. 1).

5. Durch eine dem Antrag stattgebende Entscheidung wird die jeweilige Strukturänderung umgestaltet; die Gestaltungswirkung tritt mit Rechtskraft der Entscheidung ein (§ 13 SpruchG). Das Gericht entscheidet darüber, ob Ausgleich bzw. Abfindung angemessen sind, einen Zahlungstitel kann der Aktionär jedoch nur im ordentlichen Prozess erwirken (OLG Hamburg 29.1.2002 – 11 U 37/01, WM 2002, 655 (659); Hüffer/*Koch* AktG Anh. § 305 SpruchG § 13 Rn. 2; Emmerich/*Habersack*, Aktien- und GmbH-Konzernrecht, § 13 SpruchG Rn. 6). Hierfür ist gem. § 16 SpruchG das Gericht des ersten Rechtszuges und dort der Spruchkörper zuständig, welcher auch die Entscheidung im Spruchverfahren getroffen hat.

6. Erforderlich ist Aktionärsstellung im Zeitpunkt der Stellung des Antrags; diese ist durch Urkunden nachzuweisen (§ 3 S. 2, 3 SpruchG). Handelt es sich bei den Aktien der Gesellschaft, für die der Antragsteller einen höheren Ausgleich bzw. Abfindung begehrt, um Namensaktien, ist der urkundliche Nachweis der Aktionärsstellung in der Regel durch Vorlage einer schriftlichen Auskunft der Gesellschaft nach § 67 Abs. 6 AktG bzw. § 34 BDSG zu führen, auf deren Ausstellung der Aktionär einen Anspruch hat (LG Frankfurt a. M. 10.3.2005 – 3–5 O 325/04, Betr. 2005, 1449 (1450)). Nicht erforderlich ist Aktionärsstellung bereits bei Beschlussfassung oder bei Bekanntmachung der Eintragung des Unternehmensvertrags in das Handelsregister (vgl. MüKoAktG/*Kubis* SpruchG § 3 Rn. 8; Emmerich/*Habersack*, Aktien- und GmbH-Konzernrecht, § 3 SpruchG Rn. 6). Zur Frage, wie sich die Übertragung der Aktien während des Verfahrens auf die Antragsbefugnis auswirkt vgl. Hüffer/*Koch* AktG Anh. § 305 SpruchG § 3 Rn. 5 mwN auch zur Rspr.; Emmerich/*Habersack*, Aktien- und GmbH-Konzernrecht, § 3 SpruchG Rn. 7 ff. Zum Missbrauch der Antragsbefugnis vgl. Hüffer/*Koch* AktG Anh. § 305 SpruchG § 3 Rn. 8 f. mwN.

7. Die Verfahrensregeln sind in §§ 7 ff. SpruchG enthalten; ergänzend gilt das FamFG (§ 17 Abs. 1 SpruchG). Der Amtsermittlungsgrundsatz ist durch §§ 9 und 10 SpruchG, die eine aktive Verfahrensförderungspflicht und eine Sanktionierung bei deren Missachtung vorsehen, erheblich eingeschränkt. Vergleiche sind ausdrücklich zugelassen (§ 11 Abs. 2 SpruchG). Zu beachten ist der Gegenstand der Verfahrensförderungspflicht aus § 9 Abs. 1 SpruchG für „Anträge und weiteres Vorbringen". Da § 4 SpruchG für den verfahrenseinleitenden Antrag eine Sonderregelung enthält, ist dieser von § 9 Abs. 1 SpruchG nicht umfasst; zu beachten ist darüber hinaus, dass nur tatsächliche Ausführungen verspätet sein können, nicht jedoch reine Rechtsausführungen. Zu der Frage, ob es sich bei der Unternehmensbewertung um eine Rechts- oder Tatsachenfrage handelt Emmerich/*Habersack*, Aktien- und GmbH-Konzernrecht, § 9 SpruchG Rn. 3b mwN.

8. Der Beherrschungsvertrag kann unter den Voraussetzungen des § 305 Abs. 2 Nr. 2 AktG nach Wahl des herrschenden Unternehmens eine Abfindung entweder durch Gewährung von Aktien der herrschenden oder mit Mehrheit beteiligten Gesellschaft oder eine Barabfindung vorsehen. Hier haben sich die Unternehmen für eine Barabfindung entschieden. Zur Bemessung der Barabfindung vgl. Hüffer/*Koch* AktG § 305 Rn. 51 ff. Bei der Bemessung ist auch der Börsenkurs zu berücksichtigen (BVerfG 27.4.1999 – 1 BvR 1613/94, NJW 1999, 3769; BGH 12.3.2001 – II ZB 15/00, BGHZ 147, 108 (115); vgl. dazu Hüffer/*Koch* AktG § 305 Rn. 36 ff.). Die hM stellt dabei auf einen Durchschnittskurs einer Referenzperiode ab (BGH 12.3.2001 – II ZB 15/00, BGHZ 147, 108 (117 ff.); BayObLG 11.7.2001 – 3Z BR 172/99, FGPrax 2001, 215 (217); OLG Stuttgart 4.2.2000 – 4 W 15/98, NZG 2000, 744; Hüffer/*Koch* AktG § 305 Rn. 29, 42; aA OLG Düsseldorf 25.5.2000 – 19 W 1/93 AktE, AG 2000, 422, das auf den Stichtagskurs abstellt). Bezüglich der maßgeblichen Referenzperiode sind sowohl Beginn als auch Dauer umstritten (vgl. zum Meinungsstand Hüffer/*Koch* AktG § 305 Rn. 24 ff.).

Kosten und Gebühren

9. Schuldner der Gerichtskosten ist grds. der Antragsgegner (§ 23 Nr. 14 GNotKG iVm § 15 Abs. 1 SpruchG). Die Kosten können ganz oder teilweise auch den Antragstellern auferlegt werden, wenn dies der Billigkeit entspricht (§ 15 Abs. 1 SpruchG; vgl. hierzu Hüffer/*Koch* AktG Anh. § 305 SpruchG § 15 Rn. 4). Zu den außergerichtlichen Kosten vgl. § 15 Abs. 2 SpruchG und hierzu Hüffer/*Koch* AktG Anh. § 305 SpruchG § 15 Rn. 6. § 31 RVG knüpft den Gegenstandswert als Bruchteilswert in Abhängigkeit der Anzahl der Anteile des einzelnen Antragstellers zur Anzahl der Anteile aller Antragsteller an den Geschäftswert für die Gerichtsgebühren und sieht einen minimalen Gegenstandswert von 5.000 EUR vor (s. hierzu auch Hüffer/*Koch* AktG Anh. § 305 SpruchG § 15 Rn. 7).

Fristen und Rechtsmittel

10. S. § 4 SpruchG: Antragstellung binnen drei Monaten seit dem Tage, an dem die Eintragung des Bestehens oder einer unter § 295 Abs. 2 AktG fallenden Änderung des Vertrags im Handelsregister nach § 10 HGB als bekanntgemacht gilt (hierzu Hüffer/*Koch* AktG Anh. § 305 SpruchG § 4 Rn. 2 ff.). Gegen die landgerichtliche Entscheidung ist die Beschwerde möglich (§ 12 Abs. 1 SpruchG).

37. Antrag auf Feststellung der Unbedenklichkeit nach § 16 Abs. 3 UmwG

An das
Oberlandesgericht[1] . . . . .

Antrag

der . . . . .-AG (Antragstellerin)[2]

vertreten durch den Vorstand, nämlich . . . . .
(ggf. vorsorglich) vertreten durch den Aufsichtsrat, nämlich . . . . .
Verfahrensbevollmächtigter: . . . . .
gegen

. . . . . (Antragsgegner)[3]

auf Feststellung nach § 16 Abs. 3 UmwG,[4] dass die Erhebung der Unwirksamkeitsklage der Eintragung des Verschmelzungsbeschlusses nicht entgegensteht.
Namens und mit Vollmacht der Antragstellerin beantrage ich:

1. **Es wird festgestellt, dass die Erhebung der Anfechtungsklage (Az. des LG . . . . .: . . . . ./. . . . .) gegen den Verschmelzungsbeschluss in der Hauptversammlung der Antragstellerin vom . . . . . 20. . . . . der Eintragung der Verschmelzung im Handelsregister nicht entgegensteht.[5]**
2. **Der Antragsgegner trägt die Kosten des Verfahrens.**

Zur

Begründung

trage ich vor:

I.

1. **Die Vorstände der Antragstellerin und der . . . . .-AG haben am . . . . . 20. . . . . einen Vertrag über die Verschmelzung der Antragstellerin mit der . . . . .-AG durch Aufnahme der . . . . .-AG in die Antragstellerin abgeschlossen (nachfolgend „Verschmelzungsvertrag"). Der Verschmelzungsvertrag wurde den Hauptversammlungen der Antragstellerin am . . . . . 20. . . . . sowie der . . . . .-AG am . . . . . 20. . . . . zur Zustimmung vorgelegt. Die Hauptversammlung der Antragstellerin fasste mit einer Mehrheit von über drei Vierteln[6] des bei der Beschlussfassung vertretenen Grundkapitals den Beschluss, dem Verschmelzungsvertrag zuzustimmen (nachfolgend „Verschmelzungsbeschluss"). Die Hauptversammlung der . . . . .-AG fasste ebenfalls mit einer Mehrheit von über drei Vierteln des bei der Beschlussfassung vertretenen Grundkapitals den Beschluss, dem Verschmelzungsvertrag zuzustimmen.**
2. **Der Antragsgegner ist Aktionär der Antragstellerin mit insgesamt . . . . . Inhaberaktien im Nennbetrag von jeweils . . . . . EUR. Er hat mit Klagschrift vom . . . . . 20. . . . ., Einreichung beim LG . . . . . am selben Tage, Anfechtungsklage gegen den Verschmelzungsbeschluss erhoben.[7] Dieser Rechtsstreit wird bei dem LG . . . . . unter dem Az.: . . . . ./. . . . . geführt (nachfolgend „Hauptsacheverfahren").**
3. **Zum Sachverhalt nehme ich in vollem Umfang Bezug auf den Vortrag der Antragstellerin als Beklagte im Hauptsacheverfahren und beantrage vorsorglich die Beiziehung der Akten des Hauptsacheverfahrens.**

Ich weise darauf hin, dass im Hauptsacheverfahren von der Antragstellerin Kopien des Verschmelzungsvertrages und des Verschmelzungsbeschlusses als Anlagen B 1 und B 2 vorgelegt wurden.

4. Der Antragsgegner stützt seine Anfechtungsklage im Hauptsacheverfahren einzig auf die von ihm nicht weiter substantiierte Behauptung, das im Verschmelzungsvertrag (dort unter § 2) gewählte Umtauschverhältnis von je einer Inhaberaktie der Antragstellerin im Nennbetrag von jeweils . . . . . EUR nebst einer baren Zuzahlung iHv . . . . . EUR je Inhaberaktie der . . . . .-AG im Nennbetrag von . . . . . EUR für je drei Inhaberaktien der . . . . .-AG im Nennbetrag von je . . . . . EUR sei zumindest um den Betrag der baren Zuzahlung zu hoch, mithin zu Lasten der Aktionäre der Antragstellerin unangemessen.[8] Dies ist offensichtlich nicht zutreffend. Zur Begründung verweise ich auf den Vortrag der Antragstellerin im Hauptsacheverfahren (dort S. . . . . .–. . . . . der Klagerwiderung) sowie auf das im Hauptsacheverfahren von der Antragstellerin als Anlage B 3 vorgelegte Gutachten der . . . . .-Wirtschaftsprüfungsgesellschaft mbH vom . . . . . 20. . . . . Zur weiteren Begründung der Angemessenheit des im Verschmelzungsvertrag vorgesehenen Umtauschverhältnisses und deren Glaubhaftmachung[9] lege ich als

– Anlage ASt 1 –

die eidesstattliche Versicherung des Vorstands . . . . . der Antragstellerin sowie als

– Anlage ASt 2 –

die eidesstattliche Versicherung des Vorstands . . . . . der . . . . .-AG vor.

5. Wenn die Verschmelzung der Antragstellerin und der . . . . .-AG nicht alsbald wirksam wird, ist dies mit gravierenden Nachteilen für die Antragstellerin und die . . . . .-AG sowie die Aktionäre beider Gesellschaften verbunden.[10] Zur Darlegung dieser Nachteile verweise ich auf das als

– Anlage ASt 3 –

beigefügte Gutachten der . . . . .-Wirtschaftsprüfungsgesellschaft mbH vom . . . . . 20. . . . . Zur Glaubhaftmachung der Tatsachen, auf die sich dieses Gutachten stützt, nehme ich Bezug auf den zweiten Teil der eidesstattlichen Versicherungen des Vorstands . . . . . der Antragstellerin sowie des Vorstands . . . . . der . . . . .-AG (Anlagen ASt 1 und ASt 2). Von Bedeutung ist insb. die durch den Inhalt der Anlagen ASt 1, ASt 2 und ASt 3 dargelegte und glaubhaftgemachte Tatsache, dass der bei der . . . . .-AG vorhandene Verlustvortrag nur dann noch für dieses Jahr steuerlich wirksam werden kann, wenn die Eintragung der Verschmelzung in das Handelsregister der Antragstellerin bis zum . . . . . 20. . . . . stattfindet. Von ganz erheblichem Gewicht, sowohl für die Antragstellerin, wie für die . . . . .-AG sind zudem die in den Anlagen ASt 1, ASt 2 und ASt 3 dargelegten und glaubhaftgemachten laufenden nachteiligen Auswirkungen der hängenden Verschmelzung (ausbleibende Synergieeffekte, Abwanderung verunsicherten Personals);[11] zu den hieraus abzuleitenden zu erwartenden mittelbaren Vermögensnachteilen der Aktionäre der Antragstellerin und der . . . . .-AG s. das Gutachten der . . . . .-Wirtschaftsprüfungsgesellschaft vom . . . . . 20. . . . . (Anlage ASt 3).

II.

1. Der Antrag ist zulässig. Das angerufene Gericht ist als Oberlandesgericht, in dessen Bezirk die Gesellschaft ihren Sitz hat, zur Entscheidung über den Antrag zuständig. Die Antragstellerin ist als im Hauptsacheverfahren beklagte Rechtsträgerin antragsbefugt, richtiger Antragsgegner ist der Kläger des Hauptsacheverfahrens.

2. Der Antrag ist nach § 16 Abs. 3 S. 3 Nr. 1 Alt. 2 und Nr. 3 UmwG begründet.[12] Die Klage des Antragsgegners im Hauptsacheverfahren ist offensichtlich unbegründet;

oben unter I. 4.[13] Das alsbaldige Wirksamwerden der Verschmelzung erscheint iÜ zur Abwendung der von der Antragstellerin (oben unter I. 5.) dargelegten wesentlichen Nachteile für die an der Verschmelzung beteiligten Rechtsträger und ihre Anteilsinhaber gegenüber allen denkbaren Nachteilen für den Antragsgegner vorrangig.[14] Wenn das Umtauschverhältnis tatsächlich zu Lasten der Aktionäre der Antragstellerin unangemessen sein sollte, so würde dies allenfalls einen geringen Vermögensnachteil für den Antragsgegner bedeuten. Dieser Vermögensnachteil würde im Vergleich zu den durch die verzögerte Eintragung des Verschmelzungsbeschlusses im Handelsregister entstehenden Nachteilen für die Antragstellerin und die . . . . .-AG sowie sämtliche Aktionäre beider Gesellschaften nicht ins Gewicht fallen. IÜ verbliebe dem Antragsgegner in dem Fall, in dem sich das Umtauschverhältnis tatsächlich als unangemessen zu Lasten der Aktionäre der Antragstellerin erweisen sollte, der Schadensersatzanspruch nach § 16 Abs. 3 S. 10 UmwG.[15]

Rechtsanwalt[16, 17]

Anmerkungen

1. Der Antrag nach § 16 Abs. 3 UmwG ist an das Oberlandesgericht, in dessen Bezirk die Gesellschaft ihren Sitz hat, zu richten (§ 16 Abs. 3 S. 7 UmwG). Es entscheidet ein Senat, eine Übertragung auf den Einzelrichter ist ausgeschlossen (§ 16 Abs. 3 S. 7 u. 8 UmwG).

2. Antragsbefugt ist nur der im Hauptsacheverfahren beklagte Rechtsträger, gegen dessen Verschmelzungsbeschluss sich die Klage richtet (§ 16 Abs. 3 S. 1 UmwG). Antragsbefugt sind daher weder die übrigen an der Verschmelzung beteiligten Rechtsträger, noch die Anteilsinhaber (vgl. Lutter/*Decher* UmwG § 16 Rn. 44; Semler/Stengel/*Schwanna* UmwG § 16 Rn. 23). Auch der Erlass eines Unbedenklichkeitsbeschlusses von Amts wegen ist ausgeschlossen; es gilt die Dispositionsmaxime (s. Lutter/*Decher* UmwG § 16 Rn. 103). Nach zutreffender, beinahe einhelliger obergerichtlicher Rspr. erfolgt Vertretung allein durch Vorstand (OLG Frankfurt a. M. 20.3.2012 – 5 AktG 4/11, BeckRS 2012, 7251; OLG Bremen 1.12.2008 – 2 W 71/08, BeckRS 2009, 16506; OLG Frankfurt a. M. 6.4.2009 – 5 W 8/09, BeckRS 2009, 11045; OLG Karlsruhe 7.12.2006 – 7 W 78/06, AG 2007, 284; OLG Hamm 17.3.2005 – 27 W 3/05, BeckRS 2005, 05914; aA lediglich OLG Düsseldorf 16.1.2004 – I-16 W 63/03, NZG 2004, 328). Das Gesetz lässt die Frage, ob eine Doppelvertretung erforderlich ist, offen; da das Unbedenklichkeitsverfahren notwendig mit einer Anfechtungsklage, bei der die Doppelvertretung gem. § 246 Abs. 2 S. 2 AktG zwingend vorgeschrieben ist (→ Form. II.M.34 Anm. 2), im Zusammenhang steht, geht man in der Praxis teilweise vorsorglich vom Erfordernis einer Doppelvertretung aus (vgl. Lutter/*Decher* UmwG § 16 Rn. 45). Die vorsorgliche Mitvertretung durch den Aufsichtsrat ist jedenfalls unschädlich (OLG Frankfurt a. M. 6.4.2009 – 5 W 8/09, BeckRS 2009, 11045).

3. Antragsgegner ist der im Hauptsacheverfahren klagende Anteilsinhaber (vgl. Lutter/*Decher* UmwG § 16 Rn. 44; Semler/Stengel/*Schwanna* UmwG § 16 Rn. 23). § 82 ZPO findet gem. § 16 Abs. 3 S. 2 UmwG Anwendung, sodass die Zustellung an den Prozessbevollmächtigten des Hauptverfahrens möglich ist (Lutter/*Decher* UmwG § 16 Rn. 103).

4. Das Unbedenklichkeitsverfahren nach § 16 Abs. 3 UmwG ist ein Verfahren sui generis, das als summarisches Verfahren neben dem Hauptsacheverfahren auf Antrag eine Rechtsschutzmöglichkeit für den Rechtsträger, gegen dessen Verschmelzungsbeschluss sich die Klage richtet, eröffnet. Soweit § 16 Abs. 3 UmwG keine Sonderregelungen trifft, sind auf das Verfahren gem. § 16 Abs. 3 S. 2 UmwG die im ersten Rechtszug für das Verfahren vor den Landgerichten geltenden Vorschriften der ZPO anwendbar. In den überwiegenden Fällen setzt das Verfahren nach § 16 Abs. 3 UmwG eine mündliche Verhandlung voraus; jedoch ist es möglich, dass das Gericht in wohl nur selten vorliegenden dringenden Fällen (vgl. § 937 Abs. 2 ZPO) auch im schriftlichen Verfahren entscheidet, § 16 Abs. 3 S. 4 UmwG (s. hierzu Lutter/*Decher* UmwG § 16 Rn. 112 f.).

Die §§ 125, 176 f. und § 198 Abs. 3 UmwG verweisen auf § 16 Abs. 3 UmwG und erweitern damit ausdrücklich den Anwendungsbereich des umwandlungsrechtlichen Freigabeverfahrens. Weitere, aktienrechtliche, Freigabeverfahren sind in § 246a AktG (betr. Maßnahmen der Kapitalbeschaffung und -herabsetzung sowie Unternehmensverträge), § 319 Abs. 6 AktG (betr. die Eingliederung) und § 327e Abs. 2 AktG (betr. den Ausschluss von Minderheitsaktionären) bestimmt (vgl. etwa zum Freigabeverfahren im Rahmen eines verschmelzungsrechtlichen Squeeze-Out → Form. II.M.38). § 20 Abs. 3 S. 4 SchVG ordnet die Geltung von § 246a AktG bei Anfechtungsklagen gegen Gläubigerversammlungsbeschlüsse an und eröffnet damit ein schuldverschreibungsrechtliches Freigabeverfahren (OLG Bamberg 28.3.2013 – 3 AktG 1/13, BeckRS 2014, 3422). § 246a AktG kommt Vorbildfunktion für § 253 Abs. 4 InsO (Zurückweisung Beschwerde gegen Insolvenzplan bei Vorrangigkeit alsbaldiger Wirksamkeit des Insolvenzplans) zu (BGH 17.9.2014 – IX ZB 26/14, BeckRS 2014, 18776 Rn. 16).

5. Ein rechtskräftiger Unbedenklichkeitsbeschluss nach § 16 Abs. 3 UmwG ersetzt als Voraussetzung der Eintragung der Verschmelzung im Register die Erklärung der Vertretungsorgane des Rechtsträgers nach § 16 Abs. 2 UmwG bei der Anmeldung, dass eine Klage gegen die Wirksamkeit des Verschmelzungsbeschlusses nicht oder nicht fristgemäß erhoben oder eine solche Klage rechtskräftig abgewiesen oder zurückgenommen worden ist. Liegen weder die Voraussetzungen des § 16 Abs. 2 UmwG (Negativattest oder Verzichtserklärung) noch diejenige des § 16 Abs. 3 UmwG (rechtskräftiger Unbedenklichkeitsbeschluss) vor, hat das Registergericht das Eintragungsverfahren analog § 21 Abs. 1 FamFG bis zur Erledigung des Hauptsacheverfahrens über die Unwirksamkeitsklage oder zum Erlass eines Unbedenklichkeitsbeschlusses auszusetzen (s. Lutter/*Decher* UmwG § 16 Rn. 24).

Die Rechtskraft des Unbedenklichkeitsbeschlusses hat keine Auswirkungen auf das Hauptsacheverfahren, führt also insb. selbst dann, wenn die Verschmelzung infolge des Unbedenklichkeitsbeschlusses in das Register eingetragen wird, grds. nicht zur Erledigung der Hauptsache (OLG Düsseldorf 27.8.2001 – 6 W 28/01, ZIP 2001, 1717 (1722); Lutter/*Decher* UmwG § 16 Rn. 122).

6. Der Verschmelzungsbeschluss der Hauptversammlung bedarf einer Mehrheit, die mindestens drei Viertel des bei der Beschlussfassung vertretenen Grundkapitals umfasst, § 65 Abs. 1 UmwG.

7. § 14 Abs. 1 UmwG sieht einheitlich für alle Klagen, die sich gegen die Wirksamkeit eines Verschmelzungsbeschlusses richten, eine einmonatige Klagefrist vor. Damit soll eine möglichst rasche Klarheit über die Bestandskraft des Verschmelzungsbeschlusses erreicht werden. Es kommt daher insb. nicht darauf an, ob es sich um eine aktienrechtliche Nichtigkeits- oder – wie vorliegend im Hauptsacheverfahren – Anfechtungsklage handelt (vgl. Lutter/*Decher* UmwG § 14 Rn. 5 f.). Dagegen kann ein Spruchverfahren etwa zur Überprüfung einer Abfindung innerhalb von drei Monaten angestrengt werden, § 4 Abs. 1 SpruchG (iE → Form. II.M.36).

8. Die Anteilsinhaber des übernehmenden Rechtsträgers können im Gegensatz zu den Anteilsinhabern des übertragenden Rechtsträgers, für die § 14 Abs. 2 UmwG gilt (OLG Düsseldorf 15.3.1999 – 17 W 18/99, ZIP 1999, 793 (794); OLG Hamm 4.3.1999 – 8 W 11/99, ZIP 1999, 798), die Wirksamkeit ihres Verschmelzungsbeschlusses mit der Begründung in Frage stellen, das Umtauschverhältnis sei zu ihren Lasten unangemessen

(BGH 2.7.1990 – II ZB 1/90, BGHZ 112, 9 (19); OLG Stuttgart 13.3.2002 – 20 W 32/01, AG 2003, 456 (457); Lutter/*Decher* UmwG § 14 Rn. 18 mwN).

9. Der Antragsteller hat in seinem Antrag die entscheidungserheblichen Tatsachen glaubhaft zu machen. Es gilt § 294 ZPO. Damit kann sich der Antragsteller aller Beweismittel bedienen, einschließlich eidesstattlicher Versicherungen (§ 294 Abs. 1 ZPO). Statthaft ist aber nur eine Beweisaufnahme, die sofort erfolgen kann, daher müssen sämtliche Beweismittel präsent sein (§ 294 Abs. 2 ZPO, s. Lutter/*Decher* UmwG § 16 Rn. 110; Semler/Stengel/*Schwanna* UmwG § 16 Rn. 26). Im Hauptsacheverfahren unstreitige Tatsachen müssen nicht glaubhaft gemacht werden (vgl. Lutter/*Decher* UmwG § 16 Rn. 109).

10. Ausreichend ist, dass entweder der Antragstellerin oder einem ihrer Anteilsinhaber Nachteile drohen (§ 16 Abs. 3 S. 3 Nr. 3 UmwG, vgl. zur Vorgängerfassung dieser Bestimmung (vor Inkrafttreten des Gesetzes zur Umsetzung der Aktionärsrechterichtlinie – ARUG – im Jahr 2009) OLG Düsseldorf 27.8.2001 – 6 W 28/01, DNotZ 2002, 308 (313); LG Frankfurt a. M. 14.5.2003 – 3–13 O 22/03, Betr. 2003, 1726 (1727)).

11. Vgl. zu diesem Sachverhalt OLG Düsseldorf 15.3.1999 – 17 W 18/99, ZIP 1999, 793 (798); OLG Stuttgart 17.12.1996 – 12 W 44/96, ZIP 1997, 75 (77); OLG Frankfurt a. M. 22.12.1995 – 5 W 42/95, ZIP 1996, 379 (381).

12. Begründet ist der Antrag auf Erlass eines Unbedenklichkeitsbeschlusses, „wenn 1. die Klage unzulässig oder offensichtlich unbegründet ist oder 2. der Kläger nicht binnen einer Woche nach Zustellung des Antrags durch Urkunde nachgewiesen hat, dass er seit Bekanntmachung der Einberufung einen anteiligen Betrag von mindestens 1.000 EUR hält oder 3. das alsbaldige Wirksamwerden der Verschmelzung vorrangig erscheint, weil die vom Antragsteller dargelegten wesentlichen Nachteile für die an der Verschmelzung beteiligten Rechtsträger und ihre Anteilsinhaber nach freier Überzeugung des Gerichts die Nachteile für den Antragsgegner überwiegen, es sei denn, es liegt eine besondere Schwere des Rechtsverstoßes vor." (§ 16 Abs. 3 S. 3 UmwG; s. zum Stand in Rspr. und Lit. Lutter/*Decher* § 16 Rn. 48 ff.).

13. Der Unbedenklichkeitsbeschluss ist – wie vorliegend – möglich, wenn die geltend gemachten Beschlussmängel (offensichtlich) nicht vorliegen, der Beschluss also rechtmäßig ist (OLG Düsseldorf 27.8.2001 – 6 W 28/01, DNotZ 2002, 308; OLG Frankfurt a. M. 22.8.2000 – 14 W 23/00, ZIP 2000, 1928; OLG Düsseldorf 15.3.1999 – 17 W 18/99, ZIP 1999, 793; OLG Hamm 4.3.1999 – 8 W 11/99, ZIP 1999, 798; Lutter/*Decher* UmwG § 16 Rn. 50 ff.). „Offensichtlich unbegründet" iSd § 16 Abs. 3 S. 3 UmwG kann die Klage iÜ aber auch dann sein, wenn sie wegen Rechtsmissbrauchs als unbegründet abzuweisen ist (OLG Frankfurt a. M. 22.12.1995 – 5 W 42/95, ZIP 1996, 379 (380); OLG Stuttgart 10.1.2001 – 20 U 91/99, AG 2001, 315 (316); s. zur Unbegründetheit rechtsmissbräuchlicher Anfechtungsklagen BGH 2.7.1990 – II ZB 1/90, BGHZ 112, 9 (23 f.): „Rechtsmissbrauch steht niemals unter dem Schutz des Gesetzes"; dazu auch BGH 18.12.1989 – II ZR 254/88, ZIP 1990, 168 (171); OLG Stuttgart 10.1.2001 – 20 U 91/99, ZIP 2001, 315 (316); MüKoAktG/*Schäfer* § 245 Rn. 52 ff.).

14. Zu fragen ist, ob die mit dem Aufschub der Eintragung verbundenen Nachteile gegenüber den Nachteilen für den Antragsgegner so schwer wiegen, dass gerechtfertigt ist, den unterstellten Mangel zu vernachlässigen, die Verschmelzung dennoch einzutragen und den Antragsgegner auf Schadensersatzansprüche zu verweisen. Seit Inkrafttreten des Gesetzes zur Umsetzung der Aktionärsrechterichtlinie (ARUG) im Jahr 2009 kommt es gemäß der ausdrücklichen Regelung in § 16 Abs. 3 S. 3 Nr. 3 UmwG bei der Abwägung nur noch auf die Nachteile für den Antragsgegner, nicht auch auf andere Nachteile an (vgl. Lutter/*Decher* UmwG § 16 Rn. 81). Als Beispiel wird in der Begründung des

Regierungsentwurfs des UmwG (*Schaumburg/Rödder,* UmwG/UmwStG, 1995, UmwG § 16 Rn. 17) angeführt, dass die „in der Vergangenheit bei Klagen häufig geltend gemachte Behauptung, das Umtauschverhältnis sei nicht ausreichend begründet und erläutert worden, im Einzelfall als geringfügig angesehen werden" kann (vgl. hierzu mittlerweile auch § 243 Abs. 4 AktG). Zur Berücksichtigung von erwarteten Synergieeffekten und Steuervorteilen OLG Düsseldorf 27.8.2001 – 6 W 28/01, DNotZ 2002, 308 (313 f.); OLG Stuttgart 13.3.2002 – 20 W 32/01, AG 2003, 456 (460).

15. Erweist sich die Klage als begründet, so ist der Antragsteller verpflichtet, dem Antragsgegner den Schaden zu ersetzen, der ihm aus einer auf dem Beschluss beruhenden Eintragung der Verschmelzung entstanden ist; als Ersatz des Schadens kann nicht die Beseitigung der Wirkungen der Eintragung der Verschmelzung im Register des Sitzes des übernehmenden Rechtsträgers verlangt werden (§ 16 Abs. 3 S. 10 UmwG).

Kosten und Gebühren

16. Die Kosten sind nicht Teil der Kosten der Hauptsache, denn das Unbedenklichkeitsverfahren ist ein Verfahren sui generis mit eigenem Streitgegenstand. Daher muss der Unbedenklichkeitsbeschluss selbst eine Kostenentscheidung enthalten.

Streitwert: § 16 Abs. 3 S. 2 iVm § 247 AktG; danach bestimmt das OLG den Streitwert unter Berücksichtigung aller Umstände des einzelnen Falles, insb. der Bedeutung der Sache für die Parteien, nach billigem Ermessen (grds. Streitwertkappung bei Zehntel des Grundkapitals bzw. 500.000 EUR; zur Streitwertspaltung → Form. II.M.34 Anm. 9).

Gerichtsgebühr: 1,5 Gebühren, s. KV 1641 GKG.

Rechtsanwaltsgebühren: 0,75 Verfahrensgebühr (VV 3325 RVG); 0,5 Terminsgebühr (VV 3332 RVG); 1,5 Vergleichsgebühr (VV 1000 RVG).

Fristen und Rechtsmittel

17. Der Erlass eines Unbedenklichkeitsbeschlusses kann erst „nach Erhebung einer Klage" gegen die Wirksamkeit eines Verschmelzungsbeschlusses beantragt werden (§ 16 Abs. 3 S. 1 UmwG).

Nach § 16 Abs. 3 S. 5 UmwG soll der Beschluss spätestens drei Monate nach Antragstellung ergehen. Das Unbedenklichkeitsverfahren kennt nur eine Instanz, der Beschluss des OLG ist gem. § 16 Abs. 3 S. 9 UmwG unanfechtbar.

38. Antrag zur Freigabe eines verschmelzungsrechtlichen Squeeze-Out nach §§ 319 Abs. 6 AktG iVm 327e Abs. 2 AktG und §§ 78, 62 Abs. 5 S. 8 UmwG

An das
Oberlandesgericht . . . . .[1]
. . . . . Zivilsenat[2]

Freigabeantrag nach § 319 Abs. 6 AktG iVm § 327e Abs. 2 AktG und §§ 78, 62 Abs. 5 S. 8 UmwG

der . . . . . KGaA **(Antragstellerin)**[3]

Prozessbevollmächtigter: . . . . .
gegen
den . . . . . (Antragsgegner zu 1)
den . . . . . (Antragsgegner zu 2)[4]

Namens und in Vollmacht der Antragstellerin stelle ich hiermit den Antrag auf Erlass eines Freigabebeschlusses und beantrage wie folgt zu erkennen:

1. Es wird festgestellt, dass die vom Antragsgegner zu 1 am . . . . . 2020 vor dem Landgericht . . . . . (Az. . . . . .) erhobene Anfechtungs- und Nichtigkeitsklage sowie die vom Antragsgegner zu 2 am . . . . . vor dem Landgericht . . . . . (Az. . . . . .) erhobene Anfechtungs- und Nichtigkeitsklage gegen den Beschluss der außerordentlichen Hauptversammlung der Antragstellerin vom . . . . . zu Tagesordnungspunkt 1, mit dem die Hauptversammlung der Antragstellerin die Übertragung der Aktien der übrigen Aktionäre der Antragstellerin (Minderheitsaktionäre) auf die . . . . . (Hauptaktionärin), gegen Gewährung einer Barabfindung gemäß §§ 78, 62 Abs. 5 UmwG in Verbindung mit §§ 327a ff. AktG (verschmelzungsrechtlicher Squeeze-Out) beschlossen hat (Übertragungsbeschluss), der Eintragung des Übertragungsbeschlusses in das Handelsregister nicht entgegensteht und Mängel des Übertragungsbeschlusses die Wirkung der Eintragung des Übertragungsbeschlusses in das Handelsregister unberührt lassen.[5]

2. Die Antragsgegner tragen die Kosten des Verfahrens.

Aufgrund der besonderen Dringlichkeit beantrage ich außerdem:

ohne mündliche Verhandlung über den Freigabeantrag zu entscheiden (§§ 327e Abs. 2, 319 Abs. 6 S. 4 AktG).[6]

Falls mündlich über den Freigabeantrag verhandelt werden soll, bitte ich um Bestimmung eines möglichst zeitnahen Termins und beantrage zu diesem Zweck die

Abkürzung der Ladungsfrist auf das gesetzlich zulässige Maß (§§ 327e Abs. 2, 319 Abs. 6 S. 2 AktG iVm §§ 217, 226 ZPO).

Die Zustellung der Antragsschrift kann an die Bevollmächtigten der Antragsgegner im Hauptsacheverfahren erfolgen (§§ 327e Abs. 2, 319 Abs. 6 S. 2 AktG iVm § 82 ZPO).

Zur

Begründung

trage ich vor:

I.

1. Die Antragstellerin ist eine an der . . . . . Wertpapierbörse . . . . . notierte Aktiengesellschaft mit Sitz in . . . . ., eingetragen im Handelsregister des Amtsgerichts . . . . . unter HRB . . . . .

Glaubhaftmachung: Aktueller Handelsregisterauszug der Antragstellerin vom . . . . ., Anlage ASt . . . . .

2. Die Antragsgegner zu 1 und zu 2 haben mit Schriftsatz vom . . . . . 2020 jeweils Anfechtungs- und Nichtigkeitsklage gegen die streitgegenständliche Beschlussfassung beim Landgericht . . . . . eingereicht, die der Antragstellerin am . . . . . zugestellt wurden und geführt werden unter den Az. . . . . ..

Glaubhaftmachung: Klageschriften des Antragsgegners zu 1 und Antragsgegners zu 2 in Kopie, Anlage ASt . . . . .

3. Hauptaktionärin der Antragstellerin ist die . . . . . KGaA, eine Kommanditgesellschaft auf Aktien mit Sitz in . . . . ., eingetragen im Handelsregister des Amtsgerichts . . . . . unter HRB . . . . ..

Aktueller Handelsregisterauszug der Hauptaktionärin vom . . . . ., Anlage ASt . . . . .

Zum Tag der außerordentlichen Hauptversammlung der Antragstellerin am . . . . . hielt die Hauptaktionärin unmittelbar . . . . . Aktien der Antragstellerin, mithin 95 % des nominalen Grundkapitals der Antragstellerin.

Depotbestätigung der . . . . . Bank vom . . . . ., Anlage ASt . . . . .

Komplementärin und alleinige Kommanditaktionärin der Hauptaktionärin ist die . . . . . GmbH mit Sitz in . . . . ., eingetragen im Handelsregister des Amtsgerichts . . . . . unter HRB . . . . ..

Aktueller Handelsregisterauszug der . . . . . GmbH vom . . . . ., Anlage ASt . . . . .

II.

1. Am . . . . . 2020 richtete die Hauptaktionärin ein mit Übertragungsverlangen überschriebenes Schreiben an den Vorstand der Antragstellerin, in dem sie die Antragstellerin ua darüber unterrichtete, dass ihr Aktien in Höhe von mehr als 90 % des stimmberechtigten Grundkapitals der Antragstellerin gehören und beabsichtigt sei, eine Verschmelzung der Antragstellerin (als übertragende Gesellschaft) auf die Hauptaktionärin, (als übernehmende Gesellschaft) durchzuführen, in deren Zusammenhang ein Ausschluss der Minderheitsaktionäre der Antragstellerin erfolgen solle. Es wurde Bezug genommen auf die Regelungen in §§ 78, 62 Abs. 5 UmwG iVm §§ 327a ff. AktG, wonach die Hauptversammlung einer übertragenden Aktiengesellschaft im Zusammenhang mit einer Verschmelzung auf eine übernehmende Gesellschaft, der Aktien in Höhe von mindestens neun Zehnteln des Grundkapitals der übertragenden Aktiengesellschaft unmittelbar gehören (Hauptaktionär), die Übertragung der Aktien der übrigen Aktionäre (Minderheitsaktionäre) auf den Hauptaktionär gegen Gewährung einer angemessenen Barabfindung beschließen kann („verschmelzungsrechtlicher Squeeze-out").[7]

Glaubhaftmachung: Schreiben der Hauptaktionärin an den Vorstand der Antragstellerin vom . . . . ., Anlage ASt . . . . .

2. Mit Ad-hoc-Mitteilung vom . . . . . 2020 gab die Antragstellerin bekannt, dass sie mit der Hauptaktionärin vereinbart hat, eine Verschmelzung der Antragstellerin (als übertragende Gesellschaft) auf die Hauptaktionärin (als übernehmende Gesellschaft) durchzuführen, in deren Zusammenhang ein Ausschluss der Minderheitsaktionäre der Antragstellerin nach §§ 78, 62 Abs. 5 UmwG iVm §§ 327a ff. AktG erfolgen soll.

Zum . . . . ., dem Tag der Ad-hoc-Mitteilung, hielt die Hauptaktionärin unmittelbar . . . . . Aktien der Antragstellerin, mithin ca. 95 % des nominalen Grundkapitals der Antragstellerin.

Glaubhaftmachung: 1. Ad-hoc-Mitteilung der Antragstellerin vom . . . . ., Anlage ASt . . . . .
2. Depotbestätigung der . . . . . Bank vom . . . . ., Anlage ASt . . . . .

3. Mit Ad-hoc-Mitteilung vom . . . . . 2020 gab die Antragstellerin den Betrag von . . . . . EUR als voraussichtliche Höhe der angemessenen Barabfindung je . . . . .-Aktie bekannt, die den Minderheitsaktionären als Gegenleistung für die Übertragung der . . . . .-Aktien auf die Hauptaktionärin zu zahlen ist. Diesen hat die Hauptaktionärin auf der Grundlage einer gutachtlichen Stellungnahme der . . . . .-Wirtschaftsprüfungsgesellschaft („Bewertungsgutachter") zum Unternehmenswert der Antragstellerin und zur Ermittlung der angemessenen Barabfindung gemäß § 327b Abs. 1 AktG zum Bewertungsstichtag . . . . . vom . . . . . („Bewertungsgutachten") ermittelt und entsprechend auf . . . . . EUR je . . . . .-Aktie festgesetzt.

Glaubhaftmachung: 1. Ad-hoc-Mitteilung der Antragstellerin vom . . . . ., Anlage ASt . . . . .
2. Bewertungsgutachten der . . . . . Wirtschaftsprüfungsgesellschaft vom . . . . ., Anlage ASt . . . . .

4. Das Landgericht . . . . . hat auf Antrag der Hauptaktionärin durch Beschl. v. . . . . . die . . . . .-Wirtschaftsprüfungsgesellschaft („sachverständiger Prüfer") als iSv §§ 78, 62 Abs. 5 S. 8 UmwG iVm § 327c Abs. 2 S. 2 AktG sachverständigen Prüfer der Angemessenheit der Barabfindung und zugleich, auf gemeinsamen Antrag der Hauptaktionärin und der Antragstellerin, als gemeinsamen Verschmelzungsprüfer ausgewählt und bestellt. Der sachverständige Prüfer hat die Angemessenheit der Barabfindung in seinem Prüfungsbericht vom . . . . . 2020 („Prüfungsbericht") bestätigt.

Glaubhaftmachung: Prüfungsbericht der . . . . .-Wirtschaftsprüfungsgesellschaft vom . . . . ., Anlage ASt . . . . .

5. Am . . . . . richtete die Hauptaktionärin ein weiteres, mit Übertragungsverlangen bezeichnetes Schreiben an den Vorstand der Antragstellerin, in dem sie darauf hinwies, dass beabsichtigt sei, mit der Antragstellerin einen Verschmelzungsvertrag abzuschließen, mit dem die Antragstellerin ihr Vermögen als Ganzes mit allen Rechten und Pflichten unter Auflösung ohne Abwicklung nach §§ 2 Nr. 1, 78, 60 ff. UmwG auf die Hauptaktionärin überträgt (Verschmelzung durch Aufnahme).

Beigefügt hat die Hauptaktionärin eine Gewährleistungserklärung der . . . . . Bank nach §§ 78, 62 Abs. 5 S. 8 UmwG iVm § 327b Abs. 3 AktG vom . . . . . 2020, in der unbedingt und unwiderruflich die Erfüllung der Verpflichtung der Hauptaktionärin, den Minderheitsaktionären der Antragstellerin unverzüglich nach Wirksamwerden des verschmelzungsrechtlichen Squeeze-out die festgelegte Barabfindung in Höhe von . . . . . EUR je auf die Hauptaktionärin übertragener . . . . .-Aktie zu zahlen, garantiert wird.

Gleichzeitig richtete die Hauptaktionärin das Verlangen an den Vorstand der Antragstellerin, eine außerordentliche Hauptversammlung auf einen Termin einzuberufen, der nicht später als drei Monate nach dem Termin des Abschlusses des Verschmelzungsvertrages liegt, und folgenden Tagesordnungspunkt auf die Tagesordnung der Hauptversammlung zu setzen:

„Beschlussfassung über die Übertragung der Aktien der Minderheitsaktionäre der. . . . . AG auf die. . . . .KGaA mit Sitz in. . . . .(Hauptaktionärin) gegen Gewährung einer angemessenen Barabfindung gemäß §§ 78, 62 Abs. 5 UmwG iVm §§ 327a ff. AktG (verschmelzungsrechtlicher Squeeze-out)".

Glaubhaftmachung: 1. Schreiben der Hauptaktionärin an den Vorstand der Antragstellerin vom . . . . ., Anlage ASt . . . . .
2. Gewährleistungserklärung der . . . . .-Bank vom . . . . . 2020, Anlage ASt . . . . .

6. Der Verschmelzungsvertrag wurde am . . . . . geschlossen. Seine Wirksamkeit steht unter der aufschiebenden Bedingung, dass der Beschluss der Hauptversammlung der Antragstellerin nach §§ 78, 62 Abs. 5 S. 1 UmwG iVm § 327a Abs. 1 S. 1 AktG über die Übertragung der . . . . .-Aktien der Minderheitsaktionäre auf die Hauptaktionärin mit dem Vermerk nach §§ 78, 62 Abs. 5 S. 7 UmwG eingetragen wird, dass dieser Übertragungsbeschluss erst gleichzeitig mit der Eintragung der Verschmelzung im Register des Sitzes der Hauptaktionärin wirksam wird. Die Verschmelzung erfolgt als Konzernverschmelzung kraft Gesetzes ohne Gegenleistung.

Glaubhaftmachung: Notariell beurkundeter Verschmelzungsvertrag zwischen der Hauptaktionärin und der Antragstellerin vom . . . . . 2020, Anlage ASt . . . . .

III.

1. Der verschmelzungsrechtliche Squeeze-out dient der Vereinfachung der Organisation und Struktur der Antragstellerin sowie der Reduktion von Personal- und Kostenaufwand.[8]

2. Durch die Verschmelzung der Antragstellerin auf die Hauptaktionärin entfällt eine Beteiligungsebene. Die Hauptaktionärin wird nach der Verschmelzung das operative Geschäft der Antragstellerin fortführen und die Anteile an den Tochter- und Beteiligungsgesellschaften halten. Sie kann dann als alleinige Kommanditaktionärin der Hauptaktionärin ihr Stimmrecht auf der Hauptversammlung der Hauptaktionärin ausüben und so ihre strategische Leitungsfunktion als Spitzengesellschaft der . . . . .-Gruppe wahrnehmen.

Glaubhaftmachung: 1. Übertragungsbericht der Hauptaktionärin vom . . . . ., Anlage ASt . . . . .
2. Gemeinsamer Verschmelzungsbericht des Vorstands der Antragstellerin und der Geschäftsführung der Hauptaktionärin vom . . . . ., Anlage ASt . . . . .

3. Mit Wirksamwerden der Verschmelzung und der liquidationslosen Vollbeendigung der Antragstellerin erlischt die Börsennotierung der Antragstellerin an der . . . . . Wertpapierbörse. Dadurch entfallen die mit einer Börsennotierung verbundenen Kosten für die Einhaltung der kapitalmarktrechtlichen Publizitätsanforderungen sowie die Notierungsgebühren der . . . . . Wertpapierbörse. Mit dem Widerruf der Börsennotierung (sog. „Delisting") entfallen für die Antragstellerin auch die kapitalmarktrechtlichen Folgepflichten. Durch den Wegfall der Börsennotierung der Antragstellerin erwartet die Antragstellerin Synergien und Kosteneinsparungseffekte von insgesamt . . . . . EUR.

Glaubhaftmachung: 1. Übertragungsbericht der Hauptaktionärin vom . . . . ., Anlage ASt . . . . .
2. Gemeinsamer Verschmelzungsbericht des Vorstands der Antragstellerin und der Geschäftsführung der Hauptaktionärin vom . . . . ., Anlage ASt . . . . .
3. Eidesstattliche Versicherung des/der . . . . ., Anlage ASt . . . . .

4. Der Squeeze-out bewirkt, dass den Minderheitsaktionären keine Anteile des übernehmenden Rechtsträgers, sondern eine angemessene Barabfindung gewährt wird. Mit Wirksamwerden der Verschmelzung erlöschen daher alle mitgliedschaftlichen Rechte aus den . . . . .-Aktien. Dadurch entfallen auf Ebene der Antragstellerin Kosten und Vorlaufzeiten bei der Vorbereitung und Durchführung der jährlichen Hauptversammlung. Unter Zugrundelegung der in der Vergangenheit durchschnittlich angefallenen Kosten kann die Antragstellerin . . . . . EUR jährlich einsparen.

Glaubhaftmachung: 1. Übertragungsbericht der Hauptaktionärin vom . . . . ., Anlage ASt . . . . .
2. Gemeinsamer Verschmelzungsbericht des Vorstands der Antragstellerin und der Geschäftsführung der Hauptaktionärin vom . . . . ., Anlage ASt . . . . .
3. Eidesstattliche Versicherung des/der . . . . ., Anlage ASt . . . . .

5. Nach der Verschmelzung und dem Squeeze-out können Strukturmaßnahmen, die eine Einbeziehung der Hauptversammlung erfordern, flexibler und günstiger durchgeführt werden. Potentiell langwierige, teure und personalaufwendige gerichtliche und außergerichtliche Auseinandersetzungen mit Minderheitsaktionären werden vermeiden. Hierdurch erwartet die Antragstellerin Synergien und Kosteneinsparungen von . . . . . EUR.

Glaubhaftmachung: 1. Übertragungsbericht der Hauptaktionärin vom . . . . ., Anlage ASt . . . . .
2. Gemeinsamer Verschmelzungsbericht des Vorstands der An-

tragstellerin und der Geschäftsführung der Hauptaktionärin vom . . . . ., Anlage ASt . . . . .
3. Eidesstattliche Versicherung des/der . . . . ., Anlage ASt . . . . .

6. Aufgrund des verschmelzungsrechtlichen Squeeze-out erwartet die Antragstellerin Synergien und Kosteneinsparungen durch Reduzierung des Verwaltungsaufwands. Durch den Wegfall des Aufsichtsrats in der Rechtsform der Aktiengesellschaft sowie hiermit verbundenem personellen und organisatorischem Aufwand Kosten von rund . . . . . EUR jährlich eingespart werden.

Glaubhaftmachung: 1. Übertragungsbericht der Hauptaktionärin vom . . . . ., Anlage ASt . . . . .
2. Gemeinsamer Verschmelzungsbericht des Vorstands der Antragstellerin und der Geschäftsführung der Hauptaktionärin vom . . . . ., Anlage ASt . . . . .
3. Eidesstattliche Versicherung des/der . . . . ., Anlage ASt . . . . .

IV.

1. Am . . . . . wurde im Bundesanzeiger die Einladung zur außerordentlichen Hauptversammlung bei der Antragstellerin veröffentlicht. Vorstand und Aufsichtsrat der Antragstellerin kündigten unter TOP 1 den folgenden Beschlussvorschlag an:
„Die auf den Inhaber lautenden Stückaktien der übrigen Aktionäre der. . . . .AG (Minderheitsaktionäre) werden gemäß §§ 78, 62 Abs. 5 UmwG iVm §§ 327a ff. AktG gegen Gewährung einer von der. . . . .KGaA mit Sitz in. . . . .(Hauptaktionärin) zu zahlenden angemessenen Barabfindung in Höhe von. . . . .EUR je auf den Inhaber lautender Stückaktie der. . . . .AG auf die Hauptaktionärin übertragen.“
Die Einladung enthielt zudem die Hinweise, dass die Hauptaktionärin der Hauptversammlung der Antragstellerin einen schriftlichen Bericht erstattet hat, in dem die Voraussetzungen für die Übertragung der . . . . .-Aktien der Minderheitsaktionäre dargelegt und die Angemessenheit der Barabfindung erläutert und begründet werden, sowie, dass die Eintragung des Übertragungsbeschlusses in das Handelsregister des Sitzes der Antragstellerin nach §§ 78, 62 Abs. 5 S. 7 UmwG mit dem Vermerk zu versehen ist, dass der Übertragungsbeschluss erst gleichzeitig mit der Eintragung der Verschmelzung im Register des Sitzes der Hauptaktionärin als übernehmender Gesellschaft wirksam wird.

Glaubhaftmachung: Einladung zur außerordentlichen Hauptversammlung bei der Antragstellerin vom . . . . . aus dem Bundesanzeiger, Anlage ASt . . . . .

2. Von der Einberufung an waren die Hauptversammlungseinladung sowie die der Hauptversammlung zugänglich zu machenden Unterlagen in den Geschäftsräumen der Antragstellerin für die Aktionäre zugänglich. Hierbei handelte es sich insbesondere um die folgenden Unterlagen: . . . . .

Glaubhaftmachung: Eidesstattliche Versicherung des/der . . . . ., Anlage ASt . . . . .

3. Die außerordentliche Hauptversammlung der Antragstellerin hat den Beschlussvorschlag von Vorstand und Aufsichtsrat der Antragstellerin gutgeheißen und am . . . . . zum einzigen TOP mit . . . . . Ja-Stimmen gegen . . . . . Nein-Stimmen, dh mit einer Mehrheit von . . . . . % der abgegebenen Stimmen und des vertretenen Grundkapitals, den Beschluss entsprechend des Beschlussvorschlags gefasst. Der Beschluss wurde vom Versammlungsleiter festgestellt.

Glaubhaftmachung: Notarielle Sitzungsniederschrift des Notars . . . . . vom . . . . ., UR Nr. . . . . ., Anlage ASt . . . . .

4. Die Antragsgegner haben gegen den Übertragungsbeschluss Beschlussmängelklagen eingereicht. Die Beschlussmängelklagen sind bei der Kammer für Handelssachen des

Landgerichts . . . . . unter den jeweiligen im Antrag bezeichneten Aktenzeichen anhängig. Die Klageschriften sind dieser Antragsschrift in Kopie beigefügt.

Der Beschluss über die Übertragung der Aktien der übrigen Aktionäre auf die Hauptaktionä-rin bedarf zu seiner Wirksamkeit der Eintragung in das Handelsregister des Amtsgerichts . . . . ., § 327e Abs. 3 AktG. Der Eintragung des Beschlusses stehen bis zur Freigabeentscheidung nach § 327e Abs. 2iVm § 319 Abs. 6 S. 1 AktG gegen den Beschluss erhobene Beschlussmängelklagen entgegen. Der Überwindung dieser faktischen Registersperre dient dieser Freigabeantrag zum Erlass eines Freigabebeschlusses durch den erkennenden Zivilsenat.

V.

1. Der Freigabeantrag ist nach § 319 Abs. 6 AktG iVm § 327e Abs. 2 AktG und §§ 78, 62 Abs. 5 S. 8 UmwG statthaft. Das OLG . . . . . ist sachlich und örtlich nach § 319 Abs. 6 S. 7 AktG zuständig, weil die Antragstellerin ihren Sitz im Gerichtsbezirk hat; die Spruchkörperzuständigkeit liegt nach . . . . . des Geschäftsverteilungsplans des OLG . . . . . bei dem erkennenden Zivilsenat.

2. Die Antragsgegner haben nach §§ 78, 62 Abs. 5 S. 8 UmwG, §§ 327e Abs. 2, 319 Abs. 6 S. 3 Nr. 2 AktG binnen einer Woche nach Zustellung dieses Antrags durch Urkunden nach-zuweisen, dass sie seit Bekanntmachung der Einberufung der Hauptversammlung Aktien der Antragstellerin mit einem anteiligen Betrag am Grundkapital von mindestens 1.000 EUR halten. Die Antragstellerin bestreitet mit Nichtwissen, dass jeder Antragsgegner selbst seit Bekanntmachung der Einberufung einen Bestand hält, der mindestens einen anteiligen Betrag am Grundkapital von 1.000 EUR ausmacht (entsprechend mindestens 1.000 Aktien an der Antragstellerin). Der Freigabebeschluss würde in diesem Fall ohne weiteres ergehen.[9]

3. Die Beschlussmängelklagen der Antragsgegner sind überdies allesamt offensichtlich unbegründet, was ich nachfolgend im Einzelnen dartue.[10] Dazu lege ich zunächst die rechtlichen Grundlagen für die Feststellung der offensichtlichen Unbegründetheit dar, bevor ich auf die einzelnen Rügen und deren offensichtliche Unbegründetheit eingehe.

4. Schließlich ist der Freigabeantrag auch gemäß §§ 327e Abs. 2, 319 Abs. 6 S. 3 Nr. 3 AktG begründet, und zwar unabhängig von der offensichtlichen Unbegründetheit der erhobenen Beschlussmängelklagen. Das Interesse der Antragstellerin und der Hauptaktionärin am alsbaldigen Wirksamwerden und Vollzug des Hauptversammlungsbeschlusses überwiegt deutlich gegenüber einem Interesse der Antragsgegner an einer Aussetzung der Eintragung ins Handelsregister und ist damit vorrangig.[11] Dieses überwiegende Interesse der Antragstellerin und der Hauptaktionärin ist auch nicht ausnahmsweise unbeachtlich, denn die mit den Rügen der Antragsgegner behaupteten Mängel beruhen nicht auf besonders schweren Rechtsverstößen.[12]

VI.

Den Streitwert gebe ich mit . . . . . EUR an.
Rechtsanwalt

Anmerkungen

1. Gemäß § 319 Abs. 6 S. 7 AktG ist für Freigabeverfahren anlässlich eines verschmelzungsrechtlichen Squeeze-Out sachlich und örtlich ein Senat des Oberlandesgerichts für die Entscheidung zuständig, in dessen Bezirk die Gesellschaft ihren Sitz hat. Eine entsprechende Zuständigkeit begründet allgemein für Freigabeverfahren zudem § 246a Abs. 1 S. 3 AktG.

2. Bei der Entscheidung über Freigabeverfahren nach §§ 246a Abs. 1 sowie 319 Abs. 6 AktG handelt es sich in der Regel um eine Sonderzuständigkeit, die dem jeweiligen Geschäftsverteilungsplan des zuständigen Oberlandesgerichts entnommen werden kann.

3. Antragstellerin des Freigabeverfahrens ist diejenige Gesellschaft, deren Hauptversammlung über eine Maßnahme der Kapitalherabsetzung, Kapitalbeschaffung oder den Abschluss eines Unternehmensvertrags (§ 246a Abs. 1 AktG), eine Eingliederung (§ 319 Abs. 6 AktG), einen aktienrechtlichen Squeeze-out (§ 327e Abs. 2 AktG) oder eine Verschmelzung (§ 16 Abs. 3 UmwG) Beschluss zu fassen hat. Sie wird durch ihren Vorstand vertreten; eine Doppelvertretung durch Vorstand und Aufsichtsrat ist nach § 246 Abs. 2 S. 2 AktG unschädlich (MüKoAktG/*Schäfer* § 246a Rn. 9).

4. Der Freigabeantrag ist gegen sämtliche Aktionäre zu richten, die gegen den entsprechenden Hauptversammlungsbeschluss Anfechtungs- oder Nichtigkeitsklage erhoben haben; letzteres ergibt sich aus dem Verweis in § 249 Abs. 1 S. 1 AktG (MüKoAktG/*Schäfer* § 246a Rn. 9). Umstritten ist, ob für die Zulässigkeit des Antrags eine Anhängigkeit der Klagen ausreicht (dafür Bürgers/Körber/*Göz* AktG § 246a Rn. 3; Kölner Komm AktG/*Noack*/*Zetsche* § 246a Rn. 139; Henssler/Strohn/*Drescher* AktG § 246a Rn. 10). Zum Teil wird es für ausreichend gehalten, wenn Rechtshängigkeit des Antrags zum Zeitpunkt der Entscheidung des Oberlandesgerichts vorliegt (Hüffer/*Koch* AktG § 246a Rn. 5; MüKoAktG/*Schäfer* § 246a Rn. 9).

5. Der Freigabeantrag entspricht in seinem Wortlaut den gesetzlichen Vorgaben hinsichtlich des Tenors des Freigabebeschlusses in § 246a Abs. 1 S. 1 AktG (sowie entsprechend in § 319 Abs. 6 S. 2, 11). Durch die Freigabeentscheidung wird die bei Erhebung einer Anfechtungs- oder Nichtigkeitsklage gegen den Hauptversammlungsbeschluss faktisch bestehende Registersperre überwunden, die aufgrund der bis dahin bestehenden Aussetzungsbefugnis des Registergerichts nach gemäß §§ 21, 381 FamFG eine Eintragung des Hauptversammlungsbeschlusses bis zur rechtskräftigen Entscheidung über die Klagen suspendiert (vgl. MüKoAktG/*Schäfer* § 243 Rn. 134, § 246a Rn. 15; Hüffer/*Koch* AktG § 246a Rn. 11). Liegen die Voraussetzungen von § 246a Abs. 2 AktG (bzw. von § 319 Abs. 6 S. 3 AktG) vor, stellt das Oberlandesgericht fest, dass erhobene Anfechtungsklagen einer Eintragung nicht entgegenstehen. Darüber hinaus sollte der Antrag entsprechend § 246a Abs. 1 S. 1 bzw. § 319 Abs. 6 S. 11 AktG die Feststellung enthalten, dass Mängel des Übertragungsbeschlusses die Wirkung der Eintragung des Übertragungsbeschlusses in das Handelsregister unberührt lassen, um die umfassende und ausschließliche materiell-rechtliche Prüfungskompetenz des Prozessgerichts klarzustellen. Dies folgt aus der zum Teil vertretenen Auffassung, der Freigabebeschluss entfalte Bindungswirkung nur im Umfang seiner Rechtskraft bzw. insoweit, als das Gericht seine Prüfungskompetenz ausgeübt habe; im Übrigen verbleibe eine eigenständige Prüfungskompetenz beim Registergericht, sodass trotz stattgebender Freigabeentscheidung keine Pflicht zur Eintragung bestehen soll (siehe im Einzelnen mit zahlreichen Nachweisen bei K. Schmidt/Lutter/*Schwab* AktG § 246a Rn. 53). Die Freigabeentscheidung ersetzt gemäß § 319 Abs. 6 S. 1 AktG die nach § 319 Abs. 5 S. 1 AktG abzugebende Negativerklärung.

6. § 319 Abs. 6 S. 4 AktG (bzw. entsprechend § 246a Abs. 3 S. 2 AktG) ermöglicht in dringenden Fällen die Entscheidung ohne mündliche Verhandlung. Voraussetzung hierfür ist, dass selbst die Ladung mit kürzestmöglicher Frist zu lange dauert (Hüffer/*Koch* AktG § 246a Rn. 24).

7. Der hier streitgegenständliche verschmelzungsrechtliche Squeeze-out, bei dem als Hauptaktionärin eine Gesellschaft in der Rechtsform einer KGaA beteiligt ist, ist gemäß §§ 78, 62 Abs. 5 S. 1, 8 UmwG iVm § 327aff. AktG zulässig. Anders als beim aktienrechtlichen Squeeze-out nach § 327a AktG, für den ein Aktienbesitz der Hauptaktionärin iHv 95 % erforderlich ist, ermöglicht der verschmelzungsrechtliche Squeeze-out einen Ausschluss der Minderheitsaktionäre bereits ab einer Beteiligungsschwelle von 90 %, was im Hinblick auf Art. 14 GG keinen verfassungsrechtlichen Bedenken begegnet (Grigoleit/*Rieder*, AktG, § 327a Rn. 9; OLG Hamburg 14.6.2012 – 11 Akt 1/12, BB 2012, 2073; zum aktienrechtlichen Squeeze-out BVerfG 30.5.2007 – 1 BvR 390/04, NZG 2007, 587 ff.).

8. Für die Rechtmäßigkeit des Übertragungsbeschlusses kommt es nicht darauf an, ob dieser sachlich gerechtfertigt ist. Er trägt vielmehr seine Rechtfertigung in sich (OLG Köln 14.12.2017, – 18 AktG 1/17, NZG 2018, 459 Rn. 32; OLG Hamburg 14.6.2012 – 11 Akt 1/12, NZG 2012, 944(945 f.); Lutter/*Grunewald* UmwG § 62 Rn. 50).

9. Das sog. Bagatellquorum gemäß § 319 Abs. 6 S. 3 Nr. 2 AktG (bzw. § 246a Abs. 2 Nr. 2 AktG) soll verhindern, dass sich Kleinstaktionäre als Trittbrettfahrer an die Anfechtungsklage eines anderen Aktionärs mit dem Ziel anhängen, das Eintragungsverfahren in die Länge zu ziehen (MüKoAktG/*Schäfer* § 246a Rn. 23). Es muss von jedem Antragsgegner individuell erreicht werden; eine Addition findet nicht statt. Dabei kann der Nachweis durch Urkunden gemäß § 319 Abs. 6 S. 3 Nr. 2 AktG (bzw. § 246a Abs. 2 Nr. 2 AktG) nicht dadurch erbracht werden, dass der Antragsgegner eine Ablichtung des Teilnehmerverzeichnisses der Hauptversammlung vorlegt, die ihn als Aktionär aufführt. Ebenso wenig genügt ein Beweisantritt nach §§ 421, 428 ZPO. Der zu führende Urkundenbeweis hat vielmehr durch die Vorlage einer Bank- oder Depotbescheinigung im Original zu erfolgen (OLG München 6.7.2011 – 7 AktG 1/11, WM 2011, 2287, 2289; OLG München 10.4.2013 – 7 AktG 1/13, AG 2013, 527 (528); OLG Köln 14.12.2017 – 18 AktG 1/17, NZG 2018, 459, Rn. 25; Emmerich/Habersack, Aktien- und GmbH-Konzernrecht, § 319 Rn. 36) Die Vorlage von Kopien soll nur dann ausreichend sein, wenn das Original unverzüglich nachgereicht wird (MüKoGmbHG/*Schäfer* § 246a Rn. 25; Kölner Komm AktG/*Noack*/*Zetsche* § 246a Rn. 97; Hüffer/*Koch* AktG § 246a Rn. 20c). Ferner ist erforderlich, dass die betreffende Depotbestätigung nicht von einem Zeitpunkt vor Zustellung des Freigabeantrags an den jeweiligen Antragsgegner stammt. Denn mit einer solchen Bestätigung kann der Nachweis denklogisch nicht geführt werden, dass ein Aktienanteil von mindestens EUR 1.000,00 nicht nur im Zeitpunkt der Einladung zur Hauptversammlung, sondern auch noch zum Zeitpunkt der Zustellung des Freigabeantrags gehalten wurde (OLG München 6.7.2011 – 7 AktG 1/11, WM 2011, 2287 (2289)).

10. Nach §§ 327e Abs. 2, 319 Abs. 6 S. 3 Nr. 1 AktG (bzw. § 246a Abs. 2 Nr. 1 AktG) ist der Freigabeantrag auch dann begründet, wenn die Beschlussmängelklagen gegen den betreffenden Beschluss der Hauptversammlung offensichtlich unbegründet sind. Eine Nichtigkeits- und Anfechtungsklage ist offensichtlich unbegründet, wenn eine umfassende rechtliche Würdigung des Sachverhalts zu dem Ergebnis führt, dass die Klage nach sorgfältiger Prüfung aller tatsächlichen und rechtlichen Fragen ohne hinreichende Aussicht auf Erfolg ist. Hierbei muss die Unbegründet nicht aus einer nur kursorischen rechtlichen Prüfung allein auf der Grundlage des unstreitigen oder bewiesenen Vortrags zweifelsfrei festgestellt werden, ohne dass streitige Rechtsfragen geklärt werde. Die Offensichtlichkeit bezieht sich dabei nicht auf den Prüfungsaufwand, sondern auf sein Ergebnis (OLG Düsseldorf 22.6.2017 – 6 AktG 1/17, juris Rn. 66; OLG Hamm 28.2.2005 – 8 W 6/05, AG 2005, 361; OLG Stuttgart 2.12.2014 – 20 AktG 1/14, juris Rn. 56; OLG Stuttgart 21.12.2012 – 20 AktG 1/12, juris Rn. 119; OLG Hamburg 14.6.2012 – 11 AktG 1/12, NZG 2012, 944 (945 f.)).

11. Nach §§ 327e Abs. 2, 319 Abs. 6 S. 3 Nr. 3 AktG (bzw. § 246a Abs. 2 Nr. 3 AktG) ist der Freigabeantrag dann begründet, wenn das alsbaldige Wirksamwerden des Hauptversammlungsbeschlusses vorrangig erscheint, weil die von der Antragstellerin dargelegten wesentlichen Nachteile für die Antragstellerin und ihre Aktionäre nach freier Überzeugung des Gerichts die Nachteile für die Antragsgegner überwiegen. Dabei sind allein die wirtschaftlichen Interessen der Antragstellerin und ihrer Aktionäre an der Eintragung und Bestandskraft der Maßnahme auf der einen Seite und das wirtschaftliche Interesse jedes einzelnen Antragsgegners an einer Aussetzung der Eintragung auf der anderen Seite abzuwägen (Vgl. Beschlussempfehlung und Bericht des Rechtsausschusses zum ARUG vom 20.5.2009, BT-Drs. 16/13098, S. 42, li. Sp.; KG Berlin 18.5.2010 – 14 AktG 1/10, AG 2010, 494 (495); KG Berlin 12.3.2010 – 14 AktG 1/09, AG 2010, 497, 498 f.; *Verse*, NZG 2009, 1127 (1130)). Zugunsten der Antragstellerin sind daher Nachteile einzustellen, die ihr oder dem Hauptaktionär durch das Ausbleiben von Kosteneinsparungen und Synergieeffekten, die aus der Durchführung des Squeeze-out und der Verschmelzung erwachsen würden, zu berücksichtigen (Hüffer/*Koch* AktG § 246a Rn. 21; Spindler/Stilz/*Dörr* AktG § 246a Rn. 31; Henssler/Strohn/*Drescher* AktG § 246a AktG, Rn. 8a; Kölner Komm AktG/*Koppensteiner* § 319 Rn. 32; Kölner Komm AktG/*Noack/Zetsche* § 246a Rn. 57; Bürgers/Körber/*Göz* AktG, § 246a Rn. 4c). Ist die Entstehung eines wirtschaftlichen Nachteils der Antragstellerin bzw. des Hauptaktionärs dem Grunde nach dargelegt und eine Schätzung der Nachteilshöhe glaubhaft gemacht, bedarf es für die Interessenabwägung keiner exakten betragsmäßigen Quantifizierung oder näheren Aufschlüsselung der Schätzung in Einzelpositionen (OLG Hamm 11.11.2013 – I-8 AktG 1/13, juris, Rn. 26; OLG Saarbrücken 7.12.2010 – 4 AktG 476/10, juris, Rn. 48).

12. Nach §§ 327e Abs. 2, 319 Abs. 6 S. 3 Nr. 3 AktG (bzw. § 246a Abs. 2 Nr. 3 AktG) ist ein überwiegendes Vollzugsinteresse ausnahmsweise dann unbeachtlich, wenn hinsichtlich des Hauptversammlungsbeschlusses ein besonders schwerer Rechtsverstoß vorliegt. Der Begriff des besonders schweren Rechtsverstoßes ist hierbei eng zu verstehen und geht über Nichtigkeitsgründe deutlich hinaus (MüKoAktG/*Schäfer* § 246a Rn. 27). Hierfür ist ein Verstoß erforderlich, der so schwer wiegt, dass eine Eintragung und damit Durchführung unerträglich wäre (RegBegr. BT-Drs. 11642, 41; Hüffer/*Koch* AktG § 246a Rn. 22).

39. Klage auf Schadensersatz nach § 97 Abs. 1 Nr. 1 WpHG

An das[1]
Landgericht[2]. . . . .

Klage

des . . . . . (Kläger)

Prozessbevollmächtigte: . . . . .
gegen

die . . . . . AG[3] vertreten durch den Vorstand,[4] . . . . . (Beklagte)

wegen Schadensersatz gem. § 97 Abs. 1 Nr. 1 WpHG[5]
Streitwert: . . . . . EUR
Namens und mit Vollmacht des Klägers erhebe ich Klage und werde beantragen:

1. **Der Beklagte wird verurteilt, an den Kläger . . . . . EUR nebst Zinsen iHv 5 Prozentpunkten über dem jeweiligen Basiszinssatz hieraus seit Klageerhebung zu bezahlen.**
2. **Die Beklagte trägt die Kosten des Rechtsstreits.**

Zur

Begründung

trage ich vor:

I.

Die Beklagte ist eine Aktiengesellschaft mit Sitz in . . . . ., deren Aktien unter anderem an der Frankfurter Wertpapierbörse zum Handel zugelassen sind.[6]

Der Kläger erwarb am . . . . . 20. . . . . über die Börse 1000 Stück Inhaberaktien der Beklagten zum Kurs von . . . . . EUR je Stück. Die Kosten für den Erwerb beliefen sich insgesamt auf . . . . . EUR.

Beweis: Vorlage einer Bankbescheinigung

Zwei Tage später um 16:00 Uhr veröffentlichte die überwiegend auf dem Gebiet der Wartung von Computerhardware und -software tätige Beklagte eine Ad-hoc-Mitteilung folgenden Inhalts:

„Der bislang zwischen der . . . . . AG und der . . . . .-GmbH bestehende Vertrag über die regelmäßige Wartung aller Computer-Hardwaregeräte in deren Haus sowie die Wartung der zugehörigen Software ist von der . . . . .-GmbH mit sofortiger Wirkung gekündigt worden. Aus diesem Vertrag wurden bei überdurchschnittlich hohen Gewinnmargen bislang ca. 30 % der Umsatzerlöse der . . . . . AG erzielt. Aufgrund dessen steht zu erwarten, dass die auf der Bilanzpressekonferenz vom . . . . . dieses Jahres avisierten wirtschaftlichen Ziele verfehlt werden". Der Kläger hat von der Kündigung erstmals durch diese Mitteilung Kenntnis erlangt. Bei Kenntnis dieser Tatsache vor dem Aktienerwerb hätte der Kläger die Aktien der Beklagten nicht erworben.

Der Börsenkurs der Beklagten fiel nach Veröffentlichung dieser Mitteilung bis zum Börsenschluss am selben Tag von zuvor . . . . . EUR um 25 % auf . . . . . EUR.

Nachdem der Kläger von der in der Ad-hoc-Mitteilung mitgeteilten Tatsache Kenntnis erlangt hatte, ging er davon aus, dass die wirtschaftliche Entwicklung der Beklagten weit hinter seinen bisherigen Erwartungen zurückbleiben würde und daher eine Beteiligung an der Gesellschaft nicht mehr sinnvoll sei. Am darauf folgenden Tag, dem . . . . ., veräußerte er daraufhin umgehend die am . . . . . erworbenen 1000 Stück Inhaberaktien der Beklagten über die Börse zu einem Kurs von seit dem Tag der Ad-hoc-Mitteilung unveränderten . . . . . EUR je Stück. Die Kosten für die Veräußerung betrugen . . . . . EUR.

Beweis: Vorlage einer Bankbescheinigung

Auf der Hauptversammlung der Beklagten am . . . . . 20. . . . . teilte der Vorstand der Beklagten mit, die Kündigung des Hardware- und Software-Wartungsvertrages durch die . . . . .-GmbH sei bereits zum . . . . ., zwei Wochen vor der Ad-hoc-Mitteilung, erfolgt. Die Kündigungserklärung sei der Beklagten am selben Tag zugegangen.

Beweis: beglaubigte Abschrift des Protokolls der Hauptversammlung der Beklagten vom . . . . .

II.

Die Beklagte ist dem Kläger gem. § 97 WpHG zum Ersatz des durch die Unterlassung der unverzüglichen Veröffentlichung einer Mitteilung über die Kündigung des Wartungsvertrages durch die Kundin . . . . .-GmbH am . . . . . entstandenen Schadens verpflichtet. Die Kündigung stellt einen nicht öffentlich bekannten Umstand dar, der sich auf einen Emittenten Finanzinstruments nach § 2 Abs. 4 WpHG bezieht und der geeignet ist, im Falle des Bekanntwerdens den Börsenpreis erheblich zu beeinflussen,[7] wie sich bereits an dem Kursverfall am Tage des Bekanntwerdens der Kündigung zeigt. Sie ist mithin eine Insiderinformation iSv Art. 17 Abs. 1 VO Nr. 596/2014. Die Beklagte hätte folglich

unverzüglich eine Mitteilung über diese Tatsache veröffentlichen müssen. Die Tatsache wurde jedoch erst vierzehn Tage später durch die Ad-hoc-Mitteilung vom . . . . . veröffentlicht.

Die Unterlassung der unverzüglichen Mitteilung erfolgte zumindest grob fahrlässig. Die Beweislast dafür, dass die Unterlassung nicht auf Vorsatz oder grober Fahrlässigkeit beruhte, obliegt nach § 97 Abs. 2 WpHG dem mitteilungspflichtigen Emittenten, hier also der Beklagten.[8] Zum Zeitpunkt des Anteilserwerbs hatte der Kläger keine Kenntnis von der Kündigung durch die . . . . .-GmbH.[9]

Wäre die Beklagte ihrer Pflicht zur unverzüglichen Mitteilung nachgekommen, hätte der Kläger am . . . . . die Aktien der Beklagten nicht erworben. Infolgedessen hätte er den durch Veräußerung realisierten Kursverlust von . . . . . EUR je Aktie zum . . . . . nicht hinnehmen müssen.[10] Außerdem wären ihm die Kosten für den Erwerb iHv . . . . . EUR sowie für die Veräußerung iHv . . . . . EUR erspart geblieben. Dem Kläger ist somit durch die Unterlassung der unverzüglichen Mitteilung der streitgegenständlichen Tatsache ein Schaden von insgesamt . . . . . EUR entstanden. Mit der Klage verfolgt der Kläger den Ersatz dieses Schadens durch die Beklagte.

Der geltend gemachte Zinsanspruch ergibt sich aus § 291 iVm § 288 Abs. 1 BGB.

III.

Den Streitwert gebe ich mit . . . . . EUR an.
Die Gerichtskosten werden unverzüglich nach Aufforderung eingezahlt.
Rechtsanwalt

Anmerkungen

1. Hier dargestellt wird die Klage auf Schadensersatz wegen unterlassener unverzüglicher Veröffentlichung von Insiderinformationen bei Erwerb der Wertpapiere nach Unterlassung der Veröffentlichung gem. § 97 WpHG. Das WpHG gewährt in §§ 97, 98 WpHG auf der Grundlage anderer Sachverhaltskonstellationen weitere Schadensersatzansprüche des Anlegers gegen den Emittenten. § 97 Abs. 1 Nr. 2 WpHG gewährt demjenigen einen Schadensersatzanspruch, der Wertpapiere vor dem Eintritt eines (den Kurs positiv beeinflussenden) Umstands erwirbt und nach der Unterlassung der Veröffentlichung des Umstands, jedoch vor dessen Bekanntwerden, veräußert; in dieser Fallgestaltung veräußert der Anleger die Wertpapiere zu einem „zu niedrigen" Preis. Für entsprechende Fallkonstellationen bei Veröffentlichung unwahrer Insiderinformationen in einer Ad-hoc-Mitteilung gewähren § 98 Abs. 1 Nr. 1 und Nr. 2 WpHG Schadensersatzansprüche. Die §§ 97, 98 WpHG wurden als §§ 37b, 37c WpHG neu eingefügt durch das Gesetz zur weiteren Fortentwicklung des Finanzplatzes Deutschland (4. Finanzmarktförderungsgesetz v. 21.6.2002, BGBl. I 2010; vgl. hierzu *Barnert* WM 2002, 1473 (1481 ff.); *Hutter/Leppert* NZG 2002, 649 ff.; *Reichert/Weller* ZRP 2002, 49 (54 ff.); *Rössner/Bolkart* ZIP 2002, 1471 ff.) und durch das Gesetz zur Verbesserung des Anlegerschutzes (Anlegerschutzverbesserungsgesetz v. 28.10.2004, BGBl. I 2630; vgl. hierzu *Cahn* Konzern 2005, 5 ff.; *Diekmann/Sustmann* NZG 2004, 929 ff.; *Spindler* NJW 2004, 3449 ff.) modifiziert. Redaktionelle Anpassungen folgen sodann durch das 1. Finanzmarktnovellierungsgesetz vom 30.6.2016, BGBl. I 2016, S. 1514, bevor durch das 2. Finanzmarktnovellierungsgesetz vom 23.6.2017, BGBl. I 2017, S. 1693 die Regelungen der §§ 37b, 37c WpHG mit inhaltlichen Erweiterungen in §§ 97, 98 WpHG überführt wurden (vgl. zur Gesetzeshistorie Assmann/Schneider/Mülbert/*Hellgardt* WpHG, §§ 97, 98 Rn. 1 ff.).

Durch das Gesetz zur Einführung von Kapitalanleger-Musterverfahren v. 16.8.2005, BGBl. I 2437 wurde das sog Kapitalanleger-Musterverfahrensgesetz (KapMuG) geschaffen, welches ua in den vorliegend relevanten Fällen, in denen ein Schadensersatzanspruch wegen falscher, irreführender oder unterlassener öffentlicher Kapitalmarktinformation geltend gemacht wird, die Möglichkeit der Durchführung eines Musterverfahrens zur Feststellung des Vorliegens oder Nichtvorliegens anspruchsbegründender oder anspruchsausschließender Voraussetzungen oder zur Klärung von Rechtsfragen eröffnet (§ 1 Abs. 1 S. 1 Nr. 1 KapMuG). Nach der Bekanntmachung des Musterverfahrens im Klageregister durch das OLG ist das Verfahren unterbrochen (§ 5 KapMuG), alle weiteren Verfahren, deren Entscheidung von der im Musterverfahren zu treffenden Feststellung oder der darin zu klärenden Rechtsfrage abhängt (§ 16 KapMuG), sind auszusetzen (§ 8 KapMuG) (vgl. dazu Assmann/Schneider/Mülbert/*Hellgardt* WpHG, §§ 97, 98 Rn. 180 ff.).

2. Bei auf die §§ 97, 98 WpHG gestützten Klagen bestimmt sich die sachliche Zuständigkeit nach § 71 Abs. 2 Nr. 3 GVG. Danach sind die Landgerichte ohne Rücksicht auf den Streitwert für alle Streitigkeiten, mit denen Schadensersatz aufgrund falscher, irreführender oder unterlassener öffentlicher Kapitalmarktinformationen begehrt wird, zuständig (vgl. Assmann/Schneider/Mülbert/*Hellgardt* WpHG, §§ 97, 98 Rn. 178). Zuständig sind die Zivilkammern, nicht die Kammer für Handelssachen. Eine Zuständigkeit der Kammer für Handelssachen nach § 95 Abs. 1 Nr. 4a GVG ist nicht gegeben, da es sich nicht um einen Anspruch aus einem Rechtsverhältnis zwischen einer Handelsgesellschaft (der AG) und ihren Mitgliedern (dem Aktionär) handelt. Zum einen ist die Pflicht zur Veröffentlichung und Mitteilung kursbeeinflussender Umstände nach Art. 17 Abs. 1 Uabs. 1 VO Nr. 596/2014 originär dem Kapitalmarktrecht und nicht dem Gesellschaftsrecht zuzurechnen (vgl. auch Assmann/Schneider/Mülbert/*Hellgardt* WpHG, §§ 97, 98 Rn. 45, deliktischer Tatbestand). Zum anderen ist der Anleger erst nach der die Schadensersatzpflicht auslösenden Unterlassung in das gesellschaftsrechtliche Verhältnis eingetreten. Nach § 95 Abs. 1 Nr. 4a GVG besteht die Zuständigkeit der Kammer für Handelssachen zwar auch dann, wenn das Gesellschaftsverhältnis – wie hier durch Veräußerung der Aktien – bereits aufgelöst ist. Eine entsprechende Regelung für den Fall, dass das Gesellschaftsverhältnis erst nach Eintritt des anspruchsbegründenden Umstands entsteht, enthält das Gesetz jedoch nicht. Die örtliche Zuständigkeit regelt § 32b Abs. 1 S. 1 Nr. 1 ZPO. Für derartige Klagen ist das Gericht am Sitz des betroffenen Emittenten ausschließlich zuständig. Als Sitz des Emittenten gilt gem. § 17 Abs. 1 S. 1 ZPO der in der Satzung genannte Sitz, hilfsweise der Ort, an dem seine Verwaltung geführt wird (§ 17 Abs. 1 S. 2 ZPO). Die Landesregierungen sind gem. § 32b Abs. 2 ZPO ermächtigt, durch Rechtsverordnung die genannten Klagen bei einem LG für die Bezirke mehrerer Landgerichte zu konzentrieren (so geschehen bspw. in Bayern, für die Landgerichtsbezirke Augsburg, Kempten (Allgäu) und Memmingen das LG Augsburg, für die Landgerichtsbezirke Deggendorf, Landshut und Passau das LG Landshut, für die Landgerichtsbezirke Ingolstadt, München I, München II und Traunstein das LG München I und für die Landgerichtsbezirke der Oberlandesgerichte Nürnberg und Bamberg das LG Nürnberg-Fürth, § 37 GZVJu; in Hessen das LG Frankfurt a. M., § 46 JuZuV; in Nordrhein-Westfalen für den Oberlandesgerichtsbezirk Düsseldorf das LG Düsseldorf, für den Oberlandesgerichtsbezirk Hamm das LG Dortmund und für den Oberlandesgerichtsbezirk Köln das LG Köln, § 1 KonzVOZPOKapMuG; in Thüringen das LG Gera, § 5 Abs. 3 ThürGerZustVO – vgl. zur örtlichen Zuständigkeit Assmann/Schneider/Mülbert/*Hellgardt* WpHG §§ 97, 98 Rn. 178 f.).

3. Die Schadenersatzforderung ist, wie in der Lit. kritisiert (vgl. *Hutter/Leppert* NZG 2002, 649 (654); *Rössner/Bolkart* ZIP 2002, 1471 (1476) jeweils mwN), gegen die Gesellschaft selbst und nicht gegen den Vorstand gerichtet (Assmann/Schneider/Mülbert/*Hellgardt* WpHG §§ 97, 98 Rn. 61). Auch über den Regressanspruch der Gesellschaft gegen Vorstandsmitglieder, für den §§ 97 Abs. 5, 98 Abs. 5 WpHG eine Regelung enthalten, kann keine Durchgriffshaftung des Vorstandes gegenüber dem geschädigten

Anleger hergeleitet werden. Allerdings kann die Verletzung von Ad-hoc-Mitteilungspflichten durch den Vorstand im Einzelfall die Anspruchsvoraussetzungen weiterer Schadensersatznormen erfüllen → Anm. 5, sodass dann die Klage ggf. auch gegen die Vorstandsmitglieder erstreckt werden sollte.

4. Die Gesellschaft wird ausschließlich durch den Vorstand vertreten, § 78 Abs. 1 AktG.

5. Weitergehende Ansprüche, die auf Grund von Verträgen oder vorsätzlichen unerlaubten Handlungen erhoben werden können, bleiben von den Schadensersatzansprüchen nach §§ 97, 98 WpHG unberührt (vgl. §§ 97 Abs. 4, 98 Abs. 4 WpHG). Denkbar sind insb. Ansprüche gegen den Emittenten (s. hierzu BGH 3.3.2008 – II ZR 310/06, NZG 2008, 386 mwN) und auch gegen die Vorstandsmitglieder aus § 826 BGB, wobei nach der Rspr. des BGH dessen Voraussetzung der Sittenwidrigkeit bereits durch eine direkte vorsätzliche Beeinflussung des Sekundärmarktpublikums durch eine grob unrichtige ad hoc-Mitteilung indiziert ist (BGH 19.7.2004 – II ZR 402/02, NJW 2004, 2971, auch zu den anderen Tatbestandsmerkmalen; hierzu auch OLG Düsseldorf 19.6.2009 – I-22 U 2/09, WM 2009, 1655; *Spindler* WM 2004, 2089 ff.; restriktiver noch LG Augsburg 9.1.2002 – 6 O 1640/01, NZG 2002, 428; LG München I 28.6.2001 – 12 O 10157/01, ZIP 2001, 1814 ff.; AG München 23.9.2001 – 191 C 9970/01, NJW-RR 2001, 1707). Ein Anspruch aus § 823 Abs. 2 BGB iVm dem Verbot der Kurs- und Marktpreismanipulation, das in § 20a WpHG aF (früher § 88 BörsG) geregelt war, indes durch das 1. Finanzmarktnovellierungsgesetz aufgehoben wurde und heute in Art. 15 VO Nr. 596/2014 geregelt ist (dazu *Richter,* NZG 2020, 210), wird von Rspr. und hM abgelehnt (BGH 19.7.2004 – II ZR 402/02, NJW 2004, 2971; ähnlich (noch zu § 88 BörsG) LG Augsburg 9.1.2002 – 6 O 1640/01, NZG 2002, 428; wohl auch LG München I 28.6.2001 – 12 O 10157/01, ZIP 2001, 1814 ff.; Fuchs/*Fleischer* WpHG § 20a aF Rn. 154; aA LG Augsburg 24.9.2001 – 3 O 4995/00, DB 2001, 2334 ff.). Dagegen kann sich – abhängig von den Umständen des Einzelfalls – eine zivilrechtliche Einstandspflicht des Vorstands für bewusst falsche ad hoc-Meldungen aus § 823 Abs. 2 BGB iVm § 400 Abs. 1 Nr. 1 AktG ergeben (vgl. einerseits BGH 19.7.2004 – II ZR 402/02, NJW 2004, 2971; andererseits BGH 9.5.2005 – II ZR 287/02, NZG 2005, 672 (673)). Vgl. zu konkurrierenden Schadensersatzansprüchen Assmann/Schneider/Mülbert/*Hellgardt* WpHG §§ 97, 98 Rn. 171 ff.; Assmann/Schütze/Buck-Heeb/*Fleischer*, HdB Kapitalanlagerecht § 6 Rn. 11 ff.

6. §§ 97, 98 WpHG normieren als Anspruchsvoraussetzung die Zulassung der betroffenen Finanzinstrumente (Definition in § 2 Abs. 4 WpHG) zum Handel an einer inländischen Börse. Da die Vorschriften an Art. 17 Abs. 1 Uabs. 3 VO 596/2014 anknüpfen, ist der organisierte Markt iSd § 2 Abs. 22 WpHG gemeint (Assmann/Schneider/Mülbert/*Hellgardt* WpHG §§ 97, 98 Rn. 65).

7. Zu den einzelnen Tatbestandsvoraussetzungen vgl. Assmann/Schneider/Mülbert/*Hellgardt* WpHG §§ 97, 98 Rn. 59 ff.; Assmann/Schütze/Buck-Heeb/*Fleischer*, HdB. Kapitalanlagerecht § 6 Rn. 40 ff.).

8. Zu dieser Beweislastumkehr vgl. Assmann/Schneider/Mülbert/*Hellgardt* WpHG §§ 97, 98 Rn. 107.

9. Kennt der Dritte die Insiderinformation bei Erwerb der Aktien, besteht der Anspruch nicht, § 97 Abs. 3 WpHG. Grob fahrlässige Unkenntnis führt hingegen nicht zu einem Anspruchsausschluss (Assmann/Schneider/Mülbert/*Hellgardt* WpHG §§ 97, 98 Rn. 118).

10. Veräußert der Anleger seine Anteile bei sinkenden Kursen nicht unverzüglich nach Bekanntwerden der Insiderinformation, stellt sich die Frage, ob ihn eine

Schadensminderungspflicht wegen der Grundsätze zur Ermittlung des Kursdifferenzschadens oder auch eigenen Mitverschuldens gem. § 254 BGB trifft (vgl. *Fleischer/Kalss* AG 2002, 329 (334 f.), iErg aber abl.; abl. auch Assmann/Schneider/Mülbert/*Hellgardt* WpHG §§ 97, 98 Rn. 147 mwN). Allerdings könnte eine nicht unverzügliche Veräußerung im Widerspruch zu der Argumentation stehen, der Kläger hätte bei Kenntnis der Insiderinformation die Anteile nicht erworben. Die Schadensberechnung sollte bei der vorliegenden Sachverhaltskonstellation auf Grund der unverzüglichen Veräußerung der Wertpapiere durch den Anleger nach Erlangung der Kenntnis von der Insiderinformation wie im Formular dargestellt unproblematisch sein; denn als Richtgröße für den Kursdifferenzschaden kann die Kursveränderung dienen, die das Wertpapier unmittelbar nach Bekanntwerden der wahren Umstände genommen hat (BGH 2.6.2005 – III ZR 365/03, NZG 2005, 672 (675); Assmann/Schneider/Mülbert/*Hellgardt* WpHG §§ 97, 98 Rn. 134 mwN). Bei anderen Sachverhaltskonstellationen mag sich die Schadensermittlung jedoch als problematisch erweisen, vgl. Assmann/Schneider/Mülbert/*Hellgardt* WpHG §§ 97, 98 Rn. 135 ff.; *Hutter/Leppert* NZG 2002, 649 (654 f.); *Rössner/Bolkart* ZIP 2002, 1471 (1475 f.) jeweils mwN. Ob der Anleger bei Ansprüchen nach §§ 97, 98 WpHG nicht nur den Differenzschaden (also den Unterschiedsbetrag zwischen dem Transaktionspreis und dem Preis, der sich bei pflichtgemäßem Publizitätsverhalten gebildet hätte), sondern vielmehr auch Naturalrestitution in Form der Erstattung des gezahlten Kaufpreises gegen Übertragung der erworbenen Aktien oder – sofern er die Aktien zwischenzeitlich veräußert hat – gegen Anrechnung des an ihre Stelle getretenen Veräußerungspreises verlangen kann, ist streitig (verneinend Assmann/Schneider/Mülbert/*Hellgardt* WpHG §§ 97, 98 Rn. 131 f..; Fuchs/*Fuchs* WpHG §§ 37b, 37c aF Rn. 37 ff. mwN, auch zur Gegenansicht). Für Schadensersatzansprüche nach § 826 BGB und § 823 Abs. 2 BGB (→ Anm. 5) wurde dies vom BGH bejaht (BGH 19.7.2004 – II ZR 402/02, BGHZ 160, 149; BGH 2.6.2005 – III ZR 365/03, NZG 2005, 672 (673)). Nach dieser Rspr. sollen sich diese Ansprüche auch auf die betroffene AG erstrecken, da diese analog § 31 BGB für die von ihrem Vorstand begangenen sittenwidrigen Schädigungen und vorsätzlichen Verstöße gegen ein Schutzgesetz einzustehen habe und §§ 57, 71 AktG nicht entgegenstehen sollen (BGH 2.6.2005 – III ZR 365/03, NZG 2005, 672 (673); BGH 3.3.2008 – II ZR 310/06, NZG 2008, 386).

40. Klage auf Schadensersatz wegen Verletzung von Garantieversprechen und Vorsatz/Arglist aus Vertrag über Unternehmenstransaktion

An das
Landgericht . . . . .
Kammer für Handelssachen[1]

Klage

der. . . . . (Klägerin)

Prozessbevollmächtigter: . . . . .
gegen

die. . . . . (Beklagte)

wegen

Schadensersatz
Vorläufiger Streitwert: . . . . . EUR
Namens und mit Vollmacht der Klägerin erhebe ich Klage und werde beantragen:

1. Die Beklagte wird verurteilt, die folgende Erklärung gegenüber der . . . . .-Bank mit Sitz in . . . . ., geschäftsansässig . . . . ., eingetragen im Genossenschaftsregister des Amtsgerichts . . . . . unter Nr. . . . . . abzugeben:[2]
„Ich weise hiermit gemäß §. . . . .des Treuhandvertrages zwischen der Klägerin, der Beklagten und der. . . . .-Bank vom. . . . .die. . . . .-Bank als Treuhänderin unwiderruflich an, den gesamten Garantieeinbehalt in Höhe von. . . . .Mio. EUR zuzüglich sämtlicher hierauf aufgelaufener Zinsen an die Klägerin durch Überweisung auf das unter § . . . . .des Treuhandvertrages bezeichnete Konto auszuzahlen."
2. Die Beklagte wird verurteilt, ... EUR nebst Zinsen iHv 5 Prozentpunkten über dem jeweiligen Basiszinssatz hieraus ab Rechtshängigkeit an die Klägerin zu bezahlen.
3. Der Beklagte trägt die Kosten des Rechtsstreits.

Zur

Begründung

trage ich vor:

I.

1. Die Klägerin kaufte und erwarb mit Kauf- und Übertragungsvertrag vom . . . . . (Notar . . . . . in . . . . ., UR-Nr. . . . .) sämtliche Geschäftsanteile an der . . . . . zu einem Kaufpreis von EUR . . . . . Mio. von der Beklagten.
   Beweis: Vorlage des Kauf- und Übertragungsvertrags
2. Der Kauf- und Übertragungsvertrag wurde am . . . . . dinglich vollzogen, der Kaufpreis vollständig gezahlt.
   Beweis: Vorlage des Vollzugsprotokolls
3. Im Kauf- und Übertragungsvertrag sind ua folgende Regelungen enthalten:
   Nach § . . . . .
   „garantiert die Verkäuferin im Wege eines selbständigen, verschuldensunabhängigen Versprechens, dass die in den §§. . . . .gemachten Angaben am Vollzugstag vollständig und richtig sind."
   Der in Bezug genommene § . . . . . lautet:
   „Seit dem. . . . .sind keine außergewöhnlichen Ereignisse eingetreten, die einen wesentlichen nachteiligen Einfluss auf die Entwicklung der Geschäfte der. . . . . GmbH insgesamt gesehen haben."
   Der in Bezug genommene § . . . . . lautet:
   „Die der Käuferin in dem zu Zwecken der Due Diligence-Prüfung erstellten Datenraum oder in anderer Form schriftlich oder per E-Mail vor dem Unterzeichnungstag zur Verfügung gestellten Unterlagen geben die geschäftliche Lage der. . . . .GmbH insgesamt im Wesentlichen richtig und vollständig wieder."
   Der in Bezug genommene § lautet:
   „Für die Haftung im Rahmen des og Garantieversprechens kommt es auf die Kenntnis des. . . . .an."
4. Zu den Rechtsfolgen der Verletzung eines Garantieversprechens regelt § . . . . . des Kauf- und Übertragungsvertrags, dass die Beklagte in diesem Fall Schadensersatz in Geld zu leisten ist. Bis zur Höhe des Garantieeinbehalts von . . . . . Mio. EUR erfolgt die Leistung durch Abgabe einer Freigabeerklärung gegenüber der Treuhänderin zur Auszahlung des Garantieeinbehalts an die Klägerin. Der Garantieeinbehalt deckt

sämtliche Ansprüche der Klägerin ab, nicht nur solche aus Verletzungen von Garantieversprechen.

Beweis: Vorlage des Kauf- und Übertragungsvertrags

5. Zentrale Unterlage des Datenraums, die nach gemeinsamem Verständnis der Parteien der Unternehmensbewertung der . . . . GmbH und somit der Kaufpreisbemessung zugrunde lag, ist deren Auftragsbuch.
Die Klägerin erhielt im Datenraum das Auftragsbuch mit Datum vom . . . .

Beweis: Vorlage des Auftragsbuchs

6. Auf die per E-Mail gestellte Frage der Klägerin am . . . ., d.h. vor Abschluss des Kauf- und Übertragungsvertrags, antwortete die Beklagte, dass sich keine Änderungen im Auftragsbuch ergeben hätten.

Beweis: Vorlage der E-Mail Korrespondenz

7. Nach Vollzug stellte die Klägerin fest, dass diese Antwort nicht der Wahrheit entsprach. Es hatte sich ein dramatischer Auftragseinbruch um über 50 % ereignet, der in einer fortgeschriebenen Fassung des Auftragsbuchs auch festgehalten war. Diese Fassung des Auftragsbuchs wurde der Klägerin indes trotz Nachfrage nicht zur Verfügung gestellt.

Beweis: Vorlage der fortgeschriebenen Fassung des Auftragsbuchs

8. Die fortgeschriebene Fassung des Auftragsbuchs war dem Geschäftsführer der Beklagten, der zugleich bis zum Vollzug Geschäftsführer der . . . . GmbH war, bekannt. Ebenfalls bekannt war ihm die Bedeutung, die dieser Umstand für den Unternehmenswert und den sich daraus ergebenden Kaufpreis für die Geschäftsanteile der . . . . GmbH hatte. Dies belegt eine E-Mail Korrespondenz zwischen dem Leiter der Buchhaltung der . . . . GmbH und dem Geschäftsführer. Darin weist der Leiter der Buchhaltung auf diese Umstände ausdrücklich hin; der Geschäftsführer antwortete, man solle „die Füße stillhalten bis der Deal durch" sei, anderenfalls würde „der Deal platzen".

Beweis: Vorlage der E-Mail Korrespondenz

9. Hätte die Klägerin vor Abschluss des Kauf- und Übertragungsvertrags den Umsatzeinbruch gekannt, hätte sie vom Abschluss des Kauf- und Übertragungsvertrags abgesehen.

Beweis: Vernehmung des Geschäftsführers der Klägerin als Partei

10. Außergerichtlich hat sich die Beklagte auf die §§ . . . . berufen, in denen die Verjährungsfrist vertraglich abgekürzt ist, Haftungsbegrenzungen der Höhe nach festgelegt sind und das gesetzliche Leistungsstörungsrecht ausgeschlossen ist. Diese Regelungen gelten jedoch aus Rechtsgründen im vorliegenden Fall nicht (dazu sogleich).
11. Die . . . . . GmbH hat aufgrund des Auftragseinbruchs einen Minderwert von . . . . . Mio. EUR. Wäre dies dem Kläger bekannt gewesen, hätte sich hieraus ein um . . . . . Mio. EUR niedriger Kaufpreis ergeben.[3]

II.

1. Der Klägerin steht ein Anspruch auf Schadensersatz in Höhe des zu viel bezahlten Kaufpreises aufgrund der Verletzung des Garantieversprechens zu (§§ 241 Abs. 1 S. 1, 311 Abs. 1, 249 f. BGB iVm mit den §§ . . . . . des Kauf- und Übertragungsvertrags).
2. Die Beklagte hat die og Garantieversprechen objektiv verletzt, da die gemachten Angaben zur Auftragslage unrichtig waren. Darauf, ob die Beklagte die Verletzung der Garantieversprechen zu vertreten hat, kommt es aufgrund der vertraglichen

Vereinbarung der Verschuldensunabhängigkeit haftungsbegründend nicht an. Da der Beklagten indes Vorsatz zur Last liegt (§§ 31, 276 BGB), gilt weder die vertragliche Abkürzung der Verjährungsfrist (§ 202 Abs. 2 BGB) noch gilt die Haftungsbegrenzung der Höhe nach (§ 276 Abs. 3 BGB). Der Schadensersatzanspruch ist daher ohne weiteres in voller Höhe durchsetzbar.[4]

3. Im Wege der Hilfsbegründung fordert die Klägerin den geltend gemachten Schadensersatz aus einer vorsätzlichen vorvertraglichen Pflichtverletzung, §§ 280 Abs. 1, 311 Abs. 2, 241 Abs. 2 BGB.[5] Der Ausschluss des gesetzlichen Leistungsstörungsrechts gilt nach § 276 Abs. 3 BGB nicht.[6]

III.

Die Sache ist Handelssache.
Den Streitwert gebe ich mit . . . . . EUR an.
Die Gerichtskosten werden unverzüglich nach Aufforderung eingezahlt.
Rechtsanwalt

Anmerkungen

1. Nach § 95 Abs. 1 Nr. 1 GVG kann die Kammer für Handelssachen funktionell zuständig sein, sofern gem. § 71 GVG die Zuständigkeit des LG eröffnet ist. Die örtliche Zuständigkeit bestimmt sich nach §§ 12, 17 ZPO. Streitigkeiten im Nachgang zu Unternehmenstransaktionen (sog. Post-M&A-Streitigkeiten) sind schiedsfähig; es ist weit verbreitet, Schiedsvereinbarungen für Streitigkeiten aus einem Unternehmenserwerb in den Kauf- und Übertragungsvertrag aufzunehmen. Gründe sind ua, dass als Schiedsrichter Personen ausgewählt werden können, die mit Unternehmenstransaktionen vertraut sind (vgl. MHdB GesR VII/*Becker/Mallmann*, § 134 Rn. 192 ff.); zudem kann das Verfahren in englischer Sprache geführt werden, was bei internationalen Unternehmenstransaktionen und Entscheidungsträgern, die der deutschen Sprache nicht mächtig sind, einen erheblichen Vorteil bringt; zudem findet häufig jedenfalls zT ausländisches Recht Anwendung oder es stellen sich tiefgreifende technische Fragen, Fragen der Unternehmensbewertung, steuerliche oder bilanzielle Fragen, wozu in Schiedsverfahren idR durch von den Parteien benannte Sachverständige Beweis geführt werden kann, was ebenfalls ein ganz erheblicher Vorteil ist; schließlich entscheidet das Schiedsgericht idR letztgültig ohne Rechtsmittel, was zu einer Verkürzung des Verfahrens beiträgt und damit ebenfalls vorteilhaft ist.

2. Oft sehen Unternehmenskaufverträge den Einbehalt eines Teils des Kaufpreises zur Absicherung von Garantieansprüchen vor. Der Anspruch ist dann gerichtet auf die Erklärung der Freigabe des Garantieeinbehalts. Unerheblich ist, ob es sich bei der Freigabeerklärung um eine Willenserklärung oder eine rechtsgeschäftsähnliche Erklärung handelt, denn in beiden Fällen gilt § 894 ZPO (vgl. MüKoZPO/*Gruber* § 894 Rn. 2 f.; bei einem Schiedsspruch nach Erklärung der Vollstreckbarkeit, vgl. RG 23.6.1931 – VII 237/30, RGZ 133, 128(133)).

3. Zu beachten ist, dass Schadenspositionen wie ein fehlender Waren- und Auftragsbestand grds. nur im Verhältnis zwischen der Zielgesellschaft (dem Kaufobjekt) und dem Verkäufer kompensationsfähig sind (Holzapfel/Pöllath/*Engelhardt* Unternehmenskauf Rn. 923; *Hilgard* ZIP 2005 1813 (1818), *Mellert* BB 2011 1667 (1670); Münch. VertrHdB IV/*Rieder* IV.2.c).aa)); Anteilskaufverträge sehen für diesen Fall häufig vor, dass der Käufer den Schaden der Zielgesellschaft geltend machen können soll. Zu unterscheiden ist zunächst danach, ob nicht nur der Käufer, sondern auch die Zielgesellschaft eigenständig anspruchsberechtigt sein soll (ggf. besteht ein Wahlrecht); steht der Anspruch dem Käufer zu, stellt sich die weitere Frage, ob dieser den Schaden der Zielgesellschaft als eigenen Schaden geltend machen darf oder nur einen eigenen Schaden, der im Minderwert der Anteile an der Zielgesellschaft liegt. Darf der Käufer einen fremden Schaden geltend machen, so stellt sich schließlich die Frage, ob er Leistung an sich oder an die Zielgesellschaft verlangen darf. Auf all dies ist sowohl bei der Gestaltung als auch bei der Durchsetzung der Ansprüche zu achten. Verbleiben nach dem Vertrag Zweifel (zB hinsichtlich der Befugnis, Schadensersatz zu fordern oder schuldbefreiend zu empfangen), kann dem durch Hilfsanträge Rechnung getragen werden. Für den Käufer ergibt sich ein eigener kompensationsfähiger Schaden nur dann, wenn sich Mängel des Geschäftsbetriebs auf den Unternehmenswert ausgewirkt haben oder es ihm bei Kenntnis der Unrichtigkeit der Garantien gelungen wäre, einen geringeren Kaufpreis zu vereinbaren (BGH 15.3.2006 – VIII ZR 120/04, NJW-RR 2006, 1185 Rn. 35; Holzapfel/Pöllath/*Engelhardt* Unternehmenskauf Rn. 923; *Hilgard* ZIP 2005 1813 (1818), *Mellert* BB 2011 1667 (1670); Münch. VertrHdB IV/*Rieder* IV.2.c).aa).); ähnlich OLG Frankfurt a. M. 7.5.2015 – 26 U 35/12, NZG 2016, 435 Rn. 74; BeckOGK/*Wilhelmi* BGB § 453 Rn. 734). Hinsichtlich der Schadensberechnung führt etwa das OLG Frankfurt a. M. zu Bilanzgarantien aus: *„Der Schaden besteht danach in dem Minderwert, dh in der Wertdifferenz zu dem hypothetisch erzielten niedrigeren Kaufpreis und nicht [. . . . .] in der Summe der Differenz von einzelnen unrichtigen Bilanzpositionen [. . . . . .].“* (OLG Frankfurt a. M. 7.5.2015 – 26 U 35/12, NZG 2016, 435 Rn. 74).

4. In Unternehmenskaufverträgen ist üblicherweise das gesetzliche Leistungsstörungsrecht ausgeschlossen. Ein Ausschluss ist jedoch nicht zulässig bei einer vorsätzlichen Pflichtverletzung (vgl. ua §§ 202 Abs. 1, 276 Abs. 3, § 444 Var. 1 BGB, siehe dazu MHdB GesR VII/*Becker/Mallmann*, § 134 Rn. 82; vgl. ausführlich zum gesetzlichen Leistungsstörungsrecht MHdB GesR VII/*Becker/Mallmann*, § 134 Rn. 82 ff.). Liegt ein Fall von Vorsatz vor, gelten daher in Unternehmenskaufverträgen übliche vertragliche Begrenzung der Haftung der Höhe nach und der Verjährungsfrist nicht. Die Wissenszurechnung erfolgt nach §§ 31, 166 BGB, soweit nicht der Unternehmenskaufvertrag eine (idR einschränkende) Regelung enthält und bestimmte Wissensträger benennt, auf deren Kenntnis es maßgeblich ankommt. Die Zulässigkeit solcher Beschränkungen im Rahmen von Garantieversprechen, deren Inhalt die Parteien frei bestimmen können, ist anerkannt (BeckHdB M&A/*Meyer-Sparenberg* § 44 Rn. 55; Drygala/Wächter/*Bank*, Verschuldenshaftung, Aufklärungspflichten, Wissens- und Verhaltenszurechnung bei M&A Transaktionen, 2020, Teil II.III.1.). Im Falle der Haftung aus vorsätzlicher vorvertraglicher Pflichtverletzung ist diese Frage umstritten (siehe zum Streitstand Drygala/Wächter/*Bank*, Verschuldenshaftung, Aufklärungspflichten, Wissens- und Verhaltenszurechnung bei M&A Transaktionen, 2020, Teil II.III.2.). Der potentielle Schuldner des Schadensersatzanspruchs, idR der Verkäufer, trägt nach § 280 Abs. 1 S. 2 BGB die Beweislast dafür, dass er nicht vorsätzlich gehandelt hat (BGH 12.5.2009 – XI ZR 586/07, NJW 2009, 2298 Rn. 17); ob dies auch bei der Verletzung von Garantieversprechen aus Verträgen über Unternehmenstransaktionen gilt, ist umstritten, zumal die Beweislast für Arglist nach § 444 Var. 1 BGB beim Käufer liegt, wobei aber die Grundsätze der sekundären Darlegungslast eingreifen können, sofern die unterlassene Offenbarung eines Umstands als negative Tatsache in Streit steht (BGH 12.11.2010 – V ZR 181/09, NJW 2011, 1279, 2181 Rn. 12).

5. Neben der Garantiehaftung ist auch an eine vorsätzliche Verletzung vorvertraglicher Aufklärungspflichten zu denken. Handelt der Verkäufer vorsätzlich, wird die Haftung aus §§ 280 Abs. 1, 311 Abs. 2, 241 BGB nicht durch die Gewährleistung verdrängt (BGH 27.3.2009 – V ZR 30/08, NJW 2009, 2120 (2122) Rn. 24; MHdB GesR VII/*Becker/Mallmann*, § 134 Rn. 101 ff.; zum Verhältnis zwischen vorvertraglicher Aufklärungspflichtverletzung und Sachmängelgewährleistung beim Unternehmenskauf siehe BeckOGK/*Wilhelmi* BGB § 453 Rn. 696 f.); auch hier gilt § 276 Abs. 3 BGB. Im Vorsatzfall wird sich der Käufer stets überlegen, ob er am Vertrag festhalten und Schadensersatz verlangen (zB aus vertraglichen Garantieversprechen, §§ 280 Abs. 1, 311 Abs. 2 Nr. 1, 249 f. BGB) oder diesen rückabwickeln will (zB nach §§ 142, 123 BGB oder §§ 280 Abs. 1, 311 Abs. 2 Nr. 1, 249 Abs. 1 BGB). Der BGH hat für den hier vorliegenden Fall, in dem der Käufer den Vertrag bei anfänglicher Kenntnis der wahren Sachlage nicht abgeschlossen hätte, nun aber zulässigerweise am Vertrag festhält, zur Schadensberechnung wegen vorsätzlicher vorvertraglicher Aufklärungspflichtverletzung ausgeführt: „*In einem solchen Fall muß der am Vertrag festhaltende Käufer, soll der Schaden überhaupt sinnvoll erfaßbar sein, so behandelt werden, als wäre es ihm bei Kenntnis der wahren Sachlage gelungen, den Kaufvertrag zu einem günstigeren Kaufpreis abzuschließen (vgl. dazu auch RGZ 103, 47, 51; RGZ 132, 76, 79), ohne daß es auf den – hypothetischen und ohnehin kaum zu führenden – Nachweis ankommt, ob auch der Verkäufer sich damals mit einem Vertragsschluß unter diesen Bedingungen einverstanden erklärt hätte. Schaden ist also hier der Betrag, um den die Kl. im enttäuschten Vertrauen auf die Richtigkeit der Bilanzangaben des Bekl. dessen Anteile an der KG überhöht gekauft hat.*“ (BGH 25.5.1977 – VIII ZR 186/75, NJW 1977, 1536 (1538)).

6. Falls die entsprechenden Tatbestandsmerkmale vorliegen, kann der Anspruch ferner nach § 826 BGB und §§ 823 Abs. 2 BGB iVm § 263 BGB gerechtfertigt sein.

41. Schiedsklage (institutionell) auf Zahlung und Feststellung von Zahlungsverpflichtungen wegen Freistellung aus Vertrag über Unternehmenstransaktion in englischer Sprache

German Arbitration Institute (DIS)
Deutsche Institution für Schiedsgerichtsbarkeit e. V. (DIS)[1]

Request for Arbitration

. . . . .-GmbH **(Claimant)**

represented by: . . . . .
versus

. . . . .-GmbH **(Respondent)**

Regarding Indemnification Claim
Amount in Dispute: . . . . . EUR[2]
In the name and on behalf of Claimant, I hereby commence arbitration proceedings by filing this Request for Arbitration.

Request for Relief

Claimant hereby respectfully requests the Arbitral Tribunal to render the following Arbitral Award:

1. It is declared that Respondent is obligated to indemnify and hold harmless Claimant from any costs, expenses, liabilities, damages and other losses incurred and/or to be incurred by Claimant arising out of or in connection with

– any of the violations of the German Federal Immission Control Act (*Bundesimmissionschutzgesetz*) set forth in the order . . . . . dated . . . . . of . . . . . reference number . . . . . (Exhibit C-. . . . .),
– the satisfaction of the obligations undertaken by Claimant in the settlement agreement between Claimant and . . . . ., dated . . . . . (Exhibit C-. . . . .),

provided that, (i) Respondent shall pay 75 % of the amount of such claim, and (ii) the aggregate liability of Respondent for such claim and all other Environmental Liability Claims (as defined in Section . . . . . of the share purchase agreement by and between Claimant and Respondent dated . . . . .. notarial deed no. . . . . . of the notary . . . . ., ... Germany, Exhibit C-. . . . .) is limited to EUR 10,000,000.00.

2. Respondent is ordered to pay to Claimant an amount of . . . . . EUR plus interest at an annual rate of five percent from 1 January . . . . ..
3. It is declared that the cost items set forth in schedule Exhibit C-. . . . ., indemnifiable on the basis of the Environmental Liability Claims (as defined in Section . . . . . of the share purchase agreement by and between Claimant and Respondent dated . . . . .. notarial deed no. . . . . . of the notary . . . . ., ... Germany, Exhibit C-. . . . .), which will not be awarded to Claimant as payment claims, amount in aggregate to EUR 2,000,000.00 and exhaust the threshold of the Environmental Basket (as defined in Section . . . . . of the share purchase agreement by and between Claimant and Respondent dated . . . . .. notarial deed no. . . . . . of the notary . . . . ., ... Germany, Exhibit C-. . . . .).

In support of the claim, I submit the following:

I.

1. Claimant, ..., represented by its managing director . . . . ., is a private limited liability company, incorporated under German law, with its registered office in . . . . ., Germany, registered with the commercial register of the local court of . . . . ., Germany, under register number HRB . . . . ..

Evidence: Extract from the commercial register of the local court of . . . . ., Exhibit C- . . . . .

2. Claimant is represented in these arbitral proceedings by . . . . .. A copy of the power of attorney is attached.

3. Respondent, ..., represented by its managing directors . . . . . and . . . . ., is a private limited liability company, incorporated under German law, with its registered office in . . . . ., registered in the commercial register of the local court of . . . . ., Germany, under register number HRB . . . . ..

Evidence: Extract from the commercial register of the local court of . . . . ., Exhibit C- . . . . .

4. In Section . . . . . of the SPA, the Parties agreed to the following, on which Claimant relies:

"*All disputes arising out of or in connection with this contract or its validity shall be finally settled in accordance with the Arbitration Rules of the German Arbitration Institute (DIS) without recourse to the ordinary courts of law. The arbitral tribunal shall be composed of three members. The seat of the arbitration is. . . . .. The language of the arbitration shall be English.*"[3]

Evidence: Share Purchase Agreement, page . . . . ., Exhibit C-. . . . .

Thus, the arbitration agreement provides for the application of the DIS-Rules, the place of arbitration is . . . . ., Germany, and the language of arbitration is English (cf. Article 5.2(vi) and 5.2(viii) DIS-Rules).

5. Clause . . . . . of the SPA provides for the following:

"The rules of law applicable to the merits shall be the law of the Federal Republic of Germany without regard to the conflicts of law provisions of the law of the Federal Republic of Germany."[4]

Evidence: SPA, page . . . . ., Exhibit C-. . . . .

Hence, the law of the Federal Republic of Germany is applicable (cf. Article 5.2(viii) DIS-Rules).

6. Pursuant to Section . . . . . of the SPA, the Arbitral Tribunal shall consist of three arbitrators. Claimant hereby nominates . . . . . as co-arbitrator pursuant to Articles 5.2 (vii), 12.1 of the DIS-Rules.[5]

7. Taking into account both the requests for payment and the requests for declaratory relief, the amount in dispute in aggregate comes to . . . . . EUR (cf. Article 5.2(iv) DIS-Rules).

II.

1. Notary public . . . . . notarised the SPA (Deed No. . . . . . for . . . . .) in . . . . ., Germany, on . . . . . 2020. Target company was a limited liability company, incorporated under German law, with its registered office in . . . . ., registered in the commercial register of the local court of . . . . ., Germany, under register number HRB . . . . ..

Evidence: SPA, Exhibit C-. . . . .

2. Respondent had been exploring divesting its . . . . . business, which was held by the target company, and approached Claimant as a potential acquirer in early 2020. As part of its due diligence, Claimant learned that it was unclear whether the business to be sold was operated in compliance with the German Federal Immission Control Act (*Bundesimmissionsschutzgesetz*). Both Claimant and Respondent recognized that this could potentially result in capital investments becoming necessary. However, neither Claimant nor Respondent were in a position to predict the outcome of the ongoing investigations by the German authorities.

Evidence: Witness Statement[6] of . . . . ., page . . . . ., Exhibit CWS-. . . . .

3. The Parties did not reduce the purchase price but ultimately agreed to an indemnity, with a co-pay arrangement of 25:75, a cap of 10,000,000.00 EUR and a basket of 2,000,000.00 EUR. Section . . . . . of the SPA provides for an indemnification undertaking of Respondent as follows:

"The Seller shall indemnify and hold harmless the Purchaser from any costs, expenses, liabilities, damages and other losses in respect of or in connection with any non-compliance of the business and the business operations with applicable regulations and laws at. . . . .(Closing Date)."

Evidence: SPA, page . . . . ., Exhibit C-. . . . .

4. After closing of the transaction, the German authorities determined that the acquired business and business operations had not been operated in compliance with applicable

regulations and laws at the Closing Date. In fact, the following violations of the German Federal Immission Control Act (*Bundesimmissionsschutzgesetz*) were detected:

– . . . . .

– . . . . .

– . . . . .

Claimant entered into a settlement agreement in order to limit its liability. Respondent refused to satisfy its indemnification obligations pursuant to SPA.

Evidence: 1. Order . . . . ., dated . . . . ., of . . . . ., reference number . . . . ., Exhibit C-. . . . .
2. Settlement agreement dated . . . . ., Exhibit C-. . . . .
3. Witness Statement of . . . . ., page . . . . ., Exhibit CWS-. . . . .

5. As a consequence of said violations and the satisfaction of the obligations undertaken in the settlement agreement, Claimant spent already . . . . . EUR to bring the business and the business operations into compliance with the German Federal Immission Control Act (*Bundesimmissionsschutzgesetz*) by undertaking the following measures . . . . .. Additionally, Claimant is still obligated to undertake further measures, namely . . . . ., in order to comply with of the German Federal Immission Control Act (*Bundesimmissionsschutzgesetz*) and to satisfy its obligations arising from the settlement agreement. On the basis of an expert opinion prepared by . . . . ., Claimant estimates that for this purpose, costs in the amount of . . . . . EUR will be incurred.

Evidence: Expert Opinion of . . . . ., Exhibit C-. . . . .

III.

1. Claimant is entitled to indemnification by Respondent from, or for any costs, expenses, liabilities, damages and other losses incurred in connection with the violation of the German Federal Immission Control Act (*Bundesimmissionsschutzgesetz*) determined by the German authorities and incurred through satisfaction of obligations undertaken in the settlement agreement. The violations occurred as specified above.[7]
2. However, even if the violations had actually not occurred but were merely alleged by the German authorities, Respondent would still be obligated to indemnify and hold harmless Claimant. Pursuant to the SPA and the otherwise applicable German law, contractual indemnification obligations are to be interpreted broadly in a sense that the indemnitor bears the risk associated with the indemnification undertaking even if the third-party claim turns out to be meritless if, like in the case at hand, the indemnitor refused to satisfy its indemnification obligations vis-à-vis the indemnitee. Also in such case, the indemnitee shall be relieved from the respective risk.[8] In accordance with the contractual provisions set forth above, Respondent is obligated to indemnify Claimant with application of a co-pay arrangement of 25:75, a cap of 10,000,000.00 EUR and a basket of 2,000,000.00 EUR.[9]
3. Insofar as Claimant has already made these expenditures, Respondent is obligated to pay the respective amount to Claimant. Regarding the remainder, Claimant is entitled to declaratory relief.
Rechtsanwalt

Anmerkungen

1. Die Entscheidungskompetenz des Schiedsgerichts folgt unmittelbar aus der zwischen den Parteien geschlossenen Schiedsvereinbarung, § 1029 ZPO, mit der diese die Zuständigkeit staatlicher Gerichte ausschließen (Wieczorek/Schütze/*Schütze* ZPO § 1029 Rn. 8 ff.; MüKoZPO/*Münch* § 1029 Rn. 116 ff.; Stein/Jonas/*Schlosser* ZPO § 1029 Rn. 52). Dabei steht es den Parteien frei, die Entscheidungskompetenz einem Schiedsgericht zuzuweisen, das sich nach den Regeln einer Schiedsinstitution konstituiert und danach auch das Verfahren führt (Wieczorek/Schütze/*Schütze* ZPO § 1025 Rn. 69; MüKoZPO/*Münch* Vorb. § 1025 Rn. 18, 103). Dies hat den Vorteil, dass die Schiedsinstitution einen Teil der organisatorischen Abwicklung des Verfahrens einschließlich eines Teils der Konstituierung des Schiedsgerichts übernimmt, eine Verfahrensordnung vorgibt und einen Rahmen für den Ablauf des Schiedsverfahrens festlegt. In Deutschland ist die bedeutendste Organisation die Deutsche Institution für Schiedsgerichtsbarkeit (DIS) mit der DIS-Schiedsgerichtsordnung 2018 (DIS-SchO). International ist als bedeutendste Institution die in Paris ansässige Internationale Handelskammer – Internationaler Schiedsgerichtshof (International Chamber of Commerce – International Court of Arbitration) zu nennen (zu einer Übersicht vgl. Wieczorek/Schütze/*Schütze*, ZPO, § 1025 Rn. 69 ff.). Zu den speziellen Anforderungen an gesellschaftsrechtliche Beschlussmängelstreitigkeiten im Zusammenhang mit Schiedsverfahren → Form. II.M.14 Anm. 1.

2. Nach Art. 5.2(iv) DIS-SchO ist auch im DIS-Schiedsverfahren der Streitwert bei der Schiedsklage anzugeben. Hierbei ist eine Orientierung am Verfahrensrecht am Ort des Schiedsverfahrens zu empfehlen, vorliegend also § 3 ff. ZPO (Nedden/Herzberg/*Schilling* ICC-SchO/DIS-SchO Rn. 26 zu Art. 6 DIS-SchO 1998).

3. Die DIS empfiehlt – wie auch andere Schiedsinstitutionen (Wieczorek/Schütze/*Schütze* ZPO § 1025 Rn. 76) – eine Standardschiedsklausel, mit der die Zuständigkeit für das DIS-Schiedsverfahren begründet und durch ausdrückliche und eindeutige Inbezugnahme die DIS-SchO für anwendbar erklärt wird (Nedden/Herzberg/*Schilling* ICC-SchO/DIS-SchO Rn. 1 zu Art. 1 DIS-SchO 1998). Darüber hinaus unterliegt die Anzahl der Schiedsrichter (Einzelschiedsrichter oder ein aus einer ungeraden Anzahl von Schiedsrichtern bestehendes Schiedsgericht, Art. 10.1 Dis-SchO), der Schiedsort, die Verfahrenssprache sowie das anwendbare Recht der Autonomie der Parteien. Während es sich bei der Zuständigkeitsübertragung auf ein Schiedsgericht unter Ausschluss der Zuständigkeit staatlicher Gerichte um die Schiedsvereinbarung im engeren Sinne handelt, die dem Formerfordernis des § 1031 ZPO entsprechen muss, handelt es sich bei den übrigen Festlegungen um Schiedsverfahrensvereinbarungen, für die § 1031 ZPO nicht anwendbar ist (Stein/Jonas/*Schlosser* ZPO § 1029 Rn. 12; MüKoZPO/*Münch* § 1029 Rn. 101); die Schiedsgerichtsordnung ist auch dann nicht zu beurkunden, wenn das Rechtsgeschäft als solches (zB wegen § 15 GmbHG) beurkundungsbedürftig ist (BGH NJW 2014, 3652, 3654 Rn. 13 ff.). Art. 5.2(vi) DIS-SchO sieht vor, dass mit der Schiedsklage die Schiedsvereinbarung wiederzugeben ist. Außerdem sieht Art. 5.2(viii) vor, dass Angaben zur Verfahrenssprache zu machen sind.

4. Gemäß Art. 5.2(viii) DIS-SchO sind darüber hinaus Angaben zum anwendbaren Recht zu machen, das ebenfalls der Parteiautonomie unterliegt. Bei der Rechtswahl wird häufig die Anwendbarkeit des Kollisionsrechts ausgeschlossen, so dass es sich um eine Sachnormverweisung und keine Gesamtverweisung handelt. Hierdurch kommt unmittelbar das materielle deutsche Recht zur Anwendung, eine Rück- oder Weiterverweisung wird ausgeschlossen (vgl. BeckOK/*Lorenz* BGB Art. 4 EGBGB Rn. 2 ff; insgesamt dazu *Mallmann* NJW 2008, 2953). Für das deutsche Schiedsverfahrensrecht folgt dies bereits aus § 1051 Abs. 1 S. 2 ZPO.

5. Art. 5.2(viii), 12.1 DIS-SchO erfordert zudem die Benennung eines Schiedsrichters. In der hier gewählten und üblichen Konstellation eines aus drei Schiedsrichtern bestehenden Schiedsgerichts sieht Art. 12.1 DIS-SchO zunächst vor, dass jede Partei einen beisitzenden Schiedsrichter benennt. Sodann haben sich die von beiden Parteien jeweils gewählten beisitzenden Schiedsrichter nach Art. 12.2 DIS-SchO innerhalb von 21 Tagen auf einen vorsitzenden Schiedsrichter zu einigen. Nach Art. 12.2 Satz 2 DIS-SchO dürfen sich die Parteien und die beisitzenden Schiedsrichter über die Wahl des Vorsitzenden Schiedsrichters abstimmen. Kommt keine Einigung zustande, erfolgt die Benennung nach Maßgabe von Art. 12.3 DIS-SchO durch den DIS-Ernennungsausschuss.

6. Anlage 3 zur DIS-SchO hält eine Liste von Maßnahmen zur Steigerung der Verfahrenseffizienz bereit. Zu diesen Maßnahmen zählt unter A. die Einholung schriftlicher Zeugenaussagen, wobei deren Verwendung üblicherweise in einem späteren Verfahrensstadium festgelegt wird. Gemäß Art. 27 DIS-SchO sollen das Schiedsgericht und die Parteien zu einer effizienten Verfahrensführung beitragen. So ist nach Art. 27.2 innerhalb von 21 Tagen ab Konstituierung des Schiedsgerichts eine Verfahrenskonferenz abzuhalten, in der nach Art. 27.4(i) erörtert werden sollen, inwieweit die in Anlage 3 zur DIS-SchO aufgeführten Maßnahmen angewendet werden sollen. Im Verfahren vor staatlichen Gerichten ist die schriftliche Zeugenaussage nur unter den Voraussetzungen des § 377 Abs. 3 ZPO nach Anordnung des Gerichts zulässig.

7. Freistellungspflichten decken typischerweise erkannte Risiken ab, zB aus einer Due Diligence (BeckOGK/*Wilhelmi* BGB § 453 E. Rn. 752); Garantieversprechen sind insofern weniger tauglich, da die Gefahr besteht, wegen der Kenntnis des Risikos in den Vorsatzbereich zu gelangen und deshalb nach §§ 202 Abs. 2, 276 Abs. 3 BGB aus dem vertraglich vereinbarten Haftungs- und Verjährungsregime herauszufallen oder umgekehrt, wegen der Kenntnis des Risikos, insofern einem Haftungsausschluss zu unterliegen (idR sind offengelegte Umstände vertraglich von der Haftung ausgenommen, vgl. auch § 442 Abs. 1 S. 1 BGB; § 377 HGB). Sog. Schadensbegrenzungsvergleiche stellen die Zurechenbarkeit von hierdurch veranlassten Einzelpositionen nicht in Frage, vgl. BGH, NJW-RR 1992, 1196 (1197); BGH, NJW 1993, 1320 (1322 f.); BGH, NJW, 1998, 2048 (2050); BGH, NJW 2002, 2322 (2323); BGH, NJW 2011, 2719 (2724). Verfahrensrechtlich kann die Freistellungspflicht allgemein und für bestimmte Einzelpositionen verlangt werden, um entsprechende rechtskraftfähige Feststellungen im Schiedsspruch zu erlangen, vgl. BGH, NJW 1999, 3774 (3775); Zöller/*Greger*, ZPO, § 256 Rn. 7b; Wieczorek/Schütze/*Assmann*, ZPO, § 256 Rn. 199. Da im Schiedsverfahren kein rechtliches, sondern nur ein wirtschaftliches Interesse für die Feststellungsklage verlangt wird, gilt der strenge Vorrang der Leistungs- vor der Feststellungsklage nicht, vgl. BGH, BeckRS 1976, 31114803; RGZ 100, 118, 121; Musielak/*Voit*, ZPO, § 1046 Rn. 2; *Schwab/Walter*, Schiedsgerichtsbarkeit, Kap. 16 Rn. 1; Salger/Trittmann/*Sessler*, Internationale Schiedsverfahren, § 7 Rn. 100; BeckOKZPO/*Wilske/Markert*, § 1046 Rn. 2.

8. Den Schuldner einer vertraglichen Freistellungspflicht trifft auch die Verpflichtung, den Gläubiger gegen (unbegründete) Drittansprüche zu verteidigen (sog. Verteidigungspflicht): „*Zum Wesen der Freistellung gehört aber nicht nur die Befriedigung begründeter Ansprüche, die Dritte gegen den Freizustellenden erheben, sondern auch die Abwehr unbegründeter Ansprüche, die Dritte geltend machen*" (BGH 24.6.1970 – VIII ZR 268/67, NJW 1970, 1594). Stellt der Freistellungsverpflichtete seine Freistellungspflicht in Abrede, verletzt er seine Freistellungspflicht und macht sich schadensersatzpflichtig. Erfüllt der Gläubiger des Freistellungsanspruchs den Drittanspruch dann (ggf. auch aufgrund eines Schadensbegrenzungsvergleichs), kann er sich im Streit um die Freistellungspflicht nicht auf die Unbegründetheit des Drittanspruchs berufen: „*Eine Verletzung der Freistellungsverpflichtung führt nicht etwa dazu, daß der Freizustellende auf seine Gefahr zu prüfen hat, ob die Ansprüche des Dritten zu Recht bestehen. Der Gefahr, einen Mißgriff zu tun, also entweder eine unbegründete Forderung zu erfüllen oder sich wegen einer begründeten Forderung mit Klage überziehen zu lassen, soll der Freizustellende nach dem Sinn der Freistellung gerade enthoben sein. Verweigert der zur Freistellung*

Verpflichtete die Freistellung und überläßt er damit dem Freizustellenden die Entscheidung der Frage, ob dem Dritten Ansprüche zustehen, so muß er die daraufhin getroffene Entscheidung hinnehmen. Der zur Freistellung Verpflichtete kann dann gegenüber dem Anspruch des Freizustellenden nicht mehr unter nachträglicher Aufrollung der Frage, ob der Anspruch des Dritten berechtigt ist, einwenden, daß der Freizustellende die Forderung des Dritten zu Unrecht befriedigt habe" (BGH 24.6.1970 – VIII ZR 268/67, NJW 1970, 1594; vgl. ferner BGH 31.5.2011 – II ZR 141/09, NJW 2011, 2719, Rn. 51). Inwiefern Regelungen im Unternehmenskaufvertrag zu Rechten und Pflichten beim Zusammenwirken von Verkäufer und Käufer zur Abwehr von Drittansprüchen diese Grundsätze modifizieren oder gar ausschließen, ist im Einzelfall anhand der vertraglichen Regelung zu beurteilen.

9. Vgl. zu diesen ganz typischen Regelungen bei Unternehmenskaufverträgen, Staudinger/*Beckmann*, BGB, § 453 Rn. 118; Dauner-Lieb/Langen/*Büdenbender*, BGB, Anhang II zu §§ 433–480: Unternehmenskauf, Rn. 127; BeckOGKBGB/*Wilhelmi*, § 453 Rn. 738.

42. Schutzschrift zur Sicherung des Vollzugs einer Unternehmenstransaktion

Per Zentrales Schutzschriftenregister[1]
An das angerufene Amts- bzw. Landgericht

Schutzschrift[2]

der . . . . . **(mögliche Antragstellerin,[3] im Folgenden „Antragstellerin")**

gegen

den . . . . . **(möglicher Antragsgegner, im Folgenden „Antragsgegner")**

Prozessbevollmächtigter: . . . . .
wegen
Abwehr eines möglichen Antrags auf Erlass einer einstweiligen Verfügung
Namens und mit Vollmacht des Antragsgegners lege ich die folgende Schutzschrift vor. Der Antragsgegner muss befürchten, dass der Antragsteller den Versuch unternehmen wird, eine einstweilige Verfügung ohne mündliche Verhandlung zu erwirken mit dem Ziel, es dem Antragsgegner verbieten zu lassen, Maßnahmen zum Vollzug des Kauf- und Übertragungsvertrages über Wirtschaftsgüter der insolventen . . . . .-GmbH i.L. zwischen dem Antragsgegner als Verkäufer und der . . . . .-GmbH als Käuferin vorzunehmen.
Ich beantrage daher für den Fall eines Antrages auf Erlass einer einstweiligen Verfügung namens und mit Vollmacht des Antragsgegners:

1. **Der Antrag auf Erlass einer einstweiligen Verfügung wird zurückgewiesen.**
2. **Hilfsweise: Über den Antrag auf Erlass einer einstweiligen Verfügung wird nicht ohne mündliche Verhandlung entschieden.[4]**
3. **Höchsthilfsweise: Die Anordnung oder Vollziehung der einstweiligen Verfügung wird von einer Sicherheitsleistung abhängig gemacht.[5]**
4. **Für den Fall der Zurückweisung des Antrags auf Erlass einer einstweiligen Verfügung oder seiner Zurücknahme: Dem Antragsteller werden die Kosten des einstweiligen**

Verfügungsverfahrens unter Einschluss derjenigen Kosten auferlegt, die durch die Hinterlegung dieser Schutzschrift angefallen sind.

Für eine etwaige Anordnung der mündlichen Verhandlung habe ich Zustellungsvollmacht. Ich bitte um Übermittlung des Verfügungsantrags zwecks Stellungnahme (Art. 103 Abs. 1 GG) und bin unter dieser Voraussetzung damit einverstanden, dass auch dem Antragsteller die vorliegende Schutzschrift zur Kenntnis gegeben wird.[6]

Zur

Begründung

trage ich vor:

I.

Die Antragstellerin ist eine Gesellschaft in der Rechtsform der AG mit Sitz in . . . . . Der Antragsgegner ist Insolvenzverwalter über das Vermögen der . . . . .-GmbH.

Glaubhaftmachung: Handelsregisterauszug der Antragstellerin vom . . . . ., Anlage AG-. . . . .

Bestellung des Antragstellers zum Insolvenzverwalter Anlage AG-. . . . .

II.

1. Der Antragsgegner hat, als Insolvenzverwalter über das Vermögen der insolventen . . . . .-GmbH, der Antragstellerin mit Kauf- und Übertragungsvertrag vom . . . . . einen Geschäftsbereich der . . . . .-GmbH als Sach- und Rechtsgesamtheit sowie bestimmte gewerbliche Schutzrechte verkauft und bereits veräußert.

Glaubhaftmachung: Kauf- und Übertragungsvertrag vom . . . . ., Anlage AG-. . . . .

2. Die Wirksamkeit der vorstehend beschriebenen Rechtsgeschäfte steht dabei unter den aufschiebenden Bedingungen, dass

a. bis zu einer im Kauf- und Übertragungsvertrag bestimmten Frist kein wirksamer Kauf- und Übertragungsvertrag über den betreffenden Geschäftsbereich der insolventen . . . . .-GmbH sowie bestimmter gewerblicher Schutzrechte mit einer weiteren Interessentin, der . . . . .-GmbH, zustande kommt, oder

b. bis zu einer weiteren im Kauf- und Übertragungsvertrag bestimmten Frist der dingliche Vollzug des vorstehend genannten Kauf- und Übertragungsvertrags mit der weiteren Interessentin, der . . . . .-GmbH, nicht erfolgt ist.

Glaubhaftmachung: Kauf- und Übertragungsvertrag vom . . . . ., Anlage AG-. . . . .

3. Am . . . . ., also innerhalb der im Kauf- und Übertragungsvertrag bestimmten Frist, wurde ein Kauf- und Übertragungsvertrag mit der Interessentin . . . . .-GmbH geschlossen. Die . . . . .-GmbH wurde zu diesem Zeitpunkt zu 90 % von der . . . . .-Ltd. und zu 10 % von einer weiteren Gesellschaft gehalten wird.

Glaubhaftmachung: 1. Kauf- und Übertragungsvertrag vom . . . . ., Anlage AG-. . . . .
2. Gesellschafterliste der . . . . .-GmbH als Akquisitionsvehikel

4. Am . . . . ., nach Abschluss des Kauf- und Übertragungsvertrags, entschied sich die . . . . .-Ltd., ihre Beteiligung an der . . . . .-GmbH, an die . . . . .-B.V. zu verkaufen und zu veräußern. Ungeachtet dessen ist weiterhin geplant, den Kauf- und Übertragungsvertrag hinsichtlich des Geschäftsbereichs der insolventen Gesellschaft sowie bestimmter Schutzrechte zu vollziehen, nachdem die Änderung in der Anteilseignerstruktur der . . . . .-GmbH ihrerseits vollzogen ist.

Glaubhaftmachung: Eidesstattliche Versicherung des . . . . ., Anlage AG-. . . . .

5. Der Antragsteller wurde über den Abschluss des Kauf- und Übertragungsvertrags, die bevorstehende Änderung in der Anteilseignerstruktur sowie das geplante Vollzugsdatum

– das nach wie vor innerhalb der in der aufschiebenden Bedingung vereinbarten Frist liegt – mit Schreiben vom . . . . . informiert.

Glaubhaftmachung: Schreiben an den Antragsteller vom . . . . ., Anlage AG-. . . . .

6. Der Antragsgegner erhielt als Reaktion auf die Informationen einen Brief des anwaltlichen Vertreters des Antragstellers. In diesem Brief stellt sich der anwaltliche Vertreter auf den Standpunkt, die aufschiebende Bedingung in dem mit dem Antragsteller geschlossenen Kaufvertrag werde eintreten, da der Vollzug des Kauf- und Übertragungsvertrags aufgrund des Wechsels in der Anteilseignerstruktur nicht mehr mit der . . . . .-GmbH stattfinden werde. Er berühmte sich in dem Brief der Pflicht des Antragsgegners, den Vollzug des mit der . . . . .-GmbH geschlossenen Kauf- und Übertragungsvertrags zu unterbinden und stattdessen die (angebliche) vertragliche Verpflichtung aus dem mit dem Antragsteller bestehenden Kauf- und Übertragungsvertrag zu erfüllen. Der Antragsteller ließ zudem zur Abgabe einer strafbewehrten Unterlassungserklärung auffordern, die der Antragsgegner nicht abgab.

Glaubhaftmachung: Brief des anwaltlichen Vertreters des Antragstellers vom . . . . ., Anlage AG-. . . . .
Eidesstattliche Versicherung des . . . . ., Anlage AG-. . . . .

7. Der Antragsgegner muss befürchten, dass der Antragsteller den Versuch unternehmen wird, eine einstweilige Verfügung ohne mündliche Verhandlung zu erwirken mit dem Ziel, es dem Antragsgegner verbieten zu lassen, Maßnahmen zum Vollzug des Kauf- und Übertragungsvertrags über Wirtschaftsgüter der insolventen . . . . .-GmbH vorzunehmen. Der Erlass einer solchen einstweiligen Verfügung hätte schwerwiegende nachteilige und unumkehrbare Folgen, da eine auch nur zeitweilige Verzögerung des Vollzugs des Kauf- und Übertragungsvertrags die Sanierung der zu übertragenden Sach- und Rechtsgesamtheit grundsätzlich in Frage stellt und neben dem Eintritt erheblicher wirtschaftlicher Nachteile auch rund . . . . . Arbeitsplätze in Frage stehen.

Glaubhaftmachung: Eidesstattliche Versicherung des . . . . ., Anlage AG-. . . . .

III.

1. Der Antragstellerin steht kein Verfügungsanspruch, gerichtet auf die Unterlassung des Vollzugs des streitgegenständlichen Kauf- und Übertragungsvertrags mit der . . . . .-GmbH, zu, §§ 935, 920 Abs. 2, 936 ZPO. Die aufschiebende Bedingung, unter der der Antragsteller einen Kauf- und Übertragungsvertrag mit dem Antragsgegner geschlossen hat, ist nicht eingetreten. Innerhalb der vereinbarten Frist wurde ein Kauf- und Übertragungsvertrag mit der . . . . .-GmbH geschlossen. Darüber hinaus wird dieser ebenfalls innerhalb der vereinbarten Frist vollzogen. Der zwischenzeitige Anteilseignerwechsel in der . . . . .-GmbH ist hierfür unerheblich; § 13 Abs. 1 Hs. 1 GmbH bestimmt, dass sie unabhängig von ihren Anteilseignern besteht und daher ein Wechsel (selbst ein Kontrollwechsel) im Grundsatz keine Auswirkungen auf ihre rechtlichen Verhältnisse hat.[7] Der vorliegende Fall bietet keinen Anlass, diesen Grundsatz in Frage zu stellen.

2. Ein möglicher Antrag auf Erlass einer einstweiligen Verfügung ist ungeachtet dessen auch deshalb zurückzuweisen, weil kein Verfügungsgrund besteht, §§ 935, 920 Abs. 2, 936 ZPO. Es ist nicht zu besorgen, dass durch die Veränderung des bestehenden Zustands die Verwirklichung der – ohnehin nur vermeintlich bestehenden – Rechte des Antragstellers vereitelt oder wesentlich erschwert werden. Da Kauf und Veräußerung unter der aufschiebenden Bedingung stehen, würde der Antragsteller automatisch Eigentümer der Sach- und Rechtsgesamtheit einschließlich der gewerblichen Schutzrechte, Zwischenverfügungen wären ihm gegenüber nach § 161 BGB unwirksam, ein gutgläubiger Erwerb (sofern aufgrund überhaupt möglich) käme aufgrund der dem Erwerber bekannten Struktur mangels Gutgläubigkeit nach § 161 Abs. 3 BGB nicht in Betracht.

3. Hilfsweise ist vor Erlass einer einstweiligen Verfügung zwingend eine mündliche Verhandlung durchzuführen, da ein Ausnahmefall nach § 937 Abs. 2 ZPO nicht vorliegt.

Anmerkungen

1. Für die Einreichung der Schutzschrift steht seit Einführung des § 945a ZPO sowie der entsprechenden Verordnung über das elektronische Schutzschriftenregister (SRV iVm § 945b ZPO) ein von der Landesjustizverwaltung Hessen geführtes, zentrales elektronisches Schutzschriftenregister zur Verfügung. Gemäß § 945a Abs. 2 Satz 1 ZPO gilt eine dort eingestellte Schutzschrift als bei allen ordentlichen Gerichten (und gemäß §§ 62 Abs. Satz 3, 85 Abs. 2 Satz 3 ArbGG bei allen Arbeitsgerichten) eingereicht (*Apel/J. Drescher* Jura 2017, 427 (434)). Das zentrale Schutzschriftenregister ist unter https://schutzschriftenregister.hessen.de erreichbar. Zwar sind gemäß § 49c BRAO Rechtsanwälte zur Benutzung verpflichtet, aufgrund der nur berufsrechtlichen Anordnung und wegen Art. 103 Abs. 1 GG sind jedoch auch in Papierform unmittelbar bei Gericht eingereichte Schutzschriften weiterhin zu berücksichtigen (MüKoZPO/*I. Drescher* § 945a Rn. 5; *Bacher* MDR 2014, 998 (1000); *Apel/J. Drescher* Jura 2017, 427 (435)) – erst Recht bei Hinterlegung ohne anwaltliche Beteiligung (auch beim LG kein Anwaltszwang, siehe nur *Apel/J. Drescher* Jura 2017, 427 (435)). Dies ändert sich für anwaltlich eingereichte Schurzschriften erst mit Inkrafttreten des § 130d ZPO nF am 1.1.2022, wenn auch Schutzschriften zwingend elektronisch einzureichen sind (*Bacher* MDR 2015, 1329 f.). Die Einreichung erfolgt gemäß § 2 Abs. 1 Satz 2 SRV durch Übermittlung eines elektronischen Schriftsatzes gemäß § 130a ZPO, der in einem strukturierten Datensatz mindestens die Bezeichnung der Parteien und die bestimmte Angabe des Gegenstandes enthalten muss und dem Anlagen beigefügt werden können. Die Schutzschrift muss gemäß § 2 Abs. 4 Satz 1 SRV mit einer qualifizierten elektronischen Signatur versehen sein. Daneben genügt auch die Übermittlung auf einem sicheren Übermittlungsweg gem. § 2 Abs. 5 SRV mit einer einfachen elektronischen Signatur.

2. Bei der Schutzschrift handelt es sich um vorbeugende Verteidigungsschriftsätze gegen einen erwarteten Antrag auf einstweilige Verfügung oder Arrest (Zöller/*Vollkommer* ZPO § 945a Rn. 1). Da nach § 937 Abs. 2 ZPO die Möglichkeit besteht, eine einstweilige Verfügung ohne mündliche Verhandlung zu erlassen, soll die Schutzschrift vorgerichtliches rechtliches Gehör sicherstellen (Stein/Jonas/*Bruns* ZPO § 945a Rn. 2; MüKoZPO/*I. Drescher* § 945a Rn. 2), da das Gericht die Schutzschrift zu berücksichtigen hat (Zöller/*Vollkommer* ZPO, § 937 Rn 3; BVerfG 30.9.2018 – 1 BvR 1783/17, NJW 2018, 3631 Rn. 19, 21). Durch die jüngere Rechtsprechung des Bundesverfassungsgerichts zu den Grundrechten auf rechtliches Gehör und prozessuale Waffengleichheit (Art. 3 Abs. 1, Art. 103 Abs. 1 GG) wurde dieses Bedürfnis insoweit entschärft, als bei einer Entscheidung ohne mündliche Verhandlung dem Gegner zwingend rechtliches Gehör – zB durch eine vorgerichtliche Abmahnung – zu gewähren ist (BVerfG 30.9.2018 – 1 BvR 1783/17, NJW 2018, 3631 Rn. 15 ff.; BVerfG 3.6.2020 – 1 BvR 1246/20, NJW 2020, 2021 Rn. 10; MüKoZPO/*I. Drescher* § 937 Rn. 7). Ungeachtet dessen kommt der Schutzschrift weiterhin praktische Bedeutung zu, da sie die Möglichkeit bietet, eine umfassende Verteidigung gegen drohende einstweilige Rechtsschutzmaßnahmen zu hinterlegen ohne diese – etwa in der Antwort auf die Abmahnung – sogleich auch dem Antragsteller in allen Einzelheiten bekannt zu machen.

3. Da lediglich auf ein potentiell bevorstehendes Verfügungsverfahren erwidert wird, ist evtl. nicht bekannt, wer der Antragsteller einer möglichen einstweiligen Verfügung ist. Aus diesem Grund kann es ratsam sein – sofern der mögliche Verfügungsanspruch mehreren Personen zustehen kann – jeden Anspruchsinhaber als möglichen Antragsteller aufzunehmen, um sicherzustellen, dass bei der Abfrage des erkennenden Gerichts beim Schutzschriftenregister die Schutzschrift aufgefunden werden kann. Zulässig ist auch die (ergänzende) Angabe eines unbekannten Antragsgegners als „N.N.“ (*Wehlau/Kalbfus*, Die Schutzschrift, Rn. 114).

4. Da dem Einreichenden idR unbekannt ist, was genau der potentielle Antragsteller in seiner einstweiligen Verfügung vorträgt, sollten bereits in der Antragstellung sämtliche möglichen Rechtsschutzziele abgebildet werden. So kommt die mit dem Hauptantrag verfolgte Zurückweisung der einstweiligen Verfügung dann in Frage, wenn Verfügungsanspruch oder -grund entweder aus Rechtsgründen nicht bestehen oder nicht glaubhaft gemacht wurden (§ 294 ZPO). Darüber hinaus sollte in jedem Fall beantragt werden, über die einstweilige Verfügung nicht ohne mündliche Verhandlung zu entscheiden. Denn die hierfür nach § 937 Abs 2 ZPO erforderliche besondere Dringlichkeit muss über diejenige Dringlichkeit, aus der bereits der Verfügungsgrund folgt, hinausgehen. Erforderlich ist vielmehr, dass selbst eine innerhalb kürzester Zeit terminierte mündliche Verhandlung nicht mehr abgewartet werden kann, da andernfalls der Zweck der einstweiligen Verfügung vereitelt würde (Zöller/*Vollkommer* ZPO § 937 Rn. 5; MüKoZPO/*I. Drescher* § 937 Rn. 5). Bei einer Missachtung dieses Regel-/Ausnahmeverhältnisses und der Verletzung des Grundrechts auf prozessuale Waffengleichheit kann unmittelbar Verfassungsbeschwerde erhoben werden (BVerfG 6.6.2017 – 1 BvQ 16/17, 1 BvQ 17/17, 1 BvR 764/17, 1 BvR 770/17, NJW 2017, 2985 Rn. 11; BVerfG 30.9.2018 – 1 BvR 1783/17, NJW 2018, 3631 Rn. 10).

5. Die Anordnung der Sicherheitsleistung bei Erlass der einstweiligen Verfügung erfolgt gemäß §§ 921 S. 2, 936 ZPO. Selbst dann, wenn Verfügungsanspruch und -grund glaubhaft gemacht sind, kann sie aus Gesichtspunkten des Schuldnerschutzes erfolgen, um den Schadensersatzanspruch aus § 945 ZPO abzusichern.

6. Es empfiehlt sich, um Übermittlung des Verfügungsantrags zu bitten, um die Gelegenheit zu bekommen, den in der Schutzschrift nur antizipierend gehaltenen Vortrag ggf. noch auf den tatsächlichen Antrag hin zu ergänzen. Alternativ kann dies auch als Antrag formuliert werden, was einem Akteneinsichtsantrag nach § 299 ZPO entspricht. Die rechtliche Zulässigkeit eines solchen Vorgehens ist nicht unumstritten. Zunächst ist festzuhalten, dass dem Antragsteller nach Einreichung des Verfügungsantrags die Schutzschrift nach § 270 ZPO formlos zu übermitteln ist; vor Einreichung des Verfügungsantrags besteht hingegen mangels Prozessrechtsverhältnisses kein Einsichtsrecht in die Schutzschrift nach § 299 ZPO, auch nicht analog (Zöller/*Vollkommer* ZPO § 945a Rn. 4; Stein/Jonas/*Bruns* ZPO § 945a Rn. 8; MüKoZPO/*I. Drescher* § 945a Rn. 4; Wieczorek/Schütze/*Thümmel* ZPO, § 945a Rn. 9). Für den Einreicher der Schutzschrift regelt § 5 Abs. 3 SRV, dass er drei Monate nach Abruf durch das Gericht hierüber informiert wird. Eine unverzügliche Benachrichtigung, eine Übermittlung des Verfügungsantrags oder gar ein Akteneinsichtsrecht nach § 299 ZPO will ein Großteil der Literatur dem Einreicher unter Verweis auf eine analoge Anwendung von § 922 Abs. 3 ZPO jedoch nicht zugestehen (Wieczorek/Schütze/*Thümmel* ZPO § 945a Rn. 9; MüKoZPO/*I. Drescher* § 945a Rn. 4; Stein/Jonas/*Bruns* ZPO, § 945a Rn. 8). Dies ist zumindest deswegen zu bezweifeln, da der Zweck des § 922 Abs. 3 ZPO – die Wahrung des Überraschungsmoments für den Antragsteller – nicht mehr maßgeblich ist, wenn bereits eine Schutzschrift in Antizipation des Antrags hinterlegt wurde. Dementsprechend ist richtigerweise auch dem Antragsgegner umgehend der Verfügungsantrag zu übermitteln, er hat darüber hinaus ebenso ein Akteneinsichtsrecht nach § 299 ZPO (Zöller/*Vollkommer* ZPO § 945a Rn. 4, § 922 Rn. 18; *Schulz* WRP 2009, 1472 (1476)).

7. Der Kauf- und Übertragungsvertrag wurde vorliegend unter einer aufschiebenden Bedingung nach § 158 Abs. 1 BGB geschlossen. Das Rechtsgeschäft soll hierbei nach dem

Willen der Parteien nur bei Eintritt eines zukünftigen, objektiv ungewissen Ereignisses wirksam werden (MüKoBGB/*Westermann* § 158 Rn. 8). Der Abschluss einer Unternehmenstransaktion unter einer aufschiebenden Bedingung, die dem Antragsteller hier die Rechtsposition eines Ersatzkäufers verschafft, macht gerade im Kontext der Veräußerung aus der Insolvenz als sog. übertragende Sanierung Sinn, da aufgrund der wirtschaftlichen Situation der zu veräußernden Gesellschaft der zeitliche Aufwand vermieden werden kann, der bei der Suche eines neuen Käufers entsteht. Im vorliegenden Fall ergibt sich durch Auslegung des Kauf- und Übertragungsvertrags nach §§ 133, 157 BGB, dass die unter b. aufgenommene Vollzugsfrist sich nach Sinn und Zweck nur auf den in a. genannten Kauf- und Übertragungsvertrag beziehen kann – gleichgültig, ob die Beteiligungsverhältnisse sich zwischenzeitlich geändert haben (vgl. etwa *Maidl* NZG 2018, 726 f. zum Umwandlungsrecht unter Verweis auf die Rechtsprechung des BGH hierzu, BGH, NZG 2002, 734, 735 f.; BGH, NZG 2010, 314, Rn. 22, die allerdings nicht ohne weiteres auf den Fall des Anteilseignerwechsels übertragbar ist; vgl. ferner konkret zum Anteilseignerwechsel *Cramer* WM 2011, 825 ff. zum Darlehensvertrag, OLG Naumburg NZG 2004, 775 (778) zum Gesellschaftsvertrag und OLG Jena RdL 2001, 261 (263) zum Pachtvertrag; vgl. aber auch MüKoBGB/*Finkenauer* § 313 Rn. 230 und *U.H. Schneider*, FS Zöller, 1998, 539 ff. zu Gründen für Auswirkungen auf Rechtsverhältnisse bei einem Kontrollwechsel).

N. Kartellrecht

Verwaltungsverfahren

1. Selbstveranlagung im Fall einer zwischenbetrieblichen Kooperation nach § 2 Abs. 1 GWB

Bewertung der kartellrechtlichen Zulässigkeit der Zusammenarbeit der T-GmbH und der Mobil-GmbH nach § 2 Abs. 1 GWB[1, 2, 3]

I. Gegenstand der Selbstveranlagung ist die kartellrechtliche Zulässigkeit der Zusammenarbeit der T-GmbH und der Mobil-GmbH. Die Zusammenarbeit betrifft die gemeinsame Nutzung von Infrastruktureinrichtungen und Inlandsroaming bei der Mobilfunkkommunikation auf dem deutschen Markt. Es gibt gute Gründe, von einer Freistellung dieser Zusammenarbeit nach § 2 Abs. 1 GWB auszugehen. Die Einleitung eines Bußgeldverfahrens ist als unwahrscheinlich anzusehen.

II. An der Zusammenarbeit sind folgende Unternehmen beteiligt:[4]

1. T-GmbH:
Die vollständige Anschrift der T-GmbH lautet: . . . . .
Die T-GmbH betreibt in Deutschland digitale Mobilfunknetze . . . . . T-GmbH gehört zu . . . . . % der T-GmbH International AG, einer . . . . . %igen Tochtergesellschaft der . . . . . Im Geschäftsjahr . . . . . erzielte die Unternehmensgruppe . . . . . einen Gesamtumsatz iHv . . . . . EUR.

2. Mobil-GmbH:
Die vollständige Anschrift der Mobil-GmbH lautet: . . . . .
Die Mobil-GmbH betreibt in Deutschland ebenfalls ein digitales Mobilfunknetz mit den dazugehörigen Diensten . . . . . Mobil-GmbH ist eine Tochtergesellschaft der . . . . ., die ihrerseits von . . . . . kontrolliert wird. Der Mobil-Konzern erzielte im letzten abgeschlossenen Geschäftsjahr . . . . . einen weltweiten Umsatz von . . . . . EUR.

III. Beschreibung des Inhalts des Kooperationsvertrages:[5]

1. Die beteiligten Unternehmen beabsichtigen, Infrastruktureinrichtungen und Inlandsroaming bei der Mobilfunkkommunikation auf dem deutschen Markt gemeinsam zu nutzen. Hierdurch sollen Einsparungen bei den Investitions- und Betriebskosten erzielt werden. Die Zusammenarbeit soll zu einem schnelleren Ausbau der . . . . .-Netzinfrastruktur sowie zur baldigen Einführung der . . . . .-Dienste beitragen.

2. Die Zusammenarbeit der beteiligten Unternehmen umfasst iE:

   a) erweiterte Standortmitbenutzung:
   Standorte und Bestandteile der Standortinfrastruktur sollen durch die beteiligten Unternehmen wechselseitig genutzt werden . . . . .

   b) gemeinsame Nutzung des Funkzugangsnetzes:
   Basisstationen, die . . . . ., und Steuereinrichtungen, die . . . . ., sollen von den beteiligten Unternehmen wechselseitig genutzt werden . . . . .

   c) Inlandsroaming:
   Die beteiligten Unternehmen vereinbaren zunächst ein wechselseitiges Inlandsroaming für die Dauer der Vereinbarung für den Teil Deutschlands, der . . . . .

3. Die Kooperationsvereinbarung beschränkt nicht das Recht der beteiligten Unternehmen, mit Dritten in Form der erweiterten Standortmitbenutzung, der gemeinsamen Nutzung des Funkzugangsnetzes und Inlandsroaming zusammenzuarbeiten.
4. Die beteiligten Unternehmen werden weiterhin getrennte Kernnetze betreiben, unabhängig voneinander Dienste erbringen und keine Frequenzen gemeinsam nutzen . . . . .
5. Die Kooperationsvereinbarung hat eine Laufzeit bis zum . . . . .

IV. Kartellrechtliche Beurteilung:[6]

1. Rechtlicher und technischer Hintergrund der Zusammenarbeit:
Die digitale Mobilfunktechnik . . . . . Eine gemeinsame Nutzung von Netzen und Inlandsroaming kann . . . . . Hinsichtlich der Nutzung der Netzebenen kann unterschieden werden zwischen den . . . . .
2. Relevanter Markt:
Die Telekommunikationsmärkte lassen sich im Allgemeinen in Groß- und Endabnehmermärkte einteilen . . . . . Der Markt der Standorte für digitale Mobilfunkausrüstungen und deren Infrastrukturen . . . .
3. Vorliegen einer Wettbewerbsbeschränkung iSd § 1 GWB:
Nach Ansicht der beteiligten Unternehmen fallen von den Regelungen des Kooperationsvertrages allein die Bestimmungen über das Inlandsroaming unter das Kartellverbot des § 1 GWB . . . . .
4. Vorliegen der Freistellungsvoraussetzungen des § 2 Abs. 1 GWB:[7]
Nach Auffassung der beteiligten Unternehmen sind die Bestimmungen des Kooperationsvertrages über das Inlandsroaming gem. § 2 Abs. 1 GWB freigestellt.
   a) Beitrag zur Verbesserung der Warenerzeugung und -verteilung sowie zur Förderung des technischen oder wirtschaftlichen Fortschritts:
   Der Zugang zum . . . . .-Inlandsroaming wird es der roamenden Partei erlauben, eine bessere Erfassung, Qualität und höhere Übertragungsgeschwindigkeiten bei . . . . .-Großabnehmer- und Endabnehmerdiensten zügiger bereit zu stellen. Der Verkauf des Zugangsroaming wird dem Betreiber des Heimnetzes zusätzliche Mittel verschaffen, um in sein Netz zu investieren, und ihm erlauben, seine Netzkapazität zu einem früheren Zeitpunkt besser und damit effizienter auszuschöpfen . . . . . Die beteiligten Unternehmen beziffern die möglichen Einsparungen mit . . . . . EUR. Hierbei gehen sie von folgenden Kosten aus . . . . . Die Netzkapazitäten der beteiligten Unternehmen sind wie folgt strukturiert . . . . .
   Selbst wenn nur ein beteiligtes Unternehmen seine Roamingrechte gemäß der Kooperationsvereinbarung ausüben würde, wird die Nutzung der gemeinsamen Netze den Zugang zu einer größeren Netzdichte und einem größeren Erfassungsbereich verschaffen, als es alleine möglich wäre . . . . .
   Bei der Bezifferung der Effizienzgewinne muss nach Ansicht der beteiligten Unternehmen zwischen dem Roaming von Mobil-GmbH auf dem . . . . .-Netz der T-GmbH innerhalb des 50 %-Erfassungsgebietes und dem gegenseitigen Roaming außerhalb des 50 %-Erfassungsgebietes unterschieden werden . . . . .
   b) Angemessene Beteiligung der Endabnehmer an dem sich aus der Kooperationsvereinbarung ergebenden Gewinn:
   Durch den Kooperationsvertrag wird Mobil-GmbH in die Lage versetzt, während ihrer Ausbauphase einen wirksameren Wettbewerb zu führen und sich zu einem landesweiten Anbieter von . . . . .-Groß- und Endabnehmerdiensten zu entwickeln. Hierdurch wird der Wettbewerb auf den digitalen Mobilfunk-Netz- und Dienstemärkten erhöht. Der Wettbewerb wird sich schneller entwickeln und die Wettbewerber werden veranlasst, neue Dienste

auf den Markt zu bringen ..... Der erhöhte Preisdruck aufgrund des verbesserten Marktzutritts mit einer größeren Versorgungsbreite wird dazu führen, dass Verbraucher frühzeitiger eine größere Palette an neuen und technisch fortgeschrittenen .....-Diensten nutzen können ..... Im Vergleich zu den bisherigen .....-Diensten bieten die von der Kooperation betroffenen Dienste eine verbesserte Qualität und eine bessere Wahlmöglichkeit .....
Die sich aus einem verstärkten Marktzutritt für die Verbraucher bei der Preisentwicklung ergebenden Vorteile können nach Ansicht der beteiligten Unternehmen sehr gut durch Vergleich mit der Entwicklung der Wettbewerbsbedingungen auf dem Markt der Vorgängertechnologie aufgezeigt werden. Demnach hat der Markteintritt des 3. und 4. Betreibers in die .....-Mobilfunkmärkte in Deutschland zu einem jährlichen Rückgang des Index für Endabnehmerpreise im Mobilfunk von rund ..... % geführt. Infolge des erhöhten Wettbewerbs auf der Endabnehmerebene werden die Vorteile bei der Kosteneinsparung aufgrund des erhöhten Wettbewerbs beim landesweiten Zugang zu Inlandsroaming für Betreiber virtueller Netze und des Weiterverkaufs von Großabnehmer – Übertragungszeit für landesweite Dienste an Diensteerbringer wahrscheinlich an Endabnehmer weitergegeben .....

c) Unerlässlichkeit der auferlegten Beschränkungen:
Nach Ansicht der beteiligten Unternehmen sind die im Kooperationsvertrag enthaltenen Bestimmungen über das Inlandsroaming für die Erzielung der oben dargestellten Effizienzgewinne unerlässlich.
Insbes. ist das Roaming von Mobil-GmbH im Netz von T-GmbH innerhalb des Gebietes, in dem die Verpflichtung zur Erfassung von 50 % der Bevölkerung besteht, für einen begrenzten Zeitraum als angemessen und unerlässlich anzusehen ..... Mobil-GmbH ist ein Anbieter mit einem relativ kleinen vorhandenen Kundenstamm, der hierdurch einen beschränkteren Zugang zu den Geldquellen als die etablierten Betreiber hat ..... Da Mobil-GmbH auf dem Markt für die ältere Technologie nur wenig Stammkunden und deshalb erhebliche überschüssige Kapazitäten hat, ist der geschäftliche Anreiz für Investitionen in das neue .....-Netz für andere Zwecke als die Erbringung von Diensten hoher Bandbreite, die eine hohe Netzdichte erfordern, geschmälert ..... Anders als dies bei Betreibern mit einer besser gefestigten Marktstellung der Fall ist, erweist sich das Roaming von Mobil-GmbH im Netz der T-GmbH somit selbst in städtischen Gebieten für einen begrenzten Zeitraum als unerlässlich .....
Die Kooperationsvereinbarung sieht vor, dass die beteiligten Unternehmen im Voraus den Großabnehmerzugang zu ihren .....-Netzen kontrollieren. Durch die Beschränkungen beim Weiterverkauf des Roamingzugangs für die Bereitstellung von Sprachdiensten an die Betreiber virtueller Netze, die nicht in .....-Netzlizenzen oder -Infrastruktureinrichtungen investiert haben, wollen die beteiligten Unternehmen den Ausbau ihrer eigenen .....-Netze schützen und sicherstellen, dass sich ihre Investitionen amortisieren, wenn sie den Endabnehmern technisch fortgeschrittene .....-Dienste erbringen ..... Ohne die Möglichkeit der Kontrolle des Zugangs zu ihren Netzen und dem damit verbundenen Schutz ihrer Investitionen vor einer Aushöhlung der Endabnehmerpreise für Sprachdienste ..... würden die beteiligten Unternehmen einander diese Roaming-Kapazitäten überhaupt nicht anbieten .....
Der Selbstveranlagung sind Berechnungen beigefügt, aus denen hervorgeht, dass ein Verlust im Großabnehmergeschäft aufgrund der gegenseitigen Verweigerung des Zugangs zu Roaming-Leistungen dadurch ausgeglichen wird, dass Einnahmenverluste auf Endabnehmerebene vermieden werden könnten

. . . . . Insbes. Mobil-GmbH wäre während der Ausbauphase ohne den Zugang zum Inlandsroaming im Netz von T-GmbH ein schwächerer Wettbewerber und würde wohl nicht als landesweiter Wettbewerber in die . . . . .-Groß- und Endabnehmermärkte eintreten . . . . . Im Falle von . . . . . gingen erhebliche Leistungsgewinne verloren, die . . . . .

Die im Kooperationsvertrag vorgesehenen Beschränkungen gehen nicht über diejenigen Regelungen hinaus, die zur Erzielung der Effizienzgewinne wirtschaftlich erforderlich sind. Insbes. ist es den beteiligten Unternehmen nicht verwehrt, Dritten den Großabnehmerzugang zu ihren eigenen Netzen anzubieten . . . . . Zudem ist der Wirkungsbereich der Beschränkungen insoweit begrenzt, als . . . . . Zum gegenwärtigen Zeitpunkt gibt es daher zu den Beschränkungen beim Weiterverkauf von Roaming-Kapazitäten für Sprachdienste an Betreiber virtueller Netze keine weniger einschränkende Alternative, die zum gleichen Ergebnis führen würde . . . . .

d) Keine Ausschaltung des Wettbewerbs bei einem wesentlichen Teil der betreffenden Waren und Dienstleistungen:

Die Kooperationsvereinbarung steigert, wie bereits ausgeführt, den Wettbewerb zwischen den über eine Lizenz verfügenden Betreibern von . . . . .-Netzen und -Diensten, die in Deutschland den Ausbau von . . . . .-Netzen planen, sowie zwischen den Diensteanbietern und den Betreibern virtueller Netze, die keine Roamingkapazität für Sprachdienste weiterverkaufen . . . . .

Die Kooperationsvereinbarung lässt genügend Raum für einen wirksamen Wettbewerb zwischen den Parteien. Trotz der Inanspruchnahme von Roaming-Leistungen für einen Teil seiner Erfassung wird der Heimnetzbetreiber sein eigenes Kernnetz kontrollieren und damit unterschiedliche Dienste anbieten können . . . . . Für den Heimnetzbetreiber erhöht sich die Fähigkeit, die Kontrolle über den von seinen Kunden außerhalb des Heimnetzes ausgehenden Nachrichtenverkehr zu behalten und den Zugang zu Diensten bereit zu stellen, die . . . . . Darüber hinaus bleibt der vertragliche Heimnetzbetreiber für die Preisgestaltung und Abrechnung verantwortlich. Obwohl der Gastbetreiber den Heimnetzbetreiber detaillierte Abrechnungsdaten zur Verfügung stellt, gibt es zwischen den Geschäftsbedingungen für das Großabnehmer-Roamingangebot und den Endabnehmerdiensten, die auf diesem Angebot aufbauen, keinen direkten Zusammenhang . . . . .

Für das Kernnetz werden die Betreiber unterschiedliche Kosten haben, abhängig von der Übertragungsart im Kernnetz, dem Verhältnis zwischen der Anzahl von Benutzern und der vorhandenen Kapazität, den Betriebskosten sowie der Wartung und dem Betrieb . . . . . In Anbetracht der Spanne zwischen den Großabnehmerpreisen und den geplanten Endkundenpreisen, sowie der Tatsache, dass für den Großteil des Nachrichtenverkehrs keine Roamingleistungen in Anspruch genommen werden, gehen die beteiligten Unternehmen von einem Spielraum für beträchtliche Preisunterschiede aus . . . . .

Die Ausschaltung des Wettbewerbs seitens der Betreiber virtueller Netze aufgrund des Weiterverkaufs von Roamingkapazitäten für Sprachdienste durch die beteiligten Unternehmen wird im Wesentlichen durch die allgemeinen wettbewerbsfördernden Auswirkungen der Vereinbarung ausgeglichen . . . . .

V. Bewertungsmaßstab und Pflicht zur regelmäßigen Überwachung:[8]

Dieser Selbstveranlagung liegt der von den beteiligten Unternehmen mitgeteilte Sachverhalt zu Grunde, wie er in den Abschn. I.–IV. zusammengefasst ist. Diese Selbstveranlagung berührt nicht die Verantwortlichkeit der beteiligten Unternehmen für die Überwachung der Rechtmäßigkeit der Zusammenarbeit, wie sie sich aus dem Gesetz gegen Wettbewerbsbeschränkungen ergibt. Die beteiligten Unternehmen soll-

ten in regelmäßigen Zeitabständen eine Zwischenbilanz über die erzielten Rationalisierungen ziehen und insb. Kapazitäts- und Preisentwicklungen dokumentieren. Eine erneute vollständige Selbstveranlagung sollte dann eingeholt werden, wenn sich die dieser Selbstveranlagung zu Grunde liegende Sach- oder Rechtslage entscheidend geändert hat.

. . . . .

Rechtsanwalt

Verwaltungsgrundsätze: Leitlinien der EU-Kommission zur Anwendung von Art. 81 Abs. 3 EG-Vertrag (nunmehr Art. 101 Abs. 3 AEUV), ABl. 2004 Nr. C 101/97 („Leitlinien Art. 81 Abs. 3 EG"); Leitlinien zur Anwendbarkeit von Art. 101 AEUV auf Vereinbarungen über horizontale Zusammenarbeit (ABl. 2011 Nr. C 11/1 „Horizontalleitlinien").

Anmerkungen

1. Bis zum Inkrafttreten der 7. GWB-Novelle im Jahr 2005 sah das GWB für wettbewerbsbeschränkende zwischenbetriebliche Kooperationen ein Verbot mit Erlaubnisvorbehalt vor. Wettbewerbsbeschränkende Vereinbarungen waren nach § 1 GWB verboten, solange sie nicht durch Anmeldung, Nicht-Widerspruch oder Genehmigung der zuständigen Kartellbehörde von diesem Verbot freigestellt waren. Das GWB unterschied dementsprechend Widerspruchs- und Erlaubniskartelle; einen Sonderfall bildete die sog Einkaufskooperation nach § 4 Abs. 2 GWB aF. Das GWB sah für die verschiedenen Kartellformen (Konditionen-, Normen- oder Typen-, Spezialisierungs-, Mittelstands-, einfaches oder höherstufiges Rationalisierungskartell, Strukturkrisenkartell, sonstiges Kartell) besondere Freistellungstatbestände vor.

Mit Inkrafttreten der 7. GWB-Novelle wurde das System der Legalausnahme eingeführt und an das materielle Kartellverbot des Art. 101 Abs. 1 AEUV (ex-Art. 81 Abs. 1 EG-Vertrag) angepasst. Wettbewerbsbeschränkende und damit dem Kartellverbot des § 1 GWB unterliegende Vereinbarungen zwischen Unternehmen sind seither kraft Gesetzes und damit automatisch freigestellt, sofern sie die Voraussetzungen eines Freistellungstatbestandes erfüllen. Einer vorherigen Entscheidung der Kartellbehörden bedarf es hierzu nicht. Dementsprechend wurden die Vorschriften über die Anmeldung von Kartellen, das Widerspruch- oder Erlaubnisverfahren (§§ 9, 10 GWB aF) ersatzlos gestrichen. Ebenso wurden die Freistellungstatbestände für die verschiedenen Kooperationsformen (§§ 2–8 GWB aF) gestrichen. Nunmehr enthält § 2 Abs. 1 GWB in Gestalt einer Generalklausel einen allgemeinen Freistellungstatbestand, der Art. 101 Abs. 3 AEUV (ex-Art. 81 Abs. 3 EG-Vertrag) nachempfunden und konform zu diesem auszulegen ist. § 2 Abs. 1 GWB wird durch § 2 Abs. 2 und § 3 GWB ergänzt. Ersterer verweist dynamisch auf die Gruppenfreistellungsverordnungen des EU-Kartellrechts, bei deren Eingreifen der Nachweis der Einzelvoraussetzungen des § 2 Abs. 1 GWB entbehrlich ist (→ Form. II.N.2). Letzterer übernimmt den Sonderfreistellungstatbestand für Mittelstandskartelle (§ 4 Abs. 1 GWB aF), bei dessen Vorliegen die Voraussetzungen der Generalklausel des § 2 Abs. 1 GWB gesetzlich fingiert werden (→ Form. II.N.3).

Seit Inkrafttreten der 7. GWB-Novelle ist dieses System der Legalausnahme unverändert. § 3 Abs. 2 GWB aF wurde im Rahmen der 8. GWB-Novelle allerdings gestrichen. Die ohnehin befristete Regelung vermittelte einen Anspruch auf eine Entscheidung nach § 32c GWB. Durch den im Zuge der 10. GWB-Novelle neu eingefügten § 32c Abs. 4 S. 1 GWB haben Unternehmen oder Unternehmensvereinigungen nunmehr einen Anspruch auf eine Entscheidung des Bundeskartellamts nach § 32c Abs. 1 GWB, wenn dessen

Voraussetzungen vorliegen und ein besonderes rechtliches und wirtschaftliches Interesse an der Entscheidung besteht. Dieser Anspruch ist allerdings auf horizontale Kooperationen begrenzt und umfasst damit beispielsweise nicht die Prüfung selektiver Vertriebssysteme einzelner Unternehmen. Ein besonderes rechtliches und wirtschaftliches Interesse an einer Entscheidung nach § 32c Abs. 4 S. 1 GWB kann insbesondere bei komplexen neuen Rechtsfragen und außergewöhnlich hohem Investitionsvolumen und -aufwand anzunehmen sein (vgl. Begründung zum RegE, BT-Drs. 19/23492, S. 87). § 32c Abs. 4 S. 2 GWB sieht vor, dass das Bundeskartellamt innerhalb von 6 Monaten über einen Antrag nach § 32 Abs. 4 S. 1 GWB entscheiden soll. Das Bundeskartellamt trifft dann entweder die Entscheidung nach § 32c Abs. 1 GWB oder es teilt mit, dass die Voraussetzungen des Anspruchs nach § 32c Abs. 4 S. 1 GWB nicht vorliegen oder, dass Bedenken gegen das Vorhaben bestehen, die nicht mit hinreichender Sicherheit ausgeräumt werden können, um eine Entscheidung nach § 32c Abs. 1 GWB zu treffen. Eine solche Mitteilung kann aber ggf. eine Grundlage für die weitere Begleitung des Vorhabens durch das Bundeskartellamt sein und dazu führen, dass es – auch nach Anpassungen – doch noch im Einvernehmen mit dem Bundeskartellamt umgesetzt werden kann (vgl. Begründung zum RegE, BT-Drs. 19/23492, S. 87 f.).

2. Bei der Auslegung des § 2 Abs. 1 GWB sind neben den Gerichts- und Kommissionsentscheidungen zu Art. 101 Abs. 3 AEUV auch die Wertungen zu berücksichtigen, die sich aus den von der EU-Kommission erlassenen Gruppenfreistellungsverordnungen sowie Verwaltungsgrundsätzen (Bekanntmachungen, Leitlinien, etc) ergeben (*Bechtold/Bosch* § 2 Rn. 28). Hier kommen insb. die Horizontalleitlinien sowie die Leitlinien Art. 81 Abs. 3 EG in Betracht.

§ 2 Abs. 1 GWB stellt wettbewerbsbeschränkende Vereinbarungen zwischen Unternehmen, Beschlüsse von Unternehmensvereinigungen und aufeinander abgestimmte Verhaltensweisen vom Kartellverbot des § 1 GWB frei, wenn

a) diese geeignet sind, zur Verbesserung der Warenerzeugung- oder -verteilung oder zur Förderung des technischen oder wirtschaftlichen Fortschritts beizutragen (Effizienzgewinne);
b) den Beteiligten keine Beschränkungen auferlegt werden, die für die Verwirklichung dieses Zieles nicht unerlässlich sind;
c) die Verbraucher am entstehenden Gewinn angemessen beteiligt werden und
d) den beteiligten Unternehmen keine Möglichkeit eröffnet wird, für einen wesentlichen Teil der von der Zusammenarbeit betroffenen Waren den Wettbewerb auszuschalten.

3. Der Wegfall des behördlichen Legalisierungsverfahrens bedeutet, dass die Unternehmen selbst für die Kartellrechtmäßigkeit der von ihnen beabsichtigten und praktizierten Kooperationsvereinbarungen verantwortlich sind. Gleichzeitig drohen bei Verstößen gegen das Kartellverbot, die nicht unter die Legalausnahme nach § 2 Abs. 1 GWB fallen, neben der zivilrechtlichen Nichtigkeit erhebliche Bußgelder. § 81c GWB sieht Geldbußen bis zu 1 Mio. EUR, bei Unternehmen oder Unternehmensvereinigungen sogar bis zu 10 % des in dem der Behördenentscheidung vorausgegangenen Geschäftsjahr erzielten weltweiten Gesamtumsatzes vor. Zudem werden hohe Anforderungen an einen unverschuldeten Rechtsirrtum gestellt, so dass Unternehmen zu empfehlen ist, vor Abschluss einer Kooperationsvereinbarung den Rechtsrat eines Kartellrechtsspezialisten einzuholen.

Die eigenverantwortliche Bewertung der Kartellrechtmäßigkeit einer Kooperationsvereinbarung erfolgt im Wege der sog Selbstveranlagung. Hierbei handelt es sich um eine gutachterliche Stellungnahme, in der die beteiligten Unternehmen, das Kooperationsvorhaben, der wirtschaftliche Hintergrund sowie die kartellrechtliche Bewertung ausführlich dargestellt werden. Ein Merkblatt der EU-Kommission oder des Bundeskartellamtes zum erforderlichen Mindestinhalt einer solchen Selbstveranlagung liegt bislang nicht vor. Da der materiell-rechtliche Prüfungsmaßstab des Art. 101 Abs. 3 AEUV durch die Neuregelung des Kartellverfahrensrechts im Wesentlichen unverändert bleibt, erscheint es hilfreich, in der Selbstveranlagung zumindest zu den Punkten Stellung zu nehmen, die in einer Anmeldung nach der früheren Form A/B enthalten sein mussten. Aufschluss hierüber gibt die VO 3385/94, ABl. 1994 L 377, 28.

4. Die an der zwischenbetrieblichen Zusammenarbeit beteiligten Unternehmen sind mit Gesellschafterstruktur, Tätigkeitsbereich sowie wirtschaftlichen Verhältnissen darzustellen. Bei iSv § 36 Abs. 2 GWB verbundenen Unternehmen sind die Konzernumsätze insgesamt anzugeben. Sofern der Gesamtumsatz in den beiden Kalenderjahren vor der Selbstveranlagung im Wesentlichen konstant geblieben ist, genügt die Angabe für das letzte abgeschlossene Geschäftsjahr. Der Umsatz mit den Vertragserzeugnissen ist ggf. nur anzugeben, soweit diese in dem von der Kooperation betroffenen räumlichen Markt verkauft wurden.

5. In der Selbstveranlagung sind weiterhin die wesentlichen Regelungen des Kooperationsvertrages darzustellen. Ausführlich zu beschreiben mit Angaben zu Inhalt und Funktionsweise sind vor allem diejenigen Regelungen, die die wirtschaftliche Entscheidungsfreiheit der Beteiligten beschränken könnten. Hierzu gehören insb. Angaben zu An- oder Verkaufspreisen, Rabatten oder sonstigen Geschäftsbedingungen, zu den Mengen der zu erzeugenden oder zu vertreibenden Produkte, zu technischen Entwicklungen oder Investitionen, zur Wahl der Märkte oder Versorgungsquellen, zum Bezug von Dritten oder Verkauf an Dritte, zur Anwendung gleicher Bedingungen für die Lieferung gleichwertiger Produkte und zum getrennten oder gemeinsamen Angebot verschiedener Produkte (vgl. die nach der früheren Form A/B für die Anmeldung einer Kooperationsvereinbarung bei der EU-Kommission nach VO 17/62 geforderten Angaben. VO 3385/94, ABl. 1994 L 377, 28, Ziff. 4.2.).

Der Sachverhalt dieses Form. wurde der Entscheidung der EU-Kommission v. 16.7.2003, T-Mobile/O2, WuW/E EU-V 975 ff., entnommen. Telekommunikationsrechtliche Aspekte sind im Form. nicht berücksichtigt und ggf. gesondert zu prüfen.

6. Im Abschnitt zur kartellrechtlichen Beurteilung sollte zunächst der rechtliche und technische Hintergrund der Zusammenarbeit beschrieben werden. Auch eine Beschreibung der relevanten Märkte ist an den Anfang zu stellen. Anschließend ist zu prüfen, ob der Kooperationsvertrag Wettbewerbsbeschränkungen iSd § 1 GWB enthält. Maßgeblich für die Auslegung des § 1 GWB ist die EU-kartellrechtliche Praxis zu Art. 101 Abs. 1 AEUV. Nach dem Willen des Gesetzgebers sind beide Vorschriften identisch auszulegen (s. o.). Anhaltspunkte für die Auslegungspraxis geben vor allem die Horizontalleitlinien sowie die Leitlinien Art. 81 Abs. 3 EG (jetzt Art. 101 Abs. 3 AEUV) der EU-Kommission.

7. Die EU-Kommission stellt sehr hohe Anforderungen an die Darlegung der Freistellungsvoraussetzungen des Art. 101 Abs. 3 AEUV. Das Bundeskartellamt sowie die Landeskartellbehörden schließen sich dieser strengen Herangehensweise im Wesentlichen an. Anhaltspunkte zum Umfang der Darlegung lassen sich den Leitlinien Art. 81 Abs. 3 EG, insb. Rn. 38 ff., entnehmen, da auch § 2 Abs. 1 GWB im Lichte des Art. 101 Abs. 3 AEUV auszulegen ist.

a) Wirtschaftlicher Nutzen der Vereinbarung:
Dieses Tatbestandsmerkmal dient der Bestimmung der Effizienzgewinne, die der Prüfung der weiteren Freistellungsvoraussetzungen zugrunde zu legen sind (vgl. Leitlinien Art. 81 Abs. 3 EG, Rn. 50). Die Verbesserung der Warenerzeugung oder -verteilung bezieht sich auf wettbewerbsbeschränkende Vereinbarungen bei der Produktion und dem Absatz von Waren bzw. bei der Erbringung von Dienstleistungen. Hingegen bezieht sich die Förderung des technischen oder wirtschaftlichen Fortschritts auf die Zusammenarbeit von Unternehmen in den Bereichen Forschung und Entwicklung sowie geschäftliche Verwertung gewerblicher Schutzrechte und technischen Know-hows.

Herbeiführung wirtschaftlicher Vorteile bedeutet nichts anderes als Rationalisierung. Gefordert sind objektive wirtschaftliche Effizienzgewinne, die auf allen Stufen der Wertschöpfungskette eintreten können (Leitlinien Art. 81 Abs. 3 EG, Rn. 59 und 61). Die EU-Kommission hat deutlich gemacht, dass sie Effizienzgewinne im Allgemeinen nur anerkennt, wenn sie durch eine „Integration von Vermögenswerten und wirtschaftlichen Tätigkeiten" erzielt werden (Leitlinien Art. 81 Abs. 3 EG, Rn. 49 und 60). Zugrunde zu legen ist ein objektiver Maßstab. Unerheblich ist, ob die Vereinbarung aus Sicht der Beteiligten zu wirtschaftlichen Vorteilen führt (Leitlinien Art. 81 Abs. 3 EG, Rn. 49). Die durch die Vereinbarung herbeigeführten wirtschaftlichen Vorteile müssen spürbar sein. Dies kann vor allem dann zweifelhaft sein, wenn eines der beteiligten Unternehmen im Vertragsgebiet oder an dessen Rand selbständig tätig bleibt. Denn in diesem Fall wird das weiterhin tätige Unternehmen seine bisherige Personal- und Unternehmensstruktur aufrechterhalten müssen, so dass kein Effizienzgewinn eintritt.

In der Selbstveranlagung ist darzulegen, warum die beabsichtigte Kooperation „geeignet" ist, einen „Beitrag" zur Herbeiführung der wirtschaftlichen Vorteile zu leisten. Es kommt mithin auf eine Mitursächlichkeit der Kooperationsvereinbarung für die Effizienzgewinne an (vgl. Leitlinien Art. 81 Abs. 3 EG, Rn. 53).

Effizienzgewinne sind nach Auffassung der EU-Kommission nur dann ausreichend substantiiert, wenn die Selbstveranlagung zu folgenden Punkten Stellung nimmt: Art der geltend gemachten Effizienzgewinne, Verknüpfung zwischen der Vereinbarung und den Effizienzgewinnen, Wahrscheinlichkeit und Ausmaß des geltend gemachten Effizienzgewinns sowie Darlegung, wie und wann jeder geltend gemachte Effizienzgewinn erreicht wird (vgl. Leitlinien Art. 81 Abs. 3 EG, Rn. 51). Die genannten Leitlinien enthalten Ausführungen zu möglichen Effizienzgewinnen, wobei zwischen Kosteneinsparungen und qualitativen Effizienzgewinnen unterschieden wird (Leitlinien Art. 81 Abs. 3 EG, Rn. 64 ff.).

b) Unerlässlichkeit der Einschränkungen:

Der Kooperationsvertrag insgesamt und die in ihm enthaltenen einzelnen Wettbewerbsbeschränkungen müssen es den beteiligten Unternehmen ermöglichen, die von der Kooperation erfassten Tätigkeiten effizienter durchzuführen, als dies ohne die Kooperation der Fall wäre (vgl. Leitlinien Art. 81 Abs. 3 EG, Rn. 74). Es muss dargelegt werden, dass theoretisch denkbare, den Wettbewerb weniger stark beschränkende Absprachen im Rahmen einer ökonomischen Abwägung unter Zugrundelegung kaufmännischer Gesichtspunkte den beteiligten Unternehmen wirtschaftlich nicht zugemutet werden können. Für das Merkmal der Unerlässlichkeit kommt es nicht darauf an, dass jede in der Vereinbarung enthaltene Wettbewerbsbeschränkung es für sich ermöglicht, die von der Zusammenarbeit betroffenen Bereiche effizienter zu gestalten. Vielmehr liegt der Schwerpunkt der Prüfung auf der Unerlässlichkeit der Vereinbarung insgesamt und ist bei der Unerlässlichkeit der gewählten Kooperationsform von der Unerlässlichkeit der mit dieser verbundenen vertraglichen Regelungen auszugehen (vgl. EuG 15.7.1994, Slg. 1994, II-595 Rn. 138 – Matra Hachette SA/Europäische Kommission; Leitlinien Art. 81 Abs. 3 EG, Rn. 79).

Die zwischenbetriebliche Kooperation ist insgesamt unerlässlich, wenn eine weniger umfassende, lockere Form der Zusammenarbeit zwischen den beteiligten Unternehmen oder rein innerbetriebliche Maßnahmen oder Rationalisierungen innerhalb eines Konzernverbundes erheblich weniger effizient wären. In keinem Fall stellt ein der Fusionskontrolle unterliegender struktureller Zusammenschluss der beteiligten Unternehmen eine weniger wettbewerbsbeschränkende Alternative dar (vgl. Bundeskartellamt 15.7.2002 – B8-40000-Ib-87/01, S. 28 f. – entega/Stadtwerke München (Citiworks)). Das Tatbestandsmerkmal der Unerlässlichkeit schreibt den kooperationswilligen Unternehmen keine bestimmte Form der Zusammenarbeit vor. Insbes. kann die Unerlässlichkeit nicht deshalb verneint werden, weil es andere Formen der Zusammenarbeit gibt, durch die sich die angestrebten Effizienzgewinne noch besser oder schneller erreichen lassen. Die EU-Kommission hat erklärt, dass sie die wirtschaftliche Entscheidung der beteiligten Unternehmen zugunsten einer Form der Zusammenarbeit gerade nicht durch ihre eigene wirtschaftliche Beurteilung ersetzen wird. Sie wird aber dann einschreiten, wenn realistische und erreichbare Alternativen „hinreichend klar" sind (Leitlinien Art. 81 Abs. 3 EG, Rn. 75).

Für die Unerlässlichkeit der einzelnen wettbewerbsbeschränkenden Bestimmungen kommt es darauf an, dass die beabsichtigte Kooperation ohne diese Bestimmungen nicht funktionsfähig wäre und die angestrebten Effizienzgewinne nicht verwirklichen könnte. Zudem dürfen die Beschränkungen die Rationalisierungen nicht wieder beseitigen. Hier ist zu beachten, dass die EU-Kommission an die Unerlässlichkeit von besonders schweren Wettbewerbsbeschränkungen wie die horizontale Vereinbarung zur Festlegung von Preisen oder Absatzgebieten sehr hohe Anforderungen stellt (vgl. Leitlinien Art. 81 Abs. 3 EG, Rn. 46). Die Selbstveranlagung muss daher ausführlich dazu Stellung nehmen, warum im jeweiligen Einzelfall die Kooperation, wenn diese insgesamt als unerlässlich angesehen wird, ohne diese schweren Wettbewerbsbeschränkungen nicht funktionsfähig wäre.

c) Angemessene Verbraucherbeteiligung:

Die direkten und indirekten Nutzer des von der Kooperation betroffenen Produkts müssen für jede eingetretene oder wahrscheinliche negative Wirkung, die durch die Wettbewerbsbeschränkungen verursacht werden könnte, zumindest entschädigt werden. Aus Verbrauchersicht muss sich die Vereinbarung daher wenigstens „neutral" auswirken (Leitlinien Art. 81 Abs. 3 EG, Rn. 85). Gewinn ist dabei jeder Vorteil, den die Kooperationsvereinbarung herbeizuführen objektiv in der Lage ist. In Betracht kommen in erster Linie die Möglichkeit, Kosteneinsparungen in günstigere Verkaufspreise oder in sonstige finanzielle Vorteile für den Abnehmer umzusetzen, eine höhere Qualität der Vertragserzeugnisse zu gewährleisten, durch die Bündelung von Kapazitäten ein erweitertes Angebot zu stellen, durch die Errichtung einer zentralen Anlaufstelle für den Kunden die Anbahnung und Abwicklung von Aufträgen zu vereinfachen oder eine regelmäßige Belieferung sicherzustellen. Die Kommission legt bei der Beurteilung der Verbraucherbeteiligung in der Praxis einen strengen Maßstab an (vgl. Kommission 19.12.2007, Mastercard, COMP/34.579, Rn. 739 ff.).

Der erforderliche Umfang der Beteiligung des Verbrauchers an den entstehenden Effizienzgewinnen hängt von der Art und Intensität der Wettbewerbsbeschränkung ab, die durch die Vereinbarung bewirkt wird (Leitlinien Art. 81 Abs. 3 EG. Rn. 90). Je größer die Wettbewerbsbeschränkung ist, desto größer müssen die Effizienzgewinne und die Weitergabe an den Verbraucher sein. Die EU-Kommission hat in ihren Leitlinien Art. 81 Abs. 3 EG Kriterien aufgelistet, die die Wahrscheinlichkeit einer Weiterleitung von Effizienzgewinnen an den Verbraucher beeinflussen (Leitlinien Art. 81 Abs. 3 EG, Rn. 83 ff.). Insbes. bei Kosteneinsparungen sind daher Ausführungen zu den Merkmalen und der Struktur des Marktes, zu Art und Ausmaß der Effizienzgewinne, zur Elastizität der Nachfrage und zum Ausmaß der Wettbewerbsbeschränkung erforderlich.

d) Keine Ausschaltung des Wettbewerbs:

In der Selbstveranlagung ist der von der Zusammenarbeit betroffene sachliche und räumlich relevante Markt zu definieren. Dabei sind insb. die verschiedenen Wettbewerbsquellen auf dem Markt, das Ausmaß des Wettbewerbsdrucks, der von verschiedenen Quellen auf die beteiligten Unternehmen ausgeht, und die Auswirkungen der Vereinbarung auf den Wettbewerbsdruck zu untersuchen. Es ist zwischen Innen- und Außenwettbewerb zu unterscheiden, die allerdings in Wechselwirkung stehen. In diesem Abschnitt ist die dem Kartellverbot innewohnende „Vermutung" zu widerlegen, dass

der Wettbewerb zwischen den beteiligten Unternehmen der wesentliche Antrieb für ihre wirtschaftliche Effizienz ist.
IE ist zu folgenden Punkten Stellung zu nehmen: Marktanteil der beteiligten Unternehmen, Art des Produkts, Zahl und Stärke der verbleibenden Kunden, Struktur der Marktgegenseite, Verflechtungen mit Wettbewerbern oder Unternehmen auf der vor- und nachgelagerten Wirtschaftsstufe, Fähigkeit und Anreiz der Wettbewerber, zu konkurrieren, Marktverhalten der beteiligten Unternehmen, vergangene wettbewerbliche Wechselwirkung und Bewertung des potenziellen Wettbewerbs.

8. Die Selbstveranlagung sollte schließlich einen Hinweis darauf enthalten, dass der kartellrechtlichen Beurteilung nur der mitgeteilte Sachverhalt sowie die Rechtslage im Zeitpunkt der Erstellung der Selbstveranlagung zugrunde liegen. Auch dann, wenn die Selbstveranlagung – was regelmäßig zu empfehlen ist – von einem spezialisierten Rechtsanwalt erstellt wurde, werden die beteiligten Unternehmen nicht von der Verpflichtung zur kontinuierlichen Überwachung der Einhaltung der Vorschriften des GWB entbunden. Sofern keine wesentliche Veränderung der Sach- oder Rechtslage vorliegt, genügen regelmäßige stichpunktartige Kontrollen der wesentlichen Freistellungsvoraussetzungen wie zB Höhe des gemeinsamen Marktanteils oder Änderungen im Gesellschafterkreis.

2. Selbstveranlagung im Fall einer zwischenbetrieblichen Kooperation nach § 2 Abs. 2 GWB

Bewertung der kartellrechtlichen Zulässigkeit der Zusammenarbeit der A-GmbH und der B-GmbH nach § 2 Abs. 2 GWB[1]

I. Gegenstand der Selbstveranlagung ist die kartellrechtliche Zulässigkeit der Zusammenarbeit zwischen der A-GmbH und der B-GmbH. Die Zusammenarbeit betrifft die Abstimmung der Produktion der Vertragserzeugnisse zur Stärkung der Wettbewerbsfähigkeit des Werkstoffs . . . . . Die Voraussetzungen für eine Freistellung dieser Zusammenarbeit nach § 2 Abs. 2 GWB sind mit hoher Wahrscheinlichkeit erfüllt. Die Einleitung eines Bußgeldverfahrens ist als unwahrscheinlich anzusehen.

II. An der Zusammenarbeit sind folgende Unternehmen beteiligt:[2]

1. A-GmbH:
Die vollständige Anschrift der A-GmbH lautet: . . . . .
Gesellschafter der A-GmbH sind . . . . mit einer Beteiligungshöhe von jeweils . . . . . %. Die A-GmbH ist an keinen weiteren Unternehmen mit vergleichbarer Tätigkeit beteiligt. Der Gesamtumsatz der A-GmbH im letzten abgeschlossenen Geschäftsjahr . . . . . betrug . . . . . EUR der Umsatz mit den Vertragswaren . . . . . EUR.

2. B-GmbH:
Die vollständige Anschrift der B-GmbH lautet: . . . . .
Gesellschafter der B-GmbH sind . . . . mit einer Beteiligungshöhe von jeweils . . . . . %. Die B-GmbH ist an keinen weiteren Unternehmen mit vergleichbarer Tätigkeit beteiligt. Der Gesamtumsatz der B-GmbH im letzten abgeschlossenen Geschäftsjahr . . . . . betrug . . . . . EUR, der Umsatz mit den Vertragswaren . . . . . EUR.

III. Beschreibung des Inhalts des Kooperationsvertrages:[2]

1. Die A-GmbH und die B-GmbH beabsichtigen, ihr Liefersortiment in der Weise aufeinander abzustimmen, dass die A-GmbH die Produktion der Nennweiten 100–300 einstellt und diese Größe bei der B-GmbH bezieht, die sich ihrerseits

zur Lieferung dieser Nennweiten an die A-GmbH verpflichtet. Im Gegenzug wird die B-GmbH auf die Herstellung der Nennweiten 400–700 verzichten, die sie ihrerseits von der A-GmbH beziehen wird.

2. Beide Vertragsparteien verpflichten sich, die von ihnen hergestellten Nennweiten ausschließlich an die jeweils andere Vertragspartei zu verkaufen. Jede Vertragspartei verpflichtet sich zugleich, die von ihr nicht hergestellten Nennweiten ausschließlich von der jeweils anderen Vertragspartei zu beziehen.
3. Der wechselseitige Bezug durch die Vertragsparteien erfolgt zu den in Anlage 1 des Kooperationsvertrages festgelegten Konditionen. Jede Vertragspartei ist in ihrer Preisgestaltung gegenüber den Abnehmern auch hinsichtlich der von der anderen Vertragspartei bezogenen Erzeugnisse frei.

IV. Kartellrechtliche Beurteilung:[3]

1. Vorliegen einer Wettbewerbsbeschränkung iSd § 1 GWB:
Der Kooperationsvertrag enthält wettbewerbsbeschränkende Vereinbarungen im Sinne von § 1 GWB. Die Verpflichtung der Vertragsparteien, für die Laufzeit des Vertrages die hergestellten Erzeugnisse nur noch an die jeweils andere Vertragspartei zu verkaufen, stellt eine Einschränkung des Absatzes im Sinne von § 1 GWB dar. Die angestrebte Aufteilung der Produktion bezweckt ebenfalls eine Beschränkung der wettbewerblichen Handlungsfreiheit der Vertragsparteien.
2. Vorliegen der Freistellungsvoraussetzungen des § 2 Abs. 2 GWB:
Die Kooperationsvereinbarung ist gem. § 2 Abs. 2 GWB iVm Art. 2 Abs. 1 VO 1218/2010 über die Anwendung von Art. 101 Abs. 3 AEUV auf Gruppen von Spezialisierungsvereinbarungen (ABl. 2010 L 335, 43) als gegenseitige Spezialisierung vom Kartellverbot freigestellt.
   a) Gegenseitige Spezialisierung:
   Die zwischen der A-GmbH und der B-GmbH geschlossene Kooperationsvereinbarung ist eine Vereinbarung über eine „gegenseitige Spezialisierung" iSd Art. 1 Abs. 1 lit. c VO 1218/2010. Die A-GmbH und die B-GmbH verpflichten sich gegenseitig, die Produktion der Vertragserzeugnisse bestimmter Nennweiten einzustellen und zukünftig von deren Produktion abzusehen. Die von der Spezialisierungsabrede betroffenen Nennweiten sollen vom jeweils anderen Vertragspartner bezogen werden.
   b) Sonstige Freistellungsvoraussetzungen der VO 1218/2010:
      aa) Die Verpflichtung zum ausschließlichen Bezug der nicht selbst hergestellten Erzeugnisse beim jeweils anderen Vertragspartner (sog Alleinbezugsverpflichtung) ist ebenso wie die korrespondierende Verpflichtung, die jeweils selbst hergestellten Erzeugnisse nur an den anderen Vertragspartner zu verkaufen (sog Alleinbelieferungsverpflichtung) nach Art. 2 Abs. 3 lit. a VO 1218/2010 von der Freistellung umfasst.
      bb) Die Kooperationsvereinbarung enthält iÜ keine Kernbeschränkung iSd Art. 4 VO 1218/2010. Die Vertragsparteien sind insb. in der Preisgestaltung gegenüber dritten Abnehmern frei. Die Aufteilung des Produktionssortiments stellt keine Beschränkung der Produktion iSd Art. 4 Abs. 1 lit. b VO 1218/2010 dar.
      cc) Der gemeinsame Marktanteil der Vertragsparteien liegt im Vertragsgebiet unterhalb der 20 %-Schwelle des Art. 3 VO 1218/2010. Beide Vertragsparteien sind auf dem Markt für ..... tätig, der zumindest das Gebiet der Bundesrepublik Deutschland umfasst. Die Vertragsparteien schätzen das Gesamtmarktvolumen auf etwa ..... t. Die wichtigsten Wettbewerber sind ..... Die Marktanteile verteilen sich nach den Schätzungen der Vertragsparteien wie folgt: .....

c) Damit ist die Kooperationsvereinbarung nach § 2 Abs. 2 GWB iVm Art. 2 Abs. 1 VO 1218/2010 freigestellt.

V. Bewertungsmaßstab und Pflicht zur regelmäßigen Überwachung:[4]
Dieser Selbstveranlagung liegt der von den Vertragsparteien mitgeteilte Sachverhalt zugrunde, wie er in den Abschn. I.–IV. zusammengefasst ist. Diese Selbstveranlagung berührt nicht die Verantwortlichkeit der Vertragsparteien für die Überwachung der Rechtmäßigkeit der Zusammenarbeit, wie sie sich aus dem Gesetz gegen Wettbewerbsbeschränkungen ergibt. Die Vertragsparteien sollten in regelmäßigen Zeitabständen eine Zwischenbilanz über die erzielten Rationalisierungen ziehen und insb. Mengen- und Preisentwicklungen dokumentieren. Eine erneute vollständige Selbstveranlagung sollte dann eingeholt werden, wenn sich die dieser Selbstveranlagung zugrundeliegende Sach- oder Rechtslage entscheidend geändert hat.

. . . . .

Rechtsanwalt

Anmerkungen

1. § 2 Abs. 2 GWB ist eine dynamische Verweisung auf die EU-Gruppenfreistellungsverordnungen („GVO") in ihrer jeweils gültigen Fassung. GVOen sind Verordnungen des Rates oder der Kommission der EU, die bestimmte Gruppen von Vereinbarungen, Beschlüssen von Unternehmensvereinigungen oder von aufeinander abgestimmten Verhaltensweisen vom Kartellverbot des Art. 101 Abs. 1 AEUV (ex-Art. 81 Abs. 1 EG-Vertrag) ausnehmen. Ist eine Vereinbarung durch eine GVO freigestellt, müssen die Vertragsparteien nicht iE nachweisen, dass ihre Kooperationsvereinbarung sämtliche Freistellungsvoraussetzungen des Art. 101 Abs. 3 AEUV (ex-Art. 81 Abs. 3 EG-Vertrag) erfüllt. Erforderlich ist lediglich der Nachweis, dass die Kooperationsvereinbarung von einer GVO erfasst wird (vgl. Leitlinien der EU-Kommission zur Anwendung von Art. 81 Abs. 3 EG-Vertrag (jetzt: Art. 101 Abs. 3 AEUV), ABl. 2004 C 101, 97, Rn. 35).

Seit der 7. GWB-Novelle gilt diese Rechtslage auch für das deutsche Kartellrecht. Damit gelten die GVOen auch für Fälle, in denen der zwischenstaatliche Handel nicht betroffen und das EU-Kartellrecht daher nicht anwendbar ist. Somit tritt § 2 Abs. 2 GWB neben die Generalklausel des § 2 Abs. 1 GWB, ohne dass es auf die zwischenstaatliche Relevanz der Vereinbarung ankommt (vgl. § 2 Abs. 2 S. 2 GWB).

Das EU-Kartellrecht sieht GVOen für horizontale und vertikale Vereinbarungen vor:

a) horizontale GVOen:
   - aa) VO 1218/2010 v. 14.12.2010 über die Anwendung von Art. 101 Abs. 3 AEUV auf Gruppen von Spezialisierungsvereinbarungen, ABl. 2010 L 335, 43;
   - bb) VO 1217/2010 v. 14.12.2010 über die Anwendung von Art. 101 Abs. 3 AEUV auf Gruppen von Vereinbarungen über Forschung und Entwicklung, ABl. 2010 L 335, 36;
   - cc) VO 267/2010 v. 24.3.2010 über die Anwendung von Art. 101 Abs. 3 AEUV auf Gruppen von Vereinbarungen, Beschlüssen und abgestimmten Verhaltensweisen im Versicherungssektor, ABl. 2010 L 83, 1.

b) vertikale GVOen:
   - aa) VO 330/2010 v. 20.4.2010 über die Anwendung von Art. 101 Abs. 3 AEUV auf Gruppen von vertikalen Vereinbarungen und abgestimmten Verhaltensweisen, ABl. 2010 L 102, 1;
   - bb) VO 461/2010 v. 27.5.2010 über die Anwendung von Art. 101 Abs. 3 AEUV auf Gruppen von vertikalen Vereinbarungen und abgestimmten Verhaltensweisen im Kraftfahrzeugsektor, ABl. 2010 L 129, 52;

cc) VO 316/2014 v. 21.3.2014 über die Anwendung von Art. 101 Abs. 3 AEUV auf Gruppen von Technologietransfer-Vereinbarungen, ABl. 2014 L 93, 17.

c) Bei der Auslegung der GVOen sind die Leitlinien und Bekanntmachungen der EU-Kommission zu berücksichtigen. Von besonderer Bedeutung sind Leitlinien zur Anwendbarkeit von Art. 101 AEUV auf Vereinbarungen über horizontale Zusammenarbeit, ABl. 2011 C 11, 1; Leitlinien der EU-Kommission für vertikale Beschränkungen, ABl. 2010 C 130, 1; Ergänzende Leitlinien der EU-Kommission für vertikale Beschränkungen im Kraftfahrzeugsektor, ABl. 2010 C 138, 16; Leitlinien der EU-Kommission zur Anwendung von Art. 101 AEUV auf Technologietransfer-Vereinbarungen, ABl. 2014 C 89, 3.

2. Das Gesetz macht keine Vorgaben zum erforderlichen Mindestinhalt der Selbstveranlagung. In jedem Fall ist aber eine kurze Darstellung der beteiligten Unternehmen, des wesentlichen Inhalts der Kooperationsvereinbarung sowie der Prüfung der gesetzlichen Freistellungsmerkmale erforderlich (→ Form. II.N.1 Anm. 3–7).

3. Die GVOen folgen in ihrem Aufbau weitgehend dem gleichen Schema:

a) Legaldefinition der in der Verordnung verwendeten Begriffe (Art. 1 VO 1218/2010; Art. 1 VO 1217/2010; Art. 1 VO 267/2010; Art. 1 VO 330/2010; Art. 1 VO 461/2010; Art. 1 VO 316/2014).

b) Gesetzliche Freistellung vom Kartellverbot (Art. 2 Abs. 1 VO 1218/2010; Art. 2 Abs. 1 VO 1217/2010; Art. 2 VO 267/2010; Art. 2 Abs. 1 VO 330/2010; Art. 2 bzw. Art. 4 VO 461/2010; Art. 2 Abs. 1 VO 316/2014).

c) Aufzählung von Wettbewerbsbeschränkungen, bei deren Vorliegen die Freistellung nach der Gruppenfreistellungsverordnung für den gesamten Vertrag entfällt (sog. „Kernbeschränkungen" oder „schwarze Klauseln", Art. 4 VO 1218/2010; Art. 5 VO 1217/2010; Art. 4 VO 267/2010; Art. 4 VO 330/2010; Art. 5 VO 461/2010; Art. 4 VO 316/2014).

d) Aufzählung von Wettbewerbsbeschränkungen, bei denen die Freistellung für eine konkrete Vereinbarung entfällt, während, die Abtrennbarkeit vorausgesetzt, die Freistellung für die übrigen Vereinbarungen fortgilt (sog. „graue Klauseln", Art. 5 VO 330/2010; Art. 5 VO 316/2014).

e) Angabe der Marktanteilsschwelle, bis zu der die Freistellung nach der Gruppenfreistellungsverordnung gilt (Art. 3 VO 1218/2010: 20 %; Art. 4 Abs. 2 u. 3 VO 1217/2010: 25 %; Art. 6 VO 267/2010: 20 % bzw. 25 %; Art. 3 Abs. 1 VO 330/2010: 30 %; Art. 6 VO 461/2010: 50 %; Art. 8 Abs. 2 VO 316/2014: 20 % bzw. 30 %).

Es bietet sich an, der Selbstveranlagung das skizzierte Schema zugrunde zu legen.

4. → Form. II.N.1 Anm. 8.

3. Selbstveranlagung im Fall eines Mittelstandskartells nach § 3 GWB

Bewertung der kartellrechtlichen Zulässigkeit der Zusammenarbeit der X-GmbH und der Y-GmbH in der V-Vertriebs-GmbH nach § 3 GWB[1–3, 8]

I. Gegenstand der Selbstveranlagung ist die kartellrechtliche Zulässigkeit der Zusammenarbeit zwischen der X-GmbH und der Y-GmbH. Beide Gesellschaften beabsichtigen, die von ihnen hergestellten Vertragserzeugnisse durch die V-Vertriebs-GmbH zu vertreiben. Die Voraussetzungen für eine Freistellung dieser Zusammenarbeit nach § 3 Abs. 1 GWB sind mit hoher Wahrscheinlichkeit erfüllt. Die Einleitung eines Bußgeldverfahrens ist als unwahrscheinlich anzusehen.

II. An der Zusammenarbeit sind folgende Unternehmen beteiligt:[4]

1. V-Vertriebs-GmbH:
Die vollständige Anschrift der V-Vertriebs-GmbH wird wie folgt lauten: . . . . .
Gesellschafter der V-Vertriebs-GmbH werden die X-GmbH und die Y-GmbH mit einer Beteiligungshöhe von jeweils 50 % sein. Die V-Vertriebs-GmbH wird an keinen weiteren Gesellschaften mit vergleichbarer Tätigkeit beteiligt sein. Die V-Vertriebs-GmbH befindet sich derzeit im Gründungsstadium. Angaben zu den Umsätzen, der Bilanzsumme sowie zur Mitarbeiterzahl liegen somit noch nicht vor.
2. X-GmbH:
Die vollständige Anschrift der X-GmbH lautet: . . . . .
Gesellschafter der X-GmbH sind . . . . . mit einer Beteiligungshöhe von jeweils . . . . . %. Die X-GmbH ist an keinen weiteren Unternehmen mit vergleichbarer Tätigkeit beteiligt. Der Gesamtumsatz der X-GmbH im letzten abgeschlossenen Geschäftsjahr . . . . . betrug . . . . . EUR, der Umsatz mit dem Vertragswaren . . . . . EUR. Die Bilanzsumme der X-GmbH betrug . . . . . EUR; die X-GmbH hat . . . . . Mitarbeiter.
3. Y-GmbH:
Die vollständige Anschrift der Y-GmbH lautet: . . . . .
Gesellschafter der Y-GmbH sind . . . . . mit einer Beteiligungshöhe von jeweils . . . . . %. Die Y-GmbH ist iHv 50 % an der D-GmbH beteiligt, die ebenfalls Vertragserzeugnisse im räumlich relevanten Markt anbietet. Der Gesamtumsatz der Y-GmbH (einschließlich D-GmbH) im letzten abgeschlossenen Geschäftsjahr . . . . . betrug . . . . . EUR, der Umsatz mit den Vertragswaren . . . . . EUR. Die Bilanzsumme der Y-GmbH betrug . . . . . EUR; die Y-GmbH hat . . . . . Mitarbeiter.

III. Beschreibung des Inhalts des Kooperationsvertrages:[5]

1. Die X-GmbH und die Y-GmbH übertragen gem. Ziff. 1 des Kooperationsvertrages der V-Vertriebs-GmbH den Alleinvertrieb der von ihnen hergestellten Vertragserzeugnisse. Hierdurch soll die Akquisition, der Vertrieb und die Lagerhaltung rationalisiert sowie die Leistungsfähigkeit der Gesellschafter gefördert werden.
2. Die Regelungen des Kooperationsvertrages beziehen sich auf die Vertragserzeugnisse, die in Ziff. 2 des Kooperationsvertrages definiert sind, und auf folgende Werke der Gesellschafter:
   a) X-GmbH: Werk X-Dorf mit einer Absatzmenge im Vertragsgebiet iHv . . . . . m^3;
   b) Y-GmbH: Werk Y-Stadt mit einer Absatzmenge im Vertragsgebiet iHv . . . . . m^3.
3. Die Gesellschafter haben folgende weitere Werke, die nicht von der Zusammenarbeit betroffen sind, aber zum Teil in das Vertragsgebiet einliefern:
   a) X-GmbH: Werk X-Hausen (Einlieferung iHv 25 %, entspricht . . . . . m^3);
   b) Y-GmbH: Werk Y-Feld (Einlieferung iHv 15 %, entspricht . . . . . m^3) und Werk Y-Berg (Einlieferung iHv 20 %, entspricht . . . . . m^3).
4. Die D-GmbH, an der die Y-GmbH iHv 50 % beteiligt ist, betreibt das Werk D-Stadt, das iHv ca. 15 % (entspricht . . . . . m^3) ebenfalls Vertragserzeugnisse in das Vertragsgebiet einliefert.
5. Vertragserzeugnisse im Sinne der Ziff. 2 des Kooperationsvertrages sind die in der Anlage zum Kooperationsvertrag bezeichneten Produkte.
6. Die wesentlichen Regelungen des Kooperationsvertrages sind:
   a) Die Gesellschafter vergemeinschaften den Vertrieb der von ihnen hergestellten Vertragserzeugnisse und übertragen ihn der V-Vertriebs-GmbH. Die Gesell-

schafter dürfen keine eigenen Angebote mehr abgeben, entsprechende Anfragen sind an den Geschäftsführer der V-Vertriebs-GmbH weiterzuleiten.

b) Die V-Vertriebs-GmbH ist verpflichtet, die Vertragserzeugnisse ausschließlich von den Gesellschaftern zu beziehen. Die von ihr abgeschlossenen Aufträge sind nach den Kriterien der Ziff. 3 des Kooperationsvertrages in der dort festgelegten Reihenfolge auf die Gesellschafter zu verteilen.

c) Die V-Vertriebs-GmbH schließt die Lieferverträge mit den Abnehmern im eigenen Namen und auf eigene Rechnung; die Preise und Lieferbedingungen werden ausschließlich durch den Geschäftsführer der V-Vertriebs-GmbH bestimmt.

IV. Kartellrechtliche Beurteilung:[6]

1. Vorliegen einer Wettbewerbsbeschränkung iSd § 1 GWB:
Der Kooperationsvertrag enthält wettbewerbsbeschränkende Vereinbarungen im Sinne von § 1 GWB.

a) Der in Ziff. 1 des Kooperationsvertrages geregelte Andienungszwang beschränkt die X-GmbH und die Y-GmbH jeweils in ihrem Absatz der Vertragserzeugnisse, indem die Absatzwege auf einen Abnehmer, die V-Vertriebs-GmbH, verengt werden. Zudem sieht der in Ziff. 3 des Kooperationsvertrages aufgeführte Katalog der Zuteilungskriterien Lieferquoten für jeden Gesellschafter vor. Die Gesellschafter können demzufolge, soweit die Lieferaufträge nach diesem Kriterium zu verteilen sind, nur eine der Lieferquote entsprechende Gesamtmenge absetzen. Hierdurch wird die Produktion der Vertragserzeugnisse der X-GmbH und Y-GmbH eingeschränkt.

b) Keine Wettbewerbsbeschränkung ist die Festlegung der Preishoheit der V-Vertriebs-GmbH hinsichtlich ihrer Verträge mit den Abnehmern. Die Einkaufspreise der V-Vertriebs-GmbH werden zwischen der V-Vertriebs-GmbH und ihren Gesellschaftern individuell ausgehandelt. Die V-Vertriebs-GmbH trägt das wirtschaftliche Risiko eines ungenügenden Absatzes der Vertragserzeugnisse. Dieser Risikoverteilung entspricht es, dass die V-Vertriebs-GmbH die geschäftlichen Konditionen gegenüber den Abnehmern eigenständig festlegt.

2. Vorliegen der Freistellungsvoraussetzungen des § 3 GWB:

a) Anwendbarkeit:[2]
§ 3 GWB ist nur dann anwendbar, wenn die Zusammenarbeit der X-GmbH und der Y-GmbH nach dem Kooperationsvertrag nicht geeignet ist, den Handel zwischen den EU-Mitgliedstaaten spürbar zu beeinträchtigen. Die Gesellschafter sind kleine und mittlere Unternehmen im Sinne der KMU-Empfehlung der EU-Kommission, da sie weniger als 250 Mitarbeiter beschäftigen und ihr Jahresumsatz bzw. ihre Bilanzsumme nicht größer als 50 Mio. EUR bzw. 43 Mio. EUR sind. Die Gesellschafter sind zudem nicht grenzüberschreitend tätig. Der Absatz der Vertragserzeugnisse erfolgt üblicherweise in einem Umkreis von ..... km um die Werke der Gesellschafter. Das Vertragsgebiet liegt damit nicht in Grenznähe und deckt nur einen unwesentlichen Teil des Bundesgebietes ab. § 3 GWB ist damit anwendbar.

b) Zwischenbetriebliche Zusammenarbeit zwischen Wettbewerbern:[6]
Die Gesellschafter sind Anbieter der Vertragserzeugnisse und standen bislang sachlich und räumlich im Wettbewerb .....

c) Rationalisierung wirtschaftlicher Vorgänge durch zwischenbetriebliche Zusammenarbeit:[6]
Die Vergemeinschaftung des Vertriebs der Gesellschafter in der V-Vertriebs-GmbH ist geeignet, die Produktion und den Vertrieb der Vertragserzeugnisse

wirtschaftlich effizienter zu gestalten und hierdurch erhebliche Einsparungen zu ermöglichen . . . .

d) Vereinbarung dient der Verbesserung der Wettbewerbsfähigkeit kleiner oder mittlerer Unternehmen:[6]
Die Zusammenarbeit der Gesellschafter in der V-Vertriebs-GmbH dient der optimalen Ausnutzung der Produktionsstätten der Gesellschafter sowie der Bündelung von deren wirtschaftlichen Ressourcen . . . . .
Die Gesellschafter sind auch kleine oder mittlere Unternehmen iSd § 3 Nr. 2 GWB . . . .

e) Keine wesentliche Beeinträchtigung des Wettbewerbs auf dem betroffenen Markt:[6]
Die Zusammenarbeit der Gesellschafter betrifft den sachlichen Markt für . . . . . Dieser Markt erstreckt sich in räumlicher Hinsicht in einem Umkreis von . . . . . km um die Werke der Gesellschafter. Die Beteiligten schätzen das Gesamtmarktvolumen aufgrund der eigenen und geschätzten Wettbewerbermengen auf etwa . . . . . m^3. Ein vergleichbares Gesamtmarktvolumen ergibt sich bei Berücksichtigung der Einwohnerzahl im Vertragsgebiet iHv . . . . ., ausgehend von einem Pro-Kopf-Verbrauch iHv . . . . . m^3/Einwohner. Der Marktanteil der Gesellschafter liegt bei etwa . . . . . %. Im Vertragsgebiet sind mit . . . . . weitere starke und größere Anbieter vorhanden.

V. Bewertungsmaßstab und Pflicht zur regelmäßigen Überwachung:[7]
Dieser Selbstveranlagung liegt der von den Gesellschaftern mitgeteilte Sachverhalt zugrunde, wie er in den Abschn. I.–IV. zusammengefasst ist. Diese Selbstveranlagung berührt nicht die Verantwortlichkeit der Gesellschafter für die Überwachung der Rechtmäßigkeit der Zusammenarbeit, wie sie sich aus dem Gesetz gegen Wettbewerbsbeschränkungen ergibt. Die Gesellschafter sollten in regelmäßigen Zeitabständen eine Zwischenbilanz über die erzielten Rationalisierungen ziehen und insb. Mengen- und Preisentwicklungen dokumentieren. Eine erneute vollständige Selbstveranlagung sollte dann eingeholt werden, wenn sich die dieser Selbstveranlagung zugrundeliegende Sach- oder Rechtslage entscheidend geändert hat.

. . . . .
Rechtsanwalt

Verwaltungsgrundsätze: Leitlinien der EU-Kommission über den Begriff der Beeinträchtigung des zwischenstaatlichen Handels in den Art. 81 und 82 EG-Vertrag (jetzt: Art. 101 u. 102 AEUV), ABl. 2004 Nr. C 101/81; Leitlinien der EU-Kommission zur Anwendung von Art. 81 Abs. 3 EG-Vertrag (jetzt: Art. 101 Abs. 3 AEUV), ABl. 2004 Nr. C 101/97; Empfehlung der EU-Kommission betreffend die Definition der Kleinstunternehmen sowie der kleinen und mittleren Unternehmen, ABl. 2003 Nr. L 124/36; („KMU-Empfehlung"); Merkblatt des Bundeskartellamtes über die Kooperationsmöglichkeiten für kleinere und mittlere Unternehmen (Stand: März 2007).

Anmerkungen

1. Die 7. GWB-Novelle aus dem Jahr 2005 hat den Freistellungstatbestand für Mittelstandskartelle (bisher § 4 Abs. 1 GWB aF) fast unverändert als § 3 GWB übernommen. § 3 GWB verschafft kleineren und mittleren Unternehmen eine vereinfachte Legalisierungsmöglichkeit und zielt damit auf einen strukturellen Nachteilsausgleich. Die Regierungsbegründung weist ausdrücklich darauf hin, dass § 3 GWB im Lichte der bisherigen Verwaltungs- und Rspr. auszulegen sei. Gleichwohl kommt auch § 3 GWB im

System der Legalausnahme eine andere rechtliche Wirkung zu als § 4 Abs. 1 GWB aF. Erfüllen Vereinbarungen zwischen Wettbewerbern die Voraussetzungen des § 3 GWB, sind sie kraft Gesetzes automatisch vom Kartellverbot des § 1 GWB freigestellt. Eine vorherige Anmeldung bei der zuständigen Kartellbehörde ist weder erforderlich noch möglich. Die Unternehmen müssen im Wege der Selbstveranlagung die Einhaltung der rechtlichen Schranken für die gesetzliche Freistellung eigenständig prüfen und fortlaufend überwachen.

2. § 3 GWB ist eine deutsche Sonderregelung, die im EU-Kartellrecht keine Entsprechung hat. Während eine Freistellung nach EU-Kartellrecht nur in Betracht kommt, wenn entweder die Voraussetzungen einer EU-Gruppenfreistellungsverordnung vorliegen (diese Regelung findet ihre nationale Entsprechung in § 2 Abs. 2 GWB; → Form. II.N.2) oder die Freistellungsvoraussetzungen des Art. 101 Abs. 3 AEUV (ex-Art. 81 Abs. 3 EG-Vertrag) im Einzelfall bejaht werden können (diese Regelung findet ihre Entsprechung in § 2 Abs. 1 GWB; → Form. II.N.1), fingiert § 3 GWB – an andere Tatbestandsmerkmale anknüpfend – das Vorliegen der Einzelfreistellungsvoraussetzungen des § 2 Abs. 1 GWB.

Der Gesetzgeber hat vor diesem Hintergrund klargestellt, dass § 3 GWB nur dann Anwendung findet, wenn die Kooperationsvereinbarung nicht geeignet ist, den Handel zwischen den EU-Mitgliedstaaten spürbar zu beeinträchtigen (vgl. *Bechtold/Bosch* § 3 Rn. 4).

Die unionsrechtliche Entscheidungspraxis der EU-Kommission stellt hieran nur geringe Anforderungen. Ausführliche Hinweise lassen sich den Leitlinien über den Begriff der Beeinträchtigung des zwischenstaatlichen Handels entnehmen. Die Kooperationsvereinbarung ist danach nicht geeignet, den zwischenstaatlichen Handel spürbar zu beeinträchtigen, wenn

a) die Vertragsparteien kleine oder mittlere Unternehmen im Sinne der KMU-Empfehlung der EU-Kommission sind. Hierfür müssen sie weniger als 250 Mitarbeiter haben, ihr Jahresumsatz darf nicht größer als 50 Mio. EUR oder ihre Bilanzsumme nicht größer als 43 Mio. EUR sein (EU-Kommission, Empfehlung betreffend die Definition der Kleinstunternehmen sowie der kleinen und mittleren Unternehmen, Art. 2 Abs. 1). Bei solchen Unternehmen wird eine lokale oder regionale Ausrichtung der wirtschaftlichen Tätigkeit vermutet. Diese Vermutung kann aber durch den Nachweis einer grenzüberschreitenden Tätigkeit widerlegt werden (Leitlinien der EU-Kommission über den Begriff der Beeinträchtigung des zwischenstaatlichen Handels, Rn. 50).
b) oder der gemeinsame Marktanteil der Vertragsparteien auf den von der Vereinbarung betroffenen Märkten nicht größer als 5 % ist und der Gesamtumsatz der beteiligten Unternehmen mit den Vertragswaren nicht mehr als 40 Mio. EUR beträgt (sog NAAT-Regel). Auch wenn die Vertragsparteien grenzüberschreitend tätig sind, hat die Vereinbarung bei Unterschreiten dieser Schwellenwerte keine spürbare zwischenstaatliche Relevanz (Leitlinien der EU-Kommission über den Begriff der Beeinträchtigung des zwischenstaatlichen Handels, Rn. 50).

Hingegen wird die zwischenstaatliche Relevanz der Kooperationsvereinbarung positiv vermutet, wenn

a) die Vereinbarung ihrem Wesen nach zur Beeinträchtigung des zwischenstaatlichen Handels geeignet ist, zB weil sie Ein- und Ausfuhren betrifft oder sich auf mehrere Mitgliedstaaten erstreckt;
b) und die Umsatz- oder Marktanteilsschwelle der NAAT-Regel überschritten wird (Leitlinien der EU-Kommission über den Begriff der Beeinträchtigung des zwischenstaatlichen Handels, Rn. 53).

3. Das GWB enthält keine Vorschrift zum erforderlichen Mindestinhalt einer Selbstveranlagung. In jedem Fall wird eine Darstellung des geprüften Sachverhalts einschließlich der Beteiligten sowie eine Prüfung der einzelnen Tatbestandsmerkmale geboten sein.

Weitere Anhaltspunkte kann das Merkblatt des Bundeskartellamtes über die Kooperationsmöglichkeiten für kleinere und mittlere Unternehmen geben.

4. Die an der zwischenbetrieblichen Zusammenarbeit beteiligten Unternehmen, einschließlich des Gemeinschaftsunternehmens, sind mit Gesellschafterstruktur, Tätigkeitsbereich sowie wirtschaftlichen Verhältnissen darzustellen. Die Angabe der Gesamtumsätze ist für die Frage von Bedeutung, ob die Beteiligten noch als kleine oder mittlere Unternehmen iSd § 3 Nr. 2 GWB anzusehen sind, was sich nach dem Vergleich mit den großen Betrieben der jeweiligen Branche richtet. Bei verbundenen Unternehmen iSv § 36 Abs. 2 GWB sind die Konzernumsätze insgesamt anzugeben. Sofern der Gesamtumsatz in den beiden Kalenderjahren vor der Selbstveranlagung nicht erheblich geschwankt hat, genügt die Angabe für das letzte abgeschlossene Geschäftsjahr. Der Umsatz mit den Vertragserzeugnissen ist nur anzugeben, soweit diese in dem von der Kooperation betroffenen räumlichen Markt abgesetzt wurden. Die weiteren Angaben sind für die Beurteilung der zwischenstaatlichen Relevanz des Kooperationsvertrages von Bedeutung.

5. In der Selbstveranlagung sind weiterhin die wesentlichen Regelungen des Kooperationsvertrages darzustellen. Ausführlich zu beschreiben mit Angaben zu Inhalt und Funktionsweise sind vor allem diejenigen Regelungen, die die wirtschaftliche Entscheidungsfreiheit der Beteiligten beschränken könnten. Hierzu gehören insb. Regelungen zu An- oder Verkaufspreisen, Rabatten oder sonstigen Geschäftsbedingungen, zu den Mengen der zu erzeugenden oder zu vertreibenden Produkte, zu technischen Entwicklungen oder Investitionen, zur Wahl der Märkte oder Versorgungsquellen, zum Bezug von Dritten oder Verkauf an Dritte, zur Anwendung gleicher Bedingungen für die Lieferung gleichartiger Produkte und zum getrennten oder gemeinsamen Angebot verschiedener Produkte (vgl. die nach der früheren Form A/B für die Anmeldung einer Kooperationsvereinbarung bei der EU-Kommission nach VO 17/62 geforderten Angaben, VO 3385/94, ABl. 1994 L 377, 28, Ziff. 4.2.).

Anzugeben sind weiterhin die Absatzmengen der Unternehmen mit den Vertragserzeugnissen. Hierbei kommt es nicht nur auf die Absatzmengen der von der Kooperationsvereinbarung erfassten Güter an, sondern auch auf die Mengen, die von weiteren, inner- oder außerhalb des Vertragsgebietes gelegenen Werken der Unternehmen sowie von mit diesen verbundenen Unternehmen im Vertragsgebiet abgesetzt werden. Das Vertragsgebiet sollte in der Kooperationsvereinbarung selbst festgelegt werden. Auszugehen ist vom wirtschaftlichen Markt, dh vom Absatzgebiet, wie es sich unter Berücksichtigung der Nachfragestruktur, der Eigenschaften der Vertragserzeugnisse sowie der Transportkosten darstellt. Vereinzelte Lieferungen über den ansonsten typischen Lieferradius hinaus führen nicht zu einer Erweiterung des Absatzgebietes, wie es für die kartellrechtliche Beurteilung zugrunde zu legen ist. Haben die Vertragsparteien unterschiedlich große Absatzgebiete, so ist nach der bisherigen Verwaltungspraxis des Bundeskartellamtes allein dasjenige Teilgebiet der räumlich relevante Markt, auf dem mindestens zwei Kooperationsmitglieder anbieten oder zumindest anbieten können. Das Bundeskartellamt hat im Verfahren Vetra/Danzer klargestellt, dass eine vom wirtschaftlichen Markt abweichende engere Festlegung des Vertragsgebietes zumindest für die Frage einer spürbaren zwischenstaatlichen Relevanz der Vereinbarung unerheblich ist (Bundeskartellamt 17.6.2004, Vetra/Danzer, B 1-26611-Kq-25/04, S. 11 ff.).

6. Im Abschnitt zur kartellrechtlichen Beurteilung ist zunächst zu prüfen, ob der Kooperationsvertrag Wettbewerbsbeschränkungen iSv § 1 GWB enthält. Maßgeblich für die Auslegung des § 1 GWB ist die EU-kartellrechtliche Praxis zu Art. 101 AEUV (ex-Art. 81 EG-Vertrag). Nach dem Willen des Gesetzgebers sind beide Vorschriften identisch auszulegen (→ Form. II.N.1 Anm. 2). Anhaltspunkte für die Auslegungspraxis geben vor allem die Leitlinien der EU-Kommission zur Anwendbarkeit von Art. 101 AEUV auf

Vereinbarungen über horizontale Zusammenarbeit (ABl. 2011 C 11, 1) sowie die Leitlinien der EU-Kommission zur Anwendung von Art. 81 Abs. 3 EG-Vertrag (jetzt: Art. 101 Abs. 3 AEUV) (insb. Rn. 13–31).

Soweit die Kooperationsvereinbarung Wettbewerbsbeschränkungen iSv § 1 GWB enthält, sind die tatbestandlichen Voraussetzungen des § 3 GWB zu prüfen. Bei der Auslegung ist die bisherige deutsche Verwaltungs- und Gerichtspraxis uneingeschränkt weiter verwertbar. Wie bisher auch ist unter Rationalisierung wirtschaftlicher Vorgänge die innerbetriebliche Verbesserung des Verhältnisses zwischen Aufwand und Ertrag zu verstehen (Bundeskartellamt WuW/E Bundeskartellamt 1794 (1795) – Bimsbausteine III; Bundeskartellamt WuW/E Bundeskartellamt 2696 (2697) – Fußball-Fernsehübertragungsrechte II; Bundeskartellamt WuW/DE-V 127 ff. (129) – Fleurop II; Bundeskartellamt – B9-63401–194/00 – System Alliance). Der Rationalisierungserfolg muss bei allen Kartellmitgliedern zu erwarten sein (KG WuW/E OLG 3279 – Basalt-Union). Zwischen der Rationalisierung und der Förderung der Leistungsfähigkeit muss eine kausale Beziehung bestehen (OLG Frankfurt a. M. WuW/E OLG 4495 – Doppelgenossen). Zu kooperativen Maßnahmen, die eine Rationalisierung bewirken können, gehören insb. Maßnahmen in den Bereichen der Produktion, der Forschung und Entwicklung, der Finanzierung, der Verwaltung, der Werbung und beim Einkauf und Vertrieb. Zu beachten ist, dass § 3 GWB – anders als die Verbotsnorm des § 1 GWB – nur horizontale Vereinbarungen erfasst. Vereinbarungen zwischen Nicht-Wettbewerbern können demnach nicht nach § 3 GWB freigestellt sein. Andererseits ist § 3 GWB weiter als § 4 Abs. 1 GWB aF, da er sämtliche Rationalisierungsmaßnahmen zur Verbesserung der Wettbewerbsfähigkeit kleiner oder mittlerer Unternehmen erfasst. Zulässig können im Rahmen von Vertriebsgemeinschaften Preisregelungen sein, sowie die Vergabe von Aufträgen in Abhängigkeit von den anfallenden Frachtkosten, um so Kosten zu minimieren. Auch Spezialisierungsabreden können erfasst sein. Quotenabsprachen werden vom Bundeskartellamt (entgegen der früheren Praxis) allerdings grundsätzlich als kritisch angesehen (Merkblatt des Bundeskartellamtes über die Kooperationsmöglichkeiten für kleinere und mittlere Unternehmen, Rn. 32 f.).

Durch den Kartellvertrag gem. § 3 GWB darf der Wettbewerb auf dem relevanten Markt (oder auf den relevanten Märkten) nicht wesentlich beeinträchtigt werden. Nach der Verwaltungspraxis der Kartellbehörden dürfen die Marktanteile der Kartellmitglieder – je nach Intensität der Wettbewerbsbeschränkung – 10–15 % nicht übersteigen (OLG Stuttgart WuW/E OLG 2807 – Gebrochener Muschelkalkstein). Das Bundeskartellamt geht von dieser strengen Grenze nur im Falle von Absprachen über wesentliche Wettbewerbsparameter aus (Merkblatt des Bundeskartellamtes über die Kooperationsmöglichkeiten für kleinere und mittlere Unternehmen, Rn. 35; sa OLG Frankfurt a. M. Betr. 1983, 219 betr. einen Marktanteil von 44 %, wenn die Wettbewerbsbeschränkung qualitativ nur eine geringe Marktaußenwirkung hat). KG WuW/E OLG 3663 (3670) – Mischguthersteller, stellt auf quantitative und qualitative Merkmale ab. BGH WuW/E BGH 2321 (2325) – Mischguthersteller lässt die Beteiligung von Großunternehmen am Kartell dann zu, wenn dies zur Leistungsförderung der kleinen und mittleren Unternehmen erforderlich ist und keine weiteren Wettbewerbsbeschränkungen bewirkt (so auch Bundeskartellamt WuW/E Bundeskartellamt 2384 – German Parcel Paket-Logistik; vgl. zum Ganzen Merkblatt des Bundeskartellamtes über die Kooperationsmöglichkeiten für kleinere und mittlere Unternehmen, Rn. 37). Unklar ist, ob an dieser starren Grenze auch weiterhin festgehalten wird oder ob sie einer Einzelfallbetrachtung der Wettbewerbsbedingungen im betroffenen Markt weichen wird. Für eine Aufweichung der bisherigen Praxis könnte die Regierungsbegründung zur 7. GWB-Novelle sprechen, nach der beim Merkmal der Wettbewerbsbeeinträchtigung iSd § 3 Abs. 1 GWB der „europäische Kontext“ und vor allem die Spürbarkeitsschwellen des EU-Kartellrechts zu berücksichtigen sein sollen (vgl. BT-Drs. 15/3640, 28).

Das Bundeskartellamt betrachtet Verflechtungen von Kartellmitgliedern mit anderen Kooperationen als sehr kritisch (vgl. nur Tätigkeitsbericht 1981/82 S. 8 u. 43; Tätigkeitsbericht 1989/90 S. 60; Tätigkeitsbericht 1993/94 S. 76; sa Tätigkeitsbericht 1999/2000 S. 111).

7. Die Selbstveranlagung sollte schließlich einen Hinweis darauf enthalten, dass der kartellrechtlichen Beurteilung nur der mitgeteilte Sachverhalt sowie die Rechtslage im Zeitpunkt der Erstellung der Selbstveranlagung zugrunde liegt. Auch dann, wenn die Selbstveranlagung – was regelmäßig zu empfehlen ist – von einem Rechtsanwalt erstellt wurde, werden die Gesellschafter nicht von der Verpflichtung zur kontinuierlichen Überwachung der Einhaltung der Vorschriften des GWB entbunden. Sofern keine wesentliche Veränderung der Sach- oder Rechtslage vorliegt, genügen regelmäßige stichpunktartige Kontrollen der wesentlichen Freistellungsvoraussetzungen wie zB Höhe des gemeinsamen Marktanteils oder Änderungen im Gesellschafterkreis.

8. Zu den zivilrechtlichen und bußgeldrechtlichen Auswirkungen einer Selbstveranlagung → Form. II.N.1 Anm. 3.

4. Selbstveranlagung im Fall einer Kooperation von landwirtschaftlichen Erzeugerbetrieben nach § 28 GWB

Bewertung der kartellrechtlichen Zulässigkeit der Zusammenarbeit der Kristallzucker GmbH, der Z-GmbH und der Union-Zucker GmbH in der V-Vertriebs-GmbH & Co. KG nach § 28 GWB[1, 2]

I. Gegenstand der Selbstveranlagung ist die kartellrechtliche Zulässigkeit der Zusammenarbeit zwischen der Kristallzucker GmbH, der Z-GmbH und der Union-Zucker GmbH. Die beteiligten Unternehmen beabsichtigen, die von ihnen hergestellten Vertragserzeugnisse ausschließlich durch die V-Vertriebs-GmbH & Co. KG zu vertreiben. Die Voraussetzungen für eine Freistellung dieser Zusammenarbeit nach § 28 GWB sind mit hoher Wahrscheinlichkeit erfüllt. Die Einleitung eines Bußgeldverfahrens ist als unwahrscheinlich anzusehen.

II. An der Zusammenarbeit sind folgende Unternehmen beteiligt:

1. V-Vertriebs-GmbH & Co. KG:
Die vollständige Anschrift der V-Vertriebs-GmbH & Co. KG wird wie folgt lauten: . . . . .
Gesellschafter der V-Vertriebs-GmbH & Co. KG sind die V-Vertriebs-GmbH als Komplementärin sowie die Kristallzucker GmbH (33,3 %), die Z-GmbH (33,3 %) und die Union-Zucker GmbH (33,3 %). Die Kristallzucker GmbH, die Z-GmbH und die Union-Zucker-GmbH sind im gleichen Verhältnis an der Komplementär-GmbH beteiligt. Die V-Vertrieb-GmbH & Co. KG wird an keinen weiteren Gesellschaften mit vergleichbarer Tätigkeit beteiligt sein. Die V-Vertriebs-GmbH & Co. KG befindet sich ebenso wie die V-Vertriebs-GmbH derzeit im Gründungsstadium. Angaben zu den Umsätzen liegen somit noch nicht vor.

2. Kristallzucker GmbH:
Die vollständige Anschrift der Kristallzucker GmbH lautet: . . . . .
Gesellschafter der Kristallzucker GmbH sind . . . . . mit einer Beteiligung von jeweils . . . . . %. Die Kristallzucker GmbH ist an keinen weiteren Unternehmen mit vergleichbarer Tätigkeit beteiligt. Der Gesamtumsatz der Kristallzucker

GmbH im letzten abgeschlossenen Geschäftsjahr . . . . . betrug . . . . . EUR, der Umsatz mit den Vertragserzeugnissen . . . . . EUR.

3. Z-GmbH:
Die vollständige Anschrift der Z-GmbH lautet: . . . . .
Gesellschafter der Z-GmbH sind . . . . . (wie bei II. 2.)

4. Union-Zucker GmbH:
Die vollständige Anschrift der Union-Zucker GmbH lautet: . . . . .
Gesellschafter der Union-Zucker GmbH sind . . . . . (wie bei II. 2.)

III. Beschreibung des Inhalts des Kooperationsvertrages:

1. Die Kristallzucker GmbH, die Z-GmbH und die Union-Zucker GmbH übertragen gem. Ziff. 1 des Kooperationsvertrages der V-Vertriebs-GmbH & Co. KG den Alleinvertrieb der von ihnen hergestellten Vertragserzeugnisse. Hierdurch sollen die Angebote gebündelt und die Marktchancen der beteiligten Unternehmen im Bereich der Vertragserzeugnisse verbessert werden. Gesellschaftszweck der V-Vertriebs-GmbH & Co. KG sind der Handel mit Zucker und die Produktion von Flüssigzucker, Fondant und Fructose.
2. Vertragserzeugnisse sind gem. Ziff. 2 des Kooperationsvertrages der von den Kommanditistinnen der V-Vertriebs-GmbH & Co. KG hergestellte Zucker und Melassen. Die Regelungen des Kooperationsvertrages beziehen sich auf folgende Zuckerfabriken der Kommanditistinnen:
   a) Kristallzucker GmbH: Werk K-Dorf mit einer Produktionsmenge iHv . . . . .;
   b) Z-GmbH: Werk Z-Stadt mit einer Produktionsmenge iHv . . . . .;
   c) Union-Zucker GmbH: Werk U-Hausen mit einer Produktionsmenge iHv . . . . .
3. Die wesentlichen Regelungen des Kooperationsvertrages sind:[3]
   a) Die V-Vertriebs-GmbH & Co. KG verkauft sämtlichen innerhalb der sog Höchstquote erzeugten und von ihr gem. Ziff. 3 des Kooperationsvertrages abzunehmenden Zucker sowie Melasse als Eigenhändler. Den über die Höchstquote hinaus erzeugten Zucker verkauft sie als Kommissionär. Die Kommanditistinnen sind verpflichtet, die Vertragsware ausschließlich der V-Vertriebs-GmbH & Co. KG zum Verkauf anzubieten; diese muss die Vertragsware abnehmen (Ziff. 4 des Kooperationsvertrages).
   b) Der V-Vertriebs-GmbH & Co. KG obliegt es, die ihr von den Kommanditistinnen zur Verfügung gestellte Gesamtmenge gem. den in Ziff. 5 des Kooperationsvertrages genannten Grundsätzen unterzubringen und jede sich bietende Absatzmöglichkeit zur Erreichung dieser Ziele zu nutzen.
   c) Die V-Vertriebs-GmbH & Co. KG schließt mit den Kommanditistinnen Vertriebs- und Lieferungsvereinbarungen. Sie gestaltet ihre Preise, Rabatte und Geschäftsbedingungen gegenüber den Abnehmern frei nach den Marktgegebenheiten (Ziff. 6 des Kooperationsvertrages).

IV. Kartellrechtliche Beurteilung:

1. Vorliegen einer Wettbewerbsbeschränkung iSd § 1 GWB:
Der Kooperationsvertrag enthält wettbewerbsbeschränkende Vereinbarungen im Sinne von § 1 GWB. Der in Ziff. 4 des Kooperationsvertrages geregelte Andienungszwang beschränkt die Kommanditistinnen jeweils in ihrem Absatz der Vertragserzeugnisse.
2. Vorliegen der Freistellungsvoraussetzungen des § 28 GWB:[2, 4]
   a) Absatz eines landwirtschaftlichen Erzeugnisses:
   Der Kooperationsvertrag regelt den Absatz landwirtschaftlicher Erzeugnisse iSd § 28 Abs. 1 S. 1 Nr. 1 GWB. Bei Zucker handelt es sich um im Anh. I zum AEUV aufgeführte Erzeugnisse (vgl. § 28 Abs. 3 GWB). In Kapitel 17 der

Anlage I zum AEUV ist Zucker verschiedener Provenienz und Erscheinungsform aufgeführt. Rübenzucker gehört in fester und flüssiger Form (Melassen) dazu ......

Absatzbezogene Vereinbarungen im Sinne von § 28 Abs. 1 S. 1 Nr. 1 GWB sind insb. Abreden, mit denen, wie hier, Andienungspflichten und Absatzzwänge begründet und durch die Absatz- und Verkaufsbedingungen näher ausgestaltet werden. Dazu gehört typischerweise die Vereinbarung, ein landwirtschaftliches Erzeugnis durch eine gemeinsame Verkaufsstelle zu vertreiben ......

b) Vereinbarung zwischen landwirtschaftlichen Erzeugerbetrieben und einer Vereinigung von Erzeugerbetrieben:

Die Kommanditistinnen sind landwirtschaftliche Erzeugerbetriebe iSd § 28 Abs. 1 S. 1 GWB. Gem. § 28 Abs. 3 GWB iVm Anh. I zum AEUV ist der aus Rübenzucker gewonnene Zucker selbst und losgelöst vom Ausgangsprodukt „Zuckerrüben" landwirtschaftliches Urprodukt. Betriebe, die, wie die Kommanditistinnen, Zucker gewinnen, sind daher als landwirtschaftliche Erzeugerbetriebe einzuordnen. Dass Zucker industriell gewonnen wird, ändert hieran nichts ......

Da es sich bei den Kommanditistinnen der V-Vertriebs-GmbH & Co. KG um landwirtschaftliche Erzeugerbetriebe handelt, ist die V-Vertriebs-GmbH & Co. KG selbst als eine Vereinigung dieser Betriebe anzusehen und der Kooperationsvertrag eine von solchen Erzeugerbetrieben geschlossene Vereinbarung iSd § 28 Abs. 1 S. 1 GWB.

c) Kein Verstoß gegen das Preisbindungsverbot im Sinne von § 28 Abs. 1 S. 1 Hs. 2 GWB:

Der Gemeinschaftsverkauf durch die V-Vertriebs-GmbH & Co. KG verstößt nicht gegen das Preisbindungsverbot des § 28 Abs. 1 S. 1 Hs. 2 GWB. Richten mehrere landwirtschaftliche Erzeugerbetriebe einen Gemeinschaftsverkauf als typische absatzbezogene Vereinbarung im Sinne von § 28 GWB ein, dann ist das Einverständnis der Mitglieder der Erzeugervereinigung mit dem Verkauf der Vertragserzeugnisse durch die gemeinsame Vertriebsstelle zu den von dieser kalkulierten Preisen und der hierin liegende Verzicht der Mitglieder auf eine eigene Preisbildung keine Preisbindung iSd § 28 GWB. Dieser Verzicht ist für den Vertrieb durch die gemeinschaftlich betriebene Verkaufsstelle wesensmäßig ......

d) Kein Ausschluss des Wettbewerbs auf den betroffenen Märkten:

Durch die Kooperationsvereinbarung wird der Wettbewerb auf den betroffenen Märkten nicht ausgeschlossen. Sachlich betroffen ist der Markt für Industrie-, Flüssig- und Haushaltszucker, der sich in räumlicher Hinsicht in einem Lieferradius bis zu 250 km um die Werke der Kommanditistinnen erstreckt ......

Aufgrund der Marktanteile der Beteiligten kann davon ausgegangen werden, dass ausreichender Restwettbewerb besteht ...... Zudem müssen die Besonderheiten der durch die gemeinsame Marktordnung für Zucker der EG regulierten Marktbedingungen berücksichtigt werden ...... Auf derart regulierten Märkten sind kartellrechtliche Eingriffe unter Umständen nur geeignet, den Restwettbewerb unbedeutend zu fördern, während sie für die betroffenen Unternehmen einschneidende Auswirkungen nach sich ziehen können ......

V. Bewertungsmaßstab und Pflicht zur regelmäßigen Überwachung:[5]

Dieser Selbstveranlagung liegt der von den beteiligten Unternehmen mitgeteilte Sachverhalt zugrunde, wie er in den Abschnitten I.–IV. zusammengefasst ist. Diese Selbstveranlagung berührt nicht die Verantwortlichkeit der beteiligten Unternehmen für die

Überwachung der Rechtmäßigkeit der Zusammenarbeit, wie sie sich aus dem Gesetz gegen Wettbewerbsbeschränkungen ergibt. Die beteiligten Unternehmen sollten in regelmäßigen Zeitabständen eine Zwischenbilanz über die erzielten Rationalisierungen ziehen und insb. Mengen- und Preisentwicklungen dokumentieren. Eine erneute vollständige Selbstveranlagung sollte dann eingeholt werden, wenn sich die dieser Selbstveranlagung zugrundeliegende Sach- oder Rechtslage entscheidend geändert hat.

. . . . . .

Rechtsanwalt

Anmerkungen

1. Mit der 7. GWB-Novelle im Jahr 2005 ist die bis dahin bestehende Verpflichtung zur Anmeldung von Kooperationsvereinbarungen über landwirtschaftliche Erzeugnisse im Sinne von § 28 GWB entfallen (vgl. § 28 Abs. 1 S. 2 GWB aF). Entsprechende Vereinbarungen sind kraft Gesetzes vom Kartellverbot des § 1 GWB freigestellt, sofern sie die Voraussetzungen des § 28 GWB erfüllen. Die 8. GWB-Novelle hat diese Vorschrift – abgesehen von folgender redaktioneller Änderung – unberührt gelassen: In Absatz 3 findet sich nun ein Verweis auf *„Anhang I des Vertrages über die Arbeitsweise der Europäischen Union"*. Die 9. und 10. GWB-Novelle führten zu keinen Änderungen.

2. Der Freistellungstatbestand des § 28 GWB ist seit der 7. GWB-Novelle materiellrechtlich unverändert geblieben. Landwirtschaftliche Erzeugerbetriebe sowie Vereinigungen solcher Erzeugerbetriebe können weiterhin Vereinbarungen und Beschlüsse über die Erzeugung oder den Absatz landwirtschaftlicher Erzeugnisse oder die Benutzung landwirtschaftlicher Einrichtungen für die Lagerung, Be- oder Verarbeitung landwirtschaftlicher Erzeugnisse schließen, sofern diese Vereinbarungen keine Preisbindung enthalten und den Wettbewerb nicht ausschließen. Der Begriff der landwirtschaftlichen Erzeugnisse ist in § 28 Abs. 3 GWB definiert. Es wird auf den Anh. I zum AEUV verwiesen. § 28 GWB steht damit im Einklang mit den im EU-Kartellrecht geltenden Ausnahmeregelungen gem. Art. 1 der Verordnung (EG) Nr. 1184/2006 des Rates v. 24.7.2006 zur Anwendung bestimmter Wettbewerbsregeln auf die Produktion landwirtschaftlicher Erzeugnisse und den Handel mit diesen Erzeugnissen (ABl. 2006 L 214, 7 ff.) und Art. 209 ff. der Verordnung (EG) Nr. 1308/2013 des Europäischen Parlaments und des Rates v. 17.12.2013 über eine gemeinsame Marktorganisation für landwirtschaftliche Erzeugnisse und zur Aufhebung der Verordnungen (EWG) Nr. 922/72, (EWG) Nr. 234/79, (EG) Nr. 1037/2001 und (EG) Nr. 1234/2007 (ABl. 2013 L 347, 671 ff.).

3. Wie in den anderen Fällen der Selbstveranlagung, sind die beteiligten Unternehmen sowie der wesentliche Inhalt der Kooperationsvereinbarung (insb. Wettbewerbsbeschränkungen) ausführlich darzustellen. Zudem sind die gesetzlichen Voraussetzungen des Kartellverbotes sowie des in Betracht kommenden Freistellungstatbestandes ausführlich darzulegen. → Form. II.N.3 Anm. 4, 5.

4. Wichtige Anhaltspunkte für die Auslegung des § 28 GWB finden sich in dem Beschluss des KG v. 10.10.2001 (WuW/E DE-R 816 ff. – Rübenzucker). Der dieser Entscheidung zugrunde liegende Sachverhalt wurde im Formular verwendet.

5. → Form. II.N.3 Anm. 7.

5. Antrag auf Erlass einer Entscheidung nach § 32c Abs. 1 iVm § 3 GWB

(am Beispiel eines Mittelstandskartells nach § 3 GWB)[1, 3]

Bundeskartellamt[2]

..... Beschlussabteilung

Kaiser-Friedrich-Straße 16

53113 Bonn

Betr.: Antrag[1] auf Erlass einer Entscheidung nach § 32c Abs. 1 GWB[3]

I. Namens und in Vollmacht der V-Vertriebs-GmbH beantrage ich, gem. § 32c Abs. 1 GWB zu entscheiden, dass für das Bundeskartellamt kein Anlass besteht, gegen die Zusammenarbeit der X-GmbH und der Y-GmbH in der V-Vertriebs-GmbH aufgrund des Kooperationsvertrages vom ..... einzuschreiten, da die Zusammenarbeit der X-GmbH und der Y-GmbH die gesetzlichen Freistellungsvoraussetzungen eines Mittelstandskartells im Sinne von § 3 GWB erfüllt.[5] Die beteiligten Unternehmen haben ein erhebliches rechtliches und wirtschaftliches Interesse an dieser Entscheidung und ein besonderes Bedürfnis an der Klärung der Rechtslage. Denn der Zusammenarbeit liegt ein Sachverhalt zugrunde, der Fragen aufwirft, deren Bedeutung über den Einzelfall hinausgeht, ...
IE:

II. Darstellung des Kooperationsvorhabens:[4]

1. An der Zusammenarbeit sind folgende Unternehmen beteiligt:

a) V-Vertriebs-GmbH:
Die vollständige Anschrift der V-Vertriebs-GmbH wird wie folgt lauten: .....
Gesellschafter der V-Vertriebs-GmbH werden die X-GmbH und die Y-GmbH mit einer Beteiligungshöhe von jeweils 50 % sein. Die V-Vertriebs-GmbH wird an keinen weiteren Gesellschaften mit vergleichbarer Tätigkeit beteiligt sein. Die V-Vertriebs-GmbH befindet sich derzeit im Gründungsstadium. Angaben zu den Umsätzen, der Bilanzsumme sowie zur Mitarbeiterzahl liegen somit noch nicht vor.

b) X-GmbH:
Die vollständige Anschrift der X-GmbH lautet: .....
Gesellschafter der X-GmbH sind ..... mit einer Beteiligungshöhe von jeweils ..... %. Die X-GmbH ist an keinen weiteren Unternehmen mit vergleichbarer Tätigkeit beteiligt. Der Gesamtumsatz der X-GmbH im letzten abgeschlossenen Geschäftsjahr ..... betrug ..... EUR, der Umsatz mit den Vertragswaren ..... EUR. Die Bilanzsumme der X-GmbH betrug ..... EUR; die X-GmbH hat ..... Mitarbeiter.

c) Y-GmbH:
Die vollständige Anschrift der Y-GmbH lautet: .....
Gesellschafter der Y-GmbH sind ..... mit einer Beteiligungshöhe von jeweils ..... %. Die Y-GmbH ist iHv 50 % an der D-GmbH beteiligt, die ebenfalls Vertragserzeugnisse im räumlich relevanten Markt anbietet. Der Gesamtumsatz der Y-GmbH (einschließlich D-GmbH) im letzten abgeschlossenen Geschäftsjahr ..... betrug ..... EUR, der Umsatz mit den Vertragswaren ..... EUR. Die Bilanzsumme der Y-GmbH betrug ..... EUR; die Y-GmbH hat ..... Mitarbeiter.

2. Beschreibung des Inhalts des Kooperationsvertrages:

a) Die X-GmbH und die Y-GmbH übertragen gem. Ziff. 1 des Kooperationsvertrages der V-Vertriebs-GmbH den Alleinvertrieb der von ihnen hergestellten Vertragserzeugnisse. Hierdurch soll die Akquisition, der Vertrieb und die Lagerhaltung rationalisiert sowie die Leistungsfähigkeit der beteiligten Unternehmen gefördert werden.

b) Die Regelungen des Kooperationsvertrages beziehen sich auf die Vertragserzeugnisse, die in Ziff. 2 des Kooperationsvertrages definiert sind, und auf folgende Werke der beteiligten Unternehmen:

aa) X-GmbH: Werk X-Dorf mit einer Absatzmenge im Vertragsgebiet iHv . . . . . m^3;

bb) Y-GmbH: Werk Y-Stadt mit einer Absatzmenge im Vertragsgebiet iHv . . . . . m^3.

c) Die beteiligten Unternehmen haben folgende weitere Werke, die nicht von der Zusammenarbeit betroffen sind, aber zum Teil in das Vertragsgebiet einliefern:

aa) X-GmbH: Werk X-Hausen (Einlieferung iHv 25 %, entspricht . . . . . m^3);

bb) Y-GmbH: Werk Y-Feld (Einlieferung iHv 15 %, entspricht . . . . . m^3) und Werk Y-Berg (Einlieferung iHv 20 %, entspricht . . . . . m^3).

III. Kartellrechtliche Beurteilung:

1. Vorliegen einer Wettbewerbsbeschränkung iSd § 1 GWB:

Der Kooperationsvertrag enthält nach Auffassung der beteiligten Unternehmen zumindest teilweise wettbewerbsbeschränkende Vereinbarungen im Sinne von § 1 GWB.

a) Der in Ziff. 1 des Kooperationsvertrages geregelte Andienungszwang beschränkt die X-GmbH und die Y-GmbH jeweils in ihrem Absatz der Vertragserzeugnisse, indem die Absatzwege auf einen Abnehmer, die V-Vertriebs-GmbH, verengt werden. Zudem sieht der in Ziff. 3 des Kooperationsvertrages aufgeführte Katalog der Zuteilungskriterien Lieferquoten für jeden Beteiligten vor. Die beteiligten Unternehmen können demzufolge, soweit die Lieferaufträge nach diesem Kriterium zu verteilen sind, nur eine der Lieferquote entsprechende Gesamtmenge absetzen. Hierdurch wird die Produktion der Vertragserzeugnisse der X-GmbH und Y-GmbH eingeschränkt.

b) Nach Auffassung der beteiligten Unternehmen stellt es keine Wettbewerbsbeschränkung dar, dass die Verkaufspreise der X-GmbH und Y-GmbH an die V-Vertriebs-GmbH die Verkaufspreise der V-Vertriebs-GmbH an deren Abnehmer wesentlich beeinflussen. Die Einkaufspreise der V-Vertriebs-GmbH werden zwischen der V-Vertriebs-GmbH und deren Gesellschaftern individuell ausgehandelt. Die V-Vertriebs-GmbH trägt das wirtschaftliche Risiko eines ungenügenden Absatzes der Vertragserzeugnisse, da sie diese im eigenen Namen und auf eigene Rechnung und demzufolge als Eigenhändler verkauft. Die beteiligten Unternehmen räumen zwar ein, dass sie über die Gestaltung ihrer Lieferkonditionen gegenüber der V-Vertriebs-GmbH zumindest theoretisch in der Lage sind, die Verkaufspreise der V-Vertriebs-GmbH zu beeinflussen und – im Falle der Angleichung der Einkaufsbedingungen – sogar weitgehend zu vereinheitlichen. Allerdings ist in den meisten Lieferant-Weiterverkäufer-Beziehungen der Einkaufspreis ein wichtiger Bestandteil des Weiterverkaufspreises, ohne dass die bloße Möglichkeit einer solchen Beeinflussung bereits gegen das Kartellverbot verstößt. Dementsprechend lagen in den entschiedenen Fällen zusätzliche rechtliche oder tatsächliche Umstände vor . . . . . Maßgeblich ist aus Sicht der beteiligten Unternehmen, dass aufgrund der Zusammenarbeit der X-GmbH und Y-GmbH nur noch ein Anbieter am Markt

auftritt, nämlich die V-Vertriebs-GmbH. In diesen Fällen sind gemäß dem Merkblatt des Bundeskartellamts über Kooperationsmöglichkeiten für kleinere und mittlere Unternehmen, Rn. 32, Absprachen über Preise oder Preisbestandteile zulässig, wenn sie notwendiger Bestandteil einer Werbe- oder Vertriebsgemeinschaft mittelständischer Unternehmen sind. . . . .

2. Vorliegen der Freistellungsvoraussetzungen des § 3 GWB[1]

a) Anwendbarkeit:
§ 3 GWB ist nur dann anwendbar, wenn die Zusammenarbeit der X-GmbH und der Y-GmbH nach dem Kooperationsvertrag nicht geeignet ist, den Handel zwischen den EU-Mitgliedstaaten spürbar zu beeinträchtigen. Die Beteiligten sind kleine und mittlere Unternehmen im Sinne der KMU-Empfehlung der EU-Kommission, da sie weniger als 250 Mitarbeiter beschäftigen und ihr Jahresumsatz bzw. ihre Bilanzsumme nicht größer als 50 Mio. EUR bzw. 43 Mio. EUR sind. Die Gesellschafter sind zudem nicht grenzüberschreitend tätig. Der Absatz der Vertragserzeugnisse erfolgt üblicherweise in einem Umkreis von . . . . . km um die Werke der beteiligten Unternehmen. Das Vertragsgebiet liegt damit nicht in Grenznähe und deckt nur einen unwesentlichen Teil des Bundesgebietes ab. § 3 GWB ist damit anwendbar.

b) Zwischenbetriebliche Zusammenarbeit zwischen Wettbewerbern:
Die beteiligten Unternehmen sind Anbieter der Vertragserzeugnisse und standen bislang sachlich und räumlich im Wettbewerb . . . .

c) Rationalisierung wirtschaftlicher Vorgänge durch zwischenbetriebliche Zusammenarbeit:
Die Vergemeinschaftung des Vertriebs der beteiligten Unternehmen in der V-Vertriebs-GmbH ist geeignet, die Produktion und den Vertrieb der Vertragserzeugnisse wirtschaftlich effizienter zu gestalten und hierdurch erhebliche Einsparungen zu ermöglichen . . . .

d) Vereinbarung dient der Verbesserung der Wettbewerbsfähigkeit kleiner oder mittlerer Unternehmen:
Die Zusammenarbeit der beteiligten Unternehmen in der V-Vertriebs-GmbH dient der optimalen Ausnutzung der Produktionsstätten der Beteiligten sowie der Bündelung von deren wirtschaftlichen Ressourcen . . . .
Die Beteiligten sind auch kleine oder mittlere Unternehmen iSd § 3 Nr. 2 GWB . . . . .

e) Keine wesentliche Beeinträchtigung des Wettbewerbs auf dem betroffenen Markt:
Die Zusammenarbeit der beteiligten Unternehmen betrifft den sachlichen Markt für Transportbeton . . . ., der sich in räumlicher Hinsicht in einem Umkreis von . . . . . km um die Werke der Beteiligten erstreckt. Bei Zugrundelegung der eigenen und geschätzten Wettbewerbermengen ergibt sich ein Gesamtmarktvolumen von etwa . . . . . m^3. Hieraus ergibt sich ein rechnerischer Marktanteil der Beteiligten von etwa 16,5 %. Dies bedeutet, dass ihr gemeinsamer Marktanteil über der Marktanteilsschwelle von 10–15 % liegt, die nach der bisherigen Verwaltungspraxis des Bundeskartellamts für Mittelstandskartelle iSd § 4 Abs. 1 GWB aF galt und im Merkblatt des Bundeskartellamts über Kooperationsmöglichkeiten für kleinere und mittlere Unternehmen, Rn. 35, zu Grunde gelegt ist. . . . . Auch in gerichtlichen Entscheidungen, die mittlerweile viele Jahre zurückliegen, wurde davon ausgegangen, dass . . . . . Dennoch spricht insb. die Praxis zu Vermarktungsvereinbarungen auf Unionsebene gegen eine starre Handhabung der 15 %-Grenze. Auch vor dem Hintergrund der Aussage der Regierungsbegründung, dass

. . . . . Zudem sind im Vertragsgebiet mit . . . . . weitere starke und größere Anbieter vorhanden, die . . . . .[1]

IV. Erhebliches rechtliches oder wirtschaftliches Interesse der beteiligten Unternehmen an einer Entscheidung nach § 32c Abs. 1 GWB und besonderes Bedürfnis an der Klärung der Rechtslage:[4]

Die Beteiligten beabsichtigen, im Wege einer mittelständischen Kooperation die Produktion und den Vertrieb der Vertragserzeugnisse effizienter zu gestalten. Dies wird sich in Form einer besseren Versorgung der Abnehmer, der Senkung der Bezugspreise und einer durch Verringerung der Ansprechpartner vereinfachten Auftragsabwicklung zugunsten der Abnehmer auswirken. Angesichts der angespannten Lage auf dem Markt für . . . . . und der nur begrenzten Einsparmöglichkeiten bei der Transportbetonproduktion sind die Beteiligten auf die Kooperation unbedingt angewiesen . . . . .

Die Beteiligten gehen davon aus, dass sie die Voraussetzungen des § 3 GWB erfüllen. Unter Zugrundelegung der bisherigen Verwaltungs- und gerichtlichen Entscheidungspraxis nach § 4 Abs. 1 GWB aF und dem Merkblatt des Bundeskartellamts über Kooperationsmöglichkeiten für kleinere und mittlere Unternehmen, Rn. 35, gehen die beteiligten Unternehmen davon aus, dass die beabsichtigte Kooperation die Tatbestandsmerkmale des § 3 GWB erfüllt. Hinsichtlich des Tatbestandsmerkmals der fehlenden wesentlichen Beeinträchtigung des Wettbewerbs (§ 3 Nr. 1 GWB) ergibt sich eine nur marginale Überschreitung der in der Anwendungspraxis und im Merkblatt des Bundeskartellamts über Kooperationsmöglichkeiten für kleinere und mittlere Unternehmen, Rn. 35, zugrunde gelegten Marktanteilsschwelle. Nach Auffassung der beteiligten Unternehmen kann aufgrund des unionsrechtlichen Kontextes, der nach der Regierungsbegründung iRd § 3 Abs. 1 GWB jedenfalls hinsichtlich des Tatbestandsmerkmals der wesentlichen Wettbewerbsbeeinträchtigung zu berücksichtigen ist, nicht an der bisherigen Praxis festgehalten werden . . . . .

Das starre Abstellen auf die Marktanteilsgrenze ermöglicht es nicht, in der gebotenen Einzelfallbetrachtung die tatsächliche Wettbewerbssituation angemessen zu berücksichtigen, wie es insb. im Unionsrecht bei Vermarktungsvereinbarungen vorgesehen ist. Darüber hinaus enthält § 3 GWB eine Privilegierung rein nationaler Sachverhalte im Verhältnis zum Unionsrecht. Dort ist eine Einzelfreistellung nach Art. 101 Abs. 3 AEUV und insb. die vergleichbare Frage nach einer Ausschaltung des Wettbewerbs nicht an eine feste Marktanteilsgrenze geknüpft. . . . . Mangels neuerer Entscheidungen zu dieser Frage sind die Gesellschafter nicht in der Lage, mit hinreichender Sicherheit die Rechtmäßigkeit der beabsichtigten Kooperation eigenständig zu beurteilen. Die Bedeutung der hier aufgeworfenen Fragen geht zudem über den Einzelfall hinaus. . . . .[1]

V. Bitte teilen Sie uns mit, wenn Sie weitere Informationen und Unterlagen für die Prüfung des Antrags benötigen. Gerne stehen wir auch für eine Besprechung bei Ihnen im Amt zur Verfügung.

. . . . .

Rechtsanwalt[6]

Anmerkungen

1. Der Gesetzgeber der 7. GWB-Novelle hat mit der Einführung von § 32c GWB dem Bedürfnis nach einer informellen Abstimmung im System der Legalausnahme mit der zuständigen Kartellbehörde im Interesse insb. mittelständischer Unternehmen an Rechtssicherheit Rechnung getragen. Ob eine Entscheidung nach § 32c Abs. 1 GWB ergeht, liegt im pflichtgemäßen Ermessen der zuständigen Behörde. § 32c Abs. 3 GWB räumt dem

Bundeskartellamt die Möglichkeit ein, allgemeine Verwaltungsgrundsätze über die Ermessensausübung bei der Anwendung von § 32c Abs. 1 GWB festzulegen. Hierdurch sollen Unsicherheiten bei Unternehmen über die Ermessensausübung des Bundeskartellamts beseitigt werden. Entscheidet sich die Kartellbehörde das Vorhaben aufzugreifen, kann sie eine Entscheidung nach § 32c GWB erlassen oder das Verfahren durch eine schriftliche Mitteilung an die Beteiligten beenden (vgl. § 61 Abs. 2 GWB). Der Antrag nach § 32c Abs. 1 GWB löst damit nicht stets ein behördliches Handeln aus. Auch Unternehmen, die in Form eines Mittelstandskartells nach § 3 GWB kooperieren wollen, hatten nur bis zum 30.6.2009 gem. § 3 Abs. 2 S. 1 iVm S. 2 GWB aF einen Anspruch auf Erlass einer behördlichen Entscheidung nach § 32c GWB, wenn sie ein erhebliches rechtliches oder wirtschaftliches Interesse darlegen konnten. IRd Aufgreifermessens der Kartellbehörde ist etwa zu prüfen, ob es sich *„um neuartige Sachverhalte handelt, deren Bedeutung über den Einzelfall hinausgeht“*, und die nicht nur für die Beteiligten von Bedeutung sind (Bundeskartellamt WuW/E DE-V 1135 (1141)). Zudem sind die (positiven) Auswirkungen einer klarstellenden Auskunft der Kartellbehörde für die betroffenen Unternehmen von der Kartellbehörde zu berücksichtigen (Begründung zum RegE, BT-Drs. 15/3640, 34). Der Gesetzgeber der 10. GWB-Novelle hat mit der neuen Vorschrift des § 32c Abs. 4 GWB erstmals einen gesetzlichen Anspruch auf eine förmliche Entscheidung nach § 32c Abs. 1 GWB normiert, wenn im Hinblick auf eine horizontale Kooperation ein erhebliches rechtliches und wirtschaftliches Interesse an der Entscheidung besteht. Über den Antrag soll nach § 32c Abs. 4 S. 2 GWB innerhalb von sechs Monaten entschieden werden. Ein solches Interesse soll insbesondere bei komplexen neuen Rechtsfragen und außergewöhnlich hohem Investitionsvolumen und Investitionsaufwand vorliegen (Begründung zum RegE, BT-Drs. 19/23492, 87).

Im Form. wird beispielhaft ein Mittelstandskartell nach § 3 GWB behandelt. An die Stelle der Ausführungen zu § 3 GWB können in Abhängigkeit vom Einzelfall andere Erwägungen treten, die die Vereinbarkeit des Vorhabens mit kartellrechtlichen Vorschriften stützen (vgl. zu § 2 GWB oben → Form. II.N.1, → Form. II.N.2).

Weiter hat der Gesetzgeber der 10. GWB-Novelle mit der neuen Vorschrift des § 32c Abs. 2 GWB erstmalig eine gesetzliche Verankerung des Vorsitzendenschreibens vorgenommen. Dabei erfolgt die explizite Nennung zunächst aus Gründen der Klarstellung, soll aber auch der weiteren Etablierung dieses Instrumentes dienen (Begründung zum RegE, BT-Drs. 19/23492, 86, 68). Der Wortlaut des neuen Absatzes ist sehr weit gefasst und knüpft das informelle Tätigwerden der Kartellbehörde nicht an bestimmte Tatbestandsvoraussetzungen. Es steht dabei im Ermessen der Kartellbehörde, ob sie im Wege des Vorsitzendenschreibens mitteilt, von der Einleitung eines Verfahrens abzusehen oder ob sie eine förmliche Entscheidung nach § 32c Abs. 1 GWB erlässt oder ein Verfahren einleitet und von den Befugnissen der §§ 32, 32a GWB Gebrauch macht.

2. Über den Antrag entscheidet die nach § 48 GWB zuständige Kartellbehörde. Reicht die Wirkung der beabsichtigten Kooperation über das Gebiet eines Bundeslandes hinaus, ist das Bundeskartellamt zuständig; in allen übrigen Fällen ist die Zuständigkeit der Landeskartellbehörde gegeben.

3. Anders als der Wortlaut von § 32c Abs. 1 GWB nahelegt, ist eine Entscheidung nach § 32c Abs. 1 GWB auch dann einschlägig, wenn die Vereinbarung zwar gegen § 1 GWB verstößt, aber nach § 2 Abs. 1, 2 oder § 3 GWB freigestellt ist (vgl. auch § 32c Abs. 1 S. 3 GWB).

4. Das GWB enthält keine Vorgaben für die Form und den notwendigen Inhalt eines Antrages auf Entscheidung nach § 32c Abs. 1 GWB. Wie bei der Selbstveranlagung, erscheint es hilfreich, sich an den Formerfordernissen der früheren Kartellanmeldungen zu orientieren. Hinweise hierzu finden sich vor allem im Merkblatt des Bundeskartellamtes über die Kooperationsmöglichkeiten für kleinere und mittlere Unternehmen nach dem Kartellgesetz vom Dezember 1998, in der Bekanntmachung des Bundeskartellamtes über Verwaltungsgrundsätze für die Behandlung der Anmeldung von Rationalisierungskartellen (§ 5 GWB aF), Strukturkrisenkartellen (§ 6 GWB aF) und sonstigen Kartellen (§ 7 GWB aF) v. 16.12.1998 (Bekanntmachung Nr. 109/98) sowie in der VO 3385/94 über Form, Inhalt und andere Einzelheiten der Anträge und Anmeldungen nach der VO 17/62 (ABl. 1994 L 377, 28, Formblatt A/B). Dementsprechend sind zumindest die Beschreibung des Kooperationsvorhabens, der beteiligten Unternehmen einschließlich deren wirtschaftlichen Daten sowie der rechtlichen Prüfung anhand der Vorschriften des GWB erforderlich.

Da die Beurteilung der Kartellrechtmäßigkeit von Kooperationsvereinbarungen grds. bei den Unternehmen selbst liegt, muss der Antrag zudem Gründe enthalten, aus denen sich das Interesse der beteiligten Unternehmen an einer behördlichen Entscheidung nach § 32c GWB ergibt. Welche Anforderungen § 32c Abs. 1 GWB hieran im Allgemeinen stellt, ergibt sich nicht aus dem Gesetz. Ein rechtliches Interesse an einer Entscheidung wird vor allem dann bestehen, wenn es den beteiligten Unternehmen nicht unter Heranziehung der bisherigen Verwaltungs- und gerichtlichen Entscheidungspraxis mit der erforderlichen Sicherheit möglich ist, die Freistellungsfähigkeit der von ihnen beabsichtigten Kooperation zu beurteilen. In jedem Fall ist auch die wirtschaftliche Bedeutung der beabsichtigten Kooperation für die beteiligten Unternehmen darzustellen, um der Kartellbehörde ausreichende Tatsachen für die Bejahung eines erheblichen wirtschaftlichen Interesses an einer Entscheidung nach § 32c Abs. 1 GWB zur Verfügung zu stellen. Maßgeblich ist auch, inwieweit dem zugrundeliegenden Sachverhalt über den Einzelfall hinausgehende Bedeutung zukommt. Im Fall des § 32c Abs. 4 GWB muss sogar ein erhebliches rechtliches und wirtschaftliches Interesse geltend gemacht werden (s. o.).

5. Die Entscheidung nach § 32c Abs. 1 GWB ergeht in Form einer Verfügung nach § 61 Abs. 1 GWB. Sie ist zu begründen und mit einer Rechtsbehelfsbelehrung den Beteiligten zuzustellen. Die Entscheidung kann nach § 61 Abs. 3 S. 2 GWB von der Kartellbehörde bekannt gemacht werden. Gem. § 32c Abs. 1 S. 1 GWB soll die Kartellbehörde entscheiden, „dass für sie kein Anlass besteht, tätig zu werden". Dies wird in § 32c Abs. 1 S. 2 GWB inhaltlich dahingehend konkretisiert, dass die Kartellbehörde *„vorbehaltlich neuer Erkenntnisse von ihren Befugnissen nach den §§ 32 und 32a keinen Gebrauch machen wird"*. Sie stellt eine Zusicherung der Kartellbehörde dar, nicht mehr gegen die mitgeteilte Kooperation vorzugehen, sofern keine Erkenntnisse über Änderungen der tatsächlichen oder rechtlichen Verhältnisse vorliegen. Dritte oder Zivilgerichte bindet diese Entscheidung nicht. Gerichte können sie – ohne dass eine rechtliche Bindung entsteht – bei der Prüfung der Frage berücksichtigen, ob die betreffende Vereinbarung mit § 1 GWB vereinbar ist. Eine Tatbestandswirkung in Schadensersatzprozessen iSv § 33 Abs. 4 GWB kommt Entscheidungen nach § 32c GWB nicht zu. Die Entscheidung hat keine konstitutive Freistellung von einem Verbot iSd §§ 1, 19–21 GWB, Art. 101 Abs. 1 oder Art. 102 AEUV zum Inhalt (vgl. § 32c Abs. 1 S. 3 GWB).

Kosten und Gebühren

6. Für die Entscheidung nach § 32c Abs. 1 GWB fallen gem. § 62 Abs. 1 S. 2 Nr. 2 GWB Gebühren an. Diese bestimmen sich nach dem personellen und sachlichen Aufwand der Kartellbehörde unter Berücksichtigung der wirtschaftlichen Bedeutung, die der Gegenstand der gebührenpflichtigen Handlung hat (§ 62 Abs. 2 S. 1 GWB). Die Gebührensätze dürfen im Falle von Entscheidungen nach § 32c GWB jedoch einen Betrag von 25.000 EUR nicht übersteigen (§ 62 Abs. 2 S. 2 Nr. 2 GWB). Ausnahmsweise kann die Gebühr bis auf das Doppelte erhöht werden, sofern der personelle oder sachliche

Aufwand der Kartellbehörde im Einzelfall außergewöhnlich hoch ist (§ 62 Abs. 2 S. 3 GWB). Sofern die Kartellbehörde die Entscheidung nach § 32c Abs. 1 GWB veröffentlicht, was gem. § 61 Abs. 3 S. 2 GWB in ihrem Ermessen steht, werden die Kosten der Veröffentlichung als Auslagen erhoben (§ 62 Abs. 1 S. 3 GWB).

6. Antrag auf Erstellung eines Beratungsschreibens der EU-Kommission

European Commission[10]
Directorate-General for Competition
Antitrust Registry
1049 Bruxelles/Brussels
Belgique/Belgium

Betr.: Ersuchen der Architektenkammer des Landes . . . . . um Erstellung eines Beratungsschreibens[1, 2–4, 9]

I. Namens und in Vollmacht der Architektenkammer des Landes . . . . .[10] ersuchen wir um die Erstellung eines Beratungsschreibens nach der Bekanntmachung der EU-Kommission über die informelle Beratung bei neuartigen Fragen zu Art. 81 u. 82 des EG-Vertrages (jetzt: Art. 101 u. 102 AEUV), die in Einzelfällen auftreten („Bekanntmachung Beratungsschreiben“, ABl. 2004 C 101, 78). Wir bitten um Mitteilung, dass die Honorarordnung, deren Erlass von der Architektenkammer beabsichtigt ist, und die wir als Entwurf vorlegen,[8] mit Art. 101 AEUV vereinbar ist.[3]

II. Die vollständige Bezeichnung und Anschrift der Architektenkammer lautet: . . . . .[10] Die Architektenkammer besitzt Rechtspersönlichkeit und wurde am . . . . . durch Gesetz . . . . . gegründet. Ihre Aufgaben sind . . . . . Nach § . . . . . des Gesetzes . . . . . gehört zu den Aufgaben der Architektenkammer insb. die Festlegung der Standesregeln. Nach Auffassung der Architektenkammer gehört hierzu auch die Regelung von Honorarfragen, weil . . . . . Dementsprechend beabsichtigt die Architektenkammer, die als Entwurf vorgelegte Honorarordnung zu verabschieden, welche insb. eine Tabelle enthält, die als Schlüssel für die Berechnung des Architektenhonorars einen bestimmten Prozentsatz des Auftragswerts nach der Art des Bauwerks und nach der Kostenzone angibt. Der Entwurf der Honorarordnung sieht iE vor . . . . .

III. Die Architektenkammer hat die Vereinbarkeit der beabsichtigten Honorarordnung mit dem EU-Kartellrecht geprüft. Auch unter umfassender Heranziehung der Verwaltungs- und gerichtlichen Entscheidungspraxis lässt sich nach Auffassung der Architektenkammer nicht mit der für die endgültige Verabschiedung der Honorarordnung erforderlichen Sicherheit feststellen, ob die Empfehlung von Mindesthonoraren, wie in der Honorarordnung vorgesehen, mit Art. 101 AEUV vereinbar ist.[2] IE:[5]

1. Vereinbarkeit mit Art. 101 Abs. 1 AEUV:

a) Unternehmen oder Unternehmensvereinigung:
Die Architektenkammer unterliegt möglicherweise nicht dem Anwendungsbereich des Art. 101 Abs. 1 AEUV, da sie weder Unternehmen noch Unternehmensvereinigung ist. Zwar üben Architekten, die ihre Dienstleistungen dauerhaft gegen Entgelt anbieten, eine wirtschaftliche Tätigkeit aus und sind damit Unternehmen . . . . . Dies bedeutet aber nicht, dass ein Berufsverband wie die Architektenkammer ebenfalls Unternehmen oder eine Vereinigung von Unternehmen ist. Nach der Rspr. des Gerichtshofs unterliegt eine Tätigkeit dann nicht den Wettbewerbsregeln des AEUV, wenn sie nach ihrer Art, den für

sie geltenden Regeln und ihrem Gegenstand keinen Bezug zum Wirtschaftsleben hat oder wenn sie mit der Ausübung hoheitlicher Befugnisse zusammenhängt . . . . . Zudem ist es nach dem Gesetz zur Einsetzung der Architektenkammer vom . . . . . Aufgabe der Kammer, Standesregeln festzulegen und ihre Einhaltung zu gewährleisten. Dies bedeutet nach der Gemeinschaftsrechtsprechung . . . . . Zweifel verbleiben allerdings vor dem Hintergrund der Entscheidungen in Sachen Wouters (. . . . .) und Pavlov ua (. . . . .) . . . . .

b) Beschluss einer Unternehmensvereinigung:
Die Architektenkammer ist weiterhin der Auffassung, dass die Honorarordnung kein Beschluss einer Unternehmensvereinigung ist, da sie . . . . . Die Architektenkammer ist nach dem Gesetz verpflichtet, Standesregeln festzulegen. Hierzu gehört auch die im öffentlichen Interesse liegende gewissenhafte und verantwortungsvolle Erledigung der Pflichten eines Architekten, die nur bei einer angemessen Vergütung möglich ist . . . . . Zudem sieht die Honorarordnung nur die Empfehlung von Mindesthonoraren vor; Sanktionen sind hieran nicht geknüpft. IE . . . . .

c) Wettbewerbsbeschränkungen:
Nach Auffassung der Architektenkammer bewirkt die Empfehlung von Mindesthonoraren auch keine Beschränkung des Wettbewerbs. Nach dem Urteil des Gerichtshofes in der Rechtssache Wouters liegt kein Verstoß gegen Art. 101 Abs. 1 AEUV vor, wenn der Beschluss einer Unternehmensvereinigung trotz der mit ihm verbundenen wettbewerbsbeschränkenden Wirkungen für die ordnungsgemäße Ausübung des Berufs erforderlich ist . . . . . Durch die Honorarordnung soll sichergestellt werden, dass der Architekt ein Honorar verlangt, welches ihm die Ausübung seines Berufes unter Einhaltung der beruflichen Pflichten ermöglicht . . . . .

2. Gesetzliche Freistellung gem. Art. 101 Abs. 3 AEUV:
Selbst wenn die Empfehlung von Mindesthonoraren in der Honorarordnung als Wettbewerbsbeschränkung iSd Art. 101 Abs. 1 AEUV anzusehen sein sollte, kommt jedenfalls eine gesetzliche Freistellung nach Art. 101 Abs. 3 AEUV in Betracht. Die Honorarordnung trägt zu einer Verbesserung der Erbringung von Architektenleistungen bei, indem sie . . . . . Zudem werden Verbraucher in erheblicher Weise durch die Honorarordnung begünstigt, da sie den Leitfaden für die üblichen Honorare darstellt . . . . . Allerdings hat die Kommission in . . . . . entschieden, dass . . . . .

IV. Die wirtschaftliche Bedeutung[6] des vom Ersuchen betroffenen Sachverhalts ergibt sich schon daraus, dass die Architektenkammer des Landes . . . . . über . . . . . Mitglieder verfügt. Nach den gesetzlichen Vorschriften muss jeder, der in . . . . . den Architektenberuf ausüben will, Mitglied der Architektenkammer sein. Honorarfragen sind ein üblicher Streitpunkt bei den meisten Bauvorhaben . . . . .
Im Vorfeld zum Entwurf der Honorarordnung gab es zwar auf nationaler Ebene bereits Diskussionen um die Zulässigkeit der Empfehlung von Mindesthonoraren. Der Entwurf der Honorarordnung der Architektenkammer ist jedoch noch nicht Gegenstand eines Verfahrens vor einem nationalen Gericht oder einer nationalen Wettbewerbsbehörde.[6]

V. Bitte teilen Sie uns mit, wenn Sie für die Prüfung dieses Ersuchens weitere Informationen oder Unterlagen benötigen.[4, 7]

. . . . .

Rechtsanwalt[11]

Verwaltungsgrundsätze: Bekanntmachung der EU-Kommission über informelle Beratung bei neuartigen Fragen zu den Art. 81 u. 82 des Vertrages (nunmehr Art. 101 und Art. 102 AEUV), die in Einzelfällen auftreten (Beratungsschreiben), ABl. 2004 Nr. C 101/78 („Bekanntmachung Beratungsschreiben").

Anmerkungen

1. Im System der Legalausnahmen kann es sowohl nach dem EU-Kartellrecht als auch nach dem GWB keine konstitutiven Freistellungsentscheidungen der Kartellbehörde mehr geben. Die Unternehmen sind vielmehr eigenständig dafür verantwortlich, dass die von ihnen praktizierten Vereinbarungen mit dem Kartellrecht vereinbar sind. Aufgrund der hohen Anforderungen an einen unverschuldeten Rechtsirrtum und der drohenden zivilrechtlichen und bußgeldrechtlichen Konsequenzen eines Kartellverstoßes muss diese eigenständige Prüfung regelmäßig im Wege einer Selbstveranlagung erfolgen (→ Form. II.N.1 Anm. 3). Die EU-Kommission hat gleichwohl anerkannt, dass auch in einem System der Legalausnahme die Möglichkeit bestehen muss, Zweifelsfragen mit der Kartellbehörde informell abzuklären (vgl. schon Erwägungsgrund 38 der VO 1/2003, ABl. 2003 L 1, 1). Da es ein wesentliches Anliegen der Kartellverfahrensreform war, die Ressourcen der Kommission auf die Verfolgung schwerwiegender Wettbewerbsbeschränkungen zu konzentrieren und diese von der Bearbeitung unproblematischer Sachverhalte, die nach der früheren VO 17/62 bei der EU-Kommission angemeldet werden mussten, zu entlasten, wird sich die EU-Kommission nur in Ausnahmefällen zur Vereinbarkeit derartiger Kooperationsvereinbarungen mit dem EU-Kartellrecht äußern. Voraussetzung ist eine ernsthafte Rechtsunsicherheit durch das Auftauchen neuer oder ungelöster Fragen in Bezug auf die Anwendung der Art. 101 und 102 AEUV (vgl. Bekanntmachung Beratungsschreiben, Rn. 5). Die EU-Kommission hat in ihrer Bekanntmachung Beratungsschreiben erläutert, in welchen Fällen sie eine informelle Beratung geben wird und welche Wirkungen eine solche informelle Beratung hat.

2. Die EU-Kommission hat ein weites Ermessen bei der Entscheidung, ob sie ein Beratungsschreiben versendet. In erster Linie kommt es auf die Vereinbarkeit einer informellen Beratung mit den von der Kommission gesetzten Prioritäten bei der Durchsetzung der Wettbewerbsregeln an (Bekanntmachung Beratungsschreiben, Rn. 7). Die Kommission hat klargestellt, dass ein Beratungsschreiben nur unter drei kumulativen Voraussetzungen in Betracht kommt:

a) Die materiell-rechtliche Beurteilung der konkreten Vereinbarung muss eine neue oder ungelöste Frage der Anwendung der Art. 101 oder 102 AEUV betreffen (Bekanntmachung Beratungsschreiben, Rn. 8 lit. a). Die betreffende Frage darf nicht durch den bestehenden EU-Rechtsrahmen einschließlich der Gemeinschaftsrechtsprechung, durch allgemein verfügbare Orientierungshilfen, die Entscheidungspraxis oder frühere Beratungsschreiben geklärt sein. Kein Anlass für ein Beratungsschreiben besteht auch bei Fragen, die in dieser oder ähnlicher Weise bereits in anhängigen Verfahren vor einem der Gemeinschaftsgerichte gestellt wurden oder bei denen die zugrundeliegende Kooperationsvereinbarung bereits Gegenstand eines Verfahrens der Kommission, des Gerichts oder der Wettbewerbsbehörde eines Mitgliedstaates waren (Bekanntmachung Beratungsschreiben, Rn. 9). Die Frage muss sich auf die Rechtsanwendung in einem konkreten und aktuellen Fall beziehen; hypothetische oder nachträglich auftretende Fragen wird die EU-Kommission nicht behandeln (Bekanntmachung Beratungsschreiben, Rn. 10). Dem Formular wurde der Sachverhalt der Entscheidung der EU-Kommission vom 24.6.2004 (Barême d'honoraires de l'ordre des Architectes Belges, COMP/38.549-PO) zugrunde gelegt.

b) Bei einer vorläufigen Bewertung des mitgeteilten Sachverhaltes muss die Klärung dieser Fragen im Wege eines Beratungsschreibens zweckmäßig erscheinen (Bekanntmachung Beratungsschreiben, Rn. 8 lit. b). Die EU-Kommission berücksichtigt hierbei die wirtschaftliche Bedeutung der Vertragswaren aus Sicht der Verbraucher, die Üblichkeit vergleichbarer Vereinbarungen am Markt sowie den Umfang der Investitionen im Zusammenhang mit der Vereinbarung. Daneben werden auch mögliche „strukturelle Elemente" berücksichtigt. Hier ist vor allem an kooperative Gemeinschaftsunternehmen zu denken, die zu wesentlichen Änderungen der Struktur und Organisation des Geschäftsvermögens der beteiligten Unternehmen führen (zB weil bisherige Tätigkeiten der Unternehmen übernommen werden; vgl. EU-Kommission, VO 3385/94 zur früheren Form A/B, ABl. 1994 L 377, 28, Einleitung, Abschn. D. S. 35).

c) Die von den Unternehmen gemachten Angaben zum Sachverhalt müssen die Erstellung des Beratungsschreibens ermöglichen. Eine weitere Tatsachenfeststellung darf nicht erforderlich sein (Bekanntmachung Beratungsschreiben, Rn. 8 lit. c).

3. Die spezifische Frage, zu der eine informelle Beratung erbeten wird, muss angegeben werden. Die Frage darf nicht von vornherein als ungeeignet im Sinne der genannten Anforderungen der Kommission erscheinen. Anders als bei EU-Vorabentscheidungsersuchen nach Art. 267 AEUV hat die EU-Kommission nicht nur die aufgeworfenen Rechtsfragen zu beantworten, sondern eine Stellungnahme zum konkreten Rechtsfall abzugeben. Daher muss das Ersuchen nach unserer Auffassung keine „Vorlagefrage", losgelöst vom Sachverhalt, formulieren.

4. Das Ersuchen muss vollständige und umfassende Angaben zu allen Aspekten enthalten, die für die sachkundige Beurteilung der aufgeworfenen Frage relevant sind; sachdienliche Unterlagen sind beizufügen. Die Unternehmen sollten hierauf besonderen Wert legen. Die Kommission kann zwar zusätzliche Informationen heranziehen, die ihr zB aus öffentlichen Quellen oder früheren Verfahren zur Verfügung stehen, oder die beteiligten Unternehmen um zusätzliche Informationen bitten (Bekanntmachung Beratungsschreiben, Rn. 15). Sofern sie dies allerdings nicht tut, eine weitere Tatsachenfeststellung aber für erforderlich hält, ist die Kommission berechtigt, allein unter Verweis auf das Nichtvorliegen der Voraussetzungen für die Erstellung des Beratungsschreibens das Ersuchen zurückzuweisen (vgl. Bekanntmachung Beratungsschreiben, Rn. 8 lit. c). Eine Verpflichtung der Kommission zu weiteren Nachforschungen oder Fragen besteht aufgrund des gesetzgeberischen Ziels der Kartellverfahrensrechtsreform, die Zuständigkeit der Kommission auf wichtige Fälle zu konzentrieren, gerade nicht. Die entsprechende Bitte am Ende des Formulars ist daher nur eine Anregung ohne rechtliche Wirkung.

5. Im Ersuchen ist ausführlich zu begründen, weshalb die gestellten Fragen „neuartig" oder „ungelöst" (vgl. zu diesen Begriffen Erwägungsgrund 38 der VO 1/2003 sowie Bekanntmachung Beratungsschreiben, Rn. 5) sowie konkret und aktuell sind. Dies erfordert eine umfassende Auseinandersetzung mit der Entscheidungspraxis sowie den Merkblättern und Leitlinien der Kartellbehörden.

6. Das Ersuchen muss weiterhin Informationen zur wirtschaftlichen Bedeutung der Vertragserzeugnisse aus Sicht der Verbraucher, zur Üblichkeit der Vereinbarung am Markt, zum Umfang der Investitionen im Verhältnis zur Größe der beteiligten Unternehmen, eine umfangreiche Sachverhaltsdarstellung sowie die Erklärung enthalten, dass die im Ersuchen bezeichnete Vereinbarung oder Verhaltensweise nicht Gegenstand eines Verfahrens vor einem Gericht oder einer Wettbewerbsbehörde eines Mitgliedstaates ist und auch noch nicht Gegenstand des Verfahrens vor den Europäischen Gerichten oder der EU-Kommission oder eines nationalen Gerichts bzw. einer nationalen Wettbewerbsbehörde gewesen ist.

7. Weiterhin ist mitzuteilen, ob bestimmte Informationen als Geschäftsgeheimnisse angesehen werden sollen. Dies ist von besonderer Bedeutung, da die Kommission die im Ersuchen mitgeteilten Informationen an die nationalen Wettbewerbsbehörden weiterleiten kann (vgl. Bekanntmachung Beratungsschreiben, Rn. 16). Zudem ist darauf zu achten, dass eine um Geschäftsgeheimnisse bereinigte Fassung des Beratungsschreibens vor dessen Veröffentlichung auf der Website der Kommission (vgl. Bekanntmachung Beratungsschreiben, Rn. 21) mit der Kommission abgestimmt wird.

8. Dem Ersuchen sind alle sonstigen Unterlagen beizufügen, die für die Beurteilung durch die Kommission relevant sein können.

9. Die Kommission betont in ihrer Bekanntmachung, dass Beratungsschreiben in erster Linie den Unternehmen helfen sollen, selbst eine sachkundige Beurteilung ihrer Vereinbarungen und Verhaltensweisen vorzunehmen (Bekanntmachung Beratungsschreiben, Rn. 22). Für die Unternehmen von größerer Bedeutung ist allerdings die Frage, ob sich die Kommission durch die Erstellung eines Beratungsschreibens in der Weise selbst bindet, dass sie aufgrund des dem Beratungsschreiben zugrundeliegenden Sachverhalts nicht mehr gegen die Vereinbarung vorgehen kann. Die Kommission hat ausdrücklich erklärt, dass sie sich nicht daran gehindert sieht, Vereinbarungen oder Verhaltensweisen, die die materielle Grundlage eines Beratungsschreibens bildeten, später in einem Verfahren erneut zu prüfen (Bekanntmachung Beratungsschreiben, Rn. 24). Die Kommission weist aber auch darauf hin, dass sie in einem solchen Fall einem früheren Beratungsschreiben Rechnung tragen sowie etwaige Änderungen des zugrundeliegenden Sachverhalts, in einer Beschwerde vorgebrachte neue Gesichtspunkte, neue Entwicklungen in der Rspr. der Gemeinschaftsgerichte sowie allgemeine Änderungen in der Politik der Kommission berücksichtigen wird. Die Auswirkungen eines Beratungsschreibens dürften mithin darin liegen, dass den beteiligten Unternehmen kein bußgeldrechtlicher Vorwurf für die Vergangenheit gemacht werden kann, wenn sie sich entsprechend dem im Ersuchen mitgeteilten Sachverhalt verhalten haben.

Da Beratungsschreiben der Kommission nicht als förmliche Entscheidungen gelten, sind die nationalen Wettbewerbsbehörden und die Gerichte an sich nicht gem. Art. 16 VO 1/2003 gebunden (vgl. Bekanntmachung Beratungsschreiben, Rn. 25). Den Wettbewerbsbehörden und den Gerichten der Mitgliedstaaten soll es freistehen, Beratungsschreiben der Kommission zu berücksichtigen, soweit sie dies in einem bestimmten Fall für zweckmäßig erachten. Eine solche Beachtlichkeit der Beratungsschreiben wird insb. dann in Betracht kommen, wenn die EU-Kommission das konkrete Ersuchen vor Erteilung des Beratungsschreibens inhaltlich mit der betreffenden nationalen Wettbewerbsbehörde erörtert hat (zu dieser Möglichkeit vgl. Bekanntmachung Beratungsschreiben, Rn. 16).

Die zivilrechtliche Wirksamkeit der dem Beratungsschreiben zugrundeliegenden Kooperationsvereinbarung wird durch das Beratungsschreiben nicht berührt. Rechte Dritter (insb. Schadensersatzansprüche im Falle von Kartellverstößen) richten sich nach den allgemeinen Vorschriften.

10. Das Ersuchen um informelle Beratung kann von einem oder mehreren Unternehmen eingereicht werden, die an einer Vereinbarung beteiligt sind oder sich beteiligen wollen (Bekanntmachung Beratungsschreiben, Rn. 12). In jedem Fall sind im Ersuchen alle beteiligten Unternehmen zu bezeichnen und mit ihrer Anschrift anzugeben. Ersuchen mehrere an ein und derselben Vereinbarung beteiligte Unternehmen die Kommission um ein Beratungsschreiben, ist eine Kontaktperson zu benennen (vgl. Bekanntmachung Beratungsschreiben, Rn. 14). Für Ersuche ist ausschließlich die EU-Kommission zuständig.

Kosten und Gebühren

11. Für die Erstellung eines Beratungsschreibens und das entsprechende Ersuchen fallen keine behördlichen Gebühren an.

7. Antrag, die Aufnahme eines Unternehmens in eine Wirtschaftsvereinigung anzuordnen (§ 20 Abs. 5 iVm § 32 GWB)

Bundeskartellamt[4]
Kaiser-Friedrich-Str. 16
53113 Bonn

Betr.: Antrag gem. § 20 Abs. 5 iVm § 32 GWB[1, 2, 3]

I. Ich beantrage die Anordnung des Bundeskartellamts im Wege der Verfügung gem. § 32 GWB, dass die Wirtschaftsvereinigung A das Unternehmen U als Mitglied aufzunehmen hat.

II. Die Wirtschaftsvereinigung A hat den Aufnahmeantrag des Unternehmens U durch Bescheid vom . . . . . abgelehnt.[5] Der Ablehnungsbescheid wird in der Anlage 1 vorgelegt.

III. Durch die Ablehnung des Aufnahmeantrags behandelt die Wirtschaftsvereinigung das Unternehmen U gegenüber den anderen Mitgliedern der Vereinigung, insb. gegenüber den Unternehmen F, G und H ungleich,[6] weil . . . . .

IV. Die Ablehnung führt zu einer unbilligen Benachteiligung[6] des Unternehmens U im Wettbewerb, weil . . . . .[6]

V. Die Vereinigung hat im Ablehnungsbescheid nicht nur die Ungleichbehandlung in Abrede gestellt, sondern auch geltend gemacht, die Ungleichbehandlung sei sachlich gerechtfertigt, weil . . . . .
Diese Argumente überzeugen nicht. Die Ungleichbehandlung ist nicht sachlich gerechtfertigt, weil . . . . .[6]

. . . . .
Rechtsanwalt[7]

Anmerkungen

1. § 20 Abs. 5 GWB verbietet es die Aufnahme eines Unternehmens in Wirtschafts- und Berufsvereinigungen sowie Gütezeichengemeinschaften abzulehnen, sofern dies eine sachlich nicht gerechtfertigte ungleiche Behandlung darstellt und zu einer unbilligen Benachteiligung des Unternehmens im Wettbewerb führen würde. Sanktioniert ist eine einseitige Verhaltensweise (die Ablehnung der Aufnahme); der Gesetzgeber nutzte mit der Beibehaltung der Regelung den Spielraum, den die VO 1/2003 (ABl. 2003 L 1, 1) für die rechtliche Behandlung einseitiger Handlungen von Unternehmen gewährt (vgl. Art. 3 Abs. 2 S. 2 VO 1/2003). § 20 Abs. 5 GWB ist damit auch dann anwendbar, wenn der zu beurteilende Sachverhalt geeignet ist, den Handel zwischen den EU-Mitgliedstaaten spürbar zu beeinträchtigen (vgl. § 22 Abs. 2 S. 2 GWB). Dieses Form. betrifft nur die Aufnahme in eine Wirtschaftsvereinigung; gleichgestellt sind Berufsvereinigungen und Gütezeichengemeinschaften.

2. Die Kartellbehörde kann nicht die Mitgliedschaft des antragstellenden Unternehmens bewirken. Sie kann nur anordnen, dass die Vereinigung die Aufnahme des Antragstellers vorzunehmen hat.

3. Der Antragsteller kann an Stelle des Aufnahmeverfahrens nach § 20 Abs. 5 iVm § 32 GWB sein Verlangen auf Zulassung zu der Wirtschaftsvereinigung auch vor den Zivilgerichten verfolgen. Anspruchsgrundlage ist § 33 Abs. 1 S. 1 GWB. Daneben kann eine Aufnahme bei Vereinigungen in Monopolstellung oder sonstiger wirtschaftlicher Machtstellung auf der Grundlage von § 826 BGB verlangt werden (BGH WuW/E BGH 1347 (1352) – Rad- und Kraftfahrerbund; BGH WuW/E BGH 2226 – Aikido-Verband; KG WuW/E OLG 4003 – Deutscher Pool-Billard-Bund; BGH WuW/DE-R 2695 (2696) – Taekwondo-Verband) oder § 33 Abs. 3 iVm § 20 Abs. 5 GWB (noch zum GWB idF der 5. GWB-Novelle BGH WuW/E BGH 288 (290) – Großhändlerverband II). Der Klageantrag geht dahin, den Beklagten zu verurteilen, in den Aufnahmeantrag des Klägers einzuwilligen und ihn in die Vereinigung aufzunehmen. Wenn die Wirtschaftsvereinigung Waren oder gewerbliche Leistungen anbietet, kommt als Anspruchsgrundlage auch § 20 Abs. 1 GWB in Betracht (BGH WuW/E BGH 1707 (1708) – Taxibesitzervereinigung).

4. Die meisten Wirtschaftsvereinigungen werden in mehr als nur einem Bundesland tätig. Die Ablehnung der Aufnahme in eine solche Wirtschaftsvereinigung hat damit eine diskriminierende Wirkung über das Gebiet eines Bundeslandes hinaus. Der Antrag ist daher gem. § 48 Abs. 2 S. 1 GWB in der Regel an das Bundeskartellamt zu richten. Anderenfalls ist der Antrag bei der Kartellbehörde des Landes einzureichen, in dem die Marktbeeinflussung eintritt (§ 48 Abs. 2 S. 2 GWB).

5. Eine Aufnahmeverweigerung liegt auch vor, wenn über den Aufnahmeantrag nicht in zumutbarer Frist entschieden wurde (KG WuW/E OLG 2028 (2030), BGH WuW/E BGH 2269 (2270) – Verband für Deutsches Hundewesen).

6. Der Antragsteller hat eine Ungleichbehandlung und eine unbillige Benachteiligung darzulegen und zu beweisen. Für die sachliche Rechtfertigung der Ungleichbehandlung ist die Vereinigung darlegungs- und beweispflichtig. Beurteilungsmaßstab ist in erster Linie die Satzung der Wirtschaftsvereinigung. Erfüllt der Antragsteller die satzungsmäßigen Aufnahmevoraussetzungen nicht, ist die sachliche Rechtfertigung der Satzungsbestimmungen selbst und die konsequente Anwendung der entsprechenden Regelungen darzulegen. Erfüllt der Antragsteller hingegen die satzungsgemäßen Aufnahmevoraussetzungen, ist seine Ablehnung nicht nur eine Ungleichbehandlung im Verhältnis zu den aufgenommenen Unternehmen, sondern auch grds. sachlich nicht gerechtfertigt (BGH WuW/E – Rad- und Kraftfahrerbund; BGH 1347 (1352)). Ausnahmsweise können auch außerhalb der Satzung liegende Gründe die Ablehnung rechtfertigen, wofür eine Abwägung zwischen den Interessen des Antragstellers an der Mitgliedschaft und den damit verbundenen Rechten und Vorteilen einerseits und den Interessen der Wirtschaftsvereinigung an der Ablehnung andererseits erforderlich ist.

Zur sachlichen Rechtfertigung des Ausschlusses bei Wettbewerbsverstößen vgl. BGH WuW/E BGH 2269 (2270) – Bund für Deutsches Hundewesen; OLG Karlsruhe WuW/E OLG 4313 – Tankuntersuchung.

Kosten und Gebühren

7. Das Verfahren ist gebührenpflichtig (§ 62 Abs. 1 S. 2 Nr. 2 GWB). Die Gebühr, deren Höhe sich nach dem personellen und sachlichen Aufwand der Kartellbehörde bestimmt, darf 25.000 EUR nicht übersteigen (§ 62 Abs. 2 S. 2 Nr. 2 GWB).

8. Antrag auf Anerkennung von Wettbewerbsregeln (§ 24 GWB)

Bundeskartellamt[5]
Kaiser-Friedrich-Str. 16
53113 Bonn

Betr.: Antrag auf Anerkennung von Wettbewerbsregeln für .....[1, 2, 3, 4, 6]

I. Die Wirtschaftsvereinigung A hat für ihren Bereich Wettbewerbsregeln[1] **aufgestellt. Die Regeln werden in der Anlage 1 beigefügt.**
II. Die Wirtschaftsvereinigung beantragt die Anerkennung[3] **dieser Wettbewerbsregeln.**
III. Die Wirtschaftsvereinigung hat die Rechtsform ....., ihre Anschrift ist .....
IV. Ihr Vertreter ist ....., wohnhaft in .....
V. Die Wettbewerbsregeln erstrecken sich auf folgende sachlichen und örtlichen Anwendungsbereiche .....
VI. Diesem Antrag werden beigefügt:
1. Der Wortlaut der Wettbewerbsregeln;
2. die Satzung der Wirtschaftsvereinigung A;
3. der Nachweis, dass die Wettbewerbsregeln satzungsgemäß aufgestellt sind;
4. eine Aufstellung von außenstehenden Wirtschafts- oder Berufsvereinigungen und Unternehmen der gleichen Wirtschaftsstufe sowie der Lieferanten- und Abnehmervereinigungen und der Bundesorganisationen der beteiligten Wirtschaftsstufen des betreffenden Wirtschaftszweiges.

Die Voraussetzungen für eine Freistellung der Wettbewerbsregeln nach §§ 2, 3 GWB liegen vor.

.....
Geschäftsführer[7]

Anmerkungen

1. Wettbewerbsregeln sind Bestimmungen, die das Verhalten von Unternehmen im Wettbewerb zu dem Zweck regeln, einem den Grundsätzen des lauteren oder der Wirksamkeit eines leistungsgerechten Wettbewerbs zuwiderlaufenden Verhalten im Wettbewerb entgegenzuwirken und ein diesen Grundsätzen entsprechendes Verhalten im Wettbewerb anzuregen (§ 24 Abs. 2 GWB). Das GWB enthält in den §§ 24–27 Sonderbestimmungen zu Wettbewerbsregeln. Da Wettbewerbsregeln im EU-Kartellrecht nicht vorgesehen sind, können sie uneingeschränkt nur für rein nationale Sachverhalte gelten. Sofern der Anwendungsbereich des EU-Kartellrechts eröffnet ist, hat die Wirtschaftsvereinigung im Wege der Selbstveranlagung zu prüfen, ob ihre Wettbewerbsregeln gegen das Kartellverbot verstoßen und ggf. durch einen gesetzlichen Freistellungstatbestand legalisiert sind.

Art. 101 Abs. 1 AEUV (ex-Art. 81 Abs. 1 EG-Vertrag) schützt die Wettbewerbsfreiheit der Unternehmen nur in den Grenzen der guten Sitten und anständigen Gepflogenheiten in Gewerbe und Handel (EuGH 13.7.1966, Slg. 1966, 457 (483) – Italienische Klage; 13.2.1979, Slg. 1979, 461 (541) – Hoffmann-La Roche). Deshalb verstoßen Vereinbarungen nicht gegen Art. 101 Abs. 1 AEUV, wenn sie sich ausschließlich auf die Beachtung dieser Grenzen beziehen. Dieses Ergebnis folgt auch aus Art. 3 Abs. 3 VO 1/2003, wonach das EU-Kartellrecht keinen Vorrang gegenüber nationalen Regeln beansprucht, die andere Zielsetzungen verfolgen. Entscheidend ist die Abgrenzung zwischen

Regeln, die ausschließlich den lauteren Wettbewerb betreffen, und Regeln, die nur unter dem Vorwand der Bekämpfung des unlauteren oder leistungsfremden Wettbewerbs unerwünschte Wettbewerbshandlungen verhindern sollen (hierzu EU-Kommission 15.5.1974, EFTA-Verpackungsglas, ABl. 1974 L 160, 1, Rn. 34). Für die Beurteilung gelten die unionsrechtlichen Maßstäbe. Wettbewerbsregeln wurden bislang dann beanstandet, wenn sie in Wahrheit ein Verbot von Unter-Kosten-Verkäufen, Preisangleichungspflichten oder gemeinsame Grundlagen der Preiskalkulation enthielten. Als zulässig hingegen wurden Vereinbarungen über die Vermeidung einer Irreführung der Verbraucher angesehen (zB Verbot irreführender Werbung, Hinweispflichten bzgl. der Herkunft von Produkten; EU-Kommission 15.5.1974, EFTA-Verpackungsglas, ABl. 1974 L 160, 1).

Für die Freistellung wettbewerbsbeschränkender Regeln gelten die allgemeinen Voraussetzungen des § 2 Abs. 1 GWB bzw. Art. 101 Abs. 3 AEUV (ex-Art. 81 Abs. 3 EG-Vertrag) mit entsprechend hohen Anforderungen (→ Form. II.N.1 Anm. 2, 7).

2. Den Vereinigungen steht es frei, ob sie die Anerkennung ihrer Regeln beantragen (§ 24 Abs. 3 GWB). Fallen die Wettbewerbsregeln, für die die Anerkennung beantragt wird, unter das Kartellverbot, ist zu empfehlen, im Anerkennungsantrag auch zum Vorliegen der gesetzlichen Freistellungsvoraussetzungen Stellung zu nehmen. Zwar gilt auch im Anerkennungsverfahren der Amtsermittlungsgrundsatz, doch trägt die Wirtschafts- und Berufsvereinigung als Antragstellerin die Beweispflicht für das Vorliegen der Freistellungsvoraussetzungen (vgl. Art. 2 S. 2 VO 1/2003). Zu den hierzu vorzutragenden Tatsachen → Form. II.N.1 Anm. 3–7, → Form. II.N.3 Anm. 3–6.

3. Angesichts der rechtlichen Wirkungen der behördlichen Anerkennung ist eine Antragsstellung zu empfehlen. Die behördliche Anerkennungsverfügung hat, anders als nach früherem Recht (vgl. § 26 Abs. 2 GWB aF), keine konstitutive Wirkung; eine Freistellung vom Kartellverbot ist nicht möglich. Im System der Legalausnahme sind Wettbewerbsregeln nur dann wirksam und vom Kartellverbot befreit, wenn sie nach § 2 oder § 3 GWB freigestellt sind (§ 26 Abs. 2 GWB). Eine behördliche Prüfung oder Verfügung kann diese gesetzliche Rechtsfolge nicht beeinflussen. Gleichwohl ergibt sich eine gewisse Rechtssicherheit für Wirtschafts- und Berufsvereinigungen im Falle einer Antragstellung dadurch, dass § 26 Abs. 2 GWB die Kartellbehörde verpflichtet, den Anerkennungsantrag unter anderem dann abzulehnen, wenn die gesetzlichen Freistellungsvoraussetzungen der § 2 oder § 3 GWB nicht erfüllt sind. Dies bedeutet, dass Wirtschafts- und Berufsvereinigungen, anders als an zwischenbetrieblichen Kooperationen iSv § 2 GWB beteiligte Unternehmen, durch Antragstellung eine behördliche Stellungnahme zur Freistellungsfähigkeit der Wettbewerbsregeln veranlassen können. An diese Stellungnahme ist die Kartellbehörde gebunden. Beabsichtigt sie, gegen die Wettbewerbsregeln einzuschreiten, ist sie hieran gehindert, solange sie nicht eine Änderung der Sach- oder Rechtslage dargelegt und nachgewiesen hat.

4. Der Anerkennungsantrag, die Anerkennung sowie die Änderungen, Ergänzungen und Löschungen der Regeln sind im (elektronischen) Bundesanzeiger bekanntzumachen (§ 27 Abs. 2 GWB). Die Außerkraftsetzung anerkannter Wettbewerbsregeln ist der Kartellbehörde mitzuteilen (§ 26 Abs. 3 GWB).

5. → Form. II.N.5 Anm. 2.

6. Durch Verfügung der Kartellbehörde nach bisherigem Recht freigestellte Wettbewerbsregeln wurden am 31.12.2007 unwirksam. War die Freistellungsverfügung kürzer befristet, war der frühere Zeitpunkt maßgeblich (vgl. den durch die 8. GWB-Novelle aufgehobenen § 131 Abs. 3 GWB aF).

Kosten und Gebühren

7. Das Verfahren ist gebührenpflichtig (§ 62 Abs. 1 S. 2 Nr. 2 GWB). Die Gebühr beträgt höchstens 5.000 EUR, in Ausnahmefällen das Doppelte (§ 62 Abs. 2 S. 2 Nr. 4 und S. 3 GWB).

9. Anmeldung eines Zusammenschlussvorhabens (§ 39 Abs. 2 GWB)

Bundeskartellamt[3]
Beschlussabteilung . . . . .
Kaiser-Friedrich-Str. 16
53113 Bonn

Betr.: Anmeldung des Zusammenschlussvorhabens der Unternehmen Er-GmbH (Erwerber) und A-GmbH (erworbenes Unternehmen)[1, 2]

I. Namens und in Vollmacht (Vollmacht in der Anlage 1) des Unternehmens Er-GmbH melde ich[4] **ein Zusammenschlussvorhaben der Er-GmbH und der A-GmbH an.**

II. Die Er-GmbH beabsichtigt, am . . . . .[5] **von der Ve-GmbH (Veräußerer) 30 % der stimmberechtigten Geschäftsanteile**[6] **der A-GmbH zu erwerben.**[7, 8]

III. Am Zusammenschluss sind folgende Unternehmen beteiligt:[9]

1. Auf Seiten der Er-GmbH (Erwerber):
Die Er-GmbH. Diese wird von der Er-AG beherrscht, die am Stammkapital der Er-GmbH mit 75 % beteiligt ist. Die Er-AG ihrerseits wird beherrscht von der Er-OHG, die am Grundkapital der Er-AG mit 60 % beteiligt ist.

2. Auf Seiten der A-GmbH (erworbenes Unternehmen):
Die A-GmbH. Diese wird beherrscht von der A-AG, die am Stammkapital der A-GmbH mit 51 % beteiligt ist. Die A-AG ihrerseits wird zu je 50 % des Grundkapitals von F-GmbH und G-GmbH gehalten, die aufgrund einer Stimmbindungsvereinbarung die A-AG gemeinsam beherrschen.

IV. Die beteiligten Unternehmen haben folgende mit ihnen verbundene[10] **Unternehmen:**

1. Die Er-GmbH ihre 100 %ige Tochtergesellschaft Er-Tochter GmbH.
2. Die A-AG ihre 100 %ige Tochtergesellschaft A-Tochter GmbH.

V. Für die Beteiligten und die mit ihnen verbundenen Unternehmen (eventuell Konzernunternehmen iSd § 18 AktG) mache ich gem. § 39 Abs. 3 GWB folgende Angaben:

1. Fa. und Sitz: . . . . .
. . . . .
2. Art des Geschäftsbetriebs: . . . . .[11]
. . . . .
3. Die folgenden Angaben werden für jedes beteiligte Unternehmen einschließlich der mit ihm verbundenen Unternehmen insgesamt, aber nicht gesondert für jedes einzelne verbundene Unternehmen gemacht.[12]

a) Er-GmbH und verbundene Unternehmen:
aa) Umsatzerlöse im Inland, in der Europäischen Union und weltweit im letzten Geschäftsjahr: . . . . .[13]
bb) Marktanteile im Inland einschließlich der Grundlagen für ihre Berechnung oder Schätzung: . . . . .[14]

b) A-GmbH und verbundene Unternehmen:

aa) Umsatzerlöse im Inland, in der Europäischen Union und weltweit im letzten Geschäftsjahr: . . . . .

bb) Marktanteile im Inland einschließlich der Grundlagen für ihre Berechnung oder Schätzung: . . . . .

VI. Soweit gesetzliche Vermutungen eingreifen: Sachvortrag, der die Vermutungen entkräftet.[15]

VII. Ich erbitte die Bestätigung, dass diese Anmeldung vollständig ist.[8, 16, 17]

. . . . .

Rechtsanwalt[18]

Verwaltungsgrundsätze: Bundeskartellamt, Merkblatt zur deutschen Fusionskontrolle vom Juli 2005 (wird derzeit überarbeitet); Bundeskartellamt, Merkblatt zu Inlandsauswirkungen in der Fusionskontrolle vom September 2014; Bundeskartellamt, Leitfaden zur Marktbeherrschung in der Fusionskontrolle vom März 2012; Bundeskartellamt, Merkblatt zum Anwendungsbereich der EU-Fusionskontrolle vom Juli 2004; Europäische Wettbewerbsbehörden, Grundsätze für die Anwendung von Art. 4 Abs. 5 und Art. 22 der Europäischen Fusionskontrollverordnung durch die nationalen Wettbewerbsbehörden der ECA vom Januar 2005. Alle Dokumente sind abrufbar unter www.bundeskartellamt.de.

Anmerkungen

1. Zusammenschlussvorhaben, die von den Vorschriften über die Zusammenschlusskontrolle gem. §§ 35 ff. GWB erfasst werden, sind vor ihrem Vollzug beim Bundeskartellamt anzumelden (§ 39 Abs. 1 GWB) und dürfen ohne Freigabe durch das Bundeskartellamt vor Ablauf der behördlichen Prüfungsfristen nach § 40 Abs. 1 S. 1 GWB und (im Falle der Eröffnung des Hauptprüfverfahrens) nach § 40 Abs. 2 S. 2 GWB nicht vollzogen werden (§ 41 Abs. 1 S. 1 GWB, sog. Vollzugverbot). Der deutschen Zusammenschlusskontrolle unterliegen Zusammenschlussvorhaben nach § 37 GWB (a), wenn die beteiligten Unternehmen die Umsatzschwellen des § 35 GWB überschreiten (b) und das Zusammenschlussvorhaben nicht in den Anwendungsbereich der EU-Fusionskontrolle fällt (c).

a) Die Zusammenschlussformen sind abschließend in § 37 GWB aufgelistet. Die wesentlichen Zusammenschlussformen sind:

aa) der Erwerb des Vermögens eines anderen Unternehmens ganz oder zu einem wesentlichen Teil (§ 37 Abs. 1 Nr. 1 GWB).

bb) der Erwerb der unmittelbaren oder mittelbaren Kontrolle durch ein oder mehrere Unternehmen über die Gesamtheit oder Teile eines oder mehrerer anderer Unternehmen (§ 37 Abs. 1 Nr. 2 GWB).

cc) der Erwerb von Anteilen an einem anderen Unternehmen, wenn die Anteile allein oder zusammen mit anderen den Unternehmen bereits gehörenden Anteilen die Schwelle von 25 % oder von 50 % des Kapitals oder der Stimmrechte des anderen Unternehmens erreichen (§ 37 Abs. 1 Nr. 3 GWB).

dd) jede sonstige Verbindung von Unternehmen, aufgrund deren ein oder mehrere Unternehmen unmittelbar oder mittelbar einen wettbewerblich erheblichen Einfluss auf ein anderes Unternehmen ausüben können (§ 37 Abs. 1 Nr. 4 GWB).

Erwerben Kreditinstitute, Finanzinstitute oder Versicherungsunternehmen Anteile an einem anderen Unternehmen zum Zwecke der Veräußerung, gilt dies nicht als Zusammenschluss iSv § 37 Abs. 1 GWB, solange sie das Stimmrecht aus den Anteilen nicht ausüben und sofern die Veräußerung innerhalb eines Jahres erfolgt (§ 37 Abs. 3 S. 1 GWB).

b) Gem. § 35 Abs. 1 GWB unterliegt ein Zusammenschluss der deutschen Zusammenschlusskontrolle, wenn im letzten Geschäftsjahr vor dem Zusammenschluss
  aa) die beteiligten Unternehmen insgesamt weltweit Umsatzerlöse von mehr als 500 Mio. EUR und
  bb) mindestens ein beteiligtes Unternehmen im Inland Umsatzerlöse von mehr als 50 Mio. EUR und
  cc) ein weiteres beteiligtes Unternehmen im Inland Umsatzerlöse von mehr als 17,5 Mio. EUR erzielt haben.
  dd) Beteiligte Unternehmen sind das erwerbende Unternehmen unter Einbeziehung aller beherrschenden und abhängigen Unternehmen (§ 36 Abs. 2 GWB) sowie das erworbene Unternehmen, nicht aber das veräußernde Unternehmen. Die Umsatzberechnung richtet sich nach § 38 GWB.
c) Ein Zusammenschluss unterliegt nach dem mit der mit der 9. GWB-Novelle neu aufgenommenen § 35 Abs. 1a GWB zudem auch der deutschen Zusammenschlusskontrolle, wenn im letzten Geschäftsjahr vor dem Zusammenschuss
  aa) die beteiligten Unternehmen insgesamt weltweit Umsatzerlöse von mehr als 500 Mio. EUR und
  bb) im Inland ein beteiligtes Unternehmen Umsatzerlöse von mehr als 50 Mio. EUR erzielt hat und
  cc) im Inland weder das zu erwerbende Unternehmen noch ein anderes beteiligtes Unternehmen Umsatzerlöse von jeweils mehr als 17,5 Mio. EUR erzielt haben und
  dd) der Wert der Gegenleistung für den Zusammenschluss mehr als 400 Mio. EUR beträgt und
  ee) das zu erwerbende Unternehmen im Inland in erheblichem Umfang tätig ist.
d) Vorrangig gegenüber der Zusammenschlusskontrolle nach §§ 35 ff. GWB sind die Vorschriften der VO 139/2004 (EU-Fusionskontrollverordnung), nach denen ausschließlich die EU-Kommission für die Prüfung von Zusammenschlüssen mit unionsweiter Bedeutung zuständig ist (Art. 21 Abs. 3 S. 1 VO 139/2004; vgl. § 35 Abs. 3 GWB). Die Zusammenschlusstatbestände der EU-Fusionskontrolle sind in Art. 3 VO 139/2004 geregelt. Maßgeblich für die Frage, ob ein solcher Zusammenschluss unionsweite Bedeutung hat, sind die in Art. 1 Abs. 2 u. 3 VO 139/2004 definierten Umsatzschwellen. Weil EU-rechtlich kein Zusammenschlusstatbestand einschlägig ist (vgl. Art. 3 Abs. 4 VO 139/2004), unterliegt insb. die Gründung sog Teilfunktions-Gemeinschaftsunternehmen der deutschen Fusionskontrolle auch dann, wenn die Schwellenwerte nach Art. 1 Abs. 2 oder 3 VO 139/2004 erfüllt werden. Weitere Informationen zur EU-Fusionskontrolle sind im Merkblatt des Bundeskartellamtes zum Anwendungsbereich der EU-Fusionskontrolle sowie in der Konsolidierten Mitteilung der EU-Kommission zu Zuständigkeitsfragen (ABl. 2009 C 43, 9) enthalten.

Die VO 139/2004 sieht zudem Verweisungsmechanismen vor, wonach ein Zusammenschluss mit unionsweiter Bedeutung an eine mitgliedstaatliche Wettbewerbsbehörde (Art. 4 Abs. 4 und Art. 9 VO 139/2004) und ein Zusammenschluss ohne unionsweite Bedeutung an die EU-Kommission verwiesen werden kann (Art. 4 Abs. 5 und Art. 22 VO 139/2004).

2. Die Anmeldung eines Zusammenschlussvorhabens wird ebenso wenig wie die Freigabe innerhalb der Monatsfrist des § 40 Abs. 1 S. 1 GWB öffentlich bekannt gegeben. Allerdings veröffentlicht das Bundeskartellamt auf seiner Internetseite die Tatsache der Anmeldung unter Nennung der beteiligten Unternehmen und der betroffenen Märkte. Nur die Einleitung des Hauptprüfverfahrens sowie die im Hauptprüfverfahren ergehenden Verfügungen werden im (elektronischen) Bundesanzeiger bekannt gemacht (§ 43 Abs. 1 u. 2 GWB).

3. Die Anmeldung ist immer an das Bundeskartellamt zu richten (§ 48 Abs. 2 S. 1 iVm § 39 Abs. 1 GWB). Die Anmeldung sollte zur Verfahrensbeschleunigung an die zuständige Beschlussabteilung gerichtet werden. Die Zuweisung kann dem Organigramm entnommen werden, das unter http://www.bundeskartellamt.de abgerufen werden kann. Durch die 8. GWB-Novelle wurde die Möglichkeit einer qualifizierten elektronischen Anmeldung geschaffen.

4. Zur Anmeldung sind die am Zusammenschluss beteiligten Unternehmen (§ 39 Abs. 2 Nr. 1 GWB) und beim Vermögens- und Anteilserwerb auch der Veräußerer (§ 39 Abs. 2 Nr. 2 GWB) verpflichtet. Die Anmeldung ist bewirkt, wenn eines der verpflichteten Unternehmen eine vollständige Anmeldung herbeiführt (hierzu *Bechtold/Bosch* § 39 Rn. 12).

5. Ein Zeitpunkt, zu dem die Anmeldung beim Bundeskartellamt eingehen muss, ist nicht vorgegeben. Es gibt keine sanktionierte Anmeldepflicht. Die Unterlassung einer Anmeldung ist als solche folgenlos, jedoch dürfen die beteiligten Unternehmen ein Zusammenschlussvorhaben gem. § 41 Abs. 1 S. 1 GWB grds. nicht vollziehen, so lange es nicht vom Bundeskartellamt freigegeben worden ist. Für die Anmeldefähigkeit eines Zusammenschlussvorhabens ist zumindest die konkrete Absicht eines beteiligten Unternehmens erforderlich, den Zusammenschluss durchzuführen und, ggf. im Zusammenwirken mit anderen, die Voraussetzungen hierfür zu schaffen. Ein rechtsverbindlicher Vertrag ist nicht erforderlich; allerdings sollte die Struktur des Zusammenschlusses zumindest in groben Zügen feststehen, um dem Bundeskartellamt eine Prüfung zu ermöglichen (hierzu *Bechtold/Bosch* § 39 Rn. 7).

6. Beim Anteilserwerb iSd § 37 Abs. 1 Nr. 3 GWB ist die Höhe der zu erwerbenden und der insgesamt gehaltenen Beteiligung anzugeben (§ 39 Abs. 3 S. 2 Nr. 5 GWB). Für die Berechnung der Gesamtbeteiligung ist § 37 Abs. 1 Nr. 3 S. 2 GWB maßgebend.

7. In der Anmeldung ist die Form des Zusammenschlusses anzugeben (§ 39 Abs. 3 S. 1 GWB). Dem ist genüge getan, wenn eine zusammenfassende Beschreibung des Zusammenschlussvorhabens gegeben wird, das einen der in § 37 Abs. 1 GWB aufgelisteten Tatbestände erfüllt. Die Angabe der genauen Alternative des § 37 Abs. 1 GWB, die durch die beabsichtigte Form des Zusammenschlussvorhabens verwirklicht wird, ist nicht erforderlich. Die Beschreibung des Zusammenschlussvorhabens muss jedoch so detailliert sein, dass dem Bundeskartellamt die Feststellung möglich ist, welcher Zusammenschlusstatbestand des § 37 Abs. 1 GWB erfüllt ist. Das Bundeskartellamt gibt in seinem Merkblatt zur deutschen Fusionskontrolle Hinweise zu den einzelnen Zusammenschlusstatbeständen.

8. Eine gesetzliche Verpflichtung zur Vorlage von Vertragsdokumenten besteht nicht. Auch ist die Vollständigkeit der Anmeldung nicht von der Vorlage von Vertragsdokumenten abhängig. Das Bundeskartellamt kann jedoch nach Eingang der Anmeldung die Vorlage von Dokumenten verlangen.

9. Das GWB unterscheidet zwischen materiell und formell am Zusammenschluss beteiligten Unternehmen (vgl. § 39 Abs. 2 u. 3 GWB). Diese Unterscheidung ist deshalb von Bedeutung, weil die meisten Angaben, die in der Anmeldung enthalten sein müssen, nur die materiell beteiligten Unternehmen betreffen. Für die nur formell beteiligten Unternehmen (der Veräußerer im Falle des Vermögens- und Anteilserwerbs) sind nur Firma, Ort der Niederlassung oder Sitz sowie (bei Unternehmen mit Sitz im Ausland) eine zustellungsbevollmächtigte Person im Inland anzugeben (§ 39 Abs. 3 S. 3 GWB).

a) Materiell-rechtlich beteiligte Unternehmen sind:

aa) beim Vermögenserwerb (§ 37 Abs. 1 Nr. 1 GWB)
das erwerbende Unternehmen und das veräußerte Unternehmensvermögen.

bb) beim Anteilserwerb (§ 37 Abs. 1 S. 1 Nr. 3 GWB)
der Erwerber und das Unternehmen, an dem die Anteile erworben werden. Der Veräußerer ist nur dann beteiligt, wenn er an dem Zielunternehmen mit mindestens 25 % des Kapitals oder der Stimmrechte beteiligt bleibt oder seine verbleibende Beteiligung Mitkontrolle vermittelt.

cc) bei der Beteiligung an einem „Gemeinschaftsunternehmen" (§ 37 Abs. 1 Nr. 3 S. 3 GWB)
Erwerben mehrere Unternehmen (A und B) (gleichzeitig oder nacheinander) gem. § 37 Abs. 1 Nr. 3 S. 1 GWB Anteile iHv 25 % oder mehr an einem anderen Unternehmen (Gemeinschaftsunternehmen), so gilt dies als Zusammenschluss der Unternehmen A und B, allerdings nur hinsichtlich der Märkte, auf denen das Gemeinschaftsunternehmen tätig ist.

dd) beim Erwerb der unmittelbaren oder mittelbaren Kontrolle (§ 37 Abs. 1 Nr. 2 GWB)
das Unternehmen, das die Kontrolle erwirbt, sowie das zu kontrollierende Unternehmen. Je nach Ausgestaltung der Unternehmenskontrolle können Beteiligte etwa die Vertragspartner von Konzernbildungsverträgen, die Vertragspartner von Betriebsführungs- oder Gewinnabführungsverträgen oder die Vertragspartner von Unternehmenspachtverträgen sein.

ee) bei Unternehmensverbindung mit sonstigem wettbewerblich erheblichen Einfluss (§ 37 Abs. 1 Nr. 4 GWB)
das Unternehmen, das diesen Einfluss ausüben kann, und das dieser Einflussmöglichkeit unterworfene Unternehmen.

b) Um die wirtschaftlichen Ressourcen der materiell-rechtlich am Zusammenschluss beteiligten Unternehmen zutreffend zu erfassen, sind in der Zusammenschlussanmeldung auch Angaben unter Berücksichtigung der mit den Beteiligten verbundenen Unternehmen zu machen. Dies bedeutet, dass Firma, Sitz und Art des Geschäftsbetriebes auch für die verbundenen Unternehmen und Angaben zu den Umsatzerlösen und Marktanteilen über die am Zusammenschluss beteiligten Unternehmen und die mit ihnen verbundenen Unternehmen insgesamt zu machen sind. Zudem sind die Tatsachen anzugeben, die das Herrschafts-, Abhängigkeits- bzw. Konzernverhältnis begründen (§ 39 Abs. 3 S. 4 GWB). Verbunden sind gem. § 36 Abs. 2 S. 1 GWB diejenigen Unternehmen, die nach aktienrechtlichen Grundsätzen mit dem unmittelbar beteiligten Unternehmen als abhängiges oder herrschendes Unternehmen iSd § 17 AktG oder als Konzernunternehmen iSd § 18 AktG ein einheitliches Unternehmen bilden. Grds. gilt, dass die Beherrschung gesellschaftsrechtlich bedingt oder vermittelt sein muss. Einflussfaktoren außerhalb der gesellschaftsrechtlich vermittelten Beherrschungsmöglichkeit werden nur in bestimmten Fallgestaltungen herangezogen, etwa bei der Bewertung des faktischen Gleichordnungskonzerns als einheitliches Unternehmen oder bei der Frage der Zurechenbarkeit einer 50%igen Beteiligung an einem Unternehmen, die weder eine alleinige noch eine gemeinschaftliche Kontrolle vermittelt.

Verbunden in dem Sinne sind auch die Unternehmen, die aufgrund einer Vereinbarung oder in sonstiger Weise dergestalt zusammenwirken, dass sie gemeinsam einen beherrschenden Einfluss auf ein anderes Unternehmen ausüben können (§ 36 Abs. 2 S. 2 GWB). Voraussetzung hierfür ist eine gesicherte gemeinsame Beherrschungsmöglichkeit. Diese kann durch Vereinbarung oder durch tatsächliche Verhältnisse begründet sein (BGH WuW/E BGH 2211 – Morris-Rothmans; BGH WuW/E BGH 2433 – Gruner + Jahr-Zeit; BGH WuW/E BGH 2882 – Zurechnungsklausel). Für eine gemeinsame Beherrschung sind paritätische Beteiligungsverhältnisse allein nicht ausreichend (BGH WuW/E BGH 1608 – Westdeutsche Allgemeine Zeitungsverlagsgesellschaft; BGH WuW/E BGH 2321 – Mischguthersteller; BGH WuW/E BGH 2337 – Hussel-Mara; vgl. Bundeskartellamt

WuW/E DE-V 955 – G+J/RBA; OLG Düsseldorf WuW/E DE-R 1413 – Radio TON-Regional). In der Praxis geht das Bundeskartellamt bei Beteiligung von mindestens 50 % in der Regel davon aus, dass das Unternehmen (mit)beherrschenden Einfluss auf das andere Unternehmen ausüben kann

10. Das Bundeskartellamt empfiehlt, der Anmeldung eine Übersicht über die Verflechtungen der beteiligten Unternehmen beizufügen. In dieser Übersicht sollten alle Unternehmen aufgeführt sein, an denen die Beteiligten einzeln oder gemeinsam 10 % oder mehr der Stimmrechte oder Anteile halten. Daneben sollten diejenigen Unternehmen benannt werden, die an den Beteiligten derart beteiligt sind (Bundeskartellamt, Merkblatt zur deutschen Fusionskontrolle S. 9).

11. Anzugeben sind: Branche, Wirtschaftsstufe, Waren- bzw. Dienstleistungsangebot. Das Bundeskartellamt weist daraufhin, dass der Anmeldung der Geschäftsbericht beigelegt werden sollte, wenn beteiligte Unternehmen einen solchen herausgeben (Bundeskartellamt, Merkblatt zur deutschen Fusionskontrolle S. 9).

12. In den Fällen des § 37 Abs. 1 Nr. 1 u. 3 GWB sind nach § 39 Abs. 3 S. 3 GWB auch Angaben zum Veräußerer erforderlich. Sofern die weltweiten Gesamtumsätze der beteiligten Unternehmen 2,5 Mrd. EUR überschreiten, sollte in der Anmeldung kurz erläutert werden, warum die EU-Fusionskontrolle nicht einschlägig ist. Nach § 38 Abs. 5 S. 1 GWB ist bei den Pflichtangaben des § 39 Abs. 3 GWB auf Veräußererseite nur der Umsatz oder der Marktanteil zu berücksichtigen, der auf den veräußerten Teil („Target“) entfällt, soweit beim Veräußerer nicht Kontrolle iSd § 37 Abs. 1 S. 1 Nr. 2 GWB oder mehr als 25 % der Anteile verbleiben. Das bedeutet, dass Umsätze und Marktanteile des Veräußerers unberücksichtigt bleiben, soweit er lediglich wettbewerblich erheblichen Einfluss iSd § 37 Abs. 1 S. 1 Nr. 4 GWB zurückbehält (vgl. *Fritzsche* DB 2012, 845 (848); Immenga/Mestmäcker/*Thomas* GWB § 38 Rn. 62).

13. Bei Kreditinstituten, Finanzinstituten und Bausparkassen sind anstelle des Umsatzes der Gesamtbetrag der Erträge und bei Versicherungsunternehmen die Prämieneinnahmen anzugeben (§§ 38 Abs. 4, 39 Abs. 3 S. 2 Nr. 3 GWB). Bei Presseunternehmen sind nach § 38 Abs. 3 GWB die Umsatzerlöse mit dem Faktor 4 und bei Rundfunkunternehmen mit dem Faktor 8 zu multiplizieren. Für den Handel mit Waren sind nur dreiviertel in Ansatz zu bringen (§ 38 Abs. 2 GWB).

14. Die Marktanteile sind nur anzugeben, sofern 20 % erreicht werden (§ 39 Abs. 3 S. 2 Nr. 4 GWB). Nach § 39 Abs. 3 S. 4 GWB sind die Marktanteile für jedes an dem Zusammenschluss beteiligte Unternehmen und die mit ihm verbundenen Unternehmen insgesamt anzugeben. Es ist demnach nicht erforderlich, die Marktanteile für die unmittelbar beteiligten Unternehmen und die mit diesen verbundenen Unternehmen jeweils gesondert auszuweisen. In der Anmeldung sollten die sachlichen und räumlichen Märkte sowie deren Wettbewerbsbedingungen kurz beschrieben werden, wenn der Zusammenschluss zu Überschneidungen auf diesen Märkten führt. Dies gilt auch dann, wenn die gemeinsamen Marktanteile unter 20 % liegen.

Zum relevanten Markt gehören solche Waren und gewerblichen Leistungen, die aus der Sicht der Abnehmer bzw. der Lieferanten nach Beschaffenheit, Verwendungszweck und Preis zur Deckung eines bestimmten Bedarfs als austauschbar anzusehen sind (BGH WuW/E BGH 1711 – Mannesmann-Brueninghaus; WuW/E BGH 2150 – Edelstahlbestecke, wonach auf der Abnehmerseite auf den Endabnehmer abzustellen ist; WuW/E BGH 2231 – Metro-Kaufhof; WuW/E BGH 2406 – Inter-Mailand-Spiel; WuW/E BGH 2443 – Singener Wochenblatt; KG WuW/E OLG 4167 (4168) – Kampffmeyer-Plange, wonach auf der Abnehmerseite auf den Handel abzustellen ist; BGH WuW/E BGH 2575 (2576) – Kampffmeyer-Plange, wo die Frage offen blieb, ob es bei den Abnehmern auf die

Handels- oder die Endverbraucherstufe ankomme, „weil die Sicht des Lebensmittelhandels weitgehend durch die Sicht der von ihm belieferten privaten Haushalte bestimmt wird"; KG WuW/E OLG 4811 (4825) – Radio NRW; BGH WuW/E BGH 2771 (2772) – Kaufhof/Saturn; KG WuW/E DE-R 451 – Herlitz/Landré mit der Feststellung, dass sich die Nachfrage des Handels von der Nachfrage der Endverbraucher ableitet; ebenso Bundeskartellamt WuW/E DE-V 177 – Henkel/Lukas; Bundeskartellamt WuW/E DE-V 275 – Melitta; allgemein BGH WuW/E DE-R 1087 (1091) – Ausrüstungsgegenstände für Feuerlöschzüge; OLG Düsseldorf WuW/E DE-R 1148 (1152) – trans-o-flex).

Der räumlich relevante Markt ist in gleicher Weise abzugrenzen. Er kann weiter als der Geltungsbereich des GWB iSv § 185 Abs. 2 GWB sein. Dies wird nunmehr in § 18 Abs. 2 GWB ausdrücklich geregelt. Es ist das Wettbewerbsgeschehen auf dem wirtschaftlich relevanten Markt bei der Beurteilung der Marktstellung zu berücksichtigen, auch wenn dieser über das Bundesgebiet hinausreicht (BGH WuW/E DE-R 1355 (1359 f.) – Staubsaugerbeutelmarkt).

Zur Beschleunigung des Verfahrens empfiehlt das Bundeskartellamt, dass in der Anmeldung die fünf wichtigsten Abnehmer und Wettbewerber auf den vom Zusammenschluss betroffenen Märkten jeweils mit Anschrift sowie mit Ansprechpartner im Unternehmen (einschließlich Telefon, E-Mail-Adresse, Faxnummer) angegeben werden.

15. Die Marktbeherrschungsvermutungen § 18 Abs. 4 u. 6 GWB greifen im Sinne einer materiellen Beweislastverteilung erst dann ein, wenn die Kartellbehörde bzw. das Gericht in freier Würdigung des gesamten Verfahrensergebnisses eine marktbeherrschende Stellung des Unternehmens oder des Oligopols weder ausschließen noch bejahen kann (BGH WuW/E BGH 1749 (1754) – Klöckner-Becorit; BGH WuW/E BGH 2231 (2237) – Metro-Kaufhof; BGH WuW/E BGH 2433 (2441) – Gruner + Jahr-Zeit; BGH WuW/E BGH 3037 (3039) – Raiffeisen). Der Amtsermittlungsgrundsatz schränkt im Verwaltungsverfahren die Umkehr der Beweislast in gewissem Umfang ein (OLG Düsseldorf BeckRS 2009, 10150). Die Marktanteilsschwelle für die Einzelmarktbeherrschungsvermutung ist im Rahmen der Novellierung auf 40 % erhöht worden (vgl. § 18 Abs. 4 GWB), um dem aktuellen Stand ökonomischer Erkenntnisse zu entsprechen.

16. Unter Angleichung an das europäische Fusionskontrollrecht wurde mit der 8. GWB-Novelle ferner das materielle Untersagungskriterium des Art. 2 Abs. 2 FKVO auf das GWB übertragen. Nach § 36 Abs. 1 GWB ist ein Zusammenschluss zu untersagen, „*durch den wirksamer Wettbewerb erheblich behindert wird, insbesondere von dem zu erwarten ist, dass er eine marktbeherrschende Stellung begründet oder verstärkt*". Damit hielt der sog SIEC-Test (*significant impediment to effective competition*) Einzug und das Marktbeherrschungskriterium ist nur noch ein, wenngleich das dominierende, Regelbeispiel.

17. Die Fristen für die behördliche Prüfung iSd § 40 Abs. 1 S. 1 und Abs. 2 S. 2 GWB beginnen erst mit Einreichung einer vollständigen Anmeldung zu laufen. Der Fristlauf wird im Hauptprüfverfahren gehemmt, soweit das Bundeskartellamt von den anmeldenden Unternehmen eine Auskunft nach § 59 GWB erneut anfordern muss, weil ein vorheriges Auskunftsverlangen aus zu vertretenden Umständen nicht rechtzeitig oder vollständig beantwortet wurde (§ 40 Abs. 2 S. 5 u. 6 GWB).

Kosten und Gebühren

18. Die Anmeldung ist gebührenpflichtig (§ 62 Abs. 1 S. 2 Nr. 1 GWB). Die zulässige Höchstgebühr beträgt 50.000 EUR (§ 62 Abs. 2 S. 2 Nr. 1 GWB), in Ausnahmefällen das Doppelte (§ 62 Abs. 2 S. 3 GWB). Eine Gebührenpflicht entfällt, wenn das Bundeskartellamt nach Einreichung der Anmeldung feststellt, dass ein fusionskontrollpflichtiger Zusammenschluss nicht vorliegt, sei es, weil kein Zusammenschlusstatbestand iSv § 37 Abs. 1 GWB vorliegt, weil die Aufgreifschwellen gem. § 35 Abs. 1 GWB nicht erfüllt sind oder weil die Anschlussklausel des § 35 Abs. 2 GWB eingreift. Die Feststellung, dass das Vorhaben fusionskontrollfrei ist, bleibt nur dann gebührenfrei, wenn das Vorhaben offensichtlich nicht in den Geltungsbereich der Zusammenschlusskontrolle fällt und der Anmelder sich über deren Voraussetzungen völlig im Unklaren war (vgl. KG WuW/E DE-R 470 (472) – Hapag Lloyd/TUI). Bloße Vorsorglichkeit ist hingegen kein Grund für eine Ermäßigung der Gebühr (KG WuW/E OLG 4995 (4996 f.) – Geringe Anmeldegebühr; OLG Düsseldorf WuW/E DE-R 514 (522) – Tequila). Maßstab für die Bemessung der Gebühren ist gem. § 80 Abs. 2 S. 1 GWB der personelle und sachliche Aufwand der Kartellbehörde unter Berücksichtigung der wirtschaftlichen Bedeutung der gebührenpflichtigen Handlung. Nach stRspr kommt der wirtschaftlichen Bedeutung grds. besonderes Gewicht zu (KG WuW/E OLG 4143 (4145) – Objektgesellschaft; KG WuW/E OLG 4366 – SPAR; KG WuW/E OLG 4764 – Kostenbeschluss; KG WuW/E OLG 4859 – Versicherungsgebühren; KG WuW/E OLG 4995 – geringe Anmeldegebühr; KG WuW/E OLG 5003 – Joint-Venture-Gebühr). Dabei sind die Auswirkungen des Zusammenschlusses auf das Marktgeschehen und auch die Höhe des Umsatzes erheblich. Beim Umsatz sind auch die Gesamtumsätze der am Zusammenschluss beteiligten, in Deutschland ansässigen Unternehmen zu berücksichtigen (KG WuW/E OLG 5339 (5341) – Untergeordnete Bedeutung). Letztlich maßgebend sind das Kostendeckungsprinzip des § 62 Abs. 2 S. 1 GWB und die Umstände des Einzelfalles. Die Untersagungsnähe oder -ferne des Zusammenschlusses hat keine ausschlaggebende Bedeutung (KG WuW/E BGH 5259 (5261) – Kleinhammer).

10. Antrag auf Befreiung vom Vollzugsverbot (§ 41 Abs. 2 GWB)

Bundeskartellamt
Kaiser-Friedrich-Str. 16
53113 Bonn

Betr.: Antrag auf Befreiung vom Vollzugsverbot im Zusammenschlussvorhaben der Unternehmen Er-GmbH (Erwerber) und A-GmbH (erworbenes Unternehmen)[1, 3]

I. Bezug nehmend auf die Anmeldung vom . . . . . beantrage ich für das Zusammenschlussvorhaben der Unternehmen Er-GmbH und A-GmbH gem. § 41 Abs. 2 GWB die Befreiung vom Vollzugsverbot.

II. Für eine Befreiung vom Vollzugsverbot liegen wichtige Gründe gem. § 41 Abs. 2 S. 1 GWB vor. Zunächst erfüllt das Zusammenschlussvorhaben die fusionskontrollrechtlichen Freigabevoraussetzungen. Zur Begründung verweisen wir auf die Anmeldung des Vorhabens vom . . . . . Die Befreiung vom Vollzugsverbot ist außerdem erforderlich, da den beteiligten Unternehmen andernfalls erhebliche Nachteile drohen . . . . . Insbes. droht . . . . . schwerer Schaden, da . . . . . Demgegenüber fallen die möglichen Nachteile, die mit einer vorläufigen Vollziehung verbunden wären nicht ins Gewicht, da . . . . .[2]

Rechtsanwalt[4]

Anmerkungen

1. Durch das Vollzugsverbot nach § 41 Abs. 1 S. 1 GWB sollen die Ziele der präventiven Zusammenschlusskontrolle gesichert werden. Es soll zum einen verhindert werden, dass auch nur vorübergehend ein Zusammenschluss entsteht, der die Freigabevoraussetzungen nicht erfüllt. Zum anderen sollen die nachteiligen Folgen vermieden werden, die eine nachträgliche Entflechtung mit sich bringen würde. Weiter sind Rechtsgeschäfte, die gegen das Vollzugsverbot verstoßen (schwebend) unwirksam (§ 41 Abs. 1 S. 2 GWB). Seit der 7. GWB-Novelle setzt die Auflösung eines vollzogenen Zusammenschlusses nach § 41 Abs. 3 S. 1 kein separates Untersagungsverfahren mehr voraus. Vollzogene Zusammenschlüsse sind in einem Entflechtungsverfahren auf das Vorliegen der Untersagungsvoraussetzungen zu prüfen (Regierungsbegründung, BR-Drs. 176/12, 40). Seit der 8. GWB-Novelle enthält § 41 Abs. 1 S. 3 Nr. 3 GWB den klarstellenden Hinweis, dass mit der Einstellung des Entflechtungsverfahrens die Vollzugsgeschäfte zivilrechtlich rückwirkend wirksam werden, wobei nur die Unternehmen in den Genuss dieser Heilungsmöglichkeit kommen, die sich freiwillig nachträglich durch eine Anzeige der Fusionskontrolle unterwerfen. Für das Bundeskartellamt gelten im Entflechtungsverfahren keine Fristen. Vor diesem Hintergrund sieht § 41 Abs. 2 GWB für das Verfahren der Zusammenschlusskontrolle eine spezielle Regelung vor, die nur unter strengen Voraussetzungen eine Ausnahme vom Vollzugsverbot zulässt (BGH WUW-E DE-R 2507 (2508) – Faber/Basalt; OLG Düsseldorf WUW/E DE-R 2069 (2071 ff.) – Phonak/GN-ReSound; *Bechtold/Bosch* § 41 Rn. 21 ff.).

2. Das Bundeskartellamt kann eine Befreiung vom Vollzugsverbot erteilen, wenn hierfür wichtige Gründe vorliegen, insb. um einen schweren Schaden von einem beteiligten Unternehmen oder einem Dritten abzuwenden. Die Entscheidung, ob ausreichende Gründe für eine Befreiung gegeben sind, erfordert eine Gesamtabwägung. Das Bundeskartellamt hat ua die Erfolgsaussichten der fusionskontrollrechtlichen Anmeldung zu berücksichtigen. Bei der Frage, ob den beteiligten Unternehmen oder Dritten schwere Schäden drohen, sind nur wesentliche Beeinträchtigungen von Individualinteressen zu berücksichtigen, die gerade durch die Aufrechterhaltung des Vollzugsverbots entstehen, nicht jedoch die Interessen an der Freigabe des Zusammenschlusses an sich (Immenga/Mestmäcker/*Thomas* GWB § 41 Rn. 91). Demgegenüber sprechen gegen eine Befreiung Umstände, die im Falle einer später eventuell notwendigen Entflechtung zu Schwierigkeiten führen würden (BGH WUW/E DE-R 2507 (2512) – Faber/Basalt). Die Entscheidung ergeht nach pflichtgemäßem Ermessen der Kartellbehörde.

3. Ausreichend ist, wenn der Antrag auf Befreiung vom Vollzugsverbot von einem antragsberechtigten Unternehmen gestellt wird. Dagegen ist nicht abschließend geklärt, ob auch Dritte, die selbst nicht anmeldepflichtig sind, einen Antrag stellen können. Dafür scheint der Wortlaut des § 41 Abs. 2 S. 1 GWB zu sprechen, dem zufolge eine Befreiung vom Vollzugsverbot auch mit einer Gefahr schwerer Schäden für Dritte begründet werden kann (*Bechtold/Bosch* § 41 Rn. 24). Aus § 41 Abs. 2 S. 2 GWB folgt, dass ein Antrag schon vor Einreichung der Anmeldung gestellt werden kann. Eine Befreiung ist bis zum rechtskräftigen Abschluss des Verwaltungsverfahrens möglich. Die Befreiung vom Vollzugsverbot kann befristet werden. Längstens gilt sie bis zum bestandskräftigen Abschluss des Verfahrens. Die Befreiung kann mit Bedingungen und Auflagen versehen werden.

Kosten und Gebühren

4. Der Befreiungsantrag ist gebührenpflichtig (§ 62 Abs. 1 S. 2 Nr. 2 iVm Abs. 2 S. 2 Nr. 2 GWB).

11. Erlaubnisantrag für einen Zusammenschluss (§ 42 GWB)

Bundesministerium für Wirtschaft und Energie[1, 2, 3]
Der Bundesminister
Scharnhorststraße 34–37
10115 Berlin
Betr.: Erlaubnisantrag für den Zusammenschluss der Er-GmbH und der A-GmbH[5, 6, 7]

I. Die Antragsteller haben am . . . . . beim Bundeskartellamt ihren Zusammenschluss angemeldet (Anlage 1).

II. Das Bundeskartellamt hat durch Beschluss vom . . . . . den Erwerb von 30 % der Geschäftsanteile an der A-GmbH durch die Er-GmbH von der V-GmbH untersagt. Der Beschluss, der in der Anlage 2 vorgelegt wird, wurde am . . . . . zugestellt.

III. Namens und in Vollmacht (Vollmacht in der Anlage 3) des Unternehmens Er-GmbH[4] beantrage ich die Erlaubnis für den Zusammenschluss dieser Unternehmen.

IV. Die Wettbewerbsbeschränkungen werden von den gesamtwirtschaftlichen Vorteilen des Zusammenschlusses aufgewogen, weil . . . . .[8]
oder:
Der Zusammenschluss wird durch das überragende Interesse der Allgemeinheit gerechtfertigt, weil . . . . .

V. Durch das Ausmaß der Wettbewerbsbeschränkung wird die marktwirtschaftliche Ordnung nicht gefährdet, weil . . . . .

. . . . .
Rechtsanwalt[9]

Anmerkungen

1. Erlaubnisanträge wurden bislang nur selten gestellt; die überwiegende Zahl der Anträge blieb erfolglos. Die praktische Bedeutung des Ministererlaubnisverfahrens wird vor diesem Hintergrund auch zukünftig gering sein. Die Ministererlaubnis ist ausweislich des Gesetzeswortlauts („im Einzelfall") ein Ausnahmeinstrument. Mit der 8. GWB-Novelle wurde an ihr festgehalten und auch mit der 9. GWB-Novelle kam es nur zu kleineren Verfahrensanpassungen, ua sind Drittbeschwerden nur noch möglich, wenn der Dritte eine subjektive Rechtsverletzung und nicht mehr nur die Berührung wirtschaftlicher Interessen geltend machen kann (vgl. § 73 Abs. 2 S. 2 GWB). Zudem hat das BMWi in Folge der 9. GWB-Novelle erstmals Leitlinien für das Ministererlaubnisverfahren erlassen (vgl. § 42 Abs. 6 GWB; Leitlinien abrufbar unter https://www.bmwi.de/Redaktion/DE/Downloads/B/bekanntmachung-der-leitlinien-fuer-das-verwaltungsverfahren-zur-entscheidung-ueber-die-erteilung-einer-ministererlaubnis.html). Die ursprünglich im Referenten- und Regierungsentwurf der 10. GWB-Novelle vorgesehene Verfahrensverschärfung in § 42 GWB durch Vorschaltung eines zumindest einstweiligen Rechtsschutzverfahrens sowie der materiellen Verschärfung der Ersetzung des Wortes „oder" durch „und", die zu einer faktischen Abschaffung der Ministererlaubnis geführt hätten (vgl. *Bechtold* NZKart 2019, 635 ff.), haben keinen Eingang ins Gesetz gefunden.

Bevor der Erlaubnisantrag gestellt werden kann, muss die Untersagungsverfügung des Bundeskartellamts den Anmeldern zugestellt sein. Die Unternehmen haben nach der Untersagungsverfügung folgende Möglichkeiten: Sie erheben entweder Beschwerde gegen die Untersagungsverfügung und führen dieses Verfahren bis zur Rechtskraft durch und stellen dann, wenn der Zusammenschluss untersagt ist, den Antrag auf Ministererlaubnis oder sie stellen den Erlaubnisantrag, ohne zunächst das Beschwerdeverfahren durchzuführen. Die Frist für die Beschwerde gegen die Untersagungsverfügung beginnt dann erst mit der Zustellung der Entscheidung des Ministers (§ 74 Abs. 1 S. 3 GWB). Dieses Wahlrecht der Rechtsbehelfe war durch ein Redaktionsversehen des Gesetzgebers zunächst nicht mehr vorgesehen (vgl. dazu *Karl/Pichler* Festgabe Bechtold (2021), S. 123 (125 f.)). Das Gesetz zur Errichtung und Führung eines Registers über Unternehmensbasisdaten und zur Einführung einer bundeseinheitlichen Wirtschaftsnummer für Unternehmen und zur Änderung weiterer Gesetze (BGBl. I S. 2506) hat mit Wirkung vom 14.7.2021 den status quo ante wiederhergestellt. Daneben können die beteiligten Unternehmen das Ministererlaubnisverfahren parallel zum Beschwerdeverfahren gegen die Untersagungsverfügung führen. Beide Verfahren schließen sich gegenseitig nicht aus. Der Ausgang eines Verfahrens kann jedoch zur Erledigung des anderen Verfahrens führen.

2. Der Erlaubnisantrag ist binnen einer Frist von einem Monat seit Zustellung der Untersagungsverfügung des Bundeskartellamts zu stellen (§ 42 Abs. 3 S. 1 GWB).

Wird die Verfügung des Bundeskartellamts entsprechend § 74 Abs. 1 GWB angefochten, läuft die Einmonatsfrist erst von dem Zeitpunkt an, zu dem die Verfügung des Bundeskartellamts unanfechtbar geworden ist (§ 42 Abs. 3 S. 2 GWB).

3. Der Antrag ist an den Bundesminister für Wirtschaft und Energie zu richten, und zwar schriftlich (§ 42 Abs. 3 S. 1 GWB). Der Bundesminister für Wirtschaft und Energie hat eine gutachterliche Stellungnahme der Monopolkommission einzuholen (§ 42 Abs. 5 GWB). Weicht die Entscheidung des Bundesministers für Wirtschaft und Energie vom Votum der Monopolkommission ab, ist dies in der Verfügung gesondert zu begründen (§ 42 Abs. 1 S. 4 GWB). Im Erlaubnisverfahren besteht eine Bindung hinsichtlich der vom Bundeskartellamt gem. § 36 Abs. 1 GWB festgestellten Wettbewerbsbeschränkungen sowie der dazugehörigen Feststellungen, die als richtig zu unterstellen sind (KG WuW/E OLG 1937 – Thyssen-Hüller; BMWi WuW/E BWM 177 – IBH-Wibau; BMWi WuW/E BWM 213 (219) – BayWA/WLZ Raiffeisen AG sowie zuletzt BMWi, Miba-Zollern, Rn. 151 ff. veröffentlicht unter https://www.bmwi.de/Redaktion/DE/Downloads/V/verfuegung-verwaltungsverfahren-miba-zollern.pdf?__blob=publicationFile&v=6).

4. Der Erlaubnisantrag kann, wie die Beschwerde gegen die Untersagungsverfügung, von allen iSd § 35 GWB beteiligten Unternehmen und in den Fällen des § 37 Abs. 1 Nr. 1 u. 3 GWB von den Veräußerern gestellt werden. Es genügt jedoch, dass ein beteiligtes Unternehmen den Erlaubnisantrag stellt.

5. Zur Beiladung vgl. Verfügung des Bundesministeriums v. 30.3.1979, WuW/E BWM 173.

6. Der Erlaubnisantrag ist im elektronischen Bundesanzeiger bekanntzumachen (§ 43 Abs. 1 GWB).

7. Gegen die ablehnende Entscheidung des Ministers kann Beschwerde erhoben werden (§ 73 GWB). Das Beschwerdegericht kann die Erwägungen des Ministers zum Gemeinwohl und seine Abwägung zwischen Gemeinwohl und Wettbewerbsbeschränkung nicht nachprüfen. Das Beschwerdegericht prüft aber, ob die Tatsachen ohne Verfahrensverstoß richtig und vollständig festgestellt wurden (KG WuW/E OLG 1937 – Thyssen-Hüller). Abw. OLG Düsseldorf 12.7.2002 – Kart 25/02.

8. Vgl. Bundesministerium WuW/E BWM 185 – VEW-Ruhrkohle; WuW/E BWM 191 – Daimler-MBB; WuW/E BWM 207 – MAN-Sulzer; WuW/E BWM 213 – BayWA AG/WLZ Raiffeisen AG; WuW/E BMW 225 – Kali + Salz/PCS; Gz.: BMWT I B1 –220.840/129 – E. ON/Gelsenberg und E. ON/Bergemann oder zuletzt Miba-Zollern, a.a.O.).

Kosten und Gebühren

9. Der Erlaubnisantrag ist gebührenpflichtig (§ 62 Abs. 1 S. 2 Nr. 2 iVm Abs. 2 Nr. 1 GWB).

12. Beiladungsantrag (§ 54 Abs. 2 Nr. 3 GWB)

Bundeskartellamt[3]

Kaiser-Friedrich-Str. 16

53113 Bonn

Betr.: Beiladungsantrag zum Verfahren[1, 2] . . . .

I. Beim Bundeskartellamt ist gegen das Unternehmen A ein Verfahren wegen Missbrauchs einer marktbeherrschenden Stellung iSd § 19 GWB anhängig (Az: . . . . .). Das Unternehmen A verpflichtet seine Abnehmer, mit der Hauptware R auch die sachlich nicht zugehörige Ware S abzunehmen.

II. Zahlreiche Großhandelsabnehmer des Unternehmens A sind Mitglieder des antragstellenden Verbandes.

III. Ich beantrage,[4] den Verband . . . . . eV zum Missbrauchsverfahren gegen das Unternehmen A beizuladen.

IV. Die Interessen der Verbandsmitglieder, die Abnehmer von A sind, werden durch die zu erwartende Entscheidung der Kartellbehörde erheblich berührt,[5] weil . . . .

V. Nachdem der Verband beigeladen worden ist, werde ich Akteneinsicht[6] beantragen.

. . . . .

Verbandsgeschäftsführer

Anmerkungen

1. Die in § 54 Abs. 2 Nr. 1, 2 u. 4 GWB aufgeführten Personen, Personenvereinigungen, Unternehmen und Unternehmensvereinigungen sind kraft Gesetzes am Verfahren vor der Kartellbehörde beteiligt. Sonstige Personen und Personenvereinigungen, sind nach Abs. 2 Nr. 3 GWB nur auf Grund eines Beiladungsantrags und einer entsprechenden Verfügung der Kartellbehörde am Verfahren beteiligt. Seit der 7. GWB-Novelle steht die Antragsmöglichkeit auch Verbraucherzentralen und -verbänden zu. Die Beteiligtenfähigkeit natürlicher und juristischer Personen und nichtrechtsfähiger Personenvereinigungen ergibt sich aus § 54 Abs. 4 GWB.

2. Auch ohne Beiladung können sich Personen und Personenvereinigungen rein faktisch am Verfahren beteiligen. Das kann vor allem dort sinnvoll sein, wo Informationen zur Kenntnis der Behörde gebracht werden sollen, ohne dass die Person, Personenvereinigung usw, von der die Information stammt, im Verfahren in Erscheinung tritt. Allerdings ergibt sich für den nur faktisch Beteiligten keine besondere Rechtsposition. Nur die Beigeladenen können zur Sach- und Rechtslage Ausführungen machen (§ 56 Abs. 1 GWB) und Anträge stellen. Nur sie sind auch beschwerdeberechtigt (§ 79 Abs. 1 GWB).

3. Der Beiladungsantrag ist an die Kartellbehörde zu richten, bei der das Verfahren anhängig ist.

4. Der Antrag ist an keine Form gebunden. Das Bundeskartellamt erkennt allerdings Beiladungsanträge per E-Mail nicht an. Er unterliegt auch keiner zeitlichen Begrenzung. Die Beiladung kann jedoch nur solange erfolgen, wie das Verfahren bei der Kartellbehörde anhängig ist (KG WuW/E OLG 933 (934); WuW/E OLG 1548 (1549) – Saba; BMWi WuW/E BWM 173; KG WuW/E OLG 3217; KG WuW/E OLG 5849 (5850) – Großverbraucher), also auch noch nach Erlass der Verfügung, jedoch bevor Beschwerde eingelegt worden ist (BGH WuW/E BGH 2077 (2078) – Coop-Supermagazin). Der Antrag auf Beiladung muss vor Zustellung der Entscheidung der Kartellbehörde gestellt werden (BGH WuW/E DE-R 2728, 2729 – Versicherergemeinschaft).

Die Beiladung zum Verwaltungsverfahren wirkt bis zum Beschwerde- und Rechtsbeschwerdeverfahren fort (vgl. §§ 63 Abs. 1 Nr. 3, 76 Abs. 1 GWB). Eine erstmalige Beiladung ist im Beschwerde- und im Rechtsbeschwerdeverfahren nicht mehr möglich. Für das Fusionskontrollverfahren hat das Bundeskartellamt in der jüngeren Praxis bestätigt, dass auch nach der förmlichen Freigabeentscheidung eine Beiladung erfolgen kann, jedenfalls dann, wenn bei Einreichung des Beiladungsantrages noch keine Beschwerde eingelegt und noch keine Bestandskraft eingetreten ist (Bundeskartellamt 1.4.1999 – B 9 164/98). Wenn ein Beiladungsantrag jedoch nach Freigabe eines Zusammenschlussvorhabens ohne Einleitung des Hauptprüfverfahrens gestellt wird, ist die Beiladung ausgeschlossen. Das Kammergericht hat diese Auffassung bestätigt (KG WuW/E DE-R 641 – tobaccoland).

Die Beiladung zum Hauptverfahren erstreckt sich auch auf die Zwischenverfahren, zB das Verfahren über eine einstweilige Anordnung (KG WuW/E OLG 1548 (1549) – Saba).

Die Kartellbehörde kann unter mehreren potentiell Beizuladenden eine sachgerechte Auswahl treffen (KG WuW/E OLG 2356 (2359) – Sonntag Aktuell; KG WuW/E OLG 2686).

5. Im Beiladungsantrag ist darzulegen, dass die Interessen des Antragstellers durch die bevorstehende behördliche Entscheidung erheblich berührt werden (§ 54 Abs. 2 Nr. 3 GWB). Eine mittelbare Interessenberührung genügt, nicht jedoch eine entfernte oder absolut geringfügige (KG WuW/E OLG 2021 – Bahnhofsbuchhandel; WuW/E OLG 2356 – Sonntag Aktuell). Es müssen kartellrechtlich relevante wirtschaftliche Interessen betroffen sein. Dies sind Interessen, die mit der Freiheit des Wettbewerbs oder der Wettbewerbsstruktur im relevanten Markt zusammenhängen. Bloß individuelle vertragliche Einzelinteressen genügen nicht (OLG Düsseldorf WuW/E DE-R 523 (525) – SPNV). Zum Fusionskontrollverfahren vgl. Bundeskartellamt WuW/E BKartA 1915 – MDieorris-Rothmans; KG WuW/E OLG 2686; KG WuW/E OLG 4811 – Radio NRW; KG WuW/E OLG 5355 (5356) – Beiladung RTL 2.

Der Gesetzgeber hat nunmehr klargestellt, dass Interessen von Verbraucherzentralen und Interessen anderer Verbraucherverbände, die mit öffentlichen Mitteln gefördert werden, auch dann erheblich berührt werden, wenn sich die Entscheidung auf eine Vielzahl von Verbrauchern auswirkt und dadurch die Interessen der Verbraucher insgesamt erheblich berührt werden (§ 54 Abs. 2 Nr. 3 Hs. 2 GWB).

Die Beiladung steht grds. im pflichtgemäßen Ermessen der Kartellbehörde. Ist zu erwarten, dass der Antragsteller einen Beitrag zur Sachverhaltsaufklärung leisten kann, wird die Kartellbehörde dem Antrag in der Regel stattgeben. Hat der Ausgang des Verfahrens rechtsgestaltende Wirkung für Dritte, sind sie zum Verfahren beizuladen (KG WuW/E 4753 (4759) – VW-Leasing). Dies gilt auch, soweit diese vom Ausgang des Verfahrens betroffen sind (KG WuW/E OLG 5241 (5247) – Importarzneimittel-Boykott). Der Beiladungsantrag wird, um Geschäftsgeheimnisse bereinigt, den übrigen am Verfahren beteiligten Unternehmen bekanntgemacht. Diese haben ein Recht zur Stellungnahme, bevor die Kartellbehörde über den Beiladungsantrag entscheidet.

Unterlässt die Kartellbehörde die Beiladung, obgleich die Voraussetzungen des § 54 Abs. 2 Nr. 3 GWB gegeben sind, dann kann der Betroffene, unabhängig von der Beiladung, Beschwerde einlegen (KG WuW/E OLG 2720 – Gepäckstreifenanhänger). Der Beigeladene muss durch die der Rechtskraft fähigen Entscheidungsformel beschwert sein. Sein Interesse an tatsächlichen oder rechtlichen Vorfragen ist unbeachtlich (KG WuW/E OLG 2970 – Coop-Supermagazin; BGH WuW/E BGH 2077 – Coop-Supermagazin). Die Beiladungsverfügung kann von den anderen Verfahrensbeteiligten nach § 63 GWB angefochten werden.

6. Akteneinsicht

a) Das GWB regelt in § 70 GWB das Recht zur Akteneinsicht im Beschwerdeverfahren. Eine Bestimmung für das Verwaltungsverfahren fehlt.

b) Aus § 70 GWB kann jedoch der Grundsatz abgeleitet werden, dass jedenfalls kein Akteneinsichtsrecht besteht, soweit die Kartellbehörde nach § 70 Abs. 2 S. 2 GWB verpflichtet ist, ihre Zustimmung zur Einsicht in die ihr gehörigen Unterlagen zu versagen. Dies ist der Fall, soweit wichtige Gründe, insb. die Wahrung von Betriebs- oder Geschäftsgeheimnissen der Akteneinsicht entgegenstehen (KG WuW/E OLG 2603; WuW/E OLG 3542 – Aldi).

c) IÜ wird § 29 des Verwaltungsverfahrensgesetzes anzuwenden sein. Das Recht zur Akteneinsicht besteht insoweit, als diese zur Geltendmachung oder Verteidigung der rechtlichen Interessen dessen, der Einsicht begehrt, erforderlich ist und berechtigte Geheimhaltungsinteressen der Behörde oder Dritter nicht entgegenstehen (KG WuW/E OLG 2686; WuW/E OLG 3908 (3916)).
Der nach § 56 GWB gegebene Anspruch auf rechtliches Gehör umfasst nicht das Recht auf Bekanntgabe des vollen Wortlauts eingereichter Schriftsätze der Beteiligten; es genügt vielmehr eine Mitteilung des wesentlichen Inhalts, sofern nur sämtliche Punkte, auf die die Kartellbehörde ihre Entscheidung stützt, bekanntgegeben werden. Soweit es sich um bloße behördeninterne Überlegungen handelt, besteht kein Anspruch auf vollständige Mitteilung (vgl. § 29 Abs. 1 VwVfG; OLG Düsseldorf WuW/E OLG 1881 (1882) – Anzeigenpreise).

d) Ob die Verfahrensbeteiligten Kopien der Amtsakten verlangen können, ist noch nicht geklärt (KG WuW/E OLG 2140 – Einbauküchen). Soweit schriftliche Zeugenvernehmungen durchgeführt werden, ergibt sich der Anspruch auf Kopien der Protokolle über die Vernehmungen aus § 57 Abs. 2 und § 70 Abs. 3 iVm Abs. 1 S. 2 GWB iVm § 299 ZPO (KG 21.6.1979). Die Verweigerung der Akteneinsicht durch die Kartellbehörde stellt eine Verletzung des Anspruchs auf rechtliches Gehör dar.

13. Antrag auf Erlass einer einstweiligen Anordnung (§ 60 GWB)

Bundeskartellamt
Kaiser-Friedrich-Str. 16
53113 Bonn

Betr.: Antrag auf Erlass einer einstweiligen Anordnung der vorübergehenden Duldung der Praktizierung der Wettbewerbsregeln bis zur Entscheidung in der Hauptsache[1, 2, 3]

I. Ich nehme Bezug auf den am . . . . . beim Bundeskartellamt gestellten Antrag auf Anerkennung der Wettbewerbsregeln der Wirtschaftsvereinigung A, dem mit Ver-

fügung vom . . . . . stattgegeben wurde, sowie auf das Schreiben des Bundeskartellamtes über die Einleitung eines Verfahrens nach § 26 Abs. 4 GWB.

II. Ich beantrage, durch einstweilige Anordnung zu beschließen, dass die Praktizierung der Wettbewerbsregeln der Wirtschaftsvereinigung A bis zur endgültigen Entscheidung im Verfahren nach § 26 Abs. 4 GWB geduldet wird.

III. Zur Begründung nehme ich Bezug auf den Anerkennungsantrag vom . . . . . und seine Begründung. Die dort aufgeführten Gründe für eine Freistellung sind nach wie vor gegeben . . . . .

IV. Die einstweilige Anordnung ist erforderlich, um erhebliche wirtschaftliche Nachteile von den Mitgliedern der Wirtschaftsvereinigung abzuwenden, die darin liegen, dass . . . . .

V. Die Interessen der übrigen Marktbeteiligten (Lieferanten und Abnehmer) und das öffentliche Interesse stehen dem Erlass der einstweiligen Anordnung nicht entgegen, weil . . . . .

. . . . .
Rechtsanwalt[4]

Anmerkungen

1. § 60 GWB wurde durch die 7. GWB-Novelle geändert. Die Vorschrift fasst die einstweiligen Anordnungsbefugnisse des Bundeskartellamtes in Fusionskontrollverfahren zusammen (Nr. 1) und regelt Anordnungsbefugnisse im Ministererlaubnisverfahren (Nr. 2) sowie im Falle von Untersagungs- und Abschöpfungsverfügungen (Nr. 3).

2. Das Bundeskartellamt zieht als Prüfungsmaßstab § 67 Abs. 1 GWB heran, wonach die sofortige Vollziehung einer Verfügung angeordnet werden kann, wenn dies im öffentlichen Interesse oder im überwiegenden Interesse eines Beteiligten geboten ist, verschärft diesen Maßstab jedoch, weil es sich im Gegensatz zur sofortigen Vollziehung einer Entscheidung um eine vorläufige Entscheidung in der Hauptsache handelt (Bundeskartellamt WuW/E BKartA 1707 – Bimsbausteine II). Das Kammergericht zieht zur Auslegung allgemeine Regelungen über den Erlass gerichtlicher einstweiliger Anordnungen (§ 80 Abs. 2, § 123 VwGO, § 940 ZPO und § 32 BVerfGG) heran. Die Anordnung kommt also nur in Betracht, wenn sie aus Gründen des Allgemeinwohls oder im überwiegenden Interesse eines Beteiligten oder Dritten notwendig ist, um wesentliche Nachteile und drohende Gefahren abzuwenden oder (strenger) um irreparable Nachteile oder schwere Schäden abzuwenden (KG WuW/E OLG 1767 (1774) – Kombinationstarif; WuW/E OLG 2145 (2146) – Sonntag Aktuell II; WuW/E OLG 4640 (4642) – Hamburger Benzinpreise; vgl. auch OLG München WuW/E OLG 4990 (4992) – Herr der Gezeiten). Die endgültige Entscheidung darf nicht vorweggenommen werden (KG WuW/E OLG 5151 (5164) – ernstliche Untersagungszweifel). Eine zeitlich begrenzte Vorwegnahme ist jedoch möglich, wenn das öffentliche Interesse dies unabweisbar gebietet (OLG Düsseldorf WuW/E OLG 3335; OLG Naumburg WuW/E DE-R 388 – Lokalfernsehen).

3. Der Antrag auf Erlass einer einstweiligen Anordnung kann bei der Kartellbehörde nur gestellt werden, solange das Verfahren bei ihr anhängig ist, also nicht mehr, nachdem ihre Entscheidung rechtskräftig wurde oder Beschwerde dagegen eingelegt wurde.

Kosten und Gebühren

4. Die einstweilige Anordnung ist gebührenpflichtig. Die Regelgebühr ist nicht mehr als ein Fünftel der Gebühr in der Hauptsache (§ 62 Abs. 1 S. 2 Nr. 2 iVm Abs. 2 S. 2 Nr. 6d) GWB).

14. Anfechtungsbeschwerde zum OLG (§ 73 Abs. 1 S. 1 GWB)

Bundeskartellamt
Kaiser-Friedrich-Str. 16
53113 Bonn

In der Verwaltungssache . . . ./. . . . . Gesch.-Z. des Bundeskartellamts (. . . . .)
des Unternehmens . . . . .
wegen Missbrauchs einer marktbeherrschenden Stellung beim Verkauf der Ware G
lege ich gegen den Beschluss der Kartellbehörde vom . . . . ., zugestellt am . . . . .

Beschwerde[1, 2, 3, 6, 9]

ein.

Begründung:[4]

I. Ich beantrage, für Recht zu erkennen:
1. Der Beschluss des Bundeskartellamts vom . . . . . wird aufgehoben.
2. Die Gerichtskosten werden dem Bundeskartellamt auferlegt. Das Bundeskartellamt hat dem Beschwerdeführer die außergerichtlichen Kosten zu erstatten.
3. Hilfsweise rege ich an, die Rechtsbeschwerde zuzulassen.[7, 8]

II. Die Beschwerde stützt sich auf folgende Tatsachen: . . . . .
Ich benenne dafür folgende Beweismittel: . . . . .

III. Die vertraulichen Angaben betr. . . . . . sind in dem separaten Beistück A enthalten.[5]

IV. Zur Höhe des Verfahrenswertes der Beschwerde mache ich die Angaben, die in dem verschlossenen Beistück B enthalten sind.

V. Ich beantrage Akteneinsicht.[6]

VI. Ich bitte, nicht ohne mündliche Verhandlung zu entscheiden.[6]

. . . .

Rechtsanwalt[10, 11, 12]

Anmerkungen

1. Die Vorschrift des § 73 GWB entspricht wortlautgleich der Vorschrift des § 63 GWB aF und hat durch die 10. GWB-Novelle lediglich eine neue Nummerierung erhalten. Die Beschwerde kann sich gegen die Verfügung einer Kartellbehörde richten (Anfechtungsbeschwerde, vgl. diesen Abschnitt). Weiterhin kann sich die Beschwerde gegen die Ablehnung einer begehrten Verfügung richten (Verpflichtungsbeschwerde, → Form. II.N.15). Unterformen der Verpflichtungsbeschwerde sind die Untätigkeitsbeschwerde (→ Form. II.N.15 Anm. 2) und die Leistungsbeschwerde (→ Form. II.N.15 Anm. 3).

Eine allgemeine Feststellungsbeschwerde kennt das GWB nicht (KG WuW/E OLG 3685 (3697) – Aral; WuW/E OLG 4589 (4591) – Blockheizkraftwerk; KG WuW/E OLG 5225 – Bekanntmachungsgebühren), ausgenommen die sog Fortsetzungsfeststellungsbeschwerde nach § 76 Abs. 2 S. 2 GWB.

2. Die Anfechtungsbeschwerde richtet sich gegen hoheitliche Maßnahmen einer Kartellbehörde (BGH WuW/E BGH 1264 (1265) – Asbach-Uralt; KG WuW/E OLG 3908 (3909)), insb. Verfügungen.

a) Verfügungen sind alle Maßnahmen der Kartellbehörden zur Regelung eines Einzelfalles. Dazu gehören insb.:

- Abstellungsverfügung (§ 32 Abs. 1 u. 2 GWB)
- Einstweilige Anordnung (§ 32a GWB)
- Verpflichtungszusage (§ 32b Abs. 1 GWB)
- Entscheidung, dass kein Anlass zum Tätigwerden besteht (§ 32c GWB)
- Entzug der Freistellung (§ 32d GWB)
- Missbrauchsverfügung, durch die ein Verhalten untersagt oder ein Vertrag für unwirksam erklärt wird (§ 19 iVm § 32 GWB)
- Verfügungen nach § 19a GWB (Missbrauch von Marktmacht durch Unternehmen mit überragender, marktübergreifender Bedeutung)
- Freigabe oder Untersagung eines Zusammenschlusses (§§ 36 Abs. 1, 40 Abs. 2 S. 1 GWB)
- Freigabe eines Zusammenschlusses durch Ministererlaubnis (§ 42 Abs. 1 GWB)
- Auflösung eines Zusammenschlusses (§ 41 Abs. 3 S. 2 GWB)
- Anordnung der Aufnahme in eine Wirtschafts- oder Berufsvereinigung (§§ 20 Abs. 5, 32 GWB)
- Anerkennung von Wettbewerbsregeln sowie ihre Ablehnung, Zurücknahme und Widerruf (§ 26 Abs. 1 S. 1, Abs. 2 u. 4 GWB)
- Vorteilsabschöpfung (§ 34 Abs. 1 GWB)
- Auskunftsverlangen (§ 59 Abs. 1, 2 u. 4 GWB)
- Einsicht und Prüfung geschäftlicher Unterlagen (§ 59a Abs. 1 u. 2 GWB)
- Vorabentscheidung über Zuständigkeit (§ 55 Abs. 1 GWB)
- Beweiserhebung (§ 57 GWB)
- Beschlagnahme (§ 58 GWB)
- einstweilige Anordnung (§ 60 GWB)
- Ablehnung der Akteneinsicht (§ 70 GWB)
- Bescheide über Gebühren und Auslagen (§ 62 GWB)
- Bußgeldbescheid (§ 65 OWiG).

b) Keine Verfügungen sind:
- Einleitung eines Verwaltungsverfahrens (§ 54 GWB)
- Einstellung eines Verwaltungsverfahrens (§ 61 Abs. 2 GWB)
- Mitteilung an einen „Antragsteller", dass ein Verfahren nicht eingeleitet werde (KG WuW/E OLG 1813 (1814) – Medizinischer Badebetrieb)
- Abmahnungen, die einer Missbrauchsverfügung vorangehen
- Bekanntmachungen im Bundesanzeiger (§§ 27, 43, 61 GWB; KG WuW/E OLG 1967 – WAZ; WuW/E OLG 4645 – Bayerische Landesbank; WuW/E OLG 5267 – Bekanntmachungsbeschwerde).
- bloße Äußerungen von Rechtsauffassungen (KG WuW/E OLG 4589 (4592) – Blockheizkraftwerk).

3. Beschwerde:

a) Berechtigung:
Beschwerdeberechtigt sind die Personen, Personenvereinigungen, Unternehmen und Unternehmensvereinigungen sowie Wirtschafts- und Berufsvereinigungen, die am Verfahren vor der Kartellbehörde beteiligt waren (§ 73 Abs. 2 iVm § 54 Abs. 2 u. 3 GWB; BGH WuW/E BGH 2150 (2151) – Edelstahlbestecke betr. ein herrschendes Unternehmen beim Zusammenschluss eines abhängigen Unternehmens), sofern bei ihnen eine formelle und materielle Beschwer gegeben ist (BGH WuW/E BGH 2077 (2079) – Coop-Supermagazin).
Über den Wortlaut des § 73 Abs. 2 GWB hinaus ist beschwerdeberechtigt, wer durch eine Verfügung in seinen Rechten verletzt sein kann. Dies ist insb. der Fall, wenn Dritte am Verwaltungsverfahren nicht beteiligt waren, diese aber durch die Verfügung materiell beschwert sind (KG WuW/E OLG 4811 ff. (4820) – Radio NRW). Soweit

aber die Möglichkeit besteht, über die Beantragung der Beiladung die Stellung eines Verfahrensbeteiligten zu erlangen, wird eine Beschwerdebefugnis allein wegen der Verletzung materieller Rechtspositionen abzulehnen sein. Dies gilt insb. für die Beschwerdebefugnis von Dritten im Fusionskontrollverfahren (§ 40 Abs. 6 GWB), die durch eine Freigabe eines Zusammenschlussvorhabens in ihren materiellen Rechten betroffen sind (OLG Düsseldorf WuW/E DE-R 759 (762) – NetCologne). Zusätzlich soll für die Anfechtungsbeschwerde eines Dritten eine materielle Beschwer erforderlich sein (BGH DE-R 2138 ff. – Anteilsveräußerung). Diese ergibt sich aus der drohenden Verschlechterung der Wettbewerbsbedingungen auf dem relevanten Markt (OLG Düsseldorf WuW/E DE-R 759 (764) – NetCologne). Die Drittbeschwerde gegen eine Ministererlaubnis erfordert nach § 73 Abs. 2 S. 2 GWB, dass der Beschwerdeführer geltend macht, durch die Ministererlaubnis in eigenen Rechten verletzt zu sein, was allenfalls in wenigen Ausnahmefällen in Betracht kommt.

b) Frist:

aa) Die Beschwerdefrist beträgt einen Monat (§ 74 Abs. 1 S. 1 GWB). Sie ist auch dann gewahrt, wenn die Beschwerde innerhalb der Frist beim Beschwerdegericht eingeht (§ 74 Abs. 1 S. 4 GWB).

bb) Die Frist beginnt mit der Zustellung der Verfügung der Kartellbehörde (§ 74 Abs. 1 S. 2 iVm § 61 Abs. 1 S. 1 GWB). Zustellung ist an alle formell Beteiligten iSd § 54 Abs. 2 und 3 GWB erforderlich. Die Verfügung muss mit einer Begründung und Rechtsmittelbelehrung versehen und nach den Vorschriften des Verwaltungszustellungsgesetzes zugestellt sein (§ 61 Abs. 1 S. 1 GWB). Andernfalls läuft die Beschwerdefrist nicht (BGH WuW/E BGH 559 (560) – Zigaretten; KG WuW/E OLG 1967 (1968) – Westdeutsche Allgemeine Zeitungsverlagsgesellschaft; BGH WuW/E BGH 2389 – Coop Schleswig-Holstein – Deutscher Supermarkt). Zustellungsfehler können gem. § 9 Abs. 1 VwZG geheilt werden (KG WuW/E OLG 2507 – Veba/Stadtwerke Wolfenbüttel).

c) Form:

Die Beschwerde ist schriftlich einzureichen (§ 74 Abs. 1 S. 1 GWB). Sowohl die Beschwerdeschrift als auch die Beschwerdebegründung müssen durch einen bei einem deutschen Gericht zugelassenen Rechtsanwalt unterzeichnet sein (§ 74 Abs. 5 Hs. 1 GWB); dies gilt nicht für die Beschwerde bei Akteneinsicht (§ 70 Abs. 2 S. 6 GWB) und für die Beschwerde der Kartellbehörde (§ 74 Abs. 5 Hs. 2 GWB).

d) Adressat:

Die Beschwerde ist bei der Kartellbehörde einzureichen (§ 74 Abs. 1 S. 1 GWB). Es genügt, wenn sie innerhalb der Beschwerdefrist beim Beschwerdegericht eingeht (§ 74 Abs. 1 S. 4 GWB).

e) Beschwerdegericht:

f) Beschwerdegericht ist nach § 73 Abs. 4 S. 1 GWB das für die entscheidende Kartellbehörde zuständige Oberlandesgericht. Für Verfügungen des Bundeskartellamts ist aktuell das Oberlandesgericht Düsseldorf zuständig. Für Verfügungen des Bundeswirtschaftsministeriums im Ministererlaubnisverfahren ist das für das Bundeskartellamt zuständige Oberlandesgericht Düsseldorf nach § 73 Abs. 4 S. 2 GWB zuständig. Für Streitigkeiten über Verfügungen des Bundeskartellamts zu freiwilligen Vereinigungen von Krankenkassen nach § 158 SGB V verweist § 73 Abs. 4 S. 3 GWB auf § 202 S. 3 SGG und damit an die Sozialgerichtsbarkeit. Für Verfügungen, die § 19a GWB betreffen, legt § 73 Abs. 4 GWB die Zuständigkeit des Bundesgerichtshofs als Beschwerdegericht fest. Es gibt hier nur einen Rechtszug.

4. Beschwerdebegründung:

a) Frist:
Die Beschwerde ist innerhalb von zwei Monaten nach Zustellung der angefochtenen Verfügung zu begründen (§ 74 Abs. 3 S. 1 GWB). Im Fall der Untätigkeitsbeschwerde beträgt die Frist einen Monat und beginnt mit der Einlegung der Beschwerde (§ 74 Abs. 3 S. 2 GWB). Die Begründungsfrist kann auf Antrag vom Vorsitzenden des Beschwerdegerichts verlängert werden (§ 74 Abs. 3 S. 5 GWB).

b) Inhalt:
Sie muss enthalten:
aa) die Erklärung, inwieweit die Verfügung angefochten und ihre Abänderung oder Aufhebung beantragt wird (§ 74 Abs. 4 Nr. 1 GWB). Bei der Anfechtungsbeschwerde geht der Antrag auf Aufhebung oder teilweise Aufhebung der Verfügung der Kartellbehörde (§ 76 Abs. 2 S. 1 GWB). Die Erklärung muss nicht formell als Antrag erfolgen. Sie muss sich aber aus der Begründung entnehmen lassen (KG WuW/E OLG 4859 (4861) – Versicherungsgebühren). Zur Beschwerdebegründung bei mehreren Beschwerdeführern vgl. KG WuW/E OLG 2753 – Springer-Elbe-Wochenblatt II.
bb) Angabe der Tatsachen und Beweismittel, auf die sich die Beschwerde stützt (§ 74 Abs. 4 Nr. 2 GWB; BGH WuW/E BGH 990 (993) – Papierfiltertüten II; KG WuW/E OLG 5565 (5579) – Fernsehübertragungsrechte).
Unter dem Gesichtspunkt des Untersuchungsgrundsatzes (§ 75 Abs. 1 GWB) hat das Beschwerdegericht nicht allen denkbaren Möglichkeiten von Amts wegen nachzugehen; vielmehr obliegt ihm eine Aufklärungs- und Ermittlungspflicht nur insoweit, als der Vortrag der Beteiligten oder der Sachverhalt bei sorgfältiger Überlegung der sich aufdrängenden Gestaltungsmöglichkeiten dazu Anlass gibt (BGH WuW/E BGH 990 (993) – Papierfiltertüten II; WuW/E BGH 2044 (2046) – Druckereikonditionen; KG WuW/E OLG 3821 (3824)).

5. Berechtigt zur Einsicht in die Akten sind der Beschwerdeführer, die Kartellbehörde, deren Verfügung angefochten wird, und das Bundeskartellamt, wenn sich die Beschwerde gegen eine Verfügung einer obersten Landesbehörde richtet, sowie Beigeladene. Der Umfang der Akteneinsicht ergibt sich aus § 70 Abs. 2 GWB (§ 70 Abs. 1 S. 1 iVm § 63 GWB).

6. Vgl. § 65 Abs. 1 Hs. 2 GWB.

7. Die Beschwerde kann bis zur Rechtskraft der Entscheidung des Oberlandesgerichts – und zwar auch noch im Rechtsbeschwerdeverfahren – zurückgenommen werden (BGH WuW/E BGH 1947 – Stuttgarter Wochenblatt).

8. Die Rechtsbeschwerde ist, sofern die gesetzlichen Voraussetzungen vorliegen, von Gerichts wegen zuzulassen. Ein Antrag ist daher nicht erforderlich und auch nicht zulässig. Der Beschwerdeführer kann jedoch anregen, die Rechtsbeschwerde zuzulassen (§ 77 Abs. 2 GWB). Lässt das Beschwerdegericht die Rechtsbeschwerde nicht zu, kommt eine Nichtzulassungsbeschwerde nach § 78 GWB in Betracht.

9. Fortsetzungsfeststellungsbeschwerde:

a) Hat sich die Verfügung vorher durch Zurücknahme oder auf andere Weise erledigt, kann der Beschwerdeführer, wenn er ein berechtigtes Interesse hat (KG WuW/E OLG 5497 (5501) – Fortsetzungsfeststellungsinteresse), beantragen, festzustellen, dass die Verfügung der Kartellbehörde unzulässig oder unbegründet war (§ 76 Abs. 2 S. 2 GWB; OLG München WuW/E OLG 2872 – Kaufmarkt II; KG WuW/E OLG 2614 zum Feststellungsinteresse nach erteilter Auskunft; KG WuW/E OLG 3217 (3218); BGH WuW/E BGH 2077 – Coop-Supermagazin; KG WuW/E OLG 5497 (5502) –

Fortsetzungsfeststellungsinteresse). Das Feststellungsinteresse kann sich insbesondere aus einer Wiederholungsgefahr (BGH WuW/E DE-R 3591 ff.), einem Rehabilitationsinteresse (BGH WuW/E DE-R 3971 ff) oder dem Interesse an der Vorbereitung eines Schadenersatzprozesses (BGH WuW/E DE-R 3591 f.) ergeben. Das Feststellungsinteresse entfällt nicht dadurch, dass sich die Verfügung der Kartellbehörde bereits vor Einlegung der Beschwerde erledigt hat (KG WuW/E OLG 1189 (1190) – Import-Schallplatten; KG WuW/E OLG 3217 ff. (3221) – Kreuzlinger Verträge). Das gilt nicht für die Erledigung vor Beschwerdeeinlegung bei Vorbereitung eines Amtshaftungsprozesses. Dann ist dem Beschwerdeführer sofort der Weg zu den Zivilgerichten eröffnet. Erledigt sich die Beschwerde kurz nach Einlegung, besteht aber ein berechtigtes Interesse zur Vorbereitung eines Amtshaftungsprozesses (BVerwGE 106, 297, 300; aA OLG Düsseldorf Beschl. v. 26.8.2020 -Kart 4/19 (V), Rn. 64 und 84).
Das „berechtigte Interesse" ist umfassender als das rechtliche Interesse iSd § 256 ZPO zu verstehen. Umfasst sind auch wirtschaftliche Interessen (BGH WuW/E BGH 852 (853) – Großgebinde IV; OLG München WuW/E OLG 2872 – Kaufmarkt II; KG WuW/E OLG 3213 – Zum bösen Wolf; KG WuW/E OLG 4640 (4641) – Hamburger Benzinpreise). In Fusionskontroll-Untersagungsfällen ist die restriktive Entscheidungspraxis der Gerichte zum „Fortsetzungsfeststellungsinteresse" großzügiger geworden. Dieses Interesse besteht bereits dann, wenn der Beschwerdeführer im Hinblick auf spätere, entsprechende, wenn auch derzeit nicht absehbare Zusammenschlussvorhaben daran interessiert ist, die Entscheidungsgründe der angefochtenen Verfügung auszuräumen (BGH WuW/E DE-R 2221 ff. – Springer/ProSiebenSat1; BGH WuW DE-R 2905 ff. Rn. 6 Phonak/GN ReSound; BGH WuW DE-R 3097 – EDEKA/Plus; BGH, WuW/E DE-R 3591 ff.). Die Grenze ist nur dann erreicht, wenn sich die für die Untersagung maßgeblichen Gesamtumstände so wesentlich geändert haben, dass die frühere Beurteilung eine spätere Prüfung eines späteren, entsprechenden Zusammenschlussvorhabens nicht mehr trägt (BGH WuW DE-R 2905 ff. Rn. 6 – Phonak/GN ReSound; BGH WuW DE-R 3097 – EDEKA/Plus).

b) Hat sich eine Verfügung nach §§ 32–32b oder 32d GWB erledigt, kann der Betroffene, aber auch die Kartellbehörde beantragen, festzustellen, in welchem Umfang und bis zu welchem Zeitpunkt die Verfügung begründet war (§ 76 Abs. 3 GWB).

Kosten und Gebühren

10. Rechtsgrundlage für die Kostentragung und -festsetzung ist § 71 S. 1 GWB.

a) § 71 GWB betrifft die gerichtlichen und die außergerichtlichen Kosten (KG WuW/E OLG 2720 (2721) – Gepäckstreifenanhänger; OLG München WuW/E OLG 3978). Der BGH ging grds. davon aus, dass jeder Beteiligte – unabhängig vom Verfahrensausgang – seine Kosten selbst zu tragen habe (BGH WuW/E BGH 2084). Das BVerfG entschied (WuW/E VG 313), dass § 78 S. 1 aF GWB im Hinblick auf Art. 3 Abs. 1 GG nicht dahin ausgelegt werden dürfe, dass ein Beschwerdeführer auch dann, wenn er eine Verletzung in seinen Rechten geltend gemacht und im Verfahren obsiegt hat, im Normalfall seine außergerichtlichen Kosten selbst tragen müsse (BVerfG WuW/E VG 339 (342) – Coop-Wandmaker).

b) Nach Erledigung der Hauptsache muss nach billigem Ermessen ohne nähere Würdigung des zweifelhaften Verfahrensausgangs über die bisherigen Kosten entschieden werden. Die Gerichtskosten sind grds. zu teilen, es sei denn, der Verfahrensausgang ist eindeutig zu erkennen (KG WuW/E OLG 4243; OLG München WuW/E OLG 3978 (3979); aA OLG Düsseldorf WuW/E OLG 4149 – Allkauf/Nordmende, das § 91a ZPO anwendet und damit den bisherigen Sach- und Streitstand berücksichtigt).

c) Der Beigeladene hat im Falle des Obsiegens keinen Erstattungsanspruch, wenn hierfür nicht besondere Billigkeitsgründe sprechen (KG WuW/E OLG 2425 (2428) – Levi's Jeans; WuW/E OLG 4267 (4287) – Sportübertragungen; aA BGH WuW/E BGH 2627 (2643) – Sportübertragungen).

11. Der Verfahrenswert ergibt sich aus § 50 Abs. 1 Nr. 1 GKG iVm § 3 ZPO. Der Verfahrenswert ist in der Regel nach den wirtschaftlichen Auswirkungen des Obsiegens des Beschwerdeführers zu berechnen (BGH 7.8.1978 – KVR 4/77 nicht veröffentlicht, in Bundeskartellamt Tätigkeitsbericht 1978, BT-Drs. 8/2980, 107). Der wirtschaftliche Wert bemisst sich nach den Jahresumsätzen mit der Vertragsware (KG WuW/E OLG 2481 (2485) – GUR Rauchtabak); im Fusionskontrollverfahren ist beim Anteilserwerb vor allem der Kaufpreis der zu erwerbenden Anteile maßgebend (BGH WuW/E BGH 1804). Dabei wird aber in der Praxis nicht der volle Kaufpreis angesetzt, sondern zB nur 25 %. Auch der Umsatz des zu erwerbenden Unternehmens spielt eine Rolle. Auch er wird nur mit einem Prozentsatz (zB 10 %) berücksichtigt.

12. Die Entscheidung über die Gebühren der Kartellbehörde richtet sich nach der Entscheidung des Beschwerdegerichts über die Gerichtskosten (KG WuW/E OLG 1620 – BP).

15. Verpflichtungsbeschwerde an das OLG (§ 73 Abs. 3 S. 1 GWB)

Bundeskartellamt

Kaiser-Friedrich-Str. 16

53113 Bonn

In der Verwaltungssache . . . . ./. . . . . Gesch.-Z. des Bundeskartellamts (. . . . .)

des Unternehmens . . . . .

wegen seiner Aufnahme in die Wirtschaftsvereinigung . . . . . eV

lege ich gegen den Beschluss der Kartellbehörde vom . . . . ., mit dem der Antrag, die Aufnahme des Unternehmens . . . . . in die Wirtschaftsvereinigung . . . . . eV anzuordnen, abgelehnt wurde,

Beschwerde[1, 2, 3, 4, 7]

ein.

Begründung:[5]

I. Ich beantrage,[6] für Recht zu erkennen:

1. Der Beschluss des Bundeskartellamts vom . . . . . wird aufgehoben.

2. Das Bundeskartellamt hat anzuordnen, dass die Wirtschaftsvereinigung . . . . . eV das Unternehmen . . . . . aufzunehmen hat.

3. Die Gerichtskosten werden dem Bundeskartellamt auferlegt. Das Bundeskartellamt hat dem Beschwerdeführer die außergerichtlichen Kosten zu erstatten.

4. Hilfsweise rege ich an, die Rechtsbeschwerde zuzulassen.

II. Die Beschwerde stützt sich auf folgende Tatsachen: . . . . .

Ich benenne dafür folgende Beweismittel: . . . . .

III. –VI. → Form. II.N.15, Abschn. III.–VI.

. . . . .

Rechtsanwalt[8]

Anmerkungen

1. Die Verpflichtungsbeschwerde ist statthaft, wenn eine Kartellbehörde die beantragte Verfügung nicht oder abweichend vom Antrag (BGH WuW/E BGH 1562 – Air-Conditioning-Anlagen) erlassen hat. Erfasst ist somit insb. die Ablehnung einer beantragten Verfügung oder die Nichtvornahme einer beantragten behördlichen Handlung.

a) Die Zulässigkeit der Beschwerde setzt voraus, dass der Beschwerdeführer am Verfahren vor der Kartellbehörde beteiligt war (§ 73 Abs. 2 iVm § 54 Abs. 2 und 3 GWB) und formell und materiell beschwert ist (BGH WuW/E BGH 1562 (1563) – Air-Conditioning-Anlagen; WuW/E BGH 2077 (2079) – Coop-Supermagazin). Zudem muss der vorgetragene Sachverhalt einen Rechtsanspruch auf die beantragte Verfügung (BGH WuW/E BGH 995 (996) – Taxiflug; BGH WuW/E BGH 1556 (1557) – Weichschaum III) oder auf die Vornahme des beantragten behördlichen Handels (KG WuW/E OLG 1967 (1968) – Westdeutsche Allgemeine Zeitungsverlagsgesellschaft) ergeben können.

Die Beschwerde ist unzulässig, wenn das vom Beschwerdeführer behauptete Recht unter keinem rechtlichen Gesichtspunkt bestehen oder ihm zustehen kann (BGH WuW/E BGH 995 (996) – Taxiflug; WuW/E BGH 1556 (1557) – Weichschaum III). Der Beschwerdeführer muss einen eigenen Rechtsanspruch behaupten, er kann sich nicht Rechtspositionen Dritter zu eigen machen (vgl. KG WuW/E OLG 4973 (4975) – Verbandsbeschwerde; OLG Düsseldorf WuW/E DE-R 759 (764) – NetCologne).

b) Die Beschwerde ist begründet, wenn der Beschwerdeführer ein Recht auf Erlass der beantragten Verfügung oder die Vornahme des behördlichen Handelns hat. Das GWB normiert diese Rechte nicht ausdrücklich. Soweit es jedoch den Unternehmen die Befugnis einräumt, Anträge an die Kartellbehörde zu richten, haben sie das Recht auf Erlass der beantragten Verfügung, sofern die jeweiligen gesetzlichen Voraussetzungen gegeben sind.

- Ein solches Antragsrecht besteht etwa für eine Ministererlaubnis zu einem Zusammenschluss (§ 42 Abs. 3 GWB). Die Entscheidung nach § 32c GWB liegt im pflichtgemäßen Ermessen der Kartellbehörde.
- Weiter besteht das Antragsrecht bei Ablehnung der Aufnahme in eine Wirtschafts- oder Berufsvereinigung bzw. Gütezeichengemeinschaft (§ 20 Abs. 5 GWB) und auf Anerkennung von Wettbewerbsregeln (§ 24 Abs. 3 GWB).
- Verfahrensmäßig besteht das Recht auf Beiladung gem. § 54 Abs. 2 Nr. 3 GWB.
- Kein Antragsrecht besteht, soweit eine Missbrauchsverfügung der Kartellbehörde begehrt wird (zu § 19 GWB vgl. OLG Celle WuW/E OLG 1387 (1389) – Bauleitplan; BGH WuW/E BGH 995 (996) – Taxiflug; BGH WuW/E BGH 1299 (1300) – Strombezugspreis; BGH WuW/E BGH 3035 (3036) – NZB; BGH WuW/E BGH 3113 – Rechtsschutz/Berufsordnung; BGH ZIP 2001, 807). Der Verletzte ist auf zivilrechtliche Unterlassungs- und Schadensersatzansprüche beschränkt.

2. Eine Unterform der Verpflichtungsbeschwerde ist die Untätigkeitsbeschwerde (§ 73 Abs. 3 S. 2 u. 3 GWB).

Die Zulässigkeit dieser Beschwerde setzt voraus, dass die Kartellbehörde die beantragte Verfügung ohne zureichenden Grund in angemessener Frist nicht beschieden hat und der Beschwerdeführer substanziiert behauptet, ein Recht auf Erlass der beantragten Verfügung oder das behördliche hoheitliche Handeln zu haben, und die Rechtsbeeinträchtigung möglich erscheint (BGH WuW/E BGH 995 (996) – Taxiflug; KG WuW/E OLG 4973 (4975) – Verbandsbeschwerde).

3. Eine weitere Unterform der Verpflichtungsbeschwerde ist die Leistungsbeschwerde. Sie ist zulässig, wenn durch schlichtes Verwaltungshandeln eine Rechtsbeeinträchtigung gegeben ist (KG WuW/E OLG 1967 (1968) – WAZ; BGH WuW/E BGH 1608 – WAZ) oder wenn nur durch sie ein lückenloser Rechtsschutz gewährleistet ist (BGH WuW/E BGH 2760 (2761) – Unterlassungsbeschwerde; KG WuW/E OLG 5267 (5270) – Bekanntmachungsbeschwerde). Die Leistungsbeschwerde kann auch eine vorbeugende Unterlassungsbeschwerde sein (KG WuW/E OLG 3685 (3698) – Aral; KG WuW/E OLG 4645 – Landesbank; BGH WuW/E BGH 2760 (2761) – Unterlassungsbeschwerde).

4. → Form. II.N.14 Anm. 3 dort b), c), d).

5. → Form. II.N.14 Anm. 4 dort a).

6. Der Antrag geht auf Verpflichtung der Kartellbehörde zum Erlass der beantragten, von ihr aber unterlassenen, insb. abgelehnten Verfügung (§ 76 Abs. 4 GWB; KG WuW/E OLG 2021 (2023) – Bahnhofsbuchhandel) oder zur Vornahme des behördlichen Handelns.

7. Fortsetzungsfeststellungsbeschwerde: Hat sich der Rechtsanspruch des Beschwerdeführers auf Erlass der Verfügung während des Verfahrens erledigt, kann der Beschwerdeführer, wenn er ein berechtigtes Interesse hat, beantragen festzustellen, dass die Kartellbehörde verpflichtet war, die Verfügung zu erlassen, § 76 Abs. 2 S. 2 GWB analog (→ Form. II.N.14 Anm. 9).

Kosten und Gebühren

8. → Form. II.N.14 Anm. 10–12.

16. Antrag an das OLG, die aufschiebende Wirkung einer Beschwerde anzuordnen (§ 67 Abs. 3 S. 3 GWB)

OLG Düsseldorf[5]
– Kartellsenat –
Cecilienallee 3
40474 Düsseldorf

In der Kartellverwaltungssache
des Unternehmens . . . . .[3]
Antragstellerin und Beschwerdeführerin
gegen
das Bundeskartellamt
Antraggegner und Beschwerdegegner
wegen Anfechtung der unbedingten Freigabe eines Zusammenschlusses nach § 40 Abs. 2 GWB beantrage ich,

1. **die aufschiebende Wirkung der am . . . . . eingelegten Beschwerde gegen den nach § 40 Abs. 2 GWB ergangenen Beschluss des Bundeskartellamts vom . . . . . anzuordnen;[1, 2, 4]**
2. **dem Bundeskartellamt die Gerichtskosten und die außergerichtlichen Kosten des Beschwerdeführers aufzuerlegen.**

Begründung:

1. Die Beschwerde vom . . . . . hat keine aufschiebende Wirkung (Gegenschluss aus § 66 Abs. 1 GWB).

2. An der Rechtmäßigkeit des angefochtenen Beschlusses des Bundeskartellamts vom . . . . . bestehen ernsthafte Zweifel, weil . . . . .

oder:

Die fehlende aufschiebende Wirkung der Beschwerde hat für den Betroffenen eine unbillige Härte zur Folge, weil . . . . .

Sie ist nicht durch überwiegende öffentliche Interessen geboten, weil . . . . .

3. Der Beschwerdeführer ist durch den angefochtenen Beschluss des Bundeskartellamts in seinen Rechten verletzt,[3] weil . . . . . Die Tatsachen, auf die dieser Antrag gestützt wird, werden wie folgt glaubhaft gemacht:[4] . . . . .

. . . . .

Rechtsanwalt

Anmerkungen

1. Die 10. GWB-Novelle hat die Regelung aus § 65 GWB aF ohne inhaltliche Änderung in § 67 GWB verschoben. Soweit die Beschwerde nicht nach § 66 Abs. 1 GWB aufschiebende Wirkung hat, können die Betroffenen beim Beschwerdegericht als dem Gericht der Hauptsache den Antrag stellen, die aufschiebende Wirkung ganz oder teilweise anzuordnen (§ 67 Abs. 3 S. 3 GWB). Das kann nach § 67 Abs. 4 S. 1 GWB bereits vor Einlegung der Beschwerde geschehen. Hierfür müssen gem. § 67 Abs. 3 S. 1 Nr. 2 GWB entweder ernstliche Zweifel an der Rechtmäßigkeit der angefochtenen Verfügung bestehen oder die Vollziehung der Verfügung muss für den Betroffenen nach § 67 Abs. 3 S. 1 Nr. 3 GWB eine unbillige, nicht durch überwiegende öffentliche Interessen gebotene Härte bedeuten. Besitzt die Beschwerde kraft Gesetzes keine aufschiebende Wirkung, müssen die Nachteile, die eine unbillige Härte begründen über den eigentlichen Zweck der Verfügung hinausgehen (OLG Düsseldorf WuW/E DE-R 3993, 3995 – Chemikalienhandel). Im Übrigen lassen sich die Anmerkungen zu § 67 Abs. 3 S. 1 Nr. 2 und Nr. 3 GWB im Formular zum Antrag auf Wiederherstellung der aufschiebenden Wirkung übertragen (→ Form. II.N.17 Anm. 5, 6). Ist die Verfügung zum Zeitpunkt der Entscheidung des Beschwerdegerichts schon vollzogen, kann beantragt werden, die Aufhebung der Vollziehung anzuordnen (§ 67 Abs. 4 S. 3 GWB).

2. Die Beschwerde hat in den Fällen des § 66 Abs. 1 GWB aufschiebende Wirkung. Auch eine Beschwerde gegen eine Entflechtungsanordnung aus öffentlich-rechtlichem Vertrag hat aufschiebende Wirkung (KG WuW/E OLG 5263 – Krupp-Hoesch-Brüninghaus). IÜ sind Verfügungen sofort wirksam, ausgenommen bei der Vorabentscheidung über die Zuständigkeit (§ 55 Abs. 1 S. 2 Hs. 2 GWB). In den übrigen Fällen, in denen die Beschwerde keine aufschiebende Wirkung hat, kann die Kartellbehörde die Vollziehung aussetzen (§ 67 Abs. 3 S. 2 GWB).

3. Die 7. GWB-Novelle hat durch die Regelung des § 67 Abs. 3 S. 4 GWB die Antragsbefugnis von Dritten, die gegen eine Verfügung nach § 40 Abs. 2 GWB Beschwerde eingelegt haben, erheblich eingeschränkt. Nunmehr reicht es nicht mehr aus, dass Dritte durch die Entscheidung formell und materiell beschwert sind (so noch OLG Düsseldorf WuW/E DE-R 665 (666) – Net Cologne; OLG Düsseldorf WuW/E DE-R 681 (683) – Trienekens). Erforderlich ist vielmehr die Geltendmachung der Verletzung eigener Rechte des Dritten durch die kartellbehördliche Verfügung (§ 67 Abs. 3 S. 4 GWB). Der Gesetzgeber erkennt damit an, dass Zusammenschlüsse regelmäßig nur innerhalb eines eng begrenzten Zeitrahmens verwirklicht und durch die Aussetzung von Fusionsentscheidungen für längere Zeit zum Zwecke einer gerichtlichen Überprüfung insgesamt verhindert würden. Die grundsätzliche Entscheidung des Gesetzgebers, Beschwerden gegen Zusammenschlüsse keine aufschiebende Wirkung zu verleihen (vgl. § 66 Abs. 1 GWB), war vor der 7. GWB-Novelle wiederholt durch vorläufigen Rechtsschutz zugunsten Dritter, die nur eine Verletzung wettbewerblicher Interessen geltend machen konnten, relativiert worden (vgl. Regierungsbegründung zur 7. GWB-Novelle, BT-Drs. 15/3640, 41).

4. Vgl. § 67 Abs. 4 S. 2 GWB.

5. Ist das Verfahren in der Rechtsbeschwerdeinstanz anhängig, ist das Beschwerdegericht für die Anordnung der aufschiebenden Wirkung nicht mehr zuständig (KG WuW/E OLG 2875). Die Zuständigkeit des Rechtsbeschwerdegerichts als Gericht der Hauptsache ergibt sich in diesem Fall seit der 10. GWB-Novelle unmittelbar aus § 67 Abs. 3 S. 3 GWB und aus der Verortung der Vorschrift im Abschnitt der gemeinsamen Vorschriften für Rechtsbehelfsverfahren (Regierungsbegründung zur 10. GWB-Novelle, BT-Drs. 19/23492).

17. Antrag an das OLG, die aufschiebende Wirkung einer Beschwerde wiederherzustellen (§ 67 Abs. 3 S. 1 GWB)

OLG Düsseldorf[8]
– Kartellsenat –
Cecilienallee 3
40474 Düsseldorf

In der Kartellverwaltungssache
des Unternehmens .....
Antragstellerin und Beschwerdeführerin
gegen
das Bundeskartellamt
Antraggegner und Beschwerdegegner

wegen Untersagungsverfügung gem. § 19 GWB und Anordnung der sofortigen Vollziehung der Untersagungsverfügung gem. § 67 Abs. 1 GWB
beantrage ich:

1. die aufschiebende Wirkung der am ..... eingelegten Beschwerde[3] gegen die nach § 19 GWB ergangene Untersagungsverfügung des Bundeskartellamts vom ..... wiederherzustellen;[1, 2]
2. dem Bundeskartellamt die Gerichtskosten und die außergerichtlichen Kosten des Beschwerdeführers aufzuerlegen.

Begründung:

1. Das Bundeskartellamt hat die sofortige Vollziehung der Untersagungsverfügung vom ..... angeordnet (§ 67 Abs. 1 GWB), weil dies im öffentlichen Interesse geboten sei.

2. Die aufschiebende Wirkung der Beschwerde ist wiederherzustellen. Die sofortige Vollziehung liegt nicht im öffentlichen Interesse oder im überwiegenden Interesse eines Beteiligten,[4] weil .....
oder:

Es bestehen ernsthafte Zweifel an der Rechtsmäßigkeit der angefochtenen Verfügung,[5] weil . . . .

oder:

Die sofortige Vollziehung der Verfügung vom . . . . hat für den Betroffenen eine unbillige, nicht durch überwiegende öffentliche Interessen gebotene Härte zur Folge,[6] weil . . . .

3. Die Tatsachen, auf die dieser Antrag gestützt wird, werden wie folgt glaubhaft gemacht:[7] . . . .

. . . . .

Rechtsanwalt

Anmerkungen

1. Die 10. GWB-Novelle hat die Regelung aus § 65 GWB aF ohne inhaltliche Änderung in § 67 GWB verschoben. Hat die Beschwerde aufschiebende Wirkung (§ 66 Abs. 1 GWB) und ordnet die Kartellbehörde die sofortige Vollziehung ihrer Verfügung an (§ 67 Abs. 1 GWB), kann der Betroffene beim Gericht der Hauptsache den Antrag stellen, die aufschiebende Wirkung der Beschwerde wiederherzustellen.

2. Ist die Verfügung zum Zeitpunkt der Entscheidung des Gerichts schon vollzogen, kann beantragt werden, die Aufhebung der Vollziehung anzuordnen (§ 67 Abs. 4 S. 3 GWB).

3. Sofern die Kartellbehörde die sofortige Vollziehung ihrer Verfügung bereits vor Einreichung der Beschwerde angeordnet hat, kann auch der Antrag, die aufschiebende Wirkung der Beschwerde wiederherzustellen, schon vor Einreichung der Beschwerde gestellt werden (§ 67 Abs. 4 S. 1 GWB).

4. Das öffentliche Interesse an der sofortigen Vollziehung muss über das Interesse hinausgehen, das den Verwaltungsakt selbst rechtfertigt (KG WuW/E OLG 1467 (1468) – BP). Bei der Prüfung der Voraussetzungen der sofortigen Vollziehung sind strenge Anforderungen zu stellen (OLG Stuttgart WuW/E OLG 2297 – Gemeinsamer Anzeigenteil; KG WuW/E OLG 5132 (5133) – Empfehlung Ersatzwagenkostenerstattung). Vgl. KG WuW/E OLG 1465 (1466) – Kalkulationsklausel; WuW/E OLG 1467 (1468) – BP; WuW/E OLG 1497 – Agip I; OLG Stuttgart WuW/E OLG 2297 – Gemeinsamer Anzeigenteil; KG WuW/E OLG 2193 (2194) – Basalt-Union).

Das öffentliche Interesse am Sofortvollzug kann in der Erhaltung der Wettbewerbsstrukturen liegen und sich insb. aus Gefahren für den Erhalt einer gesunden Marktstruktur ergeben (KG WuW/E OLG 5132 (5133) – Empfehlung Ersatzwagenkostenerstattung). Daneben reicht es aus, wenn ein überwiegendes Interesse eines individuell Betroffenen gegeben ist; der Begriff des Beteiligten geht hier über den des Verfahrensbeteiligten gem. § 54 Abs. 2 GWB hinaus (Bundeskartellamt 19.7.2002 – B2 – 52274 – R – 12/00 Rn. 47 – Fuchs Gewürze).

5. Die ernsthaften Zweifel können rechtlicher oder tatsächlicher Art sein, wobei hohe Anforderungen gestellt werden (OLG Düsseldorf WuW/E DE-R 867 ff. (868) – Germania). Eine offene Rechtslage genügt nicht (KG WuW/E OLG 5263 (5266) – Krupp-Hoesch-Brüninghaus). Andererseits ist eine abschließende juristische Klärung ebenso wenig erforderlich (KG WuW/E OLG 1497 (1498) – Agip I; vgl. KG WuW/E OLG 1547 – Valium-Librium I; WuW/E OLG 1467 (1468) – BP; WuW/E OLG 1673).

6. Entscheidend ist, ob der Betroffene auf Grundlage einer Interessenabwägung die Nachteile im öffentlichen Interesse hinzunehmen hat. Die Erfolgsaussichten der Beschwerde fließen in die Abwägung ein. Schwerwiegende Nachteile, die im Falle einer Aufhebung der angefochtenen Verfügung nicht wieder gut zu machen sind, und Existenz-

bedrohungen begründen regelmäßig eine unbillige Härte, die nicht durch das öffentliche Interesse überwogen wird (OLG Düsseldorf WuW/E DE-R 3993, (3994 f.) – Chemikalienhandel). Überwiegt das öffentliche Interesse, muss die aufschiebende Wirkung nicht wiederhergestellt werden (Vgl. KG WuW/E OLG 1561 – Brotindustrie).

7. Vgl. § 67 Abs. 4 S. 2 GWB.

8. Ist das Verfahren in der Rechtsbeschwerdeinstanz anhängig, ist das Beschwerdegericht für die Anordnung der aufschiebenden Wirkung nicht mehr zuständig. Die Zuständigkeit des Rechtsbeschwerdegerichts als Gericht der Hauptsache ergibt sich in diesem Fall seit der 10. GWB-Novelle unmittelbar aus § 67 Abs. 3 S. 3 GWB und aus der Verortung der Vorschrift im Abschnitt der gemeinsamen Vorschriften für Rechtsbehelfsverfahren (Regierungsbegründung zur 10. GWB-Novelle, BT-Drs. 19/23492).

18. Antrag an das Gericht der Hauptsache, eine einstweilige Anordnung zu erlassen (§ 68 S. 1 iVm § 60 GWB)

(Gericht der Hauptsache)[4]
. . . . .
. . . . .
. . . . .
In der Kartellverwaltungssache
der Wirtschaftsvereinigung A
Antragstellerin und Beschwerdeführerin
gegen
das Bundeskartellamt
Antraggegner und Beschwerdegegner

wegen Widerrufs der Anerkennungsverfügung nach § 26 Abs. 4 GWB
beantrage ich,

1. **durch einstweilige Anordnung zu beschließen,[1, 2, 3] dass die mit Verfügung vom . . . . . anerkannten Wettbewerbsregeln der Antragstellerin . . . . . bis zur Entscheidung des Senats über die Beschwerde vom . . . . . gegen den Widerruf der Anerkennungsverfügung durch die Antragsgegnerin praktiziert werden dürfen;**
2. **der Antragsgegnerin die Gerichtskosten und die außergerichtlichen Kosten der Antragstellerin aufzuerlegen.**

Begründung:

1. Ich nehme Bezug auf den Anerkennungsantrag an die Antragsgegnerin vom . . . . ., die Widerrufsverfügung der Antragsgegnerin vom . . . . . und die Beschwerde hiergegen vom . . . . .

2. Die einstweilige Anordnung ist im überwiegenden Interesse der Antragstellerin notwendig, um wesentliche Nachteile und drohende Gefahren abzuwenden, weil . . . . .

. . . . .
Rechtsanwalt

Anmerkungen

1. Mit § 68 GWB ist der bisherige § 64 Abs. 3 GWB, auf den § 75 Abs. 4 S. 2 aF GWB für die Nichtzulassungsbeschwerde und § 76 Abs. 5 S. 2 aF GWB für die Rechtsbeschwerde verwiesen hatten, in eine eigene Vorschrift überführt worden. Das Verfahren ist vor allem in Verpflichtungs- und Leistungssituationen statthaft. Es eröffnet dem Gericht die Entscheidungsmöglichkeiten, die der Kartellbehörde nach § 60 GWB zur Verfügung stehen.

2. → Form. II.N.13 Anm. 1.

3. Die Rspr. zieht die Rechtsvorschriften für den Erlass gerichtlicher einstweiliger Anordnungen (§ 123 VwGO, § 940 ZPO und § 32 BVerfGG) zur Auslegung heran. Die Anordnung kommt also nur in Betracht, wenn sie aus Gründen des Allgemeinwohls oder im überwiegenden Interesse eines Beteiligten oder Dritten notwendig ist, um wesentliche Nachteile und drohende Gefahren abzuwenden (KG WuW/E OLG 1767 (1774) – Kombinationstarif; WuW/E OLG 2145 (2146) – Sonntag Aktuell II; WuW/E OLG 4640 (4642) – Hamburger Benzinpreise).

4. Zuständig ist nach § 68 S. 3 GWB das Gericht der Hauptsache.

19. Antrag an das Gericht der Hauptsache auf Befreiung vom Vollzugsverbot (§ 68 S. 1 iVm § 60 Nr. 1 iVm § 41 Abs. 2 GWB)

(Gericht der Hauptsache)

. . . . .

. . . . .

. . . . .

In der Kartellverwaltungssache
der E-GmbH
Antragstellerin und Beschwerdeführerin
gegen
das Bundeskartellamt
Antraggegner und Beschwerdegegner
wegen Anfechtung des Beschlusses des Bundeskartellamts vom . . . . . (Geschäftszeichen . . . . .), der Antragstellerin zugestellt am . . . . .

haben wir mit Schriftsatz vom . . . . für die Antragstellerin und Beschwerdeführerin die mit Beschwerdeschrift vom . . . . . beim Bundeskartellamt eingelegte Beschwerde begründet.

Wir beantragen,

1. **im Wege der einstweiligen Anordnung der Antragstellerin und der Beteiligten zu . . . . . zu gestatten, den mit Beschluss des Bundeskartellamts vom . . . . . (Geschäftszeichen . . . . .) untersagten Zusammenschluss zu vollziehen;**[1, 2]
2. **der Antragsgegnerin die Gerichtskosten und die außergerichtlichen Kosten der Antragstellerin aufzuerlegen.**
3. **Für den Fall, dass dem Antrag nicht stattgegeben wird, beantragen wir, die Rechtsbeschwerde zuzulassen.**

Begründung:

1. Ich nehme Bezug auf die Anmeldung des Zusammenschlussvorhabens vom . . . . ., den Beschluss des Bundeskartellamts vom . . . . . (Geschäftszeichen . . . . .), die Beschwerde vom . . . . . sowie die Beschwerdebegründung vom . . . . .

2. Für eine Befreiung vom Vollzugsverbot liegen wichtige Gründe gem. § 41 Abs. 2 S. 1 GWB vor.[3, 4] Zunächst erfüllt das Zusammenschlussvorhaben die fusionskontrollrechtlichen Freigabevoraussetzungen. Zur Begründung verweisen wir auf die Anmeldung des Vorhabens vom . . . . . Die Befreiung vom Vollzugsverbot ist außerdem erforderlich, da den beteiligten Unternehmen andernfalls erhebliche Nachteile drohen . . . . . Insbes. droht . . . . . schwerer Schaden, da . . . . . Demgegenüber fallen die möglichen Nachteile, die mit einer vorläufigen Vollziehung verbunden wären nicht ins Gewicht, da . . . . .

. . . . .
(Rechtsanwalt)

Anmerkungen

1. Mit § 68 GWB ist der bisherige § 64 Abs. 3 GWB, auf den § 75 Abs. 4 S. 2 aF GWB für die Nichtzulassungsbeschwerde und § 76 Abs. 5 S. 2 aF GWB für die Rechtsbeschwerde verwiesen hatten, in eine eigene Vorschrift überführt worden. Die Zulässigkeit einer Befreiung vom Vollzugsverbot im Wege der einstweiligen Anordnung war lange Zeit umstritten. Während das Kammergericht vor Inkrafttreten der 6. GWB-Novelle die Zulässigkeit einer solchen Anordnung angenommen hatte (KG WUW-E OLG 2419 (2421) – synthetischer Kautschuk II; WUW/E OLG 2571 (2572) – Gaslöschanlagen), ging das OLG Düsseldorf in seiner Rspr. davon aus, durch die Einfügung des § 41 Abs. 2 GWB iRd 6. GWB-Novelle stehe die Befugnis zur Befreiung vom Vollzugsverbot nunmehr allein dem Bundeskartellamt zu. Das Beschwerdegericht hingegen könne im Wege der einstweiligen Anordnung gemäß § 68 S. 1 iVm § 60 Nr. 1 GWB (§ 64 Abs. 3 S. 1 aF GWB) keine Befreiung vom Vollzugsverbot erteilen (OLG Düsseldorf WUW/E DE-R 2069 (2071 ff.) – Phonak/GNReSound).

2. Der BGH ist dem in der Sache Faber/Basalt mit ausführlicher Begründung entgegengetreten (BGH WUW/E DE-R 2507 (2510 ff.) – Faber/Basalt; vgl. hierzu eingehend *Schnelle/Denzel* WUW 2009, 632 ff.). Er stellte zunächst fest, die Befugnis des Beschwerdegerichts zur Befreiung vom Vollzugsverbot folge unmittelbar aus § 68 S. 1 (§ 68 Abs. 3 aF) iVm § 60 Nr. 1 GWB. Dabei habe sich das Beschwerdegericht an den sachlichen Voraussetzungen des § 41 Abs. 2 GWB zu orientieren (BGH WUW/E DE-R 2507 (2511)). → Form. II.N.10.

3. Zugleich machte der BGH deutlich, dass für Anordnungen im Zusammenhang mit dem Vollzugsverbot § 41 Abs. 2 GWB eine Spezialvorschrift darstelle. Für allgemeine gerichtliche Anordnungen nach § 67 Abs. 3 S. 3 GWB (§ 65 Abs. 3 S. 3 aF GWB) sei daneben kein Raum (BGH WUW/E DE-R 2507 (2508 ff.)). § 68 S. 2 GWB stellt klar, dass einstweilige Anordnungen nach § 68 S. 1 iVm § 60 GWB und einstweilige Anordnungen nach § 67 GWB einander ausschließen.

4. Als maßgebliches Kriterium für den Eintritt des Vollzugsverbots und damit für das Eingreifen der Ausschlusswirkung des § 41 Abs. 2 GWB gegenüber Anordnungen nach § 67 Abs. 3 S. 3 GWB sieht der BGH offensichtlich den Umstand an, dass eine Anmeldung tatsächlich eingereicht wurde, und – zumindest nicht ausschließlich – die Frage der materiellen Anmeldepflicht. So ging er unabhängig von der Frage, ob in dem zur Entscheidung stehenden Fall ein Bagatellmarkt iSv § 36 Abs. 1 Nr. 2 GWB (§ 35 Abs. 2 S. 1 Nr. 2 aF GWB) gegeben war, davon aus, das Vollzugsverbot gelte „für alle angemeldeten Zusammenschlussvorhaben [. . . . .], gleichgültig, ob letztlich die formellen und materiellen Voraussetzungen für die Untersagung des Zusammenschlusses vorliegen" (BGH WUW/E DE-R 2507 (2509)). Ob diese Auffassung in allen Fällen aufrechterhalten werden kann, ist fraglich. Dies würde bedeuten, dass in Fällen, in denen eine Anmeldepflicht nicht besteht, allein die (möglicherweise vorsorglich) vorgenommene Anmeldung das Vollzugsverbot auslösen würde. Auch § 41 Abs. 2 S. 2 GWB, wonach eine Befreiung vom Vollzugsverbot schon vor der Anmeldung möglich ist, könnte darauf hindeuten, dass die Anmeldepflicht das Vollzugsverbot auslöst und es auf die Tatsache der Anmeldung nicht ankommt. Sofern man auf Grundlage der vorstehenden Argumentation davon ausgeht, dass das Vollzugsverbot bei vorsorglichen Anmeldungen, bei denen tatsächlich keine Anmeldepflicht besteht, nicht einschlägig ist, wäre § 67 Abs. 3 S. 3 GWB im einstweiligen Rechtsschutz der sachgerechte Rechtsbehelf. Im Fall der Untersagung von Verhaltensweisen, die im Zusammenhang mit einem Zusammenschluss stehen und bei denen unklar ist, ob sie überhaupt unter das gesetzliche Vollzugsverbot fallen, kann § 67 Abs. 3 S. 3 GWB Anwendung finden. Gelangt das Gericht zu dem Ergebnis, dass sie in den Anwendungsbereich des Vollzugsverbots fallen, ist ein Antrag nach § 67 Abs. 3 S. 3 GWB aber unbegründet und es ist allein die Rechtsschutzmöglichkeit nach § 68 S. 1 (§ 64 Abs. 3 aF) iVm § 60 Nr. 1 iVm § 41 Abs. 2 GWB gegeben (OLG Düsseldorf NZKart 2016, 38; offengelassen durch BGH NZKart 2017, 204).

20. Nichtzulassungsbeschwerde an den BGH (§ 78 GWB)

OLG Düsseldorf
– Kartellsenat –
Cecilienallee 3
40474 Düsseldorf

In der Kartellverwaltungssache

des Unternehmens . . . .

– Beschwerdeführer –

– Rechtsbeschwerdeführer –

gegen

das Bundeskartellamt,

wegen Aufnahme in die Wirtschaftsvereinigung . . . . . eV

lege ich gegen den Beschluss des Senats vom . . . . ., durch den die Rechtsbeschwerde gegen Beschl. v. . . . . . nicht zugelassen wurde,

Nichtzulassungsbeschwerde[1, 2, 4, 5]

ein.

Begründung:[3]

I. Ich beantrage, für Recht zu erkennen:

1. Der Beschluss des Kartellsenats des OLG Düsseldorf vom . . . . . über die Nichtzulassung der Rechtsbeschwerde wird aufgehoben.
Die Rechtsbeschwerde gegen den Beschl. v. . . . . . wird zugelassen.

2. Die Gerichtskosten der Nichtzulassungsbeschwerde werden dem Bundeskartellamt auferlegt. Das Bundeskartellamt hat dem Rechtsbeschwerdeführer die außergerichtlichen Kosten zu erstatten.

II. Der Kartellsenat des OLG Düsseldorf hatte über die Rechtsfrage . . . . . zu entscheiden. Sie ist von grundsätzlicher Bedeutung, weil . . . . .

. . . . .
Rechtsanwalt

Anmerkungen

1. Ist der Beschluss des OLG ergangen und hat es die Rechtsbeschwerde nicht zugelassen, weil nach seiner Auffassung die Voraussetzungen des § 77 Abs. 2 Nr. 1 oder Nr. 2 GWB nicht gegeben sind, oder hat das OLG aus Versehen über die Zulassung nicht entschieden, kann dagegen die NZB erhoben werden. Dies ist seit der 10. GWB-Novelle in § 78 GWB normiert.

Bis zur 7. GWB-Novelle war die Rechtsbeschwerde nur gegen „in der Hauptsache erlassene" Beschlüsse des OLG statthaft (§ 74 Abs. 1 GWB aF). Diese Beschränkung gilt nicht mehr. Ein Beschluss war dann nicht in der Hauptsache erlassen, wenn er sich in der Entscheidung von Neben- und Zwischenfragen erschöpfte, ohne das vor der Kartellbehörde geführte Verfahren über das eigentliche Streitverhältnis ganz oder teilweise zum Abschluss zu bringen (KG WuW/E OLG 2441 (2446) – Schulbuch-Vertrieb). Auskunftsverlangen, auch gegen Dritte, und Beiladungen sowie Prüfungsanordnungen gegen Dritte (KG WuW/E OLG 2433 – Metro-Kaufhof) waren keine Entscheidungen in der Hauptsache.

2. Die NZB ist binnen einer Frist von einem Monat nach Zustellung der OLG-Entscheidung schriftlich beim OLG einzulegen (§ 78 Abs. 3 S. 1 GWB). Sie muss von einem Rechtsanwalt unterzeichnet sein, es sei denn, die Kartellbehörde ist Beschwerdeführerin (§ 78 Abs. 5 GWB).

3. Die Beschwerde ist innerhalb von zwei Monaten nach Zustellung des Beschlusses über die Nichtzulassung der Rechtsbeschwerde zu begründen (§ 78 Abs. 4 GWB). Die Begründung kann auch beim Rechtsbeschwerdegericht eingereicht werden (BGH WuW/E BGH 2869 (2871) – Pauschalreisen-Vermittlung II).

Durch die Streichung des Verweises auf Form und Frist der Beschwerde in § 75 Abs. 4 S. 1 iVm § 66 Abs. 4 Nr. 1 GWB aF durch die 10.-GWB-Novelle ist nicht mehr ausdrücklich vorgesehen, dass die Begründung der NZB den Antrag enthalten muss, den Beschluss über die Nichtzulassung der Beschwerde aufzuheben und die Rechtsbeschwerde zuzulassen. Trotzdem ist ein solcher Antrag empfehlenswert und jedenfalls unschädlich.

4. Für die Beurteilung der Frage, ob einer der Zulassungsgründe des § 77 Abs. 2 GWB vorliegt, ist von dem in der angegriffenen Entscheidung festgestellten Sachverhalt auszugehen. Das Ergebnis etwaiger mit der beabsichtigten Rechtsbeschwerde zu erhebender Verfahrensrügen ist nicht zu berücksichtigen (BGH WuW/E BGH 1867 – Levi's Jeans).

5. Bei Zulassung der Rechtsbeschwerde wird das Verfahren als Rechtsbeschwerdeverfahren fortgesetzt. Mit der 10.-GWB-Novelle gilt die form- und fristgerecht eingelegte NZB als Einlegung der Rechtsbeschwerde und mit Zustellung der Entscheidung beginnt die Frist für die Begründung der Rechtsbeschwerde (§ 78 Abs. 6 S. 2–4 GWB).

21. Rechtsbeschwerde an den BGH (§ 77 GWB)

OLG Düsseldorf
– Kartellsenat –
Cecilienallee 3
40474 Düsseldorf

In der Kartellverwaltungssache
des Unternehmens . . . . .

– Beschwerdeführer –
– Rechtsbeschwerdeführer –

gegen
das Bundeskartellamt,

wegen Aufnahme in die Wirtschaftsvereinigung . . . . eV
lege ich gegen den Beschluss des Senats vom . . . . .

Rechtsbeschwerde[1, 2, 3, 6, 7]

ein.

Begründung:[4]

I. Ich beantrage für Recht zu erkennen:

1. **Der Beschluss des Kartellsenats des OLG Düsseldorf vom . . . . . und der Beschluss des Bundeskartellamts vom . . . . .werden aufgehoben.**
   Hilfsweise: Der Beschluss des Kartellsenats des OLG Düsseldorf vom . . . . . wird aufgehoben und der Rechtsstreit an dieses Gericht zurückverwiesen.
2. **Die Gerichtskosten des Beschwerde- und des Rechtsbeschwerdeverfahrens werden dem Bundeskartellamt auferlegt. Das Bundeskartellamt hat dem Rechtsbeschwerdeführer die außergerichtlichen Kosten des Beschwerde- und des Rechtsbeschwerdeverfahrens zu erstatten.**

II. Ich rüge die Verletzung folgender Verfahrensvorschriften: . . . . .
Die Verfahrensverstöße[5] beruhen auf folgenden Tatsachen: . . . . .

III. Ich rüge die Verletzung folgender Vorschriften des materiellen Rechts: . . . . .

. . . . .
Rechtsanwalt

Anmerkungen

1. Die Rechtsbeschwerde an den BGH ist gegen alle Beschlüsse des OLG statthaft, sofern das OLG die Rechtsbeschwerde zugelassen (§ 77 Abs. 1 GWB) oder der BGH auf die NZB (→ Form. II.N.20) die Rechtsbeschwerde zugelassen hat (§ 78 Abs. 2 GWB) oder eine Zulassung der Rechtsbeschwerde nach § 77 Abs. 4 GWB nicht erforderlich ist (BGH WuW/E BGH 2058 – Internord). Die frühere Unterscheidung zwischen Hauptsache- und Nicht-Hauptsachebeschlüssen des OLG (vgl. hierzu einerseits BGH WuW/E BGH 415 (417) – IG Bergbau; WuW/E BGH 1161 (1162) – Feuerfeste Steine; WuW/E BGH 1377 (1378) – Zementmahlanlage; WuW/E BGH 1982 – Haribo; WuW/E BGH 2739 (2740) – Rechtsbeschwerde und andererseits BGH WuW/E BGH 547; BGH WuW/E BGH 1982 – Haribo; WuW/E BGH 2739 (2740) – Rechtsbeschwerde) ist seit der Änderung des § 74 Abs. 1 aF GWB durch die 7. GWB-Novelle nicht mehr notwendig.

Rechtsbeschwerdebefugt sind die am Beschwerdeverfahren Beteiligten (§ 79 Abs. 1 iVm § 67 GWB). Zur Zulässigkeit der außerordentlichen Beschwerde BGH WuW/E DE-R 492 – Gewerbliche Spielgemeinschaften.

2. Beteiligt am Rechtsbeschwerdeverfahren sind die Beteiligten des Beschwerdeverfahrens (BGH WuW/E BGH 941 – Fahrlehrer; WuW/E BGH 2010 – Taxi-Funk-Zentrale Kassel).

3. Die Rechtsbeschwerde ist binnen einer Frist von einem Monat nach Zustellung des OLG-Beschlusses durch Anwaltsschriftsatz (ausgenommen die Rechtsbeschwerde durch die Kartellbehörde) beim OLG einzulegen (§ 79 Abs. 3, Abs. 5 GWB).

Wird die Verletzung von Verfahrensvorschriften gerügt, sind diese zu bezeichnen und die Tatsachen anzugeben, die den Verfahrensverstoß begründen (BGH WuW/E BGH 967 (970) – Zementverkaufsstelle Niedersachsen).

Soweit der Verstoß materiellen Rechts gerügt wird, sollen die entsprechenden Vorschriften angegeben und die Art ihrer Verletzung bezeichnet werden.

4. Die Rechtsbeschwerde ist innerhalb von zwei Monaten nach Zustellung des Beschlusses des OLG zu begründen (§ 79 Abs. 4 S. 1 GWB). Die Begründung muss einen Antrag enthalten, aus dem hervorgeht, inwieweit der Beschluss des OLG angefochten und seine Abänderung oder Aufhebung beantragt wird (§ 79 Abs. 4 S. 3 GWB).

Hat sich die angefochtene Verfügung in der Rechtsbeschwerdeinstanz erledigt, kann der Beschwerdeführer beantragen festzustellen, dass die angefochtene Verfügung unzulässig oder unbegründet war (BGH WuW/E BGH 852 (853) – Großgebinde IV; WuW/E BGH 1367 (1368) – Zementverkaufsstelle Niedersachsen).

5. Für das Rechtsbeschwerdeverfahren gelten, soweit das GWB keine besonderen Vorschriften enthält, die in anderen Gesetzen enthaltenen Vorschriften und die dazu von der Rspr. aufgestellten Grundsätze (BGH WuW/E BGH 967 – Zementverkaufsstelle Niedersachsen).

Wird das Bundeskartellamt am Beschwerdeverfahren gegen eine Verfügung einer Landeskartellbehörde entgegen § 63 Abs. 2 GWB nicht beteiligt, dann ist dies ein absoluter Rechtsbeschwerdegrund (BGH WuW/E BGH 2010 – Taxi-Funk-Zentrale Kassel).

6. Zuständig für den Erlass einstweiliger Anordnungen ist nach der 10. GWB-Novelle und § 68 S. 3 GWB nunmehr das Gericht der Hauptsache.

7. Über Anträge, die aufschiebende Wirkung anzuordnen bzw. wiederherzustellen, entscheidet das Gericht der Hauptsache (§ 67 Abs. 3 S. 1 u. 3 GWB, aufgenommen durch die 10. GWB-Novelle).

Kartellordnungswidrigkeitenverfahren

22. Antrag auf Kronzeugenbehandlung nach § 81 iVm § 81h Abs. 1 GWB

Bundeskartellamt[2]
Sonderkommission Kartellbekämpfung
Frau Dr. Katrin Roesen
Kaiser-Friedrich-Str. 16
53113 Bonn
Fax: 0228–9499-560

Betr.: Antrag auf Kronzeugenbehandlung wegen Verstoßes gegen § 1 iVm § 81 Abs. 1 Nr. 1 GWB[1, 3] **nach § 81i GWB.**

I. Namens und mit Vollmacht der . . . . . GmbH mit Sitz in . . . . ., vertreten durch die Geschäftsführer . . . . . zeigen wir hiermit die Kooperationsbereitschaft der . . . . . GmbH an und stellen einen Antrag auf Kronzeugenbehandlung nach § 81i Abs. 1 GWB, um in den Genuss des Erlasses einer Geldbuße nach § 81k GWB, hilfsweise einer Bußgeldermäßigung nach § 81l GWB zu kommen.[3, 4]

II. Hinsichtlich der erforderlichen Angaben in Bezug auf die Namen der übrigen Kartellbeteiligten, die betroffenen Produkte und Gebiete, sowie die Dauer und die Art der Tat, insbesondere auch betreffend die eigene Beteiligung der . . . . GmbH verweisen wir auf untenstehende Ausführungen.[4, 5]

III. Die entsprechenden Beweismittel sind als Anlage beigefügt.[4]

IV. Es sind bislang keine Anträge auf Kronzeugenbehandlung in Zusammenhang mit dem Kartell bei anderen Kartellbehörden erfolgt oder beabsichtigt.[4]

V. Wir bitten Sie, uns den Eingang des vorliegenden Antrags mit Datum und Uhrzeit zu bestätigen.[4]

. . . . .

Rechtsanwalt

Verwaltungsgrundsätze: Im Rahmen der 10. GWB-Novelle wurden die Voraussetzungen des Kronzeugenprogramms im Gesetz geregelt (§ 81h bis § 81n GWB). Die bisherige Bekanntmachung Nr. 9/2006 des Bundeskartellamtes über den Erlass und die Reduktion von Geldbußen in Kartellsachen – Bonusregelung – v. 7.3.2006, wurde daher zum 19.1.2021 aufgehoben.

Anmerkungen

1. Vorsätzliche oder fahrlässige Verstöße gegen das Kartellverbot des § 1 GWB oder Art. 101 Abs. 1 AEUV sind Ordnungswidrigkeiten (vgl. § 81 Abs. 1 u. 2 Nr. 1 GWB). Diese können grds. mit einer Geldbuße bis zu 1 Mio. EUR geahndet werden. Wird eine Geldbuße gegen ein Unternehmen oder eine Unternehmensvereinigung verhängt, darf die Geldbuße diesen Betrag sogar überschreiten, allerdings für jedes an der Zuwiderhandlung beteiligte Unternehmen oder jede beteiligte Unternehmensvereinigung 10 % des jeweiligen im vorausgegangenen Geschäftsjahr erzielten Gesamtumsatzes nicht übersteigen (§ 81c Abs. 1 und Abs. 2 GWB). Gem. § 81f GWB sind im Bußgeldbescheid festgesetzte Geldbußen gegen juristische Personen und Personenvereinigungen zu verzinsen.

2. Die Zuständigkeit für die Ahndung von Ordnungswidrigkeiten richtet sich nach der allgemeinen Zuständigkeitsverteilung zwischen Bundeskartellamt und Landeskartellbehörde (§ 82 Abs. 1 GWB). Reicht die Wirkung des wettbewerbswidrigen Verhaltens über das Gebiet eines Bundeslandes hinaus, ist das Bundeskartellamt zuständig; ist dies nicht der Fall, wird die Ordnungswidrigkeit durch die Landeskartellbehörde geahndet (§ 48 Abs. 2 GWB).

3. Die Kartellbehörde hat bei der Festsetzung von Geldbußen Ermessen, das pflichtgemäß auszuüben ist. Das Bundeskartellamt berücksichtigt hierbei auch, dass das Interesse an der Auflösung eines Kartells größer sein kann als das an der Sanktionierung eines einzelnen Kartellmitgliedes. Da die Aufklärung und Auflösung von illegalen Kartellen entscheidend von Hinweisen aus dem Kreis bzw. Umfeld der Kartellmitglieder abhängt, berücksichtigt das Bundeskartellamt einen Aufklärungsbeitrag im Bußgeldverfahren zugunsten des Betreffenden. Mit dem Ziel einer transparenten Gestaltung der Praxis der Bußgeldfestsetzung hatte das Bundeskartellamt die sog Bonusregelung erlassen, die sich an den Grundsätzen der EG-Kronzeugenregelung aus dem Jahr 1996 (Mitteilung über die Nichtfestsetzung oder die niedrigere Festsetzung von Geldbußen in Kartellsachen, ABl. 1996 C 207, 4) orientierte. In Umsetzung der Richtlinie (EU) 2019/1 des Europäischen Parlaments und des Rates vom 11.12.2018 zur Stärkung der Wettbewerbsbehörden der Mitgliedstaaten im Hinblick auf eine wirksame Durchsetzung der Wettbewerbsvorschriften und zur Gewährleistung des reibungslosen Funktionierens des Binnenmarkts, ABl. EU

Nr. L 11, S. 3 („ECN+ - Richtlinie") wurde das Kronzeugenprogramm im Zuge der 10. GWB-Novelle nunmehr gesetzlich verbindlich geregelt. Die bisherige Bonusregelung (2006) des Bundeskartellamts wurde zum 19.1.2021 aufgehoben. Größere inhaltliche Änderungen sind damit jedoch nicht verbunden. Insbesondere gilt das Kronzeugenprogramm weiterhin nur für horizontale Wettbewerbsbeschränkungen, während vertikale Wettbewerbsbeschränkungen nicht erfasst sind. Das Bundeskartellamt kann auch künftig allgemeine Verwaltungsgrundsätze über die Ausübung seines Ermessens bei der Anwendung des Kronzeugenprogramms sowie der Gestaltung des Verfahrens festlegen, vgl. § 81h Abs. 3 S. 1 GWB.

Die allgemeinen Voraussetzungen für die Anwendung der Vorschriften zum Kronzeugenprogramm sind nunmehr in § 81j GWB geregelt. § 81k GWB regelt die zusätzlichen Voraussetzungen für den **Erlass** einer Geldbuße, wobei Abs. 1 vorsieht, dass bei Vorliegen der dort genannten Voraussetzungen ein Erlass der Geldbuße zu gewähren ist, während bei Vorliegen der geringeren Voraussetzungen des Abs. 2 der Erlass der Geldbuße „in der Regel" zu gewähren ist. Durch § 81k Abs. 3 GWB wird ein Erlass der Geldbuße für solche Kartellbeteiligte ausgeschlossen, die dadurch, dass sie andere Kartellbeteiligte zur Beteiligung am oder zum Verbleib im Kartell gezwungen oder dies zumindest versucht haben, eine besonders schwerwiegende Rolle in dem Kartell eingenommen hatten. Insofern ist allerdings immer noch eine Ermäßigung der Geldbuße möglich. Ein Antrag auf Erlass der Geldbuße beinhaltet zugleich auch einen Antrag auf Ermäßigung der Geldbuße, was für den Fall, dass die speziellen Voraussetzungen von § 81k GWB nicht erfüllt werden, relevant ist (vgl. Begründung zum RegE, BT-Drs. 19/23492, S. 134). Die zusätzlichen Voraussetzungen für eine **Ermäßigung** der Geldbuße sind in § 81l GWB geregelt. Voraussetzung für eine Ermäßigung ist danach ein erheblicher Mehrwert der vorgelegten Informationen und Beweismittel. Ein solcher Mehrwert kann auch darin liegen, dass die Informationen und Beweismittel bestehende Zusammenhänge verdeutlichen oder den Nachweis bereits bekannter Tatsachen bestärken. Die Ausübung des Ermessens zur Ermäßigung der Geldbuße erfolgt im Rahmen des Bußgeldbescheids am Ende des behördlichen Verfahrens und nicht in Form eines gesonderten Rechtsakts (vgl. Begründung zum RegE, BT-Drs. 19/23492, S. 134).

Die Kartellbeteiligten haben weiterhin die Möglichkeit, sich an die Kartellbehörde zu wenden, um zunächst die Bereitschaft zur Zusammenarbeit zu erklären (Marker), um einen Rang in der Reihenfolge des Eingangs der Anträge auf Kronzeugenbehandlung zu erhalten. Die Voraussetzungen hierfür sind seit der 10. GWB-Novelle in § 81m GWB geregelt.

Der ebenfalls im Rahmen der 10. GWB-Novelle neu eingefügte § 81n GWB ermöglicht es den Kartellbeteiligten, die bei der Europäischen Kommission in Bezug auf dasselbe Kartell einen Antrag auf Kronzeugenbehandlung stellen, einen **Kurzantrag** bei der Kartellbehörde (idR also beim Bundeskartellamt) zu stellen, sofern sich der Antrag auf mehr als drei Mitgliedstaaten als von dem Kartell betroffene Gebiete bezieht. Kurzanträge sollen kooperierenden Kartellbeteiligten, die zugleich auch einen Antrag bei der Europäischen Kommission gestellt haben, die parallele Antragstellung vereinfachen und damit den Zugang zur Kronzeugenregelung erleichtern. Dies ist insbesondere dann relevant, wenn ein Fall im Verlauf des Verfahrens umverteilt wird und zurück in die Zuständigkeit der nationalen Kartellbehörde fällt (vgl. Begründung zum RegE, BT-Drs. 19/23492, S. 135). Die Formvorschriften, die Geltung zugunsten unternehmenszugehöriger Dritter und die Bestimmungen über die Eingangsbestätigung entsprechen bei einem Kurzantrag im Wesentlichen den Regelungen für einen Marker (vgl. Begründung zum RegE, BT-Drs. 19/23492, S. 135). Hinzu kommt, dass der Kurzantrag auch Angaben über die Mitgliedstaaten zu enthalten hat, in denen sich die Beweismittel für das Kartell wahrscheinlich befinden, § 81n Abs. 2 GWB. Die Vorlage eines vollständigen Antrags bei der Kartellbehörde wird gem. § 81n Abs. 3 GWB erst dann erforderlich, wenn die Europäische

Kommission mitteilt, dass sie den Fall weder insgesamt noch in Teilen weiterverfolgt oder aber wenn weitere Angaben zur Abgrenzung oder Zuweisung des Falles benötigt werden. Reicht der Antragsteller den vollständigen Antrag auf Kronzeugenbehandlung innerhalb der von der Kartellbehörde festgesetzten Frist ein, gilt der vollständige Antrag als zum Zeitpunkt des Eingangs des Kurzantrags vorgelegt, soweit der Kurzantrag dieselbe Tat, dieselben betroffenen Produkte, Gebiete und Kartellbeteiligten sowie dieselbe Dauer des Kartells erfasst wie der bei der Europäischen Kommission gestellte Antrag auf Kronzeugenbehandlung, § 81n Abs. 4 GWB.

4. Der im Zuge der 10. GWB-Novelle neu eingefügte § 81i GWB regelt in Satz 1, dass eine Kronzeugenbehandlung nur auf Antrag möglich ist. Der Antrag muss detaillierte Informationen zu allen in § 81m Abs. 1 S. 2 GWB aufgelisteten Angaben enthalten und zusammen mit den entsprechenden Beweismitteln eingereicht werden, vgl. § 81i Abs. 1 S. 2 GWB. Der Antrag kann schriftlich oder nach § 32a der Strafprozessordnung elektronisch in deutscher, in englischer oder, nach Absprache zwischen der Kartellbehörde und dem Antragsteller, in einer anderen Sprache der Europäischen Union gestellt werden. Nimmt die Kartellbehörde einen Antrag in einer anderen als der deutschen Sprache entgegen, so kann sie vom Antragsteller verlangen, unverzüglich eine deutsche Übersetzung beizubringen. In Absprache mit der Kartellbehörde kann ein Antrag auch in Textform oder mündlich gestellt werden, § 81i Abs. 3 GWB.

Ein Antrag auf Kronzeugenbehandlung, der für ein Unternehmen abgegeben wird, gilt, soweit nicht ausdrücklich etwas anderes erklärt wird, für alle juristischen Personen oder Personenvereinigungen, die im Zeitpunkt der Antragstellung das Unternehmen bilden. Er gilt auch für deren derzeitige sowie frühere Mitglieder von Aufsichts- und Leitungsorganen und Mitarbeiter, § 81i Abs. 2 GWB. Ein gemeinsamer Antrag mehrerer Kartellbeteiligter auf Kronzeugenbehandlung ist hingegen grundsätzlich unzulässig (vgl. Begründung zum RegE, BT-Drs. 19/23492, S. 132).

Der Antragsteller muss seine eigene Beteiligung an einer Tat darlegen. Es ist nicht ausreichend, lediglich die Möglichkeit einer Tatbeteiligung einzuräumen (vgl. Begründung zum RegE, BT-Drs. 19/23492, S. 132).

Gem. § 81i Abs. 4 GWB erteilt die Kartellbehörde auf Ersuchen des Antragstellers eine Empfangsbestätigung für Anträge auf Kronzeugenbehandlung.

Das Bundeskartellamt ist nicht verpflichtet, schon während des Bußgeldverfahrens förmlich zu entscheiden, ob der Antragsteller die Bedingungen für den Bußgelderlass oder die Bußgeldermäßigung erfüllt. Ebenso wenig ist das Bundeskartellamt verpflichtet mitzuteilen, ob es weitere Antragsteller gibt. Es besteht daher bis zum Abschluss des Bußgeldverfahrens keine Rechtssicherheit für die kooperierenden Unternehmen. Erst in der Bußgeldentscheidung selbst nimmt das Bundeskartellamt dazu Stellung, ob der Antragsteller die Voraussetzungen der Kronzeugenregelung erfüllt.

5. Auch wenn das Bundeskartellamt die Vertraulichkeit der Zusammenarbeit grds. anerkennt, sollten Geschäfts- und Betriebsgeheimnisse unbedingt als vertraulich gekennzeichnet werden. So ist zu beachten, dass die betroffenen Unternehmen im Bußgeldverfahren ein Akteneinsichtsrecht haben (§ 406e StPO iVm § 46 Abs. 1 OWiG und § 475 StPO iVm § 49b OWiG). Es ist nicht in jedem Fall gewährleistet, dass der Antrag nach § 81i Abs. 1 GWB oder mit diesem übersandte Unterlagen außerhalb der Verfahrensakte abgelegt werden. Spätestens bei einer Verwertung der Informationen gegenüber anderen Betroffenen haben diese das Recht, die entsprechenden Informationen oder Dokumente einzusehen.

Vor dem Hintergrund des neu eingeführten Auskunftsanspruchs des § 33g Abs. 1 GWB ist seit der 9. GWB-Novelle mit § 33g Abs. 4 GWB ausdrücklich geregelt, dass die Herausgabe von Kronzeugenanträgen und Vergleichsausführungen an mögliche Schadensersatzgläubiger ausgeschlossen ist. Gleiches gilt gemäß § 89c Abs. 4 GWB auch im gerichtlichen Prozess, sofern ein Offenlegungsverlangen in einem Rechtsstreit wegen Schadensersatz oder Auskunftsansprüchen geltend gemacht wird. Darüber hinaus wird ein Kronzeugenantrag durch § 89d Abs. 2 GWB geschützt, wonach eine Kronzeugenerklärung, die allein durch Einsicht in die Akten einer Behörde oder eines Gerichts oder nach § 89c GWB erlangt wurde, keinen Beweis für eine Tatsache in einem Rechtsstreit über einen Anspruch auf Schadensersatz erbringen kann. Schließlich sieht § 89c Abs. 5 GWB vor, dass die §§ 406e und 475 StPO keine Anwendung finden, soweit die Akteneinsicht der Erhebung eines Schadensersatzanspruches dienen soll, sodass Kronzeugenanträge nun von Gesetzes wegen weitestgehend geschützt sind. Dennoch sind bei der Entscheidung über die Kronzeugenzusammenarbeit die Auswirkungen, die eine Kooperation für anschließende Schadensersatzprozesse von geschädigten Abnehmern haben kann, weiter zu berücksichtigen.

Verfahren in Bürgerlichen Rechtsstreitigkeiten

23. Klage auf Belieferung gem. § 20 Abs. 1 GWB bei der Kartellkammer des Landgerichts (§§ 87, 89 GWB)

Landgericht[1, 2] Stuttgart
Postfach 10 29 55
70025 Stuttgart[3]

Klage

der Firma . . . . . GmbH, ..., 70000 Stuttgart,
vertreten durch ihren Geschäftsführer, ...
– Klägerin –
Prozessbevollmächtigte: . . . . .

gegen

die Firma . . . . . GmbH, ..., 74000 Tübingen,
vertreten durch ihren Geschäftsführer, ...
– Beklagte –

wegen Belieferung gem. §§ 33 Abs. 1, 20 Abs. 1 S. 1, 19 Abs. 2 Nr. 1 GWB.[4]
Streitwert: . . . . . EUR (vorläufig).

I. Namens und in Vollmacht der Klägerin beantrage ich, für Recht zu erkennen:
   1. Die Beklagte wird verurteilt, an die Klägerin die Erzeugnisse . . . . . Zug um Zug gegen Zahlung der zum Zeitpunkt der Lieferung gültigen Listenpreise der Beklagten zu liefern.[5]
   2. Die Beklagte hat der Klägerin allen Schaden zu ersetzen, der ihr durch die Nichtbelieferung mit den zu 1. genannten Erzeugnissen seit dem . . . . . entstanden ist.[2]

II. Hilfsweise beantrage ich Vollstreckungsschutz mit der Maßgabe, dass Sicherheit durch selbstschuldnerische Bürgschaft einer bundesdeutschen Großbank oder öffentlichen Sparkasse erbracht werden kann.

III. Begründung
   1. Der mit der Klage geltend gemachte Belieferungsanspruch wird auf §§ 33 Abs. 1, 20 Abs. 1 S. 1 GWB gestützt.
   Der Rechtsstreit ergibt sich aus dem GWB. Damit ist das angerufene Landgericht ausschließlich zuständig (§ 87 Abs. 1 S. 1 GWB).[1]

2. An sich wäre das LG Tübingen örtlich zuständig. Die Zuständigkeit des LG Stuttgart ergibt sich jedoch aus § 13 Abs. 1 Nr. 2 der Verordnung des Justizministeriums Baden-Württemberg über die Zuständigkeit der Landgerichte nach dem Gesetz gegen Wettbewerbsbeschränkungen v. 29.9.1994, GBl. 1994, 584.[3]

3. Die Voraussetzungen der §§ 19 Abs. 2 Nr. 1, 20 Abs. 1 S. 1 GWB:

a) Die Klägerin ist als Nachfragerin von ..... in der Weise von der Beklagten abhängig, dass ausreichende und zumutbare Möglichkeiten, auf dritte Unternehmen auszuweichen, nicht bestehen und ein deutliches Ungleichgewicht zur Gegenmacht der Klägerin besteht, weil .....[6, 7]

b) Die Klägerin ist mit den von der Beklagten belieferten Unternehmen gleichartig,[8] weil .....

c) Die Beklagte behandelt die Klägerin gegenüber ihren Abnehmern unterschiedlich, weil sie diese, nicht jedoch die Klägerin, beliefert.

d) Die Beklagte hat keinen sachlich gerechtfertigten Grund[9, 10] dafür, dass sie die Klägerin – im Gegensatz zu ihren anderen Abnehmern – nicht beliefert. Unter Verwahrung gegen die Darlegungs- und Beweislast trage ich hierzu vor: .....

e) Die Beklagte handelt schuldhaft, weil .....[11, 12]

.....

Rechtsanwalt

Anmerkungen

1. Die LG sind für bürgerliche Rechtsstreitigkeiten, die die Anwendung des GWB, der Art. 101 oder Art. 102 AEUV oder der Art. 53 oder 54 EWR-Abkommen betreffen, ohne Rücksicht auf den Wert des Gegenstandes ausschließlich zuständig (§ 87 Abs. 1 S. 1 GWB). Die ausschließliche Zuständigkeit der LG ist ausdrücklich auch gegeben für die Rechtsstreitigkeiten, deren Entscheidung ganz oder teilweise von einer Entscheidung abhängt, die nach dem GWB zu treffen ist oder von der Anwendbarkeit der Art. 101 oder 102 AEUV oder der Art. 53 oder 54 EWR-Abkommen abhängt (§ 87 Abs. 1 S. 2 GWB). Das Nicht-Kartellgericht verliert seine Zuständigkeit für den Rechtsstreit insgesamt, sobald festgestellt ist, dass die Entscheidung von einer kartellrechtlichen Vorfrage abhängt.

Der Beseitigungs- bzw. Unterlassungsanspruch nach § 33 Abs. 1 GWB setzt einen Verstoß gegen eine kartellrechtliche Vorschrift oder eine Verfügung der Kartellbehörde voraus. Als kartellrechtliche Vorschriften kommen insb. § 1 GWB und Art. 101 Abs. 1 AEUV in Betracht; insoweit liegt kein Verstoß vor, sofern die Freistellungsvoraussetzungen nach §§ 2, 3 GWB bzw. Art. 101 Abs. 3 AEUV und/oder der Gruppenfreistellungsverordnungen der EU-Kommission erfüllt sind (→ Form. II.N.2 Anm. 1–3). Kartellrechtliche Vorschriften iSd § 33 Abs. 1 S. 1 GWB sind außerdem die §§ 19–21, 29 GWB und Art. 102 AEUV. Aus dem Bereich der Fusionskontrolle ist die Vorschrift des § 41 Abs. 1 GWB zu nennen. Nicht erfasst hingegen werden Verstöße gegen bloße Formvorschriften, wie § 39 Abs. 6 GWB, und gegen Vorschriften, die ein Eingreifen der Kartellbehörde ermöglichen, wie zB die §§ 30 Abs. 3, 31 Abs. 3 GWB (dazu *Bechtold/Bosch* § 33 Rn. 5 f.).

Kartellbehörden iSd § 33 Abs. 1 GWB sind nach § 48 Abs. 1 GWB das Bundeskartellamt, das Bundesministerium für Wirtschaft und Energie und die Landeskartellbehörden, nicht aber die EU-Kommission (*Bechtold/Bosch* § 33 Rn. 8 f.). Vorliegend wird beispielhaft ein Verstoß gegen das Diskriminierungsverbot des § 19 Abs. 2 Nr. 1 GWB zugrunde gelegt. Der Anspruch auf Beseitigung einer verbotenen Behinderung oder Diskriminierung kann auf positives Tun gerichtet werden (Lieferpflicht; Gestattung der Durchleitung; BGH WuW/E DE-R 206 (209) – Depotkosmetik).

2. Die Streitigkeiten iSd § 87 GWB sind Handelssachen iSd §§ 93–114 GVG. Sie müssen nicht von der Kammer für Handelssachen, sondern können auch von der Zivilkammer entschieden werden (BGH WuW/E BGH 1553 – Pankreaplex).

Welche Kammer innerhalb eines LG „Kartellkammer" ist, entscheidet der Geschäftsverteilungsplan. Entscheidet versehentlich eine Nicht-Kartellkammer als Kartellkammer, dann hat gleichwohl das LG iSd § 87 Abs. 1 GWB entschieden (OLG Düsseldorf WuW/E OLG 1618 (1619)).

Seit der 8. GWB-Novelle umfasst die Zuständigkeit der Kammer für Handelssachen nach § 95 Abs. 2 Nr. 1 GVG nur noch solche Streitigkeiten iSd § 87 GWB, die nicht „kartellrechtliche Schadensersatzansprüche" behandeln. Das weiteste Verständnis würde nun alle Schadensersatzansprüche umfassen, die nur irgendwelche kartellrechtlichen Fragen aufwerfen, wie zB auch solche aus „Kartellverträgen". Eingrenzend kann argumentiert werden, dass die Gesetzesentstehung und der Gesetzeszweck nur für den Ausschluss von Schadensersatzansprüchen wegen deliktischer Kartellverstöße sprechen (*Bechtold/Bosch* § 87 Rn. 16). Ist bei subjektiver oder objektiver Klagehäufung ein Streitgegenstand als Handelssache anzusehen, handelt es sich bei dem anderen aber um einen kartellrechtlichen Schadensersatzanspruch, so ist ausschließlich die Zivilkammer zuständig. Die Zuständigkeit der Kammer für Handelssachen ergibt sich nur dann, wenn sich die Rechtssache unter allen Gesichtspunkten als eine Handelssache darstellt (mwN *Bechtold/Bosch* § 87 Rn. 17).

3. Gem. § 89 GWB haben die Bundesländer einem LG für die Bezirke mehrerer LG die ausschließliche Zuständigkeit zugewiesen. Vgl. die Aufstellung in *Schönfelder*, Deutsche Gesetze: Ergänzungsband, GWB § 89.

4. Im vorliegenden Muster wird der Fall des §§ 20 Abs. 1 S. 1, 19 Abs. 1, Abs. 2 Nr. 1 GWB behandelt, dh die Klägerin ist als Nachfrager von einem Lieferanten in der Form abhängig, dass sie keine ausreichenden und zumutbaren Möglichkeiten hat, auf dritte Lieferanten auszuweichen und es besteht ein deutliches Ungleichgewicht zur Gegenmacht der Klägerin (relative Marktmacht).

5. Zum Klagantrag bei der Leistungsklage vgl. BGH WuW/E BGH 442 (448) – Gummistrümpfe; BGH WuW/E BGH 886 – Jägermeister II; BGH WuW/E BGH 1131 (1133) – Flughafenunternehmen; BGH WuW/E BGH 1629 – Modellbauartikel II; OLG Koblenz WuW/E OLG 2898 – Bitburger Pils; BGH WuW/E BGH 2125 – Technics. Die Leistungsklage ist nur dann zulässig, wenn sie auf eine konkrete, genau bestimmte Leistung gerichtet ist. Andernfalls ist die Feststellungsklage zu wählen (KG WuW/E OLG 5875 (5876) – U-Bahn-Buchhandlungen; OLG Hamburg WuW/E OLG 5861 (5862) – Programmvorschau).

Zulässig ist es, an Stelle der Leistungsklage die Feststellungsklage zu erheben, wonach der Beklagte verpflichtet ist, den Kläger mit bestimmten Produkten zu beliefern. Das Rechtsschutzinteresse besteht (BGH WuW/E BGH 647 (648) – Rinderbesamung I; WuW/E BGH 1567 – Nordmende; BGH WuW/E BGH 1793 (1794) – SB-Verbrauchermarkt; BGH WuW/E BGH 2125 – Technics; OLG Karlsruhe WuW/E OLG 5066 (5068) – Direktabbuchungsklausel; LG Berlin WuW/E DE-R 533 (535) – Fortum).

Der Feststellungsantrag kann lauten:

Es wird festgestellt, dass die Beklagte verpflichtet ist, die Klägerin mit . . . . . in handelsüblichen Mengen zu ihren bei gleicher Mengenabnahme üblichen Preisen und Konditionen zu beliefern

(BGH WuW/E BGH 1885 – Adidas; BGH WuW/E BGH 1879 – Dispositionsrecht). Das Feststellungsbegehren braucht nicht zeitlich begrenzt zu werden (KG WuW/E OLG 2825 – Taschenbücher).

Das Unternehmen, das liefern soll, kann die negative Feststellungsklage erheben, wonach es nicht verpflichtet ist, den Lieferauftrag des Beklagten vom . . . . . anzunehmen (BGH WuW/E BGH 1391 (1396) – Rossignol).

Die Zuständigkeit richtet sich nach dem mit der Klage geltend gemachten Anspruch, nicht nach den Einwänden des Beklagten und auch nicht nach den zu entscheidenden Vorfragen (BGH WuW/E BGH 354 (355) – Gärungsgetränke; BGH WuW/E BGH 1383 – Abschleppunternehmen; BGH WuW/E BGH 1525 – Fertighäuser).

Die Zuständigkeit des Kartellgerichts ist auch für etwaige konkurrierende Ansprüche aus Vertrag, Geschäftsführung ohne Auftrag, ungerechtfertigter Bereicherung oder § 6 EnWG begründet (OLG Hamm WuW/E OLG 2043 (2044) – Badebetrieb; LG Magdeburg WuW/E DE-R 542 (543) – EuroPower; OLG Oldenburg WuW/E DE-R 393 (394) – Neuenhauser Gasnetz). Eine bürgerliche Rechtsstreitigkeit ist auch dann Kartellstreitsache iSd § 87 S. 1 GWB, wenn die Klage neben anderen Anspruchsgrundlagen auf eine kartellrechtliche gestützt ist (OLG Karlsruhe WuW/E OLG 2300 – Fach-Tonband-Kassetten; OLG Stuttgart WuW/E OLG 4001 – Fiat-Bonus). Für Rechtsstreitigkeiten zwischen gesetzlichen Krankenkassen und Leistungserbringern hat das Gesetz über die Neuordnung des Arzneimittelmarktes vom 22.10.2010 (BGBl. I 2262; kurz: „AMNOG") Änderungen gebracht: Die Streichung des § 87 S. 3 GWB aF und die Neuregelung in § 51 Abs. 3 SGG haben verfahrensrechtlich zur Folge, dass die ordentlichen Gerichte wieder für die in § 69 Abs. 2 SGB V geregelten Rechtssachen zuständig sind. Die mit der 8. GWB-Novelle verbundenen Hoffnungen auf ein allgemeines und umfassendes „Gesundheitskartellrecht" haben sich im Laufe des Gesetzgebungsverfahrens zerstreut (hierzu *Burholt* WuW 2013, 1164 ff.). Ist das angerufene Gericht nicht das Kartellgericht und damit nicht zuständig, dann ist die Klage wegen Unzuständigkeit abzuweisen, es sei denn, der Kläger stellt den Antrag auf Verweisung (§ 281 ZPO) an das zuständige Kartellgericht (OLG Karlsruhe WuW/E OLG 2300 – Fach-Tonband-Kassetten).

Nach dem Urteil des OLG Stuttgart vom 13.10.1978 (WuW/E OLG 2018) ist für eine Diskriminierungsklage auch das Gericht am Sitz des Diskriminierten (§ 32 ZPO) zuständig; aA OLG Frankfurt a. M. (WuW/E OLG 3984).

6. Mit der 10. GWB-Novelle wurde der Schutzbereich von § 20 Abs. 1 GWB auf große Unternehmen erweitert und die Voraussetzung „kleine oder mittlere Unternehmen" gestrichen. Voraussetzung ist nunmehr, dass ein deutliches Ungleichgewicht zur Gegenmacht der anderen (abhängigen) Unternehmen besteht. Die Normadressatenstellung ist nicht gegeben, wenn die abhängigen Unternehmen im Hinblick auf die konkrete Abhängigkeitslage eine entsprechenden Gegenmacht haben. Bei wechselseitiger Abhängigkeit liegt eine relative Marktmacht nur dann vor, wenn ein Unternehmen deutlich weniger abhängig ist.

7. Muss ein Händler, um wettbewerbsfähig zu sein, zwar keine bestimmten, aber mehrere allgemein anerkannte Markenwaren führen, besteht eine Abhängigkeit iSd § 20 Abs. 1 S. 1 GWB grds. gegenüber den Anbietern, welche die stärkste Stellung am Markt haben, sofern andere Anbieter, deren Markenwaren ebenfalls geeignet sind, die zur Wettbewerbsfähigkeit erforderliche Sortimentsbreite herzustellen, nicht bereit sind, die Nachfrage des Händlers zu befriedigen (BGH WuW/E BGH 1567 (1569) – Nordmende; BGH WuW/E BGH 1671 (1674) – robbe-Modellsport; BGH WuW/E BGH 2125 – Technics; BGH WuW/E BGH 2351 – belieferungsunwürdige Verkaufsstätten II; BGH WuW/E BGH 2419 – Saba-Primus; BGH WuW/E DE-R 481 (483) – Designer-Polstermöbel; *Bechtold/Bosch* § 20 Rn. 6, 11).

Eine unternehmensbedingte Abhängigkeit besteht, wenn ein Abnehmer sein Unternehmen so auf die Produkte des Lieferanten ausgerichtet hat, dass er nur unter Inkaufnahme erheblicher Wettbewerbsnachteile auf einen anderen Lieferanten ausweichen kann. Dies gilt unabhängig davon, ob sich die Investitionen des abhängigen Unternehmens amortisiert haben oder nicht (BGH WuW/E BGH 2491 (2493) – Opel-Blitz; KG WuW/E OLG

4566 (4567) – Messevertragsspediteur; BGH WuW/E BGH 2855 (2856) – Flaschenkästen; BGH WuW/E BGH 2983 (2988) – Kfz-Vertragshändler).

Bei der Abhängigkeit eines Lieferanten von einem Abnehmer (nachfragebedingte Abhängigkeit) gelten die gleichen Grundsätze (BGH WuW/E BGH 2683 – Zuckerrübenanlieferungsrecht).

Zur selbstgeschaffenen Abhängigkeit vgl. OLG Karlsruhe WuW/E OLG 4710 – Trainingszentrale für Rennpferde; BGH WuW/E BGH 2855 – Flaschenkästen.

§ 20 Abs. 1a S. 1 GWB, eingeführt durch die 10. GWB-Novelle, regelt nunmehr ausdrücklich die datenbedingte Abhängigkeit. Eine datenbedingte Abhängigkeit kann vorliegen, wenn ein Unternehmen auf den Zugang zu wettbewerbsrelevanten Daten angewiesen ist.

8. Für die Beurteilung der Gleichartigkeit ist die unternehmerische Tätigkeit und die wirtschaftliche Funktion der zu vergleichenden Unternehmen im Verhältnis zum Adressaten des Diskriminierungsverbotes maßgebend. Sie dienen nur einer verhältnismäßig groben Sichtung (BGH WuW/E BGH 1829 (1833) – Original-VW-Ersatzteile II; BGH WuW/E BGH 2399 (2403) – Krankentransporte; BGH WuW/E BGH 2535 (2538) – Lüsterbehangsteine; BGH WuW/E BGH 2990 (2994) – Importarzneimittel; BGH WuW/E BGH 3058 (3063) – Pay-TV-Durchleitung; KG WuW/E DE-R 35 (37) – Großbildfilmprojektoren).

9. Bei der Ermittlung, ob eine unbillige Behinderung vorliegt, sind die Interessen des Behinderten und des Behindernden gegeneinander abzuwägen, wobei die auf die Freiheit des Wettbewerbs gerichtete Zielsetzung des GWB zu berücksichtigen ist (BGH WuW/E BGH 2983 (2988) – Kfz-Vertragshändler; BGH WuW/E BGH 3058 (3063) – Pay-TV-Durchleitung).

10. Ob ein sachlich gerechtfertigter Grund für die ungleiche Behandlung vorliegt, ist auf Grund einer Abwägung der Interessen der Beteiligten unter Berücksichtigung der auf die Freiheit des Wettbewerbs gerichteten Zielsetzung des GWB zu entscheiden (BGH WuW/E BGH 1814 (1819) – Allkauf-Saba; BGH WuW/E BGH 1995 – Modellbauartikel II; OLG Hamburg WuW/E OLG 3870 – Polen-Zement; OLG München WuW/E OLG 4030 – Dolmetscherverzeichnis; BGH WuW/E BGH 2399 – Krankentransporte; BGH WuW/E BGH 2665 (2667) – Physikalisch-therapeutische Behandlung; BGH WuW/E BGH 2707 (2717) – Krankenhaustransportunternehmen II; BGH WuW/E BGH 2983 (2985) – Kfz-Vertragshändler; BGH WuW/E BGH 3058 (3064) – Pay-TV-Durchleitung; KG WuW/E DE-R 35 (37) – Großbildfilmprojektoren).

Auch die Kündigung eines Vertragsverhältnisses kann unwirksam sein, wenn kein sachlich gerechtfertigter Grund für die Kündigung vorlag (BGH WuW/E BGH 2584 (2587) – Lotterievertrieb; BGH WuW/E BGH 2983 (2987) – Kfz-Vertragshändler).

Dem Normadressaten des § 20 Abs. 1 S. 1 GWB ist es jedoch nicht verwehrt, den Absatz seiner Erzeugnisse nach eigenem Ermessen so zu gestalten, wie er es für wirtschaftlich richtig und sinnvoll hält (BGH WuW/E BGH 2399 (2404) – Krankenhaustransporte betr. Nachfrager; BGH WuW/E BGH 2535 (2539) – Lüsterbehangsteine; BGH WuW/E BGH 2584 (2587) – Lotterievertrieb; BGH WuW/E BGH 2683 (2686) – Zuckerrübenanlieferungsrecht betr. Nachfrager; BGH WuW/E BGH 2755 (2758) – Aktionsbeiträge; BGH WuW/E BGH 2805 (2809) – Stromeinspeisung; BGH WuW/E BGH 2919 (2922) – Orthopädisches Schuhwerk betr. Nachfrager; OLG Hamburg WuW/E OLG 5703 (5709) – fachdental nord 1994; OLG Celle WuW/E DE-R 581 (583) – VAG Vertrieb).

11. Das Unternehmen, das unterschiedlich behandelt, trägt die Darlegungs- und Beweislast dafür, dass die unterschiedliche Behandlung sachlich gerechtfertigt ist (BGH WuW/E BGH 1455 (1457) – BMW-Direkthändler; BGH WuW/E BGH 1671 (1675) – robbe-Modellsport; WuW/E BGH 1814 (1819) – Allkauf-Saba; BGH WuW/E BGH 2762 (2768) – Amtsanzeiger). (Zum EV-Verfahren vgl. OLG Düsseldorf WuW/E OLG 2650; OLG Karlsruhe WuW/E OLG 4619 (4620) – Müllverbrennung).

12. Zur Durchsetzung des Lieferanspruchs im einstweiligen Verfügungsverfahren vgl. OLG Düsseldorf WuW/E OLG 2650; WuW/E OLG 3787 – Renault; OLG Stuttgart WuW/E OLG 4047 – Blaupunkt; OLG Stuttgart NJW-RR 1990 (940); KG WuW/E OLG 4628 – Berlin-Ausgabe des Gong; OLG Hamburg WuW/E OLG 5703 (5705) – fachdental nord 1994; OLG Düsseldorf WuW/E DE-R 619 (621) – Fetting. Dem Antragsteller müssen wesentliche Nachteile drohen, die im Hauptverfahren nicht aufgefangen werden können (OLG Stuttgart WuW/E OLG 4829 – Katalysatornachrüstsätze).

24. Schadensersatzklage gem. § 33a Abs. 1 GWB bei der Kartellkammer des Landgerichts (§§ 87, 89 GWB)

Landgericht[1, 2] Stuttgart
Postfach 10 29 55
70025 Stuttgart[3]

Klage

der Firma . . . . GmbH, ..., 70000 Stuttgart,
vertreten durch ihren Geschäftsführer, ...
– Klägerin –
Prozessbevollmächtigte: . . . . .

gegen

die Firma . . . . GmbH, ..., 74000 Tübingen,
vertreten durch ihren Geschäftsführer, ...
– Beklagte –
wegen Schadensersatz gem. § 33a Abs. 1 GWB.[4]

I. Namens und in Vollmacht der Klägerin beantrage ich, für Recht zu erkennen: Die Beklagte wird verurteilt, an die Klägerin . . . . . EUR nebst Zinsen iHv 9 % über dem jeweiligen Basiszinssatz seit dem . . . . . zu zahlen.

II. Ich beantrage weiterhin, den Streitwert gem. § 89a GWB auf . . . . . EUR festzusetzen.[8]

III. Begründung

1. Der mit der Klage geltend gemachte Schadensersatzanspruch wird auf § 33a Abs. 1 GWB gestützt.

2. Der Rechtsstreit ergibt sich aus dem GWB. Damit ist das angerufene Landgericht ausschließlich zuständig (§ 87 Abs. 1 S. 1 GWB).[1]

3. An sich wäre das LG Tübingen örtlich zuständig. Die Zuständigkeit des LG Stuttgart ergibt sich jedoch aus § 13 Abs. 1 Nr. 2 der Verordnung des Justizministeriums Baden-Württemberg über die Zuständigkeit der Landgerichte nach dem Gesetz gegen Wettbewerbsbeschränkungen vom 29.9.1994, GBl. 1994, 584.[3]

4. Die Voraussetzungen des § 33a Abs. 1 GWB:

a) Mit Bescheid vom . . . . . hat das Bundeskartellamt Kartellverstöße der Beklagten als Mitglied des . . . . . -Kartells festgestellt. Die Beiziehung der Verfahrensakten des Bundeskartellamts, Geschäftszeichen . . . ., wird beantragt. Der Bußgeldbescheid ist seit dem . . . . . bestandskräftig. Damit ist ein Verstoß gegen § 1 GWB mit für das angerufene Gericht bindender Wirkung

festgestellt (§ 33b GWB). Nach den Feststellungen des Bundeskartellamts hat die Beklagte vorsätzlich/fahrlässig gehandelt .....[5]

b) Die Klägerin ist durch den festgestellten Kartellverstoß betroffen. Sie ist direkte Abnehmerin der Beklagten .....[4]

c) Durch den Kartellverstoß der Beklagten ist es zu einem Schaden der Klägerin gekommen. Der Schaden besteht in der Differenz zwischen dem tatsächlich gezahlten Kartellpreis und dem hypothetischen Wettbewerbspreis ohne das Preiskartell ..... Die Klägerin konnte den überteuerten Preis auch nicht ihrerseits an ihre Kunden beim Weiterverkauf weitergeben .....[6]

d) Die Zinsforderung ergibt sich aus § 33a Abs. 4 GWB.[7]

.....

Rechtsanwalt[9, 10]

Anmerkungen

1. Zur Zuständigkeit der LG für bürgerliche Rechtsstreitigkeiten, die die Anwendung des GWB, der Art. 101 oder Art. 102 AEUV oder der Art. 53 oder 54 EWR-Abkommen betreffen → Form. II.N.23 Anm. 1.

2. Die Streitigkeiten iSd § 87 GWB sind grds. Handelssachen iSd §§ 93–114 GVG (§ 87 Abs. 2 GWB). Sie müssen nicht von der Kammer für Handelssachen, sondern können auch von der Zivilkammer entschieden werden (BGH WuW/E BGH 1553 – Pankreaplex).

Welche Kammer innerhalb eines LG „Kartellkammer" ist, entscheidet der Geschäftsverteilungsplan. Entscheidet versehentlich eine Nicht-Kartellkammer als Kartellkammer, dann hat gleichwohl das LG iSd § 87 Abs. 1 GWB entschieden (OLG Düsseldorf WuW/E OLG 1618 (1619)). Seit der 8. GWB-Novelle begrenzt allerdings § 95 Abs. 2 Nr. 1 GVG die Zuständigkeit der Kammer für Handelssachen, die hiernach nur noch solche Streitigkeiten iSd § 87 GWB entscheiden darf, die nicht „kartellrechtliche Schadensersatzansprüche" behandeln (→ → Form. II.N.23 Anm. 2).

3. Gem. § 89 GWB haben die Bundesländer einem LG für die Bezirke mehrerer LG die ausschließliche Zuständigkeit zugewiesen. Vgl. die Aufstellung in *Schönfelder*, Deutsche Gesetze: Ergänzungsband, GWB § 89.

4. Mit der 7. GWB-Novelle wurde das Schutzgesetzerfordernis des § 33 S. 1 GWB aF aufgehoben. Damit hat sich die frühere Rspr. erledigt, wonach der Schutzbereich nur dann eröffnet war, wenn sich ein Kartellverstoß nach § 1 GWB gezielt gegen bestimmte Abnehmer oder Lieferanten richtete (vgl. BGHZ 86, 324 (330); OLG Düsseldorf WuW/E OLG 4454 – Ennepetal-Verträge; LG Mannheim GRUR 2004, 182 (183) – Vitamin-Kartell; OLG Karlsruhe WuW/E DE-R 1229, (1230, 1232) – Vitaminpreise). Diese wurde aber im ORWI-Urteil des BGH ohnehin auch für Altfälle aus der Zeit vor der 7. GWB-Novelle revidiert (BGH WuW DE-R 3431 Rn. 16 f. = GRUR 2012, 291 – ORWI). Anspruchsberechtigt ist nunmehr jeder durch einen Verstoß gegen eine Vorschrift des GWB, gegen Art. 101 oder Art. 102 AEUV oder eine Verfügung der Kartellbehörde „Betroffene". „Betroffen" ist nach der Legaldefinition des § 33 Abs. 3 GWB, wer als Mitbewerber oder sonstiger Marktbeteiligter durch den Verstoß beeinträchtigt ist. Die Gesetzesänderung ist darauf gerichtet – im Einklang mit der Rspr. des EuGH – „jedermann", der durch einen Kartellverstoß zu Schaden gekommen ist, die Möglichkeit zu geben, diesen Schaden ersetzt zu verlangen (RegE BT-Drs. 15/3640). Anspruchsberechtigt sind damit Wettbewerber, uU selbst dann, wenn sie an dem Kartell beteiligt waren. Als „sonstige Marktbeteiligte" sollen neben Mitgliedern der Marktgegenseite grds. auch Endverbraucher in Betracht kommen. Die Ausweitung des Kreises der Anspruchsberechtigten auch auf Endverbraucher begegnet allerdings im schadensersatzrechtlichen Zusammenhang normativen und systematischen Bedenken (*Bechtold/Bosch* § 33 Rn. 11–13, 27–29). Der BGH hat sich in einer Grundsatzentscheidung dafür entschieden, die Klagebefugnis auch auf indirekte Abnehmer zu erstrecken (BGH WuW DE-R 3431 Rn. 40, 1. Ls. = GRUR 2012, 291 – ORWI). Gleichzeitig hat der BGH aber auch die sog. Passing-on defense – dh den Einwand der Schadensweiterwälzung auf die nachgelagerte Marktstufe – im Wege der Vorteilsausgleichung zugelassen (BGH WuW DE-R 3431 Rn. 55 ff.). Dies schützt den Schädiger vor mehrfacher Inanspruchnahme. Auch wenn die Entscheidung einen Altfall von vor der 7. GWB-Novelle betraf, gilt dies auch nach neuem Recht (BGH WuW DE-R 3431 Rn. 66 f.), da die Passing-on defense seit der 9. GWB-Novelle zur Umsetzung der Richtlinie 2014/104/EU mittlerweile gesetzlich anerkannt ist, § 33c Abs. 1 GWB.

5. Für den Kläger eines Schadensersatzprozesses, der nicht über die Ermittlungsbefugnisse der Kartellbehörde verfügt, war es bislang regelmäßig schwierig, einen Verstoß gegen Vorschriften des GWB oder Art. 101, 102 AUEV nachzuweisen. Zur Gewinnung von Beweismitteln empfahl es sich für den Kläger häufig, im Wege der Stufenklage gem. § 254 ZPO zu klagen, um auf der ersten Klagestufe die erforderlichen Auskünfte zu erlangen. Ob es daneben möglich ist – wie im Recht des unlauteren Wettbewerbs und des gewerblichen Rechtsschutzes (BGH GRUR 2003, 900 (901) – Feststellungsinteresse III; GRUR 2001, 1177 (1178)) – Feststellungsinteresse II – alternativ dazu einen Antrag auf Feststellung der Haftung dem Grunde nach mit einem Auskunftsantrag zu verbinden, ist durch die Rspr. bislang nicht geklärt. Mit der 9. GWB-Novelle hat sich die Stellung des Klägers hinsichtlich der Erlangung von Beweismitteln jedoch deutlich verbessert. Mit dem im Rahmen der 9. GWB-Novelle neu eingeführten § 33g Abs. 1 GWB besteht nun ein gesetzlich normierter Anspruch des Klägers gegen Besitzer von Beweismitteln die für die Erhebung eines auf Schadensersatz gerichteten Anspruchs erforderlich sind auf die Herausgabe eben jener Beweismittel. Darüber hinaus besteht mit § 33a Abs. 2 S. 1 GWB eine gesetzliche Vermutung, dafür, dass ein Kartell einen Schaden verursacht hat. Mit der 10. GWB-Novelle wurde zudem in § 33a Abs. 2 S. 4 GWB die Vermutung eingeführt, dass Rechtsgeschäfte über Waren oder Dienstleistungen mit kartellbeteiligten Unternehmen, die sachlich, zeitlich und räumlich in den Bereich eines Kartells fallen, von diesem Kartell erfasst waren. Aus Sicht des Geschädigten, empfiehlt es sich dennoch weiterhin im Falle kartellbehördlicher Ermittlungen deren Abschluss abzuwarten und erst im Anschluss daran Schadensersatzansprüche geltend zu machen (sog. Follow-on-Klagen). Eine Verjährung der Schadensersatzansprüche droht in diesem Fall nicht, da diese durch die Einleitung des kartellbehördlichen Verfahrens gehemmt ist (§ 33h Abs. 6 GWB). Diese Vorgehensweise hat den Vorteil, dass gem. § 33b GWB das über den Schadensersatzanspruch entscheidende Gericht an die Feststellungen des Verstoßes in bestandskräftigen Entscheidungen der deutschen Kartellbehörden, der EU-Kommission oder der Kartellbehörde eines anderen EU-Mitgliedstaates sowie an gerichtliche Entscheidungen, die aufgrund der Anfechtung von behördlichen Entscheidungen erlassen wurden, gebunden ist.

6. Die Bindungswirkung nach § 33b GWB bezieht sich allerdings nicht auf die Höhe des aus dem Kartellverstoß resultierenden Schadens. Hinsichtlich des Schadenseintritts gelten die Vermutungen des § 33a Abs. 2 S. 1 und S. 4 GWB, allerdings muss der Kläger seine individuelle Betroffenheit hinsichtlich des Schadens darlegen. Der Vermögensschaden, der hier regelmäßig zu ersetzen ist, wird im Wege der Differenzhypothese ermittelt. Ein Vermögensschaden liegt danach vor, wenn der gegenwärtige tatsächliche Wert des Vermögens des Geschädigten geringer ist als der Wert, den das Vermögen ohne das die Ersatzpflicht begründende Ereignis haben würde. In der Rspr. wurde bislang im Falle eines Preiskartells die Differenz zwischen dem tatsächlich gezahlten Kaufpreis und dem hypothetischen Wettbewerbspreis ohne Kartell als Schaden angesehen (LG Dortmund 1.4.2004 – Gesch.-Z. 13 O 55/02 Kart., S. 13). Steht fest, dass dem Kläger durch den Kartellverstoß ein Schaden entstanden ist, kann der Umfang des Schadens nach § 287

ZPO geschätzt werden. Hierbei ist gem. § 33 Abs. 3 S. 3 GWB insb. der anteilige Gewinn, den der Anspruchsgegner durch den Verstoß erlangt hat, zu berücksichtigen. Dieser Gewinn wird errechnet auf Grundlage der Umsatzerlöse, von denen die Herstellungskosten der erbrachten Leistungen und die Betriebskosten abgezogen werden.

7. Die früher höchstrichterlich (BGH WuW DE-R 3431 Rn. 55 ff. = GRUR 2012, 291 – ORWI) zugelassene sog. Passing-on defense, welche mittlerweile in § 33c Abs. 1 GWB gesetzlich normiert ist, ermöglicht die Berufung des Anspruchsgegners darauf, der Anspruchsteller habe iErg keinen Schaden erlitten, da er die von dem Kartell betroffenen Güter an seine Abnehmer zu einem entsprechend erhöhten Preis weitergegeben habe. Die Darlegungslast für diesen Einwand nach den Grundsätzen der Vorteilsausgleichung liegt grds. beim Schädiger, der sich auf diesen Einwand beruft (BGH WuW DE-R 3431 Rn. 69). Nur im Ausnahmefall kann es zu einer sekundären Darlegungslast zulasten des Geschädigten kommen und erfordert eine umfassende Prüfung ihrer Erforderlichkeit und Zumutbarkeit (BGH WuW DE-R 3431 Rn. 71 ff.), zumal sich der Schädiger grds. durch Streitverkündung nach § 72 ZPO vor doppelter Inanspruchnahme schützen kann.

8. Der auf Geldzahlung gerichtete Schadensersatzanspruch ist nach § 33a Abs. 4 GWB ab Eintritt des Schadens zu verzinsen. Anders als im allgemeinen Zivilrecht ist die Forderung somit nicht erst zu verzinsen, wenn der Schuldner mit der Leistung im Verzug ist. Die §§ 288 und 289 S. 1 BGB finden iÜ entsprechende Anwendung (§ 33 Abs. 4 S. 2 GWB). Die erweiterte Verzinsungspflicht des § 33 Abs. 4 GWB gilt nicht für Schadensersatzansprüche (sog. „Altfälle"), die vor der 7. GWB-Novelle entstanden sind (BGH NJW 2018, 2479 (2482)).

9. Für die Verjährung kartellrechtlicher Schadensersatzansprüche gilt eine Verjährungsfrist von fünf Jahren gem. § 33h Abs. 1 GWB. Die Verjährung beginnt gemäß § 33h Abs. 2 GWB erst, wenn der Verstoß beendet ist. § 33h Abs. 6 GWB sieht, wie zuvor erwähnt, zudem eine Hemmung der Verjährung vor, für den Fall, dass eine nationale Kartellbehörde aus Deutschland oder einem anderen EG-Mitgliedstaat oder die Europäische Kommission ein Kartellverfahren einleitet. Gemäß § 33h Abs. 6 S. 2 GWB endet die Verjährungshemmung ein Jahr nach einer bestands- und rechtskräftigen Entscheidung, also erst mit Abschluss des Gerichtsverfahrens, sofern eine Behördenentscheidung angefochten wird.

10. § 89a GWB sieht vor, dass das Gericht auf Antrag einer Partei anordnen kann, dass sich deren Verpflichtung zur Zahlung von Gerichtskosten nach einem der Wirtschaftslage der Partei angepassten Teil des Streitwerts bemisst. Voraussetzung ist die Glaubhaftmachung, dass die Belastung der Partei mit den Prozesskosten nach dem vollen Streitwert ihre wirtschaftliche Lage erheblich gefährden würde. Das Gericht kann die Anordnung von der Glaubhaftmachung des Umstandes abhängig machen, dass die von der Partei zu tragenden Kosten des Rechtsstreits weder unmittelbar noch mittelbar von einem Dritten übernommen werden. Die Anordnung hat zur Folge, dass die begünstigte Partei die Gebühren ihres Rechtsanwalts ebenfalls nur nach diesem Teil des Streitwerts zu entrichten hat. Soweit ihr die Kosten des Rechtsstreits auferlegt werden oder soweit sie diese übernimmt, hat sie die von dem Gegner entrichteten Gerichtsgebühren und die Gebühren seines Rechtsanwalts nur nach dem Teil des Streitwerts zu erstatten. Soweit die außergerichtlichen Kosten dem Gegner auferlegt oder von ihm übernommen werden, kann der Rechtsanwalt der begünstigten Partei seine Gebühren von dem Gegner nach dem für diesen geltenden Streitwert beitreiben (§ 89a Abs. 1 GWB).

Der Antrag nach § 89a Abs. 1 GWB kann vor der Geschäftsstelle des Gerichts zur Niederschrift erklärt werden. Er ist grds. vor der Verhandlung zur Hauptsache anzubringen. Danach ist er nur noch zulässig, wenn der angenommene oder festgesetzte Streitwert später durch das Gericht heraufgesetzt wird. Vor der Entscheidung über den Antrag ist der Gegner zu hören.

25. Berufung an den Kartellsenat des OLG (§ 91 GWB)

Hinweis[1, 2, 3, 4] Die Förmlichkeiten der Berufungen in Kartellsachen sind die gleichen wie in Nicht-Kartellsachen. Sie werden daher hier nicht wiedergegeben. Besonderheiten bestehen nur bei der Zuständigkeit der Kartellsenate der OLGe. Sie werden in den Anmerkungen behandelt.

Anmerkungen

1. Zuständigkeit der Kartellsenate beim OLG:
Über die Berufung gegen Endurteile und die Beschwerde gegen sonstige Entscheidungen in bürgerlichen Rechtsstreitigkeiten nach § 87 GWB entscheiden die Kartellsenate der OLGe (§ 91 S. 2 Hs. 2 GWB).

Die Berufungszuständigkeit der Kartell-OLG ist gegeben, wenn das LG als Kartellspruchkörper entschieden hat. Auf eine Bezeichnung der entscheidenden Kammer als Kartellkammer kommt es nicht mehr an, seit mit der 6. Novelle des GWB festgelegt wurde, dass das Kartell-OLG für alle bürgerlichen Rechtsstreitigkeiten nach § 87 GWB zuständig ist. Die Zuständigkeit richtet sich also danach, ob objektiv das Verfahren in der Vorinstanz einen Rechtsstreit betraf, der ganz oder zu einem Teil nach dem GWB, nach Art. 101 oder 102 AEUV oder Art. 53, 54 EWR-Abkommen zu entscheiden war.

2. Fristwahrung:
Die Berufung, über die ein Kartell-OLG zu entscheiden hat, kann – entgegen dem Wortlaut des § 91 GWB – fristwahrend auch beim allgemein zuständigen OLG eingelegt werden, das dann auf Antrag die Sache nach § 281 ZPO an das Kartell-OLG zu verweisen hat (BGH WuW/E BGH 1553 (1556) – Pankreaplex).

3. Verweisung:
Ist die Berufung – fälschlich – nicht beim Kartellsenat des OLG, sondern beim allgemein zuständigen OLG-Senat eingelegt worden, kann der Berufungskläger gem. § 281 ZPO die Verweisung des Rechtsstreits an den zuständigen Kartellsenat des OLG beantragen (BGH WuW/E BGH 873 (876) – Kugelschreiber; BGH WuW/E BGH 1553 (1556) – Pankreaplex; OLG Karlsruhe WuW/E OLG 5063 (5064) – DB-Versorgung). Mit dem Verweisungsbeschluss ist der Rechtsstreit beim Kartellsenat des OLG anhängig. Er hat dem Beschluss zu entsprechen.

4. Ausschließliche Zuständigkeit des OLG:
Gem. §§ 92, 93 GWB können die einzelnen Bundesländer, sofern sie mehrere OLG haben, „einem oder einigen der OLG oder dem obersten LG die ausschließliche Zuständigkeit" zuweisen.
Vgl. die Aufstellung in *Schönfelder*, Deutsche Gesetze: Ergänzungsband, GWB § 89.

26. Revision an den Kartellsenat des BGH (§ 94 Abs. 1 Nr. 3 GWB)

Hinweis: Die Förmlichkeiten der Revisionen in Kartellsachen sind die gleichen wie in Nicht-Kartellsachen. Sie werden daher hier nicht wiedergegeben. Besonderheiten ergeben sich nur aus der Zuständigkeit des Kartellsenats des BGH. Sie werden in den Anmerkungen behandelt.[1, 2]

Anmerkungen

1. Zuständigkeit des BGH:
Die Revisionszuständigkeit des Kartellsenats beim BGH ist gegeben „in bürgerlichen Rechtsstreitigkeiten nach § 87 GWB" (§ 94 Abs. 1 Nr. 3 GWB).

Diese Regelung entspricht der sachbezogenen Zuständigkeit der LG (BGH WuW/E BGH 1383 (1384) – Abschleppunternehmen). Für die Zuständigkeit des BGH ist es also nicht entscheidend, ob in erster oder zweiter Instanz das LG bzw. OLG als Kartellgericht entschieden hat.

Der BGH ist bei der Zuständigkeitsprüfung nicht an die rechtliche Beurteilung des Vorderrichters gebunden (BGH WuW/E BGH 1383 (1384) – Abschleppunternehmen).

2. Verweisung:
a) Ist ein Kartellrechtsstreit iSd § 94 Abs. 1 Nr. 3 GWB bei einem Zivilsenat des BGH anhängig, hat er auf Antrag des Revisionsklägers den Rechtsstreit an den Kartellsenat zu verweisen (BGH WuW/E BGH 2187 – Abwehrblatt).
b) Weist der Kartellsenat des BGH den Rechtsstreit in einer Kartellsache an das Berufungsgericht zurück, und entscheidet in der Berufungsinstanz ein Zivilsenat, also nicht der Kartellsenat, dann erfolgt die Verweisung an das für Entscheidungen nach dem GWB zuständige Oberlandesgericht (BGH WuW/E BGH 1413 (1416) – Mehrpreis von 11 %).

O. Vergaberecht

1. Rüge gemäß § 160 Abs. 3 GWB

. . . . .
(Rechtsanwalt)
an
. . . . .
(Auftraggeber)[1]

Verfahren zur Vergabe von EDV-Gerätelieferungen

Rüge gemäß § 160 Abs. 3 GWB[2]

Sehr geehrte Damen und Herren,
wir sind beauftragt, die rechtlichen Interessen der . . . . . wahrzunehmen. Eine Vollmacht ist beigefügt.[3] Namens und in Vollmacht unserer Mandantin rügen wir hiermit gemäß § 160 Abs. 3 GWB folgenden Vergaberechtsverstoß:[4]
Position . . . . . der Leistungsbeschreibung sowie Position . . . . . des Leistungsverzeichnisses verlangen, dass als Monitor für die zu liefernde Computer-Konfiguration ausschließlich das Produkt XY angeboten wird. Auf dem Markt ist jedoch eine Vielzahl von gleichwertigen Erzeugnissen erhältlich, die die gestellten Anforderungen mindestens in gleicher Weise erfüllen. Die genannte Position der Leistungsbeschreibung bzw. des Leistungsverzeichnisses verstößt damit gegen § 31 Abs. 6 S. 1 VgV. Danach darf auf eine bestimmte Produktion oder Herkunft, die Erzeugnisse eines bestimmten Unternehmens kennzeichnen, nur dann verwiesen werden, wenn dies durch den Auftragsgegenstand gerechtfertigt ist. Eine Rechtfertigung für die ausschließliche Vorgabe, Produkte der Marke XY anzubieten, ist jedoch weder der Ausschreibung zu entnehmen noch sonst durch allgemeine Umstände nachvollziehbar.
Bitte bestätigen Sie uns den Zugang dieser Rüge und teilen Sie uns bis zum . . . . . mit, ob Sie der Rüge abhelfen werden.
Mit freundlichen Grüßen
. . . . .
Rechtsanwalt

Anmerkungen

1. Die Rüge ist gem. § 160 Abs. 3 GWB an den Auftraggeber zu richten, und zwar in der Regel an die in der Auftragsbekanntmachung und den Vergabeunterlagen genannte Kontaktstelle (vgl. OLG Düsseldorf Beschl. v. 8.10.2003 – VII-Verg 49/03). Wird ein privater Dritter mit der formalen Durchführung der Ausschreibung beauftragt und ist dieser Dritte während des Vergabeverfahrens wiederholt gegenüber den Bietern als Ansprechpartner an Stelle des Auftraggebers aufgetreten, so kann auch gegenüber diesem die Rüge erhoben werden (vgl. VK Sachsen Beschl. v. 1.4.2010 – 1/SVK/007-10). Im Zweifel sollte die Rüge aber immer an die in der Auftragsbekanntmachung und den

Vergabeunterlagen genannte Kontaktstelle gesendet werden (vgl. BeckOK VergabeR/*Gabriel/Mertens* GWB § 160 Rn. 191 f.).

2. Erkannte Fehler müssen innerhalb von zehn Kalendertagen gerügt werden (vgl. § 160 Abs. 3 Nr. 1 GWB). Ansonsten ist der Bieter mit dem Vorbringen der betreffenden Vergaberechtsverstöße präkludiert. Erfasst sind davon nur Verstöße, die vor Einreichung des Nachprüfungsantrages erkannt wurden, sodass erst später erkannte Verstöße keiner Rügeobliegenheit unterliegen (vgl. Gesetzesbegründung BT-Drs. 18/6281, 135; OLG Schleswig-Holstein Beschl. v. 13.6.2019 – 54 Verg 2/19).

Aus der Bekanntmachung (vgl. § 160 Abs. 3 Nr. 2 GWB) und den Vergabeunterlagen (vgl. § 160 Abs. 3 Nr. 3 GWB) erkennbare Verstöße müssen zu einem möglichst frühen Zeitpunkt gerügt werden. Damit soll die Vergabestelle auch in diesen Fällen die Gelegenheit erhalten, etwaige Verfahrensfehler zu beheben und so im Interesse aller Beteiligten unnötige Nachprüfungsverfahren zu vermeiden (Gesetzesbegründung BT-Drs. 16/10 117, 22). Auch bei einer Verlängerung der Angebotsfrist im Sinne des § 160 Abs. 3 Nr. 2 GWB sollte im Zweifel innerhalb der in der Bekanntmachung angegebenen Frist für die Angebotsabgabe gerügt werden. Zwar zeichnet sich in der Praxis die Tendenz ab, Rügen innerhalb der verlängerten Angebotsfrist als nicht präkludiert zu betrachten (OLG Düsseldorf Beschl. v. 29.4.2009 – VII-Verg 76/08; VK Thüringen Beschl. v. 3.7.2019 – 2019-E-003-HBN). Allerdings sehen Teile der Literatur mit Verweis auf den Wortlaut der Norm die in der Bekanntmachung benannte Frist als entscheidend an (so etwa BeckOK VergabeR/*Gabriel/Mertens* GWB § 160 Rn. 171). § 160 Abs. 3 Nr. 3 GWB ist nicht auf in der Bekanntmachung genannte Fristen beschränkt. Nach dem Willen des Gesetzgebers soll damit klargestellt werden, dass sowohl einstufige als auch zweistufige Vergabeverfahren von der Vorschrift erfasst sind, da die Angebotsfrist bei zweistufigen Verfahren regelmäßig nicht in der Bekanntmachung benannt wird (Gesetzesbegründung BT-Drs. 18/6281, 135). Die Rügeobliegenheiten nach § 160 Abs. 3 Nr. 2 und 3 GWB gelten kumulativ mit der Rügeobliegenheit nach § 160 Abs. 3 Nr. 1 GWB.

Nicht erforderlich ist eine Rüge, wenn bei einer De-Facto-Vergabe gemäß § 135 Abs. 1 Nr. 2 GWB die Unwirksamkeit des Vertrages geltend gemacht wird (vgl. § 160 Abs. 3 S. 2 GWB). Noch nicht geklärt ist allerdings, ob vor Vertragsschluss – also bei einer „geplanten" De-Facto-Vergabe – eine Rügeobliegenheit besteht. Praktische Relevanz erlangt diese Frage insbesondere in den Fällen der sogenannten freiwilligen Ex-Ante-Transparenzbekanntmachung nach § 135 Abs. 3 GWB, in denen die Bieter zur Einreichung eines Nachprüfungsantrags vor Erteilung des Zuschlags gezwungen werden (vgl. *Wolf/Wolters* VergabeR 2/2018, S. 106). Der Wortlaut spricht für ein Rügeerfordernis, die Entstehungsgeschichte der Norm eher dagegen (für eine Rügeobliegenheit: VK Bund Beschl. v. 18.2.2016 – VK 2-137/15; in diese Richtung auch OLG Rostock Beschl. v. 20.11.2013 – 17 Verg 7/13 und OLG Brandenburg Beschl. v. 20.9.2011 – Verg W 11/11; gegen eine Rügeobliegenheit: OLG Hamburg Beschl. v. 14.12.2010 – 1 Verg 5/10; VK Lüneburg Beschl. v. 18.10.2016 – VgK-41/2016). Macht ein Bieter die Unwirksamkeit des Vertrages nach § 135 Abs. 1 Nr. 1 GWB geltend, sollte vor Einreichung des Nachprüfungsantrags nach § 160 Abs. 3 GWB gerügt werden. Eine solche Rügeobliegenheit soll nur dann nicht bestehen, wenn der Auftraggeber den Zuschlag bereits erteilt und den (schwebend) wirksamen Vertrag abgeschlossen hat. Sinn und Zweck der Rügeobliegenheit, dem Auftraggeber Möglichkeit zur Selbstkorrektur zu geben, kann in diesem Fall nicht mehr erreicht werden (Beck VergabeR/*Dreher/Hoffmann* GWB § 135 Rn. 53). Die Rechtsprechung hält eine Rüge des Weiteren nach § 242 BGB für ausnahmsweise entbehrlich, wenn der Auftraggeber eine Fehlerkorrektur eindeutig und endgültig verweigert (vgl. OLG Brandenburg Beschl. v. 14.1.2013 – Verg W 13/12).

3. Verfahrensverstöße können vom Bieter, Bewerber oder Interessenten selbst sowie von einem hierzu bevollmächtigten Vertreter gerügt werden. Eine Bietergemeinschaft muss die Rüge grundsätzlich gemeinschaftlich erklären; sie kann aber einzelne Mitglieder zur Rüge bevollmächtigen bzw. ermächtigen (OLG Dresden Beschl. v. 23.7.2013 – Verg 4/13, BeckRS 2013, 19603; VK Bremen Beschl. v. 20.3.2014 – 16 VK 1/14). Eine Verbandsrüge gegenüber dem öffentlichen Auftraggeber, die nicht für namentlich benannte Bieter ausgesprochen wird, hat nur Appellcharakter und wirkt nicht zugunsten eines seiner Mitglieder (vgl. OLG Brandenburg Beschl. v. 28.11.2002 – Verg W 8/02; s. aber auch VK Bund Beschl. v. 30.5.2007 – VK 2–39/07). Handelt ein vom Antragsteller bevollmächtigter Dritter, ist es grundsätzlich nicht nötig, der Rüge eine Vollmachtsurkunde beizulegen. Die Vollmacht ist dem Auftraggeber in analoger Anwendung des § 14 Abs. 1 S. 3 VwVfG lediglich auf Verlangen schriftlich nachzuweisen (vgl. VK Baden-Württemberg Beschl. v. 18.5.2011 – 1 VK 18/11; VK Sachsen Beschl. v. 4.10.2011 – 1/SVK/037-11).

4. Gegenstand der Rüge gemäß § 160 Abs. 3 Nr. 1 GWB sind die im Vergabeverfahren erkannten Verstöße gegen Vergabevorschriften. Es ist also positive Kenntnis aller die Rechtswidrigkeit begründenden Tatsachen bei einem vertretungsberechtigten Organ des Antragstellers oder dessen Wissensvertreter notwendig (OLG Düsseldorf Beschl. v. 16.10.2019 – II-Verg 13/19; Ziekow/Völlink/*Dicks* Vergaberecht GWB § 160 Rn. 42). Bei der Frage der Kenntnis und damit dem Beginn der Rügefrist ist zu unterscheiden zwischen der Kenntnis eines bestimmten Sachverhalts und der Erkenntnis, dass darin ein Vergaberechtsverstoß liegt. Kenntnis im Sinne des § 160 Abs. 3 Nr. 1 GWB setzt voraus, dass der Bieter die Tatsachen kennt, aus denen die Beanstandung im Nachprüfungsverfahren abgeleitet wird und diese zumindest laienhaft als Vergaberechtsverstoß bewertet (BGH Beschl. v. 26.9.2006 – X ZB 14/06). Die genaue Kenntnis von einem völlig zweifelsfreien und in jeder Beziehung nachweisbaren Vergaberechtsfehler ist nicht erforderlich (OLG Schleswig-Holstein Beschl. v. 12.11.2020 – 54 Verg 2/20). Schlichte Verdachtsrügen sind jedoch rechtlich nicht geboten (vgl. OLG Düsseldorf Beschl. v. 9.1.2020 – VII-Verg 10/18; OLG Düsseldorf Beschl. v. 29.6.2017 – VII-Verg 7/17; OLG Frankfurt a. M. Beschl. v. 5.10.2010 – 11 Verg 7/10; VK Hamburg Beschl. v. 26.8.2011 – VK BSU 4/11). Positive Kenntnis wird jedoch in dem Fall unterstellt, in welchem der Kenntnisstand des Antragstellers in tatsächlicher oder rechtlicher Hinsicht einen solchen Grad erreicht hat, dass ein weiteres Verharren in Unkenntnis als ein mutwilliges Sich-Verschließen vor der Erkenntnis eines Vergaberechtsverstoßes gewertet werden muss (BGH Beschl. v. 26.9.2006 – X ZB 14/06, BeckRS 2006, 12317; OLG Düsseldorf Beschl. v. 8.12.2008 – VII-Verg 55/08; VK Bund Beschl. v. 1.8.2017 – VK 1-69/17; OLG Frankfurt Beschl. v. 14.5.2018 – 11 Verg 4/18). An ein solches Sich-Verschließen sind jedoch strenge Anforderungen zu stellen, deren Vorliegen vom Auftraggeber darzulegen sind (vgl. OLG Düsseldorf Beschl. v. 21.5.2008 – VII-Verg 19/08; VK Bund Beschl. v. 10.4.2008 – VK 2–37/08). Dem Bieter wird in Hinblick auf die rechtliche Wertung regelmäßig zugestanden, fachlich qualifizierten anwaltlichen Rat hinzuzuziehen, es sei denn, der Rechtsverstoß liegt auf der Hand (zB bei Ungenauigkeiten im Leistungsverzeichnis, OLG Naumburg Beschl. v. 25.9.2008 – 1 Verg 3/08). Positive Kenntnis lässt sich grundsätzlich nicht schon daraus ableiten, dass ein Antragsteller erhebliche praktische Erfahrung mit einschlägigen Ausschreibungsverfahren des Auftraggebers hat (VK Lüneburg Beschl. v. 7.2.2014 – VgK-51/2013; VK Bund Beschl. v. 3.1.2007 – VK 1–142/06).

Die Darlegungs- und Feststellungslast dafür, dass der Antragsteller seiner Rügeobliegenheit nicht nachgekommen ist, trägt der Auftraggeber. Er hat vorzutragen und nachzuweisen, dass der Antragsteller von einem bestimmten Vergabefehler so frühzeitig Kenntnis erlangt hat, dass seine später ausgesprochene Rüge nicht mehr als rechtzeitig gewertet werden kann (BGH Beschl. v. 1.2.2005 – X ZB 27/04, BGHZ 162, 116; OLG

München Beschl. v. 20.3.2014 – Verg 17/13; dazu ausführlich BeckOK VergabeR/*Gabriel/Mertens* GWB § 160 Rn. 222 ff.).

Hinsichtlich der Erkennbarkeit von Vergaberechtsverstößen im Rahmen von § 160 Abs. 3 Nr. 2 und 3 GWB spricht sich die Rechtsprechung teilweise für eine subjektive Betrachtung zu Lasten des Bieters (OLG Frankfurt a. M. Beschl. v. 15.7.2008 – 11 Verg 4/08; bei langjähriger Teilnahme an öffentlichen Ausschreibungen KG Beschl. v. 17.10.2002 – 2 KartVerg 13/02, NZBau 2003, 338, 339) und wohl überwiegend für eine objektive Betrachtung unter Heranziehung eines durchschnittlichen Bieters aus (OLG Düsseldorf Beschl. v. 15.5.2019 – VII-Verg 61/18; VK Bund Beschl. v. 17.7.2019, VK 2 – 36/19; OLG Düsseldorf Beschl. v. 8.3.2017 – VII Verg 39/16; OLG München Beschl. v. 22.10.2015 – Verg 5/15; OLG Celle Beschl. v. 16.6.2011 – 13 Verg 3/11). Erkennbar in rechtlicher Hinsicht sind Vergaberechtsverstöße, wenn die Rechtsvorschriften, gegen die verstoßen wird, zum allgemeinen und grundlegenden Wissen der beteiligten Bieterkreise gehören, ohne dass es einer exakten rechtlichen Einordnung bedarf (OLG Düsseldorf Beschl. v. 3.4.2019 – VII-Verg 49/18; OLG München Beschl. v. 22.10.2015 – Verg 5/15; OLG Celle Beschl. v. 27.2.2020, 13 Verg 5/19; VK Bund Beschl. v. 17.7.2019, VK 2 – 36/19). Wurde der Bieter bereits vor Angebotsabgabe anwaltlich vertreten, führt dies nicht zwangsläufig zur Anlegung eines für die Erkennbarkeit strengeren Maßstabs (VK Bund Beschl. v. 11.11.2020, VK 1 – 84/20).

Die Rüge unterliegt keiner Formvorschrift. Sie kann grundsätzlich also auch mündlich erfolgen (VK Leipzig Beschl. v. 27.2.2020 – 1/SVK/041-19; OLG Celle Beschl. v. 30.9.2010 – 13 Verg 10/10; OLG Düsseldorf Beschl. v. 6.3.2008 – Verg 53/07; VK Münster Beschl. v. 13.2.2008 – VK 29/07). Aus Gründen der Beweisbarkeit ist jedoch eine schriftliche Rüge zu empfehlen.

Sinn und Zweck der Rügepflicht ist es, dem Auftraggeber zu ermöglichen, die gerügten Mängel zu beseitigen (OLG Brandenburg Beschl. v. 30.4.2013 – Verg W 3/13; OLG München Beschl. v. 17.9.2007 – Verg 10/07; vgl. BeckOK VergabeR/*Gabriel/Mertens* GWB § 160 Rn. 125). Sie sollte daher vor Stellung des Nachprüfungsantrags zur Kenntnis des Auftraggebers gelangt sein. Das OLG Frankfurt lässt es offen, ob eine gegenüber dem Nachprüfungsantrag gleichzeitige oder unmittelbar zeitlich nachfolgende Rüge ausreichend ist (OLG Frankfurt Beschl. v. 23.6.2020 – 11 Verg 2/20; bejahend OLG Düsseldorf Beschl. v. 5.12.2006 – VII-Verg 56/06). Eine Wartefrist zwischen Erhebung der Rüge und Einreichung des Nachprüfungsantrags besteht im Übrigen nicht. Der Rügepflicht wird somit im Regelfall auch dann Genüge getan, wenn nach Erhebung der Rüge ohne erhebliches Zuwarten der Nachprüfungsantrag eingereicht wird (VK Lüneburg Beschl. v. 27.9.2016 – VgK – 39/2016). Zwar wird dem Auftraggeber in diesem Fall kaum ermöglicht, die gerügten Mängel zu beseitigen, sodass die Erfüllung des Zwecks der Rügeobliegenheit zweifelhaft ist (VK Bund Beschl. v. 27.11.2019 – VK 2 – 84/19). Allerdings würde eine Wartefrist zwischen Rüge und Nachprüfungsantrag die Rügefristen faktisch noch weiter verkürzen. Zudem kann eine Wartefrist in Extremfällten dazu führen, dass Rechtsschutz eines Bieters nicht mehr möglich ist. Ein vorschneller Antragsteller riskiert allerdings, dass sich das Nachprüfungsverfahren durch eine Abhilfe des Auftraggebers erledigt und er gemäß § 182 Abs. 3 Satz 4, Abs. 4 Satz 3 GWB die Verfahrenskosten und notwendigen Auslagen des Auftraggebers tragen muss (Heiermann/Zeiss/*Summa*, jurisPK-Vergaberecht, § 160 GWB Rn. 18).

Die Rüge muss Verstöße konkret benennen und den Auftraggeber auffordern, diese abzustellen (OLG München Beschl. v. 20.3.2014 – Verg 17/13; OLG Frankfurt a. M. Beschl. v. 24.6.2004 – 11 Verg 15/04). Zudem muss sie erkennen lassen, dass der Bieter von den sich aus dem Fehler des Vergabeverfahrens für ihn ergebenden Rechten Gebrauch machen will (OLG Jena Beschl. v. 29.8.2008 – 9 Verg 5/08; VK Bund Beschl. v. 30.7.2008 – VK 1–90/08; VK Bund Beschl. v. 29.7.2008 – VK 1–78/08). Eine „Bitte um Aufklärung“ (OLG Düsseldorf Beschl. v. 12.2.2020 – Verg 24/19) oder ein

Hinweis, eine Bekundung des Unverständnisses oder allgemeine Kritik (VK Thüringen Beschl. v. 12.10.2017 – 250-4002-7955/2017-E-014-GTH) erfüllen nicht die Anforderungen des § 160 Abs. 3 Nr. 1-3 GWB. Ob ein konkretes Bieterverhalten eine Rüge iSd § 160 Abs. 3 GWB darstellt, ist von den Vergabenachprüfungsinstanzen objektiv zu beurteilen und steht nicht zur Disposition der Verfahrensbeteiligten. Fragen des Bieters an den Auftraggeber können als Rügen iSd § 160 Abs. 3 GWB zu verstehen sein, wenn sich aus dem Inhalt der „Frage" ergibt, dass das Vorgebrachte als Mitteilung zu verstehen sein soll, dass der Antragsteller die derzeitige Vorgehensweise des Auftraggebers für vergabefehlerhaft hält, verbunden mit der Aufforderung an den Auftraggeber, diesen Vergaberechtsverstoß zu beseitigen (VK Bund Beschl. v. 28.5.2020 – VK 1 – 34/20). Sofern die Vergabestelle in ihrer Antwort auf eine solche Rüge in Form einer Frage eindeutig zum Ausdruck bringt, dass sie die Rüge als unzutreffend abtut und ihr endgültig nicht abhilft, ist dies als Nichtabhilfemitteilung zu werten (VK Bund Beschl. v. 28.5.2020 – VK 1 – 34/20). Einer genauen Bezeichnung der verletzten Vorschriften bedarf es nicht (OLG Dresden Beschl. v. 21.10.2005 – WVerg 5/05; VK Sachsen Beschl. v. 3.3.2008 – 1/SVK/002–08; VK Brandenburg Beschl. v. 21.11.2007 – VK 45/07), sofern die den Rechtsverstoß begründenden Tatsachen benannt werden; gleichwohl ist zur Vermeidung von Zweifeln und Missverständnissen eine Benennung der verletzten Normen empfehlenswert.

2. Nachprüfungsantrag an die Vergabekammer

. . . . .
(Rechtsanwalt)
an
. . . . .
(Vergabekammer)[1]

Antrag gemäß § 160 Abs. 1 GWB[2]

In Sachen
der Firma A,[3] vertreten durch die Geschäftsführer . . . . .,

– Antragstellerin –

– Verfahrensbevollmächtigte:[4] Rechtsanwälte . . . . . –
gegen
die Stadt S[5]

– Auftraggeberin und Antragsgegnerin –

beizuladen[6] gemäß § 162 GWB: X-GmbH

erheben wir namens und in Vollmacht der Antragstellerin Nachprüfungsantrag betreffend das Vergabeverfahren . . . . . und beantragen:[7]

1. **die Antragsgegnerin zu verpflichten, den Zuschlag nur unter Berücksichtigung des Angebots der Antragstellerin zu erteilen;**
2. **der Antragstellerin Einsicht in die Vergabeakten zu gewähren;[8]**
3. **die Hinzuziehung des Verfahrensbevollmächtigten der Antragstellerin gem. § 182 Abs. 4 GWB für notwendig zu erklären;**
4. **die Antragsgegnerin die Kosten des Verfahrens einschließlich der Kosten der zweckentsprechenden Rechtsverfolgung der Antragstellerin aufzuerlegen.**

Begründung:[9]

Teil 1: Sachverhalt[10]

Die Antragsgegnerin schrieb den Abschluss von Rahmenverträgen über den Kauf und die Lieferung von PCs, Monitoren und Druckern in Losen durch Bekanntmachung im Supplement zum Amtsblatt der Europäischen Union vom . . . . . europaweit aus. Die Bekanntmachung ist beigefügt als

Anlage ASt 1.

Die Bewerbungsbedingungen sind als

Anlage ASt 2

beigefügt. Für das Jahr . . . . . ist danach die Beschaffung von 300 Computern und Monitoren sowie ca. 200 Druckern beabsichtigt (vgl. Seite . . . . . der Bewerbungsbedingungen).

Die Antragstellerin gab am . . . . . ein Angebot ab. Das Angebot ist in Kopie VERTRAULICH, NICHT DER BEIZULADENDEN ZUGÄNGLICH ZU MACHEN,[11] beigefügt als

Anlage ASt 3.

Mit Schreiben vom . . . . ., beigefügt als

Anlage ASt 4,

forderte die Antragsgegnerin die Antragstellerin auf, ...-Zertifikate für die angebotenen Komponenten vorzulegen. Noch am . . . . . wurden seitens der Antragstellerin die entsprechenden Zertifikate zur Verfügung gestellt, in Kopie beigefügt als

Anlage ASt 5.

Aufgrund eines Versehens seitens der Antragstellerin bezogen sich diese Zertifikate jedoch nicht auf die von ihr angebotene Baureihe. Dieser Fehler war für die Auftraggeberin bei Durchsicht der Unterlagen ohne weiteres erkennbar.

Mit Schreiben vom . . . . ., beigefügt als

Anlage ASt 6,

teilte die Antragsgegnerin der Antragstellerin mit, dass ihr Angebot auf Grund der fehlenden . . . . .-Zertifizierung nicht berücksichtigt worden sei. Die Antragstellerin rügte daraufhin mit Schreiben vom . . . . ., beigefügt als

Anlage ASt 7,

gegenüber der Antragsgegnerin ihren Ausschluss. Gleichzeitig übersandte sie die korrekten Zertifikate für die von ihr angebotene Baureihe, beigefügt als

Anlage ASt 8.

Die Rüge hat die Antragsgegnerin mit Schreiben vom . . . . ., eingegangen bei der Antragstellerin am . . . . ., beigefügt als

Anlage ASt 9,

zurückgewiesen.

Inzwischen hat die Antragstellerin erfahren, dass der Zuschlag auf das Angebot eines anderen Bieters erteilt werden soll. Auf telefonische Rückfrage teilte Herr . . . . ., Mitarbeiter der Antragsgegnerin, der Mitarbeiterin der Antragstellerin, Frau . . . . ., mit, das Angebot der Antragstellerin sei zwar das preislich günstigste gewesen, müsse aber wegen der fehlenden Zertifikate ausgeschlossen werden.

Beweis:[12] Zeugnis der Frau . . . . ., zu laden über die Antragstellerin.

Teil 2: Rechtliche Würdigung[13]

Der Antrag auf Nachprüfung ist zulässig und begründet.

A. Zulässigkeit[14]

Die Voraussetzungen des § 160 GWB sind erfüllt.

I. Maßgeblicher Schwellenwert[15]

Der für die Anwendbarkeit des vierten Teils des GWB und damit auch der Vorschriften über das Nachprüfungsverfahren gemäß § 106 Abs. 1 GWB erforderliche Schwellenwert ist überschritten. Bei Liefer- und Dienstleistungsaufträgen wie dem vorliegenden Kauf und der Lieferung von Computern, Monitoren und Druckern beträgt der Schwellenwert gemäß § 106 Nr. 1 GWB iVm Art. 4 lit. c RL 2014/24/EU, zuletzt geändert durch die DVO (EU) 2019/1828, 214.000 EUR. Das Auftragsvolumen übersteigt diese Grenze.

Bei dem Auftrag handelt es sich um einen Rahmenvertrag. In diesem Fall wird der Auftragswert gemäß § 3 Abs. 4 VgV auf der Grundlage des geschätzten Gesamtwertes aller für den Zeitraum der Rahmenvereinbarung geplanten Bestellungen berechnet.

Nach den Bewerbungsbedingungen (Anlage ASt 2) ist für das Jahr . . . . . die Anschaffung von 300 Computern sowie 200 Druckern beabsichtigt (Seite . . . . . der Bewerbungsbedingungen). Bei diesem Auftragsvolumen ist bei einem marktüblichen Preis von . . . . . für Computer mit . . . . . Monitor und . . . . . für Drucker von einem Auftragswert von über 214.000 EUR auszugehen.

II. Antragsbefugnis[16]

Die Antragstellerin ist antragsbefugt. Sie hat ein Angebot abgegeben und hat damit gemäß § 160 Abs. 2 S. 1 GWB ein Interesse an dem Auftrag. Außerdem macht sie eine Verletzung in ihren Rechten nach § 97 Abs. 6 GWB durch Nichtbeachtung von Vergabevorschriften geltend. Die Voraussetzungen eines Ausschlusses des Angebots der Antragstellerin gemäß § 57 Abs. 1 VgV lagen nicht vor.

Durch diese Verletzung des Vergaberechts droht der Antragstellerin ein Schaden zu entstehen (§ 160 Abs. 2 S. 2 GWB).[17] Insoweit genügt es, wenn Umstände aufgezeigt werden, aus denen sich schlüssig die Möglichkeit eines Schadens ergibt (BGH Beschl. v. 26.9.2006 – X ZB 14/06, NVwZ 2007, 240), wobei an die Darlegung eines Schadens keine übertriebenen Anforderungen gestellt werden dürfen (OLG Düsseldorf Beschl. v. 14.12.2016 – VII – Verg 20/16; OLG München Beschl. v. 19.7.2012 – Verg 8/12).

Die Antragstellerin hätte bei Berücksichtigung ihres Angebots gute Aussichten auf den Zuschlag gehabt. Ihr Angebot war nach der telefonischen Auskunft des Antragsgegnerin das preislich günstigste.

III. Rechtzeitige Rüge[18]

Der Rechtsverstoß ist von der Antragstellerin mit dem Schreiben vom . . . . . (Anlage Ast 7) auch rechtzeitig gemäß § 160 Abs. 3 GWB gerügt worden. Die Rüge erfolgte am . . . . ., mithin innerhalb von zehn Tagen nach Bekanntwerden des Ausschlusses vom . . . . .

IV. Einhaltung der Antragsfrist[19]

Der Nachprüfungsantrag wurde auch fristgerecht innerhalb von 15 Kalendertagen nach Eingang der Rügezurückweisung durch die Auftraggeberin eingelegt (§ 160 Abs. 3 Nr. 4 GWB). Die Zurückweisung der Rüge ging bei der Antragstellerin am . . . . . ein, so dass der Nachprüfungsantrag vom . . . . . fristgerecht erfolgte.

V. Kein zwischenzeitlicher Zuschlag

Der Zulässigkeit des Antrags stünde auch ein zwischenzeitlich erteilter Zuschlag nicht entgegen. Denn der mit Zuschlagserteilung geschlossene Vertrag mit dem anderen Bieter wäre gemäß § 135 Abs. 1 Nr. 1 GWB von Anfang an unwirksam. Die Antragstellerin hat

keine Mitteilung über die Vergabeabsicht der Antragsgegnerin erhalten, die den Voraussetzungen des § 134 Abs. 1 GWB genügte. Das Schreiben der Vergabestelle vom . . . . . (Anlage Ast 6) enthielt lediglich die formelhafte Mitteilung des Ausschlusses gem. „§ 57 Abs. 1 VgV" und bezog sich in keiner Weise auf die beabsichtigte Auftragserteilung an einen bestimmten Mitbieter.

Zudem wäre selbst nach einer ausreichenden Mitteilung nach § 134 Abs. 1 GWB die 10-tägige Wartefrist ab Absendung der Information auf elektronischem Wege an die Bieter vor Erteilung des Zuschlags einzuhalten gewesen. Der Zuschlag kann, wenn überhaupt, nicht vor dem . . . . . wirksam erteilt werden.

B. Begründetheit

Der Nachprüfungsantrag ist auch begründet. Der Ausschluss der Antragstellerin war vergaberechtswidrig und verletzte die Antragstellerin in ihren Rechten (§ 97 Abs. 6 GWB).

Auf § 53 Abs. 7 iVm § 57 Abs. 1 Nr. 3 VgV konnte der Ausschluss der Antragstellerin aus dem Vergabeverfahren (entgegen der formelhaften Erwähnung im Schreiben der Vergabestelle vom . . . . .) nicht gestützt werden. Denn die nachgeforderten Zertifikate waren in der Leistungsbeschreibung nicht als Mindestanforderungen genannt. Zudem lag auch keiner der anderen in § 57 Abs. 1 VgV genannten *zwingenden* Ausschlussgründe vor . . . . .

Die Hinzuziehung des Verfahrensbevollmächtigten durch die Antragstellerin war notwendig. Die Antragstellerin verfügt als mittelständisches Unternehmen nicht über das zur zweckentsprechenden Durchführung dieses Verfahrens notwendige rechtskundige Personal. Zudem sind die zu entscheidenden Rechtsfragen so komplex und speziell, dass von der Antragstellerin nicht erwartet werden kann, dass sie diese ohne Hinzuziehung eines spezialisierten Rechtsanwalts im bestehenden engen zeitlichen Rahmen selbst mit hinreichender Klarheit zu vertreten vermag.

Dem Antrag ist deshalb stattzugeben.

C. Prozessuale Erklärungen[20, 21]

– Wir versichern bereits jetzt, die im Rahmen der Akteneinsicht entstehenden Kosten der Kopien zu tragen.

– Die Zahlung eines etwaigen Gebührenvorschusses der Vergabekammer versichern wir anwaltlich. Der Vorschuss wird unverzüglich nach Angabe der Bankverbindung und des Aktenzeichens überwiesen.

– Mit dem Verzicht auf die mündliche Verhandlung erklären wir uns nicht einverstanden.

. . . . .

Rechtsanwalt[22]

Anmerkungen

1. Das Nachprüfungsverfahren vor der Vergabekammer wird nur auf Antrag eingeleitet (vgl. § 160 Abs. 1 GWB). Ein Verfahren von Amts wegen kommt nicht in Betracht. Der Antrag muss gemäß § 161 Abs. 1 GWB bei der (zuständigen) Vergabekammer schriftlich eingereicht werden. Für Vergaben des Bundes ist die Vergabekammer des Bundes beim Bundeskartellamt zuständig (vgl. §§ 156 Abs. 1, 159 Abs. 1 GWB). Für Vergaben der Länder und der Kommunen sind auf Länderebene Vergabekammern durch Landesrecht eingerichtet (vgl. §§ 156 Abs. 1, 159 Abs. 2, 3 GWB). Die zuständige Vergabekammer sowie ihre Anschrift muss sich grundsätzlich aus der Vergabebekanntmachung und den Vergabeunterlagen ergeben (vgl. § 37 Abs. 3 VgV).

Das Schriftformerfordernis ergibt sich aus § 161 Abs. 1 S. 1 GWB. Die Übermittlung kann direkt, per Post oder sonstigem Boten, per Telefax oder auch per E-Mail mit digitaler Signatur nach dem Signaturgesetz erfolgen (s. zB BGH Beschl. v. 15.7.2008 – X ZB 8/08, NJW 2008, 2649; VK Brandenburg Beschl. v. 28.1.2019 – VK 22/18, BeckRS 2019, 3322 zur Unzulässigkeit eines per E-Mail übermittelten Nachprüfungsantrags ohne qualifizierte Signatur). Die VK Südbayern hat zudem entschieden, dass nach analoger Anwendung der § 130a Abs. 3, Abs. 4 Nr. 2 ZPO die Übermittlung von Nachprüfungsanträgen vom beA auf das besondere elektronische Behördenpostfach der Vergabekammer möglich sein soll, wenn die Vergabekammer diesen Kommunikationsweg eröffnet hat (VK Südbayern Beschl. v. 28.9.2020 – 3194 . Z 3 – 3 – 01 – 20 – 11). Der Antrag ist gemäß § 23 VwVfG in deutscher Sprache abzufassen (vgl. Beck VergabeR/*Horn*/*Hofmann* GWB§ 160 Rn. 19–20; MüKoVergabeR I/*Jaeger* § 161 GWB Rn. 3; nach aA kann aufgrund der Gerichtsähnlichkeit der Vergabekammern auch § 184 GVG entsprechend angewendet werden vgl. Röwekamp/Kus/Portz/Prieß/*Schäfer* § 161 GWB Rn. 7). Anträge in fremder Sprache können nicht übermittelt werden. Die Vergabekammer hat allerdings unverzüglich auf die Vorlage einer Übersetzung hinzuweisen (vgl. § 23 Abs. 2 S. 1 VwVfG).

Eine unzuständige Vergabekammer ist grundsätzlich verpflichtet, dafür zu sorgen, dass der Antrag unverzüglich zur zuständigen Vergabekammer weitergeleitet wird (vgl. Röwekamp/Kus/Portz/Prieß/*Ohlerich* § 159 GWB Rn. 30; aA Heiermann/Zeiss/*Summa* GWB § 161 Rn. 7). Dies soll sich aus einer analogen Anwendung der § 83 VwGO, § 17a Abs. 2 GVG und dem allgemeinen Gedanken des Beschleunigungsgrundsatzes ergeben (OLG Schleswig Beschl. v. 28.6.2016 – 54 Verg 2/16; OLG Dresden Urt. v. 26.6.2012 – Verg 3/12; VK Baden-Württemberg Beschl. v. 20.1.2009 – 1 VK 67/08; VK Sachsen Beschl. v. 19.12.2008 – 1/SVK/064-08; VK Bund Beschl. v. 9.5.2007 – VK 1-26/07). Da das Zuschlagsverbot jedoch gemäß § 169 Abs. 1 GWB erst durch die Information des Auftraggebers über den Antrag durch die Vergabekammer ausgelöst wird, besteht die Gefahr, dass während der Suche der zuständigen Kammer der Zuschlag erteilt wird. Daher ist in der Praxis größte Sorgfalt darauf zu legen, den Antrag bei der zuständigen Vergabekammer zu stellen. Nicht möglich ist der Verweis eines ordentlichen Gerichtes von einem bei ihm eingereichten Antrag auf einstweiligen Rechtsschutz an die zuständige Vergabekammer als Nachprüfungsantrag (vgl. OLG Düsseldorf Beschl. v. 11.3.2002 – Verg 43/01). Auch eine Verweisung durch das Verwaltungsgericht an die Vergabekammer scheidet aufgrund der Besonderheiten des vergaberechtlichen Nachprüfungsverfahrens aus (OVG Sachsen Urt. v. 9.2.2016 – 5 B 315/15; möglich soll dagegen der Verweis durch ein Sozialgericht an eine Vergabekammer sein, nach VK Bund Beschl. v. 2.3.2018 – VK 1-165/17, BeckRS 2018, 10564).

2. Zusätzlicher zeitlicher Zwang ergibt sich daraus, dass ein Antrag auf Einleitung eines Nachprüfungsverfahrens nach wirksamer Zuschlagserteilung unzulässig ist (§ 168 Abs. 2 S. 1 GWB; vgl. BGH Beschl. v. 19.12.2000 – X ZB 14/00, NZBau 2001, 151; OLG Düsseldorf Beschl. v. 19.4.2017 – VII-Verg 38/16; VK Südbayern Beschl. v. 29.4.2010 – Z3-3-3194-1-03-01/10; VK Bund Beschl. v. 5.2.2009 – VK 1-186/08). Im Einzelfall ist ggf. darzulegen, dass der Zuschlag noch nicht wirksam erteilt wurde.

Das Zuschlagerteilungsverbot gemäß § 169 Abs. 1 GWB beginnt mit der Information der Vergabekammer an den Auftraggeber über den Nachprüfungsantrag und endet mit Ablauf der Beschwerdefrist nach § 172 Abs. 1 GWB. Wird ein Zuschlag in der Zwischenzeit erteilt, so ist dieser Vertrag gem. § 134 BGB nichtig (Röwekamp/*Kus*/Portz/Prieß § 169 Rn. 47). Fraglich ist, ob der Gesetzgeber durch § 163 Abs. 2 und § 169 Abs. 1 GWB erreichen wollte, dass die Vergabekammer den Auftraggeber bereits dann gemäß § 169 Abs. 1 GWB in Textform über den Nachprüfungsantrag informieren soll, bevor sie die offensichtliche Unzulässigkeit oder Unbegründetheit des Antrags geprüft hat. Die Nachprüfungsinstanzen gehen wohl überwiegend davon aus, dass zunächst (summarisch) zu prüfen ist, ob der Nachprüfungsantrag offensichtlich unzulässig oder unbegründet ist und der Auftraggeber im Anschluss über den Nachprüfungsantrag informiert wird (zB VK Bund Urt. v. 22.12.2017 – VK 1-135/17). Nach anderer Ansicht kann aus den unterschiedlichen Anforderungen des § 163 Abs. 2 GWB und § 169 Abs. 1 GWB gefolgert werden, dass die Vergabekammer erst über den Nachprüfungsantrag zu informieren hat und erst vor einer Übermittlung der Kopie des Nachprüfungsantrags und vor Anforderung der Vergabeakten die offensichtliche Unzulässigkeit oder Unbegründetheit zu überprüfen hat (Röwekamp/*Kus*/Portz/Prieß § 169 Rn. 27; HK-VergabeR/*Nowak* § 169 Rn. 7). Falls sich nach Information des Auftraggebers herausstellt, dass der Nachprüfungsantrag offensichtlich unzulässig oder unbegründet ist, kann eine Gestattung des Zuschlags nach § 169 Abs. 2 S. 1 GWB erfolgen. Jedenfalls wenn für eine summarische Prüfung keine Zeit mehr ist, sollte der Nachprüfungsantrag im Zweifel zugestellt werden, da der Primärrechtsschutz nach Zuschlagsentscheidung (grundsätzlich) dauerhaft und unwiderruflich ausgeschlossen ist.

Vor dem Zuschlagserteilungsverbot verpflichtet § 134 Abs. 2 GWB den Auftraggeber, die nicht berücksichtigten Bieter mindestens 15 Tage vor Zuschlagserteilung über die beabsichtigte Zuschlagserteilung zu informieren. Wird die Information – wie in der Praxis üblich – per Fax oder auf elektronischem Weg versendet, verkürzt sich die Frist auf 10 Kalendertage (§ 134 Abs. 2 S. 2 GWB). Unterbleibt die Zuschlagsinformation nach § 134 GWB (vgl. OLG Koblenz Beschl. v. 25.9.2012 – 1 Verg 5/12), ist sie unrichtig oder unvollständig (vgl. VK Bund Beschl. v. 22.1.2019 – VK 1-109/18; Thüringer OLG Beschl. v. 9.9.2010 – 9 Verg 4/10) oder wird die vorgesehene 15- bzw. 10-Tages-Frist nicht eingehalten (OLG Naumburg, Beschl. v. 17.2.2004 – 1 Verg 15/03), so ist der Nachprüfungsantrag auch nach dem Abschluss des unwirksamen Vertrages zulässig. Dasselbe gilt nach § 135 Abs. 1 Nr. 2 GWB für den Fall, dass der Auftraggeber den Auftrag ohne eine erforderliche vorherige Veröffentlichung einer Bekanntmachung im Amtsblatt der Europäischen Union vergeben hat.

Bei einem engen Zeitrahmen, insbesondere wenn der Ablauf der Wartefrist nach § 134 GWB unmittelbar bevorsteht, sollte die Vergabekammer auf die Eilbedürftigkeit der schriftlichen Information des Auftraggebers vom Nachprüfungsantrag hingewiesen werden, um das Zuschlagsverbot gem. § 169 Abs. 1 GWB möglichst schnell eintreten zu lassen.

3. Grundsätzlich kann der Nachprüfungsantrag von jeder als Unternehmen im Sinne der §§ 97 Abs. 6, 160 Abs. 2 GWB zu qualifizierenden Person gestellt werden. Im Antrag ist das Unternehmen mit genauer Bezeichnung und ladungsfähiger Anschrift zu benennen. Auch Bietergemeinschaften werden als Unternehmen iSv § 160 Abs. 2 GWB angesehen und können deshalb als solche (durch einen bevollmächtigten Vertreter) Nachprüfungsanträge stellen (EuGH 23.1.2003 – C-57/01, Slg. 2003, I-1091, 1136 Rn. 72 f. – Makedoniko Metro; OLG Düsseldorf Beschl. v. 18.11.2009 – II Verg 19/09; VK Berlin Beschl. v. 15.11.2010 – VK-B-2-25/10). Gemäß § 161 Abs. 1 S. 3 GWB haben Antragsteller ohne Wohnsitz oder gewöhnlichen Aufenthalt, Sitz oder Geschäftsleitung im Geltungsbereich des GWB einen Empfangsbevollmächtigten im Geltungsbereich des GWB zu benennen. Eine entsprechende Regelung für den Fall, dass der Antragsgegner seinen Sitz im Ausland hat, besteht nicht. Auch hier empfiehlt es sich aber, auf die Benennung eines Empfangsbevollmächtigten im Inland hinzuwirken. Andernfalls stellt sich die Frage, ob die Vergabekammer berechtigt ist, einen im Rahmen des Nachprüfungsverfahrens ergehenden Beschluss an einen im Ausland sitzenden öffentlichen Auftraggeber zuzustellen.

4. Im Vergabenachprüfungsverfahren gilt in der ersten Instanz vor der Vergabekammer (anders als in der zweiten Instanz vor dem Oberlandesgericht, vgl. §§ 172 Abs. 3, 175 Abs. 1 GWB) kein Anwaltszwang. Der Antrag kann auch durch das um Nachprüfung ersuchende Unternehmen selbst gestellt werden.

5. Inhalt des Antrags muss der eindeutige Wille sein, ein bestimmtes Vergabeverfahren durch die Vergabekammer überprüfen zu lassen. Deshalb muss im Nachprüfungsantrag gemäß § 161 Abs. 2 Hs. 1 GWB als Antragsgegner der Auftraggeber dieses Vergabeverfahrens genannt werden. Anträge ohne konkrete Bezeichnung des Auftraggebers sind unzulässig. Das Nachprüfungsverfahren kann deshalb nicht gegen einen Mitbieter beantragt werden. Soweit der Auftraggeber in einem solchen Antrag erkennbar ist, dürfte der Antrag gleichwohl zulässig sein. Dies gilt insbesondere dann, wenn sich der Nachprüfungsantrag gegen den Vertreter statt gegen den vertretenen Auftraggeber richtet, aber nach den Umständen die Stellung als Vertreter erkennbar war und der Vertreter prozessführungsbefugt ist (OLG Düsseldorf Urt. v. 16.10.2019 – Verg 13/19; OLG Schleswig Beschl. v. 26.9.2019 – 54 Verg 4/19; OLG Frankfurt a. M. Beschl. v. 2.12.2014 – 11 Verg 7/14). Es ist einem Bieter, der einen Nachprüfungsantrag stellen will, jedoch nicht zumutbar, Ungewissheiten hinsichtlich des öffentlichen Auftraggebers aufzuklären. Unklare oder widersprüchliche Angaben zur genauen Identität des Auftraggebers in Ausschreibungsverfahren gehen daher zu Lasten des Auftraggebers (OLG München Beschl. v. 20.3.2014 – Verg 17/13; Müller-Wrede/*Behrens* GWB § 161 Rn. 46; BeckOK VergabeR/*Fett* GWB § 161 Rn. 10). Um die Zustellung zu beschleunigen, sollte der Auftraggeber/Antragsgegner mit genauer Anschrift benannt werden.

6. Gemäß § 161 Abs. 2 Hs. 2 GWB soll der Antrag, soweit bekannt, die sonstigen Verfahrensbeteiligten benennen. Verfahrensbeteiligte im Nachprüfungsverfahren sind gemäß § 162 GWB der Antragsteller, der öffentliche Auftraggeber und die Unternehmen, deren Interessen durch die Entscheidung schwerwiegend berührt werden. Die Vergabekammer prüft zudem von Amts wegen, ob Unternehmen beizuladen sind. Die Entscheidung der Vergabekammer über die Beiladung ist unanfechtbar (vgl. § 162 S. 2 GWB).

7. Der Antrag soll gemäß § 161 Abs. 1 S. 2 GWB ein bestimmtes Begehren enthalten. Aus § 168 Abs. 1 GWB folgt, dass das Begehren auf die Beseitigung einer behaupteten Rechtsverletzung gerichtet sein muss. Der Antrag ist also ein Leistungsantrag und kein Feststellungsantrag (vgl. Röwekamp/Kus/Portz/Prieß/*Schäfer* § 161 Rn. 13). Für die Einleitung eines Nachprüfungsverfahrens mit dem alleinigen Ziel der Feststellung der Rechtswidrigkeit besteht grundsätzlich kein Rechtsschutzbedürfnis. Das Antragsziel muss immer sein, der Vergabestelle ein bestimmtes Verhalten aufzugeben oder bestimmte Verhaltensweisen untersagen zu lassen. Anderes gilt nur für den Fortsetzungsfeststellungsantrag bei Erledigung des Nachprüfungsverfahrens unter den Voraussetzungen von § 168 Abs. 2 S. 2 GWB, insbesondere bei rechtswidriger Aufhebung des Vergabeverfahrens, sowie bei Anträgen gegen De-Facto-Vergaben nach § 135 Abs. 2 GWB („Unwirksamkeit [. . .] kann nur festgestellt werden"). An die Formulierung des Antrags dürfen keine überzogenen Anforderungen gestellt werden. § 161 Abs. 1 S. 2 GWB ist als Soll-Vorschrift abgefasst. Es müssen keine tenorierungsfähigen Anträge gestellt werden. Das folgt bereits aus § 168 Abs. 1 S. 2 GWB, wonach die Vergabekammer nicht an die Anträge gebunden ist und auch unabhängig von den Anträgen auf die Rechtmäßigkeit des Vergabeverfahrens einwirken kann. Ein bestimmtes Begehren im Sinne des § 161 Abs. 1 S. 2 GWB liegt daher bereits dann vor, wenn das Verfahrensziel des Antragstellers aus dem Antrag deutlich wird (OLG Saarbrücken Beschl. v. 18.5.2016 – 1 Verg 1/16; VK Hessen Beschl. v. 10.9.2019 – 69 d – VK – 15/2019; VK Rheinland Beschl. v. 30.4.2019 – VK 10/19 – L).

8. Die Verfahrensbeteiligten können gemäß § 165 Abs. 1 GWB die Akten bei der Vergabekammer einsehen und sich auf ihre Kosten Ausfertigungen, Auszüge oder Abschriften erteilen lassen. In der Praxis übermittelt die Vergabekammer häufig lediglich Auszüge der Akten per E-Mail oder Telefax. Das Akteneinsichtsrecht besteht allerdings nach der Rechtsprechung nur, insoweit es entscheidungserheblich ist (zB OLG München Beschl. v. 19.3.2019 – Verg 3/19; VK Berlin Beschl. v. 29.1.2019 –

VK – B 1 – 33/18, BeckRS 2019). Es soll eine rein dienende, zum zulässigen Verfahrensgegenstand akzessorische Funktion haben (OLG Düsseldorf Beschl. v. 9.1.2020 – VII-Verg 10/18). Das Akteneinsichtsrecht beschränkt sich beispielsweise bei einem unzulässigen Nachprüfungsantrag auf denjenigen Umfang, der zur Entscheidung über die Zulässigkeitsfrage relevant ist (OLG Frankfurt a.M. Beschl. v. 12.12.2014 – 11 Verg 8/14; OLG Naumburg Beschl. v. 1.6.2011 – 2 Verg 3/11; OLG München Beschl. v. 8.11.2010 – Verg 20/10). Die Grenze des Akteneinsichtsrechtes bezeichnet § 165 Abs. 2 GWB, wonach die Einsicht in Unterlagen aus wichtigen Gründen, insbesondere des Geheimschutzes oder zur Wahrung von Betriebs- oder Geschäftsgeheimnissen, zu versagen ist. Als Betriebs- und Geschäftsgeheimnis sind Tatsachen zu verstehen, die nach dem erkennbaren Willen des Trägers geheim gehalten werden sollen, die nur einem begrenzten Personenkreis bekannt und damit nicht offenkundig sind und hinsichtlich derer der Geheimnisträger deshalb ein sachlich berechtigtes Geheimhaltungsinteresse hat, weil eine Aufdeckung der Tatsachen geeignet wäre, ihm wirtschaftlichen Schaden zuzufügen (OLG Düsseldorf Beschl. v. 5.7.2012 – Verg. 13/12). Auch die Korrespondenz zwischen Rechtsanwalt und Mandanten, die gerade Fragen zum streitgegenständlichen Vergabeverfahren betrifft, sollen ein Geschäftsgeheimnis des Mandanten darstellen (OLG Düsseldorf Beschl. v. 4.3.2009 – VII-Verg 67/08; Heiermann/Zeiss/*Summa* GWB § 165 Rn. 37). Beantragt der Antragsteller Akteneinsicht auch in Unterlagen, die sich als Betriebs- oder Geschäftsgeheimnisse darstellen, ist in einem Zwischenverfahren über deren Offenlegung oder Geheimhaltung zu entscheiden. Es handelt sich dabei um ein In-camera-Verfahren (BGH Beschl. v. 31.1.2017 – X ZB 10/16, BeckRS 2017, 102839; VK Berlin Urt. v. 6.1.2021 – VK B 2-53/20).

In diesem Verfahren hat, auch vor der Vergabekammer wie im Beschwerdeverfahren (gem. § 175 Abs. 2 GWB i.V.m. § 72 Abs. 2 GWB), eine Abwägung des Gebots des rechtlichen Gehörs mit dem Geheimhaltungsinteresse stattzufinden (BGH Beschl. v. 31.1.2017 – X ZB 10/16, BeckRS 2017, 102839; OLG Celle Beschl. v. 24.9.2014 – 13 Verg 9/14; VK Berlin Urt. v. 6.1.2021 – VK B 2-53/20). Der EuGH hat sich in diesem Zusammenhang nicht eindeutig zu den geltenden Abwägungskriterien geäußert (EuGH 14.2.2008 – C-450/06, Slg. 2008, I-581 – Varec, VergabeR 2008, 487 mAnm *Hölzl/von Hoff*). Auf Seiten des Geheimhaltungsinteresses ist jedenfalls zu berücksichtigen, ob und inwieweit die Offenlegung des Geheimnisses geeignet ist, die wettbewerbliche Position des Berechtigten zu beeinträchtigen und seiner zukünftigen Wettbewerbsfähigkeit außerhalb des Vergabeverfahrens zu schaden. Grundsätzlich darf einem Antragsteller im Vergabenachprüfungsverfahren die Einsicht in die Vergabeakten nur dann verwehrt werden, wenn derjenige, der sich auf § 165 Abs. 2 GWB beruft, plausibel aufzeigt, warum bestimmte, einzeln zu bezeichnende Unterlagen dem Mitbewerber nicht zugänglich gemacht werden dürfen (BGH Beschl. v. 31.1.2017– X ZB 10/16, BeckRS 2017, 102839; OLG Jena Beschl. v. 8.10.2015 – 2 Verg 4/15; OLG Jena Beschl. v. 12.12.2001 – 6 Verg 5/01). Eine Einsicht in Preisangaben sowie Kalkulationsgrundlagen ist nach der überwiegenden Rechtsprechung im Allgemeinen ausgeschlossen (VK Lüneburg Beschl. v. 1.10.2019 – VgK – 35/2019; VK Mecklenburg-Vorpommern Beschl. v. 20.4.2016 – 3 VK 02/16; Ziekow/*Dicks* GWB § 165 Rn. 10).

Die überwiegend restriktive Handhabung des Akteneinsichtsrechts durch die Vergabekammern ist nicht unproblematisch. Das Akteneinsichtsrecht ist in der Regel (von bestimmten Beschränkungen abgesehen) umfassend, bezieht sich also auf sämtliche Aktenbestandteile (OLG Hamburg Beschl. v. 30.3.2020 – 1 Verg 1/20). Dies gilt vor dem Hintergrund des grundsätzlich vorbehaltlos gewährleisteten Art. 19 Abs. 4 GG, der einen effektiven Rechtsschutz, d.h. eine tatsächliche wirksame gerichtliche Kontrolle fordert (vgl. auch BVerfG Beschl. v. 29.7.2004 – 2 BvR 2248/03, NZBau 2004, 564, 565 mwN). Häufig ermöglicht es erst die Kenntnis der Informationen, den Vergaberechtsverstoß aufzuzeigen (BGH Beschl. v. 31.1.2017 – X ZB 10/16, BeckRS 2017,

102839; KG Berlin Beschl. v. 10.1.2020 – Verg 06/19). Danach darf im Interesse des subjektiven Rechtsschutzes der Verfahrensbeteiligten die Akteneinsicht nur dann versagt werden, wenn die Vergabekammer davon überzeugt ist, dass das fragliche Material dem betriebsbezogenen Vertraulichkeitsbereich eines Verfahrensbeteiligten angehört und dass wichtige Gründe des Geheimschutzes gebieten, es der Kenntnisnahme Dritter vorzuenthalten (OLG Jena Beschl. v. 8.10.2015 – 2 Verg 4/15; Röwekamp/*Kus*/Portz/Prieß § 165 Rn. 51; iErg auch *Gröning* NZBau 2000, 366). Eine Begrenzung des Akteneinsichtsrechts auf entscheidungserhebliche Teile der Akte ergibt sich dagegen nicht aus dem Wortlaut des § 165 GWB. Auch in der Rechtsprechung gibt es eine Tendenz zur Forderung von Zurückhaltung bei der Verwehrung der Akteneinsicht wegen angeblicher Unerheblichkeit des Akteninhalts (KG Berlin Beschl. v. 10.2.2020 – Verg 06/19; KG Berlin Beschl. v. 21.12.2018 – Verg 7/18).

9. Die Begründung des Nachprüfungsantrages muss gemäß § 161 Abs. 1 S. 1 GWB unverzüglich erfolgen. Diese Voraussetzung ist jedenfalls erfüllt, wenn die Begründung dem Antrag beigefügt ist. Ausreichend ist aber auch, wenn die Begründung unverzüglich, d.h. ohne schuldhaftes Zögern im Sinne von § 121 Abs. 1 BGB, nachgereicht wird (VK Bund Beschl. v. 1.12.2020 – VK 1 – 90/20; VK Südbayern Beschl. v. 24.11.2015 – Z3-3-3194-1-51-09/15; VK Sachsen Beschl. v. 27.6.2002 – 1/SVK/057–02), wobei dies auf Grund der kurzen Entscheidungsfrist für die Vergabekammer von nur fünf Wochen (vgl. § 167 Abs. 1 S. 1 GWB) innerhalb kürzester Frist (maximal zehn Tage) geschehen sollte (vgl. VK Thüringen Beschl. v. 6.5.2020 – 250 – 4002 – 2014/2020 – E – 001 – SHL; VK Baden-Württemberg Beschl. v. 2.12.2004 – 1 VK 74/04). Im Übrigen kann die Vergabekammer die nach § 163 Abs. 2 GWB vor der Übermittlung des Antrags beim Auftraggeber vorgesehene überschlägige Prüfung des Nachprüfungsantrags regelmäßig erst nach Vorlage der schriftlichen Begründung vornehmen. Da der Suspensiveffekt (Zuschlagsverbot gem. § 169 Abs. 1 GWB) erst mit der Information des Auftraggebers in Textform über den Nachprüfungsantrag durch die Vergabekammer eintritt und die Rechtsprechung überwiegend davon ausgeht, dass vor dieser Information die offensichtliche Unzulässigkeit oder Unbegründetheit zu prüfen ist (zB VK Bund Urt. v. 22.12.2017 – VK 1-135/17), empfiehlt es sich, insbesondere zur Rechtswahrung, die Begründung mit dem Nachprüfungsantrag vorzulegen (vgl. *Hertwig* Öff. Auftragsvergabe Rn. 375) (→ Anm. 2).

10. Die Begründung des Nachprüfungsantrags muss eine Darstellung des wesentlichen Sachverhalts enthalten (vgl. § 161 Abs. 2 GWB). Die Anforderungen an den Bieter sollen dabei nicht überspannt werden und es ist ein großzügiger Maßstab anzulegen (OLG Düsseldorf Beschl. v. 13.4.2011 – Verg 58/10; OLG München Beschl. v. 7.8.2007 – Verg 8/07; OLG Dresden Beschl. v. 6.6.2002 – WVerg 4/02). Der Antrag muss aber zumindest in laienhafter Darstellung die Indizien und tatsächlichen Anhaltspunkte aufzeigen, die den Antragsteller zu dem Schluss bewogen haben, die Vergabestelle habe sich rechtswidrig verhalten (VK Brandenburg Beschl. v. 31.7.2019 – VK 10/19; OLG Brandenburg Beschl. v. 16.2.2012 – Verg W 1/12; OLG Düsseldorf Beschl. v. 13.4.2011 – VII-Verg-58/10; OLG Frankfurt a.M. Beschl. v. 4.6.2010 – 11 Verg 4/10; OLG Dresden Beschl. v. 6.6.2002 – WVerg 4/02). Die Vergabekammer soll schon mit dem Antrag und seiner Begründung eine vernünftige Arbeitsbasis erhalten, insbesondere um die Prüfung auf offensichtliche Unzulässigkeit bzw. Unbegründetheit gemäß § 163 Abs. 2 GWB durchführen zu können. Ein ins Blaue hinein gestellter Antrag, der auf zusätzliche Erkenntnisse durch die Akteneinsicht vertraut, läuft insbesondere Gefahr, bereits an der Hürde des § 163 Abs. 2 GWB zu scheitern. Durch die Beschreibung des Sachverhalts wird, zusammen mit den Anträgen, der Gegenstand der Nachprüfung faktisch eingegrenzt. Zwar ist die Vergabekammer auf Grund des Untersuchungsgrundsatzes nach § 163 Abs. 1 S. 1 GWB an das Vorbringen oder die Beweisanträge der Beteiligten nicht gebunden. Vielmehr bestimmt die Vergabekammer nach pflichtgemäßem Ermessen die Art und den Umfang der Ermittlungen (vgl. Röwekamp/Kus/Portz/Prieß/*Ohlerich* § 163 GWB Rn. 18; *Maier* NZBau 2004, 667 (668)). Sie kann sich dabei jedoch auf das beschränken, was von den Beteiligten vorgebracht wird oder ihr sonst bekannt sein muss (§ 163 Abs. 1 S. 2 GWB). Zu einer umfassenden Rechtmäßigkeitskontrolle ist die Vergabekammer gemäß § 163 Abs. 1 S. 3 GWB nicht verpflichtet. Eine Verpflichtung zur Sachaufklärung dürfte jedoch bestehen, wenn konkrete Anhaltspunkte für die Aufnahme von Ermittlungen in eine bestimmte Richtung bestehen (OLG Celle Beschl. v. 12.1.2012 – 13 Verg 8/11; OLG München Beschl. v. 9.8.2010 Verg 13/10; OLG Brandenburg Beschl. v. 9.2.2010 – Verg W 10/09; VK Lüneburg Beschl. v. 27.1.2009 – VgK-51/2008; VK Brandenburg Beschl. v. 7.4.2008 – VK 7/08). Ein Aufgreifen eines Vergaberechtsverstoßes von Amts wegen ist jedenfalls dann in Betracht zu ziehen, wenn er schwerwiegend und offenkundig ist (OLG Düsseldorf Beschl. v. 18.9.2019 – VII-Verg 10/19). Voraussetzung ist dabei stets, dass eine Entscheidungsrelevanz gegeben ist (vgl. Beck VergabeR/*Horn*/*Hofmann* GWB § 163 Rn. 15). Es liegt insoweit an der Antragstellerin, durch die Sachverhaltsdarstellung die Vergabekammer auch auf Aspekte des Verfahrens zu lenken, für die die Antragstellerin naturgemäß vor der Einsicht in die Vergabeakte über keine umfassende Sachverhaltskenntnis verfügen kann, die nach ihrer Auffassung jedoch durch die Vergabekammer aufzuklären sind.

11. Im laufenden Vergabeverfahren gilt gemäß § 2 Abs. 6 EU VOB/A und § 5 Abs. 1 VgV ein umfassender Geheimnisschutz für die Angebote der Bieter sowie damit verbundene Unterlagen und Informationen. Das ist bereits durch den in § 97 Abs. 1 GWB verankerten Wettbewerbsgrundsatz geboten, der insbesondere den Geheimwettbewerb zwischen den Bietern schützt. Dem ist in besonderem Maße in Vergabenachprüfungsverfahren Rechnung zu tragen, die während des laufenden Angebotswettbewerbs stattfinden. So ist auch in § 165 Abs. 3 GWB zur Akteneinsicht geregelt, dass die Beteiligten mit Übersendung ihrer Akten oder Stellungnahmen auf Geheimnisse im Sinne von § 165 Abs. 2 GWB hinweisen und diese in den Unterlagen entsprechend kenntlich zu machen haben. Es ist deshalb in dem Nachprüfungsantrag oder auch in den nachfolgenden Schriftsätzen jeweils darauf hinzuweisen, wenn bestimmte Unterlagen wegen des Geheimnisschutzes anderen Beteiligten nicht zugänglich zu machen sind.

12. Neben der Sachverhaltsbeschreibung muss die Begründung auch die verfügbaren Beweismittel nennen. Dazu eignet sich alles, was in der Lage ist, die Kammer vom Vorhandensein oder Nichtvorhandensein bestimmter Tatsachen zu überzeugen oder für bestimmte Wertungen zu gewinnen. Insoweit können sowohl Sachverständige als auch Zeugen sowie alle denkbaren schriftlichen Dokumente, insbesondere solche aus dem Vergabeverfahren, Beweismittel sein. Wegen des Beschleunigungsgrundsatzes aus § 167 Abs. 2 GWB sind nur die verfügbaren Beweismittel vorzulegen. Insbesondere ist der Antragsteller nicht gehalten, Beweismittel aus dem Vergabeverfahren zu beschaffen, die er bei rechtmäßigem Verlauf des Vergabeverfahrens nicht erhalten darf (zum Beispiel Unterlagen über interne Vorgänge beim Auftraggeber). Ob die Vergabekammer die von den Beteiligten genannten Beweismittel heranzieht oder nicht, liegt auf Grund des Untersuchungsgrundsatzes nach § 163 GWB in ihrem pflichtgemäßen Ermessen. Aus dem Untersuchungsgrundsatz folgt die Geltung des Grundsatzes der freien Beweiswürdigung. Deshalb trifft den Antragsteller, abgesehen von der Pflicht zur Angabe der Beweismittel nach § 161 Abs. 2 S. 1 GWB, (ebenso wie die anderen Verfahrensbeteiligten) keine formelle Beweisführungslast. Bleibt jedoch trotz umfassender Aufklärungsversuche durch die Vergabekammer der Sachverhalt unaufklärbar, fällt die materielle Beweislast demjenigen zu, der einen bestimmten Sachverhalt für sich in Anspruch nehmen will (OLG

Düsseldorf Beschl. v. 7.8.2019 – Verg 9/19; VK Bund Beschl. v. 18.10.2012 – VK 2-77/12; Röwekamp/Kus/Portz/Prieß/*Ohlerich* § 163 Rn. 35).

13. Die Begründung muss gemäß § 161 Abs. 2 GWB zumindest eine Beschreibung der behaupteten Rechtsverletzung enthalten. Damit ist der Antragsteller nicht zu einer ins Einzelne gehenden Darlegung konkret verletzter Vergabenormen verpflichtet. Es empfiehlt sich jedoch im Hinblick auf die Vorprüfung des Antrags gemäß § 163 Abs. 2 GWB, die behauptete Rechtsverletzung soweit wie möglich rechtlich zu würdigen und insbesondere die Zulässigkeitsvoraussetzungen des Antrags abzuhandeln.

14. Zulässigkeitsbestimmungen hinsichtlich der Antragsbefugnis finden sich in § 160 Abs. 2 und 3 GWB. §§ 98 ff., 162 GWB bestimmen den personellen Anwendungsbereich, die §§ 103 ff. GWB den sachlichen Anwendungsbereich des 4. Teils des GWB und damit des Nachprüfungsverfahrens. §§ 107 ff., 116 f., 137 ff., 145, 149 f. GWB nehmen die Bereiche von der Anwendung des GWB aus, die auch durch die EU-Vergaberichtlinien nicht erfasst werden.

Zulässig ist ein Nachprüfungsantrag nur, soweit es sich um einen öffentlichen Auftrag gemäß § 103 GWB oder eine Konzession gemäß § 105 GWB handelt, der bzw. die von einem Auftraggeber gemäß § 98 GWB vergeben wird. Insbesondere bei Privatisierungen, können hier Ausführungen angezeigt sein. So bestehen noch Unsicherheiten in der Rechtsprechung, ob sich über die Fälle des § 99 GWB hinaus die Auftraggebereigenschaft von privaten juristischen Personen allein daraus ergeben kann, dass öffentliche Aufgaben dauerhaft privatisiert werden (so OLG Düsseldorf Beschl. v. 15.7.2015 – Verg 11/15; aA zB OLG Celle Beschl. v. 13.10.2016 – 13 Verg. 6/16). Entscheidet sich ein Sektorenauftraggeber, eine Bedarfsdeckung einem Dritten zu übertragen, der nicht Sektorenauftraggeber ist, kann sich die Schnittstelle zum Vergaberecht auf diesen Dritten überlagern, sodass er als Sektorenauftraggeber zu behandeln ist (OLG München Beschl. v. 9.3.2020 – Verg 27/19).

15. Nach § 106 Abs. 1 GWB sind die Vergaberegeln des GWB nur bei Aufträgen anzuwenden, die die in den EU-Richtlinien festgesetzten Schwellenwerte erreichen oder übersteigen. Die Schwellenwerte wurden zuletzt durch die DVO (EU) Nr. 2019/1827, Nr. 2019/1828, Nr. 2019/1829 und Nr. 2019/1830 vom 30.10.2019 angepasst (ABl. L 279v. 31.10.2019, S. 23 ff.).

16. Antragsbefugt ist jedes Unternehmen, das ein Interesse an dem betreffenden Auftrag hat und gem. § 160 Abs. 2 GWB darlegt, dass es in seinen Rechten aus § 97 Abs. 6 GWB verletzt ist und dass ihm durch die behauptete Rechtsverletzung ein Schaden entstanden ist oder zu entstehen droht. Dabei dürfen an die Darlegung eines Schadens keine übertriebenen Anforderungen gestellt werden (BVerfG Beschl. v. 29.7.2004 – 2 BvR 2248/03, NZBau 2004, 564; ebenso BGH Beschl. v. 18.5.2004 – X ZB 7/04; OLG Düsseldorf Beschl. v. 14.12.2016 – VII – Verg 20/16; OLG München Beschl. v. 19.7.2012 – Verg 8/12). Ein Interesse am Auftrag können insbesondere alle potentiellen Teilnehmer eines Vergabeverfahrens haben. Der Antragsteller kann das Interesse am Auftrag durch jedes Schriftstück belegen, aus dem sich die Teilnahme am konkreten Verfahren ergibt (vgl. BGH Beschl. v. 26.9.2006 – X ZB 14/06, BeckRS 2006, 12317). Der Antragsteller muss aber nicht zwingend als Bieter in Erscheinung getreten sein, zB wenn im derzeitigen Verfahrensabschnitt noch kein Angebot abgegeben wurde, eine Angebotsabgabe nicht zumutbar ist oder wenn rechtswidrig kein Vergabeverfahren durchgeführt wurde (vgl. Röwekamp/Kus/Portz/Prieß/*Schäfer* § 160 Rn. 50 ff.; kritisch hierzu *Antweiler* VergabeR 2004, 702). Das Interesse am Auftrag wird ggf. auch durch die Stellung eines Nachprüfungsantrags dokumentiert (BVerfG Beschl. v. 29.7.2004 – 2 BvR 2248/03, NZBau 2004, 564). Ein Unternehmen ist regelmäßig auch dann antragsbefugt, wenn es mit Rücksicht auf die für rechtswidrig gehaltenen Vergabebedingungen kein Angebot abgegeben hat und ihm die Erarbeitung eines Angebots aufgrund des Gewichts des Vergaberechtsverstoßes nicht zuzumuten war (EuGH Urt. v. 28.11.2018 – Rs. C-328/17; OLG Düsseldorf Beschl. v. 17.10.2018 – Verg 26/18; OLG Rostock Beschl. v. 23.4.2018 – 17 Verg 1/18; OLG Düsseldorf Beschl. v. 17.1.2013 – VII-Verg 35/12; OLG Saarland Beschl. v. 7.5 2008 – 1 Verg 5/07; OLG Frankfurt a.M. Beschl. v. 29.5.2007 – 11 Verg 12/06). In diesen Fällen genügt die Glaubhaftmachung, gerade durch den gerügten Verstoß an der Erstellung oder der Abgabe eines Angebots gehindert worden zu sein (vgl. VK Bund Beschl. v. 24.1.2008 – VK 3–151/07, IBR 2008, 1049; HK-VergabeR/*Nowak* § 160 Rn. 35). In Fällen eines unterlassenen Vergabeverfahrens (De-Facto-Vergabe) genügt die Glaubhaftmachung, dass der Antragsteller sich im Falle einer Ausschreibung mit einem Angebot am Verfahren beteiligt hätte und er generell in der Lage ist, Leistungen dieser Art zu erbringen (OLG Karlsruhe, Beschl. v. 15.11.2013 – 15 Verg 5/13; OLG Düsseldorf, Beschl. v. 1.8.2012 – Verg 10/12). Subunternehmer und Zulieferer von Bewerbern/Bietern können zwar ein indirektes wirtschaftliches Interesse an der Auftragsvergabe haben. Da sie kein eigenes Interesse unmittelbar an dem Auftrag haben, sind ihre Klagen ausgeschlossen (OLG Düsseldorf Beschl. v. 5.11.2014 – VII-Verg 20/14; OLG Düsseldorf Beschl. v. 29.10.2008 – VII-Verg 35/08; Röwekamp/Kus/Portz/Prieß/*Schäfer* § 160 Rn. 49).

Der Antragsteller muss geltend machen können, durch Nichtbeachtung von Vergabevorschriften durch den Auftraggeber in seinen eigenen Rechten aus § 97 Abs. 6 GWB verletzt zu sein. Zum Teil wird gefordert, dass eine Verletzung gegen bieterschützende Vorschriften gerügt wird (OLG Düsseldorf Beschl. v. 7.1.2019 – VII-Verg 30/18; OLG Düsseldorf Beschl. v. 28.6.2017 – VII-Verg 2/17; Röwekamp/Kus/Portz/Prieß/*Schäfer* § 160 Rn. 63). In der Regel korrespondiert mit einem schlüssig behaupteten Verstoß gegen vergaberechtliche Bestimmungen iSv § 97 Abs. 6 GWB eine Verletzung in subjektiven Rechten des Bieters. Dies gilt nicht bei einem Verstoß gegen Normen, die lediglich Ordnungsfunktion haben oder allein den Interessen der Allgemeinheit dienen (OLG Düsseldorf Beschl. v. 3.8.2018 – Verg 30/18; Röwekamp/Kus/Portz/Prieß/*Schäfer* § 160 Rn. 62 f.). Die Forderung nach einer zusätzlichen Voraussetzung der Verletzung bieterschützender Vorschriften ist jedoch kritisch zu hinterfragen. Bereits das Schadenserfordernis bietet eine hinreichende Einschränkungsmöglichkeit (so auch Immenga/Mestmäcker/*Dreher* GWB § 160 Rn. 25). Ebenso wie bei § 42 Abs. 2 VwGO reicht die Darlegung der bloßen Möglichkeit einer Rechtsverletzung als Zulässigkeitsvoraussetzung aus. Dieses Kriterium soll parallel zu § 42 Abs. 2 VwGO Popularklagen verhindern.

Auch die Aufhebung des Vergabefahrens kann grundsätzlich überprüft werden (EuGH 2.6.2005 – C-15/04, Slg. 2005 I-4855 – Koppensteiner; EuGH 18.6.2002 – C-92/00, Slg. 2002 I-5553 Rn. 54 – HI/Stadt Wien; dazu *Burbulla* ZfBR 2009, 134; später auch BGH Beschl. v. 18.2.2003 – X ZB 43/02, BGHZ 154, 32). Dabei ist jedoch zu bedenken, dass der Auftraggeber grundsätzlich nicht gezwungen werden kann, einen Zuschlag zu erteilen. Deshalb kann mit einer Überprüfung der Aufhebung eines Vergabeverfahrens in der Regel nur die Feststellung der Rechtswidrigkeit der Aufhebung erreicht werden. Diese Entscheidung kann sodann als Grundlage für Schadensersatzforderungen, gerichtet auf das negative Interesse, vor den Zivilgerichten dienen (vgl. BGH Urt. v. 8.12.2020 – XIII ZR 19/19). In Einzelfällen ist jedoch ausnahmsweise auch ein Antrag auf Aufhebung der Aufhebung möglich. Dies wurde zumindest in den Fällen anerkannt, in denen es sich um eine Scheinaufhebung handelt (BGH, Beschl. v. 20.3.2014 – X ZB 18/13, NZBau 2014, 310; OLG Rostock Beschl. v. 2.10.2019 – 17 Verg 3/19; OLG Frankfurt, Beschl. v. 4.8.2015 – 11 Verg 4/15; Röwekamp/Kus/Portz/Prieß/*Schäfer* § 168 Rn. 75). Außerdem sind Fälle anerkannt, bei denen sich die Aufhebung als rechtsmissbräuchliche Verfahrenslenkung darstellt, oder ein Verstoß gegen das Transparenzgebot oder die Diskriminierungsfreiheit vorliegt, dessen Intensität mit der rechtsmissbräuchlichen Verfahrenslenkung vergleichbar ist (OLG Celle, Beschl. v. 10.3.2016 – 13 Verg 5/15; VK Westfalen,

Beschl. v. 14.4.2016 – VK 1-9/16; VK Nordbayern, Beschl. v. 15.3.2016 – 21.VK-3194-42/15; VK Niedersachsen, Beschl. v. 23.7.2015 – VgK-15/2015). Besteht der Bedarf fort und beruht die Aufhebungsentscheidung auf einem Ermessensfehler ist ebenso die Aufhebung der Aufhebung möglich (OLG München, Beschl. v. 31.10.2012 – Verg 19/12; Müller-Wrede/*Kadenbach* GWB § 168 Rn. 26 ff.).

17. Ferner muss der Antragsteller darlegen, dass ihm durch die behauptete Rechtsverletzung ein Schaden entstanden ist oder zu entstehen droht (§ 160 Abs. 2 S. 2 GWB). Entscheidend für das Vorliegen einer Antragsbefugnis und damit für die Gewährung von Primärrechtsschutz ist die Eignung der gerügten Vergaberechtsverstöße, die Aussichten des antragstellenden Bieters zu verschlechtern. Darin besteht der Schaden (BGH Beschl. v. 26.9.2006 – X ZB 14/06, NZBau 2006, 800; OLG Naumburg Beschl. v. 14.3.2013 – 2 Verg 8/12, BeckRS 2013, 07440; OLG Karlsruhe Beschl. v. 21.12.2012 – 15 Verg 10/12, NZBau 2013, 528). Aus dem Sachvortrag des Antragstellers muss sich schlüssig ergeben, dass durch die einzelnen gerügten Verstöße gegen die Vergabebestimmungen die Aussichten des Antragstellers auf den Zuschlag beeinträchtigt worden sind oder dass die Zuschlagschancen zumindest verschlechtert worden sein könnten (vgl. OLG Düsseldorf Beschl. v. 18.4.2018 – Verg 56/17; VK Hessen Beschl. v. 25.8.2011 – 69d VK-28/2011). Wie sich diese Verschlechterung auswirkt, ist im Einzelfall darzulegen und es sind mehrere Konstellationen zu unterscheiden.

Wird die Schadensmöglichkeit auf den Zuschlag bezogen, so muss dargelegt werden, dass im Falle eines ordnungsgemäßen (neuerlichen) Vergabeverfahrens bessere Chancen auf den Zuschlag bestehen könnten als in dem beanstandeten Verfahren (vgl. BGH Beschl. v. 10.11.2009 – X ZB 8/09, ZfBR 2012, 298). Somit ist bei der Antragsbefugnis nicht nachzuweisen, dass der Antragsteller den Auftrag erhalten hätte (Röwekamp/Kus/Portz/Prieß/*Schäfer* § 160 Rn. 74). Die Voraussetzungen sind jedenfalls nicht erfüllt, wenn der antragstellende Bieter aus rechtlichen oder tatsächlichen Gründen von vornherein keine Zuschlagschancen hat, zum Beispiel weil er die Mindestbedingungen nicht erfüllt (OLG Koblenz Beschl. v. 14.3.2018 – Verg 4/17; OLG Jena Beschl. v. 19.10.2010 – 9 Verg 5/10; VK Bund Beschl. v. 11.6.2012 – VK 3-51/12). Allein die Tatsache, dass das Angebot eines Bieters ausgeschlossen werden muss, führt jedoch nicht automatisch zum Wegfall der Antragsbefugnis. Ein zu Recht ausgeschlossener Bieter kann antragsgefugt sein, wenn er geltend macht, dass der Zuschlag auch keinem anderen Bieter zu erteilen und das Vergabeverfahren zu wiederholen sei. In diesem Fall kann er eine „zweite Chance" erlangen, um sich mit einem dann wertungsfähigen Angebot an dem neuen Vergabeverfahren zu beteiligen (OLG Rostock Beschl. v. 17.7.2019 – 17 Verg 1/19; BGH Beschl. v. 26.9.2006 – X ZB 14/06; Ziekow/*Dicks* GWB § 160 Rn. 31 ff.). Eine ähnliche Konstellation liegt vor, wenn der antragstellende Bieter geltend macht, dass aufgrund der Wahl der falschen Verfahrensart das Vergabeverfahren aufzuheben und zu wiederholen sei (vgl. BGH Beschl. v. 10.11.2009 – X ZB 8/09; OLG Celle Beschl. v. 17.7.2009 – 13 Verg 3/09).

Greift der Antragsteller einen Vergabefehler an, durch den er an der Abgabe eines Angebots oder sogar schon an der Erstellung des Angebots gehindert worden ist, oder sich gerade wegen der geltend gemachten Vergabeverstöße nachvollziehbar entschieden hat, kein Angebot abzugeben, so liegt schon darin der Schaden (OLG Düsseldorf Beschl. v. 14.1.2009 – VII-Verg 59/08; OLG Saarland Beschl. v. 7.5.2008 – 1 Verg 5/07; OLG Frankfurt a.M. Beschl. v. 29.5.2007 – 11 Verg 12/06; OLG Düsseldorf Beschl. v. 25.1.2005 – Verg 93/04).

Geht der Antragsteller gegen die Aufhebung eines eingeleiteten Vergabeverfahrens mit dem Argument der Unwirksamkeit vor, liegt auch ohne weitere Darlegung ein Schaden auf der Hand. Voraussetzung ist lediglich, dass der Antragsteller ohne die Aufhebung eine Chance auf die Zuschlagserteilung gehabt hätte (Müller-Wrede/*Lischke* VgV § 63

Rn. 98; vgl. OLG München Beschl. v. 23.12.2010 – Verg 21/10). Bei einem Antrag, der auf Feststellung der Rechtswidrigkeit der Aufhebung nach § 168 Abs. 2 Satz 2 GWB gerichtet ist, muss der Antragsteller ein Feststellungsinteresse geltend machen (insbesondere Vorbereitung eines Schadensersatzprozesses, Wiederholungsgefahr, Rehabilitationsinteresse; vgl. Beck VergabeR/*Antweiler* GWB § 168 Rn. 65 ff.).

18. Gemäß § 160 Abs. 3 GWB ist der Antrag unzulässig, soweit der Antragsteller den gerügten Verstoß gegen Vergabevorschriften bereits im Vergabeverfahren erkannt hat, der gerügte Verstoß gegen Vergabevorschriften aufgrund der Bekanntmachung oder der Vergabeunterlagen erkennbar war und er den Verstoß nicht innerhalb der genannten Frist gerügt hat (zu den Voraussetzungen der Rüge → Form. II.O.1). Dafür, dass die Rüge ordnungsgemäß erfolgt ist, trägt der Antragsteller nach verbreiteter Auffassung die Darlegungs- und Beweislast (vgl. OLG Düsseldorf Beschl. v. 26.3.2009 – I-7 U 28/08; VK Bund Beschl. v. 5.11.2012 – VK 3-120/12; VK Hessen Beschl. v. 26.3.2003 – 69d VK-13/2003). Die Darlegungslast obliegt jedoch dem Antragsgegner, insoweit dieser geltend macht, der Antragsteller habe seine Rügeobliegenheit nicht ordnungsgemäß und umfassend ausgeübt (OLG München Beschl. v. 20.3.2014 – VergabeR 2014, 700; Röwekamp/Kus/Portz/Prieß/*Wiese* § 160 Rn. 171).

Eine Rüge ist nur ausnahmsweise in den Fällen entbehrlich, in denen der Auftraggeber eine Fehlerkorrektur eindeutig und endgültig verweigert, oder bei einer De-Facto-Vergabe im Sinne des § 135 Abs. 1 Nr. 2 GWB (siehe → Form. II.O.1 Anm. 2).

19. Ein Nachprüfungsantrag muss innerhalb von 15 Kalendertagen nach Eingang der Mitteilung des Auftraggebers, einer Rüge nicht abhelfen zu wollen, gestellt werden (§ 160 Abs. 3 Nr. 4 GWB). Mit der Frist soll frühzeitig Klarheit über die Rechtmäßigkeit des Vergabeverfahrens geschaffen werden (Gesetzesbegründung BT-Drs. 16/10 117, 22). Ein Bieter soll nach frühzeitiger Rüge oder gar „Vorratsrüge" nicht erst den weiteren Verlauf des Verfahrens abwarten können, bevor er „in letzter Sekunde" einen Nachprüfungsantrag stellt (BeckOK VergabeR/*Gabriel/Mertens* GWB § 160 Rn. 175). Die Frist beginnt jedoch grundsätzlich nur bei einer entsprechenden Belehrung in der Auftragsbekanntmachung (vgl. OLG Düsseldorf Beschl. v. 12.6.2013 – Verg 7/13; Beschl. v. 14.4.2010 VergR 2011, 78). Die Belehrung kann aber nach einer neueren Entscheidung des OLG Celle in der Mitteilung über die Rügezurückweisung nachgeholt werden (OLG Celle Beschl. v. 19.3.2019 – 13 Verg 7/18; so auch Röwekamp/Kus/Portz/Prieß/*Wiese* § 160 Rn. 169). Es bleibt abzuwarten, ob sich diese Ansicht in der zukünftigen Rechtsprechung durchsetzen wird.

Die Unwirksamkeit eines Vertrages nach § 135 Abs. 1 GWB kann nur festgestellt werden, wenn sie im Nachprüfungsverfahren innerhalb von 30 Kalendertagen ab der Information der betroffenen Bieter und Bewerber über den Vertragsabschluss durch den öffentlichen Auftraggeber, jedoch nicht später als sechs Monate nach Vertragsschluss geltend gemacht wird (§ 135 Abs. 2 GWB). Sofern der Auftraggeber die Vergabe des Auftrags im Amtsblatt der Europäischen Union bekannt gemacht hat, verkürzt sich die Frist zur Geltendmachung der Unwirksamkeit des erteilten Auftrages auf 30 Kalendertage nach Veröffentlichung der Auftragsvergabe im Amtsblatt. Bei einer De-Facto-Vergabe nach § 135 Abs. 1 Nr. 2 GWB ist der Vertrag gemäß § 135 Abs. 3 S. 1 GWB jedoch nicht unwirksam, wenn der Auftraggeber im Amtsblatt der Europäischen Union eine Bekanntmachung seiner Absicht zur Auftragsvergabe veröffentlicht und 10 Tage vor dem Zuschlag wartet (sog. freiwillige ex-ante Bekanntmachung; vgl. hierzu *Wolf/Wolters* NZBau 2019, 560).

20. Die Zustellung des Nachprüfungsantrages wird bei den Vergabekammern des Bundes und einigen Vergabekammern der Länder von einer Vorschusszahlung von 2.500 EUR abhängig gemacht, gemäß den § 182 Abs. 1 S. 2 GWB, § 16 VwKostG. In der Regel reicht es aus, die Zahlungsbereitschaft anwaltlich zu versichern (vgl. Müller-Wrede/*Damaske* GWB § 182 Rn. 59). Im Zweifelsfall sollten sich Antragsteller bei der Vergabekammer erkundigen (BeckOK VergabeR/*Krohn* GWB § 182 Rn. 21).

In der Praxis der Vergabekammern wird vielfach eine Zustimmung aller Beteiligten zu einer Entscheidung ohne mündliche Verhandlung iSv § 166 Abs. 1 Satz 3 GWB abgefragt. Wird der Verzicht auf die mündliche Verhandlung erklärt, handelt es sich um eine bedingungsfeindliche, mit Zugang an die sonstigen Verfahrensbeteiligten bindende sowie unwiderrufliche Verfahrenshandlung (VK Thüringen Beschl. v. 12.7.2017 – 250-4003-5533/2017-E-016-EF; BeckOK VergabeR/*Fett* GWB § 166 Rn. 13). Es besteht zudem die Möglichkeit, auf eine mündliche Verhandlung gemäß § 166 Abs. 1 Satz 3 zu verzichten und stattdessen eine Erörterung der Sach- und Rechtslage mittels Videokonferenz durchzuführen (VK Südbayern Beschl. v. 22.3.2021 – 3194 . Z 3 – 3 – 01 – 20 – 61; vgl. VK Westfalen Beschl. v. 31.3.2021 – VK 1 – 09/21 unter Bezugnahme auf § 128a ZPO).

Kosten und Gebühren

21. Die Kosten des Verfahrens vor der Vergabekammer bestimmen sich nach § 182 GWB. Die Höhe der Gebühren orientiert sich an dem personellen und sachlichen Aufwand und soll zwischen 2.500 EUR und 50.000 EUR liegen. Der Mindestbetrag von 2.500 EUR kann aus Gründen der Billigkeit bis auf ein Zehntel ermäßigt werden bzw. von der Erhebung von Gebühren ganz oder teilweise abgesehen werden (§ 182 Abs. 2 S. 1 GWB). Im Einzelfall, wenn der Aufwand oder die wirtschaftliche Bedeutung besonders hoch ist, kann die Gebühr aber auch bis auf 100.000 EUR erhöht werden.

Soweit ein Beteiligter im Verfahren unterliegt, hat er gemäß § 182 Abs. 3 GWB die Kosten zu tragen, wobei mehrere Kostenschuldner als Gesamtschuldner haften. Die Entscheidung über die Kostentragung liegt im Ermessen der Vergabekammer. Dabei können Kosten, die durch Verschulden eines Beteiligten entstanden sind, diesem auferlegt werden. Hat sich der Antrag vor Entscheidung der Vergabekammer durch Rücknahme oder anderweitig erledigt, hat der Antragsteller die Hälfte der Gebühr zu entrichten.

§ 182 Abs. 4 S. 1 GWB ordnet an, dass der im Verfahren vor der Vergabekammer Unterliegende die zur zweckentsprechenden Rechtsverfolgung oder Rechtsverteidigung notwendigen Aufwendungen des Antragsgegners zu tragen hat. Für den Fall der Antragsrücknahme oder der anderweitigen Erledigung erfolgt die Entscheidung über die Erstattungspflicht für die zur zweckentsprechenden Rechtsverteidigung notwendigen Aufwendungen des Antragsgegners und der Beigeladenen nach billigem Ermessen, § 182 Abs. 4 S. 3 GWB.

Die Aufwendungen für die Zuziehung eines Verfahrensbevollmächtigten sind erstattungsfähig, wenn seine Zuziehung notwendig war. Die Voraussetzungen der Notwendigkeit werden trotz des Verweises grundsätzlich nicht so hoch angesetzt wie bei § 80 VwVfG (vgl. BGH Beschl. v. 29.9.2009 – X ZB 1/09, NJW 2010, 76, 77; OLG Celle Beschl. v. 9.2.2011 – 13 Verg 17/10; VK Lüneburg, Beschl. v. 2.5.2017 – VgK – 08/2017). Maßgeblich ist, ob der Beteiligte im Einzelfall in der Lage gewesen wäre, aufgrund der bekannten oder erkennbaren Tatsachen den Sachverhalt zu erfassen, hieraus die für eine sinnvolle Rechtsverfolgung nötigen Schlüsse zu ziehen und entsprechend gegenüber der Vergabekammer vorzutragen (VK Berlin Beschl. v. 22.1.2020 – VK – B 1 – 38/19). Hierfür können neben Gesichtspunkten wie der Einfachheit oder Komplexität des Sachverhalts, der Überschaubarkeit oder Schwierigkeit der zu beurteilenden Rechtsfragen auch rein persönliche Umstände bestimmend sein, wie etwa die sachliche und personelle Ausstattung des Beteiligten (OLG Frankfurt a. M. Beschl. v. 4.3.2015 – 11 Verg 2/12; Beschl. 4.3.2015 – 11 Verg 2/14; VK Schleswig-Holstein Beschl. v. 1.9.2015 – VK-SH 9/15). Der Grundsatz der Waffengleichheit kann ebenfalls in die Prüfung der Notwendigkeit mit einfließen. Allein der Umstand der anwaltlichen Vertretung der Gegenseite ist jedoch nicht ausreichend (OLG Düsseldorf Beschl. v. 16.3.2020 – Verg 38/18). Die Notwendigkeit ist der Regelfall, sofern sich nicht ganz einfache rechtliche und tatsächliche Probleme stellen (OLG Düsseldorf, Beschl. v. 23.12.2014 – VII-Verg 37/13; OLG Naumburg, Beschl. v. 21.3.2013 – 2 Verg 1/13; OLG Brandenburg Beschl. v. 21.5.2012 – Verg W 1/12; OLG Karlsruhe, Beschl. v. 11.7.2011 – 15 Verg 5/11). Im Einzelfall sind aber Abweichungen, insb. bzgl. öffentlicher Auftraggeber möglich, denn von ihnen kann erwartet werden, dass sie mit den Einzelheiten des vergaberechtlichen Rechtsschutzes vertraut sind (OLG Düsseldorf Beschl. v. 31.1.2019 – Verg 9/18; OLG Düsseldorf Beschl. v. 17.7.2018 – Verg 61/17; OLG Frankfurt a. M. Beschl. v. 30.3.2010 – 11 Verg 3/2010). Es sollte daher vorsorglich eine Begründung erfolgen.

Fristen und Rechtsmittel

22. Gegen die Entscheidung der Vergabekammer kann gemäß §§ 171, 172 GWB binnen einer Notfrist von zwei Wochen nach Zustellung der Entscheidung sofortige Beschwerde bei dem zuständigen Oberlandesgericht eingelegt werden (siehe → Form. II. O.6).

Die Kostenentscheidung der Vergabekammer können mit der sofortigen Beschwerde gemäß § 171 GWB angefochten werden (BGH, Beschl. v. 25.10.2011 – X ZB 5/10, BGHZ 188, 200; Müller-Wrede/*Damaske* GWB § 182 Rn. 161).

3. Antrag auf Beiladung gemäß § 162 GWB

An die[1]

[Vergabekammer . . . . .]

. . . . ., den . . . . .[2]

Antrag auf Beiladung gemäß § 162 GWB

In Sachen

der Firma A

– Antragstellerin –

gegen

die Stadt S

– Antragsgegnerin –

Namens und in Vollmacht[3] der X-AG beantragen wir

die X-AG [genaue Adresse], vertreten durch . . . . . gemäß § 162 GWB beizuladen.

Begründung:

Teil 1: Sachverhalt

Die Antragsgegnerin ist öffentlich-rechtliche Trägerin der Abfallentsorgung im Kreis . . . . . Sie hat mit der Beizuladenden am . . . . . einen „Rahmenvertrag über die Übertragung von Aufgaben der Abfallentsorgung", beigefügt als

Anlage B 1,

geschlossen. Auf der Grundlage dieses Rahmenvertrages kam es zu Einzelvereinbarungen über spezifische Leistungen. Am . . . . wurde eine weitere Vereinbarung unter der Bezeichnung „Eckpunkte für die Abfallentsorgung", beigefügt als

Anlage B 2,

getroffen. Gegenstand der Eckpunkte-Vereinbarung ist die vorgesehene Neuregelung des Auftragsverhältnisses über die Erbringung von Abfallentsorgungsleistungen. Die Antragstellerin wendet sich im Rahmen des Nachprüfungsverfahrens gegen die Eckpunktevereinbarung. Sie ist der Auffassung, dass durch die neuerliche Vereinbarung der Rahmenvertrag in wesentlichen Punkten (zB Preis und Leistungsinhalt) geändert wird. Außerdem werde deutlich, dass neue über den Rahmenvertrag hinausgehende Leistungen vereinbart werden sollen. Ein derartiger Vertrag hätte nach Meinung der Antragstellerin erneut ausgeschrieben werden müssen.

Teil 2: Rechtliche Würdigung

Die Voraussetzungen einer Beiladung liegen vor.

Gemäß § 162 GWB sollen[4] Unternehmen[5] beigeladen werden, deren Interessen durch die Entscheidung schwerwiegend berührt werden.[6]

Die Beizuladende ist durch noch laufende Verträge mit den in Rede stehenden Aufgaben der Abfallwirtschaft durch die Antragsgegnerin beauftragt worden. Diese Rechtstellung wäre schwerwiegend berührt, wenn die Antragsgegnerin im Nachprüfungsverfahren verpflichtet würde, die der Beizuladenden zugewiesenen Aufgaben vor Auslaufen entsprechender Vereinbarungen einer Ausschreibung zuzuführen. Der Beizuladenden muss Gelegenheit gegeben werden, angehört[7] zu werden, um zu verdeutlichen, dass durch die sog. Eckpunkte-Vereinbarung keine neuen Beschaffungsvorgänge ausgelöst werden, sondern lediglich der Rahmen bestehender Verträge ausgefüllt wird.

. . . . .

Rechtsanwalt[8]

Anmerkungen

1. Ein Antrag auf Beiladung ist nicht zwingend erforderlich. Die Prüfung der Beiladung erfolgt gemäß § 162 GWB grundsätzlich von Amts wegen (vgl. Beck VergabeR/*Horn/Hofmann* GWB § 162 Rn. 27; Röwekamp/Kus/Portz/Prieß/*Dittmann* § 162 Rn. 17). Das betroffene Unternehmen kann jedoch seine Beiladung – und sollte dies vorsichtshalber auch – bei der Vergabekammer in Form eines Antrages anregen (vgl. BT-Drs. 13/9340, 18; Röwekamp/Kus/Portz/Prieß/*Dittmann* § 162 Rn. 17).

2. Eine Beiladung ist bis zum Abschluss des Verfahrens möglich (vgl. VK Sachsen-Anhalt Beschl. v. 27.10.2003 – VK 16/03). Nach Rücknahme des Nachprüfungsantrags ist für eine Beiladung kein Raum mehr (OLG München Beschl. v. 28.8.2019 – Verg 10/19). Nach Ansicht der Rechtsprechung kann die Beiladung in einer analogen Anwendung des § 162 GWB erstmals im Rahmen eines Beschwerdeverfahrens erfolgen (KG Beschl. v. 18.10.2012 – Verg 8/11; OLG Koblenz Beschl. v. 23.11.2004 – 1 Verg 6/04; VK Schleswig-Holstein Beschl. v. 7.3.2005 – VK-SH 3/05). Dies gilt auch, wenn die Vergabekammer die Beiladung im ersten Rechtszug abgelehnt hat (KG Berlin Beschl. v. 18.10.2012 – Verg 8/11; OLG Düsseldorf Beschl. v. 26.6.2002 – Verg 24/02 – VergabeR 2002, 671). Entfallen zu einem späteren Zeitpunkt die Voraussetzungen einer Beiladung, ist die Beiladung wieder aufzuheben (vgl. OLG Düsseldorf Beschl. v. 19.2.2020 – Verg

26/17; KG Beschl. v. 10.10.2016 – Verg 16/15; jurisPK VergabeR/*Summa* GWB § 162 Rn. 8.1)

3. § 161 Abs. 1 S. 3 GWB sieht vor, dass ein ausländischer Antragsteller einen Empfangsbevollmächtigten in der Bundesrepublik Deutschland zu benennen hat. Der damit verfolgte Zweck, das Nachprüfungsverfahren zu beschleunigen, greift auch bezüglich beizuladender Unternehmen. Eine solche Benennung kann daher in entsprechender Anwendung des § 161 Abs. 1 S. 3 GWB aufgegeben werden (vgl. Beck VergabeR/*Horn/Hofmann* GWB § 161 Rn. 22; jurisPK VergabeR/*Summa* GWB § 161 Rn. 25; kritisch Müller-Wrede/*Behrens* GWB § 161 Rn. 36).

4. Im allgemeinen Kartellrecht steht die Beiladung nach § 54 Abs. 2 Nr. 3 GWB im pflichtgemäßen Ermessen der Kartellbehörde. Entsprechend § 13 Abs. 2 S. 2 VwVfG, der auch im Rahmen der Beiladungsentscheidung nach § 54 Abs. 2 Nr. 3 GWB herangezogen wird, besteht allerdings eine Rechtspflicht zur Beiladung, wenn der Ausgang des Verfahrens rechtsgestaltende Wirkung für einen Dritten haben kann (BGH Beschl. v. 7.4.2009 WuW/E De-R 2728, 2731; Immenga/Mestmäcker/*Bach* § 54 Rn. 42 f.). Auch im Vergabenachprüfungsverfahren besteht eine Pflicht zur Beiladung, wenn die Entscheidung der Vergabekammern – wie zB im dargestellten Fall – rechtsgestaltende Wirkung gegenüber Dritten hat (vgl. Immenga/Mestmäcker/*Dreher* § 162 Rn. 14). Unternehmen, die von der Vergabekammer (ggf. pflichtwidrig) nicht von Amts wegen beigeladen werden, können einen Beiladungsantrag stellen (vgl. Immenga/Mestmäcker/*Dreher* § 162 Rn. 15). Ein negativer Beiladungsbeschluss soll jedoch, wie ein positiver Beiladungsbeschluss, nicht anfechtbar sein, da für ihn der Rechtsmittelausschluss des § 162 Abs. 2 GWB gelte (so OLG Frankfurt a. M. Beschl. v. 28.6.2005 – 11 Verg 9/05; dem folgend auch OLG Karlsruhe Beschl. v. 25.11.2008 – 15 Verg 13/08). Ziel auch dieser Regelung ist die Beschleunigung des Vergabeverfahrens (vgl. Röwekamp/Kus/Portz/Prieß/*Dittmann* § 162 Rn. 27 f.). Effektiver Rechtsschutz soll durch die Beschwerdemöglichkeit gegen die Hauptsacheentscheidung sowie die zwingende Beiladung im Beschwerdeverfahren gewährt bleiben (OLG Karlsruhe Beschl. v. 25.11.2008 – 15 Verg 13/08).

5. Beiladungsfähig sind alle in- und ausländischen natürlichen und juristischen Personen des privaten und öffentlichen Rechts, die Unternehmen im Sinne von § 97 Abs. 6 GWB darstellen (vgl. HK-VergabeR/*Bungenberg* § 162 Rn. 5).

6. Anders als § 13 Abs. 2 S. 1 VwVfG verlangt § 162 S. 1 GWB nicht ausdrücklich eine Berührung rechtlicher Interessen, sondern eine Berührung nicht näher charakterisierter Interessen. Damit kann auch die wirtschaftliche Interessenberührung genügen (einschränkend Immenga/Mestmäcker/*Dreher* § 162 Rn. 7). Der Begriff der schwerwiegenden Interessenberührung ist in Abgrenzung zur erheblichen Interessenberührung im Sinne des allgemeinen Kartellrechts (zB § 67 Abs. 1 Nr. 3 GWB) eigenständig zu interpretieren (vgl. Immenga/Mestmäcker/*Dreher* § 162 Rn. 5; Röwekamp/Kus/Portz/Prieß/*Dittmann* § 162 Rn. 9). Keine Rolle spielen quantitative Erwägungen hinsichtlich des Umfangs der Betroffenheit des Unternehmens generell im Vergabewettbewerb oder speziell in dem konkreten Vergabewettbewerb (vgl. Immenga/Mestmäcker/*Dreher* § 162 Rn. 9). Maßgeblich ist vielmehr die Qualität der Betroffenheit. In der Vergabenachprüfung geht es ausschließlich um das Interesse an bestimmten, einzelnen Aufträgen. Gemeint ist das Interesse, einen solchen zu erhalten. Ein entfernteres, nur mittelbares Interesse reicht grundsätzlich nicht aus (OLG München Beschl. v. 28.8.2019 – Verg 10/19; HK-VergabeR/*Bungenberg* § 162 Rn. 8; vgl. Beck VergabeR/*Horn/Hofmann* GWB § 162 Rn. 15). In diesem Sinne schwerwiegend berührt sind regelmäßig die Bieter, die im Rahmen der Wertung der Angebote (vgl. § 16 VOB/A bzw. § 57 VgV) in die engere Wahl gekommen sind, insbesondere dann, wenn ihre Angebote nach einer bereits vorliegenden Wertung dem Angebot des Antragsstellers vorgehen (vgl. OLG München

Beschl. v. 28.8.2019 – Verg 10/19; Amtl. Begründung zum Regierungsentwurf des Vergaberechtsänderungsgesetzes, BT-Drs. 13/9340, 18). Nicht schwerwiegend berührt ist in der Regel jedoch ein Unternehmen, das bereits im Vorfeld der engeren Wertungsphase ausgeschlossen worden ist und dem dadurch von vornherein die Möglichkeit genommen wurde, in die engere Wahl zu gelangen (vgl. Ziekow/Völlink/*Dicks* GWB § 162 Rn. 4; HK-VergabeR/*Bungenberg* § 162 Rn. 12).

Neben Unternehmen, die im Rahmen eines Vergabeverfahrens eine echte Chance auf den Erhalt des Auftrags haben, können zu den Beigeladenen potentiell auch Unternehmen gehören, die mit dem bietenden Unternehmen in enger Vertragsbeziehung stehen (Beck VergabeR/*Horn/Hofmann* GWB § 162 Rn. 15; enger *Dittmann* in Röwekamp/Kus/Portz/Prieß § 162 Rn. 12) und deren Interessen schwerwiegend verletzt sind, weil die Aussichten auf Erhalt zB eines Unterauftrags vom Verfahren abhängen (OLG Düsseldorf Beschl. v. 19.2.2020 – Verg 26/17). Demgegenüber fehlt es nach der wohl überwiegenden Ansicht in der Literatur bei Unternehmen, die gar nicht in das Bewerbungsverfahren einbezogen worden sind, zB Subunternehmen, an einer hinreichend qualifizierten Betroffenheit. Eine Unterstützung des Antragstellers oder des Antragsgegners verbessert in diesen Fällen regelmäßig nicht die eigene Position (vgl. Beck VergabeR/*Horn/Hofmann* GWB § 162 Rn. 15; Röwekamp/Kus/Portz/Prieß/*Dittmann* § 162 Rn. 15; MüKoVergabeRI/*Jaeger* GWB § 162 Rn. 3; Gabriel/Krohn/*Neun* § 42 Rn. 36; siehe auch OLG München Beschl. v. 28.8.2019 – Verg 10/19).

Entgegen dem insofern missverständlichen Wortlaut genügt die Möglichkeit der Interessenberührung. Eine tatsächliche Betroffenheit durch die Entscheidung der Vergabekammer muss also noch nicht definitiv feststehen, sondern unter sachgerechter Berücksichtigung aller Umstände möglich erscheinen (OLG Düsseldorf Beschl. v. 20.4.2004 – Verg 68/03; vgl. jurisPK-VergabeR/*Summa* GWB § 162 Rn. 12 ff.; Röwekamp/Kus/Portz/Prieß/*Dittmann* § 162 Rn. 10). Dies ergibt sich daraus, dass zum frühen Zeitpunkt der Beiladungsentscheidung noch nicht endgültig klar ist, ob auch tatsächlich ein schwerwiegendes Berührtsein gegeben ist (vgl. HK-VergabeR/*Bungenberg* § 162 Rn. 10).

7. Der Beigeladene hat die gleiche Rechtsstellung wie die anderen Beteiligten. Er hat einen Anspruch auf Akteneinsicht gemäß § 165 GWB. Außerdem hat der Beigeladene die gleichen „Angriffs- und Verteidigungsrechte wie der Antragssteller" (vgl. Amtl. Begründung zum Regierungsentwurf des Vergaberechtsänderungsgesetzes, BT-Drs. 13/9340, 18). Insbesondere ist wegen der mit der Beiladung verbundenen Rechtskraft und Bindungswirkung der Entscheidung der Vergabekammer gemäß § 171 Abs. 1 S. 2 GWB dem Beigeladenen bei Vorliegen einer materiellen Beschwer die sofortige Beschwerde gegen die Entscheidung der Vergabekammer möglich (OLG Düsseldorf Beschl. v. 19.12.2018 – VII-Verg 40/18). Nach erfolgter Beiladung kann der Beigeladene bis zum bestands- oder rechtskräftigen Abschluss des Nachprüfungsverfahrens keinen eigenen Antrag auf Einleitung eines zusätzlichen Nachprüfungsverfahrens bezüglich des schon streitigen Vergabeverfahrens stellen. Ein solcher Antrag ist unzulässig (vgl. Immenga/Mestmäcker/*Dreher* § 162 Rn. 20; aA OLG Frankfurt Beschl. v. 20.12.2000 – VergabeR 2001, 243).

Kosten und Gebühren

8. Die Kostentragung richtet sich nach § 182 Abs. 3 und Abs. 4 GWB. Ein Beigeladener, der unterliegt, hat die Kosten – evtl. als Gesamtschuldner – zu tragen. Das Unterliegen setzt nach der Rechtsprechung in analoger Anwendung der Vorschrift des § 154 Abs. 3 VwGO grundsätzlich voraus, dass der Beigeladene Anträge gestellt oder Rechtsmittel eingelegt hat oder zumindest das Verfahren durch Schriftsätze oder Vortrag in der mündlichen Verhandlung fördert (vgl. OLG Brandenburg Beschl. v. 16.5.2008 – Verg W 11/06; OLG Düsseldorf Beschl. v. 27.6.2007 – Verg 8/07; OLG Jena Beschl. v. 4.4.2003 – 6 Verg 4/03). Für

den Fall der Rücknahme des Nachprüfungsantrags oder bei anderweitiger Erledigung erfolgt die Entscheidung über die notwendigen Aufwendungen nach billigem Ermessen gemäß § 182 Abs. 4 S. 3 GWB.

4. Antrag auf Gestattung des Zuschlags gemäß § 169 Abs. 2 S. 1 GWB

An die[1]
Vergabekammer . . . . .[2]

. . . . ., den . . . . .[3]

Antrag auf Gestattung des Zuschlags gem. § 169 Abs. 2 S. 1 GWB

In dem Nachprüfungsverfahren
wegen der Vergabe eines Bauauftrags zur Erstellung eines Forschungszentrums für . . . . . und einer . . . . . Spezialklinik für . . . . .
der Firma A

– Antragstellerin –

– Verfahrensbevollmächtigte: Rechtsanwälte . . . . . –
gegen
das Stadthochbauamt . . . . .

– Antragsgegnerin –

– Verfahrensbevollmächtigte: Rechtsanwälte . . . . . –[4]
beigeladen gemäß § 162 GWB: Firma B[5]
beantragen wir namens und in Vollmacht der Antragsgegnerin,[6]
dieser zu gestatten, den Zuschlag nach Ablauf von zwei Wochen seit Bekanntgabe dieser Entscheidung gemäß § 169 Abs. 2 S. 1 GWB zu erteilen.

Begründung:[7]

Teil 1: Sachverhalt

Ausweislich der als
Anlage AG 1
beigefügten Bekanntmachung schrieb die Antragsgegnerin im Verhandlungsverfahren mit vorherigem Teilnahmewettbewerb den Neubau und die Finanzierung eines Forschungszentrums für . . . . . und einer Spezialklinik für . . . . . aus. In der Ausschreibung wurde zur Abgabe von Angeboten aufgefordert für

Los A: schlüsselfertige Erstellung des Objektes als Ganzes durch einen Generalunternehmer,
Los B: Bereitstellung der Finanzierungsmittel durch Forfaitierung oder mittels anderer projektbezogener Finanzierungsalternativen und
Los C: Finanzierung und Bau aus einer Hand.

In dem Teilnahmewettbewerb wählte die Antragsgegnerin je Los sieben Bewerber aus und forderte diese am . . . . . zur Angebotsabgabe auf.

Im weiteren Verlauf verhandelte die Antragsgegnerin mit den Bietern über ihre Angebote. Am . . . . . forderte die Antragsgegnerin die in der engeren Wahl verbliebenen Bieter, zu denen die Antragstellerin mit einem Angebot für Los C gehörte, zur Abgabe von

„Optimierungsangeboten" für die Lose B und C auf. Die Antragstellerin gab ein solches Angebot für Los C innerhalb der gesetzten Frist ab, beigefügt als

Anlage AG 2.

Die Antragsgegnerin verhandelte daraufhin mit der Beigeladenen, die ein Angebot für das Los A abgegeben hatte, bis zum Zuschlag.

Die Antragsgegnerin teilte danach der Antragstellerin ausführlich die Gründe für deren Nichtberücksichtigung mit und an wen aus welchen Gründen die Zuschläge erteilt werden sollten.

Daraufhin hat die Antragstellerin am ..... ein Nachprüfungsverfahren beantragt, da ihrer Auffassung nach das offene Verfahren statt des Verhandlungsverfahrens hätte gewählt werden müssen. Mit Schreiben vom ..... teilte die Vergabekammer mit, die Frist zur Entscheidung über den Nachprüfungsantrag müsse auf Grund von tatsächlichen Schwierigkeiten bei der Behandlung des Nachprüfungsantrags bis zum ..... verlängert werden.

Um eine unzumutbare Verzögerung der Zuschlagserteilung zu verhindern, beantragt die Antragsgegnerin nun, ihr zu gestatten, den Zuschlag an die Beigeladene bereits vor Abschluss des durch die Antragstellerin in Gang gesetzten Nachprüfungsverfahrens zu erteilen.

Teil 2: Rechtliche Würdigung

Der Antrag auf Gestattung der vorzeitigen Zuschlagserteilung ist zulässig und begründet.

A. Zulässigkeit

Die Voraussetzungen des § 169 Abs. 2 S. 1 GWB sind erfüllt. Die Antragstellerin hat einen zulässigen Nachprüfungsantrag i.S.d. § 160 GWB gestellt und gemäß § 169 Abs. 1 GWB wurde das gesetzliche Zuschlagsverbot ausgelöst.

Gegen dieses Zuschlagsverbot kann der Antragsgegner mit dem Antrag auf Gestattung der vorzeitigen Zuschlagserteilung gem. § 169 Abs. 2 S. 1 GWB vorgehen.

B. Begründetheit[8]

Vorliegend überwiegen die konkreten Interessen der Antragsgegnerin und der Allgemeinheit am schnellen Verfahrensabschluss eindeutig das Interesse der Antragstellerin am Erhalt ihrer Rechte aus § 97 Abs. 6 GWB[9] (§ 169 Abs. 2 S. 1 GWB).

Das besondere Interesse der Antragsgegnerin an der vorzeitigen Zuschlagserteilung ergibt sich aus mehreren Gesichtspunkten. Bei einer nicht plangemäßen Fertigstellung der Klinikgebäude auf Grund einer verzögerten Auftragserteilung wäre die Antragsgegnerin auf eine weitere Nutzung des Provisoriums in der ..... Privatklinik angewiesen. Eine solche ist aber auf Grund der bereits erfolgten Kündigung des Mietvertrages nicht mehr möglich,

Anlage AG 3.

Angesichts der akuten Platznot im Bereich der Gesundheitsversorgung im Kreis ....., der auch der Ausschreibung zugrunde lag, besteht kaum eine Chance, kurzfristig einen weiteren Mietvertrag mit einer anderen Klinik abschließen zu können, um weiterbehandeln zu können und voraussichtliche Einnahmenausfälle in Höhe von ca. 150.000 EUR zu vermeiden.

Es besteht außerdem die naheliegende Gefahr von Mehrforderungen der günstigsten Bieter für ihre Leistungen, wenn der Zuschlag verschoben wird. Die Firma B hat zudem bereits schriftlich darauf hingewiesen, dass sie im Anschluss an das vorgesehene Projektende einen anderen Auftrag habe, sodass ihr eine Verschiebung des Bauzeitraums um mehr als zwei Wochen unter keinen Umständen möglich sei.[10]

Anlage AG 4.
Vor allem muss aber auch das besondere öffentliche Interesse an der schnellen Fertigstellung des Bauvorhabens berücksichtigt werden .....
Anlage AG 5.
Die Tatsache, dass der Nachprüfungsantrag der Antragstellerin offensichtlich keinen Erfolg haben wird, da das Verhandlungsverfahren angesichts der dargelegten Dringlichkeit die richtige Verfahrensart war (§ 3a Abs. 3 Nr. 2 VOB/A; § 3a Abs. 3 Nr. 4 EU VOB/A), spricht zusätzlich für ein Überwiegen des Interesses am schnellen Zuschlag.[11].....
Eine Entscheidung im Eilverfahren bedeutet im vorliegenden Fall auch einen deutlichen Zeitgewinn für die Antragsgegnerin, da das Nachprüfungsverfahren durch die Verlängerung der Entscheidungsfrist gem. § 167 Abs. 1 S. 2 GWB jedenfalls länger dauern wird als fünf Wochen.
Angesichts des Gewichts dieser Interessen muss im vorliegenden Fall das Interesse der Antragstellerin am Erhalt ihrer Primärrechtsschutzmöglichkeiten bzw. letztendlich des Zuschlages zurückstehen. Dabei fällt auch die Tatsache ins Gewicht, dass die Aussichten der Antragstellerin auf den Zuschlag angesichts der Vielzahl von wirtschaftlicheren Angeboten verschwindend gering sind.
Aufgrund der dargestellten Sachlage sollte so bald wie möglich die Zuschlagserteilung gestattet werden.[12]
.....
Rechtsanwalt[13, 14]

Anmerkungen

1. Nach § 169 Abs. 1 GWB führt die Information des Auftraggebers in Textform durch die Vergabekammer über einen Nachprüfungsantrag beim Auftraggeber dazu, dass dieser vor einer Entscheidung der Vergabekammer und dem Ablauf der Beschwerdefrist (vgl. § 172 Abs. 1 GWB) den Zuschlag nicht mehr erteilen darf. Das Zuschlagsverbot soll eine Korrektur von möglichen Vergabefehlern vor der nach § 168 Abs. 2 S. 1 GWB irreversiblen Zuschlagserteilung ermöglichen und dem Antragsteller während des Nachprüfungsverfahrens die Chance auf Erteilung des Zuschlags erhalten (OLG Frankfurt Beschl. v. 5.3.2014 – 11 Verg 1/14; OLG Düsseldorf Beschl. v. 9.5.2011 – Verg 40/11; OLG Celle Beschl. v. 31.1.2011 – 13 Verg 21/10). Ein unter Verstoß gegen das gesetzliche Zuschlagsverbot abgeschlossener Vertrag ist gemäß § 134 BGB nichtig (BGH Urt. v. 10.11.2009 – X ZB 8/09; Röwekamp/*Kus*/Portz/Prieß § 169 Rn. 47 f.). Der Auftraggeber und das Unternehmen, das gemäß § 134 Abs. 1 GWB für den Zuschlag vorgesehen ist, können aber ausnahmsweise die Gestattung der vorzeitigen Zuschlagserteilung beantragen, wenn die Voraussetzungen des § 169 Abs. 2 S. 1 GWB vorliegen. Zwar hat die bisherige Praxis gezeigt, dass Anträge auf Vorabgestattung des Zuschlags selten gestellt werden, noch seltener erfolgreich sind (BeckOK VergabeR/*Welker* GWB § 169 Rn. 36) und eine vorzeitige Gestattung des Zuschlags im Verfahren vor der Vergabekammer gemäß § 169 Abs. 2 S. 1 GWB somit nur in Ausnahmefällen in Betracht kommt (OLG München Beschl. v. 9.9.2010 – Verg 16/10). In den letzten Jahren konnte allerdings ein Anstieg der Anträge und ihrer Erfolgswahrscheinlichkeit verzeichnet werden (BeckOK VergabeR/*Welker* GWB § 169 Rn. 36).

2. Der Antrag auf vorzeitige Zuschlagsgestattung ist an die Vergabekammer zu richten, bei der das Hauptsacheverfahren anhängig ist. Die Durchführung einer mündlichen Verhandlung vor der Vergabekammer ist nicht erforderlich (OLG Düsseldorf Beschl. v. 9.5.2011– VII-Verg 40/11; VK Sachsen-Anhalt Beschl. v. 20.9.2019 – 1 VK LSA 16/19). Lehnt die Vergabekammer die Zuschlagsgestattung ab, kann die Antragsgegnerin gem.

§ 169 Abs. 2 S. 7 GWB vor dem Beschwerdegericht erneut einen Antrag auf Zuschlagsgestattung stellen. Dieser Antrag ist an das Beschwerdegericht iSv § 171 Abs. 3 GWB zu richten. Das vor der Vergabekammer begonnene Eilverfahren geht damit gemäß § 169 Abs. 2 S. 9 GWB in ein besonderes eigenständiges Beschwerdeverfahren vor dem OLG nach § 169 Abs. 2 S. 7 (und nicht § 171 Abs. 1) GWB über (vgl. BeckOK VergabeR/*Welker* GWB § 169 Rn. 62; Röwekamp/*Kus*/Portz/Prieß § 169 Rn. 89). Nach § 169 Abs. 2 S. 7 GWB ist allein der Auftraggeber berechtigt, diesen Antrag beim OLG zu stellen. Es ist jedoch kein Grund ersichtlich, warum sich nicht auch das Unternehmen, das gemäß § 134 GWB für den Zuschlag vorgesehen ist, nach einem erfolglosen Antrag vor der Vergabekammer an das Beschwerdegericht wenden kann. Das ergibt sich auch schon daraus, dass in die Interessenabwägung nach § 169 Abs. 2 S. 1 GWB die Interessen aller Beteiligten einzubeziehen sind (jurisPK VergabeR/*Summa* GWB § 169 Rn. 80; BeckOK VergabeR/*Welker* GWB § 169 Rn. 63; Beck VergabeR/*Antweiler* GWB § 169 Rn. 48).

3. Eine Frist für die Einreichung eines Antrages nach § 169 Abs. 2 S. 1 oder 7 GWB sieht das Gesetz zwar nicht vor. Aber sowohl aus der Gesetzessystematik als auch nach dem Sinn und Zweck dieses Antragsverfahrens (im Gegensatz zu dem nach § 176 GWB) ergibt sich, dass ein solcher Antrag nur während des laufenden Nachprüfungsverfahrens vor der Vergabekammer gestellt werden kann (vgl. BeckOK VergabeR/*Welker* GWB § 169 Rn. 39; VK Rheinland Köln Beschl. v. 22.7.2019 – VK 21/19 – B). Auch wenn der Antrag zu einem relativ späten Zeitpunkt, immer noch während des Nachprüfungsverfahrens, gestellt wird, kann dies dann nicht als Indiz gegen die Dringlichkeit der Auftragsverteilung verwendet werden (OLG Celle Beschl. v. 31.1.2011 – 13 Verg 21/10; andere Ansicht OLG Sachsen-Anhalt Beschl. v. 11.9.2018 – 7 Verg 4/18; differenzierend Röwekamp/*Kus*/Portz/Prieß § 169 Rn. 61). Um dahingehend bestehende Unsicherheiten zu vermeiden, ist dennoch zu empfehlen, den Antrag so früh wie möglich zu stellen.

4. Für das Verfahren vor der Vergabekammer besteht unstreitig kein Anwaltszwang. Für das Verfahren vor dem Beschwerdegericht gilt durch die Verweisung auf § 176 Abs. 3 GWB und somit auch auf § 175 Abs. 1 GWB in § 169 Abs. 2 S. 8 GWB, dass sich die Beteiligten auch im Eilverfahren durch einen Rechtsanwalt als Bevollmächtigten vertreten lassen müssen (jurisPK VergabeR/*Summa* GWB § 169 Rn. 67).

5. Die weiteren Verfahrensbeteiligten i.S.v. § 162 GWB müssen bei einem Antrag auf vorzeitige Gestattung des Zuschlags nicht erneut beigeladen werden. Die für das Nachprüfungsverfahren selbst erfolgte Beiladung wirkt auch für das Eilverfahren. Den Beteiligten ist rechtliches Gehör zu gewähren (Röwekamp/*Kus*/Portz/Prieß § 169 Rn. 60).

6. Sowohl der Auftraggeber selbst als auch das Unternehmen, das nach § 134 GWB vom Auftraggeber als das Unternehmen benannt ist, das den Zuschlag erhalten soll (Beizuladender), können eine vorzeitige Gestattung des Zuschlags gem. § 169 Abs. 2 GWB beantragen.

7. Der Antrag nach § 169 Abs. 2 S. 1 GWB kann während des gesamten Verfahrens vor der Vergabekammer schriftlich gestellt werden und ist zu begründen. Ein Begründungserfordernis ergibt sich, im Vergleich zum Verfahren vor dem Beschwerdegericht nach § 169 Abs. 2 S. 8 GWB, nicht aus dem Gesetz, aber aus der Systematik, da die Vergabekammer nur auf Antrag die Interessenabwägung vornimmt und ihr somit Anhaltspunkte für eine solche Abwägung gegeben werden müssen (Röwekamp/*Kus*/Portz/Prieß § 169 Rn. 59). Ob der Antragsteller die vorgetragenen Tatsachen sowie den Grund für die Eilbedürftigkeit im Verfahren vor der Vergabekammer glaubhaft machen muss, ist offen (bejahend HK-VergabeR/*Nowak* § 169 Rn. 23; dagegen BeckOK VergabeR/*Welker* GWB § 169 Rn. 38). In der Praxis wird der Eilantrag auf Zuschlagsgestattung auch häufig mit dem Antrag auf Zurückweisung des Nachprüfungsantrags der Antragstellerin

und der Erwiderung auf den Nachprüfungsantrag verbunden. Die Zurückweisung des Nachprüfungsantrags führt allerdings nicht per se und automatisch zum Erfolg des Antrags nach § 169 Abs. 2 GWB (VK Bund Beschl. v. 17.12.2018 – VK 2 – 104/18).

Der (erneute) Antrag auf vorzeitige Zuschlagserteilung vor dem Beschwerdegericht (§ 169 Abs. 2 S. 7 GWB) unterliegt gem. § 169 Abs. 2 S. 8 GWB den Formvorschriften des § 176 Abs. 2 S. 1 und 2 GWB. Er ist somit schriftlich zu stellen und gleichzeitig zu begründen; die zur Begründung des Antrags vorgetragenen Tatsachen sowie der Grund für die Eilbedürftigkeit müssen jedenfalls vor dem Beschwerdegericht glaubhaft gemacht werden (OLG Celle Beschl. v. 31.1.2011 – 13 Verg 21/10; Röwekamp/*Kus*/Portz/Prieß § 169 Rn. 91). Nach § 294 ZPO kann sich der Antragssteller zur Glaubhaftmachung sämtlicher Beweismittel (vgl. §§ 355–455 ZPO – Urkunde, Augenschein, Zeugen, Sachverständiger, Parteivernehmung) einschließlich der eidesstattlichen Versicherung bedienen, sofern die Beweismittel eine sofortige Beweiserhebung ermöglichen (vgl. § 294 Abs. 2 ZPO). Die eidesstattliche Versicherung ist nicht formbedürftig und kann daher auch mündlich oder per Telefax abgegeben werden. Die glaubhaft zu machenden Tatsachen müssen in der eidesstattlichen Versicherung dargestellt werden; eine bloße Bezugnahme auf andere Schriftsätze genügt nicht. Größtenteils wird hinsichtlich des Beweismaßes eine überwiegende Wahrscheinlichkeit für ausreichend erachtet (vgl. BGH Urt. v. 11.9.2003 – IX ZB 37/03, BeckRS 2003, 08744; OLG Celle Beschl. v. 31.1.2011 – 13 Verg 21/10; Ziekow/Völlink/*Herrmann* GWB § 176 Rn. 10; Röwekamp/Kus/Portz/Prieß/*Hänisch* § 176 Rn. 20). Es dürfen auch andere Umstände zur Entscheidung herangezogen werden, die nicht glaubhaft gemacht wurden, sodass das Gesamtbild nach einer Würdigung im Sinne von § 286 ZPO zu berücksichtigen ist (OLG Celle Beschl. v. 31.1.2011 – 13 Verg 21/10; BeckOK VergabeR/*Welker* GWB § 169 Rn. 66).

8. Um eine Vorwegnahme der Hauptsache durch die endgültige Vorabgestattung des Zuschlags zu rechtfertigen, wird von der Antragsgegnerin in der Regel die konkrete und substantiierte Darlegung ganz außergewöhnlicher Gründe für das besondere Eilbedürfnis verlangt. Der übliche Termindruck bei Leistungen im öffentlichen Interesse oder rein fiskalische Erwägungen wie der Ablauf des Haushaltsjahres reichen hier als Begründung nicht aus (vgl. OLG Celle Beschl. v. 31.1.2011 – 13 Verg 21/10; Röwekamp/*Kus*/Portz/Prieß § 169 Rn. 75). Denn der Suspensiveffekt des § 169 Abs. 1 GWB und die vorzeitige Zuschlagsgestattung stehen in einem Regel-Ausnahme-Verhältnis. Die Vergabekammern und auch die Gerichte haben deshalb bisher auch eine sehr zurückhaltende Praxis der Vorabgestattung des Zuschlags im Rahmen des § 169 Abs. 2 GWB erkennen lassen (vgl. OLG Frankfurt Beschl. v. 12.10.2017 – 11 Verg 13/17; OLG Düsseldorf Beschl. v. 24.1.2014 – VII Verg 3/14; VK Sachsen Beschl. v. 24.10.2018 – 1/SVK/039-18G; VK Thüringen Beschl. v. 8.2.2017 – 250-4003-8886/2016-E-S-022-GTH). Dahinter steht die Überlegung, dass mit der Vorabgestattung des Zuschlags der Primärrechtsschutz des Antragstellers vollständig beendet wird (OLG Naumburg Beschl. v. 11.9.2018 – 7 Verg 4/18; OLG Frankfurt a.M. Beschl. v. 26.1.2017 – 11 Verg 1/17; VK Berlin Beschl. v. 29.1.2019 – VK – B 1 – 33/18). Das ergibt sich aus § 168 Abs. 2 S. 1 GWB, wonach ein wirksam erteilter Zuschlag nicht mehr aufgehoben werden kann. Dies bedeutet einen entscheidenden Einschnitt. Zudem unterliegt das gesamte Nachprüfungsverfahren gemäß § 167 Abs. 1 S. 1 GWB ohnehin dem Beschleunigungsgebot und muss innerhalb von fünf Wochen abgeschlossen werden, sodass ein darüber hinausgehendes besonderes Beschleunigungsinteresse der Antragsgegnerin in der Mehrzahl der Fälle nicht erkennbar ist (vgl. Beck VergabeR/*Antweiler* GWB § 169 Rn. 37).

9. Die Entscheidung über die Gestattung des Zuschlags hat auf der Grundlage einer umfassenden Interessenabwägung zu erfolgen (Röwekamp/*Kus*/Portz/Prieß § 169 Rn. 63). In die Abwägung sind nicht nur die Interessen der Antragstellerin und des Auftraggebers, sondern *sämtliche* möglicherweise geschädigten Interessen der Beteiligten des Vergabeverfahrens sowie das Interesse der Allgemeinheit an einem raschen Abschluss des Vergabeverfahrens einzustellen (§ 169 Abs. 2 S. 1 GWB). Maßgebend sind die konkreten Interessen im Einzelfall. Auf Seiten des Antragstellers ist dies in erster Linie das Interesse an der Erhaltung seines Rechts aus § 97 Abs. 6 GWB auf ein rechtmäßiges Vergabeverfahren, das bei einer Gestattung des Zuschlags unwiderruflich untergehen würde. Auch wirtschaftliche Interessen können die Abwägung beeinflussen, wenn es zB um Vorhaben von erheblicher Dimension geht oder das Unternehmen zur Erhaltung oder Schaffung von Arbeitsplätzen oder der Vermeidung von betrieblichen Schäden auf die Auftragserteilung angewiesen ist (Röwekamp/*Kus*/Portz/Prieß § 169 Rn. 72). Dem stehen Interessen der Allgemeinheit und des Auftraggebers an der wirtschaftlichen Erfüllung von Aufgaben und am raschen Abschluss des Vergabeverfahrens gegenüber. Aus dem Regel-Ausnahmecharakter zugunsten des Antragstellers ergibt sich auch, dass der Auftraggeber grundsätzlich Verspätungen, die durch das Nachprüfungsverfahren entstehen, hinzunehmen hat (vgl. OLG Naumburg Beschl. v. 11.9.2018 – 7 Verg 4/18; OLG Frankfurt a.M. Beschl. v. 12.10.2017 – 11 Verg 13/17; VK Sachsen Beschl. v. 24.10.2018 – 1/SVK/039-18G; Beck VergabeR/*Antweiler* GWB § 169 Rn. 37). Eine Betroffenheit des Interesses der Allgemeinheit muss im Einzelfall dargelegt werden und kann nicht per se angenommen werden. Schließlich hat auch die Allgemeinheit ein Interesse an rechtsstaatlichem, vergaberechtsgemäßem Handeln des öffentlichen Auftraggebers. Das Interesse am Schutz der Gesundheit oder die Sicherstellung wichtiger Versorgungsgüter kann jedoch dazu führen, dass das Interesse des Auftraggebers und der Allgemeinheit überwiegt (vgl. OLG Frankfurt a. M. Beschl. v. 26.1.2017 – 11 Verg 1/17; OLG Düsseldorf Beschl. v. 24.1.2014 – VII-Verg 3/14; VK Bund Beschl. v. 11.7.2017 – VK 2-62/17; VK Hessen Beschl. v. 12.1.2017 – 69d-VK-58/2016). Selbst bei Vorliegen eines öffentlichen Interesses an fortlaufender Daseinsvorsorge müssen aber konkrete, verzögerungsbedingte Nachteile dargelegt werden (VK Berlin Beschl. v. 29.1.2019 – VK – B 1 – 33/18). Auch das Interesse der aussichtsreichsten Bieter an baldiger Klarheit darüber, wer den Zuschlag erhält, ist zu berücksichtigen, um diesen Unternehmen eine gewisse Planungssicherheit zu gewährleisten und betriebliche Schäden zu vermeiden. Das Interesse des Auftraggebers und der Allgemeinheit an einem baldigen Abschluss des Verfahrens innerhalb des Zeitplans an sich kann ebenfalls berücksichtigungsfähig sein, sofern dies im Einzelfall von besonderem Wert ist und konkret und substantiiert dargestellt wird (OLG München Beschl. v. 9.9.2010 – Verg 16/10). Jedoch ist hierbei zu berücksichtigen, dass die Dauer eines Vergabeverfahrens zuzüglich möglicher Verzögerungen grundsätzlich seitens des Auftraggebers einkalkuliert werden muss (OLG Frankfurt Beschl. v. 12.10.2017 – 11 Verg 13/17; VK Sachsen Beschl. v. 24.10.2018 – 1/SVK/039-18G; BeckOK VergabeR/*Welker* GWB § 169 Rn. 48). Wenn sich das Nachprüfungsverfahren allerdings über einen beträchtlichen Zeitraum erstreckt, ein Ende nicht absehbar ist und die Ursache hierfür nicht der Sphäre des Auftraggebers zuzuordnen ist, kann dies bei der Interessenabwägung zugunsten des Auftraggebers berücksichtigt werden (VK Hessen Beschl. v. 12.1.2017 – 69d-VK-58/2016). Zusätzliche Kosten sind nicht generell zu berücksichtigen, da sonst regelmäßig das Interesse der Allgemeinheit überwiegen würde (vgl. VK Berlin Beschl. v. 27.4.2010 – VK-B2-3/10 E II). Bei einer erheblichen Verteuerung durch Zeitverluste kann die Interessenabwägung dennoch ergeben, dass das Interesse des Bieters an der Verhinderung des Zuschlags und seiner Beauftragung gegenüber dem Interesse der Allgemeinheit und des Auftraggebers zurückstehen muss (vgl. VK Hessen Beschl. v. 7.9.2017 – 69 d – VK – 25/2017; BeckOK VergabeR/*Welker* GWB § 169 Rn. 54). Dies kann sich auch daraus ergeben, dass EU-Fördergelder drohen verloren zu gehen (vgl. Röwekamp/*Kus*/Portz/Prieß § 169 Rn. 73; aA Beck VergabeR/*Antweiler* GWB § 169 Rn. 38). Nicht zu berücksichtigen ist eine Beeinflussung der Beantragung von Fördergeldern für andere zukünftige Projekte (VK Sachsen Beschl. v. 24.10.2018 – 1/SVK/039-18G). Gegen die Zuschlagsgestattung spricht das finanzielle Interesse des Auftraggebers, sich nicht aufgrund von vermeidbaren Vergabefehlern einem Schadensersatzrisiko auszusetzen (OLG Naumburg Beschl. v. 18.10.2019 – 7 Verg 4/19; Byok/Jaeger/*Jaeger* GWB § 169 Rn. 30). Typische Fallgruppen, in denen die vorzeitige Zuschlagsgestattung zulässig ist, sind anzunehmen, wenn der Abschluss oder die Durchführung des Vertrags zu einem späteren Zeitpunkt sinnlos, unmöglich oder hinfällig wären, oder wenn die Verzögerung des Vertragsschlusses geeignet ist, die Funktionsfähigkeit der Aufgabenerfüllung des öffentlichen Auftraggebers spürbar zu beeinträchtigen (vgl. VK Sachsen-Anhalt Beschl. v. 28.2.2019 – 1 VK LSA 03/19; Beck VergabeR/*Antweiler* GWB § 169 Rn. 38). Das Gesetz zur beschleunigten Beschaffung im Bereich der Verteidigung und Sicherheit und zur Optimierung der Vergabestatistik v. 25.3.2020 (BGBl. I 674) hat mit § 169 Abs. 2 S. 3 GWB einen Katalog an Regelbeispielen eingeführt, bei deren Vorliegen ein Überwiegen von Verteidigungs- und Sicherheitsaspekten gegenüber den Interessen des Antragstellers gegeben ist. Die Regelbeispiele betreffen Beschaffungen im unmittelbaren Zusammenhang mit einer Krise, mandatierten Einsätzen der Bundeswehr, einsatzgleichen Verpflichtungen der Bundeswehr oder Bündnisverpflichtungen. Der Begriff der „*Krise*" ist in Art. 1 Nr. 10 der Richtlinie 2009/81/EG definiert und dürfte neben Kriegen sowie bewaffneten Konflikten auch die „COVID-19-Krise" erfassen (Ziekow/Völlink/*Herrmann* GWB § 169 Rn. 17b; jurisPK VergabeR/*Summa* GWB § 169 Rn. 43.1).

Die Interessenabwägung wird von der Vergabekammer durchgeführt. Diese entscheidet nach billigem Ermessen durch Verwaltungsakt (Beck VergabeR/*Antweiler* GWB § 169 Rn. 44).

10. Eine mögliche Bindefristüberschreitung mit der Folge, dass ein oder mehrere der günstigsten Bieter möglicherweise nicht mehr zur Verfügung stehen, kann in der Regel nicht als Argument für die besondere Eilbedürftigkeit angeführt werden, da ein Nachprüfungsverfahren regelmäßig zu einer Überschreitung der Frist führt und zudem in der Regel die Bieter einer Verlängerung der Frist zustimmen werden, um ihre Zuschlagschancen zu wahren (vgl. OLG Naumburg Beschl. v. 11.9.2018 – 7 Verg 4/18; Beck VergabeR/*Antweiler* GWB § 169 Rn. 38; Röwekamp/*Kus*/Portz/Prieß § 169 Rn. 74).

11. Im Rahmen der Interessenabwägung des § 169 Abs. 2 S. 1 bzw. S. 7 GWB ist regelmäßig auch auf die Erfolgsaussichten in der Hauptsache abzustellen. Gleichzeitig müssen die Erfolgsaussichten des Nachprüfungsantrages jedoch auch nicht in jedem Fall Gegenstand der Abwägung sein (§ 169 Abs. 2 S. 5 GWB). Die Erfolgsaussichten des Nachprüfungsverfahrens können nach der Rechtsprechung jedoch nur in Fallkonstellationen unberücksichtigt bleiben, in denen die Klärung der Erfolgsaussichten längere Zeit in Anspruch nimmt, bspw. für eine summarische Prüfung erst ein Gutachten eingeholt werden muss (OLG München Beschl. v. 9.9.2010 – Verg 16/10), und der Auftraggeber besonders dringlich auf die Leistung angewiesen ist (OLG Düsseldorf Beschl. v. 9.5.2011 – VII-Verg 40/11; Röwekamp/*Kus*/Portz/Prieß § 169 Rn. 68). In diesen Fällen kann somit bereits auf der Grundlage der Abwägung der beteiligten Interessen der Zuschlag gestattet werden (Gesetzesbegründung BT-Drs. 16/10117, 28). Werden hingegen die Erfolgsaussichten der Hauptsache berücksichtigt und hat der Nachprüfungsantrag hohe Aussichten auf Erfolg, muss die Vorabgestattung unterbleiben. Ist umgekehrt der Nachprüfungsantrag offensichtlich unzulässig (vgl. VK Sachsen-Anhalt Beschl. v. 23.6.2017 – 2 VK LSA 11/17) oder unbegründet, tritt das Primärschutzinteresse noch nicht notwendigerweise zurück, da sonst das Regel-Ausnahme Prinzip umgangen werden könnte und regelmäßig das Interesse des Auftraggebers überwiegt (BeckVergabeR/*Antweiler* GWB § 169 Rn. 43). Erforderlich ist vielmehr, dass ein besonderes Beschleunigungsinteresse des Auftraggebers hinzutritt (OLG Naumburg Beschl. v. 11.9.2018 – 7 Verg 4/18; OLG Frankfurt a.M. Beschl. v. 26.1.2017 – 11 Verg 1/17). Aus verfahrenstaktischen Erwägungen sollte eine ins Auge fallende Unbegründetheit des Nachprüfungsantrags in jedem Fall im Antrag nach § 169 Abs. 2 S. 1 bzw. S. 7 GWB erwähnt werden, da diese im schlimmsten Fall nicht mit in die Abwägung einbezogen wird, im besten aber das Ergebnis zugunsten der Antragsgegnerin beeinflussen kann.

12. Für die Entscheidung der Vergabekammer über den Antrag des Auftraggebers nach § 169 Abs. 2 S. 1 GWB ist im Gesetz keine Entscheidungsfrist vorgesehen. Angesichts des Beschleunigungszwecks der Regelung soll aber möglichst umgehend eine Entscheidung erfolgen. Sofern zum Zeitpunkt des Erlasses der Hauptsacheentscheidung nach § 168 Abs. 1 GWB über den (zuvor zulässig) gestellten Eilantrag nach § 169 Abs. 2 S. 1 GWB noch nicht entschieden ist, so erledigt sich dieser (VK Rheinland Beschl. v. 22.7.2019 – VK 21/19 – B; VK Brandenburg Beschl. v. 17.7.2018 – VK 11/18). Denn mit dem Erlass der Entscheidung in der Hauptsache besteht keine Gefahr der Verzögerung der Vergabe bis zum Abschluss des Vergabeverfahrens vor der Vergabekammer mehr, der durch die Möglichkeit der Gestattung des vorzeitigen Zuschlages nach § 169 Abs. 2 GWB begegnet werden soll (OLG Brandenburg Beschl. v. 17.1.2005 – Verg W 1/05; BayObLG Beschl. v. 16.7.2004 – Verg 16/04). Auch wenn der Zuschlag vorab gestattet wird, muss die Antragsgegnerin allerdings eine Wartefrist von 2 Wochen ab Bekanntgabe dieser Entscheidung an den Antragsteller einhalten, um dem Antragsteller die Möglichkeit zu lassen, innerhalb dieser Zeit durch das Rechtsmittel des § 169 Abs. 2 S. 6 GWB den Suspensiveffekt durch das Beschwerdegericht wiederherstellen zu lassen. Eine Zuschlagsgestattung durch das Beschwerdegericht in der Beschwerde-Instanz des Eilverfahrens nach § 169 Abs. 2 S. 7 GWB hat hingegen zur Folge, dass der Zuschlag sofort nach der Entscheidung des Beschwerdegerichts erteilt werden kann.

Kosten und Gebühren

13. Der Eilentscheidung der Vergabekammer nach § 169 Abs. 2 S. 1 GWB wird keine Kostenentscheidung beigefügt. Die Kostenentscheidung der Vergabekammer ergeht gem. § 182 GWB einheitlich im Rahmen der Entscheidung über die Hauptsache (OLG Düsseldorf Beschl. v. 20.7.2015 – VII-Verg 37/15; VK Rheinland Beschl. v. 28.5.2019 – VK K 55/17 L; VK Sachsen-Anhalt Beschl. v. 28.2.2019 – 1 VK LSA 03/19; Röwekamp/Kus/Portz/Prieß/*Brauser-Jung* § 182 Rn. 28). Laut OLG München können dem Antragsgegner, selbst wenn der Antragsteller seinen Nachprüfungsantrag zurückgenommen hat, nachdem ein Verfahren nach § 169 Abs. 2 S. 1 GWB durchgeführt wurde, analog § 96 ZPO dennoch die Kosten des erfolglosen Antrags auferlegt werden (Beschl. v. 24.1.2012 – Verg 16/11; vgl. VK Hamburg Beschl. v. 3.1.2020 – 60 . 29 – 319/2019 . 005; VK Rheinland Beschl. v. 28.5.2019 – VK K 55/17 L). Die Aufwendungen für die Zuziehung eines Verfahrensbevollmächtigten sind auch für die Antragsgegnerin als Behörde, die an sich selbst sachkundig sein sollte, ersatzfähig, wenn es wie beim Stellen eines Antrags nach § 169 Abs. 2 GWB (auch) um prozesstaktische Fragen geht (vgl. OLG Düsseldorf Beschl. v. 31.1.2019 – Verg 9/18; OLG Düsseldorf Beschl. v. 4.3.2013 – VII-Verg 49/12; Röwekamp/Kus/Portz/Prieß/*Brauser-Jung* § 182 Rn. 37). Nur in dem Sonderfall, dass die Hauptsache vor dem Eilantrag entschieden wird und noch keine Rechtsmittel eingelegt wurden, ergeht ein eigener Kostenbescheid (OLG Düsseldorf v. 7.5.2013 – VII-Verg 36/12; jurisPK VergabeR/*Summa* GWB § 169 Rn. 63).

Das Verfahren vor dem Beschwerdegericht ist ein eigenständiger Rechtsbehelf. Somit muss auch das OLG in diesem Antragsverfahren eine eigenständige Kostenentscheidung treffen (vgl. OLG Naumburg Beschl. v. 18.10.2019 – 7 Verg 4/19; OLG Düsseldorf Beschl. v. 22.12.2011 – VII-Verg 101/11; BayObLG Beschl. v. 23.12.1999 – Verg 9/99; jurisPK VergabeR/*Summa* GWB § 169 Rn. 66). Die Kostenentscheidung ist entsprechend dem Obsiegen oder Unterliegen – in Analogie zu § 182 Abs. 3 und 4 GWB oder zu §§ 91 ff. ZPO (→ Form. II.O.6 Anm. 17) – zu treffen. Der Streitwert beträgt nach § 50 Abs. 2 GKG 5 % der Auftragssumme.

Fristen und Rechtsmittel

14. Im Falle einer ablehnenden Entscheidung der Vergabekammer kann der Auftraggeber (und ergänzend zum Wortlaut wohl auch der für den Zuschlag vorgesehene Bieter, → Anm. 2) gem. § 169 Abs. 2 S. 7 GWB vor dem Beschwerdegericht Antrag auf Gestattung des sofortigen Zuschlags stellen, ohne dass hierfür eine Frist gilt (OLG Naumburg Beschl. v. 11.9.2018 – 7 Verg 4/18). Gestattet die Vergabekammer die vorzeitige Zuschlagserteilung, kann gem. § 169 Abs. 2 S. 6 GWB jeder dadurch beschwerte Verfahrensbeteiligte innerhalb der zweiwöchigen Wartefrist (vgl. § 169 Abs. 2 S. 1 GWB) vor dem Beschwerdegericht die Wiederherstellung des Zuschlagsverbotes beantragen (→ Form. II.O.5).

5. Antrag auf Wiederherstellung des Suspensiveffekts gemäß § 169 Abs. 2 S. 6 GWB

An das[1]
Oberlandesgericht/Vergabesenat . . . . .[2]

. . . . ., den . . . . .[3]

Antrag auf Wiederherstellung des Suspensiveffekts gemäß § 169 Abs. 2 S. 6 GWB

In dem Vergabenachprüfungsverfahren betreffend einen Lieferauftrag über ein Einsatzleitsystem für die Polizei
der Firma A-OHG[4]

– Antragstellerin und Beschwerdeführerin –

Verfahrensbevollmächtigte: Rechtsanwälte . . . . .
gegen
das Land . . . . ., vertreten durch das
Innenministerium, dieses vertreten durch . . . . .
– Vergabestelle –

– Antragsgegnerin und Beschwerdegegnerin –

Verfahrensbevollmächtigte: Rechtsanwälte . . . . .
beigeladen: Firma B
beantragen wir namens und mit Vollmacht[5] der Antragstellerin,
1. das Verbot des Zuschlags gemäß § 169 Abs. 2 S. 6 GWB wiederherzustellen;
2. das Verbot des Zuschlags gemäß § 169 Abs. 2 S. 1 GWB bis zu einer Entscheidung über die Wiederherstellung des Zuschlagsverbots gemäß § 169 Abs. 2 S. 6 GWB zu verlängern.[6]

Begründung:[7]

Teil 1: Sachverhalt

Die Antragsgegnerin schrieb im Jahr . . . . . im Rahmen eines Offenen Verfahrens nach der VgV einen Lieferauftrag über ein Einsatzleitsystem für die . . . . . Polizei europaweit aus. Als Schlusstermin für den Angebotseingang war der . . . . ., ein Sonntag, festgesetzt.
Anlage Bf 1

Auf der Grundlage dieser Ausschreibung forderte auch die Antragstellerin die Angebotsunterlagen an. Das Angebot der Antragstellerin ging unstreitig erst am Montag ein. Mit Schreiben vom ..... teilte die Vergabestelle der Antragstellerin mit, dass beabsichtigt sei, den Zuschlag am ..... der Beigeladenen zu erteilen. Das Angebot der Antragstellerin sei auszuschließen, weil es nicht bis zum Ablauf der Angebotsfrist bei der Vergabestelle eingegangen sei.

Nach ordnungsgemäßer Rüge

Anlage Bf 2

stellte die Antragstellerin am ..... bei der Vergabekammer einen Nachprüfungsantrag gem. § 160 GWB.

Anlage Bf 3

Die Vergabekammer verlängerte mit Verfügung ihres Vorsitzenden vom ..... die Entscheidungsfrist um drei Wochen.

Die Antragsgegnerin beantragte daraufhin, ihr gem. § 169 Abs. 2 S. 1 GWB den vorzeitigen Zuschlag zu gestatten, da sich gegenüber dem Zeitpunkt der ursprünglichen Ausschreibung die Sicherheitslage in der Bundesrepublik durch die terroristischen Anschläge in Europa in den vergangenen Jahren so dramatisch verändert habe, dass die potentiellen Gefahren für die Innere Sicherheit ein weitaus höheres Rechtsgut darstellten als das wirtschaftliche Einzelinteresse der Antragstellerin an dem Auftrag. Die Realisierung des Einsatzleitsystems sei unter diesen Umständen für die ..... Polizei äußerst dringlich und eine Verzögerung durch Abwarten der Beendigung des Nachprüfungsverfahrens (insbesondere unter Berücksichtigung der Verlängerung der Entscheidungsfrist der Vergabekammer) nicht zumutbar.

Die Vergabekammer gestattete unter weitgehender Übernahme dieser Argumente am ..... die vorzeitige Zuschlagserteilung. Dabei wies sie darauf hin, dass die Erfolgsaussichten des Nachprüfungsantrags der Antragstellerin für die Interessenabwägung im Rahmen des § 169 Abs. 2 S. 1 GWB keine Rolle gespielt hätten.

Anlage Bf 4

Um zu verhindern, dass durch Erteilung des Zuschlags der Primärrechtsschutz vereitelt wird, beantragt die Antragstellerin die Wiederherstellung des Suspensiveffekts durch das Oberlandesgericht.

Teil 2: Rechtliche Würdigung

Der Antrag auf Wiederherstellung des Suspensiveffekts ist zulässig und begründet.

A. Zulässigkeit

Die Vergabekammer hat der Vergabestelle auf deren Antrag den vorzeitigen Zuschlag gestattet. Die Vergabestelle hat angekündigt, von dieser Gestattung nach Ablauf der zweiwöchigen Wartefrist (§ 169 Abs. 2 S. 1 GWB) sofort Gebrauch machen zu wollen, um weitere Verzögerungen mit ihres Erachtens negativen Auswirkungen auf die Sicherheitslage zu vermeiden. Damit droht unmittelbar die Zuschlagserteilung, durch welche der Primärrechtsschutz der Antragstellerin endgültig entfallen würde (§§ 169 Abs. 2 S. 6, 168 Abs. 2 S. 1 GWB). Um dies zu verhindern, kann die Antragstellerin als durch die Entscheidung der Vergabekammer beschwerte Verfahrensbeteiligte die Wiederherstellung des Suspensiveffekts gem. § 169 Abs. 2 S. 6 GWB beantragen.

B. Begründetheit[8]

Die Voraussetzungen des § 169 Abs. 2 S. 1 GWB, unter denen die Vergabekammer ausnahmsweise den vorzeitigen Zuschlag gestatten kann, liegen nicht vor. Die Vergabestelle hat insbesondere nicht überzeugend dargelegt, dass eine unabweisbare Dringlichkeit

für die sofortige Zuschlagserteilung des Einsatzleitsystems besteht. Der vorgesehene Zeitplan zur Einführung des Systems beinhaltet eine sukzessive Einführung des Systems innerhalb von 2 Jahren. Die durch das Vergabenachprüfungsverfahren zu erwartende Verzögerung fällt deshalb nicht entscheidend ins Gewicht, zumal diese Verzögerungen durch die gesetzlichen Fristen und das Beschleunigungsgebot beschränkt sind.

Die Antragstellerin hat ein im Vergleich mit den übrigen Bietern sehr wirtschaftliches Angebot abgegeben, welches offensichtlich verfahrensfehlerhaft von der Wertung ausgeschlossen wurde (§ 193 BGB bzw. VO (EWG, Euratom) 1182/71 des Rates v. 3.6.1971: die Frist endete erst am Montag, den . . . . . um 24.00 Uhr). Die Tatsache, dass der Nachprüfungsantrag der Antragstellerin hier ganz überwiegende Aussicht auf Erfolg hat, verstärkt das Gewicht des Rechtsschutzinteresses der Antragstellerin.[9] Die Rechtsfragen liegen offen zu Tage und können bei der im Eilverfahren vorzunehmenden summarischen Prüfung unschwer berücksichtigt werden. Die stark überwiegenden Erfolgsaussichten des Nachprüfungsantrags wären daher in die Interessenabwägung zu Gunsten der Antragstellerin mit einzubeziehen gewesen, § 169 Abs. 2 S. 4 GWB (vgl. OLG Düsseldorf Beschl. v. 12.2.2013 – VII-Verg 1/13; OLG Düsseldorf Beschl. v. 9.5.2011 – VII-Verg 40/11).

Angesichts dieser Sachlage ist es der Vergabestelle zuzumuten, die Entscheidung in der Hauptsache abzuwarten.

. . . . .

Rechtsanwalt[10]

Anmerkungen

1. Hat die Vergabekammer den vorzeitigen Zuschlag auf Antrag der Vergabestelle bzw. des Unternehmens, das für den Zuschlag vorgesehen ist gem. § 169 Abs. 2 S. 1 GWB gestattet, so kann das Beschwerdegericht nach § 169 Abs. 2 S. 6 GWB auf Antrag das Zuschlagsverbot wiederherstellen. Das vor der Vergabekammer begonnene Eilverfahren geht gemäß § 169 Abs. 2 S. 6 GWB in ein besonderes eigenständiges Beschwerdeverfahren vor dem OLG und nicht in ein Verfahren nach § 171 Abs. 1 GWB über (vgl. Röwekamp/*Kus*/Portz/Prieß § 169 Rn. 89).

2. Der Antrag ist an das zuständige Beschwerdegericht i. S. v. § 171 Abs. 3 GWB zu richten (→ Form. II.O.6 Anm. 1).

3. Eine Frist zur Stellung des Antrags auf Wiederherstellung des Suspensiveffekts ist zwar gesetzlich nicht vorgesehen, ergibt sich aber aus Sachzwängen. Im zweiten Halbsatz des § 169 Abs. 2 S. 6 GWB wird mit dem Verweis auf § 168 Abs. 2 S. 1 GWB klargestellt, dass ein bereits wirksam erteilter Zuschlag nicht mehr vom Beschwerdegericht aufgehoben werden kann. Das bedeutet im Ergebnis, dass wegen der Beendigung des Zuschlagsverbots zwei Wochen nach Zuschlagsgestattung durch die Vergabekammer (vgl. § 169 Abs. 2 S. 1 GWB) das Beschwerdegericht über den Wiederherstellungsantrag innerhalb dieser zwei Wochen oder zumindest bis zur möglicherweise erst späteren Zuschlagserteilung bereits entschieden haben muss (vgl. Röwekamp/*Kus*/Portz/Prieß § 169 Rn. 100). Ist der Zuschlag nach Ablauf der Zwei-Wochen-Frist bereits erteilt, dürfte der Antrag entsprechend § 168 Abs. 2 S. 1 GWB unzulässig sein. Der Antrag sollte daher schnellstmöglich nach Erhalt der Vergabekammerentscheidung und unter Hinweis auf die konkrete Gefahr einer Zuschlagserteilung gestellt werden.

4. Der Gesetzeswortlaut sieht für einen Antrag nach § 169 Abs. 2 S. 6 GWB keine Beschränkung auf das Unternehmen vor, das den Nachprüfungsantrag gestellt hat. Wie im Rahmen des § 171 GWB sind bei der gerichtlichen Überprüfung der Vorabentscheidung über den Zuschlag im Rahmen des § 169 Abs. 2 GWB auch die anderen Verfahrensbeteiligten, also insbesondere Beigeladene, beschwerdeberechtigt, sofern sie eine eigene Beschwer darlegen können (Röwekamp/*Kus*/Portz/Prieß § 169 Rn. 98; zu weitgehend wohl: Immenga/Mestmäcker/*Dreher* § 169 Rn. 75: Beschwerdeberechtigt soll jeder beschwerte Vergabeinteressent sein, selbst wenn er im Hauptsacheverfahren noch nicht beigeladen ist).

5. Da § 169 Abs. 2 S. 8 GWB auf § 176 Abs. 3 GWB und damit mittelbar auch auf § 175 GWB verweist, besteht für das Verfahren auf Wiederherstellung des Zuschlagsverbotes durch das Beschwerdegericht Anwaltszwang (jurisPK VergabeR/*Summa* GWB § 169 Rn. 67).

6. Das Eilverfahren beim Oberlandesgericht führt nicht zu einer Aussetzung des Vergabeverfahrens. Deshalb kann der Zuschlag nur verhindert werden, wenn innerhalb der Zwei-Wochen-Frist entweder der Beschluss des OLG oder wenigstens eine Zwischenverfügung erreicht wird, nach der das für zwei Wochen geltende Zuschlagsverbot nach § 169 Abs. 2 S. 1 GWB zumindest vorläufig bis zur Entscheidung des Gerichts gem. § 169 Abs. 2 S. 6 GWB aufrechterhalten bleibt (vgl. BeckOK VergabeR/*Welker* GWB § 169 Rn. 67). Eine solche einstweilige Suspendierung durch das Gericht auf Antrag oder von Amts wegen wird überwiegend als zulässig und zur Gewährung effektiven Rechtsschutzes (gem. Art. 19 Abs. 4 GG) geboten angesehen (vgl. OLG Düsseldorf Beschl. v. 30.4.2008 – Verg 23/08; KG Beschl. v. 6.7.1999 – KartVerg. 4/99; Röwekamp/*Kus*/Portz/Prieß § 169 Rn. 101). Da das Beschwerdegericht innerhalb der Zwei-Wochen-Frist häufig noch keine Beschwerdeentscheidung gemäß § 169 Abs. 2 S. 2 GWB treffen kann, sollte stets beantragt werden, den Suspensiveffekt vorläufig bis zur Entscheidung über den Antrag auf Wiederherstellung des Zuschlagsverbots zu verlängern (vgl. BeckOK VergabeR/*Welker* GWB § 169 Rn. 67; *Prieß/Niestedt* S. 101).

7. § 169 Abs. 2 S. 8 GWB verweist auf die Formvorschriften des § 176 Abs. 2 S. 1 und 2 GWB. Somit muss der Antrag auf Wiederherstellung des Zuschlagsverbots schriftlich und mit einer Begründung versehen gestellt werden. Die zur Begründung vorzutragenden Tatsachen, sofern sie streitig sind und sofern es nach der Antragsbegründung überhaupt auf Tatsachenwürdigung und nicht nur auf Rechtsfragen ankommt, sind glaubhaft zu machen (vgl. OLG Düsseldorf Beschl. v. 17.4.2008 – Verg 15/08). Hinsichtlich der möglichen Beweismittel und des Beweismaßes wird auf → Form. II.O.4 Anm. 7 verwiesen.

8. Das OLG trifft im Rahmen des Antrags auf Wiederherstellung des Suspensiveffekts nach § 169 Abs. 2 S. 6 GWB eine eigene Entscheidung über die Gestattung oder Versagung der vorzeitigen Zuschlagserteilung in entsprechender Anwendung des Prüfungsmaßstabs des § 169 Abs. 2 S. 1 bis 4 GWB und ist nicht etwa darauf beschränkt, die Ermessensentscheidung der Vergabekammer auf Ermessensfehler zu prüfen (vgl. OLG Naumburg Beschl. v. 22.11.2019 – 7 Verg 7/19). Obwohl in § 169 Abs. 2 S. 6 GWB eine dem § 169 Abs. 2 S. 7 GWB entsprechende Verweisung auf den Entscheidungsmaßstab des § 169 Abs. 2 S. 1 bis 4 GWB fehlt, ist auch der Entscheidung über die Wiederherstellung des Zuschlagsverbots nach deren Sinn und Zweck dieser Maßstab einer umfassenden Interessenabwägung zugrunde zu legen (OLG Düsseldorf Beschl. v. 5.9.2011 – VII-Verg 40/11; vgl. Beck GWB/*Antweiler* § 169 Rn. 50; Röwekamp/*Kus*/Portz/Prieß § 169 Rn. 99). Die materiellen Leitlinien für die Entscheidung des Gerichts sind dieselben wie die für die Vergabekammer (vgl. OLG Frankfurt Beschl. v. 26.1.2017 – 11 Verg 1/17). Das OLG hat daher innerhalb seiner Ermessensentscheidung die betroffenen Interessen zu bestimmen und die für diese Interessen vorteilhaften und nachteiligen Folgen einer Verzögerung der Vergabe gegeneinander abzuwägen (vgl. beispielhaft OLG Frankfurt Beschl. v. 26.1.2017 – 11 Verg 1/17; OLG Düsseldorf 30.4.2008, VII-Verg 23/08). Das Gericht stellt das Zuschlagsverbot wieder her, wenn es die Interessen anders gewichtet als die Vergabekam-

mer bzw. zusätzliche Interessen in die Abwägungsentscheidung einstellt. Hinsichtlich der möglicherweise geschädigten Interessen, die in die Abwägung einzustellen sind, wird auf → Form. II.O.4 Anm. 8–11 verwiesen.

9. Die im Beschwerdeverfahren nach § 169 Abs. 2 S. 6 GWB zuständigen Oberlandesgerichte haben die allgemeinen Aussichten des Antragstellers, im Vergabeverfahren den Auftrag zu erhalten, bei der Abwägung zu berücksichtigen. Die Erfolgsaussichten des Nachprüfungsantrages müssen aber nicht in jedem Fall Gegenstand der Abwägung sein (§ 169 Abs. 2 S. 4 und 5 GWB). Hinsichtlich des Umfangs der Berücksichtigung wird auf → Form. II.O.4 Anm. 8–11 verwiesen.

Kosten und Gebühren

10. Im Hinblick auf die vor dem OLG entstehenden besonderen Kosten muss das OLG in diesem Antragsverfahren eine Kostenentscheidung treffen (vgl. OLG Düsseldorf Beschl. v. 22.12.2011 – VII-Verg 101/11; BayObLG Beschl. v. 23.12.1999 – Verg 9/99). Die Kostenentscheidung ist entsprechend dem Obsiegen oder Unterliegen – in Analogie zu § 182 Abs. 3 und 4 GWB oder zu §§ 91 ff. ZPO (→ Form. II.O.6 Anm. 17) – zu treffen.

6. Sofortige Beschwerde gemäß §§ 171 ff. GWB und Antrag auf Verlängerung des Suspensiveffekts gemäß § 173 Abs. 1 S. 3 GWB

An das
Oberlandesgericht/Vergabesenat . . . . .[1]
– Vergabesenat –

. . . . ., den . . . . .[2]

Sofortige Beschwerde/[3]**Antrag auf Verlängerung der aufschiebenden Wirkung**

In dem Vergabenachprüfungsverfahren
wegen der Vergabe eines Bauauftrags zur Errichtung einer Hochwasserschutzanlage
der Bietergemeinschaft . . . . ., bestehend aus . . . . ., vertreten durch . . . . .
– Antragstellerin und Beschwerdeführerin –
– Verfahrensbevollmächtigte:[4] **Rechtsanwälte . . . . . –**
gegen
das Land . . . . ., vertreten durch . . . . .
– Antragsgegner und Beschwerdegegner –
Weitere Beteiligte:[5]
1. A GmbH und Co. KG
2. Bietergemeinschaft B
legen wir namens und in Vollmacht der Beschwerdeführerin gegen die Entscheidung der Vergabekammer . . . . . vom . . . . . – Aktenzeichen: . . . . . –
sofortige Beschwerde
ein und beantragen,[6]
1. die Entscheidung der Vergabekammer . . . . . vom . . . . . – Aktenzeichen: . . . . . – aufzuheben,
2. den Beschwerdegegner zu verpflichten, das Nebenangebot der Beschwerdeführerin zu werten und ihr als Mindestbietende den Zuschlag zu erteilen.

3. hilfsweise,[7] die Vergabekammer zu verpflichten, unter Berücksichtigung der Rechtsauffassung des angerufenen Gerichts über die Sache erneut zu entscheiden,
4. die Hinzuziehung eines Prozessbevollmächtigten durch die Beschwerdeführerin für notwendig zu erklären und
5. den Beschwerdegegner die Kosten des Verfahrens sowie die notwendigen Auslagen aufzuerlegen.
Zugleich beantragen wir,
6. gemäß § 173 Abs. 1 S. 3 GWB die aufschiebende Wirkung der sofortigen Beschwerde bis zur Entscheidung über die Beschwerde zu verlängern.[8]
Eine entsprechende Vollmacht ist als
Anlage Bf 1
beigefügt.

Begründung:[9]

A. Sachverhalt

Am . . . . . schrieb der Beschwerdegegner in einem offenen Verfahren den Bau einer Hochwasserschutzanlage in der Ortslage . . . . . aus. Von den insgesamt vier abgegebenen Angeboten gab die Beschwerdeführerin zwei Angebote – ein Hauptangebot sowie ein Nebenangebot – ab. Das von der Beteiligten zu 1. eingereichte Angebot wertete der Beschwerdegegner im Submissionstermin am . . . . . als das preisgünstigste. Das Hauptangebot der Beschwerdeführerin lag im Ergebnis an dritter Stelle hinter dem von der Beteiligten zu 2. eingereichten Angebot. Das von der Beschwerdeführerin als
Anlage Bf 2
beigefügte Nebenangebot wurde dagegen vom Beschwerdegegner nicht gewertet, obgleich Nebenangebote in den als
Anlage Bf 3
beigefügten Vergabeunterlagen zugelassen waren und die Nebenangebote auf besondere Anlagen gemacht sowie als solche deutlich gekennzeichnet waren. Auf einer Kopie, beigefügt als
Anlage Bf 4
des Nebenangebots war bereits am . . . . . vermerkt worden: „Wird nicht zur Wertung empfohlen, da das Nebenangebot den Mindestanforderungen nicht entspricht". Der Beschwerdegegner beabsichtigte, der Beteiligten zu 1. den Zuschlag zu erteilen.
Vor Ablauf der Zuschlagsfrist hat die Beschwerdeführerin bei der Vergabekammer den als
Anlage Bf 5
beigefügten Nachprüfungsantrag mit dem Ziel gestellt, den Beschwerdegegner zu verpflichten, das bisher von ihr nicht berücksichtigte Nebenangebot in die Wertung mit einzubeziehen und auf dieses Angebot, das von den eingereichten Angeboten das wirtschaftlich günstigste darstellt, den Zuschlag zu erteilen.
Ausweislich des als
Anlage Bf 6
beigefügten Beschlusses vom . . . . ., der Beschwerdeführerin am . . . . . zugestellt, hat die Vergabekammer den Nachprüfungsantrag als unzulässig verworfen, da der für die Zuständigkeit der Vergabekammer gemäß § 106 Abs. 2 GWB maßgebliche Schwellenwert nicht erreicht sei. Die Vergabekammer hat sich dabei auf die Vorgaben der Beschwerdegegnerin gestützt, wonach der Gesamtauftragswert für das Bauvorhaben schätzungsweise 4 Mio. EUR betrage.

Nach einem Gutachten des von der Beschwerdeführerin beauftragten Sachverständigen . . . . ., beigefügt als

Anlage Bf 7

beträgt der Auftragswert mehr als 6 Mio. EUR, unabhängig davon, welche der vorgesehenen Bauvarianten zur Ausführung kommt. Die Sachkunde des Sachverständigen und die Richtigkeit seines Gutachtens stehen außer Zweifel. Er ist Hochschullehrer an der Fachhochschule in . . . . . auf dem Gebiet der Bauverfahrenstechnik im Zusammenhang mit vergleichender Kostenbewertung einzelner Bauverfahren.

B. Rechtslage

Den Anträgen der Beschwerdeführerin ist stattzugeben, da die sofortige Beschwerde zulässig und begründet ist.

I. Zulässigkeit der sofortigen Beschwerde

Die sofortige Beschwerde ist gemäß § 171 Abs. 1 GWB statthaft. Die Beschwerdeführerin richtet sich gegen eine Entscheidung[10] der Vergabekammer gemäß § 171 Abs. 1 GWB. Entscheidungen sind Verwaltungsakte (§ 168 Abs. 3 S. 1 GWB), mit denen die Vergabekammer Anträge auf Gewährung von primärem Rechtsschutz beschieden hat (vgl. Röwekamp/Kus/Portz/Prieß/*Ulbrich* § 171 Rn. 16). Die Vergabekammer hat den Nachprüfungsantrag als unzulässig verworfen.

Die Beschwerdeführerin war als Antragstellerin am Verfahren vor der Vergabekammer beteiligt und ist deshalb gemäß § 171 Abs. 1 S. 2 GWB zur sofortigen Beschwerde berechtigt.[11]

Die sofortige Beschwerde ist gemäß § 172 GWB form- und fristgerecht eingelegt. Die Entscheidung der Vergabekammer wurde dem Unterzeichner am . . . . . gemäß § 3 VwZG mit Zustellungsurkunde zugestellt. Damit endet die Beschwerdefrist gemäß §§ 175 Abs. 2, 73 Nr. 2 GWB, § 222 Abs. 1 ZPO, § 188 Abs. 2 BGB am . . . . .

Schließlich ist die Beschwerdeführerin durch die Entscheidung der Vergabekammer beschwert.[12] Durch die Ablehnung des Nachprüfungsantrags als unzulässig ist sie formell beschwert. Sie ist auch materiell beschwert, denn auf das von ihr eingereichte Nebenangebot hätte der Zuschlag erteilt werden müssen.

II. Begründetheit der sofortigen Beschwerde

Die sofortige Beschwerde ist auch begründet, weil der Nachprüfungsantrag der Beschwerdeführerin zulässig und begründet ist.

Die Vergabekammer hat den Nachprüfungsantrag zu Unrecht als unzulässig verworfen. Die Voraussetzungen für ein Nachprüfungsverfahren lagen vor. Der objektive Anwendungsbereich des GWB-Vergaberechts gemäß § 106 Abs. 1 GWB war eröffnet, denn der Auftragswert der zu vergebenden Bauleistungen überschreitet den maßgeblichen Schwellenwert von 5,350 Mio. EUR (§ 106 Abs. 2 Nr. 1 GWB iVm Art. 4 lit. a RL 2014/24/EU, zuletzt geändert durch Delegierte Verordnung (EU) 2015/2170). Nach dem Sachverständigengutachten (Anlage Bf 8) beträgt der Auftragswert mehr als 6 Mio. EUR.

Schließlich hat der Beschwerdegegner gegen § 16 Nr. 5 EU VOB/A verstoßen. Da das Nebenangebot der Beschwerdeführerin zuzulassen war und den Mindestanforderungen entsprach, hätte der Beschwerdegegner das Nebenangebot der Beschwerdeführerin nicht von der Angebotswertung ausschließen dürfen. Als Mindestanforderungen wurden angegeben . . . . .. Entgegen den Feststellungen des Antragsgegners wurden diese erfüllt. Denn . . . . . Da das zu wertende Nebenangebot im Vergleich zu den verbleibenden drei Angeboten das wirtschaftlich günstigste ist, hätte auf dieses Angebot der Zuschlag erteilt werden müssen.

III. Verlängerung der aufschiebenden Wirkung der Beschwerde (§ 173 Abs. 1 und 2 GWB)

Der Antrag der Beschwerdeführerin[13] auf Verlängerung der aufschiebenden Wirkung bis zur Entscheidung über die Beschwerde gemäß § 173 Abs. 1 S. 3 GWB ist begründet. Die nach § 173 Abs. 2 S. 1 GWB vorzunehmende Interessenabwägung[14] fällt ebenfalls zu Gunsten der Beschwerdeführerin aus. Der Antrag auf Verlängerung der aufschiebenden Wirkung gemäß § 173 Abs. 1 S. 3 GWB ist nur dann abzulehnen, wenn unter Berücksichtigung aller möglicherweise geschädigten Interessen sowie des Interesses der Allgemeinheit an einem raschen Abschluss des Vergabeverfahrens die nachteiligen Folgen einer Verzögerung der Vergabe bis zur Entscheidung über die Beschwerde die damit verbundenen Vorteile überwiegen. Eine derartige Eilbedürftigkeit des Abschlusses des Vergabeverfahrens lässt sich nicht feststellen. Bei dem zu vergebenden Auftrag handelt es sich zwar um den Bau einer Hochwasserschutzanlage und damit um eine dringliche Maßnahme des Katastrophenschutzes. Allerdings führt das Abwarten des Ausgangs des Nachprüfungsverfahren nicht zu einer nennenswerten Bauverzögerung. Geht man von einer dreimonatigen Verfahrensdauer aus, wird die auf 20 Monate festgeschriebene Ausführungsfrist auch dann immer noch vor Beginn des Winters . . . . . beendet sein, so dass die Gemeinde O. vor einem sich eventuell im Frühjahr . . . . . ereignenden Hochwasser geschützt wird. In diesem Zusammenhang ist auch darauf hinzuweisen, dass die Beschwerdegegnerin erst 15 Jahre nach dem letzten verheerenden Hochwasser das zur Errichtung einer Hochwasserschutzanlage notwendige Raumordnungsverfahren eingeleitet hat. Darüber hinaus ist bei der Abwägung zu berücksichtigen, dass die sofortige Beschwerde Aussicht auf Erfolg[15] hat (§ 173 Abs. 2 S. 4 GWB). Unter diesen Umständen verdient das Interesse des Bieters auf effektiven Rechtsschutz zur Einhaltung der zu seinem Schutz erlassenen Vergabebestimmungen (§ 97 Abs. 6 GWB) Vorrang.

. . . . .

Rechtsanwalt[16, 17, 18]

Anmerkungen

1. Nach § 171 Abs. 3 S. 1 GWB ist das für den Sitz der Vergabekammer zuständige Oberlandesgericht ausschließlich für das Verfahren der sofortigen Beschwerde sachlich und örtlich zuständig. Durch § 171 Abs. 4 GWB werden die Landesregierungen ermächtigt, die Zuständigkeit sowohl landesintern als auch landesübergreifend auf andere Oberlandesgerichte oder auf das Oberste Landesgericht zu übertragen. Die Übertragung dient der Konzentration und damit der Entwicklung einer einheitlichen Rechtsprechung (vgl. Immenga/Mestmäcker/*Stockmann* § 171 Rn. 28). Von den landesinternen Konzentrationsmöglichkeiten ist durchweg Gebrauch gemacht worden, so dass in allen Bundesländern Vergabesenate nur an jeweils einem Oberlandesgericht bestehen (siehe Adressverzeichnis in Röwekamp/Kus/Portz/Prieß/*Ulbrich* § 171 Rn. 84):

Baden-Württemberg – OLG Karlsruhe; Bayern – OLG München; Berlin – KG; Brandenburg – OLG Brandenburg; Bremen – OLG Bremen; Hamburg – OLG Hamburg; Hessen – OLG Frankfurt am Main; Mecklenburg-Vorpommern – OLG Rostock; Niedersachsen – OLG Celle; Nordrhein-Westfalen (einschließlich VK Bund) – OLG Düsseldorf; Rheinland-Pfalz – OLG Koblenz; Saarland – OLG Saarbrücken; Sachsen – OLG Dresden; Sachsen-Anhalt – OLG Naumburg; Schleswig-Holstein – OLG Schleswig; Thüringen – OLG Jena.

2. Gemäß § 172 Abs. 1 GWB ist die sofortige Beschwerde binnen einer Notfrist (vgl. § 224 Abs. 1 S. 2 ZPO) von zwei Wochen schriftlich (→ Anm. 3) bei dem Beschwerdegericht einzulegen. Da es sich um eine (nicht verlängerbare) Notfrist handelt, kommt im

Falle der Versäumung lediglich die Wiedereinsetzung in den vorherigen Stand gemäß §§ 175 Abs. 2, 73 Nr. 2 GWB iVm §§ 230 ff. ZPO in Betracht (Müller-Wrede/*Lischka* GWB § 172 Rn. 17 ff.).

Die Frist beginnt mit der Zustellung der Entscheidung der Vergabekammer an den jeweiligen Beteiligten bzw. dessen Prozessbevollmächtigten (vgl. § 172 ZPO), sodass für unterschiedliche Beteiligte unterschiedliche Fristen laufen können (vgl. Beck VergabeR/*Vavra* GWB § 172 Rn. 7). Für die Berechnung der Frist gelten §§ 175 Abs. 2, 73 GWB, § 222 ZPO, §§ 187 bis 193 BGB, sodass der Tag der Zustellung der Vergabekammerentscheidung nicht mitzurechnen ist (vgl. § 187 Abs. 1 BGB). Die Notfrist beginnt nur wirksam zu laufen, wenn die Entscheidung der Vergabekammer eine Rechtsmittelbelehrung (siehe § 168 Abs. 3 S. 3, § 61 Abs. 1 GWB) enthält. Die Beschwerdefrist wird nicht durch Übersendung der Beschlussabschrift in Lauf gesetzt, wenn für den Empfänger erkennbar ist, dass die Übermittlung per Telefax nicht zum Zwecke der Zustellung erfolgt (BGH Beschl. v. 10.11.2009 – X ZB 8/09, NZBau 2010, 124). Bezüglich des Inhalts der Rechtsmittelbelehrung ist § 58 Abs. 1 VwGO analog heranzuziehen.

Unterbleibt die Rechtmittelbelehrung oder ist sie fehlerhaft, wird überwiegend die Jahresfrist des § 58 Abs. 2 VwGO angewendet (OLG Düsseldorf, Beschl. v. 2.11.2011 – VII-Verg 76/11; OLG Celle, Beschl. v. 31.5.2007 – 13 Verg 1/07; Röwekamp/Kus/Portz/Prieß/*Ulbrich* § 172 Rn. 14; Müller-Wrede/*Lischka* GWB § 172 Rn. 13). Gegen diese Ansicht spricht zwar, dass die Regelung des § 58 Abs. 2 VwGO nicht für den Vergaberechtsschutz passt, da dessen Ziel ein beschleunigter Abschluss des Verfahrens ist (Beck GWB/*Vavra* § 172 Rn. 8). Entscheidend für die herrschende Meinung spricht jedoch das Gebot des effektiven Rechtsschutzes, da mit Verstreichen der Frist auch das Zuschlaggebot aus § 169 Abs. 1 GWB erlischt und ein wirksamer Zuschlag erteilt werden kann (Müller-Wrede/*Lischka* GWB § 172 Rn. 13).

In Fällen der Nichtentscheidung der Vergabekammer (sog. Untätigkeitsbeschwerde) gemäß § 171 Abs. 2 GWB beginnt die Rechtsmittelfrist mit Ablauf der Fünf-Wochen-Frist gemäß § 167 Abs. 1 S. 1 bzw. der gemäß § 167 Abs. 1 S. 2 GWB verlängerten Frist (vgl. OLG Frankfurt a. M. Beschl. v. 6.3.2006 – 11 Verg 11/05 und 12/05; OLG Düsseldorf Beschl. v. 5.9.2001 – Verg 18/01; OLG Celle Beschl. v. 20.4.2001 – Verg 7/01). Gemäß §§ 175 Abs. 2, 73 Nr. 2 GWB, § 222 Abs. 1 ZPO, § 187 Abs. 2 BGB beginnt die Rechtsmittelfrist mit dem Tag an zu laufen, der auf den Tag des Fristablaufs nach § 167 Abs. 1 GWB folgt (vgl. Röwekamp/Kus/Portz/Prieß/*Ulbrich* § 172 Rn. 19 f.). Der BGH hat kürzlich klargestellt, dass der Nachprüfungsantrag bei einer Untätigkeit der Vergabekammer nur dann nach § 171 Abs. 2 GWB als abgelehnt gilt, wenn der Antragsteller innerhalb der Notfrist des § 172 Abs. 1 GWB sofortige Beschwerde einlegt. Tut der Antragsteller dies nicht, verbleibt die Entscheidungszuständigkeit bei der Vergabekammer (BGH Beschl. v. 14.7.2020 – XIII ZB 135/19). Es entspreche dem Sinn und Zweck der Regelung, dass dem Antragsteller eines Vergabenachprüfungsverfahrens mit § 171 Abs. 2 GWB ein Instrument zur Verfahrensbeschleunigung an die Hand gegeben werden sollte, mit dem er auf den Fortgang des Verfahrens hinwirken kann und das er zur Verfahrensbeschleunigung nutzen kann, aber nicht muss. Würde man hingegen § 171 Abs. 2 Hs. 2 GWB als absolute zeitliche Grenze einer Entscheidung durch die Vergabekammer verstehen, würde das erhebliche rechtliche Risiken für den Antragsteller bedeuten. Um zu verhindern, dass sein Nachprüfungsantrag nach Ablauf der Entscheidungsfrist als abgelehnt gilt und dass diese Ablehnung bestandskräftig wird, müsste der Antragsteller stets innerhalb der zweiwöchigen Notfrist Beschwerde einlegen – auch vorsorglich dann, wenn fraglich ist, ob die Entscheidungsfrist wirksam verlängert worden ist. Da in dem Verfahren vor der Vergabekammer kein Anwaltszwang besteht, das Gesetz nicht vorsieht, dass der Antragsteller über die Folge des fruchtlosen Ablaufs der Frist des § 167 Abs. 1 GWB belehrt wird und ihm keine Rechtsmittelbelehrung erteilt wird, kann eine solche Beschränkung der Rechtschutzmöglichkeiten des Antragstellers nicht der Absicht des

Gesetzgebers entsprechen (vgl. BGH Beschl. v. 14.7.2020 – XIII ZB 135/19). Das bedeutet, dass bei einer Entscheidung der Vergabekammer nach Ablauf der Fünf-Wochen-Frist die jeweils dadurch belastete Partei ohne Rücksicht auf die Fiktion des § 171 Abs. 2 GWB hiergegen mittels sofortiger Beschwerde vorgehen kann, um eine volle sachliche Überprüfung der Entscheidung zu erreichen (vgl. *Peshteryanu*, jurisPR-VergR 11/2020 Anm. 1). Mit seiner Entscheidung positioniert sich der BGH gegen die bisher in Literatur und Rechtsprechung wohl herrschend vertretene Auffassung (zB Ziekow/Völlink/*Dicks*, Vergaberecht, 4. Aufl., § 171 GWB Rn. 18; Burgi/Dreher/*Vavra*, Vergaberecht, 3. Aufl., § 172 GWB Rn. 11; OLG Düsseldorf Beschl. v. 22.1.2001 – Verg 24/00; OLG Düsseldorf Beschl. v. 5.9.2001 – Verg 18/01; OLG Düsseldorf Beschl. v. 12.3.2003 – Verg 49/02; OLG Celle Beschl. v. 20.4.2001 – 13 Verg 7/01; OLG Dresden Beschl. v. 17.6.2005 – WVerg 8/05; OLG München Beschl. v. 4.4.2008 – Verg 4/08).

3. Gemäß § 172 Abs. 1 GWB ist die Beschwerde schriftlich einzulegen. Erforderlich ist eine eigenhändige Unterschrift, wobei die Schriftform auch bei der Benutzung von Telefaxen oder Computerfaxen mit eingescannter Unterschrift gewahrt ist (vgl. Röwekamp/Kus/Portz/Prieß/*Ulbrich* § 172 Rn. 22). Beim Telefax muss der Schriftsatz auf der Kopiervorlage durch einen postulationsfähigen Rechtsanwalt unterzeichnet worden sein, sodass die Unterschrift auf der Kopie wiedergegeben wird (vgl. BGH Beschl. v. 11.10.1989 – Iva ZB 7/89, NJW 1990, 188; Beck VergabeR/Vavra GWB § 172 Rn. 12).

4. Gemäß § 175 Abs. 1 GWB müssen sich die Beteiligten im Verfahren vor dem Oberlandesgericht durch einen bei einem deutschen Gericht zugelassenen Rechtsanwalt als Bevollmächtigten vertreten lassen.

Nicht unter den Anwaltszwang fallen gemäß § 175 Abs. 1 S. 2 GWB alle juristischen Personen des öffentlichen Rechts. Sie können sich durch Beamte oder Angestellte mit der Befähigung zum Richteramt vertreten lassen. Andere Adressaten der §§ 98 ff. GWB in privater Rechtsform unterliegen dagegen dem Anwaltszwang.

Entgegen dem missverständlichen Wortlaut des § 172 Abs. 3 S. 1 GWB muss auch für juristische Personen des öffentlichen Rechts ein Rechtsanwalt oder ein Beamter oder Angestellter mit Befähigung zum Richteramt schon die Beschwerde einlegen (so Immenga/Mestmäcker/*Stockmann* § 172 Rn. 19; Röwekamp/Kus/Portz/Prieß/*Wiese* § 175 Rn. 8). Sofern nicht eine juristische Person des öffentlichen Rechts die sofortige Beschwerde eingelegt hat, ergibt sich das aus § 172 Abs. 3 S. 1 GWB.

Die übrigen Beteiligten (Beigeladene) sind nur dann auf einen Rechtsanwalt angewiesen, wenn sie sich aktiv durch Stellungnahmen am Verfahren beteiligen wollen. Sehen sie davon ab, so wird ihre Stellung als Beteiligte im Übrigen nicht berührt (vgl. Bechtold/*Otting* § 120 Rn. 1; Röwekamp/Kus/Portz/Prieß/*Wiese* § 175 Rn. 6; Ziekow/Völlink/*Frister* § 120 Rn. 3).

5. Gemäß § 172 Abs. 4 GWB sind mit der Einlegung der Beschwerde die anderen Beteiligten des Verfahrens vor der Vergabekammer vom Beschwerdeführer durch Übermittlung einer Ausfertigung der Beschwerdeschrift zu unterrichten. Die Vorschrift ist zwingend (OLG Düsseldorf, Beschl. v. 5.7.2012 – VII-Verg 13/12; OLG Naumburg, Beschl. v. 2.8.2012 – 2 Verg 3/12). Sie dient der Beschleunigung des Nachprüfungsverfahren durch möglichst schnellen Informationsfluss (BayObLG Beschl. v. 22.1.2002 – Verg 18/01; BT-Drs. 13/9340, 21). Die Formulierung „mit der Einlegung" deutet daraufhin, dass die anderen Verfahrensbeteiligten zeitgleich zu informieren sind (Immenga/Mestmäcker/*Stockmann* § 172 Rn. 20; Röwekamp/Kus/Portz/Prieß/*Ulbrich* § 172 Rn. 40). Eine Sanktion für den Verstoß gegen die Unterrichtungspflicht sieht das Gesetz nicht vor. Insbesondere führt der Verstoß nicht zur Unzulässigkeit der Beschwerde (OLG Saarbrücken Beschl. v. 7.5.2008 – 1 Verg 5/07; OLG Jena Beschl. v. 20.6.2005 – 9 Verg 3/05; OLG Celle Beschl. v. 2.9.2004 – 13 Verg 14/04; OLG Düsseldorf Beschl. v.

9.6.2004 – Verg 11/04). Dennoch sollte der Unterrichtungspflicht nachgekommen werden. Eine Versäumung kann dazu führen, dass das Gericht den anderen Verfahrensbeteiligten mehr Zeit für ihre Gegenäußerungen belassen muss, wodurch eine Verzögerung des Verfahrens eintritt. Allerdings darf der Auftraggeber trotz Unkenntnis der Einlegung der Beschwerde wegen eines Verstoßes gegen § 172 Abs. 4 GWB den Zuschlag nicht erteilen. Die Verlängerung des Zuschlagsverbotes ist nämlich an die Einlegung der Beschwerde geknüpft (vgl. Beck VergabeR/Vavra GWB § 172 Rn. 23). Entsteht durch die unterlassene Übermittlung der Beschwerdeschrift ein Schaden, kann dieser ebenso nicht geltend gemacht werden, da die Vorschrift nicht unmittelbar dem Schutz der Interessen der Verfahrensbeteiligten dient (Röwekamp/Kus/Portz/Prieß/*Ulbrich* § 172 Rn. 45).

6. § 172 Abs. 2 Nr. 1 GWB verlangt lediglich, dass in der Beschwerdebegründung, die zeitgleich mit der Einlegung der Beschwerde erfolgen muss, erklärt wird, inwieweit die Entscheidung der Vergabekammer angefochten und eine abweichende Entscheidung beantragt wird. Insoweit ist allgemein anerkannt, dass der Beschwerdeführer keinen tenorierungsfähigen Antrag stellen muss, soweit sich das Beschwerdebegehren hinreichend aus der Begründung ergibt (KG Beschl. v. 28.9.2009 – 2 Verg 8/09; OLG Thüringen, Beschl. v. 15.3.2017, 2 Verg 3/16; Röwekamp/Kus/Portz/Prieß/*Ulbrich* § 172 Rn. 25). Gleichwohl empfiehlt sich eine genaue Formulierung des Beschwerdeantrags, da dieser einen konkreten Anhaltspunkt dafür bietet, was der Beschwerdeführer erreichen will. (so Röwekamp/Portz/Prieß/*Ulbrich* § 172 Rn. 25; Beck VergabeR/*Vavra* § 172 Rn. 15). Nach wohl herrschender Ansicht ist der Vergabesenat ebenso wie die Vergabekammer nicht an die Anträge gebunden (OLG Düsseldorf Beschl. v. 23.6.2010 – VII Verg 18/10, ZfBR 2010, 823 (825); OLG Düsseldorf Beschl. v. 28.4.2008 – VII-Verg 1/08; zustimmend Müller-Wrede/Lischka GWB § 171 Rn. 13; Beck VergabeR/*Vavra* GWB § 172 Rn. 15; Röwekamp/Kus/Portz/Prieß/*Ulbrich* § 172 Rn. 27; MüKoEuWettbR/*Gröning*, GWB § 172 Rn. 26). Dagegen wird teilweise in der Rechtsprechung die Ansicht vertreten, dass sich das Beschwerdeverfahren – anders als das Verfahren vor der Vergabekammer – auf die ausdrücklich mit der Beschwerde gerügten Gesichtspunkte des Vergabeverfahrens beschränke (in diese Richtung OLG Brandenburg Beschl. v. 21.6.2012 – Verg W 4/12; wohl auch OLG Koblenz Beschl. vom 22.7.2014 – 1 Verg 3/14). Dies könne aus dem Umkehrschluss zu § 168 Abs. 1 S. 2 GWB geschlossen werden, der im Beschwerdeverfahren fehlt (vgl. Röwekamp/Kus/Portz/Prieß/*Ulbrich* § 172 Rn. 28; zum Ganzen auch Röwekamp/Kus/Portz/Prieß/*Ulbrich* § 172 Rn. 37). Ein pauschaler Hinweis auf die Rechtswidrigkeit der Entscheidung oder die pauschale Behauptung des Beschwerdeführers, in seinen Rechten verletzt zu sein, wird den Anforderungen des § 172 Abs. 2 S. 2 Nr. 1 GWB jedenfalls nicht gerecht (OLG Koblenz Beschl. v. 3.4.2008 – 1 Verg 1/08; OLG Koblenz Beschl. v. 13.2.2006 – 1 Verg 1/06).

7. Der Antragsteller muss sich in seinem Antrag nicht auf eine bestimmte Entscheidungsalternative des § 178 S. 2 GWB, also Zurückverweisung oder eigene Entscheidung des OLG festlegen, da das Gericht insoweit eine Ermessensentscheidung trifft. Aufgrund des Beschleunigungsgrundsatzes wird das OLG jedoch regelmäßig selbst über die Sache entscheiden (Beck VergabeR/Vavra GWB § 178 Rn. 6).

8. Gemäß § 173 Abs. 1 S. 1 GWB hat die sofortige Beschwerde aufschiebende Wirkung. Allerdings entfällt die aufschiebende Wirkung gemäß § 173 Abs. 1 S. 2 GWB automatisch zwei Wochen nach Ablauf der Beschwerdefrist. Somit bleiben dem Bieter im Ergebnis vier Wochen ab Zustellung der Entscheidung der Vergabekammer, um eine Entscheidung des OLG über die Verlängerung der aufschiebenden Wirkung zu erlangen. Es empfiehlt sich daher – und ist in der Praxis auch üblich – den Antrag auf Verlängerung der aufschiebenden Wirkung gemäß § 173 Abs. 1 S. 3 GWB (→ Anm. 13 ff.) mit dem Hauptsacheantrag zu verbinden (vgl. Immenga/Mestmäcker/*Stockmann* § 173 Rn. 12; Röwekamp/Kus/Portz/

Prieß/*Ulbrich* § 173 Rn. 51). Der Antrag kann wegen der zwingenden Verbindung mit dem Beschwerdeverfahren frühestens zeitgleich mit der sofortigen Beschwerde und jedenfalls noch innerhalb der Zwei-Wochen-Frist nach § 173 Abs. 1 S. 2 GWB gestellt werden. Problematisch ist, ob ein Antrag auf Verlängerung bzw. Wiederherstellung der aufschiebenden Wirkung auch noch nach Ablauf der zweiwöchigen Beschwerdefrist gemäß § 173 Abs. 1 S. 2 GWB und dem Ende des Suspensiveffekts zwei Wochen nach Ablauf der Beschwerdefrist gestellt werden kann. Der Wortlaut des § 173 Abs. 1 S. 3 GWB („verlängern" und nicht „wiederherstellen") könnte zumindest gegen eine Antragstellung nach Ablauf der Beschwerdefrist sprechen (vgl. OLG Naumburg Beschl. v. 7.3.2008 – 1 Verg 1/08; vgl. Beck VergabeR/Vavra GWB § 173 Rn. 22 f.). In Betracht käme dann nur noch ein Antrag auf Wiedereinsetzung in den vorherigen Stand gemäß §§ 233 ff. ZPO iVm §§ 175 Abs. 2, 73 GWB. Nach anderer Auffassung wird bei fehlendem Zuschlag ein Antrag auf Verlängerung/Wiederherstellung der aufschiebenden Wirkung bis zur verfahrensabschließenden Entscheidung des Beschwerdegerichts für möglich gehalten (OLG München Beschl. v. 30.10.2019 – Verg 22/19; OLG Frankfurt, Beschl. v. 24.8.2017 – 11 Verg 12/17; Immenga/Mestmäcker/*Stockmann* § 173 Rn. 14; Röwekamp/Kus/Portz/Prieß/*Ulbrich* § 173 Rn. 52). Jedenfalls in den Fällen, in denen bis zum Ablauf der Frist des § 173 Abs. 1 Satz 2 GWB kein Zuschlag drohte, weil eine Mitteilung nach § 134 Abs. 1 Satz 1 GWB noch nicht versandt war, ist § 173 Abs. 1 Satz 3 GWB teleologisch dahingehend zu erweitern, dass er auch die Wiederherstellung der nach § 173 Abs. 1 Satz 2 GWB schon abgelaufenen aufschiebenden Wirkung der sofortigen Beschwerde ermöglicht, sobald nachträglich der Zuschlag droht. Sind die materiellen Voraussetzungen für eine Verlängerung/Wiederherstellung der aufschiebenden Wirkung erfüllt, entspricht es dem Gebot effektiven Bieterschutzes, diese auch im Verlaufe eines bereits fortgeschrittenen Beschwerdeverfahrens wiederherzustellen (OLG Düsseldorf Beschl. v. 26.9.2018 – VII-Verg 50/18, Verg 50/18; OLG Frankfurt Beschl. v. 24.8.2017 – 11 Verg 12/17). Dagegen lehnte das OLG Düsseldorf die Zulässigkeit eines Antrags auf „Wiederherstellung" der aufschiebenden Wirkung in einer Fallkonstellation ab, in der zum Zeitpunkt der Einleitung des Beschwerdeverfahrens bereits Zuschlagsreife bestand, weil in diesem Fall der Auftraggeber darauf vertrauen durfte, nach Fristablauf jederzeit den Zuschlag erteilen zu dürfen (OLG Düsseldorf Beschl. v. 6.11.2000, Verg 20/00).

Ein Antrag auf Wiederherstellung der aufschiebenden Wirkung dürfte wohl auch kaum erneut zulässig sein, wenn der Zuschlag auch nach einer abschlägigen Entscheidung des OLG über den Antrag nach § 173 Abs. 1 S. 3 GWB noch nicht erteilt wurde und der Beschwerdeführer im Laufe des Beschwerdeverfahrens (zB aufgrund erstmals gewährter Akteneinsicht) neue Gründe für die Erfolgsaussichten der Beschwerde vortragen kann (so aber Röwekamp/Kus/Portz/Prieß/*Ulbrich* § 173 Rn. 53).

Das Verfahren auf Verlängerung der aufschiebenden Wirkung nach § 173 Abs. 1 S. 3 GWB erfordert einen Antrag, der gemäß § 175 Abs. 1 GWB von einem Rechtsanwalt gestellt wird (→ Anm. 4). Der Antrag unterliegt keinen besonderen Formvorschriften und kann daher nicht nur schriftlich, sondern auch mündlich gestellt werden. Teilweise wird verlangt die Formvorschrift des § 176 GWB analog anzuwenden. Jedenfalls aus Beweisgründen sollte jedoch die Schriftform gewählt werden (vgl. Röwekamp/Kus/Portz/Prieß/*Ulbrich* § 173 Rn. 49).

9. Gemäß § 172 Abs. 2 S. 1 GWB ist die sofortige Beschwerde zugleich mit ihrer Einlegung zu begründen. Nach dem Wortlaut und dem Willen des Gesetzgebers (Begr. RegE VgRÄG, BT-Drs. 13/9340, 21) könnte eine zeitgleiche Begründung der sofortigen Beschwerde mit deren Antragstellung als Zulässigkeitsvoraussetzung zu verstehen sein. Ein Auseinanderfallen von der Erhebung der sofortigen Beschwerde und deren Begründung wird in der Literatur jedoch dann als unschädlich angesehen, wenn die Begründung noch innerhalb der Beschwerdefrist vollständig vorliegt (vgl. Immenga/Mestmäcker/*Stockmann* § 172 Rn. 12; Röwekamp/Kus/Portz/Prieß/*Ulbrich* § 172 Rn. 24).

Gemäß § 172 Abs. 2 S. 2 Nr. 1 GWB muss die Beschwerdebegründung die Erklärung enthalten, inwieweit die Entscheidung der Vergabekammer angefochten und eine abweichende Entscheidung beantragt wird. Bei der Anfertigung der Beschwerdebegründung ist darauf zu achten, dass trotz der an sich bestehenden Aufklärungspflicht des Gerichts der Sachverhalt umfassend aufbereitet ist, damit ohne zeitliche Verzögerung eine Entscheidung getroffen werden kann (Röwekamp/Kus/Portz/Prieß/*Ulbrich* § 172 Rn. 29).

Nicht abschließend geklärt ist die Frage, ob und inwieweit die Beschwerde auf neue Tatsachen und Beweismittel gestützt werden kann. Teilweise wird argumentiert, dass aus der wettbewerbsschützenden Funktion des Vergaberechtsschutzes zu schließen sei, dass der Vortrag neuer Tatsachen und Beweismittel, und zwar auch nach dem Ablauf der Beschwerdefrist, soweit zulässig sein muss, als er nicht ausdrücklich ausgeschlossen ist. Das folge aus dem Untersuchungsgrundsatz (Immenga/Mestmäcker/*Stockmann* § 172 Rn. 16). Nach anderer Auffassung darf in das Beschwerdeverfahren nichts eingebracht werden, was nicht schon Gegenstand des Verfahrens vor der Vergabekammer war (OLG Karlsruhe Beschl. v. 6.2.2007 – 17 Verg 7/06; BayObLG Beschl. v. 21.5.1999 – Verg 1/99, NVwZ 1999, 1138 (1139)). Letztere Auffassung ist zumindest dann abzulehnen, wenn sich die Kenntnis der einen Rechtsverstoß begründenden Tatsachen erst zu einem Zeitpunkt ergibt, in dem diese nicht mehr in das Verfahren vor der Vergabekammer eingebracht werden können (BayObLG Beschl. v. 28.5.2003 – Verg 6/03, ZfBR 2003, 717 (719); OLG Jena Beschl. v. 22.12.1999 – 6 Verg 3/99, NZBau 2000, 349 (350)). Anders zu beurteilen ist die Frage jedoch, wenn Tatsachen und Beweise zurückgehalten werden, um sie erst in der Beschwerdeinstanz einzuführen (OLG Brandenburg Beschl. v. 10.1.2012 – Verg W 18/11, BeckRS 2012, 01665), oder wenn Verstöße gegen prozessrechtliche Verspätungsregeln bzw. gegen Verfahrensförderungspflichten vorliegen (OLG Düsseldorf Beschl. v. 19.11.2003 – VII-Verg 22/03, ZfBR 2004, 98 (99); Röwekamp/Kus/Portz/Prieß/*Ulbrich* § 172 Rn. 31).

Gemäß § 172 Abs. 2 S. 2 Nr. 2 GWB muss die Begründung auch die Angabe der Tatsachen und Beweismittel, auf die sich die Beschwerde stützt, enthalten. Die Regelung dient der Beschleunigung des Verfahrens und der Klarstellung des Streitstoffes (vgl. Beck VergabeR/*Vavra* GWB § 172 Rn. 17).

Der Wortlaut des § 172 Abs. 2 S. 2 GWB passt nur auf Anfechtungsbeschwerden im Sinne von § 171 Abs. 1 GWB und muss auf Untätigkeitsbeschwerden nach § 171 Abs. 2 GWB sinngemäß angewandt werden. Das heißt die Beschwerde muss auf den nicht beschiedenen Antrag verweisen und ein bestimmtes Rechtsschutzbegehren enthalten.

Versäumt der Beschwerdeführer, einzelne Tatsachen und Beweise anzugeben, führt dies nicht zur Unzulässigkeit des Antrages. Da das Gericht jedoch andere als die vorgetragenen Tatsachen und Beweismittel nur berücksichtigen muss, wenn der Sachverhalt dazu Anlass bietet, ist zu empfehlen, bei der Darlegung der Tatsachen und Beweismittel (auch zum Verlauf des Verfahrens vor der Vergabekammer) größtmögliche Sorgfalt walten zu lassen.

10. Gemäß § 171 Abs. 1 S. 1 GWB ist die sofortige Beschwerde gegen Entscheidungen der Vergabekammer statthaft. Mit „Entscheidungen" sind in erster Linie die nach § 168 Abs. 1 GWB ergangenen Verwaltungsakte gemeint, mit denen die Vergabekammer Anträge auf Gewährung von primärem Rechtsschutz beschieden hat (vgl. Röwekamp-Kus/Portz/Prieß/*Ulbrich* § 171 Rn. 16). Die sofortige Beschwerde ist aber auch in den Fällen statthaft, in denen sich das Nachprüfungsverfahren durch Erteilung des Zuschlages oder in sonstiger Weise erledigt und die Vergabekammer eine Feststellungsentscheidung nach § 168 Abs. 2 S. 2 GWB getroffen hat (vgl. Beck VergabeR/Vavra GWB § 171 Rn. 9; Röwekamp/Kus/Portz/Prieß/*Ulbrich* § 171 Rn. 17). Dies soll nach OLG Jena

(Beschl. v. 9.9.2002 – 6 Verg 4/02) auch dann der Fall sein, wenn die Vergabekammer einen Zwischenbescheid erlässt, der in seiner Wirkung der Feststellung nach § 168 Abs. 2 S. 2 GWB entspricht.

Die Beschwerde ist gemäß § 171 Abs. 2 GWB ferner statthaft, wenn die Vergabekammer nicht innerhalb der Frist des § 167 Abs. 1 GWB entschieden hat. Der Antrag gilt gemäß § 167 Abs. 1 letzter Halbsatz GWB als abgelehnt (zur Beschwerdefrist s. → Anm. 2).

Der sofortigen Beschwerde nicht zugänglich sind vorläufige Regelungen der Vergabekammer gemäß § 169 Abs. 2 und 3 GWB, wie sich aus § 169 Abs. 2 S. 8 und § 169 Abs. 3 S. 3 GWB eindeutig ergibt.

Dagegen unterliegen instanzabschließende Entscheidungen der Vergabekammer im Rahmen der Zwangsvollstreckung gem. § 168 Abs. 3 S. 2 GWB der sofortigen Beschwerde (OLG Düsseldorf Beschl. v. 10.3.2014- VII-Verg 11/14; BGH Beschl. v. 29.6.2010 – X ZB 15/08). Ebenso sind Entscheidungen über die Kosten des Nachprüfungsverfahrens mit der sofortigen Beschwerde anfechtbar (BGH Beschl. v. 25.10.2011 – X ZB 5/10). Das betrifft ua Kostengrundentscheidungen (OLG Düsseldorf Beschl v. 20.7.2000,- Verg 1/00), Entscheidungen über die Erhebung der anfallenden Gebühren bei der Vergabekammer gem. § 182 Abs. 1 u. 2 GWB (BGH Beschl. v. 25.10.2011- X ZB 5/10) und die Entscheidung über die Tragung der notwendigen Auslagen des Antragsgegners oder Beigeladenen. (Röwekamp/Kus/Portz/Prieß/*Ulbrich* § 171 Rn. 23). Da gem. § 182 Abs. 4 S. 5 GWB kein gesondertes Kostenfestsetzungsverfahren vor der Vergabekammer stattfindet, können insoweit auch keine anfechtbaren Entscheidungen der Vergabekammer ergehen (vgl. Röwekamp/Kus/Portz/Prieß/*Ulbrich* § 171 Rn. 23).

Hält die Vergabekammer einen Nachprüfungsantrag für offensichtlich erfolglos, kann sie nach der von den Nachprüfungsinstanzen vertretenen Ansicht davon absehen, den Auftraggeber zu informieren (§ 169 Abs. 1 GWB; s. ausführlicher → Form. C.I.2 Anm. 2). Gegen diese Entscheidung der Vergabekammer ist die sofortige Beschwerde nicht zulässig. Die hierdurch entstehende Lücke im Primärrechtsschutz, durch die zwischenzeitliche Zuschlagserteilung folgt aus dem Primärrechtsschutzsystem. Erst durch die folgende Abweisung des Nachprüfungsantrags ist die sofortige Beschwerde statthaft (KG Beschl. v. 29.3.2007 – 2 Verg 6/07; Müller-Wrede/*Lischka* GWB § 171 Rn. 33; Röwekamp/Kus/Portz/Prieß/*Ulbrich* § 171 Rn. 29).

Ob darüber hinaus auch sonstige Entscheidungen der Vergabekammer, die den Charakter von Zwischenentscheidungen oder verfahrensleitenden Entscheidungen haben, mit der sofortigen Beschwerde angegriffen werden können, ist fraglich. Zwischenentscheidungen sind behördliche oder gerichtliche Verfahrenshandlungen, die keine Endentscheidungen darstellen, sondern diese nur vorbereiten sollen (OLG Düsseldorf Beschl. v. 28.12.2007 – Verg 40/07). Vor diesem Hintergrund wird die Angreifbarkeit von Zwischenentscheidungen überwiegend unter Hinweis auf den das Nachprüfungsverfahren bestimmenden Grundsatz der Beschleunigung abgelehnt (OLG Düsseldorf Beschl. v. 11.3.2003 – Verg 43/03; Röwekamp/Kus/Portz/Prieß/*Ulbrich* § 171 Rn. 24). Dagegen wird teilweise die Auffassung vertreten, dass unter Berücksichtigung des effektiven Rechtsschutzes Ausnahmen bestehen müssen (vgl. Beck VergabeR/*Vavra* GWB § 171 Rn. 14 ff.). Ausnahmen wurden anerkannt in den Fällen der sachwidrigen Verzögerung der Entscheidung eines Nachprüfungsantrags (OLG Düsseldorf Beschl. v. 7.3.2012 – VII-Verg 82/11; KG Beschl. v. 29.3.2007 – 2 Verg 6/07), oder bei Entscheidungen zur Akteneinsicht (→ Form. II.O.2 Anm. 8) (OLG Frankfurt a. M. Beschl. v. 12.12.2014 – 11 Verg 8/14; Müller-Wrede/*Lischka* GWB § 171 Rn. 37 f.).

11. Nach § 171 Abs. 1 S. 2 GWB steht das Recht zur Beschwerde den am Verfahren vor der Vergabekammer Beteiligten zu. Der Kreis der Verfahrensbeteiligten ergibt sich aus § 162 GWB. Beschwerdeberechtigt sind somit der Antragsteller, der Auftraggeber und diejenigen Unternehmen, welche die Vergabekammer zu dem Verfahren beigeladen hat. Soweit eine Beiladung erfolgte, spielt es auf Grund der Bindungswirkung der Entscheidung gem. § 162 S. 2 GWB keine Rolle, ob die Voraussetzungen einer Beiladung gemäß § 162 S. 1 GWB vorlagen (OLG Naumburg Beschl. v. 2.8.2012 – 2 Verg 3/12; Röwekamp/Kus/Portz/Prieß/*Ulbrich* § 171 Rn. 58). Ob ein Unternehmen, welches – möglicherweise zu Unrecht – nicht beigeladen wurde, zur Beschwerde berechtigt ist, ist hingegen umstritten. Nach herrschender Auffassung ist jedoch einem nicht beigeladenen Unternehmen auf Grund der Rechtsschutzgarantie aus Art. 19 Abs. 4 GG unter der Voraussetzung, dass es durch die Entscheidung der Vergabekammer in seinen Rechten verletzt ist, eine Beschwerdeberechtigung zuzubilligen (vgl. BGH Beschl. v. 7.11.2006 – KVR 37/05, NJW 2007, 607 (608); OLG Naumburg Beschl. v. 15.7.2008 – 1 Verg 5/08; OLG Koblenz Beschl. v. 23.11.2004 – 1 Verg 6/04; Immenga/Mestmäcker/*Stockmann* § 171 Rn. 17; Röwekamp/Kus/Portz/Prieß/*Ulbrich* § 171 Rn. 60).

12. Entgegen dem Wortlaut des Gesetzes ist die bloße Beteiligung am Verfahren vor der Vergabekammer nicht ausreichend, um die Beschwerdebefugnis zu begründen. Neben der Beteiligung am Verfahren muss darüber hinaus beim Rechtsmittelführer eine Beschwer vorliegen. Die Notwendigkeit der Beschwer als Voraussetzung eines Rechtsmittels ist allgemeiner Verfahrensgrundsatz und gilt auch im Nachprüfungsverfahren (OLG Naumburg Beschl. v. 1.11.2000 – 1 Verg 7/00; OLG Frankfurt a. M. Beschl. v. 16.5.2000 – 11 Verg 1/99; vgl. Immenga/Mestmäcker/*Stockmann* § 171 Rn. 22 ff.; Röwekamp/Kus/Portz/Prieß/*Ulbrich* § 171 Rn. 61 ff.).

Zunächst muss eine formelle Beschwer vorliegen. Das ist der Fall, wenn der Inhalt der Entscheidung von dem gestellten Antrag des Beteiligten negativ abweicht (Beck VergabeR/*Vavra* GWB § 171 Rn. 36; Immenga/Mestmäcker/*Stockmann* § 171 Rn. 22; Röwekamp/Kus/Portz/Prieß/*Ulbrich* § 171 Rn. 63). Demnach ist der Bieter formell beschwert, wenn sein Antrag insgesamt oder teilweise abgelehnt wurde bzw. wenn die Vergabekammer hinter seinem Antrag zurückgeblieben ist. Der Auftraggeber ist formell beschwert, wenn er beantragt hat, den Antrag abzulehnen, die Vergabekammer aber dem Antrag – sei es auch nur teilweise – stattgegeben hat. Soweit dem ursprünglichen Antrag des Beschwerdeführers entsprochen wurde, ist er durch die Entscheidung der Vergabekammer nicht beschwert, auch wenn beispielsweise die Begründung der Entscheidung der Rechtsauffassung des Beschwerdeführers nicht entspricht oder für ihn nachteilige Feststellungen enthält (vgl. Röwekamp/Kus/Portz/Prieß/*Ulbrich* § 171 Rn. 63).

Nach überwiegender Auffassung muss neben der formellen Beschwer auch eine materielle Beschwer im Sinne einer rechtlichen oder zumindest wirtschaftlichen Interessenberührung gegeben sein (vgl. Beck VergabeR/*Vavra* GWB § 171 Rn. 37; Röwekamp/Kus/Portz/Prieß/*Ulbrich* § 171 Rn. 68). Allerdings muss diese in der Regel nicht besonders vorgetragen oder bewiesen werden, da es beim Vorliegen einer formellen Beschwer nur ausnahmsweise an der materiellen fehlt (so Immenga/Mestmäcker/*Stockmann* § 171 Rn. 24; Röwekamp/Kus/Portz/Prieß/*Ulbrich* § 171 Rn. 68). Die materielle Beschwer kann auch dann vorliegen, wenn der Beschwerdeführer in wirtschaftlichen Interessen nachteilig betroffen ist (Immenga/Mestmäcker/*Stockmann* § 171 Rn. 24).

Im Falle der Beschwerde eines Beigeladenen ist zu differenzieren. Hat der Beigeladene im Verfahren vor der Vergabekammer Anträge zur Sache gestellt, ist eine formelle Beschwer erforderlich. Darüber hinaus muss er eine materielle Beschwer darlegen (Beck VergabeR/*Vavra* GWB § 171 Rn. 37). Sie ist gegeben, wenn seinem materiellen Anliegen durch die anzufechtende Entscheidung nicht entsprochen worden ist (vgl. zur entsprechenden Problematik im Kartellverfahren BGH Beschl. v. 10.4.1984 – KVR 8/83, GRUR 1984, 607). Die Berührung rechtlicher Interessen ist auch hier nicht erforderlich (vgl. Immenga/Mestmäcker/*Stockmann* § 171 Rn. 23).

Hat der Beigeladene dagegen keine Sachanträge gestellt, ist die Beschwerdebefugnis fraglich. Nach teilweise vertretener Auffassung ist die sofortige Beschwerde eines Beigeladenen, der im Verfahren vor der Vergabekammer kein Rechtsschutzziel erkennen ließ, insbesondere keine Anträge stellte, als unzulässig zu verwerfen (Immenga/Mestmäcker/*Stockmann* § 171Rn. 23). Nach überwiegender Auffassung ist eine Beschwerde auch in diesem Fall möglich (Beck VergabeR/*Vavra* GWB § 171 Rn. 37; Röwekamp/Kus/Portz/Prieß/*Ulbrich* § 171 Rn. 66). Art, Inhalt und „Richtung" der Interessen, deren Schutz die Beiladung gemäß § 162 GWB bezweckt, sind dann anhand seines Vorbringens vor der Vergabekammer, an das er für die Feststellung der Beschwer gebunden bleibt, zu ermitteln (vgl. Beck VergabeR/*Vavra* GWB § 171 Rn. 37). Hat sich der Beigeladene im Verfahren vor der Vergabekammer überhaupt nicht geäußert, ist seine Interessenlage nach Aktenlage in objektiv wertender Betrachtung zu ermitteln (Ziekow/Völlink/*Dicks* § 171 Rn. 12). Er ist dann materiell beschwert, wenn ihn die Entscheidung in seinen festgestellten Interessen nachteilig berührt (vgl. OLG Jena Beschl. v. 22.4.2004 – 6 Verg 2/04; OLG Saarbrücken Beschl. v. 29.5.2002 – 5 Verg 1/01; OLG Dresden Beschl. v. 14.4.2000 – Verg 1/00).

13. Antragsberechtigt für den Antrag auf Verlängerung der aufschiebenden Wirkung ist gemäß § 173 Abs. 1 S. 3 GWB der Beschwerdeführer. Der Auftraggeber kann mangels Rechtsschutzbedürfnis einen Antrag nach § 173 Abs. 1 S. 3 GWB nicht stellen (Röwekampz/Kus/Portz/Prieß/*Ulbrich* § 173 Rn. 22). Aus dem Wortlaut der Vorschrift („Hat die Vergabekammer den Antrag auf Nachprüfung abgelehnt, ...") wird teilweise gefolgert, der Antrag auf Verlängerung der aufschiebenden Wirkung stünde nur dem in der ersten Instanz unterlegenen Antragssteller, also dem Bieter zu (vgl. OLG Düsseldorf Beschl. v. 9.3.2007 – VII-Verg 5/07). Nach herrschender Ansicht kommen hingegen alle durch die Ablehnung des Nachprüfungsantrages beschwerten Unternehmen in Betracht. Demnach sind auch Beigeladene im Falle einer eigenen Beschwer antragsberechtigt (OLG Naumburg Beschl. v. 5.2.2007 – 1 Verg 1/07; OLG München Beschl. v. 17.5.2005 – Verg 9/05; OLG Jena Beschl. v. 22.4.2004 – 6 Verg 2/04; Immenga/Mestmäcker/*Stockmann* § 173 Rn. 11; Röwekamp/Kus/Portz/Prieß/*Ulbrich* § 173 Rn. 23; *Opitz* NZBau 2005, 213 (214)).

14. Gemäß § 173 Abs. 2 GWB lehnt das Gericht den Antrag auf Verlängerung der aufschiebenden Wirkung ab, wenn unter Berücksichtigung aller möglicherweise geschädigten Interessen die nachteiligen Folgen einer Verzögerung bis zur Entscheidung über die Beschwerde die damit verbundenen Vorteile überwiegen. Bei der Interessenabwägung sind alle möglicherweise geschädigten Interessen sowie das Interesse der Allgemeinheit an einer wirtschaftlichen Erfüllung der Aufgaben des Auftraggebers zu berücksichtigen. Einzusetzen ist zunächst das Interesse des beschwerdeführenden Unternehmens an der ordnungsgemäßen Vergabe. Dem sind die Interessen aller derjenigen entgegenzusetzen, die von der Verlängerung der aufschiebenden Wirkung nachteilig betroffen sein können. Von erheblicher Bedeutung ist dabei die Dringlichkeit des Auftrages, insbesondere, ob dem Kreis der durch den Aufschub betroffenen Dritten, wie anderen Unternehmen, Bürgern, Vereinigungen und Verbänden eine weitere Verzögerung zumutbar ist. Dabei ist neben vermögenswerten Interessen auch an ideelle Belange zu denken (vgl. zum Ganzen *Erdmann* VergabeR 2008, 908; Immenga/Mestmäcker/*Stockmann* § 173 Rn. 18 ff.; *Prieß/Niestedt* S. 121).

Nach § 173 Abs. 2 S. 3 GWB berücksichtigt das Beschwerdegericht bei der Prüfung des Antrags auf Verlängerung der aufschiebenden Wirkung auch die Erfolgsaussichten der sofortigen Beschwerde sowie die allgemeinen Aussichten des Antragstellers im Vergabeverfahren, den Auftrag zu erhalten. Diese Umstände sind anhand einer summarischen Prüfung zu ermitteln (OLG Brandenburg Beschl. v. 30.1.2014 – Verg W 2/14; OLG Rostock Beschl. v. 20.11.2013 – 17 Verg 7/13; OLG Schleswig Beschl. v. 4.5.2001 – 6 Verg 2/2001; OLG Hamburg Beschl. v. 12.12.2000 – 1 Verg 1/00, NZBau 2001, 460 (461); BayObLG Beschl. v. 14.2.2000 – Verg 2/00, NZBau 2000, 261 (262)). Zwar legt der Wortlaut des § 173 Abs. 2 GWB nahe, es komme in jedem Fall auf eine umfassende Interessenprüfung an. Hat nach summarischer Prüfung die sofortige Beschwerde voraussichtlich jedoch keinen Erfolg, so ist auch der Verlängerungsantrag abzulehnen (vgl. KG Beschl. v. 1.9.2014 – Verg 18/13; OLG Düsseldorf Beschl. v. 9.4.2014 – VII Verg 8/14; Beck VergabeR/*Vavra* GWB § 173 Rn. 26; Röwekamp/Kus/Portz/Prieß/*Ulbrich* § 173 Rn. 59). Ergibt sich hingegen eine überwiegende Wahrscheinlichkeit für den Erfolg der Beschwerde bzw. hat der Antragsteller gute Aussichten im Vergabeverfahren, den Auftrag zu erhalten, müssen die gegenläufigen Interessen der übrigen Beteiligten, insbesondere des Auftraggebers, und/oder der Allgemeinheit an einer baldigen Zuschlagserteilung vor Beendigung des Beschwerdeverfahrens von besonders starkem Gewicht sein, damit die Ablehnung des Antrages in Betracht gezogen werden kann (vgl. KG Beschl. v. 10.12.2002 – KartVerg 16/02, VergabeR 2003, 180, 181). Erscheint der Ausgang des Verfahrens völlig offen, gebietet auch hier das Gebot des effektiven Rechtsschutzes wegen des drohenden endgültigen Rechtsverlustes, dass normalerweise das Interesse an der Verlängerung überwiegt (OLG Celle Beschl. v. 5.2.2015 – 13 Verg 1/15; KG Beschl. v. 27.1.2015 – Verg 9/14; Beck VergabeR/*Vavra* GWB § 173 Rn. 29; iErg auch Röwekamp/Kus/Portz/Prieß/*Ulbrich* § 173 Rn. 62). Im Unterschied zu der Interessenabwägung nach § 169 Abs. 2 GWB (→ Form. II.O.4 Anm. 11) sind die Erfolgsaussichten jedoch zwingend zu berücksichtigen (OLG Düsseldorf, Beschluss v. 9.4.2014 – VII-Verg 8/14, m.w.N.; Müller-Wrede/*Stoye/Gielen* GWB § 173 Rn. 39).

15. Hat die Beschwerde nach Auffassung des erkennenden Vergabesenats zwar mit hoher Wahrscheinlichkeit keinen Erfolg, aber ist wegen entgegenstehender obergerichtlicher Auffassung eine Divergenzvorlage an den BGH notwendig, so soll die aufschiebende Wirkung anzuordnen sein (OLG Jena Beschl. v. 30.5.2002 – 6 Verg 3/02).

Im Hinblick auf die Begründung des Antrags nach § 173 Abs. 1 S. 3 GWB ist dringend zu empfehlen, den Sachverhalt einschließlich des Ablaufs des Verfahrens vor der Vergabekammer umfassend darzulegen und mit der Vorlage der entsprechenden Unterlagen einschließlich der Entscheidung der Vergabekammer zu belegen. Es ist nicht davon auszugehen, dass das OLG innerhalb der knappen Entscheidungsfrist bereits über die Akten der Vergabekammer verfügt oder diese bereits gesichtet hat. § 172 Abs. 2 Nr. 2 GWB wirkt sich insoweit auch auf den Antrag nach § 173 Abs. 1 S. 3 GWB aus.

16. Gemäß § 172 Abs. 3 GWB muss die Beschwerdeschrift durch einen bei einem deutschen Gericht zugelassenen Rechtsanwalt unterzeichnet sein.

Kosten und Gebühren

17. Für das Beschwerdeverfahren vor dem OLG verweist § 175 Abs. 2 GWB auf die Regelungen für das Kartellbeschwerdeverfahren. Somit sind nach § 71 GWB die Kosten ausschließlich nach Billigkeitserwägungen zu verteilen. Der Billigkeitsgrundsatz findet dabei sowohl auf die Gerichtskosten als auch auf außergerichtliche Aufwendungen Anwendung (BGH Beschl. v. 26.9.2011 – X ZB 4/10, BGHZ 188, 200; OLG München Beschl. v. 23.9.2010 – Verg 18/10; OLG Celle Beschl. v. 29.6.2010 – 13 Verg 4/10; Gabriel/Krohn/*Neun* VergabeR-HdB, § 47 Kosten und Gebühren Rn. 37.).

Über die gesonderten Kosten des Verfahrens nach § 173 Abs. 1 S. 3 GWB wird in der Entscheidung über die Hauptsache mitentschieden (vgl. OLG Celle Beschl. v. 11.6.2015 – 13 Verg 4/15; OLG Koblenz Beschl. v. 8.11.2008 – 1 Verg 3/08).

Die Gerichtskosten bestimmen sich nach § 1 Abs. 1 Nr. 9 GKG und richten sich nach dem Streitwert (§§ 3 Abs. 1, 34 GKG). Nach KV 1220 GKG fallen im Hauptsacheverfahren der sofortigen Beschwerde 4,0 Gebühren an und bei einem Eilantrag nach § 173 Abs. 1 S. 3 GWB entstehen zusätzliche 3,0 Gebühren (*Zinger*, NZBau 2020, 695).

Der Streitwert beträgt nach § 50 Abs. 2 GKG 5 % der Auftragssumme, auf die der Zuschlag erfolgen sollte, einschließlich der Mehrwertsteuer (OLG München Beschl. v.

22.1.2009 – Verg 26/08; OLG Karlsruhe Beschl. v. 13.6.2008 – 15 Verg 3/08; OLG Celle Beschl. v. 10.1.2008 – 13 Verg 11/07; *Wilke* NZBau 2005, 380 (383)). Der Gegenstandswert für die Berechnung der RA-Gebühren bestimmt sich nach § 50 Abs. 2 GKG iVm § 23 Abs. 1 S. 1 RVG nach den für die Gerichtsgebühren geltenden Wertvorschriften. Ihre Höhe bestimmt sich nach §§ 13, 2 Abs. 2 RVG iVm VV 3200 RVG, VV Vorbemerkung 3.2.1 Abs. 1 Nr. 4 RVG. Gemäß VV 3200 RVG entsteht im Hauptsacheverfahren der sofortigen Beschwerde eine 1,6 Verfahrensgebühr. Daneben fällt gemäß VV 3202 RVG eine 1,2 Terminsgebühr für die Vertretung in der mündlichen Verhandlung an.

Fristen und Rechtsmittel

18. Gegen die Entscheidung des OLG über die sofortige Beschwerde besteht kein Rechtsmittel. Der BGH wird gemäß § 179 Abs. 2 GWB nur auf Vorlage des OLG tätig, wenn das OLG von der Entscheidung eines anderen OLG in einem vergaberechtlichen Nachprüfungsverfahren abweichen will (Divergenzvorlage). Der BGH entscheidet dann anstelle des OLG.

7. Antrag auf Vorabentscheidung über den Zuschlag gemäß § 176 GWB

An das[1]
Oberlandesgericht/Vergabesenat[2]

. . . ., den . . . .[3]

Antrag auf Vorabentscheidung über den Zuschlag gemäß § 176 Abs. 1 GWB

In Sachen

der Firma A, vertreten durch . . . .

– Antragstellerin, Beschwerdegegnerin und Antragsgegnerin (im Verfahren über die Vorabentscheidung) –

– Verfahrensbevollmächtigte:[4] Rechtsanwälte . . . . . –

gegen

die Stadt [. . . .], vertreten durch . . . . .

– Antragsgegnerin, Beschwerdeführerin und Antragstellerin (im Verfahren über die Vorabentscheidung) –

– Verfahrensbevollmächtigte: Rechtsanwälte . . . . . –

beigeladen gemäß § 162 GWB: B GmbH

Namens und mit Vollmacht der Beschwerdeführerin beantragen[5] wir,

dieser im Wege der Vorabentscheidung gem. § 176 GWB die Fortsetzung des Vergabeverfahrens und die Erteilung des Zuschlags zu gestatten.

Begründung:[6]

Teil 1: Sachverhalt[7]

Die Beschwerdeführerin hat mit Bekanntmachung vom . . . . . im EU-weiten nicht offenen Verfahren mit öffentlichem Teilnahmewettbewerb die Vergabe von Unterhaltsreinigungen von Kliniken ausgeschrieben (siehe Anlage Bf 1 der Beschwerdebegründung). Auf

den Teilnahmeantrag der Beschwerdegegnerin wurde dieser mit Schreiben vom . . . . . (Anlage Bf 2 der Beschwerdebegründung) mitgeteilt, dass sie nicht an der Ausschreibung beteiligt werde. Die Auswahl erfolgte entsprechend §§ 119 Abs. 4, 122 Abs. 2 GWB sowie § 51 VgV nach den Gesichtspunkten „Befähigung und Erlaubnis zur Berufsausübung“, „wirtschaftliche und finanzielle Leistungsfähigkeit“ sowie „technische und berufliche Leistungsfähigkeit“. Die Beschwerdeführerin beschränkte die anzugebenden Referenzen auf fünf, ohne daran eine Ausschlussfolge zu knüpfen. Die Beschwerdegegnerin reichte fünf Referenzen ein. In zwei der fünf Referenzen (Anlage Bf 3 der Beschwerdebegründung) ist die Beschwerdegegnerin mit „befriedigend“ gewertet worden. Die zur Ausschreibung zugelassenen Unternehmen wurden hingegen durchgehend mit „gut“ gewertet. Nach einer Rüge (Anlage Bf 4 der Beschwerdebegründung) auf Grund der Nichtberücksichtigung vom . . . . . hat die Beschwerdegegnerin am . . . . . die Vergabekammer angerufen (Anlage Bf 5 der Beschwerdebegründung). Mit Beschl. v. . . . . . (Anlage Bf 6 der Beschwerdebegründung) verpflichtete die Vergabekammer die Beschwerdeführerin, im Rahmen des anhängigen Vergabeverfahrens erneut in die Auswahl der zur Angebotsabgabe aufzufordernden Bieter einzutreten und auch die Beschwerdegegnerin zur Abgabe eines Angebots aufzufordern. Zur Begründung wurde angeführt, die Beschwerdeführerin habe keine ordnungsgemäße Auswahl im Sinne der §§ 119 Abs. 4, 122 Abs. 2 GWB sowie § 51 VgV getroffen. Bei der Größe des Unternehmens der Beschwerdegegnerin hätte die Beschwerdeführerin mindestens acht bis zehn Referenzen abfordern müssen. Ausgebliebene Referenzen hätte sie für die Beschwerdegegnerin telefonisch erfragen müssen. Gegen diese Entscheidung richtet sich die sofortige Beschwerde der Beschwerdeführerin vom . . . . .

Die bestehenden Verträge über Unterhaltsreinigung, beigefügt als

Anlage Bf 7,[8]

laufen zum . . . . . aus. Bei einer weiteren Verzögerung der Vergabe besteht die Gefahr, von diesem Zeitpunkt an kein Reinigungsunternehmen mehr zu haben, was zu massiven Beeinträchtigungen in den Kliniken führen würde.

Bezüglich weiterer Einzelheiten wird auf die Begründung der sofortigen Beschwerde nebst Anlagen verwiesen.

Teil 2: Rechtliche Würdigung

Der Antrag ist zulässig.[9] Die Beschwerdeführerin hat bereits am . . . . . sofortige Beschwerde eingelegt.[10]

Der Antrag ist auch begründet. Die Interessenabwägung gemäß § 176 Abs. 1 S. 1 GWB ergibt vorliegend, dass die nachteiligen Folgen einer Verzögerung der Vergabe bis zur Entscheidung über die Beschwerde die damit verbundenen Vorteile deutlich überwiegen, so dass der Zuschlag vorab zu gestatten ist.[11] Die Reinigung der Kliniken muss gewährleistet sein. Eine Verzögerung der Zuschlagserteilung und die damit verbundene Beeinträchtigung des ordentlichen Klinikbetriebes können nicht hingenommen werden. Das Interesse der Beschwerdegegnerin an der Auftragserteilung tritt hinter dieses Allgemeinwohlinteresse zurück.

Auch die positive Einschätzung der Erfolgsaussichten der sofortigen Beschwerde ist gegeben.[12] Die sofortige Beschwerde hat vorliegend gute Aussichten auf Erfolg. Es hat eine ordnungsgemäße Auswahl im Sinne der §§ 119 Abs. 4, 122 Abs. 2 GWB sowie § 51 VgV stattgefunden. Die Einholung von Referenzen stellt eine geeignete und vergaberechtskonforme Maßnahme dar, die es dem Auftraggeber erleichtert, eine Auswahl zu treffen. Die Beschränkung auf fünf Referenzen, ohne daran eine Ausschlussfolge zu knüpfen, ist nicht zu beanstanden. Hätte die Beschwerdegegnerin mehr als die angegebene Anzahl an Referenzen benannt, hätte die Vergabestelle unabhängig von der Reihenfolge alle Referenzen, die die etwaig vorgegebenen Mindestanforderungen erfüllen,

berücksichtigen und für die Auswahl nach § 51 VgV die „geeignetsten" auswählen müssen (OLG Düsseldorf Beschl. v. 21.10.2015 – VII-Verg 28/14). Die Beschwerdegegnerin hat jedoch nur fünf Referenzen eingereicht, sodass keine Auswahl getroffen werden musste. Die Vergabestelle ist auch nicht verpflichtet für die Beschwerdegegnerin weitere Referenzen einzuholen oder die mangelhafte Referenz mit ihr zu erörtern. Außerdem hätte die Einholung weiterer – möglicherweise mit „gut" bewerteter – Referenzen keine Auswirkung auf die Entscheidung gehabt, da die übrigen Bieter durchweg mit „gut" gewertet worden sind. Im Einzelnen wird auf die Beschwerdebegründung verwiesen.

Eine (zusätzliche) Interessenabwägung nach § 176 Abs. 1 S. 2 GWB findet nur dann statt, wenn die Fortsetzung des Vergabeverfahrens und der Zuschlag nicht ohnehin schon auf Grund der Erfolgsaussichten des Rechtsmittels zu gestatten sind (vgl. OLG Düsseldorf Beschl. v. 1.8.2005 – Verg 41/05; OLG Celle Beschl. v. 13.3.2002 – 13 Verg 4/02). Selbst wenn man – hilfsweise – eine Interessenabwägung gemäß § 176 Abs. 1 S. 2 GWB für erforderlich hielte, geht diese zugunsten einer Zuschlagsgestattung aus. Die Reinigung der Kliniken muss gewährleistet sein. Eine Verzögerung der Zuschlagserteilung und die damit verbundene Beeinträchtigung des ordentlichen Klinikbetriebes können nicht hingenommen werden. Das Interesse der Beschwerdegegnerin an der Auftragserteilung tritt hinter dieses Allgemeinwohlinteresse zurück.

. . . . .

Rechtsanwalt[13, 14]

Anmerkungen

1. Das Vorabentscheidungsverfahren nach § 176 Abs. 1 GWB dient nicht nur als Eilverfahren vor dem OLG für die Auftraggeberseite, sondern steht gleichermaßen dem Unternehmen zu, das den Zuschlag erhalten soll. Das Verfahren wird regelmäßig unter der Voraussetzung eingeleitet, dass der Antragsteller – dh der Auftraggeber und/oder der designierte Auftragnehmer – vor der Vergabekammer zumindest teilweise unterlegen sind und die Kammer die Verletzung von Rechten des Antragstellers (§ 160 GWB) festgestellt und bestimmte Abhilfemaßnahmen angeordnet hat (vgl. OLG Frankfurt a. M. Beschl. v. 6.6.2013 – 11 Verg 8/13; OLG Celle Beschl. v. 9.2.2011 – 13 Verg 17/10; OLG Düsseldorf Beschl. v. 20.11.2001 – Verg 33/01; OLG Naumburg Beschl. v. 30.6.2000 – 1 Verg 4/00). Ausnahmsweise kann ein Antrag auf Vorabgestattung des Zuschlages auch zulässig sein, wenn ein Verfahren über die sofortige Beschwerde wegen eines Vorabentscheidungsverfahrens vor dem EuGH vorläufig ausgesetzt wird (OLG Naumburg Beschl. v. 28.10.2002 – 1 Verg 9/02).

Soweit die Kammer dem Nachprüfungsantrag stattgegeben hat, gilt das Zuschlagsverbot grundsätzlich bis zu einer gegenteiligen Entscheidung des Beschwerdegerichts (vgl. § 173 Abs. 3 GWB). Das Eilverfahren des § 176 GWB soll verhindern, dass durch überlange Hauptsacheverfahren vor dem OLG, die – anders als Verfahren vor der Vergabekammer nach § 167 GWB – keiner Fristbindung unterliegen, eine unerträgliche Verzögerung von Beschaffungsvorhaben entsteht (vgl. Begründung zu § 131, RegE VgRÄG, BT-Drs. 13/9340, 21). Es findet sich auch im Einklang mit dem Europäischen Vorgaben (vgl. Röwekamp/Kus/Portz/Prieß/*Hänisch* § 176 Rn. 1). Nach § 176 Abs. 3 GWB hat das OLG zur Entscheidung darüber, ob der Zuschlag vorab gestattet werden kann, maximal fünf Wochen Zeit. Zu den Gefahren für den Antragsteller, wenn sein Antrag abgewiesen wird, siehe unten „Fristen und Rechtsmittel".

2. Zuständiges Gericht ist das Oberlandesgericht, bei dem das Hauptsacheverfahren der sofortigen Beschwerde des Auftraggebers bzw. des designierten Auftragnehmers anhängig ist.

3. Eine Frist für die Einlegung des Antrags auf Vorabentscheidung nach § 176 GWB ist im Gesetz nicht vorgesehen. Es ist jedoch dringend anzuraten, den Antrag so früh wie möglich zu stellen, da es mit laufender Verfahrensdauer immer schwieriger werden wird, die besondere Eilbedürftigkeit glaubhaft zu machen. Frühestens kann der Antrag nach oder zugleich mit der Beschwerdeeinlegung gestellt werden, wie sich unzweifelhaft aus § 176 Abs. 1 S. 4 GWB (Berücksichtigung der Erfolgsaussichten der sofortigen Beschwerde) und aus § 176 Abs. 2 S. 3 GWB ergibt (vgl. Röwekamp/Kus/Portz/Prieß/*Hänisch* § 176 Rn. 16).

4. Aufgrund der ausdrücklichen Anordnung in § 176 Abs. 3 S. 4 GWB ist § 175 GWB anwendbar. Daher muss sich der Antragsteller schon bei der Stellung des Antrages gemäß § 176 GWB durch einen bei einem deutschen Gericht zugelassenen Rechtsanwalt vertreten lassen, es sei denn, es handelt sich um eine juristische Person des öffentlichen Rechts; bei ihr reicht eine Vertretung durch Beamte oder Angestellte mit Befähigung zum Richteramt (→ Form. II.O.6 Anm. 4).

5. Gemäß § 176 Abs. 2 S. 1 GWB ist der Antrag schriftlich zu stellen. Bezüglich der Einzelheiten, wird auf die Ausführungen im Rahmen der sofortigen Beschwerde verwiesen (→ Form. II.O.6 Anm. 3).

6. Gemäß § 176 Abs. 2 S. 1 GWB ist der Antrag gleichzeitig zu begründen. Nach überwiegender Auffassung ist ein Antrag, der keine Begründung enthält, unzulässig (vgl. Beck GWB/*Vavra* § 176 Rn. 11; Röwekamp/Kus/Portz/Prieß/*Hänisch* § 176 Rn. 18; einschränkend hingegen Immenga/Mestmäcker/*Stockmann* § 176 Rn. 10). An die Begründung des Antrages sind keine strengen Anforderungen zu stellen, wenngleich eine sorgfältige Begründung des Antrages aus prozesstaktischen Gründen dringend anzuraten ist. Dazu gehören sowohl die für die Rechtmäßigkeit des Vergabeverfahrens sprechenden Tatsachen, als auch die Gründe, die für einen raschen Abschluss des Vergabeverfahrens sprechen und daher bei der Interessenabwägung zu berücksichtigen sind (vgl. Müller-Wrede/*Lux* GWB § 176 Rn. 40).

7. Die Sachverhaltsdarstellung kann unter Verweis auf die Begründung der sofortigen Beschwerde verkürzt erfolgen. Der Antrag auf Vorabentscheidung kann mit der sofortigen Beschwerde verbunden werden (zum Umfang der Darstellung → Form. II.O.6 Anm. 9).

8. Zur Glaubhaftmachung der vorzutragenden Tatsachen → Form. II.O.4 Anm. 7.

9. Ungeschriebene Voraussetzung für die Zulässigkeit des Antrages auf Vorabentscheidung über den Zuschlag ist, dass der Antragsteller ein schutzwürdiges Interesse an einer gerichtlichen Sachentscheidung hat. Das ist allgemein zu verneinen, wenn es eine einfachere und effektivere Möglichkeit zur Erlangung des begehrten Zieles gibt, wenn die begehrte Entscheidung die Rechtsposition des Antragsstellers nicht zu verbessern vermag oder wenn der Antrag offensichtlich rechtsmissbräuchlich ist. In aller Regel wird ein Antrag nach § 176 Abs. 1 GWB als unzulässig verworfen, wenn er nicht der Verhinderung übermäßig langer Verfahren vor den Beschwerdegerichten dient, sondern faktisch die Verkürzung der gesetzlich angeordneten Regelsperrfrist für die Erteilung des Zuschlags (vgl. §§ 169 Abs. 1, 173 Abs. 1 S. 2 GWB) bezweckt (so OLG Naumburg Beschl. v. 15.12.2000 – 1 Verg 11/00, NZBau 2001, 642). Wenn der Antragsteller vor der Vergabekammer teilweise oder vollständig obsiegt hat, entfällt der durch eine sofortige Beschwerde des Antragstellers dagegen entstandene Suspensiveffekt ohnehin in angemessener Frist, nämlich zwei Wochen nach Ablauf der Beschwerdefrist, sodass ein Rechtsschutzbedürfnis für ein Eilverfahren nach § 176 GWB grundsätzlich nicht ersichtlich ist (OLG Naumburg Beschl. v. 15.12.2000 – 1 Verg 11/00, NZBau 2001, 642; Beck GWB/*Vavra* § 176 Rn. 7; Ziekow/Völlink/*Herrmann* § 176 Rn. 8; aA BayObLG Beschl. v.

16.7.2004 – Verg 16/04; jurisPK VergabeR/*Summa* GWB § 176 Rn. 18–19). Anders könnte sich die Situation nur darstellen, wenn nach bereits angeordneter Verlängerung der aufschiebenden Wirkung gem. § 173 Abs. 1 S. 3 GWB neue tatsächliche Umstände eintreten, die eine vorzeitige Zuschlagsgestattung rechtfertigen (vgl. Ziekow/Völlink/*Herrmann* § 176Rn. 8). Das Rechtsschutzinteresse fehlt nicht schon deshalb, weil das Beschwerdegericht einen Antrag des Auftraggebers bzw. des designierten Auftragnehmers auf Gestattung des Zuschlages nach § 169 Abs. 2 S. 3 GWB abgelehnt hat (Immenga/Mestmäcker/*Stockmann* § 176 Rn. 11).

Ein Antrag auf Vorabentscheidung ist nach § 176 Abs. 1 GWB analog statthaft, wenn die Vergabestelle nach eigener Auffassung einen Zuschlag bereits erteilt hat, die Vergabekammer dies aber verneint. Das Vergabeverfahren endet nicht mit Zuschlagserteilung, sondern mit Abschluss eines wirksamen zivilrechtlichen Vertrages (vgl. OLG Dresden Beschl. v. 11.7.2000 – Wverg 5/00, BauR 2001, 235). Analog § 176 Abs. 1 GWB kann auch die Wirksamkeit eines Zuschlages festgestellt werden (vgl. OLG Dresden Beschl. v. 25.9.2000 – Verg 04/00; Beck VergabeRR/*Vavra* GWB § 176 Rn. 8). Gegen eine analoge Anwendung des § 176 Abs. 1 GWB sprach sich das OLG Frankfurt für Fälle aus, in denen die Vergabekammer festgestellt hat, dass ein öffentlicher Auftrag wegen eines Verstoßes gegen die Informations- und Wartepflicht gem. § 135 Abs. 1 Nr. 1 GWB von Anfang an unwirksam ist (OLG Frankfurt Beschl. v. 10.7.2007 – 11 Verg 5/07; zustimmend Röwekamp/Kus/Portz/Prieß/*Hänisch* § 176 Rn. 8).

10. Bei der Vorabentscheidung hat das Gericht alle möglicherweise geschädigten Interessen im Rahmen einer Interessenabwägung zu berücksichtigen. Sofern die nachteiligen Folgen einer Verzögerung der Vergabe bis zur Entscheidung über die Beschwerde die damit verbundenen Vorteile überwiegen, steht es im Ermessen des Gerichts den weiteren Fortgang des Verfahrens und den Zuschlag zu gestatten (§ 176 Abs. 1 S. 1 GWB). Bezüglich der unterschiedlichen Ansätze in der Rechtsprechung zum Verhältnis der Erfolgsaussichten zu den anderen Abwägungskriterien kann auf die Ausführungen zu der spiegelbildlich angelegten Regelung des § 173 Abs. 1 S. 3, Abs. 2 GWB über die Verlängerung der aufschiebenden Wirkung verwiesen werden (→ Form. II.O.6 Anm. 14).

11. Da das Gericht nach § 176 Abs. 1 S. 3 GWB im Rahmen der Interessenabwägung auch die Erfolgsaussichten der sofortigen Beschwerde berücksichtigt, ist die vorherige oder gleichzeitige Beschwerdeeinlegung Zulässigkeitsvoraussetzung des Vorabentscheidungsantrages (OLG Bremen Beschl. v. 3.9.2003 – Verg 7/03). Die sofortige Beschwerde muss jedoch nicht notwendigerweise vom Antragsteller des Vorabentscheidungsantrages selbst erhoben worden sein. Es ist auch möglich, dass der designierte Auftragnehmer (Beigeladener vor der Vergabekammer) die sofortige Beschwerde erhebt und der Auftraggeber den Vorabentscheidungsantrag gemäß § 176 Abs. 1 GWB stellt und *vice versa*.

12. → Form. II.O.6 Anm. 16.

Kosten und Gebühren

13. Eine gesonderte Kostenentscheidung ist bei dem mit dem Beschwerdeverfahren verbundenen Vorabentscheidungsverfahren nur dann angezeigt, wenn der Antrag zurückgewiesen wird. Denn in diesem Fall beendet der Beschluss das Vergabenachprüfungsverfahren gem. § 177 GWB. Die Entscheidung über sämtliche Kosten des Beschwerdeverfahrens ergeht im Übrigen einheitlich gemäß § 182 GWB im Rahmen der Entscheidung über die Hauptsache (Röwekamp/Kus/Portz/Prieß/*Hänisch* § 176 Rn. 37).

Fristen und Rechtsmittel

14. Gegen eine Entscheidung nach § 176 GWB ist ein Rechtmittel nicht zulässig (§ 176 Abs. 4 GWB). Die Entscheidung des Beschwerdegerichts ist endgültig und beendet in der Regel das Beschwerdeverfahren. Gibt das Gericht dem Antrag statt, wird der Auftraggeber unmittelbar danach den Zuschlag erteilen. Das Nachprüfungsverfahren kann in diesem Fall vom die Nachprüfung ursprünglich begehrenden Bieter allenfalls im Wege der Fortsetzungsfeststellungsbeschwerde nach § 178 S. 3 GWB weiterverfolgt werden. Unterliegt der Auftraggeber mit einem Antrag auf Vorabentscheidung über den Zuschlag, endet das Verfahren gemäß § 177 GWB nach Ablauf von zehn Tagen nach Zustellung der Entscheidung, es sei denn der Auftraggeber ergreift die in der Entscheidung genannten Maßnahmen zur Herstellung der Rechtmäßigkeit des Verfahrens. Der Antrag nach § 176 GWB ist deshalb für den Auftraggeber durchaus mit Risiken verbunden. Er sollte nur gestellt werden, wenn sich der Auftraggeber vom weiteren Verfahrensverlauf keine prozesstaktischen Vorteile mehr verspricht bzw. wenn er sich der Erfolgsaussichten des Antrags einigermaßen sicher ist.

Fraglich ist, ob die Rechtsfolge des § 177 GWB auch eintritt, sofern der designierte Auftragnehmer einen erfolglosen Antrag auf Vorabentscheidung gestellt hat. § 177 GWB hat durch das Vergaberechtsmodernisierungsgesetz 2009 als auch die jüngste Reform 2016 keine Änderung entsprechend zu § 176 GWB erfahren. Wegen des insofern klaren Wortlauts des § 177 GWB („Ist der Auftraggeber mit einem Antrag nach § 176 vor dem Beschwerdegericht unterlegen, ...") ist davon auszugehen, dass das Vergabeverfahren bei einem erfolglosen Antrag durch den designierten Auftragnehmer nicht automatisch als beendet gilt. Denn ansonsten hätte es der Beigeladene in der Hand durch einen Antrag nach § 176 GWB massiv in das Vergabeverfahren einzugreifen, ohne dass der Auftraggeber hierauf Einfluss hätte (vgl. Röwekamp/Kus/Portz/Prieß/*Hänisch* § 177 Rn. 3).

P. Gesetz gegen den unlauteren Wettbewerb und Geschäftsgeheimnisschutzgesetz

Gesetz gegen den unlauteren Wettbewerb

1. Wettbewerbsrechtliche Abmahnung

Vorab per Telefax/per E-Mail: . . . . . .[1,2]
Firma B . . . . . .
Geschäftsführung
Betr.: A . . . . . ./B . . . . . .

Sehr geehrte Damen und Herren,
meine Mandantin ist die Firma A, in deren Namen und Auftrag ich Ihnen schreibe. Die auf mich lautende Vollmacht[3] liegt bei. Meine Mandantin hat mich gebeten, Ihnen das Folgende mitzuteilen:

1. **Meine Mandantin betreibt seit 20 . . . . . . einen Onlineeinzelhandel mit Baby- und Kleinkinderprodukten. Sie verfügt ferner seit . . . . . . über ein Geschäftslokal in X-Stadt, ...straße. Sowohl im Internet als auch stationär bietet meine Mandantin an und vertreibt in erheblichem Umfang regelmäßig und ausschließlich Baby- und Kleinkindprodukte. So hat meine Mandantin im Durchschnitt der vergangenen drei Jahre allein online jährlich über 4.500 Sendungen mit verschiedensten Baby- und Kleinkinderprodukten (Babywäsche; Kinderbekleidung; Kinderwagen; Spielzeug; Babyflaschen und Kinder-Essbesteck etc) an Kunden verschickt. Der Betrieb eines Geschäfts im stationären Einzelhandel indiziert des Weiteren, dass in Bezug auf die relevanten Waren ein stetiger Vertrieb vorliegt. Damit vertreibt sie die genannten Waren in erheblichem Umfang und nicht nur gelegentlich. Ihr Unternehmen betreibt ebenfalls einen Onlineeinzelhandel mit Babyprodukten. Zwischen Ihrem Unternehmen und meiner Mandantin besteht somit ein konkretes Wettbewerbsverhältnis.[4]**
2. **Meine Mandantin hat die Feststellung getroffen, dass Sie an Ihre Kunden wöchentlich einen Newsletter versenden, in dem Sie Ihre Produkte bewerben und auf besondere Angebote hinweisen. Diesen Newsletter erhält grds. jeder registrierte Kunde, es sei denn, er hat bei der Eröffnung des Kundenkontos den voreingestellten Haken, mit dem die nachfolgend wiedergegebene Einwilligung in den Erhalt des Newsletters automatisch erklärt wird, entfernt.**
   „Mit der Verarbeitung und Speicherung meiner Daten zum Zwecke des Newsletters bin ich einverstanden. Meine E-Mail-Adresse wird nicht an andere Unternehmen weitergegeben. Mir ist bekannt, dass ich die Einwilligung jederzeit und ohne Kosten widerrufen kann"
   Ändert er nichts, gilt seine Einwilligung zum Newsletter-Bezug als erteilt. Der vorstehende Sachverhalt ist durch meine Mandantin jederzeit beweismäßig zu belegen.
3. **Mit dem vorstehend wiedergegebenen Verhalten verstoßen Sie gegen das Belästigungsverbot des § 7 Abs. 2 Nr. 3 UWG. Danach ist eine unzumutbare Belästigung stets dann anzunehmen, wenn eine Werbung[5] unter Verwendung elektronischer Post ohne ausdrückliche Einwilligung des Kunden/Verbrauchers erfolgt.[6] Da schon ein Wettbewerbsverstoß der hier gerügten Art vorgekommen ist, besteht die Gefahr der Wiederholung.[7]**

4. Gem. § 8 Abs. 1 S. 1 UWG ergibt sich aufgrund des Wettbewerbsverstoßes nach Maßgabe des § 7 Abs. 2 Nr. 3 UWG ein Unterlassungsanspruch. Diesen geltend zu machen ist meine Mandantin gem. § 8 Abs. 3 Nr. 1 UWG aktivlegitimiert. Denn meine Mandantin ist – erstens – Mitbewerberin im Sinne dieser Bestimmung. Die zugehörige Definition findet sich in § 2 Abs. 1 Nr. 3 UWG. Danach ist Mitbewerber jeder Unternehmer, der mit einem oder mehreren Unternehmen als Anbieter von Waren oder Dienstleistungen in einem konkreten Wettbewerbsverhältnis steht. Dass zwischen Ihnen und meiner Mandantin ein konkretes Wettbewerbsverhältnis im Zusammenhang mit Babyprodukten besteht, ergibt sich aus der Tatsache, dass beide Parteien einen Onlineeinzelhandel in Bezug auf Babyprodukte – also identische Waren – betreiben. Dass meine Mandantin – zweitens – die relevanten Waren in erheblichem Umfang und zudem regelmäßig und nicht nur gelegentlich anbietet und vertreibt, habe ich bereits oben dargelegt.[8]
Neben dem sich aus § 8 Abs. 1 UWG ergebenden Unterlassungsanspruch ist meine Mandantin gem. § 9 S. 1 UWG ebenfalls berechtigt, Schadensersatz geltend zu machen. Es kann nicht geleugnet werden, dass der von Ihnen erzielte Wettbewerbsvorsprung sich zum Nachteil der übrigen Mitbewerber und damit auch meiner Mandantin auswirkt und so der Eintritt eines Schadens wahrscheinlich ist. Da meine Mandantin die Höhe des ihr entstandenen Schadens ohne nähere Kenntnis betreffend den Umfang Ihrer wettbewerbswidrigen Handlungen nicht berechnen kann, steht ihr auch ein Auskunftsanspruch zu.[9]
5. Meine Mandantin hat mich ermächtigt,[10] Ihnen vor Einleitung gerichtlicher Schritte Gelegenheit zur außergerichtlichen Bereinigung des Streitverhältnisses zu geben. Ich habe Sie hiermit namens und in Vollmacht meiner Mandantin aufzufordern, sich ihr gegenüber zu meinen Händen zu verpflichten,
   a) es bei Meidung einer für jeden Fall der Zuwiderhandlung fälligen und an A. zu zahlenden Vertragsstrafe iHv 5.001 EUR (in Worten: EURO fünftausendeins) zu unterlassen, im geschäftlichen Verkehr an Kunden E-Mail-Werbung für Baby- und Kleinkinderprodukte zu versenden, sofern die im Zusammenhang mit dem Verkauf einer Ware erlangte elektronische Postadresse durch die nachstehend wiedergegeben und mit einer bestätigenden Vorauswahl versehene Klausel erlangt wurde: „Mit der Verarbeitung und Speicherung meiner Daten zum Zwecke des Newsletters bin ich einverstanden. Meine E-Mail-Adresse wird nicht an andere Unternehmen weitergegeben. Mir ist bekannt, dass ich die Einwilligung jederzeit und ohne Kosten widerrufen kann“.[11]
   b) meiner Mandantin die durch meine Einschaltung entstandenen Kosten auf der Grundlage eines Gegenstandswertes von . . . . . EUR in Höhe einer 1,3 Rechtsanwaltsgebühr nach dem RVG zzgl. Auslagen und Mehrwertsteuer zu erstatten.[12]

Ihre Kostenerstattungspflicht (vgl. Ziffer b) der vorstehend verlangten Verpflichtungserklärung) ergibt sich unmittelbar aus § 13 Abs. 3 UWG. Der Wettbewerbsstörer hat nach dieser Vorschrift die erforderlichen Aufwendungen des Abmahnenden zu erstatten, soweit die Abmahnung berechtigt ist. Dass sie berechtigt ist, habe ich oben dargelegt. Zu den zu erstattenden Aufwendungen meiner Mandantin gehören die Kosten meiner Einschaltung, die hier geltend gemacht werden. Ihre Höhe beträgt . . . . . EUR inklusive gesetzlicher Umsatzsteuer. Es handelt sich um die gesetzlichen Rechtsanwaltsgebühren. Sie berechnen sich nach Ziffer 2300 VV gemäß Anlage 1 zu § 2 Abs. 2 des Rechtsanwaltsvergütungsgesetzes (RVG) auf der Grundlage eines angemessenen Streitwertes von . . . . . EUR. Geltend gemacht wird insoweit der Regelgebührensatz von 1,3 für die angefallene Geschäftsgebühr, zzgl. einer Auslagenpauschale von 20 EUR und der gesetzlichen Umsatzsteuer.

Für den Eingang der vorstehenden Verpflichtungserklärungen setze ich Ihnen eine Frist bis zum

. . . . .[13]

Ich weise darauf hin, dass nur durch die Abgabe einer strafbewehrten Unterlassungsverpflichtungserklärung die Wiederholungsgefahr für den meiner Mandantin zustehenden Unterlassungsanspruch und damit auch das Rechtsschutzbedürfnis für die Einleitung gerichtlicher Schritte ausgeräumt werden kann.[14] Zur Einhaltung der Frist ist die Übersendung der Erklärung vorab per Telefax oder E-Mail auseichend, sofern das Original per Post folgt.[15] Ich bin berechtigt, für meine Mandantin zu erklären, dass diese auf die Geltendmachung ihrer Ansprüche auf Auskunftserteilung und Schadensersatz verzichtet, wenn innerhalb der von mir gesetzten Frist die vorstehend geforderten Erklärungen eingegangen sind.[16] Sollten Sie die Frist ungenutzt verstreichen lassen, werde ich meiner Mandantin empfehlen, unverzüglich gerichtliche Hilfe in Anspruch zu nehmen.[17]

Rechtsanwalt[18, 19]

Schrifttum: Kommentare, Handbücher, Monographien, Aufsätze: *Ahrens, Der Wettbewerbsprozess, 9. Aufl. 2016; Bartenbach/Jung/Fock,* Aktuelle Rechtsprechung und Entwicklungen im Wettbewerbsrecht, Mitt. 2006, 208; *Berlit,* Wettbewerbsrecht, 10. Aufl. 2017; *Bernreuther,* Einstweilige Verfügung und Erledigungserklärung, GRUR 2007, 661; *Boesche,* Wettbewerbsrecht, 6. Aufl. 2016; *Büscher*, Gesetz gegen den unlauteren Wettbewerb, 1. Auflage 2019; *Büscher/Dittmer/Schiwy,* Gewerblicher Rechtsschutz, Urheberrecht, Medienrecht, Kommentar, 3. Aufl. 2015; *Danckwerts,* Die Entscheidung über den Eilantrag, GRUR 2008, 763; *Ekey,* Grundriss des Wettbewerbs- und Kartellrechts, 4. Aufl. 2013; *Ekey/Klippel/Kotthoff/Meckel/Plaß,* Wettbewerbsrecht, 2. Aufl. 2005; *Emmerich,* Unlauterer Wettbewerb, 10. Aufl. 2016; *Engels/Salomon,* Vom Lauterkeitsrecht zum Verbraucherschutzrecht: UWG-Reform 2003, WRP 2004, 32; *Fezer/Büscher/Obergfell,* UWG, Lauterkeitsrecht, 3. Aufl. 2016; *Gloy/Loschelder/Erdmann* (Hrsg.), Handbuch des Wettbewerbsrechts, 4. Aufl. 2010; *Harte-Bavendamm/Henning-Bodewig,* UWG, 4. Aufl. 2016; *Köhler/Bornkamm/Feddersen,* UWG, 36. Aufl. 2018; *Jergolla,* Das Ende der wettbewerbsrechtlichen Störerhaftung, WRP 2004, 655; *Jestaedt,* Wettbewerbsrecht, 2008; *Köhler,* Das Verhältnis des Wettbewerbsrechts zum Recht des geistigen Eigentums, GRUR 2007, 548; *ders.,* Die „Bagatellklausel" in § 3 UWG, GRUR 2005, 1; *Köhler,* UWG-Reform und Verbraucherschutz, GRUR 2003, 265; *Lehmler,* UWG, 2. Aufl. 2015; *Lehr,* Wettbewerbsrecht, 3. Aufl. 2007; *Lettl,* Das neue UWG, 2004; Münchener Kommentar zum Lauterkeitsrecht, 2. Aufl. 2014; *Michel*, Die Neuerungen des GSFW zum Abmahnmissbrauch – Heilung, Wiederholungsgefahr, Vertragsstrafe, WRP 2021, 704; *Nordemann,* Wettbewerbs- und Markenrecht, 11. Aufl. 2012; *Oppermann/Müller,* Wie verbraucherfreundlich muss das neue UWG sein?, GRUR 2005, 280; *Ohly/Sosnitza,* UWG, 7. Aufl. 2016; *Rittner/Kulka,* Wettbewerbs- und Kartellrecht, 7. Aufl. 2008; *Sack,* Die neue deutsche Formel des europäischen Verbraucherleitbildes, WRP 2005, 462; *Sack,* Die lückenfüllende Funktion der Generalklausel des § 3 UWG, WRP 2005, 531; *Sosnitza*, Wettbewerbsprozessuale Fragen nach dem „Gesetz zur Stärkung des fairen Wettbewerbs", GRUR 2021, 671; *Ulmann,* juris-Praxiskommentar, UWG 4. Aufl. 2016.

Wettbewerbsverfahrensrecht: *Ahrens* (Hrsg.), Der Wettbewerbsprozess, 8. Aufl. 2016; *Ahrens/Spätgens,* Einstweiliger Rechtsschutz und Vollstreckung in UWG-Sachen, 4. Aufl. 2001; *Berneke/Schüttpelz,* Die einstweilige Verfügung in Wettbewerbssachen, 4. Aufl. 2018; *Danckwerts/Papenhausen/Scholz/Tavanti,* Wettbewerbsprozessrecht, 2016; *Götting/Kaiser,* Wettbewerbsrecht und Wettbewerbsprozessrecht, 2016; *Melullis,* Handbuch des Wettbewerbsprozesses, 3. Aufl. 2000; *Schindler,* Die Klagebefugnis im Wettbewerbsprozess nach der UWG-Reform, WRP 2004, 835; *Teplitzky,* Wettbewerbsrechtliche Ansprüche und Verfahren, 11. Aufl. 2016.

Zur wettbewerbsrechtlichen Abmahnung/Zur Unterwerfungserklärung: *Ahrens,* Unterlassungsschuldnerschaft beim Wechsel des Unternehmensinhabers, GRUR 1996, 518; *Aigner,* Beseitigung der Wiederholungsgefahr bei Abbedingung des § 348 HGB in der strafbewehrten Unterlassungserklärung?, GRUR 2007; 950; *Bernreuther,* Zusammentreffen von

Unterlassungserklärung und Antrag auf Erlass einer einstweiligen Verfügung, GRUR 2001, 401; *Borck,* Andere Ansichten in Kostenfragen, WRP 2001, 20; *Burchert,* Der Zugang der Abmahnung, WRP 1985, 478; *Busch,* Zurückweisung einer Abmahnung bei Nichtvorlage der Originalvollmacht nach § 174 S. 1 BGB?, GRUR 2006, 477; *Deutsch,* Gedanken zur unberechtigten Schutzrechtsverwarnung, WRP 1999, 25; *Eichelberger,* Die Drittunterwerfung im Wettbewerbsrecht, WRP 2009, 270; *Feddersen,* Gesetz zur Stärkung des fairen Wettbewerbs: Neuerungen bei Vertragsstrafe und Gerichtsstand, WRP 2021, 713; *Gerstenberg,* Zur (Gegen-)Abmahnung als Retourkutsche, WRP 2011, 1116; *Göckler,* Die Klagebefugnis vertikaler Wirtschaftsverbände; WRP 2016, 434; *Gottschalk,* UWG-Reform: Die Auswirkungen auf Vertragsstrafeversprechen und gerichtliche Unterlassungstitel, WRP 2004, 1321; *ders.,* Wie kann eine Unterlassungsvereinbarung erlöschen?, GRUR 2004, 827; *Gruber,* Drittwirkung (vor) gerichtlicher Unterwerfungen?, GRUR 1991, 354; *Heinz/Stillner,* Abmahnung ohne schriftliche Vollmacht, WRP 1993, 379; *Hess,* Unterwerfung als Anerkenntnis?, WRP 2003, 353; *Jennewein,* Zur Erstattung von Abmahnkosten bei Verbänden, WRP 2000, 129; *Kochendörfer,* Die Neufassung des Rechtsmissbrauchs – Was ändert sich?, WRP 2020, 1513; *Köhler,* Zur Erstattungsfähigkeit von Abmahnkosten, FS *Erdmann,* 2002, 845; *Kunath,* Zur Nachfragepflicht des Abmahnenden – Kostenbegünstigung des Verletzers durch neuere Entscheidungen?, WRP 2001, 283; *Meier-Beck,* Die Verwarnung aus Schutzrechten – Mehr als eine Meinungsäußerung!, GRUR 2005, 535; *Michel,* Die Neuerungen des GSFW zum Abmahnmissbrauch – Heilung, Wiederholungsgefahr, Vertragsstrafe, WRP 2021, 704; *Nieder,* Außergerichtliche Konfliktlösung im gewerblichen Rechtsschutz, 1998; *ders.,* Die vertragsstrafenbewehrte Unterwerfung im Prozessvergleich, WRP 2001, 117; *Ohrt,* „Procura necesse est" oder: Vollmachtsnachweis bei Abmahnschreiben und Kostenerstattung, WRP 2002, 1035; *Pfister,* Erfordernis des Vollmachtsnachweises bei Abmahnschreiben, WRP 2002, 799; *Pokrant,* Zur vorprozessualen Erfüllung wettbewerbsrechtlicher Unterlassungsansprüche, FS *Erdmann,* 2002, 863; *Sack,* Die Haftung für unbegründete Schutzrechtsverwarnungen, WRP 2005, 253; *Teplitzky,* Zur Frage der Rechtmäßigkeit unbegründeter Schutzrechtsverwarnungen, GRUR 2005, 9; *ders.,* Aktuelle Probleme der Abmahnung und Unterwerfung sowie des Verfahrens der einstweiligen Verfügung im Wettbewerbs- und Markenrecht, WRP 2005, 654; *Teplitzky,* Probleme der notariell beurkundeten und für vollstreckbar erklärten Unterlassungsverpflichtungserklärung (§ 794 Abs. 1 Nr. 5 ZPO), WRP 2015, 527; *Ulmann,* Die Verwarnung aus Schutzrechten – Mehr als eine Meinungsäußerung?, GRUR 2001, 1027; *Ulrich,* Der Zugang der Abmahnung, WRP 1998, 124; *Ulrich,* Die Abmahnung unter Vollmachtsnachweis, WRP 1998, 258; *Wiegand,* Die Passivlegitimation bei wettbewerbsrechtlichen Abwehransprüchen, 1997; *Wilke/Jungeblut,* Abmahnung, Schutzschrift und Unterlassungserklärung, 2. Aufl. 1995; *Zimmermann,* Die unberechtigte Schutzrechtsverwarnung, 2008; *Zindel/Vorländer,* Vom Ende der Schubladenverfügung, WRP 2017, 276.

Zum europäischen Wettbewerbsrecht: *Glöckner,* Europäisches Lauterkeitsrecht (Europäisches Wirtschaftsrecht), Bd. 38, 2006.

Hinweis: Ein weiteres Beispiel einer wettbewerbsrechtlichen Abmahnung findet sich bei *Mes/Schadenberger/Sonntag,* Münchener Prozessformularbuch, Bd. 5, Gewerblicher Rechtsschutz, Urheber- und Presserecht, 5. Aufl. 2018, → Form. A.1

Anmerkungen

1. Die ursprünglich durch Lit. und Rspr. entwickelten **Grundsätze** zur wettbewerbsrechtlichen Abmahnung sind in einem ersten Schritt durch die Novelle v. 3.7.2004 (BGBl. I 1414, in Kraft getreten am 8.7.2004), zuletzt aber wesentlich umfassender durch das sog. „Gesetz zur Stärkung des fairen Wettbewerbs" v. 26.11.2020 (BGBl. I 2568, in Kraft getreten am 2.12.2020) in den §§ 13 und 13a UWG gesetzlich geregelt worden.

Zweck der Neuregelung war es vor allem, einem Missbrauch des Instituts der Abmahnung insbesondere in solchen Fallgestaltungen vorzubeugen, die durch ihre Eigenheiten besonders dazu einzuladen scheinen, also insbesondere bei Verstößen im elektronischen Geschäftsverkehr oder der Telemedien, die häufig einfach oder automatisiert zu ermitteln sind und daher in der Praxis zuweilen ohne großen Aufwand im Einzelfall „standardisiert" (kostenpflichtig) verfolgt werden. Viele der nun gesetzlich geregelten Anforderungen an die Abmahnung gehen aber über diesen eigentlich lobenswerten Zweck hinaus und betreffen ohne Unterschied alle Abmahnungen, auch solche, die Handlungen außerhalb des elektronischen Geschäftsverkehrs betreffen. Gemäß § 15a UWG sind die Neuregelungen in den §§ 13 und 13a Abs. 2 und 3 UWG nicht anzuwenden auf Abmahnungen, die vor dem 2.12.2020 bereits zugegangen sind.

a) **Allgemeines.** Gemäß § 13 Abs. 1 UWG besteht, wie schon nach bisherigem Recht, für den Wettbewerbsgläubiger zwar keine Rechtspflicht, aber eine Obliegenheit („sollen . . . . . . abmahnen"), dem Wettbewerbsverletzer vor Einleitung gerichtlicher Schritte Gelegenheit zur außergerichtlichen Beilegung des Streitverhältnisses zu geben und somit die Durchführung eines kostenintensiven Gerichtsverfahrens zu vermeiden (Streit- sowie Kostenvermeidungsfunktion) (vgl. Köhler/*Bornkamm*/*Feddersen*UWG § 13 Rn. 5). Dies geschieht durch die (berechtigte) Abmahnung. Die wettbewerbsrechtliche Abmahnung ist die Mitteilung eines Anspruchsberechtigten an einen Verletzer, dass er sich durch eine im Einzelnen bezeichnete Handlung wettbewerbswidrig verhalten habe, verbunden mit der Aufforderung, dieses Verhalten in Zukunft zu unterlassen und binnen einer bestimmten Frist eine strafbewehrte Unterwerfungserklärung abzugeben (Begr. RegE BT-Drs. 15/1487, 25, zu § 12 Abs. 1 aF, vgl. Köhler/*Bornkamm*/*Feddersen*UWG § 13 Rn. 3). Dabei ist die vorprozessuale Abmahnung keine Zulässigkeitsvoraussetzung, sondern hat als Prozessvorbereitungsmaßnahme mehrere wesentliche Funktionen:

Sie dient zB der Vermeidung von Kostennachteilen bei sofortigem Anerkenntnis des Antragsgegners in einem nachfolgenden Verfügungsverfahren (vgl. statt vieler Köhler/*Bornkamm*/*Feddersen*UWG § 13 Rn. 8 f.; zur Entbehrlichkeit der Abmahnung vgl. → Form. II.P.7 Anm. 8–12). Denn wenn bei unterlassener Abmahnung der Inanspruchgenommene den geltend gemachten Anspruch sofort anerkennt, muss der Kläger/Antragsteller gem. § 93 ZPO die Kosten des gerichtlichen Verfahrens tragen, und zwar unter Einschluss nicht nur der Gerichtskosten und der eigenen Kosten, sondern auch der Kosten des Verfahrensgegners (allgM, vgl. statt vieler Köhler/*Bornkamm*/*Feddersen*UWG § 13 Rn. 8). Gleiches gilt, wenn der Abgemahnte nach Klageerhebung die erforderliche strafbewehrte Unterlassungserklärung abgibt, die die Wiederholungsgefahr entfallen lässt. In diesem Fall müsste der Kläger entweder die Klage zurücknehmen oder den Rechtsstreit für erledigt erklären. In beiden Fällen hätte er die Kosten des Verfahrens zu tragen. Im Fall der Klagerücknahme gem. § 269 III 2 ZPO; der Fall des § 269 III 3 ZPO liegt nicht vor, da der nicht abgemahnte Schuldner keinen Anlass zur Klageerhebung gegeben hat. Im Fall der übereinstimmenden Erledigungserklärung ergeht die Kostenentscheidung nach § 91a ZPO, in dessen Rahmen jedoch der Rechtsgedanke des § 93 ZPO berücksichtigt und die Kostenentscheidung demnach grundsätzlich zu Lasten des Klägers ergehen wird (Köhler/Bornkamm/Feddersen/*Bornkamm* UWG § 13 Rn. 9). Im Verfügungsverfahren entspricht es den sofortigen Anerkenntnis gemäß § 93 ZPO, wenn der Abgemahnte einen auf die Kosten beschränkten Wiederspruch erklärt und dadurch zum Ausdruck bringt, dass er die Entscheidung in der Sache akzeptiert (Köhler/*Bornkamm*/*Feddersen*UWG § 13 Rn. 9).

Eine weitere wesentliche Funktion besteht darin, dem Anspruchsgegner vor einem etwaigen späteren Verfügungsverfahren rechtliches Gehör zu gewähren (zu diesem Erfordernis nach der jüngeren Rechtsprechung des BVerfG → Form. II.P.3 Anm. 11).

Um der Vermeidung eines Prozesses zwischen Gläubiger und Störer dienen zu können, muss die Abmahnung dem Abgemahnten die Möglichkeit geben, ihre Berechtigung zu prüfen, um dann ggf. durch entsprechendes Verhalten ein gerichtliches Verfahren zu vermeiden. Schon unter diesem Blickwinkel sollte eine wettbewerbsrechtliche Abmahnung im Hinblick auf Sachverhaltsdarstellung und rechtliche Bewertung so ausführlich gestaltet werden, dass diese auch dem nicht juristisch Ausgebildeten verständlich wird (zB OLG Koblenz WRP 1983, 700 f.; OLG Düsseldorf WRP 1988, 107 (108) re. Sp.). Die Neuregelung des § 13 Abs. 2 Nr. 4 UWG (dazu im Folgenden unter b)) enthält nun entsprechende gesetzliche Anforderungen an die Begründung einer Abmahnung. Eine wettbewerbsrechtliche Abmahnung muss neben der Darstellung des Sachverhalts und des geltend gemachten Wettbewerbsverstoßes sowie zusätzlich zu den weiteren nun aus § 13 Abs. 2 UWG folgenden inhaltlichen Anforderungen ein Unterwerfungs- und Vertragsstrafeverlangen, eine Fristsetzung und schließlich die Androhung gerichtlicher Schritte enthalten (OLG Düsseldorf WRP 1988, 107 (108) re. Sp.). Dabei ist üblich, jedoch nicht erforderlich, dass der Gläubiger seiner Abmahnung eine vorformulierte strafbewehrte Unterlassungserklärung (= Angebot zum Abschluss eines Unterlassungsvertrages) beifügt (vgl. Köhler/*Bornkamm*/*Feddersen*UWG § 13 Rn. 16). Die Abmahnung begründet ferner ein vorprozessuales Rechtsverhältnis, das den Abgemahnten gegenüber dem Abmahnenden nach Treu und Glauben (§ 242 BGB) Aufklärungspflichten darüber auferlegt, dass wegen derselben Verletzungshandlung bereits eine Unterwerfungserklärung gegenüber einem Dritten abgegeben worden ist (BGH GRUR 1990, 381 (382) – Antwortpflicht des Abgemahnten; GRUR 1987, 640 (641) – Wiederholte Unterwerfung II; GRUR 1987, 54 (55) – Aufklärungspflicht des Abgemahnten – mAnm *Lindacher*). In Ausnahmefällen ist eine Abmahnung entbehrlich (→ Form. II.P.7 Anm. 8–12).

b) Die Neuregelung des § 13 UWG, die ab dem 26.11.2020 in Kraft ist, enthält in Abs. 2 Nr. 1–4 erstmals gesetzliche **inhaltliche Anforderungen** an die Abmahnung im UWG, die im Form. berücksichtigt sind. Danach müssen in der Abmahnung „klar und verständlich" folgende Angaben und Informationen enthalten sein:

Nr. 1: Name oder Firma des Abmahnenden sowie im Fall einer Vertretung zusätzlich Name oder Firma des Vertreters. Als Vertreter ist nicht der gesetzliche Vertreter, sondern der rechtsgeschäftliche Vertreter, zB der Rechtsanwalt, anzusehen, der im Namen des Gläubigers die Abmahnung versendet (BT-Drs. 19/12084, 31). Name und Adresse des Rechtsanwalts sind bei anwaltlichen Abmahnungen im absoluten Regelfall auf dem Briefbogen verzeichnet, was ausreicht und im Text nicht gesondert wiederholt werden muss.

Nr. 2: die Voraussetzungen der Anspruchsberechtigung nach § 8 Abs. 3 UWG (dazu → Anm. 4, 8). Die bisherigen Anforderungen sind verschärft worden. Insbesondere ist auch im Blick zu behalten, dass Mitbewerber ab dem 26.11.2021 zu der zusätzlichen Voraussetzung des § 8 Abs. 3 Nr. 1 UWG nF ausdrücklich vortragen müssen, wonach der abmahnende Mitbewerber Waren und Dienstleistungen in nicht unerheblichem Maße und nicht nur gelegentlich anbietet oder nachfragt. Die Angabe von Größenkategorien der Verkaufszahlen werden hier ausreichen (vgl. Köhler/*Bornkamm*/*Feddersen* UWG § 13 Rn. 14). Wie im Textbeispiel des Form. dürfte ausreichen, dass der Mitbewerber ab dem 26.11.2021 angibt, er vertreibe seit einem bestimmten Zeitpunkt im Rahmen seines Unternehmens ausschließlich oder zu einem Großteil die vorliegend relevanten Waren, wobei bei einem Onlinehandel für die Kategorie „Babyprodukte" die ungefähre durchschnittliche Anzahl der an Kunden verschickten Sendungen pro Jahr der vergangenen zwei oder drei Jahre ausreichen dürfte. Umsatzzahlen sind nicht erforderlich (Köhler/*Bornkamm*/*Feddersen* UWG § 13 Rn. 14).

Nr. 3: ob und in welcher Höhe ein Aufwendungsersatzanspruch geltend gemacht wird und wie sich dieser berechnet (→ Anm. 12). Schon bisher wurde regelmäßig in wettbewerbsrechtlichen Abmahnungen ein Kostenerstattungsanspruch geltend gemacht, meist auch in konkreter Höhe oder zumindest unter Bezugnahme auf die betreffenden Gebührentatbestände, wie im Form. unter Nr. 5. b). Neu ist, dass zwingend die konkrete Höhe (einschl. Auslagen und Umsatzsteuer) und die Berechnung dieser Höhe des Anspruchs anzugeben sind.

Nr. 4: die Rechtsverletzung unter Angabe der tatsächlichen Umstände. Wie schon bisher muss die Abmahnung Angaben dazu enthalten, welches konkrete Verhalten des Abgemahnten beanstandet wird (Köhler/*Bornkamm*/*Feddersen* UWG § 13 Rn. 15). Die Abmahnung unterliegt dabei als vorprozessuale Handlung nicht dem Bestimmtheitsgrundsatz des § 253 Abs. 2 Nr. 2 ZPO. Es reicht aus, wenn in der Abmahnung der Sachverhalt, der den Vorwurf rechtswidrigen Verhaltens begründen soll, genau angegeben und der darin erblickte Verstoß so klar und eindeutig bezeichnet wird, dass der Abgemahnte die gebotenen Folgerungen ziehen kann (BGH GRUR 2021, 752 Ls. 1 und Rn. 26 – Berechtigte Gegenabmahnung).

Nr. 5: in den Fällen des Abs. 4, dass der Anspruch auf Aufwendungsersatz ausgeschlossen ist. § 13 Abs. 4 UWG nF enthält für bestimmte Fallkategorien einen Ausschluss des Aufwendungsersatzes (→ Anm. 12). Wenn der der Abmahnung zugrundeliegende Sachverhalt in eine dieser Fallkategorien fällt, ist danach nicht nur ausgeschlossen, überhaupt Aufwendungsersatz zu verlangen; nach § 13 Abs. 2 Nr. 5 UWG muss der Abmahnende zusätzlich auf den Ausschluss ausdrücklich hinweisen. Tut er das nicht, kann allein dieses Versäumnis zu Gegenansprüchen des Abgemahnten (§ 13 Abs. 5 S. 1 und S. 2 UWG) führen, und zwar auch dann, wenn die Abmahnung materiell berechtigt ist und der Abmahnende keinen Aufwendungsersatz gefordert hat.

2. Die Abmahnung ist formfrei. Sie kann per Brief, per Telefax oder per E-Mail (zB OLG Düsseldorf GRUR 1990, 310; OLG Hamburg NJW-RR 1994, 629), ggf. auch mündlich und telefonisch erfolgen. Aus Beweisgründen wird empfohlen, schriftlich und über mehrere Kanäle (Telefax, E-Mail und einfacher Brief oder Einschreiben mit Rückschein) abzumahnen.

Ein für die Praxis relevantes Problem besteht darin, wer ggf. den **Zugang** der Abmahnung nachweisen muss. An den Nachweis des Zugangs der Abmahnung sind dabei in der bisherigen Praxis keine überhöhten Anforderungen gestellt worden. Regelmäßig genügt, dass der Abmahnende die Absendung in Form eines einfachen, richtig adressierten Schreibens nachweist (so ausdrücklich BGH GRUR 2007, 629 – Zugang der Abmahnung; zuvor OLG Köln WRP 1984, 230 mwN; *Burchert* WRP 1985, 479 mwN). Das Zugangsrisiko einer Abmahnung trägt mithin nach herrschender Rspr. nicht der Verletzte (Abmahnende), sondern der Verletzer, der darlegen und beweisen muss, dass ihm die Abmahnung nicht zugegangen ist (BGH GRUR 2007, 629 – Zugang des Abmahnschreibens; OLG Jena GRUR-RR 2007, 96 = GRUR 2007, 264 – Bestreiten der Abmahnung; OLG Düsseldorf GRUR 1994, 170 (210); WRP 1996, 1111; OLG Hamburg GRUR 1976, 444; OLG Frankfurt WRP 1985, 87 f.; OLG Oldenburg WRP 1987, 718; OLG Hamm WRP 1987, 43 (44) li. Sp.; OLG Saarbrücken WRP 1990, 373 (374); KG MD 1991, 93; MD 1992, 567; MD 1993, 735; OLG Karlsruhe WRP 1997, 477). Die gegenteiligen Entscheidungen einiger Instanzengerichte (zB. OLG Düsseldorf GRUR-RR 2001, 199 (200) li. Sp. – Anforderungen für Zugang – mwN; OLG Dresden WRP 1997, 1201; LG Düsseldorf Mitt. 2006, 188 – Zugang eines Abmahnungsschreibens = GRUR-RR 2006, 143 – trsys.de) haben somit seit der eindeutigen Entscheidung des BGH (BGH GRUR 2007, 629 – Zugang des Abmahnschreibens), der zufolge den Antragsgegner/Abgemahnten die Darlegungs- und Beweislast für den „fehlenden" Zugang der Abmahnung trifft, an Bedeutung verloren. Der Antragssteller/Kläger/Abmahnende ist lediglich im Rahmen seiner sekundären Darlegungslast gehalten, substantiiert darzulegen, dass das Abmahnschreiben abgesandt worden ist (auch *Hess* WRP 2015, 317 (318), Aktuelles Wettbewerbsverfahrensrecht).

Um einen Beleg für den Zugang der Abmahnung zu erhalten, wird häufig (noch) empfohlen, die Abmahnung als Einschreiben/Rückschein abzusenden. Im Zusammenhang mit den modernen Kommunikationsmitteln, insb. Telefax und Email, bedarf es regelmäßig eines derartigen Aufwandes nicht. Die Übersendung per Telefax belegt dann den Zugang, wenn der Druckvorgang am Empfangsgerät abgeschlossen ist (BGH NJW 2004, 1320). Bei Übersendung per Email sind regelmäßig die Versendung an die Email-Adresse des Empfängers und der Eingang in der entsprechenden Mail-Box ausreichend. Zur Sicherung des Zugangs der Abmahnung und des entsprechenden Nachweises ist jedenfalls zu empfehlen, alle vorstehend erörterten Kommunikationswege in Kombination zu nutzen: Bei gleichzeitiger Absendung mit normaler Post, per Telefax und per Email ist dem Schuldner die Einlassung erschwert, er habe die Abmahnung nicht erhalten; diese Einlassung ist wenig glaubhaft (so ausdrücklich BGH GRUR 2007, 629 Rn. 13 – Zugang des Abmahnschreibens).

3. Es wird empfohlen, der Abmahnung eine **Vollmacht** beizufügen. Nach bisher vorherrschender Auffassung ist die Abmahnung weder einseitiges Rechtsgeschäft noch geschäftsähnliche Handlung, sondern in der Regel ein Angebot zum Abschluss eines Unterwerfungsvertrages, so dass § 174 BGB mit der Notwendigkeit der Beifügung einer Vollmacht im Original keine Anwendung findet (OLG Brandenburg BeckRS 2005, 14686; OLG Frankfurt OLG-Report 2001, 270; OLG Köln WRP 1985, 360; WRP 1988, 79; OLG Hamburg WRP 1986, 106; OLG Karlsruhe NJW-RR 1990, 1323; OLG München WRP 1971, 487; OLG Hamm BeckRS 2011, 21443; WRP 1982, 592; KG BeckRS 2009, 86234; GRUR 1988, 79; *Melullis,* Handbuch des Wettbewerbsprozesses, 2000, Rn. 784; *Pfister* WRP 2002, 799); *Busch* GRUR 2006, 477). Dieser Auffassung hat sich nun auch der BGH in seiner Entscheidung – „Vollmachtsnachweis" (BGH GRUR 2010, 1120 Rn. 15) angeschlossen. So ist die Vorschrift des § 174 S. 1 BGB auf die wettbewerbsrechtliche Abmahnung nicht anwendbar, wenn die Abmahnung mit einem Angebot zum Abschluss eines Unterwerfungsvertrages verbunden ist (BGH GRUR 2010, 1120 Rn. 15), also dann, wenn ihr eine vorformulierte Unterlassungsverpflichtungserklärung beigefügt ist, die der Abgemahnte/Schuldner durch Unterschrift und Rücksendung abgeben und damit das Angebot auf Abschluss eines entsprechenden Unterlassungsvertrages annehmen kann. Nimmt der Schuldner das Angebot an, kommt dieser Vertrag mit dem Gläubiger nur zu Stande, wenn der Vertreter über Vertretungsmacht verfügte. Hat der Vertreter ohne Vertretungsmacht gehandelt, so kann der Schuldner den Gläubiger gem. § 177 Abs. 2 S. 1 BGB zur Erklärung über die Genehmigung auffordern (BGH GRUR 2010, 1120 Rn. 15, ferner BGH GRUR 2010, 355 Rn. 18). Demgegenüber befürworten das OLG Düsseldorf (GRUR-RR 2001, 286; WRP 2001, 52; GRUR-RR 2010, 87); OLG Nürnberg (GRUR 1991, 387; GRUR 1999, 1039); OLG Dresden (GRUR 1999, 377) sowie einige Stimmen in der Literatur zumindest im Falle einer isolierten Abmahnung, d. h. ohne Angebot zum Abschluss eines Unterwerfungsvertrages, was letztlich auch nicht in Widerspruch zur Rechtsprechung des BGH steht, die Notwendigkeit der Beifügung einer Vollmacht, entsprechend § 174 BGB (vgl. Ohly/Sosnitza/*Sosnitza* UWG § 12 Rn. 11). Eine vermittelnde Auffassung wird unter anderen von Köhler/Bornkamm/*Feddersen* vertreten, die es jedenfalls für empfehlenswert erachten, den Vollmachtsnachweis auf Wunsch des Abgemahnten zu erbringen, da dieser ein berechtigtes Interesse daran habe, sich über seinen Vertragspartner Gewissheit zu verschaffen, selbst wenn die Wiederholungsgefahr auch dann entfällt, wenn der Schuldner die Annahme des Vertragsangebots gegenüber einem Vertreter ohne Vertretungsmacht erklärte (Köhler/Bornkamm/*Feddersen*UWG § 13 Rn. 34, 35). Kommt der Gläubiger diesem Verlangen nicht nach, so hat das nach dem OLG Stuttgart (NJWE-WettbR 2000, 125) eine negative Kostenentscheidung gem. § 93 ZPO zur Folge, wenn der Antragsgegner dem abmahnenden Rechtsanwalt erklärt hat, er sei zur Abgabe der Unterlassungserklärung bereit, soweit ihm eine auf den Rechtsanwalt lautende Vollmacht vorliege (ausführliche Darstellung bei Köhler/*Bornkamm*/*Feddersen* UWG § 12 Rn. 30–35). Letztlich dürfte der Streit über die Notwendigkeit des Vollmachtsnachweises durch die BGH-Entscheidung – „Vollmachtsnachweis“ an Praxisrelevanz eingebüßt haben (vgl. dazu *Goldmann* GRUR Prax 2010, 524; zum Themenkreis vgl. auch *Spätgens* FS Samwer, 2008, 205.

4. § 8 Abs. 3 UWG gibt Antwort auf die Frage nach der Aktivlegitimation (Klagebefugnis), nämlich darauf, wer Wettbewerbsverstöße geltend machen kann. Die Ansprüche aus § 8 Abs. 1 UWG stehen den dort angeführten Personen/Institutionen zu. Darlegungen zur Aktivlegitimation in allen Fällen des § 8 Abs. 3 UWG müssen nunmehr nach § 13 Abs. 2 Nr. 2 UWG zwingend in jeder Abmahnung enthalten sein (→ Anm. 1, 8). Mit dem „Gesetz zur Stärkung des fairen Wettbewerbs“ ist zudem eine Neuregelung des § 8 Abs. 3 UWG verkündet worden, die jedoch nach Art. 9 dieses Gesetzes erst ein Jahr nach der Verkündung (also am 26.11.2021) in Kraft tritt. Die nachfolgenden Anmerkungen gehen jeweils kurz auf die durch die Neuregelung veranlassten Änderungen ein.

a) Aktivlegitimiert ist zunächst nach der bisher geltenden Rechtslage jeder Mitbewerber (§ 8 Abs. 3 Nr. 1 UWG). Mitbewerber im Sinne dieser Bestimmung ist jeder Unternehmer, der mit einem oder mehreren Unternehmern als Anbieter oder Nachfrager von Waren oder Dienstleistungen in einem **konkreten** Wettbewerbsverhältnis steht (§ 2 Abs. 1 Nr. 3 UWG; dazu *Köhler* WRP 2009, 499, vgl. ferner Köhler/Bornkamm/Feddersen/*Köhler* UWG § 2 Rn. 96 ff.). Ein konkretes Wettbewerbsverhältnis besteht jedenfalls dann, wenn die Parteien versuchen, Waren oder Dienstleistungen innerhalb derselben Verkehrskreise mit der Folge abzusetzen, dass das konkret beanstandete Wettbewerbsverhältnis den anderen beeinträchtigen kann; Voraussetzung ist, dass sich die beteiligten Unternehmen auf demselben sachlich, räumlich und zeitlich relevanten Markt betätigen (BGH GRUR 2007, 1079 Rn. 18 – Bundesdruckerei; GRUR 2007, 884 Rn. 35 – Cambridge Institute), wobei unterschiedliche Branchenzugehörigkeit (BGH GRUR 1972, 553 – „Statt Blumen ONKO-Kaffee“; BGH GRUR 2004, 877 (878) – Werbeblocker; BGH GRUR 2009, 845 (849) – Internet-Videorekorder) und/oder unterschiedliche Wirtschaftsstufenzugehörigkeit unerheblich sind (BGH GRUR 2001, 448 – Kontrollnummernbeseitigung II mwN). Maßgeblich für die Beurteilung der Aktivlegitimation ist grds. der Zeitpunkt der Verletzungshandlung; ein Mitbewerber, der zum Zeitpunkt der Verletzungshandlung noch nicht oder nicht mehr in einem konkreten Wettbewerbsverhältnis zum Anspruchsgegner steht, ist nicht klagebefugt (OLG Hamburg GRUR 1997, 396; OLG Hamm GRUR 1991, 692 (693); vgl. ferner Köhler/Bornkamm/Feddersen/*Köhler/Feddersen* UWG § 8 Rn. 3.29). Die Voraussetzungen der Aktivlegitimation müssen jedoch auch noch um Zeitpunkt der letzten mündlichen Verhandlung in der ersten Tatsacheninstanz vorliegen (BGH GRUR 1998, 170 – Händlervereinigung; vgl. Köhler/Bornkamm/Feddersen/*Köhler/Feddersen* UWG § 8 Rn. 3.29; MPFormB GewRS/*Schabenberger/Sonntag* → Form. A.1 Anm. 4) S. hierzu auch die Entscheidung des OLG Frankfurt a.M. in GRUR 2014, 1011 (1012); der Senat hatte im konkreten Fall für die Aktivlegitimation zur Geltendmachung des auf Wiederholungsgefahr gestützten Unterlassungsanspruchs ausreichen lassen, dass der Kläger zum Zeitpunkt der **drohenden** Verletzungshandlung sowie zum Zeitpunkt der letzten mündlichen Verhandlung in einem konkreten Wettbewerbsverhältnis mit dem Beklagten stand; nicht erforderlich sei dagegen, dass das Wettbewerbsverhältnis auch schon zum Zeitpunkt der die Wiederholungsgefahr begründenden Verletzungshandlung gegeben war.

Neuregelung: Der ab dem 26.11.2021 geltende neue § 8 Abs. 3 Nr. 1 UWG schränkt die Aktivlegitimation der Mitbewerber dahingehend ein, dass Mitbewerber Waren oder Dienstleistungen in nicht unerheblichem Maße und nicht nur gelegentlich vertreiben oder nachfragen müssen. Der Sinn ist es, Missbrauch von Abmahnungen durch solche Unternehmen zu verhindern, die nur in geringem bzw. homöopathischem Maße relevante

Waren vertreiben oder Dienstleistungen erbringen, zB um eine Anspruchsberechtigung formell begründen zu können. Mit der Neuregelung soll einem Missbrauch der Abmahnung auch insoweit entgegengewirkt werden. Auch dazu muss ab dem 26.11.2021 in der Abmahnung (kurz, aber konkret) vorgetragen werden (§ 13 Abs. 2 Nr. 2 UWG).

Die von einem Wettbewerbsverstoß betroffenen Verbraucher (§ 2 Abs. 1 Nr. 2 und Abs. 2 iVm § 13 BGB) und die sonstigen Marktteilnehmer (§ 2 Abs. 1 Nr. 2 UWG) sind nicht anspruchsberechtigt, da sie in § 8 Abs. 3, der eine abschließende Regelung enthält, nicht aufgeführt sind (Köhler/Bornkamm/Feddersen/*Köhler/Feddersen* UWG § 8 Rn. 3.4).

b) Als weitere Anspruchsberechtigte sind im bisherigen § 8 Abs. 3 Nr. 2 UWG die rechtsfähigen Verbände zur Förderung gewerblicher oder selbständiger beruflicher Interessen genannt. Diese sind anspruchsberechtigt, sofern sie die weiteren Voraussetzungen des § 8 Abs. 3 Nr. 2 UWG erfüllen. Es muss ihnen eine erhebliche Zahl von Unternehmen angehören, die Waren oder Dienstleistungen gleicher oder verwandter Art auf demselben Markt vertreiben. Die Verbände müssen des Weiteren insb. nach ihrer personellen, sachlichen und finanziellen Ausstattung imstande sein, ihre satzungsgemäßen Aufgaben der Verfolgung gewerblicher oder selbständiger beruflicher Interessen tatsächlich wahrzunehmen. Schließlich muss die zu beanstandende Zuwiderhandlung die Interessen ihrer Mitglieder berühren. Zu Einzelheiten der bis 26.11.2021 geltenden Regelung vgl. Köhler/Bornkamm/Feddersen/*Köhler/Feddersen* UWG § 8 Rn. 3.74 ff.

Die *Neuregelung* in § 8 Abs. 3 Nr. 2 nF UWG nennt als zusätzliches Erfordernis die Eintragung der rechtsfähigen Verbände in die Liste der qualifizierten Wirtschaftsverbände nach § 8b UWG (dazu im Einzelnen Köhler/Bornkamm/Feddersen/*Köhler/Feddersen* UWG § 8 Rn. 3.31 ff).

c) § 8 Abs. 3 Nr. 3 UWG nennt als anspruchsberechtigt qualifizierte Einrichtungen, die nachweisen, dass sie in der Liste der qualifizierten Einrichtungen nach § 4 des Unterlassungsklagegesetzes oder in dem Verzeichnis der Kommission der Europäischen Gemeinschaften nach Art. 4 der Richtlinie 98/27/EG des Europäischen Parlaments und des Rates v. 19.5.1998 über Unterlassungsklagen zum Schutz der Verbraucherinteressen (ABl. 1988 L 166, 51) eingetragen sind. Auf der Internetseite des Bundesamtes für Justiz ist die aktuelle Liste der qualifizierten Einrichtungen abrufbar. Die Bestimmung hat insb. Verbraucherverbände im Auge. Ihre Klagebefugnis ist auf solche Wettbewerbsverstöße beschränkt, die die Interessen der Verbraucher berühren (BGH WRP 2000, 722 – Telefonwerbung VI; Köhler/Bornkamm/Feddersen/*Köhler/Feddersen* UWG § 8 Rn. 3.89 ff.).

Die *Neuregelung* enthält lediglich eine Aktualisierung der Verweisung auf die EU-RL 2009/22/EG, aber keine inhaltliche Änderung (im Einzelnen Köhler/Bornkamm/Feddersen/*Köhler/Feddersen* UWG § 8 Rn. 3.51 ff.).

d) § 8 Abs. 3 Nr. 4 UWG aF benennt die Industrie- und Handelskammern sowie die Handwerkskammern, die ohne weiteres aktivlegitimiert sind und auch nach der Neuregelung bleiben.

Die *Neuregelung* berechtigt nun allgemein nach der Handwerksordnung errichtete Organisationen (einschließlich der Handwerkskammern), andere berufsständische Organisationen des öffentlichen Rechts, die bisher in § 8 Abs. 3 Nr. 2 UWG aF enthalten waren, und Gewerkschaften, jeweils im Rahmen der Erfüllung ihrer Aufgaben, zur Anspruchsgeltendmachung. Es sind mithin zusätzlich ab dem 26.11.2021 anspruchsberechtigt die Handwerksinnungen (§ 53 HandwO), die Kammern der freien Berufe, zB der Rechtsanwälte und Steuerberater, und die zivilrechtlich verfassten Gewerkschaften (im Einzelnen Köhler/Bornkamm/Feddersen/*Köhler/Feddersen* UWG § 8 Rn. 3.65 f.).

e) § 8 Abs. 5 UWG verweist in S. 1 auf einzelne Bestimmungen des Unterlassungsklagegesetzes, in S. 2 auf den Gesamtinhalt des Unterlassungsklagegesetzes.

f) Keine generelle Aktivlegitimation der Mitbewerber und Verbände besteht gem. § 8 Abs. 3 UWG regelmäßig in denjenigen Fällen, in denen in erster Linie Individualinteressen verfolgt werden: Herabsetzung (§ 4 Nr. 1), Anschwärzung von Mitbewerbern (§ 4

Nr. 2) oder ergänzender Leistungsschutz (Nachahmungsschutz) gem. § 4 Nr. 3 (dazu BGH GRUR 1994, 630 (634) – Cartier-Armreifen; 1991, 223 (224) re. Sp. – Finnischer Schmuck). In diesen Fällen kann regelmäßig nur der unmittelbar betroffene Mitbewerber vorgehen, zB derjenige Mitbewerber, dessen Produkt nachgeahmt wurde; Verbände, Einrichtungen und Kammern hingegen nur dann, wenn zugleich Interessen anderer Marktteilnehmer oder der Allgemeinheit berührt sind (BGH WRP 2009, 432 Rn. 22 – Küchentiefstpreis-Garantie). In Fällen des Rechtsbruchs gem. § 3a kommt es darauf an, welchen Schutzzweck die verletzte Norm verfolgt und ob der Abmahnende diese Schutzwirkung für sich in Anspruch nehmen kann. Demgegenüber wird davon auszugehen sein, dass alle Tatbestände der vergleichenden Werbung in § 6 Abs. 2 Nr. 1–6 den Wettbewerb allgemein verzerren; daher dürften insoweit auch alle in § 8 Abs. 3 UWG Genannten (unter den dort jeweils genannten Voraussetzungen) anspruchsberechtigt sein (dazu Köhler/Bornkamm/Feddersen/*Köhler/Feddersen* UWG § 8 Rn. 3.6).

5. Der Begriff „Werbung" wird in Art. 2 lit. a WerbeRL definiert. Er umfasst jede Äußerung bei der Ausübung eines Handels, Gewerbes, Handwerks oder freien Berufs mit dem Ziel, den Absatz von Waren oder die Erbringung von Dienstleistungen, einschließlich unbeweglicher Sachen, Rechte und Verpflichtungen zu fördern. Der Begriff ist enger als derjenige der „geschäftlichen Handlung" (§ 2 Abs. 1 Nr. 1): Jede Werbung ist geschäftliche Handlung, aber nicht jede geschäftliche Handlung ist Werbung (Ohly/Sosnitza/*Ohly* UWG § 6 Rn. 22; BGH GRUR 2013, 1259 f. – Empfehlungs-E-Mail, mwN).

6. Die unzulässige E-Mail-Werbung ist in § 7 Abs. 2 Nr. 3 UWG geregelt. Das Versenden von E-Mail-Werbung ohne vorherige ausdrückliche Einwilligung des Adressaten stellt nach § 7 Abs. 2 Nr. 3 UWG stets eine unzumutbare und damit unzulässige Belästigung dar. Dies war iErg auch bereits nach früherem Recht der Fall (nach den gleichen Grundsätzen wie die Telefonwerbung), wobei die neue Regelung in § 7 Abs. 2 Nr. 3 UWG (gem. dem 1. Gesetz zur Änderung des Gesetzes gegen unlauteren Wettbewerb (1. UWGÄndG) v. 22.12.2008 zur Umsetzung der RL 2005/29/EG (Richtlinie über unlautere Geschäftspraktiken), auch UGP-Richtlinie genannt) nunmehr eine ausdrückliche Einwilligung verlangt, während nach § 1 UWG aF sowie auch nach § 7 Abs. 2 Nr. 3 UWG von 2004 noch eine konkludente Einwilligung ausreichend war (BGH GRUR 2004, 517 (518) – E-Mail-Werbung; GRUR 2008, 925 (927) – FC Troschenreuth; vgl. ferner Köhler/Bornkamm/Feddersen/*Köhler*UWG § 7 Rn. 179 ff.; Ohly/Sosnitza/*Ohly* UWG § 7 Rn. 66).

Maßgeblich ist nunmehr, ob ein vorheriges ausdrückliches Einverständnis des Verbrauchers mit der Übersendung von E-Mail-Werbung gegeben ist (sog „opt-in"). Die Darlegungs- und Beweislast für das Vorliegen dieser ausdrücklichen Einwilligung trägt der Werbende (BGH GRUR 2011, 936 (938) – Double-opt-in-Verfahren; GRUR 2004, 517 (519) – E-Mail-Werbung I; vgl. hierzu auch Köhler/Bornkamm/Feddersen/*Köhler* UWG § 7 Rn 189). In der Praxis wird das Einverständnis häufig bei der Registrierung als Kunden durch die Mitteilung der E-Mail-Adresse und das aktive Setzen eines Hakens erklärt (sog Einfaches „opt-in"-Verfahren). Da sich der Werbende jedoch nie sicher sein kann, dass der registrierte Kunde tatsächlich mit dem Inhaber der E-Mail-Adresse übereinstimmt (Tippfehler/willentlich falsche Angabe), besteht bei diesem einfachen „opt-in-Verfahren" ein erhebliches Risiko für den Werbenden, dass das ausdrückliche Einverständnis des Werbe-E-Mail-Empfängers tatsächlich nicht vorliegt bzw., dass er es nicht beweisen kann. Der Werbende läuft somit Gefahr, von dem Empfänger der Werbe-E-Mail abgemahnt und auf Unterlassung in Anspruch genommen zu werden.

Um dieses Risiko zu vermeiden und den Nachweis für eine Einwilligung führen zu können, hat sich das sog „Double Opt-In" Verfahren durchgesetzt. Bei diesem Verfahren wird der Kunde in einer an die angegebene Email-Adresse gesendeten Email aufgefordert, die Registrierung als Kunde sowie die Einwilligung in den Erhalt von Werbe-E-Mails durch das Setzen eines Hakens oder durch das Klicken eines Links zu bestätigen (BGH GRUR 2011, 936 (939) – „Double Opt-In"-Verfahren). Will der Kunde tatsächlich Werbe-E-Mails beziehen, muss er die Registrierung bestätigen, ignoriert er die Mail, so wird er nicht in die Empfängerliste eingetragen. Durch diese Verfahren kann sichergestellt werden, dass die Werbe-E-Mail tatsächlich den korrekten Empfänger erreicht und dieser sein Einverständnis für diese Werbeform erteilt hat. Die Übersendung der Aufforderung zur Bestätigung der Registrierung - ohne weiteren werblichen Inhalt – stellt allerdings noch keine unerbetene Werbung iSd § 7 II Nr. 3 dar (so zutreffend *Gramspacher* WRP 2013, 113 f. Rn. 5 f.; OLG Düsseldorf WRP 2016, 900 Rn. 16; OLG Celle WRP 2014, 1218 Rn 6; Köhler/Bornkamm/Feddersen/*Köhler* UWG § 7 Rn 189; aA OLG München WRP 2013, 111 Rn 23 mit der Begründung, dass die Einbeziehung von Aufforderungen zur Bestätigung einer Bestellung im Einklang mit einem am Ziel der Absatzförderung orientierten Verständnis des Begriffs der Werbung stünde). Die abweichende Ansicht des OLG München ist jedoch nach hier vertretener Auffassung nicht zutreffend und im Übrigen auch nicht praxisgerecht, da sie das vom BGH bereits genehmigte Verfahren des „Double-Opt-In" (BGH GRUR 2011, 936 (938) – Double-opt-in-Verfahren) ad absurdum führte. *Gramspacher* führt insoweit zutreffend aus, dass die Bestätigungsaufforderung – ohne werblichen Inhalt – nicht den Zweck der Absatzförderung sondern den Sinn und Zweck verfolge, die angegebene E-Mail-Adresse und die darin liegende Einwilligung des Eintragenden in den Erhalt von E-Mail-Werbung/Newslettern zu verifizieren und zu dokumentieren (*Gramspacher* WRP 2013, 114 Rn. 6).

Der dem Form. zugrunde gelegte Sachverhalt ist angelehnt an das Urteil des OLG Jena BeckRS 2010, 20991. Danach liegt keine ausdrückliche Einwilligung des Kunden zum Erhalt von Werbe-E-Mails vor, wenn bei der Kundenregistrierung ein entsprechender Haken „voreingestellt" ist, den der Kunde folglich aktiv entfernen muss, wenn er keine Werbe-E-Mail erhalten möchte. Denn in diesem Fall liegt nicht eine nach außen erkennbare Betätigung des Willens im Sinne einer ausdrücklichen Einwilligungserklärung vor, sondern insoweit nur ein bedeutungslos passives (dem Schweigen vergleichbares) Nichterklären (OLG Jena BeckRS 2010, 20991, BGH GRUR 2008, 1010 (1012) – Payback). Auch die Verschaffung der Einwilligung durch Verwendung allgemeiner Geschäftsbedingungen ist unzulässig. So unterliegt eine entsprechende Klausel, die eine formularmäßig erklärte Einwilligung in Werbung mittels SMS oder E-Mail zum Gegenstand hat, der Inhaltskontrolle, weil durch die verwendete Klauselgestaltung eine von Rechtsvorschriften abweichende (hier abweichend von § 7 Abs. 2 Nr. 3 UWG) Regelung vereinbart wird (§ 307 Abs. 3 S. 1 BGB). Einwilligungsklauseln, die so gestaltet sind, dass der Kunde tätig werden und ein Kästchen ankreuzen muss, wenn er seine Einwilligung in die Zusendung von Werbung unter Verwendung von elektronischer Post nicht erteilen will („Opt-out"-Erklärung), sind von dieser Vorschrift nicht gedeckt. § 7 Abs. 2 Nr. 3 UWG verlangt vielmehr, dass die Einwilligung mittels einer gesonderten Erklärung erteilt wird („Opt-in"-Erklärung) (BGH GRUR 2008, 1010 (1012) – Payback). Eine vorgegebene Einverständniserklärung benachteiligt den Kunden unangemessen iSv §§ 307 Abs. 1, Abs. 2 Nr. 1 BGB, weil die als „opt-out" Regelung der gesetzlichen Wertung in § 7 Abs. 2 Nr. 3 UWG entgegensteht, die ein ausdrückliches vorheriges Einverständnis verlangt (BGH GRUR 2008, 1010 (1012) – Payback; OLG Köln BeckRS 2012, 6521).

Bereits das einmalige Versenden einer Werbe-E-Mail ist ausreichend, um den Tatbestand des § 7 Abs. 2 Nr. 3 UWG zu erfüllen (BGH GRUR 2009, 980 (981) – E-Mail-Werbung II mwN). Es ist auch unerheblich, ob die Werbe-E-Mail versehentlich verschickt wurde oder ob es sich um einen atypischen Fall handelt (vgl. Wortlaut „stets"; so auch BGH GRUR 2013, 1259 (1260) – Empfehlungs-E-Mail; LG Braunschweig WRP 2013, 537 (539); Köhler/Bornkamm/Feddersen/*Köhler* UWG § 7 Rn. 180). Mit dieser Begründung lässt sich auch nicht die Wiederholungsgefahr gem. § 8 Abs. 1 S. 1 UWG ausschließen (vgl. Köhler/Bornkamm/Feddersen/*Köhler* UWG § 7 Rn. 180).

(Zur unzulässigen E-Mail-Werbung vgl. ferner Köhler/Bornkamm/Feddersen/*Köhler* UWG § 7 Rn. 200; Ohly/Sosnitza/*Ohly* UWG § 7 Rn61 ff.; Zur E-Mail-Werbung als Eingriff in den Gewerbebetrieb, §§ 823 Abs. 1,1004 Abs. 1 S. 2 BGB s. BGH GRUR 2009, 980 – E-Mail-Werbung II; GRUR 2013, 1259 – Empfehlungs-E-Mail; BGH GRUR 2004, 517 – E-Mail-Werbung I; OLG Bamberg GRUR 2007, 167 – Gewerbe-E-Mail; Zur unzulässigen Telefonwerbung BGH GRUR 2011, 433 (435) – Verbotsantrag bei Telefonwerbung; GRUR 2008, 923 Rn. 11 – Faxanfrage im Autohandel; BGH GRUR 1970, 523. – Telefonwerbung I; BGH GRUR 1989, 753; GRUR 1990, 280; GRUR 1991, 764; GRUR 1995, 220 – Telefonwerbung I–V; weitere Fälle unzulässiger Telefonwerbung: BGH GRUR 2011, 936 – Double-opt-in-Verfahren; GRUR 2007, 607 – Telefonwerbung für „Individualverträge"; GRUR 2001, 1181 – Telefonwerbung für Blindenwaren; OLG Köln GRUR 1993, 562; OLG Stuttgart GRUR 2002, 457; OLG Karlsruhe GRUR 2002, 459; zur zulässigen Telefonwerbung gegenüber Gewerbetreibenden BGH GRUR 2010, 939 – Telefonwerbung nach Unternehmenswechsel; zur Telefax-Werbung (§ 7 Abs. 2 Nr. 3 UWG) BGH GRUR 2008, 923 – Faxanfrage im Autohandel; GRUR 2007, 164 – Telefax-Werbung II; GRUR 1996, 208 = WRP 1996, 100 – Telefax-Werbung I; OLG Stuttgart BeckRS 2007, 10540 = WRP 2007, 854; OLG Hamm GRUR 1990, 689; OLG München MD 1993, 507; Köhler/Bornkamm/Feddersen/*Köhler* UWG § 7 Rn. 139 ff.; *Pauly/Jankowski* GRUR 2007, 118); zum Einklang des § 7 Abs. 2 Nr. 2 UWG mit Unionsrecht BGH GRUR 2011, 936 (938) – Double-opt-in-Verfahren).

7. Die Wiederholungsgefahr ist materielle Voraussetzung für den Unterlassungsanspruch des Gläubigers. Aufgrund der bereits erfolgten konkreten Verletzungshandlung wird die Wiederholungsgefahr vermutet (stRspr, BGH GRUR 1997, 379 (380) – Wegfall der Wiederholungsgefahr II; vgl. ferner GLE UWG-HdB/*Fritzsche* Wettbewerbsrecht § 79 Rn. 16). Grds. kann die Wiederholungsgefahr nur durch die Abgabe einer unwiderruflichen, unbedingten strafbewehrten Unterlassungserklärung des Schuldners ausgeräumt werden (allgA BGH GRUR 1983, 127 (128) – Vertragsstrafeversprechen; GRUR 1996, 290 (291) – Wegfall der Wiederholungsgefahr I; GRUR 1997, 379 – Wegfall der Widerholungsgefahr II; ferner Harte-Bavendamm/Henning-Bodewig/*Brüning* UWG § 12 Rn. 114 ff.; Köhler/Bornkamm/Feddersen/*Bornkamm* UWG § 8 Rn. 1.48 ff. und § 12 Rn 1.139; GLE UWG-HdB/*Fritzsche* Wettbewerbsrecht § 79 Rn. 23 f.). Die Unterlassungserklärung muss dabei den ernsthaften Willen des Schuldners, den begangenen Verstoß nicht wieder zu begehen, zum Ausdruck bringen (vgl. zur strafbewehrten Unterlassungserklärung → Anm. 11). Nur in seltenen Ausnahmefällen ist bereits das Unterlassen der Verletzungshandlung ausreichend; so zB durch bloße Änderung der (unrichtigen) Widerrufsbelehrung im Internet, wenn der Wettbewerbsverstoß nicht eine inhaltlich falsche Widerrufsbelehrung betrifft, sondern lediglich zwischenzeitlich veraltete Rechtsnormen benannt werden (OLG Jena GRUR-RR 2012, 31). Die **versehentliche** Versendung von E-Mail-Werbung schließt jedoch die Wiederholungsgefahr nicht aus (vgl. Köhler/Bornkamm/Feddersen/*Köhler* UWG § 7 Rn. 180). Auch die schlichte Aufgabe des Geschäftsbetriebs lässt die Wiederholungsgefahr nicht entfallen (OLG Frankfurt a. M. GRUR 2014, 1011 – Stirnlampen).

8. Im Textbeispiel erfolgt die Darlegung der Aktivlegitimation für den geltend gemachten Unterlassungsanspruch (→ Anm. 4 und die Ausführungen im Textbeispiel). Diese Darlegung ist nach der Neuregelung des § 13 UWG aus mehreren Gründen zwingend oder mindestens dringend zu empfehlen: Erstens muss die Abmahnung gemäß § 13 Abs. 2 Nr. 2 UWG zwingend Darlegungen zur Aktivlegitimation enthalten (→ Anm. 1). Gemäß § 13 Abs. 3 UWG gilt zweitens, dass die Darlegungen zur Begründung der Aktivlegitimation unmittelbare Voraussetzung für einen Aufwendungsersatzanspruch des Abmahnenden sind. Drittens begründet ihr Fehlen einen Gegenanspruch des Abgemahnten auf Ersatz seiner Kosten der Rechtsverteidigung gegenüber der Abmahnung (§ 13 Abs. 5 S. 1 UWG).

9. Zu den Ansprüchen auf Auskunft und Schadensersatz → Form. II.P.4 Anm. 8, 9; ferner BGH GRUR 2010, 343 (346) – Oracle; GRUR 2001, 841 (842) – Entfernung der Herstellungsnummer II; GRUR 1980, 227 (232) – Monumenta Germaniae Historica – GRUR 1988, 307 (308) – Gaby; Einzelheiten bei Köhler/Bornkamm/Feddersen/*Köhler* UWG § 9 Rn. 4.1 ff. Zu den durch das Produktpirateriegesetz v. 7.3.1990 eingeführten und später durch die Enforcement-Richtlinie (RL 2004/48/EG) v. 20.5.2004 sowie ihrer Umsetzung ins deutsche Recht durch das „Gesetz zur Verbesserung der Durchsetzung von Rechten des geistigen Eigentums" v. 1.9.2008 verschärften spezialgesetzlichen Auskunftsansprüchen und ihre analoge Anwendung auf Wettbewerbsverstöße vgl. *Asendorf* FS Fritz Traub, 1994, 21 ff.; BGH GRUR 1994, 630 – Cartier-Armreif – mAnm *Jacobs* für Nachahmungstatbestände des § 1 UWG aF; ferner GRUR 1994, 635 – Pulloverbeschriftung – mAnm *Ahrens*.

10. Einleitung zur Aufforderung der Abgabe einer strafbewehrten Unterlassungsverpflichtungserklärung. Anstelle von „ermächtigt" könnten auch die Worte „befugt", „bevollmächtigt" oder „beauftragt" und ähnliches stehen. Es soll zum Ausdruck gebracht werden, dass die Auftraggeberin des beauftragten Anwalts mit einer außergerichtlichen Erledigung des Streitverhältnisses einverstanden ist.

11. Es handelt sich um eine sog strafbewehrte Unterlassungsverpflichtungserklärung. Der Abmahnende ist nicht dazu verpflichtet, der Abmahnung eine vorformulierte strafbewehrte Unterlassungserklärung beizufügen, da es Sache des Schuldners ist, die Wiederholungsgefahr durch Abgabe einer geeigneten Unterlassungserklärung auszuräumen (Köhler/Bornkamm/Feddersen/*Bornkamm* UWG § 13 Rn. 18). Gleichwohl empfiehlt es sich in der Regel, dem Schuldner mit der Aufforderung zur Abgabe einer strafbewehrten Unterlassungserklärung gleichzeitig eine geeignete vorformulierte Unterlassungserklärung zu übersenden, um eine zügige Bereinigung des Streitverhältnisses zu erzielen. Denn mit der vorformulierten Unterlassungserklärung macht der Gläubiger direkt deutlich, welchen Inhalt die Erklärung des Schuldners haben muss, um den Wettbewerbsverstoß und damit den Rechtstreit zu erledige. Ist die Forderung des Gläubigers zu weitgehend, bleibt es dem Schuldner überlassen, eine ausreichende Unterwerfungserklärung abzugeben, in der dann eine Ablehnung des zu weit gehenden Angebots verbunden mit einem neuen Angebot zum Abschluss eines Unterlassungsverpflichtungsvertrages liegt (§ 150 Abs. 2 BGB) (Köhler/Bornkamm/Feddersen/*Bornkamm* UWG § 13 Rn. 19). Darüber hinaus entfällt nach aktueller Rspr. des BGH durch die Übersendung einer vorformulierten strafbewehrten Unterlassungserklärung die Notwendigkeit der Beifügung einer Vollmacht, da § 174 BGB keine Anwendung findet (BGH GRUR 2010, 1120 – Vollmachtsnachweis; → Anm. 3).

Die Unterlassungserklärung besteht aus zwei Teilen, nämlich der Beschreibung des Unterlassungsgebotes (a) sowie dem Strafversprechen (b).

a) Hinsichtlich des Unterlassungsgebotes gilt der Grundsatz, dass die sog konkrete Verletzungsform so bestimmt als irgend möglich zu bezeichnen ist, wobei auch hinsichtlich der Unterwerfungserklärung die Kerntheorie gilt und daher eine auf die konkrete Verletzungsform bezogene Unterwerfungserklärung die Wiederholungsgefahr auch für Varianten des Verhaltens entfallen lässt, die mit der konkreten Verletzungsform kerngleich sind (BGH GRUR 1996, 290 (291) – Wegfall der Wiederholungsgefahr I; BGH GRUR 1997, 379 (380) – Wegfall der Wiederholungsgefahr II; BGH GRUR 1997, 931 (932) – Sekundenschnell; BGH GRUR 1998, 483 (485) – Der M.-Markt packt aus; BGH GRUR 2003, 899 (900) – Olympiasiegerin; BGH GRUR 2010, 749 Rn. 45 – Erinnerungswerbung im Internet; vgl ferner Köhler/*Bornkamm*/*Feddersen*UWG § 13 Rn. 140 ff.; ferner zur Fassung des Unterlassungsantrags BGH GRUR 2011, 742 – Leistungspakete im Preisvergleich; GRUR 2011, 340 – Irische Butter; GRUR 2011, 936 Rn. 17 – Double-opt-in-erfahren). Dazu kann auf die Ausführungen → Form. II.P.3

Anm. 6 ergänzend verwiesen werden. Das Unterlassungsgebot darf daher auch Verallgemeinerungen beinhalten, sofern es sich um im Kern gleichartige Verletzungsformen handelt (BGH GRUR 1996, 290 (291) – Wegfall der Wiederholungsgefahr I; GRUR 1997, 379 (380) – Wegfall der Wiederholungsgefahr II; GRUR 2003, 899 (900) – Olympiasiegerin; für den Begriff „andere Artikel" als zu weitgehend OLG Jena GRUR-RR 2007, 332 – andere Artikel). Ein zu weit gefasstes Unterlassungsgebot muss der Schuldner nicht abgeben; es enthebt ihn jedoch auch nicht der Obliegenheit, ggf. eine enger gefasste Unterlassungsverpflichtungserklärung abzugeben (OLG Stuttgart WRP 1985, 53; OLG Düsseldorf WRP 1988, 107 (108) re. Sp.; OLG München MD 1994, 87; OLG Köln WRP 2000, 226; zuvor WRP 1988, 62 (65); aA OLG München WRP 1982, 600 (601)). Denn wie oben bereits ausgeführt ist es Sache des Schuldners, die zur Beseitigung der Wiederholungsgefahr erforderliche Erklärung ggf. unter Ablehnung des zu weit gefassten Angebots verbunden mit einem neuen Angebot zum Abschluss eines Unterlassungsverpflichtungsvertrages (§ 150 Abs. 2 BGB) abzugeben (vgl. Köhler/*Bornkamm/Feddersen*UWG § 13 Rn. 18). Im Kern muss die Verpflichtungserklärung jedoch dem Unterlassungsanspruch entsprechen; anderenfalls ist die Wiederholungsgefahr nicht ausgeräumt (BGH GRUR 1996, 290 (291) – Wegfall der Wiederholungsgefahr I; 1996, 781 (783, 784) – Verbrauchsmaterialien; 1997, 379 – Wegfall der Wiederholungsgefahr II; OLG Saarbrücken WRP 1997, 603, iE vgl. Köhler/*Bornkamm/Feddersen*UWG § 13 Rn. 138 ff.; MPFormB GewRS/*Schabenberger/Sonntag* → Form. A.2 Anm. 4).

b) Durch das „Gesetz zur Stärkung des fairen Wettbewerbs" ist erstmals mit § 13a UWG eine gesetzliche Regelung einzelner Aspekte der **Vertragsstrafe** im Wettbewerbsrecht eingeführt worden. Auf deren besondere Anforderungen wird nachfolgend im Anschluss an die Kommentierung der zu wählenden Formulierung eingegangen.

Die hier gewählte **Formulierung** des Vertragsstrafeversprechens entspricht der Bestimmung des § 339 S. 2 BGB. Sie hat sich in der Praxis bewährt. Gem. §§ 316, 317 BGB ist es grds. zwar auch möglich, die Höhe der Vertragsstrafe durch den Unterlassungsberechtigten oder durch einen Dritten bestimmen zu lassen, wobei „Dritter" nicht unmittelbar ein Gericht sein darf (sog „alter" Hamburger Brauch; BGH GRUR 1978, 192 ff. mAnm *Schade* – Hamburger Brauch). Wegen der Unsicherheit, die mit der Bestimmung einer Vertragsstrafe durch einen Dritten sowohl in tatsächlicher als auch in rechtlicher Hinsicht verbunden ist, wird eine entsprechende Formulierung hier nicht vorgeschlagen (aber MPFormB GewRS/*Mes* → Form. C.2 Anm. 20). Erhebliche Unsicherheitsmomente sind auch mit einer Vertragsstrafe verbunden, deren Höhe vom Gläubiger in einem vom Schuldner vorgegebenen Rahmen zu bestimmen ist (BGH GRUR 1985, 155 f.; 1985, 937 – Vertragsstrafe bis zu . . . . . . I u. II mit jeweiliger Anm. *Ahrens*). Allerdings beseitigt ein solches Vertragsstrafeversprechen die Wiederholungsgefahr. Gleiches gilt für eine einseitige Unterlassungsverpflichtungserklärung, bei der die Bestimmung der Vertragsstrafe im Falle der Zuwiderhandlung dem Unterlassungsgläubiger in der Weise überlassen bleibt, dass keine Obergrenze für die Vertragsstrafe genannt ist (BGH GRUR 1990, 1051 = WRP 1991, 27; vgl. zur Höhe einer ausreichenden Vertragsstrafe: *Hess* WRP 2015, 317 (319)).

Das Form. sieht die Zahlung der versprochenen Vertragsstrafe an den Gläubiger vor. Es ist in Rspr. und Schrifttum umstritten, ob auch eine Klaglosstellung des Gläubigers dadurch erfolgen kann, dass Zahlung an einen Dritten (zB an eine gemeinnützige Organisation) versprochen wird. Der BGH stellt auf die Umstände des Einzelfalles ab, ob diese eine ausreichende Ernstlichkeit des Unterlassungsversprechens erkennen lassen (BGH WRP 1987, 724 mit Nachweisen insb. der OLG-Rechtsprechung – Getarnte Werbung II = GRUR 1987, 748 (749 f.) mAnm *Jacobs;* Köhler/*Bornkamm/Feddersen*UWG § 13 Rn. 217.). Hat der Gläubiger ausdrücklich Zahlung der Vertragsstrafe an sich verlangt und verweigert der Unterlassungsschuldner dies ohne einsichtige Begründung, so spricht dies dafür, die Ernsthaftigkeit des Unterlassungswillens in Zweifel zu stellen (BGH WRP 1987, 725 (726)). Zur Ernsthaftigkeit einer aufschiebenden Befristung (Vordatierung) der Unterwerfungserklärung BGH GRUR 2002, 180 – Weit-Vor-Winter-Schluss-Verkauf.

Die vereinbarte Vertragsstrafe soll für jeden Fall der Zuwiderhandlung verwirkt sein. Fraglich ist, ob bei Mehrfachverstößen die Vertragsstraße nur einmal oder entsprechend der Anzahl einzelner Handlungen mehrfach verwirkt ist. Das ist - insb. nach dem Wegfall der (strafrechtlichen) Grundsätze des Fortsetzungszusammenhangs – Auslegungsfrage, bei der insb. die Grundsätze für die Verhängung von Ordnungsmitteln bei der Unterlassungsvollstreckung nach § 890 ZPO nicht ohne weiteres anwendbar sind (BGH GRUR 2001, 758 (759) – Trainingsvertrag). Die Rechtsgrundsätze des Fortsetzungszusammenhangs sind nicht mehr anwendbar, und zwar weder im Recht der Vertragsstrafe (BGH GRUR 2009, 427 Rn. 14 – Mehrfachverstoß gegen Unterlassungstitel; 2001, 758 (759) – Trainingsvertrag) noch im Bereich der Zwangsvollstreckung (BGH GRUR 2009, 427 Rn. 14 – Mehrfachverstoß gegen Unterlassungstitel; OLG Nürnberg NJW-RR 1999, 723 (724); OLG Naumburg WRP 2007, 566 (569 f.)). Um einer etwaigen Diskussion im Zusammenhang mit mehrfachen Zuwiderhandlungen der Grundsätze in einer natürlichen Handlungseinheit oder einer Handlung im Rechtssinne (BGH GRUR 2001, 758 – Trainingsvertrag; GRUR 1961, 307 – Krankenwagen II) auszuweichen, bietet es sich an, eine Vertragsstrafe für jedes einzelne verkaufte Produkt zu vereinbaren (BGH GRUR 2009, 181 – Kinderwärmekissen). Ein Gleiches gilt, wenn erkennbar ist, dass die etwaige Zuwiderhandlung gegen eine strafbewehrte Unterlassungsverpflichtungserklärung in Form von einzelnen Werbeblättern, Ausgaben oder Prospekten erfolgen wird. Dann bietet es sich an, für bestimmt zu bezeichnende Zuwiderhandlungen eine bestimmte Mindesthöhe als Vertragsstrafe festzusetzen, zB mit der Formulierung:

> **„IHv 5.001 EUR, mindestens jedoch iHv 10 EUR für jeden der Unterlassungsverpflichtungserklärung widersprechenden Werbeprospekt . . . . . .“.**

In diesem Fall hat der Gläubiger der Unterlassungsverpflichtungserklärung gegen den Schuldner überdies auch einen Auskunftsanspruch über die Zahl der verteilten Prospekte bzw. Zuwiderhandlungen. Allerdings hält BGH GRUR 2009, 181 – Kinderwärmekissen – eine Herabsetzung der (durch Mehrfachzuwiderhandlungen) verwirkten Vertragsstrafe nach dem Grundsatz von Treu und Glauben gem. § 242 BGB für geboten, und zwar auch dann, wenn die Verringerung der Vertragsstrafe, so wie sie in § 343 BGB vorgesehen ist, gem. § 348 HGB ausdrücklich ausgeschlossen ist. Der BGH meint, dass in diesem Fall die Vertragsstrafe nicht auf die nach § 343 BGB angemessene Höhe, sondern nur auf das Maß zu reduzieren ist, das ein Eingreifen eines Gerichtes nach § 242 BGB noch nicht rechtfertigen würde (BGH GRUR 2009, 181 – Kinderwärmekissen).

Häufig findet sich die Formulierung, dass für jeden Fall **schuldhafter** Zuwiderhandlung eine Vertragsstrafe versprochen wird. Eine solche Formulierung sollte der Gläubiger nicht verwenden. Er muss sie im Falle des Angebots durch den Schuldner jedoch akzeptieren. Mit ihr ist nämlich keine Beweislastumkehr dahingehend verbunden, dass der Gläubiger das Verschulden des Schuldners im Falle eines objektiven Verstoßes gegen die Unterlassungserklärung beweisen muss (BGH GRUR 1982, 688 (690, 691) = WRP 1982, 634 – Seniorenpass).

Die **Neuregelung des § 13a UWG** enthält in ihrem Abs. 1 in den Ziffern 1–4 nun in Gesetzesform gegossene Kriterien für die Bestimmung der Höhe einer Vertragsstrafe und in den Abs. 2–4 Beschränkungen sowohl für deren Höhe als auch für ihre Forderung dem Grunde nach.

Zur **Höhe der Vertragsstrafe** lassen sich keine generalisierenden Angaben machen. Es kommt nach wie vorauf sämtliche Umstände des Einzelfalles unter Berücksichtigung des Zweckes der Vertragsstrafe an, künftige Wettbewerbsverstöße zu verhindern (BGH

GRUR 2002, 180 (181) – Weit-Vor-Winter-Schluss-Verkauf). Die in § 13a Abs. 1 Nr. 1–4 UWG konkret genannten Kriterien decken sich inhaltlich mit den von der Rechtsprechung entwickelten Kriterien. Zu berücksichtigen sind demnach Art, Ausmaß und Folgen der Zuwiderhandlung (Nr. 1); Schuldhaftigkeit der Zuwiderhandlung und bei schuldhafter Zuwiderhandlung die Schwere des Verschuldens (Nr. 2); Größe, Marktstärke und Wettbewerbsfähigkeit des Abgemahnten (Nr. 3); sowie das wirtschaftliche Interesse des Abgemahnten an zukünftigen Verstößen (Nr. 4) (zu diesen Kriterien bereits BGH GRUR 1983, 127 (129) – Vertragsstrafeversprechen; 1994, 146 (147) – Vertragsstrafebemessung; 2002, 180 (181) re. Sp. – Weit-Vor-Winter-Schluss-Verkauf; vgl. zur Höhe einer ausreichenden Vertragsstrafe auch Hess WRP 2015, 317 (319), Köhler/*Bornkamm/Feddersen*UWG § 13a Rn. 5 f., 8) Die Vertragstrafe sollte in jedem Fall eine Höhe erreichen, die eine Zuwiderhandlung für den Schuldner als nicht lohnenswert, wenn nicht sogar als abschreckend erscheinen lässt (Druckmittelfunktion; vgl dazu auch Köhler/*Bornkamm/Feddersen* UWG § 13a Rn. 8).

Angemessen erscheint häufig die Summe von 5.001 EUR oder 5.100 EUR, um im Falle eines Streites über die Verwirkung der Vertragsstrafe die Zuständigkeit des Landgerichts zu begründen (§ 23 Nr. 1 GVG). Es ist nun allerdings unter Zuständigkeitsgesichtspunkten nicht mehr erforderlich, die Vertragsstrafe in Höhe von mindestens 5.001 EUR festzusetzen. Dennder BGH hat jüngst in der Streitfrage, ob der Anspruch auf Zahlung der Vertragsstrafe ein Anspruch „auf Grund" des UWG ist, für den sich die sachliche Zuständigkeit des Landgerichts aus § 14 Abs. 1 UWG (vor dem 26.11.2020: § 13 Abs. 1 UWG aF) ergibt, entschieden, dass Vertragsstrafeansprüche aus Unterlassungsverträgen, die auf wettbewerbsrechtlichen Abmahnungen beruhen, grundsätzlich die Zuständigkeit der Landgerichte gemäß § 14 Abs. 1 UWG begründen, und zwar unabhängig von der Höhe der Vertragsstrafe (BGH WRP 2017, 179 Rn. 23ff).

Wurde trotz Unterwerfungserklärung der Wettbewerbsverstoß wiederholt, muss eine erheblich höhere Vertragsstrafe versprochen werden, um die neuerlich begründete Wiederholungsgefahr auszuräumen (BGH GRUR 1990, 534 = WRP 1990, 622 – Abrufcoupon). Insbes. genügt im Fall einer neuerlich begründeten Wiederholungsgefahr das Versprechen einer Vertragsstrafe nach sog „neuen Hamburger Brauch" nicht, dh einer solchen, deren Höhe der Gläubiger nach billigem Ermessen bestimmen darf und deren Angemessenheit vom zuständigen Gericht zu überprüfen ist (KG MD 1993, 747 (749)).

§ 13a UWG enthält jetzt in den Abs. 2–4 einige **Beschränkungen** sowohl für die Höhe einer Vertragsstrafe als auch für ihre Forderung dem Grunde nach.

– § 13a Abs. 2 UWG betrifft den *gänzlichen Ausschluss der Vereinbarung einer Vertragsstrafe*, die nur für Mitbewerber im Sinne des § 8 Abs. 3 Nr. 1 UWG gilt: (1) Mitbewerber dürfen (2) in Fällen des § 13 Abs. 4 UWG (Verstöße gegen gesetzliche Informations- und Kennzeichnungspflichten im elektronischen Geschäftsverkehr und in den Telemedien sowie Verstöße gegen die EU-DSGVO und das BDSG) bei (3) einem erstmaligen Verstoß keine Vertragsstrafe vereinbaren, wenn (4) der Abgemahnte in der Regel weniger als 100 Mitarbeiter beschäftigt. Die zuletzt unter (4) genannte Voraussetzung dürfte vor Absenden einer Abmahnung in vielen Fällen nicht sicher festzustellen sein. Ferner betreffen die Fälle des § 13 Abs. 4 Nr. 1 (Informations- und Kennzeichnungspflichten im elektronischen Geschäftsverkehr) nicht nur internetspezifische, sondern generell geltende Informations- und Kennzeichnungspflichten (Köhler/*Bornkamm/Feddersen* UWG, § 13 Rn. 105d). Entscheidend für den Ausschluss ist, ob diese Pflichten im elektronischen Geschäftsverkehr oder in den Telemedien verletzt werden. Ist das der Fall, muss geprüft werden, ob dieser Verstoß im Verhältnis zwischen den Parteien der Abmahnung der erste Verstoß ist (Köhler/*Bornkamm/Feddersen* UWG, § 13a Rn. 20). Liegen alle diese Voraussetzungen vor, darf eine Vertragsstrafe nicht nur nicht gefordert, sondern auch nicht „vereinbart" werden. Daher kann in diesen Fällen die Wiederholungsgefahr außergerichtlich nicht mehr beseitigt werden, denn eine nicht strafbewehrte Erklärung räumt sie nach allgemeinen Grundsätzen nicht aus (dazu sogleich weiter unten), und eine freiwillige strafbewehrte Erklärung des Abgemahnten darf nicht angenommen werden. Es wäre hier zu überlegen, ob nicht in allen Fällen des § 13a Abs. 2 UWG eine gesetzliche Ausnahme vom Erfordernis der Vertragsstrafe für das Ausräumen der Wiederholungsgefahr anzunehmen sein sollte, mit der Folge, dass eine einfache Unterlassungserklärung die Wiederholungsgefahr bei einem erstmaligen Verstoß im Verhältnis der Parteien ausräumen könnte. Denn der Gesetzgeber kann nicht beabsichtigt haben, dass zur Beseitigung der Wiederholungsgefahr in diesen Fällen zwischen Mitbewerbern zwingend ein gerichtlicher Titel erforderlich sein soll oder andere Anspruchsberechtigte im Sinne des § 8 Abs. 3 UWG vorgehen müssen.

- § 13a Abs. 3 UWG enthält eine Deckelung der Vertragsstrafe auf EUR 1.000 in Fällen, in denen (1) die Zuwiderhandlung angesichts ihrer Art, ihres Ausmaßes und ihrer Folgen die Interessen von Verbrauchern, Mitbewerbern und sonstigen Marktteilnehmern in nur unerheblichem Maße beeinträchtigt, und (2) der Abgemahnte in der Regel weniger als 100 Mitarbeiter beschäftigt. Diese Aspekte sind im Textbeispiel des Form. nicht behandelt, weil es im behandelten Sachverhalt keine Anhaltspunkte für die Mitarbeiterzahl gibt.
- Gemäß § 13a Abs. 4 UWG gilt, dass lediglich eine Vertragsstrafe in angemessener Höhe geschuldet wird, wenn der Abgemahnte auf Verlangen des Abmahnenden eine unangemessen hohe Vertragsstrafe verspricht. Im Ergebnis können die Gerichte daher in allen Fällen auch betragsmäßig fixierte Vertragsstrafen in der Höhe stets auf ihre Angemessenheit hin überprüfen (Köhler/*Bornkamm*/*Feddersen* UWG, § 13a Rn. 11).

Generell beseitigt die Abgabe einer strafbewehrten Unterlassungsverpflichtung nach hA ein Tatbestandsmerkmal des Unterlassungsanspruchs, nämlich die Wiederholungs- bzw. die Begehungsgefahr (BGH GRUR 1996, 290 (291) – Wegfall der Wiederholungsgefahr I; GRUR 1997, 379 – Wegfall der Wiederholungsgefahr II), allerdings nur dann, wenn sie frei von Bedingungen und Befristungen ist (BGH GRUR 1993, 677 (679) – Bedingte Unterwerfung; → Anm. 6a). Nach früherer Meinung des OLG Hamburg fehlt dem Gläubiger für die gerichtliche Durchsetzung seines Unterlassungsanspruchs das Rechtsschutzbedürfnis, wenn der Schuldner eine ausreichend strafbewehrte Unterlassungsverpflichtungserklärung abgegeben hat (OLG Hamburg GRUR 1974, 108 = WRP 1973, 653; so auch früher BGH, zB WRP 1978, 38 (39) – Hamburger Brauch; noch heute Thomas/Putzo/Reichold ZPO Vorb. § 253 Rn. 27). Dieser Meinungsstreit kann dahinstehen. Die der strafbewehrten Unterlassungsverpflichtungserklärung eigene Wirkung der Klaglosstellung beruht letztlich darauf, dass der Gläubiger infolge des Vertragsstrafeversprechens gegen den Schuldner Druck ausüben kann, die eingegangene Verpflichtung einzuhalten (BGH GRUR 1984, 72 (73) – Vertragsstrafe für versuchte Vertreterabwerbung). Damit ist eine dem § 890 ZPO vergleichbare Beugewirkung begründet, denn in der wirtschaftlichen Auswirkung sind Ordnungsgeld gem. § 890 ZPO und Vertragsstrafe für den Schuldner gleich spürbar. Wird eine Unterwerfungserklärung angenommen, begründet dies ein auf ein Unterlassen gerichtetes Dauerschuldverhältnis (BGH GRUR 1995, 678 (679) – Kurze Verjährungsfrist). Der Inhalt der Unterlassungspflicht ergibt sich durch Auslegung; diese kann enger oder weiter sein als bei einem gerichtlichen Verbot (BGH GRUR 1997, 931 (932) – Sekundenschnell; vgl. dazu auch Köhler/*Bornkamm*/*Feddersen* UWG § 13 Rn. 179 ff.). Zum Verhältnis Verwirkung der Vertragsstrafe und Verhängung eines Ordnungsmittels nach § 890 ZPO s. *Hess* WRP 2015, 317 (319) mwN.

Zu den Rechtsfolgen einer zwar abgegebenen, jedoch vom Gläubiger als unbegründet zurückgewiesenen Unterwerfungserklärung vgl. *Teplitzky* GRUR 1983, 609 f.; BGH GRUR 1996, 290 – Wegfall der Wiederholungsgefahr I. Zu der Frage, ob eine Vertragsstrafe auch für den Zeitraum verwirkt ist, der vor der Annahme der Erklärung durch den Gläubiger liegt, vgl. *Klein* GRUR 2007, 665; BGH GRUR 2006, 878 – Vertragsstrafevereinbarung.

Liegt noch keine Wettbewerbsverletzung, sondern lediglich die Berühmung vor, eine konkrete geschäftliche Handlung iSd § 2 Abs. 1 Nr. 1 UWG vornehmen zu dürfen, so genügt für die Beseitigung der Erstbegehungsgefahr regelmäßig die Aufgabe der Berühmung, bspw. in der uneingeschränkten und eindeutigen Erklärung, dass die beanstandete Handlung in der Zukunft nicht vorgenommen wird (BGH GRUR 2001, 1174 – Berühmungsaufgabe).

12. Die **Kostenerstattungspflicht** des Abgemahnten ist in § 13 Abs. 3 UWG geregelt. Diese Anspruchsgrundlage wird ergänzt durch § 13 Abs. 2 UWG, der in der Abmahnung zwingend zu nennende Angaben auflistet, deren Nennung gleichzeitig zusätzliche Voraussetzung für einen Kostenerstattungsanspruch nach § 13 Abs. 3 UWG sind. Eine *erste Voraussetzung* für den Aufwendungsersatzanspruch ist nach § 13 Abs. 3 UWG, dass die Abmahnung (materiell-rechtlich) berechtigt ist. Gemäß § 13 Abs. 3 UWG besteht seine *zweite Voraussetzung* darin, dass die Abmahnung inhaltlich den Anforderungen des § 13 Abs. 2 UWG entspricht, also die dort in den Ziffern 1–5 genannten Angaben und Informationen enthält (→ Anm. 1). Dazu zählt, dass in der Abmahnung konkret die Höhe des geltend gemachten Aufwendungsersatzes sowie angegeben wird, wie sich dieser Aufwendungsersatz berechnet (vgl. § 13 Abs. 2 Nr. 3 UWG).

Generell ausgeschlossen ist der Aufwendungsersatzanspruch nach der Neufassung des § 13 Abs. 4 UWG bei Verstößen gegen gesetzliche Informations- und Kennzeichnungspflichten im elektronischen Geschäftsverkehr und in den Telemedien (Nr. 1) sowie bei Verstößen gegen die EU-DSGVO und das BDSG (Nr. 2). § 13 Abs. 4 Nr. 1 (Informations- und Kennzeichnungspflichten im elektronischen Geschäftsverkehr und den Telemedien) erfasst nicht nur internetspezifische, sondern generell geltende Informations- und Kennzeichnungspflichten (Köhler/*Bornkamm*/*Feddersen* UWG, § 13 Rn. 105d). Entscheidend für den Ausschluss ist, ob diese Pflichten gerade im elektronischen Geschäftsverkehr oder in den Telemedien verletzt werden.

Ein Aufwendungsersatzanspruch ist zudem dann ausgeschlossen, wenn die Abmahnung vor Einleitung eines gerichtlichen Verfahrens ausgesprochen wird. Für eine Abmahnung, die erst nach Erlass einer Verbotsverfügung ausgesprochen wird, ergibt sich ein Aufwendungsersatzanspruch auch nicht aus Geschäftsführung ohne Auftrag (GoA) (BGH GRUR 2010, 257 – Schubladenverfügung).

Kein Aufwendungsersatzanspruch besteht ferner für eine zweite (anwaltliche) Abmahnung, nachdem bereits ein durch den Wettbewerbsverband selbst ausgesprochene Abmahnung ohne Reaktion des Schuldners geblieben ist (BGH GRUR 2010, 354 (355) – Kräutertee). Gleiches gilt, wenn die zweite Abmahnung wegen desselben oder eines kerngleichen Wettbewerbsverstoßes erfolgt (BGH GRUR 2013, 307 Rn. 31 – Unbedenkliche Mehrfachabmahnung). Dies gilt nicht nur, wenn es sich bei dem Unterlassungsgläubiger um einen Wettbewerbsverband iSv § 8 Abs. 3 Nr. 2 UWG handelt, der für die erste Abmahnung regelmäßig keiner anwaltlichen Hilfe bedarf, sondern auch für die Abmahnung durch einen Mitbewerber iSv § 8 Abs. 3 Nr. 1 UWG, der einer solchen Einschränkung nicht unterliegt (vgl. BGH GRUR 2013, 307 Rn. 31 – Unbedenkliche Mehrfachabmahnung; OLG Frankfurt a. M. GRUR-RR 2018, 72 f.).).

Besteht ein Ersatzanspruch dem Grunde nach, gehören im Fall der anwaltlichen Abmahnung durch einen Mitbewerberzu den erforderlichen Aufwendungen regelmäßig die ihm durch die Einschaltung eines Rechtsanwalts entstandenen Kosten. Diese Kosten für eine wettbewerbsrechtliche Abmahnung sind nach neuerer Rechtsprechung des BFH vom Abgemahnten **zuzüglich gesetzlicher Umsatzsteuer** (derzeit 19 %) zu zahlen bzw. erstatten. Es ist daher unbedingt zu empfehlen, dass der Aufwendungsersatzanspruch in der Abmahnung zuzüglich Umsatzsteuer geltend gemacht wird. Unterbleibt dies, läuft der Abmahnende Gefahr, von dem als „Aufwendungsersatz" ggf. erhaltenen Nettobetrag die gesetzliche Umsatzsteuer abführen zu müssen. Grundsätzlich gilt nun gemäß BFH (BeckRS 2017,

94502 = DStRE 2017, 740), dass in dem Verhältnis zwischen Abmahnendem und Abgemahntem ein umsatzsteuerbarer Leistungsaustausch zu sehen ist, wenn der Abmahnende wie im Form. ein Wettbewerber ist. Die Rechtsverfolgungskosten können der umsatzsteuerbaren Leistung (der Abmahnung) als „Entgelt" zugeordnet werden, weil insofern die Rechtsverfolgungskosten die tatsächliche Gegenleistung für eine bestimmbare Leistung des Abmahnenden darstellen. Die zivilrechtliche Einordnung des Entgelts als „Aufwendungsersatz" oder „Schadensersatz" steht dem nicht entgegen: Denn der Leistungsaustausch ist ausschließlich nach den vom Unionsrecht geprägten umsatzsteuerrechtlichen Vorgaben zu beurteilen („wirtschaftliche Betrachtungsweise"), so dass die zivilrechtliche Einordnung irrelevant ist (siehe dazu auch *Huschens*, DStRK 2017, 210). Auf die Leistung hat der Abgemahnte Umsatzsteuer zu zahlen, die der Abmahnende an das Finanzamt abzuführen hat. Mittlerweile wenden die Finanzgerichte diese neue BFH-Rechtsprechung auch auf Abmahnungen aus gewerblichen Schutzrechten an, zB im Urheberrecht. Das hat der BFH jüngst in seinem Urteil vom 13.2.2019 (GRUR 2019, 825) bestätigt.

Handelt es sich um die Abmahnung eines Vereins/Verbandes nach Maßgabe des § 8 Abs. 3 Nr. 2–4 UWG, wird man jedenfalls in einfachen Fällen davon ausgehen können, dass es der Einschaltung eines Anwalts nicht bedarf. Zur Frage der erstattungsfähigen Kostenpauschalen der Verbände für Sach- und Personalkosten s. *Hess* WRP 2015, 317 (319). Die Verjährung des Kostenerstattungsanspruchs des § 12 Abs. 1 S. 2 UWG regelt sich nach § 11 UWG. Die Verjährungsfrist beträgt sechs Monate (§ 11 Abs. 1 UWG). Die jetzt in § 13 Abs. 3 UWG enthaltene Anspruchsgrundlage ersetzt die bisherigen Anspruchsherleitungen für den Kostenerstattungsanspruch des Wettbewerbsstörers. Nach bisherigem Recht ergab sich dieser Anspruch im Wesentlichen aus den Rechtsregeln der Geschäftsführung ohne Auftrag (BGH GRUR 2001, 1166 (1169) re. Sp. – Fernflugpreise; BGHZ 52, 393 (399) – Fotowettbewerb; BGH GRUR 1973, 384 – Goldene Armbänder). Nach wie vor gilt jedoch, dass die Durchsetzung des Kostenerstattungsanspruchs oft mühsam ist und häufig einen sog „kleinen" Wettbewerbsprozess mit allen Risiken eines „normalen" Prozesses in wettbewerbsrechtlichen Streitigkeiten erfordert. Vgl. dazu *Steinmetz,* Der „kleine" Wettbewerbsprozess, 1993. Zur Bemessung des Gegenstandswertes einer Abmahnung gelten die gleichen Grundsätze wie bei der Inanspruchnahme gerichtlicher Hilfe und damit zur Bemessung des Streitwertes. → Form. II.P.9 Anm. 3. Zur Höhe der Kostenerstattung → Anm. 18.

13. Welche Frist angemessen ist, hängt jeweils von den Umständen des Einzelfalles ab. Grds. kann in wettbewerbsrechtlichen Streitigkeiten eine relativ kurze Erklärungsfrist gesetzt werden. Angemessen erscheinen im Normalfall ca. 7–14 Tage. Die Erklärungsfrist kann in Einzelfällen bedeutend kürzer sein und zB nur Stunden betragen (OLG Hamburg WRP 1976, 180 (181); WRP 1989, 325; OLG Koblenz WRP 1983, 305; zB zwei Stunden: OLG München MD 1993, 510; ferner KG GRUR 1993, 778). Bei einer nur nach Stunden bemessenen Abmahnfrist kann freilich der Abmahnende gehalten sein, einer Bitte um Fristverlängerung zu entsprechen, um Kostennachteile zu vermeiden. Zur Länge der Abmahnfrist → Anm. 19.

14. Nach Auffassung des BGH kann im Einzelfall auch die schon gegenüber einem Dritten abgegebene strafbewehrte Unterlassungsverpflichtungserklärung die Wiederholungsgefahr gegenüber dem Verletzten ausschließen, sofern keine Zweifel an der Ernsthaftigkeit der Verpflichtungserklärung bestehen (GRUR 1983, 186 (187); GRUR 1987, 640) – Wiederholte Unterwerfung I u. II; dazu *Eichelberger* WRP 2009, 270; zur fehlenden Ernsthaftigkeit OLG Zweibrücken BeckRS 2012, 16529); ebenso durch Unterlassungsanerkenntnisurteil (OLG Köln WRP 1997, 482); wohl auch durch in einem anderen Verfahren ergangenes rechtskräftiges Urteil, wenn sich der Schuldner darauf beruft (BGH GRUR 2003, 450 (452) – Begrenzte Preissenkung). Zweifel an der Ernsthaftigkeit solcher Drittunterwerfungen gehen zu Lasten des Schuldners (KG GRUR-RR 2013, 335 (336). Da es sich bei dem Vorliegen einer die Wiederholungsgefahr ausräumenden Unterlassungsverpflichtungserklärung um eine wertungsbedürftige Tatfrage handelt, kann eine im Verlauf des Revisionsverfahrens gegenüber einem Dritten abgegebene Unterlassungsverpflichtungserklärung keine Berücksichtigung finden (BGH WRP 1990, 319 (320) – Gruppenprofil). Zu den sich daraus für den Wettbewerbsgläubiger ergebenden Problemen zB KG WRP 1985, 152 f.; *Kues* WRP 1985, 196 ff.; *Borck* WRP 1985, 311 ff.; *Rödding* WRP 1988, 514 ff.; *Gruber* GRUR 1991, 354 ff. Für den Abgemahnten ergibt sich für den Fall der Drittunterwerfung eine Aufklärungspflicht, und zwar sowohl gegenüber einem abmahnenden Wettbewerber (BGH GRUR 1987, 54 f. mAnm *Lindacher* – Aufklärungspflicht des Abgemahnten – und GRUR 1987, 640 (641) re. Sp. – Wiederholte Unterwerfung II; OLG Frankfurt a. M. WRP 1989, 391 mAnm *Traub*) als auch gegenüber einem Verband (BGH GRUR 1988, 716 – Aufklärungspflicht gegenüber Verbänden – und GRUR 1990, 381 = WRP 1990, 276 – Antwortpflicht des Abgemahnten).

15. Bei einer strafbewehrten Unterlassungserklärung handelt es sich in der Regel um ein abstraktes Schuldanerkenntnis gem. § 781 BGB, für das das Schriftformerfordernis gem. § 126 BGB gilt. Das bedeutet, dass allein die Übersendung der unterschriebenen Unterlassungserklärung per Telefax nicht ausreichend ist. Die Erteilung der Anerkennung in elektronischer Form und damit die Übersendung der Unterlassungserklärung ausschließlich per E-Mail ist ebenfalls bereits gem. § 781 BGB nicht ausreichend. Vor diesem Hintergrund ist stets die Übersendung der Erklärung im Original per Post zwingend erforderlich. Die Übersendung vorab per Fax oder E-Mail kann jedoch zur Einhaltung der Frist ausreichend sein, insb. da die Wiederholungsgefahr bereits durch die Übersendung per Fax oder E-Mail beseitigt wird, sofern die schriftliche Bestätigung angekündigt wird und in angemessener Frist nachfolgt (BGH GRUR 1990, 530 – Unterwerfung durch Fernschreiben; MPFormB GewRS/*Schabenberger/Sonntag* → Form. A.2 Anm. 2). Das Schriftformerfordernis entfällt allerdings, wenn der Schuldner Kaufmann ist (§§ 350, 343 HGB). In diesem Fall kann der Gläubiger jedoch bei der telekommunikativen Übermittlung der Unterwerfungserklärung (per Telefax oder E-Mail) nach § 127 Abs. 2 S. 2 BGB eine mit einer verbindlichen Unterschrift versehene Bestätigung verlangen. Kommt der Schuldner diesem Verlangen nicht nach, so ist die Erklärung wegen des Fehlens der ernsthaften Unterwerfungsbereitschaft wirkungslos (BGH GRUR 1990, 530 – Unterwerfung durch Fernschreiben; ferner Köhler/*Bornkamm*/*Feddersen* § 13 UWG Rn. 145).

16. In wettbewerbsrechtlichen Streitigkeiten ist es regelmäßig das Interesse des Verletzten, möglichst rasch das wettbewerbswidrige Verhalten des Schuldners beendet zu sehen. Häufig nimmt der Schuldner zur Verteidigung seines Verhaltens nur deshalb Zuflucht, um der Geltendmachung von Schadensersatzansprüchen vorbeugend entgegenzutreten. Da ein beziffeter Schaden im Falle einer Wettbewerbsverletzung, zB durch Irreführung, nur sehr schwer geltend gemacht werden kann, hat der Verletzte regelmäßig kein vorrangiges Interesse an der Geltendmachung seines Schadens. Gleiches gilt für den vorbereitenden Auskunftsanspruch. Dementsprechend sieht das Form. im Interesse einer raschen Beilegung des Konfliktes vor, dem Schuldner vorzuschlagen, dass der Gläubiger unter der Bedingung des rechtzeitigen Eingangs der geforderten Erklärungen auf Schadensersatz- und Auskunftsansprüche verzichtet.

Ein solches Vorgehen ist jedoch regelmäßig dann nicht angezeigt, wenn der Abmahnende ein reelles Interesse an der Geltendmachung von Schadensersatz hat, zB in Fällen der unlauteren Nachahmung nach § 4 Nr. 3 UWG. Hier kann regelmäßig bezifferter Schadensersatz nach den im Gewerblichen Rechtsschutz entwickelten Grundsätzen berechnet werden (→ Form. II.P.4 Anm. 9). Daher sollte in diesen Fällen nicht vor der Kenntnis des (ggf. geringen) Umfangs der Verletzungshandlungen auf Schadensersatz verzichtet werden. Dementsprechend sollte auch der vorbereitende Auskunftsanspruch geltend gemacht und ggf. durchgesetzt werden.

17. Der BGH sieht den Abgemahnten als verpflichtet an, innerhalb der gesetzten Frist auf die Abmahnung zu antworten, und zwar entweder dahingehend, dass er eine ausreichend strafbewehrte Unterlassungsverpflichtungserklärung abgibt oder deren Abgabe ablehnt (BGH GRUR 1990, 381 = WRP 1990, 276 – Antwortpflicht des Abgemahnten). Darüber hinaus wird man den Abgemahnten auch für verpflichtet halten müssen, die Abmahnung vollständig und wahrheitsgemäß zu beantworten (BGH GRUR 1990, 542 – Aufklärungspflicht des Unterwerfungsschuldners; KG WRP 1989, 659). Kommt der Abgemahnte seinen Verpflichtungen nicht nach, so kann sich daraus zu seinen Lasten eine Schadensersatzverpflichtung ergeben (BGH GRUR 1990, 381 (382) – Antwortpflicht des Abgemahnten; ferner zur Erstattung von Kosten in analoger Anwendung des § 93 ZPO bei Verzichtsurteil, OLG Frankfurt MD 1993, 475).

Auf eine Abmahnung hin bestehen für den Verwarnten folgende Reaktionsmöglichkeiten:

a) Uneingeschränkte Abgabe der geforderten Erklärungen, in eindeutiger Form (KG MD 1993, 751), bedingungsfrei (BGH GRUR 1993, 677 (679) – Bedingte Unterwerfung) sowie ohne Angabe eines Endtermins (BGH GRUR 2002, 180 – Weit-Vor-Winter-Schluss-Verkauf); wird eine Unterlassungsverpflichtungserklärung jedoch unter der auflösenden Bedingung abgegeben, „dass die zu unterlassene Handlung durch Gesetz oder höchstrichterliche Rspr. eindeutig als zulässig erachtet wird“, beseitigt dies die Wiederholungsgefahr ebenfalls (BGH GRUR 1993, 677 – Bedingte Unterwerfung, Köhler/*Bornkamm/Feddersen* UWG § 13 Rn. 190 mwN). Der Abgemahnte muss mit der Abgabe der Unterlassungserklärung jedoch nicht notwendigerweise ein Anerkenntnis des zugrunde liegenden gesetzlichen Unterlassungsanspruchs zum Ausdruck bringen. Er kann vielmehr ohne weiteres die Auffassung vertreten, dass sein Verhalten rechtmäßig, die Abmahnung somit unbegründet ist, gleichwohl jedoch die Unterlassungserklärung abgeben, um den streitigen Sachverhalt so schnell wie möglich ohne gerichtliche Auseinandersetzung zum Abschluss zu bringen (BGH GRUR 2013, 1252 Rn 10 – Medizinische Fußpflege). In diesem Fall ist es sinnvoll, wenn auch nicht notwendig, bei der Abgabe der Unterlassungserklärung darauf hinzuweisen, dass die Unterwerfung zwar „mit Rechtsbindungswille, jedoch ohne Anerkennung einer Rechtspflicht“ erfolge. Aber selbst wenn dieser Vorbehalt fehlt, kann einer Unterwerfungserklärung grundsätzlich nicht die Anerkennung des Unterlassungsanspruchs entnommen werden, da Zweck der Unterwerfung einzig das Entfallenlassen der Wiederholungsgefahr ist (BGH GRUR 2013, 1252 Rn. 10 – Medizinische Fußpflege; Köhler/Bornkamm/Feddersen/*Bornkamm* § 13 UWG Rn. 157).

b) im Falle mehrfacher Abmahnungen verschiedener Wettbewerbsgläubiger: Abgabe der strafbewehrten Unterwerfungserklärung gegenüber einem der Gläubiger und iÜ Verweisung auf den Wegfall der Wiederholungsgefahr gegenüber den übrigen Gläubigern (iE BGH GRUR 1983, 186 und 1987, 640 – Wiederholte Unterwerfung I u. II; BGH BGHZ 149, 371 (374) – Missbräuchliche Mehrfachabmahnung). Der später Abmahnende hat wohl auch einen Kostenerstattungsanspruch gegen den Wettbewerbsstörer, wenn dieser zuvor gegenüber einem Dritten eine strafbewehrte, nach der Rspr. des BGH die Wiederholungsgefahr ausschließende Unterlassungsverpflichtungserklärung abgegeben hat und der später Abmahnende davon keine Kenntnis hatte (OLG Naumburg Mitt. 2012, 200). Die Kostenerstattungspflicht folgt dann aus dem Gesichtspunkt des Schadensersatzes gem. § 9 S. 1 UWG (so zum alten Recht des § 13 Abs. 6 UWG aF vgl. LG Köln GRUR 1987, 741; OLG München in MD 1988, 473 (476) = GRUR 1988, 843 – Anwaltskosten bei zeitlich früherer Abmahnung;). Zur missbräuchlichen Mehrfachabmahnung verschiedener Gläubiger BGH GRUR 2002, 357 – Missbräuchliche Mehrfachabmahnung; OLG München GRUR 2002, 119 – Rechtsmissbrauch.

c) Abgabe der geforderten Erklärungen mit Einschränkungen, die allerdings der Gläubiger nicht zu akzeptieren braucht (zB BGH GRUR 1993, 677 – Bedingte Unterwerfung) oder mit abweichenden Formulierungen:

aa) in materieller Hinsicht, zB abweichende Formulierung der Unterlassungsverpflichtungserklärung (unbedenklich, sofern sie im Kern dem Unterlassungsanspruch entspricht, BGH GRUR 1996, 290 (291) – und 1997, 379 – Wegfall der Wiederholungsgefahr I u. II; weitere Einzelheiten → Anm. 8), abweichende Bestimmung der Höhe der Vertragsstrafe, im Hinblick auf etwaige geltend gemachte Auskunfts- und Schadensersatzansprüche; ferner Inanspruchnahme von Aufbrauch- und Umstellungsfristen, die im Wege insb. eines Vergleichsangebotes unterbreitet werden (zur Inanspruchnahme einer Aufbrauchfrist OLG Hamburg MD 1991, 110; vgl. dazu auch MPFormB GewRS/*Schabenberger/Sonntag* → Form. A.2 Anm. 5). Ein Unterlassungsvertrag zwischen Gläubiger und Schuldner kommt auch dann zustande, wenn der Schuldner eine ihm im Wege der Abmahnung übermittelte vorbereitete Unterlassungsverpflichtungserklärung abändert, im Begleitschreiben jedoch ausführt, er gehe davon aus, dass mit der abgeänderten Verpflichtungserklärung die Abmahnung als erledigt angesehen werden könne, sofern er nichts Gegenteiliges höre und der Gläubiger dem nicht widerspricht (OLG Köln WRP 2000, 226);

bb) unter der auflösenden Bedingung einer durch Gesetz oder durch höchstrichterliche Rspr. erfolgenden allgemein verbindlichen Erklärung, dass das zu unterlassenden Verhalten als rechtmäßig zu beurteilen ist. Eine solche (Rechts-)Bedingung ist zulässig (BGH GRUR 1993, 677 (679) – Bedingte Unterwerfung; WRP 1997, 318 (320) re. Sp. – Altunterwerfung II; aA OLG Düsseldorf InstGE 5, 68 – Bedingtes Unterlassungsversprechen; s. oben);

cc) ggf. ist die Angabe einer aufschiebenden Befristung in Form eines Anfangstermins zulässig, sofern sie keine Zweifel an der Ernsthaftigkeit des Unterlassungsversprechens begründet (BGH GRUR 2002, 180 – Weit-Vor-Winter-Schluss-Verkauf);

dd) im Hinblick auf den etwaig geltend gemachten Kostenerstattungsanspruch;

d) vorbereitende Verteidigungsmaßnahmen, zB Einreichung einer Schutzschrift (→ Form. II.P.2) und keine Abgabe einer Unterlassungsverpflichtungserklärung. Jedoch trifft den Abgemahnten eine Antwortpflicht (BGH GRUR 1990, 381 (382) = WRP 1990, 276 – Antwortpflicht des Abgemahnten –, ggf. auch eine Aufklärungspflicht: KG WRP 1989, 659; BGH GRUR 1990, 542 – Aufklärungspflicht des Unterwerfungsschuldners), allerdings nur bei einer begründeten Abmahnung (BGH GRUR 1995, 167 (168) – Kosten bei unbegründeter Abmahnung; vgl. ferner Köhler/Bornkamm/*Feddersen*UWG § 13 Rn. 76 ff.). Im Falle einer unberechtigten Abmahnung: negative Feststellungsklage (BGH GRUR 1985, 571 (573) – Feststellungsinteresse) – vorab ggf. Gegenabmahnung, sofern die unberechtigte Abmahnung in tatsächlicher und rechtlicher Hinsicht auf offensichtlich unzutreffenden Annahmen beruht, bei deren Richtigstellung mit einer Meinungsänderung des Abmahnenden zu rechnen ist (BGH GRUR 2004, 790 (792); vgl hierzu auch MPFormB GewRS/*Schabenberger/Sonntag* → Form. A.1 Anm. 27.c)).

e) Bei unberechtigter Abmahnung kann jetzt ferner gemäß § 13 Abs. 5 S. 1 UWG ein Gegenanspruch auf Ersatz der für seine Rechtsverteidigung erforderlichen Aufwendungen (also in der Regel eigene Rechtsanwaltskosten) geltend gemacht werden, wobei die fehlende Berechtigung für den Abmahnenden erkennbar gewesen sein muss (S. 3). Diese Ansprüche sind der Höhe nach auf die Höhe der vom Abmahnenden selbst in der Abmahnung geltend gemachten Kosten beschränkt (S. 2).

Gemäß vorstehend c) wird eine abweichende Formulierung vor allem dann in Betracht kommen, wenn die Formulierung der Unterlassungsverpflichtungserklärung entweder mit den tatsächlichen oder mit den rechtlichen Gegebenheiten nicht im Einklang steht. Des Weiteren muss der Schuldner regelmäßig prüfen, inwieweit ihn die Abgabe einer Unterlassungsverpflichtungserklärung für die Zukunft bindet, insb. ob künftig beabsichtigte Handlungen unter die abgegebene Erklärung subsumiert werden können. Das zwingt häufig dazu, die geforderte Unterlassungsverpflichtungserklärung lediglich unter Einschränkungen abzugeben. Solche Einschränkungen und/oder Umformulierungen der geforderten Unterlassungsverpflichtungserklärung begründen freilich ein neues Risiko. Gibt nämlich der Schuldner entsprechend vorstehend unter c) abweichende Erklärungen als von ihm gefordert ab, bedeutet dies die Unterbreitung eines inhaltlich von dem seitens des Gläubigers erwarteten abweichenden Angebots. Der Gläubiger muss sodann prüfen, ob er das Angebot des Schuldners annimmt. Im Falle der Annahme empfiehlt es sich, diese dem Verwarnten mitzuteilen, um zum Abschluss eines Unterlassungsvertrages zu kommen, der die Rechtslage zwischen den Parteien verbindlich regelt (OLG Celle GRUR 1990, 481 – Vertragsstrafeversprechen; ein stillschweigender Verzicht auf den Zugang der Annahmeerklärung nach § 151 BGB scheidet aus (OLG Celle GRUR 1990, 481; zur Begründung eines auf Unterlassung gerichteten Dauerschuldverhältnisses BGH GRUR 1995, 678 (679) – Kurze Verjährungsfrist). Nimmt der Gläubiger hingegen die vom Schuldner angebotene und von der Forderung des Gläubigers abweichend formulierten Verpflichtungserklärungen nicht an, sondern gerichtliche Hilfe in Anspruch, so ist in diesem Verfahren zu prüfen, ob Wiederholungsgefahr für den geltend gemachten Unterlassungsanspruch noch besteht (vgl. den Fall BGH GRUR 1996, 290 – Wegfall der Wiederholungsgefahr I). Das Risiko einer Fehleinschätzung – der Gläubiger hält bspw. die abgegebene Unterlassungsverpflichtungserklärung für nicht ausreichend – trägt der Gläubiger (→ Anm. 9). Nach früherer Auffassung (vgl. dazu die Vorauflagen aaO) sollte eine Verpflichtung des Abgemahnten gegenüber dem Abmahnenden zur Mitteilung solcher Tatsachen bestehen, die den geltend gemachten Anspruch und seine prozessuale Durchsetzung ausschließen. Eine Verletzung dieser Pflicht sollte auch zu einer Kostentragungslast des Abgemahnten bzw. zu einer Schadensersatzpflicht führen. Diese Auffassung erscheint in Anbetracht von BGH GRUR 1995, 167 (168) – Kosten bei unbegründeter Abmahnung – überholt (OLG Köln GRUR 2001, 525 (529); Köhler/Bornkamm/Feddersen/*Bornkamm* UWG § 12 Rn. 1.78), so dass eine Aufklärungspflicht des Abgemahnten lediglich bei tatsächlicher Rechtsverletzung besteht.

Eine generelle Zurückweisung der mit der Abmahnung geltend gemachten Ansprüche kommt auch in Fällen des **Rechtsmissbrauchs** der Abmahnung in Betracht, dessen Voraussetzungen und Rechtsfolgen durch das „Gesetz zur Stärkung des fairen Wettbewerbs“ in dem neuen § 8c UWG geregelt wurden. Nach der Generalklausel des § 8c Abs. 1 UWG gilt allgemein, dass die Geltendmachung von Ansprüchen nach § 8 Abs. 1 UWG dann „unzulässig“ ist, wenn sie unter Berücksichtigung der gesamten Umstände rechtsmissbräuchlich ist. Ein Katalog von Fallgruppen, die den Rechtsmissbrauch indizieren und sich an der hierzu ergangenen Rechtsprechung orientieren, ist nun kodifiziert in § 8c Abs. 2 Nr. 1–7 UWG. Diese Beispielsfälle sollen keine Vermutungstatbestände bilden, sondern lediglich Indizwirkung haben, so dass die Feststellung des Rechtsmissbrauchs nach wie vor immer eine „Gesamtwürdigung der Umstände“ voraussetzt (*Kochendörfer*, WRP 2020, 1513 (1514 Rn. 3)). Alle Indiztatbestände können jeweils für sich gesehen ausschlaggebend für Rechtsmissbrauch sein. Sie können aber auch kumulativ mit anderen Umständen aus dem Katalog oder außerhalb des Katalogs den Missbrauchseinwand begründen (*Kochendörfer*, aaO).

Besonders in jüngerer Zeit hat die Rechtsprechung mit Missbrauchsfällen zu tun gehabt, die jetzt in den Bereich des § 8c Abs. 2 Nr. 1 UWG fallen und dadurch gekennzeichnet waren, dass die Geltendmachung von Ansprüchen vorwiegend dazu gedient hat, Aufwendungsersatzansprüche entstehen zu lassen (so insbesondere BGH GRUR 2019, 199 – Abmahnaktion II), zB durch Versenden einer Vielzahl von Abmahnungen wegen des gleichen Rechtsverstoßes. Ein solches den Rechtsmissbrauch indizierendes Gebühreninteresse ist danach regelmäßig gegeben, wenn mit einer Vielzahl von Abmahnungen ein im Verhältnis zum Jahresgewinn des Abmahnenden existenzbedrohender Verfolgungsaufwand verbunden ist, und für ihn an der Rechtsverfolgung kein nennenswertes wirtschaftliches Interesse besteht. Letzteres ist aufgrund des mit dem gerügten Verstoß verbundenen Gefährdungspotential festzustellen. Inhaltlich besteht eine Nähe zu dem in § 8c Abs. 2 Nr. 2 UWG geregelten Fall des Missverhältnisses zwischen Abmahntätigkeit und eigener Geschäftstätigkeit des Abmahnenden.

Das vorrangige Gebühreninteresse des Abmahnenden ist auch Indiz für Rechtsmissbrauch bei durch sachliche Gründe nicht zu rechtfertigenden Mehrfachabmahnungen: Das Gesetz nennt hier den Fall mehrerer Zuwiderhandlungen, die zusammen hätten abgemahnt werden können (Nr. 6), oder der getrennten Abmahnungen mehrerer Verantwortlicher für die gleiche Zuwiderhandlung ohne sachlichen Grund (Nr. 7).

Aber auch außerhalb der Phänomene der „Massen- oder Mehrfachabmahnung" kann Rechtsmissbrauch schon bei nur einer einzelnen Abmahnung zu bejahen sein. So sind als Indizien für Rechtsmissbrauch jetzt in § 8c Abs. 2 UWG geregelt der Ansatz eines zu hohen Gegenstandswertes für die verlangte Kostenerstattung (Nr. 3), die Vereinbarung oder Forderung offensichtlich überhöhter Vertragsstrafen (Nr. 4) oder das Verlangen einer Unterlassungserklärung, die über den gerügten Verstoß offensichtlich hinausgeht (Nr. 5).

Kosten und Gebühren

18. Zur materiellen Kostenerstattungspflicht → Anm. 12.

Regelmäßig ist die Einschaltung eines Rechtsanwalts erforderlich. Ausnahmen können für Verbände gem. § 8 Abs. 3 Nr. 2–4 UWG gelten.

Für die Rechtsanwaltskosten gilt:

1. Es liegt kein Klageauftrag vor. Dann entsteht eine Geschäftsgebühr. Dafür stellen Nr. 2300 ff. VV iVm §§ 2 Abs. 2, 13 RVG einen Gebührenrahmen von 0,5 bis 2,5 zur Verfügung. Regelmäßig ist eine Gebühr von 1,3 angemessen. Das entspricht der früher im Wesentlichen geltenden Mittelgebühr von $^{7,5}/_{10}$ Geschäftsgebühr nach BRAGO (BGH GRUR 1973, 384 – Goldene Armbänder); dazu *Gerold/Schmidt* RVG Anh. II Rn. 90; großzügiger (2,0 Geschäftsgebühr) LG Frankfurt Mitt. 2007, 90 – 2,0 Geschäftsgebühr (in einer Markensache).
2. Es liegt ein Klageauftrag vor: Die Verfahrensgebühr richtet sich nach Nr. 3100 ff. VV iVm mit §§ 2 Abs. 2, 13 RVG. Gem. Nr. 3101 Nr. 1 VV ist eine Verfahrensgebühr iHv 0,8 gerechtfertigt.
3. Anrechnung: Folgt der ohne Klageauftrag durchgeführten Abmahnung ein gerichtliches Verfahren, so wird gem. Vorb. 3 Abs. 4 S. 1 VV RVG die entstandene Geschäftsgebühr aus VV 2300 RVG zur Hälfte, höchstens aber mit einem Satz von 0,75 auf die nach 3100 ff. VV RVG entstandene Verfahrensgebühr des gerichtlichen Verfahrens angerechnet. Es vermindert sich mithin nicht die bereits entstandene Geschäftsgebühr, sondern die in dem anschließenden gerichtlichen Verfahren anfallende Verfahrensgebühr (BGH NJW 2007, 2049 = GRUR 2006, 439). Der Beklagte muss im Falle des Unterliegens dem Kläger in der Kostenfestsetzung die Verfahrensgebühr erstatten, allerdings nur insoweit, als nicht die Geschäftsgebühr in anrechnungsfähiger Höhe in Abzug zu bringen ist.

Fristen und Rechtsmittel

19. Grds. keine. Jedoch ist schon bei der Bearbeitung der Abmahnung und der Bemessung der der Gegenseite zu setzenden Frist der weitere Ablauf der Auseinandersetzung zu berücksichtigen. Dabei kommt es insb. häufig darauf an, die Voraussetzung der Dringlichkeit für ein etwaig nachfolgendes Verfügungsverfahren zu erhalten (→ Form. II.P.3 Anm. 13). Die Verjährungsfrist für wettbewerbsrechtliche Ansprüche beträgt sechs Monate (§ 11 Abs. 1 UWG). Sie gilt auch für Abmahnkosten, wie nunmehr § 11 Abs. 1 UWG unter Bezugnahme auf § 12 Abs. 1 S. 2 UWG ausdrücklich klarstellt (für das frühere Recht: BGH GRUR 1992, 176 (177) – Abmahnkostenverjährung).

2. Schutzschrift

www.zssr.justiz.de[1]
An das zuständige Gericht[1]

Schutzschrift[2]

in einem etwaigen einstweiligen Verfügungsverfahren
der Firma A[3]
– mutmaßliche Antragstellerin –
gegen
Firma B[3]
– mutmaßliche Antragsgegnerin –
Verfahrensbevollmächtigter:[4] Rechtsanwalt . . . . .[5]
wegen angeblich unlauteren Wettbewerbs

Hiermit bestelle ich mich zum Verfahrensbevollmächtigten[5] für die Firma B (im Folgenden: Antragsgegnerin) für den Fall, dass die Firma A (im Folgenden: Antragstellerin) wegen des nachstehend wiedergegebenen Sachverhalts einen Antrag auf Erlass einer einstweiligen Verfügung stellen sollte.

Ich beantrage,

1. einen etwaigen Antrag auf Erlass einer einstweiligen Verfügung abzuweisen;[6]
2. hilfsweise: über einen etwaigen Antrag auf Erlass einer einstweiligen Verfügung nicht ohne vorherige mündliche Verhandlung zu entscheiden;[7]
3. für den Fall der Abweisung des Verfügungsantrages oder seiner Zurücknahme: der Antragstellerin die Kosten des Verfügungsverfahrens einschließlich derjenigen aufzuerlegen, die durch die Hinterlegung dieser Schutzschrift entstanden sind.[8]

Ich bin damit einverstanden, dass

– Termin zur mündlichen Verhandlung unter Abkürzung der Ladungsfrist bestimmt wird;[9]
– der Antragstellerin die vorliegende Schutzschrift zugänglich gemacht wird, sofern diese einen Antrag auf Erlass einer einstweiligen Verfügung stellen sollte.[10]

Begründung[11]

1. Beide Parteien stellen her und vertreiben gebrauchsfertige Säuglings- und Kleinkindernahrung. Zwischen ihnen herrscht ein scharfer Wettbewerb. Die Antragsgegnerin wirbt seit ca. ein Jahr für ihr Erzeugnis „X-Fertigbrei“ unter anderem mit Werbeanzeigen, die ein lachendes kleines Kind zusammen mit der Packung des in Rede stehenden Erzeugnisses zeigen. Unterhalb der Packung erscheint sodann in blickfangmäßiger Hervorhebung die Angabe „Mutti gibt mir immer nur das Beste“. Als Anlage 1 überreiche ich die Abbildung der in Rede stehenden Werbung.[12]

Mit dem als Anlage 2 überreichten Anwaltsschreiben vom . . . . . hat die Antragstellerin die Antragsgegnerin abgemahnt und sie zur Abgabe einer strafbewehrten Unterlassungsverpflichtungserklärung betreffend die Werbeaussage „Mutti gibt mir

immer nur das Beste" aufgefordert. Die Antragsgegnerin hat mit dem als Anlage 3 überreichten Schreiben ihres Verfahrensbevollmächtigten erwidert und insb. die Abgabe einer strafbewehrten Unterlassungsverpflichtungserklärung abgelehnt. Infolgedessen muss die Antragsgegnerin damit rechnen, dass die Antragstellerin den Versuch unternehmen wird, gegen sie eine einstweilige Verfügung zu erwirken. In tatsächlicher und rechtlicher Hinsicht ist dazu unter ausdrücklicher Bezugnahme auf den Inhalt des diesseitigen Antwortschreibens gem. Anlage 3 Folgendes zu bemerken:

2. Die in der Abmahnung gem. Anlage 2 geäußerte Rechtsauffassung der Antragstellerin, die streitgegenständliche Werbeaussage beinhalte eine gem. § 5 Abs. 1 UWG irreführende Alleinstellungsberühmung, nämlich die Inanspruchnahme einer Vorzugsstellung gegenüber anderen Kindernahrungsmitteln, ist rechtsirrig. Das gilt schon deshalb, weil nur eine solche Werbeaussage den Tatbestand einer Alleinstellungswerbung begründen kann, die vom Publikum als Tatsachenangabe über geschäftliche Verhältnisse, insb. betreffend die Eigenschaften einer Ware, verstanden werden könnte. Angaben im Sinne des § 5 UWG sind nämlich lediglich nachprüfbare Aussagen, die ein Mindestmaß an Informationen enthalten.[13] Der Werbeslogan „Mutti gibt mir immer nur das Beste" wird allein als ein Kaufappell verstanden, nämlich dahingehend, dass die Mütter aufgefordert werden, ihrem Kind jeweils nur das Beste zu geben. Auch soweit die räumliche Druckanordnung der gegenständlichen Werbeaussage zur Packung des X-Fertigbreis der Antragsgegnerin eine gedankliche Verbindung zwischen dem Superlativ „das Beste" und dem Erzeugnis der Antragsgegnerin herstellt, ist diese nicht geeignet, der streitgegenständlichen Werbeaussage Alleinstellungscharakter zu verleihen. Das gilt deshalb, weil im Bereich der Kindernahrungsmittel der Begriff „das Beste" überhaupt nicht erfassbar ist. Denn die Bekömmlichkeit eines jeden Nahrungsmittels hängt von der Konstitution des einzelnen Kleinkindes ab. Des Weiteren differieren die Auffassungen darüber, welche Ernährungsweise für die Kleinkinder die geeignetste sei, erheblich. Diese Gegebenheiten sind insb. den durch die Werbung der Antragsgegnerin angesprochenen Hausfrauen und Müttern bekannt. Dementsprechend werden sie die Werbeaussage als das erkennen, was sie tatsächlich ist, nämlich als eine Werbebehauptung im Sinne eines eindeutig subjektiven Werturteils.[14]

3. Ein etwaiges Verfügungsbegehren der Antragstellerin wäre jedoch auch schon deshalb zurückzuweisen, weil es an der für den Erlass einer einstweiligen Verfügung erforderlichen Dringlichkeit fehlt.[15] Insbes. ist die Dringlichkeitsvermutung gem. § 12 Abs. 2 UWG widerlegt. Die Antragsgegnerin wirbt mit der angegriffenen Werbeaussage in erheblichem Umfang schon seit ca. einem Jahr. Das war der Antragstellerin auch bekannt. So ist bspw. das Mitglied der Geschäftsleitung Y der Antragsgegnerin von dem Mitglied der Geschäftsleitung Z der Antragstellerin vor ca. neun Monaten auf die streitgegenständliche Werbeaussage angesprochen worden. Seitdem ist die Antragstellerin – mit Ausnahme des Abmahnungsschreibens gem. Anlage 2 – nicht mehr auf die Angelegenheit zurückgekommen. In einer etwaigen mündlichen Verhandlung werde ich entsprechende Glaubhaftmachungsmittel, nämlich eidesstattliche Versicherungen der Geschäftsleitung der Antragsgegnerin, vorlegen. Wer jedoch mehr als neun Monate in Kenntnis eines vermeintlichen Wettbewerbsverstoßes zuwartet, bevor er gerichtliche Hilfe in Anspruch nimmt, kann sich nicht mehr auf die Dringlichkeitsvermutung des § 12 Abs. 2 UWG berufen.[16] Jedenfalls ist die besondere Dringlichkeit iSd § 937 Abs. 2, § 944 ZPO nicht mehr gegeben, die den Erlass einer einstweiligen Verfügung ohne mündliche Verhandlung durch den Herrn Vorsitzenden allein gestattet.[17]

Weiterer Sachvortrag bleibt vorbehalten.

Eine beglaubigte und eine einfache Abschrift sind zum Zwecke der Aushändigung an die Antragstellerin für den Fall beigefügt, dass ein Verfügungsantrag tatsächlich gestellt wird.
Rechtsanwalt[18, 19, 20]

Schrifttum: Borck, Kostenfestsetzung aufgrund von Schutzschrift-Hinterlegung?, WRP 1978, 262 ff.; *Deutsch,* Die Schutzschrift in Theorie und Praxis, GRUR 1990, 327; *Herr,* Vom Sinn und Unsinn der Schutzschriften, GRUR 1986, 436; *Hilgard,* Die Schutzschrift im Wettbewerbsrecht, 1985; *Krahe,* Die Schutzschrift, Kostenerstattung und Gebührenanfall, 1991; *May,* Die Schutzschrift im Arrest- und Einstweiligen-Verfügungsverfahren, 1983; *Mellulis,* Handbuch des Wettbewerbsrechts, 3. Aufl. 2000, Rn. 43 ff. *Pastor,* Die Schutzschrift gegen wettbewerbliche einstweilige Verfügungen, WRP 1972, 229 ff.; *Schlingendoff,* Das elektronische Schutzschriftenregister und die Schutzschriftenregisterverordnung, WRP 2016, 301; *Spätgens* in *Ahrens*, Der Wettbewerbsprozess, 8. Aufl. 2016; *Stöve*, Prozessuale Waffengleichheit im lauterkeitsrechtlichen einstweiligen Verfügungsverfahren und die Bedeutung der Schutzschrift, dusIP-Blog, Mai 2021, https://www.dusip.de/2021/05/14/prozessuale-waffengleichheit-im-lauterkeitsrechtlichen-einstweiligen-verfuegungsverfahren-und-die-bedeutung-der-schutzschrift/; *Teplitzky,* Die Schutzschrift als vorbeugendes Verteidigungsmittel gegen einstweilige Verfügungen, NJW 1980, 1667 ff.; *ders.,* Schutzschrift, Glaubhaftmachung und besondere Dringlichkeit bei § 937 Abs. 2 ZPO, WRP 1980, 373 ff.; *ders.,* Wettbewerbsrechtliche Ansprüche, 11. Aufl. 2016; *Wehlau,* Die Schutzschrift, 2011; *Wilke/Jungeblut,* Abmahnung, Schutzschrift und Unterlassungsverpflichtungserklärung im gewerblichen Rechtsschutz, 1995.

Hinweis: Ein weiteres Textbeispiel einer wettbewerbsrechtlichen Schutzschrift findet sich bei *Mes/Bopp/Sonntag,* Münchener Prozessformularbuch, Bd. 5, Gewerblicher Rechtsschutz, Urheber- und Presserecht, 5. Aufl. 2018, Form. A.3.

Anmerkungen

1. Häufig, wenn nicht gar in der Regel, werden einstweilige Verfügungen auf Antrag „in dringenden Fällen" ohne mündliche Verhandlung erlassen (§ 937 Abs. 2 ZPO). Dem entgegenzuwirken dient die Schutzschrift.

Schutzschriften waren ursprünglich in Papierform an dasjenige Gericht und – beim Landgericht – an diejenige Kammer zu richten, das/die erwartungsgemäß der mutmaßliche Antragsteller anrufen wird (Zur Zuständigkeit bei wettbewerbsrechtlichen Streitigkeiten vgl. → Form. II.P.1 Anm. 4 a). Diese Zuständigkeitsproblematik ist jedoch seit Einführung des zentralen, von der Landesjustizverwaltung Hessen geführten **elektronischen Schutzschriftenregisters** (ZSSR) nahezu gegenstandslos geworden. Mit Wirkung zum 1.1.2016 sind die §§ 945a ff. ZPO eingeführt worden, welche die Einreichung von Schutzschriften bei einem zentralen, länderübergreifenden elektronischen Register für Schutzschriften (Schutzschriftenregister = ZSSR)) regeln. Bei diesem Schutzschriftenregister können Schutzschriften mit bundesweiter Geltung für die Dauer von sechs Monaten hinterlegt werden. Sobald eine Schutzschrift in dieses Schtuzschriftenregister (ZSSR) eingestellt ist, gilt sie bei allen ordentlichen Gerichten der Länder (§ 945a Abs. 2 S. 1 ZPO) als eingereicht (§ 3 SRV). Damit hat sich die Mehrfacheinreichung der Schutzschrift bei mehreren aufgrund des „fliegenden Gerichtsstandes" potentiell zuständigen Gerichten ebenfalls erledigt. Zu Einzelheiten und Streitfragen vgl. *Schmitt-Gaedke* GRUR-Prax 2015, 161; *Hartmann* GRUR-Prax 2015, 163; *Hartmann* GRUR-RR 2015, 89; vgl. ferner Ohly/Sosnitza/*Sosnitza* UWG § 12 Rn. 135; Köhler/Bornkamm/Feddersen/*Köhler*UWG § 12 Rn. 240.

Seit dem 1.1.2017 sind nun die Rechtsanwälte gem. § 49c BRAO nicht nur angehalten, sondern sogar standesrechtlich dazu verpflichtet, Schutzschriften ausschließlich elektronisch zum Schutzschriftenregister nach § 945a ZPO einzureichen. Eine Einreichung von Schutzschriften in Papierform bei einzelnen Gerichten ist damit für Rechtsanwälte nicht mehr möglich (Ohly/Sosnitza/*Sosnitza* UWG § 12 Rn. 135; Köhler/Bornkamm/Feddersen/*Köhler*UWG § 12 Rn. 2.40a). Sämtliche elektronischen Übertragungswege sind auf der

Internetseite des Schutzschriftenregisters bei der Landesjustizverwaltung Hessen (https://schutzschriftenregister.hessen.de/einreichung/einreichungsbedingungen) aufgelistet. Der für Rechtsanwälte mittlerweile üblichste Weg der Einreichung ist der mittels des besonderen elektronischen Anwaltspostfachs (beA), wobei bei Versendung per beA die Schutzschrift an das EGVP-Postfach des ZSSR (im EGVP-Adressverzeichnis zu finden unter „Zentrales Schutzschriftenregister") zu senden ist. Natürlichen Personen bleibt es dagegen unbenommen, eine Schutzschrift in Papierform beim potentiell zuständigen Gericht einzureichen (uU also auch bei mehreren Gerichten, arg § 14 Abs. 2 S. 2 UWG); → Form. II.P.1 Anm. 4 a).

2. Das Institut der Schutzschrift ist ursprünglich als außerhalb der Zivilprozessordnung liegende vorbeugende Verteidigungsmöglichkeit des Abgemahnten entwickelt worden. Es hatte insoweit lange nur gewohnheitsrechtlichen Charakter. Durch die Einfügung der §§ 945a ff. ZPO (→ Anm. 1) hat sie der Gesetzgeber nun formell anerkannt und ihre Einreichung geregelt. Inhaltlich ist und war die Schutzschrift als eine außerhalb eines anhängigen Verfahrens nur für den Fall des Anhängigwerdens eines einstweiligen Verfügungsverfahrens erfolgte Anregung an das Gericht zu verstehen. Ihre Beachtlichkeit für das angerufene Gericht im Falle einer tatsächlichen Antragstellung auf Erlass einer einstweiligen Verfügung ergibt sich bereits aus dem Anspruch auf rechtliches Gehör (Art. 103 Abs. 1 GG) vor dem Hintergrund des summarischen Charakters des einstweiligen Verfügungsverfahrens und insb. der Regelung gem. § 937 Abs. 2 ZPO, wonach in besonders dringenden Fällen die Entscheidung durch das Gericht auch ohne mündliche Verhandlung – regelmäßig durch den Vorsitzenden (§ 944 ZPO) – erfolgen kann. Diese prozessuale Möglichkeit gibt dem Antragsteller eine sehr scharfe Waffe in die Hand, denn eine so ergangene Beschlussverfügung bildet einen ohne Sicherheitsleistung vorläufig vollstreckbaren Titel, dessen Nichtbeachtung ein erhebliches Ordnungsmittelrisiko (§ 890 ZPO) mit sich bringt. Es erfordert durch das angerufene Gericht eine sehr sorgfältige und strenge Überprüfung, ob insb. die Voraussetzung besonderer Dringlichkeit gem. § 937 Abs. 2 ZPO für den Erlass der beantragten einstweiligen Verfügung ohne mündliche Verhandlung gegeben ist (vgl. *Teplitzky* GRUR 1978, 286 f.; WRP 1980, 374 (375); OLG Karlsruhe WRP 1989, 265). Gelangt dem befassten Gericht die Schutzschrift zur Kenntnis, so muss es ihren Inhalt bei der Entscheidungsfindung berücksichtigen (BGH GRUR 2008, 640 – Kosten der Schutzschrift III; GRUR 2003, 456 – Kosten der Schutzschrift I); vgl. hierzu auch Ohly/Sosnitza/*Sosnitza* UWG § 12 Rn. 135;). Liegt kein besonderer Dringlichkeitsgrund vor, der eine sofortige Entscheidung über den Verfügungsantrag erforderlich macht, hat das Gericht grundsätzlich auch dem Antragsteller vor einer Zurückweisung des Verfügungsantrags noch einmal Gelegenheit zu geben, zu den in der Schutzschrift ausgeführten Angaben und Argumenten Stellung zu nehmen und ggf den Verfügungsantrag zurückzunehmen (Teplitzky/Feddersen, Kap 55 Rn. 52; Ohly/Sosnitza/*Sosnitza* UWG § 12 Rn. 136). Der Hinterleger einer Schutzschrift wird nach noch gängiger Praxis grundsätzlich nicht aktiv über ein erfolglos geführtes Verfügungsverfahren vom angerufenen Gericht informiert, § 922 Abs. 3 ZPO (Informationssperre), wobei dies nach hier vertretener Auffassung im Falle der hinterlegten Schutzschrift nicht richtig erscheint. In dem Moment der Einreichung der Schutzschrift bei Gericht beziehungsweise der Abfrage durch das angerufene Gericht beim elektronischen zentralen Schutzschriftenregister, ob eine Schutzschrift betreffend die potentiellen Antragsgegner und Antragssteller hinterlegt ist, wird die hinterlegte Schutzschrift Bestandteil und der Antragsgegner Partei des Verfahrens. Somit entsteht nach auch überwiegender Ansicht in der Literatur eine zweiseitige und nicht mehr lediglich einseitige Rechtshängigkeit und darüber hinaus auch ein Prozessrechtsverhältnis in Bezug auf den sogar anwaltlich vertretenen Antragsgegner, der als Partei des Verfahrens Verfahrensanträge gestellt hat, die vom Gericht zu beachten und zu verbescheiden sind, sofern Sinn und Zweck des

einstweiligen Verfügungsverfahrens dadurch nicht unterlaufen werden und die Informationssperre des § 922 Abs. 3 nicht mehr wirkt (vgl hierzu *Schulz* GRURPrax 11, 313; ders WRP 09, 1472 (1476 f.)).

In jedem Fall hat der Antragsgegner aufgrund seines Kostenerstattungsanspruchs für die Schutzschrift ein berechtigtes Interesse daran, zumindest auf sein Nachfragen hin vom angerufenen Gericht Auskunft über den erfolglosen Verfügungsantrag zu erhalten und die Erstattung der Kosten für die Schutzschrift vom Antragsteller zu beanspruchen. Erfreulicherweise regelt nun § 5 Abs. 3 SRV für den Fall, dass das zuständige Gericht die hinterlegte Schutzschrift abruft und für einschlägig befindet, dass der Absender der Schutzschrift drei Monate später eine automatisierte Mitteilung darüber erhält, welches Gericht die Schutzschrift abgerufen hat und unter welchem Aktenzeichen das Verfahren geführt wurde. Das ermöglicht es dem Antragsgegner, seinem Kostenerstattungsanspruch nachzugehen.

3. Die mutmaßlichen Parteien des etwaigen einstweiligen Verfügungsverfahrens sind im Aktiv- und Passivrubrum – wie auch sonst – möglichst genau zu bezeichnen.

4. Die Schutzschrifthinterlegung unterliegt keinem Anwaltszwang; sie wird nicht in, sondern vor einem gerichtlichen Verfahren eingereicht (*Melullis,* Handbuch des Wettbewerbsprozesses, 3. Aufl. 2000, Rn. 45, Ohly/Sosnitza/*Sosnitza* UWG § 12 Rn. 135). Jedoch kann sich ein Prozessbevollmächtigter in der Schutzschrift für das zu erwartenden einstweilige Verfügungsverfahren bestellen (vgl. Köhler/Bornkamm/Feddersen/*Köhler*UWG § 12 Rn. 2.40b). Zu beachten ist in diesem Fall, dass der Prozessbevollmächtigte damit auch Zustellungsbevollmächtigter für die erlassene einstweilige Verfügung wird.

5. Erfolgt die Hinterlegung der Schutzschrift durch einen zugelassenen Rechtsanwalt, so muss die Zustellung einer etwaig ergehenden Beschlussverfügung an ihn erfolgen (§ 176 ZPO), anderenfalls liegt grds. keine Vollziehung der Verfügung vor (Gefahr des Verstreichens der Vollziehungsfrist, § 929 Abs. 2 ZPO; OLG Düsseldorf WRP 1982, 531 f.; GRUR 1984, 79 (80); OLG Karlsruhe WRP 1986, 166 ff.; zur Problematik vgl. auch *Melullis* WRP 1982, 249 ff.; zur Heilung eines Zustellungsmangels gem. § 187 ZPO im Bereich des § 929 Abs. 2 ZPO vgl. OLG Karlsruhe WRP 1986, 166 ff. mwN; OLG Frankfurt a. M. WRP 2000, 411). Hat der Antragsteller in nicht vorwerfbarer Weise keine Kenntnis davon, dass sich für den Antragsgegner ein Anwalt bestellt hat, so kann die Zustellung an den Antragsgegner persönlich als Vollziehung ausreichen (OLG Hamburg GRUR 1987, 66; OLG Frankfurt MD 1988, 1105 (1106); vgl. ferner OLG Köln GRUR 2001, 456).

6. Es ist Ziel einer Schutzschrift, die vorstehend in → Anm. 2 geschilderten und zu Lasten des mutmaßlichen Antragsgegners bestehenden prozessualen Nachteile auszugleichen. Da bei Einreichung einer Schutzschrift ein Antrag auf Erlass einer einstweiligen Verfügung regelmäßig noch nicht vorliegt, ist durch die Schutzschrift selbst ein Prozessrechtsverhältnis noch nicht begründet (str., aA OLG Hamburg WRP 1977, 495 f.; wie hier *Teplitzky/Feddersen* Ansprüche Kap. 55 Rn. 57 aE mwN), so dass ein Sachantrag nicht ohne weiteres möglich erscheint (so: BGH WRP 2003, 516 – Kosten einer Schutzschrift I: bei eingereichter Schutzschrift ist noch kein Verfahren anhängig; nach Einreichung des Verfügungsantrags ist seitens des Schutzschrifteinreichenden noch kein Sachantrag gestellt, solange nicht dieser (Antragsgegner, Beklagter) durch Zustellung des Verfügungsantrags in das Verfahren einbezogen worden ist). Da jedoch gem. § 937 Abs. 2 ZPO eine Entscheidung ohne mündliche Verhandlung nicht nur in dringenden Fällen, sondern auch dann, wenn der Verfügungsantrag aus prozessualen oder sachlichen Gründen zurückzuweisen ist, ergehen kann, hat sich in der Praxis durchgesetzt, in einer Schutzschrift „Anträge" zu stellen, die jedoch in diesem Stadium des Verfahrens als Anregung des Antragsgegners an das Gericht, in einer bestimmten Weise zu verfahren, zu verstehen sein dürften (BGH WRP 2003, 516 – Kosten einer Schutzschrift I). Das Gericht wiederum hat das tatsächliche und rechtliche Vorbringen, das der Antragsgegner in seiner Schutzschrift zu dem erwarteten Antrag auf Erlass einer einstweiligen Verfügung gemacht hat, gem. Art. 103 Abs. 1 GG bei seiner Entscheidung zu berücksichtigen (BGH WRP 2003, 516 – Kosten einer Schutzschrift I). Es sollte mithin schon in der Schutzschrift ein Zurückweisungsantrag gestellt werden (zur Zulässigkeit eines Sachantrages vgl. *Hilgard* Schutzschrift S. 14 mwN; *Teplitzky/Feddersen* Ansprüche Kap. 55 Rn. 57 f. mwN; *Wilke/Jungeblut* Abmahnung S. 95).

Die sich in den vorstehenden Ausführungen widerspiegelnde Diskussion betreffend die Zulässigkeit/Angemessenheit eines Sachantrags schon in der Schutzschrift ist vor dem Hintergrund, dass die Schutzschrift ihre Wirkungen erst in dem Fall entfalten soll, wenn tatsächlich ein Verfügungsantrag gestellt ist, nicht sehr praxisrelevant, sondern eher theoretischer Natur. Denn in diesem Fall muss das befasste Gericht den Inhalt der Schutzschrift bei der Entscheidungsfindung berücksichtigen (BGH GRUR 2008, 640 – Kosten der Schutzschrift III; 2003, 456 = WRP 2003, 516 – Kosten der Schutzschrift I).

7. Dieser Antrag verwirklicht den eigentlichen Zweck der Schutzschrift (→ Anm. 2).

8. Der Kostenantrag hat für den Fall Bedeutung, dass es trotz Einreichung eines Antrags auf Erlass einer einstweiligen Verfügung nicht zur Durchführung einer mündlichen Verhandlung kommt, weil entweder der Verfügungsantrag durch Beschluss zurückgewiesen (vgl. zu dieser Möglichkeit → Anm. 6) oder vom Antragsteller zurückgenommen wird. Kommt es zur Zurückweisung des Verfügungsantrags durch Beschluss, so muss das Gericht schon von Amts wegen gem. § 308 Abs. 2 ZPO dem Antragsteller die Kosten des Verfahrens auferlegen, ohne zu prüfen, ob dem Antragsgegner erstattungsfähige Kosten entstanden sind oder nicht (zutr. OLG Hamburg WRP 1983, 586 für den Fall der Antragsrücknahme, vgl. hierzu auch → Anm. 2). Zu den Kosten des Verfügungsverfahrens gehören auch diejenigen der Hinterlegung einer Schutzschrift (BGH GRUR 2008, 639 – Kosten eines Abwehrschreibens; 2008, 640 – Kosten der Schutzschrift III; 2007, 727 – Kosten der Schutzschrift II). Für einen materiell-rechtlichen Anspruch auf Erstattung der Kosten einer Schutzschrift bei unberechtigter Abmahnung aus § 13 Abs. 5 UWG plädiert – nach der hier vertretenen Auffassung zu Recht – *Stöve* (dusIP-Blog, Mai 2021, abrufbar unter https://www.dusip.de/2021/05/14/prozessuale-waffengleichheit-im-lauterkeitsrechtlichen-einstweiligen-verfuegungsverfahren-und-die-bedeutung-der-schutzschrift/). Denn diese Kosten sind adäquat-kausal durch die unberechtigte Abmahnung entstanden, gegen die sich der Abgemahnte insbesondere auch mittels einer Schutzschrift zur Wehr setzen durfte.

9. Zustimmungserklärung gem. §§ 217, 224 Abs. 1 ZPO, die zwar entbehrlich (Ladungsfristen können gem. § 226 Abs. 3 ZPO auch ohne Zustimmung des Antraggegners abgekürzt werden), jedoch üblich ist und dem besonderen Eilcharakter des Verfügungsverfahrens entspricht. Eine Einlassungsfrist (§ 274 Abs. 3 ZPO) gibt es im einstweiligen Verfügungsverfahren nicht.

10. Diese Erklärung verwirklicht das Prinzip des rechtlichen Gehörs, diesmal für den Antragsteller.

11. Der Sachverhalt entspricht der Fallgestaltung der Entscheidung BGH GRUR 1965, 363 – Fertigbrei. Die dort vertretene Auffassung, dass „Angaben" iSd § 5 UWG nur solche sein können, die einen tatsächlichen Aussagegehalt über geschäftliche Verhältnisse beinhalten, ist seitdem hM. Dementsprechend sind nichtssagende oder nicht nachprüfbare reklamehafte Anpreisungen, die lediglich als Kaufappell oder allg. subjektives Werturteil verstanden werden, wie zB „das Beste jeden Morgen" (BGH GRUR 2002, 182 (183) – Das Beste jeden Morgen) keine Angaben iSv § 5 UWG. Wird jedoch ein tatsäch-

licher Aussagegehalt vom Werbeadressaten angenommen, kann leicht eine Alleinstellungswerbung oder zumindest eine Spitzengruppenwerbung vorliegen (dazu Köhler/Bornkamm/Feddersen/*Bornkamm/Feddersen* UWG § 5 Rn. 1.29, 1.30 ff,.2.137 ff.; vgl. ferner *Schmelz/Haertel* WRP 2007, 127). Nach stRspr (BGH GRUR 2002, 182 (183) – Das Beste jeden Morgen; OLG Hamburg GRUR-RR 2002, 73 (74) – Alleinstellungsberühmung eines Onlinedienstes; OLG Hamburg BeckRS 2005, 32773 – Mach 3 Turbo; OLG Hamburg NJOZ 2004, 2469 – Irreführende Alleinstellungsberühmung eines Autovermieters – e-sixt-günstixt) ist eine Alleinstellungsberühmung nur dann zulässig und nicht irreführend, wenn sie
1. der Wahrheit entspricht,
2. der Werbende einen deutlichen Vorsprung gegenüber seinen Mitbewerbern hat **und**
3. der Vorsprung die Aussicht auf eine gewisse Stetigkeit bietet.

12. Es empfiehlt sich, das Streitverhältnis kurz darzustellen, insb. eine etwaig angegriffene Werbeanzeige zum Zwecke der Anschauung zu übermitteln. Im Hinblick auf die in § 937 Abs. 2 ZPO vorgesehene Möglichkeit, einen Verfügungsantrag sowohl aus prozessualen wie auch aus materiellen Gründen ohne mündliche Verhandlung durch Beschluss zurückzuweisen, sollte nicht nur zu den prozessualen Fragen der Dringlichkeit, die in Wettbewerbsangelegenheiten gem. § 12 Abs. 2 UWG vermutet wird, und der besonderen Dringlichkeit der §§ 937 Abs. 2, 944 ZPO, sondern auch zur materiell-rechtlichen Streitfrage in tatsächlicher und rechtlicher Hinsicht Stellung genommen werden (auch *Teplitzky* NJW 1980, 1667 mwN). Sämtliche potentiellen Verteidigungsargumente sind sorgfältig im Hinblick darauf zu überprüfen, ob sie aussichtsreich sind. Das gilt im Übrigen auch für die Hinterlegung einer Schutzschrift allgemein: Denn die Gerichte sind nur gehalten, eine hinterlegte Schutzschrift zu berücksichtigen, nicht aber, den in ihr enthaltenen Anregungen bzw. Anträgen, allein deshalb zu folgen, weil eine Schutzschrift eingereicht wurde. Mit der Einreichung und Berücksichtigung einer Schutzschrift ist rechtliches Gehör vor Erlass einer Beschlussverfügung, entsprechend dem Fall der Vorlage einer vorprozessualen Abmahnung im Verfügungsantrag, im Regelfall bereits als gewährt anzusehen (→ Form. II.P.3 Anm. 11).

13. Zum Begriff der „Angaben“ vgl. Köhler/*Bornkamm/Feddersen*UWG § 5 Rn. 1.19 ff., 1.21 ff., 1.25 ff., 1.36 ff., 1.46 ff., 1.48 ff., 1.51 ff. mwN.

14. Vgl. BGH GRUR 1965, 363 (365) li. Sp. – Fertigbrei; BGH GRUR 2002, 182 (183) – Das Beste jeden Morgen)

15. Soweit zur Dringlichkeit als der Zulässigkeitsvoraussetzung eines Antrags auf Erlass einer einstweiligen Verfügung Stellung genommen wird, enthält die Schutzschrift eine die Zurückweisung des Antrags auf Erlass einer einstweiligen Verfügung betreibende Verteidigung (vgl. § 937 Abs. 2 ZPO).

16. Vgl. Köhler/Bornkamm/Feddersen/*Köhler*UWG § 12 Rn. 2.12 ff. § 12 Abs. 1 UWG (ebenso wie zuvor § 12 Abs. 2 und davor § 25 UWG aF) begründet eine widerlegliche tatsächliche Vermutung der Dringlichkeit (BGH GRUR 2000, 151 (152) – Späte Urteilsbegründung; kritisch dazu *Holzapfel* GRUR 2003, 287 (292)). Ob im Bestreitensfall die erforderliche Dringlichkeit gegeben ist, sollte nach teilweise vertretener Auffassung gemäß einer Würdigung des jeweiligen Einzelfalls entschieden werden (OLG Hamburg GRUR-RR 2008, 366 (367); Köhler/Bornkamm/Feddersen/*Köhler* UWG § 12 Rn. 2.15b mwN) Die Vermutung der Dringlichkeit ist in der Regel jedenfalls dann widerlegt, wenn der Antragssteller durch sein eigenes Verhalten selbst deutlich signalisiert, dass es „ihm nicht eilig ist“. Dies ist bspw. der Fall bei langem Zuwarten trotz Kenntnis der Verletzungshandlung. Der Antragsgegner muss in diesem Fall nur Tatsachen vortragen, die nahelegen, dass der Antragsteller bereits zu einem früheren Zeitpunkt Kenntnis hatte bzw. hätte haben können. Die Beweislast für den Zeitpunkt der tatsächlichen Kenntniserlangung geht dann zu Lasten des Antragstellers (BGH GRUR 2000, 151 (152); OLG Düsseldorf GRUR-RR 2014, 273 (276); Köhler/Bornkamm/Feddersen/*Köhler*UWG § 12 Rn. 2.15). Eine Übersicht über die von den Oberlandesgerichten tolerierten Zuwartefristen findet sich bei Köhler/Bornkamm/Feddersen/*Köhler* UWG § 12 Rn. 2.15b. Beispiele: OLG Düsseldorf: In der Regel zwei Monate (NJWE-WettbR 1999, 15 (16); GRUR-RR 2015, 65, jeweils 20. Zivilsenat), mit der Möglichkeit, dass je nach Einzelfall auch eine kürzere Frist angemessen sein kann (vgl. OLG Düsseldorf, 2. Zivilsenat, BeckRS 2015, 12350 Rn. 10 ff.), OLG Hamburg (WRP 2007, 675; GRUR-RR 2008, 366): 6 Wochen bis zu 6 Monaten, OLG München (WRP 2008, 972 (976)): 1 Monat (→ Form. II.P.3 Anm. 13). Die Dringlichkeitsvermutung ist ferner idR widerlegt, wenn der Antragsteller einen Verfügungsantrag zurücknimmt und diesen erneut bei einem anderen erstinstanzlichen Gericht anhängig macht (sog Forum shopping, vgl. dazu Köhler/Bornkamm/Feddersen/*Köhler* UWG § 12 Rn. 2.16a; (→ Form. II.P.3 Anm. 13).

17. Wird die für den Erlass einer einstweiligen Verfügung erforderliche Dringlichkeit vom Gericht angenommen, so ist damit noch nicht die Annahme besonderer Dringlichkeit gem. §§ 937 Abs. 2, 944 ZPO gerechtfertigt (→ Anm. 2), wenngleich auch in der Praxis regelmäßig bejaht. Dennoch sollte auf die besondere Problematik bei Annahme der besonderen Dringlichkeit in der Schutzschrift hingewiesen werden.

Kosten und Gebühren

18. Gerichtsgebühren:
Mit der elektronischen Hinterlegung der Schutzschrift beim ZSSR fallen Gebühren in Höhe von 83 EUR an (vgl. Ziffer 1160 des Kostenverzeichnisses zu § 4 Abs. 1 JVKostG). Die für Privatpersonen noch mögliche Hinterlegung in Papierform ist kostenfrei.

19. Anwaltsgebühren:
1,3 Verfahrensgebühr gem. § 2 Abs. 2 iVm VV 3100 RVG, wenn die Schutzschrift eingereicht wird, Sachvortrag enthält und der Verfügungsantrag bei Gericht eingeht, später jedoch wieder zurückgenommen wird (BGH GRUR 2008, 640 – Kosten der Schutzschrift III). War hingegen die Hinterlegung einer Schutzschrift sachlich nicht geboten, weil zB ein Verfügungsantrag zwar eingereicht, jedoch vor Eingang der Schutzschrift zurückgenommen worden war, so besteht keine Kostenerstattungspflicht (str.; wie hier BGH GRUR 2007, 727 – Kosten der Schutzschrift II). Hat jedoch der Verfahrensbevollmächtigte des Antragsgegners das Geschäft bereits vor der Rücknahme des Verfügungsantrags betrieben (zB in Form einer schriftlichen Anfrage bei Gericht, ob ein Verfügungsantrag dort anhängig ist), entsteht die Verfahrensgebühr dem Grunde nach, ist jedoch auf 0,8 gem. VV 3100, 3101 RVG zu ermäßigen (BGH GRUR 2007, 727 (728) re. Sp. – Kosten der Schutzschrift II). Die durch die Hinterlegung einer Schutzschrift entstandenen erstattungsfähigen Kosten sind im Kostenfestsetzungsverfahren festzusetzen (BGH GRUR 2008, 640 – Kosten der Schutzschrift III; 2007, 727 – Kosten der Schutzschrift II).

20. Kommt es zur Durchführung eines Verfügungsverfahrens, so erhält der Rechtsanwalt eine 1,3 Verfahrensgebühr (VV 3100 RVG) und im Falle der Durchführung einer mündlichen Verhandlung eine 1,2 Terminsgebühr (VV 3104 RVG).

3. Antrag auf Erlass einer einstweiligen Verfügung wegen irreführender geschäftlicher Handlungen

Landgericht
Kammer für Handelssachen[1]
Antrag
auf Erlass einer einstweiligen Verfügung[2]
der Firma A, vertreten durch .....
– Antragstellerin –
Verfahrensbevollmächtigter: Rechtsanwalt .....
gegen
die Firma B, vertreten durch .....
– Antragsgegnerin –
wegen unlauteren Wettbewerbs
Streitwert: vorläufig geschätzt ..... EUR[3]
Namens und in Vollmacht[4] **der Antragstellerin wird beantragt,**
das Gericht möge im Wege der einstweiligen Verfügung – wegen besonderer Dringlichkeit ohne mündliche Verhandlung durch Beschluss[5] **anordnen:**

I. Der Antragsgegnerin wird es bei Meidung eines für jeden Fall der Zuwiderhandlung fälligen Ordnungsgeldes bis zu 250.000 EUR, ersatzweise Ordnungshaft bis zu sechs Monaten oder Ordnungshaft bis zu sechs Monaten, im Wiederholungsfall Ordnungshaft bis zu zwei Jahren,[6] **untersagt,**

1. sich in der Bundesrepublik Deutschland im geschäftlichen Verkehr zur Bezeichnung eines Geschäftsbetriebs in dem Bereich des Einzelhandels mit Bekleidungsstücken und Modeaccessoires der Bezeichnung

„XXX“
oder
„xxx“

zu bedienen, insb. wenn dies erfolgt, in dem auf der Website www.xxx-shop.de Bekleidungsstücke und Modeaccessoires deutschen Verbrauchern angeboten und an diese vertrieben werden;[7, 8]

2. in der Bundesrepublik Deutschland, im geschäftlichen Verkehr, „Dienstleistungen des Einzelhandels mit Bekleidungsstücken und Modeaccessoires“ unter dem Zeichen

„XXX“
oder
„xxx“

zu erbringen, insb. wenn dies erfolgt, in dem auf der Website www.xxx-shop.de Bekleidungsstücke und Modeaccessoires deutschen Verbrauchern angeboten und an diese vertrieben werden,

3. in der Bundesrepublik Deutschland, im geschäftlichen Verkehr, „Bekleidungsstücke“, die mit dem Zeichen

„XXX“
oder
„xxx“

insb. wie nachfolgend abgebildet
XY

gekennzeichnet sind, anzubieten und/oder zu bewerben und/oder in den Verkehr zu bringen.

II. der Antragsgegnerin werden die Kosten des einstweiligen Verfügungsverfahrens auferlegt.

Begründung:

I.

1. Die Antragstellerin ist ein im Jahr 20. . . . . in Y-Stadt gegründetes Unternehmen,[9] das ausschließlich über die Website www.xxx.de Bekleidungsstücke, Modeaccessoires und Beauty-Produkte online vertreibt. Das Angebot der Antragstellerin erfasst dabei sowohl eigene Produkte als auch Produkte von fremden Herstellern. Zur Veranschaulichung des Online-Einzelhandelsbetriebs der Antragstellerin überreiche ich als Anlage Ast 1 diverse Screenshots der Website www.xxx.de der Antragstellerin. Die Antragstellerin ist eines der erfolgreichsten E-Commerce-Unternehmen in Deutschland und erzielte in den letzten drei Jahren einen jährlichen Umsatz von durchschnittlich XY Mio. EUR. Zur Glaubhaftmachung überreiche ich als Anlage Ast 2 eine entsprechende Umsatzübersicht der Antragstellerin einschließlich einer die dortigen Angaben bestätigenden eidesstattlichen Versicherung des Geschäftsführers, Herrn . . . . . Die Antragstellerin ist in Deutschland im Bereich des Einzelhandels, insb. des Onlineeinzelhandels mit Bekleidungsstücken auch sehr bekannt. Darüber hinaus ist die Antragstellerin unter anderem Inhaberin der eingetragenen deutschen Marke DE12345678, Wort: XXX, sowie der eingetragenen deutschen Marke DE87654321, Wort/Bild: XXX, die jeweils Schutz für Bekleidungsstücke in Klasse 25 sowie Einzelhandelsdienstleistungen mit Bekleidungsstücken, Modeaccessoires und Beauty-Produkten in Klasse 35 beanspruchen. Entsprechende Registerauszüge der benannten Marken werden als Anlagen Ast 3 u. 4 eingereicht.
2. Die Antragsgegnerin handelt innerhalb der Bundesrepublik Deutschland unter dem Zeichen XXX ebenfalls mit Bekleidungsstücken und Modeaccessoires. So hat die Antragstellerin am (Datum) feststellen müssen, dass die Antragsgegnerin über ihre Website www.xxx-shop.de ebenfalls einen Online-Einzelhandel mit Bekleidungsstücken und Modeaccessoires verschiedener Hersteller sowie mit eigenen mit dem Zeichen XXX gekennzeichneten T-Shirts betreibt. Auf der besagten Website der Antragsgegnerin ist das Zeichen XXX zentral auf einem oberhalb des eigentlichen Inhalts der Seite befindlichen Banner angebracht. Zum Zwecke der Glaubhaftmachung überreiche ich als Anlage Ast 5 Screenshots der besagten Website der Antragsgegnerin vom (Datum). Ferner überreiche ich als Anlage Ast 6 eine Fotografie eines mit dem Zeichen XXX gekennzeichneten T-Shirts (nebst Rechnungsbeleg), das am (Datum) auf der Website des Antragsgegners bestellt und am (Datum) an eine Mitarbeiterin der Antragstellerin geschickt wurde.[10]
3. Von oben dargestelltem Sachverhalt hat die Antragstellerin am [Datum] Kenntnis erlangt.[15] So ist am [Datum] eine Mitarbeiterin der Antragstellerin, Frau . . . . ., zufällig auf besagte Website der Antragsgegnerin gestoßen und hat daraufhin am nächsten Arbeitstag [Datum] ihren Vorgesetzten, Herrn . . . . . darüber informiert, der wiederum noch am selben Tag die Geschäftsführung in Kenntnis gesetzt hat. Zum Zwecke der Glaubhaftmachung[10] überreiche ich als Anlagen Ast 6 u. 7 entsprechende eidesstattliche Versicherungen von Frau . . . . . und Herrn . . . . .
4. Die Antragsgegnerin ist vor Antragstellung durch Übersendung eines Anwaltsschreibens vom [Datum] unter Fristsetzung von einer Woche ergebnislos abgemahnt worden. Eine Kopie des Schreibens ist als Anlage Ast 8 beigefügt. Die Antragsgegnerin hat auf die Abmahnung mit dem als Anlage Ast 9 vorgelegten Anwaltsschreiben geant-

wortet. Insoweit ist der anhängig gemachte Antrag auf Erlass einer einstweiligen Verfügung zur Durchsetzung der Rechte der Antragstellerin dringend geboten.[11]

II.

Die rechtliche Bewertung ergibt das Folgende:

1. **Die Parteien sind Wettbewerber auf dem Markt betreffend Bekleidungsstücke und Modeaccessoires sowie im Bereich des Online-Einzelhandels mit Bekleidungsstücken und Modeaccessoires. Die aus Anlage Ast 2 ersichtlichen Umsätze der Antragstellerin belegen des Weiteren, dass sie in erheblichem, und nicht nur unerheblichem Maße und auch nicht nur gelegentlich, sondern regelmäßig und ständig Bekleidungsstücke und Modeaccessoires anbietet und vertreibt. Die Antragstellerin ist somit als Mitbewerber zur Geltendmachung wettbewerbsrechtlicher Unterlassungsansprüche gem. § 8 Abs. 3 Nr. 1 UWG aktivlegitimiert.[7]**
2. **Das Verhalten der Antragsgegnerin verstößt gegen das Irreführungsgebot nach § 5 Abs. 1 S. 2 Nr. 1 u. 3 und Abs. 2 UWG. Die Antragsgegnerin betreibt über ihre Website www.xxx-shop.de unter dem Zeichen XXX Online-Einzelhandel mit Bekleidungsstücken und Modeaccessoires verschiedener Hersteller sowie Online-Einzelhandel mit eigenen mit dem Zeichen XXX gekennzeichneten Bekleidungsstücken. Darin ist zweifellos ein Handeln im geschäftlichen Verkehr zu sehen. Das Zeichen XXX weist dabei auf die betriebliche Herkunft der Waren und Einzelhandelsdienstleistungen sowie auf die Person und Eigenschaft des dahinter stehenden Unternehmers hin und stellt somit eine Angabe iSd § 5 Abs. 1 S. 2 Nr. 1 u. 3 UWG dar.[12]**
   Die Einzelhandelsdienstleistungen unter anderem betreffend Bekleidungsstücke, die mit dem Zeichen XXX gekennzeichnet sind, erbringt die Antragsgegnerin unter Verwendung des Unternehmenskennzeichens und der Marke der Antragstellerin, nämlich XXX. Diese identische Verwendung ist dazu geeignet, den Verbraucher über die betriebliche Herkunft der Waren und Dienstleistungen zu täuschen, § 5 Abs. 1 S. 2 Nr. 1 UWG.
   Darüber hinaus täuscht die Antragsgegnerin durch ihr Verhalten auch über die Person und Eigenschaften des Unternehmers, der unter dem Zeichen XXX Waren und Dienstleistungen anbietet, denn der Verbraucher geht davon aus, dass es sich bei den angebotenen Produkten um Waren und Dienstleistungen der erfolgreichen und bekannten Antragstellerin handelt, § 5 Abs. 1 Nr. 3 UWG.
   Ferner benutzt die Antragsgegnerin das identische Zeichen XXX der Antragstellerin in dem gleichen Geschäftsbereich wie die Antragstellerin, nämlich im Online-Einzelhandel mit Bekleidungsstücken, bietet darüber hinaus auch Bekleidungsstücke an, die mit dem identischen Zeichen XXX versehen sind und ruft dadurch Verwechslungsgefahr mit den identischen Produkten und/oder Dienstleistungen der Antragstellerin hervor. Folglich liegt auch insoweit eine irreführende geschäftliche Handlung gem. § 5 Abs. 2 UWG vor.
   Da die Mitglieder der angerufenen Kammer ebenfalls zu den hier interessierenden Verkehrskreisen – den Letztverbrauchern – gehören, kann die Kammer aufgrund eigener Sachkunde und Erfahrung die hier geltend gemachte Irreführung bejahen.[13, 14]
3. **Der Verfügungsgrund wird in Wettbewerbssachen gem. § 12 Abs. 1 UWG vermutet. Tatsächlich liegt die Dringlichkeit auch auf der Hand. Würde es der Antragsgegnerin gestattet, ihr unzulässiges Verhalten weiterhin fortzusetzen, so würde der Antragstellerin ein nicht nachträglich zu ersetzender Schaden entstehen. Es ist ein allgemeiner Erfahrungssatz im Wettbewerbsrecht, dass im Nachhinein durch die Geltendmachung von Schadensersatz der tatsächlich entstandene Schaden nicht mehr ausgeglichen werden kann. Damit ist zugleich auch die besondere Dringlichkeit für den Erlass einer einstweiligen Verfügung gem. § 937 Abs. 2 ZPO ohne mündliche Verhandlung dargetan.[15]**

4. Die Zuständigkeit des angerufenen Gerichts ergibt sich daraus, dass die Antragsgegnerin ihre geschäftliche Niederlassung im Gerichtsbezirk hat.

Eine beglaubigte und eine einfache Abschrift sind zum Zwecke der Zustellung[16] beigefügt.[17]

Rechtsanwalt[18, 19, 20]

Schrifttum: Ahrens, Der Wettbewerbsprozess, 8. Aufl. 2016; *Ahrens/Spätgens,* Einstweiliger Rechtsschutz und Vollstreckung in UWG-Sachen, 4. Aufl. 2001; *Berneke/Schüttpelz,* Die einstweilige Verfügung in Wettbewerbssachen, 4. Aufl. 2018; *Bernreuther,* Der negative Feststellungsantrag im einstweiligen Verfügungsverfahren, WRP 2010, 1191; *ders.,* Einstweilige Verfügung und Erledigungserklärung, GRUR 2007, 660; *ders.,* Zusammentreffen von Unterlassungserklärung und Antrag auf Erlass einer einstweiligen Verfügung, GRUR 2001, 400; *Bornkamm,* Die unbegründete Unterlassungsverfügung – Wann bedarf die einstweilige Verfügung der Begründung?, FS *Köhler,* 2014, 47; *ders.,* Die Schnittstellen zwischen gewerblichem Rechtsschutz und UWG – Grenzen des lauterkeitsrechtlichen Verwechslungsschutzes, GRUR 2011, 1; *Büscher,* Klagehäufung im gewerblichen Rechtsschutz – alternativ, kumulativ, eventuell, GRUR 2012, 16; *Danckwerts,* Örtliche Zuständigkeit bei Urheber-, Marken- und Wettbewerbsverletzungen im Internet, GRUR 2007, 104; *Feddersen,* Gesetz zur Stärkung des fairen Wettbewerbs: Neuerungen bei Vertragsstrafe und Gerichtsstand, WRP 2021, 713; *Goldmann,* Der Marschallstab im Tornister – Zum Streitwert der einstweiligen Verfügung beim wettbewerbsrechtlichen Unterlassungsanspruch, WRP 2001, 240; *Klein,* Begründung von Beschlussverfügungen, GRUR 2016, 899; *Kodde,* Vier Jahre nach „TÜV", GRUR 2005, 38; *Mes,* Kenntnis Dritter und Dringlichkeitsvermutung des § 25 UWG, FS für *Nirk,* 1992, 661; *Ott,* Zustellungsfragen bei einer einstweiligen Verfügung, WRP 2016, 1455; *Rehart,* Widerklage auf Aufhebung einer einstweiligen Verfügung wirklich zulässig?, WRP 2017, 1307; *Sarkowski,* Unterlassung durch Rückruf – „Hot Sox" und „RESCUE-Produkte" und die Folgen, GRUR 2017, 355; *Schacht,* Die Prüfung konkreter Unterlassungspflichten im Erkenntnisverfahren, WRP 2017, 1055; *Schote/Lührig,* Prozessuale Besonderheiten der einstweiligen Verfügung, WRP 2008, 1281; *Teplitzky,* Aktuelle Probleme der Abmahnung und Unterwerfung sowie des Verfahrens der einstweiligen Verfügung im Wettbewerbs- und Markenrecht, WRP 2005, 654; *ders.,* Gewohnheitsunrecht? Anmerkungen zum Einfluss der normativen Kraft des faktischen auf die einstweilige Unterlassungsverfügung, FS *Bornkamm* 2016, 1073; *ders.,* Zur Problematik der praktischen Umsetzung sog. Verfahrensgrundsätze im Zivilprozess, FS *Ahrens* 2016, 559; *ders.,* Unzulässiges Forum-hopping nach gerichtlichen Hinweisen, WRP 2016, 917; *ders.,* Verfahrensgrundrechte im Recht der einstweiligen Verfügung, WRP 2016, 1181; *ders.,* Neuer Rechtsschutz gegen die Verletzung von Verfahrensgrundrechten beim Erlass einstweiliger Verfügungen, WRP 2017, 1163; *Traub,* Verlust der Eilbedürftigkeit durch prozessuales Verhalten des Antragstellers, GRUR 1996, 707; *Ulrich,* Die Beweislast in Verfahren des Arrestes und der einstweiligen Verfügung, GRUR 1985, 201 ff.; *Ulrich,* Die Aufbrauchsfrist in Verfahren der einstweiligen Verfügung, GRUR 1991, 26 ff.; *Ulrich,* Die Befolgung und Vollziehung einstweiliger Unterlassungsverfügungen sowie der Schadensersatzanspruch gem. § 945 ZPO, WRP 1991, 361 ff.; *Zindel/Vorländer,* Vom Ende der Schubladenverfügung, WRP 2017, 362; vgl. die weiteren Hinweise in der Schrifttumsübersicht zu → Form. II.P.1.

Hinweis: Ein weiteres Beispiel für einen Antrag auf Erlass einer einstweiligen Verfügung wegen irreführender Werbung bei *Mes/Schabenberger/Sonntag,* Münchener Prozessformularbuch, Bd. 5, Gewerblicher Rechtsschutz, Urheber- und Presserecht, 5. Aufl. 2018, Form. A.4.

Anmerkungen

1. Die (örtliche und sachliche) Zuständigkeit des Gerichts im einstweiligen Verfügungsverfahren bestimmt sich nach dem Gericht der Hauptsache (§ 937 Abs. 1 ZPO). Für wettbewerbsrechtliche Streitigkeiten sind (sachlich) die Landgerichte ausschließlich zuständig (§ 14 Abs. 1 UWG). Es ergibt sich des Weiteren die (funktionelle) Zuständigkeit der Kammern für Handelssachen gem. §§ 94, 95 Abs. 1 Nr. 5 GVG, § 13 Abs. 1 S. 2 UWG. Bei einigen Landgerichten gibt es jedoch auch Spezialwettbewerbs-(Zivil-)kammern, bei denen die Klage beziehungsweise der Verfügungsantrag eingereicht werden kann, zB bei den Landgerichten Düsseldorf, Köln oder Hamburg.

Die örtliche Zuständigkeit bestimmt sich nach § 14 Abs. 2 UWG. Abs. 2 S. 1 knüpft die örtliche Zuständigkeit an den allgemeinen Gerichtsstand des Beklagten/Antragsgegners. Gem. § 14 Abs. 2 S. 2 ist außerdem das Gericht zuständig, in dessen Bezirk die Zuwiderhandlung begangen ist (sog. „fliegender Gerichtsstand"), wobei der Gerichtsstand der unerlaubten Handlung durch § 14 Abs. 2 S. 3 UWG stark eingeschränkt wird:

So ist nach § 14 Abs. 2 S. 3 Nr. 1 UWG der Gerichtsstand des Begehungsortes für alle nach § 8 Abs. 3 UWG Anspruchsberechtigten ausgeschlossen bei „Rechtsstreitigkeiten wegen Zuwiderhandlungen im elektronischen Geschäftsverkehr oder in Telemedien". Er findet in diesen Fällen nur dann Anwendung, wenn der Beklagte im Inland keinen allgemeinen Gerichtsstand hat. Der Ausschluss erfasst nur Rechtsverletzungen, die ausschließlich im elektronischen Geschäftsverkehr oder in Telemedien, also nur „rein virtuell" begangen werden (Köhler/Bornkamm/*Feddersen* UWG § 14 Rn. 21); nur insoweit greift die Rechtfertigung des Gesetzgebers, dass der fliegende Gerichtsstand bei Online-Verstößen zu Missbrauch einlädt. Es ist nicht zu leugnen, dass dieser Ausschlusstatbestand in der Praxis zu widersinnigen Verfahrensabläufen führen kann. Kann ein erster Werbespot, der bundesweit nur im Kino läuft, bundesweit immer noch im „fliegenden Gerichtsstand" angegriffen werden, kann ein zweiter Werbespot, der ggf. wegen des gleichen Normverstoßes wettbewerbswidrig ist, nur deshalb nicht bundesweit, sondern nur am allg. Gerichtsstand des Beklagten angegriffen werden, weil er nur online läuft (dieses Beispiel wird in LG Düsseldorf WRP 2021, 395 genannt). Über die Reichweite von § 14 Abs. 2 S. 3 Nr. 1 UWG gibt es denn auch in der Rechtsprechung unterschiedliche Auffassungen: Das LG Düsseldorf legt in einem ausführlich begründeten Verfügungsbeschluss (WRP 2021, 395) den Ausnahmetatbestand eng aus und wendet ihn nur auf solche Fälle an, in denen spezifisch auf den elektronischen Geschäftsverkehr und Telemedien zugeschnittene Normen verletzt werden, also Normen, die tatbestandlich an ein Handeln im elektronischen Geschäftsverkehr oder in Telemedien anknüpfen. Es begründet diese Auslegung insbesondere mit dem Zweck des Tatbestandes, der nur bei solchen Verstößen im Onlinebereich eine Missbrauchsanfälligkeit des „fliegenden Gerichtsstandes" beseitigen solle. Demgegenüber sieht das OLG Düsseldorf, in einem obiter dictum einer Entscheidung im gleichen Verfahren (WRP 2021, 513), den Ausschlusstatbestand immer schon dann als verwirklicht an, wenn eine Zuwiderhandlung vorliegt, die überhaupt im elektronischen Geschäftsverkehr oder in Telemedien begangen wurde, unabhängig davon, ob es sich um Verstöße gegen spezifisch auf diesen Bereich zugeschnittene Rechtsnormen handelt. Eine teleologische Reduktion des Anwendungsbereichs komme angesichts des Wortlauts und der Systematik (insbesondere im Vergleich zum Ausschlusstatbestand des § 13 Abs. 4 UWG) nicht in Betracht. Es sei insbesondere nicht möglich, § 14 Abs. 2 S. 3 Nr. 1 UWG enger auszulegen als die (dem Wortlaut nach wesentlich enger gefasste) Vorschrift des § 13 Abs. 4 UWG, zu der der Gesetzgeber in der Gesetzesbegründung festgestellt habe, dass sie nicht nur Verstöße gegen spezifisch dem Onlinebereich zuzuordnende Vorschriften erfasse. Das LG Düsseldorf hat nach der Entscheidung des OLG Düsseldorf in einem weiteren Verfügungsbeschluss festgestellt, dass es an seiner einschränkenden Auffassung zu § 14 Abs. 2 S. 3 Nr. 1 UWG festhalte (WRP 2021, 688; eine Kritik daran äußert insbesondere *Feddersen* WRP 2021, 713 (718 Rn. 30 f.)).

Bis zur Klärung oder Ausbildung einer hM zum Umfang des Ausschlusses des Gerichtsstandes des Begehungsortes nach § 14 Abs. 2 S. 3 Nr. 1 UWG ist **für die Praxis folgende Vorgehensweise ratsam:**

- Verstöße, die ausschließlich im elektronischen Geschäftsverkehr oder in Telemedien feststellbar sind (zB Werbespots, irreführende Behauptungen auf einer Internetseite etc), sollten vorsorglich am allgemeinen Gerichtsstand des Beklagten verfolgt werden, wenn der Beklagte im Inland einen allgemeinen Gerichtsstand hat. Gerade in Verfügungsverfahren sollte das Risiko, dass ein Gericht seine örtliche Zuständigkeit ablehnt, wegen der grds bestehenden Eilbedürftigkeit nicht eingegangen werden.
- Verstöße, die ausschließlich außerhalb des elektronischen Geschäftsverkehrs feststellbar sind, können wie zuvor von Mitbewerbern wahlweise entweder am allgemeinen oder am Gerichtsstand des Begehungsortes verfolgt werden. Hierzu zählen auch Verstöße gegen Rechtsnormen, die erst mit dem Inverkehrbringen von Produkten verwirklicht werden (Köhler/Bornkamm/*Feddersen* UWG § 14 Rn. 21), zB Verstöße gegen Pflichten zur Kennzeichnung auf dem Produkt selbst, § 9 ElektroG oder § 17 BattG), die sich nicht auch auf die Werbung für das Produkt (die ggf im Internet stattfindet) erstrecken. Anders zu behandeln daher zB die Pflicht zur Textilkennzeichnung, die sich nach Art. 16 EU-TextilKVO gerade auch auf Informationen vor dem Kauf im elektronischen Geschäftsverkehr erstreckt.
- „Hybride" Verstöße, die nicht ausschließlich im elektronischen Geschäftsverkehr, sondern gleichzeitig auch in der realen Welt stattfinden (zB ein irreführender Spot, der bundesweit in Kinos, aber auch bundesweit online gezeigt wird; Angebot im Internet und nachfolgendes bundesweites Inverkehrbringen von Produktnachahmungen im Sinne des § 4 Nr. 3 UWG), können in einem einheitlichen Verfügungsverfahren vor dem Gericht des Begehungsortes beanstandet und *insgesamt* verboten werden, ohne dass zwei getrennte Verfahren vor unterschiedlichen Gerichten zu führen wären. Die einheitliche Zuständigkeit des Gerichts am Begehungsort kann in einem solchen Fall gemäß § 14 Abs. 2 S. 2 UWG begründet werden (wegen der Kinospots, die nicht unter § 14 Abs. 2 S. 3 Nr. 1 UWG fallen), und zwar in Bezug auf den gesamten Streitgegenstand (vgl. dazu *Feddersen* WRP 2021, 713 (718 Rn. 31)). Weil zB der Werbespot an sich, unabhängig von Art und Ort seiner Vorführung, den einheitlich zu bestimmenden Streitgegenstand bildet, wird von einem Verfügungsverbot, das nicht ausschließlich auf den Kinowerbespot bezogen ist, zugleich das Zeigen des Spots auch im Onlinebereich mitverboten. Entsprechendes gilt für im Internet (aber nicht im stationären Einzelhandel) angebotene Produktnachahmungen: Auch wenn grds. zwischen dem Angebot und dem Inverkehrbringen, auch im Antrag, unterschieden wird, handelt es sich um „hybride" Verstöße, weil das Inverkehrbringen als „Manifestation" einer durch das Angebot veranlassten Herkunftstäuschung oder Rufausnutzung vom Angebot selbst nicht getrennt werden kann und auch nicht sollte. Daneben ist in solchen Fällen nach Wahl der allgemeine Gerichtsstand des Beklagten begründet.

Ferner ist der Gerichtsstand des Begehungsortes für die in § 8 Abs. 3 Nr. 2–4 UWG genannten Klageberechtigten nur gegeben, wenn der Beklagte im Inland keinen allgemeinen Gerichtsstand, also weder eine gewerbliche oder selbständige berufliche Niederlassung noch einen Wohnsitz hat. Der Mitbewerber (§ 8 Abs. 3 Nr. 1 UWG) hat dagegen grundsätzlich die Wahl zwischen beiden Gerichtsständen, § 35 ZPO, wenn sie begründet sind, also insbesondere sofern nicht der Ausschlusstatbestand des § 14 Abs. 2 S. 3 Nr. 1 UWG eingreift. (Zum Missbrauch des „fliegenden" Gerichtsstands und zu den jüngst erfolgten Änderungen in § 14 Abs. 2 UWG allgemein s. Köhler/Bornkamm/*Feddersen*UWG § 14 Rn. 7, 15 ff. Beide Gerichtsstände sind ausschließlich ; die Zuständigkeit eines anderen Gerichts kann daher weder durch Vereinbarung noch durch rügeloses Verhandeln zur Hauptsache begründet werden (§ 40 Abs. 2 ZPO), vgl. Köhler/Bornkamm/*Feddersen* UWG § 14 Rn. 7.

2. Die einstweilige Unterlassungsverfügung ist im Wettbewerbsrecht ein sehr häufig eingesetztes Mittel, um unlautere Geschäftspraktiken schnell und wirksam zu bekämpfen. Grund dafür ist nicht zuletzt die in § 12 Abs. 1 UWG normierte widerlegliche Dringlichkeitsvermutung. Der Antragsteller ist zunächst (widerleglich) von der Last der Darlegung und Glaubhaftmachung der in §§ 935 und 940 ZPO bezeichneten Voraussetzungen, nämlich entweder dass für den Fall der Wiederholung des Wettbewerbsverstoßes eine wesentliche Erschwerung der Durchsetzung seiner Rechte droht (§ 935 ZPO) oder dass eine einstweilige Regelung zur Abwendung erheblicher Nachteile notwendig ist (§ 940 ZPO), befreit. Dieser Umstand erleichtert einen schnellen Erlass einer Unterlassungsverfügung und macht sie, insbesondere wenn sie im Wege der Beschlussverfügung ohne vorherige Anhörung des Antragsgegners ergeht, zu einem sehr scharfen Schwert (→ Form. II.P.2 Anm. 2.). Die Möglichkeit, aus der einstweiligen Regelung des streitigen Sachverhalts durch die Abgabe einer Abschlusserklärung eine endgültige und rechtsverbindliche Lösung für beide Parteien, herbeizuführen, steigert ebenfalls die Attraktivität der einstweiligen Unterlassungsverfügung (→ Form. II.P.4). Vor jedem Antrag auf Erlass einer einstweiligen Verfügung sowie insb. vor der Zustellung einer Beschlussverfügung sollte jedoch sorgfältig das sich im Zusammenhang mit § 945 ZPO ergebende Schadensersatzrisiko erwogen werden. Erweist sich nämlich die ergangene einstweilige Verfügung von Anfang an als ungerechtfertigt, ist der Antragsteller verpflichtet, dem Antragsgegner den sich aus der Vollziehung (= Zustellung) der Unterlassungsverfügung entstehenden Schaden zu erstatten. Auf ein Verschulden des Antragstellers kommt es dabei nicht an. Ein Schadensersatzanspruch ist allerdings zu verneinen, wenn die einstweilige Verfügung lediglich wegen fehlender Dringlichkeit aufgehoben wurde, der Antragsgegner jedoch materiell-rechtlich zur Unterlassung verpflichtet war, weil es dann an einem ersatzfähigen Schaden fehlt. Instruktiv sind hierzu die Entscheidungen BGH GRUR 1992, 203 – Roter mit Genever; 1993, 998 – Verfügungskosten, BGH WRP 1994, 733, 736 – Fortsetzungsverbot; vgl. ferner Köhler/Bornkamm/Feddersen/*Köhler* UWG § 12 Rn. 2.80 mwN. Enthält allerdings eine einstweilige Verfügung keine Strafandrohung, so entfällt eine Schadensersatzpflicht aus § 945 ZPO (BGH WRP 1996, 104; iE BGH GRUR 2009, 890 – Ordnungsmittelandrohung). Ein unterlassener Widerspruch kann ein den Schadensersatzanspruch ausschließendes Mitverschulden begründen (OLG München GRUR 1996, 998).

3. Gegenstand eines Verfügungsbegehrens ist regelmäßig lediglich ein Unterlassungsanspruch, dessen vorläufige Sicherung erstrebt wird. Die Geltendmachung eines Auskunftsanspruchs im einstweiligen Rechtschutzverfahren ist grds. ausgeschlossen, da dadurch die Hauptsache vorweggenommen würde (vgl. Köhler/Bornkamm/Feddersen/*Köhler* UWG § 12 Rn. 2.10 mit weiteren Einzelheiten sowie Ausnahmen; ferner *Ulrich* WRP 1997, 135). Es wurde daher in der Vergangenheit überwiegend die Auffassung vertreten, der Streitwert eines wettbewerbsrechtlichen Verfügungsverfahrens sei niedriger als derjenige eines Hauptklageverfahrens mit gleichem Unterlassungsantrag (Köhler/Bornkamm/Feddersen/*Köhler/Feddersen* UWG § 12 Rn. 4.12 mwN zum Meinungsstand). Nach anderer Auffassung war eine Herabsetzung des Streitwerts nicht zwingend geboten, da eine rasche Durchsetzung des Unterlassungsanspruchs des Gläubigers im Verfügungsverfahren ebenso schwer wiegt wie seine langfristige Durchsetzung in einem Hauptsacheverfahren und der Weg des einstweiligen Rechtschutzes vom Wettbewerbsgläubiger häufig mit dem Ziel beschritten wird, eine endgültige Regelung zu bewirken (vgl. zB das Instrument des Abschlussschreibens, → Form. II.P.4; wie hier Goldmann WRP 2001, 240; OLG Hamburg WRP 1981, 470 (473); OLG München WRP 1985, 661 (662)). Dieser Meinungsstreit dürfte sich nunmehr aufgrund der in § 51 Abs. 4 GKG getroffenen gesetzlichen Regelung erledigt haben: Denn gem. § 51 Abs. 4 GKG ist der sich aus § 51 Abs. 2 u. 3 GKG ergebende Wert „in der Regel unter Berücksichtigung der geringeren Bedeutung gegenüber der Hauptsache zu ermäßigen". Der Streitwert eines wettbewerbsrechtlichen Verfügungsverfahrens soll also im Vergleich zum Hauptsacheverfahren grds. niedriger festgelegt werden. In welcher Höhe Abzüge erfolgen sollen, ist nicht geregelt und war bereits in der Vergangenheit aufgrund der uneinheitlichen Rspr. stets ungewiss. So wurden in der Vergangenheit Abzüge von 2/3 (KG WRP 1989, 166 (167)) von $^1/_2$ (OLG Oldenburg WRP 1991, 602 (604)) oder von $^1/_3$ (OLG Koblenz WRP 1969, 166) für angemessen erachtet (zur uneinheitlichen Rspr. der OLG vgl. schon *Kur,* Streitwert und Kosten im Verfahren wegen unlauteren Wettbewerbs, 1980). Aus Gründen der Rechtssicherheit und Praktikabilität sollte jedoch im Regelfall ein bestimmtes Wertverhältnis zu Grunde gelegt werden (KG WRP 2005, 368 (369)), ohne dass dadurch eine Einzelfallprüfung ausgeschlossen würde (*Teplitzky* Ansprüche Kap. 49 Rn. 29). Gemäß jüngerer Rspr. erscheint nunmehr im Regelfall ein Abzug von einem Drittel vom Streitwert des Hauptsacheverfahrens als angemessen (OLG Celle GRUR-RS 2016, 04998; KG WRP 2005, 368 (369); OLG Rostock GRUR-RR 2009, 39). In begründeten Einzelfällen soll aber auch eine Annäherung an den Wert der Hauptsache möglich sein (vgl. BT-Drs. 17/13057, 36). Dies gilt insb. für Fälle, bei denen das Verfügungsverfahren tatsächlich zu einer endgültigen Erledigung des Rechtstreits führt oder mit hoher Wahrscheinlichkeit führen wird (OLG München WRP 1985, 661; OLG Köln WRP 2000, 650; KG WRP 2005, 368 (369); OLG Rostock GRUR-RR 2009, 39).

Zum Streitwert einer Wettbewerbsklage → Form. II.P.9 Anm. 3. Das Gericht hat den Streitwert nach freiem Ermessen festzusetzen. Der Angabe eines Streitwertes in wettbewerbsrechtlichen Anträgen auf Erlass einer einstweiligen Verfügung oder in einer Klage kommt nur indizielle Bedeutung zu (BGH GRUR 1986, 93 (94) – Berufungssumme; OLG Düsseldorf GRUR-RR 2011, 341 – Streitwertheraufsetzung II; OLG Köln MD 1994, 80). Dem wird durch die Hinzufügung der Worte „vorläufig geschätzt" Rechnung getragen. Die Parteien sind bei der Ermittlung des angemessenen Streitwertes zur Mitwirkung verpflichtet und insoweit aufgefordert, die Streitwertangabe auf Verlangen des Gerichts zu begründen und die entsprechenden Bemessungsparameter darzulegen. Kommen sie dieser Verpflichtung nicht nach, so kann das Gericht den Streitwert nach eigenen Schätzungen heraufsetzen (OLG Düsseldorf GRUR-RR 2011, 341 – Streitwertheraufsetzung II; ferner Köhler/Bornkamm/Feddersen/*Köhler/Feddersen* UWG § 12 Rn. 4.3 ff.). Eine von den Parteien unangemessen niedrige Streitwertangabe wird vom OLG Düsseldorf ggf. als versuchter Betrug zu Lasten der Landeskasse beurteilt (OLG Düsseldorf GRUR-RR 2011, 341 – Streitwertheraufsetzung II). Es kann sich daher empfehlen, bereits am Ende der Antragsschrift oder der Klage die Streitwertangabe näher zu begründen.

4. Gem. § 88 Abs. 2 ZPO ist bei Einreichung eines Antrags auf Erlass einer einstweiligen Verfügung die Beifügung einer Vollmacht nicht erforderlich.

5. Besondere Verfahrensbitte gem. § 937 Abs. 2 ZPO. Diese beinhaltet zugleich regelmäßig auch die Verfahrensbitte gem. § 944 ZPO, dass der Vorsitzende der angerufenen Kammer allein entscheiden möge.

6. Die Vollstreckung der Unterlassungsverfügung erfolgt gem. § 890 Abs. 1 ZPO. Gem. § 890 Abs. 2 ZPO hat der Festsetzung eines Ordnungsmittels eine Androhung vorauszugehen, die üblicherweise im Titel selbst erfolgt. Das Höchstmaß des einzelnen Ordnungsgeldes beträgt 250.000 EUR. Das Höchstmaß der ersatzweisen Ordnungshaft beträgt sechs Monate, im Wiederholungsfalle zwei Jahre (vgl. Wortlaut § 890 Abs. 1 S. 2 ZPO; ferner beispielsweise OLG Düsseldorf Urt. v. 10.12.2009 – 2 U 51/08, BeckRS 2010, 12415; ferner Beschl. v. 29.10.2002 – 20 W 35/02, BeckRS 2016, 08537; *Pastor*, Der Wettbewerbsprozess, 3. Aufl. 1980, S. 840 mwN). Es wurde teilweise die Auffassung vertreten, dass bei Personengesellschaften oder juristischen Personen Ordnungshaft, auch in Form der Ersatzordnungshaft, nicht angedroht werden könne (OLG Bremen WRP 1979, 464 (466) mwN). Dieser Ansicht hat jedoch der BGH bereits in seiner Entscheidung „Fachliche Empfehlung II" (GRUR 1991, 929 (931)) eine Absage erteilt. Ordnungshaft kann somit auch gegenüber Personengesellschaften oder juristischen Personen angedroht und festgesetzt werden, allerdings nur mit der Maßgabe, dass sie an deren Organen zu vollziehen ist (vgl hierzu auch BGH GRUR 2012, 541 (542); Köhler/Bornkamm/Feddersen/*Köhler/Feddersen* UWG § 12 Rn. 5.12). Ein entsprechender Antrag auf Androhung schadet jedenfalls nicht.

7. Zur Bestimmung des Antragsinhalts vgl. *Borck* WRP 2000, 824; *Brandner/Bergmann* WRP 2000, 842; *Jestaedt* in Ahrens Wettbewerbsprozess Kap. 22 S. 422 ff.; *Teplitzky* Ansprüche Kap. 51, Rn. 1 ff.; *Teplitzky* WRP 1999, 75; *Kodde* GRUR 2005, 38 (41). Zur Bestimmung des Streitgegenstandes in UWG-Verfahren: BGH GRUR 2013, 401 – Biomineralwasser; *Büscher* GRUR 2012, 16; *Kodde* GRUR 2005, 38 (41); → Anm. 8. In wettbewerbsrechtlichen Streitigkeiten gilt der Grundsatz, dass der Unterlassungsantrag eine „Kurzfassung" der Klageschrift bzw. des Antrags auf Erlass einer einstweiligen Verfügung sein muss. In ihm müssen diejenigen Tatumstände gekennzeichnet sein, die das Verhalten des Verletzers nach Auffassung des Rechtsschutzsuchenden als wettbewerbswidrig erscheinen lassen. Mit anderen Worten: Zu beschreiben ist die sog „konkrete Verletzungshandlung". Um einen entsprechenden Antrag formulieren zu können, ist zuvor zu fragen: „Was erscheint im Verhalten des Gegners wettbewerbswidrig? Was soll angegriffen (untersagt) werden?". Im Regelfall müssen in einem Unterlassungsantrag folgende Elemente einer zu verbietenden Handlung konkretisiert werden: Betroffene Produktart oder Branche/Geschäftsbereich, in der die Handlung erfolgt ist; sinngemäße oder wörtliche Wiedergabe oder Umschreibung einer Behauptung oder anderen Handlung; bei Produktnachahmungen die zu untersagenden Angebots- und Vertriebshandlungen bezogen auf ein durch Fotografien konkretisiertes Produkt. Maßgeblich ist, dass ein Antrag (in einer Klage oder in einer Antragsschrift auf Erlass einer einstweiligen Verfügung) deutlich gefasst sein muss, um den Streitgegenstand (→ Anm. 8) und den Umfang der Prüfungs- und Entscheidungsbefugnis des Gerichtes klar zu umreißen. Insbes. vor dem Hintergrund der TÜV-Entscheidungen, in denen der BGH dem bei Streitigkeiten im Bereich des geistigen Eigentums und im Wettbewerbsrecht unbeanstandeten Institut der alternativen Klagehäufung nunmehr eine Absage erteilt hat (BGH GRUR 2011, 521 – TÜV I; GRUR 2011, 1043 – TÜV II), muss der Kläger die gebotene Bestimmung des Streitgegenstands vornehmen und kann sie nicht zur Disposition des Gerichts stellen. Dazu gehört bei mehreren Streitgegenständen auch die Benennung der Reihenfolge, in der diese zur Überprüfung durch das Gericht gestellt werden. Der Beklagte muss sich erschöpfend verteidigen können und iErg darf dem Vollstreckungsgericht nicht die Entscheidung darüber überlassen bleiben, was dem Beklagten verboten ist (BGH stRspr., zB GRUR 2002, 72 (73) li. Sp. – Preisgegenüberstellung im Schaufenster; BGH GRUR 2011, 742 – Leistungspakete im Preisverglich; GRUR 2011, 340 – Irische Butter; GRUR 2011, 936 (939) – Double-opt-in-Verfahren). Instruktiv: BGH GRUR 2002, 72 – Preisgegenüberstellung im Schaufenster; GRUR 2002, 86 – Laubhefter; ferner die BGH-Entscheidungen: GRUR 1979, 859 (860) – Hausverbot II; GRUR 1984, 593 (594) re. Sp. – Adidas; GRUR 1986, 898 (900) – Frank der Tat; GRUR 1987, 371 (373) – Kabinettwein; 1991, 254 = WRP 1991, 216 – Unbestimmter Unterlassungsantrag; GRUR 1992, 625 – Therapeutische Äquivalenz; WRP 1993, 478 – Faltenglätter; GRUR 1994, 310 – Mozarella II; WRP 1999, 842 – Auslaufmodelle II; OLG Frankfurt a. M. GRUR 1988, 563. Zum Begriff der konkreten Verletzungshandlung vgl. *Teplitzky* Ansprüche Kap. 5, Rn. 4 ff. Zur Tathandlung des Mitwirkens im Unterlassungsantrag BGH GRUR 1996, 502 (507) – Energiekosten-Preisvergleich; 1997, 139 (140) – Oran-

genhaut; zur Zulässigkeit von Verallgemeinerungen BGH GRUR 1996, 290; 1997, 379 – Wegfall der Wiederholungsgefahr I und II; 1996, 781 (783, 784) – Verbrauchsmaterialien; WRP 1999, 421 – Vorratslücken; Köhler/Bornkamm/Feddersen/*Köhler* UWG § 12 Rn. 1.23 ff. und 1.43 f. mwN, insb. zur sog „Kerntheorie", vgl. insoweit auch BGH GRUR 2011, 742 – Leistungspakete im Preisvergleich; GRUR 2011, 340 – Irische Butter).

Die früher übliche Einleitung des Verbotstenors nach der Strafandrohungsklausel mit den Worten „im geschäftlichen Verkehr zu Zwecken des Wettbewerbs" beruhte auf der Formulierung in § 1 UWG aF. Eine vergleichbare Formulierung im geltenden UWG fehlt. § 2 Abs. 1 Nr. 1 UWG in der Neufassung v. 22.12.2008 stellt nur noch auf die „geschäftliche Handlung" ab. Dabei handelt es sich um „jedes Verhalten einer Person zugunsten des eigenen oder eines fremden Unternehmens, bei oder nach einem Geschäftsabschluss, das mit der Förderung des Absatzes oder des Bezugs von Waren oder Dienstleistungen oder mit dem Abschluss oder der Durchführung eines Vertrages über Waren oder Dienstleistungen objektiv zusammenhängt". Es ist des Weiteren am angegebenen Ort definiert, dass als Waren auch Grundstücke gelten und als Dienstleistungen auch Rechte und Verpflichtungen. Wird mithin in einem Unterlassungstenor (Antrag) nach wie vor formuliert, „im geschäftlichen Verkehr zu Wettbewerbszwecken", sollte dies rechtlich unverändert zutreffend sein. Eine entsprechende Formulierung kann jedoch entfallen. Im Textbeispiel wird die Formulierung „im geschäftlichen Verkehr", in Anlehnung an § 2 Abs. 1 Nr. 1 UWG, vorgeschlagen.

8. Nach der stRspr des BGH wird der Streitgegenstand durch den Klageantrag, in dem sich die vom Kläger in Anspruch genommene Rechtsfolge konkretisiert, und den Lebenssachverhalt (Klagegrund) bestimmt, aus dem der Kläger die Rechtsfolge herleitet (BGH GRUR 2003, 716 – Reinigungsarbeiten). Seitdem der BGH die alternative Klagehäufung, die er in der Vergangenheit für Streitigkeiten im Bereich des geistigen Eigentums und im Wettbewerbsrecht unbeanstandet gelassen hat, nicht mehr zulässt (BGH GRUR 2011, 521 – TÜV I; GRUR 2011, 1043 – TÜV II), kommt der Bestimmung des Streitgegenstandes bei einer auf mehreren tatsächlichen und rechtlichen Gesichtspunkten gestützten Klage noch mehr Bedeutung zu (BGH GRUR 2013, 401 (Rn. 18) – Biomineralwasser, *Büscher* GRUR 2012, 16 (23 f.). Der Streitgegenstand setzt sich grds. aus Klageantrag und Lebenssachverhalt zusammen. Zum Lebenssachverhalt rechnen nach Rspr. des BGH alle Tatsachen, die bei einer vom Standpunkt der Partei ausgehenden natürlichen Betrachtungsweise zu dem durch den Vortrag der Klagepartei zur Entscheidung gestellten Tatsachenkomplex gehören (BGH GRUR 2013, 401 Rn. 20 ff. – Biomineralwasser). Ein Streitgegenstand liegt demnach vor, wenn sich der Tatsachenstoff nicht sinnvoll auf verschiedene, eigenständige, den Sachverhalt in seinem Kerngehalt verändernde Geschehensabläufe aufteilen lässt, selbst wenn diese einer eigenständigen rechtlichen Bewertung zugänglich wären. Eine Mehrheit von Streitgegenständen soll vorliegen, wenn die materiell-rechtliche Regelung die zusammentreffenden Ansprüche durch eine Verselbständigung der einzelnen Lebensvorgänge erkennbar unterschiedlich ausgestaltet (BGH; GRUR 2013, 401 Rn. 20 ff. – Biomineralwasser; Köhler/Bornkamm/Feddersen/*Köhler* UWG § 12 Rn. 1.23b; *Musielak/Voit/Musielak* ZPO Einl. Rn. 76). Der Streitgegenstand wird demnach durch den gesamten historischen Lebensvorgang bestimmt, auf den sich das Rechtschutzbegehren des Klägers bezieht, unabhängig davon, ob einzelne Tatsachen dieses Lebenssachverhalts von den Parteien vorgetragen worden sind oder nicht, und auch unabhängig davon, ob die Parteien die nicht vorgetragene Tatsache kannten und hätten vortragen können (BGH GRUR 2913, 401 Rn. 19 – Biomineralwasser). Im Wettbewerbsrecht hatte der BGH in der Vergangenheit bei der Definition dessen, was noch demselben Lebenssachverhalt angehört, eine sehr enge Sichtweise zu Grunde gelegt. So konnte etwa die Verwirklichung verschiedener Verbotsnormen (BGH GRUR 2008, 443 – Saugeinlagen), wie auch die Verwirklichung unterschiedlicher Erscheinungsformen der-

selben Verbotsnorm wie insb. des Irreführungsverbots nach §§ 3, 5 UWG als jeweils selbständige Klagegründe angesehen werden (BGH GRUR 2001, 181 – Dentalästhetika I; GRUR 2007, 161 – Dentalästhetika II). An dieser engen Streitgegenstandbestimmung hält der Senat im Hinblick auf die Unzulässigkeit der alternativen Klagehäufung (BGH GRUR 2011, 521 – TÜV I; GRUR 2011, 1043 – TÜV II) nicht mehr fest. Für das Markenrecht hat der Senat entschieden, dass immer dann, wenn aus einer Marke geklagt wird, der Streitgegenstand alle drei Erscheinungsformen der Markenverletzung – Schutz bei Doppelidentität und Verwechslungsgefahr sowie Bekanntheitsschutz – umfasst (BGH GRUR 2012, 621 – Oscar). Gleiches gilt nunmehr auch für die wettbewerbsrechtliche Unterlassungsklage, so dass in Fällen, in denen sich die Klage gegen ein konkret umschriebenes Verhalten richtet, das bei natürlicher Betrachtungsweise den Tatsachenkomplex umschreibt (konkrete Verletzungsform), in dieser konkreten Verletzungsform der Lebenssachverhalt zu sehen ist, durch den der Streitgegentand bestimmt wird (BGH GRUR 2013, 401 Rn. 24. – Biomineralwasser; BGH GRUR 2012, 184 – Branchenbuch Berg; GRUR 2011, 742 – Leistungspaket im Preisvergleich). Dass der vorgetragene Lebenssachverhalt die Voraussetzungen nicht nur einer, sondern mehrerer Verbotsnormen erfüllt, ist unerheblich. Vielmehr umfasst der Streitgegenstand in diesem Fall alle Rechtsverletzungen, die durch die konkrete Verletzungsform verwirklicht werden (BGH GRUR 2013, 401 Rn. 24 – Biomineralwasser; GRUR 2012, 184 – Branchenbuch Berg; Köhler/Bornkamm/Feddersen/*Köhler* UWG § 12 Rn. 2.23e). Dies gilt unabhängig davon, ob der Kläger sich auf bestimmte Rechtsverletzungen gestützt hat. Denn er überlässt es in diesem Fall dem Gericht, auf welchen rechtlichen Gesichtspunkt es das beantragte Unterlassungsgebot stützt (BGH GRUR 2013, 401 Rn. 24 – Biomineralwasser). Das Gericht kann daher ein Verbot auch auf Anspruchsgrundlagen stützen, die vom Kläger gar nicht vorgetragen wurden. Soweit der Kläger sein Begehren auf mehrere Anspruchsgrundlagen stützt, begründet dies nicht eine Mehrheit von Streitgegenständen. Das Gericht muss auch nicht alle Anspruchsgrundlagen durchprüfen, sondern kann das Unterlassungsgebot auf die Grundlage stützen, die es für gegeben hält (Köhler/Bornkamm/Feddersen/*Köhler* UWG § 12 Rn. 1.23 f.; ders. mit weiteren Beispielen zum einheitlichen Streitgegenstand in § 12 Rn. 1.23k und Beispiele zur Mehrheit von Streitgegenständen in § 12 Rn. 1.23l).

9. Zur Aktivlegitimation nach § 8 Abs. 3 Nr. 1–3 UWG → Form. II.P.1 Anm. 4 mwN.

10. Mit diesem Sachvortrag und den entsprechenden Glaubhaftmachungsmitteln wird der Verletzungstatbestand glaubhaft gemacht.

11. Es ist im eigenen Interesse des Antragstellers dringend zu empfehlen, vorprozessual abzumahnen, sowie dann in der Antragsschrift zur Abmahnung und der ggf. weiteren vorprozessualen Korrespondenz zwischen den Parteien vollständig vorzutragen. Nach der jüngeren Rechtsprechung des BVerfG zur prozessualen Waffengleichheit (die formell zu äußerungsrechtlichen Sachverhalten ergangen ist) ist nach allgM auch im Rahmen einer Antragsschrift im Bereich des Wettbewerbsrechts eine Darlegung des vorprozessualen Ablaufs erforderlich, damit sichergestellt wird, dass dem Antragsgegner vor Erlass einer einstweiligen Verfügung ausreichendes rechtliches Gehör gewährt worden ist (siehe dazu allgemein mwN aus der Rechtsprechung Köhler/Bornkamm/Feddersen/*Köhler* UWG § 12 Rn. 2.23 f). Will der Antragsteller also erreichen, dass die begehrte einstweilige Verfügung durch Beschluss ohne mündliche Verhandlung und ohne weiteren Zeitverlust zB durch weitere Anhörung des Antragsgegners erlassen wird, sollte er durch eine vorprozessuale Abmahnung dem Gegner Gelegenheit gegeben haben, den Anspruch außergerichtlich zu erledigen. Ferner sollte er vollständig und wahrheitsgemäß in der Antragsschrift zur Antwort des Gegners auf die Abmahnung vortragen und sie auch vorlegen. Gleiches gilt natürlich für weitere vorprozessuale Korrespondenz. *Stöve* fasst die sich aus der BVerfG-

Rechtsprechung ergebenden Anforderungen an die Darstellung des vorprozessualen Verfahrensablaufs im einstweiligen Verfügungsverfahren im Wettbewerbsrecht wie folgt zusammen (vgl. dusIP-Blog, https://www.dusip.de/2021/05/14/prozessuale-waffengleichheit-im-lauterkeitsrechtlichen-einstweiligen-verfuegungsverfahren-und-die-bedeutung-der-schutzschrift/): Das Recht auf prozessuale Waffengleichheit im einstweiligen Verfügungsverfahren sei dann gewahrt, wenn (1) dem Gericht eine vorgerichtliche Abmahnung vorliege; (2) der Verfügungsantrag unverzüglich nach Ablauf einer angemessenen Frist für die Unterlassungserklärung eingereicht werde; (3) der Antragsteller eine etwaige Stellungnahme des Abgemahnten auf die Abmahnung vorlege und (4) der einstweilige Verfügungsantrag mit der Abmahnung identisch sei. Dem ist in vollem Umfang beizupflichten. Das Textbeispiel im Form. entspricht diesen Anforderungen, wobei die Frage der Identität zwischen Abmahnung und Verfügungsantrag hier ausgeklammert wird. Im Zweifel gilt, dass dem Antragsgegner auch bei kleineren Abweichungen zwischen Abmahnungsbegehren und Verfügungsbegehren nochmaliges rechtliches Gehör zu gewähren ist (BVerfG WRP 2020, 1179 Rn. 14). Daher sollte bei der Abfassung des Verfügungsantrags unbedingt auf eine zumindest inhaltliche Identität und weitestgehende wörtliche Übereinstimmung zwischen vorprozessualer und gerichtlich verlangter Unterlassung geachtet werden.

12. Der Tatbestand des Irreführungsverbotes gem. § 3 UWG aF ist durch die Novelle des Gesetzes gegen den unlauteren Wettbewerb (UWG) vom 3.7.2004 ein erstes Mal abgeändert worden. Eine zweite wesentliche Änderung des Irreführungsverbotes erfolgte durch die Umsetzung der UGP-Richtlinie (2005/29/EG über unlautere Geschäftspraktiken v. 11.5.2005) durch Gesetz v. 22.12.2008 (dazu *Köhler* WRP 2009, 109; *ders.* GRUR 2009, 445; *Lettl* GRUR-RR 2009, 41; *Fezer* GRUR 2009, 451). § 5 Abs. 1 S. 1 UWG enthält eine Generalklausel. Danach handelt unlauter, wer irreführend eine geschäftliche Handlung vornimmt. § 5 Abs. 1 S. 2 UWG beschreibt irreführende Handlungen in Form eines Beispielkatalogs. In § 5 Abs. 1 S. 2 Nr. 1 UWG sind insb. Angaben etwa über die betriebliche Herkunft von Waren als irrtumsrelevant hervorgehoben. Angaben iSd § 5 Abs. 1 S. 2 UWG sind Aussagen des Werbenden, die sich auf Tatsachen beziehen und daher inhaltlich nachprüfbar sind (Köhler/Bornkamm/Feddersen/*Bornkamm/Feddersen* UWG § 5 Rn. 1.21). Eine Angabe muss ferner ein Mindestmaß an Informationen enthalten. Nicht zu den Angaben gehören nichtssagende Anpreisungen und nicht nachprüfbare Aussagen (Köhler/Bornkamm/Feddersen/*Bornkamm/Feddersen* UWG § 5 Rn. 1.30 ff.; → Form. II.P.2 Anm. 12). Der Begriff der Angabe als solcher ist wertfrei. Er umfasst jede Aussage über geschäftliche Verhältnisse, gleichgültig in welcher Weise sie geschieht, ob mündlich, schriftlich, ausdrücklich oder schlüssig. Angaben können auch in der Bezeichnung einer Firma, eines Ladengeschäftes, usw liegen (BGH GRUR 2000, 1084 – Unternehmenskennzeichnung – für den Begriff „Gesundheitsforschung"; 1984, 737 – Ziegelfertigstütze). So liegt der Fall im Textbeispiel. Das wird dort näher begründet. Wenn, wie im Fall im Textbeispiel sowohl Ansprüche wegen Verletzung des Wettbewerbsrechts sowie wegen Verletzung des Kennzeichenrechts in Betracht kommen, stellt sich grds. die Frage nach der Anspruchskonkurrenz zwischen dem wettbewerbsrechtlichen Leistungsschutz und dem Markenrecht. In der Vergangenheit herrschte die von der Rspr. entwickelte These des Vorrangs des Markenrechts (sog **Vorrangthese**) vor (BGH GRUR 1999, 161 (162 – Mac Dog; zur Vorrangthese allgemein: *Bornkamm* GRUR 2005, 97; *Büscher* GRUR 2009, 230; Ströbele/Hacker/Thiering/*Hacker* MarkenG § 2 Rn. 7 ff.; *Ingerl/Rohnke* MarkenG § 2 Rn. 1 ff.). Zwar hatte der Gesetzgeber durch § 2 MarkenG klarstellend geregelt, dass das MarkenG keine abschließende Regelung des Kennzeichenschutzes darstelle (vgl. Amtl. Begründung Abs. 1 zu § 2); gleichwohl war von Anfang an umstritten, ob auf den gleichen Sachverhalt neben markenrechtlichen Ansprüchen auch andere, insb. wettbewerbsrechtliche Ansprüche (kumulative Anspruchskonkurrenz) Anwendung finden sollen (so *Fezer*, MarkenR, 2. Aufl. 2012, MarkenG § 2 Rn. 4). Die hM sowie die Rspr. des BGH ging jedoch von der Vorrangthese aus (iE *Ingerl/Rohnke* MarkenG § 2 Rn. 1); sie nahmen demnach an, dass die markenrechtlichen Vorschriften **in ihrem Anwendungsbereich** eine abschließende Regelung darstellten, die deshalb die konkurrierende Anwendung anderer Normen, insb. der wettbewerbsrechtlichen Generalklausel ausschloss (BGH GRUR 2005, 163 (165) – Aluminiumräder; GRUR 1999, 161 (162) – Mac Dog). Die Regelungen des Markenrechts sollten jedoch auch nach der Vorrangthese lediglich im Kernbereich des Markenrechts abschließend sein (BGH GRUR 2008, 628 (629) – Imitationswerbung; GRUR 2002, 622 – Shell.de). Erschöpfte sich ein Verhalten dagegen nicht in den Umständen, die eine markenrechtliche Verletzungshandlung begründen, sondern tritt ein von der markenrechtlichen Regelung nicht erfasster Unlauterkeitstatbestand hinzu, konnte die betreffende Handlung neben einer Kennzeichenverletzung auch einen Wettbewerbsverstoß darstellen (stRspr BGH GRUR 2008, 628 (629) – Imitationswerbung; GRUR 2001, 1050 – Tagesschau). Eine Angabe über die betriebliche Herkunft sollte demnach iRd Irreführungsgebots nur dann von Bedeutung sein, wenn der Verkehr mit der betrieblichen Herkunft eine besondere Gütevorstellung verband (sog qualifizierte betriebliche Herkunftsangabe); war dies nicht der Fall, beurteilte sich die Frage der Verwechslung/Täuschung über die betriebliche Herkunft ausschließlich nach Markenrecht. Dies wurde unter anderem auch damit begründet, dass dem Inhaber des Ausschließlichkeitsrechts stets auch die alleinige Entscheidungsbefugnis darüber zustehen sollte, ob er gegen die Verletzung seines Rechts vorgehen möchte oder nicht (vgl. *Bornkamm* GRUR 2011, 1) Dadurch wurde eine parallel Anwendung der Irreführungstatbestände und des Markenrechts überwiegend vermieden (vgl. *Bornkamm* GRUR 2011, 1). Der These vom Vorrang des Markenrechts wurde jedoch durch den europäischen Gesetzgeber mit der RL 2005/29/EG über unlautere Geschäftspraktiken ein Ende gesetzt. In dieser RL wurde ein eigenständiger lauterkeitsrechtlicher Schutz vor Verwechslung etabliert (§ 5 Abs. 2 UWG), der die Verbraucherinteressen und nicht die Interessen des Schutzrechtsinhabers im Blick hat. Dieser neu bestimmte Schutz tritt grds. neben den individuellen Schutz, den das Kennzeichenrecht oder das Geschmacksmusterrecht vermitteln *(Bornkamm* GRUR 2011, 1 (2); Ströbele/Hacker/Thiering/*Hacker* MarkenG § 2 Rn. 42 f.). Lauterkeitsrechtliche und markenrechtliche Ansprüche stehen demnach nunmehr im Verhältnis der kumulativen Anspruchskonkurrenz zueinander (vgl. *Ingerl/Rohnke* MarkenG § 2 Rn. 2). Der lauterkeitsrechtliche Kennzeichenschutz (§ 5 Abs. 2 UWG) muss jedoch die Wertungen des Kennzeichenrechts beachten; auch dort, wo das Nebeneinander identischer oder ähnlicher Kennzeichen aufgrund einer markenrechtlichen Regelung oder aufgrund markenrechtlich gebilligter Interessenabwägungen zwischen den Inhabern der beiden Zeichen toleriert wird. Kurz gesagt: der lauterkeitsrechtliche Schutz darf nicht dazu verwendet werden, die Regelungen und Grenzen des Markenrechts zu umgehen. Widersprüche zur markenrechtlichen Wertung sind zu vermeiden. Es besteht somit ein Gleichlauf zwischen wettbewerbsrechtlicher Irreführung und markenrechtlicher Verwechslungsgefahr. Sonstige Unterschiede zwischen UWG und MarkenG, insb. Erweiterung der Klagebefugnis bleiben allerdings erhalten (vgl. *Ingerl/Rohnke* MarkenG § 2 Rn. 2 f.; Köhler/*Bornkamm*/*Feddersen*UWG § 5 Rn. 9.8 f., 9.10 ff.). Wie sich nun wiederum die neue Regelung in § 5 Abs. 2 UWG zu dem klassischen Beispielsfall einer Irreführung über die betriebliche Herkunft § 5 Abs. 1 S. 2 Nr. 1 UWG verhält, wird weder von der Richtlinie noch vom deutschen Recht geregelt. Eine klare Abgrenzung der Tatbestände ist aber auch weder möglich noch geboten; beide Bestimmungen konkretisieren lediglich die Regelung in § 5 Abs. 1 S. 1 UWG, wonach unlauter handelt, wer eine irreführende geschäftliche Handlung vornimmt (*Köhler* GRUR 2009, 445 (448)).

13. Die Feststellung der Verkehrsauffassung der Allgemeinheit obliegt dem Tatrichter. Ist der Tatrichter Teil dieser Allgemeinheit, so ist er dazu regelmäßig ohne weiteres in der Lage (BGH GRUR 2002, 550 (552) – Elternbriefe). Nach früherer Rspr. des BGH waren höhere Anforderungen an die Feststellung der Verkehrsauffassung kraft eigener Sachkunde und Lebenserfahrung zu stellen, wenn ein Gericht den Tatbestand einer Irreführung bejahen wollte (zB BGH GRUR 1992, 406 (407) = WRP 1992, 469 – Beschädigte Verpackung I; zuvor BGH GRUR 1963, 270 (273) = WRP 1962, 404 – Bärenfang; GRUR 1978, 652 (653) = WRP 1978, 656 – mini-Preis). In neuerer Rspr. geht der BGH jedoch davon aus, dass bei der Ermittlung des Verkehrsverständnisses auf einen situationsadäquat durchschnittlich aufmerksamen, informierten und verständigen Verbraucher abzustellen ist (BGH GRUR 2000, 619 (621) = WRP 2000, 517 – Orientteppichmuster; GRUR 2004, 244 (245) – Marktführerschaft; 2004, 249 (251) – Umgekehrte Versteigerung im Internet; 2004, 435 (436) – Frühlingsflüge; vgl dazu auch Köhler/Bornkamm/Feddersen/*Köhler* UWG § 12 Rn 1.71 ff.). Kommt es auf die Vorstellung eines aufmerksamen Durchschnittsverbrauchers an und nicht auf die davon möglicherweise abweichende Anschauung einer Minderheit von Verbrauchern, so ist es letztlich ohne Bedeutung, ob der Tatrichter seine Sachkunde und Lebenserfahrung zur Bejahung oder zur Verneinung einer Irreführungsgefahr einsetzt (BGH GRUR 2002, 550 (552) – Elternbriefe; GRUR 2003, 247 – Thermal Bad, GRUR 2004, 244 – Marktführerschaft; vgl. *Bornkamm* WRP 2000, 830 (832, 834)). Die Ermittlung des Verkehrsverständnisses durch den Tatrichter aufgrund eigener Sachkunde ist dabei keine Tatsachenfeststellung, sondern Anwendung eines speziellen Erfahrungswissens, bei dessen Fehlen im Einzelfall auch Beweis erhoben werden kann (BGH GRUR 2004, 244 – Marktübersicht). Stellt der Tatrichter die Verkehrsauffassung kraft eigener Sachkunde fest, muss er die Gründe dafür im Urteil darlegen, da seine Entscheidung sonst im zentralen Punkt nicht nachprüfbar wäre (vgl. Köhler/Bornkamm/Feddersen/*Köhler* UWG § 12 Rn. 1.74; ferner Ohly/Sosnitza/*Sosnitza* UWG § 5 Rn. 136 ff.).

14. Sachverhalt und Begründung des Form. sind der Entscheidung des Landgerichts Düsseldorf vom 1.10.2014 – 34 O 93/13 entnommen.

15. Die Angaben zur Dringlichkeit sollten sich sowohl auf die Bestimmung des § 12 Abs. 1 UWG – Dringlichkeitsvermutung – als auch insb. auf die Darlegung der besonderen Dringlichkeit gem. § 937 Abs. 2 ZPO beziehen.

Vor Einreichung eines Antrags auf Erlass einer einstweiligen Verfügung muss freilich vom Antragsteller schon im Vorgriff auf ein etwaiges Verteidigungsvorbringen des Antragsgegners geprüft werden, ob die Dringlichkeitsvermutung des § 12 Abs. 1 UWG widerlegt werden kann (→ Form. II.P.2); Ist zu vermuten, dass der Antragsgegner versuchen wird, die Dringlichkeitsvermutung zu widerlegen, ist ggf. zu empfehlen, bereits in der Antragsschrift konkrete Ausführungen zu Zeitpunkt und Umstand der Kenntniserlangung von der Verletzungshandlung zu machen, vorausgesetzt natürlich, der Antragsteller ist nach Kenntniserlangung nicht wochenlang untätig geblieben (OLG Stuttgart GRUR-RR 2009, 343 (345); Köhler/Bornkamm/Feddersen/*Köhler* UWG § 12 Rn. 2.13). Die Dringlichkeitsvermutung ist nämlich regelmäßig dann widerlegt, wenn der Antragsteller durch sein Verhalten (zB Zuwarten mit der Antragsstellung) zu erkennen gegeben hat, dass es ihm mit der Durchsetzung des geltend gemachten Unterlassungsanspruchs nicht eilig ist (BGH GRUR 2000, 151 (152); OLG Düsseldorf GRUR-RR 2014, 273 (276); OLG Hamburg GRUR-RR 2002, 277; *Traub* WRP 1996, 707; Ohly/Sosnitza/*Sosnitza* UWG § 12 Rn. 115 ff.; Köhler/Bornkamm/Feddersen/*Köhler* UWG § 12 Rn. 2.15 ff.). So kann die Dringlichkeitsvermutung widerlegt sein, wenn ein Antragsteller einen Verfügungsantrag zurücknimmt und diesen erneut vor einem anderen erstinstanzlichen Gericht anhängig macht (OLG Karlsruhe GRUR 1993, 135; OLG Frankfurt a. M. GRUR 2005, 972; GRUR-RR 2002, 44; OLG Hamburg GRUR 2007, 614 (615): sog forum shopping). Ebenso, wenn der Antragssteller vor Erlass der einstweiligen Verfügung ein Versäumnisurteil gegen sich ergehen lässt (OLG Hamm GRUR 2007, 173 – interoptik.de). Es kann für die Widerlegung genügen, dass sich der Antragsteller mit der

Zustellung der einstweiligen Verfügung 2 Wochen Zeit lässt (OLG Düsseldorf WRP 1999, 865). Für die Annahme fehlender Eilbedürftigkeit spricht jede längere Untätigkeit in Kenntnis des Wettbewerbsverstoßes (allgM, vgl. die Nachw. bei Köhler/Bornkamm/Feddersen/*Köhler* UWG § 12 Rn. 2.15 mwN; Ohly/Sosnitza/*Sosnitza* UWG § 12 Rn. 115 ff.). Die Frage, welcher Zeitraum seit Kenntnis des Wettbewerbsverstoßes verstrichen sein muss, um die Dringlichkeitsvermutung des § 12 Abs. 1 UWG zu widerlegen, wird durch die OLG uneinheitlich beantwortet:

Es scheint ein Nord-Südgefälle zu geben. Das OLG Hamburg beurteilt die Dringlichkeit relativ großzügig: sechs Wochen bis zu sechs Monate (WRP 2007, 675; GRUR-RR 2008, 366); OLG Rostock: zwei bis drei Monate (Bericht in WRP 2002, 196); OLG Düsseldorf: in der Regel zwei Monate (NJWE-WettbR 1999, 15 (16); GRUR-RR 2015, 65, jeweils 20. Zivilsenat), mit der Möglichkeit, dass je nach Einzelfall auch eine kürzere Frist angemessen sein kann (vgl. OLG Düsseldorf, 2. Zivilsenat, BeckRS 2015, 12350 Rn. 10 ff.); OLG Schleswig: zwei Monate (OLGR 1996, 102). Sehr viel enger: OLG München: ein Monat (WRP 2008, 972 (976)); OLG Nürnberg: ein Monat (MD 2002, 197 (198)). Zu weiteren Einzelheiten vgl. die Aufstellung bei Köhler/Bornkamm/Feddersen/*Köhler* UWG § 12 Rn. 2.15b; *Hess* WRP 2015, 317 (321).

Hatte ein Wettbewerber keine positive Kenntnis von der streitgegenständlichen Werbemaßnahme und beruht dies auch nicht auf grob fahrlässiger Unkenntnis, so hindert auch eine langjährige und umfassend betriebene Werbung nicht die Annahme der Dringlichkeit gem. § 12 Abs. 1 UWG (allgM, vgl. Köhler/Bornkamm/Feddersen/*Köhler* UWG § 12 Rn. 2.15a). Insbes. trifft einen Wettbewerber keine Marktbeobachtungspflicht, so dass lediglich positive Kenntnis bzw. grob fahrlässige Unkenntnis von einem Wettbewerbsverstoß bei längerem Zuwarten geeignet sind, die Dringlichkeitsvermutung des § 12 Abs. 1 UWG zu widerlegen (*Mes* FS *Nirk*, 1992, 661 (667 f.); OLG München WRP 1991, 51 (53); Karlsruhe GRUR 1995, 510 (511); Köln GRUR-RR 2003, 187 (188); Hamburg WRP 1999, 683 (684); zum Meinungsstand Köhler/Bornkamm/Feddersen/*Köhler* UWG § 12 Rn. 2.15a). Allerdings kann die Dringlichkeitsvermutung des § 12 Abs. 1 UWG im Einzelfall so stark erschüttert sein, dass den Gläubiger eine verstärkte Darlegungs- und Glaubhaftmachungslast im Hinblick auf den Zeitpunkt trifft, wann genau er bzw. seine Organe und/oder zuständigen Mitarbeiter erstmals Kenntnis von einem Wettbewerbsverstoß genommen haben. Ein solcher Fall liegt zB dann vor, wenn durch einen Wettbewerber eine Werbung angegriffen wird, die mehr als ein Jahr in großformatigen Zeitungsinseraten ständig wiederholt wurde und bei Annahme normaler Umstände der Wettbewerber von eben dieser Werbung hätte Kenntnis nehmen müssen (OLG Düsseldorf WRP 1985, 266 ff.). In arbeitsteiligen Unternehmen ist grds. die Kenntnis der für die Ermittlung oder Verfolgung von Wettbewerbsverstößen zuständigen Mitarbeiter maßgeblich, wozu auch Sachbearbeiter zählen können, von denen erwartete werden kann, dass sie wettbewerbsrelevantes Verhalten erkennen und ihre Kenntnis an diejenigen Personen weitergeben, die im Unternehmen zu Entscheidungen über das Einleiten entsprechender Maßnahmen befugt sind (*Hess* WRP 2015, 317 (321).

Ist die Dringlichkeitsvermutung widerlegt, so muss der Antragsteller die Dringlichkeit gesondert darlegen und ggf. glaubhaft machen, zB damit, dass neue Umstände eine sofortige gerichtliche Entscheidung erfordern. Zum „Wiederaufleben" der Dringlichkeit OLG Köln GRUR 1977, 220 (221) – Charlie; WRP 1978, 557; OLG Koblenz GRUR 1995, 499 – Änderung der Wettbewerbslage; insb. bei Verstärkung der Werbung: OLG Köln MD 1999, 131; OLG Frankfurt a. M. NJWE-WettbR 1997, 23; OLG Frankfurt a. M. GRUR-RR 2008, 100;).

Schließlich kann die Dringlichkeitsvermutung widerlegt sein, wenn Dritte von dem gerügten Wettbewerbsverstoß Kenntnis hatten und dies dem Antragsteller zurechenbar ist (Fall der sog Wissensvertretung; vgl. *Mes* FS *Nirk*, 1992, 661 ff.; Köhler/Bornkamm/Feddersen/*Köhler* UWG § 12 Rn. 2.15a). Für die Zurechnung der Kenntnis Dritter gelten die allg. Grundsätze über die Wissenszurechnung (Palandt/*Ellenberger* BGB § 166 Rn. 6 f.). Maßgeblich ist grds. nur das Wissen der Person, die im bzw. für das Unternehmen oder Verband für die Ermittlung und/oder Geltendmachung von Wettbewerbsverstößen zuständig sind (vgl. mit weiteren Einzelheiten Köhler/Bornkamm/Feddersen/*Köhler* UWG § 12 Rn. 2.15a).

Die Dringlichkeitsvermutung kann auch dann entfallen, wenn der Antragsteller zuvor Hauptsacheklage erhoben hat (OLG Karlsruhe WRP 2001, 425).

16. Zur Wahrung der einmonatigen Vollziehungsfrist (§§ 929 Abs. 2, 936 ZPO) ist es erforderlich, die Unterlassungsverfügung, auch soweit sie durch Urteil ergangen ist, im Parteibetrieb zuzustellen; eine amtswegige Zustellung der Urteilsverfügung gem. § 317 ZPO reicht insoweit nicht aus (so die wohl hM, BGHZ 120, 79 (86) = GRUR 1993, 415 (416) – Straßenverengung – mit Nachw. zum Meinungsstand; OLG Düsseldorf GRUR-RR 2001, 94; OLG Frankfurt a. M. WRP 2000, 411; aA OLG Stuttgart WRP 1997, 350 (352, 353); zur fristgebundenen Vollziehung vgl. *Ahrens* WRP 1999, 1; allg. zur Vollziehung des einstweiligen Verfügung: Köhler/Bornkamm/Feddersen/*Köhler* UWG § 12 Rn. 2.61 ff.). Dabei ist insb. der Fall der Hinterlegung einer Schutzschrift zu beachten. Gem. § 172 ZPO ist an den Anwalt, der sich mit einer Schutzschrift bestellt hat, zuzustellen (allgM, vgl. statt vieler OLG Köln GRUR-RR 2001, 71; aA OLG Stuttgart WRP 1996, 60 und Hamburg GRUR 1987, 66 für den Fall, dass Antragsteller ohne Verschulden keine Kenntnis von Schutzschrift hatte; ebenso Köhler/Bornkamm/Feddersen/*Köhler* UWG § 12 Rn. 2.63). Eine Heilung dieses Zustellungsmangels ist gem. § 189 ZPO möglich, wenn an den richtigen Zustellungsempfänger tatsächlich zugestellt worden ist (*Anders* WRP 2003, 204 (206); Köhler/Bornkamm/Feddersen/*Köhler* UWG § 12 Rn. 2.64 ff.).

Die einmonatige Vollziehungsfrist beginnt bei Erlass einer Beschlussverfügung mit der Zustellung der Verfügung an den Gläubiger (vgl. § 329 Abs. 2 S. 2 ZPO; str.; wie hier Köhler/Bornkamm/Feddersen/*Köhler* UWG § 12 Rn. 2.67; aA zB OLG Düsseldorf GRUR 1984, 76: die formlose Aushändigung an den Gläubiger genügt). Im Falle einer Urteilsverfügung beginnt die einmonatige Vollziehungsfrist mit der Verkündung des Urteils (OLG Stuttgart WRP 1997, 873 (875); OLG Celle NJW 1986, 2441; Köhler/Bornkamm/Feddersen/*Köhler* UWG § 12 Rn. 2.67). Die Richtigkeit der hier vertretenen Auffassung wird durch § 204 Abs. 1 Nr. 9 BGB bestätigt. Danach wird die Verjährung ua durch die Zustellung einer einstweiligen Verfügung gehemmt, wenn diese innerhalb eines Monats seit Verkündung (im Falle der Urteilsverfügung) bzw. Zustellung an den Gläubiger (Beschlussverfügung) dem Schuldner zugestellt wird.

Zur Wahrung der Vollziehungsfrist genügt es, wenn nur der Zustellungsantrag innerhalb der Frist gestellt wird, die Zustellung selbst aber erst demnächst erfolgt (OLG Düsseldorf GRUR-RR, 2001, 94; LG Frankfurt a. M. NJW-RR 2000, 1236; OLG Celle OLGR 1996, 226; zur Problematik vgl. *Treffer* MDR 1998, 951).

Bei einer im Wege des Parteibetriebs notwendigen Zustellung der einstweiligen Verfügung werden häufig Fehler gemacht, die dazu führen, dass die Vollziehungsfrist (unheilbar) nicht gewahrt ist. Die ergangene einstweilige Verfügung wird unwirksam. So muss bspw. eine zugestellte Ausfertigung die Urschrift der ergangenen einstweiligen Verfügung wortgetreu wiedergeben. Gibt die zugestellte Ausfertigung die Unterschrift eines Richters wieder, der die Beschlussverfügung bzw. das Urteil nicht selbst unterschrieben hat, enthält die Ausfertigung einen derart schwerwiegenden Mangel, dass die Zustellung nicht als wirksam angesehen werden kann (OLG Hamm WRP 1989, 262). Durch die ordnungsgemäße Amtszustellung des vollständig abgefassten Urteils wird dieser Zustellungsmangel nicht geheilt (OLG Hamm WRP 1989, 262). Gleiches gilt für die Zustellung einer Beschlussverfügung, die keine Ordnungsmittelandrohung enthält (OLG Hamm GRUR 1991, 336). Die Zustellung einer einfachen Abschrift (OLG

Zweibrücken GRUR-RR 2001, 288) oder einer beglaubigten Fotokopie einer einfachen Abschrift (ohne Ausfertigungsvermerk) ist wirkungslos; ebenso die Zustellung einer Schwarz-Weiß-Kopie anstelle der Zustellung eines farbigen Original-Zustellungsstücks (OLG Hamburg GRUR-RR 2007, 406). Ferner wird eine ohne Begründung versehene Beschlussverfügung, die auf Anlagen Bezug nimmt, nur dann wirksam vollzogen, wenn dem Schuldner neben dem Beschluss selbst auch die Anlagen zugestellt werden, die Aufschluss über Inhalt und Reichweite des Verbots geben (OLG Frankfurt a.M. WRP 2020, 770). Diese Zustellungsmängel sind auch nicht gem. § 189 ZPO heilbar (OLG Zweibrücken GRUR-RR 2001, 288; OLG Karlsruhe 1989, 744; OLG Hamburg MD 1994, 283 (284)). Ist eine einstweilige Verfügung gem. § 927 ZPO wegen Vollziehungsmangels (§ 929 ZPO) nachträglich wieder aufzuheben, so sind die Kosten des ursprünglichen Verfügungsverfahrens dem dortigen Antragsteller aufzuerlegen (OLG Hamm GRUR 1990, 714 gegen OLG München NJW-RR 1986, 998). Häufig wird übersehen, dass sich nach Einlegung eines Widerspruchs der Tenor einer Beschlussverfügung durch das bestätigende Urteil sachlich ändert. In einem solchen Fall muss das Urteil im Parteibetrieb erneut zugestellt werden, um die Vollziehungsfrist des § 929 ZPO zu wahren (OLG Hamm GRUR 1989, 931; aA OLG Stuttgart WRP 1997, 350, das überhaupt eine amtswegige Zustellung ausreichen lässt; bei nur unwesentlicher Änderung der Begründung oder sonstiger Konkretisierung eines schon erlassenen allgemeinen Verbots soll keine erneute Vollziehung notwendig sein: KG NJWE-WettbR 2000, 197; OLG Karlsruhe WRP 1997, 57 (59) und NJWE-WettbR 1999, 39 (40); *Oetker* GRUR 2003, 119 (123 f.)). Auch dann ist eine Neuzustellung notwendig, wenn die einstweilige Verfügung im Wege des Berufungsurteils ergeht, nachdem eine zuvor in erster Instanz erlassene einstweilige Verfügung auf Widerspruch hin aufgehoben worden ist (OLG Frankfurt a.M. WRP 2002, 334 mwN). Die Versäumung der Vollziehungsfrist ist ein veränderter Umstand iSd § 927 ZPO (OLG Hamm GRUR 1989, 931; zur Kostenentscheidung OLG Karlsruhe WRP 1996, 120; *Ulrich* WRP 1996, 84). Zur Thematik des dringlichkeitsschädlichen Verhaltens im Verfahrensstadium der Vollziehung s. *Greiner* GRUR-Prax 2017, 477: Dringlichkeitserfordernis bei der Vollziehung einstweiliger Verfügungen m.w.Rspr.N).

17. Achtung: Wettbewerbsrechtliche Ansprüche verjähren in nur sechs Monaten (§ 11 UWG). Die Zustellung des Antrags auf Erlass einer einstweiligen Verfügung hemmt die Verjährung (§ 204 Abs. 1 Nr. 9 Hs. 1 BGB), allerdings nur für den im Regelfall im Verfügungsverfahren ausschließlich geltend gemachten Unterlassungsanspruch. Die Verjährungsfrist von gegebenenfalls daneben bestehenden Schadensersatz- und Auskunftsansprüchen läuft weiter. Der Zustellung des Antrags steht seine Einreichung gleich, wenn die einstweilige Verfügung innerhalb eines Monats seit Verkündung oder Zustellung an den Gläubiger dem Schuldner zugestellt wird (§ 204 Abs. 1 Nr. 9 Hs. 2 BGB). Die Zustellung einer einstweiligen Verfügung hemmt die Verjährung nicht (§ 204 Abs. 1 Nr. 9 BGB; vgl. *Tilmann* Mitt. 2001, 282).

Kosten und Gebühren

18. → Form. I.R.1 Anm. 18–20, → Anm. 3 Zur Problematik der Gebührenberechnung bei mehreren Streitgegenständen BGH WRP 2014, 192 = BeckRS 2013, 20393, *Kodde* GRUR 2015, 38 (41 ff.); *Büscher* GRUR 2012, 16 (22 ff.). Zunächst ist hier stets die Frage zu klären, ob die Ansprüche im Eventualverhältnis oder kumulativ geltende gemacht werden. Werden sie kumulativ geltend gemacht, so sind gem. § 39 Abs. 1 GKG in demselben Verfahren und in demselben Rechtszug die Werte mehrerer Streitgegenstände zusammenzurechnen. Im Falle einer hilfsweisen Anspruchshäufung richtet sich die Berechnung des Gegenstandswerts nach § 45 Abs. 1 S. 2 GKG, wobei es sich bei dem

Begriff des Gegenstands in § 45 Abs. 1 S. 3 GKG um einen kostenrechtlichen Begriff handelt, der eine wirtschaftliche Betrachtung erfordert. Demnach hat „eine Zusammenrechnung mehrerer Ansprüche lediglich dort zu erfolgen, wo eine wirtschaftliche Werthäufung entsteht und nicht ein wirtschaftlich identisches Interesse betroffen ist" (BGH WRP 2014, 192 = BeckRS 2013, 20393). „Liegen einem einheitlichen Unterlassungsantrag sodann mehrere Ansprüche iSv § 45 Abs. 1 S. 2 GKG zugrunde, die zusammenzurechnen sind, hat jedoch keine schematische Erhöhung des Streitwerts zu erfolgen. Vielmehr ist der Streitwert für den Hauptanspruch festzusetzen und für die hilfsweise geltend gemachten Ansprüche ist der Streitwert angemessen zu erhöhen. Bei einem einheitlichen Unterlassungsantrag ist der Angriffsfaktor im Regelfall unverändert und deshalb eine Vervielfachung des Streitwerts des Hauptanspruchs grds. nicht gerechtfertigt." (BGH WRP 2014, 192 = BeckRS 2013, 20393).

Fristen und Rechtsmittel

19. Für den Antragsteller/Kläger:
Gegen die Abweisung des Verfügungsantrags ohne mündliche Verhandlung durch Beschluss ist die sofortige Beschwerde gegeben (§§ 567 ff. ZPO), gegen die Abweisung durch Urteil die Berufung (§§ 511 ff. ZPO). Ein längeres Zuwarten bis zur Einlegung eines Rechtsmittels oder bis zu seiner Begründung kann die Dringlichkeit beseitigen (→ Anm. 13).

20. Für den Antragsgegner/Beklagten:
Gegen die ohne mündliche Verhandlung ergangene einstweilige Verfügung Widerspruch gem. § 924 ZPO (→ Form. II.P.5–8), gegen die durch Urteil nach mündlicher Verhandlung erlassene oder bestätigte einstweilige Verfügung Berufung. IÜ Antrag auf Fristsetzung zur Erhebung einer Hauptklage gem. § 926 ZPO und/oder Antrag auf Aufhebung einer einstweiligen Verfügung wegen veränderter Umstände gem. § 927 ZPO. Widerspruch und die Anträge gem. §§ 926, 927 ZPO sind nicht fristgebunden.

4. Wettbewerbsrechtliches Abschlussschreiben

Firma
B . . . . .
. . . . .
Betr.: A . . . . ./B . . . . .
. . . . . LG X –
(einstweiliges Verfügungsverfahren)[1]
Sehr geehrte Damen und Herren!
In oben bezeichneter Angelegenheit habe ich für meine Mandantin, die Firma A . . . . ., gegen Sie einen Antrag auf Erlass einer einstweiligen Verfügung beim Landgericht X anhängig gemacht. Das Landgericht X hat diesem Antrag durch Beschl. v. . . . . . stattgegeben. Die ergangene Verfügung ist Ihnen ausweislich der mir vorliegenden Zustellungsurkunde am . . . . zugestellt worden.[2] Auf sie und den ihr zugrundeliegenden Antrag nehme ich zur Vermeidung von Wiederholungen Bezug.
Die bisher im einstweiligen Verfügungsverfahren getroffene Regelung hat lediglich vorläufigen Charakter. Das Ihnen auferlegte Verbot beseitigt weder die Wiederholungsgefahr für den meiner Mandantin zustehenden Unterlassungsanspruch noch das Rechtsschutzbedürfnis für die Erhebung einer Klage.[3] Zwar hemmt die Einreichung des Antrags auf

Erlass einer einstweiligen Verfügung die Verjährung[4] für den Unterlassungsanspruch, jedoch nicht für die meiner Mandantin zustehenden Ansprüche auf Schadensersatz und Auskunftserteilung. Es kann nicht geleugnet werden, dass meiner Auftraggeberin durch die im Verfügungsantrag und im Verfügungstenor bezeichneten Handlungen ein Schaden entstanden ist und künftighin weiter entstehen wird. Des Weiteren kann Ihr Verschulden nicht bestritten werden. Als Fachfirma sind Sie verpflichtet, insb. die wettbewerbsrechtlichen Bestimmungen zu beachten.[5] Zur Vermeidung der Erhebung einer Hauptsacheklage[6] habe ich Sie daher namens und in Vollmacht meiner Mandantin aufzufordern, sich dieser gegenüber zu meinen Händen dahingehend zu erklären, dass

1. **Sie die am . . . . . ergangene einstweilige Verfügung des Landgerichts X (Aktenzeichen: . . . . .) als endgültige und zwischen den Parteien materiell-rechtlich verbindliche Regelung anerkennen und insb. auf die Einlegung eines Widerspruchs gem. § 924 ZPO sowie auf die Rechtsbehelfe der §§ 926, 927 ZPO, meiner Mandantin eine Frist zur Erhebung der Hauptklage setzen zu lassen und/oder die Aufhebung der einstweiligen Verfügung wegen veränderter Umstände zu beantragen, verzichten;[7]**
2. **Sie sich verpflichten, meiner Mandantin allen denjenigen Schaden zu erstatten, der ihr durch die im Verfügungstenor bezeichneten Handlungen entstanden ist und künftighin entstehen wird;[8]**
3. **Sie sich verpflichten, meiner Mandantin darüber Auskunft zu erteilen, in welchem Umfang Sie die im Verfügungstenor bezeichneten Handlungen begangen haben, insb. unter Angabe etwaig betriebener Werbung, aufgeschlüsselt nach Werbeträgern, Kalendervierteljahren und Bundesländern;[9]**
4. **Sie sich verpflichten, die meiner Mandantin durch meine Einschaltung entstandenen Kosten auf der Grundlage eines Gegenstandswertes von . . . . . EUR iHv 1,3 Geschäftsgebühr zzgl. Auslagen und Mehrwertsteuer zu erstatten.[10]**

Ihre Verpflichtung, die meiner Mandantin entstandenen Kosten für dieses Abschlussschreiben (iHv insgesamt . . . . . EUR) zu erstatten, ergibt sich nach ständiger Rechtsprechung aus den Vorschriften der Geschäftsführung ohne Auftrag gemäß den §§ 677, 683, 670 BGB. Der Höhe nach entspricht dieser Betrag einer 1,3 Geschäftsgebühr nach dem Rechtsanwaltsvergütungsgesetz (RVG) auf der Grundlage des oben angegebenen, angemessenen Hauptsachestreitwerts.

Eine den obigen Ziffern 1 bis 4 entsprechende vorformulierte Abschlusserklärung liegt diesem Schreiben bereits bei. Für den Eingang der unterzeichneten Abschlusserklärung[11] habe ich mir den

. . . . .[12]

vorgemerkt, wobei eine rechtzeitige Übermittlung per Telefax oder auch per E-Mail als fristwahrend angesehen wird, sofern das unterzeichnete Original per Post nachfolgt.[11]

Nach fruchtlosem Fristablauf werde ich davon ausgehen, dass Sie einer gerichtlichen Entscheidung den Vorzug geben.

Rechtsanwalt[13]

Schrifttum: Ahrens, Der Wettbewerbsprozess, 8. Aufl. 2016, Kap. 58; *ders.,* Die Abschlusserklärung. Zur Simulation der Rechtskraft von Verfügungstiteln, WRP 1997, 907; *Ahrens/Spätgens,* Einstweiliger Rechtsschutz und Vollstreckung in UWG-Sachen, 4. Aufl. 2001; *Danckwerts/Papenhausen/Scholz/Tavanti,* Wettbewerbsprozessrecht, 2016, Rn. 988 ff.; *Eichelberger,* Die Drittunterwerfung im Wettbewerbsrecht, WRP 2009, 270; *Eser,* Probleme der Kostentragung bei der vorprozessualen Abmahnung und beim Abschlussschreiben in Wettbewerbsstreitigkeiten, GRUR 1986, 35 ff.; *Krenz,* Die Geschäftsführung ohne Auftrag beim wettbewerbsrechtlichen Abschlussschreiben, GRUR 1995, 30; *Nill,* Sachliche Zuständigkeit bei Geltendmachung der Kosten von Abschlussschreiben, GRUR 2005, 740; *Spehl,* Abschlussschreiben und Abschlusserklärung im

Wettbewerbsverfahrensrecht, 1987; *Teplitzky,* Wettbewerbsrechtliche Ansprüche und Verfahren, 11. Aufl. 2016, Kap. 43.

Hinweis: Ein weiteres Textbeispiel für ein Abschlussschreiben findet sich bei *Mes/Schabenberger/Sonntag,* Münchener Prozessformularbuch, Bd. 5, Gewerblicher Rechtsschutz, Urheber- und Presserecht, 5. Aufl. 2018, Form. A.7.

Anmerkungen

1. Einstweilige Verfügung und Abschlussschreiben sind das wettbewerbsverfahrensrechtliche Instrumentarium, um Streitigkeiten rasch zu beenden. Die einstweilige Verfügung verschafft dem Gläubiger nur vorläufigen Rechtsschutz. Sie dient dazu, eine Gefährdung der Rechtstellung des Gläubigers, die aus der zeitlichen Dauer eines Hauptsacheverfahrens bis zum Urteil entsteht, zu verhindern; somit (nur) der Sicherung eines Anspruchs – im Wettbewerbsrecht meist eines Unterlassungsanspruchs. Die endgültige Lösung soll dagegen nach der Konzeption des Gesetzgebers erst im Hauptsacheverfahren getroffen werden (vgl. dazu MüKoZPO/*Drescher* Vorb. §§ 916 ff. Rn. 1–9; *Thomas/Putzo/Reichhold* ZPO Vorb. §§ 916 ff. Rn. 1 ff.; Ohly/Sosnitza/*Sosnitza* UWG § 12 Rn. 183 ff.). Mit dem Abschlussschreiben soll die rechtliche Auseinandersetzung auf das einstweilige Verfügungsverfahren beschränkt bleiben, dieses quasi zur Hauptsache werden. Damit hat das Abschlussschreiben einen Doppelcharakter. Zum einen ist es Aufforderung zum Abschluss einer Vereinbarung, die im einstweiligen Verfügungsverfahren getroffene Regelung als endgültig und zwischen den Parteien verbindlich anzuerkennen, so dass der Gläubiger Klarheit darüber gewinnt, ob er noch Hauptsacheklage erheben muss; dies macht es notwendig, auch das Abschlussschreiben am Bestimmtheitserfordernis betreffend den Verbotsumfang des Titels, der endgültig werden soll, auszurichten (BGH WRP 1989, 572 (573) – Bioäquivalenzwerbung). Das Verbot des Unterlassungstitels umfasst dabei auch über die mit der verbotenen Form identischen Handlungen hinausgehende im Kern gleichartige Abwandlungen, in denen das charakteristische der konkreten Verletzungsform zum Ausdruck kommt (stRspr, BGH GRUR 2010, 253 – Fischdosendeckel, GRUR 2010, 855 – Folienrollos). Zum anderen ist es Abmahnung im Hinblick auf das Hauptsacheklageverfahren, was sich bspw. insb. dann äußert, wenn zugleich Ansprüche auf Auskunftserteilung und Schadensersatz geltend gemacht werden. Zur Notwendigkeit des Abschlussschreibens, um dem Kostenrisiko des § 93 ZPO zu entgehen vgl. BGH GRUR-RR 2008, 368 (369) – Gebühren für Abschlussschreiben; GRUR 1973, 384 – Goldene Armbänder; OLG Hamburg WRP 1980, 208; OLG Köln WRP 1987, 188; OLG Frankfurt a. M. WRP 1982, 365. Das gilt auch, wenn der Gegner schon vor Beginn des einstweiligen Verfügungsverfahrens abgemahnt worden war (OLG Hamm WRP 1986, 112). Hat allerdings der Gegner gegen die einstweilige Verfügung Widerspruch bzw. Berufung eingelegt, so ist ein Abschlussschreiben nicht erforderlich; es kann sogleich Hauptsacheklage ohne Kostennachteil erhoben werden (OLG Köln GRUR-RR 2009, 183; OLG Hamm GRUR 1991, 336; ferner Ohly/Sosnitza/*Sosnitza* UWG § 12 Rn. 182). Der Unterlassungsschuldner kann den Gläubiger nur durch eine schriftliche Abschlusserklärung klaglos stellen (KG GRUR 1991, 258 = WRP 1991, 237). Die Abschlusserklärung muss bedingungsfrei abgegeben werden, da andernfalls das Rechtsschutzbedürfnis für eine Hauptklage fortbesteht (BGH WRP 1991, 97 – Rechtsschutzbedürfnis; ferner zum Inhalt der Abschlusserklärung: Köhler/Bornkamm/Feddersen/*Köhler* UWG § 12 Rn. 2.74). Es kann sich auch die Notwendigkeit eines zweiten Abschlussschreibens ergeben (OLG Düsseldorf GRUR 1991, 479). Kündigt der Antragsgegner nach Zustellung der einstweiligen Verfügung ausdrücklich an, Widerspruch einlegen zu wollen, so ist ein Abschlussschreiben entbehrlich (Köhler/Bornkamm/Feddersen/*Köhler* UWG § 12 Rn. 2.70). Unterbleibt sodann der Widerspruch, bedarf es keines

weiteren Nachfassens durch den Antragsteller vor Erhebung der Hauptklage (OLG Hamburg GRUR 1993, 778).

Weil das Abschlussschreiben Abmahnung zur Hauptsache ist, gelten dafür – grundsätzlich – die inhaltlichen Anforderungen des § 13 Abs. 2 Nr. 1–4 UWG. Allerdings wird es, wie schon nach bisheriger Praxis, im Regelfall nicht erforderlich sein, den gesamten der beanstandeten Rechtsverletzung zugrundeliegenden Sachverhalt und alle notwendigen Darlegungen zur Anspruchsberechtigung in das Abschlussschreiben aufzunehmen. Denn im Regelfall wird schon vor Beantragung der einstweiligen Verfügung eine erste Abmahnung erfolgt sein, die den Anforderungen des § 13 Abs. 2 UWG genügte. Entsprechende Ausführungen werden sich auch in der Antragsschrift finden. Das Textbeispiel im Form. nimmt deshalb auf die zugestellte einstweilige Verfügung und die Antragsschrift Bezug. In der Rechtsprechung war schon bisher anerkannt, dass die inhaltlichen Anforderungen an eine Abmahnung auch durch zwei Schreiben erfüllt werden können, sofern das eine auf das andere Schreiben eindeutig Bezug nimmt (KG BeckRS 2017, 112335; so auch Köhler/Bornkamm/Feddersen/*Bornkamm/Feddersen* UWG § 13 Rn. 12). Daher kann bei ausdrücklicher Bezugnahme entweder auf die erste Abmahnung oder die einstweilige Verfügung bzw. den ihr zugrundeliegenden Antrag, in dem konkrete Darlegungen zur Anspruchsberechtigung nach § 8 Abs. 3 UWG sowie zur Rechtsverletzung enthalten sind, auf die erneute Darlegung dieser Anforderungen an die Abmahnung im Abschlussschreiben verzichtet werden. An der bisherigen Praxis der Abschlussschreiben dürfte sich daher nichts Wesentliches ändern. In dem Form. ist wegen § 13 Abs. 2 Nr. 3 UWG eine ausdrückliche Darlegung der genauen Höhe der geforderten Kostenerstattung für das Abschlussschreiben sowie deren Berechnung (→ Anm. 4) aufgenommen worden, weil es sich um die Erstattung weiterer Kosten neben den Kosten der ursprünglichen Abmahnung handelt.

2. Während der BGH in der Vergangenheit die Absendung eines Abschlussschreibens noch vor der Zustellung der einstweiligen Verfügung für angemessen hielt und insb. einen Kostenerstattungsanspruch für das Abschlussschreiben zubilligte (vgl. BGB GRUR 1973, 384 = MDR 1973, 483 – Goldene Armbänder), hat er nun mehr seine Rechtsprechung der Praxis der Instanzgerichte (LG Berlin WRP 1979, 240 (241) und WRP 983, 119; sowie GRUR-RR 2008, 374 – Erstattungsfähigkeit nur, wenn zwischen Zustellung der einstweiligen Verfügung und Absendung des Abschlussschreibens ein Monat verstrichen ist; OLG und LG Hamburg GRUR-RR 2014, 229 (230); WRP 1981, 58 – angemessene Zeitraum 14 Tage; OLG Frankfurt a. M. GRUR_RR 2003, 294 – angemessene Zeitraum 14 Tage, wobei die Umstände des Einzelfalls auch eine kürzere oder längere Wartefrist begründen können) angepasst (BGH, GRUR 2015, 822 – Kosten für Abschlussschreiben II). Ein Anspruch auf Kostenerstattung für ein Abschlussschreiben setzt demnach nunmehr voraus, dass der Gläubiger vor dessen Übersendung eine angemessene Wartefrist von mindestens zwei Wochen nach Zustellung des Urteils, durch das die einstweilige Verfügung erlassen oder bestätigt worden ist, an den Schuldner abgewartet hat (BGH GRUR 2015, 822 – Kosten für Abschlussschreiben II). Ergeht die Verfügung durch Beschluss, wird „im Regelfall" eine Wartefrist von nicht mehr als 3 Wochen als angemessen erachtet (BGH GRUR 2015, 822 Rn. 22 – Kosten für Abschlussschreiben II). Um die Kostenfolge des § 93 ZPO im Hauptsacheverfahren zu vermeiden, muss der Gläubiger dem Schuldner außerdem eine Erklärungsfrist von im Regelfall mindestens zwei Wochen für die Prüfung einräumen, ob er die Abschlusserklärung abgeben will, wobei die Summe aus Warte- und Erklärungsfrist nicht kürzer als die Berufungsfrist (§ 517 ZPO) sein darf (BGH GRUR 2015, 822 – Kosten für Abschlussschreiben II). Eine dem Schuldner gesetzte zu kurze Erklärungsfrist setzt allerdings lediglich eine angemessene Erklärungsfrist in Gang; der Kostenerstattungsanspruch des Gläubigers für das

Abschlussschreiben bleibt davon unberührt (BGH GRUR 2015, 822 – Kosten für Abschlussschreiben II).

Nach Zustellung des Urteils, durch das die einstweilige Verfügung erlassen oder bestätigt wird, sollte daher ein Zeitraum von mindestens zwei Wochen (bei Beschlussverfügung drei Wochen) beachtet werden; es stellt auch ein Gebot der Fairness dar, dem Störer zumindest die Chance zu geben, nach Zustellung der einstweiligen Verfügung von sich aus ohne besondere Aufforderung eine Abschlusserklärung abzugeben und damit weitere negative Kostenfolgen zu verhindern.

Hat allerdings der Wettbewerbsstörer gegen eine ergangene Beschlussverfügung Widerspruch eingelegt, so bedarf es der Übersendung eines Abschlussschreibens nicht. In einem solchen Fall kann eine Hauptklage ohne Kostennachteil sogleich erhoben werden (OLG Hamm GRUR 1991, 336 re. Sp. oben; OLG Köln GRUR-RR 2009, 183). Das Gleiche gilt, wenn der Antragsgegner ankündigt, Widerspruch einzulegen (→ Anm. 1). Hat der Wettbewerbsgläubiger einen Antrag auf Erlass einer einstweiligen Verfügung anhängig gemacht und ist über diesen noch nicht entschieden, so kann er sogleich auch Hauptklage erheben, ohne Kostennachteile des § 93 ZPO befürchten zu müssen (OLG Hamm GRUR 1991, 336). Denn der Gläubiger kann ohne Unterlassungserklärung/Abschlusserklärung des Schuldners (= endgültiger Titel) nicht sicher davon ausgehen, dass er mit den geltend gemachten Ansprüchen im Verfügungsverfahren – insb. im Hinblick auf Verfügungsgrund (Dringlichkeit) – obsiegen wird. Darüber hinaus sind Annex-Ansprüche (Auskunft, Schadensersatz) nicht Gegenstand des Verfügungsverfahrens und drohen daher gem. § 11 Abs. 1 UWG nach 6 Monaten zu verjähren (keine Hemmung gem. § 204 Abs. 1 Nr. 9 BGB), so dass auch wegen dieser Ansprüche die Erhebung der Hauptsacheklage neben einem einstweiligen Verfügungsverfahren geboten sein kann (OLG Köln GRUR-RR 2009, 183).

3. Die erlassene einstweilige Verfügung als vorläufige Regelung beseitigt weder die Wiederholungsgefahr noch das Rechtsschutzbedürfnis. Die Wiederholungsgefahr ist materielle Voraussetzung für den Unterlassungsanspruch des Gläubigers. Aufgrund der bereits erfolgten konkreten Verletzungshandlung wird die Wiederholungsgefahr vermutet (stRspr, BGH GRUR 1983, 127 (128) – Vertragsstrafeversprechen; GRUR 1997, 379 (380) – Wegfall der Wiederholungsgefahr II; GLE UWG-HdB/*Fritzsche* § 79 Rn. 16). Grds. kann die Wiederholungsgefahr nur durch die unwiderrufliche, unbedingte, strafbewehrte Unterlassungserklärung des Schuldners ausgeräumt werden (allgA, vgl. statt vieler GLE UWG-HdB/*Fritzsche* § 79 Rn. 23 f.; Köhler/Bornkamm/Feddersen/*Bornkamm* UWG § 13 Rn. 138 f.). Nur ganz ausnahmsweise ist bereits das Unterlassen der Verletzungshandlung ausreichend; so zB durch Korrektur der unrichtigen Widerrufsbelehrung im Internet, wenn der Wettbewerbsverstoß nicht eine inhaltlich falsche Widerrufsbelehrung betrifft, sondern lediglich zwischenzeitlich veraltete Rechtsnormen benannt werden (OLG Jena GRUR-RR 2012, 31). Die in der Regel erforderliche Unterlassungserklärung/Abschlusserklärung muss dabei den ernsthaften Willen des Schuldners, den begangenen Verstoß nicht zu wiederholen, zum Ausdruck bringen. Sie muss ferner hinreichend bestimmt/bestimmbar sein (→ Form. P.1 Anm. 10).

Das Rechtsschutzbedürfnis ergibt sich grds. aus der Nichterfüllung des behaupteten materiell-rechtlichen Anspruchs, dessen Vorliegen für die Prüfung des Interesses an seiner gerichtlichen Durchsetzung zu unterstellen ist (BGH GRUR 1972, 180 (183) – Cheri; GRUR 1983, 127 (128) – Vertragsstrafeversprechen). Das Rechtsschutzbedürfnis fehlt, wenn das Gericht unnötigerweise, unlauter oder prozesszweckwidrig bemüht wird (BGH GRUR 1976, 256 (257) – Rechenschieber). Hat der Gläubiger mehrere gleichwertige Wege zur Durchsetzung seines Anspruchs, so muss er den prozessual einfacheren und günstigeren wählen (BGH GRUR 1980, 241 (242) – Rechtschutzbedürfnis). Das Rechtsschutzbedürfnis entfällt, wenn bereits ein vollstreckbarer Titel vorliegt. Eine einstweilige

Verfügung ist kein solcher Titel, so dass durch die einstweilige Verfügung allein das Rechtschutzbedürfnis des Gläubigers nicht entfällt, sondern die Abgabe einer sog Abschlusserklärung erforderlich macht, mit der die vorläufige Regelung als endgültige und zwischen den Parteien materiell-rechtlich verbindliche Regelung anerkannt wird und demnach einen einem vollstreckbaren Hauptsachtitel vergleichbaren/gleichwertigen Verfügungstitel darstellt (stRspr BGH GRUR 2009, 1096 (1097) – Mescher weis; GRUR 2010, 855 (856) – Folienrollos).

4. Für wettbewerbsrechtliche Ansprüche ist die Verjährungsfrist von besonderer Bedeutung, da sie nur 6 Monate beträgt (§ 11 Abs. 1 UWG). Nach § 204 Abs. 1 Nr. 9 BGB hemmt die Zustellung des Antrags auf Erlass einer einstweiligen Verfügung oder – wenn der Antrag nicht zugestellt wird – (schon) dessen Einreichung die Verjährung, wenn die einstweilige Verfügung innerhalb eines Monats seit Verkündung oder Zustellung an den Gläubiger dem Schuldner zugestellt wird. Allerdings bestimmt § 212 Abs. 1 Nr. 2 BGB, dass die Verjährung erneut beginnt, wenn der Gläubiger eine gerichtliche oder behördliche Vollstreckungshandlung beantragt hat. Die Vollziehung der einstweiligen Verfügung durch Zustellung im Wege des Parteibetriebs ist jedoch keine derartige Vollstreckungshandlung, da sie nicht (unmittelbar) auf eine gerichtliche oder behördliche Handlung ausgerichtet ist; diese wird erst dann erstrebt, wenn der Schuldner der ordnungsmittelbedrohten Verfügung/Anordnung zuwiderhandelt. Im Falle des Anhängigwerdens eines derartigen Ordnungsmittelantrags (gem. § 890 ZPO) sind allerdings § 212 Abs. 1 Nr. 2 BGB und der dort angeordnete Neubeginn der Verjährung zu beachten. Der Hemmungstatbestand des § 204 Abs. 1 Nr. 9 BGB umfasst zwei Tatbestände, nämlich zum einen die Zustellung des Antrags auf Erlass einer einstweiligen Verfügung, eines Arrestes oder einer einstweiligen Anordnung und hilfsweise, für den Fall, dass der Antrag nicht zugestellt wird, den Zeitpunkt seiner Einreichung; im letztgenannten Fall muss allerdings der Arrestbefehl, die einstweilige Verfügung oder die einstweilige Anordnung innerhalb eines Monats seit Verkündung oder Zustellung an den Gläubiger dem Schuldner zugestellt worden sein. Auf diese Variante nimmt das Textbeispiel im Form. Bezug, → Anm. 2. Laut § 204 Abs. 1 Nr. 9 BGB ist jedoch nur der im einstweiligen Verfügungsantrag gestellte Anspruch, folglich nur der Unterlassungsanspruch gehemmt; nicht auch Annex-Ansprüche wie Schadensersatz und Auskunft. Gem. § 213 BGB gelten die Tatbestände der Hemmung, der Ablaufhemmung und des erneuten Beginns der Verjährung zwar auch für Ansprüche, „die aus demselben Grund wahlweise neben dem Anspruch oder an seiner Stelle gegeben sind". Der Wettbewerbsgläubiger kann gegen den Wettbewerbsschuldner regelmäßig nicht nur Unterlassungsansprüche sondern auch, und unabhängig vom Unterlassungsanspruch, Ansprüche auf Auskunftserteilung und Schadensersatz geltend machen. § 213 BGB ist aber auf diese Ansprüche nicht anwendbar, weil sie nicht solche sind, die „wahlweise neben dem Anspruch (auf Unterlassung) oder an seiner Stelle gegeben sind". Denn diese Bestimmung erfasst jedenfalls nicht Ansprüche, die der Sache nach unabhängig voneinander bestehen (vgl. *Dauner-Lieb/Heidel/Lepa/Ring*, Anwaltkommentar zum Schuldrecht, 2002, BGB § 213 Rn. 5 ff.).

5. § 9 S. 1 UWG bestimmt Vorsatz oder Fahrlässigkeit als Verschuldensformen. Fahrlässigkeit ist die Außerachtlassung der im Verkehr erforderlichen Sorgfalt (§ 276 Abs. 1 S. 2 BGB). Im Wettbewerbsrecht sind strenge Maßstäbe anzulegen (BGH GRUR 2002, 706 (708) – vossius.de; 2002, 694 (699) – shell.de; BGHZ 148, 321 = GRUR 2002, 248 (252) – Spiegel-CD-ROM; BGHZ 141, 329 (345) = GRUR 1999, 923 (928) – Tele-Info-CD). Schuldhaft handelt, wer sich erkennbar in einem Grenzbereich des rechtlich zulässigen bewegt, in dem er mit einer von der eigenen Einschätzung abweichenden Beurteilung der rechtlichen Zulässigkeit seines Verhaltens rechnen muss (BGH GRUR 2010, 623 (625) – Restwertbörse; iE Köhler/Bornkamm/Feddersen/*Köhler* UWG § 9 Rn. 1.18 ff.). § 9 S. 2 UWG sieht vor, dass bei verantwortlichen Personen von periodischen Druckschriften der Anspruch auf Schadensersatz nur bei einer vorsätzlichen Zuwiderhandlung geltend gemacht werden kann. Handelt es sich um Verschulden von gesetzlichen Organen (zB eines Geschäftsführers bei einer GmbH, eines Vorstands einer AG) gilt § 31 BGB analog (Harte-Bavendamm/Henning-Bodewig/*Goldmann* UWG § 9 Rn. 54 ff.; Köhler/Bornkamm/Feddersen/*Köhler* UWG § 9 Rn. 1.6). Das Verschulden von Verrichtungsgehilfen wird gem. § 831 Abs. 1 S. 1 BGB dem Geschäftsherrn zugerechnet (*Harte-Bavendamm/Henning-Bodewig/Goldmann* UWG § 9 Rn. 61 ff.; Köhler/Bornkamm/Feddersen/*Köhler* UWG § 9 Rn. 1.7).

6. Mit dieser Formulierung wird dem Abmahnungscharakter des Abschlussschreibens Rechnung getragen.

7. Die unter Ziff. 1 im Form. geforderte sog Abschlusserklärung ist Prozessvertrag, indem sie die im einstweiligen Verfügungsverfahren ergangene Regelung als zwischen den Parteien endgültig prozessual verbindlich festschreibt; insoweit ist der Verzicht auf sämtliche Rechtsbehelfe, die zur Aufhebung der einstweiligen Verfügung führen könnten (§§ 924, 926 und 927 ZPO), von Bedeutung (BGH GRUR 2009, 1096 (1097) – Mescher weis; OLG Stuttgart WRP 1996, 152 (153)). Der Gläubiger soll durch die Abschlusserklärung so gestellt werden, als hätte er statt des vorläufigen einen endgültigen Titel. Zu einer Besserstellung soll es dagegen nicht kommen, so dass ein uneingeschränkter Verzicht auf § 927 ZPO nach höchstrichterlicher Rspr. nicht erforderlich ist (BGH GRUR 2009, 1096 – Mescher weis; Köhler/Bornkamm/Feddersen/*Köhler* UWG § 12 Rn. 3.74). Auf die Einwendungen, die der Schuldner mit der Vollstreckungsabwehrklage gem. § 767 ZPO gegen einen rechtskräftigen Titel geltend machen könnte, braucht der Schuldner daher in der Abschlusserklärung nicht zu verzichten (BGH GRUR 2009, 1096 – Mescher weis; Köhler/Bornkamm/Feddersen/*Köhler* UWG § 12 Rn. 3.74). Der Unterlassungsschuldner muss ferner auch nicht auf die Rechte aus § 927 ZPO verzichten, soweit es um die Geltendmachung veränderter Umstände geht, die auf einer Gesetzesänderung oder Änderung in der höchstrichterlichen Rspr. beruhen (BGH GRUR 2009, 1096 (1098) – Mescher weis). Auch im Falle eines uneingeschränkten Verzichts auf die Rechte aus § 927 ZPO kann die Auslegung der Abschlusserklärung ergeben, dass der Unterlassungsschuldner auf die Rechte aus § 927 ZPO nur insoweit verzichten wollte, als dies zu einer Gleichstellung des vorläufigen mit einem endgültigen Hauptsachetitel führen würde, so dass das Recht auf die Geltendmachung veränderter Umstände im oben genannten Sinne vom Verzicht nicht erfasst ist (BGH GRUR 2009, 1096 (1098) – Mescher weis). *Spehl* Abschlussschreiben Anh. Kap. VIII Fn. 22, schlägt vor, in das Abschlussschreiben auch einen Verzicht auf die Geltendmachung eines Schadensersatzanspruches gem. § 945 ZPO aufzunehmen. Davon wird im Form. abgesehen, da es nach den vom Schuldner geforderten Erklärungen nicht mehr zu einer gerichtlichen Auseinandersetzung darüber kommen kann, ob die ergangene einstweilige Verfügung von Anfang an ungerechtfertigt iSd § 945 ZPO war.

Der Schuldner kann freilich der geforderten Abschlusserklärung dadurch ausweichen, dass er eine ausreichend vertragsstrafebewehrte Unterlassungsverpflichtungerklärung abgibt (OLG Hamburg MD 1999, 1108; aA OLG Köln WRP 1996, 333 (338)). Dadurch entfällt für den geltend gemachten Unterlassungsanspruch regelmäßig die Wiederholungsgefahr, so dass eine Hauptklage insoweit unbegründet wäre (→ Anm. 3). Diese Erklärung sollte jedoch auch die Verpflichtung des Schuldners zur Auskunfterteilung sowie zur Schadensersatzleistung beinhalten, um auch diese Ansprüche des Gläubigers zu erledigen.

Nach abgegebener Abschlusserklärung entfällt für eine Hauptsacheklage (des Gläubigers) das Rechtsschutzbedürfnis (BGH GRUR 2009, 1096 (1097) – Mescher weis; GRUR 1991, 76 (77) – Abschlusserklärung; OLG Hamm WRP 1982, 592); für eine negative Feststellungsklage (des Schuldners) ebenso (vgl. Köhler/Bornkamm/Feddersen/*Köhler*

UWG § 12 Rn. 2.77). Insbes. kann der Schuldner auch nicht mehr Schadensersatz gem. § 945 ZPO verlangen (vgl. Köhler/Bornkamm/Feddersen/*Köhler* UWG § 12 Rn. 2.77). Im Verhältnis zu Dritten beseitigt die Abschlusserklärung die Wiederholungsgefahr (obergerichtliche Rspr. und hM: OLG Zweibrücken NJWE-WettbR 1999, 66 (67) mwN). Haben mithin mehrere gegen einen Schuldner mehrere einstweilige Verfügungen erwirkt, so genügt es, wenn der Schuldner nur einem Gläubiger gegenüber die Abschlusserklärung abgibt (OLG Zweibrücken NJWE WettbR 1999, 66 (67), vgl. auch parallel zur Wirkung der strafbewehrten Unterwerfung: Köhler/Bornkamm/Feddersen/*Bornkamm* UWG § 13 Rn. 139).

8. Diese Formulierung bietet keine Besonderheit. Die Rechtsgrundlage der Schadensersatzverpflichtung sind §§ 3, 9 S. 1 UWG. Es genügt die bloße Wahrscheinlichkeit eines Schadenseintritts (BGH GRUR 1993, 926 (927) – Apothekenzeitschriften; GRUR 1992, 61 (63) = WRP 1991, 654 – Preisvergleichsliste; GRUR 1974, 735 (736) – Pharmamedan; GRUR 1961, 241 (243) – Sosil). Für eine ausführlichere Darstellung des wettbewerbsrechtlichen Schadensersatz- und Gewinnabschöpfungsanspruchs siehe → Form. P.9 Anm. 16.

9. Zum wettbewerbsrechtlichen Auskunftsanspruch vgl. Köhler/Bornkamm/Feddersen/*Köhler* UWG § 9 Rn. 4.1 ff.. Der sog wettbewerbsrechtliche Auskunftsanspruch ist in der Rspr. und im Schrifttum allgemein anerkannt. Er findet seine Rechtsgrundlage in einer schon den Rang von Gewohnheitsrecht (BGH GRUR 1988, 307 (308) – Gaby; GRUR 1980, 227 (232) – Monumenta Germaniae Historica) einnehmenden Anwendung des Grundsatzes von Treu und Glauben gemäß § 242 BGB (BGH GRUR 2010, 343 (346)-Oracle; GRUR 2001, 841 (842) – Entfernung der Herstellungsnummer II; 1995, 427 (429) – Schwarze Liste; Einzelheiten bei Köhler/Bornkamm/Feddersen/*Köhler* UWG § 9 Rn. 4.5). Beim wettbewerbsrechtlichen Auskunftsanspruch wird grundsätzlich unterschieden zwischen dem selbständigen Auskunftsanspruch (Drittauskunft), der dem Gläubiger bei der Durchsetzung seiner (Haupt-) Ansprüche gegenüber Dritten verhelfen soll, und dem akzessorischen Auskunftsanspruch gegen den Verletzer selbst, der der Vorbereitung und Durchsetzung des Hauptanspruchs (Schadensersatz-, Bereicherungs-, Gewinnabschöpfungs-, Geschäftsführungs- und Beseitigungsansprüche) gegen den Auskunftspflichtigen selbst dient. Nach Treu und Glauben besteht eine Auskunftspflicht des Verpflichteten gegenüber dem Berechtigten, wenn der Berechtigte auf die Auskunft zur Rechtsverfolgung angewiesen ist oder zumindest die Auskunft seine Rechtsverfolgung erleichtert, er über den Inhalt der der Auskunft unterliegenden Wissensmitteilungen entschuldbar im Unklaren ist und der Verpflichtete die Auskunft unschwer erteilen kann (BGH GRUR 2010, 623 (626) – Restwertbörse; NJW 2007, 1806 (1807) – Meistbegünstigungsvereinbarung; GRUR 2001, 841 (842) – Entfernung der Herstellungsnummer II; Köhler/Bornkamm/Feddersen/*Köhler* UWG § 9 Rn. 4.8 ff.). Ein solcher Auskunftsanspruch dient insb. der Vorbereitung von Schadensersatzansprüchen. Er ist bei wettbewerbsrechtlichen Ansprüchen jeder Art gegeben (BGH GRUR 1965, 313 (314) – Umsatzauskunft – und GRUR 1972, 558 (560) – Teerspritzmaschinen). Neben dem Auskunftsanspruch als Hilfsanspruch zur Vorbereitung eines Schadensersatzanspruches gibt es auch einen solchen, der seinem Rechtscharakter nach schon Schadensbeseitigung bzw. Vorbereitung zur Beseitigung einer Störung ist (zB BGH GRUR 1972, 558 (560) – Teerspritzmaschinen).

Zum Umfang des wettbewerbsrechtlichen Auskunftsanspruchs, insb. BGH GRUR 1978, 52 – Fernschreibverzeichnisse – und GRUR 1981, 286 (288) – Goldene Karte I; Köhler/Bornkamm/Feddersen/*Köhler* UWG § 9 Rn. 4.11; Ohly/Sosnitza/*Ohly* UWG § 9 Rn. 39. Grundsätzlich ist festzuhalten, dass das Auskunftsbegehren nicht darauf gerichtet sein darf, die Rechtsverletzung als solche beziehungsweise die sie begründenden Tatsachen erst festzustellen (verbotene Ausforschung). Er umfasst daher nur Angaben über die

Art, den Zeitpunkt und den Umfang der konkreten Verletzungshandlung einschließlich im Kern gleichartiger Handlungen (BGH GRUR 2006, 696 Rn. 34 – Parfümtestkäufe; Köhler/Bornkamm/Feddersen/*Köhler* UWG § 9 Rn. 4.11)

Da der wettbewerbsrechtliche Auskunftsanspruch ferner nicht der Durchsetzung eines Ausschlussrechtes (Patent, Gebrauchsmuster, Marke, Urheberrecht usw.) dient, geht er seinem Inhalt nach regelmäßig nicht so weit wie der Rechnungslegungsanspruch, den Rspr. und Schrifttum im Falle der Verletzung eines Ausschlussrechtes zubilligen; insb. ist er grds. nicht auf Umsatzangaben gerichtet (BGH GRUR 1981, 286 (288) – Goldene Karte I). Einen weitergehenden Rechnungslegungsanspruch kennt das Wettbewerbsrecht lediglich in den Fällen der Notwendigkeit einer objektiven Schadensberechnung (Herausgabe des Verletzergewinns bzw. Zahlung einer Lizenzgebühr), letztlich nur noch in zwei Fallgruppen: Schadensersatzansprüche aus wettbewerbswidriger Leistungsübernahme nach § 4 Nr. 3 (zB BGH GRUR 1986, 673 (676) – Beschlagprogramm) sowie Schadensersatzanspruch wegen der gezielten Mitbewerberbehinderung nach § 4 Nr. 4 durch Produktnachahmung (BGH GRUR 2017, 79 Rn. 79 – Segmentstruktur). Die früher in den §§ 17, 18 UWG aF geregelte Verletzung von Betriebsgeheimnissen ist nicht mehr im UWG enthalten und führt jetzt aufgrund der spezialgesetzlichen Regelung in den §§ 8, 10 Abs. 1 GeschGehG zu Ansprüchen auf Schadensersatz und Auskunftserteilung. Durch das Produktpirateriegesetz vom 7.3.1990 und später durch die Enforcement-Richtlinie (Richtlinie 2004/48/EG) vom 20.5.2004 sowie ihrer Umsetzung ins deutsche Recht durch das „Gesetz zur Verbesserung der Durchsetzung von Rechten des geistigen Eigentums" vom 1.9.2008 wurde der Auskunftsanspruch für gewerbliche Schutzrechte nach Inhalt (sog Drittauskunft) und Art seiner Durchsetzung (im Verfügungsverfahren) deutlich verstärkt (zB §§ 19 MarkenG, 140b PatG). Zur analogen Anwendung dieser Bestimmungen auf Wettbewerbsverstöße vgl. *Asendorf* FS Fritz Traub, 1994, 21 ff.; BGH GRUR 1994, 630 mAnm *Jacobs* (Cartier-Armreif); BGH GRUR 1994, 635 (636 f.) mAnm *Ahrens* (Pulloverbeschriftung); BGH GRUR 2001, 841 (844) – Entfernung der Herstellungsnummer II).

Um die Verlässlichkeit einer Auskunft beurteilen zu können, kann diese zugunsten des Gläubigers im Einzelfall auch auf eine Vorlage von Belegen durch den Schuldner gerichtet sein (BGH LM § 810 BGB Nr. 5; GRUR 2001, 841 (845) – Entfernung der Herstellungsnummer II; 2002, 709 – Entfernung der Herstellungsnummer III: zum Markengesetz; vgl hierzu auch Köhler/Bornkamm/Feddersen/*Köhler* UWG § 9 Rn. 4.13 ff.).

10. Zur Kostenerstattungspflicht → Form. II.P.1 Anm. 12. Nach höchstrichterlicher Rspr. sowie herrschender Meinung in der Literatur ist das Abschlussschreiben nach dem Erlass einer einstweiligen Verfügung Vorbereitung des Hauptsacheverfahrens und nicht noch Bestandteil des Verfügungsverfahrens (BGH GRUR 2010, 1038 (1040) – Kosten für Abschlussschreiben; *Mes* PatG § 139 Rn. 607; Köhler/Bornkamm/Feddersen/*Köhler* UWG § 12 Rn. 2.73 ff.). Die Aufforderung des Antragstellers an den Antragsgegner, die erlassene Verfügung als endgültige Regelung anzuerkennen und auf die Rechte aus §§ 924, 926 u. 927 ZPO zu verzichten, dient allein dazu, dem Antragsteller ein dem Hauptsacheverfahren gleichwertiges Ergebnis zu liefern, ihn folglich klaglos zu stellen, um dadurch die Durchführung eines Hauptsacheverfahrens zu verhindern. Aus diesem Grund gehört diese weitergehende Tätigkeit nicht mehr zum Verfügungsverfahren, sondern zum Hauptsacheverfahren (BGH GRUR 2010, 1038 (1040) – Kosten für Abschlussschreiben I; GRUR-RR 2008, 368 – Gebühren für Abschlussschreiben). Die Zuordnung des Abschlussschreibens zum Hauptsacheverfahren setzt dabei nicht voraus, dass bereits Auftrag zur Hauptsacheklage erteilt worden ist (BGH GRUR 2010, 1038 (1040) – Kosten für Abschlussschreiben I). Liegt allerdings Klageauftrag vor, so ist grds. eine 0,8 Verfahrensgebühr gem. Nr. 3100, 3101 VV RVG in Ansatz zu bringen, andernfalls eine 0,5 bis 2,5 Geschäftsgebühr gem. Nr. 2300 VV RVG (BGH GRUR 2010, 1038 (1040) – Kosten für Abschlussschreiben I), wobei nach ständiger Rspr. des BGH sowie zahlreicher Instanzgerichte regelmäßig eine mittlere Geschäftsgebühr von 1,3 anzusetzen ist (BGH, GRUR 2015 822 (824) Rn. 35 – Kosten für Abschlussschreiben II, BGH GRUR 2010, 1038 (1040) – Kosten für Abschlussschreiben I mwN; OLG Hamm 2009, BeckRS 2009, 21055). Einige Instanzgerichte hielten in Fällen, bei denen es sich nicht um eine schwierige Sache handelt, sondern vielmehr um ein Schreiben einfacher Art - wie ggf. bei Abschlussschreiben nach erlassener Verfügung – lediglich eine Gebühr von 0,8 für angemessen (OLG Hamburg GRUR-RR 2014, 229 (232) – Standardabschlussschreiben, mit eingehender Begründung, warum eine 0,8 Gebühr in der Regel durchaus angemessen scheint; OLG Düsseldorf Urt. v. 30.10.2007 – I-20 U 52/07 zum Markenrecht). Nach der Rechtsprechung des BGH erschöpft sich jedoch ein Abschlussschreiben in der Regel nicht in einer bloßen Bezugnahme auf die bereits ergangene einstweilige Verfügung, sondern verfolgt insbesondere das Ziel, einen Verzicht des Antragsgegners auf sämtliche Gegenrechte herbeizuführen, so dass es grundsätzlich nicht als Schreiben einfacher Art anzusehen ist. Im Regelfall bleibt es daher bei der 1,3 Gebühr. Der Fall „Kosten für Abschlussschreiben I“ (GRUR 2010, 1038 (1040)), in dem der BGH eine 0,3 Gebühr für angemessen hielt, ist später vom BGH selbst als Ausnahme bezeichnet worden (GRUR 2015, 822 (824 Rn. 33) – Kosten für Abschlussschreiben II). Nach stRspr ergibt sich der Kostenerstattungsanspruch für Abschlussschreiben aus den Grundsätzen der Geschäftsführung ohne Auftrag (§§ 677, 683, 670 BGB) (BGH GRUR 1973, 384 – Goldene Armbänder; GRUR 2010, 1038 (1039) – Kosten für Abschlussschreiben I; GRUR 2015 822 (824) – Kosten für Abschlussschreiben II; OLG Hamburg GRUR-RR 2014, 229 – Standardabschlussschreiben; ferner *Mes* PatG § 139 Rn. 610; nach aA ergibt sich der Kostenerstattungsanspruch aus § 13 Abs. 3 UWG nF analog, vgl. Köhler/Bornkamm/Feddersen/*Köhler* UWG § 12 Rn. 2.73; Entscheidung kann dahinstehen, da iErg gleich). Der Kostenerstattungsanspruch setzt voraus, dass dem Gläubiger gegenüber dem Schuldner zum Zeitpunkt der Aufforderung zur Abgabe der Abschlusserklärung ein Unterlassungsanspruch tatsächlich zu stand und die Aufforderung zur Abgabe der Abschlusserklärung dem Interesse und dem wirklichen oder mutmaßlichen Willen des Schuldners entsprach (BGH GRUR 2012, 730 (733) – Bauheizgeräte), was in der Regel dann der Fall ist, wenn der Schuldner als Reaktion auf das Abschlussschreiben die gewünschte Erklärung abgibt und dadurch die Durchführung eines Hauptsacheverfahrens verhindert wird. Etwas anderes gilt, wenn der Gläubiger dem Schuldner nach Zustellung der einstweiligen Verfügung keine Gelegenheit gibt, von sich aus eine Abschlusserklärung abzugeben (→ Anm. 2). Für die konkrete Berechnung der zu erstattenden Kosten kommt es auf den Gegenstandswert für das Abschlussschreiben an; dessen Bestimmung wiederum nach Maßgabe des Streitwerts des Hauptsacheverfahrens erfolgt (vgl. *Mes* PatG § 139 Rn. 612).

11. Der Gläubiger sollte aus Gründen der Rechtssicherheit und Rechtsklarheit stets eine schriftliche Abschlusserklärung fordern, §§ 126, 127 BGB. Eine lediglich mündlich abgegebene Erklärung würde nicht nur Fragen über Art und Umfang der Erklärung sondern auch Beweisschwierigkeiten für den Gläubiger mit sich bringen, so dass der Unterlassungsgläubiger aufgrund dieser Rechtsunsicherheit vor Zugang der einschlägigen schriftlichen Anerkenntnis- bzw. Verzichtserklärung in Bezug auf die einstweilige Verfügung nicht als klaglos gestellt angesehen werden kann (KG GRUR 1991, 258 – „Mündliche Abschlusserklärung“ mit Verweis auf BGH GRUR 1990, 530 – Unterwerfung durch Fernschreiben; Köhler/Bornkamm/Feddersen/*Köhler* UWG § 12 Rn. 2.75). Um den Gläubiger somit klaglos zu stellen, genügen (fern-) mündliche Erklärungen, Fernschreiben, Fax oder E-Mail daher nicht; sie können allenfalls vorläufige Wirkung entfalten, wenn eine nachfolgende schriftliche Erklärung in Aussicht gestellt wird (Köhler/Bornkamm/Feddersen/*Köhler* UWG § 12 Rn. 2.75). Vor diesem Hintergrund ist es zwar nicht erforderlich, in der Praxis jedoch weitestgehend üblich, dem Abschlussschreiben gleich eine entsprechend vorformulierte Abschlusserklärung als Anlage beizufügen, um Unsicherheiten und Unklarheiten zu vermeiden und die streitige Angelegenheit so schnell wie möglich zu einem Abschluss zu bringen. Für weitere Formulierungsvorschläge einer Abschlusserklärung s. MP FormB GewRS Form. A.7 Anm. 11.

12. Da der Gläubiger durch die erlassene einstweilige Verfügung schon über einen Vollstreckungstitel gegen den Schuldner verfügt, sollte die Erklärungsfrist nicht allzu knapp bemessen werden. Aus Vorsichtsgründen sollte sie einen Monat betragen, da einige Instanzgerichte analog der Berufungsfrist eine Fristsetzung von einem Monat für erforderlich halten (OLG Karlsruhe WRP 1977, 117 (119); KG WRP 1978, 213, wobei in der letztgenannten Entscheidung die Einmonatsfrist ab der Zustellung der einstweiligen Verfügung berechnet wird; (OLG Frankfurt a.M. GRUR-RR 2003, 294; WRP 1982, 365: länger als eine Verwarnungsfrist vor einem Antrag auf Erlass einer einstweiligen Verfügung, mindestens zwei Wochen). Der Schuldner wahrt – selbstverständlich – die gesetzte Frist nicht dadurch, dass er die Abgabe einer Abschlusserklärung durch seine Anwälte ankündigen lässt (KG MD 1994, 259).

Ist wegen des Verhaltens des Schuldners mit der Abgabe einer Abschlusserklärung in absehbarer Zeit ohnehin nicht zu rechnen, kann eine kürzere Fristsetzung in Betracht kommen (OLG Frankfurt a. M. GRUR-RR 2003, 274 (278); 2003, 294).

Kosten und Gebühren

13. Das Abschlussschreiben ist Vorbereitung des Hauptklageverfahrens. Durch die Verfahrensgebühr für das Verfügungsverfahren sind seine Kosten nicht abgegolten (§ 17 Nr. 4 RVG 2004; vgl. ferner stRspr BGH; GRUR-RR 2008, 368 – Gebühren für Abschlussschreiben; GRUR 1973, 384 – Goldene Armbänder). Liegt Klageauftrag vor, so ist eine 0,8 Verfahrensgebühr gem. VV 3100, 3101 RVG in Ansatz zu bringen, andernfalls eine 0,5 bis 2,5 Geschäftsgebühr gem. VV 2300 RVG. Regelmäßig ist eine „mittlere" Geschäftsgebühr von 1,3 anzusetzen (BGH GRUR 2015 822 – Kosten für Abschlussschreiben II, GRUR 2010 1038 – Kosten für Abschlussschreiben I; OLG Hamm WRP 2008, 135; Köhler/Bornkamm/Feddersen/*Köhler* UWG § 12 Rn. 2.73; aA OLG Hamburg GRUR-RR 2014, 229 (232) – Standardabschlussschreiben; GRUR-RR 2010, 87; WRP 1981, 470 (473) zu § 118 Abs. 1 BRAGO aF: 0,8 Gebühr und *Ahrens* Wettbewerbsprozess Kap. 58, Rn. 41: 0,3 Gebühr für ein Schreiben einfacher Art – Nr. 2300 iVm 2302 VV RVG). Zur grundsätzlichen Problematik der Kostenerstattungspflicht des Störers in Zusammenhang mit einem Abschlussschreiben → Anm. 2, 10. Die Bestimmung des Gegenstandswerts für ein Abschlussschreiben erfolgt nach Maßgabe des (ggf. höheren) Streitwertes des Hauptsacheverfahrens (OLG Hamburg WRP 1982, 477).

5. Formeller Widerspruch gegen eine einstweilige Verfügung

Landgericht
. . . . . Kammer . . . . .[2]
In Sachen
A . . . . . (RA: . . . . .)
gegen
B . . . . . (RA: . . . . .)
– Aktenzeichen: . . . . . –
zeige ich an, dass ich die Vertretung der Antragsgegnerin übernommen habe.

Namens und in Vollmacht der Antragsgegnerin erhebe ich gegen die einstweilige Verfügung der angerufenen Kammer vom . . . . .

Widerspruch.[1]

Anträge und Begründung bleiben einem gesonderten Schriftsatz vorbehalten.
Ich richte an die angerufene Kammer die Bitte um Anberaumung eines möglichst nahen Verhandlungstermins.
Rechtsanwalt[3, 4]

Schrifttum: Mädrich, Das Verhältnis der Rechtsbehelfe des Antragsgegners im einstweiligen Verfügungsverfahren, 1980. Vgl. die Nachw. → Form. II.P.3.

Anmerkungen

1. Mit einem formellen Widerspruch wird seitens des Antragsgegners dem Eilcharakter des einstweiligen Verfügungsverfahrens Rechnung getragen, indem gegenüber dem Gericht Widerspruch gem. § 924 ZPO eingelegt und des Weiteren die Bitte geäußert wird, die Anberaumung eines Verhandlungstermins zu veranlassen. Dementsprechend sollte ein formeller Widerspruch erst dann eingelegt werden, wenn tatsächlich seitens des Antragsgegners im Hinblick auf seinen Verteidigungswillen und die Chancen einer Rechtsverteidigung Klarheit besteht, die Verteidigung ausreichend vorbereitet ist und es nur noch in untergeordneten Punkten einer weiteren Bearbeitung bedarf. Ist die Verteidigung vollständig vorbereitet, so sollte sogleich ein Widerspruch mit Anträgen und Widerspruchsbegründung eingereicht werden (→ Form. II.P.6). Zwar ist es grds. im einstweiligen Verfügungsverfahren nicht erforderlich, dass der Antragsgegner zur Vorbereitung der mündlichen Verhandlung sein Verteidigungsvorbringen schriftsätzlich vorträgt; er kann dementsprechend auch im einstweiligen Verfügungsverfahren nicht mit lediglich mündlich Vorgetragenem oder mit einem in der mündlichen Verhandlung überreichten Schriftsatz ausgeschlossen werden. Die wettbewerbsrechtliche Prozesspraxis zeigt jedoch, dass es empfehlenswert ist, dem Gericht ausreichend vor der mündlichen Verhandlung Gelegenheit zu geben, die Verteidigungsargumente iE zu prüfen. Bietet die materielle Verteidigung keine Aussicht auf Erfolg und hat der Antragsteller vor Einleitung des Verfügungsverfahrens nicht oder nicht ordnungsgemäß abgemahnt (zur Abmahnung → Form. II.P.1), so ist an die Einlegung eines Kostenwiderspruchs zu denken (→ Form. II.P.7).

Dem Antragsgegner steht ferner die Verteidigungsmöglichkeit offen, dem Antragsteller gem. § 926 ZPO eine Frist zur Erhebung der Hauptklage setzen zu lassen. Dies kann mit dem nachstehend skizzierten Antrag geschehen:

„In Sachen pp.

beantrage ich, dem Antragsteller gem. § 926 ZPO eine Frist zur Erhebung der Hauptklage zu setzen, vorzugsweise von einem Monat."

Der Antragsgegner wird den Weg des § 926 ZPO, nämlich eine Klärung der Streitfragen im Hauptsacheprozess wählen, wenn es sich entweder um Rechtsfragen von grundsätzlicher Bedeutung handelt oder wenn sich die Beschränkung der Beweismittel, die im einstweiligen Verfügungsverfahren gegeben ist, zum Nachteil des Antragstellers auswirken kann. Zu Einzelheiten vgl. *Teplitzky* Ansprüche Kap. 56, Rn. 2 ff.; *Berneke/Schüttpelz* Einstweilige Verfügung Kap. D. Rn. 500 ff.

Schließlich steht dem Antragsgegner auch die Möglichkeit offen, gem. § 927 ZPO die Aufhebung der einstweiligen Verfügung wegen veränderter Umstände zu beantragen, zB wenn die Vollziehungsfrist des § 929 Abs. 2 ZPO verstrichen ist (OLG München GRUR 1985, 160) oder wenn durch eine Entscheidung des BVerfG gem. § 31 Abs. 1 BVerfGG eine Änderung der Gesetzeslage eingetreten ist (OLG Köln GRUR 1985, 458 (460) = WRP 1985, 362 (363)). Auch dann, wenn der der einstweiligen Verfügung zugrunde liegende Anspruch im Hauptklageverfahren rechtskräftig verneint worden ist, verliert die einstweilige Verfügung nicht per se ihre Wirkung, sondern muss gem. § 927 ZPO aufgehoben werden (BGH NJW 1978, 2157 (2158); WM 1976, 134; GRUR 1987, 125 (126) – Berühmung).

2. Regelmäßig gehören Wettbewerbsstreitigkeiten vor die Kammern für Handelssachen (§§ 94, 95 Abs. 1 Nr. 5 GVG, § 13 Abs. 1 S. 2 UWG (→ Form. II.P.3). Selbstverständlich ist der Widerspruch jedoch bei der Kammer einzulegen, die die einstweilige Verfügung erlassen hat. Handelt es sich um eine Zivilkammer, kann ggf. Verweisung an die zuständige Kammer für Handelssachen beantragt werden.

Kosten und Gebühren

3. Der Widerspruch bildet die Fortsetzung des einstweiligen Verfügungsverfahrens. Es handelt sich mithin um eine Angelegenheit (§ 16 Nr. 6 RVG 2004). Die Gebühr kann mithin nach VV 3100 RVG 2004 nur einmal gefordert werden (§ 15 RVG 2004).

Fristen und Rechtsmittel

4. Der Widerspruch gem. § 924 ZPO sowie die Anträge gem. §§ 926, 927 ZPO sind nicht fristgebunden.

6. Widerspruch mit Anträgen und Widerspruchsbegründung

Landgericht
. . . . . Kammer . . . . .[2]
In Sachen
A . . . . . (RA: . . . . .)
gegen
B . . . . . (RA: . . . . .)
– Aktenzeichen . . . . . –
bestelle ich mich für die Antragsgegnerin und erhebe gegen die einstweilige Verfügung der angerufenen Kammer vom . . . . . namens und in Vollmacht der Antragsgegnerin

Widerspruch.[1]

Ich richte an die angerufene Kammer die Bitte,
einen möglichst nahen Verhandlungstermin anzuberaumen,[3]
in dem ich beantragen werde,

1. **unter Aufhebung der einstweiligen Verfügung vom . . . . . den Antrag der Antragstellerin vom . . . . zurückzuweisen;**
2. **der Antragstellerin die Kosten des einstweiligen Verfügungsverfahrens[4] aufzuerlegen.**

Begründung:

Es besteht weder ein Verfügungsanspruch noch ein Verfügungsgrund.[5] IE:
1. Zum Verfügungsanspruch:
. . . . .

2. Zum Verfügungsgrund:

.....

Rechtsanwalt[6, 7]

Schrifttum: Vgl. die Nachw. → Form. II.P.3; → Form. I.P.5.

Anmerkungen

1. Bei Einlegung des Widerspruchs sollte auf Seiten des Antragsgegners schon Klarheit im Hinblick auf seinen Verteidigungswillen und auf die Beurteilung der Chancen einer Verteidigung bestehen. Insoweit ist es grds. in wettbewerbsrechtlichen Streitigkeiten zu empfehlen, das Verteidigungsvorbringen gegenüber dem Gericht rechtzeitig in Form eines Schriftsatzes mitzuteilen, damit dieses vor der mündlichen Verhandlung Gelegenheit hat, die Argumente des Antragsgegners iE kennen zu lernen. Damit wird der Rechtstatsache Rechnung getragen, dass in Wettbewerbsstreitigkeiten das Verfahren der einstweiligen Verfügung in vielen Fällen Hauptsachecharakter hat, indem es zu einer abschließenden Regelung führt (→ Form. II.P.4). Durch eine sorgfältige schriftsätzliche Vorbereitung des Verhandlungstermins im einstweiligen Verfügungsverfahren durch den Antragsgegner wird insb. auch die Funktion des angerufenen Gerichts gestärkt, gem. § 279 Abs. 1 ZPO auf eine gütliche Beilegung des Rechtsstreits oder einzelner Streitpunkte hinzuwirken.

Mit dem Vorstehenden steht es nicht in Widerspruch, dass infolge des besonderen Charakters des einstweiligen Verfügungsverfahrens keine der Prozessparteien mit neuem Vorbringen in der mündlichen Verhandlung ausgeschlossen werden kann. Der Wert von „Überraschungsangriffen" in der mündlichen Verhandlung wird jedoch häufig überschätzt. In der Praxis zeigt sich, dass die rechtzeitige (also bereits in der Widerspruchsbegründung erfolgende) Darlegung und Glaubhaftmachung insbesondere neuer Tatsachen, die die vorläufige rechtliche Bewertung des Verfügungsbegehrens durch das Gericht in Zweifel ziehen können, meist vorteilhaft für die Position des Antragsgegners ist.

2. → Form. II.P.5 Anm. 2.

3. Regelmäßig wird der Antragsgegner daran interessiert sein, einen möglichst nahen Verhandlungstermin zu erreichen, um rasch die Aufhebung der einstweiligen Verfügung erwirken zu können. Wird über eine einstweilige Verfügung bald verhandelt, so kann dies geeignet sein, einer etwaigen Neigung des Antragstellers zur Versendung eines Abschlussschreibens (→ Form. II.P.4) entgegenzuwirken. Gegebenenfalls ist auch an einen Antrag auf einstweilige Einstellung der Zwangsvollstreckung gem. § 707 ZPO (§ 924 Abs. 3 ZPO) zu denken; vgl. hierzu unter anderem MPFormB GewRS/*Schabenberger/Sonntag* → Form. A.9 Anm. 6, 8.

4. Mit dem Erlass der beantragten einstweiligen Verfügung durch das Gericht ist in kostenmäßiger Hinsicht eine Zäsur eingetreten. Für die bis zum Erlass einer einstweiligen Verfügung entstandenen Kosten verfügt der Antragsteller schon über einen Kostentitel. Über die durch die mündliche Verhandlung über den Widerspruch entstehenden Kosten ist bisher noch nicht entschieden. Durch den Kostenantrag ist klargestellt, dass insgesamt die Kosten des einstweiligen Verfügungsverfahrens dem Antragsteller auferlegt werden sollen.

5. Es wird davon abgesehen, in Form eines Beispiels eine Widerspruchsbegründung im Form. vorzustellen. Es soll lediglich darauf hingewiesen werden, dass eine Verteidigungsmöglichkeit sowohl in prozessualer Hinsicht (Verfügungsgrund, vgl. hierzu insb. → Form. II.P.3 Anm. 15) als auch in materieller Hinsicht (Verfügungsanspruch) gegeben sein kann.

Kosten und Gebühren

6. Vgl. die Hinweise zu → Form. II.P.5.

Fristen und Rechtsmittel

7. Vgl. die Hinweise zu → Form. II.P.5.

7. Kostenwiderspruch

Landgericht
. . . . . Kammer . . . . .[2]

Kostenwiderspruch

In Sachen
A . . . . . (RA: . . . . .)
gegen
B . . . . . (RA: . . . . .)
– Aktenzeichen: . . . . . –
zeige ich an, dass ich die Vertretung der Antragsgegnerin übernommen habe, in deren Namen und Vollmacht ich gegen den Beschluss der angerufenen Kammer vom . . . . .

Widerspruch[1]

einlege, den ich ausdrücklich auf die Kosten beschränke.[3]
Ich richte an die angerufene Kammer die Bitte, möglichst rasch einen Termin zur mündlichen Verhandlung anzuberaumen, in dem ich beantragen werde,
der Antragstellerin die Kosten des einstweiligen Verfügungsverfahrens aufzuerlegen.

Begründung:

1. **Der auf die Kosten beschränkte Widerspruch ist zulässig.[4] Mit Anwaltsschreiben vom . . . . . hat die Antragsgegnerin gegenüber der Antragstellerin die ergangene einstweilige Verfügung als endgültige Regelung – ausgenommen den Kostenpunkt[5] – anerkannt und insb. auf die Rechtsbehelfe des Widerspruchs, soweit der Verbotstenor in Ziffer 1. der einstweiligen Verfügung betroffen ist, und des § 926 ZPO verzichtet.[6]**
2. **Der erhobene Kostenwiderspruch ist auch begründet. Die Antragstellerin hat die Antragsgegnerin vor Einleitung des einstweiligen Verfügungsverfahrens nicht abgemahnt.[7] Es ist kein Gesichtspunkt ersichtlich, der eine Abmahnung entsprechend den von der höchstrichterlichen Rspr. entwickelten Ausnahmegrundsätzen entbehrlich macht. IE:**
   a) **In der Rspr. der Oberlandesgerichte ist anerkannt, dass dann eine Abmahnung entbehrlich sein kann, wenn bei objektiver Würdigung sämtlicher erkennbarer Umstände der Verletzte davon ausgehen durfte, dass sich der Verletzer nur einem gerichtlichen Verbot beugen werde und eine vorherige Abmahnung folglich offensichtlich nutzlos ist.[8] Von einer derartigen Annahme darf insb. dann seitens eines Verletzten ausgegangen werden, wenn der Verletzer bereits wegen einer im Kern identischen Rechtsverletzung abgemahnt worden ist, eine Unterwerfungserklärung abgegeben hat und ungeachtet der drohenden Vertragsstrafe weiterhin in rechtsverletzender Weise agiert.[8]**
   Diese Voraussetzungen sind hier jedoch nicht gegeben. Die Antragsgegnerin wurde

überhaupt erstmalig am ..... und damit erst nach Erlass der streitgegenständlichen einstweiligen Verfügung von der Antragstellerin abgemahnt Eine vorherige Auseinandersetzung betreffend eine im Kern identische Rechtsverletzung, die eine weitere Abmahnung hätte entbehrlich machen können, gab es zwischen den Parteien nicht .....(wird ausgeführt).

b) Eine vorherige Abmahnung ist ferner unzumutbar, wenn durch die damit verbundene Warnung des Verletzten der Rechtsschutz vereitelt würde. Dies ist insb. für Fälle relevant, die sich mit wettbewerbswidriger Nachahmung von Erzeugnissen befassen und der Verletzte neben der Unterlassung auch die Sequestration der nachgeahmten Erzeugnisse begehrt.[9] Dies ist jedoch vorliegend nicht der Fall.

c) Eine weitere Ausnahme vom Grundsatz der Abmahnungslast kann bei besonders schweren und hartnäckigen Wettbewerbsverstößen gegeben sein.[10] Ein derartiger Sachverhalt ist allerdings ebenfalls nicht gegeben. Zwar will die Antragsgegnerin, da sie ihren Widerspruch nur auf die Kosten beschränkt hat, die Frage nach der Wettbewerbswidrigkeit des den Gegenstand des einstweiligen Verfügungsverfahrens bildenden Verhaltens nicht vertiefen. Es wird jedoch darauf hingewiesen, dass das streitbefangene Verhalten der Antragsgegnerin nicht zweifelsfrei als wettbewerbswidrig angesehen werden kann. So hat bspw. das Oberlandesgericht ..... in seiner Entscheidung ..... ein derartiges Verhalten als zulässig erachtet. Von einem eindeutigen, insb. krassen Wettbewerbsverstoß kann daher nicht die Rede sein.

d) Schließlich kann die Antragstellerin auch nicht eine besondere Eilbedürftigkeit zu ihren Gunsten anführen, die möglicherweise eine Abmahnung entbehrlich erscheinen lassen kann.[11] Die Voraussetzungen dieses Ausnahmetatbestandes liegen nicht vor ..... (wird ausgeführt). Es bedurfte daher keiner sofortigen Inanspruchnahme gerichtlicher Hilfe.

3. Der auf die Kosten beschränkte Widerspruch ist auch deshalb begründet, weil die Antragstellerin selbst zu erkennen gegeben hat, dass sie eine vorherige außergerichtliche Abmahnung für entbehrlich hält. Sie hat nämlich schon gegen die Antragsgegnerin eine einstweilige Verfügung erwirkt, von der diese zunächst nichts erfahren hat. Erst im Nachhinein hat sie die Antragsgegnerin abgemahnt. In diesem Fall der sog „Schubladenverfügung" ist die Frage, ob die Antragsgegnerin Veranlassung zum Erlass des Verfügungsantrags gegeben hat, zu verneinen; nach höchstrichterlicher Rspr. ergibt sich ein Aufwendungsersatzanspruch weder aus § 13 Abs. 3 UWG noch aus Geschäftsführung ohne Auftrag.[12]

Rechtsanwalt[13, 14]

Schrifttum: Ahrens, Der Wettbewerbsprozess, 8. Aufl. 2017, Kap. 51, Rn,. 55 ff.; *Berneke/Schüttpelz,* Die einstweilige Verfügung in Wettbewerbssachen, 4. Auflage 2018; *Lemke,* Der Kostenwiderspruch gegen einstweilige Verfügungen, DRiZ 1992, 339; *Melullis,* Handbuch des Wettbewerbsprozesses, 3. Aufl. 2000, Rn. 243 ff., Rn. 744 ff.; *Nieder,* Der Kostenwiderspruch gegen wettbewerbliche einstweilige Verfügungen, WRP 1979, 350 ff.; *Seutemann,* Die kostengünstige Beendigung des Zivilprozesses, MDR 1996, 555; *Teplitzky,* Wettbewerbsrechtliche Ansprüche und Verfahren, 11. Aufl. 2016, Kap. 55, Rn. 9 ff.

Anmerkungen

1. Der Kostenwiderspruch ist das Verteidigungsmittel gegen eine einstweilige Verfügung, bei der Verfügungsanspruch und Verfügungsgrund so begründet erscheinen, dass eine Verteidigung keine Aussicht auf Erfolg bietet. In einem solchen Fall steht lediglich noch die Frage im Raum, ob der Antragsteller den Antragsgegner hätte zuvor abmahnen müssen (→ Form. II.P.1). Auf diese Frage ist dann auch die Verteidigung des Antragsgegners beschränkt, da die einstweilige Verfügung in ihrer sachlichen Entscheidung nicht angegriffen wird (OLG Düsseldorf WRP 1979, 863 (865, 866); OLG Frankfurt a. M. WRP 1985, 563). Neben dem Kostenwiderspruch steht zur Wahl, gegen die einstweilige Verfügung umfassenden Widerspruch einzulegen, sodann jedoch eine strafbewehrte Unterlassungsverpflichtungserklärung mit der Folge abzugeben, dass der Antragsteller den Verfügungsanspruch für erledigt erklären muss, so dass über die Kosten des einstweiligen Verfügungsverfahrens gem. § 91a ZPO zu entscheiden ist (aA OLG Bremen WRP 1989, 523; zur Erledigung im einstweiligen Verfügungsverfahren nach abgegebener strafbewehrter Unterlassungsverpflichtungserklärung vgl. *Bernreuther* GRUR 2007, 660). Der letztgenannte Weg ist jedoch gebührenmäßig teurer, da für den anwaltlichen Bevollmächtigten des Antragsgegners zumindest eine Gebühr nach dem vollen Streitwert anfällt, wobei bei Einlegung eines Kostenwiderspruchs – sofern der Auftrag von vornherein auf die Einlegung eines Kostenwiderspruchs beschränkt ist – die Verfahrens- und Terminsgebühr sich jeweils nur nach dem Kostenstreitwert des einstweiligen Verfügungsverfahrens berechnen.

In einzelnen Fällen kann ein Interesse daran bestehen, den Verfügungstitel zu beseitigen. In derartigen Fällen empfiehlt sich dann nicht die Einlegung eines Kostenwiderspruchs, sondern die Kombination umfassender Widerspruch/strafbewehrte Unterlassungsverpflichtungserklärung. Hatte der Antragsteller zuvor nicht abgemahnt, so findet auch nach Erledigung der Hauptsache § 93 ZPO analoge Anwendung (str., wie hier OLG Hamburg MD 1993, 913; OLG Köln WRP 1990, 543).

2. Regelmäßig gehören Wettbewerbsstreitigkeiten vor die Kammern für Handelssachen (§§ 94, 95 Abs. 1 Nr. 5 GVG, 13 Abs. 1 S. 2 UWG (→ Form. II.P.3). Selbstverständlich ist der Widerspruch jedoch bei der Kammer einzulegen, die die einstweilige Verfügung erlassen hat.

3. Nach OLG Düsseldorf (WRP 1986, 273 (274) li. Sp. mwN) muss der Antragsgegner in Analogie zu § 93 ZPO **sofort,** vorzugsweise im Widerspruchsschriftsatz, spätestens im Widerspruchsbegründungsschriftsatz (OLG Düsseldorf WRP 1986, 273 (274) re. Sp. unten) den Widerspruch auf die Kosten beschränken (ebenso KG BeckRS 2011, 14599; OLG Bremen WRP 1989, 523; OLG Celle WRP 1983, 157; OLG Hamm MDR 1989, 1001; MDR 1991, 357; OLG Hamburg BeckRS 2008, 07211; vgl. auch *Melullis* Wettbewerbsprozess-HdB Rn. 247). Der Verzicht, Widerspruch in Bezug auf die Sachentscheidung einzulegen, muss eindeutig sein (*Berneke/Schüttpelz* Einstweilige Verfügung Kap. C. Rn. 419). Zu empfehlen ist die ausdrückliche Erklärung, den Widerspruch beschränkt auf den Kostenpunkt einlegen zu wollen. Die Überschrift „Kostenwiderspruch" über dem Schriftsatz selbst ist jedenfalls zusätzlich hilfreich; sie ist aber allein nicht ausreichend für eine Beschränkung des Verzichts, wenn der Widerspruch nur mit Einwendungen zur Sache selbst und mit Verfahrensrügen begründet wird (*Berneke/Schüttpelz* Einstweilige Verfügung Kap. C. Rn. 419). OLG Hamm GRUR 1990, 309 sieht in der Einlegung eines Widerspruchs und der gleichzeitigen Erklärung, „der Unterlassungsanspruch wird uneingeschränkt anerkannt", keinen nur auf die Kosten beschränkten Widerspruch. Vgl. auch OLG Köln GRUR 1990, 310, das es nicht als veranlasst ansieht, den Störer mit einem Teil der Kosten nur deshalb zu belasten, weil er den Weg des Vollwiderspruchs, verbunden mit einer Unterwerfungserklärung, gewählt hat. Auch nach dem KG und OLG Hamburg hat ein Kostenwiderspruch lediglich dann Aussicht auf Erfolg, wenn er sich von Anfang an auf die Kosten beschränkt und ausdrücklich als solcher bezeichnet ist; Zweideutigkeiten schaden (KG BeckRS 2011, 14599; so auch OLG Hamburg BeckRS 2008, 07211).

4. HM, vgl. die Rechtsprechungsnachweise in → Anm. 3, ferner OLG Düsseldorf WRP 1976, 127; 1986, 273; Hamburg WRP 1976, 180; Köln WRP 1975, 173; Frankfurt WRP 1982, 226; 1985, 563; KG WRP 1982, 350; jeweils mwN.

5. Will der zur Abschlusserklärung Aufgeforderte sich den Kostenwiderspruch vorbehalten, so ist dies bei Abgabe der Abschlusserklärung ausdrücklich klarzustellen. Wird eine derartige Klarstellung unterlassen, besteht die Gefahr des Verlustes dieses Rechtsbehelfes (OLG Hamm WRP 1981, 475 f.). Der Verzicht auf den Rechtsbehelf des Widerspruchs (§ 924 ZPO) sollte in der Abschlusserklärung zur Vermeidung von Unklarheiten ausdrücklich nur auf den Verbotstenor der einstweiligen Verfügung (zB „gemäß Ziffer 1.“) bezogen werden, wovon im Textbeispiel des Form. ausgegangen wird.

6. Es ist streitig, ob es die Zulässigkeit des Kostenwiderspruchs erfordert, dass der Antragsgegner ausdrücklich die ergangene einstweilige Verfügung – mit Ausnahme der Kosten – als endgültige Regelung anerkennt, insb. auf den Rechtsbehelf gem. § 926 ZPO verzichtet, dem Antragsteller eine Frist zur Erhebung der Hauptklage setzen zu lassen. Während die bisher wohl hM allein die Einlegung eines Kostenwiderspruchs dahingehend deutete, dass der Antragsgegner die einstweilige Verfügung iÜ als endgültige Regelung hinnehmen wolle und somit in der Einlegung des Kostenwiderspruchs zugleich der Verzicht auf das Antragsrecht zur Hauptsache liege (OLG Hamburg BeckRS 2008, 07211; OLG Stuttgart OLG-Report 1998, 5 (6) mwN; *Nieder* WRP 1979, 351 Fn. 12 mwN; KG BeckRS 2011, 14599), hat sich das OLG Düsseldorf auf den Standpunkt gestellt, dass der Antragsgegner dann, wenn er mit seinem Kostenwiderspruch auch die Sachentscheidung in Zweifel zieht, gerade nicht die ergangene einstweilige Verfügung als endgültige Regelung anerkennt und somit sich den Weg freihalten möchte, eine abweichende Entscheidung in der Hauptsache im Hauptklageverfahren zu suchen (WRP 1979, 863 ff.; unerörtert in WRP 1986, 273 f., dazu *Berneke/Schüttpelz* Einstweilige Verfügung Kap. C. Rn. 420). Ob dieser Auffassung zuzustimmen ist, bleibt hier unerörtert. In der Mehrzahl der Fälle wird es keine Probleme geben, weil regelmäßig der Entschluss, lediglich Kostenwiderspruch einzulegen, auch dem Antragsteller zuvor mitgeteilt wird und in einem derartigen Mitteilungsschreiben auch eine sog Abschlusserklärung enthalten sein wird (zur Formulierung der Abschlusserklärung → Form. II.P.4; zum Erfordernis der Verdeutlichung, dass die Abschlusserklärung nicht die Kostenentscheidung der einstweiligen Verfügung mit umfasst und dass dagegen Kostenwiderspruch vorbehalten bleibt, → Anm. 5). Um auch der einschränkenden Rspr. des OLG Düsseldorf Rechnung zu tragen, ist im Form. ein Hinweis auf die Abgabe einer Abschlusserklärung enthalten.

7. Zur Abmahnungslast vgl. § 12 Abs. 1 S. 1 UWG. Weitere Einzelheiten bei Köhler/Bornkamm/Feddersen/*Bornkamm/Feddersen*UWG § 13 Rn. 7 ff.

8. Nach ständiger Rechtsprechung der Oberlandesgerichte ist unstreitig, dass eine Abmahnung dem Gläubiger dann nicht zuzumuten ist, wenn sie offensichtlich nutzlos ist, so zB wenn es sich um einen unnachgiebigen Schuldner handelt, aus dessen Verhalten deutlich wird, dass er sich in keinem Fall unterwerfen wird (vgl. OLG Düsseldorf GRUR 1961, 252; BB 1967, 93; WRP 1969, 454; WRP 1971, 134; WRP 1971, 535; NJW 1970, 335; BeckRS 2012, 05111; OLG Hamburg WRP 1969, 496; GRUR 1973, 50; WRP 1995, 1037, OLG München WRP 1967, 69; OLG Köln NJW 1969, 935; OLG Saarbrücken WRP 1990, 548; OLG Schleswig NJWE-WettbR 2000, 248 (249); iE Köhler/Bornkamm/Feddersen/*Bornkamm/Feddersen*UWG § 13 Rn. 63 ff.; Ohly/Sosnitza/*Sosnitza* UWG § 12 Rn. 7; *Melullis* Wettbewerbsprozesses-HdB Rn. 744 ff., insb. Rn. 756). So ist eine Abmahnung beispielsweise entbehrlich, wenn der Verletzer bereits wegen einer im Kern identischen Rechtsverletzung abgemahnt worden ist und eine Unterwerfungserklärung abgegeben hat, gleichwohl aber in einer gegen diese verstoßenden Weise weiter wirbt (OLG Hamburg WRP 1974, 632 und GRUR 1989, 707; OLG Nürnberg WRP 1981, 342; so auch Ohly/Sosnitza/*Sosnitza* UWG § 12 Rn. 7).

Vgl. ferner BayVerfGH GRUR 2013, 299 (300) zur „Drittabmahnung"/„Fremdabmahnung" (durch andere Mitbewerber): Weiß ein Gläubiger, dass der Schuldner bereits zuvor einem anderen Gläubiger gegenüber deutlich gemacht hat, er vertrete eine andere Rechtsauffassung und werde daher keine Unterlassungsverpflichtungserklärung abgeben, so dass die Durchführung eines gerichtlichen Verfahrens zur Durchsetzung des Unterlassungsanspruchs erforderlich ist, muss dieser Gläubiger den Schuldner nicht erneut abmahnen (so auch Köhler/Bornkamm/Feddersen/*Bornkamm/Feddersen*UWG § 13 Rn. 69). Hat sich dagegen der Schuldner aufgrund eine „Drittabmahnung" bereits einem anderem Gläubiger gegenüber unterworfen, ist die Wiederholungsgefahr entfallen; auch dem hiesigem Gläubiger gegenüber, unabhängig davon, ob er Kenntnis davon hatte oder nicht. Mangels Unterlassungsanspruch ist für eine Abmahnung kein Raum mehr.

9. Eine weitere Ausnahme von der Abmahnungslast kann dann bestehen, wenn der Wettbewerbsgläubiger neben seinem Unterlassungsanspruch einen Sequestrationsanspruch im Verfügungsverfahren geltend machen will, wie zB im Fall der Verhinderung des Vertriebs gefälschter Waren (zB Markenpiraterie), OLG Hamburg WRP 1985, 40; 1988, 47; LG Hamburg GRUR-RR, 2004, 191 – Flüchtige Ware; OLG Braunschweig GRUR-RR 2005, 103 – Flüchtige Ware; KG GRUR-EE 2008, 372 – Abmahnungskosten; OLG Düsseldorf NJW-RR 1997, 1064; OLG München NJWE-WettbR 1999, 239; OLG Frankfurt a. M. GRUR 2006, 264 – Abmahnerfordernis; OLG Köln NJWE WettbR 2000, 303; ferner Köhler/Bornkamm/Feddersen/*Bornkamm/Feddersen*UWG § 13 Rn. 6). Eine vorherige Abmahnung würde den Verletzer warnen und es ihm ermöglichen, die Beweise für sein rechtswidriges Verhalten (gefälschten Waren, Unterlagen, etc) beiseite zu schaffen; der Rechtschutz des Verletzten würde dadurch vereitelt. Daher ist es in derartigen Fällen für den Verletzten unzumutbar, den Verletzer vor Beantragung einer einstweiligen Verfügung abzumahnen. Dieser Sequestrationsanspruch sollte jedoch auch nicht missbräuchlich eingesetzt werden, was in der Praxis jedoch hin und wieder der Fall ist. Das Fehlen eines ausreichenden Sicherungsinteresses und damit die Notwendigkeit einer Abmahnung können sich aus dem nachfolgenden Verhalten des Gläubigers ergeben, wenn er die einstweilige Verfügung nur im Hinblick auf den Unterlassungstenor, nicht jedoch im Hinblick auf die Sequestration vollzieht (KG GRUR –RR 2008, 372).

10. Während in der Vergangenheit eine Abmahnung für vorsätzliche Wettbewerbsverstöße noch als nutzlos und folglich als entbehrlich erachtet wurde (zB OLG Düsseldorf WRP 1972, 258 re. Sp.; OLG Karlsruhe WRP 1981, 542; OLG Frankfurt a. M. WRP 1985, 87 f. und GRUR 1989, 630; OLG Celle WRP 1993, 812), besteht heute weitgehend Einigkeit darüber, dass die Vorsatztat allein noch nicht ausreichend ist, um die Nutzlosigkeit/Entbehrlichkeit der Abmahnung zu begründen. (OLG Düsseldorf GRUR 1979, 191 – Stahlbadewanne; OLG Karlsruhe WRP 1986, 165; OLG Saarbrücken WRP 1988, 198; OLG Köln GRUR 1988, 487; OLG Oldenburg GRUR 1990, 548 = WRP 1991, 193; OLG München WRP 1996, 930 (931); OLG Hamburg NJWE-WettbR 1996, 93 f.; OLG Koblenz WRP 1997, 367 (368); *Teplitzky* Ansprüche Kap. 41, Rn. 22; Köhler/Bornkamm/Feddersen/*Bornkamm/Feddersen*UWG § 13 Rn. 66). Allerdings kann eine Abmahnung bei besonders schweren und hartnäckigen Wettbewerbsverstößen unzumutbar sein (KG WRP 2003, 101; OLG Düsseldorf 1998, 1028; OLG Koblenz WRP 1997, 367 (368)), zB insb. bei mehreren hintereinander folgenden Verstößen, die verdeutlichen, dass der Schuldner nicht gewillt ist, die Regeln des Wettbewerbsrechts zu beachten; Einzelheiten bei Köhler/Bornkamm/Feddersen/*Bornkamm/Feddersen*UWG § 13 Rn. 67).

11. Diese Voraussetzungen sind allenfalls dann gegeben, wenn ohne sofortige gerichtliche Entscheidung der Wettbewerbsverstoß nicht mehr verhindert werden kann, zB nach früher geltendem Recht im Falle des Verstoßes gegen die Bestimmungen im Zusammenhang mit Saisonschlussverkäufen (Karenzzeit), zB OLG Hamburg WRP 1973, 591 und GRUR 1975, 39 f.; auch den Beispielsfall OLG Karlsruhe WRP 1981, 542 (543) betr. die Ausgabe von Taxi-Gutscheinen, die ohne sofortiges gerichtliches Verbot nicht mehr verhindert werden konnte; ferner OLG Hamm GRUR 1990, 642 und 1993, 778; Köhler/Bornkamm/Feddersen/*Bornkamm/Feddersen*UWG § 13 Rn. 59. Die Bedeutung dieser Fallgruppe ist jedoch aufgrund der modernen Kommunikationsmittel (Fax/E-Mail) deutlich gesunken, da hier auch in eiligen Fällen noch schnell und kurzfristig abgemahnt werden kann. Der Grad der Eilbedürftigkeit rechtsfertigt wiederum die Kürze der Antwortfrist (vgl. dazu Köhler/Bornkamm/Feddersen/*Bornkamm/Feddersen*/UWG § 13 Rn. 60).

12. Erwirkt der Gläubiger zunächst gegen den Schuldner eine einstweilige Verfügung, von der dieser noch nicht erfahren hat (= sog Schubladenverfügung), um erst danach abzumahnen, ist dem Schuldner dringend zu raten, zumindest Kostenwiderspruch einzureichen. Denn der Schuldner hat in diesem Fall keine Veranlassung zum Erlass der Verfügung gegeben. Der Gläubiger hat vielmehr selbst durch die Einreichung des Verfügungsantrags ohne vorherige Abmahnung deutlich zum Ausdruck gebracht, dass er eine Abmahnung für entbehrlich gehalten hat. Hieran muss er sich nun festhalten lassen (BGH NJW-RR 2010, 1130 (1131 f.) – Schubladenverfügung; OLG Frankfurt a. M. NJW-RR 2012, 1018 – Kostenwiderspruch gegen Schubladenverfügung). Das Phänomen der „Schubladenverfügung" hat bereits seit einigen Jahren wegen der begrüßenswerten Zurückhaltung vieler Gerichte, ohne vorherige Abmahnung Beschlussverfügungen zu erlassen, merklich an Bedeutung verloren. Ihre Zahl dürfte in der Praxis wegen der jüngeren Rechtsprechung des BVerfG zur prozessualen Waffengleichheit nun weiter sinken. Diese Rechtsprechung des BVerfG ist auf den einstweiligen Rechtsschutz allgemein anwendbar und daher insbesondere auch im Wettbewerbsrecht. Das BVerfG verlangt, dass Beschlussverfügungen ohne vorherige Anhörung des Antragsgegners nicht mehr erlassen werden dürfen, wenn der Antragsgegner nicht zumindest vorprozessual abgemahnt wurde und seine Antwort auf die Abmahnung dem Gericht vorgelegt worden ist (BVerfG GRUR 2018, 1288 Rn. 17, 22, 25 – Die F.-Tonbänder; GRUR 2018, 1291 Rn. 17, 22 – Steuersparmodell des Fernsehmoderators; zum Ganzen auch Köhler/Bornkamm/Feddersen/*Bornkamm/Feddersen* UWG § 13 Rn. 65). Schubladenverfügungen dürften danach im Regelfall nicht mehr ergehen. S. ferner zum Ausschluss der Kostenerstattung für nach erwirkter Verbotsverfügung ausgesprochene Abmahnung: BGH BeckRS 2010, 00702; OLG Düsseldorf WRP 2010, 294; OLG Hamburg OLG-Report 2003, 196; KG AfP 1999, 173 (174) = KG-Report 1999, 134; OLG Frankfurt a. M. GRUR-RR 2001, 72).

Die vorstehend diskutierte Problematik stellt sich nicht in Fällen, in denen eine vorherige Abmahnung von der Rechtsprechung als entbehrlich angesehen wird (→ Anm. 8–10). Dann liegt keine „Schubladenverfügung" im engeren Sinne vor, die dadurch gekennzeichnet ist, dass eine Verfügung erwirkt und dann nachträglich abgemahnt wird. In Fällen, in denen die Rechtsprechung eine vorherige Abmahnung als entbehrlich ansieht, wird gerade keine Abmahnung ausgesprochen. In einem Verfügungsantrag ist dann auch ausdrücklich zu begründen, warum im Einzelfall eine Abmahnung entbehrlich war, so dass das Gericht ohne Verletzung der Grundsätze der prozessualen Waffengleichheit und ohne weitere Anhörung des Antragsgegners einen Verfügungsbeschluss erlassen kann. In solchen Fällen wird sich die Diskussion im weiteren Verfahren nach Kostenwiderspruch auf die Frage konzentrieren, ob die Abmahnung im Einzelfall entbehrlich war.

Kosten und Gebühren

13. Wird der Widerspruch von Anfang an auf die Kosten beschränkt, so bemisst sich der Streitwert ab Einlegung des Widerspruchs nach Maßgabe des Kostenwerts (BGH WRP 2003, 1000). Über einen Kostenwiderspruch muss im Eilverfahren nicht mündlich verhandelt werden (§ 128 Abs. 3 ZPO). Wurde im schriftlichen Verfahren entschieden, entsteht keine Terminsgebühr, auch nicht in analoger Anwendung der VV 3104 I Nr. 1 RVG (OLG Frankfurt a. M. GRUR-RR, 62 – Terminsgebühr).

Fristen und Rechtsmittel

14. Die Entscheidung über einen Kostenwiderspruch ergeht durch Urteil. Gegen dieses Urteil ist in analoger Anwendung des § 99 Abs. 2 ZPO das Rechtsmittel der sofortigen Beschwerde gegeben (hM; zB OLG Köln WRP 1975, 173; WRP 1983, 43 mwN; OLG Düsseldorf WRP 1976, 127; WRP 1986, 273 (274); OLG Celle WRP 1983, 157; OLG Hamburg WRP 1976, 180; auch OLG München GRUR 1990, 482, gegen GRUR 1985, 327). Frist: zwei Wochen ab Zustellung bzw. Verkündung der Entscheidung.

8. Widerspruch mit Ankündigung der Abgabe einer strafbewehrten Unterlassungsverpflichtungserklärung

Landgericht

. . . . Kammer . . . .[2]

In Sachen

A . . . . . (RA: . . . . .)

gegen

B . . . . (RA: . . . . .)

– Aktenzeichen . . . . . –

bestelle ich mich zum Verfahrensbevollmächtigten der Antragsgegnerin, in deren Namen und auf Grund mir erteilter Vollmacht ich gegen die einstweilige Verfügung der angerufenen Kammer vom . . . . .

Widerspruch[1]

einlege.

Vor Eintritt in die mündliche Verhandlung werde ich für die Antragsgegnerin folgende strafbewehrte Unterlassungsverpflichtungserklärung abgeben, nämlich,

dass sich die Antragsgegnerin gegenüber der Antragstellerin verpflichtet, es bei Meidung einer für jeden Fall der schuldhaften[3] Zuwiderhandlung fälligen Vertragsstrafe iHv 5.001 . . . . . EUR zu unterlassen, ...[4]

Ich werde mich der zu erwartenden Erklärung der Antragstellerin, dass der Rechtsstreit in der Hauptsache erledigt ist, anschließen und beantragen,[5]

der Antragstellerin gem. § 91a ZPO die Kosten des einstweiligen Verfügungsverfahrens aufzuerlegen.

Begründung

Zur Begründung wird das Folgende ausgeführt:[6]

Rechtsanwalt[7, 8]

Schrifttum: Bernreuther, Zusammentreffen von Unterlassungserklärung und Antrag auf Erlass einer einstweiligen Verfügung, GRUR 2001, 400; *Hess,* Unterwerfung als Anerkenntnis?, WRP 2003, 353; *Nieder,* Aufbrauchfrist via Unterwerfungserklärung?, WRP 1999, 583; *Graf v. der Groeben,* Zuwiderhandlungen gegen die einstweilige Verfügung zwischen Verkündung und Vollziehung des Unterlassungsurteils, GRUR 1999, 674.

Anmerkungen

1. Grds. ist der lediglich auf die Kosten beschränkte Widerspruch kostengünstiger (→ Form. II.P.7 Anm. 1). Es kann jedoch Fälle geben, bei denen dem Antragsgegner zwar nicht an der streitigen Durchführung des Verfügungsverfahrens – zB aus Kostengründen oder wegen zweifelhafter Chancen –, jedoch an der Beseitigung des Verfügungstitels gelegen ist. Solche Gründe können etwa in einem Wettbewerbsverhältnis der Parteien bestehen, das besorgen lässt, dass der Antragsteller mit der einstweiligen Verfügung im gemeinsamen Kundenkreis „hausieren" geht (worin freilich regelmäßig eine unzulässige Behinderung gem. § 4 Nr. 4 UWG zu sehen ist). Zur Beseitigung des Verfügungstitels bietet sich für den Antragsgegner der Weg an, eine strafbewehrte Unterlassungsverpflichtungserklärung (→ Form. II.P.1) abzugeben. Wegen der damit verbundenen Klaglosstellung kann der Antragsteller (Gläubiger) lediglich noch das einstweilige Verfügungsverfahren für in der Hauptsache erledigt erklären (allgM, vgl. zB *Eichelberger* WRP 2009, 270 (277)). Es ist fraglich, ob damit die ergangene Entscheidung wirkungslos geworden und nicht mehr geeignet ist, als Grundlage einer Zwangsvollstreckung gem. § 890 ZPO zu dienen (so die wohl hM, zB OLG Köln GRUR 1974, 172; 1986, 335 f.; OLG Düsseldorf GRUR 1987, 575 f. – Titelfortfall; NJW-RR 1988, 510; OLG Nürnberg GRUR 1996, 79 = WRP 1996, 145 für die Erledigung eines zeitlich befristeten Verbots). Demgegenüber hat das OLG Düsseldorf (GRUR-RR 2002, 151 – Hartnäckige Zuwiderhandlung) die Auffassung vertreten, dass Ordnungsmittel wegen Zuwiderhandlungen gegen einen Unterlassungstitel auch dann noch verhängt werden können, wenn die Parteien den Rechtsstreit in der Hauptsache wegen nachträglicher Umstände übereinstimmend für erledigt erklärt haben (aA BGH GRUR 2004, 264 (266) – Euro-Einführungsrabatt; BGH WRP 2012, 829 (830) – Ordnungsmittelfestsetzung nach einseitiger Erledigungserklärung). Das OLG Düsseldorf vertritt die Auffassung, dass eine Ahndung nicht voraussetze, dass die Hauptsache nur für die Zeit nach den Zuwiderhandlungen für erledigt erklärt worden ist. Für den Fall, dass eine zeitliche Beschränkung der Erklärungen aber doch gefordert werden sollte, – so das OLG Düsseldorf – liege es nahe, sie bei Fehlen ausdrücklicher Erklärungen – der Interessenlage gemäß – als konkludent erfolgt anzusehen (OLG Düsseldorf GRUR-RR 2002, 151 – Hartnäckige Zuwiderhandlung; vgl. zuvor schon OLG Hamburg MDR 1986, 418; WRP 1987, 260; OLG Karlsruhe GRUR 1992, 207; vgl. insb. zum Thema der Unterlassungsvollstreckung aus erledigten Titeln *Melullis* GRUR 1993, 241 ff.). Der BGH hat dieser Auffassung in seiner Entscheidung „Euro-Einführungsrabatt" (GRUR 2004, 264 (266)) widersprochen und sich der hM angeschlossen, nach der ein im Verfahren erlassener, noch nicht rechtskräftig gewordener Unterlassungstitel durch eine übereinstimmende Erledigungsklärung in der Hauptsache entfällt und auch nicht mehr Grundlage für Vollstreckungsmaßnahmen sein kann, auch wenn die Zuwiderhandlung gegen das Unterlassungsgebot zuvor begangen worden ist (BGH GRUR 2004, 264 (266) – Euro-Einführungsrabatt; BGH WRP 2012, 829 (830) – Ordnungsmittelfestsetzung nach einseitiger Erledigungserklärung). Ein Gläubiger kann jedoch seine Erledigungsklärung auf die Zeit nach dem erledigenden Ereignis beschränken (ausdrücklich), wenn ein bereits erstrittener Unterlassungstitel weiterhin als Grundlage für Vollstreckungsmaßnahmen wegen Zuwiderhandlungen, die vor dem erledigenden Ereignis begangen worden sind, aufrechterhalten bleiben soll (BGH GRUR

2004, 264 (266) – Euro-Einführungsrabatt; BGH WRP 2012, 829 (830) – Ordnungsmittelfestsetzung nach einseitiger Erledigungserklärung).

Zu Zuwiderhandlungen gegen die einstweilige Verfügung zwischen Verkündung und Vollziehung des Unterlassungsurteils vgl. *Graf v. der Groeben* GRUR 1999, 674.

Handelt freilich der Antragsgegner arglistig, so wird man davon auszugehen haben, dass die Nichtannahme einer strafbewehrten Unterlassungsverpflichtungserklärung durch den Gläubiger für diesen ohne Rechtsnachteil ist und er dementsprechend auch das einstweilige Verfügungsverfahren nicht für erledigt zu erklären braucht. Ein derartiger Fall wird angenommen werden können, wenn der Schuldner (Antragsgegner) bewusst der einstweiligen Verfügung zuwidergehandelt hat und nunmehr einer Bestrafung gem. § 890 ZPO dadurch vorbeugen will, dass er den Gläubiger zwingen will, das einstweilige Verfügungsverfahren für erledigt zu erklären (vgl. dazu *Melullis* GRUR 1993, 241 ff.). Ein kritisches Misstrauen wird insb. auch dann angebracht sein können, wenn eine sog Drittunterwerfung, dh eine Unterwerfung gegenüber einem anderen Gläubiger erfolgt; insoweit bedarf es einer Einzelfallprüfung (*Eichelberger* WRP 2009, 270).

2. → Form. II.P.5 Anm. 2.

3. Zur Beschränkung der Unterlassungsverpflichtungserklärung auf ein schuldhaftes Zuwiderhandeln vgl. BGH GRUR 1982, 688 (691) = WRP 1982, 634 – Seniorenpass; GRUR 1985, 155 (156) – Vertragsstrafe bis zu . . . . . I –; sowie → Form. II.P.1 Anm. 11.

4. Zur Formulierung einer strafbewehrten Unterlassungsverpflichtungserklärung und deren Rechtswirkungen sowie zur Höhe der Vertragsstrafe → Form. II.P.1 Anm. 11.

5. Im Textbeispiel wird seitens der Antragsgegnerin lediglich erwartet, dass die Antragstellerin den Antrag auf Erlass einer einstweiligen Verfügung für erledigt erklärt. Die Antragstellerin mag Gründe haben, dies nicht zu tun (zuvor → Anm. 1). Erfolgt die Erledigungserklärung, kann sich die Antragsgegnerin ihr anschließen oder auf einer streitigen Entscheidung bestehen. Sie kann insb. den Weg einer streitigen Entscheidung wählen, wenn der Verfügungsantrag von Anfang an unzulässig oder unbegründet war (nachfolgend → Anm. 6). Es ist dann über den Tatbestand der Erledigung durch streitiges Urteil zu entscheiden. Im Form. wird von einer Anschließung durch die Antragsgegnerin an die erwartete Erledigungserklärung der Antragstellerin ausgegangen.

6. Es gilt das in → Form. II.P.6 Anm. 1 Ausgeführte. Im Gegensatz zum Kostenwiderspruch (→ Form. II.P.7) ist der Antragsgegner nicht in seiner Verteidigung auf den Gesichtspunkt fehlender Abmahnung beschränkt, sondern kann zur Begründung seines Kostenantrags für die nach § 91a ZPO ergehende Entscheidung ferner geltend machen, Verfügungsanspruch und -grund bestünden nicht. Durch Abgabe einer Unterwerfungserklärung begibt sich der Antragsgegner nicht automatisch in die Rolle des Unterlegenen (so aber BGH BB 2004, 800). Vielmehr können viele Gründe für den Abgemahnten bestehen, einem Streit vor Gericht aus dem Weg zu gehen (vgl. *Hess* WRP 2003, 353; *Mes* GRUR 1978, 345). Bei fehlender, aber erforderlicher Abmahnung ist im Verfahren der Erledigung gem. § 91a ZPO auch § 93 ZPO analog mit der Folge anwendbar, dass der Antragsteller die Kosten des Verfahrens trägt (OLG Hamburg MD 1993, 913; OLG Köln WRP 1990, 543; str.).

Kosten und Gebühren

7. Vgl. die Hinweise zu → Form. II.P.5.

Fristen und Rechtsmittel

8. Vgl. die Hinweise zu → Form. II.P.5.

9. Wettbewerbsrechtliche Klage wegen Alleinstellungswerbung

Landgericht
Kammer für Handelssachen[2]

Klage[1]

der Firma A . . . . .
– Klägerin –
Prozessbevollmächtigter: Rechtsanwalt . . . . .
gegen
die Firma B . . . . .
– Beklagte –
wegen unlauteren Wettbewerbs
Streitwert: vorläufig geschätzt . . . . . EUR[3]
Namens und in Vollmacht der Klägerin erhebe ich Klage und werde beantragen,

I. Die Beklagte zu verurteilen,
   1. es bei Meidung eines für jeden Fall der Zuwiderhandlung vom Gericht festzusetzenden Ordnungsgeldes bis zu 250.000 EUR, ersatzweise Ordnungshaft bis zu sechs Monaten oder Ordnungshaft bis zu sechs Monaten zu unterlassen,[4]
   im geschäftlichen Verkehr in Bezug auf das Bier „X- Alt" die Werbeangabe
   „Der Alt-Meister"
   zu benutzen,
   insbesondere, wenn das nach Maßgabe der nachfolgend eingeblendeten Werbung geschieht:[5]
   [*Einblendung der Werbung*]
   2. der Klägerin Auskunft darüber zu erteilen, in welchem Umfang die Beklagte die vorstehend zu I 1 bezeichneten Handlungen begangen hat, wobei die Angaben nach Werbeträgern, Auflage der Werbeträger, Bundesländern und Kalendervierteljahren aufzuschlüsseln sind;[6]

II. festzustellen, dass die Beklagte verpflichtet ist, der Klägerin allen Schaden zu erstatten, der ihr durch die vorstehend zu I 1 bezeichneten Handlungen entstanden ist und künftig noch entstehen wird;[7, 16]

III. die Kosten des Rechtsstreits der Beklagten aufzuerlegen;

IV. das Urteil – ggf. gegen Sicherheitsleistung (Bank- oder Sparkassenbürgschaft) – für vorläufig vollstreckbar zu erklären;
hilfsweise der Klägerin nachzulassen, die Zwangsvollstreckung gegen Sicherheitsleistung (Bank- oder Sparkassenbürgschaft) abzuwenden.

. . . . .[8,]

Für den Fall der Anordnung eines schriftlichen Vorverfahrens beantragen wir für die Klägerin bereits jetzt,

– die Beklagte gemäß § 331 Abs. 3 ZPO gemäß den Klageanträgen durch Versäumnisurteil zu verurteilen, wenn sie ihre Verteidigungsabsicht nicht oder nicht rechtzeitig anzeigt;

– die Beklagte, wenn sie den gegen sie geltend gemachten Anspruch anerkennt, durch Anerkenntnisurteil gemäß § 307 Abs. 2 ZPO dem Anerkenntnis gemäß zu verurteilen.[9]

Begründung:

I.

Beide Parteien sind Altbier-Brauereien und stehen miteinander als Hersteller und Anbieter von Altbier in einem konkreten Wettbewerbsverhältnis. Die Klägerin stellt ihr Altbier seit . . . . . in . . . . . her und vertreibt es seitdem stetig und durchgängig unter der mittlerweile sehr bekannten und eingeführten Bezeichnung „A-Alt“. Sie beliefert mit ihrem beliebten Altbier allein in [*Ort*] ca. . . . . Gaststätten. Insgesamt setzt sie jährlich (bezogen auf den Durchschnitt der vergangenen drei Jahre) ca. . . . . Hektoliter Altbier in ganz Deutschland ab.[10] Zum Beweis dieser Absatzzahlen tritt die Klägerin Beweis an durch

Zeugnis des Herrn . . . . ., zu laden über die Klägerin.

Herr . . . . . ist seit . . . . . Leiter Produktion und Qualitätsmanagement bei der Klägerin und kann daher aus eigener langjähriger Kenntnis diese Zahlen bestätigen.

Wir legen zur weiteren Veranschaulichung des Vertriebserfolgs des bekannten „A-Alts“ der Klägerin als Anlage 1 zwei aktuelle Werbebroschüren, ferner als Anlage 2 einen aktuellen Bericht über das relevante Marktsegment und die in ihm tätigen Brauereien aus der Branchenzeitung „. . . . .“ vom . . . . . vor. Aus Bl. 2 der Anlage 2 geht hervor, dass die Klägerin auf der Grundlage ihrer jährlichen Absatzzahlen an der Spitze der in dem Artikel verglichenen fünf erfolgreichsten Altbierbrauereien liegt und insbesondere zur viertplatzierten Beklagten und ihrem Altbier „X-Alt“ mit einem jährlichen Absatz von nur ca. . . . . Hektolitern einen deutlichen Abstand einhält.

Die Beklagte wirbt seit kurzem für ihr Erzeugnis in Form der Abbildung eines Glases mit der schlagwortartig hervorgehobenen Bezeichnung „Der Alt-Meister“. Um der angerufenen Kammer eine Vorstellung der Werbung der Beklagten zu vermitteln, überreiche ich als Anlage 3 ein Foto eines entsprechenden Plakatanschlages.[11] Dieses Foto ist am . . . . . in [*Ort*] in der . . . . . . Straße aufgenommen worden.

Die Klägerin hat die Beklagte mit dem als Anlage 4 überreichten Schreiben erfolglos abgemahnt.[12]

II.

Die rechtliche Bewertung des vorgetragenen Sachverhalts ergibt das Folgende:

1. Die Werbung der Beklagten verstößt gegen § 5 Abs. 1 UWG, und zwar nach Maßgabe des Beispielskataloges des § 5 Abs. 1 S. 2 Nr. 1 UWG.[13] In der Angabe „Der Alt-Meister“ liegt die Inanspruchnahme einer Alleinstellung, die der Beklagten nicht zusteht.

   Die Werbeaussage „Der Alt-Meister“ stellt eine irreführende Angabe iSd § 5 Abs. 1 S. 2 Nr. 1 UWG dar. Maßgeblich für die Annahme einer Angabe sowie für die Bewertung ihres Inhaltes als einer unzulässigen Alleinstellungswerbung ist allein die Auffassung der angesprochenen Werbeadressaten, dh hier der Letztverbraucher, wobei es schon genügt, wenn sich die streitige Angabe für einen nicht unerheblichen Teil der Letztverbraucher als Alleinstellungsberühmung darstellt. Ist eine Angabe mehrdeutig, so muss jede der verschiedenen Bedeutungen den Tatsachen entsprechen. Etwas anderes gilt nicht schon deswegen, weil die streitgegenständliche Werbung einen gewissen Sprachwitz verrät und ein Wortspiel beinhaltet. Das Attribut „Alt“ kann sowohl auf den Begriff „Meister“ als auch auf das Alt-Bier-Erzeugnis der Beklagten bezogen werden. Es ist jedoch davon auszugehen, dass auch diejenigen Teile des Publikums, die diesen Sprachwitz erkennen, davon ausgehen, dass das in

Rede stehende Wortspiel gerade deswegen verwendet worden ist, weil jede der möglichen Deutungen „passt".

Die streitgegenständliche Angabe „Alt-Meister" wird in der Werbung der Beklagten ausweislich des Beispiels gem. Anlage 1 nicht auf den Herstellungsbetrieb der Beklagten selbst, sondern auf das Produkt bezogen. Eine derartige Personalisierung eines Produktes ist nichts Ungewöhnliches. Als Beispiel wird verwiesen auf die Tatsache, dass Produkte häufig als „Renner", „Spitzenreiter", „unser Star" usw bezeichnet werden.

Die Bezeichnung „Meister" vermittelt gegenüber einem rechtlich relevanten Teil der Verbraucher den Eindruck einer Alleinstellung, wobei dieser Eindruck noch durch die Hinzugabe des bestimmten Artikels deutlich verstärkt wird. Der Begriff des Meisters ist dem Durchschnittsverbraucher sowohl aus dem Bereich des Sports wie auch aus demjenigen des Handwerks allgemein bekannt. Zwar mag von der Sache her an sich im Zusammenhang mit Bier die Beziehung zu dem handwerklichen Bereich näher liegen. Mit einem derartigen Handwerksmeister hat das allgemeine Publikum es jedoch nur noch selten zu tun. Viel häufiger begegnen ihm die Begriffe „Meister" und „Meisterschaften" im Bereich des Sports. Diese Deutung liegt hier umso näher, wenn man sich vor Augen führt, dass der Vorjahresmeister, bspw. im Fußballsport, als der „Alt-Meister" bezeichnet wird. Es ist daher davon auszugehen, dass der Verbraucher bei Betrachtung der beanstandeten Werbung in erster Linie an den vertrauten Begriff des Meisters aus dem Bereich des Sports denkt, zumal dieser Begriff von der Beklagten keiner Person, sondern einem Produkt zugeordnet wird, mit dem man auch im übertragenen Sinne nicht ohne weiteres die Vorstellung verbinden kann, dass es sich um einen Meister im Sinne handwerklicher Kategorien handelt. Ein Produkt jedoch wird häufig und in üblicher Form im Sinne sportlicher Kategorien als „Renner", „Spitzenreiter", „Tabellenführer" oder eben auch als Meister im Gegensatz zu den Vizemeistern, den Nächstplatzierten usw bezeichnet.

Im Bereich des Sports kann nach allgemeiner Vorstellung nur jeweils einer „Meister" sein. Daraus ergibt sich der Alleinstellungscharakter der angegriffenen Werbeaussage. Dieser Charakter gilt insb. auch, soweit das Wortspiel „Alt-Meister" in Rede steht. Denn ein „Alt-Meister" ist jedenfalls der Meister der vergangenen Saison, dessen „Meisterehre" auch häufig noch in der gegenwärtigen Saison, nämlich bis zu dem Zeitpunkt anhält, bis ein neuer Meister den „Alt-Meister" ablöst.

Des Weiteren wird darauf hingewiesen, dass selbst diejenigen, die die angegriffene Werbung mit Vorstellungen aus dem Bereich des Handwerks in Verbindung bringen, in ihr die Behauptung einer Alleinstellung sehen werden, da ein Meister unangefochten an der Spitze einer Hierarchie (Lehrling – Geselle – Meister) steht.

Es ist in der angegriffenen Werbung nicht ausdrücklich erkennbar, worin die Alleinstellung der Beklagten liegen soll. Für den Verbraucher liegt es jedoch nahe, dass die Alleinstellung im Zusammenhang mit der geschmacklichen Qualität bestehen soll. Denn neben dem Preis, der bei den hier interessierenden Bieren kaum Unterschiede aufweist, ist es vor allem die geschmackliche Qualität, die für das Kaufpublikum von Interesse ist. Dieses Interesse wird auch mit der konkreten Werbung der Beklagten angesprochen, indem dort ein appetitlich aussehendes Glas Bier abgebildet ist. Zwar kann man über Geschmack bekanntlich nicht streiten und entzieht sich dementsprechend Geschmack einer eindeutigen Bewertung. Trotz dieser Relativität gibt es jedoch auch für die geschmackliche Qualität eines für den Konsum bestimmten Erzeugnisses einen objektiven Maßstab, nämlich den der allgemeinen Beliebtheit, der sich in den Umsatz- oder Absatzzahlen niederschlägt. Dementsprechend ist davon auszugehen, dass die von der Beklagten beanspruchte Alleinstellung auf einen durch Umsatz- oder Absatzzahlen belegten Vorsprung in der geschmacklichen Qualität des beworbenen Bieres liegen soll. Dieser Vorsprung besteht jedoch tatsächlich nicht: Anlage 2 belegt, dass die Klägerin bei den Absatzzahlen im gesamten Bundesgebiet deutlich vor der Beklagten und ihrem in der streitgegenständlichen Werbung beworbenen „X-Alt" liegt. Weil die Preise beider Produkte in etwa vergleichbar sind, ist es auszuschließen, dass die Beklagte mit ihrem deutlich niedrigeren Altbierabsatz einen deutlich höheren Umsatz als die Klägerin erzielt hat.

Die Werbeangabe „Der Alt-Meister" wird vom Verbraucher auch durchaus ernst genommen und als nachprüfbare Tatsachenangabe bewertet. Insbes. kann durch die Wahl eines Wortspieles nicht auf mangelnde Ernstlichkeit geschlossen werden. Es ist vielmehr davon auszugehen, dass der Verbraucher zu Recht von der Annahme ausgeht, dass das Wortspiel deswegen gewählt worden ist, weil jede der nur denkbaren Deutungen passt. Die Bezeichnung des Produktes „Alt-Meister" ist auch ungewöhnlich und gerade deswegen geeignet, ernst genommen zu werden. Der hier zu beurteilende Fall ist nicht vergleichbar mit den Angaben „Meister-Pils", „Meister-Bock" oder „Meister-Bräu"; in allen letztgenannten Fällen bezieht sich die Bezeichnung „Meister" vordringlich auf den Hersteller des Bieres, nicht jedoch auf das Erzeugnis selbst, das nicht als Meister bezeichnet wird.

Mit der streitgegenständlichen Werbung wendet sich die Beklagte an die Verbraucher. Zu diesen Verkehrskreisen gehören auch die Mitglieder der angerufenen Kammer. Dementsprechend kann die angerufene Kammer auf Grund eigener Sachkunde und Erfahrung den Tatbestand einer Irreführung feststellen.[14]

Höchst vorsorglich treten wir dafür, dass der Verbraucher die streitgegenständliche Werbeaussage der Beklagten in dem vorbezeichneten Sinn versteht und würdigt, Beweis an durch

Gutachten eines anerkannten Markt- und Meinungsforschungsinstituts.[15]

2. Die Parteien sind Mitbewerber iSd § 2 Abs. 1 Nr. 1 UWG. Sie bieten beide auf dem gleichen regionalen Markt gegenüber den gleichen Abnehmern ihre Erzeugnisse an und vertreiben diese.[10] Infolgedessen wirkt sich das streitgegenständliche Verhalten der Beklagten im konkreten Wettbewerbsverhältnis der Parteien unmittelbar zum Nachteil der Klägerin aus. Vor dem Hintergrund der zuvor unter I. vorgetragenen und unter Beweis gestellten jährlichen Absatzzahlen des „A-Alts" der Klägerin in ganz Deutschland, sowie aufgrund der Tatsache, dass die Klägerin ihr Altbier durchgängig seit . . . . . in ganz Deutschland anbietet, ist zugleich die weitere Voraussetzung des § 8 Abs. 3 Nr. 1 UWG nF dargetan, nämlich dass die Klägerin als Mitbewerberin die relevanten Waren (Altbier) in nicht unerheblichem Maße und nicht nur gelegentlich anbietet. Der mit Klageantrag I geltend gemachte Unterlassungsanspruch ist mithin gem. § 8 Abs. 1 und Abs. 3 Nr. 1 UWG gerechtfertigt.
3. Gem. §§ 9 S. 1, 3, 5 Abs. 1 S. 1u. S. 2 Nr. 1 UWG ist die Beklagte auch zu Schadensersatz verpflichtet. Infolge der irreführenden Alleinstellungsberühmung der Beklagten ist ein Schadenseintritt bei der Klägerin zumindest wahrscheinlich.[16] Die Beklagte handelt auch fahrlässig-schuldhaft, denn bei Beachtung der im Verkehr erforderlichen Sorgfalt hätte sie ohne weiteres das Wettbewerbswidrige ihres Verhaltens, nämlich das irreführende Moment ihrer Werbung erkennen können. Die Beklagte handelt seit Empfang der diesseitigen anwaltlichen Abmahnung (Anlage 2) darüber hinaus auch vorsätzlich-schuldhaft.[16]

Der mit Klageantrag I 2 geltend gemachte Auskunftsanspruch ist als vorbereitender Hilfsanspruch zum Schadensersatzbegehren auf Grund gewohnheitsrechtlicher Anwendung der Bestimmung des § 242 BGB iVm den Rechtsregeln betreffend die auftragslose Geschäftsführung begründet. Die Klägerin kann nämlich ohne Kenntnis vom Umfang der wettbewerbswidrigen Handlungen der Beklagten den ihr entstandenen Schaden ziffernmäßig nicht bestimmen.[17] Damit ist zugleich auch die Zulässigkeit des Schadensersatzfeststellungsbegehrens gem. Klageantrag II dargetan.[7]

4. Die Zuständigkeit des angerufenen Gerichts ergibt sich aus der Tatsache, dass die Beklagte im Gerichtsbezirk ihren Sitz hat.[18]

Rechtsanwalt[19, 20]

Schrifttum: Klette, Zum Superlativ in der Werbung, FS Helm, 2002, 87; *Lux,* Alleinstellungswerbung als vergleichende Werbung?, GRUR 2002, 682; *Schmelz/Haertel,* Die Superlativreklame im UWG – Materielle und prozessuale Aspekte, WRP 2007, 127.

Anmerkungen

1. Die wettbewerbsrechtliche Beurteilung von Fällen der sog Alleinstellungswerbung ist regelmäßig nicht einfach. Das Form. orientiert sich an dem Sachverhalt der Entscheidungen LG Düsseldorf WRP 1979, 404; und OLG Düsseldorf WRP 1979, 717. Das LG Düsseldorf hatte die Klage abgewiesen, das OLG Düsseldorf erkannte sie zu. Zur Verdeutlichung der heutigen Anforderungen an den Vortrag insbesondere zur Mitbewerberstellung nach dem neuen, ab 26.11.2021 geltenden § 8 Abs. 3 Nr. 1 UWG ist der aus den Entscheidungen ersichtliche Sachverhalt ergänzt worden. Die Alleinstellungsberühmung ist regelmäßig nach der Neufassung durch die UWG-Novelle 2008 ein Anwendungsfall des § 5 Abs. 1 S. 1u. S. 2 Nr. 1 UWG.

2. Zur Zuständigkeit → Form. II.P.3 Anm. 1.

3. In einer Klageschrift soll der Streitwert angegeben werden (§ 253 Abs. 3 ZPO). Zur Bemessung des Streitwertes vgl. Ahrens/*Bernecke* Wettbewerbsprozess Kap. 40, Rn. 1 ff.; Köhler/Bornkamm/Feddersen/*Köhler/Feddersen* UWG § 12 Rn. 4.1 ff.; *Teplitzky* Ansprüche Kap. 49, Rn. 1 ff.; *Ulrich* GRUR 1984, 177 ff.; *Kur,* Streitwert und Kosten im Verfahren wegen unlauteren Wettbewerbs, 1980. Einzelheiten können nur wie folgt skizziert werden:

Bei wettbewerbsrechtlichen Streitigkeiten unterliegt die Streitwertbestimmung gem. § 3 ZPO freiem richterlichem Ermessen. Dazu dient die Angabe in der Klageschrift als Anregung, nämlich wie der Kläger selbst seine für die Streitwertbemessung maßgeblichen Interessen bewertet (BGH GRUR 1986, 93 (94) – Berufungssumme; OLG Düsseldorf GRUR-RR 2011, 341 – Streitwertheraufsetzung II; OLG Köln MD 1994, 80: nur indizielle Bedeutung der Streitwertangabe durch den Kläger; → Form. II.P.3 Anm. 3). Vordringlich ist das Interesse des Klägers an der Durchsetzung des Anspruchs (BGH GRUR 2017, 212 – Finanzsanierungen; GRUR 2013, 301 Rn. 56 – Solarinitiative; BGH GRUR 1990, 1052 (1053) – Streitwertbemessung; BGH GRUR 1998, 958 – Verbandsinteresse; KG NJOZ 2010, 2020; OLG Braunschweig BeckRS 2011, 09681;). Nach § 51 Abs. 2 GKG ist in Verfahren über Ansprüche nach dem UWG der Streitwert grds. nach der sich aus dem Antrag des Klägers für ihn ergebenden Bedeutung der Sache nach Ermessen zu bestimmen. So ist beispielsweise bei Unterlassungsanträgen das Interesse des Kl. an der Unterbindung weiterer gleichartiger Verstöße entscheidend, das maßgeblich durch die Art des Verstoßes, insbesondere seine Gefährlichkeit und Schädlichkeit für die Träger der maßgeblichen Interessen, bestimmt wird (BGH GRUR 2013, 301 Rn. 56 = WRP 2013, 491 – Solarinitiative). Bei Beseitigungsansprüchen ist das Interesse des Klägers an der Verhinderung künftiger Verletzungshandlungen, das sich nach der Art seiner Klagebefugnis bestimmt, maßgebend, wobei das Beseitigungsinteresse in der Regel geringer zu bewerten ist als das Unterlassungsinteresse (*Teplitzky/Feddersen* Kap. 49 Rn. 31). Eine Einschränkung des Grundsatzes nach § 51 Abs. 2 GKG ergibt sich jedoch aus § 51 Abs. 3 GKG; denn ist die Bedeutung der Sache für den Beklagten erheblich geringer zu bewerten als der nach § 51 Abs. 2 GKG ermittelte Streitwert, ist dieser angemessen zu mindern. Ob eine solche erheblich geringere Bedeutung vorliegt, ist anhand der Umstände des konkreten Falls zu beurteilen. Dabei kann insb. eine Rolle spielen, dass es sich bei dem Beklagten um ein vergleichsweise kleines Unternehmen handelt und er aus dem Verstoß und seiner Wiederholung kaum nennenswerte finanzielle und wettbewerbliche Vorteile ziehen kann (vgl. OLG Zweibrücken NJW-RR 2014, 1535), Köhler/Bornkamm/Feddersen/*Köhler/Feddersen* UWG § 12 Rn. 4.5).

Als objektive Kriterien kommen für die Streitwertbemessung in Betracht: Größe und wirtschaftliche Bedeutung der Parteien, insb. des Klägers; Intensität des Wettbewerbsverstoßes (zB wirtschaftliche Bedeutung des Beklagten, umfangreiche Zeitschriftenwerbung einerseits oder Plakatanschlag an einem Ladenlokal andererseits, sog „Angriffsfaktor"), Dauer des Wettbewerbsverstoßes (vgl. aber OLG Stuttgart WRP 1997, 239 – Streitwert –, das für einen Unterlassungsanspruch nicht auf die Intensität der Handlung abstellen will), Auswirkungen des Wettbewerbsverstoßes. Es wurde in der Vergangenheit diskutiert, ob man für „normale" Wettbewerbsstreitigkeiten einen „Regelstreitwert" einführen soll, zu dem je nach den Umständen des Einzelfalls Zu- und Abschläge gemacht werden sollen (vgl. *Pastor,* Der Wettbewerbsprozess, 3. Aufl. 1980, 957 f.; dazu auch *Teplitzky* Ansprüche Kap. 49, Rn. 17; sowie Köhler/Bornkamm/Feddersen/*Köhler/Feddersen* UWG § 12 Rn. 4.3 ff.). In rechtstatsächlicher Hinsicht haben sich Regelstreitwerte jedoch nicht feststellen lassen (dazu *Kur,* Streitwert und Kosten im Verfahren wegen unlauteren Wettbewerbs, 1980, 90; Köhler/Bornkamm/Feddersen/*Köhler* UWG § 12 Rn. 4.3). Letztendlich hat der BGH der Festsetzung des Streitwerts anhand von Regelstreitwerten jedoch eine Absage erteilt, da dies nicht mit den Vorschriften des § 3 ZPO und des § 51 Abs. 2 GKG vereinbar ist, die eine Ermessensausübung des Gerichts vorsehen (BGH WRP 2015, 454 Rn. 2; BGH GRUR 2017, 212 – Finanzsanierungen).

Gleichwohl sei darauf hingewiesen, dass *Kur* (Streitwert und Kosten im Verfahren wegen unlauteren Wettbewerbs, 1980, 90) – noch unter Geltung der DM-Währung – die nachfolgend wiedergegebenen Streitwerte ermittelt hat, die nach wie vor – auch unter Berücksichtigung der geltenden Rechtsprechung – für die Geltendmachung eines Unterlassungsanspruches jeweils zumindest als Anhaltspunkt herangezogen werden können:

a) für Bagatellverstöße und Massenverfahren: bis zu 5.000 EUR (KG GRUR-RR 2007, 63); vgl hierzu auch die Regelung des § 51 Abs. 3 S. 2 GKG, der zwingend einen Streitwert von nur 1.000 EUR vorsieht, wenn der Sach- und Streitstand für die Bestimmung des Streitwerts keine genügenden Anhaltspunkte bietet.
b) für „übliche" Verstöße: 10.000 EUR bis zu 25.000 EUR (zunehmend mit der Tendenz bis zu 50.000 EUR) (OLG Saarbrücken BeckRS 2008, 05331; OLG Brandenburg BeckRS 2009, 27247);
c) besonders unlautere Verstöße oder solche von größeren Unternehmen: 50.000 EUR bis zu 125.000 EUR (zunehmend mit der Tendenz bis zu 150.000 EUR und höher) (OLG Hamm GRUR-RR 2010, 295).

Für die Bemessung des Streitwertes bei Unterlassungsansprüchen gem. § 8 Abs. 1 UWG enthält § 12 Abs. 3 UWG eine Sonderregelung. Es ist wertmindernd zu berücksichtigen, wenn die Sache nach Art und Umfang einfach gelagert ist (OLG Köln NJW-RR 1988, 304; GRUR 1993, 597; KG GRUR-RR 2007, 63) oder wenn die Belastung einer der Parteien mit den Prozesskosten nach dem vollen Streitwert angesichts ihrer Vermögens- und Einkommensverhältnisse nicht tragbar erscheint (vgl. zur Herabsetzung des Streitwertes bei Klagen eines Wettbewerbsverbands: BGH GRUR 1994, 385 – Streitwertherabsetzung; GRUR 1998, 958 – Verbandsinteresse; zur Minderung des Streitwertes bei Klagen von Verbraucherschutzverbänden: BGH GRUR 2011, 560 – Streitwertherabsetzung II).

Werden, wie im Form., neben einem Unterlassungsanspruch auch Ansprüche auf Auskunftserteilung und Schadensersatz geltend gemacht, so ist zur Bemessung des Streitwertes eine Aufteilung vorzunehmen. Hier gilt der Grundsatz, dass der Unterlassungsanspruch am Gesamtstreitwert einen Anteil von ca. $^2/_3$ ausmacht, wohingegen auf den Schadensersatzanspruch und den Auskunftsanspruch das verbliebene Drittel entfällt, wobei stets die Umstände des Einzelfalls zu berücksichtigen sind. Hinsichtlich der beiden letztgenannten prozessualen Ansprüche hat das Schadensersatzfeststellungsbegehren ein Übergewicht gegenüber dem Auskunftsbegehren, wobei wiederum als grober Maßstab die Aufteilung $^2/_3$ (Schadensersatzfeststellungsbegehren) zu $^1/_3$ (Auskunftsbegehren; höhere Festsetzung bei KG GRUR 1992, 611 – T-Shirt) angesetzt werden kann (vgl hierzu auch Köhler/Bornkamm/Feddersen/*Köhler/Feddersen* UWG § 12 Rn. 4.13 f., die für den Schadensersatzfeststellungsantrag einen Bruchteil von zwischen 1/4 oder 1/5, zuweilen auch zwischen 1/2 und 1/10 vom Gesamtstreitwert und für den Auskunfts- und Rechnungslegungsantrag einen Bruchteil des Gesamtstreitwerts von zwischen 1/10 und 1/2 ansetzen – maßgeblich sind letztlich immer die Umstände des Einzelfalls).

4. Zur Formulierung der Strafandrohungsklausel im Unterlassungsantrag → Form. II.P.3 Anm. 7. Neben dem Unterlassungsanspruch steht dem Gläubiger als weiterer Abwehranspruch auch ein gegen bereits eingetretene Beeinträchtigungen gerichteter Beseitigungsanspruch gemäß § 8 Abs. 1 UWG zu, wobei in vielen Fällen Unterlassungs- und Beseitigungsanspruch parallel laufen und zwar dann, wenn die Nichtbeseitigung einer fortlaufenden Verletzungshandlung gleichsteht, die Verletzungshandlung somit eine Dauerhandlung darstellt (vgl. im Einzelnen zum Beseitigungsanspruch Köhler/Bornkamm/Feddersen/*Bornkamm* UWG § 8 Rn. 1.99 ff.). Eine besondere Form des Beseitigungsanspruchs stellt der Widerrufsanspruch dar, der ebenfalls in § 8 Abs. 1 S. 1 UWG geregelt ist. Er dient dazu, die negativen Folgen wettbewerbswidriger Tatsachenbehauptungen, wie beispielsweise ruf- oder kreditschädigende Äußerungen oder irreführende Werbeaussagen zu beseitigen. Für den Widerrufsanspruch kommt es weder auf Verschulden noch überhaupt auf das Motiv des Beklagten an; auch eine Wiederholungsgefahr ist für diesen besonderen Beseitigungsanspruch nicht erforderlich. Die Unrichtigkeit der Behauptung und die durch sie eingetretene fortlaufende ruf-, geschäfts- und oder kreditschädigende Beeinträchtigung des Klägers ist vielmehr ausreichend (vgl. im Einzelnen Köhler/Bornkamm/Feddersen/*Bornkamm* UWG § 8 Rn. 1.129 ff.; Ohly/Sosnitza/*Ohly* UWG § 8 Rn. 73 ff., 78 ff.). Die jüngere Rechtsprechung des BGH geht davon aus, dass ein Unterlassungsanspruch auch eine Rückrufverpflichtung beinhalten kann, zB. bereits ausgelieferte Ware oder Werbematerial zurückzurufen (BGH GRUR 2016, 720, Rn. 35 – Hot Sox; GRUR 2017, 208, Rn. 24 – RESCUE; GRUR 2017, 823, Rn. 28 – Luftentfeuchter; GRUR 2018, 292 – Produkte zur Wundversorgung; vgl. dazu *Ahrens* GRUR 2018, 374; *Lubberger,* GRUR 2018, 378; Köhler/Bornkamm/Feddersen/*Bornkamm* UWG § 8 Rn. 1.69 ff.).

5. Zur Bestimmung des Antragsinhalts → Form. II.P.3 Anm. 7. Zur Bestimmung des bzw. der Streitgegenstände → Form. II.P.3 Anm. 8. Die notwendige Konkretisierung der angegriffenen Verletzungshandlung erfolgt im Regelfall – wie im Antrag vorgesehen – durch Angabe bestimmt bezeichneter Waren (oder eines bestimmt bezeichneten Geschäftsbetriebs), sowie durch konkrete Umschreibung von Handlungen oder wörtlicher oder sinngemäßer Wiedergabe von Behauptungen (BGH GRUR 1984, 593 (594) re. Sp. – Adidas; 1986, 898 (900) – Frank der Tat; WRP 1993, 478 – Faltenglätter; GRUR 1994, 310 – Mozarella II; weitere interessierende Entscheidungen in → Form. II.P.3 Anm. 7, 8; BGH GRUR 2008, 1121 – Freundschaftswerbung im Internet). In der Praxis wird zusätzlich häufig eine beispielhafte Ausprägung des meist allgemeiner gefassten Verbotstenors mit der Wendung „insbesondere, wenn . . . . . .“ in den Antrag aufgenommen. Einen solchen beispielhaften Fall bildet die im Textbeispiel mit der Antragsbegründung vorgelegte Plakatwerbung. Das ist zB vorteilhaft, wenn das Gericht in der mündlichen Verhandlung anregt, einen weiter gefassten allgemeineren Verbotstenor auf eine konkrete Verletzungshandlung einzuschränken; das kann durch Streichen des Wortes „insbesondere“ im Antrag erfolgen, wobei auch bei einem solchermaßen eingeschränkten Tenor in Ermangelung entgegenstehender Umstände die sog. „Kerntheorie“ gilt mit der Folge, dass auch im Kern gleiche Handlungen weiter erfasst werden (→ Form. II.P.1 Anm. 11a).

6. Zur Rechtsnatur und zum Umfang des wettbewerbsrechtlichen Auskunftsanspruches → Form. II.P.4 Anm. 9.

7. Zum wettbewerbsrechtlichen Schadensersatzanspruch → Anm. 16, → Form. II.P.4 Anm. 8. Es hat sich im Bereich des Wettbewerbsrechts bewährt, die Schadensersatzverpflichtung des Verletzers lediglich feststellen zu lassen. Daraus ergibt sich die Kombination der Klageanträge auf Auskunftserteilung und Schadensersatzfeststellung. Eine derartige Klagenverbindung ist gegenüber der an sich gegebenen Möglichkeit der Erhebung einer Stufenklage gem. § 254 ZPO (erste Stufe: Auskunft, zweite Stufe: Schadensersatz) prozessual zulässig (allgM und stRspr, zB BGH GRUR 2001, 1177 (1178) – Feststellungsinteresse II) und vorzuziehen, da der gesamte Prozess einheitlich durch die Instanzen geführt und damit auch rascher erledigt werden kann (→ Form. II.Q.3 Anm. 10). Das gem. § 256 Abs. 1 aE ZPO erforderliche rechtliche Interesse an alsbaldiger Feststellung ergibt sich sowohl aus dem Unvermögen des Gläubigers, ohne nähere Kenntnis vom Umfang der wettbewerbswidrigen Handlungen des Schuldners den Schaden, der in seiner Entstehung regelmäßig des Weiteren noch nicht abgeschlossen ist, ziffernmäßig zu bestimmen, als auch aus der drohenden Verjährung des Schadenersatzanspruches (Verjährungsfrist gem. § 11 Abs. 1 UWG: 6 Monate). Das Feststellungsinteresse liegt auch schon dann vor, wenn künftige Schadensfolgen – sei es auch nur entfernt – möglich, ihre Art, ihr Umfang und sogar ihr Eintritt aber noch ungewiss sind. Insoweit stellt die Wahrscheinlichkeit einer Schadensentstehung keine Sachurteilsvoraussetzung dar, sondern gehört zur materiellen Klagebegründung (BGH GRUR 1992 559 – Mikrofilmanlage).

8. Die amtswegige Übertragung des Rechtsstreits auf den Einzelrichter entfällt bei Kammern für Handelssachen (§§ 348, 349 ZPO), so dass es einer Stellungnahme des Klägers (§ 253 Abs. 3 ZPO; → Form. I.D.1) nicht bedarf.

9. Für den Fall, dass das angerufene Gericht von der Möglichkeit eines schriftlichen Vorverfahrens Gebrauch macht, ist es zur Vermeidung von Zeitverlust empfehlenswert, wie im Form. schon in die Klageschrift Anträge nach §§ 307 Abs. 2, 331 Abs. 3 ZPO aufzunehmen. Die Handhabung wettbewerbsrechtlicher Klageverfahren ist sowohl zwischen den zahlreichen potentiell zuständigen Landgerichten als auch innerhalb einzelner Landgerichte (zB zwischen Zivilkammern und Kammern für Handelssachen) durchaus unterschiedlich. In der Praxis kommt das schriftliche Vorverfahren regelmäßig vor. Weil wettbewerbsrechtliche Klagen unter Geltung des neuen § 14 Abs. 2 UWG bei Landgerichten im gesamten Bundesgebiet (entweder am allgemeinen Gerichtsstand des Beklagten oder am Begehungsort) eingereicht werden, deren Handhabung im Einzelfall dem bundesweit tätigen Rechtsanwalt nicht von vornherein vertraut ist, ist dieser Antrag schon in der Klageschrift vorteilhaft. § 278 Abs. 2 ZPO sieht vor, dass der mündlichen Verhandlung zum Zwecke der gütlichen Beilegung des Rechtsstreits eine Güteverhandlung vorauszugehen hat. Eine Ausnahme besteht, wenn bereits ein Einigungsversuch vor einer außergerichtlichen Gütestelle stattgefunden hat oder die Güteverhandlung erkennbar aussichtslos erscheint. Es bietet sich an, im Anschluss an die Anträge eine Stellungnahme zur Durchführung einer derartigen Güteverhandlung abzugeben. Ein Textbeispiel für eine (begründete) Ablehnung einer Güteverhandlung findet sich → Form. I.F.6.

10. Mit dem Sachvortrag zum Bestehen eines konkreten Wettbewerbsverhältnisses wird zu § 2 Abs. 1 Nr. 3 und zur Aktivlegitimation der Klägerin gem. § 8 Abs. 3 Nr. 1 UWG (bereits in der ab dem 26.11.2021 geltenden Fassung) vorgetragen. Die Ausführungen werden nachstehend zu II. 2 im Form. noch vertieft. Weitere Einzelheiten in → Form. II.P.1 Anm. 4.

11. Häufig bedarf es in wettbewerbsrechtlichen Streitigkeiten keines ausführlichen Tatsachenvortrages, sondern es genügt und erscheint sachgerecht, das angerufene Gericht insb. durch Übergabe von Mustern (einer Werbung oder eines Produkts etc) zu informieren. Allerdings ist gerade in Fällen, in denen eine potentielle Irreführung der von einer Werbung angesprochenen Verkehrskreise in Rede steht, eine Darlegung von Indiztatsachen, aus denen sich eine bestimmte Verkehrsauffassung ergeben kann, notwendig, insbesondere dann, wenn sich die Werbung (anders als im Form.) nicht an Verbraucher, sondern an Fachkreise richtet. Die Kenntnisse und Fähigkeiten dieser Verkehrskreise, vor deren Hintergrund sich eine Verkehrsauffassung feststellen lässt, müssen vom Kläger in der Klage substantiiert vorgetragen werden. Bei Werbung, die sich zumindest auch an Verbraucher richtet, können die zu diesen Verbrauchern zählenden Kammermitglieder eine Verkehrsauffassung selbst feststellen. → Anm. 13, 14

12. Die Mitteilung, dass vor Klageerhebung erfolglos abgemahnt worden ist, ist zur Begründung des Unterlassungsantrages nicht erforderlich; sie hat jedoch Bedeutung für die Feststellung des Verschuldens sowie für die Kostenfolge im Falle eines Anerkenntnisses, vgl. dazu im Form. die Ausführungen unter II. 3. Anders als in einstweiligen Verfügungsverfahren aus Gründen der „Waffengleichheit" oder des „rechtlichen Gehörs" kommt es in einem Klageverfahren nicht darauf an, ob zur vorprozessualen Korrespondenz vollständig vorgetragen wird. Denn das rechtliche Gehör des Beklagten wird anders als bei einer ohne mündliche Verhandlung erlassenen Beschlussverfügung im Klageverfahren durch die Möglichkeit einer Klageerwiderung und Teilnahme an einer mündlichen Verhandlung gewährt. Zu den Anforderungen an die Begründung prozessualer Waffengleichheit im Verfügungsverfahren → Form. II.P.3 Anm. 11

13. Zur Anwendung der Bestimmung des § 5 UWG vgl. schon → Form. II.P.2 Anm. 14 → Form. II.P.3 Anm. 12. Im Textbeispiel kommt es darauf an, das Verständnis der streitgegenständlichen Werbeaussage durch die Werbungsadressaten darzulegen. Werbungsadressaten als Marktteilnehmer (§ 2 Abs. 1 Nr. 2 UWG) sind die Verbraucher. Gem. § 2 Abs. 2 UWG iVm § 13 BGB ist Verbraucher jede natürliche Person, die ein Rechtsgeschäft zu einem Zweck abschließt, der weder ihrer gewerblichen noch ihrer selbständigen beruflichen Tätigkeit zugerechnet werden kann. Wie ein Verbraucher eine Werbeaussage versteht, ist vom Gericht iE zu ermitteln. Vgl. dazu nachfolgend → Anm. 14. Wird eine Werbung von einem erheblichen Teil des Publikums dahin verstanden, dass der Werbende allgemein oder konkret für sich alleine eine Spitzenstellung auf dem Markt (der „größte", der „beste", der „schnellste" etc) in Anspruch nimmt, so liegt eine Alleinstellungsbehauptung vor. Um eine Spitzenstellungsbehauptung handelt es sich dagegen, wenn der Werbende nicht für sich allein, sondern mit anderen Erzeugnissen oder Leistungen eine Spitzenstellung auf dem Markt in Anspruch nimmt, demnach die Zugehörigkeit zu einer Spitzengruppe behauptet. Bei Alleinstellungsbehauptungen und Spitzenstellungsbehauptungen werden häufig Superlative („beste", „schnellste", „größte") oder Komparative („besser", „länger", „sauberer") verwendet, die jedoch rechtlich keine selbständige Bedeutung haben (vgl. dazu Köhler/Bornkamm/Feddersen/*Bornkamm/Feddersen* UWG § 5 Rn. 1.138 ff., 1.141 ff.). Eine Spitzen- bzw. Alleinstellungsbehauptung ist grds. zulässig, wenn sie wahr ist. Maßgeblich im Hinblick auf den Irreführungstatbestand des § 5 UWG ist allein, ob die Angabe, die durch die Werbung getroffen wird, nach Auffassung des Umworbenen sachlich richtig ist (Köhler/Bornkamm/Feddersen/*Bornkamm/Feddersen* UWG § 5 Rn 1.151 ff. mwN). Ein geringfügiger Vorsprung des Werbenden vor seinen Mitbewerbern reicht jedoch nicht aus; vielmehr muss der Vorsprung nach Umfang und Dauer deutlich sein und die Aussicht auf eine gewisse Stetigkeit haben (Köhler/Bornkamm/Feddersen/*Bornkamm/Feddersen* UWG § 5 Rn. 1.151 ff.; vgl. ferner zur Spitzen- bzw. Alleinstellungsbehauptung → Form. II.P.2 Anm. 14)

14. Die Feststellung der Verkehrsauffassung (→ Form. II.P.3 Anm. 13) der Allgemeinheit obliegt den Mitgliedern des angerufenen Gerichts. Gehören die Mitglieder des angerufenen Gerichts – wie regelmäßig bei Waren des täglichen Bedarfs – ebenfalls zu den angesprochenen Werbungsadressaten, kann das Gericht von sich aus auf Grund eigener Sachkunde und Erfahrung sowohl das Vorhandensein der Irreführungsgefahr selbst feststellen als auch dieses Vorhandensein verneinen. Der BGH hat in jüngerer Zeit seine Rspr. geändert (BGH GRUR 2002, 550 (552) – Elternbriefe). Während nach früherer Auffassung eine Feststellung auf Grund eigener Sachkunde und Lebenserfahrung der Richter im Hinblick auf die Zugehörigkeit zu den angesprochenen Verkehrskreisen dann eher in Betracht kam, wenn es um die Bejahung einer Irreführungsgefahr ging als dann, wenn diese verneint werden sollte (BGH GRUR 1992, 406 (407) – Beschädigte Verpackung), geht der BGH in seiner jüngeren Rspr. davon aus, dass bei der Ermittlung des Verkehrsverständnisses auf einen situationsadäquaten durchschnittlich aufmerksamen, informierten und verständigen Verbraucher abzustellen ist (BGH GRUR 2000, 619 (621) – Orientteppichmuster; 2000, 820 (821) – Space Fidelity Peep-Show; 2002, 1166 (1169) li. Sp. – Fernflugpreise; 2002, 550 (552) – Elternbriefe). Ist die Vorstellung eines derartigen Durchschnittsverbrauchers maßgeblich, so kommt es nicht auf die möglicherweise hiervon abweichenden Anschauungen einer Minderheit von Verbrauchern an. Daher macht es grds. keinen Unterschied, ob der Tatrichter seine Sachkunde und Lebenserfahrung zur Bejahung oder zur Verneinung einer Irreführungsgefahr einsetzen möchte (BGH GRUR 2002, 550 (552) – Elternbriefe; GRUR 2003, 247 – Thermal Bad, GRUR 2004, 244 – Marktführerschaft; *Bornkamm* WRP 2000, 830 (832 f., 834)). Zu der abweichenden Auffassung nach früherer Rspr., wonach es im Bereich des § 3 UWG aF auch auf die Vorstellungen nicht ganz unerheblicher Teile der Verkehrsbeteiligten ankam, → Form. II.L.9 Anm. 9 mwN.

Die Ermittlung des Verkehrsverständnisses durch den Tatrichter aufgrund eigener Sachkunde ist dabei keine Tatsachenfeststellung, sondern Anwendung eines speziellen Erfahrungswissens, bei dessen Fehlen im Einzelfall auch Beweis erhoben werden kann (BGH GRUR 2004, 244 – Marktübersicht). Es bleibt der Rechtsgrundsatz, wonach § 291 ZPO es dem Gericht nicht gestattet, ein bestimmtes Verkehrsverständnis vom Inhalt einer Werbeaussage seiner Entscheidung als gerichtskundig zu Grunde zu legen, wenn ein davon abweichendes Verständnis der angesprochenen Verkehrskreise unter Beweisantritt vorgetragen worden ist (BGH GRUR 1990, 607 – Meister-Kaffee; auch BGH GRUR 1991, 215 – Emilio Adani). Das Gericht kann schließlich auch gehalten sein, den beweisbelasteten Kläger auf die Notwendigkeit eines Beweisantritts in Form eines demoskopischen Gutachtens hinzuweisen (BGH WRP 1991, 100 – Versäumte Meinungsumfrage). Stellt der Tatrichter die Verkehrsauffassung kraft eigener Sachkunde fest, muss er die Gründe dafür im Urteil darlegen, da seine Entscheidung sonst im zentralen Punkt nicht nachprüfbar wäre (vgl. dazu Köhler/Bornkamm/Feddersen UWG § 12 Rn. 2.74, § 5 Rn. 1.236; ferner Ohly/Sosnitza/*Sosnitza* UWG § 5 Rn. 134 ff.)

15. Beweismittel sind insb. Auskünfte von Industrie- und Handelskammern sowie von Wirtschaftsverbänden und des Weiteren demoskopische Gutachten, beruhend auf Meinungsumfragen.

16. Zum wettbewerbsrechtlichen Schadensersatzanspruch vgl. Köhler/Bornkamm/Feddersen/*Köhler* UWG § 9 Rn. 1.1 -1.50. Gem. § 9 S. 1 UWG ist jeder, der vorsätzlich oder fahrlässig eine nach § 3 oder § 7 UWG unzulässige geschäftliche Handlung vornimmt, zum Schadensersatz verpflichtet, sofern daraus einem „Mitbewerber" (§ 2 Abs. 1 Nr. 3) ein

Schaden entstanden ist. § 9 UWG setzt somit zunächst schuldhaftes Handeln, folglich entweder Vorsatz, wobei auch bedingter Vorsatz in Form des „billigend Inkaufnehmens" ausreichend ist, oder Fahrlässigkeit voraus. Der Schuldner (vgl zur Haftung des Schuldners Köhler/Bornkamm/Feddersen/*Köhler* UWG § 9 Rn. 1.3 ff.) handelt nach st.Rspr. vorsätzlich, wenn er im Zeitpunkt der Verletzungshandlung die den Wettbewerbsverstoß begründenden Tatsachen kannte und sich der Rechtswidrigkeit seines Handelns bewusst war (GRUR 2008, 810 Rn. 15 – Kommunalversicherer). Konkrete Rechtskenntnisse sind hier jedoch nicht zu fordern; es kommt vielmehr maßgeblich auf eine „Parallelwertung in der Laiensphäre" an, wenn sich also dem Handelnden auf Grund der Kenntnis der Tatsachen die Rechtswidrigkeit (Unlauterkeit) seines Tuns geradezu aufdrängt (BGHZ 160, 151 (156)) oder er sich auf Grund der ihm bekannten Tatsachen nicht dieser Einsicht entziehen kann (OLG Stuttgart GRUR 2007, 435; OLG Hamm GRUR-RR 2008, 435 (437)). Fahrlässig handelt der Schuldner dagegen, wenn er die im Verkehr erforderliche Sorgfalt außer Acht lässt (§ 276 Abs. 2 BGB). Die Fahrlässigkeit ist nach objektiven Maßstäben zu beurteilen; individuelle Fähigkeiten und/oder Kenntnisse des Handelnden sind unerheblich. Eingerissene Unsitten entschuldigen nicht (BGH GRUR 1965, 495 (496) – Wie uns die anderen sehen). Irrt sich der Handelnde über die Unlauterkeit seines Tuns, so handelt er dennoch fahrlässig, wenn der Irrtum vermeidbar gewesen wäre. Nach ständiger Rechtsprechung ist ein Rechtsirrtum jedoch nur dann vermeidbar, wenn der Irrende bei Anwendung der im Verkehr erforderlichen Sorgfalt mit einer anderen Beurteilung durch die Gerichte nicht zu rechnen brauchte. Fahrlässig handelt dagegen, wer sich erkennbar in einem Grenzbereich des rechtlich Zulässigen bewegt, in welchem er eine von der eigenen Einschätzung abweichende Beurteilung der rechtlichen Zulässigkeit des fragwürdigen Vorgehens in Betracht ziehen muss (vgl. BGH GRUR 1996, 271, 275 – Gefärbte Jeans; BGH GRUR 1999, 923, 928 – Tele-Info-CD; BGH GRUR 2010, 623 Rn 55 – Restwertbörse; BGH GRUR 1990, 1035, 1038 - Urselters II; GRUR 1995, 744, 749 - Feuer, Eis & Dynamit I). Es stellt den Handelnden vom Vorwurf fahrlässigen Verschuldens nicht frei, wenn er sich bei seinem Vorgehen einfach auf eine ihm günstige Ansicht stützt, ohne eine ihm ungünstige in Betracht zu ziehen (BGH GRUR 1998, 568, 569 – Beatles-Doppel-CD; BGH GRUR 1999, 984, 988 – Laras Tochter). Besondere Fähigkeiten oder Kenntnisse können eine höhere Sorgfaltspflicht begründen (BGHZ 62, 29(37) – Maschenfester Strumpf). Siehe im Einzelnen zum Verschulden Ohly/Sonitza/*Ohly* UWG § 9 Rn. 6 ff.; Köhler/Bornkamm/Feddersen/*Köhler* UWG § 9 Rn. 1.17 ff.

Darüber hinaus bestimmt § 9 S. 1 eindeutig, dass nur Mitbewerber und nicht auch Verbraucher oder andere Marktteilnehmer anspruchsberechtigt sind. Mitbewerber sind nach der Legaldefinition in § 2 Abs. 1 Nr. 3 nur Unternehmer, die mit einem oder mehreren Unternehmern als Anbieter oder Nachfrager von Waren in einem konkreten Wettbewerbsverhältnis stehen (siehe hierzu Köhler/Bornkamm/Feddersen/*Köhler* UWG § 9 Rn. 1.8 ff.)

Im Hinblick auf Art und Umfang des Schadensersatzes ist in § 9 UWG nichts geregelt, so dass die allgemeinen Bestimmungen gem. §§ 249ff BGB zur Anwendung kommen. Der Anspruch ist daher grundsätzlich auf Naturalrestitution, d.h. auf Wiederherstellung des Zustandes gerichtet, der ohne schädigendes Ereignis bestanden hätte, § 249 Abs. 1 BGB. Die Naturalrestitution erfolgt dabei in der Regel durch tatsächliche Handlungen, wobei sich hier der Schadensersatzanspruch häufig mit dem Beseitigungsanspruch (auch Widerruf) gem. § 8 Abs. 1 UWG deckt (Beseitigung einer irreführenden Werbung; Widerruf einer rufschädigenden Behauptung; Löschung einer rechtsverletzenden Marke). Gem. § 249 Abs. 2 BGB kann der Gläubiger anstatt der Wiederherstellung auch den dafür erforderlichen Geldbetrag verlangen. (vgl. hierzu Ohly/Sonitza/*Ohly* UWG § 9 Rn. 9, 10). Ist diese Wiederherstellung unmöglich oder unzureichend, so ist Wertersatz in Geld geschuldet, § 251 Abs. 1 BGB.

Unter Vermögensschäden fallen in der Regel die Rechtsverfolgungskosten (Anwaltskosten für vorprozessuale Abmahnung und weitere vorprozessuale Bemühungen um Auskunft, Anerkennung der Schadensersatzpflicht und Leistung des Schadensersatzes etc) sowie der durch die unlautere, Verwechslungsgefahr begründende Handlung entstandene sog. **Marktverwirrungsschaden** (vgl. hierzu Köhler/Bornkamm/Feddersen/*Köhler* UWG § 9 Rn. 1.30 ff.). Als Marktverwirrungsschaden kommen die Kosten in Betracht, die für Maßnahmen zur Bekämpfung der Marktverwirrung (zB Informationskampagnen) entstanden sind (Marktverwirrungskosten) (vgl. Ohly/Sonitza/*Ohly* UWG § 9 Rn. 12; Köhler/Bornkamm/Feddersen/*Köhler* UWG § 9 Rn. 1.32). Erstattungsfähig ist auch der infolge von irreführenden Handlungen oder von Verwechslungsgefahr **entgangene Gewinn** des Gläubigers (§ 252 BGB), vorausgesetzt, er hätte unter Einhaltung sämtlicher Rechtsnormen, also rechtmäßig erzielt werden können (BGH GRUR 2005, 519 (520)). Ob der entgangene Gewinn tatsächlich erzielt worden wäre ist unerheblich; gem. § 252 S. 2 BGB gilt bereits der Gewinn als entgangen, der nach dem gewöhnlichen Lauf der Dinge oder nach den besonderen Umständen, insbesondere nach den getroffenen Anstalten und Vorkehrungen, mit Wahrscheinlichkeit erwartet werden konnte. Grundsätzlich wird der Schaden selbst durch eine Gegenüberstellung der Vermögenslagen vor und nach dem schädigenden Ereignis ermittelt (Differenzhypothese). Die Beweislast für Schadenseintritt und Schadenshöhe trägt grundsätzlich der Gläubiger. Der Schuldner trägt die Beweislast für die Behauptung, dass der Schaden auch bei rechtmäßigem Verhalten eingetreten wäre (Einwand rechtmäßigen Alternativverhaltens). Auch im Falle des entgangenen Gewinns muss der Gläubiger konkret darlegen, dass ihm durch das unlautere Verhalten Einbußen entstanden sind, wobei ihm hier die allgemeine Lebenserfahrung hilft, nach der davon ausgegangen werden kann, dass der Wettbewerbsverstoß auch zu einem Schaden bzw. zu einem Gewinnentgang geführt hat (BGH GRUR 1993, 55 (57) – Tchibo/Rolex II; BGH GRUR 1993 757 (758) – Kollektion Holiday). Ferner darf das Gericht auch eine Schätzung gemäß § 287 ZPO vornehmen; aber auch dafür ist zumindest ein Minimum an Tatsachenvortrag zum ungefähren entgangenen Gewinn erforderlich (vgl. BGH GRUR 2008 993 Rn. 21 – Schmiermittel; BGH GRUR 1993 757 (758) – Kollektion „Holiday"; ferner Ohly/Sonitza/*Ohly* UWG § 9 Rn. 13; vgl insgesamt zum entgangenen Gewinn Köhler/Bornkamm/Feddersen/*Köhler* UWG § 9 Rn. 1.35).

Da die konkrete Schadensberechnung insbesondere im Immaterialgüterrecht häufig erhebliche Schwierigkeiten bereitet, wurden von Rechtsprechung und Literatur die Grundätze der **„dreifachen Schadensberechnung"** entwickelt. Bei Verletzung eines Schutzrechts kann der Verletzte zwischen der (1) konkreten Berechnung des Schadens einschließlich des entgangenen Gewinns (§ 252 BGB), (2) der Schadensberechnung auf der Grundlage einer fiktiven Lizenzgebühr (Lizenzanalogie, vgl hierzu BGH GRUR 2006, 143 (145) – Catwalk; BGH GRUR 2006, 136 Rn. 23 – Pressefotos; GRUR 2009, 407 Rn. 22 – Whistling for a train; BGH GRUR 2009, 660 Rn. 13 – Resellervertrag; ferner Köhler/Bornkamm/Feddersen/*Köhler* UWG § 9 Rn. 1.42 ff.)) oder (3) der Abschöpfung des Verletzergewinns (BGH GRUR 2007, 431 Rn. 21 – Steckverbindergehäuse; BGH GRUR 2010, 1091 Rn. 26 – Werbung eines Nachrichtensenders) wählen (vgl. insgesamt hierzu Ohly/Sosnitza/*Ohly* UWG § 9 Rn. 14 mwN; ausführlich auch Köhler/Bornkamm/Feddersen/*Köhler* UWG § 9 Rn. 1.36ff mwN). Die Grundsätze der dreifachen Schadensberechnung sind jedoch größtenteils auf das Lauterkeitsrecht nicht anwendbar, da das Lauterkeitsrecht anders als die Rechte des geistigen Eigentums wie Patente, Marken und Gebrauchsmuster kein absolutes Rechts darstellt (Ohly/Sonitza/*Ohly* UWG § 9 Rn. 15 mwN). Aus diesem Grund ist nach der Rechtsprechung im Lauterkeitsrecht die dreifache Schadensberechnung nur noch in Fällen möglich, in denen die nach § 4 Nr. 3 und 4 UWG geschützten Leistungen (BGH GRUR 1981, 517 (520) – Rollhocker; BGH GRUR 1993, 55 (57) – Tchibo/Rolex II; BGH GRUR 1993, 757 (759) – Kollektion „Holiday"; BGH GRUR

2002, 795 (797) – Titelexklusivität; BGH GRUR 2007, 431Rn. 21 – Steckverbindergehäuse; BGH WRP 2017, 51 Rn. 79 – Segmentstruktur) verletzt werden (vgl Köhler/Bornkamm/Feddersen/*Köhler* UWG § 9 Rn. 1.36b). – Eine Anwendung der Grundsätze der dreifachen Schadensberechnung auf sonstige Wettbewerbsverstöße kommt dagegen nicht in Betracht. Zur Wahlmöglichkeit des Gläubigers und zur konkreten Schadensberechnung vgl Köhler/Bornkamm/Feddersen/*Köhler* UWG § 9 Rn. 1.42 ff. und 1.45ff).

Durch die UWG-Novelle 2004 wurde ferner der in der Literatur sehr umstrittenen Anspruch auf **Gewinnabschöpfung** gem. § 10 UWG geschaffen (vgl. insgesamt zum Gewinnabschöpfungsanspruch ausführlich Köhler/Bornkamm/Feddersen/*Köhler* § 10 Rn. 1 ff mwN). Gem. § 10 Abs. 1 UWG kann derjenige, der vorsätzlich eine nach § 3 oder § 7 unzulässige geschäftliche Handlung vornimmt und hierdurch zu Lasten einer Vielzahl von Abnehmern einen Gewinn erzielt, von den gem. § 8 Abs. 3 Nr. 2 bis 4 zur Geltendmachung eines Unterlassungsanspruchs Berechtigten auf Herausgabe dieses Gewinns an den Bundeshaushalt in Anspruch genommen werden. Bei diesem Anspruch handelt es sich weniger um einen Schadensersatzanspruch als vielmehr um eine vermögensrechtliche „Sanktionsnorm“, die eindeutig die Abschreckungswirkung zum Ziel hat (vg. Begr. RegE UWG 2004 zu § 10 I, BT-Drs. 15/1487, 23, 24). Dasjenige, was unrechtmäßig vom Schuldner erlangt wurde, soll nicht bei ihm verbleiben (vgl. zur Verfassungsmäßigkeit der Norm OLG Düsseldorf, GRUR-RR 2017 331 (335) – Gewinne aus Rücklastschriften; OLG Stuttgart GRUR 2007, 435 (437) – Veralteter Matratzentest). Gem. § 10 UWG sind jedoch lediglich die gemäß § 8b UWG eingetragenen rechtsfähigen Verbände (§ 8 Abs. 3 Nr. 2 UWG), qualifizierten Einrichtungen (§ 8 Abs. 3 Nr. 3 UWG) sowie die Industrie- und Handelskammern,Handwerkskammern, Handwerksinnungen, berufsständischen Körperschaften und Gewerkschaften (§ 8 Abs. 3 Nr. 4 UWG) anspruchsberechtigt.

Der Anspruch setzt nach Abs. 1 voraus, dass die unlautere geschäftliche Handlung vorsätzlich begangen wurde. Ferner muss dadurch zu Lasten einer Vielzahl von Abnehmern ein Gewinn, folglich ein Überschuss der Erträge über den Aufwendungen, erzielt worden sein. Dieser Vermögensvorteil muss wiederum zu Lasten einer Vielzahl von Abnehmern (alle Marktteilnehmer) erfolgt sein, so dass dem Gewinn des Verletzers daher unmittelbar ein Schaden der Abnehmer in Form einer wirtschaftlichen (umstr.) Schlechterstellung gegenüberstehen muss (so OLG Stuttgart GRUR 2007, 435 (437) – Veralteter Matratzentest; offen OLG Frankfurt a. M. GRUR-RR 2010, 482 (483) – „heute gratis“; vgl. im Einzelnen Köhler/Bornkamm/Feddersen/*Köhler* UWG § 10 Rn. 9 ff.)

Gem. § 10 Abs. 2 S. 1 UWG sind auf den Gewinn ferner die Leistungen anzurechnen, die der Schuldner aufgrund der Zuwiderhandlung an Dritte oder an den Staat erbracht hat. Dadurch wird nochmals der Normzweck deutlich; es soll nur der Gewinn abgeschöpft werden, der noch tatsächlich beim Schuldner nach Abzug aller Kosten und Schadensersatzleistungen beim Schuldner verbleiben würde. Dadurch kommt auch die Subsidiarität des Anspruchs gegenüber den geldwerten Ansprüchen Dritter zum Ausdruck (vgl. Köhler/Bornkamm/Feddersen/*Köhler* UWG § 10 Rn. 13). Der erzielte Gewinn ist ferner nicht an die Anspruchsteller, sondern an den Bundeshaushalt herauszugeben. Der Anspruchsteller hat der zuständigen Stelle des Bundes über die Geltendmachung des Anspruchs Auskunft zu erteilen, § 10 Abs. 4 S. 1 UWG. Gemäß S. 2 und 3 können die Anspruchsteller wiederum von der zuständigen Stelle des Bundes Erstattung der für die Geltendmachung des Anspruchs erforderlichen Aufwendungen verlangen, soweit sie vom Schuldner keinen Ausgleich erlangen können. Der Erstattungsanspruch ist auf die Höhe des an den Bundeshaushalt abgeführten Gewinns beschränkt.

Zur Ermittlung der Höhe des Anspruchs steht dem Antragsteller ein Auskunfts- und Rechnungslegungsanspruch nach § 242 BGB zu (OLG Düsseldorf, GRUR-RR 2017 331 (335) – Gewinne aus Rücklastschriften; OLG Frankfurt a. M., GRUR-RR 2010, 482 – „heute gratis“; OLG Stuttgart, GRUR 2007, 435 (437) – Veralteter Matratzentest). Die

Voraussetzungen des Gewinnabschöpfungsanspruchs hat der Antragsteller zu beweisen. Für die Anrechnungen gemäß § 10 Abs. 2 UWG trägt der Schuldner die Darlegungs- und Beweislast. Für die Formulierung eines entsprechende Gewinnabschöpfungsantrags siehe MPFormB GewRS/*Mes/Schabenberg* Form. A.11 Anm. 11.

17. Zum Auskunftsanspruch → Form. II.P.4 Anm. 9; zu seiner Durchsetzung im EV-Verfahren: *Ulrich* WRP 1997, 135; LG Düsseldorf WRP 1997, 253 betr. Bezugsquelle einer Nachahmung; zur Drittauskunft betr. Vorlieferanten: BGH GRUR 2001, 841 – Entfernung der Herstellungsnummer II; ferner Köhler/Bornkamm/Feddersen/*Köhler* UWG § 9 Rn. 4.2.

18. In dem dem Form. zugrunde liegenden Sachverhalt ergibt sich die örtliche Zuständigkeit aus § 14 Abs. 2 S. 1 UWG, wonach für eine Klage aufgrund des UWG das Gericht am allgemeinen Gerichtsstand des Beklagten (insbesondere §§ 12, 13, 17 ZPO) zuständig ist. Daneben hat insb. der Gerichtsstand des Begehungsortes der wettbewerbswidrigen Handlung gem. § 14 Abs. 2 S. 2 UWG Bedeutung (zB OLG Köln GRUR 1988, 148 – Kaminöfen). Zu den Einschränkungen des Gerichtsstandes des Begehungsortes im jetzt geltenden § 14 Abs. 2 S. 3 UWG → Form. II.P.3 Anm. 1.

Zur Begründung des Gerichtsstandes gem. § 14 Abs. 2 S. 1 UWG genügt jedes wettbewerbliche Verhalten der streitgegenständlichen Art, wobei vordringlich Werbeanzeigen in Zeitungen, die auch im Gerichtsbezirk vertrieben werden, Angebote und Lieferungen in den Gerichtsbezirk als Anknüpfungspunkt in Betracht kommen (zum sog „fliegenden Gerichtsstand" im Zusammenhang mit Zeitungsanzeigen einschränkend OLG Düsseldorf WRP 1981, 278; *von Maltzahn* GRUR 1983, 711 ff.; aufgegeben von OLG Düsseldorf WRP 1987, 476). Die Zulässigkeit des sog „fliegenden Gerichtsstandes" darf nicht überdehnt werden. Maßgeblich ist, ob der Werbung tatsächlich eine wettbewerbliche Relevanz zukommt. Das setzt voraus, dass wettbewerbliche Interessen von Mitbewerbern aufeinanderstoßen (BGH WRP 2006, 736 Rn. 25 – Arzneimittelwerbung im Internet). Der Gerichtsstand des Begehungsortes bei Werbung, die ausschließlich im Internet stattfindet, dürfte jetzt durch § 14 Abs. 2 S. 3 Nr. 1 UWG ausgeschlossen sein, und zwar für alle nach § 8 Abs. 3 UWG Anspruchsberechtigten. Dazu ist eine Ausnahme für den Fall vorgesehen, dass der Beklagte im Inland keinen allgemeinen Gerichtsstand hat (vgl. die Diskussion in der Instanzrechtsprechung zum Umfang dieser Einschränkung in → Form. II.P.3 Anm. 1). Eine weitere Einschränkung findet sich in § 14 Abs. 2 S. 3 Nr. 2 UWG. Danach ist für den Fall der Herleitung der Aktivlegitimation aus § 8 Abs. 3 Nr. 2–4 UWG der Gerichtsstand der unerlaubten Handlung des § 14 Abs. 2 S. 2 UWG im Regelfall ausgeschlossen und nur ausnahmsweise anwendbar, wenn der Beklagte im Inland keinen allgemeinen Gerichtsstand, also weder eine gewerbliche oder selbständige berufliche Niederlassung noch einen Wohnsitz hat.

Kosten und Gebühren

19. Vgl. Hinweise → Form. I.D.1.

Fristen und Rechtsmittel

20. Gegen das erstinstanzliche Urteil (abweisend für Kläger/stattgebend für Beklagten) ist die Berufung statthaft, §§ 511 ff. ZPO. Die Berufungsfrist beträgt einen Monat und beginnt mit der Zustellung des in vollständiger Form abgefassten Urteils, spätestens mit Ablauf von fünf Monaten nach Verkündung (§ 517 ZPO).

10. Anrufung der Einigungsstelle

Einigungsstelle[1] zur Beilegung
von Wettbewerbsstreitigkeiten
bei der Industrie- und Handelskammer
. . . . .[2]
Antrag auf Einleitung eines Einigungsverfahrens
der Firma A . . . . .
– Antragstellerin –
Verfahrensbevollmächtigter: Rechtsanwalt . . . . .[3]
gegen
die Firma B . . . . .
– Antragsgegnerin –
wegen unlauteren Wettbewerbs
Namens und in Vollmacht der Antragstellerin beantrage ich,
die Einigungsstelle möge ein Einigungsverfahren gem. § 15 UWG eröffnen, Termin zur mündlichen Verhandlung anberaumen und die Antragsgegnerin zum Verhandlungstermin laden.
In dem Verhandlungstermin werde ich beantragen,
[Fall 1:] die Antragsgegnerin möge sich verpflichten, es bei Meidung einer für jeden Fall der Zuwiderhandlung fälligen Vertragsstrafe iHv . . . . . EUR zu unterlassen, im Zusammenhang mit dem Angebot und dem Vertrieb von . . . . .
[Fall 2:] die Antragsgegnerin möge wegen eines etwaigen Verstoßes der Antragstellerin vom . . . . . gegen die Unterlassungsverpflichtungserklärung vom . . . . . eine angemessene Vertragsstrafe von lediglich höchstens . . . . . EUR festsetzen.[4]

Begründung:

. . . . . (folgen Sachverhaltsschilderung und rechtliche Bewertung).[5, 6, 7, 8]
Rechtsanwalt[8, 9]

Schrifttum: Ahrens, Der Wettbewerbsprozess, 8. Aufl. 2017, Kap. 13: Die Einigungsstelle nach § 15 UWG, S. 210; *Köhler,* Das Einigungsverfahren nach § 27a UWG: Rechtstatsachen, Rechtsfragen, Rechtspolitik, WRP 1991, 617; *Ottofülling,* Außergerichtliches Konfliktmanagement nach § 15 UWG, WRP 2006, 410; *Probandt,* Die Einigungsstelle nach § 27a UWG, 1993; *Gloy/Loschelder/Erdmann/Loschelder,* Handbuch des Wettbewerbsrechts, 4. Aufl. 2010, § 94; *Teplitzky,* Wettbewerbsrechtliche Ansprüche und Verfahren, 11. Aufl. 2016, Kap. 42.

Hinweis: Ein weiteres Beispiel für einen Antrag an die Einigungsstelle findet sich bei *Mes/Schadenberger/Sonntag,* Münchener Prozessformularbuch, Bd. 5, Gewerblicher Rechtsschutz, Urheber- und Presserecht, 5. Aufl. 2018, → Form. A.30.

Anmerkungen

1. Die im Form. behandelte Rechtsmaterie ist grundsätzlich in § 15 UWG (zuvor: § 27a UWG aF) geregelt (zur weiteren Zuständigkeit der Einigungsstellen nach dem neuen § 13a Abs. 5 UWG → Anm. 4). Der in § 15 Abs. 1 UWG enthaltenen Verpflichtung, bei Industrie- und Handelskammern Einigungsstellen zur Beilegung von bürgerlichen Rechtsstreitigkeiten, in denen ein Anspruch aufgrund des UWG geltend gemacht wird (Einigungsstellen), zu errichten, sind sämtliche Länder im Wesentlichen übereinstimmend nachgekommen. Es kann davon ausgegangen werden, dass bei jeder Industrie- und Handelskammer eine entsprechende Einigungsstelle gegeben ist. § 15 Abs. 1 enthält eine Ermächtigung für die Landesregierungen, Einzelheiten im Zusammenhang mit den Einigungsstellen durch Rechtsverordnung zu regeln. Eine Auflistung der geltenden Rechtsverordnungen findet sich bei Köhler/Bornkamm/Feddersen/*Köhler/Feddersen* UWG § 15 Rn. 4.

§ 15 Abs. 2 regelt die Besetzung der Einigungsstellen, und zwar mit einer vorsitzenden Person, die die Befähigung zum Richteramt nach dem deutschen Richtergesetz hat, und beisitzenden Personen (§ 15 Abs. 2 S. 1 UWG). Die vorsitzende Person soll auf dem Gebiet des Wettbewerbsrechts erfahren sein (§ 15 Abs. 2 S. 3 UWG). Die beisitzenden Personen sind je nach Sachverhalt unterschiedlich. Im Falle einer Anrufung durch eine nach § 8 Abs. 3 Nr. 3 UWG zur Geltendmachung eines Unterlassungsanspruchs berechtigte qualifizierte Einrichtung sollen Unternehmer und Verbraucher in gleicher Anzahl als beisitzende Personen tätig sein (§ 15 Abs. 2 S. 2 Alt. 1). In den übrigen Fällen (des § 8 Abs. 3 Nr. 1, 2 u. 4 UWG) sind beisitzende Personen mindestens zwei sachverständige Unternehmer. Insgesamt gilt für die beisitzenden Personen, dass für sie alljährlich für das Kalenderjahr Listen aufzustellen sind, aus denen die vorsitzende Person für den jeweiligen Streitfall die beisitzenden Personen beruft (§ 15 Abs. 2 S. 4 UWG). Dabei soll die Berufung im Einvernehmen mit den Parteien erfolgen (§ 15 Abs. 2 S. 5 UWG). Ausschließung und Ablehnung ist nach den Vorschriften der ZPO möglich (§ 15 Abs. 2 S. 6 u. 7 UWG).

Für die Zuständigkeit der Einigungsstellen bestimmt § 15 Abs. 3 UWG, dass sie in bürgerlich rechtlichen Rechtsstreitigkeiten, in denen ein Anspruch aufgrund des UWG geltend gemacht wird, angerufen werden können. Eine weitere Zuständigkeit der Einigungsstellen begründet § 13a Abs. 5 UWG nun für Fälle, in denen die Parteien über die Angemessenheit einer Vertragsstrafe streiten. Gem. § 15 Abs. 3 S. 2 UWG kann die Anrufung zu einer Aussprache mit dem Gegner von jeder Partei erfolgen, ohne dass es einer Zustimmung des Gegners bedarf, soweit die Wettbewerbshandlungen Verbraucher betreffen. Das gilt für die ganz überwiegende Zahl von Fällen. Ist dies nicht der Fall, können die Einigungsstellen nur dann angerufen werden, wenn der Gegner zustimmt (§ 15 Abs. 3 S. 1 UWG).

Die örtliche Zuständigkeit der Einigungsstellen bestimmt sich analog § 14 UWG (§ 15 Abs. 4 UWG).

Ziel des Einigungsverfahrens vor der Einigungsstelle ist ein gütlicher Ausgleich (§ 15 Abs. 6 S. 1 UWG). Dazu kann die Einigungsstelle den Parteien einen schriftlichen, mit Gründen versehenen Einigungsvorschlag machen (§ 15 Abs. 6 S. 2 UWG), der einschließlich seiner Begründung nur mit Zustimmung der Parteien veröffentlicht werden darf (§ 15 Abs. 6 S. 3 UWG). Ist die Einigungsstelle der Auffassung, dass der geltend gemachte Anspruch von vornherein nicht begründet ist oder die Einigungsstelle unzuständig ist, kann sie die Einleitung von Einigungsverhandlungen ablehnen (§ 15 Abs. 8 UWG).

Die Anrufung der Einigungsstelle unterbricht die Verjährung in gleicher Weise wie eine Klageerhebung (§ 15 Abs. 9 S. 1 UWG).

Ein vor der Einigungsstelle abgeschlossener Vergleich muss in einem besonderen Schriftstück niedergelegt und unter Angabe des Tages seines Zustandekommens von den Mitgliedern der Einigungsstelle, die in der Verhandlung mitgewirkt haben, sowie von den Parteien unterschrieben werden (§ 15 Abs. 7 S. 1 UWG). Er ist Zwangsvollstreckungstitel; § 797a ZPO ist analog anzuwenden (§ 15 Abs. 7 S. 2 UWG). Kommt allerdings ein Vergleich nicht zustande, so ist – für die Hemmung der Verjährung infolge der Anrufung der Einigungsstelle – der Zeitpunkt, zu dem das Verfahren beendet ist, von der Einigungsstelle festzustellen (§ 15 Abs. 9 S. 2 UWG) und durch die vorsitzende Person den Parteien mitzuteilen (§ 15 Abs. 9 S. 3 UWG). Zur Beendigung des Verfahrens mit/ohne Vergleich s. a. Köhler/Bornkamm/Feddersen/*Köhler/Feddersen* UWG § 15 Rn. 26 f.

Ist ein Rechtsstreit, der auch vor einer Einigungsstelle verhandelt werden könnte, ohne vorherige Anrufung der Einigungsstelle bei einem Gericht anhängig gemacht worden, so kann dieses auf Antrag (einer Partei) den Parteien unter Anberaumung eines neuen Termins aufgeben, vor diesem Termin die Einigungsstelle zur Herbeiführung eines gütlichen Ausgleichs anzurufen (§ 15 Abs. 10 S. 1 UWG). Handelt es sich um ein Verfügungsverfahren, ist diese Anordnung nur zulässig, wenn der Gegner zustimmt (§ 15 Abs. 10 S. 2 UWG). In den Fällen des § 15 Abs. 10 S. 1 und 2 UWG muss die Einigungsstelle tätig werden, auch wenn sie den geltend gemachten Anspruch von vornherein für unbegründet oder sich selbst für unzuständig erachtet (§ 15 Abs. 10 S. 3 UWG).

Ist ein Verfahren vor der Einigungsstelle anhängig, so ist eine erst nach Anrufung der Einigungsstelle erhobene negative Feststellungsklage des Gegners, dass der geltend gemachte Anspruch nicht bestehe, unzulässig (§ 15 Abs. 10 S. 4 UWG).

2. Die im Form. wiedergegebene Bezeichnung der Einigungsstelle ergibt sich aus der Bestimmung des § 15 Abs. 1 UWG. Die Anschrift der jeweiligen Industrie- und Handelskammer ist zu ergänzen.

3. Bei den Einigungsstellen herrscht kein Anwaltszwang.

4. Im Form. werden zwei unterschiedliche Fälle behandelt. In beiden Fällen trägt die vorgeschlagene Antragsformulierung der Tatsache Rechnung, dass das Einigungsverfahren die Herbeiführung eines gütlichen Ausgleichs bezweckt (§ 15 Abs. 6 UWG). Die Tätigkeit der Einigungsstelle ist keine schiedsrichterliche Tätigkeit; eine irgendwie geartete „Verurteilung“ des Antragsgegners kommt nicht in Betracht.

Fall 1 betrifft den „Normalfall“ eines wettbewerbsrechtlichen Konfliktes zwischen einem Antragsteller, der einen Unterlassungsanspruch gegen den Antragsgegner durchzusetzen versucht. Da mit der Anrufung der Einigungsstelle durch den Antragsteller der Versuch einer gütlichen Beilegung des Konfliktes unternommen wird, ersetzt die Anrufung der Einigungsstelle die Abmahnung (→ Form. II.P.1).

Fall 2 betrifft die durch das „Gesetz zur Stärkung des fairen Wettbewerbs“ von 2020 in das UWG aufgenommene Zuständigkeit der Einigungsstellen zur Lösung von Konflikten über die Angemessenheit von Vertragsstrafen (§ 13a Abs. 5 UWG). Diese Zuständigkeit besteht wiederum in zwei vergleichbaren Fallgestaltungen:

(1) Im Falle eines Verstoßes gegen eine Unterlassungsverpflichtungserklärung, in der nach „Hamburger Brauch“ keine betragsmäßig fixierte, sondern eine angemessene Vertragsstrafe mit Bestimmungsrecht des Gläubigers gemäß § 315 BGB versprochen worden ist, kommt es regelmäßig auch dann zu Streit über die Angemessenheit der vom Gläubiger bestimmten Höhe der verwirkten Vertragsstrafe, wenn der Verstoß an sich feststeht. In einem solchen Fall kann der Schuldner/der wegen des Verstoßes Abgemahnte gemäß § 13a Abs. 4 S. 1 die Einigungsstelle im Sinne des § 15 UWG anrufen, um einen gütlichen Ausgleich über die Frage der angemessenen Vertragsstrafe herbeizuführen. Dies kann ohne Zustimmung des Abmahnenden geschehen. Dieser Fall liegt dem Textbeispiel des Form. zugrunde.

(2) Eine zweite Fallgestaltung betrifft den Verstoß gegen eine Unterlassungsverpflichtungserklärung, bei der eine betragsmäßig fixierte Vertragsstrafe versprochen wurde, die jedoch „unangemessen hoch“ ist. In diesem Fall kann der abgemahnte Schuldner die Einigungsstelle anrufen, um zu erreichen, dass eine gütliche Einigung über die eigentlich angemessene Vertragsstrafe (§ 13a Abs. 4 UWG) herbeigeführt wird.

In beiden Fallgestaltungen betreffend die Angemessenheit einer Vertragsstrafe gilt, dass eine vom Abmahnenden erhobene Klage (auf Zahlung der Vertragsstrafe) unzulässig ist, solange ein entsprechendes Verfahren vor der Einigungsstelle anhängig ist (§ 13a Abs. 4

S. 3 UWG). Das lädt zu Verzögerungstaktiken ein, um die gerichtliche Inanspruchnahme zu verhindern oder zu verzögern. Die Einigungsstelle kann jedoch in beiden Fällen die Einleitung von Einigungsverhandlungen mangels Zuständigkeit ablehnen (§ 15 Abs. 8 UWG) mit der Begründung, die geforderte/versprochene Vertragsstrafe sei angemessen. Damit kann einer Verzögerungstaktik des Schuldners entgegengewirkt werden (Köhler/Bornkamm/Feddersen/*Bornkamm/Feddersen* UWG § 13a Rn. 17).

5. Der Inhalt der Antragsschrift folgt im Wesentlichen den für einen Antrag auf Erlass einer einstweiligen Verfügung bzw. eine wettbewerbsrechtliche Klage geltenden Grundsätzen. Allerdings ist zu beachten, dass es sich um ein gütliches Einigungsverfahren handelt, so dass Tatsachenvortrag und rechtliche Bewertung recht knapp gehalten werden können. Es wird regelmäßig auch kein Beweis angetreten zu werden brauchen.

6. Die örtliche Zuständigkeit der angerufenen Einigungsstelle richtet sich nach § 14 UWG (§ 15 Abs. 4 UWG).

7. Sofern die Einigungsstelle sich selbst für zuständig und den geltend gemachten Anspruch für begründet hält, wird sie das Einigungsverfahren einleiten und eine mündliche Verhandlung anberaumen. Die Eröffnung des Verfahrens kann von der Einigungsstelle abgelehnt werden, sofern die zuvor bezeichneten Voraussetzungen nicht gegeben sind (vgl. § 15 Abs. 8 UWG → Anm. 4). Die der Einigungsstelle vorsitzende Person kann das persönliche Erscheinen der Parteien anordnen, § 15 Abs. 5 S. 1 UWG. Gegen eine unentschuldigt ausbleibende Partei kann die Einigungsstelle ein Ordnungsgeld festsetzen, § 15 Abs. 5 S. 2 UWG. Gegen die Anordnung des persönlichen Erscheinens und gegen die Festsetzung des Ordnungsgeldes findet die sofortige Beschwerde an das für den Sitz der Einigungsstelle zuständige Landgericht (Kammer für Handelssachen oder, falls eine solche fehlt, Zivilkammer) statt, § 15 Abs. 5 S. 3 UWG, §§ 567 ff. ZPO. Die (grds. nicht öffentliche, § 5 Abs. 1 Bay DVO) mündliche Verhandlung soll den Parteien zum Austausch dienen mit dem Ziel, eine gütliche Einigung herbeizuführen. Es besteht jedoch weder eine Einlassungspflicht der Parteien noch die Wahrheitspflicht gem. § 138 ZPO. Unwahre Äußerungen können lediglich materiell-rechtliche Folgen nach sich ziehen und beispielsweise zur Anfechtbarkeit des Vergleichs gem. § 123 BGB führen. Eine offizielle Beweisaufnahme kennt das Verfahren vor der Einigungsstelle nicht; auskunftswillige Personen (Zeugen, Sachverständige etc), die freiwillig Angaben machen möchten, können jedoch angehört werden (vgl. Köhler/Bornkamm/Feddersen/*Köhler/Feddersen* UWG § 15 Rn. 23). Der Verlauf der mündlichen Verhandlung wird mittels einer Niederschrift dokumentiert, § 6 Abs. 5f Bay DVO, vgl. ferner Köhler/Bornkamm/Feddersen/*Köhler/Feddersen* UWG § 15 Rn. 24).

Kosten und Gebühren

8. Für die Anrufung der Einigungsstellen werden von diesen keine oder nur geringfügige Kosten erhoben, da das Verfahren als solches gebührenfrei ist (vgl.- § 12 BW DVO) und lediglich Verfahrensauslagen der IHK zu erstatten sind. Diese werden von der vorsitzenden Person von Amts wegen (BW DVO § 12 II) oder auf Antrag (§ 8 I 2 BayDVO) festgestellt und von der IHK wie Beiträge eingezogen (§ 8 III BayDVO). Über die Verteilung der Auslagen sollen sich die Parteien gütlich einigen. Gelingt dies nicht, entscheidet die Einigungsstelle unter Berücksichtigung des Sach- und Streitstands nach billigem Ermessen (§ 8 II BayDVO). Gegen die Entscheidung findet nach den DVOen der Länder die sofortige Beschwerde statt (vgl. § 9 BayDVO; § 12 V SchlHDVO). Über sie entscheidet das für den Sitz der Einigungsstelle zuständige Landgericht (Kammer für Handelssachen, sonst Zivilkammer); eine weitere Beschwerde findet nicht statt.

Die Kosten der Parteien (Anwaltskosten, Auslagen etc) haben die Parteien selbst zu tragen, sofern von den Parteien im Rahmen einer gütlichen Einigung nichts anderes vereinbart wird. Sofern der Antragsteller den Antragsgegner vor Einleitung des Verfahrens bei der Einigungsstelle noch nicht abgemahnt hat, kommt eine analoge Anwendung des § 12 Abs. 2 UWG in Betracht, so dass insoweit zur Erstattungsfähigkeit der Kosten der Parteien auf die allgemeinen Grundsätze betreffend die Abmahnung verwiesen werden kann (→ Form. II.P.1 Anm. 9). Hat der Gegner zuvor jedoch die Abgabe einer Unterlassungsverpflichtungserklärung (auch ohne ordnungsgemäß abgemahnt worden zu sein) abgelehnt, weil er sein Verhalten als gerechtfertigt ansieht, so können die Kosten einer dennoch erfolgten Anrufung der Einigungsstelle nicht entsprechend den Rechtsgrundsätzen der auftragslosen Geschäftsführung erstattet verlangt werden (OLG Hamm GRUR 1988, 715). § 12 Abs. 1 S. 2 UWG erscheint dann nicht mehr unmittelbar anwendbar. Die Anrufung der Einigungsstelle ersetzt zwar eine Abmahnung, steht ihr jedoch nicht gleich (vgl. insgesamt zu den Kosten Köhler/Bornkamm/Feddersen/*Köhler/Bornkamm* UWG § 15 Rn. 28 f.).

Fristen und Rechtsmittel

9. Keine.

11. Vergleich in einer wettbewerbsrechtlichen Angelegenheit

. . . . .[1]

1. Die Antragsgegnerin (Beklagte) verpflichtet sich, es bei Meidung einer für jeden Fall schuldhafter[2] Zuwiderhandlung fälligen Vertragsstrafe[3] iHv 5.001 EUR, mindestens iHv 50 EUR für jede der Verpflichtung widersprechende schriftlich Werbeverlautbarung, es zu unterlassen, im geschäftlichen Verkehr . . . . .[4]
2. Die Antragstellerin (Klägerin) verzichtet auf die Geltendmachung von Ansprüchen auf Auskunftserteilung und Schadensersatz, die zu ihren Gunsten in Zusammenhang mit den vorstehend unter Ziff. 1 bezeichneten Handlungen entstanden sind oder entstehen können.[5]
3. Die Kosten des Rechtsstreits, mit Ausnahme dieses Vergleichs, trägt die Antragsgegnerin (Beklagte); die Kosten dieses Vergleichs trägt jede Partei selbst.[6, 7, 8, 9]

Schrifttum: Gloy/Loschelder/Erdmann/Loschelder, Handbuch des Wettbewerbsrechts, 4. Aufl. 2010, Kap. 85.

Anmerkungen

1. Der wiedergegebene materielle Inhalt des Vergleichs ist unabhängig von der Form, die er gefunden hat, ob es sich um einen Prozessvergleich, um einen Vergleich vor einer Einigungsstelle gem. § 15 UWG oder um einen lediglich materiell-rechtlichen Vergleich handelt. Auf die Einhaltung etwaiger Formvorschriften wird hier daher nicht abgestellt (zB für einen Prozessvergleich: volles Rubrum, Protokollvermerk „vorgelesen und genehmigt“, Anwaltszwang). Auf den sog Anwaltsvergleich des § 796a ZPO wird hingewiesen. Danach kann ein außergerichtlicher Vergleich einen Vollstreckungstitel bilden, wenn sich der Schuldner darin der sofortigen Zwangsvollstreckung unterworfen hat und der vergleich unter Angabe des Tages seines Zustandekommens bei einem Amtsgericht niedergelegt ist, bei dem eine der Parteien zur Zeit des Vergleichsabschlusses ihren allgemeinen Gerichtsstand hat.

2. Zur Aufnahme des Merkmals des Verschuldens in eine Unterlassungsverpflichtungserklärung mit selbständigen Strafversprechen vgl. BGH GRUR 1982, 688 (690, 691) = WRP 1982, 634 – Seniorenpass; → Form. II.P.1 Anm. 10.

3. Ein Prozessvergleich (§ 794 Abs. 1 Nr. 5 ZPO), ebenso ein Schiedsvergleich mit Unterwerfungsklausel gem. § 1053 ZPO oder ein – außergerichtlicher – Anwaltsvergleich gem. § 796a ZPO – können auf Antrag gem. § 890 Abs. 2 ZPO mit einer gerichtlichen Strafandrohungsklausel versehen werden. Insoweit kann eine Formulierung im Vergleich lauten: „Die Parteien stimmen überein, dass der Gläubiger (Antragsteller, Kläger) befugt ist, die Unterlassungsverpflichtung dieses Vergleichs gem. § 890 Abs. 2 ZPO mit einer gerichtlichen Strafandrohungsklausel versehen zu lassen". Nach wohl hM besteht eine Antragsbefugnis gem. § 890 Abs. 2 ZPO allerdings auch dann, wenn der Schuldner eine Vertragsstrafe versprochen hat (BGH GRUR 2014 909, 910 Rn. 14 – Versprechen einer Vertragsstrafe im Prozessvergleich – Ordnungsmittelandrohung nach Prozessvergleich; BGH GRUR 1998, 1053 – Vertragsstrafe/Ordnungsgeld; BGH GRUR 2010, 355 Rn. 32 – Testfundstelle; OLG Saarbrücken WRP 1979, 253; NJW 1980, 461; OLG Köln NJW 1969, 756; GRUR 1986, 688 (689); OLG Stuttgart WRP 1969, 289; 1976, 119 mit zust. Anm. *Pastor*; GLE UWG-HdB/*Samwer*, 3. Aufl. 2005, § 85 Rn. 29; Ahrens/*Schmukle* Wettbewerbsprozess Kap. 32, Rn. 8; aA OLG Hamm GRUR 1985, 82).

Der Gläubiger kann nach Rechtsprechung des BGH im Falle einer Zuwiderhandlung sowohl die Zahlung einer Vertragsstrafe an sich als auch die Verhängung eines Ordnungsgeldes/-mittels gem. § 890 Abs. 1 ZPO verlangen, wobei bei einer doppelten Inanspruchnahme eine übermäßige Beanspruchung des Schuldners dadurch vermieden werden soll, dass die jeweils früher verhängte Sanktion bei der Höhe der jeweils späteren zu berücksichtigen ist (vgl. BGH GRUR 2014, 909, 910 Rn. 14 – Versprechen einer Vertragsstrafe im Prozessvergleich – Ordnungsmittelandrohung nach Prozessvergleich; BGH GRUR 1998, 1053 – Vertragsstrafe/Ordnungsgeld; BGH, GRUR 2010, 355 Rn. 32 – Testfundstelle; Köhler/Bornkamm/Feddersen/*Köhler* UWG § 12 Rn. 1.128; *Teplitzky* Kap. 20 Rn. 22; *Ahrens/Singer* Kap. 32 Rn. 9; *Ahrens/Achilles* Kap. 10 Rn. 15; *Brüning* in *Harte/Henning* § 12 Rn. 243; MüKoUWG/*Ehricke* Vorb. § 12 Rn. 143; *Nieder* WRP 2001, 117 [118]). Außerdem kann der Schuldner der Doppelsanktion von vornherein dadurch entgehen, dass er entweder keine Vertragsstrafe verspricht oder auf einem Verzicht des Gläubigers hinsichtlich einer Vollstreckung gem. § 890 I ZPO besteht (vgl. BGH GRUR 2014, 909, 910 Rn. 14 – Versprechen einer Vertragsstrafe im Prozessvergleich – Ordnungsmittelandrohung nach Prozessvergleich; OLG Saarbrücken NJW 1980, 461; Köhler/Bornkamm/Feddersen/*Köhler* UWG § 12 Rn. 1.128; *Ahrens/Singer* Kap. 32 Rn. 9; MüKoUWG/*Ehricke* Vorb. § 12 Rn. 143; *Nieder* WRP 2001, 117 [118]).

4. Zur Formulierung einer strafbewehrten Unterlassungsverpflichtungserklärung → Form. II.P.1 Anm. 11. Die früher übliche einleitende Formulierung „im geschäftlichen Verkehr zu Wettbewerbszwecken" erscheint nun nicht mehr. Sie kann nach wie vor verwendet werden. Darauf wird im Form. jedoch verzichtet. Entscheidend ist, dass § 2 Abs. 1 Nr. 1 UWG nunmehr als „geschäftliche Handlung" jedes Verhalten einer Person zugunsten des eigenen oder eines fremden Unternehmens beschreibt, das mit der Förderung des Absatzes und des Bezuges von Waren oder Dienstleistungen oder mit dem Abschluss oder der Durchführung eines Vertrages über Waren oder Dienstleistungen objektiv zusammenhängt. Von Bedeutung ist, dass die sog „geschäftliche Handlung" des

§ 2 Abs. 1 Nr. 1 UWG nach dem vorstehend wiedergegebenen Katalog „vor, bei oder nach einem Geschäftsabschluss“ erfolgen kann.

Bei Vertragsstrafeformulierungen spielt häufig die Frage eine Rolle, ob bei Mehrfachverstößen die Vertragsstrafe nur einmal oder entsprechend der Anzahl einzelner Handlungen mehrfach verwirkt sein soll. Dazu wird auf die Ausführungen in → Form. II.P.1 Anm. 11 verwiesen.

Um in geeigneten Fällen einem besonderen Sicherungsbedürfnis des Gläubigers Rechnung tragen zu können, wird im Form. vorgeschlagen, dass jedenfalls ein Mindestbetrag für zB jedes Prospektblatt, Erzeugnis, Rechnung oder dergleichen versprochen wird, auf dem sich die wettbewerbswidrige Handlung, zB Werbeäußerung, findet. → Form. II.P.1 Anm. 11; BGH GRUR 2009, 181 – Kinderwärmekissen – hält allerdings eine Herabsetzung der (durch Mehrfachzuwiderhandlungen) verwirkten Vertragsstrafe nach dem Grundsatz von Treu und Glauben gem. § 242 BGB für möglich. Zu Einzelheiten → Form. II.P.1 Anm. 11.

Anstelle einer betragsmäßig fixierten Vertragsstrafe kann nach sog „Hamburger Brauch“ auch eine Vertragsstrafe mit Bestimmungsrecht des Gläubigers gemäß § 315 BGB vereinbart werden. Diese Form einer Unterlassungserklärung räumt ebenso wie eine Erklärung mit bestimmter Vertragsstrafe die Wiederholungsgefahr als Tatbestandsmerkmal des Unterlassungsanspruchs aus (mit und ohne Obergrenze, vgl. statt aller Köhler/Bornkamm/Feddersen/*Bornkamm/Feddersen* UWG § 13a Rn. 4 und 5 ff.). Ein solches Vorgehen bietet sich aus mehreren Gründen an, so zB dann, wenn die Parteien im Interesse der Herbeiführung einer außergerichtlichen oder gerichtlichen Einigung die Frage der Höhe einer Vertragsstrafe im Einzelfall zunächst ausklammern wollen. Ferner dann, wenn im Zeitpunkt der Einigung noch nicht abzusehen ist, ob bei ggf. vielen Verstößen eine Zusammenfassung im Wege der natürlichen Handlungseinheit in Betracht kommt (dazu Köhler/Bornkamm/Feddersen/*Bornkamm/Feddersen* UWG § 13a Rn. 25), so dass eine vorab betragsmäßig fixierte Vertragsstrafe im Einzelfall entweder zu hoch (mit dem Risiko des § 8c UWG) oder zu niedrig sein kann. Die Vereinbarung einer Vertragsstrafe nach „Hamburger Brauch“ kann wie folgt formuliert werden:

Formulierungsvorschlag:

„. . . . . [Schuldner] verpflichtet sich gegenüber . . . . . [Gläubiger], ohne Anerkennung einer dahin gehenden Rechtspflicht, jedoch rechtsverbindlich,
es bei Meidung einer für jeden Fall der Zuwiderhandlung fälligen und an . . . . . [Gläubiger] zu zahlenden Vertragsstrafe, die von . . . . . [Gläubiger] nach billigem Ermessen angemessen zu bestimmen und im Streitfalle vom zuständigen Gericht [oder mit Gerichtsstandsvereinbarung: Landgericht . . . . .] überprüft werden kann, zu unterlassen, ...“.

5. Der Verzicht auf die Geltendmachung von Schadensersatz- und Auskunftsansprüchen ist die „Belohnung“, die der Gläubiger dem Schuldner/Wettbewerbsstörer für sein rasches Einlenken gewährt. Ein solches Nachgeben ist regelmäßig auch sachlich gerechtfertigt, da dann, wenn der Wettbewerbsverstoß nur kurze Zeit andauert, auch die Wahrscheinlichkeit eines nachweisbaren Schadens für den Gläubiger gering ist.

6. Die vorgeschlagene Kostenregelung entspricht demjenigen, was bei etwas zweifelhaften wettbewerbsrechtlichen Fragen vereinbart wird. Handelt es sich hingegen um einen wettbewerbsrechtlich eindeutigen Verstoß des Wettbewerbsstörers, wird ein Nachgeben im Kostenpunkt durch den Gläubiger im Hinblick auf die Vergleichskosten kaum in Betracht kommen. Das gilt umso weniger, als meist eine Abmahnung entsprechend dem → Form. II.P.1 vorausgegangen ist, in der zweckmäßigerweise schon zugleich ein Verzicht auf Schadensersatz- und Auskunftsansprüche in Aussicht gestellt werden kann.

Kosten und Gebühren

7. Etwaige Gerichtskosten (im Falle eines anhängigen Verfahrens): Keine.

8. Anwaltskosten: Ist ein gerichtliches Verfahren anhängig, entsteht eine 1,0 Einigungsgebühr (vgl. VV 1003 RVG). Ist über den Gegenstand des Vergleichs ein Berufungs- oder Revisionsverfahren anhängig, beträgt die Gebühr 1,3 (VV 1004 RVG). Ist kein Verfahren anhängig, beträgt die Einigungsgebühr 1,5 (VV 1000 RVG).

Fristen und Rechtsmittel

9. Regelmäßig keine; möglicherweise Abweichung bei Widerrufsvorbehalt. Erklärung des Widerrufs innerhalb der bestehenden Frist gegenüber der im Widerrufsvorbehalt bezeichneten Stelle.

12. Anregung des Beklagten, den Rechtsstreit gem. Art. 267 AEUV dem EuGH zur Vorabentscheidung vorzulegen

Landgericht
. . . . . Kammer für Handelssachen
. . . . .
In Sachen
A . . . . .
(RA . . . . .)
gegen
B . . . . .
(RA . . . . .)
– AZ: . . . . . –
rege ich in Ergänzung des bisherigen Verteidigungsvorbringens für die Beklagte – hilfsweise – an, das erkennende Gericht möge gem. Art. 267 Abs. 2 AEUV (ex Art. 234 Abs. 2 EG-Vertrag) dem EuGH die folgende Frage zur Vorabentscheidung vorlegen:
„Sind die Artikel 34 und 36 AEUV (ex Artikel 28 und 30 EG-Vertrag) dahingehend auszulegen, dass sie der Anwendung einer nationalen Vorschrift über den unlauteren Wettbewerb entgegenstehen, die es erlaubt, die Einfuhr und den Vertrieb eines in einem anderen europäischen Land rechtmäßig hergestellten und/oder rechtmäßig vertriebenen kosmetischen Produkts mit der Begründung zu untersagen, durch den Produktnamen ‚Clinique' würden die Verbraucher irregeführt werden – sie verstünden es als medizinisches Produkt –, wenn dieses Produkt unter diesem Namen in anderen Ländern der Europäischen Gemeinschaft rechtmäßig und unbeanstandet vertrieben wird?".[1, 2, 3]
Ich beantrage ferner,[4]
den Rechtsstreit bis zur Vorabentscheidung des EuGH gem. Art. 267 Abs. 2 AEUV (ex Art. 234 Abs. 2 EG-Vertrag) auszusetzen.
Für den Fall, dass die befasste Kammer die vorstehend wiedergegebene Vorlagefrage nicht als sachgerecht formuliert ansieht, richte ich an das Gericht die Bitte, seinerseits eine entsprechende Formulierung zu wählen, die den nachstehend skizzierten rechtlichen Überlegungen der Beklagten Rechnung trägt:

1. **Das Begehren der Klägerin ist darauf gerichtet,[5] der Beklagten möge es durch das angerufene Gericht untersagt werden, kosmetische Erzeugnisse unter der Kennzeichnung „Clinique" zu vertreiben, wenn diese Erzeugnisse keine heilende oder sonst wie therapeutische Wirkung aufweisen. Die Klägerin ist insoweit der Auffassung, ein entsprechendes Verhalten der Beklagten verstoße gegen § 27 LFGB[6] sowie ferner gegen § 5 UWG. Dabei liegt die Besonderheit des Streitfalles in einem europarechtlichen Bezug. Denn die Beklagte ist die Tochtergesellschaft einer französischen Muttergesellschaft. Das von der Klägerin unter dem Blickwinkel vermeintlicher Irreführung gem. § 27 Abs. 1 Nr. 1 LFGB sowie gem. § 5 UWG angegriffene kosmetische Erzeugnis der Beklagten wird von ihrer französischen Muttergesellschaft in Frankreich hergestellt und dort sowie iÜ europaweit unter der gleichen Aufmachung wie auch im Bereich der Bundesrepublik Deutschland vertrieben. Die das Wesen des Rechtsstreits kennzeichnende Frage lässt sich mithin dahingehend formulieren, ob durch nationale, insb. wettbewerbsrechtliche Bestimmungen der Beklagten dieses Rechtsstreits etwas verboten werden kann, was ihr bzw. ihrer Muttergesellschaft iÜ europäischen Ausland, insb. im Herkunftsland Frankreich, erlaubt ist. Nach Sicht der Beklagten ist diese Frage zu verneinen. Eine entsprechende Auslegung des § 27 LFGB und/oder des § 5 UWG würde aus den nachfolgend zu 2 wiedergegebenen Gründen gegen Art. 34 u. 36 AEUV (ex Art. 28 u. 30 EG-Vertrag) verstoßen.**

2. **Gem. Art. 34 AEUV (ex Art. 28 EG-Vertrag) sind mengenmäßige Einfuhrbeschränkungen sowie alle Maßnahmen gleicher Wirkung zwischen den Mitgliedsstaaten verboten. Art. 34 AEUV (ex Art. 28 EG-Vertrag) wird ua durch Art. 36 AEUV (ex Art. 30 EG-Vertrag) dahingehend ergänzt, dass Einfuhr-, Ausfuhr- und Durchführverbote oder -beschränkungen nicht untersagt sind, die aus Gründen der öffentlichen Sittlichkeit, Ordnung und Sicherheit, zum Schutze der Gesundheit und des Lebens von Menschen, Tieren oder Pflanzen, des nationalen Kulturgutes von künstlerischem, geschichtlichem oder archäologischem Wert oder des gewerblichen kommerziellen Eigentums gerechtfertigt sind. Soweit Verbote oder Beschränkungen gem. Art. 36 AEUV (ex Art. 30 EG-Vertrag) erlaubt sind, dürfen diese jedoch weder ein Mittel zur willkürlichen Diskriminierung noch eine verschleierte Beschränkung des Handels zwischen den Mitgliedsstaaten darstellen.[7] Ausgangspunkt der Rspr. des EuGH ist die Dassonville-Entscheidung (EuGH GRUR Int 1974, 467 – Dassonville).[8] In der dort aufgestellten Grundregel hat der EuGH als eine Maßnahme gleicher Wirkung wie eine mengenmäßige Einfuhrbeschränkung „jede Regelung der Mitgliedsstaaten, die geeignet ist, den innerstaatlichen Handel unmittelbar oder mittelbar, tatsächlich oder potenziell zu behindern" bezeichnet. Dieser grundsätzlichen Linie ist der EuGH auch in seinen weiteren Entscheidungen wie beispielsweise seiner bekannten Keck-Entscheidung ((EuGH GRUR 94, 296 –** ***Keck und Mithouard)*** **und auch in seiner jüngsten Rechtsprechung bis heute treu geblieben (EUGH GRUR 2011, 243** ***Ker-Optika/ ÀNTSZ;*** **EuZW 2009, 173 ff. Rn. 34. –** ***Kommission/Italien*****). Art. 34 AEUV spiegelt somit die Verpflichtung wider, sowohl die Grundsätze der Nichtdiskriminierung und der gegenseitigen Anerkennung von Erzeugnissen, die in anderen Mitgliedstaaten rechtmäßig hergestellt und in den Verkehr gebracht wurden, einzuhalten als auch Erzeugnissen aus der Union freien Zugang zu den nationalen Märkten zu gewährleisten (EUGH GRUR 2011, 243** ***Ker-Optika/ÀNTSZ;*** **EuZW 2009, 173 ff. Rn. 34. –** ***Kommission/Italien.*****[8, 9] Damit gilt das Verbot des Art. 34 AEUV insb. auch für solche Hemmnisse des freien Warenverkehrs, die sich daraus ergeben, dass Waren bestimmten Vorschriften entsprechen müssen, und zwar selbst dann, wenn diese Vorschriften unterschiedslos für alle Erzeugnisse gelten, sofern sich die Anwendung dieser Vorschriften nicht durch einen Zweck rechtfertigen lässt, der im Allgemeininteresse liegt und den Erfordernissen des freien Warenverkehrs vorgeht.[8, 9]**

Im Streitfall kann keinesfalls die Voraussetzung bejaht werden, dass das Verbot der Bezeichnung „Clinique" auf der Verpackung eines kosmetischen Erzeugnisses durch ein Irreführungsverbot im Allgemeininteresse zwingend gefordert wird und dies bei Abwägung den Erfordernissen des freien Warenverkehrs vorgeht. Insoweit ist von Bedeutung, dass die kosmetischen Erzeugnisse der Beklagten dieses Rechtsstreits ausschließlich durch Parfümerien und durch die Kosmetikabteilungen von Kaufhäusern vertrieben werden und keines dieser Erzeugnisse in Apotheken erhältlich ist. Das ist zwischen den Parteien unstreitig. Des Weiteren sind die den Klagegrund bildenden Erzeugnisse der Beklagten ihrem äußeren Anschein nach als kosmetische Mittel und nicht als Arzneimittel aufgemacht. Insbes. wird seitens des Klägers nicht behauptet, dass die Aufmachung den für kosmetische Mittel geltenden Vorschriften nicht entspreche. Schließlich ist seitens der Beklagten auch substantiiert vorgetragen worden, dass in den anderen europäischen Ländern die Kosmetika der Beklagten bzw. ihrer Muttergesellschaft rechtmäßig unter der Bezeichnung „Clinique" vertrieben werden, ohne dass die Verbraucher durch die Verwendung dieser Bezeichnung irregeführt würden.[10, 11]

Schrifttum: Dauses, Das Vorabentscheidungsverfahren nach Art. 177 EGV, 2. Aufl. 1995; *Dauses,* Vorabentscheidungsverfahren in *Dauses,* Handbuch des EU-Wirtschaftsrechts, Bd. 2, Kap. P. II, 13. EL, 2004; *Geiger,* EG-Vertrag. 3. Aufl. 1999; *Grabitz/Hilf/Nettesheim,* Das Recht der Europäischen Union, Kommentar, Loseblatt, 63. EL, 2017; *v. der Groeben/Thiesing/Ehlermann,* Kommentar zum EU-/EG-Vertrag, Bd. IV, 6. Aufl. 2003; *Leckmann,* Probleme des Vorabentscheidungsverfahrens nach Art. 177 EWGV, 1988; *Ohly/Sosnitza,* Kommentar zum UWG, 7. Aufl., 2016 – Lauterkeitsrecht und Recht der Europäischen Union; *Vosskuhle,* Zur Verletzung des Rechts auf den gesetzlichen Richter bei Nicht-Vorlage an den EuGH, JZ 2001, 924; *Wagner,* Funktionen praktischer Auswirkungen der richterlichen Vorlagen an den Gerichtshof der Europäischen Gemeinschaften, 2001. Weitere Schrifttumsnachweise zu → Form. IX.1.

Hinweis: Weitere Beispiele zu Vorlageersuchen gem. Art. 234 EGV/Art. 267 AEUV nachfolgend zu IX. 1 sowie bei *Mes/Schabenberger/Sonntag,* Münchener Prozessformularbuch, Bd. 5, Gewerblicher Rechtsschutz, Urheber- und Presserecht, 5. Aufl. 2018, → →Form. A.32.

Anmerkungen

1. Gem. Art. 267 Abs. 2 AEUV (ex Art. 234 Abs. 2 EGV) **kann** ein Gericht eines Mitgliedsstaates eine Vorabentscheidung des EuGH einholen, wenn es diese zum Erlass eines Urteils für erforderlich hält. Gem. Art. 267 Abs. 3 AEUV (ex Art. 234 Abs. 3 EGV) **muss** ein nationales Gericht eine Vorabentscheidung unter den Voraussetzungen des Art. 267 Abs. 2 AEUV (ex Art. 234 Abs. 2 EGV) einholen, wenn seine Entscheidungen selbst nicht mehr mit Rechtsmitteln des innerstaatlichen Rechts angefochten werden können. Der dem Form. zugrunde gelegte Sachverhalt geht von einem erstinstanzlichen Verfahren und damit lediglich von einer Anregung der Beklagten gegenüber dem Gericht aus, gem. Art. 267 Abs. 2 AEUV (ex Art. 234 Abs. 2 EGV) die entscheidungserhebliche Vorfrage dem EuGH vorzulegen.

2. Vorlagefrage und der dem Form. zugrunde liegende Sachverhalt sind der Entscheidung des EuGH *„Clinique"* v. 2.2.1994 – C-315/92 – entnommen, die in GRUR 1994, 303 ff. abgedruckt ist. Sie befasst sich mit Art. 30 u. 36 EGV, die zwischenzeitlich als Art. 28 u. 30 EGV und nunmehr als Art 34 und Art. 38 AUEV inhaltsgleich gelten. Ein weiteres Beispiel für eine Anregung, den Rechtsstreit gem. Art. 267 AEUV (ex Art. 234 EGV) zur Vorabentscheidung vorzulegen, findet sich in → Form. IX.1.

3. Die Formulierung der Vorlagefrage durch den Beklagten/die Partei kann selbstverständlich nur eine Anregung sein. „Verbindlich" ist die Vorlagefrage durch das etwaig vorlegende Gericht zu formulieren.

4. Der Aussetzungsantrag beruht auf einer analogen Anwendung des § 148 ZPO; OLG Düsseldorf NJW 1993, 1661: Die Wirksamkeit einer rechtlichen Vorschrift ist kein „Rechtsverhältnis" iSd § 148 ZPO.

5. Zum besseren Verständnis des den Klagegrund bildenden Streitverhältnisses wird dieses im Form. noch einmal skizziert. Dies erscheint sinnvoll, um dem Gericht, dem gegenüber angeregt wird, die Streitfrage vorzulegen, noch einmal den Sachverhalt und die interessierenden rechtlichen Fragen zu verdeutlichen. Das befasste Gericht ist nämlich bei einer Vorlage gegenüber dem EuGH gehalten, diesem gegenüber die Gründe darzulegen, aus denen es eine Beantwortung der Vorlagefrage für entscheidungserheblich hält. Insoweit ist es geboten, dass das befasste Gericht den rechtlichen Rahmen umreißt, in den sich die erbetene Auslegung einfügen soll, ohne dass der EuGH seinerseits befugt wäre, die Erheblichkeit der Vorlage für die Endentscheidung des vorlegenden Gerichtes abschließend nachzuprüfen. Die Angabe eines rechtlichen Rahmens, in den die Vorlageentscheidung sich einfügt, ist deshalb sinnvoll, um dem EuGH eine bessere Beurteilung der Entscheidungsgrundlagen des vorlegenden Gerichts zu ermöglichen. Insbes. in dem Fall, dass die Vorlagefrage inhaltlich eher eine solche der Vereinbarkeit einer nationalen Vorschrift mit dem Gemeinschaftsrecht oder die Anwendbarkeit einer Gemeinschaftsbestimmung in einer beim nationalen Gericht anhängigen Rechtssache betrifft, weist der Gerichtshof diese an sich eher unzulässige Vorlagefrage nicht zurück, sondern deutet sie in eine Frage nach der Auslegung des einschlägigen Gemeinschaftsrechts um, damit es dem nationalen Gericht ermöglicht wird, seinerseits die Folgerungen für die Anwendbarkeit des innerstaatlichen Rechts selbst zu ziehen (vgl. zB von der *Groeben/Schwarze/Gaitanides* EUV/EG Art. 234 Rn. 28).

6. Die hier einschlägige Bestimmung des § 27 Abs. 1 Nr. 1 LFGB lautet:

„Es ist verboten, kosmetische Mittel unter irreführender Bezeichnung, Angabe oder Aufmachung gewerbsmäßig in den Verkehr zu bringen oder für kosmetische Mittel allgemein oder im Einzelfall mit irreführenden Darstellungen oder sonstigen Aussagen zu werben. Eine Irreführung liegt insb. dann vor,

1. wenn kosmetischen Mitteln Wirkungen beigelegt werden, die ihnen nach den Erkenntnissen der Wissenschaft nicht zukommen oder die wissenschaftlich nicht hinreichend gesichert sind . . . . ."

7. Die komplizierte Rechtslage kann hier iE nicht dargestellt werden. Insoweit muss auf die Kommentierung der Art. 30 u. 36 EGV aF (nunmehr Art. 34 u. 36 AEUV), insb. von *Leible/Streinz* in Grabitz/Hilf/Nettesheim sowie auf die Darstellung von Ohly/Sosnitza/*Ohly* UWG, Lauterkeitsrecht und Recht der Europäischen Union Rn. 1ff, 17 ff. verwiesen werden. Im Form. wird die Rspr. des EuGH nur skizziert wiedergegeben.

8. Grundsatzentscheidung des EuGH GRUR Int 1974, 467 – Dassonville, in der der oft als „Dassonville-Formel" bezeichnete Kernsatz entwickelt wurde, dass jede Regelung, die geeignet ist, den innergemeinschaftlichen Handel unmittelbar oder mittelbar, tatsächlich oder potentiell zu behindern, als eine Maßnahme mit gleicher Wirkung wie eine mengenmäßige Beschränkung anzusehen ist. Entscheidend ist nicht der Zweck, sondern der tatsächliche oder potentielle Erfolg der Maßnahme. Auch kommt es nicht darauf an, ob die fragliche Vorschrift gerade an den Import einer Ware anknüpft. Auch Vorschriften, die unterschiedslos für importierte und einheimische Erzeugnisse gelten, unterfallen vorbehaltlich einer Rechtfertigung dem Verbot des Art. 34 AEUV (EuGH GRUR Int 79, 468, Rn. 8, 15 – *Cassis de Dijon;* EuGH GRUR 94, 296, Rn 15 – *Keck und*

Mithouard). Daraus ergibt sich das Prinzip der gegenseitigen Anerkennung (*Heermann*, Warenverkehrsfreiheit, Art 28 EG Rn. 40; *Streinz/Schroeder* Art. 34 AEUV Rn. 75), so dass die in einem Mitgliedstaat nach dessen Regeln rechtmäßig in Verkehr gebrachten Waren vorbehaltlich gerechtfertigter Beschränkungen in der ganzen EU verkehrsfähig sind (vgl. hierzu auch Ohly/Sosnitza/*Ohly* UWG Rn. 13, 16a).

9. Vgl. EuGH GRUR 1994, 303 re. Sp. – Clinique; zuvor in den verbundenen Rechtssachen *Keck und Mithouard* GRUR 1994, 296 ff. mAnm Bornkamm; auch Stuyck WRP 1994, 578 ff. Da die Anwendung des Art. 34 AEUV (vormals Art. 28 EGV) in Verbindung mit der Dassonville-Formel durch die Wirtschaftsteilnehmer auszuufern drohte, ergriff der EuGH in der Rechtssache *Keck und Mithourad* (GRUR 1994, 296 ff.) die Gelegenheit, seine Rechtsprechung zu überprüfen und klarzustellen, dass der Anwendungsbereich des Art. 34 AEUV nur noch eröffnet ist, wenn es sich bei der beanstandeten Regelung entweder um eine produktbezogene Regelung oder um eine vertriebsbezogene, aber diskriminierende Regelung handelt. Diskriminierend sind Regelungen, die ausschließlich zu Lasten eingeführter Erzeugnisse anwendbar sind (unmittelbare oder rechtliche Diskriminierung) oder Regelungen, die zwar unterschiedslos anwendbar sind, sich aber unterschiedlich auf inländische und importierte Erzeugnisse auswirken (mittelbare oder faktische Diskriminierung) (vgl. hierzu auch Ohly/Sosnitza/*Ohly* UWG Rn. 14 ff.).

Zu den produktbezogenen Regelungen gehören Vorschriften über Bezeichnung, Form, Abmessung, Gewicht, Zusammensetzung, Aufmachung, Ausstattung, Beschriftung und Verpackung von Waren (EuGH GRUR 94, 296, Rn. 16 – Keck und Mithouard; Ohly/Sosnitza/*Ohly* UWG Rn. 14; *Heermann*, Warenverkehrsfreiheit, Art. 28 Rn. 125) wie beispielsweise Regelungen über die irreführende Bezeichnung einer Ware (EuGH GRUR 94, 303 – Clinique) oder über irreführende Werbeaufdrucke auf der Verpackung (EuGH GRUR Int 95, 804 – *Mars*), Vorschriften über die Benutzung von geographischen Herkunftsangaben (GRUR 84, 291 – Prantl/Bocksbeutel) oder das deutsche Dosenpfand, da es bestimmte Angaben auf den Getränkeverpackungen erfordert (EuGH EuZW 05, 49 – Kommission/Deutschland; siehe hierzu im Einzelnen Ohly/Sosnitza/*Ohly* UWG Rn. 14).

Regelungen bestimmter Verkaufsmodalitäten (vertriebsbezogene Regelungen) betreffen hingegen die Frage, wann, wo, wie, durch wen und zu welchem Preis das Produkt verkauft wird (Ohly/Sosnitza/*Ohly* UWG, Lauterkeitsrecht und Recht der Europäischen Union Rn. 14; vgl. ferner *Heermann,* Warenverkehrsfreiheit, Art. 28 Rn. 126; *Streinz/Schroeder* Art. 28 Rn. 45). Beispiele sind das Verbot der Gegenüberstellung von aktuellem und früherem Verkaufspreis (EuGH GRUR 93, 747 – Yves Rocher I zu § 6e aF), Regelungen über Zugaben (EuGH GRUR Int 83, 648 – Oosthoek), den Haustürverkauf (EuGH GRUR Int 90, 459 – Buet*)* oder die Preisgestaltung (EuGH GRUR 94, 296 – *Keck und Mithouard:* Verkauf unter Einstandspreis) oder das Verbot des Verkaufs bestimmter Produkte außerhalb vorgeschriebener Vertriebsstätten (EuGH GRUR 04, 174 – Doc Morris*:* Verbot des Arzneimittelverkaufs per Internet). Aber auch bei vertriebsbezogenen Regelungen ist Art 34 AEUV anwendbar, wenn sie inländische und ausländische Produkte ungleich betreffen, also aus rechtlicher oder faktischer Sicht eine Diskriminierung bewirken, wobei man hier zwischen unmittelbarer und mittelbarer Diskriminierung differenziert. Während die unmittelbare Diskriminierung direkt an die ausländische Herkunft eines Produkts anknüpft, ergibt sich die mittelbare Diskriminierung aus Regelungen, die ausländischen Anbietern den Verkauf ihrer Produkte faktisch erschweren (vgl. zB EuGH GRUR 04, 174 Rn 74 – Doc Morris*;* EuGH GRUR 11, 243 Rn 54 – *Ker-Optika/ÀNTSZ*).

Seine Keck-Rechtsprechung hat der EuGH erst jüngst 2009 und 2010 in seinen Entscheidungen C-110/05 – *Kommission/Italien* – Nutzungsverbot als gerechtfertigte Marktzugangssperre (EuZW 2009, 173 ff.); C-142/05 Åklagaren/P. Mickelsson u J.

Roos – Nationale Nutzungsverbote im Rahmen des Art. 28 EGV (EuZW 2009, 617ff) und EUGH C-108/09, *Ker-Optika/ÀNTSZ* – Internetvertreib von Kontaktlinsen (GRUR 2011, 243) dahingehend noch einmal bestätigt und modifiziert, dass er drei Konstellationen festgelegt hat, in denen von Maßnahmen gleicher Wirkung iSd Art. 34 AEUV auszugehen ist. Zunächst sind Maßnahmen eines Mitgliedstaats untersagt, mit denen bezweckt oder bewirkt werden soll, Erzeugnisse aus anderen Mitgliedstaaten weniger günstig zu behandeln (EuGH EuZW 2009, 617 ff. – Åklagaren/*P. Mickelsson* u *J.Roos*). Des Weiteren könnten sich Behinderungen des freien Warenverkehrs daraus ergeben, dass Waren aus anderen Mitgliedstaaten, die dort rechtmäßig hergestellt und in den Verkehr gebracht worden sind, bestimmten nationalen Vorschriften entsprechen müssten, selbst wenn diese Vorschriften unterschiedslos für inländische sowie ausländische Erzeugnisse Geltung besäßen (vgl. EuGH EuZW 2009, 173 ff. – Kommission/Italien). Schließlich fällt jede nationale Maßnahme unter den Begriff einer Maßnahme gleicher Wirkung, die den Zugang zum Markt eines Mitgliedstaates für Erzeugnisse aus anderen Mitgliedstaaten behindert (EuGH EUZW 2009, 173 ff. Kommission/Italien.) Nach ständiger Rechtsprechung spiegelt Art. 34 AEUV somit die Verpflichtung wider, sowohl die Grundsätze der Nichtdiskriminierung und der gegenseitigen Anerkennung von Erzeugnissen, die in anderen Mitgliedstaaten rechtmäßig hergestellt und in den Verkehr gebracht wurden, einzuhalten als auch Erzeugnissen aus der Union freien Zugang zu den nationalen Märkten zu gewährleisten (EUGH GRUR 2011, 243 *Ker-Optika/ÀNTSZ*; EuZW 2009, 173 ff. Rn. 34. – Kommission/Italien; vgl. ferner Ohly/Sosnitza/*Ohly* UWG, Lauterkeitsrecht und Recht der Europäischen Union Rn. 16a).

10. Eine Rechtfertigung einer gem. Art. 34 AEUV die Warenverkehrsfreiheit einschränkenden Regelung nach Art. 36 AEUV kommt lediglich unter drei Voraussetzungen in Betracht. Zunächst muss einer der ausdrücklich in Art. 36 AEUV abschließend genannten Gründe vorliegen. Ferner muss die Beschränkung verhältnismäßig, folglich zwingend erforderlich sein und zu guter Letzt darf sie weder ein Mittel zur willkürlichen Diskriminierung noch eine verschleierte Beschränkung des Handels zwischen den Mitgliedstaaten darstellen. Diese in Art. 36 AEUV ausdrücklich genannte Schranken-Schranke ist letztlich Ausprägung des Verhältnismäßigkeitsgebots (vgl. im Einzelnen dazu Ohly/Sosnitza/*Ohly* UWG Rn. 17 ff.) Ferner entschied der EuGH bereits 1979 in der Cassis de Dijon-Entscheidung (GRUR Int 1979, 468), dass in Ermanglung einer gemeinschaftlichen Regelung Hemmnisse für den Binnenhandel der Gemeinschaft, die sich aus den Unterschieden der nationalen Regelungen über die Vermarktung dieser Erzeugnisse ergeben, hingenommen werden müssen, soweit diese Bestimmungen notwendig sind, um zwingenden Erfordernissen gerecht zu werden, insbesondere den Erfordernissen einer wirksamen steuerlichen Kontrolle, des Schutzes der öffentlichen Gesundheit, der Lauterkeit des Handelsverkehrs und des Verbraucherschutzes. Damit wurden praktisch weitere Rechtfertigungsgründe anerkannt, die neben die in Art 36 AEUV genannten treten und ebenso wie jene dem Verhältnismäßigkeitsgebot unterliegen (EuGH GRUR Int 1979, 468 Rn. 8 – *Cassis de Dijon*; *Bleckmann* GRUR Int 86, 172, 177 f; *Sack* GRUR Int 98, 871 (877); *Streinz/Schroeder* Art. 34 AEUV Rn 74; MüKo UWG/*Heermann* AEUV Art. 36 Rn. 38 ff; Ohly/Sosnitza/*Ohly* UWG Rn. 18 ff.).

11. Die Darlegung der Gründe für das Fehlen eines Zweckes, der im Allgemeininteresse liegt und den Erfordernissen des freien Warenverkehrs vorgeht, entspricht der Zusammenfassung in Rn. 21–23 der Erwägungen der Entscheidung des EuGH GRUR 1994, 303 (304).

Geschäftsgeheimnisschutzgesetz

13. Klage wegen Verletzung von Geschäftsgeheimnissen mit Anträgen gemäß §§ 16, 19, 20 GeschGehG

–

An das
Landgericht[1]
. . . . . .

Klage wegen Verletzung von Geschäftsgeheimnissen mit Anträgen gemäß §§ 16, 19, 20 GeschGehG

der Firma A . . . . . .
– Klägerin –
gegen
Firma B . . . . . .;
– Beklagte –
wegen Verletzung von Geschäftsgeheimnissen (GeschGehG)[2]
Streitwert: EUR . . . . . .[3] **(vorläufig geschätzt)**
Namens und im Auftrag der Klägerin erheben wir Klage. Es handelt sich um eine

Geschäftsgeheimnisstreitsache (§ 16 Abs. 1 GeschGehG).

Wir bitten das angerufene Gericht vorab darum, vor der Zustellung der Klage und ohne vorherige Anhörung der Beklagten zum Zwecke der Geheimhaltung der Geschäftsgeheimnisse der Klägerin durch Beschluss Anordnungen nach den §§ 16 Abs. 1, 19 Abs. 1 Nr. 1, 20 GeschGehG auf der Grundlage der Verfahrensanträge der Klägerin zu treffen, die unter B. im Anschluss an die nachfolgenden Klageanträge (A.) gestellt werden.
Im Termin zur mündlichen Verhandlung werden wir beantragen:

A. Klageanträge

I. Die Beklagte wird verurteilt,

1. es bei Meidung eines für jeden Fall der Zuwiderhandlung festzusetzenden Ordnungsgeldes bis zu EUR 250.000,–, ersatzweise Ordnungshaft bis zu sechs Monaten, oder Ordnungshaft bis zu sechs Monaten, im Wiederholungsfall bis zu insgesamt zwei Jahren, zu unterlassen,

a) Mehrfach-Kunststoffspritzwerkzeuge zum Spritzgießen stopfenförmiger Spritzlinge
herzustellen, anzubieten, in Verkehr zu bringen, einzuführen, auszuführen und/ oder für diese Zwecke zu lagern,
welche aus zwei zum Schließen und Öffnen gegeneinander verschieblichen Stammformhälften bestehen, in welche je ein dem Spritzling angepasster Einsatz einsetzbar ist, welche Einsätze zusammen mit an der einen Stammformhälfte angeordneten Backen den mit Hinterschneidungen ausgestatteten Formhöhlungsfreiraum bilden, wenn

(1) die Mehrfach-Kunststoffspritzgießwerkzeuge gemäß den anhand von Zeichnungsnummern 0001 bis 0150 bezeichneten Konstruktionszeichnungen der Klägerin in der als Anlage K 1 in Form einer Excel-Datei „Zeich-

nungen_Spritzguss_0001-0150.xls" beigefügten Zeichnungsliste der Klägerin ausgestaltet sind;
und/oder
(2) die Mehrfach-Kunststoffspritzgießwerkzeuge nach Maßgabe der nachfolgend eingeblendeten Fotografien ausgestaltet sind: [*Fotografien einfügen*]; und/oder

b) Konstruktionszeichnungen der Klägerin, die anhand von Zeichnungsnummern 0001 bis 0150 in der als Anlage K 1 in Form einer Excel-Datei „Zeichnungen_Spritzguss_0001-0150.xls" beigefügten Zeichnungsliste der Klägerin bezeichnet sind, Dritten, insbesondere Kunden und/oder Lieferanten, offenzulegen;[4]

2. der Klägerin unter Vorlage eines einheitlichen, geordneten Verzeichnisses vollständig darüber Rechnung zu legen und Auskunft zu erteilen, in welchem Umfang die Beklagte die zu Ziffer I. 1. bezeichneten Handlungen begangen hat, und zwar unter Angabe

a) der Namen und Anschriften der Hersteller, Lieferanten und anderer Vorbesitzer der Produkte gemäß Ziffer I. 1. a) sowie der gewerblichen Abnehmer und Verkaufsstellen, für die die Produkte bestimmt waren;

b) der Menge der hergestellten, bestellten, ausgelieferten oder erhaltenen Produkte gemäß Ziffer I. 1. a), aufgeschlüsselt nach einzelnen Lieferungen und Bestellungen, Typenbezeichnungen, Liefer- und Bestellmengen, -zeiten und -preisen sowie den Einkaufspreisen;

c) der einzelnen Angebote, aufgeschlüsselt nach Typenbezeichnungen, Angebotsmengen, -zeiten und -preisen sowie den Namen und Anschriften der gewerblichen Angebotsempfänger,

d) derjenigen in Besitz und/oder Eigentum der Beklagten stehenden Dokumente, Gegenstände oder elektronischen Dateien, die Geschäftsgeheimnisse gemäß Ziffer I. 1. a) und/oder b) enthalten oder verkörpern,

e) der Personen, von denen sie – die Beklagte – die Geschäftsgeheimnisse gemäß Ziffer I. 1. a) und/oder b) erlangt oder denen gegenüber sie sie offenbart hat,

f) der betriebenen Werbung, aufgeschlüsselt nach Werbeträgern, deren Herstellungs- und Verbreitungsauflage, Verbreitungszeitraum und Verbreitungsgebiet, und/oder

g) der nach den einzelnen Kostenfaktoren aufgeschlüsselten Gestehungskosten und des erzielten Gewinns;[5]

3. an die Klägerin sämtliche im Besitz und/oder Eigentum der Beklagten stehenden Konstruktionszeichnungen der Klägerin mit den Zeichnungsnummern 0001 bis 0150 gemäß der als Anlage K 1 in Form einer Excel-Datei „Zeichnungen_Spritzguss_0001-0150.xls" beigefügten Zeichnungsliste, gleich ob in Form von schriftlichen Dokumenten oder elektronischen Dateien, herauszugeben;[6]

4. die vorstehend zu Ziffer I. 1. bezeichneten, im Besitz gewerblicher Abnehmer befindlichen Produkte zurückzurufen, indem diejenigen gewerblichen Abnehmer, die sich im Besitz dieser Produkte befinden, darüber schriftlich informiert werden, dass eine Verletzung von Geschäftsgeheimnissen der Klägerin vorliegt, ihnen ein Angebot zur Rücknahme dieser Produkte durch die Beklagten unterbreitet wird und den gewerblichen Abnehmern für den Fall der Rückgabe der Produkte eine Erstattung des gegebenenfalls bereits bezahlten Kaufpreises bzw. eines sonstigen Äquivalents für die zurückgerufenen Produkte sowie die Übernahme der Verpackungs- und Transport- bzw. Versendungskosten für die Rückgabe zugesagt wird;[6]

5. die vorstehend zu Ziffer I. 1. bezeichneten, im Besitz gewerblicher Abnehmer befindlichen Produkte aus den Vertriebswegen dauerhaft zu entfernen;[6]
6. die vorstehend zu Ziffer I. 1. bezeichneten Produkte auf eigene Kosten zu vernichten;[6]

II. es wird festgestellt, dass die Beklagte verpflichtet ist, der Klägerin allen Schaden zu ersetzen, der der Klägerin aus den zu Ziffer I. 1. bezeichneten Handlungen entstanden ist und noch entstehen wird;[7]

III. die Kosten des Rechtsstreits werden der Beklagten auferlegt;

IV. für jeden zuerkannten Anspruch und die Kostengrundentscheidung Teilsicherheiten festzusetzen, wobei folgende Einzelbeträge vorgeschlagen werden:
- Unterlassung gemäß Ziffer I. 1.: . . . . . . EUR;
- Auskunft/Rechnungslegung gemäß Ziffer I. 2.: . . . . . .;
- Herausgabe, Rückruf, Entfernen aus den Vertriebswegen und Vernichtung gemäß Ziffern I. 3-6: jeweils . . . . . . EUR;
- Kostengrundentscheidung: . . . . . EUR

B. Anträge zur Anordnung von Geheimhaltungsmaßnahmen (§ 16, 19, 20 GeschGehG)[8]

Ferner beantragen wir, das Gericht möge vorab, vor der Zustellung der Klage und ohne vorherige Anhörung der Beklagten, zur Sicherung der streitgegenständlichen Geschäftsgeheimnisse der Klägerin gemäß den §§ 16 Abs. 1, 19 Abs. 1 Nr. 1, 20 Abs. 1, Abs. 5 S. 1 und S. 2 GeschGehG durch Beschluss anordnen:

I. Die im vorliegenden Rechtsstreit streitgegenständlichen Informationen, nämlich der Inhalt sämtlicher Konstruktionszeichnungen der Klägerin, die anhand von Zeichnungsnummern 0001 bis 0150 in der als Anlage K 1 in Form einer Excel-Datei „Zeichnungen_Spritzguss_0001-0150.xls" beigefügten Zeichnungsliste der Klägerin bezeichnet sind, werden als geheimhaltungsbedürftig eingestuft.

II. Sämtliche Beteiligten werden auf Folgendes hingewiesen:
1. Die Parteien, ihre Prozessbevollmächtigten, Zeugen, Sachverständige, sonstige Vertreter und alle sonstigen Personen, die am vorliegenden Rechtsstreit beteiligt sind oder die Zugang zu Dokumenten dieses Rechtsstreits haben, müssen die vorstehend gemäß Ziffer I. als geheimhaltungsbedürftig eingestuften Informationen vertraulich behandeln und dürfen diese außerhalb des vorliegenden Rechtsstreits nicht nutzen oder offenlegen, es sei denn, dass sie von diesen Informationen außerhalb des Rechtsstreits erfahren haben (§ 16 Abs. 2 GeschGehG).
2. Die vorstehend zu II. 1. genannten Verpflichtungen bestehen auch nach Abschluss des vorliegenden Rechtsstreits fort. Diese Fortgeltung besteht dann nicht, wenn das Vorliegen der streitgegenständlichen Geschäftsgeheimnisse durch rechtskräftiges Urteil verneint wurde oder sobald die vorstehend bezeichneten Informationen für Personen in den Kreisen, die üblicherweise mit solchen Informationen umgehen, bekannt oder ohne weiteres zugänglich werden (§ 18 GeschGehG).
3. Das Gericht kann auf Antrag einer Partei bei Zuwiderhandlungen gegen die vorstehend zu Ziffer II. 1. genannten Verpflichtungen ein Ordnungsgeld bis zu EUR 100.000 oder Ordnungshaft bis zu sechs Monaten festsetzen und sofort vollstrecken (§ 17 S. 1 GeschGehG).

III. Der Zugang zu den von den Parteien oder Dritten vorgelegten Konstruktionszeichnungen der Klägerin gemäß Ziffer I. oder Dokumenten, die Geschäftsgeheimnisse gemäß diesen Konstruktionszeichnungen enthalten können, und zur mündlichen Verhandlung und zu der Aufzeichnung oder dem Protokoll der mündlichen Verhandlung wird beschränkt auf

1. Rechtsanwältin Dr. . . . . . sowie Rechtsanwalt Dr. . . . . . aus der Kanzlei der Prozessbevollmächtigten der Klägerin;
2. jeweils zwei namentlich noch zu benennende Rechtsanwälte/-innen aus der Kanzlei/den Kanzleien der noch zu bestellenden Prozessbevollmächtigten der Beklagten;
3. Herrn . . . . . ., dem Leiter Technik und Produktentwicklung bei der Klägerin, sowie Frau . . . . . ., der Leiterin des Qualitätsmanagements bei der Klägerin; sowie auf
4. jeweils zwei namentlich von der Beklagten noch zu benennende, geeignete Mitarbeiter/-innen der Beklagten, von denen nur eine/-r in der betroffenen Fachabteilung tätig sein darf.

IV. Die Öffentlichkeit wird von der mündlichen Verhandlung ausgeschlossen.

Begründung:

Mit der vorliegenden Klage macht die Klägerin Ansprüche auf Unterlassung, Auskunftserteilung, Rechnungslegung, Herausgabe, Rückruf, Entfernen aus den Vertriebswegen, Vernichtung und Schadensersatzfeststellung gegen die Beklagte wegen der Verletzung von Geschäftsgeheimnissen geltend, die in 150 Konstruktionszeichnungen zu den von der Klägerin entwickelten und seit langem hergestellten Mehrfach-Kunststoffspritzwerkzeugen enthalten sind. Bei den in Rede stehenden Geschäftsgeheimnissen handelt es sich um das essentielle technische Know-How der Klägerin in Bezug auf diese Werkzeuge, welche die zentralen Produkte im Portfolio der Klägerin darstellen und ihren Erfolg am Markt maßgeblich bestimmen. Die bereits erfolgte und noch weiter drohende Verletzung der Geschäftsgeheimnisse durch Herstellungs- und Vertriebshandlungen der Beklagten (§ 4 Abs. 1 Nr. 1, Abs. 2 Nr. 1 a), Abs. 3 S. 1 und S. 2 GeschGehG) beeinträchtigt die Klägerin daher bereits jetzt in gravierendem Ausmaß.

Weil die weitere Geheimhaltung der betroffenen Geschäftsgeheimnisse – auch und gerade im vorliegenden Rechtsstreit – für die Fortsetzung der eigenen Geschäftstätigkeit der Klägerin zwingend erforderlich ist, werden vorab mit den vorstehenden Verfahrensanträgen Anordnungen gemäß den §§ 16 Abs. 1, 19 Abs. 1 Nr. 1, 20 Abs. 1, Abs. 5 S. 1 und S. 2 GeschGehG begehrt. Diese Verfahrensanträge werden zugleich nachfolgend unter II. begründet.

I. Die Parteien

Die Klägerin befasst sich seit mehr als 100 Jahren mit der Herstellung und dem Vertrieb von Werkzeugen. Sie hat sich im Jahre 1980 auf die Entwicklung von Spritzgießwerkzeugen spezialisiert und in diesem Bereich seitdem erhebliche betriebsgeheime Informationen über die Konstruktion und Herstellung derartiger Werkzeuge entwickelt und zusammengestellt, die in derzeit mehr als 150 Konstruktionszeichnungen zu mehreren ihrer Modelle enthalten sind. Die Klägerin ist mithin Inhaberin sämtlicher in diesen Konstruktionszeichnungen enthaltenen Geschäftsgeheimnissen, weil sie die ausschließliche rechtliche Kontrolle über diese Geschäftsgeheimnisse besitzt.

Die Beklagte ist ebenfalls ein Werkzeugbauunternehmen, das jedoch bis vor kurzem keine den streitgegenständlichen entsprechenden Spritzgießwerkzeuge im Programm hatte. Sie hat vor kurzem zwei Modelle ihrer neuen Spritzgießwerkzeuge „Profi Spritz Mach 1" und „Profi Spritz Mach 2" auf den Markt gebracht, die unter rechtsverletzender Nutzung der Geschäftsgeheimnisse der Klägerin hergestellt und vertrieben werden (dazu im Folgenden unter III.). Die Beklagte nutzt die ihr gegenüber durch einen ehemaligen Angestellten der Klägerin offengelegten Geschäftsgeheimnisse der Klägerin, die dieser Angestellte durch unbefugte Aneignung und unbefugtes Kopieren während seiner Tätigkeit bei der Klägerin unrechtmäßig erlangt hat.

II. Die streitgegenständlichen Geschäftsgeheimnisse, insbesondere deren Geheimhaltung gemäß den §§ 16, 19, 20 GeschGehG[8]

1. Streitgegenständliche Informationen
Sämtliche maßgeblichen „Informationen" im Sinne der Definition des § 2 Nr. 1 GeschGehG zu den von der Klägerin entwickelten und ständig weiterentwickelten Spritzgießwerkzeugen sind in 150 Konstruktionszeichnungen enthalten, die anhand von Zeichnungsnummern in der als

Anlage K 1

beigefügten Excel-Zeichnungsliste der Klägerin mit dem Dateinamen „Zeichnungen_Spritzguss_0001-0150.xls" genau bezeichnet werden. Hinter der jeweiligen Zeichnungsnummer findet sich in Sp. 2 der Zeichnungsliste das betreffende Werkzeugmodell und in Sp. 3 eine schlagwortartige Kurzbezeichnung des jeweiligen Bauteils, das in der Zeichnung gezeigt wird. Die Inhalte dieser 150 Konstruktionszeichnungen bilden die streitgegenständlichen Geschäftsgeheimnisse. Von diesen 150 Konstruktionszeichnungen wird als

Anlage K 2

beispielhaft die Zeichnung Nr. 0050 (mit Schwärzungen) vorgelegt. Anhand der Zeichnung Nr. 0050 gemäß Anlage K 2 können die geheimen kennzeichnenden und geheimhaltungsbedürftigen Elemente der Spritzgießwerkzeuge der Klägerin wie folgt dargelegt und erläutert werden: [*wird ausgeführt*]
Zur Glaubhaftmachung[8] des vorstehenden Vortrags verweisen wir auf die als

Anlage K 3

vorgelegte eidesstattliche Versicherung des Zeugen Herrn . . . . ., des Leiters Technik und Produktentwicklung bei der Klägerin. Daraus folgt, dass die streitgegenständlichen Informationen mithin die genaue Ausgestaltung der Bauteile, deren Konstruktion und Anordnung und Zusammenbau zu den Werkzeugen sowie die genauen Abmessungen und Toleranzen aller Bauteile betreffen. Sämtliche dieser Informationen sind in den in der Zeichnungsliste in Anlage K 1 bezeichneten Konstruktionszeichnungen enthalten.
2. Geschäftsgeheimnis
Die in den 150 Konstruktionszeichnungen gemäß der Zeichnungsliste in Anlage K 1 enthaltenen technischen Informationen sind Geschäftsgeheimnisse im Sinne des § 2 Nr. 1 GeschGehG.

a) Diese technischen Informationen sind zunächst weder in ihrer Gesamtheit noch in der genauen Anordnung und Zusammensetzung ihrer Bestandteile den Personen in Kreisen, die üblicherweise mit dieser Art von Informationen umgehen, allgemein bekannt oder ohne weiteres zugänglich (§ 2 Nr. 1 lit. a) GeschGehG). Diese Voraussetzungen entsprechen der früheren deutschen Terminologie der „Nichtoffenkundigkeit". Die Klägerin hat im Zuge der Entwicklung ihrer Spritzgießwerkzeuge bewusst davon abgesehen, in Bezug auf die damit zusammenhängenden technischen Informationen Gewerbliche Schutzrechte, insbesondere Patente und Gebrauchsmuster, anzumelden. Zur Glaubhaftmachung verweisen wir wiederum auf die als Anlage K 3 vorgelegte eidesstattliche Versicherung des Zeugen Herrn . . . . . Die Informationen sind demnach nicht durch Veröffentlichung entsprechender Schutzrechtsanmeldungen allgemein bekannt geworden. Auch Veröffentlichungen in Fachmagazinen hat es nicht gegeben; auch insoweit verweisen wir zum Zwecke der Glaubhaftmachung auf die eidesstattliche Versicherung in Anlage K 3. Eine Zugänglichkeit der Informationen, weder in ihrer Gesamtheit noch in der genauen Anordnung und Zusammensetzung ihrer Bestandteile, ergibt sich auch nicht aus der Tatsache, dass die Informationen in Produkten enthalten und verkörpert sind, die die Klägerin seit spätestens . . . . herstellt und insbesondere in Deutschland vertreibt. Denn ein auf dem Markt erhältliches Produkt, selbst wenn es mit Zustimmung des Geheimnisinhabers in Verkehr gebracht wurde, führt nicht zur Offenkundigkeit der in ihm verkörperten technischen Informationen, wenn diese hinsichtlich der genauen Maße und Konstruktionsmerkmale nur durch eine an sich nicht vorgesehene Zerlegung („reverse engineering") und ein genaues Nachmessen der Einzelteile mit erheblichem Aufwand festgestellt werden können. So liegt der Fall hier, denn die geheimen Informationen in den Konstruktionszeichnungen können auch im Wege eines „reverse engineering" nur durch einen erheblichen Aufwand nachträglich festgestellt werden. Dazu bedürfte es nicht nur des zeitaufwendigen Auseinandernehmens von zahlreichen Einzelteilen, deren Analyse und des Nachmessens; auch eine teilweise Substanzbeschädigung wäre notwendig [*wird ausgeführt*]. Das „reverse engineering" wird in § 3 Nr. 2 GeschGehG als Maßnahme zur Erlangung von Geschäftsgeheimnissen zwar nunmehr ausdrücklich als rechtmäßig eingestuft. Daraus folgt aber im Umkehrschluss, dass die durch Rückbau erlangten Informationen nach wie vor als Geschäftsgeheimnis geschützt werden können, weil es andernfalls nicht einer ausdrücklichen Erlaubnis des „reverse engineering" bedurft hätte (Köhler/Bornkamm/Feddersen/*Alexander*, UWG, GeschGehG, § 2 Rn. 37).

Wegen ihrer fehlenden Zugänglichkeit sind die streitgegenständlichen Informationen auch von wirtschaftlichem Wert für die Klägerin.

b) Ferner sind und waren die betreffenden technischen Informationen Gegenstand von den Umständen nach angemessenen Geheimhaltungsmaßnahmen durch die Klägerin als rechtmäßiger Inhaberin (§ 2 Nr. 1 lit. b) GeschGehG). Sämtliche Konstruktionszeichnungen der Klägerin, die in der Zeichnungsliste Anlage K 1 mit Zeichnungsnummern bezeichnet sind, sind in Dateiform in einem durch Passwort und Kartenlesegerät geschützten Ordner auf einem gesicherten, eigenen Server der Klägerin (an ihrem Unternehmenssitz) gespeichert. Auch die Unterordner und Dateien sind passwortgeschützt. Zu diesem Ordner und den in ihm enthaltenen Unterordnern und einzelnen Excel-Dateien haben nur Personen Zugriff, die über das Passwort und entsprechende Chipkarten, die mit dem Lesegerät am Computer ausgelesen werden können, verfügen. Die Passwörter werden den Mitarbeitern nur mündlich mitgeteilt; sie werden maschinell generiert und alle drei Monate geändert. Die Karten für das Kartenlesegerät sind von den Mitarbeitern an jedem Abend in verschließbaren Fächern an ihrem Arbeitsplatz in den Büros ihrer Abteilung einzuschließen. Zugriffsberechtigt sind 25 Ingenieure und technische Mitarbeiter der Konstruktions- und Entwicklungsabteilung der Klägerin. Sämtliche zugangsberechtigten Mitarbeiter sind in ihren Arbeitsverträgen bei Meidung einer Vertragsstrafe zur Geheimhaltung sämtlicher Informationen verpflichtet worden, die ihnen im Rahmen ihres Arbeitsverhältnisses mit der Klägerin zur Kenntnis gelangen. Andere Mitarbeiter der Klägerin haben keinen Zugriff auf die Konstruktionszeichnungen, auch nicht die Mitglieder der Geschäftsführung. Alle Angestellten, insbesondere die in der Fertigung tätigen Angestellten, haben sich in ihren Arbeitsverträgen ausdrücklich zur Geheimhaltung von betriebsinternen Informationen verpflichtet. Die zur Fertigung verwendeten Zeichnungen werden den leitenden Mitarbeitern in der Fertigung ausschließlich durch zugriffsberechtigte Mitarbeiter der Konstruktions- und Entwicklungsabteilung der Klägerin zur Verfügung gestellt, die darüber regelmäßig, meist täglich, eine Dokumentation zu erstellen haben. Sämtliche zugriffsberechtigten Mitarbeiter nehmen ferner halbjährlich an einem Tagesseminar zum „Schutzkonzept" der internen Geheimhaltung technischer Informationen zu den Spritzgießwerkzeugen teil. Zu den jeweils aktuellen Fassungen des Schutzkonzepts erhalten alle zugriffsberechtigten Mitarbeiter schriftliche Erläuterungen in Form eines Tagungsordners. [*wird ggf. ausgeführt*] Zur Glaubhaftmachung sämtlicher vorstehend erläuterter Geheimhaltungsmaßnahmen verweisen wir einerseits auf die bereits als Anlage K 3 vorgelegte eidesstattliche Versicherung, zum anderen auf die als

Anlage K 4

vorgelegte eidesstattliche Versicherung der Frau Dr. . . . . ., der Geschäftsführerin der Klägerin im Bereich Technik und Produktentwicklung.

Wir bitten das angerufene Gericht daher, sämtliche technischen Informationen, die in den Konstruktionszeichnungen gemäß Zeichnungsliste in Anlage K 1 enthalten sind, als Geschäftsgeheimnisse einzustufen (Verfahrensantrag zu B. I.). Zugleich ist mit dem obigen Vortrag zum Vorliegen eines Geschäftsgeheimnisses eine erste materielle Anspruchsvoraussetzung für die mit der Klage geltend gemachten Ansprüche dargelegt worden.

3. Zugangsbeschränkungen (§ 19 Abs. 1 Nr. 1 GeschGehG)

Die Klägerin beantragt in Verfahrensantrag B. III. ferner, den Kreis der Zugangsberechtigten zu den streitgegenständlichen Geschäftsgeheimnissen und zur mündlichen Verhandlung zu beschränken.

Neben der Qualifizierung der betreffenden Informationen in den Konstruktionszeichnungen als „Geschäftsgeheimnisse" liegt auch die weitere materielle Voraussetzung des § 19 Abs. 1 S. 2 GeschGehG für die Anordnung von Zugangsbeschränkungen vor. Denn nach Abwägung aller Umstände übersteigt das Geheimhaltungsinteresse der Klägerin das Recht der Beteiligten auf rechtliches Gehör auch unter Beachtung ihres Rechts auf effektiven Rechtsschutz und ein faires Verfahren. Dafür spricht insbesondere, dass die Klägerin und die Beklagte unmittelbare Wettbewerber sind. Die Beklagte kann daher aus der Nutzung der Geschäftsgeheimnisse unmittelbaren Nutzen ziehen. Zudem ist zu berücksichtigen, dass die streitgegenständlichen geheimen Informationen das Unternehmens-Know-How bilden, auf dem der wirtschaftliche Erfolg der Klägerin vollständig beruht. Es stellt den zentralen Unternehmenswert dar, dessen hier streitgegenständliche Verletzung die Existenz der Klägerin potentiell gefährden kann.

Sollte die Kammer wie beantragt Zugangsbeschränkungen anordnen, regen wir an, dass der Kreis der Zugangsberechtigten auf die in Antrag B. III. genannten und ggf. noch nach Zustellung eines Beschlusses von den Beklagten zu benennenden Personen beschränkt wird.

4. Ausschluss der Öffentlichkeit von der mündlichen Verhandlung (§ 19 Abs. 2 Nr. 1 GeschGehG)

Schließlich beantragt die Klägerin, die Öffentlichkeit von der mündlichen Verhandlung auszuschließen. Es besteht eine hohe Wahrscheinlichkeit, dass als geheimhaltungsbedürftig einzustufende Informationen (insbesondere die Konstruktionszeichnungen gemäß Anlage K 1) in der mündlichen Verhandlung erörtert werden. Aus den gleichen Gründen, wie sie vorstehend zu 3. zu den Zugangsbeschränkungen erörtert wurden, ist die Öffentlichkeit auszuschließen: Es wäre sinnwidrig, einerseits den Zugang auf bestimmte Personen zu beschränken, und andererseits die Öffentlichkeit zu einer mündlichen Erörterung der geheimhaltungsbedürftigen Personen zuzulassen.

III. Verletzungshandlungen[9]

Die Klägerin hat festgestellt, dass die Beklagte die streitgegenständlichen Geschäftsgeheimnisse verletzt hat und laufend weiter verletzt (§ 4 Abs. 1 Nr. 1, Abs. 2 Nr. 1 a), Nr. 3, Abs. 3 GeschGehG).

1. Der nachfolgend benannte Zeuge, Herr EA., war bis zum . . . . . angestellter Ingenieur in der Konstruktions- und Entwicklungsabteilung der Klägerin. Wir überreichen zunächst als

Anlage K 5

den Arbeitsvertrag zwischen der Klägerin und dem Zeugen EA. vom . . . . ., der lediglich im Hinblick auf die Höhe der Bezüge und Boni geschwärzt wurde. Der Vertrag enthält in § 5 die nachstehend wiedergegebene, vertragsstrafenbewehrte Verpflichtung, sämtliche Informationen, die ihm im Rahmen seines Arbeitsverhältnisses zur Kenntnis gelangen, geheimzuhalten, diese insbesondere nicht zu nutzen, Dritten gegenüber offenzulegen, sich anzueignen oder zu kopieren: [*wird ausgeführt*].

Der Zeuge EA. war während seines Arbeitsverhältnisses einer von lediglich 25 Mitarbeitern dieser Abteilung, die Zugriff auf die streitgegenständlichen 150 Konstruktionszeichnungen haben. Er hatte Kenntnis von den Passwörtern, die für den Zugang zu dem zentralen Zeichnungsordner auf dem Server der Klägerin notwendig waren, und war ferner im Besitz der für den Zugang ebenfalls erforderlichen Chipkarte, die ihm zu Beginn seines Arbeitsverhältnisses ausgehändigt worden war. Dazu verweisen wir auf die als

Anlage K 6

vorgelegte Dokumentation der Konstruktions- und Entwicklungsabteilung über die Aushändigung der Chipkarte und weiterer Gegenstände und Unterlagen an den Zeugen EA. Wir legen ferner als

Anlage K 7

die (teilweise geschwärzten) Anwesenheitslisten über die Teilnahme an den betriebsinternen Tagesseminaren zum „Geheimhaltungs-Schutzkonzept" bei der Klägerin in den Jahren . . . . . vor. Daraus ergibt sich, dass der Zeuge EA. regelmäßig an allen dieses Schutzkonzept betreffenden internen Seminaren der Klägerin teilgenommen hat.

Im Rahmen seines Arbeitsverhältnisses wurde dem Zeugen EA. ferner ein Notebook der Marke „. . . . ." zur Verfügung gestellt. Dazu verweisen wir zunächst auf Anlage K 6, aus der sich die Aushändigung dieses Notebooks an den Zeugen EA. ergibt. Die betreffende Dokumentation ist vom Zeugen EA. unterzeichnet worden. Ferner ergibt sich aus der gleichen Dokumentation, dass das Notebook am . . . . . vom Zeugen EA. anlässlich der Beendigung seines Arbeitsverhältnisses wieder zurückgegeben wurde.

Nach der Aushändigung des Notebooks hat ein weiterer Mitarbeiter der Klägerin, der Zeuge . . . . ., der das gleiche Notebook im Anschluss nutzen sollte, zufällig festgestellt, dass kurz vor der Rückgabe durch den Zeugen EA. auf dem Notebook umfangreiche Sicherungsmaßnahmen stattgefunden haben. Die interne IT-Abteilung der Klägerin hat sodann festgestellt, dass über das Notebook des Zeugen EA. in der Zeit vom . . . . . bis zum . . . . . mehrfach der Zugriff auf sämtliche 150 streitgegenständlichen Konstruktionszeichnungen im geschützten Ordner auf den Servern der Klägerin erfolgte, und dass alle betreffenden Dateien sowohl auf der Festplatte des Notebooks gespeichert, von dort auf Datenträger kopiert und im Anschluss daran auf der Festplatte gelöscht worden sind. Ferner ist festgestellt worden, dass auf dem Notebook eine Spezialsoftware des Herstellers . . . . . eingesetzt wurde, mit der Teile der Festplatte so gelöscht werden können, dass sie im Regelfall nicht mehr rekonstruiert werden können. Die IT-Abteilung der Klägerin hat die betreffenden Abschnitte der Festplatte des Notebooks jedoch rekonstruieren können und daraufhin die Zugriffe und Kopiervorgänge anhand der rekonstruierten Log-Dateien nachvollziehen können. Wir treten für die Richtigkeit des vorstehenden Vortrags Beweis an durch

Zeugnis des Herrn . . . . ., des Leiters der IT-Abteilung der Klägerin, zu laden über diese.

2. Der Zeuge EA. hat unmittelbar im Anschluss an sein Ausscheiden bei der Klägerin als Angestellter ein Arbeitsverhältnis bei der Beklagten begonnen. Dazu treten wir Beweis an durch

   Zeugnis des Herrn . . . . ., eines Mitarbeiters der Konstruktions- und Entwicklungsabteilung der Klägerin, zu laden über diese.

   Der Zeuge hatte mit dem Zeugen EA. während dessen Arbeitsverhältnis zur Klägerin privaten Kontakt.Ihm hatte der Zeuge EA. seine bevorstehende Anstellung bei der Beklagten persönlich mitgeteilt.

3. Kurz, nachdem sie von den Zugriffs- und Kopiervorgängen auf dem zuvor dem Zeugen EA. zugewiesenen Notebook erfahren hatte, erfuhr die Klägerin, dass die

Beklagte auf der Fachmesse „. . . . ." in . . . . . in der Zeit vom . . . . . bis zum . . . . . Spritzgießwerkzeuge angeboten hat, die von den technischen Gegenständen der Geschäftsgeheimnisse der Klägerin identischen bzw. nahezu identischen Gebrauch machen. Wir überreichen zunächst als

Anlage K 8

eine Broschüre, die vom Messestand der Beklagten zu 1 stammt und die das betreffende Spritzgießwerkzeug der Marke „Profi Spritz Mach 1" zeigt. In der Broschüre wird auf Bl. 2 eine weitere Ausführungsformen eines Spritzgießwerkzeugs „Profi Spritz Mach 2" beworben. Die Klägerin hat über einen ihrer Kunden, die . . . . . GmbH [*Adresse*], je ein Exemplar der neuen Spritzgießwerkzeuge „Profi Spritz Mach 1" und „Profi Spritz Mach 2" der Beklagten erwerben lassen. Den betreffenden Lieferbeleg einschließlich der Rechnung der Beklagten überreichen wir als

Anlage K 9.

Beide Exemplare hat die Klägerin von einem professionellen Anbieter des „reverse engineering", der . . . . . GmbH, [*Adresse*], einer detaillierten Analyse ihrer Bauteile und deren Konstruktion und Abmessungen unterzogen. Wir überreichen als

Anlage K 10

den Untersuchungsbericht der . . . . . GmbH vom . . . . .

Der Bericht in Anlage K 10 enthält auf Bl. . . . . . zur Ausführungsform „Profi Spritz Mach 1" eine Gegenüberstellung der entsprechenden Konstruktionszeichnungen (Zeichnungen Nr. 0035–0045) der Klägerin mit auf der Grundlage des Rückbaus erstellten CAD-Modellen und -Bauplänen bzw. Fotografien der betreffenden Bauteile bei der angegriffenen Ausführungsform. Diese Ausführungsform ist, unter anderem, Gegenstand des Klageantrags zu I. 1. a) (1), weil sie eine identische Verkörperung der betreffenden Geschäftsgeheimnisse in den Konstruktionszeichnungen Nr. 0035–0045 der Klägerin darstellt. Denn aus dem Bericht ergibt sich unzweifelhaft, dass das Produkt „Profi Spritz Mach 1" sämtliche Konstruktionselemente und deren exakte Abmessungen aus den Zeichnungen 0035–0050 der Klägerin übernimmt: [*wird ausgeführt*].

Auf Bl. . . . . . des Berichts in Anlage K 10 findet sich eine entsprechende Gegenüberstellung zur Ausführungsform „Profi Spritz Mach 2". Dazu überreichen wir ferner als

Anlage K 11

detaillierte Fotos des untersuchten Produkts sowie seiner sämtlichen Baugruppen. Dieses Produkt „Profi Spritz Mach 2" ist Gegenstand des Klageantrags zu I. 1. a) (2). Auch diese Ausführungsform verwirklicht sämtliche Konstruktionselemente und deren exakte Abmessungen aus den Zeichnungen 0035–0050 der Klägerin, mit Ausnahme der Baugruppe . . . . ., die in lediglich leicht abgewandelter Form, nämlich nur mit geringfügig veränderten Abmessungen der Bauteile . . . . . verwirklicht ist, die aber insgesamt entscheidende Grundelemente der betreffenden, in den Zeichnungen 0035 und 0036 der Klägerin verwirklichten Baugruppe beibehält. Es ist daher davon auszugehen, dass die abgewandelte Lösung ohne eine Kenntnis des Vorbildes nicht oder jedenfalls nicht in derselben Zeit hätte erreicht werden können: [*wird ausgeführt*]

IV. Rechtliche Bewertung

Die mit der Klage geltend gemachten Ansprüche rechtfertigen sich aus den §§ 6 Abs. 1, 4 Abs. 1 Nr. 1, Abs. 2 Nr. 1 a) und Nr. 3, Abs. 3, 7 Nr. 1–4, 8 Abs. 1, 10 Abs. 1 GeschGehG iVm § 242 BGB.

1. Der mit Klageantrag zu Ziffer A. I. 1. geltend gemachte Unterlassungsanspruch rechtfertigt sich gegenüber der Beklagten aus § 6 Abs. 1 GeschGehG.

   Der Zeuge EA. hat die streitgegenständlichen Geschäftsgeheimnisse durch eine eigene Handlung im Sinne des § 4 Abs. 1 Nr. 1 GeschGehG unrechtmäßig erlangt. Es ist vorstehend unter III. dargelegt worden, dass er sich die 150 Konstruktionszeichnungen gemäß der Zeichnungsliste in Anlage K 1 durch Speicherung auf dem im überlassenen

Notebook und weiteres Speichern auf einem Datenträger, den er offenkundig mitgenommen hat, unbefugt angeeignet hat. Er hat durch Speicherung auf einem eigenen Datenträger neuen Gewahrsam begründet. Zudem hat er die Zeichnungen unbefugt kopiert, denn er war aufgrund der vertraglichen Geheimhaltungsverpflichtung in seinem Arbeitsvertrag (Anlage K 5) verpflichtet, die Zeichnungen nicht zu kopieren.
Der Zeuge EA. hat sodann die unbefugt erlangten Geschäftsgeheimnisse seinem neuen Arbeitgeber gegenüber, der Beklagten zu 1, offengelegt (§ 4 Abs. 2 Nr. 1 a) GeschGehG). Das ergibt sich aus der zeitlichen Nähe zwischen der Erlangung der Geschäftsgeheimnisse durch den Zeugen EA., dem Beginn seines Arbeitsverhältnisses bei der Beklagten und dem Beginn der Verletzungshandlungen durch die Beklagte auf der Messe ..... Der Zeuge EA. hat mit der Offenlegung zum Zwecke der Nutzung durch seinen neuen Arbeitgeber zugleich gegen seine vertragliche Verpflichtung, Nutzung und Offenlegung von Geschäftsgeheimnissen zu unterlassen, verstoßen (§ 4 Abs. 2 Nr. 2 und 3 GeschGehG). Die Ermöglichung der Nutzung der Geschäftsgeheimnisse durch seinen neuen Arbeitgeber, die Beklagte, zum Zwecke der Herstellung von Produkten ist zugleich Nutzungshandlung im Sinne des § 4 Abs. 3 S. 2 GeschGehG des Zeugen EA., der damit bestimmungsgemäß Mittäter von Herstellungs- und Vertriebshandlungen der Beklagten ist (§ 830 BGB).
Die Beklagte nutzt die ihr durch den Zeugen EA. unbefugt (§ 4 Abs. 2 Nr. 1 a), Nr. 2 und Nr. 3 GeschGehG) offengelegten und genutzten Geschäftsgeheimnisse, indem sie die betreffenden Zeichnungen zur Herstellung eigener Produkte (Kunststoffspritzgießwerkzeuge) einsetzt (§ 4 Abs. 3 S. 2 GeschGehG). Dabei weiß sie oder müsste unter Anlegung üblicher Sorgfaltspflichten wissen, dass diese Zeichnungen vom Zeugen EA. unbefugt erlangt wurden, denn auf jeder Zeichnung ist – wie bei Unternehmen üblich – rechts unten stets der Inhaber der Zeichnung (die Klägerin) sowie der Zeichnungsersteller angegeben. Es ist ferner nicht nur üblich, sondern zwingend, dass jedes Herstellungsunternehmen wie die Klägerin seine Mitarbeiter umfassend vertraglich zur Geheimhaltung (Verbot der Nutzung und Offenlegung) derartiger geheimer Zeichnungen, die ersichtlich geheim gehalten werden, verpflichtet, was auch der Beklagten bekannt gewesen sein muss.
Es ist vorstehend unter III. vorgetragen und durch Untersuchungen belegt worden (Anlage K 10), dass beide Ausführungsformen „Profi Spritz Mach 1" und „Profi Spritz Mach 2" die Geschäftsgeheimnisse der Klägerin identisch bzw. nahezu identisch nutzen. Im Falle der Ausführungsform „Profil Spritz Mach 2" ändern etwaige Modifikationen und Weiterentwicklungen an der als Geschäftsgeheimnis anzusehenden Vorrichtung nichts an einer Übernahme bzw. Nutzung der geheimen Informationen, denn insoweit wurden für das Geschäftsgeheimnis entscheidende Grundelemente beibehalten. Die Abänderungen betreffen nur die konkreten Abmessungen von einzelnen Bauteilen einer Baugruppe, wobei diese Abweichungen zudem minimal sind. Deshalb ist davon auszugehen, dass ohne eine Kenntnis des Vorbildes dasselbe technische Ergebnis entweder nicht oder jedenfalls nicht in derselben Zeit oder so zuverlässig hätte erreicht werden können (so BGH GRUR 2002, 91 Ls. 2 – Spritzgießwerkzeuge).
Wiederholungsgefahr als Tatbestandsmerkmal des Unterlassungsanspruchs besteht, weil Verletzungshandlungen durch identische (Antrag zu A. I. 1. a) (1)) und nur leicht abgewandelte Nutzungen der Geschäftsgeheimnisse (Antrag zu A. I. 1. a) (2)) bereits stattgefunden haben.
Der dem Antrag zu A. I. 1. b) zugrundeliegende Anspruch ergibt sich aus den §§ 6, 4 Abs. 3 S. 1 GeschGehG. Weil beide Parteien einzelne Bauteile auch bei Subunternehmern herstellen lassen, denen zum Zwecke der Auftragsfertigung Konstruktionszeichnungen überlassen werden, besteht Wiederholungsgefahr, mindestens jedoch eine

Erstbegehungsgefahr in Bezug auf die Offenlegung einzelner streitgegenständlicher Geschäftsgeheimnisse gegenüber Dritten, also insbesondere Lieferanten.

2. Ferner besteht gegenüber der Beklagten ein Schadensersatzanspruch, § 10 Abs. 1 GeschGehG. Die Beklagte handelt mindestens fahrlässig. Denn als Fachunternehmen hätte sie bei Anwendung der erforderlichen Sorgfalt erkennen können, dass sie Geschäftsgeheimnisse der Klägerin verletzt, wenn nicht sogar aufgrund der Handlungen des Zeugen EA. im Sinne des § 4 Abs. 1 Nr. 1 GeschGehG und der Offenlegung der durchgehend mit dem Kennzeichen der Klägerin versehenen Konstruktionszeichnungen gegenüber der Beklagten von Vorsatz auszugehen ist.

Da es hinreichend wahrscheinlich ist, dass der Klägerin durch die rechtsverletzenden Handlungen der Beklagten ein Schaden entstanden ist, der von der Klägerin jedoch noch nicht beziffert werden kann, weil sie den Umfang der rechtsverletzenden Benutzungshandlungen ohne ihr Verschulden nicht im Einzelnen kennt, ist ein rechtliches Interesse der Klägerin an einer Feststellung der Schadensersatzverpflichtung anzuerkennen, § 256 ZPO.

3. Der Auskunfts- und Rechnungslegungsanspruch (Klageantrag zu Ziffer A. I. 2.) rechtfertigt sich aus den §§ 8 Abs. 1 Nr. 1–4 GeschGehG, 242 BGB. Für die zu Ziffer A. I. 2. lit. a) bis e) verlangten Auskünfte ergibt sich der Anspruch überwiegend direkt aus § 8 Abs. 1 GeschGehG, im Übrigen aus einer Kombination mit § 242 BGB. Die Klägerin kann ohne Erteilung der Auskünfte und die Rechnungslegung nicht in die Lage versetzt werden, den ihr zustehenden Schadensersatzanspruch zu beziffern. Denn die Klägerin ist auf die Angaben angewiesen, über die sie ohne eigenes Verschulden nicht verfügt. Diese Auskünfte sind durch die Vorlage von Belegen (Rechnungen oder Lieferscheine) zu unterlegen (BGH GRUR 2002, 709 – Entfernung von Herstellungsnummern III).

4. Die mit den Anträgen zu Ziffern A. I. 3. bis 6. geltend gemachten Ansprüche auf Herausgabe, Rückruf, Entfernen aus den Vertriebswegen und Vernichtung rechtfertigen sich aus § 7 Nr. 1 bis 4 GeschGehG.

V. Zuständigkeit

Die sachliche Zuständigkeit des Gerichts ergibt sich aus § 15 Abs. 1 GeschGehG. Das Gericht ist auch örtlich gemäß § 15 Abs. 1 S. 1 GeschGehG zuständig, weil die Beklagte im Bezirk des angerufenen Gerichts ihren allgemeinen Gerichtsstand hat.

Rechtsanwalt[10, 11]

Schrifttum: Alexander, Grundstrukturen des Schutzes von Geschäftsgeheimnissen durch das neue GeschGehG, WRP 2019, 673; *Büscher*, Gesetz gegen den unlauteren Wettbewerb [mit GeschGehG], 1. Auflage 2019; *Deichfuß*, Die Entwendung von technischen Betriebsgeheimnissen, GRUR-Prax 2012, 449; *Harte-Bavendamm/Ohly/Kalbfus*, Gesetz zum Schutz von Geschäftsgeheimnissen, 1. Auflage 2020; *Köhler/Bornkamm/Feddersen/Alexander*, Gesetz gegen den unlauteren Wettbewerb [mit GeschGehG], 39. Auflage 2021; *Mes*, Arbeitsplatzwechsel und Geheimnisschutz, GRUR 1979, 584; *Ohly*, Das neue Geschäftsgeheimnisgesetz im Überblick, GRUR 2019, 441.

Anmerkungen

1. Sachlich sind für alle Klagen, mit denen Ansprüche aus dem Gesetz zum Schutz von Geschäftsgeheimnissen (GeschGehG, → Anm. 2) geltend gemacht werden, die Landgerichte ausschließlich zuständig (§ 15 Abs. 1 GeschGehG, dazu auch Harte-Bavendamm/Ohly/*Kalbfus*, § 15 Rn. 16). Eine Ausnahme davon sind Streitigkeiten, in denen Ansprüche aus dem GeschGehG gegen Arbeitnehmer oder ehemalige Arbeitnehmer geltend gemacht werden: Für diese ist der Rechtsweg zu den Arbeitsgerichten eröffnet. Es handelt sich regelmäßig um Streitigkeiten entweder „aus dem Arbeitsverhältnis" im Sinne des § 2 Abs. 1 Nr. 3 lit. a) ArbGG, oder „aus dessen Nachwirkungen" gemäß § 2 Abs. 1 Nr. 3 lit. b) ArbGG, oder „aus unerlaubten Handlungen, soweit diese mit dem Arbeitsverhältnis in Zusammenhang stehen" gemäß § 2 Abs. 2 Nr. 3 lit. d) ArbGG. Der Rechtsweg zu den Arbeitsgerichten soll nach der Begründung (BT-Drs. 19/4724, 34) ausdrücklich unberührt bleiben (dazu insgesamt Harte-Bavendamm/Ohly/*Kalbfus*, § 15 Rn. 9–12). Im Form. könnte die Klägerin gegen den Zeugen EA. nur vor dem Arbeitsgericht vorgehen.

Die örtliche Zuständigkeit ist in § 15 Abs. 2 GeschGehG geregelt. Danach ist die Klage im Regelfall am allgemeinen Gerichtsstand des Beklagten zu erheben (§ 15 Abs. 2 S. 1 GeschGehG). Nur dann, wenn der Beklagte im Inland keinen allgemeinen Gerichtsstand hat, ist der Gerichtsstand des Begehungsortes maßgeblich (§ 15 Abs. 2 S. 2 GeschGehG). Alle Gerichtsstände des § 15 sind ausschließlich; das bedeutet, dass abweichende Vereinbarungen oder eine Zuständigkeit infolge rügeloser Einlassung nicht möglich sind (Harte-Bavendamm/Ohly/*Kalbfus*, § 15 Rn. 19).

Funktional sind nach Inkrafttreten des GeschGehG bei Verletzungsklagen, anders als unter Geltung der §§ 17, 18 UWG aF, die Zivilkammern zuständig. Ansprüche aus dem GeschGehG sind nicht in § 95 Abs. 1 Nr. 5 GVG genannt. Sie sind daher keine „Handelssachen" (aA Köhler/Bornkamm/Feddersen/*Alexander* GeschGehG § 15 Rn. 20, die wegen der sachlichen Nähe zu Ansprüchen aus UWG für eine Zuständigkeit der Kammern für Handelssachen plädieren).

2. Mit dem GeschGehG v. 18.4.2019 (BGBl. I 466), das am 26.4.2019 in Kraft getreten ist, hat der Bundesgesetzgeber die EU-Richtlinie 2016/943 v. 8.6.2016 über den Schutz vertraulichen Know-hows und vertraulicher Geschäftsinformationen (Geschäftsgeheimnisse) vor rechtwidrigem Erwerb, sowie rechtwidriger Nutzung und Offenbarung (Geschäftsgeheimnis-RL) in deutsches Recht umgesetzt. Es löste die bisher im UWG in den §§ 17, 18, 19 enthaltenen strafrechtlichen Regelungen ab, die als lückenhaft und zunehmend ungeeignet als Anknüpfungspunkt für einen wirksamen zivilrechtlichen Schutz empfunden wurden (vgl. nur Harte-Bavendamm/Ohly/Kalbfus/*Harte-Bavendamm*, GeschGehG Einl. Rn. 35 ff., 43 ff.; *McGuire*, GRUR 2016, 1000 (1002); *Ann*, GRUR 2007, 39 (40)). Im Folgenden soll nur ein erster grober Überblick über das neue Gesetz, seine wichtigsten Bestimmungen und über Grundbegriffe des Geheimnisschutzes gegeben werden (eingehend *Harte-Bavendamm/Ohly/Kalbfus*, GeschGehG Einl.; Köhler/Bornkamm/Feddersen/*Alexander*, GeschGehG Einl.; Büscher/*McGuire/Tochtermann*, UWG, GeschGehG Reg-E):

a) Die Geschäftsgeheimnis-RL harmonisiert das Recht der Verletzung von Geschäftsgeheimnissen, überlässt es gemäß Art. 1 (2) aber den Mitgliedsstaaten, unter Beachtung der Bestimmungen des AEUV einen weitergehenden Schutz als durch die Richtlinie vorgeschrieben vorzusehen.

- Am Anfang des GeschGehG stehen Bestimmungen zum Anwendungsbereich und Begriffsbestimmungen (§§ 1, 2).
- Die zentrale Norm für Handlungsverbote ist § 4.
- Das Gesetz enthält ferner ein an die EU-Durchsetzungsrichtlinie angelehntes Rechtsfolgensystem in den §§ 6–14 sowie
- Vorschriften zur prozessualen Durchsetzung, insbesondere zur Geheimhaltung von Geschäftsgeheimnissen im Verfahren (insbesondere in den §§ 16–20).

b) Eine wichtige Neuerung des GeschGehG ist, dass es auf den **zivilrechtlichen Schutz** von Geschäftsgeheimnissen zugeschnitten ist. Die Anwendung einzelner Bestimmungen zum Schutz von Geschäftsgeheimnissen ist daher nicht mehr, wie bei den strafrechtlichen Bestimmungen der §§ 17 ff. UWG aF, durch das strafrechtliche Bestimmtheitsgebot und

Analogieverbot eingeschränkt (zum alten Recht insoweit *McGuire*, GRUR 2016, 1000 (1002)). Ferner sind die in den bisherigen Vorschriften enthaltenen subjektiven Tatbestandsvoraussetzungen entfallen (Harte-Bavendamm/Ohly/Kalbfus/*Harte-Bavendamm*, GeschGehG Einl. Rn. 130).

c) In § 2 Abs. 1 Nr. 1 GeschGehG findet sich erstmals eine gesetzliche Definition des „**Geschäftsgeheimnisses**" als Schutzobjekt. Sie beinhaltet die folgenden, rein objektiv zu bestimmenden Voraussetzungen, die kumulativ erfüllt sein müssen (Köhler/Bornkamm/Feddersen/*Alexander*, GeschGehG § 2 Rn. 22, 23):

– Es muss sich um eine **Information** handeln. Dieser Begriff ist grundsätzlich **umfassend** zu verstehen. Er erfasst Angaben, Daten, Kommunikationsakte, Umstände oder sonstiges Wissen, unabhängig davon, in welcher Form sie verkörpert sind (dazu allgemein Köhler/Bornkamm/Feddersen/*Alexander*, GeschGehG § 2 Rn. 25 ff.). Sie können also in Form von Gegenständen, als Inhalt von technischen Zeichnungen, von Dokumenten oder Dateien existieren; ob sie physisch erfassbar sind oder nicht, ist irrelevant (Köhler/Bornkamm/Feddersen/*Alexander*, GeschGehG § 2 Rn. 25). Die Geschäftsgeheimnis-RL nimmt in ErwGr 14 ausdrücklich aus: Belanglose Informationen ohne wirtschaftlichen Wert; sowie Erfahrungen und Qualifikationen, die Beschäftigte im Zuge der Ausübung ihrer üblichen Tätigkeiten erwerben (Erfahrungswissen).
– Die Information muss **geheim** sein. § 2 Abs. 1 Nr. 1 GeschGehG konkretisiert dieses Kriterium durch mehrere Voraussetzungen: Die Information darf weder insgesamt noch in der genauen Anordnung und Zusammensetzung ihrer Bestandteile allgemein bekannt oder ohne Weiteres zugänglich sein. Die Bekanntheit oder Zugänglichkeit darf ferner nicht bestehen bei Personen in den Kreisen, die üblicherweise mit dieser Art vom Informationen umgehen.
– Die Information muss einen **wirtschaftlichen Wert** aufweisen.
– Die Information muss Gegenstand von den Umständen entsprechenden **angemessenen Geheimhaltungsmaßnahmen** sein. Erforderlich ist eine Kombination aus technisch-organisatorischen und juristischen Maßnahmen (*Harte-Bavendamm*/Ohly/Kalbfus, GeschGehG, § 2 Rn. 55). Die Angemessenheit bestimmt sich anhand eines objektiven Maßstabs, wobei insbesondere folgende Faktoren zu berücksichtigen sind: die Art des Geschäftsgeheimnisses, die konkreten Umstände der Nutzung, sein Wert und seine Entwicklungskosten, seine Bedeutung für das Unternehmen, die Größe des Unternehmens, die üblichen Geheimhaltungsmaßnahmen in dem betreffenden Unternehmen, die Art der Kennzeichnung der Informationen und vereinbarte vertragliche Regelungen mit Arbeitnehmern und Geschäftspartnern (vgl. OLG Düsseldorf GRUR-RS 2021, 17483, Ls. 2 und Rn. 38 – Konstruktionszeichnung für Zentrifugentrommel). Die Darlegungs- und Beweislast für derartige Maßnahmen trägt der Inhaber des Geheimnisses (*Harte-Bavendamm*/Ohly/Kalbfus, GeschGehG, § 2 Rn. 40).

3. Die Bestimmung des Streitwerts in Geschäftsgeheimnisstreitsachen folgt den allgemeinen Regeln (§ 3 ZPO). Entscheidend ist, wie schon bei Streitigkeiten nach altem Recht (§§ 17–19 UWG), das Interesse des Klägers an seiner Anspruchsdurchsetzung. Werden, wie im Form., konkrete Verwertungshandlungen in Form von rechtsverletzenden Produkten des Beklagten angegriffen, wird das Gericht dieses Interesse im Ausgangspunkt nach den eigenen Jahresumsätzen des Klägers mit den Produkten bestimmen, in denen das Geschäftsgeheimnis enthalten ist oder umgesetzt wird.

Wie im UWG-Prozess (§ 12 Abs. 4 UWG) kann das Gericht auf Antrag einer Partei den Gebührenstreitwert herabsetzen (vgl. § 22 GeschGehG).

4. Im Verfahren wegen Verletzung von Geschäftsgeheimnissen, ob im Wege der einstweiligen Verfügung oder der Hauptsacheklage, steht – wie im gesamten Gewerblichen Rechtsschutz und im Lauterkeitsrecht – der Antrag auf Unterlassung bestimmter Handlungen des Antragsgegners/Beklagten im Vordergrund. Wie jeder Klageantrag muss auch der Unterlassungsantrag in Geschäftsgeheimnissachen dem **Bestimmtheitsgebot** des § 253 Abs. 2 Nr. 2 ZPO genügen (dazu allgemein Harte-Bavendamm/Ohly/*Kalbfus*, Vor §§ 16–20 Rn. 17; § 6 Rn. 59). Weil auf den Unterlassungsantrag meist – wie im Form. – auch alle Annexanträge (A. I. 2.–6.; II.) rückbezogen sind, erfasst die Unbestimmtheit des Unterlassungsantrags auch die Annexanträge. Die ausreichend bestimmte Formulierung des Unterlassungsantrags bereitet aus mehreren Gründen in der Praxis häufig Schwierigkeiten:

Es ergeben sich praktische Schwierigkeiten häufig daraus, dass Geschäftsgeheimnisse in **technischen Handlungsanweisungen**, wie technischen Zeichnungen, Schaltplänen oder Rezepturen für ein Reagenz oder Arneimittel, bestehen. Einen solchen Fall betrifft das Textbeispiel im Form. Um diese technischen Geschäftsgeheimnisse im Antrag genau zu bezeichnen, können sie nach Art eines **„Patentanspruchs"** formuliert werden, wobei ihr genauer Inhalt dann in Worte gefasst werden muss, die jedes charakteristische Merkmal der Handlungsanweisung beschreiben (so zB in BGH GRUR 2002, 91 – Spritzgießwerkzeuge). Das bietet sich dann an, wenn das Geschäftsgeheimnis in einer zentralen technischen Ausgestaltung eines Produkts oder in einem Herstellungsverfahren liegt, die beschrieben werden können. Enthält der Antrag eine solche Beschreibung, richtet er sich nicht nur gegen eine konkrete Verletzungsform, sondern gegen weitere im Kern gleichartige Ausführungsformen, die in gleicher Weise eine Benutzung des streitgegenständlichen Geschäftsgeheimnisses darstellen. In der Praxis ist das Geschäftsgeheimnis jedoch meist eine Kombination aus einer Vielzahl von Informationen in Zeichnungen oder Produktspezifikationen, zB konkrete Abmessungen oder Toleranzen, die sich nur schwer in Worte fassen lassen. Sie können meist auch aus Gründen der fortgesetzten Geheimhaltung nicht alle in den Klageantrag aufgenommen werden. Daher besteht eine weitere Möglichkeit zur Formulierung des Unterlassungsantrags darin, den Inhalt der Geschäftsgeheimnisse durch **Bezugnahme** auf Zeichnungen, Dateien oder Schriftstücke zu konkretisieren, was nach der Rechtsprechung des BGH auch durch Bezugnahme auf einen dem Antrag beigefügten Datenträger (zB USB-Stick; CD-ROM) oder auf andere Anlagen geschehen kann (BGH GRUR 2008, 357 – Planfreigabesystem; BGH GRUR 2008, 727 Rn. 9, 10 – Schweißmodulgenerator; OLG Düsseldorf GRUR-RS 2021, 17483 – Konstruktionszeichnung für Zentrifugentrommel; siehe auch *Deichfuß* GRUR-Prax 2012, 449 (453)). Letzterem entspricht der im Form. enthaltene Unterlassungsantrag zu A. I. 1. a) (1): Hier werden wegen der in der Praxis häufig sehr zahlreichen unbefugt erlangten Daten nicht die Konstruktionszeichnungen selbst beigefügt, sondern eine Zeichnungsliste, in der sämtliche in Bezug genommenen Konstruktionszeichnungen anhand von Zeichnungsnummern konkret bezeichnet sind, so dass sowohl die Parteien als auch das Gericht bestimmen können, was Inhalt des Antrags und ggf. einer Verurteilung ist. Ist schließlich die festgestellte unrechtmäßige Nutzung unbefugt erlangter Geschäftsgeheimnisse bereits in einem bestimmten Produkt der Antragsgegner verkörpert, das dem Anspruchsteller vorliegt, kann ein Unterlassungsantrag auch durch Bezugnahme auf dieses Produkt konkret zeigende **Fotografien** formuliert werden, auch wenn er keine verbale Umschreibung der Umstände der Rechtsverletzung enthält (vgl. BGH GRUR 2018, 1161 Rn. 5, 6 und 19 – Hohlfasermembranspinnanlage II). Der Unterlassungsantrag richtet sich dann gegen eine konkrete Verletzungsform (BGH GRUR 2008, 727 Rn. 9 f. – Schweißmodulgenerator; BGH GRUR 2018, 1161 Rn. 19 – Hohlfasermembranspinnanlage II), vgl. im Form. Antrag zu Ziffer A. I. 1. a) (2).

Bei **identischer Benutzung** der Geschäftsgeheimnisse durch den Beklagten reicht es – wie im Form. im Antrag zu A. I. 1. a) (1) – aus, dass auf die konkreten Konstruktionszeichnungen des Klägers Bezug genommen wird, deren identische Benutzung mithin untersagt werden soll (vgl. OLG Stuttgart GRUR-RS 2020, 35613 Rn. 86 – Schaumstoffsysteme). Demgegenüber ist der Unterlassungsantrag zu Ziffer A. I. 1. a) (2) auf ein rechtsverletzendes Produkt gerichtet, das gegenüber einer den Konstruktionszeichnungen identisch entsprechenden Ausführungsform **abgewandelt** wurde (vgl. die Begründung im Form. unter III. 3.). Daher überschneidet sich der so formulierte nicht mit dem Gegenstand des Antrags zu Ziffer A. I. 1. a) (1). Bei abgewandelten Ausführungen reicht es zur Bestimmtheit des Antrags nicht aus, dass auf die Konstruktionszeichnungen (Geschäftsgeheimnisse) an sich Bezug genommen wird (OLG Stuttgart GRUR-RS 2020, 35613 Rn. 87 – Schaumstoffsysteme). Hier muss die Abwandlung oder Weiterentwicklung entweder verbalisiert oder wie im Form. durch Einfügung einer die Abwandlung konkret zeigenden Fotografie bezeichnet werden.

Als zu schützende Geschäftsgeheimnisse kommen in der Praxis neben technischen Informationen insbesondere auch **Finanz- oder andere kaufmännische Unternehmensinformationen** in Betracht, wie zB Kunden- und Lieferantendaten (OLG Düsseldorf BeckRS 2011, 7387; OLG Frankfurt a. M. GRUR-RR 2021, 229- Vliesstoffe); Kalkulationsunterlagen (OLG Stuttgart GRUR 1982, 315 – Gerätewarnung); Angebotsunterlagen (OLG Frankfurt a. M. GRUR-RR 2021, 229- Vliesstoffe) oder Zulassungsunterlagen für Arzneimittel (BGH GRUR 2012, 1048 – MOVICOL-Zulassungsantrag). Hinsichtlich der Fassung des Unterlassungsantrags gelten die vorstehenden Ausführungen für solche Unterlagen entsprechend.

In allen Fällen besteht der Konflikt für den Kläger darin, einerseits die Verletzungshandlung konkretisieren zu müssen, was einschließt, dass die eine Benutzung des Geschäftsgeheimnisses kennzeichnenden Elemente im Antrag bezeichnet werden müssen, und andererseits verhindern zu wollen, dass er sein Geschäftsgeheimnis im Unterlassungsantrag vollständig offenbart. In der Rspr. ist anerkannt, dass der Bestimmtheitsgrundsatz nicht dazu führen darf, dass der Kläger unter Hintanstellung seiner berechtigten Geheimhaltungsinteressen gezwungen ist, im Klageantrag Geschäftsgeheimnisse zu offenbaren (BGH GRUR 2018, 1161 Rn. 19 – Hohlfasermembranspinnanlage II). Die Bezugnahme auf Anlagen, die entweder selbst Geschäftsgeheimnisse enthalten oder sie jedenfalls (wie bei Zeichnungslisten mit Zeichnungsnummern) bestimmt genug bezeichnen, ermöglicht im Regelfall, dass Geschäftsgeheimnisse im Antrag vor Offenbarung geschützt werden können. Darüber hinaus können Anlagen, in denen Geheimnisse selbst enthalten sind, gemäß §§ 16 Abs. 1, 19 GeschGehG vom Zugang durch Dritte weitgehend ausgeschlossen werden.

Als zu *unbestimmt* wurden von der jüngeren Rechtsprechung zB folgende Unterlassungsanträge beanstandet:

OLG Düsseldorf BeckRS 2011, 7387, unter II.: „Kunden- und Lieferantendaten der Klägerin sowie der persönlichen Daten der Freunde und Bekannten der Herren P.S. und A.H. gemäß der im April 2008 auf dem Notebook gespeicherten Dateien";

OLG Frankfurt a. M. GRUR-RR 2021, 229 – Vliesstoffe: „Geschäftsgeheimnisse der Ast. betreffend die Auftragslage der Ast., Angebotsverfahren der Ast. und/oder bestehende Geschäftsbeziehungen der Ast. mit Kunden und/oder Lieferanten, jeweils in den Geschäftsbereichen [. . . . .], zu nutzen und/oder Dritten offenzulegen" (Hauptantrag); ebenfalls unbestimmt Hilfsantrag I: „die in den Anlagen Ast 12, Ast 14 bis Ast 16 sowie Ast 20 enthaltenen Geschäftsgeheimnisse der Ast. betreffend die Auftragslage der Ast., Angebotsverfahren der Ast. und/oder bestehende Geschäftsbeziehungen der Ast. mit Kunden und/oder Lieferanten, jeweils in den Geschäftsbereichen [. . . . . .], zu nutzen und/oder Dritten offenzulegen". Hilfsantrag II wurde gegenüber Hilfsantrag I durch die Worte „die in der Anlage Ast 12 rot markierten Dateien sowie die [. . . . .]" ergänzt und in dieser Form vom Gericht als ausreichend bestimmt angesehen, weil nach dem Vortrag der Antragstellerin nicht der gesamte Inhalt der Anlage Ast 12 als Geschäftsgeheimnis anzusehen gewesen sei.

OLG Brandenburg BeckRS 2011, 5372: „Kundenlisten der Verfügungsklägerin dadurch zu verwerten, dass diese Kunden und/oder Geschäftspartner der Verfügungsklägerin von der Verfügungsbeklagten abgeworben werden oder dies versucht wird", bzw.

„Betriebsgeheimnisse der Verfügungsklägerin wie im Anlagenkonvolut AST 10 zu sichern, Dritten mitzuteilen und/oder zu verwerten".

OLG Stuttgart GRUR-RS 2020, 35613, Rn. 43 und 74–76 – Schaumstoffsysteme: „die (konkret nach den Produktnamen der Klägerin bezeichneten) Rezepturen und/oder Produktionsvorschriften für die Herstellung, Entwicklung oder Weiterentwicklung von [verschiedenen Polyurethan-Schaumsystemen] zu verwenden (auch durch Dritte) oder diese Rezepturen/Produktionsvorschriften zu Dritten gegenüber zu offenbaren", ohne die genannten Rezepturen genau zu bezeichnen.

5. Der im Klageantrag zu A. I. 2. enthaltene Umfang des Auskunftsanspruchs richtet sich, soweit die Ziffern a) bis e) betroffen sind, nach § 8 Abs. 1 Nr. 1–4 GeschGehG (selbständiger Auskunftsanspruch). Sein Normzweck entspricht demjenigen vergleichbarer Vorschriften im Bereich der gewerblichen Schutzrechte (zB § 140b PatG oder § 24 DesignG): Wie bei gewerblichen Schutzrechten ist im Falle der Verletzung von Geschäftsgeheimnissen das Interesse des Geheimnisinhabers anzuerkennen, dass Quellen und Vertriebskanäle rechtsverletzender Produkte offengelegt werden. Die weiteren Ziffern A. I. 2. f) und g) sind auf Angaben gerichtet, die der Kläger zur Berechnung seines Schadensersatzanspruchs (→ Anm. 7) benötigt. Auf diese Angaben hat der Kläger infolge gewohnheitsmäßiger Anwendung des § 242 BGB Anspruch (stRspr, vgl. nur die bei Harte-Bavendamm/Ohly/*Kalbfus*, GeschGehG, § 8 Rn. 42 aufgeführten Nachweise).

6. Die Ansprüche auf Herausgabe, Vernichtung, Rückruf und Entfernen aus den Vertriebswegen folgen aus § 7 GeschGehG.

7. Der Kläger hat bei Verletzung von Geschäftsgeheimnissen Anspruch auf Schadensersatz gegen den Rechtsverletzer, der vorsätzlich oder fahrlässig handelt (§ 10 Abs. 1 GeschGehG). Wie im Falle der Verletzung gewerblicher Schutzrechte, zB Patenten oder Designs, steht der Umfang des dem Geheimnisinhaber aus den Verletzungshandlungen zustehenden Schadens bei Klageerhebung meist nicht fest. Aus dieser Sachlage folgt das Interesse des Klägers, die Schadensersatzverpflichtung des Rechtsverletzers vom Gericht dem Grunde nach feststellen zu lassen, insbesondere um die Verjährung zu hemmen. Der Klageantrag zu A. II. ist insoweit im Form. als Feststellungsantrag formuliert.

Der Schadensersatz kann, nach entsprechender Rechnungslegung, vom Geheimnisinhaber nach den im Bereich des gewerblichen Rechtsschutzes anerkannten Methoden berechnet werden, was bereits für Streitigkeiten nach den §§ 17–19 UWG anerkannt war (seit BGH GRUR 1977, 539 – Prozessrechner). Ausdrücklich im GeschGehG genannt sind nun die beiden in der Praxis gängigsten Berechnungsarten: So kann die Berechnung auf der Grundlage des vom Verletzer erzielten Gewinns (Herausgabe des Verletzergewinns, § 10 Abs. 2 Satz 1 GeschGehG) oder auf der Grundlage einer vom Verletzer fiktiv für die Benutzung zu zahlenden Vergütung erfolgen (Lizenzanalogie, § 10 Abs. 2 Satz 2 GeschGehG). Daneben spielt in der Praxis die Schadensberechnung nach dem eigenen entgangenen Gewinn des Geheimnisinhabers keine große Rolle. Das liegt vor allem daran, dass der Anspruchsteller dafür konkret darlegen müsste, dass er ohne die Rechtsverletzung bestimmte Gewinne entweder nach dem gewöhnlichen Lauf der Dinge oder nach den besonderen Umständen wahrscheinlich erzielt hätte, oder dass ihm bestimmte Gewinne konkret entgangen sind. Trotz der durch § 287 Abs. 1 ZPO (Schätzung) gewährten Beweiserleichterungen ist die Darlegung selbst von konkreten Anknüpfungstatsachen für die Schätzung häufig schwierig, weswegen in der Praxis die Herausgabe des Verletzergewinns oder die Lizenzanalogie bevorzugt werden. Zwischen den einzelnen Berechnungsarten besteht grundsätzlich Wahlfreiheit des Geschädigten (Harte-Bavendamm/Ohly/*Kalbfus* GeschGehG § 10 Rn. 36).

8. Die Möglichkeit der gerichtlichen Anordnung bestimmter **Geheimhaltungsmaßnahmen im Prozess** (§§ 16–20 GeschGehG) ist eine der **zentralen Neuerungen** der Geschäftsgeheimnis-RL und des GeschGehG. Mit ihnen kann den Gefahren der Offenlegung des Geschäftsgeheimnisses gegenüber anderen Parteien oder gar Dritten (im Wege der Akteneinsicht oder durch Anwesenheit in der mündlichen Verhandlung) begegnet werden, was die Durchsetzung von Ansprüchen wegen Geschäftsgeheimnisverletzungen erleichtert.

Die Antragsfassung im Form. folgt unter B. der gesetzlichen Systematik und Reihenfolge der §§ 16–20 GeschGehG. Der dazugehörige Vortrag unter II. der Klagebegründung enthält Tatsachen, die sowohl für die Verfahrensanträge der §§ 16–20 GeschGehG als auch für die materielle Anspruchsbegründung relevant sind (sog. doppeltrelevante Tatsachen). Dieser Teil der Begründung enthält – ungewöhnlich für eine Klage – Hinweise auf Glaubhaftmachungsmittel, und keine Beweisantritte. Das ist notwendig wegen § 20 Abs. 3 GeschGehG, wonach der Antragsteller/Kläger glaubhaft machen muss, dass die streitgegenständliche(n) Information(en) Geschäftsgeheimnisse sind. Im Einzelnen:

a) Zentrale Voraussetzung für alle gerichtlichen Maßnahmen zur Geheimhaltung von Informationen im Geschäftsgeheimnisprozess ist die formelle **Einstufung** bestimmter (und bestimmt zu bezeichnender) streitgegenständlicher Informationen als **geheimhaltungsbedürftig** (§ 16 Abs. 1 GeschGehG). Diese Einstufung erfolgt „auf Antrag einer Partei". Im Form. ist das – wie wohl im Regelfall – der Kläger. Aber nicht nur er, sondern auch der Beklagte mag ein Interesse daran haben, dass von ihm künftig einzuführender Streitstoff als geheimhaltungsbedürftig eingestuft wird, zB eigene Geschäftsgeheimnisse, um dem Vortrag des Klägers, der Beklagte habe Geschäftsgeheimnisse „unbefugt erlangt" im Sinne von § 4 Abs. 1 oder Abs. 3 GeschGehG, substantiiert entgegenzutreten.

Das **Verfahren** bei allen Maßnahmen nach den §§ 16–19 GeschGehG ist in § 20 GeschGehG geregelt. Alle Maßnahmen können bereits „ab Anhängigkeit" angeordnet werden (§ 20 Abs. 1 GeschGehG). Auch der **Antrag** auf Einstufung nach § 16 Abs. 1 GeschGehG kann demnach vom Kläger (vgl. Form. unter B. I. der Anträge) bereits in der Klageschrift gestellt werden. Das dürfte sich auch empfehlen, falls bereits die Klageschrift oder ihr beigefügte Anlagen (ganz oder teilweise) die streitgegenständlichen Geschäftsgeheimnisse enthalten. Eine weitere Möglichkeit besteht für den Kläger darin, bestimmte streitgegenständliche Informationen (um deren Geheimhaltung es geht) noch nicht mit der Klage vorzutragen, sondern sich dies erst für den Fall der beantragten Einstufung nach § 16 Abs. 1 GeschGehG vorzubehalten (so wie in OLG Stuttgart GRUR-RS 2020, 35613 Rn. 82 – Schaumstoffsysteme). So kann das Gericht vor der Zustellung und auch vor Anhörung des Gegners (§ 16 Abs. 2 Satz 2 GeschGehG) entsprechende Anordnungen zur Einstufung als gemeinhaltungsbedürftig treffen. Spätestens nach der Anordnung ist der Prozessgegner anzuhören, ggf. können Maßnahmen nach der Anhörung aufgehoben oder abgeändert werden (§ 16 Abs. 2 Satz 2 GeschGehG).

Über den Antrag gemäß § 16 Abs. 1 GeschGehG muss das Gericht zwingend durch einen förmlichen – rechtsmittelfähigen – Beschluss entscheiden (§ 20 Abs. 5 S. 5 GeschGehG, OLG Stuttgart GRUR-RS 2020, 35613 Rn. 81). Eine solche formelle Anordnung durch Beschluss wird im Form. unter B. beantragt. Es stellt einen „erheblichen Verfahrensfehler" dar, wenn das Prozessgericht erster Instanz dies unterlässt (OLG Stuttgart GRUR-RS 2020, 35613 Rn. 81).

Die tatsächlichen Voraussetzungen dafür, dass es sich bei den vom Antragsteller bezeichneten streitgegenständlichen Informationen um ein Geschäftsgeheimnis handelt, sind **glaubhaft** zu machen (§ 20 Abs. 3 GeschGehG). Das bloße „schlüssige Behaupten" eines Geschäftsgeheimnisses dürfte angesichts des Wortlauts des Gesetzes nicht ausreichen (so Harte-Bavendamm/Ohly/*Kalbfus*, GeschGehG, § 20 Rn. 22–26). Dem trägt das Form. dadurch Rechnung, dass unter II. der Begründung mit den Anlagen K 3 und K 4 eidesstattliche Versicherungen vorgelegt werden, in denen die als Geschäftsgeheimnis bezeichneten Informationen erläutert und bezeichnet sowie die getroffenen Geheimhaltungsmaßnahmen beschrieben werden. Neben eidesstattlichen Versicherungen kommen als weitere Glaubhaftmachungsmittel ua in Betracht: schriftliche Dokumente aller Art (zB Anlage K 2 im Form.), schriftliche Zeugenaussagen, Gerichtsprotokolle.

b) Unter B. II. der beantragten Geheimhaltungsanordnung sind im Form. die im Gesetz geregelten **Rechtsfolgen der Einstufung** nach § 16 Abs. 1 GeschGehG aufgeführt. Das ist die Folge von § 20 Abs. 5 Satz 2 GeschGehG, wonach das Gericht bei einem stattgebenden Antrag nach § 16 Abs. 1 GeschGehG die Beteiligten auf die „Wirkung der Anordnung nach § 16 Absatz 1 und § 18 und Folgen der Zuwiderhandlung nach § 17 hinzuweisen" hat. Insoweit muss der Antragsteller/Kläger in seinen Antrag zwar nicht ausdrücklich diesen Hinweis aufnehmen. Um dem Gericht allerdings bereits ein „Muster" für eine Anordnung nach den §§ 16–19 GeschGehG an die Hand zu geben, kann es empfehlenswert sein, die im Gesetz vorgesehenen Hinweise bereits vorzuformulieren.

c) Die mit Antrag zu B. III. begehrte Anordnung von **Zugangsbeschränkungen** beruht auf § 19 Abs. 1 GeschGehG. Der Antrag bezieht sich auf von den Parteien oder Dritten eingereichte oder vorgelegte Dokumente, die Geschäftsgeheimnisse enthalten „können" (§ 19 Abs. 1 Satz 1 Nr. 1 GeschGehG). Zu den Voraussetzungen des § 16 Abs. 1 GeschGehG muss ein Geheimhaltungsinteresse hinzutreten, das nach Abwägung aller Umstände das Recht der Beteiligten auf rechtliches Gehör auch unter Beachtung ihres Rechts auf effektiven Rechtsschutz und ein faires Verfahren übersteigt. Zugangsbeschränkungen flankieren und verstärken den Schutz einer Anordnung nach § 16 Abs. 1 GeschGehG, indem die Gefahr einer Offenlegung durch Dritte (ua auch Unternehmensangehörige) weiter reduziert wird. Das Recht auf effektive Verteidigung des Beklagten wird durch die Zugangsbeschränkungen beeinträchtigt. Daher muss der Kreis der Personen, denen Zugang zu gewähren ist, einerseits möglichst klein, aber doch so gefasst werden, dass die Beeinträchtigung dieses Rechts des Beklagten auf ein Mindestmaß reduziert wird. Das bedeutet, dass diejenigen Personen, die im Unternehmen mit der Verteidigung gegen die Klage betraut sein werden, Zugang erhalten müssen, einschließlich den Mitarbeitern der entsprechenden Fach- oder Rechtsabteilungen. Zusätzlich ist Rechts- und/oder Patentanwälten Zugang zu gewähren, die im Regelfall kein Eigeninteresse haben und daher unkritisch sind (Harte-Bavendamm/Ohly/*Kalbfus*, GeschGehG, § 19 Rn. 32). Aus § 20 Abs. 2 GeschGehG folgt, dass nach der Anordnung einer Zugangsbeschränkung im Rahmen der Anhörung dem Beklagten Gelegenheit gegeben werden kann, geeignete Personen namentlich zu benennen.

d) Mit Antrag zu B. IV. wird der **Ausschluss der Öffentlichkeit** gemäß § 19 Abs. 2 Nr. 1 GeschGehG begehrt. Das steht im Ermessen des Gerichts (Harte-Bavendamm/Ohly/*Kalbfus*, GeschGehG, § 20 Rn. 42). Wenn allerdings bereits Zugangsbeschränkungen gemäß § 19 Abs. 1 GeschGehG angeordnet wurden, besteht kein vernünftiger Grund mehr, die Öffentlichkeit zuzulassen, weil das der gleichzeitigen (weitgehenden) Zugangsbeschränkung für die betroffene Partei widerspräche (so Harte-Bavendamm/Ohly/*Kalbfus*, GeschGehG, § 19 Rn. 42).

9. Die Verletzungshandlungen sind in § 4 GeschGehG geregelt. Sie orientieren sich systematisch an einer zeitlichen Abfolge von Handlungen, die teilweise aufeinander aufbauen (Harte-Bavendamm/Ohly/Kalbfus/*Ohly*, GeschGehG, § 4 Rn. 3).

a) § 4 Abs. 1 regelt das unbefugte Erlangen von Geschäftsgeheimnissen. Den Hauptfall in der Praxis stellt wohl der in Nr. 1 geregelte Fall dar, der den unbefugten Zugang zu, die unbefugte Aneignung oder das unbefugte Kopieren von Gegenständen betrifft, die das Geschäftsgeheimnis enthalten oder aus denen sich das Geschäftsgeheimnis ableiten lässt. Nr. 2 enthält daneben eine selbständige „Generalklausel", nach der ein Erlangen auch dann als unbefugt anzusehen ist, wenn es durch „jedes sonstige Verhalten" erfolgt, das unter den Umständen nicht dem Grundsatz von Treu und Glauben unter Berücksichtigung der anständigen Marktgepflogenheiten entspricht. Ein Beispielfall für die Nr. 2 ist das Einwirken auf Personen zum Zwecke der Erlangung des Geschäftsgeheimnisses, zB durch Drohung, Bestechung oder Täuschung (Harte-Bavendamm/Ohly/Kalbfus/*Ohly*, GeschGehG, § 4 Rn. 21, 22).

b) § 4 Abs. 2 regelt Verbote der Nutzung oder Offenlegung. Der in Nr. 1 geregelte Fall betrifft Handlungen nach § 4 Abs. 1, baut also systematisch auf dem unbefugten Erwerb nach diesem Absatz auf. Nr. 2 steht für sich und regelt den Fall, dass gegen eine (vertragliche) Verpflichtung zur Beschränkung der Nutzung des Geschäftsgeheimnisses verstoßen wird. Dabei wird es sich häufig um arbeitsvertragliche Regelungen handeln. Insbesondere wird von Nr. 2 die Konstellation erfasst, dass zur Geheimhaltung verpflichtete Angestellte, die während ihres Angestelltenverhältnisses berechtigt Zugang zu Geschäftsgeheimnissen erlangt haben, dieses nach Beendigung des Angestelltenverhältnisses für eigene oder fremde Zwecke nutzen (OLG Düsseldorf GRUR-RS 2021, 17483 Ls. 2 und Rn. 70 ff. – Konstruktionszeichnung für Zentrifugentrommel). Dieser Fall liegt im Falle des Zeugen EA. in dem dem Form. zugrunde liegenden Sachverhalt vor (vgl. dort zu Ziffer IV. 1.). Nr. 3 betrifft Verstöße gegen (vertragliche) Verpflichtungen, das Geschäftsgeheimnis nicht offenzulegen. Häufig werden vertragliche Verpflichtungen im Sinne der Nr. 2 und Nr. 3 zusammenfallen (zB im Rahmen eines „Non-Disclosure Agreement“ [NDA], aber auch zB im Rahmen von Arbeitsverträgen).

c) § 4 Abs. 3 S. 1 regelt generell die Nutzung oder Offenlegung des Geschäftsgeheimnisses durch Dritte. Satz 2 betrifft den (als Beispielsfall („insbesondere“) von Satz 1 ausgestalteten) Vertrieb rechtsverletzender Produkte.

Ob die mit Antrag zu A. I. 1. a) (2) angegriffene abgewandelte Ausführungsform ein rechtsverletzendes Produkt im Sinne des § 4 Abs. 3 S. 2 GeschGehG darstellt, dürfte anhand der vor Inkrafttreten des Gesetzes entwickelten Rechtsprechung zu beurteilen sein (insbesondere BGH GRUR 2002, 91 Ls. b) – Spritzgießwerkzeuge). Nach dieser Entscheidung dürfte weiterhin auch unter Geltung des GeschGehG gelten, dass Modifikationen und Weiterentwicklungen an einer als Geschäftsgeheimnis anzusehenden Vorrichtung nichts an einer Übernahme bzw. Verwertung des Geheimnisses ändern, solange für das Geschäftsgeheimnis entscheidende Grundelemente beibehalten werden und deshalb davon auszugehen ist, dass ohne eine Kenntnis des Vorbildes dasselbe technische Ergebnis entweder nicht oder jedenfalls nicht in derselben Zeit oder so zuverlässig hätte erreicht werden können.

Kosten und Gebühren

10. Für Gerichtskosten und Anwaltsgebühren gibt es im Prozess wegen Verletzung von Geschäftsgeheimnissen keine Besonderheiten (→ Form. I.D.1).

Für das vorgeschaltete Verfahren der §§ 16–20 GeschGehG fallen keine besonderen Gebühren an. Die Tätigkeit in Bezug auf die Stellung und Bearbeitung dieser Anträge bei Gericht wird von der Verfahrensgebühr abgedeckt, was sowohl dann gilt, wenn die Anträge wie im Form. im Rahmen einer Klage gestellt werden, als auch dann, wenn sie nach Rechtshängigkeit gesondert gestellt werden.

Rechtsmittel

11. Die Entscheidung über die Anträge gemäß den §§ 16–20 GeschGeh ergeht gemäß § 20 Abs. 5 S. 1 GeschGehG durch Beschluss, und zwar auch dann, wenn die Anträge wie im Form. bereits in der Klage gestellt werden. Wird dem Antrag stattgegeben, erfolgt also insbesondere antragsgemäß die Einstufung einer streitgegenständlichen Information als geheimhaltungsbedürftig, kann diese Entscheidung nur gemeinsam mit dem Rechtsmittel in der Hauptsache (also der Berufung gegen ein erstinstanzliches Urteil) angefochten werden, § 20 Abs. 5 S. 4 GeschGehG. Wird der Antrag auf Einstufung nach § 16 Abs. 1

GeschGehG zurückgewiesen, findet gegen den zurückweisenden Beschluss die sofortige Beschwerde statt (§ 20 Abs. 5 S. 5 GeschGehG). Entsprechendes gilt für die anderen Maßnahmen, insbesondere nach § 19 GeschGehG. Mit dieser gespaltenen Anfechtungsmöglichkeit wird der Tatsache Rechnung getragen, dass dem Prozessgegner bei Anordnung von Maßnahmen zur Geheimhaltung ein Zuwarten über die erste Instanz hinweg zumutbar ist, während die Zurückweisung den Bestand der möglichen Geschäftsgeheimnisse unmittelbar gefährden kann, was ein sofortiges Rechtsmittel für den möglichen Geheimnisinhaber erforderlich macht.

Q. Patent-, Gebrauchsmuster-, Design-, Gemeinschaftsgeschmacksmuster-, Kennzeichen- und Urheberrecht

Patent- und Gebrauchsmusterrecht

1. Verwarnung wegen Patentverletzung

Firma
B . . . . .
– Geschäftsleitung –
. . . . .
Betr.: A . . . . ./B . . . . .
DE . . . . . betreffend ein Mosaik-Schaltbild[1, 2]
Sehr geehrte Damen und Herren!
Die Firma A . . . . . hat mich mit der Wahrnehmung ihrer Interessen beauftragt. Namens und in Vollmacht[3] meiner Mandantin teile ich Ihnen das Folgende mit:

1. Meine Mandantin ist eingetragene, alleinige und ausschließlich verfügungsberechtigte Inhaberin des DE . . . . . betreffend ein Mosaik-Schaltbild.[2] Die zugrunde liegende Patentanmeldung erfolgte am 2.1.2015.[4] Sie wurde am 15.6.2017 bekannt gemacht. Die Veröffentlichung der Patenterteilung erfolgte am 12.2.2018.[5] Ich überreiche als Anlage A zu Ihrer Unterrichtung die zugehörige Patentschrift.[6]
2. Das Patent lehrt eine gegenüber dem bisherigen Stand der Technik neue, auf erfinderischer Tätigkeit beruhende und gewerblich anwendbare[7] Verbesserung von Mosaik-Schaltbildern, soweit die Ausgestaltung der Randabschlüsse betroffen ist. Der Inhalt der DE-PS . . . . . ist aus sich heraus verständlich, so dass weitere Bemerkungen von mir nicht veranlasst sind.
3. Meine Mandantin hat Kenntnis davon erlangt, dass Sie Mosaik-Schaltbilder herstellen und vertreiben, die in das DE . . . . . eingreifen. So haben Sie bspw. am . . . . . an die Firma X . . . . . ein Mosaik-Schaltbild geliefert, das aus einer Montagewand mit zellenförmiger Struktur und darauf befestigten, die Zellengröße aufweisenden Mosaiksteinen bestand, wobei insb. die den Rand des Mosaik-Schaltbildes bildenden Steine breiter sind als die übrigen Mosaiksteine und darüber hinaus über den Rand der Montagewand vorstehen. Damit wird bei den von Ihnen angebotenen Mosaik-Schaltbildern vom Hauptanspruch des DE . . . . . wortsinngemäß Gebrauch gemacht.[8] Infolgedessen sind Sie gegenüber meiner Mandantin gem. §§ 139[9] PatG zu Unterlassung, Rechnungslegung und Schadensersatz verpflichtet, ferner gem. § 33 PatG zur angemessenen Entschädigung sowie gem. § 140b PatG zur Auskunftserteilung zB über den Vertriebsweg Ihrer Erzeugnisse, zum Rückruf und zur Entfernung aus den Vertriebswegen gem. § 140a Abs. 3 PatG und schließlich gem. § 140a Abs. 1 PatG zur Vernichtung. Alle vorstehenden Ansprüche werden hiermit geltend gemacht.[9]
4. Meine Mandantin hat mich ermächtigt, Ihnen Gelegenheit zur außergerichtlichen Bereinigung des Streitverhältnisses zu geben. Ich habe Sie daher namens und in

Vollmacht meiner Mandantin aufzufordern, sich ihr gegenüber zu meinen Händen rechtsverbindlich zu verpflichten,[10]

1. **es bei Meidung einer für jeden Fall der Zuwiderhandlung fälligen Vertragsstrafe[11] iHv . . . . . EUR (in Worten: . . . . . Euro) zu unterlassen,[12]**
   im Bereich der Bundesrepublik Deutschland[13] Mosaik-Schaltbilder, bestehend aus einer Montagewand mit zellenförmiger Struktur und darauf befestigten, die Zellengröße aufweisenden Mosaik-Steinen herzustellen, anzubieten, in den Verkehr zu bringen oder zu gebrauchen oder zu den genannten Zwecken einzuführen oder zu besitzen, bei denen die den Rand des Mosaik-Schaltbildes bildenden Steine breiter sind als die übrigen Mosaik-Steine und über den Rand der Montagewand vorstehen;[14]
2. **meiner Mandantin für die Zeit ab 12.3.2018 Auskunft über die Herkunft und den Vertriebsweg der unter vorstehend (1) beschriebenen Erzeugnisse zu erteilen, insb. unter Angabe der Namen und Anschriften der Hersteller, der Lieferanten und deren Vorbesitzer, der gewerblichen Abnehmer oder Auftraggeber sowie unter Angabe der Menge der hergestellten, ausgelieferten, erhaltenen oder bestellten Erzeugnisse;[15]**
3. **meiner Mandantin über den Umfang[16] der vorstehend zu (1) beschriebenen und seit dem 15.7.2017[17] begangenen Handlungen Rechnung zu legen, und zwar unter Vorlage eines Verzeichnisses mit der Angabe der Herstellungsmengen und -zeiten sowie der einzelnen Lieferungen unter Nennung[18]**
   a) **der Liefermengen, Typenbezeichnungen, Artikel-Nummern, Lieferzeiten, Lieferpreise und Namen und Anschriften der Abnehmer,**
   b) **der Gestehungskosten unter Angabe der einzelnen Kostenfaktoren sowie des erzielten Gewinns[19]**
   c) **und unter Angabe der einzelnen Angebote und der Werbung unter Nennung der Angebotsmengen, Typenbezeichnungen, Artikel-Nummern, Angebotszeiten und Angebotspreise sowie der Namen und Anschriften der Angebotsempfänger,**
   d) **der einzelnen Werbeträger, deren Auflagenhöhe, Verbreitungszeitraum und Verbreitungsgebiet,**
   wobei
   e) **Ihnen vorbehalten bleiben mag,[20] die Namen und Anschriften der Angebotsempfänger und der nicht gewerblichen Abnehmer statt meiner Mandantin einem von dieser zu bezeichnenden und ihr gegenüber zur Verschwiegenheit verpflichteten vereidigten Wirtschaftsprüfer mitzuteilen, sofern Sie die durch seine Einschaltung entstandenen Kosten tragen und ihn ermächtigen, meiner Mandantin auf Anfrage mitzuteilen, ob bestimmte Abnehmer und/oder Lieferungen in der erteilten Rechnung enthalten sind,**
   f) **und die Adressatin dieses Briefes die Angaben vorstehend zu b) erst für die Zeit seit dem 12.3.2018 zu machen hat;[24]**
4. **die vorstehend (1) beschriebenen Erzeugnisse zurückzurufen und sie endgültig aus den Vertriebswegen zu entfernen;[21]**
5. **die in Ihrem unmittelbaren oder mittelbaren Besitz oder Eigentum befindlichen Erzeugnisse entsprechend vorstehend (1) zu vernichten oder nach Ihrer Wahl an einen von meiner Mandantin zu bezeichnenden Treuhänder zum Zwecke der Vernichtung auf Ihre Kosten herauszugeben;[22]**
6. **meiner Mandantin für die zu vorstehend (1) bezeichneten Handlungen eine angemessene Entschädigung zu zahlen, soweit diese in der Zeit ab 15.7.2017 bis 11.3.2018 begangen worden sind;[23]**

7. meiner Mandantin allen Schaden zu erstatten, der ihr durch die vorstehend zu (1) bezeichneten und seit dem 12.3.2018 begangenen[25] Handlungen entstanden ist und künftig noch entstehen wird;

8. meiner Mandantin die ihr durch meine Einschaltung entstandenen Kosten auf der Grundlage eines Gegenstandswertes von . . . . EUR in Höhe einer 1,3 Rechtsanwaltsgebühr zzgl. Auslagen und Mehrwertsteuer zu erstatten.[26]

Die diesseits geltend gemachte Kostenerstattungspflicht findet ihre Grundlage in dem rechtlichen Gesichtspunkt des Schadensersatzes sowie demjenigen der auftragslosen Geschäftsführung. Sie ist in der höchstrichterlichen Rspr. seit langem anerkannt.[26]

Ich erwarte den Eingang der vorstehenden Verpflichtungserklärungen bis zum . . . .[27]

Sollten Sie die gesetzte Frist ungenutzt verstreichen lassen, werde ich meiner Mandantin empfehlen, gerichtliche Schritte einzuleiten.[28]

Unterschrift[29, 30, 31, 32]

Schrifttum: Kommentare: *Benkard,* Patentgesetz und Gebrauchsmustergesetz, 11. Aufl. 2015; *Busse/Keukenschrijver,* Patentgesetz unter Berücksichtigung des Europäischen Patentübereinkommens, der Regelung zum Patent mit einheitlicher Wirkung, des Patentzusammenarbeitsvertrages mit Patentkostengesetz, Gebrauchsmustergesetz und Gesetz über den Schutz der Topographien von Halbleitererzeugnissen, Gesetz über Arbeitnehmererfindungen und Gesetz über Internationale Patentübereinkommen, 9. Aufl. 2020; *Fitzner/Lutz/Bodewig,* Patentrechtskommentar, 2012; *Mes,* Patentgesetz, Gebrauchsmustergesetz, 5. Aufl. 2020; *Schulte/Bearbeiter,* Patentgesetz mit EPÜ, 10. Aufl. 2017.

Lehrbücher und Monographien: Braitmayer/van Hees, Verfahrensrecht in Patentsachen, 5. Aufl. 2019; *Chrocziel,* Einführung in den gewerblichen Rechtsschutz und das Urheberrecht, 3. Aufl. 2019; *Däbritz/Jesse/Bröcher,* Patente, 3. Aufl. 2009; *Dolder/Faupel,* Der Schutzbereich von Patenten, 4. Aufl. 2019; *Götting,* Gewerblicher Rechtsschutz, 10. Aufl. 2014; *Groß,* Mediation im gewerblichen Rechtsschutz und Urheberrecht, 2009; *Haedicke,* Patentrecht, 4. Aufl. 2018; *Haedicke/Timmann,* Handbuch des Patentrechts, 2. Aufl. 2020; *Jestaedt,* Patentrecht. Ein fallbezogenes Lehrbuch, 2. Aufl. 2008; *Kraßer/Ann,* Lehrbuch des Patentrechts. 7. Aufl. 2016; *Kühnen,* Handbuch der Patentverletzung, 13. Aufl. 2021; *Osterrieth,* Patentrecht, 5. Aufl. 2015; *Pitz,* Patentverletzungsverfahren, 2. Aufl. 2010; *Schickedanz,* Die Formulierung von Patentansprüchen, 2. Aufl. 2009; *Schramm,* Der Patentverletzungsprozess – Patent- und Prozessrecht, 7. Aufl. 2013.

Zur Patentverwarnung: Bernreuther, Zur Auslegung und Inhaltskontrolle von Vertragsstrafevereinbarungen, GRUR 2003, 114; *Busch,* Zurückweisung einer Abmahnung bei Nichtvorlage der Originalvollmacht nach § 174 S. 1 BGB?, GRUR 2006, 477; *Deutsch,* Der BGH-Beschluss zur unberechtigten Schutzrechtsverwarnung und seine Folgen für die Praxis, GRUR 2006, 374; *Deutsch,* Gedanken zur unberechtigten Schutzrechtsverwarnung, WRP 1999, 25; *Godendorff,* Schadensersatz wegen unberechtigter Verwarnung im Immaterialgüter- und Wettbewerbsrecht, 2007; *Kircher,*. Der Sequestrationsantrag im einstweiligen Rechtsschutz: Ausweg aus der Obliegenheit zur Abmahnung?, FS *Schilling,* 2007, 293; *Kühnen,* Handbuch der Patentverletzung, 13. Aufl. 2021, C. Rn. 1 ff.; *Meier-Beck,* Die Verwarnung aus Schutzrechten – Mehr als eine Meinungsäußerung!, GRUR 2005, 535; *Mes,* PatG, 5. Aufl. 2020, § 139 Rn. 229 ff.; *Nippe,* Notarielle Unterlassungserklärung . . . . ., WRP 2015, 532; *Rieble,* „Kinderwärmkissen“ und Vertragsstrafendogmatik, GRUR 2009, 824; *Sack,* Die Haftung für unbegründete Schutzrechtsverwarnungen, WRP 2005, 253; *Spätgens,* Des Anwalts Hindernisparcours. Fallen und Handicaps. Insbes.: Vollmachtsnachweis bei der Abmahnung?, FS *Samwer,* 2008, 205; *Teplitzky,* Probleme der notariell beurkundeten und für vollstreckbar erklärten Unterlassungsverpflichtungserklärung (§ 794 Abs. 1 Nr. 5 ZPO), WRP 2015, 527; *ders.,* Zur Frage der Rechtmäßigkeit unberechtigter Schutzrechtsverwarnungen – zugleich Besprechung von BGH GRUR 2004, 958 – Verwarnung aus Kennzeichenrecht, GRUR 2005, 9; *Ullmann,* Die Verwarnung aus Schutzrechten – Mehr als eine Meinungsäußerung?, GRUR 2001, 1027; *Wilke/Jungeblut,* Abmahnung, Schutzschrift und Unterlassungserklärung im gewerblichen Rechtsschutz, 1995; *Zimmermann,* Die ungerechtfertigte Schutzrechtsverwarnung, 2008.

Zum europäischen Patent und zum Europäischen Patentübereinkommen (EPÜ): Kommentare: *Beier/Haertel/Schricker/Strauss,* Europäisches Patentübereinkommen, Münchener Gemeinschaftskommentar (im Erscheinen); *Benkard,* EPÜ, 3. Aufl. 2019; *Bremi,* The European Patent Convention and Proceedings before the European Patent Office (EPC 2000), 2008; *Brinkmann/Tilmann,* EPÜ-Handbuch, 2005; *Gruber/Adam/Haberl,* Europäisches und Internationales Patentrecht, 7. Aufl. 2013; *Singer/Stauder/Luginbühl,* EPÜ, 8. Aufl. 2019; *Singer/Stauder,* The European Patent Convention, 3. Aufl. 2003; *Visser,* The Annotated European Patent Convention, 2009.

Lehrbücher, Monographien und Aufsätze: *Adolphsen,* Europäisches und Internationales Zivilprozessrecht in Patentsachen, 3. Aufl. 2021; *Broß,* Die Patenterteilungspraxis nach dem EPÜ – Erosion des Rechtsstaats?, GRUR Int. 2017, 670; *Dybdhal/Müller,* Europäisches Patentrecht, 3. Aufl. 2009; *Fritz/Grünbeck/Hijazi,* Schlüssel zum Europäischen Patentübereinkommen 2013; *Gall,* Die Europäische Patentanmeldung und PCT in Frage und Antwort, 6. Aufl. 2002; *Pagenberg/Cornish,* Interpretation of Patents in Europe, 2006; *Rippe,* Europäische und Internationale Patentanmeldungen, 4. Aufl. 2006; *Schneider,* Das europäische Patentsystem – Wandel von Governance durch Parlament und Zivilgesellschaft, 2010.

Zum Gemeinschaftspatent und zu einem europäischen Patentverletzungsprozess

1. Kommentare und Handbücher: *Bopp/Kircher,* Handbuch Europäischer Patentprozess, 2018; *Hüttermann,* Einheitspatent und Einheitliches Patentgericht, 2017; *Tillmann/Plassmann,* Einheitspatent, Einheitliches Patentgericht, 2017.

2. Monografien, Aufsätze: *Ahrens,* Besonderheiten der Beweiserhebung im EPG-Verfahren, GRUR 2017, 323; *Chudziak,* Das Verhältnis zwischen zukünftigem Einheitspatent und nationalem Patent mit überschneidendem Schutzumfang und gleichem Zeitrang, GRUR 2015, 839; *Grabinski,* Verfahrensordnung für das Einheitliche Patentgericht, GRUR Int. 2013, 310; *ders.,* Die Qual der Wahl – Ein Vergleich der Patentverletzungsverfahren vor dem Einheitlichen Patentgericht und den deutschen Gerichten am Beispiel des Gerichtsstandortes Düsseldorf, FS 80 Jahre Patentgerichtsbarkeit in Düsseldorf, 2016, 141; *Gruber,* Das Einheitliche Patentgericht: Vorlagebefugt kraft eines völkerrechtlichen Vertrags?, GRUR Int. 2015, 323; *Haberl/Schallmoser,* Einheitspatent und Einheitliches Patentgericht starten voraussichtlich Anfang 2017, GRUR Prax. 2016, 28; *Hüttermann,* Der EuGH und das Einheitspatentgericht – Erkenntnisse aus den „Spanien"-Urteilen C-146/13 und C-147/13? Mitt. 2015, 498; *ders.,* Führen die Verfahrensregeln des Einheitlichen Patentgerichts zu einer Renaissance früherer (überholter) Praktiken?, Mitt. 2016, 212; *ders.,* Was bedeutet die „Brexit"-Abstimmung für den gewerblichen Rechtschutz in Europa?, Mitt. 2016, 353; *Leistner,* Vollstreckung von Urteilen des Einheitlichen Patentgerichts in Deutschland, GRUR 2016, 217; *Luginbühl,* Europäisches Patent mit einheitlicher Wirkung, GRUR Int. 2013, 305; *Ohly,* Auf dem Weg zum Einheitspatent und zum einheitlichen Patentgericht. Licht am Ende des Tunnels oder Tunnel am Ende des Lichts?, ZGE/IPJ 4 (2012), 419; *Kiani/Springorum,* Aktuelles aus dem Bereich der „Patent Litigation". Die Prozessvertretung vor dem Einheitlichen Patentgericht, Zeitenwende für die juristischen Berufe in Europa?, Mitt. 2016, 155; *McGuire,* European Patent Package: Das Zusammenspiel von EPVO, EPGÜ und Nationalen Patentrecht, Mitt. 2015, 537; *Meier-Beck,* Quo Vadis, iudicium unitarium? GRUR 2014, 144; *ders.,* Bifurkation und Trennung. Überlegungen zum Übereinkommen über ein Einheitliches Patentgericht und zur Zukunft des Trennungsprinzips in Deutschland, GRUR 2015, 929; *Nieder,* Strategische Überlegungen zum Einheitsregistereintrag und zum Opt-Out in der Übergangsphase, GRUR 2015,

728; *Pagenberg,* Die EU-Patentrechtsreform – Zurück auf Los?, GRUR 2012, 582; *Stjerna,* Die Beratungen zum „Einheitspatent“ und der zugehörigen Gerichtsbarkeit – Auf dem Weg ins Desaster, Mitt. 2012, 54; *Schallmoser/Grabinski*, The Rules of Procedure of the Unified Patent Court (Part I), Mitt. 2015, 425; *Tilmann*, Das EPGÜ aus der Sicht des EuGH, GRUR 2021, 373 (FS *Meier-Beck*); *ders.;* The Future of the UPC after Brexit, GRUR 2016, 753; *ders.*, Glücklich im Hafen: Das Einheitspatent, GRUR 2015, 527; *Walz*, Schadensersatz und Einheitspatentsystem, GRUR-Int. 2016, 513; *ders.*, UPCA and EPUE-Reg – Construction and Application, GRUR Int. 2016, 409.

3. Materialien zum Gemeinschaftspatent und zur Europäischen Gerichtsbarkeit: BVerfG GRUR 2020, 506 = Mitt. 2020, 167 – Nichtigkeit des Gesetzes zum Abkommen über das Einheitliche Patentgericht; Gutachten 1/09 des EuGH v. 8.3.2011 nach Art. 218 Abs. 1 AEUV, GRUR Int. 2011, 309 = Mitt. 2011, 183; dazu *Weiden*, GRUR 2011, 405; *Tilmann,* Zur Nichtigerklärung des EPGÜ-Ratifizierungsgesetzes, GRUR 2020, 441; *ders.* Das Europäische Patentgericht nach dem Gutachten 1/09 des EuGH, GRUR Int. 2011, 499; *Stjerna,* Das Gutachten 1/09 des EuGH – Geplantes EU-Patentgerichtssystem ist mit den EU-Verträgen unvereinbar, Mitt. 2011, 213; *Hirse/Sakowski,* Verzögerung auf der Zielgeraden – Wann kommt das Europäische Einheitspatent, Mitt. 2017, 297; *Hüttermann*, Die mögliche Bedeutung jüngster EuGH-Entscheidungen für das Einheitspatent-System, Mitt. 2021, 4; *Jaeger,* Reset and Go: The Unitary System Post Brexit, IIC 2017, 254; *Leistner/Simon,* Auswrikungen des Brexit auf das Europäische Patentsystem, GRUR Int. 2017, 825; *Opfer/Ahner/Tilmann/Schmidt/Beldiman*, Ordnung ins Verfahren bringen? – Herausforderungen der Verfahrensordnung des Einheitlichen Patentgerichts, GRUR Int. 2015, 904; *Romandini/Hilty/Lamping*, Stellungnahme zum Referentenentwurf eines Gesetzes zur Anpassung patentrechtlicher Vorschriften aufgrund der Europäischen Patentreform, GRUR Int. 2016, 554; *Tillmann,* Das Europäische Patentsystem – Stopp vor dem Ziel?, GRUR 2017, 1177; *Übertazzi,* Brexit and the European Patent, GRUR Int. 2017, 301 und 674; *Weiden,* Bericht Januar 2021, GRUR 2021, 35; *Würtenberger/Freischem*, Stellungnahme der GRUR zum Referentenentwurf eines Gesetzes zur Anpassung patentrechtlicher Vorschriften aufgrund der Europäischen Patentreform und zum Referentenentwurf eines Gesetzes zu dem Übereinkommen vom 19.2.2013 über ein Einheitliches Patentgericht, GRUR 2016, 575; dies., Stellungnahme der GRUR zur Verfassungsbeschwerde des Dr. Ingve Björn Stijerna gegen das Gesetz zu dem Übereinkommen vom 19.2.2013 über ein Einheitliches Patentgericht in Verbindung mit dem Übereinkommen über ein Einheitliches Patentgericht und Antrag auf Erlass einer einstweiligen Anordnung, GRUR 2017, 270; *Gundel,* Die Errichtung des Einheitlichen Patentgerichts als Fall für den verfassungsändernden Gesetzgeber, ZGE/IPJ 12 (2020), 215.

Sonstiges:

1. Aus der Rspr. des Bundespatentgerichts (Patentrecht und Gebrauchsmusterrecht), Jahresberichte insb.: *Kopecak/Morawek,* Aus der Rechtsprechung des Bundespatentgerichts *2013, GRUR 2014, 409; dies.* 2014, GRUR 2015, 513; *dies.* 2015, GRUR 2016, 537; *dies.* 2016, GRUR 2017, 545; *dies.* 2017, GRUR 2018, 553; *dies.* 2018, GRUR 2019, 553; *dies.* 2019, GRUR 2020, 675.

2. *Zur Rspr. des BGH in Patent- und Gebrauchsmustersachen: Jahresberichte: Meier-Beck,* Die Rechtsprechung des Bundesgerichtshofs im Patent- und Gebrauchsmusterrecht im Jahre 2017, GRUR 2018, 977; 2018, GRUR 2019, 985; *Bacher,* Die Rechtsprechung des Bundesgerichtshofs im Patent- und Gebrauchsmusterrecht im Jahre 2019, GRUR 2020, 1129..

3. Zur Rspr. der Instanzgerichte in Patent- und Gebrauchsmustersachen: *Hoppe,* Die Rechtsprechung der deutschen Instanzgerichte zum Patent- und Gebrauchsmusterrecht seit dem Jahr 2014, GRUR-RR 2015, 497; *ders.* 2015, GRUR-RR 2016, 385; *ders.* 2016, GRUR-RR 2017, 465; *ders./Donle*, 2017, GRUR-RR 2018, 393; *diess./Hülsewig*, 2018, GRUR-RR 2019, 505; *Hoppe/Donle,* 2019, GRUR-RR 2020, 465.

4. Zu TRIPS: *Busche/Stoll/Wiwe*, TRIPS, 2. Aufl. 2013; *Gervais*, The TRIPs Agreement, 2. Aufl. 2003; *Staehelin*, Das TRIPS-Abkommen. Immaterialgüterrecht im Licht der globalisierten Handelspolitik, 2. Aufl. 1999.

5. Hilfsmittel: Münchener Prozessformularbuch. Gewerblicher Rechtschutz, Urheber- und Pressrecht, Herausgegeben von *Mes*, 5. Aufl. 2018; Beck'sche Formularsammlung zum Gewerblichen Rechtschutz mit Urheberrecht, 4. Aufl. 2009; *Cepl/Voß*, Prozesskommentar zum Gewerblichen Rechtschutz, 2. Aufl. 2018; *Eisenmann/Jautz*, Grundriss Gewerblicher Rechtschutz und Urheberrecht. Mit 55 Fällen und Lösungen, 9. Aufl. 2012; *Erdmann/Rojahn/Sosnitza (Hrsg.)*, Handbuch des Fachanwalts/Gewerblicher Rechtschutz, 2008; *Hasselblatt*, Münchener Anwaltshandbuch. Gewerblicher Rechtschutz, 5. Aufl. 2017; *Rebl*, Gewerbliche Schutzrechte, Anmeldung – Strategie –Verwertung, 6. Aufl. 2010;

Hinweis: Weitere Textbeispiele für patentrechtliche Abmahnungen finden sich bei *Mes*, Münchener Prozessformularbuch, Bd. 5: Gewerblicher Rechtsschutz, Urheber- und Presserecht, 5. Aufl. 2018, Form. C.2 u. 3.

Anmerkungen

1. *Hinweis:* Die nachfolgende Darstellung bezieht sich auf das deutsche Patentrecht. Das europäische Patent – nach dem Europäischen Patentübereinkommen (EPÜ) – und das Gemeinschaftspatent – nach dem Gemeinschaftspatentübereinkommen – sind in den Anmerkungen zu den Formularen, soweit erforderlich, mitbehandelt.

In § 59 Abs. 2 S. 2 PatG 1981 ist die **Abmahnung (= Verwarnung)** wegen Patentverletzung angesprochen. Sie ist die „Aufforderung des Patentinhabers, eine angebliche Patentverletzung zu unterlassen"; mithin ein ernsthaftes und endgültiges Unterlassungsbegehren (BGH GRUR 2011, 995 – Besonderer Mechanismus; GRUR 1997, 896 (897) – Mecki-Igel III; OLG Düsseldorf GRUR-RR 2014, 315 (316) re. Sp. – Bestattungsbehältnis). Die Verwarnung aus dem Patent ist einerseits notwendige Prozessvorbereitungsmaßnahme, um für den Fall der Klageerhebung und im Falle des sofortigen Anerkenntnisses des Klagebegehrens durch den Patentverletzer den Kläger davor zu bewahren, gem. § 93 ZPO die Kosten des Rechtsstreits tragen zu müssen. Andererseits birgt die patentrechtliche Verwarnung beträchtliche Risiken. Die ungerechtfertigte Verwarnung kann einen Eingriff in den eingerichteten und ausgeübten Geschäftsbetrieb darstellen und, sofern Verschulden vorliegt, gem. § 823 Abs. 1 BGB zu Schadensersatz verpflichten (BGH GRUR 2011, 995 Rn. 28 – Besonderer Mechanismus; GRUR 2006, 219 – Detektionseinrichtung; GRUR 2005, 882 – Unberechtigte Schutzrechtsverwarnung; 1997, 741 – Chinaherde: für Gebrauchsmuster; GRUR 1995, 424 (425) re. Sp. – Abnehmerverwarnung: für Patent; GRUR 1979, 332 – Brombeerleuchte: für Geschmacksmuster und Urheberrecht; GRUR 1978, 492 – Fahrradgepäckträger II: für Patent). Die gegenüber dieser Rspr. kritischen Gegenstimmen (zB *Ullmann* GRUR 2001, 127; OLG Düsseldorf GRUR 2003, 814 – Unberechtigte Abnehmerverwarnung – und auch BGH GRUR 2004, 958 – Verwarnung aus Kennzeichenrecht) sind durch die Entscheidung des Großen Senats für Zivilsachen GRUR 2005, 882 – Unberechtigte Schutzrechtsverwarnung – verworfen. Zugleich kann die ungerechtfertigte Verwarnung gegen § 3 UWG verstoßen (BGH GRUR 2001, 54 (55) – SUBWAY/Subwear; 1995, 424 (425) – Abnehmerverwarnung). Bevor ein Patentverletzer verwarnt wird, sollten die Schutzfähigkeit des geltend gemachten Schutzrechtes sowie der Verletzungstatbestand überprüft werden. Geschieht dies sorgfältig und sachkundig, zieht insb. der Verwarner Patent- und/oder Rechtsanwälte zu Rate, ist im Hinblick auf das Verschulden ein Entlastungsbeweis möglich (BGH GRUR 1997, 741 (742) – Chinaherde; GRUR 1976, 715 – Spritzgießmaschine; OLG Karlsruhe GRUR-RR 2003, 230 – Funkuhr, kein Verschulden, wenn der Patentinhaber zunächst die Entscheidung des Bundespatentgerichts im Patentnichtigkeitsverfahren abgewartet hat). Dabei wird eher im Falle eines erteilten und nicht mehr einsprechbaren Patentes eine Fehleinschätzung seiner Schutzfähigkeit als unverschuldet angesehen werden können, wenn das Patent im Nachhinein auf eine Nichtigkeitsklage hin (→ Form. II.Q.6) vernichtet wird, als eine Fehleinschätzung des Verletzungstatbestandes. Zur erhöhten Sorgfaltspflicht bei Verwarnung aus einem Gebrauchsmuster BGH GRUR 1997, 741 – Chinaherde.

BGH GRUR 2005, 882 – Unberechtigte Schutzrechtsverwarnung – unterscheidet nicht grds. zwischen einer Verwarnung gegenüber dem unmittelbaren Patentverletzer und einer Verwarnung gegenüber seinem Abnehmer/Kunden (sog Abnehmer-/Kunden- oder Drittverwarnung). Allerdings bleiben die Sachverhalte der Abnehmerverwarnung eher dem Vorwurf eines unerlaubten Eingriffs in das Recht am ausgeübten Gewerbebetrieb ausgesetzt (vgl. *Meier-Beck* GRUR 2005, 535; den Fall eines Schadensersatzes wegen – unberechtigter – Abnehmerverwarnung in BGH GRUR 2006, 219 – Detektionseinrichtung II).

Nach nunmehr geltender Auffassung stellt die unbegründete Verletzungsklage keinen Eingriff in das Recht am eingerichteten und ausgeübten Gewerbebetrieb des Beklagten dar (BGH GRUR 2005, 882 (884), re. Sp. – Unberechtigte Schutzrechtsverwarnung; aA BGH BGHZ 38, 200 (206, 207) = GRUR 1963, 255 – Kindernähmaschinen).

Ein Schaden des ungerechtfertigt Verwarnten ist in vielerlei Hinsicht denkbar, zB in Form von Produktions- und Liefereinstellungen infolge der Verwarnung, Kosten durch Inanspruchnahme rechtsanwaltlicher und/oder patentanwaltlicher Hilfe (aA BGH GRUR 2004, 958 – Verwarnung aus Kennzeichenrecht; OLG Düsseldorf GRUR-RR 2002, 213), Rufschädigungen. BGH GRUR 2016, 630 = WRP 2016, 881 – Unberechtigte Schutzrechtsverwarnung II – dehnt das Schadensersatzrisiko einer ungerechtfertigten Verwarnung auch auf den verantwortlichen Rechtanwalt aus (vgl. auch OLG Frankfurt a. M. GRUR-RR 2017, 461 – unberechtigte Schutzrechtsverwarnung II; kritisch: *Keller,* GRUR 2016, 634). Ihn soll gegenüber dem Verwarnten eine Garantenpflicht dahingehend treffen, den Schutzrechtsinhaber nicht in einer die Rechtslage unzutreffenden Weise über die Berechtigung der Schutzrechtsverwarnung zu beraten. Handelt der Rechtanwalt fahrlässig, so soll er neben dem Schutzrechtsinhaber unter dem Gesichtspunkt eines rechtswidrigen und schuldhaften Eingriffs in den eingerichteten und ausgeübten Gewerbebetrieb zu Schadensersatz verpflichtet sein. Hat jedoch der Rechtanwalt den Schutzrechtsinhaber bei unklarer Rechtslage auf alle wesentlichen Gesichtspunkte hingewiesen und entscheidet sich der Schutzrechtsinhaber trotz aufgezeigter Bedenken dazu, die Verwarnung auszusprechen, scheidet eine Haftung des Rechtanwalts wegen unberechtigter Schutzrechtsverwarnung nach § 823 Abs. 1 BGB regelmäßig aus (BGH aaO).

Von der Verwarnung ist der sog **Schutzrechtshinweis** zu unterscheiden (→ Form. II. Q.8; ein weiteres Beispiel findet sich bei MPFormB GewRS/*Mes* Kap. C. 1 mit weiteren Hinweisen), mit dem lediglich ein die Tatsachen- und Rechtslage aufklärender Meinungsaustausch mit dem etwaigen Schutzrechtsverletzer eröffnet werden soll. Ein solcher Hinweis begründet regelmäßig, sofern er zB nicht gegenüber einem Dritten, etwa einem Abnehmer des vermeintlichen Verletzers erfolgt, keinen rechtswidrigen Eingriff in den eingerichteten und ausgeübten Gewerbebetrieb und damit keinen Schadensersatzanspruch (BGH GRUR 2011, 995 Rn. 29 – Besonderer Mechanismus; GRUR 1997, 896 (897) – Mecki-Igel III); ebenso nicht einen Kostenerstattungsanspruch. Die Abgrenzung zwischen Verwarnung und bloßem Schutzrechtshinweis ist oft schwierig (→ Form. II.Q.8 Anm. 1). Es kann sich um eine Abmahnung (Verwarnung) handeln, wenn ein Schreiben in einem ersten Teil als Berechtigungsanfrage (Hinweisschreiben) ausgestaltet ist, in einem zweiten Teil jedoch für den Fall, dass der Adressat keine rechtfertigenden Gründe für die Benutzung des Schutzrechts geltend machen kann, eine strafbewehrte Unterlassungsverpflichtungserklärung unter Androhung gerichtlicher Schritte eingefordert wird (OLG Düsseldorf GRUR-RR 2014, 315 – Bestattungsbehältnis).

Erscheinen tatsächliche Umstände und Rechtslage im Einzelfall nicht ausreichend geklärt, sollte infolge des hohen Risikos, das mit einer Verwarnung verbunden ist, anstelle einer Verwarnung gegenüber dem vermeintlichen Verletzer lediglich ein Schutzrechtshinweis erfolgen.

An eine Verwarnung schließen sich häufig Vergleichsverhandlungen an, die auch mit einem Lizenzvertrag enden können. Zum Muster eines solchen Vertrages vgl. MVHdB III WirtschaftsR II/*Schultz-Süchting* Form. VI.1.

2. Die Patentnummer ist im Form. offen gelassen, der Patentgegenstand kurz bezeichnet.

3. Zur Problematik, ob der Abmahnung eine Vollmacht beigefügt sein muss, → Form. II.P.1 Anm. 3 mwN. Grds. ist die Beifügung einer Vollmacht zu empfehlen. BGH (GRUR 2010, 355, Rn. 18 – Testfundstelle; 2010, 1120, Rn. 15 – Vollmachtsnachweis) sieht in der Abmahnung (Verwarnung) ein Vertragsangebot zum Abschluss eines Unterwerfungsvertrages, wenn es von einem Rechtsbindungswillen getragen und inhaltlich hinreichend bestimmt ist. Nach dieser Sicht ist § 174 BGB weder direkt noch analog anwendbar, weil es sich nicht um ein einseitiges Rechtsgeschäft handelt. Eine Vollmacht braucht mithin der Verwarnung nicht beigefügt zu werden. OLG Celle GRUR-RR 2011, 77 – Fehlende Originalvollmacht – hält die Berufung eines Abgemahnten auf § 174 S. 1 BGB für treuwidrig, wenn dieser gleichzeitig das Angebot zum Abschluss einer Unterlassungsvereinbarung annimmt. Dass trotz der Unanwendbarkeit des § 174 S. 1 BGB empfohlen wird, eine Vollmacht beizufügen, ist zwei Umständen geschuldet. Zum einen liegen bisher zur Unanwendbarkeit des § 174 S. 1 BGB nur Entscheidungen des I. Zivilsenats des Bundesgerichtshofs vor (s. o.). Es ist mithin noch ungeklärt, ob der X. Senat des Bundesgerichtshofs, der für patentrechtliche und Gebrauchsmusterstreitsachen zuständig ist, sich dem anschließt. Zum anderen ist die Beifügung der Vollmacht geeignet, Unsicherheiten vorzubeugen. Zur Sicherung des Zugangs der Abmahnung und des entsprechenden Nachweises wird empfohlen, alle modernen Kommunikationswege in Kombination zu nutzen, nämlich gleichzeitig die Verwarnung mit normaler Post, per Telefax und per E-Mail abzusenden; dann ist dem Schuldner die Einlassung erschwert, er habe die Abmahnung nicht erhalten (so ausdrücklich BGH GRUR 2007, 629 Rn. 13 – Zugang des Abmahnschreibens).

4. Die Daten des im Formulars zugrunde gelegten Patents unterfallen der Geltung des PatG 1981, das zum 1.1.1981 in Kraft getreten ist.

5. Die im Formular angegebenen Daten haben Bedeutung nicht nur für das anzuwendende Recht, sondern insb. für den Beginn der sich aus der Patentanmeldung bzw. dem erteilten Patent ergebenden Ansprüche des Patentinhabers. Ab Offenlegung (Bekanntmachung) der Patentanmeldung entsteht im Falle der Benutzung durch Dritte ein Anspruch auf angemessene Entschädigung (→ Anm. 6, 17). Ab Veröffentlichung der Patenterteilung setzt die Ausschließungsbefugnis des Patentinhabers mit zugehörigen Ansprüchen ein (→ Anm. 6, 17).

6. Eine Patentanmeldung gibt ihrem Inhaber ein Benutzungsmonopol und gewährt ihm Ausschließlichkeitsrechte (vgl. §§ 9, 10 PatG) erst dann, wenn das Patent erteilt und die Veröffentlichung der Erteilung im Patentblatt erfolgt sind (§§ 49, 58 Abs. 1 PatG). Gleichzeitig mit der Veröffentlichung der Patenterteilung im Patentblatt wird die Patentschrift (= Deutsche Patentschrift = DE-PS) veröffentlicht. In ihr sind die Patentansprüche, die Beschreibung und die Zeichnungen, auf Grund deren das Patent erteilt worden ist, enthalten (§ 32 Abs. 3 S. 1 PatG). Ferner sind in der Patentschrift die Druckschriften anzugeben, die das Patent- und Markenamt für die Beurteilung der Patentfähigkeit des Anmeldungsgegenstandes geprüft hat (§§ 32 Abs. 3 S. 2, 43 Abs. 1 PatG). Schließlich enthält die Patentschrift die sog Zusammenfassung (§ 36 PatG), bei der es sich um eine der technischen Unterrichtung dienenden Kurzfassung handelt, deren gesetzlich vorgeschriebener Inhalt sich aus § 36 Abs. 2 PatG ergibt. Die Patentschrift ist somit die ursprünglich eingereichte Patentanmeldung in der Gestalt, die sie im Erteilungsverfahren gewonnen hat. Dementsprechend sind in § 34 Abs. 3 PatG die Erfordernisse einer Patentanmeldung analog zum Inhalt der Patentschrift bestimmt, wobei insb. in § 34 Abs. 4 PatG ausgeführt ist, dass die Erfindung in der Anmeldung so deutlich und vollständig zu offenbaren ist, dass ein Fachmann sie ausführen kann. Die Patentschrift, die nach Abschluss des Erteilungsverfahrens veröffentlicht wird, muss nicht die erste Unterrichtung der Öffentlichkeit über die Existenz seiner Patentanmeldung sein. Es kann zuvor schon eine Offenlegungsschrift (= Deutsche Offenlegungsschrift = DE-OS) gem. § 32 Abs. 1 Nr. 1 PatG veröffentlicht worden sein. Das geschieht dann, wenn es nicht schon zuvor (wegen rascher Beendigung des Erteilungsverfahrens) zur Veröffentlichung einer Patentschrift gekommen ist (§ 32 Abs. 2 S. 3 PatG) und die Akten einer Patentanmeldung jedermann zur Einsicht freistehen, nämlich wenn entweder der Anmelder sich gegenüber dem Patent- und Markenamt mit der Akteneinsicht einverstanden erklärt und den Erfinder benannt hat (§ 31 Abs. 1 Nr. 1 PatG) oder seit dem Anmelde- bzw. seit dem Prioritätstag der Anmeldung – → Form. II.Q.3 Anm. 26 – 18 Monate verstrichen sind. Im Falle einer Offenlegung einer Patentanmeldung erfolgt eine entsprechende Anzeige im Patentblatt (§ 32 Abs. 5 PatG). Die Offenlegungsschrift enthält die in § 34 Abs. 3 Nr. 2–5 PatG bezeichneten Unterlagen der Anmeldung in der ursprünglich eingereichten oder in derjenigen Form, wie sie vom Patent- und Markenamt zur Veröffentlichung zugelassen worden ist (vgl. §§ 32 Abs. 2 S. 1, 34 Abs. 3 Nr. 2–5 PatG).

Die gesetzlichen Wirkungen des Patentes treten mit der Veröffentlichung der Erteilung des Patentes im Patentblatt ein (§ 58 Abs. 1 PatG). Es sind folgende:

a) Das Patent gewährt dem Patentinhaber sowohl ein positives Benutzungsrecht als auch – negative – Verbietungsrechte. Der Umfang dieser Rechte ist in §§ 9 und 10 PatG positiv beschrieben, in §§ 11–13 PatG negativ im Sinne von Beschränkungen der Wirkungen des Patents (zu § 11 Nr. 2 PatG vgl. zB BVerfG GRUR 2001, 43 – Klinische Versuche; BGHZ, 130, 259 = GRUR 1996, 109 – Klinische Versuche I). Besondere Bedeutung haben die in § 139 Abs. 1 u. 2 PatG ausdrücklich statuierten Ansprüche des Patentinhabers auf Unterlassung sowie auf Schadensersatz. Weitere Ansprüche gewähren die mWz 1.9.2008 neugefassten §§ 140a ff. PatG, wobei insb. die Ansprüche auf Vernichtung (§ 140a), auf Drittauskunft (§ 140b) sowie auf die Vorlage/Übergabe von Unterlagen (§§ 140c und 140d) interessieren. Einzelheiten sind diesen Bestimmungen zu entnehmen. Von besonderer Bedeutung: § 140b Abs. 2 PatG gewährt das Recht, in Fällen offensichtlicher Patentverletzungen den Auskunftsanspruch auch im Wege der einstweiligen Verfügung geltend zu machen. Zum Fall einer derartigen „offensichtlichen" Patentverletzung vergleiche OLG Düsseldorf GRUR 1993, 812 (821) – Mehrfachkleiderbügel. Ebenfalls von besonderer Bedeutung: der Besichtigungsanspruch gem. § 140c Abs. 1 PatG. Dazu ein Beispiel bei MPFormB GewRS/*Mes* → Form. C.22. Wie im Fall des Besichtigungsanspruchs nach § 140a Abs. 1 und 3 PatG wird man auch beim Auskunftsanspruch nach § 140b Abs. 1 und 7 PatG davon ausgehen können, dass die getroffene gesetzliche Regelung den Nachweis der Dringlichkeit entbehrlich macht (str. wie hier: OLG Düsseldorf Mitt. 2011, 300 – Dringlichkeit im Beweissicherungsverfahren; verneinend: OLGe Köln GRUR-RR 2009, 325 (LS) und Nürnberg GRUR-RR 2016, 108 – Besichtigungsanspruch; zu allem vgl. *Mes*, PatG, 5. Aufl. 2020, Rn. 35 zu § 140c PatG.

b) Der Umfang der Rechtsmacht des Patentinhabers wird durch den Schutzbereich eines Patentes festgelegt. Dieser ist in § 14 PatG ausdrücklich so festgeschrieben, dass er durch den Inhalt der Patentansprüche bestimmt wird, wobei die Beschreibung und die Zeichnungen jedoch zur Auslegung der Patentansprüche heranzuziehen sind (→ Anm. 14). Die Schutzdauer eines Patentes beträgt zwanzig Jahre (§ 16 Abs. 1 S. 1 PatG).

c) Aufgrund der bloßen Offenlegung einer Patentanmeldung können aus dieser keine Ansprüche auf Unterlassung, Rechnungslegung und Schadensersatz hergeleitet werden, ebenso wenig wie Ansprüche aus §§ 140a ff. PatG. Die offen gelegte Patentanmeldung entfaltet keine Ausschließungswirkung. Die Benutzung einer offen gelegten Patentanmeldung ist nicht rechtswidrig (BGH GRUR 1993, 460 (464) – Wandabstreifer – mAnm *Maltzahn;* 1989, 411 – Offenend-Spinnmaschine). § 33 Abs. 1 PatG gewährt jedoch ab dem Zeitpunkt der Offenlegung einen Anspruch auf eine den Umständen nach angemessene Entschädigung (vgl. *U. Krieger,* GRUR 2001, 965), wenn der Benutzer entweder von der Patentanmeldung wusste oder infolge Fahrlässigkeit von ihr keine Kenntnis hatte. Das gilt nicht für mittelbare Patentverletzungen (BGH GRUR 2004, 845 – Drehzahlermittlung; aA *Holzapfel* GRUR 2006, 881).

Das Patent unterliegt innerhalb einer Frist von neun Monaten nach der Veröffentlichung der Erteilung dem Einspruch (§ 59 Abs. 1 PatG). Der Einspruch kann nur auf die Behauptung gestützt werden, das Patent sei zu Unrecht erteilt und dementsprechend zu widerrufen (§§ 59 Abs. 1 S. 3, 21, 61 PatG). Ist die Einspruchsfrist verstrichen, kann gegen das Patent nur im Wege der Nichtigkeitsklage vorgegangen werden (§§ 81 ff. PatG).

Ist Gegenstand der Abmahnung (der Verwarnung) ein europäisches Patent (Europapatent, EP oder EU) nach dem Europäischen Patentübereinkommen (= EPÜ), so gilt folgende Rechtslage:

Das EPÜ schafft vereinheitlichte Anmelde- und Auslegungsregelungen für das EP und zentralisiert insb. seine Anmeldung beim Europäischen Patentamt, dessen Rechtsstellung und Organisation es ebenfalls regelt (Art. 5 ff. EPÜ). Das EP ist ein Bündel nationaler Patente der Vertragsstaaten (Art. 2, Abs. 2, 64, 66, 139 EPÜ). Insbes. wird eine Verletzung des EP nach nationalem Recht behandelt (Art. 64 Abs. 3 EPÜ). Mithin gelten im Hinblick auf die Rechtswirkungen eines EP für die Bundesrepublik Deutschland die Vorausführungen zu deutschen (nationalen) Patenten. Für eine Verletzungsklage auf der Grundlage eines EP sind die deutschen Verletzungsgerichte zuständig. Der Einspruch gegen ein EP ist beim Europäischen Patentamt einzureichen, das auch über eine Beschwerde gegen eine Einspruchsentscheidung entscheidet (Art. 99 ff., 106 ff. EPÜ). Nach Art. 112a EPÜ ist bei schwerwiegenden, in Abs. 2 dieser Bestimmung aufgeführten Fällen eine Überprüfung der Beschwerdeentscheidung durch die Große Beschwerdekammer des Europäischen Patentamts vorgesehen (vgl. dazu *Messerli* GRUR 2001, 979). Hingegen ist für eine Nichtigkeitsklage gegen ein EP in erster Instanz das Bundespatentgericht, in zweiter Instanz der BGH zuständig (vgl. Art. 138 EPÜ; Art. II §§ 6, 10 IntPatÜG), wobei dort allerdings über den Rechtsbestand des EP nur für den Bereich der Bundesrepublik Deutschland entschieden wird. Das EP hat eine Laufzeit von 20 Jahren, gerechnet ab dem Anmeldetag (Art. 63 EPÜ). Seine Erteilung wird veröffentlicht und es wird eine Patentschrift (EU-PS) ausgegeben (Art. 65, 98 EPÜ). Zur Ausgabe einer Europäischen Offenlegungsschrift vgl. Art. 93 EPÜ. Die Schutzwirkungen einer offengelegten europäischen Patentanmeldung entsprechen in der Bundesrepublik Deutschland denjenigen einer nationalen Patentanmeldung. Bei Benutzung kann ein Anspruch auf angemessene Entschädigung geltend gemacht werden (Art. 67 EPÜ; dazu Benkard EPÜ/*Schäfers* Art. 67 Rn. 1 ff.). Ist die europäische Patentanmeldung allerdings nicht in deutscher Sprache veröffentlicht worden, so besteht ein Entschädigungsanspruch erst von dem Tag an, an dem eine von dem Anmelder eingereichte deutsche Übersetzung der Patentansprüche vom DPMA veröffentlicht worden ist oder der Anmelder eine solche Übersetzung dem Benutzer der Erfindung übermittelt hat (Art. II § 1a Abs. 2 IntPatÜG).

Zum Gemeinschaftspatent:

Mit Beschluss 2011/167/EU hat der Rat der EU am 10.3.2011 über die Ermächtigung zu einer verstärkten Zusammenarbeit im Bereich der Schaffung eines einheitlichen

Patentschutzes entschieden. Infolgedessen sind zwei europäische Verordnungen ergangen, nämlich die Verordnung (EU) Nr. 1257/2012 des Europäischen Parlaments und des Rates v. 17.12.2012 über die Umsetzung der verstärkten Zusammenarbeit im Bereich der Schaffung eines einheitlichen Patentschutzes (abgedr. zB in *Heinemann*, Patent- und Designrecht: PatR, 13. Aufl. 2016, Nr. 55, S. 453). Eine zweite Verordnung (EU) Nr. 1260/2012 des Rates v. 17.12.2012 betrifft die Umsetzung der verstärkten Zusammenarbeit im Bereich der Schaffung eines einheitlichen Patentschutzes im Hinblick auf die anzuwendenden Übersetzungsregelungen (abgedr. ebenfalls in *Heinemann*, Nr. 55a, S. 467). Diese Verordnungen beruhen auf Art. 118 Abs. 1 u. 2 EPÜ. Sie sind mithin europarechtlicher Natur. Die Verordnungen werden ergänzt durch das (völkerrechtliche) Übereinkommen über ein einheitliches Patentgericht v. 11.1.2013 (abgedr. in *Heinemann*, Nr. 56, S. 474 ff.). Das geschaffene System betreffend das Gemeinschaftspatent und das zugehörige europäische Patentgericht mit einem Sitz in Paris und mit Nebenstellen in London und in München soll mWz 1.1.2014 eingerichtet werden, wenn 13 Vertragsstaaten das Abkommen ratifiziert haben. Das ist zur Stunde nicht der Fall. Das System betreffend das Gemeinschaftspatent hat insoweit besondere Bedeutung, als es auch für europäische Patente gilt, die zum Zeitpunkt des Inkrafttretens des Übereinkommens über ein einheitliches Patentgericht noch nicht erloschen oder nach diesem Zeitpunkt erteilt worden sind. Dazu gilt die Sonderregelung des Art. 83 EPGÜ. Während einer Übergangszeit von sieben Jahren nach dem Inkrafttreten des Übereinkommens können Klagen wegen Verletzung bzw. auf Nichtigerklärung eines ergänzenden Schutzzertifikats, das zu einem durch ein europäisches Patent geschützten Erzeugnis erteilt worden ist, bei nationalen Gerichten oder anderen zuständigen nationalen Behörden weiterhin erhoben werden (Art. 83 Abs. 1 EPGÜ). Vor Ablauf der Übergangszeit kann ein Inhaber oder Anmelder eines europäischen Patents (sowie ein Inhaber eines ergänzenden Schutzzertifikats) dann, wenn noch keine Klage erhoben worden ist, die sog „Opt-Out"-Lösung wählen. Er muss zu diesem Zweck der Kanzlei des Einheitlichen Patentgerichts spätestens einen Monat vor Ablauf der Übergangszeit eine Mitteilung über die Inanspruchnahme dieser Ausnahmeregelung zukommen lassen. Diese Inanspruchnahme der Ausnahmeregelung wird mit der Eintragung der entsprechenden Mitteilung in das Register wirksam (Art. 83 Abs. 3 EPGÜ). Das Übereinkommen betreffend das einheitliche Patentgericht hat Übergangscharakter. Fünf Jahre nach seinem Inkrafttreten soll eine abschließende Entscheidung über die Fortsetzung getroffen werden (Art. 83 Abs. 5 EPGÜ).

7. Vgl. §§ 1 Abs. 1; 3, 4 u. 5 PatG.

8. Um der Gefahr der Kostenauferlegung gem. § 93 ZPO zu entgehen, muss der Verwarner den Verwarnten in den Stand versetzen, die Rechtslage nachprüfen zu können (OLG Düsseldorf GRUR 1970, 432; vgl. auch OLG Düsseldorf GRUR 1980, 135). Dazu gehört es regelmäßig, dass die Patentschrift übersandt (es besteht die Möglichkeit, Patentschriften über das Internet auszudrucken, www.dpma.de), ggf. kurz erläutert und auf den Verletzungstatbestand eingegangen wird. Im Formular ist die entsprechende Schilderung sehr knapp gehalten. Das ist aus den dort angeführten Gründen insb. dann gut vertretbar, wenn es sich beim Verwarnten um ein Fachunternehmen sowie um einen einfachen Verletzungstatbestand handelt. In den meisten Fällen der Praxis ist freilich der Verletzungstatbestand in tatsächlicher und rechtlicher Hinsicht schwieriger gelagert (vgl. zB den Fall OLG Düsseldorf GRUR 1980, 135 re. Sp. unten). In Ausnahmefällen – zB Verstößen auf einer Messe – soll nach OLG Frankfurt a. M. GRUR 1988, 32 – Messeverstoß – auch eine mündliche Abmahnung ausreichen. Eine Verwarnung kann insb. dann gegen § 3 UWG verstoßen, wenn sie zu pauschal und unsubstantiiert, irreführend oder sonst sachlich unrichtig ist (OLG Düsseldorf Mitt. 1996, 60). Eine sachlich sich als unbegründet erweisende Verwarnung sollte zur Beseitigung eines Störungszustandes

widerrufen werden, um weitere Schadensersatzansprüche zu vermeiden (BGH GRUR 1995, 424 (426) – Abnehmerverwarnung).

9. Die im Formular zu 4. aufgeführten Verpflichtungserklärungen entsprechen den Ansprüchen, die §§ 139 ff. PatG gewähren, nämlich insb. auf Unterlassung, Schadensersatz, Auskunft, Rechnungslegung, Vernichtung und Kostenerstattung (und zusätzlich bei Benutzung einer offengelegten Patentanmeldung gem. § 33 PatG: auf Entschädigung). Zur Systematik und zu Einzelheiten vgl. insb. *Mes* PatG § 139 Rn. 4 ff. Der Rechnungslegungsanspruch ist freilich in § 139 PatG 1981 nicht ausdrücklich erwähnt, wird jedoch von der ganz herrschenden Meinung wie auch sonst bei gewerblichen Schutzrechten anerkannt (→ Anm. 16). Dabei gilt im Patentrecht ebenso wie auch sonst im Bereich des gewerblichen Rechtsschutzes der Grundsatz, dass nur die strafbewehrte Unterlassungsverpflichtungserklärung den Patentinhaber in Hinblick auf den Unterlassungsanspruch klaglos stellt. Die ebenfalls im Formular geltend gemachten Ansprüche auf Auskunftserteilung, Rückruf/Entfernung aus den Vertriebswegen sowie auf Vernichtung sind in § 140a PatG geregelt (vgl. zuvor → Anm. 6 mit weiteren Erläuterungen, ferner → Anm. 15, 20, 21).

Einiges ist im Zusammenhang mit der Neuregelung durch die §§ 140a ff. PatG nicht in den Textvorschlag aufgenommen worden:

§ 140c Abs. 1 S. 2 PatG sieht nunmehr bei hinreichender Wahrscheinlichkeit einer im gewerblichen Ausmaß begangenen Rechtsverletzung einen Anspruch auf die Vorlage von Bank-, Finanz- oder Handelsunterlagen vor. § 140d Abs. 1 PatG ergänzt den Anspruch auf Vorlage von Bank-, Finanz- oder Handelsunterlagen in den Fällen des § 139 Abs. 2 PatG durch die Möglichkeit, dass der Verpflichtete Zugang zu diesen Unterlagen verschaffen muss. Diese Regelungen sind wenig klar, geschweige denn hilfreich. Sie sind deshalb im Textbeispiel nicht in Form von Formulierungsvorschlägen niedergelegt. Formulierungsvorschläge dazu in MPFormB GewRS/*Mes* Form. C.2.

Der im Formular vorgesehene Rückrufanspruch ist durch § 140a Abs. 3 PatG begründet. Dieser bezieht sich nach S. 1 auf Erzeugnispatente, nach S. 2 auf Erzeugnisse, die nach Maßgabe eines Verfahrens gem. § 9 S. 2 Nr. 3 PatG unmittelbar hergestellt worden sind. Zum Rückrufanspruch vgl. *Jestaedt* GRUR 2009, 102; *Künzel* FS *Mes,* 2009, 241; *Mes* PatG § 140a Rn. 18 ff.; *Wreesmann* Mitt. 2010, 276. Nach BGH Mitt. 2017, 410 – Abdichtsystem – können Ansprüche auf Rückruf und Entfernung aus den Vertriebswegen nebeneinander geltend gemacht werden.

10. Angebot, einen Vertrag mit den nachfolgenden Verpflichtungen abzuschließen.

11. Unter dem Blickwinkel des Schadensersatzes (wegen eines Eingriffs in den eingerichteten und ausgeübten Gewerbebetrieb) erachtet BGH eine unberechtigte Verwarnung aus einem Schutzrecht auch dann als gegeben, wenn keine strafbewehrte Unterlassungsverpflichtungserklärung eingefordert wird. Dies gilt allerdings nur in dem Sonderfall, dass bisher noch keine Schutzrechtsverletzungen vorgekommen sind, sondern der Schutzrechtsinhaber sich lediglich des Bestehens von Ansprüchen berühmt (BGH GRUR 2011, 995 Rn. 31 – Besonderer Mechanismus.

12. Die hier gewählte Formulierung des Vertragsstrafeversprechens entspricht der Bestimmung des § 339 S. 2 BGB; sie hat sich in der Praxis bewährt. Gem. §§ 316, 317 BGB ist es grds. zwar auch möglich, die Höhe der Vertragsstrafe durch den Unterlassungsgläubiger oder durch einen Dritten bestimmen zu lassen, wobei „Dritter" keinesfalls ein Gericht sein darf (BGH GRUR 1978, 192 ff. mAnm *Schade* – Hamburger Brauch). Wegen der Unsicherheit, die mit der Bestimmung einer Vertragsstrafe durch einen Dritten sowohl in tatsächlicher als auch in rechtlicher Hinsicht verbunden ist, wird eine entsprechende Formulierung hier nicht vorgeschlagen. Die gleiche Bewertung der Unsicherheit gilt für eine (an sich zulässige) Vertragsstrafe, deren Höhe vom Gläubiger in einem vom Schuldner vorgegebenen Rahmen zu bestimmen ist (BGH GRUR 1985, 155 f. – Vertragsstrafe bis zu . . . . . I; GRUR 1985, 937 – Vertragsstrafe bis zu . . . . . II, jeweils mAnm *Ahrens*). Das Textbeispiel sieht die Zahlung der versprochenen Vertragsstrafe an den Gläubiger vor. Es ist in Rspr. und Schrifttum umstritten, ob auch eine Klaglosstellung des Gläubigers dadurch erfolgen kann, dass Zahlung an einen Dritten (zB an eine gemeinnützige Organisation) versprochen wird (verneinend OLG Stuttgart WRP 1978, 232 ff. mwN gegen zB OLG Frankfurt a. M. WRP 1976, 699). Maßgeblich sind die Umstände des Einzelfalles, ob nämlich aus ihnen auf eine ausreichende Ernstlichkeit des Unterlassungsversprechens geschlossen werden kann (BGH WRP 1987, 724 mwN – Getarnte Werbung II). Die Hinzufügung einer aufschiebenden Befristung zu einer vertragsstrafebewehrten Unterlassungsverpflichtungserklärung macht diese grds. nicht unwirksam (BGH GRUR 2002, 180 (181) li. Sp. – Weit-Vor-Winter-Schluss-Verkauf: zum UWG).

Zur Höhe der Vertragsstrafe: Generalisierende Angaben sind nicht möglich; es kommt jeweils auf die Umstände des Einzelfalles an (BGH GRUR 2002, 180 (181) re. Sp. – Weit-Vor-Winter-Schluss-Verkauf: zum UWG). Die in wettbewerbsrechtlichen Streitigkeiten häufig vereinbarte Vertragsstrafe iHv 5.001 EUR (oder auch: 5.100 EUR) liegt für patentrechtliche Auseinandersetzungen regelmäßig an der unteren Grenze. Maßgeblich für die Bestimmung der Höhe der Vertragsstrafe sind insb. die Wettbewerbsposition des Patentinhabers (bzw. des oder der Lizenznehmer), der wirtschaftliche Wert des Patents, die wirtschaftliche Position des Verletzers und die Intensität der Verletzungshandlungen („Angriffsfaktor"). Zu weiteren Einzelheiten vgl. MPFormB GewRS/*Mes* Form C.2 Anm. 20..

Die Höhe der Vertragsstrafe muss geeignet sein, die Ernstlichkeit des Unterlassungswillens des Schuldners zum Ausdruck zu bringen. Denn die strafbewehrte Unterlassungsverpflichtungserklärung beseitigt die Wiederholungs- bzw. die Begehungsgefahr für den Unterlassungsanspruch (BGH GRUR 1996, 260 (261) – Wegfall der Wiederholungsgefahr I). Das gilt allerdings nur dann, wenn sie den bestehenden gesetzlichen Unterlassungsanspruch nach Inhalt und Umfang voll abdeckt und dementsprechend uneingeschränkt, unwiderruflich, unbedingt und grds. auch ohne die Angabe eines Endtermins erfolgt (BGH GRUR 2002, 180 (181) – Weit-Vor-Winter-Schluss-Verkauf; 1997, 379 (380) – Wegfall der Widerholungsgefahr II). Nach Meinung des OLG Hamburg fehlt dem Gläubiger für die gerichtliche Durchsetzung seines gesetzlichen Unterlassungsanspruchs das Rechtschutzbedürfnis, wenn der Schuldner eine ausreichend strafbewehrte Unterlassungsverpflichtungserklärung abgegeben hat (GRUR 1974, 108; so auch früher: BGH, zB WRP 1978, 38 (39) – Hamburger Brauch; noch heute: *Thomas/Putzo/Seiler* ZPO, 341 Aufl. 2020, Vorb. § 253 Rn. 27). Dieser Meinungsstreit kann dahinstehen. Die der strafbewehrten Unterlassungsverpflichtungserklärung eigene Wirkung der Klaglosstellung beruht darauf, dass der Gläubiger in Folge des Vertragsstrafeversprechens gegen den Schuldner Druck ausüben kann, die eingegangene Verpflichtung einzuhalten (BGH GRUR 1984, 72 (73) – Vertragsstrafe für versuchte Vertreterabwerbung). Damit ist eine dem § 890 ZPO vergleichbare Beugewirkung begründet.

Wird eine Unterlassungsverpflichtungserklärung angenommen, begründet dies ein Dauerschuldverhältnis (BGH GRUR 1995, 678 (679) – Kurze Verjährungsfrist). Der Inhalt der Verpflichtungen des Schuldners (insb. der Unterlassungspflicht) ergibt sich durch Auslegung. Diese kann enger oder weiter sein als bei einem gerichtlichen Verbot (BGH GRUR 1997, 931 (932) – Sekundenschnell).

Zum Problem des Zusammenfassens von Mehrfachverstößen (Fortsetzungszusammenhang) BGH BGHZ 146, 318 = GRUR 2001, 758 – Trainingsvertrag; *Bernreuther* GRUR 2003, 114. Häufig empfiehlt es sich, das Problem der Mehrfachverstöße bei Gegenständen (Erzeugnissen, Vorrichtungen, Stoffen, usw), die regelmäßig in großer Zahl hergestellt und/oder vertrieben werden, in der Weise zu lösen, dass formuliert wird:

„. . . . . mindestens für jedes entgegen der Unterlassungsverpflichtung hergestellte (vertriebene) Erzeugnis eine Vertragsstrafe iHv . . . . . zu zahlen.“,

wobei sodann die Vertragsstrafe für jedes einzelne Erzeugnis zB 100 EUR betragen kann. Zur Zulässigkeit einer solchen Klausel BGH GRUR 2009, 181 – Kinderwärmekissen; allerdings ggf. Herabsetzung gem. § 242 BGB; dazu BGH GRUR 2009, 181.

Zu den Rechtsfolgen einer zwar abgegebenen, jedoch ungerechtfertigt vom Gläubiger zurückgewiesenen Unterwerfungserklärung BGH GRUR 1996, 290 – Wegfall der Wiederholungsgefahr I.

13. Der Hinweis auf die räumliche Beschränkung der Unterlassungsverpflichtung ist an sich überflüssig, weil sich entsprechend der nur territorialen Geltung eines deutschen Patentes in Deutschland dessen Schutzwirkungen nur hier entfalten können. Der Hinweis schadet aber nicht. Er hat Bedeutung zum einen im Falle eines ausländischen Gegners, zum anderen für den Fall, dass der nationale (deutsche) Teil eines europäischen Patentes geltend gemacht wird. Dann könnte auch formuliert werden:

„. . . . . im deutschen territorialen Geltungsbereich des EP . . . . .“.

14. Die Unterlassungsverpflichtungserklärung ist die kurz gefasste Beschreibung der konkreten Verletzungsform. Sie hat sich am Anspruch bzw. an den Ansprüchen des Patentes zu orientieren. Den Patentansprüchen kommt besondere Bedeutung zu (zu Einzelheiten vgl. *Mes* PatG § 14 Rn. 16 ff.). Gem. § 14 S. 1 PatG bestimmen sie vordringlich den Schutzbereich des Patentes. In ihnen ist angegeben, was seitens des Patentanmelders als patentfähig beansprucht und was im Falle der Patenterteilung durch das Patentamt als patentfähig angesehen worden ist. Der Patentanspruch beschreibt somit die patentfähige Erfindung = den Gegenstand der Erfindung (BGH GRUR 2004, 47 – Blasenfreie Gummibahn I; 1993, 651 – Tetraploide Kamille). Die Gesamtheit der Merkmale des Patentanspruchs einschließlich ihrer zugehörigen Wirkungen repräsentiert die patentierte Lösung (BGH GRUR 2000, 1005 – Bratgeschirr). Gem. § 14 S. 2 PatG sind die Beschreibungen und die Zeichnungen zur Auslegung der Patentansprüche heranzuziehen. Das dient nicht nur und erst der Behebung von Unklarheiten, sondern auch schon zur Klarstellung und zur Erläuterung der in den Ansprüchen verwendeten technischen Begriffe und insb. der Klärung der Bedeutung und der Tragweite der dort beschriebenen Erfindung (stRspr, BGH GRUR 2004, 413 (414) re. Sp. – Geflügelkörperhalterung; BGHZ 150, 149 (153) = GRUR 2002, 515 – Schneidmesser I; weitere Nachw. bei *Mes* PatG § 14 Rn. 16). Für den Inhalt der Patentansprüche ist nicht allein der Wortlaut bestimmend, sondern vielmehr der Sinngehalt (Wortsinn) (zu Einzelheiten vgl. *Mes* PatG § 14 Rn. 20). Es kommt mithin auf den Offenbarungsgehalt der Patentansprüche an, so wie er sich dem Fachmann (sog Durchschnittsfachmann), an den sich die Patentschrift wendet, auf der Grundlage des Offenbarungsgehalts der Patentschrift darstellt (stRspr, zB BGH GRUR 2016, 131 Rn. 22 – Wärmetauscher; 2001, 232 (233) re. Sp. – Brieflocher; 1999, 909 (911) re. Sp. – Spannschraube). Dabei geht es nur darum, im Zusammenhang mit der Beurteilung der Frage, ob eine Patentverletzung vorliegt, die technische Lehre, die sich aus der Sicht des vom Patent angesprochenen Fachmanns aus den Merkmalen des Anspruchs iE und in ihrer Gesamtheit ergibt, zu ermitteln (stRspr, zB BGHGRUR 2016, 131, Rn. 22 – Wärmetauscher; 2008, 779 (782), re. Sp. oben – Mehrgangnabe; BGHZ 171, 120 Rn. 18 = GRUR 2007, 410 – Kettenradanordnung; BGHZ 172, 108 = GRUR 2007, 859 Rn. 13 – Informationsübermittlungsverfahren I). Maßgeblich sind der Sinngehalt des Patentanspruchs in seiner Gesamtheit und der Beitrag, den die einzelnen Merkmale des Anspruchs zum Leistungsergebnis der Erfindung liefern. Diese müssen unter Heranziehung der den Patentanspruch erläuternden Beschreibung und Zeichnungen (vgl. § 14 S. 2 PatG) durch Auslegung ermittelt werden (BGH

GRUR 2016, 131, Rn. 22 – Wärmetauscher; 2008, 779 (782), re. Sp. oben – Mehrgangnabe). Ein erteilter Patentanspruch hat Rechtsnormcharakter (BGH GRUR 2010, 914 Rn. 25 – Kettenradanordnung II; 2009, 653 Rn. 16 – Straßenbaumaschine; 2008, 887 Rn. 13 – Momentanpol). Auslegung und Ermittlung des Schutzumfangs eines Patentanspruchs sowie die Beurteilung eines Verletzungstatbestandes sind Rechtsanwendung (zu Einzelheiten vgl. *Mes* PatG § 14 Rn. 139 ff.).

Gem. § 1 Abs. 1 PatG werden Patente für Erfindungen auf allen Gebieten der Technik erteilt, die neu sind und auf einer erfinderischen Tätigkeit beruhen (vgl. §§ 1 ff. PatG; ebenso für europäische Patente, Art. 54–57 EPÜ). Die Beschreibung des Erfindungsgegenstandes in den Patentansprüchen erfolgt überwiegend in der Weise, dass der Patentanspruch in einen Oberbegriff (= summarische Wiedergabe des vorbekannten Standes der Technik) sowie in einen kennzeichnenden Teil (Zusammenfassung der gegenüber dem vorbekannten Stand der Technik für sich oder in Kombination neuen Merkmale; vgl. § 1 Abs. 2 Patentanmeldeverordnung) untergliedert ist, ohne dass diese Unterteilung für die rechtliche Bewertung einer angegriffenen Ausführungsform als patentverletzend von Bedeutung ist (BGH GRUR 1994, 357 – Muffelofen). Sie folgt allein Zweckmäßigkeitsüberlegungen. Ein Patentanspruch kann auch sog „einteilig" gefasst sein, dh nicht nach Oberbegriff und kennzeichnendem Teil unterschieden (vgl. dazu *Flad* GRUR 1994, 478 (479)). Die Unterteilung in Oberbegriff und Kennzeichen ist auch der Unterlassungsverpflichtungserklärung im Formular zugrunde gelegt. Es hat sich als zweckmäßig erwiesen, „Oberbegriff" und „Kennzeichen" in der Unterlassungsverpflichtungserklärung in der Weise voneinander zu trennen, dass zwischen beiden die Benutzungshandlungen aufgenommen werden, die der Patentverletzer unterlassen soll. Sie entsprechen den Befugnissen des Patentinhabers und sind in §§ 9 ff. PatG aufgeführt. Da der Fall mittelbarer Patentverletzung (§ 10 PatG) seltener ist (vgl. dazu das Textbeispiel in MPFormB GewRS/*Mes* Form. C.8) ist im Formular lediglich der Fall unmittelbarer Patentverletzung (§ 9 PatG) behandelt. Des Weiteren bezieht sich das Textbeispiel auf ein Sachpatent iSd § 9 S. 2 Nr. 1 PatG. Die dort dem Patentinhaber vorbehaltenen Benutzungshandlungen sind in der Unterlassungsverpflichtungserklärung aufgeführt.

Um die Verletzungsform sowohl zutreffend zu erfassen als auch als patentverletzend zu charakterisieren, ist es notwendig, den Wortlaut der Patentansprüche, insb. des Hauptanspruchs und den darin festgelegten Gegenstand der Erfindung einerseits und die angegriffene Ausführungsform andererseits unter Berücksichtigung von *Aufgabe* (= technisches Problem) und *Lösung* des Patentes miteinander zu vergleichen. Der Ansatz ist zweistufig. Auf einer ersten Stufe ist der Inhalt der Patentansprüche unter Berücksichtigung des § 14 PatG zu bestimmen. Es ist mithin zu ermitteln, was die patentfähige Erfindung = der Gegenstand der Erfindung ist (BGH stRspr., zB GRUR 2012, 1124, Rn. 27 – Polymerschaum; 2010, 858 – Crimpwerkzeug; 2004, 47 – Blasenfreie Gummibahn I; GRUR 1993, 651 – Tetraploide Kamille). Ist der Gegenstand des Patents anhand der Patentansprüche ermittelt, erfolgt auf einer zweiten Stufe die Ermittlung des Schutzumfangs des Patents, nämlich des Vergleichs des unmittelbaren Gegenstand des Patents (der offenbarten und beanspruchten Erfindung) mit der anzugreifenden Ausführungsform (Verletzungsform, vgl. OLG Düsseldorf Mitt. 2021, 25 – Zusammensetzen für eine Tintenstrahlaufzeichnung). Grds. empfiehlt es sich, eine Merkmalsanalyse aufzustellen (das Muster einer derartigen Merkmalsanalyse findet sich in → Form. II.Q.3; zu den Methoden der Erstellung einer Merkmalsanalyse vgl. *Meier-Beck* GRUR 2001, 967; *Kaess* GRUR 2000, 637; zum Aufbau einer Merkmalsanalyse vgl. die Beispiele: BGH GRUR 2004, 1023 – Bodenseitige Vereinzelungseinrichtung; GRUR 2002, 511 – Kunststoffrohrteil; GRUR 2002, 515 – Schneidmesser I; GRUR 2002, 519 – Schneidmesser II). Anhand einer derartigen Merkmalsanalyse kann sodann die Verletzungsform im Hinblick auf bestehende Gemeinsamkeiten/Unterschiede mit dem Erfindungsgegenstand überprüft werden. Dazu gelten folgende Grundsätze:

a) Wortsinngemäße Patentverletzung (vgl. *Mes,* PatG, § 14 Rn. 56 ff.):
Unter den Schutzumfang fällt jedenfalls die identische (wortlautgemäße = unmittelbar gegenständliche) Benutzung (zB BGH GRUR 1999, 914 (916) re. Sp. – Kontaktfederblock; BGHZ 98, 12 ff. = GRUR 1986, 802 (804) li. Sp. unten – Formstein). Ausgangspunkt ist zunächst der Wortlaut des Patentanspruchs. Ihm kommt entscheidende (wenn auch nicht alleinige) Bedeutung zu (BGH GRUR 2011, 701 Rn. 23 – Okklusionsvorrichtung mit kritischer Anm. *Kühnen;* 2010, 602 – Gelenkanordnung). Der Inhalt eines Patentanspruchs bedeutet jedoch nicht (nur) Wortlaut, sondern Sinngehalt (Wortsinngehalt). Es kommt auf den Offenbarungsgehalt der Patentansprüche und ergänzend – im Sinne einer Auslegungshilfe – auf den Offenbarungsgehalt der Patentschrift an, soweit dieser Niederschlag in den Ansprüchen gefunden hat (BGH GRUR 1999, 909 (911) re. Sp. – Spannschraube). Patentansprüche, Beschreibungen und Zeichnungen sind gleichwertige Offenbarungsmittel (BGH GRUR 2010, 599 Rn. 22 – Formteil; GRUR 2007, 578 Rn. 11 – Rückspülbare Filterkerze). Ist jedoch bei sinnvollem Verständnis des Wortlauts ein Merkmal nicht so deutlich einbezogen, dass es vom Fachmann als zur Erfindung gehörend erkannt wird, kann es den Gegenstand dieses Anspruchs nicht kennzeichnen (*Mes* PatG § 14 Rn. 21). Maßgeblich für die Bestimmung des Schutzumfangs ist regelmäßig eine funktionale Betrachtungsweise, nämlich die Ermittlung dessen, was jedes einzelne Merkmal für sich und in seiner Gesamtheit mit den übrigen Merkmalen des Anspruchs leistet (BGH stRspr., zB GRUR 2016, 131 Rn. 22 – Wärmetauscher; 2012, 1124, Polymerschaum; 2007, 410 – Kettenradanordnung I; 2004, 845 – Drehzahlermittlung). Es kommt auf das Verständnis des Fachmanns an. Dabei stellt der durch die Patentschrift angesprochene Fachmann auf den technischen Gesamtzusammenhang ab, den ihm der Inhalt der Patentschrift unter Berücksichtigung der in ihr objektiv offenbarten Lösung vermittelt (stRspr, BGH zB GRUR 1999, 909 (911) – re. Sp. – Spannschraube; GRUR 2001, 232 (233) re. Sp. – Brieflocher). Der Sinngehalt eines Patentanspruchs in seiner Gesamtheit und der Beitrag, den die einzelnen Merkmale für die Erfindung liefern, müssen durch Auslegung ermittelt werden, wobei die dem Patentanspruch erläuternde Beschreibung und die Zeichnungen heranzuziehen sind (§ 14 S. 2 PatG; ebenso Art. 68 Abs. 1 S. 2 EPÜ). Der Durchschnittsfachmann ist des Weiteren bestrebt, die Patentschrift in einem sinnvollen Zusammenhang zu lesen und ihren Gesamtinhalt im Zweifel so zu verstehen, dass sich Widersprüche nicht ergeben (OLG Düsseldorf Mitt. 1998, 179 – Mehrpoliger Steckverbinder; ähnlich BGH GRUR 2008, 887 (889), re. Sp., Rn. 21 – Momentanpol II). Grundlage der Auslegung ist allein die Patentschrift (BGH GRUR 2012, 1124 Rn. 28 – Polymerschaum). Auf den Inhalt der Veröffentlichung der Patentanmeldung kommt es allenfalls dann an, wenn ein Vergleich bei Widersprüchen zwischen Beschreibung und Patentanspruch zur Klärung des Umfangs einer bei Erteilung des Patents oder im Einspruchsverfahren vorgenommenen Beschränkung des geschützten Gegenstandes beitragen kann (BGH GRUR 2012, 1124 Rn. 28 – Polymerschaum; GRUR 2011, 701 – Okklusionsvorrichtung; GRUR 2010, 602 Rn. 20 – Gelenkanordnung). Auf Vorgänge im Erteilungsverfahren kommt es grds. für die Bestimmung des Schutzbereichs eines Patents nicht an (BGH GRUR 2002, 511 – Kunststoffrohrteil). Zu Einzelheiten und ggf. Ausnahmen vgl. *Mes* PatG § 14 Rn. 41 ff.; *Kühnen* GRUR 2012, 664; BGHZ 189, 330 = GRUR 2011, 701 – Okklusionsvorrichtung mAnm *Kühnen;* GRUR 2010, 602 Rn. 20 – Gelenkanordnung).

b) Äquivalente Patentverletzung:
Literatur: *Kellenter,* Das Comeback der Äquivalenz, GRUR 2018, 247; *Meier-Beck,* „Pemetrexed": Grundstein einer einheitlichen europäischen Äquivalenzdoktrin?, GRUR 2018, 241.
Neben einem wortsinngemäßen Gebrauchmachen von den Merkmalen eines Patent-

anspruchs fällt unter den Schutz eines Patents auch diejenige Benutzung, die zwar vom Wortsinn abweicht, jedoch die Lehre des Patents mit gleichwirkenden Mitteln (= Gleichwirkung = Äquivalenz) verwirklicht (stRspr, BGH zB BGHZ 98, 19 = GRUR 1986, 802 (805) – Formstein; GRUR 1999, 909 (913, 914) – Spannschraube; GRUR 2000, 1005 – Bratgeschirr; GRUR 2002, 515 (517) li. Sp. – Schneidmesser I; GRUR 2002, 519 (521) li. Sp. – Schneidmesser II; GRUR 2015, 361 – Kochgefäß). Nur solche Mittel sind äquivalent, die der Durchschnittsfachmann anhand von Überlegungen, die am Sinngehalt des Patentanspruchs anknüpfen, als gleichwirkend auffinden kann (grdl. BGHZ 98, 19 = GRUR 1986, 803 (805) – Formstein; GRUR 1991, 436 (439) – Befestigungsvorrichtung II). Der BGH hat die Anforderung an die Annahme einer äquivalenten Patentverletzung präzisiert, und zwar in den Entscheidungen: BGHZ 150, 161 = GRUR 2002, 511 – Kunststoffrohrteil; BGHZ 150, 149 = GRUR 2002, 515 – Schneidmesser I; 2002, 519 – Schneidmesser II; GRUR 2002, 523 – Custodiol I; dazu *Reimann/Köhler* GRUR 2002, 931; *Meier-Beck* GRUR 2003, 905):

- **Gleichwirkung.** Bei der angegriffenen Ausführungsform (Verletzungsform) muss das im Vergleich zum Gegenstand des Anspruchs ausgetauschte Mittel das der Erfindung zugrunde liegende Problem mit zwar abgewandelten, aber objektiv gleichwirkenden Mitteln lösen (sog technische Gleichwirkung, vgl. dazu *Mes* PatG § 14 Rn. 72 ff.). Dazu ist der Patentanspruch daraufhin zu untersuchen, welche der Wirkungen, die mit seinen Merkmalen erzielt werden, erfindungsgemäß zusammenkommen müssen. Die Gesamtheit dieser Wirkungen bildet die patentgemäße Lösung (BGH GRUR 2015, 361 – Kochgefäß).
- **Auffindbarkeit.** Das bzw. die Austauschmittel muss/müssen durch den Fachmann als gleichwirkend aufgefunden werden können (zur sog Auffindbarkeit/zum sog. Naheliegen vgl. *Mes* PatG § 14 Rn. 76 ff.). Dazu bedarf es einer Orientierung durch den Fachmann am Patentanspruch (BGH GRUR 2000, 1005 (1006) – Bratgeschirr; BGHZ 150, 149 = GRUR 2002, 515 – Schneidmesser I; BGHZ 150, 161 = GRUR 2002, 511 – Kunststoffrohrteil). An dieser orientierenden Betrachtung fehlt es, wenn das eingesetzte Austauschmittel bei einer angegriffenen Ausführungsform einen völlig anderen Weg geht als die Lehre des Patents und/oder auf die mit dem Patent angestrebten Wirkungen/Vorteile verzichtet wird (BGH GRUR 1999, 909 – Spannschrauben). Benötigt der Fachmann insb. erfinderisches Bemühen, um zur Austauschlösung zu gelangen, stellt sich die Frage, ob der Schutzbereich des Patents verlassen ist (BGH GRUR 1994, 597 (600) – Zerlegvorrichtung für Baumstämme; *Mes* PatG § 14 Rn. 84 ff. mwN 101; dazu insb. auch OLG Düsseldorf GRUR 1999, 702 – Schließfolgeregler; *Meier-Beck* GRUR 2003, 910). Zum Problem der sog abhängigen Erfindung und ihrer Einbeziehung unter den Schutzumfang eines Patentanspruchs im Wege der Äquivalenz vgl. OLG Düsseldorf GRUR 1999, 702 – Schließfolgeregler; *Meier-Beck* GRUR 2003, 910; *ders.* GRUR 2018, 241, 245 (246); *Körner* GRUR 2009, 97.
- **Gleichwertigkeit.** Wenn schon gilt, dass die Gleichwirkung der Austauschlösung grds. nicht ohne Orientierung am Patentanspruch festgestellt werden kann (BGH GRUR 2000, 1005 (1006) – Bratgeschirr), ist es ferner erforderlich, dass die Überlegungen, die der Fachmann anstellen muss, um zur Austauschlösung zu gelangen, derart am Sinngehalt der im Patentanspruch unter Schutz gestellten technischen Lehre orientiert sein müssen, dass der Fachmann die abweichende Ausführung mit ihren abgewandelten Mitteln als der patentgegenständlichen gleichwertige Lösung in Betracht zieht (BGH GRUR 2011, 313 Rn. 35 – Crimpwerkzeug IV; GRUR 2007, 959 Rn. 24 – Pumpeneinrichtung; GRUR 2002, 511 (512) li. Sp. – Kunststoffrohrteil). Einzelheiten dazu bei *Meier-Beck* GRUR 2003, 907; *Mes* PatG § 14 Rn. 90).

- **Kein Verzicht:** Die jüngere Rspr. des BGH enthält zwei entscheidende Einschränkungen der Äquivalenzlehre. Eine erste besteht darin, dass es nicht genügt, wenn das Austauschmittel im Wesentlichen die gleichen technischen Wirkungen wie die Kombination der Merkmale im Anspruch bzw. wie ein dort beschriebenes einzelnes Merkmal aufweist. Sofern die Auslegung des Patentanspruchs ergibt, dass ein einzelnes Merkmal besondere Wirkungen entfalten soll, müssen diese auch durch das Austauschmittel gegeben sein (BGH GRUR 2012, 1122 – Palettenbehälter III). Eine weitere Einschränkung der Äquivalenzlehre ergibt sich im Zusammenhang mit dem Gesichtspunkt „Gleichwertigkeit der Lösung". Nach BGH ist es regelmäßig ausgeschlossen, eine Ausführungsform als äquivalent zu bewerten, die in der Beschreibung des Patents als mögliche Lösung der Aufgabe angeführt ist, jedoch im Wortlaut des Patentanspruchs keinen Niederschlag gefunden hat (BGH GRUR 2016, 921 – Pemetrexed; 2012, 45 – Diglycidverbindung; BGHZ 189, 330 = GRUR 2011, 701 – Okklusionsvorrichtung mit kritischer Anm. *Kühnen*; vgl. auch LG Mannheim GRUR-RR 2015, 330). Des Weiteren gilt, dass dann, wenn die Beschreibung eines Patents mehrere Möglichkeiten zur Erreichung einer technischen Wirkung enthält, jedoch nur eine dieser Möglichkeiten in den Patentanspruch aufgenommen worden ist, eine Verletzung des Patents mit äquivalenten Mitteln nur dann angenommen werden kann, wenn sich die abgewandelte Lösung in ihren spezifischen Wirkungen mit der unter Schutz gestellten Lösung deckt und sich in ähnlicher Weise wie diese Lösung von der nur in der Beschreibung, nicht aber im Anspruch aufgezeigten Lösungsvariante unterscheidet (BGH GRUR 2012, 45 – Diglycidverbindung). Anders liegt der Fall wiederum, wenn die Patentschrift nicht ausdrücklich eine zweite Ausführungsmöglichkeit offenbart, diese allerdings nahelegt. Dann ist Äquivalenz denkbar (BGH GRUR 2016, 921 Rn. 60 – Pemetrexed). Zu weiteren Einzelheiten vgl. *Meier-Beck* GRUR 2018, 241; *Kellente,* GRUR 2018, 247; *Mes* PatG § 14 Rn. 91 ff. Einschränkend zum sog. Verzicht – BGH GRUR 2016, 1254 – V-förmige Führungsanordnung.

Formsteineinwand. Im Falle der Annahme von Äquivalenz lässt BGH die Verteidigung zu, die als äquivalent angegriffene Ausführungsform stelle mit Rücksicht auf den vorbekannten Stand der Technik keine patentfähige Erfindung dar, weil sie nicht neu ist oder nicht auf erfinderischer Tätigkeit beruht (BGH GRUR 1986, 803 (805, 806) – Formstein; s. insb. *Popp* GRUR 2009, 318; *Nieder,* Zum „Formstein"-Einwand, FS *König*, 2003, 379; *Mes* PatG § 14 Rn. 107 ff. mwN). Der Formsteinweinwand ist dann nicht anwendbar, wenn die Merkmale eines erteilten Patentanspruchs bei der angegriffenen Ausführungsform identisch (wortsinngemäß) verwirklicht sind (BGH GRUR 1990, 914 – Kontaktfederblock). Vor der Prüfung des Formsteineinwandes ist mithin methodisch zunächst erforderlich, sämtliche Merkmale und ihre Funktion im Rahmen der patentgemäßen Lehre zu klären und sodann festzustellen, ob von jedem einzelnen Anspruchsmerkmal bei der angegriffenen Ausführungsform Gebrauch gemacht wird. Nur dann, wenn diese Feststellung ergibt, dass mindestens eines dieser Merkmale nicht in wortsinngemäßer Form verwirklicht ist, ist eine Prüfung des Formsteineinwandes angebracht (BGH GRUR 1999, 914 – Kontaktfederblock).

Kein Teilschutz. Ist nur ein einziges Merkmal des Patentanspruchs nicht verwirklicht (weder wortsinngemäß noch äquivalent), so scheidet die Annahme einer Patent- oder Gebrauchsmusterverletzung aus. Der Schutzbereich eines Patents oder Gebrauchsmusters umfasst keine Unter- oder Teilkombination der Merkmale der beanspruchten technischen Lehre (BGH GRUR 2007, 1059 – Zerfallszeitmessgerät; vgl. zu Einzelheiten *Mes* PatG § 14 Rn. 120 ff.).

Auslegung von Patentansprüchen und **Ermittlung** ihres Schutzbereichs gehören zu den schwierigsten anwaltlichen Aufgaben im Zusammenhang mit der Bearbeitung eines Patentverletzungsrechtsstreits (vgl. dazu zB *Dolder/Faupel*, Der Schutzbereich von Patenten, 4. Aufl. 2018). Dazu sind die nachstehend aufgeführten bedeutsamen Entscheidungen ergangen, die iE hier aus Platzgründen nicht näher kommentiert werden können: BGH GRUR 1999, 909 – Spannschraube; 2002, 511 – Kunststoffrohrteil; 2002, 515 – Schneidmesser I; 2002, 519 – Schneidmesser II; 2002, 523 – Custodiol I; 2002, 527 – Custodiol II. Die in diesen Entscheidungen getroffenen Aussagen lassen sich dahingehend zusammenfassen, dass zum einen alles dasjenige, was in den Ansprüchen nicht konkret seinen Niederschlag gefunden hat, nicht unter den Schutzumfang der Ansprüche fallen kann (BGH GRUR 2004, 1023 (1024) li. Sp. unten – Bodenseitige Vereinzelungseinrichtung), und dass zum anderen die in den Ansprüchen enthaltenen Festlegungen (zB anhand von Maß- und Bereichsangaben) für die Auslegung der Patentansprüche regelmäßig beschränkende Bedeutung haben. Zu weiteren Einzelheiten vgl. *Mes* PatG § 14 Rn. 126 ff.

15. Den im Formular geltend gemachten Anspruch auf Drittauskunft gibt § 140b Abs. 1 u. 2 PatG(→ Anm. 6). Die zu erteilenden Auskünfte sollen den Patentinhaber insb. befähigen, weitere Patentverletzungen durch Dritte zu unterbinden. Für die Praxis hat die Mitteilung der gewerblichen Abnehmer besondere Bedeutung. Sie ermöglicht, etwaige weitere Patentverletzer in Erfahrung zu bringen (vgl. OLG Düsseldorf GRUR 1993, 818 – Mehrfachkleiderbügel). Ein Wirtschaftsprüfervorbehalt ist vom Gesetz nicht vorgesehen und nur in Ausnahmefällen (zB sehr enges Wettbewerbsverhältnis) denkbar. Denn gem. § 140b Abs. 1 PatG sind die im Gesetz vorgesehenen Auskünfte zu erteilen, es sei denn, „dass dies im Einzelfall unverhältnismäßig ist" (BGH GRUR 1995, 338 – Kleiderbügel; s. nachf. → Anm. 17). Der Auskunftsanspruch des § 140b PatG ist nicht mit dem allgemeinen Rechnungslegungsanspruch identisch, der aus den nachstehend in → Anm. 14 wiedergegebenen Gründen gewährt wird (§ 141a PatG).

Gem. § 140b Abs. 2 Nr. 3 PatG ist auch auskunftspflichtig, wer für rechtsverletzende Tätigkeit genutzte **Dienstleistungen erbracht** hat. OLG Naumburg GRUR-RR 2012, 388 – Bankauskunft – und BGH GRUR 2013, 1237 – Davidoff Hot Water – wenden diese Bestimmung für Bankdienstleistungen an, zB für das Führen eines Girokontos durch einen (Marken-)Verletzer. OLG Naumburg GRUR-RR 2012, 388 anerkennt ein Auskunftsverweigerungsrecht der Bank, Namen und Anschrift des Kontoinhabers anzugeben (§ 140 Abs. 2 iVm § 383 Abs. 1 S. 1 Nr. 6 ZPO). BGH GRUR 2013, 1237 will das Auskunftsverweigerungsrecht nicht zugestehen und legt die entsprechende Rechtsfrage zur Auslegung des Art. 8 Abs. 3 lit. e RL 2004/48/EG dem EuGH gem. Art. 267 Abs. 1 lit. b und Abs. 3 AEUV vor.

16. Nach ständiger höchstrichterlicher Rspr. (nunmehr auch in der Neufassung des § 139 Abs. 2 PatG niedergelegt) kann im Falle der Patentverletzung wie auch sonst im Bereich gewerblicher Ausschließlichkeitsrechte der Schaden in dreifacher Weise berechnet werden (Ersatz des unmittelbaren Schadens, der durch die Patentverletzung entstanden ist, insb. des entgangenen Gewinns; die Zahlung einer angemessenen Lizenzgebühr und Herausgabe des Verletzergewinns; vgl. statt vieler *Mes* PatG § 139 Rn. 127 ff.; zur dogmatischen Herleitung der Schadensersatzberechnungsmethode nach dem herauszugebenden Verletzergewinn BGH GRUR 2001, 329 – Gemeinkostenanteil). Um sich hinsichtlich der von ihm zu wählenden Berechnungsart schlüssig zu werden und seinen Schaden ziffernmäßig bestimmen zu können, kann der Verletzte neben dem Anspruch auf Auskunft gem. § 140b PatG einen Rechnungslegungsanspruch geltend machen, der in § 141a PatG (neugefasst mWz 1.9.2008; früher: § 140b Abs. 5 PatG) lediglich als „weitergehender Anspruch" angeführt, jedoch in ständiger höchstrichterlicher Rspr. auf der Grundlage des § 242 BGB gewährt wird und gewohnheitsrechtlichen Charakter hat (BGH GRUR 1962, 398 (400) – Atomschutzvorrichtung; GRUR 1984, 728 (729) li. Sp. – Dampffrisierstab II; zum Rechnungslegungsanspruch vgl. auch *Tilmann* GRUR 1987, 251 ff.). Die im Formular verlangten Angaben werden ebenfalls gewohnheitsrechtlich zuerkannt (zB BGH GRUR 1982, 723 f. – Dampffrisierstab I). Sie folgen den in der geltend gemachten Unterlassungsverpflichtung aufgeführten Benutzungshandlungen. Soweit die Namen und Anschriften von nicht gewerblichen Abnehmern bzw. Angebotsempfängern in Rede stehen, besteht die Besonderheit eines Wirtschaftsprüfervorbehalts (→ Anm. 20). Zum Problem der aufgelaufenen Zinsen, wenn der Geschädigte seinen Schaden im Weg der Lizenzanalogie berechnet, → Form. II.Q.24 Anm. 4 mwN.

Im Textbeispiel ist auf die Mitteilung der Gestehungskosten abgestellt. Zu ihnen gehören nicht die Gemeinkostenanteile (Fixkosten). Diese dürfen vom Verletzer im Falle der Geltendmachung des Anspruchs auf Herausgabe des Verletzergewinns nicht abgezogen werden (BGH GRUR 2001, 329 (331) – Gemeinkostenanteil; *Tillmann* GRUR 2003, 647; *Haft/Reimann* Mitt. 2003, 437). In ständiger Praxis der Düsseldorfer Gerichte (Landgericht und Oberlandesgericht) ist gegenüber dem rechnungslegungspflichtigen Patentverletzer bisher immer geltend gemacht worden, dieser müsse seine Rechnungslegungsangaben entsprechend der materiellen Rechtslage ausrichten, wie sie zuvor dargestellt wurde. Insoweit war die Formulierung üblich: „. . . . . der nach den einzelnen Kostenfaktoren aufgeschlüsselten Gestehungskosten und des erzielten Gewinns, wobei dieser nicht durch den Abzug von Fixkosten und variablen Gemeinkosten gemindert wird, sofern diese nicht ausnahmsweise den vorstehend bezeichneten Vorrichtungen/Erzeugnissen unmittelbar zuzuordnen sind.“ Diese Präzisierung der Rechnungslegungsangaben ist von BGH GRUR 2007, 773 (777), re. Sp. – Rohrschweißverfahren – verworfen worden. In Konsequenz dessen hat OLG Düsseldorf Mitt. 2009, 400 – Rechnungslegungsanspruch, einen entsprechenden Rechnungslegungsantrag als unbegründet erachtet. Das Textbeispiel im Formular enthält mithin diese Beschränkung nicht.

Ein Auskunfts-/Rechnungslegungsanspruch umfasst regelmäßig auch die Vorlage von Belegen (BGH GRUR 2001, 841 (845), li. Sp. oben – Entfernung der Herstellungsnummer II), regelmäßig in Form von Kopien entweder der Rechnungen oder der Lieferscheine. Zu Einzelheiten vgl. *Stjerna* GRUR 2011, 789.

17. Dem wegen Patentverletzung Inanspruchgenommenen wird ein Prüfungszeitraum von einem Monat ab Veröffentlichung der Patenterteilung eingeräumt. Erst nach Ablauf dieses Zeitraums kommen ein Verschulden und damit eine Haftung (auf Rechnungslegung und Schadensersatz) in Betracht (BGH GRUR 1986, 803 (806) – Formstein).

Im Formular ist noch die Besonderheit gegeben, dass auch Entschädigung für die Benutzung der offengelegten Patentanmeldung gefordert wird (vgl. sogleich die Verpflichtungserklärung zu (6) im Formular). Daher ist für die geforderte (und vom Benutzer auch geschuldete –BGH BGHZ 107, 161 = GRUR 1989, 411 – Offenendspinnmaschine) Rechnungslegung auf das Datum der Offenlegung (Bekanntmachung) der Patentanmeldung zzgl. eines Monats Karenzzeit abzustellen.

18. Die im Formular angeführten Angaben benötigt der Patentinhaber, um seinen Schaden beziffern, insb. entscheiden zu können, welche Berechnungsart er seinem Schadensersatzanspruch zugrunde legen will (→ Anm. 14).

19. Ob zu den Gestehungskosten auch die Gemeinkostenanteile (Fixkosten) gehören, dazu → Anm. 16.

20. Die nachfolgenden Ausführungen im Textbeispiel des Formulars beziehen sich auf den Wirtschaftsprüfervorbehalt. Dieser kann nur Rechnungslegungsangaben betreffen, da die sog Drittauskunft (gem. § 140b PatG) infolge ihrer Funktion, den Patentinhaber zu befähigen, weitere Patentverletzungen durch Dritte zu unterbinden, keinen Wirtschaftsprüfervorbehalt duldet (→ Anm. 15). Ein Wirtschaftsprüfervorbehalt wird im Zusammenhang mit Rechnungslegungsangaben regelmäßig insoweit zuerkannt, als es – wie im Formular auch vorgesehen – um die Namen und Anschriften etwaiger nicht gewerblicher Abnehmer geht, die als mögliche Patentverletzer gem. § 11 Nr. 1 PatG infolge einer

Benutzung des patentgeschützten Erzeugnisses im privaten Bereich zu nicht gewerblichen Zwecken regelmäßig ausscheiden. Des Weiteren ist ein Wirtschaftsprüfervorbehalt gerechtfertigt für (bloße) Angebotsempfänger, weil diese ebenfalls nicht als Patentverletzer in Betracht kommen (BGH GRUR 1995, 338 (341, 342) – Kleiderbügel).

21. Dieses Verlangen betrifft den Rückrufanspruch gem. § 140a Abs. 3 PatG nF (mWz 1.9.2008). Er bezieht sich nach S. 1 auf Erzeugnispatente, nach S. 2 auf Erzeugnisse, die nach Maßgabe des § 9 S. 2 Nr. 3 PatG unmittelbar durch ein patentgeschütztes Verfahren hergestellt worden sind. Zum Rückrufanspruch vgl. *Mes* PatG § 140a Rn. 18 ff.; *Jestaedt* GRUR 2009, 102; *Künzel* FS *Mes*, 2009, 241; *Wreesmann* Mitt. 2010, 276. Rückruf und Entfernung können nebeneinander verlangt werden (BGH Mitt. 2017, 410 – Abdichtsystem).

22. Vgl. § 140a Abs. 1 und 2 PatG. Die Vernichtung soll nach dem Wortlaut des Gesetzes durch den Verletzer selbst erfolgen (BGHZ 128, 220 (225 ff.) = GRUR 1995, 338 (340 f.) – Kleiderbügel; Benkard PatG/*Rogge/Grabinski/Zülch* § 140a Rn. 11; aA *Cremer* Mitt. 1992, 153 (163); LG Köln Der Markenartikel 1993, 15, durch den Verletzten). Die im Formular vorgesehene Wahlmöglichkeit der Herausgabe an einen Treuhänder zum Zwecke der Vernichtung belastet den Schuldner nicht. Insbes. kann die Herausgabe an einen zur Vernichtung bereiten Gerichtsvollzieher erfolgen (BGH GRUR 2003, 228 – P Vermerk: zum Urheberrecht). Um den Anspruch auf Vernichtung (zur Herausgabe an den Gerichtsvollzieher) zu sichern, kann es in Betracht kommen, ein Verbot der Rückgabe von Verletzungserzeugnissen an den Vorlieferanten im Wege der einstweiligen Verfügung zu erwirken (OLG Frankfurt a. M. GRUR-RR 2003, 96 – Uhrennachbildungen: zum Urheberrecht).

23. Vgl. § 33 PatG; für europäische Patentanmeldungen, mit denen auch für Deutschland Schutz beansprucht wird, gilt eine vergleichbare Regelung (Art. 67 Abs. 2 S. 3 EPÜ iVm Art. II § 1a Abs. 1 IntPatÜG idF des 2. Gemeinschaftspatentgesetzes v. 20.12.1991), allerdings nur dann, wenn die Anmeldung in deutscher Sprache veröffentlicht worden ist bzw. ab dem Zeitpunkt, an dem bei fremdländischer Verfahrenssprache die Ansprüche in Deutsch veröffentlicht worden sind oder der Anmelder dem Benutzer die Ansprüche in deutscher Sprache übermittelt hat (Art. II § 1a Abs. 2 IntPatÜG). Die Benutzung einer offengelegten Patentanmeldung ist nicht rechtswidrig (BGH GRUR 1993, 460 (464) – Wandabstreifer – mAnm *Maltzahn;* BGHZ 107, 161 = GRUR 1989, 411 – Offenendspinnmaschine). Eine Haftungserstreckung auf Geschäftsführer einer GmbH oder Vorstandsmitglieder einer Aktiengesellschaft unter dem rechtlichen Gesichtspunkt der unerlaubten Handlung ist nicht möglich (BGH GRUR 1993, 460 (464)).

Im Formular ist eine sog Karenzzeit von einem Monat vorgesehen. Dem Benutzer einer offengelegten Patentanmeldung soll eine ausreichende Frist zum Kennenlernen der Patentanmeldung und zur Entschließung zugestanden werden. Erst nach Ablauf dieses Zeitraums sind die subjektiven Tatbestandsmerkmale des § 33 Abs. 1 PatG begründbar, nämlich Kenntnis oder fahrlässige Unkenntnis der Patentanmeldung.

Der Entschädigungsanspruch errechnet sich in seiner Höhe im Wege der Lizenzanalogie (→ Anm. 16). Die Herausgabe des Benutzergewinns oder der Ersatz des entgangenen eigenen Gewinns können seitens des Inhabers der Patentanmeldung nicht verlangt werden (BGHZ 107, 161 = GRUR 1989, 411 – Offenendspinnmaschine). Daraus folgt auch eine nur eingeschränkte Rechnungslegungspflicht des Benutzers (→ Anm. 24).

24. In dieser zeitlichen Einschränkung kommt die Besonderheit des patentrechtlichen Entschädigungsanspruchs (§ 33 PatG) zum Ausdruck. Da es sich bei der Benutzung einer offengelegten Patentanmeldung nicht um eine Patentverletzung handelt, besteht kein Anspruch auf Schadensersatz, sondern nur auf angemessene Entschädigung. Zur Vorbereitung dieses Entschädigungsanspruchs gibt es nur einen beschränkten Rechnungslegungsanspruch; Angaben über den Verletzergewinn können nicht gefordert werden (BGHZ 107, 161 = GRUR 1989, 411 (413, 414) – Offenendspinnmaschine; → Anm. 23).

Das im Formular in diesem Zusammenhang angegebene Datum ist dasjenige der Veröffentlichung der Patenterteilung zzgl. einen Monat Karenzzeit, weil für die Zeit vor diesem Datum eben nur ein eingeschränkter Anspruch, nämlich nur auf angemessene Entschädigung gilt.

25. Hier ist wieder vom Datum der Veröffentlichung der Patenterteilung zzgl. eines Monats Karenzzeit auszugehen (→ Anm. 17).

26. Nach Auffassung des BGH beruht die Kostenerstattungsverpflichtung des Verletzers sowohl auf dem rechtlichen Gesichtspunkt des Schadensersatzes (dazu BGH GRUR 1995, 338 (342) – Kleiderbügel) als auch auf den Rechtsgrundsätzen der Geschäftsführung ohne Auftrag in gewohnheitsrechtlicher Anwendung auch des § 242 BGB (stRspr., BGH in wettbewerbsrechtlichen Streitigkeiten, zB GRUR 2000, 337 (338) – Preisknaller; GRUR 2001, 450 (453) – Franzbranntwein-Gel; OLG Frankfurt a. M. GRUR-RR 2002, 397 – Tiapridex; OLG München GRUR-RR 2006, 176 – Schubladenverfügung). Zur Erstattungsfähigkeit der Kosten eines ebenfalls eingeschalteten Patentanwalts vgl. *Rehmann* GRUR 1985, 332.

Hatte der Berechtigte schon eine sog „Schubladenverfügung" (Vorratsverfügung) erwirkt und mahnt er erst dann den Verpflichten ab, so handelt er nicht im Interesse des Schuldners, weil er diesem die günstige Kostenfolge des § 93 ZPO abschneiden will; ein Kostenerstattungsanspruch auf Abmahnkosten ist nicht veranlasst (OLG München GRUR-RR 2006, 176 – Schubladenverfügung).

27. Die Überprüfungs- und Erklärungsfrist sollte nicht zu kurz bemessen sein. Angemessen ist grds. ca. ein Monat. Im Einzelfall kann allerdings auch eine sehr viel kürzere Frist angemessen sein, bspw. von nur Stunden oder einem Tag. Das gilt für Messesachen sowie insb. auch in solchen Fällen, in denen ein sog „Torpedo" befürchtet werden muss. Zu dieser Problematik vgl. *Mes* PatG § 139 Rn. 283 ff.

28. Zu den Reaktionsmöglichkeiten eines Verwarnten → Form. II.P.1 Anm. 17. Ein wegen vermeintlicher Patentverletzung Verwarnter wird folgendes zu prüfen haben, wobei die umfassende Materie hier nur skizziert und auf weniges beschränkt werden kann (zu weiteren Einzelheiten vgl. *Mes* PatG § 9 Rn. 78 ff.):

a) Ist der Tatbestand einer Patentverletzung gegeben, wortsinngemäß oder äquivalent?
b) Ist das Patent erloschen?
c) Liegt eine Erschöpfung des Patentrechts vor? Zur Anwendung des Grundsatzes der Erschöpfung auch im Patentrecht BGH GRUR 2012, 626 – Converse I. vgl. ferner *von der Groeben* FS *Mes*, 2009, 141; *Laudien* GRUR Int. 2000, 617; *Sack* GRUR Int. 2000, 610; *Sack* GRUR 1999, 193; *Mager* GRUR 1999, 637; *Beier* GRUR Int. 1996, 1; BGH GRUR 2000, 299 – Karate; GRUR 1998, 130 (132) – Handhabungsgerät; GRUR 1997, 116 – Prospekthalter; LG Düsseldorf Mitt. 2000, 458 – Dämmstoffbahn; Mitt. 1999, 179 – Levitationsmaschine; InstGE 1, 146 – Proteinderivat; GRUR Int. 2000, 639 – Kodak II; Handelsgericht Zürich GRUR Int. 1999, 555 – Kodak; Erschöpfung zB auch infolge einer Schadensersatzlizenz, dazu OLG Düsseldorf Mitt. 1998, 358 – Durastep; LG München Mitt. 1998, 262.
d) Liegt eine rechtmäßige Patentbenutzung vor? Gründe dafür: Zustimmung (Lizenz, Lizenzbereitschaftserklärung) oder gesetzliche Regelung (Vorbenutzungsrecht gem. § 12 PatG; dazu *Bartenbach/Bartenbach*, Gemeinschaftsweite Wirkung eines nationalen Vorbenutzungsrechts nach § 12 PatG?, FS *Eisenführ*, 2003, 115; *Keukenschrijver* GRUR 2001, 944; *Müller* Mitt. 2001, 151; *Busche* GRUR 1999, 645; BGH GRUR 2002, 231 – Biegevorrichtung; LG Düsseldorf Mitt. 2001, 561 – Laborthermostat II; Weiterbenutzungsrecht gem. § 123 Abs. 5 u. 6 PatG, dazu LG

München Mitt. 1998, 33 – Weiterbenutzungsrecht im Falle einer Teilung im Einspruchsverfahren; Art. 122 Abs. 6 EPÜ oder § 28 ErstrG (BGH GRUR 2003, 507 – Enalapril); zu allem *Mes* PatG § 9 Rn. 90 ff.).

e) Liegt der Tatbestand einer widerrechtlichen Entnahme (§ 8 PatG) vor? Dieser kann durch den unmittelbar Betroffenen gegenüber der Inanspruchnahme wegen vermeintlicher Patentverletzung auch im Verletzungsprozess geltend gemacht werden (BGH GRUR 2005, 567 – Schweißbrennerreinigung; vgl. *Mes* PatG § 8 Rn. 22 f.; § 9 Rn. 101).

f) Zweifel am Rechtsbestand des Patents begründen für sich genommen keine Einwendungen des in Anspruch genommenen. Ergeben sich jedoch erhebliche Zweifel, dass das geltend gemachte Patent schutzfähig ist, so ist zu überlegen, ob ein Einspruch, ggf. auch ein Beitritt zu einem Einspruchsverfahren (§ 59 PatG) oder eine Nichtigkeitsklage gegen das Patent (§§ 81 ff. PatG; → Form. II.Q.6) überwiegende Erfolgsaussichten bieten. Diese können sodann gem. § 148 ZPO zu einer Entscheidung des Gerichts führen, den Patentverletzungsprozess auszusetzen.

g) Bedenken im Hinblick auf die Verhältnismäßigkeit der Geltendmachung des Unterlassungsanspruchs? Hinweis: Durch das Patentrechtsmodernisierungsgesetz, das insoweit am 18.8.2021 in Kraft getreten ist, wird § 139 Abs. 1 durch einen Satz ergänzt …:

h) Der Anspruch ist ausgeschlossen, soweit die Durchsetzung des Unterlassungsanspruchs unverhältnismäßig ist, weil sie aufgrund besonderer Umstände unter Beachtung des Interesses des Patentinhabers gegenüber dem Verletzer und der Gebote von Treu und Glauben eine durch das Ausschließlichkeitsrecht nicht gerechtfertigte Härte darstellt.

i) Ferner von Interesse: Missbräuchliche Ausnutzung der Ausschließungsbefugnis durch den Patentinhaber? Sie kann sich insb. unter Anwendung der Rechtsgrundsätze des Art. 102 AEUV (= Vertrag über die Arbeitsweise der EU; EG-Vertrag von Lissabon, in Kraft seit dem 1.12.2009, zuvor Art. 82 EG aF) und §§ 19, 20 GWB ergeben, insb. im Zusammenhang mit einer sog „Pool"-Lizenz, die Grundlage eines Industrie-Standards ist (LG Düsseldorf InstGE 7, 70 – Videosignal-Codierung I – und InstGE 10, 66 – Videosiginal-Codierung III = GRUR-RR 2009, 119 (Ls.); BGH GRUR 2009, 694 – Orange-Book-Standard). Zum Meinungsstand betr. insb. FRAND vgl. *Mes* PatG § 9 Rn. 111 ff., insb. Rn. 118 ff. Vgl. dazu insb. auch LG Düsseldorf GRUR 2013, 614 = GRUR-RR 2013, 196 – LTE-Standard – und Besprechungsaufsatz *Verhauwen*, GRUR 2013, 558 = GRUR-RR 2013, 196 mAnm *Hoppe-Jänisch*, 200 = GRUR Prax 2013, 162 (*Schachl*); EuGH GRUR 2015, 764 – Huawei Technologies/ZTE; *Haft*, in: *FS* 80 Jahre Patentgerichtsbarkeit S. 157 ff.; *Kellenter,* in: *FS* 80 Jahre Patentgerichtsbarkeit S. 225 ff.; *Kellenter/Verhauwen* GRUR 2018, 761; *Kühnen,* in: *FS* 80 Jahre Patentgerichtsbarkeit S. 631 ff.; *Voß/Fehre,* in: *FS* 80 Jahre Patentgerichtsbarkeit S. 559 ff.; *Hauck/Kamlaa* GRUR Int. 2016, 420; *Bodewig* GRUR Int. 2015, 626; *Hilty/Slowinski* GRUR Int. 2015, 781; *Block* GRUR 2017, 124; *ders.* Mitt. 2017, 97; *Körber* WRP 2015, 1167; *Haedicke* GRUR Int. 2017, 661; *Heinemann* GRUR 2015, 855; *Henningsson* IIC 2016, 438; *Nilsson* GRUR Int. 2017, 1017; *Palzer* EuZW 2015, 702; *Treacy/Hunt* GRUR Int. 2018, 91; *Tsilikas* IIC 2017, 151;

j) Unzulässige Erweiterung der Patentanmeldung (§ 38 PatG; wichtig: Akteneinsicht beantragen; → Form. II.Q.4 Anm. 7)

k) Verjährung/Verwirkung.
Regelung der Verjährung in § 141 PatG unter Bezugnahme auf §§ 194 ff. BGB. Die (regelmäßige) Verjährungsfrist beträgt - auch für den Unterlassungsanspruch – drei Jahre (§§ 194 Abs. 1, 195 BGB). Bei Unterlassungsansprüchen entsteht allerdings mit jeweilig erneuter Begehung ein neuer Unterlassungsanspruch (Busse/Keukenschrijver/*Keukenschrijver*, 9. Aufl. 20120 PatG § 141 Rn. 11, 31, Grundsatz der Einzelver-

jährung). Verjährung beseitigt nicht die Tatbestandsmäßigkeit der Patentverletzung oder ihre Rechtswidrigkeit, sondern begründet lediglich eine Einrede. Zu Einzelheiten vgl. *Mes* PatG Anm. § 141. Besteht seitens des Berechtigten Kenntnis nur von einer Verletzungshandlung, beginnt dadurch nicht die Verjährung für andere Verletzungshandlungen, die der Gläubiger nicht kennt (BGH GRUR 1999, 751 (754) re. Sp. – Güllepumpen; vgl. *Mes* PatG § 141 Rn. 11).
Verwirkung ist als Einwand im Patentverletzungsprozess grds. möglich (BGH GRUR 2001, 323 (324) re. Sp. – Temperaturwächter; GRUR 2014, 363 Rn. 38 – Peter Fechter: zum Urheberrecht; OLG Düsseldorf GRUR-RR 2013, 1 – Haubenstretchautomat), wegen des zeitlich begrenzten Ausschließungscharakters des Patents jedoch selten erfolgreich. Einzelheiten dazu bei *Mes* PatG § 9 Rn. 110 ff.; § 139 Rn. 214 ff.

l) Ist der mit der angegriffenen Ausführungsform erzielte Umsatz zurzeit und/oder zukünftig von so großem Interesse, dass die regelmäßig nicht unbedeutenden Kosten eines Patentverletzungsprozesses einschließlich einer etwaigen Nichtigkeitsklage angemessen erscheinen? Für die Beantwortung dieser Frage wird es häufig von großer Bedeutung sein, ob eine zweifelsfrei nicht unter das geltend gemachte Patent fallende Umgehungsform gefunden und unter erträglichen wirtschaftlichen Bedingungen hergestellt werden kann.

m) Erscheint eine Lizenznahme möglich und vertretbar?

n) Hinterlegung einer Schutzschrift? Da patentrechtliche Unterlassungsansprüche und solche auf Drittauskunft (§§ 139 Abs. 1, 140b PatG) – wenn auch seltener – im Wege des einstweiligen Verfügungsverfahrens geltend gemacht werden können (vgl. dazu MPFormB GewRS/*Mes* Form C.20), muss erwogen werden, ob die Hinterlegung einer Schutzschrift (vgl. dazu MPFormB GewRS/*Mes* Form C.20) geboten erscheint (zum einstweiligen Verfügungsverfahren in Patentverletzungsstreitigkeiten vgl. *Mes* PatG § 139 Rn. 536 ff.; *Böhler* GRUR 2011, 965; *Holzapfel* GRUR 2003, 287; *A. v. Falck* Mitt. 2002, 430; OLG Frankfurt a. M. GRUR-RR 2003, 263 – miniflexiprobe; OLG Karlsruhe GRUR-RR 2002, 278 – DVD-Player: zur einstweiligen Anordnung der Sequestration; OLG Hamburg GRUR-RR 2002, 244 – Spannbacken; LG Hamburg GRUR-RR 2002, 45 – Felodipin; EuGH GRUR 2001, 235 – TRIPS-Abkommen; OLG München Mitt. 2001, 85).

o) Torpedoabwehr? Im Falle der Inanspruchnahme aus dem nationalen Teil eines europäischen Patents wird der Inanspruchgenommene auch diesen Gesichtspunkt mit einzubeziehen haben. Einzelheiten dazu bei *Mes* PatG § 139 Rn. 294 ff.; MPFormB GewRS/*Mes* Form C.20 Anm. 1.

Kosten und Gebühren

29. Rechtsanwaltskosten:

a) Es liegt kein Klageauftrag vor. Es entsteht eine Geschäftsgebühr. Dafür stellen VV 2300 ff. RVG iVm §§ 2 Abs. 2, 13 RVG einen Gebührenrahmen von 0,5 bis 2,5 zur Verfügung (vgl. dazu *Bölling,* Wird die 1,5 Geschäftsgebühr zur Regelgebühr? Aktuelle Tendenzen in der Rspr. zur Höhe der erstattungsfähigen Abmahnkosten, WRP 2012, 1214). Eine Gebühr von mehr als 1,3 kann nur gefordert werden, wenn die Tätigkeit umfangreich oder schwierig war. Regelmäßig ist eine Gebühr von 1,3 angemessen. Denn jedenfalls handelt es sich bei einer patentrechtlichen Verwarnung nicht um ein Schreiben einfacher Art, das in VV 2302 dahingehend definiert ist, dass es „weder schwierige rechtliche Ausführungen noch größere sachliche Auseinandersetzungen enthält". Für ein Schreiben einfacher Art beschränkt VV 2302 den Gebührenrahmen auf 0,3. Zur Angemessenheit einer Geschäftsgebühr iHv 1,3 vgl. BGH GRUR 2010, 1120 Rn. 30 – Vollmachtsnachweise; NJW-RR 2007, 420 Rn. 9. Zur

Abgrenzung der Anwendung von entweder VV 3100 ff. RVG oder VV 2300 ff. RVG vgl. *Gerold/Schmidt/Müller-Rabe*, 24. Aufl. 2019, RVG Anh. II Rn. 125 ff.; Großzügiger LG Düsseldorf InstGE 6, 37 – Abmahnkostenerstattung bei Patentverletzungen: wegen der regelmäßig gegebenen Schwierigkeit ist eine über 1,3 hinausgehende Rechtsanwaltsgebühr gerechtfertigt, und zwar in technisch und rechtlich einfach gelagerten Patentverletzungsfällen regelmäßig iHv 1,5. Des Weiteren kommt ein Ermessensspielraum des Anwalts in Betracht. Die Ausübung des Ermessen ist hinzunehmen, solange und soweit sie einen Toleranzbereich von 20 % des an sich angemessenen Satzes nicht überschreitet (LG Düsseldorf InstGE 6, 37). Noch großzügiger LG Frankfurt a. M., wonach (in einer Markensache) der Rechtsanwalt eine 2,0 Geschäftsgebühr gem. §§ 2, 13 RVG, VV 2300 RVG verlangen kann (Mitt. 2007, 90 – 2,0 Geschäftsgebühr). Zu den Kosten eines Abschlussschreibens BGH GRUR 2010, 1038 – Kosten für Abschlussschreiben.

b) Es liegt ein Klageauftrag vor. Die Verfahrensgebühr richtet sich nach VV 3100 ff. RVG iVm §§ 2 Abs. 2, 13 RVG. Gem. VV 3101 Nr. 1 ist eine Verfahrensgebühr iHv 0,8 in Ansatz zu bringen.

c) Problem der Anrechnung: § 15a RVG regelt, dass eine etwaige Anrechnung nicht automatisch die Geschäftsgebühr verringert, auf die anzurechnen ist. Es entstehen vielmehr beide Gebühren in vollem Umfang, wobei jedoch der Gesamtbetrag nicht mehr als den um den Anrechnungsbetrag verminderten Gesamtbetrag der beiden Gebühren ausmachen darf. Folge ist, dass ein Anwalt nicht mehr verlangen kann, als ihm nach der Anrechnung zusteht. Rechenbeispiel und Einzelheiten dazu bei *Gerold/Schmidt/Müller-Rabe,* 24. Aufl. 2019, RVG § 15a Rn. 7 ff. Die Verfahrensgebühr nach VV 3100 RVG, entstanden durch die Tätigkeit im Prozessverfahren, ist im Kostenfestsetzungsverfahren in voller Höhe geltend zu machen. Eine Kürzung aufgrund der Regelung in der Vorb. 3 IV RVG VV über die hälftige Anrechnung wegen einer entstandenen Geschäftsgebühr nach VV 2300 RVG erfolgt nicht (BGH GRUR-RR 2012, 136 = BeckRS 2011, 27328).

30. Patentanwaltskosten: Es gelten die Vorausführungen für einen mitwirkenden Patentanwalt (§ 143 Abs. 3 PatG). Es kann sich auch um die Mitwirkung eines beim Europäischen Patentamt zugelassenen Vertreters handeln (BGH GRUR 2020, 781 – EPA-Vertreter). Der Patentanwalt muss tatsächlich mitgewirkt, mithin irgendeine streitbezogene Tätigkeit entfaltet haben, die zur Entstehung der Gebührenschuld ihm gegenüber geführt hat (BGH GRUR 2012, 759 – Kosten des Patentanwalts IV; OLG Nürnberg GRUR-RR 2003, 29; OLG Frankfurt Mitt. 2003, 317 (319); OLG Düsseldorf GRUR 2020, 901 – Mindestvergütung für Patentanwälte = Mitt. 2021, 41 – Mindestvergütung nach RVG als AGB). Zur Höhe der erstattungsfähigen Patentanwaltsgebühren vgl. *Hodapp* Mitt. 2006, 22.

Die Verfahrensgebühr des Patentanwalts deckt lediglich die Sichtung, Ordnung oder Auswertung von Material ab, nicht aber die Beschaffung (OLG München InstGE 5, 79 – Recherchekosten als notwendige Auslagen). Das muss auch für die Geschäftsgebühr gelten.

Werden die Kosten der außergerichtlichen Mitwirkung eines Patentanwalts im Klagewege (im Mahnverfahren) geltend gemacht, so soll nach BGH GRUR 2012, 759 – Kosten des Patentanwalts IV; GRUR 2011, 754 Rn. 11–14 – Kosten des Patentanwalts II – die gesetzliche Vermutung des § 140 Abs. 3 MarkenG weder unmittelbar noch analog eingreifen. Es soll die Notwendigkeit bestehen, zur Mitwirkung des Patentanwalts und zu ihrer Erforderlichkeit substantiiert vorzutragen (aA OLG Frankfurt GRUR-RR 2020, 287 – Patentanwaltskosten). Die für Markensachen geltende Rspr. des I. Zivilsenats ist – möglicherweise – auf § 143 Abs. 3 PatG zu übertragen. Eine entsprechende gerichtliche Entscheidung fehlt bisher. BGH GRUR 2020, 1239 – Kosten des Patentanwalts VI – legt diese Rechtsfrage dem EuGH vor.

§ 11 RVG, der für einen Rechtanwalt eine Festsetzung der Kosten gegen den Auftraggeber ermöglicht, gilt für den Patentanwalt nicht (BGH GRUR 2015, 1253 – Festsetzung der Patentanwaltsvergütung).

31. Materielle Rechtsgrundlage für den – außergerichtlichen – Kostenerstattungsanspruch: → Anm. 26.

Fristen und Rechtsmittel

32. Keine.

2. Verwarnung wegen Patentverletzung unter gleichzeitiger Übersendung eines Klageentwurfes

Firma
B . . . . .
– Geschäftsleitung –
Betr.: A . . . . . /. B . . . . .
DE . . . . . betreffend ein Mosaik-Schaltbild
Sehr geehrte Damen und Herren![1]
Die Firma A . . . . . hat mich beauftragt, gemeinsam mit Herrn Patentanwalt X . . . . . ihre Interessen wahrzunehmen. Meine Mandantin hat mir die bisher zwischen Ihnen und Herrn Patentanwalt X . . . . . gewechselte Korrespondenz übergeben. In Abstimmung mit Herrn Patentanwalt X . . . . . teile ich Ihnen namens und in (beigefügter) Vollmacht[2] meiner Mandantin das Folgende mit:

1. Sie sind aus der Vorkorrespondenz darüber unterrichtet, dass meine Auftraggeberin eingetragene ausschließliche und alleinige Inhaberin des DE . . . . . ist. Das in Rede stehende Schutzrecht, dessen Patentschrift Ihnen schon übersandt worden ist, betrifft ein Mosaik- Schaltbild. Sie stellen her und vertreiben Mosaik-Schaltbilder, die in die Rechte meiner Auftraggeberin an dem vorbezeichneten Schutzrecht eingreifen. Zur Vermeidung von Wiederholungen kann ich auf die Vorkorrespondenz verweisen.
2. Meine Auftraggeberin hat mich beauftragt, Klage zu erheben. Ich füge zu Ihrer Unterrichtung den von mir ausgearbeiteten Entwurf einer Klage bei, wobei ich von einer Übersendung der Anlagen zur Klage absehe, da diese sich schon in Ihrem Besitz befinden.[3]
3. Meine Mandantin hat mich zugleich ermächtigt, Ihnen noch einmal – diesmal allerdings letztmalig – Gelegenheit zur außergerichtlichen Bereinigung des Streitverhältnisses zu geben. Sie können die Erhebung der Klage gegenstandslos machen, wenn Sie sich entsprechend dem diesseitigen Klagebegehren verpflichten, nämlich in Form der Abgabe folgender Erklärungen:[4]
   a) einer strafbewehrten Unterlassungsverpflichtungserklärung entsprechend der Formulierung des Klageantrags I 1 des beigefügten Entwurfs, wobei anstelle der gesetzlichen Ordnungsmittel von Ihnen eine diesseits als geboten angesehene Vertragsstrafe iHv . . . . . EUR[5] einzusetzen wäre;
   b) einer Verpflichtungserklärung zur Auskunftserteilung entsprechend dem Klageantrag I 2;
   c) einer Verpflichtungserklärung zur Rechnungslegung entsprechend dem Klageantrag I 3;

d) einer Verpflichtungserklärung zum Rückruf entsprechend dem Klageantrag I 4;
e) einer Verpflichtungserklärung zur Vernichtung entsprechend dem Klageantrag I 5;
f) eines Anerkenntnisses betreffend Ihre Verpflichtungen zu angemessener Entschädigung und zu Schadensersatz entsprechend den Klageanträgen II 1 und 2;
g) einer Verpflichtungserklärung zur Übernahme der meiner Auftraggeberin durch meine Einschaltung sowie durch Einschaltung von Herrn Patentanwalt X . . . . . entstandenen Kosten, und zwar iHv je einer 0,8 Rechtsanwaltsgebühr für die Tätigkeit des Herrn Patentanwalts X . . . . . als auch für die Tätigkeit des Unterzeichners auf der Grundlage eines Gegenstandswertes von . . . . . EUR zzgl. Auslagen und Mehrwertsteuer.[6]

Für den Eingang der vorstehenden Erklärungen habe ich mir den
. . . . .[7]
vorgemerkt. Nach fruchtlosem Fristablauf gehe ich davon aus, dass Sie einem gerichtlichen Austrag den Vorzug geben.
Unterschrift[8, 9]
Rechtsanwalt

Schrifttum: Vgl. die Hinweise zu → Form. II.Q.1.
Hinweis: Ein weiteres Textbeispiel findet sich bei *Mes,* Münchener Prozessformularbuch, Bd. 5, Gewerblicher Rechtsschutz, Urheber- und Presserecht, 5. Aufl. 2018, Form. C.3.

Anmerkungen

1. Es handelt sich um die schärfste Form der Verwarnung. Durch Übersendung des Klageentwurfes wird dem Inanspruchgenommenen nicht nur die Entschlossenheit des Patentinhabers vor Augen geführt, sondern insb. auch die Art der Argumentation, die der Patentinhaber im gerichtlichen Verfahren einschlagen will, gezeigt. Diese Art der Verwarnung erscheint dann angebracht, wenn schon einige Zeit außerprozessual und aus der Sicht des Patentinhabers erfolglos korrespondiert worden ist. Über die Risiken einer Verwarnung → Form. II.Q.1 Anm. 1.

2. Zur Frage, ob eine Vollmachtsurkunde beizufügen ist, → Form. II.Q.1 Anm. 3. Die Beifügung einer Vollmacht wird empfohlen. Zur Frage der Sicherung des Nachweises eines Zugangs s. ebenfalls die zuvor bezeichnete Anmerkung.

3. Der Inhalt dieser Verwarnung kann kurz gehalten werden, da gleichzeitig ein Klageentwurf mit übersandt wird. Die Abmahnung bezieht sich inhaltlich auf → Form. II.Q.3. Im Textbeispiel wird davon ausgegangen, dass schon ein Klageauftrag erteilt ist. Zu den gebührenrechtlichen Folgen vgl. Anm. „Kosten und Gebühren". In dem Fall, dass noch kein Klageauftrag erteilt ist, gelten für die Höhe der Gebühr die Ausführungen „Kosten und Gebühren" → Form. II.Q.1.

4. Es kann sich auch empfehlen, die von dem Inanspruchgenommenen geforderten Verpflichtungserklärungen in vorformulierter Form gesondert zu übersenden. Das ist eine reine Zweckmäßigkeitsfrage. Die hier vorgeschlagenen Formulierungen erfordern vom Inanspruchgenommenen ein gewisses Mitdenken, indem er die Klageanträge entsprechend umformulieren muss. Das wird vom Verfasser als vorteilhaft angesehen, um dem Inanspruchgenommenen auch die Bedeutung dessen, was er erklärt, iE bewusst zu machen. Zum Inhalt der geforderten Erklärungen → Form. II.Q.1 Anm. 9.

5. Zur Höhe der Vertragsstrafe lassen sich keine allgemein verbindlichen Angaben machen. Maßgeblich sind die Umstände des Einzelfalles, vornehmlich die bisherige Intensität der Verletzungshandlungen. Jedenfalls muss die Vertragsstrafe so hoch bemessen sein, dass sie geeignet erscheint, künftigen Zuwiderhandlungen des Schuldners vorzubeugen. Bei Patentverletzungen wird man regelmäßig Vertragsstrafen von 5.000 EUR und mehr für jeden Fall der Zuwiderhandlung für angemessen halten dürfen. Ein Problem betreffend die Zuständigkeit des LG für die etwaige Vertragsstrafenklage stellt sich nicht, da für Patentstreitsachen – zu denen auch die derartige Klage gehört (OLG Düsseldorf GRUR 1984, 650; *Mes* PatG § 143 Rn. 4) – eine ausschließliche Zuständigkeit des LG besteht (§ 143 Abs. 1 PatG → Form. II.Q.1 Anm. 12.

6. Zur Kostenerstattungspflicht → Form. II.Q.1 Anm. 26. Die Kostenerstattungspflicht betreffend den Patentanwalt ergibt sich nach Grund und Höhe aus § 143 Abs. 3 PatG. Die Notwendigkeit der Mitwirkung eines Patentanwalts ist nicht zu prüfen (OLG Frankfurt GRUR-RR 2020, 287, Patentanwaltkosten zu § 140 Abs. 4 MarkenG). Das war bisher hM. Sie ist möglicherweise unter Zweifel gestellt durch BGH GRUR 2012, 759 – Kosten des Patentanwalts IV; GRUR 2011, 754 Rn. 11–14 – Kosten des Patentanwalts II, zur Vorschrift des § 140 Abs. 3 MarkenG. BGH GRUR 2020, 1239 – Kosten des Patentanwalts VI – legt diese Rechtsfrage dem EuGH vor. Zur tatsächlichen Mitwirkung des Patentanwalts ist erforderlich und auch ausreichend, dass er irgendeine streitbezogene Tätigkeit entfaltet hat, die zur Entstehung der Gebührenschuld ihm gegenüber geführt hat (BGH GRUR 2012, 759 – Kosten des Patentanwalts IV; OLG Nürnberg GRUR-RR 2003, 29; OLG Frankfurt a. M. Mitt. 2003, 317 (319); KG GRUR 2000, 803 – Mitwirkender Patentanwalt: zu § 140 Abs. 5 MarkenG). Die Regelung des § 13 RVG gilt auch für Patentanwälte (OLG Frankfurt a. M. InstGE 5, 159 – Mitwirkungsgebühr für Patentanwalt; OLG Dresden Mitt. 2008, 42 – Zur Kostenerstattung des Patentanwalts in eigener Sache). Zu Einzelheiten vgl. *Mes* PatG § 143 Rn. 53 ff. § 143 Abs. 3 PatG gilt auch für zugelassene Vertreter beim Europäischen Patentamt (BGH GRUR 2020, 271 = PMZ 2020, 246 – EPA-Vertreter) wie für ausländische Patentanwälte (*Gruber* GRUR Int. 2016, 1025).

7. Die Erklärungs- und Überlegungsfrist sollte ca. ein Monat betragen, um dem Inanspruchgenommenen eine ausreichende Prüfung zu ermöglichen. Die Frist kann auch kürzer ausfallen, wenn – wie hier – schon eine längere vorprozessuale Korrespondenz stattgefunden hat oder zu besorgen ist, dass in einem ausländischen Gerichtsstand im Falle der Geltendmachung von Rechten aus einem nationalen Teil eines europäischen Patents eine negative Feststellungsklage seitens des Abgemahnten eingereicht wird (sog „Torpedo", dazu *Mes* PatG § 139 Rn. 294 ff.).

Kosten und Gebühren

Literatur: *Albrecht/Hoffmann,* Die Vergütung des Patentanwalts. Anspruchsdurchsetzung und Kostenerstattung, 3. Aufl. 2016; *Gruber*, Kostenerstattung in Kennzeichen- und Patentstreitsachen bei Einschaltung ausländischer Patentanwälte, GRUR Int. 2016, 1025; *Hoffmann/Albrecht,* Was nicht passt, wird passend gemacht? – Zur unmittelbaren Anwendung des Rechtanwaltsvergütungsgesetzes auf Patentanwälte in gemeinsamer Berufsausübung mit Rechtsanwälten, Mitt. 2015, 548.

8. Liegt Klageauftrag vor, gilt VV 3101 iVm §§ 2 Abs. 2, 13 RVG. Es ist eine Gebühr von 0,8 in Ansatz zu bringen.

Fristen und Rechtsmittel

9. Keine.

3. Patentverletzungsklage

Landgericht
4. Zivilkammer[1]
Werdener Str. 1
40227 Düsseldorf[1]

Klage

der Firma A[2]
Prozessbevollmächtigter: RA . . . . .
gegen
die Firma B[2]
wegen: Patentverletzung
Streitwert: vorläufig geschätzt . . . . . EUR[3]
Namens und in Vollmacht der Klägerin erhebe ich Klage und bitte um die Anberaumung eines Verhandlungstermins sowie um Ladung der Beteiligten.[4] Es handelt sich um eine patentrechtliche Streitigkeit, deren Entscheidung durch den Einzelrichter nicht angezeigt erscheint.[5] Es wird gebeten, von der Anberaumung einer Güteverhandlung abzusehen. Sie bietet erkennbar keine Aussicht auf Erfolg. Ein gleiches gilt für eine Mediation oder ein anderes Verfahren der außergerichtlichen Konfliktbeilegung.[6]
Ich beantrage,

I. die Beklagte zu verurteilen,

1. es bei Meidung eines für jeden Fall der Zuwiderhandlung fälligen Ordnungsgeldes bis zu 250.000 EUR, ersatzweise Ordnungshaft bis zu sechs Monaten oder Ordnungshaft bis zu sechs Monaten, im Wiederholungsfalle Ordnungshaft bis zu zwei Jahren, zu unterlassen,[7]
in der Bundesrepublik Deutschland[8] Mosaik-Schaltbilder, bestehend aus einer Montagewand mit zellenförmiger Struktur und darauf befestigten, die Zellengröße aufweisenden Mosaiksteinen,[9] (herzustellen,) anzubieten, in den Verkehr zu bringen oder zu gebrauchen oder zu den genannten Zwecken entweder einzuführen oder zu besitzen,[10, 11, 12] bei denen die den Rand des Mosaik-Schaltbildes bildenden Mosaiksteine breiter sind als die übrigen Mosaiksteine und über den Rand der Montagewand vorstehen;[13]

2. der Klägerin für die Zeit ab dem 12.3.2018 Auskunft über die Herkunft und den Vertriebsweg der unter vorstehend zu I 1 beschriebenen Erzeugnisse zu erteilen, insb. unter Angabe der Namen und Anschriften des Lieferanten und/oder anderer Vorbesitzer, der gewerblichen Abnehmer oder Auftraggeber;[14, 15]

3. der Klägerin über den Umfang[16] der vorstehend zu I 1 bezeichneten und seit dem 15.7.2017 begangenen Handlungen Rechnung zu legen, und zwar unter Vorlage eines geordneten Verzeichnisses unter Beifügung der Belege (Rechnungskopien),[17] insb. unter Angabe

a) der Herstellungsmengen und -zeiten,[17] der Menge der erhaltenen oder bestellten Erzeugnisse sowie im Hinblick auf erhaltene Lieferungen, der Namen und Anschriften der Hersteller, Lieferanten und anderer Vorbesitzer[18]

b) der einzelnen Lieferungen, aufgeschlüsselt nach Liefermengen, -zeiten und -preisen unter Einschluss von Typenbezeichnungen sowie und der Namen und Anschriften der Lieferempfänger,

c) der einzelnen Angebote aufgeschlüsselt nach Angebotsmengen, -zeiten und -preisen unter Einschluss von Typenbezeichnungen sowie der Namen und Anschriften der Angebotsempfänger,

d) der betriebenen Werbung, aufgeschlüsselt nach Werbeträgern, deren Auflagenhöhe, Verbreitungszeitraum und Verbreitungsgebiet,

e) der nach den einzelnen Kostenfaktoren aufgeschlüsselten Gestehungskosten und des erzielten Gewinns,[19]

wobei

der Beklagten vorbehalten bleiben mag,[20] die Namen und Anschriften der Angebotsempfänger und der nicht gewerblichen Lieferempfänger statt der Klägerin einem von dieser zu bezeichnenden und ihr gegenüber zur Verschwiegenheit verpflichteten vereidigten Wirtschaftsprüfer mitzuteilen, sofern die Beklagte die durch seine Einschaltung entstehenden Kosten trägt und ihn zugleich ermächtigt, der Klägerin auf Anfrage mitzuteilen, ob bestimmte Lieferempfänger und/oder Lieferungen in der erteilten Rechnung enthalten sind,

die Richtigkeit und Vollständigkeit der Angaben betreffend vorstehend a) und b) durch Vorlage von Bank-, Finanz- oder Handelsunterlagen oder einem geeigneten Zugang dazu, hilfsweise: durch Übermittlung von Belegen (Rechnungen in Kopie) nachzuweisen;

die Beklagte die Angaben vorstehend zu b) erst für die Zeit seit dem 12.3.2018 zu machen hat,[21, 22]

4. die im unmittelbaren oder mittelbaren Besitz oder im Eigentum der Beklagten befindlichen Erzeugnisse entsprechend vorstehend I.1 an einen von der Klägerin zu beauftragenden Gerichtsvollzieher zum Zwecke der Vernichtung auf Kosten der Beklagten herauszugeben;[23]

5. die vorstehend zu I. 1 bezeichneten Erzeugnisse aus den Vertriebswegen schriftlich zurückzurufen, und zwar unter Angabe eines verbindlichen Angebots, die infolge des Rückrufs notwendigen Kosten und Auslagen der Adressaten zu tragen, sowie ferner unter Hinweis darauf, dass diese Erzeugnisse das DE . . . . . verletzen;[24]

6. an die Klägerin den Betrag von . . . . . EUR nebst Zinsen iHv 9 Prozentpunkten über dem Basiszinssatz seit Rechtshängigkeit zu zahlen;[25]

7. die Klägerin zu befugen, im Falle des Obsiegens das Urteil auf Kosten der Beklagten öffentlich bekannt zu machen, wobei Art und Umfang der Bekanntmachung durch das Gericht bestimmt werden mögen;[26]

II. festzustellen, dass die Beklagte verpflichtet ist,

1. der Klägerin eine angemessene Entschädigung für die vorstehend zu I 1 bezeichneten und in der Zeit vom 15.7.2017 bis 11.3.2018 begangenen Handlungen zu zahlen;[27]

2. der Klägerin allen Schaden zu ersetzen, der ihr durch die zu I 1 bezeichneten und seit dem 12.3.2018 begangenen Handlungen entstanden ist und künftig noch entstehen wird;[28]

III. der Beklagten die Kosten des Rechtsstreits aufzuerlegen;[29]

IV. das Urteil – ggf. gegen Sicherheitsleistung (Bank- oder Sparkassenbürgschaft) – für vorläufig vollstreckbar zu erklären;[29]

hilfsweise der Klägerin nachzulassen, die Zwangsvollstreckung durch Sicherheitsleistung (Bank- oder Sparkassenbürgschaft) abzuwenden.[29, 30]

Begründung:

I.

1. Die Klägerin ist eingetragene, alleinige und ausschließlich verfügungsberechtigte Inhaberin des DE . . . . .[31] betreffend ein Mosaik-Schaltbild (im Folgenden auch: Klage-

patent). Die dem Klagepatent zugrunde liegende Anmeldung erfolgte am 2.1.2015[32] und wurde am 15.6.2017 bekannt gemacht. Die Veröffentlichung der Patenterteilung erfolgte am 12.2.2018.[33] Das Klagepatent steht in Kraft.

Beweis: Auskunft des Deutschen Patent- und Markenamtes.[34]

Ich überreiche als Anlage 1 – für das angerufene Gericht 3-fach[35] – die das Klagepatent betreffende Patentschrift. Die Erfindung nach dem Klageschutzrecht betrifft ein Mosaik-Schaltbild. Derartige Schaltbilder werden im Zusammenhang mit Mess-, Steuer- und Überwachungswarten benutzt. Auf ihnen sind durch entsprechende Symbole Anlagen oder Anlagenteile schematisch dargestellt, wobei zur schematischen Darstellung Informationselemente benutzt werden. Soweit auf derartigen Schaltbildern Flächen nicht als Informationselemente beansprucht werden und dementsprechend frei bleiben, werden diese Flächen durch Abdeckplatten abgedeckt. Informationselemente und Abdeckplatten werden zusammenfassend als Mosaiksteine bezeichnet. Mosaik-Schaltbilder bestehen somit aus einer Montagewand und darauf befestigten Mosaiksteinen.

Das Klageschutzrecht geht von einem Stand der Technik[36] derartiger Mosaik-Schaltbilder aus, die aus einer Montagewand mit zellenförmiger Struktur und darauf befestigten, die Zellengröße aufweisenden Mosaiksteinen bestehen. Des Weiteren ist der im Klageschutzrecht zugrunde gelegte vorbekannte Stand der Technik dadurch gekennzeichnet, dass die in Rede stehenden Mosaiksteine der Mosaik-Schaltbilder alle gleich groß sind, so dass es zum randseitigen Abschluss dieser Schaltbilder besonderer Abschlussrahmen bedarf. Die Herstellung und Anbringung solcher Abschlussrahmen ist aus mehreren Gründen nachteilig. Sie stellen regelmäßig kostenintensive Sonderanfertigungen dar, beeinträchtigen die Erkennbarkeit des Mosaik-Schaltbildes bei seitlicher Betrachtung, stören in architektonischer Hinsicht und bilden eine endgültige Begrenzung des Mosaik-Schaltbildes, die bei jeder Erweiterung des Schaltbildes entfernt werden, so dass ein neuer Abschlussrahmen geschaffen werden muss.

Von dem vorstehend beschriebenen Stand der Technik ausgehend, liegt der Erfindung nach dem Klagepatent die Aufgabe[37] (das technische Problem) zugrunde, ein Mosaik-Schaltbild der eingangs beschriebenen Art so auszugestalten und weiterzubilden, dass Abschlussrahmen nicht mehr benötigt werden. Diese Aufgabe wird dadurch gelöst,[38] dass die den Rand des Mosaikbildes bildenden Mosaiksteine breiter sind als die übrigen Mosaiksteine und über den Rand der Montagewand vorstehen. Dadurch wird eine ebene Fläche unter Einschluss des randseitigen Abschlusses geschaffen, bei dem kein Abschlussrahmen hinsichtlich der Betrachtung oder hinsichtlich der architektonischen Gestaltung stört. Schließlich ist insb. noch der Vorteil gegeben, dass bei der Erweiterung eines solchen Mosaik-Schaltbildes es keines neuen oder geänderten Abschlussrahmens bedarf.

Zur weiteren Erläuterung des Gegenstandes des Klagepatents kann auf die Beschreibung und Figuren der als Anlage 1 überreichten Patentschrift verwiesen werden, die aus sich heraus verständlich sind.

2. Der für den Rechtsstreit allein interessierende Hauptanspruch[39] hat folgenden Wortlaut:

„Mosaik-Schaltbild, bestehend aus einer Montagewand mit zellenförmiger Struktur und darauf befestigten, die Zellengröße aufweisenden Mosaiksteinen, dadurch gekennzeichnet, dass die den Rand des Mosaik-Schaltbildes bildenden Rand-Mosaiksteine breiter sind als die übrigen Mosaiksteine und über den Rand der Montagewand vorstehen."

Überträgt man die Merkmale des Hauptanspruchs in eine Merkmalsanalyse,[40] so ergibt sich Folgendes:

Mosaik-Schaltbild

(1) das Schaltbild besteht aus einer Montagewand

(2) die Montagewand hat zellenförmige Struktur

(3) auf der Montagewand sind Mosaiksteine befestigt
(4) die Mosaiksteine weisen die Größe der Zellen der Montagewand auf
– Oberbegriff[41] –
(5) die den Rand des Mosaik-Schaltbildes bildenden Rand-Mosaiksteine sind breiter als die übrigen Mosaiksteine
(6) die Rand-Mosaiksteine stehen über den Rand der Montagewand vor
– kennzeichnender Teil[42] –.

Ich überreiche die Merkmalsanalyse – für das Gericht 3-fach – gesondert als Anlage 2.

3. Die Beklagte stellt her und vertreibt Mosaik-Schaltbilder, die vom Hauptanspruch wortsinngemäß[43] Gebrauch machen. So hat die Beklagte bspw. am . . . . . an den Abnehmer X ein Mosaik-Schaltbild angeboten, verkauft und geliefert, das sämtliche Merkmale der vorstehend wiedergegebenen Merkmalsanalyse verwirklicht. Ich überreiche, nur zu den Gerichtsakten, das von der Beklagten gelieferte Erzeugnis als Anlage 3. Es handelt sich um ein Mosaik-Schaltbild, das aus einer Montagewand Merkmal 1) mit zellenförmiger Struktur (Merkmal 2) besteht, wobei auf der Montagewand Mosaiksteine befestigt (Merkmal 3) sind, die die Größe der Zellen der Montagewand aufweisen (Merkmal 4). Das gelieferte Mosaik-Schaltbild weist keinen gesonderten Abschlussrand auf. Der Rand wird durch Rand-Mosaiksteine gebildet, wobei diese breiter als die übrigen Mosaiksteine (Merkmal 5) sind und iÜ über den Rand der Montagewand vorstehen (Merkmal 6).

Die Beklagte ist vorprozessual erfolglos abgemahnt worden. Insoweit ist Klage geboten. Mit ihr werden die sich aus der Patentverletzung der Beklagten ergebenden Ansprüche der Klägerin geltend gemacht.[44]

II.

Das Klagebegehren ist in seinem vollen Umfang gem. §§ 139, 9 PatG iVm § 242 BGB sowie gem. §§ 140a ff. PatG begründet:

1. Der mit Klageantrag I 1 geltend gemachte Unterlassungsanspruch findet seine rechtliche Begründung in § 139 Abs. 1 iVm § 9 Satz 2 Nr. 1 PatG. Die von der Beklagten hergestellten und feilgehaltenen Vorrichtungen verwirklichen wortlautgemäß sämtliche Merkmale des Anspruchs 1 des Klagepatents. Dieses steht in Kraft. Infolge der schon vorgekommenen Patentverletzungen ist Wiederholungsgefahr gegeben.
2. Der mit Klageantrag II 2 geltend gemachte Schadensersatzanspruch ist dem Grunde nach gem. § 139 Abs. 2 PatG begründet. Die Beklagte hat – seit Empfang der Abmahnung – vorsätzlich und schuldhaft in das Klagepatent eingegriffen; für den Zeitraum davor fällt ihr mindestens grobe Fahrlässigkeit zur Last. Es kann des Weiteren nicht bestritten werden, dass durch die Patentverletzungshandlungen der Beklagten die Entstehung eines Schadens zu Lasten der Klägerin im hohen Maße wahrscheinlich ist.[45, 46]
3. Der Rechnungslegungsanspruch[47] entsprechend Klageantrag I 3 ergibt sich daraus, dass die Klägerin die Höhe des ihr entstandenen Schadens ziffernmäßig nicht bestimmen kann, ohne zuvor von den Beklagten die mit diesem Antrag eingeforderten Rechnungslegungsangaben erhalten zu haben. Der Rechnungslegungsantrag findet seine Begründung in einer gewohnheitsrechtlichen Anwendung des § 242 BGB sowie in den Rechtsregeln betreffend die auftragslose Geschäftsführung. Zugleich ergibt sich die Zulässigkeit des Schadensersatzfeststellungsbegehens gem. Klageantrag II. 2.
4. Der mit Klageantrag I. 2 geltend gemachte Anspruch auf Drittauskunft findet seine Grundlage in § 140b Abs. 1 PatG.[48]

5. Ab Veröffentlichung des Hinweises gem. § 32 Abs. 1 PatG auf die Klagepatentanmeldung kann die Klägerin von der Beklagten eine Entschädigung gem. § 33 PatG für Patentbenutzungshandlungen beanspruchen. Dieser Anspruch wird mit Klageantrag II. 1 dem Grunde nach geltend gemacht. Zu seiner Vorbereitung dient der mit Klageantrag I. 3 erhobene Rechnungslegungsanspruch, der mit den im Klageantrag I. 3 wiedergegebenen Einschränkungen seine Grundlage in den Rechtsregeln betreffend die auftragslose Geschäftsführung unter Berücksichtigung von Treu und Glauben gem. § 242 BGB findet.[49]
6. Üblicherweise ist bei der Formulierung der Klageanträge auf Rechnungslegung/Auskunftserteilung/Schadensersatz- und Entschädigungsfeststellung ein Monat „Karenzzeit“[50] betreffend das Veröffentlichungsdatum der Patentanmeldung/Patentschrift berücksichtigt.
7. Mit Klageantrag I. 4 wird ein Vernichtungsanspruch geltend gemacht. Er findet seine rechtliche Grundlage in § 140a PatG.[51]
8. Der mit Klageantrag I. 5 geltend gemachte Rückrufanspruch ist gem. § 140a Abs. 3 PatG gerechtfertigt. Die Klägerin kann die Beklagte, die entgegen § 9 Satz 2 Nr. 1 PatG die patentgemäße Erfindung benutzt hat, auf Rückruf der Erzeugnisse, die das Klagepatent verletzen, aus den Vertriebswegen in Anspruch nehmen.[52]
9. Mit Klageantrag I. 6 wird seitens der Klägerin ein Zahlungsanspruch in Höhe der Kosten gegen die Beklagte geltend gemacht, die der Klägerin durch die vorprozessuale, allerdings erfolglose Abmahnung der Beklagten nach Maßgabe des Schreibens gem. Anlage 3 entstanden sind. Wie aus diesem Brief ersichtlich hat die Klägerin patent- und rechtsanwaltliche Hilfe in Anspruch genommen und dafür einen Gegenstandswert von . . . . . EUR zugrunde gelegt. Dieser Wert entspricht dem eingangs der Klage genannten Streitwert. Der Klägerin sind vorgerichtliche Abmahnkosten in Form sowohl einer patent- als auch einer rechtsanwaltlichen Geschäftsgebühr gem. Nr. 2300 VV RVG entstanden. Sie hat dabei einen Mittelwert mit einem Gebührenfaktor von 1,3 zugrunde gelegt. Dieser Ansatz ist angemessen und verkehrsüblich. Hinzugerechnet ist ein Betrag für Auslagen iHv . . . . . EUR Daraus errechnet sich der mit Klageantrag I. 6 geltend gemachte Gesamtbetrag iHv . . . . . EUR, der gem. § 288 BGB ab dem . . . . . mit 5 Prozentpunkten über dem Basiszinssatz zu verzinsen ist.
   Die außergerichtlich entstandene Geschäftsgebühr ist im vollen Umfang gerichtlich geltend zu machen. Sie wird auf die ebenfalls nach Klageerhebung nunmehr entstandene Verfahrensgebühr nicht anteilig angerechnet. Das gilt jedenfalls für ihre gerichtliche Geltendmachung gegenüber der Beklagten. Diese ist Dritter im Sinne des § 15a Abs. 2 RVG.
10. Im Klageantrag I. 7 wird der Anspruch der Klägerin auf Veröffentlichung des obsiegenden Urteils gegen die Beklagte erhoben. Dieser findet seine Grundlage in § 140e PatG. Danach ist in Patentverletzungsprozessen der obsiegenden Partei im Urteil die Befugnis zuzusprechen, das Urteil auf Kosten der unterliegenden Partei öffentlich bekannt zu machen, wenn sie ein berechtigtes Interesse daran hat. Das berechtigte Interesse der Klägerin ergibt sich daraus, dass . . . . .

III.

Die Zuständigkeit des angerufenen Gerichts folgt daraus, dass es sich um eine Patentverletzungsstreitigkeit handelt und die Beklagte ihren allgemeinen Gerichtsstand im Lande Nordrhein-Westfalen hat.[53]

IV.

Ich zeige an, dass die Klägerin
Herrn Patentanwalt . . . . .
zur Mitwirkung in diesem Rechtsstreit bestellt hat.[54]
Rechtsanwalt[55, 56, 57, 58]

Schrifttum: Vgl. die Hinweise → Form. II.Q.1; insb. zum Patentverletzungsprozess: *Braitmayer/van Hees,* Verfahrensrecht in Patentsachen, 5. Aufl. 2019; *Kühnen,* Handbuch der Patentverletzung, 13. Aufl. 2021; *Mes,* PatG, 5. Aufl. 2020, § 139 Rn. 222 ff.; *ders.,* Si tacuisses. – Zur Darlegungs- und Beweislast im Prozess des gewerblichen Rechtsschutzes, GRUR 2000, 934; *ders.,* Die mittelbare Patentverletzung, GRUR 1998, 281; *Nieder,* Die Patentverletzung, 2004; *Pitz,* Patentverletzungsverfahren 2. Aufl., 2010; *Schramm/Bearbeiter,* Der Patentverletzungsprozess – Patent- und Prozessrecht, 7. Aufl. 2013; *Treichel,* Die Sanktionen der Patentverletzung und ihre gerichtliche Durchsetzung im deutschen und französischen Recht, 2001; *von Hellfeld,* Schadensersatz und Unterlassungsansprüche, 2016.

Hinweis: Weitere Textbeispiele für Patentverletzungsklagen bei MPFormB GewRS/*Mes* Form. C.5 – Form. C.8.

Lit. zu Spezialfragen des Patentverletzungsprozesses: *Arnold/Tellmann,* Kein Vernichtungsanspruch bei mittelbarer Patentverletzung? Zugleich Anm. zu BGH GRUR 2006, 570 – Extracoronales Geschiebe, GRUR 2007, 353; *Augenstein/Roderburg,* Aussetzung des Patentverletzungsverfahrens nach Änderung der Patentansprüche, GRUR 2008, 457; *Block,* 18 Monate EuGH „Huawei/ZTE", GRUR 2017, 121; *Bodewig/Wandtke,* Die doppelte Lizenzgebühr als Berechnungsmethode im Lichte der Durchsetzungsrichtlinie, GRUR 2008, 220; *Bornhäusser,* Zur einstweiligen Einstellung der Zwangsvollstreckung im Patentverletzungsverfahren nach erstinstanzlicher Vernichtung des Klagepatents, GRUR 2015, 331; *Brändle,* Der Weg zum Vergleich im Patentprozess, GRUR 2001, 880; *Burrichter,* Der qualifizierte Hinweis nach § 83 Abs. 1 PatG und seine Bedeutung für den Verletzungsprozess – Teil 1, FS 80 Jahre Patentgerichtsbarkeit in Düsseldorf 2016, 79; *Chakraborty,* Der qualifizierte Hinweis nach § 82 Abs. 1 PatG und seine Bedeutung für den Verletzungsprozess – Teil 2, FS 80 Jahre Patentgerichtsbarkeit in Düsseldorf, 2016, 101; *Dagg,* „To Stay . . . . . Or Not To Stay" Mitt. 2003, 1; *Eck/Dombrowski,* Rechtschutz gegen Besichtigungsverfügungen im Patentrecht, GRUR 2008, 387; *Fähndrich/Ibbeken,* Gerichtszuständigkeit und anwendbares Recht im Falle grenzüberschreitender Verletzungshandlungen der Rechte des geistigen Eigentums; Bericht für die Deutsche Landesgruppe der AIPPI zur Frage Q 174, GRUR Int. 2003, 616; *Goetz,* Schaden und Bereicherung in der Verletzerkette, GRUR 2001, 295; *Götz,* Die Neuvermessung des Lebenssachverhalts. Der Streitgegenstand im Unterlassungsprozess, GRUR 2008, 401; *Grabinski,* Zur Bedeutung des Europäischen Gerichtstands- und Vollstreckungsübereinkommens (Brüsseler Übereinkommens) und des Lugano-Übereinkommens in Rechtstreitigkeiten über Patentverletzungen, GRUR Int. 2001, 199; *Grabinski,* Angst vor dem Zitterrochen? – Zur Verfahrensaussetzung nach Artt. 27, 28 VO (EG) Nr. 44/2001 in Patentverletzerstreitigkeiten vor deutschen Gerichten, *FS Tilmann,* 2003, 461; *Grosch,* Zum Streitgegenstandsbegriff im Patentverletzungsprozess unter Berücksichtigung der Rechtsprechung zum Wettbewerbs- und Markenprozess, FS *Schilling,* 2007, 207; *Haedicke,* Die Gewinnhaftung des Patentverletzers, GRUR 2005, 529; *Haft/Reimann,* Zur Berechnung des Verletzergewinns nach der Gemeinkostenanteilentscheidung des BGH vom 2. November 2000, Mitt. 2003, 437; *Haupt,* Territorialitätsprinzip im Patent- und Gebrauchsmusterrecht bei grenzüberschreitenden Fallgestaltungen, GRUR 2007, 187; *Heermann,* Schadensersatz und Bereicherungsausgleich bei Patentrechtsverletzungen, GRUR 1999, 625; *Herr,* BGH erteilt grenzüberschreitenden Patentverletzungsverfahren eine Absage, Mitt. 2006, 481; *Horn/Dethof,* Der

Mitinhaber eines Patents als Verletzungskläger, FS 80 Jahre Patentgerichtsbarkeit in Düsseldorf, 2016, 189; *Jestaedt,* Die Ansprüche auf Rückruf und Entfernen schutzrechtsverletzender Gegenstände aus den Vertriebswegen, GRUR 2009, 102; *König,* Die Beweisnot des Klägers und der Besichtigungsanspruch nach § 809 BGB bei Patent- und Gebrauchsmusterverletzungen, Mitt. 2002, 153; *Körner,* Äquivalenz und abhängige Erfindung, GRUR 2009, 97; *Kubis,* Patentverletzungen im Europäischen Prozessrecht – Ausschließliche Zuständigkeit kraft Einrede?, Mitt. 2007, 220; *Kühnen,* Die Tenorierung des Warnhinweises in Fällen mittelbarer Patentverletzung, GRUR 2008, 218; *ders.,* Eine neue Ära bei der Antragsformulierung? Kritische Gedanken zur BGH-Entscheidung „Glasfolienherstellung“, GRUR 2006, 180; *ders.,* Die Besichtigung im Patentrecht. Eine Bestandsaufnahme zwei Jahre nach „Faxkarte“, GRUR 2005, 185; *ders.,* Verspätete Lizenzierungsbemühungen bei SEP mit FRAND-Erklärung, FS 80 Jahre Patentgerichtsbarkeit in Düsseldorf, 2016, 311; *Lenz,* Sachantragsfassung im Patentverletzungsprozess, GRUR 2008, 565; *Maul/Maul,* Produktpiraterie im Pharma-Bereich – Sanktionsbedarf und Schadensquantifizierung, GRUR 1999, 1059; *Meier-Beck,* Die Verwarnung aus Schutzrechten – mehr als eine Meinungsäußerung!, GRUR 2005, 535; *Meier-Beck,* Herausgabe des Verletzergewinns – Strafschadensersatz nach deutschem Recht?, GRUR 2005, 617; *Meier-Beck,* Probleme des Sachantrags im Patentverletzungsprozess, GRUR 1998, 276; *Mes,* Si tacuises. – Zur Darlegungs- und Beweislast im Prozess des gewerblichen Rechtschutzes, GRUR 2000, 934; *Müller,* Grenzenlose Organhaftung für Patentverletzungen?, GRUR 2016, 570; *Müller-Stoy,* Durchsetzung des Besichtigungsanspruchs. Kritische Überlegungen zu OLG München, GRUR-RR 2009, 191 – Laser-Hybrid-Schweißverfahren, GRUR-RR 2009, 161; *Pitz,* Torpedos unter Beschuss, GRUR Int. 2001, 32; *Pross,* Verletzergewinn und Gemeinkosten, *FS Tilmann* 2003, 881; *Schickedanz,* Die Restitutionsklage nach rechtskräftigem Verletzungsurteil und darauffolgender Nichtigerklärung des verletzten Patents, GRUR 2000, 570; *Tetzner,* Der Verletzerzuschlag bei der Lizenzanalogie, GRUR 2009, 6; *Tilmann,* Gewinnherausgabe im gewerblichen Rechtschutz und Urheberrecht; Folgerungen aus der Entscheidung „Gemeinkostenanteil“, GRUR 2003, 647; *Tilmann/Schreibauer,* Die neueste BGH-Rechtsprechung zum Besichtigungsanspruch nach § 809 BGB, GRUR 2002, 1015; *van Raden,* Außergerichtliche Konfliktregelung im gewerblichen Rechtsschutz, GRUR 1998, 444; *von der Osten,* Zum Anspruch auf Herausgabe des Verletzergewinns im Patentrecht, GRUR 1998, 284; *von der Osten,* Schadensersatzberechnung im Patentrecht, Mitt. 2000, 95; *Voß,* Vollstreckungsschutz in Patentverletzungsverfahren nach § 712 ZPO, FS 80 Jahre Patentgerichtsbarkeit in Düsseldorf, 2016, 573;*Werner,* Die Haftung des GmbH-Geschäftsführer für Wettbewerbsverstöße und Immaterial-Güterrechtsverletzungen durch die Gesellschaft, GRUR 2015, 739.

Anmerkungen

1. Gem. § 143 Abs. 1 PatG besteht in Patentstreitsachen (zum Begriff der Patentstreitigkeiten vgl. *Mes* PatG, 5. Aufl. 2020, § 143 Rn. 4 ff., dazu gehören insb. Verletzungsprozesse auf der Grundlage nationaler, nämlich deutscher wie auch europäischer Patente) eine ausschließliche Zuständigkeit der LG. Gem. § 143 Abs. 2 PatG sind die Landesregierungen ermächtigt, durch Rechtsverordnung die Patentstreitsachen für die Bezirke mehrerer LG einem von ihnen zuzuweisen. Von dieser Ermächtigung haben nahezu alle Bundesländer Gebrauch gemacht. Es gilt folgende Regelung (vgl. GRUR 2000, 36, 390): Baden-Württemberg: LG Mannheim; Bayern: LG München I für den OLG-Bezirk München, LG Nürnberg-Fürth für die OLG-Bezirke Nürnberg und Bamberg; Berlin/Brandenburg: LG Berlin; Bremen/Hamburg/Mecklenburg-Vorpommern/Schleswig-Holstein: LG Hamburg; Hessen/Rheinland-Pfalz: LG Frankfurt a. M.; Niedersachsen: LG Braunschweig; Nordrhein-Westfalen: LG Düsseldorf; Sachsen: LG Leipzig; Sachsen-

Anhalt: LG Magdeburg; Thüringen: LG Erfurt. Soweit in einem Land nur ein einziges LG vorhanden ist, geht die Konzentrationsermächtigung des § 143 Abs. 2 PatG ins Leere. Zuständig mithin für das Saarland: LG Saarbrücken.

§ 143 Abs. 1 PatG begründet – in Abweichung zu § 95 Abs. 1 Nr. 4c GVG – die funktionelle Zuständigkeit der Zivilkammern.

Die örtliche Zuständigkeit wird in § 143 PatG nicht geregelt. Sie bestimmt sich gem. §§ 12 ff. ZPO. Danach bestehen allgemeine (§§ 12, 13 ZPO: bei natürlichen Personen der Gerichtsstand des Wohnsitzes; § 17 ZPO: bei juristischen Personen der Gerichtsstand des Geschäftssitzes) und besondere Gerichtsstände, zB der gewerblichen Niederlassung (§ 21 ZPO), des Vermögens (§ 23 ZPO) und insb. der unerlaubten Handlung (§ 32 ZPO). Unerlaubte Handlungen (= Patentverletzungen) sind überall dort begangen, wo die Handlung selbst – sei es auch nur in Form eines einzigen Tatbestandsmerkmals – verwirklicht ist (Handlungs-/Begehungsort), wie auch dort, wo der Verletzungserfolg (Erfolgsort) eingetreten ist (BGH GRUR 1994, 530 (531) – Beta – zu Art. 5 Nr. 3 EuGVÜ = Art. 5 Nr. 3 VO(EG) Nr. 44/2001). § 32 ZPO erfasst insb. den verschuldensunabhängigen Unterlassungsanspruch, und zwar – vorbeugend – schon dann, wenn die Patentverletzung lediglich ernsthaft droht (OLG Hamburg GRUR 1987, 403 – Informationsschreiben). An sich gilt § 32 ZPO nicht für Entschädigungsansprüche gem. § 33 PatG oder Art. II 1a Abs. 1–3 IntPatÜG (*Kühnen* GRUR 1997, 19). Bei negativer Feststellungsklage ist dasjenige Gericht örtlich zuständig, das für eine positive Leistungsklage (zB auf Unterlassung) umgekehrten Rubrums zuständig wäre (EuGH GRUR 2013, 98 = GRUR Int. 2013, 173 – Folienfischer; OLG Köln GRUR 1978, 658; dies soll nach OLG München Mitt., 2002, 418 – Elektronisches Leitsystem und EuGH GRUR 2017, 1129 – BMW/Acacia), nicht für eine negative Feststellungsklage im Gerichtsstand der unerlaubten Handlung gem. Art. 7 Nr. 3 EuGVVO (ex ante Art. 5 Nr. 3 EuGVÜ) gelten).

§ 143 PatG regelt nicht die internationale Zuständigkeit. Diese folgt im Grundsatz den Regeln der ZPO über die örtliche Zuständigkeit (stRspr, BGH zB GRUR 2011, 558 Rn. 6 – www.womanineurope.com; GRUR 2010, 461 Rn. 7 – New York Times; zu Einzelheiten vgl. *Mes* PatG § 143 Rn. 24 ff.; ferner *Schacht* GRUR 2012, 1110; *Sujecki* GRUR Int. 2013, 201).

2. Aktivlegitimation. Sie liegt gem. § 139 Abs. 1 bei dem durch die Benutzung der patentierten Erfindung Verletzten. Das ist in erster Linie der (im Register eingetragene) Patentinhaber (vgl. § 30 Abs. 3 S. 2 PatG), jedoch auch der ausschließliche Lizenznehmer, soweit sein Nutzungsrecht berührt ist (BGH GRUR 2008, 896 = Mitt. 2008, 407 – Tintenpatrone I). Soweit es um Schadensersatzanspruch geht, können Patentinhaber und Lizenznehmer einen Verletzer gemeinsam auf Ersatz in Anspruch nehmen; sie sind dann notwendige Streitgenossen (BGH GRUR 2012, 430 – Tintenpatrone II; zu weiteren Einzelheiten zur Aktivlegitimation vgl. *Mes* PatG § 139, Rn. 44 ff. zum Unterlassungsanspruch und Rn. 99 ff. zum Schadensersatzanspruch). Der Unterlassungsanspruch ist nicht selbständig abtretbar (BGH GRUR 2001, 1158 – Dorf MÜNSTERLAND: zum Markenrecht; vgl. *Mes* PatG § 139 Rn. 51). Er kann jedoch im Wege der gewillkürten Prozessstandschaft geltend gemacht werden (vgl. *Mes* PatG § 139 Rn. 51). Ansprüche auf Schadensersatz sowie die sonstigen „Nebenansprüche" der §§ 140a ff. PatG können abgetreten werden. Eine für alle Patentverletzungsansprüche geltende Erklärung kann lauten:

„Abtretungs- und Prozessführungsermächtigungserklärung.

Wir, die Firma (bzw. Person) ..... sind (ist) eingetragene, alleinige und ausschließlich verfügungsberechtigte Inhaberin des DE (bzw. EP bzw. Gebrauchsmuster) ..... betreffend ..... Dieses Schutzrecht wird von ..... ohne unsere Zustimmung benutzt. Die sich aus den unerlaubten Benutzungshandlungen ergebenden Ansprüche auf Rechnungslegung, Vernichtung, Entfernung aus den Vertriebswegen auf Vorlage und Besichtigung sowie Schadensersatz und Entschädigung treten wir hiermit an die diese Erklärung annehmende Firma (Person) ..... ab. Wir ermächtigen

des Weiteren die/den vorstehend Bezeichneten, den uns zustehenden Unterlassungsanspruch gerichtlich in eigenem Namen geltend zu machen. Auf einen Zugang der Annahmeerklärung verzichten wir.“

Vgl. zu weiteren Einzelheiten *Mes* PatG § 139 Rn. 51–56. Zu den besonderen und vielfältigen Problemen, die dann auftreten, wenn materielle Patentinhaberschaft und formelle Registereintragung nicht (mehr) übereinstimmen, vgl. *Mes* PatG § 30 Rn. 14 ff.; § 139 Rn. 44 ff., 100 ff. zu; vgl. ferner die Entscheidung BGH GRUR 2013, 713 = Mitt. 2013, 334 mAnm *Lendvai* – Fräsverfahren; *Kühnen* GRUR 2014, 137.

Passivlegitimation. Die Klage ist gegen den Patentverletzer zu richten. Das ist jeder, der die patentierte Erfindung in eigener Person im Sinne des § 9 Satz 2 PatG unmittelbar benutzt oder als Teilnehmer im Sinne des § 830 Abs. 2 BGB eine fremde unmittelbare Benutzung im Sinne des § 9 Satz 2 PatG ermöglicht oder fördert (BGH GRUR 2009, 1142 Rn. 24 – MP3-Player-Import mAnm *Gärtner*, 1147 f.; BGH GRUR 2004, 845 (848) li. Sp. – Drehzahlermittler). Patentverletzer ist mithin jeder Alleintäter, Mittäter, Nebentäter, Gehilfe oder Anstifter (BGH GRUR 2002, 599 – Funkuhr I). Mittelbare Täterschaft kann genügen (*Mes* PatG § 139 Rn. 59). Neben den Beteiligungsformen Täterschaft oder Teilnahme ist Patentverletzer darüber hinaus auch jeder, der die Erfindung unberechtigt benutzt, mithin jeder Handelnde (BGH GRUR 1989, 411 – Offenend-Spinnmaschine). Es haftet jeder, der willentlich und adäquat kausal an der Herbeiführung der rechtswidrigen Beeinträchtigung mitwirkt (BGH GRUR 1995, 62 (64) – Betonerhaltung; *Busse/Keukenschrijver* PatG, 9. Aufl. 2020, § 139 Rn. 29 ff.). Ob es sich dabei noch um eine „klassische“ Störerhaftung handelt, ist fraglich. Besser erscheint es, nur auf den Begriff des Verletzers abzustellen. Diese Grundsätze gelten auch für die mittelbare Patentverletzung im Sinne des § 10 PatG. Die Passivlegitimation kann sich mithin im Hinblick auf den Unterlassungsanspruch wie auch den Schadensersatzanspruch unterschiedlich darstellen (vgl. dazu *Mes* PatG § 139 Rn. 57 ff. – Unterlassungsanspruch; *Mes* PatG § 139 Rn. 106 ff. – Schadensersatzanspruch).

Handelt es sich bei der Beklagten um eine Personengesellschaft, so empfiehlt es sich regelmäßig, die Klage zur Erweiterung des Haftungsvermögens nicht nur gegen die Gesellschaft selbst, sondern gegen sämtliche haftenden Gesellschafter zu erstrecken. Richtet sich die Klage – auch – gegen eine Gesellschaft mit beschränkter Haftung, sollten die verantwortlichen Geschäftsführer ebenfalls mitverklagt werden. Sie haften als Organe der Gesellschaft täterschaftlich (§ 31 BGB), da es sich bei Patentverletzungen um unerlaubte Handlungen im weiteren Sinne handelt (vgl. OLG Düsseldorf GRUR-RR 2016, 105 – Verbindungsstücke; LG Mannheim GRUR-RR 2013, 449(452), re. Sp.). Bei einer Aktiengesellschaft ist die Klage ggf. auf die verantwortlichen Vorstandsmitglieder zu erstrecken. Dazu BGH in GRUR 1986, 248 (250) – Sporthosen; *Klaka* GRUR 1988, 729; krit. *Götting* GRUR 1994, 6. Ist nur ein einzelner Geschäftsführer/Vorstand bestellt, ergeben sich in der Praxis selten Schwierigkeiten. Bei mehreren Geschäftsführern/Vorständen kann dem Inanspruchgenommenen der Beweis gelingen, nicht unmittelbar Handelnder (gewesen) zu sein. Ob dann eine bloße Störerhaftung (mithin außerhalb von §§ 830, 840 BGB) ausreicht, ist nicht gesichert, aber wohl im Bereich von Schutzrechtsverletzungen zu bejahen (verneinend für wettbewerbsrechtliche Streitigkeiten BGH GRUR 2014, 883 – Geschäftsführerhaftung; wobei diese Entscheidung wohl nicht für Schutzrechtsverletzungen gilt oder übertragbar ist, vgl. *Büscher* GRUR 2015, 5 (17) li. Sp. unten; dazu ferner *Busse/Keukenschrijver/Werner,* PatG 9. Aufl. 2020, § 139 Rn. 28 ff.). Ungeachtet einer täterschaftlichen Beteiligung des Organs einer Gesellschaft anerkennt BGH GRUR 2016, 257 – Glasfaser II – die Schadensersatzverpflichtung eines Geschäftsführers, wenn er die ihm möglichen und zumutbaren Maßnahmen unterlässt, die Geschäftstätigkeit des Unternehmens so einzurichten und zu steuern, dass hierdurch keine technischen Schutzrechte Dritter verletzt werden. Handelt es sich um ein Unternehmen auf einem gleichen Geschäftsfeld wie dasjenige des Patentinhabers, bedarf es im Regelfall keiner näheren Klärung und/oder tatrichterlichen Feststellungen zu den für die Annahme einer Schadensersatzverpflichtung maßgeblichen Handlung des gesetzlichen Vertreters (BGH GRUR 2016, 257 – Glasfaser II). Dazu: *Müller,* GRUR 2016, 570; *Werner* GRUR 2015, 739.

Daneben kommt auch eine Haftung gem. § 831 BGB für das Verhalten gesetzlicher Vertreter wie auch leitende Angestellte in Betracht; ebenso die Haftung einer Holding für die Tochter (OLG Düsseldorf InstGE 6, 152 – Permanentmagnet).

3. Streitwert.

Literatur: *Köllner,* Welche Streitwertangaben machen die Parteien? – Eine Anmerkung zu BGH „Vorausgezahlte Telefongespräche II". Mitt. 2013, 8; *ders.*, Neuer Streit um den Streitwert – Eine kleine Spieltheorie, Mitt. 2010, 454; *Labesius,* Streitwertbemessung bei der hilfsweisen Geltendmachung unterschiedlicher Gewerblicher Schutzrechte, GRUR-RR 2012, 317; *Wessing/Basar,* Streitwertangabe – Strafbar?, GRUR 2012, 1215.

Der Streitwert ist für die Gerichts- (§ 12 GKG) und die Anwaltskosten (§ 32 Abs. 1 RVG) nach billigem Ermessen gem. § 3 ZPO durch das Gericht festzusetzen. Dazu macht der Kläger bei Einreichung der Klage einen Vorschlag durch Angabe eines geschätzten Streitwertes. Die Angabe des Streitwertes durch einen Kläger (oder Antragsteller) hat nur indizielle Bedeutung (BGH GRUR 2012, 1288 = Mitt. 2013, 46 – Vorausbezahlte Telefongespräche II; OLG Frankfurt a.M. Mitt. 2012, 94 – Indizielle Bedeutung von Streitwertangaben). Dem wird im Textbeispiel dadurch Rechnung getragen, dass die Streitwertangabe als „vorläufig geschätzt" bezeichnet wird. Maßgeblich für die Höhe des Streitwertes ist die Bewertung der wirtschaftlichen Interessen des Klägers. Diese hängen ua von der wirtschaftlichen Bedeutung des Klägers, der wirtschaftlichen Bedeutung des Patents und der Intensität der Verletzungshandlungen des Beklagten einschließlich der wirtschaftlichen Bedeutung des Beklagten ab (sog Angriffsfaktor). Dabei ist der erzielte Umsatz nur ein Maßstab, auf den es nicht entscheidend ankommt (*Schramm* GRUR 1953, 104). Regelmäßig steht der Unterlassungsanspruch im Vordergrund, nämlich das Interesse des Klägers, im Hinblick auf das ihm durch das Patentrecht gewährte Benutzungsmonopol nicht gestört zu werden. Dieses Interesse wird bei der Bewertung des Gesamtstreitwertes mit ca. $^2/_3$ zu veranschlagen sein. Den Rest (ca. $^1/_3$) machen Auskunfts-/Rechnungslegungs- und Schadensersatzfeststellungsbegehren, ferner der Anspruch auf Vernichtung aus, wobei das Schadensersatzfeststellungsbegehren bei dieser Anspruchskombination eindeutig – ebenfalls mit ca. $^2/_3$ zu veranschlagen – überwiegt. Der Wert des Auskunftsanspruchs/ Rechnungslegungsanspruchs soll sich nach dem Wert des Arbeits- bzw. Zeitaufwands des Anspruchsgegners bestimmen (BGH NJW 2017, 739; GRUR 1999, 1037 – Wert der Auskunftsklage). Allgemein gültige Angaben hinsichtlich der Beurteilung des Gesamtstreitwertes lassen sich nicht machen. Ein angemessener Streitwert wird regelmäßig in der Größenordnung von 250.000 EUR liegen. Er kann bedeutend höher sein. Gem. § 144 PatG kann auf Antrag der Streitwert herabgesetzt werden, sofern glaubhaft gemacht wird, dass die Belastung der dies beantragenden Partei nach dem vollen Streitwert ihre wirtschaftliche Lage erheblich gefährden würde. Die Herabsetzung ist vor der Verhandlung zur Hauptsache zu beantragen (§ 144 Abs. 2 S. 2 PatG; OLG Düsseldorf GRUR 1985, 219 f.). Von dieser Möglichkeit wird in der Praxis selten Gebrauch gemacht. Nach OLG Frankfurt GRUR-RR 2020, 559 – Daytona 365 – soll eine Streitwertbegünstigung bei rechtsmissbräuchlichem Verhalten ausscheiden, zB wenn eine vorherige Abmahnung und ein Nachfassschreiben außer Acht gelassen wurden und die Rechtslage eindeutig erscheint (Stichwort: „Kopf in den Sand gesteckt"). Zu Einzelheiten betr. die Streitwertbestimmung vgl. *Mes* PatG § 139 Rn. 480 ff.

4. Anberaumung eines Verhandlungstermins sowie Ladung der Beteiligten erfolgen von Amts wegen (nach Eingang der Klage und Einzahlung des Kostenvorschusses), vgl. § 275

ZPO. Das Gericht kann auch von der Möglichkeit eines schriftlichen Vorverfahrens Gebrauch machen (§ 276 ZPO).

5. Patentrechtliche Streitigkeiten sollten regelmäßig vor der Kammer in vollständiger Besetzung verhandelt werden. Sie eignen sich grds. nicht, um durch den Einzelrichter entschieden zu werden (vgl. § 253 Abs. 3 ZPO).

6. Gem. § 278 Abs. 2 ZPO soll der mündlichen Verhandlung regelmäßig eine Güteverhandlung zum Zwecke der gütlichen Beilegung des Rechtsstreits vorausgehen. § 278a ZPO ermöglicht den Vorschlag des Gerichts zur Mediation oder einer anderen außergerichtlichen Konfliktbeilegung. Diese Regelung eignet sich nicht für patentrechtliche Streitigkeiten. Denn zu diesem frühen Zeitpunkt der Auseinandersetzung ist noch unklar, ob tatsächlich eine Patentverletzung gegeben ist und wie ggf. ein sachgerechter Vergleichsvorschlag aussehen könnte. Dementsprechend bietet eine Güteverhandlung regelmäßig keine erkennbare Aussicht auf Erfolg. Dem trägt der Formulierungsvorschlag Rechnung. Zur Möglichkeit der Mediation zur Vermeidung eines Patentverletzungsprozesses oder auch im Patentverletzungsprozess vgl. die Ausführungen bei *Mes* PatG § 139 Rn. 303 ff.

7. Der Wortlaut der Strafandrohungsklausel folgt § 890 Abs. 1 ZPO.

8. Der Hinweis auf die räumliche Beschränkung des Unterlassungsantrags ist an sich überflüssig: Ein in Deutschland geltendes (nationales oder europäisches) Patent entfaltet nur hier Schutzwirkungen. Der Hinweis schadet aber nicht. Im Falle der Geltendmachung eines europäischen Patentes könnte auch formuliert werden:

„. . . . im deutschen Geltungsbereich des EU . . . . .“.

9. Entsprechend der Formulierung der Patentansprüche in der Patentschrift unterteilt man in einen sog „Oberbegriff“ und in einen „kennzeichnenden Teil“. Diese Unterteilung ist für die rechtliche Bewertung einer angegriffenen Ausführungsform als patentverletzend ohne Bedeutung und folgt allein Zweckmäßigkeitsüberlegungen. Hier handelt es sich um den sog Oberbegriff der Verletzungsform.→ Form. II.Q.1 Anm. 14.

10. Die dem Patentinhaber vorbehaltenen und dementsprechend für Dritte untersagten Benutzungshandlungen sind in §§ 9 ff. PatG festgehalten. Dabei regeln §§ 9 und 10 PatG die Wirkungen des Patentes betreffend die unmittelbare und die mittelbare Benutzung, §§ 11–13 PatG die Beschränkungen der Wirkungen des Patentes. § 139 Abs. 1 PatG gewährt dem Patentinhaber einen verschuldensunabhängigen Unterlassungsanspruch, indem auf die vorstehenden Benutzungshandlungen nach Maßgabe der §§ 9 bis 13 PatG Bezug genommen wird.

Hinweis: Zur Diskussion um die vom Gesetzgeber vorgeschlagene Ergänzung des § 139 Abs. 1PatG um die Einführung einer Verhältnismäßigkeitsprüfung vgl. ua Stellungnahme von GRUR in GRUR 2020, 1278; *Kessler,* Mitt. 2020, 108; *Schacht,* GRUR 2021, 440; *Schönbohm/Ackermann-Blome,* Mitt. 2020, 101; *Stierle,* Mitt 2020, 486; *Tillmann,* Mitt. 2020, 245.

Die Formulierung im Klageantrag folgt dem Wortlaut des § 9 S. 2 Nr. 1 PatG. Die bis einschl. 6. Aufl. enthaltene Beschränkung auf gewerbliche Verhaltensweisen (vgl. § 11 Nr. 1 u. 2 PatG) wurde als überflüssig – wenngleich auch nicht schädlich – fallen gelassen. **Herstellungshandlungen** können nur dann verboten werden, wenn sie entweder durch den Verletzer vorgekommen sind (Wiederholungsgefahr) oder zu besorgen sind (Begehungsgefahr). Infolgedessen ist zum begehrten Verbot der Herstellung durch den Kläger substantiiert vorzutragen. Hat freilich der Patentverletzer den Verletzungsgegenstand angeboten oder sonst wie in Verkehr gebracht, so ergeben sich die im Antrag nachstehend aufgeführten Benutzungshandlungen ohne nähere Substantiierung. Insoweit gilt der Grundsatz der Einheitlichkeit der Benutzungshandlungen. Zur Formulierung → Form. II.Q.1 Anm. 14 und *Mes* PatG § 139 Rn. 306 ff.. Hat der Beklagte die patentverletzenden Erzeugnisse nicht hergestellt, so entfällt die in Klammern gesetzte Antragsformulierung.

11. Die den Bezug der Benutzungshandlungen darstellenden Mosaik-Schaltbilder werden nach Maßgabe des sog Oberbegriffs des geltend gemachten Patentanspruchs beschrieben.

12. Die Benutzungshandlungen, die geltend gemacht werden, entsprechen denjenigen der Verletzung eines Vorrichtungspatents. Sie sind § 9 S. 2 Nr. 1 PatG entnommen.

13. Sog kennzeichnender Teil der Verletzungsform. Bei jedem Patentverletzungsprozess besteht die Notwendigkeit, gem. § 253 Abs. 2 Nr. 2 ZPO die Verletzungshandlung im Klageantrag zu konkretisieren. Es würde dazu nicht ausreichen, wenn man bspw. dem Beklagten untersagen wollte, es zu unterlassen, das (deutsche/europäische) Patent Nr. .... des Klägers zu verletzen. Damit wird iErg lediglich das gesetzlich bestehende Verbot im Wortlaut wiederholt. Bei einer solchen Formulierung wäre eine Vollstreckung gem. § 890 Abs. 1 ZPO nicht möglich. Dementsprechend kommt es darauf an, so genau wie irgend möglich die sog Verletzungsform (sog angegriffene Ausführungsform) zu bezeichnen. Dies geschieht anhand eines Vergleichs zwischen dem Wortlaut der Patentansprüche, wobei maßgeblich regelmäßig nur der Hauptanspruch ist, und dem darin festgelegten Gegenstand der Erfindung einerseits und der angegriffenen Ausführungsform andererseits. Grds. empfiehlt es sich, eine Merkmalsanalyse aufzustellen, wie sie in dem Muster einer Patentverletzungsklage vorstehend auch in der Begründung aufgeführt ist, anhand deren sodann die Verletzungsform im Hinblick auf bestehende Gemeinsamkeiten mit dem Erfindungsgegenstand überprüft werden kann. Aus Gründen der vereinfachten Darstellung und eines erleichterten Verständnisses wurde der Fall einer wortlautgemäßen (wortsinngemäßen) Verletzung ausgewählt. Des Weiteren ist ein einfaches Beispiel zugrunde gelegt worden. Die Mehrzahl der Fälle liegt schwieriger. Zur Problematik des Schutzumfangs eines Patents → Form. II.Q.1 Anm. 14. Teilweise wird die Auffassung vertreten, die streitgegenständliche Verletzungsform sei enger als mit dem Wortlaut des Patentanspruchs zu beschreiben, und zwar insb. dann, wenn der Patentanspruch verschiedene Alternativen aufweist (zB LG München Mitt. 1999, 466 – Verbotsantrag; ebenso OLG Hamburg BeckRS 2013, 11573, zitiert nach *Hoppe-Jänisch* GRUR-RR 2013, 409 (416) zu Fn. 95). Dieser Auffassung wird hier nicht gefolgt, da durch die Klagebegründung eine ausreichende Festlegung betreffend die Ausgestaltung der Verletzungsform gegeben ist. Maßgeblich ist der zweigliedrige Streitgegenstandsbegriff. Danach bestimmt sich der Streitgegenstand im gewerblichen Rechtsschutz nach Antrag und Lebenssachverhalt (BGH GRUR 2012, 485 Rn. 11 – Rohrreinigungsdüse II; 2006, 960 (961) – Anschriftenleiste; 2003, 716 (717) – Reinigungsarbeiten; OLG München InstGE 9, 192 Rn. 16 – Ackerwalze; OLG Frankfurt a. M. GRUR-RR 2002, 397 (398) re. Sp. – Tiapridex: zum Markenrecht). Wird – wie im Textbeispiel – der Tatbestand einer wortsinngemäßen Verletzung des Patents geltend gemacht, kann sich regelmäßig der Unterlassungsantrag am Wortlaut der Ansprüche des Klagepatents orientieren (BGH GRUR 1986, 803 (806) li. Sp. – Formstein). Zum Ausnahmefall, dass zwischen den Parteien eines Verletzungsprozesses Streit über die Verwirklichung bestimmter Merkmale besteht und sich sodann die Notwendigkeit ergeben kann, diese ausdrücklich in den Verbotstenor aufzunehmen, BGH GRUR 2005, 569 – Blasfolienherstellung (krit. dazu *Kühnen* GRUR 2006, 180). In (teilweiser) Abkehr und Ergänzung zur Entscheidung BGHZ 162, 365 = GRUR 2005, 569 – Blasfolienherstellung – geht BGH GRUR 2012, 485 – Rohrreinigungsdüse II – davon aus, dass ein Kläger allgemein durch das Prozessrecht nicht gehindert ist, Ansprüche wegen Patentverletzung nicht nur wegen einer bestimmten angegriffenen Ausführungsform geltend zu machen, sondern auch weitere Ausführungsformen, die sich unter dem Patentanspruch subsummieren lassen, einzubeziehen. Es gilt mithin der Grundsatz, dass die Antragsformulierung aus prozessualer Sicht nicht zwingend den Klagegrund widerspiegeln muss, sondern sich aus der Darstellung des Klagegrundes (Lebenssachverhalts) ein abweichendes Bild ergibt. Das ändert allerdings nichts an der prozessualen Notwendigkeit einer ausreichenden Bestimmtheit des Klageantrags, so wie zuvor in dieser Anmerkung beschrieben. Handelt es sich um den Tatbestand einer äquivalenten Patentverletzung (→ Form. II.Q.1 Anm. 14), muss die konkrete Verletzungsform einschließlich der konkreten Form der Benutzung in den Klageantrag aufgenommen werden (BGH GRUR 1986, 803 (806) li. Sp. – Formstein). Aus dem Klageantrag muss sich insb. ergeben, in welchen tatsächlichen Gestaltungen sich die Abweichung der äquivalenten Patentverletzung verkörpert (BGH GRUR 2010, 314 – Kettenradanordnung II).

14. Dieser Anspruch ergibt sich aus § 140b PatG. Zu Einzelheiten vgl. → Form. II.Q.1 Anm. 6, 9, 15.

15. Nach ständiger höchstrichterlicher Rspr. und nunmehr geltender ausdrücklicher Formulierung des § 139 Abs. 2 PatG kann der Verletzte seinen Schaden in dreifacher Weise berechnen (Ersatz des unmittelbaren Schadens, der ihm durch die Patentverletzung entstanden ist, insb. des entgangenen Gewinns; die Zahlung einer angemessenen Lizenzgebühr und die Herausgabe des Verletzergewinns). Vgl. dazu, zum Rechnungslegungsanspruch und zum Beginn der Verantwortlichkeit des Inanspruchgenommenen erst nach Ablauf einer Prüfungsfrist von ca. einem Monat, vgl. → Form. II.Q.1 Anm. 16–20. Soweit die Namen und Anschriften von nicht gewerblichen Abnehmern bzw. von Angebotsempfängern in Rede stehen, besteht die Besonderheit eines Wirtschaftsprüfervorbehalts. Vgl. dazu BGH GRUR 1995, 338 (341, 342) – Kleiderbügel; → Form. II.Q.1 Anm. 20 und die nachfolgende Anmerkung. Die Praxis der Patentkammern des LG Düsseldorf kombiniert den Auskunftsanspruch des § 140b PatG mit dem herkömmlichen Rechnungslegungsanspruch, so dass anstelle der im Form. vorgeschlagenen getrennten Aufgliederung in den Anträgen I 2 u. 3 ein einheitlicher Antrag wie folgt zu formulieren ist:

„. . . . . der Klägerin darüber Rechnung zu legen, in welchem Umfang die Beklagte die zu I 1 bezeichneten Handlungen seit dem . . . . . begangen hat, und zwar unter Angabe

a) der Herstellungsmengen und -zeiten (sofern Herstellungshandlungen vorgekommen sind; sollten Herstellungshandlungen nicht substantiiert vorgetragen werden können, dann – wie auch sonst und nachfolgend aufgeführt:), der Menge der erhaltenen oder bestellten Erzeugnisse sowie der Namen und Anschriften der Hersteller, Lieferanten und anderer Vorbesitzer,

b) der einzelnen Lieferungen, aufgeschlüsselt nach Liefermengen, -zeiten und -preisen (ggf. Typenbezeichnungen) sowie der Namen und Anschriften der Abnehmer,

c) der einzelnen Angebote, aufgeschlüsselt nach Angebotsmengen, -zeiten und -preisen (und ggf. Typenbezeichnungen) sowie der Namen und Anschriften der Angebotsempfänger,

d) der betriebenen Werbung, aufgeschlüsselt nach Werbeträgern, deren Auflagenhöhe, Verbreitungszeitraum und Verbreitungsgebiet,

e) der nach den einzelnen Kostenfaktoren aufgeschlüsselten Gestehungskosten und des erzielten Gewinns.“

Die Verurteilung zur Rechnungslegung wegen Patentverletzung erstreckt sich in die Zukunft über den Zeitraum der letzten mündlichen Verhandlung hinaus (BGH GRUR 2004, 755 – Taxameter; OLG Karlsruhe Mitt. 2003, 309 – Auskunftsanspruch nach letzter mündlicher Verhandlung; *Meier-Beck* GRUR 1998, 276 (280); aA OLG Düsseldorf Mitt. 2001, 424 – Längenverstellbares Tragelement = GRUR-RR 2002, 48 – Zeitraum der Rechnungslegung).

16. Zur Problematik, ob der Beklagte tatsächlich die patentverletzenden Erzeugnisse hergestellt hat, vgl. vorstehend → Anm. 10. Kann nicht davon ausgegangen werden, dass Herstellungshandlungen des Beklagten vorgekommen oder zu besorgen sind, so entfällt der entsprechende Teil des Antrags.

17. Sind Herstellungshandlungen nicht vorgekommen, vgl. die Ausführungen → Anm. 10.

Soweit es um die Vorlage von Belegen (im Eigentlichen: Belegkopien) geht, werden diese nach stRspr geschuldet, um dem Verletzten die Möglichkeit der Überprüfung der Richtigkeit und Vollständigkeit der Rechnungslegung zu geben. Zu diesem Anspruch vgl. BGH GRUR 2001, 841 (845) li. Sp. oben – Entfernung der Herstellungsnummer II; 2002; 709 (712) – Entfernung der Herstellungsnummer III: zum UWG; *Stjerna* GRUR 2011, 789. Von ihm zu unterscheiden ist § 140c Abs. 1 S. 2 PatG. Dieser sieht bei hinreichender Wahrscheinlichkeit einer im gewerblichen Ausmaß begangenen Patentverletzung einen Anspruch auf die Vorlage von Bank-, Finanz- oder Handelsunterlagen vor. § 140d Abs. 1 PatG ergänzt den Anspruch auf Vorlage von Bank-, Finanz- oder Handelsunterlagen in den Fällen des § 139 Abs. 2 PatG durch die Möglichkeit, dass Zugang zu diesen Unterlagen durch den Verpflichteten verschafft werden muss. Hier geht es im entsprechenden Klageantrag zunächst nur um die Vorlage von Belegen zur Überprüfung der Richtigkeit und Vollständigkeit der Rechnungslegung.

Zur Frage, ob tatsächlich seitens des Verletzers Herstellungshandlungen vorgenommen worden sind, → Anm. 10.

18. Anspruch auf Drittauskunft gem. § 140b Abs. 1 iVm Abs. 3 PatG.

19. Es besteht ein Anspruch auf Mitteilung produktbezogener Gestehungskosten, wobei nicht produktbezogene Fixkosten die Schadensersatzverpflichtung des Verletzers nicht mindern (BGH GRUR 2001, 329 – Gemeinkostenanteil; dazu *Haft/Reimann* Mitt. 2003, 437; *Tilmann* GRUR 2003, 647; *Meier-Beck* GRUR 2005, 617). Unter bestimmten Voraussetzungen besteht auch ein Anspruch auf Vorlage von Belegen (BGH GRUR 2001, 841 (845) li. Sp. oben – Entfernung der Herstellungsnummer II; GRUR 2002, 709 (712) – Entfernung der Herstellungsnummer III: zum UWG). → Anm. 17.

20. Besteht – wie meist – zwischen den Parteien eines Patentverletzungsprozesses ein Wettbewerbsverhältnis, so empfiehlt es sich, von vornherein das Rechnungslegungsbegehren (nicht das Begehren betreffend die Drittauskunft) mit einem Wirtschaftsprüfer-Vorbehalt zu versehen, da bei einer Verurteilung zur Rechnungslegung durch das Gericht von Amts wegen ein derartiger Vorbehalt zugunsten des Beklagten einzufügen ist (BGH GRUR 1981, 535 – Wirtschaftsprüfervorbehalt), allerdings wegen des § 140b PatG nur noch in einem eingeschränkten Umfang. Kommt der Kläger dem durch eine entsprechende Formulierung des Rechnungslegungsantrags zuvor, so vermeidet er den möglichen Eindruck einer Teilabweisung. Zum Wirtschaftsprüfervorbehalt vgl. iE → Form. II.Q.1 Anm. 14.

21. Die Benutzung einer offen gelegten Patentanmeldung verpflichtet gem. § 33 PatG zur Zahlung einer angemessenen Entschädigung sowie zur Rechnungslegung. → Form. II.Q.1 Anm. 23.

22. Für den (infolge Zeitablaufs immer seltener werdenden) Fall, dass Verletzungshandlungen für den Zeitraum vor dem 1.5.1992 gegeben sind und die sich daraus ergebenden Rechtsfolgen betreffend Schadensersatz, Rechnungslegung und Auskunftserteilung geltend gemacht werden, → Form. II.O.3 Anm. 22 der 12. Aufl.

23. Dieser Antrag findet seine Grundlage in § 140a PatG. → Form. II.Q.1 Anm. 6, 9, 21. Die Tathandlung des Vernichtens iSd § 140a PatG ist eine vertretbare Handlung, so dass an sich die Zwangsvollstreckung gem. § 887 ZPO erfolgt (OLG Düsseldorf InstGE 10, 301 Rn. 2 – Metazachlor). Das setzt allerdings voraus, dass ein Dritter – und somit auch der Gläubiger – sich in den Besitz der zu vernichtenden Sachen setzen kann. Weigert sich der Schuldner, die Sachen selbst zu vernichten oder die Sachen zur Vernichtung herauszugeben, so kann die Zwangsvollstreckung nach dem Wortlaut des § 140a PatG nicht durchgeführt werden. Insoweit erscheint es sachgerechter, wie im Form. vorgeschlagen, zu formulieren und die Herausgabe an einen Gerichtsvollzieher (Sequester) zum Zwecke der Vernichtung zu beantragen (BGH GRUR 2003, 228 – P Vermerk: zum Urheberrecht; 1997, 899 – Vernichtungsanspruch: zu § 18 Abs. 1 MarkenG; *Benkard/Grabinski/Zülch* PatG, 11. Aufl. 2015, Rn. 10, 11 zu § 140a; aA LG und OLG Düsseldorf; nach der dort geübten Praxis ist zu formulieren: „. . . . . die im unmittelbaren oder mittelbaren Besitz oder im Eigentum der Beklagten befindlichen Erzeugnisse entsprechend vorstehend (1) zu vernichten"). Zu weiteren Einzelheiten und Antragsformulierung vgl. *Mes* PatG § 140a Rn. 12 ff.

24. § 140a Abs. 3 PatG gewährt einen Rückrufanspruch. Zur Formulierung eines entsprechenden Klageantrags vgl. *Jestaedt* GRUR 2009, 102; *Künzel* FS *Mes*, 2009, 241; *Kühnen* Patentverletzungs-HdB, 13. Aufl. 2021, D876 ff.. Dem Vorschlag von *Künzel* FS *Mes*, 2009, 241 (247) folgt der Formulierungsvorschlag des Textbeispiels. Nach *Kühnen* Patentverletzungs-HdB, D925, kann ein Rückrufantrag wie folgt formuliert werden:

„. . . . . (nur die Beklagte zu 1 (= GmbH, AG oder sonstige juristische Person))
. . . . . die unter 1 bezeichneten, seit dem . . . . . (folgt Datum) in Verkehr gebrachten Erzeugnisse gegenüber den gewerblichen Abnehmern schriftlich unter Verweis auf den gerichtlich (Urteil des . . . . . vom . . . . .) festgestellten patentverletzenden Zustand der Sache und mit der verbindlichen Zusage zurückzurufen, etwaige Entgelte zu erstatten sowie notwendige Verpackungs- und Transportkosten sowie mit der Rückgabe verbundene Zoll- und Lagerkosten zu übernehmen und die Erzeugnisse wieder an sich zu nehmen."

§ 140a Abs. 3 PatG begründet neben dem hier behandelten Rückrufanspruch kumulativ auch den Anspruch auf endgültiges Entfernen aus den Vertriebswegen (BGH Mitt. 2017, 410 – Abdichtsystem). Dieser Anspruch wird hier im Textvorschlag nicht geltend gemacht. Eine mögliche Antragsfassung könnte lauten (vgl. *Künzel* FS *Mes*, 2009, 241 (250, 251)):

„Die zu I 1 bezeichneten Erzeugnisse endgültig aus den Vertriebswegen zu entfernen, wobei insb. die folgenden Maßnahmen zu ergreifen sind:

a) **die Beklagte hat alle möglichen und zumutbaren Maßnahmen zu ergreifen, um die Standorte und die Besitzer über die zu I 1 bezeichneten Erzeugnisse zu ermitteln;**
b) **soweit die Beklagte selbst rechtliche oder tatsächliche Verfügungsgewalt über die zu I 1 bezeichneten Erzeugnisse inne hat, müssen die rechtlich zulässigen und zumutbaren Maßnahmen ergriffen werden, damit diese Erzeugnisse in den unmittelbaren Besitz der Beklagten gelangen und dort verbleiben;**
c) **soweit die Beklagte weder rechtliche noch tatsächliche Verfügungsgewalt über die zu I 1 bezeichneten Erzeugnisse inne hat, muss sie alle rechtlich zulässigen und zumutbaren Maßnahmen ergreifen, um die Personen, die Ansprüche auf Herausgabe der Vernichtung gegen die Inhaber der Verfügungsgewalt der Erzeugnisse inne haben, zur Geltendmachung dieser Ansprüche zu veranlassen und/oder diese Personen bei der Geltendmachung dieser Ansprüche zu unterstützen."**

Zu weiteren Einzelheiten betreffend Rückruf und Entfernung aus den Vertriebswegen vgl. *Mes* PatG § 140a Rn. 1 ff.

25. Dieser Klageantrag (I 6) betrifft einen Zahlungsanspruch auf Erstattung der entstandenen Geschäftsgebühr. Diese ergibt sich als Anspruch auf Aufwendungsersatz unter dem rechtlichen Gesichtspunkt auftragsloser Geschäftsführung gem. §§ 677, 638

BGB sowie auch als Schadensersatzanspruch (allgM, BGH in stRspr, vgl. zB GRUR 2001, 450 (453) – Franzbranntwein-Gel; GRUR 1995, 338 (342) – Kleiderbügel). Es kann die Geschäftsgebühr in dem vollen entstandenen Umfang eingeklagt werden. Vgl. zu Einzelheiten die nachfolgende Begründung im Textbeispiel zu II. 9. Zur Zinshöhe von zurzeit 9 % über dem Basiszinssatz vgl. § 288 Abs. 2 BGB.

26. § 140e PatG gibt dem Gericht die Möglichkeit („kann"), die obsiegende Partei im Urteil zu befugen, dieses auf Kosten der unterliegenden Partei öffentlich bekanntzumachen. Zu Einzelheiten vgl. den nachfolgenden Text im Bsp. zu II. 10.

27. Neben einem Schadensersatzanspruch wegen (rechtswidriger) Patentverletzungshandlungen besteht ein Anspruch auf angemessene Entschädigung wegen (rechtmäßiger) Patentbenutzungshandlungen nach Offenlegung der Patentanmeldung (vgl. §§ 33, 32 Abs. 5 PatG; dazu BGHZ 107, 161 = GRUR 1989, 411 – Offenend-Spinnmaschine; GRUR 1993, 460 (464) – Wandabstreifer – mAnm *Maltzahn*). Je nachdem, wie weit die Benutzungshandlungen des/der Beklagten zurückreichen, kann es erforderlich sein, auch im Hinblick auf diesen Entschädigungsanspruch neben einem Rechnungslegungsanspruch auch ein Feststellungsbegehren betreffend die Verpflichtung zur angemessenen Entschädigung geltend zu machen. Davon wird im Form. ausgegangen. Zur Verbindung von Feststellungsbegehren und Rechnungslegungsanspruch vgl. die nachfolgende → Anm. 28.

28. Es hat sich im Bereich des gewerblichen Rechtsschutzes bewährt, die Schadensersatzverpflichtung (ebenso wie die Verpflichtung zur angemessenen Entschädigung) des Verletzers lediglich feststellen zu lassen. An sich besteht auch die Möglichkeit einer Stufenklage gem. § 254 ZPO, wobei der Verletzte vom Verletzer nach Maßgabe erfolgter Rechnungslegung Schadensersatz verlangen kann. Eine derartige Stufenklage führt jedoch dazu, dass zunächst der Prozess auf der ersten Stufe, nämlich dem Unterlassungs- und Rechnungslegungsbegehren, durch die Instanzen geführt werden muss, bevor eine Entscheidung auf der zweiten Stufe (Schadensersatz/Entschädigung) ergehen kann. Demgegenüber ist eine einheitliche Prozessführung durch Kombination von Rechnungslegungs- und Schadensersatz-(Entschädigungs-)Feststellungsbegehren vorzuziehen (allgM; stRspr, BGH zB GRUR 2008, 896 Rn. 26 – Tintenpatrone; GRUR 2001, 1077 (1078) – Feststellungsinteresse II; OLG Düsseldorf InstGE 12, 88 Rn. 13 – Cinch-Stecker). Zur Höhe des Schadens und zu seiner Berechnung → Form. II.Q.1 Anm. 16. Zum Problem der aufgelaufenen Zinsen bei einer Schadensberechnung im Wege der Lizenzanalogie → Form. II.Q.21 Anm. 3.

Zur Erstreckung des Schadensersatzfeststellungsbegehrens auf solche Handlungen, die nach der letzten mündlichen Tatsachenverhandlung begangen sind, BGH GRUR 2004, 755 – Taxameter; → Anm. 15.

29. Kosten- und Vollstreckungsanträge sind zwar entbehrlich, da die Nebenentscheidungen von Amts wegen zu treffen sind. Sie werden aber regelmäßig in der Praxis gestellt.

30. Die im Textbeispiel angeführten Anträge haben nur beispielhaften Charakter. Ob sie jeweils vollständig in den vorgeschlagenen Formulierungen tatsächlich in eine Patentverletzungsklage aufgenommen werden sollten, ist jeweils im Einzelfall zu überprüfen. Der Antrag auf Veröffentlichungsbefugnis des Urteils macht wenig Sinn. Ein ausreichendes Interesse des Klägers an einer entsprechenden Veröffentlichung lässt sich nur schwer darlegen. Vgl. jedoch auch die Ausführungen im Textbeispiel zu II. 10.

31. Aus einer Patentanmeldung können Ansprüche auf Unterlassung, Rechnungslegung und Schadensersatz nicht hergeleitet werden. Diese Ansprüche entstehen erst, wenn das Patent erteilt und die Veröffentlichung der Erteilung im Patentblatt erfolgt sind (§§ 49, 58 Abs. 1 PatG; Art. 64, 67 EPÜ). Gleichzeitig wird die Patentschrift ausgegeben (§ 58 Abs. 1 S. 2 PatG; Art. 98 EPÜ). Zum Inhalt der Patentschrift sowie zum Gang des Erteilungsverfahrens vgl. → Form. II.Q.1 Anm. 6.

Zur Aktiv- und zur Passivlegitimation s. oben → Anm. 2.

32. Die Mitteilung des Anmeldetages interessiert für die Berechnung der äußerstenfalls gem. § 16 Abs. 1 S. 1 PatG (oder Art. 63 Abs. 1 EPÜ) 20-jährigen Schutzdauer. Des Weiteren interessiert der Anmeldetag, soweit er – wie regelmäßig – den Zeitrang der Anmeldung begründet, auch deshalb, weil sich die Schutzfähigkeit des Gegenstandes des Patentes nach den zum Zeitpunkt des Zeitranges geltenden Verhältnissen, insb. nach dem seinerzeit bekannten Stand der Technik und dem Fachwissen zum Zeitpunkt dieses Tages richtet.

Der Anmeldetag ist in allen über die Patentanmeldung berichtenden Schriften (Offenlegungsschrift, Patentschrift) ausdrücklich angegeben. Kann eine Auslandspriorität in Anspruch genommen werden, so ist der Tag der entsprechenden Auslandsanmeldung „Prioritätstag", so dass in einem solchen Fall eine Vorverlagerung des maßgeblichen Zeitpunktes eintreten kann (vgl. Art. 4 der „Pariser Verbandsübereinkunft zum Schutz des gewerblichen Eigentums" – PVÜ v. 20.3.1883, die verschiedentlich revidiert worden ist, zuletzt in Stockholm am 14.7.1967; vgl. iE *Mes* PatG § 41 Rn. 1 ff.).

33. Das Form. geht analog dem → Form. II.Q.1 von einer Patentanmeldung aus, die in der Bundesrepublik Deutschland nach dem 1.1.1981 getätigt worden ist, so dass das PatG 1981, das zum 1.1.1981 in Kraft getreten ist, in vollem Umfang anwendbar ist.

34. Vgl. § 31 PatG. In dieser Bestimmung ist das Recht der Akteneinsicht dahingehend geregelt, dass vom Grundsatz zwar auf Antrag Einsicht in die Akten gewährt wird, wenn und soweit ein berechtigtes Interesse glaubhaft gemacht wird (§ 31 Abs. 1 S. 1 PatG), der Ausnahmekatalog, wonach jedoch ohne Glaubhaftmachung eines entsprechenden Interesses Akteneinsicht zu gewähren ist, tatbestandsmäßig überwiegt (vgl. § 31 Abs. 1 S. 2u. Abs. 2 PatG; zu Einzelheiten vgl. *Mes* PatG § 31 Rn. 1 ff.). Das Patentamt ist insb. zur Erteilung von Rollenauszügen verpflichtet. Der in Rede stehende Beweisantritt wird selten praktisch, weil die Beteiligten einer Patent- bzw. Gebrauchsmusterverletzungsstreitigkeit regelmäßig die Amtsakten schon kennen oder diese Akten – meist auf Antrag des Beklagten – vom Verletzungsgericht beigezogen werden (vgl. als Bsp. für einen Aktenbeiziehungsantrag → Form. II.O.4).

35. Die Überreichung der Patentschrift für jedes Gerichtsmitglied empfiehlt sich, damit die gesamte Kammer der mündlichen Verhandlung, bei der regelmäßig insb. technische Einzelheiten zur Sprache kommen, ohne Schwierigkeiten anhand der Schrift des Klageschutzrechtes folgen kann. Ein Gleiches gilt für die im Form. als Anl. 2 vorgesehene Merkmalanalyse. Eine Ausnahme von der Notwendigkeit der Überreichung der Anlagen zur Klageschrift für die Mitglieder des Gerichts und zur Unterrichtung des(r) Beklagten kann sich dann ergeben, wenn es sich um eine Auslandsklage handelt. Hier empfiehlt es sich zur Vermeidung von (unnötigen) Übersetzungskosten, die Anlagen (soweit wie möglich) nicht zu überreichen, sondern zB zum Beleg für das Bestehen des Patents und die Existenz der Patentschrift auf den Internetzugang zu verweisen.

36. Jede Erfindung stellt eine Lehre zum technischen Handeln dar, die – neben anderen Voraussetzungen – insb. neu, auf einer erfinderischen Tätigkeit beruhen und gewerblich anwendbar sein muss (so für deutsche Patentanmeldungen: § 1 Abs. 1 PatG; für europäische Patentanmeldungen: Art. 54–57 EPÜ). Schon diese Voraussetzungen erfordern es, den Gegenstand des streitgegenständlichen Schutzrechtes gegenüber dem vorbekannten Stand der Technik näher herauszuarbeiten. Es empfiehlt sich, dem Gericht den behandelten Stand der Technik in Form von Anlagen zu überreichen. Eine Ausnahme kann für Auslandsklagen gelten. → Anm. 35.

37. Jede Erfindung besteht aus *Aufgabe* (= technischem Problem) und *Lösung*. Ist der relevante Stand der Technik dargestellt, so ergibt sich regelmäßig ohne Schwierigkeit die der Neuerung zugrunde liegende *Aufgaben*stellung.

38. Ausführungen zur *Lösung* der gestellten Aufgabe.

39. Zur Bedeutung der Patentansprüche → Form. II.Q.1 Anm. 6, 14. Die Bedeutung der Ansprüche für die Bestimmung des Schutzumfangs eines Patents ist in § 14 S. 1 PatG niedergelegt. Regelmäßig bestehen mehrere Ansprüche. Dabei ist vom Grundsatz her der erste Anspruch der allgemeinste, der den Erfindungsgedanken am umfassendsten beschreibt. Dieser Anspruch wird als Hauptanspruch bezeichnet. Ihm sind weitere Ansprüche nachgeordnet, die regelmäßig auf den Hauptanspruch Bezug nehmen (sog echte Unteransprüche) und damit vom Grundsatz her Gestaltungen beinhalten, die nicht selbständig patentfähig sind. Es gibt freilich auch Patente, bei denen die dem Hauptanspruch nachfolgenden Ansprüche selbständig schutzfähige Erfindungen beinhalten (sog Nebenansprüche). Handelt es sich um den Fall einer Auslandsklage, empfiehlt es sich zur Vermeidung von Übersetzungskosten, dies erst nach erfolgter Zustellung der Klage zu bewirken. → Anm. 35 und → Anm. 36.

40. In einer *Merkmalsanalyse* ist die Zusammenfassung des Gegenstandes des Patentes, wie sie im Patentanspruch aufscheint, in Einzelmerkmale aufgegliedert (→ Form. II.Q.1 Anm. 14 mwN). Diese Aufgliederung dient dem Vergleich der angegriffenen Ausführungsform (= Verletzungsform) unter Berücksichtigung von Aufgabe und Lösung mit dem Patentgegenstand. Damit ist zugleich auch die Frage des Schutzumfanges eines jeden Patentes angesprochen. → Form. II.Q.1 Anm. 14. Es wird empfohlen, die Merkmalsanalyse als gesonderte Anlage – für das Gericht 3-fach – zu überreichen, damit alle Beteiligten der mündlichen Verhandlung besser folgen können. Handelt es sich um den Fall einer Auslandsklage, empfiehlt es sich zur Vermeidung von Übersetzungskosten, dies erst nach erfolgter Zustellung der Klage zu bewirken.→ Anm. 35, 36.

41. Entsprechend der Formulierung des Hauptanspruches bildet auch die Merkmalsanalyse einen „Oberbegriff".

42. Entsprechend der Formulierung im Hauptanspruch gibt es neben dem „Oberbegriff" (→ Anm. 41) den – die erfindungswesentlichen Merkmale – „kennzeichnender Teil".

43. Aus Verständnisgründen wurde der einfachste Fall einer Patentverletzung ausgewählt, nämlich derjenige eines wortsinngemäßen, im Form. sogar identischen (= wortlautgemäßen) Gebrauchmachens. Zum Schutzumfang eines Patentes und den sich daraus ergebenden Verletzungsmöglichkeiten vgl. → Form. II.Q.1 Anm. 14.

44. Verfügt der Kläger über mehrere Patente, die er gegen den Verletzer wegen gleichartiger Verletzungshandlungen geltend machen will, so muss er dies in einer Klage tun, anderenfalls eine spätere Klage unzulässig ist (vgl. § 145 PatG und *Mes* PatG § 145 Rn. 1 ff.).

45. Ein Patent gibt seinem Inhaber ein Benutzungsmonopol. Wird dieses dadurch verletzt, dass auch ein anderer von der patentgemäßen Lehre Gebrauch macht, so ist schon allein auf Grund dieses Umstandes der Eintritt eines Schadens wahrscheinlich. Diese Wahrscheinlichkeit genügt zur Geltendmachung eines Schadensersatzfeststellungsbegehrens. Sie braucht nicht hoch zu sein (BGH GRUR 2008, 896 Rn. 26 – Tintenpatrone). Ob tatsächlich ein Schaden entstanden und wie dieser beschaffen ist, braucht nicht aufgeklärt zu werden, wenn nach der Erfahrung des täglichen Lebens der Eintritt eines Schadens mit einiger Sicherheit zu erwarten ist. Dafür genügt regelmäßig eine rechtswidrige und schuldhaft begangene Verletzungshandlung (BGH GRUR 2008, 896 Rn. 26 – Tintenpatrone; OLG Düsseldorf InstGE 12, 88 Rn. 13 – Chinch-Stecker).

46. Zum Erfordernis eines Verschuldens vgl. *Mes* PatG § 139 Rn. 107 ff. mwN.

47. Vgl. zum Rechnungslegungsanspruch → Form. II.Q.1 Anm. 16–20, → Form. II. Q.3 Anm. 10, die Ausführungen bei *Mes* PatG § 140b Rn. 1 ff.; sowie *Tilmann* GRUR 1987, 251.

48. Vgl. zum Inhalt und zu den Voraussetzungen dieses Anspruchs → Form. II.Q.1 Anm. 15.

49. Da die Benutzung einer offengelegten Patentanmeldung nicht rechtswidrig ist, gibt es weder einen Anspruch auf Herausgabe des Benutzergewinns noch auf Ersatz des entgangenen eigenen Gewinns. Daher besteht auch nur ein eingeschränkter Rechnungslegungsanspruch (→ Form. II.Q.1 Anm. 23, 24).

50. Zur Überlegungsfrist (Karenzzeit) von einem Monat → Form. II.Q.1 Anm. 23.

51. → Anm. 23.

52. → Anm. 24.

53. Die örtliche Zuständigkeit des Patentstreitgerichts folgt den ZPO-Gerichtsständen, wobei gem. § 143 Abs. 2 PatG eine Konzentration auf ein einziges LG erfolgt (→ Anm. 1).

54. Die Mitwirkung eines Patentanwalts ist in Patentverletzungsstreitigkeiten dringend zu empfehlen. Die Erstattungsfähigkeit der Kosten des mitwirkenden Patentanwalts ist in § 143 Abs. 3 PatG bestimmt. Bei Patentverletzungsstreitigkeiten kommt es auf die Notwendigkeit der Mitwirkung eines Patentanwalts nicht an. Diese wird vom Gesetzgeber quasi als gegeben angesehen. Vgl. zur neueren Entwicklung aber auch → Anm. 30 → "Form. II.Q.1": Kosten und Gebühren. Zu den Kosten eines mitwirkenden Patentanwalts vgl. *Mes* PatG § 139 Rn. 498 f., § 143 Rn. 53 ff.

55. *Lit. zum einstweiligen Verfügungsverfahren in Patentsachen: Bernecke* FS *Tilmann*, 2003, 755; *Bittner* GRUR-Prax 2015, 142; *Böhler* GRUR 2011, 965; *Carl*, Einstweiliger Rechtsschutz bei Torpedo-Klagen, 2007; *A. v. Falck* Mitt. 2002, 429; *Hansen* FS *von Meibom*, 2010, 119; *Harmsen,* Neue Dringlichkeit im einstweiligen Verfügungsverfahren, FS 80 Jahre Patentgerichtsbarkeit in Düsseldorf, 2016, 175; *Holzapfel* GRUR 2003, 287; *Kehl* FS *Loschelder*, 2010, 139; *Klute* GRUR 2003, 34; *Krieger* FS *Preu*, 1988, 165; *Kurtz,* Grenzüberschreitender einstweiliger Rechtsschutz im Immaterialgüterrecht, 2004; *Lenz* GRUR 2008, 1042; *Marshall* FS *Klaka,* 1987, 99; *Maurer* GRUR 2003, 208; *v. Meibom/Pitz* Mitt. 1996, 181; *Meier-Beck* GRUR 1988, 861; *Müller-Stoy/Wahl* Mitt. 2008, 311; *Oetker* GRUR 2003, 199; *Pansch,* Die einstweilige Verfügung zum Schutz des geistigen Eigentums im grenzüberschreitenden Verkehr, 2003; *Rojahn* FS *von Meibom*, 2010, 395; *Sommer,* Beweisbeschaffung im einstweiligen Rechtsschutz. Die Vorbereitung von Verletzungsverfahren urheber- und patentrechtlich geschützter Software nach Umsetzung der Enforcement-Richtlinie, 2014; *Wehlau/Kalbfuss* Mitt. 2011, 165; *Wuttke* Mitt. 2011, 393.

Der patentrechtliche Unterlassungsanspruch ist auch im Wege der einstweiligen Verfügung durchsetzbar. Dies ist jedoch die – seltene – Ausnahme. Die komplizierte Rechtslage kann hier nur skizziert werden (vgl. dazu *Mes* PatG § 139 Rn. 536 ff. und das Textbeispiel betr. einen Antrag auf Erlass einer einstweiligen Verfügung wegen Patentverletzung (unmittelbare Patentverletzung) bei MPFormB GewRS/*Mes*, 5. Aufl. 2018, Form. C.21 mwN). Verfügungsanspruch sowie Verfügungsgrund sind vorzutragen und glaubhaft zu machen.

1. Zum Verfügungsanspruch gehören Bestand des Patentes sowie der Verletzungstatbestand. Insoweit unterscheidet sich ein Verfügungsantrag nicht von einer Patentverletzungsklage.
2. Besondere Schwierigkeiten macht der Verfügungsgrund. Um die „Notwendigkeit" eines gerichtlichen Verbotes zur Abwehr „wesentlicher Nachteile" (§§ 935, 940 ZPO) zu begründen, müssen regelmäßig folgende Voraussetzungen gegeben sein (OLG Düsseldorf GRUR Int. 1990, 471 – Epilady I; OLG Karlsruhe GRUR 1988, 900 – Dutralene; OLG Hamburg 1984, 105; LG Düsseldorf Mitt. 1995, 190; LG Hamburg GRUR-RR 2002, 45 – Felodipin):
 a) Die Schutzfähigkeit des Verfügungspatentes muss sich als so gesichert darstellen, dass „sich keine durchgreifenden Zweifel aufdrängen" (so OLG Karlsruhe GRUR 1982, 169 (171) – Einhebelmischarmatur – und 1988, 900 – Dutralene; strenger: OLG Düsseldorf GRUR 1959, 619: „über jeden Zweifel erhaben"; vgl. aber auch – großzügiger – OLG Düsseldorf GRUR 1983, 79 (80); Mitt. Deutscher Patentanwälte 1982, 230 (231)); die Schutzfähigkeit muss jedenfalls so gesichert erscheinen, dass in einem Hauptklageverfahren eine Aussetzung wegen eines anhängigen Einspruchs- oder Nichtigkeitsverfahrens nicht in Betracht käme (OLG Düsseldorf Mitt. 1996, 87 (88) – Captopril; noch großzügiger OLG Karlsruhe GRUR 1979, 700 – Knickarm-Markise, das Zweifel an der Schutzfähigkeit durch Anordnung einer Sicherheitsleistung kompensieren möchte). Angemessen erscheint die Formulierung des OLG Hamburg in GRUR-RR 2002, 244 – Spannbacke. Danach setzt der Erlass einer patentrechtlichen Unterlassungsverfügung zur Vermeidung des Risikos einer Fehlbeurteilung technischer Sachverhalte im summarischen Verfahren voraus, dass das Verfügungspatent mit zumindest großer Wahrscheinlichkeit rechtsbeständig ist bzw. sich in einem anhängigen Nichtigkeits- bzw. Einspruchsverfahren als rechtsbeständig erweisen wird. Vereinfachend lässt sich formulieren: Die Schutzfähigkeit eines Verfügungspatents muss jedenfalls so gesichert erscheinen, dass in einem Hauptklageverfahren eine Aussetzung wegen eines anhängigen Einspruchs- oder Nichtigkeitsverfahrens nicht in Betracht käme (OLG Düsseldorf Mitt. 1996, 87 (88) – Captopril). Das kann selbst dann der Fall sein, wenn das Patent erstinstanzlich – nicht rechtskräftig – vernichtet worden ist (OLG Düsseldorf Mitt. 2008, 327 Rn. 63 – Olanzapin).
 Die Grundsätze für den Erlass einer einstweiligen Verfügung in der Rspr. des OLG Düsseldorf sind in InstGE 12, 114 = Mitt. 2011, 193 – Harnkatheterset -niedergelegt. (Ebenso: OLG Karlsruhe GRUR-RR 2015, 509 – Ausrüstungssatz). OLG Düsseldorf erachtet den Rechtsbestand des Verfügungspatents als dem Verfügungsgrund zugehörig (InstGE 12, 114 = Mitt. 2011, 193 Rn. 66 – Harnkatheterset). Der Rechtsbestand ist durch das Gericht sorgfältig zu prüfen, da regelmäßig dem Verfügungsgegner nicht ausreichend Zeit für eine Recherche bleibt und eine Unterlassungsverfügung in sehr einschneidender Weise in seine gewerbliche Tätigkeit eingreift (OLG Düsseldorf InstGE 12, 114 = Mitt. 2011, 193 Rn. 66 – Harnkatheterset; InstGE 9, 140 (145) = GRUR 2008, 1077 (Ls.) = GRUR-RR 2009, 157 – Olanzapin I). Im Grundsatz bleibt es dabei, dass der Erlass einer einstweiligen Verfügung nur in Betracht kommt, wenn sowohl die Frage der Patentverletzung als auch der Bestand des Patents so eindeutig zu Gunsten des Antragstellers zu beantworten sind, dass eine fehlerhafte Entscheidung nicht zu erwarten ist (OLG Düsseldorf GRUR-RR 2014, 240 – Desogestrel; Mitt. 2012, 415 – Adapter für Tintenpatrone). Eine Ausnahme kann gegeben sein, wenn der Antrag auf Erlass einer einstweiligen Verfügung sich gegen ein Generikum richtet. Hier kann es genügen, dass das Verletzungsgericht von dem Rechtsbestand des Schutzrechts überzeugt ist (OLG Düsseldorf GRUR-RR 2014, 240 – Desogestrel). Es kann auch bedeutsam sein, dass von einem Antragsgegner/Verfügungsbeklagten gegen den Rechtsbestand

des Verfügungspatents nur rechtliche Zweifel geäußert werden; derartige reine Rechtsfragen sind kein Anlass, den Antrag auf Erlass einer einstweiligen Verfügung zurückzuweisen (LG Düsseldorf GRUR-RR 2012, 420 (421) – Irbesartan: für ein ergänzendes Schutzzertifikat). Zu weiteren Einzelheiten vgl. *Mes* PatG § 139 Rn. 536 ff., insbesondere zur Bedeutung von überstandenen oder anhängigen Einspruchs-, Beschwerde- oder Nichtigkeitsverfahren aaO Rn. 554 ff..

b) Der Verletzungstatbestand muss zweifelsfrei und darüber hinaus so gelagert sein, dass er im summarischen Verfügungsverfahren auch für Nichttechniker nachvollziehbar ist (OLG Karlsruhe GRUR-RR 2002, 278 – DVD-Player; 1988, 900 f. – Dutralene; OLG Düsseldorf GRUR 1983, 79 (80) – AHF-Konzentrat; LG Hamburg GRUR-RR 2002, 45 – Felodipin), insb. ohne Sachverständigen (OLG Düsseldorf GRUR-RR 2008, 329 – Olanzapin). Der Erlass einer einstweiligen Verfügung in Patentsachen kommt regelmäßig nur dann in Betracht, wenn die Patentverletzung so eindeutig zu Gunsten des Antragstellers zu beantworten ist, dass eine fehlerhafte Entscheidung nicht zu erwarten ist (OLG Düsseldorf GRUR-RR 2014, 240 – Desogestrel).

c) Der als Verletzer Inanspruchgenommene sollte Gelegenheit haben, seine Einwendungen (insb. zum Stand der Technik) vorzubringen. In den Vorauflagen ist dazu vertreten worden, es müsse zuvor eine umfassende, insb. auch über den einschlägigen Stand der Technik unterrichtende vorprozessuale Abmahnung des Verletzers erfolgen. An dieser Auffassung wird in dieser Stringenz nicht mehr festgehalten. Allerdings ist bei der notwendigen Interessenabwägung für den Erlass einer einstweiligen Verfügung im Auge zu behalten, dass der Inanspruchgenommene möglicherweise nicht ausreichend Gelegenheit gehabt hat, den interessierenden Stand der Technik zu recherchieren. Infolgedessen schadet jeder Zweifel am Rechtsbestand des Verfügungspatents.

d) Die Dringlichkeitsvermutung des § 12 Abs. 2 UWG ist für patentrechtliche Streitigkeiten nicht anwendbar (OLG Düsseldorf Mitteilungen Deutscher Patentanwälte 1980, 117; GRUR 1983, 79 (80); 1994, 508 – Dringlichkeit; aA: OLG Karlsruhe GRUR 1979, 700 – Knickarm-Markise; 1982, 169 (171) – Einhebelmischarmatur). Die Dringlichkeit in einem einstweiligen Verfügungsverfahren betreffend Patentverletzung geht nicht durch Zeitablauf, der wegen Untersuchung der Ware verstreicht, verloren (OLG Hamburg GRUR 1987, 899 – Verbandsmaterial), auch nicht durch Ausschöpfung von Rechtsmittelfristen (OLG Frankfurt a. M. GRUR 2002, 236 – Eilbedürfnis in Patentsachen). Zu Einzelheiten vgl. *Mes* PatG § 139 Rn. 544 ff.

56. Für den Auskunftsanspruch des § 140b PatG hat der Gesetzgeber in Fällen „offensichtlicher Rechtsverletzungen" ausdrücklich den Weg der einstweiligen Verfügung eröffnet. Das bedeutet allerdings nicht, dass zur Frage der Dringlichkeit nicht vorgetragen werden müsste (vgl. *Eichmann* GRUR 1990, 575 (586)), die insb. nicht analog § 12 Abs. 2 UWG vermutet wird (→ Anm. 55, dort (2) d). § 140b Abs. 7 PatG ändert die frühere Gesetzeslage nur insoweit, als für die schon endgültige Befriedigung des Gläubigers des Auskunftsanspruchs das einstweilige Verfügungsverfahren vorgesehen wird. Es muss sich ferner um einen Fall der **offensichtlichen** Rechtsverletzung handeln (dazu die Bsp.: OLG Braunschweig GRUR 1993, 669 – Stoffmuster, verneinend für ein Geschmacksmuster; OLG Düsseldorf GRUR 1993, 818 – Mehrfachkleiderbügel, bejahend für ein Patent und ein – paralleles – Gebrauchsmuster; OLG Frankfurt a. M. GRUR 2002, 236 (238) li. Sp. unten – Eilbedürfnis in Patentsachen). Weitere Einzelheiten bei *Mes* PatG § 140b Rn. 1 ff.

57. Vorlegungs-/Besichtigungsanspruch (§ 140c PatG):

Schrifttum: Battenstein, Instrumente zur Informationsbeschaffung im Vorfeld von Patent- und Urheberrechtsverletzungsverfahren, 2006; *Deichfuß*, Rechtsdurchsetzung unter Wahrung der Vertraulichkeit von Geschäftsgeheimnissen, GRUR 2015, 436; *Eck/Dombrowski*, Rechtsschutz gegen Besichtigungsverfügungen im Patentrecht, GRUR 2008, 387; *Grabinski*, Die Zwangsvollstreckung der Duldungsverfügung im patentrechtlichen Besichtigungsverfahren, FS *Mes*, 2009, 129; *C. Götz*, Tatsachen- und Informationsbeschaffung im Immaterialgüterrechtsprozess, 2012; *Guiadek*, Die Beweisermittlung im gewerblichen Rechtsschutz und Urheberrecht, 2011; *Kather/Fitzner*, Der Patentinhaber, der Besichtigte, der Gutachter und sein Gutachten, Mitt. 2010, 325; *König*, Die Beweisnot des Klägers und der Besichtigungsanspruch nach § 809 BGB bei Patent- und Gebrauchsmusterverletzungen, Mitt. 2002, 153; *Kreye*, Der Besichtigungsanspruch nach § 140c PatG im Spannungsfeld von Informations- und Geheimhaltungsinteressen, FS *von Meibom*, 2010, 241; *Kühnen*, Die Besichtigung im Patentrecht – Eine Bestandsaufnahme zwei Jahre nach „Faxkarte" – GRUR 2005, 185; *Kühnen*, Update zum Düsseldorfer Besichtigungsverfahren, Mitt. 2009, 211; *Mellulis*, Zum Besichtigungsanspruch im Vorfeld der Feststellung einer Verletzung von Schutzrechten, FS Tilmann, 2003, 843; *Mes*, Zum „gewerblichen Ausmaß" im gewerblichen Rechtsschutz und Urheberrecht, GRUR 2011, 1083; *Mes*, Si tacuisses. – Zur Darlegung und Beweislast im Prozess des gewerblichen Rechtsschutzes, GRUR 2000, 934; *Müller-Stoy*, Der Besichtigungsanspruch gem. § 140c in der Praxis, Mitt. 2009, 361 und Mitt. 2010, 267; *Müller-Stoy*, Durchsetzung des Besichtigungsanspruchs. Kritische Überlegungen zu OLG München, GRUR-RR 2009, 191 – Laser-Hybrid-Schweißverfahren, GRUR-RR 2009, 161; *Tilmann*, Beweissicherung nach Art. 7 der RL zur Durchsetzung der Rechte des geistigen Eigentums, GRUR 2005, 737; *Tilmann/Schreibauer*, Die neueste BGH-Rechtsprechung zum Besichtigungsanspruch nach § 809 BGB/Anm. zum Urteil des BGH „Faxkarte", GRUR 2002, 1015; *Werner*, Beweissicherung bei Schutzrechtsverletzungen in Belgien, Frankreich und Deutschland, VPP 2003, 76; *Wust*, Streitverkündung und Streithilfe im selbstständigen Beweisverfahren am Beispiel eines Werkvertrags, NJW 2017, 2886.

Der Patentinhaber kann häufig den von ihm angenommenen Tatbestand der Patentverletzung durch Dritte nicht iE darlegen, geschweige denn beweisen. Ausgehend von § 809 BGB gewährte die Rspr. einen Vorlegungs- und Besichtigungsanspruch (BGH GRUR 2002, 1046 – Faxkarte; OLG Düsseldorf, GRUR-RR 2003, 327 – Raumkühlgerät; KG GRUR-RR 2001, 118 – Besichtigungsanspruch). Dieser ist nunmehr in § 140c ausdrücklich geregelt. Zu diesem Anspruch und seiner Durchsetzung vgl. Mes/*Mes* PatG § 140c Rn. 1 ff.; zu einem Textbeispiel eines Antrags im selbständigen Beweisverfahren auf Sachverständigenbegutachtung und Duldungsanordnung vgl. MPFormB GewRS/*Mes* Form. C.22; weiterführende Literatur: *Hauck, Besichtigungsanspruch und Geheimnisschutz im Patentrecht und (Software-)Urheberrecht nach Inkrafttreten des GeschGehG, GRUR 2020, 817.*

Kosten und Gebühren

58. Es gelten die allgemeinen Grundsätze. Besonderheiten des Patentverletzungsprozesses bestehen gem. §§ 143, 144 PatG.

§ 143 PatG: Die Kosten eines mitwirkenden Patentanwalts sind grds., ohne dass die Notwendigkeit seiner Mitwirkung zu prüfen wäre, in Patentstreitsachen nach § 13 des RVG erstattungsfähig. Ein Gleiches gilt für die notwendigen Auslagen des Patentanwalts. Einzelheiten zu den Kosten eines mitwirkenden Patentanwalts und ihrer Erstattungsfähigkeit in → Form. II.Q.1 Anm. 30. § 144 PatG: Streitwertherabsetzung; vgl. *Mes* PatG § 144 Rn. 1 ff.

4. Formelle Klageerwiderung in einer Patentverletzungsstreitigkeit

Zivilkammer (Patentkammer)[3]
In Sachen
Firma A
(Rechtsanwalt: . . . . .)
gegen
Firma B
(Rechtsanwalt: . . . . .)
Aktenzeichen: . . . . .
zeige ich an, dass ich die Vertretung der Beklagten übernommen habe.[1, 2]
Vorab mache ich gegen die Zulässigkeit der Klage folgendes geltend: . . . . . (zB die Einrede der . . . . .) . . . . .[4]
Ich werde beantragen,

1. **die Klage abzuweisen;**
2. **hilfsweise der Beklagten für den Fall ihrer Verurteilung zur Rechnungslegung nach ihrer Wahl vorzubehalten, die Namen und Anschriften ihrer nicht gewerblichen Abnehmer und Empfänger von Angeboten statt der Klägerin einem von dieser zu bezeichnenden, ihr gegenüber zur Verschwiegenheit verpflichteten vereidigten Wirtschaftsprüfer mitzuteilen, sofern die Beklagte dessen Kosten trägt und ihn zugleich ermächtigt, der Klägerin darüber Auskunft zu geben, ob eine bestimmt bezeichnete Lieferung oder ein bestimmt bezeichneter Abnehmer oder ein bestimmt bezeichneter Empfänger eines Angebotes in der Rechnung enthalten ist;[5]**
3. **der Klägerin die Kosten des Rechtstreits aufzuerlegen;[6]**
4. **das Urteil – ggf. gegen Sicherheitsleistung (Bank- oder Sparkassenbürgschaft) – für vorläufig vollstreckbar zu erklären;[6]**
   hilfsweise der Beklagten zu gestatten, die Zwangsvollstreckung gegen Sicherheitsleistung (Bank- oder Sparkassenbürgschaft) abzuwenden.[6]

Des Weiteren beantrage ich,
die Erteilungsakten des DE . . . . . beizuziehen und der Beklagten für die Dauer ihrer vom Gericht zu bestimmenden Schriftsatzfrist zur Einsichtnahme zur Verfügung zu stellen.[7, 8]
Die Beklagte teilt die Auffassung der Klägerin, dass eine Übertragung auf den Einzelrichter wegen der tatsächlichen und rechtlichen Schwierigkeiten, die die vorliegende Patentstreitsache bietet, nicht angezeigt erscheint.[9] Die Beklagte ist in Übereinstimmung mit der Klägerin der Ansicht, dass von einer Güteverhandlung gem. § 278 Abs. 2 ZPO abgesehen werden sollte.[10]
Ich zeige an, dass die Beklagte(n) neben ihrem Prozessbevollmächtigten
Herrn Patentanwalt
. . . . .
zur Mitwirkung in diesem Rechtsstreit bestellt hat (haben).[11, 12, 13]
Rechtsanwalt

Anmerkungen

1. Es handelt sich um eine formelle Klageerwiderung, die kein materielles Klageverteidigungsvorbringen, sondern lediglich die Ankündigung der Anträge, die Erklärung gem. §§ 348 Abs. 1, 271 Abs. 3 ZPO und einen etwaigen Antrag auf Aktenbeiziehung enthält. Eine derartige formelle Klageerwiderung ist nur dann veranlasst, wenn das angerufene Gericht nicht den Weg des schriftlichen Vorverfahrens wählt, sondern einen frühen ersten Termin zur mündlichen Verhandlung anberaumt.

2. Das Form. stellt die Klageerwiderung zu → Form. II.Q.3 dar.

3. Patentstreitsachen gehören gem. § 143 Abs. 2 PatG vor die Patentkammer der berufenen und insoweit ausschließlich zuständigen LGe (→ Form. II.Q.3 Anm. 1). Darauf soll durch die Hervorhebung im Form. aufmerksam gemacht werden. Selbstverständlich ist die Klageerwiderung an die tatsächlich befasste Kammer zu richten, ungeachtet ihrer geschäftsplanmäßigen Zuständigkeit oder der Frage der Zuständigkeit überhaupt des befassten LG; ggf. ist auf Verweisung des Rechtsstreits hinzuwirken bzw. Klageabweisung als unzulässig zu beantragen. Zum Umfang des Wirtschaftsprüfervorbehalts → Form. II.Q.1 Anm. 20.

4. Da die formelle Klageerwiderung die erste mündliche Verhandlung vorbereitet, sind in ihr gem. § 282 Abs. 3 ZPO sämtliche Rügen, die die Zulässigkeit der Klage betreffen, gleichzeitig (und vor der Verhandlung zur Hauptsache) vorzubringen. Insoweit handelt es sich nicht nur um alle prozesshindernden Einreden des § 274 aF ZPO, sondern um sämtliche Prozesshindernisse und Prozessvoraussetzungen iSd § 280 Abs. 1 ZPO. Ob bspw. die Rüge fehlenden Rechtsschutzbedürfnisses schon in der ersten mündlichen Verhandlung im Zusammenhang mit der formellen Klageerwiderung geltend gemacht werden kann, muss bezweifelt werden. In der Praxis sind die vorab in der formellen Klageerwiderung zu bringenden Rügen jedenfalls diejenigen der prozesshindernden Einreden der fehlenden Prozesskostensicherheit gem. § 269 Abs. 6 ZPO, der fehlenden Ausländersicherheit gem. §§ 110 ff. ZPO, der Einrede des Schiedsvertrages gem. § 1032 ZPO sowie die Einrede der fehlenden Zuständigkeit (örtlich gem. § 39 ZPO, ggf. iVm § 143 Abs. 2 PatG; sachlich: § 143 Abs. 1 PatG; international: vgl. zB *Mes* PatG § 143 Rn. 24 ff.).

5. In dem → Form. II.Q.3, an dem sich dieses Form. inhaltlich ausrichtet, ist zwar der Wirtschaftsprüfervorbehalt von vorneherein schon in den Rechnungslegungsantrag mit aufgenommen. Es empfiehlt sich jedoch, einen entsprechenden Vorbehalt auch in die Anträge auf Klageabweisung aufzunehmen. Zum Inhalt des Antrags BGH GRUR 1995, 338 (341, 342) – Kleiderbügel.

6. Die Anträge zu den Nebenentscheidungen sind an sich überflüssig, werden jedoch in der Praxis gestellt. Soweit Vollstreckungsschutz beantragt wird, muss dieser an sich begründet werden. Zum Vollstreckungsschutzantrag und seiner Begründung in der Berufungsinstanz BGH GRUR 1996, 512 – Fehlender Vollstreckungsschutzantrag II). Das wird in der Praxis regelmäßig mit guten Gründen unterlassen: Zum einen hat ein derartiger Vollstreckungsschutzantrag nur wenig Aussicht auf Erfolg, da in aller Regel die Interessen des Patentinhabers denjenigen des Verletzers vorgehen. Des Weiteren muss zur Begründung eines Vollstreckungsschutzantrages auch der Umfang der Verletzungshandlungen vorgetragen werden. Damit legt der Beklagte dem Kläger schon diejenigen Informationen offen, auf deren Erhalt dieser mit den Anträgen auf Drittauskunft und Rechnungslegung klagt. Handelt es sich bei dem Beklagten um einen EU-Ausländer, so kann wie folgt formuliert werden: „. . . . . das Urteil gegen den Beklagten lediglich gegen Sicherheitsleistung iHv . . . . . EUR für vorläufig vollstreckbar zu erklären und dem (der) Beklagten nachzulassen, die Sicherheitsleistung durch Erbringung einer Bürgschaft einer Bank oder öffentlich-rechtlichen Sparkasse mit dem Sitz in der Europäischen Union zu erbringen."

7. Die Erteilungsakten können für die Beurteilung einer Patentverletzungsstreitigkeit von Bedeutung sein. Allerdings gehören sie seit BGHZ 3, 365 (370) – Schuhsohle – nicht zu den üblichen Auslegungsmitteln eines Patents (zu Einzelheiten vgl. *Mes* PatG § 14 Rn. 41 ff.). Insbes. kommt es grds. für die Bestimmung des Schutzbereiches eines Patents nicht auf Vorgänge im Erteilungsverfahren an, die der Patenterteilung vorausgegangen sind (BGH GRUR 2002, 511 (513, 514) – Kunststoffrohrteil; 1992, 40 – Beheizbarer Atemluftschlauch). Die Entscheidung des BGH GRUR 2002, 511 – Kunststoffrohrteil – lässt es jedoch offen, ob die Beiziehung der Erteilungsakten im Verletzungsprozess zulässig ist oder nicht. Nach der bisherigen Praxis des Patentverletzungsprozesses können die Erteilungsakten zumindest erhebliche indizielle Wirkung für die Ermittlung des Schutzumfanges des Patents haben. Nur aus den Erteilungsakten ergibt sich eine unzulässige Erweiterung (§ 38 PatG). Auch sonst sind die Erteilungsakten aufschlussreich; zB können sich aus ihnen Indizien für die Kenntnisse des Durchschnittsfachmannes ergeben, indem aus ihnen bspw. ersichtlich ist, wie die Fachleute des Deutschen Patent- und Markenamtes einen bestimmten Ausdruck zurzeit der Anmeldung des Patentes verstanden haben, des Weiteren wie bspw. der Anmelder einen bestimmten Ausdruck verstanden wissen wollte, usw. Ohne Kenntnis der Erteilungsakten lässt sich ein Patentverletzungsprozess nicht sachgerecht bearbeiten. Das Recht der Akteneinsicht ist in § 31 PatG geregelt; dazu *Mes* PatG § 31 Rn. 1 ff.

Erklärungen eines Patent- oder Gebrauchsmusterinhabers im Einspruchs- oder im gebrauchsmusterrechtlichen Löschungsverfahren können gegenüber einer der dort beteiligten Parteien Bedeutung unter dem rechtlichen Gesichtspunkt treuwidrigen Verhaltens erhalten (BGH GRUR 2006, 923 – Luftabscheider für Milchsammelanlage).

8. Der Antrag auf „körperliche" Beiziehung der Erteilungsakten hat im tatsächlichen Prozessgeschehen kaum noch Bedeutung. Der Grund liegt in der Möglichkeit der elektronischen Akteneinsicht, die insb. nunmehr durch § 31 Abs. 3a u. 3b über das Internet gewährt wird. Dazu *Mes* PatG § 31 Rn. 14, 15.

9. Stellungnahme gem. §§ 348 Abs. 1, 271 Abs. 3 ZPO.

10. Erklärung des Beklagten zur Frage der Notwendigkeit einer Güteverhandlung gem. § 278 Abs. 2 ZPO.

11. Die Mitwirkung eines Patentanwalts im Patenverletzungsprozess ist grds. zu empfehlen. Die Kosten eines eingeschalteten Patentanwalts sind in gleicher Weise zu erstatten wie diejenigen des Rechtsanwalts (§ 143 Abs. 3 PatG).

Kosten und Gebühren

12. Vgl. die Hinweise zu Kosten und Gebühren → Form. II.Q.1.

Fristen und Rechtsmittel

13. Es sind diejenigen Fristen zu beachten, die das Gericht in seiner Eingangsverfügung mit Zustellung der Klage gesetzt und übermittelt hat.

5. Materielle Klageerwiderung mit Aussetzungsantrag in einer Patentverletzungsstreitigkeit

Landgericht
Zivilkammer (Patentkammer)
In Sachen
Firma A
(Rechtsanwalt . . . . .)
gegen
Firma B
(Rechtsanwalt . . . . .)
Aktenzeichen: . . . . .
Termin: . . . . .
werde ich in Ergänzung zu den Anträgen auf Klageabweisung im Schriftsatz vom . . . . . des Weiteren beantragen,[1, 2]

den Rechtsstreit bis zur rechtskräftigen Erledigung der gegen das Klagepatent . . . . . erhobenen Nichtigkeitsklage[3] auszusetzen[4, 5]

Zur

Begründung

der Klageabweisungsanträge sowie des Antrags auf Aussetzung des Rechtsstreits wird ausgeführt:

I.

Das Klagepatent . . . . . ist nicht rechtsbeständig.[6] Die Beklagte hat daher unter dem Datum des . . . . . Nichtigkeitsklage erhoben, die ich als Anlage A überreiche. Zur Vermeidung von Wiederholungen nehme ich auf den Inhalt der Nichtigkeitsklage gemäß Anlage A Bezug und überreiche die darin angeführten Literaturstellen, nämlich

als Anlage A 1 die GB-PS 837.496

als Anlage A 1a die deutsche Übersetzung der vorstehend bezeichneten britischen Patentschrift

als Anlage A 2 die FR-PS 1.234.567

als Anlage A 2a die deutsche Übersetzung der vorstehend bezeichneten französischen Patentschrift.

Der der Nichtigkeitsklage zugrunde gelegte Stand der Technik ist im Erteilungsverfahren nicht berücksichtigt worden. Er nimmt, wie iE in der Nichtigkeitsklage beschrieben ist, den Gegenstand des Klageschutzrechtes neuheitsschädlich vorweg. Es war nämlich im Stand der Technik vorbekannt, ein Mosaik-Schaltbild gattungsgemäßer Art so auszubilden, dass die den Rand des Mosaik-Schaltbildes bildenden Rand-Mosaiksteine breiter als die übrigen Mosaiksteine sind (Merkmal 5 der Merkmalsanalyse der Klageschrift) und die Rand-Mosaiksteine darüber hinaus über den Rand der Montagewand vorstehen (Merkmal 6).

Des Weiteren ist die Nichtigkeitsklage auf eine neuheitsschädliche offenkundige Vorbenutzung gestützt. Ein Mosaik-Schaltbild der vorbeschriebenen Art ist ein Jahr vor dem Anmeldetag des Klagepatents, nämlich am . . . . ., von der Firma X in der Bundesrepublik Deutschland angeboten und vertrieben worden, ua zB an das Elektrizitätswerk Y/Karlsruhe, wo es auch in dem Überwachungsraum für jedermann sichtbar installiert worden ist.

Glaubhaftmachung: eidesstattliche Versicherung des Zeugen X.[7]

Im Übrigen beruht der Gegenstand des Klagepatents nicht auf erfinderischer Tätigkeit ...... (wird ausgeführt) .....

II.

Des Weiteren fehlt es an einer Verletzung des Klagepatents.[8]

1. **Aufgabe des Klagepatents (vgl. Spalte 2 Zeilen 25–31) ist es, bei Mosaik-Schaltbildern gattungsmäßiger Art infolge des Vorhandenseins eines festen Abschlussrahmens bestehende Nachteile zu beseitigen, nämlich dass jeder Abschlussrahmen für jedes Mosaik-Schaltbild je nach dessen Größe eine Sonderanfertigung darstellt und damit mit einem besonderen Aufwand verbunden ist, dass die Erkennbarkeit des Mosaik-Schaltbildes bei seitlicher Betrachtung durch die Abschlussrahmen beeinträchtigt werden kann, dass der Abschlussrahmen in architektonischer Hinsicht stört und schließlich, dass der Abschlussrahmen die an sich gegebene Erweiterungsmöglichkeit von Mosaik-Schaltbildern beeinträchtigt. Diese Aufgabe soll nach dem kennzeichnenden Teil des Hauptanspruchs des Klagepatents dadurch gelöst werden, dass anstelle eines Abschlussrahmens Rand-Mosaiksteine vorgesehen sind, die breiter sind als die übrigen Mosaiksteine (Merkmal 5) und darüber hinaus über den Rand der Montagewand vorstehen (Merkmal 6).**
2. **Vergleicht man die angegriffene Ausführungsform mit dem Gegenstand des Klagepatents nach Aufgabe und Lösung,[9] so ergeben sich die Annahme einer Patentverletzung ausschließende Unterschiede. Die von der Beklagten hergestellten und in Verkehr gebrachten Mosaik-Schaltbilder weisen einen Abschlussrahmen auf und benutzen daher nicht die den Gegenstand des Klagepatents kennzeichnenden Merkmale 5 u. 6. Der Rand des Mosaik-Schaltbildes wird nämlich nicht durch einzelne Rand-Mosaiksteine gebildet (Merkmal 5), sondern die Beklagte verwendet einen durchgehenden, einstückig ausgebildeten Abschlussrahmen. Es fehlt des Weiteren auch das Merkmal 6 des Klagepatents, nach welchem Rand-Mosaiksteine über den Rand vorstehen sollen. Bei dem Erzeugnis der Beklagten wird das Mosaik-Schaltbild in einen festen Rahmen eingefügt, über den die Abschlussleisten am Rand nicht hinausreichen.**

   Beweis: 1. Augenscheinseinnahme
   2. Zeugnis .....

Rechtsanwalt

Schrifttum: → Form. II.Q.1, → Form. II.Q.3; *Augenstein/Roderburg,* Aussetzung des Patentverletzungsverfahrens nach Änderung der Patentansprüche, GRUR 2008, 457; *Brändle,* Der Weg zum Vergleich im Patentprozess, GRUR 2001, 880; *Dagg,* „To stay ..... or not to stay", Mitt. 2003, 1; *Eisenkolb,* Die Enforcement-Richtlinie und ihre Wirkung, GRUR 2007, 387; *von Falck,* Einige Gedanken zur Aussetzung des Patentverletzungsstreits nach Artt. 27, 28 EuGVVO bei Torpedo-Klagen (zugleich zu LG Düsseldorf, InstGE 9, 246 ff.), FS Mes, 2009, 111; *Fock/Bartenbach,* Zur Aussetzung nach § 148 ZPO bei Patentverletzungsverfahren, Mitt. 2010, 155; *Kaess,* Die Schutzfähigkeit technischer Schutzrechte im Verletzungsverfahren, GRUR 2009, 277; *Klepsch/Büttner,* Zum Aussetzungsmaßstab außerhalb des Unterlassungsanspruchs, FS 80 Jahre Patentgerichtsbarkeit in Düsseldorf, 2016, 281; *U. Krieger,* Nochmals: Die Aussetzung des Patentverletzungsprozesses, GRUR 1996, 941; *Meier-Beck,* Bifurkation und Trennung. Überlegungen zum Übereinkommen über ein Einheitliches Patentgericht und zur Zukunft des Trennungsprinzips in Deutschland, GRUR 2015, 929; *Pahlow,* Anspruchskonkurrenzen bei Verletzung lizenzierter Schutzrechte unter Berücksichtigung der Richtlinie 2004/48/EG, GRUR 2007, 1001; *Reimann/Kreye,* Weiteres zur Aussetzung des Patentverletzungsverfahrens, FS *Tilmann*, 2003, S. 587; *Rogge,* Zur Aussetzung in Patentverletzungsprozessen, GRUR Int. 1996, 386; *Schickedanz,* Die Restitutionsklage nach rechtskräftigem Verletzungsurteil und darauf folgender Nichtigerklärung des verletzten Patents, GRUR 2000, 570.

Hinweis: Weitere Textbeispiele für materielle Klageerwiderungen in Patentverletzungsstreitigkeiten bei *Mes,* Münchener Prozessformularbuch, Bd. 5, Gewerblicher Rechtsschutz, Urheber- und Presserecht, 5. Aufl. 2018, → Form. C.10 – → Form. C.13.

Anmerkungen

1. Im Gegensatz zur „formellen" Klageerwiderung enthält die materielle Klageerwiderung das sachliche Verteidigungsvorbringen des Beklagten.

2. Das Formular bezieht sich inhaltlich auf → Form. II.Q.3, → Form. II.Q.4. Zu den Verteidigungsmöglichkeiten im Falle der Inanspruchnahme wegen Patentverletzung → Form. II.Q.1 Anm. 24.

3. → Form. II.Q.6. Die Nichtigkeitsklage ist gem. § 81 Abs. 2 PatG subsidiär gegenüber dem Rechtsbehelf des Einspruchs. Sie ist unzulässig, solange der wegen Patentverletzung in Anspruch genommene Einspruch gegen das Patent einlegen oder sich an einem schon anhängigen Einspruchsverfahren durch Beitritt beteiligen kann (§ 59 Abs. 2 PatG). Sollte somit eine Nichtigkeitsklage ausscheiden und nur ein Einspruch bzw. Beitritt zu einem Einspruchsverfahren in Betracht kommen, so ist der Aussetzungsantrag wie folgt zu formulieren:

„. . . . . den Rechtsstreit bis zur rechtskräftigen Erledigung des gegen das Klagepatent . . . . . anhängigen Einspruchs auszusetzen."

Vgl. zu weiteren Einzelheiten → Anm. 4.

4. Der Akt der Patenterteilung ist ein begünstigender, nämlich ein Ausschluss- sowie ein Benutzungsrecht begründender Verwaltungsakt. Die ausschließliche Prüfungskompetenz im Hinblick auf die materiellen Schutzvoraussetzungen für ein Patent liegt beim Deutschen Patentamt, beim Bundespatentgericht sowie beim BGH. Solange ein Patent formell in Kraft steht, ist demnach das Verletzungsgericht an den Akt der Patenterteilung gebunden (Tatbestandswirkung) und hat – vom Grundsatz her – das Patent so hinzunehmen, wie es erteilt worden ist (Feststellungswirkung; BGH GRUR 2005, 41 (43) li. Sp. unten – Staubsaugerrohr; 2004, 710 (711) re. Sp. – Druckmaschinen-Temperierungssystem; 2003, 550 – Richterablehnung; LG Düsseldorf GRUR 1994, 509 – Rollstuhlfahrrad; *Mes,* PatG 5. Aufl. 2020, PatG § 139 Rn. 366). Infolge dieser Bindung des Verletzungsrichters kann im Verletzungsprozess vom Grundsatz her seitens des Beklagten die vermeintlich fehlende Schutzfähigkeit des Klagepatents nicht eingewendet werden. Insoweit bedarf es der Erhebung einer Nichtigkeitsklage (→ → Form. II.Q.6) bzw. im Falle der §§ 81 Abs. 2, 59 Abs. 2 PatG 1981 eines Einspruchs oder des Beitritts zu einem anhängigen Einspruchsverfahren mit dem Ziel, gem. § 148 ZPO eine Aussetzung des Patentverletzungsprozesses zu erreichen. Einspruch und Nichtigkeitsklage hemmen die Rechtswirkungen des Patentes nicht (§ 58 Abs. 1 S. 3 PatG; BGH GRUR 1987, 284 – Transportfahrzeug). Die Verletzungsgerichte sind zu Recht mit der Anwendung des § 148 ZPO zurückhaltend. Durch eine Aussetzung wird der Verletzungsprozess erheblich – meist um ein Jahr und länger – verzögert und wird dementsprechend der Patentinhaber an der Durchsetzung seines zeitlich befristeten Ausschlussrechtes gehindert. Infolgedessen kommt eine Aussetzung auf Grund einer erhobenen Nichtigkeitsklage regelmäßig nur dann in Betracht, wenn diese mit *hoher Wahrscheinlichkeit* erfolgreich sein wird (vgl. BGH GRUR 1987, 284 – Transportfahrzeug;

OLG Düsseldorf GRUR 2009, 53 (Ls.) – Brandschutzvorrichtung; GRUR-RR 2007, 259 – Thermocycler; GRUR 1979, 188 – Flachdachabläufe; 1979, 636 – Ventilanbauvorrichtung; ähnlich OLG München GRUR 1990, 352 (353) li. Sp. – Regal-Ordnungssysteme: Schon der voraussichtliche Erfolg soll ausreichen; großzügiger: OLG Düsseldorf Mitt. 1996, 87 (88) – Captopril; danach genügen „einige Erfolgsaussichten"; diese letztgenannte Entscheidung des OLG Düsseldorf ist jedoch in einem einstweiligen Verfügungsverfahren ergangen und möglicherweise auf normale Patentverletzungsprozesse nicht ohne weiteres übertragbar). Regelmäßig formuliert das OLG Düsseldorf nach Maßgabe der nachstehend wiedergegebenen Umstände und ist nur dann im Zusammenhang mit der Aussetzung eines Rechtsstreits großzügiger, wenn der Patentinhaber in erster Instanz ein obsiegendes Urteil erzielt hat (OLG Düsseldorf Mitt. 1997, 257 – Steinknacker). Grds. ist bei der Aussetzung eines Patentverletzungsprozesses wegen eines gegen das Klagepatent anhängigen Rechtsbehelfs Zurückhaltung geboten (OLG Düsseldorf GRUR-RR 2007, 259 (262) re. Sp. – Thermocycler). Von der Voraussetzung einer hohen Wahrscheinlichkeit der Nichtigerklärung bzw. des Widerrufs eines Patents kann im Allgemeinen nur dann ausgegangen werden, wenn es im Stand der Technik neuheitsschädlich vorweggenommen oder die erfinderische Tätigkeit angesichts des vorliegenden Standes der Technik so fragwürdig geworden ist, dass sich kein vernünftiges Argument für die Zuerkennung der Erfindungshöhe finden lässt. Bloße Zweifel des Verletzungsgerichts an der erfinderischen Tätigkeit rechtfertigen regelmäßig eine Aussetzung nicht. Außerdem muss der dem Verletzungsgericht vorgelegte Stand der Technik dem Klagepatent näher stehen als derjenige, der im Patenterteilungsverfahren bereits berücksichtigt worden ist. Denn der berücksichtigte Stand der Technik hat die zuständige Erteilungsbehörde gerade nicht veranlasst, das Patent zu versagen. Die Beurteilung der Frage, ob einem Patent erfinderische Tätigkeit zuzuerkennen ist, ist eine wertende Entscheidung, die nicht vom Verletzungsgericht zu treffen ist (stRspr., OLG Düsseldorf zB Mitt. 1997, 257 (258) – Steinknacker; gebilligt von BGH GRUR 1987, 284 – Transportfahrzeug; ebenso zutreffend LG Düsseldorf GRUR-RR 2010, 369 (Ls.) – Rotor-Drehsensor: Prognoseentscheidung). Nur dann, wenn sich kein „vernünftiges" Argument mehr für die Erfindungshöhe finden lässt, ist die Aussetzung des Verletzungsprozesses geboten (BGH GRUR 1987, 284, re. Sp. oben – Transportvorrichtung; OLG Düsseldorf GRUR 2009, 53 = NJOZ 2008, 2831 – Brandschutzvorrichtung; GRUR-RR 2007, 259 (262) re. Sp. unten – Thermocycler). Allerdings ist das Verletzungsgericht befugt, eine eigene kritische Entscheidung darüber zu treffen, ob mit hoher/überwiegender Wahrscheinlichkeit ein Urteil des Bundespatentgerichts, mit dem ein Patent wegen fehlender erfinderischer Tätigkeit für nichtig erklärt worden ist, vom BGH in der anhängigen Berufungsinstanz aufgehoben werden wird (OLG Düsseldorf GRUR 2008, 1077 = GRUR-RR 2008, 329 – Olanzapin – in einem einstweiligen Verfügungsverfahren; dazu *Lenz* GRUR 2008, 1042). Hat der Patentinhaber im Einspruchsverfahren sein Patent selbst beschränkt oder verteidigt er es im Nichtigkeitsverfahren nur noch in beschränkten Umfang, so ist eine Aussetzung eher veranlasst (OLG München GRUR 1990, 352 – Regal-Ordnungssysteme; krit. dazu *Augenstein/Roderburg* GRUR 2008, 457).

Eine großzügigere Handhabung der Aussetzung eines Patentverletzungsprozesses wegen anhängiger Nichtigkeitsklage/anhängigen Einspruchsverfahrens kann in der Berufungsinstanz Platz greifen, nämlich dann, wenn der Patentinhaber bereits in erster Instanz ein Unterlassungsurteil erstritten hat und daraus vollstrecken kann. In einem solchen Fall kann eine Aussetzung auch erfolgen, wenn der gegen das Klagepatent gerichtete Rechtsbehelf sich nur auf bereits gewürdigten Stand der Technik stützt, sofern ihm nur hinreichende Erfolgsaussichten zukommen (OLG Düsseldorf Mitt. 1997, 257 (258) – Steinknacker). Der Rechtsbehelf muss jedoch nicht nur die Vernichtung/den Widerruf des Klagepatents als möglich erscheinen lassen, sondern als wahrscheinlich (OLG Düsseldorf GRUR-RR 2007, 259 (262, 263) – Thermocycler).

Scheidet wegen §§ 81 Abs. 2, 59 PatG eine Nichtigkeitsklage als subsidiär aus, so gelten die vorstehend aufgezeigten Grundsätze prinzipiell auch für ein anhängiges Einspruchsverfahren. Auch hier ist vom Grundsatz her im Hinblick auf die Frage einer Aussetzung des Verletzungsprozesses Zurückhaltung geboten, wobei freilich eine Aussetzung deshalb eher in Betracht kommen kann, weil bis zur Erteilung des Patentes ohne Beteiligung Dritter nur derjenige Stand der Technik berücksichtigt worden ist, den der Patentanmelder selbst und/ oder den das Deutsche Patentamt ermittelt hat. Bei einem noch nicht durch ein Einspruchsverfahren „erhärteten" Patent ist daher die Möglichkeit grds. größer, dass neuer, bisher noch nicht berücksichtigter Stand der Technik aufgefunden wird.

Regelmäßig wird eine Aussetzung gem. § 148 ZPO zunächst nur bis zur erstinstanzlichen Entscheidung im Nichtigkeits- bzw. Einspruchsverfahren in Betracht kommen. Ein darüber hinausgehender Antrag (wie im Form. vorgesehen) schadet jedoch nicht.

Die Aussetzung erfolgt durch Beschluss des Verletzungsgerichts. Dagegen ist sofortige Beschwerde möglich (§§ 252, 567 ff. ZPO), über die das Beschwerdegericht (OLG) entscheidet (OLG Düsseldorf GRUR-RR 2003, 359 – Vorgreiflichkeit). Dieses darf die zur Begründung der Vorgreiflichkeit einer Entscheidung im Einspruchs- bzw. Nichtigkeitsverfahren vorgenommene Würdigung der Verletzungsfrage durch das Landgericht nicht iE überprüfen, sondern nur darauf, ob die Entscheidung ermessensfehlerfrei erfolgt ist. Die Frage der Vorgreiflichkeit selbst steht jedoch zur vollen Überprüfung durch das OLG (OLG Düsseldorf GRUR 2004, 88 (nur Ls.) = GRUR-RR 2003, 359 – Vorgreiflichkeit; 1994, 507 (508) – Prüfungskompetenz des Beschwerdegerichts).

Die Parteien können auf die Begründung des Aussetzungsbeschlusses verzichten. Es genügt der Verzicht der klagenden (durch die Aussetzung beschwerten) Partei; der (die) Beklagte ist durch einen solchen ohne Begründung ergehenden Beschluss nicht beschwert. Insbes. können die Parteien sich auch auf eine Aussetzung verständigen.

5. Das Textbeispiel begründet den Antrag auf Aussetzung auf das Anhängigsein einer Nichtigkeitsklage bzw. eines Einspruchs. Es gibt weitere Aussetzungsgründe, zB nach Art. 29, 30 VO(EU) 1215/2012 (ex ante 27, 28 VO(EU) 44/2001) bei sog Torpedoklagen. Eine Aussetzung kommt auch in Betracht, wenn eine Verfassungsbeschwerde gegen ein der Nichtigkeitsklage stattgebendes Urteil anhängig ist (LG Düsseldorf InstGE 5, 66 – Aussetzung wegen Verfassungsbeschwerde). Schließlich kann ein Vorabentscheidungsersuchen an den EuGH gem. Art. 267 AEUV zu einer Aussetzung des Rechtsstreits gem. § 148 ZPO Anlass geben. BGH Mitt. 2012, 291 (Ls.) – Aussetzung wegen Vorabentscheidung – wendet § 148 ZPO analog an und setzt aus, wenn zwar kein Vorabentscheidungsersuchen an den EuGH vorliegt, die Entscheidung des Rechtsstreits jedoch von der Beantwortung derselben Frage abhängt, die bereits in einem anderen Rechtsstreit zur Vorabentscheidung vorgelegt wurde.

6. Zum besseren Verständnis der nachfolgenden Ausführungen zum Inhalt der Nichtigkeitsklage → Anm. 4.

7. Das Verletzungsgericht muss im Wege des Freibeweises die Wahrscheinlichkeit eines Erfolges der Nichtigkeitsklage bzw. des Einspruchs prüfen und bewerten. Infolgedessen wird es regelmäßig nicht Beweis erheben; es genügen sonstige Beweismittel wie Prospekte, Fotografien, Zeitungsberichte und insb. Glaubhaftmachung durch eidesstattliche Versicherung eines Zeugen. Die Aussetzung ist Ermessensentscheidung (BGH GRUR 2012, 93 – Klimaschrank). Zu Einzelheiten vgl. *Mes* PatG § 139 Rn. 382 ff.

8. Mit den im Formular nachfolgend wiedergegebenen Ausführungen wird der Verletzungstatbestand bestritten. Zur weiteren Verteidigungsmöglichkeit → Form. II.Q.1 Anm. 24.

9. Vgl. *Mes* PatG § 14 Rn. 54 ff.; → Form. II.Q.1 Anm. 12.

6. Patentnichtigkeitsklage

Bundespatentgericht[1]
Cincinnatistraße 64
81549 München
Namens und in Vollmacht
der Firma B . . . . .
wird
Klage[2]
gegen den Inhaber des DE . . . . .[3]
die Firma A . . . . .,[4]
wegen Nichtigkeit des DE . . . .[4] . . . . . erhoben und beantragt:

1. **das DE . . . . . in vollem Umfang für nichtig zu erklären;[5]**
2. **der Beklagten die Kosten des Verfahrens aufzuerlegen.[6]**

Der Streitwert[7] wird auf Grund vorläufiger Schätzung mit . . . . . EUR angegeben. Die sich insoweit ergebenden Gerichtskosten[8] iHv . . . . . EUR werden durch Erteilung einer Einziehungsermächtigung vom Inlandskonto der Klägerin . . . . . beglichen; die Einziehungsermächtigung ist beigefügt.[9] Die Vertretervollmacht ist ebenfalls beigefügt.[10]

Begründung:[11]

I.

1. Das Streitpatent . . . . .[12] betrifft gemäß dem Oberbegriff des Hauptanspruchs ein Mosaik-Schaltbild mit folgenden Merkmalen:

1. **Das Schaltbild besteht aus einer Montagewand,**
2. **die Montagewand hat zellenförmige Struktur,**
3. **auf der Montagewand sind Mosaiksteine befestigt,**
4. **die Mosaiksteine weisen die Größe der Zellen der Montagewand auf.**

Nach der Beschreibungseinleitung (Sp. 1, Zeilen . . . . .) geht das Streitpatent damit von einem Stand der Technik aus, bei dem die Mosaiksteine der hier interessierenden Mosaik-Schaltbilder alle gleich groß sind, so dass es zum randseitigen Abschluss der Mosaik-Schaltbilder besonderer Abschlussrahmen bedarf. Das wird aus mehreren Gründen als nachteilig bezeichnet, da Abschlussrahmen für jedes Mosaik-Schaltbild je nach dessen Größe Sonderanfertigungen darstellen, des Weiteren Abschlussrahmen die Erkennbarkeit des Mosaik-Schaltbildes, nämlich bei seitlicher Betrachtung, beeinträchtigen. Schließlich stören Abschlussrahmen nach der Beschreibung des Streitpatents häufig in architektonischer Hinsicht. Der besonders gravierende Nachteil eines notwendigen Abschlussrahmens besteht jedoch nach dem in der Beschreibung des Streitpatents berücksichtigten Stand der Technik darin, dass an sich die gegebene Erweiterungsmöglichkeit von Mosaik-Schaltbildern, die gattungsgemäß aus einer Montagewand mit zellenförmiger Struktur und darauf befestigten, Zellengröße aufweisenden Mosaiksteinen bestehen, dadurch erschwert wird, dass ein neuer Abschlussrahmen geschaffen bzw. der vorhandene Abschlussrahmen aufgetrennt und vergrößert werden muss. Von diesem Stand der Technik ausgehend, liegt der vermeintlichen Erfindung des Streitpatents das technische Problem (die Aufgabe) zugrunde, ein Mosaik-Schaltbild der eingangs beschriebenen Art so auszugestalten und weiterzubilden, dass Abschlussrahmen nicht mehr benötigt werden (Sp. . . . ., Zeilen . . . . .). Nach dem kennzeichnenden Teil des Hauptanspruchs wird diese Aufgabe mit folgenden Merkmalen gelöst:

1. Die den Rand des Mosaik-Schaltbildes bildenden Rand-Mosaiksteine sind breiter als die übrigen Mosaiksteine;
2. die Rand-Mosaiksteine stehen über den Rand der Montagewand vor.

2. Der Gegenstand des Streitpatents ist gem. §§ 1 Abs. 1, 3 Abs. 1 PatG nicht patentfähig.[13] Er ist durch den im Folgenden behandelten druckschriftlichen Stand der Technik, der im Erteilungsverfahren keine Berücksichtigung gefunden hat, neuheitsschädlich vorweggenommen.

a) Ich überreiche als Anlage 1 die GB-PS . . . . .,[4] die am . . . . . und damit ca. ein Jahr vor dem Anmeldetag des Streitpatentes veröffentlicht worden ist. Es handelt sich damit um einen gem. § 3 Abs. 1 PatG relevanten druckschriftlichen Stand der Technik. In dieser Literaturstelle (vgl. Sp. . . . ., Zeilen . . . . .) ist ein Mosaik-Schaltbild der gattungsgemäßen Art beschrieben. Dazu wird insb. auf den Hauptanspruch sowie auf die Beschreibung, Sp. . . . ., Zeile . . . . . verwiesen. Während der Hauptanspruch ein Mosaik-Schaltbild der gattungsgemäßen Art mit einer festen Abschlussleiste betrifft, ist im Unteranspruch 3 der hier behandelten Literaturstelle ein Mosaik-Schaltbild behandelt, das sämtliche Merkmale des Kennzeichens des Hauptanspruchs des Streitpatents aufweist, indem dort vorgeschlagen wird, anstelle eines festen Randes bei einem Mosaik-Schaltbild einzelne Mosaiksteine vorzusehen, die überdies sogar noch breiter sein sollen als die übrigen Mosaiksteine (Merkmal 5) und dementsprechend über den Rand der Montagewand ebenfalls vorstehen (Merkmal 6).

b) Des Weiteren überreiche ich als Anlage 2 die FR-PS . . . . .[14] Diese zeigt ebenfalls in Figur 3 in Zusammenhang mit dem Unteranspruch 4 ein Mosaik-Schaltbild der hier interessierenden Art, wobei auch insoweit kein fester Rand vorgesehen, sondern vielmehr der Rand durch einzelne Mosaiksteine gebildet wird. Zwar sind bei der Literaturstelle gem. Anlage 2 die den Rand bildenden Mosaiksteine nicht so ausgebildet, dass sie über die Montagewand hinausragen; sie weisen jedoch eine als äußere Abschlusskante dienende Umbördelung auf. Es stellt eine technische Banalität und damit eine glatt äquivalente Maßnahme dar, anstelle einer derartigen Umbördelung und dem damit verbundenen Übergreifen des Randes eine „schlichte“ Verbreiterung des Mosaiksteines vorzusehen.[15] Sofern das angerufene Gericht entgegen der hier vertretenen Auffassung in der französischen Literaturstelle gem. Anlage 2 nicht schon eine neuheitsschädliche Vorwegnahme sehen will, kann kein Streit darüber herrschen, dass der Schritt von der französischen Patentschrift gem. Anlage 1 zum Gegenstand des Streitpatentes keine ausreichende Erfindungshöhe aufweist.

3. Der Gegenstand des Streitpatentes ist darüber hinaus auch wegen neuheitsschädlicher offenkundiger Vorbenutzung nicht patentfähig. IE:

Mit Angebot vom . . . . . hat die Firma XYZ aus X-Stadt ein Mosaikschaltbild patentgegenständlicher Art an die Firma . . . . . in . . . . . geliefert.[16] Ich füge als Anlage 3 dieses Angebot in Kopie bei.[17] Das an die Firma . . . . . gelieferte und dementsprechend vorbenutzte Mosaik-Schaltbild besteht aus einer Montagewand (Merkmal 1), die zellenförmige Struktur hat (Merkmal 2) und auf der Mosaiksteine befestigt sind (Merkmal 3), wobei die Mosaiksteine die gleiche Größe wie die Zellen der Montagewand haben (Merkmal 4). Der Rand des gelieferten Mosaik-Schaltbildes wird nicht durch eine Abschlussleiste, sondern durch einzelne Mosaiksteine gebildet, die über den Rand der Montagewand vorstehen, da sie breiter als die übrigen Mosaiksteine sind (Merkmale 5 und 6).

Für die Richtigkeit des Vorgetragenen berufe ich mich zum Beweis auf das Zeugnis . . . . .

4. Des Weiteren beruht der Gegenstand des Anspruchs 1 auch nicht auf einer erfinderischen Tätigkeit im Sinne des § 4 PatG . . . . .[18]

5. Wegen fehlender Patentfähigkeit ist das Streitpatent gem. §§ 21 Abs. 1 Nr. 1, 22 Abs. 1 PatG für nichtig zu erklären.[19]

II.

Die beiden Unteransprüche 2 u. 3 können nach Vernichtung des Hauptanspruchs des Streitpatentes keinen Bestand mehr haben. Beide Unteransprüche sind echte Unteransprüche, nämlich auf den Hauptanspruch rückbezogen. Sie enthalten lediglich Ausgestaltungen, die im handwerklichen Durchschnittskönnen liegen.[20, 21, 22, 23]
Rechtsanwalt/Patentanwalt

Schrifttum: 1. Monographien: Braitmayer/van Hees, Verfahrensrecht in Patentsachen, 6. Aufl. 2016*; Keukenschrijver,* Patentnichtigkeitsverfahren, 7. Aufl. 2021.

2. Aufsätze: Ann, Patentwert und Patentnichtigkeit – wie viel Rechtssicherheit dürfen Patentinhaber beanspruchen?, Mitt. 2016, 245; *Asendorf,* Zu den Aufgaben des gerichtlichen Sachverständigen in Patentnichtigkeitsverfahren, GRUR 2009, 209; *Cepl/Rüting,* Kartellrechtliche Zulässigkeit von Nichtangriffsabreden und ihre Prüfung im Patentnichtigkeitsverfahren, WRP 2013, 305; *Engels/Wismeth,* Bedarf das Duale System einer stärkeren personellen und sachlichen Verschränkung?, FS *Meier-Beck* = GRUR 2021, 177; *Gruber,* Die Neuregelung der Vertretung durch ausländische Patentanwälte und deren Auswirkung auf die Kostenerstattung, GRUR-Int. 2017, 859; *Jüngst/Wolters*, Das Torasemid-Urteil des Bundespatentgerichts (abgedr. in Mitt. Heft 1/2007, S. 16 ff.) – Eine Anmerkung, Mitt. 2007, 445; *Keukenschrijver,* Zur Bindung an die Anträge des Patentinhabers und zum Streitgegenstand im Patentnichtigkeitsverfahren, GRUR 2014, 127; *Keussen,* Das Trennungsprinzip im Patentrecht – ein Auslaufmodell?, FS *Meier-Beck* = GRUR 2021, 257; *Kiani/Springorum/Panin,* Aktuelles aus dem Bereich der „Patent Litigation". Das reformierte erstinstanzliche Patentnichtigkeitsverfahren in der Praxis, Mitt. 2012, 394; *Mes,* Reflections on the German Patent Litigation System, FS *Straus,* Patents and Technological Progress in a Globalized World, 2009, 401; *Micunescu,* Der „Strohmann"-Einwand im Patentnichtigkeits- und Markenlöschungsverfahren, GRUR Prax. 2012, 429; *Münster-Horstkotte,* Das Trennungsprinzip im deutschen Patentsystem – Probleme und Lösungsmöglichkeiten, Mitt. 2012, 1; *Pagenberg/Stauder*, „Show me your best piece of prior art . . . . ." oder Wie kann das deutsche Nichtigkeitsverfahren kuriert werden?, GRUR Int. 2008, 689; *Prietzel-Funk*, Die Ablehnung des Sachverständigen im Patentnichtigkeitsverfahren, Grundsätze und Einzelfälle, GRUR 2009, 322; *Raible*, Einspruch beim Europäischen Patentamt und Nichtigkeitsklage beim Bundespatentgericht nebeneinander? Nein, weder nebeneinander noch nacheinander!, Mitt. 1999, 241; *von Rospatt/Timman,* Der Streitwert im Nichtigkeitsverfahren, FS *Meier-Beck* = GRUR 2021, 338; *Sredl*, Das ergänzende Schutzzertifikat im deutschen Patentnichtigkeitsverfahren, GRUR 2001, 596; *Walter*, Die objektive Rechtskraft des Urteils im Patentnichtigkeitsprozess, GRUR 2001, 1032; *Winkler*, Das Nichtigkeitsverfahren im Wandel?, VPP-Rundbrief 2007, 149.

3. Lit. zum Patentnichtigkeitsverfahren nach dem Patentmodernisierungsgesetz: *Adam,* Die Harmonisierung von Patentverletzungs- und Patentnichtigkeitsverfahren 2015; *Bacher,* Das reformierte Patentnichtigkeitsverfahren in der Berufungsinstanz, GRUR 2013, 902; *Bausch,* The New German Nullity Procedural Law: The means to shorten the length of the proceedings? in: Patent Practice in Japan and Europe, Liber Amicorum for Guntram Rahn, 2011, 253; *Bross,* Das mündliche Sachverständigengutachten im Nichtigkeitsberufungsverfahren vor dem Bundesgerichtshof – Verfassungskonform oder verfassungswidrig?, GRUR 2012, 249; *Engels/Wismeth,* Bedarf das Duale System einer stärkeren personellen und sachlichen Verschränkung?, FS *Meier-Beck* = GRUR 2021, 177; *Gröning,* Angriff und Verteidigung im reformierten Patentnichtigkeitsberufungs-

verfahren, GRUR 2012, 996; *Keussen*, Das „modernisierte" Patentnichtigkeitsverfahren – Hinweise für die Praxis, Mitt. 2010, 167; Kiani/Springorum/*Palin*, Aktuelles aus dem Bereich der „Patent Litigation". Das reformierte erstinstanzliche Patentnichtigkeitsverfahren in der Praxis, Mitt. 2012, 394; *Meier-Beck*, Das künftige Berufungsverfahren in Patentnichtigkeitssachen, FS Mes, 2009, 273; *ders.*, Das neue Berufungsverfahren in Patentnichtigkeitssachen, FS *Hirsch*, 2008, 593.

Hinweis: Weitere Textbeispiele für das Patentnichtigkeitsverfahren bei *Mes,* Münchener Prozessformularbuch, Bd. 5, Gewerblicher Rechtsschutz, Urheber- und Presserecht, 5. Aufl. 2018, Form. C.14, Form. C.16, Form. C.18.

Anmerkungen

1. Ausschließliche Zuständigkeit des Bundespatentgerichts gem. § 65 Abs. 1 S. 1 PatG, und zwar für deutsche wie auch für europäische Patente, soweit deren Schutzerstreckung auf das Gebiet der Bundesrepublik Deutschland betroffen ist (Art. II § 6 IntPatÜG; dazu *Mes* PatG § 81 Rn. 1 ff.). Die Nichtigkeitsklage kann sich auch gegen ein ergänzendes Schutzzertifikat richten (*Sredl* GRUR 2001, 596).

2. Die Nichtigkeitsklage ist schriftlich beim Bundespatentgericht zu erheben (§ 81 Abs. 3 S. 1 PatG). Sie ist Popularklage (BGH GRUR 2010, 992 Rn. 8 – Ziehmaschinenzugeinheit II). Die Nichtigerklärung eines schutzunwürdigen Patents liegt im öffentlichen Interesse (BGH GRUR-RR 2010, 136 Rn. 17 – sealing lamina). Sie kann grds. von jedermann erhoben werden (BGH GRUR 1963, 253 – Bürovorsteher). Eine Ausnahme gilt für den Fall der widerrechtlichen Entnahme: Klagebefugnis nur des Verletzten gem. § 81 Abs. 3 PatG, dazu BGH GRUR 2001, 823 = GRUR 2002, 53 – Schleppfahrzeug). Sachlich handelt es sich bei der Patentnichtigkeitsklage um ein Verwaltungsstreitverfahren (BGHZ 18, 81 (92) = GRUR 1955, 393 – Zwischenstecker II). Dieses wird jedoch im Wesentlichen nach den Regeln des Zivilprozesses geführt.

3. Die Nichtigkeitsklage ist gegen den in der Patentrolle als Patentinhaber Eingetragenen zu richten (§ 81 Abs. 1 S. 2 PatG).

4. Die Klage muss die Parteien und den Streitgegenstand bezeichnen (§ 81 Abs. 5 S. 1 PatG).

5. Die Klage soll einen bestimmten Antrag enthalten (§ 81 Abs. 5 S. 1 PatG). Das Formular bezieht sich auf ein deutsches Patent. Richtet sich die Klage gegen ein europäisches Patent (EU . . . . .), müsste der Antrag lauten:

„das EU . . . . . mit Wirkung für das Hoheitsgebiet der Bundesrepublik Deutschland für nichtig zu erklären".

Es kann sowohl bei deutschen als auch bei europäischen Patenten auf eine Teilnichtigkeit geklagt werden, zB in der Form, dass nur einige Ansprüche des Patents angegriffen werden. Der Kläger hat es allerdings nicht in der Hand, seinerseits im Klageantrag dem Patentinhaber eine bestimmte Formulierung der Ansprüche des Streitpatents vorzuschreiben (BGH GRUR 1997, 272 (273) li. Sp. – Schwenkhebelverschluss).

6. Gem. § 84 Abs. 2 S. 1 PatG ist über die Kosten von Amts wegen durch das Bundespatentgericht zu entscheiden. Der Kostenantrag hat jedoch eigenständige Bedeutung deshalb, weil gem. § 84 Abs. 2 S. 2 PatG die Kostenentscheidung in Ausnahmefällen nicht nach dem Maß des Obsiegens oder Unterliegens gem. § 91 ZPO, sondern nach billigem Ermessen erfolgt und mit einem Kostenantrag der Nichtigkeitskläger unterstreicht, dass der – unterlegene – Beklagte die Kosten tragen soll. Zur Erklärung der Vollstreckbarkeit betreffend die Kostenentscheidung vgl. BPatG GRUR 1986, 48 f. – Kostenvollstreckung; *Mes* PatG § 84 Rn. 62 ff.

7. Maßgeblich für die Kosten des Nichtigkeitsverfahrens ist das Patentkostengesetz (PatKostG). Gem. § 2 Abs. 2 S. 1 PatKostG richten sich die Gebühren für Klagen und einstweilige Verfügungen vor dem Bundespatentgericht nach dem Streitwert. (**Literatur** zum Streitwert: *von Rospatt/Timman,* Der Streitwert im Nichtigkeitsverfahren, FS *Meier-Beck* = GRUR 2021, 338). Infolgedessen muss in der Klageschrift ein Streitwert angegeben werden. Für die Festsetzung des Streitwerts gelten gem. § 2 Abs. 2 S. 4 PatKostG die Vorschriften des Gerichtskostengesetzes entsprechend. In gleicher Weise sind auch die Regelungen über die Streitwertherabsetzung (§ 144 PatG) entsprechend anwendbar (§ 2 Abs. 2 S. 5 PatKostG). Der Streitwert einer Nichtigkeitsklage wird von Amts wegen festgesetzt. Die Angabe in der Klageschrift ist lediglich ein Vorschlag des Klägers. Die Höhe des Streitwerts bestimmt sich nach dem Interesse der Allgemeinheit an der Vernichtung des angegriffenen Patents. Das ist der gemeine (objektive) Wert des Patents zum Zeitpunkt der Klageerhebung (bzw. zum Zeitpunkt der Berufungseinlegung) zzgl. des Betrages der bis dahin entstandenen Schadensersatzansprüche (BGH GRUR 1957, 79; 1985, 511 – Stückgutverladeanlage; BPatG GRUR 1987, 286 – PA-Kosten im Nichtigkeitsverfahren). Die Höhe der Schadensersatzansprüche wird auf der Grundlage der Lizenzanalogie berechnet (BPatG Mitt. 1996, 61). Entgangener Gewinn des Patentinhabers (BPatG Mitt. 1996, 61) bleibt unberücksichtigt. Die Streitwertangaben eines Verletzungsprozesses enthalten keine zuverlässige Aussage über den Wert des Schutzrechts (BPatG GRUR 1986, 240 – Gbm-Streitwert). Die gleichen Grundsätze gelten für das sog Schutzzertifikat.

BGH GRUR 2018, 654 Rn. 7 – Ratschenschlüssel II – und 2011, 757 sowie 2013, 1287 – Nichtigkeitsstreitwert I und II – bestimmen nach Maßgabe der vorstehenden Ausführungen den Streitwert. Allerdings lässt BGH eine Pauschalierung eingreifen. In Abweichung zu den bisherigen Rechtsgrundsätzen soll nunmehr regelmäßig von dem Streitwert eines auf das Streitpatent gestützten Verletzungsprozesses ausgegangen werden, allerdings mit Erhöhung um 25 % für das Nichtigkeitsverfahren. Diese Erhöhung soll dem Tatbestand Rechnung tragen, dass der gemeine Wert des Patents in der Regel über das im Verletzungsprozess verfolgte Individualinteresse hinausgeht (BGH GRUR 2011, 757 – Nichtigkeitsstreitwert). BPatGE 53, 126 = PMZ 2013, 274 (Ls.) – Streitwert im Patentnichtigkeitsverfahren, erachtet den Streitwert des Verletzungsprozesses als nicht entscheidend, wenn die angegriffene Ausführungsform nach der Feststellung des Verletzungsgerichts nicht in den Schutzbereich des Streitpatents eingreift. AA BPatG GRUR Prax. 2014, 279: Maßgeblich ist (auch) der Streitwert des Verletzungsprozesses, gleichgültig ob der dort geltend gemachte Patentverletzungsanspruch sich nach Prüfung durch das Verletzungsgericht als unberechtigt erweist (jeweils der gleiche – 4. – Nichtigkeitssenat).

Im Verfahren wegen Erteilung einer Zwangslizenz bestimmt sich der Streitwert nach dem Interesse des Klägers an der Lizenz.

Die Festsetzung des Streitwertes durch das Bundespatentgericht erfolgt durch Beschluss. Dieser ist für die Parteien unanfechtbar (§ 99 Abs. 2; BGH Mitt. 2012, 41 – Streitwertbeschwerde; BPatG Mitt. 2013, 473 – Streitwertbeschwerde im Patentnichtigkeitsverfahren). Es ist jedoch Gegenvorstellung möglich, allerdings nur innerhalb angemessener Zeit (BGH GRUR 2004, 1061 – Kosmetisches Sonnenschutzmittel II).

Der Höchstbetrag des Streitwertes unterliegt der Kappungsgrenze von 30 Mio. EUR. Das gilt sowohl für die Gerichtsgebühren (§ 39 Abs. 2 GKG iVm § 2 Abs. 2 S. 4 PatKostG; BGH GRUR 2009, 1100 Rn. 9 – Druckmaschinen-Temperierungssystem III) als auch für die Anwaltsgebühren (§ 22 Abs. 2 RVG).

8. Die Höhe der Gerichtsgebühren bestimmt sich gem. § 2 Abs. 2 S. 2 PatKostG nach § 11 Abs. 2 GKG. Danach ist der Wert des Streitgegenstandes (Streitwert) maßgeblich. Wie viele Gebühren zu zahlen sind, ergibt sich aus dem Gebührenverzeichnis „B. Gebühren des Bundespatentgerichts" nach Maßgabe des § 2 Abs. 1 PatKostG. Für eine Nichtigkeitsklage ist die Nr. 412.100 einschlägig. Danach werden für die Nichtigkeitsklage 4,5 Gerichtsgebühren fällig.

9. Gem. § 1 Abs. 2 Nr. 2 PatKostG wird das Bundesministerium der Justiz ermächtigt, durch Rechtsverordnung zu bestimmen, welche Zahlungswege für die an das Deutsche Patent- und Markenamt sowie an das Bundespatentgericht zu zahlenden Kosten (Gebühren und Auslagen) gelten und Bestimmungen über den Zahlungstag zu treffen. Das ist durch die Verordnung über die Zahlung der Kosten des Deutschen Patent- und Markenamts und des Bundespatentgerichts (Patentkostenzahlungsverordnung – PatKostZV) vom 20.12.2001, die am 1.1.2002 in Kraft getreten ist, geschehen. Gem. § 1 Abs. 1 Nr. 5 PatKostG kann insb. eine Einziehungsermächtigung von einem Inlandskonto erteilt werden. Dazu finden sich die entsprechenden Vordrucke auf der Internet-Seite des Deutschen Patent- und Markenamts.).

Schon mit Einreichung der Klage werden die Gerichtsgebühren fällig (§ 3 Abs. 1 PatKostG).

10. § 97 PatG. Die Vollmacht kann nachgereicht werden.

11. Zu den Erfordernissen einer Begründung vgl. § 81 Abs. 5 S. 2 PatG.

12. Der Inhalt des Formulars ist an den → Form. II.Q.3, → Form. II.Q.5 ausgerichtet. Zunächst wird das Streitpatent erläutert, und zwar nach dem in ihm zugrunde gelegten Stand der Technik und dem sich daraus ergebenden technischen Problem sowie der Lösung der gestellten Aufgabe. Zu Einzelheiten vgl. *Jestaedt* GRUR 2001, 993. Soweit es um die Feststellung des Gegenstandes eines angegriffenen Patentanspruches geht, bedarf es der Festlegung nur in dem Umfang, wie dies zur Prüfung der Bestandsfähigkeit des Patents gegenüber dem geltend gemachten Nichtigkeitsgrund erforderlich ist (BGH GRUR 2004, 47 – Blasenfreie Gummibahn I). Für die Feststellung des Gegenstandes eines Patentanspruchs gelten im Nichtigkeitsverfahren die gleichen Grundsätze wie bei der Feststellung des Sinngehalts und bei der Auslegung des Patents im Verletzungsprozess (BGH GRUR 2007, 859 – Informationsübermittlungsverfahren I). Im Nichtigkeitsverfahren darf insb. nicht etwa deshalb eine einengende Auslegung der angegriffenen Patentansprüche zugrunde gelegt werden, weil mit dieser Auslegung die Schutzfähigkeit eher bejaht werden könnte (BGH GRUR 2004, 47 – Blasenfreie Gummibahn I).

13. Es folgt die Darlegung der Gründe, die die Rechtsbeständigkeit des Streitpatentes zweifelhaft erscheinen lassen, nämlich: Neuheitsschädlicher druckschriftlicher Stand der Technik und neuheitsschädliche offenkundige Vorbenutzung. Bei einem Europäischen Patent, dessen deutscher nationaler Teil angegriffen wird, wäre zu formulieren:

Formulierungsvorschlag:

Es wird der Nichtigkeitsgrund der fehlenden Patentfähigkeit geltend gemacht (Art. II § 6 Abs. 1 Nr. 1 IntPatÜG Art. 138 Abs. 1a EPÜ jeweils iVm Art. 54 und Art. 56 EPÜ).

14. Druckschriftlicher, vorbekannter Stand der Technik (§ 3 Abs. 1 PatG).

15. Zum Offenbarungsgehalt einer Druckschrift, insb. in Bezug auf sog Austauschmittel BGH GRUR 1995, 330 (332) – Elektrische Steckverbindung; *Mes* PatG § 3 Rn. 29 ff.

16. Offenkundige Vorbenutzung.

17. Wird offenkundige Vorbenutzung geltend gemacht, empfiehlt es sich, etwaig vorhandene schriftliche Unterlagen (Prospekte, Angebote, Zeichnungen u. dgl.) vorzulegen. Der Beweis mit einer bloßen Zeugenaussage ist mit Zurückhaltung zu betrachten, da das menschliche Gedächtnis meist schwach ist und es sich regelmäßig um längere Zeit zurückliegende Vorgänge handelt. Zu den Erfordernissen im Hinblick auf Sachvortrag und Beweisantritt bei offenkundiger Vorbenutzung vgl. BGH GRUR 1975, 254 – Ladegerät II.

18. Zur fehlenden erfinderischen Tätigkeit muss iE vorgetragen werden. Dabei empfiehlt es sich, vom sog nächstliegenden Stand der Technik (demjenigen Stand der Technik, der dem Gegenstand der Erfindung nach dem Streitpatent am nächsten kommt) auszugehen. Von diesem Stand der Technik ausgehend sind die Weiterentwicklungen des Gegenstandes der Erfindung im Hinblick auf erfinderische Tätigkeit zu beurteilen. Im Gegensatz zu einem Neuheitsvergleich hängt die Beurteilung der Erfindungshöhe von einer Betrachtung des gesamten einschlägigen Standes der Technik ab. Zur Beurteilung der erfinderischen Tätigkeit vgl. *Jestaedt* GRUR 2001, 993. Maßgeblich sind das Wissen und Können des einschlägigen (betroffenen) Fachmanns. Dieser ist zu definieren. Es handelt sich um eine fiktive Person, aus deren Sicht das Patent und der Stand der Technik zu würdigen sind. Zu Einzelheiten vgl. zuletzt BGH GRUR 2018, 390, Rn. 27 bis 37 – Wärmeenergieverwaltung.

19. Die Nichtigkeitsgründe sind in § 22 Abs. 1 iVm § 21 Abs. 1 Nr. 1–4 PatG abschließend aufgeführt (BGH GRUR 1988, 757 (760) re. Sp. – Düngerstreuer). Zusätzlich nennt § 22 Abs. 1 PatG den weiteren Nichtigkeitsgrund der nachträglichen Erweiterung, nämlich die Erweiterung des Schutzbereichs des erteilten Patents (ebenso Art. 138 Abs. 1d EPÜ). Nichtigkeitsgründe sind mithin:
- fehlende Patentfähigkeit (§ 21 Abs. 1 Nr. 1 PatG)
- nicht ausreichende Offenbarung (§ 21 Abs. 1 Nr. 2 PatG)
- widerrechtliche Entnahme (§ 21 Abs. 1 Nr. 3 PatG)
- unzulässige Erweiterung (§ 21 Abs. 1 Nr. 4 PatG)
- und die nachträgliche Erweiterung des Schutzbereichs des erteilten Patents (§ 22 Abs. 1 PatG).

20. Unteransprüche können im Laufe eines Nichtigkeitsverfahrens insb. dann Bedeutung haben, wenn sich der Gegenstand des Hauptanspruchs als nicht rechtsbeständig erweist. Dann kommt häufig eine Kombination mit Merkmalen der Unteransprüche in Betracht. Insoweit kann es sich in Einzelfällen empfehlen, schon vorab auch Einzelheiten der Unteransprüche in der Nichtigkeitsklage zu behandeln.

Kosten und Gebühren

21. Zu der Neuregelung der Kosten und Gebühren für das Nichtigkeitsverfahren vor dem Bundespatentgericht → Anm. 7–9.

Rechtsanwaltsgebühren: Sie bestimmen sich nach dem vom Bundespatentgericht festzusetzenden Streitwert (§ 2 Abs. 1 und Abs. 2 RVG iVm VV 3100 RVG. Ein Gleiches gilt für einen Patentanwalt, der im Nichtigkeitsverfahren tätig ist (BPatGE 28, 193 = GRUR 1987, 286 – Patentanwaltskosten im Nichtigkeitsverfahren). Zur Problematik der Kostenerstattung bei Doppelvertretung durch einen Rechtsanwalt wie auch einen Patentanwalt im Nichtigkeitsverfahren vgl. die nunmehr klarstellenden Entscheidungen BGH GRUR 2013, 427 – Doppelvertretungskosten im Nichtigkeitsverfahren – und GRUR 2013, 430 – Rechtsanwalt im Nichtigkeitsverfahren; sowie *Mes* PatG § 84 Rn. 47 ff.; zu den früheren Meinungsdivergenzen der Nichtigkeitssenate des BPatG vgl. *Mes* PatG, 3. Aufl. 2011, § 84 Rn. 46 ff. Diese Meinungsdivergenz ist nunmehr durch die vorgenannten BGH-Entscheidungen überwunden. Im Grundsatz gilt, dass die Hinzuziehung eines Rechtsanwalts typischerweise jedenfalls dann notwendig iSd §§ 91 ff. ZPO ist, wenn neben dem Nichtigkeitsverfahren auch ein Verletzungsprozess anhängig ist, dem das gleiche Patent zugrunde liegt.

Zu den Gebühren des BGH im Falle einer Berufung: Es gilt § 11 Abs. 1 GKG iVm Anl. 1, nämlich dem Kostenverzeichnis. Maßgeblich sind Nr. 1240–1249. Danach wird für das Verfahren im Allgemeinen beim Bundesgerichtshof der doppelte Satz der Gebühren nach § 11 Abs. 2 GKG gefordert. Diese Gebühr wird gem. § 61 GKG schon mit Einreichung der Berufung fällig. Ergeht ein die Berufungsinstanz beim Bundesgerichtshof abschließendes Urteil mit Begründung, werden weitere 4 Gebühren fällig.

Fristen und Rechtsmittel

22. Gegen die Urteile der Nichtigkeitssenate des Bundespatentgerichts findet die Berufung zum Bundesgerichtshof statt (§ 110 Abs. 1 PatG). Die Berufung wird durch Einreichung der Berufungsschrift beim Bundesgerichtshof eingelegt (§ 110 Abs. 2 PatG). Zur Fristenregelung im Berufungsrechtszug ist zu unterscheiden. Ist das Verfahren wegen Erklärung der Nichtigkeit des Patents (oder des ergänzenden Schutzzertifikats oder wegen Erteilung oder Rücknahme der Zwangslizenz oder wegen der Anpassung der durch Urteil festgesetzten Vergütung für eine Zwangslizenz) vor dem 1.10.2009 durch Klage beim Bundespatentgericht eingeleitet worden, gilt „altes Recht", nämlich die Vorschriften des PatG in der bis zum 30.9.2009 geltenden Fassung (§ 147 Abs. 2). Ist das Verfahren jedoch mit dem 1.10.2009 oder danach durch Klageerhebung beim Bundespatentgericht eingeleitet worden, gilt „neues Recht". Nur dieses wird hier dargestellt.

Berufungsfrist (wie bisher) ein Monat. Die Berufungsfrist beginnt mit der Zustellung des in vollständiger Form abgefassten Urteils, spätestens aber mit dem Ablauf von fünf Monaten nach der Verkündung (wie bisher, vgl. § 110 Abs. 3 PatG). Abweichend demgegenüber: Berufungsbegründungsfrist. Sie beträgt gem. § 112 Abs. 2 S. 3 PatG drei Monate. Die Berufungsbegründungsfrist beginnt mit der Zustellung des in vollständiger Form abgefassten Urteils, spätestens aber mit Ablauf von fünf Monaten nach der Verkündung.

Hinweis: Das Patentrechtsmodernisierungsgesetz (PatRModG) v. 31.7.2009 (PMZ 2009, 301) hat mWz 1.10.2009 sowohl das erstinstanzliche Verfahren in Nichtigkeitssachen als auch das Nichtigkeitsberufungsverfahren beim BGH völlig neu gestaltet. Während nach dem früheren Rechtszustand (der für Verfahren fortgilt, die in erster Instanz vor dem 1.10.2009 eingeleitet wurden, vgl. § 147 Abs. 2 nF) das Berufungsverfahren vor dem BGH in vollem Umfang Tatsacheninstanz war, soll sich nach dem neuen Recht die Aufgabe des BGH auf eine rechtliche Kontrolle der Entscheidungen des Bundespatentgerichts beschränken. Zur Beschleunigung des Nichtigkeitsverfahrens soll die Tatsachenfeststellung beim Bundespatentgericht verstärkt werden. Dem dient die Neugestaltung des § 83. Dieser sieht vor, dass das Bundespatentgericht in erster Instanz schon vor der ersten mündlichen Verhandlung einen sog qualifizierten Hinweis gibt. Zu Einzelheiten vgl. *Mes* PatG Einf. §§ 110 ff. und die vor den Anmerkungen zu diesem Textbeispiel angeführten Literaturhinweise zum PatRModG.

23. Die Festsetzung des Streitwertes durch das Bundespatentgericht ist für beide Parteien unanfechtbar (§ 99 Abs. 2 PatG). Zu weiteren Einzelheiten → Anm. 7 aE.

7. Klage wegen Patentberühmung

Landgericht
Zivilkammer (Patentkammer)[1]
Klage
der Firma A . . . . .
Klägerin,
Prozessbevollmächtigter: RA . . . . .
gegen
die Firma B . . . . .
Beklagte,
wegen Patentberühmung
Streitwert: vorläufig geschätzt . . . . . EUR[2]
Namens und in Vollmacht der Klägerin erhebe ich Klage und werde beantragen,

1. **die Beklagte zu verurteilen,**
   der Klägerin Auskunft darüber zu geben, auf welches Patent, im Falle des Bestehens mehrerer Patente, auf welche Patente sich die Verwendung der Bezeichnung „Patente" bzw. „Patent" bezieht, die die Beklagte im Zusammenhang mit dem Vertrieb und dem Feilhalten von Geräten zur elektronischen Datenverarbeitung des Typs . . . . . (der Marke, der Kennzeichnung . . . . .) benutzt;
2. **. . . . .[3]**
3. **. . . . .[3]**

Begründung:

1. **Die Parteien des Rechtsstreits sind Wettbewerber. Beide stellen her und vertreiben Datenverarbeitungsgeräte.**
2. **Die Beklagte ist in jüngster Zeit dazu übergegangen, ihre EDV-Geräte mit den Hinweisen auf das Bestehen von Patentschutz zu vertreiben. Derartige Hinweise sind in dem als Anlage 1 überreichten Prospekt der Beklagten enthalten, mit der diese für ihre Datenverarbeitungsgeräte des Typs XYZ Werbung treibt. Es findet sich in der Anlage 1 sowohl der Hinweis „Patent" als auch „Patente". Die Beklagte hat sich vorprozessual geweigert, der Klägerin auf die als Anlage 2 überreichte Anfrage mitzuteilen, um welches Patent bzw. welche Patente es sich handelt.[5] Dementsprechend ist Klage geboten. Mit ihr wird der der Klägerin gem. § 146 PatG zustehende Auskunftsanspruch geltend gemacht. Die Beklagte verwendet den Hinweis „Patent" bzw. „Patente" in öffentlichen Verlautbarungen, nämlich entsprechend der Anlage 1. Sie ist dementsprechend verpflichtet, jedem, der ein berechtigtes Interesse an der Kenntnis der Rechtslage hat, auf Verlangen Auskunft darüber zu geben, auf welches Patent bzw. welche Patente sich die Verwendung der Bezeichnung stützt. Die Klägerin verfügt infolge des bestehenden Wettbewerbsverhältnisses über ein berechtigtes Interesse an der den Gegenstand der Klage bildenden Auskunft.[4]**
3. **Es handelt sich um eine patentrechtliche Auseinandersetzung, so dass sich die Zuständigkeit des angerufenen Gerichts auf Grund der Tatsache ergibt, dass die Beklagte ihren Sitz im Land . . . . . hat.[6, 7]**

Rechtsanwalt

Schrifttum: Barth/Wolhändler, Werbung mit Patentschutz, Mitt. 2006, 16; *Bornkamm*, Die Werbung mit der Patentanmeldung, GRUR 2009, 227; *Bulling,* Patentausschlussrechte in der Werbung, 2002; *ders.,* Werbung mit unveröffentlichten Patentanmeldungen, Mitt. 2008, 60; *Deichfuß,* Die Antwortpflicht des Abgemahnten und § 146 PatG, FS *Bornkamm,* 2014, 1025; *Ebert/Weidenfelder/Schmüser,* Werbung mit Rechten des geistigen Eigentums, GRUR-Prax 2011, 74; *Köhler/Bornkamm/Feddersen*, UWG, 39. Aufl. 2021, § 5 Rn. 4.128 ff.; *Lambsdorff/Skora,* Die Werbung mit Schutzrechtshinweisen, 1977: *Lambsdorff/Hamm,* Zur wettbewerbsrechtlichen Zulässigkeit von Patent-Hinweisen, GRUR 1985, 244; *Radmann,* Ansprüche aufgrund unberechtigter Patentberühmung – Ein Fall für die Patentstreitkammer?, Mitt. 2005, 150; *von Gravenreuth,* Geschichtliche Entwicklung und aktuelle Probleme zum Auskunftsanspruch nach einer Schutzrechtsberühmung, Mitt. 1985, 207; *Ullmann,* Die Berühmung mit einem Patent, FS Schilling, 2007, 385.

Hinweis: Ein weiteres Textbeispiel für eine Klage wegen Patentberühmung bei *Mes/Mes,* Münchener Prozessformularbuch, Bd. 5, Gewerblicher Rechtsschutz, Urheber- und Presserecht, 5. Aufl. 2018, Form. C.25.

Anmerkungen

1. Da die geltend gemachte Rechtsfolgenbehauptung ihre Grundlage in § 146 PatG findet, handelt es sich um eine Patentstreitsache iSd § 143 Abs. 1 PatG (OLG Düsseldorf GRUR-RR 2012, 305 – Unberechtigte Patentberühmung = InstGE 13, 240 – Garagentorantrieb).

2. Die Höhe des Streitwertes ist gem. § 3 ZPO zu ermitteln. Maßgeblich sind einerseits das Auskunftsinteresse des Klägers, andererseits die Bedeutung der Patentberühmung und der sich daraus ergebende Wettbewerbsvorsprung des Beklagten. Regelmäßig liegt der Streitwert für eine Patentberühmungsklage in der Größenordnung von 10.000–25.000 EUR.

3. Im Hinblick auf die Anträge zu den Nebenentscheidungen → Form. II.Q.3, dort Anträge III u. IV; zu den weiteren Erklärungen/Anträgen → Form. II.Q.3 Anm. 17–20. Bei einer Patentberühmungsklage macht eine Güteverhandlung gem. § 278 Abs. 2 ZPO durchaus Sinn, so dass ggf. eine entsprechende Anregung durch den Kläger gegeben werden sollte.

4. § 146 PatG begründet ein gesetzliches Schuldverhältnis zwischen dem, der sich des Patentschutzes berühmt, und jedem, der ein berechtigtes Interesse an der Auskunft hat (LG Düsseldorf GRUR-RR 2002, 185 – Schadensersatz wegen falscher Auskunft). Zu den Voraussetzungen dieser Bestimmung vgl. *Mes* PatG § 146 Rn. 1 ff.

5. § 146 PatG begründet nur einen Anspruch auf Auskunft „auf Verlangen". Infolgedessen ist das vorherige Auskunftsverlangen notwendiges Tatbestandsmerkmal (vgl. *Mes* PatG § 146 Rn. 10).

6. Zur Zuständigkeit vgl. § 143 Abs. 2 PatG und die Ausführungen in → Form. II.Q.3 Anm. 1.

7. Die Reaktionsmöglichkeiten für den Beklagten sind folgende:

a) Verfügt er tatsächlich über ein Patent und bezieht sich die Patentberühmung auf dieses, so ist er im Grundsatz zur Auskunft verpflichtet.

b) Verfügt der Beklagte nicht über ein entsprechendes Patent, so ist dies ebenfalls mitzuteilen. In einem solchen Fall sollte der Auskunftsverpflichtete zugleich auch eine strafbewehrte Unterlassungsverpflichtungserklärung abgeben, die den Gläubiger im Hinblick auf den wegen einer unzulässigen Patentberühmung gem. §§ 5 Abs. 1, 3 UWG gegebenen Unterlassungsanspruch klaglos stellt, da anderenfalls der Gläubiger nach erlangter Auskunft, dass kein Patent besteht, einen solchen Anspruch mit einiger Wahrscheinlichkeit geltend machen wird. Vgl. zB zum Verstoß der Aussage „Patent pending" gegen § 5 UWG OLG München GRUR-RR 2017, 444 – Patent pending.

Zur Frage der Gebrauchsmusterberühmung vgl. § 30 Gebrauchsmustergesetz, der der Bestimmung des § 146 PatG entspricht. Zur Frage einer Geschmacksmusterberühmung → Form. II.Q.20.

8. Hinweis auf das Bestehen eines Gebrauchsmusters

Firma
B . . . . .
– Geschäftsleitung –
Betr.: A . . . . . /. B . . . . .
DE-GM . . . . . betreffend einen Gasflaschenkasten mit eingebauten Unterlegkeilen[1]
Sehr geehrte Herren!
Hiermit zeige ich Ihnen an, dass mich die Firma A . . . . . mit der Wahrnehmung ihrer Interessen beauftragt hat. Namens und in Vollmacht[2] meiner Mandantin teile ich Ihnen das Folgende mit:

1. **Meine Mandantin ist alleinige und ausschließliche Inhaberin des DE-GM . . . . . betreffend einen Gasflaschenkasten mit eingebauten Unterlegkeilen, insb. für Wohnwagen. Das Gebrauchsmuster ist am 30.4.2019 angemeldet und am 13.8.2019 eingetragen worden. Es steht in Kraft. Zu Ihrer Unterrichtung füge ich die Gebrauchsmusterschrift meinem Schreiben in der Anlage A bei.**
2. **Das Gebrauchsmuster meiner Mandantin befasst sich mit einer möglichst zweckmäßigen Ausgestaltung von Gasflaschenkästen. Derartige Kästen werden insb. bei Wohnwagen benutzt. Insoweit liegt dem Gebrauchsmuster die Aufgabe zugrunde, Gasflaschenkästen herkömmlicher Art so zu verbessern, dass sie auch Unterlegkeile aufnehmen können, die für Wohnwagen benötigt werden, um diesen gesicherten Stand, bspw. auf abschüssiger Strecke, zu vermitteln. Zur Lösung dieser Aufgabe wird vorgeschlagen, die Unterlegkeile in dem Gasflaschenkasten unterzubringen und diesen dementsprechend so auszugestalten, dass an den Vorder- oder Hinterkanten des Gehäuses Einformungen oder den Einformungen entsprechende Öffnungen vorhanden sind, die die Unterlegkeile und deren Befestigungsvorrichtungen aufnehmen.**
3. **Nach Feststellung meiner Mandantin stellen Sie her und vertreiben ebenfalls Gasflaschenkästen, die so ausgestaltet sind, wie die den Gegenstand des Gebrauchsmusters meiner Mandantin bildende Raumform. Bitte teilen Sie mir mit, auf Grund welcher Gesichtspunkte Sie sich für berechtigt ansehen, in das Schutzrecht meiner Mandantin einzugreifen. Ich sehe Ihrer Stellungnahme bis zum**

   . . . . .[3]

   entgegen, anderenfalls gehe ich davon aus, dass Ihnen keine rechtfertigenden Gründe zur Seite stehen.[4]

Schrifttum: 1. Kommentare/Lehrbücher: Vgl. die Hinweise → Form. II.Q.1; die dort angeführten Kommentare enthalten in der Mehrzahl auch eine Erläuterung des Gebrauchsmustergesetzes; vgl. ferner *Bühring*, Gebrauchsmustergesetz, 8. Aufl. 2011; *Loth*, Gebrauchsmustergesetz, 2. Aufl. 2017.

2. Monographien/Aufsätze zur Berechtigungsanfrage: *Rubusch,* Die Berechtigungsanfrage, 2018.

3. Monographien/Aufsätze: *Adocker,* Österreichischer Oberster Patent- und Markensenat trifft Grundsatzentscheidung zum Verhältnis zwischen der Erfindungshöhe eines Patents und eines Gebrauchsmusters, GRUR Int. 2011, 673; *Bardehle*, Erfinderische Tätigkeit, erfinderischer Schritt – „Ist unser Maßstab änderungsbedürftig?“, GRUR Int. 2008, 632; *Baumgärtel/Maikowski*, Das abgezweigte Gebrauchsmuster: Ein starkes, ein gefährliches Schutzrecht, FS *Mes*, 2009, 33; *Beckmann*, Der erfinderische Schritt im Gebrauchsmusterrecht: Anmerkungen, GRUR 1997, 513; *Breuer*, Der erfinderische Schritt im Gebrauchsmusterrecht, GRUR 1997, 11; *Bühling*, Gebrauchsmusterschutz für Verwendungserfindungen. Chancen und Nebenwirkungen des Arzneimittelgebrauchsmusters, GRUR 2014, 107; *ders.*, Anpassung der Ansprüche an die angegriffene Ausführungsform im Patent- und Gebrauchsmusterverletzungsprozess – Gedanken nach „Momentanpol“, FS Mes, 2009, 47; *Cepl*, Der Umfang der Bindungswirkung nach § 19 Satz 3 Gebrauchsmustergesetz und ihre Erstreckung auf Dritte, FS 80 Jahre Patentgerichtsbarkeit in Düsseldorf, 2016, 91; *Eisenführ*, Heraus aus dem Demonstrationsschrank!, Mitt. 2009, 165; *Goebel*, Nicht gangbare Differenzierung? Zur gebrauchsmusterrechtlichen Erfindungshöhe nach der BGH-Entscheidung „Demonstrationsschrank“, GRUR 2008, 301; *ders.*, Der erfinderische Schritt nach § 1 Gebr-MG, 2005; *ders.*, Schutzwürdigkeit kleiner Erfindungen in Europa – Die materiellen Schutzvoraussetzungen für Gebrauchsmuster in den nationalen Gesetzen und dem EU-Richtlinienvorschlag, GRUR 2001, 916; *ders.*, Schutzansprüche und Ursprungsoffenbarung – Der Gegenstand des Gebrauchsmusters im Löschungsverfahren, GRUR 2000, 477; *Haupt*, Territorialitätsprinzip im Patent- und Gebrauchsmusterrecht bei grenzüberschreitenden Fallgestaltungen, GRUR 2007, 187; *Hellwig*, Zur Änderung der Schutzansprüche eingetragener Gebrauchsmuster, Mitt. 2001, 102; *Hüttermann/Storz*, Jüngere Änderungen auf dem Gebiet des Gebrauchsmusterrechts, GRUR 2008, 230; *Koch*, Das Merkmal der erfinderischen Tätigkeit als Korrektiv des Patentrechts, GRUR-Int. 2008, 669; *Pahlow*, Wie klein darf die „kleine Münze“ sein?, Anm. zu BGH WRP 2006, 1237 ff. – Demonstrationsschrank, WRP 2007, 739; *Quodbach*, Mittelbarer Gebrauchsmusterschutz für Verfahren?, GRUR 2007, 357; *von Samson-Himmelsstjerna/Lippich*, Von der Raumform zum Software-Gebrauchsmuster?, FS Reimann, 2009, 509; *Scharen*, „Product-by-Process“-Anspruch und Gebrauchsmusterschutz, FS Mes, 2009, 319; *Schrader*, Identität des „Standes der Technik“ im Patent- und Gebrauchsmusterrecht, Mitt. 2013, 1; *Smolinski*, Der „Demonstrationsschrank“ – Eine Rechtsfortbildung als erforderlicher Systembruch?, Mitt. 2011, 58; *Vocke*, German Utility Models: An Effective IP Right, in: Patent in Practice in Japan and Europe, Liber Amicorum for Guntram Rahn, 2011, 811; *Wenzel*, Rechtliche Bedenken gegen die BGH-Entscheidung „Demonstrationsschrank“, GRUR 2013, 140; *Wuttke*, Das deutsche Gebrauchsmuster – Eine Waffe?, Mitt. 2015, 110.

Hinweis: Ein weiteres Textbeispiel betreffend einen Hinweis auf bestehenden Gebrauchsmusterschutz (sog. Berechtigungsanfrage) findet sich bei *Mes/von Schwerin/Geschke*, Münchener Prozessformularbuch, Bd. 5, Gewerblicher Rechtsschutz, Urheber- und Presserecht, 5. Aufl. 2018, Form. D.1.

Anmerkungen

1. Da es sich bei einem Gebrauchsmuster um ein ungeprüftes Schutzrecht handelt, ist die Verwarnung aus einem Gebrauchsmuster gegenüber derjenigen aus einem Patent besonders problematisch. Sie bedarf einer sorgfältigen Überprüfung insb. der Schutzfähigkeit des Gebrauchsmusters, um den unberechtigt Verwarnenden vor der Inanspruchnahme unter dem rechtlichen Gesichtspunkt des § 823 Abs. 1 BGB wegen eines rechtswidrigen Eingriffs in den eingerichteten und ausgeübten Gewerbebetrieb und/oder eines Wettbewerbsverstoßes gem. § 3 UWG zu bewahren (BGH GRUR 1997, 741 – Chinaherde). Es gilt – verschärft – die gleiche Problematik wie bei der patentrechtlichen Verwarnung (→ Form. II.Q.1 Anm. 1). Das bestehende Risiko bei der Verwarnung aus einem ungeprüften Schutzrecht führt häufig dazu, dass zunächst der Versuch einer weiteren Aufklärung des Sachverhalts unternommen wird, indem unmittelbar an den möglichen Verletzer eine Anfrage gerichtet wird, weshalb er sich berechtigt glaube, von den Merkmalen des Gegenstandes des Gebrauchsmusters Gebrauch machen zu dürfen (sog Berechtigungsanfrage oder Hinweisschreiben). Da mit einer derartigen Anfrage kein unmittelbarer Druck auf die Entschließungsfreiheit des Inanspruchgenommenen ausgeübt wird, kann diese nicht als Eingriff in den eingerichteten und ausgeübten Gewerbebetrieb angesehen werden (BGH GRUR 2011, 995 Rn. 29 – Besonderer Mechanismus; 1997, 896 (897) – Mecki-Igel III). Grds. ist freilich Vorsicht geboten. Die Abgrenzung zwischen Verwarnung und Hinweis ist oft schwierig. Zur Problematik der Abgrenzung vgl. *Bruchhausen* Mitt. 1969, 286 (290); ferner *Brandi-Dohrn* GRUR 1981, 679 (682); → Form. II. Q.1 Anm. 1. So ist zB die Grenze zu einer Abmahnung überschritten, wenn ein Schreiben zwar als „Berechtigungsanfrage" bzw. „Hinweisschreiben" bezeichnet ist, in einem ersten Teil auch dem Inhalt nach sich als Hinweisschreiben darstellt, in einem zweiten Teil jedoch für den Fall, dass der Adressat des Briefes keine rechtfertigenden Gründe für die geltend gemachte Schutzrechtsverletzung anführen kann, die Abgabe einer strafbewehrten Unterlassungsverpflichtungserklärung unter Androhung gerichtlicher Maßnahmen gefordert wird (OLG Düsseldorf GRUR-RR 2014, 315 – Bestattungsbehältnis).

2. Da es sich lediglich um einen Meinungsaustausch handelt, bedarf es der Übersendung einer Vollmachtsurkunde an sich nicht. Im Zusammenhang mit einer Abmahnung ist streitig, ob eine Vollmachtsurkunde beigefügt werden muss. Normalerweise ist die Abmahnung weder einseitiges Rechtsgeschäft noch geschäftsähnliche Handlung. § 174 BGB findet mithin keine Anwendung (OLG Köln WRP 1985, 360 f.; KG GRUR 1988, 79). Demgegenüber haben das OLG Düsseldorf (GRUR 1999, 1039; GRUR-RR 2001, 286), Nürnberg (GRUR 1991, 387; GRUR 1999, 1039) und das OLG Dresden (GRUR 1999, 377) für den Fall der Abmahnung die gegenteilige Auffassung vertreten. Nach BGH GRUR 2010, 1120 – Vollmachtsnachweis; 2010, 355 Rn. 18 – Testfundstelle – soll die Abmahnung (Verwarnung) ein Vertragsangebot zum Abschluss eines Unterwerfungsvertrages enthalten. Dann ist § 174 BGB weder direkt noch analog anwendbar. Diese Sicht lässt sich allerdings auf das (bloße) Hinweisschreiben nicht übertragen. Aus Vorsichtsgründen ist zu empfehlen, eine Vollmacht beizufügen. Ausführlich zu dieser Problematik: → Form. II.Q.1 Anm. 3 mwN.

3. Auch bei einem Hinweisschreiben sollte dem Adressaten ausreichend Zeit und Gelegenheit gegeben werden, Stellung zu nehmen. Das liegt hier im besonderen Interesse des Hinweisenden, da auch er daran interessiert sein muss, diejenigen Gründe kennen zu lernen, die möglicherweise das objektiv schutzrechtsverletzende Verhalten rechtmäßig erscheinen lassen, zB wegen fehlender Schutzfähigkeit des geltend gemachten Gebrauchsmusters. Regelmäßig ist die Fristsetzung von einem Monat ausreichend und angemessen.

4. Auch für das bloße Hinweisschreiben und erst recht in gebrauchsmusterrechtlichen Streitigkeiten wird die Mitwirkung eines Patentanwalts empfohlen.

9. Gebrauchsmusterverletzungsklage

Landgericht
Zivilkammer (Patentkammer)[1]

Klage

der Firma A . . . . .
Klägerin,
– Prozessbevollmächtigter: RA . . . . .
gegen
die Firma B . . . . .[2]
Beklagte,
wegen Gebrauchsmusterverletzung
Streitwert: vorläufig geschätzt . . . . . EUR[3]
Namens und in Vollmacht der Klägerin erhebe ich Klage und werde beantragen,

I. die Beklagte zu verurteilen,

1. es bei Meidung . . . . . zu unterlassen,[4]
in der Bundesrepublik Deutschland[5] Gasflaschenkästen, deren Gehäuse mit Befestigungsvorrichtungen für die Unterlegkeile von Wohnwagen oder dergleichen versehen sind, (herzustellen), in den Verkehr zu bringen, anzubieten oder zu gebrauchen oder zu den genannten Zwecken einzuführen oder zu besitzen,[6] bei denen das Gehäuse an den Vorder- oder Hinterkanten mit die Unterlegkeile und deren Befestigungsvorrichtungen aufnehmenden Öffnungen versehen ist,[7]
insb., wenn die dem Radius angepassten Seiten der Unterlegkeile dem Innenraum des Gehäuses zugewandt sind.[8]
(Ansprüche 1 u. 2 des DE-GM . . . . .);

2. der Klägerin für die Zeit ab 26.10.2019[9] Auskunft über (die Herkunft und) den Vertriebsweg der vorstehend unter I 1 beschriebenen Erzeugnisse zu erteilen, insb. unter Angabe der Namen und Anschriften der Hersteller, der Lieferanten und deren Vorbesitzer, der gewerblichen Abnehmer oder Auftraggeber sowie unter Angabe der Mengen, (der hergestellten), ausgelieferten, erhaltenen oder bestellten Erzeugnisse;[10]

3. der Klägerin Rechnung darüber zu legen,[11] in welchem Umfang die Beklagte die vorstehend unter I 1 bezeichneten Handlungen seit dem 26.10.2019[9] begangen hat, und zwar unter Vorlage eines Verzeichnisses mit der Angabe (der Herstellungsmengen und -zeiten sowie) der einzelnen Lieferungen unter Nennung

a) der Liefermengen, Typenbezeichnungen, Artikel-Nummern, Lieferzeiten, Lieferpreise und Namen und Anschriften der Lieferempfänger,

b) der Gestehungskosten unter Angabe der einzelnen Kostenfaktoren sowie des erzielten Gewinns[12]

c) und unter Angabe der einzelnen Angebote und der Werbung unter Nennung der Angebotsmengen, Typenbezeichnungen, Artikel-Nummern, Angebotszeiten und Angebotspreise sowie der Namen und Anschriften der Angebotsempfänger,

d) der einzelnen Werbeträger, deren Auflagenhöhe, Verbreitungszeitraum und Verbreitungsgebiet,
wobei

e) der Beklagten vorbehalten bleiben mag,[13] die Namen und Anschriften der Angebotsempfänger und der nicht gewerblichen Abnehmer statt der Klägerin einem von dieser zu bezeichnenden und ihr gegenüber zur Verschwiegenheit

verpflichteten vereidigten Wirtschaftsprüfer mitzuteilen, sofern die Beklagte die durch seine Einschaltung entstehenden Kosten trägt und ihn ermächtigt, der Klägerin auf Anfrage mitzuteilen, ob bestimmte Abnehmer und/oder Lieferungen in der erteilten Rechnung enthalten sind;

4. die im unmittelbaren oder mittelbaren Besitz oder Eigentum der Beklagten befindlichen Erzeugnisse entsprechend vorstehend 1 an einen von der Klägerin zu bezeichnenden Sequester zum Zwecke der Vernichtung auf Kosten der Beklagten herauszugeben;[14]

II. festzustellen, dass die Beklagte verpflichtet ist, der Klägerin allen Schaden zu erstatten, der ihr aus den vorstehend zu I 1 bezeichneten und seit dem 26.10.2019 begangenen[9] Handlungen entstanden ist und künftighin entstehen wird;[15,16]

III. der Beklagten die Kosten des Rechtsstreits aufzuerlegen;

IV. das Urteil – ggf. gegen Sicherheitsleistung (Bank- oder Sparkassenbürgschaft) – für vorläufig vollstreckbar zu erklären;
hilfsweise der Klägerin nachzulassen, die Zwangsvollstreckung gegen Sicherheitsleistung (Bank- oder Sparkassenbürgschaft) abzuwenden.[17]

Es handelt sich um eine gebrauchsmusterrechtliche Streitigkeit, so dass eine Übertragung auf den Einzelrichter nicht angezeigt erscheint.[18]

Es wird gebeten, von der Anberaumung einer Güteverhandlung abzusehen. Sie bietet erkennbar keine Aussicht auf Erfolg. Die Parteien haben sich außergerichtlich erfolglos schon um eine Einigung bemüht.[19]

. . . . .[20]

Begründung:

I.

Die Klägerin ist eingetragene, ausschließliche und allein verfügungsberechtigte Inhaberin des DE-GM . . . . . betreffend einen Gasflaschenkasten mit eingebauten Unterlegkeilen, insb. für Wohnwagen. Das Klagegebrauchsmuster ist am 30.4.2019 angemeldet[21] und am 13.8.2019 in die Gebrauchsmusterrolle beim Deutschen Patentamt eingetragen worden. Die Bekanntmachung im Patentblatt erfolgte am 26.9.2019.[22] Es steht in Kraft.

Beweis: Auskunft des Deutschen Patentamtes.[23]

Wir überreichen – für das angerufene Gericht dreifach[24] – die Schrift des DE-GM . . . . . als Anlage 1.

Das Klagegebrauchsmuster befasst sich mit einer möglichst zweckmäßigen Ausgestaltung von Gasflaschenkästen. Derartige Kästen werden insb. bei Wohnwagen benutzt, um die zur Befeuerung und Speisung der Gas-Feuerstelle dienenden Gasflaschen aufzunehmen. Vor dem Prioritätstag des Klagegebrauchsmusters lag es im Stand der Technik, derartige Gasflaschenkästen so auszugestalten, dass sie lediglich geeignet waren, die Gasflaschen und sonst nichts mehr aufzunehmen. Demgegenüber hat es sich der Erfinder des Klagegebrauchsmusters zur Aufgabe gemacht,[25] Gasflaschenkästen so auszugestalten, dass sie auch Unterlegkeile aufnehmen können, die für Wohnwagen benötigt werden, um diesen insb. auf abschüssigen Flächen einen gesicherten Stand zu vermitteln. Es war nämlich vor dem Prioritätstag des Klagegebrauchsmusters lediglich üblich gewesen, die Unterlegkeile im Wohnwagen selbst oder in einem außerhalb am Wohnwagen angebrachten Kasten unterzubringen. Das führte häufig dazu, dass die Unterlegkeile im Gefahrenfalle erst gesucht werden mussten. Des Weiteren ist eine derartige Art der Unterbringung nachteilig, weil der Einbau eines Keilekastens aufwändig ist. Zur Beseitigung der geschilderten Nachteile wird im Klagegebrauchsmuster vorgeschlagen,[26] die Unterlegkeile in dem Gasflaschenkasten unterzubringen und diesen dementsprechend so auszugestalten, dass an den Vorder- oder Hinterkanten des Gehäuses Einformungen oder den Einformungen entsprechende Öffnungen vorhanden sind, die die Unterlegkeile und deren Befestigungsvorrichtungen aufnehmen. In einer besonderen Ausführungsform[27] wird vorgeschlagen, Unterlegkeile so anzubringen, dass ihre dem Radius angepassten Seiten dem Innenraum des Gehäuses zugewandt sind.

Mit Eingabe v. 30.3.2020 hat die Klägerin neue Schutzansprüche eingereicht, die an die Stelle der bisherigen Schutzansprüche entsprechend der Anlage 1 treten.[28] Ich überreiche die entsprechende Eingabe als Anlage 2.

Dementsprechend haben die hier interessierenden Ansprüche 1 u. 2 des Klagegebrauchsmusters folgenden Wortlaut:

1. Gasflaschenkasten, dessen Gehäuse mit Befestigungsvorrichtungen für die Unterlegkeile von Wohnwagen oder dergleichen versehen ist, dadurch gekennzeichnet, dass das Gehäuse (1) an den Vorder- oder Hinterkanten mit die Unterlegkeile und deren Befestigungsvorrichtungen (3) aufnehmenden Einformungen (2) oder den Einformungen (2) entsprechenden Öffnungen versehen ist.
2. Gasflaschenkasten nach Anspruch 1, dadurch gekennzeichnet, dass die dem Radius angepassten Seiten der Unterlegkeile dem Innenraum des Gehäuses (1) zugewandt sind.

Die Beklagte stellt her und vertreibt Gasflaschenkästen, die das Klageschutzrecht unmittelbar gegenständlich verletzen. Die Beklagte hat in der vorprozessualen Korrespondenz nicht bestritten, dass der von ihr in den Verkehr gebrachte Gasflaschenkasten ein Gehäuse mit Befestigungsvorrichtungen für die Unterlegkeile von Wohnwagen oder dergleichen aufweist, wobei das Gehäuse an den Vorder- und den Hinterkanten mit die Unterlegkeile und deren Befestigungsvorrichtungen aufnehmenden Öffnungen versehen ist.[29]

Da die Beklagte erfolglos abgemahnt worden ist, ist Klage geboten. Mit ihr werden die der Klägerin infolge der Gebrauchsmusterverletzungshandlungen zustehenden Ansprüche geltend gemacht.

II.

1. Das Unterlassungsbegehren ist gem. §§ 24 Abs. 1, 12a, 11 GebrMG begründet. Das Klagegebrauchsmuster ist rechtsbeständig. Infolge vorgekommener Verletzungshandlungen der Beklagten besteht Wiederholungsgefahr für den Unterlassungsanspruch. Die Beklagte ist auch gem. Klageantrag II auf der Grundlage des § 24 Abs. 2 GebrMG gegenüber der Klägerin zu Schadensersatz verpflichtet. Es kann von ihr nicht geleugnet werden, dass der Klägerin durch die Gebrauchsmusterverletzungshandlungen ein Schaden entstanden ist.[30] Des Weiteren hat die Beklagte auch schuldhaft gehandelt. Die Beklagte ist verpflichtet, bestehende Schutzrechte zu beachten.[31] Dabei ist die Klägerin zu Gunsten der Beklagten davon ausgegangen, dass dieser ein Prüfungszeitraum von ca. einem Monat zuzubilligen ist, gerechnet ab dem Veröffentlichungstag der Eintragung des Klagegebrauchsmusters.[32] IÜ ist sie auf die Schutzrechte der Klägerin ausdrücklich hingewiesen worden.[33] Da die Klägerin ohne nähere Kenntnis vom Umfang der Verletzungshandlungen ihren Schadensersatzanspruch nicht beziffern kann, ist die Beklagte gem. § 242 BGB zu der mit Klageantrag I 3 verlangten Rechnungslegung verpflichtet.[34] Die bei der Klägerin zurzeit bestehende Unsicherheit betreffend die Berechnungsgrundlagen ihres Schadensersatzanspruches rechtfertigt auch die Zulässigkeit des Schadensersatzfeststellungsbegehrens gem. § 256 ZPO. Der mit Klageantrag I 2 geltend gemachte Auskunftsanspruch findet seine Grundlage in § 24b GebrMG, der Vernichtungsanspruch gem. Klageantrag I 4 in § 24a GebrMG.

2. Die Zuständigkeit des angerufenen Gerichts ergibt sich daraus, dass die Beklagte ihre gebrauchsmusterverletzenden Gasflaschenkästen auch im Lande . . . . . anbietet und vertreibt (§ 27 Abs. 2 GebrMG).[35]

III.

Ich teile mit, dass die Klägerin
Herrn Patentanwalt . . . . .
zur Mitwirkung in diesem Rechtsstreit bestellt hat.[36, 37, 38]
Rechtsanwalt

Schrifttum: Vgl. die Hinweise → Form. II.Q.1, → Form. II.Q.8.
Hinweis: Weitere Textbeispiele zum Gebrauchsmusterverletzungsprozess finden sich bei *Mes/v. Schwerin/Geschke*, Münchener Prozessformularbuch, Bd. 5, Gewerblicher Rechtsschutz, Urheber- und Presserecht, 5. Aufl. 2018, Form. D.5 bis Form. D.12.

Anmerkungen

1. § 27 Abs. 1 u. 2 GebrMG folgen der Regelung für Patentstreitsachen in § 143 PatG. Gem. § 27 Abs. 1 GebrMG sind die Zivilkammern der LG für Gebrauchsmusterstreitsachen ohne Rücksicht auf den Streitwert ausschließlich zuständig. § 27 Abs. 2 GebrMG enthält eine Ermächtigung der Landesregierungen, die Zuständigkeit für Gebrauchsmusterstreitsachen auf ein LG zu konzentrieren. Davon haben viele Bundesländer Gebrauch gemacht. Es gilt eine gleiche Regelung wie in Patentsachen (→ Form. II.Q.3 Anm. 1), mit der einen Ausnahme, dass für Rheinland-Pfalz die Zuständigkeit in gebrauchsmusterrechtlichen Streitigkeiten beim LG Frankenthal liegt. Die Kosten eines mitwirkenden Patentanwalts zzgl. notwendiger Auslagen sind erstattungsfähig, ohne dass im Einzelfall die Notwendigkeit der Hinzuziehung eines Patentanwaltes zu prüfen wäre (§ 27 Abs. 3 GebrMG). Zuletzt streitig, vgl. dazu → Form. II.Q.1 Anm. 26, → Form. II.Q.3 Anm. 29–30.

2. Handelt es sich bei der Beklagten um eine Gesellschaft, so empfiehlt es sich regelmäßig, die Klage zur Erweiterung des Haftungszugriffs auf die persönlich haftenden Gesellschafter bzw. die verantwortlichen Geschäftsführer bei einer GmbH, ggf. die verantwortlichen Vorstandsmitglieder bei einer AG zu erstrecken. → Form. II.Q.3 Anm. 2.

3. Die Höhe des Streitwertes bemisst sich maßgeblich nach den Interessen des Klägers, wobei – analog den Patentstreitigkeiten – sein Interesse im Vordergrund steht, dass der Beklagte die schutzrechtsverletzenden Handlungen in Zukunft unterlässt. Allgemeingültige Angaben zur Streitwerthöhe lassen sich nicht machen. Alles hängt vom Einzelfall ab. In Gebrauchsmusterverletzungsstreitigkeiten liegen die Streitwerte regelmäßig niedriger als diejenigen in Patentverletzungsprozessen, und zwar in einer Größenordnung von ca. 50.000–150.000 EUR. Der Streitwert kann – je nach den Verhältnissen des Einzelfalles – jedoch auch bedeutend höher liegen.

4. Zum Wortlaut der Strafandrohungsklausel vgl. Klageantrag I 1 sowie in → Form. II. Q.3 Anm. 5.

5. → Form. II.Q.1 Anm. 13, → Form. II.Q.3 Anm. 5. Da ein Gebrauchsmuster von vornherein nur territorialen Schutz für den Bereich der Bundesrepublik Deutschland entfalten kann, ist die Angabe im Klageantrag I 1 an sich überflüssig. Sie schadet nicht. Sie ist insb. dann vorteilhaft, wenn es sich um einen ausländischen Beklagten handelt.

6. Die Formulierung folgt dem Wortlaut des § 11 Abs. 1 GebrMG. Die Systematik des Gebrauchsmustergesetzes folgt derjenigen des Patentgesetzes, so dass auf → Form. II.Q.1 Anm. 14 und die dort erörterten Tathandlungen verwiesen werden kann. Besonderes

Augenmerk ist auf das Verbot des Herstellens zu richten. Sind keine Herstellungshandlungen bisher vorgenommen oder zu besorgen (die Beklagte ist zB nur ein Handelsunternehmen), so muss diese Handlung zur Vermeidung einer teilweisen Klageabweisung in den Klageanträgen entfallen. Sie ist daher im Textbeispiel in Klammern gesetzt. IÜ gilt der Grundsatz der sog Einheitlichkeit der Benutzungshandlungen. Das bedeutet, dass dann, wenn eine der im Klageantrag genannten Handlungen (zB ein Angebot) vorgekommen ist, sich die anderen Handlungen als selbstverständlich ebenfalls verwirklicht darstellen.

7. Sog Konkretisierung der Verletzungshandlung, die gem. § 253 Abs. 2 Nr. 2 ZPO erforderlich ist. Zu Einzelheiten → Form. II.Q.3 Anm. 8; die dortigen Ausführungen lassen sich auf den Fall einer Gebrauchsmusterverletzung übertragen. Schutzansprüche eines Gebrauchsmusters haben vergleichbare Bedeutung wie diejenigen eines Patents. Weichen Begriffe in den Schutzansprüchen vom allgemeinen technischen Sprachgebrauch ab, ist der sich aus Schutzansprüchen und der Beschreibung ergebende Begriffsinhalt maßgebend (BGH GRUR 2005, 754 – Werkstoffeinstückig). Besonderheit: Gebrauchsmusteransprüche können in – einem beschränkten Rahmen – durch nachträgliche Eingaben beschränkt (nicht erweitert) werden (→ Anm. 28).

8. Der Klageantrag I 1 verbindet Haupt- und Unteranspruch des Klagegebrauchsmusters mit dem Wort „insbesondere". In Gebrauchsmusterrechtsstreitigkeiten sind derartige Formulierungen häufig, um im Falle der Feststellung der Schutzunfähigkeit des Gegenstandes des Hauptanspruches durch Hinzunahme eines besonderen zusätzlichen Ausgestaltungsmerkmales eines Unteranspruches ein „Minus" zu erhalten, das das Gericht im Falle der Abweisung des weitergehenden Antrages zuerkennen kann, indem es das Wort „insbesondere" im Urteilstenor streicht (*Nieder* GRUR 1999, 222).

9. Analog einer Patentverletzung ist auch bei einer Gebrauchsmusterverletzung ein Prüfungszeitraum einzuräumen (→ Form. II.Q.1 Anm. 17), der vernünftigerweise erst ab Bekanntmachung der Gebrauchsmustereintragung im Patentblatt zu laufen beginnen kann, obgleich die Schutzwirkungen des Gebrauchsmusters schon mit der Eintragung beginnen (§§ 11, 24 GebrMG).

10. Antrag gem. § 24b GebrMG. Diese Bestimmung ist durch das Produktpirateriegesetz gleichlautend in das Gebrauchsmustergesetz, das Patentgesetz, das Designgesetz, das Urhebergesetz und das Markengesetz mWz 1.7.1990 eingefügt worden. Zu Einzelheiten → Form. II.Q.1 Anm. 6, 9 und 15 sowie → Form. II.Q.3 Anm. 9. Hat die Beklagte die gebrauchsmusterverletzenden Erzeugnisse nicht hergestellt (vgl. Klageantrag I 1), so entfallen die in Klammern gesetzten Antragsteile.

11. Es handelt sich um die tatsächlichen Angaben, auf deren Mitteilung der Gebrauchsmusterinhaber als Inhaber eines Ausschließlichkeitsrechts nach allgemeiner Auffassung einen Anspruch hat, um seinen Schaden berechnen zu können. Zu Einzelheiten → Form. II.Q.1 Anm. 16, → Form. II.Q.1 Anm. 20. Bei verübten Herstellungs-Handlungen → Anm. 9, insb. Ansprüche auf Rechnungslegung/Auskunftserteilung und Schadensersatzfeststellung gelten regelmäßig über den Zeitraum der letzten mündlichen Verhandlung hinaus: BGH GRUR 2004, 755 – Taxameter; OLG Karlsruhe Mitt. 2003, 309, Auskunftsanspruch nach letzter mündlicher Verhandlung; *Meier-Beck* GRUR 1998, 276 (280); aA: OLG Düsseldorf Mitt. 2001, 424 – Längenverstellbares Tragelement = GRUR-RR 2002, 48 – Zeitraum der Rechnungslegung. Auskunfts-, Rechnungslegungs- und Schadensersatzansprüche sind auch nicht zeitlich durch die vom Gläubiger nachgewiesene erste Verletzungshandlung begrenzt (BGH GRUR 2007, 867 – Windsor-Estate).

12. Zu den Gestehungskosten gehören nicht die Gemeinkosten (Fixkosten); diese dürfen vom Verletzer im Falle der Geltendmachung des Anspruchs auf Herausgabe des

Verletzergewinns nicht abgezogen werden (BGH GRUR 2001, 329 (331) – Gemeinkostenanteil). Eine entsprechende Formulierung auf Ausschluss derartiger nicht abzugsfähiger Kosten findet sich im Rechnungslegungsantrag nicht (BGH GRUR 2007, 773 (777), re. Sp. – Rohrschweißverfahren). In geeigneten Fällen kann es sich anbieten, auch einen Anspruch auf Vorlage von Belegen geltend zu machen (BGH GRUR 2001, 841 (845) li. Sp. oben – Entfernung der Herstellungsnummer II; GRUR 2002, 709 (712) – Entfernung der Herstellungsnummer III: zum UWG). Diesen Anspruch gewährt nun ausdrücklich mWz 1.9.2008 § 24c Abs. 1 S. 2 GebrMG für den (regelmäßig zu begründenden) Sachverhalt, dass eine hinreichende Wahrscheinlichkeit einer im gewerblichen Ausmaß begangenen Rechtsverletzung vorliegt.

13. Zum Wirtschaftsprüfervorbehalt gelten die Ausführungen wie in → Form. II.Q.1 Anm. 20, → Form. II.Q.3 Anm. 13.

14. Der mit diesem Klageantrag geltend gemachte Vernichtungsanspruch beruht auf § 24a GebrMG, der ebenso wie der Auskunftsanspruch des § 24b GebrMG (→ Anm. 9) in das Gebrauchsmustergesetz wie auch in weitere Gesetze betreffend Sonderausschließlichkeitsrechte zum 1.7.1990 eingefügt worden ist (vgl. zu Einzelheiten → Form. II.Q.1 Anm. 6, 9, 21; zur Antragsformulierung → Form. II.Q.3 Anm. 16).

Ebenso wie die §§ 139 ff. sind auch §§ 24 ff. GebrMG und das dort begründete Anspruchs- und Aktionensystem durch Gesetz v. 7.7.2008 mWz 1.9.2008 neugefasst. Die Neuregelungen sind inhaltsgleich wie im Patentrecht. Zur Vermeidung von Wiederholungen wird auf die Darstellung in → Form. II.Q.1 Anm. 16 verwiesen. Im Textbeispiel des Formulars sind nicht sämtliche denkbaren Ansprüche, die der Gebrauchsmusterinhaber bei Verletzung seines Schutzrechts geltend machen könnte, aufgeführt. Viele dieser neugeregelten Ansprüche sind für die Praxis wenig sinnvoll. Zu Einzelheiten → Form. II.Q.3. Klageanträge I. 5 u. 7 einschließlich zugehöriger Begründung.

15. Zur Zweckmäßigkeit der Verbindung von Rechnungslegungsantrag und Schadensersatzfeststellungsbegehren → Form. II.Q.3 Anm. 18.

16. Zu sämtlichen Anträgen vgl. insb. die Anmerkungen und Hinweise zu den Antragsformulierungen und erforderlichen Substantiierungspflichten in → Form. II.Q.3.

17. Kosten- und Vollstreckungsanträge sind zwar entbehrlich, da diese Nebenentscheidungen von Amts wegen zu treffen sind. Die Anträge werden aber nach wie vor in der Praxis gestellt. Ein Vollstreckungsschutzantrag bedarf der besonderen Begründung. Zu den Anforderungen – in der Berufungsinstanz – BGH GRUR 1996, 512 – Fehlender Vollstreckungsschutzantrag II.

18. Stellungnahme gem. § 253 Abs. 3, § 348 Abs. 1 Nr. 1 ZPO.

19. § 278 Abs. 2 ZPO sieht vor, dass der mündlichen Verhandlung zum Zweck der gütlichen Beilegung des Rechtsstreits eine Güteverhandlung vorausgeht. Sie soll entfallen können, wenn bereits ein Einigungsversuch vor einer außergerichtlichen Gütestelle stattgefunden hat oder wenn die Güteverhandlung erkennbar aussichtslos erscheint. Im Bereich des gewerblichen Rechtsschutzes ist es die Regel, dass die Parteien vor Anrufung des Gerichts einen gütlichen Ausgleich untereinander suchen. Das ist wegen der Komplexität der zu beurteilenden Sachverhalte und der widerstreitenden Interessen oft nicht möglich. Ist mithin Klage erhoben, kann regelmäßig davon ausgegangen werden, dass nur gerichtliche Hilfe den Konflikt der Parteien lösen kann. Das Gericht ist auch wegen weitgehend fehlender Kenntnis des regelmäßig komplexen Sachverhalts nicht in der Lage, zu diesem frühen Zeitpunkt einen geeigneten Vergleichsvorschlag zu unterbreiten. Dem trägt die im Formular vorgeschlagene Formulierung Rechnung.

20. Ist damit zu rechnen, dass die befasste Kammer das schriftliche Vorverfahren gem. § 276 ZPO anordnet, sollte hier höchst vorsorglich der Antrag auf Erlass eines Anerkenntnis- bzw. Versäumnisurteils gem. §§ 307 Abs. 2, 331 Abs. 3 ZPO für den Fall der fehlenden Verteidigungsbereitschaft der Beklagten gestellt werden.

21. Die Mitteilung des Anmeldetages ist erforderlich für die Berechnung der drei – und nach Verlängerung um weitere drei und zweimal zwei Jahre – insgesamt zehnjährigen Schutzdauer des Gebrauchsmusters (§ 23 Abs. 1 u. 2u. 6 S. 1 GebrMG). Der Anmeldetag hat als sog Prioritätstag auch Bedeutung für die Beurteilung der Schutzfähigkeit der als Gebrauchsmuster angemeldeten Erfindung. Sie bemisst sich nach dem Stand der Technik und dem Fachwissen zum Zeitpunkt der Anmeldung. Zur Prioritätsverlagerung bei Inanspruchnahme der sog Unionspriorität vgl. Art. 4 der „Pariser Verbandsübereinkunft zum Schutz des gewerblichen Eigentums" v. 20.3.1883; → Form. II.Q.3 Anm. 26.

22. Die Mitteilung dieses Datums ist für die Ermittlung der sog Karenzzeit wichtig. → Anm. 9.

23. Der Beweisantritt wird selten praktisch. Die beim Deutschen Patentamt geführte Gebrauchsmusterrolle ist ein öffentliches Register, in das jedermann Einsicht nehmen kann. Regelmäßig werden die Eintragungsakten des Klagegebrauchsmusters auf Antrag des Beklagten hin beigezogen und ihm zur Einsichtnahme zugänglich gemacht. Vgl. für einen solchen Antrag → Form. II.Q.10. Allerdings sind die Eintragungsakten für ein Gebrauchsmuster nur selten aufschlussreich, da es sich bei einem Gebrauchsmuster um ein ungeprüftes Schutzrecht handelt, mithin regelmäßig kein Meinungsaustausch zwischen Anmelder und Eintragungsbehörde erfolgt. In den Amtsakten kann sich jedoch ein Beschränkungsbegehren des Gebrauchsmusterinhabers finden (→ Anm. 28).

24. Es hat sich als zweckmäßig erwiesen, für jedes Mitglied des Verletzungsgerichts die Gebrauchsmusterschrift zu überreichen (→ Form. II.Q.3 Anm. 29).

25. Der Aufbau einer Gebrauchsmusterverletzungsklage erfolgt im Wesentlichen wie eine Patentverletzungsklage (→ Form. II.Q.3). Es empfiehlt sich, kurz den Inhalt der Klagegebrauchsmusterschrift wiederzugeben, um das angerufene Gericht in die technische Problematik einzuführen. Insbes. kommt es darauf an, den Gegenstand des Gebrauchsmusters darzustellen. Eine Erfindung setzt sich aus einer *Aufgabe* (dem technischen Problem) und deren *Lösung* zusammen. Die nachfolgenden Ausführungen im Formular beschreiben die Aufgabe.

26. Auseinandersetzung mit der Lösung der Aufgabe.

27. Die im Formular bezeichnete „besondere Ausführungsform" bezieht sich auf einen Unteranspruch (→ Form. II.Q.3 Anm. 33).

28. Bei einem Gebrauchsmuster handelt es sich um ein ungeprüftes Schutzrecht. Für die Ermittlung des Schutzumfangs kommt es zwar maßgeblich auf die Formulierung der Ansprüche an (§ 12a GebrMG; BGH GRUR 2005, 754 – Werkstoffeinstückig; 1997, 454 (457) – Kabeldurchführung; *Mes* PatG GebrMG § 12a Rn. 1). Dennoch begegnet es rechtlich keinen Bedenken, wenn der Gebrauchsmusterinhaber im Nachhinein den Wortlaut der ursprünglich eingereichten Schutzansprüche durch einen anderen ersetzt, sofern die geänderte Fassung der Schutzansprüche einen Gegenstand beschreibt, der in den ursprünglichen Anmeldungsunterlagen ausreichend offenbart ist. Eine Erweiterung des Schutzumfangs darf nicht erfolgen (BGH GRUR 2003, 867 – Momentanpol). Die Neuformulierung von Schutzansprüchen (ohne inhaltliche Erweiterung) kann auch nur im Verletzungsprozess erfolgen (BGH GRUR 2003, 867 – Momentanpol). Häufig gibt der Gebrauchsmusterinhaber neu formulierte (beschränkte) Schutzansprüche zur Akte des eingetragenen Gebrauchsmusters. Der Sache nach handelt es sich bei der Einreichung eingeschränkter Schutzansprüche des Gebrauchsmusterinhabers zur Akte des eingetragenen Gebrauchsmusters um eine schuldrechtlich bindende Erklärung an die Allgemeinheit, Schutz aus dem Gebrauchsmuster für die Vergangenheit und Zukunft nur noch im Umfang der Neufassung geltend machen zu wollen (BGH GRUR 1998, 910 = NJW 1998, 1494 = LM § 17 GebrMG 1986 Nr. 4 – *Scherbeneis; Nirk* Anm. zu BGH LM § 17 GebrMG 1986 Nr. 4 – *Scherbeneis; Nieder* GRUR 1999, 222; vgl. insb. *Bühling* FS Mes, 2009, 47). Des Weiteren gilt in Gebrauchsmusterrechtsstreitigkeiten die Besonderheit, dass der Verletzungsrichter entgegen der Bindung, die bei einem Patent besteht (→ Form. II.Q.5 Anm. 4), die Schutzfähigkeit des Gebrauchsmusters selbst überprüfen und dabei seinen Schutzumfang selbst festlegen muss (ist ein Löschungsantrag anhängig, → Form. II.Q.12, → Form. II.Q.11 Anm. 3; Einzelheiten bei *Mes* PatG GebrMG § 16 Rn. 1 ff.).

29. Da es sich um einen einfachen Sachverhalt handelt, ist im Formular von einer sog Merkmalsanalyse Abstand genommen worden. Bei der Beurteilung schwieriger Fälle ist eine solche Analyse zweckmäßig. Ein Beispiel zeigt → Form. II.Q.3.

30. → Form. II.Q.3 Anm. 39.

31. Zum Verschulden braucht zunächst nicht näher vorgetragen zu werden. Für den Fall der Verteidigung des Beklagten, er habe nicht schuldhaft gehandelt, wird auf OLG Düsseldorf GRUR-RR 2012, 62 – Türlagerwinkel – verwiesen. Danach gilt, dass zur Vermeidung des Vorwurfs einer schuldhaften Gebrauchsmusterverletzung sachkundiger Rat erfahrener Patent- oder Rechtsanwälte eingeholt werden muss. Des Weiteren müssen Zweifel an der Rechtsbeständigkeit des Gebrauchsmusters regelmäßig durch Einleitung eines Löschungsverfahrens geltend gemacht werden. Maßgeblich ist für den Prüfungsumfang der gesamte Inhalt des Gebrauchsmusters und nicht nur derjenige des Hauptanspruchs.

32. Zum Verschulden vgl. *Mes* PatG GebrMG § 24 Rn. 46 ff.

33. Zum Rechnungslegungsbegehren → Anm. 11, → Form. II.Q.1 Anm. 19, 20.

34. Zur Zuständigkeit → Anm. 1. Anzugeben ist jeweils das Bundesland, in dem Verletzungshandlungen vorgekommen sind.

35. Ebenso wie in Patentverletzungsstreitigkeiten empfiehlt sich regelmäßig auch in Gebrauchsmusterrechtsstreitigkeiten die Hinzuziehung eines Patentanwaltes, dessen Mitwirkung angezeigt wird. Zur Erstattung der Kosten eines Patentanwalts → Anm. 1.

36. Der gebrauchsmusterrechtliche Unterlassungsanspruch ist bei Vorliegen besonderer Voraussetzungen auch im Verfügungsverfahren gerichtlich durchsetzbar. Unter Beachtung, dass es sich bei einem Gebrauchsmuster um ein nicht geprüftes Recht handelt, gelten die gleichen Grundsätze wie bei einer einstweiligen Verfügung in einer patentrechtlichen Streitigkeit (→ Form. II.Q.3 Anm. 49, → Form. II.Q.3 Anm. 50). Es besteht Anlass, gerade im Zusammenhang mit gebrauchsmusterrechtlichen Verfügungsverfahren auf das Schadensersatzrisiko des § 945 ZPO hinzuweisen.

Kosten und Gebühren

37. Vgl. die Hinweise → Form. II.Q.3. Das dort Ausgeführte gilt auch für Gebrauchsmusterstreitigkeiten, da § 27 GebrMG eine inhaltsgleiche Regelung wie § 143 PatG trifft. In § 26 GebrMG ist eine Streitwertherabsetzung vorgesehen; dazu vgl. → Form. II.Q.3 Anm. 3.

Fristen und Rechtsmittel

38. Keine.

10. Formelle Klageerwiderung auf eine Gebrauchsmusterverletzungsklage

Landgericht
Zivilkammer[1, 2]
In Sachen
. . . . .[3]
zeige ich an, dass ich die Beklagte vertrete. Namens und in Vollmacht der Beklagten werde ich beantragen,

1. die Klage abzuweisen,

2. . . . . .[4]

Des Weiteren beantrage ich,

die Akten des DE-GM . . . . . beizuziehen und der Beklagten für die Dauer einer ihr noch zu bestimmenden Schriftsatzfrist zugänglich zu machen.[5]

Es handelt sich um eine Gebrauchsmusterverletzungsstreitigkeit, so dass eine Übertragung auf den Einzelrichter nicht angezeigt erscheint.[6] **Die Beklagte teilt die Auffassung der Klägerin, dass eine Güteverhandlung nicht sinnvoll ist.**[7]
Ich teile mit, dass die Beklagte

Herrn Patentanwalt

. . . . .

zur Mitwirkung in diesem Rechtsstreit bestellt hat.[8]
Rechtsanwalt

Anmerkungen

1. Zur Bedeutung einer formellen Klageerwiderung → Form. II.Q.4 Anm. 1.

2. Zur Zuständigkeit → Form. II.Q.8 Anm. 1. Es gelten auch hier die Ausführungen in → Form. II.Q.4 Anm. 3.

3. Zur Ausgestaltung des Rubrums vgl. bspw. → Form. II.Q.4.

4. Zu den Anträgen → Form. II.Q.4.

5. Das Recht der Akteneinsicht ist in § 8 Abs. 5 GebrMG geregelt.

6. Stellungnahme gem. § 271 Abs. 3 ZPO.

7. Erwiderung auf die entsprechende Verfahrensanregung der Klägerin (→ Form. II. Q.9 Anm. 19). Für den Fall, dass die Beklagte sehr wohl meint, eine Güteverhandlung sollte durchgeführt werden, ist dies hier mitzuteilen.

8. Die Mitwirkung eines Patentanwalts wird grds. empfohlen. Die durch seine Mitwirkung entstehenden Kosten sind in gleicher Weise erstattungsfähig wie diejenigen eines

Rechtsanwalts, ohne dass iE die Notwendigkeit der Hinzuziehung zu prüfen wäre (§ 27 Abs. 3 GebrMG). In jüngster Zeit streitig, vgl. → Form. II.Q.1 Anm. 26, →Anm. 29–30.

11. Materielle Klageerwiderung auf eine Gebrauchsmusterverletzungsklage mit Aussetzungsantrag

Landgericht

Zivilkammer[1]

In Sachen

. . . . .[2]

werde ich des Weiteren beantragen,

den Rechtsstreit bis zur rechtskräftigen Erledigung des gegen das Deutsche Gebrauchsmuster . . . . . erhobenen Löschungsantrags auszusetzen.[3]

Zur

Begründung

des vorstehenden Antrags sowie der diesseitigen Anträge auf Klageabweisung im Schriftsatz vom . . . . . trage ich das Folgende vor:

. . . . .[4]

Rechtsanwalt

Anmerkungen

1. Zur Zuständigkeit → Form. II.Q.10 Anm. 2.

2. Zum Rubrum vgl. zB → Form. II.Q.4.

3. Zur Ausgestaltung eines Gebrauchsmusterlöschungsantrages vgl. das nachfolgende → Form. II.Q.12. Zur Frage der Aussetzung wegen eines Löschungsantrages vgl. die gesetzliche Regelung in § 19 GebrMG. Ihr liegt folgender Regelungsgehalt zugrunde:

Bei einem bekannt gemachten oder erteilten Patent ist der Verletzungsrichter an den rechtsgestaltenden Verwaltungsakt der Patenterteilung gebunden. Dementsprechend sind Zweifel im Hinblick auf die Patentfähigkeit im Patentverletzungsprozess nur im Zusammenhang mit der Frage beachtlich, ob im Hinblick auf eine Nichtigkeitsklage oder ein Einspruchsverfahren gegen das Klagepatent eine Aussetzung (§ 148 ZPO) geboten erscheint. Beim Gebrauchsmuster hingegen handelt es sich um ein ungeprüftes Schutzrecht. Dementsprechend kann der Beklagte im Gebrauchsmusterverletzungsprozess selbst fehlende Schutzfähigkeit des Gebrauchsmusters einwenden. Das Verletzungsgericht hat die Schutzvoraussetzungen des Gebrauchsmusters selbständig zu überprüfen (§ 13 GebrMG; vgl. *Mes* PatG GebrMG § 13 Rn. 1 ff.). Im Gegensatz zu einem Patentverletzungsprozess ist daher der Beklagte, will er fehlende Schutzfähigkeit des Gebrauchsmusters einwenden, nicht gezwungen, einen – gesonderten – Löschungsantrag (beim Bundespatentamt) anhängig zu machen. Die Praxis zeigt freilich, dass sich ein derartiger Antrag, soweit für ihn Erfolgsaussicht besteht, empfiehlt. § 19 S. 1 GebrMG stellt insoweit klar, dass es im Ermessen des Gerichtes steht, den Verletzungsprozess bis zur Entscheidung über den Löschungsantrag auszusetzen. Gem. § 19 S. 2 GebrMG besteht freilich eine richterliche Pflicht zur Aussetzung, wenn das Gericht die Gebrauchsmustereintragung für unwirksam hält. Gem. § 19 S. 3 GebrMG ist das Verletzungsgericht an die einen Löschungsantrag zurückweisende Entscheidung nur gebunden, wenn sie zwischen denselben Parteien ergangen ist (Einzelheiten bei *Mes* PatG GebrMG § 19 Rn. 1 ff.).

4. Der Aufbau einer Klageverteidigung im Gebrauchsmusterverletzungsprozess folgt demjenigen einer Verteidigung gegen eine Patentverletzungsklage. Zur Vermeidung von Wiederholungen wird dazu auf → Form. II.Q.5 verwiesen.

12. Gebrauchsmusterlöschungsantrag

Deutsches Patent- und Markenamt
Gebrauchsmusterabteilung[1]
80297 München

Antrag
des . . . . .[2]
Antragsteller,
Verfahrensbevollmächtigter: . . . . .
gegen
. . . . .[3]
Antragsgegner,
wegen Löschung des Gebrauchsmusters . . . . .
Es wird beantragt,

1. **das DE-GM . . . . . in vollem Umfang zu löschen;**[4]
2. **dem Antragsgegner die Kosten des Löschungsverfahrens aufzuerlegen.**[5]

Die amtliche Gebühr iHv . . . . . EUR wird auf das Konto der Zahlstelle des Deutschen Patent- und Markenamts gleichzeitig überwiesen.[6] **Ich füge eine auf mich lautende Vollmacht bei.**[7]

Begründung:[8]

→ Form. II.Q.6.

Rechtsanwalt/Patentanwalt[9, 10]

Schrifttum: Ahrens, Die Koordination der Verfahren zur Schutzentziehung und wegen Verletzung von registrierten Rechten des Geistigen Eigentums, GRUR 2009, 196; *Bender*, Eingeschränkte Schutzansprüche und die entsprechende Anwendung von zivilprozessualen Grundsätzen im Gebrauchsmusterlöschungsverfahren, GRUR 1997, 785; *Goebel,* Gebrauchsmuster – Beschränkte Schutzansprüche und Kostenrisiko im Löschungsverfahren, GRUR 1999, 833; *ders.,* Schutzansprüche und Ursprungsoffenbarung – Der Gegenstand des Gebrauchsmusters im Löschungsverfahren, GRUR 2000, 477; *Hellwig,* Zur Änderung der Schutzansprüche eingetragener Gebrauchsmuster, Mitt. 2001, 102; *Hüttermann/Storz,* Zur „Identität" nach § 15 Abs. 1 Nr. 2 GebrMG, Mitt. 2006, 343; *Ochs,* Aussetzung im Gebrauchsmusterverletzungsverfahren, Mitt. 2014, 534; *Osenberg,* Das Gebrauchsmusterlöschungsverfahren in der Amtspraxis, GRUR 1999, 838; *Schäffler,* Besonderheiten bei der Abwehr von Ansprüchen aus parallelen Gebrauchsmuster und Geschmacksmuster im Falle widerrechtlicher Entnahme Geistigen Eigentums, Mitt. 2005, 216.

Hinweis: Ein weiteres Textbeispiel für einen Gebrauchsmusterlöschungsantrag findet sich in *Mes/v. Schwerin/Geschke,* Münchener Prozessformularbuch, Bd. 5, Gewerblicher Rechtsschutz, Urheber- und Presserecht, 5. Aufl. 2018, Form. D.15.

Anmerkungen

1. Die Löschungsgründe für ein Gebrauchsmuster sind in § 15 Abs. 1 GebrMG aufgeführt. Es sind dies die fehlende Schutzfähigkeit gem. §§ 1–3 GebrMG, die Wesensgleichheit mit einem früheren Patent oder Gebrauchsmuster (§ 15 Abs. 1 Nr. 2 GebrMG), die unzulässige Erweiterung (§ 15 Abs. 1 Nr. 3 GebrMG) und die widerrechtliche Entnahme (§ 15 Abs. 2 iVm § 13 Abs. 2 GebrMG).

2. Aktivlegitimiert ist in den Fällen des § 15 Abs. 1 GebrMG jedermann (vgl. §§ 15 Abs. 1, 16 GebrMG), im Falle der widerrechtlichen Entnahme nur der Verletzte (§ 15 Abs. 2 GebrMG).

3. Der Löschungsantrag richtet sich gegen den als Inhaber Eingetragenen (§ 17 Abs. 1 GebrMG).

4. Das Verfahren unterliegt weitgehend der Parteidisposition. Es ist ein bestimmter Antrag zu stellen (§ 16 S. 1 GebrMG). Dieser kann auch auf Teillöschung des Gebrauchsmusters lauten (§ 15 Abs. 3 GebrMG). An den Antrag ist das Deutsche Patent- und Markenamt gem. § 308 Abs. 1 ZPO analog gebunden (vgl. zB BPatG GRUR 1991, 313 (315) – Verpackungsbehälter mit Diebstahlssicherung). Die Prüfungskompetenz des Deutschen Patent- und Markenamts ist auf den geltend gemachten Löschungsgrund beschränkt (BPatG GRUR 1981, 908 – Brustprothese). Gem. § 17 Abs. 1 GebrMG teilt das Patent- und Markenamt dem Inhaber des Gebrauchsmusters den Antrag mit und fordert ihn gleichzeitig auf, sich dazu innerhalb einer Frist von einem Monat zu erklären. Widerspricht der Gebrauchsmusterinhaber nicht rechtzeitig, erfolgt die Löschung (§ 17 Abs. 1 S. 2 GebrMG). Widerspricht der Gebrauchsmusterinhaber, so tritt das Patent- und Markenamt in das Löschungsverfahren nach Maßgabe des § 17 Abs. 2–4 GebrMG ein. Es findet eine mündliche Verhandlung statt (§ 17 Abs. 3 GebrMG), nach deren Schließung ein Beschluss über den Löschungsantrag ergeht. Dieser enthält auch eine Kostenentscheidung (§ 17 Abs. 4 GebrMG).

Der Gebrauchsmusterinhaber kann das Streitgebrauchsmuster insb. beschränkt, vordringlich mit abgeänderten (eingeschränkten) Ansprüchen verteidigen. Er kann sich dabei auf den Gesamtoffenbarungsgehalt der Gebrauchsmusteranmeldung stützen, sofern das Gebrauchsmuster in seinem Gegenstand nicht erweitert, vordringlich nicht auf ein Aliud gerichtet wird (BGH GRUR 2003, 867 – Momentanpol). Der Gebrauchsmusterinhaber ist im Löschungsverfahren jedoch weitgehend frei, in den verteidigten Schutzanspruch beschränkende Merkmale aufzunehmen, die in der Beschreibung enthalten sind (BGH GRUR 2005, 316 – Fußbodenbelag; BPatG Mitt. 2001, 361 – Innerer Hohlraum). Weitere Einzelheiten bei *Mes* PatG GebrMG § 16 Rn. 30 ff.

5. Die Kostenentscheidung ist durch das Patent- und Markenamt gem. § 17 Abs. 4 S. 2 GebrMG iVm § 34 Abs. 2 S. 2 PatG zu treffen. Die letztgenannte Vorschrift bezieht sich auf §§ 91 ff. ZPO, lässt jedoch die Möglichkeit, nach billigem Ermessen eine abweichende Regelung zu treffen. Das Patent- und Markenamt ist daher nicht zwingend an die Regelung der §§ 91 ff. ZPO gebunden. Grds. entspricht es jedoch billigem Ermessen, diese Grundsätze entsprechend anzuwenden.

6. Die Höhe der Amtsgebühr ergibt sich aus dem Gebührenverzeichnis entsprechend dem Gesetz über die Kosten des Deutschen Patent- und Markenamts und des Bundespatentgerichts (PatKostG, abgedr. in PMZ 2002, 14; und *Mes*, PatG, 5. Aufl. 2020, Anh. 1), das Art. 1 des Gesetzes zur Bereinigung von Kostenregelungen auf dem Gebiet des geistigen Eigentums vom 13.12.2001 bildet. Die Höhe der Gebühren bestimmt sich gem. § 2 Abs. 1 PatKostG nach dem Gebührenverzeichnis der Anlage zu diesem Gesetz, das zu 323.100 für das Löschungsverfahren (§ 16 GebrMG) eine Gebühr iHv 300 EUR vorsieht. Die Gebühr ist mit Einreichung des Löschungsantrags fällig (§ 3 Abs. 1 PatKostG).

Wird die Gebühr nicht, nicht vollständig oder nicht rechtzeitig gezahlt, so gilt der Antrag als zurückgenommen (§ 6 Abs. 2 PatKostG). In diesem Fall entfällt die Amtsgebühr insgesamt, wenn (weil) die beantragte Amtshandlung nicht vorgenommen wurde (§ 10 Abs. 2 PatKostG).

7. Das Löschungsverfahren ist in §§ 16 ff. GebrMG nur in seinen Grundzügen geregelt. Der Nachweis einer Vertretervollmacht ist ein allgemein (insb. auch im Verwaltungsverfahren) geltendes Erfordernis (vgl. § 14 Abs. 1 S. 2 VwVfG).

8. Der Löschungsantrag erfordert eine Begründung (§ 16 S. 2 GebrMG). Diese unterscheidet sich im Wesentlichen nicht von einer Begründung bspw. einer Patentnichtigkeitsklage. Darauf kann zur Vermeidung von Wiederholungen verwiesen werden (→ Form. II. Q.6).

Kosten und Gebühren

9. Vgl. PatKostG v. 13.12.2001, abgedr. in PMZ 2002, 14 ff. sowie die Ausführungen zu → Anm. 6. Für die erste Instanz des Gebrauchsmusterlöschungsverfahrens beim Deutschen Patent- und Markenamt wie auch für das Beschwerdeverfahren vor dem Bundespatentgericht wird grds. kein Streitwert festgesetzt. Es kommen die Gebühren des Verzeichnisses Nr. 323 100 und Nr. 421 100 zur Anwendung. Eine Streitwertfestsetzung erfolgt nur auf Antrag. Bevor ein Löschungsantrag anhängig gemacht wird, empfiehlt es sich zur Vermeidung einer Kostenauferlegung analog § 93 ZPO (im Falle des Verzichts des Gebrauchsmusterinhabers), den Gebrauchsmusterinhaber zum Verzicht aufzufordern (BPatG GRUR 1989, 587).

Gebühren des rechts- bzw. patentanwaltlichen Vertreters: Es gelten die Vorschriften des Rechtsanwaltsvergütungsgesetzes (BPatG Mitt. 2008, 423 (424) – Gegenstandswertfestsetzung durch das DPMA). In Betracht kommt eine Anwendung der Nr. 2300 VV RVG mit einem Rahmen zwischen 0,5 und 2,5. Für die Wahrnehmung einer mündlichen Verhandlung erfolgt eine angemessene Erhöhung(zu Einzelheiten vgl. *Benkard/Göbel/Engel, PatG*, 11. Aufl. 2015, GebrMG § 14 Rn. 37 ff.).

Wird die Partei des Gebrauchsmusterlöschungsverfahrens sowohl durch einen Rechtsanwalt als auch durch einen Patentanwalt vertreten, stellt sich die Frage der Erstattungsfähigkeit dieser sog Doppelvertretung. § 27 Abs. 3 GebrMG geht von der Möglichkeit einer Doppelvertretung nur im Gebrauchsmusterverletzungsprozess aus, nicht jedoch im Löschungsverfahren. Im Löschungsverfahren können Kosten der Doppelvertretung als angemessen iSd § 91 ZPO angesehen werden, wenn gleichzeitig ein Verletzungsverfahren anhängig ist. Zu Einzelheiten vgl. *Mes* PatG GebrMG § 17 Rn. 23, 24.

Fristen und Rechtsmittel

10. Nach Eingang des Löschungsantrags teilt das Patentamt dem Gebrauchsmusterinhaber diesen mit und fordert ihn auf, sich dazu innerhalb eines Monats (durch Widerspruch) zu erklären. Widerspricht er nicht, wird das Gebrauchsmuster gelöscht (§ 17 Abs. 1 GebrMG).

Gegen die Entscheidung des Patentamtes über den Löschungsantrag ist die Beschwerde an das Bundespatentgericht statthaft (§ 18 Abs. 1 GebrMG), für die eine Frist von einem Monat nach Zustellung gilt (§ 18 Abs. 3 GebrMG iVm § 73 Abs. 2 S. 1 PatG). Die Beschwerde ist wegen der umfassenden Verweisung auf das Beschwerdeverfahren des

Patentgesetzes gem. § 18 Abs. 2 S. 1 iVm § 73 Abs. 2 S. 1 und Abs. 4 PatG) beim Patent- und Markenamt einzulegen (*Mes* PatG GebrMG § 18 Rn. 10). Es ist eine Beschwerdegebühr zu entrichten (§ 18 Abs. 2 GebrMG; so. unter „Kosten und Gebühren"; vgl. Einzelheiten bei *Mes* PatG GebrMG § 18 Rn. 14, 15).

Design- und Gemeinschaftsgeschmacksmusterrecht

13. Verwarnung wegen Verletzung eines eingetragenen Designs

Firma B . . . . .
z. H. der Geschäftsleitung
Betr.: A . . . . ./. B . . . . .
Eingetragenes Design[1]
Sehr geehrte Herren!

Die Firma A . . . . . hat mich mit der Wahrnehmung ihrer Interessen beauftragt. Namens und aufgrund beigefügter Vollmacht[2] meiner Mandantin teile ich Ihnen das Folgende mit:

1. Meine Mandantin ist alleinige und ausschließlich berechtigte Inhaberin des beim Deutschen Patent- und Markenamt[3] am . . . . . angemeldeten[4] und am . . . . . eingetragenen[5] Designs betreffend eine Sitzschale aus Kunststoff. Die Bekanntmachung[6] erfolgte am . . . . . Ich füge zu Ihrer Unterrichtung als Anlage A die Kopie der Designeintragungsakten einschließlich der niedergelegten beiden Abbildungen der Sitzschale meiner Mandantin bei.[7] Sie können daraus ersehen, dass der Gesamteindruck der hier interessierenden Sitzschale durch die Kombination folgender Merkmale[8] begründet wird:

a) Die Krümmung des Sitz- und Lehnenbereichs erfolgt stetig und ohne Unterbrechung,

b) entlang den beiden Längsseiten der seitlichen konkaven Vorwärtswölbungen der Sitzfläche befinden sich deutliche Fasen, die ihre größte Breite am Übergang von Sitz und Lehne haben und sowohl nach vorn als auch nach oben jeweils spitzwinklig auslaufen,

c) die Außenseitenflächen wirken im Wesentlichen eben und sind zu den Fasen kantig abgewinkelt und verlaufen ungefähr rechtwinklig zum Längsmittelbereich des Sitzes und der Lehne, wobei die rechtwinklig zu den Kanten verlaufenden Linien dieser Seitenflächen ungefähr gerade sind und diese Seitenflächen sich vom Übergangsbereich Sitz/Lehne nach oben und nach vorn stetig verjüngen,

d) die Breite der Lehne nimmt vom Übergangsbereich Sitz/Lehne in aufwärtiger Richtung linear ab und schließt dann zu dem oberen Rand der Lehne führende Rundungen an, die stetig in den schwach konvex gewölbten oberen Rand der Lehne übergehen.

Die den Gegenstand des Designs meiner Mandantin bildende Sitzschale ist schutzfähig. Insbes. sind die Voraussetzungen der Neuheit und der Eigenart gegeben. Aufgrund Ihrer langjährigen Tätigkeit auf dem hier betreffenden Gebiet der Herstellung und des Vertriebes von Stühlen und Sitzschalen werden Sie ohne weiteres bestätigen können, dass es bisher keine Schale auf dem Markt gegeben hat, die in ihren Gestaltungsmerkmalen mit dem Erzeugnis meiner Auftraggeberin vergleichbar wäre.[9]

2. Meine Mandantin hat die Feststellung treffen müssen, dass Sie seit kurzer Zeit eine Sitzschale herstellen und vertreiben, die auf Grund ihrer äußeren Übereinstimmung mit dem niedergelegten Modell als dessen Nachbildung anzusehen ist.[10] Mit der

Herstellung und dem Vertrieb dieser Nachbildung greifen Sie in die Rechte meiner Mandantin am eingetragenen Design ein. Ich habe Sie daher zur Vermeidung einer gerichtlichen Auseinandersetzung aufzufordern, sich gegenüber meiner Mandantin zu meinen Händen bis zum

. . . . .[11]

zu verpflichten,

a) es bei Meidung einer für jeden Fall der Zuwiderhandlung fälligen Vertragsstrafe[12] iHv 5.001 EUR (in Worten: fünftausendeins Euro) zu unterlassen,[13]
im Bereich der Bundesrepublik Deutschland[14] Sitzschalen für Stühle (herzustellen), anzubieten, in den Verkehr zu bringen, einzuführen, auszuführen, zu gebrauchen oder zu den genannten Zwecken zu besitzen,[15] die nach Maßgabe der folgenden Abbildungen gestaltet sind und somit folgende Gestaltungsmerkmale aufweisen
(a') . . . . .
(b') . . . . .
(c') . . . . .
(d') . . . . .
(Es folgen Fotos des Verletzungsgegenstandes);[16]

b) meiner Mandantin Auskunft[17] über die Herkunft und den Vertriebsweg der vorstehend unter a) beschriebenen Erzeugnisse zu erteilen, insb. unter Angabe der Namen und Anschriften (der Hersteller,) der Lieferanten und deren Vorbesitzer, der gewerblichen Abnehmer oder Auftraggeber sowie unter Angabe der Mengen der (hergestellten, ausgelieferten,) erhaltenen oder bestellten Erzeugnisse;

c) meiner Mandantin darüber Rechnung[18] zu legen, in welchem Umfang Sie die vorstehend unter a) bezeichneten Handlungen begangen haben, und zwar unter Vorlage eines Verzeichnisses mit der Angabe (der Herstellungsmengen und -zeiten sowie) der einzelnen Lieferungen unter Angabe
aa) der (Herstellungsmengen,) Liefermengen, Typenbezeichnungen, Artikelnummern, Lieferzeiten, Lieferpreise und Namen und Anschriften der Abnehmer,
bb) der Gestehungskosten unter Angabe der einzelnen Kostenfaktoren sowie des erzielten Gewinns[19]
cc) und unter Angabe der einzelnen Angebote und der Werbung unter Nennung der Angebotsmengen, Typenbezeichnungen, Artikelnummern, Angebotszeiten und Angebotspreise sowie der Namen und Anschriften der Angebotsempfänger,
dd) der einzelnen Werbeträger, deren Auflagenhöhe, Verbreitungszeitraum und Verbreitungsgebiet
wobei
ee) Ihnen vorbehalten bleiben mag,[20] nach Ihrer Wahl die Namen und Anschriften der Angebotsempfänger und der nicht gewerblichen Abnehmer statt meiner Mandantin einem von dieser zu bezeichnenden und ihr gegenüber zur Verschwiegenheit verpflichteten vereidigten Wirtschaftsprüfer mitzuteilen, sofern Sie dessen Kosten tragen und ihn ermächtigen, meiner Mandantin auf Anfrage mitzuteilen, ob eine bestimmte Lieferung oder der Name oder die Anschrift eines bestimmt bezeichneten Liefer- oder Angebotsempfängers in der erteilten Rechnung enthalten ist;

d) die in Ihrem unmittelbaren oder mittelbaren Besitz oder Eigentum befindlichen Erzeugnisse entsprechend vorstehend a) zu vernichten oder nach Ihrer Wahl an einen von meiner Mandantin zu bezeichnenden Treuhänder zum Zwecke der Vernichtung auf Ihre Kosten herauszugeben;[21]

e) meiner Auftraggeberin allen denjenigen Schaden zu erstatten, der ihr aus den vorstehend unter a) bezeichneten Handlungen entstanden ist und künftighin entstehen wird;[22]

f) meiner Mandantin die durch meine Einschaltung entstandenen Kosten auf der Grundlage eines Gegenstandswertes von . . . . . EUR iHv 1,3 Geschäftsgebühr zzgl. Auslagen und Mehrwertsteuer (insgesamt . . . . . EUR) zu erstatten.[23, 24]

Ihre Verpflichtungen zur Unterlassung sowie zu Schadensersatz finden ihre Grundlage in § 42 Abs. 1 u. 2 DesignG. Der Anspruch meiner Mandantin auf Rechnungslegung ist in gewohnheitsrechtlicher Anwendung des § 242 BGB sowie der Rechtsregeln betreffend die auftragslose Geschäftsführung begründet; § 50 DesignG geht von der Existenz eines derartigen Anspruchs aus. Der vorstehend ebenfalls geltend gemachte Auskunftsanspruch betreffend Angaben über den Vertriebsweg und etwaige Vorbesitzer findet seine Grundlage in § 46 DesignG. Gem. § 43 Abs. 1 DesignG kann meine Mandantin schließlich auch verlangen, dass alle rechtswidrig hergestellten, verbreiteten oder zur rechtswidrigen Verbreitung bestimmten Vervielfältigungsstücke, die in Ihrem Besitz oder in Ihrem Eigentum stehen, vernichtet werden. Zur Kostenerstattung sind Sie sowohl unter dem rechtlichen Gesichtspunkt des Schadensersatzes als auch unter demjenigen der auftragslosen Geschäftsführung verpflichtet.[25]

Sollten Sie die Ihnen gesetzte Frist ungenutzt verstreichen lassen, gehe ich davon aus, dass Sie einem gerichtlichen Austrag den Vorzug geben und werde meiner Mandantin empfehlen, gerichtliche Hilfe in Anspruch zu nehmen.[26]

Rechtsanwalt[27, 28]

Schrifttum zum Designrecht und zum Gemeinschaftsgeschmacksmusterrecht: 1. Kommentare, Monographien, Handbücher:

Beyerlein, Aktuelle Entwicklungen im Designrecht, Mitt. 2021, 13; *Bulling/Langöhrig/Hellwig/Müller,* Designschutz, 4. Aufl. 2018; *Eichmann/Jestaedt/Fink/Meiser*, DesignG, 6. Aufl. 2019; *Eichmann/Kur*, Designrecht – Praxishandbuch, 2. Aufl. 2016; *Günther/Beyerlein*, DesignG, 3. Aufl. 2015; *Kunze,* Das neue Geschmacksmusterrecht, Einführung, Texte, Materialien, 2004; *Rehmann,* GeschmMG, 2004; *ders.*, DesignR, 2. Aufl. 2014; *Schramm*, Der europaweite Schutz des Produktdesigns, Dissertation, Baden-Baden, 2005.

2. Aufsätze:

Becker, Gestaltübertragungen im Geschmacksmusterrecht – Zur Bedeutung der Produktart beim geschmacksmusterrechtlichen Schutz von Design, GRUR Int. 2012, 312; *Beyerlein,* Aktuelle Entwicklungen im DesignR, Mitt. 2016, 306; *Kappl*, Vom Geschmacksmuster zum eingetragenen Design, GRUR 2014, 326; *Ruhl*, Fragen des Schutzumfangs im Geschmacksmusterrecht, GRUR 2010, 289; *Ruhl*, Anmerkungen zur geschmacksmusterrechtlichen Entscheidung des BGH „Verlängerte Limousinen“, GRUR 2010, 692.

Hilfsmittel: Braitmayer, Leitfaden nationales Geschmacksmuster, 2. Aufl. 2006; *Zentek*, Designschutz, Fallsammlung zum Schutz kreativer Leistungen, 2003; *Hartwig*, Designschutz in Europa, Bd. 1–3, Entscheidungssammlung, 2007–2009.

3. Schrifttum zum Gemeinschaftsgeschmacksmuster:

Bulling/Langöhrig/Hellwig, Gemeinschaftsgeschmacksmuster, 4. Aufl. 2018; *Hartwig,* Relevanter Formenschatz im Geschmeinschaftsgeschmacksmusterrecht, GRUR 2017, 1212; *Hasselblatt u.a,* Community Design Regulation, 2. Aufl. 2018; *Maier/Schlötelburg,* Leitfaden Gemeinschaftsgeschmacksmuster, 2003, *Ruhl/Tolkmitt,* Gemeinschaftsgeschmacksmuster, 3. Aufl. 2019.

4. Materialien:

Hartwig, Die Rechtsprechung zum Designrecht in den Jahren 2018 und 2019, Teil 1, GRUR 2020, 798; Teil 2 GRUR 2020, 935.

Hinweis: Weitere Textbeispiele für designrechtliche Streitigkeiten bei *Mes/Gauss/Stolz,*

Münchener Prozessformularbuch, Bd. 5, Gewerblicher Rechtsschutz, Urheber- und Presserecht, 5. Aufl. 2018, Form. F.1, Form. F.14.

Anmerkungen

1. Das Gesetz über den rechtlichen Schutz von Muster und Modellen (Geschmacksmustergesetz – GeschmMG) v. 12.3.2004 ist durch Art. 6 des Gesetzes zur Novellierung patentrechtlicher Vorschriften und anderer Gesetze des gewerblichen Rechtsschutzes v. 19.10.2013 (BGBl. I 3830) in „Gesetz über den rechtlichen Schutz von Design (Designgesetz – DesignG)" umbenannt worden. Die Umbenennung und sonstigen Änderungen betreffen zunächst den Austausch des Sprachgebrauchs: Statt „Muster" heißt es nunmehr „Design", statt „Geschmacksmuster" wird der Begriff „eingetragenes Design" benutz. Weitere Änderungen betreffen die Einführung eines Löschungsverfahren vor dem DPMA (§§ 34a ff. DesignG) und die Notwendigkeit einer Widerklage auf Feststellung oder Erklärung der Nichtigkeit des Designs in dem Fall, dass eine Partei sich auf die fehlende Rechtsgültigkeit eines eingetragenen Designs berufen möchte (§§ 52a ff. DesignG).

Das Formular zeigt das Beispiel einer Abmahnung (Verwarnung). Verwarnungen auf der Grundlage gewerblicher Schutzrechte stellen für den Verwarner ein erhebliches Risiko dar. Eine unbegründete Verwarnung kann als ein Eingriff in das Recht des Verwarnten am eingerichteten und ausgeübten Gewerbebetrieb angesehen werden, der bei Verschulden zu Schadensersatz verpflichtet. Sie kann des Weiteren als Wettbewerbsverstoß beurteilt werden. Vgl. zu Einzelheiten → Form. II.Q.1 Anm. 1. Bei einem ungeprüften Schutzrecht, wie bspw. einem eingetragenen Design, sind die Sorgfaltspflichtanforderungen, die an den Schutzrechtsinhaber betreffend die Prüfung der Schutzfähigkeit zu stellen sind, recht hoch. Derjenige Verwarner handelt – lediglich – nicht schuldhaft, der „sich durch eine gewissenhafte Prüfung und auf Grund vernünftiger und billiger Überlegungen" die Überzeugung verschafft hat, sein Schutzrecht werde rechtsbeständig sein (BGH GRUR 1974, 290 – Maschenfester Strumpf). Bestehen hinsichtlich der Schutzfähigkeit Zweifel oder erscheint der Verletzungstatbestand noch nicht ausreichend aufgeklärt, kann es sich gerade in Streitigkeiten auf der Grundlage eines eingetragenen Designs empfehlen, anstelle einer Verwarnung zunächst nur auf die Existenz des eingetragenen Designs hinzuweisen und eine sog Berechtigungsanfrage herauszusenden. Anstelle der Verpflichtungserklärung zu nachfolgenden → Anm. 16–23 würde dann folgende Formulierung aufscheinen: „Ich habe Sie daher namens und in Vollmacht meiner Mandantin aufzufordern, bis zum . . . . . mitzuteilen, aus welchen Gründen Sie sich berechtigt glauben, das Schutzrecht meiner Mandantin nicht zu beachten" (→ Form. II.O.8). Vgl. zu den Sorgfaltsanforderungen bei einer Verwarnung aus einem eingetragenen Design insb. BGH GRUR 1979, 332 (336) – Brombeerleuchte – mAnm *Horn* (s. ferner → Form. II. Q.1 Anm. 1). Ein Beispiel für eine Berechtigungsanfrage in einer designrechtlichen Auseinandersetzung findet sich bei MPFormB GewRS/*Mes/Gauss/Stolz* Form. F.1.

2. Ob die Vorlage einer Vollmacht erforderlich ist, ist streitig (→ Form. II.Q.1 Anm. 3). Nach bisher wohl herrschender Ansicht muss eine Vollmacht nicht beigefügt werden, da die Abmahnung – im Normalfall – weder einseitiges Rechtsgeschäft noch geschäftsähnliche Handlung ist, so dass § 174 BGB keine Anwendung findet (OLG Köln WRP 1985, 360 f.; KG GRUR 1988, 79). Demgegenüber vertreten OLG Düsseldorf (GRUR 1999, 1039; GRUR-RR 2001, 286); OLG Nürnberg (GRUR 1991, 387; 1999, 1039); OLG Dresden (GRUR 1999, 377) die gegenteilige Auffassung. BGH (GRUR 2010, 355 Rn. 18 – Testfundstelle; GRUR 2010, 1120 Rn. 15 – Vollmachtsnachweis) sieht in der Abmahnung (Verwarnung) ein Vertragsangebot zum Abschluss eines Unterwerfungsvertrags, wenn es von einem Rechtsbindungswillen getragen und hinreichend bestimmt ist. Diesen Anforderungen entspricht der Textvorschlag im Form. Infolgedessen ist nach Sicht des BGH (GRUR 2010, 1120 Rn. 15 – Vollmachtsnachweis) § 174 BGB weder direkt noch analog anwendbar, weil es sich nicht um ein einseitiges Rechtsgeschäft handelt. Der Beifügung einer Vollmacht bedarf es nach dieser Sicht nicht. Dennoch sollte eine Vollmacht aus Vorsichtsgründen beigefügt werden, wie im Textbeispiel auch vorgesehen. Das erspart unnütze Diskussionen.

3. Dem Textbeispiel liegt das DesignG v. 12.3.2004 idF des Art. 6 PatNovG v. 19.10.2013 zugrunde. Dazu folgende Übersicht:

Das Gesetz ist in insgesamt 13 Abschnitte aufgeteilt. In Abschn. 1 sind die Schutzvoraussetzungen des eingetragenen Designs niedergelegt. Gem. § 2 Abs. 1 wird ein Design als eingetragenes Design geschützt, das neu ist und Eigenart aufweist. Ein Design gilt als neu, wenn vor dem Anmeldetag kein identisches Design offenbart worden ist (§ 2 Abs. 2 S. 1 DesignG). Eigenart besteht, wenn sich der Gesamteindruck, den das Design beim informierten Benutzer hervorruft, von dem Gesamteindruck unterscheidet, den ein anderes Design bei diesem Benutzer hervorruft, das vor dem Anmeldetag offenbart worden ist (§ 2 Abs. 3 S. 1 DesignG). Vergleichsmaßstab ist nur ein einziges Erzeugnis (BGH GRUR 2010, 718 – Verlängerte Limousinen; OLG Hamm InstGE 8, 233 (237) – Kaminöfen; OLG Frankfurt a. M. GRUR-RR 2009, 16 (17) – Plastikuntersetzer; *Eichmann/Jestaedt/Fink/Meiser* DesignG 6. Aufl. 2019, § 2 Rn. 14 ff., 22; ebenso zu Art. 6 VO (EG) Nr. 6/2002 für das nicht eingetragene Geschmacksmuster EuGH GRUR 2014, 774 – KMF/Dunnes).

Abschn. 2 des DesignG definiert die Berechtigten am eingetragenen Design. Gem. § 7 besteht ein Recht auf das eingetragene Design (subjektiv öffentlicher Anspruch).

Der Schutz als eingetragenes Design setzt Anmeldung und Eintragung voraus (vgl. Abschn. 3, Eintragungsverfahren und §§ 11 ff.). Die Anmeldung erfolgt beim Deutschen Patent- und Markenamt, das diese sodann auch prüft (§ 16 DesignG). Die Anmeldung führt zur Eintragung, sofern nicht ein Eintragungshindernis besteht (§ 18 DesignG). Die Berechtigung des Anmelders zur Anmeldung und die Richtigkeit der in der Anmeldung gemachten Angaben werden durch das DPMA nicht geprüft (§ 19 Abs. 2 DesignG). Die Einsichtnahme in das Register der eingetragenen Designs beim DPMA steht jedermann frei (§ 22 Abs. 1 S. 1 DesignG).

Abschn. 4 regelt die Entstehung und Dauer des Schutzes als eingetragenes Design. Der Schutz des eingetragenen Designs entsteht mit der Eintragung (§ 27 Abs. 1 DesignG) und beträgt 25 Jahre, gerechnet ab dem Anmeldetag (§ 27 Abs. 2 DesignG). Voraussetzung für die Erlangung dieser Schutzdauer ist die Zahlung von Aufrechterhaltungsgebühren (§ 28 Abs. 1u. Abs. 3 DesignG).

Abschn. 7 regelt die Schutzwirkungen und Schutzbeschränkungen. Gem. § 38 Abs. 1 DesignG gewährt das eingetragene Design seinem Rechtsinhaber das ausschließliche Recht, es zu benutzen und Dritten zu verbieten, es ohne seine Zustimmung zu benutzen. § 38 Abs. 1 S. 2 DesignG führt die einzelnen, dem Inhaber des eingetragenen Designs vorbehaltenen Benutzungshandlungen auf. Der Schutzumfang ergibt sich aus § 38 Abs. 2 DesignG. Er erstreckt sich auf jedes Design (Erzeugnis), das beim informierten Benutzer keinen anderen Gesamteindruck als das eingetragene Design erweckt. Bei der Beurteilung des Schutzumfangs (des eingetragenen Designs) wird der Grad der Gestaltungsfreiheit des Entwerfers bei der Entwicklung seines Designs berücksichtigt. Obgleich das angemeldete Design vor Eintragung nicht iE auf materielle Schutzvoraussetzungen geprüft wird, enthält § 39 DesignG eine Vermutung der Rechtsgültigkeit zugunsten des Rechtsinhabers des eingetragenen Designs. Diese Rechtsbestandsvermutung wird durch die Neuregelungen des Art. 6 PatNovG v. 19.10.2013 betreffend die Geltendmachung der Unwirksamkeit einer Nichtigkeit des eingetragenen Designs verstärkt. Insoweit gilt § 52a DesignG.

Danach kann eine Partei (im Verletzungsprozess) sich auf die fehlende Rechtsgültigkeit eines eingetragenen Designs nur durch Erhebung einer Widerklage auf Feststellung oder Erklärung der Nichtigkeit (gem. §§ 52b ff. DesignG) oder durch Stellung eines Antrags (auf Löschung) nach §§ 34 ff. DesignG berufen.

Abschn. 8 regelt das Sanktionensystem. § 42 DesignG gewährt Ansprüche auf Beseitigung, Unterlassung und Schadensersatz. § 43 DesignG begründet einen Anspruch auf Vernichtung und ggf. Überlassung. § 46 DesignG enthält die Verpflichtung des Verletzers zur sog Drittauskunft. Gem. § 51 DesignG ist die (schuldhafte) Verletzung des eingetragenen Designs Straftat. Teilbereiche der §§ 42 ff. DesignG sind durch Gesetz v. 7.7.2008 mWz 1.9.2008 neu gefasst. Die Neuregelungen entsprechen denjenigen, die der Gesetzgeber im Zusammenhang mit §§ 139 ff. PatG vorgenommen hat. Zum Inhalt dieser Neuregelungen wird verwiesen auf → Form. II.Q.1 Anm. 6 zu a. Vgl. nachfolgend auch → Anm. 17 ff.

Neben der Möglichkeit, nationalen Designschutz durch Anmeldung und Niederlegung beim Deutschen Patentamt zu erlangen, gibt es die internationale Hinterlegung auf Grund des Haager Abkommens über die internationale Hinterlegung gewerblicher Muster und Modelle v. 6.11.1925 (in der Folgezeit mehrfach revidiert). Das Haager Abkommen gilt für die Bundesrepublik Deutschland seit dem 1.8.1984. Es eröffnet die Möglichkeit, durch einen einzigen Formalakt, nämlich Hinterlegung des Schutzgegenstandes beim „Internationalen Büro für den Schutz des geistigen Eigentums" (WIPO/OMPI) in Genf in den Verbandsländern jeweils nationale Designrechte zu erwirken. Die materiellen Schutzvoraussetzungen und -folgen richten sich nach nationalem – hier deutschem – Recht. In den folgenden Ausführungen wird nicht nach deutschen und internationalen Designrechten unterschieden, sofern nicht ausdrücklich etwas Gegenteiliges angeführt ist.

Neben dem nationalen eingetragenen Design entweder auf der Grundlage einer nationalen Anmeldung oder einer internationalen Hinterlegung gibt es das Gemeinschaftsgeschmacksmuster nach Maßgabe VO (EG) Nr. 6/2002 des Rates v. 12.12.2001 über das Gemeinschaftsgeschmacksmuster. Diese sog Geschmacksmusterverordnung wird durch die Umformulierung von Geschmacksmuster zu Design nach Maßgabe des Art. 6 des Gesetzes zur Novellierung patentrechtlicher Vorschriften und anderer Gesetze des gewerblichen Rechtsschutzes v. 19.10.2013 (BGBl. I 3830) nicht berührt. Das Gemeinschaftsgeschmacksmuster heißt mithin nach wie vor „Gemeinschaftsgeschmacksmuster". Dieses wird in den folgenden Anmerkungen nicht behandelt. Eine Klage auf der Grundlage des Gemeinschaftsgeschmackmusters findet sich jedoch nachfolgend in → Form. II.Q.18.

4. Die Rechte aus dem eingetragenen Design gem. §§ 38 Abs. 1, 42 ff. DesignG entstehen erst mit der Eintragung in das Register (§ 27 Abs. 1 DesignG). Dennoch ist der Anmeldetag von Bedeutung, weil die Schutzdauer des eingetragenen Designs (25 Jahre) ab dem Anmeldetag gerechnet wird (§ 27 Abs. 2 DesignG). Die Anmeldung hat auch deshalb Bedeutung, weil der Schutz des eingetragenen Designs für diejenigen Merkmale der Erscheinungsform begründet wird, die in der Anmeldung sichtbar wiedergegeben sind (§ 37 Abs. 1 DesignG).

5. Nach dem früheren Rechtszustand waren Anmeldung und Niederlegung des Geschmacksmusters (Designs) beim DPMA konstitutiv und die Eintragung hatte keine materielle Wirkung. Nunmehr ist die Situation völlig anders. Es ist die Eintragung, die den Schutz des eingetragenen Designs entstehen lässt (§ 27 Abs. 1 DesignG).

6. Die Eintragung in das Register wird mit einer Wiedergabe des Designs durch das DPMA bekannt gemacht (§ 20 S. 1 DesignG). Die Bekanntmachung ist jedoch nicht konstitutiv. Sie erfolgt insb. ohne Gewähr für die Vollständigkeit der Abbildung und die Erkennbarkeit der Erscheinungsmerkmale des Designs (§ 20 S. 2 DesignG). Die Bekanntmachung kann aufgeschoben werden (§ 21 DesignG). Das führt zu der Folge, dass während der Dauer der Aufschiebung der Bekanntmachung (§ 21 Abs. 1 S. 1 DesignG) die Ausschließungswirkung nach Maßgabe von § 38 Abs. 1 u. 2 DesignG nur dann gegeben ist, wenn das (angegriffene) Design das Ergebnis einer Nachahmung des eingetragenen Geschmacksmusters ist (§ 38 Abs. 3 DesignG).

7. Da die Abmahnung der möglichst raschen außergerichtlichen Streiterledigung dient, empfiehlt es sich, dem Verwarnten eine sofortige Überprüfung des Wahrheitsgehaltes der Abmahnung zu ermöglichen. Insoweit ist die Übersendung vorhandener Kopien der Unterlagen des eingetragenen Designs erforderlich. Unterlässt der Verwarner eine ausreichende Unterrichtung, so besteht für ihn ein erhöhtes Kostenrisiko gem. § 93 ZPO (vgl. OLG Düsseldorf GRUR 1970, 432; GRUR 1980, 135, jeweils für Patentverwarnungen; für Verwarnungen aus einem Geschmacksmuster (Design) vgl. OLG Düsseldorf GRUR 1979, 719 (721) – Diamantschmuck).

8. Während beim Patent und beim Gebrauchsmuster die den Gegenstand des Schutzrechtes ausmachende Merkmalskombination schon regelmäßig aus dem Wortlaut der Schutzansprüche hergeleitet werden kann, müssen die Merkmale, deren Gesamteindruck den Gegenstand des niedergelegten des eingetragenen Designs ausmacht, iE herausgearbeitet und in Worte gekleidet werden (BGH GRUR 2001, 503 (505) – Sitz-Liegemöbel; GRUR 1996, 767 (768, 769) re. Sp. – Holzstühle; ein Beispiel einer Merkmalsanalyse: BGH GRUR 2000, 1023 (1024, 1025) – Drei-Speichen-Felgenrad). Das begegnet häufig erheblichen Schwierigkeiten. Denn bei einem eingetragenen Design wird nicht eine wörtliche Beschreibung eines technischen Gegenstandes niedergelegt, sondern ein Design bezieht sich auf eine ästhetische Gestaltung. Diese entzieht sich meist der genauen Wiedergabe durch Worte (BGH GRUR 1967, 375 (378) – Kronleuchter).

9. Verwiesen wird auf den Inhalt der → Anm. 1 und die dort hervorgehobene Notwendigkeit einer sorgfältigen Prüfung der Schutzfähigkeit des eingetragenen Designs. Diese ist anhand des vorbekannten Formenschatzes im Hinblick auf Neuheit und Eigenart (vgl. § 2 DesignG) vorzunehmen. Die Neuheitsprüfung erfolgt nach Maßgabe des § 2 Abs. 2 DesignG. Ein Design gilt als neu, wenn vor dem Anmeldetag kein **identisches** Design offenbart worden ist. Designs gelten nach dem Inhalt des § 2 Abs. 2 S. 1 DesignG als identisch, wenn sich ihre Merkmale nur in **unwesentlichen** Einzelheiten unterscheiden. Es findet mithin ein Einzelvergleich zwischen dem Gegenstand des eingetragenen Designs und jeweiliger Entgegenhaltung statt. Das entspricht der bisherigen Rechtslage zum alten Geschmacksmustergesetz (zB BGH GRUR 2001, 503 (505) – Sitz-Liegemöbel; 2000, 1023 (1025) – Drei-Speichen-Felgenrad; GRUR 1996, 767 – Holzstühle). Die Prüfung auf ausreichende Eigenart erfolgt gem. § 2 Abs. 3 DesignG. Danach hat ein Design Eigenart, wenn sich der Gesamteindruck, den es beim informierten Benutzer hervorruft, von dem Gesamteindruck unterscheidet, den ein anderes Design bei diesem Benutzer hervorruft, das vor dem Anmeldetag offenbart worden ist. In Abweichung zum früheren Rechtszustand, der einen Gesamtvergleich mit den vorbekannten Formgestaltungen vorsah (BGH GRUR 2001, 503 (505) – Sitz-Liegemöbel; 2000, 1023 (1025) – Drei-Speichen-Felgenrad), findet nunmehr ein Einzelvergleich statt, nämlich des einen (in seinem Gesamteindruck) im Vergleich zu einem anderen Design (in seinem Gesamteindruck) (BGH GRUR 2010, 718 – Verlängerte Limousine; OLG Hamm InstGE 8, 233 (237) – Kaminöfen; *Eichmann/Jestaedt/Fink/Meiser* DesignG, 6. Aufl. 2019, § 2 Rn. 22; KG ZUM 2005, 231 (232) – Natursalz; ebenso zum – nicht eingetragenen – Gemeinschaftsgeschmacksmuster EuGH GRUR 2014, 774 – KMF/Dunnes). Bei der Beurteilung des Gesamteindrucks eines Designs kann auch auf die eingetragenen Designs tatsächlich vertriebener Erzeugnisse abgestellt werden (EuGH GRUR 2012, 506 (507) – PepsiCo).

Zum Leitbild des informierten Benutzers (nach GGV) vgl. EuGH GRUR 2012, 506 – PepsiCo: Es soll sich um einen Begriff handeln, der zwischen dem im Markenrecht anwendbaren Begriff des Durchschnittsverbrauchers und dem patentrechtlichen Begriff des Fachmanns mit profunden technischen Fähigkeiten liegt. Dem informierten Benutzer soll daher eine durchschnittliche Aufmerksamkeit, aber keine besondere Wachsamkeit zu eigen sein. Der „informierte Benutzer" ist fiktiv (*Eichmann/Jestaedt/Fink/Meiser* DesignG, 6. Aufl. 2019, § 2 Rn. 45).

Im vorprozessualen Stadium genügt regelmäßig ein Sachvortrag, wie im Textbeispiel vorgesehen, um die Vermutung der Rechtsgültigkeit nach Maßgabe des § 39 DesignG auszufüllen. Dennoch finden sich im Vorgriff auf eine etwaige Verteidigung des in Anspruch genommenen weitere Ausführungen im Formular.

10. Eine derartige Darlegung des Verletzungstatbestandes genügt für eine Verwarnung. Die vor der Verwarnung erforderliche Überprüfung des Verletzungstatbestandes bedarf freilich größerer Sorgfalt. In dem dem Formular zugrunde liegenden Fallbeispiel wird davon ausgegangen, dass eine Bekanntmachung der Eintragung des eingetragenen Designs in das Register beim Deutschen Patentamt schon vor dem Tatbestand des Aufscheinens von Nachahmungserzeugnissen erfolgt war. Zu den Voraussetzungen einer Verletzung eines eingetragenen Designs in objektiver und subjektiver Hinsicht → Form. II.Q.14 Anm. 30–33 und die vorbezeichneten Anm. selbst.

11. Für die Bemessung der Länge der Äußerungsfrist gibt es keine festen Regeln. Die Frist muss angemessen, dh so lang sein, dass dem Verwarnten eine Überprüfung der tatsächlichen und rechtlichen Angaben der Abmahnung möglich ist und ihm ausreichende Zeit zur Entschließung, ggf. zur Einholung von Rechtsrat verbleibt. Regelmäßig wird bei Verletzungen eines eingetragenen Designs wie auch bei sonstigen Verletzungen von gewerblichen Schutzrechten eine Frist von ca. einem Monat angemessen sein. Die Erklärungsfrist kann kürzer bemessen werden, wenn davon auszugehen ist, dass dem Verwarnten das Schutzrecht seit geraumer Zeit bekannt ist oder besondere Umstände eine Frist von einem Monat als zu lang erscheinen lassen (zB besondere Eilbedürftigkeit; wie etwa in Messesachen: Hier kann eine Frist von wenigen Stunden oder zB nur einem Tag gesetzt werden; besondere Bekanntheit des Gegenstandes des eingetragenen Designs infolge umfassender Werbung; besonders intensive Verletzungshandlungen).

12. Zur Bedeutung der Abgabe einer strafgesicherten Unterlassungsverpflichtungserklärung, → Form. II.Q.1 Anm. 12. Die Vertragsstrafe hat nicht den Charakter einer Privatstrafe, sondern dient ausschließlich dazu, die Ernsthaftigkeit des Willens des Versprechenden zu belegen, die eingegangene Unterlassungsverpflichtung auch einzuhalten (BGH GRUR 2001, 758 (759) – Trainingsvertrag; 1996, 995 (996) – Übergang des Vertragsstrafeversprechens). Zugleich ist sie pauschaler Schadensersatz (BGHZ 105, 25 (27); GRUR 1993, 926 re. Sp. – Apothekenzeitschriften). Zu den Möglichkeiten einer anderen Form des Vertragsstrafeversprechens, vgl. ebenfalls → Form. II.Q.1 Anm. 12. Die Höhe der Vertragsstrafe braucht nicht so gewählt zu werden, dass die Zuständigkeit des LG begründet wird. Gem. § 52 Abs. 1 DesignG gehören alle Streitsachen aufgrund eingetragenen Designs vor die LG, ohne Rücksicht auf den Streitwert. Zu weiteren Einzelheiten im Zusammenhang mit einer strafbewehrten Unterlassungsverpflichtungserklärung, insb. der Formulierung der konkreten Verletzungsform, der Vertragsstrafe, eines etwaigen Verschuldens und zum rechtlichen Gesichtspunkt „Fortsetzungszusammenhang" vgl. ebenfalls → Form. II.Q.1 Anm. 12; ferner für den Bereich des eingetragenen Designs *Eichmann/Jestaedt/Fink/Meiser* DesignG, 6. Aufl. 2019, § 42 Rn. 30.

13. Der geltend gemachte Unterlassungsanspruch findet seine Grundlage in §§ 42 Abs. 1, 38 DesignG. Die für die Annahme eines Unterlassungsanspruchs erforderliche Wiederholungsgefahr ergibt sich aus der Tatsache, dass Rechtsverletzungen vorgekommen sind. Das bedarf bei der Abmahnung keiner besonderen Hervorhebung.

14. Zur territorialen Beschränkung der Geltung gewerblicher Schutzrechte zu → Form. II.Q.1 Anm. 13. Für internationale Geschmacksmuster, die auch in Deutschland gelten, könnte formuliert werden: „. . . . . im deutschen Geltungsbereich des internationalen eingetragenen Designs . . . . .“.

15. Die Aufzählung der streitgegenständlichen Benutzungshandlungen folgt dem Wortlaut des § 38 Abs. 1 S. 2 DesignG. Soweit die Benutzungshandlung des „Herstellens“ im Textbeispiel in Klammern gesetzt ist, geschieht dies deshalb, um darauf aufmerksam zu machen, dass an den Nachweis der Herstellung besondere Anforderungen zu richten sind, wohingegen immer dann, wenn ein Indenverkehrbringen oder eine sonstige Benutzungshandlung nachgewiesen werden kann, damit zugleich auch die anderen Benutzungshandlungen (ausgenommen das Herstellen) unter dem Grundsatz der Einheit der Benutzungshandlungen miterfasst sind. Insoweit gelten die gleichen Prinzipien wie zu § 9 S. 2 Nr. 1 PatG und § 11 Abs. 1 GebrMG. → Form. II.Q.3 Anm. 10.

16. Der Verletzungsgegenstand ist in Anlehnung an die herausgearbeitete und den Gegenstand des eingetragenen Designs kennzeichnende Merkmalskombination, die im vorstehenden Form. in Form eines Beispiels unter Ziff. 1a–d aufgeführt ist, so konkret wie möglich zu bezeichnen, um den Gegenstand der Unterlassungsverpflichtung gem. § 241 BGB so zweifelsfrei wie möglich festzulegen. Es empfiehlt sich regelmäßig, Abbildungen des Verletzungsgegenstandes einzufügen, da nichts so deutlich wie eine Fotografie die Einzelmerkmale des Verletzungsgegenstandes zeigen kann (BGH GRUR 2002, 86 (88) – Laubhefter). Dabei sollte durch eine sog „Insbesondere“-Formulierung verdeutlicht werden, dass die der allgemeineren Beschreibung des Verletzungsgegenstandes beigefügte Abbildung ein Beispielsfall der Verletzung ist (vgl. *Eichmann/Jestaedt/Fink/Meiser DesignG*, 6. Aufl. 2019, § 42 Rn. 99; BGH GRUR 2007, 871, Tz 19 – Wagenfeld-Leuchte).

17. Ein eingetragenes Design ist insb. ein Ausschließungsrecht. Gegenstand und Umfang der alleinigen Benutzung des Designrechtsinhabers und seiner Ausschließungsbefugnis ergeben sich aus § 38 DesignG. Die sich bei Rechtsverletzungen ergebenden Ansprüche (Sanktionen) finden sich in §§ 42 ff. DesignG, nämlich gerichtet auf Beseitigung und Unterlassung (verschuldensunabhängig, § 42 Abs. 1 DesignG), Schadensersatz (verschuldensabhängig, § 42 Abs. 2 DesignG), Vernichtung und Überlassung (verschuldensunabhängig, § 43 DesignG), Drittauskunft (verschuldensunabhängig, § 46 DesignG), Rechnungslegung (verschuldensabhängig, § 46 Abs. 5 DesignG iVm den Rechtsregeln betr. die auftragslose Geschäftsführung und gewohnheitsrechtlicher Anwendung des § 242 BGB und des § 50 DesignG) und schließlich auf Entschädigung (verschuldensunabhängig, § 45 DesignG). Soweit weitere Ansprüche aus anderen gesetzlichen Vorschriften bestehen, bleiben diese unberührt (§ 50 DesignG). Durch Art. 7 des Gesetzes zur Verbesserung der Durchsetzung von Rechten des geistigen Eigentums v. 7.7.2008, das am 1.9.2008 in Kraft getreten ist, sind einige zusätzliche Ansprüche geschaffen worden: Gem. § 23 Abs. 2 DesignG besteht im Falle der Verletzung des eingetragenen Designs ein Anspruch auf Rückruf von rechtswidrig hergestellten, verbreiteten oder zur rechtswidrigen Verbreitung bestimmten Erzeugnissen oder auf deren endgültige Entfernung aus dem Vertriebsweg. § 46a DesignG gibt einen Anspruch bei hinreichender Wahrscheinlichkeit einer Rechtsverletzung auf Vorlage einer Urkunde oder Besichtigung einer Sache. Dieser Anspruch kann insb. im Wege der einstweiligen Verfügung nach §§ 935–945 ZPO geltend gemacht werden. Ob dabei die Voraussetzung der Dringlichkeit zu prüfen ist, ist streitig (verneinend: OLG Düsseldorf Mitt. 2011, 151, 152; GRUR-RR 2011, 289, 290; *Eichmann/Jestaedt/Fink/Meiser DesignG*, 6. Aufl. 2019, § 46a Rn. 7; *Kühnen* GRUR 2005, 185, 194; *Tillmann* GRUR 2005, 737, 738; *Stjerna* Mitt. 2011, 271; bejahend: OLG Frankfurt GRUR-RR 2006, 295, 296- Quellcode-Besichtigung; OLG Köln WRP 2009, 647; OLG Hamm GRUR-RR 2013, 306, 307; *Eck/Dombrowski* GRUR 2008, 387, 392). § 46b

DesignG begründet einen Sicherungsanspruch im Zusammenhang mit Schadensersatzansprüchen, und zwar bei einer im gewerblichen Ausmaß begangenen Rechtsverletzung auf Vorlage von Bank-, Finanz- oder Handelsunterlagen oder einen geeigneten Zugang zu den entsprechenden Unterlagen. Auch dieser Anspruch kann im Wege der einstweiligen Verfügung durchgesetzt werden (§ 46b Abs. 3 DesignG). § 47 DesignG gibt einen Anspruch auf Urteilsbekanntmachung im Falle des Unterliegens im Prozess. Diese weiteren Ansprüche sind im Textbeispiel der Verwarnung nicht enthalten. Zu Formulierungsvorschlägen (in Form von Klageanträgen → Form. II.Q.3 und die dortigen Klageanträge I 5–7).

18. Die Verpflichtung des Verletzers des eingetragenen Designs zur Leistung von Schadenersatz findet sich in § 42 Abs. 2 DesignG. Da ein eingetragenes Design neben einem positiven ausschließlichen Benutzungsrecht (nunmehr ausdrücklich: § 38 Abs. 1 S. 1 DesignG) dem Rechtsinhaber auch die Befugnis gibt, Dritte von der Benutzung des Gegenstandes des eingetragenen Designs auszuschließen, kann nach allgemeiner Auffassung der Inhaber des eingetragenen Designs seinen Schaden nach allen drei Berechnungsmethoden des gewerblichen Rechtsschutzes berechnen (so schon zum alten Rechtszustand: BGH GRUR 1966, 97 (100) – Zündaufsatz; zur Berechnung des Verletzergewinns: BGH GRUR 2001, 329 – Gemeinkostenanteil).

Dementsprechend kann der Inhaber des eingetragenen Designs entweder seinen konkret entgangenen eigenen Gewinn, die Herausgabe des Verletzergewinns (so ausdrücklich § 42 Abs. 2 S. 2 DesignG einschließlich zugehöriger Rechnungslegung) oder eine angemessene Lizenzgebühr verlangen (allgM, vgl. statt vieler BGH GRUR 2001, 329 – Gemeinkostenanteil; so jetzt ausdrücklich § 42 Abs. 2 S. 3 DesignG). Der Rechnungslegungsanspruch ist Hilfsanspruch zum Schadensersatzbegehren; er hat vorbereitenden Charakter, um dem Inhaber des eingetragenen Designs diejenigen Kenntnisse zu verschaffen, die er benötigt, um seine Wahl zwischen den verschiedenen bestehenden Schadensberechnungsmethoden zu treffen und iÜ seinen Schaden ziffernmäßig bestimmen zu können. Der Rechnungslegungsanspruch hat infolge seiner jahrzehntelangen Anerkennung durch die höchstrichterliche Rspr. den Charakter von Gewohnheitsrecht. Das gilt auch für das Designrecht (vgl. zB BGH GRUR 1965, 198 (202) – Küchenmaschine; GRUR 1966, 97 (100) – Zündaufsatz; vgl. § 50 DesignG).

Während der Anspruch auf Beseitigung und/oder Unterlassung gem. § 42 Abs. 1 DesignG verschuldensunabhängig ist, erfordert der Schadensersatzanspruch des § 42 Abs. 2 DesignG vorsätzliches oder fahrlässiges Handeln des Verletzers.

19. Zu den Gestehungskosten gehören nicht die Gemeinkosten (Fixkosten); diese dürfen vom Verletzer im Falle der Geltendmachung des Anspruchs auf Herausgabe des Verletzergewinns nicht abgezogen werden (BGH GRUR 2001, 329 (331) – Gemeinkostenanteil). Bis BGH GRUR 2007, 773 (777), re. Sp. – Rohrschweißverfahren – war es üblich, die Rechnungslegungsangaben dahingehend zu präzisieren, dass der rechnungslegungspflichtige Schutzrechtsverletzer seine Rechnungslegungsangaben entsprechend der materiellen Rechtslage auszurichten hatte, mithin seine Angaben nicht um Gemeinkosten (Fixkosten) vermindern durfte. Eine solche Formulierung wird nicht mehr vorgeschlagen. In geeigneten Fällen kann es sich anbieten, auch einen Anspruch auf Vorlage von Belegen geltend zu machen (BGH GRUR 2001, 841 (845) li. Sp. oben – Entfernung der Herstellungsnummer II; GRUR 2002, 709 (712) – Entfernung der Herstellungsnummer III: zum UWG; regelmäßig in Form von Kopien entweder der Rechnungen oder der Lieferscheine. Zu Einzelheiten vgl. *Stjerna* GRUR 2011, 789). Diesen Anspruch gibt nunmehr ausdrücklich § 46a Abs. 1 S. 2 DesignG im Falle der hinreichenden Wahrscheinlichkeit einer im gewerblichen Ausmaß begangenen Rechtsverletzung. Dann besteht ein Anspruch auch auf die Vorlage von Bank-, Finanz- oder Handelsunterlagen.

20. Die im Textbeispiel angeführten Einzelangaben werden von der höchstrichterlichen Rspr. grds. zuerkannt (vgl. die Nachw. → Form. II.Q.1 Anm. 16). Eine Besonderheit besteht hinsichtlich der Namen und Anschriften von nichtgewerblichen Abnehmern und der Angebotsempfänger. Hier ist die Frage des Wirtschaftsprüfervorbehalts aufgeworfen. Ausgehend vom Wortlaut des § 46 Abs. 3 DesignG ist ein Wirtschaftsprüfervorbehalt nur noch insoweit anzuerkennen, als es um die nichtgewerblichen Abnehmer und um die Empfänger von Angeboten geht. Diese sind in § 46 Abs. 3 DesignG nicht aufgeführt. Wäre im Falle einer gerichtlichen Auseinandersetzung in dem vorstehend beschriebenen Umfang ein Wirtschaftsprüfervorbehalt von Amts wegen einzuräumen (BGH GRUR 1981, 535; GRUR 1995, 338 (341, 342) – Kleiderbügel: für den patentrechtlichen Auskunftsanspruch gem. § 140b PatG), so erscheint es gerechtfertigt, diesen von vornherein auch in der Verwarnung zu berücksichtigen (→ Form. II.Q.1 Anm. 20).

21. Den mit dieser Aufforderung geltend gemachten Vernichtungsanspruch gewährt § 43 Abs. 1 S. 1 DesignG. Zu Einzelheiten → Form. II.Q.1 Anm. 6, 21 sowie → Form. II. Q.3 Anm. 16. Gem. § 43 Abs. 1 S. 2 DesignG besteht die Möglichkeit, die im Eigentum des Verletzers stehenden Vorrichtungen, die vorwiegend zur Herstellung verletzender Erzeugnisse gedient haben, ebenfalls zu vernichten. Diese müssen allerdings im Eigentum des Verletzers stehen. Statt Vernichtung kann der Verletzte vom Verletzer verlangen, dass ihm die Erzeugnisse, die in dessen Eigentum stehen, gegen eine angemessene Vergütung, die die Herstellungskosten nicht übersteigen darf, überlassen werden (§ 43 Abs. 3 DesignG). Zu diesen bisher schon gewährten Ansprüchen fügt die Neufassung des § 43 Abs. 2 DesignG durch das Gesetz zur Verbesserung der Durchsetzung von Rechten des geistigen Eigentums v. 7.7.2008 mWz 1.9.2008 den Anspruch hinzu, dass der Verletzte den Verletzer auf Rückruf von rechtswidrig hergestellten, verbreiteten oder zur rechtswidrigen Verbreitung bestimmten Erzeugnissen in Anspruch nehmen kann; ein gleicher Anspruch ist auf das endgültige Entfernen der vorstehend bezeichneten Erzeugnisse aus den Vertriebswegen gerichtet. Diese Ansprüche können nebeneinander (kumulativ) geltend gemacht werden (BGH Mitt. 2017, 410 – Abdichtsystem: Zum Patentrecht). Gem. § 43 Abs. 4 DesignG besteht ein Ausnahmetatbestand gegenüber den Regelungen in Abs. 1–3 des § 43 DesignG, sofern diese Maßnahmen im Einzelfall unverhältnismäßig sind. Dabei ist auch auf die berechtigten Interessen Dritter Rücksicht zu nehmen (§ 43 Abs. 4 S. 2 DesignG). Grds. ist die Vernichtung von designverletzenden Erzeugnissen jedoch nicht unverhältnismäßig (BGH GRUR 1997, 899 – Vernichtungsanspruch: für Markenverletzung). Ein weiterer Ausnahmetatbestand besteht in § 43 Abs. 5 DesignG für wesentliche Bestandteile von Gebäuden gem. § 93 BGB sowie für ausscheidbare Teile von Erzeugnissen und Vorrichtungen, deren Herstellung und Verbreitung als solche nicht rechtswidrig ist. Für derartige Fälle scheiden die nach Absätzen 1–3 des § 43 DesignG vorgesehenen Maßnahmen aus (§ 43 Abs. 5 DesignG).

22. Zur Schadensersatzverpflichtung → Anm. 18.

23. Es empfiehlt sich, die Frage der Kostenerstattung gesondert neben der Schadensersatzverpflichtung im Verwarnungsschreiben anzusprechen, da zur Kostenerstattung auch derjenige verpflichtet ist, der möglicherweise nicht schuldhaft gehandelt hat (→ Anm. 25).

24. Um den Verwarnten nicht über die Höhe der auf ihn zukommenden Kosten im Falle der Abgabe einer Unterwerfungserklärung im Unklaren zu lassen, können die Kosten konkret angegeben werden. Ebenso ist der Gegenstandswert anzugeben. Zur Höhe des Gegenstandswertes → Form. II.Q.14 Anm. 3.

25. Zur Kostenerstattung unter dem rechtlichen Gesichtspunkt der (zwischenzeitlich gewohnheitsrechtlich anerkannten) auftragslosen Geschäftsführung: BGH GRUR 2001,

450 (453) – Franzbranntwein-Gel; 2000, 337 (338) – Preisknaller; BGHZ 115, 210 (212) = GRUR 1992, 176 – Abmahnkostenverjährung; zur Kostenerstattung aufgrund unerlaubter Handlung (Verschulden): BGH GRUR 1995, 338 (342) – Kleiderbügel.

26. Das Beispiel einer Klage auf der Grundlage eines eingetragenen Designs zeigt → Form. II.Q.14.

Kosten und Gebühren

27. Zur Kostenerstattungspflicht → Anm. 25. Zur Höhe der Kosten vgl. die Hinweise zu → Form. II.Q.1.

Rechtsmittel und Fristen

28. Keine.

14. Designverletzungsklage

Landgericht
Kammer für Handelssachen/Zivilkammer[1]
Klage
der Firma A . . . . .
Klägerin,
– Prozessbevollmächtigter: Rechtsanwalt . . . . .
gegen
die Firma B . . . . .[2]
Beklagte,
wegen Verletzung eines eingetragenen Designs
vorläufiger Streitwert: . . . . .[3]
Namens und in Vollmacht der Klägerin erhebe ich Klage und werde beantragen,

I. die Beklagte zu verurteilen,

1. es bei Meidung eines für jeden Fall der Zuwiderhandlung festzusetzenden Ordnungsgeldes bis zu 250.000 EUR, ersatzweise Ordnungshaft bis zu sechs Monaten oder Ordnungshaft bis zu sechs Monaten, im Wiederholungsfalle bis zu zwei Jahren,[4] **zu unterlassen,**

Sitzschalen für Stühle (herzustellen,) anzubieten, in Verkehr zu bringen, einzuführen, auszuführen, zu gebrauchen oder zu den vorstehend genannten Zwecken zu besitzen,[5]

die nach Maßgabe der folgenden Abbildungen gestaltet sind und somit folgende Gestaltungsmerkmale aufweisen:

- **die Krümmung des Sitz- und Lehnenbereichs erfolgt stetig und ohne Unterbrechung,**
- **entlang den beiden Längsseiten der seitlichen konkaven Vorwärtswölbungen der Sitzfläche befinden sich deutliche Fasen, die ihre größte Breite am Übergang von Sitz und Lehne haben und sowohl nach vorn als auch nach oben jeweils spitzwinklig auslaufen,**

- die Außenseitenflächen wirken im Wesentlichen eben und sind zu den Fasen kantig abgewinkelt und verlaufen ungefähr rechtwinklig zum Längsmittelbereich des Sitzes und der Lehne, wobei die rechtwinklig zu den Kanten verlaufenden Linien dieser Seitenflächen ungefähr gerade sind und diese Seitenflächen sich vom Übergangsbereich Sitz/Lehne nach oben und nach vorn stetig verjüngen,
- die Breite der Lehne nimmt vom Übergangsbereich Sitz/Lehne in aufwärtiger Richtung linear ab und schließt dann zu dem oberen Rand der Lehne führende Rundungen an, die stetig in den schwach konvex gewölbten oberen Rand der Lehne übergehen,
  (folgt Wiedergabe von Fotos des Verletzungsgegenstands)[6]

2. der Klägerin Auskunft[7] über (die Herkunft und) den Vertriebsweg der unter vorstehend zu I 1 beschriebenen Erzeugnisse zu erteilen, insb. unter Angabe der Namen und Anschriften der Hersteller, der Lieferanten und deren Vorbesitzer, der gewerblichen Abnehmer oder Auftraggeber sowie unter Angabe der Mengen der (hergestellten), ausgelieferten, erhaltenen oder bestellten Erzeugnisse;
3. der Klägerin über den Umfang der vorstehend zu I 1 bezeichneten Handlungen Rechnung zu legen, und zwar unter Vorlage eines Verzeichnisses mit der Angabe (der Herstellungsmengen und Herstellungszeiten sowie) der einzelnen Lieferungen und unter Beifügung der Belege (Kopien von Rechnungen oder Lieferscheinen) sowie unter Nennung[8]
   a) der Liefermengen, Typenbezeichnungen, Artikel-Nummern, Lieferzeiten, Lieferpreise und Namen und Anschriften der Abnehmer,
   b) der Gestehungskosten unter Angabe der einzelnen Kostenfaktoren sowie des erzielten Gewinns,[9]
   und unter Angabe der einzelnen Angebote und der Werbung unter Nennung
   c) der Angebotsmengen, Typenbezeichnungen, Artikel-Nummern, Angebotszeiten und Angebotspreise sowie der Namen und Anschriften der Angebotsempfänger,
   d) der einzelnen Werbeträger, deren Auflagehöhe, Verbreitungszeitraum und Verbreitungsgebiet,
   wobei
   e) der Beklagten vorbehalten[10] bleiben mag, die Namen und Anschriften der Angebotsempfänger und der nicht gewerblichen Abnehmer statt der Klägerin einem von dieser zu bezeichnenden und ihr gegenüber zur Verschwiegenheit verpflichteten vereidigten Wirtschaftsprüfer mitzuteilen, sofern die Beklagte die durch seine Einschaltung entstehenden Kosten trägt und ihn zugleich ermächtigt, der Klägerin mitzuteilen, ob ein konkret von ihr angefragter Abnehmer und/oder eine konkret von ihr angefragte Lieferung in der erteilten Rechnung enthalten sind;
4. die im unmittelbaren oder mittelbaren Besitz oder im Eigentum der Beklagten befindlichen Erzeugnisse entsprechend vorstehend I 1 an einen von der Klägerin zu beauftragenden Gerichtsvollzieher zum Zwecke der Vernichtung[11] auf Kosten der Beklagten herauszugeben;
5. . . . . .[12]

II. festzustellen, dass die Beklagte verpflichtet ist, der Klägerin allen Schaden zu erstatten, der ihr durch die zu Ziffer I 1 bezeichneten Handlungen entstanden ist und künftig noch entstehen wird;[13]

III. die Kosten des Rechtsstreits der Beklagten aufzuerlegen;

IV. das Urteil – ggf. gegen Sicherheitsleistung (Bank- oder Sparkassenbürgschaft) – für vorläufig vollstreckbar zu erklären;

hilfsweise der Klägerin nachzulassen, die Zwangsvollstreckung gegen Sicherheitsleistung (Bank- oder Sparkassenbürgschaft) abzuwenden.[14]
. . . . .[15, 16, 17]

Begründung:

I.

1. Die Parteien sind Wettbewerber. Beide stellen her und vertreiben Sitzschalen aus thermoplastischen Kunststoffen.
   Die Klägerin ist alleinige und ausschließlich verfügungsberechtigte Inhaberin des beim Deutschen Patentamt[18] am . . . . . angemeldeten[19] und am . . . . . eingetragenen Designs betreffend eine Sitzschale aus Kunststoff. Das Klagedesign wurde am . . . . . bekannt gemacht.[20] Das eingetragene Design steht in Kraft. Ich überreiche als Anlage 1 eine Kopie der Registerakten und trete für die Richtigkeit des Vorstehenden Beweis an durch
   Antrag auf Beiziehung der Registerakten . . . . . des Deutschen Patent- und Markenamts.
   Das der Klage zugrundeliegende eingetragene Design betrifft eine Sitzschale. Insoweit sind von der Klägerin zwei Fotos einer Sitzschale hinterlegt (vgl. Anlage 1). Die Fotos zeigen eine Sitzschale, deren ästhetischer Gesamteindruck durch folgende Einzelmerkmale bestimmt wird:
   a) . . . .
   b) . . . .
   c) . . . .
   d) . . . .
   . . . . .[21]
2. Die Beklagte stellt her und vertreibt eine thermoplastische Sitzschale, die mit dem Originalerzeugnis der Klägerin verwechselbar[22] übereinstimmt. Ich überreiche als Anlage 2 (nur zu den Gerichtsakten) die betreffende Sitzschale der Beklagten, die diese unter der Bezeichnung . . . . in den Verkehr bringt. Schon eine flüchtige Inaugenscheinnahme ergibt, dass die Sitzschale gem. Anlage 2 alle wesentlichen Gestaltungselemente entsprechend der vorstehenden Merkmalsanalyse unter I 1 aufweist. Die Übereinstimmungen sind so augenfällig, dass von einer Wiederholung dieser Merkmale abgesehen werden kann. Ein einziger Unterschied besteht lediglich darin, dass die Sitzschale der Beklagten im oberen Lehnenbereich eine nach hinten abfallende Krümmung aufweist. Dieser Unterschied fällt jedoch nicht ins Auge, zumal er lediglich bei einer Betrachtung der Rückseite des Stuhles überhaupt bemerkt werden kann.[23] Zur Vermeidung von Wiederholungen verweise ich zur Beschreibung der Sitzschale der Beklagten auf den Inhalt des Klageantrags I 1 und die dort wiedergegebenen Abbildungen.
3. Die Beklagte hat einer vorprozessualen Verwarnung nicht Folge geleistet.[24] Daher ist Klage geboten. Mit ihr werden die Ansprüche der Klägerin wegen der unzulässigen Nachbildung ihres eingetragenen Designs geltend gemacht.

II.

Der mit Klageantrag I 1 geltend gemachte Unterlassungsanspruch sowie das Schadensersatzfeststellungsbegehren gemäß Klageantrag II finden ihre rechtliche Begründung in § 42 Abs. 1 u. 2, § 38 DesignG. Auf die mit Klageantrag I 3 verlangte Rechnungslegung hat die Klägerin gem. § 42 Abs. 2 DesignG insoweit Anspruch, als es um den seitens der Beklagten durch die Verletzung des klagegrundbildenden eingetragenen Designs erzielten Gewinns geht. IÜ kann die Klägerin auf der Grundlage von § 50

DesignG iVm den Rechtsregeln betreffend die auftragslose Geschäftsführung in gewohnheitsrechtlicher Anwendung des § 242 BGB Rechnungslegung verlangen. Die weiteren Ansprüche auf Auskunft betreffend den Vertriebsweg und die Vernichtung ergeben sich aus §§ 46 u. 43 DesignG.

1. **Das Klagedesign ist schutzfähig. Es handelt sich um eine Gestaltung, die die dreidimensionale Erscheinungsform eines Erzeugnisses, nämlich eines Stuhles, darstellt.**[25]
2. **Des Weiteren ist der Gegenstand des Klagedesigns neu und verfügt über ausreichende Eigenart (§ 2 Abs. 1–3 DesignG).**[26] **Dabei sind der Prüfung die vorstehend unter I 1 angeführten konkreten Merkmale zugrunde zu legen.**[27] **Der Rechtsbestand des Klagedesigns wird gem. § 39 DesignG vermutet.**[28]
3. **Das Verletzungsdesign der Beklagten erweckt gegenüber dem Gegenstand des Klagedesigns keinen anderen Gesamteindruck. Infolgedessen unterfällt es dem Schutzumfang des Klagedesigns. Auf § 38 Abs. 2 S. 1 DesignG wird verwiesen.**[29]
4. **Der mit Klageantrag I 1 geltend gemachte Unterlassungsanspruch ist gem. § 42 Abs. 1 DesignG begründet. Im Hinblick auf die Verletzung des eingetragenen Designs der Klägerin besteht Wiederholungsgefahr.**
5. **Das mit Klageantrag II geltend gemachte Schadensersatzfeststellungsbegehren findet seine Grundlage in § 42 Abs. 2 DesignG. Es kann nicht geleugnet werden, dass der Klägerin durch die das eingetragene Design verletzenden Handlungen der Beklagten ein Schaden entstanden ist, bspw. dadurch, dass sie Umsatzeinbußen erlitten hat.**[30]
   Die Beklagte hat auch mindestens fahrlässig schuldhaft gehandelt. Bei Anspannung der gebotenen Sorgfalt hätte sie das eingetragene Design auch unabhängig von der Verwarnung kennen und erkennen können, dass die angegriffene Sitzschale nicht den erforderlichen Abstand zum Gegenstand des Klageschutzrechtes einhält.[31] **Jedenfalls seit Erhalt der Abmahnung fällt der Beklagten Vorsatz zur Last.**
   Da die Klägerin die Höhe des ihr entstandenen und künftig noch entstehenden Schadens nur dann ziffernmäßig bestimmen kann, wenn sie genaue Kenntnis vom Umfang der das eingetragene Design verletzenden Handlungen der Beklagten erlangt hat, ist diese gem. § 242 BGB zur Rechnungslegung verpflichtet.[32] **Daraus ergeben sich die Begründetheit des mit Klageantrag I 2 geltend gemachten Rechnungslegungsbegehrens sowie das gem. § 256 ZPO für die Zulässigkeit der Schadensersatzfeststellungsklage notwendige Feststellungsinteresse.**[33] **Die mit Klageanträgen I 2 und 4 geltend gemachten Ansprüche auf Auskunft betreffend den Vertriebsweg sowie auf Herausgabe der das Klagegeschmacksmuster verletzenden Erzeugnisse zur Vernichtung rechtfertigen sich gem. §§ 46 und 43 DesignG.**
6. **. . . . .**[34]
7. **Die Zuständigkeit des angerufenen Gerichts besteht aufgrund der Tatsache, dass es sich um eine Streitigkeit auf der Grundlage eines eingetragenen Designs handelt und dass die Beklagte die angegriffene Nachbildung auch in . . . . . vertreibt.**[35, 36, 37]

Rechtsanwalt[38]

Schrifttum: Vgl. die Hinweise zu → Form. II.Q.13.

Hinweis: Ein weiteres Beispiel einer Geschmacksmusterverletzungsklage (Designverletzungsklage) bei *Mes/Gauss/Stolz,* Münchener Prozessformularbuch, Bd. 5, Gewerblicher Rechtsschutz, Urheber- und Presserecht, 5. Aufl. 2018, Form. F.9. (Eingetragenes Gemeinschaftsgeschmacksmuster)

Anmerkungen

1. *Vorbemerkung:* Das Formular ist inhaltlich an → Form. II.Q.13 ausgerichtet. Die Ausführungen dort gelten auch weitgehend hier.

Es handelt sich um eine Handelssache gem. § 95 Abs. 1 Nr. 4c GVG. Soweit bei LG Spezialkammern für Designstreitsachen gebildet sind, kann die Klage auch an diese Zivilkammer gerichtet werden (aber: Verweisungsmöglichkeit an die Kammer für Handelssachen gem. § 98 Abs. 1 S. 1 GVG).

§ 52 DesignG enthält eine besondere, an § 143 PatG ausgerichtete Zuständigkeitsregelung. Gem. § 52 Abs. 1 DesignG sind ohne Rücksicht auf den Streitwert ausschließlich die LGe zuständig. § 52 Abs. 2 DesignG ermächtigt die Landesregierungen, die Zuständigkeit für Streitigkeiten aufgrund eingetragenen Designs auf eines von mehreren LGen zu konzentrieren. Davon haben nahezu alle Länder Gebrauch gemacht. Insoweit gilt folgende Regelung: Baden-Württemberg – für den OLG-Bezirk Karlsruhe: LG Mannheim, für den OLG-Bezirk Stuttgart: LG Stuttgart; Bayern – für den OLG-Bezirk München: LG München I, und für die OLG-Bezirke Nürnberg und Bamberg: LG Nürnberg; Hessen – LG Frankfurt a. M.; Niedersachen – LG Braunschweig; Rheinland-Pfalz – für OLG-Bezirke Koblenz und Zweibrücken: LG Frankenthal; Nordrhein-Westfalen – für den OLG-Bezirk Düsseldorf: LG Düsseldorf, für die Landgerichtsbezirke Bielefeld, Detmold und Paderborn: LG Bielefeld, für die Landgerichtsbezirke Bochum, Dortmund und Essen: LG Bochum, für die Landgerichtsbezirke Arnsberg, Hagen und Siegen: LG Hagen und für den OLG-Bezirk Köln: LG Köln; Mecklenburg-Vorpommern – für den OLG Bezirk Rostock: LG Rostock (vgl. die Übersicht in GRUR 2000, 36, 390; www.grur.de). Die Regelung der anwaltlichen Vertretungsbefugnis sowie diejenige der Kosten entspricht § 143 PatG (vgl. den Wortlaut des § 52 DesignG und die nachstehenden Ausführungen zu „Kosten und Gebühren").

2. Handelt es sich bei der Beklagten um eine Gesellschaft mit beschränkter Haftung oder um eine Kommanditgesellschaft, deren persönlich haftende Gesellschafterin eine Gesellschaft mit beschränkter Haftung ist, so empfiehlt es sich, zur Erweiterung des Haftungsrahmens auch die verantwortlichen Geschäftsführer der GmbH zu verklagen. Bei einer Verletzung eines eingetragenen Designs handelt es sich um eine unerlaubte Handlung im weiteren Sinne. Dementsprechend haften die Geschäftsführer einer Gesellschaft mit beschränkter Haftung auf Grund eigenen (täterschaftlichen) Verhaltens sowie die GmbH selbst unter dem rechtlichen Gesichtspunkt der Organhaftung (§ 31 BGB). Gleiches gilt zB für den Vorstand einer Aktiengesellschaft. Weitere Einzelheiten in → Form. II.Q.3 Anm. 2. Ob eine bloße Störerhaftung (mithin eine solche außerhalb §§ 830, 840 BGB ausreicht), erscheint zweifelhaft. Verneinend für wettbewerbsrechtliche Streitigkeiten: BGH GRUR 2014, 883 – Geschäftsführerhaftung; abweichend jedoch wohl für Schutzrechtsverletzungen Büscher, Aus der Rspr. des EuGH und des BGH zum Wettbewerbsrecht seit Ende 2013, GRUR 2015, 5 (17) li. Sp. unten).

3. Wie auch sonst im Bereich des gewerblichen Rechtsschutzes im Zusammenhang mit Schutzrechtsverletzungen beruhen die Streitwertangaben analog § 3 ZPO auf Schätzungen. Maßgeblich ist das Interesse des Klägers, das sich im Wesentlichen nach dem wirtschaftlichen Wert des den Klagegrund bildenden eingetragenen Designs richtet. Dieser bestimmt sich ua nach der Laufzeit des Schutzrechtes, den Umsätzen, die der Kläger mit nach dem Schutzrecht hergestellten Erzeugnissen erzielt, sowie nach der Intensität der Verletzungshandlungen. Im Vordergrund steht das Unterlassungsinteresse des Klägers. Zur Streitwertbemessung bei Verletzungen eingetragenen Designs (Geschmacksmusterverletzungen) iE *v. Gamm,* Geschmacksmustergesetz, 2. Aufl. 1989, § 14 Rn. 23.

4. Die Strafandrohungsformel entspricht dem Wortlaut des § 890 Abs. 1 ZPO.

5. → Form. II.Q.13 Anm. 15. Die Tathandlung des Herstellens bedarf besonderer Beachtung, um eine Teilabweisung zu vermeiden. Handelt es sich zB bei der Beklagten um ein Vertriebsunternehmen, sind die in Klammern enthaltenen, Herstellungshandlungen betreffenden Antragsformulierungen zu streichen.

6. Sog Konkretisierung der Verletzungsform durch Hinzufügung von Fotos als Ergänzung/nähere Beschreibung dessen, was im Wortlaut des Antrags niedergelegt ist. Durch die gewählte Formulierung „die nach Maßgabe der folgenden Abbildung gestaltet ist", ist der Antrag eng gefasst. Neben dieser Formulierung besteht die weitere Möglichkeit, den Verweis auf Fotos/Abbildungen in Form einer sog „Insbesondere"-Anfügung vorzunehmen. Dann würden im Antrag I 1 die Worte „nach Maßgabe der folgenden Abbildungen gestaltet sind und somit" entfallen, so dass es in diesem Zusammenhang nur noch heißt: „. . . . . die folgende Gestaltungsmerkmale aufweisen", wobei sodann am Ende der Beschreibung der Gestaltungsmerkmale die Anschließung erfolgen würde, „insbesondere, wenn die Erzeugnisse nach Maßgabe der nachfolgend wiedergegebenen Abbildungen gestaltet sind". Zu diesen Formulierungen → Form. II.Q.13 Anm. 16.

7. Dieser Antrag findet seine Grundlage in § 46 DesignG. → Form. II.Q.13 Anm. 17. Eine genauere Aufgliederung der Angaben findet sich zB in → Form. II.Q.3 Anm. 10.

8. Zur Rechnungslegungsverpflichtung des Verletzers s. § 50 DesignG, ferner § 42 Abs. 2 S. 2 DesignG und die Ausführungen in → Form. II.Q.13 Anm. 18–20.Zur Vorlagepflicht von Belegen (Belegkopien), insb. → Form. II.Q.13 Anm. 17.

9. Früher wurde in ständiger Praxis der Düsseldorfer Gerichte (LG und OLG) gegenüber dem rechnungslegungspflichtigen Schutzrechtsverletzer geltend gemacht (beantragt), dieser müsse seine Rechnungslegungsangaben entsprechend der materiellen Rechtslage ausrichten und dürfe mithin nicht solche Fixkosten und variablen Gemeinkosten von seiner Rechnungslegungsverpflichtung ausnehmen, die nicht ausnahmsweise den Verletzungserzeugnissen unmittelbar zuzuordnen sind. Eine solche Präzisierung der Rechnungslegungsangaben ist vom BGH GRUR 2007, 773 (777), re. Sp. – Rohrschweißverfahren – verworfen worden. Infolgedessen wird eine entsprechende Beschränkung nicht vorgeschlagen.

10. Zum Wirtschaftsprüfervorbehalt → Form. II.Q.13 Anm. 20.

11. Zum Vernichtungsanspruch s. § 43 DesignG. Einzelheiten in → Form. II.Q.13 Anm. 21. Zur Formulierung des Klageantrags → Form. II.Q.3 Anm. 13. Im Textbeispiel wird davon abgesehen, von der Möglichkeit des § 43 Abs. 1 S. 2 DesignG Gebrauch zu machen und auch Vernichtung derjenigen Vorrichtungen oder Vorrichtungsteile (zB Spritzgussform) zu beanspruchen, die zur Herstellung der Plagiate benutzt wurden. Die Durchsetzung eines derartigen Anspruchs ist in der Praxis schwierig, zB schon deshalb, weil der Kläger nicht wissen kann, ob die Vorrichtung, wie dies § 43 Abs. 1 S. 2 DesignG verlangt, im Eigentum des Beklagten steht oder nicht (zB wegen Sicherungseigentums einer finanzierenden Bank). Die Vernichtung schutzrechtsverletzender Erzeugnisse ist regelmäßig nicht unverhältnismäßig (BGH GRUR 1997, 899 – Vernichtungsanspruch: für Markenrecht).

12. Durch die teilweise Neufassung der §§ 42 ff. DesignG könnten weitere Ansprüche in Form von Anträgen aufgeführt werden, zB insb. der Antrag auf Erstattung derjenigen Kosten, die als Geschäftsgebühr im Zusammenhang mit einer vorprozessualen Abmahnung entstanden sind. Zu weiteren möglichen Anträgen/Ansprüchen → Form. II.Q.3 und dort die Klageanträge I. 5 ff.

13. Zur Verbindung von Feststellungsklage und Rechnungslegungsbegehren → Form. II.Q.3 Anm. 15. Die dortigen Ausführungen zum Patentverletzungsprozess gelten auch für den Designverletzungsprozess.

14. Die Nebenentscheidungen werden von Amts wegen getroffen. Dennoch entsprechen die Anträge allgemeiner Übung. Der Vollstreckungsschutzantrag muss besonders begründet werden; zu den Anforderungen (in der Berufungsinstanz) vgl. BGH GRUR 1996, 512 – Fehlender Vollstreckungsschutzantrag II.

15. Wird der Designverletzungsstreit vor die Zivilkammer gebracht, so erfordert § 253 Abs. 3 ZPO einige Erklärungen des Klägers, nämlich betreffend Mediation oder anderer außergerichtliche Konfliktbeilegungen betreffend den Streitwert und darüber, ob einer Entscheidung durch den Einzelrichter Gründe entgegenstehen. Ob eine Mediation Erfolg verspricht, bedarf der Überprüfung nach Maßgabe des Einzelfalles. Regelmäßig sind Streitigkeiten auf der Grundlage eines eingetragenen Designs nicht für eine Entscheidung durch den Einzelrichter geeignet. Darauf sollte in der Klageschrift hingewiesen werden, bspw. mit folgender Formulierung: „Es handelt sich um eine Streitigkeit auf der Grundlage eines eingetragenen Designs, die tatsächlich und rechtlich nicht einfach gelagert ist. Insoweit erscheint eine Übertragung auf den Einzelrichter nicht angezeigt."

16. Eine designrechtliche Streitigkeit eignet sich in der Mehrzahl der Fälle nicht so sehr zur Vorbereitung eines späteren Verhandlungstermins im Wege des schriftlichen Vorverfahrens. Aus Vorsichtsgründen kann empfohlen werden, dennoch die Anträge gem. §§ 307 Abs. 2, 331 Abs. 3 ZPO in die Klageschrift aufzunehmen.

17. Gem. § 278 Abs. 2 ZPO soll der mündlichen Verhandlung zum Zwecke der gütlichen Beilegung des Rechtsstreits eine Güteverhandlung vorausgehen, sofern nicht zuvor bereits ein Einigungsversuch vor einer außergerichtlichen Gütestelle stattgefunden hat oder die Güteverhandlung erkennbar aussichtslos erscheint. In der ganz überwiegenden Mehrzahl der Streitigkeiten des gewerblichen Rechtsschutzes bietet eine Güteverhandlung keine Aussicht auf Erfolg. Insbes. kann das Gericht in diesem frühen Stadium keine eigenen Kenntnisse/Vorschläge einbringen. Es bietet sich daher an, eine Stellungnahme zur Durchführung einer derartigen Güteverhandlung abzugeben. Ein Textbeispiel für eine (begründete) Ablehnung einer Güteverhandlung findet sich in → Form. II.Q.3.

18. Zur Zuständigkeit des Deutschen Patent- und Markenamts → Form. II.Q.13 Anm. 3. finden sich auch Ausführungen zur internationalen Hinterlegung. Liegt eine solche der Klage zugrunde, so ist darauf hinzuweisen und sind die entsprechenden Daten anzuführen.

19. Gem. § 27 Abs. 1 DesignG beginnen die Schutzwirkungen der Designhinterlegung mit der Eintragung. Die Mitteilung des Anmeldetages ist kein anspruchsbegründendes Erfordernis (anders für den bisherigen Rechtszustand, vgl. dazu MPFormB GewRS/*Mes, Form.* F.9, → Form. II.Q.14 Anm. 16). Der Anmeldetag ist jedoch von Bedeutung für die Berechnung der Schutzdauer des eingetragenen Designs (§ 27 Abs. 2 DesignG), des Weiteren ist er der für die Beurteilung der Schutzfähigkeit des eingetragenen Designs entscheidende Zeitpunkt. Schließlich hat die Anmeldung insoweit Bedeutung, als sie Grundlage für den Gegenstand des Schutzes des eingetragenen Designs ist. Gem. § 37 Abs. 1 DesignG wird Schutz nur für diejenigen Merkmale der Erscheinungsform eines eingetragenen Designs begründet, die in der Anmeldung sichtbar wiedergegeben sind.

20. Maßgeblich für die Begründung des Schutzes als eingetragenen Designs ist die Eintragung (§ 27 Abs. 1 DesignG). Die Bekanntmachung hat jedoch Bedeutung für den Tatbestand der Nachahmung. Ist noch keine Bekanntmachung erfolgt (wegen Aufschiebung, § 38 Abs. 3 DesignG), greifen die Regelungen des § 38 Abs. 1 und Abs. 2 DesignG nicht. Insbes. erstreckt sich nicht automatisch der Schutz eines eingetragenen Designs auf jedes Design, das beim informierten Benutzer einen übereinstimmenden Gesamteindruck mit dem eingetragenen Design erweckt (§ 38 Abs. 2 S. 1 DesignG). Es bedarf dann des Nachweises der Nachahmung des eingetragenen Designs (§ 38 Abs. 3 DesignG). Nachahmung setzt Kenntnis von dem Gegenstand des eingetragenen Designs voraus, die bspw. aus der Verbreitung von Erzeugnissen oder sonstigen Maßnahmen der Offenbarung erfolgen kann. Ggf. genügt eine gezielte Information des Rechtsinhabers (*Kur* GRUR 2002, 661 (668); *Eichmann/Jestaedt/Fink/Meiser* DesignG, 6. Aufl. 2019, § 38 Rn. 92 f.).

21. Vgl. die beispielartige Ausfüllung der Merkmalskombination in → Form. II.Q.13.

22. Die Begriffe „Verwechslungsgefahr" und „Verwechselbarkeit" gehören an sich dem Kennzeichnungsrecht an und sind dem Designrecht fremd. Lässt sich jedoch von einem Erzeugnis sagen, dass es einem anderen verwechselbar ähnlich ist, so kann dies als wesentliches Indiz für eine Verletzung des eingetragenen Designs gewertet werden (BGH GRUR 1961, 640 (642) – Straßenleuchte). Der Sache nach enthält § 38 Abs. 2 S. 2 DesignG zur Bestimmung des Schutzumfangs eines eingetragenen Designs eine vergleichbare Aussage. Denn nach dieser Bestimmung erstreckt sich der Schutz aus einem eingetragenen Design auf jedes Design, das beim informierten Benutzer keinen anderen Gesamteindruck (als das eingetragene Design) erweckt.

23. Bei der Beurteilung der Frage, ob ein übereinstimmender Gesamteindruck beim informierten Benutzer vorliegt, kommt es – wie bisher im Zusammenhang mit der Beurteilung der Nachbildung nach früherem Recht – nicht entscheidend auf die Unterschiede, sondern auf die Übereinstimmungen und deren Bedeutung für den Gesamteindruck zwischen dem eingetragenen Design und dem angegriffenen Erzeugnis an (BGH GRUR 2010, 718 Rn. 48–50 – Verlängerte Limousinen; BGH in stRspr zum alten Geschmacksmusterrecht, vgl. statt vieler BGH GRUR 1965, 198 (201) – Küchenmaschine; GRUR 1980, 235 (237) – Play-Family; *Gerstenberg/Buddeberg* GeschmMG § 5 → Anm. 2). Für den Vergleich zwischen dem durch das eingetragene Design geschützten Original und der Nachahmung ist eine Merkmalsanalyse hilfreich (→ Form. II.Q.13 Anm. 8). Sie allein kann jedoch den Gesamteindruck des Designs und die Gestaltungsmerkmale, auf denen dieser Gesamteindruck beruht, nicht widerspiegeln. Insoweit ist es über die äußere Beschreibung der Merkmale des eingetragenen Designs hinaus erforderlich, die einzelnen Formen des Designs in Bezug auf ihre Maßgeblichkeit für den Gesamteindruck zu bewerten und zu gewichten (BGH GRUR 2000, 1023 (1025) – Drei-Speichen-Felgenrad; 2001, 503 (505) – Sitz-Liegemöbel). Wird sodann für den Nachbildungsgegenstand festgestellt, dass relevante Abweichungen nicht erkennbar sind, so ist vom Nachahmungstatbestand iSd früheren Rechts auszugehen (§ 5 Abs. 1 GeschmMG aF; BGH GRUR 2001, 503 (506) re. Sp. – Sitz-Liegemöbel). Nach neuem geltenden Recht (§ 38 Abs. 2 DesignG) ist von einem übereinstimmenden Gesamteindruck zwischen Nachahmungserzeugnis einerseits und Gegenstand des eingetragenen Designs andererseits auszugehen. Maßgeblich für die Beurteilung des Gesamteindrucks ist, wie ein informierter Benutzer ein Erzeugnis bei bestimmungsgemäßer Verwendung wahrnimmt. Ebenso kann zu berücksichtigen sein, welchen Eindruck ein solches Erzeugnis bei seiner Präsentation oder beim Verkauf gegenüber dem informierten Benutzer erweckt (BGH GRUR 2016, 803 – Armbanduhr).

24. Ein Beispiel einer Abmahnung (Verwarnung) findet sich in → Form. II.Q.13.

25. Es handelt sich um die gesetzliche Schutzvoraussetzung des § 1 Nr. 1 und 2 DesignG betreffend „Design" einerseits und „Erzeugnis" andererseits. Designschutzunfähig sind nach neuem Recht wie bisher nach altem Recht Gestaltungen, die nur dem Gehör-, dem Geruchs- oder dem Geschmackssinn zugänglich sind. Des Weiteren ist nur die Gestaltung als Design schutzfähig, nicht jedoch sind es die ihr zugrunde liegenden Ideen, allgemeinen Gedanken und Lehren (BGH GRUR 1979, 705 – Notizklötze mAnm *Klaka*).

26. Schutzvoraussetzungen gem. § 2 Abs. 1–3 DesignG.

27. Nach altem Geschmacksmustergesetz entsprach es allgemeiner Auffassung, dass es für die hier interessierende Beurteilung auf die Gesamtheit der Merkmale und auf die sich aus ihnen ergebende ästhetische Wirkung ankommt (BGH GRUR 2000, 1023 – Drei-Speichen-Felgenrad; 2001, 503 (505) – Sitz-Liegemöbel). Aus § 2 Abs. 2 und Abs. 3 DesignG ergibt sich insoweit keine Änderung (vgl. zB *Eichmann/Jestaedt/Fink/Meiser* DesignG, 6. Aufl. 2019, § 2 Rn. 29 ff.).

28. Die Rechtsgültigkeit des eingetragenen Designs wird gem. § 39 DesignG zu Gunsten des Rechtsinhabers vermutet. Infolgedessen bedarf es zunächst in der Klage (wie auch in der Verwarnung) keiner weitergehenden Ausführungen. Nach früherem Rechtszustand (vor Änderung des Designgesetzes durch PatNovG v. 19.10.2013, BGBl. I 3830) war die Vermutung des Rechtsbestandes eines seinerzeit als „Geschmacksmuster" bezeichneten Designs widerlegbar. Für die Widerlegung lag die Darlegungs- und Beweislast beim Beklagten (*Eichmann/v. Falckenstein/Kühne*, 4. Aufl. 2010, GeschmMG § 39 Rn. 4). Die Widerlegung der Vermutung konnte sich aus dem Vorbringen des Klägers sowie auch schon deshalb ergeben, weil Tatsachen bei Gericht offenkundig waren (§ 291 ZPO). Diese Grundsätze werden nach der Änderung des Designrechts nicht mehr anwendbar sein. Das gilt jedenfalls für Klageverfahren. § 52a DesignG sieht vor, dass eine Partei die fehlende Rechtsgültigkeit eines eingetragenen Designs nur durch Erhebung einer Widerklage auf Feststellung oder Erklärung der Nichtigkeit gem. §§ 52b ff. DesignG oder durch Stellung eines Antrags auf Feststellung der Nichtigkeit des Designs (auf Löschung) gem. §§ 34a ff. DesignG) geltend machen kann. Zu Einzelheiten dazu → Form. II.Q.16 Anm. 4–7.

Allerdings bleibt es einem Beklagten unbenommen, sich nicht auf die Nichtigkeit eines eingetragenen Designs, sondern auf einen eingeschränkten Schutzumfang zu berufen. Auch dazu ist es notwendig, zum vorbekannten Formenschatz vorzutragen.

29. → Anm. 22.

30. Für die Feststellung einer Schadensersatzverpflichtung genügt die Wahrscheinlichkeit eines Schadenseintritts (BGH GRUR 1960, 256 (260) – Chérie-Musikwecker; GRUR 1965, 198 (202) – Küchenmaschine). Diese braucht nicht hoch zu sein (BGH GRUR 2013, 713 Rn. 21 – Fräsverfahren; GRUR 2008, 896 Rn. 26 – Tintenpatrone: zum Patentrecht). Ob tatsächlich ein Schaden entstanden ist und wie dieser gestaltet ist, braucht nicht aufgeklärt zu werden, wenn nach der Lebenserfahrung der Eintritt eines Schadens mit einiger Sicherheit zu erwarten ist. Dafür genügt es regelmäßig, wenn zumindest eine rechtswidrig und schuldhaft begangene Verletzungshandlung vorliegt (BGH GRUR 2013, 713 Rn. 21 – Fräsverfahren; GRUR 2008, 896 Rn. 26 mwN – Tintenpatrone; OLG Düsseldorf InstGE 12, 88 Rn. 13 – Chinch-Stecker: alle Entscheidungen zum Patentrecht).

31. Vortrag zum Verschulden (Vorsatz oder zumindest Fahrlässigkeit) der Beklagten. Diese Ausführungen sind lediglich für den Schadensersatzanspruch (§ 42 Abs. 2 DesignG) von Bedeutung. Für den Schutzumfang gem. § 38 Abs. 2 DesignG (Entbehrlichkeit der Nachbildungsabsicht) haben sie keine Bedeutung.

32. Der Anspruch auf Rechnungslegung ist ein Hilfsanspruch zum Schadensersatzanspruch, indem er darauf gerichtet ist, dem Verletzten die tatsächlichen Grundlagen für die Berechnung seines konkreten Schadens zu ermitteln. Als Anspruchsgrundlage wird überwiegend § 242 BGB angenommen, teilweise §§ 681, 687 Abs. 2, 666 BGB. Es erscheint vertretbar, diesen Theorienstreit dahinstehen zu lassen. Der Rechnungslegungsanspruch hat gewohnheitsrechtlichen Charakter; demzufolge wird er in höchstrichterlichen Entscheidungen des BGH zum Designrecht ohne jede rechtsdogmatische Begründung zuerkannt (zB BGH GRUR 1965, 198 (202) re. Sp. – Küchenmaschine; GRUR 1966, 97 (100) li. Sp. – Zündaufsatz). § 50 DesignG legt ausdrücklich fest, dass weitergehende Ansprüche unberührt bleiben. Insoweit handelt es sich gerade um den hier behandelten Anspruch auf Rechnungslegung.

33. AllgM und stRspr, zB BGH GRUR 1965, 198 (202) re. Sp. unten – Küchenmaschine.

34. Zu weiteren möglichen Ansprüchen → Anm. 12.

35. Gerichtsstand der unerlaubten Handlung (§ 32 ZPO). Zum Vorliegen einer designrechtlichen Streitigkeit → Anm. 1.

36. Bei Designverletzungsklagen stellt sich häufig die Frage, ob Ansprüche unter dem rechtlichen Gesichtspunkt wettbewerbsrechtlicher Nachahmung nicht auch auf § 4 Nr. 3 UWG zu stützen sind. Diese greifen freilich nur selten durch (zB BGH GRUR 1980, 235 (237, 238) – Play-family; GRUR 1982, 371 (373) – Scandinavia). Zum wettbewerbsrechtlichen Nachahmungsschutz vgl. grdl. *Sambuc/Hauch,* Der UWG-Nachahmungsschutz, 5. Aufl. 2018, *Köhler/Bornkamm/Feddersen* UWG, 39. Aufl. 2021, § 4 Rn. 3.1 ff. →. Ein Textbeispiel für eine Klage wegen Nachahmung eines Produkts (§§ 4 Nr. 3, 3 UWG) findet sich bei MPFormB GewRS/*Mes/Sambuc* → Form. A.12. Macht ein Kläger mehrere Schutzmöglichkeiten geltend (neben einem Design zB den Nachahmungstatbestand gem. §§ 4 Nr. 3, 3 UWG), handelt es sich um verschiedene Streitgegenstände. Für diese Konstellation gilt nach BGH GRUR 2011, 521 Rn. 9 – TÜV I; GRUR 2011, 1043 Rn. 30 – TÜV II), dass eine alternative Klagenhäufung nicht (mehr) zulässig ist, weil es an der Bestimmtheit des prozessualen Antrags fehlt. Der Kläger muss mithin nunmehr angeben, welcher der Streitgegenstände (hier: rechtlicher Gesichtspunkt) den Vorrang haben soll (BGH GRUR 2011, 1043 Rn. 37 – TÜV II). Die gleiche Konstellation mehrerer Streitgegenstände besteht bei einem Nebeneinander von verschiedenen eingetragenen Designs sowie insb. auch bei einem Nebeneinander von nationalem eingetragenen Design und Gemeinschaftsgeschmacksmuster. Die Konstellation der (kumulativen) Klagenhäufung führt auch zur Problematik, ob Streitwerte gem. § 45 Abs. 1 S. 2 GKG zu addieren sind oder ob es sich um einen einheitlichen Streitgegenstand handelt (dazu *Kodde* GRUR 2015, 38).

37. Der designrechtliche Unterlassungsanspruch kann – bei geeignetem Sachverhalt – auch im Wege des einstweiligen Verfügungsverfahrens gerichtlich durchgesetzt werden. Analog den Rechtsgrundsätzen, die im Zusammenhang mit einstweiligen Verfügungsverfahren in patentrechtlichen und gebrauchsmusterrechtlichen Streitigkeiten herrschen (→ Form. II.Q.3 Anm. 49, → Form. II.Q.9 Anm. 36), kommt der Erlass einer einstweiligen Verfügung in einer designrechtlichen Streitigkeit nur dann in Betracht, wenn die Schutzfähigkeit des (nicht geprüften) eingetragenen Designs sowie der Verletzungstatbestand eine so ausreichend sichere Beurteilung erlauben, dass unter Berücksichtigung des Interesses des Verfügungsbeklagten eine Entscheidung im summarischen Verfahren geboten erscheint. Insbes. ist es Aufgabe des Antragstellers/Klägers, zur Schutzfähigkeit des geltend gemachten Geschmacksmusters sowie zum Verletzungstatbestand substantiiert vorzutragen, insb. auch den vorbekannten Formenschatz vorzulegen. An diesen, insb. nach dem Geschmacksmustergesetz alter Fassung herausgearbeiteten Rechtsgrundsätzen wird sich grds. durch die Bestimmung des § 39 GeschmMG, nach der zu Gunsten des Rechtsinhabers vermutet wird, dass die an die Rechtsgültigkeit eines Geschmacksmusters zu stellenden Anforderungen erfüllt sind, nichts geändert haben. Eine jüngere Rspr. dazu fehlt. Vergl. das Beispiel eines Antrags auf Erlass einer einstweiligen Verfügung aufgrund eines nicht eingetragenen Gemeinschaftsgeschmacksmusters bei *MPFormB GewRS/Mes/Gauss/Stolz,* 5. Aufl. 2018, F.6. Weiteres bei *Eichmann/Jestaedt/Fink/Meiser DesignG, 6. Aufl. 2019,* § 42 Rn. 102 ff.

Eine gänzlich andere Frage ist jedoch, wie im einstweiligen Verfügungsverfahren der Antragsgegner (Verfügungsbeklagte) den fehlenden Rechtsbestand des Verfügungsdesigns geltend macht. Hier ist fraglich, ob § 52a DesignG Anwendung finden kann, wonach eine Partei sich auf die fehlende Rechtsgültigkeit eines eingetragenen Designs nur dadurch berufen kann, dass eine Widerklage auf Feststellung oder Erklärung der Nichtigkeit oder ein Antrag nach § 34 DesignG (beim DPMA) anhängig gemacht wird. Eine Widerklage ist im einstweiligen Verfügungsverfahren nicht statthaft. Es bliebe dann nur die Möglichkeit eines Löschungsantrag gem. §§ 34 ff. DesignG. Ob ein solcher Löschungsantrag jedoch in der Kürze der in einem einstweiligen Verfügungsverfahren regelmäßig zur Verfügung stehenden Zeit möglich ist, erscheint zweifelhaft. Es erscheint naheliegend, hier die gleichen Grundsätze anzuwenden, die in einem einstweiligen Verfügungsverfahren gelten, in dem eine Patent- oder Gebrauchsmusterverletzung geltend gemacht wird. Vgl. dazu *Mes* PatG, 5. Aufl. 2020, § 109 Rn. 536 ff.

§ 46 Abs. 2 DesignG eröffnet die Möglichkeit, in Fällen „offensichtlicher Rechtsverletzung" für den Auskunftsanspruch den Weg des einstweiligen Verfügungsverfahrens zu beschreiten. Die Darlegung einer offensichtlichen Rechtsverletzung bedarf besonderer Anstrengung. Das geltend gemachte eingetragene Design muss unter Berücksichtigung des vorbekannten Formenschatzes ausreichend rechtsbeständig sein (krit. dazu zB OLG Braunschweig GRUR 1993, 669 (670) – Stoffmuster), die Verletzung evident.

Die Neufassung einiger Regelungen der §§ 42 ff. DesignG durch das Gesetz zur Verbesserung zur Durchsetzung von Rechten des geistigen Eigentums v. 7.7.2008 (mWz 1.9.2008) gibt weitere Ansprüche, die insb. im Wege der einstweiligen Verfügung durchgesetzt werden können:

§ 43a DesignG: Auf Vorlage und Besichtigung von Urkunden bzw. einer ggf. geschmacksmusterverletzenden Sache (vgl. dazu § 43a Abs. 3 DesignG).

§ 46b Abs. 1 u. 3 DesignG: Im Falle des Bestehens von Schadensersatzansprüchen gem. § 42 Abs. 2 und bei einer im gewerblichen Ausmaß begangenen Rechtsverletzung auf Vorlage von Bank-, Finanz- oder Handelsunterlagen oder einen geeigneten Zugang zu diesen Unterlagen; durchsetzbar auch im Wege der einstweiligen Verfügung.

Ein Textbeispiel für einen Antrag auf Erlass einer einstweiligen Verfügung aufgrund eines nicht eingetragenen Gemeinschaftsgeschmacksmusters (mit Herausgabeanordnung) findet sich bei MPFormB GewRS/*Mes/Gauss/Stolz,* 5. Aufl. 2018, Form. F.6.

Kosten und Gebühren

38. Es gelten die allgemeinen Grundsätze, mit folgenden Besonderheiten des Designverletzungsprozesses:

§ 52 Abs. 4 DesignG: Die Kosten eines mitwirkenden Patentanwalts sind grds., ohne dass die Notwendigkeit seiner Mitwirkung zu prüfen wäre, einschließlich notwendiger Auslagen erstattungsfähig. IÜ gelten die gleichen Grundsätze wie zB bei einer Patentverletzungsklage. → Form. II.Q.3 Anm. 52.

15. Formelle Klageerwiderung in einer designrechtlichen Auseinandersetzung

Landgericht
Kammer für Handelssachen[1, 2, 3]
In Sachen
. . . . .[4]
Aktenzeichen: . . . . .
zeige ich an, dass ich die Beklagte vertrete.
Ich werde beantragen,[5]
1. die Klage abzuweisen;
2. . . . . .[6]
3. . . . . .[7]
Des Weiteren beantrage ich,
die Akten des Klagedesigns des Deutschen Patent- und Markenamts beizuziehen und der Beklagten für die Dauer ihrer vom Gericht zu bestimmenden Schriftsatzfrist zur Einsichtnahme zur Verfügung zu stellen.[8]
Der Anregung der Klägerin, von der Anberaumung einer Güteverhandlung Abstand zu nehmen, stimme ich zu.[9]
. . . . .[10]
Rechtsanwalt

Anmerkungen

1. Zum Charakter einer „formellen" Klageerwiderung → Form. II.Q.4 Anm. 1.

2. Das Formular folgt inhaltlich der Klage gem. → Form. II.Q.14.

3. Es wird davon ausgegangen, dass die Klage schon an die Kammer für Handelssachen gerichtet worden ist (→ Anm. 2). Mithin erübrigt sich die sonst anzustellende Prüfung, ob Verweisungsantrag gem. §§ 98 Abs. 1 S. 1, 95 Abs. 1 Nr. 4c GVG an die Kammer für Handelssachen gestellt werden soll.

4. Zur Ausgestaltung des Rubrums s. das Beispiel in → Form. II.Q.4.

5. Die formelle Klageerwiderung bereitet die erste mündliche Verhandlung vor. Infolgedessen sind in ihr gem. § 282 Abs. 3 ZPO sämtliche Rügen, die die Zulässigkeit der Klage betreffen, gleichzeitig (und vor der Verhandlung zur Hauptsache) vorzubringen. Zu diesen Rügen und ihrer Geltendmachung vgl. → Form. II.Q.4 Anm. 4

6. Es empfiehlt sich, hilfsweise zu beantragen, dass eine Verurteilung zur Rechnungslegung lediglich unter Wirtschaftsprüfervorbehalt erfolgt. Zur Formulierung eines solchen Antrages → Form. II.Q.4.

7. Die Nebenentscheidungen sind von Amts wegen zu treffen. Entsprechende Anträge werden in der Praxis jedoch regelmäßig gestellt. Ein Vollstreckungsschutzantrag muss ausreichend begründet werden (BGH GRUR 1996, 512 – Fehlender Vollstreckungsschutzantrag II).

8. Den Schutz des eingetragenen Designs kann nur das genießen, was ordnungsgemäß hinterlegt worden ist. Ohne Kenntnis des Inhalts der Registerakten ist eine Bearbeitung

der Klageverteidigung nicht möglich. Sind zB bei der Einzelanmeldung eines Designs als eingetragenes Design mehrere Fotografien hinterlegt worden, die das Design in verschiedenen Ausführungsformen zeigen, führt eine Abweichung der Fotografien voneinander nicht zu einer Vermehrung der Schutzgegenstände, sondern sie müssen vielmehr bei der Bestimmung des Schutzgegenstandes des eingetragenen Designs außer Betracht bleiben (BGH GRUR 2001, 503 – Sitz-Liegemöbel).

Das Formular geht davon aus, dass zunächst lediglich eine formelle Klageerwiderung eingereicht wird, bevor materiell zur Klage Stellung genommen wird. Das erklärt auch die Annahme, dass der Beklagten eine Schriftsatzfrist zur materiellen Klageerwiderung gesetzt werden wird. Es ist freilich darauf hinzuweisen, dass diese Punkte schon bei der Prüfung der Ladung und der Einleitungsverfügung des befassten Gerichtes beachtet werden müssen. Ggf. muss ein klärendes Telefongespräch mit dem Kammervorsitzenden bzw. dem Berichterstatter geführt werden.

9. Stellungnahme zu einer etwaigen Äußerung des Klägers im Hinblick auf eine Güteverhandlung gem. § 278 Abs. 2 ZPO.

10. Sofern die Klage bei einer Zivilkammer eingereicht worden ist und der Beklagte sich entschlossen hat, keine Verweisung des Rechtsstreits an die Kammer für Handelssachen zu beantragen, muss zur Frage Stellung genommen werden, ob der Übertragung des Rechtsstreits auf den Einzelrichter Bedenken entgegenstehen (§§ 253 Abs. 3 Nr. 3, 348 Abs. 1, 271 Abs. 3 ZPO).

16. Materielle Klageerwiderung in einer designrechtlichen Streitigkeit mit Aussetzungsantrag

Landgericht[1]
Kammer für Handelssachen
In Sachen
A . . . . . (RA: . . . . .)
gegen
B . . . . (RA: . . . . .)
Aktenzeichen: . . . . .
begründe ich die Anträge auf Klageabweisung vom . . . . . und beantrage zugleich, den Rechtsstreit bis zur rechtskräftigen Erledigung des gegen das Klagedesign beim Deutschen Patent- und Markenamt anhängigen Nichtigkeitsverfahrens auszusetzen.[2]

Begründung:

I.

Fehlende Schutzfähigkeit des Klagedesigns. Gebotene Aussetzung.

1. **Eine Einsichtnahme in die Registerakten des Klagedesigns hat ergeben, dass die Klägerin ihr Begehren auf Abbildungen des Hinterlegungsgegenstandes stützt, die erst im Nachhinein, nämlich drei Monate nach dem Anmeldetag, zu den Registerakten eingereicht worden sind.**

   Beweis: Registerakten des Klagedesigns . . . . .

   Schon ein flüchtiger Vergleich zeigt, dass die von der Klägerin nachgereichten Fotos nicht dasjenige wiedergeben, was die Klägerin seinerzeit entsprechend den von ihr ursprünglich eingereichten Abbildungen geschützt wissen wollte. Auf den zum Anmeldetag eingereichten Fotos sind die Merkmale (a), (b) und (c) der dem Klagebegeh-

ren zugrunde gelegten Merkmalskombination nicht erkennbar. Die zum Anmeldetag von der Klägerin eingereichten Fotos zeigen vielmehr eine Sitzschale, die zwischen Sitz- und Lehnenbereich ausgesprochen eckig wirkt und damit keinesfalls eine „stetige körpergerechte Krümmung" entsprechend dem Merkmal (a) der Merkmalskombination in der Klageschrift aufweist. Auch das Merkmal (b) liegt nicht vor. Die von der Klägerin als schutzbegründend beanspruchten „Fasen" waren bei den ursprünglichen Abbildungen überhaupt nicht erkennbar. Schließlich weist die Sitzschale entsprechend den ursprünglich von der Klägerin eingereichten Abbildungen keine „Außenseitenflächen" auf (Merkmal c).

Gem. § 37 Abs. 1 DesignG kann Schutz eines eingetragenen Designs nur für diejenigen Erscheinungsmerkmale eines Designs begründet sein, die in der Anmeldung sichtbar wiedergegeben sind. Eine nachträgliche Abänderung, zB – wie hier – in Form des Austausches des Niederlegungsgegenstandes ist nicht mehr möglich, so dass sich das eingetragene Design tatsächlich lediglich auf dasjenige beschränkt, was zum Zeitpunkt der Anmeldung niedergelegt worden ist.[3]

2. Sollte die angerufene Kammer wider Erwarten von der Annahme ausgehen, dass als maßgeblich diejenige Gestaltungsform zugrunde zu legen ist, die sich aus den von der Klägerin zu ihrer Designanmeldung nachgereichten Fotos ergibt und auf die die Klägerin ihr Begehren stützt, so ist vorsorglich diesseits darauf hinzuweisen, dass insoweit das Klagedesign schutzunfähig ist.[4] IE:

   a) Die Klägerin hat den Gegenstand ihres eingetragenen Designs 13 Monate vor dessen Anmeldetag, und zwar am . . . . . vorverbreitet. Sie hat 30 derartige Sitzschalen, mit Untergestellen zu Stühlen vervollständigt, an den Gastwirt . . . . . geliefert, der diese in seinem Biergarten aufgestellt und damit einer beliebigen Öffentlichkeit zur Kenntnis gebracht hat.

      Beweis: Zeugnis . . . . .

   Infolgedessen ist das Klagedesign gem. § 6 DesignG außerhalb der einjährigen Neuheitsschonfrist von der Klägerin selbst offenbart und damit schutzunfähig, weil nicht mehr neu im Sinne des § 2 Abs. 2 DesignG.[5]

   b) Des Weiteren ist der Gegenstand des Klagedesigns zum Zeitpunkt der Anmeldung auch aus weiteren Gründen nicht mehr neu gewesen. Zum vorbekannten Formenschatz gehören die Sitzschalen gem. Anlagen A u. B, die ich in je einem – nur für das Gericht bestimmten – Exemplar überreiche. Ein Vergleich beider Anlagen mit dem von der Klägerin in diesem Rechtsstreit beanspruchten Gegenstand des Klagedesigns zeigt, dass sämtliche interessierenden Merkmale (a)–(d) schon – und zwar auch in Kombination – vorweggenommen waren.[6]

   c) Fehlt es dem Klagedesign an der erforderlichen Neuheit, bedarf es keiner Ausführungen im Hinblick auf das Erfordernis ausreichender Eigenart.[7]

3. Die vorstehend geltend gemachten Gründe betreffend die Nichtigkeit des Klagedesigns sind in dem als

Anlage . . . . .

beigefügten Antrag auf Feststellung bzw. Erklärung der Nichtigkeit eines eingetragenen Designs geltend gemacht. Infolgedessen ist die Aussetzung dieses Rechtsstreits geboten.

II.

Kein Verletzungstatbestand

1. Der Schutzumfang des Klagedesigns erstreckt sich gem. § 38 Abs. 2 DesignG nicht auf das klagegegenständliche Erzeugnis. Es fehlt schon an einer ausreichenden objektiven Übereinstimmung, da es entgegen der Annahme der Klägerin nur auf diejenigen Merkmale der Erscheinungsform des Klagedesigns ankommt, die in der Anmeldung

sichtbar wiedergegeben sind (§ 37 Abs. 1 DesignG). Von der sich aus den Abbildungen der Anmeldung des Klagedesigns ergebenden Gestaltungsform weicht die Sitzschale der Beklagten, wie der Augenschein ergibt, eindeutig ab.[8, 9]

2. Im Übrigen beruft sich die Beklagte auf ein ihr zustehendes privates Vorbenutzungsrecht. Dazu wird folgendes vorgetragen: . . . . .[10, 11]

Rechtsanwalt

Hinweis: Ein weiteres Beispiel einer Klageerwiderung auf eine Geschmacksmusterverletzungsklage bei *Mes/Gauss/Stolz,* Münchener Prozessformularbuch, Bd. 5, Gewerblicher Rechtsschutz, Urheber- und Presserecht, 5. Aufl. 2018, Form. F.10.

Anmerkungen

1. Im Gegensatz zur „formellen" Klageerwiderung enthält die „materielle" Klageerwiderung die gesamte Einlassung des/der Beklagten. Wegen der Vielfältigkeit möglicher Sachverhaltsgestaltungen kann das Formular nur beispielhaft die bestehenden Verteidigungsmöglichkeiten zeigen.

2. § 39 DesignG begründet zugunsten des Rechtsinhabers die Vermutung, dass die an die Rechtsgültigkeit eines eingetragenen Designs zu stellenden Anforderungen erfüllt sind. § 52a DesignG ergänzt diese Regelung dahingehend, dass eine Partei sich auf die fehlende Rechtsgültigkeit eines eingetragenen Designs nur dadurch berufen kann, dass sie eine Widerklage auf Feststellung oder Erklärung der Nichtigkeit erhebt oder einen Antrag auf Feststellung der Nichtigkeit gem. § 34 DesignG beim Deutschen Patentamt einreicht. Von der letztgenannten Konstellation geht das Textbeispiel aus. Der zugehörige Antrag auf Feststellung der Nichtigkeit findet sich in nachfolgenden → Form. II.Q.17. Die Einleitung eines Nichtigkeitsverfahrens vor dem Deutschen Patent- und Markenamt erscheint vorzugswürdig gegenüber der Möglichkeit, im Verletzungsprozess selbst eine Widerklage auf Feststellung oder Erklärung der Nichtigkeit des eingetragenen Designs anhängig zu machen. Eine derartige Widerklage begründet Kostennachteile. Gem. § 45 Abs. 1 S. 1 GKG sind die in einer Klage und einer Widerklage geltend gemachten Ansprüche, die nicht in getrennten Prozessen verhandelt werden, zusammenzurechnen. Damit erhöht sich zwingend der Streitwert der designrechtlichen Auseinandersetzung. Das wirkt sich insb. auch auf die Gerichtskosten aus. Demgegenüber beträgt die Amtsgebühr für das Nichtigkeitsverfahren vor dem DPMA entsprechend der neu eingeführten Gebührennummer 346.100 nur 300 EUR (vgl. *Kappel* GRUR 2014, 326 (328)). Von größerer Bedeutung ist jedoch der vom Gesetzgeber gewollte Vorrang des Amtsverfahrens beim DPMA gegenüber der Nichtigkeitswiderklage. Auch wenn die Nichtigkeitswiderklage erhoben ist, kann das befasste Gericht auf Antrag des Inhabers des eingetragenen Designs das Verletzungsverfahren aussetzen und den Widerkläger auffordern, innerhalb einer vom Gericht zu bestimmenden Frist beim DPMA die Feststellung oder Erklärung der Nichtigkeit des eingetragenen Designs zu beantragen (§ 52b Abs. 3 S. 1 DesignG). Wird durch den Widerkläger der Antrag nicht innerhalb der gesetzten Frist gestellt, wird der Verletzungsprozess fortgesetzt, wobei die Widerklage jedoch als zurückgenommen gilt (§ 52b Abs. 3 S. 2 DesignG. Mit anderen Worten: Der Inhaber des eingetragenen Designs hat es in der Hand, durch einen entsprechenden Antrag die erhobene Nichtigkeitswiderklage auszuhebeln.

§ 34b DesignG eröffnet die Möglichkeit/Notwendigkeit der Aussetzung eines anhängigen Verletzungsprozesses. Ist das Verletzungsgericht der Auffassung, dass das Klagedesign nichtig ist, so muss es die Aussetzung des Verletzungsprozesses anordnen (§ 34b S. 2

DesignG). IÜ kann es jederzeit die Aussetzung des Rechtstreits anordnen (§ 34b S. 1 DesignG).

3. Maßgeblich ist allein dasjenige, was zum eingetragenen Design angemeldet und aus den angemeldeten Abbildungen erkennbar ist. Dieser schon zum Geschmacksmustergesetz aF geltende Grundsatz (vgl. *v. Gamm*, Geschmacksmustergesetz, 2. Aufl. 1989, § 7 Rn. 3; bei Unterschieden in einzelnen Abbildungen vgl. BGH GRUR 2001, 503 – Sitz-Liegemöbel) wird durch § 37 Abs. 1 DesignG ausdrücklich wiederholt. Danach wird der Schutz nur für diejenigen Merkmale der Erscheinungsform eines eingetragenen Designs begründet, die in der Anmeldung sichtbar wiedergegeben sind. Das Textbeispiel geht von einem besonders krassen Fall aus, der dadurch gekennzeichnet ist, dass nachgereichte Fotos vom Deutschen Patent- und Markenamt anstelle der ursprünglich eingereichten Abbildungen im Designblatt veröffentlicht worden sind (§ 19 Abs. 2 DesignG). Dadurch soll gezeigt werden, worauf es ankommt: Es ist darauf zu achten, dass das Klagedesign als Schutzgegenstand auch dasjenige hergibt, was der Kläger geltend macht. Insbes. kommt es dabei auf eine kritische Überprüfung der gegebenen Merkmalskombination an (BGH GRUR 1979, 705 ff. – Notizklötze mAnm *Klaka*). Eine Merkmalsanalyse kann bspw. unzutreffend sein. Insbes. ist sie regelmäßig nur eine Hilfe für das Herausarbeiten derjenigen Merkmale eines eingetragenen Designs, die den ästhetischen Gesamteindruck bestimmen. Auf den ästhetischen Gesamteindruck kommt es entscheidend an. Dieser ist über die äußere Beschreibung der Merkmale hinaus zu ermitteln, und zwar wie die einzelnen Merkmale des eingetragenen Designs in Bezug auf ihre Maßgeblichkeit für den Gesamteindruck zu bewerten und zu gewichten sind (BGH GRUR 2001, 503 (505) re. Sp. – Sitz-Liegemöbel).

4. Steht die Schutzfähigkeit des eingetragenen Designs in Frage, so stehen dem Inanspruchgenommenen nur zwei Möglichkeiten zur Verfügung, mangelnde Schutzfähigkeit geltend zu machen. Dazu bestimmt § 52a DesignG, dass eine Partei sich auf die fehlende Rechtsgültigkeit eines eingetragenen Designs nur durch Erhebung einer Widerklage auf Feststellung oder Erklärung der Nichtigkeit (beim Verletzungsgericht) oder durch Stellung eines Nichtigkeitsantrags nach § 34 DesignG (beim DPMA) berufen kann. Vgl. dazu die Ausführungen zuvor in → Anm. 2. Für beide Vorgehensweisen bestimmt § 33 DesignG die geltenden Nichtigkeitsgründe.

Danach ist ein eingetragenes Design nichtig, wenn die Erscheinungsform des Erzeugnisses kein Design iSd § 1 Nr. 1 DesignG ist, das Design nicht neu ist oder keine Eigenart hat (§ 2 Abs. 2 oder Abs. 3 iVm § 33 Abs. 1 Nr. 2 DesignG) oder das Design vom Designschutz nach Maßgabe des § 3 DesignG ausgeschlossen ist (§ 33 Abs. 1 Nr. 3 DesignG). § 33 Abs. 2 DesignG führt die Nichtigkeitsgründe eines eingetragenen Designs im Zusammenhang mit sog relativen (mithin nicht: absoluten) Löschungsgründen auf. Derartige Gründe sind, dass das eingetragene Design zB eine unerlaubte Benutzung eines durch das Urheberrecht geschützten Werkes darstellt (§ 33 Abs. 2 Nr. 1 DesignG) oder es in den Schutzumfang eines eingetragenen Designs mit älterem Zeitrang eingreift (§ 33 Abs. 2 Nr. 2 DesignG) oder schließlich in dem eingetragenen Design ein Zeichen mit Unterscheidungskraft älteren Zeitrangs unbefugt verwendet wird (§ 33 Abs. 2 Nr. 3 DesignG). Zur Stellung des Antrags auf Feststellung der Nichtigkeit nach § 33 Abs. 1 ist **jedermann** befugt („Popularantragsbefugnis“, § 34 S. 1 DesignG). Soweit es um die (relativen) Nichtigkeitsgründe des § 33 Abs. 2 DesignG geht, ist nur der Inhaber des jeweils betroffenen Rechts antragsbefugt (§ 34 S. 2 DesignG). Die Nichtigkeit des eingetragenen Designs wird durch Beschluss des DPMA festgestellt oder erklärt (§ 33 Abs. 3 DesignG). Die Schutzwirkungen der Eintragung eines Designs gelten mit Unanfechtbarkeit dieses Beschlusses als von Anfang an nicht eingetreten („ex tunc“, § 33 Abs. 4 DesignG). Die Wirkungen des die Nichtigkeit des eingetragenen Designs feststellenden

Beschlusses bestehen gegenüber Jedermann („inter-onmes“) und nicht nur zwischen den Parteien („inter-partes“).

Dem Inhaber des eingetragenen Designs steht die Möglichkeit frei, im Falle eines Angriffs in die Löschung einzuwilligen (§ 33 Abs. 2 S. 2 DesignG).

5. § 2 Abs. 1 DesignG erfordert insb., dass das Design neu ist. In § 2 Abs. 2 DesignG wird eine gesetzliche Vermutung begründet. Danach gilt ein Design als neu, wenn vor dem Anmeldetag kein identisches Design offenbart worden ist. Designs gelten als identisch, wenn sich ihre Merkmale nur in unwesentlichen Einzelheiten unterscheiden. Der Begriff des „Offenbartwordenseins“, der in § 2 Abs. 2 S. 1 DesignG benutzt wird, wird in § 5 DesignG definiert. Danach ist ein Design offenbart, wenn es bekannt gemacht, ausgestellt, im Verkehr verwendet oder auf sonstige Weise der Öffentlichkeit zugänglich gemacht wurde. Ein Design gilt als nicht offenbart, wenn es einem Dritten lediglich unter der ausdrücklichen oder stillschweigenden Bedingung der Vertraulichkeit bekannt gemacht wurde. Eine ausreichende Offenbarung kann zB darin liegen, dass Abbildungen eines Designs an Händler verteilt wurden, die in dem getroffenen Wirtschaftszweig tätig sind (BGH GRUR 2012, 1253 – Gartenpavillon; BGH, EuGH GRUR 2014, 368 – Gautzsch Großhandel/MBM Joseph Duna (Gartenpavillon) zu Art. 11 Abs. 2 VO (EG) 6/2002 zum nicht eingetragenen Gemeinschaftsgeschmacksmuster). Eine Offenbarung bleibt gem. § 6 DesignG und der dort geregelten Neuheitsschonfrist unberücksichtigt, wenn ein Design während der 12 Monate vor dem Anmeldetag durch den Entwerfer der Öffentlichkeit zugänglich gemacht worden ist (§ 6 S. 1 DesignG). In gleicher Weise gilt eine missbräuchliche Handlung gegen den Entwerfer oder seinen Rechtsnachfolger und eine sich dadurch ergebende Offenbarung nicht als relevante Vorveröffentlichung (sog Neuheitsschonfrist).

Eine weitere Ausnahme von dem Grundsatz der Neuheitsschädlichkeit einer Vor-Offenbarung enthält § 15 DesignG für dort angeführte Ausstellungen und zugehörige Ausstellungshandlungen. Hier beträgt die Schonfrist lediglich sechs Monate.

Im Formular wird davon ausgegangen, dass außerhalb der Neuheitsschonfrist des § 6 DesignG, nämlich 13 Monate vor dem Anmeldetag, eine Vorverbreitung erfolgt ist.

6. Es geschieht lediglich zu Demonstrationszwecken, dass das Formular von einer neuheitsschädlichen Vorwegnahme sämtlicher Kombinationsmerkmale ausgeht. Regelmäßig liegt der Sachverhalt schwieriger, da allenfalls einzelne Kombinationsmerkmale als vorbekannt nachgewiesen werden können. Für derartige Fälle ist auf BGH GRUR 1975, 81 ff. – Dreifach-Kombinationsschalter; GRUR 1988, 369 (370) – Messergriff, hinzuweisen. Danach dürfen die Anforderungen an die hinreichende eigenschöpferische Gestaltungshöhe nicht zu niedrig angesetzt werden, sofern die Gestaltung des Designgegenstandes lediglich durch die Kombination vorbekannter Formenelemente erfolgt ist. Maßgeblich ist jeweils eine Herausarbeitung des Gesamteindrucks, und zwar sowohl des eingetragenen Designs als auch des vorbekannten Formenschatzes (BGH GRUR 2001, 503 – Sitz-Liegemöbel). Für den Gesamteindruck des eingetragenen Designs kommt es auf die Sichtbarkeit des Designs beim bestimmungsgemäßen Gebrauch an (BPatG Mitt. 2020, 401 – Fahrradsattel). Die Praxis neigt in jüngerer Zeit jedoch eher dazu, Neuheit (und ggf. Eigenart) zu bejahen, um sodann jedoch anschließend den Schutzumfang einzuschränken.

7. Fehlt es offensichtlich an der Neuheit, bedarf es naturgemäß keiner Ausführungen betreffend die Eigenart. Gem. § 2 Abs. 2 DesignG wird als eingetragenes Design nur ein Design geschützt, das neben der Neuheit auch ausreichende Eigenart aufweist. § 2 Abs. 3 DesignG definiert das Vorhandensein von Eigenart: Ein Design hat dann Eigenart, wenn sich der Gesamteindruck, den es beim informierten Benutzer hervorruft, von dem Gesamteindruck unterscheidet, den ein anderes Design bei diesem Benutzer hervorruft, das vor dem Anmeldetag offenbart worden ist. Zur Beurteilung der Eigenart → Form. II. Q.14 Anm. 28. Formenschatz, der der Anwendung des § 6 DesignG (Neuheitsschonfrist) oder des § 15 DesignG (Ausstellungspriorität) unterfällt, wird bei der Beurteilung der Eigenart nicht berücksichtigt (für Neuheitsschonfrist ausdrücklich § 6 S. 1 DesignG).

Die Beurteilung der Eigenart (früher: Eigentümlichkeit) kann größere Schwierigkeiten bereiten. Vergleichsmaßstab ist jeweils nur ein einzelnes vorveröffentlichtest Design (nicht wie früher: die Gesamtheit des vorbekannten Formenschatzes, dazu BGH GRUR 2010, 718 – Verlängerte Limousinen; KG ZUM 2005, 231 (232) – Natursalz; OLG Hamm InstGE 8, 233 (237) – Kaminöfen; EFK GeschmMG § 2 Rn. 14). Diese Sicht wird durch EuGH GRUR 2014, 774 zu Art. 6 VO (EG) 6/2002 für das (nicht eingetragene) Gemeinschaftsgeschmacksmuster bestätigt. Für die Bejahung der Eigenart wird vom EuGH darauf abgestellt, dass sich zur Ermittlung des Gesamteindrucks, den das nicht eingetragene Design beim informierten Benutzer hervorruft, nicht auf eine Kombination isolierter Elemente von mehreren älteren Designs abzustellen ist, sondern von dem Gesamteindruck auszugehen ist, den ein oder mehrere ältere Designs für sich genommen hervorrufen (EuGH GRUR 2014, 774 – KMF/Dunnes). Gem. § 2 Abs. 3 S. 2 DesignG ist bei der Beurteilung der Eigenart der Grad der Gestaltungsfreiheit des Entwerfers bei der Entwicklung des Designs zu berücksichtigen. Insoweit wird hier davon ausgegangen, dass die bisherigen Rechtsgrundsätze weiter gelten, allerdings mit einer deutlichen Tendenz eher zur Großzügigkeit durch die Rspr. Als Faustregel kann angeführt werden:

Die Zubilligung einer eigenschöpferischen designschutzfähigen Leistung hängt entscheidend von dem Durchschnittskönnen ab, dass das betreffende Gestaltungsgebiet allgemein kennzeichnet (BGH GRUR 1969, 90 (95) – Rüschenhaube). Damit sind die Anforderungen, die für den Designschutz zu stellen sind, niedriger als diejenigen, die für ein Kunstwerk zu verlangen sind (BGH GRUR 1966, 96 (99) – Zündaufsatz). Soweit es jedoch – wie häufig – um die Kombination an sich vorbekannter Formelemente geht, dürfen die Anforderungen an die erforderliche Eigenart nicht zu niedrig angesetzt werden (BGH LM § 1 GeschmMG, Nr. 11, Bl. 2 – Dreifachkombinationsschalter = GRUR 1975, 81; GRUR 1988, 369 (370) – Messergriff). Allerdings findet (in Abweichung von dem bisherigen Rechtszustand) ein Einzelvergleich zu jeder sog Entgegenhaltung statt (s. o.). Dasjenige, was im vorbekannten Formenschatz jedoch bisher geleistet wurde, fließt bei der Beurteilung der Eigenart nach Maßgabe des Grades der Gestaltungsfreiheit des Entwerfers mit ein (§ 2 Abs. 3 S. 2 DesignG).

8. Im Gegensatz zum früheren Recht nach GeschmMG aF erfordert die Annahme der Nachbildung weder Kenntnis hinsichtlich des Vorbildes noch den Willen, das Vorbild nachzubilden. Maßgeblich ist vielmehr § 38 Abs. 2 DesignG. Danach erstreckt sich der Schutz aus einem eingetragenen Design auf jedes Design, das beim informierten Benutzer keinen anderen Gesamteindruck erweckt (als das eingetragene Design). Nur dann, wenn ein Fall des § 38 Abs. 3 DesignG gegeben ist, nämlich eine Nachbildung während der Dauer der Aufschiebung der Bekanntmachung (§ 21 Abs. 1 S. 1 DesignG) erfolgt ist, setzt der Schutz gem. § 38 Abs. 1 u. 2 DesignG voraus, dass das (nachgeahmte) Design das Ergebnis einer Nachahmung des eingetragenen Designs ist. Dann gilt: Die Annahme der Nachbildung erfordert Kenntnis hinsichtlich des Vorbildes und den Willen, das Vorbild nachzubilden. Beides ist regelmäßig nicht konkret nachweisbar. Das gilt insb. für diejenigen Fälle, wo der Gestalter das angegriffene Erzeugnis des Vorbildes nicht gekannt haben kann, wie dies im Fall der Dauer der Aufschiebung der Bekanntmachung regelmäßig gegeben ist. Erst dann, wenn konkret belegt werden kann, dass der vermeintliche Nachahmer das Vorbild tatsächlich gekannt hat, kann von Nachahmung ausgegangen werden. → Form. II.Q.14 Anm. 20.

9. § 38 Abs. 2 DesignG stellt für den Schutzumfang auf die objektive Übereinstimmung in dem ästhetischen Gesamteindruck ab. Es können die gleichen Grundsätze angewandt werden, wie sie vom BGH im Zusammenhang mit dem Gesamteindruck des eingetragenen Designs einerseits und des vorbekannten Formenschatzes andererseits angewandt werden (BGH GRUR 2000, 1023 – Drei-Speichen-Felgenrad; → Anm. 3). Doch schon im Tatsächlichen können die Auffassungen betreffend einen „objektiv übereinstimmenden Gesamteindruck" sehr weit auseinander gehen (vgl. als ein Beispiel die Entscheidung des BGH GRUR 2002, 629 – Blendsegel – für einen Fall des § 1 UWG aF = §§ 3, 4 Nr. 9 UWG), so dass diese Verteidigung im Textbeispiel bewusst an den Schluss gestellt worden ist.

10. Zu den Voraussetzungen eines Vorbenutzungsrechts und zu dem zu seiner Geltendmachung erforderlichen Sachvortrag vgl. BGH GRUR 2018, 72 – Bettgestell.

Fristen

11. Zu beachten ist die gegebenenfalls vom Gericht gesetzte Klageerwiderungsfrist.

17. Antrag auf Feststellung oder Erklärung der Nichtigkeit eines eingetragenen Designs

Deutsches
Patent- und Markenamt

Deutsches Patent- und Markenamt **Dienststelle Jena** 07738 Jena ☐ **Telefax vorab am:**	**Hausadresse** (nur für Frachtsendungen) Goethestr. 1 **07743 Jena**	**4**

Antrag auf Feststellung oder Erklärung der Nichtigkeit eines eingetragenen Designs

Zeichen des Antragstellers/Vertreters	Telefon	Telefax

(1) **Antragsteller**
Name, Vorname / Firma, Anschrift (kein Postfach)

(2) **Vertreter**
Name, Vorname / Bezeichnung, Anschrift (kein Postfach)

(3) **Angaben zum eingetragenen Design**
Designnummer — Name des eingetragenen Inhabers

(4) **Nichtigkeitsgrund (§ 33 DesignG)**

Absolute Nichtigkeitsgründe (Feststellung der Nichtigkeit)

☐ Fehlende Designfähigkeit (§ 1 DesignG)
☐ Fehlende Neuheit / Eigenart (§ 2 DesignG)
☐ Ausschluss vom Designschutz (§ 3 DesignG)
- ☐ Technische Bedingtheit (§ 3 Absatz 1 Nr. 1 DesignG)
- ☐ Verbindungselemente (§ 3 Absatz 1 Nr. 2 DesignG)
- ☐ Verstoß gegen die öffentliche Ordnung / die guten Sitten (§ 3 Absatz 1 Nr. 3 DesignG)
- ☐ Zeichen von öffentlichem Interesse / Hoheitszeichen (§ 3 Absatz 1 Nr. 4 DesignG)

Relative Nichtigkeitsgründe (Erklärung der Nichtigkeit)

☐ Unerlaubte Benutzung eines durch das Urheberrecht geschützten Werkes
☐ Kollision mit prioritätsälterem eingetragenem Design
☐ Verwendung eines prioritätsälteren Zeichens mit Unterscheidungskraft

R 5730 Seite 1 von 2
7.14

(5) **Begründung und Beweismittel**

☐ siehe Anlage

(6) **Gebühr (300 €)**

☐ Zahlung mittels SEPA-Lastschrift

☐ Ein gültiges SEPA-Basis-Lastschriftmandat (Vordruck A 9530) mit der Mandatsreferenznummer (*bitte eintragen*): ____

☐ liegt dem DPMA bereits vor (Dauermandat)

☐ ist beigefügt

☐ **Angaben zum Verwendungszweck** (Vordruck A 9532) des Mandats mit der o. g. Mandatsreferenznummer sind beigefügt.

☐ Überweisung

Zahlungsempfänger
Bundeskasse Halle/DPMA
IBAN: DE84 7000 0000 0070 00 10 54
BIC (SWIFT-Code): MARKDEF1700
Anschrift der Bank:
Bundesbankfiliale München
Leopoldstr. 234
80807 München

(7) **Anlagen**

☐ Vollmacht

☐

(8)

Datum Unterschrift(en) ggf. Firmenstempel

R 5730 Seite 2 von 2
7.14

DEUTSCHES PATENT- UND MARKENAMT
80297 München

Telefon: +49 89 2195-0
Telefax: +49 89 2195-2221
Telefonische Auskünfte: +49 89 2195-3402
Internet: http://www.dpma.de

Zahlungsempfänger: Bundeskasse Halle/DPMA
IBAN: DE84 7000 0000 0070 0010 54
BIC (SWIFT-Code): MARKDEF1700
Anschrift der Bank: Bundesbankfiliale München
Leopoldstr. 234, 80807 München

- Dienststelle Jena -
07738 Jena
Telefon: +49 3641 40-54
Telefax: +49 3641 40-5690
Telefonische Auskünfte: +49 3641 40-5555

- Technisches Informationszentrum Berlin -
10958 Berlin
Telefon: +49 30 25992-0
Telefax: +49 30 25992-404
Telefonische Auskünfte: +49 30 25992-220

Bitte beachten Sie folgende Hinweise:

Im Designnichtigkeitsverfahren gelten die Kostenregelungen der Zivilprozessordnung (ZPO). Danach hat in der Regel der Unterliegende die Kosten des Verfahrens zu tragen, zu denen neben den eigenen Kosten auch die Kosten der Gegenseite einschließlich der Kosten etwaiger Vertreter gehören, §§ 91, 92 ZPO. Bei einem sofortigen Anerkenntnis des Designinhabers sind jedoch dem Antragsteller die Kosten aufzuerlegen, § 93 ZPO. Ein sofortiges Anerkenntnis kann auch darin liegen, dass einem zulässigen Nichtigkeitsantrag nicht widersprochen wird. Obwohl das eingetragene Design gelöscht wird, müssten Sie dann die Kosten des Verfahrens tragen. Sie können diese nachteilige Kostenfolge vermeiden, wenn Sie den Designinhaber **vor der Antragstellung** zur freiwilligen Aufgabe des eingetragenen Designs auffordern.

Zur Beschleunigung des Verfahrens sollten möglichst frühzeitig Angaben zur Kostentragung und zum Gegenstandswert gemacht werden, vgl. § 21 Absatz 3 Designverordnung (DesignV).

Erläuterung zu Feld (1)

Geben Sie bitte Ihren vollständigen Namen und die Wohnsitzadresse an. Wird der Antrag im Namen einer juristischen Person oder Personengesellschaft gestellt, geben Sie bitte die Firma an, wie sie in amtlichen Registern (Handelsregister, Vereinsregister etc.) eingetragen ist, sowie die Anschrift des Sitzes.

Erläuterung zu Feld (2)

Für das Nichtigkeitsverfahren vor dem DPMA besteht grundsätzlich kein Anwaltszwang. Ein Beteiligter, der keinen Wohnsitz oder Sitz in Deutschland hat, muss jedoch einen Inlandsvertreter bestellen (§ 58 DesignG).

Erläuterung zu Feld (3)

Bitte geben Sie die Nummer des konkreten Designs laut Designregister https://register.dpma.de/DPMAregister/Uebersicht an (z. B. 402012075678-0001). Betrifft der Antrag mehrere eingetragene Designs, ist die Gebühr für das Nichtigkeitsverfahren für jedes eingetragene Design zu zahlen, auch wenn die Designs aufgrund einer Sammelanmeldung eingetragen wurden.

Erläuterung zu Feld (4)

Bitte geben Sie den relevanten Nichtigkeitsgrund an. Beachten Sie dabei die Antragsbefugnis. Der Antrag auf Feststellung der Nichtigkeit betrifft absolute Schutzhindernisse; der Antrag auf Erklärung der Nichtigkeit relative Schutzhindernisse. Für einen Antrag auf Feststellung der Nichtigkeit ist jedermann antragsbefugt, außer in den Fällen einer missbräuchlichen Benutzung von Hoheitszeichen, Emblemen oder Wappen von öffentlichem Interesse. Hier kann der Antrag nur von Personen gestellt werden, die von der Benutzung des eingetragenen Designs betroffen sind. Dies ist meist der Hoheitsträger selbst. Ein Antrag auf Erklärung der Nichtigkeit kann nur vom Inhaber des betroffenen Rechts gestellt werden.

Erläuterung zu Feld (5)

Bitte benennen Sie die zur Begründung dienenden Tatsachen und Beweismittel. Das DPMA entscheidet grundsätzlich auf Basis des vorgetragenen Sachverhaltes. Geeignete Beweismittel sind z. B. Produkt- und Messekataloge oder Auszüge aus öffentlichen Schutzrechtsregistern. Die Beweismittel müssen eine frühere Offenbarung des Designs belegen, wenn der Antrag sich auf das Fehlen von Neuheit bzw. Eigenart stützt.

Erläuterung zu Feld (6)

Für den Antrag auf Feststellung oder Erklärung der Nichtigkeit ist für jedes eingetragene Design eine Gebühr in Höhe von **300 € (Gebührennummer 346 100)** zu entrichten.

Wird die Gebühr nicht innerhalb von drei Monaten nach der Einreichung des Antrags gezahlt, so gilt der Antrag als zurückgenommen (§ 6 Absatz 2 Patentkostengesetz).

Bei der Zahlung geben Sie bitte an:

- den Verwendungszweck (Nichtigkeitsverfahren und Gebührennummer 346 100) sowie
- die Nummer des eingetragenen Designs (Designnummer, z. B. 402012075678-0001).

Für das SEPA-Basis-Lastschriftverfahren verwenden Sie bitte die amtlichen Vordrucke A 9530 und A 9532.

R 5730
7.14

Schrifttum: Kappl, Vom Geschmacksmuster zum eingetragenen Design. Das neue Designrecht und das Nichtigkeitsverfahren vor dem DPMA, GRUR 2014, 326.

Anmerkungen

1. Das Formular betrifft das Verfahren vor dem DPMA zur Erklärung der Nichtigkeit eines eingetragenen Designs oder zu dessen Löschung (§§ 33 ff. DesignG iVm §§ 21 ff. DesignV). Zur Antragstellung im Zusammenhang mit § 33 Abs. 1 DesignG und die dort aufgeführten sog absoluten Nichtigkeitsgründe ist jedermann befugt (§ 34 S. 1 DesignG). Zur Stellung des Antrags auf Erklärung der Nichtigkeit nach § 33 Abs. 2 (sog relative Schutzhinderungsgründe) ist nur der Inhaber des jeweils betroffenen Rechts befugt (§ 34 S. 2 DesignG). Ein Antrag auf Nichtigkeit/Löschung des eingetragenen Designs wird regelmäßig dann veranlasst sein, wenn ein Verletzungsverfahren droht oder schon anhängig ist. Ungeachtet dessen kann jedoch jeder, der sich in seinem wettbewerblichen Verhalten durch das eingetragene Design beeinträchtigt fühlt, einen solchen Antrag anhängig machen.

2. Der Antrag ist schriftlich beim DPMA einzureichen (§ 34a Abs. 1 S. 1 DesignG). Für den Antrag soll das vom DPMA herausgegebene Formblatt verwendet werden. Davon geht das Textbeispiel aus. Das Verfahren steht nicht unter Anwaltszwang. Es können jedoch Rechts- oder Patentanwälte eingeschaltet werden. In dem wiedergegebenen Formblatt sind seitens des DPMA die geforderten Angaben kenntlich gemacht, indem die zugehörigen Passagen ausgefüllt werden müssen, und zwar teilweise auch nur dadurch, dass betroffene (geltend gemachte) Nichtigkeitsgründe anzukreuzen sind. IE gilt Folgendes:

Das Formblatt benennt als die gem. § 23 Abs. 2 DesignG für das Nichtigkeitsverfahren gem. § 34a zuständige (einzurichtende) Designabteilung die „Dienststelle Jena".

Die zu (1) bis (7) im Formblatt angeführten Erläuterungspositionen verstehen sich von selbst und sind auszufüllen. Besondere Bedeutung hat die Position (5) „Begründung und Beweismittel". Hier bietet sich regelmäßig folgende Darstellung an:

a) Zunächst sollte das angegriffene eingetragene Design dargestellt werden. Eine solche Darstellung sollte im Wesentlichen den Prinzipien folgen, die in den Form. → Form. II. Q.14 bzw. → Form. II.Q.16 niedergelegt sind.

b) Nach Darlegung/Darstellung des Gegenstandes (des Gesamteindrucks) des angegriffenen eingetragenen Designs folgt eine Erläuterung des geltend gemachten Nichtigkeitsgrunds. § 33 Abs. 1 benennt die absoluten Nichtigkeitsgründe, die zur Feststellung der Nichtigkeit des eingetragenen Designs führen. Das sind (im Wesentlichen) die fehlende Designfähigkeit gem. § 1 DesignG, die fehlende Neuheit bzw. die fehlende Eigenart gem. § 2 DesignG und der Ausschluss vom Designschutz nach Maßgabe der Ausschließungsvoraussetzungen iSd § 3 Abs. 1 DesignG. Es handelt sich um die Ausschließungsgründe der technischen Bedingtheit (§ 3 Abs. 1 Nr. 1 DesignG), der Verbindungselemente (§ 3 Abs. 1 Nr. 2 DesignG), des Verstoßes gegen die öffentliche Ordnung/die guten Sitten (§ 3 Abs. 1 Nr. 3 DesignG) und das Benutzen von Zeichen von öffentlichem Interesse/Hoheitszeichen gem. § 3 Abs. 1 Nr. 4 DesignG. Bei der technischen Bedingtheit muss es sich um eine ausschließliche handeln. Zum Nebeneinander von Patent- und Designschutz vgl. BGH GRUR 2021, 473 – Papierspender. Sollen relative Nichtigkeitsgründe gem. § 33 Abs. 2 DesignG geltend gemacht werden, die zur Erklärung der Nichtigkeit führen sollen, so sind die in (4) des Formblatts angeführten relativen Nichtigkeitsgründe jeweils anzukreuzen.

c) Die geltend gemachten Nichtigkeitsgründe sind zu (5) auch zu begründen. Dabei kann sich die Notwendigkeit ergeben, Beweismittel vorzutragen und vorzulegen, zB Vorveröffentlichungen oder offenkundige Vorbenutzungen, für die sodann Zeugenbeweis anzutreten ist. Es kann ggf. notwendig sein, zum Vorbringen zur fehlenden Eigenartigkeit auch Sachverständigenbeweis anzutreten. Die zulässigen Beweismittel sind in

Ausfüllung des § 34a Abs. 3 S. 3 DesignG in § 22 Abs. 4 DesignV aufgeführt. Dort ist bestimmt, dass das DPMA Beweis im Rahmen der Anhörung erhebt, wenn dies sachdienlich ist oder beantragt wird. Insbes. kann das DPMA Augenschein einnehmen, Zeugen, Sachverständige und Beteiligte hören sowie Urkunden heranziehen. Das DPMA stellt dem Inhaber des eingetragenen Designs den Nichtigkeitsantrag zu und fordert ihn auf, dem Antrag zu widersprechen und den Widerspruch zu begründen. Widerspricht der Inhaber dem Antrag nicht innerhalb der ihm gesetzten Frist, wird die Nichtigkeit festgestellt oder erklärt (§ 34a Abs. 2 DesignG). Widerspricht der Inhaber dem Antrag rechtzeitig, teilt dies das DPMA dem Antragsteller mit. Es findet eine Anhörung (mündliche Verhandlung) statt, wenn ein Beteiligter dies beantragt oder das DPMA dies für sachdienlich erachtet (§ 34a Abs. 3 S. 2). Die Entscheidung der Designabteilung ergeht nach ihrer freien, aus dem Gesamtergebnis des Verfahrens gewonnenen Überzeugung. Durch Gesetz vom 4. April 2016 ist mWz 1.7.2016 die Möglichkeit des § 33 Abs. 6 DesignG eingefügt worden. Danach kann der Inhaber des eingetragenen Designs in den Fällen der Nichtigkeit gem. § 33 Abs. 1 und 2 DesignG durch Erklärung gegenüber dem Deutschen Patent- und Markenamt in die Löschung einwilligen. Geht er diesen Weg, kann er unter Umständen in analoger Anwendung des § 93 ZPO eine für ihn nachteilige Kostenentscheidung vermeiden (BPatG WRP 2017, 1345, Rn. 20 – Innensohle).

d) Einzelheiten betreffend den Gang des Nichtigkeitsverfahrens vor dem DPMA sind in § 34a und in § 22 DesignV niedergelegt. Das Verfahren endet in Form einer Entscheidung durch schriftlichen Beschluss (§ 34a Abs. 4 DesignG). Der Tenor des Beschlusses kann schon am Ende der Anhörung verkündet werden (§ 34a Abs. 4 S. 2 DesignG). Der Beschluss ist zu begründen (§ 34a Abs. 4 S. 3 DesignG). In ihm ist auch über die Kosten des Verfahrens zu entscheiden (§ 34a Abs. 5 DesignG).

e) Die schriftliche Beschlussentscheidung kann lauten:

aa) „Es wird festgestellt, dass das eingetragene Design . . . . . nichtig ist."
oder

bb) „Das eingetragene Design . . . . . wird für nichtig erklärt."
Der Tenor gem. „aa)" betreffend die Feststellung der Nichtigkeit beruht auf den Nichtigkeitsgründen des § 33 Abs. 1, derjenigen der Nichtigerklärung gem. „bb)" auf den relativen Schutzunfähigkeitsgründen des § 33 Abs. 2 DesignG.

f) Es kann auch eine Entscheidung nach Maßgabe des § 35 DesignG in Form einer teilweisen Aufrechterhaltung des eingetragenen Designs ergehen.

g) Ist der Beschluss unanfechtbar, so ist das eingetragene Design zu löschen (§ 36 Abs. 1 S. 1 Nr. 5 DesignG).

Kosten und Gebühren

3. Die Antragsgebühr für das Verfahren beträgt 300 EUR entsprechend der neu eingeführten Gebührennummer 346 100. Die Gebühren der im Verfahren beteiligten Rechts- bzw. Patentanwälte bestimmen sich nach dem vom DPMA festzusetzenden Gegenstandswert (§ 34a Abs. 5 S. 2 DesignG); dazu BGH GRUR 2020, 1016 – Gegenstandswert Sporthelm: im Regelfall EUR 50.000. Der Inhalt der Kostenentscheidung bestimmt sich nach dem Maß des Obsiegens – bzw. Unterliegens. § 34 Abs. 5 S. 1, 2. Hs. DesignG verweist auf § 84 Abs. 2 S. 2 PatG. Zu den Anforderungen für eine analoge Anwendung des § 93 ZPO vgl. BPatG WRP 2017, 1345 – Innensohle: Das Unterlassen des Widerspruchs begründet regelmäßig kein sofortiges Anerkenntnis im Sinne von § 93 ZPO.

Fristen und Rechtsbehelfe

4. Für den Antrag auf Feststellung oder Erklärung der Nichtigkeit eines eingetragenen Designs besteht keine Frist. Gegen die ergangene Entscheidung des DPMA ist das Rechtsmittel der Beschwerde gegeben (§ 23 Abs. 4 S. 1 DesignG). Die Beschwerdefrist beträgt einen Monat nach Zustellung der Entscheidung § 23 Abs. 4 S. 4 DesignG iVm § 73 Abs. 2 S. 1 PatG). Die Beschwerdefrist beginnt erst zu laufen, wenn der schriftlichen Ausfertigung des anzufechtenden Beschlusses eine Erklärung beigefügt wurde, durch welche die Beteiligten über die Beschwerde, die gegen den Beschluss gegeben ist, über die Stelle, bei der die Beschwerde einzulegen ist, über die Beschwerdefrist und über die Beschwerdegebühr belehrt worden sind. Ist die Belehrung unterblieben oder unrichtig erteilt, so ist die Einlegung der Beschwerde innerhalb eines Jahres seit Zustellung des Beschlusses zulässig (§ 47 Abs. 2 S. 3 PatG iVm § 24 Abs. 4 S. 4 DesignG). Gem. § 24 Abs. 4 S. 1 und 2 DesignG findet die Beschwerde an das BPatG statt und über sie entscheidet ein Beschwerdesenat des BPatG. Die Beschwerde ist allerdings schriftlich beim DPMA (Annahmestelle München/Berlin oder Jena; nicht: beim BPatG) einzureichen. Das ergibt sich aus der Bezugnahme auf § 73 Abs. 2 PatG in § 24 Abs. 4 S. 4 DesignG. Gem. § 73 Abs. 4 PatG hat das DPMA im kontradiktorischen Nichtigkeitsverfahren keine Abhilfebefugnis. Infolgedessen gelangt das Verfahren zum BPatG. Gegen den Beschluss des BPatG findet ggf. Rechtsbeschwerde statt (§ 24 Abs. 5 DesignG).

18. Verletzungsklage aufgrund eingetragenen Gemeinschaftsgeschmacksmusters

Landgericht[1]
Kammer für Handelssachen/Zivilkammer[2]
Klage
der Firma A . . . . .
– Klägerin –
Prozessbevollmächtigter: RA . . . . .
gegen
die Firma B . . . . .[3]
– Beklagte –
wegen Verletzung eines eingetragenen Gemeinschaftsgeschmacksmusters[4]
Vorläufiger Streitwert: . . . . . EUR[5]
Namens und in Vollmacht der Klägerin erhebe ich Klage und werde beantragen,

I. die Beklagte zu verurteilen,

1. es bei Meidung eines für jeden Fall der Zuwiderhandlung festzusetzenden Ordnungsgeldes bis zu 250.000 EUR, ersatzweise Ordnungshaft bis zu sechs Monaten oder Ordnungshaft bis zu sechs Monaten, im Wiederholungsfall bis zu zwei Jahren,[6] zu unterlassen,[7]
Sitzschalen für Stühle im Gebiet der Europäischen Union[8] herzustellen,[9] anzubieten oder in Verkehr zu bringen, die nach Maßgabe der folgenden Abbildungen gestaltet sind und somit folgende Gestaltungsmerkmale aufweisen:

- Die Krümmung des Sitz- und Lehnenbereichs erfolgt stetig und ohne Unterbrechung,
- entlang den beiden Längsseiten der seitlichen konkaven Vorwärtswölbungen der Sitzfläche befinden sich deutliche Fasen, die ihre größte Breite am Übergang von Sitz und Lehne haben und sowohl nach vorn als auch nach oben jeweils spitzwinklig auslaufen,
- die Außenseitenflächen wirken im Wesentlichen eben und sind zu den Fasen kantig abgewinkelt und verlaufen ungefähr rechtwinklig zum Längsmittelbereich des Sitzes und der Lehne, wobei die rechtwinklig zu den Kanten verlaufenden Linien dieser Seitenflächen ungefähr gerade sind und diese Seitenflächen sich vom Übergangsbereich Sitz/Lehne nach oben und nach vorn stetig verjüngen,
- die Breite der Lehnen nimmt vom Übergangsbereich Sitz/Lehne in aufwärtiger Richtung linear ab und schließt dann zu dem oberen Rand der Lehne führende Rundungen an, die stetig in den schwach konvex gewölbten oberen Rand der Lehne übergehen,
  (folgt Wiedergabe von Fotos des Verletzungsgegenstandes)[10]

2. der Klägerin Auskunft[11] über (die Herkunft und) den Vertriebsweg der unter vorstehend zu I 1 beschriebenen Erzeugnisse zu erteilen, insb. unter Angabe der Namen und Anschriften der Hersteller, der Lieferanten und deren Vorbesitzer, der gewerblichen Abnehmer oder Auftraggeber sowie unter Angabe der Mengen der (hergestellten), ausgelieferten, erhaltenen oder bestellten Erzeugnisse;
3. der Klägerin über den Umfang der vorstehend zu I.1 bezeichneten Handlungen Rechnung[12] zu legen, und zwar unter Vorlage eines Verzeichnisses mit der Angabe (der Herstellungsmengen und Herstellungszeiten sowie) der einzelnen Lieferungen und unter Beifügung der Belege (Kopien von Rechnungen oder Lieferscheinen) sowie unter Nennung
   a) der Liefermengen, Typenbezeichnungen, Artikel-Nummern, Lieferzeiten, Lieferpreise und Namen und Anschriften der Abnehmer,
   b) der Gestehungskosten unter Angabe der einzelnen Kostenfaktoren sowie des erzielten Gewinns,[13]
   und unter Angabe der einzelnen Angebote und der Werbung unter Nennung
   c) der Angebotsmengen, Typenbezeichnungen, Artikel-Nummern, Angebotszeiten und Angebotspreise sowie der Namen und Anschriften der Angebotsempfänger,
   d) der einzelnen Werbeträger, deren Auflagenhöhe, Verbreitungszeitraum und Verbreitungsgebiet,
   wobei
   e) der Beklagten vorbehalten[14] bleiben mag, die Namen und Anschriften der Angebotsempfänger und der nicht gewerblichen Abnehmer statt der Klägerin einem von dieser zu bezeichnenden und ihr gegenüber zur Verschwiegenheit verpflichteten vereidigten Wirtschaftsprüfer mitzuteilen, sofern die Beklagte die durch seine Einschaltung entstehenden Kosten trägt und ihn zugleich ermächtigt, der Klägerin mitzuteilen, ob ein konkret von ihr angefragter Abnehmer und/oder eine konkret von ihr angefragte Lieferung in der erteilten Rechnung enthalten sind;
4. die im unmittelbaren oder mittelbaren Besitz oder im Eigentum der Beklagten befindlichen Erzeugnisse entsprechend vorstehend I.1 an einen von der Klägerin zu beauftragenden Gerichtsvollzieher zum Zwecke der Vernichtung[15] auf Kosten der Beklagten herauszugeben;
5. .....[16]

II. festzustellen, dass die Beklagte verpflichtet ist, der Klägerin allen Schaden zu erstatten, der ihr durch die zu Ziffer I.1 bezeichneten Handlungen entstanden ist und künftig noch entstehen wird;[17]

III. die Kosten des Rechtsstreits der Beklagten aufzuerlegen;[18]

IV. das Urteil – ggf. gegen Sicherheitsleistung (Bank- oder Sparkassenbürgschaft) – für vorläufig vollstreckbar zu erklären;[19]

hilfsweise der Klägerin nachzulassen, die Zwangsvollstreckung gegen Sicherheitsleistung (Bank- oder Sparkassenbürgschaft) abzuwenden.[20]

Begründung:

I.

1. Die Parteien sind Wettbewerber. Beide stellen her und vertreiben Sitzschalen aus thermoplastischen Kunststoffen. Die Beklagte hat ihren Sitz in . . . . . (europäisches Ausland; EU-angehörig).

Die Klägerin ist alleinige und ausschließlich verfügungsberechtigte Inhaberin des Gemeinschaftsgeschmacksmusters Nr. . . . . (im Folgenden auch: Klagegeschmacksmuster). Die zugrundeliegende Eintragung beruht auf einer Anmeldung vom . . . . . und erfolgte am . . . . .

Beweis: Registerauszug vom . . . . .[21]

– Anlage K 1 –,

des Weiteren höchst vorsorglich

Beweis: Auskunft des Amtes der Europäischen Union für geistiges Eigentum (EUIPO)[21]
Avenida de Europa, 4
E-03008 Alicante
Spanien

2. Wir überreichen ein Erzeugnis nach Maßgabe des Klagegeschmacksmusters gem. Anlage K 1 – nur für das Gericht – als Anlage K 2.[22]

3. Die Beklagte stellt in . . . . . (Ausland) Sitzschalen her und liefert diese an einen Lieferanten, der die Sitzschalen seinerseits mit Stuhlgestellen verbindet und diese insb. an Gastwirte im Bereich der Bundesrepublik Deutschland vertreibt. Wir überreichen ein derartiges Verletzungserzeugnis – nur für das Gericht – als Anlage K 3.

4. Ein Vergleich des Verletzungserzeugnisses mit dem Gegenstand der Hinterlegung des Klagegeschmacksmusters unter Bezugnahme auf die Abbildungen der Eintragung des Klagegeschmacksmusters im Register sowie auch unter Bezugnahme des nach dem Klagegeschmacksmuster hergestellten Erzeugnisses gem. Anlage K 2[23] ergibt das Folgende:

a) Das der Klage zugrundeliegende Gemeinschaftsgeschmacksmuster betrifft eine Sitzschale. Insoweit sind von der Klägerin verschiedene Fotos einer Sitzschale hinterlegt (vgl. Anlage K 1). Die hinterlegten Abbildungen zeigen eine Sitzschale, deren ästhetischer Gesamteindruck durch folgende Einzelmerkmale bestimmt wird:[24]

a) . . . . .
b) . . . . .
c) . . . . .
d) . . . . .

b) Die Beklagte stellt her und vertreibt eine Kunststoffsitzschale, die mit dem Originalerzeugnis der Klägerin verwechselbar[25] übereinstimmt. Das Verletzungs-

erzeugnis der Beklagten gem. Anlage K 2 weist alle wesentlichen Gestaltungsmerkmale entsprechend der vorstehenden Merkmalsanalyse unter 4.a) auf. Die Übereinstimmungen sind so augenfällig, dass hier von einer Wiederholung dieser Merkmale abgesehen werden kann. Ein einziger Unterschied besteht lediglich darin, dass die Sitzschale der Beklagten im oberen Linienbereich eine nach hinten abfallende Krümmung aufweist. Dieser Unterschied fällt jedoch nicht ins Auge, zumal er lediglich bei einer Betrachtung der Rückseite des Stuhls überhaupt bemerkt werden kann.[26]

II.

1. **Das angerufene Landgericht ist gem. § 63 Abs. 1 DesignG iVm Art. 80, 81 VO (EG) 6/2002 (GGV) ausschließlich für die anhängige Gemeinschaftsgeschmacksmusterklage zuständig.**[27]
2. **Das Landgericht verfügt auch über die internationale Zuständigkeit gem. Art. 82 VO (EG) 6/2002. Die Zuständigkeit ergibt sich im Streitfall deshalb, weil**[28]
   - **die Beklagte ihren Geschäftssitz in der Bundesrepublik Deutschland hat (Art. 82 Abs. 1 Alt. 1 VO (EG) 6/2002);**
   - **die Beklagte eine Niederlassung im Bereich der Bundesrepublik Deutschland hat (Art. 82 Abs. 1 Alt. 2 VO (EG) 6/2002);**
   - **zwar die Beklagte weder einen Geschäftssitz noch eine Niederlassung in der Bundesrepublik Deutschland hat, jedoch die Klägerin ihren Geschäftssitz dort hat (Art. 82 Abs. 2 VO (EG) 6/2002);**
   - **die Beklagte den Verletzungsgegenstand im Bereich der Bundesrepublik Deutschland vertrieben hat (Art. 82 Abs. 5 VO (EG) 6/2002); und dies auch im Bezirk des angerufenen Gerichts geschehen ist (§ 63b S. 1 DesignG).**[29]

III.

1. **Die mit den Klageanträgen geltend gemachten Ansprüche finden ihre Grundlage in Art. 89 Abs. 1 u. 2 VO (EG) 6/2002 iVm § 62a DesignG. Soweit der mit Klageantrag I.1 geltend gemachte Unterlassungsanspruch in Rede steht, ist er gemäß § 42 Abs. 1 S. 1 DesignG iVm § 62a Nr. 1 DesignG gerechtfertigt. Auch die weiteren Ansprüche betreffend Auskunftserteilung/Rechnungslegung (Klageanträge I.2 u. 3.) sowie Schadensersatz (Feststellung) finden am angegebenen Ort ihre Begründung infolge jeweiliger Verweisungen auf das deutsche Recht, nämlich auf Auskunftserteilung und Rechnungslegung nach Maßgabe des § 46 DesignG, auf Schadensersatz gem. § 42 Abs. 2 DesignG. Der mit Klageantrag I.4 geltend gemachte Vernichtungsanspruch findet seine Grundlage in § 62a Nr. 1 DesignG iVm § 43 DesignG.**[30]
2. **Für alle geltend gemachten Ansprüche gilt, dass die Klägerin aktivlegitimiert ist. Sie ist eingetragene Inhaberin des Klagegeschmacksmusters.**[31] **Ebenso gilt, dass die Beklagte passivlegitimiert ist. Sie ist unmittelbare Verletzerin.**[32]
3. **Auch die weiteren Voraussetzungen für die Annahme einer Verletzung des Klagegeschmacksmusters sind ohne weiteres gegeben.**[33]
   a) **Das Klagegeschmacksmuster ist schutzfähig. Es handelt sich um eine Gestaltung, die die dreidimensionale Erscheinungsform eines Erzeugnisses, nämlich eines Stuhles, darstellt.**
   Des Weiteren ist der Gegenstand des Klagegeschmacksmusters neu und verfügt auch über ausreichende Eigenart (Art. 5 u. 6 VO (EG) 6/2002). Soweit die Schutzfähigkeit des Klagegeschmacksmusters in Rede steht, beruft sich die Klägerin (zunächst) auf die Vermutung der Rechtsgültigkeit nach Maßgabe des Art. 85 Abs. 1 VO (EG) 6/2002.

b) Das Nachahmungserzeugnis der Beklagten stimmt mit dem Original der Klägerin augenscheinlich überein.[34], Infolge dessen greift die Beklagte mit der Herstellung und dem Vertrieb des Nachahmungserzeugnisses unmittelbar in das ausschließliche Recht der Klägerin als der Inhaberin des Klagegeschmacksmusters gem. Art. 19 Abs. 1 ein. Der Klägerin ist kein Gesichtspunkt dafür ersichtlich, dass der Beklagten ein derartiger Eingriff gestattet wäre. Infolge dessen ist das Verhalten der Beklagten rechtswidrig. Es ist darüber hinaus auch zumindest grob fahrlässig schuldhaft, da der Beklagten bei angemessener Sorgfalt die Existenz des Klagegeschmacksmusters bekannt sein müsste.

Rechtsanwalt[35]

Schrifttum: Bulling/Langöhrig/Hellwig, Gemeinschaftsgeschmacksmuster, 3. Aufl. 2011; *Ruhl/Tolkmitt*, Gemeinschaftsgeschmacksmuster, 3. Aufl. 2019.

Anmerkungen

1. Die (funktionale) Zuständigkeit der LG ergibt sich gem. § 63 Abs. 1 DesignG iVm Art. 80 VO (EG) 6/2002 (= GGV) ohne Rücksicht auf den Streitwert. Die Zuständigkeit für Gemeinschaftsgeschmacksmuster ist ausschließlich für Verletzungsklagen, für Klagen auf Feststellung der Nichtverletzung, für Klagen auf Erklärung der Nichtigkeit eines nicht eingetragenen Gemeinschaftsgeschmacksmusters sowie für Widerklagen (Art. 81 VO (EG) 6/2002). Die internationale Zuständigkeit bestimmt sich gem. Art. 82 VO (EG) 6/2002. Dazu vgl. im Textbeispiel die Ausführungen zu II.2.

Die Gemeinschaftsgeschmacksmustergerichte iSd § 63 Abs. 1 DesignG sind diejenigen nationalen Gerichte, die die Bundesrepublik Deutschland seinerzeit der Kommission gegenüber benannt hat. Es handelt sich um folgende LGe: Bautzen, Berlin, Braunschweig, Bremen, Chemnitz, Dresden, Düsseldorf, Erfurt, Flensburg, Frankenthal (Pfalz), Frankfurt am Main, Görlitz, Hamburg, Itzehoe, Kiel, Leipzig, Lübeck, Magdeburg, Mannheim, München I, Neubrandenburg, Nürnberg-Fürth, Rostock, Saarbrücken, Schwerin, Stralsund, Stuttgart und Zwickau.

2. Designstreitigkeiten und solche auf der Grundlage eines Gemeinschaftsgeschmacksmusters sind von Hause aus Handelssachen (§ 95 Nr. 4c) GVG. Sie gehören mithin vor die Kammer für Handelssachen (§ 94 GVG), allerdings nur bei entsprechendem Antrag in der Klageschrift (§ 96 Abs. 1 GVG). Ein solcher Antrag in der Klageschrift kann schon daraus entnommen werden, dass diese an die Kammer für Handelssachen gerichtet ist. Viele LGe verfügen über Zivilkammern, die speziell für design- und gemeinschaftsgeschmacksmusterrechtliche Streitigkeiten eingerichtet sind. Auch diese Zivilkammern können angerufen werden, wobei allerdings der Beklagte Verweisung an die Kammer für Handelssachen beantragen kann (§ 98 Abs. 1 S. 1 GVG).

3. Die Parteien sind, wie auch sonst, so genau wie möglich unter Einschluss gesetzlicher Vertreter zu bezeichnen. Zur Aktivlegitimation gelten die allgemeinen Regeln. Aktivlegitimiert sind der Schutzrechtsinhaber und der ausschließliche Lizenznehmer. Ob dieser in das Gemeinschaftsgeschmacksmusterregister als Lizenznehmer eingetragen worden ist oder nicht, ist für die Aktivlegitimation bedeutungslos (vgl. EuGH GRUR 2016, 1163 – Thomas Philipps/Grüne Welle [Waschball]). Im Falle einer einfachen Lizenz kann deren Inhaber den klagegegenständlichen Unterlassungsanspruch nur im Wege der gewillkürten Prozessstandschaft geltend machen. IÜ bedarf es für die weiteren Ansprüche (Schadensersatz, Rechnungslegung, Vernichtung) der Abtretung.

4. Dem Textbeispiel liegt der Fall der Geltendmachung eines eingetragenen Gemeinschaftsgeschmacksmusters zugrunde. Nach seiner Eintragung durch das Amt (der Europäischen Union für geistiges Eigentum – EUIPO) wird das Geschmacksmuster durch ein eingetragenes Gemeinschaftsgeschmacksmuster für einen Zeitraum von fünf Jahren, beginnend mit dem Anmeldetag, geschützt. Die Schutzdauer kann einmal oder mehrmals um einen Zeitraum von jeweils fünf Jahren bis zu einer Gesamtlaufzeit von 25 Jahren verlängert werden (Art. 12 VO (EG) 6/2002). Das eingetragene Gemeinschaftsgeschmacksmuster gewährt seinem Inhaber ein ausschließliches Benutzungsrecht sowie ein Ausschließungsrecht gegenüber Dritten (Art. 19 Abs. 1 VO (EG) 6/2002).

Neben dem eingetragenen Geschmacksmuster besteht die Schutzmöglichkeit des nicht eingetragenen Geschmacksmusters. Dieses bezieht sich auf ein Geschmacksmuster, das die Schutzvoraussetzungen der Art. 3 ff. VO (EG) 6/2002 erfüllt. Das nicht eingetragene Gemeinschaftsgeschmacksmuster wird für eine Frist von drei Jahren geschützt, die mit dem Tag beginnt, an dem das Geschmacksmuster der Öffentlichkeit innerhalb der Gemeinschaft erstmals zugänglich gemacht wurde. Mehr an Voraussetzungen für das Zugänglichmachen benennt Art. 11 Abs. 2 VO (EG) 6/2002. Zu diesen Voraussetzungen vgl. insb. EuGH GRUR 2014, 368 – Gautzsch Großhandel/MBM Joseph Duna (Gartenpavillon); BGH GRUR 2012, 1253 – Gartenpavillon.

5. In jeder Klage soll ein Streitwert angegeben werden (§ 253 Abs. 3 Nr. 2 ZPO). Er dient nicht der Bestimmung der Zuständigkeit des LG, weil die LGe in Gemeinschaftsgeschmacksmusterstreitigkeiten ohne Rücksicht auf den Streitwert ausschließlich zuständig sind. → Anm. 1. Er dient jedoch der Berechnung der vorab einzuzahlenden Gerichtskosten und ist Grundlage für die Höhe der Anwaltsgebühren. Ggf. kommt auch in einer Gemeinschaftsgeschmacksmusterstreitigkeit eine Streitwertbegünstigung in Betracht (§§ 54, 63 Abs. 4 DesignG iVm Art. 88 Abs. 3 VO (EG) 6/2002).

6. Strafandrohungsklausel entsprechend § 890 Abs. 1 ZPO.

7. Art. 89 Abs. 1 VO (EG) 6/2002 befugt das nationale Gericht, im Falle der Verletzung eines Gemeinschaftsgeschmacksmusters Sanktionen auszusprechen. In Abs. 1a VO (EG) 6/2002 ist vorgesehen, ein Verbot anzuordnen, die Handlungen, die das Gemeinschaftsgeschmacksmustergesetz verletzen oder zu verletzen drohen, fortzusetzen. Eine gerichtliche Anordnung entspricht nicht dem klassischen materiell-rechtlichen Unterlassungsanspruch, sondern ist nur eine gerichtliche (prozessuale) Befugnis (so zu Recht, *Meier-Beck* GRUR 2014, 144, → Anm. 1 zu Art. 63 Abs. 1 des Übereinkommens über ein einheitliches Patentgericht (EPGÜ). Art. 89 Abs. 2 VO (EG) 6/2002) ordnet in diesem Zusammenhang des Weiteren an, dass das Gemeinschaftsgeschmacksmustergericht nach Maßgabe seines innerstaatlichen Rechts die erforderlichen Maßnahmen trifft, um sicherzustellen, dass das Unterlassungsgebot befolgt wird. § 62a DesignG benennt aufgrund der Ermächtigung in Art. 88 Abs. 2 VO (EG) 6/2002 diejenigen designrechtlichen Bestimmungen, die jeweils anwendbar sein sollen, zB für den Unterlassungsanspruch § 42 Abs. 1 S. 1 DesignG.

8. Der (territoriale) Umfang des Unterlassungsgebotes bestimmt sich nach Art der Begründung der gerichtlichen Zuständigkeit. Die Verletzung eines Gemeinschaftsgeschmacksmusters hat grds. europaweite Geltung (BGH GRUR 2012, 512 Rn. 49 – Kinderwagen I; 2010, 718 Rn. 56 – Verlängerte Limousinen). Das ergibt sich ohne weiteres aus Art. 1 Abs. 3 sowie aus Art. 83 Abs. 1 VO (EG) 6/2002. Werden ein Gemeinschaftsgeschmacksmuster und seine Verletzungsfolgen europaweit geltend gemacht, so unterliegen die Anträge auf Vernichtung der rechtsverletzenden Erzeugnisse sowie auf Schadensersatz und auf den Erhalt von Auskünften dem jeweiligen nationalen Recht des angerufenen Gemeinschaftsgeschmacksmustergerichts (EuGH GRUR 2014, 368 Rn. 51 ff. mAnm *Hartwig* – Gautzsch Großhandel/MBM Joseph Duna (Gartenpa-

villon)). Wird allerdings die Zuständigkeit des angerufenen Gerichts aus dem Gesichtspunkt der unerlaubten Handlung geltend gemacht, beschränkt sich die Zuständigkeit nur auf solche Verletzungshandlungen, die in dem Mitgliedsstaat begangen worden sind oder drohen, in dem das Gericht seinen Sitz hat (Art. 83 Abs. 2 VO (EG) 6/2002). Das ist insb. auch bei Abfassung des Unterlassungsantrags zu beachten. Ergibt sich mithin die Zuständigkeit des angerufenen Gerichts nur aus Art. 82 Abs. 5 VO (EG) 6/2002, so ist anstelle der Worte „im Gebiet der Europäischen Union" zu formulieren: „im Gebiet der Bundesrepublik Deutschland".

9. Das Verbot der Herstellung kann nur dann beantragt werden, wenn konkret Herstellungshandlungen durch den Verletzer feststehen, mithin vorgetragen und bewiesen werden können bzw. nicht bestritten werden. Bestehen (überwiegende) Zweifel, sollte das Verbot „herzustellen" entfallen.

10. Zur Notwendigkeit der Hinzufügung von Fotos in den Unterlassungsantrag → Form. II.Q.14 Anm. 6. Dort auch zu den rechtlichen Wirkungen einer sog „Insbesondere"-Anfügung.

11. Der Anspruch auf Drittauskunft findet seine Grundlage in §§ 46, 62a DesignG. Das gilt auch dann, wenn die Verletzung des eingetragenen Geschmacksmusters unionsweit geltend gemacht wird (EuGH GRUR 2014, 368 Rn. 51 ff. mAnm *Hartwig* – Gautzsch Großhandel/MBM Joseph Duna (Gartenpavillon).

12. Der mit Klageantrag I.3 geltend gemachte Rechnungslegungsanspruch beruht für das (deutsche) Designrecht auf Gewohnheitsrecht (zB BGH GRUR 1980, 222 (232) – Monumenta Germaniae Historica). BGH GRUR 2010, 718 Rn. 66 – Verlängerte Limousinen leitet ihn aus Art. 89 Abs. 1d VO (EG) 6/2002 iVm § 46 Abs. 1 und 2 DesignG, § 242 BGB her.

13. Zum Vorschlag dieser Formulierung → Form. II.Q.14 Anm. 9.

14. Zum Wirtschaftsprüfervorbehalt → Form. II.Q.13 Anm. 20.

15. Zum Vernichtungsanspruch s. § 62a Nr. 1 iVm § 43 DesignG. Werden das eingetragene Gemeinschaftsgeschmacksmuster und seine Verletzung unionsweit geltend gemacht, richtet sich die rechtliche Beurteilung des Vernichtungsanspruchs gem. Art. 89 Abs. 1d VO (EG) 6/2002 nach dem jeweils nationalen Recht des angerufenen Gemeinschaftsgeschmacksmustergerichts (EuGH GRUR 2014, 368 Rn. 52 mAnm *Hartwig* – Gautzsch Großhandel/MBM Joseph Duna (Gartenpavillon)). Einzelheiten in → Form. II.Q.13 Anm. 21. Zur Formulierung dieses Antrags → Form. II.Q.14 Anm. 11.

16. In § 62a Nr. 1 und Nr. 2 DesignG sind weitere Bestimmungen im Rahmen der §§ 42 ff. auch für Gemeinschaftsgeschmacksmuster anzuwenden. Daraus ergeben sich ggf. weitere Ansprüche, die in Form von Anträgen aufgeführt werden können. Unter Zugrundelegung von EuGH GRUR 2014, 368 mAnm *Hartwig* – Gautzsch Großhandel/MBM Joseph Duna (Gartenpavillon) wird man davon ausgehen können, dass diese dort genannten Ansprüche auch bei einer unionsweiten Geltendmachung des Gemeinschaftsgeschmacksmusters erhoben werden können. Das bedarf dann keiner näheren Erörterung, wenn wegen der (internationalen) Zuständigkeit des angerufenen Gemeinschaftsgerichts aufgrund unerlaubter Handlung nur das Gebiet der Bundesrepublik Deutschland betroffen ist (vgl. Art. 82 Abs. 5, 83 Abs. 2 VO (EG) 6/2002). Zu den geltend zu machenden Ansprüchen zählt zB der Antrag auf Erstattung derjenigen Kosten, die als Geschäftsgebühr im Zusammenhang mit einer vorprozessualen Abmahnung entstanden sind. Zu weiteren möglichen Anträgen/Ansprüchen → Form. II.Q.13 und dort die Klageanträge I.5 ff.

17. Die Verpflichtung zu Schadensersatz findet ihre materielle Grundlage in § 42 Abs. 2 iVm § 62a Nr. 1 DesignG. Das gilt auch bei einer unionsweiten Geltendmachung des Gemeinschaftsgeschmacksmusters (EuGH GRUR 2014, 368 mAnm *Hartwig* – Gautzsch Großhandel/MBM Joseph Duna (Gartenpavillon)). Handelt ein Verletzer weder vorsätzlich noch fahrlässig, kommt ein Entschädigungsanspruch gem. §§ 45, 62a Nr. 1 DesignG in Betracht. Der Schadensersatzanspruch (bzw. Anspruch auf Entschädigung) wird regelmäßig in Form der Feststellungsklage und eines Leistungsantrags auf Rechnungslegung/Drittauskunft geltend gemacht. → Form. II.Q.3 Anm. 28.

18. Die Verpflichtung zur Kostenerstattung regelt sich nach §§ 91 ff. ZPO iVm Art. 88 Abs. 3 VO (EG) 6/2002. Nach dieser Bestimmung wendet das Gemeinschaftsgeschmacksmustergericht die Verfahrensvorschriften an, die in dem Mitgliedsstaat, in dem es seinen Sitz hat, auf gleichartige Verfahren betreffend nationale Musterrechte anwendbar sind. Soweit es um Kosten geht, die durch die Mitwirkung eines Patentanwalts in einer Gemeinschaftsgeschmacksmusterstreitsache entstehen kann, findet sich die Grundlage zur Kostenerstattung in § 52 Abs. 4 iVm § 63 Abs. 4 DesignG.

19. Grundlage für die Erklärung der vorläufigen Vollstreckbarkeit sind gem. Art. 88 Abs. 3 VO (EG) 6/2002 §§ 704 ff. ZPO. Die Erklärung der vorläufigen Vollstreckbarkeit eines landgerichtlichen Urteils erfolgt zwar grds. von Amts wegen (§ 709 S. 1 ZPO), und zwar gegen Sicherheitsleistung. Regelmäßig wird ein Antrag auf Vollstreckbarkeitserklärung gestellt. Er dient allein Sicherheitszwecken, damit nichts übersehen wird.

20. Die vorstehenden Ausführungen gelten auch für den Hilfsantrag im Fall des Unterliegens.

21. Grundlage der Geltendmachung der Rechte aus einem eingetragenen Gemeinschaftsgeschmacksmuster können nur diejenigen Merkmale sein, die tatsächlich eingetragen sind, dh die in der Anmeldung sichtbar wiedergegeben sind (§ 37 Abs. 1 DesignG iVm Art. 88 Abs. 2 VO (EG) 6/2002).

22. Vgl. die Ausführungen in → Anm. 21. Allerdings ist es oft sinnvoll, dem Gericht einen unmittelbaren (dreidimensionalen) Eindruck vom Geschmacksmuster zu vermitteln.

23. → Anm. 21, 22.

24. Regelmäßig bietet sich an, eine sog Merkmalsanalyse zu erstellen, in der die interessierenden, den Gesamteindruck prägenden Merkmale aufgelistet sind. Eine solche Merkmalsanalyse findet sich im Klageantrag I.1, so dass von einer Wiederholung hier abgesehen wird.

25. → Form. II.Q.14 Anm. 22.

26. → Form. II.Q.14 Anm. 23.

27. Zur funktionalen (sachlichen) Zuständigkeit der LG → Anm. 1.

28. Die Tatbestände des Art. 82 Abs. 1 sind im Textbeispiel kumulativ aufgeführt. Das wird regelmäßig nicht der Wirklichkeit entsprechen. Die Darstellung geschieht hier zur Vollständigkeitszwecken. Ist für einen „ersten" Beklagten die Zuständigkeit gem. Art. 82 Abs. 1 VO(EG) Nr. 6/2002 begründet, kann sich über die Tatbestände des Art. 6 Nr. 1 der VO(EG) Nr. 44/2002 des Rates vom 22.12.2000 über die gerichtliche Zuständigkeit und die Anerkennung und Vollstreckung von Entscheidungen in Zivil- und Handelssachen auch die Zuständigkeit des Gemeinschaftsgeschmacksmustergerichts für einen

„zweiten" Beklagten ergeben. Das gilt zB dann, wenn der zweite Beklagte die vom ersten Beklagten vertriebenen Erzeugnisse herstellt und an den ersten Beklagten liefert. In einem solchen Fall kann das Gemeinschaftsgericht auch Anordnungen treffen, die sich auf Tätigkeiten des zweiten Beklagtens außerhalb der vorstehenden Lieferkette erstrecken und die für das gesamte Gebiet der Europäischen Union gelten (EuGH GRUR 2017, 1120 – Nintendo/BigBen).

29. Aus der Herleitung der örtlichen Zuständigkeit unter dem Blickwinkel des Gerichtsstandes der unerlaubten Handlung ergibt sich die Beschränkung, dass der Verletzungstatbestand nur in dem Mitgliedsstaat geltend gemacht werden kann, in dem Verletzungshandlungen vorgekommen sind bzw. drohen. → Anm. 8.

30. Zu den zu III.1 aufgeführten Anspruchsgrundlagen vgl. Art. 89 Abs. 1 VO (EG) 6/2002 und § 62a DesignG. Zu weiteren Einzelheiten → Anm. 7.

31. Nur das eingetragene Gemeinschaftsgeschmacksmuster gewährt seinem Inhaber das ausschließliche Recht der alleinigen Benutzung und der Verbietung gegenüber Dritten. Die Aktivlegitimation steht dem im Register Eingetragenen zu (Art. 27 Abs. 2 VO (EG) 6/2002). IÜ gelten die allgemeinen Regeln zur Aktivlegitimation. → Anm. 3.

32. Passivlegitimiert ist derjenige, der das eingetragene Geschmacksmuster verletzt, mithin jeder Täter, Mittäter, Gehilfe oder Anstifter. Ob die bloße Störereigenschaft wegen Verletzung des eingetragenen Gemeinschaftsgeschmacksmusters (mithin außerhalb der §§ 830, 840 BGB) ausreicht, ist zweifelhaft. Das wird für wettbewerbsrechtliche Streitigkeiten von BGH GRUR 2014, 883 – Geschäftsführerhaftung bejaht (abweichend dazu jedoch wohl für Schutzrechtsverletzungen *Büscher* GRUR 2015, 5 (17) li. Sp. unten).

33. Art. 85 Abs. 1 VO (EG) 6/2002 begründet für den Verletzungsprozess die Vermutung der Rechtsgültigkeit des eingetragenen Gemeinschaftsgeschmacksmusters. Die Gemeinschaftsgeschmacksmustergerichte haben von einer Rechtsgültigkeit des Gemeinschaftsgeschmacksmusters auszugehen. Will der Beklagte die Rechtsgültigkeit bestreiten, kann dies nur mit einer Widerklage auf Erklärung der Nichtigkeit gem. Art. 52 ff. VO (EG) 6/2002 geschehen (Art. 85 Abs. 1 S. 2 VO (EG) 6/2002).

Handelt es sich um ein nicht eingetragenes Gemeinschaftsgeschmacksmuster, findet die Regelung des Art. 85 Abs. 2 VO (EG) 6/2002 Anwendung. Sie bestimmt, dass dann, wenn der Rechtsinhaber Beweis dafür erbringt, dass das nicht eingetragene Geschmacksmuster der Öffentlichkeit innerhalb der Gemeinschaft in ausreichender Weise zugänglich gemacht worden ist (Art. 11 Abs. 2 VO (EG) 6/2002) und ferner dazu vorträgt, inwiefern das nicht eingetragene Geschmacksmuster Eigenart aufweist, die Gemeinschaftsgeschmacksmustergerichte ebenfalls von der Rechtsgültigkeit des Gemeinschaftsgeschmacksmusters auszugehen haben. Auch dann kann die Rechtsgültigkeit vom Beklagten (nur) mit einer Widerklage auf Erklärung der Nichtigkeit bestritten werden. Für einen ausreichenden Vortrag der Eigenart genügt es, dass der Geschmacksmusterinhaber angibt, inwiefern das Geschmacksmuster Eigenart aufweist, wozu er nur das oder die Elemente seines Geschmacksmusters benennen muss, die ihm Eigenart verleihen (EuGH GRUR 2014, 774 – KMF/Dunnes).

34. Dieser Vortrag genügt – jedenfalls zunächst in der Klageschrift – den Anforderungen an die Darlegung einer Verletzung des eingetragenen Gemeinschaftsgeschmacksmusters.

Im Textbeispiel genügt mithin der vorgeschlagene Vortrag. Es ist Sache des Beklagten, den Rechtsbestand durch Erhebung einer Widerklage zu bestreiten.

Kosten und Gebühren

35. Es gelten die gleichen Grundsätze zum Verletzungsprozess auf der Grundlage eines eingetragenen Designs. → Form. II.Q.15 Anm. 38

19. Materielle Klageerwiderung in einer gemeinschaftsgeschmacksmusterrechtlichen Streitigkeit mit Nichtigkeitswiderklage

Landgericht[1]
Kammer für Handelssachen
. . . . .
In Sachen
A . . . . .
(Klägerin und Widerbeklagte)
RA: . . . .
gegen
B . . . . .
(Beklagte und Widerklägerin)
RA: . . . .
Aktenzeichen: . . . . .
beantrage ich,[2]

1. **die Klage abzuweisen;**
2. **. . . . .**
3. **. . . . .**

Des Weiteren erhebe ich

Widerklage

und beantrage

1. **das Gemeinschaftsgeschmacksmuster Nr. . . . . für nichtig zu erklären;**
2. **der Klägerin und Widerbeklagten die Kosten des Rechtsstreits im Hinblick auf die Widerklage aufzuerlegen;**
3. **das Urteil im Hinblick auf die Kosten für vorläufig vollstreckbar zu erklären.**

Zur

Begründung

der Anträge auf Klageabweisung und der diesseitigen Widerklage[3] wird vorgetragen:

1. **Das Klagegemeinschaftsgeschmacksmuster, das mit der diesseitigen Widerklage angegriffen wird, ist nicht gem. Art. 25 Abs. 1 VO (EG) 6/2002 geschmacksmusterfähig, weil jedenfalls einer der dort aufgeführten Nichtigkeitsgründe gegeben ist. IE:**
   [Es folgt eine Darstellung der Nichtigkeitsgründe nach Maßgabe der Aufzählung in Art. 25 Abs. 1:
   a) **Es liegt kein Geschmacksmuster iSv Art. 3 lit. a VO (EG) 6/2002 vor, weil es sich nicht um die Erscheinungsform eines Erzeugnisses oder eines Teils davon handelt.**
   b) **Es fehlt an den Voraussetzungen der Art. 4—9, nämlich an den Schutzvoraussetzungen der Neuheit (Art. 5 VO (EG) 6/2002), der Eigenart (Art. 6 VO**

(EG) 6/2002), ferner ist das Hindernis gegeben, dass das Geschmacksmuster aus Erscheinungsmerkmalen eines Erzeugnisses besteht, die ausschließlich durch dessen technische Funktion bedingt sind (Art. 8 Abs. 1 VO (EG) 6/2002) und dass es um ein Geschmacksmuster geht, das gegen die öffentliche Ordnung oder gegen die guten Sitten verstößt (Art. 9 VO (EG) 6/2002).

c) Es liegt eine Gerichtsentscheidung vor, die besagt, dass das Recht auf das Gemeinschaftsgeschmacksmuster nicht dem eingetragenen Inhaber zusteht (Art. 14 VO (EG) 6/2002).

d) Das Klage-(Streit-)Gemeinschaftsgeschmacksmuster kollidiert mit einem prioritätsälteren Geschmacksmuster.

e) In einem prioritätsjüngeren Geschmacksmuster wird ein Zeichen mit Unterscheidungskraft verwendet, im Hinblick dessen der Rechtsinhaber eben dieses Zeichen dazu berechtigt ist, diese Verwendung zu untersagen.

f) Das Geschmacksmuster stellt eine unerlaubte Verwendung eines Werkes dar, das nach dem Urheberrecht eines Mitgliedsstaates geschützt ist.

g) Das Geschmacksmuster stellt eine missbräuchliche Verwendung eines der in Art. 6 PVÜ zum Schutz des gewerblichen Eigentums genannten Gegenstände oder Zeichen oder anderer dort aufgeführten Stempel, Kennzeichen und Wappen, die für einen Mitgliedstaat von besonderem Interesse sind, dar. Es handelt sich mithin – stichwortartig – um die unerlaubte Verwendung von Hoheitszeichen und ähnlichem.]

2. IÜ liegt auch keine Verletzung des Klagegeschmacksmusters seitens der Beklagten vor. IE . . . .

3. Der Streitwert für die Nichtigkeitswiderklage wird aufgrund vorläufiger Schätzung mit 50.000 EUR angegeben.[4, 5, 6, 7]

Rechtsanwalt

Anmerkungen

1. Die Klageerwiderung wie auch die darin vorgesehene Nichtigkeitswiderklage sind an den Beispielen der Verletzungsklage → Form. II.Q.14 ausgerichtet. Es ist selbstverständlich, dass dieser Schriftsatz an dasjenige Landgericht und dort an diejenige Kammer zu richten ist, bei dem der Rechtsstreit anhängig ist. Sofern der Rechtsstreit bei der Zivilkammer des LG anhängig ist, kann es in Betracht kommen, einen Verweisungsantrag an die (zuständige) Kammer für Handelssachen zu stellen (§ 98 Abs. 1 S. 1 GVG).

2. Das Textbeispiel enthält die Anträge auf Klageabweisung 1–3 sowie zugleich auch eine Widerklage mit den dort genannten Anträgen 4–6. Auf die Unwirksamkeit eines Gemeinschaftsgeschmacksmusters kann sich im Verletzungsprozess nur derjenige berufen, der eine Widerklage auf Erklärung der Nichtigkeit gem. Art. 52 ff. VO (EG) 6/2002 erhebt (Art. 85 Abs. 1 S. 2 VO (EG) 6/2002). Dies gilt auch für das nicht eingetragene Gemeinschaftsgeschmacksmuster nach Maßgabe des Art. 85 Abs. 2 VO (EG) 6/2002. Soweit die Anträge 2 u. 3 in Rede stehen, handelt es sich um die üblichen Anträge betreffend Kostenauferlegung und vorläufiger Vollstreckbarkeit. Im Hinblick auf die Nichtigkeitswiderklage und den dort vorgesehenen Antrag 6 kommt eine vorläufige Vollstreckbarkeitserklärung nur im Hinblick auf die Kosten in Betracht. Die Erklärung der Nichtigkeit des Gemeinschaftsgeschmacksmusters durch das Gemeinschaftsgeschmacksmustergericht gem. Art. 86a VO (EG) 6/2002 ist Gestaltungsurteil, das grds. keiner Erklärung der Vollstreckbarkeit bedarf. Die Gestaltungswirkungen treten mit materieller Rechtskraft ein (Art. 87 VO (EG) 6/2002). Art. 26 Abs. 1 VO (EG) 6/2002 bestimmt in diesem Zusammenhang, dass die Wirkungen eines Gemeinschaftsgeschmacksmusters, das rechtskräftig für nichtig erklärt worden ist, als von Anfang an (ex tunc) nicht eingetreten gelten. Wird die Nichtigkeitswiderklage abgewiesen, so kommt auch für das abweisende Urteil die Erklärung der vorläufigen Vollstreckbarkeit nur für die Kostenentscheidung in Betracht. Ob die Kostenentscheidung mit oder ohne Sicherheitsleistung für vorläufig vollstreckbar zu erklären ist, bestimmt sich nach §§ 708 Nr. 11, 709, S. 1 ZPO iVm Art. 88 Abs. 3 VO (EG) 6/2002. Ermöglicht die Kostenentscheidung eine Vollstreckung im Wert von mehr als 1.500 EUR, so ist Sicherheitsleistung anzuordnen. Dies geschieht regelmäßig durch Bank- oder Sparkassenbürgschaft.

3. Die Nichtigkeitsgründe sind in Art. 25 VO (EG) 6/2002 aufgeführt. Auf sie nimmt das Textbeispiel Bezug. Selbstverständlich sind regelmäßig nicht sämtliche Nichtigkeitsgründe verwirklicht. Es ist des Weiteren jeweils auch zu überprüfen, ob der jeweilige Nichtigkeitsgrund von dem Beklagten/dem Widerkläger auch tatsächlich geltend gemacht werden kann. Auf die Regelungen in Art. 25 Abs. 2f ff. VO (EG) 6/2002 wird verwiesen.

4. In Übereinstimmung mit dem (deutschen) Designrecht kennt auch das Gemeinschaftsgeschmacksmusterrecht zwei Möglichkeiten, die Nichtigkeit eines (eingetragenen oder nicht eingetragenen) Gemeinschaftsgeschmacksmusters feststellen zu lassen. Es gilt der Grundsatz, dass sich auf die Nichtigkeit in einem Verletzungsprozess eine Partei nur dann berufen kann, wenn sie Nichtigkeitsklage erhebt (Art. 85 Abs. 1 u. 2 VO (EG) 6/2002). Dies geschieht mit der Nichtigkeitswiderklage. Allerdings gibt es neben der Widerklage auch die Möglichkeit, dass ein eingetragenes Gemeinschaftsgeschmacksmuster auf Antrag beim Amt der Europäischen Union für geistiges Eigentum – EUIPO nach dem Verfahren gem. Art. 51 ff. u. 55 ff. VO (EG) 6/2002 für nichtig erklärt wird. Nach den Formulierungen der VO ist im Verletzungsprozess die Nichtigkeitswiderklage der gegebene Rechtsbehelf (Art. 85 Abs. 1 u. 2 VO (EG) 6/2002). Ist noch kein Verletzungsverfahren anhängig, so kann auch eine Klage auf Nichtigerklärung eines Gemeinschaftsgeschmacksmusters anhängig gemacht werden (Art. 84 Abs. 1 VO (EG) 6/2002). Alternativ dazu kann auch ein Antrag beim Amt gestellt werden (Art. 24, 52 VO (EG) 6/2002). Ist in einem Verletzungsverfahren eine Nichtigkeitswiderklage erhoben, kann das befasste Gemeinschaftsgeschmacksmustergericht auf Antrag des Inhabers des eingetragenen Gemeinschaftsgeschmacksmusters nach Anhörung der anderen Parteien das Verfahren aussetzen und den Beklagten (Widerkläger) auffordern, innerhalb einer vom Gericht zu bestimmenden Frist beim Amt die Erklärung der Nichtigkeit zu beantragen. Geschieht dies nicht, wird das Verletzungsverfahren fortgesetzt, wobei die Widerklage als zurückgenommen gilt. Ungeachtet dessen kann allerdings das Gemeinschaftsgeschmacksmustergericht ggf. eine einstweilige Verfügung erlassen (Art. 86 Abs. 3 und insb. Art. 86 Abs. 3 S. 3 iVm Art. 91 Abs. 3 VO (EG) 6/2002).

5. Auch wenn wie in → Anm. 4. dargestellt, die Nichtigkeitswiderklage sich als subsidiär gegenüber einem Antrag auf Erklärung der Nichtigkeit beim EUIPO erweisen kann, wird im Textbeispiel die Erhebung einer Nichtigkeitswiderklage vorgeschlagen. Das gilt insb. deshalb, weil – in Abweichung zum (deutschen) Designrecht – eine auf der Grundlage eines eingetragenen Gemeinschaftsgeschmacksmusters klagende Partei sich sehr wohl überlegen sollte, ob ein Verfahren bei dem EUIPO vorzugswürdig ist. Denn die damit verbundenen Kosten werden regelmäßig deutlich höher sein als diejenigen, die mit einer Widerklage einhergehen.

Kosten und Gebühren

6. Es gelten die allgemeinen Grundsätze zum Designverletzungsprozess. → Form. II. Q.14 Anm. 38. Für die Widerklage ergibt sich regelmäßig keine Vorschusspflicht (§ 12 Abs. 2 Nr. GKG). IÜ werden Streitwerte von Klage und Widerklage zusammen addiert

(§ 45 Abs. 1 GKG; §§ 16, 22 Abs. 1 RVG). Infolgedessen fallen die Gebühren einheitlich nur einmal an (vgl. zB Thomas/Putzo/*Hüßtege*, ZPO, 41. Aufl. 2020, § 33 Rn. 32). Ein Streitwert von 50.000 EUR für eine Nichtigkeitswiderklage erscheint angemessen (BGH GRUR 2020, 1016 – Gegenstandswert Sporthelm: Für einen Gegenstandswert im (deutschen) designrechtlichen Nichtigkeitsverfahren).

Rechtsmittel und Rechtsbehelfe

7. a) Bei Entscheidung der Klage und Widerklage durch das Gemeinschaftsgeschmacksmustergericht: Berufung zum übergeordneten OLG (Art. 92 VO (EG) 6/2002).

b) Bei Entscheidung des Amts der Europäischen Union für geistiges Eigentum (EUIPO) über das Bestehen bzw. Nichtbestehen des Gemeinschaftsgeschmacksmusters: Beschwerde gem. Art. 55 ff. VO (EG) 6/2002. Frist und Form der Beschwerde: Art. 57 VO (EG) 6/2002: zwei Monate nach Zustellung der Entscheidung schriftlich beim EUIPO. Achtung: Die Beschwerde gilt erst als eingelegt, wenn die Beschwerdegebühr entrichtet worden ist (Art. 57 S. 2 VO (EG) 6/2002). Innerhalb von vier Monaten nach Zustellung der Entscheidung ist die Beschwerde schriftlich zu begründen (Art. 57 S. 3 VO (EG) 6/2002).

Die von den Beschwerdekammern des EUIPO getroffenen Entscheidungen sind mit der Klage beim EuGH anfechtbar (Art. 61 VO (EG) 6/2002).

20. Klage wegen der Berühmung eines eingetragenen Designs

Landgericht
Kammer für Handelssachen[1]
Klage
der Firma A . . . . .
Klägerin,
– Prozessbevollmächtigter: Rechtsanwalt . . . . .
gegen
die Firma B . . . . .
Beklagte,
wegen Geschmacksmusterberühmung
Streitwert: vorläufig geschätzt . . . . . EUR[2]
Namens und in Vollmacht der Klägerin erhebe ich Klage und werde beantragen,

1. **die Beklagte zu verurteilen, die Klägerin dahingehend zu unterrichten, auf welches in einem Register eingetragene Schutzrecht sich die von der Beklagten beim Vertrieb von folgenden Waren:**
   Artikel-Nr. . . . . (Papierkorb mit Goldrand)
   Artikel-Nr. . . . . (Papierkorb mit Silberrand)
   Artikel-Nr. . . . . (Papierkorb mit Lederrand)
   benutzte Bezeichnung „gesetzlich geschützt", auch in der Schreibweise „ges. gesch.", stützt;[3]
2. **der Beklagten die Kosten des Rechtsstreits aufzuerlegen;**
3. **das Urteil – ggf. gegen Sicherheitsleistung (Bank- oder Sparkassenbürgschaft) – für vorläufig vollstreckbar zu erklären;**

hilfsweise der Klägerin nachzulassen, die Zwangsvollstreckung gegen Sicherheitsleistung (Bank- oder Sparkassenbürgschaft) abzuwenden.

. . . . .[4, 5, 6]

Begründung:[7]

1. **Die Klägerin stellt her und vertreibt Bürobedarfsartikel, ua Papierkörbe. Die Beklagte vertreibt im Wege des Versandhandels Geschenkartikel, ua auch die im Klageantrag 1 aufgeführten Papierkörbe. Dabei wirbt die Beklagte mit den Angaben „gesetzlich geschützt", auch in der Schreibweise „ges. gesch.".**
   Die Klägerin hat von der Beklagten vorprozessual Auskunft darüber gefordert, welche Schutzrechte, insb. eingetragene Designs,[8] die vorstehend bezeichneten Angaben betreffen. Die Beklagte hat jedoch jede Auskunft verweigert. Deshalb ist Klage geboten.
2. **Die von der Beklagten benutzten Angaben „gesetzlich geschützt" und „ges. gesch." werden im Verkehr üblicherweise als Abkürzung für eingetragene Designs benutzt.[9]**
   § 59 DesignG rechtfertigt den klagegegenständlichen Anspruch auf Auskunft. Nach dieser Bestimmung hat derjenige, der eine Bezeichnung verwendet, die geeignet ist, den Eindruck zu erwecken, dass ein Erzeugnis durch ein eingetragenes Design geschützt ist, jedem, der ein berechtigtes Interesse an der Kenntnis der Rechtslage hat, auf Verlangen Auskunft darüber zu geben, auf welches eingetragene Design sich die Verwendung der Bezeichnung stützt.[10]
   Sofern die Beklagte geltend machen will, die streitgegenständlichen Angaben würden als Hinweise auf das Bestehen von Patent- bzw. Gebrauchsmusterschutz verstanden, ergibt sich die Berechtigung des Klagebegehrens aus den mit § 59 DesignG ähnlichen Bestimmungen der §§ 146 PatG, 30 GebrMG.

Rechtsanwalt

Schrifttum: Lambsdorff/Skora, Die Werbung mit Schutzrechtshinweisen, 1977; vgl. iÜ die Literaturangaben zu → Form. II.Q.7.

Anmerkungen

1. Es handelt sich um eine Handelssache gem. § 95 Abs. 1 Nr. 4c GVG. Wird die Klage bei einer Zivilkammer anhängig gemacht, besteht für den Beklagten die Möglichkeit, den Rechtsstreit an die Kammer für Handelssachen gem. § 98 Abs. 1 S. 1 GVG verweisen zu lassen. Zur Konzentration von designrechtlichen Streitigkeiten bei nur einigen Gerichten → Form. II.Q.14 Anm. 1.

2. Ebenso wie bei einer Verletzungsklage auf der Grundlage eines eingetragenen Designs (→ Form. II.Q.14) beruht auch hier die Streitwertangabe auf Schätzung (§ 3 ZPO). Maßgeblich ist wiederum das Interesse des Klägers, diesmal am Erhalt der streitgegenständlichen Auskunft. Regelmäßig wird analog den Streitwerten für Auskunftsklagen gem. § 146 PatG (→ Form. II.Q.7), ein Streitwert in der Größenordnung von ca. 10.000 EUR in Betracht kommen.

3. Der Antrag ist nicht nur auf eine Auskunftserteilung betreffend bestehende Geschmacksmuster (jetzt: eingetragene Designs) gerichtet, sondern erfasst zugleich auch etwaig bestehende Patent- und Gebrauchsmusterrechte, da die Bezeichnung „gesetzlich geschützt" auch häufig für die letztgenannten Schutzrechte benutzt wird (vgl. dazu *Lambsdorff/Skora* Werbung Rn. 80 ff., 89).

4. Hier sind ggf. die Anträge auf Erlass eines Anerkenntnis- bzw. Versäumnisurteils im schriftlichen Verfahren gem. § 307 Abs. 2, § 331 Abs. 3 ZPO anzuschließen.

5. Wird die Zivilkammer angerufen, muss eine Stellungnahme gem. §§ 253 Abs. 3 Nr. 3, 348 ZPO betreffend die Frage der Übertragung des Rechtsstreits auf den Einzelrichter erfolgen.

6. Ggf. Erklärung zum Stattfinden einer Güteverhandlung gem. §§ 253 Abs. 3 Nr. 1, 278 Abs. 2 ZPO (→ Form. II.Q.3 Anm. 6)

7. Der Sachverhalt ist der Entscheidung des Oberlandesgerichts Düsseldorf GRUR 1976, 34 – Becherhalter – nachgebildet. Zwischenzeitlich ist jedoch die seinerzeit bestehende Gesetzeslücke betreffend die Berühmung eines eingetragenen Designs gem. § 59 DesignG geschlossen.

8. Vgl. den Literaturhinweis in → Anm. 3.

9. Vgl. OLG Düsseldorf GRUR 1976, 34.

10. Das vorherige Verlangen der Auskunft ist Tatbestandsmerkmal, und zwar ebenso wie in § 146 PatG (→ Form. II.Q.7 Anm. 5). Ebenso wie auch bei § 146 PatG begründet § 59 DesignG ein gesetzliches Schuldverhältnis zwischen dem, der sich des Schutzes eines eingetragenen Designs berühmt, und jenem, der ein berechtigtes Interesse an der Auskunft hat; insb. macht eine falsche Auskunft ggf. schadensersatzpflichtig (LG Düsseldorf GRUR-RR 2002, 185 – Schadensersatz wegen falscher Auskunft).

Kennzeichenrecht

21. Markenverletzungsklage und Klage auf Erklärung einer Marke als nichtig

Landgericht
Kammer für Handelssachen[2]
Klage
der Firma A . . . . .
– Klägerin –
Prozessbevollmächtigter: RA . . . . .
gegen
1. die Firma B . . . . . GmbH, X-Stadt, vertreten durch ihren Geschäftsführer, den Beklagten zu 2, ebenda, ... Straße
2. Herrn . . . .[3]
– Beklagte –
wegen Markenverletzung und Löschung einer Marke[1]
Streitwert: vorläufig geschätzt . . . . . EUR[4]
Namens und in Vollmacht der Klägerin erhebe ich Klage und werde beantragen,

I. die Beklagten zu verurteilen,

1. es bei Meidung eines für jeden Fall der Zuwiderhandlung fälligen Ordnungsgeldes bis zu 250.000 EUR, ersatzweise Ordnungshaft bis zu sechs Monaten oder Ordnungshaft bis zu sechs Monaten, im Wiederholungsfall bis zu zwei Jahren, wobei die Ordnungshaft hinsichtlich der Beklagten zu 1) an ihrem jeweiligen Geschäftsführer zu vollstrecken ist,[5] zu unterlassen, im Bereich der Bundesrepublik Deutschland[6] ohne Zustimmung der Klägerin das Zeichen „Magnet" im geschäftlichen Verkehr im Zusammenhang mit Möbeln, insb. Kleinmöbeln, Camping-

Sesseln, Camping-Tischen und/oder Badezimmerschränken zu benutzen, insb. das vorstehend bezeichnete Zeichen auf den vorstehend bezeichneten Waren oder ihrer Aufmachung oder Verpackung anzubringen, unter dem vorstehend bezeichneten Zeichen die vorstehend wiedergegebenen Waren anzubieten, in den Verkehr zu bringen oder zu den genannten Zwecken zu besitzen, einzuführen oder auszuführen und schließlich das vorstehend bezeichnete Zeichen in Geschäftspapieren oder in der Werbung zu benutzen.[7]

2. der Klägerin Auskunft[8] über die Herkunft und den Vertriebsweg der vorstehend zu I 1 beschriebenen Waren zu erteilen, insb. Angaben zu machen über
   - Namen und Anschrift der Hersteller, Lieferanten und anderen Vorbesitzer der Waren sowie der gewerblichen Abnehmer und Verkaufsstellen, für die sie bestimmt waren, und
   - die Menge der hergestellten, ausgelieferten, erhaltenen oder bestellten Waren sowie über die Preise, die für die betreffenden Waren gezahlt wurden;[9]

3. . . . . .;[10]

II. gegenüber der Beklagten zu 1) die für die Waren „Möbel“ am 15.8.2016 beim Deutschen Patent- und Markenamt angemeldeten und am 1.8.2017 in das Register beim Deutschen Patent- und Markenamt eingetragenen Marke Nr. . . . . „Magnet“ für nichtig zu erklären;[11]

III. festzustellen, dass die Beklagten gesamtverbindlich verpflichtet sind, der Klägerin allen Schaden zu erstatten, der ihr aus den vorstehend unter Ziffer I 1 bezeichneten Handlungen entstanden ist und künftighin entstehen wird;[12]

IV. den Beklagten die Kosten des Rechtsstreits aufzuerlegen;[13]

V. das Urteil – ggf. gegen Sicherheitsleistung (Bank- oder Sparkassenbürgschaft) – für vorläufig vollstreckbar zu erklären;
hilfsweise der Klägerin nachzulassen, die Zwangsvollstreckung gegen Sicherheitsleistung (Bank- oder Sparkassenbürgschaft) abzuwenden.[13]

. . . . .[14]

Begründung:

I.

1. Die Klägerin ist ein 1973 gegründetes Unternehmen, das den Einzelhandel mit Möbeln betreibt und über Zweigniederlassungen in X-Stadt, Y-Stadt sowie im Gerichtsbezirk verfügt. Sie ist alleinige und ausschließlich verfügungsberechtigte Inhaberin der Wortmarke 934.344 MAGNET, die am 26.7.1973 angemeldet und am 15. November 1973 eingetragen worden ist[14a]. Das Waren- und Dienstleistungsverzeichnis erfasst die Waren „Möbel“. Als Anlage 1 überreiche ich in Kopie einen Rollenauszug betreffend die Eintragung der Marke 934.344 im Register. Das Klagezeichen steht in Kraft.

   Beweis: Auskunft des Deutschen Patent- und Markenamtes.

   Es wird von der Klägerin in erheblichem Umfang markenmäßig benutzt.[15] Sämtliche von ihr vertriebenen Möbel sind mit der Kennzeichnung „Magnet“ versehen.[16] Als Beispiel überreiche ich als Anlage 2 einen entsprechenden Aufkleber. Des Weiteren benutzt die Klägerin ihre Marke „Magnet“ in erheblichem Umfang in Werbeprospekten, Zeitungsanzeigen und ähnlichem zur Kennzeichnung der von ihr vertriebenen Möbel. Ich überreiche als Anlage 3 ein Kompendium von entsprechenden Werbeunterlagen, für das angerufene Gericht im Original, iÜ in Kopie. Zum Beweis für alles Vorstehende berufe ich mich auf das Zeugnis . . . .

2. Die Beklagte zu 1) ist ein 2016 gegründetes Unternehmen, das wie die Klägerin Möbel vertreibt, nämlich insb. Kleinmöbel sowie Möbel für den Camping-Bedarf. Als Anlage 4 überreiche ich einen Prospekt der Beklagten zu 1), mit dem sie ihre Artikel,

nämlich unter anderem Kleinmöbel, Camping- Sessel, Camping-Tische und Badezimmerschränke anbietet. In dem in Rede stehenden Prospekt ist auf jeder Seite blickfangmäßig hervorgehoben:
„Magnet“,
und zwar jeweils in unmittelbarer Nähe mit den bildlich dargestellten und unter Preisangabe beworbenen vorbezeichneten Erzeugnissen.
Die Beklagte zu 1) hat die Kennzeichnung „Magnet“ auch als Marke eintragen lassen. Die entsprechende Anmeldung der Beklagten ist prioritätsjünger als das Klagekennzeichen. Die Anmeldung erfolgte am 15.8.2016, die Eintragung am 1.8.2017. Die Marke der Beklagten zu 1) trägt die Nummer ..... Das Waren- und Dienstleistungsverzeichnis lautet: „Möbel“.

3. Die Beklagte zu 1), deren Geschäftsführer der Beklagte zu 2) ist, ist vorprozessual durch die Klägerin erfolglos mit Anwaltsschreiben abgemahnt worden.[17] Deshalb ist Klage geboten. Mit ihr werden die sich aus der Markenverletzung der Beklagten ergebenden Rechte der Klägerin geltend gemacht. Zugleich klagt die Klägerin auf Löschung der prioritätsjüngeren Marke der Beklagten zu 1.

II.

1. Der mit Klageantrag I 1 geltend gemachte Unterlassungsanspruch findet seine Grundlage in § 14 Abs. 5 MarkenG. Diese Bestimmung gewährt dem Inhaber einer Marke einen Unterlassungsanspruch gegen denjenigen, der die Marke entgegen der Ausschließungsbefugnis des Markeninhabers benutzt. Die Klägerin ist formell eingetragene Inhaberin des Klagekennzeichens, das seine Schutzwirkungen mit Eintragung in das Register beim Patentamt entfaltet (§§ 4 Nr. 1, 14 Abs. 1 MarkenG).[18]
Zwischen den Waren des dem Klagezeichen zugrunde liegenden Warenverzeichnisses, nämlich „Möbeln“ und denjenigen Waren, für die die Beklagten die Bezeichnung „Magnet“ benutzen, besteht Warenidentität.[19] Sämtliche im Klageantrag I 1 aufgeführten Erzeugnisse der Beklagten sind Möbel. Zum Begriff Möbel gehören insb. auch Camping-Möbel, nämlich zusammenklappbare Möbel, selbst wenn diese aus Metall und/oder Aluminium hergestellt sind.
Die Benutzung der Bezeichnung „Magnet“ durch die Beklagten erfolgt auch markenmäßig.[20] In dem Prospekt gem. Anlage 4 wird die Bezeichnung „Magnet“ in schlagwortartiger Hervorhebung zur Kennzeichnung der dort beworbenen Produkte nach Art einer Marke ohne jeden warenbeschreibenden Bezug benutzt.
Die einander gegenüberstehenden Kennzeichen sind identisch.[21]
2. Der mit Klageantrag I 2 geltend gemachte Auskunftsanspruch findet seine Grundlage in § 19 Abs. 1 und Abs. 3 MarkenG.[22]
3. Durch die mit Klageantrag I 1 beschriebenen Verletzungshandlungen der Beklagten ist der Klägerin auch ein Schaden entstanden. Das gilt allein schon deshalb, weil die Beklagten in das ausschließliche Benutzungsrecht der Klägerin am Klagezeichen „Magnet“ eingegriffen haben.[23] Den Beklagten hätte bei Anwendung der im kaufmännischen Verkehr erforderlichen Sorgfalt das prioritätsältere Zeichen der Klägerin nicht verborgen bleiben können[24] Des Weiteren sind sie mit Anwaltsschreiben vom ..... auf das Klagezeichen ausdrücklich aufmerksam gemacht worden, ohne dass sie jedoch die streitgegenständlichen Benutzungshandlungen eingestellt hätten. Die Beklagten haben daher mindestens grob fahrlässig, seit dem Empfang des Abmahnungsschreibens vom ..... sogar vorsätzlich schuldhaft gehandelt.[25] Infolgedessen sind sie gesamtverbindlich[26] der Klägerin gegenüber zu Schadenersatz gem. § 14 Abs. 6 MarkenG iVm §§ 830, 840 BGB analog verpflichtet. Da die Klägerin den Umfang des ihr entstandenen Schadens ohne nähere Kenntnis vom Umfang der rechtswidrigen Benutzungshandlungen der Beklagten nicht beziffern kann, sind die Beklagten ihr gegenüber

infolge gewohnheitsrechtlicher Anwendung des § 242 BGB und der Rechtsregeln über die auftragslose Geschäftsführung, ferner gem. § 19 Abs. 1 und 3 MarkenG auch zur Rechnungslegung entsprechend dem Klageantrag I 2 verpflichtet.[27] Aus dem Vorstehenden ergibt sich zugleich die Zulässigkeit des Schadensersatzfeststellungsbegehrens gem. Klageantrag III.[28]

4. **Die Verantwortlichkeit der Beklagten zu 1) ergibt sich gem. § 31 BGB analog unter dem rechtlichen Gesichtspunkt der Organhaftung; diejenige des Beklagten zu 2) aufgrund eigenen Verhaltens.**
5. **Der mit Klageantrag II geltend gemachte Anspruch auf Erklärung der Nichtigkeit der Marke Nr. . . . . „Magnet" findet seine Rechtsgrundlage in §§ 55, 51 MarkenG. Das Klagekennzeichen ist, wie vorstehend vorgetragen und unter Beweis gestellt, von der Klägerin aufgrund einer früheren Anmeldung für identische, zumindest ähnliche Waren in der Zeichenrolle eingetragen, für das auch die gleich lautende Marke der Beklagten zu 1) eingetragen ist. Dementsprechend kann die Klägerin die Löschung dieser Marke fordern.[29, 30]**

III.

Die Zuständigkeit des angerufenen Gerichts ergibt sich daraus, dass die Beklagte zu 1) den Prospekt gem. Anlage 4 auch im Bezirk des Oberlandesgerichts . . . . versandt hat.[31] Dieser Prospekt ist bspw. Herrn . . . . als Postwurfsendung zugegangen. Für den Fall des Bestreitens werde ich entsprechenden Beweis antreten.

. . . .[32, 33, 34]

IV.

Ich zeige an, dass die Klägerin

Herrn Patentanwalt . . . .

zur Mitwirkung in diesem Rechtsstreit bestellt hat.[35]

Rechtsanwalt[36, 37]

Schrifttum: Berlit, Markenrecht, 11. Aufl. 2019; *Bingener*, Markenrecht, 3. Aufl. 2017; *Elkey/Bender/Fuchs-Wissmann*, Markenrecht, 4. Aufl. 2020; *Fezer,* Handbuch der Markenpraxis, Markenverfahrensrecht, Markenvertragsrecht, 3. Aufl. 2016; *ders.*, Markenrecht, 5. Aufl. 2018; *Hacker*, Markenrecht, 5. Aufl. 2020; *Ingerl/Rohnke,* MarkenG, 3. Aufl. 2010; *Kur/v. Bomhard/Albrecht*, Markenrecht. Markengesetz, Verordnung über die Unionsmarke (UMV), 2. Aufl. 2018; *Lange,* Marken- und Kennzeichenrecht, 2. Aufl. 2012; *Lange,* Internationales Handbuch des Marken- und Kennzeichenrechts, 2009; *Lange*, International Trade Mark and Signs Protection, 2010; *Marx,* Deutsches, europäisches und internationales Markenrecht, 2. Aufl. 2007; *Repenn/Weidenhiller*, Markenbewertung und Markenverwertung, 2. Aufl. 2005; *Sosnitza,* Deutsches und europäisches Markenrecht, 2. Aufl. 2015; *Ströbele/Hacker/Thiering,* MarkenG, 13. Aufl. 2021; *von Schultz,* Markenrecht, 3. Aufl. 2012.

Sonstige Lit. (Auswahl seit ca. 2005): Ahrens, Rechtserhaltende Benutzung und Irreführungsgefahr bei als Kollektivmarken geschützten Gütezeichen, GRUR 2020, 809; *Alexander,* Markenschutz und berechtigte Informationsinteressen bei Werbevergleichen, GRUR 2010, 482; *Becker,* „THOMSON LIFE" reverse?, GRUR 2011, 971; *Berlit,* Die Fußball-WM und ihre markenrechtliche Auswirkung, GRUR 2008, 33; *ders.*, Schutz und Schutzumfang von Warenformmarken am Beispiel des Schokoladen-Osterhasen, GRUR 2011, 369; *Bölling,* Der maßgebliche Zeitpunkt bei der Überprüfung einer Marke auf absolute Schutzhindernisse, GRUR, 2011, 472; *Fabry,* Rotkäppchen und der böse Wolf – Von wertvollen Besitzständen und bösgläubigen Markenanmeldern, GRUR 2010, 566;

Fezer, Der Monopoleinwand im Markenrecht, WRP 2005, 1; *ders.,* Die graphische Darstellung der Farbmarke, WRP 2007, 223; *ders.,* Kumulative Normenkonkurrenz zwischen Markenrecht und Lauterkeitsrecht – Schutzzweckkompatibilität zwischen Immaterialgüterrecht als Funktionseigentum und Wettbewerbsrecht, GRUR 2010, 953; *ders.,* Die Kollision komplexer Kennzeichen im Markenverletzungsrecht. Konkrete Verwechslungsgefahr und markenfunktionales Inverbindungbringen, GRUR 2013, 209; *Gaedertz,* Die Event-Marke in der neueren Rechtsprechung, WRP 2006, 526; *Goldmann,* Zur Überleitung der Kennzeichnungskraft langjährig benutzter Marken auf modernisierte Nachfolgemarken, GRUR 2014, 724; *ders.,* Zur Verwirkung nach § 242 BGB beim Schutz geschäftlicher Bezeichnungen und im Lauterkeitsrecht, GRUR 2017, 657; *Grabrucker/Schmidt-Keesen,* Neues zur Einzelhandelsdienstleistungsmarke. Schutz für Handel für Dienstleistungen und für das Ladengeschäft?, GRUR 2013, 865; *Haag/Deckers,* Zur Zeichenähnlichkeit zwischen Wort- und Bildmarken sowie dreidimensionalen Gestaltungen, WRP 2013, 455; *Haarhoff,* Prominenten-Portraits als Marke?, GRUR 2011, 183; *Hacker,* Die Änderungen des Markengesetzes durch das Patentrechtsmodernisierungsgesetz, GRUR 2010, 99; *Heinemann,* Zur dogmatischen Einordnung der Kennzeichnungskraft im Rahmen des Verwechslungsschutzes, WRP 2013, 299; *Heinze/Heinze,* Transit als Markenverletzung, GRUR 2007, 740; *Hoffrichter-Daunicht,* Graphische Darstellbarkeit von Hörmarken: Wo ist das Problem? GRUR 2007, 935; *Jaeschke,* Markenschutz für Sportgroßveranstaltungen? MarkenR 2008, 141; *Jehle,* Die Warenformmarke – ungeliebtes Stiefkind des Markenrechts?, WRP 2014, 1279; *Kirchhoff,* Möglichkeiten und Grenzen markenrechtlicher Abrenzungsvereinbarungen aus Sicht des Kartellrechts, GRUR 2017, 248; *Kochendörfer,* Zweitmarken oder selbständig kennzeichnende Stellung?, GRUR 2010, 195; *Kolb,* Der Anspruch auf Urteilsbekanntmachung im Markenrecht, GRUR 2014, 513; *Kouker,* Umwandlung einer Gemeinschaftsmarke nach Zurückweisung oder Löschung wegen relativer Schutzhindernisse, GRUR 2008, 119; *Lange,* Der internationale Gerichtsstand der Streitgenossenschaft im Kennzeichenrecht im Lichte der „Roche/Primus"-Entscheidung des EuGH, GRUR 2007, 107; *Lerach,* „. . . . . die TOOOR macht weit" – Relevanz der Benutzungsmodalitäten für die Schutzfähigkeit sprachlicher Zeichen?, GRUR 2011, 872; *McGuire/Kunzmann,* Sukzessionsschutz und Fortbestand der Unterlizenz nach „M2Trade" und „Take Five", GRUR 2014, 28; *Menebröcker/Haesemann,* Die „Flagship Store Marke" und der Schutzumfang – effektiver Investitionsschutz für die Geschäftsraumgestaltung?, WRP 2014, 1267; *E. Müller,* Die Verwirkung im Kennzeichenrecht nach der EuGH-Entscheidung „Budweiser", WRP 2013, 1301; *Ohly,* Vergleichende Werbung für Zubehör- und Warensortimente, GRUR 2007, 3; *Niedermann,* „Verkehrsdurchsetzung" und „bekannte Marke", GRUR 2014, 634; *Pflüger,* Aktuelle rechtsdogmatische Entwicklungen im Marken- und Wettbewerbsrecht, GRUR 2014, 423; *Ringer/Wiedemann,* Die Durchsetzung des Besichtigungsanspruch nach § 19a MarkenG im einstweiligen Verfügungsverfahren, GRUR 2014, 229; *Ruess,* Schutz von Kirche, Kreuz- und Ritterorden. Gedanken zum Schutz religiöser Symbolik im Markenrecht, GRUR 2017, 32; *Saar,* Die Marken- und Eintragungsfähigkeit von Persönlichkeitsmerkmalen, GRUR 2008, 461; *Sack,* Die abstrakte Verwechslungsgefahr im Markenrecht, GRUR 2013, 4; *ders.,* Die Verwechslungsgefahr im Marken- und Wettbewerbsrecht – einheitliche Auslegung?, WRP 2013, 8; *ders.,* Vergleichende Werbung und Markenrecht nach der europäischen Markenrechtsreform von 2015, GRUR 2017, 664; *Sendrowski,* Blauer Brief per Schwabenpost, GRUR 2007, 841; *Sekretaruk,* Farben als Marke, 2005; *Slopek/Leister,* Bio-Siegel & Co. – die markenrechtliche Einordnung von Gütesiegeln, GRUR 2013, 356; *Sosnitza,* Die Verkehrsauffassung im Markenrecht, WRP 2014, 1136; *Strauss,* Gerichtliche Zuständigkeit bei Anspruchskonkurrenz aus Markengesetz und Gemeinschaftsmarkenverordnung, GRUR 2011, 401; *Tillmann,* Thomson Life – Nachbemerkungen, GRUR 2007, 99; *Wirtz,* Aktuelles aus dem Markenrecht, Mitt. 2017, 388; *Zöllner/Lehmann,* Kennzeichen- und lauterkeitsrechtlicher Schutz für Apps, GRUR 2014, 431;

Berichte: Kopacek/Kortge, Aus der Rechtsprechung des Bundespatentgerichts im Jahre 2013 (Teil I: Markenrecht), GRUR 2014, 311; *dies.*,. . . . . . 2012 (Teil I: Markenrecht), GRUR 2013, 336; *dies.*,. . . . . . 2011 (Teil I: Markenrecht), GRUR 2012, 440; *Kortge/Mittenberger-Huber,* Aus der Rechtsprechung des BPatG im Jahre 2015. Teil I: Markenrecht, GRUR 2016, 431; *diess.*,. . . . . .2016. Teil I: Marken- und Designrecht, GRUR 2017, 451; *diess.*, ... 2017. Teil I: Marken- und Designrecht, GRUR 2018, 460; *diess.*. . . . . . 2018, Teil I: Marken- und Designrecht, GRUR 2019, 451; *diess.*,. . . . . . 2019, Teil I: Marken- und Designrecht, GRUR 2020, 471; *Rohnke/Thiering*, Die Rechtsprechung des EuGH und des BGH zum Markenrecht in den Jahren 2009 und 2010, Teil I, GRUR 2011, 8; Teil II, GRUR 2011, 93; *Grabrucker/Fink,* Aus der Rechtsprechung des Bundespatentgerichts im Jahr 2008 – Teil I: Markenrecht, GRUR 2009, 429; *Grabrucker/Fink*, Markenrecht, Bericht für 2007, GRUR 2008, 371; *Grabrucker/Fink,* Markenrecht, Bericht für 2006, GRUR 2007, 267; *Thiering,* Die Rechtsprechung des EuGH und des BGH zum Markenrecht seit dem Jahr 2013, GRUR 2014, 925; *ders.*, ... 2014, GRUR 2015, 941; *ders.*,. . . . . . 2015, GRUR 2016, 983; *ders.*,. . . . . .2016, GRUR 2018, 30; *ders.*,. . . . . . 2018, GRUR 2019, 1237; *ders.*,. . . . . . 2019, GRUR 2021, 527; *Lambrecht,* Die Rechtsprechung der Instanzgerichte zum Markenrecht seit 2019, GRUR 2021, 1.

Zur Unionsmarke (früher: Gemeinschaftsmarke): Asendorf, Damages for Infringements of Community Trade Marks, GRUR Int. 2011, 802; *Bender,* Die neue Unionsmarke, 2. Aufl. 2016; *Bölling,* Der maßgebliche Zeitpunkt bei der Überprüfung einer Marke auf absolute Schutzhindernisse, GRUR 2011, 472; *Dumfahrt,* Prozessuale und materiell-rechtliche Aspekte des Widerspruchsverfahrens der Gemeinschaftsmarkenverordnung, 2008; *Eisenführ/Schennen,* Unionsmarkenverordnung, 5. Aufl. 2017; *Hackbarth,* Strategien im Verletzungsverfahren – Nationale Marke oder Gemeinschaftsmarke, GRUR 2015, 634; *Knaak,* Die Durchsetzung der Rechte aus der Gemeinschaftsmarke, GRUR 2001, 21; *Kochendörfer,* Die Einheitlichkeit der Unionsmarke im Verletzungsfall, GRUR 2016, 778; *v. Mühlendahl,* Europäisches Markenrecht: Rechtsmittel gegen die Entscheidungen des Harmonisierungsamtes für den Binnenmarkt, GRUR 2001, 667; *Sosnitza,* Der Grundsatz der Einheitlichkeit im Verletzungsverfahren der Gemeinschaftsmarke, GRUR 2011, 465; *Sosnitza,* Ein weiterer Baustein der Gemeinschafts-Serienmarke, GRUR 2011, 867; *Sosnitza,* Erwerb und Erhalt von Gemeinschaftsmarken, GRUR 2013, 105; *ders.,* Der unionsmarkenrechtliche Einheitlichkeitsgrundsatz und die Verwechslungsgefahr bei gespaltener Verkehrsauffassung. Zugleich Besprechung von EuGH „combit/commit", GRUR 2016, 1240; *Strauss,* Gerichtliche Zuständigkeit bei Anspruchskonkurrenz aus Markengesetz und Gemeinschaftsmarkenverordnung, GRUR 2011, 401.

Zu Markenverletzungen im Zusammenhang mit dem Internet: Glöckner/Kur, Geschäftliche Handlungen im Internet. Herausforderungen für das Marken- und Unlauterkeitsrecht, GRUR-Beilage 1/2014, 29; *Hofmann,* Markenrechtliche Sperranordnungen gegen nicht verantwortliche Intermediäre, GRUR 2015, 123; *Leistner/Grisse,* Sperrverfügungen gegen Access-Provider im Rahmen der Störerhaftung, GRUR 2015, 19, 105; *Sosnitza,* Das Internet als Rahmenbedingung und neue Handlungsform im Marken- und Lauterkeitsrecht, GRUR-Beilage 1/2014, 93; *Ruess,* „Just google it?" – Neuigkeiten und Gedanken zur Haftung der Suchmaschinen-Anbieter für Markenverletzungen in Deutschland und den USA, GRUR 2007, 198; *Schröler/Dümenil,* Die markenrechtliche Entwicklung des Keyword-Advertising, WRP 2014, 800; *Ullmann,* Wer sucht, der findet – Kennzeichenverletzung im Internet, GRUR 2007, 633.

Zum Markenrechtsmodernisierungsgesetz vom 11.12.2018: Hacker, Das Markenrechtsmodernisierungsgesetz (MaMoG) – Teil I.: Markenfähigkeit, absolute Schutzhindernisse und patentamtliche Verfahren, GRUR 2019, 113; *ders.,* Das Markenrechtsmodernisierungsgesetz (MaMoG) – Teil II.: Verletzung und Transit, Schutzschranke und Benutzungszwang, Gewährleistungsmarke, Sonstiges, GRUR 2019, 235.

Hinweis: Weitere Textbeispiele zum Markenrecht bei *Mes/Kloth/Briske,* Münchener Prozessformularbuch, Bd. 5, Gewerblicher Rechtsschutz, Urheber- und Presserecht, 5. Aufl. 2018, Form. B.1, Form. B.22.

Anmerkungen

1. Vom Abdruck einer Verwarnung (Abmahnung) wegen einer Markenverletzung wird abgesehen. Zur Formulierung einer Abmahnung kann auf die ansonsten im Formularbuch enthaltenen Vorschläge verwiesen werden (→ Form. II.P.1, → Form. II.Q.1, → Form. II.Q.2, → Form. II.Q.8, → Form. II.Q.13). Wie eine konkrete Verletzungshandlung in Bezug auf eine Kennzeichenverletzung zu formulieren ist, zeigt der Klageantrag I 1. Eine Marke ist ein nur eingeschränkt, nämlich nur im Hinblick auf die sog absoluten Eintragungshindernisse (§ 8 MarkenG) geprüftes Schutzrecht. Das gibt Anlass, im Hinblick auf die Notwendigkeit und auf die Risiken einer vorprozessualen Abmahnung besondere Vorsicht walten zu lassen. Insoweit wird auf die Ausführungen in → Form. II.Q.8 Anm. 1 verwiesen.

§ 140 Abs. 4 MarkenG begründet die Erstattungsfähigkeit von Patentanwaltskosten in Höhe einer Rechtsanwaltsgebühr, sofern dieser im Markenverletzungsprozess mitgewirkt hat. BGH GRUR 2011, 754 – Kosten des Patentanwalts (ebenso BGH GRUR 2012, 756 – Kosten des Patentanwalts III; BGH GRUR 2012, 759 – Kosten des Patentanwalts IV), gewährt im Falle einer markenrechtlichen Abmahnung unter Mitwirkung eines Patentanwalts einen Kostenerstattungsanspruch nur sehr restriktiv (dazu auch *Möller* Mitt. 2011, 399). Die Einschaltung des Patentanwalts muss notwendig gewesen sein (BGH GRUR 2020, 1239 re. Sp. = WRP 2020, 1577 – Kosten des Patentanwalts VI). Das ist regelmäßig der Fall, wenn der Patentanwalt solche Aufgaben wahrgenommen hat, die nicht typischerweise zur Tätigkeit eines Rechtanwalts gehören, zB der Patentanwalt eine Schutzrechtsrecherche durchgeführt hat. Dazu braucht die Abmahnung jedoch noch keine Angaben zu enthalten. Für die Erstattung von Kosten eines im Markenverletzungsprozess mitwirkenden Patentanwalts galt bisher gem. § 140 Abs. 4 MarkenG der Grundsatz, dass die Notwendigkeit nicht besonders dargelegt werden musste (BGH GRUR 2020, 1239 re. Sp. mwN = WRP 2020, 1577 – Kosten des Patentanwalts VI). BGH legt diese Frage mit der genannten Entscheidung dem EuGH vor.

§§ 140 ff. MarkenG beinhalten besondere (dem Patentverletzungsprozess entsprechende, → Form. II.Q.3 Anm. 1, 47, unter „Kosten und Gebühren") Bestimmungen für die sog Kennzeichenstreitsachen. Das sind gem. § 140 Abs. 1 MarkenG alle Klagen (wie auch Anträge auf Erlass einer einstweiligen Verfügung), durch die ein Anspruch aus einem Rechtsverhältnis geltend gemacht wird, das im MarkenG geregelt wird. Das MarkenG regelt wesentlich umfassender das früher im Warenzeichengesetz sowie in einzelnen Bestimmungen des Wettbewerbsrechts enthaltene Kennzeichenrecht. Insbes. handelt es sich um die Regelung von Ansprüchen im Zusammenhang mit geschützten Marken (§ 1 Nr. 1 MarkenG), geschäftlichen Bezeichnungen (§ 1 Nr. 2 MarkenG) und geografischen Herkunftsangaben (§ 1 Nr. 3 MarkenG). Zu den Marken gehören insb. die eingetragenen Zeichen (§ 4 Nr. 1 MarkenG), ferner die nicht eingetragenen Zeichen, die Verkehrsgeltung erworben haben (§ 4 Nr. 2 MarkenG) oder die notorisch bekannten Marken iSd Art. 6 bis der Pariser Verbandsübereinkunft zum Schutz des gewerblichen Eigentums. Zu den geschützten Marken gehören des Weiteren die sog Kollektivmarken (§§ 97 ff. MarkenG) sowie die international registrierten (IR-)Marken (§§ 107 ff.; 119 ff. MarkenG). Die geschäftlichen Bezeichnungen des § 1 Nr. 2 MarkenG sind in § 5 MarkenG näher definiert. Es handelt sich um die Unternehmenskennzeichen (§ 5 Abs. 2 MarkenG) und die Werktitel (§ 5 Abs. 3 MarkenG), die bis zum 1.1.1995 nach § 16 UWG alter Fassung geschützt waren.

2. § 140 Abs. 1 MarkenG begründet ohne Rücksicht auf den Streitwert die sachliche Zuständigkeit der LG. Dort sind gem. §§ 94, 95 Abs. 1 Nr. 4c GVG die Kammern für Handelssachen zuständig. In § 140 Abs. 2 MarkenG werden die Landesregierungen ermächtigt, durch Rechtsverordnung die Kennzeichenstreitsachen insgesamt oder teilweise für die Bezirke mehrerer LGe einem von ihnen zuzuweisen, wobei die einzelnen Bundesländer untereinander wiederum ein für mehrere Bundesländer zuständiges Gericht eines anderen Landes festlegen können. Davon haben folgende Länder Gebrauch gemacht und dabei folgende Gerichte bestimmt (vgl. die Verordnungen der Länder zB bei *Ingerl/Rohnke* MarkenG § 140 Rn. 19 ff.): Baden-Württemberg (zuständig sind das LG Mannheim für Markensachen im OLG-Bezirk Karlsruhe und das LG Stuttgart für den OLG-Bezirk Stuttgart); Bayern (LG München I für den OLG-Bezirk München und das LG Nürnberg-Fürth für die OLG-Bezirke Nürnberg und Bamberg); Berlin: Keine Zuweisung, da es nur das LG Berlin gibt; Brandenburg: LG Berlin für das Land Brandenburg; Bremen: Keine Konzentration, da es nur das LG Bremen gibt; Hamburg: Keine Konzentration, da es nur das LG Hamburg gibt; Hessen (LG Frankfurt für die Bezirke sämtlicher LG); Mecklenburg-Vorpommern: LG Rostock für das gesamte Gebiet von Mecklenburg-Vorpommern; Niedersachsen: LG Braunschweig für ganz Niedersachsen; Nordrhein-Westfalen (LG Düsseldorf für den OLG-Bezirk Düsseldorf, LG Bielefeld für die Landgerichtsbezirke Bielefeld, Detmold und Paderborn, LG Bochum für die LG-Bezirke Arnsberg, Bochum, Dortmund, Essen, Hagen und Siegen; LG Köln für den OLG-Bezirk Köln); Rheinland-Pfalz (LG Frankenthal für den OLG-Bezirk Zweibrücken und LG Koblenz für den OLG-Bezirk Koblenz); Saarland: Keine Konzentration, da es nur das LG Saarbrücken gibt; Sachsen (LG Leipzig); Sachsen-Anhalt (LG Magdeburg); Schleswig-Holstein (LG Kiel); Thüringen (LG Erfurt).

3. Zur Erweiterung der Zugriffsmöglichkeit infolge der Ausdehnung der Klage auf Organe juristischer Personen → Form. II.Q.3 Anm. 2, → Form. II.Q.14 Anm. 2.

4. Auch für Kennzeichenstreitsachen gilt zur Frage des Streitwerts → Form. II.Q.3 Anm. 3 und die dort wiedergegebenen Feststellungen. Haben ein Unternehmen und die verletzte Marke große wirtschaftliche Bedeutung und werden hohe Umsatzzahlen erzielt, so muss dies bei der Streitwertfestsetzung berücksichtigt werden, auch wenn die konkret beanstandete Verletzungshandlung nur eine vergleichsweise geringe Menge der Markenartikel erfasst (OLG Zweibrücken GRUR-RR 2001, 285 – Verletztenumsatz). Ein „Regelstreitwert" in Markenverletzungsprozessen besteht nicht; insb. kann die Rspr. des BGH zum Gegenstandswert in Markenlöschungsverfahren (zB GRUR 2006, 704 – Markenwert) auf Markenverletzungsprozesse nicht übertragen werden (OLG Nürnberg GRUR 2007, 815 – Kennzeichenstreitwert). § 142 MarkenG sieht die Herabsetzung des Streitwertes auf Antrag (vor der Einlassung zur Hauptsache) vor. Von dieser Möglichkeit wird nur selten Gebrauch gemacht.

5. Vgl. § 890 ZPO. Zur Formulierung der Strafandrohungsklausel → Form. II.Q.3 Anm. 5.

6. Die im Unterlassungsantrag I. 1 vorgesehene territoriale Beschränkung ist an sich überflüssig, schadet jedoch nicht. Sie dient insb. Klarstellungszwecken, wenn es sich um eine ausländische Partei handelt, die im Bereich der Bundesrepublik Deutschland wegen einer Kennzeichenverletzung angegriffen wird. Die Klarstellung ist insb. dann angezeigt, wenn es sich um eine international registrierte Marke, mithin eine Marke nach dem Madrider Markenabkommen handelt, deren Schutz auf das Gebiet der Bundesrepublik Deutschland erstreckt worden ist (vgl. dazu §§ 107 ff. MarkenG). Erst recht gilt die Notwendigkeit eines Hinweises auf die territoriale Beschränkung des angestrebten Verbotes für Unionsmarkenstreitsachen (früher: Gemeinschaftsmarkenstreitsachen) iSd Art. 95 UMV (VO (EG) 207/2009v. 26.2.2009 über die Unionsmarke, zuletzt geändert

durch VO v. 16.12.2015) iVm mit § 125e MarkenG. Zwar gilt die Unionsmarke unionweit, dennoch kann eine territoriale Beschränkung nach Maßgabe des geltend gemachten Verletzungstatbestandes in einem Mitgliedsstaat in Betracht kommen (BGH GRUR 2014, 382 – REAL-Chips, dazu *Thiering* GRUR 2014, 925 (934) re. Sp.).

7. Die Beschreibung der konkreten Verletzungshandlung (vgl. zu diesem Begriff → Form. II.Q.3 Anm. 6; → Form. II.Q.9 Anm. 5) ist am Wortlaut des § 14 Abs. 2 u. 3 MarkenG ausgerichtet. In § 14 Abs. 3 MarkenG sind diejenigen Handlungen aufgeführt, die einem Dritten insb. untersagt sind. Bei der Verletzung von Kennzeichnungsrechten ist es zur Konkretisierung der Verletzungshandlungen insb. erforderlich, die angegriffenen Benutzungshandlungen, den interessierenden Geschäftsbetrieb und die interessierenden Waren genau zu bezeichnen (BGH GRUR 1974, 88 – Trumpf – zum Rechtszustand vor Geltung des Markengesetzes; zum Markengesetz: OLG Hamburg WRP 1997, 106 – Gucci). In jüngerer Zeit mehren sich die Entscheidungen, die einen Unterlassungsanspruch nicht nur auf ein Unterlassen gerichtet sehen, sondern insbesondere auch auf ein aktives Tätigwerden in Form zB eines Rückrufs aus den Vertriebswegen (zum Markenrecht: BGH GRUR 2018, 292 – Produkte zur Wundversorgung; zum Wettbewerbsrecht: BGH GRUR 2016, 720 – Hot Sox; BGH GRUR 2017, 208 – Rückruf von RESCUE-Produkten; BGH GRUR 2017, 823 Rn. 32 – Luftentfeuchter; OLG Hamburg GRUR-RR 2017, 464 – Sonnenschutzmittel; ablehnend zu § 139 PatG aber OLG Düsseldorf GRUR 2018, 855 – Rasierklingeneinheiten mAnm *Hermanns*). Zur allgemeinen Pflicht eines Unterlassungsschuldners, künftige Verletzungen des Unterlassungsgebotes zu verhindern vgl. *Köhler/Bornkamm/Feddersen*, UWG, 39. Aufl. 2021, § 8 Rn. 8.69 ff. mwN; *Sarkowski* GRUR 2017, 355).

8. Dieser Auskunftsanspruch betreffend den Vertriebsweg und die Herkunft der rechtswidrig gekennzeichneten Erzeugnisse findet seine Grundlage in § 19 MarkenG. Mit diesem durch das Produktpirateriegesetz v. 7.3.1990 mWz 1.6.1990 eingefügten Auskunftsanspruch sollen Markenverletzungen durch Dritte, die ihre Quelle möglicherweise in dem Verhalten des Beklagten des anhängigen Rechtsstreits haben, unterbunden werden. Zu Einzelheiten eines derartigen Auskunftsanspruchs → Form. II.Q.1 Anm. 15, → Form. II.Q.3 Anm. 10, 11. Die in → Form. II.Q.1 Anm. 20 behandelte Problematik eines Wirtschaftsprüfervorbehalts besteht bei Kennzeichenverletzungen aus den nachstehend im Zusammenhang mit der Berechnung des Schadensersatzes und dem zugehörigen Rechnungslegungsanspruch erörterten Gründen nicht. Die Neufassung des § 19 MarkenG durch das Gesetz zur Verbesserung der Durchsetzung von Rechten des geistigen Eigentums v. 7.7.2008 vermischt die Grenzen zwischen Auskunftsanspruch (Drittauskunft) und Rechnungslegungsangaben, indem in § 19 Abs. 3 Nr. 2 MarkenG der zur Auskunft Verpflichtete auch gehalten ist, die Menge der hergestellten, ausgelieferten, erhaltenen oder bestellten Waren sowie die Preise, die für die betreffenden Waren bezahlt wurden, anzugeben.

9. Diese Angaben im Klageantrag beziehen sich auf den Rechnungslegungsanspruch, den der durch eine Markenverletzung Betroffene gegen den Markenverletzer hat. In kennzeichnungsrechtlichen Streitigkeiten wird – gewohnheitsrechtlich – seit langem anerkannt, dass der Verletzte seinen Schaden in dreifacher Weise berechnen kann (in Form des eigenen entgangenen Gewinns, des Verletzergewinns oder im Wege der Lizenzanalogie). Das ist seit BGH GRUR 1973, 375 ff. – Miss. Petite – hA und in der Neufassung des § 14 Abs. 6 S. 2 MarkenG durch das Gesetz zur Verbesserung der Durchsetzung von Rechten des geistigen Eigentums v. 7.7.2008 mWz 1.9.2008 ausdrücklich verankert. Da nach der Lebenserfahrung der Verletzergewinn jedoch nur teilweise auf die Kennzeichenverletzung zurückzuführen ist, bestand nach Auffassung des BGH (zB GRUR 1973, 375 (378) li. Sp.) grdl. kein Interesse des Verletzten daran, von dem Verletzer die Lieferdaten,

-zeiten und -preise im Hinblick auf den erzielten Umsatz zu erfahren (krit. *Nieder* GRUR 1999, 654). Dieser Rechtszustand, von dem BGH GRUR 2008, 796 – Hollister – bis in die allerjüngste Zeit ausgegangen ist, hat sich durch die Neufassung des § 19 MarkenG geändert. Nunmehr gibt schon der Auskunftsanspruch des § 19 Abs. 3 MarkenG diejenigen Angaben, die der Verpflichtete zu machen hat. Diese sind im Klageantrag I. 2 niedergelegt. Zu Einzelheiten und zur Entwicklung der Rspr. vgl. *Ingerl/Rohnke* MarkenG § 19 Rn. 29; *Ströbele/Hacker/Thiering,* MarkenG, § 19 Rn. 37 ff..

Von Interesse: § 19 Abs. 2 Nr. 3 MarkenG und die Auskunftspflicht einer Bank, bei der ein Markenverletzer ein Konto hat, BGH GRUR 2016, 497 – Davidoff Hot Water II.

10. Hier könnten weitere Anträge eingefügt werden, zB auf Vernichtung oder Rückruf, so wie diese nunmehr durch § 18 MarkenG vorgesehen sind. Im Textbeispiel ist kein auf Vernichtung gerichteter Antrag enthalten (BGH GRUR 1997, 899 – Vernichtungsanspruch; ferner die Ausführungen betreffend den parallelen patentrechtlichen Vernichtungsanspruch in → Form. II.Q.1 Anm. 22). § 18 Abs. 3 MarkenG schließt einen Vernichtungsanspruch aus, wenn die Inanspruchnahme im Einzelfall unverhältnismäßig ist. Bei dem im Formular zugrunde liegenden Sachverhalt wird man davon ausgehen können, dass zum einen Aufkleber, Anhängeetiketten uä an den Möbeln ohne weiteres entfernt werden können und zum anderen die Vernichtung von Möbeln unverhältnismäßig wäre. Ein Beispiel für die Geltendmachung eines Vernichtungsanspruchs im Wege der einstweiligen Verfügung iVm einem Auskunftsanspruch zeigt das nachfolgende → Form. II. Q.1 Anm. 22.

Die §§ 19 ff. MarkenG sind durch das Gesetz zur Verbesserung der Durchsetzung von Rechten des geistigen Eigentums v. 7.7.2008 mWz 1.9.2008 teilweise neugefasst worden. Insbes. werden neuartige Ansprüche begründet:

§ 19a MarkenG begründet einen Vorlage- und Besichtigungsanspruch. Dieser kann ggf. auch im Wege der einstweiligen Verfügung durchgesetzt werden. Vgl. dazu *Ringer/ Wiedemann,* Die Durchsetzung des Besichtigungsanspruchs nach § 19a MarkenG im einstweiligen Verfügungsverfahren, GRUR 2014, 229.

§ 19b MarkenG begründet einen Anspruch bei in gewerblichen Ausmaß begangenen Rechtsverletzungen auf Vorlage von Bank-, Finanz- oder Handelsunterlagen oder einen geeigneten Zugang zu den entsprechenden Unterlagen.

§ 19c MarkenG gibt einen Anspruch für die obsiegende Partei auf Urteilsbekanntmachung. Dazu vgl. OLG Frankfurt a.M. GRUR 2014, 296 – Sportreisen mit Besprechungsaufsatz *Kolb* GRUR 2014, 513; *Steigüber* GRUR 211, 295.

Zu diesen im Patentrecht vergleichbar gewährten Ansprüchen → Form. II.Q.3 mit den Klageanträgen I. 6 ff. und den zugehörigen Anmerkungen.

11. In § 55 MarkenG ist das Verfalls- und Nichtigkeitsverfahren durch das Markenmodernisierungsgesetz für alle ab dem 14.1.2019 erhobene Klagen neu geregelt. Vgl. dazu *Ströbele/Hacker/Thiering,* MarkenG, 13. Aufl. 2021, § 55 Rn. 1 ff. Zur Klageart und zu den Klageanträgen vgl. aaO § 55 Rn. 46. ff. Die Formulierung des Klageantrags II. basiert auf dem Vorschlag von *Thiering* in *Ströbele/Hacker/Thiering,* MarkenG, 13. Aufl. 2021, § 55 Rn. 48, 49.

12. Zur Schadensersatzverpflichtung vgl. § 14 Abs. 6 MarkenG. Danach ist derjenige, der eine Marke vorsätzlich oder fahrlässig verletzt, dem Inhaber der Marke zum Ersatz des durch die Verletzungshandlungen entstandenen Schadens verpflichtet. Zur Zweckmäßigkeit der Verbindung von Rechnungslegungsantrag und Schadensersatzfeststellungsbegehren → Form. II.Q.3 Anm. 28. Es lässt sich formulieren, dass dies geradezu die „klassische" Klagenkombination im gewerblichen Rechtsschutz ist. Die Gesamtschuld der Beklagten ergibt sich aus §§ 830, 840 BGB. Zur Haftung des Geschäftsführers einer

GmbH bzw. des Vorstands einer AG neben der GmbH bzw. der AG → Form. II.Q.3 Anm. 2, 3; insb. *Dregelies* GRUR 2018, 8.

13. Die Nebenentscheidungen sind von Amts wegen zu treffen. Auf sie gerichtete Anträge sind jedoch üblich.

14. Ist beim LG eine Zivilkammer als Spezialkammer für Kennzeichenstreitsachen eingerichtet und wird die Klage dort eingereicht, so bedarf es einer Stellungnahme zu der Frage, ob die Übertragung des Rechtsstreits auf den Einzelrichter erfolgen soll (vgl. § 253 Abs. 3 Nr. 3 ZPO). Grds. ist eine Kennzeichenstreitigkeit nicht geeignet, auf den Einzelrichter übertragen zu werden. Auch bei Bestehen einer Spezialzivilkammer bleibt die Zuständigkeit der Kammer für Handelssachen erhalten.

Hier ist auch eine Stellungnahme dazu erforderlich, ob eine Güteverhandlung gem. §§ 253 Abs. 3 Nr. 1, 278 Abs. 2 ZPO für zweckmäßig gehalten wird, ebenso dazu, ob eine Mediation oder eine außergerichtliche Konfliktbeilegung nützlich erscheinen (§§ 253 Abs. 3 Nr. 1, 278a ZPO).

15. Ist eine Marke mindestens fünf Jahre in der Markenrolle eingetragen, so bedarf die Frage der Benutzung der Marke besonderer Aufmerksamkeit. Gem. § 25 Abs. 1 MarkenG kann der Inhaber einer eingetragenen Marke gegen Dritte Ansprüche iSd §§ 14, 18 bis. 19c MarkenG nicht geltend machen, wenn die Marke innerhalb der letzten fünf Jahre vor der Geltendmachung des Anspruchs für die Waren oder Dienstleistungen, auf die er sich zur Begründung seines Anspruchs beruft, nicht gem. § 26 MarkenG benutzt worden ist, vorausgesetzt, die Marke war zu diesem Zeitpunkt seit mindestens fünf Jahren eingetragen. § 25 Abs. 2 MarkenG setzt diese Bestimmung in eine prozessuale Regelung um, nämlich dahingehend, dass der Kläger auf Einrede des Beklagten nachweisen muss, dass die eingetragene Marke innerhalb der letzten fünf Jahre ausreichend benutzt worden ist. Was unter einer ausreichenden Benutzung zu verstehen ist, regelt § 26 MarkenG (→ Anm. 16).

Aufgrund des Vorstehenden wird im Form. schon vorbeugend zur (markenmäßigen) Benutzung des Klagezeichens vorgetragen. Zu diesem Erfordernis vgl. BGH GRUR 2009, 772 – Augsburger Puppenkiste; OLG Düsseldorf GRUR-RR 2011, 172 – Zappa; *Ingerl/Rohnke* MarkenG § 26 Rn. 24 ff.; *Ströbele/Hacker/Thiering,* MarkenG § 26 Rn. 25 ff.; zu weiteren Einzelheiten → Anm. 16. Der Sachvortrag im Form. hat jedoch Bedeutung auch für den mit Klageantrag II geltend gemachten Anspruch auf Erklärung der Nichtigkeit. Denn gem. § 51 Abs. 2 MarkenG ist Voraussetzung für diesen Nichtigkeitserklärungsanspruch, dass die Marke, auf Grund deren diese Erklärung geltend gemacht wird, ausreichend benutzt ist.

16. § 26 MarkenG bestimmt die Anforderungen, die an die Benutzung einer Marke zu stellen sind. Gem. § 26 Abs. 4 MarkenG gilt als eine Benutzung im Inland auch das Anbringen der Marke auf Waren oder deren Aufmachung oder Verpackung im Inland, wenn die Waren ausschließlich für die Ausfuhr bestimmt sind. In § 26 Abs. 1 MarkenG ist lediglich formuliert, dass die Marke „im Inland ernsthaft benutzt worden sein muss". Welche Benutzungsformen dazu ausreichen, ist streitig. Nach BGH ist rechtserhaltende Benutzung eines Zeichens die „Verwendung als Marke, dh in einer Form, die der Verkehr aufgrund der ihm objektiv entgegentretenden Umstände als einen zeichenmäßigen Hinweis auf die Herkunft der Waren oder Dienstleistungen ansieht" (BGH GRUR 2009, 772 – Augsburger Puppenkiste; 2009, 60 – LOTTOCARD; 2002, 1072 (1073) – Sylt-Kuh; 2000, 890 – Immunine). Zur rechtserhaltenden Benutzung gehört insb., dass sie der Hauptfunktion der Marke entspricht, nämlich dem Verkehr die Ursprungsidentität der Ware zu garantieren (EuGH GRUR 2003, 425 – Ansul/Ajax; BGH GRUR 2009, 60 – LOTTOCARD). Die Marke muss in üblicher und wirtschaftlich sinnvoller Weise für die Ware verwendet werden, für die sie eingetragen ist (BGH GRUR 2002, 1072 (1073) – Sylt-Kuh).

Findet ein Zeichen ausschließlich als Unternehmenskennzeichnung Verwendung, so ist dies regelmäßig keine rechtserhaltende Benutzung (BGH GRUR 2012, 1045 Rn. 29 – Pelikan; BGH GRUR 2005, 1047 (1049), li. Sp. – OTTO). Wird mithin eine Marke nur auf einem Prospekt oder in Katalogen oder sonstwie in der Werbung genutzt, wird man dies nicht als rechtserhaltende Benutzung anerkennen können (BGH GRUR 2005, 1047 – OTTO; OLG Karlsruhe GRUR 1989, 270 (271) – Heinkel). Die Benutzung eines Unternehmenskennzeichens ist allerdings zugleich markenmäßig, wenn der Verkehr Anlass zur Annahme hat, dass eine Verbindung zwischen dem angegriffenen Unternehmenskennzeichen und den Waren oder Dienstleistungen besteht (BGH GRUR 2015, 1201 Rn. 71 – Sparkassen-Rot/Santander-Rot). OLG Frankfurt GRUR-RR 2017, 404 – Cassellapark – betrifft einen Sonderfall. Der logoartig gestaltete Schriftzug „Cassellapark" wurde sowohl auf einem Betriebsgelände großformatig wie auch in der Korrespondenz mit Mietern sowie im Internet für die Dienstleistungen „Immobilienvermietung und Immobilienverpachtung" benutzt. Besonderheiten gelten für Arzneimittelspezialitäten. Infolge deren langen Entwicklungsdauer sowie der Notwendigkeit, sie registrieren zu lassen, gilt auch eine Benutzung im Registrierungsverfahren als rechtserhaltend (BGHZ 70, 143 – Orbicin; GRUR 1980, 1075 – Frisium). Die Benutzung der Marke durch einen Dritten mit Zustimmung des Inhabers gilt als ausreichende Benutzung (§ 26 Abs. 2 MarkenG). Abweichungen, die den kennzeichnenden Charakter der Marke nicht verändern, sind unschädlich (§ 26 Abs. 3 MarkenG, vgl. zB OLG Karlsruhe GRUR-RR 2011, 134 – ILLU).

17. Zur Schlüssigkeit der Klage ist es nicht erforderlich vorzutragen, dass vorprozessual abgemahnt worden ist. Die Abmahnung hat allerdings Bedeutung für das Verschulden des Verletzers (→ Anm. 25). Ist zuvor eine markenrechtliche Verwarnung erfolgt und war diese erfolglos, so kann die dadurch entstandene (anwaltliche) Geschäftsgebühr im Wege eines gesonderten Klageantrages – in ungeschmälerter Höhe – zzgl. Auslagen und Mehrwertsteuer klageweise geltend gemacht werden. Dazu vgl. das Textbeispiel in → Form. II.Q.3 Anm. 25.

18. Das Formular geht quasi von dem „Grundfall" einer Markenverletzung aus, nämlich der Verletzung einer eingetragenen Marke durch ein identisches Zeichen für identische Waren (§ 14 Abs. 2 Nr. 1 MarkenG). Die Systematik des § 14 MarkenG lässt sich wie folgt skizzieren:

a) Die Klagekennzeichnung muss in Kraft stehen.

b) Ob das angegriffene Verhalten einen zeichenmäßigen Benutzungstatbestand (Benutzung nach Art einer Marke, wobei die zeichenmäßigen Benutzungshandlungen insb. in § 14 Abs. 3 MarkenG formuliert sind; das Gegenteil, nämlich nicht zeichenmäßige Benutzungshandlungen findet sich in § 23 MarkenG) begründen muss, ist nach den jüngsten Entscheidungen des EuGH und des BGH nicht mehr zweifelhaft und wird jetzt von der herrschenden Meinung gefordert (EuGH GRUR 2007, 971 Rn. 27 – Céline; BGH GRUR 2011, 1140 Rn. 17 – Schaumstoff Lübke; 2009, 1162 Rn. 26 – DAX; 2009, 1055 Rn. 49 – airdsl; zu Einzelheiten vgl. *Ingerl/Rohnke* MarkenG § 14 Rn. 128 ff., insb. Rn. 132 ff.; zur jüngsten Entwicklung vgl. *Ströbele/Hacker/Thiering*, MarkenG, 13. Aufl. 2021, § 14 Rn. 124 ff.). Insbes. liegt keine markenmäßige Benutzung vor, wenn ein angegriffenes Zeichen ausschließlich als Unternehmenskennzeichen benutzt wird. Diese kann allerdings zugleich auch eine markenmäßige Benutzung darstellen, wenn durch die Verwendung des Unternehmenskennzeichens (zB durch Anbringung auf den Waren) bei den Verkehrsadressaten die Annahme begründet wird, es bestehe eine Verbindung. Vgl. zu allem insb. BGH GRUR 2015, 1201, Rn. 71 – Sparkassen-Rot/Santander-Rot, BGH GRUR 2011, 1140 Rn. 17 – Schaumstoff Lübke; 2009, 1055 Rn. 59 – airdsl; 2009, 772 Rn. 48 – Augsburger Puppenkiste). → Anm. 16

c) Die Folge der Benutzung im Sinne einer „Gefahr von Verwechslungen" (Lit. dazu *Fezer* GRUR 2013, 209; *E. Müller* WRP 2013, 1301; *Sack* GRUR 2013, 4; *ders.*, WRP 2013, 8)
   aa) braucht nach dem Wortlaut des § 14 Abs. 2 Nr. 1 MarkenG nicht mehr gesondert geprüft zu werden, wenn sowohl zwischen den einander gegenüberstehenden Marken/Kennzeichnungen als auch im Hinblick auf die Waren/Dienstleistungen, für die die angegriffene Benutzung erfolgt, Identität besteht;
   bb) bedarf gem. § 14 Abs. 2 Nr. 2 MarkenG iSd Bestehens der Gefahr von Verwechslungen der Prüfung wie folgt: Besteht entweder nur Ähnlichkeit der einander gegenüber stehenden Marken/Zeichen bei Identität der zu vergleichenden Waren/Dienstleistungen oder besteht Identität der einander gegenüberstehenden Marken/Zeichen bei bloßer Ähnlichkeit der zu vergleichenden Waren/Dienstleistungen, so ist ausdrücklich gem. § 14 Abs. 2 Nr. 2 MarkenG zu prüfen, ob „für das Publikum die Gefahr von Verwechslungen besteht, einschließlich der Gefahr, dass das Zeichen mit der Marke gedanklich in Verbindung gebracht wird".

d) Neben den vorstehend behandelten Fällen enthält § 14 Abs. 2 Nr. 3 MarkenG einen Sonderschutz für die bekannte Marke, nämlich gegen die Gefahr der Verwässerung oder gegen die Gefahr der unlauteren Ausnutzung oder Beeinträchtigung (EuGH GRUR 2009, 56 – Intel Corporation/CPM United Kingdom).

In § 14 Abs. 3 u. 4 MarkenG sind die Abwehrbefugnisse des Markeninhabers näher aufgeführt. Die in § 14 Abs. 3 MarkenG aufgeführten zeichenmäßigen Benutzungshandlungen sind im Klageantrag I 1 wiedergegeben. § 14 Abs. 4 MarkenG gibt dem Markeninhaber schon einen Unterlassungsanspruch quasi im „Vorfeld" markenmäßiger Benutzung. Danach ist es Dritten untersagt, ohne Zustimmung des Inhabers der Marke im geschäftlichen Verkehr ein mit der Marke identisches oder ähnliches Zeichen auf Aufmachungen oder Verpackungen oder auf Kennzeichnungsmitteln wie Etiketten usw anzubringen, ohne dass der Dritte selbst unmittelbar schon so gekennzeichnete Waren in den Verkehr zu bringen braucht. Es genügt, dass die Gefahr besteht, dass die Aufmachungen/Verpackungen/Kennzeichnungsmittel ihrerseits zur Kennzeichnung von Waren oder Dienstleistungen durch weitere Dritte benutzt werden, bei denen die Benutzung des Zeichens nach den Abs. 2 u. 3 des § 14 MarkenG unerlaubt wäre. Der etwas schwierig zu verstehende § 14 Abs. 4 MarkenG befasst sich in Nr. 1 mit dem Tatbestand des Anbringens des verletzenden Zeichens, in Nr. 2 mit dem Tatbestand des Anbietens, Inverkehrbringens oder des Besitzens entsprechend gekennzeichneter Aufmachungen, Verpackungen oder Kennzeichnungsmittel und schließlich in Nr. 3 mit den Tathandlungen des Einführens oder Ausführens, wobei vorstehend skizzierte Verhaltensweisen gem. § 14 Abs. 4 aE MarkenG nur dann unerlaubt sind, wenn die skizzierten Handlungen tatsächlich zu einer „Begehungsgefahr" für Markenverletzungen entsprechend den Abs. 2 u. 3 des § 14 MarkenG führen.

Bei allen vorstehend behandelten Abs. 2–4 ergibt sich für den Markeninhaber gem. § 14 Abs. 5 MarkenG ein Unterlassungsanspruch. Im Formular ist im Klageantrag I 1 nur der Sachverhalt der Abs. 2 u. 3 des § 14 MarkenG behandelt.

19. Das Markengesetz verwendet den Begriff der „Warengleichartigkeit" des früheren Warenzeichenrechts nicht mehr, sondern spricht von identischen oder ähnlichen Waren/Dienstleistungen. Zur Frage der Ähnlichkeit der einander gegenüberstehenden Waren/Dienstleistungen wird man die Ergebnisse der bisherigen Spruchpraxis des Bundespatentamts, des Bundespatentgerichts sowie der Zivilgerichte einschließlich insb. des BGH zum bisherigen Begriff der „Warengleichartigkeit" nach wie vor verwenden können (vgl. dazu *Richter/Stoppel,* Die Ähnlichkeit von Waren und Dienstleistungen, 17. Aufl. 2019). Allerdings wird dies mit Vorsicht zu geschehen haben, und zwar insb. unter Berücksichtigung der Tatsache, dass mit dem Begriff der „Ähnlichkeit" das neue Markenrecht einen neuen und eigenständigen Rechtsbegriff geschaffen hat, dessen nähere inhaltliche Ausfüllung der Rspr. obliegt (BGH GRUR 1995, 216 (219) re. Sp. – Oxygenol II). Die Ähnlichkeit der Waren bzw. Dienstleistungen ist nicht mehr, wie nach bisherigem Recht, „selbständiges" Tatbestandsmerkmal, sondern im Zusammenhang mit der Beurteilung der Verwechslungsgefahr zu gewichtendes Kriterium (zB EuGH GRUR 1998, 922 Rn. 23 – Canon; BGH GRUR 2002, 167 (169) – Bit/Bud). Einzelheiten dazu nachfolgend in → Anm. 21 und bei *Ingerl/Rohnke* MarkenG § 14 Rn. 668 ff.

20. Zur zeichenmäßigen Benutzung vgl. § 14 Abs. 3 MarkenG, → Anm. 18 und insb. auch § 23 MarkenG, wo die nicht-zeichenmäßigen Benutzungstatbestände aufgeführt sind.

21. Bei Identität der gegenüberstehenden Kennzeichnungen und Identität der Waren/ Dienstleistungen ist die Prüfung der Verwechslungsgefahr entbehrlich (so § 14 Abs. 2 Nr. 1 MarkenG). Bei bloßer Ähnlichkeit der Zeichen und/oder Waren/Dienstleistungen erfordert § 14 Abs. 2 Nr. 2 MarkenG das Bestehen von Verwechslungsgefahr (vgl. dazu *Fezer* GRUR 2013, 209; *E. Müller* WRP 2013, 1301; *Sack* GRUR 2013, 4; *ders.*, WRP 2013, 8). Der Begriff der Verwechslungsgefahr ist Rechtsbegriff, dessen Beurteilung im Revisionsverfahren in vollem Umfang zu überprüfen ist (BGH GRUR 2013, 833 Rn. 67 – Culinaria/Villa Culinaria; BGH GRUR 2012, 635 Rn. 35 – Metro/Roller; GRUR 2012, 1065 Rn. 31 – Stimmt's?). Diese Rechtsfrage kann vom BGH nur dann beantwortet werden, wenn die Beurteilung des Gesamteindrucks der Zeichen tatrichterlich durch die Vorinstanz erfolgt ist (BGH GRUR 2012, 635, Rn. 35 – Metro/Roller). Nach der stRspr sowohl des EuGH als auch des BGH ist die Frage der markenrechtlichen Verwechslungsgefahr unter Berücksichtigung aller Umstände des Einzelfalles zu beurteilen (EuGH GRUR 1998, 387 (389) – Sabèl/Puma; GRUR 1998, 922 (923) – Canon; BGH GRUR 1999, 245 (246) – LIBERO; insb. GRUR 2009, 484 Rn. 25 – Metrobus; GRUR 2008, 714 Rn. 32 – idw). Neben den Verkehrsbeteiligten (Endverbraucherpublikum oder Fachkreise) kommt es auf insb. drei in Wechselbeziehung zueinander stehende Beurteilungselemente an. Das sind die Identität oder Ähnlichkeit der in Frage stehenden Waren/Dienstleistungen, die Identität oder Ähnlichkeit der Marken sowie die Kennzeichnungskraft der verletzten Marke. Insoweit besteht eine Wechselbeziehung dahingehend, dass ein geringerer Grad der Ähnlichkeit der Marken durch einen höheren Grad der Ähnlichkeit der Waren/Dienstleistungen und/oder eine besondere Bekanntheit der prioritätsälteren Kennzeichnung ausgeglichen werden kann und umgekehrt (EuGH GRUR 2012, 754 Rn. 63 – Linea Natura; GRUR 1998, 387 Rn. 22 – Sabèl/Puma; BGH GRUR 2014, 488 Rn. 9 – DESPERADOS/DESPERADO; GRUR 2014, 382 Rn. 14 – REAL-Chips; GRUR 2013, 1239 Rn. 24 – VOLKSWAGEN; GRUR 2009, 484 Rn. 25 – Metrobus). Insbes. ist zu berücksichtigen, dass es bei der Beurteilung der Verwechslungsgefahr maßgeblich auf den Gesamteindruck der einander gegenüberstehenden Zeichen ankommt, der insb. durch unterscheidungskräftige und dominierende Elemente bestimmt wird (EuGH GRUR 2007, 700 Rn. 35 – Limoncello; BGH GRUR 2009, 484 Rn. 23 – Metrobus; 2008, 1002 Rn. 23 = WRP 2008, 1434 – Schuhpark) und dass ferner die in Frage stehenden Kennzeichnungen sich regelmäßig nicht gleichzeitig gegenübertreten und oft nur flüchtig wahrgenommen werden (BGH GRUR 1990, 450 (452) – St. Petersquelle; GRUR 1993, 972 (974, 975) – Sana/Schosana). Das führt dazu, dass es eher auf die Übereinstimmungen als auf die Unterschiede ankommt (BGH GRUR 1993, 972 (974, 975) – Sana/Schosana).

Bei der Beurteilung der einander gegenüberstehenden Waren oder Dienstleistungen müssen alle Umstände berücksichtigt werden, die das Verhältnis zwischen den Waren oder Dienstleistungen kennzeichnen. Dazu gehören vor allem: Die Art, der Verwendungszweck, die Benutzung sowie ihre Eigenart, ob sie einander ersetzen oder ergänzen, in gleichartigen Unternehmen hergestellt oder unter ihrer Kontrolle vertrieben/erbracht werden. Waren/Dienstleistungen sind dann einander **nicht** ähnlich, wenn trotz unterstellter Identität der einander gegenüberstehenden Marken nicht von Verwechslungsgefahr ausgegangen werden kann, weil der Abstand zwischen den Waren/Dienstleistungen zu groß ist. Es gibt mithin eine **absolute** Waren- oder Dienstleistungsunähnlichkeit, die auch bei Identität der kollidierenden Zeichen durch eine erhöhte Kennzeichnungskraft nicht überwunden werden kann (EuGH GRUR 1998, 922 = NJW 1999, 933 – Canon; BGH GRUR 2009, 484 Rn. 25 – Metrobus; GRUR 2007, 321 Rn. 20 – Cohiba).

Die Verwechslungsgefahr muss für das Publikum bestehen. Das sind die als Abnehmer angesprochenen Verkehrsbeteiligten, mithin entweder Fachleute oder Durchschnittsverbraucher. Für Letztere kommt es bei der Beurteilung der Verwechslungsgefahr auf einen durchschnittlich informierten, aufmerksamen und verständigen Verbraucher an (EuGH GRUR Int. 2010, 129 Rn. 74 – Aceites del Sur-Coosur; 2007, 718 Rn. 62 – Akon; BGH GRUR 2000, 506 (508) – Attache/Tisserand; Einzelheiten bei *Ingerl/Rohnke* MarkenG § 14 Rn. 453 ff.).

22. Zu Einzelheiten → Anm. 8, 9.

23. Wie auch sonst bei der Verletzung gewerblicher Schutzrechte genügt die bloße Wahrscheinlichkeit eines Schadenseintritts, stRspr, BGH GRUR 1972, 180 (183) – Cherie; GRUR 1974, 735 – Pharmamedan. Die materielle Anspruchsgrundlage ist § 14 Abs. 6 MarkenG.

24. Es besteht eine Erkundigungspflicht, BGH GRUR 1971, 251 (253) – Oldtimer.

25. Ist der Beklagte vor Erhebung der Klage vorprozessual auf das Bestehen des Klagezeichens hingewiesen worden, so besteht seit diesem Zeitpunkt positive Kenntnis und dementsprechend – regelmäßig – Vorsatz im Hinblick auf die Verletzungshandlungen. Im Falle der erfolglosen außergerichtlichen Verwarnung kommt auch ein Kostenerstattungsanspruch für die entstandene Geschäftsgebühr in Betracht.

26. Die Gesamtschuld ergibt sich aus §§ 830, 840 BGB. Die Verantwortlichkeit des Geschäftsinhabers für das Verhalten von Angestellten oder Beauftragten regelt § 14 Abs. 7 MarkenG im Sinne einer Erfolgshaftung. Eine Exkulpation durch den Geschäftsherrn ist nicht möglich (OLG Karlsruhe WRP 2000, 898 (899) – Unterrichtskreis). Ob der Betriebsinhaber Kenntnis hatte oder Handlungen auch gegen seinen Willen geschehen sind, ist ohne Bedeutung (BGH GRUR 1995, 605 (607) – Franchise-Nehmer). Auch wenn der Betriebsinhaber dem Angestellten/Beauftragten die Möglichkeit freier Entscheidung eingeräumt hat, entlastet ihn dies nicht (BGH WRP 2000, 1258 (1261) – Filialleiterfehler).

27. → Anm. 7.

28. Zur Zweckmäßigkeit der Verbindung des Schadensersatzfeststellungsbegehrens mit dem Rechnungslegungsanspruch sowie zur Zulässigkeit des Schadensersatzfeststellungsbegehrens → Anm. 12.

29. Zu dem Verzichts- sowie den Verfalls- und Nichtigkeitsverfahren vgl. §§ 48 ff. MarkenG. In § 55 MarkenG ist die Verfalls- bzw. Nichtigkeitsklage vor den ordentlichen Gerichten geregelt. Dieser Regelung folgt das Formular Im MarkenG ist unterschieden zwischen der Klage wegen Verfalls (§§ 49, 55 MarkenG) und der Klage wegen Erklärung der Nichtigkeit wegen Bestehens älterer Rechte (§§ 51, 55 MarkenG). Zuständig für beide Klagen sind die ordentlichen Gerichte. Passivlegitimiert ist der als Inhaber der Marke Eingetragene oder sein Rechtsnachfolger (§ 55 Abs. 1 MarkenG). Aktivlegitimiert ist für die Klage wegen Verfalls jedermann (§ 55 Abs. 2 Nr. 1 MarkenG; zB ein Rechts- oder Patentanwalt, BGH GRUR 2005, 1047 – OTTO), in den Fällen des Antrags auf Erklärung der Nichtigkeit wegen des Bestehens von Rechten mit älterem Zeitrang die Inhaber der in den §§ 9–13 MarkenG aufgeführten Rechte (§ 55 Abs. 2 Nr. 2 MarkenG).

Soll die Löschung der eingetragenen Marke wegen einer prioritätsälteren geografischen Herkunftsangabe erfolgen (§ 55 Abs. 2 MarkenG), so besteht eine erweiterte Aktivlegitimation auf den Kreis der in § 8 Abs. 2 UWG Genannten (BGH GRUR 2001, 420 (422) – JPA – zu § 128 Abs. 1 MarkenG).

Neben den vorbezeichneten Klagen (ggf. auch Widerklagen) kann auch ein Verfalls- und Nichtigkeitsverfahren vor dem Deutschen Patent- und Markenamt gem. § 53 MarkenG eingeleitet werden. Zu Einzelheiten dazu vgl. den Wortlaut des § 53 MarkenG.

30. Nach früherem Recht wurde zwischen zeichenrechtlicher und außerzeichenrechtlicher Löschungsklage unterschieden, wobei der außerzeichenrechtlichen Löschungsklage andere als zeichenrechtliche Anspruchsgrundlagen bzw. prioritätsältere Rechte zugrunde lagen. Diese Unterscheidung kann nach der Systematik des § 55 MarkenG entfallen. Zum einen ist das bisherige Unternehmenskennzeichenrecht in das Markenrecht integriert (§ 1 Nr. 2, § 4 Nr. 2, § 5 MarkenG), zum anderen definiert § 13 MarkenG mögliche prioritätsältere Rechte umfassend, wobei gem. § 13 Abs. 2 MarkenG zu den prioritätsälteren sonstigen Rechten gehören können: Namensrechte, das Recht einer eigenen Abbildung, Urheberrechte, Sortenbezeichnungen, geografische Herkunftsangaben und sonstige gewerbliche Schutzrechte. Auch schon gegen eine Markenanmeldung werden Inhaber prioritätsälterer Rechte vorgehen können, und zwar mit einer Klage auf Rücknahme der Markenanmeldung (BGH GRUR 1993, 556 = WRP 1993, 399 – TRIANGLE – für das bisherige Warenzeichenrecht; ferner BGH GRUR 2001, 420 (421) – SPA – zur Verteidigung gegen den Missbrauch einer geografischen Herkunftsangabe).

31. Gerichtsstand der unerlaubten Handlung. Beachte § 141 MarkenG, der den – ausschließlichen – Gerichtsstand des § 24 Abs. 2 UWG aF (= § 14 Abs. 2 UWG nF) auf die Fälle beschränkt, in denen das Klagebegehren nicht auf Bestimmungen des Markengesetzes gestützt ist. Findet auch nur einer der geltend gemachten Ansprüche seine Grundlage in einer Bestimmung des Markengesetzes, so kann der Beklagte Verweisung an das Markengericht beantragen (zu den Bundesländern, in denen Kennzeichenstreitgerichte bestehen, → Anm. 2).

32. Ein markenrechtlicher Unterlassungsanspruch ist grds. auch im Wege des einstweiligen Verfügungsverfahrens durchsetzbar, sofern der Sachverhalt dies zulässt. → Form. II.Q.19.

33. Die Verteidigungsmöglichkeiten eines wegen Markenverletzung Inanspruchgenommenen sind wie folgt zu skizzieren:

a) Die den Klagegrund bildende Marke ist nicht rechtsbeständig. Allerdings ist das Verletzungsgericht an den Tatbestand der Eintragung der Marke gebunden. Der fehlende Rechtsbestand der Marke ist seitens des Beklagten geltend zu machen, und zwar
   - die Nichtigkeitsgründe des § 50 Abs. 1 MarkenG durch Antrag beim Deutschen Patentamt auf Löschung (§ 54 MarkenG) und im Verletzungsprozess durch Antrag gem. § 148 ZPO, den Rechtsstreit auszusetzen;
   - die nicht ausreichende Benutzung der Marke und damit ihrer Löschungsreife wegen Nichtbenutzung (Verfall) durch Einrede gem. § 25 MarkenG, ggf. durch Widerklage auf Erklärung des Verfalls gem. § 55 Abs. 1, § 49 MarkenG;
   - Ausnahmetatbestand: Die bösgläubige Markenanmeldung gem. § 8 Abs. 2 Nr. 10 MarkenG. Sie begründet sowohl ein Eintragungshindernis und einen Löschungsgrund nach Maßgabe § 50 Abs. 1 u. 3 MarkenG wie auch eine Verteidigungsmöglichkeit im Wege der Einwendung im Verletzungsprozess. Eine solche Einwendung kann zB begründet sein, wenn ein Zeichen erwirkt wird, ohne dass ein ernsthafter Benutzungswille besteht und es dem Zeicheninhaber nur darum zu tun ist, Schadensersatzforderungen gegenüber Dritten zu begründen und durchzusetzen (OLG Düsseldorf GRUR-RR 2011, 211 – Spekulationsmarke). Zum Verhältnis

zwischen Verletzungsklage und Nichtigkeitswiderklage bei einer Unionsmarke vgl. EuGH GRUR 2017, 1254 – Raimund/Aigner [Baucherlwärmer].

b) Es liegt eine Benutzung iSd § 23 MarkenG vor, wobei von besonderem Interesse § 23 Nr. 2 u. 3 MarkenG sind (Nr. 2: keine zeichenmäßige Benutzung; Nr. 3: bloße Benutzung als Hinweis im Zusammenhang mit Zubehör- oder Ersatzteilvertrieb; zu Nr. 2 u. 3 vgl. OLG Hamburg WRP 1997, 106 – Gucci; ferner zu Bestimmungsangaben des § 23 Nr. 3 MarkenG zB: EuGH GRUR Int. 1999, 438 – BMW: „Fachmann für BMW", „Spezialisiert auf BMW", usw, grds. zulässig; weitere Beispiele aus der Rspr. bei *Ingerl/Rohnke* MarkenG § 23 Rn. 74 ff.).

c) Es besteht keine Identität/Ähnlichkeit der einander gegenüberstehenden Marken/Zeichen bzw. Dienstleistungen/Waren und dementsprechend keine Gefahr von Verwechslungen. In diesen Fallgruppen besteht keine ausreichende Wechselwirkung zwischen Ähnlichkeit der einander gegenüberstehenden Marken (Zeichenähnlichkeit), der einander gegenüberstehenden Waren/Dienstleistungen (Warenähnlichkeit) und der Kennzeichnungskraft (BGH GRUR 1997, 221 – Canon; 1996, 198 – Springende Raubkatze; → Anm. 21), um bei einem ausreichend aufmerksamen Verbraucher (Durchschnittsverbraucher) die Gefahr von Verwechslungen zu begründen, erst recht nicht bei einem Fachpublikum.

d) Dem Beklagten stehen prioritätsältere oder zumindest im Zeitrang gleichrangige Rechte zu (§ 6 MarkenG).

e) Der Beklagte ist Inhaber eines wirksam erworbenen Zwischenrechts (§ 22 MarkenG).

f) Die Ansprüche des Markeninhabers sind verwirkt (§ 21 MarkenG; dazu BGH GRUR 2012, 928 Rn. 23 – Honda-Grauimport; BGH GRUR 2013, 1161 Rn. 21 – Hard Rock Café; ferner zum Urheberrecht: GRUR 2014, 363 Rn. 15 – Peter Fechter).

g) Das Markenrecht ist erschöpft (§ 24 MarkenG; BGH GRUR 1996, 271 – Gefärbte Jeans – mAnm *Albert/Heath; Sack* GRUR 1997, 1; *ders.*, GRUR 1999, 193; *ders.*, GRUR Int. 2000, 610; *Plaßmann* WRP 1999, 1011). Die Darlegungs- und Beweislast für den Tatbestand der Erschöpfung trifft regelmäßig denjenigen, der sich auf ihn beruft (BGH GRUR 2000, 299 – Karate – für die patentrechtliche Erschöpfung).

h) Einrede der Verjährung (gegenüber Ansprüchen auf Rechnungslegung und Schadensersatz) gem. § 20 MarkenG.

34. Neben den zivilrechtlichen Anspruchsherleitungen gibt es noch die Möglichkeit, im Falle von Kennzeichenverletzungen eine Beschlagnahme der rechtswidrig gekennzeichneten Waren bei Grenzübertritten durch die Zollbehörde zu erreichen. Die Regelungen dazu finden sich in §§ 146 ff. MarkenG (Einzelheiten zur analogen patentrechtlichen Grenzbeschlagnahme bei *Mes,* PatG, 5. Aufl. 2020, § 142a PatG Rn. 1 ff.; PatG § 142b Rn. 1 ff.; ein Textbeispiel für einen Grenzbeschlagnahmeantrag findet sich bei MPFormB GewRS/*Mes/Kloth/Briske* Form. B.22).

35. Ebenso wie in patentrechtlichen Streitigkeiten kann es sich empfehlen, in kennzeichenrechtlichen Angelegenheiten einen Patentanwalt zur Mitwirkung hinzuzuziehen. Die Kosten sind regelmäßig erstattungsfähig (vgl. § 140 Abs. 4 MarkenG; → Anm. 36(„Kosten und Gebühren").

Kosten und Gebühren

36. Es gelten die allgemeinen Grundsätze mit folgenden Besonderheiten für Kennzeichenstreitsachen:

§ 140 Abs. 4 MarkenG: Die Kosten, die durch die Mitwirkung eines (ggf. auch ausländischen, OLG Frankfurt a. M. GRUR-RR 2006, 422 – consulente in marchi; GRUR 1994, 852) Patentanwalts in einer Kennzeichenstreitsache entstehen, sind unter

Einschluss der notwendigen Auslagen des Patentanwaltes zu erstatten. Die Frage, ob die Mitwirkung des Patentanwalts notwendig war, ist nicht zu prüfen. Vgl. zu dieser Frage aber auch die Vorlageentscheidung des BGH an den EuGH GRUR 2020, 1239 = WRP 2020, 1577 – Kosten des Patentanwalts VI. Für die Mitwirkung des Patentanwalts bei einer markenrechtlichen Abmahnung (Verwarnung) anerkennt BGH Mitt. 2011, 433 – Kosten des Patentanwalts II – eine Kostenerstattungspflicht des Abgemahnten nur dann, wenn der Patentanwalt im Zusammenhang mit der Abmahnung Aufgaben übernommen hat, die (zB Recherchen zum Registerstand oder zur Benutzungslage) für die Tätigkeit eines Patentanwalts typisch sind. Vgl. dazu auch *Möller* Mitt. 2011, 399.

§ 142 MarkenG: Es besteht die Möglichkeit der Herabsetzung des Streitwertes, wenn eine Partei glaubhaft macht, dass die Belastung mit den Prozesskosten nach dem vollen Streitwert ihre wirtschaftliche Lage erheblich gefährden würde. Gem. § 142 Abs. 3 S. 2 MarkenG ist ein derartiger Streitwertbegünstigungsantrag vor der Verhandlung zur Hauptsache zu stellen. Der Gegner ist zu hören (§ 142 Abs. 3 S. 4 MarkenG). Vgl. dazu auch *Möller*, 2011, 399 und oben → Anm. 1.

Fristen und Rechtsmittel

37. Keine.

22. Antrag auf Erlass einer einstweiligen Verfügung wegen Markenverletzung auf Unterlassung, Auskunft und Vernichtung

Landgericht
Zivilkammer/
Kammer für Handelssachen[1]
. . . . .
Antrag auf Erlass einer einstweiligen Verfügung
der . . . .

– Antragstellerin –

Verfahrensbevollmächtigter: RA . . . . .
gegen
die Firma . . . .

– Antragsgegnerin –

wegen: Markenverletzung
Streitwert:[2] **vorläufig geschätzt . . . . . EUR**
Namens und in Vollmacht der Antragstellerin beantrage ich, das Gericht möge im Verfahren der einstweiligen Verfügung – wegen besonderer Dringlichkeit ohne mündliche Verhandlung durch Beschluss[3] **– anordnen:**

I. Der Antragsgegnerin wird es

1. bei Meidung eines für jeden Fall der Zuwiderhandlung fälligen Ordnungsgeldes bis zu 250.000 EUR, ersatzweise Ordnungshaft bis zu sechs Monaten oder Ordnungshaft bis zu sechs Monaten, im Wiederholungsfall Ordnungshaft bis zu zwei Jahren, untersagt,[4] **ohne Zustimmung der Antragstellerin im geschäftlichen Verkehr das nachstehend wiedergegebene Zeichen**
(folgt Abbildung des Nachahmungszeichens)[5]
für Bekleidungsstücke, insb. Sporthemden, zu benutzen, insb. das vorstehend

bezeichnete Zeichen auf Bekleidungsstücken oder ihrer Aufmachung oder Verpackung anzubringen, unter dem vorstehend bezeichneten Zeichen Bekleidungsstücke anzubieten, in den Verkehr zu bringen oder zu den genannten Zwecken zu besitzen, einzuführen oder auszuführen oder das vorstehend bezeichnete Zeichen in Geschäftspapieren oder in der Werbung zu benutzen;[6, 7]

2. aufgegeben, mit dem vorstehend zu I 1 wiedergegebenen Zeichen versehene Bekleidungsstücke, insb. Sporthemden, die sich im Besitz oder im Eigentum der Antragsgegnerin befinden, an einen Gerichtsvollzieher als Sequester zur Verwahrung herauszugeben;[8]aufgegeben, der Antragstellerin Auskunft[9] innerhalb einer Frist von 14 Tagen nach Zustellung der einstweiligen Verfügung über die Herkunft und den Vertriebsweg der zu I 1 bezeichneten Waren zu erteilen, insb. Angaben zu machen über Namen und Anschriften der Hersteller, Lieferanten und anderer Vorbesitzer sowie der gewerblichen Abnehmer und Verkaufsstellen, für die sie bestimmt waren und der Menge der hergestellten, ausgelieferten, erhaltenen oder bestellten Waren sowie über die Preise, die für die betreffenden Waren bezahlt wurden;

II. die Antragsgegnerin trägt die Kosten des Verfahrens.[10]

Begründung:[11, 12]

I.

1. Die Antragstellerin ist alleinige und ausschließlich verfügungsberechtigte Inhaberin des Bildzeichens „Elefant", das unter der Nr. 1.003.700 in die Zeichenrolle beim Deutschen Patent- und Markenamt eingetragen ist. Anmeldetag des vorstehend bezeichneten Zeichens (im Folgenden auch: Verfügungszeichens) ist der . . . . ., Eintragungstag der . . . . . Das Verfügungszeichen steht in Kraft. Ich überreiche dazu zum Zwecke der Glaubhaftmachung als
   Anlage Ast 1
   einen beglaubigten Registerauszug des Deutschen Patent- und Markenamts.
2. Ich gehe davon aus, dass das Verfügungszeichen gerichtsbekannt ist. Es gehört zu den bekanntesten Zeichen auf dem Gebiet der Textilien im Bereich der Bundesrepublik Deutschland, das vielfältig beworben worden ist. Die Umsätze der Antragstellerin mit dem Verfügungszeichen versehenen Bekleidungstextilien sind außerordentlich hoch. Sie betragen Jahr für Jahr mehr als 200 Mio. EUR. Auch die Werbeaufwendungen, die die Antragstellerin für ihre Erzeugnisse hat, erreichen Jahr für Jahr die Größenordnung von mehr als 15 Mio. EUR. Alles Vorgetragene ergibt sich aus der als
   Anlage Ast 2
   überreichten eidesstattlichen Versicherung.[13] Zum Zwecke der Anschauung überreiche ich des Weiteren als
   Anlage Ast 3
   – nur zu den Gerichtsakten – ein Original-Sporthemd der Antragstellerin. Dieses ist in der – nach diesseitiger Sicht gerichtsbekannten, weil allgemeinkundigen – Art und Weise mit „dem Elefanten" entsprechend dem Verfügungszeichen gekennzeichnet. Das Verfügungszeichen zeigt die Seitenansicht eines Elefanten, wobei der Kopf des Elefanten mit deutlich ausgebildeten Stoßzähnen nach links weist. Der Elefant ist blau, die Stoßzähne sind weiß.
3. Bei der Antragsgegnerin handelt es sich um einen Textil-Großhandel, der insb. darauf spezialisiert ist, die großen Kaufhäuser und Einkaufsringe mit Damen- und Herrenoberbekleidung, insb. Sportbekleidung zu beliefern.[14] Dazu verweise ich auf den Inhalt der eidesstattlichen Versicherung gem. Anlage Ast 2. Die Antragstellerin hat soeben das als
   Anlage Ast 4

in Kopie überreichte Werberundschreiben der Antragsgegnerin erhalten. Darin bietet die Antragsgegnerin die „Original-Elefanten-Hemden" der Antragstellerin zu „sensationellen Preisen" an. Die Antragstellerin hat diese Ankündigung zum Anlass genommen – über einen Mittelsmann –, sich ein detailliertes Angebot der Antragsgegnerin zu beschaffen und insb. eines der angebotenen Hemden von der Antragsgegnerin sich im Original übersenden zu lassen. Sie hat dabei festgestellt, dass es sich bei den von der Antragsgegnerin angebotenen „Elefanten"-Hemden um Plagiate handelt. Ich überreiche das von der Antragsgegnerin der Antragstellerin übersandte Hemd – nur zu den Gerichtsakten – als

Anlage Ast 5

und verweise zum Zwecke der Glaubhaftmachung des vorgetragenen Sachverhalts ein weiteres Mal auf die eidesstattliche Versicherung gem. Anlage Ast 2.[13]

Im Wege der

Inaugenscheinseinnahme

ist ohne weiteres zu erkennen, dass das in Form eines Stoffetikettes im Brustbereich wiedergegebene Bildzeichen „Elefant" mit dem Bildzeichen der Antragstellerin gem. Anlage Ast 1 nahezu identisch in Farbe und Größe übereinstimmt. Es besteht lediglich ein Unterschied dahingehend, dass der Elefant bei dem Nachahmungserzeugnis der Antragsgegnerin mit seinem Kopf und mit seinen Stoßzähnen nach rechts weist. Für den Endverbraucher ist dieser geringfügige Unterschied jedoch nicht erkennbar. Er wird vielmehr das Plagiat der Antragsgegnerin für das Original-Elefanten-Hemd der Antragstellerin halten. Dabei will ersichtlich auch die Antragsgegnerin einen derartigen Irrtum bei ihren Abnehmern fördern bzw. ausnutzen, indem sie in ihrem Werberundschreiben gem. Anlage Ast 4 von „Original-Elefanten-Hemden" spricht, die sie darüber hinaus noch zu einem „sensationellen Preis" anbietet.

Die Antragstellerin macht mit diesem Antrag auf Erlass einer einstweiligen Verfügung die ihr zustehenden markenrechtlichen Ansprüche geltend.[15]

II.

Die rechtliche Bewertung[16] ergibt die Begründetheit des Verfügungsbegehrens:

1. Der mit Verfügungsantrag I 1 geltend gemachte Unterlassungsanspruch findet seine Grundlage in § 14 Abs. 5 iVm Abs. 2 u. 3 MarkenG. Wie zuvor zu I 1 glaubhaft gemacht, ist die Antragstellerin eingetragene und ausschließlich verfügungsberechtigte Inhaberin des als Anlage Ast 1 überreichten „Elefanten-Zeichens". Nach Sicht der Antragstellerin ist das seitens der Antragsgegnerin benutzte Zeichen iSd § 14 Abs. 2 Nr. 1 MarkenG identisch. Jedenfalls ist es iSd § 14 Abs. 2 Nr. 2 MarkenG ähnlich. Der geringfügige Unterschied betreffend die spiegelbildliche Umkehr des Elefantenbildes ist für die Verkehrsbeteiligten nicht bemerkbar. Das Verfügungszeichen genießt Schutz für Bekleidungsstücke, insb. Sport- und Freizeithemden. Das mit dem Verfügungszeichen identische, zumindest ähnliche Zeichen der Antragsgegnerin wird von dieser für identische Waren, nämlich Sporthemden, eingesetzt. Infolgedessen greift die Antragsgegnerin mit der Benutzung dieses Zeichens in die Marke der Antragstellerin ohne deren Zustimmung ein. Daraus rechtfertigt sich der mit Verfügungsantrag I 1 geltend gemachte Unterlassungsanspruch.

   Lediglich ergänzend wird darauf hingewiesen, dass sich der Unterlassungsanspruch der Antragstellerin gem. Verfügungsantrag I 1 auch aus §§ 3, 4 Nr. 3a UWG rechtfertigt. Die Antragsgegnerin täuscht die Werbungsadressaten, indem sie ihnen Fälschungen als Original-Ware anbietet und im Falle der Lieferung unterschiebt.[17]
2. Die Antragsgegnerin ist des Weiteren gem. § 18 Abs. 1 MarkenG verpflichtet, die in ihrem Besitz oder Eigentum befindlichen widerrechtlich gekennzeichneten Bekleidungsstücke zu vernichten. Die Antragstellerin macht im einstweiligen Verfügungs-

verfahren zunächst einen die Vernichtung nur vorbereitenden Verwahrungsanspruch[18] geltend, nämlich dahingehend, dass die Antragsgegnerin an einen Gerichtsvollzieher (Sequester) die zu vernichtenden Bekleidungsstücke herausgibt. Es sei schon in diesem Zusammenhang darauf hingewiesen, dass die Antragsgegnerin sich nicht damit verteidigen kann, es käme eine Vernichtung nicht in Betracht, sondern die Stoffetiketten mit den nachgeahmten Elefanten seien von den Bekleidungsstücken zu entfernen und sodann eben nur diese Etiketten zu vernichten, wohingegen die Bekleidungsstücke selbst der Antragsgegnerin zu belassen seien. Gerade eine derartige Verteidigung hat der Gesetzgeber in der Begründung zum Produktpirateriegesetz im Zusammenhang mit der Bestimmung des § 18 Abs. 1 MarkenG als nicht mehr vertretbar angesehen; er wollte eine derartige Möglichkeit ausschließen. Dies bedarf letztlich im einstweiligen Verfügungsverfahren keiner abschließenden Bewertung.

3. Der mit Verfügungsantrag I 3 geltend gemachte Auskunftsanspruch findet seine Grundlage in § 19 Abs. 1 u. 3 MarkenG. Insbes. ist gem. § 19 Abs. 7 MarkenG für die Durchsetzung des der Antragstellerin zustehenden Auskunftsanspruchs das einstweilige Verfügungsverfahren eröffnet. Es liegt der Fall einer offensichtlichen Rechtsverletzung vor. Dass das Verfügungszeichen der Antragstellerin zusteht und darüber hinaus die Antragstellerin eben für dieses in Kraft befindliche Zeichen Rechtsschutz beanspruchen kann, ist nicht ernsthaft zu bezweifeln. Infolge der Bekanntheit des Verfügungszeichens wären sogar – ohne dass es dazu hier darauf ankäme – die Voraussetzungen für die Annahme der Entstehung eines Markenschutzes ohne formale Eintragung gem. § 4 Nr. 2 MarkenG infolge erworbener Verkehrsgeltung gegeben. Des Weiteren kann die angerufene Kammer auch den Fall der Rechtsverletzung ohne weiteres aufgrund eigener Inaugenscheinseinnahme abschließend schon im einstweiligen Verfügungsverfahren bewerten. Es liegt mithin ein Tatbestand vor, der nach Sicht des Gesetzgebers eine Durchsetzung des Auskunftsanspruchs im Wege des einstweiligen Verfügungsverfahrens ermöglicht, weil jedenfalls die Rechtsverletzung so eindeutig ist, dass eine Fehlentscheidung oder eine andere Beurteilung iRd richterlichen Ermessens und damit eine ungerechtfertigte Belastung des Antragsgegners kaum möglich ist (vgl. die Begründung zum Produktpirateriegesetz v. 7.3.1990 zu III 4b, abgedr. in Blatt für Patent-, Muster- und Zeichenwesen 1990, 173 (184) li. Sp.).
Im Streitfall wird seitens der Antragstellerin darauf hingewiesen, dass die Auskunftserteilung die Antragsgegnerin auch nicht ungebührlich belastet. Bei der Antragsgegnerin handelt es sich um einen Großhandel, so dass nur eine überschaubare Zahl von Abnehmern der verfügungsgegenständlichen Erzeugnisse in Betracht kommt. Des Weiteren hat die Antragstellerin ein dringendes Interesse daran, die Abnehmer der Antragsgegnerin in Erfahrung zu bringen, um weiteren Markenverletzungen vorzubeugen. Ein Gleiches gilt insb. auch für die Vorlieferanten und die Vorbesitzer der Antragsgegnerin. Um iÜ der Antragsgegnerin ausreichend Gelegenheit zur Erteilung der Auskunft zu geben, ist im Verfügungsantrag I 3 eine Zweiwochenfrist ab Zustellung der einstweiligen Verfügung vorgesehen.

4. Die für den Erlass der einstweiligen Verfügung erforderliche Dringlichkeit wird für den mit Verfügungsantrag I 1 geltend gemachten markenrechtlichen Unterlassungsanspruch gemäß § 140 Abs. 3 MarkenG vermutet.[19] IÜ ergibt sich die erforderliche Dringlichkeit für sämtliche Verfügungsansprüche der Antragstellerin schon daraus, dass ohne die diesseits beantragte einstweilige Verfügung der Markenschutz der Antragstellerin ins Leere laufen würde. So hat die Antragstellerin ein rechtschutzwürdiges Interesse daran, von vornherein zu verhindern, dass markenverletzende Bekleidungsstücke seitens der Antragsgegnerin an deren Großabnehmer geliefert werden. Dieser Zielsetzung dienen die geltend gemachten Ansprüche auf Unterlassung und Verwahrung. Soweit schon Lieferungen an Großabnehmer erfolgt sind, hat die Antragstellerin des Weiteren ein rechtsschutzwürdiges Interesse daran, dass sie auch

infolge des von ihr geltend gemachten Auskunftsanspruchs in den Stand versetzt wird, eben diese Großabnehmer an der Begehung von künftigen Markenverletzungen zu hindern. Den hier geltend gemachten Auskunftsanspruch gewährt § 19 Abs. 7 MarkenG im Falle der hier gegebenen und zuvor begründeten Offensichtlichkeit der Rechtsverletzung auch im Wege der einstweiligen Verfügung. Insbes. geht es nicht an, die Antragstellerin auf den Weg der Hauptklage und die Möglichkeit zu verweisen, von der Antragsgegnerin Schadensersatz zu erlangen. Es gehört zu den bekannten Erfahrungssätzen im Kennzeichenrecht, dass Markenverletzungen in der Folgezeit auch durch Zuerkennung von Schadensersatz nicht ausreichend ausgeglichen werden können.[20]

5. Zugleich ergibt sich aus den vorstehenden Ausführungen die besondere Dringlichkeit iSd § 937 Abs. 2 ZPO,[21] entsprechend dem diesseitigen Antrag, die einstweilige Verfügung ohne vorherige mündliche Verhandlung zu erlassen. Soweit der Verwahrungsanspruch gem. I 2 in Rede steht, wäre eine mündliche Verhandlung für die Antragstellerin erkennbar nachteilig, weil die Antragsgegnerin in den Stand versetzt werden würde, die Ware aus ihrem Besitz oder Eigentum wegzuschaffen, so dass das berechtigte Interesse der Antragstellerin, dafür zu sorgen, dass die rechtswidrig gekennzeichnete Ware der Antragsgegnerin nicht weiter in den Verkehr gelangen kann, vereitelt werden würde.

6. Die Zuständigkeit des angerufenen Gerichts beruht auf . . . . .[22]

III.

Ich zeige an, dass die Antragstellerin neben ihrem Verfahrensbevollmächtigten

Herrn Patentanwalt[23]

. . . . .

zur Mitwirkung in diesem Rechtsstreit bestellt hat.

Ich richte an das Gericht die Bitte, von einer etwaigen Anordnung, Anlagen zu diesem Antrag auf Erlass einer einstweiligen Verfügung der Antragsgegnerin zuzustellen, die Anlagen . . . . . auszunehmen, da diese nicht kopierbar sind.

Beglaubigte und einfache Abschriften sind zum Zwecke der Zustellung beigefügt.

Rechtsanwalt[24, 25, 26]

Schrifttum zum Markengesetz: Vgl. die Hinweise bei → Form. II.Q.21. Insbes. zum einstweiligen Verfügungsverfahren in Markensachen: *Fezer/Hirsch,* Handbuch der Markenpraxis, 3. Aufl. 2016, S. 1492 ff.

Hinweis: Ein weiteres Textbeispiel für einen Antrag auf Erlass einer einstweiligen Verfügung wegen „Domain Grabbing" bei *Mes/Kloth/Briske,* Münchener Prozessformularbuch, Bd. 5, Gewerblicher Rechtsschutz, Urheber- und Presserecht, 5. Aufl. 2018, Form. B.11.

Anmerkungen

1. Für Kennzeichenstreitsachen, damit insb. Markenverletzungen, sind die Landgerichte zuständig, und zwar ohne Rücksicht auf den Streitwert (§ 140 Abs. 1 MarkenG). Sofern besondere Kennzeichenstreitgerichte gebildet worden sind (§ 140 Abs. 2 MarkenG), sind diese zuständig. Zu Einzelheiten → Form. II.Q.21 Anm. 2.

2. Auch für Kennzeichenstreitsachen gelten zur Frage des Streitwertes die in → Form. II.Q.3 Anm. 3 wiedergegebenen Angaben. Weitere Hinweise in → Form. II.Q.21 Anm. 4. Im Textbeispiel werden drei Ansprüche im Verfügungsverfahren geltend gemacht, nämlich auf Unterlassung, auf Sequestration zur Vorbereitung der Vernichtung und auf Auskunftserteilung. Jeder dieser Ansprüche ist gesondert zu bewerten. Im Hinblick auf den Unterlassungsanspruch gelten die Bemessungsgrundsätze in → Form. II.P.3 Anm. 2 und in → Form. II.Q.21 Anm. 4. Insbes. kommt es auf die Gefährlichkeit der zu unterbindenden Markenverletzung an (OLG Nürnberg GRUR 2007, 815 – Kennzeichenstreit; OLG Koblenz WRP 1996, 40). Dabei spielen zur Bemessung des Streitwertes für den Unterlassungsanspruch eine große Bekanntheit der verletzten Marke sowie die mit ihr erzielten hohen Umsatzzahlen auch dann die entscheidende Rolle, wenn die konkret beanstandete Verletzungshandlung nur einen vergleichsweisen geringen Umfang hat (OLG Zweibrücken GRUR-RR 2001, 285). Im Hinblick auf den Auskunftsanspruch wird man diesen mit ca. $^1/_5$ des Unterlassungsanspruchs bewerten können. Im Hinblick auf den Vernichtungsanspruch erscheint ca. $^1/_3$ des Wertes des Unterlassungsanspruchs gerechtfertigt. Zur Bewertung eines Auskunftsanspruchs im Verfügungsverfahren vgl. KG GRUR 1992, 611 – T-Shirts.

3. Besondere Verfahrensbitte gem. § 937 Abs. 2 ZPO. Diese beinhaltet zugleich regelmäßig auch die Verfahrensbitte gem. § 944 ZPO, dass der Vorsitzende der angerufenen Kammer allein entscheiden möge. Allerdings stellt die jüngste Rechtsprechung des Bundesverfassungsgerichts die Möglichkeit einer Beschlussverfügung ohne vorherige mündliche Verhandlung in Zweifel. Das Bundesverfassungsgericht ist der Auffassung, dass jedenfalls in wettbewerbs- und presserechtlichen Streitsachen der Antragsgegner vor Erlass einer einstweiligen Verfügung gehört werden muss (zB zum Presserecht: BVerfG GRUR 2020, 773 – Personalratswahlen bei der Bundespolizei; zum Wettbewerbsrecht: BVerfG GRUR 2020, 1119 – Zahnabdruckset; GRUR 2020, 1236 – Internetportal für Steuerberatungsdienstleistungen; zum Problem im markenrechtlichen Zusammenhang vgl. Ströbele/Hacker/Thiering MarkenG, 13. Aufl. 2021, § 14 Rn. 603 ff.). Allerdings bedeutet diese Rechtsprechung des Bundesverfassungsgerichts nicht, dass immer eine mündliche Verhandlung durchgeführt werden müsse. Die Gewährung rechtlichen Gehörs zu Gunsten des Antragsgegners kann dann auch gegeben sein, wenn dieser zuvor außergerichtlich abgemahnt, in kurzfristigem zeitlichem Zusammenhang die Verfügung beantragt und gleichzeitig mit dem Verfügungsantrag ein Erwiderungsschreiben des Abgemahnten mit vorgelegt wird (zu diesen Voraussetzungen Ströbele/Hacker/Thiering MarkenG, 13. Aufl. 2021, § 14 Rn. 607, 608).

4. Die Formulierung dieses Teils des Antrags folgt der gesetzlichen Bestimmung des § 890 Abs. 1 ZPO. → Form. II.Q.3 Anm. 5.

5. Hier ist das angegriffene, dh das verletzende Zeichen einzufügen. Im Formular wird davon ausgegangen, dass es sich um ein Bildzeichen handelt. Die Einfügung einer derartigen Abbildung ist regelmäßig ausreichend. Auch die Bezugnahme auf Anlagen können dem Bestimmtheitserfordernis des § 253 Abs. 2 ZPO genügen (LG Frankfurt a. M. InstGE 6, 197).

6. Die Formulierung der sog konkreten Verletzungsform (vgl. zu diesem Begriff → Form. II.Q.3 Anm. 6; → Form. II.Q.9 Anm. 5) folgt dem Wortlaut des § 14 Abs. 2 und Abs. 3 MarkenG (→ Form. II.Q.21 Anm. 7). Der Verletzungstatbestand besteht darin, dass seitens der Antragsgegnerin Sporthemden vertrieben werden. Insoweit erscheint eine Verallgemeinerung durch die Formulierung „Bekleidungstextilien" vertretbar. Sollte das angerufene Gericht insoweit Bedenken haben, könnte es von sich aus den Antrag gem. §§ 935, 940 ZPO dahingehend abändern, dass nur Sporthemden verbleiben.

Nach OLG Hamburg WRP 1997, 106 – Gucci – setzt § 23 MarkenG einer Verallgemeinerung im Unterlassungstenor bzw. in einer Verpflichtungserklärung Grenzen.

7. Rechtliche Grundlage des Unterlassungsanspruchs ist § 14 Abs. 5 MarkenG, der von einer Marke iSd § 4 gem. § 14 Abs. 1 MarkenG ausgeht. Handelt es sich um eine geschäftliche Bezeichnung, gilt § 15, der in Abs. 4 ebenfalls einen Unterlassungsanspruch vorsieht.

8. Die Formulierung des Verfügungsantrags I. 2 folgt der Bestimmung des § 18 MarkenG, die einen Vernichtungsanspruch zu Gunsten des Inhabers einer Marke oder einer geschäftlichen Bezeichnung vorsieht (BGH GRUR 1997, 899 – Vernichtungsanspruch). Da eine einstweilige Verfügung nur vorläufigen Charakter hat, wird im Formular auch nur eine vorläufige Maßnahme beantragt, nämlich die Herausgabe von markenrechtswidrig gekennzeichneten Erzeugnissen an einen Gerichtsvollzieher als Sequester zum Zwecke der Aufbewahrung. Die Aufbewahrung dient der Sicherstellung für eine etwaige spätere Vernichtung. Nach OLG Hamburg WRP 1997, 106 – Gucci – richtet sich dieser Antrag gegen das in § 14 Abs. 3 Nr. 2 und Abs. 4 Nr. 2 MarkenG enthaltene Verbot des Besitzens. Ist die zu vernichtende Ware beschlagnahmt bzw. befindet sie sich in der Verwahrung eines Gerichtsvollziehers, so schließt der Vernichtungsanspruch des § 18 Abs. 1 MarkenG auch den Anspruch auf Herausgabe an den Markeninhaber zum Zwecke der Vernichtung ein (BGH GRUR 2014, 378, Rn. 45 – OTTO CAP; BGH GRUR 1997, 899 – Vernichtungsanspruch). Zur Zulässigkeit und Begründetheit eines Antrags auf Herausgabe der Verletzungserzeugnisse an einen Gerichtsvollzieher zum Zwecke der Vernichtung vgl. BGH GRUR 2003, 228 – P Vermerk: zum Urheberrecht; OLG Nürnberg WRP 2002, 345 (346) – NIKE-Transit; aA *Ingerl/Rohnke* MarkenG § 18 Rn. 34. Daneben (und gleichzeitig/kumulativ) mit dem Anspruch auf Vernichtung markenverletzender Erzeugnisse kann auch auf Rückruf und auf endgültiges Entfernen aus den Vertriebswegen beantragt werden (§ 18 Abs. 2 MarkenG; BGH GRUR 2017, 785 – Abdichtsystem). Von der Geltendmachung der Ansprüche auf Rückruf/Entfernen aus den Vertriebswegen wird hier abgesehen. Da es sich jeweils um „endgültige" Maßnahmen handelt, eignen sie sich nicht für das Verfahren auf Erlass einer einstweiligen Verfügung. Anderer Ansicht offensichtlich BGH GRUR 2018, 292 – Produkte zur Wundversorgung. Nach dieser Entscheidung soll bei einer Markenverletzung und einer darauf gerichteten Verbotsverfügung im Tenor regelmäßig auch die Anordnung enthalten sein, mögliche und zumutbare Handlungen zur Beseitigung des Störungszustandes vorzunehmen. Eine solche Anordnung soll (ohne ausdrückliche Tenorierung) insbesondere enthalten, dass der Verpflichtete seine Abnehmer aufzufordern hat, die erhaltenen Waren im Hinblick auf die einstweilige Verfügung vorläufig nicht weiter zu vertreiben. Diese Auffassung erscheint nicht bedenkenfrei. Ablehnend zu § 139 PatG OLG Düsseldorf GRUR 2018, 855 – Rasierklingeneinheiten mAnm *Hermanns*.

9. Dieser Antrag beruht auf § 19 MarkenG. Er folgt in seiner Formulierung auch dieser Bestimmung. Eine Besonderheit liegt in der Angabe einer Frist. Dieser Vorschlag des Textvorschlags beruht auf der Überlegung, dass ein derartiger Antrag nach § 888 ZPO durch Verhängung eines Zwangsgeldes (Erzwingungsgeldes) für den Fall der Nichterteilung der Auskunft vollstreckt werden muss. Insoweit muss dem Antragsgegner/Schuldner eine ausreichende Zeit zugestanden werden, um die erforderlichen Angaben zusammenzustellen.

10. Der Anspruch auf Kostenerstattung ist überflüssig; er wird in der Praxis jedoch regelmäßig gestellt.

11. Der Aufbau der Begründung der einstweiligen Verfügung folgt den tatbestandlichen Voraussetzungen der §§ 14, 25, 26 MarkenG. Zu diesen wird auf → Form. II.Q.21 Anm. 18

verwiesen. Es bedarf insb. einer Glaubhaftmachung des Tatbestandes einer „offensichtlichen Rechtsverletzung", wie dies zum materiellen Anspruchsgrund des im Wege des einstweiligen Verfügungsverfahrens geltend zu machenden Auskunftsanspruchs gehört (§ 19 Abs. 7 MarkenG). Dazu ist es regelmäßig erforderlich, zum formellen Rechtsbestand des Verfügungszeichens vorzutragen, ferner zur Benutzungslage und zur etwaigen Bekanntheit infolge umfangreicher Benutzung und Werbung. Allerdings ist die Bekanntheit einer Marke kein Tatbestandsmerkmal des Unterlassungsanspruchs gem. § 14 Abs. 5 MarkenG. Die Bekanntheit einer Marke spielt jedoch eine Rolle für die Durchsetzung des Vernichtungsanspruchs gem. § 18 MarkenG und des Auskunftsanspruchs gem. § 19 MarkenG.

12. Der dem Formular zugrunde liegende Sachverhalt ist so gewählt, dass sich bei Abwägung der Interessen der Parteien für den Erlass der beantragten einstweiligen Verfügung kein allzu schwerwiegender Nachteil für den Antragsgegner im Falle seiner Verurteilung zur Auskunftserteilung gem. § 19 MarkenG ergibt. Der Antragsgegner ist Großhändler. Zugleich zeigt das im Formular wiedergegebene Beispiel den besonderen Wert des § 19 MarkenG und des darin gewährten Auskunftsanspruchs: Kann ein Markenzeicheninhaber schon drohenden Verletzungen seines Zeichens auf der Großhandelsstufe begegnen, ist der Schaden von vornherein begrenzbar.

13. In der eidesstattlichen Versicherung sollten die zur Glaubhaftmachung erforderlichen Angaben näher dargestellt sein, und zwar regelmäßig deutlich umfassender als in der Antragsschrift selbst.

14. Die nachfolgenden Ausführungen beziehen sich auf die anspruchsbegründenden Voraussetzungen des § 14 Abs. 2 Nr. 1 und/oder Nr. 2 MarkenG. Die einander gegenüberstehenden Waren sind im Beispielsfall identisch. Es kann auch mit guten Gründen eine Identität der einander gegenüberstehenden Zeichen bejaht werden. Geht man im Hinblick auf das Verletzungszeichen von bloßer Ähnlichkeit aus, so ist gem. § 14 Abs. 2 Nr. 2 MarkenG zusätzlich zu prüfen, ob durch die Benutzung eines ähnlichen Zeichens für das Publikum die Gefahr von Verwechslungen besteht, wobei auch die Gefahr bedeutsam sein kann, dass das verletzende Zeichen mit der Marke (nur) gedanklich in Verbindung gebracht wird. Zu weiteren Einzelheiten → Form. II.Q.21 Anm. 18.

15. In dem dem Textbeispiel zugrunde liegenden Sachverhalt ist der Markenverletzer zuvor nicht abgemahnt worden. Eine solche Abmahnung ist untunlich, wenn – wie im Formular vorgesehen – ein Sequestrationsanspruch geltend gemacht wird. Durch eine Abmahnung würde der Verletzer vorgewarnt und wäre insb. in den Stand versetzt, die kennzeichenverletzenden Erzeugnisse wegzuschaffen, um sie später erneut selbst oder durch Dritte wieder in den Markt einzuschleusen. Von der grundsätzlichen Erforderlichkeit der Abmahnung wird in derartigen Fällen auch durch die Rspr. abgesehen (zB OLG Frankfurt GRUR-RR 2020, 184; GRUR 2006, 264 – Abmahnerfordernis; OLG Dresden GRUR-RR 2016, 527 – Angehaltene Mobiltelefone; KG GRUR-RR 2008, 51 – Abmahnungskosten; OLG Hamburg GRUR-RR 2007, 29 (30) – Cerebro Card: zum Urheberrechtsgesetz; OLG Karlsruhe MarkenR 2013, 153 – Kosten nach Grenzbeschlagnahme). Es ist insbesondere auch dieser Gesichtspunkt, jegliche Vorwarnung des Antragsgegners zu vermeiden, die die Entbehrlichkeit einer Abmahnung für Sequestrationsansprüche begründet, die es zugleich erlaubt, in Übereinstimmung mit den Ausnahmen, die das Bundesverfassungsgericht für vergleichbare Situationen annimmt, auch davon abzusehen, den Antragsgegner vor Erlass einer Sequestrationsverfügung zu hören (dazu Ströbele/Hacker/Thiering MarkenG, 13. Aufl. 2021, § 14 Rn. 610).

16. Die rechtliche Begründung folgt den einschlägigen Bestimmungen des § 14 Abs. 5 MarkenG (für den Unterlassungsanspruch) und des § 18 MarkenG (für den Vernichtungsanspruch).

17. Dieser Irreführungstatbestand ist in nahezu allen Markenplagiatsfällen verwirklicht. In Form. wird davon Abstand genommen, in wettbewerbsrechtlicher Hinsicht nähere Ausführungen zu machen. Der Benutzer des Formularbuchs wird sich freilich vor Augen halten müssen, dass in vielen Fällen durchaus Ergänzungen erforderlich sind. § 4 Nr. 3a UWG gibt eine neben den Bestimmungen des Markengesetz stehenden Unterlassungsanspruch. Vgl. dazu *Fezer* GRUR 2009, 451. Wird – wir hier – das Verfügungsbegehren auch auf eine weitere (wettbewerbsrechtliche) Anspruchsgrundlage gestützt, handelt es sich um verschiedene Streitgegenstände und mithin um einen Fall der Antrags- bzw. Klagehäufung. Das Problem einer alternativen Klagehäufung entsprechend BGH GRUR 2011, 521 Rn. 9 – TÜV I; GRUR 2011, 1043 Rn. 30 – TÜV II, stellt sich hier nicht. Vielmehr ist davon auszugehen, dass die wettbewerbsrechtliche Anspruchsherleitung nur hilfsweise (eventualiter) erfolgt. Nur dann, wenn die markenrechtliche Anspruchsbegründung keinen Erfolg haben sollte, kommt es auf den wettbewerbsrechtlichen Gesichtspunkt an.

18. → Anm. 9.

19. Die Diskussion, ob § 12 Abs. 1 UWG und die darin enthaltene Dringlichkeitsvermutung auch für markenrechtliche Streitigkeiten gilt, ist überholt (zum früheren Meinungsstand vgl. die Vorauflage, → Anm. 19 zu Form II. Q. 22). Nunmehr trifft § 140 Abs. 3 MarkenG eine mit dem Wortlaut des § 12 Abs. 1 UWG identische Regelung. Es gilt mithin auch im Markenrecht eine Dringlichkeitsvermutung für einen geltend zu machenden Unterlassungsanspruch.

20. Es kann natürlich nicht schaden, wenn aus Vorsichtsgründen noch zusätzlich vorgetragen wird, dass das Interesse des Antragstellers die Nachteile eines Zuwartens bis zur Hauptsacheentscheidung so sehr überwiegt, dass der Erlass einer einstweiligen Verfügung gerechtfertigt ist. OLG Düsseldorf forderte zum früheren Rechtszustand (GRUR-RR 2012, 146 – E-Sky) auch eine Marktbeobachtungspflicht. Wird sie versäumt, zeigt dies eine Nachlässigkeit in eigenen Angelegenheiten, die die Annahme einer Dringlichkeit ausschließt.

21. Die Ausführungen zur Dringlichkeit folgen der Bestimmung des § 937 Abs. 2 ZPO, und zwar insb. auch für die besondere Dringlichkeit, die beantragte einstweilige Verfügung ohne vorherige mündliche Verhandlung zu erlassen. Dazu *Danckwerts* GRUR 2008, 763. Siehe auch oben → Anm. 3.

22. Die Zuständigkeit des angerufenen Gerichts muss iE begründet werden. Insbes. kommt der Gerichtsstand der unerlaubten Handlung unter der Berücksichtigung des Bestehens besonderer Kennzeichenstreitgerichte in Betracht (→ Form. II.Q.21 Anm. 31).

23. Zur Hinzuziehung eines Patentanwalts → Form. II.Q.21 Anm. 35.

Kosten und Gebühren

24. Vgl. Anmerkungen zu → Form. II.Q.21.

Fristen und Rechtsmittel

25. Auch auf der Grundlage des § 140 Abs. 3 MarkenG und der darin enthaltenen Dringlichkeitsvermutung muss darauf geachtet werden, den Vortrag so einzurichten, dass eine ggf. anwendbare Dringlichkeitsvermutung jedenfalls nicht widerlegt wird. Insoweit gelten die gleichen Grundsätze wie in wettbewerbsrechtlichen Streitigkeiten. Wird nach

Kenntnis der Markenverletzung mehr als ein Monat bis zur Stellung des Antrags auf Erlass einer einstweiligen Verfügung zugewartet, wird die Situation kritisch. Zu Einzelheiten → Form. II.P.3 Anm. 15. Zu beachten ist, dass die Dringlichkeit nicht verloren geht.

26. Rechtsmittel:

a) **Für den Antragsteller/Kläger:**
Gegen die Abweisung des Verfügungsantrag ohne mündliche Verhandlung durch Beschluss ist die sofortige Beschwerde gegeben (§§ 567 ff. ZPO), gegen die Abweisung durch Urteil die Berufung (§§ 511 ff. ZPO). Auch hier gilt, dass ein längeres Zuwarten bis zur Einlegung eines Rechtsbehelfs/Rechtsmittels oder bis zu seiner Begründung für den Antragsteller/Kläger die Dringlichkeitsvermutung beseitigen kann.

b) **Für den Antragsgegner/Beklagten:**
Gegen die ohne mündliche Verhandlung ergangene einstweilige (Beschluss-) Verfügung Widerspruch gem. § 924 ZPO, gegen die durch Urteil nach mündlicher Verhandlung erlassene oder bestätigte einstweilige Verfügung Berufung. Weitere Rechtsbehelfe: Antrag auf Fristsetzung zur Erhebung einer Hauptklage gem. § 926 ZPO und/oder Antrag auf Aufhebung einer einstweiligen Verfügung wegen veränderter Umstände gem. § 927 ZPO. Widerspruch und die Anträge gem. §§ 926, 927 ZPO sind nicht fristgebunden.

23. Klage wegen Verletzung eines Unternehmenskennzeichens

Landgericht
Kammer für Handelssachen[1]

Klage

der Firma A . . . . . Magnet . . . . .

– Klägerin –

Prozessbevollmächtigter: Rechtsanwalt . . . . .

gegen

1. die Firma B . . . . . Magnet GmbH, X-Stadt, vertreten durch ihren Geschäftsführer, den Beklagten zu 2), ebenda, ... straße . . . . .

2. Herrn . . . . .

– Beklagte –[2]

wegen Namens- und Firmenrechtsverletzung[3]

Streitwert: vorläufig geschätzt . . . . . EUR[4]

Namens und in Vollmacht der Klägerin erhebe ich Klage und werde beantragen,

I. die Beklagten zu verurteilen,

1. es bei Meidung eines für jeden Fall der Zuwiderhandlung fälligen Ordnungsgeldes bis zu 250.000 EUR ersatzweise Ordnungshaft bis zu sechs Monaten oder Ordnungshaft bis zu sechs Monaten, im Wiederholungsfalle bis zu zwei Jahren, wobei die Ordnungshaft hinsichtlich der Beklagten zu 1 an ihrem jeweiligen Geschäftsführer zu vollstrecken ist,[5] **zu unterlassen,**
sich zur Kennzeichnung ihres auf den Vertrieb von Wohn- und Heimwerkerartikeln gerichteten Geschäftsbetriebes der Kennzeichnung

„Magnet"

und/oder

„Magnet-Wohnbau-Markt“

zu bedienen;[6]

1. der Klägerin über den Umfang der vorstehend zu I 1 bezeichneten Handlungen Rechnung zu legen unter Angabe des erzielten Umsatzes sowie der Art und des Umfangs betriebener Werbung, aufgeschlüsselt nach Werbeträgern, Kalendervierteljahren und Bundesländern;[7]
2. . . .[8]

II. die Beklagte zu 1) zu verurteilen, in die Löschung des Firmenbestandteils

„Magnet“

in ihrer beim Amtsgericht . . . . . HRB . . . . . eingetragenen Firma B . . . . . Magnet GmbH einzuwilligen;[9]

III. festzustellen, dass die Beklagten gesamtverbindlich verpflichtet sind, der Klägerin allen Schaden zu erstatten, der ihr aus den vorstehend zu I 1 bezeichneten Handlungen entstanden ist und künftighin entstehen wird[10]

IV. den Beklagten gesamtverbindlich die Kosten des Rechtsstreits aufzuerlegen;[11, 12]

V. das Urteil – ggf. gegen Sicherheitsleistung (Bank- oder Sparkassenbürgschaft) – für vorläufig vollstreckbar zu erklären;
hilfsweise der Klägerin nachzulassen, die Zwangsvollstreckung gegen Sicherheitsleistung (Bank- oder Sparkassenbürgschaft) abzuwenden.[12, 13]

Begründung:

I.

1. Die Klägerin ist ausweislich des als Anlage 1 überreichten Handelsregisterauszuges ein am 3.3.1973 beim Amtsgericht X-Stadt unter der Register-Nr. HRB . . . . . eingetragenes Unternehmen, das den Handel mit Möbeln und Einrichtungsgegenständen aller Art betreibt.[14] Die Firmenbezeichnung der Klägerin lautet wie im Aktivrubrum angegeben. Die Klägerin verfügt unter anderem über Niederlassungen in X-Stadt, Y-Stadt und im Gerichtsbezirk. Die Klägerin hat für ihren Geschäftsbetrieb unter Herausstellung der Kennzeichnung „Magnet“ seit Beginn ihrer Tätigkeit in erheblichem Umfang geworben. Ich überreiche als Anlage 2 – zu den Gerichtsakten – ein Kompendium von Werbeanzeigen.[15]
2. Die Beklagte zu 1, deren alleiniger Geschäftsführer der Beklagte zu 2 ist, ist vor ca. vier Monaten, nämlich durch Gesellschaftsvertrag vom . . . . . gegründet und am . . . . . in das Handelsregister beim Amtsgericht . . . . . unter der Nr. HRB . . . . . eingetragen worden. Als Anlage 3 überreiche ich einen entsprechenden Handelsregisterauszug. Die Beklagte zu 1 hat sodann vor ca. zwei Monaten, nämlich am . . . . . im Gerichtsbezirk einen „Magnet- Wohnbau-Markt“ eröffnet. Ich überreiche dazu als Anlage 4 eine von mehreren Eröffnungsanzeigen, die in überregionalen Zeitungen sowie in der im Gerichtsbezirk erscheinenden Zeitung . . . . . unter dem Datum des . . . . . erschienen sind. Dort heißt es in blickfangmäßiger Hervorhebung:
„Premiere: Heute, Punkt 9.00 Uhr hebt sich der Vorhang!
Magnet-Wohnbau-Markt eröffnet in . . . . .-Stadt!“
Des Weiteren erscheint im Text der Anzeige verschiedentlich zur Kennzeichnung des Unternehmens der Beklagten zu 1 die Bezeichnung „Magnet“ in Alleinstellung. Ausweislich des Inhalts der als Anlage 4 überreichten Anzeige werden neben ausgesprochenen Heimwerkerartikeln, wie zB Vibrationsschleifern und Bohrständern, auch Artikel des Wohnbereiches angeboten, nämlich zB Kleinmöbel. Des Weiteren werden Artikel angeboten, die mit Möbeln identisch, zumindest aber ähnlich sind. Es handelt sich dabei um folgende in der Anzeige gem. der Anlage 4 aufgeführten Erzeugnisse:
Alu-Haushaltsleiter,

Fußmatte,
Camping-Sessel,
Sonnenschirm,
Zweibein-Liege,
Camping-Tisch,
Fußbodenbeläge,
Badezimmerschrank,
Wohnraumleuchte,
Spiegel.

3. Die Beklagten sind mit dem als Anlage 5 beigefügten Anwaltsschreiben vom ..... vergeblich aufgefordert worden, die die Namens- und Firmenrechte der Klägerin verletzenden Handlungen zu unterlassen.[16] Deshalb ist Klage geboten. Mit ihr werden die sich aus den Rechtsverletzungen der Beklagten ergebenden Ansprüche geltend gemacht.

II.

Die rechtliche Bewertung ergibt die Begründetheit der Klage:

1. Der gem. Klageantrag I 1 geltend gemachte Unterlassungsanspruch ist gem. § 15 Abs. 2 MarkenG begründet.[17] Nach dieser Vorschrift iVm § 5 Abs. 1 u. 2 MarkenG genießt der Name bzw. die Firma der Klägerin den Ausschließlichkeitsschutz eines Unternehmenskennzeichens. Denn kennzeichnender Bestandteil in der Firmenbezeichnung der Klägerin ist die Bezeichnung „Magnet". Diese Bezeichnung ist von Hause aus kennzeichnungskräftig,[18] da ein Wort der Umgangssprache in sprachunüblicher Hinsicht benutzt wird; das Publikum pflegt ein Möbelhaus nicht als „Magnet" zu bezeichnen.[19] Infolge der Aufnahme ihrer Tätigkeit und ihrer Eintragung im Handelsregister schon im Jahre 1973 verfügt die Klägerin gegenüber der erst vor vier Monaten gegründeten Beklagten zu 1 über namens- und firmenrechtliche Priorität iSd § 6 Abs. 3 MarkenG.[20] Da des Weiteren die Unternehmensbereiche der Klägerin und der Beklagten zu 1 in Teilbereichen deckungsgleich sind, iÜ jedoch nahe beieinander liegen, kann die Klägerin von den Beklagten verlangen, die weitere Benutzung der Kennzeichnung „Magnet", auch in Form „Magnet-Wohnbau-Markt", zu unterlassen. Denn infolge der Identität der einander gegenüberstehenden Zeichen in Form des Firmen- bzw. Namensbestandteils „Magnet" sowie der Identität, zumindest der Ähnlichkeit der Geschäftsbereiche, in denen die Parteien tätig sind, ist die Gefahr von Verwechslungen zu besorgen.[21]
2. Es kann seitens der Beklagten nicht geleugnet werden, dass der Klägerin durch das Verhalten der Beklagten ein Schaden entstanden ist und weiterhin entsteht. Dieser verwirklicht sich schon allein infolge der unberechtigten Firmenbenutzung durch die Beklagten. Die Beklagten handeln auch schuldhaft. Bei Anwendung der im kaufmännischen Verkehr erforderlichen Sorgfalt hätte ihnen die prioritätsältere Firmenkennzeichnung der Klägerin nicht verborgen bleiben können. Sie sind iÜ auf das Rechtswidrige ihres Verhaltens mit Anwaltsschreiben gem. Anlage 5 hingewiesen worden und verfügen seitdem über positive Kenntnis von der Existenz der Firmenkennzeichnung der Klägerin. Seit dem letztgenannten Zeitpunkt handeln die Beklagten daher vorsätzlich-schuldhaft. Sie sind infolgedessen der Klägerin gegenüber gesamtverbindlich zu Schadensersatz verpflichtet[22] (§ 15 Abs. 5 MarkenG, §§ 830, 840 BGB).
Dabei beruht die Verantwortlichkeit der Beklagten zu 1 auf dem Gesichtspunkt der Organhaftung gem. § 31 BGB analog für das Verhalten ihres Geschäftsführers, des Beklagten zu 2.[23] Dessen Haftung ergibt sich auf Grund eigenen Verhaltens.[23]
Da die Klägerin die Höhe ihres Schadens nicht ohne nähere Kenntnis vom Umfang der Verletzungshandlungen ziffernmäßig bestimmen kann, sind die Beklagten auch auf-

grund gewohnheitsrechtlicher Anwendung der Bestimmung des § 242 BGB sowie der Rechtsregeln betreffend die auftragslose Geschäftsführung ihr gegenüber zur Rechnungslegung verpflichtet.[24] Aus dem Vorgetragenen ergibt sich des Weiteren die Zulässigkeit des Schadensersatzfeststellungsbegehrens.[25]

3. Die Beklagte zu 1 ist ferner verpflichtet, den durch die Eintragung des in die Rechte der Klägerin eingreifenden Firmenbestandteils „Magnet" im Handelsregister bestehenden Störungszustand zu beseitigen. Daher ist auch der mit Klageantrag II geltend gemachte Löschungsantrag gerechtfertigt.[26]

4. Die Zuständigkeit des angerufenen Gerichts ergibt sich aus der Tatsache, dass die Beklagte zu 1 ihren Sitz im Gerichtsbezirk hat.[27]

Rechtsanwalt[28, 29]

Schrifttum zum Markengesetz: Vgl. Hinweise zu → Form. II.Q.21; ferner: *Ahrens,* Die Notwendigkeit eines Geschäftsbetriebserfordernisses für Geschäftsbezeichnungen nach dem neueren MarkenG, GRUR 1995, 635; *Baronikaians,* Buchstabenkombinationen als Unternehmenskennzeichen, GRUR 2001, 795; *Bokelmann,* Das Recht der Firmen- und Geschäftsbezeichnungen, 1997; *Fouquet,* Gewerblicher und bürgerlicher Rechtsschutz des Behördenlogos, GRUR 2002, 35; *v. Gamm,* Rufausnutzung und Beeinträchtigung bekannter Marken und geschäftlicher Bezeichnungen, FS Piper, 1996, 537; *v. Gierke,* Buchstabenkombinationen als Unternehmenskennzeichen, WRP 2000, 877; *Goldmann,* Der Schutz des Unternehmenskennzeichens, 4. Aufl. 2018; *Goldmann/Rauh,* Der Schutz von Buchstabenkombinationen als Unternehmenskennzeichen, GRUR 1999, 216; *Günther,* Die Entstehung des Unternehmenskennzeichenschutzes nach § 5 Abs. 2 S. 2 MarkenG, WRP 2005, 975; *Harte-Bavendamm/Goldmann,* Das Unternehmenskennzeichen unter dem Einfluss der Markenrechtsharmonisierung, FS von Mühlendahl 2005, 545; *Heim,* Der Schutz von Handelsnamen unter dem TRIPS-Übereinkommen, GRUR Int. 2005, 545; *Knaak,* Zur Einbeziehung des Schutzes der Unternehmenskennzeichen in das neue MarkenG, FS Beier, 1996, 243; *Kochendörfer,* Originäre Unterscheidungskraft von Unternehmenskennzeichen, WRP 2009, 239; *Nägele,* Das Verhältnis des Schutzes geschäftlicher Bezeichnungen nach § 15 MarkenG zum Namensschutz nach § 12 BGB, GRUR 2007, 1007; *Pahlow,* Firma und Firmenmarke im Rechtsverkehr, GRUR 2005, 705; *Plaß,* Unternehmenskennzeichen im Wandel?, WRP 2001, 661; *Schricker,* Zum Schutz bildlicher Unternehmenskennzeichen, GRUR 1998, 310.

Hinweis: Ein weiteres Textbeispiel für eine Klage wegen Verletzung einer geschäftlichen Bezeichnung bei *Mes/Kloth/Briske,* Münchener Prozessformularbuch, Bd. 5, Gewerblicher Rechtsschutz, Urheber- und Presserecht, 5. Aufl. 2018, Form. B.17.

Anmerkungen

1. Auch für Streitfälle im Zusammenhang mit geschäftlichen Bezeichnungen gilt § 140 Abs. 1 MarkenG, der für Kennzeichenstreitsachen ohne Rücksicht auf den Streitwert die Zuständigkeit der Landgerichte begründet. Zur Existenz von Kennzeichenstreitgerichten vgl. § 140 Abs. 2 MarkenG und → Form. II.Q.21 Anm. 2. Zuständig sind nach §§ 94, 95 Abs. 1 Nr. 4b und c GVG die Kammern für Handelssachen. Soweit bei Landgerichten Spezialzivilkammern als Kennzeichenstreitkammern eingerichtet sind, können Kennzeichenstreitsachen auch bei diesen Kammern anhängig gemacht werden. Der Beklagte hat allerdings das Recht, Verweisung an die an sich zuständigen Kammern für Handelssachen zu beantragen (§ 98 GVG).

2. Zum Zwecke der Erweiterung des Zugriffs empfiehlt es sich, bei einer GmbH auch den Geschäftsführer mitzuverklagen, der für eigenes Verhalten unter dem rechtlichen

Gesichtspunkt der unerlaubten Handlung im weiteren Sinne haftet. Zur Störereigenschaft allgemein vgl. BGH GRUR 1990, 373 (374) re. Sp. – Schönheitschirurgie; zur Haftung des Geschäftsführers einer GmbH vgl. die interessante Entscheidung des BGH GRUR 1986, 248 ff. – Sporthosen; *Maier* WRP 1986, 71 ff.; weitere Einzelheiten in → Form. II. Q.3 Anm. 2, → Form. II.Q.14 Anm. 2.

3. Nach §§ 1 Nr. 2, 5 MarkenG könnte hier auch formuliert werden: „Wegen Verletzung einer geschäftlichen Bezeichnung" oder „Wegen Verletzung eines Unternehmenskennzeichens". Es ist im Formular die bisher übliche Bezeichnung beibehalten worden. Das erscheint im Hinblick auf den Wortlaut des § 5 Abs. 2 MarkenG vertretbar.

4. Namens- und Firmenrechte sind Ausschlussrechte. Wie auch sonst im Bereich des gewerblichen Rechtsschutzes beruht die Streitwertfestsetzung bei nicht bezifferten Anträgen auf § 3 ZPO. Zur Streitwertbemessung vgl. die Hinweise in → Form. II.Q.9 Anm. 3. Auf die Höhe des Streitwerts haben insb. die Bekanntheit einer Kennzeichnung und die Höhe des im Zusammenhang mit ihr erzielten Umsatzes Einfluss, und zwar auch dann, wenn die Verletzungshandlungen geringen Umfang haben sollten (OLG Zweibrücken GRUR-RR 2001, 285).

5. Vgl. § 890 ZPO und → Form. II.Q.3 Anm. 6. Folgt man der Auffassung, dass gegen Personalgesellschaften oder juristische Personen Ordnungshaft und Ersatzordnungshaft weder angedroht noch verhängt werden können (vgl. OLG Bremen WRP 1979, 464 (466) mwN und → Form. II.Q.3 Anm. 6), so kann die Strafandrohung wie folgt formuliert werden:

„es bei Meidung eines für jeden Fall der Zuwiderhandlung fälligen Ordnungsgelds bis zu EUR 250.000,–, im Hinblick auf den Beklagten zu 2 außerdem ersatzweise Ordnungshaft oder Ordnungshaft bis zu sechs Monaten, zu unterlassen, ..."

6. Sog Konkretisierung der Verletzungshandlung; vgl. dazu → Form. II.Q.3 Anm. 7, 8, → Form. II.Q.9 Anm. 5. Die Konkretisierung der Verletzungshandlung bei Streitigkeiten im Zusammenhang mit Kennzeichnungsrechten erfordert nicht nur, dass die angegriffene Kennzeichnung angegeben wird. Es muss auch eine genaue Bestimmung im Hinblick auf die Waren, den Geschäftsbetrieb und die zu untersagenden Benutzungsarten erfolgen (vgl. dazu BGH GRUR 1974, 88 – Trumpf; GRUR 1997, 468 (470) – Netlom).

7. Durch die Neufassung des § 19 MarkenG mit Wirkung zum 1. September 2008 in Folge des Gesetzes zur Verbesserung der Durchsetzung von Rechten des geistigen Eigentums wird zugunsten des Verletzten ein umfassender Auskunftsanspruch begründet. Dieser zwingt den Auskunftsverpflichteten gemäß § 19 Abs. 3 MarkenG zu weitreichenden Auskünften. § 19 MarkenG ist auch auf die Fälle des § 15 MarkenG anwendbar. Damit ist die Streitfrage überholt, ob der Verletzte ein berechtigtes Interesse daran haben kann, von dem Verletzer die Lieferdaten, -zeiten und –preise im Hinblick auf den erzielten Umsatz zu erfahren (so früher BGH GRUR 1973, 375 ff. – Miss Petite). Die Formulierung im Textbeispiel folgt den bisherigen Gepflogenheiten, weil die Auskunftsangaben, die § 19 Abs. 3 MarkenG vorsieht, nicht recht für den Fall der Verletzung einer Kennzeichnung im Zusammenhang mit einer geschäftlichen Bezeichnung passen.

8. Weitere Anträge, die im Textbeispiel nicht gesondert aufgeführt worden sind, sind denkbar. Dabei handelt es sich insb. um den Anspruch auf Erstattung der außergerichtlich entstandenen Kosten im Zusammenhang mit einer erfolglosen Abmahnung. Des Weiteren kommen hier Anträge im Zusammenhang mit Ansprüchen auf Vernichtung, Rückruf (§ 18 MarkenG nF), auf Vorlage von Bank-, Finanz- oder Handelsunterlagen oder einen geeigneten Zugang zu diesen Unterlagen (§ 19b MarkenG nF) oder ggf. auf Urteilsbekanntmachung (§ 19c MarkenG nF) in Betracht. Vgl. das Textbeispiel einer Patentverletzungsklage in → Form. II.Q.3.

9. Die Löschung einer Firma oder eines Firmenbestandteils erfolgt auf Antrag, mithin auf Einwilligung des Betroffenen (§ 31 Abs. 1 HGB). Daher ist der Klageantrag auf die Abgabe einer Willenserklärung gerichtet (§ 894 ZPO; vgl. *v. Gamm,* Wettbewerbsrecht, Halbband II, 1987, Kap. 57 Rn. 49). Ebenso möglich erscheint jedoch auch eine Antragsformulierung, wonach die Beklagte zu verurteilen ist,

„. . . . die Löschung ihrer Firma/ihres Firmenbestandteils . . . . beim Handelsregister herbeizuführen"

dazu wird auf die Antragsformulierung in BGH GRUR 1974, 162 – etirex verwiesen. Der letztgenannte Antrag ist sodann gem. § 888 ZPO zu vollstrecken. Vgl. ferner *Ströbele/Hacker/Thiering* MarkenG, 13. Aufl. 2021, § 15 Rn. 113; BGH GRUR 2013, 833 (835) – Culinaria/Villa Culinaria. Zu weiteren Einzelheiten der Antragsformulierung vgl. nachfolgend → Anm. 26.

10. Zur Kombination von Schadensersatzfeststellungsbegehren und Rechnungslegungsantrag, → Form. II.P.9 Anm. 7, dort auch zur Zulässigkeit der Feststellungsklage.

11. Mehrere Beklagte haften im Hinblick auf den Unterlassungsanspruch nicht als Gesamtschuldner. Infolgedessen ist es fraglich, ob insoweit eine gesamtverbindliche Auferlegung von Kosten möglich ist (§ 100 Abs. 1 ZPO). Soweit eine gesamtschuldnerische Haftung besteht, zB für den geltend gemachten Schadenersatzanspruch, ist eine Aufteilung der Kostenentscheidung in eine teilweise gesamtverbindliche Haftung und in eine solche nach Kopfteilen untunlich und nicht praktikabel. § 100 Abs. 2 ZPO trifft diesen Fall nicht. In der Praxis wird regelmäßig die gesamtverbindliche Auferlegung der Kosten beantragt und zuerkannt. Dem folgt der Textvorschlag.

12. Die Nebenentscheidungen sind von Amts wegen durch das Gericht zu treffen; darauf gerichtete Anträge sind mithin überflüssig, werden jedoch regelmäßig gestellt.

13. Je nach der Verfahrensgestaltung durch die befasste Kammer – schriftliches Vorverfahren oder Anberaumung eines frühen ersten Termins zur mündlichen Verhandlung – sollten hier Anträge gem. §§ 307 Abs. 2, 331 Abs. 3 ZPO gestellt werden. Zugleich ist eine Stellungnahme zur Güteverhandlung gem. §§ 253, Abs. 3 Nr. 1, 278 Abs. 2 ZPO abzugeben. → Form. II.Q.3 Anm. 6.

14. § 5 Abs. 2 MarkenG enthält keine ausdrückliche Bestimmung, ab wann ein Unternehmenskennzeichenschutz besteht. S. 1 dieser Regelung schützt die im geschäftlichen Verkehr benutzten Zeichen. Infolgedessen ist davon auszugehen, dass in Übereinstimmung mit dem bisherigen Recht der Unternehmenskennzeichenschutz schon bei der ersten inländischen Ingebrauchnahme im geschäftlichen Verkehr entsteht (*Fezer* MarkenR MarkenG § 5 Rn. 3; *Ingerl/Rohnke* MarkenG § 5 Rn. 57). Voraussetzung ist allerdings die Aufnahme der Benutzung einer unterscheidungskräftigen Kennzeichnung, die vom Verkehr als individueller Herkunftshinweis aufgefasst wird (BGH GRUR 2002, 898 (899) – de facto; 1995, 507 (508) – City-Hotel). Es erweist sich jedoch als sachgerecht, zugleich auch in der Klagebegründung den Zeitpunkt der Eintragung der Klägerin in das Handelsregister mitzuteilen. Bei einer GmbH ist die Eintragung konstitutiv (§ 13 Abs. 1 GmbH-Gesetz; zum Erwerb von Namensrechten vor der Eintragung vgl. BGH GRUR 1993, 404 – Columbus). Soweit es sich allerdings um Geschäftsabzeichen und sonstige betriebliche Unterscheidungszeichen iSv § 5 Abs. 2 S. 2 MarkenG handelt, beginnt deren Kennzeichenschutz nicht schon mit der ersten Benutzungsaufnahme, sondern erst zu dem Zeitpunkt, zu dem diese Zeichen innerhalb der beteiligten Verkehrskreise als Kennzeichen des Geschäftsbetriebs gelten (*Fezer* MarkenR MarkenG § 5 Rn. 4). Im Textbeispiel geht es jedoch um ein Unternehmenskennzeichen gem. § 5 Abs. 2 S. 1 MarkenG in Form des Namens bzw. der Firma. Es kann allerdings auch Fälle geben, bei denen schon ein Namens- oder Firmenbestandteil von sich aus Kennzeichnungskraft aufweist (zB BGH GRUR 2008, 1102 Rn. 12 – Haus & Grund I; GRUR 2008, 1108 Rn. 29 – Haus & Grund III). Dann kann sich schon aus der Benutzung der Gesamtbezeichnung die Priorität des Kennzeichens ergeben (BGH GRUR 2009, 685 Rn. 17 – ahd.de; 2008, 1108 Rn. 43 – Haus & Grund III; *Ingerl/Rohnke* MarkenG § 5 Rn. 57).

15. Sofern sich Anlagen nicht oder nur mit beträchtlichem Aufwand kopieren lassen, ist es vertretbar, sie nur zu den Gerichtsakten zu reichen. Selbstverständlich besteht ein Einsichtsrecht des Gegners (§§ 133, 134 ZPO).

16. Dieser Sachvortrag ist zur Schlüssigkeit der Klage nicht erforderlich. Die Übersendung einer Abmahnung hat jedoch Bedeutung für den Nachweis des erforderlichen Verschuldens, da mindestens ab Empfang der Abmahnung positive Kenntnis des Verletzers von der Existenz einer kollisionsbegründenden prioritätsälteren Firmenkennzeichnung besteht.

Hat der Kläger zuvor außergerichtlich – erfolglos – abgemahnt, so kann er die insoweit entstandene Geschäftsgebühr geltend machen. → Anm. 7 a und – für ein patentrechtliches Beispiel – den Klageantrag I. 6 mit zugehöriger Begründung in → Form. II.Q.3 mit zugehöriger Begründung.

17. Neben der zitierten Bestimmung ist an sich auch § 37 Abs. 2 S. 1 HGB einschlägig. Danach kann bei unbefugtem Firmengebrauch der Verletzte einen Unterlassungsanspruch geltend machen. Unbefugt iSd §§ 17 ff. HGB ist ein Firmengebrauch im Falle einer Kollision jedoch nur in dem örtlichen Bereich der gleichen Gemeinde bzw. desselben Ortes (vgl. § 30 Abs. 1 HGB). Gegenüber dem Namensrecht gem. § 12 BGB geht der kennzeichenrechtliche Schutz aus §§ 5, 15 MarkenG in seinem Anwendungsbereich grds. vor (BGH GRUR 2002, 622 – shel.de).

18. Ist ein Zeichen von Hause aus nicht unterscheidungskräftig und dementsprechend auch nicht kennzeichnungskräftig, dh ist es ungeeignet, von sich aus als Herkunftshinweis auf ein bestimmtes Unternehmen zu dienen, so können aus einer solchen Bezeichnung gem. § 5 Abs. 2 S. 2 MarkenG Rechte nur dann hergeleitet werden, wenn sie Verkehrsgeltung im Inland erlangt hat (→ Anm. 11; *Fezer* MarkenR § 5 Rn. 4). Der Nachweis der Verkehrsgeltung sowie des Zeitpunkts ihrer Entstehung ist häufig sehr schwer zu führen. Das MarkenG trifft dazu keine Regelung.

19. Ein Wort der Umgangssprache kann von Hause aus für die Kennzeichnung eines Unternehmens ausreichende Namensfunktion haben, wenn es in sprachunüblicher Hinsicht benutzt wird (vgl. dazu BGH GRUR 1977, 226 – Wach und Schließ; für einen Sachbuchtitel BGH GRUR 1991, 153 = WRP 1991, 151 – Pizza Pasta; OLG Hamburg GRUR 1986, 475 – Blitz-Blank; vgl. *Albrecht,* Fachübergreifende Argumentationsweisen zu Abwandlungen im Markenrecht – mögliche Hilfestellungen der Sprachforscher –, GRUR 2000, 648). Ob eine Bezeichnung sprachüblich oder sprachunüblich benutzt wird, lässt sich häufig durch eine Gegenprobe feststellen. Pflegt der Verkehr ein Unternehmen der interessierenden Art oder seinen Geschäftsgegenstand mit dem Klagekennzeichen, bspw. auch in Form einer Kurzbezeichnung zu bezeichnen? Ist diese Frage, wie im Formular zu verneinen, kann häufig von einer sprachunüblichen Benutzung ausgegangen werden.

20. § 6 Abs. 1 MarkenG formuliert ausdrücklich den Grundsatz der Priorität, wobei Abs. 2 und 3 den maßgeblichen Zeitrang festlegen. Abs. 4 bestimmt, dass bei gleichem Tag als zu bestimmender Zeitrang kein Recht gegenüber dem anderen den Vorrang hat; beide Rechte sind gleichrangig und begründen keine Ansprüche.

21. § 15 Abs. 2 MarkenG stellt auf das Bestehen von Verwechslungsgefahr ab. Ob diese besteht, wird vordringlich von der Branchennähe und der Identität/Ähnlichkeit der einander gegenüberstehenden Unternehmenskennzeichen abhängen. § 15 Abs. 3 MarkenG geht über Abs. 2 für im Inland bekannte geschäftliche Bezeichnungen hinaus. Danach besteht eine Ausschließungsbefugnis auch dann, wenn keine Gefahr von Verwechslungen iSd § 15 Abs. 2 MarkenG besteht, soweit die Benutzung des verletzenden Zeichens die Unterscheidungskraft oder die Wertschätzung der geschäftlichen Bezeichnung ohne rechtfertigenden Grund in unlauterer Weise ausnutzt oder beeinträchtigt. Diese Bestimmung erfasst mithin die im bisherigen Recht nicht gesetzlich geregelten Fälle der unerlaubten Anlehnung sowie der Verwässerung.

22. Vgl. BGH GRUR 1973, 375 ff. – Miss Petite; zum Verschulden vgl. die vorangehenden Ausführungen im Formular → Anm. 16.

23. Zu Einzelheiten vgl. *Ströbele/Hacker/Thiering,* MarkenG, 13. Aufl. 2021, § 14 Rn. 475 ff.; zur Haftung des Geschäftsführers einer GmbH: OLG Hamm GRUR 1980, 732 – Kadett 80; BGH GRUR 1986, 248 ff. – Sporthosen; BGHZ 99, 298; 98, 148 (152) und → Form. II.Q.3 Anm. 6.

24. → Anm. 22, 7.

25. → Anm. 22.

26. Vgl. dazu schon RG GRUR 1937, 1090 (1093) für Warenzeichen. Ob auf Löschung der gesamten Firma oder lediglich des die Rechte des Klägers verletzenden Bestandteils zu klagen ist, ist eine Frage des Einzelfalles. Auf Löschung der gesamten Firma kann geklagt werden, wenn sich Erlaubtes und Unerlaubtes nicht trennen lassen, insb. der verbleibende Teil registerwidrig (BGH GRUR 1968, 212; RG GRUR 1927, 66) oder irreführend ist (zB BGH GRUR 1970, 321 – für den Unterlassungsanspruch). Ein Gleiches gilt, wenn die Verurteilung auf Einwilligung in die Löschung eines Teils der gesamten Kennzeichnung für den Beklagten nachteilig wäre, zB weil nicht auszuschließen ist, dass dieser angegriffene Bestandteil – mit anderen Bestandteilen kombiniert – keine Verwechslungsgefahr mehr begründet (BGH GRUR 2008, 1104 Rn. 34 – Haus & Grund II). Die gegenteilige Auffassung (zB BGH GRUR 1981, 60 (64) – Sitex) wird von BGH GRUR 1981, 60 (64) – Sitex aufgegeben. Allerdings kann es auch Sachverhalte geben, bei denen nur auf die Einwilligung in die Löschung eines einzelnen Bestandteils geklagt werden kann, zB bei der Firma „Heitec Aktiengesellschaft" in den Bestandteil „Heitec" (BGH GRUR 2008, 803 Rn. 31 – Heitec.). Zu allem vgl. *Ströbele/Hacker/Thiering* MarkenG 13. Aufl. 2021, § 15 Rn. 113; BGH GRUR 2013, 833 (835) – Culinaria/Villa Culinaria.

27. Zur Zuständigkeit des Gerichts → Form. II.Q.21 Anm. 2.

Kosten und Gebühren

28. Es gelten die allgemeinen Grundsätze mit den Besonderheiten für Kennzeichenstreitsachen. → Form. II.Q.21 Anm. 36.

Fristen und Rechtsmittel

29. Keine

24. Schadensersatzhöheklage wegen Markenverletzung

Landgericht
Kammer für Handelssachen[1, 2]

Klage

der Firma A . . . .

– Klägerin –

Prozessbevollmächtigter: Rechtsanwalt . . . . .
gegen
1. die Firma B . . . . GmbH . . . . .
2. Herrn Geschäftsführer . . . . .,

– Beklagte –

wegen Markenverletzung
Streitwert: . . . . . EUR
Namens und in Vollmacht der Klägerin erhebe ich Klage und werde beantragen,

I. die Beklagten zu verurteilen, an die Klägerin gesamtverbindlich . . . . . EUR nebst . . . . . % Zinsen[3] nach Maßgabe der nachstehenden Aufstellung zu zahlen: (folgt Zinsaufstellung);[4]
II. den Beklagten gesamtverbindlich die Kosten des Rechtsstreits aufzuerlegen;
III. das Urteil – ggf. gegen Sicherheitsleistung (Bank- oder Sparkassenbürgschaft) – für vorläufig vollstreckbar zu erklären;
hilfsweise der Klägerin nachzulassen, die Zwangsvollstreckung wegen der Kosten durch Sicherheitsleistung (Bank- oder Sparkassenbürgschaft) abzuwenden.

. . . . .[5]

Begründung:

Es handelt sich um einen Prozess über die Höhe eines Schadensersatzanspruchs. Die Parteien sind der angerufenen Kammer aus dem vorangegangenen Markenverletzungsprozess gleichen Rubrums LG . . . . . Aktenzeichen . . . . . bekannt. Das Oberlandesgericht . . . . . hat durch Urteil vom . . . . . festgestellt, dass die Beklagten gesamtverbindlich verpflichtet sind, der Klägerin allen denjenigen Schaden zu ersetzen, der ihr dadurch entstanden ist, dass die Beklagten unter der Kennzeichnung „Magnet“ Möbel feilgehalten, in den Verkehr gebracht und vertrieben haben. Des Weiteren sind die Beklagten durch vorstehend bezeichnetes Urteil zur Rechnungslegung verurteilt worden. Das Urteil des Oberlandesgerichts . . . . . ist rechtskräftig.

Beweis: Beiziehung der Akten des LG . . . . . = OLG . . . . .

Die Beklagten haben für den Zeitraum . . . . . entsprechend ihrer durch Urteil festgestellten Verpflichtung Rechnung gelegt. Ich füge die in Rede stehende Rechnungslegung in Kopie als Anlage 1 bei. Daraus ergibt sich, dass die Beklagte zu 1) in der hier interessierenden Zeit mit den streitbefangenen Verletzungshandlungen einen Umsatz iHv . . . . . EUR erzielt hat. Des Weiteren ergibt sich aus der Rechnungslegung gem. Anlage 1, dass die Beklagte zu 1) in sehr hohem Umfang Werbung betrieben hat. Ihre Werbeaufwendungen haben . . . . . EUR betragen.

Aus Vereinfachungsgründen wählt die Klägerin für die Berechnung ihres Schadens den Weg der Lizenzanalogie,[6] wobei sie sich vorbehält, auf eine andere Schadensersatzberechnungsmethode überzugehen.[7] In Berücksichtigung der Messmer-Tee-II-Entscheidung des BGH in GRUR 1966, 375 erscheint der Klägerin ein Lizenzsatz iHv 1 % vom Umsatz angemessen. Daraus errechnet sich die geltend gemachte Klageforderung.

Dass ein Lizenzsatz von 1 % angemessen ist, kann die angerufene Kammer gem. § 287 ZPO im Wege freier Schadensschätzung unter Berücksichtigung der nachfolgend wiedergegebenen Umstände ohne weiteres selbst ermitteln. IE:[8]

Die Höhe der geschuldeten Lizenzgebühr richtet sich in erster Linie nach dem Verkehrswert des verletzten Ausschließlichkeitsrechtes. Bei Marken sind daher maßgeblich der Bekanntheitsgrad und der Ruf des Zeichens. Hier ist festzustellen, dass es sich bei der Klagemarke um eine im Bewusstsein des allgemeinen Publikums fest verankerte und sehr bekannte Kennzeichnung handelt, die über einen ausgezeichneten Ruf verfügt. Zur Vermeidung von Wiederholungen verweise ich auf die Feststellungen der angerufenen Kammer sowie des Oberlandesgerichts ..... im vorangegangenen Verletzungsprozess, wie sie in den Urteilen vom ..... und vom ..... festgehalten sind. Danach kann es als unstreitig gelten, dass die Klägerin ihre Marke seit 2004 mit jährlichen Werbeaufwendungen von mehr als 10 Mio. EUR durch Werbeanzeigen in großen Publikumszeitschriften bekannt gemacht hat.

Des Weiteren ist für die Höhe einer Markenlizenz von Bedeutung, welche Einbußen und Schädigungen der Markeninhaber durch die Verletzungshandlungen hinnehmen muss. Insoweit kommt es insb. auf das Maß der Verwechslungsgefahr und der Warennähe an. Die Marke der Beklagten ist mit derjenigen der Klägerin identisch. Des Weiteren erfolgten die streitgegenständlichen Benutzungshandlungen der Beklagten auf dem gleichen Warengebiet; es besteht nicht nur Ähnlichkeit der Waren, sondern sogar Warenidentität.

Hält man sich sämtliche vorbezeichneten Umstände vor Augen, so ist davon auszugehen, dass eine Höhe von 1 % der Umsatzerlöse als Schadensersatz angemessen ist. Im Falle einer freiwilligen Vereinbarung würde ein Markeninhaber die Schwächung des wirtschaftlichen Wertes seiner Marke, insb. ihrer Herkunftsfunktion in die Lizenzvereinbarung mit einfließen lassen, die dadurch begründet wird, dass ein selbständiger Dritter die Marke ebenfalls in identischer oder verwechselbarer Form benutzt, und es würde ein verständiger Lizenznehmer diesen Gesichtspunkt auch akzeptieren, so dass schon insoweit eine Mindestvergütung iHv 1 % angemessen erscheint.[3]

Der geltend gemachte Zinsanspruch rechtfertigt sich im Hinblick auf den Zinslauf unter dem rechtlichen Gesichtspunkt der sog aufgelaufenen Zinsen. Denn bei einer Schadensersatzlizenz ist der Schädiger nicht besser und nicht schlechter zu stellen als ein vertraglicher Lizenznehmer. Dieser hätte mit der Klägerin eine Verzinsung rückständiger Lizenzgebühren spätestens jeweils zum 1. Quartal des nachfolgenden Jahres vereinbart.[3] Im Hinblick auf die Zinshöhe bestimmt § 288 Abs. 2 BGB, dass bei Rechtsgeschäften, an denen ein Verbraucher nicht beteiligt ist, der Zinssatz für Entgeltforderungen 9 Prozentpunkte über dem Basiszinssatz beträgt.[4]

Rechtsanwalt

Schrifttum: vgl. die Hinweise bei → Form. II.Q.21

Anmerkungen

1. Das Formular ist inhaltlich an → Form. II.Q.21 ausgerichtet. Ihm liegt der Sachverhalt zugrunde, dass die Beklagten in der Zwischenzeit Rechnung gelegt haben, auf deren Grundlage nunmehr ein bezifferter Schadensersatzanspruch geltend gemacht wird.

2. Zur Zuständigkeit → Form. II.Q.21 Anm. 2.

3. Als übliche Lizenzsätze können 1–5 % angenommen werden (*Ingerl/Rohnke* MarkenG Vor §§ 14–19d Rn. 269; *Ströbele/Hacker/Thiering* MarkenG § 14 Rn. 724 ff., insb. § 14 Rn. 735 ; Beispiele: BGH GRUR 1966, 375 (378) – Messmer-Tee II: 1 %; OLG

München OLG-Report 2001, 283 (284, 285): 15 %; OLG Hamburg Mitt. 2002, 382 – PURA/RAPUR: 3 %; LG Düsseldorf Mitt. 2002, 89: 5 % für Fußmatten mit der Kennzeichnung „Mercedes"; BGH GRUR 1993, 55 (58 ff.) – Tchibo/Rolex II: 12,5 % bei Verwendung der Marke Rolex für Billiguhren). Maßgeblich sind jeweils die erzielten Bruttoerlöse auf der betroffenen Handelsstufe (OLG Düsseldorf GRUR-RR 2003, 209 (210) – Meissner Dekor).

Im Textbeispiel werden zur Höhe der geschuldeten Lizenzgebühr die entscheidenden Gesichtspunkte vorgetragen. Maßgeblich ist regelmäßig, was vernünftige Vertragsparteien als Lizenzgebühr vereinbart hätten (BGH GRUR 2010, 239 Rn. 20 – BTK; 2009, 660 Rn. 13 – Reseller-Vertrag). Für eine derartige fiktive Vertragsvereinbarung sind die im Textbeispiel des Formulars angeführten Gesichtspunkte entscheidend.

4. Die Höhe der Verzugszinsen wird in Abs. 1 u. 2 des § 288 BGB bestimmt. Grds. ist eine Geldschuld während des Verzugs zu verzinsen. Der Verzugszinssatz beträgt für das Jahr 5 Prozentpunkte über dem Basiszinssatz (§ 288 Abs. 1 BGB). Handelt es sich um Rechtsgeschäfte, an denen ein Verbraucher nicht beteiligt ist, beträgt der Zinssatz für Entgeltforderungen 9 Prozentpunkte über dem Basiszinssatz (§ 288 Abs. 2 BGB idF des Gesetzes zur Bekämpfung von Zahlungsverzug im Geschäftsverkehr und zur Änderung der Erneuerbare-Energien-Gesetz v. 22.7.2014 – BGBl. I 1218). Es stellt sich die Frage der Anwendbarkeit des § 288 Abs. 1 BGB mit Verzugszinsen iHv 5 Prozentpunkten über dem Basiszinssatz oder von § 288 Abs. 2 BGB, der 9 Prozentpunkte über dem Basiszinssatz vorsieht. Das hängt davon ab, ob der – fiktiv zu unterstellende – Lizenzvertrag als ein Rechtsgeschäft iSd § 288 Abs. 2 BGB angesehen werden kann oder ob es sich – schwerpunktmäßig – doch nur um Schadensersatz handelt, so dass § 288 Abs. 1 BGB Anwendung findet. BGH GRUR 2010, 239 Rn. 55 – BTK – geht davon aus, dass der Lizenzschaden um einen Zinsbetrag verzugsunabhängig zu erhöhen ist, wenn üblicherweise eine Fälligkeitsabrede getroffen worden wäre. Ein Verletzer darf nicht besser gestellt werden als ein Lizenzvertragspartner. Dessen Zinspflicht muss auch für den Verletzer gelten (BGH GRUR 2010, 239 Rn. 55). Es gelten die für den Patentverletzungsprozess entwickelten Grundsätze (BGH BGHZ 82, 299 (309) = GRUR 1982, 301 – Kunststoffhohlprofil II; BGHZ 82, 310 (322) = GRUR 1982, 286 – Fersenabstützvorrichtung; OLG Düsseldorf GRUR-RR 2003, 209 (211) – Meissner Dekor; vgl. auch *Kochendörfer* ZUM 2009, 389 (393)). Maßgeblich sind die erhöhten Verzugszinsen gem. § 288 Abs. 2 BGB (9 Prozentpunkte über dem Basiszinssatz, vgl. LG Düsseldorf InstGE 9, 1 – Kappaggregat; LG München I Mitt. 2006, 378 – Entgeltforderung). Zu allem vgl. auch *Kühnen* Patentverletzungs-HdB, 13. Aufl. 2021, I Rn. 135 ff., insb. mit tabellarischer Zusammenfassung der Zinstabelle betreffend Diskont- bzw. Basiszinssätze seit 1985.

5. Etwaige weitere prozessuale Erklärungen, wie zB die zur Übertragung des Rechtsstreits auf einen Einzelrichter, zur Durchführung einer Güteverhandlung usw.

6. Zu den Berechnungsmethoden → Form. II.Q.3 Anm. 10 und – für den Fall einer Zeichenverletzung – → Form. II.Q.21 Anm. 9.

7. Zur Möglichkeit des Übergangs auf eine andere Berechnungsmethode noch im Laufe des Prozesses, selbst nach erteilter Auskunft (allerdings nicht nach rechtskräftiger Zuerkennung des Schadensersatzanspruchs) vgl. BGH GRUR 1993, 55 – Tchibo-Rolex II; GRUR 1974, 53 – Nebelscheinwerfer. Die Wahlmöglichkeit des Gläubigers zwischen den Schadensersatzberechnungsmethoden endet jedenfalls mit Rechtskraft eines über den Schadensersatz endgültig entscheidenden Urteils, wobei der Verletzte dieses Wahlrecht auch dann verliert, wenn über seinen Schadensersatzanspruch bereits für ihn selbst unangreifbar nach einer Berechnungsart entschieden worden ist (BGH GRUR 2008. 93 ff. = NJW 2008, 373 – Zerkleinerungsvorrichtung; aA noch die Vorentscheidung: OLG Düsseldorf Mitt. 2007, 139 – Berechnungswechsel).

8. Die nachfolgende Begründung folgt dem Gedankengang der Messmer-Tee-II-Entscheidung des BGH GRUR 1966, 375 ff.; vgl. dazu auch BGH GRUR 2010, 239 – BTK; 1975, 85 (87) – Clarissa; *Ströbele/Hacker/Thiering* MarkenG § 14 Rn. 722, 735.

25. Eintragungsbewilligungsklage

Landgericht
Kammer für Handelssachen[1, 2]

Klage

der Firma A . . . . .

– Klägerin –

Prozessbevollmächtigter: RA . . . . .
gegen
Firma B . . . . .

– Beklagte –

wegen: Bewilligung der Eintragung einer Marke
Streitwert: vorläufig geschätzt: . . . . . EUR[3]
Namens und in Vollmacht der Klägerin erhebe ich Klage und werde beantragen,

1. **die Beklagte zu verurteilen,**
   gegenüber dem Deutschen Patent- und Markenamt darin einzuwilligen, dass die unter dem Aktenzeichen M . . . . . beim Deutschen Patent- und Markenamt angemeldete Marke „Magnet" in das Register des Deutschen Patent- und Markenamtes eingetragen wird;[4]
2. **der Beklagten die Kosten des Rechtsstreits aufzuerlegen;**[5]
3. **das Urteil – ggf. gegen Sicherheitsleistung (Bank- oder Sparkassenbürgschaft) – für vorläufig vollstreckbar zu erklären;**
   hilfsweise der Klägerin nachzulassen, die Zwangsvollstreckung gegen Sicherheitsleistung (Bank- oder Sparkassenbürgschaft) abzuwenden.[5]

. . . . .[6]

Begründung:

I.

1. **Die Klägerin ist ein 1973 gegründetes Unternehmen, das den Einzelhandel mit Möbeln betreibt. Sie verfügt über Zweigniederlassungen in insgesamt 12 Städten in der Bundesrepublik Deutschland, verteilt über das gesamte Bundesgebiet, und zwar in den Städten . . . . . Seit Beginn ihrer Tätigkeit hat die Klägerin als Firmenschlagwort die Kennzeichnung „Magnet" in den Vordergrund gestellt. Ich überreiche dazu als Anlage 1 entsprechende Benutzungsbeispiele, beginnend vom Jahr 1973 bis zum Zeitpunkt der Klageerhebung. Für die Richtigkeit des Vorgetragenen berufe ich mich ferner zum Beweis auf das**
   Zeugnis . . . . .
2. **Die Klägerin hat am 2.1.2020 die im Klageantrag 1 bezeichnete Markenanmeldung betreffend ihr Firmenschlagwort „Magnet" getätigt. Das Waren-/Dienstleistungsverzeichnis umfasst die Waren „Möbel". Die Beklagte hat gegen die vorbezeichnete Markenanmeldung aus der Marke Nummer . . . . . „Magnet" Widerspruch erhoben. Die Widerspruchsmarke ist am 6.10.2015 angemeldet und am 5.2.2016 eingetragen worden, und zwar für die Beklagte für die Waren „Leuchtmittel". Das Patent- und**

Markenamt hat im Widerspruchsverfahren die Marke der Klägerin gelöscht.[7] Dieser Beschluss des Deutschen Patent- und Markenamtes hat vor drei Monaten, nämlich am . . . . ., Rechtskraft erlangt.[8]

3. Die Widerspruchsmarke ist wegen Nichtbenutzung löschungsreif. Des Weiteren steht ihr das prioritätsältere Firmenrecht der Klägerin entgegen. Da die Beklagte nicht bereit ist, sich entsprechend der Rechtslage zu verhalten, ist Klage geboten. Mit ihr wird gem. § 44 MarkenG der der Klägerin zustehende Anspruch auf Einwilligung in die Eintragung der angemeldeten Marke „Magnet" geltend gemacht.

II.

Die rechtliche Bewertung ergibt die Berechtigung des Klagebegehrens:[9]

1. Die Widerspruchsmarke „Magnet" ist löschungsreif, da sie seit mehr als 5 Jahren von der Beklagten nicht mehr benutzt worden ist. Zwar hat die Beklagte der von der Klägerin angemeldeten Wortmarke „Magnet" im Widerspruchsverfahren Benutzungsbeispiele der Widerspruchsmarke „Magnet" entgegengehalten und diese in Form der Überreichung von Prospektmaterialien glaubhaft gemacht. Die Beklagte hat jedoch verschwiegen, dass die in Rede stehenden Benutzungsbeispiele nicht von ihr selbst, sondern von einem Konkurrenzunternehmen stammen. Eine Rückfrage der Klägerin bei diesem Unternehmen hat ergeben, dass es die Bezeichnung „Magnet" zwar für Leuchtmittel benutzt, jedoch ohne Zustimmung der Beklagten (§ 26 Abs. 2 MarkenG).[10] Dementsprechend hätte der Widerspruch der Beklagten zurückgewiesen werden müssen (§ 43 Abs. 2 S. 2 MarkenG).[11]
2. Die Bezeichnung „Magnet" hat für den Geschäftsbetrieb der Klägerin Namensfunktion und ist somit Unternehmenskennzeichen iSd § 5 Abs. 2 S. 1 MarkenG. Wie die Benutzungsbeispiele gem. Anlage 1 zeigen, wird die in Rede stehende Kennzeichnung von der Klägerin neben ihrer Firma als eine besondere Kennzeichnung in sämtlichen Werbemitteln, öffentlichen Verlautbarungen, Preislisten usw besonders herausgestellt. Das geschieht seit der Firmengründung. Die in Rede stehende Bezeichnung ist von Hause aus unterscheidungskräftig, so dass die Klägerin mit Aufnahme ihrer Benutzung im Jahre 1973 an dieser Kennzeichnung über eine Priorität verfügt (§ 5 Abs. 2 S. 1 MarkenG).[12] Damit ist die Klagekennzeichnung prioritätsälter als die Widerspruchsmarke der Beklagten. Als prioritätsälteres Zeichen setzt es sich gegenüber der Marke der Beklagten auch im Rahmen dieser Eintragungsbewilligungsklage durch.

Ich zeige an, dass in diesem Rechtsstreit auf Seiten der Klägerin auch

Herr Patentanwalt[13]

. . . . .

mitwirkt.

Rechtsanwalt[14, 15]

Schrifttum: Munzinger, Zur Eintragungsbewilligungsklage, GRUR 1995, 12 ff.

Hinweis: Ein weiteres Textbeispiel für eine Eintragungsbewilligungsklage findet sich bei *Mes/Kloth/Briske*, Münchener Prozessformularbuch, Bd. 5, Gewerblicher Rechtsschutz, Urheber- und Presserecht, 5. Aufl. 2018, Form. B.7.

Anmerkungen

1. Vgl. § 44 MarkenG.

2. Es handelt sich um eine Kennzeichenstreitsache iSd § 140 Abs. 1 MarkenG. Zur Zuständigkeit vgl. iE → Form. II.Q.21 Anm. 2.

3. Die Höhe des Streitwertes ist analog § 3 ZPO zu bestimmen. Maßgeblich ist das Interesse des Klägers an dem Erwerb der den Klagegrund bildenden Marke. Dieses Interesse erreicht größenordnungsmäßig die Streitwertangaben in Markenverletzungsprozessen (→ Form. II.Q.21 Anm. 4).

4. Die Eintragungsbewilligungsklage ist Leistungsklage, gerichtet auf Abgabe einer Willenserklärung (§ 894 Abs. 1 ZPO). Sie ist in § 44 MarkenG geregelt. Darin werden besondere Zulässigkeitsvoraussetzungen für die Eintragungsbewilligungsklage aufgestellt. Der Anspruchsgrund selbst ist in § 44 MarkenG nicht geregelt. Zulässigkeitsvoraussetzungen für die Eintragungsbewilligungsklage sind nach dem Wortlaut des § 44 MarkenG:

- Es liegt ein Beschluss des Deutschen Patentamts vor, mit dem die angemeldete Marke gelöscht worden ist;
- der Beschluss des Patentamts ist unanfechtbar;
- die Eintragungsbewilligungsklage ist rechtzeitig, nämlich binnen einer Frist von sechs Monaten nach Unanfechtbarkeit der Entscheidung, mit der die Eintragung gelöscht worden ist, erhoben worden.

5. Die Nebenentscheidungen sind vom Gericht von Amts wegen zu treffen. Dennoch werden sie regelmäßig beantragt.

6. Im Falle der Anrufung der Zivilkammer ggf. Stellungnahme gem. § 253 Abs. 3 ZPO. Ferner bietet sich eine Stellungnahme zur Güteverhandlung oder sonstigen einverständlichen Lösung des Streitfalles an. ZB → Form. II.Q.3. Wird von der Kammer von einem schriftlichen Vorverfahren Gebrauch gemacht bzw. ist damit zu rechnen, können hier die Anträge gem. §§ 307 Abs. 2, 331 Abs. 3 ZPO aufzunehmen sein. Ferner ist eine Stellungnahme nach §§ 253 Abs. 3 Nr. 1, 278 Abs. 2 ZPO (Güteverhandlung) vorzusehen, → Form. II.Q.9 Anm. 19.

7. Die Löschung der Eintragung ist für die Eintragungsbewilligungsklage Zulässigkeitsvoraussetzung (→ Anm. 4). Nach früherem Recht, nämlich im Hinblick auf die Eintragungsbewilligungsklage des § 6 Abs. 2 WZG aF, entfalteten die Feststellungen des Patentamts (Bundespatentgerichts) in mehrfacher Hinsicht eine Bindungswirkung. Weder konnte geltend gemacht werden, das Patentamt bzw. Bundespatentgericht habe Warengleichartigkeit und/oder Verwechslungsgefahr zu Unrecht festgestellt, noch konnte eingewandt werden, es fehle an den Eintragungsvoraussetzungen (vgl. dazu BHS WG WZG § 6 Rn. 10). Zur Bindungswirkung im Zusammenhang mit § 44 MarkenG vgl. *Fezer* MarkenR MarkenG § 44 Rn. 3, 9.

8. Die Einhaltung der Sechsmonatsfrist nach Unanfechtbarkeit der Löschungsentscheidung ist Zulässigkeitsvoraussetzung gem. § 44 Abs. 2 MarkenG.

9. Die frühere Unterscheidung, wonach eine Eintragungsbewilligungsklage auf zeichenrechtliche Gründe wie auch auf sachlich-rechtliche Gründe gestützt werden konnte, hat für § 44 MarkenG weitgehend ihre Bedeutung verloren. Das MarkenG hat ein umfassendes Kennzeichenrecht geschaffen, so dass die bisherigen früheren „nicht zeichenrechtlichen" Gründe, wie zB sämtliche prioritätsälteren Rechte an geschäftlichen Bezeichnungen (§ 5 MarkenG) nunmehr Teil des umfassenderen Markenrechtes sind (*Fezer* MarkenR MarkenG § 44 Rn. 11).

10. Der Wortlaut dieser Bestimmung dürfte die frühere Diskussion darüber, ob die Benutzung eines Zeichens durch einen Dritten ohne vorherige Einwilligung des Zeicheninhabers eine ausreichende Benutzung im Sinne der Bestimmungen des warenzeichenrechtlichen Benutzungszwanges darstellte (§§ 5 Abs. 7, 11 Abs. 1, Abs. 5 WZG aF, vgl. ua *Schricker* GRUR Int. 1969, 14 ff.; *Heisecke* WRP 1974, 308 ff.), beendet haben. Der

Dritte muss sich bewusst sein, dass er ein fremdes Zeichen benutzt (BGH GRUR 2008, 616 Rn. 21 – Akzenta; zu Einzelheiten vgl. *Ingerl/Rohnke* MarkenG § 26 Rn. 115 ff.

11. Neben der Eintragungsbewilligungsklage kann die Löschung eines verfallenen Zeichens gem. §§ 49, 43 MarkenG durch Antrag beim Patent- und Markenamt betrieben werden. Widerspricht allerdings der Inhaber der eingetragenen Marke der Löschung nach Mitteilung eines entsprechenden Antrags durch das Patent- und Markenamt (§§ 53 Abs. 2 u. 4 MarkenG), so ist – ggf. in Kombination mit einer Eintragungsbewilligungsklage – das Löschungsverfahren wegen Verfalls im Wege der Klage vor den ordentlichen Gerichten anhängig zu machen (§ 55 MarkenG). Ein entsprechendes Beispiel findet sich bei MPFormB GewRS/*Mes/Kloth/Briske* 5. Aufl. 2018, Form. B.7.

12. Die im Formular zugrunde gelegte Rechtsauffassung beruht auf dem Wortlaut des § 5 Abs. 2 MarkenG, der zwei verschiedene Tatbestände regelt. Zum einen sind in § 5 Abs. 2 S. 1 MarkenG die Unternehmenskennzeichen angesprochen, hinsichtlich deren gesagt wird, dass sie Zeichen sind, die im geschäftlichen Verkehr als Name, als Firma oder als besondere Bezeichnung eines Geschäftsbetriebes oder eines Unternehmens benutzt werden. Zum anderen befasst sich § 5 Abs. 2 S. 2 MarkenG mit solchen Geschäftsabzeichen und sonstigen zur Unterscheidung des Geschäftsbetriebs von anderen Geschäftsbetrieben bestimmten Zeichen, „die innerhalb beteiligter Verkehrskreise als Kennzeichen des Geschäftsbetriebs gelten". Infolgedessen wird im Formular davon ausgegangen, dass Unternehmenskennzeichen nur solche sind, die von Hause aus unterscheidungskräftig sind und dementsprechend ab Benutzungsaufnahme Schutz genießen, wohingegen Geschäftsabzeichen und die sonstigen zur Unterscheidung des Geschäftsbetriebes bestimmten Zeichen iSd § 5 Abs. 2 S. 2 MarkenG solche sind, die Schutz erst dann erhalten, sofern sie Verkehrsgeltung erworben haben. Vgl. dazu *Fezer* MarkenR § 5 Rn. 4.

13. Zur Mitwirkung eines Patentanwalts vgl. § 140 Abs. 5 MarkenG.

Kosten und Gebühren

14. Vgl. § 140 Abs. 2 u. 3 MarkenG. Ggf. ermäßigter Streitwert. → Form. II.Q.21 Anm. 36.

Fristen und Rechtsmittel

15. Es ist auf die Sechsmonatsfrist nach Anfechtbarkeit der die Eintragung löschenden Entscheidung des Patentamts zu achten (→ Anm. 4, 8).

Urheberrecht

26. Urheberrechtsverletzungsklage

Landgericht
Zivilkammer[1, 2]

Klage

der Frau . . . . .

– Klägerin –

Prozessbevollmächtigter: RA . . . . .

gegen

1. die Firma Kunstvertrieb GmbH, ..., vertreten durch ihren Geschäftsführer, den Beklagten zu . . . . .[2]
2. Herrn Geschäftsführer . . . . .[3]

– Beklagte –

wegen Urheberrechtsverletzung

Streitwert: vorläufig geschätzt . . . . . EUR[4]

Namens und in Vollmacht der Klägerin erhebe ich Klage und werde beantragen,

I. die Beklagten zu verurteilen,
   1. es bei Meidung . . . . . zu unterlassen,[5] die nachfolgend wiedergegebene Figur „Sitzendes Mädchen" (folgt Abbildung)[6]
      (herzustellen,) feilzuhalten oder in den Verkehr zu bringen;[7]
   2. der Klägerin Auskunft über die Herkunft und den Vertriebsweg der vorstehend zu I 1 beschriebenen Figur zu erteilen, insb. unter Angabe der Namen und Anschriften der Hersteller, der Lieferanten und deren Vorbesitzer, der gewerblichen Abnehmer oder Auftraggeber sowie unter Angabe der Menge der (hergestellten,) ausgelieferten, erhaltenen oder bestellten Vervielfältigungsstücke;[8]
   3. der Klägerin über den Umfang[9] der vorstehend zu I 1 beschriebenen Handlungen Rechnung zu legen, und zwar unter Vorlage eines geordneten Verzeichnisses unter Beifügung der Belege (Rechnungskopien) sowie mit der Angabe (der Herstellungsmengen und -zeiten sowie) der einzelnen Lieferungen unter Nennung
      a) der Liefermengen, Lieferzeiten, Lieferpreise und Namen und Anschriften der Abnehmer,
      b) der Gestehungskosten unter Angabe der einzelnen Kostenfaktoren
      c) sowie des erzielten Gewinns
      und unter Angabe der einzelnen Angebote und der Werbung unter Nennung
      d) der Angebotszeiten und Angebotspreise sowie Namen und Anschriften der Angebotsempfänger,
      e) der einzelnen Werbeträger, deren Auflagenhöhe, Verbreitungszeitraum und Verbreitungsgebiet;
   4. die in unmittelbarem oder mittelbarem Besitz oder Eigentum der Beklagten befindlichen Vervielfältigungsstücke der Figur „Sitzendes Mädchen" zu vernichten;[10]

II. festzustellen, dass die Beklagten gesamtverbindlich verpflichtet sind, der Klägerin allen Schaden zu erstatten, der ihr aus den vorstehend zu I 1 bezeichneten Handlungen der Beklagten entstanden ist und künftig noch entstehen wird;[11]

III. der Klägerin die Befugnis zuzusprechen, nach Rechtskraft des Urteils dieses in der Zeitschrift X auf Kosten der Beklagten bekannt zu machen;[12]

IV. . . . . . (Kosten) . . . . .[13]

V. . . . . . (vorläufige Vollstreckbarkeit) . . . . .[13]

Es handelt sich um eine urheberrechtliche Streitigkeit, so dass die Übertragung auf den Einzelrichter nicht angezeigt erscheint.[14]

. . . . .[15]

Begründung:

I.

1. Die Klägerin ist die Tochter des am 13.7.2016[16] verstorbenen Bildhauers . . . . ., der schon zu seinen Lebzeiten mit seinen Werken große Anerkennung und Berühmtheit erlangt hat. Sie ist die Alleinerbin. Als Anlage 1 überreiche ich den auf sie lautenden Erbschein des Amtsgerichts . . . . . vom . . . . .

2. Unter den nachgelassenen Werken des Bildhauers . . . . . befindet sich die Plastik „Sitzendes Mädchen". Diese Plastik ist auf mehreren Ausstellungen noch vor dem Tode des Bildhauers . . . . . gezeigt worden. Sie hat infolge ihrer gestalterischen Qualität großes Interesse beim allgemeinen Publikum wie auch insb. in der Fachwelt gefunden. Zahlreiche Artikel sind in internationalen Fachzeitschriften über diese Plastik veröffentlicht worden, in denen ihre besondere Ausdruckskraft hervorgehoben wird. Ich überreiche als Anlage 2 in Kopie ein Kompendium derartiger Veröffentlichungen, unter deren Verfasser sich so bekannte Namen wie . . . . . befinden.
3. Die Beklagte zu 1), deren alleiniger Geschäftsführer der Beklagte zu 2) ist, unterhält im Gerichtsbezirk eine Galerie, in der sie Werke der bildenden Kunst feilhält. Die Klägerin hatte den Beklagten auf deren Bitten das im Besitz der Klägerin befindliche Original der Plastik „Sitzendes Mädchen" für eine Ausstellung zur Verfügung gestellt. Sie hat von den Beklagten nach Beendigung der Ausstellung die Plastik zwar zurückerhalten, jedoch zu ihrer Überraschung feststellen müssen, dass die Beklagte zu 1) sie plagiiert hat und davon Vervielfältigungsstücke, nämlich Nachgüsse, anbietet und vertreibt. Auf diesen Sachverhalt von der Klägerin unmittelbar angesprochen, haben die Beklagten sich dahingehend eingelassen, da der Vater der Klägerin als der Schöpfer des Werkes verstorben sei, sei es ihnen gestattet, das in Rede stehende Werk zu vertreiben. Insoweit bestehe ein Interesse der Allgemeinheit. Auf ihren Rechtsirrtum angesprochen, waren die Beklagten jedoch nicht bereit, ihre Urheberrechtsverletzungshandlungen einzustellen. Daher ist Klage geboten. Mit ihr werden die sich aus der Urheberrechtsverletzung der Beklagten ergebenden Ansprüche der Klägerin geltend gemacht.

II.

1. Der mit Klageantrag I 1 geltend gemachte Unterlassungsanspruch findet seine Grundlage in § 97 Abs. 1 S. 1 UrhG.[17]
   Die Plastik „Sitzendes Mädchen" ist ein geschütztes Werk der bildenden Kunst gem. § 2 Abs. 1 Nr. 4 UrhG iVm § 2 Abs. 2 UrhG.[18] Der sich unmittelbar dem Auge mitteilende ästhetische Gehalt der Plastik weist einen hohen schöpferischen Eigentümlichkeitsgrad auf, der nach allen bisher bekannt gewordenen Stimmen der auf dem einschlägigen Gebiet vertrauten Verkehrskreise das in Rede stehende Werk als eine persönliche geistige Schöpfung ausweist, so dass ohne weiteres von seiner Urheberrechtsschutzfähigkeit auszugehen ist.[19] Ich verweise dazu auf die in Anlage 2 zusammengestellten Publikationen.
   Die von den Beklagten hergestellten und vertriebenen Erzeugnisse stimmen unmittelbar mit dem Original der Plastik überein. Dementsprechend greifen die Beklagten mit der Herstellung und dem Vertrieb derartiger Erzeugnisse in die allein dem Urheberrechtsberechtigten vorbehaltenen Verwertungsrechte gem. §§ 15 ff. UrhG ein, indem sie in unzulässiger Weise vervielfältigen (§ 16 Abs. 1 UrhG) und verbreiten (§ 17 Abs. 1 UrhG).
   Die sich daraus ergebenden Ansprüche gerichtlich geltend zu machen, ist die Klägerin als die Erbin des Urhebers aktivlegitimiert.[20] Da unbestritten Vervielfältigungs- und Verbreitungshandlungen im Hinblick auf die Plagiate seitens der Beklagten stattgefunden haben, ist Wiederholungsgefahr gegeben und ist dementsprechend der mit Klageantrag I 1 geltend gemachte Unterlassungsanspruch gem. § 97 Abs. 1 S. 1 UrhG begründet.
2. Der mit Klageantrag I 2 geltend gemachte Auskunftsanspruch besteht gem. § 101a UrhG.[21]

3. Mit Klageanträgen I 3u. II werden die Ansprüche auf Rechnungslegung und Schadensersatzfeststellung geltend gemacht. Sie sind ebenfalls gem. § 97 Abs. 1 S. 1 UrhG begründet. Es kann seitens der Beklagten nicht geleugnet werden, dass der Klägerin als der Alleinverwertungsberechtigten am Urheberrecht im Hinblick auf die hier interessierende Plastik durch das Verhalten der Beklagten ein Schaden entstanden ist und künftighin entstehen wird.[22] Die Beklagten können auch nicht leugnen, mindestens grobfahrlässig-schuldhaft gehandelt zu haben. Seit Kenntnis des Bestehens der Urheberrechtsberechtigung der Klägerin handeln die Beklagten sogar vorsätzlich-schuldhaft.[23]
Da die Klägerin den Umfang ihres Schadens nicht ohne nähere Rechnungslegung der Beklagten bestimmen kann, ist der mit Klageantrag I 3 geltend gemachte Rechnungslegungsanspruch infolge einer gewohnheitsrechtlichen Anwendung der Bestimmung des § 242 BGB begründet.[24] Das unverschuldete Unvermögen der Klägerin, ihren Schadensersatzanspruch zu beziffern, rechtfertigt auch die Zulässigkeit des Schadenersatzfeststellungsbegehrens.
4. Der mit Klageantrag I 4 geltend gemachte Vernichtungsanspruch findet seine Grundlage in § 98 Abs. 1 UrhG. Alle Vervielfältigungsstücke sind rechtswidrig, nämlich ohne Zustimmung des Urheberrechtsberechtigten hergestellt. Einer solchen Zustimmung hätte es jedoch bedurft, da das Urheberrecht an der hier interessierenden Plastik mit dem Tode des Urhebers entgegen der Auffassung der Beklagten nicht erloschen, sondern vielmehr auf die Klägerin übergegangen ist. Das Urheberrecht steht noch 70 Jahre nach dem Tode des Urhebers in Kraft.[25] Da die Beklagten mindestens grobfahrlässig, wenn nicht gar vorsätzlich gehandelt haben, ist die Vernichtung der bei ihnen vorhandenen Vervielfältigungsstücke auch das gebotene Mittel, um weiteren Urheberrechtsverletzungen vorzubeugen.[26]
5. Die rechtliche Verantwortlichkeit des Beklagten zu 2) ergibt sich auf Grund eigener Tätigkeit; diejenige der Beklagten zu 1) unter dem rechtlichen Gesichtspunkt der Organhaftung (§ 31 BGB analog) aufgrund der Zurechnung des Verhaltens des Beklagten zu 2).
6. Da es sich um einen besonders krassen Fall einer Urheberrechtsverletzung handelt und da des Weiteren eine erhebliche Verunsicherung interessierter Kunstkreise zu befürchten ist, ist der Klägerin entsprechend Klageantrag III die Veröffentlichung des Urteils zu gestatten.[27]
7. Das angerufene Gericht ist zuständig, weil . . . . .[28]

Rechtsanwalt[29, 30]

Schrifttum: Kommentare: Dreier/Schulze, Urheberrechtsgesetz, 6. Aufl. 2018; *Dreyer/Kotthoff/Meckel,* Urheberrecht, 3. Aufl. 2013; *Fromm/Nordemann,* Urheberrecht, 11. Aufl. 2014; *Mestmäcker/Schulze,* Kommentar zum Deutschen Urheberrecht, Loseblatt I–III; *Möhring/Nicolini,* Urheberrechtsgesetz, 4. Aufl. 2018; *Nordemann/Vinck/Hertin,* Int. Urheberrecht und Leistungsschutzrecht der deutschsprachigen Länder unter Berücksichtigung auch der Staaten der Europäischen Gemeinschaft, 1977; *Schricker/Loewenheim,* Urheberrecht, 6. Aufl. 2020; *Seifert,* Urheberrechtsgesetz, 2. Aufl. 2009: *Wandtke/Bullinger,* Urheberrecht, 5. Aufl. 2019, *Wandtke/Bullinger/v. Welser,* Fallsammlung zum Urheberrecht, 4. Aufl. 2015; *Wirth/Schmid/Seifert,* Urheberrechtsgesetz, 2. Aufl. 2008.

Lehrbücher und Monografien: Berger/Wündisch, Urhebervertragsrecht, 2008; *Delp,* Das Recht des geistigen Schaffens in der Informationsgesellschaft, 2. Aufl. 2003; *Delp,* Der Verlagsvertrag, 8. Aufl. 2008; *Ensthaler/Bosch/Völker,* Handbuch Urheberrecht und Internet, 2. Aufl. 2010; *Haas,* Das neue Urhebervertragsrecht, 2002; *Haberstumpf,* Handbuch des Urheberrechts, 2. Aufl. 2000; *Hertin,* Urheberrecht, 2. Aufl. 2008;

Hoeren/Sieber/Holznagel, Handbuch Multimedia-Recht, Loseblatt Stand 2020; *Huccki,* Das neue Urhebervertragsrecht, 2002, *Lettl,* Urheberrecht, 3. Aufl. 2018; *Loewenheim* (Hrsg.), Handbuch des Urheberrechts, 2. Aufl. 2010; *Lutz,* Kurze Einführung in das Urheber- und Verlagsrecht, 2013; *Rauhi/Hegemann/Bearbeiter,* Münchener Anwaltshandbuch. Urheber- und Medienrecht, 2. Aufl. 2017; *Rehbinder/Peukert,* Urheberrecht, 17. Aufl. 2015;

Zum Sonderproblem der Computerprogramme: *Karl,* Der urheberrechtliche Schutzbereich von Computerprogrammen, 2009.

Hinweis: Zahlreiche weitere Textbeispiele für Urheberrechtsverletzungsstreitigkeiten finden sich bei *Mes/Lutz,* Münchener Prozessformularbuch, Bd. 5, Gewerblicher Rechtsschutz, Urheber- und Presserecht, 5. Aufl. 2018, Form. G.I. ff.

Anmerkungen

1. Urheberrechte und urheberrechtsverwandte Leistungsschutzrechte sind ungeprüfte Schutzrechte. Es empfiehlt sich daher jedenfalls, vor Einleitung gerichtlicher Schritte dem Verletzer ein Hinweisschreiben zu übersenden oder ihn abzumahnen (zum Risiko einer Schutzrechtsverwarnung → Form. II.Q.9 Anm. 1, → Form. II.Q.1 Anm. 1). Von dem Abdruck einer entsprechenden Abmahnung (Verwarnung) wird abgesehen, da im Formularbuch anderweitige Formulierungsvorschläge enthalten sind (→ Form. II.P.1, → Form. II.Q.1, → Form. II.Q.2, → Form. II.Q.8, → Form. II.Q.13). Die Konkretisierung der Verletzungshandlung in Urheberrechtsstreitigkeiten ergibt sich aus dem im Textbeispiel wiedergegebenen Unterlassungsantrag I 1.

2. Urheberrechtsstreitigkeiten gehören nicht vor die Kammern für Handelssachen, sondern vor die Zivilkammern. § 105 UrhG enthält eine Konzentrationsermächtigung. Dieser ist die Mehrheit der Bundesländer gefolgt. Dementsprechend bestehen bei ausgewählten Gerichten (Amts- und Landgerichte) Spezial-Abteilungen bzw. Spezial-Kammern. Auf die Übersicht in GRUR 2000, 36 wird verwiesen.

§ 104 UrhG enthält eine Rechtswegregelung.

3. Zur Erweiterung der Zugriffsmöglichkeit infolge der Ausdehnung der Klage auf Organe juristischer Personen → Form. II.Q.3 Anm. 2. Die dort für den Patentverletzungsprozess gemachten Aussagen gelten auch für Urheberrechtsverletzungsstreitigkeiten.

4. Zu den Bemessungsgrundsätzen für die Streitwertbestimmung vgl. → Form. II.Q.3 Anm. 3. Die Grundsätze zum Patentverletzungsprozess gelten insgesamt im Bereich des gewerblichen Rechtsschutzes und damit auch für urheberrechtliche Streitigkeiten. Allerdings sind im Bereich des Urheberrechts die Streitwerte eher geringer als im Patentrecht.

5. Vgl. § 890 ZPO. Zur Formulierung der Strafandrohungsklausel s. → Form. II.Q.3 Anm. 7.

6. Zur Einfügung von Abbildungen → Form. II.Q.14 Anm. 6.

7. Diese Formulierung wird in der Praxis häufig benutzt. Sie entspricht nicht dem Sprachgebrauch des Urheberrechtsgesetzes. Alternativ kann entsprechend §§ 15 ff. UrhG formuliert werden „. . . . . zu vervielfältigen oder zu vertreiben". Sofern der Beklagte nicht herstellt (vervielfältigt), sondern – weil zB Händler – nur vertreibt, entfallen die in Klammern gesetzten Antragsteile, die auf ein Verbot des Herstellens gerichtet sind.

8. Vgl. § 101a UrhG, eingefügt durch das Produktpirateriegesetz v. 7.3.1990. Zur Geltendmachung im Wege der einstweiligen Verfügung bei offensichtlicher Rechtsverletzung → Form. II.Q.22. Fehlt es an der Handlung des Herstellens (Vervielfältigens), so entfallen die in Klammern gesetzten Antragsformulierungen.

§§ 97 ff. UrhG sind durch das Gesetz zur Verbesserung der Durchsetzung von Rechten des geistigen Eigentums v. 7.7.2008 mWz 1.9.2008 neugefasst. Die Neufassung enthält folgendes:

- § 97 Abs. 2 S. 2 u. 3 UrhG berücksichtigen nunmehr ausdrücklich die Berechnungsmethode des Verletzergewinns bzw. die Lizenzanalogie;
- § 97a UrhG begründet die Notwendigkeit der Abmahnung und definiert diese;
- § 98 UrhG begründet neben dem bisher schon bekannten Anspruch auf Vernichtung urheberrechtsverletzender Erzeugnisse insb. den Anspruch auch auf Rückruf;
- § 101 UrhG erweitert in Abs. 3 den Katalog der Angaben, über die der Urheberrechtsverletzer Auskunft erteilen muss;
- § 101 Abs. 7 UrhG eröffnet den Weg des einstweiligen Verfügungsverfahrens;
- § 101a UrhG gibt einen Anspruch auf Vorlage von Urkunden oder Besichtigung einer Sache, soweit dies für die Geltendmachung urheberrechtlicher Ansprüche erforderlich istAbs. 3 dieser Bestimmung gewährt die Möglichkeit zur Durchsetzung im einstweiligen Verfügungsverfahren;
- § 101b UrhG begründet Zugriffsmöglichkeiten auf Bank-, Finanz- oder Handelsunterlagen im Falle des Bestehens von Schadensersatzansprüchen.

9. Zum Rechnungslegungsanspruch → Form. II.Q.1 Anm 16, → Anm. 16, 17. Er ist auch im Urheberrecht allgemein anerkannt und besteht als ungeschriebener Anspruch neben den Möglichkeiten des § 101 UrhG nF fort, vgl. statt vieler *Fromm/Nordemann* UrhG § 101 Rn. 33, 34. Für das Fehlen von Herstellungshandlungen → Anm. 8.

Da in dem dem Form. zugrunde liegenden Sachverhalt zwischen den Parteien kein Wettbewerbsverhältnis besteht, bedarf es auch keiner Einschränkung des Rechnungslegungsanspruches durch einen sog Wirtschaftsprüfervorbehalt, der allerdings bei § 101a UrhG nur eingeschränkt möglich ist (→ Form. II.Q.1 Anm. 20), jedoch nach wie vor für einen Rechnungslegungsanspruch gelten könnte, wie er mit Klageantrag I. 3 im Textbeispiel vorgeschlagen wird.

10. Der Vernichtungsanspruch ist in § 98 UrhG geregelt. Zu Einzelheiten und zur Antragsformulierung → Form. II.Q.22, insb. auch zur Geltendmachung im einstweiligen Verfügungsverfahren. Zum Vernichtungsanspruch s. BGH GRUR 1997, 899 – Vernichtungsanspruch. BGHZ 153, 69 = GRUR 2003, 298 – P-Vermerk eröffnet die Möglichkeit gem. § 98 Abs. 1 UrhG, dass von einem Verletzer Vernichtung auch in der Form verlangt werden kann, dass rechtswidrig hergestellte Vervielfältigungsstücke an einen zur Vernichtung bereiten Gerichtsvollzieher herauszugeben sind.

11. Zur Verbindung von Rechnungslegungs- und Schadensersatzfeststellungsbegehren → Form. II.Q.3 Anm. 28. Das dort Ausgeführte gilt auch für Urheberrechtsverletzungsstreitigkeiten. Das Schadensersatzbegehren findet seine Grundlage in § 97 Abs. 1 S. 1 UrhG.

Es wird darauf aufmerksam gemacht, dass § 97 Abs. 2 UrhG – im Ausnahmefall – auch einen Anspruch auf Ersatz des *immateriellen* Schadens gewährt.

12. Vgl. § 103 UrhG. Gegenstand der Veröffentlichungsbefugnis ist nach dem Wortlaut des § 103 Abs. 1 S. 1 UrhG „das Urteil". Regelmäßig kommt jedoch nur eine Veröffentlichung des verfügenden Teils in Betracht. Art und Umfang der Veröffentlichung werden durch das Gericht bestimmt; dementsprechend brauchen die Einzelumstände der Veröffentlichung nicht näher beantragt zu werden. Es steht dem Kläger frei, Anregungen zu geben. Der Kläger muss ein berechtigtes Interesse an der Urteilsveröffentlichung darlegen. Dabei darf es sich nicht um eine Bestrafung des Beklagten handeln, sondern es geht darum, ein etwaiges Aufklärungsinteresse der Allgemeinheit zu befriedigen. Besteht die

Gefahr einer unnötigen Bloßstellung und Herabsetzung, scheidet der Veröffentlichungsanspruch aus (OLG Celle GRUR-RR 2001, 125 (126) – Stadtbahnwagen). Ist eine Veröffentlichung geeignet, nur einen Teil der Öffentlichkeit aufzuklären, iÜ jedoch eher zu verwirren, ist ebenfalls keine Veröffentlichung möglich (BGH GRUR 1966, 623 (625) – Kupferberg). Zum (patentrechtlichen) Urteilsveröffentlichungsanspruch vgl. *Mes* PatG, 5. Aufl. 2020, § 140e Rn. 1 ff.

13. Die Nebenentscheidungen werden von Amts wegen getroffen; sie werden in der Praxis jedoch üblicherweise beantragt.

14. Stellungnahme gem.§ 253 Abs. 3 Nr. 3 ZPO.

15. Ist zu erwarten, dass die Kammer von einem schriftlichen Vorverfahren Gebrauch macht, sollten hier die Anträge gem. §§ 307 Abs. 2, 331 Abs. 3 ZPO aufgenommen sein. Ferner ist eine Stellungnahme nach §§ 253, Abs. 3 Nr. 1,278 Abs. 2 ZPO dazu vorzusehen, ob der Klageerhebung der Versuch einer Mediation oder eines anderen Verfahrens der außergerichtlichen Konfliktbeilegung vorangegangen ist oder ob derartige Möglichkeiten Aussicht auf Erfolg bieten. Schließlich ist auch eine Aussage zur Güteverhandlung nach Maßgabe des § 278 ZPO vorzusehen, → Form. II.Q.3 Anm. 6.

16. Die Mitteilung des Sterbedatums eines Künstlers ist von Bedeutung für die Berechnung der Dauer des Urheberrechtsschutzes (vgl. dazu §§ 64 ff. UrhG). Gem. § 64 Abs. 1 UrhG erlischt das Urheberrecht 70 Jahre nach dem Tode des Urhebers.

17. Die anspruchsbegründenden Voraussetzungen des § 97 Abs. 1 UrhG sind folgende:
- Es besteht ein Urheberrecht (oder ein urheberrechtsähnliches Leistungsschutzrecht, vgl. §§ 69a ff., 70 f. u. 72 ff. UrhG);
- das geschützte Recht wird verletzt;
- die Verletzung ist widerrechtlich.

Sind die vorstehend wiedergegebenen Voraussetzungen gegeben, so besteht ein Anspruch auf Beseitigung der Beeinträchtigung; besteht Wiederholungsgefahr, so ist gem. § 97 Abs. 1 S. 1 UrhG ein Unterlassungsanspruch begründet. Der Anspruch auf Unterlassung besteht auch dann, wenn eine Zuwiderhandlung erstmalig droht (§ 97 Abs. 1 S. 2 UrhG). Handelt des Weiteren der Verletzer fahrlässig oder vorsätzlich, so besteht ein Anspruch auf Schadensersatz, und zwar auch auf Herausgabe des Verletzergewinns (gem. § 97 Abs. 2 S. 2 UrhG) wie auch auf eine angemessene Vergütung nach Maßgabe der Lizenzanalogie (§ 97 Abs. 2 S. 3 UrhG). Dazu besteht ein vorbereitender Rechnungslegungsanspruch.

Zur Geltendmachung der vorstehenden Ansprüche sind befugt:
- Der Inhaber des Urheberrechts;
- der Inhaber eines ausschließlichen Nutzungsrechtes gem. § 31 Abs. 3 UrhG (vgl. BGH GRUR 2008, 896 – Tintenpatrone; WRP 1998, 406 (408) – Lunette; GRUR 1996, 109 (111) – Klinische Versuche I: alle für Patentrecht);
- zur Situation, dass sowohl ausschließlicher Lizenznehmer als auch Patentinhaber jeweils aktivlegitimiert sind, BGH GRUR 2008, 896 Rn. 24 – Tintenpatrone);
- im Wege der Prozessstandschaft (im Hinblick auf den Unterlassungsanspruch), iÜ infolge von Abtretung: der einfach Nutzungsberechtigte gem. § 31 Abs. 2 UrhG.

Die Aktivlegitimation der Verwertungsgesellschaften ergibt sich aus § 13b UrhWG.

18. Die Voraussetzungen für die Urheberrechtsschutzfähigkeit sind in § 2 UrhG geregelt. § 2 Abs. 1 zählt die schutzfähigen Werke auf, während § 2 Abs. 2 die Schutzvoraussetzungen festlegt (es muss sich um ein Werk handeln, das eine persönliche geistige Schöpfung darstellt). Zu den Einzelheiten dieser sehr schwierigen Materie vgl. die eingangs genannte Lit. und insb. die Ausführungen bei Schricker/Löwenheim UrhG § 2 Rn. 30 ff.

19. Sehen die beteiligten Verkehrskreise ein Werk als Kunstwerk an, so spricht dies für Urheberrechtsschutzfähigkeit; vgl. *v. Gamm* UrhG 1968 § 2 Rn. 16 mwN. Allerdings findet eine qualitative Beurteilung nicht statt, sondern es geht allein darum, zu bewerten, ob der ästhetische Gehalt einen ausreichenden Grad von Schöpfungshöhe erreicht hat, so dass von einer künstlerischen (persönlich geistigen) Leistung gesprochen werden kann (BGH GRUR 1988, 690 (692) – Kristallfiguren; zu Einzelheiten betr. § 2 Abs. 2 UrhG vgl. Schricker/Loewenheim UrhG § 2 Rn. 38 ff.).

20. Zur Übertragbarkeit des Urheberrechts vgl. §§ 28 ff. UrhG. Das Urheberrecht ist gem. § 28 Abs. 1 UrhG vererblich.

21. → Anm. 8.

22. Für die Begründetheit des Schadensersatzfeststellungsbegehrens genügt der Sachvortrag, dass ein Schadenseintritt wahrscheinlich ist. → Form. II.Q.3 Anm. 45. Das dort für den Patentverletzungsprozess Ausgeführte gilt auch für Urheberrechtsverletzungsstreitigkeiten. Zum immateriellen Schaden vgl. § 97 Abs. 2 UrhG.

23. Zum Verschulden vgl. § 97 Abs. 1 S. 1 UrhG.

24. Zur Anspruchsgrundlage betreffend das Rechnungslegungsbegehren vgl. Schricker/Loewenheim/*Wimmers* UrhG § 101 Rn. 1 ff. und Rn. 15; → Form. II.Q.1 Anm. 15, 16.

25. Zur Dauer des Urheberrechtes vgl. §§ 64 ff. UrhG.

26. Vgl. die anspruchshindernden Ausnahmen gem. § 101 UrhG; weitere Einschränkungen des Anspruchs enthalten Abs. 3 u. 4 des § 98 UrhG.

27. → Anm. 11. § 103 Abs. 3 UrhG regelt des Weiteren einen Anspruch auf Vorauszahlung der Kosten der Veröffentlichung.

28. Zur Zuständigkeit gelten die allgemeinen Regelungen. Zu beachten ist § 105 UrhG.

Kosten und Gebühren

29. Es gelten die allgemeinen Grundsätze.

Rechtsmittel und Fristen

30. Keine.

R. Presse- und Medienrecht

1. Gegendarstellung

Überschrift[1, 2]

In der XY-Zeitung, Ausgabe Nr. . . . ., vom . . . . .,[3] ist auf Seite . . . . . ein Beitrag unter der Überschrift . . . . . mit (unrichtigen) Behauptungen über . . . . . enthalten:[4]

a) Unwahr ist . . . . .[5]
Wahr ist . . . . .[6]

b) Ferner wird behauptet . . . . . Hierzu stelle ich fest . . . . .[7]

c) Soweit durch die Behauptung . . . . . der Eindruck erweckt wird, dass . . . . . ist festzustellen . . . . .[8]

d) Zu der Behauptung . . . . . ist zu ergänzen . . . . .[9]

. . . . ., den . . . . .[10]

. . . . .

Unterschrift[11]

Schrifttum: Damm/Rehbock, Widerruf, Unterlassung und Schadensersatz in den Medien, 3. Aufl. 2008; *Gersdorf/Paal*, BeckOK Informations- und Medienrecht, 31. Edition, Stand: 1.2.2021; *Götting/Schertz/Seitz*, Handbuch Persönlichkeitsrecht, 2. Aufl. 2019; *Binder/Vesting*, Beck'scher Kommentar zum Rundfunkrecht, 4. Aufl. 2018; *Köhler/Bornkamm/Feddersen*, UWG, 39. Aufl. 2021; *Lent*, Aktuelle Rechtsfragen der Gegendarstellung in elektronischen Presseangeboten, ZUM 2016, 954; *Löffler,* Presserecht, 6. Aufl. 2015; *Paschke/Berlit/Meyer/Kröner*, Hamburger Kommentar Gesamtes Medienrecht, 4. Aufl. 2021; *Raue/Hegemann*, Münchener Anwaltshandbuch Urheber- und Medienrecht, 2. Aufl. 2017; *Ricker/Weberling,* Handbuch des Presserechts, 7. Aufl. 2021; *Rixecker*, in: Münchener Kommentar, Bürgerliches Gesetzbuch, Bd. 1, Anh. § 12, 8. Aufl. 2018; *Seitz*, Der Gegendarstellungsanspruch – Presse, Film, Funk, Fernsehen und Internet, 5. Aufl. 2017; *Soehring/Hoene,* Presserecht, 6. Aufl. 2019; *Spindler/Schuster*, Recht der elektronischen Medien, 4. Aufl. 2019; *Wenzel,* Das Recht der Wort- und Bildberichterstattung, 6. Aufl. 2018; *Zöller*, Zivilprozessordnung, 33. Aufl. 2020; sa *Burkhardt* in Münchener Prozessformularbuch, Bd. 5, Gewerblicher Rechtschutz, Urheber- und Presserecht (Hrsg. *Mes*), Teil H, 5. Aufl. 2018.

Anmerkungen

1. Gegendarstellung – rechtlicher Rahmen

a) Anzuwendendes Recht: Die Gesetzgebungskompetenz für das Presse- und Rundfunkrecht steht den Ländern zu. Trotz weitgehender Übereinstimmung der verschiedenen Anspruchsgrundlagen im Kern unterscheiden sich diese in vielen Details.

Presse: Es gilt das Recht des Erscheinungsortes. Dies ist der Ort, an dem die Verbreitung beginnt, idR Ort des Verlags (Wenzel BerichterstattungR/*Burkhardt* Kap. 11 Rn. 9). Anspruchsgrundlage idR § 11 des jeweiligen Landespressegesetzes, in Hessen § 9, in Bayern Art. 10 BayPrG, in Berlin, Mecklenburg-Vorpommern, Sachsen und Sachsen-

Anhalt jeweils § 10, in Brandenburg § 12, in Rheinland-Pfalz § 11 LMG, im Saarland § 10 SMG.

Rundfunk: Beim öffentlich-rechtlichen Rundfunk gilt das Recht des Verpflichteten mit einer Sonderregelung für das ARD-Fernseh-Gemeinschaftsprogramm (§ 8 ARD-StV). Bei privaten Rundfunkveranstaltern ist auf das Recht an deren Sitz abzustellen. Nach Auffassung des OLG München (14.11.1997 – 21 U 5574/97, AfP 1998, 89; ebenso *Seitz* Gegendarstellungsanspruch Kap. 3 Rn. 10) ist bei privaten Rundfunkveranstaltern demgegenüber das Recht der die Sendelizenz erteilenden Medienanstalt maßgebend.

Baden-Württemberg: Südwestrundfunk § 10 SWR-Staatsvertrag; Privater Rundfunk § 9 LMedienG.

Bayern: Bayerischer Rundfunk Art. 17 BayRG; Privater Rundfunk Art. 18 BayMG.

Berlin: Rundfunk Berlin-Brandenburg § 9 RBB-StV; Privater Rundfunk § 52 MStV Berlin-Brandenburg

Brandenburg: s. Berlin

Bremen: Radio Bremen § 27 RBG; Privater Rundfunk § 19 BremLMG.

Hamburg: Norddeutscher Rundfunk § 12 NDR-Staatsvertrag; Privater Rundfunk § 10 MedienStV Hamburg und Schleswig-Holstein.

Hessen: Hessischer Rundfunk § 3 Nr. 9 HessRfG iVm § 9 HessLPG; Privater Rundfunk § 28 HPRG.

Mecklenburg-Vorpommern: Norddeutscher Rundfunk § 12 NDR-Staatsvertrag; Privater Rundfunk § 30 RundfG M-V.

Niedersachsen: Norddeutscher Rundfunk § 12 NDR-Staatsvertrag; Privater Rundfunk § 20 NMedienG.

Nordrhein-Westfalen: Westdeutscher Rundfunk § 9 WDRG; Privater Rundfunk §§ 44, 45 LMG NRW.

Rheinland-Pfalz: Südwestrundfunk § 10 SWR-Staatsvertrag; Privater Rundfunk § 11 LMG.

Saarland: Saarländischer Rundfunk, Privater Rundfunk und Telemedien § 10 SMG.

Sachsen: Mitteldeutscher Rundfunk § 15 MDR-Staatsvertrag; Privater Rundfunk § 19 SächsPRG.

Sachsen-Anhalt: Mitteldeutscher Rundfunk § 15 MDR-Staatsvertrag; Privater Rundfunk § 26 MedienG LSA.

Schleswig-Holstein: Norddeutscher Rundfunk § 12 NDR-Staatsvertrag; Privater Rundfunk § 10 MedienStV Hamburg und Schleswig-Holstein.

Thüringen: Mitteldeutscher Rundfunk § 15 MDR-Staatsvertrag; Privater Rundfunk § 27 ThürLMG.

Fernseh-Gemeinschaftsprogramm der ARD: § 8 ARD-Staatsvertrag iVm dem für die einbringende Anstalt geltenden Gegendarstellungsrecht, vgl. auch ARD-Grundsätze Nr. V Abs. 1 (Richtlinien gem. § 11e RStV; neu: § 31 MStV).

ZDF: § 9 ZDF-Staatsvertrag.

Deutschlandradio: § 9 DLR-Staatsvertrag.

Deutsche Welle: § 18 DWG.

Europarecht: Art. 8 Fernsehkonvention des Europarats; Art. 28 AVMD-Richtlinie.

ARTE, 3sat, Phoenix – Der Ereignis- und Dokumentationskanal und KI.KA – Der Kinderkanal: Eine gesetzliche Gegendarstellungsregelung fehlt. Dies verletzt den verfassungsrechtlich gebotenen Schutzanspruch (BVerfG 19.2.1993 – 1 BvR 1424/92, AfP 1993, 474 – MOZ) und verstößt zugleich gegen Art. 28 AVMD-Richtlinie (Wenzel BerichterstattungR/*Burkhardt* Kap. 11 Rn. 4 und 293 ff.). *Seitz* (Gegendarstellungsanspruch Kap. 1 Rn. 9) nimmt an, dass Gegendarstellungen gegen 3sat an das ZDF, gegen Phoenix und KI.KA an die jeweilige einbringende Anstalt zu richten sind. Dies erscheint unzutreffend, da ein Gegendarstellungsanspruch nur aufgrund gesetzlicher

Grundlage geltend gemacht werden kann (BVerfG 19.2.1993 – 1 BvR 1424/92, AfP 1993, 474 – MOZ) und solche für diese Sender fehlen.

Telemedien: § 20 MStV; § 9 ZDF-StV.

b) Rechtsnatur. Der Gegendarstellungsanspruch ist ein spezifisches Rechtsinstitut, das dem von einer Tatsachenbehauptung in Massenmedien Betroffenen die Möglichkeit zu einer Gegenäußerung gibt. Er setzt keine Rechtsverletzung, geschweige denn eine schuldhafte Rechtsverletzung voraus (BVerfG 19.12.2007 – 1 BvR 967/05, NJW 2008, 1654; BerlVerfGH 20.8.2008 – VerfGH 22/08, NJW 2008, 3491). Er ist nicht auf die Erforschung der materiellen Wahrheit gerichtet und setzt weder den Nachweis der Unwahrheit der angegriffenen Erstäußerung noch den Nachweis der Wahrheit des Inhalts der Gegendarstellung voraus. Er dient deshalb weder der Beseitigung noch der Wiedergutmachung geschehenen Unrechts. Mit den teilweise scheinbar ähnlichen oder verwandten aus unerlaubter Handlung fließenden Ansprüchen auf Unterlassung, Widerruf und Schadensersatz hat der Gegendarstellungsanspruch nichts zu tun; er kann auch nicht aus unerlaubter Handlung abgeleitet werden (vgl. *Löffler/Sedelmeier* § 11 Rn. 37, 44). Eine Gegendarstellung kann daher neben einem Widerruf (→ Form. II.R.13) verlangt werden. Der Gegendarstellungsanspruch beruht zum einen auf dem allgemeinen Persönlichkeitsrecht und dient zum anderen der Mitwirkung bei der öffentlichen Meinungsbildung. Er ist ein zivilrechtlicher Anspruch sui generis mit besonderen Voraussetzungen, der (außer in Bayern und Sachsen, wo das Verfahren der einstweiligen Verfügung alternativ zur ordentlichen Klage gegeben ist, ebenso bei Ansprüchen gegen den RBB) nur in einem besonderen landesrechtlich geregelten Verfahren vor den Zivilgerichten geltend gemacht werden kann.

c) Die Berechtigten. Den Anspruch auf Veröffentlichung einer Gegendarstellung hat jede Person oder Stelle, in Bayern nach Art. 10 BayPrG jede unmittelbar betroffene Person oder Behörde (*Seitz* Gegendarstellungsanspruch Kap. 4 Rn. 11 ff.), die durch eine aufgestellte Tatsachenbehauptung betroffen ist. Personen sind sowohl natürliche wie juristische Personen, ferner die Handelsgesellschaften, die als solche klagen und verklagt werden können (Wenzel BerichterstattungR/*Burkhardt* Kap. 11 Rn. 53) sowie BGB-Gesellschaften, nachdem deren Parteifähigkeit anerkannt ist (BGH 29.1.2001 – II ZR 331/00, NJW 2001, 1056). Stellen sind in erster Linie Behörden, ferner alle Körperschaften, Organisationen, Anstalten, Institute und Verbände, soweit sie nicht unter den Begriff der Person fallen, wie Betriebsräte (OLG Hamburg 10.2.1982 – 3 W 12/82, AfP 1982, 232) und kirchliche Ordinariate (OLG Karlsruhe 19.6.1996 – 14 U 242/95, AfP 1998, 65). Die Abgrenzung ist teilweise streitig (vgl. *Löffler/Sedelmeier* § 11 Rn. 49; *Seitz* Gegendarstellungsanspruch Kap. 4 Rn. 4). Der Anspruch ist nicht vererblich und erlischt mit dem Tod des Betroffenen, auch dann, wenn der Anspruch schon zu dessen Lebzeiten tituliert worden war (KG 26.1.2007 – 9 U 251/06, AfP 2007, 137). Betroffen ist, wer durch eine Tatsachenbehauptung in der Erstmitteilung als Individuum selbst angesprochen ist (vgl. *Löffler/Sedelmeier* § 11 Rn. 54 ff.; Wenzel BerichterstattungR/*Burkhardt* Kap. 11 Rn. 59 ff.).

d) Die Verpflichteten. Presse: Gegendarstellungspflichtig sind nur Verleger und verantwortlicher Redakteur eines periodischen Druckwerks. Das sind Zeitungen und Zeitschriften und andere, in ständiger, wenn auch unregelmäßiger Folge und im Abstand von nicht mehr als sechs Monaten erscheinende Druckwerke (vgl. § 7 Abs. 4 LPG BW), in Bayern Zeitungen und Zeitschriften (Art. 6 Abs. 2 BayPrG). Der Chefredakteur ist als solcher nicht passivlegitimiert, es sei denn, er hat zugleich die Funktion des verantwortlichen Redakteurs inne. **Rundfunk:** Gegendarstellungspflichtig ist der jeweilige Rundfunkveranstalter (vgl § 9 LMedienG BW). Beim öffentlich-rechtlichen Rundfunk sind dies die jeweiligen Landesrundfunkanstalten, das ZDF und das Deutschlandradio sowie die Deutsche Welle. Bei Sendungen in einem ARD-Fernseh-Gemeinschaftsprogramm ist die einbringende Anstalt verpflichtet. Jede Landesrundfunkanstalt ist zur Auskunft darüber verpflichtet, welche Anstalt die Sendung eingebracht hat (§ 8 ARD-StV). Beim privaten Rundfunk sind auch die Veranstalter von Fensterprogrammen gegendarstellungspflichtig. **Telemedien:** Nur Anbieter von Telemedien mit journalistisch-redaktionell gestalteten Angeboten sind gegendarstellungspflichtig (§ 20 MStV; KG 28.11.2016 – 10 W 173/16, BeckRS 2016, 21278). Dies sind insb. Angebote, die vollständig oder teilweise Inhalte periodischer Druckerzeugnisse in Text oder Bild wiedergeben (BeckOK InfoMedienR/*Lent* MStV § 20 Rn. 4–5; zur inhaltsgleichen Vorgängernorm: Spindler/Schuster/*Mann* RStV § 56 Rn. 6 ff.; Wenzel BerichterstattungR/*Burkhardt* Kap. 11 Rn. 346 ff.). Dazu rechnen nach Ansicht des LG München I (24.11.2014 – 9 O 19238/14, AfP 2015, 71) auch Apps, die lediglich sog Teaser mit Verlinkung auf den zugrunde liegenden Bericht enthalten. Anbieter anderer Telemedien ohne journalistisch-redaktionelle Angebote sind nicht gegendarstellungspflichtig (vgl. BVerfG 19.2.1993 – 1 BvR 1424/92, AfP 1993, 474 – MOZ; Spindler/Schuster/*Mann* RStV § 56 Rn. 11 f). Welche Anforderungen im Hinblick auf die journalistisch-redaktionelle Gestaltung im Einzelnen erfüllt sein müssen ist umstritten (vgl. OLG Bremen 14.1.2011 – 2 U 115/10, NJW 2011, 1611; OLG Koblenz 12.4.2021 – 4 W 108/21 – GRUR-RS 2021, 9693; VGH Baden-Württemberg 25.3.2014 – 1 S 169/14; BVerwG 21.3.2019 – 7 C 26/17, GRUR-RS 2019, 12367; Wenzel BerichterstattungR/*Burkhardt* Kap. 11 Rn. 346 ff.). Anbieter ist nach § 2 Nr. 1 TMG jede natürliche oder juristische Person, die eigene oder fremde Telemedien zur Nutzung bereithält oder den Zugang zur Nutzung vermittelt. Der Verantwortliche nach § 18 Abs. 2 MStV ist – anders als bei der Presse – nicht passivlegitimiert (zur inhaltsgleichen Vorgängernorm: Spindler/Schuster/*Mann* RStV § 56 Rn. 10.; Wenzel BerichterstattungR/*Burkhardt* Kap. 11 Rn. 352). Umstritten ist, ob die sog vorgelagerte Verantwortlichkeitsprüfung nach §§ 7–10 TMG auch bei Gegendarstellungsansprüchen zu erfolgen hat (*Ory* AfP 1998, 465; Wenzel BerichterstattungR/*Burkhardt* Kap. 11 Rn. 342 ff.; Spindler/Schuster/*Mann* RStV § 56 Rn. 14). IErg besteht trotz der Begründungsunterschiede Einigkeit, dass Host- und Zugangsprovider nicht gegendarstellungspflichtig sind (Wenzel BerichterstattungR/*Burkhardt* Kap. 11 Rn. 343 f.; Binder/Vesting/*Schulz* RundfunkR § 56 Rn. 15 ff.; Spindler/Schuster/*Mann* RStV § 56 Rn. 14).

e) **Die Voraussetzungen.** Der Anspruch ist an besondere strenge materielle Voraussetzungen und Formerfordernisse gebunden. Er kann nur gegen Tatsachenbehauptungen (→ Anm. 5), durch die der Anspruchsteller objektiv betroffen ist (Wenzel BerichterstattungR/*Burkhardt* Kap. 11 Rn. 59 ff.), geltend gemacht werden. Eine negative Beeinträchtigung oder eine Rechtsverletzung sind nicht erforderlich. Die Darlegungs- und Glaubhaftmachungslast für seine Betroffenheit trägt der Anspruchsteller. Der Anspruch ist nicht gegeben, wenn ein Ausschlussgrund vorliegt:

- fehlendes berechtigtes Interesse an der Veröffentlichung der Gegendarstellung
- unangemessener Umfang,
- unzulässiger Inhalt (nur Tatsachenbehauptungen, → Anm. 5; kein strafbarer oder zivilrechtlich unzulässiger Inhalt),
- fehlerhafte Form (→ Anm. 7) oder
- Fristen (Unverzüglichkeits- und Ausschlussfrist, in Bayern Aktualitätsfrist, → Anm. 3) nicht eingehalten.

Das berechtigte Interesse ist zu verneinen bei Belanglosigkeit der Gegendarstellung, bei offensichtlicher Unwahrheit, bei irreführendem, widersprüchlichem oder unverständlichem Inhalt, sowie wenn die Gegendarstellung keine abweichende Aussage gegenüber der Erstmitteilung enthält oder in dieser die Stellungnahme des Betroffenen bereits hinreichend berücksichtigt war (*Löffler/Sedelmeier* § 11 Rn. 61 ff.; Wenzel BerichterstattungR/*Burkhardt* Kap. 11 Rn. 31 ff.). Der Betroffene ist jedoch zu einer Stellungnahme auf eine Rechercheanfrage nicht verpflichtet. Äußert es sich nicht oder verbietet er, seine Stellungnahme in der Berichterstattung zu berücksichtigen, lässt dies den Gegendarstellungsanspruch unberührt (BVerfG 9.4.2018 – 1 BvR 840/15, BeckRS 2018, 9259). Der

BerlVerfGH (20.8.2008 – VerfGH 22/08, NJW 2008, 3491) und das KG (21.10.2011 – 10 W 138/11, BeckRS 2011, 28792) verlangen ua unter Hinweis auf die Entscheidung des BGH zum Richtigstellungsanspruch (22.4.2008 – VI ZR 83/07, NJW 2008, 2262) bei Gegendarstellungen von Behörden, dass die Erstäußerung unabhängig vom Wahrheitsgehalt sich auf das Erscheinungsbild der Behörde in der Öffentlichkeit erheblich auswirken kann. Ansonsten sei ein Gegendarstellungsanspruch der Behörde nicht gegeben.

Die Gegendarstellungspflicht besteht nur eingeschränkt gegenüber Anzeigen (*Löffler/Sedelmeier* § 11 Rn. 68 ff.; Spindler/Schuster/*Mann* RStV § 56 Rn. 37), sie entfällt außerdem bei wahrheitsgetreuen Parlaments- und Gerichtsberichten (*Löffler/Sedelmeier* § 11 Rn. 72 ff.). Amtliche und harmlose Schriften unterliegen idR nicht den Vorschriften der LPG (s. zB § 7 Abs. 3 LPG BW; Sonderregelung in Bayern und Sachsen s. *Löffler/Lehr* § 7 Rn. 57 f.). Gegen eine Gegendarstellung kann keine Gegendarstellung verlangt werden.

f) Die Abdruck-/Veröffentlichungspflicht. Die Gegendarstellung ist nur zu veröffentlichen, wenn sie sämtlichen gesetzlichen Anforderungen genügt. Dies gilt auch, wenn die Gegendarstellung aus mehreren einzelnen Punkten besteht. Es gilt das **Alles-oder-Nichts-Prinzip. Presse:** § 11 Abs. 3 LPG bestimmt, dass der Abdruck in der nach Empfang der Einsendung nächstfolgenden, für den Druck nicht bereits abgeschlossenen Nummer im gleichen Teil des Druckwerks und in gleicher Schrift wie der beanstandete Text zu erfolgen hat. Der verantwortliche Redakteur und der Verleger haben die Gegendarstellung „ohne Einschaltungen und Weglassungen" abzudrucken. Zur Erfüllung des Anspruchs aus § 11 LPG gehört neben dem Abdruck die Verbreitung der Gegendarstellung. Nur wenn der Abdruck der Gegendarstellung nach Form und Inhalt den gesetzlichen Erfordernissen entspricht, ist der Gegendarstellungsanspruch erfüllt (Wenzel BerichterstattungR/*Burkhardt* Kap. 11 Rn. 165 ff.). **Rundfunk:** Die Gegendarstellung ist unverzüglich zur gleichen oder jedenfalls gleichwertigen Sendezeit und innerhalb des gleichen Programms oder der gleichen Programmsparte wie die beanstandete Erstmitteilung auszustrahlen. Sie wird durch einen Sprecher verlesen. Beim Fernsehen und in Telemedien ist dem Betroffenen zwar die Möglichkeit einzuräumen, auch visuelles Berichtigungsmaterial im Rahmen seiner Gegendarstellung zu nutzen, soweit dies zB wegen Bildverwechslungen oÄ erforderlich ist. Ein Anspruch auf einen Gegenfilm besteht indessen nicht (Wenzel BerichterstattungR/*Burkhardt* Kap. 11 Rn. 284). **Telemedien:** Die Gegendarstellung ist unverzüglich und ohne zusätzliches Abrufentgelt und in gleicher Aufmachung anzubieten. Aus dem Schriftformerfordernis ergibt sich, dass auch insoweit Gegenfilme oder –videos ausgeschlossen sind (*Lent* ZUM 2016, 954). Ist die beanstandete Erstäußerung noch im Angebot enthalten, ist die Gegendarstellung mit dieser unmittelbar zu verknüpfen und so lange anzubieten, wie die Erstäußerung. Ansonsten ist sie an vergleichbarer Stelle für die gleiche Dauer wie die Erstäußerung anzubieten (Spindler/Schuster/*Mann* RStV § 56 Rn. 21 ff.; *Lent* ZUM 2016, 954).

Zur Möglichkeit des Verpflichteten, einen sog Redaktionsschwanz anzufügen vgl. OLG Dresden 27.3.2013 – 4 W 295/13, AfP 2014, 334; OLG Hamburg 26.3.2019 – 7 U 94/13, ZUM-RD 2019, 572; *Löffler/Sedelmeier* § 11 Rn. 162 ff.; Wenzel BerichterstattungR/*Burkhardt* Kap. 11 Rn. 183 ff. Die rundfunkrechtlichen Regelungen sehen teilweise strenger vor, dass eine Erwiderung nicht am gleichen Tage erfolgen darf (vgl. § 19 Abs. 4 S. 3 SächsPRG). Bei Telemedien darf nach § 20 Abs. 1 S. 5 MStV eine Erwiderung nicht unmittelbar mit der Gegendarstellung verknüpft werden.

2. Die **Überschrift** ist vom Anspruchsteller vorzugeben und mit zu veröffentlichen. Sie kann entweder nur aus dem Wort „Gegendarstellung" bestehen oder sie kann auch sachlichen Inhalt haben. Dabei kann sie entweder lauten „Gegendarstellung zum . . . . .-Bericht", oder sie kann den Inhalt der Gegendarstellung zusammenfassend vorwegnehmen oder eine Verneinung der Schlagzeile in der Erstmitteilung sein. Jedoch muss sie Tatsachencharakter besitzen (Wenzel BerichterstattungR/*Burkhardt* Kap. 11 Rn. 120 f.).

Um zusätzliche Fehlerquellen zu vermeiden, empfiehlt es sich, nur „Gegendarstellung“ als Überschrift zu verwenden.

3. Die Gegendarstellung ist **fristgebunden. Presse**: Die Gegendarstellung muss – abw.: Art. 10 BayPrG – unverzüglich nach Kenntnis (§ 121 Abs. 1 S. 1 BGB; idR binnen zwei Wochen, OLG Stuttgart 8.2.2006 – 4 U 221/05, AfP 2006, 252, OLG Dresden 26.10.2006 – 4 U 1541/06, ZUM-RD 2007, 117; 3.4.2018 – 4 W 282/18, BeckRS 2018, 5129; OLG Köln 25.7.2013 – 15 U 87/13, AfP 2014, 340; aA KG 20.6.2008 – 9 W 72/08, AfP 2009, 61, nach den Umständen des Einzelfalls auch kürzere Frist; ähnlich LG Dresden 19.5.2010 – 3 O 1081/09, AfP 2010, 595), spätestens innerhalb von drei Monaten nach Veröffentlichung (Ausschlussfrist; nicht in Hessen) dem Verpflichteten zugeleitet werden (*Löffler/Sedelmeier* § 11 Rn. 157 ff.). In Bayern gilt die Aktualitätsgrenze. Diese beträgt bei durchschnittlichen Artikeln ca. 4 Wochen (OLG München 25.7.1990 – 21 U 3985/90, AfP 1990, 311; 25.7.1997 -21 U 4051/97, AfP 1998, 86; 10.12.1997 – 21 U 5795/97, AfP 1999, 72; 28.7.2000 – 21 W 2063/00, AfP 2001, 126; 29.11.2011 – 18 U 3582/11 Pre, BeckRS 2014, 16264; 20.9.2013 – 18 U 3075/13 Pre, ZUM-RD 2014, 104). Sie ist jedoch nur eingehalten, wenn innerhalb dieser Frist nicht nur die Gegendarstellung dem Verpflichteten zugeleitet wurde, sondern auch ein Verfügungsantrag so rechtzeitig bei Gericht eingegangen ist, dass das Gericht noch innerhalb der Aktualitätsgrenze eine erste Sachentscheidung treffen kann. **Rundfunk**: Für die Zuleitung der Gegendarstellung gilt ebenso die Unverzüglichkeitsfrist (OLG Stuttgart 8.2.2006 – 4 U 221/05, AfP 2006, 252; OLG Köln 25.7.2013 – 15 U 87/13, AfP 2014, 340). Die Ausschlussfrist beträgt zumeist zwei Monate (zB § 10 Abs. 3 SWR-StV), kann jedoch auch kürzer (§ 28 Abs. 1 Satz 2 HPRG: 6 Wochen) oder länger (§ 11 Abs. 3 Nr. 4 LMG: 3 Monate) sein. **Telemedien**: Die Gegendarstellung ist unverzüglich nach Kenntnis zuzuleiten. Die Ausschlussfrist beträgt sechs Wochen nach dem letzten Tag des Angebots des beanstandeten Textes, längstens jedoch drei Monate nach der erstmaligen Einstellung des Angebots (§ 20 Abs. 2 Nr. 4 MStV).

Erst mit dem **Zugang** einer inhaltlich und der Form nach dem Gesetz entsprechenden Gegendarstellung bei dem Verpflichteten entsteht der Anspruch auf Veröffentlichung konstitutiv als Leistungsanspruch (*Löffler/Sedelmeier* § 11 Rn. 152 ff.; *Sedelmeier* AfP 2012, 345). Zur Änderung einer Gegendarstellung und erneuten Zuleitung vgl. OLG Stuttgart AfP 2006, 252; OLG Köln 25.7.2013 – 15 U 87/13, AfP 2014, 340; OLG München 12.5.2000 – 21 U 2966/00, NJW-RR 2000, 1573; OLG Oldenburg 23.8.2010 – 13 U 23/10, AfP 2011, 74; OLG Dresden 3.4.2018 – 4 W 282/18, BeckRS 2018, 5129; *Sedelmeier* AfP 2006, 24.

4. **Anknüpfung.** Nach Art. 10 Abs. 1 S. 2 BayPrG muss die Gegendarstellung die beanstandeten Stellen bezeichnen. Obgleich in anderen LPG eine entsprechende Regelung fehlt, ist eine Anknüpfung als grds. erforderlich anzusehen. Die meisten rundfunkrechtlichen Vorschriften schreiben die Bezeichnung der beanstandeten Sendung ausdrücklich vor.

5. **Wiedergabe der Erstmitteilung.** Die beanstandete Erstäußerung muss korrekt wiedergegeben werden. Soweit die Erstäußerung nicht wörtlich wiedergegeben wird, ist sorgfältig darauf zu achten, dass keine interpretierenden Elemente in die Wiedergabe einfließen (Wenzel BerichterstattungR/*Burkhardt* Kap. 11 Rn. 80 f.). Bei Äußerungen Dritter, die in der Berichterstattung nur zitiert werden, darf nicht der Eindruck einer eigenen Äußerung des Mediums erweckt werden (OLG Köln AfP 2014, 340). Eine Gegendarstellung ist immer nur gegenüber **Tatsachenbehauptungen**, nicht gegenüber Meinungsäußerungen, zulässig (BVerfG 19.12.2007 – 1 BvR 967/05, NJW 2008, 1654; 21.12.2016 – 1 BvR 1081/15, NJW 2017, 1537; 7.2.2018 – 1 BvR 442/15, NJW 2018, 1596; 9.12.2020 – 1 BvR 704/18, ZUM 2021, 345; vgl. *Löffler/Sedelmeier* § 11

Rn. 88 ff.; *Seitz* Gegendarstellungsanspruch Kap. 5 Rn. 136 ff.; Wenzel BerichterstattungR/*Burkhardt* Kap. 11 Rn. 16 ff.). Die Deutung und Einordnung der Erstäußerung als Tatsachenbehauptung oder Meinungsäußerung ist im Gegendarstellungsverfahren prozessentscheidend und ggf. durch das BVerfG nachprüfbar (BVerfG 19.12.2007 – 1 BvR 967/05, NJW 2008, 1654 (1656); 4.11.2013 – 1 BvR 2108/12, 1 BvR 1660/13, AfP 2014, 433; 21.12.2016 – 1 BvR 1081/15, NJW 2017, 1537; 7.2.2018 – 1 BvR 442/15, NJW 2018, 1596). Tatsachen sind Sachverhalte, Begebenheiten, Vorgänge, Verhältnisse oder Zustände, die der Vergangenheit oder Gegenwart angehören. Zum Begriff der „Tatsache" gehören nicht nur die sinnlich wahrnehmbaren sog äußeren Tatsachen, sondern auch die Vorgänge und Zustände des Seelenlebens, die sog inneren Tatsachen. Eine innere Tatsache ist immer und nur dann anzunehmen, wenn ein innerer Vorgang in Beziehung zu bestimmten äußeren Geschehnissen gesetzt wird, durch die dieser in den Bereich der wahrnehmbaren äußeren Welt getreten ist (OLG Karlsruhe 29.2.2008 – 14 U 199/07, AfP 2008, 315; OLG Düsseldorf 26.6.2015 – I-16 U 85/15, AfP 2016, 163; KG 25.1.2019 – 10 U 2/19, ZUM 2019, 438). Der Gegensatz zur Behauptung einer Tatsache ist die Äußerung bloßer Meinungen und Wertungen. Dies sind Äußerungen, die auf ihren Wahrheitsgehalt im Beweisweg objektiv nicht zu überprüfen sind, weil sie nur eine subjektive Meinung, ein wertendes Urteil wiedergeben. Meinungen sind im Unterschied zu Tatsachenbehauptungen durch die Elemente der Stellungnahme, des Dafürhaltens oder Meinens geprägt. Echte Fragen stehen Meinungsäußerungen gleich (BVerfG 4.11.2013 – 1 BvR 2102/12, 1 BvR 1660/13, NJW 2014, 766; 7.2.2018 – 1 BvR 442/15, NJW 2018, 1596; OLG Hamburg 30.7.2019 – 7 U 12/19, ZUM-RD 2020, 126). Versteht ein erheblicher Teil des Publikums eine Äußerung unterschiedlich, ist von einer Mehrdeutigkeit auszugehen. In diesem Fall darf eine zur Verurteilung führende Bedeutung nicht zu Grunde gelegt werden, ohne vorher die anderen möglichen Deutungen mit schlüssigen Gründen ausgeschlossen zu haben (BVerfG 19.12.2007 – 1 BvR 967/05, NJW 2008, 1654; 4.11.2013 – 1 BvR 2102/12, 1 BvR 1660/13, AfP 2014, 433; 7.2.2018 – 1 BvR 442/15, NJW 2018, 1596; 0.11.2018 – 1BvR 2716/17, ZUM 2019, 330; vgl. auch *Seelmann/Eggebert* NJW 2008, 2551). Bei Rechtsbegriffen dürfen die Fachgerichte nicht ihr eigenes Fachwissen zugrunde legen (BVerfG 20.11.2018 – 1 BvR 2716/17, ZUM 2019, 330). Im Zweifel ist im Hinblick auf den Eingriff in die Pressefreiheit von einer Meinungsäußerung auszugehen (BVerfG 4.11.2013 – 1 BvR 2102/12, 1 BvR 1660/13, AfP 2014, 433; 7.2.2018 – 1 BvR 442/15, NJW 2018, 1596; v. 9.12.2020 – 1 BvR 704/18, ZUM 2021, 345; Wenzel BerichterstattungR/*Burkhardt* Kap. 4 Rn. 66; aA KG ZUM-RD 2005, 53; *Löffler/Sedelmeier* § 11 Rn. 96). Ist eine Verdachtsäußerung tatsächlicher Natur, besteht nach Ansicht des OLG Hamburg ein Gegendarstellungsanspruch (OLH Hamburg 6.2.2018 – 7 U 138/17, NJW-RR 2018, 1200). Bei mehrdeutigen und sog verdeckten Äußerungen verlangt die Rechtsprechung, dass sich der beanstandete Inhalt der Äußerung unabweislich aufdrängt (BVerfG 19.12.2007 – 1 BvR 967/05, NJW 2008, 1654; 4.11.2013 – 1 BvR 2102/12, 1 BvR 1660/13, NJW 2014, 766; 21.12.2016 – 1 BvR 1081/15, NJW 2017, 1537; OLG Hamburg 19.2.2008 – 7 U 94/07, AfP 2008, 314, OLG Düsseldorf 20.2.2008 – I-15 U 176/07, AfP 2008, 208; 9.2.2012 – I-15 W 45/08, ZUM-RD 2012, 391; OLG Dresden 12.7.2017 – 4 W 558/17, NJW-RR 2017, 1258; OLG Frankfurt a.M. 28.8.2008 – 16 U 223/08, AfP 2008, 628; OLG Karlsruhe 12.7.2019 – 14 U 82/19, BeckRS 2019, 17481; krit. Wenzel BerichterstattungR/*Burkhardt* Kap. 11 Rn. 20). Zur unterschiedlichen Auslegung der Aufmacheräußerung „J. – Sterbedrama um seinen besten Freund – Hätte er ihn retten können?" s. BVerfG 7.2.2018 – 1 BvR 442/15, NJW 2018, 1596; vorausgegangen: OLG Zweibrücken 5.9.2012 – 4 U 72/12, BeckRS 2014, 03080; 6.11.2008 – 3 W 152/12, BeckRS 2014, 03081; 6.3.2013 – 3 W 42/13, BeckRS 2014, 03079; BVerfG 4.11.2013 – 1 BvR 2102/12, 1 BvR 1660/13, NJW 2014, 766; OLG Zweibrücken 29.1.2015 – 4 U 81/14, AfP 2015, 169). Zur

Deutung einer Äußerung auf dem Titelblatt ferner OLG Karlsruhe 12.7.2019 – 14 U 82/19, BeckRS 2019, 17481 und 8.8.2019 – 14 U 82/19 – BeckRS 2019,17383.

6. Entgegnung. Die Gegendarstellung darf nur Gegentatsachen enthalten. Der Inhalt der Gegendarstellung muss mit den Tatsachen der beanstandeten Veröffentlichung in gedanklichem Zusammenhang stehen, er muss auf sie Bezug haben und nehmen. Es muss ein Gegensatz zur Erstmitteilung bestehen. Regelmäßig wird sich die Entgegnung nicht auf eine bloße Negation der Erstäußerung beschränken dürfen (str.; Wenzel BerichterstattungR/*Burkhardt* Kap. 11 Rn. 84 ff.; aA MAH UrhR § 15 Rn. 63). Es darf nicht der Eindruck erweckt werden, es handele sich um eine Richtigstellung durch das Medium selbst (OLG Oldenburg 23.8.2010 – 13 U 23/10, AfP 2011, 74). Ergänzende Tatsachen sind nur zulässig, soweit diese notwendig sind, um einem falschen Eindruck entgegen zu treten (OLG Karlsruhe 10.8.2007 – 14 U 86/07, AfP 2007, 494; OLG Frankfurt a. M. 5.11.2013 – 16 W 60/13, AfP 2014, 73; OLG München v. 22.8.2017 – 18 U 1632/17 Pre, AfP 2017, 499). Ferner darf die Gegendarstellung keinen strafbaren oder zivilrechtlich unzulässigen Inhalt haben. IE vgl. *Löffler/Sedelmeier* § 11 Rn. 120 ff.; Wenzel BerichterstattungR/*Burkhardt* Kap. 11 Rn. 74 ff.

Die Gegendarstellung darf keinen unangemessenen **Umfang** besitzen. Der Umfang ist idR als angemessen anzusehen, wenn die Gegendarstellung den Umfang der zu korrigierenden Erstäußerung nicht überschreitet (OLG München v. 22.8.2017 – 18 U 1632/17 Pre, AfP 2017, 499; Wenzel BerichterstattungR/*Burkhardt* Kap. 11 Rn. 122 ff.). Eine Gegendarstellung auf der Titelseite einer Zeitschrift darf deren Funktion nicht beeinträchtigten (ca. 1/3 der Titelseite noch zulässig: OLG Karlsruhe 14.8.2020 – 14 U 142/20, ZUM-RD 2021, 6).

7. Diese Formulierung empfiehlt sich, wenn die persönliche Sicht des Betroffenen hervorgehoben werden soll.

8. Wird durch die Erstäußerung ein unzutreffender Eindruck erweckt, muss dies in der Formulierung ausgedrückt werden (Wenzel BerichterstattungR/*Burkhardt* Kap. 11 Rn. 80).

9. Ggfl kann auch ein rechtliches Interesse an einer Ergänzung bestehen (Wenzel BerichterstattungR/*Burkhardt* Kap. 11 Rn. 90).

10. Angabe von Ort und Datum sind nicht erforderlich, jedoch hilfreich, wenn es für das Verständnis der Gegendarstellung auf Ort und Zeitpunkt ankommen kann, etwa weil im Zeitpunkt der Veröffentlichung der Gegendarstellung deren Inhalt bereits überholt ist.

11. Die Gegendarstellung ist **formgebunden**. Die Gegendarstellung bedarf der Schriftform bzw. ist vom Betroffenen oder seinem gesetzlichen Vertreter zu unterzeichnen. Die gesetzlichen Regelungen unterscheiden sich in den Details. Bei Gegendarstellungen gegen Presseberichterstattung muss die Unterzeichnung durch den Betroffenen oder seinen gesetzlichen Vertreter erfolgen in Baden-Württemberg, Brandenburg, Hamburg, Mecklenburg-Vorpommern, Nordrhein-Westfalen, Rheinland-Pfalz, Saarland, Sachsen und Schleswig-Holstein. Bayern fordert Unterzeichnung durch den Einsender, Hessen und Thüringen durch den Betroffenen, was in der Sache nichts ändert. Eine rechtsgeschäftliche Vertretung ist hier ausgeschlossen, dh Unterzeichnung durch zB Rechtsanwalt oder Prokurist ist nicht ausreichend. Berlin, Bremen, Niedersachsen und Sachsen-Anhalt fordern lediglich Schriftform. Dort wird rechtsgeschäftliche Vertretung als zulässig angesehen (KG 30.11.2007 – 9 W 160/07, AfP 2008, 394; OLG Bremen 23.1.1978 – 1 W 91/77, AfP 1978, 157; OLG Celle 5.8.1987 – 13 U 80/87, NJW-RR 1988, 956; OLG Naumburg 5.3.1999 – 6 U 203/98, NJW-RR 2000, 475). Allerdings muss deutlich sein, für wen die Unterzeichnung erfolgt. In den anderen Ländern ist rechtsgeschäftliche Vertretung bei Gegendarstellungen in der Presse ausgeschlossen, was insb. bei Gesellschaften und Vereinen beachtet werden muss. Hier genügt nicht Unterzeichnung durch den zuständigen Prokuristen oder Abteilungsleiter, sondern es muss jeweils der gesetzliche oder satzungsmäßige gesetzliche Vertreter unterzeichnen (vgl. *Löffler/Sedelmeier* § 11 Rn. 142 ff.). Für eine „Stelle" zeichnet deren Leiter (*Löffler/Sedelmeier* § 11 Rn. 52). Auch bei Telemedien bedarf es stets der Unterzeichnung durch den Betroffenen oder seinen gesetzlichen Vertreter (§ 20 Abs. 2 Nr. 4 MStV).

Unterzeichnung muss handschriftlich erfolgen. Die Gegendarstellung muss dem Medienunternehmen grds. im Original fristgerecht (→ Anm. 3) zugehen. Eine Übermittlung per Telefax ist nach überwiegender Meinung nicht ausreichend. Es fehlt der konstitutiv anspruchsbegründende Zugang einer inhaltlich und förmlich ordnungsgemäßen Gegendarstellung im Original (OLG Hamburg 13.6.1989 – 13 W 75/89, NJW 1990, 1613; 18.5.2010 – 7 U 121/09, AfP 2011, 72; *Löffler/Sedelmeier* § 11 Rn. 154; *Sedelmeier* AfP 2012, 345; Raue/*Hegemann* § 15 Rn. 78; Soehring/Hoene/*Soehring* § 29 Rn. 30; Wenzel BerichterstattungR/*Burkhardt* Kap. 11 Rn. 142; differenzierend: *Seitz* Gegendarstellungsanspruch Kap. 5 Rn. 93 ff.; aA Telefax ausreichend: OLG München 25.5.1990 – 21 U 3387/90, NJW 1990, 2895; 10.12.1997 – 21 U 5795/97, AfP 1999, 72; 28.7.2000, 21 W 2063/00, AfP 2001, 126; 1.12.2000 – 21 U 5142/00, AfP 2001, 137; OLG Köln 12.4.2018 – 15 U 110/17, BeckRS 2018, 19145, zur Kostenerstattungspflicht einer nach BayPrG verlangten Gegendarstellung; KG 30.10.1992 – 9 U 5550/92, AfP 1993, 748; OLG Saarbrücken 22.11.1991 – 1 U 80/91, AfP 1992, 287; LG Köln 14.6.1995 – 28 O 178/95, AfP 1995, 648; OLG Dresden 26.10.2006 – 4 U 1541/06, ZUM-RD 2007, 117 für Gegendarstellungen nach § 15 MDR-StV; OLG Bremen 14.1.2011 – 2 U 115/10, ZUM 2011, 416). Abzulehnen ist die Auffassung, durch die Übermittlung einer Telefaxkopie der Gegendarstellung könnten die Zuleitungsfristen gewahrt werden, jedenfalls wenn das Original anschließend unverzüglich dem Medienunternehmen zugeht (OLG Hamburg 18.5.2010 – 7 U 121/09, AfP 2011, 72; *Sedelmeier* AfP 2012, 345; aA *Seitz* Gegendarstellungsanspruch Kap. 5 Rn. 98). Wegen der abweichenden Regelung in § 130 Nr. 6 ZPO können die prozessrechtlichen Schriftformvorschriften (BGH NJW 2008, 2649) nicht analog herangezogen werden.

2. Aufforderungsschreiben zur Veröffentlichung einer Gegendarstellung

Sehr geehrte Damen und Herren,[1]

ich zeige Ihnen an, dass ich die Interessen des/der . . . . . vertrete. Eine auf mich lautende Vollmacht ist im Original beigefügt.[2]

In der Anlage übersende[3] **ich Ihnen eine Gegendarstellung des/der . . . . . zu Ihrem Bericht in der XY-Zeitung vom . . . . . auf Seite . . . . . unter der Überschrift . . . . . mit der Aufforderung, die Gegendarstellung in der nächsten für den Druck noch nicht abgeschlossenen Ausgabe der Zeitung entsprechend der Vorschrift des § 11 LPG**[4] **zu veröffentlichen.**[5] **Ich habe Sie ferner aufzufordern, die Gegendarstellung im Inhaltsverzeichnis unter der Rubrik . . . . . anzukündigen.**[6]

Ich bitte, mir bis spätestens . . . . . mitzuteilen, ob die Gegendarstellung veröffentlicht wird.[7, 8]

Mit freundlichen Grüßen

. . . . .
Unterschrift

Anmerkungen

1. Verpflichteter: → Form. II.R.1 Anm. 1 dort unter d). **Presse:** Verpflichtet zum Abdruck einer Gegendarstellung sind der Verleger und der verantwortliche Redakteur (Begriff vgl. Löffler/*Lehr* § 9 Rn. 17 ff.; *Ricker/Weberling* PresseR-HdB Kap. 13; Wenzel BerichterstattungR/*Burkhardt* Kap. 11 Rn. 67), nicht der Autor des Beitrags. Es genügt, die Gegendarstellung der Zeitung als solcher zuzuleiten. Im Regelfall ist es nicht sinnvoll, die Gegendarstellung sowohl dem Verleger als auch dem verantwortlichen Redakteur zuzuleiten → Form. II.R.4 Anm. 4. **Rundfunk:** Adressat ist der Rundfunkveranstalter; bei **Telemedien:** der Anbieter des journalistisch-redaktionell gestalteten Angebots, nicht jedoch der Verantwortliche nach § 18 Abs. 2 MStV.

2. Im Gegensatz zur Gegendarstellung selbst ist beim Aufforderungsschreiben gewillkürte Stellvertretung zulässig. LG München 13.10.2004 – 9 O 17631/04, AfP 2006, 573 verlangt Vollmacht (§ 174 S. 1 BGB; dazu *Sedelmeier* AfP 2007, 19). Es empfiehlt sich deshalb, eine Vollmacht im Original beizufügen (Wenzel BerichterstattungR/*Burkhardt* Kap. 11 Rn. 141).

3. Die Zuleitung (Zugang beim Verpflichteten) der veröffentlichungsfähigen Gegendarstellung im Original ist frist- und formgebunden (→ Form. II.R.1 Anm. 3, 8).

4. Zu den Veröffentlichungsanforderungen beim Rundfunk und Telemedien → Form. II.R.1 Anm. 1, dort unter f). Es genügt, die Veröffentlichung unter Bezugnahme auf die jeweilige gesetzliche Anspruchsgrundlage zu verlangen. Alternativ kann die Aufforderung zur Veröffentlichung anhand der jeweiligen gesetzlichen Regelung formuliert werden, zB bei **Telemedien:**

Formulierungsvorschlag:

„. . . . . mit der Aufforderung, die Gegendarstellung gemäß § 20 MStV in dem gleichen Teil des Internetangebots www. . . . .de, in dem der Beitrag „. . . . . .“ erschienen ist, unverzüglich ohne Einschaltungen und Weglassungen in gleicher Aufmachung wie die Erstäußerung in das Angebot aufzunehmen und so lange wie die Erstäußerung in unmittelbarer Verknüpfung mit dieser anzubieten. Wird die Erstäußerung nicht mehr angeboten oder endet das Angebot vor Aufnahme der Gegendarstellung, ist die Gegendarstellung an vergleichbarer Stelle so lange anzubieten, wie die ursprünglich angebotene Erstäußerung.“

5. Grundsätzlich bedarf das Aufforderungsschreiben keiner weiteren Begründung. Im Hinblick auf ein etwaiges Verfügungsverfahren zur Durchsetzung des Anspruchs ist jedoch die Rechtsprechung des BVerfG zur Waffengleichheit zu bedenken (BVerfG 11.1.2021 – 1 BvR 2681/20, AfP 2021, 22; 30.9.2018 – 1 BvR 2421/17, GRUR 2018, 1391; → Form. II.R.4 Anm. 6). Soweit im Abdruck-/Veröffentlichungsantrag (→ Form. II.R.4) Ausführungen zB zur Betroffenheit, Deutung der Erstäußerung etc gemacht werden, sollten diese auch schon im Aufforderungsschreiben enthalten sein, wenn der Erlass der Verfügung ohne weitere Anhörung des Antragsgegners bzw. ohne mündliche Verhandlung erfolgen soll.

6. War die Erstmitteilung im Inhaltsverzeichnis angekündigt, kann auch die Ankündigung der Gegendarstellung im Inhaltsverzeichnis verlangt werden (Löffler/*Sedelmeier* § 11 Rn. 176, OLG Hamburg 27.10.2009 – 7 U 39/09, AfP 2010, 580). Zurückhaltender OLG München 10.5.1995 – 21 U 1930/95, NJW 1995, 2297 für den Fall, dass das Inhaltsverzeichnis nicht vollständig ist (krit. dazu Wenzel BerichterstattungR/*Burkhardt* Kap. 11 Rn. 192). Unterbleibt eine erforderliche Inhaltsankündigung, so muss die Gegendarstellung mit Inhaltsankündigung erneut abgedruckt werden.

7. Fordert der Betroffene das Medienunternehmen unter Fristsetzung auf, sich hierüber zu erklären, begründet nach Auffassung des KG ein Schweigen eine Obliegenheitsverletzung, die im Prozess zu Rechtsnachteilen führen kann (KG 27.7.2006 – 9 W 65/06, AfP 2006, 476; 27.3.2007 – 9 W 45/07, AfP 2007, 245; aA Löffler/*Sedelmeier* § 11 Rn. 180). Dies gilt jedenfalls nicht, soweit die Gegendarstellung an offensichtlichen und schwerwiegenden Mängeln leidet (OLG Stuttgart 8.2.2006 – 4 U 221/05, AfP 2006, 252; LG Frankfurt a. M. 25.9.2008 – 2/3 O 343/08, AfP 2009, 73).

8. Kosten sind grds. nicht zu erstatten. Kostenerstattung nur, wenn die Erstmitteilung die Voraussetzungen der §§ 823, 824, 826 BGB erfüllt oder bei Verzug nach § 286 BGB. Für die Festsetzung der Gegenstandswerte zur Berechnung der Rechtsanwaltsvergütung gelten keine Besonderheiten. Vielfach verwendet wird ein Regelwert iHv 10.000 EUR je selbständiger Äußerung/Entgegnung, der jedoch je nach Angelegenheit auch deutlich höher sein kann. Der Gegenstandswert einer Gegendarstellung gegen eine Printveröffentlichung und gegen eine inhaltsgleiche Online-Veröffentlichung ist grds. derselbe (KG 8.11.2012 – 10 W 81/12, AfP 2013, 65).Welcher Gebührensatz angemessen ist, hängt ua vom Umfang der anwaltlichen Tätigkeit ab. Das Veröffentlichungsverlangen als solches ist als einfache Tätigkeit anzusehen. Hat der Rechtsanwalt die Gegendarstellung zu formulieren, dürfte dafür angesichts der rechtlichen Schwierigkeit eine 1,5 Geschäftsgebühr nach VV 2300 RVG angemessen sein (BGH 8.5.2012 – VI ZR 273/11, NJW-RR 2012, 887; 17.11.2015 – VI ZR 492/14, NJW 2016, 1245 Rn. 189).

Werden mehrere presserechtliche Ansprüche geltend gemacht, sind Unterlassungs-, Richtigstellungs- und Gegendarstellungsansprüche regelmäßig unterschiedliche Angelegenheiten iSd § 15 Abs. 2 S. 1 RVG (BGH 3.8.2010 – VI ZR 113/09, NJW 2010, 3037; v. 17.11.2015 – VI ZR 492/14, NJW 2016, 1245; krit. *Schlüter/Soehring* AfP 2011, 317). Je nach den Umständen des Einzelfalles sind jedoch für und/oder gegen mehrere Personen geltend gemachte Gegendarstellungsansprüche eine Angelegenheit (BGH 1.3.2011 – VI ZR 127/10, NJW 2011, 2591; 21.6.2011 – VI ZR 73/10, NJW 2011, 3167). Wird zunächst eine mehrgliedrige Gegendarstellung verlangt, von der nur einzelne Punkte veröffentlicht werden und verfolgt der Anspruchsberechtigte die noch offenen Punkte (unverändert) weiter, handelt es sich um eine Angelegenheit und noch denselben (Teil) Gegenstand (BGH 22.3.2011 – VI ZR 63/10, NJW 2011, 2509).

3. Ablehnung der Veröffentlichung einer Gegendarstellung

Sehr geehrte(r) Frau . . . . ./Herr . . . . .
Wir bestätigen den Eingang Ihres Schreibens vom . . . . ., mit dem Sie die Veröffentlichung einer Gegendarstellung fordern. Wir sind zur Veröffentlichung der Gegendarstellung nicht bereit, da sie nicht den gesetzlichen Anforderungen entspricht.[1, 2]
Mit freundlichen Grüßen
. . . . .
Unterschrift

Anmerkungen

1. Die Veröffentlichung einer Gegendarstellung kann abgelehnt werden, wenn diese die gesetzlichen Anforderungen nicht erfüllt. Es gilt das Alles-oder-Nichts-Prinzip. Auch nur eine Unzulänglichkeit der Gegendarstellung berechtigt zu deren Zurückweisung insgesamt (OLG Düsseldorf 20.2.2008, I-15 U 1761/07, AfP 2008, 208; OLG Celle

22.1.2009 – 13 W 135/08, AfP 2010, 475; Wenzel BerichterstattungR/*Burkhardt* Kap. 11 Rn. 198).

Grds. besteht keine Pflicht, dem Betroffenen mitzuteilen, ob und aus welchen Gründen die Gegendarstellung veröffentlicht wird oder nicht. Fordert der Betroffene das Medienunternehmen unter Fristsetzung auf, sich hierüber zu erklären, begründet nach Auffassung des KG ein Schweigen eine Obliegenheitsverletzung, die im Prozess zu Rechtsnachteilen führen kann (KG 27.7.2006 – 9 W 65/06, AfP 2006, 476; 27.3.2007 – 9 W 45/07, AfP 2007, 245; aA Löffler/*Sedelmeier* § 11 Rn. 180). Dies gilt jedenfalls nicht, soweit die Gegendarstellung an offensichtlichen und schwerwiegenden Mängeln leidet (OLG Stuttgart 8.2.2006 – 4 U 221/05, AfP 2006, 252; LG Frankfurt a. M. 25.9.2008 – 2/3 O 343/08, AfP 2009, 73). Teilweise wird in der Rspr. eine qualifizierte Ablehnung verlangt, um den Einwand der fehlenden Unverzüglichkeit zu erhalten und bei Änderung der Gegendarstellung Prozesskostenpflicht zu vermeiden. Diese Ansicht ist mit der hM abzulehnen. Eine Pflicht, die Ablehnung der Veröffentlichung der verlangten Gegendarstellung zu **begründen** besteht nicht (LG Frankfurt a. M. 25.9.2008 – 2/3 O 343/08, AfP 2009, 73; Löffler/*Sedelmeier* § 11 Rn. 180 ff.; *Seitz* Gegendarstellungsanspruch Kap. 8 Rn. 3 ff.). Eine Ausnahme gilt in Bayern für den Rundfunk. Art. 17 Abs. 4 BayRG und Art. 18 Abs. 1 S. 5 BayMG sehen vor, dass eine ablehnende Entscheidung unter Angabe der Gründe schriftlich zu verbescheiden ist. Bei qualifizierter Ablehnung muss angegeben werden, aus welchem Grund der Abdruck verweigert wird (OLG Stuttgart 16.7.1979 – 4 W 18/79, AfP 1979, 363). Näheres bei Löffler/*Sedelmeier* § 11 Rn. 182 ff.; Wenzel BerichterstattungR/*Burkhardt* Kap. 11 Rn. 199 ff.

Gerichte können über einen Abdruck-/Veröffentlichungsantrag auch ohne mündliche Verhandlung entscheiden. Überdies werden leider weiterhin die vom BVerfG in std. Rspr. aufgestellten Grundsätze der prozessualen Waffengleichheit im gerichtlichen Verfahren nicht (vollständig) eingehalten → Form. II.R.4 Anm. 6. Insoweit kann es sich empfehlen, Ablehnungsgründe aufzuführen oder eine Schutzschrift einzureichen → Form. II.R.9.

2. Die rechtliche Prüfung einer verlangten Gegendarstellung lässt jedenfalls eine 1,3 Geschäftsgebühr nach VV 2300 RVG entstehen. Ein Kostenerstattungsanspruch für die Abwehr einer unberechtigten Gegendarstellungsforderung besteht nicht. Dies gilt auch, wenn der Verpflichtete sich anwaltlicher Hilfe bedient und ihm hierfür Kosten entstehen.

4. Antrag auf Anordnung der Veröffentlichung einer Gegendarstellung

An das
Landgericht[1] (Amtsgericht)

Antrag gem. § 11 Landespressegesetz[2]

des . . . . .
(Antragstellers)
Verfahrensbevollm.: RA . . . . .
gegen
1. den Verleger[3] . . . . .
2. den verantwortlichen Redakteur[4] . . . . .
(Antragsgegner)
Verfahrensbevollm.: RA . . . . .
wegen Veröffentlichung einer Gegendarstellung.
Vorläufiger Streitwert: 10.000 EUR[5]

Ich zeige an, dass ich den Antragsteller vertrete. Namens und in Vollmacht des Antragstellers bitte ich unter Abkürzung der Einlassungs- und Ladungsfrist um Anberaumung eines möglichst nahen Termins zur mündlichen Verhandlung vor der Kammer,[6] in dem ich beantragen werde:

1. Den Antragsgegnern als Gesamtschuldnern wird aufgegeben, in der nächsten für den Druck noch nicht abgeschlossenen Ausgabe der Zeitung . . . . . im Teil[7] . . . . . unter Ankündigung im Inhaltsverzeichnis[8] mit gleicher Schrift wie die Erstmitteilung ohne Einschaltungen und Weglassungen die nachfolgende Gegendarstellung zu veröffentlichen:
. . . . .[9]

2. Die Antragsgegner haben als Gesamtschuldner die Kosten des Verfahrens zu tragen.

Begründung:

1. Der Antragsteller ist Betroffener[10] der folgenden in der XY-Zeitung[11] Nr. . . . . vom . . . . . auf Seite . . . . . unter der Überschrift . . . . . aufgestellten Tatsachenbehauptung . . . . .
. . . . .

Glaubhaftmachung: Artikel „. . . . . .“ in XY-Zeitung vom . . . . . ., S. . . . . . – Anlage 1 –

Der Antragsgegner zu 1 ist Verleger,[3] der Antragsgegner zu 2 verantwortlicher Redakteur der Zeitung.[4]

Glaubhaftmachung: Impressum der XY-Zeitung – Anlage 2 –

2. Der Antragsteller hat von dem Artikel erstmals am . . . . . Kenntnis erlangt.

Glaubhaftmachung: Eidesstattliche Versicherung . . . . . . – Anlage 3 –

3. Er hat mit Aufforderungsschreiben[12] vom . . . . . jedem Antragsgegner jeweils die Gegendarstellung im Original[13] zugeleitet und deren Veröffentlichung gefordert.

Glaubhaftmachung: a. Aufforderungsschreiben vom . . . . . – Anlagen 4 a/b –
b. Gegendarstellung vom . . . . . – Anlage 5 –

4. Die Antragsgegner haben den Abdruck ohne Angabe von Gründen verweigert.[14]

Glaubhaftmachung: Ablehnungsschreiben vom . . . . . – Anlage 6 –

Daher ist die Inanspruchnahme gerichtlicher Hilfe erforderlich.

5. Die Gegendarstellung richtet sich gegen die Behauptung . . . . . Dies ist eine Tatsachenbehauptung.[15]

Auch die Entgegnung enthält nur Tatsachen. . . . .

Ein Grund, die Veröffentlichung er verlangten Gegendarstellung abzulehnen besteht nicht.

6. Die Ankündigung im Inhaltsverzeichnis hat zu erfolgen, weil auch die Erstmitteilung im Inhaltsverzeichnis angekündigt war und das Inhaltsverzeichnis den Inhalt der Zeitung vollständig erfasst.[8]

Glaubhaftmachung: Inhaltsverzeichnis der XY-Zeitung vom . . . . . – Anlage 6 –

Rechtsanwalt

Anmerkungen

1. Der Gegendarstellungsanspruch ist ein zivilrechtlicher Anspruch, der vor den ordentlichen Gerichten durchsetzbar ist. Es handelt sich um ein landesrechtlich geregeltes Verfahren, in dem daher nicht zugleich auch andere Ansprüche (zB Unterlassungsanspruch) geltend gemacht werden können (NK-MedienR/*Meyer* 39. Abschnitt Rn. 68;

Wenzel BerichterstattungR/*Burkhardt* Kap. 11 Rn. 207; aA OLG Bremen 14.1.2011 – 2 U 115/10, ZUM 2011, 416). Eines vorgeschalteten Güteverfahrens aufgrund landesrechtlicher Vorschriften (§ 15a EGZPO) bedarf es nicht (*Seitz* Gegendarstellungsanspruch Kap. 9 Rn. 78; Wenzel BerichterstattungR/*Burkhardt* Kap. 11 Rn. 217). Die sachliche Zuständigkeit richtet sich nach dem Streitwert, bis 5.000 EUR Amtsgericht, ab 5.000,01 EUR Landgericht (§§ 23 Nr. 1, 71 Abs. 1 GVG). Örtlich zuständig ist nach hM nur das Gericht am allgemeinen Gerichtsstand des Antragsgegners, näheres s. Löffler/*Sedelmeier* § 11 Rn. 192. Der Gerichtsstand der unerlaubten Handlung ist nicht gegeben (MüKoBGB/*Junker* EGBGB Art. 40 Rn. 91).

2. Das Formular orientiert sich am presserechtlichen Gegendarstellungsanspruch. In Mecklenburg-Vorpommern, Sachsen-Anhalt und Berlin „gem. § 10 LPG“, in Brandenburg „gem. § 12“, in Rheinland-Pfalz „gem. § 11 LMG“, im Saarland „gem. § 10 SMG“. Nicht unüblich ist die Bezeichnung „Antrag auf Erlass einer einstweiligen Verfügung“, obgleich dies die eigenständige landesrechtliche Verfahrensart nicht erkennen lässt (vgl. Löffler/*Sedelmeier* § 11 Rn. 186 ff.; BGH 3.8.2010 – VI ZR 113/09, NJW 2010, 3037). Ausnahme: in Bayern, Hessen und Sachsen Antrag auf Erlass einer einstweiligen Verfügung, wobei es einer gesonderten Begründung der Dringlichkeit nicht bedarf. Hauptverfahren ist in Baden-Württemberg, Berlin, Brandenburg, Bremen, Nordrhein-Westfalen, Saarland und Schleswig-Holstein ausgeschlossen. In Niedersachsen, Rheinland-Pfalz, Sachsen-Anhalt und Thüringen findet § 926 ZPO keine Anwendung. In Hessen, Hamburg und Mecklenburg-Vorpommern gibt es hierzu keine ausdrückliche gesetzliche Regelung. In Bayern und Sachsen ist das ordentliche Klageverfahren wahlweise anstelle des Verfügungsverfahrens zulässig (s. Löffler/*Sedelmeier* § 11 Rn. 187; *Seitz* Gegendarstellungsanspruch Kap. 9 Rn. 85 ff.). **Rundfunk**: Überwiegend ebenso landesrechtliches Verfahren vorgesehen, auf das die Vorschriften über das Verfahren auf Erlass einer einstweilige Verfügung entsprechend anzuwenden sind. Hauptsacheverfahren findet nicht statt. Ausnahme: RBB Hauptsache- und Verfügungsverfahren möglich (§ 9 Abs. 5 RBB-StV). **Telemedien**: nur Verfügungsverfahren (analog; § 20 Abs. 3 MStV).

3. → Form. II.R.1 Anm. 1. dort unter d). Die Angaben können dem Impressum entnommen werden. Es empfiehlt sich, eine Kopie des Impressums beizufügen. Beim **Rundfunk** ist der Rundfunkveranstalter, bei **Telemedien** ist der Anbieter des journalistisch-redaktionellen Telemediums Antragsgegner. Insbes. bei Telemedien sollte ein Ausdruck des Impressums beigefügt werden, da der Inhaber einer Domain nicht auch Anbieter des jeweiligen Telemedienangebots sein muss.

4. → Form. II.R.1 Anm. 1 dort unter d). **Presse**: Nach den Landespressegesetzen ist auch der verantwortliche Redakteur möglicher Anspruchsgegner. Seine Inanspruchnahme ist allerdings zumeist weder notwendig noch sinnvoll. Er ist an seinem allgemeinen Gerichtsstand (Wohnsitz) in Anspruch zu nehmen (s. Löffler/*Sedelmeier* § 11 Rn. 192). Dieser ist regelmäßig unbekannt und kann nicht aus dem Impressum entnommen werden. Auch um ggfl unterschiedliche Gerichtstände zu vermeiden, empfiehlt es sich, allein den Verleger in Anspruch zu nehmen. Beim **Rundfunk** gibt es die Figur des verantwortlichen Redakteurs nicht. Bei **Telemedien** ist der Verantwortliche nicht Verpflichteter (§ 20 Abs. 1 MStV).

5. Streitwert bestimmt sich ua nach Bedeutung und Verbreitungsgrad des Mediums, im dem die Erstmitteilung erschienen ist, Bekanntheitsgrad und Stellung der Antragstellers, Bedeutung und Inhalt der Erstmitteilung, Interesse der Allgemeinheit am Inhalt der Gegendarstellung, Ankündigung auf Titelblatt. Er ist im Einzelfall festzulegen, wobei idR 10.000 EUR je angegriffener Äußerung in der regionalen Presse, beim bundesweiten Rundfunk 20.000 EUR angemessen sein dürften. Der Gegenstandswert einer Gegendarstellung gegen eine Printveröffentlichung und gegen eine inhaltsgleiche Online-Veröffentlichung ist grds. derselbe (KG 8.11.2012 – 10 W 81/12, AfP 2013, 65). Bei wenig bekannten Telemedien können deutlich geringere Streitwerte in Betracht kommen. S. auch *Seitz* Gegendarstellungsanspruch Kap. 10 Rn. 13 ff. Wird zunächst eine mehrgliedrige Gegendarstellung verlangt, von der nur einzelne Punkte veröffentlicht werden, und verfolgt der Antragsteller die noch offenen Punkte (unverändert) weiter, handelt es sich um eine Angelegenheit und noch den selben (Teil)Gegenstand (BGH 22.3.2011 – VI ZR 63/10, NJW 2011, 2509).

6. Eine Anordnung ohne mündliche Verhandlung ist zulässig. Wegen der Vielzahl der möglichen Einwendungen und der sofortigen Vollstreckbarkeit sollte nur ausnahmsweise ohne mündliche Verhandlung entschieden werden (vgl. Löffler/*Sedelmeier* § 11 Rn. 205; *Seitz* Gegendarstellungsanspruch Kap. 10 Rn. 26 ff.). Anders in ständiger Praxis LG Hamburg mit Billigung des Hanseatischen Oberlandesgerichts (OLG Hamburg 10.11.1977 – 3 U 106/77, AfP 1978, 25; 30.11.1978 – 3 U 127/78, AfP 1979, 349; 21.6.1979 – 3 U 39/79, AfP 1979, 361; 8.10.1979 – 3 W 118/79, AfP 1980, 210; 12.3.1981 – 3 U 150/80, 1981, 408); ähnlich LG Berlin und LG Köln; jeweils unter Hinweis darauf, dass die meisten Gegendarstellungsverfahren dadurch gekennzeichnet seien, dass dem Erlass der begehrten Anordnung wegen des Alles-oder-Nichts-Prinzips mehr oder weniger unüberwindliche Hindernisse entgegen stünden. In diesen Fällen wird im Beschlusswege entschieden, wenn die (schriftlich) erteilten Hinweise nicht zur Rücknahme des Antrags führen. Der Antragsgegner erhält wegen §§ 922 Abs. 3, 936 ZPO hiervon keine Kenntnis.

Das BVerfG verlangt demgegenüber in nunmehr ständiger Rechtsprechung, dass der Antragsgegner vor Erlass einer Entscheidung in den gleichen Kenntnisstand zu versetzen ist, wie der Antragsteller. Dies gilt insbesondere für richterliche Hinweise. Diese sind unverzüglich auch dem Antragsgegner mitzuteilen. Auch ist dem Antragsgegner Gelegenheit zur Stellungnahme einzuräumen, wenn der Antrag vor Gericht in anderer Weise als in dem Veröffentlichungsverlangen oder mit Ergänzungen begründet wird (BVerfG 11.1.2021 – 1 BvR 2681/20, AfP 2021, 22; 30.9.2018 – 1 BvR 2421/17, GRUR 2018, 1291; 6.6.2017 – 1 BvQ 16/17, 1 BvQ 17/17, 1 BvR 764/17, 1 BvR 770/17, NJW 2017, 2985; vgl. *Sajuntz* NJW 2018, 589 (594)). Wird der Grundsatz der Waffengleichheit verletzt, kann die einstweilige Verfügung durch eine einstweilige Anordnung des BVerfG einstweilen ausgesetzt werden (BVerfG 11.1.2021 – 1 BvR 2681/20, AfP 2021, 22).

Die Gerichte entscheiden idR gemäß § 348 Abs. 1 S. 2 Nr. 2 lit. a ZPO als Kammer. Ausführungen nach § 253 Abs. 3 Nr. 3 ZPO sind daher idR nicht erforderlich.

7. ZB Wirtschaftsteil, Lokalteil, Rubrik, evtl. auch Theaterseite oder Titelseite (Löffler/*Sedelmeier* § 11 Rn. 174). Beim **Rundfunk**: Bezeichnung des Programms, der Sendung. Soweit die Erstäußerung nicht in einer Sendereihe, sondern in einer Einzelsendung aufgestellt wurde, besteht Anspruch auf Veröffentlichung zu einer vergleichbaren Sendezeit: „zu einer der Ausstrahlung der Erstäußerung in der Sendung ...... im Programm ...... am ...... um ...... Uhr vergleichbaren Sendezeit". Orientierung zur Antragsfassung geben die jeweiligen gesetzlichen Formulierungen. **Telemedien**: Die Gegendarstellung ist in unmittelbarer Verknüpfung mit der Erstäußerung anzubieten (§ 20 Abs. 1 S. 3 MStV). Wird die Erstäußerung nicht mehr angeboten ist die Gegendarstellung an vergleichbarer Stelle anzubieten. Die Bezeichnung des Angebots bzw. der (Unter-)Seite sollte nach Möglichkeit unter Angabe der URL und des Beitrags erfolgen (s. auch → Form. II.R.2, Amn. 4).

8. → Form. II.R.2 Anm. 5.

9. Streitgegenstand ist nur die jeweilige konkrete Fassung der verlangten Gegendarstellung. Eine Teilabweisung kommt wegen des geltenden Alles-oder-Nichts-Prinzips nicht in Betracht. Ggfl können mehrere Fassungen als Haupt- und Hilfsanträge geltend gemacht werden. Eine geänderte, zB gekürzte Fassung stellt einen eigenen Streitgegenstand dar.

10. Soweit sich die Betroffenheit des Antragstellers nicht unmittelbar aus der Erstmitteilung ergibt, ist hierzu näher vorzutragen und der Vortrag glaubhaft zu machen.

11. Angabe des Mediums (periodisches Druckwerk, Rundfunksender, Telemedium) in dem die Erstmitteilung veröffentlicht wurde. Genaue Bezeichnung des Artikels bzw. Berichts, bei Sendungen Zeitpunkt der Ausstrahlung und Programm, bei Telemedien Angabe der URL erforderlich. Als Glaubhaftmachungsmittel sind Kopien der Erstmitteilung (vollständiger Bericht) beizufügen; bei Rundfunksendungen empfiehlt sich neben dem erforderlichen Sendemitschnitt auch eine vollständige Niederschrift des Inhalts; entsprechendes gilt bei Telemedien.

12. → Form. II.R.2.

13. → Form. II.R.1.

14. Alternativ:

Formulierungsvorschlag:

a. Die Antragsgegner haben den Abdruck mit der Begründung . . . . .verweigert. Die Verweigerung ist unberechtigt, weil . . . . .

Formulierungsvorschlag:

b. Durch das Aufforderungsschreiben wurde den Antragsgegnern bis zum . . . . . Frist gesetzt, zu erklären, dass die Gegendarstellung entsprechend den gesetzlichen Vorgaben veröffentlicht wird. Die Antragsgegner haben auf die Aufforderung innerhalb der gesetzten angemessenen Frist nicht reagiert

15. → Form. II.R.1 Anm. 5

5. Antrag auf Zurückweisung eines Antrags auf Veröffentlichung einer Gegendarstellung

An das
Landgericht (Amtsgericht)
In Sachen
. . . . /. . . . .
zeigen wir an, dass wir den Antragsgegner vertreten.
Wir werden beantragen,
den Antrag kostenpflichtig zurückzuweisen.

Begründung:[1]

1.

a) Der Antragsgegner ist nicht passivlegitimiert, weil er weder Verleger noch verantwortlicher Redakteur ist.[2]

b) Der Antragsteller ist nicht aktivlegitimiert, weil er durch die streitgegenständliche Veröffentlichung nicht betroffen ist.

c) Der Antragsgegner ist nicht gegendarstellungspflichtig, weil die Erstmitteilung nicht in einem periodischen Druckwerk erschienen ist.[3]

d) Die Verpflichtung zum Abdruck einer Gegendarstellung besteht nicht, weil die Erstmitteilung in einer Anzeige enthalten war, die ausschließlich dem geschäftlichen Verkehr dient.[4]

e) Eine Verpflichtung zur Veröffentlichung der Gegendarstellung besteht nicht, weil die Erstmitteilung ein wahrheitsgetreuer Bericht über eine öffentliche Sitzung eines gesetzgebenden oder beschließenden Organs bzw. eines Gerichts war.[5]

2. Die Gegendarstellung entspricht nach Form und Inhalt nicht § 11 LPG:[6]

a) Die Gegendarstellung ist nicht fristgemäß verlangt worden.[7]

b) Die Gegendarstellung ist vom Betroffenen (vom gesetzlichen Vertreter des Betroffenen) nicht eigenhändig handschriftlich unterzeichnet.[8]

c) Die Gegendarstellung bezieht sich nicht auf Tatsachenbehauptungen in der Erstmitteilung, sondern auf Meinungsäußerungen.

d) Die Gegendarstellung besteht ihrerseits nicht aus tatsächlichen Behauptungen, sondern aus Meinungsäußerungen.

e) Die Gegendarstellung enthält keine Entgegnung./Zwischen der Gegendarstellung und der Behauptung in der Erstmitteilung, an die sie anknüpft, besteht kein innerer Bezug.

3. Die Gegendarstellung braucht nicht veröffentlicht zu werden, weil

a) sie strafbaren Inhalt hat . . . . .

b) sie unangemessen lang ist . . . . .

c) an ihrer Veröffentlichung kein berechtigtes Interesse besteht, weil . . . . .[9]

Rechtsanwalt

Anmerkungen

1. Es sind die wesentlichen und häufigsten Einwendungen gegen die Verpflichtung zur Veröffentlichung einer Gegendarstellung aufgeführt. Es sind nur die zutreffenden Einwendungen unter Ausführung der tatsächlichen Umstände vorzutragen und glaubhaft zu machen. Unerheblich ist bloße Unwahrheit der Gegendarstellung (→ Form. II.R.1 Anm. 1, dort unter e).

2. Rundfunk: Rundfunkveranstalter; Telemedien: Anbieter eines journalistisch-redaktionell gestalteten Angebots; → Form. II.R.1 Anm. 1, dort unter d).

3. Telemedien: „. . . . . nicht in einem journalistisch-redaktionell gestalteten Angebot aufgestellt wurde".

4. Zu den Besonderheiten in Bayern, Hamburg, Hessen, Mecklenburg-Vorpommern und Schleswig-Holstein s. Löffler/*Sedelmeier* § 11 Rn. 71; *Seitz* Gegendarstellungsanspruch Kap. 5 Rn. 229 ff.

5. Gilt in Bayern nicht für Gerichtsberichte (s. Löffler/*Sedelmeier* § 11 Rn. 73).

6. Dies ist anhand der jeweils maßgeblichen gesetzlichen Norm zu prüfen (→ Form. II. R.1 Anm. 1, dort unter a).

7. Zu den einzuhaltenden Fristen → Form. II.R.1 Anm. 3.

8. → Form. II.R.1 Anm. 7, 8.

9. → Form. II.R.1 Anm. 1, dort unter e).

6. Zwangsvollstreckung

An das
Landgericht (Amtsgericht)[1]
AZ.:
In Sachen
. . . . / . . . .

beantrage ich, die Schuldnerin durch Zwangsmittel gem. § 888 ZPO zum Abdruck/zur Veröffentlichung der mit Urteil (Beschluss) vom . . . . angeordneten Gegendarstellung anzuhalten.

Begründung:

Der Schuldnerin ist durch das oa Urteil (Beschluss) aufgegeben worden, in der nächsten für den Druck noch nicht abgeschlossenen Ausgabe der Zeitung. . . . im Teil . . . . unter Ankündigung im Inhaltsverzeichnis mit gleicher Schrift wie die Erstmitteilung ohne Einschaltungen und Weglassungen die dort wiedergegebene Gegendarstellung abzudrucken.[2] Das Urteil (Beschluss) wurde der Schuldnerin am . . . . . zugestellt.

Glaubhaftmachung: Zustellungsurkunde vom. . . .

Ein Abdruck ist bis heute nicht erfolgt.[3]

Die Schuldnerin ist daher durch Festsetzung eines empfindlichen Zwangsgeldes zur Erfüllung der Abdruckpflicht anzuhalten.

Rechtsanwalt[4]

Anmerkungen

1. Die Veröffentlichung einer Gegendarstellung stellt eine unvertretbare Handlung dar (OLG Karlsruhe 9.1.2007 – 14 W 82/06 BeckRS 2007, 682; OLG Hamburg v. 7.4.2015 – 7 W 49/15, NJW 2015, 2273). Die Vollstreckung richtet sich nach § 888 ZPO. Voraussetzung ist eine ordnungsgemäße Vollziehung im Wege der Parteizustellung (§ 929 Abs. 2, § 936 ZPO; OLG Hamburg v. 7.4.2015 – 7 W 49/15, NJW 2015, 2273). Ist die gerichtliche Entscheidung noch nicht rechtskräftig und wird diese durch den Antragsgegner angegriffen (Widerspruch, Berufung), kommt eine einstweilige Einstellung der Zwangsvollstreckung in Betracht (§§ 936, 924 Abs. 3 S. 2, § 907 Abs. 1 ZPO; §§ 719, 707, 922 ZPO; vgl. BerlVerfGH 20.8.2008 – VerfGH 22/08, NJW 2008, 3491; OLG München 22.10.2007 – 18 W 2506/07, AfP 2008, 309; OLG Brandenburg 20.6.2001 – 1 U 14/01, NJW-RR 2002, 190; OLG Karlsruhe 5.3.2007 – 14 W 84/06, AfP 2007, 368; OLG Koblenz 2.5.2008 – 4 U 452/08, AfP 2009, 59; OLG Stuttgart 17.12.2013 – 4 U 214/13, nv). Die einstweilige Einstellung der Zwangsvollstreckung beseitigt nicht die vorläufige Vollstreckbarkeit einer ergangenen Anordnung zum Abdruck einer Gegendarstellung (OLG Karlsruhe 5.3.2007 – 14 W 84/06, AfP 2007, 368). Sie bewirkt vielmehr lediglich, dass die Vollstreckbarkeit nur für die Zukunft und nur so lange entfällt, bis sich der Einstellungsbeschluss erledigt hat (OLG Karlsruhe 5.3.2007 – 14 W 84/06, AfP 2007, 368). Bei Verletzung des Grundsatzes der prozessualen Waffengleichheit im Anordnungsverfahren kommt überdies eine einstweilige Anordnung des BVerfG in Betracht (BVerfG 11.1.2021 – 1 BvR 2681/20, AfP 2021, 22).

2. Formulierung orientiert sich am Tenor der gerichtlichen Entscheidung; entsprechend abweichend bei Rundfunk und Telemedien.

3. Ist eine Veröffentlichung zwar erfolgt, entspricht diese aber nicht den Anordnungen des Beschlusses/Urteils, ist die Veröffentlichungspflicht nicht erfüllt, so dass die Schuldnerin zur nochmaligen Veröffentlichung durch Zwangsgeld anzuhalten ist. An die ordnungsgemäße Veröffentlichung sind strenge Maßstäbe anzulegen (vgl. OLG München 14.8.2018 – 18 W 1166/18, BeckRS 2018, 25543; NK-Medienrecht/*Meyer*, 39. Abschn. Rn. 82; Wenzel BerichterstattungR/*Burkhardt* Kap. 11 Rn. 256, 266 ff.). Auch Anmerkungen der Redaktion zur Gegendarstellung (Redaktionsschwanz) können der ordnungsgemäßen Erfüllung des Anspruchs entgegenstehen (OLG Karlsruhe 27.8.2020 – 14 U 148/20, BeckRS 2020, 28764; zum Verbot der unmittelbaren Verknüpfung bei Telemedien KG 30.01.2012 – 10 U 85/11, AfP 2012, 474). In diesen Fällen ist zur Glaubhaftmachung die unzureichende Veröffentlichung beizufügen.

der in der Ausgabe vom ..... vorgenommene Abdruck/die durch den Antragsgegner vorgenommene Veröffentlichung war nicht ordnungsgemäß, weil .....

→ Form. II.R.1 Anm. 1, dort unter f); Löffler/*Sedelmeier* § 11 Rn. 224, *Seitz* Gegendarstellungsanspruch Kap. 14 Rn. 6 f.

Kosten und Gebühren

4. Gericht: Festgebühr nach KV 2111 GKG.

Rechtsanwalt: 0,3 Gebühr gem. VV 3309 RVG. Der Gegenstandswert ist nach dem Interesse des Gläubigers an der Vornahme der Handlung zu bestimmen und wird durch das Gericht festgesetzt.

7. Unterlassungsanspruch – vorprozessuale Abmahnung

Sehr geehrte Damen und Herren,[1, 2, 3]

A[4] hat mich mit der Wahrnehmung seiner (ihrer) Interessen beauftragt. Eine Originalvollmacht ist beigefügt.[5]

In der XY-Zeitung[6] Nr. ..... vom ..... haben Sie auf Seite ..... unter der Überschrift .....

1. über A Folgendes behauptet/verbreitet:

.....

2. das nachfolgend wiedergegebene Bildnis verbreitet/öffentlich zur Schau gestellt:

.....

Zu 1:[7] Die Behauptung ist rechtswidrig. Sie stellt aus den nachfolgend dargelegten Gründen eine unwahre Tatsachenbehauptung/eine die Grenze zur Schmähkritik überschreitende Meinungsäußerung dar[8]......

Durch die Behauptung wird A in seinem allgemeinen/besonderen Persönlichkeitsrecht/in seiner persönlichen/wirtschaftlichen Ehre/in seinem Recht am Unternehmen verletzt/der Kredit des A gefährdet.[9, 10, 11]

Zu 2:[7] Durch die ohne seine Einwilligung erfolgte Bildnisveröffentlichung wird A in seinem Recht am eigenen Bild gem. § 22 ff. KUG verletzt. .....[12]

A stehen daher Unterlassungsansprüche zu.

Zur Beseitigung der Wiederholungsgefahr und zur Vermeidung gerichtlicher Schritte habe ich Sie aufzufordern, bis spätestens ..... – hier eingehend – eine strafbewehrte Unterlassungs- und Verpflichtungserklärung unterzeichnet an mich zurückzusenden. Die Vorabübermittlung per Telefax (per E-Mail) wird zur Fristwahrung akzeptiert, sofern das

Original unverzüglich nachgereicht wird. Ein Vorschlag für eine als ausreichend erachtete Unterlassungs- und Verpflichtungserklärung ist diesem Schreiben beigefügt.

Da die Verletzungshandlungen schuldhaft begangen wurden (bei Verletzungshandlungen ohne Verschulden: Nach den Grundsätzen der Geschäftsführung ohne Auftrag), sind Sie zudem verpflichtet, A die durch diese Abmahnung entstandenen Kosten gemäß anliegender Kostenberechnung zu erstatten.[13] Für die Zahlung auf das Konto . . . . wird Frist gesetzt bis zum . . . .

Die Geltendmachung weitergehender Ansprüche insbesondere auf . . . . (Schadensersatz/Geldentschädigung/Gegendarstellung/Beseitigung/Auskunft) bleibt ausdrücklich vorbehalten.[14]

Mit freundlichen Grüßen

Rechtsanwalt

Anmerkungen

1. Unterlassungsanspruch

a) Anwendbares Recht

Deutsches materielles Recht ist gemäß Art. 40 Abs. 1 EGBGB anwendbar, wenn der Handlungs- oder Erfolgsort in Deutschland liegt (BGH 27.2.2018 – VI ZR 489/16, GRUR 2018, 642 Rn. 20 ff.). Die VO (EG) Nr. 864/2007 des Europäischen Parlaments und des Rates vom 11.7.2007 über das auf außervertragliche Schuldverhältnisse anzuwendende Recht (Rom II-VO) ist bei Verletzung von Persönlichkeitsrechten nicht anwendbar, da gemäß deren Art. 1 Abs. 2 lit. g außervertragliche Schuldverhältnisse aus der Verletzung der Persönlichkeitsrechte vom Anwendungsbereich der Verordnung ausgenommen sind. Art. 40 EGBGB wird auch nicht durch § 3 Abs. 2 TMG verdrängt. Denn diese Bestimmung enthält keine Kollisionsnorm (BGH 8.5.2012 – VI ZR 217/08, GRUR 2012, Rn. 23 ff. – www.rainbow.at II; 27.2.2018 – VI ZR 489/16, GRUR 2018, 642 Rn. 20 ff.).

b) Rechtswidrige Rechtsgutverletzung

Unterlassungsansprüche haben im Bereich des Äußerungsrechts die wichtigste praktische Bedeutung. Sie werden häufig im Wege des einstweiligen Rechtsschutzes verfolgt → Form. II.R.10. Sie wurden als negatorische und quasi negatorische Ansprüche von der Rspr. auf der Basis der §§ 1004, 823 ff. BGB entwickelt und sind darauf gerichtet, künftige Beeinträchtigungen der Rechtspositionen desjenigen, der durch eine rechtwidrige Handlung betroffen ist oder eine Verletzung seiner Rechte zu befürchten hat, abzuwehren. Neben dem Äußerungsrecht haben Unterlassungsansprüche vor allem im gewerblichen Rechtsschutz, insb. im Wettbewerbsrecht, erhebliche Bedeutung. Die dort entwickelten Regeln können weitgehend, aber nicht ausnahmslos, im Äußerungsrecht entsprechend angewandt werden. Anders als Gegendarstellungsansprüche, die dem Betroffenen auch gegenüber rechtmäßiger Berichterstattung zustehen, setzen Unterlassungsansprüche eine drohende Rechtsverletzung voraus, wobei sich die Bedrohung aus bereits begangenen (Wiederholungsgefahr) oder aufgrund konkreter Tatsachen ernsthaft zu befürchtenden (Erstbegehungsgefahr) rechtswidrigen Handlungen ergeben kann. Eine drohende Erstbegehungsgefahr kann auch anzunehmen sein, wenn sich eine im Äußerungszeitpunkt rechtmäßig aufgestellte Behauptung später als unwahr erweist und die Gefahr besteht, dass die Äußerung dennoch aufrechterhalten wird (BVerfG 10.11.1998 – 1 BvR 1531/96, NJW 1999, 1322 (1324); OLG München 12.12.2006 – 18 U 4341/06, AfP 2007, 229). **Der Unterlassungsanspruch setzt kein Verschulden voraus.** Im Bereich des Äußerungsrechts kommen Unterlassungsansprüche vor allem in Betracht bei drohender Verletzung des allgemeinen oder eines besonderen Persönlichkeitsrechts und des Rechts am Unternehmen (§ 823 Abs. 1 u. 2 BGB), bei Verletzung der Ehre (§ 823 Abs. 2 BGB iVm §§ 185 ff. StGB), bei Kreditgefährdung (§ 824 BGB), bei sittenwidriger Schädigung (§ 826 BGB), bei Verletzung des Rechts am Bild (§ 823 Abs. 2 BGB iVm §§ 22 ff. KUG) und bei Wettbewerbsverstößen (Löffler/*Steffen* § 6 Rn. 54–152; *Rehbock* MedienR S. 13). In der Praxis am bedeutendsten sind Unterlassungsansprüche gegenüber unwahren Tatsachenbehauptungen, gegen Beiträge, die die Intim-, Geheim- oder Privatsphäre verletzen, gegen Meinungsäußerungen, die die Grenze zur Schmähkritik überschreiten, sowie gegen unzulässige Bildnisveröffentlichungen (zur Bildberichterstattung Löffler/*Steffen* § 6 Rn. 118–138; *Soehring/Hoene* PresseR § 21). Zu beachten ist, dass das allgemeine Persönlichkeitsrecht ein Rahmenrecht ist. Es muss daher stets durch eine **Abwägung** der widerstreitenden grundrechtlich geschützten Belange bestimmt werden, ob ein **rechtswidriger Eingriff** vorliegt (siehe hierzu → Anm. 9). Seit Inkrafttreten der DSGVO erlangt das Datenschutzrecht auch im äußerungsrechtlichen Bereich verstärkt Bedeutung, soweit das Medienprivileg (§ 12 LPG; § 12 MStV; § 23 MStV) nicht eingreift. Zum Auslistungsanspruch gegen Suchmaschinenbetreiber s. BGH 27.7.2020 – VI ZR 405/18, GRUR-RS 2020, 23312.

Wurde durch die künftig zu unterlassende Handlung ein fortdauernder Störungszustand geschaffen, geht der BGH in zwischenzeitlich ständiger Rechtsprechung davon aus, dass die Unterlassungsverpflichtung mangels abweichender Anhaltspunkte dahin auszulegen ist, dass sie neben der Unterlassung derartiger Handlungen auch die Vornahme möglicher und zumutbarer Handlungen zur Beseitigung des Störungszustandes umfasst, wenn allein dadurch dem Unterlassungsgebot Folge geleistet werden kann (vgl. BGH 11.10.2017 – I ZB 96/16, NJW 2018, 1317 ff.). Näheres zur Rechtsprechung des BGH zur Frage, ob der Rückruf vom Unterlassungsanspruch erfasst wird s. Köhler/Bornkamm/Feddersen/*Bornkamm* § 8 UWG Rn. 1.69 ff. Zur Anwendung dieser Rechtsprechung auf das Äußerungsrecht Wenzel BerichterstattungR/*Burkhardt* Kap. 12 Rn. 78 ff. Zur Haftung für die Weiterverbreitung eines Online-Beitrags durch Dritte im Internet BGH 9.4.2019 – VI ZR 89/18, ZUM-RD 2019, 508; *Sorge*, ZUM-RD 2019, 512.

c) Wiederholungs-/Erstbegehungsgefahr

Jeder Unterlassungsanspruch setzt voraus, dass in der Zukunft eine rechtswidrige Handlung ernstlich zu befürchten ist und damit eine Rechtsverletzung droht (Begehungsgefahr) (BGH 19.3.2013 – VI ZR 93/12, NJW 2013, 1681). Hat ein rechtswidriger Eingriff bereits stattgefunden, spricht in der Regel eine tatsächliche Vermutung für das Vorliegen einer **Wiederholungsgefahr** (BGH 30.6.2009 – VI ZR 210/08, AfP 2009, 495; BGH 14.11.2017 – VI ZR 534/15, ZUM 2018, 440). An die Beseitigung der Wiederholungsgefahr werden strenge Anforderungen gestellt. Regelmäßig kann die Wiederholungsgefahr nur durch eine strafbewehrte Unterlassungs- und Verpflichtungserklärung beseitigt werden (*Soehring/Hoene* PresseR Rn. 30.14; zur Pflicht des Abmahnenden zum Nachfassen KG WRP 2015, 490). Ausnahmsweise kann die Wiederholungsgefahr auch ohne eine solche Erklärung verneint werden, wenn die Rechtsverletzung durch eine einmalige Sondersituation veranlasst worden ist (BGH 14.11.2017 – VI ZR 534/15, ZUM 2018, 440; BGH 4.6.2019 – VI ZR 440/18, GRUR 2019, 1211). Eine Drittunterwerfung lässt die Widerholungsgefahr nur entfallen, wenn die abgegebene Unterlassungsverpflichtungserklärung den Unterlassungsanspruch inhaltlich voll abdeckt und die Erklärung bei umfassender Würdigung aller Umstände des Einzelfalls und unter Anlegung der gebotenen strengen Maßstäbe geeignet erscheint, den Verletzer wirklich und ernsthaft von einer Wiederholung abzuhalten (BGH 4.12.2018 – VI ZR 128/18, NJW 2019, 1142; 4.6.2019 – VI ZR 440/18, GRUR 2019, 1211; OLG Hamburg 12.11.2019 – 7 U 175/16, ZUM-RD 2020, 593). Wird eine ursprünglich rechtwidrige Veröffentlichung infolge später eintretender Umstände zulässig, entfällt die Wiederholungsgefahr (BGH 19.3.2013 – VI ZR 93/12, NJW 2013, 1681). Sofern noch keine Rechtsverletzung stattgefunden hat, eine solche aber aufgrund konkreter Tatsachen ernstlich zu befürchten ist, kann ein Unterlassungsanspruch aufgrund **Erstbegehungsgefahr** gerechtfertigt sein

(BGH 30.6.2009 – VI ZR 210/08, AfP 2009, 494). Für die Erstbegehungsgefahr spricht keine Vermutung, sie muss vielmehr durch konkrete Tatsachen belegt werden (BGH 30.6.2009 – VI ZR 210/08, AfP 2009, 494). Hierfür sind strenge Anforderungen zu erfüllen (MAH UrhR/*Hegemann/Amelung* § 15 Rn. 3). An die Beseitigung der Erstbegehungsgefahr sind weniger strenge Anforderungen zu stellen, als an die Ausräumung der Wiederholungsgefahr. Es bedarf grds. keiner strafbewehrten Unterlassungserklärung. Regelmäßig reicht die uneingeschränkte, eindeutige und ernsthafte Erklärung, dass die beanstandete Handlung in Zukunft nicht vorgenommen werden wird (BGH 31.5.2001 – I ZR 106/99, NJW-RR 2001, 1483; BeckOK BGB/*Fritsche* § 1004 Rn. 98; aA *Damm/Rehbock* Rn. 813). Bei **mehrdeutigen Äußerungen** reicht zur Ausräumung der Beeinträchtigung eine Klarstellung des Inhalts der Äußerung aus. Soweit die Klarstellung zu einer eindeutigen Äußerung führt, die keine Rechtsverletzung bewirkt, entfällt der Unterlassungsanspruch (BVerfG 25.10.2005 – 1 BvR 1696/98, NJW 2006, 207 ff. – IM-Sekretär Stolpe; 19.12.2007 – 1 BvR 967/05, AfP 2008, 58 ff. – Gegendarstellung). Für die Klarstellung genügt eine schlichte Erklärung gegenüber dem Betroffenen selbst (OLG Stuttgart 11.5.2015 – 4 W 14/15, ZUM 2015, 1009; LG Hamburg 22.10.2010 – 324 O 100/10, AfP 2010, 613; aA KG 18.8.2008 – 10 U 47/08, BeckRS 2012, 24646).

2. **Abmahnung.** Zur Feststellung, ob Wiederholungs- oder Erstbegehungsgefahr gegeben ist und um dem möglichen Verletzer Gelegenheit zu geben, durch eine strafbewehrte Unterlassungs- und Verpflichtungserklärung die Wiederholungsgefahr bzw. durch die Erklärung, die Handlung in Zukunft nicht vorzunehmen, die Erstbegehungsgefahr zu beseitigen, dient die Abmahnung vor einer gerichtlichen Geltendmachung von Unterlassungsansprüchen. In der Abmahnung sind die Verletzungshandlungen konkret zu bezeichnen, der Anspruchsgegner ist zur Unterlassung unter Setzung einer angemessenen Frist aufzufordern und es sind gerichtliche Schritte anzudrohen (BGH 19.7.2012 – I ZR 199/10, GRUR 2013, 307). Die Abmahnung ist weder prozessuale noch materielle Voraussetzung für eine gerichtliche Geltendmachung eines Unterlassungsanspruchs. Ohne eine Abmahnung riskiert der vermeintlich Verletzte jedoch die Kosten des Verfahrens tragen zu müssen, wenn sich herausstellt, dass eine Begehungsgefahr nicht bestanden hat oder wenn der Verletzer den Unterlassungsanspruch unter Verwahrung gegen die Kosten sofort anerkennt (§ 93 ZPO). Nach nunmehr std. Rspr. des BVerfG (s. zuletzt 4.2.2021 – 1 BvR 2743/19, AfP 2021, 139; 22.12.2020 – 1 BvR 2740/20, NJW 2021, 615) ist dem Verletzer vor einer gerichtlichen Entscheidung rechtliches Gehör zu gewähren. Dafür kann im einstweiligen Verfügungsverfahren auch auf die Erwiderung auf eine Abmahnung abgestellt werden. Dies allerdings nur dann, wenn die abgemahnte Äußerung sowie die Begründung in der Abmahnung für die begehrte Unterlassung mit dem sodann bei Gericht eingereichten Unterlassungsantrag identisch sind. Dies erfordert eine umfassende und sorgfältige Begründung der Abmahnung → Anm. 8. In Ausnahmefällen ist eine Abmahnung entbehrlich, so zB wenn im Hinblick auf das bisherige Verhalten des Abgemahnten davon auszugehen ist, dass eine Abmahnung erfolglos geblieben wäre (BayVerfGH 26.10.2012 – Vf. 101-VI-11, NJW-RR 2013, 413; OLG München 2.5.2000 – 21 W 988/00, NJW-RR 2001, 42) oder bei einem besonders groben Verstoß gegen die journalistische Sorgfaltspflicht, zB einem erfundenen Interview (OLG München 2.5.2000 – 21 W 988/00, NJW-RR 2001, 42 (43); Wenzel BerichterstattungR/*Burkhardt* Kap. 12 Rn. 107). In der Praxis ist die parallele Übermittlung der Abmahnung per Telefax/per E-Mail und per Post üblich. Zwar liegt die Darlegungs- und Beweislast dafür, dass die Abmahnung nicht zugegangen ist, beim Empfänger der Abmahnung. Den Abmahnenden trifft jedoch eine sekundäre Darlegungslast hinsichtlich des ordnungsgemäßen Versands (BGH 21.12.2006 – I ZB 17/06, GRUR 2007, 629).

3. **Anspruchsverpflichtete.** Passivlegitimiert ist grds. jeder Störer, dh jeder, der die im Streit stehende Behauptung aufgestellt und/oder verbreitet hat oder der an der Aufstel-

lung und/oder Verbreitung der Behauptung mitgewirkt hat (Näheres Löffler/*Steffen* § 6 Rn. 276–281a). Anspruchsverpflichtet sind daher regelmäßig Verleger, Rundfunkveranstalter und Telemedienanbieter sowie der Verfasser des Beitrags. Auch wer sich eine fremde Äußerung zu eigen macht, zB Betreiber eines Bewertungsportals, haftet als Störer (BGH 4.4.2017 – VI ZR 123/16, NJW 2017, 2029). Bei Host- und Zugangsprovidern müssen die weiteren Voraussetzungen für deren Verantwortlichkeit nach § 7 ff. TMG vorliegen (BGH 25.10.2011 – VI ZR 93/10, NJW 2012, 148; allg. zur Verantwortlichkeit des Portalbetreibers für rechtsverletzende Informationen *von Pentz* AfP 2017, 102 (114 ff.)). Die Pflicht solcher Diensteanbieter, fremde Informationen zu entfernen oder zu sperren, setzt erst mit der Kenntnis von Umständen ein, die die Rechtswidrigkeit der betreffenden Information erkennen lassen. Diensteanbieter können daher in der Regel erst nach qualifiziertem Hinweis auf die rechtsverletzenden Inhalte und deren Untätigbleiben auf Unterlassung in Anspruch genommen werden kann – **notice and take down** (BGH 25.10.2011 – VI ZR 93/10, NJW 2012, 148; zusammenfassend insb. zu den Sorgfalts- und Prüfpflichten BGH 27.2.2018 – VI ZR 489/16, GRUR 2018, 642). Der verantwortliche Redakteur iSd Landespressegesetze und der Verantwortliche gem. § 18 Abs. 2 MStV haftet als solcher zivilrechtlich nicht. Gleiches gilt für den Ressortredakteur, den Chefredakteur und den Herausgeber. Für sie kommt eine zivilrechtliche Haftung nur in Betracht, wenn sie an der Aufstellung und/oder Verbreitung der Äußerung beteiligt waren bzw. eine Beteiligung in der Zukunft zu befürchten ist.

Als Anspruchsverpflichtete kommen ferner der Informant und technische Verbreiter wie zB Drucker, Buchhändler in Betracht. Die technischen Verbreiter trifft jedoch nur eine eingeschränkte Haftung (Näheres *Soehring/Hoene* PresseR Rn. 28.15). Zur Haftung, wenn eine Behauptung von den Medien nicht aufgestellt, sondern nur verbreitet wurde (zB Äußerungen im Rahmen von Interviews) s. Rehbock Medienrecht § 2 Rn. 138 ff.; BGH 17.11.2009 – VI ZR 226/08, NJW 2010, 760. Zur Verbreiterhaftung für Interview-Äußerungen s. BGH 21.6.2011 – VI ZR 262/09, AfP 2011, 484. Zur Haftung von Buchhändlern OLG München 24.10.2013 – 29 U 855/13, GRUR-RR 2014, 13; LG Hamburg 11.3.2011 – 308 O 16/11, GRUR-RR 2011, 249.

Der Zustellungsbevollmächtigte nach § 5 Abs. 1 NetzDG verfügt über keine sachliche Zuständigkeit zum Empfang von vorgerichtlichen Abmahnungen oder sonstigen Aufforderungen zur Beseitigung oder Löschung von Inhalten (BeckOK InfoMedienR/*Knoke/Krüger* NetzDG § 5 Rn. 17 ff.). Erst verfahrenseinleitende Schriftsätze können an ihn wirksam zugestellt werden (§ 5 Abs. 1 S. 3 NetzDG), soweit Gegenstand des Verfahrens ein rechtswidriger Inhalt iSv § 1 Abs. 3 NetzDG ist. Jedoch muss der Anbieter eines sozialen Netzwerkes ein leicht erkennbares, unmittelbar erreichbares und ständig verfügbares Verfahren zur Übermittlung von Beschwerden über rechtswidrige Inhalte iSd § 1 Abs. 3 NetzDG zur Verfügung stellen, das insoweit für qualifizierte Hinweise im Rahmen des notice and take down-Verfahrens genutzt werden kann.

4. Anspruchsberechtigte. Aktivlegitimiert sind natürliche und juristische Personen des Privatrechts, die durch eine rechtswidrige Behauptung/Bildnisveröffentlichung in eigenen Rechten betroffen und erkennbar sind (Näheres Löffler/*Steffen* § 6 Rn. 275). Auch juristische Personen des Privatrechts können Träger des Allgemeinen Persönlichkeitsrechts sein, wenn sie aus ihrem Wesen und ihrer Funktion dieses Rechtsschutzes bedürfen, was insbesondere dann der Fall ist, wenn und soweit sie in ihrem sozialen Geltungsanspruch in ihrem Aufgabenbereich betroffen sind (BGH 19.1.2016 – VI ZR 302/15, NJW 2016, 1584). Näheres zu juristischen Personen des öffentlichen Rechts bei *Soehring/Hoene* PresseR Rn. 13.28 ff.). Erkennbarkeit setzt nicht notwendigerweise die namentliche Nennung voraus (BVerfG 13.6.2007 – 1 BvR 1783/05, NJW 2008, 39; OLG Saarbrücken 29.4.2009 – 5 U 465/08, NJW-RR 2010, 346). Zur individuellen Betroffenheit von Personengemeinschaften Löffler/*Steffen* § 6 Rn. 102–105; BVerfG 26.2.2015

– 1 BvR 1036/14, AfP 2015, 236. Bei Äußerungen über Verstorbene sind deren nächste Angehörige berechtigt, den Unterlassungsanspruch des Verstorbenen geltend zu machen (Näheres Löffler/*Steffen* § 6 Rn. 275; *Soehring/Hoene* PresseR Rn. 13.8 ff.).

5. **Vollmacht.** Sofern die Abmahnung mit einem Angebot zum Abschluss eines Unterwerfungsvertrags verbunden ist (zB durch Beifügung einer vorformulierten Unterlassungs- und Verpflichtungserklärung) bedarf es nach der Rspr. des BGH nicht der Vorlage einer Originalvollmacht (BGH 19.5.2010 – I ZR 140/08, NJW-RR 2011, 335). Für den Fall, dass es an einem hinreichend konkreten Angebot zum Abschluss eines Unterwerfungsvertrages oder einem entsprechenden Rechtsbindungswillen fehlt, ist weiterhin umstritten, ob § 174 S. 1 BGB anwendbar ist, mit der Folge, dass die Abmahnung unwirksam ist, wenn sie mangels Vorlage einer Vollmachtsurkunde unverzüglich zurückgewiesen wird (Palandt/*Ellenberger* BGB § 174 Rn. 2). Es empfiehlt sich daher zumindest in Fällen, in denen der Abmahnung keine vorformulierte Unterlassungserklärung beigefügt wird, eine Originalvollmacht beizufügen.

6. **Medien.** Konkrete Angabe der Stelle, an der die rechtsverletzende Äußerung oder das Bildnis sich befindet. Bei Rundfunkbeiträgen: das Programm, die Sendung mit Datum und Uhrzeit; bei Telemedien: Name des Telemediums, der Sparte/Rubrik, Bezeichnung des Beitrags unter Angabe der URL und ggfl. Datum. Wird ein Beitrag in einem Printmedium angegriffen, sollte stets geprüft werden, ob sich ein entsprechender Beitrag auch im Telemedienangebot des Verlags oder sonst im Internet findet.

7. **Begründung.** Ist beabsichtigt, den Unterlassungsanspruch im einstweiligen Verfügungsverfahren durchzusetzen, ist die Rechtsprechung des BVerfG zum Grundsatz der prozessualen Waffengleichheit zu beachten. Danach ist dem Antragsgegner im Verfahren Gehör zu gewähren, wenn er nicht in gehöriger Form abgemahnt wurde, die abgemahnte Äußerung sowie die Begründung für die begehrte Unterlassung in der Abmahnung nicht mit dem bei Gericht eingereichten Antrag identisch sind oder der bei Gericht eingereichte Antrag auf eine Erwiderung des Antragsgegners inhaltlich eingeht (BVerfG 4.2.2021 – 1 BvR 2743/19, AfP 2021, 139; 22.12.2020 – 1 BvR 2740/20, NJW 2021, 615). Soll eine einstweilige Verfügung ohne weitere Anhörung des Antragsgegners erlangt werden, ist die Abmahnung so zu begründen, wie der Antrag auf Erlass einer einstweiligen Verfügung → Form. II.R.10 sollte keine Unterlassungserklärung → Form. II.R.8 abgegeben werden.

8. **Aussagegehalt.** Die rechtlichen Bewertungskriterien hängen vom Aussagegehalt ab. Der Deutung der Äußerung und der Feststellung, ob es sich bei ihr um eine **Tatsachenbehauptung** oder eine **Meinungsäußerung** handelt, kommt daher entscheidende Bedeutung zu (BVerfG 29.6.2016 – 1 BvR 2646/15, NJW 2016, 2870; BGH 27.9.2016 – VI ZR 250/13, NJW 2017, 482). Von einer **Tatsachenbehauptung** ist nach hM auszugehen, wenn der Inhalt der Äußerung entsprechend dem Verständnis des Durchschnittsempfängers der objektiven Klärung zugänglich ist und als etwas Geschehenes grds. dem Beweis offen steht. **Meinungsäußerungen** sind hingegen durch die Elemente der Stellungnahme, des Dafürhaltens oder Meinens geprägt (BVerfG 17.9.2012 – 1 BvR 2979/10, NJW 2012, 3712; BGH 16.12.2014 – VI ZR 39/14, NJW 2015, 773; BGH 27.9.2016 – VI ZR 250/13, NJW 2017, 482). Eine Meinungsäußerung liegt ua vor, wenn Beurteilungen, Wertungen, Einschätzungen erfolgen und wenn Auffassungen, Ansichten geäußert werden, sowie bei echten Fragen (BGH 27.9.2016 – VI ZR 250/13, NJW 2017, 482). Die Abgrenzung zwischen Tatsachenbehauptung und Meinungsäußerung ist häufig sehr schwierig. Für die Deutung einer Äußerung ist weder die subjektive Absicht des sich Äußernden noch das subjektive Verständnis des von der Äußerung Betroffenen maßgeblich, sondern vielmehr der Sinn, den die Äußerung nach dem Verständnis eines unvoreingenommenen und verständigen Durchschnittspublikums hat (BVerfG 25.10.2005 – 1 BvR 1696/98, NJW 2006, 207 – IM Sekretär Stolpe; BGH

27.9.2016 – VI ZR 250/13, NJW 2017, 482; BGH 16.1.2018 – VI ZR 498/16, ZUM 2018, 527). Es ist stets vom Wortlaut der Äußerung auszugehen. Dieser legt den Sinn der Äußerung aber nicht abschließend fest. Beachtlich für die Deutung sind auch der sprachliche Kontext, in dem die umstrittene Äußerung steht und die erkennbaren Begleitumstände, unter denen die Äußerung gefallen ist (BGH v. 10.1.2017 – VI ZR 561/15, ZUM-RD 2017, 254). Die Äußerung ist trotz behauptender Anteile insgesamt als Meinungsäußerung einzustufen, wenn ihr Schwerpunkt durch Elemente der Stellungnahme und des Dafürhaltens geprägt ist (BVerfG 16.3.2017 – 1 BvR 3085/15, NJW-RR 2017, 1003). Näheres zur Abgrenzung Tatsachenbehauptung/Meinungsäußerung bei Wenzel BerichterstattungR/*Burkhardt* Kap. 4 Rn. 41 ff.; *Soehring/Hoene* PresseR § 14; MüKoBGB/*Rixecker* Anh. § 12 Rn. 181 ff.

9. Abwägung. Das allgemeine Persönlichkeitsrecht ist als „sonstiges Recht" iSd § 823 Abs. 1 BGB anerkannt. Es umfasst verschiedene Schutzgüter, so zB die Geheim-/Vertraulichkeits-, Intim-, Privat-, Sozialsphäre, die persönliche Ehre, das Verfügungsrecht über die Darstellung der eigenen Personen, das Recht am eigenen Bild, von der Unterschiebung nicht getaner Äußerungen verschont zu bleiben, das Recht am gesprochenen Wort (BGH 26.11.2019 – VI ZR 12/19, NJW 2020, 770 Rn. 13 – Zitat aus Anwaltsschriftsatz), das informationelle Selbstbestimmungsrecht (BVerfG 6.11.2019 – 1 BvR 16/13, NJW 2020, 300 Rn. 83 ff.; BGH 26.11.2019 – VI ZR 12/19, NJW 2020, 770 Rn. 26 ff.; 7.7.2020 – VI ZR 250/19, GRUR-RD 2020, 24014). Aufgrund seiner Eigenart als Rahmenrecht liegt seine Reichweite jedoch nicht absolut fest, sondern muss erst durch eine Abwägung der widerstreitenden grundrechtlich geschützten Belange bestimmt werden. Ein Eingriff in das Persönlichkeitsrecht ist grundsätzlich nur dann rechtswidrig, wenn das Schutzinteresse des Betroffenen die schutzwürdigen Belange der anderen Seite überwiegt (BGH 1.3.2016 – VI ZR 34/15, NJW 2016, 2106 – www.jameda.de; BGH 2.5.2017 – VI ZR 262/16, NJW-RR 2017, 1516). Der Schutz des allgemeinen Persönlichkeitsrecht gegen eine Presseberichterstattung reicht hinsichtlich der Veröffentlichung von Bildern einerseits und der Wortberichterstattung andererseits unterschiedlich weit (BGH 26.10.2010 – VI ZR 230/08, GRUR 2011, 261; 29.5.2018 – VI ZR 56/17, GRUR 2018, 964; 7.7.2020 – VI ZR 246/19, NJW 2020, 3715; 7.7.2020 – VI ZR 250/19, GRUR-RS 2020, 24014). Zum Eingriff in das Recht am eingerichteten und ausgeübten Gewerbebetrieb durch Übersendung eines presserechtlichen Informationsschreibens BGH 15.1.2019 – IV ZR 506/17, NJW 2019, 781).

Bei unwahren Tatsachenbehauptungen ist in der Regel ein Unterlassungsanspruch gegeben (BGH 28.7.2015 – VI ZR 340/14, GRUR 2016, 104). Nicht jede unwahre Tatsachenbehauptung löst jedoch einen Unterlassungsanspruch aus. Voraussetzung ist vielmehr das Vorliegen eines rechtswidrigen Eingriffs in ein geschütztes Rechtsgut. Dies ist bei wertneutralen unwahren Tatsachenbehauptungen nicht der Fall (OLG Stuttgart 8.2.2017 – 4 U 166/16, GRUR-RS 2017, 103495; OLG Dresden 11.9.2018 und 18.9.2018 – 4 U 1214/18, BeckRS 2018, 24966). Gegenüber wahren Tatsachenbehauptungen kommen Ansprüche vor allem bei Eingriffen in die Intim-, Geheim- oder Privatsphäre in Betracht. Zu den Kriterien, nach denen sich die Zulässigkeit von in die Privatsphäre eingreifenden Äußerungen richtet, BGH v. 2.5.2017 – VI ZR 262/16, NJW-RR 2017, 1516; 10.11.2020 – VI ZR 62/17, GRUR-RS 2020, 31473.

10. Zu den wichtigsten im Bereich des Äußerungsrechts in Betracht kommenden Anspruchsgrundlagen → Anm. 1.; MPFormB GewRS/*Burkhardt* Form. H.6 Anm. 7. Zum Recht am eigenen Bild Löffler/*Steffen* § 6 Rn. 118–138; MPFormB GewRS/*Burkhardt* Form. H.6 Anm. 7.2.3; Palandt/*Sprau* BGB § 823 Rn. 120 ff.

11. Beweislast. Die Darlegungs- und Beweislast trägt zunächst der Verletzte (*Soehring/Hoene* PresseR Rn. 30.46 ff.). Sofern der Unterlassungsanspruch auf § 823 Abs. 2 BGB iVm § 186 StGB (üble Nachrede) gestützt wird, tritt eine Beweislastumkehr ein. Näheres zur Beweislast Wenzel BerichterstattungR/*Burkhardt* Kap. 12 Rn. 132 ff.

12. Das KUG erfasst nur die Verbreitung und öffentliche Zurschaustellung von Bildnissen (zum abgestuften Schutzkonzept s. ua BGH 7.7.2020 – VI ZR 250/19, ZUM-RD 2020, 642). Die Unzulässigkeit kann sich auch schon aus der Herstellung eines Bildnisses, bei Verletzung des allgemeinen Persönlichkeitsrechts → Anm. 9, nach den strafrechtlichen Vorschriften, zB § 184k StGB, § 201a StGB, oder datenschutzrechtlichen Bestimmungen ergeben, soweit das Medienprivileg (zB § 12 LPG, § 12 MStV, § 23 MStV) nicht eingreift (dazu BGH 7.7.2020 – VI ZR 250/19, ZUM-RD 2020, 642 Rn. 10).

Kosten

13. Der Anspruch ergibt sich bei schuldhaften unerlaubten Handlungen als Schadensersatzanspruch aus den §§ 823, 824, 826 BGB. Anwaltskosten sind als Kosten der Rechtsverfolgung grds. nach § 249 BGB erstattungsfähig, vorausgesetzt, die Inanspruchnahme eines Rechtsanwalts war erforderlich und zweckmäßig (BGH 22.1.2019 – VI ZR 402/17, NJW 2019, 1522 Rn. 11; 4.6.2019 – VI ZR 440/18, GRUR 2019, 1211 Rn. 16). Diese Voraussetzung wird in presserechtlichen Fällen regelmäßig erfüllt sein (BGH 19.10.2010 – VI ZR 237/09, NJW 2011, 155). Allerdings besteht der Erstattungsanspruch nur dann, wenn der Verletzte im Innenverhältnis zum beauftragten Rechtsanwalt auch zur Zahlung der Kosten verpflichtet ist (BGH 22.1.2019 – VI ZR 402/17, NJW 2019, 1522 Rn. 11; 4.6.2019 – VI ZR 440/18, GRUR 2019, 1211 Rn. 16). Bei nicht schuldhaften Verstößen kommt ein Anspruch gem. §§ 677, 683 BGB aus Geschäftsführung ohne Auftrag in Betracht (str., bejahend: Götting/Schertz/Seitz PersönlichkeitsR-HdB/*Frauenschuh*, § 53 Rn. 7 ff., verneinend: Wenzel BerichterstattungR/*Burkhardt* Kap. 12 Rn. 108b, jeweils mwN; LG München 23.2.2010 – 13 S 15605/09, AfP 2010, 507 zu Internetdatenbank).

Die Streitwertfestsetzung in medienrechtlichen Fällen ist in der Praxis höchst unterschiedlich. Nach § 48 Abs. 2 GKG ist der Streitwert unter Berücksichtigung aller Umstände des Einzelfalls, insbesondere des Umfangs und der Bedeutung der Sache zu bestimmen. Kriterien sind ua, Schwere der Beeinträchtigung des sozialen Geltungsbereichs, wirtschaftliche und sonstige Bedeutung der Sache, Art, Umfang und Reichweite der Verbreitung. Für jede Äußerung, Bildnisnutzung ist ein eigener Streitwert zu bilden. Die Einzelwerte sind aufzuaddieren. Häufig wird eine Art Regelstreitwert in Höhe von 10.000 EUR je Äußerung in einstweiligen Verfügungsverfahren angenommen (niedriger OLG Dresden 2.6.2020 – 4 U 51/20, GRUR-RS 2020, 13958 Rn. 23, wenn ohne besondere Bedeutung: 5.000 EUR). Bei Unterlassungsansprüchen gegenüber überregionalen Printmedien liegen die Streitwerte häufig zwischen 20.000 EUR und 50.000 EUR (Beispiele in NK-MedienR/*Wanckel* 42. Abschnitt Rn. 72). Zu Streitwert und Beschwer bei ehrverletzenden Äußerungen per E-Mail BGH 19.10.2017 – VI ZR 19/17, BeckRS 2017, 134026. Werden mehrere medienrechtliche Ansprüche geltend gemacht, können Unterlassungs-, Richtigstellungs- und Gegendarstellungsansprüche unterschiedliche Angelegenheiten iSd § 15 Abs. 2 S. 1 RVG darstellen (BGH 3.8.2010 – VI ZR 113/09, NJW 2010, 3037; BGH 17.11.2015 – VI ZR 493/14, BeckRS 2015, 20631). Je nach den Umständen des Einzelfalls sind jedoch für/gegen mehrere Personen geltend gemachte Unterlassungsansprüche eine Angelegenheit (BGH 5.10.2010 – VI ZR 152/09, NJW 2011, 782; LG Hamburg 3.8.2018 – 308 S 5/17, NJW-RR 2019, 425). Dieselbe Angelegenheit liegt vor, wenn zwischen den erbrachten anwaltlichen Leistungen ein innerer Zusammenhang besteht und sie sowohl inhaltlich als auch in der Zielsetzung so weitgehend übereinstimmen, dass von einem einheitlichen Rahmen gesprochen werden kann (BGH 22.1.2019 – VI ZR 402/17, NJW 2019, 1522 Rn. 17). Allein der Umstand, dass gegen jeden Schädiger ein eigenes Abmahnschreiben zu richten ist, führt nicht zu verschiedenen Angelegenheiten iSv § 15 Abs. 2 RVG (BGH 22.1.2019 – VI ZR 402/17, NJW 2019, 1522 Rn. 18). Die Angelegenheit ist vom Gegenstand der anwaltlichen Tätigkeit abzugrenzen. Eine Angelegenheit kann mehrere Gegenstände umfassen. Macht ein Rechtsanwalt für mehrere Anspruchsteller Unterlassungsansprüche geltend, handelt es sich um mehrere Gegenstände. Die Streitwerte für die einzelnen Gegenstände sind dann zusammenzurechnen (BGH 21.6.2011 – VI ZR 73/10, NJW 2011, 3167). Nach der Rspr. des BGH kann es als rechtsmissbräuchlich anzusehen sein, wenn der Antragsteller die Festsetzung von Mehrkosten beantragt, die dadurch entstanden sind, dass er einen einheitlichen Lebenssachverhalt willkürlich in mehrere Prozessmandate aufgespalten hat (BGH 20.5.2014 – VI ZB 9/13, NJW 2014, 2285).

Da es sich bei der Geltendmachung von medienrechtlichen Ansprüchen um ein Spezialgebiet handelt, wird in der Rspr. zum Teil wegen rechtlicher Schwierigkeit eine 1,5 Gebühr anerkannt (BGH 8.5.2012 – VI ZR 273/11, NJW-RR 2012, 887; aber BGH 11.7.2012 – VI ZR 323/11, NJW 2012, 2813).

Fristen

14. Die Verjährung der deliktischen Ansprüche, auch des deliktischen Unterlassungsanspruchs richtet sich nach §§ 195, 199 BGB. Die Regelverjährungsfrist beträgt drei Jahre. Unterlassungsansprüche, die auf das UWG gestützt werden, verjähren nach § 11 UWG bereits 6 Monate nach Kenntnis oder grob fahrlässige Unkenntnis. Soweit der Anspruch im einstweiligen Verfügungsverfahren durchgesetzt werden soll, ist die Dringlichkeitsfrist zu beachten → Form. II.R.10 Anm. 2

8. Unterlassungsanspruch – Unterlassungs- und Verpflichtungserklärung

Hiermit verpflichtet sich[1]
Herr/Frau/Firma . . . . .
gegenüber
Herrn/Frau/Firma . . . . .
1. es bei Vermeidung einer für jeden Fall der zukünftigen Zuwiderhandlung[2] zu zahlenden Vertragsstrafe iHv . . . . . EUR[3] [alternativ *sog Hamburger Brauch*: . . . . . deren Höhe von . . . . . (Gläubiger) nach billigem Ermessen festzusetzen und im Streitfall vom zuständigen Gericht zu überprüfen ist] zu unterlassen,
1.1 wörtlich oder sinngemäß[4] die nachfolgende(n) Behauptung(en) aufzustellen und/oder zu verbreiten und/oder aufstellen und/oder verbreiten zu lassen[5]. . . . . wie geschehen in . . . . .
1.2 die nachfolgend wiedergegebene(n) Abbildung(en) zu verbreiten und/oder öffentlich zur Schau zu stellen und/oder verbreiten und/oder öffentlich zur Schau stellen zu lassen[6]. . . . . wie geschehen in . . . . .
2. Die durch die Inanspruchnahme der Rechtsanwälte . . . . . entstandenen Abmahnkosten in Höhe einer . . . . . Gebühr aus einem Gegenstandswert iHv . . . . . EUR zu erstatten[7]. . . . .
Ort, Datum
Unterschrift

Anmerkungen

1. Zur Vermeidung von Kostenrisiken (§ 93 ZPO) wird vor der gerichtlichen Geltendmachung eines Unterlassungsanspruchs der Verletzer regelmäßig abgemahnt und zur Abgabe einer strafbewehrten Unterlassungs- und Verpflichtungserklärung aufgefordert (→ Form. II.R.7). Durch eine hinreichende Unterlassungs- und Verpflichtungserklärung wird die bei einer rechtswidrigen Berichterstattung in aller Regel vermutete Wiederholungsgefahr bzw. eine Erstbegehungsgefahr ausgeräumt (→ Form. II.R.7 Anm. 1). An die Widerlegung der Wiederholungsgefahr werden hohe Anforderungen gestellt. Zur Ausräumung der Wiederholungsgefahr ist daher regelmäßig eine strafbewehrte Unterlassungs- und Verpflichtungserklärung erforderlich. Dies gilt jedoch nicht uneingeschränkt. Ist nach der Art der Störung oder aufgrund der Umstände eine Wiederholung vernünftigerweise nicht zu befürchten, bedarf es keiner strafbewehrten Unterlassungs- und Verpflichtungserklärung (Löffler/*Steffen* § 6 Rn. 266 ff.; BGH v. 14.11.2017 – VI ZR 534/15, ZUM 2018, 440). Auch wenn eine Berichterstattung trotz sich später herausstellender Unrichtigkeit zunächst rechtmäßig war, weil die Medien in Wahrnehmung berechtigter Interessen und unter Einhaltung der journalistischen Sorgfaltspflicht gehandelt haben, bedarf es keiner strafbewehrten Unterlassungs- und Verpflichtungserklärung. In derartigen Fällen kann allenfalls eine Erstbegehungsgefahr bestehen, zu deren Ausräumung nach herrschender Meinung eine einfache und ernsthafte Erklärung ohne Strafbewehrung ausreicht (BGH 31.5.2001 – I ZR 106/99, NJW-RR 2001, 1483; BeckOK BGB/*Fritsche* § 1004 Rn. 98; aA *Damm/Rebock*, Rn. 813). Bei mehrdeutigen Äußerungen besteht nur eine Verpflichtung, den Inhalt der mehrdeutigen Äußerung klarzustellen und ihr dadurch einen eindeutigen Inhalt zu geben, der zu keiner Rechtsverletzung mehr führt (BVerfG 25.10.2005 – 1 BvR 1696/98, NJW 2006, 207 – IM Sekretär Stolpe; 24.5.2006 – 1 BvR 49/00ua, NJW 2006, 3769 – Babycaust; 19.12.2007 – 1 BvR 967/05, AfP 2008, 58 – Gegendarstellung). Zur Klarstellung genügt grds. eine schlichte Erklärung gegenüber dem Betroffenen selbst (OLG Stuttgart 11.5.2015 – 4 W 14/15, ZUM 2015, 1009; LG Hamburg 22.10.2010 – 324 O 100/10, AfP 2010, 613; aA KG 18.8.2008 – 10 U 47/08, BeckRS 2012, 24646).

Die strafbewehrte Unterlassungserklärung muss grds. ernst gemeint, uneingeschränkt, bedingungslos und unwiderruflich sein. Zulässig ist jedoch eine auflösende Bedingung im Hinblick auf künftige Gesetzesänderungen und Änderungen der höchstrichterlichen Rechtsprechung, durch die das abgemahnte Verhalten für zulässig erklärt wird (BGH 26.9.1996 – I ZR 194/95, NJW 1997, 1706; Löffler/*Steffen* § 6 Rn. 267).

Die Unterlassungs- und Verpflichtungserklärung ist ein abstraktes Schuldversprechen/abstraktes Schuldanerkenntnis mit der Folge, dass grds. gemäß §§ 780, 781 BGB **Schriftform** erforderlich ist. Sofern ein Vergleich vorliegt ist gemäß § 782 BGB die Schriftform nicht erforderlich (Näheres: Köhler/Bornkamm/Feddersen/*Bornkamm/Feddersen* UWG § 13 Rn. 144 f.).

2. Es ist eine schuldhafte Zuwiderhandlung erforderlich. Um den Haftungsmaßstab demjenigen eines Titelschuldners anzugleichen, wird in der Praxis zum Teil in die Unterlassungs- und Verpflichtungserklärung aufgenommen, dass die Vertragsstrafe nur zu zahlen ist, wenn der Unterlassungsschuldner der Unterlassungspflicht schuldhaft in einer Weise zuwider gehandelt hat, die die Sorgfalts- und Handlungspflichten eines Titel-Schuldners nach § 890 ZPO verletzen würde.

Zur Auslegung des mit der Abgabe einer Unterlassungs- und Verpflichtungserklärung zustande kommenden Unterlassungsvertrags BGH NJW 2015, 1246. Zur Frage, in welchem Umfang bei mehrfachen Verstößen gegen die Unterlassungsverpflichtung

Vertragsstrafen verwirkt sind s. Köhler/Bornkamm/Feddersen/*Feddersen* UWG § 13a Rn. 24 ff.

Zu beachten ist, dass nach der Rechtsprechung des BGH die Verpflichtung zur Unterlassung einer Handlung, durch die ein fortdauernder Störungszustand geschaffen wurde, mangels abweichender Anhaltspunkte dahingehend auszulegen ist, dass auch die Vornahme möglicher und zumutbarer Handlungen zur Beseitigung des Störungszustandes (zB Rückrufverpflichtungen) umfasst ist (BGH 11.10.2017 – I ZB 96/16, NJW 2018, 1317; Wenzel BerichterstattungR/*Burkhardt* Kap. 12 Rn. 78 ff.). Darüber hinaus haftet der Verletzer auch für die Weiterverbreitung eines Online-Beitrags durch Dritte im Internet (BGH 9.4.2019 – VI ZR 89/18, ZUM-RD 2019, 508; dazu *Sorge* ZUM-RD 2019, 512).

3. Die versprochene Vertragsstrafe muss angemessen, dh ausreichend hoch sein, um den Verletzten ernsthaft von einer Wiederholung abzuhalten. In äußerungsrechtlichen Fällen sind idR Beträge zwischen 1.000 EUR und 10.000 EUR angemessen. Insbesondere bei kapitalstarken Unternehmen als Verletzer können je nach Bedeutung der Angelegenheit und der Schwere der Verletzung auch höhere Beträge in Betracht kommen. Häufig wird bei einer bezifferten Vertragsstrafe auch ein Betrag, der 5.000 EUR übersteigt, verlangt, um die Zuständigkeit der Landgerichte herbeizuführen. In der Praxis setzt sich immer mehr ein unbeziffertes Vertragsstrafeversprechen nach dem sog. neuen Hamburger Brauch durch, bei dem eine Vertragsstrafe versprochen wird, deren Höhe vom Gläubiger nach billigem Ermessen festgesetzt wird und die im Streitfall vom zuständigen Gericht zu überprüfen ist (vgl. hierzu die wettbewerbsr. Regelungen in § 13a UWG: Köhler/Bornkamm/Feddersen/*Bornkamm/Feddersen* UWG § 13a).

4. „Sinngemäß" nur bei Tatsachenbehauptungen. Meinungsäußerungen, können nicht sinngemäß verboten werden (BVerfG NJW 1976, 1680).

5. Die Unterlassungserklärung muss nicht nur die materiell-rechtlichen Voraussetzungen erfüllen, sondern auch ausreichend bestimmt sein (§ 253 Abs. 2 S. 2 ZPO). Der Inhalt und der Umfang der Unterlassungserklärung richten sich nach der **konkreten Verletzungsform.** Dies ist die angegriffene Veröffentlichung. Entsprechend seiner Rspr. zur Tenorierung von Bildunterlassungen geht der BGH davon aus, dass auch bei Äußerungen ein Verbot ohne Bezug auf den Kontext in der Regel zu weit geht (BGH NJW 2013, 790). Über die konkrete Verletzungsform hinausgehende Verallgemeinerungen können nur in engen Grenzen gefordert werden, wenn darin das Charakteristische des konkreten Verletzungstatbestands zum Ausdruck kommt und das Verbot nicht über die zu befürchtende Verletzung hinaus ausgeweitet würde. Näheres zur Formulierung der Unterlassungserklärung MPFormB GewRS/*Burkhardt* Form. H.7 Anm. 5.

Sofern die zu unterlassende Behauptung in einer bereits gedruckten Publikation enthalten ist, würde eine mit sofortiger Wirkung abgegebene Unterlassungserklärung zu einem Verbreitungsstop für die gesamte noch in der Verfügungsgewalt des Unterlassungsschuldners befindliche Auflage führen, was einen unverhältnismäßigen Eingriff in die Pressefreiheit darstellen kann. Aus diesem Grunde wurde in der Praxis das Rechtsinstitut der **Aufbrauchsfrist** entwickelt. Im Falle der Einräumung einer Aufbrauchsfrist besteht die Möglichkeit die bereits gedruckt vorliegende Auflage innerhalb einer bestimmten Frist noch zu verbreiten (Näheres Wenzel/Burkhardt/*Burkhardt* Kap. 12 Rn. 100 ff.).

6. In der Unterlassungserklärung ist die konkrete Verletzungsform wiederzugegeben, dh die zu unterlassende Bildveröffentlichung und die damit zusammenhängende Wortberichterstattung. Im Bereich der Bildberichterstattung kann nicht über die konkrete Verletzungsform hinaus eine ähnliche oder „kerngleiche" Bildberichterstattung für die Zukunft verboten werden (BGH 13.11.2007 – VI ZR 269/06, GRUR 2008, 446 ff.; 6.10.2009 – VI ZR 314/18, NJW 2010, 1454). Ein generelles Verbot kommt nur ausnahmsweise in Betracht, sofern die Verbreitung eines Bildnisses per se unzulässig ist (zB wegen Verletzung der Intimsphäre, BGH 6.10.2009 – VI ZR 314/08, NJW 2010, 1454 Rn. 7).

Kosten und Gebühren

7. Es besteht keine Verpflichtung des Schuldners, sich in der Unterlassungs- und Verpflichtungserklärung zur Übernahme der Kosten der Abmahnung zu verpflichten. Zur Kostenerstattungspflicht. → Form. II.R.7 Anm. 11.

9. Schutzschrift

Per beA
An das
Zentrale Schutzschriftenregister https://www.zssr.justiz.de[2]

Schutzschrift[1]

in einem etwaigen einstweiligen Verfügungsverfahren
der/des . . . .
möglicher Antragsteller (im Folgenden Antragsteller)
gegen
den/die

möglicher Antragsgegner (im Folgenden Antragsgegner)

Verfahrensbevollmächtigter: Rechtsanwalt . . . . .
wegen angeblicher Persönlichkeitsrechtsverletzung, ...
Hiermit bestelle ich mich zum Verfahrensbevollmächtigten des Antragsgegners[3] für den Fall, dass der Antragsteller wegen des nachstehend wiedergegebenen Sachverhalts einen Antrag auf Erlass einer einstweiligen Verfügung stellen sollte.
Namens und in Vollmacht des Antragsgegners wird beantragt,

1. **einen etwaigen Antrag auf Erlass einer einstweiligen Verfügung durch Beschluss zurückzuweisen;**
   hilfsweise, über einen etwaigen Antrag auf Erlass einer einstweiligen Verfügung nicht ohne vorherige mündliche Verhandlung zu entscheiden;
   ferner hilfsweise, im Falle des Erlasses einer einstweiligen Verfügung bereits gedruckte/hergestellte Exemplare von dem Verbot ausdrücklich auszunehmen;[4]
   ferner hilfsweise, die Vollziehung der einstweiligen Verfügung von der Zahlung einer angemessenen Sicherheitsleistung abhängig zu machen;[5]
2. **dem Antragsteller für den Fall der Zurückweisung des Verfügungsantrags oder seiner Zurücknahme die Kosten des Verfahrens einschließlich derjenigen aufzuerlegen, die durch die Hinterlegung dieser Schutzschrift entstanden sind.**

Ferner wird beantragt, dem Antragsgegner den Verfügungsantrag zur Stellungnahme zuzustellen (Art. 103 Abs. 1 GG). Nur unter dieser Voraussetzung ist der Antragsgegner damit einverstanden, dass dem Antragsteller diese Schutzschrift zugänglich gemacht wird, sofern er einen Antrag auf Erlass einer einstweiligen Verfügung stellen sollte.
Der Antragsgegner erklärt sich damit einverstanden, dass erforderlichenfalls Termin zur mündlichen Verhandlung unter Abkürzung der Ladungsfrist bestimmt wird.

Begründung:

1. **Der Antragsteller hat den Antragsgegner mit Schreiben vom . . . . . wegen angeblicher Verletzung seines allgemeinen Persönlichkeitsrechts, ... abgemahnt.**

Glaubhaftmachung: Abmahnschreiben vom . . . . . nebst begehrter Unterlassungsverpflichtungserklärung – Anlage AG 1

Der Antragsgegner wird dieser Abmahnung nicht Folge leisten, da die geltend gemachten Ansprüche nicht bestehen. Der Antragsgegner hat daher die Abgabe der geforderten Unterlassungsverpflichtungserklärung mit Schreiben vom . . . . . abgelehnt, so dass mit einem Antrag auf Erlass einer einstweiligen Verfügung zu rechnen ist.

Glaubhaftmachung: Schreiben vom . . . . . – Anlage AG 2

2. Es besteht kein Verfügungsgrund.[6] Seit dem Zeitpunkt der Kenntnisnahme des Antragstellers von der streitbefangenen Berichterstattung ist bereits längere Zeit verstrichen . . . . . Es ist daher keine Eilbedürftigkeit mehr gegeben.

3. Auch ein Verfügungsanspruch besteht nicht.[7] Die Abmahnung ist aus den nachfolgend dargelegten Gründen unberechtigt:

. . . . .

4. Jedenfalls sind von einem etwaigen Verbot bereits gedruckte/hergestellte Exemplare ausdrücklich auszunehmen. . . . .

5. Soweit eine einstweilige Verfügung ergehen sollte, ist die Vollziehung jedenfalls von der Zahlung einer angemessenen Sicherheit abhängig zu machen. . . . .

Rechtsanwalt[8]

Anmerkungen

1. Die Schutzschrift ist ein vorbeugender Verteidigungsschriftsatz gegen erwartete Anträge auf Arrest oder einstweilige Verfügung (§ 945a Abs. 2 S. 1 ZPO). Für dessen Einreichung besteht kein Anwaltszwang (Zöller/*G. Vollkommer* ZPO § 945a Rn. 2). Die Schutzschrift dient dazu, dem Gericht die Verteidigungsmittel des Antragsgegners zur Kenntnis zu bringen, um so das Gericht zu veranlassen, zumindest nicht ohne mündliche Verhandlung zu entscheiden. Die Gerichte sind rechtlich verpflichtet, die Ausführungen in der Schutzschrift bei der Wahl des Verfahrens gem. § 937 Abs. 2 ZPO und bei der Entscheidungsfindung zu berücksichtigen (Art. 103 Abs. 1 GG). Allerdings kann durch eine Schutzschrift eine sonst evtl. erforderliche Anhörung im Verfahren ersetzt werden (BVerfG 30.9.2018 – 1 BvR 1783/17, NJW 2018, 3631 Rn. 22). Die Schutzschrift sollte daher alle verteidigenden Argumente wie eine Antragserwiderung enthalten. Tatsachenvortrag sollte glaubhaft gemacht werden.

2. In presserechtlichen Angelegenheiten ist regelmäßig neben dem allgemeinen Gerichtsstand, der die örtliche Zuständigkeit begründet, auch der Gerichtsstand der unerlaubten Handlung (§ 32 ZPO) eröffnet, da die Ansprüche meist auf §§ 823, 824 BGB gestützt werden. Zur internationalen Zuständigkeit der deutschen Gerichte → Form. II. R.10 Anm. 1.

Das Gesetz zur Förderung des elektronischen Rechtsverkehrs mit den Gerichten v. 10.10.2013 (BGBl. I 3786) hat mWz 1.1.2016 § 945a ZPO neu eingeführt. Dieser regelt die Einreichung von Schutzschriften bei einem zentralen, länderübergreifenden elektronischen Register (Schutzschriftenregister). Seit 1.1.2017 ist der Rechtsanwalt gemäß § 49c BRAO verpflichtet, Schutzschriften ausschließlich zum Schutzschriftenregister nach § 945a ZPO einzureichen. Da es sich bei § 49c BRAO um eine standesrechtliche Pflicht handelt, trifft diese die Partei selbst nicht. Dennoch ist die Nutzung des zentralen Schutzschriftenregisters auch dann zu empfehlen, wenn keine Pflicht zur Einreichung besteht, da eine Schutzschrift als bei **allen ordentlichen Gerichten** der Länder eingereicht gilt, sobald sie in das Schutzschriftenregister eingestellt wurde (§ 945a Abs. 2 ZPO). Die Einreichung einer Schutzschrift beim zentralen Schutzschriftenregister ist kostenpflichtig. Weitere Einzelheiten unter www.zssr.justiz.de und bei Zöller/*G. Vollkommer* § 945a); vgl. ferner die Hinweise zu → Form. II.P.2 Anm. 1 und das Beispiel einer dort wiedergegebenen Schutzschrift.

3. Bestellt sich ein Rechtsanwalt in der Schutzschrift für das zu erwartende Verfügungsverfahren, ist eine erlassene einstweilige Verfügung im Rahmen der Vollziehung an ihn zuzustellen. Näheres zur Vollziehung s. Zöller/*G.Vollkommer* ZPO § 929 Rn. 12 ff.

4. Dieser Hilfsantrag empfiehlt sich, wenn durch die Vollziehung einer einstweiligen Verfügung erheblicher Schaden entstehen kann, so zB bei einem Anspruch auf Unterlassung der Verbreitung einer Zeitung oder Zeitschrift, die kurz vor dem Erscheinen steht.

5. Das Gericht kann nach §§ 921 S. 2, 936 ZPO den Erlass einer einstweiligen Verfügung von einer Sicherheitsleistung abhängig machen. Näheres s. Zöller/*G. Vollkommer* ZPO § 921 Rn. 2–5.

6. Die Dringlichkeit fehlt, wenn der Antragsteller den Rechtsverstoß schon längere Zeit kennt und durch seine Untätigkeit zum Ausdruck bringt, dass die Angelegenheit für ihn nicht eilig ist. Ab welcher Zeitdauer von einer Widerlegung der Dringlichkeit auszugehen ist, wird von den Gerichten unterschiedlich beurteilt. Im Regelfall ist von 4 Wochen bzw einem Monat seit Kenntnis auszugehen (vgl OLG Dresden 27.11.2018 – 4 U 1282/18, BeckRS 2018, 33048); anders LG Hamburg 5 Wochen (10.11.2014 – 324 O 659/14, bestätigt OLG Hamburg 15.12.2014 – 7 W 141/14); OLG Stuttgart 8 Wochen bzw. 2 Monate in presserechtlichen Verfahren (23.9.2015 – 4 U 101/15, AfP 2016, 268); OLG Naumburg ca. 6 Wochen (20.9.2012 – 9 U 59/12, ZUM-RD 2013, 14). Näheres Wenzel BerichterstattungR/*Burkhardt* Kap. 12 Rn. 144 ff.

Das OLG Köln (12.4.2021 – 6 W 98/20, ZUM-RD 2021, 431) meint, dass die rein tatsächliche Beendigung der Verletzungslage jedenfalls bei Urheberrechtsverletzungen dazu führen kann, dass der Verfügungsgrund entfallen kann, da sich die Dringlichkeit nicht schon aus der materiell-rechtlichen Erstbegehungs- oder Wiederholungsgefahr ergibt. Diese Rspr. dürfte auch auf das Äußerungs- und Presserecht übertragbar sein.

7. Es sind alle Gründe vorzutragen, weshalb die behauptete Rechtsverletzung nicht vorliegt, zB Deutung der angegriffenen Äußerung als Meinungsäußerung anstelle einer Tatsachenbehauptung, besonderes Informationsinteresse an der Angelegenheit, Zulässigkeit der Bildnisverbreitung nach dem abgestuften Schutzkonzept. Näheres MPFormB GewRS/*Burkhardt* Form. H.6 Anm. 7.

Kosten und Gebühren

8. Gerichtskosten: Für die Einreichung einer Schutzschrift zum ZSSR entsteht eine Gebühr in Höhe von 83,- Euro (§ 1 Nr. 5a JVKostG; Nr. 1160 KV). Die Gebühr für die Einstellung einer Schutzschrift schuldet derjenige, der die Schutzschrift eingereicht hat (§ 15a JVKostG).

Rechtsanwalt: 1,3 Verfahrensgebühr (VV 3100 RVG)

Die Kosten der Schutzschrift sind grundsätzlich als Kosten notwendiger Rechtsverteidigung erstattungsfähig. Sofern der befürchtete Antrag jedoch nicht gestellt wird, kann dem Einreicher der Schutzschrift allenfalls ein materiell-rechtlicher Erstattungsanspruch wegen unberechtigter Abmahnung zustehen. Wird der Antrag gestellt, aber ohne mündliche Verhandlung zurückgewiesen oder zurückgenommen, sind die Kosten der Schutzschrift dem Gegner zu erstatten (BGH 13.3.2008 – I ZB 20/07, GRUR 2008, 640 – Kosten der Schutzschrift III). Sofern die Schutzschrift erst nach Rücknahme oder endgültiger Zurückweisung des Verfügungsantrags eingeht, scheidet eine Erstattung aus (BGH 23.11.2006 – I ZB 39/06, GRUR 2007, 727 – Kosten der Schutzschrift II; Näheres Köhler/Bornkamm/Feddersen/*Köhler* UWG § 12 Rn. 2.41).

10. Antrag auf Erlass einer einstweiligen Verfügung

An das
Landgericht (Amtsgericht)[1]
.....

Antrag auf Erlass einer einstweiligen Verfügung[2]

des .....[3]

– Antragsteller –

Prozessbevollmächtigte(r) .....

gegen

den .....[4]

– Antragsgegner –

Prozessbevollmächtigte(r) .....
wegen Unterlassung
Vorläufiger Streitwert: ..... EUR[5]
Namens und in Vollmacht des Antragstellers beantrage ich – der äußersten Dringlichkeit des Falles halber ohne mündliche Verhandlung – im Wege der einstweiligen Verfügung Folgendes anzuordnen:

1. Der Antragsgegner hat es bei Vermeidung von Ordnungsgeld bis zu 250.000 EUR ersatzweise Ordnungshaft oder Ordnungshaft bis sechs Monaten zu unterlassen,
a) wörtlich oder sinngemäß[6] die nachfolgende(n) Behauptung(en) aufzustellen und/oder zu verbreiten und/oder aufstellen und/oder verbreiten zu lassen .....[7]
b) die nachfolgend wiedergegebene Abbildung ohne Zustimmung des Antragstellers zu verbreiten und/oder öffentlich zur Schau zu stellen und/oder zu verbreiten und/oder öffentlich zur Schau stellen zu lassen, wenn dies geschieht wie nachfolgend wiedergegeben: .....[8]

2. Der Antragsgegner hat die Kosten des Verfahrens zu tragen.

Begründung:

1. Der Antragsgegner ist Verleger der in ..... erscheinenden XY-Zeitung. In der Ausgabe Nr. ..... vom ..... dieser Zeitung ist über den Antragsteller Folgendes behauptet worden .....
(alt.: die nachfolgend wiedergegebene Abbildung verbreitet worden).[9]

Glaubhaftmachung: XY-Zeitung, Ausgabe Nr. ..... vom ..... – Anlage –

a) Die streitbefangene Äußerung enthält unwahre Tatsachenbehauptungen/schmähkritische Meinungsäußerungen
(alt.: Die Abbildung stellt einen Eingriff in das Recht am eigenen Bild dar.)
b) Im Einzelnen ist zur Begründung der vorliegenden Rechtsverletzung(en) Folgendes auszuführen: .....

2. Der Antragsgegner wurde mit Anwaltsschreiben vom ..... abgemahnt.[11]
Glaubhaftmachung: Abmahnung vom ..... – Anlage –

Der Antragsgegner hat die geltend gemachten Unterlassungsansprüche zurückgewiesen und es abgelehnt, eine strafbewehrte Unterlassungs- und Verpflichtungserklärung abzugeben. Daher ist Wiederholungsgefahr gegeben und die Inanspruchnahme gerichtlicher Hilfe erforderlich.

Glaubhaftmachung: Schreiben ..... – Anlage –

3. Auch der Verfügungsgrund ist gegeben.[10] Der Antragsteller hat am . . . . . von der Berichterstattung Kenntnis erlangt und den Antragsgegner mit Schreiben vom . . . . . abgemahnt. Der Antragsteller hat nach Kenntnis von der Verletzungshandlung unverzüglich gehandelt und dadurch deutlich gemacht, dass die Angelegenheit für ihn dringlich ist.

Die besondere Dringlichkeit für den Erlass der einstweiligen Verfügung ohne mündliche Verhandlung ergibt sich aus der Natur der Sache, da eine Wiederholung der Behauptung jederzeit erfolgen kann. Darüber hinaus ergibt sich die besondere Dringlichkeit aus folgenden Umständen: . . . . .

4. Das angerufene Gericht ist zuständig, da die XY-Zeitung auch in . . . . . verbreitet wird.[1]

5. Für den Fall, dass das Gericht über diesen Antrag nicht ohne mündliche Verhandlung entscheiden sollte, wird gebeten unter Abkürzung der Einlassungs- und Ladungsfrist einen möglichst nahen Termin zur mündlichen Verhandlung zu bestimmen.

Rechtsanwalt[12, 13]

Anmerkungen

1. Die örtliche und sachliche Zuständigkeit des Gerichts bestimmt sich nach dem Gericht der Hauptsache (§ 937 Abs. 1 ZPO). In äußerungsrechtlichen Angelegenheiten ist regelmäßig neben dem allgemeinen Gerichtsstand, der die örtliche Zuständigkeit begründet, auch der Gerichtsstand der unerlaubten Handlung (§ 32 ZPO) eröffnet, da die Ansprüche meist auf §§ 823, 824 BGB gestützt werden. Bei internationalen Sachverhalten bedarf es einer sorgfältigen Prüfung, ob die Zuständigkeit deutscher Gerichte gegeben ist. Zur Begründung der Zuständigkeit genügt es, wenn schlüssig Tatsachen vorgetragen werden, aus denen sich eine im Gerichtsbezirk begangene unerlaubte Handlung (Handlungs- oder Erfolgsort) ergibt (BGH 27.2.2018 – VI ZR 489/16, ZUM 2018, 433 Rn. 16). Zur Zuständigkeit nach der EuGVVO s. EuGH 17.6.2021 – C-800/19, ECLI:EU:C:2021:489 – Mittelbayerischer Verlag.

Bei **Presseerzeugnissen** ist Handlungs- bzw. Erfolgsort gemäß § 32 ZPO der Erscheinungsort des Druckwerks (Handlungsort) bzw. jeder Ort, an dem diese bestimmungsgemäß verbreitet (Erfolgsort) werden (BGH 19.12.1995 – VI ZR 15/95, NJW 1996, 1128). Entsprechendes gilt für **Fernseh-/Rundfunksendungen.** Erfolgsort ist dort, wo die Sendungen bestimmungsgemäß empfangen werden können (BGH 8.3.2012 – I ZR 75/10, NJW-RR 2012, 943 Rn. 19 ff zum Markenrecht). Bei **Internetpublikationen** sind deutsche Gerichte zuständig, wenn die als rechtsverletzend beanstandeten Inhalte objektiv einen deutlichen Bezug zum Inland in dem Sinne aufweisen, dass eine Kollision der widerstreitenden Interessen nach den Umständen des konkreten Falls, insbesondere aufgrund des Inhalts der beanstandeten Meldung, im Inland tatsächlich eingetreten sein kann oder eintreten kann. Dies ist anzunehmen, wenn eine Kenntnisnahme von der beanstandeten Meldung nach den Umständen des Einzelfalls im Inland erheblich näher liegt als es aufgrund der bloßen Abrufbarkeit des Angebots der Fall wäre und die vom Antragsteller behauptete Beeinträchtigung des Persönlichkeitsrecht durch Kenntnisnahme von der Meldung (auch) im Inland eintreten würde (BGH 27.2.2018 – VI ZR 489/16, ZUM 2018, 433 Rn. 17 – Internet-Suchmaschine; 25.10.2016 – VI ZR 678/15, NJW 2017, 827; BGH 14.5.2013 – VI ZR 269/12, NJW 2013, 2348 Rn. 7 – Google Autocomplete; 2.3.2010 – VI ZR 23/09, NJW 2010, 1752 – The New York Times; Wenzel BerichterstattungR/*Burkhardt* Kap. 12 Rn. 119a ff.; BeckOK ZPO/*Toussaint* § 32 ZPO Rn. 17 f.)

Sachliche Zuständigkeit: Streitwert bis 5.000 EUR Amtsgericht, bei dieser Summe übersteigendem Streitwert Landgericht (§§ 23 Abs. 1 Nr. 1, 71 GVG).

Anzuwendendes materielles Recht → Form. II.R.7 Anm. 1

2. Ein Unterlassungsanspruch wird in der Praxis in medienrechtlichen Angelegenheiten aufgrund der in der Regel gegebenen Eilbedürftigkeit zumeist im Wege eines Antrags auf Erlass einer einstweiligen Verfügung geltend gemacht. Nach § 920 Abs. 2 ZPO müssen der Verfügungsgrund und der Verfügungsanspruch glaubhaft gemacht werden. Auch in medienrechtlichen Angelegenheiten wird von den Gerichten die Eilbedürftigkeit im Regelfall bejaht, wenn der Betroffene den Antrag auf Erlass einer einstweiligen Verfügung innerhalb eines Monats nach Kenntniserlangung von dem angegriffenen Beitrag gestellt hat. Die Rspr. dazu, wie lange der Verletzte zuwarten kann, ohne die Eilbedürftigkeit zu gefährden, ist allerdings nicht einheitlich → Form. II.R.9 Anm. 6 (Näheres Wenzel BerichterstattungR/*Burkhardt* Kap. 12 Rn. 144 ff.). Ist die Verletzungshandlung bereits beendet, ist zum Fortbestehen der Dringlichkeit näher vorzutragen (OLG Köln 12.4.2021 – 6 W 98/20, ZUM-RD 2021, 431), da sich die Dringlichkeit nicht schon aus der materiell-rechtlichen Wiederholungsgefahr ergibt.

Nach §§ 936, 929 Abs. 2 ZPO muss eine erlassene einstweilige Verfügung **binnen eines Monates vollzogen werden.** Nach Ablauf der Vollziehungsfrist ist die Vollziehung nicht mehr statthaft und die einstweilige Verfügung wird aufgehoben, wenn der Antragsgegner Rechtsmittel einlegt. Die Vollziehung erfolgt regelmäßig durch Zustellung des Beschlusses/Urteils im Parteibetrieb. Um bei der Vollziehung einstweiliger Verfügungen Fehler zu vermeiden, ist äußerste Sorgfalt geboten. Insbes. ist zu prüfen, ob die Zustellung an die Partei oder den Prozessbevollmächtigten erfolgen muss (Näheres Zöller/*G. Vollkommer* ZPO § 929 Rn. 12 ff.).

Zu beachten ist, dass Schadenersatzansprüche gem. § 945 ZPO drohen, wenn eine einstweilige Verfügung sich von Anfang an als unrichtig erweist oder sie auf Rechtsmittel hin aufgehoben wird.

Soweit in verschiedenen Bundesländern durch Landesgesetze ein **obligatorisches Güteverfahren** nach § 15a EGZPO eingeführt wurde, bedarf es dessen Durchführung nur vor einer Klageerhebung, nicht jedoch vor Einreichen eines Antrags auf Erlass einer einstweiligen Verfügung (MüKo ZPO/*Gruber* EGZPO § 15a Rn. 5) → Form. II.R.19 Anm. 1

3. → Form. II.R.7 Anm. 4

4. → Form. II.R.7 Anm. 3

5. Zum Streitwert → Form. II.R.7 Anm. 13. Der Streitwert wird in einstweiligen Verfügungsverfahren gegenüber dem Wert im Hauptsacheverfahren häufig im Hinblick auf die nur vorläufige Regelung vermindert. § 51 Abs. 4 GKG gilt jedoch in äußerungsrechtlichen Streitigkeiten nicht. Soweit Ansprüche verfolgt werden, bei deren Zuerkennung das Hauptsacheverfahren weitgehend – jedenfalls faktisch – vorweggenommen wird, kann sich der Wert des Verfügungsverfahrens dem des Hauptsacheverfahrens weitgehend annähern oder ihn erreichen (OLG Saarbrücken 13.4.2011 – 5 W 70/11, AfP 2011, 582).

6. „Sinngemäß" nur bei Tatsachenbehauptungen. Meinungsäußerungen, können nicht sinngemäß verboten werden (BVerfG 11.5.1976 – 1 BvR 163/72, NJW 1976, 1680).

7. → Form. II.R.8 Anm. 5
Im Hinblick darauf, dass nach der Rechtsprechung des BGH (ua 11.10.2017 – I ZB 96/16, NJW 2018, 1317; → Form. II.R.7 Anm. 1) auch im Verfügungsverfahren Rückrufpflichten in Betracht kommen, muss geprüft werden, ob zur Reduktion des Haftungsrisikos aus § 945 ZPO bereits im Verfügungsantrag unmissverständlich zum Ausdruck gebracht wird, dass ein Rückruf nicht begehrt wird (Köhler/Bornkamm/Feddersen/*Bornkamm* § 8 Rn. 1.82 ff.).

8. → Form. II.R.8 Anm. 6.

9. Zum Verfügungsanspruch siehe MPFormB GewRS/*Burkhardt* Form. H.6 Anm. 7. Insbesondere bei einem Antrag auf Entscheidung ohne mündliche Verhandlung sind unabhängig von der Beweislast alle den Verfügungsgrund und den Verfügungsanspruch begründenden Tatsachen sowie das Fehlen naheliegender oder vorgerichtlich geltend gemachter anspruchsvernichtender Tatsachen glaubhaft zu machen.

10. Zum Verfügungsgrund siehe → Anm. 2 und → Form. II.R.9 Anm. 6

11. → Form. II.R.7.

Kosten und Gebühren

12. → Form. II.R.7 Anm. 13; →Form. II.P.3 Anm. 18.

Rechtsmittel

13. → Form. II.P.3 Anm. 19–20.

11. Zwangsvollstreckung

An das
Landgericht (Amtsgericht)[1]
. . . . .

Antrag gem. § 890 ZPO[2]

In Sachen
Herr/Frau/Firma . . . . .

– Gläubiger –

Prozessbevollmächtigte(r): . . . . .

gegen

Herr/Frau/Firma . . . . .

– Schuldner –

Prozessbevollmächtigte(r): . . . . .
wird beantragt,
gegen den Schuldner wegen Verstoßes gegen das Verbot in der einstweiligen Verfügung des LG/AG . . . . . vom . . . . ., Az. . . . ., ein empfindliches Ordnungsgeld und für den Fall, dass dieses nicht beigetrieben werden kann, Ordnungshaft zu verhängen.

Begründung:

Mit Urteil/Beschl. v. . . . . ., Az. . . . ., ist dem Schuldner verboten worden, ... (zB wörtlich oder sinngemäß die nachfolgende Behauptung aufzustellen und/oder zu verbreiten . . . .).
Für jeden Fall der Zuwiderhandlung wurde dem Schuldner ein Ordnungsgeld bis zu 250.000 EUR, ersatzweise Ordnungshaft oder Ordnungshaft bis zu sechs Monaten angedroht.

Beweis: Urteil/Beschl. v. . . . . . – Anlage

Das Urteil/der Beschluss wurde dem Schuldner am . . . . . durch den Gerichtsvollzieher/durch Zustellung von Anwalt zu Anwalt zugestellt.[3]

Beweis: Zustellungsurkunde des Gerichtsvollziehers . . . . ./Empfangsbekenntnis des Prozessbevollmächtigten des Schuldners . . . . .

Der Schuldner hat gegen das im Urteil/Beschluss enthaltene Verbot schuldhaft verstoßen, indem er . . . . .[4]

Beweis: . . . . .

Da der Schuldner das vom Gericht ausgesprochene Verbot nicht beachtet, muss er durch die Verhängung eines empfindlichen Ordnungsgelds zur Einhaltung des Verbots angehalten werden.[5, 6]
Rechtsanwalt[7, 8]

Anmerkungen

1. Zuständig ist das Prozessgericht des ersten Rechtszugs (§ 890 Abs. 1 S. 1 ZPO). Bei Zuständigkeit des LG herrscht gem. § 78 ZPO Anwaltszwang (BLAH/*Hartmann* ZPO § 890 Rn. 13).

2. Die Voraussetzungen der Zwangsvollstreckung gem. § 750 ZPO müssen vorliegen. Die Zuwiderhandlung muss der Androhung von Ordnungsmitteln zeitlich nachfolgen (§ 890 Abs. 2 ZPO). Bei einstweiligen Verfügungen muss als weitere Voraussetzung die fristgemäße Vollziehung der einstweiligen Verfügung hinzutreten (§§ 928, 929 Abs. 2, 936 ZPO). Durch Urteil erlassene Verbotsverfügungen werden mit der Verkündung des Urteils wirksam und sind daher bereits ab diesem Zeitpunkt zu beachten, wenn sie eine Ordnungsmittelandrohung enthalten (BeckOK ZPO/*Stürner* ZPO § 890 Rn. 27 – 28). In diesem Fall kann gegen den Schuldner bei einer schuldhaften Zuwiderhandlung nach Verkündung des Urteils ein Ordnungsmittel festgesetzt werden, wenn die allgemeinen Voraussetzungen der Zwangsvollstreckung vorliegen und die Verbotsverfügung vollzogen ist (BGH 22.1.2009 – I ZB 115/07 GRUR 2009, 890; BeckOK ZPO/*Stürner* ZPO § 890 Rn. 27 – 28).

3. → Form. II.R.10 Anm. 2.

4. Neben den Zwangsvollstreckungsvoraussetzungen muss der Gläubiger nachweisen, dass eine schuldhafte Zuwiderhandlung begangen wurde. Glaubhaftmachung genügt nicht (Zöller/*Seibel* ZPO § 890 Rn. 20 ff.). Näheres zum Verschulden BeckOK ZPO/*Stürner* ZPO 890 Rn. 24 – 26.

Der Schutzumfang des Unterlassungstitels beschränkt sich nicht nur auf Handlungen, die mit der in den Tenor aufgenommenen konkreten Verpflichtung identisch sind, sondern umfasst darüber hinaus nach der sog. „Kerntheorie" auch gleichartige Abwandlungen, in denen das Charakteristische der konkreten Verletzungsform zum Ausdruck kommt (Zöller/*Seibel* ZPO § 890 Rn. 4). Die Kerntheorie ist jedoch in Bildnisfällen nicht anwendbar → Form. II.R.8 Anm. 6.

5. Gegebenenfalls Darlegung von Umständen, die für die Bemessung des Ordnungsgelds von Bedeutung sind.

6. Verjährung. Die Verjährungsfrist für die Verfolgung von Zuwiderhandlungen beträgt zwei Jahre (Art. 9 EGStGB). Sie beginnt mit der Beendigung jeder einzelnen Zuwiderhandlung (Zöller/*Seibel* ZPO § 890 Rn. 23).

Kosten und Gebühren

7. → Form. III.C.5 Anm. 15.

Rechtsmittel

8. Sofortige Beschwerde, binnen zwei Wochen nach Zustellung des Ordnungsmittelbeschlusses (§ 793 ZPO, §§ 567 ff. ZPO). Die sofortige Beschwerde hat aufschiebende Wirkung (BGH 17.8.2011 – I ZB 20/11, NJW 2011, 3791).

Zur Aufhebung eines Ordnungsmittelbeschlusses nach der Aufhebung des zugrundeliegenden Unterlassungstitels s. Zöller/*Seibel* ZPO § 890 Rn. 24 – 27.

12. Abschlussschreiben/Abschlusserklärung

Abschlussschreiben[1]

Sehr geehrte Damen und Herren . . . . ./Sehr geehrte Damen und Herren Kollegen,[2]
wir vertreten die Interessen von . . . . .

Unser Mandant hat gegen Sie/Ihren Mandanten eine einstweilige Verfügung des Landgerichts (Amtsgerichts) . . . . . vom . . . . ., Aktenzeichen . . . . ., erwirkt. Die einstweilige Verfügung wurde Ihnen/Ihrem Mandanten am . . . . . zugestellt[3]. . . . .

Zur Vermeidung eines Hauptsacheverfahrens fordern wir Sie/Ihren Mandanten auf, bis spätestens . . . . .[4] die vorgenannte einstweilige Verfügung als endgültige und materiellrechtlich verbindliche Regelung anzuerkennen. Eine entsprechende Abschlusserklärung fügen wir als Anlage bei mit der Aufforderung, diese zu unterzeichnen und innerhalb der vorgenannten Frist an uns zurückzureichen.

Sollte die vorgenannte Frist fruchtlos verstreichen, werden wir unserem Mandanten empfehlen, ohne weitere Korrespondenz Hauptsacheklage zu erheben.[5]

Nach stRspr sind Sie/Ihr Mandant verpflichtet, die Kosten dieses Abschlussschreibens zu erstatten.[6] Wir fordern Sie/Ihren Mandanten daher auf, die Kosten gemäß der beigefügten Kostenaufstellung innerhalb der vorgenannten Frist auf eines unserer Anwaltskonten zu überweisen. Unsere Inkassovollmacht ergibt sich aus der Ihnen bereits vorliegenden Vollmacht/wird anwaltlich versichert.

Mit freundlichen Grüßen/Mit freundlichen kollegialen Grüßen
Rechtsanwalt

Abschlusserklärung

Herr/Frau/Firma . . . . .

erkennt gegenüber

Herrn/Frau/Firma

die am . . . . . ergangene einstweilige Verfügung des Landgerichts/Amtsgerichts . . . . ., Az. . . . . . als endgültige und zwischen den Parteien materiell-rechtlich verbindliche, nach Bestandskraft und Wirkung einem entsprechenden Hauptsacheurteil gleichstehende Regelung an und verzichtet auf die Rechte/Rechtsbehelfe aus den § 924 ZPO (Widerspruch) und § 926 ZPO (Anordnung der Klageerhebung) sowie § 927 ZPO (Aufhebung wegen veränderter Umstände) mit Ausnahme künftiger Umstände, die auch einem rechtskräftigen Hauptsacheurteil entgegen gesetzt werden könnten.[7]

Ort, Datum

Unterschrift

Anmerkungen

1. Eine einstweilige Verfügung sichert den Unterlassungsanspruch nur vorläufig. Die Verjährung von Ansprüchen wird durch den Antrag auf Erlass einer einstweiligen Verfügung nur zeitweise gehemmt (§ 204 Abs. 1 Nr. 9, § 204 Abs. 2 BGB). Die 30-jährige Verjährungsfrist für rechtskräftig festgestellte Ansprüche nach § 197 Abs. 1 Nr. 3 BGB gilt für einstweilige Verfügungen nicht. Um eine endgültige Regelung herbeizuführen bedarf es entweder der Anerkennung der einstweiligen Verfügung als endgültige Regelung oder der Durchführung eines Hauptsacheverfahrens. Um zu prüfen, ob ein Hauptsacheverfahren durchgeführt werden muss, ist der Schuldner aufzufordern, zu erklären, ob er zum Abschluss einer Vereinbarung bereit ist, die einstweilige Verfügung wie ein rechtskräftiges Hauptsacheurteil zu behandeln (Abschlussschreiben). Das Abschlussschreiben gehört damit zum Hauptsacheverfahren und bezweckt auch, die Möglichkeit eines sofortigen Anerkenntnisses im Hauptsacheprozess mit der Kostenfolge nach § 93 ZPO auszuschließen (BGH 4.3.2008 – VI ZR 176/07, NJW 2008, 1744; BGH 22.1.2015 - I ZR 59/14, NJW 2015, 3244).

Nach Vollziehung der einstweiligen Verfügung ist dem Schuldner Gelegenheit zu geben, von sich aus, eine Abschlusserklärung abzugeben. Es ist daher eine **Wartefrist** von zumindest zwei Wochen zwischen Vollziehung eines Urteils und Versand des Abschlussschreibens, bei Beschlüssen von mindestens 3 Wochen einzuhalten (BGH 22.1.2015 – I ZR 59/14, NJW 2015, 3244). Andernfalls besteht kein Anspruch auf Kostenerstattung für das Abschlussschreiben.

Um die Kostenfolge des § 93 ZPO im Hauptsacheverfahren zu vermeiden, muss der Gläubiger dem Schuldner außerdem eine **Erklärungsfrist** von im Regelfall mindestens zwei Wochen für die Prüfung einräumen, ob er die Abschlusserklärung abgeben will, wobei die Summe aus Warte- und Erklärungsfrist nicht kürzer als die Berufungsfrist (§ 517 ZPO) sein darf.

Das Abschlussschreiben kann auch mit der Geltendmachung weiterer Ansprüche, die nur im Hauptsacheverfahren durchgesetzt werden können (Auskunft, Beseitigung, Widerruf, Richtigstellung, etc, Schadensersatz, Geldentschädigung; → Form. II.R.19), verbunden werden, soweit diese nicht schon in ersten Abmahnung geltend gemacht wurden (vgl. → Form. II.R.7).

2. Adressat des Abschlussschreibens ist der Anspruchsgegner. Eine Zustellung an den im Verfügungsverfahren bestellten Prozessbevollmächtigten ist prozessual nicht erforderlich, da das „Abschlussverfahren" nicht mehr zum gerichtlichen Verfügungsverfahren zählt und somit § 172 ZPO nicht anwendbar ist. Jedoch sollte das Schreiben im Hinblick auf § 12 BORA dem bisherigen Verfahrensbevollmächtigten jedenfalls auch zugeleitet werden. Hat sich der Rechtsanwalt bereits als Vertreter für das Hauptsacheverfahren oder als „ständiger Prozessvertreter" bestellt hat, ist allein an diesen zuzustellen. An den Zustellungsbevollmächtigten gemäß § 5 NetzDG kann ein Abschlussschreiben nicht wirksam zugestellt werden → Form. II.R.7 Anm. 3.

3. → Form. II.R.10 Anm. 2.

4. Die Frist sollte in der Regel mindestens einen Monat nach Zustellung der einstweiligen Verfügung und mindestens zwei Wochen nach Zugang des Abschlussschreibens betragen (Köhler/Bornkamm/Feddersen/*Köhler* UWG § 12 Rn. 2.71). Erhebt der Antragsteller ohne Einhaltung dieser Frist Klage, so kann der Gegner sich unter Verwahrung gegen die Kostenlast unterwerfen oder anerkennen (§ 93 ZPO). Er hat dann keinen Anlass zur Klageerhebung gegeben (BGH 22.1.2015 – I ZR 59/14, NJW 2015, 3244).

5. Es kann zweckmäßig sein, den Auskunftsanspruch und weitere Ansprüche, wie zB Widerrufsansprüche, Ansprüche auf Ersatz des materiellen und immateriellen Schadens zusammen mit dem Abschlussschreiben außergerichtlich geltend zu machen, auch um eventuelle Kosten bei sofortigem Anerkenntnis zu vermeiden (§ 93 ZPO).

6. Die **Kosten** des Abschlussschreibens hat der Antragsgegner regelmäßig zu erstatten, wenn er ausreichend Gelegenheit hatte, nach Zustellung der einstweiligen Verfügung von sich aus eine Abschlusserklärung abzugeben und dies nicht getan hat (BGH 4.3.2008 – VI ZR 176/07, NJW 2008, 1744; Köhler/Bornkamm/Feddersen/*Köhler* UWG § 12 Rn. 2.73 f.). Ein Abschlussschreiben ist in der Regel mit einer 1,3-fachen Geschäftsgebühr nach Nr. 2300 VV RVG zu vergüten (BGH 22.1.2015 – I ZR 59/14, NJW 2015, 3244). Der Gegenstandswert richtet sich nicht nach dem Wert des Verfügungsverfahrens, sondern nach dem (ggf. höheren) Wert des Hauptsacheverfahrens → Form. II.R.7 Anm. 13, →Form. II.R.10 Anm. 5.

In das Abschlussschreiben kann auch noch eine Verpflichtung zur Erstattung der Kosten des Abschlussschreibens aufgenommen werden. Zur Übernahme der Kosten des Abschlussschreibens muss sich der Schuldner jedoch in der Abschlusserklärung nicht verpflichten, auch wenn er die Kosten zu tragen hat (Köhler/Bornkamm/Feddersen/*Köhler* UWG § 12 Rn. 2.74).

7. Bei einer einstweiligen Verfügung, die aufgrund mündlicher Verhandlung durch Urteil erlassen worden ist, Verzicht auf Berufung und Verzicht auf Anträge nach §§ 926, 927 ZPO. Bei einstweiligen Verfügungen, die im Berufungsverfahren erlassen oder bestätigt worden sind, bedarf es keines Verzichts auf die Berufung.

13. Widerruf (Richtigstellung, Klarstellung)

In der XY-Zeitung Ausgabe Nr. . . . ., vom . . . . ., haben wir auf Seite . . . . unter der Überschrift . . . . . über A behauptet.[1] . . . . . Diese Behauptung widerrufen[2] wir hiermit als unwahr./Diese Behauptung nehmen wir zurück.
alt.: Diese Behauptung stellen wir wie folgt richtig: . . . . .[3]
alt.: Diese Behauptung stellen wir wie folgt klar: . . . . .[4]
Unterschrift[5]

Anmerkungen

1. Der Berichtigungsanspruch ist ein Folgenbeseitigungsanspruch, der in analoger Anwendung von § 1004 BGB iVm dem verwirklichten Deliktstatbestand (zB Verletzung des Persönlichkeitsrechts, des Rechts am Bild, des Rechts am Unternehmen) hergeleitet wird. Der Berichtigungsanspruch ist verschuldensunabhängig, setzt aber die Rechtswidrigkeit der zu berichtigenden Behauptung, die Fortdauer der Störung sowie eine Verhältnismäßigkeitsprüfung voraus (Löffler/*Steffen* § 6 Rn. 283 ff.; NK-MedienR/*Meyer* 41. Abschnitt).

Der Berichtigungsanspruch geht auf die Ausräumung einer Störquelle, die das Schutzgut gegenwärtig belastet oder eine Belastung für die Zukunft befürchten lässt. Es ist daher erforderlich, dass die Beeinträchtigung des Betroffenen fortdauert. Hieran kann es zB fehlen, wenn eine Äußerung durch Zeitablauf in Vergessenheit geraten ist. Anders als beim Unterlassungsanspruch ist für den Berichtigungsanspruch eine Wiederholungsgefahr nicht Anspruchsvoraussetzung. Die Beseitigung der Störung soll durch eine

Erklärung des Störers gegenüber den Adressaten der störenden Äußerung erreicht werden (Löffler/*Steffen* § 6 Rn. 283). Eine derartige Erklärung belastet den Verpflichteten stark. Die Berichtigung muss daher zur Beseitigung der Störung geeignet und darüber hinaus aufgrund der konkreten Umstände des Einzelfalls zur Beseitigung der fortdauernden Rufbeeinträchtigung des Betroffenen auch notwendig sein (BVerfG 14.1.1998 – 1 BvR 1861/93 ua, NJW 1998, 1381; Löffler/*Steffen* § 6 Rn. 288–290). Der Berichtigungsanspruch darf nicht zur Demütigung eingesetzt werden (Löffler/*Steffen* § 6 Rn. 288).

Berichtigungsansprüche können, anders als Unterlassungsansprüche, nur wegen der Verbreitung unwahrer Tatsachenbehauptungen durchgesetzt werden (Löffler/*Steffen* § 6 Rn. 284; *Soehring/Hoene* PresseR Rn. 31.5 ff. mwN). Die Berichtigung einer Meinungsäußerung oder eine weitergehende eigene Erklärung kann den Medien nicht aufgezwungen werden, da dies mit dem Grundrecht auf freie Meinungsäußerung (Art. 5 Abs. 1 S. 1 GG) nicht vereinbar wäre (BGH 22.6.1982 – VI ZR 251/80, NJW 1982, 2246). Der Berichtigungsanspruch setzt den Nachweis des Betroffenen voraus, dass die Aussage, deren Berichtigung verlangt wird, unwahr ist (BGH 22.4.2008 – VI ZR 83/07, NJW 2008, 2262; Löffler/*Steffen* § 6 Rn. 285; Soehring/*Hoene* PresseR Rn. 31.6). Der Berichtigungsanspruch ist regelmäßig ausgeschlossen, wenn der Störer die unwahre Behauptung bereits freiwillig widerrufen oder sonstige zur Störungsbeseitigung geeigneten Maßnahmen ergriffen hat (Löffler/*Steffen* § 6 Rn. 290). Der Abdruck einer Gegendarstellung allein genügt aber nicht (BVerfG 14.1.1998 – 1 BvR 1861/93 ua, NJW 1998, 1381 (1382 f.)). Ein redaktioneller Zusatz zur Gegendarstellung, durch den die inhaltliche Richtigkeit der Gegendarstellung bestätigt wird, kann jedoch ein geeignetes Mittel zur freiwilligen Störungsbeseitigung darstellen, das einen Berichtigungsanspruch ausschließt (Löffler/*Steffen* § 6 Rn. 290). Kein Widerruf kann verlangt werden, wenn es um bloße Übertreibungen und Nebensächlichkeiten geht (Löffler/*Steffen* § 6 Rn. 290 mwN). Zum Widerrufsanspruch von juristischen Personen des öffentlichen Rechts siehe BGH 22.4.2008 – VI ZR 83/07, NJW 2008, 2262 ff.. Bei Fehlen einer hinreichend gewichtigen Rufbeeinträchtigung besteht kein Anspruch (LG Hamburg 21.4.2017 – 324 O 189/15 BeckRS 2017, 121695 Rn. 132 f.). Berichtigungsansprüche können grds. nur im Hauptsacheverfahren durchgesetzt werden. Dies ergibt sich aus der allgemeinen zivilprozessualen Regel, dass eine einstweilige Verfügung nur der Sicherung, nicht aber der Erfüllung von Ansprüchen dient und daraus, dass die einmal erfolgte Veröffentlichung einer Berichtigung nicht mehr rückgängig gemacht werden kann. Nur in extremen Ausnahmefällen, zB wenn ein unabweisbares Bedürfnis besteht, wird eine Leistungsverfügung für zulässig gehalten (Näheres Löffler/*Steffen* § 6 Rn. 302; *Soehring/Hoene* PresseR Rn. 31.17–21). Näheres zur Durchsetzung des Widerrufsanspruchs Löffler/*Steffen* § 6 Rn. 302, *Wenzel BerichterstattungR/Gamer/Peifer* Kap. 13 Rn. 142 ff. Die Zwangsvollstreckung richtet sich nach hM nach § 888 ZPO (Löffler/*Steffen* § 6 Rn. 302 mwN).

In der Praxis hat sich eine Reihe von Berichtigungsformen herausgebildet. Die wichtigsten sind: Widerruf, Richtigstellung, Klarstellung, eingeschränkter Widerruf (Erklärung, dass eine Behauptung nicht aufrechterhalten wird) und Distanzierung (Wenzel BerichterstattungR/*Gamer/Peifer* Kap. 13 Rn. 97 ff.; *Soehring/Hoene* PresseR Rn. 31.11 ff.). Der volle Widerruf setzt den Nachweis der Unwahrheit voraus. Die Beweislast liegt beim Kläger (BGH 22.4.2008 – VI ZR 83/07, NJW 2008, 2262; Wenzel BerichterstattungR/*Gamer/Peifer* Kap. 13 Rn. 145.

2. Der Inhalt des Berichtigungsanspruchs richtet sich nach Umfang und Inhalt der Störung sowie der Art und dem Grad der Beteiligung des zur Beseitigung Verpflichteten an ihr. Die schärfste Berichtigungsform ist der uneingeschränkte *förmliche Widerruf*. Der förmliche Widerruf setzt eine nachgewiesene oder unstreitig unwahre Tatsachenbehauptung des in Anspruch Genommenen voraus (*Wenzel* BerichterstattungR/*Gamer/Peifer* Kap. 13 Rn. 98). Der uneingeschränkte Widerruf kann auch auf die Erklärung gehen, dass die inkriminierte Behauptung „zurückgenommen" wird, „nicht den Tatsachen entspricht" oder „unwahr ist" (Löffler/*Steffen* § 6 Rn. 291). Die Berichtigung hat prinzipiell im selben Teil des Mediums zu erfolgen wie die Erstmitteilung (Näheres Wenzel BerichterstattungR/*Gamer/Peifer* Kap. 13 Rn. 125 ff).

3. Anstelle des förmlichen Widerrufs kommt in der Praxis häufig die mildere Form der *„Richtigstellung"* vor. Eine Richtigstellung kommt unter anderem in Betracht, wenn die Äußerung nicht schlechthin unwahr, sondern nur unvollständig oder missverständlich war oder wenn durch die Art der Darstellung ein falscher Eindruck erweckt worden war (BGH 5.12.1995 – VI ZR 332/94, NJW 1996, 984).Wegen der möglichen einschüchternden Wirkung auf die freie Meinungsäußerung kann ein Eindruck nur dann zu einem Richtigstellungsanspruch führen, wenn der Eindruck zwingend ist (OLG Karlsruhe 25.10.2013 – 14 U 5/12, ZUM-RD 2014, 159). Zu einer rechtmäßigen Verdachtsberichterstattung kann kein Widerruf und keine Richtigstellung verlangt werden, auch wenn sich der Verdacht im Nachhinein als unzutreffend herausstellt (BGH 18.11.2014 – VI ZR 76/14, NJW 2015, 778). In solchen Fällen kann nur ein „Nachtrag" verlangt werden. Voraussetzung hierfür ist, dass dem Medienunternehmen die Veränderungen überprüfbar mitgeteilt werden (BVerfG 2.5.2018 – 1 BvR 666/17, NJW 2018, 2784 Rn. 24; 7.7.2020 – 1 BvR 146/17, NJW 2020, 3302 Rn. 17, 22 f.). Der Nachtrag beschränkt sich auf eine von einer kurzen Zusammenfassung der angegriffenen Berichterstattung eingeleiteten Mitteilung, dass zB. ein Freispruch erfolgt sei (BVerfG 2.5.2018 – 1 BvR 666/17, NJW 2018, 2784 Rn. 24). Formulierungsvorschlag → Form. II.R.14 Anm. 2 Ein Richtigstellungsanspruch kann jedoch bei einer von Anfang an unzulässigen Verdachtsberichterstattung gegeben sein (BGH 18.11.2014 – VI ZR 76/14, NJW 2015, 778).

4. Auch die *„Klarstellung"* ist eine mildere Form des Widerrufs. Sie kommt insb. in Betracht, wenn durch eine Äußerung ein unzutreffender Eindruck erweckt worden war. Auch gegenüber einer verdeckten Behauptung zwischen den Zeilen kommt eine Klarstellung in Betracht (Löffler/*Steffen* § 6 Rn. 291).

Kosten

5. Es gelten die allgemeinen Grundsätze. → Form. II.R.7 Anm. 13.

14. Eingeschränkter Widerruf (Nichtaufrechterhalten)

In der XY-Zeitung, Ausgabe-Nr. . . . ., vom . . . ., haben wir auf Seite . . . . . unter der Überschrift . . . . . über A behauptet,[1] . . . . .
Diese Behauptung erhalten wir nicht aufrecht.[2]
. . . . .
Unterschrift

Anmerkungen

1. → Form. II.R.13 Anm. 1.

2. Auch der eingeschränkte Widerruf ist nur gegenüber Tatsachenbehauptungen gegeben. Im Gegensatz zum vollen Widerruf, der den Nachweis der Unwahrheit der Erstmitteilung voraussetzt, ist ein Anspruch auf eingeschränkten Widerruf auch dann gegeben, wenn der Nachweis der Unwahrheit der Erstmitteilung nicht mit absoluter Sicherheit erbracht werden kann, wenn jedoch der Nachweis einer so hohen Wahrscheinlichkeit der Unwahrheit erbracht ist, dass es für einen objektiven Beurteiler an ernstlichen Anhaltspunkten für die Wahrheit der Erstmitteilung fehlt (BGH 14.6.1977 – VI ZR 111/75, NJW 1977, 1681). Die Erklärung, dass eine Behauptung nicht aufrecht erhalten wird, kommt auch in Betracht, wenn Medien in Wahrnehmung berechtigter Interessen gehandelt hatten und die Unwahrheit der Behauptung trotz ausreichender Recherchen erst nachträglich zutage tritt.

Kein Anspruch auf einen (eingeschränkten) Widerruf besteht bei ursprünglich rechtmäßiger Verdachtsberichterstattung, auch wenn sich der Verdacht im Nachhinein als unzutreffend herausstellt (BGH 18.11.2014 – VI ZR 76/14, NJW 2015, 778). In solchen Fällen kann nur ein „Nachtrag" verlangt werden. Voraussetzung hierfür ist, dass dem Medienunternehmen die Veränderungen überprüfbar mitgeteilt werden (BVerfG 2.5.2018 – 1 BvR 666/17, NJW 2018, 2784 Rn. 24; BVerfG 7.7.2020 – 1 BvR 146/17, NJW 2020, 3302 Rn. 22 f.). Der Nachtrag beschränkt sich auf eine von einer kurzen Zusammenfassung der angegriffenen Berichterstattung eingeleiteten Mitteilung, dass zB ein Freispruch erfolgt sei (BVerfG 2.5.2018 – 1 BvR 666/17, NJW 2018, 2784 Rn. 24; BVerfG 7.7.2020 – 1 BvR 146/17, NJW 2020, 3302 Rn. 17, 22 f.).

Formulierungsvorschlag:

Nachtrag zu. . . . .

Am . . . . . hatten wir unter der Überschrift . . . . . über das Strafverfahren gegen . . . . . wegen Kindesmissbrauchs berichtet. Das LG . . . . . hat . . . . . am . . . . . freigesprochen.

15. Distanzierung

In der XY-Zeitung, Ausgabe-Nr. . . . ., vom . . . . ., haben wir auf Seite . . . . . unter der Überschrift . . . . . einen Beitrag von B veröffentlicht, in dem dieser über A behauptet hat,[1] . . . . .

Von der Darstellung des B distanzieren wir uns.[2]

Unterschrift

Anmerkungen

1. → Form. II.R.13 Anm. 1.

2. Eine Distanzierung kommt in Betracht, wenn Behauptender und Verbreiter auseinanderfallen, wie zB bei Zitaten. In diesen Fällen ist stets zu prüfen, ob die Medien für die verbreitete Äußerung haften. Eine Haftung kommt in Betracht, wenn sich Medien eine verbreitete Aussage zu eigen gemacht haben (Näheres in NK/*Weihe* 37. Abschn. Rn. 68 ff.). Auch bei der Verbreitung von Drittäußerungen im Internet kommt eine Haftung in Betracht (zur Haftung des Betreibers eines Bewertungsportals BGH v. 4.4.2017 – VI ZR 123/16).

Die Distanzierung ist die Erklärung, dass die Redaktion sich eine verbreitete falsche Tatsachenbehauptung nicht zu eigen macht (Wenzel BerichterstattungR/*Gamer/Peifer* Kap. 13 Rn. 119). Die Distanzierung hat grds. dieselben Voraussetzungen wie der volle Widerruf. Ein Distanzierungsanspruch besteht nicht, wenn der Verbreiter sich bereits von der Erstmitteilung ausreichend distanziert hatte (Wenzel BerichterstattungR/*Gamer/Peifer*

Kap. 13 Rn. 120). Der Anspruch auf Distanzierung steht ggf. selbständig neben dem Widerrufsanspruch gegenüber dem Behauptenden.

16. Berichtigende Ergänzung

In der XY-Zeitung, Ausgabe-Nr. . . . ., vom . . . . ., ist auf Seite . . . . . unter der Überschrift . . . . . über A berichtet worden,[1] dass . . . . . Hierzu ist ergänzend Folgendes mitzuteilen . . . . .[2]
Unterschrift

Anmerkungen

1. → Form. II.R.13 Anm. 1.

2. Eine berichtigende Ergänzung kommt zB in Betracht, wenn infolge von Weglassungen ein den Tatsachen widersprechendes falsches Bild entstanden ist. So etwa, wenn über eine Verurteilung zu einer Freiheitsstrafe berichtet, dabei aber nicht erwähnt wird, dass das Urteil nicht rechtskräftig ist oder die Strafe zur Bewährung ausgesetzt wurde. Ansonsten sind die Voraussetzungen dieselben wie beim vollem Widerruf. Zum Anspruch auf Nachtrag bei ursprünglich zulässiger Verdachtsberichterstattung BGH 18.11.2014 – VI ZR 76/14, NJW 2015, 778; BVerfG 2.5.2018 – 1 BvR 666/17, NJW 2018, 2784 Rn. 24; Formulierungsvorschlag → Form. II.R.14 Anm. 2.

17. Nachträgliche Ergänzung

In der XY-Zeitung, Ausgabe-Nr. . . . ., vom . . . . ., Seite . . . . . ist unter der Überschrift . . . . . über A berichtet worden,[1] dass . . . . .
Hierzu ist ergänzend Folgendes mitzuteilen . . . . .[2]
Unterschrift

Anmerkungen

1. → Form. II.R.13 Anm. 1.

2. Der Anspruch auf nachträgliche Ergänzung ist umstritten. Vom BGH wurde ein derartiger Anspruch mit Billigung des BVerfG zuerkannt im Falle eines Freispruchs, dem ein zutreffender Bericht über eine strafgerichtliche Verurteilung vorausgegangen war (BGH NJW 1972, 431 – Freispruch; BVerfG NJW 1997, 2589 – Ergänzende Meldung; OLG Düsseldorf NJW 2011, 788; OLG Saarbrücken ZUM-RD 2012, 265). Der Anspruch ist jedoch begrenzt auf die Veröffentlichung einer von dem Betroffenen verfassten Erklärung auf Kosten des Verpflichteten. Der Betroffene kann keine eigene Mitteilung des Publikationsorgans verlangen (Löffler/*Steffen* § 6 Rn. 294 mwN). Die vorstehende Einschränkung gilt dann nicht, wenn die Berichterstattung über die Verurteilung von Anfang an unwahr oder verfälschend war (Näheres Löffler/*Steffen* § 6 Rn. 294). Zum Nachtrag bei ursprünglich rechtmäßiger Verdachtsberichterstattung s. → Form. II.R.14 Anm. 2. Keine Besonderheiten bestehen im Ergebnis bei Äußerungen im Internet und einer weiter bestehenden Abrufmöglichkeit aus einem Online-Archiv (*Soehring/Hoene* PresseR Rn. 31.17; BGH 16.2.2016 – VI ZR 367/15, NJW-RR 2017, 31; 18.12.2018 – VI ZR 439/17, GRUR 2019, 657; 22.9.2020 – VI ZR 476/19, GRUR 2020, 1334 – Apollonia Prozess II).

18. Vorläufiger Widerruf

In der ZY-Zeitung, Ausgabe-Nr. . . . ., vom . . . . ., Seite . . . . . ist ein Beitrag unter der Überschrift . . . . . enthalten, der über A die folgende Behauptung enthält:[1] . . . . .
Diese Behauptung kann vorläufig/derzeit nicht aufrecht erhalten werden.[2]
Unterschrift

Anmerkungen

1. → Form. II.R.14 Anm. 1.

2. Der vorläufige Widerruf kommt in Anbetracht der strengen Beweisvoraussetzungen für einen vollen Widerruf und selbst für einen eingeschränkten Widerruf vor allem bei nicht abgeschlossenen Sachverhalten in Betracht, ferner wenn die endgültige Aufklärung unverhältnismäßig viel Zeit in Anspruch nehmen würde und schließlich dann, wenn ein Widerrufsanspruch ausnahmsweise im Verfügungsverfahren „vorläufig" durchgesetzt wird. Die Zulässigkeit der Durchsetzung des vorläufigen Widerrufs im Verfügungsverfahren ist außerordentlich umstritten und an strenge Voraussetzungen geknüpft (Löffler/*Steffen* § 6 Rn. 302; Wenzel BerichterstattungR/*Gamer/Peifer* Kap. 13 Rn. 144; Zöller/*G. Vollkommer* ZPO § 940 Rn. 8.26 mwN).

19. Klage auf Unterlassung, Auskunft, Widerruf, Schadensersatzfeststellung und Zahlung immateriellen Schadens

Landgericht (Amtsgericht)[1]
. . . . .

Klage[2]

des[3]

– Kläger –

Prozessbevollmächtigte(r)

gegen

den[4] . . . . .

– Beklagter –

wegen Unterlassung, Auskunft, Widerruf, Schadenersatzfeststellung, Zahlung von immateriellem Schadenersatz.
Vorläufiger Streitwert: . . . . . EUR[5]
Namens und in Vollmacht des Klägers erheben wir Klage gegen den Beklagten mit den Anträgen, wie folgt für Recht zu erkennen:
1. Der Beklagte hat es bei Vermeidung von Ordnungsgeld bis zu 250.000 EUR ersatzweise Ordnungshaft oder Ordnungshaft bis zu sechs Monaten zu unterlassen,[6]

1.1 wörtlich oder sinngemäß die nachfolgende Behauptung aufzustellen und/oder zu verbreiten und/oder aufzustellen und/oder verbreiten zu lassen: . . . . . wie geschehen in . . . . .

1.2 ohne Zustimmung des Klägers die nachfolgend wiedergegebene Abbildung zu verbreiten und/oder öffentlich zur Schau stellen und/oder verbreiten und/oder zur Schau stellen zulassen, wenn dies geschieht wie nachfolgend wiedergegeben: . . . . .

2. Der Beklagte wird verurteilt, dem Kläger Auskunft zu erteilen über . . . . .[7]
3. Der Beklagte wird verurteilt, die unter Ziff. 1.1 wiedergegebene Behauptung zu widerrufen und den Widerruf in der nächsten für den Druck noch nicht abgeschlossenen Ausgabe der XY-Zeitung wie folgt in einer vom Gericht zu bestimmenden Größe und Aufmachung zu veröffentlichen: . . . .[8]
4. Es wird festgestellt, dass der Beklagte verpflichtet ist, dem Kläger denjenigen Schaden zu ersetzen, der dem Kläger aus der Verbreitung der in Ziff. 1.1 wiedergegebenen Behauptung/der in Ziff. 1.2 wiedergegebenen Abbildung entstanden ist und/oder künftig entstehen wird,[9] einschließlich aus der Weiterverbreitung durch Dritte[11]

(Variante:

Der Beklagte wird verurteilt, an den Kläger . . . . . nebst . . . . . Prozent Zinsen hieraus seit . . . . . zu bezahlen.[10, 11])

5. Der Beklagte wird verurteilt, an den Kläger zum Ausgleich des dem Kläger durch die Verbreitung der in Ziff. 1.1 wiedergegebenen Behauptung/der in Ziff. 1.2 wiedergegebenen Abbildung entstandenen immateriellen Schadens einen Betrag zu zahlen, dessen Höhe in das Ermessen des Gerichts gestellt wird, mindestens jedoch . . . . . EUR[12]
6. Der Beklagte hat die Kosten des Verfahrens zu tragen.
7. Das Urteil ist – erforderlichenfalls gegen Sicherheitsleistung – vorläufig vollstreckbar.

Begründung:

I. Unterlassungsanspruch[6]

1. Der Beklagte ist Verleger der in . . . . . erscheinenden XY-Zeitung, die auch im Bezirk des angerufenen Gerichts bestimmungsgemäß verbreitet wird. In der Ausgabe-Nr. . . . . vom . . . . . dieser Zeitung ist in dem Beitrag mit der Überschrift . . . . . über den Kläger Folgendes behauptet worden: . . . . .

Beweis: XY-Zeitung, Ausgabe-Nr. . . . ., vom . . . . . -Anlage K . . . . .

(Variante:

Der Beklagte bietet den Beitrag mit der streitgegenständlichen Äußerung auch in ihrem Telemedienangebot . . . . . unter der URL . . . . . zum Abruf an.

Beweis: Beitrag . . . . ., abgerufen aus dem Telemedienangebot des Beklagten unter der URL . . . . . am. . . . . um . . . . .Uhr – Anlage K . . . . .)

Diese Äußerung stellt aus den nachfolgend dargelegten Gründen eine unwahre Tatsachenbehauptung/unzulässige Meinungsäußerung/eine Schmähkritik dar/greift in die Vertraulichkeits-/Intim-/Privat-/Sozialsphäre/das Recht am gesprochenen Wort/informationelle Selbstbestimmungsrecht unzulässig ein . . . . .

Beweis: . . . . .

Durch die Behauptung wird der Kläger in seinem allgemeinen/besonderen Persönlichkeitsrecht/in seiner persönlichen Ehre/in seiner wirtschaftlichen Ehre/in seinem Recht am Unternehmen verletzt/wird der Kredit des Klägers gefährdet . . . .

Der Eingriff ist rechtswidrig, da bei Abwägung der grundrechtlich geschützten Belange der Parteien das Schutzinteresse des Klägers die schutzwürdigen Belange des Beklagten aus den nachfolgenden Gründen überwiegt . . . . .

2. In der Ausgabe-Nr. . . . ., vom . . . . . der XY-Zeitung wurde ohne Zustimmung des Klägers das im Klageantrag Ziff. 1.2 wiedergegebene Bildnis des Klägers verbreitet, das überdies auch im Internet öffentlich zur Schau gestellt wurde. Hierdurch wird der Kläger in seinem Recht am eigenen Bild gem. § 22 KUG verletzt. Eine Einwilligung des Klägers liegt nicht vor. Es ist auch keiner der Ausnahmetatbestände der §§ 23, 24 KUG erfüllt . . . . .

3. Der Beklagte wurde mit Anwaltsschreiben vom . . . . . abgemahnt/Der Kläger hat gegen den Beklagten eine einstweilige Verfügung des Landgerichts . . . . . vom . . . . .Az.: . . . . .erwirkt und diesen nach ordnungsgemäßer Vollziehung der einstweiligen Verfügung zur Abgabe einer Abschlusserklärung aufgefordert.

Beweis: . . . . .

Der Beklagte hat es jedoch abgelehnt, eine strafbewehrte Unterlassungs- und Verpflichtungserklärung/eine Abschlusserklärung abzugeben. Es ist daher Wiederholungsgefahr gegeben. Der geltend gemachte Unterlassungsanspruch ist demzufolge begründet.

II. Auskunftsanspruch[7]

Die eingeklagten Auskünfte werden für die Bezifferung des geltend gemachten materiellen Schadens und die Bemessung der Geldentschädigung aus den folgenden Gründen benötigt: . . . . .

III. Widerrufsanspruch[8]

Wie zum Unterlassungsanspruch vorstehend dargelegt und unter Beweis gestellt, handelt es sich bei der streitbefangenen Behauptung um eine unwahre Tatsachenbehauptung, die einen rechtswidrigen Eingriff in die Rechte des Klägers darstellt.

Die vom Beklagten über den Kläger aufgestellte unwahre Tatsachenbehauptung wirkt auch fort und stellt eine Quelle gegenwärtiger Rufbeeinträchtigung dar. Der Widerruf ist zur Beseitigung der fortdauernden Rufbeeinträchtigung des Klägers auch notwendig, da . . . . . Die Voraussetzungen für den Widerrufsanspruch sind damit gegeben.

IV. Schadenersatz/-feststellungsanspruch[9]

Die streitbefangene Behauptung ist nicht nur infolge ihrer Unwahrheit/ihres schmähkritischen Inhalts rechtwidrig, der Beklagte hat auch schuldhaft gehandelt . . . . . Dem Kläger ist ein materieller Schaden entstanden, den der Beklagte durch die Verbreitung seiner Behauptung/der streitgegenständlichen Abbildung kausal verursacht hat . . . . .

Da die Höhe des dem Kläger entstandenen und künftig entstehenden Schadens noch nicht feststeht, ist die Verpflichtung des Beklagten, den Schaden zu ersetzen, festzustellen (§ 256 ZPO) . . . . .

Der Beklagte hat den Beitrag . . . . . mit der unzulässigen Wort- und Bildberichterstattung in seinem Telemedienangebot unter der URL . . . . .veröffentlicht. Kopien dieses Beitrags wurden durch Dritte im Internet weiterverbreitet. . . . . Der Kläger hat den Beklagten aufgefordert, die Weiterverbreitung zu unterbinden. Dies hat der Kläger abgelehnt, weshalb der Kläger seinen Prozessbevollmächtigten beauftragt hat, gegen die Dritten vorzugehen. . . . . Hierdurch wird dem Kläger weiterer Schaden in Form der Anwaltskosten für das Vorgehen gegen die Dritten entstehen, die sich derzeit noch nicht abschließend berechnen lassen./Hierdurch sind dem Kläger bislang folgende Kosten entstanden . . . . .[11]

Als weiteren Schadensersatz werden ferner die Kosten der vorgerichtlichen Abmahnung in Höhe von . . . . . geltend gemacht. Der Kläger hat trotz Zahlungsaufforderung in dem Abmahnschreiben die entstandenen Anwaltsgebühren nicht erstattet. Die Gebühren errechnen sich wie folgt. . . . .

V. Geldentschädigungsanspruch[12]

Schließlich hat der Kläger auch Anspruch auf Ersatz des ihm entstandenen immateriellen Schadens. Im vorliegenden Fall liegt eine schwere Persönlichkeitsrechtsverletzung vor. Dies ergibt sich aus der Bedeutung und Tragweite des Eingriffs, dem Anlass und Beweggrund des Verletzers sowie aus dem Grad seines Verschuldens . . . . . Ohne die Zuerkennung einer Geldentschädigung würde die geschützte Persönlichkeitssphäre des Klägers ohne ausreichenden Schutz bleiben. Die Verletzung kann auf andere Weise nicht hinreichend ausgeglichen werden . . . . . Nach alledem ergibt die Gesamtbeurteilung, dass für die Zuerkennung eines Anspruchs auf Geldentschädigung ein unabwendbares Bedürfnis besteht.

Die Höhe der zuzuerkennenden Geldentschädigung wird in das Ermessen des Gerichts gestellt. Aufgrund der vorstehend dargelegten Umstände erscheint eine Geldentschädigung iHv mindestens . . . . . EUR angemessen.

VI. Veranlassung zur Klageerhebung

Sämtliche Klageansprüche wurden außergerichtlich durch Anwaltsschreiben/Abmahnung vom . . . . . geltend gemacht. Der Beklagte hat keine strafbewehrte Unterlassungs- und Verpflichtungserklärung abgegeben/keine Abschlusserklärung abgegeben. Er hat die Ansprüche mit Schreiben vom . . . . . zurückgewiesen. Klage ist daher geboten.

Rechtsanwalt

Anmerkungen

1. Zuständigkeit → Form. II.R.10 Anm. 1.
Anzuwendendes materielles Recht → Form. II.R.7 Anm. 1.

2. Güteverfahren. Die Bundesländer Berlin, Brandenburg, Hessen, Mecklenburg-Vorpommern, Niedersachsen, Nordrhein-Westfalen, Rheinland-Pfalz, Saarland, Sachsen, Sachsen-Anhalt, Schleswig-Holstein, Thüringen haben von der Möglichkeit nach § 15a EGZPO Gebrauch gemacht, ein obligatorisches Güteverfahren durch Landesgesetz einzuführen. In diesen Ländern muss vor Klageerhebung wegen Verletzung der persönlichen Ehre ein Güteverfahren als besondere Prozessvoraussetzung durchgeführt werden (BGH 8.7.2008 – VI ZR 221/07, NJW-RR 2008, 1662). Erfasst werden nur Ansprüche wegen einer Ehrverletzung, also insbesondere solche Ansprüche wegen ehrverletzender unwahrer Tatsachenbehauptungen und herabsetzender Meinungsäußerungen. Die Vorschrift betrifft demgegenüber nicht generell sämtliche Ansprüche, mit denen die Verletzung des allgemeinen Persönlichkeitsrechts geltend gemacht wird (MüKo ZPO/*Gruber* EGZPO § 15a Rn. 34). Kein Güteverfahren ist erforderlich, wenn die Ehrverletzung in Presse und Rundfunk (Hörfunk und Fernsehen) begangen wurde. Nach hM gilt diese Ausschlussregelung auch für im Internet begangene Ehrverletzungen, so dass auch in diesen Fällen kein Güteverfahren erforderlich ist (MüKo ZPO/*Gruber* EGZPO § 15a Rn. 34; Zöller/*Heßler* § 15a EGZPO Rn. 6).

3. → Form. II.R.7 Anm. 4.

4. → Form. II.R.7 Anm. 3.

5. → Form. II.R.7 Anm. 13.

6. → Form. II.R.7 Anm. 1, 2; **Unterlassungsanspruch.** Der Klageantrag muss ausreichend bestimmt sein und darf nicht zu weit gehen. In der Praxis wird häufig die konkrete Verletzungsform wiedergegeben. Bei Bildveröffentlichungen muss stets die konkrete Verletzungsform, dh die konkrete Bildveröffentlichung und damit zusammenhängende Wortberichterstattung wiedergegeben werden. Die im Wettbewerbsrecht entwickelte Kerntheorie gilt im Bereich der Bildberichterstattung nicht (BGH 1.7.2008 – VI ZR 243/06, NJW 2008, 3138). Die Formulierung „wörtlich oder sinngemäß" ist nur bei Tatsachenbehauptungen, nicht bei unzulässigen Werturteilen oder Meinungsäußerungen zulässig (BVerfG 11.5.1976 – I BvR 163/72, NJW 1976, 1680). Zum Verbotsumfang NK-MedienR *Meyer* 40. Abschn. Rn. 25. Es muss auch geprüft werden, inwieweit bereits im Erkenntnisverfahren und insbesondere im Klageantrag angegeben wird, ob eine Rückrufpflicht geltend gemacht wird (siehe hierzu BGH 1.7.2008 – VI ZR 243/06, NJW 2018, 1317; *Hoffmann* NJW 2018, 1290 ff.).

7. Auskunftsanspruch. Anspruchsgrundlage für den Auskunftsanspruch ist § 242 BGB analog (Löffler/*Steffen* § 6 Rn. 346–348). Der Auskunftsanspruch dient regelmäßig der Vorbereitung eines Schadenersatzanspruchs und kann mit diesem verbunden werden, auch in Form einer Stufenklage (§ 254 ZPO). Ein Auskunftsanspruch ist begründet, wenn die Auskunft zur Rechtsverfolgung erforderlich ist und der Anspruchsgegner sie unschwer erteilen kann. Der Auskunftsanspruch ist akzessorisch, er setzt das Bestehen eines Hauptanspruchs zumindest dem Grunde nach voraus (Löffler/*Steffen* § 6 Rn. 346a).

Ein Auskunftsanspruch kann in zweifacher Hinsicht bestehen: Zum einen, wenn der Geschädigte keine hinreichenden Informationen über den genauen Inhalt der ihn betreffenden streitbefangenen Äußerung hat und zum anderen, wenn er keine genauen Kenntnisse zu Art und Umfang von deren Verbreitung hat. Für typischerweise flüchtige Mitteilungen in Rundfunk und Fernsehen sowie für Teledienste bestehen besondere gesetzliche Anspruchsgrundlagen (vgl. zB §§ 13, 14 „Deutschlandradio"-Staatsvertrag; §§ 13, 14 ZDF-Staatsvertrag ua).

8. Widerrufsanspruch → Form. II.R.13–18.

9. Schadenersatzfeststellungsanspruch. Ansprüche auf Ersatz des durch die Rechtsverletzung entstandenen materiellen Schadens setzen, anders als die quasi negatorischen Ansprüche auf Unterlassung und Widerruf, Verschulden voraus (§§ 823, 824, 826 BGB). Ferner ist Voraussetzung, dass dem Betroffenen durch die Rechtsverletzung adäquat kausal ein Vermögensschaden entstanden ist. Auch die kommerzielle Ausbeutung der Persönlichkeit durch die unbefugte Verwendung von Namen und Abbildungen Prominenter kann zu einem Schadenersatzanspruch führen (Näheres zum Schadensersatzanspruch und dessen Berechnung Löffler/*Steffen* § 6 Rn. 304 ff.). Ersatz ist auch zu leisten für schadensmindernde Aufwendungen wie zB Kosten der Rechtsverfolgung, Versand von Rundschreiben. Besonders zurückhaltend ist die Rechtsprechung jedoch gegenüber einer Befugnis des Betroffenen, zur Schadensbehebung oder -minderung auf Kosten des Schädigers zB eine Anzeigenkampagne in anderen Zeitungen durchzuführen (Näheres Löffler/*Steffen* § 6 Rn. 319). Die Kosten eines presserechtlichen Informationsschreibens sind als vorbeugende Maßnahme jedoch nicht im Wege des Schadenersatzes oder nach den Grundsätzen der Geschäftsführung ohne Auftrag erstattungsfähig (BGH 2.5.2017 – VI ZR 262/16, NJW-RR 2017, 1516). Für den Schadenersatzfeststellungsanspruch genügt die Wahrscheinlichkeit eines Schadenseintritts. Der Feststellungsanspruch ist zulässig, wenn im Zeitpunkt der letzten mündlichen Verhandlung die Höhe des eingetretenen Schadens noch nicht feststeht und die Schadensentwicklung noch nicht abgeschlossen ist.

10. Neben einem Schadensersatzfeststellungsanspruch können ggf. die Abmahnkosten im Wege eines bezifferten Klageantrags geltend gemacht werden. Voraussetzung für den Erstattungsanspruch ist, dass der Kläger im Innenverhältnis zur Zahlung in dieser Höhe verpflichtet ist und die Aufwendungen erforderlich und zweckmäßig waren (BGH 22.1.2019 – VI ZR 402/17, NJW 2019, 1522). Gebührenberechnung → Form. II.R.7 Anm. 13

In Betracht kommen auch **Bereicherungsansprüche**, die **kein Verschulden**, aber eine durch die Rechtsverletzung eingetretene unmittelbare Vermögensverschiebung voraussetzen (Näheres Löffler/*Steffen* § 6 Rn. 320; NK-MedienR *v. Petersdorff-Campen* 29. Abschn. Rn. 97 f.). Bereicherungsansprüche sind insb. von Bedeutung bei der rechtswidrigen kommerziellen Ausbeutung von Persönlichkeitsgütern und des Rechts am eigenen Bild zu Werbezwecken. Ist der Bereicherungsanspruch dem Grunde nach zu bejahen, hat der Bereicherte dem Verletzten in diesen Fällen zumindest die Lizenzgebühr zu zahlen, die bei ordnungsgemäßem Rechtserwerb aufzuwenden gewesen wäre (BGH 11.3.2009 – I ZR 8/07, NJW 2009, 3032; BVerfG 5.3.2009 – 1 BvR 127/09, AfP 2009, 249; BGH 31.5.2012 – I ZR 234/10, NJW 2013, 793).

11. Nach der Rspr. des BGH (17.12.2013 – VI ZR 211/12, NJW 2014, 2029 Rn. 54 ff. – Sächs. Korruptionsaffäre; 11.11.2014 – VI ZR 18/14, NJW 2015, 1246, Rn. 36 f.; 9.4.2019 – VI ZR 89/18, GRUR 2019, 862) ist dem Medienunternehmen eines im Internet abrufbaren Beitrags eine Verletzung des allg. Persönlichkeitsrechts auch insoweit zuzurechnen, als diese durch die **Weiterverbreitung** des Ursprungsbeitrag durch Dritte entstanden ist. Daher können erforderliche Rechtsverfolgungskosten zu ersetzen sein, die für ein erforderliches Vorgehen gegen Dritten entstanden sind, wenn das Medienunternehmen auf Hinweis des Klägers eine Löschung des weiterverbreiteten Beitrags nicht bewirkt. Keine Ersatzpflicht bei e-Paper, da damit keine vergleichbare internettypische Gefährdung verbunden ist (LG Hamburg 21.4.2017 – 324 O 189/15, BeckRS 2017, 121695).

12. Anspruch auf Ersatz immateriellen Schadens (**Geldentschädigung**). Der Anspruch auf Geldentschädigung ist ein eigenständiger Rechtsbehelf, der auf dem Schutzauftrag aus Art. 1 und Art. 2 Abs. 1 GG beruht. Er wurde vom BGH und dem BVerfG entwickelt, nachdem aus § 253 BGB immaterieller Schadenersatz nur in den durch Gesetz bestimmten Fällen gefordert werden kann. Nach der ständigen höchstrichterlichen Rspr. müssen folgende Anspruchsvoraussetzungen vorliegen: Schwere Persönlichkeitsrechtsverletzung/schuldhaftes Handeln des Verletzers/Fehlen der Möglichkeit, die verursachte Beeinträchtigung auf andere Weise befriedigend auszugleichen/unabwendbares Bedürfnis für die Zuerkennung des Anspruchs nach Gesamtbeurteilung der Umstände des Einzelfalls (Näheres Löffler/*Steffen* § 6 Rn. 334 ff.). Bei der gebotenen Gesamtwürdigung zu berücksichtigen sind insb. Bedeutung und Tragweite (ua das Ausmaß der Verbreitung der Veröffentlichung), Anlass und Beweggrund, der Grad des Verschuldens, die Nachhaltigkeit und Fortdauer der Interessen- oder Rufschädigung des Verletzten (BGH 24.5.2016 – VI ZR 496/15, NJW-RR 2016, 1136; BVerfG 2.4.2017 – 1 BvR 2194/15, NJW-RR 2017, 879). Auch ein erwirkter Unterlassungstitel, ein vom Schädiger von sich aus erklärter oder ein vom Betroffenen erwirkter Widerruf sind bei der Gesamtwürdigung zu berücksichtigen (BGH 15.9.2015 – VI ZR 175/14, NJW 2016, 789). Der Geldentschädigungsanspruch ist ein ultima-ratio-Rechtsbehelf. Das Bedürfnis für eine Entschädigung zum Schutz der Persönlichkeit muss daher unabweisbar sein. Wenn die Verletzung auf andere Weitere hinreichend ausgeglichen werden kann, entfällt der Geldentschädigungsanspruch (Löffler/Steffen § 6 Rn. 338 mwN). Der Anspruch auf Geldentschädigung ist nicht vererblich. Dies gilt selbst dann, wenn der Erblasser erst nach Rechtshängigkeit, aber noch vor Rechtskraft stirbt (BGH 23.5.2017 – VI ZR 261/16, NJW 2017, 3004; OLG Köln 29.5.2018 – 15 U 64/17, BeckRS 2018, 17910).

Zur Höhe des Geldentschädigungsanspruchs: Die bislang höchst zugesprochene Entschädigung von 1 Mio. EUR betrifft den Sonderfall der Veröffentlichung von Zitaten des Altkanzlers Helmut Kohl (LG Köln 27.4.2017 – 14 O 323/15, BeckRS 2017, 125934). Mit seinem vorstehend zitierten Urteil vom 29.5.2018 hat das OLG Köln allerdings festgestellt, dass der Entschädigungsanspruch des Altkanzlers mit dessen Tod erloschen und nicht auf die Erben übergegangen ist. Das OLG Dresden hat entschieden, dass die Mindestuntergrenze für eine Geldentschädigung in der Regel 2.500 EUR betrage (30.1.2018 – 4 U 1110/17, AfP 2018, 149). Weitere Beispiele aus der Rechtsprechung zur Höhe der Geldentschädigung: NK-MedienR/*Wanckel* 43. Abschn. Rn. 61 ff.; Wenzel BerichterstattungR/*Burkhardt* Kap. 14 Rn. 149 ff. jeweils mit einer Zusammenstellung zahlreicher Gerichtsentscheidungen. Bei der Feststellung der Höhe der Geldentschädigung sind grds. alle in Betracht kommenden Umstände des Einzelfalls zu berücksichtigen, zu denen auch die wirtschaftlichen Verhältnisse beider Parteien gehören. Mit teils hohen Geldentschädigungen reagieren einzelne Gerichte auch auf Exzesse der Boulevardberichterstattung. Bei der Zusammenschau ist auch die Hartnäckigkeit von Rechtsverletzungen zu berücksichtigen (OLG Hamburg 31.1.2017 – 7 U 94/15, BeckRS 2017, 113438).

Eine schwere Persönlichkeitsrechtsverletzung wird häufig angenommen bei rechtswidrigen Fotoveröffentlichungen (BGH 12.12.1995 – VI ZR 223/94, NJW 1996, 985).

20. Klageerwiderung

An das Landgericht (Amtsgericht)
. . . . .
Az. . . . .
In Sachen
. . . . .
Prozessbevollmächtigte(r): . . . . .
gegen
. . . . .
Prozessbevollmächtigte(r): . . . . .
zeigen wir an, dass wir den Beklagten vertreten.
Es wird beantragt,

die Klage kostenpflichtig abzuweisen.[1]

Hilfsweise: dem Beklagten Vollstreckungsschutz zu gewähren, erforderlichenfalls gegen Sicherheitsleistung[2]

Begründung:

Die mit der Klage geltend gemachten Ansprüche sind nicht begründet.
Zu den Klageansprüchen im Einzelnen:

1. Unterlassungsanspruch:[3]

Der Unterlassungsanspruch ist nicht begründet, da der Kläger nicht in eigenen geschützten Rechten verletzt ist.

1.1 Der Kläger ist von der angegriffenen Berichterstattung nicht in eigenen Rechten betroffen. Er wird weder namentlich genannt, noch ist er aufgrund sonstiger Umstände erkennbar. . . . .

1.2 Der Beklagte hat die beanstandete Behauptung weder aufgestellt noch verbreitet . . . . .

Alternativ: Der Beklagte hat die Behauptung nicht so aufgestellt, wie dies in der Klage behauptet wird, sondern. . . . .

1.3 Die angegriffene Behauptung ist wahr . . . . .

Beweis: . . . . .

Alternativ: Bei der angegriffenen Behauptung handelt es sich nicht um eine Tatsachenbehauptung sondern um eine durch Artikel 5 Abs. 1 S. 1 GG gedeckte Meinungsäußerung. . . . .Eine unzulässige Schmähkritik liegt nicht vor. Der Begriff der Schmähkritik ist wegen seiner die Meinungsfreiheit verdrängenden Wirkung eng auszulegen. Auch eine scharfe, schonungslose Kritik ist daher zulässig, solange sie sachbezogen und nicht auf eine vorsätzliche Kränkung der Ehre gerichtet ist. Im vorliegenden Fall ist ein Sachbezug vorhanden, da. . . . .Dem Beklagten ging es bei seiner Äußerung nicht um die Diffamierung des Klägers, sondern vielmehr um die Auseinandersetzung in der Sache.

1.4 Die Verbreitung des Bildnisses des Klägers war zulässig. Der Kläger hat in die Verbreitung ausdrücklich/stillschweigend in Kenntnis des Gegenstands der Berichterstattung eingewilligt, indem er . . . . .

Alternativ: Es handelt es sich um ein Bildnis aus dem Bereich der Zeitgeschichte, weshalb die Verbreitung gem. § 23 Abs. 1 Nr. 1 KUG auch ohne Einwilligung des Klägers zulässig war. . . . .

1.5 Der Unterlassungsanspruch scheitert auch daran, dass keine Wiederholungsgefahr/Erstbegehungsgefahr gegeben ist, weil . . . . .

Beweis: . . . . .

2. Widerrufsanspruch[4]

2.1 Auch der Widerspruchsanspruch ist unbegründet, da der Kläger durch die streitbefangene Berichterstattung – wie vorstehend zum Unterlassungsanspruch ausgeführt – nicht rechtswidrig in seinen geschützten Rechtsgütern verletzt wurde.
2.2 Ein Widerrufsanspruch besteht nicht, da es sich bei der angegriffenen Behauptung nicht um eine Tatsachenbehauptung sondern um eine durch Art. 5 Abs. 1 S. 1 GG gedeckte Meinungsäußerung handelt . . . . .
Sollte das Gericht entgegen der von Beklagtenseite vertretenen Rechtsauffassung von einer Tatsachenbehauptung ausgehen, wäre sie wahr . . . . .

Beweis: . . . . .

Überdies trägt der Kläger die Darlegungs- und Beweislast für die Unwahrheit der Äußerung. Der bisherige Vortrag des Klägers und die von ihm vorgelegten Beweismittel sind nicht geeignet, den ihm obliegenden Beweis für die Unwahrheit der streitbefangenen Behauptung zu erbringen . . . . .
2.3 Im Übrigen ist der Widerruf nicht zur Beseitigung einer Quelle gegenwärtiger Rufbeeinträchtigung notwendig, weil die Behauptung nicht fortwirkt . . . . .
2.4 Die geforderte Widerrufserklärung ist überdies kein geeignetes Mittel, den Störungszustand zu beseitigen, da . . . . .
2.5 Selbst wenn ein Widerrufanspruch begründet gewesen sein sollte – was bestritten wird – wäre dieser entfallen, da der Beklagte die streitbefangene Behauptung von sich aus berichtigt hat . . . . .

Beweis: . . . . .

3. Materielle Schadenersatzansprüche[5]

Schadenersatzansprüche bestehen nicht, da die streitbefangene Äußerung – wie vorstehend dargelegt und unter Beweis gestellt – nicht rechtwidrig ist. Zudem trifft den Beklagten kein Verschulden, weil . . . . .

Beweis: . . . . .

Es wird außerdem bestritten, dass dem Kläger ein durch die streitbefangene Äußerung adäquat kausal verursachter Schaden entstanden ist .....
Auch ein Ersatzanspruch wegen der behaupteten Weiterverbreitung besteht nicht. Der Beitrag des Beklagten wurde nicht durch den Dritten übernommen, sondern ..... Überdies waren die Aufwendungen weder zweckmäßig noch erforderlich. .... Der Beklagte hat nach Hinweis des Klägers auf die Weiterverbreitung unverzüglich gehandelt und den Dritten abgemahnt ..... /eine Sperrung der Abrufmöglichkeit bewirkt ..... Einer zusätzlichen Beauftragung des Rechtsanwalts .... .bedurfte es daher nicht.[6]

4. Immaterielle Schadenersatzansprüche[7]

4.1 Ein Geldentschädigungsanspruch scheitert bereits daran, dass selbst dann, wenn die von Klägerseite behauptete Persönlichkeitsrechtsverletzung vorliegen würde – was nicht der Fall ist – es sich hierbei nicht um eine schwere Persönlichkeitsrechtsverletzung handeln würde .....

4.2 Darüber hinaus fehlt es auch am notwendigen Verschulden des Beklagten. Noch viel weniger liegt ein schweres Verschulden vor, weil .....

4.3 Nach der höchstrichterlichen Rechtsprechung ist eine Geldentschädigung nur dann zuzubilligen, wenn eine schwere Persönlichkeitsrechtsverletzung nicht auf andere Weise befriedigend ausgeglichen werden kann. Auch hieran fehlt es im vorliegenden Fall. Der Kläger hätte die Möglichkeit gehabt, auf andere Art und Weise für einen befriedigenden Ausgleich der von ihm behaupteten Beeinträchtigung zu sorgen, indem er ..... Von diesen Möglichkeiten hat der Kläger aus nicht nachvollziehbaren Gründen keinen Gebrauch gemacht.

4.4 Der Geldentschädigungsanspruch ist ein ultima-ratio-Rechtsbehelf. Er ist nur begründet, wenn die Gesamtbeurteilung ergibt, dass für die Zuerkennung des Anspruchs ein unabwendbares Bedürfnis besteht. Dies ist vorliegend nicht der Fall. Weder Art und Schwere der Beeinträchtigung noch Anlass und Beweggrund des Handelnden oder der Grad des Verschuldens gebieten im vorliegenden Fall die Zuerkennung einer Geldentschädigung .....

4.5 Vorsorglich wird darauf hingewiesen, dass selbst dann, wenn der geltend gemachte Geldentschädigungsanspruch dem Grunde nach gegeben wäre – was nicht der Fall ist – kein Anspruch in der vom Kläger genannten Höhe gegeben wäre, weil .....

5. Vollstreckungsschutzantrag

Die Vollstreckung würde dem Schuldner im vorliegenden Fall aus den nachstehend dargelegten Gründen einen nicht zu ersetzenden Nachteil bringen, weil .....

Rechtsanwalt

Anmerkungen

1. In der Klageerwiderung sind einige der häufigsten Einwendungen gegen die mit der Klage → Form. R.19 erhobenen Ansprüche zusammengefasst. Sofern Zweifel an der Zulässigkeit der Klage bestehen, muss in der Klageerwiderung hierauf ebenfalls eingegangen werden. Bereits in der Klageerwiderung muss eine **Zuständigkeitsrüge** erfolgen, wenn das angerufene Gericht nicht zuständig ist (§ 282 Abs. 3 ZPO). Insbesondere muss in medienrechtlichen Angelegenheiten die internationale und die örtliche Zuständigkeit geprüft werden. Siehe hierzu → Form. II.R.10 Anm. 1.

Was die materiell-rechtlichen Einwendungen angeht, wird auf die Anmerkungen in → Form. II.R.19 (Klage), → Form. II.R.7 (Unterlassungsanspruch), → Form. 13-18 (Berichtigungsansprüche) verwiesen. Selbstverständlich sind nur die zutreffenden Einwendungen unter Aufführung der tatsächlichen Umstände vorzutragen und unter Beweis zu stellen. Weitere Einwendungen sind anhand der Anspruchsvoraussetzungen der jeweiligen Ansprüche zu prüfen. Bei der Erwiderung auf den Unterlassungsanspruch sollte der Schuldner ggf. auch bereits geltend machen, dass eine Rückrufpflicht ausscheidet, da ihm die zur Beseitigung des Störungszustandes nach Lage der Dinge erforderlichen Handlungen unmöglich oder unzumutbar sind (BGH 29.9.2016 – I ZB 34/15 GRUR 2017, 208 Rn. 29; BGH 11.10.2017 – I ZB 96/16 NJW 2018, 1317 ff.; Köhler/Bornkamm/Feddersen/*Bornkamm* § 8 Rn. 1.84a).

2. Vollstreckungsschutzanträge nach § 712 ZPO müssen nach § 114 ZPO vor Schluss der mündlichen Verhandlung gestellt werden. Die tatsächlichen Voraussetzungen müssen begründet und glaubhaft gemacht werden (§ 714 Abs. 2 ZPO).

3. → Form. II.R.7 ; Zur Betroffenheit NK-MedienR/*Kröner* 31. Abschn. Rn. 94 ff.

4. → Form. II.R.13 bis → Form. II.R.18.

5. → Form. II.R.19 Anm. 9.

6. → Form. II.R.19 Anm. 11.

7. → Form. II.R.19 Anm. 12.

S. Musterfeststellung

1. Musterfeststellungsklage

An das
Oberlandesgericht Braunschweig

Musterfeststellungsklage[1, 2]

In der Sache
Verbraucherzentrale Bundesverband e. V.[3]
Markgrafenstr. 66
10969 Berlin,
gegen
die V. AG. . . . .,
vorläufiger Streitwert 250.000 EUR,–,[9]
erhebe ich Musterfeststellungsklage mit folgenden Feststellungszielen:[4]

1. Es wird festgestellt, dass die in zahlreichen Fahrzeugen der Beklagten vom Typ . . . . . verbauten Abgasabschalteinrichtungen gegen gesetzliche Vorschriften verstoßen und damit einen Mangel der verkauften Fahrzeuge begründen.
2. Es wird weiter festgestellt, dass das von der Beklagten angebotene Software-Update nicht geeignet ist, die in Ziff. 1 beschriebene Mangelhaftigkeit zu beseitigen, sondern dass es vielmehr hierfür einer sog. Hardware-Lösung bedarf.
3. . . . . .
4. Es wird beantragt, die Musterfeststellungsklage im Klageregister bekannt zu machen.[5]

Begründung[6]

Die vorliegende Musterfeststellungsklage betrifft den sog. Diesel-Abgasskandal.
Der Kläger ist eine qualifizierte Einrichtung im Sinne von § 3 Abs. 1 S. 1 Nr. 1 des UKlaG und damit hier klagebefugt im Sinne von § 606 Abs. 1 S. 2 ZPO. Der Kläger ist als Verbraucherzentrale Bundesverband seit mindestens vier Jahren in der Liste nach § 4 des UKlaG bzw. dem Verzeichnis der Europäischen Kommission nach Artikel 4 der Richtlinie 2009/22/EG des Europäischen Parlaments und des Rates vom 23. April 2009 über Unterlassungsklagen zum Schutz der Verbraucherinteressen (ABl. L 110, 30) eingetragen und nimmt satzungsmäßig ständig durch aufklärende oder beratende Tätigkeiten nicht gewerbsmäßig Verbraucherinteressen wahr.

Beweis: Anlage 1

Die vorliegende Musterfeststellungsklage wird nicht zum Zweck der Gewinnerzielung erhoben. Der Kläger bezieht weniger als fünf Prozent seiner finanziellen Mittel durch Zuwendungen von Unternehmen.

Beweis: Anlage 2

Hier greift überdies die Vermutung des § 606 Abs. 1 S. 4 ZPO.
Die Beklagte ist ein großer deutscher Automobilhersteller. Sie ist maßgeblich in den sog. Diesel-Abgasskandal verwickelt. Dabei hat sie in zahlreiche ihrer Fahrzeuge eine Software eingebaut, die erkennt, ob ein Fahrzeug auf dem Prüfstand (Modus 1) oder im Straßen-

verkehr (Modus 2) betrieben wird. In Modus 1 sind Stickoxid-Emissionen niedriger und halten die gesetzl. Grenzwerte ein, in Modus 2 übersteigen die Emissionen diese Grenzwerte. Die Beklagte hat zum Zeitpunkt des Verkaufs des hier streitgegenständlichen Fahrzeugtyps in verschiedenen Zeitungsanzeigen im Kleingedruckten die Abgaswerte des Modus 1 abgedruckt und Verbraucher damit zum Kauf geworben. Die Kunden haben die Fahrzeuge im Glauben an die Richtigkeit der angegebenen Abgaswerte erworben und haben durch die Manipulationen der Beklagten einen erheblichen Schaden erlitten. Es drohen ihnen Fahrverbote in deutschen Innenstädten. Nicht zuletzt dadurch ist der Wiederverkaufswert der Fahrzeuge erheblich gemindert.

Beweis: Sachverständigengutachten

Die Beklagte hat nach den Beschwerden zahlreicher Kunden ein Software-Update (Kosten 100 EUR) aufgespielt, das dazu führt, dass das Fahrzeug dauerhaft im Modus 1 betrieben wird. Dieses Update ist vom Kraftfahrtbundesamt genehmigt und muss von allen Betroffenen innerhalb von zwei Monaten aufgespielt werden, damit das Fahrzeug seine Betriebserlaubnis behält. Es liegen jedoch verschiedene unabhängige wissenschaftliche Untersuchungen vor, aus denen sich ergibt, dass das Software-Update zu einem erheblich höheren Verschleiß des Motors führt.

Zwei dieser Gutachten werden exemplarisch als

Anlagen 3 und 4

überreicht.

Dem Kläger geht es mit der Musterfeststellungsklage darum, feststellen zu lassen, dass eine Mangelhaftigkeit der Fahrzeuge mit den Abgasabschalteinrichtungen vorliegt und dass diese nicht durch das Software-Update behoben werden kann.

Von den Feststellungszielen hängen – wie gerichtsbekannt sein dürfte – die Ansprüche oder Rechtsverhältnisse von mehreren Zehntausend Verbrauchern ab, die ebenfalls von dem Diesel-Abgasskandal betroffen sind.[7]

Sollten am Tag des Eingangs dieser Klage bei Gericht eine oder mehrere weitere Musterfeststellungsklagen eingegangen sein, deren Streitgegenstand denselben Lebenssachverhalt und dieselben Feststellungsziele betrifft, wird die Verbindung der Verfahren gemäß § 147 ZPO beantragt.[8]

Rechtsanwalt[10]

Schrifttum: Augenhofer, Musterfeststellungsklage – offene Fragen zur Verjährung, VuR 2019, 83; *dies.*, Die neue Verbandsklagen-Richtlinie – effektiver Verbraucherschutz durch Zivilprozessrecht?, NJW 2021, 113; *Beck*, Musterfeststellungsklageverfahren und einheitliche Tatsachenfeststellung, ZIP 2018, 1915; *Beckmann/Waßmuth*, Die Musterfeststellungsklage – Teil I, WM 2019, 45; *dies.*, Die Musterfeststellungsklage – Teil II, WM 2019, 89; *Berger*, „Kollektiver Rechtsschutz“: Das neue Musterfeststellungsverfahren, ZZP 2020, 3; *Deiß/Graf/Salger*, Verjährungshemmung durch die Musterfeststellungsklage – diffuse Rechtslage infolge unklarer Neuregelung, BB 2018, 2883; *dies.*, Rechtsmissbräuchliche Anmeldungen zum Klageregister einer Musterfeststellungsklage, BB 2019, 1674; *Feldhusen*, Zur Effektivität des Musterfeststellungsverfahrens – Ein Zwischenruf, ZIP 2020, 2377; *Fölsch*, Der Regierungsentwurf zur Einführung der Musterfeststellungsklage, DRiZ 2018, 214; *Fölsing*, Zusätzliches Anwaltshonorar für Musterfeststellungsvergleich, BB 2020, 1555; *Fuhrmann/Kurka*, Musterfeststellungsklage – Risiken und Fallstricke bei der Wahl des Klagevehikels, NJW 2020, 3414; *Grzeszick*, Die rückwirkende Verjährungshemmung bei der Musterfeststellungsklage aus verfassungsrechtlicher Sicht, NJW 2019, 3269; *Gurkmann*, Musterfeststellungsklage – Eine Zwischenbilanz, DRiZ 2021, 134; *Gurkmann/Jahn*, Außergerichtlicher Vergleich im Rahmen einer Musterfeststellungsklage, VuR 2020, 243; *Guggenberger/Guggenberger*, Die Musterfeststellungsklage – Staat oder privat?, MMR 2019, 8; *Habbe/Gieseler*,

Einführung einer Musterfeststellungsklage – Kompatibilität mit zivilprozessualen Grundlagen, BB 2017, 2188; *Halfmeier*, Musterfeststellungsklage: Nicht gut, aber besser als nichts, ZRP 2017, 201; *ders.*, Vorglühen zur Musterfeststellugsklage, VuR 2015, 441; *Heese*, Die Musterfeststellungsklage und der Dieselskandal, JZ 2019, 429; *Hettenbach*, Negative Musterfeststellungsklage, WM 2019, 577; *Kilian*, Musterfeststellungsklage – Meinungsbild der Anwaltschaft, ZRP 2018, 72; *Koch*, Die Musterfeststellungsklage, MDR 2018, 1409; *Kranz*, Der Diskussionsentwurf zur Muster-Feststellungsklage – ein stumpfes Schwert?, NZG 2017, 1099; *Krausbeck*, Der Diskussionsentwurf eines Gesetzes zur Einführung einer Musterfeststellungsklage für Verbraucherstreitigkeiten, DAR 2017, 567; *Langheid*, Muster ohne Wert – Die Musterfeststellungsklage im Praxistest, VersR 2020, 789; *Magnus*, Die Wirkungen des Vergleichs im Musterfeststellungsverfahren, NJW 2019, 3177; *Mansel*, Musterfeststellungsklage: Keine Verjährungshemmung bei Rechtsmissbrauch, WM 2019, 1621; *Mekat/Nordholtz*, Die Flucht in die Musterfeststellungsklage, NJW 2019, 411; *Meller-Hannich*, Die Musterfeststellungsklage im Mietrecht, WuM 2021, 1; *Merkt/Zimmermann*, Die neue Musterfeststellungsklage: Eine erste Bewertung, VuR 2018, 363; *Röthemeyer*, Musterfeststellungsklage, Spezialkommentar zum 6. Buch der ZPO, 2. Aufl. 2020; *ders.*, Musterfeststellungsklage und Individualanspruch – Zur Kritik und zu den Entwicklungsmöglichkeiten, VuR 2019, 87; *ders.*, Das rechtliche Gehör im Musterfeststellungsverfahren, MDR 2019, 6; *ders.*, Befugnis zur Musterfeststellungsklage: Der Narrativ der Klageindustrie, seine Folgen und Überlegungen zur Überwindung, VuR 2020, 130; *ders.*, Die neue Verbandsklagen-Richtlinie, VuR 2021, 43; *ders.*, Zweieinhalb Jahre Musterfeststellungsklage – eine Zwischenbilanz im Spiegel der Rechtsprechung, BKR 2021, 191; *Rüsing*, (Rückwirkende) Verjährungshemmung durch Musterfeststellungsklagen und Rechtsmissbrauch, NJW 2020, 2588; *Stadler*, Musterfeststellungsklagen im deutschen Verbraucherrecht?, VuR 2018, 83; *dies.*, Grenzüberschreitende Wirkung von Vergleichen und Urteilen in Musterfeststellungsverfahren, NJW 2020, 265; *Schneider*, Die zivilprozessuale Musterfeststellungsklage, BB 2018, 1986; *Thole*, Musterfeststellungsklage zwecks Forderungsfeststellung im Insolvenzverfahren, NZI 2020, 411; *Vollkommer*, Musterprozess statt „Musterfeststellungsklage", MDR 2018, 497; *ders.*, EU-Verbrauchersammelklage, MDR 2021, 129; *Waclawik*, Die Musterfeststellungsklage, NJW 2018, 2921; *Waßmuth/Asmus*, Der Diskussionsentwurf des BMJV zur Einführung einer Musterfeststellungsklage, ZIP 2018, 657; *Windau*, Spannungen im „Dreiecksverhältnis" der Musterfeststellungsklage, jM 2019, 404; *Witte/Wetzig*, Die Musterfeststellungsklage: Placebo oder Allheilmittel für den deutschen Verbraucherschutz?, WM 2019, 52; *Woopen*, Kollektiver Rechtsschutz – Ziele und Wege, NJW 2018, 133; *Zimmer/Weigl*, Massenklagen – auch für Arbeitnehmer?, BB 2019, 183.

Anmerkungen

1. Es handelt sich bei dem Muster um die mit Gesetz zur Einführung einer zivilprozessualen Musterfeststellungsklage vom 14.6.2018 erstmals eingeführte Musterfeststellungsklage, der in den §§ 606–614 ZPO ein eigenes Buch 6 der ZPO gewidmet ist. Gerade erst eingeführt, stehen dem Verbands- und Kollektivrechtsschutz in Deutschland aufgrund der am 25.11.2020 verabschiedeten und bis zum 25.12.2022 in nationales Recht umzusetzenden europäischen Verbandsklagen-Richtlinie (RL (EU) 2020/1828, ABl. 2020 L 409, 1) allerdings bereits weitere größere Änderungen bevor (dazu *Röthemeyer* VuR 2021, 1; *Augenhofer* NJW 2021, 113). Welchen Weg der deutsche Gesetzgeber dabei gehen wird und welche Rolle die Musterfeststellungsklage neben den Verbandsklagen nach UKlaG, UWG und GWB dann noch spielen wird, bleibt abzuwarten. Einstweilen ist die Musterfeststellungsklage geltendes Recht, an dem sich das vorliegende Muster orientiert. Mit der Musterfeststellungsklage können Verbraucherverbände Rechtsverhältnisse oder tatsächliche oder rechtliche Anspruchsvoraussetzungen für eine Vielzahl von Verbrauchern gegenüber einem Unternehmer (im Insolvenzverfahren über das Vermögen des Unternehmens ist der Insolvenzverwalter passivlegitimiert: OLG München NZI 2020, 912 Rn. 35 ff.) verbindlich feststellen lassen. Das bekannteste bisher durchgeführte Musterfeststellungsverfahren ist die vom Verbraucherzentrale Bundesverband (VZBV) gegen VW geführte Klage um den Diesel-Abgasskandal, das mit einem außergerichtlichen Vergleich endete (*Augenhofer* NJW 2021, 114). Im Übrigen betrafen von den 17 bis Mitte 2021 erhobenen Musterfeststellungsklagen 13 den Bank- und Kapitalmarktbereich, wovon sich wiederum zehn auf Zinsanpassungsklauseln in Prämiensparverträgen bezogen (*Röthemeyer* BKR 2021, 191). Die Musterfeststellungsklage begründet zunächst keinen Individualrechtsschutz: Auch wenn das Gericht der Musterfeststellungsklage stattgibt, müssen die Verbraucher ihre Ansprüche gegen den Unternehmer noch einzeln einklagen. Allerdings ist das Gericht im Folgeprozess an die Feststellungen des Musterfeststellungsurteils gebunden (§ 613 Abs. 1 S. 1 ZPO).

Es gibt keinen Vorrang der Verbandsklage nach dem UKlaG vor der Musterfeststellungsklage. Beide Verfahren dienen vielmehr unterschiedlichen Rechtsschutzzielen (OLG Dresden BeckRS 2020, 6640 Rn. 38).

Gemäß § 204 Abs. 1 Nr. 1a BGB führt die Erhebung der Musterfeststellungsklage zur Hemmung der Verjährung für Ansprüche, die Gläubiger zu dem zu der Klage geführten Klageregister wirksam angemeldet haben, wenn dem angemeldeten Anspruch derselbe Lebenssachverhalt zugrunde liegt wie den Feststellungszielen der Musterfeststellungsklage. Die Hemmung der Verjährung endet ua sechs Monate nach der Rücknahme der Anmeldung zum Klageregister, § 204 Abs. 2 S. 2 BGB.

2. Für die Klage ist in erster und einziger Tatsacheninstanz das Oberlandesgericht zuständig, § 119 Abs. 3 S. 1 GVG. In örtlicher Hinsicht regelt § 32c ZPO eine ausschließliche Zuständigkeit des Gerichts am allgemeinen (inländischen) Gerichtsstand des Beklagten, also regelmäßig an dessen Sitz. Den Ländern wird gemäß § 119 Abs. 3 S. 2 GVG darüber hinaus die Möglichkeit der Zuständigkeitskonzentration bei einem Oberlandesgericht eingeräumt.

3. Gemäß § 606 Abs. 3 Nr. 1 ZPO sind nur qualifizierte Einrichtungen nach Abs. 1 S. 2 klagebefugt. Dabei handelt es sich um die in § 3 Abs. 1 S. 1 UKlaG genannten Verbände und Stellen, soweit diese

- mindestens 350 natürliche Personen oder zehn Unterverbände als Mitglieder haben (Nr. 1),
- mindestens vier Jahre in den in Nr. 2 bezeichneten Listen eingetragen sind,
- in Erfüllung ihrer satzungsmäßigen Aufgaben Verbraucherinteressen weitgehend durch nicht gewerbsmäßig aufklärende oder beratende Tätigkeit wahrnehmen (Nr. 3),
- mit den Musterfeststellungsklagen keine Gewinnerzielungsabsicht verfolgen (Nr. 4) und
- nicht mehr als fünf Prozent ihrer Einkünfte von Unternehmen beziehen (Nr. 5).

Im Hinblick auf § 606 Abs. 1 S. 2 Nr. 1 ZPO verlangt der BGH, dass die Mitglieder nach der Satzung des Vereins volles Stimmrecht haben, denn nur dies sichere den Einfluss auf eine sachgerechte an Verbraucherinteressen orientierte Aufgabenerfüllung (BGH NJW 2021, 1014 Rn. 19; BGH NJW 2021, 1018 Rn. 18). Das Gesetz will damit nach Ansicht des BGH verhindern, dass sich Einrichtungen aus verbraucherschutzfremden Motiven gründen, nur um für einen bestimmten Einzelfall kurzfristig die Klagebefugnis zu erlangen (BGH NJW 2021, 1018 Rn. 19 mit Verweis auf BT-Drs 19/2439, 23). Die Vorlage einer anonymisierten Mitgliederliste reicht nicht, denn die stimmberechtigten Mitglieder müssen anhand der Angaben in der Klageschrift identifizierbar sein (BGH NJW 2021, 1018 Rn. 21 ff.).

Im Hinblick auf den geforderten Schwerpunkt von nicht gewerbsmäßiger Beratung und Aufklärung deutet der BGH § 606 Abs. 1 S. 2 Nr. 3 ZPO dahingehend, dass die gerichtliche Geltendmachung von Verbraucherinteressen in der „gelebten Praxis" der qualifizierten Einrichtung nur eine untergeordnete Rolle spielen dürfe (BGH NJW 2021, 1014, Rn. 26 f.; BGH NJW 2021, 1018 Rn. 27). Auf dieser Grundlage hat der BGH der Schutzgemeinschaft für Bankkunden (SfB) die Klagebefugnis abgesprochen, weil sie sich in gewichtigem Umfang mit der gerichtlichen und außergerichtlichen (Einnahmen aus Abmahnpauschalen) Durchsetzung von Verbraucherinteressen befasst (BGH NJW 2021, 101, Rn. 29).

Auch hinsichtlich der weiteren Merkmale des fehlenden Gewinnerzielungszwecks (Nr. 4) und der Begrenzung der Unternehmenszuwendungen (Nr. 5) muss der Kläger substantiiert vortragen (*Röthemeyer* BKR 2021, 193).

Im Lichte dieser aktuellen Rechtsprechung ist die Klagebefugnis nach § 606 ZPO in mehrfacher Hinsicht gegenüber den Verbandsklagen nach UKlaG, UWG und GWB verengt (*Röthemeyer* BKR 2021, 191). Zu Gunsten von Verbraucherzentralen und anderen Verbraucherverbänden, die überwiegend mit öffentlichen Mitteln gefördert werden, gilt die unwiderlegliche Vermutung, dass die Voraussetzungen des Satzes 2 vorliegen (§ 606 Abs. 1 S. 4 ZPO).

4. Die Musterfeststellungsklage dient der Feststellung von Feststellungszielen. § 606 Abs. 1 S. 1 ZPO definiert Feststellungsziele als das Vorliegen oder Nichtvorliegen von tatsächlichen und rechtlichen Voraussetzungen für das Bestehen oder Nichtbestehen von Ansprüchen oder Rechtsverhältnissen. Die Ausrichtung des Streitgegenstands auf Feststellungsziele ist an die Regelung in § 2 Abs. 1 KapMuG angelehnt. Den Parteien und Gerichten wird es auf diesem Weg ermöglicht, sich auf die Klärung grundsätzlicher, in einer Vielzahl von Fällen wiederkehrender tatsächlicher oder rechtlicher Fragen zu konzentrieren. Durch die Benennung der Feststellungsziele und des Lebenssachverhalts bestimmt der Kläger den Streitgegenstand der Musterfeststellungsklage. Eine Erweiterung der Musterfeststellungsklage ist gemäß §§ 610 Abs. 5, 263, 264 ZPO grundsätzlich möglich (BGH NJW 2020, 341 Rn. 15). Ziel der Musterfeststellungsklage ist es, ein Feststellungsziel oder mehrere Feststellungsziele einheitlich mit Breitenwirkung feststellen zu lassen (Begr RegE, BT-Drs 19/2507, 18). Über § 256 ZPO hinaus können dabei auch einzelne Elemente oder Vorfragen eines Rechtsverhältnisses oder einer Anspruchsgrundlage festgestellt werden. So reichte dem BGH die Frage, ob eine Modernisierungsankündigung der Vermieterin den gesetzlichen Voraussetzungen entsprach, als Feststellungsziel aus (BGH BeckRS 2021, 8856 Rn. 28). Auch die verallgemeinerungsfähigen Voraussetzungen von Verjährung und Verwirkung können Feststellungsziel einer Musterfeststellungsklage sein, nicht dagegen eine ergänzende Vertragsauslegung (OLG Dresden BeckRS 2020, 6640). Des Weiteren können reine Rechtsfragen mit Bedeutung für eine Vielzahl von betroffenen Rechtsverhältnissen geklärt werden (Begr RegE, BT-Drs 19/2507, 18; hierzu *Waßmuth/Asmus* ZIP 2018, 658). Zukünftig entstehende Rechtsverhältnisse sind dagegen schon nach dem Wortlaut des § 606 Abs. 1 S. 1 ZPO nicht erfasst (BGH NJW 2020, 341 Rn. 14).

Die klagebefugten Verbraucherverbände führen stellvertretend für die Verbraucher ein Musterverfahren durch, wenn von den Feststellungszielen die Ansprüche oder Rechtsverhältnisse von mindestens zehn Verbrauchern abhängen (§ 606 Abs. 3 Nr. 2 ZPO).

5. Die Musterfeststellungsklage wird gemäß § 607 Abs. 2 ZPO innerhalb von 14 Tagen nach Erhebung ohne vorherige Anhörung des Beklagten von Amts wegen im Klageregister öffentlich bekanntgemacht, wenn die nach § 607 Abs. 2 ZPO iVm § 606 Abs. 2 S. 1 ZPO vorgeschriebenen Anforderungen erfüllt sind (BGH NJW 2021, 1018 Rn. 14). Trotz Bekanntmachung im Klageregister kann die Klage noch als unzulässig abgewiesen werden, da hiermit nicht bindend über die Zulässigkeit der Klage entschieden wird (OLG

Dresden BeckRS 2020, 6640 Rn. 30). Eines Antrags auf Bekanntmachung bedarf es grundsätzlich nicht, er ist trotzdem zu empfehlen.

Durch die Bekanntgabe der Musterfeststellungsklage in dem Klageregister für Musterfeststellungsklagen sollen potenziell betroffene Verbraucher über die Rechtshängigkeit der Musterfeststellungsklage informiert werden und damit zugleich die Möglichkeit erhalten, ihre Ansprüche oder Rechtsverhältnisse anzumelden. Eine unmittelbare Beteiligung der Verbraucher am Musterfeststellungsverfahren ist dagegen nicht vorgesehen (zur Kritik *Fölsch* DRiZ 2018, 216). Insbesondere können diese nicht als Nebenintervenienten beitreten (§ 610 Abs. 4 ZPO). Dagegen ist eine Streitverkündung gegenüber sonstigen Dritten grundsätzlich möglich (vgl. *Waßmuth/Asmus* ZIP 2018, 663).

Die Anmeldung muss bis zum Ablauf des Tages vor Beginn des ersten Termins erfolgt sein (§ 608 Abs. 1 ZPO). Im Vergleich zu einer Klage ist der Aufwand der Anmeldung deutlich reduziert: Neben seinem Namen, den Namen der Parteien, dem Gericht und dem Aktenzeichen der Musterfeststellungsklage muss der Verbraucher lediglich den Gegenstand und den Grund des Anspruchs oder Rechtsverhältnisses sowie eine Versicherung der Richtigkeit und Vollständigkeit seiner Angaben angeben (§ 608 Abs. 2 ZPO). Die Musterfeststellungsklage ist jedoch erst dann zulässig, wenn mindestens 50 Verbraucher innerhalb von zwei Monaten ihre Ansprüche beim Register angemeldet haben (§ 606 Abs. 3 Nr. 3 ZPO).

Auch über den weiteren Verlauf des Verfahrens können sich die Verbraucher anhand des Klageregisters informieren, da das Gericht dort alle relevanten Mitteilungen bekannt zu machen hat (§ 607 Abs. 3 ZPO). Die Anmeldung bewirkt zudem, dass das rechtskräftige Musterfeststellungsurteil das zur Entscheidung eines Rechtsstreits zwischen einem angemeldeten Verbraucher und dem Beklagten berufene Gericht bindet, soweit dessen Entscheidung die Feststellungsziele und den Lebenssachverhalt der Musterfeststellungsklage betrifft (§ 613 Abs. 1 S. 1 ZPO). Das Gesetz setzt im Übrigen darauf, dass sich die betroffenen Verbraucher und der Unternehmer einigen werden. So regelt § 611 ZPO explizit, dass auch das Musterfeststellungsverfahren durch einen Vergleich zwischen den Parteien beendet werden kann, der Bindungswirkung für die angemeldeten Verbraucher entfaltet, soweit diese nicht aus dem vorgeschlagenen Vergleich austreten. Der Vergleich bedarf der Genehmigung des Gerichts (§ 611 Abs. 3 S. 1 ZPO). Der genehmigte Vergleich ist den angemeldeten Verbrauchern mit einer Belehrung zuzustellen (§ 611 Abs. 4 S. 1 ZPO). Sie können dann mit einer Frist von einem Monat ihren Austritt erklären, § 611 Abs. 4 S. 2 ZPO. Für die Austrittserklärung besteht kein Anwaltszwang (§§ 611 Abs. 4 S. 3, 78 Abs. 3 ZPO). Der vom Gericht genehmigte Vergleich wird nur dann wirksam, wenn weniger als 30 Prozent der angemeldeten Verbraucher ihren Austritt aus dem Vergleich erklären, § 611 Abs. 5 ZPO. Eine Vollstreckungsmöglichkeit für die Verbraucher aus dem Vergleich besteht allerdings nicht (vgl. *Fölsch* DRiZ 2018, 217; *Waßmuth/Asmus* ZIP 2018, 665).

6. Gemäß § 606 Abs. 2 S. 2 ZPO soll die Klageschrift auch eine kurze Darstellung des vorgetragenen Lebenssachverhalts enthalten, wobei § 253 Abs. 2 ZPO unberührt bleibt, dh, dessen Anforderungen sind auch bei der Musterfeststellungsklage einzuhalten (Begr RegE, BT-Drs 19/2507, 20). Das Erfordernis der Sachverhaltsdarstellung dient der Bekanntmachung im Klageregister sowie der Abgrenzung verschiedener Musterfeststellungsklagen gegeneinander.

7. Nach § 606 Abs. 2 Nr. 2 ZPO muss die Klageschrift Angaben und Nachweise darüber enthalten, dass von den Feststellungszielen die Ansprüche oder Rechtsverhältnisse von mindestens zehn Verbrauchern abhängen. Das heißt im Kontext mit der nach § 607 Abs. 2 ZPO zu treffenden Entscheidung über die öffentliche Bekanntmachung der Musterfeststellungsklage, dass der Klageschrift Angaben und Nachweise zu den Voraussetzungen nach § 606 Abs. 2 S. 1 Nr. 1, Abs. 1 S. 2 ZPO und zu der Glaubhaftmachung der Betroffenheit von mindestens zehn Verbrauchern nach § 606 Abs. 2 S. 1 Nr. 2, Abs. 3 Nr. 2 ZPO (hierzu BGH NJW 2020, 341 Rn. 8, 11 ff.) beigefügt sein müssen, die geeignet sind, das Vorliegen dieser Voraussetzungen auszufüllen (BGH NJW 2021, 1018 Rn. 15). Bloße Behauptungen reichen nicht (BGH NJW 2020, 341 Rn. 12). Bei mehreren Feststellungszielen einer Musterfeststellungsklage sind diese Erfordernisse für jedes Feststellungsziel zu erfüllen (BGH NJW 2020, 341 Rn. 10). Der Vortrag kann bis zum Zeitpunkt der letzten mündlichen Verhandlung vor dem Oberlandesgericht erfolgen, wobei der Verlust der Klagebefugnis auch noch vom Revisionsgericht festgestellt werden kann (BGH NJW 2021, 1014 Rn. 13). Weiter ist zu beachten, dass die Musterfeststellungsklage gemäß § 606 Abs. 3 Nr. 3 ZPO nur zulässig ist, wenn zwei Monate nach öffentlicher Bekanntmachung der Musterfeststellungsklage mindestens 50 Verbraucher ihre Ansprüche oder Rechtsverhältnisse zur Eintragung in das Klageregister wirksam angemeldet haben. Die Ansprüche müssen dabei hinreichend individualisiert sein (OLG München NZI 2020, 912 Rn. 69 ff.). Der Begriff des Verbrauchers ist in Anlehnung an § 13 BGB in § 29c Abs. 2 ZPO legaldefiniert als „jede natürliche Person, die bei dem Erwerb des Anspruchs oder der Begründung des Rechtsverhältnisses nicht überwiegend im Rahmen ihrer gewerblichen oder selbständigen beruflichen Tätigkeit handelt".

8. § 610 Abs. 1 ZPO regelt die Unzulässigkeit einer Musterfeststellungsklage, sobald eine andere Musterfeststellungsklage, deren Feststellungsziele den gleichen zugrunde liegenden Lebenssachverhalt betreffen, gegen denselben Beklagten rechtshängig ist. Die Regelung enthält somit eine besondere Form der Unzulässigkeit wegen anderweitiger Rechtshängigkeit, denn § 261 Abs. 3 Nr. 2 ZPO wäre mangels Parteiidentität nicht einschlägig (Begr RegE, BT-Drs 19/2507, 28). Hiermit wollte der Gesetzgeber ein mögliches „Windhundrennen" zwischen verschiedenen klagebefugten Verbraucherverbänden verhindern. Allerdings kommt eine Verbindung verschiedener am selben Tag rechtshängig gewordener Musterfeststellungsklagen gemäß § 147 ZPO in Betracht (§ 610 Abs. 2 ZPO). Die Verbindung steht im Ermessen des Gerichts. Eines Antrags braucht es nicht unbedingt, allerdings empfiehlt er sich, um das Gericht auf die Verbindungsmöglichkeit aufmerksam zu machen. Auch ist eine Erweiterung der Klage um Feststellungsziele zulässig; dasselbe gilt für die Erhebung einer Widerklage (arg. e contrario zu § 610 Abs. 5 S. 2 ZPO).

§ 610 Abs. 3 ZPO bestimmt, dass ein angemeldeter Verbraucher gegen den Beklagten während der Rechtshängigkeit der Musterfeststellungsklage keine Klage erheben kann, deren Streitgegenstand denselben Lebenssachverhalt und dieselben Feststellungsziele betrifft. Vor der Bekanntmachung im Klageregister bereits anhängige Individualklagen gegen den Beklagten der Musterfeststellungsklage, die deren Feststellungsziele und den Lebenssachverhalt betreffen, werden ausgesetzt, und zwar in Bezug auf jeden Verbraucher, der seinen Anspruch zum Klageregister angemeldet hat, von Amts wegen (§ 613 Abs. 2 ZPO), in Bezug auf einen klagenden Unternehmer auf dessen Antrag (§ 148 Abs. 2 ZPO). Die Notwendigkeit der Aussetzung besteht so lange, bis das Individualverfahren endgültig beendet ist, auf den Schluss der mündlichen Verhandlung kommt es insoweit nicht an (BGH NJW 2020, 1973 Rn. 19).

Kosten und Gebühren

9. Gemäß § 48 Abs. 1 S. 2 GKG darf der Streitwert in Musterfeststellungsklagen ebenso wie in Rechtsstreitigkeiten nach dem UKlaG 250.000 EUR nicht übersteigen. Für die Anmeldung des Anspruchs eines Verbrauchers zum Klageregister entsteht keine gesonderte Rechtsanwaltsgebühr (§ 19 Abs. 1 S. 2 Nr. 1a Alt. 2 RVG).

Fristen und Rechtsmittel

10. Gemäß § 614 S. 1 ZPO findet gegen Musterfeststellungsurteile die Revision zum Bundesgerichtshof statt, wobei nach Satz 2 die Sache stets grundsätzliche Bedeutung im Sinne des § 543 Abs. 2 Nr. 1 ZPO hat.

T. Datenschutzrecht

1. Antrag auf Erlass einer einstweiligen Verfügung auf Unterlassung der weiteren Verarbeitung der Daten des Klägers

An das
Landgericht . . . . .[1]

Antrag auf Erlass einer einstweiligen Verfügung[2]

In Sachen
. . . . .
– Antragsteller –
Verfahrensbevollmächtigter: . . . . .
gegen
. . . . .
– Antragsgegnerin –
Verfahrensbevollmächtigter: . . . . .
wegen Unterlassung
vorläufiger Streitwert: . . . . .

bitte ich unter Vorlage einer ordnungsgemäßen Vollmacht (Anlage ASt 1) im Auftrag und namens des Antragstellers um den Erlass folgender einstweiliger Verfügung ohne mündliche Verhandlung durch den Vorsitzenden allein:

1. Die Antragsgegnerin hat es zu unterlassen, dem Antragsteller elektronische Nachrichten (E-Mails) werblichen Inhalts zu senden oder senden zu lassen, ohne dass eine entsprechende wirksame Einwilligung des Klägers vorliegt beziehungsweise ohne die E-Mail-Adresse unter Einhaltung der Voraussetzungen des § 7 Abs. 3 UWG erhoben bzw. verwendet zu haben.[3, 4]
2. Der Antragsgegnerin wird angedroht, dass für jeden Fall der Zuwiderhandlung gegen die in Ziffer 1 ausgesprochene Verpflichtung ein Ordnungsgeld bis zu . . . . . und für den Fall, dass dieses nicht beigetrieben werden kann, Ordnungshaft, oder Ordnungshaft bis zu . . . . . Monaten festgesetzt werden kann.[5]
3. Die Antragsgegnerin hat die Kosten des Verfahrens zu tragen.

Begründung:

I. Sachverhalt

Die Antragsgegnerin betreibt unter der Domain . . . . . einen Webshop für . . . . .. Der Antragssteller ist Verbraucher und ein Kunde der Antragsgegnerin.

Die Antragsgegnerin sendete dem Antragsteller bereits mehrfach E-Mails mit werblichem Inhalt zu, ohne dass der Antragssteller hierzu vorab seine ausdrückliche Einwilligung erteilt hatte.[6] Der Antragssteller wandte sich daher mit E-Mail vom . . . . . an den Kundenservice der Antragsgegnerin. Er forderte die Antragsgegnerin dazu auf, ihm keine weiteren E-Mails mit werblichem Inhalt zu zuzusenden.[7] Vorsorglich widerrief er auch sämtliche, gegenüber der Antragsgegnerin gegebenenfalls erteilten Einwilligungen in die Verarbeitung seiner personenbezogenen Daten.[8]

Glaubhaftmachung:[9] E-Mail des Antragsstellers vom . . . . ., in Kopie beigefügt als Anlage ASt 2

Auch nach dieser E-Mail erhielt der Antragsteller weiterhin E-Mails mit werblichem Inhalt seitens der Antragstellerin. Hieran änderte auch ein von dem Verfahrensbevollmächtigen des Antragstellers am . . . . . versandtes Schreibens nichts. Die letzte dem Antragsteller zugegangene Werbe-Mail der Antragsgegnerin datiert vom . . . . .:

Glaubhaftmachung: E-Mail der Antragsgegnerin vom . . . . ., in Kopie beigefügt als Anlage ASt 3

II. Rechtliche Bewertung

Der Antrag ist zulässig und begründet, insbesondere besteht ein Verfügungsanspruch und ein Verfügungsgrund.

1. Verfügungsanspruch[10]

Der Antragsteller kann nach § 1004 Abs. 1 S. 2 BGB iVm § 823 Abs. 1 BGB von der Antragsgegnerin verlangen, den weiteren Versand von Werbe-Mails zu unterlassen. Die genannten Werbemails stellen eine unzumutbare Belästigung im Sinne der § 7 Abs. 2 Nr. 3, Abs. 3 UWG dar, denn . . . . .. Zudem hat der Antragsteller einen Unterlassungsanspruch aus Art. 21 Abs. 2 DS-GVO, weil . . . . ..

2. Verfügungsgrund[11]

Es besteht auch ein Verfügungsgrund, da . . . . ..

Rechtsanwalt

Schrifttum: Auer-Reinsdorff/Conrad, Handbuch IT- und Datenschutzrecht, 3. Aufl. 2019; BeckOK DatenschutzR, 37. Ed. 2021; *Ehmann/Selmayr*, DS-GVO, 2. Aufl. 2018; *Gola*, DS-GVO, 2. Aufl. 2018; *Kühling/Buchner*, DS-GVO/BDSG, 3. Aufl. 2020; *Paal/Pauly*, DS-GVO/BDSG, 3. Aufl. 2021; *Schantz/Wolff*, Das neue Datenschutzrecht, 2017; *Schwartmann/Jaspers/Thüsing/Kugelmann*, DS-GVO/BDSG, 2. Aufl. 2020; *Simitis/Hornung/Spiecker gen. Döhmann*, Datenschutzrecht, 1. Aufl. 2019; *Spindler/Schuster*, Recht der elektronischen Medien, 4. Aufl. 2019; *Sydow*, Europäische Datenschutzgrundverordnung, 2. Aufl. 2018; *Taeger/Gabel*, DS-GVO/BDSG, 3. Aufl. 2019.

Anmerkungen

1. Für den Erlass einer einstweiligen Verfügung ist das Gericht der Hauptsache örtlich und sachlich ausschließlich zuständig, §§ 937 Abs. 1, 802 ZPO. Die sachliche Zuständigkeit richtet sich dabei in der Regel nach dem Zuständigkeitsstreitwert des Hauptsacheverfahrens, §§ 23 Nr. 1, 71 Abs. 1 GVG, §§ 3 ff. ZPO. Bei einer Unterlassung ist insofern das Interesse des Antragstellers an einer Beseitigung bzw. Verhinderung der Beeinträchtigung maßgeblich (vgl. BGH 13.1.2015 – VI ZB 29/14, NJW 2015, 787). Im Zusammenhang mit dem Stellenwert einer derartigen Beeinträchtigung hat etwa das Landgericht Wiesbaden angenommen, dass der Streitwert für die individualrechtliche Unterlassung des Versands von Newsletter-E-Mails bis zu 15.000 EUR betragen kann (LG Wiesbaden 14.5.2020 – 8 O 94/19, BeckRS 2020, 11757).

2. Zu dem Aufbau eines Antrags auf Erlass einer einstweiligen Verfügung → Form. I. R.8 Anm. 1–9.

3. Der vorliegende Fall bewegt sich an der Schnittstelle zwischen dem Lauterkeits- und Datenschutzrecht. Daher kommen vorliegend verschiedene Anspruchsgrundlagen für die begehrte Unterlassung in Betracht. Diese können sich sowohl aus dem UWG, dem BGB als auch der DS-GVO ergeben (→ Anm. 110). In der Praxis ist derzeit noch umstritten, inwiefern die DS-GVO in ihrem Anwendungsbereich allgemeine zivilrechtliche Anspruchsgrundlagen sperrt. Dies ist insbesondere dann relevant, wenn Anspruchsteller die begehrte Unterlassung mit vermeintlichen Verstößen gegen die DS-GVO zu begründen

versuchen (vgl. LG Frankfurt a.M. 15.10.2020 – 2-03 O 356/20, GRUR-RS 2020, 288909; LG München I 9.10.2019 – 20 O 13060/19; Sydow/*Kreße* DS-GVO Art. 79 Rn. 11; LG Frankfurt a.M. 13.9.2018 – 2-03 O 283/18, BeckRS 2018, 23105; LG Darmstadt 26.5.2020 – 13 O 244/19; Ehmann/Selmayr/*Kamann/Braun* DS-GVO Art. 21 Rn. 5; Kühling/Buchner/*Bergt* DS-GVO Art. 79 Rn. 1, 15a; Spindler/Schuster/*Spindler/Dalby* DS-GVO Art. 79 Rn. 17; Paal/Pauly/*Martini* DS-GVO Art. 79 Rn. 12; MAH ArbR/*Dendorfer-Ditges* § 35 Rn. 259).

4. Anträge auf Erlass einstweiliger Verfügungen müssen den in § 253 Abs. 2 Nr. 2 ZPO geregelten Bestimmtheitsanforderungen genügen. Der zu stellende Antrag muss insbesondere das begehrte Verbot bzw. die Unterlassung klar erkennen lassen. In der Praxis hat sich eine Orientierung an der konkreten Verletzungshandlung als hilfreich erwiesen (BGH 6.10.2011 – I ZR 54/10, BeckRS 2012, 3915). Hingegen genügt es grundsätzlich nicht, den Wortlaut der gesetzlichen Verbotsnorm zu wiederholen (BGH 29.4.2010 – I ZR 202/07, BeckRS 2010, 13917 Rn. 21).

5. Der Antrag auf Androhung der Verhängung von Ordnungsgeld bzw. Ordnungshaft folgt aus § 890 ZPO.

6. Nach der DS-GVO müssen Verantwortliche zwar nicht zwingend die Einwilligung des jeweiligen Verbrauchers einholen, um die Verarbeitung von dessen personenbezogenen Daten zu Zwecken der Direktwerbung rechtfertigen zu können. Aus Erwgr. 47 S. 7 DS-GVO wird deutlich, dass etwa auch die Wahrung berechtigter Interessen des Verantwortlichen oder Dritten im Sinne von Art. 6 Abs. 1 lit. f DS-GVO als Erlaubnistatbestand in Betracht kommt. Nach Auffassung der Datenschutzaufsichtsbehörden sind jedoch im Rahmen einer nach Art. 6 Abs. 1 lit. f DS-GVO vorzunehmenden Interessenabwägung die Wertungen des UWG zu berücksichtigen. Danach fällt die Interessenabwägung in aller Regel zugunsten des Verbrauchers aus, wenn für die geplante Werbemaßnahme nach dem UWG ein Einwilligungserfordernis besteht (vgl. DSK, „Orientierungshilfe zur Verarbeitung von personenbezogenen Daten für Zwecke der Direktwerbung unter Geltung der Datenschutz-Grundverordnung (DS-GVO)", S. 5; abrufbar unter: https://www.datenschutzkonferenz-online.de/media/oh/20181107_oh_werbung.pdf). Einer ausdrücklichen Einwilligung des Verbrauchers bedarf es insbesondere bei Fällen der Direktwerbung per E-Mail oder telefonischer Ansprache (§ 7 Abs. 2 Nr. 2, Nr. 3 UWG). Eine Ausnahme von diesem Grundsatz gilt unter den in § 7 Abs. 3 UWG geregelten Voraussetzungen.

7. Ein durch den Verbraucher ausgesprochener Widerspruch entfaltet sowohl in wettbewerbsrechtlicher als auch datenschutzrechtlicher Hinsicht Rechtswirkungen. Ein Widerspruch führt zum einen dazu, dass die Befugnis zur Durchführung von Direktwerbung nach dem UWG entfällt. Sendet das Unternehmen trotz des Widerspruchs weiter Werbung an den Verbraucher, stellt dies in aller Regel eine unzumutbare Belästigung im Sinne von § 7 UWG dar (Köhler/Bornkamm/Feddersen/*Köhler* UWG § 7 Rn. 206).

In datenschutzrechtlicher Hinsicht hat ein ausgesprochener Widerspruch zur Folge, dass das Unternehmen die personenbezogenen Daten des Verbrauchers nicht mehr für Zwecke der Direktwerbung verarbeiten darf, vgl. Art. 21 Abs. 3 DS-GVO. Das Widerspruchsrecht im Falle des Direktmarketings ist – anders als in anderen Verarbeitungssituationen – nicht an spezifische Voraussetzungen geknüpft, Art. 21 Abs. 2 DS-GVO. Insbesondere gilt das Widerspruchsrecht auch dann, wenn die Verarbeitung nicht auf Basis von Art. 6 Abs. 1 lit. e oder lit. f DS-GVO erfolgt (Kühling/Buchner/*Herbst* Art. 21 Rn. 27). Zudem bedarf es keiner Interessenabwägung zwischen den Interessen des Verbrauchers und des Unternehmens.

8. Zudem kann es zweckmäßig sein, vorsorglich auch etwaige zu Zwecken der Direktwerbung oder für sonstige Datenverarbeitungen gegebenenfalls erteilte Einwilligungen zu widerrufen. Ein solches Vorgehen kann insbesondere dann empfehlenswert sein, wenn der Verbraucher nicht ausschließen kann, dass er in der Vergangenheit – etwa online eine Einwilligung erteilt haben könnte. Nach der DS-GVO können betroffene Personen eine einmal erteilte Einwilligung ohne Angaben von Gründen widerrufen, Art. 7 Abs. 3 DS-GVO.

9. Der Antragsteller muss beim Vortrag zum Sachverhalt entscheidungserhebliche Tatsachen durch geeignete Mittel glaubhaft machen, vgl. §§ 936, 920 Abs. 2, 294 ZPO. In einstweiligen Verfügungsverfahren zählen hierzu unter anderem eidesstattliche Versicherungen und Urkunden (vgl. hierzu *Kellermann-Schröder* JA 2018, 535 (536)). Vgl. zu den Anforderungen an eine eidesstattliche Versicherung MüKoZPO/*Prütting* § 294 Rn. 18 f. Wegen der Eilbedürftigkeit erfolgt nur eine summarische Prüfung ohne umfassende Beweisaufnahme. Deswegen kommt ein Zeugenbeweis nur in Betracht, wenn das Gericht im Rahmen einer mündlichen Verhandlung über den Antrag entscheidet und der Zeuge vor Ort ist, vgl. § 294 Abs. 2 ZPO.

10. Der unzulässige Versand von Werbe-Mails verstößt sowohl gegen wettbewerbs- als auch datenschutzrechtliche Vorgaben. In datenschutzrechtlicher Hinsicht führt ein Widerspruch dazu, dass das Unternehmen die weitere Verarbeitung von personenbezogenen Daten umgehend einstellen muss, vgl. Art. 21 Abs. 3 DS-GVO. Verstößt das Unternehmen gegen diese Vorgabe, stellt sich die entsprechende Datenverarbeitung mangels hinreichender Rechtsgrundlage als rechtswidrig dar.

Vor diesem Hintergrund können Verbraucher Unterlassungsansprüche wegen eines unzulässigen Werbe-Mail-Versands grundsätzlich auf zivil- und datenschutzrechtliche Normen stützen – sofern man eine Sperrwirkung der DS-GVO im Hinblick auf zivilrechtliche Anspruchsgrundlagen ablehnt (→ Anm. 3).

Verbraucher können etwaige Anträge auf Unterlassung unter anderem auf § 1004 Abs. 1 S. 2 BGB analog iVm § 823 Abs. 1 BGB wegen der sich wiederholenden Beeinträchtigung des allgemeinen Persönlichkeitsrechts stützen (vgl. zB BGH, 10.7.2018 – VI ZR 225/17, BeckRS 2018, 21481 Rn. 13 ff.). § 1004 Abs. 1 S. 2 BGH schützt analog als quasi-negatorischer Anspruch alle in § 823 Abs. 1 BGB geschützten Rechte und Rechtsgüter. Das allgemeine Persönlichkeitsrecht, das aus Art. 2 Abs. 1 iVm Art. 1 Abs. 1 GG abgeleitet wird, gehört als sog. Rahmenrecht zu den durch § 823 Abs. 1 BGB geschützten sonstigen Rechten (AG Berlin-Mitte 29.7.2019 – 7 C 185/18, GRUR-RS 2019, 45272 Rn. 5). In dieses wird bei einem unzulässigen Versand von Werbe-Mails eingegriffen. Die nach § 1004 Abs. 1 S. 2 BGB erforderliche Wiederholungsgefahr wird bei vorangegangenen Verstößen grundsätzlich vermutet (OLG Düsseldorf 22.9.2004 – I-15 U 41/04: erstmaliger Versand einer Werbe-Mail für Annahme einer Wiederholungsgefahr ausreichend). Hierzu auch → Form. II.T.2 Amn. 10.

Zudem können betroffene Personen die Unterlassung des weiteren Versands von Werbe-Mails gegebenenfalls auf datenschutzrechtliche Normen stützen. Die DS-GVO regelt zwar keinen direkten Unterlassungsanspruch von betroffenen Personen im Falle der rechtswidrigen Verarbeitung ihrer personenbezogenen Daten. Ein solcher lässt sich aber gegebenenfalls konkludent aus den datenschutzrechtlichen Betroffenenrechten ableiten. So geht beispielsweise das LG Frankfurt a.M. davon aus, dass aus Art. 17 DS-GVO zugleich ein Anspruch auf Unterlassung der Verarbeitung von personenbezogenen Daten in der Zukunft folge (Urt. v. 28.6.2019 – 2-03 O 315/17; BeckRS 2019, 13139). Antragsteller können hier die rechtliche Position vertreten, dass sich dieser Rechtsgedanke auch auf die Fälle des Widerspruchs nach Art. 21 Abs. 2 DS-GVO übertragen lässt. Denn dieser führt – vergleichbar wie ein Antrag auf Löschung – dazu, dass der Verantwortliche die betreffenden personenbezogenen Daten nicht mehr für Zwecke der Direktwerbung verarbeitet darf. Das Widerspruchsrecht würde aber häufig leerlaufen, wenn er nicht mit einem in die Zukunft gerichteten Unterlassungsanspruch verknüpft würde.

11. Der Antrag auf Erlass einer einstweiligen Verfügung setzt einen Verfügungsgrund voraus, § 935 ZPO. Der Antragssteller muss grundsätzlich glaubhaft machen, warum die begehrte Unterlassung eilbedürftig ist. Dieses Erfordernis gilt nicht bei von Wettbewerbern auf Basis des UWG geltend gemachten einstweiligen Unterlassungsanträgen, vgl. § 12 Abs. 1 UWG. Bei solchen Anträgen wird die Eilbedürftigkeit vermutet. Für Verbraucher gilt diese Erleichterung hingegen nicht. Bei Anträgen von Verbrauchern entscheidet das Gericht grundsätzlich im Wege einer Interessenabwägung über die Dringlichkeit (Köhler/Bornkamm/Feddersen/*Köhler* UWG § 12 Rn. 2.21)

2. Schutzschrift gegen einen möglichen Antrag auf Erlass einer einstweiligen Verfügung

Alle Gerichte
Zentrales Schutzschriftenregister

Schutzschrift[1, 2]

gegen einen möglichen Antrag auf Erlass einer einstweiligen Verfügung in einem etwaigen einstweiligen Verfügungsverfahren

in Sachen

. . . . .

– mögliche Antragstellerin –

Verfahrensbevollmächtigte: . . . . .

gegen

. . . . .

– mögliche Antragsgegnerin –

Verfahrensbevollmächtigte: . . . . .

Hiermit zeigen wir an, dass wir die mögliche Antragsgegnerin (im Folgenden „Antragsgegnerin") für den Fall vertreten, dass die mögliche Antragstellerin (im Folgenden „Antragstellerin") einen Antrag auf Erlass einer einstweiligen Verfügung auf Basis des nachstehend dargestellten Sachverhalts und mit einem Antrag in der nachstehenden oder in einer ähnlichen Form stellt:

„bei Meidung einer für jeden Fall der Zuwiderhandlung unter Ausschluss der Einrede des Fortsetzungszusammenhangs fällig werdenden Vertragsstrafe in Höhe von 50.000 EUR

1. ***es künftig im geschäftlichen Verkehr zu Zwecken des Wettbewerbs zu unterlassen, Cookies auf ihrer Website einzusetzen, ohne zuvor die ausdrückliche Einwilligung der Website-Nutzer einzuholen.***
2. ***Die Unterlassungsschuldnerin verpflichtet sich, die durch die Einschaltung der Bevollmächtigten entstandenen Kosten nach dem Rechtsanwaltsvergütungsgesetz aus einem Gegenstandswert von 50.000 EUR zu erstatten."***

Für den Fall, dass ein solcher Antrag beim Gericht eingehen sollte, beantragt die Antragsgegnerin,

1. **den Antrag auf Erlass einer einstweiligen Verfügung zurückzuweisen, hilfsweise**
2. **über den Antrag auf Erlass einer einstweiligen Verfügung nicht ohne vorherige mündliche Verhandlung zu entscheiden und**
3. **im Falle der Zurückweisung des Antrags auf Erlass einer einstweiligen Verfügung beziehungsweise im Falle der Rücknahme durch die Antragstellerin dieser die Kosten des Verfahrens einschließlich der Kosten für die vorliegende Schutzschrift aufzuerlegen.**

Wir erklären uns einverstanden,
dass ein Termin zur mündlichen Verhandlung unter Abkürzung der Ladungsfristen bestimmt wird.

Begründung:

I. Sachverhalt[3]

Die Antragsgegnerin setzt auf ihrer Website (www.[. . . . . .].de, „Website“) sogenannte Cookies ein, um den Besuchern die optimale Nutzung der Website zu ermöglichen, die dauerhafte Funktionsfähigkeit der Website sicherzustellen und den Besuchern personalisierte Angebote anzuzeigen. Ein solches Cookie ist eine Textinformation zu einer besuchten Website, die im Browser des jeweiligen Nutzers der Website gespeichert werden kann. Die Antragsgegnerin informiert die Website-Nutzer mittels eines sogenannten Cookie-Banners über den Einsatz von Cookies auf ihrer Website.
Mit Schreiben vom . . . . . beanstandete der Verfahrensbevollmächtigte der Antragstellerin den genannten Einsatz von Cookies als vermeintlich unzulässige Datenverarbeitung im Sinne der EU Datenschutz-Grundverordnung („DS-GVO“). Der Verfahrensbevollmächtigte der Antragstellerin forderte die Antragsgegnerin in seinem Schreiben unter anderem zur Unterlassung der von ihm gerügten Datenverarbeitung durch den Einsatz von Cookies und zur Abgabe einer entsprechenden Unterlassungserklärung auf.
Die Antragsgegnerin hat die genannten Forderungen zurückgewiesen.
Die Antragsgegnerin weist eingangs auf folgendes hin:[4, 5]

II. Rechtliche Bewertung

Ein Antrag auf Erlass einer einstweiligen Verfügung wäre unzulässig, jedenfalls aber unbegründet.

1. Zulässigkeit

   Der Antrag auf Erlass einer einstweiligen Verfügung wäre nicht hinreichend bestimmt im Sinne von § 253 Abs. 2 Nr. 2 ZPO.[6, 7]
   Der Antragstellerin fehlt zudem das Rechtsschutzbedürfnis.[8]

2. Begründetheit

   Der Antrag auf Erlass einer einstweiligen Verfügung wäre jedenfalls unbegründet. Der Antragstellerin steht weder ein Verfügungsanspruch noch ein Verfügungsgrund zur Seite.

   a) Kein Verfügungsanspruch[9]

   Ein Antrag auf Unterlassung würde bereits am fehlenden Verfügungsanspruch scheitern. Die Antragstellerin könnte den geltend gemachten Unterlassungsanspruch auf keine wirksame Rechtsgrundlage stützen.

   b) Kein Verfügungsgrund[10]

   Selbst wenn man von einem Verfügungsanspruch der Antragstellerin ausgehen würde, wäre der Antrag auf Erlass einer einstweiligen Anordnung dennoch nicht begründet. Es fehlt insbesondere an einer Wiederholungsgefahr.

Rechtsanwalt

Anmerkungen

1. Die Bedeutung von Schutzschriften zur Vermeidung des Erlasses möglicher einstweiliger Verfügungen nimmt auch im Bereich des Datenschutzes stetig weiter zu. In der Praxis lässt sich ein Trend erkennen, dass spezialisierte Anwaltskanzleien oder Verbraucherportale gegen Unternehmen wegen vermeintlicher Verstöße gegen den Datenschutz vorgehen. Dies gilt etwa bei vermeintlichen Verstößen gegen datenschutzrechtliche Informationspflichten oder dem Einsatz von sogenannten Cookies auf Websites (vgl. hierzu das vorliegende Fallbeispiel). In solchen Fällen besteht oftmals das Risiko, dass Antragsteller ihre Ansprüche auch im Rahmen von einstweiligen Verfügungsverfahren verfolgen

könnten. Um den Erlass nachteiliger gerichtlicher Entscheidungen zu vermeiden, hat es sich in der Praxis als zweckmäßig erwiesen, nach Erhalt entsprechender Forderungsschreiben umgehend zu reagieren und gegebenenfalls eine Schutzschrift im Zentralen Schutzschriftenregister zu hinterlegen.

In der Praxis dienen Anträge auf Erlass einstweiliger Verfügungen oftmals der Vorbereitung späterer Schadensersatzforderungen nach Art. 82 Abs. 1 DS-GVO – etwa nach bekannt gewordenen möglichen Datenschutzvorfällen. Die Antragsteller versuchen insofern nicht selten, sich im Rahmen der einstweiligen Verfügungsverfahren Informationen zu verschaffen, welche auch bei der Geltendmachung von Schadensersatzansprüchen hilfreich sein können. Dies gilt etwa für die Umstände und Ursachen des Datenschutzvorfalls.

2. Zum möglichen Aufbau einer Schutzschrift zur Verhinderung des Erlasses einer einstweiligen Verfügung → Form. I.R.13 Anm. 1–4. Zuständig für den Erlass einer einstweiligen Anordnung ist das Gericht der Hauptsache, vgl. § 937 Abs. 1 ZPO.

3. Der hier geschilderte Fall ist zwar fiktiv. In der Praxis mehren sich jedoch ähnlich gelagerte Fälle, in denen Verbraucherportale sowie spezialisierte Anwaltskanzleien Unternehmen wegen des angeblich datenschutzwidrigen Einsatzes von Cookies namens und im Auftrag von Verbrauchern abmahnen und zur Abgabe einer strafbewehrten Unterlassungserklärung auffordern. Dies zeigt ein aktueller Vorlagebeschluss des BGH beispielhaft (BGH 28.5.2020 – I ZR 186/17, GRUR 2020, 896: Unterlassungsantrag des Bundesverbands der Verbraucherzentralen).

Die genannten Stellen stützen sich dabei oftmals unter anderem auf eine im Jahr 2020 ergangene Entscheidung des BGH. Dabei suggerieren Antragsteller nicht selten, dass jeglicher Einsatz von Cookies der vorherigen und ausdrücklichen Einwilligung des jeweiligen Website-Besuchers bedürfe (vgl. BGH 28.5.2020 – I ZR 7/16, NJW 2020, 2540 – Cookie-Einwilligung II). Die Rechtslage ist insofern aber noch nicht abschließend geklärt (vgl. hierzu nachstehend ausführlicher → Anm. 8).

Teilweise versuchen Verbraucher bzw. spezialisierte Anwaltskanzleien, die unklare Rechtslage auszunutzen, um von Website-Betreibern Unterlassung wegen des angeblich unzulässigen Einsatzes von Cookies zu fordern – verbunden mit der Geltendmachung von Rechtsanwaltsgebühren (vgl. hierzu OLG Frankfurt a.M. 21.3.2019 – 6 U 68/18, BeckRS 2019, 16603). Der Gesetzgeber hat diesen Ansatz im Anwendungsbereich des UWG teilweise unterbunden, vgl. § 13 Abs. 4 UWG. Danach besteht kein Anspruch auf Aufwendungsersatz für Mitbewerber, sofern diese Verstöße im Bereich des elektronischen Geschäftsverkehrs oder der Telemedien rügen; gleiches gilt für Verstöße gegen die Vorgaben der DS-GVO oder des BDSG – sofern die angeblichen Verstöße durch kleine Unternehmen mit nicht mehr als 250 Mitarbeitern begangen wurden.

4. Unterlassungsansprüche lassen sich in der Praxis häufig bereits auf tatsächlicher Ebene erfolgreich abwehren. So legen Anspruchsteller oftmals nicht konkret dar, ob und zu welchem Zeitpunkt sie die beanstandete Website besucht haben wollen. Damit fehlt es dann gegebenenfalls bereits an dem erforderlichen Nachweis einer individuellen Betroffenheit.

5. Zur Glaubhaftmachung → Form. II.T.1 Anm. 9.

6. In der Praxis sind Anträge auf Erlass einer einstweiligen Verfügung oftmals weit gefasst. Insbesondere konkretisieren die Antragsteller häufig nicht hinreichend, welche konkrete Datenverarbeitung die Antragsgegnerin zukünftig unterlassen soll. In dem hier genannten Beispiel beantragt die Antragstellerin beispielsweise, es der Antragsgegnerin zu untersagen, „Cookies auf ihrer Website einzusetzen." Die Antragstellerin gibt nicht näher an, welche konkrete Website hier in Bezug genommen wird. Überdies lässt die Antragstellerin offen, welche konkreten Arten von Cookies die Antragsgegnerin zukünftig nicht mehr einsetzen soll. In einem späteren Vollstreckungsverfahren könnte man auf dieser Basis die konkrete Reichweite der der Antragsgegnerin obliegenden Pflichten voraussichtlich nicht rechtssicher bestimmen. Es lässt sich daher vor Gericht häufig erfolgreich argumentieren, dass entsprechende Anträge nicht vollstreckungsfähig und damit zu unbestimmt im Sinne von § 253 Abs. 2 Nr. 2 ZPO sind (vgl. LG München 21.10.2019 – 25 O 13047/19; LG Stuttgart 5.12.2019 – 11 O 436/19).

7. In dem Beispielsfall könnte die Antragsgegnerin zudem argumentieren, dass sie nicht für sämtliche Cookies die ausdrückliche Einwilligung der Website-Besucher einholen muss. So vertreten die Gerichte und Aufsichtsbehörden beispielsweise die Auffassung, dass der Einsatz von für den sicheren Betrieb der Website technisch notwendiger Cookies keiner ausdrücklichen Einwilligung der Website-Nutzer bedarf (vgl. LG Köln 29.10.2020 – 31 O 194/20, GRUR-RS 2020, 37085; Konferenz der unabhängigen Datenschutzaufsichtsbehörden des Bundes und der Länder (DSK), Orientierungshilfe für Telemedienanbieter, S. 3; LDA Bayern, FAQs: „Ist für technisch nicht notwendige Cookies immer eine Einwilligung erforderlich?“, abrufbar unter: https://www.lda.bayern.de/de/faq.html, zuletzt abgerufen am: 8.6.2021; vgl. dazu auch *Piltz/Kühner* ZD 2021, 123 (126 f.)). Anderes kann beispielsweise für den Einsatz von sogenannten Analyse-Cookies gelten (vgl. BGH 28.5.2020 – I ZR 7/16, NJW 2020, 2540 – Cookie-Einwilligung II).

8. Antragstellern fehlt in der Praxis oftmals auch das Rechtsschutzbedürfnis für die von ihnen geltend gemachten Unterlassungsansprüche. In dem hier genannten Beispiel könnte die Antragsgegnerin beispielsweise argumentieren, dass der Antragstellerin leichtere und effektivere Möglichkeiten zur Verfügung stehen, um sie betreffende Rechtsverletzungen in der Zukunft zu verhindern. So räumen die gängigen Browser-Anbieter ihren Nutzern die Möglichkeit ein, den Einsatz von Cookies selbst proaktiv zu regeln und – soweit möglich – vorab zu unterbinden. Damit besteht kein Bedürfnis für eine gerichtliche Geltendmachung der begehrten Unterlassung.

9. In der Praxis hat es sich als zweckmäßig erwiesen, proaktiv möglichst viele Argumente vorzutragen, die der begehrten Unterlassung entgegenstehen könnten – und nicht etwa sich Vortrag für eine etwaige mündliche Verhandlung „aufzusparen“. Zwar ist das zuständige Gericht – mit Ausnahme von dringenden Angelegenheiten – grundsätzlich zur Anordnung einer mündlichen Verhandlung verpflichtet, vgl. § 937 ZPO. Es lässt sich in der Praxis aber oftmals nicht belastbar prognostizieren, in welchen konkreten Fällen Gerichte von einer besonderen Eilbedürftigkeit ausgehen.

10. In der Praxis kann man ferner häufig erfolgreich argumentieren, dass die begehrte Unterlassung an der fehlenden Wiederholungsgefahr scheitert. Zwar wird die Wiederholungsgefahr grundsätzlich vermutet, soweit die Art und Weise der Beeinträchtigungshandlung die Besorgnis weiterer Rechtsverletzungen nahelegt (stRspr, BGH 8.2.1994 – VI ZR 286/93, NJW 1994, 1281). Im Falle vermeintlicher Datenschutzverstöße kann man diese Vermutungswirkung aber häufig erfolgreich entkräften. Dazu hat es sich als zweckmäßig erwiesen, umgehend nach Eingang eines entsprechenden Forderungsschreiben die bestehenden Datenschutzstrukturen – insbesondere im Hinblick auf die als unzulässig gerügten Datenverarbeitungen – zu überprüfen und soweit erforderlich anzupassen. In dem genannten Fallbeispiel könnte der Website-Betreiber beispielsweise das eingesetzte Cookie-Banner dahingehend prüfen, ob es den vom BGH aufgestellten Anforderungen entspricht (vgl. zu diesen Anforderungen BGH 28.5.2020 – I ZR 7/16, NJW 2020, 2540 – Cookie-Einwilligung II). Da Unterlassungsansprüche typischerweise in die Zukunft gerichtet sind, lässt sich durch etwaige Anpassungen eine mögliche Wiederholungsgefahr gegebenenfalls erfolgreich widerlegen.

3. Klage auf Auskunft nach Art. 15 DS-GVO

An das[1]
Amtsgericht . . . . .

Klage[2, 3]

des . . . . .
– Kläger –
Prozessbevollmächtigter: . . . . .
gegen
. . . . .
– Beklagte –
wegen
Auskunft und Erteilung einer Kopie nach Art. 15 DS-GVO
Vorläufiger Streitwert: . . . . .[4]
Namens und in Vollmacht des Klägers erhebe ich Klage und werde beantragen:

1. Die Beklagte wird verurteilt, dem Kläger Auskunft zu erteilen über[5, 6]
   a) die bei der Beklagten verarbeiteten personenbezogenen Daten des Klägers;
   b) die Verarbeitungszwecke;
   c) die Kategorien personenbezogener Daten, die verarbeitet werden;
   d) die Empfänger oder Kategorien von Empfängern,[7] gegenüber denen die personenbezogenen Daten offengelegt worden sind oder noch offengelegt werden, insbesondere bei Empfängern in Drittländern oder bei internationalen Organisationen;
   e) falls möglich die geplante Dauer, für die die personenbezogenen Daten gespeichert werden, oder, falls dies nicht möglich ist, die Kriterien für die Festlegung dieser Dauer;
   f) das Bestehen eines Rechts auf Berichtigung oder Löschung der sie betreffenden personenbezogenen Daten oder auf Einschränkung der Verarbeitung durch den Verantwortlichen oder eines Widerspruchsrechts gegen diese Verarbeitung;
   g) das Bestehen eines Beschwerderechts bei einer Aufsichtsbehörde;
   h) wenn die personenbezogenen Daten nicht bei der betroffenen Person erhoben werden, alle verfügbaren Informationen über die Herkunft der Daten;
   i) das Bestehen einer automatisierten Entscheidungsfindung einschließlich Profiling gemäß Art. 22 Abs. 1 und 4 DS-GVO und – zumindest in diesen Fällen – aussagekräftige Informationen über die involvierte Logik sowie die Tragweite und die angestrebten Auswirkungen einer derartigen Verarbeitung für die betroffene Person.

2. Die Beklagte wird verurteilt, dem Kläger eine Kopie seiner personenbezogenen Daten, die Gegenstand der Verarbeitung durch die Beklagte sind, zur Verfügung zu stellen.[8]

Begründung

Der Anspruch auf Auskunft über die bei der Beklagten verarbeiteten personenbezogenen Daten des Klägers sowie über die aufgelisteten Informationen ergibt sich aus Art. 15 Abs. 1 DS-GVO. Der Anspruch auf Erteilung einer Kopie folgt aus Art. 15 Abs. 3 DS-GVO.
Rechtsanwalt

Anmerkungen

1. Siehe zum allgemeinen Aufbau einer Klage → Form. I.D.1.

2. Eine Geltendmachung des datenschutzrechtlichen Auskunftsantrags im Wege des einstweiligen Rechtsschutzes kommt nur in Ausnahmefällen in Betracht – etwa wenn aufgrund der fehlenden Auskunftserteilung schwere und unzumutbare Nachteile drohen (vgl. OVG Münster 10.9.2020 – 1 B 648/20, BeckRS 2020, 23176).

3. In der Praxis machen Kläger im Rahmen von Auskunftsklagen immer häufiger auch Schadensersatzansprüche wegen vermeintlich verspäteter oder unzureichender Auskunft auf Basis von Art. 82 DS-GVO geltend. Nicht selten werden derartige Klageanträge auch kombiniert. Die Kläger in solchen Verfahren argumentieren dann insofern oft, ihnen sei aufgrund des Verstoßes ein immaterieller Schaden entstanden – etwa in Form eines Kontrollverlustes über ihre personenbezogenen Daten im Sinne von Erwägungsgrund 75 S. 1 und 85 S. 1 DS-GVO. Einige Gerichte sind dieser Auffassung gefolgt. So hat etwa das Arbeitsgericht Düsseldorf einem Kläger 5.000 EUR Schadensersatz wegen verspäteter und unzureichender Auskunftserteilung durch seine ehemalige Arbeitgeberin zugesprochen (ArbG Düsseldorf 5.3.2020 – 9 Ca 6557/18, BeckRS 2020, 11910; ähnlich auch ArbG Neumünster 11.8.2020 – 1 Ca 247 c/20, BeckRS 2020, 29998; ablehnend hingegen OGH Wien 27.11.2019 – 6 Ob 217/19h, BeckRS 2019, 36677). Das Arbeitsgericht Düsseldorf begründet die von ihm vertretene extensive Auslegung von Art. 82 DS-GVO unter anderem mit der angeblich abschreckenden Wirkung von DS-GVO-Schadensersatz. Dieser Ansatz ist mit der Systematik und der Zielrichtung der DS-GVO jedoch nicht zu vereinbaren (vgl. hierzu ausführlich → Form. II.T.5 und → Form. II.T.6). Einen umfassenden Überblick zu der Thematik gibt *Laoutoumai*, Privacy Litigation, 1. Aufl. 2021, S. 86 ff.

Kläger machen entsprechende Anträge auf Schadensersatz häufig bereits im Rahmen der Auskunftsklage im Wege der kumulativen Antragshäufung geltend, § 260 ZPO.

4. Der Zuständigkeitsstreitwert für Auskunftsklagen nach Art. 15 DS-GVO richtet sich nach § 3 ZPO. Danach liegt die Festlegung des Streitwerts grundsätzlich im billigen Ermessen des Gerichts. Gerichte orientieren sich hierbei typischerweise an der materiellen Bedeutung der Sache, deren Schwierigkeit und deren Umfang – in erster Linie unter dem Blickwinkel des Klägers. Daneben müssen sie aber auch die wirtschaftlichen Auswirkungen des Begehrens und die rechtlichen und tatsächlichen Besonderheiten des jeweiligen Falles angemessen berücksichtigen. Die genannten Wertungen gelten grundsätzlich auch für die Festlegung von Streitwerten von Auskunftsanträgen nach Art. 15 DS-GVO (vgl. LAG Nürnberg 28.5.2020 – 2 Ta 76/20, BeckRS 2020, 11768 Rn. 13).

Einige Gerichte vertreten den Standpunkt, dass bei Auskunftsanträgen – ohne Hinzutreten besonderer Umstände – grundsätzlich von einem Streitwert von 500 EUR auszugehen sei (vgl. LAG Düsseldorf 16.12.2019 – 4 Ta 413/19, BeckRS 2019, 35902; LAG Nürnberg 28.5.2020 – 2 Ta 76/20, BeckRS 2020, 11768; OLG Köln 5.2.2018 – 9 U 120/17, BeckRS 2018, 1759 für den Auskunftsantrag nach § 34 BDSG aF). Andere Gerichte gehen hingegen von deutlich höheren Streitwerten aus. Dies gilt insbesondere in Bezug auf Auskunftsanträge, die der Durchsetzung (zumindest mittelbarer) wirtschaftlicher Interessen des Klägers dienen sollen, etwa im Rahmen von Schadensersatzprozessen (vgl. zu dieser Konstellation LG Frankfurt a. M. 18.9.2020 – 2-27 O 100/20, ZD 2020, 639). In entsprechenden Fällen haben Gerichte teilweise bis zu 5.000 EUR angesetzt (vgl. OLG Köln 6.2.2020 – 20 W 9/19, BeckRS 2020, 2798; LG Wiesbaden 3.11.2020 – 8 O 14/19, BeckRS 2020, 30713). Einen einheitlichen Ansatz haben die Gerichte aber noch nicht entwickelt. Einen aktuellen Überblick über Streitwerte bei Auskunftsansprüchen bietet *Leibold* ZD-Aktuell 2021, 05008.

5. Die im Folgenden genannten Anträge entsprechen den nach Art. 15 Abs. 1 lit. a bis lit. h DS-GVO zu beauskunftenden Informationen. In der Praxis ist bislang noch nicht abschließend geklärt, welche Anforderungen an die Bestimmtheit von gerichtlich geltend

gemachten Auskunftsanträgen zu stellen sind. Nach Auffassung des Landgerichts Köln genügen Kläger den in § 253 Abs. 2 Nr. 2 ZPO geregelten Anforderungen bereits dann, wenn sie den Wortlaut von Art. 15 Abs. 1 DS-GVO wiedergeben (vgl. LG Köln 11.11.2020 – 23 O 172/19, BeckRS 2020, 30968 Rn. 19). Das Landgericht Heidelberg etwa legt hingegen strengere Maßstäbe an; danach müssen Kläger klarstellen, zu welchen Informationen beziehungsweise Verarbeitungsvorgängen sie konkret Auskunft begehren. Die bloße Wiedergabe des Wortlauts von Art. 15 Abs. 1 DS-GVO entspricht nicht den in § 253 Abs. 2 Nr. 2 ZPO geregelten Anforderungen (vgl. LG Heidelberg 21.2.2020 – 4 O 6/19, BeckRS 2020, 3071 unter Hinweis auf Erwgr. 63 S. 7 DS-GVO). In der Praxis hat es sich daher als zweckmäßig erwiesen, Auskunftsanträge – soweit möglich – zu konkretisieren, um mögliche rechtliche Risiken zu verringern. Gerichte dürfen Kläger keine weitergehenden Auskünfte zusprechen als ausdrücklich beantragt (vgl. unter Hinweis auf § 308 ZPO LAG Baden-Württemberg 17.3.2021 – 21 Sa 43/20, BeckRS 2021, 16006).

Weitgehend ungeklärt ist zudem, ob die in der DS-GVO und dem BDSG geregelten Ausnahmetatbeständen zum Recht auf Auskunft bereits bei der Antragstellung zu berücksichtigen sind (ablehnend OLG Köln 26.7.2019 – 20 U 75/18, BeckRS 2019, 16261 Rn. 67; LAG Baden-Württemberg 20.12.2018 – 17 Sa 11/18, BeckRS 2018, 39584, 242 Rn. 164).

6. Spezifische Anforderungen gelten auch für die gerichtliche Geltendmachung des in Art. 15 Abs. 3 S. 1 DS-GVO geregelten Anspruchs auf Erhalt einer Kopie der verarbeiteten personenbezogenen Daten. Nach Auffassung des BAG genügen Anträge, die lediglich den Wortlaut von Art. 15 Abs. 3 S. 1 DS-GVO wiedergeben, nicht dem zivilprozessualen Bestimmtheitsgebot (vgl. BAG 27.4.2021 – 2 AZR 342/20, NZA 2021, 1053; weitergehend hingegen LAG Baden-Württemberg 20.12.2018 – 17 Sa 11/18, BeckRS 2018, 39584). Kläger müssen ihre Anträge daher entsprechend auf bestimmte Datenverarbeitungen oder Informationen konkretisieren. Ist dem Kläger eine entsprechende Konkretisierung nicht möglich, kann er seinen Anspruch im Wege der Stufenklage (§ 254 ZPO) verfolgen. Auf erster Stufe der Stufenklage könnte der Kläger insofern allgemein Auskunft über die von der Beklagten über ihn verarbeiteten personenbezogenen Daten verlangen. Auf zweiter bzw. dritter Stufe könnte der Kläger seinen Anspruch auf Erhalt einer Kopie dann auf bestimmte personenbezogene Daten beschränken.

7. Bislang ist noch nicht abschließend geklärt, ob datenschutzrechtlich Verantwortliche sich darauf beschränken dürfen, den betroffenen Personen lediglich Informationen zu den Kategorien von Empfängern zur Verfügung zu stellen. Der Wortlaut von Art. 15 Abs. 1 lit. c DS-GVO ist insofern nicht eindeutig. Nach Auffassung der Datenschutzaufsichtsbehörden ist ein solcher Ansatz nur zulässig, wenn dem Verantwortliche eine detaillierte Auskunftserteilung zu einzelnen Empfängern nicht möglich ist (vgl. Artikel 29-Datenschutzgruppe, Working Paper 260, „Leitlinien für Transparenz gemäß der Verordnung 2016/679" (durch den EDSA angenommen), S. 47; Landesbeauftragter für Datenschutz und Informationsfreiheit Baden-Württemberg, Tätigkeitsbericht für das Jahr 2020, S. 100; weitergehend hingegen Bayerischer Landesbeauftragter für den Datenschutz, Leitfaden „Informationspflichten des Verantwortlichen", S. 18 f.; für ein Wahlrecht des Verantwortlichen Paal/Pauly/*Paal* DS-GVO Art. 15 Rn. 26; Sydow/*Specht* DS-GVO Art. 15 Rn. 10).

Die weitgehende Auffassung der Datenschutzaufsichtsbehörden stellt Verantwortliche in der Praxis teils vor große Herausforderungen; dies gilt insbesondere für Unternehmen, die personenbezogene Daten des Antragstellers mit vielen, und teils wechselnden Empfängern teilen. In der Praxis hat es sich als zweckmäßig erwiesen, in einer solchen Konstellation zumindest die Kategorien von Empfängern möglichst konkret zu beschreiben – etwa unter Hinweis auf die mit den Datenübermittlungen verbundenen Zwecke. Zudem kann es hilfreich sein, Beispiele für Empfänger von Daten zu nennen.

8. Der Umfang des in Art. 15 DS-GVO geregelten Auskunftsanspruchs ist derzeit noch umstritten. Dies gilt insbesondere für das Recht auf Erhalt einer Kopie der verarbeiteten personenbezogenen Daten. Insbesondere haben sich die Gerichte noch nicht einheitlich festgelegt, ob das Recht auf Erhalt einer Kopie auf eine verkörperte Zusammenstellung der in Art. 15 Abs. 1 Hs. 2 DS-GVO geregelten Angaben beschränkt ist (so etwa LAG Niedersachsen 9.6.2020 – 9 Sa 608/19, BeckRS 2020, 25062; im Ergebnis auch OLG Stuttgart 31.3.2021 – 9 U 34/21, BeckRS 2021, 6282; LG Köln 18.3.2019 – 26 O 25/18, BeckRS 2019, 5634; ebenso Hessischer Beauftragter für Datenschutz und Informationsfreiheit, 47. Tätigkeitsbericht für das Jahr 2018, S. 75 ff.). Danach genügen Verantwortliche ihrer Auskunftspflicht bereits dann, wenn sie der betroffenen Person die in Art. 15 Abs. 1 Hs. 2 DS-GVO geregelten Angaben in Form einer transparenten und strukturierten Form zur Verfügung stellen (vgl. ArbG Bonn 16.7.2020 – 3 Ca 2026/19, BeckRS 2020, 22546).

Andere Gerichte legen Art. 15 Abs. 3 DS-GVO hingegen deutlich weiter aus; danach erstreckt sich das Recht auf Erhalt einer Kopie unter anderem auch auf den Kläger betreffende interne Korrespondenz, Vermerke oder E-Mails (vgl. OLG Köln 26.7.2019 – 20 U 75/18, BeckRS 2019, 16261; LAG Baden-Württemberg 20.12.2018 – 17 Sa 11/18, BeckRS 2018, 39584; LG Köln 11.11.2020 – 23 O 172/19, BeckRS 2020, 30968).

Die zuletzt genannte Auffassung begegnet jedoch erheblichen rechtlichen Bedenken, insbesondere im Hinblick auf den Sinn und Zweck der Norm. Art. 15 DS-GVO soll es betroffenen Personen ermöglichen, Transparenz hinsichtlich der Verarbeitung ihrer personenbezogenen Daten zu erlangen (vgl. BVerwG 16.9.2020 – 6 C 10/19, BeckRS 2020, 24289 Rn. 19). Der Anspruch zielt jedoch nicht darauf ab, den betroffenen Personen Beweismaterial für etwaige Rechtsstreitigkeiten mit dem Verantwortlichen zu verschaffen (vgl. OLG Köln 26.7.2019 – 20 U 75/18, BeckRS 2019, 16261 Rn. 73; Hessischer Beauftragter für Datenschutz und Informationsfreiheit, 47. Tätigkeitsbericht für das Jahr 2018, S. 80). In der Praxis lässt sich in solchen Fällen oftmals erfolgreich argumentieren, dass der Auskunftsantrag wegen Rechtsmissbrauchs im Sinne von Art. 12 Abs. 5 S. 2 DS-GVO abzulehnen sei. Insofern lässt sich anführen, dass der Kläger mit seinem Antrag rechtsmissbräuchliche Ziele verfolgt, die gerade nicht von der DS-GVO gedeckt sind (vgl. hierzu *Suchan*, Der „qualitative Exzess" nach Art. 15 DS-GVO, ZD 2021, 198; ähnlich auch Kühling/Buchner/*Bäcker* DS-GVO Art. 15 Rn. 42b).

Vgl. hierzu auch weitergehend *Brink/Joos*, Reichweite und Grenzen des Auskunftsanspruchs und des Rechts auf Kopie, ZD 2019, 483; *Engeler/Quiel*, Recht auf Kopie und Auskunftsanspruch im Datenschutzrecht, NJW 2019, 2201; Paal/Pauly/*Paal* DS-GVO Art. 15 Rn. 33 ff.; BeckOK DatenschutzR/*Schmidt-Wudy* DS-GVO Art. 15 Rn. 85 ff.; *Wybitul/Brams*, Welche Reichweite hat das Recht auf Auskunft und auf eine Kopie nach Art. 15 I DS-GVO?, NZA 2019, 672.

4. Klageerwiderung auf Klage auf Auskunft nach Art. 15 DS-GVO

An das

Landgericht . . . .

Klageerwiderung[1]

In der Sache,

. . . . .

. . . . .

– Kläger –

Prozessbevollmächtigter: . . . . .

gegen

. . . . .

– Beklagte –

zeige ich unter Vorlage einer ordnungsgemäßen Vollmacht an, dass ich die Beklagte vertrete.

Ich werde beantragen:

Die Klage wird abgewiesen.

Begründung:

Die Klage ist abzuweisen. Sie ist bereits unzulässig, jedenfalls aber unbegründet. Dem Kläger steht der geltend gemachte Anspruch auf Auskunft nach Art. 15 DS-GVO nicht zu.

I. Die Klage ist schon unzulässig, da der Klageantrag nicht dem Bestimmtheitsgrundsatz des § 253 Abs. 2 Nr. 2 ZPO entspricht. Er ist in erheblichem Umfang auslegungsbedürftig und daher nicht vollstreckungsfähig.

Klageanträge sind nur dann hinreichend bestimmt, wenn sie den erhobenen Anspruch konkret bezeichnen. Eine Zwangsvollstreckung aus dem Urteil muss ohne eine Fortsetzung des Streits im formalisierten Vollstreckungsverfahren zu erwarten sein.

Dies trifft auf den klägerischen Antrag nicht zu, weil . . . . .[2]

II. Die Klage ist außerdem unbegründet. Die Beklagte hat den Auskunftsantrag erfüllt, soweit er bestand, § 362 Abs. 1 BGB. Die Beklagte war und ist nicht zu einer weitergehenden Auskunftserteilung nach Maßgabe von Art. 15 Abs. 1 DS-GVO verpflichtet.

1. Die Beklagte hat den Auskunftsanspruch des Klägers mit Schreiben vom . . . . . gemäß § 362 Abs. 1 BGB bereits vollständig erfüllt.[3] **Die Beklagte hat dem Kläger in ihrem Schreiben die in Art. 15 Abs. 1 Hs. 2 lit. a bis lit. h DS-GVO geregelten Angaben und Daten vollständig zur Verfügung gestellt. Dazu hat die Beklagte dem Kläger . . . . .**

2. Es besteht keine weitergehende Auskunftspflicht der Beklagten. Sie ist nicht verpflichtet, dem Kläger über die in Art. 15 Abs. 1 lit. a bis lit. h DS-GVO genannten Angaben hinaus weitergehende Auskünfte zu erteilen, weil . . . . .[4]

3. Zudem stünden einer weitergehenden Auskunftserteilung berechtigte Geheimhaltungsinteressen im Sinne von § 29 Abs. 1 S. 2 BDSG entgegen. Dies ergibt sich insbesondere daraus, dass . . . . .[5]

Die Erfüllung des beantragten Auskunftsersuchen wäre für die Beklagte auch nur mit unverhältnismäßigem Aufwand möglich und verletzt damit ihr Recht auf unternehmerische Freiheit im Sinne von Art. 16 GRCh. Eine Auskunftserteilung, die für die datenschutzrechtlich Verantwortliche mit unverhältnismäßig hohem Aufwand verbunden ist, scheidet aus.

Ein solcher unverhältnismäßig hohe Aufwand liegt auch bei der vom Kläger begehrten Auskunft vor, weil . . . . .

4. Schließlich ist der geltend gemachte Auskunftsanspruch rechtsmissbräuchlich und deshalb ausgeschlossen, Art. 12 Abs. 5 S. 2 DS-GVO.

Der Auskunftsanspruch aus Art. 15 DS-GVO dient der Überprüfung von Datenverarbeitungen und der Schaffung von Transparenz gegenüber den betroffenen Personen.[6]

Der Klägers verfolgt mit seinem Antrag auf Auskunft ein Ziel, das nicht von der DS-GVO gedeckt ist. Der Kläger verfolgt mit seiner Klage nämlich alleine das Ziel, ...

Rechtsanwalt

Anmerkungen

1. Zum allgemeinen Aufbau einer Klageerwiderung → Form. I.E.

2. Die Rechtsprechung stellt hohe Anforderungen an die Bestimmtheit von Klageanträgen. Danach sind Klageanträge nur dann hinreichend bestimmt im Sinne von § 253 Abs. 2 Nr. 2 ZPO, wenn sie den erhobenen Anspruch konkret bezeichnen und dadurch den Rahmen der gerichtlichen Entscheidungsbefugnis hinreichend abstecken (BGH 13.10.2015 – VI ZR 271/14, NJW 2016, 1094). Diese Vorgaben gelten auch für die gerichtliche Geltendmachung von datenschutzrechtlichen Auskunftsansprüchen (BAG 27.4.2021 – 2 AZR 342/20, BeckRS 2021, 11575). In der Praxis entsprechen viele auf Auskunftserteilung gerichtete Klageanträge diesen Anforderungen aber nicht. Unternehmen bietet dies erheblichen Argumentationsspielraum. Die jüngste Rechtsprechung des BAG bietet hierfür einige Anhaltspunkte (BAG 27.4.2021 – 2 AZR 342/20, BeckRS 2021, 11575). Das BAG hat in dieser Entscheidung deutlich gemacht, dass Auskunftsanträge den Bestimmtheitsanforderungen nicht entsprechend, wenn der Kläger lediglich den gesetzlichen Wortlaut von Art. 15 DS-GVO wiedergibt. Bei Stattgabe eines solchen Antrags bestünde die Gefahr, dass unklar bleibe, wann von einer Erfüllung der gegenständlichen Ansprüche auszugehen sei. Folge sei die Verlagerung des Rechtsstreits in das Vollstreckungsverfahren – was die in § 253 Abs. 2 Nr. 2 ZPO geregelten Anforderungen aber gerade verhindern sollen. Der Kläger müsse daher konkretisieren, auf welche Information oder welche Verarbeitungsvorgänge sich sein Auskunftsersuchen bezieht (aA LAG Baden-Württemberg 20.12.2018 – 17 Sa 11/18, BeckRS 2018, 39584 Rn. 169; LAG Niedersachsen 9.6.2020 – 9 Sa 608/19, BeckRS 2020, 25062; ArbG Frankfurt a. M., Teilurteil vom 18.12.2019 – 9 Ca 5307/19, nv). Dieser Ansatz entspricht der Systematik der DS-GVO. Nach Erwgr. 63 S. 7 DS-GVO kann der Verantwortliche die betroffene Person insbesondere dann zu einer Konkretisierung ihres Auskunftsantrags auffordern, wenn er über sie eine große Anzahl von personenbezogenen Daten verarbeitet (so auch ArbG Bonn 16.7.2020 – 3 Ca 2026/19, ZD 2021, 111). Typische Fälle sind insbesondere Beschäftigungsverhältnisse oder langjährige Kundenbeziehungen. Ist dem Kläger eine solche Konkretisierung nicht möglich, ist er gehalten, seine Auskunftsansprüche im Wege der Stufenklage nach § 254 ZPO durchzusetzen (BAG 27.4.2021 – 2 AZR 342/20, BeckRS 2021, 11575).

3. In der Praxis hat es sich als zweckmäßig erwiesen, gerichtlich geltend gemachte Auskunftsanträge möglichst weitgehend zu erfüllen, § 362 Abs. 1 BGB. Die Erfüllung führt zur Unbegründetheit und damit Abweisung der Klage. Ein strukturiertes, gut begründetes und umfangreiches Auskunftsschreiben kann Gerichte oftmals davon überzeugen, dass die in Art. 15 DS-GVO geregelten Anforderungen hinreichend umgesetzt wurden. Es liegt dann am Kläger nachzuweisen, inwiefern die erteilten Auskünfte nicht vollständig gewesen sind (ArbG Frankfurt a. M. 18.12.2019 – 9 Ca 5307/19, nv). Dieser Nachweis gelingt Klägern in der Praxis häufig nicht. Um eine Klageabweisung abzuwenden, bleibt dem Kläger dann die Möglichkeit der einseitigen Erledigungserklärung (vgl. dazu Musielak/Voit/*Flockenhaus* ZPO § 91a Rn. 28 ff.).

Eine nachträgliche Auskunftserteilung kann auch in Fällen zweckmäßig sein, in denen der Verantwortliche bereits vor Rechtshängigkeit eine Auskunft erteilt hat – etwa wenn das Gericht darauf hinweist, dass die bislang erteilte Auskunft nicht vollständig sei.

4. Der Umfang der in Art. 15 DS-GVO geregelten Ansprüche auf Auskunft und Erhalt einer Kopie ist in der Praxis noch nicht abschließend geklärt (→ Form. II.T.3). Bis zu einer höchstrichterlichen Klärung sind Unternehmen gut beraten, Auskunftsansprüche jedenfalls in laufenden Gerichtsverfahren möglichst umfassend zu beantworten, um sich gegebenenfalls auf eine Erfüllung der Ansprüche gemäß § 362 Abs. 1 BGB berufen zu können (→ Anm. 3).

Zudem hat es sich in der Praxis als zweckmäßig erwiesen, auch Verhältnismäßigkeitserwägungen anzuführen, um das Gericht von einer restriktiven Auslegung von Art. 15 DS-GVO zu überzeugen. Denn eine weitreichende Pflicht zur Auskunftserteilung (die gegebenenfalls auch E-Mails und interne Vermerke umfassen würde) wäre für Unternehmen in der Praxis oftmals mit einem unverhältnismäßig hohen Aufwand verbunden. Um eine vollständige Auskunftserteilung sicherzustellen, müssten Unternehmen regelmäßig sämtliche interne Systeme darauf untersuchen, ob in ihnen personenbezogene Daten über den Antragsteller gespeichert sind. Dies stellt insbesondere große Unternehmen, die über eine Vielzahl von Datenverwaltungssystemen verfügen, vor erhebliche Herausforderungen. Die mit der Auswertung verbundenen Aufwendungen würden sich nochmals erheblich erhöhen, falls der Antragsteller auch Auskunft über ihn betreffende E-Mail-Kommunikation verlangt. In diesem Fall müsste das Unternehmen gegebenenfalls umfangreiche E-Mail-Auswertungen durchführen, um festzustellen, ob diese personenbezogene Daten über den Antragsteller sowie gegebenenfalls zu schwärzende Inhalte enthalten. Ein solcher Ansatz wäre nicht mit dem unionsrechtlichen Verhältnismäßigkeitsgrundsatz vereinbar, der auch der DS-GVO zugrunde liegt (vgl. Erwgr. 4 S. 2 DS-GVO). Danach sind datenschutzrechtliche Gewährleistungen und Rechte stets gegen berechtigte Interessen des Verantwortlichen und Dritter abzuwägen. Dies hat das Landgericht Heidelberg bestätigt (LG Heidelberg 21.2.2020 – 4 O 6/19, ZD 2020, Rn. 24 f.). Es ging davon aus, dass es dem dortigen Beklagte nicht zumutbar sei, mehrere tausend E-Mails zu sichten und gegebenenfalls zu schwärzen. (vgl. zustimmend auch *Zöll/Kielkowski* ZD 2020, 314 (314 f.); *Fuhlrott* GWR 2020, 254).

5. Unternehmen können in der Praxis oftmals auch argumentieren, dass einer umfassenden Pflicht zur Auskunftserteilung berechtigte Interessen Dritter entgegenstehen. Entsprechende Einschränkungen sind beispielsweise in Art. 15 Abs. 4 DS-GVO sowie § 29 Abs. 1 S. 2, oder § 34 Abs. 1 BDSG geregelt. Danach ist das Auskunftsrecht insbesondere im Hinblick auf geheimhaltungsbedürftige Informationen eingeschränkt. Hierzu können neben Geschäftsgeheimnissen auch Rechte des geistigen Eigentums oder personenbezogene Daten Dritter zählen (Kühling/Buchner/*Bäcker* Art. 15 Rn. 42 ff.). Besondere Relevanz kommt den genannten Ausnahmetatbeständen insbesondere im Hinblick auf den Schutz von Hinweisgebern zu. Eine umfassende Pflicht zur Auskunftserteilung, welche sich auch auf laufende oder abgeschlossene Hinweisgeberverfahren bezieht, könnte zu einer Offenlegung der Identität von Hinweisgebern oder sonstigen Beteiligten führen. Dies wäre mit der Zielrichtung des unionsrechtlichen Hinweisgeberschutzes, der seinen Niederschlag in der Richtlinie (EU) 2019/1937 *„zum Schutz von Personen, die Verstöße gegen das Unionsrecht melden"* findet, nicht zu vereinbaren. Danach müssen die Mitgliedstaaten geeignete Maßnahmen treffen, um die Identität von Hinweisgebern und sonstigen an Hinweisgeberverfahren Beteiligten angemessen zu schützen (vgl. Art. 16 Abs. 1 RL 2019/1937). Dieser Anforderung lässt sich nur durch eine Einschränkung datenschutzrechtlicher Informations- und Auskunftsansprüche angemessen Rechnung tragen (*Dzida/Granetzny* NZA 2020, 1201 (1206)). Manche Gerichte stellen jedoch hohe Anforderungen an Unternehmen, die sich auf entsprechende Ausnahmetatbestände berufen wollen. Nach Auffassung des LAG Baden-Württemberg müssen Unternehmen dafür die *„maßgeblichen Tatsachen, die zur Einschränkung des Auskunftsanspruchs führen"* offenlegen (LAG Baden-Württemberg 20.12.2018 – 17 Sa 11/18, NZA-RR 2019, 242, zwischenzeitlich aufgehoben). Damit überspannt das Gericht nicht nur die Anforderungen an die Darlegungs- und Beweislast; die von ihm vertretene Auffassung würde auch zu einer erheblichen Einschränkung der Rechte von Hinweisgebern führen. Die Entscheidung wurde daher in der Praxis zu Recht stark kritisiert (*Fuhlrott* GWR 2019, 157; *Litschen* öAT 2020, 227; *Wybitul/Brams* NZA 2019, 672). Unternehmen sind dennoch gut beraten, die Gründe, auf die sie eine Auskunftsverweigerung stützen, umfassend und gerichtsfest zu dokumentieren.

6. Das Recht auf Auskunft und Erhalt einer Datenkopie dient in erster Linie Zwecken der Rechtmäßigkeitskontrolle und Transparenz (vgl. Erwgr. 63 S. 1 DS-GVO). Dies Ansatz folgt auch die Rechtsprechung (vgl. BGH 15.6.2021 – VI ZR 576/19, BeckRS 2021, 16831 Rn. 23; BVerwG 16.9.2020 – 6 C 10/19, NVwZ 2021, 80). Betroffene Personen sollen durch die Auskunftserteilung in die Lage versetzt werden, zu prüfen, ob ihre personenbezogenen Daten rechtmäßig verarbeitet wurden. Dadurch soll es ihnen erleichtert werden, ihre Betroffenenrechte nach den Art. 16 ff. DS-GVO wahrzunehmen. Art. 15 DS-GVO dient aber nicht dazu, der betroffenen Person Beweismittel zu verschaffen, auf die sie nach den einschlägigen prozessualen Vorgaben keinen Anspruch hätte. Das Recht auf Auskunft und Erhalt einer Datenkopie soll gerade kein sogenanntes „*e-Discovery*"-Verfahren wie in den U.S.A. etablieren. Ein solcher Ansatz wäre mit dem grundlegenden Wertungen des deutschen Zivilprozessrechts nicht zu vereinbaren (*Brink/Joos* ZD 2019, 483 (486); so auch Paal/Pauly/*Paal* DS-GVO Art. 15 Rn. 33a).

Die vorstehende Argumentation hat sich in Gerichtsverfahren schon häufig als hilfreich erwiesen. Dies gilt insbesondere für Schadensersatzverfahren nach Art. 82 DS-GVO. Hier versuchen Kläger oftmals, sich mittels des Auskunftsanspruchs Informationen und Beweismittel zu verschaffen, um die geltend gemachten Schadensersatzansprüche zu substantiieren. Häufig machen Kläger die entsprechenden Ansprüche im Wege der Stufenklage nach § 254 ZPO geltend (1. Stufe: Auskunft; 2. bzw. 3. Stufe: Schadensersatz). Einige Gerichte gehen davon aus, dass derartige Stufenklagen unzulässig sind (BGH 2.3.2000 – III ZR 65/99, NJW 2000, 1645; LG Stuttgart 11.11.2020 – 14 O 273/20, nv; aA LG Ulm 28.8.2020 – 3 O 248/19, BeckRS 2020, 26932). Es kommt in diesem Fall aber gegebenenfalls eine Umdeutung in eine objektive Klagehäufung im Sinne von § 260 ZPO in Betracht.

Unternehmen können in Gerichtsverfahren zudem anführen, dass auf Ausforschung gerichtete Auskunftsanträge „*offensichtlich unbegründet*" im Sinne von Art. 12 Abs. 5 S. 2 DS-GVO sind. Die Gerichte stellen an einen entsprechenden Sachvortrag aber typischerweise hohe Anforderungen. Danach reicht die Tatsache, dass der Kläger mit dem geltend gemachten Auskunftsantrag seine Rechtsposition im Prozess stärken möchte, für sich betrachtet nicht aus. Es bedarf vielmehr ein darüber hinausgehendes rechtsmissbräuchliches Verhaltens des Klägers (AG Kerpen 22.12.2020 – 106 C 96/20, BeckRS 2020, 38341 Rn. 16 f.; weniger einschränkend LG Stuttgart 4.11.2020 – 18 O 333/19, nv; *Lembke* NJW 2020, 1841 (1845).

5. Klage auf Schadensersatz nach Art. 82 DS-GVO

An das[1]
. . . . .gericht
Klage
In der Sache,
. . . . .
– Kläger –
Prozessbevollmächtigter: . . . . .
gegen
. . . . .
– Beklagte –
wegen Schadensersatz nach Art. 82 DS-GVO[2]
vorläufiger Streitwert:[3] 1.000 EUR

zeigen wir Vertretung an. Namens und im Auftrag des Klägers erheben wir Klage und kündigen an zu beantragen:

1. Die Beklagte wird verurteilt, an den Kläger immateriellen Schadensersatz zuzüglich Zinsen in Höhe von 5 Prozentpunkten über dem jeweiligen Basiszinssatz seit dem ..... zu zahlen, wobei die Höhe des Schmerzensgeldes in das Ermessen des Gerichts gestellt wird, aber einen Mindestbetrag von 1.000 EUR nicht unterschreiten soll.[4]
2. Die Beklagte hat die Kosten des Rechtsstreits zu tragen.
3. Das Urteil ist vorläufig vollstreckbar.

Begründung

I.[5]

Die Beklagte ist ein im Metallverarbeitungsgewerbe tätiges Unternehmen. Der Kläger befand sich bei der Beklagten im Bewerbungsprozess. Dieser fand über das Karrierenetzwerk L. statt.

Am XX.XX.2021 sendete die Beklagte versehentlich eine für den Kläger bestimmte Nachricht an Herrn R. Die Nachricht beinhaltete folgende Formulierung: „Lieber Herr [Beklagter], vielen Dank für Ihre sehr interessante Bewerbung als Ingenieur für Additive Fertigung. Jedoch können wir Ihre Gehaltsvorstellungen von 72.000 EUR nicht erfüllen. Wir könnten Ihnen jedoch ein Gehalt in Höhe von 60.000 EUR p.a. anbieten."

Beweis: Screenshot der Nachricht vom XX.XX.2021

Herr R., der den Kläger bereits aus einem anderen beruflichen Kontext kannte, leitete die Nachricht an ihn weiter, um ihn darauf aufmerksam zu machen, dass die Nachricht versehentlich an ihn versendet wurde, was der Kläger belustigt quittierte. Herr R. informierte auch die Beklagte mit E-Mail vom XX.XX.2021 über den Fehlversand.

Beweis: Vernehmung des Zeugen R

Die Beklagte verschickte die streitgegenständliche Nachricht danach auch an den Kläger. Daraufhin erfolgte ein weiterer Nachrichtenaustausch zwischen dem Kläger und der Beklagten. Ferner gab es ein Treffen zwischen den Parteien, damit diese sich kennenlernen konnten. In dieser Zeit rügte der Kläger nicht, dass die Nachricht irrtümlich an einen Dritten versendet wurde.

In der Folge stellte die Beklagte den Kläger nicht ein. Daraufhin forderte der Kläger die Beklagte mit Schreiben vom XX.XX.2021 dazu auf, immateriellen Schadensersatz in Höhe von 1.000 EUR nach Art. 82 Abs. 1 DS-GVO bis zum XX.XX.2021 zu leisten.

Die Beklagte verweigerte die Zahlung mit Schreiben vom XX.XX.2021. Danach ist die Erhebung der Klage geboten.

II.

Die Zuständigkeit des angerufenen Gerichts ergibt sich aus Art. 79 Abs. 1 S. 2 DS-GVO.

Der Kläger hat einen Anspruch auf immateriellen Schadensersatz nach Art. 82 Abs. 1 DS-GVO. Nach dieser Vorschrift hat jede Person, der wegen eines Verstoßes gegen die DS-GVO ein materieller oder immaterieller Schaden entstanden ist, einen Anspruch auf Schadensersatz gegen den datenschutzrechtlich Verantwortlichen oder Auftragsverarbeiter. In Bezug auf die vorstehend beschriebene Datenverarbeitung ist die Beklagte datenschutzrechtlich Verantwortliche im Sinne von Art. 4 Nr. 7 DS-GVO.

Indem die Beklagte die für den Kläger gedachte Nachricht versehentlich an Herrn R. versendet hat, hat sie gegen ihre Pflichten aus Art. 6 Abs. 1 DS-GVO verstoßen. Denn sie hat personenbezogene Daten des Klägers ohne dessen Einwilligung oder das Vorliegen der Voraussetzungen eines sonstigen datenschutzrechtlichen Erlaubnistatbestands verarbeitet. Nach Art. 6 Abs. 1 DS-GVO in Verbindung mit dem Rechtmäßigkeitsprinzip nach Art. 5 Abs. 1 lit. a DS-GVO ist die Verarbeitung personenbezogener Daten nur rechtmäßig,[6] wenn die Voraussetzungen eines datenschutzrechtlichen Erlaubnistatbestan-

des vorliegen. Daran fehlt es vorliegend. Insbesondere sind vorliegend die Anforderungen von Art. 6 Abs. 1 lit. b DS-GVO nicht erfüllt, weil . . . . .

Durch[7] den von der Beklagten begangenen DS-GVO-Verstoß[8] ist dem Kläger auch ein immaterieller Schaden entstanden.[9] Nach Erwägungsgrund 85 und 75 DS-GVO können aus DS-GVO-Verstößen Schäden resultieren, wie etwa Diskriminierung, Identitätsdiebstahl oder -betrug, finanzieller Verlust, Rufschädigung, Verlust der Vertraulichkeit von dem Berufsgeheimnis unterliegenden personenbezogenen Daten, der unbefugten Aufhebung der Pseudonymisierung oder anderen erheblichen wirtschaftlichen oder gesellschaftlichen Nachteilen. Der Schaden für den Kläger liegt vorliegend in der eingetretenen Rufschädigung, weil . . . . .

Der Verstoß der Beklagten stellt auch keine bloß unerhebliche, nur den Kläger betreffende Beeinträchtigung dar,[10] denn mit der Offenlegung der personenbezogenen Daten des Klägers gegenüber Herrn R. trat Außenwirkung ein. Informationen über einen geplanten Arbeitsplatzwechsel und Gehaltsverhandlungen sind sensible Informationen, die zwischen Bewerber und Arbeitgeber vertraulich bleiben sollen. Gelangen sie an einen Dritten, ist eine etwaige Bagatellschwelle bereits überschritten.

Die Höhe des Schadensersatzes wird in das Ermessen des Gerichts gestellt, wobei der Kläger einen Betrag von 1000 EUR für angemessen hält.

Bei der Bemessung der Höhe des Schadens wird das Gericht zu beachten haben, dass nach Erwägungsgrund 146 S. 3 DS-GVO der Begriff des Schades im Lichte der Rechtsprechung des Gerichtshofs weit auf eine Art und Weise ausgelegt werden sollte, die den Zielen der DS-GVO in vollem Umfang entspricht. Nach der Rechtsprechung des EuGH muss der erstandene Schaden tatsächlich und wirksam auf eine abschreckende Art und Weise ausgeglichen werden.[11]

Rechtsanwalt

Anmerkungen

1. Siehe zum allgemeinen Aufbau einer Klage → Form. I.D.1.

2. Immateriellen Schadensersatz in Geld kann der Kläger im deutschen Recht gem. § 253 Abs. 1 BGB nur in den durch das Gesetz bestimmten Fällen fordern. Art. 82 Abs. 1 DS-GVO stellt einen solchen Fall dar (vgl. hierzu umfassend *Laoutoumai*, Privacy Litigation, 1. Aufl. 2021, S. 117 ff.).

3. Der Kläger kann einen unbezifferten Antrag stellen, wenn die Höhe des Schadens nach § 287 ZPO vom Gericht geschätzt wird. Dies genügt den Bestimmtheitsanforderungen des § 253 Abs. 2 Nr. 2 ZPO, wenn der Kläger die für die Bemessung des immateriellen Schadens erforderlichen Tatsachen vorträgt und eine ungefähre Größenordnung des vorgestellten Betrages mitteilt, indem er einen Richtwert im Antrag oder in der Klagebegründung angibt (BGH 10.10.2002 – III ZR 205/01, NJW 2002, 3769). Ferner kann die Größenordnung in der Streitwertangabe mitgeteilt werden. Die Rechtsprechung legt dabei einen großzügigen Maßstab an, sodass es ausreicht, dass der Kläger sich eine gerichtliche Streitwertfestsetzung stillschweigend zu eigen macht (BGH 13.10.1981 – VI ZR 162/80, NJW 1982, 340 (341); BGH 28.2.1984 – VI ZR 70/82, NJW 1984, 1807 (1809 f.)). Bei Angabe einer Größenordnung ohne Obergrenze kann das Gericht einen über den vorgestellten Mindestbetrag hinausgehenden Betrag zusprechen, ohne gegen § 308 Abs. 1 ZPO zu verstoßen (BGH 30.4.1996 – VI ZR 55/95, NJW 1996, 2425 (2427)).

4. Zu den Voraussetzungen für die Zulässigkeit eines unbezifferten Antrags → Form. I. F.8 Anm. 4.

5. Dieser fiktive Beispielsfall ist in weiten Teilen der (nicht rechtskräftigen) Entscheidung des LG Darmstadt nachgebildet (LG Darmstadt 26.5.2020 – 13 O 244/19, ZD 2020, 642). Der Bewerber hatte einen immateriellen Schadensersatz in Höhe von 2.500 EUR eingeklagt, wovon das Gericht ihm 1.000 EUR zusprach. Gegen das Urteil wurde Berufung eingelegt (anhängig beim OLG Frankfurt unter dem Aktenzeichen 13 U 206/20).

6. Ein Grundsatz für die Verarbeitung personenbezogener Daten ist das Rechtmäßigkeitsprinzip aus Art. 6 Abs. 1 DS-GVO. Danach ist die Verarbeitung nur rechtmäßig, wenn eine der Bedingungen des Art. 6 Abs. 1 lit. a-f DS-GVO erfüllt ist. Die Vorschrift stellt ein Verbot mit Erlaubnisvorbehalt dar, welches nach Art. 8 Abs. 2 S. 1 GRCh nicht zur Disposition steht (Paal/Pauly/*Frenzel* DS-GVO Art. 6 Rn. 1).

7. Der Kläger trägt die Darlegungs- und Beweislast für die anspruchsbegründenden Voraussetzungen des Art. 82 Abs. 1 DS-GVO. Dazu gehört auch die Kausalität zwischen Verstoß und Schaden (OLG Stuttgart 31.3.2021 – 9 U34/21, BeckRS 2021, 6282). Teilweise wird vertreten, dass aus Art. 82 Abs. 3 DS-GVO folge, dass der Beklagte darlegen und beweisen muss, dass er sämtliche Vorgaben der DS-GVO eingehalten habe (Kühling/Buchner/*Bergt* DS-GVO Art. 82 Rn. 47a; Schwartmann et al./*Schwartmann/Keppeler/Jacquemain* DS-GVO/BDSG Art. 82 Rn. 30).

8. Die nachfolgende Argumentation greift die rechtlichen Erwägungen aus klägergeneigten Entscheidungen auf. Viele Fragen zum immateriellen Schadensbegriff des Art. 82 DS-GVO sind derzeit noch heftig umstritten. Der österreichische OGH hat dem EuGH mit Beschl. v. 15.4.2021 – (Ob 35/21x) im Wege des Vorabentscheidungsersuchens (Art. 267 AEUV) einige wichtige Fragen zur Vorabentscheidung vorgelegt ua, ob bereits der DS-GVO-Verstoß schadensersatzbegründend ist (→ Anm. 9) und ob eine Bagatellgrenze existiert (→ Anm. 10).

9. Deutsche Gerichte tendierten bislang dazu, dass die DS-GVO-Verletzung allein bzw. der reine Kontrollverlust über personenbezogene Daten nicht ausreicht, um einen Schadensersatzanspruch zu begründen (vgl. hierzu beispielsweise LG Karlsruhe 2.8.2019 – 8 0.26119, ZD 2019, 511; AG Hamburg-Barmbek 18.8.2020 – 816 C 33/20; LAG Baden-Württemberg 25.2.2021 – 17 Sa 37/20, BeckRS 2021, 5529 Rn. 82; aA: ArbG Düsseldorf, 5.3.2020 – 9 Ca 6557/18, BeckRS 2020, 11910).

10. Allgemein sprechen die Zivilgerichte immateriellen Schadenersatz nur zu, wenn eine gewisse Erheblichkeitsschwelle überschritten ist (vgl. BGH 27.5.1993 – III ZR 59/92, NJW 1993, 2173 (2175)). Überwiegend lehnen die Zivilgerichte einen Schadensersatzanspruch bei Bagatellverstößen gegen die DS-GVO ab (vgl. hierzu OLG Dresden 11.12.2019 – 4 U 1680/19, BeckRS 2019, 36042; LG Landshut 6.11.2020 – 51 O 513/20, BeckRS 2020, 33148). Für die Ersatzfähigkeit von Bagatellschäden siehe insbesondere LG Karlsruhe 2.8.2019 – 8 O 26/19, ZD 2019, 511; ArbG Düsseldorf 5.3.2020 – 9 Ca 6557/18, ZD 2020, 649; Gola/*Gola/Piltz* DS-GVO Art. 82 Rn. 13 mwN.

11. Die Entscheidung des EuGH hatte einen Schadensersatzanspruch aufgrund einer diskriminierenden Kündigung des Arbeitsgebers zum Gegenstand (EuGH 17.12.2015 – C-407/14, EuZW 2016, 183 mAnm *Krieger*). Einige Stimmen sind der Ansicht, dass der DS-GVO-Gesetzgeber auf diese Rechtsprechung Bezug nimmt (Kühling/Buchner/*Bergt*, Art. 82 DS-GVO Rn. 17). Ein solcher Strafschadensersatz ist aber europarechtlich nicht geboten. Gegen das Erfordernis einer abschreckenden Wirkung des Schadensersatzes spricht auch der systematische Vergleich mit Art. 83 Abs. 1 DS-GVO, der für Bußgelder eine abschreckende Wirkung vorsieht, während Art. 82 DS-GVO dazu schweigt (*Schmitt/Suschinski/Heil* ZIP 2019, 2092 (2094); Spindler/Schuster/*Spindler/Horváth*, Recht der elektronischen Medien, DS-GVO Art. 82 Rn. 8; *Wybitul/Neu/Strauch* ZD 2018, 202 (206)).

6. Klageerwiderung auf Klage auf Schadensersatz nach Art. 82 DS-GVO

An das[1]
. . . . .gericht
In der Sache,
. . . . .
– Kläger –
gegen
. . . . .
– Beklagte –
vertrete ich die Beklagte
Ich werde beantragen:
die Klage abzuweisen.
Mit einer Entscheidung durch die oder den Vorsitzenden ist die Beklagte einverstanden.

Begründung[2]

Die Klage ist abzuweisen. Sie ist unbegründet. Der Kläger hat keinen Anspruch auf Schadensersatz. Die Beklagte hat keine datenschutzrechtlichen Vorgaben verletzt. Sie ist zudem jedenfalls exkulpiert. Dem Kläger ist ferner kein Schaden entstanden.[3]

Es fehlt auch an der Kausalität zwischen dem vermeintlichen Schaden und dem Handeln der Beklagten oder ihrer Erfüllungsgehilfen.

Einen Anspruch auf Schadensersatz nach Art. 82 DS-GVO hat der Kläger schon nicht substantiiert dargelegt. Allein die Tatsache, dass der Kläger von einer unrechtmäßigen Verarbeitung seiner Daten betroffen sein mag, begründet einen solchen Anspruch nicht.

I. Darlegungs- und Beweislast

Die Darlegungs- und Beweislast für die anspruchsbegründenden Tatsachen des Art. 82 DS-GVO liegt beim Kläger.[4] Dabei muss der Kläger insbesondere den konkreten Nachweis für den behaupteten DS-GVO-Verstoß und die Kausalität eines Verstoßes für den Eintritt eines Schadens führen. Zum anderen muss er darlegen und beweisen, dass ihm ein erstattungsfähiger Schaden iSd Art. 82 Abs. 1 DS-GVO entstanden ist. . . . . .[5] Dieser Darlegungs- und Beweislast ist der Kläger nicht nachgekommen.

II. Kein DS-GVO-Verstoß

Es fehlt vorliegend an einem Verstoß der Beklagten gegen datenschutzrechtliche Vorgaben im Sinne von Art. 82 Abs. 1 DS-GVO. Die Beklagte hat die Vorschriften der DS-GVO und des BDSG eingehalten und damit die ihr obliegenden datenschutzrechtlichen Vorgaben erfüllt.[6] Insbesondere hätte sie den vom Kläger angeführten Datenschutzvorfall nicht verhindern können. . . . . .[5] Zudem trägt der Kläger auch keinen konkreten Verstoß gegen die Vorgaben der DS-GVO vor. . . . . .[5]

III. Kausalität[7]

Neben einem Verstoß im Sinne von Art. 82 Abs. 1 DS-GVO fehlt es auch an einer für den behaupteten Schaden kausalen Verletzung der DS-GVO. Auch die Kausalität zwischen Rechtsverletzung und Schaden ist eine zwingende Voraussetzung eines Schadensersatzanspruchs nach Art. 82 Abs. 1 DS-GVO. Eine solche kausale Verletzungshandlung der Beklagten hat der Kläger nicht dargelegt. Keiner der angeblichen DS-GVO-Verstöße war kausal für den behaupteten Schaden. . . . . .[5]

IV. Kein Verschulden und Exkulpation gemäß Art. 82 Abs. 3 DS-GVO

Ebenfalls hat der Kläger ein mögliches Verschulden für den angeblichen DS-GVO-Verstoß nicht dargelegt. Art. 82 Abs. 3 DS-GVO befreit den Kläger auch nicht von seiner Darlegungs- und Beweislast für das Verschulden. . . . . .[5] Dieser Darlegungslast ist der Kläger weder in Bezug auf die Verletzungshandlung noch in Bezug auf das Verschulden nachgekommen.

Jedenfalls ist die Beklagte aber exkulpiert. Sie ist in keinerlei Hinsicht für die Verursachung oder die sonstigen Umstände des Datenvorfalls verantwortlich, Art. 82 Abs. 3 DS-GVO. . . . .[5]

Die Beklagte hat insbesondere alle nach der DS-GVO gebotenen Sicherheitsmaßnahmen getroffen, um die Integrität und Vertraulichkeit der Daten durch geeignete technische und organisatorische Maßnahmen sicherzustellen und Angriffe Dritter zu verhindern, Art. 5 Abs. 1 lit. f, 32 Abs. 1 DS-GVO.[8]. . . . .[5]

V. Kein Schaden

Letztlich hat der Kläger auch keinen ersatzfähigen Schaden durch den Datenschutzvorfall erlitten. Der Kläger hat einen konkreten immateriellen Schaden nicht substantiiert vorgetragen.

Die bloße Betroffenheit des Klägers von einem möglichen Datenschutzvorfall genügt nicht zur Darlegung eines immateriellen Schadens. Es besteht keine Ersatzpflicht für bloße Unannehmlichkeiten oder behauptete Nachteile mit Bagatellcharakter. Bereits der Wortlaut des Art. 82 Abs. 1 DS-GVO (*„wegen eines Verstoßes gegen diese Verordnung ein materieller oder immaterieller Schaden entstanden“*) zeigt, dass ein Verstoß gegen die DS-GVO gerade noch keinen Schaden des Betroffenen darstellt. Die Vorschrift setzt einen konkreten Schaden und nicht ein abstraktes Risiko voraus.[9] . . . . .[5]

Die vom Kläger behaupteten immateriellen Schäden überschreiten jedenfalls die für Art. 82 DS-GVO maßgebliche Bagatellgrenze nicht.[10] Die kurzzeitige Offenlegung von Daten des Klägers geht nicht über eine subjektiv empfundene Unannehmlichkeit hinaus. . . . .[5]

Rechtsanwalt

Anmerkungen

1. Zum allgemeinen Aufbau einer Klageerwiderung → Form. I.E.1.

2. Die Vorfälle aufgrund derer Kläger Schadensersatzforderungen wegen möglichen Verstößen gegen die DS-GVO geltend machen, sind vielfältig. In der Praxis geschieht dies häufig in Folge von Datenpannen, bei denen – etwa durch Hackerangriffe – Daten betroffener Personen erbeutet beziehungsweise veröffentlicht werden. In solchen Fällen argumentieren Kläger dann etwa, die Beklagte habe nicht die nach Art. 32 DS-GVO gebotene Datensicherheit gewährleistet und dadurch gegen ihre datenschutzrechtlichen Pflichten im Sinne von Art. 82 Abs. 1 DS-GVO verstoßen. Nicht selten machen Kläger auch die ihres Erachtens unzureichende Erfüllung von Auskunftspflichten nach Art. 15 DS-GVO geltend und rügen den dadurch entstandenen Kontrollverlust über ihre personenbezogenen Daten unter Berufung auf Erwgr. 71 S. 1 und 85 S. 1 DS-GVO als zu ersetzenden immateriellen Schaden (vgl. Oberster Gerichtshof Österreich (OGH) 23.6.2021 – 6 Ob 56/21k; ArbG Düsseldorf 5.3.2020 – 9 Ca 6557/18, BeckRS 2020, 11910; siehe hierzu auch ArbG Neumünster 11.8.2020 – 1 Ca 247 c/20, BeckRS 2020, 29998 das einem Kläger 1.500 EUR (500 EUR pro Monat der Verspätung) für eine verspätete Auskunft zugesprochen hat).

3. Viele maßgebliche Fragen zum Schadensbegriff des Art. 82 DS-GVO sind derzeit noch heftig umstritten. Der OGH hat dem EuGH mit Beschl. v. 15.4.2021 im Wege des

Vorabentscheidungsersuchens (Art. 267 AEUV) einige wichtige Fragen zur Vorabentscheidung vorgelegt, darunter unter anderem, ob bereits der DS-GVO-Verstoß schadensersatzbegründend ist und ob eine Bagatellgrenze existiert (OGH 15.4.2021 – 6 Ob 35/21x). Insofern ist in absehbarer Zeit gegebenenfalls eine verbindliche Klärung der derzeit noch offenen Fragen zu Ansprüchen nach Art. 82 DS-GVO zu erwarten.

4. Teile der Rechtsprechung und Fachliteratur gehen davon aus, dass es im Rahmen von Schadensersatzforderungen in Abweichung von den allgemeinen zivilprozessualen Regeln zu einer Verlagerung der Darlegungs- und Beweislast käme. So solle aus der Nachweispflicht gem. Art. 5 Abs. 2 DS-GVO eine Beweislastverlagerung auf den Verantwortlichen folgen. (vgl. *Paal* MMR 2020, 14 (17); Kühling/Buchner/*Bergt* DS-GVO Art. 82 Rn. 48; so auch LAG Baden-Württemberg 25.2.2021 – 17 Sa 37/20, BeckRS 2021, 5529 Rn. 48). Der Kläger habe dann nur noch den erlittenen Schaden, die Beteiligung des Verantwortlichen an der Verarbeitung sowie die Kausalität zwischen Datenverarbeitung und Schaden (gegen eine Auferlegung der Beweislast für die Kausalität, da die Betroffenen regelmäßig keinen Einblick in die maßgeblichen Verarbeitungsvorgänge haben werden *Albrecht/Jotzo* DatenschutzR Teil 8 Rn. 23; so etwa auch Ehmann/Selmayr/*Nemitz* DS-GVO Art. 82 Rn. 21; Gola/*Gola/Piltz* DS-GVO Art. 82 Rn. 15) nachzuweisen (vgl. dazu insbesondere *Geissler/Ströbel* NJW 2019, 3414 (3415); *Wybitul/Haß/Albrecht* NJW 2018, 113 (117); *Paal* MMR 2020, 14 (17); Kühling/Buchner/*Bergt* DS-GVO Art. 82 Rn. 48). Eine derart weite Auslegung der Darlegungs- und Beweislast würde in der Praxis dazu führen, dass Verantwortliche beweisen müssten, dass sie sämtliche Vorgaben der DS-GVO eingehalten haben. Dies würde für die Verantwortlichen einen enormen Aufwand bedeuten und wäre prozessual kaum umsetzbar (hierzu *Wybitul* NJW 2021, 1190 (1192 f.)). Nach vorzugswürdiger Ansicht kommt es daher nicht zu einer auf die Nachweispflicht nach Art. 5 Abs. 2 DS-GVO gestützten Beweislastumkehr. Der Kläger trägt vielmehr die Darlegungs- und Beweislast für die anspruchsbegründenden Tatsachen des Art. 82 DS-GVO (vgl. etwa OLG Stuttgart 31.3.2021 – 9 U 34/21, BeckRS 2021, 6282 – nicht rechtskräftig; LG Frankfurt a.M. 18.9.2020 – 2/27 O 100/20, GRUR-RS 2020, 24557, Rn. 32; LG Hamburg 4.9.2020 – 324 S 9/19, BeckRS 2020, 23277, Rn. 29; LG Frankfurt a.M. 3.9.2020 – 2-03 O 48/19, GRUR-RS 2020, 25111, Rn. 65; LG Karlsruhe, 2.8.2019 – 8 O 26/19, BeckRS 2019, 17459, Rn. 13). Erst kürzlich setzte sich das OLG Stuttgart in seinem Urteil vom 31.3.2021 ausführlich mit der Darlegungs- und Beweislast im Zusammenhang mit dem Schadensersatzanspruch nach Art. 82 DS-GVO auseinander (OLG Stuttgart 31.3.2021 – 9 U34/21, BeckRS 2021, 6282 – nicht rechtskräftig). Nach Ansicht des Gerichts begründet die allgemeine Rechenschaftspflicht aus Art. 5 Abs. 2 und Art. 24 Abs. 1 DS-GVO keine Beweislastumkehr oder Beweiserleichterung. Eine Beweislastumkehr würde zu einer vom Verordnungsgeber nicht gewollten Gefährdungshaftung führen. Das OLG Stuttgart kommt somit zu dem Schluss, dass die Beweisregeln des jeweiligen nationalen Prozessrechts gelten. Allerdings darf nach dem Effektivitätsgrundsatz das nationale Beweisrecht keine „unüberbrückbaren Hürden für die Geltendmachung des Anspruchs vorsehen" (OLG Stuttgart 31.3.2021 – 9 U34/21, BeckRS 2021, 6282 Rn. 46). Die Grundsätze zur sekundären Darlegungslast des deutschen Prozessrechts tragen dem aber nach Ansicht des OLG Stuttgart wirksam Rechnung (OLG Stuttgart 31.3.2021 – 9 U34/21, BeckRS 2021, 6282 Rn. 48). Eine sekundäre Darlegungslast könne beklagte Verantwortliche aber dann treffen, wenn der Kläger keine näheren Kenntnisse der maßgeblichen Umstände – etwa der Datenschutzmanagementsysteme – und auch keine Möglichkeit zur weiteren Sachaufklärung hat (vgl. OLG Stuttgart 31.3.2021 – 9 U34/21, BeckRS 2021, 6282 Rn. 48).

5. Weiterer Vortrag der Beklagten zum vom Kläger angeführten Sachverhalt und zu dem konkret gerügten Verstoß gegen datenschutzrechtliche Vorgaben.

6. Nach Erwgr. 146 S. 5 DS-GVO können neben Verstößen gegen die DS-GVO auch Übertretungen von datenschutzrechtlichen Vorschriften der Mitgliedsstaaten Ansprüche nach Art. 82 Abs. 1 DS-GVO begründen.

7. Im Übrigen würde selbst ein nach Auffassung des Gerichts feststehender Verstoß gegen Vorschriften der DS-GVO oder sonstige anwendbare datenschutzrechtliche Normen nicht für die Begründung eines Schadensersatzanspruches ausreichen. Denn es genügt grds. nicht, dass ein materieller oder immaterieller Schaden durch eine Verarbeitung entstanden ist (vgl. *Wybitul* NJW 2021, 1190 (1194)). Der zu ersetzende Schaden muss vielmehr auch kausal auf dem DS-GVO-Verstoß beruhen (Kühling/Buchner/*Bergt* DS-GVO Art. 82 Rn. 42). Zur Darlegungs- und Beweislast → Anm. 5.

8. Die folgenden Ausführungen beziehen sich auf das oben genannte Beispiel der Geltendmachung von Schadensersatzansprüchen infolge eines Hackerangriffs (→ Anm. 2). Nicht alle theoretisch möglichen Schutzvorkehrungen sind stets auch im Sinne der DS-GVO geboten (BeckOK DatenschutzR/*Quaas* Art. 82 Rn. 18). Die DS-GVO folgt vielmehr einem risikobasierten Ansatz. So richten sich die zu treffenden Maßnahmen der Datensicherheit gemäß Art. 24 Abs. 1 S. 1 DS-GVO insbesondere nach den möglichen Risiken für die von der Datenverarbeitung betroffenen Personen. Der Verantwortliche hat nach Art. 24 Abs. 1 S. 1 DS-GVO geeignete technische und organisatorische Maßnahmen umzusetzen, um sicherzustellen und den Nachweis erbringen zu können, dass die Verarbeitung gemäß der DS-GVO erfolgt. Die Geeignetheit der technischen und organisatorischen Maßnahmen ist anhand einer Verhältnismäßigkeitsprüfung zu bestimmen, bei der sämtliche Umstände des Einzelfalls zu berücksichtigen sind (Simitis/Hornung/Spiecker gen. Döhmann/*Petri* DS-GVO Art. 24 Rn. 17; Sydow/*Raschauer* DS-GVO Art. 24 Rn. 34). Dabei müssen sich datenschutzrechtlich Verantwortliche (sowie Auftragsverarbeiter) keine Datenzugriffe durch Hacker zurechnen lassen, die trotz angemessener Sicherheitsvorkehrungen erfolgen (vgl. Taeger/Gabel/*Moos/Schefzig* DS-GVO Art. 82 Rn. 82; Schantz/Wolff/*Schantz* Das neue Datenschutzrecht, Abschnitt F Rn. 1251).

9. Weitestgehend umstritten ist, ob schon jeder Verstoß gegen die Vorgaben der DS-GVO einen immateriellen Schaden iSd Art. 82 Abs. 1 DS-GVO begründen kann, oder ob es hierfür einer konkreten Verletzung des allgemeinen Persönlichkeitsrechts betroffener Personen bedarf. Teile der Literatur und der Rechtsprechung vertreten eine weite Auslegung, wonach beispielsweise bereits die unberechtigte Offenlegung von personenbezogenen Daten und die daraus resultierende Unsicherheit für die betroffene Person einen Schaden darstellen soll (so etwa ArbG Dresden 26.8.2020 – 13 Ca 1046/20, BeckRS 2020, 26940, Rn. 14; Ehmann/Selmayr/*Nemitz* DS-GVO Art. 82 Rn. 13). Danach wäre auch schon ein reiner Kontrollverlust über personenbezogene Daten als Schaden anzusehen (vgl. ArbG Dresden 26.8.2020 – 13 Ca 1046/20, BeckRS 2020, 26940, Rn. 14). Die Rechtsprechung vertritt demgegenüber vermehrt die Auffassung, dass ein bloßer Verstoß gegen die DS-GVO nicht automatisch auch einen Schaden begründet (LAG Baden-Württemberg 25.2.2021 – 17 Sa 37/20, BeckRS 2021, 5529, Rn. 82; siehe hierzu auch AG Hamburg-Bergedorf 7.12.2020 – 410dC 197/20, GRUR-RS 2020, 46246, Rn. 20; LG Karlsruhe 2.8.2019 – 8 O 26/19, BeckRS 2019, 17459, Rn. 82; AG Diez 7.11.2018 – 8 C 130/18, BeckRS 2018, 28667, Rn. 5). Nach dieser restriktiveren Auslegung muss bei der betroffenen Person auch tatsächlich ein Schaden – zB eine Verletzung des Persönlichkeitsrechts – eingetreten sein (LAG Baden-Württemberg 25.2.2021 – 17 Sa 37/20, BeckRS 2021, 5529, Rn. 82). Auch der österreichische OGH hat diese Frage als klärungsbedürftig erachtet und sie dem EuGH vorgelegt → Anm. 3.

10. Neben der zuvor dargestellten Auslegung des Schadensbegriffs ist auch umstritten, in welchem Umfang Schäden nach Art. 82 DS-GVO ersatzpflichtig sind (zur Darstellung dieses Streites siehe auch *Paal/Aliprandi* ZD 2021 241 (242 ff.)). Zum Teil wird vertreten, dass ein Persönlichkeitsrechtsverstoß von einer gewissen Erheblichkeit gegeben sein muss (vgl. AG Diez 7.11.2018 – 8 C 130/18, BeckRS 2018, 28667; OLG Dresden 12.1.2021 – 4 U 1600/20, BeckRS 2021, 879). Das AG Diez führte hierzu – soweit erkennbar – als erstes Gericht aus, dass es mit Geltung der DS-GVO grundsätzlich keiner schweren Verletzung des allgemeinen Persönlichkeitsrechts mehr bedarf (AG Diez 7.11.2018 – 8 C 130/18, BeckRS 2018, 28667 Rn. 6). Allerdings reiche auch nicht jede individuell empfundene Unannehmlichkeit für einen Schadensersatzanspruch nach Art. 82 Abs. 1 DS-GVO aus (AG Dietz 7.11.2018 – 8 C 130/18, BeckRS 2018, 28667 Rn. 6; so auch etwa OLG Dresden 12.1.2021 – 4 U 1600/20, BeckRS 2021, 879 Rn. 14; AG Hamburg-Bergedorf 7.12.2020 – 410dC 197/20, GRUR-RS 2020, 46246 Rn. 21; AG Frankfurt a.M. 10.7.2020 – 385 C 155/19 (70), BeckRS 2020, 22861 Rn. 29 f.; LG Hamburg 4.9.2020 – 324 S 9/19, BeckRS 2020, 23277 Rn. 31). Andererseits erkennen Teile der Literatur und der Rechtsprechung eine solche Erheblichkeitsschwelle nicht an und wollen immateriellen Schadensersatz auch schon für sog. Bagatellschäden zusprechen (vgl. hierzu zB LG Lüneburg 14.7.2020 – 9 O 145/19, BeckRS 2020, 36932; Kühling/Buchner/*Bergt* DS-GVO Art. 82 Rn. 18a; BeckOK DatenschutzR/*Quaas* DS-GVO Art. 82 Rn. 31). Dies folge aus Erwgr. 146 S. 3 der ausdrücklich vorsehe, dass der Schadensbegriff des Art. 82 Abs. 1 DS-GVO weit und autonom auszulegen sei (vgl. Kühling/Buchner/*Bergt* DS-GVO Art. 82 Rn. 18a). Die weite Auslegung des Schadensbegriffs würde allerdings ein erhebliches Missbrauchsrisiko mit sich bringen (AG Hamburg-Barmbek 18.8.2020 – 816 C 33/20; *Wybitul* NJW 2021, 1190 Rn. 25). Somit ist vorzugswürdig davon auszugehen, dass Verletzungen des Persönlichkeitsrechts mit Bagatellcharakter nicht die Zuerkennung eines immateriellen Schadensersatzes rechtfertigen (so auch OLG Dresden 11.6.2019 – 4 U 760/19, BeckRS 2019, 12941 Rn. 13; *Wybitul* NJW 2021, 1190 Rn. 25). Kürzlich hat das BVerfG zu diesem äußerst umstrittenen Thema Stellung genommen und entschieden, dass deutsche Gerichte in der letzten Instanz Schadensersatzforderungen nach Art. 82 Abs. 1 DS-GVO nicht alleine aufgrund einer fehlenden Erheblichkeit ablehnen dürfen (BVerfG 14.1.2021 – 1 BvR 2853/19, BeckRS 2021, 1962, Rn. 21). Das BVerfG hob damit eine Entscheidung des AG Goslar auf, das einen Schadensersatzanspruch wegen einer ungewollt zugesandten E-Mail des Klägers abgelehnt hat, da hierin lediglich eine unerhebliche Beeinträchtigung zu sehen sei (BVerfG 14.1.2021 – 1 BvR 2853/19, BeckRS 2021, 1962). Das AG Goslar wäre jedoch verpflichtet gewesen, die Frage zur Auslegung des Schadensbegriffs des Art. 82 DS-GVO dem EuGH im Wege eines Vorabentscheidungsverfahrens vorzulegen (BVerfG 14.1.2021 – 1 BvR 2853/19, BeckRS 2021, 1962 Rn. 18). Mangels entsprechender Vorlage habe das Gericht das Recht des Klägers auf einen gesetzlichen Richter verletzt (BVerfG 14.1.2021 – 1 BvR 2853/19, BeckRS 2021, 1962 Rn. 17). Es wird somit für Gerichte in Zukunft schwierig, Schadensersatzforderungen allein aufgrund einer fehlenden Erheblichkeit abzulehnen. Dennoch gibt es – wie gezeigt – eine Vielzahl anderer Gründe, die Gerichte zur Abweisung von Schadensersatzforderungen veranlassen können (vgl. hierzu *Wybitul* NJW 2021, 1190 Rn. 28). Sollten Gerichte darüber hinaus aber einen weiten Schadensbegriff annehmen, verbleiben ausreichend Möglichkeiten, um sich effektiv gegen Schadensersatzklagen nach Art. 82 DS-GVO zu verteidigen (siehe umfassend zur Verteidigung gegen Schadensersatzklagen *Laoutoumai*, Privacy Litigation, 1. Aufl. 2021; *Wybitul* NJW 2021, 1190).

7. Antrag auf Löschung gem. Art. 17 DS-GVO

An die
.....
Datum, ...

– Löschung personenbezogener Daten nach Art. 17 Datenschutz-Grundverordnung[1] (DS-GVO) –

Sehr geehrte Damen und Herren,[2]
ich fordere Sie auf, von Ihnen verarbeitete, mich direkt oder indirekt betreffende personenbezogene Daten unverzüglich[3] zu löschen.[4] Dies gilt insbesondere für die im Folgenden genannten personenbezogenen Daten über meine Person: .....
Ich habe Ihnen weder eine wirksame Einwilligung für die Verarbeitung meiner personenbezogenen Daten erteilt noch können Sie die Verarbeitung meiner personenbezogenen Daten auf eine anderweitige einschlägige Rechtsgrundlage stützen.[5] Sie können die weitergehende Speicherung auf Grundlage einer der in Art. 17 Abs. 3 DS-GVO genannten Ausnahmetatbestände rechtfertigen.[6]
Vorsorglich widerrufe ich meine möglicherweise abgegebenen Einwilligungen, unabhängig davon, ob diese zuvor wirksam erteilt wurden und widerspreche gemäß Art. 21 DS-GVO der weiteren Verarbeitung meiner personenbezogenen Daten.[7]
Falls Sie meine personenbezogenen Daten gegenüber weiteren Empfängern offengelegt haben, verlange ich außerdem, dass Sie mir gem. Art. 19 S. 2 DS-GVO etwaige Empfänger mitteilen und diese über die Löschung meiner personenbezogenen Daten informieren, Art. 19 S. 1 DS-GVO.[8]
Des Weiteren bitte ich Sie, mir die Löschung meiner personenbezogenen Daten unverzüglich zu bestätigen.[9]
Sollten Sie die vorliegend geforderte Löschung meiner personenbezogenen Daten nicht fristgerecht oder nicht vollständig vornehmen, behalte ich mir eine gerichtliche Geltendmachung meines Rechts auf Löschung[10] sowie weitere rechtliche Schritte vor.
Mit freundlichen Grüßen
Unterschrift

Anmerkungen

1. Das Recht eines Anspruchstellers, dass ein nach Art. 4 Nr. 7 DS-GVO datenschutzrechtlich Verantwortlicher seine personenbezogenen Daten löschen muss, ist Teil des durch Art. 7, 8 GRCh geschützten Rechts auf Datenschutz. Demgegenüber stehen die Grundrechte und Grundfreiheiten des Verantwortlichen, wie etwa das Recht auf unternehmerische Freiheit iSv Art. 16 GRCh. Die entgegenstehenden Interessen sind im Rahmen einer Abwägung zu einem angemessenen Ausgleich zu bringen (EuGH 13.5.2014 – C-131/12, NJW 2014, 2257 – Google Spain; BVerfG 6.11.2019 – 1 BvR 276/17, NJW 2020, 314 – Recht auf Vergessen II).

Im Anwendungsbereich der DS-GVO wird das Recht auf Löschung vor allem durch Art. 5 Abs. 1 lit. b, lit. c und insbesondere lit. e DS-GVO gestützt und durch Art. 17 DS-GVO konkretisiert und ausgestaltet. Art. 17 Abs. 1 DS-GVO regelt sechs Fallgruppen, in denen der datenschutzrechtlich Verantwortliche zur Löschung personenbezogener Daten der betroffenen Person verpflichtet ist. Art. 17 Abs. 3 DS-GVO regelt fünf Ausnahmetatbestände, in denen das Recht auf Löschung eingeschränkt ist. Das BDSG regelt weitere Ausnahmen zum Recht auf Löschung.

Trotz des entgegenstehenden Wortlauts der Norm müssen Verantwortliche personenbezogene Daten auch dann löschen, wenn die betroffene Person keinen entsprechenden Antrag gestellt hat (Kühling/Buchner/*Herbst* DS-GVO Art. 17 Rn. 8 ff.). Dies ist Ausdruck des in Art. 5 Abs. 1 lit. e DS-GVO geregelten Grundsatzes der Speicherbegrenzung. Die Umsetzung der in der DS-GVO geregelten Löschpflichten stellt Unternehmen in der Praxis vor erhebliche Herausforderungen. Die Planung und Implementierung von geeigneten Löschkonzepten und -mechanismen bedürfen regelmäßig einiger Vorbereitung in Bezug auf die Planung und Organisation des Löschens von personenbezogenen Daten. Unternehmen orientieren sich hierbei häufig an den Regelungen der DIN-Norm 66398, welche Leitlinien für die Entwicklung eines Löschkonzepts enthält.

Verstöße gegen die Vorgaben zur Löschung von personenbezogenen Daten können für Unternehmen weitreichende Folgen haben. Neben Bußgeldern wegen möglichen Verstößen gegen Art. 17 DS-GVO kommen in Bezug auf Löschungen auch Übertretungen von Art. 25 DS-GVO in Betracht (vgl. hierzu etwa LG Berlin 18.2.2021 – 526 OWi LG 212 Js-OWi 1/20, ZD 2021, 270). Daneben können betroffene Personen gegebenenfalls auch Ansprüche auf Schadensersatz nach Art. 82 DS-GVO geltend machen (vgl. LAG Köln 14.9.2020 – 2 Sa 358/20, BeckRS 2020, 31543). In der Praxis hat es sich als zweckmäßig erwiesen, die zur Umsetzung der in Art. 17 DS-GVO getroffenen technischen und organisatorischen Maßnahmen sowie den Umgang mit Löschersuchen umfassend und gerichtsfest zu dokumentieren.

2. Der Antrag auf Löschung personenbezogener Daten richtet sich gegen den datenschutzrechtlich Verantwortlichen iSv Art. 4 Nr. 7 DS-GVO. Anspruchsberechtigt ist die betroffene Person, auf die sich die zu löschenden personenbezogenen Daten beziehen. Hat der Verantwortliche begründete Zweifel an der Identität der antragstellenden Person, kann er diese um die Vorlage geeigneter Identitätsnachweise bitten (vgl. Art. 12 Abs. 6 DS-GVO; dazu Auer-Reinsdorff/Conrad/*Conrad* § 34 Rn. 568 f.).

Die DS-GVO sieht für Anträge auf Löschung personenbezogener Daten keine spezifischen Formanforderungen vor (Paal/Pauly/*Paal* DS-GVO Art. 17 Rn. 20). Betroffene Personen sollten die zu löschenden personenbezogenen Daten jedoch möglichst konkret benennen oder umschreiben, um dem Verantwortlichen eine Prüfung des geltend gemachten Löschanspruchs zu erleichtern (vgl. hierzu Gola/*Nolte*/*Werkmeister* DS-GVO Art. 17 Rn. 74). In der Praxis stellen betroffene Personen jedoch oftmals allgemein gehaltene Anträge, ohne die zu löschenden Daten zu konkretisieren. In einem solchen Fall kann der Verantwortliche die betroffene Person gegebenenfalls in Zweifelsfällen zu einer entsprechenden Konkretisierung auffordern.

Der Antrag auf Löschung ist für die betroffene Person grundsätzlich kostenlos. Eine Ausnahme von der Kostenfreiheit gilt insbesondere bei offenkundig unbegründeten oder exzessiven Anträgen iSv Art. 12 Abs. 5 S. 2 DS-GVO.

3. Art. 17 DS-GVO sieht vor, dass Verantwortliche Anträgen auf Löschung „unverzüglich" nachkommen müssen. Diese Vorgabe wird in Art. 12 Abs. 3 DS-GVO konkretisiert. Danach besteht für die Beantwortung von Anträgen betroffener Personen nach den Art. 15 ff. DS-GVO grundsätzlich eine Frist von einem Monat (vgl. hierzu auch Erwgr. 59 S. 3 DS-GVO). Diese Frist kann in Ausnahmefällen um weitere zwei Monate verlängert werden (vgl. zu den entsprechenden Voraussetzungen Kühling/Buchner/*Bäcker* DS-GVO Art. 12 Rn. 34). Der Verantwortliche muss die betroffene Person über eine entsprechende Fristverlängerung vorab informieren.

4. Die DS-GVO definiert nicht eindeutig, was genau unter einer Löschung von personenbezogenen Daten zu verstehen ist. Nach der im BDSG aF vorgesehenen Definition, setzte die Löschung das „*Unkenntlichmachen gespeicherter personenbezogener Daten*" voraus, vgl. § 3 Abs. 4 Nr. 5 BDSG aF. Danach wäre entscheidend, dass weder

der Verantwortliche noch ein Dritter die in den zu löschenden Daten verkörperte Information nach Abschluss der Löschung noch wahrnehmen kann (Kühling/Buchner/*Herbst* DS-GVO Art. 17 Rn. 37; Simitis/*Mallmann*, Bundesdatenschutzgesetz, 7. Aufl. 2011, § 20 Rn. 34 ff. für die Rechtslage nach dem BDSG aF). Von einer vollständigen Löschung kann beispielsweise dann nicht ausgegangen werden, wenn der Verantwortliche oder ein Dritter die zu löschenden Informationen unter Anwendung verhältnismäßiger Mittel und Maßnahmen wieder herstellen kann – etwa mithilfe von Sicherungskopien (Kühling/Buchner/*Herbst* DS-GVO Art. 17 Rn. 42). Damit können Verantwortliche den ihnen obliegenden Löschvorgaben grundsätzlich auch durch eine Anonymisierung von personenbezogenen Daten nachkommen (vgl. hierzu im Einzelnen *Stürmer* ZD 2020, 626).

5. Art. 17 Abs. 1 DS-GVO regelt sechs Fallgruppen, in denen Verantwortliche personenbezogene Daten löschen müssen. Die in der Praxis relevantesten Fallgruppen finden sich dabei in Art. 17 Abs. 1 lit. a und lit. d DS-GVO. Danach sind personenbezogene Daten grundsätzlich dann zu löschen, wenn sie für die Zwecke, für die sie erhoben wurden, nicht mehr notwendig sind (lit. a). Die Norm nimmt insofern auf den Grundsatz der Zweckbindung Bezug, wonach Verantwortliche personenbezogene Daten grundsätzlich nur für vorab festgelegte Zwecke verarbeiten dürfen. Sind die entsprechenden Verarbeitungszwecke erfüllt oder nicht mehr erreichbar, ist eine weitergehende Verarbeitung der für diese Zwecke erhobenen Daten grundsätzlich nicht mehr erforderlich. Damit korrespondiert ein Recht auf Löschung der betroffenen Person.

Gleiches gilt, wenn die Daten unrechtmäßig verarbeitet wurden (lit. d). In den in lit. d geregelten Fällen kann die betroffene Person zudem die Einschränkung der Verarbeitung verlangen, solange der Verantwortliche die Rechtmäßigkeit der Verarbeitung prüft, Art. 18 Abs. 1 lit. a DS-GVO. Eine Datenverarbeitung ist dann unrechtmäßig, wenn der Verantwortliche sie nicht auf die Einwilligung der betroffenen Person oder eine sonstige Rechtsgrundlage stützen kann (Kühling/Buchner/*Herbst* DS-GVO Art. 17 Rn. 28). Art. 17 Abs. 1 lit. b DS-GVO konkretisiert diesen Ausnahmetatbestand im Hinblick auf Datenverarbeitungen, die der Verantwortliche auf die Einwilligung der betroffenen Person stützt. Danach muss der Verantwortliche personenbezogene Daten grundsätzlich dann löschen, wenn die betroffene Person ihre Einwilligung widerruft und der Verantwortliche die Verarbeitung nicht auf eine andere Rechtsgrundlage stützen kann.

Sonstige Verstöße des Verantwortlichen gegen die DS-GVO begründen hingegen für sich betrachtet kein Recht auf Löschung im Hinblick auf die betreffenden personenbezogenen Daten.

6. Art. 17 Abs. 3 DS-GVO sieht verschiedene Ausnahmetatbestände vor, nach denen das Recht auf Löschung nach Art. 17 Abs. 1 DS-GVO ausgeschlossen oder zumindest eingeschränkt ist. Danach können insbesondere gesetzliche Aufbewahrungspflichten (lit. b) oder Zwecke der Geltendmachung, Ausübung oder Verteidigung von Rechtsansprüchen (lit. e) eine längere Speicherung von personenbezogenen Daten rechtfertigen.

Zu den möglichen gesetzlichen Pflichten im Sinne von Art. 17 Abs. 3 lit. a DS-GVO zählen beispielsweise handelsrechtliche und steuerrechtliche Aufbewahrungspflichten von Unternehmen nach § 257 HGB sowie § 147 AO. Im Beschäftigungskontext können zusätzlich Dokumentationspflichten nach den einschlägigen Arbeits- und Sozialgesetzen relevant werden – etwa im Hinblick auf die Dokumentation von Überstunden (vgl. § 16 Abs. 2 ArbZG) oder Unterlagen in Bezug auf schwangere Arbeitnehmerinnen (§ 27 Abs. 5 MuSchG) (vgl. für einen weitergehenden Überblick über mögliche Aufbewahrungspflichten *Faas/Henseler* BB 2018, 2292).

Der in Art. 17 Abs. 3 lit. e DS-GVO geregelte Ausnahmetatbestand wird insbesondere bei laufenden oder drohenden Rechtsstreitigkeiten relevant. Der Ausnahmetatbestand ist nicht auf Gerichtsverfahren beschränkt; vielmehr ist er grundsätzlich auch bei außergerichtlichen oder Verwaltungsstreitigkeiten einschlägig. Verantwortliche können sich jedoch nur dann auf den Ausnahmetatbestand berufen, wenn ein entsprechendes Verfahren zumindest absehbar ist (BeckOK Datenschutzrecht/*Worm* DS-GVO Art. 17 Rn. 87). Die bloß abstrakte Gefahr eines drohenden Rechtsstreits soll nach einer teilweise vertretenen Ansicht hingegen grundsätzlich nicht diesen Anforderungen genügen (Ehmann/Selmayr/*Kamann*/*Braun* DS-GVO Art. 17 Rn. 64).

Neben der DS-GVO regelt auch das BDSG noch weitere Ausnahmen zum Recht auf Löschung. Danach ist das Recht auf Löschung beispielsweise bei nicht-automatisierten Datenverarbeitungen ausgeschlossen, wenn eine Löschung wegen der besonderen Art der Speicherung nicht oder nur mit unverhältnismäßig hohem Aufwand möglich wäre und das Interesse der betroffenen Person an der Löschung als gering anzusehen ist, § 35 Abs. 1 S. 1 BDSG.

7. Der vorsorglich geltend gemachte Widerruf der Einwilligung nimmt auf den in Art. 17 Abs. 1 lit. b DS-GVO geregelten Löschgrund Bezug (vgl. → Anm. 5). Eine solche Erklärung kann insbesondere dann hilfreich sein, wenn die betroffene Person nicht weiß, ob sie eine von ihr möglicherweise erteilte Einwilligung bereits wirksam widerrufen hat.

Der nach Art. 21 DS-GVO erklärte Widerspruch gegen die weitere Datenverarbeitung ergänzt das Recht auf Löschung in praktischer Hinsicht. Danach kann die betroffene Person gegen eine sie betreffende Datenverarbeitung aus Gründen, die sich aus ihrer besonderen Situation ergeben, Widerspruch einlegen – soweit der Verantwortliche die gegenständliche Datenverarbeitung auf Art. 6 Abs. 1 lit. e oder lit. f DS-GVO stützt. Das Recht auf Widerspruch besteht nicht, wenn sich der Verantwortliche auf zwingende schutzwürdige Gründe stützen kann, welche die Interessen der betroffenen Personen überwiegen oder die Verarbeitung der Geltendmachung, Ausübung oder Verteidigung von Rechtsansprüchen dient, Art. 21 Abs. 1 S. 2 DS-GVO. Sind die Voraussetzungen eines wirksamen Widerspruch gegeben, muss der Verantwortliche die betreffenden personenbezogenen Daten gegebenenfalls löschen, Art. 17 Abs. 1 lit. c DS-GVO.

8. Ist der Verantwortliche nach Maßgabe von Art. 17 Abs. 1 DS-GVO zur Löschung von personenbezogenen Daten verpflichtet, muss er grundsätzlich auch etwaige Empfänger, gegenüber denen er die zu löschenden Daten offengelegt hat, über die geplante Löschung informieren. Dies gilt jedoch nicht, wenn die genannte Information unmöglich ist oder für den Verantwortlichen mit einem unverhältnismäßigen Aufwand verbunden wäre, Art. 19 S. 1 DS-GVO. Zu den Empfängern von Daten zählen alle natürlichen oder juristischen Personen, Behörden, Einrichtungen oder andere Stellen, der personenbezogene Daten offengelegt werden, unabhängig davon, ob es sich bei ihr um einen Dritten handelt oder nicht, Art. 4 Nr. 9 DS-GVO. Zu den Empfängern zählen unter anderem auch Auftragsverarbeiter (Paal/Pauly/*Ernst* DS-GVO Art. 4 Rn. 57).

Die betroffene Person kann verlangen, dass der Verantwortliche sie über die Empfänger informiert, denen er personenbezogene Daten offengelegt hat, Art. 19 S. 2 DS-GVO. Dieser Auskunftsanspruch soll die betroffene Person in die Lage versetzen, ihre Rechte auch gegenüber den Empfängern geltend zu machen. Entsprechend ist das Auskunftsrecht auch nicht auf Kategorien von Empfängern beschränkt (Kühling/Buchner/*Herbst* DS-GVO Art. 19 Rn. 14).

Art. 17 Abs. 2 DS-GVO regelt spezifische Informationspflichten für Verantwortliche, falls die zu löschenden personenbezogenen Daten veröffentlicht, dh einem unbeschränkten Personenkreis zugänglich gemacht wurden (sog. „Recht auf Vergessenwerden", vgl. hierzu die einschlägige Rechtsprechung des BVerfG 6.11.2019 – 1 BvR 276/17 sowie 1 BvR 16/13 und des EuGH 13.5.2014 – C-131/12 sowie EuGH 24.9.2019 – C-507/17; → Anm. 1). Der Begriff der Veröffentlichung unterscheidet sich insofern von dem in Art. 19 DS-GVO gewählten Begriff der Offenlegung (Bussche v.d./Voigt/*Voigt*, Konzerndatenschutz, Kap. 6 Rn. 47). Art. 17 Abs. 2 DS-GVO bezieht sich insbesondere auf Fälle, in denen personenbezogene Daten im Internet veröffentlicht wurden – etwa im Rahmen von Suchmaschinen (vgl. zu den hierbei zu beachtenden Anforderungen EDSA, Leitlinien 5/2019 zu den Kriterien des Rechts auf Vergessenwerden in Fällen in Bezug auf Suchmaschinen gemäß der DS-GVO Teil 1, Version 2.0). Der Verantwortliche muss bei einer Veröffentlichung von Daten angemessene Maßnahmen ergreifen, um Verantwortliche, welche die zu löschenden Daten verarbeiten, über das Löschbegehren der betroffenen Person zu informieren. Der Anwendungsbereich der Norm ist dabei – anders als im Rahmen von Art. 19 DS-GVO – wohl nicht lediglich auf die unmittelbaren Empfänger der Daten beschränkt (Kühling/Buchner/*Herbst* DS-GVO Art. 17 Rn. 54). Bei der Bewertung der vom Verantwortlichen zu treffenden Maßnahmen ist eine Abwägung zu treffen, zwischen dem Interesse der betroffenen Person an einer Löschung ihrer Daten und dem mit der Löschung verbundenen Aufwand für den Verantwortlichen (BeckOK Datenschutzrecht/*Worms* DS-GVO Art. 17 Rn. 74).

9. Verantwortliche sollten eingehende Anträge auf Löschung und deren Bearbeitung möglichst umfassend und gerichtsfest dokumentieren. Dies kann es ihnen später im Streitfall deutlich erleichtern, die Einhaltung der datenschutzrechtlichen Vorgaben gegenüber der betroffenen Person in etwaigen Behörden- und Gerichtsverfahren nachzuweisen. Die in Art. 5 Abs. 2 DS-GVO geregelte Rechenschaftspflicht gilt insofern aber ausschließlich gegenüber Datenschutzbehörden – und nicht etwa gegenüber betroffenen Personen (*Hoeren* MMR 2018, 637 (638)).

10. Lehnt der Verantwortliche die begehrte Löschung ganz oder teilweise ab, muss er die betroffene Person hierüber und über die Gründe der unterbliebenen Löschung informieren. Der Verantwortliche muss die betroffene Person zudem auf weitere Rechtsschutzmöglichkeiten hinweisen, Art. 12 Abs. 4 DS-GVO. Danach hat die betroffene Person insbesondere das Recht auf Beschwerde bei einer Datenschutzaufsichtsbehörde, Art. 77 DS-GVO. Zudem kann sie gegebenenfalls einen Rechtsbehelf geltend machen. In der Praxis mehren sich insofern Fälle, in denen betroffene Personen Verantwortliche auf Löschung der sie betreffenden personenbezogenen Daten sowie gegebenenfalls Schadensersatz in Anspruch nehmen (vgl. etwa BGH 27.7.2020 – VI ZR 405/18, NJW 2020, 3436; LG Hamburg 23.7.2020 – 334 O 161/19, ZD 2021, 216; LAG Köln 14.9.2020 – 2 Sa 358/20, ZD 2021, 168).

III. Zwangsvollstreckung, Anfechtungsgesetz, Insolvenzordnung

A. Allgemeines Vollstreckungsrecht

Allgemeine Vollstreckungsvoraussetzungen

1. Anträge auf Rechtskraftzeugnis und auf einfache Vollstreckungsklausel (§§ 706, 724 ZPO)

An das.
. . . . .gericht . . . . .
Geschäftsstelle[1]
Az.. . . . .
In der Sache
. . . . .
– Kläger –
gegen
. . . . .
– Beklagter –
beantrage ich, dem Kläger eine vollstreckbare Ausfertigung[2] **des Urteils**[3] **des . . . . . gerichts . . . . ., Az. . . . . ., vom . . . . . mit Zustellungsbescheinigung**[4] **– sowie Rechtskraftzeugnis**[5] **– zu erteilen.**
Rechtsanwalt[6, 7, 8]

Anmerkungen

1. a) Das Rechtskraftzeugnis erteilt die Geschäftsstelle des Gerichtes erster Instanz oder die höherer Instanz, solange der Prozess dort anhängig ist, § 706 Abs. 1 ZPO.

b) Die Vollstreckungsklausel erteilt der Urkundsbeamte der Geschäftsstelle des Gerichtes erster Instanz oder die höherer Instanz, solange der Prozess dort anhängig ist, § 724 Abs. 2 ZPO.

Anwaltszwang besteht für keinen der Anträge.

Bei vollstreckbaren Notarurkunden ist infolge von § 797 Abs. 2 ZPO der Notar für die Klauselerteilung zuständig (BGH NJW-RR 2004, 1718). Zur Klauselerteilung und Vertretungsfragen bei der Vollstreckungsunterwerfung BGH NJW 2008, 2266.

Für die Vollstreckbarerklärung eines Anwaltsvergleichs gem. § 796a ZPO ist das Prozessgericht zuständig, § 796b ZPO.

2. Eine Ausfertigung wird nur auf Antrag erteilt, § 317 Abs. 2 S. 1 ZPO. Zweckmäßig ist die im Gesetz als Regel vorgesehene Beantragung einer Kurzausfertigung, § 317 Abs. 2 S. 3 ZPO. Liegt noch keine Ausfertigung vor, sollte sogleich eine vollstreckbare Ausfertigung beantragt werden. Liegt bereits eine Ausfertigung vor, ist diese mit dem Antrag einzureichen.

Den Wortlaut der Klausel schreibt § 725 ZPO vor. Sie wird auch für vorläufig vollstreckbare Urteile erteilt, setzt also das Rechtskraftzeugnis nicht voraus. Das ist in der Vollstreckung nur für die Sicherheitsleistung von Bedeutung, § 751 Abs. 2 ZPO. Diese entfällt bei Sicherungsvollstreckung, § 720a ZPO.

3. Die Vollstreckungsklausel ist generelle Vollstreckungsvoraussetzung für alle Arten von Titeln, §§ 795, 724 ZPO, außer
a) beim Arrestbefehl, § 929 Abs. 1 ZPO,
b) beim Vollstreckungsbescheid, § 796 Abs. 1 ZPO,
c) beim Kostenfestsetzungsbeschluss auf dem Urteil, § 795a ZPO.

Sonstige Vollstreckungstitel benennt § 794 ZPO. Weitere Vollstreckungstitel vgl. BLHAG/ZPO § 794 Rn. 46–59 und § 38 GVGA.

4. Die Zustellung ist grds. Vollstreckungsvoraussetzung, § 750 Abs. 1 ZPO. Sie erfolgt bei Urteilen von Amts wegen, § 317 Abs. 1 ZPO.

5. Es setzt – außer bei Erteilung durch das Rechtsmittelgericht, § 706 Abs. 1 Alt. 2 ZPO – die Notfristbescheinigung voraus. Die Geschäftsstelle des Gerichtes erster Instanz holt das ggf. erforderliche Notfristzeugnis selbständig ein, § 706 Abs. 2 ZPO. Rechtsmittel wegen eines Teilbetrages hemmt zunächst die Rechtskraft insgesamt (BGH NJW 1994, 657).

Ein Notfristzeugnis der Geschäftsstelle der Revisionsinstanz, dass die Zulassung der Sprungrevision nicht beantragt ist, ist nicht erforderlich, § 706 Abs. 2 S. 2 ZPO.

6. Wenn die Klausel vorliegt und der Schuldner zuvor nach Titulierung angemessene Zeit zu freiwilliger Erfüllung hatte, sind die Kosten der Einleitung der Vollstreckung durch eine außergerichtliche anwaltliche Vollstreckungsandrohung erstattungsfähig (BGH NJW-RR 2003, 1581).

Kosten und Gebühren

7. a) Gericht: keine besondere Gerichtsgebühr.
b) Anwalt: für Rechtskraftzeugnis sowie erstmalige Erteilung der Vollstreckungsklausel für den Prozessanwalt (außer bei Klage nach § 731 ZPO) keine besondere Anwaltsgebühr, § 19 Abs. 1 S. 2 Nr. 9 u. 13 RVG. Ein nur mit dieser Beantragung oder mit der Beantragung einer weiteren vollstreckbaren Ausfertigung beauftragter Anwalt erhält eine 0,3 Gebühr nach VV 3309 RVG (*Gerold/Schmidt* RVG VV 3309 Rn. 402 f.).

Fristen und Rechtsmittel

8. Bei Ablehnung der Erteilung des Rechtskraftzeugnisses kann der Antragsteller gegen diese Entscheidung des Urkundsbeamten der Geschäftsstelle befristete Erinnerung einlegen, § 573 Abs. 1 ZPO, ebenso der Gegner bei Erteilung des Zeugnisses.

Befristete Erinnerung auch bei Ablehnung der Erteilung der Vollstreckungsklausel (BGH NJW 1984, 806), sofern nicht Klage nach § 731 ZPO in Betracht kommt, → Form. III.A.5. Bei Erteilung der Klausel kann der Schuldner gem. §§ 732 oder 768 ZPO vorgehen (→ Form. III.A.12, → Form. III.A.18).

2. Klage auf Vollstreckbarkeit eines ausländischen Urteils (§§ 722, 723 ZPO)

(→ Form. I.U.7)

Anmerkungen

3. Antrag auf Klauselerteilung bei bedingter Leistung etc. (§ 726 Abs. 1 ZPO)

An das
. . . . .gericht . . . . .[1]
In der Sache
. . . . .[2]
überreiche ich anliegend Ausfertigung des Scheidungsvergleichs[3] vom . . . . . und bitte namens der Klägerin,
die Vollstreckungsklausel gem. § 726 Abs. 1 ZPO
zu erteilen.
Der Vergleich ist geschlossen „für den Fall der rechtskräftigen Scheidung der Parteien".[4] Ich überreiche daher weiter das Scheidungsurteil des dortigen Gerichts vom . . . . ., Az. . . . . ., mit Rechtskraftzeugnis.[5]
Rechtsanwalt[6, 7]

Anmerkungen

1. Gerichtliche Zuständigkeit wie bei der einfachen Klausel, → Form. III.A.1 Anm. 1. Die qualifizierte Klausel wird aber vom Rechtspfleger erteilt, § 20 Abs. 1 Nr. 12 RPflG.

2. Kurzrubrum mit Az. → Form. III.A.1.

3. Titel gem. § 794 Abs. 1 Nr. 1 ZPO. Soweit in §§ 795a–800 ZPO nicht abweichende Vorschriften enthalten sind, gelten alle Vorschriften über Urteile in §§ 724–793 ZPO entsprechend für die sonstigen Vollstreckungstitel, § 795 ZPO.

4. Das Klauselerteilungsorgan hat zu prüfen, ob die Vollstreckung nach dem Inhalt des Titels vom Eintritt einer vom Gläubiger zu beweisenden materiell-rechtlichen Tatsache abhängt und ob der Nachweis gem. § 726 Abs. 1 ZPO geführt ist (BGH NJW 2011, 2803). Der Beweis für den Bedingungseintritt ist durch öffentliche oder öffentlich beglaubigte (qualifizierte) Urkunden zu führen, § 726 Abs. 1 ZPO. Sicherheitsleistung ist erst bei Vollstreckungsbeginn dem Vollstreckungsorgan nachzuweisen, § 751 Abs. 2 ZPO.

Nachweis erst bei Vollstreckungsbeginn reicht auch bei Zug-um-Zug-Leistungen, § 756 ZPO, außer wenn die Leistung des Schuldners eine Willenserklärung ist, § 726 Abs. 2 ZPO. Denn diese gilt bei Zug-um-Zug-Leistungen mit Klauselerteilung als abgegeben, § 894 Abs. 1 S. 2 ZPO.

5. Der Urkundsbeweis entfällt, wenn die Tatsache beim Gericht iSv § 291 ZPO offenkundig ist (BLHAG ZPO § 726 Rn. 5). Auch ein Geständnis des Schuldners bei Anhörung nach § 730 ZPO ersetzt den Urkundsbeweis (BGH BB 2005, 1876). Sind diese Wege nicht gangbar, muss nach § 731 ZPO geklagt werden, → Form. III.A.5.

Kosten und Gebühren

6. a) Gericht: keine besonderen Gerichtsgebühren.
b) Anwalt: → Form. III.A.1. Nur bei Einwendungen des Schuldners nach § 732 ZPO liegt eine besondere Angelegenheit vor, § 18 Abs. 1 Nr. 4 RVG, → Form. III.A.12.

Fristen und Rechtsmittel

7. Bei Ablehnung für Gläubiger sofortige Beschwerde, § 567 Abs. 1 ZPO mit § 11 Abs. 1 RPflG. Bei Erteilung für Schuldner Erinnerung (Einwendungen) nach § 732 ZPO (→ Form. III.A.12) oder Klauselgegenklage nach § 768 ZPO (→ Form. III.A.18), vgl. Musielak/Voit/*Lackmann* ZPO § 726 Rn. 8.

4. Antrag auf Klauselerteilung für und gegen Rechtsnachfolger (§§ 727–729 ZPO)

An das
. . . . . gericht . . . . .[1]
In . . . . .[2]
überreiche ich anliegend meine Vollmacht sowie die vollstreckbare Ausfertigung[3] des Urteils vom . . . . . und beantrage,

1. eine vollstreckbare Ausfertigung für den Rechtsanwalt . . . . . als Insolvenzverwalter über das Vermögen der Gläubigerin zu erteilen,
2. die vollstreckbare Ausfertigung auch gegen die . . . . .-GmbH zu erteilen.

Weiter überreiche ich öffentlich beglaubigte Abschrift der Bestallungsurkunde gem. § 56 Abs. 2 InsO des AG . . . . ., wonach mein Auftraggeber Insolvenzverwalter der Gläubigerin[4] und damit Rechtsnachfolger iSv § 727 ZPO ist.[5]
Ich überreiche weiter beglaubigten Handelsregisterauszug des AG . . . . ., wonach die schuldnerische OHG am . . . . ., also nach Rechtskraft des Urteils, aufgespalten wurde und die . . . . .-GmbH als Nachfolgegesellschaft gem. § 133 Abs. 1 UmwG haftet.[6]
Rechtsanwalt[7, 8]

Anmerkungen

1. Zuständigkeit → Form. III.A.1 Anm. 1. Beim Vollstreckungsbescheid ist das Mahngericht zuständig.

2. Kurzrubrum mit Az. → Form. III.A.1.

3. Damit Gläubiger nicht ohne das Verfahren nach § 733 ZPO (→ Form. III.A.7) zwei Vollstreckungstitel hat, muss die erteilte vollstreckbare Ausfertigung zurückgereicht

werden. Meist wird die neue qualifizierte Klausel auf die bisherige Titelurkunde (ggf. Rückseite) gesetzt oder dieser angeheftet.

4. Wie bei → Form. III.A.3 Anm. 4 ersetzt auch hier Offenkundigkeit den Urkundsbeweis (Offenkundigkeit in der Klausel zu erwähnen, § 727 Abs. 2 ZPO). Allein die Veröffentlichung der Insolvenzeröffnung im Internet gem. § 9 Abs. 1 InsO begründet aber nicht die Offenkundigkeit. Der erforderliche Nachweis, dass der Insolvenzverwalter das Amt noch innehat, ist damit nicht geführt. Es ist die Bestallungsurkunde im Original oder in öffentlich beglaubigter Abschrift vorzulegen (BGH NJW-RR 2005, 1716).

5. Rechtsnachfolge ist hier im weiten Sinne zu verstehen (BLHAG ZPO § 727 Rn. 3 mwN) auch wenn, wie beim Insolvenzverwalter oder nach Forderungspfändung, keine Rechtsnachfolge im engeren Sinne vorliegt. Auch dafür ist aber Umschreibung des Titels erforderlich. Es kann also nicht unter der alten Parteibezeichnung weitervollstreckt werden. Auch der gem. § 265 ZPO während des Prozesses eingetretene Neugläubiger benötigt die qualifizierte Klausel des § 727 ZPO, selbst wenn die Zahlung an ihn tituliert ist (BGH NJW 1984, 806). Ähnlich verhalten sich die Fälle der sog. Beischreibung, in denen bei identitätswahrender Änderung der Bezeichnung beim Klauselerteilungsorgan beantragt werden kann, dass der neue Name auf dem Titel vermerkt wird (BGH NJW-RR 2021, 226).

Weitere Fälle sind auf Gläubigerseite (in Klammern die erforderliche qualifizierte Beweisurkunde):

a) Forderungsabtretung (notariell beglaubigte Abtretungsurkunde, vgl. § 403 BGB, oder eine öffentlich beglaubigte Abtretungsbestätigung des Zedenten und des Zessionars, BGH DGVZ 2019, 255);
b) Erbe (Erbschein, § 2353 BGB), dieser ggf. auch als „Rechtsnachfolger" des Testamentsvollstreckers, §§ 327, 728 Abs. 2 S. 1 ZPO;
c) Miterbe, aber Beschränkung nach § 2039 BGB (Erbschein);
d) Nacherbe als „Rechtsnachfolger" des Vorerben, §§ 326, 728 Abs. 1 ZPO (Erbschein);
e) Die Parteien kraft Amtes, nämlich Insolvenzverwalter, Nachlass- und Zwangsverwalter, Pfleger des Sammelvermögens nach § 1914 BGB, Testamentsvollstrecker vgl. § 749 ZPO (jeweils das gerichtliche Zeugnis über Amtsinhaberschaft, § 56 Abs. 2 InsO etc); umgekehrt auch der jeweilige Vermögensinhaber nach Wegfall des Amtes;
f) Pfändungspfandgläubiger (Pfändungs- und Überweisungsbeschluss);
g) Kanzleiabwickler nach § 55 BRAO (Bestallungsurkunde);
h) Vermögensübernehmer und Firmenübernehmer nach § 25 HGB, vgl. § 729 ZPO; Fälle der Verschmelzung und Vermögensübertragung nach dem Umwandlungsgesetz (beglaubigter Handelsregisterauszug), hier ist – wenn Rechtsnachfolge nicht offenkundig gem. § 727 Abs. 2 ZPO –, dann mit Beginn der Zwangsvollstreckung noch ein Auszug aus dem Register mit zuzustellen (BGH NZG 2013, 33); die Umwandlung selbst durch Formwechsel nach §§ 190 ff. UmwG ist dagegen keine Rechtsnachfolge sondern für den Titel wie ein Namenswechsel zu behandeln. Die Klausel wird dann nicht umgeschrieben sondern berichtigt. Hinsichtlich des Nachweises kann aber auf § 727 ZPO zurückgegriffen werden (vgl. *Lindemeier* RNotZ 2002, 41);
i) gesetzliche Forderungsübergänge, zB §§ 774, 426 BGB, § 6 EFZG, §§ 93, 94 SGB XII (mit rechtskräftiger Überleitungsanzeige), § 86 VVG;
j) nach Einstellung der Vorschussleistungen kann ein vom Land gem. § 7 Abs. 4 UVG erstrittener Unterhaltstitel auf das unterhaltsberechtigte Kind analog § 727 ZPO umgeschrieben werden (BGH NJW 2015, 3659).

6. Weitere Fälle auf Schuldnerseite:

a) Zunächst die Fälle oben 5. b., c., d., h., die auch als Nachfolge in die Verbindlichkeit in Betracht kommen (zT beschränkt oder beschränkbar);

b) die Parteien kraft Amtes oben 5. e., aber nur zT, zB der Insolvenzverwalter für die Aussonderungsrechte, während einfache Forderungen, auch wenn tituliert, zur Tabelle angemeldet werden müssen, vgl. §§ 87, 174 InsO;

c) Schuldübernahme und -beitritt (notarielle Vertragsurkunde);

d) bei Aufspaltung nach dem UmwG kann der Titel auf alle neuen Rechtsträger umgeschrieben werden, (OLG Frankfurt a. M. BB 2000, 1000);

e) Gesellschafterwechsel bei der GbR im Zusammenhang mit Grundvermögen, § 727 ZPO analog (BGH NJW 2011, 615). Eine Ausfertigung der erforderlichen Urkunden ist dem Gläubiger regelmäßig nach § 792 ZPO zu erteilen, → Form. III.A.9.

Kosten und Gebühren

7. a) Gericht: keine besonderen Gerichtsgebühren.

b) Anwalt: → Form. III.A.3, dh bei dem hier meist vorliegenden Fall der Erteilung einer weiteren Klausel erhält auch der Prozessanwalt eine gesonderte 0,3 Gebühr nach VV 3309 RVG, da § 19 Abs. 1 Nr. 13 RVG nicht eingreift.

Fristen und Rechtsmittel

8. → Form. III.A.3.

5. Klage auf Klauselerteilung (§ 731 ZPO)

An das . . . . .gericht . . . . .[1]
Klage
des . . . . .
– Kläger –
Prozessbevollmächtigte: . . . . .
gegen
. . . . .
– Beklagter –
wegen Feststellung einer Rechtsnachfolge, § 731 ZPO[2]
Streitwert: . . . . . EUR[3]
Namens und in Vollmacht des Klägers erhebe ich Klage und werde beantragen

festzustellen, dass der Kläger Rechtsnachfolger des . . . . . für die durch rechtskräftiges Urteil des Gerichtes in der Sache . . . . . gegen den Beklagten vom . . . . ., Az. . . . . ., titulierte Forderung ist und ihm entsprechend Vollstreckungsklausel zur Zwangsvollstreckung gegen den Beklagten zu erteilen ist.[4]

Begründung:

I.

Für . . . . . erging das im Antrag genannte Urteil auf Zahlung von . . . . . EUR zzgl. Zinsen und Kosten. Ich bitte die Akte des Vorprozesses beizuziehen. Mit Privaturkunde vom . . . . . trat . . . . . die Forderung an den Kläger ab.

Beweis: 1. anliegende Privaturkunde,
2. Zeugnis des . . . . ..

Wenige Tage später gab . . . . . seine Wohnung auf und verzog ohne Abmeldung mit unbekanntem Ziel, so dass notarielle Beurkundung, § 403 BGB, ausscheidet.[5]

Beweis: Unauffindbarkeitsbescheinigung der Meldebehörde

II.

Der Beklagte leistete nicht, obgleich ihm die Abtretung gem. § 409 Abs. 1 S. 2 BGB angezeigt und er zur Zahlung aufgefordert wurde.

Beweis: Aufforderungsschreiben und Gerichtsvollzieherzustellungsurkunde gem. § 132 Abs. 1 BGB, verbunden mit der oben vorgelegten Abtretungsurkunde.

Der Kläger hat Klauselerteilung gem. § 727 ZPO betrieben und beantragt, den Beklagten gem. § 730 ZPO zu hören, damit er die Rechtsnachfolge zugestehe.[6] Der Beklagte hat nicht Stellung genommen. Mangels Urkundsbeweises hat der Rechtspfleger die Klauselerteilung abgelehnt,[7] so dass Klage geboten ist.

Rechtsanwalt[8, 9]

Anmerkungen

1. Zuständig ist das erstinstanzliche Gericht des Vorprozesses, § 731 ZPO (beim Vollstreckungsbescheid vgl. § 796 Abs. 3 ZPO, bei vollstreckbarer Urkunde § 797 Abs. 5 ZPO).

2. Ungenau ist die Bezeichnung als Klage auf Vollstreckungsklausel. Der Beklagte und auch das Prozessgericht erteilen die Klausel nicht. Es wird die Rechtsnachfolge mit normalen Beweismitteln durch Urteil festgestellt. Damit kann der Titel nach § 727 ZPO umgeschrieben werden.

Der Vorteil gegenüber einer völlig neuen Klage ist der beschränkte Streitgegenstand: Hier ist nur die Rechtsnachfolge im Streit, nicht die Forderung selbst.

3. Streitwert ist der Wert des noch beizutreibenden Anspruches (OLG Köln Rpfleger 1969, 247).

4. Der Antrag kombiniert verschiedene gebräuchliche Antragsfassungen.

5. Sonst wäre § 727 ZPO gegeben und für § 731 ZPO fehlte das Rechtsschutzbedürfnis (Musielak/Voit/*Lackmann* ZPO § 731 Rn. 4).

6. Auch dies würde für § 727 ZPO ausreichen.

7. Ob stets zunächst ein Antrag nach §§ 727 ff. ZPO gestellt werden muss (damit der Schuldner die Klage durch Geständnis der Rechtsnachfolge erübrigen kann), ist strittig (dafür BLHAG ZPO § 731 Rn. 3; dagegen wohl zutreffend Zöller/*Seibel* ZPO § 731 Rn. 2; zweifelnd Musielak/Voit/*Lackmann* ZPO § 731 Rn. 5).

Nach BGH NJW 1987, 2863 soll die Klagmöglichkeit nach § 731 ZPO nicht eine normale neue Klage aus dem Schuldverhältnis ausschließen.

Kosten und Gebühren

8. a) Gericht: Normale Prozessgebühren, → Form. I.D.1, KV 1210 f. GKG.
b) Anwalt: Normale Prozessgebühren nach VV 3100 ff. RVG, gem. § 19 Abs. 1 Nr. 13 RVG.

Fristen und Rechtsmittel

9. Wie im normalen Prozessverfahren, → Form. I.D.1.

6. Zustellungsauftrag an Gerichtsvollzieher (§§ 192 ff. ZPO)

An das Amtsgericht . . . . .
Verteilungsstelle für Gerichtsvollzieheraufträge[1]
(oder: Herrn Obergerichtsvollzieher . . . . .[2])
In der Sache
. . . . .
gegen
. . . . .
überreiche ich[3] in Vollmacht des Gläubigers anliegend Ausfertigung und . . . . . beglaubigte Abschriften[4]
des Pfändungs- und Überweisungsbeschlusses des AG . . . . . vom . . . . . Az. . . . . .
zur Zustellung[5] an

1. Herrn . . . . . als Drittschuldner (bitte nicht an Frau . . . . . ersatzzustellen, da Schuldnerin, § 178 Abs. 2 ZPO),
2. dessen Ehefrau, Frau . . . . ., als Schuldnerin.[6]

Die mit Zustellungsurkunden versehene Ausfertigung erbitte ich zurück.
Mein Auftraggeber hat – keine – Prozesskostenhilfe.
Besondere Hinweise:
Zur Beurkundung der Drittschuldnererklärung gem. § 840 ZPO bitte ich die Zustellung an den Drittschuldner durch den Gerichtsvollzieher persönlich zu bewirken.[7]
Rechtsanwalt[8, 9]

Anmerkungen

1. § 192 Abs. 1 ZPO, §§ 14 Abs. 1, 22 GerVO, § 14 S. 1 GVGA: Bei dem für die Zustellanschrift zuständigen Amtsgericht, wenn der zuständige Gerichtsvollzieher nicht bekannt ist, (dessen Ermittlung wegen wechselnder Zuständigkeiten, Vertretung etc nur in Sonderfällen sinnvoll ist).

2. Zustellungen im Parteiauftrag werden vom Gerichtsvollzieher bewirkt, § 192 ZPO. Bei Vertretung beider Seiten durch Anwälte können Zustellungen ggf. kostensparend zwischen diesen direkt bewirkt werden, § 195 ZPO.

3. Bei alleinigem Zustellungsauftrag kein Formularzwang, § 1 Abs. 2 S. 1 GVFV.

4. Fehlen die Abschriften, so fertigt und beglaubigt der Gerichtsvollzieher sie, § 192 Abs. 2 ZPO – jedoch auf Kosten des Gläubigers (§ 13 GvKostG, Nr. 102 u. 700 KV GvKostG).

5. Die wirksame Zustellung des Titels ist Voraussetzung der Vollstreckung, § 750 Abs. 1 ZPO. Urteile werden von Amts wegen zugestellt, § 317 ZPO, ebenso der Vollstreckungsbescheid, soweit nichts anderes beantragt ist, § 699 Abs. 4 ZPO. Ist eine eigene

Zustellung wie bspw. bei Titeln gem. § 794 Abs. 1 Nr. 5 ZPO erforderlich, reicht für die Zustellung an eine GbR die Zustellung an ihren Geschäftsführer (soweit vorhanden) oder ansonsten an einen ihrer Gesellschafter (BGH NJW 2006, 2191). Den Pfändungsbeschluss muss der Gläubiger gem. §§ 191 ff. ZPO zustellen lassen, § 829 Abs. 2 S. 1 ZPO, meist durch Vermittlung der Gerichtsgeschäftsstelle, § 192 Abs. 3 ZPO. Obwohl Zustellung durchgängig Vollstreckungsvoraussetzung ist, § 750 ZPO (Ausnahme: Arrest, § 929 Abs. 3 ZPO), erfolgt sie also nur in Eil- und Sonderfällen im direkten Auftrag des Gläubigers.

Bei Vollstreckung wird meist der Zustellungsauftrag gem. § 750 Abs. 1 S. 1 ZPO mit dem Vollstreckungsauftrag verbunden, → Form. III.B.1. Bei Sicherungsvollstreckung nach § 720a ZPO muss aber nach § 750 Abs. 3 ZPO der Titel zwei Wochen vor Vollstreckungsbeginn zugestellt werden; nur in den Fällen des § 750 Abs. 2 ZPO gilt diese Frist auch für die Vollstreckungsklausel (BGH NJOZ 2005, 3304).

6. Anzugeben ist eine vom Gläubiger zu ermittelnde zustellfähige Anschrift, vgl. iÜ §§ 178 ff. ZPO.

7. Die Zustellung kann der Gerichtsvollzieher auch durch Aufgabe zur Post bewirken, § 193 Abs. 1 S. 2 ZPO. Beim Pfändungsbeschluss soll das aber nicht ausreichen, um beim Drittschuldner nach § 840 ZPO dessen Schadensersatzpflicht zu begründen (→ Form. III. B.8 Anm. 4). Daher ist vorsorglich vom Gerichtsvollzieher in Person zuzustellen.

Kosten und Gebühren

8. a) Anwalt: keine besondere Gebühr, § 19 Abs. 1 Nr. 16 RVG, außer etwa bei einem Einzelauftrag des RA nur für die Zustellung.
b) Gerichtsvollzieher: 10 EUR für pers. Zustellung, KV 100 GvKostG.

Fristen und Rechtsmittel

9. Unbefristete Erinnerung, § 766 ZPO, → Form. III.A.15. Nach OLG Karlsruhe DGVZ 2016, 227 Antrag auf gerichtliche Entscheidung nach §§ 23 ff. EGGVG.

7. Antrag auf weitere vollstreckbare Ausfertigung (§ 733 ZPO)

An das
. . . . .gericht . . . . .[1]
In . . . . .[2]
beantrage ich,
dem Gläubiger eine zweite vollstreckbare Ausfertigung[3] des Urteils vom . . . . . Az. . . . . . gegen den Schuldner zu 2.) zu erteilen.

Begründung:

In dem genannten Urteil war der Schuldner zu 2.) gemeinsam mit der Schuldnerin zu 1.), seiner damaligen Ehefrau, als Gesamtschuldner verurteilt.[4] Die Schuldner sind geschieden. Gegen die Schuldnerin zu 1.) vollstreckt der Gläubiger zurzeit mit Haftauftrag.

Beweis: beigefügte Kopie des Haftauftrages

Der Gläubiger erfuhr, dass der Schuldner zu 2.) in . . . . . wohnt. Um gegen ihn zu vollstrecken,[5] benötigt der Gläubiger eine zweite vollstreckbare Ausfertigung gegen diesen Schuldner.[6]
Rechtsanwalt[7, 8]

Anmerkungen

1. Zuständig der Rechtspfleger (§ 20 Abs. 1 Nr. 12 RPflG) des Prozessgerichtes. Für die Fälle von verwahrten gerichtlichen und behördlichen Urkunden sowie Notarurkunden s. § 797 Abs. 3 S. 2 ZPO.

2. Kurzrubrum mit Az. → Form. III.A.1.

3. Weitere Ausfertigungen sollen jeweils als 2. etc bezeichnet werden, § 733 Abs. 3 ZPO. Fehlen macht aber nicht unwirksam (BLHAG ZPO § 733 Rn. 7).

4. Ein Fall von § 733 ZPO ist die gleichzeitige Vollstreckung gegen mehrere Gesamtschuldner (BLHAG ZPO § 733 Rn. 5). Die Regelung im Mahnverfahren (1 Titel gegen jeden Gesamtschuldner) zeigt, dass ohne besondere Voraussetzungen ein vollstreckbarer Titel pro Gesamtschuldner erteilt wird. Sonst wäre die haftungserweiternde Wirkung der Gesamtschuld faktisch eingeschränkt.

5. Der Gläubiger muss sein Rechtsschutzbedürfnis glaubhaft machen, meist, indem er den betreffenden Sachverhalt eidesstattlich versichert (OLG Saarbrücken Rpfleger 2007, 673). Ggf. reicht die bloße Tatsache der Gesamtschuld (vgl. oben 4.). Die Angabe des konkreten Anlasses ist aber jedenfalls zweckmäßig.
Der Schuldner erhält die Mitteilung nach § 733 Abs. 2 ZPO.

6. Weitere Fälle von § 733 ZPO sind zB:
a) Verlust der ersten Ausfertigung (OLG Saarbrücken Rpfleger 2007, 673);
b) versehentliche Aushändigung an Schuldner vor Tilgung (BLHAG ZPO § 733 Rn. 4; OLG Düsseldorf MDR 2013, 427);
c) Beschädigung, erschwerte Lesbarkeit oder Unübersichtlichkeit der ersten Ausfertigung, unter deren Rückgabe. Dann aber Neuerteilung nach § 724 ZPO, nicht nach § 733 ZPO;
d) bei gleichzeitiger Vollstreckung an mehreren Orten oder im Wege verschiedener Vollstreckungsarten (Musielak/Voit/*Lackmann* ZPO § 733 Rn. 6).

Weitere Fälle bei BLHAG ZPO § 733 Rn. 4–6.

Kosten und Gebühren

7. a) Gericht: 22 EUR Festgebühr gem. KV 2110 GKG
b) Anwalt: 0,3 Gebühr nach VV 3309 RVG, gem. § 18 Abs. 1 Nr. 5 RVG

Fristen und Rechtsmittel

8. → Form III.A.3.

8. Antrag auf Rubrumsberichtigung (§§ 319, 727 ZPO)

An das
. . . . . gericht . . . . .[1]
In . . . . .[2]
überreiche ich anliegend Vollstreckungsbescheid des dortigen Gerichts vom . . . . . und beantrage,[3]
die Schuldnerbezeichnung dahin zu ergänzen, dass die Schuldnerin jetzt den Familiennamen . . . . . trägt.

Begründung:

Gemäß beigefügter standesamtlicher Urkunde[4] **vom . . . . . führt die Schuldnerin jetzt durch Namensänderung**[5] **den Familiennamen . . . . .. Um die Feststellung der Nämlichkeit bei Fortsetzung der Vollstreckung zu erleichtern,**[6] **bitte ich um entsprechende Ergänzung.**
Rechtsanwalt[7, 8]

Anmerkungen

1. Zuständigkeit bei dem Gericht, das den Titel erließ. Die Fälle betreffen nur Berichtigung oder Ergänzung des Rubrums nach der Entscheidung. Zur Rubrumsberichtigung im Prozess → Form. I.J.4.

Berichtigung oder Ergänzung liegt vor, wenn bei Identität der Vollstreckungspartei deren Bezeichnung oder Name sich ändert (einschließlich des Wechsels oder Wegfalls gesetzlicher Vertreter).

Bei Parteiwechsel dagegen nur Titelumschreibung, → Form. III.A.4, 5.

2. Kurzrubrum mit Az. → Form. III.A.1.

3. Ist die Identität einer Vollstreckungspartei unklar, können sich daraus Verzögerungen für die Vollstreckung ergeben. Soweit sie durch Auslegung feststellbar ist, kann dies auch durch das Vollstreckungsorgan geschehen (BGH NJW 2010, 2137). Für die vollstreckende Partei kann es aber gleichwohl von Interesse sein, eine Berichtigung des Titels in entsprechender Anwendung von § 319 ZPO oder eine titelergänzende Klausel analog § 727 ZPO zu beantragen. Beides wird für zulässig erachtet (vgl. BLHAG ZPO § 750 Rn. 4; Musielak/Voit/*Lackmann* ZPO § 750 Rn. 14). Liegt lediglich eine nachträgliche Namensänderung vor, ist der neue Name bei Erteilung der Klausel kenntlich zu machen (sofern eine solche erteilt wird). Bei bereits erteilter Klausel ist der neue Name als klarstellender Zusatz beizuschreiben (BGH NJW-RR 2021, 226; Zöller/*Seibel* ZPO § 727 Rn. 31 ff.; Musielak/Voit/*Lackmann* ZPO § 727 Rn. 1a). Dann ist weiter der Urkundsbeamte zuständig, öffentliche oder öffentlich beglaubigte Urkunden sind nicht zwingend erforderlich, und die geänderte Klausel muss nicht erneut zugestellt werden (Zöller/*Seibel* ZPO § 727 Rn. 33).

Aus einem Vollstreckungsbescheid wird ohne Klausel vollstreckt, § 796 Abs. 1 ZPO, so dass hier nur die Möglichkeit der Berichtigung gem. § 319 ZPO bleibt.

4. Andere Nachweise wären zB Einwohnermeldeamtsbescheinigungen, Gerichtsvollzieherprotokolle oder schriftliche Bestätigung des Schuldners.

5. Weitere Fälle der praktisch nicht unwichtigen Berichtigung oder Ergänzung zB:
a) fehlerhafte Namensschreibung, fehlender Vorname oder Vorname nur mit Anfangsbuchstaben,
b) Alias-Namen, Künstlernamen, Spitznamen,

c) Ergänzung, Wechsel oder Wegfall bei gesetzlichen Vertretern,
d) Privatname des Inhabers einer Einzelfirma bei Titel auf Firmenbezeichnung, § 17 Abs. 2 HGB (vgl. OLG Frankfurt a. M. Rpfleger 1973, 64).

Vgl. iÜ zu allem immer noch *Petermann* Rpfleger 1973, 153 ff.

6. Kann die Identität der Partei vom Vollstreckungsorgan ohne besondere Ermittlungen festgestellt werden, etwa weil der Namenswechsel durch qualifizierte – zB über § 792 ZPO beschaffte – amtliche Urkunde belegt ist, ist zu vollstrecken, ohne dass es vorheriger Titelberichtigung bedarf (Zöller/*Seibel* ZPO § 750 Rn. 9).

Kosten und Gebühren

7. a) Gericht: keine besondere Gerichtsgebühr.
b) Anwalt: keine besondere Gebühr, § 19 Abs. 1 Nr. 6 u. 13 RVG, außer in den Sonderfällen, in denen die Anwaltstätigkeit auf diesen Antrag beschränkt ist.

Fristen und Rechtsmittel

8. Bei Antrag auf Ergänzung der Vollstreckungsklausel, Rechtsmittel → Form. III.A.1; bei Antrag entsprechend § 727 ZPO, → Form. III.A.3.

9. Antrag auf Urkundenerteilung für Gläubiger (§ 792 ZPO)

An das
Amtsgericht . . . . .
Nachlassgericht[1]

Antrag auf Erbscheinserteilung
In der Nachlasssache
. . . . .
zuletzt wohnhaft . . . . .

beantrage ich namens und in Vollmacht des Gläubigers . . . . . die Erteilung eines Erbscheins nach dem am . . . . . in . . . . . verstorbenen Kaufmann . . . . ., wonach dessen Sohn, der Kaufmann . . . . ., sein alleiniger Erbe ist.
Über die erbrechtlichen Verhältnisse überreiche ich anliegend eidesstattliche Versicherung meines Mandanten in notariell beglaubigter Form.[2]
Ich bitte, die Herbeischaffung der erforderlichen Familienstandurkunden gem. § 26 FamFG dem Erben aufzugeben.[3]
Das Antragsrecht meines Mandanten ergibt sich aus § 792 ZPO.[4] Gemäß dem beigefügten vollstreckbaren Urteil des LG . . . . . vom . . . . . Az. . . . . . war der Verstorbene Schuldner meines Mandanten. Dieser benötigt den Erbschein, um für den Titel gem. § 727 ZPO eine vollstreckbare Ausfertigung gegen den Erben zu erlangen.[5]
Rechtsanwalt[6]

Anmerkungen

1. Zuständig ist das AG, in dessen Bezirk der Erblasser den letzten Wohnsitz, hilfsweise den letzten Aufenthaltsort hatte, § 343 FamFG.

2. Die nach § 352 Abs. 3 S. 3 FamFG erforderliche Versicherung kann auch der Gläubiger abgeben (BLHAG ZPO § 792 Rn. 3), vor dem Notar oder dem Gericht, § 352 Abs. 3 S. 3 FamFG; → Form. II.L.20.

3. Es besteht Amtsermittlungspflicht und Beweiserhebungsmöglichkeit, § 26 FamFG. Der Gläubiger kann also auch entsprechende Beweise, etwa Zeugen, anbieten, soweit er Urkunden nicht, auch nicht nach § 792 ZPO, beschaffen kann.

4. Der Gläubiger muss sich durch den Vollstreckungstitel legitimieren. Ist bereits ein Erbschein erteilt, so ist dem Gläubiger eine Ausfertigung zu erteilen, § 792 ZPO mit § 357 Abs. 2 S. 1 FamFG.

Der Erbschein wird auch bei der Vollstreckung in Grundstücke des Erblassers nach § 867 ZPO oder § 17 ZVG benötigt (§§ 14, 39 GBO), soweit die Vollstreckung nicht noch nach § 779 ZPO fortgesetzt werden kann.

5. § 792 ZPO nennt den Erbschein nur beispielhaft. Andere Fälle wären die Zeugnisse der Parteien kraft Amtes, → Form. III.A.4 Anm. 5, wenn gegen diese vollstreckt werden soll. Wohl auch anwendbar für Bescheide über behördliche Leistungen an Schuldner (Arbeitslosengeld), die Gläubiger für Billigkeitsvortrag nach § 54 SGB I ggf. benötigt. Denn § 792 ist weit auszulegen (vgl. BLHAG ZPO § 792 Rn. 4).

Kosten und Gebühren

6. Die Kosten richten sich nach den für den jeweiligen Antrag geltenden Vorschriften, beim Erbscheinsantrag also KV 12210 ff. GNotKG (Gerichtskosten) und VV 3100 f. RVG (Anwaltskosten).

Die Antragskosten und die Kosten etwa erforderlicher Beurkundungen sind solche der Vollstreckung, also nach § 788 ZPO zu behandeln.

10. Antrag auf Festsetzung von Vollstreckungskosten (§ 788 Abs. 2 ZPO)

An das
Amtsgericht . . . . .
Vollstreckungsgericht[1]

Antrag auf Kostenfestsetzung nach § 788 Abs. 2 ZPO[2]

In der Vollstreckungssache
. . . . .
– Gläubiger –
gegen
. . . . .
– Schuldner –

beantrage ich namens und in Vollmacht des Gläubigers, die nachfolgend spezifizierten und belegten Kosten der bisherigen Zwangsvollstreckung gegen den Schuldner festzusetzen und die Verzinsung des Gesamtbetrages iHv 5 Prozentpunkten über dem Basiszinssatz ab Eingang dieses Antrages auszusprechen:[3]

1. Anwalts- und Gerichtsvollzieherkosten der Mobiliarpfändung
vom . . . . EUR

2. Anwalts-, Gerichts- und Zustellkosten des Pfändungsbeschlusses vom . . . . EUR

3. . . . . .

Zusammen . . . . . EUR

Die benannten Kosten wurde bisher weder festgesetzt noch wurde deren Festsetzung abgelehnt. Die Kostenbelege sind beigefügt.[4]

Rechtsanwalt[5, 6]

Anmerkungen

1. Zuständig ist nach § 788 Abs. 2 ZPO das Vollstreckungsgericht, in dessen Bezirk zurzeit der Antragstellung ein Vollstreckungsverfahren (auch durch Gerichtsvollzieher oder Grundbuchamt) anhängig ist oder zuletzt war. Sind noch mehrere Verfahren anhängig, hat der Gläubiger die Gerichtsstandwahl (MüKoZPO/*K. Schmidt/Brinkmann* § 788 Rn. 42). Bei den vom Prozessgericht durchgeführten Vollstreckungsmaßnahmen nach §§ 887, 888 und 890 ZPO ist dieses zuständig, § 788 Abs. 2 S. 2 ZPO. Dieselbe Zuständigkeitsregelung gilt auch für Kostenfestsetzungsanträge des Anwalts gegen seinen Auftraggeber nach § 11 RVG (BGH NJW 2005, 1273).

2. Diese Festsetzung wird man betreiben, wenn die Vollstreckungskosten erheblich und kurzfristige Vollstreckungserfolge nicht absehbar sind. Sie bringt verschiedene Vorteile:
a) Die Kosten werden als notwendig iSv § 788 Abs. 1 ZPO festgestellt.
b) Sie werden für die Zukunft verzinslich.
c) Bei weiteren Vollstreckungen muss man nicht mehr die zahlreichen Einzelbelege beifügen, sondern nur noch den darüber erlassenen Kostenfestsetzungsbeschluss.

Auch notwendige Kosten aus einem Drittschuldnerprozess können nach § 788 ZPO festgesetzt werden. Ein erfolgloser Vollstreckungsversuch gegen den Drittschuldner ist nicht erforderlich (BGH NJW 2019, 1816). Dies gilt ebenso für Kosten der Drittschuldnerklage im Arbeitsgerichtsprozess (BGH NJW 2006, 1141).

3. Der Zinsantrag muss entsprechend § 104 Abs. 1 S. 2 ZPO gesondert gestellt werden.

4. Der Antrag selbst muss eine hinreichend detaillierte Kostenberechnung mit Angabe der einzelnen Gebühren und Auslagen enthalten (vgl. BGH NJW 2019, 679). Jeder Betrag ist zu belegen, wie bei Mitvollstreckung von Vollstreckungskosten nach § 788 Abs. 1 S. 1 ZPO (→ Form. III.B.1 Anm. 4).

Kosten und Gebühren

5. a) Gericht: keine besondere Gebühr.
b) Anwalt: keine besondere Gebühr, § 19 Abs. 1 Nr. 14 RVG.

Fristen und Rechtsmittel

6. Wie bei der Kostenfestsetzung nach § 104 ZPO, dh sofortige Beschwerde, § 104 Abs. 3 S. 1 ZPO mit § 11 Abs. 1 RPflG, wenn der Wert des Beschwerdegegenstandes 200 EUR übersteigt, § 567 Abs. 2 ZPO; bei Beträgen bis 200 EUR Rechtspflegererinnerung, § 11 Abs. 2 RPflG.

11. Antrag auf richterliche Durchsuchungsanordnung für die Schuldnerwohnung (§ 758a ZPO)

Raum für Eingangsstempel

Amtsgericht ______________________

Vollstreckungsgericht (2)

____

____

1

(1) **Antrag auf Erlass einer richterlichen** (3) **Durchsuchungsanordnung**

Es wird beantragt, auf Grund der nachfolgenden Angaben

☐ des anliegenden Schuldtitels / der anliegenden Schuldtitel sowie der beiliegenden Unterlagen:

☐ Vollstreckungsprotokoll /-e

☐ Mitteilung /-en des Vollstreckungsorgans (4)

☐ Akten des Vollstreckungsorgans

☐ (5) ______________________

____

____

entsprechend nachstehendem Entwurf die Anordnung zur Durchsuchung der Wohnung (6) (Privatwohnung bzw. Arbeits-, Betriebs-, Geschäftsräume) **nach § 758a Absatz 1 der Zivilprozessordnung – ZPO – zu erlassen.**

Anhörung des Schuldners

Hinweise für den Antragsteller: Der Schuldner muss grundsätzlich vor Erlass einer Durchsuchungsanordnung angehört werden. (7) Falls von einer vorherigen Anhörung des Schuldners aus Sicht des Antragstellers **ausnahmsweise** abgesehen werden muss, ist eine Begründung erforderlich.

☐ Eine **Anhörung** des Schuldners vor Erlass der Durchsuchungsanordnung würde den Vollstreckungserfolg aus den nachstehenden Gründen gefährden:

Bitte darstellen,

(1) warum von einer vorherigen Anhörung abgesehen werden muss,

(2) welche gewichtigen Interessen durch eine vorherige Anhörung konkret gefährdet wären, die die Überraschung des Schuldners erfordern.

Die Angaben sind durch die Vorlage entsprechender Unterlagen, soweit vorhanden, nachzuweisen.

____

____

____

____

____

____

____

____

☐ Um direkte Weiterleitung an den zuständigen Gerichtsvollzieher wird gebeten.

Datum (Unterschrift Antragsteller/-in)

Hinweis: (8)

Soweit für den Antrag eine zweckmäßige Eintragungsmöglichkeit in diesem Formular nicht besteht, können Anlagen genutzt werden.

2

Amtsgericht Anschrift:	
Geschäftszeichen:	

BESCHLUSS
(Durchsuchungsermächtigung)
in der Zwangsvollstreckungssache

des/der Herrn/Frau/Firma ⑨		– Gläubiger –
vertreten durch Herrn/Frau/Firma		
Aktenzeichen des Gläubigervertreters		

gegen

Herrn/Frau/Firma		– Schuldner –
vertreten durch Herrn/Frau/Firma		
Aktenzeichen des Schuldnervertreters		

Auf Antrag des Gläubigers wird auf Grund des Vollstreckungstitels/der Vollstreckungstitel ⑩
(den oder die Titel bitte nach Art, Gericht/Notar, Datum, Geschäftszeichen etc. bezeichnen)

☐ wegen der Gesamtforderung in Höhe von €

☐ wegen einer Teilforderung in Höhe von €

☐ wegen einer Restforderung in Höhe von €

der zuständige Gerichtsvollzieher ermächtigt, zum Zweck der Zwangsvollstreckung die Durchsuchung

☐ der Privatwohnung in (vollständige Anschrift)

☐ der Arbeits-, Betriebs-, Geschäftsräume in (vollständige Anschrift)

des Schuldners durchzuführen (§ 758a Absatz 1 ZPO).

3

Die Ermächtigung ist auf die Dauer von ____ ⑪ Monat/-en von heute an befristet und umfasst im Rahmen der angeordneten Durchsuchung die Befugnis, verschlossene Haustüren, Zimmertüren und Behältn sse öffnen zu lassen und Pfandstücke zum Zweck ihrer Verwertung an sich zu nehmen (Artikel 13 Absatz 2 des Grundgesetzes, § 758a Absatz 1 ZPO).

Die Ermächtigung gilt zugleich für das Abholen der Pfandstücke.

☐ Die Durchsuchung der Wohnung (Privatwohnung bzw. Arbeits-, Betriebs-, Geschäftsräume) wird

☐ auf folgende Zeiten beschränkt:

☐ zeitlich nicht beschränkt. ⑫

⑬ ⑭

(Vom Gericht auszufüllen)

Gründe

(Datum)	(Unterschrift Richter am Amtsgericht)	(Datum)	(Unterschrift Urkundsbeamter der Geschäftsstelle)

Anmerkungen

1. Das hier abgedruckte amtliche Form. für den Antrag auf Erlass einer Durchsuchungsanordnung ist zwingend zu verwenden ist, § 758a Abs. 6 S. 2 ZPO iVm § 1 und § 3 ZVFV. Mit der Verordnung zur Änderung der Zwangsvollstreckungsformular-Verordnung v. 16.6.2014 wurde es erstmals aktualisiert, wobei dies lediglich den Hinweis auf S. 1 des Form. betrifft. Anträge ohne Verwendung des amtlichen Form. sind unzulässig.

Der BGH legt die Zwangsvollstreckungsformular-Verordnung verfassungskonform und gläubigerfreundlich aus (BGH NJW 2014, 3160). Der Gesetzgeber hat die Kritik in der Änderungsverordnung aufgenommen und die einzelnen Punkte abgearbeitet.

So sind gem. § 3 Abs. 2 Nr. 1–3 ZVFV unwesentliche Änderungen der Größe der Schrift, unwesentliche Änderungen sonstiger Formularelemente und die Verwendung nur der Farben Schwarz und Weiß sowie von Grautönen zulässig, soweit die Lesbarkeit nicht beeinträchtigt wird.

Nach § 758a Abs. 1 S. 2 ZPO ist die Vollstreckung ohne Durchsuchungsanordnung bei Gefahr im Verzuge zugelassen, zB bei konkreten Anhaltspunkten für drohende Vollstreckungsvereitelung (BVerfG NJW 2001, 1121). Ob Gefahr im Verzuge vorliegt, entscheidet der Gerichtsvollzieher (näher *Behr* NJW 1992, 2125; *van den Hövel* NJW 1993, 2031).

Zumindest bei ohne mündliche Verhandlung erlassenen Arresten und einstweiligen Verfügungen wird der glaubhaft gemachte Arrestgrund zugleich die Gefahr im Verzuge implizieren (vgl. Zöller/*Seibel* ZPO § 758a Rn. 30 mwN; *Herdegen* NJW 1982, 368 str.). Lehnt der Gerichtsvollzieher Vollstreckung ohne Beschluss ab, sollte man anstelle einer Erinnerung dagegen den hiesigen Antrag stellen.

2. Zuständig ist gem. § 758a Abs. 1 ZPO das Amtsgericht des Vollstreckungsortes, dort der Richter, nicht der Rechtspfleger.

3. Das BVerfG und jetzt das Gesetz nehmen sehenden Auges (BVerfG NJW 1979, 1539) in Kauf, dass der Schuldner zunächst den Gerichtsvollzieher abweist und bis zu dessen Wiedererscheinen mit Durchsuchungsbeschluss pfändbare Habe beiseiteschafft oder darüber verfügt (zu den Auswirkungen OLG Köln NJW 1980, 1531; *Schneider* NJW 1980, 2377). Immerhin kann der Gläubiger die Durchsuchungsverweigerung des Schuldners zum Anlass nehmen, direkt zur Abgabe der Vermögensauskunft überzugehen, vgl. § 807 Abs. 1 Nr. 1 ZPO.

4. Dem Antrag wird idR das erforderliche Rechtsschutzbedürfnis fehlen, wenn dem Schuldner keine Gelegenheit eingeräumt wurde, die Durchsuchung freiwillig zu gestatten (Hk-ZV/*Sievers* § 758a Rn. 12). Dementsprechend sind hier die entsprechenden Belege/Protokolle des Gerichtsvollziehers beizufügen.

5. Das Form. dürfte nur verbindlich sein für Anträge auf Durchsuchung nach § 758a Abs. 1 ZPO und nicht für Anträge auf Durchsuchung zur Nachtzeit und an Sonn- und Feiertagen gem. § 758a Abs. 4 ZPO, denn § 758a Abs. 6 ZPO verweist nicht auf diese erweiterte Vollstreckungsmöglichkeit. Soll von vornherein ein solch erweiterter Durchsuchungsbeschluss ergehen, sollte dieser hier beantragt und auf einem extra Blatt als Anlage umfassend begründet werden.

6. Der Begriff der Wohnung iSv Art. 13 GG wird in der Rspr. des BVerfG weit ausgedehnt (BVerfG NJW 1998, 1627 mwN). Er umfasst danach auch Nebenräume und Geschäftsräume, selbst solche, die der Inhaber der Öffentlichkeit zugänglich gemacht hat.

7. Dem Schuldner ist grds. vor der Entscheidung rechtliches Gehör zu gewähren, Art. 103 GG. Die Sicherung gefährdeter Interessen kann jedoch in besonderen Verfahrenslagen einen sofortigen Zugriff notwendig machen, der die vorherige Anhörung ausschließt (BVerfG NJW 1981, 2111). IdR wird bei vorheriger Anhörung des Schuldners eine Gefährdung des Vollstreckungserfolgs vorliegen (Hk-ZV/*Sternal* § 758a Rn. 13). Dies ist in einer Anlage gesondert zu begründen. Es bleibt abzuwarten, ob die Anforderungen des Form. („ausführliche Begründung", „Nachweis durch Vorlage entsprechender Unterlagen") zu einer Änderung der gerichtlichen Praxis führen werden.

8. Der gesetzliche Hinweis beruht auf der Entscheidung BGH NJW 2014, 3160 und stellt klar, wo der Formularzwang seine Grenzen findet.

9. Der Formularzwang gilt nicht für die Verwaltungsvollstreckung des Fiskus nach der Abgabenordnung (BGH NJW-RR 2014, 1023).

10. Die Anordnung ist erforderlich für alle Titel, die nicht direkt die Durchsuchung implizieren, wie die Titel zur Herausgabe von Räumen (nicht aber von sonstigen Sachen) oder der Haftbefehl nach § 802g ZPO, vgl. § 758a Abs. 2 ZPO.

11. Das Form. sieht eine Befristung der Ermächtigung in Monaten vor. Hiergegen ist schon im Vorfeld der Regelung Kritik geäußert worden mit dem Hinweis, dass Bearbeitungszeiten aufgrund der Belastungen der Gerichtsvollzieher 12 Monate durchaus überschreiten könnten. Es ist unklar, wo die rechtliche Höchstgrenze liegt. Das BVerfG hat für die Vollstreckung nach der StPO eine Höchstgrenze von sechs Monaten als noch grundrechtskonform angesehen (BVerfG NJW 1997, 2165); 3 bis Monate nach LG Nürnberg-Fürth BeckRS 2017, 152405; Hk-ZV/*Sternal* Rn. 14: zB höchstens drei Monate.

12. Die Vollstreckung zur Nachtzeit (21 Uhr bis 6 Uhr, § 758a Abs. 4 S. 2 ZPO) und an Sonn- und Feiertagen liegt im pflichtgemäßen Ermessen des Gerichtsvollziehers, § 758a Abs. 4 ZPO, in Wohnungen aber nur, wenn richterliche Durchsuchungsanordnung für die Vollstreckung als solche und zur Nachtzeit bzw. an Sonn- und Feiertagen vorliegt, § 758a Abs. 4 S. 1 letzter Halbsatz ZPO (BGH NJW-RR 2005, 146). Eine Vollstreckung zur Unzeit ist dann zweckmäßig, wenn entweder der Schuldner bspw. nur zur Nachtzeit zu Hause ist oder ein Betrieb nur nachts geöffnet hat, vgl. Hk-ZV/*Sternal* § 758a Rn. 21.

Die Begründung des Antrags auf „zeitlich unbeschränkte Durchsuchung" sollte gem. → Anm. 5 auf einem gesonderten Blatt beigefügt werden, AG Segeberg BeckRS 2014, 00340.

Das amtliche Form. ist hier in seiner Ausgestaltung mit den zu setzenden Kreuzen unglücklich gestaltet. Eine explizite Ankreuzmöglichkeit für die Durchsuchung auch zur Unzeit wäre sinnvoller gewesen. So kann der Gläubiger hier für diesen Fall nur „zeitlich nicht beschränkt" ankreuzen. Der Richter wird dies dann in seiner Begründung hinreichend klarstellen müssen.

Kosten und Gebühren

13. a) Gericht: keine besondere Gebühr.

b) Anwalt: keine besondere Gebühr, neben der für die mit der Durchsuchung durchgesetzten Vollstreckungsmaßnahme, § 19 Abs. 2 Nr. 1 RVG.

Rechtsmittel

14. Rechtsbehelf ist für den Gläubiger bei Ablehnung der Anordnung die sofortige Beschwerde, § 567 Abs. 1 Nr. 2 ZPO. Für den Schuldner ist die Erteilung der Anordnung nicht gesondert anfechtbar, da keiner der Fälle von § 567 Abs. 1 ZPO vorliegt (aA, jeweils sofortige Beschwerde nach § 793 ZPO, Musielak/Voit/*Lackmann* ZPO § 758a Rn. 24 mwN).

Rechtsbehelfe in der Zwangsvollstreckung

12. Erinnerung gegen Erteilung der Vollstreckungsklausel (§ 732 ZPO) mit Antrag auf einstweilige Einstellung

An das
. . . . .gericht . . . . .[1]
Az. . . . . .

Erinnerung nach § 732 ZPO

In der Sache
. . . . .
– Gläubiger –
gegen
. . . . .
– Schuldner –
beantrage ich namens und in Vollmacht des Schuldners zu beschließen:
„Die Zwangsvollstreckung aus der für die vollstreckbare notarielle Urkunde des Notars . . . . . vom . . . . . URNr. . . . . . von Notar . . . . . erteilten Vollstreckungsklausel vom . . . . .[2] **wird für unzulässig erklärt.**[3] **Der Gläubiger trägt die Kosten dieses Antragsverfahrens."**
Ich beantrage ferner, vorab durch einstweilige Anordnung zu beschließen:
„Die Zwangsvollstreckung aus der für die notarielle Urkunde des Notars . . . . . vom . . . . . URNr. . . . . . von Notar . . . . . erteilten Vollstreckungsklausel vom . . . . . wird einstweilen eingestellt.[4]**"**

Begründung:

Der Schuldner hat sich in der notariellen Urkunde der sofortigen Zwangsvollstreckung unterworfen. Der Gläubiger hat Notar . . . . . in seiner Eigenschaft als Rechtsanwalt mit der Vollstreckung aus der Urkunde beauftragt. Dieser hat selbst die Klausel erteilt, obgleich er insoweit von der Amtstätigkeit ausgeschlossen ist (LG Hildesheim NJW 1962, 1257). Daher ist die Klauselerteilung nichtig.[5]
Rechtsanwalt[6, 7]

Anmerkungen

1. Zuständig ist bei Urteilen das Gericht, dessen Geschäftsstelle (oder dessen Rechtspfleger in den Fällen von §§ 726 ff. ZPO) die Klausel erteilt hat, § 732 Abs. 1 ZPO, also das Gericht nach § 724 Abs. 2 ZPO. Bei der vollstreckbaren notariellen Urkunde ist das AG zuständig, in dessen Bezirk der Notar seinen Amtssitz hat, § 797 Abs. 3 ZPO.

2. Die Vollstreckungsklausel für vollstreckbare notarielle Urkunden, § 794 Abs. 1 Nr. 5 ZPO wird vom amtierenden Notar erteilt, § 797 Abs. 2 ZPO. Die Voraussetzungen für die Vollstreckbarkeit sind ggf. durch Auslegung des Titels zu ermitteln (BGH NJW-RR 2011, 424).

3. Die Antragsformel ergibt sich aus § 775 Nr. 1 ZPO.

4. Hier ergibt sich die Formel aus § 775 Nr. 2 ZPO.

5. Mit der Klauselerinnerung können nur Fehler formeller Art beanstandet werden (BGH NJW-RR 2006, 567; NJW 2009, 1887). S. hierzu iE Zöller/*Seibel* ZPO § 732 Rn. 6–12. Dies ist zB der fehlende Nachweis des Eintritts einer Bedingung iSd § 726 Abs. 1 ZPO durch öffentliche oder öffentlich beglaubigte Urkunde. Anders bei vereinbartem Nachweisverzicht (BGH NJW 2020, 3600).

Neben der Einwendung nach § 732 ZPO kann ggf. die Klage aus § 768 ZPO stehen, § 768 S. 1 letzter Hs. ZPO (→ Form. III.A.18).

Kosten und Gebühren

6. a) Gericht: keine besondere Gebühr; aber Kostenentscheidung erforderlich.
b) Anwalt: nach § 18 Abs. 1 Nr. 4 RVG gesonderte 0,5 Gebühr gem. VV 3500 RVG, sowohl für Anwalt des Schuldners als auch für Anwalt des Gläubigers (LG Freiburg NJW-Spezial 2010, 221; aA Musielak/Voit/*Lackmann* ZPO § 732 Rn. 11: 0,3 Gebühr gem. VV 3309 RVG).
c) Gegenstandswert: Wert des zu vollstreckenden Anspruches.

Fristen und Rechtsmittel

7. Für Gläubiger und Schuldner sofortige Beschwerde, § 567 Abs. 1 ZPO (näher BLHAG ZPO § 732 Rn. 12–14).

13. Allgemeiner Vollstreckungsschutzantrag (§ 765a ZPO)

An das
Amtsgericht . . . . .
Vollstreckungsgericht[1]

Antrag nach § 765a ZPO
In der Vollstreckungssache

der . . . . . (ladungsfähige Anschrift),
– Gläubigerin –
gegen
den . . . . . (ladungsfähige Anschrift)
– Schuldner –

wegen Zwangsversteigerung, Az. . . . . . des dortigen Gerichts.
Namens und in Vollmacht des Schuldners beantrage ich zu beschließen:

1. **Das bei diesem Gericht anhängige Zwangsversteigerungsverfahren, Az. . . . . ., für das Grundstück . . . . . (Anschrift), eingetragen im Grundbuch von . . . . . Band . . . . . Blatt . . . . ., wird vorläufig eingestellt.**
2. **Der Gläubigerin werden die Kosten dieses Verfahrens auferlegt.[2]**

Begründung:

Der Vollstreckungsschuldner bewohnt das Einfamilienhaus gemeinsam mit seiner 89-jährigen Mutter, ... Diese bewohnt das Einfamilienhaus bereits seit 60 Jahren.

Beweis: Einwohnermeldeamtsauskunft[3]

. . . . . ist schwer herzkrank und nicht transportfähig. Bereits kleinere Aufregungen sind geeignet, ihr Leben zu gefährden. Schon die Kenntnis vom Zwangsversteigerungsverfahren und die damit drohende Räumung könnten daher zum Ableben der . . . . . führen.[4]

Beweis: Attest des behandelnden Arztes . . . . .

Dem Geschäftsführer der Gläubigerin ist der Sachverhalt bekannt. Trotz der nur noch geringen Lebenserwartung der . . . . . ist er nicht bereit, mit der Versteigerung zuzuwarten.

Beweis: Schreiben der . . . . . vom . . . . .

Die Fortsetzung der Vollstreckung würde eine Härte für die . . . . . bedeuten, die auch unter Würdigung der Interessen des Gläubigers nicht mit den guten Sitten vereinbar ist.[5]

Rechtsanwalt[6, 7]

Anmerkungen

1. Zuständig ist das Vollstreckungsgericht, § 765a Abs. 1 ZPO, also das AG, in dessen Bezirk die Vollstreckungshandlung stattfindet, § 764 Abs. 2 ZPO, hier das AG der Grundstücksbelegenheit, § 1 ZVG. Es entscheidet der Rechtspfleger, § 20 Abs. 1 Nr. 17 RPflG.

2. Regelmäßig hat der Schuldner auch bei erfolgreichem Antrag nach § 765a ZPO die Kosten zu tragen, § 788 Abs. 1 ZPO. Bei unbilligem Verhalten des Gläubigers können sie ausnahmsweise zum Teil oder ganz diesem auferlegt werden, § 788 Abs. 4 ZPO.

3. Wegen der Tragweite des Beschlusses (bei Aufhebung einer Maßnahme ggf. Rangverlust des Gläubigers) muss Schuldner beweisen, nicht nur glaubhaft machen (BLHAG ZPO § 765a Rn. 29).

4. § 765a ZPO ist eine eng auszulegende (BLHAG ZPO § 765a Rn. 1) Ausnahmevorschrift, die nur eine untragbare krasse Unbilligkeit vermeiden soll. Sie kann nicht auf Einwände gegen den Anspruch selbst gestützt werden (dafür § 767 ZPO oder Wiederaufnahme), sondern auf Unbilligkeit der Vollstreckung, meist aber nur einer bestimmten Maßnahme.

5. § 765a ZPO findet in allen Vollstreckungsverfahren Anwendung, einschließlich des Verfahrens zur Abnahme der Vermögensauskunft (Beispiele bei Zöller/*Seibel* ZPO § 765a Rn. 2; BLHAG ZPO § 765a Rn. 13–27). → Form. II.B.14; auch in der Teilungsversteigerung (BGH NJW 2007, 3430). Praktisch relevant ist § 765a ZPO vor allem im Zwangsversteigerungsverfahren, meist aber nur als Mittel zur Verzögerung. In Räumungssachen muss der Antrag regelmäßig zwei Wochen vor dem Räumungstermin gestellt werden, § 765a Abs. 3 ZPO.

Bedeutsam sind im Rahmen der Zwangsversteigerung und Zwangsverwaltung die vermehrt geltend gemachten Schutzanträge wegen Suizidgefahr des Schuldners oder naher Angehöriger. In der Zwangsversteigerung bleibt der Schuldner insoweit auch dann noch antragsbefugt, wenn über sein Vermögen ein Insolvenzverfahren eröffnet ist (vgl. BGH NJW 2009, 1283). Die Zwangsvollstreckung ist in diesen Fällen für einen längeren Zeitraum einzustellen, wenn sich eine konkrete Suizidgefahr des Schuldners oder naher Angehöriger anders nicht abwenden lässt (BVerfG NJW 2019, 2012; BGH NJW

2009, 1283). Der Antrag kann bis zur Rechtskraft des Zuschlagsbeschlusses gestellt werden (BGH NJW 2019, 2995).

Die Einstellung ist idR zu befristen und mit Auflagen zu versehen (BGH NJW-RR 2015, 393).

Kosten und Gebühren

6. a) Gericht: Festgebühr von 22 EUR, KV 2113 GKG.
b) Anwalt: Da besondere Angelegenheit, § 18 Abs. 1 Nr. 6 RVG, eine 0,3 Gebühr nach VV 3309 RVG.
c) Gegenstandswert: Das Interesse an der beantragten Schutzmaßnahme, § 3 ZPO; nur in Ausnahmefällen, etwa wenn die Vollstreckung gänzlich eingestellt wird, der volle Wert des Vollstreckungsgegenstandes.

Fristen und Rechtsmittel

7. Für Gläubiger und Schuldner die sofortige Beschwerde nach § 11 Abs. 1 RPflG, § 793 ZPO binnen zwei Wochen (BLHAG ZPO § 765a Rn. 35; Zöller/*Seibel* ZPO § 765a Rn. 24; Musielak/Voit/*Lackmann* § 765a Rn. 27).

14. Erinnerung gegen Gerichtsvollziehermaßnahmen (§ 766 ZPO)

An das
Amtsgericht . . . . .
Vollstreckungsgericht[1]

Erinnerung nach § 766 ZPO[2]
In der Vollstreckungssache

. . . . .
– Gläubiger –
gegen
. . . . .
– Schuldner –

überreiche ich namens und in Vollmacht des Gläubigers das vollstreckbare Urteil des . . . . . vom . . . . . Az. . . . . . sowie das Vollstreckungsprotokoll des Gerichtsvollziehers . . . . . vom . . . . . DRNr. . . . . . und beantrage,

den Gerichtsvollzieher anzuweisen, auch die Behandlungsstühle Nr. 1 u. 2 im Friseursalon des Schuldners zu pfänden.

Begründung:

Nach dem Pfandprotokoll hat der Gerichtsvollzieher beim Schuldner zwar die Behandlungsstühle Nr. 3–6 gepfändet, die Pfändung der weiteren beiden Stühle aber nach § 811 Nr. 5 ZPO abgelehnt.[3] **Dies ist unberechtigt, weil die Stühle im Vorbehaltseigentum des Gläubigers stehen.**

Beweis: anliegender vom Schuldner unterzeichneter Kaufvertrag[4]

Der Schuldner hat den Kaufpreis nicht gezahlt. Die Vollstreckung erfolgt wegen der Kaufpreisforderung, wie sich aus der Begründung des vorgelegten Urteils ergibt. Dies

Vorbehaltseigentum war dem Gerichtsvollzieher bei der Pfändung auch durch Beifügung des Kaufvertrages nachgewiesen worden.
Beweis: anliegende Kopie des Vollstreckungsauftrages
Unter diesen Umständen ist die Berufung des Schuldners auf den Pfändungsschutz des § 811 Nr. 5 ZPO unzulässig,[5] und der Gerichtsvollzieher durfte die Pfändung nicht ablehnen.[6]
Rechtsanwalt[7, 8]

Anmerkungen

1. Zuständig ist das Vollstreckungsgericht, § 766 ZPO, → Form. III.A.13 Anm. 1.

2. Über die Erinnerung entscheidet der Richter, § 20 Abs. 1 Nr. 17 S. 2 RPflG. Sie ist nicht fristgebunden. Rechtsschutzbedürfnis besteht jedoch nur von der konkret bevorstehenden Vollstreckung bis zu ihrer Beendigung. Vor der Entscheidung des Richters kann das Vollstreckungsorgan (Gerichtsvollzieher oder Rechtspfleger) abhelfen (Zöller/*Herget* ZPO § 766 Rn. 23, 24).

3. Der Gerichtsvollzieher muss den Mittelweg zwischen den rechtlich geschützten Interessen der Beteiligten finden. Vorliegend wäre auch Schuldnererinnerung denkbar auf Aufhebung der Pfändung weiterer Behandlungsstühle. Für den Schuldner empfiehlt sich stets zusätzlich der Antrag auf einstweilige Einstellung, § 766 Abs. 1 S. 2 mit § 732 Abs. 2 ZPO, um die Beendigung der Vollstreckung zu verhindern.

4. Der Erinnerungsführer muss vollen Beweis antreten (BLHAG ZPO § 766 Rn. 40).

5. Das regelt ausdrücklich § 811 Abs. 2 ZPO. Der Gerichtsvollzieher darf nur pfänden, wenn ihm das Vorbehaltseigentum durch Urkunden nachgewiesen ist, § 811 Abs. 2 S. 2 ZPO.

6. Die Erinnerung ist in allen Vollstreckungsverfahren gegen Maßnahmen von Gerichtsvollzieher oder Vollstreckungsgericht gegeben; bei sonstigen Vollstreckungsorganen nur, soweit nicht die spezielleren Rechtsbehelfe der für diese geltenden Verfahrensordnungen eingreifen (→ Form. III.A.15 Anm. 1). Sie kann von den Vollstreckungsparteien, aber auch von betroffenen Dritten eingelegt werden. Die Vollstreckungspartei muss die Beschwer aber aus eigenem Recht herleiten (BGH NJW-RR 2010, 281).

Für Entscheidungen über Erinnerungen gegen den Kostenansatz des Gerichtsvollziehers ist das Vollstreckungsgericht zuständig (BGH NJW-RR 2009, 424 auch zum weiteren Instanzenzug).

Für die Abgrenzung zwischen Erinnerung nach § 766 ZPO und sofortiger Beschwerde → Form. III.A.22 und Musielak/Voit/*Lackmann* ZPO § 766 Rn. 10–14. Für weitere Beispielsfälle vgl. BLHAG ZPO § 766 Rn. 19–35; Zöller/*Herget* ZPO § 766 Rn. 14–18 ZPO.

Kosten und Gebühren

7. a) Gericht: keine besondere Gebühr.
   b) Anwalt: idR keine neue besondere Angelegenheit; bei Auftrag ausschließlich im Erinnerungsverfahren 0,3 Gebühr VV 3309 RVG, trotz VV 3500 RVG (Zöller/*Herget* ZPO § 766 Rn. 39).
   c) Gegenstandswert: Wert des strittigen Vollstreckungsgegenstandes.

Fristen und Rechtsmittel

8. Für Gläubiger und Schuldner sofortige Beschwerde binnen zwei Wochen, § 793 ZPO.

15. Erinnerung gegen Vollstreckungsgerichtsmaßnahmen (§ 766 ZPO)

An das
Amtsgericht . . . . .
Vollstreckungsgericht[1]

Erinnerung nach § 766 ZPO
In der Vollstreckungssache

. . . . .
– Gläubiger –
gegen
. . . . .
– Schuldner –

beantrage ich namens und in Vollmacht des Kaufmanns . . . . . (ladungsfähige Anschrift) im Wege der Erinnerung,

den Pfändungs- und Überweisungsbeschluss in obiger Sache vom . . . . . aufzuheben und den Antrag auf Erlass des Pfändungsbeschlusses abzuweisen.[2]

Begründung:

Mit dem benannten Pfändungsbeschluss wird das Arbeitseinkommen des Schuldners gepfändet. Mein Mandant hat das Arbeitseinkommen mit Pfändungsbeschluss des AG . . . . ., Az. . . . . ., vom . . . . ., den ich beifüge, nachrangig gepfändet.[3] **Der vom Gläubiger . . . . . erwirkte Pfändungsbeschluss ist unwirksam. Er ist vom unzuständigen Gericht erlassen. Gemäß beigefügter Bescheinigung des Einwohnermeldeamtes . . . . . wohnt der Schuldner schon seit dem . . . . ., also vor dem Antrag des Gläubigers, in . . . . ..**

Für Schuldner . . . . . ist das AG . . . . . ausschließlich zuständig, § 764 Abs. 2 mit § 802 ZPO. Daher ist der Beschluss aufzuheben.[4]

Rechtsanwalt[5, 6]

Anmerkungen

1. Zuständiges Vollstreckungsgericht → Form. III.A.13. Bei Grundbuchamt (Zwangshypothek) und Prozessgericht als Vollstreckungsorganen sind statt der Erinnerung die in deren Verfahrensordnungen einschlägigen Rechtsbehelfe gegeben, so nach § 71 GBO beim Grundbuchamt die Beschwerde (Zöller/*Herget* ZPO § 766 Rn. 4), beim Prozessgericht als Vollstreckungsorgan (§§ 887 ff. ZPO) die sofortige Beschwerde. Hat ausnahmsweise das Beschwerdegericht die Zwangsvollstreckungsmaßnahme angeordnet, Erinnerung gem. § 766 ZPO zum Beschwerdegericht (BGH NJW 2011, 525). Neben die Erinnerung kann die Dienstaufsichtsbeschwerde treten, die nach altem Spott formlos, fristlos aber (meistens) auch fruchtlos ist.

2. Die Aufhebung beseitigt die Pfändungswirkung, § 776 ZPO, und wirkt insoweit rangzerstörend. Der ursprüngliche Pfändungsbeschluss kann auch nicht im Rechtsmittelverfahren wieder hergestellt werden (BGH NJW-RR 2013, 765). Maßgebend immer die Rechtslage zum Zeitpunkt der Entscheidung des Vollstreckungsgerichts (BGH NJW-RR 2009, 211).

3. Die Erinnerung ist auch für Dritte statthaft, die beschwert sind, hier wegen Rangverlust, § 804 Abs. 3 ZPO (näher Musielak/Voit/*Lackmann* ZPO § 766 Rn. 19). Sie können alle zur Aufhebbarkeit führenden Mängel rügen, zB zu unbestimmte Anspruchs- oder Drittschuldnerbezeichnung, Zustellungsmängel bei Titel oder Pfändungsbeschluss, Unzulässigkeit der Zwangsvollstreckung aufgrund Insolvenzeröffnung, § 89 Abs. 1 InsO (mit Zuständigkeit Insolvenzgericht) etc Nicht zu prüfen ist, ob der Urkundsbeamte die Klausel ohne die erforderlichen Nachweise gem. § 726 ZPO erteilt hat (BGH NJW-RR 2012, 1146), dann nur Erinnerung gegen die Erteilung der Klausel gem. § 732 ZPO → Form. III.A.12.

Deshalb lohnt – bei größeren Forderungen – für nachrangig pfändende Gläubiger die Prüfung vorrangiger Pfändungsbeschlüsse auf solche Fehler. Einsicht kann er sich notfalls gem. §§ 853, 856 ZPO verschaffen, → Form. III.B.12.

4. Der Gläubiger wird stattdessen Verweisung an das zuständige AG beantragen. Aber ihm geht der Pfändungsrang verloren, da die Heilung durch neuerlichen Erlass des Pfändungsbeschlusses im Verhältnis zu Dritten nur vom zweiten Beschluss, ex nunc wirkt (hM vgl. Zöller/*Seibel* ZPO Vorb. § 704 Rn. 35; aA OLG Hamburg MDR 1961, 329).

Kosten und Gebühren

5. → Form. III.A.14.

Fristen und Rechtsmittel

6. → Form. III.A.14.

16. Vollstreckungsabwehrklage mit Antrag auf einstweilige Einstellung (§ 767 ZPO)

An das
Landgericht . . . . .[1]

Klage gem. § 767 ZPO[2]

Klage und Antrag auf einstweilige Anordnung
des . . . . .[3]
wegen Unzulässigkeit der Zwangsvollstreckung
Streitwert: . . . . .[4]

Namens und in Vollmacht des Klägers erhebe ich Klage und werde beantragen:

1. **Die Zwangsvollstreckung aus dem vollstreckbaren Urteil des LG . . . . . vom . . . . . Az. . . . . . wird für unzulässig erklärt.[5]**
2. **Der Beklagte wird verurteilt, die ihm erteilte vollstreckbare Ausfertigung des genannten Urteils an den Kläger herauszugeben.[6]**

3. Gem. § 770 ZPO wird angeordnet, dass die Vollstreckung aus dem Urteil des LG . . . . vom . . . . . Az. . . . . . bis zur Rechtskraft dieses Urteils einstweilen eingestellt wird.

4. Hilfsweise dazu wird beantragt, das Urteil ohne Sicherheitsleistung für vorläufig vollstreckbar zu erklären.[7]

5. Zugleich beantrage ich, vorab im Wege der einstweiligen Anordnung zu beschließen: Die Vollstreckung aus dem Urteil des LG . . . . . vom . . . . . Az. . . . . . wird bis zum Erlass des Urteils in dieser Sache ohne Sicherheitsleistung einstweilen eingestellt.[8]

Begründung:

Der Kläger wurde im Vorprozess[9] zur Rechnungslegung über das A-Meta-Geschäft der Parteien vom . . . . . sowie zur Zahlung von . . . . . EUR rechtskräftig verurteilt.

Der Kläger hat Rechnung gelegt.[10] Ich überreiche als

Anlage 1

die Abrechnung vom . . . . ., die dem Beklagten zugegangen ist. Dieser bestreitet, dass die Abrechnung richtig und vollständig sei. Er beanstandet das Fehlen von Belegen. Dies zu Unrecht. Belege pflegen branchenüblich nicht erteilt zu werden (§ 259 Abs. 1 BGB).

Beweis: 1. Auskunft der Handelskammer,
2. anliegende eidesstattliche Versicherung.

IÜ ist die Abrechnung auch richtig und vollständig (ist näher auszuführen).

Auch die Forderung ist beglichen. Der Kläger hat mit dem als

Anlage 2

vorgelegten Schreiben an den Beklagten vom . . . . . die Aufrechnung mit einer Gegenforderung erklärt, die er nach dem Urteil im Vorprozess erworben hat.[11]

Außerdem hat der Beklagte in Zeugengegenwart ausdrücklich auf die Forderung verzichtet, da er „die ganze Sache endlich erledigen wolle“.[12]

Beweis: Zeugnis des . . . . . (ladungsfähige Anschrift),

dessen Aussage ich zugleich in Form der eidesstattlichen Versicherung beifüge.[13]

Nunmehr hat der Beklagte mit dem als

Anlage 3

beigefügten Schreiben vom . . . . . angedroht, er werde die Zwangsvollstreckung betreiben. Daher ist nicht nur Klage, sondern auch der Antrag auf einstweilige Anordnung geboten.[14] Der Kläger ist zur Sicherheitsleistung nicht in der Lage.

Rechtsanwalt[15, 16]

Anmerkungen

1. Zuständig ist ausschließlich das erstinstanzliche Gericht des Vorprozesses, §§ 767 Abs. 1, 802 ZPO.

2. Die Klage gehört noch zum Rechtszug des Vorprozesses iSv §§ 78 ff. ZPO. Daher gelten die erteilten Prozessvollmachten weiter. Beim Anwaltsprozess ist also der Anwalt des Gegners anzugeben und an ihn zuzustellen.

3. Volles Rubrum → Form. III.A.5.

4. Streitwert nach dem Nennbetrag des vollstreckbaren (Haupt-)Anspruchs (BGH NJW-RR 2006, 1146), hier also der volle Streitwert des Vorprozesses.

5. Die Fassung ergibt sich aus § 775 Nr. 1 ZPO. § 767 ZPO ist auch bei den übrigen Vollstreckungstiteln anwendbar, Beispiele bei BLHAG ZPO § 767 Rn. 9 ff.

6. Dieser ergänzende Antrag kann vorsorglich gestellt werden, wenn man Missbrauch der vollstreckbaren Ausfertigung durch den Gläubiger befürchten muss (vgl. Zöller/*Herget* ZPO § 767 Rn. 21).

7. Die zugleich beantragte einstweilige Anordnung gem. § 769 ZPO (nachfolgend → Anm. 8) wirkt nur bis zum Erlass des Urteils im Verfahren nach § 767 ZPO, vgl. § 769 Abs. 1 S. 1 ZPO). Da das Urteil, sofern nicht ein Fall von § 708 ZPO vorliegt, nur gegen Sicherheitsleistung des Klägers/Schuldners vorläufig vollstreckbar ist, bietet § 770 ZPO die Möglichkeit, die nach § 769 erlassene Anordnung zu bestätigen. Das kann von Amts wegen geschehen, sollte aber vorsorglich beantragt werden (MüKoZPO/*K. Schmidt/Brinkmann* § 770 Rn. 5).

Die hilfsweise beantragte vorläufige Vollstreckbarkeit des Urteils ohne Sicherheitsleistung des Klägers verhindert gleichfalls die Fortsetzung der Vollstreckung aus dem angegriffenen Titel. Sie erfordert aber die schwierige Darlegung der Voraussetzungen von § 710 ZPO, so dass der Weg über § 770 ZPO für den Kläger/Schuldner leichter ist.

8. Vgl. § 769 ZPO. Die Vollstreckungseinstellung gegen Sicherheit oder die Beschränkung auf Fortsetzung gegen Sicherheit sind ein Minus zur unbedingten Einstellung, also von diesem Antrag umfasst. § 769 Abs. 1 S. 2 ZPO erleichtert die Situation für den Schuldner, der zur Sicherheitsleistung nicht in der Lage ist. Hat die Vollstreckung schon begonnen, kommt zusätzlich ein Antrag auf Aufhebung der Vollstreckungsmaßregel in Betracht, jedoch nur gegen Sicherheitsleistung des Schuldners (§ 769 Abs. 1 S. 1 letzter Hs. ZPO). Nach dem Ende der Vollstreckung fehlt das Rechtsschutzbedürfnis. Der Schuldner ist dann auf etwaige Bereicherungs- oder Schadensersatzansprüche angewiesen.

9. Die Parteirollen sind idR umgekehrt wie im Vorprozess.

10. Andere Fälle von § 767 ZPO vgl. bei BLHAG ZPO § 767 Rn. 18–37; Zöller/*Herget* ZPO § 767 Rn. 12, 13. So bei Vollstreckung aus „Altforderung", wenn dem Schuldner Restschuldbefreiung nach der Insolvenzordnung oder einer anderen Rechtsordnung erteilt wurde (BGH NJW 2008, 3640 – keine Vollstreckungserinnerung); analoge Anwendung, wenn eine vollstreckungsbeschränkende Vereinbarung getroffen wurde (BGH NJW 207, 2202); wenn die Vollstreckung trotz § 775 Nr. 4 ZPO wegen Bestreitens der Befriedigung fortgesetzt wird, BGH NJW-RR 2016, 317).

11. Als Folge der Rechtskraft schließt § 767 Abs. 2 ZPO Einwendungen aus, die schon während des Vorprozesses bestanden. Zum maßgeblichen Ausschlusszeitpunkt bei den verschiedenen Vollstreckungstiteln vgl. Musielak/Voit/*Lackmann* ZPO § 767 Rn. 32. Bei vollstreckbaren Urkunden entfällt diese Präklusionswirkung, § 797 Abs. 4 ZPO.

Es kommt lediglich auf das Bestehen der Einwendung im Vorprozess an, nicht auf Kenntnis des Berechtigten davon (ggf. Wiederaufnahme). Bei Gestaltungsrechten, insb. Aufrechnung, ist darauf abzustellen, ob die Aufrechnungslage im Zeitpunkt der letzten mündlichen Verhandlung bestanden hat (BGH NJW 2019, 3385). Der Schuldner muss seine Gegenforderung dann gesondert einklagen und kann damit nicht den Titel des Gläubigers entwerten (BGH NJW 2009, 1671, auch zu den Voraussetzungen der negativen Feststellungsklage).

12. § 767 Abs. 3 ZPO zwingt dazu, alle Einwendungen in der Klage zu konzentrieren.

13. Soweit die Beweise nicht, etwa durch Urkunde, mit der Klage vorgelegt werden, ist für den Antrag auf einstweilige Anordnung nach § 769 ZPO Glaubhaftmachung erforderlich, § 769 Abs. 1 S. 2 ZPO. Im Beispielsfall ist aber Glaubhaftmachung auch für die Branchenunüblichkeit von Belegerteilung erforderlich.

Zur Beweislastverteilung bei Vollstreckungsabwehrklage im Zusammenhang mit einer notariellen Urkunde mit Vollstreckungsunterwerfung s. BGH NJW 2001, 2096 und allgemein *Münch* NJW 1991, 795.

14. Will der Gläubiger nicht oder nicht mehr vollstrecken, kann das Rechtsschutzbedürfnis fehlen. Der beklagte Gläubiger kann ggf. nach § 93 ZPO vorgehen.

Bei Arrest ist § 767 ZPO wegen des einfacheren Weges nach §§ 926, 927 ZPO nicht gegeben (BLHAG ZPO § 767 Rn. 10).

Kosten und Gebühren

15 a) Gericht: normale Gebühren des Erkenntnisverfahrens, KV 1210 ff. GKG.
b) Anwalt: normale Gebühren des Erkenntnisverfahrens, VV 3100 ff. RVG.

Fristen und Rechtsmittel

16. Wie im normalen Prozess, → Form. I.O.1

Gegen die einstweilige Anordnung des Prozessgerichts oder dessen Ablehnung kein Rechtsbehelf, auch nicht mehr bei greifbar gesetzeswidriger Entscheidung (BGH NJW 2004, 2224; Zöller/*Herget* ZPO § 769 Rn. 13 mwN).

17. Antrag auf einstweilige Einstellung an das Vollstreckungsgericht (§ 769 Abs. 2 ZPO)

An das
Amtsgericht . . . . .
Vollstreckungsgericht[1]

Antrag nach § 769 Abs. 2 ZPO

In der Vollstreckungssache . . . . .[2]

Namens und in Vollmacht des Schuldners beantrage ich zu beschließen:

1. Die Zwangsvollstreckung aus dem Urteil des LG . . . . . vom . . . . . Az. . . . . . wird einstweilen eingestellt.[3]

2. Die erfolgte Pfändung des schuldnerischen Warenlagers gemäß Pfandprotokoll des Gerichtsvollziehers . . . . . vom . . . . . DRNr. . . . . . wird gegen Sicherheitsleistung von . . . . . EUR aufgehoben.[4]

Begründung:

Die Vollstreckung des Gläubigers aus dem Urteil ist nicht mehr berechtigt. Ich verweise dazu auf die in Kopie beigefügte Vollstreckungsabwehrklage des Schuldners gegen den Gläubiger mit Antrag auf einstweilige Anordnung, die ich zugleich beim LG . . . . . erhebe.[5] Dort beigefügte eidesstattliche Versicherung überreiche ich hier gesondert und vom Prokuristen des Schuldners unterzeichnet.

Das heute gepfändete Warenlager ist für den schuldnerischen Geschäftsbetrieb unentbehrlich, da aus ihm ständig Waren zur Verarbeitung entnommen werden. Sonst muss der Schuldner schon morgen seinen Betrieb schließen. Durch die weiterlaufenden Löhne und die fehlende Erledigung dringlicher Aufträge wird der Schuldner dann unabsehbare wirtschaftliche Nachteile erleiden. Zum Beweis überreiche ich die weitere eidesstattliche Versicherung des Prokuristen . . . . ..[6]

Danach sind unverzügliche Maßnahmen erforderlich. Ich bitte, mich von der Entscheidung telefonisch zu verständigen.
Rechtsanwalt[7, 8]

Anmerkungen

1. Zuständig das Vollstreckungsgericht, § 769 Abs. 2 ZPO (→ Form. III.A.13 Anm. 1), dort der Rechtspfleger, § 20 Nr. 17 RPflG.

2. Volles Rubrum → Form. III.A.13.

3. Als vorläufige Maßnahme kommt nur Einstellung in Betracht, nicht Unzulässigkeitserklärung der Vollstreckung insgesamt. Dieser Antrag umfasst als Minus die Einstellung gegen Sicherheitsleistung.

4. Ausnahmsweise können ergangene Maßnahmen aufgehoben werden (Rangverlust des Gläubigers!), aber ausschließlich gegen Sicherheitsleistung, § 769 Abs. 1 S. 2 letzter Hs. ZPO. Ohne Sicherheit, aber dann erst nach Rechtskraft des Beschlusses, § 765a Abs. 4 ZPO, könnte allenfalls eine Aufhebung nach § 765a ZPO beantragt werden.

5. Diese Klage mit dem Antrag auf einstweilige Anordnung des Prozessgerichtes sollte – aber muss nicht – zugleich erhoben werden. Das Vollstreckungsgericht muss ohnehin Frist zur Beibringung der Entscheidung des Prozessgerichtes setzen, § 769 Abs. 2 S. 1 ZPO.

Aus dem Sachvortrag sollte sich auch ergeben, weshalb der Antrag nach § 769 Abs. 2 ZPO erst jetzt gestellt wird. Wenn die Dringlichkeit vom Schuldner selbst verschuldet ist, ist sein Antrag arglistig (BLHAG ZPO § 769 Rn. 8).

6. Zusätzlich zu den Voraussetzungen von §§ 767, 769 Abs. 1 ZPO (→ Form. III.A.16) ist die besondere Dringlichkeit für das Einschreiten des Vollstreckungsgerichtes glaubhaft zu machen, § 769 Abs. 2 mit Abs. 1 S. 3 ZPO (Hauptfall: Prozessgericht ist ein auswärtiges Kollegialgericht, was aber bei heutigen Verkehrs- und Nachrichtenverbindungen nur noch ausnahmsweise das Tätigwerden des Vollstreckungsrichters rechtfertigen dürfte).

Kosten und Gebühren

7. a) Gericht: keine besonderen Gebühren.
b) Anwalt: keine besondere Gebühr neben den Prozessgebühren, § 19 Abs. 1 Nr. 11 RVG. Bei besonderer mündlicher Verhandlung über den Antrag erhält der Anwalt eine 0,5 Gebühr nach VV 3328 RVG, jedoch nur einmal, auch wenn der Antrag sowohl beim Prozessgericht (§ 769 Abs. 1 ZPO) als auch beim Vollstreckungsgericht (§ 769 Abs. 2 ZPO) gestellt wird.

Fristen und Rechtsmittel

8. Da der Rechtspfleger entscheidet, → Form. III.A.13.

18. Vollstreckungsabwehrklage gegen Vollstreckungsklausel (§ 768 ZPO)

An das .....
.....gericht .....[1]

Klage gem. § 768 ZPO[2]
und Antrag gem. § 769 ZPO

des .....[3]
wegen Unzulässigkeit der Vollstreckung
Streitwert: ..... EUR[4]
Namens und in Vollmacht des Klägers erhebe ich Klage und werde beantragen,
die Zwangsvollstreckung aus der notariellen Urkunde des Notars ..... vom ..... URNr. ..... mit der Vollstreckungsklausel vom ..... für unzulässig zu erklären.[5]
Weiter beantrage ich,
gem. § 769 Abs. 1 ZPO die Vollstreckung aus der genannten Urkunde einstweilen einzustellen.[6]

Begründung:

Der Kläger hat sich in der genannten Urkunde verpflichtet, die Forderung von insgesamt ..... EUR in monatlichen Raten von ..... EUR zu zahlen und sich insoweit der sofortigen Vollstreckung unterworfen. Bei Verzug mit einer Rate sollte der Restbetrag fällig werden und dafür vollstreckbare Urkundsausfertigung erteilt werden. Mit der Behauptung, die Dezember-Rate sei nicht gezahlt, hat die Beklagte die vollstreckbare Ausfertigung der Urkunde beantragt und erhalten. Dies zu Unrecht. Zwar ist die Dezember-Rate tatsächlich nicht gezahlt. Aber der Beklagte hatte zuvor, nämlich am ....., dem Kläger Stundung dieser Rate für einen Monat gewährt.

Beweis: Zeugnis des L, dessen eidesstattliche Versicherung ich zugleich vorlege.[7]

Wegen Stundung ist der Kläger also nicht in Verzug gekommen.[8] Danach durfte die Klausel für den Restbetrag nicht erteilt werden.
Rechtsanwalt[9, 10]

Anmerkungen

1. Zuständig bei Klagen gegen Urteile das Prozessgericht erster Instanz, → Form. III. A.16 Anm. 1. Hier im Sonderfalle der vollstreckbaren Urkunde ist zuständig das nach §§ 13 oder 23 ZPO zuständige Gericht, § 797 Abs. 5 ZPO.

2. Die Klage nach § 768 ZPO hat einen sehr beschränkten Streitgegenstand. Sie ist nicht bei Einwänden gegen den materiellen Anspruch (dann § 767 ZPO), sondern nur bei Einwänden gegen die Klauselerteilung zulässig. Da aber wieder nur bei materiellen Mängeln der Klausel (zB Fälligkeit des Anspruches nicht eingetreten, Rechtsnachfolge ist nicht erfolgt oder unwirksam), nicht aber bei formellen Mängeln (zB Klausel ist ohne gehörigen Nachweis oder durch ausgeschlossenen Notar erteilt), dann § 732 ZPO, (OLG Köln NJW 1997, 1450 und → Form. III.A.12). Bedeutung erlangt diese Klageform insb. bei dem Einwand, die Unterwerfungserklärung wegen Ansprüchen aus einer Grundschuld erstrecke sich nur auf Ansprüche aus einer treuhänderisch gebundenen Sicherungsgrundschuld und der Zessionar sei nicht in die treuhänderische Bindung eingetreten (BGH NJW 2011, 2803).

Da § 732 ZPO stets neben § 768 ZPO zulässig ist (§ 768 letzter Hs.), aber nicht umgekehrt, sollte man im Zweifel nach § 732 ZPO vorgehen. Die Klagen nach § 767 ZPO und nach § 768 ZPO können miteinander verbunden werden (BGH NJW 2015, 619). Rechtskräftige Klauselerteilung nach § 731 ZPO schließt Einwendungen sowohl nach § 732 als nach § 768 ZPO aus.

3. Rubrum → Form. III.A.5.

4. Streitwert → Form. III.A.16 Anm. 4.

5. Formel ergibt sich aus § 775 Nr. 1 ZPO.

6. Antrag nach § 769 ZPO ist auch bei Klage nach § 768 ZPO geboten. Denn mit Fortsetzung und Beendigung der Vollstreckung würde sich sonst die Hauptsache erledigen bzw. die Klage mangels Rechtsschutzbedürfnisses unzulässig werden.

7. Die Glaubhaftmachung ist für den Antrag nach § 769 Abs. 1 ZPO erforderlich.

8. Der Schuldner muss einen solchen materiellen Einwand gegen die Klausel iE darlegen und erläutern. Sein Nichtvorliegen beweisen muss dann der Gläubiger (OLG Koblenz NJW 1992, 378).

Kosten und Gebühren

9. → Form. III.A.16.

Fristen und Rechtsmittel

10. → Form. III.A.16.

19. Drittwiderspruchsklage (§§ 771–774 ZPO)

An das
. . . . .gericht . . . . .[1]

Drittwiderspruchsklage, § 771 ZPO,
und Anordnungsantrag gem. §§ 771 Abs. 3, 769 ZPO

des . . . . . (ladungsfähige Anschrift)
– Kläger –
Prozessbevollmächtigter:
. . . . .
gegen
1. den Baustofflieferanten . . . . . (ladungsfähige Anschrift)
– Beklagter zu 1.) –
2. den Maurermeister . . . . . (ladungsfähige Anschrift)
– Beklagter zu 2.) –
wegen Unzulässigkeit der Zwangsvollstreckung und Herausgabe.[2]
Streitwert: . . . . . EUR[3]
Namens und in Vollmacht des Klägers erhebe ich Klage und werde beantragen:

1. Die von dem Beklagten zu 1.) aus dem vollstreckbaren Urteil des LG . . . . . vom . . . . . Az. . . . . . gegen den Beklagten zu 2.) betriebene Vollstreckung in die Betonmischmaschine Marke . . . . ., Bau-Nr. . . . . . wird für unzulässig erklärt. Gem. §§ 770, 769 ZPO wird angeordnet, dass die Vollstreckung in die genannte Betonmischmaschine bis zur Rechtskraft dieses Urteils einstweilen eingestellt wird.[4]

2. Der Beklagte zu 2.) wird verurteilt, die genannte Maschine an den Kläger herauszugeben.[5]

Ferner beantrage ich, vorab durch einstweilige Anordnung zu beschließen:
Die vom Beklagten zu 1.) aus dem genannten Urteil betriebene Zwangsvollstreckung in die genannte Betonmischmaschine wird einstweilen eingestellt.[6]

Begründung:

Der Kläger verkaufte die Betonmischmaschine an den Beklagten zu 2.) unter Eigentumsvorbehalt (ist näher auszuführen, unter Beweis zu stellen und glaubhaft zu machen).[7] Der Beklagte zu 2.) bezahlte nicht. Mit dem als

Anlage

beigefügten Schreiben wurde er – erfolglos – zur Herausgabe der Maschine aufgefordert. Durch Zufall erfuhr der Kläger, dass die Maschine durch den Gerichtsvollzieher . . . . . mit Pfandprotokoll vom . . . . . DRNr. . . . . . für den Beklagten zu 1.) gepfändet ist. Versteigerung steht an am . . . . ..

Beweis: anliegende Ausfertigung des Protokolls[8]

Der Beklagte zu 1.) ist zur Freigabe aufgefordert worden, verweigert diese aber.[9] Der Kläger will die Maschine zurücknehmen. Daher ist Klage gegen beide Beklagten geboten. Um den Rechtsverlust durch die Versteigerung zu verhindern, bitte ich um unverzügliche Vorabentscheidung über den Antrag auf einstweilige Anordnung.[10]
Rechtsanwalt[11, 12]

Anmerkungen

1. Ausschließlich zuständig ist örtlich das Gericht, „in dessen Bezirk die Zwangsvollstreckung erfolgt", §§ 771 Abs. 1, 802 ZPO. Sachliche Zuständigkeit nach §§ 23, 71 GVG, also je nach Streitwert AG oder LG.

2. Die Klage soll, wie das Aussonderungsrecht nach § 47 InsO, dingliche Rechte Dritter am Vollstreckungsgegenstand schützen. Das kann vom Vollstreckungsorgan nicht geprüft werden, so dass bei Streit ein Erkenntnisverfahren erforderlich ist (Zöller/*Herget* ZPO § 771 Rn. 3). Sie ist auf alle Vollstreckungsverfahren (analog) anwendbar, auch zB bei Teilungsversteigerung nach §§ 180 ff. ZVG (Musielak/Voit/*Lackmann* ZPO § 771 Rn. 1).

3. Streitwert ist die Höhe der Vollstreckungsforderung, ohne Zinsen und Kosten, höchstens aber der Wert des Vollstreckungsgegenstandes (OLG München Rpfleger 1977, 336). Bei Teilungsversteigerung, wo es um die Fortsetzung der Gemeinschaft und die Verhinderung der Verschleuderung geht, wird ein Bruchteil des Grundstückswertes angesetzt (OLG Karlsruhe FamRZ 2004, 1221).

4. Zur Antragsformel vgl. § 775 Nr. 1 ZPO. Aufhebung der erfolgten Pfändung muss nicht gesondert beantragt werden, § 776 mit § 775 Nr. 1 ZPO. Zum ergänzenden Antrag nach § 770 ZPO, → Form. III.A.16 Anm. 7.

5. Diese besondere Klagehäufung gestattet § 771 Abs. 2 ZPO ausdrücklich.

6. Antrag gem. §§ 771 Abs. 3, 769 Abs. 1 ZPO. Ergänzend kann, wenn die Drittberechtigung eindeutig glaubhaft gemacht werden kann, Aufhebung der Vollstreckungsmaßregel sogar ohne Sicherheitsleistung beantragt werden, § 771 Abs. 3 S. 2 ZPO (im Gegensatz zu § 769 Abs. 1 ZPO).

7. Dritteigentum oder sonstige dingliche Rechte sind die Hauptfälle für § 771 ZPO. Auch der Sicherungseigentümer kann bei Besitz des Sicherungsgebers einer Pfändung bei diesem widersprechen (BGH NJW 1992, 2014). Umgekehrt kann der Sicherungsgeber der Pfändung beim Sicherungsnehmer/Sicherungseigentümer widersprechen, aber nur, wenn der Sicherungsnehmer noch nicht zur Verwertung der Sicherheit befugt war (BGH NJW 1978, 1859). Weitere Beispiele für Widerspruchsrechte bei BLHAG ZPO § 771 Rn. 14–28; Zöller/*Herget* ZPO § 771 Rn. 14.

8. Zu beschaffen nach § 760 ZPO. Nach Verwertung und Erlösauskehrung fehlt für die Drittwiderspruchsklage das Rechtsschutzbedürfnis. Der Berechtigte kann dann nur noch Herausgabe der Bereicherung und bei Bösgläubigkeit ggf. Schadensersatz vom Gläubiger verlangen, § 823 BGB.

9. Der Pfändungsgläubiger muss unter Glaubhaftmachung der Drittrechte (dh also mindestens durch eidesstattliche Versicherung belegt) zur Freigabe aufgefordert werden. Sonst kann er nach § 93 ZPO vorgehen (BLHAG ZPO § 93 Rn. 82).

Der Pfändungsgläubiger hat alle Einwendungen gegen das Recht des Dritten, hier zB fehlenden Eigentumsvorbehalt. Eine Einwendung entsteht zB auch, wenn der Drittberechtigte arglistig das Angebot des Pfändungsgläubigers auf Zahlung des Restkaufpreises ablehnt (BLHAG ZPO § 771 Rn. 10).

10. §§ 772–774 ZPO enthalten drei Fälle entsprechender Anwendung von § 771 ZPO:

a) § 772 ZPO, bei relativem Veräußerungsverbot. Antrag dann nur auf Unzulässigkeit der Verwertung, nicht der Pfändung, die – nachrangig – zulässig bleibt. Einfacher kann die Verwertung, die § 772 S. 1 ZPO verbietet, durch Erinnerung verhindert werden (BLHAG ZPO § 772 Rn. 6).

b) § 773 ZPO. Hier kann der Nacherbe in bestimmten Fällen die Verwertung verhindern, nicht die Pfändung. Der Antrag geht auch hier nur auf Unzulässigkeit der Verwertung. Auch hier stattdessen Erinnerung, § 766 ZPO, wegen des Verbots in § 773 S. 1 ZPO.

c) § 774 ZPO. Hier kann der (mit-) verwaltende Ehegatte entgegen § 741 ZPO die Vollstreckung ins Gesamtgut verhindern, wenn ausnahmsweise materiell das Gesamtgut nicht haftet (zB keine Geschäftsschuld). Der Antrag geht dann auf Unzulässigkeit der Vollstreckung in die zum Gesamtgut gehörenden Gegenstände. Aber eheliche Gütergemeinschaft kommt kaum noch vor.

d) Entsprechend § 771 ZPO muss auch der Erbe vorgehen, in dessen persönliches Vermögen Nachlassgläubiger vollstrecken, und umgekehrt, wenn Gläubiger des Erben vor Erbschaftsannahme bereits in die Erbschaft vollstrecken, § 778 ZPO. Auch hier kann aber stattdessen die Vollstreckung, die § 778 ZPO verbietet, durch Erinnerung, § 766 ZPO, verhindert werden (vgl. BLHAG ZPO § 778 Rn. 8).

Kosten und Gebühren

11. Wie im normalen Prozess, → Form. I.D.1. Für den Antrag auf Einstellung nach § 769 Abs. 1 ZPO vgl. Anm. „Kosten und Gebühren" → Form. III.A.17.

Fristen und Rechtsmittel

12. Wie im normalen Prozess, → Form. I.D.1.

20. Erinnerung bei dinglicher Gläubigersicherung (§ 777 ZPO)

An das
Amtsgericht . . . . .
Vollstreckungsgericht[1]

Erinnerung gem. § 777 ZPO

In . . . . .[2]
beantrage ich namens und in Vollmacht des Schuldners zu beschließen:
Die Zwangsvollstreckung aus dem Urteil des AG . . . . . Az. . . . . . wird eingestellt.[3]
Die erfolgte Pfändung des Gerichtsvollziehers . . . . . vom . . . . .. DRNr. . . . . . in das Kraftfahrzeug des Schuldners Marke . . . . ., Fahrgestell-Nr. . . . . . wird aufgehoben.[4]
Ferner bitte ich gem. §§ 777, 766 Abs. 1 S. 2, 732 Abs. 2 ZPO vorab zu beschließen:
Die Zwangsvollstreckung aus dem Urteil des AG . . . . . Az. . . . . . des Gerichtsvollziehers . . . . . vom . . . . . DRNr. . . . . . in das genannte Kraftfahrzeug wird einstweilen eingestellt.

Begründung:

Der Gläubiger betreibt die Vollstreckung aus dem genannten Räumungs- und Zahlungsurteil iHv . . . . . EUR. Er ist aber durch die vom Schuldner gestellte Mietkaution iHv . . . . . EUR für diese Forderung vollen Umfanges gesichert.[5] **Quittung über Einzahlung der Kaution bei Beginn des Mietverhältnisses füge ich bei.**[6] **Daher ist die Vollstreckung in das übrige Vermögen des Schuldners unzulässig.**[7]
Rechtsanwalt[8, 9]

Anmerkungen

1. Zuständig das Vollstreckungsgericht des Pfändungsortes, §§ 777, 766, 764 Abs. 2 ZPO.

2. Rubrum → Form. III.A.13.

3. Vgl. § 775 Nr. 1 ZPO.

4. Vgl. § 776 ZPO.

5. Erforderlich ist ein Besitzpfand an beweglichen Sachen, bei Sicherungsübereignung, Eigentumsvorbehalt und den besitzlosen Pfandrechten (Vermieter, Verpächter, Gastwirt) erst ab Besitzergreifung. § 777 ZPO entsprechend anwendbar bei hinterlegter Sicherheit des Schuldners (BLHAG ZPO § 777 Rn. 3). Auch anwendbar auf die Zurückbehaltungsrechte nach §§ 273 (strittig), 1000 BGB und § 369 HGB (vgl. Musielak/Voit/*Lackmann* ZPO § 777 Rn. 3) und, wie hier, analog auf die Mietkaution (LG München DGVZ 1984, 77).

6. Der Schuldner muss die Voraussetzungen beweisen.

7. Der Gläubiger kann Haftung dieser Sachen für andere Forderungen einwenden, § 777 S. 2 ZPO, hier etwa Haftung der Kaution für Ansprüche auf Schönheitsreparaturen.

Kosten und Gebühren

8. Wie bei Erinnerung nach § 766 ZPO, → Form. III.A.14.

Fristen und Rechtsmittel

9. Wie bei Erinnerung nach § 766 ZPO, → Form. III.A.14.

21. Klage auf vorzugsweise Befriedigung (§ 805 ZPO)

An das
. . . . .gericht . . . . . [1]

Klage nach § 805 ZPO[2]
und Antrag auf einstweilige Anordnung

des . . . . . [3]
wegen vorzugsweiser Befriedigung
Streitwert: . . . . . EUR[4]
Namens und in Vollmacht des Klägers erhebe ich Klage und werde beantragen zu erkennen:
Der Kläger ist vor dem Beklagten aus dem Erlös der Pfandverwertung des Gerichtsvollziehers . . . . . zur DRNr. . . . . . wegen der Druckmaschine Marke . . . . ., Bau-Nr. . . . . . zu befriedigen.[5]
Zugleich beantrage ich, im Wege der einstweiligen Anordnung zu beschließen:
Der Erlös der Pfandverwertung des Gerichtsvollziehers . . . . . zur DRNr . . . . . wegen der Druckmaschine Marke . . . . . Bau-Nr. . . . . . ist iHv . . . . . EUR bis zum rechtskräftigen Urteil in dieser Sache zu hinterlegen.[6]

Begründung:

Der Beklagte hat die genannte Maschine auf Grund vollstreckbaren Urteils des LG . . . . . vom . . . . . Az. . . . . . bei dem Schuldner . . . . . pfänden lassen.

Beweis: anliegende Ausfertigung des Pfandprotokolls

Die Maschine unterlag jedoch an diesem Tage bereits dem Vermieterpfandrecht des Klägers.[7] **Der Schuldner . . . . . hat die Räume seiner Druckerei vom Kläger gemietet.**

Beweis: anliegende Mietvertragskopie

Er ist für die Zeit vom . . . . . bis . . . . . die Miete schuldig, zurzeit mit einem Betrag von . . . . . EUR.

Beweis: anliegendes Anerkenntnis des Schuldners . . . . ..

Das Vermieterpfandrecht geht dem Pfändungspfandrecht des Beklagten vor. Der Beklagte hat sich trotz Aufforderung geweigert, dem Kläger den Vorrang einzuräumen.[8]

Beweis: Schreiben des Beklagten vom . . . . ..

Danach sind Klage und Anordnungsantrag geboten.
Rechtsanwalt[9, 10]

Anmerkungen

1. Zuständigkeit nach § 805 Abs. 2 ZPO wie bei § 771 ZPO, → Form. III.A.19 Anm. 1.

2. § 805 ZPO ist eine mindere Form der Widerspruchsklage des § 771 ZPO für Rechte, die wie die Absonderung im Insolvenzrecht, §§ 50, 166 ff. InsO, nur Anspruch auf Vorabbefriedigung gewähren. Wer nach § 771 ZPO klagen kann, kann sich als Minus

mit der Klage nach § 805 ZPO begnügen, wenn er selbst auch verwerten will (BLHAG ZPO § 805 Rn. 1).

3. Volles Rubrum wie → Form. III.A.20.

4. Streitwert ist der Wert (ohne Zinsen und Kosten) der Forderung des Klägers oder der des Beklagten, und zwar der kleinere von beiden (BLHAG ZPO Anh. § 3 Rn. 136 – Vorzugsklage).

5. Diese Feststellung ist vom Vollstreckungsorgan oder der Hinterlegungsstelle bei der Erlösverteilung zu berücksichtigen.

Zusätzlich kann auch hier der Schuldner selbst als Streitgenosse in Anspruch genommen werden (→ Form. III.A.19 Anm. 5), § 805 Abs. 3 ZPO, zB auf Duldung der Pfandverwertung auch zugunsten des Klägers.

6. Der Kläger kann nicht, wie nach § 769 ZPO, Einstellung oder Aufhebung der Zwangsvollstreckung verlangen, da er kein hinderndes Recht hat. Da aber mit Auskehrung des Erlöses an den Beklagten die Klage aus § 805 ZPO in der Hauptsache erledigt wäre (für den Kläger dann ggf. Anspruch aus § 812 BGB, vgl. BGH NJW 1986, 2426) kann der Kläger als vorläufige Maßnahme Hinterlegung verlangen, § 805 Abs. 4 ZPO.

7. Weitere Fälle für § 805 ZPO bei BLHAG ZPO § 805 Rn. 3–6.

8. Auch hier sollte wegen § 93 ZPO der Kläger dem Beklagten außergerichtlich ausdrücklich sein Vorrecht glaubhaft machen und Vorrangseinräumung verlangen. Der Beklagte hat alle Einwendungen gegen das Vorrecht, hier ggf. den Einwand aus § 562a S. 2, letzter Hs. BGB, dass die übrigen Sachen des Mieters den Kläger ausreichend sichern.

Kosten und Gebühren

9. → Form. III.A.19.

Fristen und Rechtsmittel

10. → Form. III.A.19.

22. Sofortige Beschwerde (§ 793 ZPO)

An das
Amtsgericht . . . . .[1]

In der Vollstreckungssache

. . . . .
– Gläubiger –
gegen
. . . . .
– Schuldner –
lege ich namens und in Vollmacht des Gläubigers gegen den Beschluss des dortigen Gerichtes in obiger Sache vom . . . . .

sofortige Beschwerde[2]

ein und beantrage,

den Beschluss aufzuheben und dem Antrag auf Erlass eines Pfändungs- und Überweisungsbeschlusses stattzugeben.

Begründung:

Auf Antrag des Gläubigers erließ der Rechtspfleger den Pfändungsbeschluss vom . . . ., Az. . . . . .. Auf die dagegen eingelegte Erinnerung des Schuldners[3] **wurde der Pfändungsbeschluss durch den hier angegriffenen Beschluss aufschiebend bedingt**[4] **aufgehoben, weil der Schuldnervorname im Titel „Friedrich", in der Zustellungsurkunde dagegen „Fritz" laute, daher die Nämlichkeit nicht feststehe, § 750 Abs. 1 ZPO.**

Es besteht jedoch eindeutige Nämlichkeit zwischen Titelschuldner und Zustellungsempfänger (näher auszuführen, ggf. unter Beweis zu stellen).[5]

Rechtsanwalt[6, 7]

Anmerkungen

1. Einzureichen (schon wegen der Abhilfemöglichkeit, § 572 Abs. 1 ZPO und der ohnehin erforderlichen Aktenversendung) idR bei dem Gericht, das entschieden hat, § 569 ZPO, oder (bei Dringlichkeit) direkt beim Beschwerdegericht, § 569 Abs. 1 S. 1 Hs. 2 ZPO.

2. § 793 ZPO regelt, wann sofortige Beschwerde in der Vollstreckung statthaft ist. IÜ gelten §§ 567 ff. ZPO, → Form. I.O.6 (beachte Beschwerdegrenze von 200 EUR bei Kostenentscheidungen, § 567 Abs. 2 ZPO).

Statthaft ist sofortige Beschwerde vom Beginn bis zur Beendigung der Vollstreckung gegen „Entscheidungen", wenn also unter Anhörung der Beteiligten entschieden wurde (vgl. BLHAG ZPO § 793 Rn. 3–5), gleich ob – ausnahmsweise – durch den Richter oder durch den Rechtspfleger entschieden wurde. Bei allen sonstigen Maßnahmen in der Vollstreckung Erinnerung, § 766 ZPO, auf die dann eine (ggf. beschwerdefähige) Entscheidung ergeht.

3. Eine Vollstreckungserinnerung, § 766 ZPO, da der Pfändungsbeschluss ohne Anhörung des Schuldners ergeht, § 834 ZPO.

4. Die Aufhebung muss unter der aufschiebenden Bedingung der Rechtskraft des Aufhebungsbeschlusses erfolgen. Sonst würde auf jeden Fall zunächst die Pfändungswirkung – und damit der Pfändungsrang – entfallen. Das kann bei unberechtigter Aufhebung Amtshaftungsansprüche auslösen (OLG Köln Rpfleger 1986, 441).

5. Bei seltenen Nachnamen wird hier an der Nämlichkeit des Schuldners kein Zweifel bestehen. Bei einem Häufigkeitsnachnamen und ggf. einem Adressenwechsel könnte es anders sein (vgl. näher *Petermann* Rpfleger 1973, 153).

Kosten und Gebühren

6. a) Gericht: Festgebühr von 33 EUR KV 2121 GKG, aber jeweils nur, soweit die Beschwerde erfolglos bleibt.

b) Anwalt: 0,5 Verfahrensgebühr nach VV 3500 RVG. Bei (seltener) mündlicher Verhandlung 0,5 Terminsgebühr nach VV 3513 RVG.

c) Gegenstandswert: nach § 3 ZPO idR der Betrag der zu vollstreckenden Forderung, oder der Wert des Vollstreckungsgegenstandes, wenn er geringer ist.

Fristen und Rechtsmittel

7. Einzulegen ist die sofortige Beschwerde in der Notfrist von zwei Wochen ab Zustellung der anzufechtenden Entscheidung, § 569 Abs. 1 ZPO. Rechtsmittel gegen die Beschwerdeentscheidung ist die Rechtsbeschwerde gem. § 574 ZPO, vgl. iE dort. Rechtsbeschwerde stets und nur noch beim BGH (§ 133 GVG). Deshalb Einlegung nur durch einen dort zugelassenen Anwalt (BGH NJW 2002, 2181).

Keine außerordentliche Beschwerde, auch nicht bei „greifbarer Gesetzeswidrigkeit" der Beschwerdeentscheidung (BGH NJW 2002, 1577).

Frist für die Rechtsbeschwerde: Notfrist von einem Monat ab Zustellung, § 575 Abs. 1 ZPO. In dieser Frist muss sie auch begründet werden, § 575 Abs. 2 ZPO. Begründungsfrist aber verlängerbar, § 575 Abs. 2 S. 3 ZPO.

23. Klage auf Schadensersatz wegen vorläufiger Vollstreckung (§ 717 Abs. 2 ZPO)

A. Durch Zwischenantrag im schwebenden Prozess[1]
An das
Oberlandesgericht . . . . .
Az. . . . . .

Antrag nach § 717 Abs. 2 ZPO[2]

In der Sache
. . . . .[3]
beantrage ich namens und in Vollmacht des Beklagten – in Ergänzung des bisherigen Berufungsantrages –,
die Klägerin zu verurteilen, an den Beklagten als Schadensersatz[4] nach § 717 Abs. 2 ZPO . . . . . EUR zu zahlen zzgl. Zinsen iHv . . . . . Prozentpunkten über dem Basiszinssatz[5] seit dem . . . . . auf . . . . . EUR.

Begründung:

I.

Die Klägerin hat aus dem hier mit der Berufung angegriffenen Urteil nach Sicherheitsleistung vollstreckt, durch Pfändung und Versteigerung des Lkw der Beklagten Marke . . . . . gemäß Protokoll des Gerichtsvollziehers . . . . .. vom . . . . . DRNr. . . . . ..

Beweis: anliegende Ausfertigung des Protokolls.

Nach der in zweiter Instanz durchgeführten Beweisaufnahme wird das Urteil der ersten Instanz aufzuheben sein. Daher ist die Klägerin verpflichtet, der Beklagten den aus der Vollstreckung dieses Urteils entstandenen Schaden zu ersetzen,[6] § 717 Abs. 2 ZPO.

II.

Der Schaden errechnet sich wie folgt: (ist auszuführen)[7]
Rechtsanwalt

B. Durch gesonderte Klage[8]

An das

Landgericht . . . . .[9]

Klage

des . . . . .[10]

wegen Schadensersatz nach § 717 Abs. 2 ZPO

Streitwert: . . . . . EUR

Namens und in Vollmacht der Klägerin erhebe ich Klage und werde beantragen,

. . . . .[11]

Begründung:

I.

Zwischen den Parteien schwebte ein Rechtsstreit gleichen Rubrums vor dem LG . . . . . Az. . . . . . und dem OLG . . . . . Az. . . . . ., in dem die Klägerin die Beklagte auf Unterlassung wettbewerbswidrigen Verhaltens in Anspruch nahm, mit einem Streitwert von . . . . . EUR. Die Klägerin unterlag in erster Instanz. Die Beklagte hat aus dem zu ihren Gunsten ergangenen Kostenfestsetzungsbeschluss des LG . . . . . vom . . . . . vollstreckt, indem sie (folgt näherer Sachverhalt)

In zweiter Instanz hat die Klägerin überwiegend obsiegt, so dass durch das rechtskräftige Urteil des OLG vom . . . . . die Kosten beider Instanzen zu $^{2}/_{3}$ der Beklagten auferlegt wurden. Daher hat die Beklagte der Klägerin den ihr aus der Vollstreckung des Kostenfestsetzungsbeschlusses entstandenen Schaden zu ersetzen, § 717 Abs. 2 ZPO.[12]

II.

Danach errechnet sich der Schaden der Klägerin wie folgt: (ist auszuführen)[13]

Rechtsanwalt[14, 15, 16]

Anmerkungen

1. Der Zwischenantrag ist bis zum Schluss der mündlichen Verhandlung, auch noch in der Revision, zulässig (BLHAG ZPO § 717 Rn. 14). Da er kostenmäßig wie eine Widerklage nach § 45 GKG behandelt wird (BLHAG ZPO § 717 Rn. 14), ist das Kostenrisiko geringer als bei gesonderter Klage.

2. Der Zwischenantrag ist nach § 261 Abs. 2 ZPO geltend zu machen, also regelmäßig durch Schriftsatz, sonst kein Versäumnisurteil möglich, § 335 Abs. 1 Nr. 3 ZPO.

3. Kurzrubrum → Form. I.O.2

4. Der Anspruch aus § 717 Abs. 2 ZPO ist Ersatzanspruch aus verschuldensunabhängiger Gefährdungshaftung (Zöller/*Herget* ZPO § 717 Rn. 3). Es gelten §§ 249 ff. BGB. Der Anspruch richtet sich also zunächst auf Wiederherstellung. Erst in zweiter Linie, etwa nach Abschluss der Vollstreckung durch Pfandverwertung, geht er auf Geldersatz, § 251 BGB. Dies muss bei der Antragsfassung im Einzelfall beachtet werden.

5. Nach § 717 Abs. 2 S. 2 Hs. 2 ZPO gilt der Anspruch hier (nicht aber bei gesonderter Klage gem. B.) als rechtshängig seit Schadenseintritt. Von da ab können also Prozesszinsen verlangt werden iHv 5 oder 9 Prozentpunkten über dem Basiszins, §§ 291, 288 BGB.

6. Der Anspruch ist nicht gegeben für die meisten Urteile der Oberlandesgerichte, § 717 Abs. 3 ZPO, aber auch nicht in Sonderfällen, wenn der Grund für die Titelaufhebung erst später entstand oder geltend gemacht wurde (OLG Karlsruhe Rpfleger 1996, 73). Dort haftet der Vollstreckende nur nach Bereicherungsgrundsätzen.

7. Auch für die Schadensberechnung gelten §§ 249 ff. BGB, also zB entgangener Gewinn etc Aber es gilt auch der Mitverschuldenseinwand, § 254 BGB, etwa bei verspäteter Erhebung von Einreden, bei unterlassenen Vollstreckungsschutzanträgen nach §§ 719, 707 ZPO oder dann, wenn der Kläger es unterlassen hat, auf einen drohenden ungewöhnlich hohen Vollstreckungsschaden hinzuweisen.

8. Die gesonderte Klage nach rechtskräftiger Entscheidung des Vorprozesses ist trotz der Vorteile des Zwischenantrages gem. → Anm. 1, 4 vorzuziehen, wenn der Ausgang des Vorprozesses unsicher ist.

9. Außer im allgemeinen Gerichtsstand des Beklagten, § 13 ZPO, kann die Klage auch am Ort der Vollstreckung oder Verwertungshandlung als dem Gerichtsstand der unerlaubten Handlung, § 32 ZPO, erhoben werden (vgl. BLHAG ZPO § 717 Rn. 13).

10. Volles Rubrum zu → Form. III.A.5.

11. Antrag wie oben unter A.

12. Entgegen dem Wortlaut von § 717 Abs. 2 ZPO kann der Anspruch sich auch gegen den Beklagten des Vorprozesses richten, wenn dieser aus einem später aufgehobenen Titel vollstreckt hat, etwa dem Kostenfestsetzungsbeschluss oder einem Widerklageurteil (vgl. BLHAG ZPO § 717 Rn. 7). Der Rechtsgedanke des § 717 Abs. 2 ZPO ist auch auf andere Vollstreckungstitel anwendbar; ferner, wenn ein Titel nur teilweise aufgehoben wird (Beispiele und Einschränkungen bei BLHAG ZPO § 717 Rn. 21–37).

13. Dass die auf Grund des aufgehobenen Kostentitels gezahlten oder überzahlten Beträge im Kostenfestsetzungsverfahren „rückfestgesetzt" werden können, wenn sie unstreitig sind, ist hM (BLHAG ZPO § 104 Rn. 14 mwN). Jedenfalls bei Streit über diese Kosten und bei darüberhinausgehendem Schadensersatz, etwa entgangenem Gewinn oder anderen Kosten, ist aber das Verfahren nach § 717 Abs. 2 ZPO erforderlich (BGH NJW-RR 2009, 407).

Kosten und Gebühren

14. a) Gericht: Gebühren des Erkenntnisverfahrens, KV 1210 ff. GKG.
b) Anwalt: Gebühren des Erkenntnisverfahrens, VV 3100 ff. RVG.
c) Gegenstandswert: Wert des Ersatzanspruches ohne Zinsen und Kosten, BGHZ 38, 238; bei Zwischenantrag (Fall A.) unter Anwendung von § 45 GKG zu berechnen.

Fristen und Rechtsmittel

15. Verjährung jetzt wie bei allen Ansprüchen aus unerlaubter Handlung in der Regelfrist von drei Jahren gem. §§ 195, 199 BGB. § 852 BGB findet keine Anwendung (BGH NZI 2007, 74); in Betracht kommt aber ein Anspruch aus ungerechtfertigter Bereicherung gem. § 812 BGB (BGH NZI 2007, 74)

16. Rechtmittel wie im normalen Erkenntnisverfahren, → Form. I.O.1.

B. Zwangsvollstreckung wegen Geldforderungen

Zwangsvollstreckung in bewegliche Sachen und Vermögensauskunft

1. Auftrag an den Gerichtsvollzieher

Vollstreckungsauftrag an die Gerichtsvollzieherin/den Gerichtsvollzieher ①

– zur Vollstreckung von Geldforderungen –

②

☐ Amtsgericht
☐ Verteilungsstelle für Gerichtsvollzieheraufträge
☐ Geschäftsstelle
☐ Frau/Herrn Haupt-/Ober-/Gerichtsvollzieher/-in

Straße, Hausnummer

Postleitzahl, Ort

Kontaktdaten des ③
☐ Gläubigers
☐ Gläubigervertreters

Telefon	
Fax	
E-Mail	
Rechtsverbindliche elektronische Kommunikationswege (z. B. De-Mail, EGVP, besonderes Anwaltspostfach)	
Geschäftszeichen	

☐ Der Gläubiger beabsichtigt, für die Gerichtsvollzieherkosten ein SEPA-Lastschriftmandat zu erteilen. ④

In der Zwangsvollstreckungssache

Module:

A **Parteien**

Zutreffendes markieren ☒ bzw. ausfüllen

A 1 **Gläubiger**

Herrn/Frau/Firma	Straße, Hausnummer
Postleitzahl, Ort	Land (wenn nicht Deutschland)

A 2 **Gesetzlicher Vertreter des Gläubigers** (Angaben bei jeder Art der gesetzlichen Vertretung, z. B. durch Mutter, Vater, Vormund, Geschäftsführer)

Herrn/Frau/Firma	Straße, Hausnummer
Postleitzahl, Ort	Land (wenn nicht Deutschland)

A 3 **Bevollmächtigter des Gläubigers** (Angaben bei jeder Art der Bevollmächtigung, z. B. Rechtsanwalt, Inkassounternehmen)

Herrn/Frau/Firma	Straße, Hausnummer
Postleitzahl, Ort	Land (wenn nicht Deutschland)

1

A 4	**Bankverbindung des**	
	☐ Gläubigers ☐ Gläubigervertreters ☐ abweichenden Kontoinhabers/der abweichenden Kontoinhaberin:	
	zur Überweisung eingezogener Beträge	
	IBAN:	BIC: (Angabe kann entfallen, wenn IBAN mit DE beginnt)
	Verwendungszweck, ggf. Geschäfts- bzw. Kassenzeichen:	

gegen

A 5	**Schuldner**	
	Herrn/Frau/Firma	Straße, Hausnummer
	Postleitzahl, Ort	Land (wenn nicht Deutschland)
	Geburtsname, -datum und -ort/Registergericht und Handelsregisternummer (soweit bekannt)	

A 6	**Gesetzlicher Vertreter des Schuldners** (Angaben bei jeder Art der gesetzlichen Vertretung, z. B. durch Mutter, Vater, Vormund, Geschäftsführer)	
	Herrn/Frau/Firma	Straße, Hausnummer
	Postleitzahl, Ort	Land (wenn nicht Deutschland)

A 7	**Bevollmächtigter des Schuldners** (Angaben bei jeder Art der Bevollmächtigung, z. B. Rechtsanwalt)	
	Herrn/Frau/Firma	Straße, Hausnummer
	Postleitzahl, Ort	Land (wenn nicht Deutschland)

A 8	**Geschäftszeichen des Schuldners bzw. des gesetzlichen Vertreters oder des Bevollmächtigten des Schuldners**

B	☐ Ich reiche nur die ausgefüllten Seiten (5) ______ (Bezeichnung der Seiten) dem Gericht bzw. der Gerichtsvollzieherin/dem Gerichtsvollzieher ein.

2

überreiche ich

C **die Anlage/-n**

Dazu bitte die Hinweise zum Ausfüllen und Einreichen des Vollstreckungsauftrags (Anlage 2 des Formulars) beachten.

☐ Vollstreckungstitel (6)
(Titel bitte nach Art, Gericht/Notar/Behörde, Datum und Geschäftszeichen bezeichnen)

☐ Vollmacht (7)

☐ Geldempfangsvollmacht (8)

☐ Forderungsaufstellung gemäß der Anlage 1 des Formulars (9)

☐ Forderungsaufstellung gemäß sonstiger Anlage/-n des Gläubigers/Gläubigervertreters ______

☐ Anwaltskosten für weitere Vollstreckungsmaßnahmen gemäß zusätzlicher Anlage/-n (10) ______

☐ Inkassokosten gemäß § 4 Absatz 4 des Einführungsgesetzes zum Rechtsdienstleistungsgesetz (RDGEG) gemäß Anlage/ n ______

☐ (11) ______

☐ ______

wegen der aus der Anlage/den Anlagen ersichtlichen Forderung/-en
zur Durchführung des folgenden Auftrags/der folgenden Aufträge:

D ☐ **Zustellung** (12)

E **gütliche Erledigung (§ 802b der Zivilprozessordnung – ZPO)** (13)

E 1 ☐ Ich bin einverstanden, dass die folgende Zahlungsfrist gewährt wird: ______

E 2 ☐ Mit der Einziehung von Teilbeträgen bin ich einverstanden.
☐ Ratenhöhe mindestens ______ Euro
☐ monatlicher Turnus ☐ sonstiger Turnus: ______

E 3 ☐ Ich bin mit einer Abweichung von den Zahlungsmodalitäten nach dem Ermessen der Gerichtsvollzieherin/des Gerichtsvollziehers einverstanden.

E 4 sonstige Weisungen (14)
☐

E 5 ☐ Der Auftrag beschränkt sich auf die gütliche Erledigung. (15)

F **keine Zahlungsvereinbarung**

☐ Mit einer Zahlungsvereinbarung bin ich nicht einverstanden (§ 802b Absatz 2 Satz 1 ZPO).

3

G	**Abnahme der Vermögensauskunft** (bitte Hinweise in der Anlage 2 des Formulars beachten) (16)
G1	☐ nach den §§ 802c, 802f ZPO (ohne vorherigen Pfändungsversuch) (17)
G2	☐ nach den §§ 802c, 807 ZPO (nach vorherigem Pfändungsversuch) (18) Sofern der Schuldner wiederholt nicht anzutreffen ist, ☐ bitte ich um Rücksendung der Vollstreckungsunterlagen. ☐ beantrage ich, das Verfahren zur Abnahme der Vermögensauskunft nach den §§ 802c, 802f ZPO einzuleiten.
G3	☐ erneute Vermögensauskunft nach § 802d ZPO (wenn der Schuldner bereits innerhalb der letzten zwei Jahre die Vermögensauskunft abgegeben hat) (19) Die Vermögensverhältnisse des Schuldners haben sich wesentlich geändert, weil __________ __________ __________ Zur Glaubhaftmachung füge ich bei: __________ __________ __________
G4	weitere Angaben im Zusammenhang mit der Vermögensauskunft (20) ☐ __________ __________
H	☐ **Erlass des Haftbefehls nach § 802g ZPO** (21) Bleibt der Schuldner dem Termin zur Abgabe der Vermögensauskunft unentschuldigt fern oder weigert er sich ohne Grund, die Vermögensauskunft zu erteilen, beantrage ich den Erlass eines Haftbefehls nach § 802g Absatz 1 ZPO. Die Gerichtsvollzieherin/den Gerichtsvollzieher bitte ich, den Antrag an das zuständige Amtsgericht weiterzuleiten und dieses zu ersuchen, nach Erlass des Haftbefehls diesen an ☐ den Gläubiger ☐ den Gläubigervertreter zu übersenden. ☐ die zuständige Gerichtsvollzieherin/den zuständigen Gerichtsvollzieher weiterzuleiten. Gegenüber der Gerichtsvollzieherin/dem Gerichtsvollzieher stelle ich den Antrag auf Verhaftung des Schuldners. (22)
I	☐ **Verhaftung des Schuldners (§ 802g Absatz 2 ZPO)** (23) Haftbefehl des Amtsgerichts ______ Datum ______ Geschäftszeichen ______
J	☐ **Vorpfändung (§ 845 ZPO)** (24) Anfertigung der Benachrichtigung über die Vorpfändung und Zustellung sowie unverzügliche Mitteilung über die Vorpfändung ☐ für pfändbare Forderungen, die der Gerichtsvollzieherin/dem Gerichtsvollzieher bekannt sind oder bekannt werden ☐ für die folgenden Forderungen: __________ __________ __________
K	☐ **Pfändung körperlicher Sachen** (25)
K1	☐ Pfändung von Forderungen aus Wechseln und anderen Papieren, die durch Indossament übertragen werden können
K2	☐ Taschenpfändung/Kassenpfändung
K3	☐ Pfändung soll nach Abnahme der Vermögensauskunft durchgeführt werden, soweit sich aus dem Vermögensverzeichnis pfändbare Gegenstände ergeben. (26)

4

K4	☐ Mit der Erteilung einer Fruchtlosigkeitsbescheinigung nach § 32 der Geschäftsanweisung für Gerichtsvollzieher (GVGA) bin ich **nicht** einverstanden. (27)
K5	Aufträge und Hinweise zur Pfändung und Verwertung, z. B. zu besonderen Gegenständen (28) ☐ ______________________________ ______________________________
L	**Ermittlung des Aufenthaltsorts des Schuldners (§ 755 ZPO)** (bitte Hinweise in der Anlage 2 des Formulars beachten) (29)
L1	☐ Mir ist bekannt, dass der Schuldner unbekannt verzogen ist.
L2	☐ Negativauskunft des Einwohnermeldeamtes ist beigefügt.
	Ermittlung (30) (31)
L3	☐ der gegenwärtigen Anschriften sowie der Angaben zur Haupt- und Nebenwohnung des Schuldners durch Nachfrage bei der **Meldebehörde**
L4	☐ des Aufenthaltsorts durch Nachfragen beim **Ausländerzentralregister** und bei der aktenführenden **Ausländerbehörde**
L5	☐ der bekannten derzeitigen Anschrift sowie des derzeitigen oder zukünftigen Aufenthaltsorts des Schuldners bei den **Trägern der gesetzlichen Rentenversicherung**
L6	☐ der Halterdaten nach § 33 Absatz 1 Satz 1 Nummer 2 des Straßenverkehrsgesetzes (StVG) des Schuldners beim **Kraftfahrt-Bundesamt**
L7	☐ der gegenwärtigen Anschriften, des Ortes der Hauptniederlassung oder des Sitzes des Schuldners durch Einsicht in das **Handels-, Genossenschafts-, Partnerschafts-, Unternehmens- oder Vereinsregister**
L8	☐ der gegenwärtigen Anschriften, des Ortes der Hauptniederlassung oder des Sitzes des Schuldners durch Einholung einer Auskunft bei den nach Landesrecht **für die Durchführung der Aufgaben nach § 14 Absatz 1 der Gewerbeordnung (GewO) zuständigen Behörden**
L9	Hinweise zur Reihenfolge der Ermittlungen (wenn Anfrage nach den Modulen L3, L7 und L8 ergebnislos oder ein Fall des Moduls L1 gegeben ist) (32) ☐ ______________________________
M	**Einholung von Auskünften Dritter (§ 802l ZPO)** (33) (bitte Hinweise zur Einholung von Auskünften Dritter in der Anlage 2 des Formulars beachten)
M1	☐ Ermittlung der Namen, der Vornamen oder der Firma sowie der Anschriften der derzeitigen Arbeitgeber eines versicherungsp ichtigen Beschäftigungsverhältnisses des Schuldners bei den **Trägern der gesetzlichen Rentenversicherung**
M2	☐ Ersuchen an das **Bundeszentralamt für Steuern,** bei den Kreditinstituten die in § 93b Absatz 1 der Abgabenordnung (AO) bezeichneten Daten abzurufen
M3	☐ Ermittlung der Fahrzeug- und Halterdaten nach § 33 Absatz 1 StVG zu einem Fahrzeug, als dessen Halter der Schuldner eingetragen ist, beim **Kraftfahrt-Bundesamt**
M4	☐ Die vorstehend ausgewählte/-n Drittauskunft/Drittauskünfte sollen nur eingeholt werden, wenn der Schuldner seiner P icht zur Abgabe der Vermögensauskunft nicht nachkommt.
M5	☐ Antrag auf aktuelle Einholung von Auskünften (§ 802l Absatz 4 Satz 3 ZPO) Zur Änderung der Vermögensverhältnisse des Schuldners trage ich vor: ______________________________ ______________________________
N	**Angaben zur Reihenfolge bzw. Kombination der einzelnen Aufträge** (34)
N1	☐ Die Aufträge ______________ werden ohne Angabe einer Reihenfolge erteilt. (Bezeichnung der Module bitte angeben)
N2	☐ Der Pfändungsauftrag soll **vor** weiteren Aufträgen durchgeführt werden.

5

N3	☐ Der Pfändungsauftrag soll **nach** Abnahme der Vermögensauskunft durchgeführt werden.
N4	☐ Die gestellten Aufträge sollen in folgender Reihenfolge durchgeführt werden: zuerst Auftrag ______________________________ , (Bezeichnung des Moduls bitte angeben) danach der Auftrag/die Aufträge ______________________________ . (Bezeichnung des Moduls/der Module bitte angeben)
N5	sonstige Angaben zur Reihenfolge bzw. Kombination der einzelnen Aufträge ☐ ______________________________ ______________________________ ______________________________
O	**weitere Aufträge** (35) ☐ ______________________________ ______________________________ ☐ ______________________________ ______________________________ ☐ ______________________________ ______________________________
P	**Hinweise für die Gerichtsvollzieherin/den Gerichtsvollzieher**
P1	(36) ☐ Ich bitte um Übersendung des ☐ Protokolls. ☐ Gesamtprotokolls (bei gleichzeitiger Pfändung für mehrere Gläubiger).
P2	(37) ☐ Hinweis zum Aufenthaltsort des Schuldners: ______________________________
P3	(38) ☐ Prozesskostenhilfe/Verfahrenskostenhilfe wurde gemäß anliegendem Beschluss bewilligt.
P4	(39) ☐ Ich bitte um Übersendung des Abdrucks des Vermögensverzeichnisses in elektronischer Form gemäß § 802d Absatz 2 ZPO auf dem in den Kontaktdaten bezeichneten rechtsverbindlichen elektronischen Kommunikationsweg.
P5	(40) ☐ Im Falle der Nichtzuständigkeit bitte ich um Weiterleitung des Vollstreckungsauftrags an die zuständige Gerichtsvollzieherin/den zuständigen Gerichtsvollzieher, wenn nicht bereits eine Weiterleitung von Amts wegen erfolgt.
P6	Meine Teilnahme an dem Termin (41) ☐ zur Abnahme der Vermögensauskunft ☐ ______________________________ ist beabsichtigt.
P7	Zum Vorsteuerabzug ist der Gläubiger ☐ berechtigt. ☐ nicht berechtigt. (42)
P8	sonstige Hinweise ☐ ______________________________ ☐ ______________________________

6

Q

Anwaltskosten gemäß Rechtsanwaltsvergütungsgesetz (RVG) (43) (46)

für den oben stehenden Auftrag/die oben stehenden Aufträge, und zwar für

(Angabe der Vollstreckungsmaßnahme)

Gegenstandswert (§ 25 RVG) aus ______ €

1. Verfahrensgebühr (VV Nr. 3309, ggf. i. V. m. VV Nr. 1008) ______ €

2. ______ (VV Nr. ______) ______ €

3. Auslagen oder Auslagenpauschale (VV Nr. 7001 oder VV Nr. 7002) ______ €

4. weitere Auslagen (VV Nr. ______) ______ €

5. Umsatzsteuer (VV Nr. 7008) ______ €

Summe ______ €

Anwaltskosten gemäß Rechtsanwaltsvergütungsgesetz (RVG)

für den oben stehenden Auftrag/die oben stehenden Aufträge, und zwar für

(Angabe der Vollstreckungsmaßnahme)

Gegenstandswert (§ 25 RVG) aus ______ €

1. Verfahrensgebühr (VV Nr. 3309, ggf. i. V. m. VV Nr. 1008) ______ €

2. ______ (VV Nr. ______) ______ €

3. Auslagen oder Auslagenpauschale (VV Nr. 7001 oder VV Nr. 7002) ______ €

4. weitere Auslagen (VV Nr. ______) ______ €

5. Umsatzsteuer (VV Nr. 7008) ______ €

Summe ______ €

(44) (47)

(Datum) (Unterschrift, Auftraggeber)

7

Anlage 1

Forderungsaufstellung (45)

☐ Der Gläubiger kann von dem Schuldner die nachfolgend aufgeführten Beträge beanspruchen:

☐ ______

(zusätzliche Informationen, z. B. bei Vollstreckung in unterschiedlicher Höhe gegen mehrere Schuldner)

______ €	☐ Hauptforderung
______ €	☐ Restforderung
______ €	☐ Teilforderung
______ €	☐ nebst ______ % Zinsen daraus/aus ______ Euro seit dem ______ ☐ bis ______
______ €	☐ nebst ______ % Zinsen daraus/aus ______ Euro ab Antragstellung
€	☐ nebst Zinsen in Höhe von ______ Prozentpunkten über dem jeweiligen Basiszinssatz daraus/aus ______ Euro seit dem ______ ☐ bis ______
€	☐ nebst Zinsen in Höhe von ______ Prozentpunkten über dem jeweiligen Basiszinssatz daraus/aus ______ Euro ab Antragstellung
€	☐ ______
€	☐ ______
€	☐ Säumniszuschläge gemäß § 193 Absatz 6 Satz 2 des Versicherungsvertragsgesetzes
______ €	☐ titulierte vorgerichtliche Kosten ☐ Wechselkosten
€	☐ Kosten des Mahn-/Vollstreckungsbescheides
______ €	☐ festgesetzte Kosten
______ €	☐ nebst ______ % Zinsen daraus/aus ______ Euro seit dem ______ ☐ bis ______
______ €	☐ nebst ______ % Zinsen daraus/aus ______ Euro ab Antragstellung
€	☐ nebst Zinsen in Höhe von ______ Prozentpunkten über dem jeweiligen Basiszinssatz daraus/aus ______ Euro seit dem ______ ☐ bis ______
______ €	☐ nebst Zinsen in Höhe von ______ Prozentpunkten über dem jeweiligen Basiszinssatz daraus/aus ______ Euro ab Antragstellung
______ €	☐ bisherige Vollstreckungskosten
______ €	**Summe I**
______ € (wenn Angabe möglich)	☐ gemäß sonstiger Anlage/-n des Gläubigers/Gläubigervertreters ______ (zulässig, wenn in dieser Aufstellung die erforderlichen Angaben nicht oder nicht vollständig eingetragen werden können)
______ € (wenn Angabe möglich)	**Summe II** (aus Summe I und Summe aus sonstiger Anlage/sonstigen Angaben des Gläubigers/Gläubigervertreters)

8

Anlage 2
Hinweise zum Ausfüllen und Einreichen des Vollstreckungsauftrags

Prozesskostenhilfe/ Verfahrenskostenhilfe	Ein Antrag auf Prozesskostenhilfe/Verfahrenskostenhilfe kann bei dem zuständigen Vollstreckungsgericht (Amtsgericht) unter Verwendung des amtlichen Formulars gestellt werden. Hierbei ist nach Maßgabe der Prozesskostenhilfeformularverordnung (PKHFV) das amtliche Formular zu verwenden.
Modul C	**Hinweise zur Beifügung von zusätzlichen Anlagen** Die Beifügung einer zusätzlichen Anlage/von zusätzlichen Anlagen ist nur zulässig für Aufträge, Hinweise und Au istungen, für die im Formular keine oder keine ausreichende Eingabemöglichkeit besteht. Die Beifügung von zusätzlichen Anlagen für die Forderungsaufstellung, die von der Anlage 1 abweichen, ist zulässig, wenn die für den Auftrag erforderlichen Angaben nicht oder nicht vollständig in die Anlage 1 eingetragen werden können.
Modul G	Bei einem Auftrag zur Abnahme der Vermögensauskunft bitte das papiergebundene Formular **zweifach einreichen.** Das Verfahren nach § 807 ZPO (Modul G2) kann nicht durchgeführt werden, wenn der Schuldner nicht angetroffen wird. In diesem Fall bleibt die Möglichkeit, die Vermögensauskunft nach § 802f Absatz 1 Satz 1 ZPO zu beantragen.
Modul L	**Hinweise zur Ermittlung des Aufenthaltsorts des Schuldners (§ 755 ZPO)** Der Auftrag ist nur in Verbindung mit einem Vollstreckungsauftrag und nur für den Fall zulässig, dass der Wohnsitz oder der gewöhnliche Aufenthaltsort bzw. die gegenwärtige Anschrift, der Ort der Hauptniederlassung oder der Sitz des Schuldners nicht bekannt ist. Die Anfragen beim Ausländerzentralregister und der aktenführenden Ausländerbehörde (Modul L4), bei den Trägern der gesetzlichen Rentenversicherung (Modul L5) sowie beim Kraftfahrt-Bundesamt (Modul L6) sind nur zulässig, falls der Aufenthaltsort des Schuldners durch Nachfrage bei der Meldebehörde (Modul L3) nicht zu ermitteln ist. Der Nachfrage bei der Meldebehörde steht gleich die Einsicht in das Handels-, Genossenschafts-, Partnerschafts-, Unternehmens- oder Vereinsregister (Modul L7) und die Einholung einer Auskunft bei den nach Landesrecht für die Durchführung der Aufgaben nach § 14 Absatz 1 der Gewerbeordnung zuständigen Behörden (Modul L8) bei dem Schuldner, der in die genannten Register eingetragen ist. Die Anfrage beim Ausländerzentralregister (Modul L4) ist bei Unionsbürgern nur zulässig, wenn – darzulegende – tatsächliche Anhaltspunkte für die Vermutung der Feststellung des Nichtbestehens oder des Verlusts des Freizügigkeitsrechts vorliegen.
Modul M	**Hinweise zur Einholung von Auskünften Dritter (§ 802l ZPO)** Die Einholung von Drittauskünften ist zulässig, wenn der Schuldner seiner P icht zur Abgabe der Vermögensauskunft nicht nachkommt oder bei einer Vollstreckung in die dort aufgeführten Vermögensgegenstände eine vollständige Befriedigung des Gläubigers nicht zu erwarten ist. Der Gerichtsvollzieher darf Daten, die er im Auftrag eines anderen Gläubigers eingeholt hat und die innerhalb der letzten drei Monate bei ihm eingegangen sind, an den weiteren Gläubiger weitergeben, wenn die Voraussetzungen für die Datenerhebung auch bei dem weiteren Gläubiger vorliegen (§ 802l Absatz 4 Satz 1 ZPO). Auf Antrag des weiteren Gläubigers ist eine erneute Auskunft nur dann einzuholen, wenn Anhaltspunkte dargelegt werden, dass nach dem Eingang der Auskunft bei dem Gerichtsvollzieher eine Änderung der Vermögensverhältnisse des Schuldners eingetreten ist. Ein solcher Antrag kann – vorsorglich – bereits mit der Auftragserteilung gestellt werden.

9

Anmerkungen

1. Der Verordnungsgeber hat mit der Gerichtsvollzieherformular-Verordnung (GVFV) von der Ermächtigung in § 753 Abs. 3 ZPO Gebrauch gemacht und ein seit 1.4.2016 verbindliches Formular für Vollstreckungsaufträge an Gerichtsvollzieher geschaffen, § 5 GVFV. Der Vollstreckungsauftrag setzt sich aus den Modulen A – Q, der Forderungsaufstellung als Anlage 1 und Hinweisen als Anlage 2 zusammen. Anlage 2 ist nicht einzureichen. Der Antragsteller kann zudem leere Seiten und leere Module weglassen, § 2 Abs. 3 Nr. 1 und 2 GVFV. Die Reihenfolge der Module ist aber beizubehalten, § 2 Abs. 3 GVFV. Nur wenn das Form. keine zweckmäßige Möglichkeit zur Eintragung vorsieht, kann ein geeignetes Freitextfeld oder eine zusätzliche Anlage verwendet werden, § 2 Abs. 2 GVFV. Weicht der Antragsteller unnötig von der Verwendung der Felder im Form. ab, ist der Vollstreckungsauftrag unzulässig (BGH NJW 2019, 441). Die mehrfache Verwendung von Modulen ist zulässig, § 2 Abs. 4 S. 1 GVFV, ebenso bei Bedarf die Erweiterung der für Eintragungen vorgesehenen Felder, § 2 Abs. 4 S. 2 GVFV.

Das Form. enthält verschiedene mögliche Anträge. Der Gläubiger kann diese fast beliebig kombinieren. Der „alte Kombiauftrag" ist nunmehr nur noch eine von zahlreichen Möglichkeiten. Der Gläubiger muss sich frühzeitig überlegen, wie er im Einzelfall meint, am schnellsten und kostengünstigsten zu seinem Recht zu kommen.

2. Zuständig ist der Gerichtsvollzieher, in dessen Bezirk der Schuldner bei Auftragserteilung seinen Wohnsitz oder Aufenthaltsort hat, § 802e Abs. 1 ZPO und § 14 Abs. 1 GVO. Umzug des Schuldners nach Antragstellung ist für die örtliche Zuständigkeit unerheblich (Zöller/*Seibel* ZPO § 802e Rn. 2). Bei juristischen Personen kommt es auf den registermäßigen Sitz an, auch wenn dort kein Geschäftslokal mehr unterhalten wird und der gesetzliche Vertreter an anderem Ort wohnt (Zöller/*Seibel* ZPO § 802e Rn. 2). Gem. § 802e Abs. 2 ZPO wird auf Antrags des Gläubigers abgegeben, wenn ein anderes Gericht oder ein anderer Gerichtsvollzieher zuständig ist.

Der für die Vollstreckungsanschrift örtlich zuständige Gerichtsvollzieher ist meist nicht bekannt. Deshalb sollte regelmäßig über die Gerichtsvollzieherverteilungsstelle des für die Anschrift zuständigen AG beauftragt werden, § 22 GVO.

3. Der Gläubiger sollte so viele Kontaktdaten wie möglich angeben, damit ihn der Gerichtsvollzieher schnell und einfach erreichen kann.

4. Die Erteilung des SEPA-Lastschriftmandats ist zweckmäßig, um das Verfahren zu beschleunigen und die Erhebung von Vorschüssen zu vermeiden.

5. Hier sind nur Angaben zu machen, wenn nicht das vollständige Form. eingereicht wird → Anm. 1.

6. Beizufügen sind die vollstreckbaren Ausfertigungen der zu vollstreckenden Titel, § 724 Abs. 1 ZPO.

7. Ergibt sich aus dem Titel, dass eine Prozessvollmacht vorlag, ist bei der Beantragung einer Vollstreckungsmaßnahme davon auszugehen, dass diese fortbesteht, § 31 Abs. 3 S. 1 GVGA.

8. Die Prozessvollmacht, die sich ggf. aus dem Titel ergibt, umfasst aber ausdrücklich nur die Befugnis zum Empfang der Kosten, § 81 letzter Hs. ZPO; § 31 Abs. 3 S. 5–8 GVGA, (vgl. Musielak/Voit/*Weth* ZPO § 81 Rn. 10, BLHAG ZPO § 81 Rn. 25). Betreibt der Prozessbevollmächtigte auch die Vollstreckung, muss er daher eine Geldempfangsvollmacht vorlegen, die zweckmäßigerweise in der Vollmacht enthalten ist, § 31 Abs. 3 S. 7 GVGA.

9. Hierzu siehe Anm. 45.

10. Vollstreckungskosten sind auch ohne besondere Titulierung beizutreiben, § 788 Abs. 1 ZPO. Der Gläubiger muss sie aber glaubhaft machen (BLHAG ZPO § 788 Rn. 13). Also sind die Kostenbelege aus etwaiger früherer Vollstreckung beizufügen, ebenso die Berechnung der Anwaltskosten und die Belege für sonstige Vollstreckungskosten des Gläubigers, zB für Anschriften- oder Arbeitgeberermittlungen. Da hier allerdings dem Text nach nur Anwaltskosten angegeben werden können, sollte für weitere Kosten wie Gerichtsvollzieherkosten etc ein leeres Feld verwendet werden.

11. In den leeren Feldern kann Bezug genommen werden auf ergänzende Anlagen wie bspw. beigefügte Nachweise weiterer Vollstreckungskosten, einen Durchsuchungsbeschluss, § 758a ZPO oder den Text für eine etwaige Zahlungsvereinbarung.

12. Die Vollstreckung kann mit der Zustellung verbunden werden, § 750 Abs. 1 ZPO, wenn nicht schon zuvor vom Amts wegen zugestellt wurde, zB gem. § 317 Abs. 1 ZPO. Dann sind die Zustellnachweise gesondert beizufügen, sofern nicht direkt auf dem Titel bescheinigt wurde, § 169 Abs. 1 ZPO.

13. § 802b Abs. 2 ZPO kennt zwei Arten der gütlichen Erledigung des Zwangsvollstreckungsauftrages; die Zahlungsfrist und die Ratenzahlungsvereinbarung. Beides kann der Gläubiger nach seinem Ermessen von vornherein ausschließen. Tut er dies nicht explizit, kann der Gerichtsvollzieher nach beiden Alternativen vorgehen. Die Zahlungsvereinbarung von vornherein vollständig auszuschließen, dürfte nur in Ausnahmefällen sinnvoll sein. Allerdings empfiehlt es sich, den Spielraum des Gerichtsvollziehers konkret zu beschränken.

Wenn aus Sicht des Gläubigers von vornherein nur eine bestimmte Zahlungsvereinbarung in Betracht kommt, kann diese ggf. als Anlage in einem Freifeld unter C beigefügt werden, → Anm. 10. Ansonsten wird es vielfach zweckmäßig sein, eine Zahlungsfrist von vornherein auszuschließen und nur plausible Ratenzahlungen zuzulassen. Ansonsten sieht sich der Gläubiger möglicherweise einem unbeabsichtigten Vollstreckungsaufschub mit geringer Ratenzahlung ausgesetzt, der auch bindend wird, wenn er nicht unverzüglich nach der Unterrichtung durch den Gerichtsvollzieher widerspricht, § 802b Abs. 3 S. 2 ZPO.

14. ZB nur eigene Ratenzahlungsvereinbarung → Anm. 10.

15. Der Auftrag kann nur auf gütliche Einigung, dh Zahlungsvereinbarung mit entweder Zahlungsfrist oder Ratenzahlung gem. § 802b Abs. 2 ZPO beschränkt werden. Dies wird für den Gläubiger aber nur in Ausnahmefällen in Betracht kommen.

16. Die Vorschriften über die Voraussetzungen zur Abnahme der Vermögensauskunft gehören zu einem Kernstück des Gesetzes zur Reform der Sachaufklärung. Es ist es auch ohne vorhergehende (fruchtlose) Einzelzwangsvollstreckung möglich, dem Schuldner sofort die Vermögensauskunft abnehmen zu lassen, § 802c Abs. 1 ZPO. Der Gläubiger kann dann ggf. erst im Anschluss entscheiden, welche weiteren Vollstreckungsmaßnahmen er ergreift. Er hat daher anhand der vorliegenden Kenntnisse über das Vermögen des Schuldners abzuwägen, ob er „klassisch" gem. § 807 ZPO vorgehen will (erst Pfändungsversuch, dann Vermögensauskunft) oder unmittelbar die Abgabe der Vermögensauskunft beantragt (§ 802c ZPO).

Unverändert müssen aber die allgemeinen Vollstreckungsvoraussetzungen (Titel, Klausel, Zustellung) gegeben sein, → Anm. 6, 11. Ferner ist das papiergebundene Form. zweifach einzureichen, Anlage 2 Hinweis zu Modul G.

Der Gerichtsvollzieher hat zuvor lediglich von Amts wegen zu prüfen, ob der Schuldner innerhalb der Sperrfrist von zwei Jahren, § 802d Abs. 1 ZPO, bereits die Vermögensauskunft abgegeben hat. Dies tut er durch online Abfrage beim zentralen Vollstreckungsgericht. Wurde eine solche abgegeben, bekommt der Gläubiger gem. § 802d Abs. 1 S. 2 ZPO vom Gerichtsvollzieher automatisch einen Ausdruck des letzten abgegebenen Vermögensverzeichnisses übersandt. Der Ausdruck kann gem. § 802d Abs. 4 ZPO auch mit qualifizierter elektronischer Signatur als elektronisches Dokument übermittelt werden.

Gem. § 802f Abs. 6 S. 2 Hs. 2 iVm § 802d Abs. 1 S. 3 ZPO darf der Gläubiger die erlangten Daten nur zu Vollstreckungszwecken nutzen und hat die Daten nach Zweckerreichung zu löschen.

Liegen die formalen Voraussetzungen vor, setzt der Gerichtsvollzieher dem Schuldner eine letzte Frist von zwei Wochen, § 802f Abs. 1 S. 1 ZPO, und lädt ihn gleichzeitig zum Termin für die Abgabe der Vermögensauskunft, § 802f Abs. 1 S. 2 ZPO. Der Gerichtsvollzieher kann ggf. auch die öffentliche Zustellung der Ladung bewilligen (BGH NJW-RR 2018, 503). Der Termin kann alternativ in der Wohnung des Schuldners oder in den Geschäftsräumen des Gerichtsvollziehers bestimmt werden, § 802f Abs. 1 S. 2 ZPO und § 802f Abs. 2 S. 1 ZPO. Aufgrund des Widerspruchsrecht des Schuldners bei Terminierung in seiner Wohnung gem. § 802f Abs. 2 S. 2 ZPO wird der Gläubiger, der zügig die Vermögensauskunft erlangen möchte, eher auf dem Termin beim Gerichtsvollzieher bestehen.

Nicht prozessfähige Schuldner werden bei der Abgabe der Vermögensauskunft durch einen gesetzlichen Vertreter vertreten. Ein Vorsorgebevollmächtigter ist zur Abgabe berechtigt, aber nicht verpflichtet (BGH NJW 2020, 1143).

Der Schuldner ist verpflichtet, die Richtigkeit seiner Angaben bei entsprechender Strafandrohung eidesstattlich zu versichern, § 802c Abs. 3 ZPO.

17. Die Variante ohne vorherigen Pfändungsversuch wird in der Regel die vielversprechendere, weil schnellere und kostengünstigere sein.

18. Die vorherige Sachpfändung wird häufig daran scheitern, dass der Schuldner entweder nicht anzutreffen ist oder dem Gerichtsvollzieher keinen Zugang gewährt. Sie wird das Verfahren idR nur verzögern, wenn der Gläubiger nicht Hinweise auf konkrete Vermögensgegenstände hat.

19. Der Schuldner muss erst 2 Jahre nach einer Vermögensauskunft sein Vermögen erneut offenbaren, § 802d Abs. 1 ZPO. Vorher muss er dies nur, wenn der Gläubiger Tatsachen glaubhaft machen kann, die auf eine wesentliche Veränderung der Vermögensverhältnisse schließen lassen. Die Vorschrift weicht sprachlich von der Vorgängervorschrift § 903 ZPO aF ab, so dass die ältere Rspr. hierzu nicht immer ohne weiteres anwendbar ist (Musielak/Voit/*Voit* ZPO § 802d Rn. 9).

Die Glaubhaftmachung von Vermögenserwerb ist selten, weil der Gläubiger dann meist diesen direkt pfänden wird. In Betracht kommen insb. Wechsel des Arbeitgebers, auch wenn bspw. ein erst nach der ersten Vermögensauskunft aufgenommenes Arbeitsverhältnis beendet ist (OLG Koblenz JurBüro 1998, 44). Die Vorschrift ist ferner anwendbar auf die Fälle, in denen der Gläubiger gleichermaßen daran interessiert ist, die neue Erwerbsquelle des Schuldners zu erfahren (BGH NJW-RR 2007, 1007). So zB, wenn der Schuldner eine selbständige Tätigkeit aufgibt (LG Augsburg JurBüro 1998, 325; Zöller/*Seibel* ZPO § 802d Rn. 9 mwN) oder bisherige Arbeitslosigkeit oder Rentenbezug endet (LG Berlin Rpfleger 1997, 221; Zöller/*Seibel* ZPO § 802d Rn. 9 mwN; ggf. glaubhaft zu machen durch Bescheinigung der Arbeitsagentur über Wegfall von Leistungen), auch bei sonstigem Wegfall der bisherigen Lebensgrundlage, etwa einer Witwenpension (OLG Hamm Rpfleger 1983, 323 mwN) oder der Beamtenstellung. Nicht ausreichend ist Beendigung der bisherigen Bankverbindung (BGH NJW-RR 2007, 1007).

Wesentlich wird die Veränderung nur dann sein, wenn sie zumindest möglicherweise zu pfändbarem Vermögen führen kann, nicht zB wenn der Schuldner auch nach einem

Wechsel des Arbeitgebers oder der Berufstätigkeit pfändbares Einkommen nicht erzielen kann (Zöller/*Seibel* ZPO § 802d Rn. 8).

Der Schuldner ist zur Abgabe eines vollständigen Verzeichnisses verpflichtet, nicht nur zu Einzelangaben, etwa über einen neuen Arbeitgeber (LG Krefeld MDR 1986, 1035; Zöller/*Seibel* ZPO § 802d Rn. 12). Das gilt auch, wenn der Gläubiger die neue Arbeitsstelle schon kennt, dort aber erfolglos gepfändet hat, (LG Bonn NJW-RR 2003, 72).

Zur wiederholten vollständigen Abgabe – nicht nur Ergänzung – ist der Schuldner in entsprechender Anwendung von § 802d ZPO auch verpflichtet, wenn er bei der früheren Abgabe der Vermögensauskunft vorhandenes Vermögen verschwiegen hat (BGH NJW-RR 2011, 667 mit Abgrenzung zu versehentlichen Falschangaben, dann nur Nachbesserung).

20. Hier kann der Gläubiger bspw. angeben, dass er beim Termin anwesend sein möchte; er kann zweckdienliche Hinweise auf etwaige Vermögenswerte geben und/oder einen ergänzenden Fragenkatalog einreichen, § 138 Abs. 1 S. 4 und 5 GVGA, (vgl. Zöller/*Seibel* ZPO § 802f Rn. 15 f.; BLHAG § 802f Rn. 31 mwN). Die zusätzlichen Fragen müssen aber auf die konkrete Schuldnersituation abstellen (BGH NJOZ 2012, 1540). ZB muss ein Arzt als Schuldner bei Forderungen gegen Privatpatienten Name, Anschrift und Forderungshöhe nennen, um die Pfändung zu ermöglichen (BGH NJW-RR 2011, 851); entsprechendes gilt für einen Rechtsanwalt und seine Honorarforderungen (BGH NJW 2010, 1380). UU erstreckt sich die Auskunftspflicht auch auf künftige Forderungen (BGH NJW 2010, 1380 zu laufender Geschäftsbeziehung). Nach BGH NJW 2004, 2979 muss der Schuldner Angaben zum Einkommen seiner Unterhaltsgläubiger machen, um dem Gläubiger ggf. einen Antrag nach § 850c Abs. 4 ZPO zu ermöglichen, → Form. III. B.8 Anm. 70; kommt die Pfändung des Taschengeldanspruchs in Betracht, hat der Schuldner das Nettoeinkommen des Ehepartners anzugeben (BGH NJW 2004, 2452) → Form. III.B.8 Anm. 53.

21. Der Gläubiger wird durch Setzen des Kreuzes zweckmäßigerweise idR den Erlass eines Haftbefehls beantragen, um seinem Ansinnen Nachdruck zu verleihen. Ein erlassener Haftbefehl ist allenfalls dann aufzuheben, wenn der Schuldner die nach dem Vollstreckungstitel geschuldete Leistung vollständig erbracht hat (BGH NJW-RR 2019, 317).

22. Zweckmäßig ist die Weiterleitung des Haftbefehls unmittelbar an den Gerichtsvollzieher, damit nicht ein neuer separater Antrag auf Verhaftung gestellt werden muss. Dies dient auch der Beschleunigung.

23. Die Variante kommt nur zum Tragen, wenn der Gläubiger nicht sogleich die Weiterleitung an den Gerichtsvollzieher mit Auftrag zur Verhaftung des Schuldners beantragt hat → Anm. 22.

24. Durch § 806a ZPO ist der Gerichtsvollzieher schon gesetzlich verpflichtet, nach Forderungen des Schuldners und insb. nach dem Arbeitgeber zu fragen und das Ergebnis dem Gläubiger mitzuteilen.

Hier erscheint es sinnvoll, grds. die Vorpfändung selbst und dann die erste der beiden Möglichkeiten durch Ankreuzen auszuwählen. § 845 Abs. 1 S. 2 ZPO erfordert einen ausdrücklichen Auftrag. Nicht möglich bei Pfändung nach § 857 ZPO, vgl. § 857 Abs. 7. Die Monatsfrist von § 845 Abs. 2 ZPO für das Nachschieben des Pfändungsbeschlusses ist zu beachten (Näheres bei *Stöber/Rellermeyer* Forderungspfändung B.490 ff.).

25. Die Verwertung ist hier nicht gesondert genannt. Sie erfolgt gem. § 814 Abs. 1 ZPO ohne gesonderten Auftrag.

26. Der Sachpfändungsauftrag im Anschluss an den isolierten Antrag auf Abnahme der Vermögensauskunft ist in jedem Fall zweckmäßig, falls der Schuldner tatsächlich einmal pfändbare körperliche Gegenstände offenbart.

27. Der ausdrückliche Widerspruch gegen die Einstellung gem. § 32 GVGA ist immer dann zu erwägen, wenn dem Gläubiger insb. die Zinsverjährung droht. Bei einer Einstellung gem. § 32 GVGA gilt der Antrag als zurückgenommen, § 32 Abs. 1 S. 2 und 3 GVGA, mit der Folge, dass eine Unterbrechung der Verjährung nicht eintritt, § 212 Abs. 2 BGB.

28. Hier können Sonderfälle der Pfändung beantragt werden:
Drittgewahrsam: Der Gerichtsvollzieher pfändet gem. § 808 ZPO nur die im Gewahrsam des Schuldners befindlichen Sachen und nur soweit diese pfändbar sind, §§ 811, 811c (ab 1.1.2022: § 811 Abs. 1 Nr. 8) ZPO.

Zur Gewahrsamslage von Fahrzeugen außerhalb der Schuldnergrundstücke OLG Düsseldorf NJW-RR 1997, 998.

Sachen des Schuldners im Drittgewahrsam können nur bei Herausgabebereitschaft des Dritten gepfändet und weggenommen werden, § 809 ZPO. Selbst bei offensichtlicher Vollstreckungsvereitelung kommt eine Wegnahme aus den Räumen des Dritten gegen seinen Willen auch bei zuvor bereits wirksam erfolgter Pfändung nicht in Betracht (BGH NJW-RR 2004, 352; str., aA BLHAG ZPO § 809 Rn. 2, 3; s. aber Zöller/*Herget* ZPO § 809 Rn. 5 zu Scheingewahrsam). Dann muss der Gläubiger nach § 847 ZPO den Herausgabeanspruch des Schuldners gegen den Dritten pfänden und sich überweisen lassen. Weigert sich der Dritte auch dann noch, muss gegen ihn auf Herausgabe geklagt werden. Die Pflicht zur Streitverkündung gem. § 841 ZPO ist zu beachten (BLHAG ZPO § 847 Rn. 8).

Bei Ehegatten hilft dem Gläubiger über § 739 ZPO die Vermutung gem. § 1362 BGB; bei eingetragenen Lebenspartnern § 8 Abs. 1 LPartG. Für nichteheliche Lebensgemeinschaften gilt diese aber nicht (BGH NJW 2007, 992).

Bankschließfach: Wenn der Schuldner über ein Bankschließfach verfügt, kann der Gerichtsvollzieher beauftragt werden, dem Schuldner die Schließfachschlüssel wegzunehmen und den pfändbaren Inhalt des Schließfachs zu pfänden. Der Gläubiger muss zusätzlich den Anspruch des Schuldners gegen die Bank auf Mitwirkung zur Öffnung pfänden (Zöller/*Herget* § 857 Rn. 2).

Sicherungsvollstreckung: Wenn der Gläubiger nur die Sicherungsvollstreckung gem. § 720a ZPO betreiben will (oder kann), kann er hier die Maßnahme auf die Pfändung beschränken. Titel muss 2 Wochen vor Vollstreckungsbeginn zugestellt sein, § 750 Abs. 3 ZPO; Der Schuldner kann diese Vollstreckung durch eigene Sicherheitsleistung abwenden, § 720a Abs. 3 ZPO, wofür ihm das Gesetz 2 Wochen Schonfrist einräumt, § 750 Abs. 3 ZPO. Zweckmäßigerweise wird der Gläubiger dann hier darauf hinweisen, dass es sich um eine Sicherungsvollstreckung handelt.
betagte Forderung: Bei betagten Forderungen kann wegen § 751 Abs. 1 ZPO vorsorglich beantragt werden, die Vollstreckungsmaßnahme erst nach Fälligkeit durchzuführen.

Vollstreckung gegen Sicherheitsleistung: Bei nur gegen Sicherheitsleistung zu vollstreckenden Forderungen ist die Sicherheitsleistung durch öffentliche oder öffentlich beglaubige Urkunde nachzuweisen sowie eine Abschrift der Urkunde zuzustellen, § 751 Abs. 2 ZPO. Dies kann hier ergänzend ausgeführt und beantragt werden.

Bei Sicherheitsleistung durch Hinterlegung, § 108 Abs. 1 S. 2 ZPO, ist eine Bescheinigung der Hinterlegungsstelle über die Annahme des Betrages als öffentliche Urkunde zuzustellen.

Praktisch häufiger ist Sicherheitsleistung durch Bankbürgschaft. Dabei wird die Bürgschaftsurkunde im Anwaltsprozess dem Gegner nach § 195 ZPO zugestellt. Seine Empfangsbescheinigung gilt als öffentliche Urkunde iSv § 751 Abs. 2 ZPO (so OLG Koblenz ZIP 1993, 297 mwN; LG Mannheim JurBüro 1989, 859, Zöller/*Herget* ZPO § 108 Rn. 11). Vorsorglich bzw. bei nicht anwaltlich vertretenem Schuldner kann man die Bürgschaftsurkunde gem. § 132 BGB durch Gerichtsvollzieher zustellen lassen. Ausreiıend ist die Zustellung der Originalbürgschaft; eine Abschrift der Zustellungsurkunde muss nicht gesondert zugestellt werden (BGH NJW 2008, 3220).

Es kann auch teilweise Sicherheit geleistet werden, um wg. eines Teilbetrages zu vollstrecken, § 752 ZPO.

Zug-um-Zug-Leistung: Bei Zug-um-Zug-Leistung, § 756 ZPO, ist ein entsprechender Hinweis an den Gerichtsvollzieher erforderlich. Es gelten für Umfang und Inhalt der Angebotspflicht §§ 293 ff. BGB. Der Gerichtsvollzieher hat in eigener Verantwortung von Amts wegen anhand des Vollstreckungstitels zu prüfen, in welcher Weise er dem Schuldner die diesem gebührende Leistung in einer den Verzug der Annahme begründenden Weise anzubieten hat ((BGH NJW-RR 2021, 251).

Sofern nicht der Gerichtsvollzieher die Gegenleistung anbietet, muss durch qualifizierte Urkunde nachgewiesen werden, dass Befriedigung oder Angebot vorher erfolgt sind, § 756 ZPO, sofern sich das nicht aus dem Urteilstenor ergibt. Entsprechende Tenorierung sollte man deshalb bei Schuldnerverzug schon mit dem Klagantrag versuchen (→ Form. II.A.1 Anm. 3).

Es reicht aus, wenn der Gerichtsvollzieher wörtlich anbietet und der Schuldner die Annahme verweigert, § 756 Abs. 2 ZPO.

Ferner können hier bspw. Hinweise auf dem Gläubiger bekannte Vermögensgegenstände gegeben oder eine besondere Art der Verwertung beantragt werden, § 825 Abs. 1 ZPO.

29. Die Ermittlung des Aufenthaltsortes durch den Gerichtsvollzieher gem. § 755 ZPO kann nicht isoliert beauftragt werden. Erforderlich ist immer auch ein Vollstreckungsauftrag (BGH NJW 2017, 2625). Ohne gesonderten Auftrag darf der Gerichtsvollzieher nicht tätig werden. Die Möglichkeit zur Aufenthaltsermittlung durch den Gerichtsvollzieher soll verhindern, dass er abwarten muss, bis der Gläubiger den Aufenthaltsort des Schuldners ermittelt und mitgeteilt hat (BGH NJW-RR 2019, 1531). Im Falle einer absoluten Auskunftssperre kann der Gerichtsvollzieher die ihm mitgeteilte Anschrift für die beauftragte Vollstreckung verwenden, darf diese aber nicht an den Gläubiger weitergeben (BGH NJW-RR 2018, 1535).

30. Insbes. Gläubigervertreter werden sich hier unter Kostengesichtspunkten fragen müssen, ob und ggf. welche Ermittlungen sie insb. bzgl. Einwohnermeldeamtsauskünften zunächst selber anstellen. Der Gerichtsvollzieher erhält gem. § 10 Abs. 3 S. 2 GvKostG für jede Auskunft eine Gebühr nach KV 440 GvKostG iHv 13 EUR. Hinzu kommen dann noch die Kosten für die Auskünfte bei den Auskunft gebenden Stellen in der jeweiligen Höhe, KV 708 GvKostG. Beim anwaltlichen Vertreter fallen für die Einholung der Auskunft beim Einwohnermeldeamt neben der allgemeinen Vollstreckungsgebühr gem. VV 3309 RVG keine gesonderten Gebühren an. Schwieriger ist für ihn die Einholung von Auskünften bei den übrigen benannten Stellen.

31. Gem. 755 Abs. 2 ZPO sind die Ermittlungsmöglichkeiten L4, L5 und L6 erst zulässig, wenn die nach L3, L7 und L8 erfolglos waren. Die erstgenannten können daher nur angekreuzt werden, wenn auch die zweitgenannten angekreuzt sind.

32. Grds ist der Gläubiger hier weisungsbefugt, muss aber die gesetzliche Reihenfolge, § 755 Abs. 2 ZPO beachten → Anm. 31.

33. Mit der Möglichkeit zur Beauftragung des Gerichtsvollziehers, im Anschluss an einen Antrag auf Abgabe der Vermögensauskunft Auskünfte bei Dritten gem. § 802l ZPO einzuholen, hat der Gesetzgeber für Gläubiger eine interessante Regelung geschaffen.. Voraussetzung ist lediglich, dass der Schuldner entweder seiner Pflicht zur Abgabe der Vermögensauskunft nicht nachgekommen ist, § 802l Abs. 1 Alt. 1 ZPO, oder die dort aufgeführten Vermögensgegenstände eine vollständige Befriedigung des Gläubigers voraussichtlich nicht erwarten lassen, § 802l Abs. 1 Alt. 2 ZPO. Der die Auskunft gem. 802l ZPO beauftragende Gläubiger muss dabei nicht der Gläubiger sein, der bereits die Einholung der Vermögensauskunft beauftragt hat (BGH ZIP 2021, 706). Er muss aber angeben, nach welcher Alternative in § 802l Abs. 1 S. 1 ZPO die Berechtigung zur Einholung von Drittauskünften besteht (BGH NJW-RR 2019, 1079).

Von den in § 802l Abs. 1 Nr. 1–3 ZPO aufgezählten Möglichkeiten (hier M1- M3) dürfte die der Ermittlung etwaiger Konten des Schuldners gem. § 802l Abs. 1 Nr. 2 ZPO (M2) vielfach die erfolgversprechendste sein. § 802l Abs. 1 Nr. 1 ZPO (Ermittlung des Arbeitgebers durch Auskunft der gesetzlichen Rentenversicherung, M 1) wird dann in Frage kommen, wenn Hinweise auf eine Erwerbstätigkeit bestehen.

Dem Gläubiger steht es frei, zwischen den Auskunftsmöglichkeiten beliebig zu wählen und sie ggf. in ein Eventualverhältnis zu stellen → Anm. 34.

Hat der Gerichtsvollzieher bereits für andere Gläubiger Drittauskünfte eingeholt, darf er diese Informationen bei Vorliegen der weiteren Voraussetzungen auch dem neuen Gläubiger übermitteln, § 850l Abs. 4 S. 1 ZPO. Neue Informationen holt er nur ein, siehe M 5, wenn Hinweise auf eine Änderung der schuldnerischen Vermögensverhältnisse vorliegen, § 802l Abs. 4 S. 3 ZPO.

34. Der Gläubiger ist Herr des Verfahrens. Er kann die einzelnen Vollstreckungsmöglichkeiten beliebig kombinieren; er muss nur sicherstellen, dass diese sich nicht widersprechen. Der klassische Vollstreckungsauftrag, der meistens auf mangelnden Informationen über das Schuldnervermögen beruhte, wird zukünftig eher in den Hintergrund treten.

Zur Ermittlung vorab, ob der Schuldner bereits die Vermögensauskunft abgegeben hat, empfiehlt sich gem. § 882f ZPO eine eigene Einsichtnahme des Gläubigers in das zentrale Schuldnerregister. Die Einsicht erfolgt durch Registrierung unter Vollstreckungsportal.de. Die Kosten betragen derzeit 4,50 EUR je Abfrage, egal ob erfolgreich oder nicht. Ist die Auskunft positiv, sind Daten gem. § 882b Abs. 2 u. 3 ZPO ersichtlich.

35. Hier kann zB die Wegnahme von Beweisurkunden iSd § 836 Abs. 3 ZPO beantragt werden. In Betracht kommt auch ein gesonderter Antrag auf Herausgabevollstreckung → Form. III.C.1, wenn gleichzeitig auch die Mobiliarvollstreckung wegen bspw. der Kosten des Prozesses durchgeführt werden soll; dann hierfür wieder Formularzwang.

36. Der Gerichtsvollzieher teilt Ermittlungsergebnisse über den Schuldner durch Protokollübersendung mit. Die Schreibgebühr von 0,50 EUR pro Seite dafür (gem. KV 700 GvKostG) fällt gegen den Wert solcher Informationen nicht ins Gewicht. Daher sollte man stets um Protokollabschrift bitten. Sonst ist der Gerichtsvollzieher nur zu einer Kurzmitteilung über das Vollstreckungsergebnis verpflichtet (BGH NJW-RR 2004, 788). Beantragt der Gläubiger ein Gesamtprotokoll, erhält er auch Kenntnis von etwaigen anderen vollstreckenden Gläubigern,

37. Die ist zweckmäßig, wenn absehbar ist, dass der Gerichtsvollzieher den Schuldner an seinem Wohnort kaum antreffen wird.

38. Prozess- oder Verfahrenskostenhilfe für die Vollstreckung durch vermögenslose Gläubiger gewährt auf Antrag das zuständige Vollstreckungsgericht, § 117 Abs. 1 S. 2 ZPO.

39. Die neu geschaffene Möglichkeit zur Übersendung des Verzeichnisses in elektronischer Form, § 802d Abs. 3 ZPO, setzt beim Gläubiger den Einsatz des BeA voraus. Solange an der Möglichkeit der elektronischen Übermittlung Zweifel bestehen, sollte hierauf verzichtet werden, um keine Verzögerungen zu verursachen.

40. Dies Kreuz sollte zur Beschleunigung in jedem Fall gesetzt werden.

41. Die Anwesenheit des Gläubigers oder seines mit Vollmacht versehenen Vertreters ist zulässig (BLHAG ZPO § 758 Rn. 14), auch im Termin zur Abgabe der Vermögensauskunft (Hk-ZV/*Sternal* § 802f Rn. 24). Häufig ist sie sachdienlich, zB bei umfangreichen Pfändungen, Suche nach bestimmten Gegenständen etc Der Gläubiger kann zugleich als Zeuge nach § 759 ZPO fungieren (BLHAG ZPO § 759 Rn. 5). Der Gläubiger ist in jedem Fall über den Termin vorab zu informieren, § 802f Abs. 4 S. 2 ZPO.

Ob die Anwesenheit des Gläubigers in der Wohnung des Schuldners ohne dessen Zustimmung besonderer Erlaubnis in der richterlichen Durchsuchungsanordnung bedarf, ist umstritten (vgl. Zöller/*Seibel* ZPO § 758 Rn. 8; LG Stuttgart NJW-RR 1992, 511).

42. Hier sollte unbedingt auf das Setzen des entsprechenden Kreuzes zur Berechtigung Vorsteuerabzug ja/nein geachtet werden, um Verzögerungen in der Bearbeitung zu vermeiden.

43. Hier werden nur die anwaltlichen Kosten für den aktuellen Vollstreckungsauftrag eingetragen.

44. Ob der Antrag einer Originalunterschrift bedarf, ist streitig. Dem Streit sollte man durch Leistung der Unterschrift aus dem Weg gehen.

45. Die Forderungsaufstellung Anlage 1, enthält teils titulierte Beträge (Hauptforderung, festgesetzte Kosten), teils solche, die als Vollstreckungskosten ohne besondere Titulierung beizutreiben sind, § 788 Abs. 1 ZPO. Der Gläubiger muss sie aber glaubhaft machen (BLHAG ZPO § 788 Rn. 13). Also sind die Kostenbelege aus etwaiger früherer Vollstreckung beizufügen, ebenso die Berechnung der Anwaltskosten und die Belege für sonstige Vollstreckungskosten des Gläubigers, zB für Anschriften- oder Arbeitgeberermittlungen → Anm. 10.

Reicht das Formular für eine Eintragung der Forderung(en) nicht aus, kann explizit eine sonstige Anlage des Gläubigers beigefügt werden. Das Formular sieht dann eine Summenbildung aus der Forderungsaufstellung im Formular (Summe I) und der Gläubigeranlage vor, so dass sich Summe II errechnet. In Einzelfällen wird es aus Gründen der Übersichtlichkeit zweckmäßig sein, vollständig auf eine eigene Forderungsaufstellung zurückzugreifen.

Erteilt man im Kosteninteresse den Auftrag nur über einen Teilbetrag oder nach Teilzahlungen über einen Restbetrag, so muss eine Abrechnung über die schon gezahlten Beträge und deren Verrechnung entgegen der Forderung vieler Vollstreckungsorgane nicht beigefügt werden. Denn die Darlegungs- und Beweislast für weitergehende Tilgung hat ja der Schuldner, durch Klage nach § 767 ZPO, → Form. III.A.16 (*Stöber/Rellermeyer* Forderungspfändung B.28; Zöller/*Seibel* ZPO § 753 Rn. 8 mwN; BGH NJW 2016, 2810: fehlende Berechtigung des Vollstreckungsgerichts zur Überprüfung der Verrechnung gem. § 367 Abs. 1 BGB). Bei vorhandenem Forderungskonto in der EDV wird man allerdings lieber die Aufstellung erstellen und übersenden, statt darüber zu streiten.

Kosten und Gebühren

46. a) Anwalt: 0,3 Gebühr nach VV 3309 RVG für den Pfändungsantrag und ebenfalls für den Antrag auf Abnahme der Vermögensauskunft, § 18 Abs. 1 Nr. 16 RVG. Der Gegenstandswert richtet sich nach der offenen Forderung einschließlich der Nebenforderungen, bei der Vermögensauskunft allerdings max. 2.000 EUR, § 25 Abs. 1 Nr. 4 RVG. Zu beachten: Auch diese Gebühren erhöhen sich bei mehreren Gläubigern nach VV 1008 RVG um je 0,3. Wird erst in der Schuldnerwohnung vollstreckt, und dann, auch durch einen anderen Gerichtsvollzieher nach neuem Auftrag in seinem Geschäftslokal, soll dies nach Meinung des BGH die Anwaltsgebühr nur einmal auslösen (BGH NJW-RR 2005,

706). Das gegenüber dem Gerichtsvollzieher erklärte Einverständnis mit einer Ratenzahlung löst keine Einigungsgebühr nach VV 1000 RVG aus (BGH NJW 2006, 3640).

Der Antrag des Gläubigers auf Einholung von Drittauskünften gem. § 802l ZPO ist eine besondere Angelegenheit iSd § 18 Abs. 1 Nr. 1 RVG, für den gem. § 25 Abs. 1 Nr. 4 RVG die Wertgrenze von 2.000,00 EUR gilt (BGH NJW 2019, 3080). Die Kosten des gemeinsam mit dem Antrag auf Einholung der Vermögensauskunft gestellten Antrags auf Einholung von Drittauskünften sind keine notwendigen Kosten der Zwangsvollstreckung iSd §§ 788 Abs. 1 S. 1, 91 ZPO, weil verfrüht (BGH NJW 2020, 2564). Der kombiniert mit dem Auftrag für weitere Vollstreckungsmaßnahmen erteilte Auftrag für eine gütliche Einigung ist keine besondere Angelegenheit gem. § 18 Abs. 1 Nr. 1 RVG (BGH NJW 2019, 3080).

b) Gerichtsvollzieher: Festgebühren, von 16 EUR für (versuchte) gütliche Einigung, KV 207 GvKostG, 15 EUR für erfolglose Pfändung, KV 604 GvKostG bzw. 26 EUR für Pfändung, KV 205 GvKostG mit Erhöhung nach Aufwand gem. KV 500 GvKostG (nicht mehr nach Gegenstandswert).

Abnahme der Vermögensauskunft Festgebühr von 33 EUR, KV 260 GvKostG, Übermittlung des Vermögensverzeichnisses an Drittgläubiger 33 EUR, KV 261 GvKostG, Einholung von Auskünften bei einer der in §§ 755, 802l ZPO genannten Stellen, 13 EUR, KV 440 GvKostG; Verhaftung, 39 EUR, KV 270 GvKostG.

Bei Vollstreckung zur Unzeit doppelte Gebühren, § 11 GvKostG.

c) Gericht: Gebühr für den Haftbefehl 22 EUR, KV 2114 GKG.

d) Gegenstandswert: für den Anwalt der Betrag der Forderung, wegen derer vollstreckt wird, bei Pfändung einer bestimmten Sache deren Wert, jeweils einschließlich der Nebenforderungen (Kosten und Zinsen bis zum Tage des Auftrages), § 25 Abs. 1 Nr. 1 RVG, ohne die Kosten des Pfandauftrages selbst.

Fristen und Rechtsmittel

47. Für Gläubiger und Schuldner gegen die Art und Weise der Vollstreckung Erinnerung, § 766 ZPO, → Form. III.A.14.

2. Nachbesserung der Vermögensauskunft

An das
Amtsgericht . . . . .
Gerichtsvollzieherverteilungsstelle[1]
Az . . . . .

Antrag
auf Ergänzung der Vermögensauskunft[2, 3]

In der Vollstreckungssache
. . . . .
– Gläubiger –
gegen
. . . . .
– Schuldner –
beantrage ich namens und in Vollmacht des Gläubigers beim zuständigen Gerichtsvollzieher, den Schuldner wegen folgender Punkte zur Ergänzung der zu obigem Az. am . . . . .

abgegebenen Vermögensauskunft und zur eidesstattlichen Versicherung der Richtigkeit und Vollständigkeit zu laden:

1. Der Schuldner möge für die unter Nr. 20 des Verzeichnisses angegebene Lebensversicherung den Drittschuldner, den Versicherungsbeginn und die Versicherungs-Nr. angeben.[4]

2. Der Schuldner möge die Angabe in Nr. 14 des Verzeichnisses, er arbeite für ständig wechselnde Arbeitgeber, konkretisieren durch deren ladungsfähige Benennung gemäß LG München Rpfleger 1982, 231.[5]

Titel und Vollstreckungsunterlagen füge ich bei und bitte um baldige Veranlassung.[6]
Für den Fall, dass der Schuldner im anzusetzenden Termin nicht erscheint, beantrage ich schon jetzt beim Gericht den Erlass eines Haftbefehls und beauftrage den Gerichtsvollzieher mit der Verhaftung.
Rechtsanwalt[7]

Anmerkungen

1. Zuständigkeit → Form. III.B.1 Anm. 2.

2. Der Gesetzgeber hat trotz der umfassenden Neuregelung keine Vorschrift zur Ergänzung einer unvollständigen Vermögensauskunft geschaffen. Gleichwohl ist unstreitig, dass diese Möglichkeit weiterhin erhalten geblieben ist (BGH NJW-RR 2017, 896).

Der Formularzwang der GVFV gilt hier nicht. In dem amtlichen Formular ist dieser Antrag nicht vorgesehen. Es handelt sich auch nur um eine Fortsetzung des ursprünglichen Verfahrens.

3. Zur Nachbesserung (Ergänzung) des Vermögensverzeichnisses und zu eidesstattlicher Versicherung der Richtigkeit und Vollständigkeit (§ 802c Abs. 3 ZPO) dieser Ergänzung ist der Schuldner zu laden, wenn das bisherige Verzeichnis unvollständig, ungenau oder widersprüchlich war (BGH DGVZ 2017, 128; Zöller/*Seibel* ZPO § 802d Rn. 17). Dabei muss aus dem Vermögensverzeichnis selbst ersichtlich sein, dass die Angaben unvollständig, ungenau oder widersprüchlich sind oder aber der Gläubiger glaubhaft macht, dass der Schuldner im Vermögensverzeichnis versehentlich unvollständige oder unzutreffende Angaben gemacht hat (BGH DGVZ 2017, 128).

Erst wenn der Gerichtsvollzieher den Antrag auf Nachbesserung ablehnt, steht dem Gläubiger dagegen die Erinnerung gem. § 766 ZPO zu (BGH NJW-RR 2008, 1163).

4. Andere häufige Auslassungen – deren Hinnahme durch den Gerichtsvollzieher pflichtwidrig ist und Amtshaftung auslöst (BGH BGHZ 7, 293; OLG Köln MDR 1975, 498; LG Göttingen NJW 1994, 1164) – sind zB unzureichende Drittschuldnerbezeichnung bei Arbeitslohn, Sozialleistungen und Steuererstattungen, fehlende Standortangaben bei Kraftfahrzeugen (OLG Frankfurt MDR 1976, 320) sowie fehlende Vertrags- und Beweismittelbezeichnung bei Kaufpreis-, Werklohn- und ähnlichen Ansprüchen. Fehlen nur für die Vollstreckung nicht unbedingt erforderliche Angaben, wie die Versicherungs-Nr., so kann keine Ergänzung verlangt werden (AG Nürnberg Rpfleger 1971, 265).

5. Nach dieser praxisnahen Entscheidung ist „ständig wechselnd" eine rechtliche Würdigung. Der Schuldner muss Tatsachen nennen, also angeben, bei welchen Arbeitgebern er wie lange in letzter Zeit (ca. ein Jahr) gearbeitet hat und mit welchem Tagesverdienst, (LG Frankfurt a. M. Rpfleger 1985, 245). Ähnliches muss für die beliebte Angabe „ständig wechselnder Auftraggeber" bei Gewerbetreibenden gelten.

6. Mit der Ergänzung wird das alte Verzeichnis nachgebessert, jenes Verfahren also fortgesetzt. Erforderlich ist ein Rechtsschutzbedürfnis des Gläubigers. Dies ist bspw. dann

gegeben, wenn die Nachbesserung hinsichtlich einer Forderung verlangt wird, deren Pfändbarkeit nicht völlig ausgeschlossen und das Nachbesserungsverlangen damit nicht als mutwillig oder schikanös anzusehen ist (BGH NJOZ 2010, 6). Der Schuldner muss die Verhältnisse am Tage der Ergänzung als dem Tag der letzten mündlichen Verhandlung, § 136 Abs. 4 ZPO, offenbaren, nicht die ggf. überholten vom Tage der ersten Vermögensauskunft.

7. Möglich sind auch mehrere Ergänzungsverfahren nacheinander (LG Kassel Rpfleger 1991, 118).

3. Schuldnerantrag auf Löschung im Schuldnerverzeichnis (§ 882e Abs. 3 ZPO)

An das
zentrale Vollstreckungsgericht
Amtsgericht . . . .[1]

Antrag
auf Löschung im Schuldnerverzeichnis[2, 3]

In der Vollstreckungssache
. . . .
– Gläubiger –
gegen
. . . .
– Schuldner –
liegt ein Eintrag im Schuldnerverzeichnis vor. Namens und in Vollmacht des Schuldners beantrage ich,

den Eintrag gem. § 882e Abs. 3 Nr. 1 ZPO im zentralen Schuldnerverzeichnis zu löschen.

Nach der beigefügten Bescheinigung des Gläubigervertreters besteht die Forderung nicht mehr.[4]
Rechtsanwalt[5, 6]

Anmerkungen

1. Zuständig ist das zentrale Vollstreckungsgericht des jeweiligen Bundeslandes gem. § 882h Abs. 2 ZPO. Übersicht zB bei Musielak/Voit/*Voit* ZPO § 882b Rn. 4, BLHAG ZPO § 882h Rn. 3.

2. Um den Rechtsverkehr vor zahlungsunfähigen oder zahlungsunwilligen Schuldnern zu schützen, werden nach § 882b ZPO beim zentralen Vollstreckungsgericht Schuldner in ein gem. § 882f ZPO zugängliches Verzeichnis eingetragen,
- deren Eintragung der Gerichtsvollzieher nach Maßgabe des § 882c ZPO angeordnet hat,
- deren Eintragung die Vollstreckungsbehörde nach Maßgabe des § 284 Abs. 9 AO angeordnet hat oder
- deren Eintragung das Insolvenzgericht nach Maßgabe des § 26 Abs. 2 InsO angeordnet hat.

Da den Schuldnern damit Kreditgeschäfte weitgehend unmöglich werden, übt die drohende oder erfolgte Eintragung bzw. mehr noch deren Bekanntgabe insb. über die

Schufa und die berufsständischen Kammern starken Druck aus, sich um Tilgung zu bemühen.

Löschung und Auskunftserteilung sind geregelt in §§ 882e und f ZPO. Die Auskunftserteilung erfolgt nach einmaliger Anmeldung und Registrierung im Internet über www.vollstreckungsportal.de.

3. Vor Ablauf des dritten Jahres seit Eintragung (dann Löschung von Amts wegen) erfolgt die Löschung nach § 882e Abs. 3 ZPO nur

- wenn die vollständige Befriedigung des Gläubigers nachgewiesen wird,
- bei Fehlen oder Wegfall des Eintragungsgrundes und
- wenn die Ausfertigung einer vollstreckbaren Entscheidung vorgelegt wird, aus der sich ergibt, dass die Eintragungsanordnung aufgehoben oder einstweilen ausgesetzt ist.
- Nach § 882d Abs. 1 S. 5 ZPO hebt der Gerichtsvollzieher auch noch innerhalb der Widerspruchsfrist des § 882d Abs. 1 S. 1 ZPO (2 Wochen ab Bekanntgabe) bei Vorliegen der oben genannten Gründe seine Eintragungsanordnung nach § 882c ZPO auf.

4. Der Nachweis (voller Beweis) kann auch anders geführt werden, zB durch Vorlage des quittierten Titels, § 757 ZPO, sofern der Wegfall nicht anderweitig gerichtskundig ist, § 882e Abs. 4 ZPO. Der Wegfall der Forderung kann auch auf Erlass beruhen (LG Hannover Rpfleger 1970, 442). Bloße Stundung oder Ratenvereinbarung berechtigt nicht zur Löschung, ebenso wenig – wegen der Warnfunktion für Dritte – die bloße Zustimmung des Gläubigers zur Löschung (BGH NJW-RR 2017, 511). Die Parteien können aber auf die bisherige Forderung verzichten und eine neue vereinbaren, etwa abstraktes Schuldanerkenntnis oder Darlehen. Dann sind aber ggf. die Vorschriften des Verbraucherkreditrechtes zu beachten, §§ 491 ff. BGB.

Kosten und Gebühren

5. a) Gericht: keine besondere Gebühr.

b) Anwalt: da das Verfahren auf Löschung besondere Angelegenheit ist, § 18 Abs. 1 Nr. 17 RVG, fallen gesonderte 0,3 Gebühren nach VV 3309 RVG an, ggf. auch beim Gläubigeranwalt, wenn der Gläubiger gehört wird oder dem Löschungsantrag entgegentritt.

Fristen und Rechtsmittel

6. Über die Löschung entscheidet der Rechtspfleger durch Beschluss. Hiergegen sofortige Beschwerde gem. § 793 ZPO, vgl. Hk-ZV/*Sternal* § 882e Rn. 17; Zöller/*Seibel* ZPO § 882e Rn. 5.

4. Antrag auf Gestattung der Austauschpfändung (§ 811a ZPO)

An das
Amtsgericht . . . . .
Vollstreckungsgericht[1]

Antrag nach § 811a ZPO
In der Vollstreckungssache

. . . . .
– Gläubiger –

gegen
. . . . .
– Schuldner –
beantrage ich namens und in Vollmacht des Gläubigers zu beschließen:
Die mit Protokoll des Gerichtsvollziehers . . . . . vom . . . . . DR-Nr. . . . . . erfolgte Pfändung[2] des schuldnerischen Kraftfahrzeuges Marke . . . . . Fahrgestell-Nr. . . . . . wird gegen Übereignung des gebrauchten Kraftfahrzeuges Marke . . . . . Fahrgestell-Nr. . . . . . im Werte von . . . . . EUR an den Schuldner zugelassen. Dieser Betrag ist dem Gläubiger aus dem Vollstreckungserlös zu erstatten.[3]

Begründung:

Der Schuldner repariert gewerbsmäßig Landmaschinen, so dass sein Fahrzeug unter § 811 Abs. 1 Nr. 5 ZPO (*ab 1.1.2022: § 811 Abs. 1 Nr. 1b ZPO*) fällt.[4] Der im Antrag als Austauschobjekt genannte Kleinlieferwagen ist für sein Gewerbe ebenso geeignet wie die jetzt von ihm benutzte Limousine.[5] Dem Gläubiger liegt ein Verkaufsangebot für einen solchen Kleinlieferwagen vor, das ich mit der Expertise über den Zustand und einen Wert des Fahrzeuges von . . . . . EUR beifüge. Der Wagen des Schuldners hat nach der Angabe des Gerichtsvollziehers im Pfändungsprotokoll einen fast doppelt so hohen mutmaßlichen Verwertungserlös.[6] Danach ist die Austauschpfändung angemessen.[7]
Rechtsanwalt[8, 9]

Anmerkungen

1. Zuständig ist das örtliche Vollstreckungsgericht, §§ 811a Abs. 2, 764 Abs. 2 ZPO, und zwar der Rechtspfleger, § 20 Abs. 1 Nr. 17 RPflG.

2. Vorläufige Austauschpfändung, § 811b ZPO; § 811b Abs. 2 ZPO: zweiwöchige Antragsfrist ab Benachrichtigung durch den Gerichtsvollzieher.

3. Ist Gläubiger zur Zwischenfinanzierung außerstande, kann der Antrag nach § 811a Abs. 1 Hs. 2 ZPO erweitert werden. Sinnvoll ist häufig auch zusätzlicher Antrag auf freihändige Verwertung nach § 825 ZPO (→ Form. III.B.5).

4. Dazu zahlreiche Beispiele bei BLHAG ZPO § 811 Rn. 41. Austauschpfändung ist nur bei Pfändungsschutz nach § 811 Nr. 1, 5 u. 6 zulässig (*ab 1.1.2022: nach § 811 Abs. 1 Nr. 1a, 1b und Nr. 2*), § 811a Abs. 1 S. 1 ZPO.

5. Das Ersatzstück muss dem geschützten Verwendungszweck genügen (zu Haltbarkeit und Lebensdauer bei Pkws BGH NJW-RR 2011, 1366).

6. Der Austausch soll „nach Lage der Verhältnisse angemessen“ sein, § 811a Abs. 2 ZPO. Der Verkaufswert wird nach § 813 ZPO geschätzt.

7. Weitere Beispiele für Austauschpfändung:
- einfacher Fernseher gegen Luxusgerät, BFH NJW 1990, 1871, OLG Stuttgart NJW 1987, 196.
- Einfache Uhr gegen goldene Uhr.

Kosten und Gebühren

8. a) Gericht: keine Gebühr.
b) Anwalt: 0,3 Gebühr nach VV 3309 RVG, gem. § 18 Abs. 1 Nr. 7 RVG.
c) Gegenstandswert: Wertdifferenz zwischen Pfandgegenstand und Austauschgegenstand.

d) Kostentragung: Die Kosten dieses Verfahrens trägt regelmäßig der Schuldner, nur ausnahmsweise nach § 788 Abs. 4 ZPO der Gläubiger.

Fristen und Rechtsmittel

9. Bei vorläufiger Austauschpfändung muss der Antrag binnen zwei Wochen ab Benachrichtigung von dieser Pfändung gestellt werden, § 811b Abs. 2 ZPO.

Gegen Entscheidung des Rechtspflegers wie → Form. III.A.13.

5. Antrag auf andere Verwertung (§ 825 ZPO)

Frau/Herrn Gerichtsvollzieher(in)[1] . . . . .

Antrag nach § 825 ZPO

In der Vollstreckungssache

. . . . .

– Gläubiger –

gegen

. . . . .

– Schuldner –

beantrage ich namens und in Vollmacht des Gläubigers, den durch Ihre Austauschpfändung mit Protokoll vom . . . . . DR-Nr. . . . . . gepfändeten Pkw Marke . . . . . an . . . . . zum Kaufpreis von . . . . . EUR zu verkaufen.[2]

Begründung:

Sie haben lt. dem genannten Protokoll den mutmaßlichen Versteigerungserlös des Pkw mit . . . . . EUR geschätzt. Der Gläubiger hat sich intensiv um Interessenten bemüht und . . . . . für den im Antrag genannten Preis gewonnen.[3]

Beweis: anliegendes Schreiben des . . . . .

Dieser Preis liegt 40 % über dem mutmaßlichen Versteigerungserlös. Daher bitte ich, dem Antrag im Kosteninteresse beider Parteien stattzugeben.

Rechtsanwalt[4, 5]

Anmerkungen

1. Zuständig für die Entscheidung über solche Anträge ist der Gerichtsvollzieher selbst. Nur die Versteigerung durch eine andere Person als den Gerichtsvollzieher (→ Anm. 2 e) ist weiterhin durch das örtlich zuständige Vollstreckungsgericht anzuordnen.

2. Denkbare Anordnungen nach § 825 ZPO sind zB (vgl. BLHAG ZPO § 825 Rn. 12 ff.):

a) Verwertung zu anderer Zeit, etwa bei Saisonwaren.
b) Verwertung an anderem Ort, § 816 Abs. 2 ZPO.
c) Freihändiger Verkauf, auch an eine bestimmte Person, ggf. zu festgesetztem Preis.
d) Überweisung an Gläubiger zu bestimmten Preis oder an Schuldner, wenn etwa Dritter für ihn zahlt.
e) Versteigerung durch andere Person, zB Auktionator, § 825 Abs. 2 ZPO; § 383 Abs. 3 BGB, § 34b Abs. 5 GewO.
f) Stundung des Steigerungspreises, entgegen § 817 Abs. 2 ZPO.

g) Die Internetversteigerung ist als Regelfall neben der Präsenzversteigerung ins Gesetz aufgenommen worden, § 814 Abs. 2 Nr. 2 ZPO (siehe auch www.justiz-auktion.de). Weigert sich der Gerichtsvollzieher, die aus Sicht des Gläubigers erfolgversprechendere Art der Versteigerung durchzuführen, Erinnerung § 766 ZPO.

3. Versteigerungserlöse liegen meist unter dem Erlös freihändiger Verwertung. Letztere ist daher im Interesse von Gläubiger und Schuldner. Beide können den Antrag nach § 825 ZPO stellen.

Kosten und Gebühren

4. a) Gericht: keine Gebühr. Der Gerichtsvollzieher erhält auch für die „andere" Verwertung die Verwertungsgebühr von 52 EUR gem. KV 300 GvKostG (ggf. erhöht um den Zeitzuschlag gem. KV 500, bei Mitwirkung an der Versteigerung durch einen Dritten die Gebühr nach KV 310 von 16 EUR.
b) Anwalt: 0,3 Gebühr nach VV 3309 RVG gem. § 18 Abs. 1 Nr. 8 RVG.
c) Kostentragung: § 788 Abs. 1 ZPO.

Fristen und Rechtsmittel

5. Für Gläubiger und Schuldner gegen die Entscheidung des Gerichtsvollziehers die Erinnerung gem. § 766 ZPO (→ Form. III.A.14); bei Entscheidung des Gerichtes (→ Anm. 1) sofortige Beschwerde nach § 11 Abs. 1 RPflG, § 793 ZPO binnen zwei Wochen, bzw. die Erinnerung nach § 766 ZPO (→ Form. III.A.15), wenn ohne Anhörung der anderen Partei entschieden wird (BLHAG ZPO § 825 Rn. 27–29).

6. Widerspruch gegen den Teilungsplan (§ 876 ZPO)

An das
Amtsgericht. . . . .
Vollstreckungsgericht

Widerspruch
nach § 876 ZPO, § 115 ZVG im Zwangsversteigerungsverfahren[1]

. . . . .
– Gläubiger –
gegen
. . . . .
– Schuldner –

Namens und in Vollmacht des Gläubigers A erhebe ich gegen den in obiger Sache erstellten Teilungsplan

Widerspruch[2]

insoweit als nach Abschnitt IV Nr. . . . . des Planes auf den Gläubiger der Zwangshypothek Abt. III. Nr. . . . . ein Betrag von . . . . . EUR zugeteilt ist.[3]

Begründung:

Die Eintragung der Zwangshypothek war rechtsfehlerhaft, weil . . . . .[4]

Rechtsanwalt[5, 6]

Anmerkungen

1. Hauptbedeutung hat das Verteilungsverfahren durch entsprechende Anwendung der §§ 876–882 ZPO im Zwangsversteigerungsverfahren, § 115 Abs. 1 ZVG. Sonstige Anwendungsfälle sind §§ 827, 853 u. 854 ZPO. Der Widerspruch steht allen am Verfahren beteiligten Gläubigern zu, die ein Recht auf Befriedigung aus dem Versteigerungserlös haben, aber nach dem Teilungsplan ganz oder zum Teil durch einen anderen Beteiligten verdrängt werden (BGH BeckRS 2016, 03682).

2. Widerspruch mündlich im Termin (§ 876 ZPO) oder vorher schriftlich oder zu Protokoll der Geschäftsstelle (§ 877 Abs. 1 ZPO).

3. Der Widerspruch muss erkennen lassen, welche Verteilung der Widersprechende beanstandet und wer insoweit vom Widerspruch betroffen wird. Materiell-rechtliche Fehler sind dann ggf. mit der sich anschließenden Widerspruchsklage zu verfolgen, § 878 ZPO. Nach Ausführung des Plans nur noch Bereicherungsklage, § 878 Abs. 2 ZPO.

Die Klage hat gem. § 878 Abs. 1 ZPO aufschiebende Wirkung, wenn der Widersprechende dem Vollstreckungsgericht innerhalb eines Monats ab dem Terminstag die Klageinreichung sowie das Vorliegen der Voraussetzungen für die Zustellung nachweist (hierzu im einzelnen BGH NJW-RR 2015, 1202).

Bei Verfahrensverstößen bei der Aufstellung des Teilungsplans sofortige Beschwerde, § 793 ZPO, Fristberechnung ab Zustellung des Teilungsplans (BGH NJW-RR 2009, 1427).

4. Begründung ist für Wirksamkeit des Widerspruches – befristete Aussetzung der Planausführung, § 878 Abs. 1 ZPO – nicht erforderlich, für eine sinnvolle Widerspruchsverhandlung nach § 876 S. 2 ZPO aber zweckdienlich. Der Widerspruch ist begründet, wenn der Widersprechende Beteiligter ist und ihm das bessere Recht an dem Versteigerungserlös zusteht.

Kosten und Gebühren

5. a) Gericht: für Verteilungsverfahren eine halbe Gebühr nach KV 2117 GKG.

b) Anwalt: für Vertretung im Verteilungsverfahren über bewegliche Habe eine 0,4 Gebühr gem. VV 3333 RVG. Im Zwangsversteigerungsverfahren jeweils 0,4 Verfahrens- und Terminsgebühr, VV 3311, 3312 RVG.

c) Gegenstandswert:

- für Gerichtsgebühren der zur Teilung hinterlegte Betrag einschließlich aufgelaufener Zinsen.
- für Anwaltsgebühren die vertretene Forderung, maximal der zu verteilende Betrag, VV Nr. 3333 RVG iVm § 26 Nr. 1 RVG.

Fristen und Rechtsmittel

6. Der Widerspruch schiebt, bis zu seiner Erledigung nach §§ 878 ff. ZPO, die Ausführung des Teilungsplanes auf, soweit er durch den Widerspruch betroffen ist. Da über Aufschub oder Ausführung der Rechtspfleger unter Anhörung der Beteiligten entscheidet, ist gegen seine Entscheidung (etwa trotz nicht erledigten Widerspruchs auszuführen) sofortige Beschwerde nach § 11 Abs. 1 RPflG § 793 ZPO binnen zwei Wochen ab Zustellung gegeben, sofern nur Verstöße gegen Verfahrensvorschriften geltend gemacht werden → Anm. 3.

7. Widerspruchsklage gegen beteiligte Gläubiger (§ 878 ZPO)

An das
. . . . .gericht . . . . .[1]

Widerspruchsklage, § 878 ZPO

. . . . .[2]
wegen Abänderung eines Teilungsplanes.
Streitwert: . . . . . EUR[3]
Namens und in Vollmacht des Klägers beantrage ich zu erkennen:
1. Der Widerspruch des Klägers gegen den Teilungsplan des AG . . . . . vom . . . . . im Verteilungsverfahren Az.: . . . . . ist begründet.[4] Der Teilungsplan wird dahin geändert, dass der Kläger mit seiner Forderung iHv . . . . . EUR vor derjenigen des Beklagten iHv . . . . . EUR zu befriedigen ist.[5]
2. Der Beklagte trägt die Kosten des Verfahrens.

Begründung:

Der Pfändungsbeschluss, auf dem der Vorrang des Beklagten beruht, ist wegen unzureichender Bezeichnung der gepfändeten Forderung unbestimmt und daher unwirksam.[6]. . . . .(näher auszuführen).
Rechtsanwalt[7, 8]

Anmerkungen

1. Zuständig das Amtsgericht, bei dem das Verteilungsverfahren anhängig ist, bei höherem Streitwert das übergeordnete Landgericht, § 879 Abs. 1 ZPO.

2. Rubrum → Form. III.A.19.

3. Der Betrag, der wegen Widerspruches nicht ausgezahlt wird, sondern hinterlegt bleibt, meist also der Betrag der Forderung des Beklagten, soweit darauf zugeteilt ist, höchstens aber die Forderung des Klägers, vgl. § 6 ZPO.

4. Dies ist vom Streitgericht zu prüfen, nicht schon vom Verteilungsgericht (Zöller/*Seibel* ZPO § 876 Rn. 8).

5. Die Klageerhebung ist binnen Monatsfrist dem Verteilungsgericht nachzuweisen, § 878 Abs. 1 S. 1 ZPO → Form. II.B.7 Anm. 3.

Verspätete Klage ist bis zur Planausführung zulässig, kann aber die Verteilung nicht aufhalten (BLHAG ZPO § 878 Rn. 5; Zöller/*Seibel* ZPO § 878 Rn. 16). Nach Ausführung des Plans muss der Kläger zur Bereicherungsklage außerhalb des Verteilungsverfahrens übergehen.

6. Zu möglichen Klagegründen vgl. BLHAG ZPO § 878 Rn. 9–12. Die Pfändung ist zB unwirksam, wenn dem Drittschuldner eine Ausfertigung des Pfändungsbeschlusses zugestellt wird, die anstelle der Unterschrift des Rechtspflegers ein Fragezeichen aufweist (BGH Rpfleger 1981, 437). Die Einwendungen gegen den Teilungsplan können auch aus schuldrechtlichen Ansprüchen hergeleitet werden (BGH NJW 2002, 1578 zu einer Einmalvalutierungsabrede) oder aus Gläubigeranfechtung (BGH BeckRS 2016, 03682). Zum Verteilungsverfahren bei Pfändung laufender Forderungen (Lohn, Miete) Zöller/*Seibel* ZPO § 874 Rn. 9. Erklärt sich der Gläubiger, gegen dessen Recht sich der Widerspruch richtet, für außergerichtlich durch den Ersteher befriedigt, so muss die Klage gegen den Ersteher gerichtet werden (BGH NJW 1980, 2586).

Widerspruchsklage ist auch dann (befristet) zu erheben, wenn im Zwangsverwaltungsverfahren nachträglich erfolglos Änderung des Teilungsplans aufgrund materiell-rechtlicher Einwendungen beantragt wurde (BGH NJW-RR 2007, 782).

Kosten und Gebühren

7. a) Gericht: Gebühren des Erkenntnisverfahrens KV 1210 GKG.
   b) Anwalt: Gebühren des Erkenntnisverfahrens, VV 3100 ff. RVG.

Fristen und Rechtsmittel

8. Wie im normalen Erkenntnisverfahren, → Form. I.O.1.

Zwangsvollstreckung in Forderungen und Rechte

8. Pfändungs- und Überweisungsantrag (§§ 829, 835 ZPO)

Raum für Kostenvermerke und Eingangsstempel

Amtsgericht ____________________

Vollstreckungsgericht (2)

____

____

(1) 1

Antrag auf Erlass eines Pfändungs- und Überweisungsbeschlusses insbesondere wegen gewöhnlicher Geldforderungen

Es wird beantragt, den nachfolgenden Entwurf als Beschluss auf ☐ Pfändung ☐ und ☐ Überweisung zu erlassen. (3)

☐ Zugleich wird beantragt, die Zustellung zu vermitteln (☐ mit der Aufforderung nach § 840 der Zivilprozessordnung – ZPO). (4)

☐ Die Zustellung wird selbst veranlasst.

Es wird gemäß dem nachfolgenden Entwurf des Beschlusses Antrag gestellt auf (5)

☐ Zusammenrechnung mehrerer Arbeitseinkommen (§ 850e Nummer 2 ZPO)

☐ Zusammenrechnung von Arbeitseinkommen und Sozialleistungen (§ 850e Nummer 2a ZPO)

☐ Nichtberücksichtigung von Unterhaltsberechtigten (§ 850c Absatz 4 ZPO)

☐ (6) ____________________

____

Es wird beantragt,

☐ Prozesskostenhilfe zu bewilligen

☐ Frau Rechtsanwältin / Herrn Rechtsanwalt (7)

____

beizuordnen.

☐ Prozesskostenhilfe wurde gemäß anliegendem Beschluss bewilligt.

Anlagen: (8)

☐ Schuldtitel und ___ Vollstreckungsunterlagen

☐ Erklärung über die persönlichen und wirtschaftlichen Verhältnisse nebst ___ Belegen

☐ ____________________

____

☐ Verrechnungsscheck für Gerichtskosten

☐ Gerichtskostenstempler

☐ Ich drucke nur die ausgefüllten Seiten (9)

____

(Bezeichnung der Seiten)

aus und reiche diese dem Gericht ein.

Datum (Unterschrift Antragsteller/-in)

Hinweis: (10)

Soweit für den Antrag eine zweckmäßige Eintragungsmöglichkeit in diesem Formular nicht besteht, können ein geeignetes Freifeld sowie Anlagen genutzt werden.

2

Amtsgericht	
Anschrift:	
Geschäftszeichen:	

☐ Pfändungs- ☐ und ☐ Überweisungs-Beschluss ⑪
in der Zwangsvollstreckungssache

des/der Herrn/Frau/Firma			– Gläubiger –
vertreten durch Herrn/Frau/Firma			
Aktenzeichen des Gläubigervertreters			
Bankverbindung	☐ des Gläubigers	☐ des Gläubigervertreters	
IBAN:			
BIC: Angabe kann entfallen, wenn IBAN mit DE beginnt.			

gegen ⑫

Herrn/Frau/Firma		– Schuldner –
vertreten durch Herrn/Frau/Firma		
Aktenzeichen des Schuldnervertreters		

Nach dem Vollstreckungstitel/den Vollstreckungstiteln ⑬
(den oder die Titel bitte nach Art, Gericht/Notar, Datum, Geschäftszeichen etc. bezeichnen)

3

kann der Gläubiger von dem Schuldner nachfolgend aufgeführte Beträge beanspruchen: (14)

€	☐ Hauptforderung ☐ Teilhauptforderung
€	☐ Restforderung aus Hauptforderung
€	☐ nebst ____ % Zinsen daraus/aus ____________ Euro seit dem ____________ ☐ bis ____________
€	☐ nebst Zinsen in Höhe von ☐ 5 Prozentpunkten ☐ 2,5 Prozentpunkten ☐ 8 Prozentpunkten (15) ☐ ____ Prozentpunkten über dem jeweiligen Basiszinssatz daraus/aus ____________ Euro seit dem ____________ ☐ bis ____________
€	☐ Säumniszuschläge gemäß § 193 Absatz 6 Satz 2 des Versicherungsvertragsgesetzes
€	☐ titulierte vorgerichtliche Kosten ☐ Wechselkosten
€	☐ Kosten des Mahn-/Vollstreckungsbescheides
€	☐ festgesetzte Kosten
€	☐ nebst ☐ 4 % Zinsen ☐ ____ % Zinsen daraus/aus ____________ Euro seit dem ____________ ☐ bis ____________
€	☐ nebst Zinsen in Höhe von ☐ 5 ☐ ____ Prozentpunkten über dem jeweiligen Basiszinssatz daraus/aus ____________ Euro seit dem ____________ ☐ bis ____________
€	☐ bisherige Vollstreckungskosten
€	**Summe I**
€ (wenn Angabe möglich)	☐ gemäß Anlage(n) (16) ____________ (zulässig, wenn in dieser Aufstellung die erforderlichen Angaben nicht oder nicht vollständig eingetragen werden können)
€ (wenn Angabe möglich)	**Summe II** (aus Summe I und Anlage(n) ____________)

Wegen dieser Ansprüche sowie wegen der Kosten für diesen Beschluss (vgl. Kostenrechnung) und wegen der Zustellungskosten für diesen Beschluss wird/werden die nachfolgend aufgeführte/-n angebliche/-n Forderung/-en (17) des Schuldners gegenüber dem Drittschuldner – einschließlich der künftig fällig werdenden Beträge – so lange gepfändet, bis der Gläubigeranspruch gedeckt ist.

Drittschuldner (18) (genaue Bezeichnung des Drittschuldners: Firma bzw. Vor- und Zuname, vertretungsberechtigte Person/-en, jeweils mit Anschrift; Postfach-Angabe ist nicht zulässig; bei mehreren Drittschuldnern (19) ist eine Zuordnung des Drittschuldners zu der/den zu pfändenden Forderung/-en vorzunehmen)

Herr/Frau/Firma

____

____

____

____

____

____

4

Forderung aus Anspruch (20)

- ☐ **A (an Arbeitgeber)** (21)
- ☐ **B (an Agentur für Arbeit bzw. Versicherungsträger)** (25)
  Art der Sozialleistung: ______________________
  Konto-/Versicherungsnummer: ______________________
- ☐ **C (an Finanzamt)** (29)
- ☐ **D (an Kreditinstitute)** (30)
- ☐ **E (an Versicherungsgesellschaften)** (42)
  Konto-/Versicherungsnummer: ______________________
- ☐ **F (an Bausparkassen)**
- ☐ **G**
- ☐ **gemäß gesonderter Anlage(n)** ____________

Anspruch A (an Arbeitgeber)

1. auf Zahlung des gesamten gegenwärtigen und künftigen Arbeitseinkommens (einschließlich des Geldwertes von Sachbezügen) (22)
2. auf Auszahlung des als Überzahlung jeweils auszugleichenden Erstattungsbetrages aus dem durchgeführten Lohnsteuer-Jahresausgleich sowie aus dem Kirchenlohnsteuer-Jahresausgleich für das Kalenderjahr ____________ und für alle folgenden Kalenderjahre (23)
3. auf (24)
   ____
   ____
   ____

Anspruch B (an Agentur für Arbeit bzw. Versicherungsträger) (25)

auf Zahlung der gegenwärtig (26) und künftig (27) nach dem Sozialgesetzbuch zustehenden Geldleistungen.
Die Art der Sozialleistungen ist oben angegeben.

Anspruch A und B

Die für die Pfändung von Arbeitseinkommen geltenden Vorschriften der §§ 850 ff. ZPO in Verbindung mit der Tabelle zu § 850c Absatz 3 ZPO in der jeweils gültigen Fassung sind zu beachten. (28)

Anspruch C (an Finanzamt)

auf Auszahlung (29)

1. des als Überzahlung auszugleichenden Erstattungsbetrages bzw. des Überschusses, der sich als Erstattungsanspruch bei Abrechnung der auf die Einkommensteuer (nebst Solidaritätszuschlag) und Kirchensteuer sowie Körperschaftsteuer anzurechnenden Leistungen für das abgelaufene Kalenderjahr ____________ und für alle früheren Kalenderjahre ergibt
2. des Erstattungsbetrages, der sich aus dem Erstattungsanspruch zu viel gezahlter Kraftfahrzeugsteuer für das Kraftfahrzeug mit dem amtlichen Kennzeichen ____________ ergibt
   Erstattungsgrund:
   ____
   ____
   ____

5

Anspruch D (an Kreditinstitute) (30)

1. auf Zahlung der zu Gunsten des Schuldners (31) bestehenden Guthaben (32) seiner sämtlichen Girokonten (insbesondere seines Kontos (33) ______________________) bei diesem Kreditinstitut einschließlich der Ansprüche auf Gutschrift der eingehenden Beträge; mitgepfändet wird die angebliche (gegenwärtige und künftige) Forderung des Schuldners an den Drittschuldner auf Auszahlung eines vereinbarten Dispositionskredits („offene Kreditlinie"), soweit der Schuldner den Kredit in Anspruch nimmt (34)
2. auf Auszahlung des Guthabens und der bis zum Tag der Auszahlung aufgelaufenen Zinsen sowie auf fristgerechte bzw. vorzeitige Kündigung der für ihn geführten Sparguthaben (35) und / oder Festgeldkonten, insbesondere aus Konto ______________________
3. auf Auszahlung der bereitgestellten, noch nicht abgerufenen Darlehensvaluta aus einem Kreditgeschäft, wenn es sich nicht um zweckgebundene Ansprüche handelt
4. auf Zahlung aus dem zum Wertpapierkonto gehörenden Gegenkonto, insbesondere aus Konto ______________________, auf dem die Zinsgutschriften für die festverzinslichen Wertpapiere gutgebracht sind
5. auf Zutritt (36) zu dem Bankschließfach Nr. ______________ und auf Mitwirkung des Drittschuldners bei der Öffnung des Bankschließfachs bzw. auf die Öffnung des Bankschließfachs allein durch den Drittschuldner zum Zweck der Entnahme des Inhalts
6. auf (37) (38) (39) (40)
____
____
____

Hinweise zu Anspruch D:

Auf § 835 Absatz 3 Satz 2 ZPO (Zahlungsmoratorium von vier Wochen) und § 835 Absatz 4 ZPO wird der Drittschuldner hiermit hingewiesen. (41)

Pfändungsschutz für Kontoguthaben und Verrechnungsschutz für Sozialleistungen und für Kindergeld werden seit dem 1. Januar 2012 nur für Pfändungsschutzkonten nach § 850k ZPO gewährt.

Anspruch E (an Versicherungsgesellschaften) (42)

1. auf Zahlung der Versicherungssumme, der Gewinnanteile und des Rückkaufwertes aus der Lebensversicherung / den Lebensversicherungen, die mit dem Drittschuldner abgeschlossen ist / sind
2. auf das Recht zur Bestimmung desjenigen, (43) zu dessen Gunsten im Todesfall die Versicherungssumme ausgezahlt wird, bzw. auf das Recht zur Bestimmung einer anderen Person an Stelle der von dem Schuldner vorgesehenen
3. auf das Recht zur Kündigung des Lebens- / Rentenversicherungsvertrages, auf das Recht auf Umwandlung der Lebens- / Rentenversicherung in eine prämienfreie Versicherung sowie auf das Recht zur Aushändigung der Versicherungspolice (44)

Ausgenommen von der Pfändung sind Ansprüche aus Lebensversicherungen, die nur auf den Todesfall des Versicherungsnehmers abgeschlossen sind, wenn die Versicherungssumme den in § 850b Absatz 1 Nummer 4 ZPO in der jeweiligen Fassung genannten Betrag nicht übersteigt.

Anspruch F (an Bausparkassen)

aus dem über eine Bausparsumme von (mehr oder weniger) ______________ Euro abgeschlossenen Bausparvertrag Nr. ______________________________,
insbesondere Anspruch auf

1. Auszahlung des Bausparguthabens (45) nach Zuteilung
2. Auszahlung der Sparbeiträge nach Einzahlung der vollen Bausparsumme
3. Rückzahlung des Sparguthabens (46) nach Kündigung
4. das Kündigungsrecht (47) selbst und das Recht auf Änderung des Vertrags
5. auf ____

Anspruch G ㊽ ㊾ ㊿ (51) (52) (53) (54) (55) (56) (57) (58) (59) (60) (61) (62) (63) (64) (65) (66)

(Hinweis: betrifft Anspruch an weitere Drittschuldner bzw. schon aufgeführte Drittschuldner, soweit Platz unzureichend)

Berechnung des pfändbaren Nettoeinkommens

(betrifft Anspruch A und B)

Von der Pfändung sind ausgenommen:

1. Beträge, die unmittelbar auf Grund steuer- oder sozialrechtlicher Vorschriften zur Erfüllung gesetzlicher Verpflichtungen des Schuldners abzuführen sind, ferner die auf den Auszahlungszeitraum entfallenden Beträge, die der Schuldner nach den Vorschriften der Sozialversicherungsgesetze zur Weiterversicherung entrichtet oder an eine Ersatzkasse oder an ein Unternehmen der privaten Krankenversicherung leistet, soweit diese Beträge den Rahmen des Üblichen nicht übersteigen;
2. Aufwandsentschädigungen, Auslösegelder und sonstige soziale Zulagen für auswärtige Beschäftigungen, das Entgelt für selbstgestelltes Arbeitsmaterial, Gefahren-, Schmutz- und Erschwerniszulagen, soweit sie den Rahmen des Üblichen nicht übersteigen;
3. die Hälfte der für die Leistung von Mehrarbeitsstunden gezahlten Teile des Arbeitseinkommens;
4. die für die Dauer eines Urlaubs über das Arbeitseinkommen hinaus gewährten Bezüge, Zuwendungen aus Anlass eines besonderen Betriebsereignisses und Treuegelder, soweit sie den Rahmen des Üblichen nicht übersteigen;
5. Weihnachtsvergütungen bis zum Betrag der Hälfte des monatlichen Arbeitseinkommens, höchstens aber bis zur Höhe des in §850a Nummer 4 ZPO in der jeweiligen Fassung genannten Höchstbetrages;
6. Heirats- und Geburtsbeihilfen, sofern die Vollstreckung wegen anderer als der aus Anlass der Heirat oder der Geburt entstandenen Ansprüche betrieben wird;
7. Erziehungsgelder, Studienbeihilfen und ähnliche Bezüge;
8. Sterbe- und Gnadenbezüge aus Arbeits- und Dienstverhältnissen;
9. Blindenzulagen;
10. Geldleistungen für Kinder sowie Sozialleistungen, die zum Ausgleich immaterieller Schäden gezahlt werden.

7

☐ **Es wird angeordnet,** dass zur Berechnung des nach § 850c ZPO pfändbaren Teils des Gesamteinkommens zusammenzurechnen sind: (67)

☐ Arbeitseinkommen bei Drittschuldner (genaue Bezeichnung)

______________________________ und

☐ Arbeitseinkommen bei Drittschuldner (genaue Bezeichnung)

______________________________ .

Der unpfändbare Grundbetrag ist in erster Linie den Einkünften des Schuldners bei Drittschuldner (genaue Bezeichnung)

______________________________ zu entnehmen, weil dieses Einkommen die wesentliche Grundlage der Lebenshaltung des Schuldners bildet

☐ **Es wird angeordnet,** dass zur Berechnung des nach § 850c ZPO pfändbaren Teils des Gesamteinkommens zusammenzurechnen sind: (68)

☐ laufende Geldleistungen nach dem Sozialgesetzbuch von Drittschuldner (genaue Bezeichnung der Leistungsart und des Drittschuldners)

______________________________ und

☐ Arbeitseinkommen bei Drittschuldner (genaue Bezeichnung)

______________________________ .

Der unpfändbare Grundbetrag ist in erster Linie den laufenden Geldleistungen nach dem Sozialgesetzbuch zu entnehmen. Ansprüche auf Geldleistungen für Kinder dürfen mit Arbeitseinkommen nur zusammengerechnet werden, soweit sie nach § 76 des Einkommensteuergesetzes (EStG) oder nach § 54 Absatz 5 des Ersten Buches Sozialgesetzbuch (SGB I) gepfändet werden können.

☐ Gemäß § 850c Absatz 4 ZPO wird **angeordnet**, dass (69)

☐ der Ehegatte (70) ☐ der Lebenspartner / die Lebenspartnerin ☐ das Kind / die Kinder

bei der Berechnung des unpfändbaren Teils des Arbeitseinkommens

☐ nicht ☐ nur teilweise

als Unterhaltsberechtigte / -r zu berücksichtigen sind / ist.

(Begründung zu Höhe und Art des eigenen Einkommens) (71)

____

____

____

Vom Gericht auszufüllen

(wenn ein Unterhaltsberechtigter nur teilweise zu berücksichtigen ist): (72)

Bei der Feststellung des nach der Tabelle zu § 850c Absatz 3 ZPO pfändbaren Betrages bleibt die Unterhaltspflicht des Schuldners gegenüber ______________________________ außer Betracht. Der pfändbare Betrag ist deshalb ausschließlich unter Berücksichtigung der übrigen Unterhaltsleistungen des Schuldners festzustellen.

Der nach der Tabelle unpfändbare Teil des Arbeitseinkommens des Schuldners ist wegen seiner teilweise zu berücksichtigenden gesetzlichen Unterhaltspflicht gegenübe

______________________________ um weitere

☐ ______________________________ € monatlich

☐ ______________________________ € wöchentlich

☐ ______________________________ € täglich

zu erhöhen.

8

Der dem Schuldner danach zu belassende weitere Teil seines Arbeitseinkommens darf jedoch den Betrag nicht übersteigen, der ihm nach der Tabelle des § 850c Absatz 3 ZPO bei voller Berücksichtigung der genannten unterhaltsberechtigten Person zu verbleiben hätte.

☐ **Es wird angeordnet, dass**

- ☐ der Schuldner die Lohn- oder Gehaltsabrechnung oder die Verdienstbescheinigung einschließlich der entsprechenden Bescheinigungen der letzten drei Monate vor Zustellung des Pfändungs- und Überweisungsbeschlusses an den Gläubiger herauszugeben hat (73)
- (74) ☐ der Schuldner das über das jeweilige Sparguthaben ausgestellte Sparbuch (bzw. die Sparurkunde) an den Gläubiger herauszugeben hat und dieser das Sparbuch (bzw. die Sparurkunde) unverzüglich dem Drittschuldner vorzulegen hat
- ☐ ein von dem Gläubiger zu beauftragender Gerichtsvollzieher für die Pfändung des Inhalts Zutritt zum Schließfach zu nehmen hat (75)
- ☐ der Schuldner die Versicherungspolice an den Gläubiger herauszugeben hat und dieser sie unverzüglich dem Drittschuldner vorzulegen hat (76)
- (77) ☐ der Schuldner die Bausparurkunde und den letzten Kontoauszug an den Gläubiger herauszugeben hat und dieser die Unterlagen unverzüglich dem Drittschuldner vorzulegen hat
- ☐ (78) (79) ______

☐ **Sonstige Anordnungen:** (80)

______

Der Drittschuldner darf, soweit die Forderung gepfändet ist, an den Schuldner nicht mehr zahlen. Der Schuldner darf insoweit nicht über die Forderung verfügen, sie insbesondere nicht einziehen.

(81) ☐ **Zugleich wird dem Gläubiger die zuvor bezeichnete Forderung in Höhe des gepfändeten Betrages**

☐ **zur Einziehung überwiesen.** (82) ☐ an Zahlungs statt überwiesen.

9

☐ ______________________________

____

____

____

____

____

Ausgefertigt:

(Datum, Unterschrift Rechtspfleger	(Datum, Unterschrift Urkundsbeamter der Geschäftsstelle)

(83) (84)

I. Gerichtskosten		
Gebühr gemäß GKG KV Nr. 2111		€
II. Anwaltskosten gemäß RVG		
Gegenstandswert: ______ €		
1. Verfahrensgebühr VV Nr. 3309, ggf. i. V. m. Nr. 1008	€	
2. Auslagenpauschale VV Nr. 7002	€	
3. Umsatzsteuer VV Nr. 7008	€	
Summe von II.		€
Summe von I. und II.:		€

☐ **Inkassokosten gemäß § 4 Absatz 4 des Einführungsgesetzes zum Rechtsdienstleistungsgesetz** (RDGEG) gemäß Anlage(n) ______

Schrifttum: Stöber/Rellermeyer, Forderungspfändung, 17. Aufl. 2020.

Anmerkungen

1. Das hier abgedruckte gesetzliche Form. ist zwingend zu verwenden, § 829 Abs. 4 S. 1 ZPO iVm §§ 2, 3 u. 6 Zwangsvollstreckungsformularverordnung – ZVFV sowie Anl. 2. Es basiert auf der Anl. 2 zur ZVFV v. 23.8.2012, die mit der Verordnung zur Änderung der Zwangsvollstreckungsformular-Verordnung v. 16.6.2014 erstmals überarbeitet wurde. Zu den Gründen → Form. III.A.11 Anm. 1. Anträge ohne Verwendung des amtlichen Formulars. sind unzulässig.

Gem. § 3 Abs. 2 Nr. 1–3 ZVFV sind unwesentliche Änderungen der Größe der Schrift, unwesentliche Änderungen sonstiger Formularelemente und die Verwendung nur der Farben Schwarz und Weiß sowie von Grautönen zulässig, soweit die Lesbarkeit nicht beeinträchtigt wird.

Für den Antrag auf Erlass eines Pfändung- und Überweisungsbeschlusses wegen Unterhaltsforderungen ist ein gesondertes Formular erlassen worden, welches den Besonderheiten von Unterhaltsansprüchen Rechnung trägt, ansonsten aber identisch ist mit dem hier vorgestellten Formular.

Der Antrag enthält jetzt kein Feld mehr für die Erteilung eines SEPA-Lastschriftmandates für den Gerichtsvollzieher. In Betracht kommt die Beifügung einer entsprechenden Anlage oder die Nutzung des letzten Feldes auf S. 9 oben.

2. Abweichend von § 764 Abs. 2 ZPO das Wohnsitzgericht des Schuldners, § 828 Abs. 2 ZPO, und ggf. der Vermögensgerichtsstand nach § 23 ZPO, also der Sitz des Drittschuldners, wenn der Schuldner im Inland keinen Wohnsitz hat. Verweisung auf Antrag ist möglich; sie bindet das Zweitgericht nicht, § 828 Abs. 3 ZPO (dazu OLG Zweibrücken NJW-RR 2000, 929).

3. Der Pfändungsbeschluss schafft Pfandverstrickung der Forderung und Pfandrecht des Gläubigers daran (BLHAG ZPO § 829 Rn. 54). Die Pfändung ist wirksam, solange sie nicht nichtig ist (BGH NJW-RR 2020, 1131). Erst der Überweisungsbeschluss ermöglicht die Verwertung, idR durch Einziehung. Deshalb werden beide Beschlüsse verbunden. Anders nur in Sonderfällen, zB beim Arrest oder der Sicherungsvollstreckung gem. § 720a ZPO (nur Pfändung) oder bei indossablen Wertpapieren (nur Überweisung). Das Formular sieht jetzt erstmals auch die Möglichkeit der isolierten Pfändung vor, wichtig zB für Sicherungsvollstreckung gem. § 720a ZPO.

Auch wenn der Schuldner bereits die Vermögensauskunft abgegeben hat, kann das Vollstreckungsgericht den beantragten Pfändungs- und Überweisungsbeschluss nicht im Hinblick auf das bekannte Vermögensverzeichnis mangels Rechtsschutzbedürfnis zurückweisen (BGH NJW-RR 2003, 1650).

4. Die Zustellung an den Schuldner erfolgt grds. sofort und ohne weiteren Antrag durch den Gerichtsvollzieher im Parteibetrieb, § 829 Abs. 2 S. 2, §§ 191 ff. ZPO (BLHAG ZPO § 829 Rn. 50).

Es sollte idR die Zustellung an den Drittschuldner durch Vermittlung der Geschäftsstelle beantragt werden, § 192 Abs. 3 ZPO. Nur in Sonderfällen wird der Gläubiger Zustellung selbst veranlassen. Die Zustellung an Drittschuldner sollte zudem nicht durch Aufgabe zur Post, § 194 ZPO, sondern durch Gerichtsvollzieher persönlich mit Aufforderung nach § 840 ZPO erfolgen, damit Drittschuldnererklärung nach § 840 Abs. 3 ZPO an Gerichtsvollzieher erfolgen kann. Der Postzusteller kann die Erklärung des Drittschuldners nach Abs. 3 nicht entgegennehmen, so dass dann Schadensersatzpflicht nach § 840 Abs. 2 S. 2 ZPO entfällt (hM, LG Tübingen MDR 1974, 677; *Stöber/Rellermeyer* Forderungspfändung B.285 mwN; Musielak/Voit/*Flockenhaus* ZPO § 840 Rn. 3; aA LG Schweinfurt DGVZ 1956, 71).

Die Pfändung wird wirksam mit Zustellung an Drittschuldner, § 829 Abs. 3 ZPO, so dass diese vordringlich ist. Str. ist, ob Ersatzzustellung an den Schuldner für den Drittschuldner wirksam ist (dafür RGZ 87, 414; auch Zöller/*Herget* ZPO § 829 Rn. 14; *Noack* DGVZ 1981, 33; dagegen BAG NJW 1981, 1399; BLHAG ZPO § 829 Rn. 46; *Hamme* NJW 1994, 1035), vgl. auch § 178 Abs. 2 ZPO. Deshalb sollte vorsorglich eine an den Schuldner erfolgte Ersatzzustellung anders wiederholt werden.

Nach zutreffender hM kann der Drittschuldner vom Gläubiger keine Erstattung von Kosten für die Erfüllung seiner gesetzlichen Auskunftspflicht, etwa Anwaltskosten, erstattet verlangen (BGH NJW 2000, 651; BAG NJW 1985, 1181; auch *Stöber/Rellermeyer* Forderungspfändung B.302), erst recht nicht für die weitere Abwicklung der gepfändeten Forderung (BGH NJW 1985, 1155).

5. Zu den Besonderheiten bei der Pfändung von Arbeitseinkommen → Anm. 67 ff.

6. Hier soll jetzt gem. Hinweis des BMJV ein Kreuz gesetzt und „Änderung des unpfändbaren Betrages nach § 850f Abs. 2 ZPO" eingetragen werden können, wenn ein entsprechender Antrag gestellt werden soll. Auf S. 8 des Form. kann dann im Kasten „Sonstige Anordnungen" dieser näher begründet werden → Anm. 80.

7. Die Möglichkeit der Beantragung der Beiordnung war in der ersten Version des Form. noch nicht enthalten.

8. Zur Forderungspfändung müssen alle Voraussetzungen nach § 750 Abs. 1 ZPO vorliegen, **auch die Zustellung** und ggf. die Voraussetzungen nach §§ 751, 756 ZPO. Bei Antragsmängeln Zwischenverfügung des Gerichts, § 139 ZPO (*Stöber/Rellermeyer* Forderungspfändung B.59). Das kann zu Rangverlust gegenüber zwischenzeitlichen fehlerfreien Anträgen Dritter führen.

§ 829a ZPO sieht vor, dass bei einem elektronischen Zwangsvollstreckungsauftrag unter gewissen Voraussetzungen auf die Übermittlung der Ausfertigung des Vollstreckungsbescheids verzichtet wird.

9. Mit dem Einfügen dieser Möglichkeit ist das Problem gelöst, dass das Form. auf der einen Seite zahlreiche unterschiedliche Pfändungsmöglichkeiten enthält, auf der anderen Seite dadurch aber auch viele Felder bzw. Seiten leer bleiben. Der Antragsteller kann nun auf die Beifügung dieser Seiten ausdrücklich verzichten, muss dann aber hier unbedingt das Kreuz setzen und die ausgefüllten Seiten aufzählen.

10. Mit diesem Hinweis kommt der Verordnungsgeber den Vorgaben des BGH nach, wonach der Gläubiger vom Formularzwang entbunden ist, soweit das Form. unvollständig, unzutreffend, fehlerhaft oder missverständlich ist (BGH NJW 2014, 3160 Rn. 36). Der Gläubiger sollte das Form. daher im Einzelfall immer erst sorgfältig prüfen, ob es für den beabsichtigten Antrag geeignet ist und dann ggf. in Feldern wie auf S. 8 des Form. bei „Sonstige Anordnungen" ein Kreuz setzen, eine Eintragung vornehmen und ggf. auf Anlagen verweisen.

11. → Anm. 3.

12. Auslandsfälle

a) Sitzt oder befindet sich der Schuldner im Ausland, ist das unschädlich. Denn die Pfändung ist wirksam mit Zustellung des Beschlusses an den Drittschuldner, § 829 Abs. 3 ZPO.

b) Sitzt der Drittschuldner im Ausland, so scheitert eine deutsche Pfändung regelmäßig an der fehlenden Rechtshilfe ausländischer Staaten dafür, außer bei den EU-Staaten (ohne Dänemark) gem. Verordnung (EG) Nr. 1393/2007 vom 13.11.2007 iVm §§ 1068, 1069 ZPO).

13. Die Titel und Urkunden sind nicht nur zu bezeichnen, sondern auch beizufügen.

14. Forderungsaufstellung und Glaubhaftmachung → Form. III.B.1 Anm. 45, vgl. auch *Stöber/Rellermeyer* Forderungspfändung B.537 zu den Kosten früherer Vollstreckungsmaßnahmen. Das Form. sieht die Beifügung der Belege über Kosten früherer Vollstreckungsunterlagen nicht ausdrücklich vor. Trotzdem ist dies wegen § 788 ZPO erforderlich, vgl. Musielak/Voit/*Flockenhaus* ZPO § 829 Rn. 3.

Pfändung erfolgt „wegen dieser Ansprüche". Wird zB nach Teilzahlungen nur noch wegen eines Teils oder Restes der Hauptforderung gepfändet, kann – entgegen der Praxis mancher Amtsgerichte – eine Abrechnung über die erfolgten Zahlungen vom Gläubiger nicht gefordert werden, → Form. III.B.1 Anm. 45 mwN.

Bietet das Formular eine vollständige Eintragungsmöglichkeit für die Forderungen des Gläubigers, ist ausschließlich das vorgegebene Formular zu nutzen und keine Anlage beizufügen (BGH NJW 2016, 2668). Bietet das Formular keine vollständige oder zutreffende Eintragungsmöglichkeit, kann der Gläubiger wegen der zu vollstreckenden Forderungen insgesamt auf eine als Anlage beigefügte Forderungsaufstellung verweisen (BGH NJW 2016, 2810: unterschiedliche Zinsläufe bei Kostenforderungen).

15. Der Verordnungsgeber hat hier übersehen, dass der Zinssatz gem. § 288 Abs. 2 BGB seit 29.7.2014 bereits neun Prozentpunkte über dem Basiszinssatz beträgt. Dafür ist jetzt ein Feld vorhanden, in dem die Prozentpunkte individuell angegeben werden können.

16. Insbes. bei mehreren Hauptforderungen wird man nicht umhinkommen, auf eine gesonderte Aufstellung zu verweisen, die man als Anlage beifügt → Anm. 10.

Die außergerichtlichen Anwaltskosten (VV 3309 RVG) für diesen Antrag werden am Schluss berechnet. Die gerichtlichen Kosten des Pfändungsbeschlusses und die Zustellungskosten werden von Amts wegen angesetzt (*Stöber/Rellermeyer* Forderungspfändung B.540).

17. Im Pfändungsverfahren, das ohne Anhörung von Schuldner (§ 834 ZPO) und Drittschuldner erfolgt, ist nicht zu prüfen, ob und in welcher Höhe die Forderung gegen den Dritten besteht. Das müssen Gläubiger und Drittschuldner ggf. durch Erkenntnisverfahren, § 841 ZPO, klären (*Stöber/Rellermeyer* Forderungspfändung B.74). Das Vollstreckungsgericht prüft nur, ob die Forderung nach dem Sachvortrag des Gläubigers dem Schuldner gegen den Drittschuldner zustehen kann und ob diese nicht unpfändbar ist (BGH NJW 2004, 2096). Nur wenn offenkundig die Forderung nicht besteht oder zB der Höhe nach nicht pfändbar ist, fehlt für den Antrag das Rechtsschutzbedürfnis (BGH NJW-RR 2008, 733; BLHAG ZPO § 829 Rn. 21, *Stöber/Rellermeyer* Forderungspfändung B.75 mwN).

Die Forderung muss im Zeitpunkt der Pfändung im Vermögen gerade des Vollstreckungsschuldners stehen, sonst ist die Pfändung nichtig (BGH NJW 2002, 755, BAG NJW 1993, 2699). Die Pfändung wird auch nicht dadurch wirksam, dass der Schuldner die Forderung später erwirbt (Zöller/*Herget* ZPO § 829 Rn. 4).

Zukünftige Forderungen können gepfändet werden, wenn bereits eine rechtliche Grundlage vorhanden ist, die die Bestimmung der Forderung entsprechend ihrer Art und nach der Person des Drittschuldners ermöglicht (*Stöber/Rellermeyer* Forderungspfändung A.30 mwN).

18. Der Drittschuldner soll so bezeichnet sein wie eine Prozesspartei. Da Gläubiger meist nur ungenaue Kenntnis über ihn hat, genügt aber eine Bezeichnung, die bei Auslegung die Person des Drittschuldners ausreichend individualisiert (Beispiele *Stöber/Rellermeyer* Forderungspfändung B.109; BGH NJW-RR 2016, 254 zur Bezeichnung einer Sparkasse).

19. Das Form. sieht jetzt in der geänderten Fassung auch die Angabe mehrerer Drittschuldner mit ggf. unterschiedlichen zu pfändenden Forderungen vor.

20. Der Pfändungsbeschluss muss die gepfändete Forderung und ihren rechtlichen Grund so genau bezeichnen, dass bei verständiger Auslegung unzweifelhaft feststeht, welche Forderung Gegenstand der Zwangsvollstreckung sein soll. Das Rechtsverhältnis, aus dem die Forderung hergeleitet wird, muss wenigstens in allgemeinen Umrissen angegeben werden. Außerhalb des Beschlusses liegende Umstände können für die Auslegung nicht herangezogen werden. Es muss auch für Dritte erkennbar sein, welche Forderung des Schuldners gegen den Drittschuldner betroffen ist (BGH NJW 2018, 2732; zur Vorpfändung BGH NJW 2001, 2976). Hat der Schuldner mehrere Forderungen gegen Drittschuldner, muss die Konkretisierung weitergehen („alle Forderungen aus Werkverträgen mit dem Inhalt Bohrarbeiten" genügt bspw., BGH NJW 1983, 886; *Stöber/Rellermeyer* Forderungspfändung B.104 mwN).

Sonst ist die Pfändung unwirksam, was jeder Beteiligte, auch ein nachrangiger Gläubiger, durch Erinnerung geltend machen kann (MüKoZPO/*Smid* § 829 Rn. 86).

Die Pfändung erfasst ohne weiteres auch Nebenrechte iSv § 401 BGB, etwa Kündigungsrechte und Auskunfts- und Rechnungslegungsansprüche (BGH NJW-RR 2003, 1555; *Stöber/Rellermeyer* Forderungspfändung B.358; BLHAG ZPO § 835 Rn. 14). Zur Klarstellung ist aber ihre Erwähnung empfehlenswert.

Für die aus Sicht des Gesetzgebers gängigsten Forderungen wurden nun im Form. unter A – F bestimmte Pfändungslagen ausformuliert. Es bleiben alle sonstigen Fälle, einzutragen unter G. Hierfür s. weiterhin die Formulierungsbeispiele für die Anspruchsbezeichnung von 82 verschiedenen Anspruchsarten bei *Stöber/Rellermeyer* Forderungspfändung A.73 ff.; Hinweise zu weiteren Forderungsarten bei BLHAG ZPO § 829 Rn. 7–14 und Zöller/*Herget* ZPO § 829 Rn. 33).

21. § 850 Abs. 2 u. 4 ZPO erfassen unter dem Begriff „Arbeitseinkommen" alle in Betracht kommenden Bezüge in weitestem Umfang, auch zB Ansprüche auf Abfindung, Urlaubsgeld, Urlaubsabgeltung und Schadensersatz (BAG NZA 2002, 323; NJW 2009, 2324), so dass besondere Nennung im Form. kaum erforderlich ist.

Kommt eine Pfändung von verschleiertem Arbeitseinkommen nach § 850h Abs. 2 ZPO in Betracht, kann man die Pfändung vorsorglich auf „die Zahlung des Arbeitseinkommens in Höhe einer angemessenen Vergütung nach § 850h ZPO" erstrecken (zu den Einzelheiten s. BAG NJW 2008, 2606; NZA 2009, 163); erforderlich ist dies nach Rspr. des BGH nicht (BGH NJOZ 2014, 571). Hat der Schuldner eine ungünstigere Lohnsteuerklasse gewählt, kann der Gläubiger je nach Zeitpunkt der Wahl (vor oder nach der Pfändung) unter bestimmten Voraussetzungen beim Vollstreckungsgericht eine Änderung des Pfändungs- und Überweisungsbeschlusses beantragen, wonach bei der Berechnung des pfändbaren Betrages die günstigere Lohnsteuerklasse zugrunde zu legen ist (BGH NJW-RR 2006, 569).

Hat der Schuldner mehrere Einkommen, kann ein Antrag auf Zusammenrechnung gem. § 850e Nr. 2 ZPO gestellt werden, um so einen pfändbaren Betrag zu erzielen → Anm. 67.

Andere laufende Bezüge wie bspw. aus Kapitalvermögen oder Vermietung und Verpachtung unterliegen dem Pfändungsschutz erst auf Antrag des Schuldners gem. § 850i ZPO → Form. III.B.15.

Gem. § 832 ZPO werden auch künftig fällig werdende Lohnansprüche erfasst, str. bei Mietforderungen, vgl. Musielak/Voit/*Flockenhaus* ZPO § 832 Rn. 2 mwN.

An einer bereits abgetretenen Forderung kann durch einen späteren Pfändungs- und Überweisungsbeschluss kein Pfändungspfandrecht begründet werden (BAG NJW 1993, 2701). Anders bei fortlaufenden Bezügen nach Rückabtretung, Musielak/Voit/*Flockenhaus* ZPO § 832 Rn. 2.

Nach § 833 Abs. 2 ZPO wirkt eine Lohnpfändung auch nach einer Unterbrechung des Arbeitsverhältnisses bis zu 9 Monaten fort.

Beim Betriebsübergang gem. § 613a BGB bleiben auch gegenüber dem neuen Arbeitgeber Pfandverstrickung und Rangfolge der Lohnpfändungen erhalten (LAG Hessen NZA 2000, 615).

22. Sie sind auf den unpfändbaren Einkommensteil anzurechnen, § 850e Nr. 3 ZPO.

23. Soweit der Arbeitgeber den Lohnsteuerjahresausgleich durchführt, § 42b EStG, ist er Drittschuldner. Für ihn gilt die Pfändungsbeschränkung nach § 46 Abs. 6 AO nicht, so dass der Anspruch auch für die Zukunft pfändbar ist, § 832 ZPO, und zwar, da kein Arbeitseinkommen, in voller Höhe (LAG Hamm BB 1965, 669; *Stöber/Rellermeyer* Forderungspfändung A.521).

24. „monatliche Erteilung einer Lohn- und Gehaltsabrechnung". Der Anspruch ist als unselbständiger Nebenanspruch mitgepfändet. Gleichwohl kann ein klarstellender Ausspruch im Pfändungs- und Überweisungsbeschluss verlangt werden (BGH NJW 2013, 539).

25. § 54 SGB I regelt die Pfändung von Ansprüchen auf Geldleistungen. Verfahren und Zuständigkeiten bestimmen sich nach §§ 828 ff. ZPO. Die Bezeichnung der Forderungen ergibt sich für die wichtigsten Sozialleistungen aus §§ 18–29 SGB I. Dort sind zugleich die zuständigen Leistungsträger genannt, die als Drittschuldner zu benennen sind. Die örtlichen und sachlichen Zuständigkeiten dabei, etwa nach Landesrecht, müssen iE genau aufgeklärt werden. Denn die Pfändung etwa gegen eine örtlich nicht zuständige Agentur für Arbeit ist wirkungslos (vgl. *Stöber/Rellermeyer* Forderungspfändung D.61).

26. § 54 Abs. 2 SGB I fordert bei Pfändung einmaliger Geldleistungen zusätzlich eine allgemeine Billigkeitsprüfung, die das Vollstreckungsgericht vorzunehmen hat. Wesentliches Kriterium muss dabei die Zweckbestimmung der Leistung sein (vgl. *Stöber/Rellermeyer* Forderungspfändung D.51). Fällt der zu vollstreckende Anspruch in den Rahmen der Zweckbestimmung (zB Pflegeleistungen bei Pflegegeld), oder ist die Leistung allgemein einkommensersetzend, ist von der Billigkeit der Pfändung auszugehen. Zu den einzelnen Billigkeitskriterien von Abs. 2 vgl. *Stöber/Rellermeyer* Forderungspfändung D.48 ff.; KassKomm/*Seewald* SGB I § 54 Rn. 25–33.

27. Die Pfändung erst künftig fällig werdender Leistungen (zB künftiger Alters- oder Erwerbsunfähigkeitsrenten) ist grds. zulässig, sofern die Ansprüche in einem bereits bestehenden Sozialversicherungsverhältnis wurzeln (BGH NJW 2003, 3774 zur Erwerbsunfähigkeitsrente; BGH NJW 2003, 1457 zu Rentenansprüchen; weitere Nachw. bei *Stöber/Rellermeyer* Forderungspfändung D.84; Zöller/*Herget* ZPO § 850i Rn. 27). Bei noch sehr jungen Schuldnern mag das Rechtsschutzbedürfnis für eine solche Pfändung zweifelhaft sein, (LG Heilbronn Rpfleger 1999, 455, Schuldner 24 Jahre alt; ausdrücklich offen gelassen in BGH NJW 2003, 1457). Der Anspruch des Versicherten auf Erteilung von Rentenauskünften gem. § 109 SGB VI ist nicht als Nebenrecht mitgepfändet und kann auch nicht gesondert gepfändet werden (BGH NJW-RR 2012, 434).

Ansprüche auf laufende Geldleistungen sind generell pfändbar wie Arbeitslohn. Dies betrifft auch sog. Alg. II Leistungen, wenn auch idR mit wenig Aussicht auf Erfolg (BGH NZI 2013, 194). Zu beachten sind noch die Einschränkungen gem. § 54 Abs. 3 und 5 SGB I. Vgl. iE *Stöber/Rellermeyer* Forderungspfändung D.77 ff.; KassKomm/*Seewald* SGB I § 54 Rn. 34 ff. Es gelten die Pfändungsfreigrenzen des § 850c ZPO. Ein Abschlag für Minderbedarf erfolgt nicht (BGH NJW-RR 2004, 1439).

Pfändbare laufende Sozialleistungen sind vor allem:

- Arbeitslosengeld I (§§ 117 ff. SGB III)
- Arbeitslosengeld II (§§ 19 ff. SGB II)

- Krankengeld (§§ 44 ff. SGB V)
- Verletztenrente und Unfallhinterbliebenenrente (§§ 56 ff. SGB VII) (dazu BGH NJW 2017, 959)
- Altersrente und Witwenrente (§§ 35 ff. SGB VI)
- Ausgleichsrenten (§§ 30–35 BVG)
- Ansprüche auf Versorgungsleistungen gegen berufsständische Versorgungswerke, auch wenn die Satzung ein Abtretungsverbot enthält (BGH NJW 2004, 3770)
- Wohngeld nach dem WohngeldG (LG Hamburg JurBüro 1997, 439).

Für die Pfändung von Kindergeld gelten Besonderheiten, § 54 Abs. 5 SGB I.

Unpfändbar sind Sozialhilfeansprüche, § 17 Abs. 1 SGB XII.

Str. ist die Pfändbarkeit von Mehraufwandsentschädigungen gem. § 16 Abs. 3 S. 2 SGB II für sog Ein-Euro-Jobber (Pfändbarkeit wegen § 850a Nr. 3 ZPO verneinend LG Dresden NJW-RR 2009, 359 auch mit Hinweisen zur Gegenmeinung).

28. Die Pfändungsfreibeträge werden gem. § 850c Abs. 4 S. 2 ZPO mit einer dynamischen Verweisung auf § 32a EStG zum 1.7. eines jeden Jahres angepasst. Insgesamt wird durch diese Regelung die Bearbeitung von Lohnpfändungen beim Arbeitgeber zusätzlich erschwert.

29. Pfändung ist zulässig nach § 46 Abs. 1 AO. Drittschuldner ist nach § 46 Abs. 7 AO die Finanzbehörde, die über den Erstattungsanspruch zu entscheiden hat. Es muss also das örtlich und sachlich zuständige Finanzamt ermittelt werden. Bei Großstädten mit mehreren Finanzämtern ist eine Pfändung gegen das falsche Finanzamt innerhalb der Stadt unwirksam (*Stöber/Rellermeyer* Forderungspfändung A.507). Notfalls Pfändung gegen mehrere Finanzämter zugleich.

Steuerart und Erstattungsgrund müssen bezeichnet werden. Bei gewerblichen Schuldnern kommen, gerade bei schlechter Geschäftslage, Erstattungsansprüche bei Körperschafts- oder Umsatzsteuer in Betracht. Meist stehen aber andere Steuerschulden dagegen, mit denen das Finanzamt aufrechnet.

Das verbindliche Formular nennt unter Ziff. 1 Einkommens-, Kirchen- und Körperschaftssteuer und unter Ziff. 2. Kraftfahrzeugsteuer. Für weitere Steuerarten ist kein Platz gelassen, wenn man die leeren Felder als Freiraum zur Begründung des Erstattungsgrundes ansieht. Dies wiederum ist wenig verständlich, als der Erstattungsgrund in Ziff. 1 bereits mit „Überzahlung" benannt ist. Der BFH hat hierzu entschieden, dass sogar die allgemeine Bezeichnung (Rück-)Erstattung ausreichend da hinreichend auslegungsfähig sei (BFH DStRE 2001, 1369 (1372)). Auch wenn daher nicht ganz ersichtlich ist, welche weitere Begründung das Form. hier noch erfordert, sollte der Vollständigkeit halber bei Erstattungsgrund „Rückerstattung/Überzahlung" aufgenommen werden.

Weitere Ansprüche wie bspw. solche auf Umsatzsteuererstattung müssen zukünftig wohl unter G (sonstige) gesondert aufgeführt werden. Leerformeln wie „Ansprüche auf Steuererstattung jeder Art" sind unbestimmt und daher unwirksam (näher *Stöber/Rellermeyer* Forderungspfändung Rn. A.506 mwN). Im Zweifel sollten alle in Betracht kommenden weiteren Steuerarten genannt werden.

§ 46 Abs. 6 AO beschränkt die Pfändbarkeit auf entstandene Ansprüche. Bei Jahressteuern wie Einkommens- und Körperschaftssteuer entsteht die Steuer und damit auch ein etwaiger Rückerstattungsanspruch mit dem Jahresende (zB § 36 Abs. 1 EStG. Zu anderen Steuern vgl. *Stöber/Rellermeyer* Forderungspfändung A.496 ff.), soweit nicht ausnahmsweise während des Jahres die Steuerpflicht endet. Ein vorher gestellter Pfändungsantrag ist also unzulässig. Er wird aber mit Jahresablauf zulässig, soweit er noch nicht zurückgewiesen ist (OLG Düsseldorf NJW 1978, 2603). Gem. § 46 Abs. 6 AO ist ein vor dem Jahreswechsel erlassener Beschluss nichtig (näher *Stöber/Rellermeyer* Forderungspfändung A.509 ff. mwN). Das verbindliche Formular sieht nun ausdrücklich die Möglichkeit der Pfändung für „alle früheren Kalenderjahre“ vor, so dass man sich mit der Frage der etwaigen Konkretisierung des Zeitraums nicht mehr auseinandersetzen muss.

Bei den Einkünften aus nichtselbständiger Arbeit ist in der Regel zusätzlich ein Antrag des Schuldners auf Veranlagung gem. § 46 Abs. 2 Nr. 8 EStG erforderlich. Der Gläubiger kann nach Rspr. des BFH auch nach Pfändung nicht anstelle des Schuldners das Festsetzungsverfahren betreiben, etwa den Antrag auf Veranlagung nach § 46 Abs. 2 Nr. 8 EStG stellen. Der BGH hat sich dieser Auffassung nach vorübergehender Divergenz angeschlossen (BGH NJW 2008, 1675). Die Abgabe der Einkommenssteuererklärung und sonstige Verfahrenshandlungen des Schuldners im Steuerfestsetzungsverfahren seien unvertretbare Handlungen iSd § 888 ZPO. Für die Anordnung der Zwangshaft zur Durchsetzung der erforderlichen Mitwirkungshandlungen des Schuldners fehle die Ermächtigungsgrundlage (BGH NJW 2008, 1675).

30. Kontopfändung ist nach der Lohnpfändung die wichtigste Art der Forderungspfändung, insb. bei gewerblichen Schuldnern. Umstritten ist, ob auch eine sog Dauer- oder Vorratspfändung in Bankguthaben zulässig ist. Hierbei wird nicht nur wegen eines aktuellen Rückstandes sondern auch wegen anderer fortlaufend fällig werdender (zukünftiger) Ansprüche vollstreckt (dafür aus Vereinfachungsgründen AG Norden NJW-RR 2004, 1692 mwN).

Nicht möglich ist es, nachträglich aufgrund zwischen Gläubiger und Schuldner getroffener Vereinbarung eine einstweilige Aussetzung oder ein Ruhendstellen der Pfändung durch das Vollstreckungsgericht zu erwirken (BGH NJW-RR 2016, 319).

31. „Geübte“ Schuldner übertragen ihr Konto auf eine nahe stehende Person – die nicht Titelschuldner ist – und lassen sich eine umfassende Kontovollmacht einräumen. Ob die Ansprüche und Rechte an einer solchen Vollmacht pfändbar sind, ist strittig (vgl. dazu *Vortmann* NJW 1991, 1038). Jedenfalls sollte der dann bestehende Herausgabeanspruch gem. § 667 BGB gegen die nahe stehende Person gepfändet werden.

32. Vgl. § 833a ZPO. Den gepfändeten Saldo kann die Bank nur um bestehende, nicht um später von ihr erworbene Gegenansprüche kürzen (BGH NJW 1997, 2322).

Bei Verbrauchern geht durch die Einführung des Pfändungsschutzkontos gem. § 850k ZPO (*und ab 1.12.2021 auch §§ 899 ff. ZPO*) eine Kontenpfändung häufig ins Leere. Allerdings erfasst die Pfändung bei entsprechend hohem Einkommen die Differenz zwischen dem auf dem Konto nur pfändungsfreien Sockelbetrag (und ggf. dem Aufstockungsbetrag), § 850k Abs. 1 ZPO (*ab 1.12.2021: § 899 Abs. 1 ZPO*), und dem (höheren) unpfändbaren Einkommen insb. nach § 850c Abs. 1 und 3 ZPO. Dies gilt solange, bis der Schuldner einen Vollstreckungsschutzantrag nach § 850k Abs. 4 ZPO (*ab 1.12.2021: § 906 Abs. 2 ZPO*), stellt (hierzu BGH NJW 2012, 79).

Eine Übertragung von Guthaben auf die nächsten drei Folgemonate, § 899 Abs. 2 ZPO, ist möglich. Ein unbegrenztes Ansparen ist ausgeschlossen (BGH NJW 2012, 79).

33. Angabe von Kontonummer und kontoführender Zweigstelle ist für Wirksamkeit der Pfändung nicht erforderlich (hM zB OLG Köln NJW-RR 1999, 1224; *Stöber/Rellermeyer* Forderungspfändung A.462 mwN), dies sollte sich auch durch Einführung des verbindlichen Form. nicht geändert haben. Bei Kenntnis einer Kontonummer ist aber zur Klarheit und Beschleunigung dringend anzuraten, diese anzugeben. Auch bei Nennung einer konkreten Kontonummer ist die Pfändung mit dieser Formulierung nicht etwa auf das mit Nummer benannte Konto beschränkt, (BGH NJW 1988, 2543). Die Pfändung auf Verdacht gegen eine Vielzahl von Banken kann rechtsmissbräuchlich sein. Nach Rspr. des BGH ist die Pfändung bei bis zu drei Banken am Wohnsitz des nicht gewerblich tätigen Schuldners noch zulässig (BGH NJW 2004, 2097). § 829 Abs. 1 S. 3 ZPO ermöglicht ausdrücklich die Pfändung gegen mehrere Drittschuldner in einem Beschluss.

34. Ob diese Ansprüche pfändbar sind, war lange Zeit strittig. Nach mittlerweile gefestigter Rspr. des BGH (grdl. BGH NJW 2001, 1937; bestätigend BGH NJW 2004, 1445) ist dies der Fall. Danach ist pfändbar ein Dispositionskredit, sowie ein eingeräumter Kredit, wenn sie abgerufen werden, weil erst dann ein Anspruch des Darlehensnehmers auf Auszahlung gegen die Bank besteht.

Die praktische Bedeutung ist gering. Der Drittschuldner (Bank) wird die Pfändung idR zum Anlass nehmen, das Kreditversprechen gem. § 490 Abs. 1 BGB zu widerrufen.

35. Ist das Sparguthaben auf den Todesfall des Sparers einem Dritten zugewendet, § 331 BGB, so hindert das zu Lebzeiten des Sparers die Pfändung durch seinen Gläubiger nicht. Dieser sollte aber das Bezugsrecht des Dritten sogleich widerrufen, da sonst bei Tod des Sparers der unbelastete Anfall beim Dritten eintritt (näher *Stöber/Rellermeyer* Forderungspfändung A.468).

36. Auf diese Weise wird – Pfändung sonstiger Rechte gem. § 857 ZPO – der Anspruch des Schuldner auf Zugang zu einem Stahlkammerfach (Schließfach, Safe) gepfändet, so dass dann der Gerichtsvollzieher dieses öffnen lassen und den Inhalt pfänden kann, → Form. III.B.1 Anm. 28.

37. Das verbindliche Formular nennt die Nebenrechte nur teilweise. Sie sind im Zweifel auch ohne besondere Nennung mitgepfändet → Anm. 20. Ein etwaiger Entschädigungsanspruch gem. §§ 3, 4 ESAEG bei Insolvenz des kontoführenden Kreditinstituts ist von der Pfändung nicht erfasst (BGH NJW 2008, 1732).

38. Ander- und Sonderkonten werden bei Pfändung gegen Treuhänder nur bei ausdrücklicher Nennung erfasst. Treugeber muss dann mit Drittwiderspruchsklage vorgehen. Gläubiger des Treugebers können nicht das Anderkonto pfänden, sondern nur den Anspruch gegen den Treuhänder auf Rückgabe des Treugutes (näher *Stöber/Rellermeyer* Forderungspfändung A.542 f.).

Andere Sonderfälle:

a) Bei einer Mehrheit von Schuldnern bzw. Kontoinhabern ergeben sich die Folgen aus §§ 420 ff. BGB. Beim „Oder-Konto" hat jeder Inhaber gem. § 428 BGB den vollen Anspruch. Er kann gepfändet werden, hindert aber nicht Verfügungen der anderen Inhaber. Beim „Und-Konto" kommt es darauf an, ob Gesamthands- oder Bruchteilsgemeinschaft vorliegt (Letzteres wohl selten). Im ersten Fall ist ein Titel gegen alle Kontoinhaber erforderlich. Im Letzten kann der Bruchteil des Schuldners gepfändet werden und seine Ansprüche gegen die Gemeinschaft auf deren Aufhebung (→ Anm. 56, näher vgl. *Stöber/Rellermeyer* Forderungspfändung A.469, A.470; BGH NJW 1985, 1218; aA LG Nürnberg NJW 2002, 973).

b) Sind Gläubiger und Schuldner gemeinsam Kontoinhaber, kann beim „Oder-Konto" der Gläubiger ohne Titel über ein Guthaben verfügen. Beim „Und-Konto" kann er die Mitbefugnisse des Schuldners durch Kontopfändung nach diesem Muster pfänden, und dann die Ansprüche aus dem Kontoguthaben gegen die Bank geltend machen.

39. In Betracht kommt auch die Pfändung von Sicherheiten, die der Schuldner für Verbindlichkeiten Dritter gestellt hat. Der Antrag kann lauten:

„. . . . .auf Herausgabe und Freigabe freigewordener und noch freiwerdender Sicherheiten, insb. hinterlegter Wertpapiere, Grundschuldbriefe, Goldbarren oder -stücke und sonstiger Kostbarkeiten, ggf. nach Zahlung der Restschuld unter Pfändung des Schuldnerrechtes zum Widerspruch gegen Drittzahlung, § 267 Abs. 2 BGB, einschließlich des Anspruches auf Auszahlung von Übererlösen nach Verwertung von Sicherheiten durch die Bank, speziell auch . . . . ."

Wenn irgend möglich sollte man die Sicherheiten konkret benennen, da sonst die Pfändung möglicherweise wegen Unbestimmtheit der Anspruchsbezeichnung unwirksam ist (OLG Koblenz Rpfleger 1988, 72; BGH NJW 1975, 980).

40. Gepfändet werden können auch Ansprüche aus Depotvertrag. Das verbindliche Formular nennt ausdrücklich nur das Gegenkonto zum Wertpapierkonto, auf dem die Zinsen für festverzinsliche Wertpapiere gutgeschrieben werden. Ein Aktiendepot bspw. wäre demnach nicht erfasst. Der ergänzende Antrag hierfür kann lauten:

„. . . . .auf Herausgabe verwahrter Wertpapiere sowie auf Zahlung, Gutschrift und Auskehrung von Wertpapiererträgen."

41. Für die Auskehrung ist die Vier-Wochen-Sperrfrist von § 835 Abs. 3 ZPO zu beachten (*ab 1.12.2021: ein Monat*).

42. Drittschuldner ist die Versicherungsgesellschaft, zuzustellen ist an ihre Haupt- oder die zuständige Zweigniederlassung. Zustellung an Agenturen ist unwirksam. Die Angabe der Vertrags-Nr. ist im amtlichen Form. nicht vorgesehen und rechtlich nicht erforderlich..

Sollen nur bedingt pfändbare Ansprüche bspw. aus einer Berufsunfähigkeitsversicherung gem. § 850b Abs. 1 Nr. 1 ZPO gepfändet werden, müssen diese Ansprüche und die besonderen Voraussetzungen gem. § 850b Abs. 2 ZPO im Form. gesondert unter Anspruch G aufgeführt werden (BGH NJW 2018, 2732).

43. Ist ein Dritter widerruflich bezugsberechtigt, erwirbt er den Anspruch erst mit Eintritt des Versicherungsfalls. Vorher kann die Bezugsberechtigung auch durch den Pfändungsgläubiger widerrufen werden (näher *Stöber/Rellermeyer* Forderungspfändung A.292 ff.). Im Erlebensfall stehen Versicherungssumme und Gewinnanteile ohnehin dem Versicherungsnehmer zu. § 2 Abs. 2 S. 4 BetrAVG steht der Pfändung des Anspruches auf Auszahlung einer Direktversicherung als zukünftige Forderung nicht entgegen (BGH NJW-RR 2011, 283). Zu den Voraussetzungen der Unpfändbarkeit des angesparten Kapitals eines Altersvorsorgevertrages gem. § 851 Abs. 1 ZPO iVm § 97 EStG vgl. BGH NJW 2018, 1166.

44. Für zeitnahe Verwertung ist Ausübung dieser Gestaltungsrechte (§ 168 VVG) möglich. Der Schuldner wiederum ist nach der Pfändung gehindert, eine bis dato mit Kapitalwahlrecht ausgestaltete Lebensversicherung noch gem. § 167 VVG in eine privilegierte Lebensversicherung gem. § 851c Abs. 1 ZPO umzuwandeln (BGH NJW-RR 2011, 492 auch zu den weiteren Voraussetzungen des Pfändungsschutzes nach § 851c Abs. 1 ZPO).

45. Die Bausparsumme nach Zuteilung besteht aus angespartem Eigenkapital und dem Darlehen. Letzteres ist als Baugeld zweckbestimmt und daher nur für Baugläubiger pfändbar (BLHAG ZPO § 851 Rn. 5). Der Verordnungsgeber hat das Form. korrigiert und stattdessen „Bausparguthaben" eingefügt.

46. Nimmt der Bausparer das Darlehen nicht in Anspruch, sondern zahlt voll ein, besteht ein normales Sparguthaben.

47. Vor Zuteilung oder für Nichtbaugläubiger muss das Sparguthaben durch Kündigung rückzahlbar gemacht werden, wobei ggf. Prämien verfallen (näher *Stöber/Rellermeyer* Forderungspfändung A.117).

48. Denkbar sind pfändbare Geldforderungen aus zahlreichen weiteren Schuldverhältnissen, in denen der Schuldner jeweils Gläubiger ist. Sie müssen aber jeweils konkret und nicht nur pauschal bezeichnet werden. In dem verbindlichen Form. sind sie unter „Anspruch G" (an Sonstige) anzugeben.

Voraussetzung für die Pfändbarkeit der Forderung ist deren Übertragbarkeit, § 851 Abs. 1 ZPO. Auch die Fälle der Zweckbindung sind als Pfändungshindernis anerkannt (BGH NJW-RR 2005, 720 – hier zu beamtenrechtlichen Beihilfeansprüchen). Nach

Auffassung des BFH steht aber § 49b Abs. 4 S. 2 BRAO der Pfändung von Gebührenforderungen von Rechtsanwälten nicht entgegen (BFH NJW 2005, 1308).

Formulierungsbeispiele für die Anspruchsbezeichnung von 82 verschiedenen Anspruchsarten bei *Stöber/Rellermeyer* Forderungspfändung A.73 ff.; Hinweise zu weiteren Forderungsarten bei BLHAG ZPO § 829 Rn. 7–14; Zöller/*Herget* ZPO § 829 Rn. 33).

In Betracht kommen insb. folgende weitere Ansprüche und Rechte:

49. Stammeinlage:

„aus dem Gesellschaftsvertrag vom ..... auf Zahlung der Stammeinlage".
Begründung:
Die Forderung stammt, wie aus dem Titel ersichtlich, aus durchgeführter Warenlieferung an die Schuldnerin. Dieser ist damit voller Gegenwert zugeflossen. Daher ist die Inanspruchnahme des Stammkapitals zur Befriedigung der Forderung zulässig.

Schuldnerin ist die GmbH, Drittschuldner sind die Gesellschafter, die ihren Gesellschaftsanteil nicht oder nicht voll gezahlt haben. Im Drittschuldnerstreit nach § 841 ZPO sind die Gesellschafter darlegungs- und beweispflichtig, dass, bzw. wann und wie sie ihre Einlage erbracht haben (OLG Köln NJW-RR 1996, 939). Zur (verdeckten) Sacheinlage und Hin- und Herzahlungen s. nun die ausdrückliche gesetzliche Regelung in § 19 Abs. 4 u. 5 GmbHG. Für den außenstehenden Gläubiger ergeben sich daraus erhebliche Prozessrisiken.

Die Einlagen sind gleichmäßig von den Gesellschaftern zu leisten, § 19 Abs. 1 GmbHG. Gleichwohl schließt Vollstreckungscharakter der Pfändung Bindung an Gleichbehandlung nach § 19 Abs. 1 GmbHG jetzt nach hM aus (Baumbach/Hueck/*Fastrich* GmbHG § 19 Rn. 44). Trotzdem wird sich eine Pfändung aller Ansprüche auch gegen unterschiedliche Gesellschafter empfehlen.

Der Anspruch ist zweckgebunden für die Beschaffung des Haftungskapitals. Dritten kann er nur zustehen, wenn sie vollwertige Gegenleistung ins Gesellschaftsvermögen erbracht haben oder die Gesellschaft nicht mehr werbend tätig ist (BGH NJW 1992, 2229). Dies muss im Pfändungsantrag schlüssig vorgetragen werden (*Stöber/Rellermeyer* Forderungspfändung A.476, A.477).

Bei Forderungen gegen eine sonst vermögenslose GmbH sollte auch geprüft werden, ob dieser nicht Schadensersatzansprüche gegen ihre Geschäftsführer nach § 43 Abs. 2 u. 3 GmbHG zustehen (BGH NJW 2009, 68; 2003, 358).

Nach masseloser Insolvenz ist ggf. auch pfändbar der Schadensersatzanspruch aus § 15a Abs. 4 InsO (vgl. die Fallgestaltung bei BGH NJW 2001, 304).

50. Erbengemeinschaft:

„gegen die Miterben aus Miterbenanteil des Schuldners am ungeteilten Nachlass des am ..... in ..... verstorbenen ..... mit den weiteren Miterben
1. ..... (vollständige Anschrift)
2. ..... (vollständige Anschrift), Drittschuldner
einschließlich des Rechtes auf Nachlassauseinandersetzung"

Drittschuldner sind und zuzustellen ist daher an die übrigen Miterben (BGHZ 49, 206). Bei Testamentsvollstreckung zur Nachlassteilung und bei Nachlassverwaltung sind aber Testamentsvollstrecker bzw. Nachlassverwalter als Verfügungsberechtigte die Drittschuldner (*Stöber/Rellermeyer* Forderungspfändung E.268).

Um wirksame Verfügungen an gutgläubige Dritte zu hindern, sollte Gläubiger die Pfändung bei zum Nachlass gehörenden Grundstücken und grundstücksgleichen Rechten ins Grundbuch eintragen lassen (RGZ 90, 237; *Stöber/Rellermeyer* Forderungspfändung E.280 ff.). Verwertung des Anteils außer durch Auseinandersetzung der Erbengemeinschaft gem. § 2042 BGB auch durch freihändige Verwertung, aber nur nach Ermächtigung durch Beschluss des Vollstreckungsgerichts gem. § 857 Abs. 5 ZPO (BGH NJW-RR 2019, 970).

51. Erbrechtliche Ansprüche:

„auf Auszahlung eines Geldvermächtnisses gemäß dem Testament vom . . . . aus dem Nachlass des am . . . . . in . . . . . verstorbenen . . . . .“

Drittschuldner ist, wie auch beim Pflichtteilsanspruch (§ 2303 BGB), beim Zusatzpflichtteil (§ 2305 BGB) und beim Pflichtteilsergänzungsanspruch (§ 2325 BGB) der Erbe, außer im Fall des Untervermächtnisses. Da das Vermächtnis erst mit dem Erbfall pfändbar ist (§ 2176 BGB), ist der Todestag des Erblassers anzugeben. Angabe der letztwilligen Verfügung ist nützlich, aber für die Wirksamkeit der Pfändung nicht erforderlich.

Der Miterbenanteil am Nachlass ist gem. § 859 Abs. 2 ZPO pfändbar. Drittschuldner sind die jeweiligen Miterben, die im Antrag daher zustellfähig zu bezeichnen sind. Ist Testamentsvollstrecker bestellt, ist dieser Drittschuldner (Zöller/*Herget* ZPO § 859 Rn. 16). Da der Schuldner weiterhin ausschlagen kann, sollte der Pflichtteilsanspruch immer mitgepfändet werden (*Stöber/Rellermeyer* Forderungspfändung A.395).

Nach § 852 ZPO sind erst ab Anerkennung oder Rechtshängigkeit pfändbar

- der Pflichtteilsanspruch
- der Zugewinnausgleichsanspruch
- der Rückforderungsanspruch des verarmten Schenkers.

Die Pfändung des Pflichtteilsanspruches vor vertraglicher Anerkennung oder Rechtshängigkeit ist als Pfändung eines aufschiebend bedingten (nicht künftigen) Anspruches zulässig. Der Überweisungsbeschluss darf erst erlassen werden, wenn die Voraussetzungen des § 852 Abs. 1 ZPO vorliegen (BGH NJW-RR 2009, 997). Anerkennung oder Rechtshängigkeit sollten daher – soweit vorliegend – gleichwohl im Pfändungsantrag dargelegt werden.

52. Eigengeld:

„auf Auszahlung des ihm als Eigengeld bereits gutgeschriebenen oder zukünftig noch gutzuschreibenden Geldes.
Hiervon ausgenommen ist der nach § 51 Abs. 4 StVollzG unpfändbare Teil in Höhe des Unterschiedsbetrags zwischen dem nach § 51 Abs. 1 StVollzG zu bildenden und dem tatsächlich vorhandenen Übergangsgeld.“

Das Eigengeld der Strafgefangenen unterliegt nach Maßgabe der Pfändungsschutzvorschrift des § 51 Abs. 4 S. 2 StVollzG der Pfändung. Soweit es durch Gutschriften von Arbeitsentgelt gebildet wird, finden die Pfändungsgrenzen des § 850c ZPO und der Pfändungsschutz gem. § 850k ZPO keine Anwendung (BGH NJW 2015, 2493).

53. Taschengeld:

„auf Zahlung des pfändbaren Barunterhalts (Taschengeld) einschließlich der künftig fällig werdenden Beträge unter Bezug auf die Tabelle nach § 850c ZPO iHv . . . . . EUR“.
Begründung:
„Wie das beigefügte Vollstreckungsprotokoll des Gerichtsvollziehers . . . . . vom . . . . . DR-Nr. . . . . . ergibt, ist die Schuldnerin unpfändbar und Hausfrau ohne eigenes Arbeitseinkommen. Sonstige pfändbare Forderungen der Schuldnerin sind dem Gläubiger nicht bekannt. Die Pfändung entspricht nach den Umständen des Falls, insb. nach der Art des beizutreibenden Anspruchs und der Höhe der Bezüge, der Billigkeit. Die Schuldnerin entzieht sich seit . . . . . der Vollstreckung . . . . . (näher auszuführen). Wenn sie jetzt ihr Einkommen im vom Ehemann zu zahlenden Unterhalt findet, ist dies Einkommen jedenfalls für Mietgläubiger als pfändbar anzusehen.
Der Ehemann der Schuldnerin hat ein Nettoeinkommen von (mindestens) 3.000 EUR. Da Kinder nicht vorhanden sind, hat die Schuldnerin nach der Düsseldorfer Tabelle einen Unterhaltsanspruch von 1.285,71 EUR (3/7 von 3.000 EUR), wovon nach § 850c ZPO 164,47 EUR pfändbar sind. Das in bar zu leistende Taschengeld beläuft sich auf 5–7 % des Familieneinkommens, also auf

mindestens 150 EUR, so dass zumindest ein Betrag von 150 EUR pfändbar ist (zum Rechengang BGH NJW 1998, 1553).“

Nach Rspr. des BGH besteht grds. ein Anspruch des haushaltsführenden Ehegatten – auch des „Hausmannes“ gegen die verdienende Ehefrau (BGH NJW 1998, 1553) – auf Zahlung eines Taschengelds (BGH NJW 2004, 2450). Dieser Anspruch ist eine auf gesetzlicher Vorschrift beruhende Unterhaltsrente iSd § 850b Abs. 1 Nr. 2 ZPO und unter dessen Voraussetzungen grds. pfändbar. Der Schuldner muss daher im Vermögensverzeichnis gem. § 802c ZPO das Nettoeinkommen des Ehepartners angeben, wenn die Pfändung eines Taschengeldanspruchs in Betracht kommt (BGH NJW 2004, 2452).

Ohne diese Pfändungsmöglichkeit wären alle nicht berufstätigen Ehepartner ohne eigenes Vermögen – ein erheblicher Teil der Gesamtbevölkerung – gegen Zwangsvollstreckung immun. Und der Höhe nach kommt sie ohnehin nur bei Nettoeinkommen des anderen Ehegatten oberhalb von ca. 2.450 EUR zum Zuge – in monatlichen Kleinbeträgen.

Zuvor sollte der Gläubiger stets prüfen, ob seine Forderung aus einem Geschäft zur angemessenen Deckung des Familienbedarfs stammt. Dann haftet gem. § 1357 BGB („Schlüsselgewalt“) der andere Ehepartner direkt.

54. Internetdomain:

„auf sämtliche Rechte aus dem Registrierungsvertrag über die Internet Domain . . . . ..
Die Ansprüche werden dem Gläubiger an Zahlungs statt zum Schätzwert von . . . . . EUR überwiesen.“

Die Internet-Domain als elektronische Adresse kann erheblichen Marktwert haben. Sie stellt kein absolutes Recht dar. Pfändbar ist vielmehr die Gesamtheit der schuldrechtlichen Ansprüche, die dem Inhaber der Domain gegenüber der Vergabestelle aus dem Registrierungsvertrag zustehen. Die Verwertung kann nach §§ 857 Abs. 1, 844 Abs. 1 ZPO durch Überweisung an Zahlung statt zu einem Schätzwert erfolgen (BGH DGVZ 2019, 60).

Drittschuldner für die in Deutschland häufig gebräuchliche Endung .de ist die DENIC eG, vertreten durch den Vorstand, Kaiserstr. 75–77, 60329 Frankfurt a. M.

55. Patent:

„das unter Nr. . . . . beim Deutschen Patentamt für den Schuldner eingetragene Patent betreffend . . . . einschließlich der Rechte aus diesem Patent.
Dem Schuldner wird aufgegeben, die Patenturkunde an den Gläubiger herauszugeben.
Dem Schuldner wird verboten, über das Patent und die Rechte aus dem Patent zu verfügen.“

Pfändbar schon vor Erteilung und sogar vor Anmeldung des Patentes (BGH NJW 1994, 3099; *Stöber/Rellermeyer* Forderungspfändung E.318 ff. mwN). Die Pfändung erfasst nicht vorher begründete Ansprüche aus Lizenzverträgen und aus Patentverletzung. Sie müssen normal unter Benennung des Drittschuldners gepfändet werden, wegen der verschiedenen Wirksamkeitsvoraussetzungen (Zustellung an Schuldner einer- an Drittschuldner andererseits) ggf. durch gesonderten Antrag.

Zustellung an Schuldner ist für Wirksamkeit der Pfändung maßgeblich. Verwertung nicht durch Überweisung, sondern nach § 844 ZPO.

56. Anteil an Bruchteilsgemeinschaft:

„aus der Bruchteilsgemeinschaft an dem Grundstück . . . . .-Straße Nr. . . . . in . . . . ., eingetragen im Grundbuch von . . . ., Bd. . . . . . Bl. . . . . ., dessen Miteigentümer zu 1/2 der Schuldner neben seiner Ehefrau ist, insb. die Ansprüche gegen die Drittschuldnerin/Miteigentümerin
- **auf Aufhebung der Gemeinschaft**
- **auf Aufteilung des Verwertungserlöses und**
- **auf Auszahlung des anteiligen Erlöses und der anteiligen Einnahmen.“**

Drittschuldner sind alle anderen Miteigentümer, denen zuzustellen ist, § 829 Abs. 2 u. 3 ZPO (näher *Furtner* NJW 1969, 871).

Die Einzelansprüche sind als Nebenrechte mitgepfändet, vgl. § 751 S. 2 BGB, und nur zur Klarstellung genannt (*Stöber/Rellermeyer* Forderungspfändung E.108).

Bruchteilseigentum an einem Grundstück als solches ist nicht nach § 857 ZPO pfändbar. Es unterliegt der Immobiliarvollstreckung. Der Aufhebungsanspruch des Miteigentümers eines Grundstücks gem. § 749 Abs. 1 BGB kann zwar nicht allein, aber zusammen mit dem künftigen Anspruch auf eine den Anteilen entsprechende Teilung und Auskehrung des Versteigerungserlöses gepfändet und überwiesen werden (BGH NJW 2006, 849).

Aus dem Pfändungs- und Überweisungsbeschluss kann der Gläubiger ggf. Teilungsversteigerung betreiben (BGH NJW 1984, 1968), → Form. III.B.26. Es kommt dann das Gesamtgrundstück zur Versteigerung (sog „großes" Antragsrecht), nicht nur der Miteigentumsanteil, der allein meist kaum verwertbar ist. Zuvor ist zur Rangsicherung Zwangshypothek auf dem Bruchteil des Schuldners zu empfehlen.

In gleicher Weise kann auch Miteigentum an beweglichen Sachen sowie an Forderungen gepfändet werden, (vgl. *Stöber/Rellermeyer* Forderungspfändung E.108). Drittschuldner sind jeweils die Miteigentümer/Gemeinschafter.

57. Anteil an Personengesellschaft:

„Anteil als Gesellschafter am Vermögen der mit den Ärzten
1. . . . . . (vollständige Anschrift)
2. . . . . . (vollständige Anschrift), Drittschuldner
eingegangenen BGB-Gesellschaft (Gemeinschaftspraxis) einschließlich der jetzigen und zukünftigen Ansprüche auf

- **Zahlung des dem Schuldner für Geschäftsführung zustehenden Entgeltes,**
- **Ermittlung und Zahlung des Gewinnanteils,**
- **Zahlung des Auseinandersetzungsguthabens,**
- **Rückzahlung von Darlehen oder nach sonstiger Vereinbarung der Gesellschaft gegebenen oder belassenen Beträge."**

Nachdem der BGH die BGB-Gesellschaft als parteifähig ansieht (NJW 2001, 1056), kann sie als solche Drittschuldner sein. Ihre aussagekräftige Bezeichnung ist als Drittschuldnerbezeichnung anstelle der Nennung aller Gesellschafter genügend (vgl. *Stöber/Rellermeyer* Forderungspfändung E.117 mwN). Für die Zustellung an eine GbR reicht die Zustellung an ihren Geschäftsführer (soweit vorhanden) oder ansonsten an einen ihrer Gesellschafter (BGH NJW 2006, 2191). Bei KG braucht nur den Komplementären zugestellt werden.

Ansprüche auf Gewinnanteil und Auseinandersetzungsguthaben sind im Zweifel mitgepfändet, die übrigen müssen gesondert genannt werden, außer dem Kündigungsrecht, vgl. § 725 BGB.

Der Anspruch auf Entgelt kann nach §§ 850 ff. ZPO unpfändbare Beträge enthalten, daher ggf. gesonderte Pfändung zu empfehlen.

Der Gläubiger muss die Gesellschaft gem. § 725 BGB kündigen. Dem Schuldner muss die Kündigung nicht zugehen, allenfalls bekannt werden, (BGH NJW 1993, 1002). Sofern im Gesellschaftsvertrag nichts anderes vorgesehen ist (zB Ausscheiden des Schuldners gegen Zahlung des Abfindungsguthabens) ist gem. § 730 ff. BGB zu liquidieren – durch die bisherigen Gesellschafter. Verzögern diese die Liquidation, kann der Gläubiger sie anstelle des Schuldners selbst betreiben (*Stöber/Rellermeyer* Forderungspfändung E.132, aber str.). Gehört der Gesellschaft ein Grundstück, so muss der Gläubiger in diesem Fall auch Teilungsversteigerung betreiben können, (BGH NJW 1992, 830).

Die Formulierung ist für Anteile an oHG und KG entsprechend verwendbar. Dort reicht jedenfalls die Firmenbezeichnung der Gesellschaft und Zustellung an sie, also an die vertretungsberechtigten Gesellschafter (ganz hM, Staub/*Ulmer* HGB § 135 Anm. 11; *Schmidt* JR 1977, 178; *Stöber/Rellermeyer* Forderungspfändung E.146 mwN). Ausgleichsansprüche gegen andere Gesellschafter bei Liquidation müssen gesondert gepfändet werden (Staub/*Ulmer* HGB § 135 Anm. 11). Die Formulierung ist sinngemäß anwendbar für Anteile an einer LLP mit Zweigniederlassung im Inland (BGH NJW-RR 2019, 930). Auch Anteile an einer Partnerschaft sowie einer EWIV sind wie oHG-Anteile pfändbar. Drittschuldner sind die übrigen Gesellschafter, zuzustellen ist die Pfändung an die geschäftsführenden Gesellschafter (vgl. *Stöber/Rellermeyer* Forderungspfändung E.163, E.169).

Das Kündigungsrecht hat Gläubiger kraft Gesetzes, § 135 HGB und § 161 Abs. 2 HGB. Die anderen Gesellschafter können Kündigung durch Zahlung gem. § 268 BGB abwenden. Außerdem muss vorher die Mobiliarvollstreckung versucht sein, § 135 HGB.

58. GmbH-Anteil:

„Geschäftsanteile an der . . . . . GmbH, vertreten durch den Geschäftsführer, den Kaufmann . . . . ., Drittschuldnerin,
einschließlich der jetzigen und zukünftigen Ansprüche auf Nutzungen bzw. Gewinnanteile,
auf Vergütung für die Leistung persönlicher Dienste durch den Schuldner und auf Kündigung der Gesellschaft.“

Drittschuldnerin ist allein die GmbH. Verwertung nach § 844 ZPO, (näher *Stöber/Rellermeyer* Forderungspfändung E.186 ff. mwN).

Da str. ist, ob der Gewinnanspruch stillschweigend umfasst ist (aA *Schuler* NJW 1960, 1424; dafür *Pfaff* GmbHR 1964, 92), sollte er ausdrücklich mitgepfändet werden.

Der Anspruch auf Vergütung für die Leistung persönlicher Dienste wird häufig Arbeitseinkommen umfassen, so dass ggf. gesondert nach §§ 850 ff. ZPO zu pfänden ist.

Der Anspruch auf Kündigung der Gesellschaft sollte zur Klarstellung genannt werden (LG Karlsruhe JurBüro 1968, 1008), aber nur wirksam, wenn in der Satzung vorgesehen. Gesetzliches Kündigungsrecht hat der Pfandgläubiger nicht. Die Pfändung geht im Rang einer etwa schon bestehenden Abtretung des Auseinandersetzungsguthabens vor, da dies nur ein künftiger Anspruch ist (BGH NJW 1989, 458). Der Gesellschaftsvertrag sieht häufig vor, dass der Gesellschafter bei Pfändung seines Anteils aus der Gesellschaft ausscheidet. Er kann nicht vorsehen, dass dies ohne oder mit zu geringer Abfindung geschieht (*Stöber/Rellermeyer* Forderungspfändung E.190 ff.).

Die Informationsrechte aus § 51a GmbHG sind weder als Nebenrecht mitgepfändet noch gesondert pfändbar (BGH NJW-Spezial 2013, 367).

59. Genossenschaftsanteil:

„als Genosse der . . . . . e.G. – Drittschuldnerin – zustehenden jetzigen und zukünftigen Ansprüche
- **auf Auszahlung des Gewinns,**
- **auf Auszahlung des Geschäfts- bzw. Auseinandersetzungsguthabens.“**

Drittschuldner ist die Genossenschaft, vertreten durch den Vorstand, dem zuzustellen ist.

Pfändbar sind die aus der Beteiligung fließenden Ansprüche, § 66 GenG. Der Pfandgläubiger kann dann kraft Gesetzes, § 66 Abs. 1 GenG, das Kündigungsrecht des Genossen (Schuldners) ausüben, jedoch erst nach fruchtloser Mobiliarvollstreckung. Letztere kann nach der Anspruchspfändung nachgeholt werden. Danach ist das Kündigungsrecht erneut zur Ausübung zu überweisen (*Stöber/Rellermeyer* Forderungspfändung E.215). Möglich auch Verwertung durch Verkauf des Anteils, § 844 ZPO.

Für die Kündigung von Genossenschaftsanteilen an Wohnungsbaugenossenschaften enthält § 67c GenG Einschränkungen, wenn die Mitgliedschaft Voraussetzung für die Nutzung der Wohnung ist, § 67c Abs. 1 Nr. 1 GenG. Wegen der dann geltenden

Schwellenwerte gem. § 67c Abs. 1 Nr. 2 GenG wird die Kündigung und damit die Verwertung hier häufig ausgeschlossen sein.

60. Herausgabeanspruch bewegliche Sachen:

„auf Herausgabe des zur Reparatur übergebenen Kraftfahrzeuges Marke . . . ., polizeiliches Kennzeichen . . . . .,

Zugleich wird angeordnet, dass das Fahrzeug an einen vom Gläubiger zu beauftragenden Gerichtsvollzieher herauszugeben ist."

§§ 846 ff. ZPO machen mit Abweichungen die Vorschriften für Pfändung von Geldforderungen entsprechend anwendbar, mithin auch Vorpfändung, § 845 ZPO.

Die Anspruchspfändung ist nur erforderlich, wenn der Dritte nicht zur Herausgabe bereit ist, sonst § 809 ZPO. Nach § 846 ZPO ist auch vorzugehen zB bei Pfändung des Geldinhalts von Automaten, wenn der Zugang zum Aufstellungsort verweigert wird, (LG Aurich NJW 1991, 1188).

Der Rechtsgrund der gepfändeten angeblichen Forderung muss wenigstens in allgemeinen Umrissen angegeben sein. Allein die Benennung der herauszugebenden Sache genügt nicht (BGH NJW 2007, 3132).

Da, anders als bei Geldforderung, mit Leistung des Drittschuldners der Zahlungsanspruch des Gläubigers nicht befriedigt ist, ist anschließend Verwertung erforderlich, § 847 Abs. 2 ZPO. Um Zwischenverfügungen des Schuldners zu hindern, muss Drittschuldner nicht an ihn, sondern an Gerichtsvollzieher leisten. Dann entsteht aus dem Pfandrecht an der Forderung ein Pfandrecht an der Sache (BLHAG ZPO § 847 Rn. 7). Leistet Drittschuldner nicht, Drittschuldnerklage, → Form. III.B.13, auf Herausgabe an Gerichtsvollzieher.

Hat er Gegenforderungen, etwa auf Werklohn, kann Gläubiger ihn befriedigen. Die Kosten sind Kosten der Vollstreckung, § 788 ZPO, und bei Verwertung der Sache zu berücksichtigen (str. vgl. *Stöber/Rellermeyer* Forderungspfändung G.16, E.42).

61. Herausgabeanspruch unbewegliche Sachen:

„auf Übertragung des Eigentums durch Auflassung und Eintragungsbewilligung an dem Grundstück . . . . .-Straße, Nr. . . . . in . . . . . eingetragen im Grundbuch von . . . . Bd. . . . . Bl. . . . . . Zugleich wird angeordnet, dass das Grundstück an einen vom Amtsgericht . . . . zu bestellenden Sequester, wofür ich Herrn . . . . . vorschlage, herauszugeben und an ihn als Vertreter des Schuldners aufzulassen ist."

Zur Formulierung *Hoche* NJW 1955, 163. Herausgabe muss bei unbeweglichen Sachen durch Auflassung ergänzt werden. Sie darf, wieder zur Vermeidung von Schuldnerverfügungen, nur an einen Sequester als Vertreter des Schuldners erfolgen. Den Sequester sollte der Gläubiger vorschlagen, ggf. im Pfändungsantrag. Der Anspruch auf Leistung des Grundstücks erstreckt sich auf den Anspruch auf Einräumung einer Auflassungsvormerkung als Nebenanspruch. Eine bereits eingetragene Auflassungsvormerkung wird als Nebenrecht von der Pfändung erfasst (Zöller/*Herget* ZPO § 848 Rn. 10).

Mit Eigentumsübergang auf Schuldner entsteht kraft Gesetzes – ohne Eintragung – eine Sicherungshypothek, § 848 Abs. 2 S. 2 ZPO. Deren Eintragung gem. § 848 Abs. 2 S. 3 ZPO ist nur deklaratorisch (RGZ 71, 430), um gutgläubigen lastenfreien Erwerb Dritter zu hindern (BLHAG ZPO § 848 Rn. 10). Die weitere Vollstreckung nach Eintragung der Sicherungshypothek erfolgt durch Zwangsversteigerung (näher *Stöber/Rellermeyer* Forderungspfändung G.27 ff.).

62. Nicht- oder teilvalutierende Grundschulden:

„auf Rückgewähr der Grundschuld durch Übertragung (= Abtretung), Aufhebung oder Verzicht hinsichtlich der Grundschuld oder eines Teils der Grundschuld, eingetragen auf dem Grundstück

in . . . ., ...-Str. Nr. . . . ., eingetragen im Grundbuch von . . . . ., Bd. . . . . ., Bl. . . . . . in Abt. III Nr. . . . .,

- **einschließlich des Anspruches auf Auszahlung des Übererlöses oder Abtretung des Anspruches auf Zahlung des Übererlöses für den Fall, dass bei Verwertung der Grundschuld, insb. bei Zwangsversteigerung, ein Betrag erlöst wird, der die durch die Grundschuld gesicherten Ansprüche des Drittschuldners gegen den Schuldner übersteigt,**
- **auf Berichtigung des Grundbuches durch gänzliche oder teilweise Umschreibung der oben bezeichneten Grundschuld in eine Eigentümergrundschuld (Buchgrundschuld)**
- **sowie bei Nichtvalutierung der Grundschuld der Anspruch des Schuldners auf Herausgabe des über die oben bezeichnete Grundschuld gebildeten Grundschuldbriefes (Briefgrundschuld) sowie der notwendigen Urkunden in grundbuchmäßiger Form, die für die Berichtigung des Grundbuchs erforderlich sind**
- **sowie bei teilweiser Valutierung der genannten Grundschuld der Miteigentumsanteil des Schuldners am Grundschuldbrief und der Anspruch auf Aufhebung der Gemeinschaft am Grundschuldbrief und der Anspruch auf Vorlage des Briefes beim Grundbuchamt zwecks Bildung von Teilgrundschuldbriefen sowie der Anspruch auf Aushändigung des Teilbriefes über die Teileigentümergrundschuld sowie der notwendigen Urkunden in grundbuchmäßiger Form, die für die Berichtigung des Grundbuchs erforderlich sind**
- **auf die dem Schuldner gegenwärtig und zukünftig zustehende Eigentümergrundschuld,**

Die Grundschuld wird dem Gläubiger zur Einziehung überweisen."

Insbes. bei älteren Grundpfandrechten ist durch regelmäßige Tilgung häufig ein Teil oder sogar schon die ganze dem Grundpfandrecht zugrundeliegende schuldrechtliche Forderung (meist Darlehen) getilgt. Bei Hypotheken entsteht insoweit eine Eigentümergrundschuld kraft Gesetzes, § 1177 BGB. Sind nachrangige Grundpfandrechte vorhanden, besteht insofern aber meist der gesetzliche Löschungsanspruch, § 1179a BGB, so dass Pfändung sinnlos ist.

Grundschulden stehen dagegen, von der Forderung abstrakt, weiterhin in voller Höhe dem eingetragenen Inhaber zu. Vorbehaltlich anderslautender Sicherungsabreden ist der jedoch gem. § 812 BGB verpflichtet, die Grundschuld ganz oder teilweise zurückzuübertragen oder Löschung zu bewilligen. Dieser Anspruch wird hier gepfändet.

Ist in einer Zwangsversteigerung über das Schuldnergrundstück schon Zuschlag erteilt, so wird der auf die rückzuübertragende Grundschuld entfallende Versteigerungserlös zwingend dem eingetragenen Inhaber zugeteilt (*Stöber* ZVG § 114 Rn. 7.5). Die dann dem Grundeigentümer/Schuldner zustehenden Ansprüche werden hier gepfändet.

Der Anspruch auf Umschreibung ist nur bei der – praktisch seltenen – Buchgrundschuld relevant.

Die Rückübertragung der Grundschuld erfolgt durch Abtretung an den Schuldner bei gleichzeitiger Sicherstellung des Pfandrechts des pfändenden Gläubigers durch Briefübergabe an den Pfändungsgläubiger oder bei Buchgrundschulden durch Eintragung des Pfändungsvermerks im Grundbuch (*Stöber/Rellermeyer* Forderungspfändung F.121, F.122).Bei nur teilweiser Rückübertragung müssen entsprechende Teilgrundschuldbriefe gebildet werden.

Das amtliche Form. sieht keine Möglichkeit für die Überweisung der Grundschuld zur Einziehung vor, so dass dies als besondere Anordnung aufzunehmen ist (*Stöber/Rellermeyer* Forderungspfändung F.127).

Gehört das Grundstück mehreren Personen (praktisch häufig: einem Ehepaar) in Bruchteilsgemeinschaft, so ist zu unterscheiden:

a) Ruht die Grundschuld nur auf dem Anteil des Schuldners, so gelten keine Besonderheiten.

b) Ruht die Grundschuld auf dem Gesamtgrundstück, so kann die Pfändung nur dessen Bruchteil an den Forderungen gegen den Drittschuldner erfassen. Gegen den Mitberechtigten ist dann noch vorzugehen (ggf. im selben Pfändungsantrag) durch Pfändung des Miteigentumsanteils an den Forderungen, → Anm. 55 aE.

63. Anwartschaftsrecht an beweglichen Sachen:

„auf das Eigentum an dem unter Eigentumsvorbehalt gekauften Kraftfahrzeug Marke . . . . ., amtliches Kennzeichen . . . . ., Fahrgestell-Nr. . . . . ., einschließlich der gegenwärtigen und zukünftigen Ansprüche auf
- **Entgegennahme des Restkaufpreises,**
- **Widerspruch gegen Drittzahlung, § 267 Abs. 2 BGB,**
- **Rückzahlung der nach Auflösung des Kaufvertrages, gleich aus welchem Grunde, zurückzuerstattenden Kaufpreisraten.“**

Da das Anwartschaftsrecht mit Zahlung des Restkaufpreises erlischt und mangels einer § 848 Abs. 2 S. 2 ZPO entsprechenden Vorschrift für bewegliche Sachen ein Pfandrecht an der Sache nicht kraft Gesetzes entsteht, ist nach hM stets zusätzlich die Sache selbst nach § 808 ZPO zu pfänden (hM BGH NJW 1954, 1325; *Stöber/Rellermeyer* Forderungspfändung E.29 mwN).

Nachdem BGH NJW 1968, 493 bei Eigentumsanwartschaft den Verkäufer nicht als Drittschuldner ansieht, ist zweifelhaft, ob auch bei Anwartschaften an beweglichen Sachen Zustellung an Schuldner selbst ausreicht (*Strutz* NJW 1969, 831; anders noch BGH NJW 1954, 1325). Vorsorglich sollte an Schuldner und Drittschuldner zugestellt werden (*Stöber/Rellermeyer* Forderungspfändung E.31).

Nennung der einzelnen Ansprüche erfolgt teilweise nur zur Klarstellung. Drittschuldner kann dann zB Zahlung des Gläubigers nicht mehr ablehnen, § 267 Abs. 1 BGB (BGH NJW 1965, 1475 (1476)). Mit Zahlung des Gläubigers erwirbt Schuldner Eigentum, belastet mit Pfandrecht des Gläubigers. Wirtschaftlich sinnvoll ist dies nur, wenn Pfandverwertung mehr als Restkaufpreis plus Kosten erbringt. Der gezahlte Restkaufpreis gehört nach zutreffender herrschender Meinung zu den Vollstreckungskosten, § 788 ZPO, und wird aus dem Verwertungserlös erstattet (*Stöber/Rellermeyer* Forderungspfändung E.42 mwN).

Der Anspruch auf Rückerstattung von Kaufpreisraten kann bei Rücktritt des Drittschuldners, etwa wegen Zahlungsverzuges, entstehen.

64. Anwartschaftsrecht an unbeweglichen Sachen:

„das angebliche Anwartschaftsrecht des Schuldners aus der Auflassung des Grundstücks in . . . . ., ...-Straße Nr. . . . . ., Grundbuch von . . . . . Band . . . . . Blatt . . . . ., an ihn durch den Verkäufer . . . . . am . . . . .. zu URNr. . . . . . des Notars . . . . .“

In entsprechender Anwendung, § 857 Abs. 1 ZPO, von § 848 Abs. 2 S. 2 ZPO entsteht mit Umschreibung auf den Schuldner – ohne Treuhänder – für den Gläubiger eine Sicherungshypothek (*Stöber/Rellermeyer* Forderungspfändung G.77 mwN), → Anm. 61 aE. Nach Rspr. des BGH entsteht ein (pfändbares) Anwartschaftsrecht des Auflassungsempfängers erst nach Stellung des Eintragungsantrages (BGH NJW 1989, 1093) oder wenn eine Auflassungsvormerkung eingetragen wurde (BGH NJW 1982, 1639).

Anwartschaft und Übereignungsanspruch, (§ 848 ZPO, → Anm. 61) bestehen nebeneinander und sollten deshalb kumulativ gepfändet werden (*Stöber/Rellermeyer* Forderungspfändung G.90).

Zustellung an Veräußerer ist nicht erforderlich (BGH NJW 1968, 1087).

65. Nießbrauch:

„der für den Schuldner im Grundbuch von . . . . . Blatt . . . . . in Abt. II Nr. . . . . . an dem Grundstück . . . . . des Eigentümers . . . . . – Drittschuldner – angeblich eingetragene Nießbrauch. Zum Zwecke der Ausübung des Nießbrauches durch den Gläubiger wird die Verwaltung des Grundstückes angeordnet (§ 857 Abs. 4 ZPO). Zum Verwalter wird . . . . . bestellt.

Der Verwalter wird ermächtigt, sich selbst den Besitz des Grundstücks zu verschaffen. Der Verwalter hat die für die Verwaltung entbehrlichen Grundstücksnutzungen in Geld umzusetzen und diesen Erlös an den Gläubiger bis zur Befriedigung seines Anspruches abzuliefern.“

Der Nießbrauch ist, wie sich aus §§ 857 Abs. 3 ZPO iVm § 1059 BGB ergibt, der Pfändung insoweit unterworfen, als die Ausübung einem anderen überlassen werden kann. Wegen seiner Unveräußerlichkeit darf der Pfändungsgläubiger den Nießbrauch nicht zu seiner Befriedigung verwerten, sondern ihn nur zu diesem Zwecke ausüben. Der die Ermächtigung zur Besitzverschaffung enthaltende Beschluss ist notfalls mit Hilfe des Gerichtsvollziehers durchsetzbar (BGH NJW 2006, 1124). Lastet der gepfändete Nießbrauch des Schuldners auf einem ideellen hälftigen Bruchteil des Grundstücks, das im ungeteilten Eigentum seiner Ehefrau steht, so kann der Gläubiger über die Leistungsklage eine ordnungsgemäße Nutzung des Grundstücks erreichen, soweit dies der Billigkeit entspricht und sich iRd § 743 Abs. 2 BGB hält (BGH NJW 2007, 149).

Die Pfändung des Nießbrauchs kann im Grundbuch eingetragen werden. Wirksamkeitsvoraussetzung ist dies nicht.

66. Hypothekarisch gesicherte Forderung:

„gegen den . . . . . – als persönlicher Drittschuldner –
auf den Grundstückskaufpreis gemäß Kaufvertrag vom . . . . ..zusammen mit der angeblich für diese Forderung im Grundbuch von . . . . . Bd. . . . . . Bl. . . . . . in Abt. III Nr. . . . . . auf dem Grundstück . . . . .-Straße Nr. . . . . . in . . . . .-Stadt des . . . . . – als dinglichem Drittschuldner – eingetragenen Briefhypothek (*alternativ: Buchhypothek*) iHv . . . . . EUR nebst . . . . . % Zinsen seit dem . . . . . (Nur bei Briefhypothek: Die Pfändung erfolgt auch wegen der noch nachzuweisenden Kosten iHv ca. . . . . . EUR für Briefwegnahme (*alternativ bei Buchhypothek: Grundbucheintragung*).
Es wird angeordnet, dass der Schuldner den Hypothekenbrief an den Gläubiger, ggf. im Wege der Zwangsvollstreckung, herauszugeben hat.)“

Die Vorschriften für die Pfändung einer hypothekarisch gesicherten Forderung gelten nach § 857 Abs. 6 ZPO entsprechend für Grundschuld, Rentenschuld und Reallast. Sie gelten auch für die Pfändung einer Eigentümergrundschuld, die ein vom Grundstückseigentum verschiedenes Vermögensrecht des Schuldners ist (näher *Stöber/Rellermeyer* Forderungspfändung F.151 ff.).

Sie gelten nach § 830 Abs. 3 ZPO nicht für
a) die rückständigen Nebenleistungen, § 1159 BGB. Sie werden nach § 829 ZPO gepfändet.
b) die Sicherungshypothek für Inhaberpapiere, § 1187 BGB. Für sie gelten §§ 831, 821 ZPO → Form. III.B.10.
c) für die Höchstbetragshypothek, § 1190 BGB, vgl. § 837 Abs. 3 ZPO. Für sie gilt § 829 ZPO.

Forderung und Hypothek sind rechtlich untrennbar verbunden, haben also stets denselben Gläubiger. Da die Hypothek Nebenrecht ist, § 401 BGB, erfasst die Forderungspfändung das Hypothekenrecht an sich mit. Wegen der Publizitätsanforderungen im Grundbuchrecht verlangt § 830 ZPO aber neben dem Pfändungsbeschluss einen grundpfandrechtlichen Publizitätsakt, Sicherstellung des Briefes bei Briefhypothek oder Grundbucheintragung der Pfändung bei Buchhypothek. Erst dadurch wird die Pfändung bewirkt!

(Dritt-)Schuldner der Forderung und (Dritt-)Schuldner der Hypothek können verschiedene Personen sein. Da die Zustellung an den Drittschuldner hier kein Wirksamkeitserfordernis ist, schadet ungenaue Bezeichnung nicht, wie auch ungenaue Bezeichnung der Hypothek die Pfändung wegen der zwangsläufigen Verbindung nicht unwirksam macht (BLHAG ZPO § 830 Rn. 3; *Stöber/Rellermeyer* Forderungspfändung F.13). Sie muss aber beim Eintragungsantrag ohnehin genau bezeichnet werden.

Den Brief kann Gläubiger durch Hilfspfändung wegnehmen lassen. §§ 830 Abs. 1, 836 Abs. 3, 883 ZPO. Dies ergibt sich aus dem Gesetz, Aufnahme in den Beschluss ist aber zur Klarstellung gegenüber dem Schuldner empfehlenswert, da der Beschluss Herausgabetitel gegen ihn ist (BGH NJW 1979, 2045; näher *Stöber/Rellermeyer* Forderungspfändung F.22). Besitzen Dritte den Brief, → Form. III.B.1 Anm. 27. Neben Wegnahme oder Eintragung ist Zustellung des Beschlusses an die Drittschuldner anzuraten, um die relative Wirkung nach § 830 Abs. 2 ZPO zu erreichen. Dafür sind ggf. 2 Ausfertigungen des Beschlusses zu beantragen.

Der Antrag nach § 830 Abs. 1 ZPO an das Grundbuchamt lautet bei der Buchhypothek dann wie folgt:

„Im Grundbuch von . . . . . Bd. . . . . . Bl. . . . . . ist in Abt. III Nr. . . . . auf dem Grundstück . . . . .-Straße Nr. . . . . . in . . . . . für den . . . . . eine Buch-Hypothek für eine Kaufpreisforderung von . . . . . EUR nebst . . . . . % Zinsen eingetragen. Diese Hypothekenforderung ist gemäß beigefügtem Pfändungs- und Überweisungsbeschluss des AG . . . . . vom . . . . Az. . . . . . für den Gläubiger . . . . . gepfändet, und zwar auch für Zustellungskosten von . . . . . EUR.
Ich beantrage namens und in Vollmacht des Gläubigers,
diese Pfändung in das Grundbuch einzutragen.
Die Gerichtskosten für die Eintragung iHv . . . . . EUR zahle ich zugleich ein.“

Der Beschluss ist die „zu der Eintragung erforderliche“ öffentliche Urkunde iSv § 29 GBO. Er muss weder mit einer Vollstreckungsklausel versehen noch zugestellt sein. Der Eintragungsantrag bedarf daher nicht der notariellen Beurkundung oder Beglaubigung, ebenso wenig die Vollmacht, § 30 GBO. Ist der Gläubigervertreter bereits im Pfändungsbeschluss als solcher bezeichnet, braucht er dem Grundbuchamt keine gesonderte Vollmacht einzureichen (vgl. *Stöber/Rellermeyer* Forderungspfändung F.45).

Die Verwertung erfolgt auch hier durch Überweisung, vgl. § 837 Abs. 1 ZPO. Wirtschaftlich wird sich meist der Antrag auf andere Verwertung empfehlen, § 844 ZPO (→ Form. III.B.11). Die Kosten für die Grundbucheintragung betragen eine 0,5 Gebühr gem. KV 14130 GNotKG, § 34 GNotKG Tab. B.

67. Heutzutage kommt es immer häufiger vor, dass Schuldner zwei oder sogar drei Arbeitsverhältnisse begründen, von denen jedes einzelne nicht zu einem pfändbaren Betrag führt, bei Addition der Einkommen sich ein solcher aber ergeben würde. Hier eröffnen § 850e Abs. 2 ZPO für mehrere Arbeitseinkommen und § 850e Abs. 2a ZPO für die Kombination von Arbeitseinkommen und Sozialleistungen für den Gläubiger die Möglichkeit, diese Einkommen vom Vollstreckungsgericht zum Zwecke der Berechnung des pfändbaren Betrages zusammenrechnen zu lassen. Die hierfür erforderlichen Auskünfte wird sich der Gläubiger häufig erst durch die Angaben in der Vermögensauskunft verschaffen können.

Das Formular sieht bedauerlicherweise nur die Angabe von maximal zwei Arbeitgebern vor. Der Gläubiger wird bei drei Arbeitgebern eine entsprechende Anlage beifügen müssen.

68. Gleiches gilt gem. § 850e Nr. 2a ZPO für Arbeitseinkommen und laufende Geldleistungen nach dem SGB. Die Zusammenrechnung ist allerdings nur insoweit möglich, als die einzelnen Ansprüche der Pfändung unterworfen sind (BGH NJW-RR 2005, 1010).

69. Der Antrag kann, wenn die Verhältnisse ausreichend bekannt sind, mit dem Pfändungsantrag verbunden werden. Aber auch spätere Abänderung ist zulässig, ebenso weitere Abänderung nach § 850g ZPO.

70. Der mitverdienende Ehegatte wird ohne gesonderten Antrag zunächst gleichwohl als unterhaltsberechtigt berücksichtigt (vgl. Zöller/*Herget* ZPO § 850c Rn. 6); ebenso Kinder; Stiefkinder nicht (LG Mosbach BeckRS 2012, 08051). Auch nicht eine nicht unterhaltsberechtigte Person in sozialrechtlicher Bedarfsgemeinschaft (BGH NJW 2018, 954). Der Arbeitgeber wird sich in der Regel für die Ermittlung der Unterhaltspflichten an den Eintragungen in der Lohnsteuerkarte orientieren. Leistet der Schuldner überhaupt keinen Unterhalt, bleibt die Unterhaltspflicht bereits gem. § 850c Abs. 2 ZPO unberücksichtigt. Der Gläubiger kann eine Klarstellung im Beschluss verlangen (BGH NJW 2017, 3591). Zahlt der Schuldner den Unterhalt nur anteilig, ist kein Raum für eine teilweise Nichtberücksichtigung der Unterhaltspflichten (BGH NJW-RR 2007, 938). Nur bei eigenem Einkommen der Unterhaltsberechtigten, der den Unterhaltsanspruch mindert oder beseitigt, greift § 850c Abs. 6 ZPO ein.

71. Die Darlegungslast liegt beim Gläubiger (*Stöber/Rellermeyer* Forderungspfändung C.275). Er kann die Informationen nach § 836 Abs. 3 ZPO beschaffen (wenig praktikabel), aus dem Vermögensverzeichnis des Schuldners, durch Detektivermittlung oder Zufallsinformation (eing. *Hintzen* NJW 1995, 1861). Der Schuldner ist bei Aufstellung des Vermögensverzeichnisses nach § 807 ZPO verpflichtet, Auskünfte zu den Einkünften der Unterhaltsberechtigten jedenfalls dann zu machen, wenn in Betracht kommt, dass diese Personen bei der Berechnung des unpfändbaren Anteils des Arbeitseinkommens ganz oder teilweise unberücksichtigt bleiben (BGH NJW 2004, 2979). Zu berücksichtigen sind auch Bar- und Naturalunterhaltsleistungen von anderen Verpflichteten; Kindergeld nicht (vgl. BGH NJW-RR 2020, 297).

72. Bei teilweiser Berücksichtigung ist Bezugnahme auf die Tabelle für diese Person unzulässig, § 850c Abs. 6 Hs. 2 ZPO, da die Tabelle teilweise Berücksichtigung nicht vorsieht. Es ist also in Abänderung der Regelung in § 850c Abs. 1, – 3 ZPO ziffern- bzw. anteilsmäßig anzugeben, wie die Person zu berücksichtigen ist (*Stöber/Rellermeyer* Forderungspfändung C.265 ff.). Zu der Frage, in welchem Umfang das eigene Einkommen der Unterhaltsberechtigten zu berücksichtigen ist, gibt es unterschiedliche Auffassungen. Nach Auffassung des BGH verbietet sich eine schematische Betrachtung. Das Vollstreckungsgericht soll im Rahmen einer Ermessensentscheidung den Umständen des Einzelfalles Rechnung tragen (BGH NJW-RR 2005, 795; NJW 2005, 3282; NJW-RR 2006, 568).

73. Der Schuldner ist verpflichtet, dem Gläubiger Auskunft zu erteilen und die erforderlichen Urkunden herauszugeben, § 836 Abs. 3 S. 1 ZPO. Der Antrag kann (und sollte) bereits mit dem Pfändungs- und Überweisungsbeschluss verbunden werden (BGH NJW-RR 2006, 1576; NJW 2007, 606; NJW-RR 2012, 434).

Es fehlt hier der Antrag auf Vorlage aufgedeckter Lohnabtretungen und vorrangiger Lohnpfändungen, → Anm. 78.

74. Inhaber der Forderung muss nicht notwendig der im Buch benannte Berechtigte sein (*Canaris* NJW 1973, 825 ff.; *Stöber/Rellermeyer* Forderungspfändung A.467). Dies ist nicht im Pfändungsverfahren zu prüfen, sondern in den Verfahren nach § 841 ZPO oder § 771 ZPO.

Die Herausgabe der EC-Karte kann beim Schuldner nicht im Wege der Herausgabevollstreckung über § 836 Abs. 3 S. 1 ZPO durchgesetzt werden. Sie ist keine Urkunde iSd § 836 Abs. 3 S. 1 ZPO (BGH NJW 2003, 1256).

Dieser Beschluss ist Titel für die Wegnahme nach § 836 Abs. 3 ZPO. Ist das Buch nicht auffindbar, muss Gläubiger ggf. das Aufgebotsverfahren nach § 808 Abs. 2 BGB mit §§ 1003, 1023 ZPO betreiben.

Es fehlt hier im verbindlichen Formular die Anordnung zur Vorlage der laufenden Kontoauszüge bei Pfändung in ein Girokonto, → Anm. 79.

75. Muss immer mit angeordnet werden, wenn der Gläubiger von der Existenz eines Schließfaches ausgeht.

76. Sind die Unterlagen nicht auffindbar, muss notfalls gem. § 4 VVG, § 808 BGB, §§ 1003 und 1023 ZPO das Aufgebotsverfahren durchgeführt werden, → Anm. 74.

77. Bei Bausparverträgen gibt es idR nur eine sog Annahmeurkunde, in der die Bausparkasse den Vertragsabschluss bestätigt. Hier findet man Angaben zu Bausparsumme, Laufzeit etc Die Aufnahme der Anordnung zur Herausgabe gem. § 836 Abs. 3 S. 1 ZPO ist nicht zwingend, aber zweckmäßig.

78. Bei Lohnpfändung empfiehlt es sich, hier noch wie folgt aufzunehmen:

„. . . . der Schuldner ab Zustellung der Pfändung die letzten drei und fortlaufend die monatlichen Lohn- und Gehaltsabrechnungen des Arbeitgebers, vorrangige Lohnpfändungs- und Überweisungsbeschlüsse sowie eventuell bestehende Lohnabtretungsurkunden oder eine Kopie dieser Unterlagen herauszugeben hat.“

79. Bei Kontenpfändung sollte die Herausgabe der laufenden Kontoauszüge durch den Schuldner wie folgt angeordnet werden:

„. . . .der Schuldner die Kontoauszüge, die Buchungsvorgänge seit Zustellung des Pfändungs- und Überweisungsbeschlusses betreffen, an den Gläubiger herauszugeben hat.“

Zusätzlich kann bei P-Konten angeordnet werden, dass „der Schuldner die bei ihm vorhandenen Nachweise, welche gem. § 850k Abs. 2, Abs. 5 S. 2 ZPO (*ab 1.12.2021: §§ 902 Nr. 1, 903 Abs. 1 ZPO*) zur Erhöhung der Pfändungsfreibeträge führen können, an den Gläubiger herauszugeben hat“ (BGH NJW-RR 2013, 766). Damit sollen laut BGH unnötige und risikobehaftete Drittschuldnerklagen vermieden werden.

80. Hier ist laut den Hinweisen des BMJV der Platz, um den **Antrag gem. § 850f Abs. 2 ZPO** zu stellen. Dieser lautet bspw. wie folgt:

„Die Pfändung erfolgt wegen einer Forderung aus vorsätzlich begangener unerlaubter Handlung, § 850f Abs. 2 ZPO. Vom Arbeitseinkommen ist daher abweichend von § 850c ZPO unpfändbar lediglich ein Betrag von . . . . . EUR monatlich für den notwendigen Unterhalt des Schuldners. Dieser Betrag erhöht sich um die gem. § 850c Abs. 1 S. 2 ZPO anzusetzenden Beträge für Personen, denen der Schuldner Unterhalt gewährt.
Begründung:
Nach dem Titel stammt die Forderung des Gläubigers aus einer vorsätzlich begangenen unerlaubten Handlung des Schuldners, nämlich aus . . . . .. Zur Erfüllung seiner Unterhaltspflichten für seine nicht berufstätige Ehefrau und 2 Kinder sind ihm die dafür nach § 850c ZPO zustehenden Beträge als Maximalbeträge zu belassen.
Rechtsanwalt“

Forderungen wegen – vorsätzlicher – unerlaubter Handlung sind durch Wegfall der Pfändungsgrenzen des § 850c ZPO privilegiert. Die Privilegierung gilt auch für Prozesskosten, Vollstreckungskosten und Zinsen (BGH NJW-RR 2011, 791). Der Antrag für die privilegierte Forderung kann auch nach einer zunächst für die Gesamtforderung erfolgten „normalen“ Lohnpfändung gestellt werden.

Untergrenze für den notwendigen Unterhalt ist entsprechend § 850d Abs. 1 S. 2 ZPO der notwendige Lebensunterhalt gem. §§ 27a ff. SGB XII. Dieser setzt sich im Wesentlichen aus dem Regelbedarf gem. § 28 SGB XII und ggf. den Kosten für Unterkunft gem. § 35 SGB XII zusammen, soweit nicht unangemessen hoch (BGH NJW 2003, 2918). Sonderbedarf (zB Krankheit) muss Schuldner durch Erinnerung geltend machen (Zöller/*Herget* ZPO § 850f Rn. 16). Die Einkünfte des Ehegatten sind in die Bedarfsberechnung voll mit einzubeziehen (BGH NJW 2013, 1370).

Wenn, wie meist, die Familienverhältnisse des Schuldners nicht bekannt sind, empfiehlt sich für die Berücksichtigung der Unterhaltsverpflichtungen ein Blankettbeschluss.

Die Unterhaltsberechtigten sind vor dem Gläubiger zu berücksichtigen, aber höchstens mit den nach § 850c ZPO für sie zu berücksichtigenden Beträgen (LG Berlin JurBüro 1974, 375; *Stöber/Rellermeyer* Forderungspfändung C.314 ff.). Da Unterhaltsansprüche, etwa nach der Düsseldorfer Tabelle, auch bei niedrigem Einkommen meist die Sätze nach

§ 850c ZPO erreichen, können zur Vereinfachung durchgängig diese Ansätze berücksichtigt werden. Sind die Familienverhältnisse bekannt, kann statt des Blankettbeschlusses die Pfändung des gesamten pfändbaren Einkommens abzüglich eines in Anlehnung an die Sozialhilfesätze zu wählenden festen Freibetrages für den Schuldner und seine Unterhaltsgläubiger beantragt werden (OLG Karlsruhe MDR 1971, 401). Dabei ist sonstiges Familieneinkommen, zB Kindergeld, vom Freibetrag abzusetzen (LG Berlin JurBüro 1974, 375).

Die Voraussetzungen für die privilegierte Vollstreckung nach § 850f Abs. 2 ZPO müssen sich aus dem der Vollstreckung zugrundeliegenden Titel ergeben. Dh, das Prozessgericht muss im Erkenntnisverfahren einen Anspruch aus vorsätzlich begangener unerlaubter Handlung tenoriert haben. Eine „Nachbesserung" im Vollstreckungsverfahren ist ausgeschlossen. Das Vollstreckungsgericht ist an die Entscheidung des Prozessgerichts gebunden (BGH NJW 2003, 515). Die Angabe der vorsätzlich begangenen unerlaubten Handlung als Anspruchsgrund im Vollstreckungsbescheid genügt dementsprechend nicht, da sich das Prozessgericht mit dem Vorliegen der Voraussetzungen des Anspruches nicht ausdrücklich befasst hat (BGH NJW 2005, 1663). In Betracht kommt hier daher nur eine (nachträgliche) Feststellungsklage (BGH NJW 2003, 515). Anders kann dies bei einem Auszug aus der Insolvenztabelle sein, wenn dieser den Anspruch als Forderung aus vorsätzlich begangener unerlaubter Handlung ausweist (iE BGH NJW 2019, 3237).

81. Will der Gläubiger bspw. nur die Sicherungsvollstreckung gem. § 720a ZPO betreiben, bleiben die Kästchen hier ausnahmsweise leer.

§ 720a ZPO eröffnet die Möglichkeit, ohne Sicherheitsleistung zu pfänden, ohne vorerst zu verwerten. Titel muss aber zwei Wochen vor Vollstreckungsbeginn zugestellt sein, § 750 Abs. 3 ZPO; die Klausel nur in den Sonderfällen des § 750 Abs. 2 ZPO (BGH NJOZ 2005, 3304). Der Schuldner kann diese Vollstreckung durch eigene Sicherheitsleistung abwenden, § 720a Abs. 3 ZPO, wofür ihm das Gesetz zwei Wochen Schonfrist einräumt, § 750 Abs. 3 ZPO.

82. Die Überweisung zur Einziehung, § 835 Abs. 1 Alt. 1 ZPO, ist die Regel. Der Gläubiger muss aufpassen, dass er die zu setzenden Kreuze hier am Ende des Formulars nicht übersieht. Überweisung an Zahlungs statt, §§ 835 Abs. 1 Alt. 2 ZPO, § 364 Abs. 1 BGB ist bei langfristigen, dinglich gesicherten Forderungen praktikabel.

Bei vorläufigen Vereinbarungen mit Schuldner und Drittschuldner sollte man nur auf die Rechte aus der Überweisung verzichten, aber wegen des Pfändungsranges nicht auf die aus der Pfändung.

Kosten und Gebühren

83. a) Gericht: Festgebühr von 22 EUR nach KV 2111 GKG.

b) Anwalt: 0,3 Gebühr nach VV 3309 RVG. Bei der Pfändung mehrerer Forderungen kommt es für die mehrfache Entstehung der Gebühr dem Grunde nach darauf an, ob die Pfändung in einem oder in mehreren Anträgen erfolgt (*Gerold/Schmidt* RVG VV 3309 Rn. 207 f.) Gegenstandswert ist der Betrag der zu vollstreckenden Geldforderung, § 25 Abs. 1 Nr. 1 RVG, keine Zusammenrechnung der Gegenstandswerte (BGH NJW-RR 2010, 933).

c) Gerichtsvollzieher: Zustellungsgebühr von 10 EUR bei persönlicher Zustellung gem. KV 100 GvKostG.

Fristen und Rechtsmittel

84. Für Gläubiger bei Ablehnung der Pfändung sofortige Beschwerde, § 11 Abs. 1 RPflG, § 793 ZPO. Für Schuldner bei Pfändung Erinnerung nach § 766 ZPO, ebenso für sonstige Beteiligte, da sie nicht gehört werden, § 834 ZPO (OLG Köln NJW-RR 2001, 69; näher BLHAG ZPO § 829 Rn. 84–87).

9. Vorpfändung (§ 845 ZPO)

Vorläufiges Zahlungsverbot nach § 845 ZPO

Nach dem vollstreckbaren Versäumnisurteil[1] des LG . . . . .. vom . . . . . Az. . . . . . kann der Gläubiger,
Firma . . . . (volle Parteibezeichnung),
Bevollmächtigter: Rechtsanwälte . . . . .
von dem Schuldner
. . . . . (volle Parteibezeichnung),
die Zahlung folgender Beträge verlangen:
1. Hauptforderung . . . . . EUR[2]
2. . . . . EUR[2]

Wegen dieser Ansprüche steht die Pfändung der angeblichen Forderung des Schuldners gegen
die Firma (volle Drittschuldnerbezeichnung)
Drittschuldnerin

aus . . . . .[3]
bevor.
Davon benachrichtige ich für den Gläubiger hiermit Drittschuldner und Schuldner.
Den Drittschuldner fordere ich auf, nicht an den Schuldner zu zahlen.
Den Schuldner fordere ich auf, sich jeder Verfügung über die Forderung, insb. ihrer Einziehung, zu enthalten.
Ich weise darauf hin, dass diese Benachrichtigung von ihrer Zustellung an die Arrestpfändung der Forderung bewirkt, §§ 845, 930 ZPO[4] und entgegenstehende Verfügungen unwirksam sind.

RA/Gerichtsvollzieher[5, 7, 8]

An die
Gerichtsvollzieherverteilungsstelle
des Amtsgerichts . . . . .
Herrn Gerichtsvollzieher . . . . .
zur Zustellung an[6]
1. Drittschuldner
2. Schuldner

Anmerkungen

1. Die Vorpfändung verhindert Verschlechterung der Vollstreckungsmöglichkeiten während der Bearbeitung des Pfändungsantrages (→ Form. III.B.8) beim Gericht. Sie kann vor Klauselerteilung und vor Zustellung erfolgen, § 802a Abs. 2 Nr. 5 ZPO, auch vor Erteilung einer Ausfertigung des Titels (LG Frankfurt a. M. Rpfleger 1983, 32 mwN) und nach hM auch vor Ablauf der Frist nach § 750 Abs. 3 ZPO (Zöller/*Herget* ZPO § 845 Rn. 2). Sie ist auch bei Sicherungsvollstreckung nach § 720a ZPO zulässig (BGH NJW 1985, 863). Der Gerichtsvollzieher soll ihre Zustellung besonders beschleunigen, § 126 Abs. 2 GVGA.

2. Forderungsaufstellung wie in → Form. III.B.1.

3. Bezeichnung von Drittschuldner und Forderung wie beim Pfändungsantrag selbst (BGH NJW 2001, 2976), → Form. III.B.8 Anm. 18, 20.

4. Diese Erläuterung ist für die Wirksamkeit der Vorpfändung unerheblich. Sie ist verständlicher als die Gesetzesformulierung „hat die Wirkung eines Arrestes". Es ist str., aber iErg gleich, ob die Vorpfändung ein bis zur Pfändung auflösend bedingtes Pfandrecht (*Stöber/Rellermeyer* Forderungspfändung B.500 ff.; BLHAG ZPO § 845 Rn. 14) oder ein aufschiebend bedingtes Pfandrecht mit Vorwirkungen schafft. Jedenfalls wird sie rückwirkend wirkungslos, wenn nicht die Pfändung – durch Zustellung des Pfändungsbeschlusses an den Drittschuldner – binnen eines Monats bewirkt wird, § 845 Abs. 2 ZPO. Mehrfache Vorpfändung ist zulässig, hat aber keine Rückwirkung auf den Zeitpunkt der ersten Vorpfändung, so dass Rangverlust droht (*Stöber/Rellermeyer* Forderungspfändung B.506). Zahlt der Drittschuldner trotz Zahlungsverbotes an Schuldner, so bleibt er bei fristgerecht nachfolgender Pfändung dem Gläubiger zur Zahlung verpflichtet. Andererseits ist der Drittschuldner, solange nur eine Vorpfändung vorliegt, noch nicht berechtigt, schuldbefreiend an den Gläubiger zu zahlen (LG Hildesheim NJW 1988, 1916). Er kann hinterlegen.

Die Monatsfrist muss beim Gläubigeranwalt notiert und überwacht werden.

5. Die Vorpfändung kann bei ausdrücklichem Auftrag auch vom Gerichtsvollzieher ausgebracht werden, § 845 Abs. 1 S. 2 ZPO, § 126 Abs. 3 GVGA, → Form. III.B.1 Anm. 24.

6. Die Benachrichtigung muss an Drittschuldner (Wirksamkeitserfordernis) und Schuldner zugestellt werden. Man kann in das Form. die Bitte zur Abgabe der Erklärung nach § 840 ZPO aufnehmen (aA AG Heilbronn DGVZ 2017, 57). Allerdings besteht die Verpflichtung dazu erst ab Pfändung, nicht ab Vorpfändung (BGH NJW 1977, 1199; *Stöber/Rellermeyer* Forderungspfändung B.508).

Kosten und Gebühren

7. a) Anwalt: Keine besondere Gebühr neben der 0,3 Gebühr gem. VV 3309 RVG, für den Pfändungsantrag selbst, § 18 Abs. 1 Nr. 1 RVG.

b) Gerichtsvollzieher: 3 EUR bzw. 10 EUR je nachdem, ob sonstige Zustellung, KV 101 GvKostG oder persönliche Zustellung, KV 100 GvKostG. Für die selbständige Ausbringung der Vorpfändung gem. § 845 Abs. 1 S. 2 ZPO eine Festgebühr von 16 EUR nach KV 200 GvKostG.

Fristen und Rechtsmittel

8. Da die Vorpfändung ein bedingtes Pfandrecht schafft, ist sie mit einfacher nicht fristgebundener Erinnerung nach § 766 ZPO angreifbar (→ Form. III.A.15, BLHAG ZPO § 845 Rn. 20).

Da die Wirkung auf einen Monat beschränkt ist, kommt das Rechtsmittel praktisch kaum vor, der Streit wird dann um die Hauptpfändung selbst ausgetragen.

10. Überweisungsantrag bei verbrieften Forderungen (§§ 831, 835 ZPO)

An das
Amtsgericht . . . . .
Vollstreckungsgericht[1]

Überweisungsantrag[2]

In der Sache

. . . . .
– Gläubiger –
gegen
. . . . .
– Schuldner –
überreiche ich namens und im Auftrage des Gläubigers den Vollstreckungsbescheid des AG . . . . . vom . . . . . Az. . . . . . sowie Ausfertigung des Pfandprotokolls des Gerichtsvollziehers . . . . . DR-Nr. . . . . . vom . . . . . und beantrage zu beschließen:

Die Rechte aus dem vom Gerichtsvollzieher . . . . . gemäß dem Pfandprotokoll gepfändeten Blankowechsel, ausgestellt von . . . . ., von . . . . . als Bezogener angenommen zahlbar am . . . . . in . . . . ., werden hiermit einschließlich des Rechtes zur Ausfüllung des Wechsels iHv . . . . . EUR[3] zur Höhe von . . . . . EUR zzgl. . . . . . % Zinsen hieraus seit . . . . . und . . . . . EUR Kosten dem Gläubiger zur Einziehung überwiesen.

Begründung:

. . . . .[4]
Rechtsanwalt[5, 6, 7]

Anmerkungen

1. Zur Zuständigkeit vgl. § 828 Abs. 2 ZPO.

2. Wertpapiere im engeren Sinne, bei denen das Recht aus dem Papier dem Recht am Papier folgt, werden einschließlich der verkörperten Forderung ohne Pfändungsbeschluss wie bewegliche Sachen gepfändet, § 808 Abs. 2 und § 831 ZPO. Soweit sie ohne Indossament durch Einigung und Übergabe übertragen werden oder sonstige Rechte verkörpern (zB Aktie), erfolgt ihre Verwertung nach §§ 821–823 ZPO (vgl. Aufzählung bei BLHAG ZPO § 821 Rn. 4–7). Bei den indossablen Forderungspapieren ergibt sich aus §§ 831, 835 ZPO, dass sie durch Überweisung zu verwerten sind (*Stöber/Rellermeyer* Forderungspfändung H.6 ff.), also einen Überweisungsbeschluss erfordern. Dies gilt für

- Wechsel,
- kaufmännische Orderpapiere nach § 363 HGB (auch Warenforderungen),
- Schecks nach Art. 14 Abs. 1 ScheckG auf bestimmte Person mit Orderklausel (Verrechnungsschecks, die begeben sind, werden dagegen vom Gerichtsvollzieher über sein Dienstkonto eingezogen und der Erlös an den Gläubiger ausgekehrt, LG Göttingen NJW 1983, 635).

3. Auch der Blankowechsel ist nach § 831 ZPO verwertbar. Das Ausfüllungsrecht ist mitgepfändet (*Schmalz* NJW 1964, 143 mwN) und wird zur Einziehung bzw. Ausübung überwiesen (*Stöber/Rellermeyer* Forderungspfändung H.13 ff.).

4. In der Antragsbegründung ist darzulegen – zB nach Angaben des Schuldners gem. § 836 Abs. 3 ZPO – in welcher Höhe der Wechsel auszufüllen ist.

5. Der Beschluss ist zuzustellen wie ein Pfändungsbeschluss, § 835 Abs. 3 ZPO.

Kosten und Gebühren

6. a) Gericht: Festgebühr von 22 EUR nach KV 2111 GKG.
b) Anwalt: keine besondere Gebühr neben der durch Pfändung nach § 831 ZPO entstandenen 0,3 Gebühr, VV 3309 RVG.
c) Gerichtsvollzieher: für die Pfändung nach § 831 ZPO Pfändungsgebühren, → Form. III.B.1.

Für Zustellung des Überweisungsbeschlusses Zustellungsgebühren wie beim Pfändungsbeschluss, → Form. III.B.8.

Fristen und Rechtsmittel

7. → Form. III.B.8.

11. Antrag auf andere Verwertung (§ 844 ZPO)

An das
Amtsgericht . . . . .
Vollstreckungsgericht[1]

Antrag nach § 844 ZPO[2]
In der Vollstreckungssache

. . . . .
– Gläubiger –
gegen
. . . . .
– Schuldner –
beantrage ich namens und in Vollmacht des Gläubigers[3] **zu beschließen:**

Der durch Pfändungsbeschluss dieses Gerichtes vom . . . . . Az. . . . . . für den Gläubiger gepfändete Gesellschaftsanteil des Schuldners von . . . . . EUR an der . . . . .-GmbH ist durch von dem Gerichtsvollzieher . . . . . durchzuführende Versteigerung[4] **zu verwerten.**

Begründung:[5]

Nach dem als
Anlage 1
beigefügten Gesellschaftsvertrag der . . . . .-GmbH ist die Kündigung der Gesellschaft ausgeschlossen. Daher ist Verwertung durch Versteigerung geboten.
Rechtsanwalt[6, 7]

Anmerkungen

1. Zuständigkeit nach §§ 844, 828 Abs. 2 ZPO. Es entscheidet der Rechtspfleger.

2. Bedeutsamer als bei Geldforderungen ist die entsprechende Anwendung, § 857 Abs. 1 ZPO, von § 844 ZPO bei Vollstreckung in andere Vermögensrechte. Stets muss dargelegt werden, dass die Einziehung „mit Schwierigkeiten verbunden" ist (zu Einzelheiten *Stöber/Rellermeyer* Forderungspfändung E.7 ff.).

3. Den Antrag kann auch der Schuldner stellen.

4. Außerdem kommen in Betracht (*Stöber/Rellermeyer* Forderungspfändung E.13 ff.):
- freihändiger Verkauf durch eine andere Versteigerungsperson
- Überweisung an Zahlungs statt zu einem Betrag unter Nennwert (sonst § 835 Abs. 1 Alt. 2 ZPO);
- Ausübung des Rechts durch einen anderen, zB Verwaltung, Verpachtung, Lizenzerteilung, insb. bei nur zur Ausübung pfändbaren Rechten, etwa Urheberrechten, § 857 Abs. 3 u. 4 ZPO.

5. Dieser Antrag sollte nicht mit dem Pfändungsantrag verbunden, sondern nachgeschoben werden. Denn nach § 844 Abs. 2 ZPO ist der Schuldner entgegen § 834 ZPO zu hören. Dadurch entfiele die Überraschung und die Pfändung würde verzögert (drohender Rangverlust).

Kosten und Gebühren

6. a) Gericht: keine Gebühr.
b) Anwalt: neben der 0,3 Gebühr für die Pfändung, VV 3309 RVG, keine besondere Gebühr für diesen Antrag, § 18 Abs. 1 Nr. 3 RVG.

Fristen und Rechtsmittel

7. Da nach Anhörung entschieden wird, sofortige Beschwerde, → Form. III.A.13.

12. Klage nach § 856 ZPO auf Hinterlegung durch Drittschuldner

An das
Amtsgericht . . . . .

Klage
und Streitverkündung

des . . . . . (ladungsfähige Anschrift)
– Klägers –

gegen

den . . . . . (ladungsfähige Anschrift)

– Beklagten –

wegen Hinterlegung gem. § 853 ZPO.[1]

Gegenstandswert: . . . . .[2]

Streitverkündeter: Der Schuldner . . . . . (ladungsfähige Anschrift)[3]

Namens und in Vollmacht des Klägers erhebe ich Klage und beantrage, den Beklagten zu verurteilen

1. **den pfändbaren Teil der Bezüge seines Angestellten . . . . . für die Monate . . . . . bis . . . . . und für die folgenden Monate bis zur Abdeckung der vorletzten beim Beklagten vorliegenden Lohnpfändung**[4] **für den Lohn des . . . . . bei der Hinterlegungsstelle des AG . . . . . zu hinterlegen**
2. **diese Hinterlegung mit Nennung der Mehrfachpfändung und unter Aushändigung der dem Beklagten zugestellten Pfändungsbeschlüsse für den Lohn des . . . . . dem Amtsgericht anzuzeigen, dessen Lohnpfändungsbeschluss ihm zuerst zugestellt wurde.**[5]

Für den Kläger verkünde ich dem . . . . .

den Streit

und fordere ihn auf, dem Rechtsstreit aufseiten des Klägers beizutreten.

Die Streitverkündung erfolgt gem. §§ 856, 841 ZPO. Die Lage des Rechtsstreits ergibt sich aus der vorliegenden Klagschrift.[6]

Ich bitte dem Streitverkündeten ein Exemplar der Klagschrift zuzustellen und füge dafür zusätzliches beglaubigtes Exemplar bei.

Begründung:

I.

Dem Kläger steht gegen den Streitverkündeten aus dem Vollstreckungsbescheid des Amtsgerichts . . . . . vom . . . . . Az. . . . . . eine Forderung iHv . . . . . EUR zzgl. Zinsen iHv . . . . . Prozentpunkten über dem Basiszinssatz seit dem . . . . . zu. Außerdem sind . . . . . EUR an festgesetzten Kosten entstanden, die seit dem . . . . . mit 5 Prozentpunkten über dem Basiszinssatz zu verzinsen sind, außerdem weitere . . . . . EUR an bisherigen Vollstreckungskosten.

Beweis: Vorlage von Titel und Vollstreckungsunterlagen.

II.

Der Streitverkündete ist Arbeitnehmer des Beklagten. Sein Lohnanspruch gegen den Beklagten ist vom Kläger durch Pfändungs- und Überweisungsbeschluss[7] **des AG . . . . . vom . . . . . gepfändet worden. Der Beschluss ist dem Beklagten am . . . . . zugestellt worden.**

Beweis: Vorlage des Pfändungsbeschlusses mit Zustellungsbescheinigung.

Der Beklagte hat bei Zustellung nur angegeben, dass „Vorpfändungen vorlägen".[8]

Nachdem er auch auf Aufforderung keine nähere Auskunft gab, hat der Kläger ihn mit gem. § 132 BGB zugestelltem Brief[9] **unter Fristsetzung aufgefordert, die pfändbaren Lohnteile gem. § 853 ZPO zu hinterlegen.**

Beweis: anliegender Brief vom . . . . . mit Zustellungsurkunde.

Nachdem der Beklagte gleichwohl nicht hinterlegt hat, ist Klage geboten.[10]

III.

Aufgrund der bisherigen Weigerung des Beklagten besteht die Besorgnis, dass er auch künftig die pfändbaren Beträge nicht gem. § 853 ZPO hinterlegen wird. Daher rechtfertigt sich der auch auf künftige Hinterlegung gerichtete Klaganspruch, § 259 ZPO.

Rechtsanwalt[11, 12]

Anmerkungen

1. Eingeklagt wird ein eigener gesetzlicher Anspruch des Klägers (Gläubiger) gegen den Beklagten (Drittschuldner), also nicht etwa der gepfändete Anspruch des Schuldners gegen den Drittschuldner, der im Beispielsfall ein arbeitsrechtlicher Anspruch wäre. Für den Anspruch aus § 853 ZPO sind die Zivilgerichte zuständig.

2. Der Streitwert bemisst sich nach dem Interesse des Klägers, hier also nach dem Wert seiner titulierten Forderung, höchstens aber dem Wert des vom Beklagten zu hinterlegenden Betrages, hier wohl entsprechend § 42 Abs. 3 GKG des Dreijahresbetrages der pfändbaren Bezüge.

3. Diese Streitverkündung ist entsprechend § 841 ZPO erforderlich (hM, zB Musielak/Voit/*Flockenhaus* ZPO § 856 Rn. 2).

4. Der Anspruch setzt nach § 853 ZPO voraus, dass **mehrere** Pfandgläubiger vorhanden sind.

5. Die Antragsformel ergibt sich aus den Verpflichtungen, die § 853 ZPO dem Drittschuldner auferlegt. Wenn Drittschuldner etwa alle Pfändungen unbeachtet lässt und die Pfändungsränge klar sind, kann ein nachrangiger Gläubiger im Wege der gesetzlichen Prozessstandschaft auch direkt auf Zahlung an den Bestberechtigten klagen (LAG Berlin BB 1991, 144).

6. Diese Angaben fordert § 73 ZPO für eine Streitverkündung.

7. Der Anspruch aus § 853 ff. ZPO steht nur dem Überweisungsgläubiger, nicht dem bloß pfändenden Gläubiger (zB Arrestgläubiger) zu, der aber Streitgenosse sein kann, § 856 Abs. 2 ZPO.

8. Das Hinterlegungsverlangen nach § 853 ZPO kann – bei mehr als einer Pfändung – auch gestellt werden, wenn vollständig und umfassend Auskunft erteilt ist. Es ist nicht, wie bei § 827 Abs. 2. ZPO, Streit um die Rangfolge erforderlich. Dem Drittschuldner, der das Recht zur Hinterlegung hat, soll das Risiko der Rangbestimmung abgenommen werden, dem Gläubiger soll Klärung der Rangfolge, ggf. ihrer Abänderung, ermöglicht werden (→ Form. III.B.6, → Form. III.B.7).

9. Das ist zumindest bei unklarem Drittschuldnerverhalten zum Nachweis des Zugangs zu empfehlen.

10. Dem Beklagten soll (zB BLHAG ZPO § 856 Rn. 6) der Einwand offen stehen, dass er inzwischen – nach der Hinterlegungsaufforderung – an den Bestberechtigten gezahlt habe. Beweist er das, dürfte für die Klage das Rechtsschutzbedürfnis fehlen. Der Kläger kann dann klagändernd Feststellung beantragen, dass der Beklagte Schadensersatz wegen Nichterfüllung seiner Hinterlegungsverpflichtung schuldet. Dann trägt der Beklagte die Kosten (für die entsprechende Lage bei Drittschuldnerklage BLHAG ZPO § 840 Rn. 16 mwN; Zöller/*Herget* ZPO § 840 Rn. 14, BGH NJW-RR 2006, 1566 mwN), und zwar auch vor dem Arbeitsgericht (BAG NJW 1990, 2643).

Kosten und Gebühren

11a) Gericht: Gebühren des Erkenntnisverfahrens, KV 1210 ff. GKG.
b) Anwalt: Gebühren des Erkenntnisverfahrens, VV 3100 ff. RVG.

Fristen und Rechtsmittel

12. Wie im normalen Erkenntnisverfahren, → Form. I.O.1.

13. Klage gegen Drittschuldner auf Arbeitslohn

An das
Arbeitsgericht . . . . .[1]

Klage[2]
und
Streitverkündungsschrift[3]

der Firma . . . . .
– Klägerin –
Prozessbevollmächtigter . . . . .
gegen
die Firma . . . . .
– Beklagte –
wegen Zahlung.
Streitwert:[4] **. . . . .**
Streitverkündeter: . . . . . (ladungsfähige Anschrift)[5]
Namens und in Vollmacht der Klägerin erhebe ich Klage und werde beantragen,
die Beklagte zu verurteilen,
1. an die Klägerin . . . . . EUR nebst Zinsen iHv . . . . . % seit dem . . . . . zu zahlen,[6]
2. künftig für die Dauer der Beschäftigung des Streitverkündeten bei ihr . . . . . EUR monatlich, beginnend mit dem . . . . ., bis zur völligen Abdeckung des Betrages von . . . . . EUR nebst . . . . . Zinsen iHv 5 Prozentpunkten über dem Basiszinssatz an die Klägerin zu zahlen.
Außerdem verkünden wir . . . . .[7]

Begründung:[8]

. . . . . Seither steht die Lohnforderung des Streitverkündeten, soweit sie pfändbar ist, in Höhe des sich aus Hauptforderung, Zinsen und Kosten ergebenden Betrages der Klägerin zu. Diese hat die Beklagte mehrfach, erstmals mit Einschreiben . . . . . zur Abgabe der gesetzlich vorgeschriebenen Erklärung nach § 840 ZPO und zur Zahlung der sich danach ergebenden Beträge aufgefordert.[9] **Die Beklagte hat nicht reagiert. Daher ist Klage geboten.**

III.

Der Streitverkündete ist bei der Beklagten als KFZ-Schlosser tätig. Nach dem einschlägigen Tarifvertrag, nämlich dem Lohntarifvertrag für das KFZ-Handwerk vom . . . . .,

verdient ein Schlosser tariflich . . . . . EUR netto monatlich.[10] Der Streitverkündete verdient bei der Beklagten mindestens diesen Betrag.

Beweis: 1. Vernehmung des Buchhalters . . . . . der Beklagten,
2. Vernehmung des Streitverkündeten,
3. Vernehmung des Inhabers der Beklagten als Partei.

Der Streitverkündete hat . . . . . Unterhaltsberechtigte (Ehefrau und . . . . . Kinder). Pfändbar ist danach monatlich ein Betrag von . . . . . EUR. Mindestens diesen Betrag musste die Beklagte für jeden Lohnfälligkeitstermin nach dem Zustellungstage an die Klägerin abführen, bis die Forderung gegen den Streitverkündeten abgedeckt ist. Seit Zustellung des Pfändungs- und Überweisungsbeschlusses ist der Lohn . . . . . mal fällig gewesen. Hieraus ergibt sich die Klageforderung zu 1.[11] Die Klägerin arbeitet mit einem die Klage- und die Hauptforderung übersteigenden Bankkredit, für den sie mindestens . . . . . % Zinsen zahlen muss

Beweis: 1. Bankbescheinigung,
2. Zeugnis des zuständigen Kreditsachbearbeiters der klägerischen Hausbank.

Danach rechtfertigt sich der Zinsanspruch nach Grund und Höhe.

IV.

Aufgrund der bisherigen Zahlungsverweigerung der Beklagten besteht die Besorgnis, dass sie auch die zukünftig fällig werdenden gepfändeten Beträge nicht an die Klägerin auszahlt. Daher rechtfertigt sich der auf zukünftige Zahlung gerichtete Klageanspruch zu 2., § 259 ZPO.[12]
Rechtsanwalt[13, 14]

Anmerkungen

1. Eingeklagt wird der gepfändete Anspruch des Schuldners/Arbeitnehmers gegen den Drittschuldner/Arbeitgeber. Dies ist eine Arbeitsrechtssache iSv § 2 ArbGG. Die örtliche Zuständigkeit richtet sich daher über §§ 46, 48 ArbGG nach der ZPO, Arbeitsgericht des Beklagtensitzes oder des Erfüllungsortes.

2. Obsiegt der Kläger, muss der Beklagte ihm Anwaltskosten nicht erstatten, § 12a Abs. 1 S. 1 ArbGG (BAG NJW 1990, 2643). Unterliegt er, weil der Beklagte – wie es häufig geschieht – im Prozess Auskunft erteilt und danach kein pfändbarer Anspruch bestand, so kann er nach hM (BAG NJW 1990, 2643; Zöller/*Herget* ZPO § 840 Rn. 14) die Klage gem. § 263 ZPO umstellen auf Schadensersatz hinsichtlich der ihm entstandenen Kosten, auch der Anwaltskosten (vgl. für den Zivilprozess BGH NJW-RR 2006, 1566).

Soweit der Drittschuldner die Kosten nicht freiwillig erstattet, sind sie als notwendige Kosten der Vollstreckung vom Schuldner zu tragen und können gem. § 788 ZPO gegen diesen festgesetzt werden (BGH NJW 2019, 1816 – zur Notwendigkeit von Kosten).

3. Der Gläubiger muss dem Schuldner den Streit verkünden, sofern dieser eine ladungsfähige Anschrift im Inland hat, § 841 ZPO. Der dazu nach § 73 ZPO erforderliche Schriftsatz kann mit der Klageschrift verbunden werden. Dann muss eine zusätzliche beglaubigte Abschrift zur Zustellung an den Streitverkündeten beigefügt werden.

4. Der Streitwert bemisst sich nicht nach dem Wert der Vollstreckungsforderung, sondern nach dem eingeklagten Teil der gepfändeten Forderung, maximal nach dem Wert der Vollstreckungsforderung, bzw. wegen der eingeklagten wiederkehrenden Leistungen mit dem Wert des dreifachen Jahresbeitrages gem. § 42 Abs. 1 GKG.

5. Da an ihn zuzustellen ist (→ Anm. 3), muss der Streitverkündete mit ladungsfähiger Anschrift angegeben werden.

6. Als Zinsforderung darf nicht etwa diejenige aus dem Vollstreckungstitel angesetzt werden. Denn diese schuldet der Drittschuldner nicht. Forderungen auf Prozess- oder Verzugszinsen gegen ihn müssen also wie sonst auch spezifiziert begründet werden (vgl. näher *Wenzel* MDR 1966, 971 (974)), sofern man nicht auf den gesetzlichen Verzugszins zurückgreift.

7. Folgt Streitverkündung, → Form. III.B.12.

8. Begründung in I. und in II. erster Absatz → Form. III.B.12.

9. Erst so werden Verzugszinsen gegen den Drittschuldner begründet, → Anm. 6, soweit nicht § 286 Abs. 2 BGB eingreift.

10. Sofern der tatsächlich gezahlte Nettolohn nicht bekannt ist, verlangen viele Arbeitsgerichte zur schlüssigen Darlegung die Angabe des Tariflohnes. Dies setzt Ermittlung der Art der Tätigkeit und des einschlägigen Tarifvertrages voraus, was sehr aufwändig ist. Da Drittschuldnerprozesse ohnehin häufig durch VU enden, ist es empfehlenswert, zunächst die Geltendmachung des Anspruches gegen den Drittschuldner im – arbeitsgerichtlichen – Mahnverfahren zu versuchen.

Wird der Anspruch aus verschleiertem Arbeitseinkommen gem. § 850h Abs. 2 ZPO geltend gemacht, hat der Gläubiger Art und Umfang der Arbeitsleistung des Schuldners darzulegen sowie dem Gericht mit seinem Sachvortrag einen Vergleich zwischen der für die behauptete Arbeitsleistung angemessenen Vergütung und der tatsächlich gezahlten Vergütung zu ermöglichen (BAG NZA 2006, 175).

11. Mit dieser Berechnung ist der Anspruch gegen den Drittschuldner schlüssig dargelegt (vgl. iE zu den Schlüssigkeitserfordernissen *Wenzel* MDR 1966, 971; *Süsse* BB 1970, 671). Bestreitet der beklagte Drittschuldner, ist der Kläger/Gläubiger beweispflichtig, (LAG Hamm BB 1988, 488).

12. Die hM (BGH NJW-RR 2006, 1566) hält bei schweigendem Drittschuldner nur diese Zahlungs-, nicht aber eine Auskunftsklage für zulässig.

Kosten und Gebühren

13a) Gericht: Gebühren nach KV 8210 GKG.

b) Anwalt: normale Gebühren des Erkenntnisverfahrens, VV 3100 ff. RVG, die auch die Streitverkündung abdecken.

Fristen und Rechtsmittel

14. Die des normalen, hier arbeitsgerichtlichen Klageverfahrens, → Form. IV.D.1, sowie weitere Muster.

Vollstreckungsschutz bei laufenden Bezügen

14. Schuldnerantrag auf Erhöhung des Pfandfreibetrages (§ 850f Abs. 1 ZPO)

An das
Amtsgericht . . . . .
Vollstreckungsgericht[1]

Antrag nach § 850f Abs. 1 ZPO
In der Vollstreckungssache

. . . . .
– Gläubiger –
gegen
. . . . .
– Schuldner –
beantrage ich namens und in Vollmacht des Schuldners zu beschließen:
In Abänderung des Pfändungsbeschlusses dieses Gerichtes vom . . . . . Az. . . . . . wird gem. § 850f Abs. 1 Nr. 2 ZPO dem Schuldner abweichend von § 850c Abs. 1 ZPO ein Betrag von 1.380 EUR statt 1.259,99 EUR als unpfändbar belassen.

Begründung:

Gemäß beigefügtem Attest des behandelnden Arztes ist der Schuldner erkrankt und benötigt besondere Diätkost, für die monatliche Mehrkosten von ca. 120 EUR entstehen.[2] **Daher muss der Pfändungsfreibetrag entsprechend heraufgesetzt werden.**[3]
Rechtsanwalt[4, 5]

Anmerkungen

1. Da der Antrag keine Erinnerung ist, sondern Abänderung bezweckt (LG Berlin Rpfleger 1977, 224), entscheidet der Rechtspfleger. Der Beschluss ist Gläubiger, Schuldner und Drittschuldner von Amts wegen zuzustellen (*Stöber/Rellermeyer* Forderungspfändung C.445).

2. Der Gläubiger, der zu hören ist, kann zB Kostentragung durch die Krankenkasse einwenden oder dass – bei hohem Schuldnereinkommen – die Belastung aus dem pfandfreien Betrag zu tragen ist.

3. Weitere Fälle:

- § 850f Abs. 1 Nr. 1 ZPO: der notwendige Lebensunterhalt nach SGB II oder SGB XII liegt ausnahmsweise über dem Pfändungsfreibetrag; der Schuldner hat durch eine Bescheinigung des für ihn zuständigen Sozialhilfeträgers nachzuweisen, dass die ihm belassenen Mittel das Existenzminimum unterschreiten; dies kommt zB bei hohen Mietkosten in Betracht. Ob hier bei der Berechnung auch Mitglieder der Bedarfsgemeinschaft zu berücksichtigen sind, ist str. (hierzu BGH NJW 2018, 954 mwN).
  § 850f Abs. 1 Nr. 1 ZPO findet auch Anwendung bei der Vollstreckung von Unterhaltsforderungen nach § 850d ZPO (BGH NJW-RR 2004, 506).
  § 850f Abs. 1 Nr. 2 ZPO: besonders hohe Fahrtkosten zum Arbeitsplatz (LG Mühlhausen VuR 2016, 357: bei mehr als 20 km); generell besondere Aufwendungen, um die Berufstätigkeit zu ermöglichen.

- § 850f Abs. 1 Nr. 3 ZPO: Es sind bspw. mehr als die fünf in § 850c ZPO berücksichtigten Unterhaltsberechtigten vorhanden. Faktische Unterhaltszahlungen werden hier nicht berücksichtigt (BGH NJW 2018, 954).

Zu prüfen ist parallel auch immer, ob ggf. Antragstellung nach § 765a ZPO in Betracht kommt.

Kosten und Gebühren

4. a) Gericht: keine Gebühr.
b) Schuldneranwalt: 0,3 Gebühr nach VV 3309 RVG.
c) Gläubigeranwalt: keine besondere Gebühr neben der 0,3 Pfändungsgebühr nach VV 3309 RVG, auch nicht für den Gläubigerantrag nach § 850f Abs. 2 ZPO (Zöller/*Herget* ZPO § 850f Rn. 21).

Fristen und Rechtsmittel

5. Da nach Anhörung entschieden wird, sofortige Beschwerde → Form. III.A.13.

15. Schuldnerantrag bei sonstigen laufenden Einkünften (§ 850i ZPO)

An das
Amtsgericht . . . . .
Vollstreckungsgericht[1]

Antrag nach § 850i ZPO
In der Vollstreckungssache

. . . . .
– Gläubiger –
gegen
. . . . .
– Schuldner –
beantrage ich namens und in Vollmacht des Schuldners zu beschließen:
Der Pfändungsbeschluss dieses Gerichtes vom . . . . . Az. . . . . . wird dahin geändert, dass die Pfändung für einen Teilbetrag von . . . . . EUR aufgehoben und dieser Teilbetrag dem Schuldner belassen wird.[2, 3]

Begründung:

Gepfändet ist Architektenhonorar des Schuldners. Gemäß beigefügter Bestätigung des Bauherrn, für deren Richtigkeit ich mich auf dessen Zeugnis berufe, hat das Projekt den Schuldner 2 Monate voll in Anspruch genommen, nämlich vom . . . . . bis . . . . .. Da ein Anschlussauftrag fehlt, ist es angemessen, dem Schuldner vom Pfandbetrag dreimal den monatlichen Pfändungsfreibetrag gem. § 850c ZPO für sich, seine Ehefrau und seinen Sohn zu belassen.[4]
Da ausweislich der Bescheinigung in erheblichem Maße Sonntags- und Nachtarbeit erforderlich war, ist in entsprechender Anwendung von § 850a Nr. 1 ZPO zusätzlich ein Betrag von 5 % des Gesamthonorars pfandfrei zu belassen. Zudem sind dem Schuldner für den benannten Zeitraum die Beiträge zum Versorgungswerk iHv zusammen . . . . . EUR zu belassen.[5] **Bescheinigung über die Beitragshöhe ist beigefügt.**
Rechtsanwalt[6, 7]

Anmerkungen

1. Da keine Erinnerung, entscheidet der Rechtspfleger (*Stöber/Rellermeyer* Forderungspfändung C.518 mwN).

2. Der Antrag wird unzulässig, wenn die Vollstreckung beendet ist, also Drittschuldner an Gläubiger gezahlt hat (BLHAG ZPO § 850i Rn. 5).

3. § 850i Abs. 1 ZPO bringt zum einen Pfändungsschutz für Freiberufler, Selbständige, Künstler etc (vgl. Aufzählung bei BGH NJW-RR 2004, 644), die kein laufendes Arbeitseinkommen iSv § 850 ZPO haben. Daher zB auch Anwendung auf wiederkehrend gezahlte Lizenzgebühren (BGH NJW-RR 2004, 644) und echte Abfindungen nach §§ 9 ff. KSchG (BAG NJW 2015, 107 Rn. 16aE; Zöller/*Herget* ZPO § 850i Rn. 1). Ähnlichen Schutz für Landwirte bietet § 851a ZPO und für Vermieter und Verpächter, allerdings nur für Grundstücksunterhaltung, § 851b ZPO.

Zum anderen erfasst die Norm unter dem Begriff „sonstige Einkünfte" auch den selbst erwirtschafteten Lebensunterhalt, dh Einkünfte aus Kapitalvermögen, aus Vermietung und Verpachtung, Kaufpreisraten, Erbbauzinsen etc die nicht auf persönlich geleisteten Arbeiten oder Diensten beruhen (BGH NJW-RR 2014, 1197; BGH NJW-RR 2019, 1520; BGH NZI 2018, 899). Diese können aber nur für unpfändbar erklärt werden, wenn der Schuldner nicht aus anderen Quellen über pfändungsfreies Einkommen verfügt (BGH NJW-RR 2016, 761).

4. Die Einkünfte sind auf den Zeitraum zu verteilen, für den sie das alleinige Einkommen des Schuldners darstellen (BLHAG ZPO § 850i Rn. 6). §§ 850a, c, d, e u. f ZPO sind entsprechend anzuwenden (*Stöber/Rellermeyer* Forderungspfändung C.520). Werbungskosten sind analog § 850a Nr. 3 ZPO zu berücksichtigen (BGH NJW 2003, 2167).

5. So BGH NJW-RR 2009, 410.

Kosten und Gebühren

6. → Form. III.B.14.

Fristen und Rechtsmittel

7. Da nach Anhörung entschieden wird, sofortige Beschwerde, → Form. III.A.13.

16. Schuldnerantrag gegen Kontenpfändung (§ 907 Abs. 1 und § 906 Abs. 2 ZPO)

An das
Amtsgericht . . . . .
Vollstreckungsgericht

Antrag nach § 907 Abs. 1 ZPO
und § 906 Abs. 2 ZPO[1]
In der Vollstreckungssache

. . . . .
– Gläubiger –
gegen
. . . . .
– Schuldner –
beantrage ich namens und in Vollmacht des Schuldners zu beschließen:
Es wird angeordnet, dass das Guthaben auf dem Pfändungsschutzkonto des Schuldners bei der . . . . .-Bank, Konto Nr. . . . . für die Dauer von zwölf Monaten der Pfändung nicht unterworfen ist, § 907 Abs. 1 ZPO.
Hilfsweise beantrage ich zu beschließen:
Der monatliche Pfändungsfreibetrag wird gem. § 906 Abs. 2 ZPO in Höhe der jeweiligen vom Arbeitgeber . . . . . monatlich geleisteten variierenden Gehaltszahlung festgesetzt.[2]

Begründung:

Der Schuldner hat zwei Unterhaltsverpflichtungen (ist auszuführen). Auf dem Pfändungsschutzkonto des Schuldners gehen regelmäßig nur unpfändbare Einkünfte ein.[3] **Die Gehaltszahlungen schwanken der Höhe nach, liegen aber aufgrund der unpfändbaren Lohnbestandteile und der vorliegenden Gehaltspfändung durchgehend unter dem Pfändungsfreibetrag. Vom Arbeitgeber wird dabei regelmäßig ein unpfändbarer überschießender Betrag iSd § 850c Abs. 3 ZPO auf das Konto mitüberweisen, den die Bescheinigung gem. §§ 903, 902 ZPO nicht erfasst. Die Gehaltsabrechnungen und die Kontoauszüge der letzten sechs Monate sind beigefügt. Ferner ist zur Glaubhaftmachung eine Erklärung des Arbeitgebers beigefügt, dass sich die Gehaltshöhe in den nächsten 12 Monaten voraussichtlich nicht ändern wird.**[4, 5, 6]

Anmerkungen

1. § 907 Abs. 1 ZPO erfasst nur Pfändungsschutzkonten iSd § 850k ZPO. Schuldner ohne ein solches Konto können daher keinen adäquaten Pfändungsschutz für laufendes Einkommen mehr beantragen und müssen ihr Konto binnen eines Monats ab Zustellung des Überweisungsbeschlusses in ein Pfändungsschutzkonto umwandeln, § 899 Abs. 1 S. 2 ZPO, um rückwirkenden Pfändungsschutz zu erlangen. Strittig ist, ob mit dem unpfändbaren Einkommen die Unpfändbarkeit „an der Quelle" oder der (aufgestockte) Sockelbetrag nach § 850k Abs. 1 und 2 ZPO gemeint ist (vgl. Zöller/*Herget* ZPO § 850l Rn. 4b).

2. In Betracht kommt gerade bei Doppelpfändung von Lohn und Gehalt und Bankkonto ein Antrag gem. § 906 Abs. 2 ZPO. Dieser kann im Fall von schwankendem Arbeitseinkommen sogar unbeziffert auf die Anordnung gerichtet sein, dass sich der monatliche Freibetrag nach dem vom Arbeitgeber überwiesenen Arbeitseinkommen richtet (BGH NJW 2012, 79). Sonst kann der Schuldner über Kontoguthaben aus unpfändbaren Bezügen nach § 850a ZPO und insb. dem unpfändbaren Mehrbetrag gem. § 850c Abs. 3 ZPO nicht verfügen (Zöller/*Herget* ZPO § 850k Rn. 8). Nachzahlungen von Geldleistungen werden über § 904 ZPO geschützt. Der Schuldner benötigt je nach Art der Leistung entweder eine Bescheinigung einer zuständigen Stelle oder einen Beschluss des Vollstreckungsgerichts, § 904 Abs. 4 und 5 ZPO.

3. Der Anwendungsbereich des § 907 Abs. 1 ZPO ist begrenzt. In vielen Fällen wird der Pfändungsschutz des Pfändungsschutzkontos gem. § 906 Abs. 2 ZPO bereits ausreichen. Der Antrag entlastet allerdings die kontoführende Bank, die möglicherweise daher darauf dringen wird.

4. Für die letzten sechs Monate ist der Nachweis zu führen, dass die Einkünfte ganz überwiegend unpfändbar waren, § 286 ZPO. Hierzu hat der Schuldner in der Regel die Kontoauszüge für diesen Zeitraum vorzulegen (Zöller/*Herget* ZPO § 850l Rn. 3). Für die folgenden sechs Monate, § 907 Abs. 1 Nr. 2 ZPO, muss dies glaubhaft gemacht werden, § 294 ZPO (Musielak/Voit/*Flockenhaus* ZPO § 850l Rn. 2). Dies wird insb. bei regelmäßigem Arbeitseinkommen mit der Möglichkeit von (teilweise pfändbaren) Einmalzahlungen nicht einfach sein, außer der Gläubiger pfändet bereits parallel den Lohn.

Kosten und Gebühren

5. a) Gericht: keine Gerichtsgebühren
b) Anwalt: 0,3 Gebühr nach VV 3309 RVG

Fristen und Rechtsmittel

6. Da in diesem Rahmen nach Anhörung entschieden wird, sofortige Beschwerde → Form. III.A.13.

Zwangshypothek

17. Antrag auf Eintragung einer Zwangshypothek bei Grundstück, Erbbaurecht, Wohnungseigentum (§ 867 ZPO)

a) Grundstück (hier: hälftiger Miteigentumsanteil an zwei Grundstücken auf einem Grundbuchblatt)
An das
Amtsgericht . . . . .
Grundbuchamt[1]

Antrag auf Eintragung einer Zwangshypothek

des . . . . .
– Gläubiger –
gegen
. . . . .
– Schuldner –[2]
Namens und in Vollmacht[3] des Gläubigers beantrage ich
wegen nachfolgender Ansprüche[4] des Gläubigers eine Zwangshypothek auf dem hälftigen Miteigentumsanteil des Schuldners an dem Grundstück in . . . . ., FlSt.-Nr. . . . . ., eingetragen[5] . . . . . im Grundbuch von . . . . . Bd. . . . . . Bl. . . . . ., einzutragen;[6]
Forderungsaufstellung:
. . . . .[7]
und zwar zu . . . . . EUR der Hauptforderung zzgl. Zinsen iHv . . . . . Prozentpunkten über dem Basiszinssatz[8] darauf seit . . . . . auf dem Miteigentum des Schuldners an dem Grundstück Bestandsverzeichnis Nr. 1, FlSt.-Nr. . . . . . und für die restliche Forderung von . . . . . (mit Zinsen und Kosten anzugeben) auf dem Miteigentum des Schuldners an dem Grundstück Bestandsverzeichnis Nr. 2, FlSt.-Nr. . . . . .[9]
Titel und Vollstreckungsunterlagen erbitte ich anschließend zurück.

Die Kosten des Eintragungsantrages berechne ich nachstehend.[10, 11]
Rechtsanwalt
b) Wohnungseigentum
. . . . .[2]
auf dem Wohnungseigentum des Schuldners in (Anschrift), eingetragen im Wohnungs-Grundbuch von . . . . . Bd. . . . . . Bl. . . . . ., einzutragen
. . . . . (iÜ wie a.)[12]
c) Erbbaurecht
. . . . .[2]
auf dem Erbbaurecht des Schuldners auf dem Grundstück in (Anschrift) eingetragen im Erbbaugrundbuch von . . . . . Bd. . . . . . Bl. . . . . . einzutragen.
Die Zustimmung des Grundstückseigentümers füge ich in notariell beglaubigter Form bei.[13]
. . . . . (iÜ wie oben a.)
Rechtsanwalt[14, 15]

Anmerkungen

1. Zuständig ist das Grundbuchamt des Amtsgerichts der Grundstücksbelegenheit, § 1 GBO. Der Antrag ist formlos zulässig. Rücknahme und Löschung aber nur in notariell beglaubigter Form, wegen § 29 GBO.

Wirtschaftlich wird dieser Antrag nur ausnahmsweise Erfolg haben. Denn bei Gewerbegrundstücken regelmäßig und bei Wohngrundstücken jedenfalls in den ersten Jahren nach Bau oder Erwerb sind die werthaltigen Rangstellen für die Finanzierung häufig ausgeschöpft. Gleichwohl kann in manchen Fällen hierdurch im Falle einer beabsichtigten freihändigen Verwertung zumindest ein „Lästigkeitswert" für die Löschungsbewilligung beim vorrangigen Gläubiger erzielt werden. Anders auch in Zeiten deutlich steigender Immobilienpreise.

2. Volles Rubrum mit Anschriften und Bevollmächtigten

3. Wenn der Anwalt nicht schon im Titel als Bevollmächtigter des Gläubigers ausgewiesen ist, ist schriftliche Vollmacht beizufügen.

4. Vorzulegen ist ein vollstreckbarer zugestellter Titel, § 750 ZPO. Die nicht titulierten bisherigen Vollstreckungskosten sind zu belegen → Form. III.B.1 Anm. 45. Für mehrere Titel, so Urteil und Kostenfestsetzungsbeschluss, kann „eine einheitliche Sicherungshypothek eingetragen werden", § 866 Abs. 3 S. 2 ZPO. Die Gesamtforderung einschließlich Kosten, ohne Zinsen, muss 750 EUR übersteigen, § 866 Abs. 3 S. 1 ZPO. Forderungsaufstellung folgt bei → Anm. 7.

5. Schuldner muss Eigentümer und eingetragen sein (Ausnahmen bei *Stöber/Keller* ZVG Einl. Rn. 298).

6. Mit Eintragung hat der Gläubiger nur eine Sicherung erlangt. Sie wird kraft Gesetzes unwirksam (§ 88 InsO), wenn binnen eines Monats nach Eintragung Antrag auf Eröffnung des Insolvenzverfahrens gestellt und das Verfahren eröffnet wird.

7. Alle zu vollstreckenden Forderungen einschließlich Zinsen, wie → Form. III.B.8 Anm. 14. Für die Zinsen wird dabei vertreten, dass diese nicht kapitalisiert werden können, sondern nur so wie tituliert anzugeben sind (KG BeckRS 2017, 105318 mwN).

8. Für variable Verzugszinsen und damit auch für einen an § 288 BGB ausgerichteten gleitenden Zinssatz muss ein Höchstzinssatz entgegen der früher aA nicht angegeben werden (BGH NJW 2006, 1341; Zöller/*Seibel* ZPO § 867 Rn. 10).

9. Regelmäßig soll eine Forderung nur mit einer Zwangshypothek besichert werden (Ausnahmen bei *Stöber/Keller* ZVG Einl. Rn. 342). Bei Belastung mehrerer Grundstücke – auch auf einem Grundbuchblatt (!), § 4 GBO – muss die Forderung auf die einzelnen Grundstücke verteilt werden, § 867 Abs. 2 ZPO. Sonst erfolgt ungünstigstenfalls kurzerhand Antragsabweisung, richtigerweise aber eine – nicht rangwahrende – Zwischenverfügung (BGH NJW 1958, 1090; Zöller/*Seibel* ZPO § 867 Rn. 4). Verteilung auch bei mehreren getrennten Grundstücken erforderlich (BGH NJW 1991, 2022), was durch Eintragung auf dem Titel, § 867 Abs. 1 S. 1 ZPO gesichert wird. In jeweils voller Höhe seiner Forderung kann der Gläubiger sich den Rang an zwei Schuldnergrundstücken sichern, indem er auf dem ersten Grundstück eine Zwangshypothek eintragen lässt und dann für das zweite Grundstück die Zwangsversteigerung beantragt.

Will der Gläubiger, etwa um sich auf einem anderen Grundstück rangbesser zu sichern, auf eine Zwangshypothek verzichten, muss er nach § 1168 BGB vorgehen; (dazu, mit Formulierungsvorschlag, *Bruder* NJW 1990, 1163).

10. Die Antragskosten sind nur zu berechnen, nicht in die einzutragende Forderung aufzunehmen, da das Grundstück für sie kraft Gesetzes haftet, § 867 Abs. 1 S. 2 ZPO. Sonst evtl. Zurückweisung (*Löscher* Rpfleger 1960, 355), richtigerweise aber nur Nichteintragung dieser Kosten (*Stöber/Keller* ZVG Einl. Rn. 354).

11. Da der Miteigentumsanteil, zumal bei einem Einfamilienhaus, selten Marktwert hat, weitere Vollstreckung durch Pfändung des Anspruches auf Aufhebung der Gemeinschaft und Versteigerung des Gesamtgrundstücks im Wege der Teilungsversteigerung, „großes Antragsrecht" → Form. III.B.8 Anm. 56 und → Form. III.B.17.

12. Wohnungs- oder Teileigentum unterliegt als besonders ausgestalteter Grundstücksmiteigentumsanteil wie ein solcher der Vollstreckung. Anzugeben ist die Wohnungsgrundbuchstelle, § 7 WEG.

13. Auch ins Erbbaurecht kann wie in ein Grundstück vollstreckt werden, § 11 ErbbauRG. Anzugeben ist die Erbbaugrundbuchbezeichnung, § 14 ErbbauRG. Ist für Belastungen Zustimmung des Eigentümers nach § 5 ErbbauRG vereinbart, muss diese vor Eintragung in der Form des § 29 GBO nachgewiesen werden, § 15 ErbbauRG. Bei grundloser Weigerung kann das Recht auf Zustimmung und Ersetzung nach § 7 ErbbauRG zur Ausübung gepfändet und die Zustimmung durch das Gericht ersetzt werden (BGH NJW 1960, 2093; *Stöber/Rellermeyer* Forderungspfändung E.92).

Kosten und Gebühren

14a) Gericht: 1,0 Gebühr KV 14121 GNotKG. Bei Verteilung auf mehrere Grundstücke liegen mehrere Zwangshypotheken vor, für die jeweils gesondert die Eintragungsgebühr erhoben wird.

b) Anwalt: besondere 0,3 Vollstreckungsgebühr nach § 18 Abs. 1 Nr. 11 RVG, VV 3309 RVG.

Fristen und Rechtsmittel

15. Da das Grundbuchamt tätig wird, sind bei unberechtigter Eintragung oder unberechtigter Ablehnung die Rechtsbehelfe nach der Grundbuchordnung gegeben, einfache (nicht fristgebundene) Beschwerde, § 71 GBO zum LG und weitere Beschwerde zum OLG. Gegen eine zu Unrecht erfolgte Eintragung kann sie meist nur zur Eintragung eines Amtswiderspruchs zur Verhinderung gutgläubigen Erwerbs führen, § 71 Abs. 2 GBO.

Zwangsversteigerung

18. Zwangsversteigerungsantrag für Grundstück, Erbbaurecht, Wohnungseigentum

a. Bei persönlicher Forderung[1]
An das
Amtsgericht . . . . .
Vollstreckungsgericht[2]

Zwangsversteigerungsantrag

. . . . .[3]
Der Schuldner ist als Eigentümer des Grundstücks (oder zB: als Miteigentümer zu $^1/_2$) an dem Grundstück . . . . .[4]
(oder: als Erbbauberechtigter des Erbbaurechts auf dem Grundstück . . . . .[5])
(oder: als Wohnungseigentümer auf dem Grundstück . . . . .[6])
in . . . . ., ...-Straße Nr. . . . . ., FlSt.-Nr. . . . . ., im Grundbuch (oder: im Erbbaugrundbuch; oder: im Wohnungsgrundbuch) von . . . . . Bd. . . . . . Bl. . . . . .[7] eingetragen. Ich beziehe mich insoweit auf die angegebene Grundbuchstelle.[8]
Wegen nachfolgender Ansprüche des Gläubigers sowie wegen der Kosten dieses Verfahrens von . . . . . EUR Anwaltskosten, ... EUR Kosten für beglaubigten Grundbuchauszug und ca. . . . . . EUR Reisekosten zum Versteigerungstermin[9] beantrage ich namens und in Vollmacht des Gläubigers,

die Zwangsversteigerung dieses Grundstücks
(oder: des Miteigentums des Schuldners an diesem Grundstück)
(oder: dieses Erbbaurechts)
(oder: dieses Wohnungseigentums)

anzuordnen.
Forderungsaufstellung:
. . . . .[10]
Zugleich beantrage ich,

den Anordnungsbeschluss dem Pächter (Mieter) des Grundstücks, Herrn . . . . ., zuzustellen.[11]

Rechtsanwalt

b. Bei dinglich gesicherter Forderung[12]
. . . . .[3]
Nach dem Urteil des . . . . .gerichts . . . . . vom . . . . . Az. . . . . ., dessen vollstreckbare zugestellte Ausfertigung ich beifüge, ist der Schuldner zur Duldung der Zwangsvollstreckung in das Grundstück (Anschrift, FlSt.-Nr.), eingetragen im Grundbuch von . . . . . Bd. . . . . . Bl. . . . . ., aus der in Abteilung III Nr. . . . . . eingetragenen Grundschuld über . . . . . EUR zzgl. . . . . . % Zinsen ab . . . . . verpflichtet.[13]
Wegen dieses dinglichen Anspruches[14] sowie wegen der Kosten für
- die Erwirkung des dinglichen Titels
- und diesen Antrag[15]

beantrage ich namens und in Vollmacht des Gläubigers,

die Zwangsversteigerung des genannten Grundstücks anzuordnen.

Rechtsanwalt[16, 17]

Anmerkungen

1. Man kann neben oder vor dem Versteigerungsantrag eine Zwangshypothek beantragen, vgl. § 866 Abs. 2 ZPO. Da auch die Eintragung des Zwangsversteigerungsvermerks bzw. der Beitritt (→ Form. III.B.19) den Rang sichern, ist das wegen der Kosten nur sinnvoll, wenn vor der Zwangsversteigerung noch andere Vollstreckungsmaßnahmen erfolgen sollen.

Wirtschaftlich hat der Antrag eines bislang dinglich nicht am Grundstück besicherten Gläubigers nur ausnahmsweise Erfolg. Denn die werthaltigen Rangstellen sind idR durch Grundpfandrechte belegt (→ Form. III.B.17 Anm. 1).

Gegen den Antrag kann aber nicht gem. § 765a ZPO mit dem Argument vorgegangen werden, es sei aufgrund der Vorbelastungen mit keiner Befriedigung des antragstellenden Gläubigers zu rechnen. § 803 Abs. 2 ZPO gilt in der Immobiliarvollstreckung nicht. Auch fehlt dem Gläubiger dann nicht das Rechtsschutzbedürfnis für den Antrag (BGH NZM 2004, 347).

2. Zuständig ist für Zwangsversteigerung das Vollstreckungsgericht, § 15 ZVG, örtliche Zuständigkeit nach § 1 ZVG beim AG der Grundstücksbelegenheit.

3. Rubrum, Eingang und Forderungsaufstellung → Form. III.B.6.

4. Wirtschaftlich ist die Versteigerung nur des Anteils („kleines Antragsrecht") nicht zu empfehlen, → Form. III.B.17 Anm. 8.

5. Nach hM (BGH NJW 1960, 2093; *Stöber/Keller* ZVG § 15 Rn. 92 mwN) muss eine nach § 5 ErbbauRG erforderliche Veräußerungszustimmung des Grundeigentümers erst bei Zuschlag, nicht schon bei Anordnung vorliegen, → Form. III.B.17 Anm. 10. Bei Zwangsverwaltung ist Zustimmung nicht erforderlich (*Furtner* NJW 1966, 182).

6. Auch beim Wohnungseigentum kann zur Veräußerung die Zustimmung Dritter erforderlich sein, § 12 Abs. 3 S. 2 WEG. Auch hier muss sie erst bei Zuschlag vorliegen. Der Gläubiger kann sie direkt, ohne vorherige Pfändung des Zustimmungsanspruches, verlangen, nach § 43 Abs. 1 WEG oder durch Klage, (vgl. *Stöber/Keller* ZVG § 15 Rn. 392).

7. Zu den Antragserfordernissen vgl. § 16 ZVG.

8. Nur zulässig, wenn das Grundbuch, wie regelmäßig, beim gleichen Gericht geführt wird, § 17 Abs. 2 S. 2 ZVG. Sonst muss Zeugnis über die Eintragung des Schuldners als Eigentümer vorgelegt werden, § 17 Abs. 2 S. 1 ZVG.

9. Alle zu vollstreckenden Forderungen einschließlich Zinsen, wie → Form. III.B.8 Anm. 14.

10. Für Verfahrenskosten → Anm. 15 haftet das Grundstück kraft Gesetzes im Rang der Hauptforderung, § 10 Abs. 2 ZVG. Sie sind aber anzumelden und Berechnung im Antrag erspart gesonderte Anmeldung, § 114 Abs. 1 S. 2 ZVG (*Stöber/Achenbach* ZVG § 10 Rn. 114 ff.).

11. Um Verfügungen des Schuldners über die Miete zu verhindern, vgl. § 57b Abs. 1 ZVG. Alternativer Antrag: „Ermittlungen nach den Pächtern oder Mietern anzustellen." (näher *Stöber/Gojowczyk* ZVG § 57b Rn. 15).

12. Zur Vollstreckung im Range einer Reallast, Hypothek oder Grundschuld benötigt der Gläubiger einen Duldungstitel gegen den Eigentümer, §§ 1147, 1192, 1107 BGB, sofern er nicht bei Bestellung der Belastung durch vollstreckbare notarielle Urkunde geschaffen wurde, § 800 ZPO. Für die Zwangshypothek ist gem. § 867 Abs. 3 ZPO ein besonderer dinglicher Titel für die Zwangsversteigerung nicht mehr erforderlich. Die Klage auf Duldung verteuert und verzögert das Verfahren erheblich. Die Vollstreckung aus der persönlichen Forderung wäre nachrangig.

13. Zur dinglichen Klage → Form. II.I.12.

Der dingliche Titel ermöglicht gem. §§ 1147, 1123 BGB auch den vorrangigen Zugriff auf die aus Vermietung des Grundstücks bestehenden Mietforderungen. Dies gilt nicht für die Zwangshypothek (BGH NJW 2008, 1599).

14. Wenn zugleich, etwa bei vollstreckbarer Urkunde, auch aus dem persönlichen Anspruch vollstreckt werden soll, ist dies vorsorglich anzugeben, auch wenn der Antrag des Gläubigers ggf. auszulegen ist (*Stöber/Keller* ZVG § 15 Rn. 19).

15. Für alle nicht aus dem Grundbuch ersichtlichen Ansprüche ist Anmeldung erforderlich, entweder schon im Antrag (dann hier mit genauer Spezifizierung) oder spätestens bis zum Beginn der Bietungsstunde, § 37 Nr. 4 mit § 45 ZVG (*Stöber/Gojowczyk* ZVG § 45 Rn. 7). Bei eingetragenen Rechten sind anzumelden vor allem die Rechtsverfolgungskosten sowie rückständige Zinsen (näher zur Anmeldung *Stöber/Gojowczyk* ZVG § 45 Rn. 10 ff., 20 ff.). Bei verspäteter Anmeldung droht Rangverlust, bei Unterlassung Anspruchsverlust. Für noch nicht entstandene Kosten können Pauschalen angesetzt werden, die vor Aufnahme in den Teilungsplan zu spezifizieren sind (*Dassler/Schiffhauer/Gerhardt,* ZVG, 12. Aufl. 1991, § 10 Anm. XI.).

Kosten und Gebühren

16. a) Gericht: Für die Entscheidung über den Antrag wird jetzt eine Festgebühr von 110 EUR erhoben, KV 2210 GKG, für das weitere Verfahren idR insges. 2 Gerichtsgebühren, vgl. KV 2211 ff. GKG.

b) Anwalt: für die Tätigkeit im Zwangsversteigerungsverfahren (dh zB für den Zwangsversteigerungsantrag) bis zur Einleitung des Verteilungsverfahrens erhält der Anwalt eine 0,4 Gebühr nach VV 3311 Nr. 1 RVG. Nimmt der Anwalt an einem Versteigerungstermin teil, fällt eine 0,4 Gebühr nach VV 3312 RVG an. Mit der Tätigkeit im anschließenden Verteilungsverfahren verdient der Anwalt eine weitere 0,4 Gebühr nach VV 3311 Nr. 2 RVG.

c) Gegenstandswert: Für die Gerichtskosten gem. § 54 Abs. 1 GKG der gem. § 74a Abs. 5 ZVG festgesetzte Verkehrswert. Für die Rechtsanwaltsgebühren gem. § 26 Nr. 1 RVG der Wert der zu vollstreckenden Forderung einschließlich Nebenforderungen; maximal wiederum der vom Gericht gem. § 74a Abs. 5 ZVG festgesetzte Verkehrswert.

Fristen und Rechtsmittel

17. Der Schuldner, der bei Anordnung nicht gehört wird, hat die einfache Erinnerung, § 766 ZPO. Der Gläubiger hat, wenn die Anordnung der Versteigerung abgelehnt wird, die sofortige Beschwerde nach § 11 RPflG, § 95 ZVG, binnen zwei Wochen (näher *Stöber/Keller* ZVG § 15 Rn. 31 ff.).

Der früher gerne im letzten Moment erhobenen Vollstreckungsabwehrklage gem. § 767 ZPO wegen verjährter dinglicher Zinsen hat der BGH zumindest für offensichtliche Missbrauchsfälle den Boden entzogen (grds. BGH NJW 2017, 674).

19. Antrag auf Zwangsversteigerungsbeitritt

An das
Amtsgericht . . . . .
Vollstreckungsgericht

Antrag auf Zwangsversteigerungsbeitritt[1]

. . . . .[2]

beantrage ich namens und in Vollmacht des Gläubigers,
wegen nachfolgender Ansprüche den Beitritt zu der mit Beschl. v. . . . . . Az . . . . . für dieses Grundstück bereits angeordneten[3] **Zwangsversteigerung**[4] **zuzulassen.**
Forderungsaufstellung:
. . . . .[5]
Rechtsanwalt[6, 7]

Anmerkungen

1. Es kann auch ohne Nachteil Zwangsversteigerung → Form. III.B.18 beantragt werden. Das führt kraft Gesetzes zum Beitritt, § 27 Abs. 1 ZVG, wenn schon Zwangsversteigerung angeordnet ist. Der Beitrittsantrag wird automatisch als Anordnungsantrag behandelt, wenn der Vorantrag zB durch Rücknahme wegfällt (*Stöber/Keller* ZVG § 27 Rn. 4 f.).

2. Rubrum → Form. III.B.18.

Ob für den Beitritt der Eintragungsnachweis nach § 17 Abs. 2 ZVG erforderlich ist, ist str. (vgl. *Stöber/Keller* ZVG § 27 Rn. 13), deswegen vorsorglich geboten.

3. Die dortige Beschlagnahme wirkt mit der Zustellung des den Beitritt zulassenden Beschlusses auch für den Beitretenden, § 27 Abs. 2 ZVG, aber erst von seinem Beitritt an (BGH NJW-RR 1988, 1274).

4. Der Beitrittsantrag kann auch bei aussichtslosem Rang nützlich sein, vgl. „Taktische Hinweise" bei *Storz,* Praxis des Zwangsversteigerungsverfahrens, 13. Aufl. 2021, Abschn. C. 1. 4. 4.

5. Alle zu vollstreckenden Forderungen einschließlich Zinsen, wie → Form. III.B.8 Anm. 14.

Kosten und Gebühren

6.→ Form. III.B.18, da der Beitrittsantrag rechtlich ein selbständiges Versteigerungsverfahren einleitet.

Fristen und Rechtsmittel

7. → Form. III.B.18.

20. Antrag auf Einstellung der Zwangsversteigerung (§§ 30, 30a ZVG)

a) Erneuter Gläubigerantrag, § 30 ZVG

An das

Amtsgericht . . . . .

Vollstreckungsgericht

Einstellungsantrag

In der Zwangsversteigerungssache

. . . . .

– Gläubiger –

gegen

. . . . .

– Schuldner –

nehme ich Bezug auf die Einstellungsbewilligung des Gläubigers vom . . . . .[1]

Namens und in Vollmacht des Gläubigers beantrage ich,

die Fortsetzung des Versteigerungsverfahrens und bewillige zugleich die erneute einstweilige Einstellung.[2]

Die Verhandlungen über eine außergerichtliche Erledigung sind noch nicht abgeschlossen.[3]

Rechtsanwalt

b) Schuldnerantrag, § 30a ZVG[4]

. . . . .

beantrage ich namens und in Vollmacht des Schuldners,

das am . . . .[5] angeordnete Versteigerungsverfahren einstweilen bis . . . . .[6] einzustellen.

Begründung:

1. Nach der beigefügten Bescheinigung des . . . . . wird es das Grundstück in den nächsten Wochen zu ca. . . . . . EUR aufkaufen. Dieser Preis deckt die Forderung beider betreibender Gläubiger. Der Schuldner hat, wie aus dem weiter beigefügten Schreiben hervorgeht, dem Gläubiger die Abtretung des Kaufpreises in entsprechender Höhe angeboten, um die Versteigerung zu vermeiden.[7]

2. Da das Grundstück bisher als Ackerland genutzt und verkauft werden sollte, besteht die Gefahr eines Wertverlustes nicht.

3. Da nach den Ausführungen zu 2. der Schuldner bis zum Verkauf höhere Leistungen als bisher auf die Zinsen nicht erbringen kann, bitte ich von einer Anordnung nach § 30a Abs. 3 ZVG abzusehen.[8]

Rechtsanwalt[9, 10, 11]

Anmerkungen

1. Der Gläubiger kann das Versteigerungsverfahren einstweilen einstellen lassen, zB wenn Leistung des Schuldners oder eines Dritten außergerichtlich in Aussicht steht. Er muss aber binnen 6 Monaten Fortsetzung beantragen, sonst Verfahrensaufhebung, § 31 Abs. 1 ZVG, mit Verlust der Beschlagnahmewirkung! **Also Frist ab Einstellung notieren!**

Der Antrag kann noch bis zur vollständigen Verkündung des Zuschlags gestellt werden. Dann allerdings nur noch mit der Folge der Zuschlagsversagung, § 33 ZVG (BGH NJW-RR 2007, 1005).

2. Der Gläubiger kann nur zweimal für jeweils maximal sechs Monate einstellen lassen, § 30 Abs. 1 S. 2 ZVG. Schließt die zweite Einstellung an die Erste an, ist vorsorglich wegen § 31 Abs. 1 ZVG Fortsetzung zu beantragen und zugleich erneute Einstellung zu bewilligen (*Ordemann* AcP 157, 470). Antrag auf „Verlängerung der Einstellung“ ist aber entsprechend umzudeuten (*Stöber/Nicht* ZVG § 30 Rn. 23 mwN).

3. Begründung nicht erforderlich, aber zur Information nützlich.

4. Um unnötige Wertverluste durch Versteigerung zu vermeiden, kann der Schuldner unter strengen formellen und materiellen Voraussetzungen nach § 30a ZVG Einstellung beantragen.

5. Der Antrag ist binnen einer Notfrist von 2 Wochen nach Belehrung über Antragsrecht und Antragsfrist zu stellen, § 30b Abs. 1 ZVG. Die Belehrung wird meist mit dem Anordnungsbeschluss zugestellt, vgl. § 30b Abs. 1 S. 3 ZVG.

6. Höchstens sechs Monate, § 30a Abs. 1 ZVG. Einmal kann unter noch engeren Voraussetzungen erneute Einstellung beantragt werden, § 30c ZVG. Ein Antrag nach § 765a ZPO – → Form. III.A.13 – ist neben oder nach § 30a ff. ZVG möglich (vgl. *Stöber/Nicht* ZVG § 30c Rn. 23). Zur Kombination der verschiedenen Einstellungsanträge *Stöber/Nicht* ZVG § 30 Rn. 36 ff..

7. An die Aussicht, Versteigerung zu vermeiden, stellt die Praxis mit Recht strenge Anforderungen. Vage Ankündigungen reichen nicht.

8. Der Schuldner sollte auch zum Fehlen der Voraussetzungen von § 30a Abs. 2 u. 3 ZVG vortragen, insb. dartun, weshalb er nicht wenigstens die laufenden Zinsen aufbringen kann.

9. Insolvenz hindert die Zwangsversteigerung aus dinglichem Anspruch nicht, § 49 InsO. Ein laufendes Versteigerungsverfahren wird durch Insolvenz auch nicht nach § 240 ZPO unterbrochen (AG Göttingen NZI 2000, 95 mwN). Aber der Insolvenzverwalter kann einstweilige Einstellung beantragen, § 30d ZVG. Häufigster Fall ist die beabsichtigte Verwertung eines Betriebes mit dem Betriebsgrundstück.

Auch das Prozessgericht kann auf die allgemeinen Rechtsbehelfe hin die Vollstreckung einstweilen einstellen, zB nach §§ 707, 719, 732 Abs. 2, 769–775, 785, 786 ZPO. Dies führt zur Einstellung der Zwangsversteigerung durch das Vollstreckungsgericht nach § 775 Nr. 2 ZPO.

Zur Möglichkeit, durch ständige Schuldnerschutzanträge das Verfahren faktisch zu verschleppen vgl. *Engel* Rpfleger 1981, 81 ff., mit Abhilfevorschlägen; zur Abhilfe auch OLG Köln Rpfleger 1980, 234.

Kosten und Gebühren

10. Für das Einstellungsverfahren, gleich ob auf Gläubiger- oder Schuldnerantrag, fallen gesonderte Gebühren nicht an.

a) Die Tätigkeit des Gerichtes ist mit der allgemeinen Verfahrensgebühr von 0,5 für die Zeit bis zum Beginn des Versteigerungstermins, KV 2211 GKG, danach durch die Terminsgebühr, KV 2213 GKG, abgegolten.

b) Die Tätigkeit des Anwalts wird auf Gläubiger- und Schuldnerseite, durch die allgemeine 0,4 Versteigerungsverfahrensgebühr nach VV 3311 RVG abgegolten, § 19 Abs. 1 Nr. 11 RVG. Lediglich im Verfahren nach § 765a ZPO fällt eine gesonderte Gebühr an, § 18 Abs. 1 Nr. 6 RVG.

Fristen und Rechtsmittel

11. Antragsfrist für Schuldner zwei Wochen, → Anm. 5. Gegen die Entscheidung über einen Schuldnerantrag auf Einstellung ist die sofortige Beschwerde gegeben, § 30b Abs. 3 ZVG, binnen zwei Wochen.

21. Beschwerde gegen Verkehrswertfestsetzung (§ 74a Abs. 5 S. 3 ZVG)

An das
Amtsgericht .....
Vollstreckungsgericht

Sofortige Beschwerde[1]

In der Zwangsversteigerungssache

.....
– Gläubiger –
gegen
.....
– Schuldner –
beantrage ich namens und in Vollmacht des Schuldners,[2]
den Wertfestsetzungsbeschluss[3] **in dieser Sache vom ..... aufzuheben und den Verkehrswert auf mindestens ..... EUR festzusetzen.**[4]

Begründung:

Das Sachverständigengutachten vom ....., auf dem die Festsetzung beruht, leidet unter erheblichen Mängeln ..... (näher auszuführen).
Der Verkehrswert beträgt mindestens EUR. Dies ergibt sich daraus, dass ..... (näher auszuführen).[5]
Rechtsanwalt[6, 7]

Anmerkungen

1. Der Wertfestsetzungsbeschluss ist gem. § 74a Abs. 5 S. 3 ZVG mit der sofortigen Beschwerde anfechtbar.

2. Beschwerdeberechtigt sind Beteiligte iSd § 9 ZVG; auch der Schuldner (BGH NJW-RR 2006, 1389).

3. Nach § 85a ZVG wird, um Verschleuderung zu verhindern, im 1. Versteigerungstermin der Zuschlag von Amts wegen versagt, wenn das Meistgebot die Hälfte des Verkehrswertes nicht erreicht. Nach § 74a Abs. 1 ZVG geschieht das auf Antrag bei Meistgebot unter 7/10 des Verkehrswertes. Die dafür bedeutsame Verkehrswertfestsetzung erfolgt nach § 74a Abs. 5 ZVG durch Beschluss, der vor Zuschlag, § 74a Abs. 5 S. 3 ZVG, aber nicht mehr nach Zuschlag, § 74a Abs. 5 S. 4 ZVG, anfechtbar ist.

Verweigert der Schuldner wie häufig die Innenbesichtigung, schränkt dies seine Rechte im Rahmen der sofortigen Beschwerde gegen den vom Sachverständigen vorgenommenen Sicherheitsabschlag ggf. erheblich ein (iE BGH NJW-RR 2018, 201).

4. Es kann auch Herabsetzung des Wertes beantragt werden, zB durch einen nach § 114a ZVG Beteiligten (hM, *Stöber/Becker* ZVG § 74a Rn. 34; *Dassler/Schiffhauer/Gerhardt* ZVG, 12. Aufl. 1991, § 74a Rn. 35; anders LG Göttingen Rpfleger 1973, 105). In der Regel strebt der Schuldner eine höhere, ein Gläubiger dagegen eine niedrigere Festsetzung des Wertes an. Aber auch gegenteilige Interessenlagen sind denkbar, vgl. *Storz,* Praxis des Zwangsversteigerungsverfahrens, 13. Aufl. 2021, Abschn. C 2.2.4.

5. Zur Verkehrswertermittlung BGH NJW 1970, 2018; NJW 2004, 2671; *Stöber/Becker* ZVG § 74a Rn. 44 ff. mwN.

Kosten und Gebühren

6. a) Für Gericht: bei Verwerfung oder Zurückweisung der Beschwerde eine Gebühr gem. KV 2241 GKG.
b) Für Anwalt hälftige Gebühren nach VV 3500 RVG und ggf. VV 3513 RVG.
c) Gegenstandswert: Die angestrebte Wertdifferenz.

Fristen und Rechtsmittel

7. Bei Zulassung durch das Beschwerdegericht ist die Rechtsbeschwerde nach §§ 574 ff. ZPO zulässig, → Form. III.A.22.

22. Antrag auf Aufhebung der Beschlagnahme von Zubehör (§§ 37 Nr. 5, 55 ZVG)

An das
Amtsgericht . . . . .
Vollstreckungsgericht

In der Zwangsversteigerungssache

. . . . .
– Gläubiger –
gegen
. . . . .
– Schuldner –

beantrage ich namens und in Vollmacht der Firma . . . . . (Adresse),
das Zwangsversteigerungsverfahren hinsichtlich der auf dem Versteigerungsgrundstück eingebauten Kegelbahnanlage Marke . . . . . mit sechs Bahnen (ggf. nähere Beschreibung) aufzuheben.[1]

Begründung:

Die Bahn ist unter Eigentumsvorbehalt an den Schuldner verkauft und nicht bezahlt.[2]
Der betreibende Gläubiger hat in seinem beigefügten Schreiben vom . . . . . zur Vorlage bei Gericht die Aufhebung der Versteigerung bzgl. der Kegelbahn bewilligt.[3]
Sollten weitere betreibende Gläubiger vorhanden sein, bitte ich um Hinweis.[4]
Rechtsanwalt[5, 6]

Anmerkungen

1. Zum Schutze des Bieters erstreckt sich die Versteigerung auch auf Zubehör im Besitz des Schuldners (nicht bei Alleinbesitz seiner Mieter, *Stöber/Gojowczyk* ZVG § 55 Rn. 9 ff. mwN). Ist es Eigentum Dritter, so obliegt es nach § 55 Abs. 2 mit § 37 Nr. 5 ZVG diesen, die teilweise Aufhebung oder Einstellung des Verfahrens für diese Gegenstände herbeizuführen. Sonst erwirbt der Ersteigerer an ihnen Eigentum, der Voreigentümer kann nur anteiligen Wertersatz aus dem Versteigerungserlös verlangen (näher *Stöber/Gojowczyk* ZVG § 37 Rn. 47).

2. Ob ein Gegenstand Zubehör oder Bestandteil ist, ist bei Bewilligung des Gläubigers oder prozessgerichtlicher Entscheidung vom Vollstreckungsgericht nicht zu prüfen (BGH NJW-RR 2007, 194; *Stöber/Nicht* ZVG § 29 Rn. 17). Zur Abgrenzung Zubehör/Bestandteil vgl. Palandt/*Ellenberger* BGB § 93 Rn. 5 ff., § 97 Rn. 11 f.

3. Gibt der Gläubiger die Sache nicht frei, ist Klage nach § 771 ZPO erforderlich, → Form. III.A.19, ggf. mit dem dort → Form. III.A.19 Anm. 6 genannten Antrag auf einstweilige Anordnung. In Eilfällen, etwa im Versteigerungstermin, kann auch das Vollstreckungsgericht vorläufig gem. § 769 Abs. 2 ZPO einstellen, → Form. III.A.17.

4. Alle betreibenden Gläubiger müssen die Aufhebung bewilligen.

Kosten und Gebühren

5. Auch diese Tätigkeit wird für Gericht und Gläubigeranwalt durch die allgemeinen Verfahrensgebühren abgegolten, → Form. III.B.20.

Auch der sein Recht anmeldende Eigentümer eines Zubehörteils ist Beteiligter iSv § 9 ZVG (*Stöber/Keller* ZVG § 9 Rn. 11). Daher erhält sein Anwalt für den Aufhebungsantrag die allgemeine 0,4 Verfahrensbeteiligungsgebühr nach VV 3311 RVG. Vertritt der Anwalt einen nicht iSv § 9 ZVG Beteiligten, so fallen Gebühren nach VV 2400 RVG an, außer bei Vertretung eines Bieters, wofür eine 0,4 Gebühr nach VV 3311 RVG anfällt.

Fristen und Rechtsmittel

6. Bei Ablehnung des Antrages – die bei Bewilligung des Gläubigers praktisch kaum vorkommen wird – hat der Antragsteller die sofortige Beschwerde nach § 11 Abs. 1 RPflG mit § 793 ZPO binnen zwei Wochen, ebenso der Gläubiger, wenn der Rechtspfleger Beschlagnahme zu Unrecht aufhebt.

23. Antrag auf abweichende Versteigerungsbedingungen (§ 59 ZVG)

An das

Amtsgericht . . . . .

Vollstreckungsgericht

In der Zwangsversteigerungssache

. . . . .

– Gläubiger –

gegen

. . . . .

– Schuldner –

beantrage ich namens und in Vollmacht des betreibenden Gläubigers, von den gesetzlichen Vorschriften abweichend als Versteigerungsbedingung festzustellen,[1] dass das Bargebot vom Zuschlag an mit 8 % zu verzinsen ist.[2]

Die Zustimmung des Schuldners und der 3 nicht im geringsten Gebot stehenden Gläubiger füge ich in notariell beglaubigter Form bei.[3]

Rechtsanwalt[4, 5]

Anmerkungen

1. Abweichende Versteigerungsbedingungen ermöglicht § 59 ZVG bei Zustimmung der beeinträchtigten Beteiligten. Mögliche Änderungen sind (vgl. *Stöber/Gojowczyk* ZVG § 59 Rn. 25 ff.) zB

- Bestehen bleiben oder Erlöschen von Rechten abweichend zu § 52 ZVG,
- Fälligstellung oder Beseitigung der Fälligkeit bestehen bleibender Rechte,
- Ausschluss des Kündigungsrechtes nach § 57a ZVG,
- Mindestsatz für ein Meistgebot.

Liegt keine Zustimmung vor und ist die Beeinträchtigung Beteiligter fraglich, wird doppelt ausgeboten, § 59 Abs. 2 ZVG.

2. Gesetzliche Bedingung sind 4 % Zinsen, § 49 Abs. 2 ZVG mit § 246 BGB, auch nach dem Schuldrechtsänderungsgesetz. Da die Zinserhöhung das Bargebot mindern kann, müssen Schuldner und die übrigen Gläubiger außerhalb des geringsten Gebotes zustimmen, und zwar im Termin zu Protokoll, sonst durch öffentlich beglaubigte Urkunde, § 84 Abs. 2 ZVG. Soll die höhere Verzinsung erst bei Nichtzahlung des Bargebots ab Verteilungstermin eintreten, wird kein Beteiligter beeinträchtigt, daher keine Zustimmung erforderlich.

3. Stimmt ein Beteiligter nicht zu und steht seine Beeinträchtigung durch die Abweichung (wie hier) nicht fest, ist mit und ohne Abweichung auszubieten (§ 59 Abs. 2 ZPO). Wird ohne Abweichung das höhere Gebot erzielt, ist mangels Zustimmung darauf zuzuschlagen. Wird mit Abweichung das höhere Gebot erzielt, so werden die Beteiligten durch die Abweichung nicht beeinträchtigt, so dass auch ohne Zustimmung darauf zuzuschlagen ist.

Kosten und Gebühren

4. Soweit der Antrag schriftlich vor dem Termin gestellt wird, Abgeltung durch die allgemeinen Verfahrensgebühren, → Form. III.B.20.

Wenn, wie praktisch häufig, solche Anträge erst im Termin gestellt werden, sind sie durch die pauschale Terminsgebühr abgegolten, für das Gericht eine halbe Gebühr nach KV 2213 GKG, für den Anwalt eines Beteiligten eine 0,4 Gebühr nach VV 3312 RVG.

Fristen und Rechtsmittel

5. Die Entscheidung des Rechtspflegers ist wegen § 95 ZVG nicht gesondert, sondern nur iRd Zuschlagsbeschlusses angreifbar, → Form. III.B.24.

24. Beschwerde gegen den Zuschlagsbeschluss

An das
Amtsgericht .....
Vollstreckungsgericht

Sofortige Beschwerde (§§ 96 ff. ZVG)[1]
In der Zwangsversteigerungssache

.....
– Gläubiger 1 u. a. –
gegen
.....
– Schuldner –
beantrage ich namens und in Vollmacht des Schuldners,[2]
den Zuschlagsbeschluss des Gerichtes in dieser Sache vom .....[3] aufzuheben und den Zuschlag zu versagen.

Begründung:

Der Schuldner hat nach dem Versteigerungstermin, aber noch vor dem Verkündungstermin nach § 87 ZVG gem. § 765a ZPO Antrag auf Zuschlagsversagung gestellt,[4] auf dessen Begründung ich Bezug nehme.[5]

Der Rechtspfleger hat im Zuschlagsbeschluss diesen Antrag abgewiesen, weil eine sittenwidrige Härte nicht vorliege.

Dies ist unrichtig ..... (näher auszuführen).

Rechtsanwalt[6, 7]

Anmerkungen

1. Da der Rechtspfleger entscheidet, § 3 Nr. 1i RPflG, ist die sofortige Beschwerde nach § 11 Abs. 1 RPflG mit § 793 ZPO gegeben. Gegenüber der ZPO-Beschwerde gelten einige Abweichungen, §§ 96–104 ZVG.

2. Die Beschwerdeberechtigung regelt § 97 ZVG. Auf Verzögerung gerichtete Beschwerden des Schuldners können mangels Rechtsschutzbedürfnis unzulässig sein (OLG Köln Rpfleger 1980, 233).

3. Die zweiwöchige Beschwerdefrist beginnt in Abweichung von § 569 Abs. 1 ZPO bei Zuschlagsversagung schon mit Verkündung, ebenso bei Zuschlag für die terminanwesenden Beteiligten, § 98 ZVG (näher *Stöber/Achenbach* ZVG § 98 Rn. 3). Schon deshalb kann Teilnahme am Versteigerungs- und Verkündungstermin geboten sein.

4. § 100 ZVG beschränkt die Beschwerde auf die in §§ 81, 83–85a ZVG genannten Fälle und die Abänderung der Versteigerungsbedingungen. Hier liegt, wenn der Antrag nach § 765a ZPO begründet war (hohe Anforderungen), ein Beschwerdegrund nach § 83 Nr. 6 ZVG vor.

5. → Form. III.A.13. Neue, nach Zuschlagsentscheidung entstandene Gründe, so die Konkretisierung einer besseren Verwertungsmöglichkeit, sind unzulässig (BGH NJW-RR 2003, 1648).

Kosten und Gebühren

6. a) Gericht: Es entsteht, wenn die Beschwerde erfolglos bleibt, eine volle Gerichtsgebühr nach KV 2241 GKG.
b) Anwalt: Es fällt gem. VV 3500 RVG zunächst eine 0,5 Verfahrensgebühr an und ggf. eine weitere 0,5 Gebühr für die Wahrnehmung eines Termins.
c) Gegenstandswert: Für das Gericht nach § 54 Abs. 2 S. 1 GKG der Betrag des Gebotes, auf das zugeschlagen wird; für den Anwalt des Schuldners entsprechend, § 26 Nr. 2 RVG.

Fristen und Rechtsmittel

7. Bei Zulassung durch das Beschwerdegericht Rechtsbeschwerde nach § 574 ff. ZPO, → Form. III.A.2. § 101 ZVG regelt den Inhalt der Rechtsbeschwerdeentscheidung und § 102 ZVG erweitert den Kreis der Rechtsbeschwerdeberechtigten bei Zuschlagsaufhebung auf diejenigen, denen Erlös zugeteilt wurde.

25. Vereinbarung des Bestehenbleibens (§ 91 Abs. 2 ZVG)

An das
Amtsgericht . . . . .
Vollstreckungsgericht[1]

In der Zwangsversteigerungssache

. . . . .
– Gläubiger –
gegen
. . . . .
– Schuldner –
überreiche ich namens und in Vollmacht des Erstehers die notariell beglaubigte Vereinbarung[2] vom . . . . . zwischen Ersteher und dem Gläubiger der Buchgrundschuld Abt. III Nr. . . . ., wonach diese Grundschuld zu einem rangersten Teilbetrag[3] von . . . . . EUR gem. § 91 Abs. 2 ZVG bestehen bleiben[4] soll.
Ich bitte daher,
die Löschung gem. § 130 ZVG nur für den restlichen Teilbetrag von . . . . . EUR zu veranlassen.
Rechtsanwalt[5, 6]

Anmerkungen

1. Nach § 91 Abs. 1 ZVG erlöschen durch Zuschlag die nicht bestehen bleibenden Rechte. An ihre Stelle tritt, soweit die Rechte nicht ausfallen, der Anspruch auf das anteilige Bargebot. Stattdessen kann der Ersteher die Belastung übernehmen. Dafür mindert sich das Bargebot entsprechend, § 91 Abs. 3 S. 1 ZVG. Zu den Wirkungen iÜ *Stöber/Becker* ZVG § 91 Rn. 23 ff. Zu den Zinsen BGH NJW 1970, 1188 mAnm *Drischler; Stöber/Becker* ZVG § 91 Rn. 27.

2. Die Vereinbarung kann im Verteilungstermin zu Protokoll erklärt werden, sonst Nachweis in öffentlich beglaubigter Urkunde, § 91 Abs. 2 ZVG, bei Briefrechten unter Beifügung des Briefes.

3. Die Vereinbarung ist auch für einen Teilbetrag zulässig.

4. Der Grundschuldgläubiger verzichtet auf einen entsprechenden Anteil am Versteigerungserlös. Soweit er wegen Nichtvalutierung der Grundschuld den Anteil an den früheren Grundstückseigentümer hätte auskehren müssen (vgl. zu diesem Anspruch → Form. III.B.8 Anm. 62), bleibt dieser Anspruch durch die hiesige Vereinbarung unberührt (BGH NJW 1985, 388).

Kosten und Gebühren

5. a) Gericht: keine besondere Gebühr neben der allgemeinen halben Gebühr für das Verteilungsverfahren nach KV 2215 GKG.
b) Anwalt: für den Antrag auf Liegenbelassung keine besondere Gebühr neben der allgemeinen 0,4 Nr. Verteilungsverfahrensgebühr nach VV 3311 RVG. Für den – außergerichtlichen – Abschluss der zugrunde liegenden Vereinbarung können daneben Gebühren nach VV 1000 RVG anfallen.

Fristen und Rechtsmittel

6. Der Antrag muss eingereicht werden, bevor das Grundbuchamt um Löschung des Rechtes ersucht worden ist, § 91 Abs. 2 ZVG. Gegen eine Ablehnung des Antrages durch den Rechtspfleger ist sofortige Beschwerde gegeben, → Form. III.A.13. § 95 ZVG schließt sie nur vor dem Zuschlag aus.

26. Teilungsversteigerungsantrag

a. Antrag des Miterben
An das
Amtsgericht . . . . .
Vollstreckungsgericht[1]

Zwangsversteigerungsantrag nach § 180 ZVG[2]

des A (Anschrift)
Verfahrensbevollmächtigter: Rechtsanwälte . . . . .
gegen
1. B (Anschrift)
2. C (Anschrift)
Namens und in Vollmacht des A beantrage ich[3]
gem. § 180 ZVG die Zwangsversteigerung des Grundstücks (Anschrift und FlSt.-Nr.), eingetragen im Grundbuch von . . . . . Bd. . . . . . Bl. . . . . ., anzuordnen.[4]

Begründung:

Eingetragener Eigentümer des obigen Grundstücks ist . . . . ., wofür ich auf die angegebene Grundbuchstelle Bezug nehme. . . . . . ist am . . . . .. in . . . . . verstorben. Er wurde beerbt von
A zu $^1/_2$,

B zu $^1/_4$,
C zu $^1/_4$.
Hierüber lege ich den Erbschein des AG ..... vom ..... Az. ..... vor.[5] Mein Mandant betreibt die Nachlassauseinandersetzung.[6] Da eine Einigung über die Verwertung unter den Miterben nicht erfolgte und Realteilung nicht in Betracht kommt,[7] ist Zwangsversteigerung geboten.
Rechtsanwalt[8]

b. Antrag des Pfändungsgläubigers eines Bruchteilseigentümers[9]
(Anschrift, Überschrift und Antrag wie oben a.).

Begründung:

Eingetragene Eigentümer des obigen Grundstücks sind die Eheleute ..... und ..... je zur Hälfte in Bruchteilsgemeinschaft,[10] wofür ich auf die angegebene Grundbuchstelle Bezug nehme. Der Anspruch auf Aufhebung der Gemeinschaft,[11] Aufteilung des Verwertungserlöses und Auszahlung des anteiligen Erlöses ist durch den beigefügten zugestellten Pfändungsbeschluss des AG ..... vom ..... Az. ..... für meinen Mandanten gepfändet. Daher steht ihm das Antragsrecht nach § 181 Abs. 2 S. 1 letzter Hs. ZVG zu. Der Anspruch auf Aufhebung der Gemeinschaft ist geltend gemacht. Einvernehmliche Verwertung konnte nicht erreicht werden.
Rechtsanwalt[12, 13]

Anmerkungen

1. Zuständigkeit → Form. III.B.18 Anm. 2.

2. Bei Aufhebung einer Gemeinschaft (Bruchteils- und Gesamthandsgemeinschaft) werden die Regeln der Zwangsversteigerung entsprechend angewandt, § 180 Abs. 1 ZVG, soweit §§ 181–185 ZVG nichts anderes regeln. Der Antragsteller ist in der Rolle des Gläubigers, die übrigen Beteiligten in der des Schuldners (BGH NJW 1969, 929). Sie haben ähnlich zu § 30b ZVG aufschiebenden Vollstreckungsschutz nach § 180 Abs. 2 ZVG, → Form. III.B.20. Auch § 765a ZPO ist in der Teilungsversteigerung entsprechend anzuwenden (BGH NJW 2007, 3430).

3. Ein Vollstreckungstitel ist nicht erforderlich, § 181 Abs. 1 ZVG.

4. Diesen Antrag kann auch stellen, wer nur Miterbe eines Bruchteilseigentümers ist, sog großes Antragsrecht (hM, OLG Hamm Rpfleger 1964, 351; *Stöber/Kiderlen* ZVG § 180 Rn. 28), im Gegensatz zum kleinen Antragsrecht, nur auf Teilungsversteigerung des Bruchteils. Antragsberechtigt auch Testamentsvollstrecker uä.

5. Die vorzutragenden Antragserfordernisse ergeben sich aus § 181 Abs. 2 S. 1 ZVG.

6. Dieser Wille wird jedenfalls mit Antragstellung vermutet (RG JW 1919, 42).

7. Dies sind die Möglichkeiten, Teilungsversteigerung zu vermeiden.

8. § 180 ZVG ist weiter anwendbar, ggf. nach vorheriger Kündigung, auf Grundstücke in (*Stöber/Kiderlen* ZVG § 180 Rn. 8 ff.)
- Bruchteilsgemeinschaft, § 741 BGB (bei Ehegatten BGH NJW 1977, 1234),
- eheliche Gütergemeinschaft bei deren Auflösung,
- BGB-Gesellschaft (BGH NJW NJW-RR 2014, 149); (zu einem zwischenzeitlichen Gesellschafterwechsel in der GbR vgl. BGH NJW-RR 2008, 1547),
- oHG und KG.

Vgl. auch das ähnliche Verfahren nach § 175 ZVG (Versteigerung auf Antrag des Erben). § 165 InsO iVm § 172 ZVG ermöglicht dem Insolvenzverwalter nicht die Teilungsversteigerung (NZI 2012, 575).

9. → Form. III.B.8 Anm. 56, auch zB bei Miterbenanteilspfändung (KG NJW 1953, 1832).

10. Beim Teilungsversteigerungsantrag eines Ehegatten muss die Zustimmung des anderen nach § 1365 Abs. 1 BGB vorliegen (oder durch das Familiengericht nach § 1365 Abs. 2 BGB ersetzt sein), wenn der Grundstücksanteil nahezu das ganze Vermögen des Antragstellers ausmacht, schon bei Antragstellung (BGH NJW 2007, 3124). Dies gilt aber nicht für den Pfändungsgläubiger des Ehegatten (BGH NJW 2006, 849; 2007, 3124; jetzt auch *Stöber/Kiderlen* ZVG § 180 Rn. 44).

11. Bei Teilungsversteigerung unter Ehegatten ist die zusätzliche Einstellungsmöglichkeit gem. § 180 Abs. 3 ZVG zum Schutz von Kindern zu beachten, ggf. auch beim Antrag des Pfändungsgläubigers eines Ehegatten, *Stöber/Kiderlen* ZVG § 180 Rn. 272.

Kosten und Gebühren

12. → Form. III.B.18, da die Teilungsversteigerung als Zwangsversteigerung durchgeführt wird. Die die einzelnen Beteiligten treffenden Kosten sind aber außerhalb des Verteilungsverfahrens, ggf. im Rahmen der Erlösverteilung, nach gemeinschaftsrechtlichen Grundsätzen, §§ 753 Abs. 2, 756 BGB, auszugleichen (*Stöber/Kiderlen* ZVG § 180 Rn. 109 mwN).

Fristen und Rechtsmittel

13. → Form. III.B.18. Materielle Einwände, etwa dass statt Versteigerung Realteilung möglich ist, müssen im Erkenntnisverfahren verfolgt werden, nach § 771 ZPO (*Stöber/Kiderlen* ZVG § 180 Rn. 130), sog unechte Drittschuldnerklage, → Form. III.A.19.

Zwangsverwaltung

27. Zwangsverwaltungsantrag (§§ 146 ff. ZVG)

. . . . .[1, 2]

beantrage ich namens und in Vollmacht des Gläubigers,
die Zwangsverwaltung dieses Grundstücks anzuordnen.
Ich rege an, Herrn . . . . . (Anschrift) zum Zwangsverwalter zu bestellen.[3]
Rechtsanwalt[4, 5]

Anmerkungen

1. Rubrum, Forderungsaufstellung und Bezeichnung des der Vollstreckung unterliegenden Grundstücks → Form. III.B.18. Denn Anordnungs- und Beitrittsverfahren sind der Zwangsversteigerung entsprechend geregelt, § 146 Abs. 1 ZVG.

2. Die Zwangsversteigerung erfasst den Substanzwert des Grundstücks, aber nicht die Nutzungen, § 24 ZVG. Die Zwangsverwaltung erfasst die Nutzungen, insb. also die Mieterträge, aber nicht den Substanzwert, § 148 Abs. 2 ZVG. Deshalb sind beide Verfahren, auch durch denselben Gläubiger, nebeneinander zulässig, § 866 Abs. 2 ZPO, und häufig sinnvoll. Selbst wenn die Zwangsverwaltung keine verteilungsfähigen Erträge bringt, kann die durch sie bewirkte ordnungsgemäße Verwaltung, § 152 ZVG, den Grundstückswert für das Versteigerungsverfahren erhalten oder steigern (näher *Storz,* Praxis des Zwangsversteigerungsverfahrens, 13. Aufl. 2021, Anm. 1.3.3).

Der Beschluss über die Anordnung der Zwangsverwaltung stellt zusammen mit der Ermächtigung des Zwangsverwalters zur Besitzergreifung einen Vollstreckungstitel dar, auf Grund dessen wegen dieses Anspruchs nach § 883 ZPO vollstreckt werden kann. Dies gilt zB auch für die Wegnahme einer Mietkaution (BGH NJW-RR 2005, 1032).

3. Die Auswahl des Zwangsverwalters steht im pflichtgemäßen Ermessen des Vollstreckungsgerichtes (*Stöber/Drasdo* ZVG § 150 Rn. 6). Um die Verwaltungsvergütung, § 153 Abs. 1 ZVG, zu sparen, kann ein Institutszwangsverwalter, § 150a ZVG, oder, wenn die Verwaltung vor allem in Ziehung von Sachnutzungen besteht, der Schuldner bestellt werden, § 150b ZVG, für den dann eine Aufsichtsperson einzusetzen ist, § 150c ZVG.

Kosten und Gebühren

4. a) Gericht: Für die Anordnung eine Festgebühr von 110 EUR, KV 2220 GKG und für die Durchführung des Verfahrens jährlich eine halbe Gebühr, KV 2221 GKG.
b) Anwalt: im Anordnungs- oder Beitrittsverfahren je eine 0,4 Gebühr VV 3311 RVG.
c) Gegenstandswert: nach dem beizutreibenden Anspruch einschließlich der Nebenforderungen, näher § 27 RVG.

Fristen und Rechtsmittel

5. → Form. III.B.18.

28. Räumungsantrag nach § 149 Abs. 2 ZVG

An das
Amtsgericht . . . . .
Vollstreckungsgericht

Antrag nach § 149 Abs. 2 ZVG
In der Zwangsverwaltungssache

. . . . .
– Gläubiger –
gegen
. . . . .
– Schuldner –
beantrage ich namens und in Vollmacht des Gläubigers,
dem Schuldner aufzugeben, die auf dem Verwaltungsgrundstück (Anschrift) belassenen Räume,[1] nämlich . . . . . (genaue Angabe) geräumt an den Verwalter herauszugeben.[2]

Begründung:

Der Schuldner, der den landwirtschaftlichen Betrieb völlig verwahrlosen ließ, legt es mit seiner Familie darauf an, eine Verpachtung des Anwesens zu verhindern, indem er ..... (näher auszuführen und glaubhaft zu machen).

Da er die Verwaltung nicht nur gefährdet, sondern geradezu verhindert, ist sofortige Räumung durch ihn und seine Familie geboten.[3]

Rechtsanwalt[4, 5]

Anmerkungen

1. Dem bei Beschlagnahme auf dem Grundstück wohnenden Schuldner sind die unentbehrlichen Räume zu belassen, § 149 Abs. 1 ZVG, allerdings ohne Nebenleistungen wie Zentralheizung oÄ, für die er zahlen muss (*Stöber/Drasdo* ZVG § 149 Rn. 34 ff.). Dies schränkt die Wirtschaftlichkeit einer Zwangsverwaltung zB bei Einfamilienhäusern oder Eigentumswohnungen erheblich ein.

2. Die Räume müssen vollstreckungsfähig bezeichnet werden. Denn der auf Antrag des Zwangsverwalters, des betreibenden Gläubigers oder anderer Beteiligter nach § 9 ZVG (*Stöber/Drasdo* ZVG § 149 Rn. 94, Letzteres str.) ergehende Räumungsbeschluss ist Räumungsvollstreckungstitel nach § 794 Abs. 1 Nr. 3 ZPO.

3. Nach dem Verhältnismäßigkeitsgrundsatz ist ggf. nur die Entfernung einzelner Familienmitglieder aufzugeben (für Ehegatten, *Stöber/Drasdo* ZVG § 149 Rn. 107), oder es sind andere Sicherungsmaßnahmen nach § 25 ZVG, § 146 Abs. 1 ZVG zu treffen.

Kosten und Gebühren

4. Besondere Gebühren entstehen nicht. Für das Gericht ist dies Verfahren mit der allgemeinen Geschäftsgebühr von 0,5 für jedes angefangene Jahr der Verfahrensdauer nach KV 2221 GKG abgegolten, für den Anwalt durch die 0,4 Verfahrensgebühr nach VV 3311 RVG.

Bei Rechtsmitteln gegen einen Räumungsbeschluss oder die Ablehnung eines solchen Beschlusses Gebühren → Form. III.B.24.

Fristen und Rechtsmittel

5. Da nach Anhörung beider Seiten durch den Rechtspfleger entschieden wird, ist für Antragsteller und Schuldner als Rechtsbehelf die sofortige Beschwerde gegeben, → Form. III.A.13.

29. Klage auf Planänderung (§ 159 ZVG)

An das
.....gericht .....[1]

Klage nach § 159 ZVG[2]

.....[3]
wegen Änderung eines Verteilungsplans.
Streitwert: ..... EUR[4]

Namens und in Vollmacht des Klägers beantrage ich zu erkennen:

1. **Der Teilungsplan des AG . . . . vom . . . . in dem Zwangsverwaltungsverfahren gegen . . . ., Az. . . . . ., wird dahin geändert, dass der Anspruch des Beklagten in Abschnitt IV Nr. . . . . des Plans auf Kosten, Zinsen und Hauptsache aus dem vollstreckbaren Titel des LG . . . . vom . . . ., Az. . . . . ., nicht vor dem Anspruch des Klägers in Abschnitt IV Nr. . . . . . des Plans zu befriedigen ist.[5]**
2. **Der Beklagte trägt die Kosten des Verfahrens.**

Begründung:

(zB Fehlen von Vollstreckungsvoraussetzungen bei Antragstellung oder Beitritt, Erlöschen des Anspruches)

Rechtsanwalt[6, 7]

Anmerkungen

1. Da §§ 878 ff. ZPO nicht anzuwenden sind (*Stöber/Drasdo* ZVG § 159 Rn. 2), Gerichtsstand nach §§ 13 ff. ZPO.

2. Da die Verteilung ggf. langjährig, § 154 ZVG, in die Zukunft wirkt, ist Abänderungsklage auch noch möglich, wo Widerspruch und Widerspruchsklage (§§ 156 Abs. 2 S. 4, 115 ZVG, 876 ff. ZPO) nicht erhoben wurden. Sie wirkt jedoch nur für die Zukunft, § 159 Abs. 2 ZVG. Für vorher materiell-rechtlich falsch verteilte Beträge ggf. Bereicherungsklage (BGH NJW 2001, 2477). Nach Antrag und Zweck entspricht die vorliegende Klage sonst weitgehend der nach § 878 ZPO, → Form. III.B.7.

3. Rubrum → Form. III.A.19.

4. → Form. III.B.7 Anm. 3.

5. Da bis zur vollstreckbaren Entscheidung der Plan ausgeführt wird, ggf. einstweilige Verfügung auf Hinterlegung (BGH NJW-RR 2007, 782; *Stöber/Drasdo* ZVG § 159 Rn. 3).

Kosten und Gebühren

6. a) Gericht: Gebühren des Erkenntnisverfahrens, KV 1210 ff. GKG
b) Anwalt: Gebühren des Erkenntnisverfahrens, VV 3100 ff. RVG

Fristen und Rechtsmittel

7. Wie im normalen Erkenntnisverfahren, → Form. I.O.1.

C. Zwangsvollstreckung wegen sonstiger Ansprüche

Herausgabe beweglicher Sachen

1. Vollstreckungsauftrag wegen Herausgabe beweglicher Sachen (§ 883 Abs. 1 ZPO)

An das
Amtsgericht . . . . .
– Gerichtsvollzieherverteilungsstelle –[1]
In der Sache
. . . . .
– Gläubiger –
gegen
. . . . .
– Schuldner –
überreiche ich anliegend vollstreckbaren Schuldtitel[2] – sowie beglaubigte Abschrift – mit dem Auftrag zur – Zustellung des Schuldtitels[3] – und Zwangsvollstreckung durch Wegnahme der vom Schuldner herauszugebenden[4] im Titel näher bezeichneten Sachen.[5]
. . . . .[6]
Sollten die herauszugebenden Sachen nicht vorgefunden werden, beantrage ich, den Schuldner zur Abgabe der eidesstattlichen Versicherung gem. § 883 Abs. 2 S. 1 ZPO zu laden. Dabei soll er ggf. auch erklären und an Eides statt versichern, wann und an wen er den Besitz verloren hat.[7, 8, 9, 10, 11]

Anmerkungen

1. → Form. III.B.1 Anm. 2.

2. Für die Vollstreckung des isolierten Herausgabeanspruches besteht kein Formularzwang nach der GVFV, da es sich nicht um Geldforderungen handelt. Sollen diese allerdings mit vollstreckt werden, empfiehlt sich die Nutzung von → Form. B.1, dort Modul O.

3. Auch hier gelten die allgemeinen Vollstreckungsvoraussetzungen, § 750 ZPO, auch zB § 758a ZPO.

4. Bei Anspruch auf Übereignung wird der Übergabeanspruch nach § 883 ZPO vollstreckt, § 897 ZPO, die Einigungserklärung nach § 894 ZPO ersetzt. Das Verfahren nach § 883 ZPO ist entsprechend anzuwenden, wenn der Schuldner die Sache nur vorlegen muss, BLHAG ZPO § 883 Rn. 17.

5. Hauptproblem bei Herausgabevollstreckung ist die Bestimmung des Vollstreckungsgegenstandes (Zöller/*Seibel* ZPO § 883 Rn. 5). Er muss im Titel – mithin schon im Klageantrag → Form. I.D.7 und → Form. II.A.4 – so genau als möglich bezeichnet werden, um dem Gerichtsvollzieher eine sichere Auslegung zu ermöglichen. Da ergänzende Angaben im Vollstreckungsauftrag einen unklaren Titel nicht heilen, ist nähere Bezeichnung im Vollstreckungsantrag nicht erforderlich. Bezugnahme auf Titel reicht aus.

Sofern der Gerichtsvollzieher Schwierigkeiten hat, bei einer größeren Zahl herauszugebender Gegenstände diese genau zu bestimmen, hat er sich auf Kosten des Schuldners eines von ihm zu beauftragenden Sachverständigen zu bedienen (BGH GRUR 2018, 222; instruktiv auch zur Herausgabevollstreckung bei Daten).

Der Anspruch kann aber auf eine Sachgesamtheit lauten, zB eine Bücherei oder Hausrat einer bestimmten Wohnung (vgl. LG Essen JurBüro 1975, 962).

6. Die Herausgabevollstreckung kann durch Gläubigerhinweise auf Aufbewahrungsort, durch Anwesenheit des Gläubigers und ggf. Stellung von Transportmitteln etc sehr gefördert werden. Bei Gewahrsam Dritter gilt § 886 ZPO, also ggf. Pfändung des Herausgabeanspruches, Drittschuldnerklage, und dann Vollstreckung nach § 883 ZPO. Dies gilt auch in entsprechender Anwendung bei sammelverwahrten Wertpapieren (vgl. BGH NJW 2004, 3340).

7. Werden die Sachen nicht gefunden, muss der Schuldner auf Gläubigerantrag nach § 883 Abs. 2 S. 1 ZPO die eidesstattliche Versicherung abgeben. Zuständig ist der Gerichtsvollzieher, § 883 Abs. 2 S. 2 ZPO, örtlich gem. § 802e ZPO. Dabei kann nach § 883 Abs. 2 und 3 ZPO zB auch Auskunft verlangt werden, wie und an wen der Schuldner den Besitz verloren hat.

8. Erscheint der Schuldner nicht zur Abgabe der eidesstattlichen Versicherung, kann Haftbefehl gem. § 802g ZPO beantragt werden. Der Antrag kann auch hier bereits mit aufgenommen werden, zur Formulierung → Form. III.B.1, dort Modul H.

9. Verweigert der Schuldner dem Gerichtsvollzieher den Zutritt, kann Durchsuchungsbeschluss gem. § 758a ZPO beantragt werden, → Form. III.A.11.

Kosten und Gebühren

10 a) Anwalt: 0,3 Gebühr nach VV 3309 RVG.

b) Gerichtsvollzieher: Festgebühr von 26 EUR, KV 221 GvKostG, und Zeitzuschlag nach KV 500 bei mehr als 3 Stunden Dauer. Wird die Sache nicht vorgefunden, nur 15 EUR nach KV 604. Die Abgabe der eidesstattlichen Versicherung nach § 883 Abs. 2 ZPO ist für alle Beteiligten eine besondere Angelegenheit, vgl. § 18 Abs. 1 Nr. 16 RVG und KV 260 GvKostG.

Fristen und Rechtsmittel

11. → Form. III.B.1., da Sonderfall des Vollstreckungsauftrages.

Herausgabe von Immobilien

2. Vollstreckungsauftrag wegen Räumung (§§ 885, 885a ZPO)

An das
. . . . . [1]

In der Vollstreckungssache

. . . . .
– Gläubiger –

gegen

. . . . .

– Schuldner[2] –

überreiche ich anliegend vollstreckbare Ausfertigung des Schuldtitels – sowie beglaubigte Abschrift – mit dem Auftrag zur – Zustellung des Schuldtitels – und Zwangsvollstreckung durch

Alt. 1: Herausgabe und Räumung[3] der im Titel näher bezeichneten Wohnung,[4] nämlich . . . . .

Falls das nicht wegen der Kosten zu pfändende Wohnungsmobiliar einer der in § 885 Abs. 2 ZPO genannten Personen nicht übergeben werden kann, bietet der Gläubiger zur Vermeidung von Lagerkosten an, die Gegenstände im Keller des Hauses zu lagern.[5] Ein Vertreter des Gläubigers wird insoweit an der Räumung teilnehmen. Daher bitte ich um Aufgabe von Termin und Kostenvorschuss.[6]

Alt. 2: Herausgabe der im Titel näher bezeichneten Wohnung, nämlich . . . . ., indem der Schuldner aus dem Besitz gesetzt und der Gläubiger in den Besitz eingewiesen wird (beschränkter Räumungsauftrag gem. § 885a ZPO).[7]

Der Gläubiger wird die beweglichen Sachen, die nicht Gegenstand der Zwangsvollstreckung sind, gem. § 885a Abs. 3 ZPO unter folgender Anschrift verwahren: . . . . .[8]

Ferner ist für die Zwangsvollstreckung der offenen Forderungen des Gläubigers ein Pfändungsantrag auf dem amtlichen Formular beigefügt.[9, 10, 11]

Schrifttum: Lehmann-Richter, Vollstreckung mietrechtlicher Ansprüche nach neuem Recht, NZM 2014, 257

Anmerkungen

1. Zuständigkeit → Form. III.B.1.

2. Der Vollstreckungsschuldner muss gem. § 750 Abs. 1 ZPO in dem Urteil oder der ihm beigefügten Vollstreckungsklausel namentlich bezeichnet und so sicher identifizierbar sein. Hieran fehlt es, wenn der Gläubiger bei mehreren (unbefugten) Bewohnern diese nicht alle namentlich bezeichnen kann (vgl. BGH NJW 2018, 396). Bei mehreren Mietern (Ehegatten), nichtehelichen Lebensgefährten (BGH NJW 2008, 1959) oder bei Untermietern (BGH NJW 2008, 3287) muss in jedem Fall Räumungstitel auch gegen diese vorhanden sein. Der Räumungstitel muss aber nur denjenigen als Schuldner ausweisen, der auch tatsächlich (Mit-)Besitz an den Räumen hat. Der Gerichtsvollzieher muss hierfür die tatsächlichen Besitzverhältnisse des zu räumenden Objekts prüfen. Fiktiver Erbenbesitz nach § 857 BGB begründet keinen Gewahrsam (BGH NJW 2020, 3376). Der Titel wirkt gegen minderjährige Kinder (BGH NJW 2008, 1959).

3. Der Gerichtsvollzieher muss dem Schuldner – notfalls mit unmittelbarem Zwang und Amtshilfe der Polizei (§ 758 Abs. 3 ZPO) – die Verfügungsgewalt entziehen, ihm die Schlüssel abnehmen und ihn aus der Wohnung schaffen. Zur Zuweisung der Verfügungsgewalt an den Gläubiger ist dessen oder seines Vertreters Anwesenheit, wenn nicht geboten, so jedenfalls zweckmäßig (näher § 128 GVGA).

Bei sog. kalter Räumung in verbotener Eigenmacht erhebliches Schadensersatzrisiko des Gläubigers mit Beweislastumkehr (vgl. BGH NJW 2017, 859).

4. Auch hier muss das Vollstreckungsobjekt im Titel, also schon im Klageantrag, möglichst genau bezeichnet werden, einschließlich etwaiger Nebenräume, Boden, Keller etc

5. Der Gläubiger muss – zT erheblich, 1.500 EUR und mehr – Vorschuss leisten für Kosten der Räumung und einer ersten Einlagerung (weitergehend – ganze Einlagerung – OLG Karlsruhe Rpfleger 1974, 408) von Sachen, die weder Zubehör des Grundstückes sind noch für Kosten oder andere Geldforderungen (Restmiete) gepfändet und verwertet werden. Holt Schuldner solche Sachen nicht binnen eines Monats ab, Verwertung nach § 885 Abs. 4 ZPO oder Vernichtung, wenn Verwertung nicht möglich. Gerümpel, Müll etc kann der Gerichtsvollzieher unverzüglich vernichten lassen, § 885 Abs. 3 S. 2 ZPO. Gemäß § 885 Abs. 5 ZPO sind unpfändbare oder nicht verwertbare Sachen auf Verlangen an den Schuldner herauszugeben.

6. Vgl. dazu auch § 128 Abs. 5 GVGA.

7. § 885a ZPO ersetzt die frühere Variante aus der Praxis, wonach der Gläubiger sich aus Kostengründen auf die Besitzverschaffung beschränkte und bzgl. der beweglichen Gegenstände sein Vermieterpfandrecht geltend machte (sog Berliner Model). § 885a ZPO ist auch auf die Herausgabevollstreckung nach Zuschlag gem. § 93 ZVG anwendbar (BGH NJW-RR 2017, 1158).

8. § 885a ZPO gibt dem Gläubiger die Möglichkeit, das Räumungsgut in Besitz zu nehmen, verpflichtet ihn es für mindestens einen Monat zu verwahren und berechtigt ihn dann, es öffentlich versteigern zu lassen, § 885a Abs. 4 ZPO. Um Nachteile für den Schuldner abzuwenden, hat der Gerichtsvollzieher in diesem Fall die beweglichen Sachen zu dokumentieren, § 885a Abs. 2 ZPO, und Gläubiger und Schuldner auf die Bestimmungen des § 885a Abs. 2–5 ZPO hinzuweisen, vgl. auch § 129 GVGA.

9. → Form. III.B.1.

Kosten und Gebühren

10a) Anwalt: 0,3 Gebühr nach VV 3309 RVG.
b) Gerichtsvollzieher: Festgebühr, 150 EUR, KV 240 GvKostG, ggf. dazu noch Zeitzuschlag nach KV 500 GvKostG.

Fristen und Rechtsmittel

11. → Form. III.B.1. Ggf. kann der Schuldner Räumungsschutz nach § 721 Abs. 2 u. 3 ZPO oder nach § 765a ZPO beantragen, um die Räumung hinauszuzögern. Zum Räumungsschutz nach § 765a ZPO vgl. *Walker* NJW 1996, 352; *Schuschke* NJW 2006, 874.

Vornahme vertretbarer Handlungen

3. Antrag auf Gestattung der Ersatzvornahme und Leistung eines Kostenvorschusses (§ 887 ZPO)

An das
. . . . .gericht . . . . .[1]

Antrag nach § 887 ZPO
In der Vollstreckungssache

. . . . .

– Gläubiger –
gegen
. . . . .
– Schuldner –
beantrage ich namens und in Vollmacht des Gläubigers zu beschließen:

1. **Der Gläubiger wird ermächtigt, die nach dem vollstreckbaren Urteil des . . . . . gerichts . . . . . vom . . . . . Az. . . . . . dem Schuldner obliegende Entfernung des Schäferhundes aus der Wohnung des Schuldners in . . . . ., ...-Straße Nr. . . . . ., 2. Stock rechts, durch einen vom Gläubiger zu beauftragenden Tierfänger vornehmen zu lassen.[2]**
2. **Der Schuldner ist verpflichtet, zu diesem Zweck das Betreten und die Durchsuchung seiner Wohnung durch den beauftragten Tierfänger zu dulden und diesem Zugang zu verschaffen.[3]**
   Dies gilt zugleich als Durchsuchungsanordnung im Sinne von Art. 13 Abs. 2 GG.[4]
3. **Der Schuldner wird verpflichtet, die für die Entfernung des Hundes und die vorläufige Unterbringung im Tierheim entstehenden voraussichtlichen Kosten iHv 250 EUR an den Gläubiger vorauszuzahlen.[5]**

Begründung:

Der Schuldner ist der Verpflichtung aus dem im Antrag genannten Urteil, dessen vollstreckbare zugestellte Ausfertigung ich als

Anlage 1

beifüge, bis heute nicht nachgekommen. Daher ist Vollstreckung durch Ersatzvornahme geboten.[6]
Nach dem als

Anlage 2

beigefügten Kostenvoranschlag des Tierheims . . . . . belaufen sich die Kosten einer Entfernung des Hundes nebst Unterbringung im Tierheim für zunächst eine Woche auf 250 EUR. Da nach dem bisherigen Verhalten des Schuldners zu befürchten ist, dass er den Zutritt zu seiner Wohnung verweigert, ist ihm insoweit Duldung aufzugeben.
Ich bitte, mir eine vollstreckbare Ausfertigung des Beschlusses zu erteilen.
Rechtsanwalt[7, 8]

Anmerkungen

1. Zuständig ist – als Vollstreckungsorgan – das Prozessgericht erster Instanz, § 887 Abs. 1 ZPO, dort nicht der Rechtspfleger, sondern der Richter, § 20 Nr. 17 RPflG. Dabei besteht Anwaltszwang nach den allgemeinen Regeln (hM OLG Nürnberg MDR 1984, 58; Zöller/*Seibel* ZPO § 887 Rn. 4).

Internationale Zuständigkeit deutscher Gerichte, wenn Schuldnerin ansässig im Ausland, aber Maßnahme zur Durchsetzung der vertretbaren Handlung auf das Inland beschränkt ist (BGH NJW-RR 2010, 279).

2. Vgl. OLG Hamm NJW 1966, 2415. Beispiele zur Abgrenzung zwischen vertretbaren Handlungen (Vollstreckung nach § 887 ZPO) und unvertretbaren Handlungen (Vollstreckung nach § 888 ZPO → Form. III.C.4) bei BLHAG ZPO § 887 Rn. 20–43; Zöller/*Seibel* ZPO § 887 Rn. 3. Auch die Befreiung von einer Geldschuld oder einer anderen Verbindlichkeit, etwa einem Grundpfandrecht oder einer Grundstücksbelastung ist nach § 887 ZPO zu vollstrecken, BLHAG ZPO § 887 Rn. 1.

3. Der Schuldner – nicht ein Dritter – muss die Ersatzvornahme dulden, soweit sie in seinen Bereich eingreift. Zur Klarstellung sollte das Gericht dies aussprechen und ggf. iE regeln.

4. Leistet der Schuldner gegen die Vornahme einer Handlung Widerstand, so ist dieser nach § 892 ZPO durch einen Gerichtsvollzieher zu brechen. Vorsorglich ist klarzustellen, dass das Gericht hier ausdrücklich die Durchsuchung der Wohnung iSv Art. 13 Abs. 2 GG anordnet (→ Form. III.A.11 Anm. 10).

5. Der Vorauszahlungsbeschluss nach § 887 Abs. 2 ZPO ist Titel für die Geldvollstreckung gegen den Schuldner nach § 794 Abs. 1 Nr. 3 ZPO. Der Gläubiger muss die Höhe der Kosten darlegen, der Schuldner wird nach § 891 ZPO dazu gehört. Nachforderung ist zulässig, § 887 Abs. 2 ZPO (zu Einzelheiten vgl. BLHAG ZPO § 887 Rn. 18).

6. Macht der Schuldner Erfüllung geltend, ist der Einwand im Vollstreckungsverfahren vom Prozessgericht als Vollstreckungsorgan zu prüfen (BGH NJW 2005, 367 mwN zu den früher hierzu vertretenen unterschiedlichen Ansichten; *Kannowski/Distler* NJW 2005, 865).

Kosten und Gebühren

7. a) Gericht: Eine Festgebühr iHv 22 EUR für das gesamte Vollstreckungsverfahren vor dem Prozessgericht gem. KV 2111 GKG.

b) Anwalt: für den Antrag eine 0,3 Verfahrensgebühr nach VV 3309 RVG. Hier entsteht in der Praxis häufiger auch die 0,3 Terminsgebühr nach VV 3310 RVG.

Die weitere Vollstreckung aus dem nach § 887 Abs. 2 ZPO ergehenden Beschluss ist besondere Vollstreckungsangelegenheit, § 18 Abs. 1 Nr. 12 RVG, so dass dafür eine weitere 0,3 Gebühr anfällt.

Fristen und Rechtsmittel

8. Sofortige Beschwerde, § 793 ZPO mit §§ 567 ff. ZPO, binnen zwei Wochen nach Zustellung der Entscheidung, § 569 Abs. 1 ZPO.

Vornahme unvertretbarer Handlungen

4. Antrag auf Festsetzung von Zwangsmitteln (§ 888 ZPO)

An das

. . . . .gericht . . . . .[1]

Antrag nach § 888 ZPO

In der Vollstreckungssache

. . . . .

– Gläubiger –

gegen

. . . . .

– Schuldner –

beantrage ich namens und in Vollmacht des Gläubigers zu beschließen:

Gegen den Schuldner wird wegen Nichtvornahme der Erstellung einer Auseinandersetzungsbilanz per . . . . . für die von ihm und dem Gläubiger eingegangene stille Gesellschaft gemäß gerichtlichem Vergleich des LG . . . . . vom . . . . . Az. . . . . . ein Zwangsgeld festgesetzt[2] und für den Fall, dass dieses nicht beigetrieben werden kann, Zwangshaft.[3]

Begründung:

In dem im Antrag genannten Vergleich, dessen vollstreckbare zugestellte Ausfertigung ich beifüge,[4] hat der Schuldner unter II. die fragliche Verpflichtung übernommen. Trotz Zustellung des Titels und trotz zusätzlicher Aufforderung vom . . . . ., die ich in Kopie beifüge, hat er die Bilanz bis heute nicht vorgelegt. Daher ist Festsetzung eines empfindlichen Zwangsgeldes geboten.[5]

Rechtsanwalt[6, 7, 8]

Anmerkungen

1. Zuständigkeit → Form. III.C.3 Anm. 1.

2. Die Zwangsmittel des § 888 ZPO – Zwangsgeld und Zwangshaft – werden nach § 888 Abs. 2 ZPO nicht angedroht, sondern auf Gläubigerantrag sogleich festgesetzt. Der Schuldner kann die Beitreibung des Zwangsgeldes, zugunsten der Staatskasse, jederzeit vor Beitreibung durch Erfüllung abwenden (Zöller/*Seibel* ZPO § 888 Rn. 13).

3. Ersatzweise Zwangshaft soll neben dem Zwangsgeld schon von Amts wegen angeordnet werden (BLHAG ZPO § 888 Rn. 10). Die Höhe der Zwangsmittel steht im gesetzlichen Rahmen (Zwangsgeld: bis 25.000 EUR; Zwangshaft ein Tag bis sechs Monate; Zöller/*Seibel* ZPO § 888 Rn. 9, 10) ebenso wie die Wahl der Zwangsmittel im Ermessen des Gerichtes. Antrag auf Zwangsmittel in bestimmter Höhe unzweckmäßig, da sonst ggf. Teilabweisung. Da das Zwangsgeld an die Staatskasse geht, wird Gläubiger an der Höhe weniger interessiert sein.

4. Vollstreckungsvoraussetzungen wie sonst, § 750 ZPO.

5. Der Erfüllungseinwand ist im Vollstreckungsverfahren zu prüfen, → Form. III.C.3 Anm. 6. Das Zwangsgeld wird durch Gläubigerauftrag an den Gerichtsvollzieher oder andere Vollstreckungsorgane zugunsten der Staatskasse vollstreckt (BGH NJW 2008, 2919). Die Zwangshaft wird gegen den Handlungspflichtigen, also zB den gesetzlichen Vertreter des Schuldners, Geschäftsführer einer GmbH oÄ (BLHAG ZPO § 888 Rn. 18b) vollstreckt.

Soll sofort Zwangshaft festgesetzt werden, ist der entsprechende Antrag besonders zu begründen, zB mit Dringlichkeit der Erfüllung oder Fluchtgefahr.

6. Beispiele für unvertretbare Handlungen bei Zöller/*Seibel* ZPO § 888 Rn. 3; zB Abrechnungsanspruch aus § 108 GewO (BAG NZA 2010, 61); Zeugnis gem. § 109 GewO; Abrechnung des WEG-Verwalters (BGH NJW 2016, 3536). Bei Verurteilung zur Auskunftserteilung muss sich der Schuldner die Informationen ggf. selber auf dem Rechtsweg beschaffen (BGH NJW 2009, 2308). Die Hinterlegung von Geld ist nicht nach § 888 ZPO zu vollstrecken, sondern als normale Geldvollstreckung, bei der lediglich nicht an den Gläubiger abzuführen, sondern zu hinterlegen ist (KG JW 1934, 3218). Beachte die Ausnahme des § 888 Abs. 3 ZPO: Dienst aus Dienstvertrag. Die Nennung des Erzeugernamens durch die Mutter an das nichteheliche Kind ist kein Fall von § 888 Abs. 3 ZPO (noch zur alten Fassung vor dem 1.9.2009: BGH NJW 2008, 2919).

Ist nach § 510b ZPO schon im Urteil für den Fall der Nichterfüllung der Handlungspflicht eine Entschädigung ausgeurteilt, entfällt nach § 888a ZPO die Handlungsvollstreckung.

Kosten und Gebühren

7. a) Gericht: Festgebühr nach KV 2111 GKG. Bei Beitreibung des Zwangsgeldes für die Staatskasse entstehen Beitreibungskosten.
   b) Anwalt: 0,3 Gebühr nach VV 3309 RVG, § 18 Abs. 1 Nr. 13 RVG. ME sind der hiesige Antrag und ein anschließender Auftrag an den Gerichtsvollzieher zur Vollstreckung des Zwangsgeldes zwei Angelegenheiten. Denn der hiesige Antrag schafft ja erst den Titel für die anschließende Geldvollstreckung zugunsten der Staatskasse (anders – eine Angelegenheit – Zöller/*Seibel* ZPO § 888 Rn. 18). Die wiederholte Beantragung von Zwangsmitteln stellt nur eine einzige besondere Angelegenheit iSd § 18 Abs. 1 Nr. 13 RVG dar (BGH NJW 2020, 2196).
   c) Gegenstandswert (für Anwaltsgebühren): Interesse des Gläubigers an der Vornahme der Handlung, also nicht Höhe des Zwangsgeldes sondern idR Streitwert des Erkenntnisverfahrens. Zum Rechtsmittelstreitwert BGH NJW 1995, 664, wonach es auf Zeitaufwand und Kosten für die Erfüllung ankommt.

Fristen und Rechtsmittel

8. → Form. III.C.3. Die sofortige Beschwerde hat aufschiebende Wirkung gem. § 570 Abs. 1 ZPO (BGH NJW 2011, 3791).

Erzwingung von Unterlassung und Duldungen

5. Ordnungsmittelantrag (§ 890 ZPO)

An das
. . . . .gericht . . . . .[1]

Ordnungsmittelantrag[2] nach § 890 ZPO
In der Vollstreckungssache

. . . . .
– Gläubiger –
gegen
. . . . .
– Schuldner –

beantrage ich namens und in Vollmacht des Gläubigers zu beschließen:

1. Gegen den Schuldner wird wegen Verstoßes gegen das Verbot, seinen Betrieb als „größtes Möbelhaus am Platze" zu bezeichnen, ein Ordnungsgeld,[3] und für den Fall dass dies nicht beigetrieben werden kann, Ordnungshaft[4] festgesetzt.

2. Der Schuldner ist verpflichtet, ab Zustellung dieses Beschlusses bis zum Ablauf des . . . . . eine Sicherheit von . . . . . Euro zugunsten des Gläubigers zu leisten[5] für dessen durch fernere Zuwiderhandlung entstehenden Schaden.

Begründung:

Nach der vom angerufenen Gericht erlassenen einstweiligen Verfügung vom . . . . . Az. . . . . ., deren zugestellte Ausfertigung[6] ich als

Anlage 1
beifüge, war dem Schuldner unter Androhung[7] eines für jeden Fall der Zuwiderhandlung festzusetzenden Ordnungsgeldes bis zu 250.000 EUR, ersatzweise Ordnungshaft bis zu sechs Monaten, oder von Ordnungshaft bis zu sechs Monaten[8] verboten worden, im geschäftlichen Verkehr zu Zwecken des Wettbewerbs seinen Betrieb als „größtes Möbelhaus am Platze“ zu bezeichnen.
Nach Zustellung der einstweiligen Verfügung erschien in der . . . . .-Zeitung vom . . . . . ein Inserat des Schuldners, in dem sein Betrieb wiederum als „größtes Möbelhaus am Platze“[9] bezeichnet wird. Zum Beweis[10] füge ich als
Anlage 2
ein Exemplar der Zeitung bei.[11]
Außerdem hat der Schuldner bis heute nicht die Aufschrift an der Giebelwand seines Geschäftshauses abgeändert, die gleichfalls die Bezeichnung „Größtes Möbelhaus am Platze“ enthält.[12] Zum Beweis beziehe ich mich auf
1. Augenscheinnahme
2. Zeugnis des . . . . . (ladungsfähige Anschrift)
Wegen dieses mehrfachen Verstoßes muss der Schuldner durch empfindliches Ordnungsgeld[13] zur Einhaltung des gerichtlichen Gebotes gezwungen werden. Da der Schuldner keinerlei Anstalten zur Einhaltung des Gebotes macht, sind weitere Verstöße zu besorgen. Daher ist Sicherheitsleistung für die entstehenden Schäden des Gläubigers geboten, deren Höhe sich wie folgt ergibt . . . . .[14]
Rechtsanwalt[15, 16]

Anmerkungen

1. Zuständigkeit → Form. III.C.3 Anm. 1.

2. Das Ordnungsgeld ist zwar keine Kriminalstrafe (*Brehm* NJW 1975, 249). Es enthält aber repressive strafrechtliche Elemente und erfordert deshalb Verschulden (BVerfG NJW 1991, 3139).

3. Wie beim Antrag nach § 888 ZPO (→ Form. III.C.4 Anm. 3) sollte Gläubiger nur ausnahmsweise die Höhe des Ordnungsgeldes im Antrag beziffern – und dann idR nur als Mindestbetrag. Bei zu geringem Ordnungsgeld Beschwerde des Gläubigers, § 793 ZPO (OLG Hamm NJW-RR 1988, 960), bei zu hohem Beschwerde des Schuldners.

4. Schon von Amts wegen ist neben dem Ordnungsgeld ersatzweise Ordnungshaft festzusetzen (BLHAG ZPO § 890 Rn. 17a).

5. Vgl. § 890 Abs. 3 ZPO. Jedoch sind neben dem Verstoß gegen das Unterlassungsgebot (BLHAG ZPO § 890 Rn. 36) nach Möglichkeit weitere Umstände vorzutragen, zB wiederholte, besonders hartnäckige oder für den Gläubiger besonders nachteilige Verstöße.

6. Es müssen alle Vollstreckungsvoraussetzungen gegeben sein, § 750 ZPO, bei einstweiliger Verfügung zwar nicht die Klausel, §§ 936 mit 929 Abs. 1 ZPO, aber die Zustellung.

7. Diese vorherige Androhung, die beim Verstoß dem Schuldner bekannt, aber nicht notwendig zugestellt sein muss (OLG Hamburg BB 1973, 1189; BLHAG ZPO § 890 Rn. 19a), ist Voraussetzung für die Verhängung der Ordnungsmaßnahme, § 890 Abs. 2 ZPO. Regelmäßig wird sie in den Titel aufgenommen, so bei Unterlassungsverfügungen im Wettbewerbsrecht und bei Duldungs- oder Unterlassungsverfügungen nach § 1004

BGB, den Hauptfällen der Vollstreckung nach § 890 ZPO. Wo Androhung, wie beim gerichtlichen Vergleich (KG JurBüro 1983, 781; BLHAG ZPO § 890 Rn. 7; str.) im Titel fehlt, ist zunächst Antrag nach § 890 Abs. 2 ZPO erforderlich. Er gleicht dem Antrag nach § 890 Abs. 1 ZPO, geht nur auf Androhung, nicht auf Festsetzung.

8. Die Festsetzung muss im Rahmen der Androhung bleiben, die aber regelmäßig in der gesetzlichen Maximalhöhe erfolgt. Str. ist, ob die Ordnungsmaßnahme noch verhängt wird, wenn das Verbot nach dem Verstoß, aber vor dem Beschluss nach § 890 Abs. 1 ZPO, aufgehoben, unwirksam oder gegenstandslos wird (dafür OLG Hamburg NJW-RR 1987, 1024 mwN; BayObLG NJW-RR 1995, 1040; dagegen OLG Düsseldorf NJW-RR 1988, 510; Zöller/*Seibel* ZPO § 890 Rn. 11; diff. BGH NJW 2004, 506).

9. Praktisch wichtig und umstritten ist die Frage, welche nicht identischen Verstöße noch vom „Kern der Verletzungsform" umfasst werden und daher nach § 890 ZPO ohne neue Klage sanktioniert sind (BLHAG ZPO § 890 Rn. 4–5 mwN).

10. Voller Beweis erforderlich, nicht nur Glaubhaftmachung (BLHAG ZPO § 890 Rn. 20).

11. Der Schuldner kann sich – bei Anhörung nach § 891 ZPO – zB damit verteidigen, dass er die geschaltete Anzeige nach Kenntnis von Verbot und Androhung nicht mehr verhindern konnte. Dann wird die Streitfrage bedeutsam, ob die Ordnungsmaßnahme Verschulden voraussetzt (ganz hM, BVerfG NJW-RR 2007, 860; BGH NJW 2009, 921; BLHAG ZPO § 890 Rn. 22 mwN).

12. Die Verurteilung zu einer Duldung kann auch ohne ausdrücklichen Hinweis eine Verpflichtung zu einem nach § 890 ZPO zu vollstreckenden positiven Tun enthalten (BGH NJW-RR 2007, 863; Zöller/*Seibel* ZPO § 890 Rn. 4)

13. Der Gläubiger kann auch eine bestimmte Höhe oder Mindesthöhe anregen (BLHAG ZPO § 890 Rn. 12, → Anm. 3).

Die Vollstreckung erfolgt von Amts wegen nach der Justizbeitreibungsordnung, Zöller/*Seibel* ZPO § 890 Rn. 22.

14. Ist ggf. näher auszuführen. Den Schaden muss der Gläubiger ggf. nach § 893 ZPO einklagen. Da er in Wettbewerbssachen nur selten nachweisbar ist, wird sich die Sicherheitsleistung meist nur auf künftige Kosten beziehen können.

Kosten und Gebühren

15 a) Gericht: Festgebühr nach KV 2111 GKG (22 EUR).
b) Anwalt: Der Antrag auf Androhung des Ordnungsgeldes nach § 890 Abs. 2 ZPO ist im Erkenntnisverfahren von den Prozessgebühren abgegolten, vgl. § 19 Abs. 2 Nr. 5 RVG.

Bei gesondertem Antrag nach Titulierung fällt die 0,3 Gebühr nach VV 3309 RVG an. Allerdings ist damit dann auch bei einem nachfolgenden Antrag auf Verurteilung zu Ordnungsgeld/Ordnungshaft die Verfahrensgebühr nach VV 3309 RVG abgegolten, § 19 Abs. 2 Nr. 5 RVG.

Jede Verurteilung zu einem Ordnungsgeld ist ein gesondertes Verfahren, § 18 Abs. 1 Nr. 14 RVG.

Der Antrag auf Sicherheitsleistung nach § 890 Abs. 3 ZPO ist stets besondere Angelegenheit, § 18 Abs. 1 Nr. 15 RVG, so dass dafür eine weitere 0,3 Gebühr anfällt. Für den obigen Antrag ist also insgesamt eine 0,6 Anwaltsgebühr verdient.

Für die Kostenentscheidung verweist § 891 S. 3 ZPO auf die Prozesskostenregeln in §§ 91 ff. ZPO. § 788 ZPO ist also nicht anwendbar.

Fristen und Rechtsmittel

16. → Form. III.C.4.

D. Besonderheiten der Arrest- und Verfügungsvollstreckung

1. Pfändungsantrag bei Sicherungsverfügung mit Vereinbarung von Sequestration

An die
.....[1]
überreiche ich namens und in Vollmacht des Gläubigers anliegend Beschluss[2] des LG ..... vom .....[3] Az. ..... mit dem Auftrag zur Zwangsvollstreckung[4] durch Wegnahme der vom Schuldner herauszugebenden, im Titel näher bezeichneten Sachen.

Hinsichtlich der Vollstreckungskosten überreiche ich Pfändungsauftrag auf dem amtlichen Formular.[5]

Wegen der herauszugebenden Sachen ist Sequestration angeordnet.[6] Ich bitte den zuständigen Gerichtsvollzieher, das Amt des Sequesters zu übernehmen[7] und mir die dafür beanspruchte Vergütung aufzugeben.[8, 9]

Rechtsanwalt[10, 11]

Anmerkungen

1. Ausgangsfall ist eine Sicherungsverfügung über Eigentumsvorbehaltsware, die bei drohendem wirtschaftlichem Zusammenbruch des Schuldners, etwa wegen mangelnder Bewachung, gefährdet ist.

Adressierung ggf. → Form. III.B.1. Allerdings wird man zur Beschleunigung durch Anruf beim Gericht oder Recherche von Zuständigkeitslisten im Internet Namen und Anschrift des zuständigen Gerichtsvollziehers ermitteln, ihm direkt den Auftrag übermitteln und vorab mit ihm telefonisch besprechen. Zuständigkeit nach §§ 936, 930 Abs. 1 ZPO wie sonst bei Mobiliarvollstreckung.

2. Arresttitel (entsprechend auch Verfügungstitel, § 936 ZPO) benötigen außer bei Titelumschreibung keine Vollstreckungsklausel (§ 929 Abs. 1 ZPO). Um den Arrestschuldner – der einen Arrestgrund geliefert hat! – zu überraschen, kann sogar die Zustellung der Vollstreckung nachfolgen – maximal eine Woche! –, § 929 Abs. 3 ZPO.

3. Die Vollstreckbarkeit ist aber zeitlich auf einen Monat seit Verkündung, seit Aushändigung oder seit Zustellung des Beschlusses an den Gläubiger beschränkt, § 929 Abs. 2 ZPO. Wird innerhalb dieser Frist nicht vollstreckt, ist der Arrest auf Widerspruch aufzuheben (BLHAG ZPO § 929 Rn. 8), also Vollziehungspflicht! Heute wird allgemein angenommen, dass es als „Vollziehung des Arrestbefehls" anzusehen ist, wenn vor Ablauf der Frist die Vollstreckungsmaßnahme ordnungsgemäß (!) beantragt ist. Die Maßnahme selbst kann auch nach Fristablauf vollzogen werden (hM: BGH NJW 1991, 496; Musielak/Voit/*Huber* ZPO § 929 Rn. 6 mwN; BLHAG ZPO § 929 Rn. 11 – Antrag). Mit dem Antrag beginnt aber die Wochenfrist von § 929 Abs. 3 ZPO (RGZ 81, 289). Der Gläubiger sollte ggf. zwei Ausfertigungen beantragen, um den Titel zur Wahrung beider Fristen vorlegen zu können.

4. Dass diese Vollstreckung, wie stets bei Arrest, §§ 930–932 ZPO, und meist bei einstweiliger Verfügung nur auf Sicherung, nicht auf Befriedigung geht, muss der Titel ergeben, der bei Herausgabe zB auf Herausgabe an einen Sequester lautet, nicht an den Gläubiger.

5. Nach § 928 ZPO gilt § 788 ZPO entsprechend, so dass auch wegen des Kostenanspruches vollstreckt werden kann (BLHAG ZPO § 928 Rn. 8), soweit er nicht schon in einer Kostenpauschale mit tituliert ist.

6. Anordnung nach § 938 Abs. 2 ZPO. Ob sie – und mithin der Antrag darauf – zweckmäßig ist, hängt von der Beschaffenheit der herauszugebenden Sachen und der Art der Gefährdung ab. Sind Straftaten wie Siegel- und Verstrickungsbruch nicht zu befürchten, kann eine auf Pfändung und Siegelung beschränkte Verfügung unter Belassung der Sachen beim Schuldner erhebliche Kosten sparen.

Sequestration erfordert eine zur Übernahme des Amtes bereite Person, der eine Vergütung zusteht (BGH NJW-RR 2005, 1283). Sequestration (= Treuhandverwaltung) sollte daher nur beantragt werden, wo etwas zu verwalten ist, zB bei Wertpapieren mit Coupons, bei Einziehung von Mieten, ein streitiges Patent (hierzu BGH NJW-RR 2008, 487) etc Geht es nur um Lagerung von Waren, so kann bei Gefährdung die Pfändung, entsprechend § 808 Abs. 2 ZPO verbunden mit sofortiger Wegnahme, beantragt werden. Allerdings können die Kosten der Lagerung, auf die Zeit zwischen Pfändung und Versteigerung kalkuliert, bei Verwahrung bis zum Abschluss des Hauptverfahrens ganz erheblich sein.

Dann hilft nur Verwertung nach Parteivereinbarung oder Antrag nach § 930 Abs. 3 ZPO, den auch der Schuldner stellen kann.

Kostengünstiger ist vielfach, Verwahrung durch einen Lagerhalter anzuordnen, bei besonderen Lageranforderungen (Kühlung, Warenpflege) auch Verwahrung durch den Gläubiger (Lieferanten) unter Aufsicht des Gerichtsvollziehers oder eines anderen Sequesters. Bei einstweiliger Verfügung ist, anders als beim Arrest, auch Übertragung an den Gläubiger zur Verwertung gegen ausreichende Sicherheitsleistung denkbar und zB bei marktgängigen, aber verderblichen Waren (Lebensmittel) sehr zweckmäßig.

7. Soweit danach Sequestration überhaupt zweckmäßig ist, wird man sie stets zuvor mit dem Gerichtsvollzieher absprechen. Zur Übernahme des Amtes ist er nämlich auch bei Benennung im Beschluss nicht verpflichtet, da sie für ihn nicht Dienstpflicht, sondern Nebentätigkeit ist (BGH NJW 2001, 434; Musielak/Voit/*Huber* ZPO § 938 Rn. 7; BLHAG ZPO § 938 Rn. 23). Er braucht auch die Zustimmung seiner Dienstbehörde (OLG Koblenz MDR 1981, 855). Daher ist telefonische Abstimmung schon vor dem Verfügungsantrag ratsam, um nachträgliche Titeländerungen zu vermeiden. Ebenso sollte Stellung von Transportraum und Hilfskräften abgesprochen sein.

Zum Sequester können auch andere Personen, zB Anwälte, ernannt werden, an die der Gerichtsvollzieher dann die weggenommenen Sachen abzugeben hat (Zöller/*Vollkommer* ZPO § 938 Rn. 9).

8. Die Vergütung kann vom Prozessgericht festgesetzt werden (BGH NJW 2006, 3010). Sie kann aber auch zwischen Antragsteller und Sequester vereinbart werden (BLHAG ZPO § 938 Rn. 24; BGH NJW-RR 2005, 1283).

9. Bei Forderungspfändung mit Arresttitel (→ Form. I.R.1) ist abweichend von → Form. III.B.8 nur zu beachten, dass

- die Überweisung der Forderung unzulässig ist und
- das Arrestgericht zuständiges Vollstreckungsgericht ist, § 930 Abs. 1 S. 3 ZPO.

Letzteres ermöglicht, zur Beschleunigung den Pfändungsantrag mit dem Arrestantrag zu verbinden. Das Gericht erlässt dann zugleich Arrestbeschluss und Pfändungsbeschluss (BLHAG ZPO § 930 Rn. 7; Zöller/*Vollkommer* ZPO § 930 Rn. 3).

Bei Pfändung mehrerer Forderungen mit verschiedenen Drittschuldnern sollten mehrere Ausfertigungen beantragt werden, um gleichzeitig die Zustellung an die Drittschuldner zu betreiben. Auch bei Arrestvollstreckung an mehreren Orten oder in verschiedene Vermögensstücke sind mehrere Ausfertigungen – die wegen § 929 Abs. 1 ZPO taugliche Titel sind – geboten und bei entsprechender Darlegung zulässig (OLG Karlsruhe Rpfleger 1977, 453), → Form. III.A.7 Anm. 6.

Kosten und Gebühren

10. a) Bei Forderungspfändung im Arrestverfahren (→ Anm. 9) wird vom Gericht die Festgebühr von 22 EUR nach KV 2111 GKG erhoben.
b) Anwalt: normale 0,3 Gebühr nach VV 3309 RVG, die auch eventuelle Maßnahmen nach § 930 Abs. 3 ZPO abgilt.
c) Gerichtsvollzieher: volle Pfändungsfestgebühr nach KV 205 GvKostG von 26 EUR, ggf. mit Zeitzuschlag nach KV 500 GvKostG.
Da die Übernahme des Sequesteramtes nicht Dienstpflicht des Gerichtsvollzieher ist, besteht keine amtliche Kostenregelung.

Fristen und Rechtsmittel

11. → Form. III.B.1, da, abgesehen von dem besonderen Titel mit der fehlenden Verwertungsbefugnis, normale Mobiliarpfändung vorliegt, § 930 Abs. 1 ZPO.

Bei einstweiliger Einstellung der Zwangsvollstreckung gem. §§ 719 Abs. 1 S. 1, 707 ZPO streitig,

2. Arrestpfändung in eingetragenes Schiff (§ 931 ZPO)

An die

. . . . .[1]

überreiche ich namens und in Vollmacht des Gläubigers anliegend Arrestbeschluss des LG . . . . vom . . . . Az. . . . . mit Pfändungsanordnung[2] für das Motorschiff . . . . Schiffsregister-Nr. . . . . .[3] des AG . . . . und Heimathafen . . . . mit dem Auftrag, die Pfändung vorzunehmen.[4]

Das Schiff befindet sich zurzeit im . . . . .hafen, Kai . . . ..

Ich zahle nebengehend gemäß Absprache Kostenvorschuss von . . . . EUR.

Ich bitte, anschließend unverzüglich dem Arrestschuldner Arrestbeschluss und Pfändungsanordnung in der Frist des § 929 Abs. 3 ZPO zuzustellen[5] und füge entsprechend beglaubigte Kopie bei.

Rechtsanwalt[6, 7]

Anmerkungen

1. Zur Adressierung → Form. III.D.1. Auch hier wird man stets die Pfändung dem Gerichtsvollzieher telefonisch avisieren und dann die Unterlagen an ihn direkt übersenden.

2. Neben dem Arresttitel – ohne Klausel und Zustellungsurkunde – ist eine besondere Pfändungsanordnung in das Schiff erforderlich, § 931 Abs. 3 S. 1 ZPO. Sie wird zusammen mit dem Arrest beantragt, und dann mit ihm verbunden (Zöller/*Vollkommer* ZPO § 931 Rn. 1). Sonst, wenn etwa das Schiffseigentum erst nachträglich, aber vor Ablauf der Monatsfrist von § 929 Abs. 2 ZPO bekannt wird, muss die Pfändungsanordnung gesondert beantragt werden, zweckmäßig unter Vorlage eines Schiffsregisterauszuges zur Glaubhaftmachung des Schuldnereigentums.

3. Die Sonderregelung von § 931 ZPO (Mischung von Mobiliar-, Forderungs- und Immobiliarvollstreckung) gilt nur für in Deutschland, auch im Zweitregister, eingetragene Schiffe. Durch „Ausflaggung" sind sie heute auch in deutschen Häfen eher die Ausnahme. Nicht eingetragene oder ausländische Schiffe sind normale bewegliche Sachen, Arrestpfändung nach § 930 Abs. 1 ZPO, bei Seeschiffen zT beschränkt auf „Seeforderungen", vgl. Internationales Übereinkommen zur Vereinheitlichung von Regeln über den Arrest in Seeschiffe, BGBl. 1972 II 655.

4. Das geschieht durch Inbesitznahme und anschließende Bewachung („in die Kette legen"). Hierfür hat der Gläubiger den nötigen Kostenvorschuss zu leisten und ggf. nachzuzahlen, bei Meidung der Aufhebung des Arrestes, § 934 Abs. 2 ZPO. Die Pfändung ist unzulässig bei Seeschiffen, die sich bereits auf der Reise befinden, § 931 Abs. 7 ZPO.

5. Evtl. sind Pfändungsvollziehung und Zustellung mit 2 – schon bei Antragstellung zu beantragenden – Ausfertigungen gleichzeitig zu betreiben.

Die Inbesitznahme durch den Gerichtsvollzieher soll das faktische Verschwinden des eben doch beweglichen Schiffes verhindern. Das Pfandrecht, § 931 Abs. 2 ZPO, entsteht dagegen durch Zustellung der Pfändungsanordnung an den Schuldner (BLHAG ZPO § 931 Rn. 3), also wie beim drittschuldnerlosen Recht, § 857 Abs. 2 ZPO. Zugleich wird im Schiffsregister eine Vormerkung eingetragen, § 931 Abs. 3 ZPO. Das außerhalb des Registers entstandene Pfandrecht muss der Gläubiger zur Vermeidung gutgläubigen Erwerbs Dritter eintragen lassen, § 931 Abs. 6 ZPO. Es wirkt wie eine Hypothek, § 931 Abs. 6 S. 2 ZPO.

Kosten und Gebühren

6. a) Gericht: für Anordnung der Pfändung keine besondere Gebühr neben der Arrestgebühr.
b) Anwalt: 0,3 Gebühr nach VV 3309 RVG. Muss die Pfändungsanordnung nach § 931 Abs. 3 ZPO gesondert beantragt werden, dient dies der Pfändungsvorbereitung, daher keine gesonderte Gebühr, § 19 Abs. 1 RVG.
c) Gerichtsvollzieher: volle Pfändungsfestgebühr nach KV 205 GvKostG von 26 EUR zzgl. Zeitzuschlag nach KV 500. Die Bewachungsgebühr nach KV 400 fällt daneben nicht an, (vgl. *Toussaint* Kostenrecht GvKostG KV 400 Rn. 3). Diese Kosten sind aber „peanuts" im Verhältnis zu den zusätzlich in voller Höhe zu erstattenden Auslagen, etwa gem. KV 703, 704 u. 707 GvKostG für die Verholung und den Liegeplatz des Schiffes, die leicht fünfstellige Beträge erreichen können.

Fristen und Rechtsmittel

7. → Form. III.B.1, bzgl. des Gerichtsvollziehers.

3. Antrag auf Arresthypothek (§ 932 ZPO)

An das
Amtsgericht . . . . .
Grundbuchamt

Antrag
auf Eintragung einer Arresthypothek[1]
In der Vollstreckungssache

. . . . .
– Gläubiger –
gegen

. . . . .
– Schuldner –
überreiche ich anliegend Arrestbeschluss des LG . . . . . vom . . . . .[2] Az. . . . . . und beantrage namens und in Vollmacht des Gläubigers,[3]
in Höhe der Lösungssumme[4] eine Arresthypothek auf dem Grundstück des Schuldners in (Anschrift, Flurstück-Nr.), eingetragen im Grundbuch von . . . . . Bd. . . . . . Bl. . . . . . einzutragen.
Titel bitte ich alsbald zurückzureichen. Die Kosten des Eintragungsantrages berechne ich nachstehend.
Rechtsanwalt[5, 6, 7]

Anmerkungen

1. Die Arresthypothek unterscheidet sich von der Zwangshypothek, § 867 ZPO (→ Form. III.B.17), vor allem durch das Fehlen des gesetzlichen Löschungsanspruchs für vorrangige Rechte, § 932 Abs. 1 S. 2 ZPO (dazu *Stöber* Rpfleger 1977, 426). Daher ist mit dem Titel aus dem Hauptprozess die Umwandlung der Arrest- in eine Zwangshypothek gesondert zu beantragen (OLG Frankfurt a. M. Rpfleger 1975, 103 mwN; BLHAG ZPO § 932 Rn. 4).

2. Sofern der Erlass des Arrestes einen Monat zurückliegt, muss wegen § 929 Abs. 2 ZPO dargetan werden, dass der Fristbeginn – Zustellung an den Gläubiger (!) – noch keinen Monat zurückliegt.

3. Der Antrag allein gilt hier ausdrücklich, § 932 Abs. 3 ZPO, als Vollziehung des Arrestes, → Form. III.D.1 Anm. 3. Er muss mangelfrei sein, oder Mängel – wie fehlende Verteilung bei mehreren Grundstücken, → Form. III.B.17 Anm. 7 – müssen vor Ende der Monatsfrist des § 929 Abs. 2 ZPO beseitigt sein. Deshalb ist auch hier höchste Eile und Genauigkeit geboten.

4. Die Arresthypothek wird als Höchstbetragshypothek in Höhe der Arrestlösungssumme des § 923 ZPO eingetragen. Zinsen und Kosten sind in diese Summe einzurechnen, etwa titulierte zukünftige Leistungen gleichfalls (Zöller/*Vollkommer* ZPO § 932 Rn. 3).

5. IÜ gelten die Vorschriften über die Zwangshypothek entsprechend, auch die Wertuntergrenze von 750 EUR (für den Höchstbetrag), §§ 932 Abs. 2, 866 Abs. 3 S. 1 ZPO, → Form. III.B.17.

Zwangsversteigerung oder -verwaltung finden aus einem Arresttitel nicht statt.

Kosten und Gebühren

6. → Form. III.B.17.

Fristen und Rechtsmittel

7. → Form. III.B.17.

E. Anfechtungsgesetz

1. Anfechtungsankündigung durch einfaches Schreiben

Frau A[1] **(Ort, Datum)**

Sehr verehrte Frau A,
hiermit zeige ich unter Vollmachtsvorlage an, dass die Firma B ..... von mir anwaltlich vertreten wird.
Für meine Mandantin habe ich gegen Ihren Ehemann, Herrn A, ein Urteil bei dem Landgericht ..... Az ..... vom ..... über eine Kaufpreisforderung iHv ..... EUR nebst Zinsen und Kosten erstritten.[2] Das Urteil ist noch nicht rechtskräftig.[3]
Im Laufe der letzten mündlichen Verhandlung vor dem Landgericht habe ich in Erfahrung gebracht, dass Ihr Ehemann Ihnen durch notariellen Schenkungsvertrag vom ..... das Grundstück (Ort, Straße) eingetragen im Grundbuch von (Ort, Grundbuchstelle) übertragen hat.[4]
Diese Übertragung stellt einen anfechtbaren Rechtserwerb gem. §§ 3 u. 4 des Anfechtungsgesetzes dar. Ihnen war bekannt, dass durch diese Grundstücksübertragung jegliche Vollstreckungsversuche gegen Ihren Ehemann vereitelt werden sollten. Ich kündige Ihnen hierdurch an, dass ich Anfechtungsklage gem. den §§ 1, 4 u. 11 des Anfechtungsgesetzes auf Duldung der Zwangsvollstreckung in dieses Grundstück erheben werde.[5] Sie können diese Klage auch durch Zahlung der Forderung an mich abwenden. In Ihrem eigenen Interesse fordere ich Sie auf, sich über diesen Sachverhalt mir gegenüber bis zum ..... zu erklären.
Nach fruchtlosem Ablauf dieser Frist bin ich ggf. gezwungen, Klage auf Duldung der Zwangsvollstreckung zu erheben oder den Anfechtungsanspruch meiner Mandantin im Wege des Arrestes zu sichern.
Rechtsanwalt

Schrifttum: Huber, Anfechtungsgesetz, 11. Aufl. 2016; *Huber,* Das neue Recht der Gläubigeranfechtung außerhalb des Insolvenzverfahrens, ZIP 1998, 897 ff.; *Kirchhof,* Münchener Kommentar zum Anfechtungsgesetz, 2012; *Haertlein,* Kindl/Meller-Hannich/Wolf, Gesamtes Recht der Zwangsvollstreckung, 4. Auflage 2021

Anmerkungen

1. Nach § 7 Abs. 2 AnfG Anfechtungsankündigung durch Zustellung eines Schriftsatzes, jedoch nicht im technischen Sinne, es genügt einfache schriftliche Benachrichtigung, zB durch eingeschriebenen Brief (mit Rückschein). Eine förmliche Zustellung der Anfechtungsankündigung ist entbehrlich, wenn ihr Zugang auf andere Art und Weise bewiesen werden kann (BGH NJW 1983, 1738). Die Rechtsfolge der Anfechtungsankündigung gem. § 7 Abs. 2 AnfG ist die Wahrung der Anfechtungsfristen (vgl. Huber/*Huber* AnfG § 7 Rn. 34, 46).

2. Zum notwendigen Inhalt gehört die genaue Bezeichnung der Forderung, wegen der die Anfechtung stattfinden soll, § 7 Abs. 2 AnfG. Die Anfechtungsankündigung muss die befriedigungsbedürftige Forderung bezeichnen, BGH ZIP 2012, 186.

3. Bei Anfechtungstatbeständen ist die Geltendmachung des Anspruchs nur innerhalb der dort bestimmten Anfechtungsfrist zulässig; diese Fristen sind ab der gerichtlichen Geltendmachung der Anfechtbarkeit zurückzurechnen, § 7 Abs. 1 AnfG. Nach § 2 AnfG kann der Anfechtungsanspruch nur geltend gemacht werden, wenn ua die Forderung des Gläubigers gegen den Schuldner fällig ist und ein vollstreckbarer Schuldtitel vorliegt. Diese Härten für den Gläubiger soll § 7 Abs. 2 AnfG beseitigen, wenn nicht schon sämtliche Voraussetzungen für die gerichtliche Geltendmachung des Anfechtungsanspruches vorliegen. Für eine Anfechtungsankündigung darf entweder noch keine Fälligkeit der Forderung des Gläubigers gegen den Schuldner gegeben oder ein vollstreckbarer Schuldtitel noch nicht erlangt sein. Die Anfechtungsankündigung ist aber bereits zulässig, wenn weder Fälligkeit gegeben noch ein Schuldtitel erlangt ist (vgl. Huber/*Huber* AnfG § 7 Rn. 41). In diesem Beispiel fehlt es an der Rechtskraft und eine Vollstreckbarkeit liegt noch nicht vor, weil zB die Klausel oder die Zustellung noch ausstehen.

4. Weiteres Inhaltserfordernis ist die genaue Kennzeichnung der Rechtshandlung des Schuldners, die angefochten werden soll. Hier kommen alle iSd §§ 3 und 4 AnfG anfechtbaren Rechtshandlungen des Schuldners in Betracht. Zur weiteren Voraussetzung der Unzulänglichkeit des Schuldnervermögens vgl. Huber/*Huber* AnfG § 7 Rn. 43.

5. Die Wirkung dieser Anfechtungsankündigung ist eine doppelte, nämlich einerseits die Wahrung der Fristen gem. §§ 3 u. 4 AnfG und um diese möglichst weit nach „rückwärts" zu verschieben (Rückrechnung vom Datum der Zustellung der Erklärung an den Anfechtungsgegner), andererseits die Ingangsetzung der Zweijahresfrist, innerhalb der der Anfechtungsanspruch gerichtlich geltend gemacht werden muss (zB durch Anfechtungsklage). Zur Berechnung der Anfechtungsfristen vgl. Huber/*Huber* AnfG § 7 Rn. 30 ff. Die Berufung auf die Versäumung einer Frist kann sich in gewissen Konstellationen als treuwidrig erweisen. So kann neben arglistigen Handlungen Treuwidrigkeit bei widersprüchlichem Verhalten des Anfechtungsgegners vorliegen, etwa wenn er zuvor den Gläubiger durch Erklärung, auf die Fristeinhaltung zu verzichten, von der rechtzeitigen Erhebung der Anfechtungsklage abgehalten hat, vgl. OLG Hamm ZIP 2002, 2321 ff.

§ 7 Abs. 1 AnfG knüpft die Berechnung der Anfechtungsfristen an die gerichtliche Geltendmachung an. Indessen erfolgt die Anfechtung gläubigerbenachteiligender Rechtshandlungen wegen Ansprüchen aus dem Steuerschuldverhältnis außerhalb des Insolvenzverfahrens gemäß § 191 Abs. 1 S. 1 und 2 AO iVm §§ 1 ff AnfG durch Duldungsbescheid. Ein Wahlrecht der Finanzbehörde, ob es einen Duldungsbescheid erlässt oder eine Anfechtungsklage erhebt, besteht nicht (BFH BB 2021, 355 (356); BVerfG NJW 2017, 2635). Der Erlass von Duldungsbescheiden kann gem. § 231 Abs. 1 Satz 1 Nr. 3 AO die Verjährung gegenüber dem Steuerschuldner unterbrechen (BFH BB 2021, 355 (356)).

Für Klagen gegen einen Duldungsbescheid der Finanzbehörden, mit welchen diese einen Anfechtungsanspruch geltend machen, ist ausschließlich der Rechtsweg zu den Finanzgerichten gegeben (BGH ZIP 2006, 1603 ff; OLG Celle NZI 2012, 822 (823)). Mit Eröffnung des Insolvenzverfahrens geht die Anfechtungskompetenz auf den Insolvenzverwalter über. Das FA kann den Anfechtungsanspruch gegen den Anfechtungsgegner während des Insolvenzverfahrens auch mit Zustimmung des Insolvenzverwalters nicht selbst weiterverfolgen (BFH DStRE 2019, 1359). Der Rechtsstreit gegen den Duldungsbescheid des FA wandelt sich in eine Leistungsklage gegen den mit dem Duldungsbescheid in Anspruch genommenen bisherigen Kläger, dessen Rolle der Insolvenzverwalter übernimmt. Die zunächst als Anfechtungsklage gegen den Duldungsbescheid erhobene, dem Finanzrechtsweg zugewiesene Klage ist auch nach Übernahme durch den Insolvenzverwalter vom FG zu entscheiden (BFH ZIP 2013, 1046, zum Insolvenzanfechtungsprozess vor den Finanzgerichten siehe auch *Fuchs* VIA 2019, 65).

2. Gläubigeranfechtung durch Klage auf Duldung der Zwangsvollstreckung in eine Forderung

An das
Landgericht[1] **(Ort, Datum)**

Klage

des Herrn A
– Klägers –
Prozessbevollmächtigter:
gegen
den Herrn B
– Beklagten –
wegen Forderung
Streitwert: . . . . . EUR

Namens und mit Vollmacht des Klägers erhebe ich Klage und werde beantragen:

1. Der Beklagte wird verurteilt, wegen der vollstreckbaren Forderung des Klägers iHv . . . . . EUR auf Grund des Urteils des LG . . . . ., Az . . . . . vom . . . . . (ggf samt Kostenfestsetzungsbeschluss) zugunsten des Klägers bis iHv . . . . . EUR[2] die Zwangsvollstreckung in das Sparbuch Nr. . . . . der Bank C zu dulden, hilfsweise, Wertersatz durch Zahlung iHv . . . . . EUR an den Kläger zu leisten.
2. Der Beklagte trägt die Kosten des Rechtsstreites.
3. Das Urteil ist gegen Sicherheitsleistung vorläufig vollstreckbar, die auch durch selbstschuldnerische, unbefristete Bürgschaft eines im Inland als Steuer- und Zollschuldner zugelassenen Kreditinstitutes erbracht werden kann.[3]

Begründung:

I. Der Kläger hat mit Urteil des LG . . . . ., Az . . . . . vom . . . . . einen vollstreckbaren Schuldtitel gegen den Schuldner D in . . . . . über die Zahlung von insgesamt . . . . . EUR einschließlich Zinsen und Kosten erstritten. Ein Zwangsvollstreckungsversuch gegen den Schuldner am . . . . . ist ausweislich des Pfändungsprotokolls des Gerichtsvollziehers E vom . . . . . erfolglos geblieben; der Schuldner hat außerdem am . . . . . eine eidesstattliche Versicherung abgegeben.

Beweis: 1. Vorlage des Urteils des LG . . . . . vom . . . . .
2. Vorlage des Pfändungsprotokolls vom . . . . .
3. Vorlage der eidesstattlichen Versicherung vom . . . . .

II. Der Kläger hat in Erfahrung gebracht,[4] dass der Schuldner D am . . . . . auf Grund einer letztwilligen Verfügung durch Erbfall seiner Mutter ein Sparbuch der Bank in C, Nr. . . . . im Wege der Erbfolge zugewendet bekommen hat. Dieses Sparbuch übergab der Schuldner dem Beklagten am . . . . . als angebliche Sicherheit für einen eventuellen Ausgleichsanspruch des Beklagten gegenüber dem Schuldner aus einem zwischen den Parteien bestehenden Handelsvertreterverhältnis. Hiervon ist richtig, dass zwischen dem Schuldner, Herrn D, und dem Beklagten und Anfechtungsgegner B zwar ein Handelsvertretervertrag besteht,

Beweis: 1. Zeugnis F (ladungsfähige Anschrift)
2. Vorlage des Handelsvertretervertrages

dass aber ein Ausgleichsanspruch des Beklagten gegen den Schuldner weder besteht noch zu entstehen droht, da das Verhältnis zwischen diesen Parteien seit Jahren störungsfrei abgewickelt wird.

Beweis: Zeugnis des Prokuristen G (ladungsfähige Anschrift)

Der Schuldner wollte vielmehr durch die Weggabe dieses Sparbuches verhindern, dass der Kläger sich als Gläubiger aus dem Urteil vom . . . . . befriedigen konnte.

Dies wusste der Beklagte aus mehreren Gesprächen mit dem Schuldner, da dieser ihn auf die bevorstehende Verurteilung und drohende Pfändung hingewiesen hatte.

Zum Beweis[5] für den Inhalt dieser Gespräche bezieht sich der Kläger auf das Zeugnis H (ladungsfähige Anschrift).

H ist Sekretärin im Gewerbebetrieb des Schuldners. Sie hat am . . . . . an geschäftlichen Besprechungen zwischen dem Schuldner und dem Beklagten teilgenommen, in deren Verlauf der Schuldner den Beklagten zunächst darauf hingewiesen hatte, dass „der Kläger von seinem Urteil nichts haben dürfe, er wolle ihm schon zeigen, dass bei ihm nichts zu holen sei, dafür gebe es Mittel und Wege", und dass dem Beklagten dann anlässlich eines weiteren Gespräches am . . . . . das Sparbuch übergeben worden sei; mit dem Bemerken, „es gut aufzuheben und vorerst verschwinden zu lassen".

Beweis: Zeugnis H (ladungsfähige Anschrift)

Dadurch wusste der Beklagte, dass der Kläger in seiner Vollstreckung behindert und benachteiligt werden sollte und dass durch die Weggabe des Sparbuchs letztlich sogar eine Befriedigung des Klägers vereitelt werden sollte.

Diese Handlungsweise des Schuldners erfüllt den Tatbestand des § 3 Abs. 1 AnfG,[6] so dass der Beklagte als Anfechtungsgegner verpflichtet ist, gem. § 11 AnfG das von dem Schuldner an ihn abgegebene Sparbuch als noch zum Vermögen des Schuldners gehörig zur Verfügung zu stellen.[7] Er hat daher entweder die Zwangsvollstreckung in das Sparbuch zu dulden oder auf Grund der Wertersatzregelung Zahlung in Höhe der titulierten Forderung an den Kläger zu leisten; für den Fall, dass der Beklagte zwischenzeitlich über das Sparbuch verfügte oder ein Zurverfügungstellen in Natur nicht mehr möglich ist, hat der Kläger hilfsweise den Anspruch auf Leistung von Wertersatz durch Zahlung in der Klage beantragt.

Rechtsanwalt

Anmerkungen

1. Der Anfechtungsrechtsstreit ist eine bürgerlich-rechtliche Rechtsstreitigkeit, § 13 GVG, hierzu BGH WPM 1991, 249: Der gesetzliche Anspruch des § 11 AnfG ist auch dann dem bürgerlichen Recht zuzuordnen, wenn er von einer Finanzbehörde zum Zwecke der Befriedigung einer Steuerforderung geltend gemacht wird. Die Zuständigkeit der Klage richtet sich nach den allgemeinen Vorschriften der ZPO zur sachlichen und örtlichen Zuständigkeit; ob bei Grundstücken der ausschließliche Gerichtsstand der belegenen Sache (§ 24 ZPO) gilt, ist umstritten (vgl. Huber/*Huber* AnfG § 13 Rn. 35; MüKoAnfG/*Kirchhof* § 13 Rn. 14 mwN), nicht anzuwenden sind die §§ 29, 32 ZPO. Der Streitwert ist maßgebend für die Gebührenberechnung und die Bestimmung des zuständigen Gerichts (AG oder LG). Für die Bemessung kommt es auf die Höhe der Forderung an, deren Befriedigung die Anfechtung dienen soll, sie ist einschließlich der zugesprochenen Zinsen und Kosten anzusetzen. Ist jedoch die Forderung höher als der Wert des Anfechtungsgegenstandes, dann ist dieser für die Streitwertbemessung maßgebend (vgl. Huber/*Huber* AnfG § 13 Rn. 37; BGH WPM 1982, 1443).

2. Das Anfechtungsrecht begründet ein gesetzliches Schuldverhältnis auf Wiederherstellung der Zugriffslage zwischen dem Anfechtungsberechtigten (dem Gläubiger der befriedigungsbedürftigen Forderung) und dem Anfechtungsgegner als Erwerber der anfechtbaren Leistung (Handlung) des Schuldners. Der Hauptanspruch (die Forderung des Gläubigers gegen den Schuldner) muss ein Geldsummenanspruch sein (BGH NJW 1991, 496 (497)), der mit dem Anfechtungsrecht untrennbar verknüpft ist. Neben vollstreckbaren Schuldtiteln der ZPO kann auch ein Steuervorauszahlungsbescheid ein zur Anfechtung geeigneter vollstreckbarer Schuldtitel sein (BGH NJW 1976, 967). Gem. § 13 AnfG muss der Klageantrag bezeichnen, in welchem Umfang und in welcher Weise das Erlangte seitens des Empfängers zur Verfügung gestellt werden soll (vgl. zu den verschiedenen Möglichkeiten der Fassung des Klageantrages die Beispiele bei Huber/*Huber* AnfG § 13 Rn. 9, 14 ff.). Anfechtungsberechtigt kann auch ein Gläubiger sein, der in gewillkürter Prozessstandschaft ein Urteil auf Zahlung gegen den Schuldner erlangt hat (BGH NJW 1983, 1678). Rechtshandlungen des Schuldners kann auch derjenige anfechten, der zurzeit ihrer Vornahme noch nicht Gläubiger war, wenn er nur später durch sie benachteiligt wird (BGH WPM 1987, 881, 882; BGH ZIP 2009, 1966).

Bei der Abtretung einer Geldforderung geht der Anspruch, wenn die Forderung noch nicht eingezogen ist, auf Duldung der Zwangsvollstreckung mit anschließender Pfändung und Überweisung; nach Einzug der Forderung ist der Anfechtungsgegner zum Wertersatz, also zur Zahlung des Betrages der früheren Forderung an den Kläger verpflichtet (Huber/*Huber* AnfG § 13 Rn. 19, 22).

3. Zur Klagebegründung gehören iE:

a) die Kennzeichnung der Forderung (einschl. Zinsen und Kosten) des Gläubigers gegen den Schuldner, zugunsten derer die Anfechtung erfolgt;
b) die Angabe der Tatsachen, welche die Anfechtbarkeit einer Rechtshandlung des Schuldners ergeben, und zwar so genau, dass eine Zuordnung zu den einzelnen Anfechtungstatbeständen möglich ist;
c) schließlich die genaue Kennzeichnung aller einzelnen Anfechtungsgegenstände, die dem zwangsweisen Zugriff zur Verfügung gestellt werden sollen. Zu weiteren Einzelheiten vgl. Huber/*Huber* AnfG § 13 Rn. 11 ff.

Es wird weiter ein spezielles Rechtsschutzbedürfnis verlangt, das gem. § 2 AnfG Fälligkeit, Vollstreckbarkeit und (voraussichtliche) Uneinbringlichkeit der Forderung gegen den Schuldner voraussetzt (vgl. Huber/*Huber* AnfG § 2 Rn. 4, 5; OLG Köln ZIP 1983, 1316). Speziell zur Darlegung der Unzulänglichkeit des Schuldnervermögens und zur Beweislast vgl. BGH ZIP 1990, 1420 ff; BGH NJW 1992, 2421 (2422); BGH NJW 1999, 1395 (1397). Die Anfechtungsklage muss die bestimmte Angabe enthalten, für welche vollstreckbare Forderung und für welchen Betrag der Anfechtungsanspruch geltend gemacht wird. Andernfalls wahrt sie die Anfechtungsfrist nicht (BGH WPM 1987, 228).

4. Im Regelfall der Vorsatzanfechtung gem. § 3 Abs. 1 AnfG ist Voraussetzung eine Rechtshandlung (oder ein Unterlassen) des Schuldners, die er in Gläubigerbenachteiligungsvorsatz vorgenommen hat sowie die Kenntnis des anderen Teils vom Benachteiligungsvorsatz. Das Erfordernis objektiver Gläubigerbenachteiligung (wobei grundsätzlich eine mittelbare im Gegensatz zu § 3 Abs. 4 AnfG genügt) gilt dabei für sämtliche Anfechtungstatbestände. Die Frist, innerhalb der eine Rechtshandlung nach § 3 Abs. 1, 2 AnfG angefochten werden muss, beträgt zehn bzw. vier Jahre vor der gerichtlichen Geltendmachung der Anfechtung (§ 7 Abs. 1 AnfG, vgl. Anfechtungsankündigung nach § 7 Abs. 2 AnfG). Für den schuldnerischen Gläubigerbenachteiligungsvorsatz genügt, wenn der Schuldner die Benachteiligung als mutmaßliche Folge seines Handelns erkannt und gebilligt hat (BGH NZI 2015, 654 (656); BGH ZIP 2007, 1511, 1511). Für dieses Bewusstsein reicht es aus, dass der Schuldner den Ausfall weiterer Gläubiger für möglich hält (MüKoAnfG/*Kirchhof* § 3 Rn. 16; vgl. auch zur besonderen Darlegungslast zum Gläubigerbenachteiligungsvorsatz und zur Kenntnis des Anfechtungsgegners bei § 133 InsO BGH Urt. v. 6.5.2021 – IX ZR 72/20, BeckRS 2021, 16902). Es ist nicht erforderlich, dass die Gläubigerbenachteiligung das ausschließliche Motiv des Handelns des Schuldners ist. Die Anfechtung nach § 3 Abs. 1 AnfG setzt nicht voraus, dass der Anfechtungsgegner die Gläubiger des Schuldners benachteiligen wollte (BGH WPM 1985, 923). Beim anderen Teil muss Kenntnis dieses Benachteiligungsvorsatzes vorliegen, wobei es genügt, wenn dieser die Überzeugung hat, der Schuldner handle mit entsprechendem Vorsatz (Huber/*Huber* AnfG § 3 Rn. 33). Dieser wird gem. § 3 Abs. 1 S. 2 AnfG (widerleglich) vermutet bei Kenntnis von dessen drohenden Zahlungsunfähigkeit (§ 18 Abs. 2 InsO) und der objektiven Gläubigerbenachteiligung (aber Einschränkung nach § 3 Abs. 3 S. 1, 2 AnfG nF), vgl. BGH NZI 2019, 812 Rn. 25. Kannte der Anfechtungsgegner Umstände, die zwingend auf eine mindestens drohende Zahlungsunfähigkeit des Schuldners schließen ließen, ist zu vermuten, dass er auch die drohende Zahlungsunfähigkeit selbst kannte (BGH ZIP 2014, 1639 (1641); BGH ZIP 2003, 1799 (1801)). Vgl. zu Beweisanzeichen, aus denen auf das Vorliegen des Benachteiligungsvorsatzes und der Kenntnis des anderen Teils zu schließen ist, Huber/*Huber* AnfG § 3 Rn. 9 ff., 24, 29, 32 ff. So spricht für einen Benachteiligungsvorsatz insb. die Inkongruenz der Leistung bei gleichzeitig beengten finanziellen Verhältnissen. Diese liegen nicht erst bei drohender Zahlungsunfähigkeit, sondern bereits dann vor, wenn die finanziellen Reserven des Schuldners nicht ausreichen, um einen Einfluss der inkongruenten Leistung auf die Gleichheit der Befriedigungschancen anderer Gläubiger auszuschließen (BGH ZIP 2020, 2135 (2136 f.). Keine Anfechtbarkeit, wenn bei Geschäften zwischen Eltern und Kindern (zB Schenkung) das Kind den Benachteiligungsvorsatz des Schuldners nicht gekannt hat (BGH WPM 1985, 815). Einer geschäftsunfähigen oder beschränkt geschäftsfähigen Person ist die Kenntnis des Benachteiligungsvorsatzes des Schuldners durch ihren gesetzlichen Vertreter nicht anzulasten, wenn dieser seine unbeschränkte Vertretungsmacht aus wirtschaftlichem Eigennutz ohne Rücksicht auf die Vermögensinteressen des Kindes ausübt (BGH NJW 2017, 3516 (3519); vgl. auch *Gehrlein* NZI 2017, 695). Die Gläubigeranfechtung ist nicht deswegen ausgeschlossen, weil der Gläubiger an der später angefochtenen Vermögensübertragung mitgewirkt hat (BGH KTS 1992, 243).

Mit Geltung ab dem 5.4.2017 wurde die Vorsatzanfechtung nach § 3 AnfG (unter gleichlaufenden Änderungen zu § 133 InsO) reformiert. Nach der Übergangsvorschrift des § 20 Abs. 4 AnfG sind die bisherigen Vorschriften nur auf Fälle anzuwenden, in denen die Anfechtbarkeit bis 5.4.2017 bereits gerichtlich geltend gemacht wurde. § 3 Abs. 2 AnfG nF führt demnach zu einer Verkürzung des Anfechtungszeitraums auf vier Jahre bei Deckungshandlungen des Schuldners. Eine Sicherung oder Befriedigung, die früher als vier Jahre vor der Anfechtung gewährt wurde, kann aber trotzdem der Vorsatzanfechtung unterliegen, wenn der Schuldner das Grundgeschäft mit dem dem anderen Teil bekannten Vorsatz vorgenommen hat, seine Gläubiger zu benachteiligen (BGH ZIP 2021, 967 (971)).

Durch die Neuregelung in § 3 Abs. 3 S. 1 AnfG nF wurde die Vermutung der anfechtungsrelevanten Kenntnis des Anfechtungsgegners bei kongruenten Deckungshandlungen abgeschwächt, da die Kenntnis des Benachteiligungsvorsatzes erst dann vermutet wird, wenn der Anfechtungsgegner von der eingetretenen - statt der drohenden – Zahlungsunfähigkeit des Schuldners wusste. In § 3 Abs. 3 S. 2 AnfG nF wird eine widerlegliche Vermutung aufgestellt, dass der andere Teil bei einer Zahlungsvereinbarung oder einer sonstigen Zahlungserleichterung die Zahlungsunfähigkeit des Schuldners nicht kannte. Allerdings kann sich der Anfechtungsgläubiger zur Widerlegung dieser Vermutung auf alle Umstände berufen, die über die Gewährung der Zahlungserleichterung und die darauf gerichtete Bitte des Schuldners hinausgehen. Damit kann die Vermutung auch dadurch widerlegt werden, dass der Anfechtungsgegner Umstände kannte, die bereits vor

Gewährung der Zahlungserleichterungen bestanden und aus denen nach der gewährten Zahlungserleichterung zwingend auf eine Zahlungsunfähigkeit des Schuldners zu schließen war (BGH NJW 2020, 2404).

In der Literatur wird teilweise die Auffassung vertreten, dass Bargeschäfte analog § 142 InsO der Anfechtung nach § 3 AnfG zu entziehen sind (*Foerste* JZ 2019, 168 (171); *Foerste* ZInsO 2019, 872 (875), vgl. auch Huber/*Huber* AnfG § 3 Rn. 21).

Keine anfechtbare Rechtshandlung iSd Anfechtungsrechts stellt das Unterlassen der Geltendmachung eines Pflichtteilsrechts dar (BGH WM 1997, 1407 ff.). Ebenso wie die Ausschlagung einer Erbschaft ist auch der Erbverzicht nicht anfechtbar (vgl. Huber/*Huber* AnfG § 1 Rn. 26, 27). Das Entscheidungsrecht des Pflichtteilsberechtigten, so der BGH WM 1997, 1407 ff., ob der Anspruch gegen den Erben durchgesetzt werden soll, darf nicht durch Anwendung der Gläubigeranfechtungsvorschriften unterlaufen werden. Ein schlichtes Untätigbleiben des Schuldners, um den Pflichtteilsanspruch für die Gläubiger unerreichbar zu machen, ist nicht anfechtbar, ein solches Unterlassen liegt außerhalb der Reichweite des Gläubigeranfechtungsrechts.

Die Aufforderung an einen Drittschuldner, mit schuldbefreiender Wirkung auf ein als Eigen-, nicht als Anderkonto geführtes Bankkonto eines anderen zu leisten, kann eine anfechtbare Rechtshandlung iS d §§ 1 ff. AnfG sein (BFH BB 2021, 355; BFH NZI 2017, 763).

5. Zur Beweislast im Anfechtungsprozess: Der Kläger (der Anfechtende) muss die Vornahme der schuldnerischen Rechtshandlung innerhalb der Anfechtungsfrist, die (mittelbare) Gläubigerbenachteiligung und den schuldnerischen Gläubigerbenachteiligungsvorsatz sowie die Kenntnis des anderen Teils davon beweisen. Beruft sich der anfechtende Gläubiger auf die Vermutung des § 3 Abs. 1 S. 2 AnfG, so hat er zu beweisen, dass bei Vornahme der angefochtenen Rechtshandlung die Zahlungsunfähigkeit des Schuldners drohte (§ 18 Abs. 2 InsO) und der Anfechtungsgegner dies wusste (Huber/*Huber* AnfG § 3 Rn. 30, 31).

6. Zur Frage des Verhältnisses zwischen Gläubigeranfechtung und §§ 134, 138, 826 BGB vgl. Huber/*Huber* AnfG § 1 Rn. 64, 66 ff. Ein Rechtsgeschäft ist anfechtbar und nicht nichtig, wenn bei seinem Abschluss nur eine dem anderen Teil bekannte Gläubigerbenachteiligungsabsicht vorlag. Um eine Nichtigkeit wegen Sittenverstoßes annehmen zu können, müssen noch besondere Umstände hinzukommen (BGH NZI 2002, 430 (432)).

7. Der Anfechtungsanspruch ist nach § 11 Abs. 1 AnfG gerichtet auf die Wiederherstellung der Zugriffslage vor der anfechtbaren Rechtshandlung des Schuldners inhaltlich begrenzt auf die (noch offene) titulierte Forderung und nicht etwa wie § 143 InsO auf tatsächliche Rückgabe oder Rückübertragung. Ziel ist die Duldung der Befriedigung des Gläubigers aus dem anfechtbar erlangten Vermögenswert; seine Zwangsvollstreckungsbefugnis wird erweitert im Wege einer gesetzlich begründeten Haftung für fremde Schuld beim Empfänger des anfechtbar erworbenen Gegenstandes. Eine Rückübertragung des anfechtbar erlangten Gegenstandes an den Schuldner bewirkt ein Erlöschen des gesetzlichen Schuldverhältnisses zwischen dem anfechtungsberechtigten Gläubiger und dem Anfechtungsgegner nur, wenn dadurch die frühere Zugriffslage wiederhergestellt wird, wenn also die Rückübertragung die Befriedigung des Gläubigers aus dem Gegenstand beim Schuldner, wie früher zulässig, wieder ermöglicht (vgl. RGZ 44, 92, 93–95).

§ 11 Abs. 1 S. 3 AnfG nF sieht im Gegensatz zur bisherigen Fassung eine Verzinsungsregelung für den Bereitstellungsanspruch nur bei Schuldnerverzug oder im Falle des § 291 BGB vor.

Die Gläubigerbenachteiligung liegt auch vor bei einer Bestellung dinglicher Rechte am eigenen Grundstück (so BFH ZIP 2010, 1356). Der Anspruchsinhalt des § 11 Abs. 1 S. 1 AnfG ist nicht auf die Fälle der Vermögensminderung durch Veräußerung, Weggabe oder

Aufgabe von Vermögensbestandteilen an einen Dritten beschränkt. Hat ein Vollstreckungsschuldner ein Nießbrauchrecht oder ein dingliches Wohnrecht am eigenen Grundstück anfechtbar begründet, hat der Gläubiger (hier das FA) einen schuldrechtlichen Anspruch auf Duldung des Vorrangs seiner Rechte in der Zwangsvollstreckung (BFH ZIP 2010, 1356).

3. Gläubigeranfechtung durch Klage auf Zahlung anfechtbar abgetretener Forderung

An das
Landgericht **(Ort, Datum)**

Klage

des Herrn A
– Klägers –
Prozessbevollmächtigter:
gegen
Frau B
– Beklagte –
wegen Forderung
Streitwert: . . . . EUR

Namens und mit Vollmacht des Klägers erhebe ich Klage und werde beantragen:

1. Die Beklagte wird verurteilt, wegen der vollstreckbaren Forderung des Klägers iHv . . . . . EUR auf Grund des Urteils des LG . . . ., Az . . . . vom . . . . . an den Kläger . . . . . EUR nebst . . . . . % Zinsen hieraus seit Rechtshängigkeit zu bezahlen.[1]

2. Die Beklagte trägt die Kosten des Rechtsstreites.

3. Das Urteil ist gegen Sicherheitsleistung vorläufig vollstreckbar, die auch durch selbstschuldnerische, unbefristete Bürgschaft eines im Inland als Steuer- und Zollschuldner zugelassenen Kreditinstitutes erbracht werden kann.

Begründung:

I. Der Kläger hat gegen den Schuldner C am . . . . . ein vollstreckbares Urteil des Landgerichts . . . . . Az . . . . . über die Zahlung von . . . . EUR nebst . . . . . % Zinsen hieraus seit dem . . . . . und Kosten erstritten, insgesamt bisher . . . . . EUR[2] **Ein Vollstreckungsversuch aus diesem Titel ist am . . . . . fehlgeschlagen.**

Beweis: 1. Urteil des LG . . . . . vom . . . . .
2. Pfändungsprotokoll des Gerichtsvollziehers D vom . . . . .

II. Die Beklagte ist die Chefsekretärin des Schuldners in seiner Praxis in (Ort).

Angesichts des gegen ihn seit dem . . . . . schwebenden Prozesses, den der Kläger mit dem besagten Urteil vom . . . . . gewonnen hat, hat der Schuldner es vorgezogen, sich aller greifbaren Vermögensgegenstände zu entledigen. Insgesamt sind gegen den Schuldner noch 5 weitere Prozesse vor dem LG in . . . . anhängig, so dass es dem Schuldner darum ging, möglichst viel von seinen Vermögensgegenständen vor dem Zugriff der Gläubiger auf die Seite zu bringen.

Der Benachteiligungsvorsatz des Schuldners gegenüber dem Kläger als seinem Gläubiger und die Kenntnis der Beklagten hiervon als Zuwendungsempfängerin ergibt sich

eindeutig aus einem Gespräch des Schuldners, das dieser am . . . . . mit der Beklagten führte und das die Ehefrau des Schuldners mitanhörte.

Beweis: Zeugnis der Frau C (ladungsfähige Anschrift)

III. Am . . . . . trat der Schuldner dann seinen fällig gewordenen Anspruch auf Auszahlung der Lebensversicherung iHv . . . . . EUR, bei der Lebensversicherungs-AG, Nr. . . . ., an die Beklagte ab. Dies geschah durch Erklärung mit Brief vom . . . . . an die Lebensversicherungs-AG.

Beweis: 1. Vorlage des Briefes des Schuldners vom . . . . . an die Lebensversicherungs-AG
2. Zeugnis des Sachbearbeiters der Lebensversicherungs-AG, Herr E (ladungsfähige Anschrift)

Die Summe, insgesamt . . . . . EUR wurde am . . . . . an die Beklagte ausbezahlt.

Beweis: Zeugnis des Sachbearbeiters der Lebensversicherungs-AG, Herr E, wie zuvor benannt

Zur Erhellung des Hintergrundes für diese Zuwendung ist zu bemerken, dass die Beklagte schon seit zwei Jahren mit dem Schuldner intime Beziehungen unterhält, derentwegen ein Scheidungsverfahren vor dem Amtsgericht . . . . . anhängig ist.

Beweis: Beiziehung der Akten, Az . . . . . des AG . . . . .

Die Beklagte hat diese Summe zugewendet bekommen, ohne dass sie dafür eine Gegenleistung erbracht hat.[3]
Sie ist daher auf Grund der §§ 4, 11 AnfG verpflichtet, die Summe der Lebensversicherung dem Kläger zum Zwecke seiner Befriedigung so zur Verfügung zu stellen, dass er in diese vollstrecken kann. Dies geschieht dadurch, dass der Kläger Zahlung an sich verlangen kann, da die Forderung zwischenzeitlich von der Beklagten eingezogen wurde und damit der Anspruch auf Wertersatz[4] gerichtet ist.

Rechtsanwalt

Anmerkungen

1. Der Klageantrag bedarf der genauen Angabe, wie das Erlangte zur Verfügung gestellt werden soll, grundsätzlich auf Duldung der Zwangsvollstreckung in den weggegebenen Gegenstand. In diesem Falle lautet er direkt auf Zahlung, da die abgetretene Forderung eingezogen worden ist und der Anfechtungsgegner danach zum Wertersatz verpflichtet ist (vgl. Huber/*Huber* AnfG § 11 Rn. 18, 20, § 13 Rn. 19, 22, 31); wäre die abgetretene (oder gepfändete) Forderung noch nicht realisiert/eingezogen, müsste der Klageantrag auf „Duldung der Zwangsvollstreckung" lauten, wobei der Anfechtungsgläubiger dann die Forderung pfänden und sich überweisen lassen kann (Huber/*Huber* AnfG § 13 Rn. 19 ff.).

2. Zur Begründung der Klage gehört die genaue Kennzeichnung der Forderung einschließlich Zinsen und Kosten, wegen der die Anfechtung erfolgt, die Angabe der Tatsachen, welche die Anfechtbarkeit der Rechtshandlung des Schuldners ergeben, sowie die genaue Kennzeichnung aller Anfechtungsgegenstände (Forderungen, Rechte), deren zwangsweiser Zugriff verlangt wird (Huber/*Huber* AnfG § 13 Rn. 9 ff.). Bei Anfechtung gegen einen (uneigennützigen) Treuhänder, der anfechtbar erlangte Gelder des Schuldners weisungsgemäß an dessen Gläubiger ausgezahlt hat, richtet sich der Anfechtungsanspruch auf Wertersatz (BGH BB 2015, 2763; BGH NJW 2012, 1959 (1964)).

3. Im vorliegenden Falle handelt es sich um eine Schenkungsanfechtung gem. § 4 AnfG wegen unentgeltlicher Leistung des Schuldners. Die Anfechtungsfrist beträgt vier Jahre vor der gerichtlichen Geltendmachung der Anfechtung (§ 7 Abs. 1 AnfG).

Der Begriff der „unentgeltlichen Leistung" ist weit zu fassen (vgl. Huber/*Huber* AnfG § 4 Rn. 14 ff.). Es genügt, wenn der Begünstigte in die Lage versetzt wird, das zugewendete Vermögensgut tatsächlich zu nutzen und zu übertragen. Erfasst werden nicht nur Verfügungen im engeren materiell-rechtlichen Sinn, sondern auch verpflichtende Rechtsgeschäfte – folglich kann auch eine Vertragsübernahme unentgeltlich sein – und andere, verfügungsähnliche Einwirkungen auf ein subjektives Recht zu Lasten des haftenden Vermögens des Schuldners. Er geht weiter als eine Schenkung nach § 516 BGB, da keine vertragliche Einigung über die Unentgeltlichkeit erforderlich ist. Unter § 4 AnfG fallen auch die Aufgabe des Eigentums sowie der Verzicht auf ein dingliches Recht. Ausreichend ist auch rein passives Verhalten zwecks Begünstigung des anderen, zB das willentliche und gewollte Verjährenlassen einer Forderung. Für die Annahme der Unentgeltlichkeit genügt, dass die Leistung ohne Rechtspflicht erfolgt und keine Gegenleistung in das Schuldnervermögen gelangt. Bestand ein Anspruch auf angemessene Gegenleistung, so kann die Zuwendung aber nicht schon deshalb als unentgeltlich angefochten werden, weil die Gegenleistung ausgeblieben ist.

Die Erfüllung und Sicherung fremder Schuld ohne rechtliche Verpflichtung und ohne Erhalt eines Gegenwertes sind regelmäßig eine unentgeltliche Leistung (BGH NJW 1983, 1697; zu Einzelheiten vgl. Huber/*Huber* AnfG § 4 Rn. 27 ff. Zu den Grundsätzen bei einer Schenkungsanfechtung und der Frage der unentgeltlichen Bestellung eines Grundpfandrechts BGH NJW 1983, 1679. Zur Anfechtung bei Lebensversicherungen bei unwiderruflicher/widerruflicher Bezugsberechtigung vgl. Huber/*Huber* AnfG § 4 Rn. 36 ff., *Huber* EWiR 2012, 229 und zur Gläubigerbenachteiligung durch Änderung des unwiderruflichen in ein widerrufliches Recht aus einer Lebensversicherung BGH ZIP 2012, 636.

4. Grds. geht der Anspruch auf Duldung der Zwangsvollstreckung in den anfechtbar erworbenen Gegenstand. Ist dagegen eine solche Zwangsvollstreckung in das anfechtbar Erworbene aus rechtlichen oder tatsächlichen Gründen unmöglich oder führt sie nicht zum Erfolg, so ist der Anfechtungsgegner dem Gläubiger als Ersatzanspruch (nicht wahlweise) zum Wertersatz verpflichtet (BGH NZI 2008, 633 (634); allgemein zum Wertersatz Huber/*Huber* AnfG § 11 Rn. 37 ff). Allerdings wahrt eine Klage auf Wertersatz auch die Rechte für den nach Ablauf der Anfechtungsfrist im Berufungsrechtszug verfolgten Primäranspruch (BGH NZI 2008, 633). Dies gilt auch für den umgekehrten Fall (OLG Düsseldorf Urt. v. 13.7.2017 – 12 U 67/16, BeckRS 2017, 134929). Zur Berechnung des vom Anfechtungsgegner geschuldeten Wertersatzes Huber/*Huber* AnfG § 11 Rn. 43 , BGH KTS 1988, 125. Der maßgebende Zeitpunkt für die Feststellung der eingetretenen Wertsteigerung ist die letzte mündliche Tatsachenverhandlung im Anfechtungsprozess (BGH NJW 1996, 3341 (3342)). Dabei sind Wertsteigerungen, die seit der Vornahme der anfechtbaren Rechtshandlung eingetreten sind, grds. zugunsten des Anfechtungsgläubigers zu berücksichtigen (zB Wertsteigerung infolge der allgemeinen Marktlage). Hat allerdings der Anfechtungsgegner den Wert unter Einsatz eigener Mittel wesentlich erhöht, kann er bei der Verteilung des Erlöses Ersatz seiner Aufwendungen beanspruchen (BGH NJW 1996, 3341 (3342)). Bei einer teils entgeltlichen, teils unentgeltlichen Leistung des Schuldners hat der Anfechtungsgläubiger gegen den Empfänger einen Anspruch auf Zwangsvollstreckung in den zugewandten Gegenstand. Ist der Empfänger gutgläubig und hat er eine Gegenleistung erbracht, kann er bevorzugte Befriedigung seines Anspruchs auf Rückgewähr der Gegenleistung aus dem Verwertungserlös verlangen (BGH ZIP 2017, 185). Zur Kostenlast bei sofortigem Anerkenntnis des Anfechtungsgegners vgl. OLG Düsseldorf ZIP 2015, 889.

4. Gläubigeranfechtung durch Klage auf Duldung der Zwangsvollstreckung in ein Grundstück

An das
Landgericht (Ort, Datum)

Klage

der Firma A GmbH
vertreten durch ihren Geschäftsführer Herrn B, ebenda
– Klägerin –
Prozessbevollmächtigter:
gegen
Frau C
– Beklagte –
wegen Duldung der Zwangsvollstreckung
Streitwert: . . . . . EUR

Namens und mit Vollmacht der Klägerin erhebe ich Klage und werde beantragen:

1. Die Beklagte wird verurteilt, wegen der vollstreckbaren Forderung der Klägerin iHv . . . . . EUR auf Grund des Urteils des LG . . . . ., Az. . . . . vom . . . . . die Zwangsvollstreckung in das Grundstück (Ort, Straße), Flurstück Nr. der Gemarkung (Ort), eingetragen im Grundbuch von (Ort, Grundbuchstelle) zu dulden.[1]
2. Die Beklagte trägt die Kosten des Rechtsstreites.
3. Das Urteil ist vorläufig vollstreckbar gegen Sicherheitsleistung, die auch durch selbstschuldnerische, unbefristete Bürgschaft eines im Inland als Steuer- und Zollschuldner zugelassenen Kreditinstitutes erbracht werden kann.

Begründung:

I. Die Klägerin hat gegen den Schuldner am . . . . . ein vollstreckbares Urteil des LG . . . . ., Az. . . . . . auf Zahlung von . . . . . EUR nebst Zinsen und Kosten, insgesamt bisher . . . . . EUR, erstritten.
Die Zwangsvollstreckungsversuche am . . . . . und am . . . . . sind erfolglos geblieben. Am . . . . . hat der Schuldner im Rahmen der Abgabe einer eidesstattlichen Versicherung angegeben, das Grundstück, Flurstück Nr., Gemarkung (Ort), eingetragen im Grundbuch von (Ort, Grundbuchstelle), an seine Ehefrau durch notariellen Vertrag am . . . . . verschenkt zu haben. Das Grundstück ist frei von Belastungen.[2]
Beweis: 1. Vorlage des Urteils des LG vom . . . . .
2. Vorlage des Pfändungsprotokolls vom . . . . .
3. Vorlage der eidesstattlichen Versicherung des AG . . . . . vom . . . . .
4. Vorlage des Schenkungsvertrages, Urkunde des Notariats, Urkundenrolle Nr. . . . . vom . . . . .

II. Diese Grundstücksschenkung stellt eine gem. § 4 Abs. 1 AnfG anfechtbare Rechtshandlung dar, so dass die Beklagte gehalten ist, die Klägerin so zu stellen, als ob sie das Grundstück in das Vermögen des Schuldners zurückgewährt hätte und dementsprechend die Klägerin sich im Wege der Zwangsvollstreckung in dieses Grundstück befriedigen kann.
Die 4-Jahresfrist gem. § 4 Abs. 1 AnfG ist auch noch nicht verstrichen.[3]

III. Der Schuldner der Klägerin wollte durch diese Grundstücksschenkung die Zwangsvollstreckung der Klägerin aus den vollstreckbaren Titeln, nämlich Urteil des LG . . . . .

vom . . . . . sowie Kostenfestsetzungsbeschluss des LG . . . . . vom . . . . ., in sein Vermögen vereiteln und damit die Klägerin als Gläubigerin benachteiligen.
Die Benachteiligung ergibt sich daraus, dass der Klägerin beim Schuldner nun keine Vollstreckungsmöglichkeiten mehr offen stehen (vgl. das Vermögensverzeichnis des Schuldners vom . . . . .).
Die Beklagte wusste auch, dass ihr das Grundstück[4] von ihrem Ehemann nur deshalb geschenkt worden ist, weil er es dem Zugriff seiner Gläubiger entziehen wollte, da vor dem beurkundenden Notar über diesen Tatbestand und die sich daraus ergebenden Konsequenzen gesprochen wurde und der Notar noch auf die möglichen Auswirkungen hingewiesen hat. Trotzdem wurde diese Verfügung vorgenommen. Dies kann der Zeuge D bestätigen, der bei dem Notartermin anwesend war.
Beweis: Zeugnis des D, (ladungsfähige Anschrift).
Rechtsanwalt

Anmerkungen

1. Bei anfechtbaren Grundstücksübertragungen stellt sich das dem Gläubiger eingeräumte Anfechtungsrecht gem. § 11 AnfG so dar, dass das aus dem Vermögen des Schuldners weggegebene Grundstück haftungsmäßig als noch zum Vermögen des Schuldners gehörig angesehen werden muss, so dass der Anspruch auf Duldung der Zwangsvollstreckung in das Grundstück geht und nicht etwa auf Rückübertragung auf den Schuldner oder den Gläubiger (Huber/*Huber* AnfG § 11 Rn. 19, 25). Wäre das Grundstück weiterveräußert worden, ginge der Anspruch auf Wertersatz, in diesem Falle dann unmittelbar auf Zahlung (vgl. Huber/*Huber* AnfG § 11 Rn. 37, 39). Dieser Antrag kann vorsorglich auch als Hilfsantrag gestellt werden; ein Übergang in eine Wertersatzklage wird allerdings in der Revisionsinstanz als nicht mehr zulässig angesehen (BGH KTS 1977, 105 ff.).

2. Bei belasteten Grundstücken gilt folgendes: Ist das Grundstück zurzeit der Übertragung auf einen Dritten bereits (unanfechtbar) wertausschöpfend belastet und hätte eine Zwangsversteigerung nicht zu einer auch nur teilweisen Befriedigung des Gläubigers geführt, scheitert die Anfechtungsmöglichkeit an der fehlenden objektiven Benachteiligung des Anfechtungsgläubigers (vgl. Huber/*Huber* AnfG § 1 Rn. 39, § 11 Rn. 19; BGH NJW 1996, 3341; BGH ZIP 2006, 387; BGH ZInsO 2013, 608; OLG Frankfurt a. M. ZIP 2013, 329). Der Gläubiger ist nur dann benachteiligt, wenn der in der (fiktiven) Zwangsversteigerung erzielbare Wert des Grundstücks die vorrangigen Belastungen und die Kosten des Zwangsversteigerungsverfahrens überstiegen hätte (BGH ZIP 2006, 387 (388); BGH NZI 2007, 169; BGH NZI 2018, 934 (935)). Für die Höhe der wertausschöpfenden Belastung kommt es auf den Zeitpunkt der letzten mündlichen Verhandlung in der Tatsachen- bzw. Berufungsinstanz an (BGH NZI 2007, 169 (170 f.); BGH ZIP 2007, 1326, 1327), außer der Anfechtungstatbestand (§ 3 Abs. 4 AnfG) erfordert unmittelbare Gläubigerbenachteiligung, dann ist entscheidend, ob der Gegenstand bei Weggabe (§ 8 AnfG) wertausschöpfend belastet war (BGH NJW 2018, 934 (936); BGH NJW 1995, 659 (661); Huber/*Huber* AnfG § 1 Rn. 41). Die Darlegungs- und Beweislast für eine wertausschöpfende Belastung trifft den anfechtenden Gläubiger, weshalb dieser nachweisen muss, dass die Belastung nicht wertausschöpfend ist (BGH ZIP 2006, 387; OLG Stuttgart ZIP 2010, 1089), jedoch ist der Anfechtungsgegner darlegungs- und beweispflichtig, in welcher Höhe die Belastung im maßgeblichen Zeitpunkt valutiert (BGH ZIP 2006, 387; OLG Stuttgart ZIP 2010, 1089). Die Übertragung eines wertausschöpfend belasteten Grundstücks durch den Schuldner ist (auch dann) objektiv gläubigerbenachteiligend, wenn die bei der Übertragung noch bestehenden Belastungen im Nachhinein vertragsgemäß von ihm beseitigt werden (BGH ZIP 2009, 1285). Der eine Grundstücksübertragung anfechtende Gläubiger kann gegenüber dem Einwand des Erwerbers, das Grundstück sei bereits wertausschöpfend belastet gewesen, die Anfechtbarkeit einer vorrangigen Belastung nicht geltend machen, wenn die Möglichkeit der Anfechtung nur im Verhältnis zum Dritten besteht (ZIP 2018, 2083).

Wird das Grundstück erst nach dem Erwerb durch den Empfänger/Anfechtungsgegner belastet, erwächst dem Anfechtungsgläubiger ein Beseitigungsanspruch, der im Anspruch auf Bereitstellung des (bei Erwerb) lastenfreien Grundstücks enthalten ist. Der Anspruch geht nicht auf Abtretung oder Duldung der Zwangsvollstreckung in die Belastung, sondern darauf, dass dieser von dem dinglichen Recht keinen Gebrauch macht (BGH ZIP 1996, 1516; Huber/*Huber* AnfG § 11 Rn. 19, 21, § 13 Rn. 25). Überträgt der Schuldner gläubigerbenachteiligend ein mit Grundpfandrechten belastetes Grundstück an einen Dritten, dem er zugleich seine Rückgewähransprüche gegen die Grundschuldgläubiger abtritt, ist der Gläubigerschutz nur gewährleistet, wenn sowohl die Grundstücksübertragung als auch die Forderungsabtretung angefochten werden (BGH ZIP 2007, 1326).

3. Durch dieses Klagebeispiel soll eine unentgeltliche Leistung (hier Schenkung) des Schuldners zugunsten seines Ehegatten angefochten werden. Die Ehegattenschenkungsanfechtung (§ 4 Abs. 1 AnfG) wurde vom BVerfG als verfassungsgemäß eingestuft (BVerfG ZIP 1991, 736). Für Unentgeltlichkeit ist in erster Linie die objektive Wertrelation zwischen Leistung und Gegenleistung entscheidend. Die Anfechtung einer unentgeltlichen Leistung greift jedoch dann nicht, wenn beide Teile nach den objektiven Umständen der Vertragsanbahnung, deren Vorüberlegungen und des Vertragsschlusses von einem wertäquivalenten Austauschgeschäft ausgehen (BGH NZI 2021, 26 (27); BGH NZI 2017, 68; zum Begriff und zur Abgrenzung der entgeltlichen/unentgeltlichen Leistung vgl. Huber/*Huber* AnfG § 4 Rn. 14 ff, 18 ff.; zur teilweise unentgeltlichen Leistung *Hain* NZI 2021, 309). In dem Verzicht des Zuwendungsempfängers auf seinen Pflichtteilsanspruch liegt idR keine Gegenleistung, die die unentgeltliche Leistung des Schuldners zu einer entgeltlichen macht (BGH ZIP 1991, 454). Zur Unanfechtbarkeit des Verzichtes des Schuldners auf einen Pflichtteilsanspruch oder der unterlassenen Geltendmachung Huber/*Huber* AnfG § 1 Rn. 27; das gilt selbst dann, wenn der Berechtigte - zusammen mit dem späteren Erben - zum Zweck der Benachteiligung seiner Gläubiger den Erblasser dazu bewogen hat, einen anderen als Erben einzusetzen und ihm selbst auch das Pflichtteilsrecht grundlos zu entziehen (BGH NJW 1997, 2384). Allerdings ist die Pfändung eines durch den Eintritt der Voraussetzungen des § 852 Abs. 1 ZPO aufschiebend bedingt verwertbaren Pflichtteilsanspruchs möglich (BGH WM 2009, 710; BGH ZIP 1993, 1662) und in der Abtretung des Pflichtteilsanspruchs kann eine Gläubigerbenachteiligung liegen (BGH ZIP 1993, 1662). Zur Anfechtbarkeit von Eheverträgen allgemein und Güterrechtsverträgen (Begründung bzw. Veränderung von Güterständen), BGH NJW 1972, 48 ff.; Huber/*Huber* AnfG § 4 Rn. 32 ff. Dem Güterstandswechsel folgende Auseinandersetzungsvertrag ist nicht schenkungsanfechtbar, solange das zur Erfüllung des Auseinandersetzungsanspruchs übertragene Vermögen den tatsächlichen bestehenden Anspruch nicht übersteigt (BGH NJW, 1972, 48 (49); siehe dazu auch *Herzberg* RNotZ 2019, 245 (258)). Zur Gläubigeranfechtung der Übertragung eines Miteigentumsanteils an den Ehegatten bei gleichzeitiger Ausgestaltung des Zugewinnausgleichs BGH ZIP 2012, 234. Eine mit Rücksicht auf die zwischen den Vertragsschließenden bestehende Ehe erfolgte Grundstücksübertragung stellt keine entgeltliche Kausalbeziehung dar, denn Zuwendungen, die in der Erwartung erbracht werden, die eheliche Lebensgemeinschaft zu fördern, begründen kein Entgelt iSd § 4 AnfG (OLG Frankfurt a. M. NZI 2018, 567). Zuwendungen eines Ehepartners stellen unentgeltliche

Leistungen iSv § 4 AnfG dar, wenn sie über den gesetzlich geschuldeten Familienunterhalt hinausgehen (FG Nürnberg Urt. v. 8.5.2019 – 5 K 1117/16, BeckRS 2019, 21112).

§ 4 Abs. 1 AnfG erfasst Rechtshandlungen des Schuldners, die innerhalb der letzten vier Jahre vor der Anfechtung vorgenommen worden sind. Maßgeblich für den Fristbeginn ist die Vornahme der Rechtshandlung. Bei Registergeschäften käme es daher auf die Eintragung im Register an, doch fingiert § 8 Abs. 2 AnfG zugunsten des Anfechtungsgegners einen früheren Eintritt der rechtlichen Wirkungen. Nach § 8 Abs. 2 S. 2 AnfG gilt das Rechtsgeschäft mit Antrag auf Eintragung der Vormerkung als vorgenommen (vgl. Huber/*Huber* AnfG § 8 Rn. 13; BGH NZI 2010, 190). Hierbei kann der Anwendbarkeit des § 8 Abs. 2 S. 2 AnfG nicht entgegenstehen, wenn durch die Vormerkung lediglich ein künftiger, auf einem unentgeltlichem Grundgeschäft beruhender Anspruch gesichert wird, sofern die Entstehung des Anspruchs nur noch vom Willen des künftigen Anspruchsinhabers abhängt (BGH ZIP 2021, 967 (969)). Eine klageweise Geltendmachung des Anspruchs auf Wertersatz wahrt auch die Rechte für den nach Ablauf der Anfechtungsfrist im Berufungsrechtszug verfolgten Primäranspruch (BGH ZIP 2008, 2136). Dies gilt auch für den umgekehrten Fall (OLG Düsseldorf Urt. v. 13.7.2017 – 12 U 67/16, BeckRS 2017, 134929).

4. Hier wird davon ausgegangen, dass das Grundstück unbebaut ist und es zwischen Schenkung und Anfechtung keinerlei Zustandsveränderung erfahren hat. Zum Anfechtungsanspruch, wenn der Anfechtungsgegner nach Eigentumserwerb Verwendungen (zB Bebauung) gemacht hat, vgl. Huber/*Huber* AnfG § 11 Rn. 30, 45. Zum Anspruch des Anfechtungsgegners auf Aufwendungsersatz wegen durchgeführter werterhöhender Maßnahmen BGH NJW 1996, 3341.

Bei Grundstücken gelten für die Vollstreckung selbst die §§ 866 ff. ZPO und das ZVG; auch die Erwirkung einer Zwangshypothek ist zulässig (RGZ 151, 167, 169); bei anfechtbarer Übereignung eines Miteigentumsanteils geht der Klageantrag auf Duldung der Zwangsvollstreckung in den Anteil; bei zwischenzeitlicher Verfügung der Miteigentümergemeinschaft über die Sache als Ganzes kann nur noch Klage auf Wertersatz in Höhe des Anteilswertes gegen den erhoben werden, der in anfechtbarer Weise einen Miteigentumsanteil erworben hat (Huber/*Huber* AnfG § 11 Rn. 17, § 13 Rn. 17). Zur Problematik der Klage auf Duldung der Zwangsversteigerung des gesamten Grundstücks bei anfechtbarer Übertragung eines Miteigentumsanteils an den einzigen anderen Miteigentümer BGH NZI 2008, 633 (634). Zur Vollstreckung bei einem anfechtbar geschenkten Wohn- und Nutzungsrecht BGH ZIP 1995, 1364. Zu den Problemen beim Anfechtungsrecht eines Pfändungsgläubigers in den Vermögensgegenstand einer GbR BGH ZIP 1992, 109. Bei Anfechtung einer Auflassungsvormerkung kann der Klagantrag auf Duldung der Zwangsvollstreckung in das Grundstück lauten. Dieser Antrag enthält gleichzeitig das Begehren, dass der Anfechtungsgegner bei einer Zwangsversteigerung gegenüber dem Gläubiger von der Vormerkung keinen Gebrauch machen darf (BGH ZIP 1996, 1516). Nach BGH ZIP 2004, 1619 f. bleibt der Anspruch des Gläubigers gegen einen Dritten auf Duldung der Zwangsvollstreckung in ein dem Schuldner gehörendes Grundstück nach dem Anfechtungsgesetz bestehen, wenn dem Dritten später das Grundstück in der Zwangsversteigerung zugeschlagen worden ist.

Der dingliche Gerichtsstand des § 24 ZPO ist nicht schon dann eröffnet, wenn der Kläger einen auf das Anfechtungsgesetz gestützten Anspruch auf Duldung der Zwangsvollstreckung in eine Sache geltend macht (BGH WM 2017, 1873; OLG Hamm NZI 2002, 575, Huber/*Huber* AnfG § 13 Rn. 35 mwN).

Ist der Anfechtungsschuldner vor der Eröffnung des Insolvenzverfahrens aufgrund von Vorschriften des Anfechtungsgesetzes in Anspruch genommen worden, scheidet ein Anspruch auf Rückgewähr zur Insolvenzmasse im Umfang der Erfüllung des Anfechtungsanspruchs aus, BGH ZIP 2013, 131.

Im Falle der Übertragung des Rechts an einem Grundstück bestimmt sich die Anfechtbarkeit entsprechend der Vorschrift des Art. 43 EGBGB nach dem Recht des Orts, an welchem das Grundstück belegen ist. Dementsprechend findet das deutsche Anfechtungsrecht keine Anwendung auf die Schenkung eines im Ausland gelegenen Grundstücks durch einen inländischen Schuldner (OLG Stuttgart ZIP 2007, 1966 f.); die Anfechtung der Übereignung eines in Deutschland belegenen Grundstücks ist nach deutschen Recht zu beurteilen, auch wenn der Schuldner im Ausland wohnt (BGH WM 2012, 185).

Der Anfechtungsgegner darf entsprechend § 1142 BGB dem Gläubiger im Wege der Einlösungsbefugnis ersatzweise - schuldbefreiend - den vollen Wert des anfechtbaren Erwerbs erstatten (§ 11 Abs. 1 S. 1 AnfG). Hierzu und zur Wertberechnung, insb. im Zwangsversteigerungsverfahren BGH ZIP 2011, 440; sowie MüKoAnfG/*Kirchhof* § 11 Rn. 29 ff.

5. Geltendmachung des Anfechtungsanspruches im Wege der Einrede

An das

Landgericht (Ort, Datum)

In Sachen

A

gegen

B

Az . . . .

trage ich für den Beklagten B[1] im Wege der Einrede gem. § 9 AnfG[2] gegen die Inanspruchnahme gem. § 771 ZPO Folgendes vor:

I. Die Klägerin hat den streitbefangenen PKW (genaue Bezeichnung) in anfechtbarer Weise erworben und ist daher verpflichtet, diesen PKW dem zwangsweise Zugriff in der Form zur Verfügung zu stellen, dass dem Beklagten gestattet ist, diesen PKW im Wege der Pfändung und Versteigerung zu verwerten und die Klägerin verpflichtet ist, die Zwangsvollstreckung in diesen Gegenstand zu dulden. Folgender Tatbestand liegt der Anfechtungseinrede des Beklagten zugrunde:

II. Der Beklagte hat am . . . . . einen Vollstreckungsbescheid, Az . . . . . gegen den Schuldner C über . . . . EUR erstritten;[3] dieser ist dem Schuldner am . . . . . zugestellt worden.

III. Eine am . . . . . durchgeführte Vollstreckung führte zur Pfändung des PKW (genaue Bezeichnung) durch den Gerichtsvollzieher D. Die Klägerin beruft sich mit dieser Klage auf ihr Sicherungseigentum an diesem Fahrzeug, das ihr der Schuldner mit Vertrag vom (Datum) übertragen habe.[4] Dieses Sicherungseigentum hat die Klägerin jedoch in anfechtbarer Weise erworben, so dass der Tatbestand des § 3 Abs. 1 AnfG erfüllt ist.

IV. Zum Zeitpunkt der Sicherungsübertragung kam es dem Schuldner darauf an, alle verwertbaren Gegenstände, die er noch besaß, vor dem Zugriff der Gläubiger in Sicherheit zu bringen. In diesem Sinne äußerte sich der Schuldner beiläufig in einem Gespräch mit dem Zeugen E anlässlich eines Frühschoppens am . . . . . in der Gaststätte (Name) in . . . . .

Beweis: Zeugnis des E (ladungsfähige Anschrift)

Der Klägerin war die prekäre finanzielle Situation des Schuldners auch bereits seit längerem bekannt. Sie hatte sich zur Absicherung ihrer Forderung bereits am . . . . .

eine werthaltige, selbstschuldnerische Bürgschaft von dem Zeugen F geben lassen, so dass in der Sicherungsübereignung des Fahrzeuges an die Klägerin vom . . . . . darüber hinaus möglicherweise eine unzulässige Übersicherung vorliegt, da der Zeuge F vermögend ist.

Die Klägerin kannte die Umstände, die zu einem Vermögensverfall beim Schuldner geführt haben und wusste, dass der Schuldner durch die Weggabe des PKW seine Gläubiger benachteiligen wollte.

Anlässlich des Gespräches, das der Schuldner am . . . . . in den Geschäftsräumen der Klägerin führte und dabei auch den Kraftfahrzeugbrief an den Geschäftsführer G übergab, äußerte er nämlich, dass „wohl einige Prozesse gegen ihn laufen würden, er aber schon dafür sorgen werde, dass bei ihm nichts gepfändet werden könne, lieber gebe er vorher alles weg". Diese Äußerung hörte der zufällig anwesende Zeuge H.

Beweis: Zeugnis des H (ladungsfähige Anschrift)

Dadurch steht der Gläubigerbenachteiligungsvorsatz des Schuldners und die Kenntnis der Klägerin hiervon fest. Die Klägerin muss sich die Kenntnis des Geschäftsführers G wie eigene Kenntnis anrechnen lassen, § 166 BGB. Danach hat die Klägerin den PKW gem. § 3 Abs. 1 AnfG in anfechtbarer Weise erworben und muss sich so behandeln lassen, als ob der PKW noch zum Schuldnervermögen gehören würde (§ 11 AnfG), so dass der Beklagte sich aus dem PKW im Wege der Zwangsvollstreckung befriedigen kann.

Rechtsanwalt

Anmerkungen

1. Dem Form. liegt der Sachverhalt zugrunde, dass der Beklagte bei einem Schuldner einen PKW gepfändet hat, woraufhin sich ein Dritter (zB eine Bank) berühmt, dass dieser PKW ihr sicherungsübereignet worden sei und die Drittwiderspruchsklage gem. § 771 ZPO erhoben hat.

2. Die Geltendmachung des Anfechtungsanspruchs durch den Beklagten im Wege der Einrede, § 9 AnfG, erfolgt hier durch einen Schriftsatz und nachfolgenden Vortrag in der mündlichen Verhandlung im Rahmen einer Drittwiderspruchsklage (vgl. Huber/*Huber* AnfG § 9 Rn. 3).

Zur Geltendmachung eines Anfechtungsrechts im Wege der Einrede im Prozess nach § 771 ZPO, vgl. weiterhin *Blomeyer* KTS 1976, 81 ff. (91 ff.).

3. Die Einrede kann auch schon erhoben werden, bevor ein vollstreckbarer Schuldtitel für die Forderung erlangt ist, § 9 AnfG; in diesem Falle hat das Gericht dem Gläubiger eine Frist zur Beibringung des Titels zu setzen (zB ein Jahr, OLG Frankfurt a. M. WPM 1977, 466; vgl. Huber/*Huber* AnfG § 9 Rn. 12).

4. Zum Umfang des Begriffs der Rechtshandlungen des Schuldners vgl. Huber/*Huber* AnfG § 1 Rn. 5 ff. und § 3 Rn. 6 ff.

6. Geltendmachung des Anfechtungsrechts durch Replik

Einschreiben **(Ort, Datum)**

Firma A

Betr.: Ihre Einwendung gem. § 840 ZPO gegen die von uns bewirkte Forderungspfändung[1]

Sehr geehrte Herren,

wie Ihnen bekannt ist, haben wir durch Pfändungs- und Überweisungsbeschluss des Amtsgerichts . . . . ., Az . . . . . vom . . . . . die unserem Schuldner B gegen Sie zustehende Forderung auf Rückzahlung des Darlehens vom . . . . . iHv . . . . . EUR gepfändet und uns zur Einziehung überweisen lassen.

Sie teilen uns nun nach Aufforderung gem. § 840 ZPO mit, dass der Schuldner Ihnen diese Darlehensforderung am . . . . . erlassen habe. Da dieser Erlass somit knapp 1 Monat vor Erlass des Urteils gegen den Schuldner Ihnen gegenüber ausgesprochen worden ist, sehen wir uns veranlasst, diesen Erlass gem. § 3 Abs. 1 AnfG anzufechten. Der Schuldner hat in anfechtbarer Weise auf die Rückzahlung des gewährten Darlehens verzichtet, um uns als Gläubiger zu benachteiligen. Davon hatten Sie Kenntnis.

Wir haben einen Zeugen für die Abreden, die zwischen Ihnen und unserem Schuldner anlässlich des angeblichen „Erlasses" der Darlehensforderung am . . . . . getroffen worden sind. Es ist dies Frau C, die bei den Gesprächen in . . . . . am . . . . . zugegen war und zufällig mit dem Gläubiger der Hauptforderung weitläufig verwandt ist.

Wir fordern Sie daher auf, uns gem. §§ 9, 11 AnfG dadurch Befriedigung zu verschaffen, dass Sie uns die gepfändete Forderung bezahlen und so der Pfändung vom . . . . . genügen. Sie haben die Zwangsvollstreckung in diese Forderung nach § 11 AnfG so zu dulden, als gehöre diese Forderung noch zum Vermögen des Schuldners.

Falls keine Zahlung bis zum . . . . . erfolgt, sehen wir uns gezwungen, Anfechtungsklage gegen Sie zu erheben.

Anmerkungen

1. Hier erfolgt die Geltendmachung des Anfechtungsrechts gem. § 9 AnfG im Wege einer Replik. Folgender Sachverhalt liegt dabei zugrunde:

Aufgrund eines vollstreckbaren Titels gegen den Hauptschuldner über einen bestimmten Betrag hat der Gläubiger eine Forderung des Hauptschuldners gegen den Drittschuldner (hier Firma A) gepfändet und sich zur Einziehung überweisen lassen. Der Drittschuldner wendet nun ein, der Hauptschuldner habe ihm zwischenzeitlich die Forderung (hier auf Rückzahlung eines Darlehens) erlassen (vgl. noch die Beispiele bei Huber/*Huber* AnfG § 9 Rn. 5). Im Prozess erfolgt die Geltendmachung durch Vortrag in der mündlichen Verhandlung unter Bezugnahme auf entsprechenden Schriftsatz. Im vorliegenden Beispiel hat die Geltendmachung des Anfechtungsrechts durch Schriftsatz außerhalb des Prozesses gleichzeitig die Wirkung gem. § 7 Abs. 2 AnfG (Ankündigungswirkung und Fristwahrung).

7. Arrestantrag wegen drohender Vereitelung eines Anfechtungsanspruchs

An das

Amtsgericht[1, 2] (Ort, Datum)

In Sachen

A

– Antragstellers –

Verfahrensbevollmächtigter: . . . . .

gegen

Frau B

– Antragsgegnerin –

wegen Arrest

Vorläufiger Streitwert: . . . . . EUR

wird namens und mit Vollmacht des Antragstellers beantragt, wegen Dringlichkeit ohne mündliche Verhandlung folgenden Arrest zu erlassen:

1. Der dingliche Arrest in das bewegliche Vermögen der Antragsgegnerin wird angeordnet.[3]

2. In Vollzug dieses Arrestes wird der PKW (genaue Bezeichnung) der Antragsgegnerin mit der Maßgabe gepfändet, ihn an den Gerichtsvollzieher als Sequester herauszugeben.

3. Der Antragsgegnerin werden die Kosten des Verfahrens auferlegt.

Begründung:

I. Der Antragsteller A hat in einem Rechtsstreit vor dem LG . . . . . unter dem Aktenzeichen . . . . . am . . . . . ein rechtskräftiges, vollstreckbares Urteil über die Zahlung von . . . . . EUR gegen Herrn B (Anschrift), Ehemann der Antragsgegnerin, erstritten.

Beweis: Vorlage des Urteils vom . . . . .

II. Wie der Antragsteller jetzt erfuhr, hat Herr B während des Prozesses, nämlich am . . . ., seiner Ehefrau, der Antragsgegnerin, sein Kraftfahrzeug (genaue Bezeichnung) im Werte von . . . . EUR geschenkt. Die Weggabe des Fahrzeuges an die Antragsgegnerin ist anfechtbar gem. § 4 AnfG. Die Antragsgegnerin muss dem Antragsteller den PKW zur Befriedigung seines vollstreckbaren Titels vom . . . . . zur Verfügung stellen (§ 11 AnfG). Ein Zwangsvollstreckungsversuch gegen Herrn B vom . . . . . ist erfolglos geblieben.

Beweis: Vorlage des Pfändungsprotokolls des Gerichtsvollziehers C vom . . . . .

III. Bei der Schenkung des PKW durch Herrn B an die Antragsgegnerin hat Herr B bewusst in der Absicht gehandelt, den Antragsteller als Gläubiger zu benachteiligen und seine Vollstreckungsmöglichkeiten zu vereiteln. Dies wusste die Antragsgegnerin. Zur Glaubhaftmachung der Kenntnis beider Eheleute B beziehe ich mich auf die als Anlage beigefügte eidesstattliche Versicherung des Zeugen D (ladungsfähige Anschrift).

IV. Der Antragsteller wird in Kürze beim LG . . . . . Klage gegen die Antragsgegnerin auf Duldung der Zwangsvollstreckung in den PKW gem. den §§ 4, 11 AnfG erheben. Es steht jedoch zu befürchten, dass in der Zwischenzeit die Realisierung des vollstreckbaren Anspruches des Antragstellers dadurch vereitelt wird, dass die Antragsgegnerin

den PKW veräußert und außer Landes zieht, da Herr B und seine Ehefrau, die Antragsgegnerin, Vorbereitungen treffen, sich nach Südamerika abzusetzen. Sie sind dabei, ihren Haushalt aufzulösen und haben sich bereits Flugtickets nach Rio de Janeiro bestellt.

Beweis: 1. Vorlage der Wochenendausgabe der Zeitung (Name, Datum) mit der Kleinanzeige unter dem Namen der Antragsgegnerin auf Seite 12 „Haushaltsauflösung“

2. Eidesstattliche Versicherung der Zeugin D, Sachbearbeiterin im Reisebüro (Name)

Wegen der Gefahr des drohenden baldigen Verkaufes im Zusammenhang mit der bevorstehenden Abreise der Antragsgegnerin wird gebeten, im Beschlusswege ohne mündliche Verhandlung zu entscheiden.

Für die Höhe der Lösungssumme gem. § 923 ZPO ist die zu sichernde Forderung maßgeblich. Sie beträgt einschließlich Zinsen und Kosten bisher . . . . . EUR. Urteil und Kostenfestsetzungsbeschluss vom . . . . . sind beigefügt.

Rechtsanwalt

Anmerkungen

1. Allgemein zum Arrest → Form. I.R.1, → Form. I.R.2.

2. Die Zuständigkeit richtet sich hier nach § 919 ZPO: Zuständigkeit sowohl des Gerichts der Hauptsache (Anfechtungsklage) als auch des Amtsgerichts, in dessen Bezirk sich der mit dem Arrest zu belegene Gegenstand befindet. Für die Zuständigkeit des Amtsgerichts kommt es auf den Streitwert nicht an, seine Zuständigkeit besteht sowohl bei Anhängigkeit als auch bei fehlender Anhängigkeit der Hauptsache (HK-ZPO/*Rainer/Kemper* § 919 Rn. 9). Ist das Hauptverfahren zum Zeitpunkt der Stellung des Arrestantrages - wie im hier zugrunde liegenden Beispielsfall - noch nicht anhängig, so kommt jedes Gericht in Frage, das für das Hauptsacheverfahren sachlich und örtlich zuständig wäre (MüKoZPO/*Drescher* ZPO § 919 Rn. 9).

3. Dieses Formular soll das bestehende Anfechtungsrecht durch Arrest sichern, wenn sich der Anfechtungsanspruch ausnahmsweise von vornherein auf eine Geldforderung richtet oder wenn Wertersatz geschuldet wird, weil der anfechtbar erworbene Gegenstand zur Zwangsvollstreckung nicht mehr zur Verfügung gestellt werden kann (vgl. Huber/*Huber* AnfG § 2 Rn. 44, § 11 Rn. 20, 37 ff). Vorliegen müssen Arrestanspruch (§ 916 ZPO, anfechtbare Handlung) und Arrestgrund (§ 917 ZPO). Die Hauptsacheklage ist der nachfolgende Anfechtungsprozess gegen die Ehefrau. Zur einstweiligen Verfügung wegen Sicherung des Anfechtungsanspruches gegen den Empfänger eines anfechtbar geschenkten Grundstücks OLG Koblenz ZIP 1992, 1754.

Eine ausführliche Darstellung des Verfahrens bei Sicherung eines Anfechtungsanspruchs aus der Schenkung eines Miteigentumsanteils durch einstweilige Verfügung oder Arrest findet sich bei *Wilhelm/Wilhelm* ZIP 1999, 267 ff.

8. Anfechtungsklage im Wege der Stufenklage

An das
Landgericht (Ort, Datum)

Klage

des Herrn A
– Klägers –
Prozessbevollmächtigter: . . . . .
gegen
den Herrn B
– Beklagten –
wegen Auskunft und Duldung der Zwangsvollstreckung
Vorläufiger Streitwert: . . . . . EUR
Namens und mit Vollmacht des Klägers erhebe ich hiermit Klage und werde beantragen:

1. Der Beklagte wird verurteilt, dem Kläger durch Aufstellung eines Verzeichnisses Auskunft über den Bestand der Aktien zu erteilen, die ihm am . . . . . von C übergeben worden sind, sowie eine eidesstattliche Versicherung über die Vollständigkeit dieses Verzeichnisses abzugeben.[1]
2. Der Beklagte wird weiterhin verurteilt, zugunsten der vollstreckbaren Forderung des Klägers über insgesamt . . . . . EUR gemäß dem Urteil des Landgerichts . . . . . vom . . . . . nebst Zinsen und Kostenfestsetzungsbeschluss vom . . . . . die Zwangsvollstreckung in die bei ihm befindlichen, nach Vorliegen des Verzeichnisses gem. Ziff. 1 des Antrages genau zu bezeichnenden Aktien des Schuldners C zu dulden, hilfsweise Wertersatz durch Zahlung iHv . . . . . EUR zu leisten.[2]
3. Der Beklagte trägt die Kosten des Rechtsstreites.
4. Das Urteil ist gegen Sicherheitsleistung vorläufig vollstreckbar, die auch durch selbstschuldnerische, unbefristete Bürgschaft eines im Inland als Steuer- und Zollschuldner zugelassenen Kreditinstitutes erbracht werden kann.

Begründung:

I. Der Kläger hat am . . . . . ein vollstreckbares Urteil gegen den Schuldner C über insgesamt . . . . . EUR vor dem Landgericht . . . . . erstritten. Der Schuldner schuldet daneben laut Kostenfestsetzungsbeschluss vom . . . . . weitere . . . . . EUR, zusammen mit Zinsen insgesamt bisher . . . . . EUR.
Die Zwangsvollstreckung ist fehlgeschlagen.

Beweis: Vorlage des Urteils vom . . . . .
Vorlage des Kostenfestsetzungsbeschlusses vom . . . . .
Vorlage des Pfändungsprotokolls des Gerichtsvollziehers vom . . . . .

II. Der Kläger hat in Erfahrung gebracht, dass der Schuldner am . . . . . dem Beklagten ein Aktienpaket im Werte von . . . . . EUR zur Sicherung übereignet hat.
Diese Übergabe stellt eine anfechtbare Rechtshandlung iSd § 3 Abs. 1 AnfG dar. Der Schuldner wollte den Kläger als Gläubiger benachteiligen und seine Zwangsvollstreckung vereiteln. Dies ergibt sich aus dem Gespräch, das der Schuldner am . . . . . anlässlich der Übergabe dieses Aktienpaketes an den Beklagten mit ihm im Beisein des Zeugen D führte, in dessen Verlauf er erklärte, dass „er dieses Paket vor dem drohenden Zugriff seiner Gläubiger in Sicherheit bringen müsse“.

Beweis: Zeugnis des D, (ladungsfähige Anschrift).

III. Daraus ergibt sich auch die Kenntnis des Beklagten von dem Benachteiligungsvorsatz, den der Schuldner bei der Weggabe des Aktienpaketes hegte.
Der Beklagte ist daher verpflichtet, die Aktien der Zwangsvollstreckung des Klägers so zur Verfügung zu stellen, dass dieser die Aktien pfänden kann. Dem berechtigten Auskunftsverlangen des Klägers ist der Beklagte trotz Aufforderung und Fristsetzung bisher nicht nachgekommen.

Beweis: Vorlage des Mahnschreibens des Klägers vom . . . . .

Klage ist daher geboten.

Rechtsanwalt

Anmerkungen

1. Die Stellung des nach § 13 AnfG erforderlichen Klagantrags ist uU nur möglich, wenn der Anfechtungsgegner vorher Auskunft (im Wege der fristwahrenden Stufenklage) erteilt hat; diese ist Bestandteil der Verpflichtung gem. § 11 AnfG, sofern der Anfechtungsanspruch dem Grunde nach festgestellt wurde (BGH NJW 1998, 2969; MüKo-AnfG/*Kirchhof* AnfG § 11 Rn. 21; Huber/*Huber* AnfG § 11 Rn. 13, 35).

2. Aus § 13 AnfG ergibt sich, dass der Klagantrag bestimmt zu bezeichnen hat, in welchem Umfang und in welcher Art der Anfechtungsgegner das Erlangte zu Verfügung stellen soll (vgl. Huber/*Huber* AnfG § 13 Rn. 1). Zum Umfang ist die Angabe der vollstreckbaren Forderung unter Einbeziehung der Zinsen und Kosten erforderlich. Der vorliegende Klagantrag ist bewusst ausführlicher gehalten, indem die Forderung, zugunsten derer die Anfechtung erfolgt, genauer beschrieben wird. In der Begründung muss in jedem Fall die Forderung genau individualisiert werden.

9. Anfechtung im Wege einer einstweiligen Verfügung

An das
Landgericht (Ort, Datum)

Antrag auf Erlass einer einstweiligen Verfügung

In Sachen
Sparkasse . . . . . ., gesetzlich vertreten durch die Vorstände A, B u. C
– Antragstellerin –
Prozessbevollmächtigter: . . . . . .
gegen
1. Herrn A
2. Frau B
– Antragsgegner –
Prozessbevollmächtigter: . . . . .
Vorläufiger Streitwert: . . . . . EUR

Namens und mit Vollmacht der Antragstellerin beantrage ich hiermit den Erlass einer einstweiligen Verfügung[1] gegen die Antragsgegner wegen Dringlichkeit ohne mündliche Verhandlung mit folgendem Inhalt:

1. Bis zum Erlass einer letztinstanzlichen Entscheidung in der Hauptsache wird den Antragsgegnern untersagt, über ihr Eigentum an dem Grundstück . . . . ., eingetragen

im Grundbuch von . . . . . ., Blatt . . . . . ., Flurstück Nr. . . . . . ., Hof und Gebäudefläche, zur Größe von . . . . . . m^2 zu verfügen. Den Antragsgegnern wird insb. verboten, das Grundstück zu veräußern, zu belasten oder zu verpfänden.

2. Den Antragsgegnern wird angedroht, für den Fall der Zuwiderhandlung gegen die in Ziff. 1 ausgesprochene Verpflichtung gegen sie ein Ordnungsgeld bis iHv 250.000 EUR zu verhängen, ersatzweise für den Fall, dass dieses nicht beigetrieben werden kann, Ordnungshaft bis zu sechs Monaten festzusetzen.
3. Die Antragsgegner tragen als Gesamtschuldner die Kosten des Verfahrens.

Begründung

I. Die Antragstellerin hat gegen die Eltern der Antragsgegner, nämlich gegen die Eheleute U., und B. F., wohnhaft in . . . . . . Forderungen aus verschiedenen, bereits gekündigten Darlehen in einer Größenordnung von gegenwärtig 1,5 Mio. EUR zzgl. Zinsen hieraus seit dem 1.1.2015. Die Darlehensschulden beruhen im Wesentlichen auf einer Finanzierung von zwei größeren Bauvorhaben in . . . . . .
Als Sicherheiten für dieses Kreditengagement stehen der Antragstellerin diverse Grundschulden zur Verfügung, nämlich . . . . . .
Zur Glaubhaftmachung: Vorlage der entsprechenden Urkunden

II. Die Eheleute F. kamen ihren Verpflichtungen auf Rückzahlung der Darlehen seit Anfang 2014 nicht mehr nach. Nach mehreren vergeblichen Fristsetzungen und Gesprächen mit den Eltern der Antragsgegner fand am . . . . . . im Hause der Antragstellerin eine Besprechung mit den Schuldnern statt.
Den Schuldnern wurde der Ernst der Situation deutlich gemacht, ihnen wurde zur Forcierung der Verkaufsbemühungen bzgl. der beiden Grundstücke in . . . . . . eine letzte Frist bis zum . . . . . . gesetzt, außerdem wurde die Einleitung von Zwangsvollstreckungsmaßnahmen angedroht bis hin zur Abgabe der eidesstattlichen Versicherung.
Zur Glaubhaftmachung: Vorlage einer eidesstattlichen Versicherung der Zeugen E. u. H., Kreditsachbearbeiter bei der Antragstellerin
In der Folgezeit kamen die Eltern der Antragsgegnerin als Schuldner ihren Verpflichtungen nicht nach, so dass das Gesamtkreditengagement durch Schreiben vom . . . . . . fristlos gekündigt wurde.

III. Im Anschluss an die Kreditkündigung wurden gegen die Eltern der Antragsgegner umfangreiche Vollstreckungsmaßnahmen durchgeführt. So wurden ua mit Pfändungs- und Überweisungsbeschluss vom . . . . . . die Ansprüche gegen die Z-Bank gepfändet. Die Pfändung war jedoch erfolglos, wie sich aus der Drittschuldnererklärung der Z-Bank vom . . . . . . ergibt.
Zur Glaubhaftmachung: Vorlage des Kreditkündigungsschreibens vom . . . . . . und der Erklärung der Z-Bank vom . . . . . .
Ein weiterer Pfändungs- und Überweisungsbeschluss wurde gegen die L. Versicherungs AG gerichtet, gepfändet wurden die Ansprüche der Eheleute F. aus zwei Lebensversicherungen Nr. . . . . . . Auch diese Pfändung war erfolglos, wie sich aus der Drittschuldnererklärung der L. Versicherungs AG vom . . . . . . ergibt.
Zur Glaubhaftmachung: Vorlage des Auskunftsschreibens der L. Versicherungs AG vom . . . . . .

IV. Gegen die Eheleute F. wurden außerdem Pfändungsmaßnahmen durch den zuständigen Gerichtsvollzieher durchgeführt. Ausweislich des Pfändungsprotokolls des Gerichtsvollziehers vom . . . . . . sind bei den Eheleuten F. keine pfändbaren Vermögensgegenstände vorhanden, sie haben am . . . . . . vor dem Amtsgericht in . . . . . . die eidesstattliche Versicherung abgegeben.
Bzgl. des Grundstücks in . . . . . . wurde inzwischen die Zwangsversteigerung angeordnet.

Zur Glaubhaftmachung: Vorlage des Pfändungsprotokolls vom ...... sowie des Beschlusses über die Anordnung der Zwangsversteigerung vom ......

V. Wie die Antragstellerin erst jetzt in Erfahrung bringen konnte, haben die Eheleute F. als Folge der eingeleiteten Zwangsvollstreckungsmaßnahmen bereits am ...... das streitgegenständliche Grundstück in ...... im Wege einer Schenkung auf die Antragsgegner, ihre Kinder, übertragen.

Der Eigentumswechsel wurde am ...... im Grundbuch eingetragen.[2]

Zur Glaubhaftmachung: Vorlage der notariellen Urkunde Nr. ...... vom ...... sowie Grundbuchauszug vom ......

VI. Die Übertragung des Grundstücks von den Eltern auf die Antragsgegner erfolgte ersichtlich zum Zwecke der Benachteiligung der Gläubiger, insb., um das letzte noch pfändbare Vermögen zum Nachteil der Antragstellerin zu verschieben.

VII. Der Anfechtungsanspruch stützt sich auf § 4 AnfG, da die Grundstücksübertragung vom ...... unentgeltlich erfolgt ist.[3]

Eine Vollstreckung in das anfechtbar weggegebene Grundstück verspricht auch Aussicht auf Erfolg, weshalb die Sicherung des Anfechtungsrechts nicht rechtsmissbräuchlich erscheint.

Das Grundstück in ...... ist ausweislich der Schenkungsurkunde vom ...... in Abteilung III lediglich mit einer Grundschuld iHv 50.000 EUR belastet, die nicht valutiert ist.

Der Verkehrswert dürfte bei mindestens 150.000 EUR liegen.

Die örtliche Zuständigkeit des angerufenen Gerichts folgt aus §§ 24, 937 ZPO. Der in der Hauptsache gegebene Anspruch auf Duldung der Zwangsvollstreckung ist am ausschließlichen dinglichen Gerichtsstand geltend zu machen, der somit auch für das einstweilige Verfügungsverfahren begründet ist.

Ein Verfügungsgrund muss nicht glaubhaft gemacht werden. Dies folgt aus einer entsprechenden Anwendung der §§ 885 Abs. 1 S. 2, 899 Abs. 2 S. 2 BGB (OLG Stuttgart ZIP 2010, 1089; OLG Koblenz ZIP 1992, 1754).

Rechtsanwalt

Anmerkungen

1. Bei dem vorliegenden Muster handelt es sich um die Durchsetzung der Eintragung eines Veräußerungs- und Verfügungsverbotes im Wege einer einstweiligen Verfügung, in dem gewählten Beispielsfall gegen die Kinder der Schuldner, denen das Grundstück in anfechtbarer Art und Weise geschenkt wurde. Der Klageantrag in der Hauptsache geht dann auf Duldung der Zwangsvollstreckung in das Grundstück.

In der Praxis finden sich neuerdings immer häufiger Beispiele, bei denen Grundbesitz weggegeben (verschenkt) wird unter gleichzeitiger Einräumung eines Nießbrauchs zugunsten der Schenker (Schuldner), vgl. Huber/*Huber* AnfG § 13 Rn. 25 f., § 3 Rn. 6, § 4 Rn. 21. § 11 AnfG betrifft dabei auch die Fälle der Selbstbegünstigung, wobei der Anspruch darauf gerichtet ist, keinen Gebrauch vom dinglichen Recht zu machen, vgl. Huber/*Huber* AnfG § 11 Rn. 14, 21. In diesen Fällen sind die ursprünglichen Eigentümer (= Schuldner) mitzuverklagen. Die Anträge gegen diese Nießbrauchsberechtigten sind dann dergestalt zu fassen, dass

> **„die Beklagten (Antragsgegner) zu verurteilen sind, von dem zu ihren Gunsten eingetragenen Nießbrauchsrecht, an dem Grundstück ...... straße ...... in ......, eingetragen im Grundbuch von ......, Flurstück Nr. ......, zur Größe von ......, dem Kläger gegenüber keinen Gebrauch zu machen und in die Auszahlung des bei einer Zwangsversteigerung anfallenden Erlöses an den Kläger einzuwilligen."**

Falls noch zusätzlich etwa eine Rückauflassungsvormerkung eingetragen sein sollte, ist diese ebenfalls mit dem entsprechend angepassten Antrag anzugreifen. Dem Anfechtungsgegner kann dabei nur untersagt werden, von der (rangsichernden) Vormerkung bei der Zwangsvollstreckung in das Grundstück gegenüber dem Anfechtungsgläubiger keinen Gebrauch zu machen. Die Sicherung eines Rückgewähranspruchs aus § 11 AnfG wegen anfechtbarer Bestellung einer Auflassungsvormerkung kann im Wege der einstweiligen Verfügung nicht durch ein Verbot, „über die Vormerkung zu verfügen", erfolgen (OLG Hamm NZI 2002, 59).

Diese umfassenden Anträge sind gem. § 13 AnfG gerechtfertigt. Der Erlass einer einstweiligen Verfügung zur Sicherung des Anfechtungsanspruches auf Duldung der Zwangsvollstreckung nach § 11 AnfG ist grds. möglich, so OLG Karlsruhe InVO 2004, 387; OLG Hamm OLGR Hamm 2003, 232; OLG Stuttgart ZIP 2010, 1089. Dabei kann der anfechtungsrechtliche Anspruch auf Duldung der Zwangsvollstreckung in ein weggegebenes Grundstück im Grundbuch nicht vorgemerkt werden, sondern ist im einstweiligen Rechtsschutz nur durch richterliches Verfügungsverbot sicherbar (BGH ZIP 2007, 1577).

2. Bei der hier unterstellten Konstellation handelt es sich um eine Schenkungsanfechtung mit Frist von vier Jahren nach § 4 AnfG. Zum Begriff der „nahe stehenden Personen" gem. § 3 Abs. 4 AnfG vgl. die Ausführungen bei Huber/*Huber* AnfG § 3 Rn. 49 ff.

3. Zur Vollstreckung eines anfechtbar geschenkten Wohn- und Nutzungsrechts vgl. BGH ZIP 1995, 1364. Auch die Einräumung eines Wohnrechts, einer Reallast oder eines Nießbrauchs stellt ein Zugriffshindernis dar, dessen Beseitigung von § 11 AnfG gestützt wird. Wenn dem Sicherungsrecht eines Gläubigers ein anfechtbar erworbenes Grundpfandrecht eines anderen an einem Grundstück vorgeht, dann begründet der Anfechtungsanspruch nach § 11 Abs. 1 AnfG regelmäßig auch einen schuldrechtlichen Anspruch des Anfechtenden gegen den Leistungsempfänger auf Einräumung eines Vorrangs, der entsprechend § 880 BGB zu vollziehen ist (KG ZIP 2014, 786).

F. Insolvenzrecht

1. Antrag des Schuldners auf Eröffnung des Insolvenzverfahrens

An das **(Ort, Datum)**

Amtgericht[1, 2]
– Insolvenzgericht –

Als alleinvertretungsberechtigter Geschäftsführer[3] der A. Gesellschaft mit beschränkter Haftung[4] beantrage ich, über das Vermögen der Gesellschaft das Insolvenzverfahren zu eröffnen.

Die Gesellschaft betreibt seit . . . . . in . . . . . ein (Art des Unternehmens) unter der Firma A. Sie ist im Handelsregister des Amtsgerichts . . . . . unter Nr. (Angabe der Registernummer) eingetragen. Aus der Eintragung im Handelsregister ergibt sich auch meine Legitimation zur Alleinvertretung der Schuldnerin.

Die Gesellschaft ist zahlungsunfähig. Mangels flüssiger Mittel mussten die Zahlungen am . . . . eingestellt werden. Da die Löhne und Gehälter seit 2 Monaten nicht mehr bezahlt werden konnten, ist mit Zustellungen von Zahlungsklagen der Arbeitnehmer durch das zuständige Arbeitsgericht in den nächsten Tagen zu rechnen.[5]

Pfändungen liegen bis jetzt noch nicht vor. Ein Teil des Warenbestandes und der Geschäftseinrichtung ist frei von Rechten Dritter. Auch die Außenstände gem. Debitorenliste sind nicht abgetreten. Ferner ist aus der Verwertung des Geschäftsgrundstücks ein Überschuss nach Befriedigung der hierauf lastenden Grundschulden zu erwarten.

Zur Deckung der Kosten des Verfahrens sind somit ausreichende Vermögenswerte vorhanden.[6]

Eine Vermögensübersicht sowie ein Verzeichnis der Gläubiger – mit besonderer Kennzeichnung der höchsten und der höchsten gesicherten Forderungen sowie der Forderungen der Finanzverwaltung, der Sozialversicherungsträger und derjenigen aus betrieblicher Altersversorgung – füge ich bei.[7]

Im vorangegangenen Geschäftsjahr haben die Bilanzsumme . . . . . EUR und die Umsatzerlöse . . . . . EUR betragen. Es wurden durchschnittlich . . . . . Arbeitnehmer beschäftigt.[8]

Ich versichere die Richtigkeit und Vollständigkeit dieser Angaben sowie derjenigen im beigefügten Gläubigerverzeichnis.[9]

B
Geschäftsführer

Schrifttum: Fehrenbach, Die Beteiligung der Gesellschafter beim Eigenantrag der Gesellschaft auf Eröffnung des Insolvenzverfahrens, ZIP 2020, 2370–2377; *Frege/Keller/Riedel,* Handbuch der Rechtspraxis, Bd. 3, Insolvenzrecht, 9. Aufl. 2021; *Gehrlein*, Der Überschuldungsbegriff – Irrungen und Wirrungen, GmbHR 2021, 183–190; *Gottwald,* Insolvenzrechts-Handbuch, 6. Aufl. 2020; *Jaeger,* Insolvenzordnung, Bd. 1, 2004; *Kayser/Thole,* Heidelberger Kommentar zur Insolvenzordnung, 10. Aufl. 2020; *Kübler/Prütting/Bork,* InsO Kommentar zur Insolvenzordnung, Stand 5/2021; *Marotzke*, Das insolvenzrechtliche Eröffnungsverfahren neuer Prägung, DB 2012, 560–567, DB 617–622; Münchener Kommentar zur Insolvenzordnung, Bd. 1, 2019; *Nerlich/Römermann*,

Insolvenzordnung, Stand: 02/2021; *Uhlenbruck,* Insolvenzordnung, 15. Aufl. 2019; *Wimmer/Dauernheim/Wagner/Gietl*, Handbuch des Fachanwalts Insolvenzrecht, 8. Aufl. 2018.

Anmerkungen

1. Der Eröffnungsantrag ist seit der Änderung des § 13 Abs. 1 InsO durch das Insolvenzverfahrensvereinfachungsgesetz 2007 (mWv 1.7.2007) beim Insolvenzgericht „schriftlich" einzureichen. Damit ist die frühere Möglichkeit einer Antragstellung zu Protokoll der Geschäftsstelle (§§ 496, 129a ZPO) entfallen. Dies gilt auch für den Antrag auf Restschuldbefreiung einschließlich der Abtretungserklärung nach § 287 Abs. 1 InsO (MüKoInsO/*Schmahl/Vuia* § 13 Rn. 90). Eine Einreichung per Telefax bleibt aber weiter zulässig (FKR InsR Rn. 383), und zwar auch durch Computerfax (GemS OGB NJW 2000, 2340) oder per E-Mail, wenn die inhaltlichen Mindestanforderungen erfüllt sind (Nerlich/Römermann/*Mönning* InsO § 13 Rn. 30). Sofern durch Rechtsverordnung (§ 13 Abs. 3 InsO) ein amtliches Antragsformular für die Antragstellung durch den Schuldner eingeführt wird, gilt dies nicht nur für den Eigenantrag natürlicher Personen, sondern für Schuldner jeder Rechtsform (MüKoInsO/*Schmahl/Vuia* § 13 Rn. 91); das unvollständige Ausfüllen oder die Nichtbenutzung des Formulars führt dazu, dass der Insolvenzantrag (nach Fristsetzung zur Behebung des Mangels, § 13 Abs. 3 InsO) als unzulässig zurückgewiesen wird. Bislang ist dies aber nur für Verbraucherinsolvenzverfahren umgesetzt worden (Vordrucke: https://www.justiz.nrw.de/BS/formulare/insolvenz/verbraucherinsolvenzverfahren/index.php).

Maßgebend für die Abgrenzung, ob ein Regel- oder Verbraucherinsolvenzverfahren einzuleiten ist und welche Antragsvoraussetzungen vorliegen müssen (§§ 304, 305 InsO), sind die tatsächlichen Verhältnisse des Schuldners im Zeitpunkt der Antragstellung (OLG Celle NJW-RR 2002, 1135).

2. Die sachliche Zuständigkeit des AG ergibt sich aus § 2 InsO. Von dem Grundsatz der Konzentration auf ein Amtsgericht im Landgerichtsbezirk können die Landesregierungen Abweichungen festgelegen (§ 2 Abs. 2 InsO), wovon insb. Bayern und Niedersachsen Gebrauch gemacht haben.

Die örtliche Zuständigkeit ergibt sich aus § 3 InsO. Der allgemeine Gerichtsstand wird durch die §§ 13–19 ZPO bestimmt. Bei einem Wohnungslosen ist der Aufenthaltsort zum Zeitpunkt der Antragstellung maßgeblich (AG Hannover ZInsO 2021, 1183). Ergibt sich aus dem Wohnsitz des Schuldners eine andere örtliche Zuständigkeit als aus dessen selbständiger Tätigkeit, so geht letztere vor (§ 2 Abs. 1 S. 2 InsO). Beim Mittelpunkt der Tätigkeit ist an die tatsächlichen Verhältnisse anzuknüpfen. Der Mittelpunkt der selbstständigen wirtschaftlichen Tätigkeit liegt dort, von wo aus der wesentliche Teil der Geschäfte selbständig getätigt wird (MüKoInsO/*Ganter/Lohmann* § 3 Rn. 10 ff.). Die Eintragung in das Handelsregister ist nicht maßgeblich, sondern stellt nur ein Indiz für das tatsächliche Geschäftszentrum dar.

Dem Richter ist gem. § 18 Abs. 1 Nr. 1 RPflG das Verfahren bis zur Entscheidung über den Eröffnungsantrag unter Einschluss dieser Entscheidung und der Ernennung des Insolvenzverwalters/Treuhänders vorbehalten (FKR InsR Rn. 202). Nach Eröffnung geht die funktionelle Zuständigkeit für die gerichtliche Durchführung des Insolvenzverfahrens auf den Rechtspfleger über (§ 3 Nr. 2e RPflG), soweit nicht ein allgemeiner gesetzlicher (§§ 4, 5, 18 Abs. 1 RPflG) oder richterlicher Vorbehalt (§ 18 Abs. 2 Nr. 1 RPflG) eingreift.

3. Der Antragsteller muss seine Legitimation darlegen und nachweisen. Es genügt die Bezugnahme auf die beim gleichen Gericht geführten Akten, so zB die Handelsregisterakten, aus denen sich die Vertretungsbefugnis ergibt. Ist der Insolvenzschuldner eine juristische Person oder eine Gesellschaft ohne Rechtspersönlichkeit, so ist gem. § 15 Abs. 1 InsO jedes Mitglied des Vertretungsorgans oder jeder persönlich haftende Gesellschafter antragsberechtigt. Wird der Antrag nicht von allen Mitgliedern des Vertretungsorgans (oder ihnen Gleichstehende) gestellt, bedarf es gem. § 15 Abs. 2 InsO der Glaubhaftmachung des Eröffnungsgrundes.

Mit Inkrafttreten des Gesetzes zur Modernisierung des GmbH-Rechts und zur Bekämpfung von Missbräuchen (MoMiG) wurden die bislang in den Einzelgesetzen gesellschaftsrechtlich geregelten Antragspflichten durch Einfügung des neuen § 15a InsO in das Insolvenzrecht verlagert. § 15a InsO übernimmt nicht nur inhaltlich den alten § 64 Abs. 1 GmbHG und die darin geregelte Antragspflicht des Geschäftsführers, sondern verpflichtet im Fall der Führungslosigkeit einer Gesellschaft mit beschränkter Haftung auch jeden Gesellschafter, im Fall der Führungslosigkeit einer Aktiengesellschaft oder einer Genossenschaft auch jedes Mitglied des Aufsichtsrats zur Stellung des Insolvenzantrags (§ 15a Abs. 3 InsO). Durch die gesamtschuldnerische Haftung (§ 128 S. 1 HGB) führt der Insolvenzantrag der KG in der Regel automatisch zur Überschuldung, Zahlungsunfähigkeit oder drohenden Zahlungsunfähigkeit bei der Komplementärin und je nach Rechtsform zur Insolvenzantragspflicht. Der Antrag ist spätestens drei Wochen nach Eintritt der Zahlungsunfähigkeit und – seit 1.1.2021 – sechs Wochen nach Eintritt der Überschuldung zu stellen. Parallel wurde der Prognosezeitraum für eine positive Fortführungsprognose auf die nächsten zwölf Monate beschränkt (§ 19 Abs. 2 S. 1 InsO; dazu *Gehrlein* GmbHR 2021, 183 (187)).

Die Verpflichtung zur Stellung eines Eigenantrages entfällt nicht dadurch, dass bereits ein Fremdantrag bei Gericht vorliegt (BGH BB 1957, 273), und gilt unabhängig von der internen Geschäftsverteilung (BGH NJW-RR 2004, 900). Ebenso bleibt der Schuldner zur Auskunftserteilung verpflichtet, selbst wenn das Gericht die erforderlichen Informationen bereits anderweitig erlangt hat (LG Düsseldorf ZInsO 2018, 1265). Hat ein Gläubigerantrag bereits zur Eröffnung des Insolvenzverfahrens geführt, ist ein Eigenantrag des Schuldners (auch der Antrag auf Restschuldbefreiung) unzulässig; und zwar unabhängig von der Rechtskraft des Eröffnungsbeschlusses (BGH NZI 2015, 79 Rn. 8, 10 f.). Es ist auch dem Schuldner verwehrt, sich gegen den Gläubigerantrag zu verteidigen, der Antrag sei unzulässig oder unbegründet, und nur hilfsweise einen Eigenantrag zu stellen (BGH NZI 2010, 441). Zulässig bleibt aber ein Eigenantrag (verbunden mit einem Antrag auf Restschuldbefreiung) nach einem zuvor mangels Masse abgewiesenem Gläubigerantrag (BGH ZInsO 2014, 1758; AG Köln NZI 2013, 851: ohne Einhaltung einer Sperrfrist). Ohne Eigenantrag wird keine Restschuldbefreiung erteilt (BGH NZI 2015, 563 Rn. 8). Dagegen fehlt das Rechtsschutzinteresse, wenn dem Schuldner innerhalb der letzten zehn Jahre vor dem Eröffnungsantrag bereits einmal die Restschuldbefreiung in einem Insolvenzverfahren erteilt worden ist (BGH NZI 2016, 316).

Zur Antragsrücknahme ist jedes vertretungsberechtigte Organmitglied im Rahmen seiner satzungsmäßigen Befugnis bis zur Insolvenzeröffnung berechtigt, solange kein Rechtsmissbrauch vorliegt (BGH NZI 2008, 550 Rn. 7 ff.). Ein solcher Missbrauch liegt in der Regel vor, wenn die Rücknahme des Insolvenzeröffnungsantrages durch einen offensichtlich nur zu diesem Zweck neu berufenen Geschäftsführer nach Absetzung des antragstellenden Geschäftsführers erfolgt, mit der Folge, dass das Verfahren trotz Antragsrücknahme eröffnet wird (AG Freiburg NZI 2019, 506). Besteht das Vertretungsorgan aus mehreren Mitgliedern, kann der Insolvenzantrag nur von demjenigen zurückgenommen werden, der den Antrag gestellt hat (LG Dortmund NJW-RR 1986, 258 f.; Kayser/Thole/*Kirchhof* InsO § 13 Rn. 16). Zudem muss der Antragsteller zum Zeitpunkt der Antragsrücknahme noch antragsberechtigt sein (BGH NZI 2006, 700).

4. Das Insolvenzverfahren setzt Insolvenzfähigkeit voraus, die sich weitgehend mit der passiven Parteifähigkeit deckt (FKR InsR Rn. 286, 288) und von Amts wegen durch das Insolvenzgericht zu prüfen ist. Auch die BGB-Gesellschaft ist insolvenzfähig (§ 11 Abs. 2 Nr. 1 InsO) sowie rechts- und parteifähig (BGH ZIP 2001, 330).

5. Sachliche Voraussetzung für die Eröffnung des Verfahrens ist ein Insolvenzgrund, nämlich Zahlungsunfähigkeit (§ 17 Abs. 1 InsO) und/oder – bei juristischen Personen, nicht aber bei natürlichen Personen – Überschuldung (§ 19 Abs. 1 InsO); zu Einzelheiten → Form. III.F.3 Anm. 9. Während das Vorliegen eines materiellen Insolvenzgrundes bei juristischen Personen die Antragspflicht auslöst (§ 15a Abs. 1 InsO; zur Rechtsmissbräuchlichkeit der Amtsniederlegung des Alleingeschäftsführers einer GmbH: OLG Frankfurt a. M. ZIP 2015, 478), besteht eine solche für natürliche Personen nicht; sie sind lediglich antragsberechtigt. Auch der Insolvenzgrund der drohenden Zahlungsunfähigkeit (§ 18 InsO) begründet keine Antragspflicht, sondern lediglich ein Antragsrecht des Schuldners, um frühzeitig unter den Schutz der InsO zu gelangen (§ 21 Abs. 2 Nr. 3 u. 5, §§ 88, 112 InsO; zur Beteiligung der Gesellschafter: *Fehrenbach* ZIP 2020, 2370 ff.). Die drohende Zahlungsunfähigkeit hat auch Bedeutung für die strafrechtliche Verantwortlichkeit (§ 283 Abs. 1, § 283d Abs. 1 Nr. 1 StGB).

Der Eröffnungsgrund braucht durch den Schuldner grds. nicht glaubhaft gemacht zu werden. Lediglich bei juristischen Personen und Gesellschaften ohne Rechtspersönlichkeit besteht eine Verpflichtung hierzu, wenn der Antrag nicht durch alle Mitglieder des Vertretungsorgans oder alle persönlich haftenden Gesellschafter gemeinsam gestellt wurde (§ 15 Abs. 2 InsO). Weitere Ausnahmen finden sich in den § 317 Abs. 2 S. 1 und § 333 Abs. 2 S. 2 InsO.

Soweit eine Glaubhaftmachung gem. § 294 ZPO erforderlich ist, genügt es, wenn der Schuldner einen Insolvenzgrund schlüssig behauptet (Kayser/Thole/*Kirchhof* InsO § 13 Rn. 20). Fehlt es an einem schlüssigen Vortrag, hat das Gericht auf die Mängel konkret hinzuweisen und eine Frist zur Behebung zu setzen (BGH ZIP 2003, 358 (359)). Legt der Vortrag des Schuldners auch nach entsprechendem rechtlichen Hinweis des Gerichts den Eröffnungsgrund nicht in hinreichend substanziierter, nachvollziehbarer Form dar, wird der Eigenantrag im Insolvenzeröffnungsverfahren als unzulässig verworfen (LG Stendal NZI 2008, 44).

Beim Eröffnungsantrag des Schuldners ist der behauptete Eröffnungsgrund substanziiert zu begründen (§§ 4, 16 InsO iVm 253 Abs. 2 Nr. 2 ZPO). Wird der Antrag wegen drohender oder eingetretener Zahlungsunfähigkeit gestellt, ist die Liquiditätslage nachvollziehbar darzustellen. Bei der Feststellung der Zahlungsunfähigkeit gemäß § 17 Abs. 2 Satz 1 InsO anhand einer Liquiditätsbilanz sind auch die innerhalb von drei Wochen nach dem Stichtag fällig werdenden und eingeforderten Verbindlichkeiten (sog. Passiva II) einzubeziehen (BGH NZI 2018, 204 Rn. 34 ff.). Die Zahlungsunfähigkeit des Schuldners wirkt fort, bis er seine Zahlungen im Allgemeinen wieder aufgenommen hat. Für eine solche Wiederherstellung der Zahlungsfähigkeit sind nicht nur die vereinbarten Zahlungen gegenüber dem Gläubiger zu erbringen, sondern der Schuldner muss zumindest auch den wesentlichen Teil seiner übrigen Verbindlichkeiten bedienen (BGH NZI 2017, 64 Rn. 25). Die bloße Möglichkeit der Begleichung offener Verbindlichkeiten genügt zur Beseitigung einer festgestellten Zahlungsunfähigkeit nicht, erforderlich ist ein tatsächlicher Ausgleich der wesentlichen Verbindlichkeiten (OLG Köln ZInsO 2018, 792). Wird der Antrag wegen Überschuldung gestellt, so ist eine aktuelle Vermögensübersicht unter Angabe der tatsächlichen Werte der einzelnen Bilanzpositionen vorzulegen (*Gehrlein* GmbHR 2021, 183 (184)).

Die Insolvenzeröffnung darf nur erfolgen (§ 27 InsO), wenn das Insolvenzgericht von der Richtigkeit der Schuldnerangaben überzeugt ist und diese den Eröffnungsgrund ergeben; sonst ist das Insolvenzgericht zu eigenen Ermittlungen (§ 5 Abs. 1 InsO) verpflichtet. Art und Umfang der Ermittlungen liegen im pflichtgemäßen Ermessen des Insolvenzgerichts (BGH KTS 1957, 12 (13)). Auch die Aufklärungsmittel wählt das Insolvenzgericht nach pflichtgemäßem Ermessen aus. Die Aufzählung in § 5 Abs. 1 S. 2 InsO („Zeugen und Sachverständige“) erfolgt nur beispielhaft.

Der Eröffnungsantrag eines Schuldners muss ernsthaft auf die Eröffnung des Insolvenzverfahrens gerichtet sein. Das Rechtsschutzinteresse für einen Eröffnungsantrag fehlt folglich etwa dann, wenn der Antragsteller nicht die Eröffnung des Insolvenzverfahrens anstrebt, sondern sich nur der Wirkungen des Eröffnungsverfahrens in rechtlich zu missbilligender Weise bedienen will. Dies ist der Fall, wenn der Eröffnungsantrag unabhängig von den Vermögensverhältnissen des Schuldners und etwa bestehenden Ansprüchen gegen Gesellschafter, Geschäftsführer und Anfechtungsgegner ausschließlich auf eine Abweisung des Antrags mangels einer die Kosten des Insolvenzverfahrens deckenden Masse gerichtet ist (wie insb. bei einer „Firmenbestattung“); ein solcher Antrag ist wegen Fehlens eines Rechtsschutzinteresses unzulässig (BGH NZI 2020, 679 Rn. 7 f.).

6. Der Hinweis auf die Massekostendeckung ist zweckmäßig, obgleich die Prüfung der Massekostendeckung zu den Amtsermittlungspflichten des Insolvenzgerichts gehört (MüKoInsO/*Haarmeyer* § 26 Rn. 14). Sind die Kosten des Verfahrens iSv § 54 InsO für die gesamte Dauer des Verfahrens nicht gedeckt, ist der Insolvenzantrag mangels Masse abzuweisen (§ 26 Abs. 1 S. 1 InsO). Bei Zweifeln am Bestand des schuldnerischen Vermögens fehlt es an der notwendigen Glaubhaftmachung, so dass auch in diesem Fall der Antrag abzuweisen ist (BGH ZIP 2002, 1695 (1696)). Ein mangels kostendeckender Masse abgewiesener Eröffnungsantrag hindert bei Glaubhaftmachung der Massekostendeckung einen neuerlichen Insolvenzeröffnungsantrag nicht (BGH ZInsO 2014, 1758 Rn. 4). Natürlichen Personen können die Kosten auf Antrag gestundet werden (§ 4a InsO), so dass eine Abweisung mangels Masse unterbleibt.

7. Durch das am 1.3.2012 in Kraft getretene Gesetz zur weiteren Erleichterung der Sanierung von Unternehmen (ESUG) wurden § 13 Abs. 1 InsO um die S. 3–7 und § 13 Abs. 3 InsO um Satz 3 erweitert. Im Gegensatz zur früheren Rechtslage ist der Schuldner nunmehr nach § 13 Abs. 1 S. 3 und 4 InsO verpflichtet, ein Verzeichnis der Gläubiger und deren Forderungen beizufügen, in dem – allerdings nur bei einem nicht eingestellten Geschäftsbetrieb – zusätzlich die in § 13 Abs. 1 S. 4 InsO enumerierten Forderungen (also die höchsten und höchsten gesicherten Forderungen sowie die Forderungen der Finanzverwaltung, der Sozialversicherungsträger und diejenigen aus betrieblicher Altersversorgung) besonders kenntlich gemacht werden sollen (Kayser/Thole/*Kirchhof* InsO § 13 Rn. 6, 28; zum Umfang der Pflichtangaben: AG Hannover ZInsO 2016, 236). Diese Sollangaben werden nach § 13 Abs. 1 S. 6 InsO zu zwingenden Mussangaben, wenn der Schuldner Eigenverwaltung beantragt, er die Merkmale des § 22a Abs. 1 InsO erfüllt (also insb. bei großen Unternehmen) oder die Einsetzung eines vorläufigen Gläubigerausschusses beantragt wurde (*Marotzke* DB 2012, 560 ff.; → Form. III.F.4). Abgesehen von dem Gläubigerverzeichnis ist der Schuldner weiterhin nicht verpflichtet, ein Schuldnerverzeichnis oder eine Vermögensübersicht einzureichen. Die Aufstellung eines Schuldnerverzeichnisses und einer Vermögensübersicht (einschließlich der Debitoren) obliegt nach Eröffnung des Insolvenzverfahrens dem Insolvenzverwalter (§§ 152, 153 InsO). Im Einzelfall kann die Vorlage eines Debitorenverzeichnisses jedoch ratsam sein, insb. wenn ohne Berücksichtigung der Debitoren die Verfahrenskostendeckung ungewiss erscheint. Nach der Aufstellung der Vermögensübersicht kann auf Antrag des Verwalters oder eines Gläubigers dem Schuldner jedoch aufgegeben werden, die Vollständigkeit eidesstattlich zu versichern, § 153 Abs. 2 S. 1 InsO.

Im Falle eines unzureichenden Antrags setzt das Insolvenzgericht eine Frist zur Nachbesserung (§ 13 Abs. 3 InsO nF); erst nach fruchtlosem Fristablauf weist es den Antrag als unzulässig zurück (AG Hamburg ZInsO 2012, 1482; *Müller/Rautmann* ZInsO 2012, 918 (920)), was eine Haftung und Strafverfolgung nach sich ziehen kann (§ 15a Abs. 6 InsO nF; *Stapper/Jacobi* ZInsO 2012, 628).

8. Bei nicht eingestelltem Geschäftsbetrieb hat der Schuldner auch Angaben zur Bilanzsumme, den Umsatzerlösen und zur durchschnittlichen Anzahl der Arbeitnehmer im vorausgegangenen Geschäftsjahr abzugeben (§ 13 Abs. 1 S. 5 InsO). Soweit verlässliche Zahlen nicht zur Verfügung stehen, sind die Angaben erforderlichenfalls zu schätzen, wobei die Grundlagen für die Schätzung darzulegen und zu erläutern sind (AG Essen ZIP 2015, 939).

9. Die Richtigkeit und Vollständigkeit der Angaben nach § 13 Abs. 1 S. 3–5 InsO hat der Schuldner gem. § 13 Abs. 1 S. 7 InsO zu versichern, womit aber keine förmliche eidesstattliche Versicherung iSv § 98 Abs. 1 S. 1 InsO gemeint ist (BT-Drs. 17/7511, 45). Es handelt sich um eine höchstpersönliche Wissenserklärung, deren Abgabe einer Vertretung nicht zugänglich ist (AG Essen NZI 2015, 286). Fehlt die Erklärung, führt dies nach entsprechendem richterlichen Hinweis (zur Hinweispflicht: LG Frankenthal NZI 2017, 895) stets zur Unzulässigkeit des Antrags (LG Potsdam ZInsO 2013, 2501).

2. Antrag auf Einleitung eines Schutzschirmverfahrens gem. § 270d InsO nF

An das **(Ort, Datum)**

Amtsgericht[1, 2]
– Insolvenzgericht –

Ich/Wir beantrage/n als . . . . . (zB Geschäftsführer), das Insolvenzverfahren über mein/das Vermögen der . . . . . zu eröffnen und begründen diesen Antrag wie folgt: . . . . .[3]
Zugleich wird beantragt,
die Eigenverwaltung anzuordnen;[4] **die Schuldnerin ist berechtigt, unter der Aufsicht eines Sachwalters die Insolvenzmasse zu verwalten und über sie zu verfügen (§§ 270–285 InsO).**
Ausweislich der als Anlage 1 beigefügten Bescheinigung des in Insolvenzsachen erfahrenen Steuerberaters/Wirtschaftsprüfers/Rechtsanwalts[5]**. . . . . liegt drohende Zahlungsunfähigkeit (oder Überschuldung), aber noch keine bereits eingetretene Zahlungsunfähigkeit vor;**[6] **die angestrebte Sanierung ist auch nicht offensichtlich aussichtslos. Ergänzend zu vorstehendem Eigenantrag stelle/n ich/wir daher folgende**

Anträge:

1. **Die Schuldnerin ist bis zur Eröffnungsentscheidung des Gerichts berechtigt, unter Aufsicht eines vorläufigen Sachwalters ihr Vermögen zu verwalten und darüber zu verfügen. Als vorläufigen Sachwalter schlägt die Schuldnerin – entsprechend dem einstimmigen Beschluss des vorläufigen Gläubigerausschusses – Herrn Rechtsanwalt . . . . . vor.**[7]
2. **Der Schuldnerin wird eine Frist von . . . . . (maximal 3) Monaten**[8] **ab Zustellung des Beschlusses über die Anordnung zur Vorlage eines Insolvenzplans gem. § 270d Abs. 1 S. 1 und 2 InsO gewährt.**
3. **Zwangsvollstreckungsmaßnahmen werden gem. § 270d Abs. 3, § 21 Abs. 2 S. 1 Nr. 3 InsO untersagt, bereits eingeleitete Maßnahmen werden einstweilen eingestellt, soweit nicht unbewegliche Gegenstände betroffen sind.**

4. Es wird ein vorläufiger Gläubigerausschuss eingesetzt, § 270c Abs. 3 S. 1 iVm § 21 Abs. 2 S. 1 Nr. 1a, § 22a Abs. 2 InsO. Hierzu wird auf den gesonderten Antrag (Anlage 2) Bezug genommen.[9]
5. Ferner wird nach § 270c Abs. 3 S. 1 InsO iVm § 21 Abs. 1 u. 2 S. 1 Nr. 5, § 169 S. 2 u. 3, §§ 170, 171 InsO angeordnet, dass die nachfolgend genannten Gegenstände, die im Fall der Eröffnung des Verfahrens von § 166 InsO erfasst würden oder deren Aussonderung verlangt werden könnte, vom Gläubiger nicht verwertet oder eingezogen werden dürfen und dass solche Gegenstände zur Fortführung des Unternehmens der Schuldnerin eingesetzt werden können: . . . . . (*genaue Bezeichnung*). Der vorläufige Sachwalter darf zur Sicherung von Ansprüchen abgetretene Forderungen anstelle der Gläubiger einziehen.[10]
6. Die Schuldnerin wird gem. § 270c Abs. 4 InsO ermächtigt, Masseverbindlichkeiten zu begründen.[11]

Begründung:

Die Schuldnerin ist operativ im Bereich der . . . . . tätig und erzielte in den letzten drei Geschäftsjahren folgende Umsätze und Gewinne: . . . . .

Grund für die nunmehr eingetretene finanzielle/wirtschaftliche Schieflage ist . . . . . (*Schilderung der Insolvenzursachen sowie – nach Möglichkeit – der insoweit fehlenden Verantwortung der gesetzlichen Vertreter und deren Spezialkenntnisse im Tätigkeitsfeld der Schuldnerin, um das Vertrauen des Gerichts zu stärken und Bedenken gegen die Eigenverwaltung auszuräumen*). Durch die beantragte Eigenverwaltung wird die Schuldnerin in die Lage versetzt, ... (*Erläuterung der Ziele der Eigenverwaltung, etwa die Konzentration auf die Kerngeschäftsfelder, zu deren Leitung die besonderen Fachkenntnisse der gesetzlichen Vertreter erforderlich sind*).

Folgende Sanierungsmaßnahmen wurden bereits vor Stellung dieses Antrags durchgeführt: . . . . . (*ggf. Darlegung der Gründe des Scheiterns des bisherigen Sanierungsprozesses*).

Die Voraussetzungen der Anordnung aus § 270f Abs. 1 InsO sind erfüllt, weil keine Umstände bekannt sind, die einer Anordnung der beantragten Eigenverwaltung nach § 270b oder 270e InsO entgegenstehen. (*Soweit Anhaltspunkte einer Nachteilhaftigkeit für die Gläubiger bestehen, sollten an dieser Stelle Ausführungen zu deren Widerlegung erfolgen.*)

Dem Antrag liegt folgende Eigenverwaltungsplanung zugrunde:

- Finanzplan:
  (Darstellung für den Zeitraum von sechs Monaten, dass neben den Fortführungskosten des Geschäftsbetriebs auch die Verfahrenskosten gedeckt werden, unter Offenlegung der Finanzierungsquellen)
- Konzept für die Durchführung des Eigenverwaltungsverfahrens:
  (Analyse von Art, Ausmaß und Ursachen der Krise sowie Darlegung der erforderlichen Maßnahmen zu deren Bewältigung)
- Bericht über den Stand der Verhandlungen mit Gläubigern, Gesellschaftern und Dritten:
  (dieser soll dem Gericht die Einschätzung über die Geeignetheit der Maßnahmen erleichtern)
- Vorkehrungen des Schuldners zur Erfüllung seiner insolvenzrechtlichen Pflichten:
  (Die insolvenzrechtlichen Pflichten zur Vermeidung von Verstößen gegen die §§ 60–62 InsO (§ 276a Abs. 2 InsO) kann der Schuldner bei entsprechender Befähigung selbst oder sonst mit Unterstützung eines sachverständigen Dritten (ggf. auch in Organstellung) erfüllen)
- Mehr- oder Minderkosten der Eigenverwaltung im Vergleich zu einem Regelinsolvenzverfahren:

(begründete Darstellung unter Berücksichtigung der voraussichtlich anfallenden Berater- und Gerichtskosten, auch wenn diese später als 6 Monate anfallen)

Gemäß § 270a Abs. 2 InsO wird hiermit erklärt, dass

- Zahlungsverzug nur gegenüber folgenden Gläubigern besteht: . . . . .
- in den letzten drei Jahren vor Antragstellung es keine Vollstreckungs- und Verwertungssperren nach der InsO oder dem StaRUG gegeben hat;
- in den letzten drei Jahren vor Antragstellung die Offenlegungspflichten nach §§ 325–328 oder 339 HGB stets rechtzeitig erfüllt wurden.

Es bestehen (keine) Bedenken gegen die Anhörung des vorläufigen Gläubigerausschusses vor der Entscheidung, weil dies (nicht) offensichtlich zu einer nachteiligen Veränderung in der Vermögenslage der Schuldnerin iSv § 270b Abs. 3 InsO führt. (*Ggf. konkrete Ausführungen zu der nachteiligen Veränderung oder: „Aufgrund des einstimmigen Beschlusses des vorläufigen Gläubigerausschusses gilt die Anordnung nicht als nachteilig für die Gläubiger gem. § 270b Abs. 3 S. 3 InsO.“*)

Antrag zu 1):

Die Anträge auf Eröffnung und Eigenverwaltung wurden ausweislich der Bescheinigung nach § 270d Abs. 1 InsO bei drohender Zahlungsunfähigkeit/Überschuldung gestellt und sind nicht offensichtlich aussichtslos gem. § 270d Abs. 1 S. 1 InsO, so dass im Eröffnungsverfahren nach § 270b Abs. 1, § 270c Abs. 1 InsO ein vorläufiger Sachwalter zu bestellen ist. Als vorläufigen Sachwalter schlagen wir Herrn Rechtsanwalt . . . . . vor. Der vorgeschlagene vorläufige Sachwalter ist personenverschieden von dem Aussteller der Bescheinigung nach § 270d Abs. 1 InsO und für die Übernahme des Amtes geeignet (*ggf. ergänzende Ausführungen zur nicht offensichtlichen Ungeeignetheit iSv § 270d Abs. 2 S. 3 InsO*).

Antrag zu 2):

Die beantragte Frist von . . . . . (maximal 3) Monaten zur Vorlage eines Insolvenzplans ist gerechtfertigt, weil . . . . . (*Darstellung der Hintergründe der voraussichtlichen Dauer bis zur Vorlage des Insolvenzplans*).

Antrag zu 3):

Die Anordnung der Maßnahme nach § 270c Abs. 3 S. 3, § 21 Abs. 2 S. 1 Nr. 3 InsO ist notwendig, um unter Aufsicht eines vorläufigen Sachwalters frei von Vollstreckungsmaßnahmen einen Sanierungsplan ausarbeiten zu können. Ohne diese Anordnung wäre die Aufstellung und anschließende Umsetzung als Insolvenzplan erheblich beeinträchtigt. Denn . . . . . (*konkrete Erläuterung*).

Antrag zu 4):

Zur Begründung wird auf den als Anlage 2 beigefügten gesonderten Antrag Bezug genommen.

Antrag zu 5):

Die Anordnung des vorläufigen Verwertungs- und Einziehungsverbots nach § 270c Abs. 3 S. 1 InsO iVm § 21 Abs. 1 u. 2 S. 1 Nr. 5, § 169 S. 2 u. 3, §§ 170, 171 InsO ist notwendig, um . . . . . (*nähere Darlegung, dass die Betriebsfortführung sonst gefährdet wäre*).

Antrag zu 6):

Gem. §§ 270c Abs. 4 InsO ist der Schuldnerin die Befugnis zur Begründung von Masseverbindlichkeiten unbeschränkt einzuräumen.

Es wird hiermit ausdrücklich versichert, dass dem Bescheinigenden nach § 270d Abs. 1 InsO die für dessen Auftragsdurchführung erforderlichen Informationen vollständig und richtig zur Verfügung gestellt wurden.

Unterschrift aller Antragsteller

Anlagen: 1) Bescheinigung nach § 270d Abs. 1 InsO
2) Antrag auf Einsetzung eines vorläufigen Gläubigerausschusses
3) Sanierungskonzept[12]
4) Eigenverwaltungsplanung[12]

Anlage 1: Bescheinigung nach § 270d Abs. 1 InsO[13]

Der Bescheinigung liegt die Beauftragung der . . . . . (Gesellschaft) vom . . . . . zugrunde.

Der Unterzeichner[14] ist Fachanwalt für Insolvenzrecht. Seine Erfahrung in Insolvenzsachen ist nachgewiesen durch . . . . .*(Bestellung als Insolvenzverwalter in den Verfahren. . . . ., Listung bei den Insolvenzgerichten. . . . ., Ausführungen zu insolvenzrechtlichen Veröffentlichungen und Fortbildungen, Mitgliedschaften in Fachgremien ua)*.

Seine betriebswirtschaftliche Sanierungskompetenz ergibt sich daraus, dass er in folgenden Angelegenheiten ein Sanierungsgutachten nach IDW S 6 erstellt hat:

1. . . . . .
2. . . . . .

Darüber hinaus war er Verfasser folgender Insolvenzpläne:

1. . . . . .
2. . . . . .

Als in Insolvenzsachen erfahrene Person bescheinige ich für die . . . . (Gesellschaft) nach bestem Wissen und Gewissen, dass am . . . . . (Stichtag)

1. drohende Zahlungsunfähigkeit und/oder Überschuldung, aber keine Zahlungsunfähigkeit vorliegt und
2. die angestrebte Sanierung nicht offensichtlich aussichtslos ist.

Ich erteile diese Bescheinigung auf der Grundlage meiner nachfolgend beschriebenen Analysen und Ergebnisse:

1. Analyse der drohenden Zahlungsunfähigkeit in Abgrenzung zur Zahlungsunfähigkeit gem. IDW S 11 nF, Tz. 14 ff.[15]
2. Ggf. Analyse der Überschuldung gem. IDW S 11 nF, Tz. 52 ff.
3. Darlegung, dass die angestrebte Sanierung nicht offensichtlich aussichtslos ist (*Mindestinhalte*):
   a) Kurze Darstellung der wirtschaftlichen Entwicklung des Unternehmens der letzten drei Jahre in Form von GuV und Bilanz sowie wesentlichen Kennzahlen
   b) Analyse der Krisenursachen und der Krisenstadien gem. IDW S 6
   c) Sanierungsansätze und Maßnahmen zur Beseitigung der Krisenursachen (*Übersicht der Maßnahmen*)
   d) Identifizierung von offensichtlichen Sanierungshemmnissen und erwartetes Verhalten der wichtigsten Stakeholder (Banken, Gesellschafter, Kunden, Lieferanten etc)
   e) Integrierte Sanierungs-/Businessplanung für das laufende Wirtschaftsjahr und mindestens zwei Folgejahre (Ergebnis-, Finanz- und Vermögensplan)
   f) Erste Skizze des Leitbildes des sanierten Unternehmens
4. Anforderungen an die Eigenverwaltungsplanung
5. sonstige Erklärungen des Schuldners

Aufgabe der gesetzlichen Vertreter der Gesellschaft war es, mir die für die Auftragsdurchführung erforderlichen Informationen vollständig und richtig zur Verfügung zu stellen. Aufgrund der Eilbedürftigkeit konnten naturgemäß die dem beigefügten Sanierungskonzept zugrunde liegenden Daten nicht nach Art und Umfang einer Jahres-

abschlussprüfung geprüft werden; ich habe hinsichtlich der in das Sanierungskonzept eingeflossenen wesentlichen Daten aber Plausibilitätsbeurteilungen durchgeführt, welche die Angaben der Geschäftsleitung vollumfänglich bestätigt haben.[16]

Ort, Datum

Unterschrift des Bescheinigenden nach § 270d Abs. 1 InsO

Schrifttum: Bachmann, Organhaftung in der Eigenverwaltung, ZIP 2015, 101 ff.; *Blankenburg*, Begründung von Masseverbindlichkeiten in Eigenverwaltungsverfahren, ZInsO 2016, 1337 ff.; *Brinkmann*, Haftungsrisiken im Schutzschirmverfahren und in der Eigenverwaltung, DB 2012, 1313 ff. (1369 ff.); *Buchalik*, Das Schutzschirmverfahren nach § 270b InsO (inkl. Musteranträge), ZInsO 2012, 349 ff.; *Frind*, Neuregelung der Eigenverwaltung gemäß SanInsFoG: Mehr Qualität oder „sanierungsfeindlicher Hürdenlauf"?; ZIP 2021, 171 ff.; *Frind*, Gefahrzone Eigenverwaltung, WM 2014, 590 ff.; *Frind*, Die Bescheinigung gem. § 270b Abs. 1 S. 3 InsO – Wann darf, soll, muss das Insolvenzgericht sie prüfen?, ZInsO 2012, 1546 ff.; *Frind*, Anmerkungen zur Musterbescheinigung des IDW nach § 270b Abs. 1 S. 3 InsO, ZInsO 2012, 540 f.; *Frind/Graeber/Schmerbach/Siemon/Stephan*, Fragebogen zur Unabhängigkeit des Insolvenzverwalters, ZInsO 2012, 368 f.; *Hirte/Knof/Mock*, Das neue Insolvenzrecht nach dem ESUG, 2012; *Hölzle*, Insolvenzplan auf Initiative des vorläufigen Sachwalters im Schutzschirmverfahren – Oder: Wer erstellt und wer bezahlt den Insolvenzplan im Verfahren nach § 270b InsO?, ZIP 2012, 855 ff.; *Krämer*, Die Haftung des (vorläufigen) Sachwalters, NZI 2017, 960 ff.; *Kraus/Lenger/Radner*, „Viel zu kurz gesprungen . . . ." Anmerkung zum Entwurf des IDW Standards „Bescheinigung nach § 270b InsO" (IDW ES 9), ZInsO 2012, 587 ff.; *Schmidt/Linker*, Ablauf des sog Schutzschirmverfahrens nach § 270b InsO, ZIP 2012, 963 ff.; *Siemon*, Das ESUG und § 270b InsO in der Anwendung, ZInsO 2012, 1045 ff.; *Simon/Merkelbach*, Gesellschaftsrechtliche Strukturmaßnahmen im Insolvenzplanverfahren nach dem ESUG, NZG 2012, 121 ff.; *Wallner*, Wann ist die Eigenverwaltung die richtige Verfahrensart?, ZIP 2015, 997 ff.; *Weber/Schneider*, Die nach dem Gesetz zur weiteren Erleichterung der Sanierung von Unternehmen (ESUG) vorgesehene Umwandlung von Forderungen in Anteils- bzw. Mitgliedschaftsrechte (Debt-Equity-Swap), ZInsO 2012, 374 ff.; *Wimmer*, Das neue Insolvenzrecht nach der ESUG-Reform, 2012; *Zimmer*, Abschaffung der Sanierungsklausel (§ 8c Abs. 1a KStG) und Debt-Equity-Swap nach ESUG, ZInsO 2011, 950 ff.

Anmerkungen

1. Durch das Sanierungsfortentwicklungsgesetz (SanInsFoG) wurden die §§ 270 bis 270f InsO, die das Insolvenzverfahren in Eigenverwaltung regeln, umfangreich modifiziert und der Zugang zum Eigenverwaltungsverfahren unter erhöhte Anforderungen gestellt. Die neuen Regelungen gelten für alle Verfahren, die ab dem 1.1.2021 beantragt werden, und sind das Ergebnis einer Evaluation des am 1.3.2012 in Kraft getretenen Gesetzes zur weiteren Erleichterung der Sanierung von Unternehmen (ESUG), mit dem die vorläufige Eigenverwaltung (§ 270a aF) und das Schutzschirmverfahren (§ 270b InsO aF) eingeführt wurden. Ziel ist es, Missbrauch vorzubeugen und nur solchen Unternehmen den Zugang zum Insolvenzverfahren in Eigenverwaltung zu erlauben, die hierfür auch geeignet sind.

Ein erleichterter Zugang zum Schutzschirmverfahren und zur vorläufigen Eigenverwaltung besteht für besonders von der COVID-19-Pandemie betroffene Unternehmen, die einen Antrag zwischen dem 1.1.2021 und 31.12.2021 stellen (§ 6 COVInsAG). Es finden dann die weniger strengen Regelungen nach bisher geltendem Recht Anwendung

(§ 5 COVInsAG). Ferner verkürzt § 4 COVInsAG den Prognosezeitraum bei der Feststellung der Überschuldung von zwölf auf vier Monate.

Das Schutzschirmverfahren dient der Vorbereitung einer Sanierung durch Insolvenzplan (Muster zur Einbeziehung der Anteilseigner: *Horstkotte/Martini* ZInsO 2012, 557 ff.) in Kombination mit einer Eigenverwaltung bereits vor Insolvenzeröffnung und erleichtert dem frühzeitig handelnden Schuldner die Sanierung seines Unternehmens. Das Unternehmen soll unter Aufsicht eines vorläufigen Sachwalters frei von Vollstreckungsmaßnahmen die Chance haben, innerhalb von maximal drei Monaten einen Sanierungsplan zu erarbeiten, der im anschließenden Eigenverwaltungsverfahren als Insolvenzplan zur Abstimmung gestellt wird. Während des Schutzschirmverfahrens darf das Gericht keinen vorläufigen Insolvenzverwalter bestellen und dem Schuldner auch nicht die Verfügungsbefugnis über sein Vermögen entziehen (in § 270c Abs. 3 InsO fehlen die Verweisungen auf § 21 Abs. 2 Nr. 1 und Nr. 2). Die dadurch erhaltene Souveränität des Schuldners und der Zwangsvollstreckungsschutz sollen als Anreiz für eine frühzeitige Beantragung des Schutzschirmverfahrens fungieren (zum Schutzschirmverfahren *Schmidt/Linker* ZIP 2012, 963 ff.; *Buchalik* ZInsO 2012, 349 ff.; zur Eigenverwaltung nach dem ESUG *Hölzle* ZIP 2012, 158 ff.).

2. Vgl. zur Zuständigkeit der Insolvenzgerichte: → Form. III.F.1 Anm. 2.

3. Zu beachten ist in diesem Zusammenhang der als Folgeregelung durch das ESUG geänderte § 13 InsO; → Form. III.F.1. Der Anhörungsbogen und weitere Form. und Merkblätter zur Eröffnung eines Insolvenzverfahrens sind für NRW im Internet abrufbar unter: *http://www.jm.nrw.de/BS/formulare/insolvenz/eroeffnung_insolvenzverfahren*.

4. Antragsbefugt ist allein der Schuldner (§ 270f Abs. 1 InsO). Die Eigenverwaltung ist anzuordnen, wenn die Antragsvoraussetzungen nach § 270b InsO gegeben sind und kein Aufhebungsgrund nach § 270e InsO vorliegt. Während nach der bis zum 31.12.2020 geltenden Rechtslage für die Anordnung der Eigenverwaltung die Begründung ausreichend war, dass die Anordnung nicht zu Nachteilen für die Gläubiger führen wird (zu Umfang und Inhalt der gerichtlichen Nachteilsprognose: AG Hamburg NZI 2014, 566; AG Mannheim NZI 2014, 412: keine Eigenverwaltung bei Uneinigkeit mehrerer Geschäftsführer; AG Hamburg NZI 2014, 312), hat das Gesetz die Anforderungen nun verschärft. Herzstück der Neuregelung ist die Eigenverwaltungsplanung nebst Angaben des Schuldners zu Zahlungsrückständen gegenüber bestimmten Gläubigern (insb. Arbeitnehmern, Sozialversicherungsträgern, Finanzbehörden, Lieferanten) und zur Einhaltung von Buchführungsvorschriften.

Soweit dem Gericht solche Umstände erst nach Bestellung eines vorläufigen Sachwalters bekannt werden, kann das Insolvenzgericht nach § 270e Abs. 1 InsO die vorläufige Eigenverwaltung aufheben und einen vorläufigen Insolvenzverwalter bestellen. An einen die vorläufige Eigenverwaltung unterstützenden einstimmigen Beschluss des vorläufigen Gläubigerausschusses ist das Gericht im Gegensatz zur bisherigen Rechtslage (§ 270 Abs. 3 S. 2 InsO aF) nicht gebunden (§ 270e Abs. 3 InsO verweist nur auf 270b Abs. 3 Satz 2 InsO, aber nicht dessen Satz 3).

5. In Betracht kommen auch Personen mit vergleichbarer Qualifikation. Dazu zählen nach der Gesetzesbegründung (BT-Drs. 17/5712, 40) Steuerbevollmächtigte, vereidigte Buchprüfer oder Personen aus dem EU-Ausland mit entsprechender insolvenzrechtlicher Qualifikation.

6. Zu beachten ist, dass nur drohende Zahlungsunfähigkeit (§ 18 Abs. 2 InsO; BGH NZI 2009, 847 Rn. 11; vgl. IDW S 11 nF Tz. 93 ff. (ersetzt IDW PS 800 und IDW St/FAR 1/1996; → Form. III.F.3 Anm. 9) oder Überschuldung (§ 19 Abs. 2 InsO) vorliegen, aber keine Zahlungsunfähigkeit bereits eingetreten sein darf. Besteht bereits Zahlungsunfähigkeit, scheidet ein Schutzschirmverfahren aus (§ 270d Abs. 4 InsO und argumentum e contrario zu § 270d Abs. 1 S. 1 InsO). Zahlungsunfähigkeit iSv § 17 InsO liegt regelmäßig vor, wenn der Schuldner innerhalb von drei Wochen 10 % oder mehr seiner fälligen Gesamtverbindlichkeiten nicht erfüllen kann (BGH NZI 2005, 547; *Pape* WM 2008, 1949 ff.). Ausreichend, aber auch erforderlich ist, dass anhand des Forderungsverzeichnisses (§ 13 Abs. 1 S. 3 InsO) erläutert wird, welche Verbindlichkeiten am Tag des Eingangs des Insolvenzantrags fällig sind oder im Drei-Wochen-Zeitraum fällig werden (IDW S 11 nF, Tz. 38 ff.; aA *Schmidt/Linker* ZIP 2012, 963). Der Einreichung eines Liquiditätsplans bedarf es nicht (Schmidt HmbKo InsR/*Fiebig* § 270b Rn. 17). Der Prognosezeitraum soll das laufende sowie das folgende Geschäftsjahr umfassen. Die Anforderungen des IDW S 11 (alt: IDW PS 800) müssen nicht eingehalten werden (*Schmidt/Linker* ZIP 2012, 963 (964)).

7. Der Schuldner kann einen vorläufigen Sachwalter vorschlagen, der nur abgelehnt werden darf, wenn die Person offensichtlich für die Übernahme des Amtes ungeeignet ist (§ 270d Abs. 2 S. 3 InsO). Eine Anfechtung der Bestellung durch den nicht zum Zuge gekommenen Prätendenten ist allerdings ausgeschlossen (OLG Düsseldorf ZInsO 2016, 2255). Im Hinblick auf § 56 Abs. 1 S. 1 InsO muss der Vorgeschlagene unabhängig sein, darf insb. nicht die Bescheinigung nach § 270d Abs. 1 InsO erteilt haben (§ 270d Abs. 2 S. 1 InsO); dagegen ist die Unabhängigkeit nicht allein wegen eines Vorschlags seitens eines Verfahrensbeteiligten oder wegen einer allgemeinen vorherigen Beratung des Schuldners über Ablauf und Folgen des Insolvenzverfahrens abzulehnen. Überwiegend wird jedoch gefordert, dass der Bescheinigende zugleich aus einer anderen Kanzlei stammen muss (dafür: Kayser/Thole/*Brünkmans* InsO § 270b, Rn. 37; *Frind* ZInsO 2012, 540 unter Hinweis auf § 45 Abs. 3 BRAO; *Buchalik* ZInsO 2012, 349 (351)). Soweit dies der Fall ist, sollte die Kanzleiverschiedenheit in der Begründung des ergänzenden Antrags erwähnt, anderenfalls Rücksprache mit dem Insolvenzgericht gehalten werden. Eine Listung beim angerufenen Insolvenzgericht ist ebenso wenig erforderlich wie Ortsnähe (*Schmidt/Linker* ZIP 2012, 963 (964)). In Großverfahren ist zusätzlich mitzuteilen, dass der vorgeschlagene Sachwalter nicht ausgelastet ist und sein Büro über die erforderlichen Kapazitäten verfügt. Zur Vergütung des vorläufigen Sachwalters: BGH ZInsO 2017, 1813 und BGH ZInsO 2016, 2077 (zu Zu- und Abschlagstatbeständen); zur Haftung des (vorläufigen) Sachwalters: *Krämer* NZI 2017, 960.

8. Die Musterbeschlüsse der Justiz sehen eine Regelfrist von einem Monat vor. Diese ist jedoch auf begründeten Antrag hin bis zur Höchstfrist von drei Monaten verlängerbar (*Schmidt/Linker* ZIP 2012, 963 (964)), insb. um den vollen Insolvenzgeldzeitraum ausschöpfen zu können (Bundesagentur für Arbeit, HEGA 3/12 – 08 – Insolvenzgeld, ZIP 2012, 699).

9. → Form. III.F.4.

10. Neben den Maßnahmen aus den Anträgen 3 bis 5 kommen nach § 21 Abs. 1 InsO alle vorläufigen Sicherungsmaßnahmen in Betracht, die erforderlich erscheinen, um bis zur Entscheidung über den Insolvenzantrag eine den Gläubigern nachteilige Veränderung in der Vermögenslage des Schuldners zu verhüten. Die Anordnung eines Zustimmungsvorbehalts iSv § 21 Abs. 1 S. 1 InsO ist in Verfahren nach § 270a InsO jedoch unzulässig (AG Hannover ZInsO 2015, 1111; *Frind* ZInsO 2015, 22 (24); aA AG Düsseldorf ZInsO 2014, 2389).

11. Im Schutzschirmverfahren sieht § 270c Abs. 4 InsO ausdrücklich vor, dass das Insolvenzgericht den Schuldner ermächtigen kann, Masseverbindlichkeiten zu begründen, und zwar auch als Globalermächtigung (BGH NZI 2016, 779 Rn. 18). Eine originäre Begründung von Masseverbindlichkeiten ohne einen gerichtlichen Ermächtigungsbeschluss erfolgt nicht (BGH NZI 2016, 443 Rn. 4; *Blankenburg* ZInsO 2016, 1337). Insbesondere ist der Umsatzsteueranspruch für einen Besteuerungszeitraum, in dem der Unternehmer einem Eröffnungsverfahren mit vorläufiger Eigenverwaltung unterliegt, weder nach § 55 Abs. 2 InsO noch nach § 55 Abs. 4 InsO eine Masseverbindlichkeit; auch eine analoge Anwendung dieser Vorschriften kommt nicht in Betracht (BFH NZI 2020, 850 zu § 270a InsO aF). Durch den Verweis in § 270c Abs. 4 S. 3 InsO auf § 55 Abs. 2 InsO gelten vom Schuldner begründete Verbindlichkeiten nach der Eröffnung des Verfahrens als Masseverbindlichkeiten (FG Nürnberg NZI 2018, 652); er hat kein Wahlrecht, ob er Masseverbindlichkeiten oder Insolvenzforderungen begründet (BGH NZI 2016, 779 Rn. 22). Die Ermächtigung schließt auch eine spätere Anfechtung aus (OLG Hamburg ZInsO 2016, 2034).

§ 270a InsO aF (jetzt: § 270b InsO nF) enthielt keine Regelung zur Begründung von Masseverbindlichkeiten. Daraus wurde zum Teil der Umkehrschluss (zu § 270b Abs. 3 InsO aF) gezogen, dass bei einer Eigenverwaltung gemäß § 270a InsO a. eine Ermächtigung des Schuldners ausscheidet (OLG Jena NZI 2016, 784 Rn. 15; AG Fulda ZIP 2012, 1471; aA OLG Dresden NZI 2014, 703 sub B 7; AG Köln ZIP 2012, 788; AG München ZIP 2012, 1470; *Oppermann/Smid* ZInsO 2012, 862). Diese Streitfrage ist nunmehr obsolet geworden, da die Ermächtigung nicht mehr im Rahmen der Regelung zum Schutzschirmverfahren normiert, sondern nunmehr allgemein für das vorläufige Eigenverwaltungsverfahren in § 270c Abs. 4 InsO geregelt ist.

Für die Geschäftsführerhaftung bei Bestellung eines vorläufigen Sachwalters gelten die gleichen Grundsätze wie bei Bestellung eines vorläufigen Insolvenzverwalters (FG Münster NZI 2018, 762, BFH, Beschl. v. 04.06.19 – VII B 101/18, nv – Nichtzulassungsbeschwerde als unbegründet zurückgewiesen; zur Haftung für Steuerverbindlichkeiten und Möglichkeiten der Absicherung: AG Hamburg ZRI 2020, 622).

12. Der Fachausschuss Sanierung und Insolvenz (FAS) des Instituts der Wirtschaftsprüfer hat im IDW S 6 die Standards für die Erstellung von Sanierungskonzepten zusammengefasst. Darin wird zwischen Sanierungskonzepten zur betriebswirtschaftlichen Neuausrichtung eines Unternehmens und solchen zur Beseitigung der Insolvenzantragsgründe differenziert. Allerdings wird nach der Gesetzesbegründung (*Wimmer*, Das neue Insolvenzrecht nach der ESUG-Reform, 2012, 26; zust. *Schmidt/Linker* ZIP 2012, 963 (964)) die Einhaltung des Standards IDW S 6 nicht verlangt; es genügt, die Eckpunkte des Sanierungskonzepts zu skizzieren (aA *Römermann* NJW 2012, 645; *Buchalik* ZInsO 2012, 349).

Seit Inkrafttreten des SanInsFoG am 1.1.2021 sind dem Antrag auf Eigenverwaltung nun auch eine Eigenverwaltungsplanung (§ 270a Abs. 1 InsO nF) und sonstige Erklärungen (§ 270a Abs. 2 InsO nF) beizufügen. Um die Voraussetzungen für die Eigenverwaltung und die Haltung des Insolvenzgerichts zur Eigenverwaltungsplanung zu klären, räumt § 10a InsO für die unter § 22a Abs. 1 InsO genannten Unternehmen einen Anspruch auf ein Vorgespräch ein.

13. In Anlehnung an das Muster von *Buchalik* ZInsO 2012, 349 (358, 363).

Der Fachausschuss Sanierung und Insolvenz (FAS) des IDW hat dazu den IDW S 9 verabschiedet und in einer nF an die Neuregelungen 2021 angepasst. Sinn und Zweck der Bescheinigung ist es, das Gericht in die Lage zu versetzen, das Vorliegen aller Voraussetzungen des Schutzschirmverfahrens sofort nachvollziehen zu können, ohne dass Auflagen oder Ermittlungen notwendig werden (*Frind* ZInsO 2012, 540 f.; zust. *Kraus/Lenger/Radner* ZInsO 2012, 587 ff.). Daher muss die Bescheinigung aktuell sein (*Schmidt/Linker* ZIP 2012, 963: nicht älter als 3 Tage) und sämtliche Nachweise enthalten. Erforderlich sind eine möglichst vollständige Übersicht über den Bestand an zu liquidierenden Vermögenswerten, eine möglichst vollständige Übersicht über die gegenwärtigen und künftigen Verbindlichkeiten sowie die ihnen jeweils gegenüberstehenden liquiden Mittel, Angaben zur wirtschaftlichen Entwicklung des Schuldners in den letzten 2–3 Jahren inklusive einer Darstellung der Ursachen und der Entwicklung der Krise, eine hinreichend genaue Darstellung der Maßnahmen, die zur Sanierung ergriffen werden sollen, und eine kurze Begründung der von ihnen erhofften positiven Auswirkungen, eine Aussage zur Kooperationsbereitschaft der wichtigsten Gläubiger bzw. derjenigen Gläubiger, die als Mitglieder eines vorläufigen Gläubigerausschusses in Betracht kommen, und eine Übersicht über die erwartete wirtschaftliche Entwicklung des Schuldners bei Durchführung der geplanten Maßnahmen (OLG Köln ZInsO 2018, 792 Rn. 158). Eine Überprüfung der Bescheinigung durch ein Sachverständigengutachten (so AG Erfurt ZInsO 2012, 944; dafür auch *Frind* ZInsO 2012, 1546 (1552)) mag zwar rechtlich zulässig sein (§ 5 Abs. 1 InsO), widerspricht aber dem Sanierungsziel des § 270b InsO, da allein aufgrund des Zeitablaufs die Chancen für eine erfolgreiche Sanierung damit endgültig zunichte gemacht werden. Stattdessen ist eine Aufforderung mit Frist zur Nachbesserung zielführend (Schmidt HmbKo InsR/*Fiebig* § 270b Rn. 8; *Schmidt/Linker* ZIP 2012, 963 (964)). Nach fruchtlosem Ablauf der Frist weist das Insolvenzgericht den Schuldner darauf hin, dass es beabsichtige, den Schutzschirm aufzuheben und das Verfahren als Regelinsolvenzverfahren, ggf. als solches iSv § 270a InsO, fortzusetzen.

14. An die Unabhängigkeit des Ausstellers der Bescheinigung sind ähnlich strenge Anforderungen zu stellen wie an die Auswahl eines vorläufigen Insolvenzverwalters. Damit ist es nicht vereinbar, dass der Aussteller zugleich als Schuldnervertreter auftritt (AG München ZIP 2012, 789).

15. Zu Einzelheiten → Anm. 6; *Frind* ZInsO 2012, 1546 (1547 f.)

16. Soweit im Einzelfall erforderlich, können an dieser Stelle noch Ausführungen zu § 170 Abs. 4 SGB III erfolgen. Von dem zum Teil vorgeschlagenen Zusatz, dass die ordnungsgemäße Aufstellung des Finanzstatus allein in der Verantwortung der gesetzlichen Vertreter der Gesellschaft liegt, sollte aufgrund der deutlichen Kritik in Richterschaft und Literatur (*Frind* ZInsO 2012, 540 ff. und *Kraus/Lenger/Radner* ZInsO 2012, 587 ff.) abgesehen werden (vgl. auch: IDW ES 9 nF, Tz. 33).

3. Antrag eines Gläubigers auf Eröffnung des Insolvenzverfahrens

An das **(Ort, Datum)**

Amtsgericht[1, 2]
– Insolvenzgericht –
Abschrift anbei[3]

Antrag[4]

des A
– Antragsteller –
Verfahrensbevollmächtigte: . . . . .

gegen

den B
– Antragsgegner –

wegen Insolvenzeröffnung

zeige ich an, dass der Antragsteller von mir anwaltlich vertreten wird.[5]
In seinem Namen beantrage ich, über das Vermögen des B in . . . . . das Insolvenzverfahren zu eröffnen.[6]

Begründung:

Der Antragsteller[7] hat eine titulierte Forderung iHv . . . . . EUR aus rückständigem Arbeitsentgelt. Die Zwangsvollstreckung aus dem Urteil des Arbeitsgerichts . . . . . vom . . . . . – Az.: . . . . . – war fruchtlos. Ausweislich des Pfändungsprotokolls des Gerichtsvollziehers C . . . . . vom . . . . . sind Zwangsvollstreckungsmaßnahmen bei dem Antragsgegner in der letzten Zeit erfolglos gewesen.[8] Der Antragsgegner ist zahlungsunfähig.[9]

Zur Glaubhaftmachung[10] sind beigefügt:

1. Original der vollstreckbaren Ausfertigung des Urteils des Arbeitsgerichts . . . . . vom . . . . . – Az.: . . . . .

2. Fruchtlosigkeitsbescheinigung des Gerichtsvollziehers C vom . . . . .

Ferner rege ich die Anordnung von Sicherungsmaßnahmen nach §§ 21, 22 InsO an.[11, 12]

Rechtsanwalt

Anmerkungen

1. Zu Formalien → Form. III.F.1 Anm. 1.

2. Zur Zuständigkeit → Form. III.F.1 Anm. 2.

3. Der Gläubiger hat seinem Antrag eine Abschrift sowie die Anlagen zum Antrag beizufügen, da der Antrag dem Schuldner zuzustellen ist (MüKoInsO/*Schmahl/Vuia* § 14 Rn. 132). Sonst sind die Abschriften auf Kosten des Antragstellers von Amts wegen herzustellen. Der Antrag darf nicht an Bedingungen geknüpft werden (AG Göttingen ZIP 2012, 242).

4. Das Eröffnungsverfahren ist beim Gläubigerantrag eine besondere Art des streitigen Verfahrens. Gläubiger und Schuldner stehen sich ähnlich wie in einem Zivilprozess als Parteien eines Rechtsstreits gegenüber (BGH NJW 1961, 2016). Ist der Eröffnungsantrag unzulässig, so darf in Verfahren, die ab dem 26.6.2017 beantragt worden sind, nicht mehr eine sofortige Zurückweisung erfolgen, sondern muss das Gericht dem Antragsteller eine Frist zur Behebung des Mangels gewähren (§ 13 Abs. 3 InsO nF).

Ist der Eröffnungsgrund noch vor der Entscheidung über die Eröffnung des Insolvenzverfahrens weggefallen, insb. durch erfolgreiche Sanierungsbemühungen des Schuldners (zB Stundungsvereinbarungen mit den Gläubigern), ist eine Erledigungserklärung zulässig (MüKoInsO/*Schmahl/Vuia* § 13 Rn. 127). Die Kosten sind dem Schuldner aufzuerlegen, wenn nach den bis zur Erledigungserklärung getroffenen Feststellungen der Eröffnungsantrag zulässig und begründet war (LG Bonn ZIP 2001, 343 (345); Kayser/Thole/*Kirchhof* InsO § 14 Rn. 53), nicht aber, wenn der ursprünglich zulässige Antrag durch Erfüllung unzulässig wird (LG Bonn BeckRS 2012, 06300, nv). Wird die Forderung im Eröffnungsverfahren getilgt, kann der Gläubiger seinem Antrag weitere Forderungen unterlegen (BGH ZInsO 2012, 593; NZI 2004, 587 (588)). Eine nach Anordnung von Verfügungsbeschränkungen vom Schuldner ohne Zustimmung des vorläufigen Insolvenzverwalters geleistete Zahlung führt nicht zum Erlöschen der Forderung (AG Göttingen NZI 2011, 1515), da eine anfechtbare Leistung keine Erfüllungswirkung hat. Zur Kostentragung bei einem Druckantrag: AG Hamburg NZI 2011, 859).

Gegen einen Antrag des Finanzamts ist der Rechtsweg zu den Finanzgerichten gegeben (BFH DZWiR 2011, 322 Rn. 8; FG Hamburg ZIP 2015, 599; → Form. III.F.6). Der Antrag ist zwar kein Verwaltungsakt, aber schlichtes hoheitliches Handeln der Vollstreckungsbehörde. Er erfordert eine fehlerfreie Ermessensentscheidung unter Berücksichtigung des konkreten Steuerschuldverhältnisses und zwar unabhängig von den Insolvenzvoraussetzungen. Zur Überprüfung dieser Ermessensentscheidung hält der BFH seit jeher das Finanzgericht und nicht das Insolvenzgericht für zuständig (BFH BFH/NV 2007, 1270; aA AG Göttingen ZIP 2011, 1539).

5. Die Bevollmächtigung ist durch eine schriftliche Vollmacht nachzuweisen, die sich ausdrücklich auf die Insolvenzantragstellung beziehen muss (§ 80 Abs. 1 ZPO). Bei der Vertretung durch einen Rechtsanwalt gilt § 88 Abs. 2 ZPO. Ein vollmachtloser Vertreter kann einstweilen zugelassen werden (§ 89 ZPO; Uhlenbruck/*Sinz* InsO § 176 Rn. 16, 27).

6. → Form. III.F.1 Anm. 4. Ein ordnungsgemäßer Insolvenzantrag muss auch die ladungsfähige Anschrift und die richtige Bezeichnung des Schuldners enthalten. Die Angabe der Schuldneranschrift ist nur dann entbehrlich, wenn der Aufenthalt des Schuldners allgemein unbekannt ist, was ggf. mittels einer Unauffindbarkeitsbescheinigung glaubhaft zu machen ist (LG Hamburg NZI 2010, 865).

7. Antragsberechtigt sind Insolvenzgläubiger, zu denen auch öffentlich-rechtliche Gläubiger zählen (MüKoInsO/*Schmahl/Vuia* § 14 Rn. 90), nicht dagegen aussonderungsberechtigte Gläubiger, da ihre Befriedigung außerhalb des Insolvenzverfahrens erfolgt (§ 47 InsO). Dem Antrag eines absonderungsberechtigten Gläubigers (§ 49 ff. InsO) kann ausnahmsweise das Rechtsschutzinteresse fehlen, wenn er über werthaltige Sicherheiten verfügt und keinen Ausfall zu erwarten hat (BGH NZI 2008, 182). Dies gilt jedoch nicht, wenn eine Befriedigung im Wege der Zwangsvollstreckung unsicher ist – zB wegen der Suizidalität des Schuldners (BGH NZI 2021, 182). Nach Aufhebung des Insolvenzverfahrens ist grds. ein erneuter Insolvenzantrag möglich, nicht aber von einem Insolvenzgläubiger, etwa nach unterlassener Forderungsanmeldung, in der Wohlverhaltensperiode (AG Göttingen ZInsO 2011, 347) oder nach Erteilung der Restschuldbefreiung (§ 301 Abs. 1 InsO).

Betrifft der Insolvenzantrag eines Gläubigers das Vermögen einer politischen Partei oder deren Untergliederung, erfordert die praktische Konkordanz der kollidierenden Verfassungsrechtspositionen, den durch Art. 21 Abs. 1 GG geschützten Status der Partei dadurch zu berücksichtigen, dass bei der Prüfung des rechtlichen Interesses an der Verfahrenseröffnung gemäß § 14 Abs. 1 S. 1 InsO sorgfältig erwogen wird, ob die mit der Verfahrenseröffnung verbundenen Einschränkungen der Parteienrechte im Einzelfall geeignet, erforderlich und verhältnismäßig sind, um den Verfahrenszweck zu verwirklichen (BGH NZI 2021, 268 Rn. 59 ff.). Dies ist in der Regel nicht der Fall, wenn der öffentliche Gläubiger der einzige Gläubiger ist und die Gefahr des Auflaufens weiterer Forderungen des öffentlichen Gläubigers nicht besteht.

Auch der Arbeitnehmer ist wegen seiner rückständigen Arbeitsentgeltansprüche insolvenzantragsberechtigt, obgleich diese Ansprüche für die letzten drei Monate vor Insolvenzeröffnung über Insolvenzgeld gesichert sind, da diese Ansprüche auf die Bundesanstalt für Arbeit erst mit Stellung des Antrags auf Insolvenzgeld übergehen (§ 169 SGB III nF bzw. § 187 SGB III aF).

Hat der Insolvenzverwalter erklärt, das Vermögen aus der selbständigen Tätigkeit des Schuldners gehöre nicht zur Insolvenzmasse (§ 35 Abs. 2 InsO), kann auf Antrag eines Neugläubigers auch ein auf dieses Vermögen beschränktes zweites Insolvenzverfahren eröffnet werden (BGH NZI 2011, 633).

Zur Antragsberechtigung im Nachlassinsolvenzverfahren: BGH NZI 2011, 653.

8. § 14 Abs. 1 S. 1 InsO fordert bei einem Gläubigerantrag – neben dem Rechtschutzinteresse – eine doppelte Glaubhaftmachung, nämlich zum einen der Forderung und zum anderen des Eröffnungsgrundes (→ Anm. 9). Die Forderung ist glaubhaft gemacht, wenn Tatsachen vorgetragen werden, aus denen sich die überwiegende Wahrscheinlichkeit für das Bestehen ergibt. Das Vorhandensein eines vollstreckbaren Titels ist nicht zwingend erforderlich (Kayser/Thole/*Kirchhof* InsO § 14 Rn. 14; zu den Mindesterfordernissen des Antrags: BGH ZInsO 2012, 1418 – Finanzamt; BGH NZI 2015, 755

Rn. 7 – Sozialversicherungsträger; LG Hamburg NZI 2016, 735 – Antrag gegen gelöschte Gesellschaft setzt Darlegung verteilbaren Vermögens voraus). Liegt der Forderung des Gläubigers ein vollstreckbarer Titel zugrunde, ist Rechtsgrund der Forderung der Titel (BGHZ 110, 319 (322)); in diesem Fall sind Einwendungen des Schuldners gegen die Forderung für die Zulässigkeit des Eröffnungsantrags nur erheblich, wenn hierdurch die Vollstreckbarkeit des Titels entfällt. Erforderlich ist eine Entscheidung des zuständigen Prozessgerichts, durch welche die Zwangsvollstreckung aus dem Titel einstweilen eingestellt wird (BGH ZInsO 2010, 1091); materiell-rechtliche Einwendungen gegenüber einem vollstreckbaren Titel sind unbeachtlich (BGH NZI 2010, 225). Die Glaubhaftmachung der Forderung ist nicht ausreichend, wenn die geltend gemachte Forderung des Gläubigers vom Schuldner bestritten wird und das Vorliegen des Insolvenzgrundes aber vom Bestehen der Gläubigerforderung abhängt; in diesem Fall muss der Gläubiger für das Bestehen seiner Forderung (ggf. auch mehrerer) Vollbeweis erbringen; bloße Glaubhaftmachung genügt hier nicht (BGH NZI 2021, 266). Kann der Gläubiger das Insolvenzgericht vom Bestehen der Forderung nicht überzeugen, ist der Insolvenzantrag unzulässig (BGH ZIP 2006, 247).

Dem Insolvenzgläubiger kann auch das Rechtsschutzinteresse an der Verfahrenseröffnung fehlen, so etwa, wenn er mit dem Antrag insolvenzfremde Zwecke verfolgt (BGH NZI 2011, 540; MüKoInsO/*Schmahl/Vuia* § 14 Rn. 29), eine vorherige Einzelzwangsvollstreckung unterlassen wurde oder der Gläubiger über ausreichende Sicherheiten verfügt und er seine Forderung auf einfachere, schnellere und zweckmäßigere Weise durchsetzen kann (BGH NZI 2011, 632; BFH BFH/NV 2011, 309). Nachrangige Insolvenzgläubiger (§ 39 InsO) haben ein Rechtschutzinteresse auch dann, wenn sie im eröffneten Verfahren keine Befriedigung erwarten können (BGH NZI 2011, 58). Wird der Insolvenzantrag als Druckmittel eingesetzt, um lediglich die eigene Forderung zu befriedigen, fehlt gleichfalls das Rechtsschutzinteresse (LG Köln ZInsO 2018, 889; Kayser/Thole/*Kirchhof* InsO § 14 Rn. 29). Ein erhebliches Indiz hierfür, dass der Antrag lediglich zur Druckerzeugung gestellt wurde, ist, wenn der antragstellende Gläubiger das Verfahren nach Erfüllung der Antragsforderung durch den Schuldner für erledigt erklärt, obwohl der Antrag durch die Zahlung des Schuldners nicht gem. § 14 Abs. 1 S. 2 InsO unzulässig wurde und damit die Möglichkeit bestanden hätte, das Eröffnungsverfahren fortzusetzen. Anders verhält es sich jedoch bei Erledigungserklärungen des Finanzamts oder eines Sozialversicherungsträgers, da diese auch andere Ziele verfolgen (BGH NZI 2020, 1043; aA LG Wuppertal ZIP 2020, 1528; → Form. III.F.7 Anm. 6). Das Rechtsschutzbedürfnis für einen Gläubigerantrag ist von der Höhe der Forderung unabhängig (Uhlenbruck/*Wegener* InsO § 14 Rn. 82). Die Eröffnung des Insolvenzverfahrens kann auch wegen einer geringfügigen Forderung beantragt werden (BGH NJW-RR 1986, 1188).

9. Der Gläubiger hat außerdem das Vorliegen des Insolvenzgrundes glaubhaft zu machen (§ 14 Abs. 1 InsO), hier die Zahlungsunfähigkeit. Von ihm ist insoweit darzulegen, dass der Schuldner – überwiegend wahrscheinlich – außerstande ist, innerhalb von drei Wochen mindestens 90 % seiner fälligen Gesamtverbindlichkeiten zu tilgen, dh die Liquiditätslücke wenigstens 10 % beträgt (BGH ZInsO 2005, 807 f.). Fällig sind auch die Forderungen solcher Gläubiger, die den Schuldner zur Zahlung aufgefordert, dann aber weitere Bemühungen eingestellt haben, ohne ihr Einverständnis damit zum Ausdruck zu bringen, dass der Schuldner seine Verbindlichkeit vorerst nicht erfüllt. Bei fälligen Forderungen (zB durch Zeitablauf) kommt es auf ein „ernsthaftes Einfordern" der geschuldeten Leistung nicht an (BGH, 5. Strafsenat, NStZ 2021, 308). Nur die Forderung eines Gläubigers, der in eine spätere oder nachrangige Befriedigung eingewilligt hat, darf nicht berücksichtigt werden, auch wenn keine rechtlich bindende Vereinbarung getroffen worden ist; diese ist nicht „ernsthaft eingefordert". Maßgeblich ist der Tag des Eingangs des Insolvenzantrags. Auch die im Drei-Wochen-Zeitraum fällig werdenden Verbindlichkeiten (Passiva II) sind mit zu berücksichtigen (BGH NZI 2018, 204 Rn. 34 ff. unter Aufgabe von BGH ZIP 2007, 1666 Rn. 10, 17 ff.; IDW S 11 nF, Tz. 38). Dieser Summe der fälligen und im Drei-Wochen-Zeitraum fällig werdenden Verbindlichkeiten ist in der zu erstellenden Liquiditätsbilanz die Summe der vorhandenen sowie der im Drei-Wochen-Zeitraum zu erwartenden bzw. zu beschaffenden liquiden Mittel gegenüberzustellen. Soll der Eröffnungsgrund aus einer einzigen Forderung des antragstellenden Gläubigers abgeleitet werden und ist diese Forderung bestritten, genügt ihre Glaubhaftmachung nicht; sie muss dann für die Eröffnung des Insolvenzverfahrens bewiesen sein; ist die Forderung tituliert (§ 794 Abs. 1 Nr. 5 ZPO), sind Einwendungen des Schuldners hiergegen im Eröffnungsverfahren nicht vom Insolvenzgericht zu prüfen (BGH NZI 2016, 732 Rn. 12, 14), es sei denn, die Tatsachen, die dem Titel entgegenstehen, sind unstreitig oder offensichtlich (BGH NZI 2011, 106).

Zum Nachweis der Überschuldung iSv § 19 Abs. 1 InsO ist die alleinige Vorlage von Handelsbilanzen nicht geeignet; vielmehr bedarf es der Aufstellung einer gesonderten Überschuldungsbilanz (BGH ZInsO 2012, 732 Rn. 5). Wegen ihres internen Charakters kann ein Gläubiger die Überschuldung nur schwer glaubhaft machen; meist ist dies nur Banken, Finanzämtern oder Sozialversicherungsträgern möglich (BGH NZI 2006, 172; 2004, 587). Befindet sich der Schuldner mit fälligen Gesamtsozialversicherungsbeiträgen von mehr als sechs Monaten im Rückstand (BGH NJW-RR 2006, 1422) oder erfolgen die fälligen Steuerzahlungen über einen längeren Zeitraum nur schleppend (BGH NZI 2011, 589 Rn. 16), hat der Gläubiger in der Regel den Insolvenzgrund der Zahlungsunfähigkeit glaubhaft gemacht (Ausnahme bei Rückständen, die in den durch § 3 COVInsAG festgeschriebenen Zeitraum fallen: AG Darmstadt NZI 2021, 431; Kübler/Prütting/*Bork* InsO § 3 COVInsAG Rn. 7; aA AG Ludwigshafen ZIP 2021, 1236); jedoch verlangen einige Gerichte zusätzlich die Vorlage eines Protokolls des Gerichtsvollziehers über einen aktuellen fruchtlosen Vollstreckungsversuch (so etwa LG Hamburg NZI 2012, 276; dazu auch → Anm. 10). Hinzu kommt, dass – unabhängig von der Bewertung des Vermögens – eine Überschuldung nicht vorliegt, wenn eine Fortführung des Unternehmens nach den Umständen überwiegend wahrscheinlich ist (§ 19 Abs. 2 InsO).

Um zu verhindern, dass der Schuldner immer nur die jeweilige Antragsforderung zahlt und folglich die Insolvenz sukzessive verschleppt, wurde § 14 Abs. 1 InsO zunächst durch das Haushaltsbegleitgesetz 2011 (dazu: BGH NZI 2015, 220 Rn. 8 ff.; Kayser/Thole/*Kirchhof* InsO § 14 Rn. 16) und für Verfahren, die ab dem 5.4.2017 beantragt wurden, erneut geändert (Hinweise zur praxisgerechten Anwendung des neugefassten § 14 Abs. 1 InsO: *Frind* NZI 2017, 417 ff.). Nach § 14 Abs. 1 S. 2 InsO führt die Erfüllung der dem Insolvenzantrag zugrundeliegenden Forderung nicht mehr zur Unzulässigkeit des Insolvenzantrags (zur Glaubhaftmachung des Eröffnungsgrundes bei Weiterverfolgung des Eröffnungsantrags: BGH NZI 2015, 220 Rn. f ff.). Allein aus der Zahlung der dem Insolvenzantrag zugrundeliegenden Forderung lässt sich nicht auf einen nachträglichen Wegfall der Zahlungsunfähigkeit schließen. Dies rechtfertigt es bei einer Erledigungserklärung, im Rahmen der Billigkeitsentscheidung nach § 91a Abs. 1 ZPO die Kosten des Verfahrens gegeneinander aufzuheben (AG Köln NZI 2018, 68; aA AG Göttingen NZI 2018, 159). Anders verhält es sich jedoch im Falle des Insolvenzantrags einer Krankenkasse, wenn der bei ihr krankenversicherte Arbeitnehmer abgemeldet wird, auch wenn der Schuldner seinen Geschäftsbetrieb nicht eingestellt hat; der Insolvenzantrag wird hier wegen Wegfalls des rechtlichen Interesses an einer Insolvenzeröffnung unzulässig, weil keine konkrete Gefahr mehr besteht, dass der Schuldner bei einer Fortsetzung seiner wirtschaftlichen Tätigkeit einseitig neue ungedeckte Forderungen des Gläubigers begründet, ohne dass der Gläubiger dies verhindern könnte (BGH NZI 2012, 708; AG Leipzig NZI 2017, 846; ebenso für Forderungen aus anwaltlicher Tätigkeit: AG Göttingen Beschl. v. 18.12.20 – 74 IN 112/20, nv). Nach aA soll es genügen, wenn die Möglichkeit besteht, dass der Schuldner erneut Arbeitnehmer einstellt, woraus dann neue Forderungen des Gläubigers gegen den Schuldner entstehen könnten (LG Hamburg NZI 2019, 719; vgl. auch → Form. III.F.7 Anm. 6).

10. Der Gläubiger kann sich zur Glaubhaftmachung aller präsenten Beweismittel (§ 4 InsO iVm § 294 Abs. 2 ZPO) oder einer entsprechenden eidesstattlichen Versicherung bedienen. Die eidesstattliche Versicherung muss die Wahrnehmungen des Erklärenden iE wiedergeben; eine Bezugnahme auf die Ausführungen in der Antragsschrift ist nicht zulässig (BGH NJW 1988, 2045). Ebenso ist eine Bezugnahme auf andere Schriftstücke unzulässig. Die Zahlungsunfähigkeit wird ua durch das Protokoll eines Gerichtsvollziehers über einen erfolglosen Zwangsvollstreckungsversuch, aus dem sich ergibt, dass der Schuldner pfändbare bewegliche Sachen nicht besitzt oder die entsprechende Fruchtlosigkeitsbescheinigung, glaubhaft gemacht. Bei natürlichen Personen als Schuldner ist darauf zu achten, dass der Zwangsvollstreckungsversuch sowohl am Privatwohnsitz als auch am Betriebssitz erfolgt ist (MüKoInsO/*Schmahl/Vuia* § 14 Rn. 75). Der Beweiswert ist von dem zeitlichen Abstand zwischen dem Zwangsvollstreckungsversuch und dem Insolvenzeröffnungsantrag abhängig.

11. Der Anregung zur Anordnung von Sicherungsmaßnahmen nach §§ 21, 22 InsO bedarf es grds. nicht, da bei einem zulässigen Insolvenzantrag das Insolvenzgericht alle Maßnahmen zu treffen hat, die erforderlich erscheinen, um bis zur Entscheidung über den Antrag eine den Gläubigern nachteilige Veränderung in der Vermögenslage des Schuldners zu verhüten, § 21 InsO (MüKoInsO/*Haarmeyer* § 21 Rn. 19). Das Gericht prüft nicht nur die Frage, ob Sicherungsmaßnahmen erforderlich sind, sondern auch welche Sicherungsmaßnahmen zur Vermögenssicherung notwendig sind. Das Gesetz hat die wichtigsten Mittel der Massesicherung in § 21 Abs. 2 InsO beispielhaft – also nicht abschließend – aufgezählt.

12. Gegen die Entscheidung der Staatsanwaltschaft, nach § 111i Abs. 2 StPO einen Antrag auf Eröffnung des Insolvenzverfahrens zu stellen, ist der Rechtsweg nach §§ 23 ff. EGGVG eröffnet. Der Überprüfung unterliegt dabei nur, ob die Voraussetzungen des § 111i Abs. 2 StPO vorliegen (BGH NZI 2020, 812 Rn. 17, 20 ff.).

4. Antrag auf Bestellung eines vorläufigen Gläubigerausschusses gemäß § 22a InsO

An das (Ort, Datum)

Amtsgericht[1]
– Insolvenzgericht –
In dem Insolvenzverfahren über das Vermögen der . . . . . GmbH, vertr. d.d. GF . . . . ., (Anschrift, HRB . . . . .)
beantragen wir als Gläubiger[2] des schuldnerischen Unternehmens die sofortige Bestellung eines vorläufigen Gläubigerausschusses[3] zur Begleitung und Umsetzung eines von uns mitgetragenen Sanierungskonzeptes[4] und benennen nach § 22a Abs. 2 InsO zu seiner Besetzung die nachfolgenden fünf[5] Personen, die repräsentativ die beteiligten Gläubigergruppen abbilden:
1. Herrn . . . . . als größter Kreditgläubiger der Schuldnerin (Gruppe der Großgläubiger)

2. Frau ..... als größte Lieferantin der Schuldnerin (Gruppe der Absonderungsgläubiger)
3. Herrn ..... als Vertreter des zuständigen Finanzamtes (Gruppe der institutionellen Gläubiger)
4. Frau ..... als Vertreterin der ungesicherten Gläubiger (Gruppe der Kleingläubiger)
5. Herrn ..... als BR-Mitglied im schuldnerischen Unternehmen (Gruppe der Arbeitnehmer)

Die benannten Personen sind durch Herrn/Frau Rechtsanwalt ..... über die Rechte und Pflichten als Mitglied eines vorläufigen Gläubigerausschusses belehrt[6] worden und haben nach Belehrung schriftlich die Bereitschaft erklärt, in einem durch das Gericht zu bestellenden vorläufigen Gläubigerausschusses mitzuarbeiten (Anlage 1, im Original unterzeichnete Erklärung[7] der benannten Personen).
Diesem Antrag ebenfalls beigefügt sind die Nachweise der Inhaberschaft der Forderungen der benannten Personen gegenüber dem schuldnerischen Unternehmen (Anlage 2) sowie die Gläubigereigenschaft des Antragstellers (Anlage 3).[8] Die benannten Personen haben erklärt, ihren Anspruch auf Vergütung für die Tätigkeit im Eröffnungsverfahren im Interesse einer Schonung der Masse auf 300 EUR zu beschränken[9] und haben zudem für die haftungsrechtliche Absicherung ihrer Tätigkeit bereits eine vorläufige Deckungszusage der ABC Versicherung erhalten, die wir beifügen (Anlage 4).[10]
Die benannten Mitglieder des designierten vorläufigen Gläubigerausschusses haben sich gem. § 56a Abs. 1 InsO einstimmig dafür ausgesprochen, dem Insolvenzgericht Herrn/Frau ..... zum/zur vorläufigen Insolvenzverwalter(in) für dieses Verfahren vorzuschlagen (Anlage 5, Sitzungsprotokoll mit Beschlussfassung). Herr/Frau ..... wird seit vielen Jahren von den Insolvenzgerichten ..... als Insolvenzverwalter(in) bestellt. Es handelt sich bei ihr/ihm um eine von den Gläubigern wie dem Schuldner dieses Verfahrens unabhängige Person iSd § 56 Abs. 1 InsO; die Unabhängigkeitserklärung des/der Vorgeschlagenen wird als Anlage 6 beigefügt.[11]
Zudem haben sich die Benannten für ihre weitere Tätigkeit auf die anliegende Geschäftsordnung zur Gestaltung ihrer Tätigkeit als vorläufiger Gläubigerausschuss geeinigt und überreichen diese dem Gericht vorab als Entwurf zur Kenntnis (Anlage 7).[12] Das Protokoll über die konstituierende Sitzung mit der Verabschiedung der Geschäftsordnung wird zusammen mit den Annahmeerklärungen der Ausschussmitglieder nachgereicht, sobald der gerichtliche Beschluss über die Einsetzung des vorläufigen Gläubigerausschusses vorliegt.
Für den Fall der Bestellung durch das Gericht beantragen wir schon jetzt, den vorläufigen Gläubigerausschuss in der vorgeschlagenen Besetzung auch nach Eröffnung des Insolvenzverfahrens durch Beschluss als Gläubigerausschuss bis zum Berichtstermin im Amt zu bestätigen.[13]
Unterschrift
Anlagen 1–7

Schrifttum: Buchalik/Haarmeyer, Der (vorläufige) Gläubigerausschuss, 3. Aufl. 2014; *Frind,* Der vorläufige Gläubigerausschuss – Rechte, Pflichten, Haftungsgefahren, ZIP 2012, 1380 ff.; *Frind,* Das „Anforderungsprofil" gem. § 56a InsO – Bedeutung und praktische Umsetzung, NZI 2012, 650 ff.; *Frind,* Die Praxis fragt, „ESUG" antwortet nicht, ZInsO 2011, 2249 ff.; *Haarmeyer,* Musterantrag zur Bestellung eines vorläufigen Gläubigerausschusses nach § 22a Abs. 2 InsO (Antragsausschuss), ZInsO 2012, 370 f.; *Haarmeyer/Horstkotte,* Die „Einsetzungsbremsen" des § 22a Abs. 3 InsO und ihre Umsetzung in die Praxis, ZInsO 2012, 1441 ff.; *Marotzke,* Das insolvenzrechtliche Eröffnungsverfahren neuer Prägung, DB 2012, 560–567, DB 2012, 617–622; *Mock*, Gläubigerausschuss: Austritt, Ausschluss, Auflösung, ZInsO 2019, 1991 ff.; *Obermüller*, Der Gläubigerausschuss nach dem „ESUG", ZInsO 2012, 18 ff.; *Pape/Schultz*, Der Gläubigerausschuss im Eröffnungsverfahren und im eröffneten Insolvenzverfahren mit Eigenverwaltung des Schuldners, ZIP 2016, 506–514; *Smid*, Präsumtive vorläufige Gläubigerausschüsse in Insolvenzeröffnungs- und Restrukturierungsverfahren, ZInsO 2020, 1279 ff.; *Smid*, Kritische Anmerkungen zu § 21 Abs. 2 Nr. 1a InsO nF, ZInsO 2012, 757 ff.

Anmerkungen

1. In Anlehnung an das Muster von *Haarmeyer* ZInsO 2012, 370 f.

Aufgrund der an § 21 Abs. 2 Nr. 1a InsO anknüpfenden Neuregelung des § 22a InsO durch das ESUG haben die Gläubiger zur Stärkung ihres Einflusses nunmehr die Möglichkeit, schon im Eröffnungsverfahren (und nicht erst wie bisher in der ersten Gläubigerversammlung) einen vorläufigen Gläubigerausschuss zur Mitbestimmung bei der Auswahl des Insolvenzverwalters einzusetzen (dazu *Obermüller* ZInsO 2012, 18 ff.; *Frind* ZInsO 2011, 2249 ff.; *Haarmeyer* ZInsO 2012, 370 f.). Vor seiner Bestellung durch das Insolvenzgericht handelt es sich um einen „präsumtiven" vorläufigen Gläubigerausschuss (*Smid* ZInsO 2020, 1279). Dadurch sollen die Gläubiger schon früher in eine Fortführung des schuldnerischen Unternehmens eingebunden werden und zu dessen Sanierung beitragen. Aufgrund der korrespondierenden Regelung in § 56a Abs. 1 InsO kann der vorläufige Gläubigerausschuss Einfluss auf die Person des Insolvenzverwalters und auf die im Einzelfall an ihn zu stellenden Anforderungen nehmen, soweit dadurch die Vermögenssituation des Schuldners nicht negativ beeinträchtigt wird. Wer als Restrukturierungsbeauftragter oder Sanierungsmoderator in einer Restrukturierungssache des Schuldners tätig war, kann, wenn der Schuldner mindestens zwei der drei in § 22a Abs. 1 InsO genannten Voraussetzungen erfüllt, nur dann zum Insolvenzverwalter bestellt werden, wenn der vorläufige Gläubigerausschuss zustimmt (§ 56 Abs. 1 S. 2 InsO nF). Die frühere Regelung in § 270b Abs. 4 S. 1 Nr. 3 InsO aF, wonach ein absonderungsberechtigter Gläubiger oder ein Insolvenzgläubiger nur dann die Aufhebung des Schutzschirmverfahrens beantragen konnten, wenn kein vorläufiger Gläubigerausschuss bestellt war, ist in § 270e Abs. 2 InsO nF dahingehend modifiziert worden, dass es nur noch der Glaubhaftmachung bedarf, dass die Voraussetzungen für eine Anordnung der vorläufigen Eigenverwaltung nicht vorliegen und dem Gläubiger durch die Eigenverwaltung erhebliche Nachteile drohen. Dem Ausschuss obliegt nach Ansicht einiger Stimmen im Schrifttum nicht nur eine Rechtmäßigkeitskontrolle, sondern auch die Kontrolle der Zweckmäßigkeit bestimmter Entscheidungen (*Pape/Schultz* ZIP 2016, 506).

2. Antragsberechtigt sind neben jedem einzelnen Gläubiger aber auch der Schuldner und der vorläufige Insolvenzverwalter (§ 22a Abs. 2 InsO).

3. Sind zwei der drei in § 22a Abs. 1 InsO genannten Größenmerkmale erfüllt muss ein vorläufiger Gläubigerausschuss eingesetzt werden; in den übrigen Fällen soll ein solcher eingesetzt werden (§ 22a Abs. 2 InsO), wenn zur Übernahme bereite Personen benannt und von ihnen Einverständniserklärungen (→ Anm. 7) beigefügt werden. Nach § 22a Abs. 3 InsO ist die Einsetzung nur abzulehnen, wenn der Geschäftsbetrieb des Schuldners eingestellt ist (AG Hamburg NZI 2014, 31: aber Bestellung gem. § 21 Abs. 2 Nr. 1a InsO möglich), die Einsetzung unverhältnismäßig hohe Kosten verursacht (AG Freiburg NZI 2015, 605 – 30 % über den Kosten eines Regelinsolvenzverfahrens; AG Ludwigshafen NZI 2012, 850) oder zu einer nachteiligen Veränderung der Vermögenslage des Schuldners führt (zur Auslegung: *Haarmeyer/Horstkotte* ZInsO 2012, 1441 (1443 ff.)). Entscheidet sich ein vorläufiger Gläubigerausschuss in Kenntnis dieser Umstände gleichwohl für eine Beibehaltung der Eigenverwaltung, so ist das Gericht daran aufgrund der autonomen Gestaltungsmacht der Gläubiger gebunden (AG Freiburg NZI 2015, 605).

4. Das Gesetz verlangt zwar keine Begründung des Antrags; es fördert jedoch die Sache und dient der Vermeidung von Verzögerungen, wenn die Motivation und die Hintergründe des Antrags für das Gericht nachvollziehbar sind.

5. In § 21 Abs. 2 Nr. 1a InsO wurde durch das SanInsFoG für Verfahren, die ab dem 1.1.2021 beantragt wurden, eine Verweisung auch auf § 67 Abs. 3 InsO – und nicht nur dessen Abs. 2 wie in der aF – aufgenommen; somit können vor Insolvenzeröffnung nun auch Personen als Mitglieder des vorläufigen Gläubigerausschusses vorgeschlagen und bestellt werden, die keine Gläubiger sind. Dies war vor allem ein Anliegen der institutionellen Gläubiger und Banken. Ungeachtet dessen ist eine Vertretung im Ausschuss zulässig, insb. können sich Arbeitnehmer durch eine im Unternehmen aktive Gewerkschaft (*Smid* ZInsO 2012, 757 (761 ff.); *Obermüller* ZInsO 2012, 18 (22); aA *Frind* ZInsO 2011, 2249 (2250)) oder den Betriebsrat vertreten lassen.

Die Anzahl der Gläubigerausschussmitglieder ist gesetzlich nicht vorgeschrieben. Dies ergibt sich schon daraus, dass in den Unternehmen nicht immer alle Gläubigergruppen vertreten sind. Der Ausschuss muss jedoch aus mindestens zwei Mitgliedern bestehen (BGH NZI 2009, 194). Die meisten Insolvenzgerichte verlangen eine ungerade Mitgliederzahl, obwohl dies gesetzlich nicht vorgeschrieben ist und aufgrund von Stimmrechtsverboten (dazu Uhlenbruck/*Knof* InsO § 72 Rn. 11 ff.) auch bei ungerader Zahl Pattsituationen entstehen können. Der Vorschlag sollte eine ausgewogene, die unterschiedlichen Interessen berücksichtigende Gruppenrepräsentation beachten. Häufig, aber nicht zwingend empfiehlt es sich, den Ausschuss mit fünf Personen zu besetzen, die den Gruppen Großgläubiger, Sicherungsgläubiger, ungesicherte Gläubiger (insb. Kleingläubiger), institutionelle Gläubiger (Finanzverwaltung, Sozialversicherungsträger) und Vertretern der Arbeitnehmerschaft zuzuordnen sind (*Haarmeyer* ZInsO 2012, 370 Fn. 4). Es sollte darauf geachtet werden, dass die jeweils benannte Person eindeutig und überschneidungsfrei einer der Gläubigergruppen angehört.

6. Zur Beschleunigung der Einsetzung des Gläubigerausschusses sollte bereits vor seiner Benennung eine (gesetzlich nicht vorgeschriebene, aber von den Gerichten als Fürsorge verstandene) Belehrung über die gesetzliche Stellung eines vorläufigen Gläubigerausschusses sowie die individuellen Rechte und Pflichten seiner Mitglieder erfolgen und dies in der Einverständniserklärung entsprechend dokumentiert werden.

7. Manche Gerichte verlangen die Einreichung eines Originals, obwohl das Gesetz keine bestimmte Form verlangt. Telefax und Email genügen daher ebenfalls.

8. Wie bei der Anmeldung einer Forderung sollten die notwendigen Nachweise (Verträge, Rechnungen, Lieferscheine, Titel, Schuldanerkenntnisse etc) dem Antrag beigefügt werden.

9. Es steht jedem Ausschussmitglied frei, auf den Vergütungsanspruch zu verzichten, sich der Höhe nach zu beschränken oder die spätere Entscheidung dem Gericht zu überlassen. Das Insolvenzgericht kann die Einsetzung als vorläufiges Ausschussmitglied nicht von einer Erklärung zur Vergütung abhängig machen.

10. Weder für den vorläufigen noch für den endgültigen Gläubigerausschuss ist eine Haftpflichtversicherung vorgeschrieben (zu Haftungsrisiken: *Frind* ZIP 2012, 1380 (1384 ff.)). Allenfalls das Ausschussmitglied selbst könnte die Unzumutbarkeit der Ausschusstätigkeit wegen fehlenden Deckungsschutzes geltend machen (BGH ZIP 2012, 876). Das Insolvenzgericht kann nur unter dem Aspekt unverhältnismäßiger Kosten (§ 22a Abs. 3 InsO) einen Gläubigerausschuss ablehnen, wenn die zu erwartenden Versicherungsprämien im Verhältnis zur Masse besonders hoch sind. Die Erklärung soll solchen Risikoerwägungen Rechnung tragen und nachteilige zeitliche Verzögerungen vermeiden. Denn mit der vorläufigen Deckungszusage ist der Ausschuss sofort arbeits- und entscheidungsfähig.

11. Die persönliche Erklärung des vorgeschlagenen Insolvenzverwalters soll dem Insolvenzrichter eine abschließende Prüfung der Unabhängigkeit von allen Beteiligten ermöglichen (vgl. dazu den Musterfragebogen zur Unabhängigkeit des Insolvenzverwalters von *Frind/Graeber/Schmerbach/Siemon/Stephan* ZInsO 2012, 368 f.; mit Bsp. für ein ungeeignetes Anforderungsprofil: *Frind* NZI 2012, 650 (653)). Entscheidungserhebliche Umstände, die erst nach Abgabe der Erklärung bekannt werden, sind dem Gericht unaufgefordert und unverzüglich mitzuteilen. Ein Erschleichen der Bestellung kann zur sofortigen Entlassung und zum Verlust des Vergütungsanspruchs führen (BGH NZI 2011, 760; 2004, 440).

Nach dem durch das ESUG eingefügten § 56 Abs. 1 S. 3 InsO steht eine vorangegangene Beratung „in allgemeiner Form" der Unabhängigkeit des Insolvenzverwalters zwar nicht entgegen; gerade in einem solchen Fall ist aber besondere Offenheit gefragt, um von vorneherein Misstrauen entgegen zu wirken. Gem. § 56a Abs. 2 InsO darf das Gericht von einem einstimmigen Vorschlag des vorläufigen Gläubigerausschusses zur Person des Verwalters nur abweichen, wenn die vorgeschlagene Person für die Übernahme des Amtes nicht geeignet ist.

12. Einige Insolvenzgerichte verlangen, dass der Gläubigerausschuss sich in seiner konstituierenden Sitzung eine Satzung bzw. Geschäftsordnung gibt (Muster in ZInsO 2012, 372 f.; dazu auch *Ingelmann/Ide/Steinwachs* ZInsO 2011, 1059 ff.), die zur Vermeidung von Verzögerungen daher schon als Entwurf mit dem Antrag eingereicht werden sollte. Ihre Einreichung ist jedoch weder gesetzlich vorgeschrieben noch darf das Insolvenzgericht die Einsetzung des Gläubigerausschusses von der Vorlage einer Geschäftsordnung abhängig machen; es gehört vielmehr zur Gläubigerautonomie, ob der Ausschuss eine Geschäftsordnung beschließt und über Ort, Zeit und Inhalt seiner Beschlüsse ein Protokoll fertigt (Uhlenbruck/*Knof* InsO § 72 Rn. 2 ff.; Jaeger/*Gerhardt* InsO § 72 Rn. 5), zumal er nicht der Aufsicht des Insolvenzgerichts untersteht (MüKoInsO/*Schmid-Burgk* § 69 Rn. 12). Lediglich die Erklärungen der Gläubigerausschussmitglieder, dass sie ihr Amt annehmen, sind für den Beginn der Mitgliedschaft im Gläubigerausschuss konstitutiv (LG Duisburg NZI 2004, 95) und dem Gericht nachzureichen; mangels besonderer Formvorschriften genügen auch hier Telefax oder Email.

13. Da das Amt eines vorläufigen Gläubigerausschusses nach § 22a InsO mit der Eröffnung endet, ist eine gesonderte Beschlussfassung über seine Beibehaltung notwendig.

Andere Tatbestände der personellen Veränderung im Gläubigerausschuss in Form des Ausschlusses aus sachlichen Gründen, des Austritts aus wichtigen persönlichen Gründen, der Amtsniederlegung oder der Auflösung durch Beschluss der Gläubigerversammlung sind gesetzlich nicht geregelt, aber dennoch möglich und erfordern idR eine Nachwahl (*Mock* ZInsO 2019, 1991 (1992 ff.)).

5. Antrag eines Schuldners auf Zurückweisung des Gläubigerantrags

An das **(Ort, Datum)**

Amtsgericht[1]
– Insolvenzgericht –
In dem Insolvenzeröffnungsverfahren
über das Vermögen des A
Az.: . . . . .
zeige ich an, dass der Insolvenzschuldner[2] von mir anwaltlich vertreten wird.[3] In seinem Namen beantrage ich,[4]
den Insolvenzantrag der B GmbH vom . . . . ., eingegangen bei Gericht am . . . . ., zurückzuweisen.

Begründung:

Die Antragstellerin ist im Übermaß dinglich gesichert. Es fehlt erkennbar das erforderliche Rechtsschutzbedürfnis und somit eine allgemeine Zulässigkeitsvoraussetzung.[5]
Zur Glaubhaftmachung[6] wird überreicht:
- **Vorlage des Grundschuldbriefs vom . . . . .**
- **Saldenbestätigung der Gläubigerin vom . . . . . zum Nachweis der aktuellen Valuta**

Rechtsanwalt

Anmerkungen

1. → Form. III.F.1 Anm. 2.

2. Der Schuldner ist zu einem zulässigen Insolvenzantrag des Gläubigers zu hören, § 14 Abs. 2 InsO. Von einer Anhörung kann lediglich unter den Voraussetzungen des § 10 Abs. 1 InsO abgesehen werden, etwa wenn sich der Schuldner im Ausland aufhält. § 10 Abs. 1 InsO gilt bei juristischen Personen entsprechend für die Anhörung von Personen, die zur Vertretung des Schuldners berechtigt oder an ihm beteiligt sind. Im Rahmen der Anhörung kann der Schuldner die Glaubhaftmachung der Forderung bzw. des Insolvenzgrunds durch den Gläubiger durch Gegenglaubhaftmachung erschüttern. Das Gericht hat zu prüfen, ob aufgrund der Gegenglaubhaftmachung die – vom Gläubiger glaubhaft gemachte – Forderung bzw. der Insolvenzgrund infrage gestellt sind, dh ihr Vorliegen nicht mehr überwiegend wahrscheinlich ist. Gelingt es dem Schuldner, die Überzeugungskraft der Glaubhaftmachung des Gläubigers zu erschüttern, wird dessen Insolvenzantrag unzulässig (LG Göttingen ZVI 2005, 78; zur Zulässigkeit einer Schutzschrift: MüKoInsO/*Vuia* § 14 Rn. 136). Die Zahlungsunfähigkeit des Schuldners wirkt allerdings fort, bis er seine Zahlungen im Allgemeinen wieder aufgenommen hat. Für eine solche Wiederherstellung der Zahlungsfähigkeit sind nicht nur die vereinbarten Zahlungen gegenüber dem Gläubiger zu erbringen, sondern der Schuldner muss zumindest auch den wesentlichen Teil seiner übrigen Verbindlichkeiten bedienen (BGH NZI 2017, 64 Rn. 25). Die bloße Möglichkeit der Begleichung offener Verbindlichkeiten genügt zur Beseitigung einer festgestellten Zahlungsunfähigkeit nicht, erforderlich ist ein tatsächlicher Ausgleich der wesentlichen Verbindlichkeiten (OLG Köln ZInsO 2018, 792).

Ein rechtsmissbräuchliches Bestreiten des Insolvenzgrundes kann zu einer persönlichen Haftung des Geschäftsführers wegen Insolvenzverschleppung gemäß § 823 Abs. 2 BGB iVm § 15a Abs. 1 InsO (BGH NZI 2021, 45 Rn. 45 ff.; BGH NZI 2020, 167; ab 1.1.2021: § 15b InsO) und zu einer Gewerbeuntersagung (VGH München ZInsO 2021, 969) führen.

3. → Form. III.F.3 Anm. 5.

4. Äußert sich der Schuldner auf den Insolvenzantrag nicht, gilt sein Schweigen nach hM als Bestreiten des Insolvenzgrundes (BGH NZI 2005, 108 Rn. 7 f.). Ungeachtet des Gläubigerantrages besteht die Verpflichtung aus § 15a InsO zur Stellung eines Eigenantrages fort (BGH NZI 2009, 124 Rn. 24 ff.).

5. Das Bestreiten allgemeiner Zulässigkeitsvoraussetzungen stellt nur einen der möglichen Einwände gegen den Insolvenzantrag dar. In Betracht kommen neben einem fehlenden Rechtsschutzbedürfnis (→ Form. III.F.3 Anm. 8) die Unzuständigkeit des angerufenen Insolvenzgerichts (→ Form. III.F.1 Anm. 2) oder eine mangelnde Prozessfähigkeit (FAHdB InsR/*Hefermehl* Kap. 1 Rn. 17). Im Wege der Amtsermittlung hat das Insolvenzgericht gem. § 5 Abs. 1 InsO die Richtigkeit des Vorbringens nachzuprüfen (Uhlenbruck/*Wegener* InsO § 14 Rn. 166). Gleiches gilt auch für den Fall, dass der Schuldner den Insolvenzgrund (Zahlungsunfähigkeit und/oder Überschuldung, → Form. III.F.1 Anm. 5) bestreitet. Beweisaufnahmen müssen hier wegen der Eilbedürftigkeit des Eröffnungsverfahrens nicht durchgeführt werden (OLG Düsseldorf NJW-RR 1996, 32). Bestreitet der Schuldner die Forderung, ist zwischen solchen, die rechtskräftig tituliert sind und solchen, für die kein oder kein rechtskräftiger Titel vorliegt, zu unterscheiden. Die Gegenglaubhaftmachung bei titulierten Forderungen ist jedoch meist nicht möglich (Gottwald InsO-HdB/*Vuia* § 12 Rn. 36 f.).

6. Zugelassen sind alle präsenten Beweismittel iSd § 294 Abs. 1 ZPO oder eine entsprechende eidesstattliche Versicherung (→ Form. III.F.3 Anm. 10). Liegen die Eröffnungsvoraussetzungen vor, darf das Insolvenzgericht die Entscheidung nicht verzögern, um dem Schuldner noch Gelegenheit zu geben, die Forderungen des Antragstellers im laufenden Eröffnungsverfahren zu befriedigen (AG Hamburg ZInsO 2012, 1484).

6. Antrag auf vorläufigen Rechtsschutz gegen einen vom Finanzamt gestellten Insolvenzantrag

An das
Finanzgericht[1] . . . .

(Ort, Datum)

Antrag

der A GmbH

– Antragstellerin –

Prozessbevollmächtigter: . . . .

gegen

das Finanzamt . . . ., vertreten durch den Vorsteher, Steuer-Nr. . . . .,

– Antragsgegner –

auf Erlass einer einstweiligen Anordnung[2]

Namens und in Vollmacht der Antragstellerin beantrage ich, wie folgt zu entscheiden:

1. **Der Antragsgegner wird verpflichtet, den bei dem Amtsgericht . . . . zu dem Az. . . . . gestellten Insolvenzantrag über das Vermögen der Antragstellerin zurückzunehmen.**
2. **Dem Antragsgegner werden die Kosten des Verfahrens auferlegt.**

Begründung:

Die Antragstellerin betreibt mehrere Möbelhäuser in . . . . .. Infolge von Umsatzeinbrüchen fehlte zunächst die Liquidität, um fällige Lohn- und Umsatzsteuerverbindlichkeiten zu erfüllen. Diese wurden jedoch aufgrund von Pfändungen des Antragsgegners in die Geschäftskonten der Antragstellerin bis auf einen Restbetrag in Höhe von . . . . . EUR vollständig ausgeglichen.

Glaubhaftmachung: Vollstreckungsunterlagen, Anlage K 1

Am . . . . . stellte der Antragsgegner wegen dieses Restbetrages einen Antrag auf Eröffnung des Insolvenzverfahrens, der jedoch binnen einer Woche aufgrund Zahlung für erledigt erklärt wurde.

Glaubhaftmachung: Kopie der Insolvenzakte AG . . . . ., Az. . . . . ., Anlage K 2

In den beiden Folgejahren wurden die fälligen Steuern stets pünktlich entrichtet. Erst Anfang des Jahres kam es erneut zu Zahlungsrückständen durch den Forderungsausfall bei einem Großkunden. Wegen rückständiger Umsatzsteuerbeträge in Höhe von . . . . . EUR pfändete der Antragsgegner am . . . . . in die Geschäftskonten der Antragstellerin bei der . . . . .-Bank. Abgesehen von einer Teilzahlung in Höhe von . . . . . EUR blieb die Pfändung jedoch erfolglos, so dass aktuell . . . . . EUR rückständig sind. Auf ein Ratenzahlungsangebot der Antragstellerin, das zu einem vollständigen Ausgleich binnen sechs Monaten geführt hätte, reagierte der Antragsgegner nicht, sondern stellte am . . . . . Insolvenzantrag.

Glaubhaftmachung: Insolvenzantrag vom . . . . ., Anlage K 3

Der Antragsgegner wurde mit Schreiben vom . . . . . unter Hinweis auf das Ratenzahlungsangebot aufgefordert, den Insolvenzantrag zurückzunehmen, hilfsweise die Gründe mitzuteilen, warum dies nicht geschehe.

Glaubhaftmachung: Schreiben der Antragstellerin vom . . . . ., Anlage K 4

Der Antragsgegner lehnte mit Schreiben vom . . . . . eine Rücknahme des Insolvenzantrags mit der Begründung ab, dieser sei nicht zu beanstanden, da die Vollstreckungsvoraussetzungen der AO vorgelegen hätten und die Antragstellerin zahlungsunfähig sei.

Glaubhaftmachung: Schreiben des Antragsgegners vom . . . . ., Anlage K 5

Daher ist einstweiliger Rechtsschutz geboten, weil eine Entscheidung in der Hauptsache zu spät käme. Der Anordnungsanspruch[3] ergibt sich hier daraus, dass der Antrag unter missbräuchlicher Ausnutzung der vollstreckbaren Steuerbescheide gestellt wurde. Das FA hat lediglich das Vorliegen der Vollstreckungsvoraussetzungen nach der AO und der InsO geprüft, ansonsten aber keine Ermessensausübung vorgenommen. Insbesondere fehlt jede Begründung, warum die angebotene Ratenzahlung abgelehnt wird, zumal die Antragstellerin unverschuldet in diese Situation geraten ist und im Übrigen keine weiteren Zahlungsrückstände gegenüber anderen Gläubigern bestehen.

Glaubhaftmachung: Bestätigung des Steuerberaters . . . . . vom . . . . ., Anlage K 6

Ein Anordnungsgrund[4] ist gegeben, weil ein Bekanntwerden des Insolvenzantrags die wirtschaftliche Existenz der Antragstellerin unmittelbar bedroht. Der Warenkreditversicherer der Antragstellerin, die . . . . . AG, hat gerüchteweise von dem Insolvenzantrag erfahren und die Antragstellerin zur Stellungnahme binnen Wochenfrist aufgefordert, ob dies zutreffend ist; bejahendenfalls wurde eine Kündigung der Warenkreditversicherung angedroht. In diesem Fall können die Zulieferanten der Antragstellerin die Verträge fristlos kündigen, so dass eine Fortführung des Möbelhandels für die Antragstellerin unmöglich würde.

Glaubhaftmachung:[5] 1. Schreiben der . . . . . AG vom . . . . ., Anlage K 7
2. Vorlage der AGB der X, Y und Z GmbH, Anlage K 8

Die beantragte Anordnung, das FA zur Rücknahme des Insolvenzantrages zu verpflichten, ist daher zulässig und begründet, um wesentliche Nachteile für die Antragstellerin abzuwenden (§ 114 Abs. 1 Satz 2 FGO).

Schrifttum: Carlé, Insolvenzantrag durch das FA – Hinweise zur Vorgehensweise vor dem Insolvenzgericht, AO-StB 2009, 248–251; *Frotscher,* Besteuerung in der Insolvenz, 8. Aufl. 2014; *Fu,* Rechtsschutz gegen Insolvenzanträge des Finanzamtes, DStR 2010, 1411–1415; *Klein,* AO, 12. Aufl. 2014; *Lindwurm,* Rechtsschutz des Vollstreckungsschuldners gegen Anträge des Finanzamts an das Amtsgericht, DStZ 2002, 135–142; *Lippross,* Rechtsschutz gegen Konkursanträge der Finanzbehörden, DB 1985, 2482; *Schmerbach,* Die Finanzgerichte und die InsO, ZInsO 2011, 895–899; *Schmittmann,* Einstweiliger Rechtsschutz gegen Insolvenzanträge der Finanzverwaltung unter besonderer Berücksichtigung des Rechtswegs, ZInsO 2013, 1992, 1997; *Tipke/Kruse,* FGO, 138. Lfg. Oktober 2014; *Trossen,* Vorläufiger Rechtsschutz gegen Insolvenzanträge der Finanzbehörden, DStZ 2001, 877–881; *Werth,* Rechtsschutz gegen Insolvenzanträge des Finanzamts, AO-StB 2007, 210–213.

Anmerkungen

1. Für die Überprüfung des beim Insolvenzgericht gestellten Antrags des FA, das Insolvenzverfahren über das Vermögen des Steuerpflichtigen zu eröffnen, ist gem. § 33 Abs. 1 Nr. 1 iVm Abs. 2 Hs. 1 FGO der Rechtsweg zu den Finanzgerichten gegeben (stRspr; BFH BFH/NV 2011, 2105 Rn. 5 mwN; aA AG Göttingen ZIP 2011, 1539; *Fu* DStR 2010, 1411). Es handelt sich um eine öffentlich-rechtliche Streitigkeit über Abgabenangelegenheiten. Die Stellung eines Antrags auf Eröffnung eines Insolvenzverfahrens über das Vermögen des Schuldners durch die Finanzbehörde ist kein Verwaltungsakt, sondern stellt schlichtes hoheitliches Handeln dar (BFH BFH/NV 2011, 2105 Rn. 5), da der Antrag nicht auf eine unmittelbare Regelung nach außen gerichtet ist. Mit dem Antrag wird nicht – unmittelbar – eine Regelung getroffen, sondern eine – unmittelbare – Regelung erst erstrebt (FG Dessau ZInsO 2016, 798 Rn. 56; Tipke/Kruse/*Loose* AO/FGO § 251 Rn. 21). Eine Aussetzung des Insolvenzeröffnungsverfahrens gem. § 4 InsO iVm § 148 ZPO scheidet aus, da es sich bei Insolvenzverfahren um Eilverfahren handelt (AG Göttingen ZInsO 2011, 1258). Auch ein Ruhen des Insolvenzeröffnungsverfahrens kommt nicht in Betracht (Schmidt HmbKo InsR/*Linker* § 14 Rn. 43).

2. Dem Steuerpflichtigen stehen als Rechtsbehelfe gegen einen Insolvenzantrag die allgemeine Leistungsklage (§ 40 Abs. 1 FGO) und im vorläufigen Rechtsschutzverfahren der Antrag auf Erlass einer einstweiligen Anordnung (§ 114 FGO) zur Verfügung (BFH BFH/NV 2011, 2105). Eine einstweilige Anordnung, das Finanzgericht zu verpflichten, den beim Insolvenzgericht gestellten Antrag auf Eröffnung des Insolvenzverfahrens über das Vermögen der Antragstellerin zurückzunehmen, ist zulässig, bis das Insolvenzgericht über den Insolvenzantrag durch Eröffnung oder Abweisung mangels Masse entschieden hat (§ 13 Abs. 2 InsO; BFH BFH/NV 2011, 2105 Rn. 5). Mit der Insolvenzeröffnung entfällt auch das Rechtsschutzbedürfnis für einen zuvor gestellten Antrag auf Aussetzung der Vollziehung eines Haftungsbescheids (FG Hannover ZInsO 2018, 191).

Nach § 114 Abs. 1 S. 2 FGO sind einstweilige Anordnungen zur Regelung eines vorläufigen Zustandes in Bezug auf ein streitiges Rechtsverhältnis zulässig, wenn diese Regelung, vor allem bei dauernden Rechtsverhältnissen, um wesentliche Nachteile abzuwenden oder aus anderen Gründen nötig erscheint (Regelungsanordnung). Dazu gehört auch die Anordnung, das FA zur Rücknahme des Insolvenzantrages zu verpflichten (FG Hamburg EFG 2011, 1400).

Eine Beschwerde gegen die Ablehnung der AdV durch das FG ist nicht statthaft, weil unmittelbar beim BFH ein Antrag auf AdV gestellt werden kann (BFH NZI 2020, 801 Rn. 40 zur Unpfändbarkeit der Corona-Soforthilfe).

Die Vorwegnahme der Hauptsache durch eine Stattgabe macht den Antrag nicht unzulässig, da sie erforderlich ist, um unzumutbare Nachteile für den Antragsteller zu vermeiden und effektiven Rechtsschutz zu gewährleisten, weil eine Entscheidung in der Hauptsache zu spät käme (BFH NZI 2020, 801 Rn. 36; FG Dessau ZInsO 2016, 798 Rn. 65; Tipke/Kruse/*Loose* AO/FGO, § 114 Rn. 41 mwN).

3. Ein Erfolg des Antrags setzt voraus, dass der Antragsteller den Anspruch, aus dem er sein Begehren herleitet (Anordnungsanspruch), und einen Grund für die zu treffende Regelung (Anordnungsgrund) schlüssig darlegt und deren tatsächlichen Voraussetzungen glaubhaft macht.

Ein Anordnungsanspruch auf Rücknahme des Insolvenzantrags ist nicht nur dann gegeben, wenn der zugrundeliegende Steueranspruch nicht besteht oder erhebliche Zweifel daran bestehen, sondern auch dann, wenn das FA sein Ermessen fehlerhaft ausgeübt hat, wobei die finanzgerichtliche Ermessenskontrolle über eine bloße Missbrauchskontrolle, die das Insolvenzgericht vornimmt, hinausgeht (FG Dessau ZInsO 2016, 798 Rn. 33 ff., 51; *Lindwurm* DStZ 2002, 135; zur Gefahr eines Wettlaufs zwischen Finanz- und Insolvenzgericht: *Carlé* AO-StB 2009, 248; *Fu* DStR 2010, 1411). Grundsätzlich reicht es für die ermessensfehlerfreie Stellung eines Insolvenzantrages durch das Finanzamt aus, dass eine Steuerschuld aus einem vollstreckbaren Steuer(schätz)bescheid besteht und der Steuerpflichtige zahlungsunfähig ist (BFH BFH/NV 2004, 464 Rn. 7; FG Hamburg ZIP 2015, 599 Rn. 55). Falls das FA der einzige Gläubiger des Vollstreckungsschuldners ist, muss dieses nicht den vollen Beweis für das Bestehen der Insolvenzforderung erbringen (BFH BFH/NV 2004, 464 Rn. 7; anders für zivilrechtliche Forderung: BGH ZIP 2006, 247).

Ermessensfehler liegen hingegen vor, wenn für den Antrag die gesetzlichen Voraussetzungen nicht gegeben sind oder der Antrag aus sachfremden Erwägungen, insb. unter missbräuchlicher Ausnutzung der vollstreckbaren Steuerbescheide, gestellt wurde (BFH BFH/NV 1991, 787). Die bloße Begründungsfloskel, der Insolvenzantrag sei ermessensgerecht, da Vollstreckungsmaßnahmen ohne Erfolg geblieben seien, genügt nicht (FG Dessau ZInsO 2016, 798 Rn. 94, 97 ff.). Es liegt eine Ermessensunterschreitung vor, wenn das FA lediglich das Vorliegen von Vollstreckungsvoraussetzungen nach der AO und der InsO für entscheidungserheblich hält. Der Abgabenschuldner hat Anspruch auf die Betätigung des Ermessens durch die Behörde, insbesondere eine Begründung der Ermessensentscheidung, in der die angestellten Überlegungen und der Gang des Abwägungsprozesses erkennbar werden; eine Ausnahme gilt nur, wenn dem Betroffenen die Auffassung der Finanzbehörde über die Sach- und Rechtslage bereits bekannt oder auch ohne schriftliche Begründung für ihn ohne weiteres erkennbar ist (BFH BFH/NV 2007, 1270 Rn. 9). Im Rahmen der Ausübung seines Ermessens hat das FA die sich aus dem jeweiligen Steuerrechtsverhältnis ergebenden konkreten Besonderheiten umfassend zu würdigen, zB die Erfolgsaussichten eines noch offenen Erlass- oder Stundungsantrags, die Änderung eines Grundlagenbescheids, die bisherige Mitwirkung des Vollstreckungsschuldners oder die Aussicht auf eine ratenweise Tilgung der Abgabenrückstände (BFH BFH/NV 2011, 2105 Rn. 6).

Nicht ermessensfehlerhaft ist es, wenn das FA ein Ratenzahlungsbegehren des Steuerpflichtigen mit Verweis auf die Vorschriften zur Insolvenzanfechtung ablehnt, weil es aufgrund der vom Steuerpflichtigen abgegebenen Vermögensauskunft bzw der eingereichten Einkommens- und Vermögensübersicht Kenntnis von der Zahlungsunfähigkeit des Steuerpflichtigen sowie der Existenz weiterer Gläubiger hat (FG Hamburg ZIP 2018, 890). Es sind die Belange des Schuldners und die wirtschaftlichen Auswirkungen mit dem

Prinzip der Gleichmäßigkeit der Besteuerung abzuwägen (*Frotscher* S. 294; *Werth* AO-StB 2007, 210). Mit dem Einwand, die Steuerfestsetzung sei zu Unrecht und/oder überhöht, wird der Schuldner im einstweiligen Rechtsschutzverfahren nicht gehört. Dies ist im Rahmen eines Antrages auf Aussetzung der Vollstreckung geltend zu machen, der gem. § 69 Abs. 3 FGG auch beim Finanzgericht gestellt werden kann (FG Hamburg EFG 2011, 1400). Ein Anordnungsanspruch kann auch nicht damit begründet werden, dass die Abweisung des Insolvenzantrags mangels Masse wahrscheinlich ist. Denn die Feststellung des Vermögens des Schuldners obliegt dem Insolvenzgericht (BFH BFH/NV 2006, 900). Steht hingegen für das FA von vornherein fest, dass eine die Kosten des Verfahrens deckende Insolvenzmasse nicht vorhanden ist, so dass ein solches Vorgehen lediglich der Existenzvernichtung des Schuldners dienen würde, ist ein Insolvenzantrag ermessensfehlerhaft und damit unzulässig (BFH BFH/NV 2011, 2105 Rn. 7). Wohl aber kann es verhältnismäßig und ermessensgerecht sein, wenn die Stellung und Aufrechterhaltung eines Insolvenzantrages der Vermeidung weiterer Rückstände bei Betriebssteuern wie der Umsatz- oder Lohnsteuer dienen soll (BFH BFH/NV 2007, 1270 Rn. 11; FG München ZInsO 2019, 1272).

Ungeachtet der Frage, ob § 102 FGO auf den Insolvenzantrag unmittelbar (bejahend: BFH BFH/NV 2011, 1017 Rn. 17) oder nur entsprechend anwendbar ist, hat sich die Prüfung durch das Gericht auf die Erfolgsaussichten des Antragstellers im Hauptsacheverfahren zu erstrecken. Im Falle einer Leistungsklage auf Rücknahme des Antrags auf Eröffnung des Insolvenzverfahrens ist auf den Zeitpunkt der Sach- und Rechtslage zum Zeitpunkt der finanzgerichtlichen Entscheidung abzustellen (FG Dessau ZInsO 2016, 798 Rn. 107 f. mwN).

4. Der Anordnungsgrund ist gegeben, wenn der Anordnungsanspruch gefährdet ist. Dies ist der Fall, wenn das private Interesse des Antragstellers an der einstweiligen Regelung das öffentliche Interesse an der Aufrechterhaltung des gegenwärtigen Zustands überwiegt und die vorläufigen Maßnahmen unumgänglich sind, um wesentliche Beeinträchtigungen der Rechtsposition des Antragstellers zu verhindern (BFH BFH/NV 2002, 1491 sub 2.). Der Anordnungsgrund folgt regelmäßig aus der Natur der Sache, weil die weitreichenden Wirkungen eines erfolgreichen Antrags auf Eröffnung des Insolvenzverfahrens oder seiner Ablehnung wegen fehlender Masse regelmäßig nicht wieder rückgängig zu machen sind. Nach Ansicht mancher Finanzgerichte bedarf die Dringlichkeit der Entscheidung daher keiner weiteren Glaubhaftmachung (so FG Dessau ZInsO 2016, 798 Rn. 89; FG Hamburg EFG 2011, 1400; aA *Trossen* DStZ 2001, 877). Der BFH verlangt hingegen eine Darlegung und Glaubhaftmachung, dass die wirtschaftliche oder persönliche Existenz des Antragstellers unmittelbar bedroht ist, zB weil im Fall einer gerichtlich festgestellten Insolvenz ein Widerruf der Zulassung, Berufsverbot oder eine Gewerbeuntersagung droht. Nicht ausreichend ist, dass die Existenzbedrohung nur pauschal behauptet wird, sondern sie muss substantiiert begründet werden (BFH BFH/NV 1994, S. 323).

5. Mittel der Glaubhaftmachung sind die Einreichung schriftlicher Unterlagen und die Eidesstattlich Versicherung der vorgetragenen Tatsachen. Zur Glaubhaftmachung der Rechtsmissbräuchlichkeit ist die Historie der Steuerschuld vorzutragen und darzulegen, dass es für das FA mildere Mittel gibt als die Insolvenzantragstellung. Es genügt, dass die Zwangsvollstreckung vorübergehend unbillig ist, zB weil das FA keine Möglichkeit zu Ratenzahlungen eingeräumt hat, keine Aufforderung zur Vermögensauskunft nach § 802c ZPO ergangen ist oder kein Vollstreckungsversuch stattgefunden hat (BFH BFH/NV 2002, 617). Es ist substantiiert vorzutragen, dass und weshalb die Eröffnung eines Insolvenzverfahrens vorliegend zur Existenzvernichtung führt und eine Betriebsfortführung nicht möglich ist, sowie welche Möglichkeiten der Existenzerhaltung für den Fall bestehen, dass kein Insolvenzantrag gestellt wird.

Soll trotz Erfüllung der Steuerforderung ein Insolvenzantrag nach der Ausnahmevorschrift des § 14 Abs. 1 S. 2 InsO aufrechterhalten werden, muss das Fortbestehen des Eröffnungsgrundes vom Finanzamt glaubhaft gemacht werden. Die Fortführung des Antrages kann unverhältnismäßig und damit ermessensfehlerhaft sein, wenn der Steuerschuldner eine Generalbereinigung seiner wirtschaftlichen Situation eingeleitet hat und der Finanzbehörde zur Sicherung künftiger Ansprüche die Eintragung einer Sicherungsgrundschuld anbietet (FG Hamburg NZI 2019, 848; FG Düsseldorf EFG 2019, 461).

7. Erledigungserklärung des Gläubigers mit Kostenantrag

An das **(Ort, Datum)**

Amtsgericht[1]
– Insolvenzgericht –
Az.: . . . .
In dem og Insolvenzeröffnungsverfahren[2] wird der antragstellende Insolvenzgläubiger[3] B von mir anwaltlich[4] vertreten.
Namens und kraft Vollmacht erkläre ich die Hauptsache für erledigt[5] und beantrage, die Kosten des Verfahrens dem Schuldner aufzuerlegen.[6]

Begründung:

Der Schuldner[7] hat die dem Antrag zugrundeliegende Forderung nach Rechtshängigkeit des Insolvenzeröffnungsantrages beglichen.[8]
Durch die Nichtzahlung trotz Fälligkeit und Anmahnung durch den Unterzeichner hat der Schuldner dem Antragsteller Anlass gegeben, die Eröffnung des Insolvenzverfahrens zu beantragen. Da der Antrag bis zum Ausgleich zulässig und begründet war, sind dem Schuldner die Kosten aufzuerlegen.[9]
Rechtsanwalt

Anmerkungen

1. → Form. III.F.1 Anm. 2.

2. Nicht selten versucht der Schuldner, durch Begleichung der offenen Forderung iRd Insolvenzeröffnungsverfahrens den Antrag des Gläubigers abzuwenden. Dadurch wird ein ursprünglich zulässiger Insolvenzantrag durch ein nach Rechtshängigkeit eingetretenes Ereignis unzulässig. Erklärt der Antragsteller die Hauptsache für erledigt, hat das Gericht auf seinen Antrag hin entsprechend § 4 InsO, § 91a ZPO über die Kosten nach dem gegenwärtigen Stand des Verfahrens zu entscheiden. Eine Erledigung ist nur bis zur Eröffnung des Insolvenzverfahrens möglich (KPB/*Pape* InsO § 13 Rn. 125 ff.). Die für den Zivilprozess zur Erledigungserklärung entwickelten Grundsätze gelten – teilweise in modifizierter Form – entsprechend auch im Insolvenzverfahren (MüKoInsO/*Vuia* § 13 Rn. 127 ff.).

3. Nach herrschender Meinung kann der antragstellende Gläubiger zu jedem Zeitpunkt im Insolvenzeröffnungsverfahren die Hauptsache iSd § 91a ZPO für erledigt erklären (OLG Köln NZI 2002, 157; Uhlenbruck/*Wegener* InsO § 14 Rn. 188). Gibt der Antragsteller hingegen keine Erklärung ab, ist der Insolvenzantrag als unzulässig zurückzuweisen, da es sowohl an einer Gläubigerstellung (Antragsberechtigung) als auch an einem Rechtsschutzbedürfnis für die Durchführung des Insolvenzverfahrens fehlt.

4. → Form. III.F.3 Anm. 5.

5. Nach wie vor streitig zwischen den Gerichten ist die Frage, ob die einseitige Erledigungserklärung des Gläubigers ausreicht (so OLG Köln NZI 2001, 319) oder ob im Eröffnungsverfahren als „quasi-kontradiktorisches" Verfahren der Antragsgegner der Erledigung zustimmen muss, andernfalls eine Sachentscheidung ergehen müsse (so LG Düsseldorf KTS 1985, 359). Jedenfalls in den Fällen, in denen der Antrag bis zum Eintritt des erledigenden Ereignisses zulässig war, reicht die einseitige Erklärung verbunden mit dem Kostenantrag aus (BGH NZI 2005, 108; OLG Köln ZInsO 2001, 421 f.; Uhlenbruck/*Wegener* InsO § 14 Rn. 195; Jaeger/*Gerhardt* InsO § 13 Rn. 49).

6. Für die Kostenentscheidung ist maßgeblich der Sach- und Streitstand des Eröffnungsverfahrens zum Zeitpunkt der Erledigungserklärung des Antragstellers. Die Kosten sind in der Regel dem Schuldner in einem Beschluss nach § 91a ZPO aufzuerlegen, wenn der Gläubiger nach Befriedigung seiner Forderung wegen Bezahlung im Eröffnungsverfahren eine Erledigungserklärung abgibt (Uhlenbruck/*Wegener* InsO § 14 Rn. 196). Hat der Schuldner nicht innerhalb der gesetzlichen Notfrist von zwei Wochen der Erledigungserklärung widersprochen, gilt dies gem. §§ 91a Abs. 1 S. 2 ZPO, 4 InsO als Zustimmung zur Erledigungserklärung (AG Köln ZInsO 2018, 1635). Der Antragsteller bleibt allerdings nach § 23 Abs. 1 S. 1 GKG Zweitschuldner und wird bei erfolgloser Vollstreckung gegen den Schuldner in Haftung genommen (KPB/*Pape* InsO § 13 Rn. 131a). Dagegen trägt der Antragsteller die Kosten, wenn der Insolvenzantrag im Zeitpunkt des erledigenden Ereignisses bereits unzulässig war (MüKoInsO/*Vuia* § 13 Rn. 138). Wird der Antrag durch die Erfüllung nach Antragstellung unbegründet, hat der Schuldner gem. § 14 Abs. 3 InsO die Kosten zu tragen. Bei übereinstimmenden Erledigungserklärungen hat die Kostenentscheidung nach § 91a Abs. 1 ZPO sich auch zur Wertung des § 14 Abs. 3 InsO zu verhalten (LG Wuppertal Beschl. v. 7.5.2020 – 16 T 61/20, nv).

Nach § 14 Abs. 1 S. 2 InsO führt die Erfüllung der dem Insolvenzantrag zugrundeliegenden Forderung nicht mehr zur Unzulässigkeit des Insolvenzantrags (zur vom 1.1.2011 bis 4.4.2017 geltenden Fassung: BGH NZI 2015, 220 Rn. 8 ff.; Kayser/Thole/*Kirchhof* InsO § 14 Rn. 16; zur ab dem 5.4.2017 geltenden Neufassung: *Frind* NZI 2017, 417 ff.). Allein aus der Zahlung der dem Insolvenzantrag zugrundeliegenden Forderung lässt sich nicht auf einen nachträglichen Wegfall der Zahlungsunfähigkeit schließen. Dies rechtfertigt es bei fehlenden weiteren Angaben, im Rahmen der Billigkeitsentscheidung nach § 91a Abs. 1 ZPO die Kosten des Verfahrens gegeneinander aufzuheben (AG Köln NZI 2018, 68; aA AG Göttingen NZI 2018, 159). Ein erhebliches Indiz hierfür, dass der Antrag lediglich zur Druckerzeugung gestellt wurde, ist, wenn der antragstellende Gläubiger das Verfahren nach Erfüllung der Antragsforderung durch den Schuldner für erledigt erklärt, obwohl der Antrag durch die Zahlung des Schuldners nicht gem. § 14 Abs. 1 S. 2 InsO unzulässig wurde und damit die Möglichkeit bestanden hätte, das Eröffnungsverfahren fortzusetzen (LG Köln, 1. ZK, NZI 2018, 355; LG Köln, 13. ZK, ZVI 2017, 67; ähnlich AG Hamburg NZI 2011, 859). In diesem Fall können dem Antragsteller die Kosten des Verfahrens im Rahmen der Billigkeitsentscheidung nach § 4 InsO, § 91a ZPO vollständig auferlegt werden, selbst wenn der Schuldner sich zur Übernahme der Verfahrenskosten verpflichtet hat (AG Köln ZVI 2019, 462). Bei „Zwangsgläubigern", also Finanzamt oder Sozialversicherungsträger, hält der BGH (NZI 2020, 1043 Rn. 20 mwN; ebenso AG Hannover ZIP 2019, 1080) diesen Rückschluss hingegen für nicht erlaubt. Hier bedarf es einer tatrichterlichen Würdigung, ob Umstände vorliegen, die einen Druckantrag nahelegen. Berechtigte Motive, von der Durchführung eines Insolvenzverfahrens Abstand nehmen zu wollen, können sein: die Vermeidung von Anfechtungsansprüchen, die Vermeidung administrativen Aufwands oder die Sorge, eigene Forderungen durch eine Restschuldbefreiung des Schuldners einzubüßen, wenn dieser eine natürliche Person ist, ebenso die Sorge vor der Belastung mit den Verfahrensauslagen, falls der Eröffnungsantrag gemäß § 26 InsO mangels Masse abgewiesen wird (BGH NZI 2020, 1043 Rn. 22).

Hiervon zu unterscheiden ist der Fall, dass ein Schuldner seine Betriebsstätte geschlossen und sämtliche Arbeitnehmer abgemeldet hat. Wird die Forderung des antragstellenden Sozialversicherungsträgers nach Stellung des Insolvenzantrags erfüllt, entfällt hier das Rechtsschutzinteresse dieses Gläubigers an der Eröffnung des Insolvenzverfahrens. In einem solchen Fall besteht für einen Sozialversicherungsträger regelmäßig nicht die konkrete Gefahr, dass eine weitere wirtschaftliche Tätigkeit des Schuldners neue Verbindlichkeiten bei diesem begründen wird, mit deren Ausgleich der Schuldner wiederum in Rückstand geraten kann (AG Köln ZInsO 2018, 1635; AG Mönchengladbach ZInsO 2018, 398; zur Vorgängerversion: BGH NZI 2012, 708 Rn. 8). Ebenso verhält es sich im Falle des Insolvenzantrags einer Krankenkasse, wenn der bei ihr krankenversicherte Arbeitnehmer rückwirkend zu einem Zeitpunkt vor dessen Eingang beim Insolvenzgericht abgemeldet wird, auch wenn der Schuldner seinen Geschäftsbetrieb nicht eingestellt hat; der Insolvenzantrag wird auch hier wegen Wegfalls des rechtlichen Interesses an einer Insolvenzeröffnung unzulässig (AG Leipzig NZI 2017, 846; → Form. III.F.3 Anm. 9).

Die Kosten eines nach § 21 Abs. 2 Nr. 1 InsO vom Gericht eingesetzten vorläufigen Insolvenzverwalters gehören nicht zu den gerichtlichen Kosten und Auslagen (BGH NZI 2006, 239; Uhlenbruck/*Sinz* InsO § 54 Rn. 6).

7. Dem Schuldner ist schon im Hinblick auf die zu treffende Kostenentscheidung stets die Möglichkeit der Stellungnahme zu einer Erledigungserklärung des Antragstellers zu gewähren. Das Schweigen des Schuldners kann nicht als Zustimmung ausgelegt werden, so dass in solchen Fällen stets von einer einseitigen Erledigungserklärung auszugehen ist (Kayser/Thole/*Kirchhof* InsO § 14 Rn. 53).

8. Die Zahlung der dem Insolvenzantrag zugrunde liegenden Forderung einschließlich Kosten und Zinsen ist der häufigste Fall der Erledigung. Als weitere erledigende Ereignisse kommen eine Zahlungsvereinbarung, der nachträgliche Wegfall des Eröffnungsgrundes, die nach Antragstellung gewonnene Erkenntnis, dass nicht einmal eine kostendeckende Insolvenzmasse vorhanden ist, oder die prozessuale Überholung durch Verfahrenseröffnung auf Grund eines anderen Antrags in Betracht (MüKoInsO/*Vuia* § 13 Rn. 127).

9. Wird der Antrag auf Eröffnung des Insolvenzverfahrens nach vollständigem Ausgleich der Steuerforderungen nach § 14 Abs. 1 S. 2 InsO aufrecht erhalten, richtet sich der Streitwert für das anschließende Verfahren auf Erlass einer einstweiligen Anordnung auf Rücknahme des Insolvenzantrags nach dem Interesse des Antragstellers an der Vermeidung der gravierenden Folgen der Aufrechterhaltung des Insolvenzeröffnungs- und sich ggfs. anschließenden Insolvenzverfahrens (FG Hamburg NZI 2019, 960).

8. Geltendmachung eines verlängerten Eigentumsvorbehalts nebst Auskunftsanspruch

Herrn **(Ort, Datum)**

Rechtsanwalt/Insolvenzverwalter[1] . . . . .

. . . . .

Betr.: **Insolvenzverfahren über das Vermögen der XY GmbH**
Hier: **Aussonderungsanspruch des Gläubigers G**

Sehr geehrter Herr Kollege,

in dem vorbezeichneten Insolvenzverfahren zeige ich an, dass der oben genannte Gläubiger durch mich anwaltlich vertreten wird. Eine auf mich lautende Vollmacht füge ich als Anlage bei.

Dieser Gläubiger hat am . . . . . an den Schuldner . . . . . [genaue Bezeichnung der Gegenstände] unter verlängertem Eigentumsvorbehalt[2] geliefert. Die Rechnung und den Lieferschein füge ich in der Anlage zu Ihrer Kenntnis in Kopie bei. Bisher ist der Kaufpreis noch nicht vollständig gezahlt worden. Ich fordere Sie daher auf,

1. Auskunft[3] darüber zu erteilen,
- **wann welche der og Gegenstände bereits vor Eröffnung[4] des Insolvenzverfahrens durch die Schuldnerin veräußert wurden,**
- **welche der og Gegenstände nach Eröffnung[5] des Insolvenzverfahrens an Dritte veräußert wurden,**
- **zu welchen Konditionen die Veräußerung erfolgte,**
- **ob und ggf. in welcher Höhe der Kaufpreisanspruch[6] durch die Schuldnerin oder durch die Insolvenzverwaltung bereits realisiert wurde,**
- **ob die vereinnahmte Gegenleistung noch unterscheidbar[7] in der Insolvenzmasse vorhanden ist und,**
- **soweit die Gegenleistung noch nicht vollständig realisiert wurde, in welcher Höhe der noch offene Anspruch besteht nebst Namen und Anschrift des Anspruchsgegners;**

2. aufgrund der Dringlichkeit der Angelegenheit die angeforderten Auskünfte bis spätestens zum . . . . . zu erteilen;

3. die oben bezeichneten Gegenstände, soweit in Ihrem Besitz oder dem der Insolvenzschuldnerin, bis zum . . . . . herauszugeben.[8]

Rechtsanwalt

Anmerkungen

1. Bei einem konkreten Aussonderungsverlangen ist der Insolvenzverwalter verpflichtet, über die herausverlangten Gegenstände Auskunft zu erteilen (KPB/*Prütting* InsO § 47 Rn. 83).

2. Hierunter ist eine Erstreckung der Sicherung des Verkäufers auf künftige Vermögenswerte zu verstehen, die an die Stelle der unter Eigentumsvorbehalt verkauften Sache treten (Gottwald InsO-HdB/*Adolphsen* § 43 Rn. 34). Beim verlängerten Eigentumsvorbehalt besteht, solange das Vorbehaltsgut unverändert vorhanden ist (solange also noch keine Verarbeitung, Vermischung etc stattgefunden hat), ein Aussonderungsrecht des Verkäufers, da die Sachlage sich insoweit noch nicht von der beim einfachen Eigentumsvorbehalt unterscheidet (Braun/*Bäuerle* InsO § 47 Rn. 34). Nach der Verarbeitung stellt sich die Sachlage zumindest in ähnlicher Weise dar wie im Falle der Sicherungszession, die nur ein Absonderungsrecht nach § 51 Ziff. 1 begründet (MüKoInsO/*Ganter* Vor §§ 49–52 Rn. 16; Braun/*Bäuerle* InsO § 47 Rn. 34).

3. Der Auskunftsanspruch leitet sich aus § 242 BGB her. Der Insolvenzverwalter schuldet keine Auskunft über Tatsachen, die der Anspruchsteller selbst kennt oder kennen muss. Ein Vorbehaltsverkäufer kann deshalb nicht Auskunft darüber verlangen, welche Waren er unter Eigentumsvorbehalt an den Schuldner geliefert hat (Jaeger/*Henckel* InsO § 47 Rn. 160). Verlangen kann er aber Auskünfte darüber, welche von den unter Eigentumsvorbehalt gelieferten Waren noch vorhanden sind. Der Umfang der Auskunftspflicht bemisst sich nach der Zumutbarkeit. Es muss eine sinnvolle Relation

zwischen Arbeits- und Zeitaufwand auf Seiten des Insolvenzverwalters und dem schutzwürdigen Interesse auf Seiten des Anspruchstellers bestehen (MüKoInsO/*Ganter* § 47 Rn. 461). Zugunsten des Insolvenzverwalters muss berücksichtigt werden, dass er im Interesse aller Insolvenzbeteiligten das Verfahren zügig abzuwickeln hat. Grundsätzlich hat der Verwalter die Auskunft kostenlos zu erteilen. Nur wenn mit den verlangten Auskünften ein erheblicher Zeit- und Kostenaufwand verbunden ist, kann er die Erteilung der Auskunft von einem Kostenvorschuss oder einer Kostenübernahmeerklärung abhängig machen (MüKoInsO/*Ganter* § 47 Rn. 469).

4. Hat der Schuldner vor Eröffnung des Insolvenzverfahrens über einen individuell bestimmten Gegenstand, der ansonsten hätte ausgesondert werden können, unberechtigt verfügt, hat der Gläubiger einen Ersatzaussonderungsanspruch (Gottwald InsO-HdB/*Adolphsen* § 41 Rn. 10, 18). Unberechtigt ist die Veräußerung dann, wenn die Weiterveräußerung oder -verarbeitung nicht mehr im Rahmen eines ordnungsgemäßen Geschäftsgangs erfolgt oder die Ermächtigung widerrufen ist (BGHZ 68, 199 (201)). Voraussetzung ist, dass der Drittschuldner befreiend an den Schuldner oder Insolvenzverwalter geleistet hat. Nur bei einer wirksamen Veräußerung an einen Dritten werden die Absonderungsrechte vereitelt (BGH NZI 2020, 164 Rn. 8 ff.). Der Materiallieferant/Vorbehaltsverkäufer kann eine unwirksame Forderungseinziehung durch die Schuldnerin nicht nachträglich mit Wirkung gegenüber der Masse genehmigen; dem steht § 91 InsO entgegen (BGH NZI 2020, 164 Rn. 35).

5. Der Schuldner, der Forderungen zur Absicherung von eigenen Verbindlichkeiten global abgetreten, das Eigentum an Waren in einem Raumsicherungsvertrag übertragen und Vorbehaltsware käuflich erstanden hat, verliert die ihm in der Sicherungsvereinbarung und dem Kaufvertrag eingeräumte Befugnis, die abgetretenen Forderungen einzuziehen und die sicherungsübertragenen und unter Eigentumsvorbehalt erworbenen Waren weiter zu veräußern, nicht schon dadurch, dass er die Eröffnung des Insolvenzverfahrens über sein Vermögen beantragt und ein vorläufiger Insolvenzverwalter mit Zustimmungsvorbehalt und Einziehungsbefugnis bestellt wird (BGH NZI 2019, 274 Rn. 25, 29 ff.). Allerdings erfolgen Veräußerung und Forderungseinzug nur dann „im ordnungsgemäßen Geschäftsgang", wenn das Sicherungsinteresse des Gläubigers dabei gewahrt wird; der vorläufige Insolvenzverwalter hat den eingezogenen Betrag an den Sicherungsnehmer abzuführen oder ihn jedenfalls unterscheidbar zu verwahren (BGH NZI 2019, 274 Rn. 39). Die Verfügung über einen Aussonderungsgegenstand durch den Insolvenzverwalter nach Eröffnung des Insolvenzverfahrens ist jedoch stets unberechtigt, da die Ermächtigung zu Veräußerung, Verarbeitung oder Forderungseinzug mit Insolvenzeröffnung automatisch erlischt (MüKoInsO/*Ganter* § 48 Rn. 30).

6. Steht die Gegenleistung noch aus, kann der Aussonderungsberechtigte gem. § 48 S. 1 InsO die Abtretung des entsprechenden Anspruches verlangen. Kann die Abtretung des Anspruches nicht (mehr) erfolgen, beschränkt sich die Ersatzaussonderung auf den zur Masse erlangten Erlös (BGH NJW 1971, 1750). Geldzahlungen sind nur dann noch unterscheidbar in der Masse vorhanden, wenn das Geld gesondert verwahrt wurde, sich auf einem Sonderkonto befindet oder noch ein dem Ersatzaussonderungsrecht entsprechendes Guthaben vorhanden ist (Bodensatztheorie, BGH ZIP 1999, 626 (628)). Zur Beweislastverteilung: BGH NZI 2019, 274 Rn. 44 ff.

7. Ist die Gegenleistung nicht mehr unterscheidbar vorhanden, kommen nur noch Bereicherungs- (§ 55 Abs. 1 Nr. 3 InsO; BGH ZIP 1982, 447) und Schadensersatzansprüche (§§ 60 InsO, 823 Abs. 1 BGB) gegen den Verwalter in Betracht.

8. Aussonderungsberechtigte Gläubiger haben einen Anspruch auf Herausgabe des Gegenstandes, den sie gem. § 47 S. 2 InsO außerhalb des Insolvenzverfahrens geltend machen können. Soweit ein Aussonderungsrecht besteht, hat der Insolvenzverwalter die Sache an den Gläubiger herauszugeben, dh zur Abholung auf eigene Kosten bereitzustellen; das gilt auch für die Kosten eines ggf. erforderlichen Ausbaus der auszusondernden Sache (LG Bonn NZI 2007, 728 – On-Board-Units). Er ist nicht verpflichtet, sie dem Gläubiger zuzuschicken (MüKoInsO/*Ganter* § 47 Rn. 463).

9. Anmeldung einer Insolvenzforderung zur Insolvenztabelle

Herrn **(Ort, Datum)**

Rechtsanwalt/Insolvenzverwalter .....[1]
.....

Betr.: Insolvenzverfahren über das Vermögen des Herrn .....
AG ....., Az .....
Hier: Forderungsanmeldung der A GmbH[2]

Sehr geehrter Herr Kollege,
in dem vorbezeichneten Insolvenzverfahren zeige ich an, dass die Firma A GmbH als Insolvenzgläubigerin[3] **von mir anwaltlich vertreten wird. Eine auf mich lautende Vollmacht füge ich als Anlage bei.**[4]
Namens und in Vollmacht meiner Mandantin melde ich folgende Forderungen[5] **zur Insolvenztabelle**[6] **an:**
I. erste Hauptforderung im Rang des § 38 InsO

1.	**Forderung**[7] **aus Warenlieferung gemäß Rechnung vom .....**	**..... EUR**
	davon Forderung aus vorsätzlich begangener unerlaubter Handlung[8] **(Begründung s. Anlage)**	**..... EUR**
2.	**Aufgelaufene Zinsen**[9] **gemäß beigefügter Aufstellung**	**..... EUR**
3.	**Kosten,**[10] **die vor Eröffnung des Verfahrens entstanden sind**	**..... EUR**
	insgesamt	**..... EUR**

II. zweite Hauptforderung im Rang des § 38 InsO[11]
.....
III. Abgesonderte Befriedigung
Abgesonderte Befriedigung unter gleichzeitiger Anmeldung des Ausfalls wird beansprucht.[12]
Abschriften der Lieferscheine und Rechnungen sind beigefügt.[13] **Weiter füge ich Fotokopie des Urteils des LG ..... vom ..... Az ..... bei.**[14] **Nach Abhaltung des allgemeinen Prüfungstermins bitte ich um Übersendung einer Bestätigung,**[15] **dass die angemeldete Forderung in voller Höhe anerkannt wurde.**
Mit freundlichen kollegialen Grüßen
Rechtsanwalt

Anmerkungen

1. Insolvenzgläubiger, die an dem Insolvenzverfahren teilnehmen wollen, müssen ihre Forderungen bei dem Insolvenzverwalter (§ 174 Abs. 1 S. 1 InsO), nicht beim Insolvenzgericht, anmelden. Bei Eigenverwaltung ist die Anmeldung beim Sachwalter (§ 175 Abs. 1

S. 1, § 270 Abs. 3 S. 1 u. 2 InsO) vorzunehmen. Wer sich am Verfahren nicht beteiligt, nimmt zwar an der Verteilung nicht teil, unterliegt aber dennoch dessen Rechtswirkungen (BGH NJW 1979, 162), insb. dem Vollstreckungsverbot der §§ 89, 294 Abs. 1 InsO und der Restschuldbefreiung (§ 301 Abs. 1 S. 2 InsO). Dies gilt auch für nachrangige Insolvenzgläubiger (§ 39 InsO) und wegen des Universalitätsprinzips auch für das Auslandsvermögen (BGHZ 88, 147). Lediglich Neugläubiger sind davon nicht betroffen.

2. Der Insolvenzeröffnungsbeschluss (§ 27 InsO) wird neben der öffentlichen Bekanntmachung (§§ 30 Abs. 1, 9 Abs. 1 InsO) den bekannten Gläubigern und Drittschuldnern durch Aufgabe zur Post (§§ 8 Abs. 1 S. 1, 30 Abs. 2 InsO) zugestellt. In der Regel übertragen die Insolvenzgerichte dessen Zustellung nebst Aufforderung zur Forderungsanmeldung (§ 28 Abs. 1 S. 1 InsO) dem Insolvenzverwalter (§ 8 Abs. 3 InsO). Für die Forderungsanmeldung besteht kein Formularzwang (BGH ZIP 2009, 483 (485) Rn. 19). Es hat sich aber bewährt, das Formblatt zur Forderungsanmeldung in zweifacher Ausfertigung zu verwenden.

Die Anmeldung hat schriftlich in deutscher Sprache zu erfolgen. Nach Art. 39 EuInsVO kann jeder Gläubiger, der seinen gewöhnlichen Aufenthalt, Wohnsitz oder Sitz in einem anderen Mitgliedsstaat der Europäischen Union – mit Ausnahme Dänemarks – hat, seine Forderung in einer der Amtssprachen der europäischen Union oder in der Amtssprache des Staates der Verfahrenseröffnung anmelden (Art. 42 Abs. 2 S. 1 EuInsVO). Die Forderungsanmeldung muss die Überschrift „Anmeldung einer Forderung" in der Amtssprache des Eröffnungsstaates tragen (Art. 42 Abs. 2 S. 2 EuInsVO). Von dem anmeldenden Gläubiger kann jedoch eine Übersetzung der Anmeldung in die Amtssprache oder eine der Amtssprachen des Staates der Verfahrenseröffnung verlangt werden (Art. 42 Abs. 2 S. 3 EuInsVO).

Die nach den Vorschriften des § 174 InsO vorgenommene Anmeldung hemmt die Verjährung (§ 204 Abs. 1 Nr. 10 BGB). Wegen der verjährungshemmenden Wirkung muss der Insolvenzverwalter dafür Sorge tragen, dass die tägliche Eingangspost auf Anmeldungen zur Tabelle überprüft und mit einem Eingangsstempel versehen wird (Uhlenbruck/*Sinz* InsO § 174 Rn. 15).

Die im Eröffnungsbeschluss bestimmte Anmeldefrist (§ 28 Abs. 1 S. 1 InsO) ist keine Ausschlussfrist. Wegen der Behandlung nachträglicher Anmeldungen s. § 177 InsO.

3. Dem Begriff „Insolvenzgläubiger" entspricht der Begriff „Insolvenzforderung". Neben den zur Zeit der Eröffnung des Insolvenzverfahrens begründeten Vermögensansprüchen gegen den Schuldner (eing. Uhlenbruck/*Sinz* InsO § 38 Rn. 26 ff.) sind Insolvenzforderungen auch solche Ansprüche, die erst in Folge der Insolvenzeröffnung entstehen (§ 103 Abs. 2 S. 1, § 104 Abs. 3 S. 2, § 105 S. 1, § 108 Abs. 2, § 109 Abs. 1 S. 2, § 113 Abs. 1 S. 3 InsO).

4. → Form. III.F.3 Anm. 5. Die Vollmacht muss sich ausdrücklich auf Insolvenzsachen erstrecken.

5. Die Anmeldung hat gem. § 174 InsO zu enthalten:

a) Betrag der Forderung getrennt nach Hauptforderung, Kosten und Zinsen bis einen Tag vor Insolvenzeröffnung. Mehrere selbständige Forderungen sind getrennt aufzuführen.
b) Genaue Bezeichnung des Schuldgrundes (zB Mietzins für Zeitraum vom . . . . . bis . . . . ., betreffend das Objekt . . . . .), und zwar die der Forderung zugrunde liegenden Lebenssachverhalte, ohne dass einer rechtlichen Würdigung bedarf. Bei Anmeldung der Ansprüche aus Kontokorrent ist das Kontokorrentverhältnis der Schuldgrund, so dass die Anmeldung des Saldos genügt.

c) Die Forderung ist beziffert anzugeben, notfalls geschätzt. Erforderlichenfalls ist die Forderung durch den Gläubiger in inländischer Währung umzurechnen (§ 45 S. 2 InsO).

6. Die Eintragung der angemeldeten Forderungen in die Insolvenztabelle erfolgt durch den Insolvenzverwalter (§ 175 S. 1 InsO), wobei die Tabellenführung regelmäßig mittels EDV erfolgt (§ 5 Abs. 3 InsO).

Ab dem Prüfungstermin geht die Tabellenführung auf das Insolvenzgericht über. Lehnt der Rechtspfleger eine Berichtigung oder Ergänzung der Insolvenztabelle ab, so entscheidet der Insolvenzrichter über eine dagegen eingelegte Erinnerung. Seine Entscheidung ist nicht mit der sofortigen Beschwerde anfechtbar (BGH NZI 2020, 895).

7. Die Angabe des Grundes bedeutet die Darlegung des Lebenssachverhaltes, aus dem die Forderung resultiert. Die Darstellung hat grundsätzlich so konkret, individuell und schlüssig zu erfolgen, dass es dem Insolvenzverwalter und den Gläubigern möglich ist, über Berechtigung oder Nichtberechtigung der Forderung zu entscheiden. Allerdings ist es im Allgemeinen ausreichend, wenn der Anspruch als solcher identifizierbar ist, indem er durch seine Kennzeichnung von anderen Ansprüchen so unterschieden und abgegrenzt wird, dass er Grundlage eines der materiellen Rechtskraft fähigen Vollstreckungstitels sein kann (BGH ZRI 2021, 25 Rn. 9). Eine rechtliche Würdigung ist nicht notwendig. Für die Substantiierung gelten die gleichen Grundsätze, die der BGH für den Zivilprozess entwickelt hat (BGH NJW 1984, 2888 (2889); MüKoInsO/*Riedel* § 174 Rn. 26). Die Vorlage von Rechnungen reicht daher dann nicht aus, wenn sich Umstände und Grund ihrer Ausstellung nicht erkennen lassen.

Die Anmeldungen sind durch den Insolvenzverwalter auf Zulässigkeit und Vollständigkeit zu prüfen. Unzulässige oder unvollständige Forderungsanmeldungen kann er zurückweisen (Kayser/Thole/*Depré* InsO § 175 Rn. 6). Sein Zurückweisungsrecht beschränkt sich auf rein formale Mängel. Der Insolvenzverwalter ist verpflichtet, aufgrund einer formal ordnungsgemäßen Anmeldung einer Forderung als Insolvenzforderung diese Forderung auch dann in die Tabelle einzutragen, wenn er meint, der Forderung stünden insolvenzrechtliche Einwendungen entgegen (BGH NZI 2017, 300 Rn. 26 ff.). Wird beispielsweise eine Forderung ohne Hinweis auf ihren Nachrang (§ 39 InsO) angemeldet, hat der Insolvenzverwalter sie in die Tabelle dennoch einzutragen und zu bestreiten (LG Waldshut-Tiengen ZIP 2005, 499).

Der Forderungsgrund ist in die Insolvenztabelle einzutragen (§§ 174 Abs. 2, 175 S. 1 InsO). Da die Anmeldung eine Form der Rechtsverfolgung darstellt und der Gläubiger aus der Eintragung als Titel die Zwangsvollstreckung betreiben kann (§ 178 Abs. 3 InsO), muss die Forderung zur Bestimmung der Reichweite der Rechtskraft eindeutig konkretisiert werden (BGH ZIP 2009, 483 Rn. 10; NZI 2002, 37; BFH NZI 2012, 96 Rn. 12 ff.; BAG NJW 1986, 1896; MüKoInsO/*Riedel* § 174 Rn. 26). Die Rechtskraft der Feststellung zur Tabelle erstreckt sich dabei auch auf den Nachweis iSd § 850f Abs. 2 ZPO (LG Essen ZInsO 2017, 2065; aA AG Köln NZI 2017, 78).

8. Will der Gläubiger – im Hinblick auf § 302 Nr. 1 InsO – eine Forderung als vorsätzlich begangene unerlaubte Handlung anmelden (zur eigenständigen Verjährung: BGH NZI 2016, 401 Rn. 28 ff.), so genügt es nicht, dass er nur schlagwortartig einen nach seiner Meinung einschlägigen Straftatbestand benennt (zB „Betrug", „Vorenthaltung von Sozialversicherungsbeiträgen"), eine entsprechende Vorschrift anführt (zB § 266a StGB, § 826 BGB) oder gar nur im Anmeldeformular die Anmeldung als vorsätzlich begangene unerlaubte Handlung ankreuzt (AG Norderstedt NZI 2017, 677; AG Köln NZI 2017, 449; Braun/*Specovius* InsO § 174 Rn. 39). Vielmehr verlangt § 174 Abs. 2 InsO nach seinem eindeutigen Wortlaut einen *Tatsachenvortrag*. Der Rechtsgrund der unerlaubten Handlung muss nach Ansicht des BGH (NZI 2014, 127; zust. AG Mannheim

ZInsO 2021, 797) in der Forderungsanmeldung nur so beschrieben werden, dass der aus ihm hergeleitete Anspruch in tatsächlicher Hinsicht zweifelsfrei bestimmt ist und der Schuldner erkennen kann, welches Verhalten ihm vorgeworfen wird; einer schlüssigen Darlegung des Delikttatbestands bedürfe es nicht (aA Uhlenbruck/*Sinz* InsO § 174 Rn. 38). Ist eine Restschuldbefreiung nicht beantragt worden, ist zwar die Anmeldung einer Forderung als Deliktforderung möglich (aA AG Köln NZI 2020, 899), nicht aber die Feststellung ihrer Restschuldbefreiungsfestigkeit iSd § 302 InsO (AG Düsseldorf NZI 2018, 405; AG Münster InsbürO 2017, 519).

Der Wortlaut des § 174 Abs. 2 InsO schreibt keine zeitgleiche Anmeldung von Forderung und der den Deliktscharakter bezeichnenden Tatsachen zwingend vor. Vielmehr ist das Nachschieben des Tatsachenvortrages zum Deliktscharakter wie eine Nachmeldung iSv § 177 Abs. 1 InsO zu behandeln und nicht durch eine Feststellung der Forderung zur Tabelle präkludiert (BGH NZI 2008, 250). Die Anmeldung als privilegierte Forderung kann (auch im schriftlichen Verfahren) nur bis zum Schlusstermin erfolgen (BGH NZI 2020, 229 Rn. 10, 21 ff.). Weigert sich der Insolvenzverwalter, die nachträglich angemeldeten Tatsachen in die Tabelle aufzunehmen und ist die Insolvenztabelle deswegen lückenhaft, so kann der betroffene Gläubiger den Rechtsgrund seiner festgestellten Forderung nur außerhalb des Insolvenzverfahrens gegen den *Schuldner* im Klagewege geltend machen, auch wenn das Schlussverzeichnis bereits eingereicht wurde (BGH NZI 2008, 250; Uhlenbruck/*Sinz* InsO § 177 Rn. 16).

Eine ohne das Attribut „aus vorsätzlich begangener unerlaubter Handlung“ angemeldete Forderung unterfällt der Restschuldbefreiung (BGH NZI 2020, 229 Rn. 8), was als Verletzung anwaltlicher Pflichten zu einer Haftung führen kann (LG Aachen ZIP 2020, 1141).

Zum isolierten Widerspruch des Schuldners und zur titelergänzenden Feststellungsklage: → Form. III.F.11 Anm. 1.

9. Zinsen sind höchstens bis zum Stichtag vor der Insolvenzeröffnung (arg. § 39 Abs. 1 Nr. 1 InsO) anmeldefähig. Die Zinsen sind gesondert mit dem Prozentsatz und dem Zinsbeginn anzumelden. Einer betragsmäßigen Errechnung durch den Insolvenzgläubiger bedarf es nicht. Werden Verzugszinsen geltend gemacht, ist der Verzugseintritt (§ 286 BGB) sowie die Höhe der Verzugszinsen, sofern sie über dem gesetzlichen Zinssatz (§§ 288 BGB; 352 HGB) liegen, nachzuweisen (Kayser/Thole/*Depré* InsO § 174 Rn. 13).

Nach Insolvenzeröffnung entstehende Säumniszuschläge auf Insolvenzforderungen sind jedoch nachrangige Insolvenzforderungen (BSG ZIP 2004, 521; jetzt auch § 39 Abs. 1 Nr. 1 InsO).

10. Anmeldefähig sind nur Kosten, die vor dem Insolvenzverfahren entstanden sind, zB die Kosten bisheriger Vollstreckungsmaßnahmen oder Gebühren nach § 13 RVG VV 2400.

Nicht anmeldefähig sind die Kosten, welche dem Gläubiger durch die Teilnahme an dem Insolvenzverfahren erwachsen, da es sich um nachrangige Forderungen handelt (§ 39 Abs. 1 Nr. 2 InsO). Dies gilt auch für die Anwaltsgebühren für den Antrag auf Eröffnung des Insolvenzverfahrens (Kayser/Thole/*Eickmann* InsO § 39 Rn. 8).

11. Wie erste Hauptforderung; → Anm. 5. Poolanmeldungen (auf einen Treuhänder übertragene Forderungen, der sie zusammen zur Tabelle anmeldet) und Sammelanmeldungen (einheitliche, zusammengefasste Anmeldung mehrerer gleichartiger Ansprüche) sind zulässig, sofern eine Individualisierung jeder einzelnen Forderung der Anspruchsberechtigten erfolgt, damit die Möglichkeit des Verwalters oder anderer Gläubiger, einzelne Forderungen zu bestreiten, nicht eingeschränkt wird (BGH ZIP 2009, 483 Rn. 11).

12. Es obliegt gem. § 28 Abs. 2 InsO dem Gläubiger, Aus- oder Absonderungsrechte rechtzeitig geltend zu machen und die Unterlagen, aus denen sich die Rechte herleiten, vorzulegen. Im Eröffnungsverfahren kann das Insolvenzgericht gem. § 21 Abs. 2 Nr. 5 InsO anordnen, dass die Ausübung der Rechte beschränkt wird. Für die Wahlrechtsausübung bei Gegenständen, die unter Eigentumsvorbehalt gekauft wurden, gilt § 107 Abs. 2 InsO. → Form. III.F.10 Anm. 14.

13. § 174 Abs. 1 S. 2 InsO ist nur eine Sollvorschrift; daher ist die Anmeldung auch ohne Beifügung von Originalen der Beweisstücke wirksam (BGH NZI 2006, 173). Der Anmelder, der es unterlässt, Beweisstücke einzureichen, setzt sich aber dem Risiko aus, dass der Verwalter den Anspruch mangels Prüffähigkeit bestreitet (BGH NZI 2006, 173) und ihn erst im Feststellungsprozess nach Vorlage der Beweisstücke sofort anerkennt mit der Folge, dass der Anmelder die Kosten des Feststellungsstreits zu tragen hat (Uhlenbruck/*Sinz* InsO § 179 Rn. 24 f.). Eine Verweisung auf die Unterlagen der Insolvenzschuldnerin ist unzulässig, da jeder Gläubiger das Recht zur Einsicht in die Anmeldeunterlagen besitzt und er nur aufgrund vollständiger Anmeldeunterlagen prüfen kann, ob er von seinem Widerspruchsrecht im Prüfungstermin (§ 176 S. 2 InsO) Gebrauch machen soll.

14. Im Falle des Bestreitens durch den Insolvenzverwalter trifft die Feststellungslast nach § 179 Abs. 1 InsO den Gläubiger. Bei einer titulierten Forderung hat den Widerspruch der Widersprechende zu verfolgten (§ 179 Abs. 2 InsO). Wird der Originaltitel nicht im Prüfungstermin vorgelegt, gilt die Forderung iSv § 179 InsO als nicht tituliert (MüKoInsO/*Schumacher* § 179 Rn. 26).

Der Feststellungsvermerk in der Insolvenztabelle wirkt wie ein rechtskräftiges Urteil (§ 178 Abs. 3 InsO) und kann insoweit auch für einen späteren Haftungsbescheid gegen den Geschäftsführer bindend sein (BFH NZI 2020, 478; FG Rheinland-Pfalz GmbHR 2020, 721). Durch die Vorlage eines vollstreckbaren Auszugs aus der Insolvenztabelle kann der Gläubiger den Nachweis einer Forderung aus vorsätzlich begangener unerlaubter Handlung für das Vollstreckungsprivileg des § 850f Abs. 2 ZPO führen, wenn sich daraus ergibt, dass eine solche Forderung zur Tabelle festgestellt und vom Schuldner nicht bestritten worden ist (BGH NZI 2020, 438 Rn. 10). Bei versäumter Belehrung des Schuldners durch das Insolvenzgericht über sein Widerspruchsrecht kann eine Wiedereinsetzung in den vorherigen Stand in Betracht kommen (AG Köln ZInsO 2021, 394).

Um eine Doppeltitulierung zu vermeiden, kann das Insolvenzgericht die spätere Erteilung des vollstreckbaren Tabellenauszugs von der Vorlage der Originalurkunde zur Entwertung abhängig machen.

15. Insolvenzgläubiger festgestellter Forderungen erhalten von dem Ergebnis des Prüfungstermins weder Nachricht noch einen Auszug aus der Insolvenztabelle (§ 179 Abs. 3 S. 3 InsO). Dies gilt auch dann, wenn der Insolvenzschuldner der Feststellung widersprochen hat, da hierdurch die Feststellung nicht gehindert wird (§ 178 Abs. 1 S. 2 InsO).

Hat der Insolvenzverwalter oder ein anderer Insolvenzgläubiger im Prüfungstermin die angemeldete Forderung ganz oder teilweise bestritten, ist dem Gläubiger, dessen Forderung bestritten wurde, ein beglaubigter Auszug aus der Insolvenztabelle zu übersenden (§ 179 Abs. 3 S. 1 InsO). Dieser ist Prozessvoraussetzung für die Feststellungsklage nach § 180 InsO. Insolvenzfeststellungsklage ist nur zulässig, soweit die Forderung vorher angemeldet, geprüft und bestritten worden ist (BGH NZI 2014, 749 Rn. 9 f.). Bei einem geänderten oder nicht angemeldeten Anspruchsgrund ist die Insolvenzfeststellungsklage unzulässig (BGH ZIP 2003, 2379).

Zur Feststellungsklage einer streitig gebliebenen Insolvenzforderung: → Form. III.F.11. Zur titelergänzenden Feststellungsklage: → Form. III.F.12.

Bis zur Aufnahme in die Tabelle kann die Forderungsanmeldung noch durch Erklärung gegenüber dem Insolvenzverwalter zurückgenommen werden, nach Durchführung des Prüftermins nur noch gegenüber dem Insolvenzgericht (LG Stuttgart ZInsO 2020, 791). Hat der Anmelder die Erklärung an den Insolvenzverwalter adressiert, wird die Erklärung erst nach Weiterleitung durch den Insolvenzverwalter mit Eingang beim Insolvenzgericht wirksam (BGH NZI 2019, 536 Rn. 24 ff.).

10. Anmeldung einer Ausfallforderung durch einen absonderungsberechtigten Gläubiger und Geltendmachung von Aussonderungsrechten

Herrn **(Ort, Datum)**

Rechtsanwalt/Insolvenzverwalter[1] . . . . .
. . . . .
Betr.: Insolvenzverfahren über das Vermögen der XY GmbH
Hier: Anmeldung[2] einer Ausfallforderung[3] der A GmbH

Sehr geehrter Herr Kollege,
in dem vorbezeichneten Insolvenzverfahren zeige ich an, dass die A GmbH als aus-[4] und absonderungsberechtigte[5] Gläubigerin durch mich anwaltlich vertreten wird. Eine auf mich lautende Vollmacht füge ich als Anlage bei.
Namens und im Auftrag der A GmbH melde ich die nachfolgend bezeichnete Forderung zur Insolvenztabelle für den Ausfall[6] an:
Forderung aus Kontokorrent[7] . . . . . EUR

Zum Nachweis der Forderung füge ich eine Fotokopie des Kontokorrentkontos bei.
Die Schuldnerin hat der A GmbH folgende Sicherheiten[8] bestellt:
1. **Grundschuld[9] über . . . . . EUR nebst . . . . . % Zinsen p. a. ab (Datum der Eintragung im Grundbuch) gem. Grundschuldbestellungsurkunde vom . . . . .,[10] Grundschuldbrief (genaue Bezeichnung) vom . . . . . und Eintragungsnachricht . . . . . des Grundbuchamtes in . . . . .**
2. **Sicherungsabtretung der Forderungen . . . . . gem. Erklärung vom . . . . .**
3. **Sicherungsübereignung folgender Fahrzeuge gem. Vertrag vom . . . . .**
   a) **Personenkraftwagen (genaue Bezeichnung)**
   b) **Lastkraftwagen (genaue Bezeichnung)**
4. **Raumsicherungsvertrag vom . . . . . nebst Lageplan**
5. **Kaufvertrag vom . . . . . nebst AGB (verlängerter Eigentumsvorbehalt)**
6. **Bürgschaft des Gesellschafters C**

Zum Nachweis der Bestellung dieser Sicherheiten füge ich Fotokopien der genannten Urkunden[11] bei. Auch weise ich darauf hin, dass die Gläubigerin im Besitz der Kraftfahrzeugbriefe für die übereigneten Fahrzeuge ist.
Die A GmbH verlangt aus dem Sicherungsgut abgesonderte Befriedigung[12] ihrer Kontokorrentforderung sowie der Kosten und auflaufenden Zinsen bis zum Zeitpunkt der Verwertung.[13]

Da die Lieferungen der Gläubigerin unter verlängertem Eigentumsvorbehalt erfolgten, wurden auch diese Aussonderungsrechte bereits durch Schreiben vom . . . . . gegenüber dem Insolvenzverwalter geltend gemacht, insb. ein Verarbeitungs- und Verwertungsverbot erteilt.[14]

Die A GmbH besitzt weiterhin für einen Teilbetrag iHv . . . . . EUR eine selbstschuldnerische unbefristete Bürgschaft[15] des Gesellschafters C.

Trotz dieser Aus- und Absonderungsrechte sowie der teilweisen gesamtschuldnerischen Haftung des Bürgen ist nicht mit einer vollen Befriedigung der Forderung der A GmbH, sondern mit einem erheblichen Ausfall zu rechnen. Die vom Insolvenzverwalter mit Schreiben vom . . . . . erbetene Auskunft[16] über den Umfang, den Verbleib und die Werthaltigkeit des Sicherungsgutes liegt noch nicht vor.

Doppel dieses Schreibens nebst Anlagen füge ich bei.[17]

Rechtsanwalt

Anmerkungen

1. → Form. III.F.9 Anm. 1.

2. → Form. III.F.9 Anm. 2.

3. Die Ausfallforderung findet ihre gesetzliche Grundlage in § 52 InsO, der den Fall regelt, dass der Insolvenzschuldner auch persönlicher Gläubiger eines Absonderungsberechtigten ist (MüKoInsO/*Ganter* § 52 Rn. 2). In der Person des Insolvenzschuldners müssen sich die dingliche Haftung und die persönliche Schuld vereinigen. Verzichtet der Gläubiger nicht auf das Absonderungsrecht, so nimmt er an der Schlussverteilung wegen seiner persönlichen Forderung nur mit dem nachgewiesenen tatsächlichen Ausfall teil. Die Regelung ist zwingend.

4. → Form. III.F.8 Anm. 2.

Während das Absonderungsrecht auf vorzugsweise Befriedigung einer Forderung aus einem zur Insolvenzmasse gehörenden Gegenstand geht, wird mit der Geltendmachung des Aussonderungsrechts gem. § 47 InsO ein Ausscheiden eines Gegenstandes aus der Insolvenzmasse verlangt, weil er iSv § 35 InsO dem Schuldner nicht gehört (Jaeger/*Henckel* InsO § 47 Rn. 25). Die Aussonderung bedeutet die haftungsrechtliche Trennung von der Insolvenzmasse, während die Absonderung lediglich einen Zugriff auf den Verwertungserlös ermöglicht (MüKoInsO/*Ganter* § 47 Rn. 12).

Gegenstand des Aussonderungsrechts können bewegliche und unbewegliche Sachen, dingliche und persönliche Rechte, Forderungen sowie der Besitz sein (Jaeger/*Henckel* InsO § 47 Rn. 25; zur Doppeltreuhand bei betrieblicher Altersvorsorge: *Ganter* NZI 2021, 132 ff.).

Die Verlängerungs- und Erweiterungsformen des Eigentumsvorbehalts stellen eine Sicherungszession dar und berechtigen daher nur zur Absonderung (Kayser/Thole/*Lohmann* InsO § 51 Rn. 33 ff.).

In einem Insolvenzplanverfahren sind Aussonderungsberechtigte nicht beteiligt und werden deshalb in § 217 InsO nicht genannt (MüKoInsO/*Ganter* § 47 Rn. 494).

5. Nach § 49 InsO berechtigen Rechte an Gegenständen, die der Zwangsvollstreckung in das unbewegliche Vermögen unterliegen, zur abgesonderten Befriedigung für diejenigen, die ein Recht auf Befriedigung aus dem Gegenstand haben. Hierzu zählen: Grundstücke, grundstücksgleiche Rechte (Erbbaurecht, Bergwerkseigentum), eingetragene Schiffe, Schiffsbauwerke, Hochseekabel und Luftfahrzeuge (Uhlenbruck/*Brinkmann* InsO § 49 Rn. 45). Die Immobiliarabsonderung gewähren Hypotheken, Grund- und Rentenschulden. Nach § 301 Abs. 2 S. 1 InsO werden dingliche Sicherheiten der Insolvenzgläubiger von der Erteilung der Restschuldbefreiung nicht berührt. Daher besteht eine Zwangssicherungshypothek auch nach erteilter Restschuldbefreiung fort, auch wenn die ihr zu Grunde liegende persönliche Forderung gegen den Schuldner nach erfolgter Restschuldbefreiung nicht mehr durchgesetzt werden kann (BGH NZI 2021, 184 Rn. 9).

Grundschuld und Hypothek erstrecken sich gem. § 1120 BGB auch auf das eigene Zubehör des Grundstückseigentümers. Veräußert der Schuldner vor Insolvenzeröffnung Gegenstände, welche gem. §§ 1121 ff. BGB mithaften, so fallen diese Gegenstände nicht in die Insolvenzmasse. Der Erwerber hat ein Aussonderungsrecht (MüKoInsO/*Ganter* § 49 Rn. 16). Veräußert der Insolvenzverwalter vor Beschlagnahme, also Anordnung der Zwangsversteigerung, die Zubehörstücke und werden diese vom Grundstück entfernt, ist der Erlös analog § 48 InsO im Rahmen der Ersatzaussonderung herauszugeben (MüKoInsO/*Ganter* § 49 Rn. 19). Andererseits darf der Insolvenzverwalter im Rahmen ordnungsmäßiger Wirtschaft Zubehörstücke veräußern (BGHZ 60, 267 (270)).

Absonderungsberechtigt sind nach § 50 InsO auch Gläubiger, die an einem Massegegenstand ein durch Rechtsgeschäft bestelltes Pfandrecht haben. Ein Pfändungspfandrecht iSv § 50 Abs. 1 S. 1 InsO kann an beweglichen Sachen, Forderungen und Rechten entstehen. Das Pfändungspfandrecht entsteht mit wirksamer Pfändung (BGH NJW 1998, 2969 (2970)) und berechtigt nur dann zur Absonderung, wenn es vor Insolvenzeröffnung und vor Anordnung von Maßnahmen nach § 21 Abs. 2 Nr. 2 u. 3 InsO entstanden ist (MüKoInsO/*Ganter* § 50 Rn. 77). Ist das Pfändungspfandrecht im letzten Monat (im Verbraucherinsolvenzverfahren: in den letzten drei Monaten, § 88 Abs. 2 InsO) vor Eröffnung dieses Insolvenzverfahrens entstanden, wird es gem. § 88 InsO mit der Eröffnung des Insolvenzverfahrens unwirksam. Maßgeblich ist der Zeitpunkt der Erlangung der Sicherung und nicht der Vollstreckungsvorbereitung (MüKoInsO/*Breuer* § 88 Rn. 19).

Das gesetzliche Pfandrecht des Vermieters oder Verpächters gewährt ebenfalls ein Absonderungsrecht (§ 50 Abs. 2 S. 1 InsO). Voraussetzung ist, dass die Sachen im Eigentum des Schuldners stehen (Uhlenbruck/*Brinkmann* InsO § 50 Rn. 22). Vom Vermieterpfandrecht werden Sachen, welche nur zu einem vorübergehenden Zweck auf das Grundstück gebracht wurden, nicht erfasst (MüKoInsO/*Ganter* § 50 Rn. 86). Dagegen unterliegen Fahrzeuge, die auf dem gemieteten Grundstück regelmäßig abgestellt werden, dem Vermieterpfandrecht. Das Pfandrecht erlischt, wenn das Fahrzeug für die Durchführung einer Fahrt von dem Mietgrundstück – auch nur vorübergehend – entfernt wird; es entsteht neu, wenn das Fahrzeug später wieder auf dem Grundstück abgestellt wird (BGH NZI 2018, 174). Das Absonderungsrecht sichert Miet- oder Pachtzinsen sowie andere Forderungen (MüKoInsO/*Ganter* § 50 Rn. 92) aus dem Miet- oder Pachtverhältnis für die Dauer von zwölf Monaten vor der Insolvenzeröffnung. Zu Lasten der Insolvenzgläubiger kann das ansonsten bestehende Vermieterpfandrecht trotz der Regelung des § 562 S. 2 BGB nicht geltend gemacht werden (Uhlenbruck/*Brinkmann* InsO § 50 Rn. 29). Das Vermieterpfandrecht schützt auch unselbständige Nebenansprüche, Verletzung der Rückgabepflicht, Kosten der Rechtsverfolgung (MüKoInsO/*Ganter* § 50 Rn. 92) sowie Räumungskosten, die sonst Insolvenzforderungen darstellen, auch wenn das Mietverhältnis nach Insolvenzeröffnung endet (BGH NJW-Spezial 2008, 407).

Der Vermieter hat ein Auskunftsrecht gegenüber dem Insolvenzverwalter über den Verbleib der dem Vermieterpfandrecht unterliegenden Gegenstände (BGH ZIP 2004, 326).

Weitere rechtsgeschäftliche Pfandrechte bestehen für den Gastwirt (§ 704 BGB), den Werkunternehmer (§ 647 BGB), den Kommissionär, den Spediteur bzgl. der mit dem konkreten Speditionsgeschäft zusammenhängenden Forderungen, den Lagerhalter, Frachtführer und den Haftpflichtgläubiger, § 157 VVG (BGH NJW 1996, 2035 (2036); MüKoInsO/*Ganter* § 50 Rn. 115).

Ferner berechtigen zur Absonderung:

- Sicherungsübereignung und Sicherungsabtretung (§ 51 Nr. 1 InsO);

- Zurückbehaltungsrecht aufgrund nützlicher Verwendungen (§ 51 Nr. 2 InsO);
- das kaufmännische Zurückbehaltungsrecht (§§ 369–372 HGB § 51 Nr. 3 InsO), jedoch nicht das Zurückbehaltungsrecht nach § 273 BGB (BGH NZI 2013, 158 Rn. 9);
- Sicherheiten für Zölle und Steuern (§ 51 Nr. 4 InsO; zu Einzelheiten: vgl. MüKoInsO/*Ganter* § 51 Rn. 246–250).

Die Verwertung des Absonderungsguts erfolgt gem. §§ 165 ff. InsO. Bei unbeweglichen Gegenständen kann der Insolvenzverwalter die Zwangsversteigerung und/oder Zwangsverwaltung betreiben (§ 165 InsO). Zuständig ist das Vollstreckungsgericht (§ 1 Abs. 1, 2 ZVG). Für die sog Verwalterversteigerung gilt das ZVG (§§ 172 ff. ZVG). Soweit bewegliche Gegenstände der Zubehörhaftung unterliegen, erhält die Insolvenzmasse pauschal 4 % für die Kosten der Feststellung. Die Kostenpauschale gewährt ein Recht auf Befriedigung aus dem Grundstück (§ 10 Abs. 1 Nr. 1a ZVG). Das Recht ist durch den Insolvenzverwalter anzumelden. Der Insolvenzverwalter kann aus dem Recht des § 10 Abs. 1 Nr. 1a ZVG die Zwangsversteigerung betreiben und beantragen, dass bei der Feststellung des geringsten Gebots nur die diesem Recht vorgehenden Rechte berücksichtigt werden (§ 174a ZVG).

Bewegliche Gegenstände, welche der Insolvenzverwalter aufgrund seiner Verpflichtung zur Inbesitznahme der Insolvenzmasse (§ 148 Abs. 1 InsO) in seinem Besitz hat (BGH NZI 2018, 396 Rn. 24 – mittelbarer Besitz kann genügen), kann er trotz des Absonderungsrechts verwerten (§§ 166 Abs. 1, 170 Abs. 2 InsO; nach der Streichung von § 313 Abs. 3 InsO inzwischen auch in der Verbraucherinsolvenz). Der Insolvenzverwalter hat auf Verlangen den Gläubiger vom Zustand der Sache oder Forderung zu unterrichten (§ 167 InsO). Über seine Veräußerungsabsicht hat der Verwalter den Sicherungsgläubiger gem. § 168 InsO zu informieren und ihm – einmalig – Gelegenheit zu geben, eine *konkrete* bessere Verwertungsalternative aufzuzeigen (BGH NZI 2010, 525 Rn. 3); andernfalls haftet er nach § 60 InsO (OLG Düsseldorf ZInsO 2018, 34 Rn. 61 f.). Für die Feststellung des Absonderungsrechts sind 4 % und für die Verwertung weitere 5 % des Verwertungserlöses (= Brutto !) sowie die abzuführende Umsatzsteuer vorweg an die Masse abzuführen (§ 171 Abs. 2 S. 2 InsO). Nach dem BMF-Schreiben vom 30.4.2014 (BStBl. I 2014, 816) fällt seit dem 1.7.2014 keine Umsatzsteuer mehr auf die Verwertungskostenpauschale an (anders noch BFH BStBl. II 2014, 406 Rn. 26, 29). Will der Gläubiger geltend machen, die für die Verwertung eines mit einem Absonderungsrecht belasteten Gegenstandes erforderlichen Kosten seien erheblich niedriger als die gesetzliche Pauschale, dann müssen hierfür mindestens konkrete Anhaltspunkte vorgetragen werden. Die bloße Behauptung, dass keine oder erheblich niedrigere Kosten angefallen seien, löst keine sekundäre Darlegungslast des Insolvenzverwalters hinsichtlich der tatsächlich entstandenen Verwertungskosten aus, da sonst die Vermutung des § 171 Abs. 2 S. 1 InsO faktisch entwertet würde (OLG Düsseldorf ZInsO 2018, 34 Rn. 69). Verzichtet der Insolvenzverwalter auf sein Verwertungsrecht, hat der absonderungsberechtigte Gläubiger die pauschalen Feststellungskosten sowie die Umsatzsteuer der Insolvenzmasse zu erstatten (§ 170 Abs. 2 InsO; zum „Dreifachumsatz“: BFH BStBl. II 2014, 406 Rn. 29; BMF-Schreiben vom 30.4.2014, BStBl. I 2014, 816; Abschn. 1.2 Abs. 1a und 4 UStAE; Uhlenbruck/*Sinz* InsO § 171 Rn. 20 ff.; zum „Doppelumsatz“: BFH BStBl. II 2008, 163 Rn. 16; zur Absonderung nach einem Rangrücktritt: LG Krefeld Urt. v. 7.4.2016 – 3 O 381/14, nv, Rn. 66). Durch die Überlassung (nur) zur Verwertung nach § 170 Abs. 2 InsO erfolgt keine echte Freigabe aus dem Insolvenzbeschlag, so dass die aus der Veräußerung durch den absonderungsberechtigten Gläubiger resultierende Einkommensteuer Masseverbindlichkeit ist (FG Rheinland-Pfalz NZI 2020, 529; Revision anhängig unter BFH X R 9/20).

Dem absonderungsberechtigten Gläubiger sind ab dem Berichtstermin die vom Schuldner geschuldeten Zinsen zu Lasten der Insolvenzmasse zu erstatten (§ 169 InsO), sofern die Verwertung durch den Insolvenzverwalter verzögert wird (MüKoInsO/*Kern* § 169

Rn. 26 f.). Eine Verzögerung der Auszahlung des Verwertungserlöses an den Gläubiger ist einer verzögerlichen Verwertung gleichzustellen (BGH ZInsO 2003, 318 (322)). Maßgeblich ist die vereinbarte Zinshöhe (Kayser/Thole/*Hölzle* InsO § 169 Rn. 17).

Ein Ausgleichsanspruch nach § 172 Abs. 1 S. 1 InsO setzt voraus, dass der Wertverlust eines mit einem Absonderungsrecht belasteten Gegenstandes auf dessen Nutzung zurückzuführen ist. Für allein durch Zeitablauf oder sonstige Umstände eintretende allgemeine Wertverluste (zB Sinken des Börsenkurses) kann ein Ausgleich nach dieser Vorschrift nicht verlangt werden (OLG Düsseldorf ZInsO 2018, 34 Rn. 65).

6. → Anm. 3. Führt die Absonderung nicht zur vollen Befriedigung der Ansprüche des Gläubigers, verbleibt eine Restforderung, die in der Praxis für den Ausfall zur Insolvenztabelle angemeldet wird. Die Anmeldung der Insolvenzforderung erfolgt in voller Höhe. Beim Nichtbestreiten durch den Insolvenzverwalter oder Insolvenzgläubiger wird die Forderung als Insolvenzforderung „für den Ausfall“ festgestellt (KPB/*Holzer* InsO § 190 Rn. 10).

Zu Abschlagsverteilungen: FKR InsR Rn. 1656. Die Behandlung der Forderungen absonderungsberechtigter Gläubiger bei der Schluss- und Nachtragsverteilung ergibt sich aus § 190 Abs. 1 InsO. Der Ausfall ist nachzuweisen oder der Gläubiger muss auf das Absonderungsrecht verzichten, damit seine Forderung in das Schlussverzeichnis aufgenommen wird und an der Schlussverteilung teilnimmt. Eine Glaubhaftmachung der Höhe des Ausfalls reicht für die Schlussverteilung nicht aus (K. Schmidt/*Jungmann* InsO § 190 Rn. 6).

Die für die absonderungsberechtigten Gläubiger bestimmten Beträge werden mit der Schlussverteilung frei und müssen nicht zurückgehalten oder hinterlegt werden (KPB/*Holzer* InsO § 203 Rn. 11).

7. → Form. III.F.9 Anm. 5–11.

8. Nach § 50 InsO können auch an beweglichen Gegenständen (§§ 1204 ff. BGB) und Forderungen (§ 1279 BGB) Absonderungsrechte durch rechtsgeschäftlich bestellte Pfandrechte begründet werden. Die Verwertung des beweglichen Gegenstandes, den der Insolvenzverwalter im Besitz hat, erfolgt durch den Insolvenzverwalter (§ 166 Abs. 1 InsO). Eine verpfändete Forderung wird durch den Pfandgläubiger verwertet (MüKoInsO/*Kern* § 166 Rn. 71; zur Verpfändung einer Rückdeckungsversicherung für ein Arbeitszeitkontoguthaben: LAG Köln ZInsO 2020, 1877), während eine zur Sicherheit abgetretene Forderung durch den Insolvenzverwalter eingezogen wird (§ 166 Abs. 2 S. 1 InsO). Verwertet der Insolvenzverwalter, stehen der Insolvenzmasse die Kostenbeiträge (§ 171 Abs. 1 u. 2 InsO; 9 % vom *Brutto*erlös) sowie die Umsatzsteuer (§ 171 InsO) zu. Dagegen ist § 170 Abs. 1 InsO weder unmittelbar noch entsprechend anwendbar, soweit Sicherungsgut durch den Schuldner im Insolvenzeröffnungsverfahren unberechtigt verwertet worden ist. § 171 InsO gilt bei einer Anordnung nach § 21 Abs. 2 Nr. 5 InsO nur für den Forderungseinzug durch den vorläufigen Insolvenzverwalter, nicht aber bei einer (zudem unberechtigten) Veräußerung von sicherungsübereigneten Gegenständen (OLG Düsseldorf ZInsO 2018, 34 Rn. 67).

Die Einziehung sicherungsabgetretener Forderungen und die Veräußerung sicherungsübertragener oder unter Eigentumsvorbehalt erworbener Ware sind unberechtigt, wenn die Sicherungsrechte der Sicherungsnehmer sich nicht auf die Ansprüche auf die Gegenleistung und die eingezogenen Geldbeträge oder das eingenommene Entgelt erstrecken, etwa dadurch, dass der vorläufige Insolvenzverwalter die zur Sicherung abgetretenen Forderungen und die Entgelte aus der Weiterveräußerung schuldnerfremder Gegenstände auf einem zugunsten der Sicherungsnehmer eingerichtetem offenen Treuhandkonto einzieht (BGH NZI 2019, 274 Rn. 40). Zieht der Insolvenzverwalter eine Forderung unberechtigt ein (zB weil die Einziehungsermächtigung erloschen war) und leistet mithin der

Drittschuldner mit befreiender Wirkung, steht dem Absonderungsberechtigten ein Ersatzabsonderungsrecht nach § 48 InsO analog zu (BGH ZInsO 2020, 296 Rn. 8). Der Materiallieferant/Vorbehaltsverkäufer kann eine ihm gegenüber unwirksame Forderungseinziehung durch den Insolvenzschuldner nicht nachträglich mit Wirkung gegenüber der Masse genehmigen; dem steht § 91 InsO entgegen (BGH ZInsO 2020, 296 Rn. 35; *Smid* ZInsO 2020, 1573 ff.; *Ganter* ZInsO 2020, 1752 ff.).

In dem Insolvenzverfahren des Sicherungsgebers hat der Sicherungseigentümer kein Aus-, sondern ein Absonderungsrecht (§ 51 Nr. 1 InsO). Das Verwertungsrecht steht dem Insolvenzverwalter nur zu, sofern er den sicherungsübereigneten Gegenstand in Besitz hat (§ 166 Abs. 1 InsO).

Unabhängig davon, ob der Insolvenzverwalter den sicherungsübereigneten Gegenstand nutzt, sind dem Gläubiger ab dem Tag nach dem Berichtstermin (§ 187 Abs. 1 BGB) die geschuldeten Zinsen zu zahlen (§ 169 S. 1 InsO). Die Höhe der Zinszahlungen bemisst sich nach der vertraglichen Abrede (Kayser/Thole/*Hölzle* InsO § 169 Rn. 17). Fehlt eine solche, sind 4 % anzusetzen (BGH ZIP 2006, 814; MüKoInsO/*Kern* § 169 Rn. 38). Keine Zinszahlungsverpflichtung besteht für die Zeit vor dem Berichtstermin (KPB/*Kemper* InsO § 169 Rn. 11; MüKoInsO/*Kern* § 169 Rn. 40).

9. Die Grundschuld gewährt nach § 49 InsO ein Recht auf Befriedigung aus dem belasteten Grundstück. Der berechtigte Gläubiger kann aufgrund dieses Rechts außerhalb des Insolvenzverfahrens die Absonderung im Wege der Zwangsversteigerung und/oder Zwangsverwaltung betreiben (MüKoInsO/*Ganter* § 49 Rn. 84). Der Insolvenzverwalter kann parallel nach § 165 InsO vorgehen. Der dingliche Titel berechtigt bis zur Eröffnung des Insolvenzverfahrens auch zur Beschlagnahme der Mietzinsforderungen (BGH NZI 2006, 577) im Wege der Forderungspfändung (§§ 829, 835 ZPO) ohne Beschlagnahme durch ein Zwangsverwaltungsverfahren.

Das Vollstreckungsverfahren ist gegen den Insolvenzverwalter zu betreiben (§ 80 Abs. 1 InsO). Der Gläubiger benötigt einen Vollstreckungstitel gegen den Insolvenzverwalter (MüKoInsO/*Ganter* § 49 Rn. 89); bei einem vorhandenen Vollstreckungstitel (zB aufgrund der Grundschuldbestellungsurkunde) ist die Vollstreckungsklausel auf den Verwalter umzuschreiben (§§ 727 ZPO). Liegt kein Vollstreckungstitel vor, muss der Gläubiger zunächst gegen den Insolvenzverwalter Pfandklage/Duldungsklage erheben (Jaeger/*Henckel* InsO Vor §§ 49–52 Rn. 24). Dem Insolvenzverwalter müssen der Vollstreckungstitel (§ 750 Abs. 1 ZPO), die umgeschriebene Vollstreckungsklausel und eine Abschrift dieser Urkunde (§ 750 Abs. 2 ZPO) zugestellt werden (MüKoInsO/*Ganter* § 50 Rn. 89).

Da das Recht auf abgesonderte Befriedigung nicht auf der persönlichen Forderung, sondern auf dem dinglichen Recht beruht und nach § 89 InsO die unbeschränkte Zwangsvollstreckung in das schuldnerische Vermögen unzulässig ist, kann sich eine Klage zur Erwirkung eines Titels nur auf Duldung der Zwangsvollstreckung in den Pfandgegenstand richten. Bei der Titelumschreibung (zB einer Grundschuldbestellungsurkunde) ist darauf zu achten, dass die Umschreibung nur in dinglicher Hinsicht erfolgt, wenngleich § 89 InsO nicht anwendbar ist, da die Norm auf Vorbereitungshandlungen der Einzelzwangsvollstreckung keine Anwendung findet (MüKoInsO/*Breuer/Flöther* § 89 Rn. 1). Soweit persönliche Ansprüche verfolgt werden, ist der Insolvenzverwalter nicht Rechtsnachfolger der Schuldnerin (Zöller/*Stöber* ZPO § 727 Rn. 18). Wird der Titel auch in persönlicher Hinsicht umgeschrieben, steht dem Insolvenzverwalter die Erinnerung zu (§ 732 ZPO). Zuständig ist das AG als Zivilgericht, nicht als Vollstreckungsgericht (Zöller/*Stöber* ZPO § 797 Rn. 9).

Eine freihändige Veräußerung des Grundstücks durch den Insolvenzverwalter gilt als Realisierung der Absonderungsrechte (BGH ZIP 1987, 764), löst allerdings Umsatzsteuer als Masseschuld aus (BFH ZIP 2011, 1923 Rn. 17, 20). Die Befriedigungsregeln nach

§§ 10–14 ZVG und die zeitliche Begrenzung von Zinsrückständen (§ 10 Abs. 1 Nr. 4 iVm § 13 ZVG) sind zu beachten (Kayser/Thole/*Lohmann* InsO § 49 Rn. 19). Die Vereinbarung einer Massebeteiligung, die ihr nach dem Gesetz nicht zusteht, löst ebenfalls Umsatzsteuer aus (BFH ZInsO 2005, 813 m. abl. Anm. *Onusseit*; aA auch K. Schmidt/*Sinz* InsO § 171 Rn. 31).

10. Die Angabe, wann die Sicherheit bestellt wurde, ist im Hinblick auf die Anfechtungsvorschriften (§§ 129 ff. InsO) erforderlich. Bei dinglichen Rechtsgeschäften wird der Vornamezeitpunkt auf den Eingang des Eintragungsantrags vorverlegt, wenn das Rechtsgeschäft wirksam und für den Schuldner unwiderruflich geworden ist (§ 140 Abs. 2 InsO).

11. → Form. III.F.9 Anm. 13.

12. Eine Frist, innerhalb derer der Insolvenzverwalter die Verwertung vornehmen muss, besteht nicht (Uhlenbruck/*Brinkmann* InsO § 166 Rn. 19). Lediglich durch die Zinszahlungsverpflichtung ab dem Berichtstermin (§ 169 InsO) wird ein gewisser Druck ausgeübt. Soweit der absonderungsberechtigte Gläubiger zur Verwertung berechtigt ist, weil die Voraussetzungen nach § 166 Abs. 1 u. 2 S. 1 InsO nicht vorliegen, kann der Verwalter durch das Insolvenzgericht dem Gläubiger eine Verwertungsfrist setzen lassen (§ 173 Abs. 2 S. 1 InsO). Diese wird im Falle eines Streits um die Massezugehörigkeit nicht durch die Klage vor dem ordentlichen Gericht ersetzt (BGH NZI 2016, 633).

Die Verwertung der Insolvenzmasse, zu der auch die mit Absonderungsrechten belasteten Gegenstände zählen (MüKoInsO/*Janssen* § 159 Rn. 4: nur Recht, keine Pflicht), darf grds. erst nach dem Berichtstermin beginnen (§ 159 InsO). Nur in Ausnahmefällen der Eilbedürftigkeit kann der Insolvenzverwalter bereits vor dem Berichtstermin die Verwertung durchführen (MüKoInsO/*Kern* § 169 Rn. 14).

13. Die Verrechnung des Erlöses auf Hauptsache, Zinsen und Kosten erfolgt nach § 367 BGB bzw. § 11 Abs. 3 VerbrKrG (Kayser/Thole/*Lohmann* InsO § 50 Rn. 32). Die Tatsache, dass es sich bei den ab Insolvenzeröffnung entstehenden Zinsen um nachrangige Insolvenzforderungen iSv § 39 Abs. 1 Nr. 1 InsO handelt, bedeutet jedoch nicht, dass ab Insolvenzeröffnung grds. keine Zinsen mehr gefordert werden können. Sofern für die Hauptforderung ein Absonderungsrecht besteht, kann zu Lasten des abzusondernden Gegenstandes Befriedigung auch für diese Zinsen gefordert werden (BGH NZI 2011, 247; 2008, 542). Der Insolvenzverwalter ist nicht berechtigt, eine Tilgungsbestimmung nach § 366 Abs. 1 BGB zu treffen (BGH NZI 2014, 1044 Rn. 16 ff.).

14. → Anm. 4. Zu den Verlängerungs- und Erweiterungsformen: → Form. III.F.8 Anm. 2. Eigentumsvorbehaltsrechte gewähren im Insolvenzverfahren kein Ab-, sondern ein Aussonderungsrecht (§ 47 InsO). Das Aussonderungsrecht ist außerhalb des Insolvenzverfahrens nach allgemeinen Regeln zB Herausgabeanspruch (Kayser/Thole/*Lohmann* InsO § 47 Rn. 3) gegenüber dem Insolvenzverwalter geltend zu machen. Der Insolvenzverwalter des Käufers hat die Anfrage des Verkäufers, ob der Vertrag erfüllt wird (§ 103 Abs. 2 S. 2 InsO), erst nach dem Berichtstermin zu beantworten (§ 107 Abs. 2 S. 1 InsO). Durch den Insolvenzverwalter kann der Aussonderungsanspruch beseitigt werden, indem er gem. § 103 Abs. 1 InsO vom Verkäufer Erfüllung verlangt und den Kaufpreis entrichtet (MüKoInsO/*Ganter* § 47 Rn. 63). Ansprüche aus beidseitig nicht oder nicht vollständig erfüllten Verträgen verlieren mit Insolvenzeröffnung nur ihre Durchsetzbarkeit und werden durch die Erfüllungswahl zu originären Masseforderungen (BGH ZIP 2002, 1093 unter Aufgabe der „Erlöschenstheorie" in BGHZ 129, 336 (338); 135, 25 (26); MüKoInsO/*Kreft* § 103 Rn. 4). Bei teilbaren Leistungen erlangen nur die beiderseitigen Ansprüche für die Zeit nach Insolvenzeröffnung die Rechtsqualität von originären Masseverbindlichkeiten und -forderungen (MüKoInsO/*Kreft* § 103 Rn. 39 ff.).

Die gerichtliche Geltendmachung des Aussonderungsrechts erfolgt außerhalb des Insolvenzverfahrens im normalen Streitverfahren vor dem Prozessgericht (Uhlenbruck/*Brinkmann* InsO § 47 Rn. 138). Die sachliche Zuständigkeit richtet sich nach §§ 23, 71 GVG (Jaeger/*Henckel* InsO § 47 Rn. 162). Der allgemeine Gerichtsstand bestimmt sich nach § 19a ZPO (BayObLG ZIP 2003, 541). Die Aussonderung kann im Wege des Angriffs durch Klage oder einredeweise geltend gemacht werden (MüKoInsO/*Ganter* § 47 Rn. 473). Der durch die Nutzung im Insolvenzeröffnungsverfahren eingetretene Wertverlust an Aussonderungsgut (zB Lastkraftwagen) kann anhand der Kauf- und Rückkaufpreise und der nach der durchschnittlichen Laufleistung ermittelten Gesamtlebensdauer geschätzt werden (BGH NZI 2016, 946).

15. Ausf. Uhlenbruck/*Sinz* InsO § 174 Rn. 11 mwN. Bei einem Gesamtschuldverhältnis und bei der Bürgschaft kann der Gläubiger nach § 43 InsO seine zum Zeitpunkt der Insolvenzeröffnung bestehende Forderung sowohl in voller Höhe im Insolvenzverfahren als auch gegenüber dem Gesamtschuldner bis zu seiner vollen Befriedigung geltend machen.

Gesamtschuldner und Bürgen sind ohne weiteres anmeldeberechtigt, wenn sie den Gläubiger vor oder nach Eröffnung des Insolvenzverfahrens voll befriedigt haben und deshalb bei dem Haupt- bzw. Mitschuldner aus dem jeweiligen Innenverhältnis oder aus übergegangenem Recht Regress nehmen können (§§ 426 Abs. 2 S. 1, 774 Abs. 1 S. 1 BGB); mit Befriedigung sind sie alleinige Forderungsinhaber. Da es sich um aufschiebend bedingte Forderungen handelt, sind aber auch künftige Rückgriffs- oder Ausgleichsansprüche des Bürgen oder Gesamtschuldners als solche schon vor der Zahlung an den Gläubiger als Insolvenzforderung iSv § 38 InsO „begründet" (BGHZ 114, 117 (122 f.)). War der Gläubiger zum Zeitpunkt der Insolvenzeröffnung noch nicht befriedigt, könnte – neben dem Gläubiger – auch der Bürge oder Gesamtschuldner seine künftige Regressforderung schon zur Tabelle anmelden. Eine solche „Doppelberücksichtigung" der materiell gegen den Insolvenzschuldner nur einmal existierenden Forderung soll § 44 InsO gerade verhindern (BGHZ 27, 51 (54)). Gesamtschuldner und Bürgen dürfen ihre Forderung nur und erst dann geltend machen, wenn der Gläubiger seine Forderung selbst nicht geltend macht.

Nichts Anderes gilt, wenn der Bürge oder Gesamtschuldner den Gläubiger nach Insolvenzeröffnung teilweise befriedigt und hierdurch insoweit einen materiell-rechtlich nunmehr unbedingten Teilregressanspruch gegen den Schuldner erwirbt (BGHZ 27, 51; 55, 117); § 44 InsO steht auch hier einer Forderungsanmeldung entgegen. Der Bürge oder Gesamtschuldner soll seine Forderung mit Ausnahme einer vollständigen Befriedigung des Gläubigers überhaupt nicht anmelden dürfen.

Anders verhält es sich dagegen, wenn Bürge oder Gesamtschuldner den Gläubiger bereits vor Verfahrenseröffnung teilweise befriedigt hatten; denn dann hatte der Gläubiger „zur Zeit der Eröffnung des Verfahrens" diesen Teilbetrag nicht mehr zu fordern (§ 43 InsO), so dass in Höhe der Teilzahlung vor Eröffnung eine Anmeldung möglich ist.

16. Der aus- und absonderungsberechtigte Gläubiger hat gegen den Insolvenzverwalter einen Auskunftsanspruch, der aus § 242 BGB herzuleiten ist (MüKoInsO/*Ganter* § 47 Rn. 461). Der Anspruch richtet sich auch dann gegen den Insolvenzverwalter, wenn es sich um Vorgänge vor der Verfahrenseröffnung handelt (BGHZ 49, 11 (16)). Fehlende Informationen muss sich der Insolvenzverwalter ggf. vom Schuldner beschaffen (§§ 97, 98 InsO). Die Auskunft muss insb. Angaben über das Vorhandensein von unter Eigentumsvorbehalt gelieferten Waren enthalten (BGH NJW 2000, 3777 (3779)). Der Umfang der Auskunftspflicht bemisst sich nach der Zumutbarkeit für den Insolvenzverwalter einerseits und dem schutzwürdigen Sicherungsinteresse des Gläubigers andererseits (OLG Karlsruhe ZIP 1990, 187). Der Insolvenzverwalter kann den Aussonderungsberechtigten an Stelle der Auskunftserteilung aber auf eine Einsichtnahme in die Geschäftsunterlagen verweisen (LG Baden-Baden ZIP 1989, 1003 (1004)), sofern für den Insolvenzverwalter die geforderte Auskunft mit vertretbarem Zeit- und Arbeitsaufwand nicht möglich ist (MüKoInsO/*Ganter* § 47 Rn. 462). Verweist der Insolvenzverwalter zu Recht den Gläubiger auf die Einsichtnahme, fehlt einer Klage auf Auskunftserteilung das Rechtsschutzbedürfnis (BGHZ 49, 11 (16); BGHZ 70, 86 (91)).

17. → Form. III.F.9 Anm. 14.

11. Klage auf Feststellung einer streitig gebliebenen Insolvenzforderung

Landgericht[1] (Ort, Datum)
– Kammer für Handelssachen –

(Ort)

Klage[2]

der A GmbH
– Klägerin –
Prozessbevollmächtigter . . . . .
gegen
Herrn Rechtsanwalt V, ...
handelnd in seiner Eigenschaft als Insolvenzverwalter über das Vermögen der XY GmbH
– Beklagten –
wegen: Feststellung einer Insolvenzforderung
vorläufiger Streitwert[3] . . . . . EUR

Namens und in Vollmacht des Klägers erhebe ich Klage und werde beantragen,

1. die Forderung des Klägers iHv . . . . . EUR zur Insolvenztabelle im Insolvenzverfahren über das Vermögen der XY GmbH zur lfd. Nr. . . . . festzustellen,[4]
2. dem Beklagten die Kosten des Rechtsstreits[5] aufzuerlegen.

Begründung:

Der Beklagte ist Insolvenzverwalter[6] in dem Insolvenzverfahren über das Vermögen der XY GmbH, das am . . . . . durch das Amtsgericht . . . . . – Az.: . . . . . eröffnet wurde.

Der Kläger meldete mit Schreiben vom . . . . . bei dem Beklagten seine nicht nachrangige Insolvenzforderung[7] iHv . . . . . EUR zur Insolvenztabelle[8] an. Es handelt sich um eine Forderung aus getätigten Provisionsgeschäften für die Schuldnerin in der Zeit vom . . . . . bis zum Tage der Insolvenzeröffnung, die der Kläger als Handelsvertreter[9] vermittelt hat.

Beweis: 1. Vorlage des Handelsvertretervertrages vom . . . . .
2. Vorlage der Abrechnung über die getätigten Geschäftsabschlüsse vom . . . . . nebst Durchschriften der Aufträge.

Aus der vertraglichen Regelung gem. Ziff. 5 und den vorgelegten Auftragsdurchschriften ergibt sich, dass dem Kläger eine Provisionsforderung iHv . . . . . EUR zusteht. Im Prüfungstermin wurde die angemeldete Forderung durch den Beklagten gleichwohl endgültig bestritten.[10] Als Anlage füge ich einen gerichtlich beglaubigten Auszug aus der Insolvenztabelle der Klageschrift bei.[11]

Der vorläufige Streitwert ergibt sich daraus, dass auf die Insolvenzforderungen nach § 38 InsO nach Angaben des Beklagten in der Vermögensübersicht zur Zeit eine Quote von . . . . . % zu erwarten ist.[12]

Rechtsanwalt

Anmerkungen

1. Die Zuständigkeit richtet sich nach § 180 Abs. 1 InsO. Gerichtsstandsvereinbarungen sind ohne Wirkung (Uhlenbruck/*Sinz* InsO § 180 Rn. 3). Örtlich ausschließlich zuständig ist das Amtsgericht, bei dem das Insolvenzverfahren anhängig ist, oder bei entsprechendem Streitwert das übergeordnete Landgericht. Es handelt sich um einen ausschließlichen Gerichtsstand. Im Fall der Insolvenz eines Streitgenossen ist regelmäßig die Bestimmung des Gerichts am allgemeinen Gerichtsstand des anderen Streitgenossen sachgerecht (BayObLG Beschl. v. 19.5.2020 – 1 AR 35/20, BeckRS 2020, 9345).

War zum Zeitpunkt der Eröffnung des Insolvenzverfahrens noch kein Rechtsstreit über die bestrittene Forderung anhängig, so ist Neuklage zu erheben (§ 180 Abs. 1 S. 1 InsO). Soweit in §§ 180–183 InsO keine Sonderregelungen getroffen sind, gelten die Vorschriften der ZPO.

Nachdem der BGH die für Zahlungsansprüche auf erstes Anfordern geltenden Grundsätze auch bei Insolvenzfeststellungsklagen zugelassen hat (BGH NZI 2008, 565), wird man eine Feststellungsklage in anderen besonderen Verfahrensarten wie Urkunds-, Wechsel- und Scheckklage ebenfalls als zulässig ansehen müssen (Uhlenbruck/*Sinz* InsO § 180 Rn. 10 ff.; aA Schmidt HmbKo InsR/*Herchen* § 180 Rn. 10, 10a; Braun/*Specovius* InsO § 181 Rn. 24; FK-*Kießner* § 180 Rn. 5). Lediglich das Mahnverfahren ist für die Feststellung von Insolvenzforderungen ungeeignet (KPB/*Pape* InsO § 180 Rn. 2). Zur Bindung des Bestreitenden und Verwalters an einen vom Schuldner geschlossenen Schiedsvertrag: Uhlenbruck/*Sinz* InsO § 180 Rn. 15 f.).

War zum Zeitpunkt der Insolvenzeröffnung über den zur Insolvenztabelle angemeldeten und ganz oder teilweise bestrittenen Anspruch ein Rechtsstreit anhängig, so ist die Feststellung durch die Aufnahme des unterbrochenen Rechtsstreits zu betreiben (§ 180 Abs. 2 InsO). Voraussetzung ist, dass die Forderung im Insolvenzverfahren angemeldet und geprüft worden und bestritten geblieben ist (BGH NZI 2014, 749 Rn. 9 f.). Die Aufnahme erfolgt gem. § 250 ZPO durch Zustellung eines entsprechenden Schriftsatzes an den Gegner (MüKoInsO/*Schumacher* § 180 Rn. 20). Zuständig bleibt örtlich und sachlich das Gericht, bei dem der Rechtsstreit zum Zeitpunkt der Insolvenzeröffnung anhängig war. Eine Änderung des Streitwerts (§ 182 InsO) hat auf die sachliche Zuständigkeit des Landgerichts keine Auswirkung (Uhlenbruck/*Sinz* InsO § 180 Rn. 23; MüKoInsO/*Schumacher* § 180 Rn. 26). Einen durch die Eröffnung des Insolvenzverfahrens unterbrochenen Rechtsstreit über eine Insolvenzforderung kann ein Insolvenzgläubiger auch dann wirksam aufnehmen, wenn der Widerspruch nur auf insolvenzspezifische Einwendungen gestützt wird (BGH NZI 2017, 300 Rn. 10 ff.; Uhlenbruck/*Sinz* InsO § 179 Rn. 30 und § 180 Rn. 27). Wird der zur Insolvenztabelle angemeldete prozessuale Kostenerstattungsanspruch ganz oder teilweise bestritten, kann entsprechend § 180 Abs. 2 InsO das unterbrochene Kostenfestsetzungsverfahren aufgenommen werden (OLG München ZIP 2003, 2318). Die Erhebung einer selbständigen Feststellungsklage ist in diesem Falle unzulässig (BGHZ 105, 34 (37 ff.)).

Wäre zur Entscheidung über die streitige Forderung die Kammer für Handelssachen zuständig, so ist die Feststellungsklage ebenfalls vor der Kammer für Handelssachen anhängig zu machen (KPB/*Pape* InsO § 180 Rn. 1).

Ist der Rechtsweg zu den ordentlichen Gerichten nicht gegeben, ist der Feststellungsprozess bei den zuständigen anderen Gerichten zu betreiben (§ 185 InsO). Die Feststellung kann durch Verwaltungsakt erfolgen, sofern außerhalb des Insolvenzverfahrens der Gläubiger zur Festsetzung der Forderung durch Verwaltungsakt befugt ist, also bei Steuerforderungen (§ 251 Abs. 3 AO), Zahlung einer Ausgleichsabgabe nach § 77 SGB IX, öffentlich-rechtlichem Erstattungsanspruch oder den Beitragsansprüchen der Sozialversicherungsträger (MüKoInsO/*Schumacher* § 185 Rn. 4). Dies soll auch für die Feststellung der Forderungseigenschaft als solche aus vorsätzlich begangener unerlaubter Handlung gelten (BFH BStBl. II 2008, 947 Rn. 6).

2. Mit der Feststellungsklage gem. § 179 Abs. 1 InsO, die eine echte Feststellungsklage iSv § 256 ZPO ist (BGH WM 1957, 1226 (1227)), strebt ein Insolvenzgläubiger außerhalb des Insolvenzverfahrens an, eine gerichtliche Entscheidung über das Bestehen einer von ihm angemeldeten Insolvenzforderung (→ Form. III.F.8) zu erhalten. Das Feststellungsinteresse des klagenden Gläubigers ergibt sich aus § 189 InsO, selbst wenn voraussichtlich keine Quote zu erwarten ist (BGH NZI 2008, 611). Klageziel ist die Feststellung des Insolvenzgläubigerrechts durch Eintragung in die Insolvenztabelle (Uhlenbruck/*Sinz* InsO § 179 Rn. 11). Eine Feststellungsklage mit gegenüber der Anmeldung geändertem Inhalt ist – auch wenn die Höhe der Forderung gleich bleibt – ohne ein neues Anmeldungs- und Prüfungsverfahren unzulässig (BGH ZIP 2009, 483 Rn. 17; NZI 2007, 647 Rn. 12). In einem Feststellungsprozess richtet sich die Frage, welche Forderung nach Grund, Betrag und Rang festgestellt werden soll, nach der Anmeldung der Forderung durch den Gläubiger, nicht nach dem Inhalt der Eintragung der Forderung in die Tabelle (BGH NZI 2017, 300 Rn. 13). Zur Feststellungslast bei titulierten Forderungen gem. § 179 Abs. 2 InsO: *Ganter* NZI 2017, 49 ff.

Zum Widerspruch sind sowohl der Insolvenzverwalter als auch die Insolvenzgläubiger berechtigt (§ 178 Abs. 1 S. 1 InsO). Der Widerspruch muss mündlich im Termin erklärt werden, es sei denn, dass durch das Gericht das schriftliche Prüfungsverfahren nach § 177 Abs. 1 InsO angeordnet wurde. Auch nachrangigen Insolvenzgläubigern steht ein Widerspruchsrecht zu (Uhlenbruck/*Sinz* InsO § 176 Rn. 26; KPB/*Pape* InsO § 176 Rn. 11). Unerheblich ist dabei, ob er die Forderung zur Tabelle bereits angemeldet hat oder ob die eigene Forderung bestritten ist (BGH NZI 2005, 31 Rn. 4 zu § 75 Abs. 1 Nr. 3; Nerlich/Römermann/*Becker* InsO § 176 Rn. 8; FK-*Kießner* § 176 Rn. 9).

Dagegen steht ein Widerspruch des Schuldners der Feststellung der Forderung nicht entgegen (§ 178 Abs. 1 S. 2 InsO), jedoch ist nach Beendigung des Insolvenzverfahrens eine Zwangsvollstreckung aus dem Tabelleneintrag gegen den Schuldner persönlich nicht möglich (§ 201 Abs. 2 S. 1 InsO). Im Gegensatz zur Regelung der KO kann der Insolvenzgläubiger bereits während des anhängigen Insolvenzverfahrens gegen den Schuldner Klage auf Feststellung der Forderung auch dann erheben, wenn zum Zeitpunkt der Eröffnung des Insolvenzverfahrens kein Rechtsstreit anhängig war (§ 184 InsO). Dem Schuldner ist bei Versäumung des Prüfungstermins auf Antrag Wiedereinsetzung in den vorigen Stand zu gewähren (§ 186 InsO; AG Köln ZInsO 2021, 394 zum Widerspruch gegen Delikteigenschaft).

Nach § 189 Abs. 1 InsO muss die Feststellungsklage spätestens zwei Wochen nach der öffentlichen Bekanntmachung des Verteilungsverzeichnisses erhoben sein; anderenfalls wird die bestrittene Forderung bei der Verteilung nicht berücksichtigt (§ 189 Abs. 3 InsO).

3. Die Streitwertfestsetzung erfolgt gem. § 182 InsO, wobei der Streitwert nach der zum Zeitpunkt der Einreichung der Klage oder Aufnahme des Rechtsstreits zu erwartenden Quote geschätzt wird (BGH ZInsO 2019, 1748). Die Schätzung hat das Prozessgericht vorzunehmen (MüKoInsO/*Schumacher* § 182 Rn. 8). Erforderlichenfalls hat es eine Auskunft des Insolvenzverwalters einzuholen oder die Insolvenzakten beizuziehen (BGH ZInsO 1999, 642). Für die sachliche Zuständigkeit erster Instanz ist die Quote maßgeblich, die zum Zeitpunkt der Einreichung der Klage zu erwarten ist. Für die Rechtsmittelbeschwer kommt es auf den Zeitpunkt der letzten mündlichen Verhandlung vor dem Berufungsgericht an (BGH NZI 2014, 357). Bei Nichterwarten einer Quote ist die niedrigste Gebührenstufe (500 EUR) als Gebühren-, Zuständigkeits- und Rechtsmittelstreitwert festzusetzen (BGH NZI 2020, 830).

Wird gegen den bestreitenden Schuldner die Feststellungsklage erhoben, ist § 182 InsO unanwendbar. Maßgeblich sind vielmehr die späteren Vollstreckungsaussichten des Insolvenzgläubigers nach Beendigung des Insolvenzverfahrens und Erteilung der Restschuldbefreiung (§ 201 Abs. 2 InsO: „und nicht vom Schuldner . . . . . bestritten"). Wenn diese nur als gering anzusehen sind, kann ein Abschlag von 75 Prozent des Nennwerts der Forderung angemessen sein (BGH NZI 2021, 99 Rn. 2).

4. Der Antrag lautet auf Feststellung der angemeldeten Forderung zur Insolvenztabelle (BGH ZIP 1994, 1193; Uhlenbruck/*Sinz* InsO § 179 Rn. 12). Die Klage ist immer gegen den Widersprechenden zu richten, also entweder gegen den Insolvenzverwalter und/oder gegen den widersprechenden Gläubiger (MüKoInsO/*Schumacher* § 179 Rn. 14). Die Teilaufnahme eines gem. § 240 ZPO unterbrochenen Rechtsstreits ist in der Regel nur möglich, wenn die Gefahr einander widersprechender Entscheidungen in Bezug auf den aufgenommenen Teil des Rechtsstreits und den nicht aufgenommenen Teil ausgeschlossen ist (BGH NZI 2013, 437 Rn. 12). Haben mehrere Beteiligte iSv § 178 Abs. 1 S. 1 InsO (teilweise) widersprochen, ist die Aufnahme des Rechtsstreits durch den Gläubiger nach Ansicht des BGH nur wirksam, wenn der Rechtsstreit gegenüber allen Widersprechenden aufgenommen wird, selbst wenn auf andere Weise sichergestellt ist, dass nach Beendigung des nur gegen einen Widersprechenden aufgenommenen Verfahrens dieses nicht ein weiteres Mal gegen weitere Widersprechende aufgenommen werden muss (BGH NZI 2013, 396; aA Schmidt HmbKo InsR/*Herchen* § 179 Rn. 42; Uhlenbruck/*Sinz* InsO § 180 Rn. 17).

Ist der Insolvenzgläubiger im Besitz eines Titels, ist es Sache des Bestreitenden, die titulierte Forderung im Klageweg anzugreifen (§ 179 Abs. 2 InsO). Tituliert iSv § 179 Abs. 2 InsO ist eine Forderung, wann ein zur Vollstreckung geeigneter Schuldtitel vorliegt, also zB Urteile, notarielle Urkunden, Kostenfestsetzungsbeschlüsse, Steuerbescheide (zu weiteren Beispielen: Uhlenbruck/*Sinz* § 179 Rn. 20 ff.). Der Antrag lautet in diesem Falle dahin, den Widerspruch gegen die Forderung für begründet zu erklären (BGH NJW-RR 1994, 1251). Ist der Titel unter Verletzung der §§ 240, 249 ZPO erlangt worden, liegt kein Fall des § 179 Abs. 2 InsO vor (KPB/*Pape* InsO § 179 Rn. 14). Die Eröffnung des Insolvenzverfahrens vor Klageerhebung und noch während des Laufes der Klagefrist hat zur Folge, dass die laufenden Klagefristen gemäß § 240 ZPO für die Dauer des Insolvenzverfahrens unterbrochen sind. Noch innerhalb der Klagefrist – aber nach Insolvenzeröffnung – beim FG eingehende Anfechtungsklagen des Insolvenzschuldners (im Streitfall Absendung der Klageschrift vor, aber Eingang beim FG nach Insolvenzeröffnung) sind mangels Prozessführungsbefugnis unzulässig (FG Hannover ZInsO 2021, 1503 Rn. 28).

War zum Zeitpunkt der Insolvenzeröffnung ein Rechtsstreit anhängig, so ist der unterbrochene Prozess durch den Gläubiger gegen den widersprechenden Insolvenzverwalter aufzunehmen. Die Aufnahme erfolgt bei dem Gericht, bei welchem der Rechtsstreit anhängig ist. Der Antrag ist der veränderten prozessualen Situation anzupassen (MüKoInsO/*Schumacher* § 180 Rn. 23) und die Zahlungsklage auf Feststellung umzustellen (BGH NJW-RR 1994, 1251). Es handelt sich insoweit nicht um eine Klageänderung iSv § 263 ZPO (BGH NJW 1962, 153).

Bestreitet der Insolvenzverwalter eine zur Tabelle angemeldete Forderung und setzt er die Anfechtungsklage gegen den sie begründenden Bescheid fort, dann darf die Behörde (bzw. ihr Rechtsträger) im Wege der Widerklage die Feststellung nach § 179 Abs. 1 InsO betreiben (VG Berlin Urt. v. 8.11.2019 – 26 K 409/17, BeckRS 2019, 33746).

Die Aufnahme eines Mahnverfahrens ist nicht möglich. Der Gläubiger muss eine neue Klage auf Feststellung erheben (MüKoInsO/*Schumacher* Vor §§ 85–87 Rn. 45). Nur wenn bereits ein Vollstreckungsbescheid ergangen oder das Mahnverfahren in das streitige Verfahren übergegangen war und dieses infolge der Insolvenzeröffnung gem. § 240 ZPO unterbrochen wurde, kommt eine Aufnahme gem. § 180 Abs. 2 InsO in Betracht (Uhlenbruck/*Sinz* InsO § 179 Rn. 33).

5. Über die Kosten des Feststellungsverfahrens ist trotz der Festsetzung eines Stufenstreitwertes eine einheitliche Kostenentscheidung zu treffen. Unterliegt der Insolvenzverwalter im aufgenommenen Rechtsstreit, so ist umstritten, wie sich die Kostenentscheidung im Urteil auf das nachfolgende Kostenfestsetzungsverfahren auswirkt, wenn ihm die Kosten des Verfahrens ganz oder teilweise auferlegt worden sind. Nach Ansicht des BGH sollen die Kosten des gesamten Rechtsstreits, also auch soweit sie vor der Aufnahme entstanden sind, eine Masseverbindlichkeit sein (BGH NZI 2008, 565 Rn. 29; 2007, 104). Nach der Gegenansicht sind die Kosten – entsprechend dem Rechtsgedanken aus § 105 InsO – danach zu verteilen, ob sie vor oder nach der Eröffnung des Insolvenzverfahrens begründet worden sind (BFH ZIP 2002, 2225; ausf. Uhlenbruck/*Sinz* InsO § 180 Rn. 44 ff. mwN). Dem ist zuzustimmen. Denn die Aufteilung hat nichts mit dem Grundsatz der Einheitlichkeit der Kostenentscheidung zu tun, der gewahrt bleibt, da alle zu erstattenden Kosten erfasst werden; vielmehr geht es allein um die insolvenzrechtliche Qualifikation der Forderung als Masseschuld oder Insolvenzforderung.

6. Im Form. richtet sich die Klage gegen den Insolvenzverwalter, der die angemeldete Forderung im Prüfungstermin bestritten hat. In sonstigen Fällen → Anm. 2.

7. Nachrangige Insolvenzforderungen (§ 39 InsO) sind nur nach gesonderter Aufforderung durch das Insolvenzgericht anzumelden (§ 174 Abs. 3 S. 1 InsO).

8. Die Feststellungsklage kann nur auf Grund, Betrag und Rang der Forderung gestützt werden, die in der Anmeldung angegeben wurden (§ 181 InsO). Die Anmeldung und Prüfung der festzustellenden Forderung sind besondere Sachurteilsvoraussetzungen, die bis zum Schluss der letzten mündlichen Verhandlung vorliegen müssen (BGH NZI 2007, 647 Rn. 12; OLG München ZInsO 2018, 326; MüKoInsO/*Schumacher* § 180 Rn. 4). Eine Feststellungsklage mit gegenüber der Anmeldung geändertem Inhalt ist – auch wenn die Höhe der Forderung gleich bleibt – ohne ein neues Anmeldungs- und Prüfungsverfahren unzulässig (BGH ZIP 2009, 483 Rn. 17; NZI 2007, 647 Rn. 12).

Zum Nachweis der Anmeldung und Prüfung erteilt das Insolvenzgericht dem Gläubiger der bestrittenen Forderung einen beglaubigten Auszug aus der Tabelle (§ 179 Abs. 3 S. 1, 2 InsO).

9. Das Textbeispiel geht davon aus, dass keine sonstige Masseverbindlichkeit iSv §§ 55 InsO vorliegt, da auch im Fall der Erfüllungswahl durch den Insolvenzverwalter (§ 103 InsO) bzgl. des vermittelten Auftrags der Provisionsanspruch nicht als Masseverbindlichkeit neu begründet wird. Entscheidend ist, dass die Tätigkeit des Handelsvertreters, die zum Provisionsanspruch führte, vor der Insolvenzeröffnung erbracht wurde.

10. Das Urteil wirkt mit Rechtskraft gegenüber dem Insolvenzverwalter und allen Insolvenzgläubigern (§ 183 Abs. 1 InsO). Der obsiegenden Partei obliegt es, beim Insolvenzgericht die Berichtigung der Tabelle zu betreiben (§ 183 Abs. 2 InsO), woraus sich zugleich ergibt, dass nach Abhaltung des Prüfungstermins die Tabellenführung dem Insolvenzgericht und nicht mehr dem Insolvenzverwalter obliegt. Dem Berichtigungsantrag ist eine Urteilsausfertigung mit Rechtskraftvermerk (§ 706 ZPO) beizufügen (MüKoInsO/*Schumacher* § 183 Rn. 8). Das rechtskräftige Urteil wirkt unmittelbar gegenüber dem Insolvenzverwalter und den Insolvenzgläubigern. Die Berichtigung der Tabelle hat nur noch deklaratorischen Charakter (§ 183 Rn. 5; Uhlenbruck/*Sinz* InsO § 183 Rn. 12) und kann unter den Voraussetzungen des § 189 Abs. 2 InsO auch noch nach Aufhebung des Insolvenzverfahrens erfolgen (BFH BFH/NV 2009, 414 Rn. 7).

11. → Anm. 8.
12. → Anm. 3.

12. Klage auf Feststellung einer unerlaubten Handlung (titelergänzende Feststellungsklage)

Amtsgericht[1] **(Ort, Datum)**

(Ort)

Klage[2]

des A
– Klägers –
Prozessbevollmächtigter . . . . . .
gegen
Herrn B,[3] Adresse
– Beklagten –
wegen: Feststellung
vorläufiger Streitwert:[4] . . . . . . EUR

Namens und in Vollmacht des Klägers erhebe ich Klage und werde beantragen

1. **festzustellen, dass die zum Insolvenzverfahren AG . . . . ., Az . . . . ., lfd. Nr. . . . . . festgestellte Forderung aus einer vorsätzlich begangenen unerlaubten Handlung stammt,[5]**
2. **der Beklagten die Kosten des Verfahrens aufzuerlegen.**

Der Kläger meldete mit Schreiben vom . . . . . . bei dem Insolvenzverwalter über das Vermögen des Beklagten seine nicht nachrangige Insolvenzforderung aus Warenlieferung iHv . . . . . . EUR zur Insolvenztabelle an und trug zur Begründung, dass ihr eine vorsätzlich begangene unerlaubte Handlung des Beklagten zugrunde liegt, vor, der Beklagte habe die Ware in Kenntnis seiner Zahlungsunfähigkeit bestellt und daher über seine Zahlungsfähigkeit getäuscht. Die Forderung wurde mit dieser Deliktseigenschaft zur Tabelle aufgenommen und gem. § 178 Abs. 1 InsO festgestellt. Der Beklagte legte jedoch beschränkt auf die Anmeldung der Forderung als vorsätzlich begangene unerlaubte Handlung Widerspruch ein, ohne die Forderung iÜ zu bestreiten.

Beweis: 1. Vorlage des beglaubigten Tabellenauszuges, Anlage K 1
2. Forderungsanmeldung vom . . . . ., Anlage K 2

Eine Begründung seitens des Beklagten erfolgte trotz Aufforderung nicht. Daher ist Feststellungsklage geboten.[6]
Rechtsanwalt

Anmerkungen

1. → Form. III.F.11 Anm. 1

2. Der Widerspruch des Schuldners (und damit auch die Klage) kann sich auf die rechtliche Einordnung als Forderung aus vorsätzlich begangener unerlaubter Handlung beschränken, sofern der Bestand der Forderung nicht, wie zB bei § 826 BGB, von der Vorsatztat abhängt (BGH NZI 2007, 416 Rn. 10; zum fehlenden Widerspruchsrecht des

Insolvenzverwalters (Uhlenbruck/*Sinz* InsO § 178 Rn. 11) und zur nachträglichen Anmeldung von Tatsachen gem. § 174 Abs. 2 InsO (Uhlenbruck/*Sinz* InsO § 177 Rn. 16) BGH NZI 2008, 250 Rn. 13). Soweit der deliktische Rechtsgrund sich bereits aus dem Entscheidungstenor eines vollstreckbaren Titels ergibt, trifft den Schuldner gem. § 184 Abs. 2 InsO die Obliegenheit, seinen Widerspruch zu verfolgen (dazu *Kahlert* ZInsO 2006, 409 ff.). Unterlässt er dies, verbleibt es bei den Rechtsfolgen der § 201 Abs. 2 S. 2, § 302 InsO. Dagegen findet § 184 Abs. 2 InsO keine Anwendung, wenn sich der Forderungsgrund der vorsätzlichen unerlaubten Handlung nur aus den Entscheidungsgründen ergibt, da diese nicht in materielle Rechtskraft erwachsen (Schmidt HmbKo InsR/*Herchen* § 184 Rn. 16a; Nerlich/Römermann/*Becker* InsO § 184 Rn. 30; aA OLG Hamm ZVI 2006, 396). Das Gleiche gilt, wenn die Forderung zur Tabelle festgestellt wird (§ 178 Abs. 1 InsO), weil der Schuldner nur isolierten Widerspruch gegen die Forderungseigenschaft erhebt. In diesen Fällen kann der Gläubiger den Widerspruch nur im Wege einer titelergänzenden Feststellungsklage beseitigen (BGH NZI 2006, 536; *Smid* ZInsO 2011, 1327), spätestens jedoch bis zur Rechtskraft des Beschlusses über die Erteilung der Restschuldbefreiung (Uhlenbruck/*Sinz* InsO § 184 Rn. 14, 20). Diese Rechtsverfolgungsfrist ist nicht zu verwechseln mit der Frist für die (nachträgliche) Anmeldung der Delikteigenschaft, die nur bis zum Ablauf der Abtretungsfrist des § 287 Abs. 2 InsO möglich ist (BGH NZI 2013, 906 Rn. 22). Geht der Gläubiger gegen den isolierten Widerspruch nicht oder nicht rechtzeitig vor, findet § 302 InsO keine Anwendung, sondern fällt auch diese Forderung unter § 301 Abs. 1 InsO.

Den umgekehrten Fall, nämlich eine Feststellungsklage des Schuldners mit dem Klageziel festzustellen, dass die im Insolvenzverfahren angemeldete Forderung nicht auf einem Delikt beruht und demzufolge nicht gemäß § 302 Nr. 1 InsO von der Restschuldbefreiung ausgenommen ist, sehen die AO und die FGO nicht vor; eine solche Klage ist unzulässig (FG Düsseldorf Gerichtsbescheid v. 5.5.2020 – 8 K 2462/19 F, BeckRS 2020, 8582).

3. Im Feststellungsprozess, ob der Forderung eine vorsätzlich begangene unerlaubte Handlung zugrunde liegt, ist allein der Schuldner passivlegitimiert. Der isolierte Widerspruch des Verwalters gegen die Deliktseigenschaft (unter Anerkennung der Forderung als solcher) ist wirkungslos, wenn die Forderung auch auf einer anderen Anspruchsgrundlage beruht; gegen den unzutreffenden Eintrag kann der Gläubiger zur Vermeidung von Zweifeln an der Anwendbarkeit von § 302 InsO Nichtigkeitsfeststellungsklage gem. § 256 Abs. 1 ZPO erheben (BGH NZI 2008, 569 Rn. 8). Das Gleiche gilt für einen isolierten Widerspruch eines Insolvenzgläubigers gegen die Deliktseigenschaft (Uhlenbruck/*Sinz* InsO § 178 Rn. 12).

Hat außer dem Schuldner noch der Insolvenzverwalter die Forderung dem Grunde oder der Höhe nach bestritten, so kann der Gläubiger auch diesem gegenüber Feststellungsklage erheben (MüKoInsO/*Stephan* § 302 Rn. 22a). Soweit Schuldner und Verwalter den Widerspruch nur gegen Grund und Höhe erhoben haben, können beide gemeinsam verklagt werden; sie sind einfache und nicht notwendige Streitgenossen (BGH ZIP 1980, 23). Die Voraussetzungen einer Streitgenossenschaft liegen aber nicht vor, wenn die Klage des Schuldners um die Feststellung geführt wird, ob der Forderung eine vorsätzlich begangene unerlaubte Handlung zugrunde liegt.

4. § 182 InsO findet keine Anwendung auf Klagen gem. § 184 Abs. 1 und 2 InsO gegen den widersprechenden Schuldner, auch wenn diese mit einer Klage nach den §§ 179, 180 InsO verbunden wird (Schmidt HmbKo InsR/*Herchen* § 182 Rn. 4). Der Streitwert einer Insolvenzfeststellungsklage des Schuldners bestimmt sich nicht nach dem Nennwert der Forderung abzüglich der auf die angemeldete Forderung voraussichtlich entfallenden Quote (so aber OLG Hamm NZI 2007, 249; OLG Karlsruhe JurBüro 2007, 648). Maßgeblich sind vielmehr die späteren Vollstreckungsaussichten des Insolvenzgläubigers nach Beendigung des Insolvenzverfahrens und Erteilung der Restschuldbefreiung (§ 201

Abs. 2 InsO: „und nicht vom Schuldner . . . . . . bestritten“). Wenn diese nur als gering anzusehen sind, kann ein Abschlag von 75 % des Nennwerts der Forderung angemessen sein (BGH ZIP 2009, 435 Rn. 6; Uhlenbruck/*Sinz* InsO § 182 Rn. 5 mwN).

5. → Form. III.F.11 Anm. 4.

Auch wenn die Forderung des Gläubigers bereits durch Vollstreckungsbescheid als auf einer vorsätzlichen unerlaubten Handlung beruhend tituliert wurde, kann der Schuldner einer Anmeldung mit diesem Forderungsgrund noch widersprechen. Das Gericht ist an den rechtskräftigen Vollstreckungsbescheid nicht gebunden, weil dieser nur auf den einseitigen, von einem Gericht nicht materiell-rechtlich geprüften Angaben des Gläubigers beruht, selbst wenn ein anderer Rechtsgrund als derjenige einer vorsätzlich begangenen unerlaubten Handlung nicht in Betracht kommt (BGH NZI 2006, 536). Auch hier obliegt es dem *Gläubiger*, den Widerspruch im Wege einer titelergänzenden Feststellungsklage zu beseitigen, da die Deliktseigenschaft nicht tituliert ist. Das Gleiche gilt, wenn eine Behörde versucht, selbst die Delikteigenschaft der Forderung durch Verwaltungsakt festzustellen, da diese „Titulierung“ nichtig ist (BGH ZInsO 2011, 44 Rn. 5; Uhlenbruck/*Sinz* InsO § 185 Rn. 5).

Zum Teil wird dies auch für weitere, ohne materiell-rechtliche Befassung des Prozessgerichts ergangene Titel angenommen wie notarielle Schuldanerkenntnisse oder Anerkenntnis- und Versäumnisurteile (*Hattwig/Richter* ZVI 2006, 373 ff.). Ist der Schuldner jedoch rechtlich beraten und bedarf es für das Zustandekommen des Titels seiner ausdrücklichen Mitwirkung wie bei einem im Anwaltsprozess geschlossenen gerichtlichen Vergleich (*Kahlert* ZInsO 2006, 409), kann er hiergegen nur wie gegen ein Urteil vorgehen (OLG Brandenburg BeckRS 2008, 15847 Rn. 47).

6. Klage und Prozessaufnahme sind – anders als bei bestehenden Titeln (§ 184 Abs. 2 InsO) – weder beim vollen noch beim eingeschränkten Widerspruch des Schuldners fristgebunden. Der Gläubiger kann daher noch während der Wohlverhaltensperiode Klage erheben oder einen anhängigen Prozess aufnehmen (BGH NZI 2009, 189 Rn. 7; OLG Naumburg 21.2.2007 – 5 U 107/06, nv). Spätester Zeitpunkt für die Rechtsverfolgung durch den Gläubiger ist aber die Rechtskraft des Beschlusses über die (Versagung oder) Erteilung der Restschuldbefreiung (§ 300 Abs. 3 InsO), da dann im Rechtsverkehr über ihren Umfang Rechtssicherheit herrschen muss (OLG Rostock ZVI 2005, 433; Schmidt HmbKo InsR/*Herchen* § 184 Rn. 9; Uhlenbruck/*Sinz* InsO § 184 Rn. 14; nicht zu verwechseln mit (nachträglicher) Anmeldung der Delikteigenschaft, die nur bis zum Ablauf der Abtretungsfrist des § 287 Abs. 2 InsO möglich ist; BGH NZI 2013, 906 Rn. 22).

Zur Berichtigung der Tabelle braucht der obsiegende Schuldner nichts zu unternehmen, da ihn sein Widerspruch gem. § 201 Abs. 2 S. 1 InsO gegen Vollstreckungen des Gläubigers aus der Tabelle nach Verfahrensbeendigung ausreichend schützt (OLG Naumburg NZI 2004, 630); nur im Falle des § 184 Abs. 2 InsO ist sein Tätigwerden zur Tabellenberichtigung erforderlich. Ein obsiegender Gläubiger muss aufgrund der Regelung in § 178 Abs. 1 S. 2 InsO ebenfalls nichts veranlassen, um an der Quotenausschüttung teilzunehmen; daher fehlt auch eine dem § 183 Abs. 1 InsO entsprechende Regelung. Nur für die Vollstreckung *nach Beendigung des Insolvenzverfahrens* bedarf es einer Berichtigung der Tabelle, die analog § 183 Abs. 2 InsO erfolgt, wobei die Berichtigung auch noch nach der Schlussverteilung und Aufhebung des Verfahrens erfolgen kann (LG Braunschweig ZInsO 2008, 514; Uhlenbruck/*Sinz* InsO § 184 Rn. 23).

13. Aufnahme eines unterbrochenen Rechtsstreites durch den Gläubiger gegen den Insolvenzverwalter

Landgericht[1] (Ort, Datum)

(Ort)
In Sachen
A GmbH
– Kläger –
Prozessbevollmächtigter:
gegen
XY GmbH
– Beklagte –
Az.: . . . . .
wegen Herausgabe
nehme ich als Prozessbevollmächtigter für den Kläger den unterbrochenen Rechtsstreit auf.[2]
Das Rubrum bitte ich auf Seiten der Beklagten wie folgt zu ändern:
V (ladungsfähige Anschrift), handelnd in seiner Eigenschaft als Insolvenzverwalter über das Vermögen der XY GmbH.[3]
Diesen Schriftsatz bitte ich, dem Insolvenzverwalter zuzustellen.[4]
Im Termin zur mündlichen Verhandlung werde ich folgende Anträge verlesen:

1. Der Beklagte wird verurteilt, an den Kläger die Werkzeugmaschine (genaue Bezeichnung) herauszugeben.
2. Der Beklagte trägt die Kosten des Rechtsstreites.[5]

Begründung:

Durch Beschluss des Amtsgerichts . . . . . wurde über das Vermögen der XY GmbH am . . . . ., Az.: . . . . . das Insolvenzverfahren eröffnet und Rechtsanwalt V zum Insolvenzverwalter bestellt.
Der Kläger hatte die Schuldnerin[6] bereits vor Eröffnung des Insolvenzverfahrens auf Herausgabe der Werkzeugmaschine verklagt. Diese wurde am . . . . . unter Eigentumsvorbehalt geliefert. Die Schuldnerin hat bisher keine Zahlung geleistet.
Zur Begründung des Eigentumsrechts des Klägers beziehe ich mich ergänzend auf meine Ausführungen im Schriftsatz vom . . . . .
Bei dem geltend gemachten Anspruch handelt es sich um ein Aussonderungsrecht gem. § 47 InsO, so dass der Kläger berechtigt ist, diesen Anspruch außerhalb des Insolvenzverfahrens durch Aufnahme des unterbrochenen Rechtsstreites gem. §§ 240, 250 ZPO, § 86 Abs. 1 Nr. 1 InsO weiterzuverfolgen.
Der Insolvenzverwalter hat nach dem Berichtstermin (§ 156 InsO) trotz Aufforderung vom . . . . . und Fristsetzung bis zum . . . . . die Maschine nicht herausgegeben und die Erfüllung des Vertrages verweigert.[7]

Beweis: Vorlage des Schreibens des Beklagten vom . . . . .

Die Aufnahme des Rechtsstreites ist daher geboten.
Rechtsanwalt

Anmerkungen

1. Die örtliche und sachliche Zuständigkeit des bisherigen Prozessgerichts wird durch die Insolvenzeröffnung nicht berührt (§ 261 Abs. 3 Nr. 2 ZPO).

2. Durch die Insolvenzeröffnung – auch im Ausland (BGH NJW 1998, 928; Musielak/Voit/*Stadler* ZPO § 240 Rn. 4) – werden kraft Gesetzes (§ 240 ZPO) alle Prozesse, bei denen der Schuldner Prozesspartei ist, unterbrochenen. Die Unterbrechung ist durch Beschluss festzustellen (BGH ZIP 2003, 39). Gleiches gilt, wenn ein vorläufiger Insolvenzverwalter bestellt ist, auf den die Verwaltungs- und Verfügungsbefugnis iSv § 22 Abs. 1 S. 1 InsO übergegangen ist (§ 240 S. 2 ZPO). Unterbrochen werden auch Mahnverfahren, sofern der Mahnbescheid vor Anordnung des allgemeinen Verfügungsverbotes oder der Eröffnung des Insolvenzverfahrens zugestellt war (MüKoInsO/*Schumacher* Vor §§ 85–87 Rn. 45). § 240 ZPO findet ferner Anwendung auf Prozesskostenhilfeverfahren (LG Hannover Beschl. v. 19.7.2019 – 1 O 83/18, BeckRS 2019, 31047); das selbständige Beweisverfahren (BGH ZIP 2004, 186; Kayser/Thole/*Kayser* InsO § 85 Rn. 27; anders, wenn die Beweisaufnahme beendet ist: BGH NZI 2011, 567 Rn. 7), das Arrest- und einstweilige Verfügungsverfahren (Kayser/Thole/*Kayser* InsO § 85 Rn. 27), Verfahren auf Vollstreckbarerklärung ausländischer Titel (BGH MDR 2018, 1336 Rn. 27 ff.; anders bei inländischer Klauselerteilung: BGH NJW 2008, 918 Rn. 7); Kostenfestsetzungsverfahren (OLG Düsseldorf ZIP 1996, 1621; KG ZIP 2000, 279), Beschlussmängelrechtsstreit des Gesellschafters (BGH NZI 2018, 75 Rn. 14 ff.), arbeitsgerichtliche Verfahren einschließlich Kündigungsschutzklagen (BAG NZA 1997, 893; Uhlenbruck/*Sinz* InsO § 180 Rn. 20), Umschreibungsverfahren vor dem DPMA (BPatG 28.6.2017 – 28 W (pat) 522/17, nv, zit nach juris Rn. 13 ff.), verwaltungsgerichtliche Verfahren (BVerwG KTS 1989, 439; OVG Hamburg NZI 2017, 632) und steuerliche Einspruchsverfahren (BFH BStBl. II 2021, 171 Rn. 29); zu Schiedsverfahren: OLG Köln BeckRS 2015, 10334; *Wagner* KTS 2010, 39 ff.

Ein trotz Unterbrechung des Verfahrens ergangenes Urteil ist nicht nichtig, sondern mit den statthaften Rechtsmitteln angreifbar, ohne dass es darauf ankommt, ob dem Gericht bei Erlass des Urteils die Insolvenzeröffnung bekannt war (BGH NZI 2009, 783).

Für die Fortsetzung der anhängigen und unterbrochenen Rechtsstreite gelten die §§ 240, 250 ZPO, 85, 86 InsO. Hierbei ist zu unterscheiden:

a) Aktivprozesse gem. § 85 InsO sind solche, in denen der Schuldner einen Anspruch verfolgt. Diese kann nur der Insolvenzverwalter aufnehmen, es sei denn, er hat den streitbefangenen Gegenstand aus der Masse freigegeben (BGH NZI 2016, 657). Er kann auch die Klage zurücknehmen, ohne zuvor den Rechtsstreit aufgenommen zu haben (OLG Celle ZIP 2011, 2127). Die Aufnahme erfolgt nach pflichtgemäßem Ermessen. Handelt es sich um ein Verfahren mit „erheblichem Streitwert", ist die Zustimmung des Gläubigerausschusses oder der Gläubigerversammlung einzuholen (§ 160 Abs. 2 Ziff. 3 InsO). Die Aufnahme ohne Zustimmung gem. § 160 InsO ist im Außenverhältnis aber ohne Rechtsfolge (§ 164 InsO).
   Die Aufnahme geschieht durch Zustellung eines Schriftsatzes (§ 250 ZPO). Die Fortsetzung kann auch konkludent, zB durch den Antrag auf Änderung des Rubrums, erklärt werden (BGH ZIP 1983, 592).
   Wird durch den Insolvenzverwalter die Entscheidung über die Aufnahme oder Ablehnung der Aufnahme des Rechtsstreits verzögert, ist der Insolvenzverwalter auf Antrag des Prozessgegners zur Aufnahme und zur Verhandlung der Hauptsache zu laden (§ 85 Abs. 1 S. 2 InsO iVm § 239 Abs. 2 ZPO). Der Insolvenzverwalter verzögert die Entscheidung, wenn er ohne Entschuldigungsgrund nicht innerhalb einer den Umständen nach angemessenen Frist eine Entscheidung trifft (MüKoInsO/*Schumacher*

§ 85 Rn. 35). Ihm ist Gelegenheit zu geben, die Erfolgsaussichten des Prozessverfahrens zu beurteilen (Uhlenbruck/*Mock* InsO § 85 Rn. 159). Der Insolvenzverwalter hat keine Verpflichtung, das Kostenerstattungsinteresse des Prozessgegners zu berücksichtigen (BGH ZIP 2005, 131). Eine Schadensersatzverpflichtung nach § 61 InsO scheidet aus. Die Zustellung an den bisherigen Prozessbevollmächtigten ist unzulässig, da dessen Prozessvollmacht gem. § 117 Abs. 1 InsO erloschen ist (BGH ZIP 1999, 75). Lehnt der Insolvenzverwalter die Aufnahme des Rechtsstreits ab, können sowohl der Schuldner als auch der Prozessgegner den Rechtsstreit aufnehmen (§ 85 Abs. 2 InsO). Der vorläufige Insolvenzverwalter, auf den die Verfügungsbefugnis übergegangen ist (§ 22 Abs. 1 S. 1 InsO), kann lediglich über die Aufnahme des Rechtsstreits entscheiden (§ 24 Abs. 2 InsO). Ihm steht ein Entscheidungsrecht über die Ablehnung nicht zu (MüKoInsO/*Schumacher* § 85 Rn. 21). Die Ablehnung der Aufnahme des Rechtsstreits gilt als Freigabe des Streitgegenstandes aus der Insolvenzmasse (RGZ 127, 200).

b) Passivprozesse gem. § 86 InsO sind anhängige Rechtsstreitigkeiten gegen den Schuldner, die in der Insolvenz Ansprüche auf Aussonderung, abgesonderte Befriedigung oder Masseverbindlichkeiten zum Gegenstand haben. Diese Prozesse können sowohl durch den Insolvenzverwalter als auch den Prozessgegner aufgenommen werden. Die Aufnahme des Rechtsstreits erfolgt gem. § 250 ZPO. Der Aussonderung des Eigentums dient zB die Klage auf Herausgabe gem. § 985 BGB (MüKoInsO/*Schumacher* § 86 Rn. 6).

Nach § 86 Abs. 1 Nr. 2 InsO können sowohl der Insolvenzverwalter als auch der Gläubiger ein Verfahren, welches die abgesonderte Befriedigung betrifft, aufnehmen. Hat der Insolvenzverwalter die bewegliche Sache in Besitz, ist nach Eröffnung des Insolvenzverfahrens der Gläubiger nicht mehr zur Verwertung berechtigt (§§ 166 ff. InsO). Der Gegner kann dieser Rechtslage dadurch Rechnung tragen, dass er nach Aufnahme die Hauptsache für erledigt erklärt oder den Herausgabeantrag in einen Antrag auf Feststellung des Sicherungseigentums ändert (MüKoInsO/*Schumacher* § 86 Rn. 9).

Zu den Masseverbindlichkeiten (§ 86 Abs. 1 Nr. 3 InsO) zählen insb. Rechtsstreitigkeiten über Verbindlichkeiten des Schuldners aus beiderseits nicht (vollständig) erfüllten gegenseitigen Verträgen, deren Erfüllung durch den Insolvenzverwalter verlangt wird (§§ 55 Abs. 1 Nr. 2, 103 Abs. 1 InsO). Eine Aufnahme des Rechtsstreits ist erst nach dem Erfüllungsverlangen möglich (MüKoInsO/*Schumacher* § 86 Rn. 11). § 86 Abs. 1 Nr. 3 InsO findet auch Anwendung auf die Ansprüche aus Verträgen, die für die Zeit nach Eröffnung des Insolvenzverfahrens zu erfüllen sind (Kayser/Thole/*Kayser* InsO § 86 Rn. 12); hier ist jedoch das befristete Vollstreckungsverbot aus § 90 Abs. 1 InsO zu beachten.

Für die Unterscheidung zwischen Aktiv- und Passivprozessen kommt es nicht auf die formelle Parteirolle an, sondern ob über eine Pflicht zu einer Leistung gestritten wird, die in die Masse gelangen soll (BGH ZIP 2005, 952). Daher können Verfahren, die als Passivprozesse begonnen haben, zur Zeit der Unterbrechung als Aktivprozesse zu behandeln sein. Hat zB der Schuldner aufgrund eines vorläufigen vollstreckbaren Urteils zur Abwehr der Vollstreckung eine Sicherheit geleistet, ist der Insolvenzverwalter zur Aufnahme des Rechtsstreits gem. § 85 InsO befugt (MüKoInsO/*Schumacher* § 85 Rn. 9).

Andere anhängige Rechtsstreite gegen den Schuldner, die Insolvenzforderungen zum Gegenstand haben, können erst aufgenommen werden, wenn die Forderungen gem. § 174 InsO zur Tabelle angemeldet und geprüft sind. Erst wenn die angemeldete Forderung im Prüfungstermin oder im schriftlichen Prüfungsverfahren bestritten wurde, kann der Gläubiger den Rechtsstreit gem. §§ 179, 180 Abs. 2, 184 S. 2 InsO gegen den Bestreitenden aufnehmen (MüKoInsO/*Schumacher* Vor §§ 85–87 Rn. 78). Auf die Einhaltung dieser Vorschriften können die Parteien nicht wirksam verzichten. Diese Insolvenzforderungen müssen ggf. im Wege der Feststellungsklage gem. § 179 Abs. 1 InsO weiterverfolgt und die Anträge auf Feststellung zur Tabelle umgestellt werden (MüKoInsO/*Schumacher* § 180 Rn. 23).

Zu sonstigen prozessualen Folgen der Unterbrechung: BLAH/*Hartmann* ZPO § 240 Rn. 4.

3. Der Prozess wird in der Lage aufgenommen, in der er sich befindet (Kayser/Thole/*Kayser* InsO § 85 Rn. 56). Der Verwalter ist an die bisherige Prozessführung des Schuldners einschließlich eventueller Anerkenntnisse, Verzichte, Fristversäumnisse etc gebunden (BGH NZI 2007, 104 Rn. 9; MüKoInsO/*Schumacher* § 85 Rn. 16; Gottwald InsO-HdB/*Gerhardt* § 32 Rn. 26). Nicht gefolgt werden kann aber der Feststellung des BGH, dass „der Insolvenzverwalter auch die prozessualen Wirkungen der Klageerwiderungsschrift gegen sich gelten lassen muss" (BGH 28.9.2006 NZI 2007, 104 Rn. 9; abl. auch *Hofmann* EWiR 2007, 85; Graf-Schlicker/*Graf-Schlicker* InsO § 180 Rn. 11). Denn dies hätte die fatale Folge, dass dem Insolvenzverwalter in allen Fällen, in denen der Schuldner nach Anordnung des schriftlichen Vorverfahrens in der Klageerwiderungsschrift die Abweisung der Klage beantragt hatte – und dies dürfte der Regelfall sein –, von vorneherein ein vorläufiges Bestreiten und sofortiges Anerkenntnis mit der Kostenfolge des § 93 ZPO abgeschnitten ist (ausf. Uhlenbruck/*Sinz* InsO § 180 Rn. 22).

Trat die Verfahrensunterbrechung nach Verkündung des Urteils, jedoch vor wirksamer Einlegung des Rechtsmittels ein, erfolgt die Aufnahme und Rechtsmitteleinlegung in einem Schriftsatz gegenüber dem Rechtsmittelgericht (BGHZ 111, 104 (109)). Wird der Rechtsstreit gegen den Schuldner aufgenommen, so ist der Schriftsatz mit der Aufnahmeerklärung nicht mehr dem Schuldner oder seinen Prozessbevollmächtigten zuzustellen, sondern an den Insolvenzverwalter, da dieser gem. § 80 InsO die Prozessführungsbefugnis erlangt hat und die bisherige Prozessvollmacht durch die Insolvenzeröffnung erloschen ist (§ 117 Abs. 1 InsO).

Die Aufnahme des Rechtsstreits kann auch in der Revisionsinstanz unter Anpassung des Klageantrags erfolgen (BGH ZVI 2004, 530). Die Aufnahme des Rechtsstreits kann, wenn die angemeldete Forderung sowohl durch den Insolvenzverwalter als auch den Schuldner bestritten war, gegen beide aufgenommen werden. Insolvenzverwalter und Schuldner sind in diesem Fall einfache Streitgenossen (BGH WM 1980, 164).

4. Die Aufnahme des Rechtsstreits erfolgt durch einen bei Gericht gem. § 250 ZPO einzureichenden Schriftsatz, der dem Insolvenzverwalter von Amts wegen zuzustellen ist. Ein Mangel der Zustellung dieses Schriftsatzes kann durch ausdrücklichen oder konkludenten Verzicht geheilt werden (BGHZ 50, 397).

5. → Form. III.F.11 Anm. 5.

Hatte der Schuldner Veranlassung zur Klage gegeben und anerkennt der Insolvenzverwalter nach Verfahrensaufnahme (§ 86 Abs. 1 InsO) den Klageanspruch sofort an, trägt die Insolvenzmasse zwar die Kosten des Verfahrens; der Kostenerstattungsanspruch gewährt dem Gläubiger aber nur eine Insolvenzforderung (§ 86 Abs. 2 InsO; *Froehner* NZI 2016, 425).

Hat der Schuldner zur Klageerhebung keine Veranlassung gegeben und obsiegt der Insolvenzverwalter, ist der Kostenerstattungsanspruch vom Gegner zur Insolvenzmasse zu erstatten. Es spielt keine Rolle, ob die Kosten vor oder nach Eröffnung des Insolvenzverfahrens entstanden sind (KPB/*Lüke* InsO § 86 Rn. 18).

6. Der Schuldner kann nur dann selbst den Rechtsstreit aufnehmen, wenn der Insolvenzverwalter den Gegenstand aus der Insolvenzmasse freigegeben hat (Uhlenbruck/*Sinz* InsO § 184 Rn. 13; KPB/*Lüke* InsO § 86 Rn. 15). Die wirksame Ablehnung der Prozessaufnahme durch den Verwalter gilt als Freigabe des Streitgegenstandes aus der Masse (Kayser/Thole/*Kayser* InsO § 85 Rn. 61). Mit der Freigabe gehen die Prozessführungsbefugnis und damit das Wahlrecht auf den Schuldner über (BGH NJW 1973,

2065). Die Unterbrechung endet erst mit der Aufnahme durch den Schuldner oder den Prozessgegner; das bloße Entfallen des Massebezugs genügt nicht (BGH NZI 2010, 298 Rn. 16 f.).

Obsiegt der Schuldner in dem aufgenommenen Rechtsstreit, stellt das Erlangte insolvenzfreies Vermögen dar. Obsiegt der Gegner, begründet der Kostenerstattungsanspruch eine Neuverbindlichkeit des Schuldners (Kayser/Thole/*Kayser* InsO § 85 Rn. 8).

7. Zur Anwendung des § 103 InsO in der Insolvenz des Vorbehaltskäufers: MüKoInsO/*Ganter* § 47 Rn. 62–74. Der Insolvenzverwalter muss die Erklärung zur Erfüllungswahl (§ 103 Abs. 2 S. 2 InsO) erst nach dem Berichtstermin abgeben (§ 107 Abs. 2 S. 1 InsO). Mit der Erfüllungsablehnung wandelt sich das Vertragsverhältnis in ein Abwicklungsschuldverhältnis um und der Vorbehaltsverkäufer kann die Vorbehaltsware umgehend aussondern (MüKoInsO/*Vuia* § 107 Rn. 23; MüKoInsO/*Ganter* § 47 Rn. 72).

14. Klage eines Massegläubigers bei Unzulänglichkeit der Masse

An das
Arbeitsgericht[1] **(Ort, Datum)**

Klage

des A
– Klägers –[2]
Prozessbevollmächtigter:
gegen
Rechtsanwalt V (ladungsfähige Anschrift),
handelnd in seiner Eigenschaft als Insolvenzverwalter[3] über das Vermögen der XY GmbH[4]
– Beklagten –

wegen:	**Forderung**
Vorläufiger Streitwert:[5]	**. . . . . EUR**

Namens und in Vollmacht des Klägers erhebe ich Klage und werde beantragen:

1. **Es wird festgestellt,[6] dass dem Kläger eine Masseverbindlichkeit iHv . . . . . EUR zusteht.**
2. **Der Beklagte trägt die Kosten des Rechtsstreites.**

Begründung:

Durch Beschluss des Amtsgerichts . . . . . vom . . . . . wurde unter dem Az . . . . . über das Vermögen der XY GmbH das Insolvenzverfahren eröffnet und der Beklagte zum Insolvenzverwalter bestellt.

Beweis: Beiziehung der Akten des Amtsgerichts . . . . . als Insolvenzgericht.

Der Kläger war bei der Schuldnerin als . . . . . zu einem monatlichen Gehalt von brutto . . . . . EUR beschäftigt. Das Anstellungsverhältnis endete aufgrund Kündigung des Beklagten nach Anzeige der Masseunzulänglichkeit[7] zum . . . . . Mit der Kündigung stellte der Beklagte den Kläger zugleich von der Arbeitsleistung unter Anrechnung von Resturlaubs- und Freizeitausgleichsansprüchen frei.[8] Es verblieben jedoch noch Resturlaubsansprüche für weitere . . . . . Tage, für die der Kläger eine Urlaubsabgeltung iHv . . . . . EUR als Masseschuld beansprucht (§ 209 Abs. 1 Nr. 3 InsO).

Beweis: 1. Vorlage des Anstellungsvertrages vom .....
2. Vorlage des Kündigungsschreibens vom .....
3. Abrechnung Resturlaub vom .....

Der Beklagte hat mit Schriftsatz vom ..... gegenüber dem Insolvenzgericht[9] die Masseunzulänglichkeit angezeigt.

Beweis: Beiziehung der Akten des Amtsgerichts ..... als Insolvenzgericht.

Der Beklagte bestreitet die klägerische Forderung[10] und meint, es handele sich (zumindest anteilig) nur um eine Insolvenzforderung.
Rechtsanwalt

Anmerkungen

1. Auf einen die Teilungsmasse betreffenden Rechtsstreit findet § 13 GVG Anwendung. Die sachliche und örtliche Zuständigkeit richtet sich nach den entsprechenden Vorschriften der ZPO, wobei auch die Zuständigkeit der besonderen Gerichtsbarkeiten wie Arbeits-, Sozial- und Verwaltungsgerichte usw zu beachten ist. An eine früher vom Schuldner getroffene Schiedsabrede ist auch der Insolvenzverwalter gebunden.

Für Passivprozesse, welche die Insolvenzmasse betreffen, ergibt sich der allgemeine Gerichtsstand aus dem Sitz des Insolvenzgerichts (§ 19a ZPO).

2. Ein Massegläubiger kann seinen Anspruch, da § 87 InsO keine Anwendung findet, im Klagewege geltend machen (BGH KTS 1963, 176) und durch Zwangsvollstreckung, soweit diese nicht durch §§ 90, 123 Abs. 3 S. 2, § 210 InsO ausgeschlossen ist, sichern oder sich aus der Insolvenzmasse befriedigen (MüKoInsO/*Hefermehl* § 53 Rn. 59).

Die Verfahrenskostengläubiger ergeben sich aus § 54 InsO. Die sonstigen Masseverbindlichkeiten sind in § 55 Abs. 1 InsO aufgezählt. Diese werden um die von einem vorläufigen Insolvenzverwalter, auf den gem. § 22 Abs. 1 S. 1 InsO die Verwaltungs- und Verfügungsbefugnis übergegangen ist, begründeten Verbindlichkeiten und um die aus einem Dauerschuldverhältnis resultierenden Verbindlichkeiten, soweit der Insolvenzverwalter die Gegenleistung in Anspruch genommen hat, erweitert (§ 55 Abs. 2 InsO). Auch Steuerverbindlichkeiten, die von einem vorläufigen Insolvenzverwalter (in nach dem 31.12.2010 beantragten Insolvenzverfahren; Art. 24 Abs. 2 HBeglG 2011) begründet worden sind, gelten mit Insolvenzeröffnung als Masseverbindlichkeit (§ 55 Abs. 4 InsO; ausf. dazu *Sinz/Oppermann* DB 2011, 2185).

Die Massegläubiger können im Gegensatz zu den Insolvenzgläubigern (§ 89 InsO) wegen ihrer Forderungen die Zwangsvollstreckung in die Insolvenzmasse betreiben. Das Vollstreckungsverbot von sechs Monaten seit Eröffnung des Insolvenzverfahrens (§ 90 Abs. 1 InsO) gilt nicht für Masseverbindlichkeiten aus einer Erfüllungswahl des Insolvenzverwalters (§ 103 InsO), aus Dauerschuldverhältnissen, soweit der Insolvenzverwalter für die Insolvenzmasse die Gegenleistung in Anspruch nimmt, oder für die Zeit nach dem ersten möglichen Kündigungstermin (§ 90 Abs. 2 InsO). Für Massegläubiger mit Ansprüchen aus einem Sozialplan besteht ebenso ein gesetzliches Vollstreckungsverbot (§ 123 Abs. 3 S. 2 InsO) wie für Altmasseverbindlichkeiten iSv § 209 Abs. 1 Nr. 3 InsO (§ 210 InsO). Letztere liegen auch vor bei arbeitsrechtlichen Sonderzahlungen (BAG NZI 2017, 535) oder wenn Arbeitslohn des Ehegatten auf das Konto des Schuldners gezahlt wird (AG Hamburg ZVI 2015, 295).

Die Forderungen der Massegläubiger sind vorab nach Vollzug von Aus- und Absonderungen sowie Aufrechnungen (sofern nicht § 96 Abs. 1 Nr. 1 InsO entgegensteht; BFH BStBl. II 2008, 506 Rn. 14; FG Nürnberg NZI 2021, 85) aus der vorhandenen Masse in voller Höhe zu befriedigen, solange die Masse ausreicht (§ 53 InsO). Nach Eintritt der

Masseunzulänglichkeit und deren Anzeige an das Insolvenzgericht hat der Verwalter die Rangfolge des § 209 InsO zu beachten.

Masseunzulänglichkeit liegt vor, wenn der Vergleich der vorhandenen Werte mit den noch aus der Masse zu erbringenden Leistungen ergibt, dass der Überschuss nicht ausreicht, um alle Ansprüche der Massegläubiger zu befriedigen. Ist ausreichendes Vermögen vorhanden oder sind entsprechende Massezuflüsse zu erwarten, ist die Masse zulänglich (BAG ZInsO 1999, 180).

3. Die Feststellung der Masseunzulänglichkeit obliegt dem Insolvenzverwalter (§ 208 Abs. 1 InsO). Insoweit steht ihm ein weiter Handlungs- und Entscheidungsspielraum zu, dessen Einhaltung das Gericht im Haftungsprozess gem. § 60 InsO umfassend nachprüfen kann (BGH NZI 2017, 753). Eine Überprüfung, ob die Voraussetzungen der Masseunzulänglichkeit wirklich vorliegen, ist nach dem Willen des Gesetzgebers durch das Insolvenzgericht nicht vorzunehmen (BAG BB 2002, 890 (892)). Anzuzeigen ist die bereits eingetretene Masseunzulänglichkeit; die drohende Masseunzulänglichkeit kann, muss aber nicht angezeigt werden (§ 208 Abs. 1 S. 2 InsO). Für die Definition der drohenden Masseunzulänglichkeit ist die Parallele zu § 18 InsO zu ziehen (Kayser/Thole/*Hölzle* InsO § 208 Rn. 7).

4. Nach § 80 InsO wird ab Insolvenzeröffnung oder nach Erlass eines allgemeinen Verfügungsverbots im Antragsverfahren (§ 22 Abs. 1 S. 1 InsO) das Verwaltungs- und Verfügungsrecht in Bezug auf die Insolvenzmasse an Stelle des Schuldners durch den Insolvenzverwalter oder vorläufigen Insolvenzverwalter ausgeübt. Infolge dessen erlangt der Insolvenzverwalter auch die Prozessführungsbefugnis. Der Insolvenzverwalter ist „Partei kraft Amtes" (Gottwald InsO-HdB/*Eckardt* § 32 Rn. 1), wobei er weder den Insolvenzschuldner, die Insolvenzgläubiger noch die Insolvenzmasse vertritt. Der Insolvenzverwalter leitet seine Legitimation aus dem Gesetz ab. Er ist in Masseprozessen zur Parteivernehmung, der Schuldner oder Schuldnervertreter als Zeuge zugelassen (BFH ZIP 1997, 797).

5. Die Höhe des Streitwertes orientiert sich einerseits am Interesse des Klägers und andererseits an der zu erwartenden Quote, so dass sich eine analoge Anwendung von § 182 InsO anbietet (zur Streitwertfestsetzung nach § 182 InsO → Form. III.F.11 Anm. 3).

6. Während vor Anzeige der drohenden oder eingetretenen Masseunzulänglichkeit jeder Massegläubiger seine Forderung im Wege der Leistungsklage gerichtlich geltend machen und sich unter Berücksichtigung der Vollstreckungsverbote nach §§ 90, 123 Abs. 3 S. 2 InsO im Wege der Vollstreckung Sicherung und Befriedigung aus der Masse verschaffen kann, endet dieses Recht des Massegläubigers mit Eingang der Anzeige der Masseunzulänglichkeit gem. § 208 InsO beim Insolvenzgericht. Die Zahlungsklage eines Massegläubigers gegen den Insolvenzverwalter ist jetzt mangels Rechtsschutzbedürfnisses unzulässig, auch wenn über Grund und Höhe der Masseverbindlichkeit kein Streit besteht (BGH NZI 2001, 537 (539)). Die Masseunzulänglichkeit ist durch den Insolvenzverwalter als Einwand geltend zu machen. Die Rechtsfolgen nach §§ 209 ff. InsO treten mit der Anzeige der Masseunzulänglichkeit ein (LAG BW ZIP 2001, 657). Durch den Nachweis der Anzeige der Masseunzulänglichkeit gegenüber dem Insolvenzgericht genügt der Insolvenzverwalter seiner prozessualen Darlegungs- und Beweislast (MüKoInsO/*Hefermehl* § 208 Rn. 67). Weiterer Tatsachenvortrag des Insolvenzverwalters ist nicht erforderlich.

Dagegen bleibt der Insolvenzverwalter im Prozesskostenhilfeverfahren weiterhin verpflichtet, die tatsächlichen Voraussetzungen für die Bewilligung von Prozesskostenhilfe darzulegen und auf Verlangen des Gerichts glaubhaft zu machen. Allein der Hinweis des Insolvenzverwalters, dass Masseunzulänglichkeit angezeigt wurde, reicht nicht aus, um die Bewilligungsvoraussetzungen darzulegen (BGH NZI 2019, 644).

Der Insolvenzverwalter haftet gem. § 61 InsO sowohl den Alt- als auch den Neumassegläubigern, wenn er zum Zeitpunkt der Begründung der Masseverbindlichkeit hätte erkennen können, dass die Insolvenzmasse zur Erfüllung der Verbindlichkeit nicht ausreicht (Uhlenbruck/*Sinz* InsO § 61 Rn. 20, 26 ff.; zu § 69 AO: *Rose* ZIP 2016, 1520 ff.). Die besondere Pflicht des Verwalters, sich zu vergewissern, ob er bei normalem Geschäftsablauf zur Erfüllung der von ihm begründeten Forderungen mit Mitteln der Masse in der Lage sein wird, bezieht sich nur auf die primären Erfüllungsansprüche und nicht auf Sekundäransprüche (BGH NZI 2018, 258; BGH ZIP 2008, 2126). Die Haftung ist auf das negative Interesse beschränkt (BGH ZIP 2004, 1107 (1111 ff.)). Eine spätere Anzeige der drohenden oder vorhandenen Masseunzulänglichkeit ändert an der Haftung des Insolvenzverwalters nichts.

Säumniszuschläge entstehen gemäß § 240 Abs. 1 S. 1 AO auch nach Anzeige der Masseunzulänglichkeit kraft Gesetzes. Nach Rückkehr ins reguläre Insolvenzverfahren sind die während der Masseunzulänglichkeit geltenden Aufrechnungsverbote nicht mehr anzuwenden (BFH NZI 2020, 526 Rn. 23, 33 mAnm *Ries* EWiR 2020, 277).

Nach Anzeige der Masseunzulänglichkeit und deren Nachweis ist ein Leistungsurteil ebenso unzulässig (BAG ZIP 2002, 628) wie der Erlass eines Kostenfestsetzungsbeschlusses (BGH NZI 2019, 505 Rn. 12, 15). Im Kostenfestsetzungsverfahren ist der Erstattungsanspruch nur der Höhe nach festzustellen (BGH ZIP 2005, 817). Wohl aber kann ein Gläubiger trotz Anzeige der Masseunzulänglichkeit und des daraus folgenden Vollstreckungsverbots (§ 210 InsO) Auszahlung einer hinterlegten Prozesssicherheit verlangen (OLG Frankfurt NZI 2017, 733). Auch ein Rentenversicherungsträger ist nicht gehindert, im Rahmen einer Betriebsprüfung rückständige Gesamtsozialversicherungsbeiträge gegenüber dem Insolvenzverwalter durch Leistungs-/Zahlungsbescheid festzusetzen (BSG NZI 2016, 27).

Der Leistungsantrag ist nach Anzeige der Masseunzulänglichkeit auf Feststellung umzustellen (BAG KTS 1979, 305), worin keine Klageänderung liegt (§ 264 Nr. 2 und 3 ZPO).

Ein Antrag auf Verurteilung des Insolvenzverwalters zur Zahlung der auf den klägerischen Masseanspruch entfallenden Quote ist nur dann zulässig, wenn die Masseschuldquote feststeht (BAG ZIP 2004, 1323 (1325)). Durch § 209 InsO ist einerseits die Rangordnung der Masseverbindlichkeiten gesetzlich geregelt und andererseits durch § 211 Abs. 1 InsO die Verteilung der Insolvenzmasse. Ist der Insolvenzverwalter trotz entsprechender Massemittel und ausreichender Rückstellung für die Ansprüche der vorrangigen Neumassegläubiger zur Zahlung nicht bereit, hat der Altmassegläubiger keinen einklagbaren Zahlungsanspruch, sondern kann nur das Insolvenzgericht nach § 58 InsO einschalten (MüKoInsO/*Hefermehl* § 210 Rn. 12).

Die Unzulässigkeit der Zwangsvollstreckung (§ 210 InsO) wegen Masseverbindlichkeiten von Altmassegläubigern (§ 209 Abs. 1 Nr. 3 InsO) ist mit der Erinnerung (§ 766 ZPO) geltend zu machen (Kayser/Thole/*Hölzle* InsO § 210 Rn. 8). Die Erhebung einer Vollstreckungsgegenklage (§ 767 ZPO) ist weder notwendig noch möglich, da der Insolvenzverwalter das Vollstreckungsverbot analog § 89 Abs. 3 InsO beim Insolvenzgericht und nicht beim Vollstreckungsgericht (MüKoInsO/*Hefermehl* § 210 Rn. 15) geltend machen kann.

Gegenüber Neumassegläubigern (§ 209 Abs. 1 Nr. 2 InsO) gilt das Vollstreckungsverbot (§ 210 InsO) nicht. Vollstreckt im Falle der Masseunzulänglichkeit ein Neumassegläubiger, kann der Insolvenzverwalter unter den Voraussetzungen des § 767 ZPO Vollstreckungsgegenklage erheben oder erneut Masseunzulänglichkeit anzeigen (Kayser/Thole/*Hölzle* InsO § 210 Rn. 16; zur erneuten Masseunzulänglichkeit: *Ganter* NZI 2019, 7 ff.). Ist ein Rechtsstreit wegen der Neumasseverbindlichkeit anhängig, hat er die neuerliche Masseunzulänglichkeit einzuwenden. Die Zahlungsklage wird unzulässig (BGH ZIP 2003, 914 (918); BAG ZIP 2004, 1323 (1325)). § 208 InsO ist auf Neumassegläubiger nicht anwendbar. Der Insolvenzverwalter ist im gerichtlichen Verfahren für den Eintritt der Masseunzulänglichkeit darlegungs- und beweispflichtig (BAG ZIP 2002,

1261). Er genügt seiner Verpflichtung durch öffentliche Bekanntmachung der Masseunzulänglichkeit und Einreichung eines zeitnahen Finanzstatus (BAG ZIP 1999, 36; BGH NZI 2001, 537 (539)). Das Prozessgericht hat die Voraussetzungen der Masseunzulänglichkeit entsprechend § 287 Abs. 2 ZPO zu beurteilen (BGHZ 147, 28 (38)). Auch in diesem Fall hat der Massegläubiger von der Zahlungs- zur Feststellungsklage überzugehen (MüKoInsO/*Hefermehl* § 210 Rn. 23).

7. Nach der Anzeige der Masseunzulänglichkeit gilt die Rangordnung des § 209 InsO für sämtliche Masseverbindlichkeiten. Die Altmassegläubiger der Rangklasse 3 erhalten nur dann Zahlungen, wenn die vorrangigen Neumassegläubiger der Rangklasse 2 vollständig befriedigt werden (MüKoInsO/*Hefermehl* § 209 Rn. 13). Die Anzeige der Masseunzulänglichkeit durch den Insolvenzverwalter führt jedoch nicht dazu, dass die Verjährung von Altmasseverbindlichkeiten gehemmt wird (BGH NZI 2018, 154).

Bei gegenseitigen Verträgen besitzt der Insolvenzverwalter ein erneutes Wahlrecht (§ 209 Abs. 2 Nr. 1 InsO), auch wenn er bereits nach Eröffnung des Insolvenzverfahrens gem. § 103 InsO die Erfüllung gewählt hat (MüKoInsO/*Hefermehl* § 209 Rn. 28).

Die Ansprüche aus Dauerschuldverhältnissen wie zB aus Miet- und Arbeitsverhältnissen werden durch Insolvenzeröffnung nicht berührt. Die Ansprüche der Vertragspartner stellen Masseverbindlichkeiten nach § 55 Abs. 1 Nr. 2 InsO dar. Kündigt der Insolvenzverwalter nach Anzeige der Masseunzulänglichkeit das Miet- oder Arbeitsverhältnis zum nächstzulässigen Termin und nimmt er die Gegenleistung für die Insolvenzmasse nicht in Anspruch, steht dem jeweiligen Gläubiger nur eine Altmasseforderung zu (§ 209 Abs. 2 Nr. 2 iVm § 209 Abs. 2 Nr. 3 InsO). Der Eintritt der Masseunzulänglichkeit berechtigt nicht zur fristlosen Kündigung eines Vertragsverhältnisses (MüKoInsO/*Hefermehl* § 209 Rn. 31).

Nimmt der Insolvenzverwalter die Gegenleistung in Anspruch, insb. aus einem Arbeitsverhältnis, so kann der Gläubiger Befriedigung als Neumasseschuld verlangen (§ 209 Abs. 2 Nr. 3 InsO). Gleiches gilt für die Nutzung eines Miet- oder Pachtgegenstandes (BGH ZIP 2004, 326; ZIP 2004, 1277).

Bei Arbeitsverhältnissen kann der Insolvenzverwalter iSv § 209. Abs. 2 Nr. 2 InsO erst dann kündigen, wenn Kündigungssperren wie zB Zustimmung zur Kündigung eines Schwerbehinderten (§ 85 SGB IX) durch das Integrationsamt, Zulässigerklärung der Kündigung einer Schwangeren (§§ 9 Abs. 3 MuSchG) oder eines Arbeitnehmers/einer Arbeitnehmerin in Elternzeit (§ 18 Abs. 1 BErzGG) oder bei Vorhandensein eines Betriebsrates durch Abschluss eines Interessenausgleichs (§ 111 BetrVG) beseitigt sind (BAG ZIP 2003, 1850).

8. Stellt der Insolvenzverwalter den Arbeitnehmer mit Ausspruch der Kündigung von der Arbeitsleistung frei, so sind dessen Ansprüche nur als Altmasseverbindlichkeit zu erfüllen (arg. e contrario § 209 Abs. 2 Nr. 3 InsO). Dies gilt auch für einen Forderungsübergang gem. § 115 SGB X.

Versäumt der Insolvenzverwalter die erste Kündigungsmöglichkeit, so stellen die Ansprüche nach dem ersten Kündigungstermin Neumasseverbindlichkeiten nach § 209 Abs. 2 Nr. 2 InsO dar. Ob der Insolvenzverwalter den Arbeitnehmer beschäftigt, ist für das Entstehen der Neumasseverbindlichkeit bedeutungslos (BAG ZIP 2004, 1323 (1326); LAG Mainz ZInsO 2017, 1576 für Annahmeverzugslohn).

9. Auch wenn der Insolvenzverwalter bis zur Anzeige der Masseunzulänglichkeit die Arbeitsleistung für die Insolvenzmasse in Anspruch genommen hat, ist der Arbeitnehmer bei Anzeige der Masseunzulänglichkeit, Kündigung des Arbeitsverhältnisses nach Masseunzulänglichkeitsanzeige und Freistellung von der Arbeit nicht Inhaber einer Neumasseforderung iSv § 209 Abs. 2 Nr. 3 InsO, sondern einer Altmasseforderung nach § 209 Abs. 1 Nr. 3 InsO.

10. Besteht über den Bestand und die Höhe der Masseverbindlichkeit zwischen dem Gläubiger und dem Insolvenzverwalter kein Streit, fehlt für eine nach Anzeige der Masseunzulänglichkeit erhobene Feststellungsklage das Rechtschutzbedürfnis.

Hier ergibt sich das Feststellungsinteresse daraus, dass der Insolvenzverwalter die Rechtsnatur des Urlaubsabgeltungsanspruchs als Masseschuld bestreitet (ausführlich dazu: *Krings* DB 2019, 790 ff.). Nach Ansicht des BAG sind Urlaubsansprüche nicht von einer Arbeitsleistung im Kalenderjahr abhängig und werden daher auch nicht monatlich verdient. Soweit sie noch nicht zeitlich festgesetzt sind, könnten sie keinem bestimmten Zeitraum im Jahr zugeordnet werden (BAG ZIP 1987, 1266). Deshalb verbiete sich auch eine rechnerische Zuordnung bestimmter Urlaubstage auf Zeitpunkte vor oder nach der Eröffnung der Insolvenz. Endet das Arbeitsverhältnis nach Eröffnung des Insolvenzverfahrens, sei der Urlaubsabgeltungsanspruch aus § 7 Abs. 4 BUrlG in voller Höhe Masseverbindlichkeit iSv § 55 Abs. 1 Nr. 2 Alt. 2 InsO, da Urlaubsabgeltungsansprüche erst mit Beendigung des Arbeitsverhältnisses entstehen (BAG NZI 2021, 446 Rn. 3 ff. unter ausdrücklicher Aufgabe von BAG ZIP 2007, 834 Rn. 17, 26). Die Gegenmeinung hält dem entgegen, dass es nicht darauf ankomme, wann ein Anspruch entsteht, sondern wann dieser „begründet" (§ 38 InsO), also die rechtliche Grundlage hierfür im Kern gelegt worden ist. Maßgeblich sei daher, wann der Urlaubsanspruch erworben wurde, so dass der Urlaubsanspruch aufzuteilen sei in die Urlaubstage vor und nach der Insolvenzeröffnung (Uhlenbruck/*Sinz* InsO § 55 Rn. 68). Auch das BAG nehme die gleiche Abgrenzung iRd § 209 vor, wenn es um die Zuordnung der Ansprüche zu den Alt- oder Neumasseverbindlichkeiten geht (BAG ZIP 2007, 834 Rn. 22). Andernfalls entstehe ein Wertungswiderspruch zu § 209 InsO, da die Abgrenzung zwischen Alt- und Neumasseverbindlichkeiten nach den entsprechend heranzuziehenden Kriterien wie für die Abgrenzung zwischen Insolvenzforderungen und Masseschulden erfolgt (MüKoInsO/*Hefermehl* § 209 Rn. 24).

15. Schadensersatzklage gegen den Insolvenzverwalter

An das
Landgericht **(Ort, Datum)**

Klage

der A GmbH
– Klägerin –
Prozessbevollmächtigter:[1]
gegen
Herrn Rechtsanwalt V, ...
– Beklagter[2] **–**
wegen: Forderung[3]
Streitwert: . . . . . EUR[4]

Namens und in Vollmacht der Klägerin erhebe ich Klage und werde beantragen zu erkennen:

Der Beklagte wird verurteilt, an die Klägerin . . . . . EUR nebst Zinsen iHv 5 Prozentpunkten über dem Basiszinssatz seit . . . . . zu zahlen.[5]

Begründung:

Der Beklagte wurde durch Beschluss des Amtsgerichts . . . . . vom . . . . . – Az.: . . . . . – zum Insolvenzverwalter über das Vermögen der XY GmbH bestellt. Mit Schreiben vom

. . . . . machte die Klägerin an den von ihr an die XY GmbH unter Eigentumsvorbehalt gelieferten Stoffen Aussonderungsrechte[6] geltend und forderte ihn unter Fristsetzung bis zum . . . . . zur Herausgabe[7] auf.

Beweis: Vorlage des Schreibens der Klägerin vom . . . . ., Anlage K 1

Nach Mahnung hatte der Beklagte das Aussonderungsrecht der Klägerin anerkannt. Er teilte jedoch mit, dass die von der Klägerin gelieferten Stoffe nach Eingang des Schreibens vom . . . . . zum Preise von . . . . . EUR verkauft worden seien. Den Anspruch der Klägerin aus ungerechtfertigter Bereicherung[8] könne er nicht erfüllen, da er mit Schriftsatz vom . . . . . gegenüber dem Amtsgericht . . . . . die Masseunzulänglichkeit angezeigt[9] habe. Ob und in welcher Höhe auf die Zahlungsansprüche der Klägerin eine Masseschuldquote entfalle, sei ungewiss.

Beweis: Vorlage des Schreibens des Beklagten vom . . . . ., Anlage K 2

Der Beklagte verkennt jedoch, dass der Klägerin ursprünglich ein (Ersatz-) Aussonderungsanspruch zustand, gegen den der Beklagte keine Masseunzulänglichkeit einwenden kann. Da der Verwertungserlös sich nicht mehr unterscheidbar in der Masse befindet, haftet der Beklagte nunmehr persönlich. Denn indem der Beklagte die Aussonderungsgegenstände nicht von der Verwertung der Insolvenzmasse[10] ausnahm, hat er schuldhaft[11] das Eigentumsrecht der Klägerin verletzt. Der Verkaufserlös wurde von ihm auch nicht separiert. Er haftet daher persönlich gem. §§ 60 InsO, 823 Abs. 1 BGB auf Schadenersatz.[12]

Rechtsanwalt

Anmerkungen

1. → Form. I.D.1 Anm. 5.

2. → Form. I.D.1.

Während der Gerichtsstand für Klagen gegen den Insolvenzverwalter als Partei kraft Amtes sich nach § 19a ZPO richtet, gilt diese Vorschrift für eine Klage gegen den Insolvenzverwalter persönlich nicht (BGH ZInsO 2018, 1144). Sofern der Kläger beide als Gesamtschuldner in Anspruch nehmen will (→ Anm. 5), bedarf es ggf. einer Gerichtsstandsbestimmung gem. § 36 Abs. 1 Nr. 3 ZPO (LAG Hamm NZA-RR 2015, 214).

Die persönliche Verantwortlichkeit des Insolvenzverwalters gegenüber einem Beteiligten steht einer gleichzeitigen Haftung der Masse nicht entgegen (MüKoInsO/*Schoppmeyer* § 60 Rn. 113). Der Geschädigte kann nach den allgemeinen Grundsätzen des Schadenrechts frei wählen, wen er zuerst in Anspruch nimmt; das Gesetz sieht eine Primärhaftung der Masse, welche die persönliche Inanspruchnahme des Verwalters zunächst ausschließt, nicht vor (BGH ZIP 2006, 194; BAG ZIP 2007, 1169). Der Gesamtschuldnerausgleich (§ 426 BGB) vollzieht sich primär nach § 254 BGB und sekundär nach Kopfteilen (MüKoInsO/*Schoppmeyer* § 60 Rn. 114).

Trifft ein Schaden infolge Masseverkürzung oder -schmälerung die Gesamtheit der Insolvenzgläubiger, kann dieser Anspruch – auch soweit er bei Massegläubigern eingetreten ist (BGH NZI 2020, 671 Rn. 74) – nur durch einen neu bestellten Insolvenzverwalter (§ 92 S. 2 InsO) oder einen Sonderinsolvenzverwalter geltend gemacht werden (BGH NZI 2004, 496; Uhlenbruck/*Sinz* InsO § 60 Rn. 120). Dagegen können individuelle Vermögenseinbußen bei einem einzelnen Gläubiger (sog Einzelschäden) vom Geschädigten schon während des laufenden Insolvenzverfahrens gegen den Verwalter geltend gemacht werden; § 92 InsO steht dem nicht entgegen (OLG Köln ZInsO 2007, 218). Dies gilt insb. für Schäden, die auf einer Insolvenzverschleppung beruhen, aber auch bei Vereitelung oder Beeinträchtigung eines Aussonderungsrechts; denn negativ betroffen ist allein der jeweilige Rechtsinhaber (Uhlenbruck/*Sinz* InsO § 60 Rn. 122).

3. → Form. I.D.1 Anm. 6.

4. → Form. I.D.1 Anm. 7.

5. Besteht noch ein Ersatzaussonderungsanspruch gegen die Masse, wäre eine Klage gegen den Verwalter persönlich unbegründet, weil es dann an einem Schaden fehlt; die Anzeige der Masseunzulänglichkeit greift nämlich nicht gegenüber dem Anspruch aus § 48 InsO. Kann der Kläger hingegen nur noch eine Massebereicherung geltend machen, diese aber nach Anzeige der Masseunzulänglichkeit nicht mehr durchsetzen (§ 210 InsO), wäre eine Zahlungsklage gegen den Beklagten als Verwalter mangels Rechtsschutzinteresse unzulässig. Ist unklar, ob sich der Verwertungserlös noch unterscheidbar auf dem Insolvenzsonderkonto befindet, empfiehlt es sich, den Verwalter auf Ersatzaussonderung zu verklagen und ihm persönlich den Streit zu verkünden.

6. → Form. III.F.10 Anm. 4, 14.

Der Aussonderungsgläubiger ist Beteiligter iSv §§ 60, 61 InsO (BGHZ 103, 310 (315)). Der Beteiligtenbegriff des § 60 InsO ist weit auszulegen. Hierzu zählen alle, deren Interessen durch eine Verletzung der dem Verwalter gesetzlich auferlegten Pflichten berührt werden können (BGH NZI 2006, 350; Jaeger/*Gerhardt* InsO § 60 Rn. 22; MüKoInsO/*Schoppmeyer* § 60 Rn. 10 ff.).

Der Insolvenzverwalter hat unmittelbar nach seiner Bestellung die Insolvenzmasse in Besitz zu nehmen (§ 148 Abs. 1 InsO) und zu prüfen, was zur Insolvenzmasse gehört oder nicht (BGH ZIP 1996, 1181; OLG Hamm ZInsO 2017, 96 zur verbotenen Eigenmacht). Er hat nur solche Rechte zu berücksichtigen, für die zumindest konkrete Anhaltspunkte für Fremdeigentum bestehen. Der die Aussonderung begehrende Gläubiger muss den auszusondernden Gegenstand konkret bezeichnen und konkret darlegen, worauf er sein Aussonderungsrecht stützt (MüKoInsO/*Ganter* § 47 Rn. 448).

Die dem Schuldner vom Lieferanten erteilte Ermächtigung, die unter Eigentumsvorbehalt gelieferte Ware im ordnungsgemäßen Geschäftsverkehr weiter zu veräußern, erlischt ohne besondere Erklärung mit der Eröffnung des Insolvenzverfahrens (BGH NJW 1953, 217 (218)). Nach Insolvenzantragstellung ist der vorläufige Insolvenzverwalter zur Weiterveräußerung von Eigentumsvorbehaltsware nur befugt, wenn der Erlös zu Gunsten des Lieferanten separiert wird (MüKoInsO/*Ganter* § 47 Rn. 145). Die Vereitelung der Ersatzaussonderung führt zum Schadensersatzanspruch nach § 60 InsO (BGHZ 103, 310 (315)).

7. Der Eigentumsvorbehaltsanspruch berechtigt zur Aussonderung (§ 47 InsO).

Der Aussonderungsberechtigte muss die Sache abholen (MüKoInsO/*Ganter* § 47 Rn. 463). Der Insolvenzverwalter ist nicht verpflichtet, das Aussonderungsgut dem Gläubiger zurückzusenden. Es genügt, wenn er das Aussonderungsgut aussortiert und zur Abholung bereitstellt (BGHZ 104, 304 (306)).

8. Die Veräußerung des Aussonderungsgutes nach Eröffnung des Insolvenzverfahrens begründet Ersatzaussonderungsansprüche. § 48 S. 1 InsO setzt voraus, dass die Veräußerung *unberechtigt* war. Steht die Gegenleistung noch aus, so kann der Ersatzaussonderungsberechtigte Abtretung der Forderung nebst Nebenrechten (§ 401 BGB) fordern (§ 48 S. 1 InsO). Ist der Kaufpreis bereits bezahlt, kann nur dann Ersatzaussonderung der Zahlung verlangt werden, wenn sie sich noch unterscheidbar in der Masse befindet (§ 48 S. 2 InsO). Denn eine vor Eröffnung des Insolvenzverfahrens erfolgte Zahlung stellt kein „Recht auf die Gegenleistung" iSv § 48 InsO mehr dar.

Auch bei Überweisung auf ein Bankkonto ist Unterscheidbarkeit iSv § 48 S. 2 InsO ohne weiteres gewährleistet, selbst wenn das Konto im Kontokorrent geführt wird, sofern eine Unterscheidung aufgrund von Buchungen und den dazugehörigen Belegen von dem übrigen Guthaben möglich ist (BGHZ 141, 116 (120 ff.); BGH ZIP 2002, 1093 (1097)) und ein dem Ersatzaussonderungsrecht entsprechendes Guthaben noch vorhanden ist (sog Bodensatztheorie; BGH ZIP 1999, 626 (628); OLG Köln ZIP 2002, 947). Erfolgte die Zahlung jedoch bereits im Insolvenzantragsverfahren auf ein Konto des Schuldners, fehlt es an den Voraussetzungen für eine Ersatzaussonderung, da die Gegenleistung dem Vermögen des Schuldners vor Eröffnung des Insolvenzverfahrens zugeflossen war (BGH ZIP 2002, 1093 (1094); anders aber BGH NZI 2008, 39 für Überzahlung auf einem vom vorläufigen schwachen Insolvenzverwalter eingerichteten Anderkonto. Das Gleiche gilt im eröffneten Insolvenzverfahren, wenn der Insolvenzverwalter Gelder auf dem Insolvenzsonderkonto vereinnahmt, das die Masse selbst als materiell berechtigt ausweist (BGH NZI 2019, 414 Rn. 31). Ein Aussonderungsgläubiger ist nur gesichert, wenn die ihm zustehenden Erlöse auf einem Anderkonto/Treuhandkonto separiert werden.

Kann der aussonderungsberechtigte Gläubiger sein Aussonderungsrecht erst nachweisen, nachdem der Gegenwert für die Veräußerung des Gegenstandes zur Masse geflossen ist und wurde das Geld mit anderem ununterscheidbar vermischt, steht dem Gläubiger nur noch eine Masseforderung wegen ungerechtfertigter Bereicherung der Masse gem. § 55 Abs. 1 Nr. 3 InsO zu (MüKoInsO/*Schoppmeyer* § 60 Rn. 56).

9. Allein der Insolvenzverwalter hat in eigener Verantwortung die eingetretene oder drohende Masseunzulänglichkeit festzustellen (Kayser/Thole/*Hölzle* InsO § 208 Rn. 8) und dem Insolvenzgericht anzuzeigen (§ 208 Abs. 1 InsO). Eine gerichtliche Überprüfung erfolgt nicht. Das Gericht hat die Anzeige der Masseunzulänglichkeit öffentlich bekannt zu machen und die Massegläubiger durch Zustellung, die regelmäßig analog § 8 Abs. 3 InsO dem Insolvenzverwalter übertragen wird, zu unterrichten (§ 208 Abs. 2 InsO).

10. → Anm. 6.

Der Insolvenzverwalter hat nach Eröffnung des Insolvenzverfahrens und Unterrichtung der Insolvenzgläubiger von der Verfahrenseröffnung mit der Verwertung der Insolvenzmasse eine angemessene Zeit zu warten, wenn er keine konkreten Anhaltspunkte für das Bestehen von Aussonderungsrechten besitzt, jedoch solche nicht ausschließen kann (MüKoInsO/*Ganter* § 47 Rn. 459). Meldet innerhalb einer Frist von zwei bis drei Wochen kein Gläubiger ein Aussonderungsrecht an, kann der Insolvenzverwalter davon ausgehen, dass entweder kein Aussonderungsrecht besteht oder keines ernsthaft weiterverfolgt wird (OLG Karlsruhe NZI 1999, 231 (232)).

11. Die persönliche Haftung des Insolvenzverwalters setzt Verschulden, also Vorsatz oder Fahrlässigkeit, voraus (zur Darlegungs- und Beweislast: BAG NZI 2012, 40 Rn. 33). Bei der Erfüllung insolvenzspezifischer Pflichten hat der Insolvenzverwalter für die Sorgfalt eines ordentlichen und gewissenhaften Insolvenzverwalters einzustehen (§ 60 Abs. 1 S. 2 InsO). Das Verschuldensmaß orientiert sich an den individuellen Anforderungen der Aufgabe des Insolvenzverwalters (MüKoInsO/*Schoppmeyer* § 60 Rn. 90), wobei dieser nicht mit demselben Maßstab wie der Leiter des gesunden Unternehmens gemessen werden kann (BGH NZI 2016, 52; KPB/*Lüke* InsO § 60 Rn. 37; zur Haftung für unternehmerische Entscheidungen: *Korch* ZIP 2020, 1596 ff.). Er darf keine Geschäftschance persönlich nutzen, die aufgrund der Umstände des jeweiligen Falles dem von ihm verwalteten Schuldnerunternehmen zuzuordnen ist (BGH NZI 2017, 442). Eine Pflicht zur Aufrechterhaltung der Geschäftsführerhaftpflichtversicherung besteht ebenso wenig (BGH NZI 2016, 580) wie eine Verpflichtung, vor der Erhebung einer Klage oder während des Prozesses die Interessen des Prozessgegners an einer eventuellen Erstattung seiner Kosten zu berücksichtigen (BGH ZInsO 2015, 2533).

Der Insolvenzverwalter haftet auch für Pflichtverletzungen von Erfüllungsgehilfen, die er gem. § 278 BGB zur Erfüllung seiner originären Verwalterpflichten einsetzt (BGH NZI 2016, 352 Rn. 19 für Beauftragung eines Rechtsanwalts mit der Durchsetzung einer zur Masse gehörenden Forderung). Eine Beschränkung der Haftung auf Auswahl und Überwachung der Hilfsperson kommt nur in Betracht, wenn und soweit es nicht um insolvenzspezifische Pflichten geht (BGH NZI 2016, 352 Rn. 21 ff.). Ist der Insolvenzverwalter gezwungen, Personal des schuldnerischen Betriebes einzusetzen, so haftet er nur bei mangelnder Überwachung oder für Entscheidungen von besonderer Bedeutung (§ 60 Abs. 2 InsO). So kann der Insolvenzverwalter zB auf das Personal wegen dessen speziellen Kenntnissen oder aus finanziellen Gründen angewiesen sein, um eine Belastung der Insolvenzmasse zu vermeiden (KPB/*Lüke* InsO § 60 Rn. 40).

Für die Schadensberechnung sind die §§ 249 ff. BGB maßgebend (BGH NJW–RR 1990, 45). § 254 BGB findet Anwendung (BGH NJW 1993, 522), so dass je nach Verschuldensgrad Schadensersatzansprüche entfallen oder gemindert werden. Die Beweislast für das Mitverschulden oder den Vorteilsausgleich hat der Verwalter (MüKoInsO/*Schoppmeyer* § 60 Rn. 95).

Die Zustimmung der Gläubigerversammlung oder des Gläubigerausschusses lässt ein Verschulden des Insolvenzverwalters nicht automatisch entfallen (BGH ZIP 1985, 423; Jaeger/*Gerhardt* InsO § 60 Rn. 143, 144;). Die Zustimmung kann im Einzelfall jedoch ein Indiz dafür sein, dass der Insolvenzverwalter seine Sorgfaltspflichten erfüllt hat (KPB/*Lüke* InsO § 60 Rn. 43 ff.; MüKoInsO/*Schoppmeyer* § 60 Rn. 102). Die Mitglieder des Gläubigerausschusses haften den aussonderungsberechtigten Gläubigern nicht nach § 71 InsO, sondern nach allgemeinen Vorschriften über die Haftung wegen Rechtsverletzung (Uhlenbruck/*Uhlenbruck* InsO § 71 Rn. 2). Die Haftung besteht nur gegenüber den Insolvenzgläubigern und den absonderungsberechtigten Gläubigern (§ 71 InsO).

Zur Haftung des Geschäftsleiters in der Eigenverwaltung analog §§ 60, 61 InsO: BGH NZI 2018, 519.

12. Ist die Pflichtverletzung ihrer Art nach geeignet, zu einem solchen Schaden zu führen, so ist nach dem Beweis des ersten Anscheins davon auszugehen, dass der Schaden auf der Pflichtverletzung beruht (MüKoInsO/*Schoppmeyer* § 60 Rn. 106). Die Beweislast für das Verschulden des Insolvenzverwalters, die Ursächlichkeit seines Verhaltens sowie die Höhe des Schadens hat der geschädigte Gläubiger.

Für die Schadensberechnung gelten die §§ 249 ff. BGB. Der Insolvenzverwalter hat bei Verletzung des Aussonderungsrechts den Wiederbeschaffungswert zu ersetzen. Ein entgangener Gewinn ist nur zu ersetzen, wenn der Gewinn mit dem Aussonderungsgut zu erzielen gewesen wäre (BGH NJW 1958, 1351). Bei der Vereitelung der Ersatzaussonderung ist als Schaden der Wert der Gegenleistung zu ersetzen (BGH ZIP 1998, 298).

Die Verjährung eines Anspruchs des Insolvenzschuldners gegen den Insolvenzverwalter auf Ersatz eines Gesamtschadens beginnt frühestens mit der Aufhebung oder Einstellung des Insolvenzverfahrens (BGH NZI 2015, 849 – Anspruch des Insolvenzschuldners; BGH NZI 2004, 496 – Quotenschaden eines Gläubigers). Nur wenn es um die Geltendmachung von Individualschäden oder die Prüfung von Schadenersatzansprüchen durch einen Sonderinsolvenzverwalter geht, die schon während des laufenden Insolvenzverfahrens durchgesetzt werden können, beginnt die Verjährung bereits mit dem Schluss des Jahres zu laufen, in welchem der Gläubiger oder Sonderinsolvenzverwalter Kenntnis der anspruchsbegründenden Umstände erlangt (BGH NZI 2014, 973 Rn. 10, 13).

16. PKH-Antrag des Insolvenzverwalters

Landgericht[1] (Ort, Datum)
– Kammer für Handelssachen –

(Ort)

Antrag auf Prozesskostenhilfe[2] und Klageentwurf
des Rechtsanwalts V, ...
handelnd in seiner Eigenschaft als Insolvenzverwalter über das Vermögen der XY GmbH
– Antragsteller –
Prozessbevollmächtigte . . . . .
gegen
Herrn X, ...
– Antragsgegner –

wegen:	Geschäftsführerhaftung
vorläufiger Streitwert	80.000,00 EUR

Namens und in Vollmacht des Klägers erhebe ich Klage und werde beantragen,

1. dem Antragsteller für die erste Instanz Prozesskostenhilfe für die beabsichtigte Klage gemäß Anlage 6 zu bewilligen, und
2. dem Antragsteller zur vorläufigen unentgeltlichen Wahrnehmung seiner Rechte die Rechtsanwälte . . . . beizuordnen.

Begründung:

Der Antragsteller ist Insolvenzverwalter in dem Insolvenzverfahren über das Vermögen der XY GmbH, das am . . . . . durch das Amtsgericht . . . . . – Az.: . . . . . eröffnet wurde (Anlage 1). Er beabsichtigt, den Antragsgegner aus Geschäftsführerhaftung nach § 15b InsO (vormals: § 64 GmbHG) auf Schadensersatz in Höhe von 80.000 EUR in Anspruch zu nehmen und ist wirtschaftlich außer Stande, die Kosten des beabsichtigten Rechtsstreits aufzubringen.

I. Wirtschaftliche Bedürftigkeit des Antragstellers

Gemäß beiliegender Vermögensübersicht des Insolvenzverwalters vom . . . . . (Anlage 2) ist auf dem Insolvenzsonderkonto ein aktueller Massebestand iHv 16.500 EUR vorhanden. Außer der Forderung aus dem beabsichtigten Rechtsstreit sind keine weiteren Vermögenswerte mehr zu realisieren.[3] Die Kosten des beabsichtigten Rechtsstreits[4] betragen 6.983,13 EUR und können aus der verwalteten Masse nicht aufgebracht werden (§ 116 S. 1 Nr. 1 ZPO). Denn aus der derzeit liquiden Masse sind vorrangig die Kosten des Insolvenzverfahrens iHv 17.500 EUR aufzubringen. Daneben bestehen noch sonstige Masseverbindlichkeiten iHv 500 EUR, die aufgrund der am . . . . angezeigten Masseunzulänglichkeit[5] nicht beglichen werden können (Anlagen 3 und 4). Ferner sind noch Neu-Masseverbindlichkeiten für Jahresabschlussarbeiten iHv 3.500 EUR zu beauftragen. Es besteht somit eine Unterdeckung von 5.000 EUR.

II. Fehlende Zumutbarkeit eines Prozesskostenvorschusses für wirtschaftlich Beteiligte

Können die Kosten der Prozessführung danach nicht aus der verwalteten Vermögensmasse aufgebracht werden, kommt es entscheidend darauf an, ob es den an dem Gegenstand des Rechtstreits wirtschaftlich Beteiligten[6] zuzumuten ist, die Prozesskosten aufzubringen (§ 116 Satz 1 Nr. 1 2. Hs. ZPO). Dies ist jedoch nicht der Fall:

Den Massegläubigern[7] ist es nicht zuzumuten, einen Prozesskostenvorschuss aufzubringen, da dieser außer Verhältnis zu den Alt-Masseverbindlichkeiten steht. Der Insolvenzverwalter zählt ohnehin nicht zu den „wirtschaftlich Beteiligten".

Insolvenzgläubiger[8] sind dann vorschusspflichtig, wenn sie die erforderlichen Mittel unschwer aufbringen können und der zu erwartende Nutzen bei vernünftiger, auch das Eigeninteresse sowie das Prozesskostenrisiko angemessen berücksichtigender Betrachtungsweise im Falle eines Erfolges der Rechtsverfolgung deutlich größer sein wird als die von ihnen als Vorschuss aufzubringenden Kosten.

Bei einem Erfolg der Klage würde sich die Insolvenzmasse um rd. 80.000 EUR erhöhen. Zu berücksichtigen ist allerdings das Prozessrisiko, das der Antragsteller hier mit 50 % annimmt, weil mangels Mitwirkung des Antragsgegners bisher unklar ist, wie ein Teilbetrag iHv 40.000 EUR verwendet wurde. Das Vollstreckungsrisiko beziffert der Antragsteller mit weiteren 50 %; denn laut Schufa-Auskunft (Anlage 5) liegen bereits Vollstreckungsaufträge gegen den Antragsgegner vor. Es ist daher lediglich mit einem Massezuwachs von 20.000 EUR zu rechnen (50 % von 40.000 EUR). Nach Abzug der noch ungedeckten Verfahrenskosten (1.000 EUR) sowie sonstigen Masseverbindlichkeiten (4.000 EUR) verbleiben voraussichtlich 15.000 EUR zur Befriedigung der Insolvenzgläubiger.

Dem stehen festgestellte Insolvenzforderungen iHv rd. 350.000 EUR gegenüber. Die zu erwartende Insolvenzquote beträgt daher 4,3 %. Bei Kosten für das hiesige Verfahren iHv 6.983,13 EUR führt dies zu folgendem Ergebnis:

lfd. Nr	**Gläubiger (über 5 %)**	**festgestellte Forderung**	**Quote an Kosten**	**Anteil[9] Kosten**	**Erlös (4,3 %)**
12	**XY Bank**	**45.716,29 EUR**	**28,04 %**	**1.957,81 EUR**	**1.965,80 EUR**
18	**G GmbH**	**19.431,60 EUR**	**11,92 %**	**832,16 EUR**	**835,56 EUR**
23	**FA**	**73.291,18 EUR**	**44,95 %**	**3.138,71 EUR**	**3.151,52 EUR**
31	**M GmbH**	**24.622,03 EUR**	**15,10 %**	**1.054,44 EUR**	**1.058,75 EUR**
	gesamt	**163.061,10 EUR**	**100,01 %**	**6.983,12 EUR**	

Wie dieser Aufstellung zu entnehmen ist, übersteigt der Mehrerlös die aufzuwendenden Kosten nur marginal. Der zu erwartende Nutzen der beabsichtigten Klage ist daher für diese Gläubiger gering, so dass ihnen kein Vorschuss auf die Prozesskosten zuzumuten ist.[10]

III. Erfolgsaussichten der Klage

Die hinreichende Erfolgsaussicht der Klage ergibt sich aus dem als Anlage 6 beigefügten Klageentwurf. Sie ist auch nicht mutwillig.[11]

Rechtsanwalt

Anmerkungen

1. Zu den allgemeinen Voraussetzungen eines PKH-Antrages: → Form. I.C.1

Die Zuständigkeit richtet sich nach den allgemein geltenden Regeln. Dies gilt auch für die örtliche Zuständigkeit. § 19a ZPO regelt nur den Gerichtsstand für Passivprozesse, nicht für Aktivprozesse des Insolvenzverwalters (BGH NZI 2003, 545 Rn. 10). Besonderheiten können sich aus Art. 3 EuInsVO ergeben. Denn die Gerichte des Mitgliedstaats, in dessen Gebiet das Insolvenzverfahren eröffnet worden ist, sind auch dann für eine Insolvenzanfechtungsklage gegen einen Anfechtungsgegner zuständig, wenn dieser seinen Wohnsitz in einem Mitgliedstaat (BGH NZI 2009, 532 Rn. 6 f.) oder Drittstaat hat (BGH NZI 2014, 672 Rn. 7 unter Hinweis auf EuGH NZI 2014, 134).

Die Zuständigkeit der Kammer für Handelssachen ergibt sich aus § 95 Abs. 1 Nr. 4 a) GVG.

Das PKH-Verfahren unterliegt keinem Anwaltszwang und wird auch nicht durch die Eröffnung des Insolvenzverfahrens unterbrochen (BGH, Beschl. v. 13.06.02 – VII ZA 2/02, BeckRS 2002, 5359).

2. Grundlegend: *Gelpcke/Hellstab/Wache/Weigelt*, Der Prozesskostenhilfeanspruch des Insolvenzverwalters, Köln 2007.

Der Insolvenzverwalter nimmt mit der Führung des Aktivprozesses eine im öffentlichen Interesse liegende Aufgabe wahr (BGH NZI 2004, 26 Rn. 3). Nach den Gesetzesmaterialien (BT-Drs. 8/3068, S. 26 zu § 114c ZPO) sollte die Bewilligung von Prozesskostenhilfe der Regelfall sein, ihre Ablehnung die Ausnahme. Die höchstrichterliche Rechtsprechung ist dem jedoch nicht gefolgt (BGH ZInsO 2015, 898). Auch die instanzgerichtliche Praxis ist davon weit entfernt; sie hat die Hürden im Laufe der Jahre immer höher geschraubt und damit die Realisierung von Massebestandteilen erschwert. Ohne PKH können solche Verfahren aber nicht eröffnet oder müssten diese wieder eingestellt werden, bei denen die Masse vornehmlich aus Ansprüchen gegen Dritte wie Anfechtungsgegner, Geschäftsführer oder Gesellschafter bestehen. Den Anspruchsgegnern wäre dann zu raten, auch auf berechtigte Ansprüche des Insolvenzverwalters nicht zu zahlen, um auf eine Einstellung des Verfahrens zu hoffen. Dies würde der Ordnungsfunktion des Insolvenzverfahrens widersprechen (zutreffend OLG Hamm ZIP 2012, 192 juris-Rn. 6).

Ablehnende PKH-Entscheidungen sind allerdings der materiellen Rechtskraft nicht fähig. Einem erneuten PKH-Gesuch kann lediglich im Einzelfall das Rechtsschutzbedürfnis fehlen, wenn es erkennbar missbräuchlich ist, zB weil neuer Tatsachenvortrag erkennbar nur vorgeschoben wird und eine Änderung der bisherigen Beurteilung von vornherein ausgeschlossen ist (OLG Celle ZInsO 2013, 2059).

Ein Antragsteller, der mit seinem Prozesskostenhilfegesuch die Hemmung einer laufenden Verjährungsfrist nach § 204 Abs. 1 Nr. 14 BGB herbeiführen will, muss das Gericht hierauf hinweisen und dies mit der Bitte verbinden, unabhängig von den Erfolgsaussichten des Prozesskostenhilfegesuchs dessen umgehende Bekanntmachung an die Gegenseite zu veranlassen (BVerfG ZInsO 2010, 1927 Rn. 18).

Der Staatskasse steht gegen die Bewilligung von Prozesskostenhilfe an eine Partei kraft Amtes kein Beschwerderecht zu (BGH NZI 2016, 279 Rn. 9 ff.).

3. Erforderlich ist stets ein Vortrag des Insolvenzverwalters, welche weiteren Vermögensgegenstände in der Insolvenzmasse vorhanden sind und wie diese konkret realisiert werden können. Es genügt somit nicht, lediglich den Massezuwachs aus der streitgegenständlichen Forderung einschließlich Nebenforderungen darzulegen. Vielmehr muss der Insolvenzverwalter alle in Aussicht genommenen Klageverfahren, aus denen er eine Massemehrung erwartet, darlegen und jeweils aufzeigen, welche wirtschaftlichen Vorteile den einzelnen beteiligten Gläubigern daraus zufließen würden.

Im Rahmen des Bewilligungsverfahrens ist von der Richtigkeit der Angaben des Insolvenzverwalters auszugehen. Das Gericht ist zu einer Überprüfung der Richtigkeit der Angaben des Insolvenzverwalters ebenso wenig verpflichtet wie zur Überprüfung der Berechtigung der im Insolvenzverfahren bisher getätigten Ausgaben (OLG Stuttgart ZInsO 2004, 556).

Einen zur Deckung von Gerichtskosten des Insolvenzgerichts und der Verwaltervergütung geleisteten Vorschuss darf der Verwalter nicht für sonstige Massekosten, wie Gerichts- und Anwaltskosten eines Aktivprozesses, verwenden (Uhlenbruck/*Vallender* InsO § 26 Rn. 26). Maßgeblich ist nur der nach Abzug der Verfahrenskosten und sonstigen Masseverbindlichkeiten verbleibende Restbarbestand, der nicht anderweitig zur ordnungsgemäßen Abwicklung des Insolvenzverfahrens benötigt wird (OLG Stuttgart ZInsO 2004, 556).

4. Zu berechnen sind die Gerichtskosten und nur die eigenen Anwaltskosten, und dies auch nur für die in Rede stehende Instanz (*Gelpcke/Hellstab/Wache/Weigelt*, Rn. 2.373). Für die gegnerischen Anwaltskosten ist keine Rückstellung zu bilden. Es besteht auch keine Verpflichtung des Insolvenzverwalters, vor der Erhebung einer Klage oder während des Verfahrens die Interessen des Prozeßgegners an einer Erstattung seiner Kosten zu berücksichtigen (BGH NZI 2005, 155).

5. Im Falle der Massearmut (§ 207 InsO) ist die Gewährung von Prozesskostenhilfe grundsätzlich ausgeschlossen (BGH NZI 2004, 602 Rn. 4, 10), es sei denn, dass die Massearmut durch die erfolgreiche Beitreibung der Forderung beseitigt werden kann (BGH ZInsO 2013, 496 Rn. 6; BGH NZI 2013, 79 Rn. 10, 13).

Auch nach Anzeige der Masseunzulänglichkeit (§ 208 InsO) kann der Insolvenzverwalter für ein von ihm betriebenes Klagverfahren grundsätzlich Prozesskostenhilfe beanspruchen, weil er – anders als bei Massearmut – gemäß § 208 Abs. 3 InsO verpflichtet und berechtigt bleibt, das gesamte zur Insolvenzmasse gehörende Vermögen zu verwalten und zu verwerten (OLG Celle ZIP 2012, 1881).

6. Der Insolvenzverwalter hat die Voraussetzungen für die Bewilligung der Prozesskostenhilfe darzulegen und auf Verlangen des Gerichts glaubhaft zu machen (§ 118 Abs. 1 Satz 1 ZPO; BGH NZI 2012, 626 Rn. 3). Will er nur eine Teilklage erheben, muss er nachvollziehbare Sachgründe dafür vorbringen, warum er auf die Geltendmachung der Gesamtforderung verzichtet. Nachvollziehbare Sachgründe können begründete Zweifel sein, ob der erstrebte Titel in vollem Umfang durchgesetzt werden kann, Beweisschwierigkeiten hinsichtlich eines Teils des Anspruchs, nur teilweise durchgreifende Einwendungen oder Einreden oder wenn die begründete Erwartung besteht, dass der Prozessgegner nach Verurteilung zur Leistung eines Teilbetrags den ganzen Anspruch begleichen werde (BGH NZI 2011, 104 Rn. 5 ff.) Ferner hat er die Umstände darzulegen, derentwegen den am Gegenstand des Rechtsstreits wirtschaftlich Beteiligten eine Prozessfinanzierung nicht zumutbar ist (BGH NZI 2012, 626 Rn. 7 ff.). § 116 Satz 1 Nr. 1 ZPO sieht keine Ausnahme für Insolvenzverwalter vor; der Vorschrift lässt sich nicht entnehmen, dass die Gewährung von Prozesskostenhilfe an eine Partei kraft Amtes die Regel und die Versagung eine besonders begründungsbedürftige Ausnahme sein sollen (BGH NZI 2013, 82 Rn. 3; BGH NZI 2006, 341 Rn. 7).

7. Eine Regel, dass es Massegläubigern grundsätzlich nicht zuzumuten ist, die Prozesskosten aufzubringen, gibt es nicht. Dies wäre nur der Fall, wenn sämtliche Masseverbindlichkeiten gedeckt sind. Dagegen ist es bei angezeigter Masseunzulänglichkeit nicht auszuschließen, dass es für diejenigen Massegläubiger, die vom Ausgang des beabsichtigten Klageverfahrens profitieren können, zumutbar ist, die Prozesskosten aufzubringen (BGH NZI 2005, 560 Rn. 9). Der Antragsteller als rangbester Massegläubiger hat dabei allerdings außer Betracht zu bleiben, da Insolvenzverwalter nicht „wirtschaftlich Beteiligte" sind (BGH NZI 2005, 560 Rn. 9; BGH NZI 2004, 26 Rn. 3). Im Gegenteil: Durch die Übernahme des Prozessrisikos würde er sogar seine Unabhängigkeit verlieren und damit insolvenzspezifische Pflichten verletzen.

Der PKH-Antrag muss daher Angaben dazu enthalten, ob und welche sonstigen Massegläubiger vorhanden sind und wie deren Befriedigung aus der vorhandenen Masse erfolgt.

8. Vorschüsse auf die Prozesskosten sind nur solchen Beteiligten zuzumuten, welche die erforderlichen Mittel unschwer aufbringen können und für die der zu erwartende Nutzen bei vernünftiger, auch das Eigeninteresse sowie das Prozesskostenrisiko angemessen

berücksichtigender Betrachtungsweise im Falle eines Erfolges der Rechtsverfolgung deutlich größer sein wird als die von ihnen als Vorschuss aufzubringenden Kosten. Eine feste Mindestquote, um die sich das Ergebnis für die Gläubiger verbessern muss, verlangt die Rechtsprechung nicht (OLG Celle NZI 2015, 534 sub II. 2.; OLG München ZInsO 2013, 1091 sub II. 1.). Das gilt selbst dann, wenn er bei einem Prozessverlust aus der Masse keinen Ersatz der von ihm vorgeschossenen Kosten erhält (BGH NZI 2012, 626 Rn. 9). Um dem mit der Entscheidung über den PKH-Antrag befassten Gericht die Beurteilung zu ermöglichen, ob die Aufbringung der Kosten den Gläubigern zuzumuten ist, muss der Insolvenzverwalter die Forderungen der Gläubiger nach Art und Höhe darlegen (BGH NZI 1998, 83 Rn. 3). Auch angemeldete, aber nicht festgestellte Forderungen sind ganz oder teilweise zu berücksichtigen, insbesondere wenn diese noch gar nicht geprüft oder vom Insolvenzverwalter zwar bestritten, aber bereits gegen die Masse eingeklagt sind (OLG Hamm ZIP 2005, 1711 juris-Rn. 9).

Bei dieser wertenden Abwägung sind insbesondere die zu erwartende Quotenverbesserung im Obsiegensfalle, das Prozess- und Vollstreckungsrisiko und die Gläubigerstruktur zu berücksichtigen (BGH NZI 2013, 82 Rn. 2). Ein Sicherheitsabschlag von 50 % für das Prozessrisiko und weiteren 68 % für das Vollstreckungsrisiko sind von der Rechtsprechung bei entsprechender Begründung gebilligt worden (BGH NZI 2006, 348 Rn. 15; OLG Schleswig NZI 2009, 522: 25 % bei Anfechtungsansprüchen; OLG Köln ZIP 2007, 1030 juris-Rn. 7: 50 % bei Einlageforderung).

Für Kleingläubiger – das sind solche, deren Anteil 5 % des Gesamtvolumens der festgestellten Forderungen nicht übersteigt – wird überwiegend angenommen, dass ihnen die Beteiligung an den Prozesskosten in der Regel nicht zumutbar ist (BFH BFH/NV 2009, 1660 Rn. 26; OLG Schleswig NZI 2009, 522 juris-Rn. 9; OLG Hamm ZIP 2005, 1711 juris-Rn. 14). Allerdings wird diese Grenze nicht von allen Gerichten einheitlich angesetzt, sondern statt einer festen prozentualen Quote der Gläubiger an den festgestellten Insolvenzforderungen auf einen Vergleich des vorzuschießenden Betrags und der möglichen Ergebnisverbesserung abgestellt (OLG Celle NZI 2015, 534 juris-Rn. 11; OLG München ZInsO 2013, 1091 juris-Rn. 5). Der Rechtsprechung des BGH (insb. ZIP 2011, 98 und NZI 2013, 82) sei ein solcher feststehender Prozentsatz nicht zu entnehmen.

Auch Ausfallgläubiger haben grds. die Kosten eines von dem Verwalter geführten Prozesses mit aufzubringen, wenn sie bei einem erfolgreichen Abschluss des Rechtsstreits wenigstens mit einer teilweisen Befriedigung ihrer Ansprüche aus der Masse rechnen können. Davon ist auszugehen, solange der Verwalter nicht dargetan hat, dass diese Gläubiger auch ohne die beabsichtigte Klage auf Grund ihrer Absonderungsrechte mit einer weitgehenden Befriedigung ihrer Ansprüche rechnen können und deshalb wirtschaftlich nicht in erheblichem Maße an einem Erfolg der Rechtsverfolgung partizipieren werden (BGH NZI 2012, 626 Rn. 16, 19).

Ist der Fiskus an dem Rechtsstreit in erheblichem Umfang wirtschaftlich beteiligt, ist ihm regelmäßig zuzumuten, die Prozesskosten aufzubringen. Von der zu tragenden Kostenlast ist der Steuerfiskus auch dann nicht befreit, wenn er tatsächlich über keine Haushaltstitel verfügt, um Prozesskostenvorschüsse aufzubringen, weil es seine Sache ist, insoweit Vorsorge zu treffen (BGH DStR 2007, 2338 Rn. 2).

Dagegen ist Sozialversicherungsträgern auch unter Geltung der InsO (bereits zur KO: BGH ZIP 1997, 1553 Rn. 4) ein Prozesskostenvorschuss nicht zumutbar (OLG München NZI 2013, 608; OLG Dresden ZInsO 2010, 157 juris-Rn. 6).

Arbeitnehmer sind wirtschaftlich im Allgemeinen nicht besonders leistungsstark. Vorschussleistungen für die Masse können von ihnen daher idR nicht erwartet werden, weil sie einen erheblichen Nachholbedarf aus der Krisenzeit vor der Verfahrenseröffnung haben, in der sie durch Stundung ihrer Lohnforderungen die Insolvenzmasse kreditiert haben (BGH NJW 1991, 40 Rn. 8). Das Gleiche gilt für die Bundesanstalt für Arbeit als

Inhaberin der auf sie übergegangenen Ansprüche (BGH NJW 1991, 40 Rn. 9; aA KG Berlin NZI 2000, 221).

Um die Forderung zugunsten der Insolvenzmasse durchzusetzen, bedarf es des Versuches des Insolvenzverwalters, die Kosten von den wirtschaftlich Beteiligten zu erlangen. Dies ist von den allgemeinen Aufgaben des Insolvenzverwalters gedeckt; es spielt daher keine Rolle, dass er hierfür kein besonderes Honorar erhält (BGH ZIP 2011, 98 Rn. 12). Allein der Umstand, dass der Insolvenzverwalter versuchen muss, die Finanzierung der Prozessführung durch 26 Gläubiger zu erreichen, zwingt nicht zur Gewährung von Prozesskostenhilfe. Es gibt keine feste und starre Grenze hinsichtlich der Anzahl der heranzuziehenden Insolvenzgläubiger, die wegen des durch die Gläubigerstruktur bedingten Koordinierungsaufwands von vorne herein die Aufbringung der Kosten durch die wirtschaftlich am Gegenstand des Rechtsstreits Beteiligten als unzumutbar erscheinen ließe (BGH ZIP 2011, 98 Rn. 12; OLG München NZI 2013, 608 juris-Rn. 5). Soweit der BGH in seiner Entscheidung vom 6.3.2006 (NZI 2006, 348) ausgeführt hat, dass bereits bei fünf Gläubigern der Koordinierungsaufwand zu groß sei, ist diese Entscheidung vereinzelt geblieben. Weder die anderen Senate des BGH (zB BGH ZIP 2011, 98 Rn. 12) noch die Instanzgerichte sind dem gefolgt (AG Göttingen NZI 1999, 506: Grenze bei 20 Gläubigern „ohne Rücksicht auf den Umfang ihrer wirtschaftlichen Beteiligung"; OLG Düsseldorf NZI 2002, 661: 12 Gläubiger unproblematisch; OLG Koblenz OLGR 2006, 316 juris-Rn. 18: 15 Gläubiger noch zumutbar).

Davon zu unterscheiden sind die Fälle, in denen sich der Insolvenzverwalter in einem Passivprozess als Streithelfer nach angezeigter Masseunzulänglichkeit beteiligen will, da hier die Klärung der Rechtsfragen ohne Auswirkung auf die Verteilung der Masse und nach der bevorstehenden Löschung der GmbH auch für die Haftung des Schuldners bleibt (OLG Stuttgart ZIP 2012, 1314).

9. Da alle wirtschaftlich Beteiligten eine Risikogemeinschaft bilden, ist dazulegen, ob dem einzelnen Insolvenzgläubiger die anteilige, nicht aber die gesamte Aufbringung der Verfahrenskosten im Verhältnis zu der zu erwartenden Quote zuzumuten ist. Mehrere Gläubiger können zur anteiligen Aufbringung der Verfahrenskosten nur jeweils im Verhältnis zu der zu erwartenden Quotenverbesserung herangezogen werden (BGH ZIP 1999, 494; KG Berlin NZI 2003, 148; OLG Düsseldorf NZI 2002, 661 juris-Rn. 13). Die Frage nach der Zumutbarkeit stellt sich allerdings regelmäßig erst, nachdem der Insolvenzverwalter vergeblich versucht hat, die Gläubiger zur Übernahme der Kosten zu bewegen (OLG Koblenz OLGR 2009, 968 juris-Rn. 12; KG Berlin NZI 2000, 221 juris-Rn. 6), es sei denn, die Bereitschaft der Insolvenzgläubiger zur Bevorschussung der Kosten erscheint von vorneherein ausgeschlossen, weil sie wirtschaftlich offensichtlich ganz sinnlos ist, so dass die Anfrage des Verwalters eine nutzlose Förmlichkeit wäre (OLG Naumburg NZI 2011, 406 juris-Rn. 7). Diese Umstände hat der Verwalter konkret darzutun und ggf. glaubhaft zu machen.

Im Rahmen der Abwägung der Gesamtumstände bemisst die Rechtsprechung bei Forderungen wegen Verstoßes gegen die Kapitalaufbringungsvorschriften der Rechtsverfolgung durch den Insolvenzverwalter grundsätzlich ein eigenständiges, schutzwürdiges Interesse bei, so dass es auch mehreren Großgläubigern im Einzelfall nicht zumutbar sein kann, die Prozesskosten aufzubringen (BGH NZI 2006, 348 Rn. 15).

10. Können die Prozesskosten nicht aus der Masse bestritten werden und sind die Voraussetzungen des § 116 Satz 1 Nr. 1 ZPO wegen vorhandener Großgläubiger nicht gegeben, hat der Insolvenzverwalter die Gläubiger hierüber zu unterrichten. Es spielt auch keine Rolle, ob die Gläubiger zur Aufbringung der Prozesskosten bereit sind. Entscheidend ist, ob der Prozesskostenvorschuss zumutbar ist. Wenn die Gläubiger zur Mitwirkung nicht bereit sind, hat der Rechtsstreit zu unterbleiben (BGH ZInsO 2012, 2198; BGH NZI 2013, 82 Rn. 10; OLG Celle MDR 2015, 858 juris-Rn. 8).

11. Die beabsichtigte Rechtsverfolgung des Antragstellers darf auch nicht mutwillig sein. Nach § 114 Abs. 2 ZPO ist eine Rechtsverfolgung mutwillig, wenn eine Partei, die keine Prozesskostenhilfe beansprucht, bei verständiger Würdigung aller Umstände von der Rechtsverfolgung absehen würde, obwohl eine hinreichende Aussicht auf Erfolg besteht (BGH NZI 2019, 918 Rn. 149).

IV. Der Arbeitsgerichtsprozess

A. Leistungsklagen der Arbeitnehmer mit den häufigsten Beklagtenformen im Rubrum

1. Zahlungsklage wegen rückständiger Vergütung

An das
Arbeitsgericht

Klage

des/der Herrn/Frau .....
Klägers(in)
– Prozessbevollmächtigte/r: RA(in) ..... –
gegen
Herrn .....
Beklagter
wegen Arbeitsvergütung

Namens und mit Vollmacht des/der Klägers(in) erhebe ich Klage und werde beantragen zu erkennen:

I. Der Beklagte wird verurteilt, ... EUR brutto nebst Zinsen iHv 5 Prozentpunkten über dem Basiszinssatz seit dem ..... an den/die Kläger(in) zu zahlen.[1]

II. Der Beklagte trägt die Kosten des Rechtsstreites.

Begründung:[2]

Der/Die am ..... geborene, verheiratete Kläger(in),[3] der/die ..... Kinder hat, ist seit dem ..... in Vollzeit mit 40 Wochenstunden bei dem Beklagten aufgrund des Arbeitsvertrages der Parteien vom ..... als ..... tätig.

Beweis: Arbeitsvertrag vom ..... als Anlage K 1

Der Beklagte betreibt einen .....betrieb.

Beide Parteien sind kraft Organisationszugehörigkeit tarifgebunden. Der/Die Kläger(in) ist Mitglied der IG ....., der Beklagte Mitglied der Handwerksinnung .....[4]

Beweis: Mitgliedsbescheinigung des/der Kläger(in) als Anlage K 2

Es gilt mithin der für das ..... Handwerk geltende Lohntarifvertrag/Gehaltstarifvertrag vom .....

Nach § X des Lohntarifvertrages/Gehaltstarifvertrages ist der/die Kläger(in) nach seiner/ihrer überwiegend verrichteten Tätigkeit einzugruppieren. Der/Die Kläger(in) ist in die Vergütungsgruppe ..... einzugruppieren.[5] Die Gruppenmerkmale lauten .....

Beweis: Auszug aus dem Lohntarifvertrag als Anlage K 3

Der/Die Kläger(in) hat folgende Aufgaben zu erfüllen: .....[6]

Beweis: 1. Stellenbeschreibung des/der Kläger(in) als Anlage K 4
2. Zeugnis des/der Herrn/Frau ....., zu laden .....

Der Beklagte zahlt nur Vergütung nach der Vergütungsgruppe .....

Beweis: Gehaltsabrechnung der Monate ..... als Anlage K 5

Der/Die Kläger(in) hat mithin Anspruch auf die Differenz zur Vergütungsgruppe ..... Der Betriebsrat hat bei der Eingruppierung mitzuwirken (§§ 99 ff. BetrVG).[7] Er hat ..... Die Vergütungsdifferenz beträgt in der Woche bei 40-stündiger Arbeitszeit ...../im Monat ..... Verlangt wird die Nachzahlung für die Zeit vom ..... bis ..... Der Beklagte ist am ..... zur Zahlung aufgefordert worden und befindet sich in Verzug (§ 286 BGB). Er weigert sich zu zahlen.[8]

Beweis: Zahlungsaufforderung des/der Klägers(in) vom ..... als Anlage K 6

Der Zinsanspruch resultiert aus dem Gesichtspunkt des Verzugs gem. §§ 286, 288 BGB, da der Beklagte auf die Zahlungsaufforderung nicht geleistet hat.

Rechtsanwalt/Rechtsanwältin[9]

Anmerkungen

1. Dem Arbeitnehmer steht ein einklagbarer Anspruch auf die Bruttovergütung zu (Schaub ArbR-HdB/*Linck* § 71 Rn. 3). Nur ausnahmsweise ist eine sog Nettolohnabrede getroffen. Diese muss ausdrücklich vereinbart sein. Dann trägt der Arbeitgeber die vollen Sozialversicherungsbeiträge und die Lohnsteuer. Im Normalfall der Bruttolohnvereinbarung steht dem Arbeitnehmer der Bruttolohn zu und der Arbeitgeber führt Lohnsteuer und Sozialversicherungsbeiträge ab. Der Arbeitnehmer ist Schuldner der Lohnsteuer und der Sozialversicherungsbeiträge für den Arbeitnehmeranteil. Der Zahlungsanspruch aus rückständiger Vergütung ist zu verzinsen. Der Zinsanspruch kann sich aus dem Gesichtspunkt des Verzuges ergeben. Ist die Fälligkeit der Vergütung vertraglich geregelt, kommt der Arbeitgeber regelmäßig durch die Nichtleistung der Vergütung in Verzug; sonst durch eine Zahlungsaufforderung. Befindet der Arbeitgeber sich nicht in Verzug, ist gem. § 291 BGB der Anspruch ab Eintritt der Rechtshängigkeit zu verzinsen. Ein Klageantrag, mit dem Zinsen in Höhe bestimmter Prozentpunkte über dem Basiszinssatz der Europäischen Zentralbank gefordert werden, ist auch für die Vergangenheit hinreichend bestimmt genug (BAG 1.10.2002 – 9 AZR 215/01, NJW 2003, 2403 = NZA 2003, 567). Nach der Entscheidung des BAG GS kann der Arbeitnehmer die Verzugszinsen nach § 288 Abs. 1 S. 1 BGB aus der in Geld geschuldeten Bruttovergütung verlangen (BAG AP BGB § 288 Nr. 4 = NZA 2001, 1195). Nachdem das BAG (23.2.2005 – 10 AZR 602/03, NZA 2005, 694) entschieden hat, dass Arbeitnehmer Verbraucher gem. § 13 BGB sind, können nach § 288 BGB nur 5 und nicht 8 Prozentpunkte über dem Basiszinssatz im Arbeitsgerichtsprozess eingeklagt werden. Nach § 288 Abs. 5 BGB hat der Gläubiger einer Entgeltforderung bei Verzug des Schuldners, wenn dieser kein Verbraucher ist, einen Anspruch auf Zahlung einer Pauschale iHv 40 EUR. Dieser Anspruch ist im Arbeitsrecht durch § 12a Abs. 1 ArbGG ausgeschlossen (BAG 25.9.2018 – 8 AZR 26/18, NZA 2019, 121; 22.10.2020 – 8 AZR 412/19, NZA 2021, 127). § 12a Abs. 1 ArbGG schließt als spezielle arbeitsrechtliche Regelung auch einen materiell-rechtlichen Anspruch auf Erstattung von bis zum Schluss der ersten Instanz entstandenen Beitreibungskosten und damit auch einen Anspruch auf Erstattung außer – und vorgerichtlicher Rechtsverfolgungskosten aus. Der Ausschluss materiell-rechtlicher Kostenerstattungsansprüche wirkt über die Instanzen fort (BAG 28.11.2019 – 8 AZR 293/18, NZA 2020, 465).

2. Alternative für eine einfache Leistungsklage:

Der/Die im Jahre ..... geborene Kläger(in) steht seit dem ..... als ..... in den Diensten der Beklagten. Der/die Kläger(in) verdiente ..... EUR brutto im Monat/in der Woche/in der Stunde. Der Beklagte hat seit dem ..... keine Vergütung mehr gezahlt. Der Beklagte schuldet mithin Nachzahlung für die Zeit von ..... bis ..... iHv ..... EUR brutto.

3. Im Arbeitsrecht ist es üblich, die Sozialdaten des Klägers anzugeben, auch wenn es nicht entscheidungserheblich ist.

4. Tarifgebunden sind die Parteien, wenn sie Mitglieder der den Tarifvertrag abschließenden Organisationen sind (§ 3 TVG) oder dieser für allgemeinverbindlich (§ 5 TVG) erklärt worden ist (Schaub ArbR-HdB/*Treber* §§ 205 ff.). Für Betriebsnormen reicht auch die Tarifbindung des Arbeitgebers aus. Handwerksmeister sind idR Mitglied der Innung (Landesinnung), die den Tarifvertrag abgeschlossen hat.

5. Die Angabe der Eingruppierung im Arbeitsvertrag hat idR nur deklaratorische, dagegen keine konstitutive Bedeutung (Schaub ArbR-HdB/*Treber* § 64 Rn. 13.). Im Allgemeinen erfolgt die Eingruppierung nach der überwiegend vom Arbeitnehmer verrichteten Tätigkeit. Eine Besonderheit besteht für Eingruppierungsklagen nach dem TVöD. Hier sind zunächst die Arbeitsvorgänge zu ermitteln. Alsdann werden diese unter die einzelnen Eingruppierungsmerkmale subsumiert.

6. Der Arbeitnehmer ist für die Tatsachen darlegungs- und beweispflichtig, aus denen sich der Schluss ziehen lässt, dass er die tariflichen Tätigkeitsmerkmale unter Einschluss der darin vorgesehenen Qualifikationen erfüllt (BAG AP BAT 1975 §§ 22, 23 Nr. 16; AP BAT 1975 §§ 22, 23 Nr. 36).

7. Der Betriebsrat hat bei der Ein-, Um- und Höhergruppierung zuzustimmen (vgl. § 99 BetrVG). Es sind mehrere Fallgruppen zu unterscheiden: (1) Nach § 99 Abs. 1 BetrVG hat der Betriebsrat ein Mitwirkungsrecht bei der Eingruppierung. Ein Arbeitgeber ist zur Eingruppierung in die tarifliche Vergütungsordnung verpflichtet, wenn diese im Betrieb kollektiv gilt (BAG 4.5.2011 – 7 ABR 10/10, NZA 2011, 1239). Das setzt voraus, dass ein Vergütungsgruppensystem besteht (BAG AP BetrVG 1972 § 99 Nr. 62). Besteht es, ist der Arbeitgeber zur Eingruppierung verpflichtet (BAG AP BetrVG 1972 § 99 Nr. 111). Der Arbeitnehmer ist in die Vergütungsgruppe eingereiht, deren Voraussetzungen er erfüllt. Es gilt der sog Tarifautomatismus. Hieraus folgt, dass das Mitwirkungsrecht des Betriebsrates nur ein Mitbeurteilungsrecht ist. Wird das Mitwirkungsrecht des Betriebsrats verletzt, so kann dieser verlangen, dass das Zustimmungsersetzungsverfahren durchgeführt wird (BAG AP BetrVG 1972 § 99 Nr. 105; AP BetrVG 1972 § 99 Nr. 103). Dagegen kann die Verletzung des Mitwirkungsrechts nichts an dem Tarifautomatismus ändern, dass der Arbeitnehmer in die zutreffende Vergütungsgruppe eingruppiert ist. Der einzelne Arbeitnehmer ist nicht gehindert, seine Eingruppierung überprüfen zu lassen (BAG AP BetrVG 1972 § 99 Nr. 103). Der tarifliche Lohn-/Gehaltsanspruch besteht unabhängig von der Beteiligung des Betriebsrats. (2) Der Betriebsrat hat ein Mitwirkungsrecht, wenn dem Arbeitnehmer eine höherwertige Beschäftigung übertragen wird. Wird bei der Übertragung das Mitwirkungsrecht verletzt, kann der Betriebsrat verlangen, dass die Maßnahme rückgängig gemacht wird oder seine Zustimmung eingeholt wird (BAG AP BetrVG 1972 § 101 Nr. 5; AP BetrVG 1972 § 101 Nr. 6; AP BetrVG 1972 § 118 Nr. 27; AP BetrVG 1972 § 99 Nr. 37; AP GG Art. 33 Abs. 2 Nr. 9). Hat der Arbeitnehmer in der Vergangenheit höherwertige Tätigkeit verrichtet, hat er Anspruch auf höhere Vergütung (BAG AP BAT 1975 §§ 22, 23 Nr. 72; AP BAT 1975 §§ 22, 23 Nr. 95; AP BAT 1975 §§ 22, 23 Nr. 8). (3) Umgruppierung ist jede Änderung der Einreihung in die tarifliche oder betriebliche Lohn- und Gehaltsgruppenordnung. Hierzu gehört also die Herauf- wie die Herabgruppierung. Sie beruht häufig auf einer Ausübung des Direktionsrechts des Arbeitgebers. Denkbar ist aber auch, dass der Arbeitnehmer in die höherwertige Tätigkeit hineinwächst (einerseits BVerwG AP PersVG § 71 Nr. 10; andererseits BAG AP BAT 1975 § 22, 23 Nr. 49; AP BAT 1975 Nr. 52; AP BAT 1975 § 22, 23 Nr. 54). Auch bei der Umgruppierung hat der Betriebsrat ein Mitbeurteilungsrecht. Wird das Mitbeurteilungsrecht verletzt, kann der Arbeitgeber gezwungen werden, das Zustimmungsersetzungsverfahren einzuleiten. Dagegen folgt der Vergütungsanspruch des Arbeitnehmers wiederum dem Tarifautomatismus.

Er hat nur Anspruch auf die Vergütung, die ihm bei korrekter Eingruppierung zustehen würde (BAG AP BPersVG § 75 Nr. 31, AP BPersVG § 75 Nr. 37). Der Betriebsrat kann mithin eine sog korrigierende Rückgruppierung nicht verhindern, wenn der Arbeitgeber irrtümlich zu hoch eingruppiert hat (vgl. zu allem Schaub ArbR-HdB/*Treber* § 64 Rn. 82 ff.).

8. Es ist nach prozesstaktischen Erwägungen zu entscheiden, ob die Einwendungen schon in der Klageschrift substantiiert werden oder nicht.

Kosten und Gebühren

9. Grundsätze der Streitwertfestsetzung: Für die Streitwertfestsetzung sind drei Unterscheidungen zu treffen: (1) Der Streitwert für die Zuständigkeit richtet sich in zivilgerichtlichen Verfahren nach § 62 GKG; (2) der Rechtsmittelstreitwert folgt aus § 511 Abs. 2 Nr. 1 ZPO; § 567 ZPO; (3) der Gebührenstreitwert richtet sich nach § 63 GKG. Soweit eine Festsetzung für die Zuständigkeit des Prozessgerichts nicht erfolgt, setzt das Prozessgericht den Wert für die zu erhebenden Gebühren durch Beschluss fest, sobald eine Entscheidung über den gesamten Streitgegenstand nicht ergeht oder sich das Verfahren anderweitig erledigt (§ 63 GKG). Eine Streitwertfestsetzung über die Zuständigkeit kommt im Bereich der Arbeitsgerichtsbarkeit nicht in Betracht, da die Arbeitsgerichte in der ersten Instanz stets zuständig sind (§ 2 ArbGG). Das Arbeitsgericht setzt den Streitwert im Urteil fest (§ 61 Abs. 1 ArbGG). Der Streitwert hat Bedeutung für die Rechtsmittelfähigkeit des Urteils. Die Rechtsmittelfähigkeit hängt ab von dem Beschwerdewert. Nach § 64 Abs. 2 ArbGG beträgt bei vermögensrechtlichen Streitigkeiten der Wert 600 EUR.

Die Höhe der Gerichtsgebühren richtet sich nach § 1 Nr. 5 GKG und dem Kostenverzeichnis als Anl. 1 zu § 3 Abs. 2 GKG Teil 8. Die Gerichtsgebühren entfallen bei Erledigung des Rechtsstreits durch Teilvergleich oder Teilklagerücknahme, wenn zuvor kein Versäumnisurteil ergangen ist (LAG Bln-Bbg 18.5.2020 – 17 Ta (Kost) 6021/20, BeckRS 2020, 14290). Für die Verfahrensdurchführung vor den Arbeitsgerichten wird gem. §§ 3, 34 GKG eine streitwertabhängige Verfahrensgebühr erhoben (Nr. 8210). Die Verfahrensgebühr entfällt bei Beendigung des gesamten Verfahrens ohne streitige Verhandlung, wenn kein Versäumnisurteil ergeht; bei Erledigungserklärungen, wenn keine Entscheidung über die Kosten ergeht oder die Kostenentscheidung einer zuvor mitgeteilten Einigung der Parteien über die Kostentragung folgt. Die Gebühren ermäßigen sich unter den Voraussetzungen der Nr. 8211. Die Gebühr kann unter der Voraussetzung der Vorbemerkungen zu Teil 8 des Kostenverzeichnisses entfallen.

Die Kosten werden erst fällig, wenn das Verfahren in dem jeweiligen Rechtszug beendet worden ist. Ein Gebührenvorschuss wird gem. § 11 GKG nicht erhoben. Kostenschuldner im arbeitsgerichtlichen Verfahren ist derjenige, dem durch die gerichtliche Entscheidung die Kosten des Rechtsstreits auferlegt worden sind oder der sie übernommen hat (§ 29 Abs. 1 Nr. 1, 2 GKG). Die Zweitschuldnerhaftung nach § 22 Abs. 1 GKG ist nach einer Kostenentscheidung ausgeschlossen. Bund und Länder sind im Arbeitsgerichtsverfahren nach § 2 GKG von den Gerichtskosten befreit.

Die Höhe der Gebühren der Rechtsanwälte ergeben sich aus §§ 32, 33 RVG. Ist ein Beschluss nach § 63 Abs. 2 GKG ergangen, ist die Höhe des dort festgesetzten Streitwerts auch für die Berechnung der Vergütung des Rechtsanwalts maßgebend. Wenn eine Entscheidung nach § 63 Abs. 2 GKG nicht ergeht, kann nach § 33 RVG die Festsetzung des Gegenstandswerts beantragt werden.

2. Klage gegen Einzelkaufmann auf Über- und Mehrarbeitsstundenvergütung

An das
Arbeitsgericht

Klage

des/der Angestellten .....
Klägers(in)
– Prozessbevollmächtigte/r: RA(in) ..... –
gegen
den Kaufmann .....
Beklagter
wegen Über- und Mehrarbeitsstundenvergütung.
Namens und mit Vollmacht des/r Klägers(in) erhebe ich Klage und werde beantragen zu erkennen:

I. Der Beklagte wird verurteilt, ... EUR brutto nebst Zinsen iHv 5 Prozentpunkten über dem Basiszinssatz seit dem ..... an den/die Kläger(in) zu zahlen.
II. Der Beklagte trägt die Kosten des Rechtsstreits.

Begründung:

Der/Die am ..... geborene Kläger(in) war vom ..... bis ..... als ..... bei dem Beklagten beschäftigt.

Beweis: Arbeitsvertrag vom ..... als Anlage K 1

Das Arbeitsverhältnis wurde vom/von der Kläger(in) beendet, weil es zu ständigen Auseinandersetzungen über die geforderte Über- und Mehrarbeit[1] gekommen ist.

Beweis: Kündigung des/r Klägers(in) vom ..... als Anlage K 2

Die Parteien sind nicht tarifgebunden.[2]

Der/Die Kläger(in) hat monatlich ..... EUR brutto verdient.

Beweis: Lohnabrechnungen des/r Klägers(in) als Anlage K 3

Im Betrieb des Beklagten wird betriebsüblich 37,5 Stunden wöchentlich in der 5-Tage-Woche an sechs Arbeitstagen gearbeitet.[3] Ein Tag ist in der Woche jeweils dienstfrei. Die freien Tage wechseln jeweils wöchentlich/monatlich.

Seit dem ..... musste der/die Kläger(in) jedoch an allen Wochentagen während der geschäftsoffenen Zeit montags bis freitags von 10–19 Uhr und sonnabends von 10–15 Uhr arbeiten. Ihm/Ihr wurde lediglich täglich eine Mittagszeit von 13–13.30 Uhr eingeräumt.

Beweis: Zeugnis des/r Herrn/Frau ..... zu laden .....

Der Beklagte hat die Über- und Mehrarbeitsstunden angeordnet,[4, 5, 6] weil der Arbeitskollege des/der Klägers(in) erkrankt ist und andere Arbeitnehmer in der Abteilung nicht zur Verfügung standen.

Beweis: Zeugnis des/r Herrn/Frau ..... zu laden .....

Der/Die Kläger(in) hat ab dem ..... bei einer Geschäftszeit von montags bis freitags von 10 bis 19 Uhr und sonnabends von 10 bis 15 Uhr abzüglich täglich 30 Minuten Mittagspause 47 Stunden wöchentlich gearbeitet. Er/Sie hat mithin 9,5 Stunden wöchentlich Überstunden geleistet. Die Überstunden sind zusätzlich zu vergüten. Im Arbeitsvertrag ist ein Zuschlag von 20 % auf jede geleistete Überstunde vorgesehen.

Dem/der Kläger(in) stehen mithin ..... EUR brutto für den Monat zu. Diese berechnen sich aus der Grundvergütung (Monatsgehalt × drei Monate geteilt durch [37,5h × 13 Wochen] und einem Zuschlag iHv 20 vH[7].....

Die/Der Kläger(in) hat den Beklagten mit Schreiben vom ..... zur Zahlung aufgefordert.

Beweis: Schreiben des/r Kläger(in) vom ..... als Anlage K 4

Der Beklagte hat nicht gezahlt, so dass Klage geboten ist. Der Zinsanspruch resultiert aus dem Gesichtspunkt des Verzuges.

Rechtsanwalt/Rechtsanwältin[8]

Anmerkungen

1. Überstunden liegen vor, wenn über die regelmäßige betrieblich geschuldete Arbeitszeit hinaus gearbeitet wird. Überstunden müssen vom Arbeitgeber angeordnet, gebilligt, geduldet oder jedenfalls zur Erledigung der geschuldeten Arbeit notwendig gewesen sein (vgl. nur BAG 10.4.2013 – 5 AZR 122/12, NZA 2013, 1100). Mehrarbeit sind die über die nach dem ArbZG zulässige Arbeitszeit geleisteten Arbeitsstunden (Schaub ArbR-HdB/*Linck* § 69 Rn. 2 f.).

2. Zur Tarifbindung → Form. IV.A.1 Anm. 4.

3. In der Praxis sind neben festen Arbeitszeiten zahlreiche Möglichkeiten zur Flexibilisierung der Arbeitszeit üblich. So kommen ua Arbeitszeitmodelle mit gleitender Arbeitszeit, Jahresarbeitszeitkonten, Abrufarbeit oder kapazitätsorientierte Arbeitszeiten in Betracht. Die Arbeitszeitmodelle sehen entweder eine Ableistung der Arbeitszeit orientiert am Arbeitsanfall vor oder lassen eine Flexibilisierung zu, um dem Arbeitnehmer die Möglichkeit zu geben, zum Teil die Lage und im gewissen Umfang auch die tägliche Dauer der Arbeitszeit frei zu wählen (vgl. Schaub ArbR-HdB/*Vogelsang* § 160). Auch die Vereinbarung von Vertrauensarbeitszeit schließt die Vergütung von Überstunden nicht aus (BAG 26.6.2019 – 5 AZR 452/18, NZA 2019, 1361).

4. Alternative bei Tarifbindung:

Nach dem Rahmentarifvertrag für ..... vom ..... hatte der Kläger eine wöchentliche Arbeitszeit von ....., diese war auf fünf Tage in der Woche verteilt. Wöchentlich war ein Tag dienstfrei ..... Für geleistete Überarbeit ist tariflich ein Zuschlag von 25 % vorgesehen. Der Kläger hat mithin Anspruch .....

5. Der Kläger ist im Über- und Mehrarbeitsstundenprozess darlegungs- und beweispflichtig. Er hat darzulegen und gegebenenfalls zu beweisen, dass er Arbeit in einem die Normalarbeitszeit übersteigenden zeitlichen Umfang verrichtet hat. Dazu muss er vortragen, an welchen Tagen er von wann bis wann Arbeit geleistet oder sich auf Weisung des Arbeitgebers zur Arbeit bereitgehalten hat (BAG 10.4.2013 – 5 AZR 122/12, NZA 2013, 1100; BAG 21.12.2016 – 5 AZR 362/16, NZA 2017, 584). Auf den Vortrag des Arbeitnehmers hat der Arbeitgeber nach Maßgabe einer abgestuften Darlegungslast zu erwidern und im Einzelnen vorzutragen, welche Arbeiten er dem Arbeitnehmer zugewiesen hat und an welchen Tagen der Arbeitnehmer von wann bis wann diesen Weisungen nicht nachgekommen ist (BAG 16.5.2012 – 5 AZR 347/11, NZA 2012, 939). Ein Kraftfahrer, dem vom Arbeitgeber bestimmte Touren zugewiesen werden, kann seiner Darlegungslast bereits dadurch genügen, dass er vorträgt, an welchen Tagen er welche Tour wann begonnen und wann beendet hat. Sodann hat der Arbeitgeber anhand der Arbeitszeitaufzeichnungen nach § 21a Abs. 7 S. 1 ArbZG darzulegen, an welchen Tagen der Arbeitnehmer aus welchen Gründen in geringeren zeitlichen Umfang als behauptet gearbeitet haben muss (LAG MV 20.10.2020 – 5 Sa 48/20, BeckRS 2020, 30285). Die Darlegungs- und Beweislast dafür, dass geleistete Überstunden angeordnet, gebilligt, geduldet oder jedenfalls zur Erledigung der geschuldeten Arbeit erforderlich waren, trägt der Arbeitnehmer. Für eine ausdrückliche Anordnung von Überstunden muss der Arbeitnehmer vortragen, wer wann auf welche Weise wie viel Überstunden angeordnet hat. Für eine konkludente Anordnung von Überstunden muss der Arbeitnehmer darlegen, dass eine bestimmte angewiesene Arbeit innerhalb der Normalarbeitszeit nicht zu leisten oder ihm zur Erledigung der aufgetragenen Arbeiten ein bestimmter Zeitrahmen vorgegeben war, der nur durch die Leistung von Überstunden eingehalten werden konnte. Für eine Billigung von Überstunden muss der Arbeitnehmer darlegen, wer wann und auf welche Weise zu erkennen gegeben habe, mit der Leistung welcher Überstunden einverstanden zu sein. Für die Duldung von Überstunden muss der Arbeitnehmer darlegen, von welchen wann geleisteten Überstunden der Arbeitgeber auf welche Weise wann Kenntnis erlangt haben soll und dass es im Anschluss daran zu einer weiteren Überstundenleistung gekommen ist (BAG 10.4.2013 – 5 AZR 122/12, NZA 2013, 1100). Ein bereits entstandener Anspruch auf Überstundenvergütung kann nicht mehr durch Freistellung von der Arbeit erfüllt werden, wenn keine Ersetzungsbefugnis vereinbart ist (BAG 18.9.2001 – 9 AZR 307/00, NZA 2002, 268).

Führen die Vertragsparteien ein Arbeitszeitkonto, genügt der Arbeitnehmer seiner Darlegungs- und Beweislast auf der ersten Stufe, wenn er zunächst die Vereinbarung eines Arbeitszeitkontos und das Guthaben zum vereinbarten Auszahlungszeitpunkt darlegt. Dem Arbeitgeber obliegt es dann, ausgehend von einer gestuften Darlegungslast darzulegen, auf Grund welcher Umstände der ausgewiesene Saldo unzutreffend sei oder sich bis zur vereinbarten Schließung des Arbeitszeitkontos reduziert habe (BAG 26.6.2019 – 5 AZR 452/18, NZA 2019, 1361). Erst dann hat der Arbeitnehmer vorzutragen, wann er Arbeit verrichtet oder einer der Tatbestände vorgelegen habe, der eine Vergütungspflicht ohne Arbeit regelt. Trägt der Arbeitgeber hingegen nichts vor, gilt der im Arbeitszeitkonto vorbehaltlos ausgewiesene Saldo als zugestanden (BAG 23.9.2015 – 5 AZR 767/13, NZA 2016, 295 Rn. 23). Ist zugunsten des Arbeitnehmers ein Saldo auf dem Arbeitszeitkonto vorbehaltlos ausgewiesen und bis zur Beendigung des Arbeitsverhältnisses nicht durch bezahlte Freizeit oder zusätzliches Entgelt abgebaut worden, sind die Guthabenstunden streitlos gestellt und müssen nicht innerhalb von Ausschlussfristen geltend gemacht werden (BAG 20.11.2019 – 5 AZR 578/18, NZA 2020, 386). Beruft der Arbeitnehmer sich hingegen auf selbst gefertigte Arbeitszeitaufstellungen, hat er zunächst alle den Saldo begründenden Tatsachen darzulegen (BAG 23.9.2015 – 5 AZR 767/13, NZA 2016, 295). Nach der Rspr. soll das grds. auch gelten, wenn der Arbeitgeber vertragswidrig das Führen eines Arbeitszeitkontos unterlässt (für den Fall der Unterlassung des Führens eines Zeiterfassungssystems soll eine Beweislastumkehr greifen: ArbG Emden 20.2.2020 – 2 Ca 94/19, NZA 2020, 279, dagegen LAG Nds 6.5.2021 – 5 Sa 1292/20, BeckRS 2021, 10275).

6. Der Arbeitnehmer schuldet regelmäßig Arbeitsleistung nur im Rahmen der arbeitsvertraglich oder tarifvertraglich festgelegten Arbeitszeiten. Leistet er Über- und Mehrarbeit und ist die Vergütung hierfür nicht geregelt, so gilt § 612 Abs. 1 BGB. § 612 BGB sieht nicht für jede Dienstleistung, die über die vertraglichen Pflichten hinaus erbracht wird, eine Vergütung vor. Vielmehr setzt die Norm stets voraus, dass die Leistung den Umständen nach nur gegen eine Vergütung zu erwarten ist. Die Vergütungserwartung ist stets anhand eines objektiven Maßstabs unter Berücksichtigung der Verkehrssitte, der Art, des Umfangs und der Dauer der Dienstleistung sowie der Stellung der Beteiligten zueinander festzustellen, ohne dass es auf deren persönliche Meinung ankommt (BAG 22.2.2012 – 5 AZR 765/10, NZA 2012, 861). Besondere Umstände, die gegen eine objektive Vergütungserwartung sprechen könnten, ergeben sich weder aus der Tätigkeit und Stellung der Kl. noch aus der Höhe ihres Einkommens. Bei Diensten höherer Art besteht in der Regel keine Vergütungserwartung. Zur Vereinbarung einer Pauschalabgeltung von Überstunden in Formulararbeitsverträgen: vgl. BAG 22.2.2012 – 5 AZR 765/10, NZA 2012, 861. Die Höhe wird nach § 612 Abs. 2 BGB berechnet. Der Arbeitnehmer ist auch insoweit darlegungs- und beweispflichtig (Schaub ArbR-HdB/*Linck* § 69 Rn. 14 ff.).

7. Die Vergütung muss unter Berücksichtigung der regelmäßigen Arbeitszeit und der zusätzlichen Arbeitszeit durch Überstunden/Mehrarbeit den Anforderungen des Mindestlohngesetzes (MiLoG) genügen. Dementsprechend ist seit dem 1.1.2021 ein Mindestlohn iHv 9,50 EUR brutto je Zeitstunde zu zahlen. Werden also geleistete Überstunden nicht vergütet und deshalb insgesamt der Mindestlohn nicht erreicht, verstößt dies gegen § 1 Abs. 2 MiLoG. Besonderheiten gelten gem. § 2 Abs. 2 MiLoG beim Arbeitszeitkonto.

Kosten und Gebühren

8. → Form. IV.A.1 Anm. 9. Der Streitwert entspricht regelmäßig dem Antrag.

3. Klage gegen einen Freiberufler auf Vergütungsfortzahlung bei Arbeitsverhinderung und im Krankheitsfalle

An das
Arbeitsgericht

Klage

des/der Herrn/Frau . . . . .
Klägers(in)
– Prozessbevollmächtigte/r: RA(in) . . . . . –
gegen
Herrn . . . . .
Beklagter
wegen Arbeitsverhinderung und Entgeltfortzahlung im Krankheitsfalle[1, 2]
Namens und mit Vollmacht des/der Klägers(in) erhebe ich Klage und werde beantragen zu erkennen:

I. Der Beklagte wird verurteilt, ... EUR brutto nebst Zinsen iHv 5 Prozentpunkten über dem Basiszinssatz seit dem . . . . . an den/die Kläger(in) zu zahlen.

II. Der Beklagte trägt die Kosten des Rechtsstreits.

Begründung:

Der/Die . . . . . Jahre alte, verheiratete Kläger(in) ist seit dem . . . . . bei dem Beklagten beschäftigt. Das Arbeitsverhältnis besteht ungekündigt fort.

Beweis: Arbeitsvertrag vom . . . . . als Anlage K 1

Der/Die Kläger(in) verdient . . . . . EUR monatlich.

Beweis: Gehaltsabrechnungen des Jahres . . . . . als Anlagenkonvolut K 2

Vom . . . . . bis . . . . . war der/die Kläger(in) arbeitsunfähig krank. Der/Die Kläger(in) hat die Arbeitsunfähigkeit unverzüglich angezeigt[3] und am 2. Tag der Arbeitsunfähigkeit eine ärztliche Bescheinigung[4] vorgelegt.

Beweis: 1. Zeugnis der Frau . . . . ., zu laden über den Beklagten
2. Arbeitsunfähigkeitsbescheinigung vom . . . . . als Anlage K 3

Der Beklagte hat keine Entgeltfortzahlung für die Dauer der Arbeitsunfähigkeit geleistet. Der/dem Kläger(in) stehen jedoch . . . . EUR zu, die sich wie folgt berechnen: . . . . .[5]

Der Beklagte hat sich bereits außergerichtlich darauf berufen, der/die Kläger(in) habe die Erkrankung verschuldet und deshalb die Entgeltfortzahlung verweigert.[6] Dies ist aber unzutreffend. Die Erkrankung beruht auf einem Verkehrsunfall. Das Fahrzeug des/der Kläger(in) ist an einer unübersichtlichen Stelle von einem überholenden Fahrzeug gerammt worden. Allerdings hatte er/sie keinen Sicherheitsgurt angelegt.[7] Hierauf sind jedoch der Unfall und die Erkrankung nicht zurückzuführen. Auch die Dauer der Erkrankung ist nicht beeinflusst worden.

Beweis: Sachverständigengutachten

Der/Die Kläger(in) musste nach Wiederherstellung seiner/ihrer Arbeitsfähigkeit noch wiederholt zu Nachuntersuchungen und weiteren Behandlungen beim Arzt. Er/Sie ist vom Arzt zu bestimmten Terminen bestellt worden, um eine kontinuierliche Behandlung sicherzustellen, was aus medizinischen Gründen erforderlich war.

Beweis: Zeugnis des Herrn ....., zu laden .....

Hierdurch ergab sich die Notwendigkeit, dass die Arztbesuche häufig während der Arbeitszeit stattfinden mussten, und zwar an den Tagen ..... jeweils in der Zeit von ..... bis ..... Der Beklagte hat dem/der Kläger(in) wegen der Arztbesuche ..... EUR vom Gehalt für den Monat ..... abgezogen.

Beweis: Gehaltsabrechnung für den Monat ..... als Anlage K 5

Dieser Abzug ist nicht gerechtfertigt. Er wird gleichfalls mit der Klage geltend gemacht.

Der Zinsanspruch ergibt sich aus dem Gesichtspunkt des Verzuges (§§ 286, 288 BGB).

Rechtsanwalt/Rechtsanwältin[8]

Anmerkungen

1. a) Für alle Arbeitnehmer ist der Anspruch auf Vergütungsfortzahlung bei persönlicher Arbeitsverhinderung in § 616 BGB geregelt. Der Anspruch ist dispositiv.

b) Der Anspruch aus § 616 BGB hat drei Voraussetzungen, von denen der Arbeitnehmer zwei darzulegen und zu beweisen hat. (1) Der Arbeitnehmer muss vom vertragsmäßigen Beginn der Arbeitsleistung bis zu dessen Beendigung durch einen in seiner Person liegenden Grund an der Arbeitsleistung verhindert sein. Eine persönliche Arbeitsverhinderung ist dann gegeben, wenn dem Arbeitnehmer nach Treu und Glauben nicht zugemutet werden kann, seinen Arbeitspflichten nachzukommen. Hierzu gehören familiäre Ereignisse wie Tod, Begräbnis, Geburt, Hochzeiten, persönliche Arbeitshindernisse wie Arztbesuche, ärztliche Behandlungen, Erkrankungen von Kindern (vgl. aber § 45 SGB V zum Krankengeldanspruch bei Erkrankung des Kindes) und naher Angehöriger bei notwendiger Pflege (vgl. §§ 2, 3 PflegeZG bei kurzzeitiger Pflege bzw. Pflegezeit zur Pflege näherer Angehöriger) usw sowie Wahrnehmung von öffentlichen Aufgaben bei Ladung zu Behörden, Gerichten, Ausübung politischer Ämter usw. Keine persönlichen Arbeitsverhinderungen sind objektive Leistungshindernisse wie Straßensperren, Witterungskatastrophen wie Schnee und Glatteis (BAG AP BGB § 616 Nr. 58; AP BGB § 616 Nr. 59 = NJW 1983, 1078) usw. Das Ereignis ist für die Verhinderung ursächlich, wenn der Arbeitnehmer vernünftigerweise die Angelegenheiten nicht außerhalb seiner Arbeitszeit regeln konnte. Arztbesuche können während der Arbeitszeit vorgenommen werden, wenn der Arzt andere Termine nicht zur Verfügung stellt. (2) Die Verhinderung darf nur eine verhältnismäßig nicht erhebliche Zeit andauern. Die Zeitspanne dieser verhältnismäßig nicht erheblichen Zeit ist unter Berücksichtigung der Umstände des Einzelfalles zu bestimmen. Als Bestimmungskriterien kommen vor allem das Verhältnis der Verhinderungszeit zur Gesamtdauer des Arbeitsverhältnisses und die für den Verhinderungsgrund objektiv notwendige Zeit in Betracht. Die Arbeitsfreistellung braucht nicht in unmittelbarem Zusammenhang mit dem auslösenden Ereignis zu stehen (bei Sterbefall kann die Verhinderung der Begräbnistag sein). Überschreitet die Verhinderung die zeitliche Erheblichkeitsschwelle, entfällt ein etwaiger Anspruch vollständig und besteht nicht etwa für eine verhältnismäßig nicht erhebliche Zeit fort. (3) Der Arbeitnehmer darf die Verhinderung nicht zu verschulden haben. Nach hM ist ein vom Arbeitgeber darzulegendes und zu beweisendes Verschulden dann anzunehmen, wenn der Arbeitnehmer in grober Weise gegen das von einem verständigen Menschen in eigenem Interesse zu erwartende Verhalten verstößt.

c) Der Anspruch aus § 616 BGB kann durch Tarifvertrag oder Arbeitsvertrag abbedungen werden (BAG 18.1.2001 – 6 AZR 492/99, NZA 2002, 47; AP BGB § 611 Abhängigkeit Nr. 118). Sowohl der Umfang als auch der Inhalt der abweichenden Normen werden durch Auslegung des Tarifvertrages bzw. Arbeitsvertrag festgelegt. Nach der Rspr. des BAG liegt für den Arbeitnehmer eine Verschlechterung vor, wenn im Tarifvertrag eine abschließende Aufzählung der Fälle vorliegt (BAG AP BAT § 18 Nr. 1). Der Anspruch nach § 616 Abs. 1 S. 1 BGB ist ausgeschlossen, wenn der Tarifvertrag bestimmt, dass nur die geleistete Arbeit bezahlt wird (BAG AP BGB § 616 Nr. 58). Hieraus ergibt sich, dass in den verschiedenen Tarifverträgen unterschiedlich geregelt sein kann, ob Arztbesuche zu vergüten sind (BAG AP TVG § 1 Tarifverträge: Metallindustrie Nr. 22; AP BGB § 616 Nr. 64). Bei einer arbeitsvertraglichen Regelung ist eine Inhaltskontrolle gem. §§ 305 ff. BGB vorzunehmen. Ein persönlicher Verhinderungsgrund liegt vor, wenn der Arztbesuch zum maßgeblichen Zeitpunkt medizinisch notwendig war.

d) Im Zusammenhang mit der Corona-Pandemie stellt sich die Frage, ob ein Anspruch auf Vergütungsfortzahlung nach § 616 BGB auch bei behördlich verordneter Quarantäne aufgrund des Verdachts einer SARS-CoV-2-Infektion in Betracht kommt. Diese Frage ist höchstrichterlich noch nicht entschieden. Zwar handelt es sich bei behördlich angeordneter Quarantäne wegen des Verdachts einer Infektion um einen in der Person des Arbeitnehmers liegenden Verhinderungsgrund. Nach den oben dargelegten Grundsätzen wird man eine Quarantäne von 15 Tagen Dauer allerdings nicht mehr als Verhinderung von nicht verhältnismäßiger Zeit einordnen können (VG Bayreuth 5.5.2021 – B 7 K 21.210). Zudem kann der Anspruch des Arbeitnehmers aufgrund Verschuldens ausgeschlossen sein, wenn die Quarantäne nach Rückkehr des Arbeitnehmers aus einem Risikogebiet angeordnet wird, in das der Arbeitnehmer zu einem Zeitpunkt eingereist ist, in dem es schon ein solches war und die Notwendigkeit der Quarantäne feststand. Bei behördlich angeordneter Quarantäne aufgrund des Verdachts einer SARS-CoV-2-Infektion kann sich ein Anspruch auf Vergütungsfortzahlung allerdings aus § 56 IfSG ergeben. Dieser setzt eine behördliche Anordnung der Quarantäne und einen kausalen Verdienstausfall voraus. Das Nichtbestehen anderweitiger Ansprüche ist folglich negative Tatbestandsvoraussetzung für einen Anspruch nach § 56 IfSG, sodass der Anspruch nicht besteht, wenn der Arbeitnehmer Vergütungsfortzahlung nach § 616 BGB oder Entgeltfortzahlung nach § 3 EFZG beanspruchen kann (zum ganzen *Hohenstatt/Krois* NZA 2020, 413; Preis/Mazurek/Schmid NZA 2020, 1137). Besteht nicht bloß der Verdacht einer Infektion mit SARS-CoV-2 oder ist der Arbeitnehmer nicht bloß mit SARS-CoV-2 infiziert, sondern nachweislich erkrankt, erhält er Entgeltfortzahlung nach dem EFZG (→ Anm. 2–7). Ansprüche nach § 616 BGB oder § 56 IfSG bestehen dann nicht.

2. Das Gesetz über die Zahlung des Arbeitsentgelts an Feiertagen und im Krankheitsfall (Entgeltfortzahlungsgesetz) regelt neben der Vergütung an Feiertagen die Entgeltfortzahlung im Krankheitsfall für alle Arbeitnehmer mit den zur Berufsausbildung Beschäftigten und im Bereich der Heimarbeit.

3. Alle Arbeitnehmer sind nach § 5 Abs. 1 S. 1 EFZG verpflichtet, dem Arbeitgeber die Arbeitsunfähigkeit und deren voraussichtliche Dauer anzuzeigen. Im Falle der Nichtanzeige kann der Arbeitnehmer schadensersatzpflichtig werden; uU besteht auch nach vorheriger Abmahnung ein Recht zur ordentlichen oder außerordentlichen Kündigung (Schaub ArbR-HdB/*Linck* § 133 Rn. 18 f.).

4. Dauert die Arbeitsunfähigkeit länger als drei Kalendertage, hat der Arbeitnehmer eine ärztliche Bescheinigung über das Bestehen der Arbeitsunfähigkeit sowie deren voraussichtliche Dauer spätestens an dem darauf folgenden Arbeitstag, also am 4. Tag, vorzulegen (§ 5 Abs. 1 S. 2 EFZG). Der Arbeitgeber ist berechtigt, die Vorlage der ärztlichen Bescheinigung früher zu verlangen (§ 5 Abs. 1 S. 3 EFZG). Er braucht für das Verlangen keinen besonderen Grund. Die nach § 5 Abs. 1 S. 3 EFZG zulässige Anweisung des Arbeitgebers, Zeiten der Arbeitsunfähigkeit unabhängig von deren Dauer generell durch eine vor Ablauf des dritten Kalendertages nach Beginn der Arbeitsunfähigkeit vorzulegende Bescheinigung nachzuweisen, betrifft eine Frage der betrieblichen Ordnung iSv § 87 Abs. 1 Nr. 1 BetrVG. Das danach bei kollektiven Regelungen bestehende Mitbestimmungsrecht des Betriebsrats ist nicht durch das Entgeltfortzahlungsgesetz ausgeschlossen. § 5 Abs. 1 S. 3 EFZG eröffnet dem Arbeitgeber einen Regelungsspielraum hinsichtlich der Frage, ob und wann die Arbeitsunfähigkeit vor dem vierten Tag nachzuweisen ist. Bei dieser Regelung hat der Betriebsrat mitzubestimmen (BAG AP BetrVG 1972 § 87 Ordnung des Betriebes Nr. 34 = NZA 2000, 665; 23.8.2016 – 1 ABR 43/14, NZA 2016, 1483), wenn es sich um keine Einzelfallregelung handelt. Es ist auch zulässig, im Arbeitsvertrag zu vereinbaren, dass eine ärztliche Bescheinigung bereits für den ersten Tag krankheitsbedingter Arbeitsunfähigkeit beizubringen ist (BAG AP EntgeltFG § 5 Nr. 5 = NZA 1998, 369; für Tarifvertrag: AP EntgeltFG § 5 Nr. 8). Kommt der Arbeitnehmer seiner Verpflichtung zur Beibringung einer Arbeitsunfähigkeitsbescheinigung (§ 5 Abs. 1 S. 2, 3 EFZG) nicht nach, hat der Arbeitgeber ein Zurückbehaltungsrecht (§ 7 Abs. 1 Nr. 1 EFZG). Es endet, wenn der Arbeitnehmer anderweitig bewiesen hat, arbeitsunfähig krank gewesen zu sein (BAG AP EntgeltFG § 5 Nr. 5 = NZA 1998, 369). Der Nachweis kann in Ausnahmefällen auch durch andere Beweismittel geführt werden (BAG AP EntgeltFG § 5 Nr. 5 = NZA 1998, 369; AP EntgeltFG § 5 Nr. 4 = NZA 1998, 372).

Der Arbeitnehmer ist darlegungs- und beweispflichtig für die Voraussetzung und die Dauer des Anspruchs auf Arbeitsvergütung ohne Arbeitsleistung, also dass die Arbeitsunfähigkeit infolge Krankheit eingetreten ist. Der Nachweis wird regelmäßig durch die Arbeitsunfähigkeitsbescheinigung geführt. Für seine Richtigkeit spricht der Anscheinsbeweis. Bei einer ordnungsgemäß ausgestellten Arbeitsunfähigkeitsbescheinigung besteht die tatsächliche Vermutung, dass der Arbeitnehmer erkrankt ist. Sie kann erschüttert werden, wenn der Arbeitgeber greifbare Anhaltspunkte dafür vorbringt, dass der Arbeitnehmer nicht krank war (BAG AP LohnFG § 3 Nr. 2) oder das Attest ein Gefälligkeitsattest war. Hat der Arbeitgeber Umstände nachgewiesen, die zu ernsthaften Zweifeln an der Erkrankung Anlass bieten, so hat eine erschöpfende und in sich widerspruchsfreie Würdigung aller Umstände iRd § 286 ZPO zu erfolgen. Einer von einem ausländischen Arzt im Ausland ausgestellten Arbeitsunfähigkeitsbescheinigung kommt im Allgemeinen der gleiche Beweiswert zu wie einer von einem deutschen Arzt ausgestellten Bescheinigung (EuGH 3.6.1992 – C-45/90, NJW 1992, 2687). In der zweiten Paletta-Entscheidung (EuGH 2.5.1996 – C-206/94 NZA 1996, 635) hat der EuGH diese Rspr. bestätigt. Er hat aber darüber hinaus ausgeführt, dass es dem Arbeitgeber nicht verwehrt ist, Nachweise zu erbringen, anhand deren das nationale Gericht ggf. feststellen kann, dass der Arbeitnehmer missbräuchlich oder betrügerisch eine Arbeitsunfähigkeit gemeldet hat, ohne krank zu sein. Der Nachweis einer im Ausland aufgetretenen krankheitsbedingten Arbeitsunfähigkeit (§ 5 Abs. 2 EFZG) ist durch eine ärztliche Bescheinigung zu führen, die erkennen lässt, dass der Arzt zwischen Erkrankung und auf ihr beruhender Arbeitsunfähigkeit unterschieden hat (BAG 19.2.1997 – 5 AZR 83/96, NZA 1997, 652).

5. Die Beurteilung der Rechtslage bei der Berechnung der Entgeltfortzahlung im Krankheitsfall ist vielschichtig.

a) Es gilt das Entgeltausfallprinzip (§ 4 EFZG). Es ist das Arbeitsentgelt fortzuzahlen, das dem Arbeitnehmer bei der für ihn maßgebenden regelmäßigen Arbeitszeit für den Zeitraum der Arbeitsunfähigkeit zustehen würde (BAG AP HGB § 63 Nr. 40; zu tariflichen Sonderregeln: BAG AP EntgeltFG § 4 Nr. 66). Bei Zeitvergütung (5-Tage-Woche): Drei-Monatsverdienst geteilt durch 65 × Anzahl der mit Fehlzeit belegten Arbeitstage. Bei Leistungsvergütung Errechnung der wahrscheinlich ausgefallenen Vergütung. Hierbei kann auf den Durchschnitt der letzten drei Monate zurückgegriffen werden. Entsprechendes gilt bei Zeitlöhnern mit wechselndem Zuschlag (Schaub ArbR-HdB/*Linck* § 98 Rn. 71 ff.).

b) Die Entgeltfortzahlung beträgt 100 vH der Vergütung, die der Arbeitnehmer erhalten hätte, wenn er gearbeitet hätte. Der Anspruch auf Entgeltfortzahlung entsteht erst nach einer Wartezeit von vier Wochen. Wird der Auszubildende im Anschluss an das Berufsausbildungsverhältnis in ein Arbeitsverhältnis übernommen, entsteht keine neue Wartezeit (BAG AP EntgeltFG § 3 Nr. 20).

c) Zum Arbeitsentgelt gehören nicht das zusätzlich für Überstunden gezahlte Arbeitsentgelt. Überstunden iSv § 4 Abs. 1a EFZG liegen vor, wenn die individuelle regelmäßige Arbeitszeit des Arbeitnehmers überschritten wird. Die gesetzliche Entgeltfortzahlung im Krankheitsfall umfasst nicht (tariflich geregelte) Zuschläge für Über- oder Mehrarbeit (BAG 26.6.2002 – 5 AZR 153/01, NZA 2003, 156; 21.11.2001 – 5 AZR 296/00, NZA 2002, 439). Leistet der Arbeitnehmer ständig eine bestimmte Arbeitszeit, die mit der betriebsüblichen oder tariflichen Arbeitszeit nicht übereinstimmt, liegen keine Überstunden vor. Die für die gesetzliche Entgeltfortzahlung im Krankheitsfall maßgebliche individuelle regelmäßige Arbeitszeit des Arbeitnehmers (§ 4 Abs. 1a EFZG) ergibt sich in erster Linie aus dem Arbeitsvertrag. Dabei ist auf das gelebte Rechtsverhältnis als Ausdruck des wirklichen Parteiwillens und nicht auf den Text des Arbeitsvertrags abzustellen. Wird regelmäßig eine bestimmte, erhöhte Arbeitszeit abgerufen und geleistet, ist dies Ausdruck der vertraglich geschuldeten Leistung. Abweichend vom Gesetz kann durch Tarifvertrag geregelt werden, dass sich die Entgeltfortzahlung nicht nach der individuellen Arbeitszeit, sondern nach der regelmäßigen tariflichen Arbeitszeit bestimmt (BAG AP EntgeltFG § 4 Nr. 66 = NZA 2004, 1042). Schwankt die Arbeitszeit, weil der Arbeitnehmer stets seine Arbeitsaufgaben vereinbarungsgemäß zu erledigen hat, bemisst sich die Dauer nach dem Durchschnitt der vergangenen zwölf Monate. Die Entgeltfortzahlung umfasst auch Mindestlohnansprüche (BAG 13.5.2015 – 10 AZR 495/14, NZA 2015, 1127).

6. Der Arbeitgeber ist für das Verschulden darlegungs- und beweispflichtig (BAG AP LohnFG § 1 Nr. 9, AP LohnFG § 1 Nr. 94). Schuldhaft iSv § 3 EFZG handelt nur der Arbeitnehmer, der in erheblichem Maße gegen die von einem verständigen Menschen im eigenen Interesse zu erwartende Verhaltensweise verstößt. Bei dem Verschulden handelt es sich um kein Verschulden iSv § 276 BGB, der das Maß an Verhaltensanforderungen des Schuldners gegenüber Dritten bestimmt. Dagegen betrifft das Entstehen einer Krankheit und/oder die daraus resultierende Arbeitsunfähigkeit die Person des Arbeitnehmers selbst. Es gilt deshalb festzustellen, ob ein „Verschulden gegen sich selbst" vorliegt. Schuldhaft handelt deshalb nur der Arbeitnehmer, der in erheblichem Maße gegen die von einem verständigen Menschen im eigenen Interesse zu erwartende Verhaltensweise verstößt (BAG 18.3.2015 – 10 AZR 99/14, NZA 2015, 801). Dabei ist von einem objektiven Maßstab auszugehen. Erforderlich ist ein grober oder gröblicher Verstoß gegen das Eigeninteresse eines verständigen Menschen und damit ein besonders leichtfertiges oder vorsätzliches Verhalten. Streitig ist, ob den Arbeitnehmer eine prozessuale Mitteilungspflicht trifft, da dem Arbeitgeber in der Regel die Einzelheiten der Umstände, die zur Arbeitsunfähigkeit geführt haben, nicht bekannt sind (vgl. Schaub ArbR-HdB/*Linck* § 98 Rn. 42).

7. Nach Auffassung des BAG handelt ein Arbeitnehmer, der die vorgeschriebenen Sicherheitsgurte nicht anlegt, schuldhaft. Er verliert seinen Anspruch auf Entgeltfortzahlung jedoch nur dann, wenn und soweit die bei einem Unfall erlittenen Verletzungen auf das Nichtanlegen des Sicherheitsgurts zurückzuführen sind (BAG 7.10.1981 – 5 AZR 1113/79 NJW 1982, 1013).

Kosten und Gebühren

8. → Form. IV.A.1 Anm. 9.

4. Klage des Arbeitnehmers wegen Vergütungsfortzahlung bei Kur und Krankheit

An das
Arbeitsgericht

Klage

des/der Herrn/Frau .....
Klägers(in)
– Prozessbevollmächtigte/r: RA(in) ..... –
gegen
Herrn .....
Beklagter

Namens und mit Vollmacht des/der Klägers(in) erhebe ich Klage und werde beantragen zu erkennen:

I. Der Beklagte wird verurteilt, ... EUR brutto nebst Zinsen iHv 5 Prozentpunkten über dem Basiszinssatz seit dem ..... und weitere ..... EUR brutto nebst Zinsen iHv 5 Prozentpunkten über dem Basiszinssatz seit dem ..... an den/die Kläger(in) zu zahlen.

II. Der Beklagte trägt die Kosten des Rechtsstreits.

Begründung:

Der Beklagte ist Sachverständiger für Bauwesen. Der/Die Kläger(in) ist seit dem ..... bei dem Beklagten beschäftigt.

Beweis: Arbeitsvertrag vom ..... als Anlage K 1

Der/Die Kläger(in) war wegen eines Herzinfarktes vom 1.3. ..... bis 15.7. ..... arbeitsunfähig krank.

Beweis: Arbeitsunfähigkeitsbescheinigungen für den Zeitraum 1.3. ..... bis 15.7. ..... als Anlagenkonvulut K 2

Nach seiner/ihrer Genesung hat er/sie wieder bei dem Beklagten gearbeitet. Am 15.9. ..... bewilligte ihm/ihr die Deutsche Rentenversicherung Bund ein Heilverfahren in Bad .....

Beweis: Bewilligungsbescheid vom 15.9. . . . . als Anlage K 3

Die Kosten des Heilverfahrens sind von der Deutsche Rentenversicherung Bund getragen worden. Diesem Heilverfahren hat sich der/die Kläger(in) in der Zeit vom 1.4. . . . . bis 15.5. . . . . des Folgejahres unterzogen.[1, 2]

Beweis: Mitteilung der Deutsche Rentenversicherung Bund vom . . . . . als Anlage K 4

Das Heilverfahren wurde unter ärztlicher Aufsicht durchgeführt.

Der/Die Kläger(in) hat bislang weder für die Dauer der Erkrankung noch während des Heilverfahrens Entgeltfortzahlung erhalten.

Beweis: Gehaltsabrechnungen für die Monate . . . . . als Anlage K 5

Nach § 3 EFZG hat ein Arbeitnehmer Anspruch auf Entgeltfortzahlung bis zur Dauer von sechs Wochen, wenn er durch Arbeitsunfähigkeit infolge Krankheit an seiner Arbeitsleistung verhindert ist, ohne dass ihn ein Verschulden trifft. Demnach steht dem/der Kläger(in) für die Zeit vom 1.3. . . . . bis 11.4. . . . . Entgeltfortzahlung zu. Dies wird der Beklagte auch nicht in Abrede stellen. Die Parteien können sich jedoch nicht über die Berechnung der Entgeltfortzahlung einigen. Der/Die Kläger(in) verdiente 15 EUR brutto in der Stunde. Zwischen den Parteien war eine 40-Stunden-Woche vereinbart. Der/Die Kläger(in) hat jedoch in den letzten drei Monaten vor seiner/ihrer Erkrankung ständig wöchentlich fünf zusätzliche Stunden Arbeitsleistung erbracht, so dass die geleistete regelmäßige Arbeitszeit die 45-Stunden-Woche ist.

Beweis: 1. Ausdruck aus der elektronischen Zeiterfassung als Anlage K 6
2. Zeugnis des Herrn . . . . ., zu laden über . . . . .

Es ist daher davon auszugehen, dass er/sie ohne seine/ihre Erkrankung nach dem 1.3. ebenfalls diese wöchentliche Arbeitszeit erbracht hätte, da die Aufträge im Frühjahr erfahrungsgemäß steigen. Der Beklagte meint jedoch, während der Erkrankung brauche er keine Überstunden zu bezahlen und verkennt die erhöhte wöchentliche regelmäßige Arbeitszeit von 45 Stunden. Dies ist rechtsirrig.[3] Damit ergibt sich eine Klageforderung iHv sechs Wochen × 45h × 15 EUR brutto = 4.500 EUR brutto. Diese Forderung ist seit dem . . . . . zu verzinsen, da der/die Kläger(in) den Beklagten zur Zahlung aufgefordert hat.

Beweis: Schreiben des/r Klägers(in) vom . . . . . als Anlage K 7

Der Beklagte schuldet dem/der Kläger(in) aber auch Entgeltfortzahlung während des Heilverfahrens. Nach § 9 Abs. 1 EFZG hat ein Arbeitnehmer bei Arbeitsverhinderung infolge einer Maßnahme der medizinischen Vorsorge oder Rehabilitation, die ein Träger der gesetzlichen Renten-, Kranken- oder Unfallversicherung, eine Verwaltungsbehörde der Kriegsopferversorgung oder ein sonstiger Sozialleistungsträger bewilligt hat und die in einer Einrichtung der medizinischen Vorsorge oder Rehabilitation durchgeführt wird, Anspruch auf Entgeltfortzahlung bis zur Dauer von sechs Wochen. Der Beklagte beruft sich zu Unrecht darauf, dass er für die Dauer des Heilverfahrens keine Entgeltfortzahlung zu erbringen brauche, da es sich insoweit um eine Fortsetzungserkrankung gehandelt habe.[4] Der Beklagte irrt jedoch. Nach § 3 Abs. 1 S. 2 EFZG verliert bei erneuter Arbeitsunfähigkeit der Arbeitnehmer nicht den Anspruch auf Entgeltfortzahlung, wenn er vor erneuter Arbeitsunfähigkeit mindestens sechs Monate nicht infolge derselben Krankheit arbeitsunfähig war oder seit Beginn der ersten Arbeitsunfähigkeit infolge derselben Krankheit eine Frist von zwölf Monaten abgelaufen ist. Die Rahmenfrist rechnet vom 1.3., so dass der Kläger auch für die Dauer des Heilverfahrens Anspruch auf Entgeltfortzahlung hat.[5] Während der vierwöchigen Kur hätte der/die Kläger(in) 4 × 45 Stunden × 15 EUR brutto = 2.700 EUR brutto verdient.

Der Zinsanspruch ergibt sich als Verzugsschaden. Der Beklagte befindet sich seit dem . . . . . in Verzug. Der Anspruch resultiert aus § 288 BGB.

Rechtsanwalt/Rechtsanwältin[6]

Anmerkungen

1. Die Voraussetzungen, unter denen ein Arbeitgeber Entgeltfortzahlung bei Maßnahmen der medizinischen Vorsorge oder Rehabilitation erbringen muss, sind in § 9 EFZG geregelt. Ein Anspruch erwächst nach § 9 Abs. 1 S. 1 EFZG, wenn ein Träger der gesetzlichen Renten-, Kranken- oder Unfallversicherung, eine Verwaltungsbehörde der Kriegsopferversorgung oder ein sonstiger Sozialleistungsträger die Maßnahme bewilligt. In § 9 Abs. 1 S. 2 EFZG sind die Voraussetzungen für diejenigen Arbeitnehmer, die nicht Mitglied in der gesetzlichen Krankenkasse oder nicht in der gesetzlichen Rentenversicherung versichert sind, geregelt. Die Maßnahme nach Satz 1 muss in einer Einrichtung der medizinischen Vorsorge oder Rehabilitation durchgeführt werden, die den Anforderungen des §§ 107 Abs. 2 SGB V entspricht. Sie darf keinen urlaubsmäßigen Zuschnitt haben (BAG 25.5.2016 – 5 AZR 298/15, NZA 2016, 1028). Lediglich auf das Erfordernis der stationären Durchführung der Maßnahme hat der Gesetzgeber verzichtet. Handelt es sich um eine Durchführung nach § 9 Abs. 1 S. 2 EFZG, so gelten die Vorschriften entsprechend, wenn eine Maßnahme der medizinischen Vorsorge oder der Rehabilitation ärztlich verordnet worden ist und stationär in einer Einrichtung der medizinischen Vorsorge oder Rehabilitation oder einer vergleichbaren Einrichtung durchgeführt wird. Eine Kur im Sinne der gesetzlichen Bestimmungen setzt voraus, dass sie vom Kurträger bewilligt und verantwortlich gestaltet wird. Hat ein Sozialversicherungsträger unter den gesetzlichen Voraussetzungen des SGB VI eine Kur bewilligt, ist die medizinische Notwendigkeit der Maßnahme im Allgemeinen nicht gesondert zu prüfen (BAG AP LohnFG § 7 Nr. 2). Eine Abweichung vom Erfahrungssatz kann gelten, wenn handgreifliche Zweifel an der medizinischen Notwendigkeit der Kur bestehen (BAG AP LohnFG § 7 Nr. 3). Der Arbeitnehmer hat wie bei der Erkrankung die Kurbewilligung und den Kurantritt mitzuteilen und entsprechende Bescheinigungen vorzulegen (§ 9 EFZG), andernfalls können Einreden (§§ 7, 9 EFZG) für den Arbeitgeber erwachsen (BAG AP LohnFG § 7 Nr. 1).

2. Nach § 9 EFZG gelten die Vorschriften für die Entgeltfortzahlung im Krankheitsfalle für die Arbeitsverhinderung infolge der Maßnahme der medizinischen Vorsorge oder Rehabilitation, die ein Träger der gesetzlichen Renten-, Kranken- oder Unfallversicherung, eine Verwaltungsbehörde der Kriegsopferversorgung oder ein sonstiger Sozialleistungsträger bewilligt hat und die in einer Einrichtung der medizinischen Vorsorge oder Rehabilitation durchgeführt wird, entsprechend. Voraussetzung für die Bewilligung einer Maßnahme der medizinischen Vorsorge oder Rehabilitation ist nicht das Vorliegen von Arbeitsunfähigkeit. Entscheidend ist die Arbeitsverhinderung infolge einer Maßnahme nach § 9 Abs. 1 EFZG.

3. Nach § 4 Abs. 1 S. 1 EFZG hat ein Arbeitnehmer für die Dauer von sechs Wochen der Arbeitsunfähigkeit Anspruch auf Fortzahlung des Arbeitsentgelts, das ihm bei der für ihn maßgebenden regelmäßigen Arbeitszeit zusteht (→ Form. IV.A.3 Anm. 5)

4. Eine Fortsetzungskrankheit ist dann gegeben, wenn ein Arbeitnehmer wiederholt an denselben Grundleiden erkrankt. Dagegen ist eine wiederholte Erkrankung wegen der gleichen Krankheit (zB Schnupfen) keine Fortsetzungskrankheit. Die auf besonderen Zumutbarkeitserwägungen beruhende Regelung in § 3 Abs. 1 S. 2 EFZG gilt auch im Verhältnis einer Maßnahme der medizinischen Vorsorge und Rehabilitation nach § 9 Abs. 1 EFZG zu einer vorausgegangenen oder nachfolgenden Arbeitsunfähigkeit infolge von Krankheit nach § 3 Abs. 1 EFZG. Beruhen beide Maßnahmen auf einem gemeinsamen Grundleiden, hat der Arbeitgeber insgesamt nur eine Entgeltfortzahlungspflicht für die Dauer von 6 Wochen. Ist ein solches Grundleiden maßgeblicher Anlass für die Bewilligung einer Maßnahme der medizinischen Vorsorge oder Rehabilitation und führt es später zu einer Arbeitsunfähigkeit oder umgekehrt, ist die Entgeltfortzahlung nach Maßgabe von § 3 Abs. 1 EFZG zu bestimmen (BAG 10.9.2014 – 10 AZR 651/12, NZA 2014, 1139). Einzelheiten bei Schaub ArbR-HdB/*Linck* § 98 Rn. 51.

5. Die Rahmenfrist von einem Jahr rechnet ab dem Zeitpunkt der ersten Erkrankung (§ 3 Abs. 1 S. 2 EFZG, vgl. früher BAG AP LohnFG § 1 Nr. 33; AP LohnFG § 1 Nr. 56). Der Sozialversicherungsträger braucht weder dafür zu sorgen, dass das Heilverfahren in der Rahmenfrist noch vor Ablauf von sechs Monaten durchgeführt wird (ArbG Stuttgart AP LohnFG § 7 Nr. 6).

Kosten und Gebühren

6. Keine Besonderheiten; → Form. IV.A.1 Anm. 9.

5. Zahlungsklage gegen Gesellschaft bürgerlichen Rechtes auf Urlaubsabgeltung

An das
Arbeitsgericht

Klage

des/der Herrn/Frau . . . . .
Kläger(in)
– Prozessbevollmächtigte/r: RA(in) . . . . . –
gegen
Gesellschaft bürgerlichen Rechts,[1] vertreten durch die Gesellschafter
Architekt 1. . . . . und Architekt 2
2. . . . .
Beklagte

Namens und mit Vollmacht des/der Klägers(in) erhebe ich Klage und werde beantragen zu erkennen:

I. Die Beklagte wird verurteilt, ... EUR brutto nebst Zinsen iHv 5 Prozentpunkten über dem Basiszinssatz seit dem . . . . . an den/die Kläger(in) zu zahlen.

II. Die Beklagten tragen die Kosten des Rechtsstreits.

Gründe

Der/Die Kläger(in) war vom . . . . . bis . . . . . bei der Beklagten als . . . . . beschäftigt. Das Arbeitsverhältnis endete aufgrund der Eigenkündigung des/der Klägers(in).

Beweis: 1. Arbeitsvertrag vom . . . . . als Anlage K 1
2. Eigenkündigung des/der Klägers(in) vom . . . . . als Anlage K 2

Im Jahre des Ausscheidens hat er/sie noch keinen Urlaub erhalten/hat er/sie . . . . . Tage Urlaub erhalten.

Beweis: Zeugnis des Herrn . . . . . zu laden über die Beklagte

Für jeden Monat der Beschäftigung stehen ihm/ihr nach § 5 Abs. 1 BUrlG zwei Tage Urlaub zu.[2] Der/Die Kläger(in) hat zuletzt . . . . . EUR verdient.

Beweis: Gehaltsabrechnungen vom . . . . . als Anlage K 3

Ihm/Ihr stehen mithin zu . . . . . EUR.[3, 4] Die Beklagte weigert sich zu zahlen, weil . . . . . Ihr steht jedoch kein Leistungsverweigerungsrecht zu, denn . . . . .

Die Abgeltung war bei Beendigung des Arbeitsverhältnisses zur Zahlung fällig. Seitdem befindet sich die Beklagte in Verzug. Der Zinsanspruch ergibt sich aus § 288 BGB.

Rechtsanwalt/Rechtsanwältin[5]

Anmerkungen

1. Die Gesellschaft bürgerlichen Rechts (GbR) besitzt Rechtsfähigkeit, soweit sie durch Teilnahme am Rechtsverkehr eigene Rechte und Pflichten begründet. In diesem Rahmen ist sie zugleich im Zivilprozess aktiv und passiv parteifähig (BGH BGHZ 146, 341, BAG AP ZPO § 50 Nr. 14). Bei Kündigungsschutzklagen ist dringend zu beachten, dass Arbeitgeberin die GbR ist, gegen die die Klage zu erheben ist. Eine Klage gegen die Gesellschafter wahrt die 3-Wochen-Frist nicht. Dann könnte nur noch eine Rubrumsberichtigung helfen. Bei der Zahlungsklage gilt grds. das Gleiche, allerdings haften die Gesellschafter ohnehin persönlich für die Verbindlichkeiten der Gesellschaft. Soweit der Gesellschafter für die Verbindlichkeiten der Gesellschaft bürgerlichen Rechts persönlich haftet, entspricht das Verhältnis zwischen der Verbindlichkeit der Gesellschaft und der Haftung des Gesellschafters derjenigen bei der oHG (Akzessorietät) – Fortführung von BGH BGHZ 142, 315; AP ZPO § 50 Nr. 9 = NZA 2001, 408. Es kann daher auch im Rubrum eine GbR aufgeführt werden und es haften wie bei einer oHG die Gesellschafter (BAG AP BGB § 242 Ruhegehalt Nr. 145; AP HGB § 128 Nr. 1; AP TVG § 4 Ausschlußfristen Nr. 67). Besteht Zweifel, ob eine GbR besteht, oder sollen die Möglichkeiten zur Vollstreckung erhöht werden, sollten hilfsweise die Gesellschafter mitverklagt werden.

2. Nach § 3 Abs. 1 BUrlG beträgt der gesetzliche Urlaubsanspruch 24 Werktage. Für die Höhe des Urlaubsanspruches können sich Besonderheiten aus dem Arbeitsvertrag, einem Tarifvertrag oder einer Betriebsvereinbarung ergeben. Typischerweise werden dort zusätzliche Urlaubsansprüche gewährt, die allerdings auch abweichenden Regelungen folgen können.

3. Für die Berechnung der Urlaubsabgeltung gilt das modifizierte Referenzprinzip. Entgelt der letzten 13 Wochen: 65 = Tagesverdienst. Bei nicht nur vorübergehenden Verdiensterhöhungen ist von dem erhöhten Geldfaktor auszugehen (Schaub ArbR-HdB/*Linck* § 104 Rn. 112).

4. Zu beachten ist die Rspr. nach der Schultz-Hoff-Entscheidung des EuGH (20.1.2009 – C-350/06 und C-520/06, NZA 2009, 135). Danach entsteht der Anspruch auf den gesetzlichen Urlaub bzw. die daraus resultierende Urlaubsabgeltung auch, wenn der Arbeitnehmer arbeitsunfähig erkrankt war. Eine unbegrenzte Kumulation von Urlaubsansprüchen scheidet nach der Entscheidung KHS des EuGH (22.11.2011 – C-214/10, NZA 2011, 1333) und der Entscheidung des BAG (7.8.2012 – 9 AZR 353/10, NZA 2012, 1216) aus. Nach der Rspr. des BAG verfallen Urlaubsansprüche grds. 15 Monate nach Ablauf des Urlaubsjahrs, wenn der Urlaub wegen Arbeitsunfähigkeit oder während des Ruhens des Arbeitsverhältnisses wegen Bezugs einer Rente wegen Erwerbsminderung nicht genommen werden kann.

Nach § 7 Abs. 3 BUrlG ist der Urlaubsanspruch befristet und grds. im laufenden Kalenderjahr zu gewähren und zu nehmen. Eine Übertragung auf das nächste Kalenderjahr ist nur unter den Voraussetzungen des § 7 Abs. 3 S. 2 und 3 BUrlG zulässig. Nicht genommener oder gewährter Urlaub erlischt grds. mit Ablauf des Kalenderjahres bzw. des Übertragungszeitraums. Nach der neuen Rechtsprechung des EuGH (6.11.2018 – C-684/16, NZA 2018, 1474) und des BAG (19.2.2019 – 9 AZR 423/16, NZA 2019, 977) gilt dies allerdings nur dann, wenn der Arbeitgeber den Arbeitnehmer zuvor auf den drohenden Urlaubsverfall hingewiesen hat und den Arbeitnehmer so in die Lage versetzt hat, seinen Urlaubsanspruch tatsächlich wahrzunehmen. Dieser Hinweis hat konkret und transparent zu erfolgen. Der Arbeitgeber hat klar und rechtzeitig mitzuteilen, dass der Urlaub am Ende des Bezugs- oder Übertragungszeitraums verfallen wird, wenn der Arbeitnehmer ihn nicht nimmt. Die Hinweispflicht ist bspw. dann erfüllt, wenn dem Arbeitnehmer zu Beginn des Kalenderjahres in Textform mitgeteilt wird, wie viele Arbeitstage Urlaub ihm im Kalenderjahr zustehen und er aufgefordert wird, seinen Urlaub so rechtzeitig zu beantragen, dass er im Urlaubsjahr genommen werden kann, und er gleichzeitig über die Konsequenzen belehrt wird, die eintreten, wenn er den Urlaub nicht beantragt. Wenn der Arbeitnehmer in der Lage war, den Urlaub im Kalenderjahr zu nehmen, er ihn aber nicht beantragt, sind die Anforderungen an eine klare Unterrichtung regelmäßig durch den Hinweis erfüllt, dass der Urlaub grds. am Ende des Kalenderjahres verfällt (BAG – 9 AZR 423/16, NZA 2019, 977; 21.5.2019 – 9 AZR 579/16, NZA 2019, 1571; 25.6.2019 – 9 AZR 546/17, NZA 2019, 1577; 22.10.2019 – 9 AZR 98/19, NZA 2020, 307). Angaben im Arbeitsvertrag, in einem Merkblatt oder in einer Kollektivvereinbarung genügen den Anforderungen einer konkreten und transparenten Unterrichtung idR nicht. Unklar ist derzeit, wann die Verjährung von Urlaubsansprüchen beginnt, wenn der Arbeitgeber nicht auf den Verfall von Urlaubsansprüchen hingewiesen hat. Dies kann zu erheblichen Ansprüchen für die Vergangenheit führen, wenn der Arbeitnehmer nicht ordnungsgemäß belehrt wurde oder der Arbeitgeber dies nicht beweisen kann. Diese für den gesetzlichen Mindesturlaub geltenden Grundsätze gelten nicht zwingend auch für tariflichen oder arbeitsvertraglichen Mehrurlaub. Es steht den Tarif- und Arbeitsvertragsparteien frei, abweichende Regelungen zu treffen. Für einen von den gesetzlichen Bestimmungen abweichenden Regelungswillen müssen deutliche Anhaltspunkte vorliegen. Fehlen solche, kommt es zum Gleichlauf von gesetzlichem und übergesetzlichem Urlaub (BAG 25.8.2020 – 9 AZR 214/19, NZA 2021, 217). Der Urlaubsabgeltungsanspruch ist vererbbar und geht gem. § 1922 Abs. 1 BGB iVm § 7 Abs. 4 BUrlG mit dem Tod des Arbeitnehmers auf dessen Erben über (BAG 22.1.2019 – 9 AZR 45/16, NZA 2019, 829).

Kosten und Gebühren

5. Keine Besonderheiten; → Form. IV.A.1 Anm. 9.

6. Stufenklage wegen Provisionen

An das
Arbeitsgericht

Klage

des/der Herrn/Frau . . . . .
Kläger(in)
– Prozessbevollmächtigte/r: RA(in) . . . . . –
gegen
die Firma . . . . .
Beklagte
wegen Provisionsabrechnung und -zahlung
Namens und mit Vollmacht des/der Klägers(in) erhebe ich Klage und werde beantragen zu erkennen:

I. Die Beklagte wird verurteilt, die Provisionen, die dem/der Kläger(in) für die in der Zeit vom ..... bis ..... zustehen, abzurechnen.[1, 2]

II. Die Beklagte wird verurteilt, dem Kläger einen Buchauszug für die in der Zeit vom ..... bis ..... erzielten Provisionen zu erteilen.

III. Die Beklagte wird verurteilt, die Richtigkeit der Angaben des Buchauszugs gemäß Ziff. II. an Eides statt zu versichern.[3]

IV. Die Beklagte wird verurteilt, die sich aus der Auskunft ergebenden Provisionen an den/die Kläger(in) zu zahlen.[4]

V. Die Beklagte trägt die Kosten des Rechtsstreits.

Gründe

Der/Die Kläger(in) war vom ..... bis ..... bei der Beklagten als ..... beschäftigt.

Beweis: Arbeitsvertrag vom ..... als Anlage K 1

Das Arbeitsverhältnis endete aufgrund der Kündigung des/der Klägers(in) zum .....

Beweis: Kündigungsschreiben des/der Kläger(in) vom ..... als Anlage K 2

In dem Arbeitsvertrag vom ..... heißt es unter der Überschrift „Vergütung“:

„Herr/Frau ..... erhält ein Monatsgehalt iHv ..... EUR.

Herr/Frau ..... erhält daneben eine Provisionszahlung iHv 3 % der im Bereich Veräußerung von Maschinen von ihm/ihr getätigten Geschäftsabschlüsse.“

Beweis: Arbeitsvertrag vom ....., b.b.

Der/die Klägerin(in) hat für die Beklagte Geschäfte sowohl im Bereich Maschinen als auch im Bereich Ersatzteile getätigt. Die Beklagte hat für die Zeit vom ..... bis ..... die Provisionen auf die Geschäfte im Bereich Maschinen nicht abgerechnet. Der/die Klägerin (in) hat mit Schreiben vom ..... die Abrechnung und Auszahlung geltend gemacht.

Beweis: Schreiben des/der Kläger(in) vom ..... als Anlage K 3

Die Beklagte hat die Abrechnung mit Schreiben vom ..... abgelehnt, da angeblich keine provisionspflichtigen Geschäfte vorlagen.

Beweis: Schreiben der Beklagten vom ..... als Anlage K 4

Die Beklagte hat im Rahmen der vorgerichtlichen Korrespondenz weiter eingewandt, dass der Provisionsanspruch infolge Ablaufes der tariflichen Ausschlussfrist erloschen sei. Auch dieser Einwand ist ungerechtfertigt. Allerdings unterliegt das Arbeitsverhältnis dem allgemeinverbindlichen Rahmentarifvertrag für den ..... vom ..... im Bezirk ..... Die Regelung zur Ausschlussfrist lautet ..... Der/Die Kläger(in) hat jedoch seinen/ihren Anspruch auf Festsetzung der Provision rechtzeitig am ..... schriftlich geltend gemacht.

Beweis: Schreiben des/der Klägers(in) vom ....., b.b.

Rechtsanwalt/Rechtsanwältin[5]

Anmerkungen

1. Die Stufenklage ist objektive Klagehäufung. Als Ausnahme von § 253 Abs. 2 Nr. 2 ZPO ist in der letzten Stufe zunächst ein unbestimmter Klageantrag zulässig. Der Vorteil ist darin begründet, dass der Hauptanspruch bereits mit Erhebung der Klage in der sich später ergebender Höhe rechtshängig wird (BGH 13.11.2014 – IX ZR 267/13, NJW 2015, 1093; Zöller/*Greger* ZPO § 254 Rn. 1).

2. Der Antrag in der ersten und zweiten Stufe kann auf Rechnungslegung (§ 259 Abs. 1 BGB, §§ 666, 675 BGB), auf Vorlage eines Verzeichnisses (§ 260 BGB) oder auf Auskunftserteilung (§ 260 Abs. 1, §§ 666, 675 BGB; BAG 31.10.1984 – 4 AZR 535/82,

NZA 1985, 289), auf Einsicht in Bücher (§§ 118, 166 HGB) sowie auf einen Buchauszug (§§ 65, 87c Abs. 2 HGB) gerichtet sein.

3. In der nächsten Stufe wird ein Antrag auf Abgabe einer eidesstattlichen Versicherung gestellt (vgl. § 259 Abs. 2, § 260 Abs. 2 BGB). Für den Fall, dass die Auskunft unrichtig ist oder der substantiiert darzulegende Verdacht der Unrichtigkeit besteht, kann diese in der zweiten Stufe beantragt werden. Lässt der Kläger den Auskunftsanspruch fallen, weil er die Auskunft nicht mehr benötigt, ist nach der Rspr. des OLG Düsseldorf keine Erledigungserklärung erforderlich (OLG Düsseldorf 17.11.1995 – 7 U 216, 94, NJW-RR 1996, 839). Den Antrag in der zweiten Stufe kann der Kläger ohne Rücknahme fallen lassen und sogleich in die 3. Stufe übergehen (BGH 15.11.2000 – IV ZR 274/99, NJW 2001, 833).

4. Grds. können in der Klageschrift schon alle Anträge der Stufenklage angekündigt werden. Davon ist allerdings die Verfahrensweise zu unterscheiden. Das Gericht kann alle Stufen abweisen, weil es Auskunfts-, Versicherungs- und Zahlungsansprüche verneint. Will das Gericht der 1. Instanz jedoch zusprechen, ist sukzessive über jede Stufe zu verhandeln und durch Teilurteil zu entscheiden. Eine sachliche Entscheidung über eine spätere Stufe ist auch dem Grunde nach grds. unzulässig, solange nicht die vorhergehende Stufe durch Teilurteil erledigt ist (BGH 28.10.1953 – 11 ZR 149/52, BGHZ 10, 386). Es muss jeweils die Fortsetzung des Verfahrens beantragt werden. Die 2. Instanz darf grds. nur über die 1. Stufe entscheiden, wenn das Gericht der 1. Instanz nur über die 1. Stufe entschieden hat (BAG AP MuSchG § 10 Nr. 2; OLG Celle 13.1.1961 – 8 U 87/60, NJW 1961, 786). Hiervon werden jedoch Ausnahmen gemacht, wenn (1) die Gründe des Berufungsgerichts für den noch in erster Instanz anhängigen Rest oder für eine Widerklage ebenfalls zutreffen (BGH 16.6.1959 – VI ZR 81/58, 30, 213; 2.2.1983 – IV b ZR 702/81, NJW 1983, 1311); (2) für den in 1. Instanz verbliebenen Rest kein Raum mehr ist (BGH 25.1.1977 – VI ZR 166/74, VersR 1977, 430); (3) die ganze Stufenklage abgewiesen wird (BAG AP ZPO § 138 Nr. 25; AP HGB § 75b Nr. 8; bestr.); werden beide Anträge einer Stufenklage abgewiesen, kann das Revisionsgericht in entsprechender Anwendung von § 538 Abs. 1 Nr. 3 ZPO den Rechtsstreit an das Arbeitsgericht zurückverweisen (BAG AP HGB § 87c Nr. 3); (4) die Parteien einverstanden sind (BGH 25.3.1986 – IX ZR 104/85, BGHZ 97, 280; OLG Frankfurt a.M. 17.1.1983 – 1 U 59/83, JR 1984, 290).

Kosten und Gebühren

5. § 44 GKG enthält für die Wertfestsetzung eine Sonderregelung. Maßgebend ist nur einer der verbundenen Ansprüche, nämlich der höhere.

7. Klage auf Zahlung einer Karenzentschädigung gegen eine GmbH

An das
Arbeitsgericht

Klage

des/der Herrn/Frau . . . . .
Kläger(in)
– Prozessbevollmächtigte/r: RA(in) . . . . . –
gegen

X-GmbH
gesetzlich vertreten durch die Geschäftsführer 1. . . . . 2. . . . .
Beklagte
wegen Zahlung einer Karenzentschädigung.
Namens und mit Vollmacht des/der Klägers(in) erhebe ich Klage und werde beantragen zu erkennen:

I. Die Beklagte wird verurteilt, ... EUR nebst Zinsen iHv 5 Prozentpunkten über dem Basiszinssatz
aus . . . . . EUR seit dem . . . . .,
und weiteren . . . . . EUR seit dem . . . . .
an den/die Kläger(in) zu zahlen.

II. Die Beklagte trägt die Kosten des Rechtsstreits.

Begründung:

Der/Die Kläger(in) war vom . . . . . bis . . . . . bei der Beklagten als . . . . . beschäftigt. In dem schriftlich abgeschlossenen Arbeitsvertrag haben die Parteien ein nachvertragliches Wettbewerbsverbot vereinbart..

Beweis: Arbeitsvertrag der Parteien als Anlage K 1

Der/Die Kläger(in) hat sich an das nachvertragliche Wettbewerbsverbot gehalten. Er/Sie ist seit dem . . . . . bei der Firma . . . . . beschäftigt, die mit der Beklagten nicht im Wettbewerb steht.

Beweis: Zeugnis des Herrn . . . . ., zu laden über die Firma . . . . .

Der/die Kläger(in) ist durch das Wettbewerbsverbot gezwungen worden, seinen/ihren Wohnsitz zu verlegen. Sie/Er hat im Umkreis ihres/seines bisherigen Wohnortes keine andere Stelle annehmen können. Sie/Er musste daher umziehen,[1] um die Arbeit bei der Firma . . . . . aufzunehmen.

Der/Die Kläger(in) hat bei der Beklagten einen Monatsverdienst von . . . . . EUR gehabt.

Beweis: Gehaltsabrechnungen vom . . . . . als Anlagenkonvolut K 2

Zzt. verdient der/die Kläger(in) monatlich . . . . . EUR.

Beweis: Gehaltsabrechnung vom . . . . . als Anlage K 3

Er/Sie hat mithin Anspruch auf eine monatliche Karenzentschädigung iHv . . . . . EUR.[2, 3]
Die Beklagte weigert sich, diese für die Zeit von . . . . . bis . . . . . zu zahlen. Klage ist daher geboten. Der Zinsanspruch ergibt sich aus dem Gesichtspunkt des Verzugs. Die Karenzentschädigung ist gem. § 74b Abs. 1 HGB am Schluss jeden Monats fällig. Die Karenzentschädigung des Monats war also am . . . . . und die Karenzentschädigung des Folgemonats am . . . . . fällig.
Rechtsanwalt/Rechtsanwältin[4]

Anmerkungen

1. Nach § 74c Abs. 1 S. 1 HGB gilt für anderweitigen oder böswillig unterlassenen Verdienst eine Anrechnungsgrenze von 110 %. Die erhöhte Anrechnungsgrenze von 125 % gem. § 74c Abs. 1 S. 2 HGB gilt nur dann, wenn das Wettbewerbsverbot für den Wohnsitzwechsel des Arbeitnehmers ursächlich ist. Ein Zwang zur Wohnsitzveränderung besteht dann, wenn der Arbeitnehmer eine Arbeitsstelle außerhalb seines bisherigen Wohnortes antritt, weil er nur dort eine Tätigkeit ausüben kann, die nach Art, Vergütung und Aufstiegschancen seiner bisherigen Tätigkeit nahe kommt (BAG AP HGB § 74c Nr. 9; AP HGB § 74c Nr. 12 = NZA 1986, 329; AP HGB § 74c Nr. 20 = NZA 1999, 936). Ist am bisherigen Wohnsitz ein Unternehmen ansässig, bei dem die Aufnahme einer

Tätigkeit dem Arbeitnehmer verboten ist, so muss der Arbeitnehmer nicht nachweisen, dass er – das nachvertragliche Wettbewerbsverbot hinweggedacht – bei diesem auch tatsächlich eine Anstellung gefunden hätte (BAG AP HGB § 74c Nr. 17; AP HGB § 74c Nr. 20 = NZA 1999, 936). Es ist vielmehr ausreichend, wenn der Arbeitnehmer darlegt, dass er mit Rücksicht auf das Wettbewerbsverbot eine seiner früheren Tätigkeit vergleichbare Beschäftigung nur bei einem branchenfremden ortsansässigen Arbeitgeber unter dem Vorbehalt der späteren Versetzung aufnehmen konnte (BAG AP HGB § 74c Nr. 17).

2. Zu Einzelheiten der Berechnung der Karenzentschädigung Schaub ArbR-HdB/*Linck* § 55 Rn. 79 ff.

3. Eine Karenzentschädigung wird als Gegenleistung für die Unterlassung einer Konkurrenztätigkeit gewährt. Die Karenzentschädigung kann uU gem. § 34 EStG einem ermäßigten Steuersatz unterliegen. Dies ist dann nicht der Fall, wenn die Zahlungen monatlich geleistet werden. Sie ist dann voll steuerpflichtig (BFH 12.3.1993 – VI R 92/92 DB 1993, 1269). Sie unterliegt der Lohnsteuer (§ 2 Abs. 2 Nr. 4 LStDV; BFH BStBl. II 87, 386). Sie ist kein Arbeitsentgelt iSv § 14 SGB I; so dass von ihr keine Sozialversicherungsbeiträge abzuführen sind. Arbeitslosengeldzahlungen werden durch die Karenzentschädigung nicht ausgeschlossen. Ursprünglich hat das BAG entschieden, dass Arbeitslosengeld auf die Karenzentschädigung angerechnet wird (BAG AP HGB § 74c Nr. 11 = NZA 1986, 194). Das BAG hat nach der Streichung des § 148 SGB III aF Zweifel geäußert, ob es hierfür noch eine gesetzliche Grundlage gibt (BAG 14.9.2011 – 10 AZR 198/10, AP HGB § 74c Nr. 22 = NZA-RR 2012, 98; BAG 15.1.2014 – 10 AZR 243/13, NZA 2014, 536; BAG 31.1.2018 – 10 AZR 392/17, NZA 2018, 578). In jedem Fall soll nur der tatsächliche Auszahlungsbetrag, nicht jedoch ein fiktiv aus dem Arbeitslosengeld hochgerechneter Bruttobetrag angerechnet werden (BAG 14.9.2011 – 10 AZR 198/10, NZA-RR 2012, 98, 15.1.2014 – 10 AZR 243/13, NZA 2014, 536).

Kosten und Gebühren

4. Keine Besonderheiten, → Form. IV.A.1 Anm. 9.

8. Klage auf Zahlung von Ruhegeld gegen eine GmbH & Co. KG

An das
Arbeitsgericht

Klage

des/der Herrn/Frau . . . . .
Klägers(in)
– Prozessbevollmächtigte/r: RA(in) . . . . . –
gegen
die Firma X-GmbH & Co. KG, gesetzlich vertreten durch die X-GmbH, diese vertreten durch ihre Geschäftsführer, Herr . . . . . und Herr . . . . .
Beklagte
wegen Zahlung von Ruhegeld
Namens und mit Vollmacht des/der Klägers(in) erhebe ich Klage und werde beantragen zu erkennen:

I. Die Beklagte wird verurteilt, ... EUR nebst ..... Zinsen iHv 5 Prozentpunkten über dem Basiszinssatz seit dem ..... an den/die Kläger(in) zu zahlen.

II. Die Beklagte wird verurteilt, künftig ab dem ..... [Zahlungsbeginn angeben] jeweils am ..... [Zahlungszeitpunkt angeben] ..... EUR an den/die Kläger(in) zu zahlen.[1]

III. Die Beklagte trägt die Kosten des Rechtsstreits.

Gründe

Der/die am ..... geborene Kläger(in) war vom ..... bis ..... bei der Beklagten als ..... beschäftigt.

Beweis: Arbeitsvertrag vom ..... als Anlage K 1

Das Arbeitsverhältnis endete nach sechsjährigem Bestand durch Kündigung der Beklagten zum .....

Beweis: Kündigung der Beklagten vom ..... als Anlage K 2

Die Beklagte hat dem/der Kläger(in) eine Versorgungszusage[2] erteilt. Diese richtet sich nach der Ruhegeldordnung der Beklagten.

Beweis: 1. Ruhegeldordnung der Beklagten als Anlage K 3
2. Versorgungszusage der Beklagten vom ..... als Anlage K4

In der Ruhegeldordnung heißt es, dass die Beklagte allen ihren Mitarbeitern dann eine Ruhegeldzusage erteilen wird, wenn sie fünf Jahre in ihren Diensten stünden.

Beweis: wie vor

Diese Regelung stellt eine Vorschaltzeit dar und ist nach der Rspr. des BAG unbeachtlich.[3] Die Zusage ist bereits eine Versorgungszusage nach § 1b BetrAVG. Die Unverfallbarkeitsfristen beginnen mit der „Zusage auf die Zusage“. Die Beklagte beruft sich also zu Unrecht darauf, dass die Ruhegeldanwartschaft im Zeitpunkt des Ausscheidens des/der Kläger(in) verfallen sei.

Inzwischen ist der Ruhegeldfall eingetreten. Der Ruhegeldfall tritt ein, wenn der Mitarbeiter die Altersgrenze erreicht oder eine Rente wegen teilweiser oder voller Erwerbsminderung erhält.[4] Der/die Kläger(in) hat am ..... sein/ihr ..... Lebensjahr erreicht und bezieht seit dem ..... gesetzliche Altersrente.

Beweis: Rentenbescheid der Deutsche Rentenversicherung Bund als Anlage K 5 .....

Es bedarf daher der klageweisen Geltendmachung des Ruhegeldes für den Monat ..... Die erste monatliche Rentenzahlung ist am ..... fällig gewesen. Seitdem befindet sich die Beklagte in Verzug. Der Zinsanspruch resultiert aus § 288 BGB. Weiter werden mit Klageantrag Ziff. 2 die zukünftigen Leistungen auf betriebliche Altersversorgung geltend gemacht.[5]

Rechtsanwalt/Rechtsanwältin[6]

Anmerkungen

1. Der Anspruch auf die fälligen Rentenzahlungen wird nach Antrag Ziff. 1 im Wege der Leistungsklage geltend gemacht. Die zukünftigen Rentenzahlungen werden als zukünftige Leistungen gem. §§ 257, 259 ZPO mit Klageantrag Ziff. 2 geltend gemacht. Aufgrund des Vorrangs der Leistungsklage ist grds. Leistungsklage zu erheben, wenn der Anspruch bezifferbar ist. Für eine Feststellungsklage fehlt es insoweit an einem Feststellungsinteresse (vgl. ErfK/*Koch* ArbGG § 46 Rn. 22 ff.). Die Rspr. des BAG bejaht allerdings ein Feststellungsinteresse und damit die Zulässigkeit der Feststellungsklage im Bereich der betrieblichen Altersversorgung relativ großzügig. Bestreitet der Arbeitgeber geltend gemachte Versorgungsrechte, soll das betriebsrentenrechtliche Rechtsverhältnis durch eine tatsächliche Unsicherheit gefährdet sein, so dass ein Bedürfnis für eine alsbaldige Feststellung besteht. Ein Arbeitnehmer soll nicht darauf verwiesen werden, erst nach Eintritt des Versorgungsfalles einen zeitraubenden Prozess gegen den Arbeitgeber über Inhalt und Umfang der Versorgungsrechte zu führen. Insofern wird eine Feststellungsklage dann zulässig sein, wenn der Versorgungsfall noch nicht eingetreten ist. Aber auch wenn der Versorgungsfall eingetreten ist, ist eine Feststellungsklage zulässig, wenn auf diesem Wege eine sachgemäße, einfache Erledigung der aufgetretenen Streitpunkte zu erreichen ist und prozesswirtschaftliche Erwägungen gegen einen Zwang zur Leistungsklage sprechen. Das BAG bejaht dies insb. dann, wenn die Bezifferung der Versorgungsleistungen zum einen die Aufklärung längerer zurückliegender Sachverhalte und zum anderen aufwendige, schwierige Berechnungen verlangt (BAG 7.3.1995 – 3 AZR 282/94, NZA 1996, 48). → Form. IV.A.9. Der potenzielle Hinterbliebene kann erst mit dem Tod des Arbeitnehmers in einem feststellungsfähigen Rechtsverhältnis zum Arbeitgeber oder Versorgungsträger stehen, da der Dritte das Recht auf die Leistung im Zweifel erst mit dem Tod des Versprechensempfängers erwirbt (BAG AP BetrAVG § 1 Hinterbliebenenversorgung Nr. 40).

2. Arbeitgeber können Leistungen auf betriebliche Altersversorgung aufgrund einer Direktzusage, über eine betriebliche Unterstützungskasse, eine Pensionskasse, einen Pensionsfonds oder aufgrund einer zugunsten des Arbeitnehmers abgeschlossenen Lebensversicherung (Direktversicherung) gewähren. Eine Unterstützungskasse ist eine rechtlich selbständige Versorgungseinrichtung, die auf ihre Leistungen keinen Rechtsanspruch einräumt (§ 1b Abs. 4 BetrAVG). Dagegen ist die Pensionskasse eine rechtlich selbständige Versorgungseinrichtung (§ 1b Abs. 3 BetrAVG), die Rechtsansprüche einräumt. Ein Pensionsfonds (§ 1b Abs. 3a BetrVG) ist ebenfalls eine rechtsfähige Versorgungseinrichtung. Ihre Rechtsgrundlagen ergeben sich aus dem VAG (Schaub ArbR-HdB/*Vogelsang* § 275 Rn. 84 ff.). In § 1 Abs. 2 Nr. 2a BetrAVG ist erstmalig die reine Beitragszusage gesetzlich geregelt. Danach kann der Arbeitgeber durch Tarifvertrag oder aufgrund eines Tarifvertrages in einer Betriebs- oder Dienstvereinbarung sich verpflichten, Beiträge zur Finanzierung von Leistungen der betrieblichen Altersversorgung zu zahlen. Die Verpflichtung des Arbeitgebers bzw. des vom Arbeitgeber hinzugezogenen Leistungsträgers ist dann allein auf die Erfüllung dieser Leistung gerichtet. Insbesondere besteht dann keine Anpassungspflicht nach § 16 BetrAVG und keine Insolvenzversicherungspflicht.

3. Eine Ruhegeldanwartschaft ist unverfallbar, wenn das Arbeitsverhältnis vor Eintritt des Versorgungsfalles, jedoch nach Eintritt des 21. Lebensjahres endet und die Versorgungszusage mindestens drei Jahre bestanden hat (§ 1b Abs. 1 BetrAVG). Für Altzusagen bestehen zahlreiche Übergangsregelungen (§ 30 f. BetrAVG). Vielfach wird versucht, die Unverfallbarkeitsfrist zu verlängern, sei es, dass eine sog Vorschaltzeit geschaffen wird oder die Versorgungszusage selbst bedingt erteilt wird (BAG AP BetrAVG § 1 Wartezeit Nr. 3; AP BetrAVG § 1 Wartezeit Nr. 5; AP BetrAVG § 1 Wartezeit Nr. 7; AP BetrAVG § 1 Wartezeit Nr. 4; AP BetrAVG § 1 Wartezeit Nr. 8). Nach der Rechtsprechung des BAG ist eine Ruhegeldzusage iSv § 1b BetrAVG bereits dann erteilt, wenn dem Arbeitgeber kein Entscheidungsspielraum mehr verbleibt, ob er überhaupt Ruhegeld gewähren will, sondern die Entstehung des Anspruches allein vom Zeitablauf abhängt. Der Entscheidungsspielraum des Arbeitgebers fehlt, wenn lediglich zeitbezogene Merkmale geregelt sind, wie der Ablauf eines bestimmten Zeitraums, das Erreichen eines Lebensalters oder ein bestimmter Termin. Ein Entscheidungsspielraum fehlt, wenn zB statusbezogene Voraussetzungen bestehen, auf die der Arbeitgeber Einfluss nehmen kann. Beruht die Versorgungsanwartschaft auf einer Betriebsvereinbarung, so besteht die „Ruhegeldzusage" ab dem Zeitpunkt, seit dem der Arbeitnehmer unter den Geltungsbereich der Betriebsvereinbarung fällt.

4. IdR ist Voraussetzung eines Ruhegeldanspruches:

a) Das Bestehen einer Versorgungszusage (Einzelzusage, Gesamtzusage, Tarifvertrag, Betriebsvereinbarung, Gleichbehandlung oder betriebliche Übung).

b) Ablauf der Wartezeit (diese ist nicht zu verwechseln mit der Unverfallbarkeitsfrist (BAG AP BetrAVG § 1 Wartezeit Nr. 1); von dem Ablauf der Unverfallbarkeitsfrist des § 1b BetrAVG hängt ab, ob eine Ruhegeldanwartschaft unverfallbar wird; von der Wartefrist hängt die Entstehung des Ruhegeldanspruches ab. Ist die Wartefrist länger als die Unverfallbarkeitsfrist, kann sie noch in einem Folgearbeitsverhältnis (uU sogar nach Eintritt eines Versorgungsfalles) zurückgelegt werden (§ 1b Abs. 1 S. 5 BetrAVG). Die Wirksamkeit von Wartezeiten ist anhand von § 10 S. 3 Nr. 4 AGG zu prüfen. Das Bundesarbeitsgericht hat eine Regelung in einer vom Arbeitgeber geschaffenen Versorgungsordnung, wonach ein Anspruch auf Leistungen der betrieblichen Altersversorgung nur besteht, wenn der Arbeitnehmer eine mindestens 15-jährige Betriebszugehörigkeit bis zur Regelaltersgrenze in der gesetzlichen Rentenversicherung zurücklegen kann, als keinen Verstoß gegen das Verbot der Diskriminierung wegen des Alters oder des Geschlechts angesehen (BAG 12.2.2013 – 3 AZR 100/12, NZA 2013, 733). Die Versorgungsordnung muss Diskriminierungsverbote und den Gleichbehandlungsgrundsatz beachten. Dies gilt zunächst für das Verbot der Benachteiligung wegen der sexuellen Identität. Eine Versorgungsordnung, die eine Hinterbliebenenrente nur für Ehepartner, nicht aber für eingetragene Lebenspartner vorsieht, ist seitdem durch § 46 Abs. 4 SGB VI ein Anspruch auf gesetzliche Witwen-/Witwerrente eingeführt wurde (1.1.2005) unwirksam. In der Praxis sind diese Rechtsgrundsätze auch bei der Hinterbliebenenversorgung von Bedeutung. Das BAG geht davon aus, dass Ehegatten, die mehr als 15 Jahre jünger als der versorgungsberechtigte Arbeitnehmer sind, von der Gewährung einer Hinterbliebenenversorgung ausgeschlossen werden können (BAG 20.2.2018 – 3 AZR 43/17, NZA 2018, 712). Wird die Hinterbliebenenversorgung davon abhängig gemacht, dass der versorgungsberechtigte Arbeitnehmer im Zeitpunkt des Abschlusses der Ehe ein bestimmtes Alter erreicht hat, muss diese Regelung anhand von § 10 S. 3 Nr. 4 AGG geprüft werden, wenn sich die Hinterbliebenenrente an der Höhe der betrieblichen Altersrente orientiert, da dann die Hinterbliebenenversorgung von der Alters- bzw. Invalidenrente abhängig ist (BAG 14.11.2017 – 3 AZR 781/16, NZA 2018, 453). Zulässig soll es auch sein, wenn die Hinterbliebenen, die mehr als 10 oder 15 Jahre jünger sind als der versorgungsberechtigte Arbeitnehmer, eine Rentenkürzung um 5 % für jedes weitere Jahr Altersunterschied hinnehmen müssen (BAG 11.12.2018 – 3 AZR 400/17, NZA 2019, 537 (10 Jahre); BAG v. 16.10.2018 – 3 AZR 520/17, NZA 2019, 176 (15 Jahre)). Wird die Hinterbliebenenversorgung für den Ehepartner nur dann zugesagt, wenn die Ehe vor einem bestimmten Stichtag abgeschlossen wurde, darf der Stichtag frühestens mit der festen Altersgrenze der Versorgungsordnung für die Altersrente zusammenfallen. Dementsprechend kann die Altersgrenze für sogenannte Spätehenklauseln nicht unabhängig von der Versorgungsordnung bestimmt werden (BAG 22.1.2019 – 3 AZR 560/17, NZA 2019, 991; 19.2.2019 – 3 AZR 215/18, NZA 2019, 997; 19.2.2019 – 3 AZR 198/18, NZA 2019, 1016). Sieht eine Versorgungsordnung in Form einer allgemeinen Geschäftsbedingung eine Hinterbliebenenversorgung erst nach 10-jährigem Bestehen der Ehe vor, kann dies für eine unangemessene Benachteiligung des Arbeitnehmers sprechen, da damit von der die Hinterbliebenenversorgung kennzeichnenden Vertragstypik abgewichen wird und somit der Vertragszweck erheblich gefährdet wird und kein innerer Zusammenhang zum Arbeitsverhältnis als Grundlage der betrieblichen Altersversorgung besteht. Rechtlich zulässig wäre nach der Rechtsprechung des 3. Senats allenfalls eine Mindestehedauer von einem Jahr, gegebenenfalls mit der Möglichkeit auch in diesem Fall das Vorliegen einer Versorgungsehe zu widerlegen.

Dies schlussfolgert das Gericht aus den gesetzgeberischen Wertungen im Bereich der gesetzlichen Rente und der Beamtenversorgung (§ 46 Abs. 2a SGB VI, § 19 Abs. 1 S. 2 Nr. 1 BeamtVG) (BAG 19.2.2019 – 3 AZR 150/18, NZA 2019, 918). Wird die Hinterbliebenenversorgung auf die Ehefrau beschränkt, die zum Zeitpunkt des Wirksamwerdens der Zusage mit dem Arbeitnehmer verheiratet war, ist dies eine unangemessene Benachteiligung, da eine Einschränkung der Hinterbliebenenversorgung für Ehegatten und damit eine Abweichung von der Vertragstypik vorliegt, da dem typisierten Versorgungsinteresse der Zusage einer Hinterbliebenenversorgung für nicht geschiedene Ehefrauen nicht entsprochen wird (BAG 18.2.2020 – 3 AZN 954/19, NZA 2020, 1475).

c) Eintritt des Versorgungsfalles (Altersgrenze, teilweise oder vollständige Erwerbsminderung); wobei zu berücksichtigen ist, dass in älteren Versorgungszusagen noch auf die früheren Begriffe aus dem SGB VI Berufs- und Erwerbunfähigkeit abgestellt wird. Zur Verpflichtung der Gewährung von Ruhegeld bei nur zeitlich befristet gesetzlicher Rente: BAG 19.1.2011 – 3 AZR 83/09, NZA 2012, 566; 9.10.2012 – 3 AZR 539/10, NZA-RR 2013, 256). Für diese Voraussetzungen ist der Arbeitnehmer darlegungs- und beweispflichtig.

5. Der Arbeitnehmer sollte rechtzeitig vor dem Kammertermin die während des Rechtsstreits fälligen Zahlungsansprüche in den unmittelbaren Zahlungsantrag Ziff. 1 übernehmen, da auf diese Weise auch der Zinsanspruch geltend gemacht werden kann. Hierbei handelt es sich um eine nach § 264 ZPO zulässige Klagänderung. Dadurch wird auch die Zwangsvollstreckung erleichtert.

Kosten und Gebühren

6. → Form. IV.A.1

9. Feststellungsklage gegen eine Unterstützungskasse wegen einer unverfallbaren Versorgungsanwartschaft bei Anrechnung von Vordienstzeiten

An das
Arbeitsgericht

Klage

des/der Herrn/Frau . . . . .
Klägers(in)
– Prozessbevollmächtigte/r: RA(in) . . . . . –
gegen
1. Die Unterstützungskasse der Firma . . . . .[1]
gesetzlich vertreten durch . . . . .
Beklagte zu 1.
2. Die Firma . . . . . KG[2]
gesetzlich vertreten durch die Komplementärin . . . . ., diese vertreten durch . . . . .
Beklagte zu 2.
wegen des Bestehens einer Versorgungsanwartschaft
Namens und mit Vollmacht des/der Klägers(in) erhebe ich Klage und werde beantragen zu erkennen:

1. Es wird festgestellt, dass die Beklagte zu 1.) verpflichtet ist, bei Eintritt eines Versorgungsfalles dem/der Kläger(in) Leistungen der betrieblichen Altersversorgung nach dem Leistungsplan vom ..... zu leisten.[3]
2. Es wird festgestellt, dass die Beklagte zu 2.) verpflichtet ist, den Teil der Versorgungsleistungen zu erbringen, der auf der Anrechnung von Vordienstzeiten beruht.
3. Die Beklagten haben die Kosten des Rechtsstreites zu tragen.

Begründung:

Der/Die am ..... geborene Kläger(in) war vom ..... bis zum ..... bei der Firma ..... als Buchhalter(in) beschäftigt. Diese Firma gewährt Leistungen der betrieblichen Alters- und Hinterbliebenenversorgung. Auch der/die Kläger(in) besaß eine Versorgungszusage vom .....

Beweis: Vorlage des Versorgungsvertrages mit dem/der Klägers(in) vom ..... als Anlage K 1.

Am ..... trat der Kläger/die Klägerin in die Dienste der Beklagten zu 2.) Im Arbeitsvertrag haben die Parteien vereinbart, dass die Klägerin Ruhegeld nach der jeweiligen Ruhegeldordnung der Beklagten zu 1.) erhält. Die Beklagte zu 2.) verpflichtete sich gemäß Ziff. ..... des Arbeitsvertrags, die Dienstzeit des/der Klägers(in) bei der Firma ..... anzurechnen.[4]

Beweis: 1. Arbeitsvertrag der Parteien vom ..... als Anlage K 2
2. Ruhegeldordnung der Beklagten vom ..... als Anlage K 3

Die Beklagte zu 1.) ist die Unterstützungskasse der Beklagten zu 2.) Sie ist in der Rechtsform einer(s) GmbH/eingetragenen Vereins/Stiftung errichtet. Der Leistungsplan (Versorgungsordnung) der Beklagten zu 1.) ist in von ihr erlassenen Richtlinien geregelt. Bei Begründung des Arbeitsverhältnisses galt der Leistungsplan idF vom ..... In dem Leistungsplan ist vorgesehen, dass allen Arbeitnehmern nach einer Wartezeit von 15 Jahren eine Alters- und Hinterbliebenenversorgung gewährt wird iHv 0,4 % des letzten Monatsgehaltes für jedes Beschäftigungsjahr. Am ..... hat der Vorstand den Leistungsplan geändert. Hierdurch ist vorgesehen, dass nach einer Wartezeit von ..... für jedes Beschäftigungsjahr nur 3 EUR gezahlt werden. Die Änderung ist wegen Verletzung des Mitbestimmungsrechtes des Betriebsrats unwirksam.[5,]

Beweis: 1. Leistungsplan idF vom ..... als Anlage K 4
2. Leistungsplan idF vom ..... als Anlage K 5

Am ..... wurde das Arbeitsverhältnis zwischen dem/der Kläger(in) und der Beklagten beendet. Nach seinem/ihrem Ausscheiden hat der/die Kläger(in) Auskunft über das Bestehen seiner/ihrer Versorgungsanwartschaft verlangt (§ 4a Abs. 1 BetrAVG).

Beweis: Schreiben des/der Klägers(in) vom ..... als Anlage K 6

Die Beklagte zu 1.) hat dem/der Kläger(in) mitgeteilt, dass bei seinem/ihrem Ausscheiden die Versorgungsanwartschaft verfallen sei, weil er/sie die Voraussetzungen des BetrAVG nicht erfülle. Außerdem müsse er/sie sich auch die Änderung des Leistungsplanes entgegenhalten lassen.

Beweis: Schreiben der Beklagten zu 1. vom ..... als Anlage K 7

Diese Auskunft ist in mehrfacher Hinsicht falsch.

Der/Die Kläger(in) besitzt eine unverfallbare Versorgungsanwartschaft. Nach § 1b Abs. 1 S. 1 BetrAVG behält ein Arbeitnehmer seine Versorgungsanwartschaft, wenn sein Arbeitsverhältnis vor Eintritt des Versorgungsfalles endet, sofern in diesem Zeitpunkt der Arbeitnehmer mindestens das 21. Lebensjahr vollendet hat und die Versorgungszusage für ihn mindestens drei Jahre bestanden hat. Diese Voraussetzungen sind gegeben. Der/Die Kläger(in) ist ..... Jahre alt. Ausweislich des Arbeitsvertrages ist ihm/ihr die Versorgungszusage am ..... erteilt worden. Der/Dem Kläger(in) ist zugesagt, dass die

Vordienstzeiten bei der Firma . . . . . angerechnet würden. Das ist die Zeit vom . . . . . bis . . . . . Dagegen kommt es nicht darauf an, ob die/der Kläger(in) bereits die Wartezeit nach der Versorgungsordnung zurückgelegt hat. Diese Wartezeit kann er/sie notfalls noch in einem späteren Arbeitsverhältnis erfüllen (§ 1b Abs. 1 S. 5 BetrAVG).

Die/Der Kläger(in) braucht sich aber auch die Änderung der Versorgungsordnung nicht entgegenhalten zu lassen . . . . .

Rechtsanwalt/Rechtsanwältin[6]

Anmerkungen

1. Betriebliche Unterstützungskassen werden regelmäßig in der Rechtsform einer GmbH, eines eingetragenen Vereins und seltener auch in der einer Stiftung gegründet. Entsprechend ist das Rubrum anzupassen. Die Arbeitgeberin haftet neben der Unterstützungskasse gesamtschuldnerisch, wenn die Unterstützungskasse außergerichtlich die Zahlung verweigert hat oder auf eine solche Aufforderung nicht reagiert (BAG AP BetrAVG § 7 Widerruf Nr. 27). Es kann bezogen auf die Beklagte zu 2. zusätzlich auch geltend gemacht werden, dass der Komplementär neben der KG haftet (§§ 128, 161 HGB).

2. Wird die betriebliche Altersversorgung über eine Unterstützungskasse abgewickelt, so sind drei Rechtsbeziehungen zu unterscheiden, nämlich (1) Arbeitnehmer/Arbeitgeber, (2) Arbeitnehmer/Unterstützungskasse, (3) Unterstützungskasse/Arbeitgeber.

Im Verhältnis Arbeitnehmer/Arbeitgeber bestehen der Arbeitsvertrag und das Versorgungsversprechen (BAG AP BetrAVG § 1 Unterstützungskassen Nr. 3 = NZA 1985, 22; AP BetrAVG § 1 Unterstützungskassen Nr. 4 = NZA 1986, 57; AP BetrAVG § 1 Unterstützungskassen Nr. 8 = NZA 1986, 357). Die Unterstützungskasse ist lediglich das technische Hilfsmittel, dessen sich der Arbeitgeber zur Abwicklung der Ruhegeldverbindlichkeiten bedient. Hieraus folgt, dass sich der Arbeitnehmer grds. an die Unterstützungskasse halten soll, aber der Arbeitgeber gleichwohl für die Erfüllung der Verbindlichkeiten durch die Unterstützungskasse einstehen muss. Die sog Einheitstheorie geht davon aus, dass nicht zwischen der Unterstützungskasse und dem Arbeitgeber unterschieden werden kann, vielmehr beide eine wirtschaftliche Einheit darstellen und die Unterstützungskasse für den Arbeitgeber nur die Unterstützungsleistungen erbringt (BAG 16.2.1994 – 5 AZR 402/93, NZA 1995, 22). Das BVerfG hat entschieden, dass es verfassungsrechtlich nicht zu beanstanden ist, wenn in der Rechtsprechung des BAG wegen der starken Abhängigkeit der Unterstützungskasse vom Trägerunternehmen angenommen werde, dass der Arbeitgeber entweder die zur Erbringung der Versorgungsleistungen benötigten Mittel zur Verfügung stellen müsse oder selbst die Leistungsverpflichtungen gegenüber den Arbeitnehmern zu erfüllen habe (BVerfG AP BetrAVG § 1 Unterstützungskassen Nr. 11; AP BetrAVG § 1 Unterstützungskassen Nr. 12; AP BetrAVG § 1 Unterstützungskassen Nr. 13).

Im Verhältnis Arbeitnehmer/Unterstützungskasse ist ein Rechtsanspruch auf Ruhegeldgewährung ausgeschlossen. Der Ausschluss des Rechtsanspruches erfolgt, damit die Unterstützungskasse nicht der Versicherungsaufsicht unterliegt und ihre Mittel im Unternehmen des Trägers anlegen kann. Der Ausschluss des Rechtsanspruches bedeutet aber nicht, dass die Unterstützungskasse einzelne Arbeitnehmer von der Versorgung ausschließen könnte oder nach ihrem Ermessen die Leistungen ausschließen, einschränken oder ändern könnte. Insoweit verbietet der Gleichbehandlungsgrundsatz den Ausschluss einzelner Arbeitnehmer. In der Rechtsprechung hat der Ausschluss des Rechtsanspruches im Allgemeinen nur die Bedeutung, dass dem Arbeitgeber vorbehalten ist, einen Leistungsplan zu ändern und der wirtschaftlichen Entwicklung anzupassen (BAG AP BGB § 242 Ruhegehalt-Unterstützungskassen Nr. 8; AP BGB § 242 Ruhegehalt-

Unterstützungskassen Nr. 9; AP BGB § 242 Ruhegehalt-Unterstützungskassen Nr. 12; AP BetrAVG § 1 Unterstützungskassen Nr. 1; AP BetrAVG § 1 Unterstützungskassen Nr. 4; AP BetrAVG § 1 Unterstützungskassen Nr. 23). Das BVerfG hat auch diese Rspr. im Grundsatz gebilligt (BVerfG AP BetrAVG § 1 Unterstützungskassen Nr. 11; Zum Widerruf von Versorgungsleistungen, insb. zur Stufentheorie vgl. Schaub ArbR-HdB/ *Vogelsang* § 274 Rn. 74 ff.). Das Dreistufenschema ist auf Eingriffe in die Höhe von Versorgungsanwartschaften, nicht auf Eingriffe in laufende Leistungen zugeschnitten. Bei Veränderungen der Versorgungsordnung nach Eintritt des Versorgungsfalls ist auf die diesem Prüfungsschema zugrunde liegenden Prinzipien der Verhältnismäßigkeit und des Vertrauensschutzes zurückzugreifen (BAG 11.7.2017 – 3 AZR 513/16, NZA 2017, 1471). In laufende Versorgungsleistungen darf daher nur eingegriffen werden, wenn tragfähige Gründe vorliegen. Danach sind nach Eintritt des Versorgungsfalls in der Regel nur noch geringfügige Verschlechterungen gerechtfertigt. Aber auch für geringfügige Eingriffe bedarf es sachlich nachvollziehbarer, Willkür ausschließender Gründe. Liegt ein mehr als geringfügiger Eingriff vor, müssen darüber hinausgehende Gründe bestehen. Sie müssen die konkrete Verschlechterung der Versorgungsordnung ausnahmsweise unter Berücksichtigung des durch die Arbeitsleistung des Arbeitnehmers erworbenen Bestandsinteresses einerseits und der Schwere des Eingriffs andererseits aufgrund ganz erheblich überwiegender Interessen des Arbeitgebers tragen. Dies beruht darauf, dass der Arbeitnehmer die den Versorgungsanspruch begründende Gegenleistung bereits vollständig erbracht hat und er nach Eintritt des Versorgungsfalls nicht mehr die Möglichkeit hat, etwaige Versorgungslücken durch Eigenvorsorge zu schließen (BAG 28.6.2011 – 3 AZR 282/09, NZA 2012, 1229; BAG 11.7.2017 – 3 AZR 513/16, NZA 2017, 1471).

Im Verhältnis Unterstützungskasse/Arbeitgeber hat zwar die Unterstützungskasse keinen Rechtsanspruch auf regelmäßige Dotierung; gleichwohl muss sie auf diesen einwirken, auf eine hinreichende Dotierung zu achten. Dotiert der Arbeitgeber die Unterstützungskasse nicht hinreichend, so muss der Arbeitgeber eintreten (BAG AP BGB § 242 Ruhegehalt-Unterstützungskassen Nr. 7). Hat die Unterstützungskasse bereits Leistungen für den Arbeitgeber erbracht, hat sie gegen den Arbeitgeber einen Aufwendungsersatzanspruch (§ 670 BGB). Scheidet ein Arbeitgeber aus dem Kreis der Trägerunternehmen der Unterstützungskasse aus, so endet die Leistungspflicht. Vielmehr muss der Arbeitgeber hinfort die Leistungen selbst erbringen (BAG AP BetrAVG § 1 Unterstützungskassen Nr. 17; AP BetrAVG § 1 Unterstützungskassen Nr. 32 = NZA 1992, 931; AP BetrAVG § 7 Widerruf Nr. 17 = NZA 1992, 934).

3. Zum Verhältnis der Leistungsklage zur Feststellungsklage → Form. IV.A.8 Anm. 1.

4. Der Arbeitgeber kann mit seinem Arbeitnehmer frei vereinbaren, ob er Vordienstzeiten anrechnen will oder nicht. Im Wege der Auslegung ist zu ermitteln, ob die Berücksichtigung von früheren Versorgungszusagen oder Vordienstzeiten nur die Höhe des Ruhegeldes verbessern oder sich auch auf die Unverfallbarkeitsfristen auswirken soll. Ist in der Ruhegeldordnung der Unterstützungskasse eine Anrechnung von Vordienstzeiten nicht vorgesehen, wird diese regelmäßig für daraus resultierende Ansprüche nicht einzustehen haben. Sie kann, darf und will nur im Rahmen ihrer Ruhegeldordnung leisten. Wegen dieses Anteils muss der Arbeitgeber einstehen.

5. Der Leistungsplan einer Unterstützungskasse unterliegt der erzwingbaren Mitbestimmung des Betriebsrates (§ 87 Abs. 1 Nr. 8 BetrVG). Danach hat der Betriebsrat ein Mitbestimmungsrecht bei Form, Ausgestaltung und Verwaltung der Sozialeinrichtung. Der Arbeitgeber kann mitbestimmungsfrei darüber entscheiden, ob und in welcher Form er eine Altersversorgung einführen will, welchen Dotierungsrahmen er bereitstellt, welche Zwecke er verfolgt und welche Arbeitnehmer begünstigt sind (BAG 15.2.2011 –

3 AZR 35/09, NZA-RR 2011, 541; auch zu mitbestimmungsfreien Kürzungen der zur Verfügung gestellten Mittel sowie der teilweisen Schließung des Versorgungswerkes). Das Mitbestimmungsrecht entsteht immer dann, wenn eine Änderung der Verteilungsgrundsätze vorgenommen wird. Wird die betriebliche Altersversorgung durch Direktzusage oder über eine Versicherung gewährt, liegt keine Sozialeinrichtung vor. Das Mitbestimmungsrecht ergibt sich dann aus § 87 Abs. 1 Nr. 10 BetrVG. Zur Mitbestimmung des Betriebsrates bei betrieblicher Altersversorgung: vgl. Schaub ArbR-HdB/*Vogelsang* § 273 Rn. 47 ff.

Kosten und Gebühren

6. Keine Besonderheiten, → Form. IV.A.1.

10. Anspruch auf betriebliche Altersversorgung durch Entgeltumwandlung

An das
Arbeitsgericht

Klage

des/der Herrn/Frau
Klägers(in)
– Prozessbevollmächtigte/r: RA(in) . . . . . –
gegen
die Firma . . . . .
gesetzlich vertreten durch . . . . .
Beklagte
wegen Entgeltumwandlung
Namens und mit Vollmacht des/der Klägers(in) erhebe ich Klage und werde beantragen zu erkennen

I. Die Beklagte wird verurteilt, von den künftigen Entgeltansprüchen des/der Klägers(in) 4 vH der jeweiligen Beitragsbemessungsgrenze in der allgemeinen Rentenversicherung durch Entgeltumwandlung für die betriebliche Altersversorgung zu verwenden.[1, 2]

II. Die Beklagte wird verurteilt, für die/den Kläger(in) . . . . . eine Direktversicherung abzuschließen.

III. Die Beklagte wird verurteilt, die Direktversicherung in der Weise abzuschließen, dass sie den Voraussetzungen einer staatlichen Förderung nach §§ 10a, 82 Abs. 2 EStG genügt.[3]

IV. Die Beklagte trägt die Kosten des Rechtsstreits.

Begründung

Der/Die Kläger(in) steht seit dem . . . . . als . . . . . in den Diensten der Beklagten. Beide Parteien sind tarifgebunden. Der/Die Kläger(in) ist Mitglied der IG . . . . . Die Beklagte ist Mitglied des Arbeitgeberverbandes . . . . . Der/Die Kläger(in) ist in die Entgeltgruppe . . . . . eingruppiert. Neben dem tariflichen Entgelt bezieht sie/er eine übertarifliche Zulage iHv . . . . . EUR.

Beweis: Lohnabrechnungen vom . . . . . als Anlage K 1

Der/Die Kläger(in) ist in der gesetzlichen Sozialversicherung pflichtversichert.

Der/Die Kläger(in) hat mit Schreiben vom . . . . . von der Beklagten verlangt, dass . . . . . EUR des Entgelts monatlich gleichbleibend für seine/ihre betriebliche Altersversorgung verwandt werden.[4]

Beweis: Schreiben des/der Klägers(in) vom . . . . . als Anlage K 2

Diesem Verlangen will die Beklagte nicht nachkommen, weil sie keine betriebliche Altersversorgung habe und der/die Kläger(in) über tarifliche Ansprüche nicht verfügen könne . . . . . Beide Einwände sind ungerechtfertigt . . . . .

Die Entgeltansprüche sind in eine wertgleiche Anwartschaft auf Versorgungsleistungen umzuwandeln.[5, 6] Auch insoweit besteht Streit . . . . .

Rechtsanwalt/Rechtsanwältin

Anmerkungen

1. Der Anspruch auf Entgeltumwandlung (§ 1a BetrAVG) hat folgende Voraussetzungen: (1) Die Pflichtversicherung in der gesetzlichen Rentenversicherung (§ 17 Abs. 1 S. 3 BetrAVG), (2) der Anspruch ist begrenzt auf einen Höchstumwandlungsbetrag (§ 1a Abs. 1 S. 1 BetrAVG), (3) einen jährlichen Mindestumwandlungsbetrag iHv $^{1}/_{160}$ der Bezugsgröße nach § 18 SGB IV, (4) gleichbleibende laufende Beträge im Kalenderjahr auf Verlangen der Arbeitgeberin, (5) Ausschluss des Anspruchs bei Bestehen einer durch Entgeltumwandlung finanzierten betrieblichen Altersversorgung (§ 1a Abs. 2 BetrAVG). Besteht ein Anspruch auf Entgeltumwandlung, kann der Arbeitgeber den Anspruch erfüllen, über einen Pensionsfonds oder eine Pensionskasse, braucht es aber nicht, weil es eine Schutzvorschrift zu seinen Gunsten ist. Erfüllt er ihn nicht, kann der Arbeitnehmer verlangen, dass eine Direktversicherung abgeschlossen wird (§ 1a Abs. 1 S. 3 BetrAVG). Besteht ein Anspruch in geringerer Höhe, kann dieser noch in Höhe des Differenzbetrages geltend gemacht werden; der Arbeitnehmer kann aber auch auf die bestehende Entgeltumwandlung verzichten und den vollen Betrag geltend machen. (6) Einhaltung des Tarifvorrangs (§ 20 BetrAVG). Es ist zunächst zu prüfen, ob ein Tarifvertrag zur Entgeltumwandlung besteht. Sind Arbeitnehmer und Arbeitgeber nicht tarifgebunden, kann der Anspruch geltend gemacht werden. Sind die Arbeitsvertragsparteien tarifgebunden, kann in jedem Fall der übertarifliche Anteil umgewandelt werden. Sind die Arbeitsvertragsparteien tarifgebunden und steht kein übertariflicher Bestandteil der Vergütung zur Verfügung, ist eine Entgeltumwandlung nur möglich, wenn dies durch Tarifvertrag vorgesehen oder durch Tarifvertrag zugelassen ist. Der Arbeitgeber hat keine Pflicht, den Arbeitnehmer von sich aus auf einen gesetzlichen Anspruch auf Entgeltumwandlung hinzuweisen (BAG 21.1.2014 – 3 AZR 807/11, NZA 2014, 903). § 20 Abs. 2 BetrAVG sieht vor, dass in einem Tarifvertrag oder aufgrund eines Tarifvertrages in einer Betriebs- oder Dienstvereinbarung geregelt werden kann, dass der Arbeitgeber für alle Arbeitnehmer oder eine Gruppe von Arbeitnehmern des Unternehmens oder einzelne Betriebe eine automatische Entgeltumwandlung einführt, gegen die der Arbeitnehmer ein Widerspruchsrecht hat (Optionssystem). Für nicht tarifgebundene Arbeitgeber gilt § 20 Abs. 2 S. 3 BetrAVG. Die weiteren Einzelheiten zum Angebot des Arbeitgebers und dem Widerspruchsrecht des Arbeitnehmers sind in § 20 Abs. 2 S. 2 BetrAVG geregelt.

2. Durch das Betriebsrentenstärkungsgesetz ist zum 1.1.2019 § 1a Abs. 1a BetrAVG eingeführt worden. Danach muss der Arbeitgeber 15 % des umgewandelten Entgelts zusätzlich als Arbeitgeberzuschuss an den Pensionsfond, die Pensionskasse oder die Direktversicherung weiterleiten, soweit er durch die Entgeltumwandlung Sozialversicherungsbeiträge einspart. Maßgeblich ist, dass der Arbeitgeber Sozialversicherungsbeiträge durch die Entgeltumwandlung einspart. Unter Berücksichtigung von Verwaltungskosten des Arbeitgebers ist ein Arbeitgeberzuschuss in der Pauschale in Höhe von 15 % dann vorgesehen. Entsprechend wäre der Klageantrag dann anzupassen.

3. Hat der Arbeitnehmer einen Anspruch auf Entgeltumwandlung, kann er zugleich verlangen, dass die Voraussetzungen für eine staatliche Förderung für die betriebliche Altersversorgung gewährt werden, § 1a Abs. 3 BetrVG.

4. Die Durchführung des Anspruches des Arbeitnehmers wird durch Vereinbarung geregelt (§ 1a Abs. 1 S. 2 BetrAVG). Zur Wahl stehen alle fünf Durchführungswege der betrieblichen Altersversorgung (Direktzusage, Unterstützungskasse, Direktversicherung, Pensionskasse, Pensionsfonds). Verlangt der Arbeitnehmer die förderungskonforme Ausgestaltung nach Abs. 3, reduzieren sich die Durchführungswege auf die Direktversicherung, Pensionskasse und Pensionsfonds. Ist der Arbeitgeber zu einer Durchführung über einen Pensionsfonds oder eine Pensionskasse bereit, ist die betriebliche Altersversorgung dort durchzuführen (§ 1a Abs. 1 S. 3 BetrAVG). Der Arbeitgeber bestimmt den konkreten Versorgungsträger. Einigen sich Arbeitgeber und Arbeitnehmer nicht über einen Durchführungsweg und bietet der Arbeitgeber auch keine Pensionskasse oder Pensionsfonds an, so erfolgt die betriebliche Altersversorgung über eine Direktversicherung, die der Arbeitgeber aber auswählt (§ 1a Abs. 1 S. 3 BetrAVG). Der Arbeitnehmer muss die in § 1a Abs. 1 S. 4 BetrAVG genannten Mindestbeträge umwandeln. Der Arbeitgeber kann eine gleichbleibende Umwandlung verlangen (§ 1a Abs. 5 BetrAVG).

5. Die künftigen Entgeltansprüche sind in eine wertgleiche Anwartschaft umzuwandeln. Was wertgleich ist, ist umstritten. Sie ist nach richtiger Ansicht nach versicherungsmathematischen Grundsätzen zu bestimmen. Die Unverfallbarkeit der Ansprüche ist besonders geregelt (§ 1b BetrAVG).

6. Die Unverfallbarkeit ist besonders in § 1b Abs. 5 BetrAVG geregelt.

11. Klage gegen eine GmbH auf Anpassung des Ruhegeldes

An das
Arbeitsgericht

Klage

des/der Herrn/Frau . . . . .
Klägers(in)
– Prozessbevollmächtigte/r: RA(in) . . . . . –
gegen
die Firma . . . . . GmbH . . . . .,
gesetzlich vertreten durch den Geschäftsführer, Herrn . . . . .,
Beklagte

wegen Anpassung des Ruhegeldes[1, 2]

Namens und mit Vollmacht des/der Klägers(in) erhebe ich Klage und werde beantragen zu erkennen:

I. Die Beklagte wird verurteilt, dem/der Kläger(in) für die Zeit ab dem . . . . . neben der Betriebsrente iHv . . . . . weitere . . . . . EUR nebst Zinsen iHv 5 Prozentpunkten über dem Basiszinssatz zu zahlen.[3]

II. Die Beklagte wird verurteilt, zukünftig dem/der Kläger(in) monatlich ..... EUR beginnend mit dem ..... zu zahlen.[4]

III. Die Beklagte hat die Kosten des Rechtsstreits zu tragen.

Begründung[5, 6]

Der/die am ..... geborene, verheiratete Kläger(in) war vom ..... bis zum Erreichen der Regelaltersgrenze am ..... bei der Beklagten beschäftigt.

Beweis: 1. Arbeitsvertrag vom ..... als Anlage K 1
2. Schreiben der Beklagten vom ..... als Anlage K 2

Die Beklagte hat dem/der Kläger(in) am ..... eine Versorgungszusage erteilt. Die Einzelheiten ergeben sich aus der Versorgungsordnung der Beklagten vom .....

Beweis: 1. Versorgungszusage vom ..... als Anlage K 3
2. Versorgungsordnung vom ..... als Anlage K 4

Seit dem Renteneintritt am ..... erhielt der/die Kläger(in) von der Beklagten ein betriebliches Ruhegeld von monatlich ..... EUR.

Beweis: Ruhegeldmitteilung der Beklagten vom ..... als Anlage K 5

Die Beklagte hat nach § 16 Abs. 1 BetrAVG eine Anpassung der laufenden Leistungen der betrieblichen Altersversorgung zu prüfen und hierüber nach billigem Ermessen zu entscheiden. Dabei sind insb. die Belange der Versorgungsempfänger und die wirtschaftliche Lage des Arbeitgebers zu berücksichtigen. Danach hätte die Beklagte die Rentenzahlungen an den/die Kläger(in) anpassen und erhöhen müssen.

Die Beklagte hätte nach Beendigung des Arbeitsverhältnisses des/der Klägers(in) am ..... und dem Beginn der Ruhegeldzahlungen am ..... in der Anpassungsperiode von ..... bis ..... eine Anpassung der Ruhegeldzahlungen vornehmen müssen. Der Verbraucherpreisindex ist innerhalb des Prüfungszeitraums vom ..... bis ..... um ..... % gestiegen [ist auszuführen]. Dementsprechend hätte die Beklagte mit Wirkung ab dem ..... die Rente von ..... EUR auf ..... EUR, monatlich also um ..... EUR erhöhen müssen. Die rückständigen Beträge seit dem ..... werden mit Klageantrag Ziff. 1 geltend gemacht. Mit Klageantrag Ziff. 2 begehrt der/die Kläger (in) die erhöhten Rentenbeträge auch zukünftig mit Wirkung ab dem .....

Der Zinsanspruch gemäß Antrag Ziff. 1 ergibt sich aus dem Gesichtspunkt des Verzuges.

Rechtsanwalt/Rechtsanwältin

Anmerkungen

1. Nach § 16 BetrAVG unterliegen Betriebsrenten als langfristige, in Teilbeträgen fällig werdende Leistungen der Anpassung (§ 16 Abs. 1 BetrAVG). Die Anpassungsverpflichtung gilt nach § 16 Abs. 2 BetrVG als erfüllt, wenn die Anpassung nicht geringer ist als der Anstieg des Verbraucherpreisindexes für Deutschland oder der Nettolöhne vergleichbarer Arbeitnehmergruppen des Unternehmens im Prüfungszeitraum. Die Anpassungsverpflichtung entfällt nach § 16 Abs. 3 Nr. 1 BetrAVG, wenn sich der Arbeitgeber verpflichtet, laufende Renten jährlich um wenigstens 1 vH anzupassen. Der Arbeitgeber verliert damit die Möglichkeit, sich auf wirtschaftliche Schwierigkeiten zu berufen. Diese Möglichkeit ist auf Zusagen beschränkt, die nach dem 1.1.1999 erteilt wurden (§ 30c Abs. 1 BetrAVG). Die Anpassungsverpflichtung entfällt auch, wenn bei Direktversicherungen und Pensionskassen unter den Voraussetzungen von § 16 Abs. 3 Nr. 2 BetrAVG der Arbeitgeber die Überschussanteile in die Versorgung als Erhöhung einbringt (zur Übergangsregelung: § 30c Abs. 2 BetrAVG). Dabei müssen die Voraussetzungen des § 16 Abs. 3 Nr. 2 BetrAVG rechtlich feststehen, wenn der Versorgungsfall eintritt. Grundlage dafür können eine vertragliche Vereinbarung – auch zwischen Arbeitgeber und Pensionskasse – oder gesetzliche Ansprüche sein (BAG 10.12.2019 – 3 AZR 122/18, NZA 2020, 931). Unterbleibt die Anpassung einer Pensionskassenrente mangels zu verteilender Überschussanteile, steht dem Versorgungsempfänger kein Anspruch auf Anpassungsprüfung nach § 1 Abs. 1 S. 3 BetrAVG zu, da kein Fall der dort geregelten Einstandspflicht vorliegt (BAG 3.6.2020 – 3 AZR 166/19, NZA 2020, 1477). Bei der Altersversorgung durch Entgeltumwandlung hat der Arbeitgeber eine jährliche Mindestanpassung von 1 % vorzunehmen oder bei der Durchführung über eine Direktversicherung oder eine Pensionskasse sämtliche Überschussanteile in die Versorgung einzubringen (§ 16 Abs. 5 BetrAVG). Die Regelung gilt gem. § 30c Abs. 3 BetrAVG für Leistungen, die auf Zusagen beruhen, die nach dem 31.12.2000 erteilt wurden. Nicht der Anpassungsverpflichtung unterliegen einmalige Kapitalzahlungen, unverfallbare Versorgungsanwartschaften ausgeschiedener Arbeitnehmer und Leistungen, die auf Beitragszusagen mit Mindestgarantie beruhen (§ 16 Abs. 3 Nr. 3 BetrAVG).

2. Anpassungsverpflichteter ist der Arbeitgeber. Dies gilt auch dann, wenn das Ruhegeld über eine betriebliche Unterstützungskasse oder Pensionskasse gewährt wird. Die Anpassung kann durch die Kassen vorgenommen werden. Der Pensionssicherungsverein ist nicht zur Anpassung verpflichtet (BAG AP BetrAVG § 16 Nr. 14; AP BetrAVG § 16 Nr. 28). Die Anpassungsüberprüfung nach § 16 Abs. 1 BetrAVG hat alle drei Jahre zu erfolgen. Der vorgeschriebene Dreijahres-Rhythmus zwingt nicht zu starren, individuellen Prüfungsterminen. Der Arbeitgeber kann die in einem Jahr fälligen Anpassungsprüfungen zu einem bestimmten Zeitpunkt innerhalb oder am Ende des Jahres vornehmen (BAG AP BetrAVG § 16 Nr. 71 = NZA-RR 2011, 336). Er kann gebündelte Anpassungsentscheidungen auch alle 3 Jahre durchführen. Dies kann dazu führen, dass die erste Anpassung vorverlegt wird und dem Versorgungsempfänger mehr Vorteile als Nachteile bringt (BAG 14.2.2012 – 3 AZR 685/09 NZA-RR 2012, 593). Die Obergrenze für die Anpassungspflicht enthält § 16 Abs. 2 BetrAVG. Seit dem 1.1.2003 ist zum einen der Verbraucherindex für Deutschland als maßgeblicher Lebenshaltungskostenindex relevant. Für die Erfüllung der Anpassungsprüfungspflicht für Zeiträume vor dem 1.1.2003 ist der Preisindex für die Lebenshaltung von Vier-Personen-Haushalten von Arbeitern und Angestellten mit mittlerem Einkommen maßgeblich (vgl. § 30c Abs. 4 BetrAVG). Zur Ermittlung des für den Anpassungsbedarf maßgeblichen Kaufkraftverlustes ist auf den Verbraucherpreisindex für Deutschland für die dem Rentenbeginn und dem jeweiligen Anpassungsstichtag unmittelbar vorausgehenden Monate abzustellen (BAG 21.8.2013 – 3 AZR 750/11; BAG 27.3.2012 – 3 AZR 218/10, BeckRS 2012, 70481), um den gebotenen vollen Kaufkraftausgleich sicherzustellen (BAG 18.3.2014 – 3 AZR 249/12, NZA 2014, 1026). Die Anpassungspflicht gilt gem. § 16 Abs. 2 Nr. 2 BetrAVG auch dann als erfüllt, wenn die Nettolöhne vergleichbarer Arbeitnehmergruppen des Unternehmens überschritten werden (reallohnbezogene Obergrenze). Das BAG geht davon aus, dass es der Billigkeit nicht widerspricht, wenn der Arbeitgeber die Betriebsrente nur bis zur durchschnittlichen Steigerung der Nettoverdienste der aktiven Arbeitnehmer anpasst. Soweit die Entwicklung der Nettoverdienste der aktiven Arbeitnehmer hinter dem Kaufkraftverlust zurückbleibt, müssen sich auch die Betriebsrentner mit einer entsprechend geringeren Rentenerhöhung begnügen. Damit wird das Versorgungsniveau in demselben Umfang aufrechterhalten wie das Einkommensniveau der Aktiven (BAG 18.3.2014 – 3 AZR 249/12, NZA 2014, 1026).

3. In jedem Fall ist es möglich, Anpassungsbeträge auch rückwirkend geltend zu machen (vgl. Schaub ArbR-HdB/*Vogelsang* § 276 Rn. 49). Bei einer auf § 16 BetrAVG gestützten Anpassungsklage ist kein bezifferter Leistungsantrag nötig, da das Gericht nach § 315 Abs. 3 S. 2 BGB den Betrag rechtsgestaltend bestimmt. Dem Bestimmtheitsgebot des § 253 Abs. 2 Nr. 2 ZPO ist genügt, wenn der Kläger den anspruchsbegründenden Sachverhalt in der Klagebegründung darlegt, einen Mindestbetrag der Anpassung angibt (BAG AP BetrAVG § 16 Nr. 34 = NZA 1996, 1038) und den Antrag stellt, seine

Betriebsrente „angemessen" zu erhöhen. § 16 BetrAVG räumt dem Arbeitgeber ein Leistungsbestimmungsrecht ein. Der klagende Arbeitnehmer kann die Anpassungsentscheidung des Arbeitgebers durch das Gericht überprüfen lassen (BAG 15.1.2013 – 3 AZR 638/10, NZA 2014, 87). Ob daneben auch die Feststellungsklage, die ein gesondertes Feststellungsinteresse nach § 256 ZPO verlangt, zulässig ist, ist offen. Nach der Rechtsprechung des BAG (BAG 11.10.2011 – 3 AZR 527/09, NZA 2012, 454) ist der Anpassungsbetrag erst dann fällig, wenn dieser durch Urteil bestimmt ist. Folglich sollen Zinsen auch erst am Tag nach dem Tag, an dem Rechtskraft eingetreten ist, geltend gemacht werden können.

4. Bei diesem Antrag liegt der Vorteil darin, dass der volle Betrag der angepassten Rentenzahlung ohne Schwierigkeiten vollstreckt werden kann, wenn der Arbeitgeber die Zahlung zukünftig einstellt oder verweigert. Andererseits besteht ein Kostenrisiko für den Arbeitnehmer, wenn der Arbeitgeber die Klage in Höhe des unstreitigen Betrages sofort anerkennt. Um letzteres zu vermeiden, wäre nur der Differenzbetrag klageweise geltend zu machen.

5. Steht aufgrund der Anpassungsüberprüfung fest, dass ein Anpassungsbedarf besteht, so hat der Arbeitgeber die Anpassungsentscheidung nach billigem Ermessen zu treffen. Bei der Berücksichtigung der Belange des Arbeitnehmers sind nicht die individuellen Verhältnisse, sondern die Entwicklung der Lebenshaltungspreise zu berücksichtigen. Der Arbeitgeber darf seine wirtschaftlichen Verhältnisse berücksichtigen. Gegen den Anpassungsanspruch kann der Arbeitgeber nicht als Störung der Geschäftsgrundlage einwenden, dass sich die handelsbilanziellen Pensionsrückstellungen unvorhergesehen erhöht haben (BAG 8.12.2020 – 3 AZR 64/19, BeckRS 2020, 35960). Darlegungs- und beweisbelastet für alle die Anpassungsentscheidung beeinflussenden Umstände ist der Arbeitgeber. Der Arbeitgeber hat darzulegen und zu beweisen, dass seine Anpassungsentscheidung billigem Ermessen entspricht und sich in den Grenzen des § 16 BetrAVG hält (BAG AP BetrAVG § 16 Nr. 65). Im Hinblick auf die wirtschaftliche Lage, die eine Anpassung ausschließt, ist eine konkrete Darlegung der wirtschaftlichen Verhältnisse erforderlich. Für die Bewertung der wirtschaftlichen Lage ist eine zukunftsbezogene Prognose erforderlich. Dabei ist vom prognostizierten Unternehmensgewinn auszugehen, der sich aus den handelsrechtlichen Jahresabschlüssen und den darin ausgewiesenen Überschüssen und Fehlbeträgen ergibt. Zu aktuellen Entwicklungen: *Börner/Lämpe* BB 2018, 761. Zum Berechnungsdurchgriff im Konzern: BAG 10.3.2015 – 3 AZR739/13, NZA 2015,1187; BGH 27.9.2016 – II ZR 57/15, NZA 2016, 1470.

6. Die Anpassung muss sich nicht auf die letzten drei Jahre beschränken. Der Arbeitnehmer ist berechtigt, auch früher unterbliebene Anpassungen einzubeziehen. Sind laufende Leistungen nicht oder nicht in vollem Umfang anzupassen (zu Recht unterbliebene Anpassung), ist der Arbeitgeber nicht verpflichtet, die Anpassung nachzuholen. Eine Anpassung gilt als zu Recht unterblieben, wenn der Arbeitgeber dem Versorgungsempfänger die wirtschaftliche Lage des Unternehmens schriftlich dargelegt, der Versorgungsempfänger nicht binnen drei Kalendermonaten nach Zugang der Mitteilung schriftlich widersprochen hat und er auf die Rechtsfolgen eines nicht fristgemäßen Widerspruches hingewiesen wurde (§ 16 Abs. 4 BetrAVG).

12. Zahlungsklage des Arbeitnehmers wegen Verletzung des Gleichbehandlungsgrundsatzes

An das
Arbeitsgericht

Klage

der Frau . . . . .
Klägerin
– Prozessbevollmächtigte/r: RA(in) . . . . . –
gegen die Firma . . . . . GmbH, gesetzlich vertreten durch
. . . . . ihren Geschäftsführer, Herrn . . . . .
Beklagte

Namens und mit Vollmacht der Klägerin erhebe ich Klage und werde beantragen zu erkennen:

I. Die Beklagte wird verurteilt, der Klägerin . . . . . EUR brutto nebst Zinsen iHv 5 Prozentpunkten über dem Basiszinssatz seit dem . . . . . zu zahlen.[1]

II. Die Beklagte wird verurteilt, der Klägerin einen Dienstwagen der Marke . . . . . zu überlassen.

III. Die Beklagte trägt die Kosten des Rechtsstreits.

Begründung:

Die im Jahre . . . . . geborene Klägerin trat am . . . . . als Sachbearbeiterin für den Export in die Dienste der Beklagten. Aufgrund ihrer Befähigung wurde sie am . . . . . zur 1. Sachbearbeiterin befördert. Seit dem . . . . . ist sie Abteilungsleiterin der Abteilung für . . . . .

Beweis: 1. Arbeitsvertrag vom . . . . . als Anlage K 1
2. Beförderungsmitteilung der Beklagten vom . . . . . als Anlage K 2
3. Vertragsanpassung vom . . . . . als Anlage K 3

Am . . . . . wurde der Klägerin Prokura erteilt.

Beweis: Beschluss über die Erteilung der Prokura als Anlage K 4

Am . . . . . hat die Klägerin geheiratet und am . . . . . ein Kind geboren. Aus diesem Grunde arbeitet sie seit dem . . . . . nur noch in Teilzeit mit einer wöchentlichen Arbeitszeit von . . . . .

Beweis: Vertragsanpassung wegen Teilzeitbeschäftigung vom . . . . . als Anlage K 5

Die Beklagte stellt allen Abteilungsleitern mit Prokura einen Dienstwagen zur Verfügung. Am . . . . . hat die Beklagte bekannt gemacht, dass sie allen Abteilungsleitern, denen nach dem . . . . . Prokura erteilt worden ist, keinen Dienstwagen mehr überlasse.

Beweis: Bekanntmachung der Beklagten vom . . . . . als Anlage K 6

Die Beklagte hat allen vergleichbaren Abteilungsleitern einen Wagen der Marke . . . . . überlassen. Die Klägerin ist die einzige Abteilungsleiterin, der nach dem von der Beklagten benannten Stichtag Prokura erteilt wurde. Deshalb ist die Klägerin als die einzige weibliche Abteilungsleiterin die Einzige, der kein Dienstwagen zur Verfügung steht.

Beweis: Zeugnis des/der Herrn/Frau . . . . ., zu laden . . . . .

Die Beklagte bezahlt seit dem . . . . . allen Abteilungsleitern eine monatliche Verkaufsprämie iHv . . . . .

Beweis: Zeugnis des/der Herrn/Frau . . . . ., zu laden . . . . .

Die Beklagte nimmt lediglich teilzeitbeschäftigte Abteilungsleiter hiervon aus. Die Klägerin ist die einzige Abteilungsleiterin, die in Teilzeit arbeitet und damit die Verkaufsprämie nicht erhält.

Beweis: Abrechnungen vom . . . . . als Anlage K 7

Sowohl die Tatsache, dass der Klägerin kein Dienstwagen zur Verfügung gestellt wird, als auch die Nichtgewährung der Verkaufsprämie verstößt gegen das Diskriminierungsverbot des Teilzeit- und Befristungsgesetz (§ 4 TzBfG).[2, 3] Der Ausschluss der teilzeitbeschäftigten Klägerin als einzige Abteilungsleiterin von der Zahlung von Prämien ist unzulässig. Die Beklagte beruft sich darauf, dass sie für die Vollzeitbeschäftigung einen Anreiz schaffen wolle, weil bei dieser die Personalnebenkosten geringer seien, die Vollzeitbeschäftigten während der gesamten Dienstzeit zur Verfügung stünden und mit diesen eine bessere Personaleinsatzplanung möglich sei. In der Exportwirtschaft müsse ein Abteilungsleiter während der ganzen Dienstzeit zur Verfügung stehen, weil die Kunden dies erwarteten. Die Stichtagsregelung bzgl. der Dienstwagengewährung ist willkürlich, da sie dazu führt, dass allein die Klägerin keinen Dienstwagen erhält. Dies verstößt ebenfalls gegen § 4 TzBfG.

Die Beklagte diskriminiert die Klägerin auch mittelbar wegen ihres Geschlechts.[4, 5]

Die Klägerin hat die Zahlungsansprüche mit Schreiben vom . . . . . gegenüber der Beklagten geltend gemacht. Sie hat darin auch die Überlassung eines Dienstwagens verlangt.

Beweis: Schreiben der Klägerin vom . . . . . als Anlage K 8.

Die Beklagte kam ihrer Verpflichtung nicht nach. Der Zinsanspruch ergibt sich aus dem Gesichtspunkt des Verzuges.

Rechtsanwalt/Rechtsanwältin[6]

Anmerkungen

1. Es ist nur ein Leistungsantrag gestellt; um aber die Verpflichtung klarzustellen, kann sich zusätzlich ein Feststellungsantrag („Es wird festgestellt, dass die Beklagte verpflichtet ist, der Klägerin künftig eine monatliche Verkaufsprämie zu zahlen") empfehlen.

2. Der Gleichbehandlungsgrundsatz, der in der Rechtsprechung des BAG zur Anspruchsbegründung und zur Inhaltskontrolle von vertraglichen Regelungen verwandt wird, verbietet die willkürliche Schlechterstellung einzelner Arbeitnehmer. Er enthält das Verbot der sachfremden Differenzierung zwischen vergleichbaren Arbeitnehmern in einer bestimmten Ordnung (BAG AP BGB § 242 Ruhegehalt Nr. 176; AP BGB § 242 Gleichbehandlung Nr. 42; AP BGB § 242 Gleichbehandlung Nr. 44; AP BetrAVG § 5 Nr. 21 = NZA 1986, 748; AP BeschFG 1985 § 2 Nr. 2 = NZA 1989, 209). Ein Verstoß gegen den Gleichbehandlungsgrundsatz liegt vor, wenn (1) der Arbeitgeber eine bestimmte Ordnung in der Reihe oder in der Zeit (Stichtage) geschaffen hat, (2) ein oder einzelne Arbeitnehmer von dieser Ordnung ausgenommen werden, (3) für die Ausnahme kein sachlicher Grund besteht. Dabei wird auch überprüft, ob die vom Arbeitgeber getroffene Ordnung (Gruppeneinteilung) selbst sachlich gerechtfertigt ist. Sachfremde Gruppenbildung ist also unzulässig. Bei der Festlegung der Vergütung hat der Grundsatz der Vertragsfreiheit Vorrang vor dem arbeitsrechtlichen Gleichbehandlungsgrundsatz. Dies gilt aber nur für individuell vereinbarte Arbeitsentgelte.

3. Das Verbot der Ungleichbehandlung zwischen Voll- und Teilzeitbeschäftigung ist in § 4 TzBfG geregelt. Ein teilzeitbeschäftigter Arbeitnehmer darf wegen der Teilzeitarbeit nicht schlechter behandelt werden als ein vergleichbarer vollzeitbeschäftigter Arbeitnehmer, es sei denn, dass sachliche Gründe eine unterschiedliche Behandlung rechtfertigen.

Es ist ein Vergleich zwischen der begünstigten und benachteiligten Gruppe durchzuführen. Ein Verstoß liegt vor, wenn die Dauer der Arbeitszeit das Kriterium ist, aus dem die unterschiedlichen Arbeitsbedingungen folgen (BAG 24.9.2003 – 10 AZR 675/02, NZA 2004, 611; BAG 10.2.2015 – 9 AZR 53/14, NZA 2015, 1005). Einem teilzeitbeschäftigten Arbeitnehmer ist Arbeitsentgelt oder eine andere teilbare geldwerte Leistung mindestens in dem Umfang zu gewähren, der dem Anteil seiner Arbeitszeit an der Arbeitszeit eines vergleichbaren vollzeitbeschäftigten Arbeitnehmers entspricht. Auf unteilbare Leistungen hat der Teilzeitbeschäftigte denselben Anspruch wie ein Vollzeitbeschäftigter (Mehrarbeitszuschlag für Teilzeitbeschäftigte: BAG AP TVG § 1 Tarifverträge Nr. 2, Großhandel; AP TzBfG § 4 Nr. 6). Der Arbeitnehmer hat insoweit darzulegen und zu beweisen, dass es zu einer unterschiedlichen Behandlung wegen der Teilzeitarbeit kommt. Nach einer entsprechenden Darlegung durch den Arbeitnehmer kann es zu Beweiserleichterungen kommen. Betraut der Arbeitgeber Arbeitnehmer mit ähnlichen Tätigkeiten und entlohnt diese nach unterschiedlichen Vergütungssystemen, hat er darzulegen, wie groß der begünstigte Personenkreis ist und wie er sich zusammensetzt. Er hat auch darzulegen, dass der klagende Arbeitnehmer nicht gruppenzugehörig ist (BAG 19.8.1992 – 5 AZR 513/91, NZA 1993, 171; 25.9.2013 – 10 AZR 4/12, NZA-RR 2014, 8). Der Arbeitgeber hat darzulegen und zu beweisen, dass die Ungleichbehandlung auf einem sachlichen Grund beruht. Der Arbeitnehmer wiederum hat dieses zu widerlegen.

4. Der Grundsatz des gleichen Entgelts für Männer und Frauen ergibt sich aus Art. 157 AEUV und ist innerstaatlich in §§ 1, 7 AGG und § 3 EntgTranspG geregelt. Für gleiche oder gleichwertige Arbeit darf nicht wegen des Geschlechts des Arbeitnehmers eine geringere Vergütung vereinbart werden als mit einem Arbeitnehmer des anderen Geschlechts. Art. 157 AEUV ist darin auszulegen, dass er in Rechtsstreitigkeiten zwischen Privaten, in denen ein Verstoß gegen den Grundsatz des gleichen Entgelts für Männer und Frauen bei „gleichwertiger Arbeit" geltend gemacht wird, unmittelbare Wirkung entfaltet (EuGH 3.6.2021 – C – 624/19). Um die gleiche Arbeit handelt es sich, wenn Arbeitnehmer identische oder gleichartige Tätigkeiten ausüben. Ob die Arbeit gleich ist, muss durch einen Gesamtvergleich der Tätigkeiten ermittelt werden. Bei einzelnen Abweichungen ist die jeweils überwiegende Tätigkeit maßgebend. Ein nur teilweiser und vorübergehender Einsatz an denselben Maschinen rechtfertigt die Annahme gleicher Arbeit nicht, wenn die betreffenden Arbeitnehmer auch andere Tätigkeiten ausüben, für die sie nach dem Inhalt ihrer Arbeitsverträge eingestellt worden sind. Um eine gleichwertige Arbeit handelt es sich, wenn Arbeitnehmer Tätigkeiten ausüben, die nach objektiven Maßstäben der Arbeitsbewertung denselben Arbeitswert haben. Auch insoweit ist ein Gesamtvergleich erforderlich. Dabei ist der jeweils erforderliche Umfang der Vorkenntnisse und Fähigkeiten zu berücksichtigen (BAG AP BGB § 612 Nr. 48 = NZA 1996, 579). Die Tarifpraxis und die Verkehrsanschauung können Anhaltspunkte geben. Werden Arbeitnehmer, wie im Arbeitsvertrag vereinbart, zu mehreren unterschiedlichen Arbeiten eingeteilt, so kann dies eine insgesamt höhere Bewertung der Arbeit rechtfertigen als die jeweils geschuldete Einzeltätigkeit (BAG AP BGB § 612 Nr. 48 = NZA 1996, 579). Nach § 3 AGG ist sowohl die unmittelbare als auch die mittelbare Diskriminierung ua wegen des Geschlechts verboten. Eine mittelbare Diskriminierung nach § 3 Abs. 2 AGG liegt vor, wenn dem Anschein nach neutrale Vorschriften, Kriterien oder Verfahren Personen wegen eines in § 1 AGG genannten Grundes gegenüber einer anderen Person in besonderer Weise benachteiligen können, es sei denn, die betreffenden Vorschriften, Kriterien oder Verfahren sind durch ein rechtmäßiges Ziel sachlich gerechtfertigt und die Mittel sind zur Erreichung dieses Zieles angemessen und erforderlich. In der früheren Rspr. des EuGH hat die mittelbare Diskriminierung insb. bei Teilzeitbeschäftigten schon immer eine große Bedeutung. Die Voraussetzungen bezogen auf das Geschlecht liegen vor, wenn eine bestimmte Gruppe von Arbeitnehmern durch eine Regelung des Arbeitgebers begünstigt oder benachteiligt wird und wenn durch die Regelung wesentlich mehr Personen eines Geschlechts betroffen sind und die Benachteiligung oder Bevorzugung mit dem Geschlecht erklärbar ist. Im Hinblick darauf, dass Teilzeittätigkeit überproportional viel von Frauen ausgeübt wird und wurde, hat der EuGH stets eine mittelbare Diskriminierung von Frauen angenommen. Insofern kommt vorliegend auch ein Berufen auf § 3 Abs. 2 iVm § 1 AGG in Betracht. Nach der bereits vor Inkrafttreten des AGG ergangenen Rspr. zu Art. 119 Abs. 1 EWGV (der Vorgängerregelung zu Art. 157 AEUV) sind auch solche Diskriminierungen verboten, die sich aus Regelungen ergeben, die zwar geschlechtsneutral formuliert sind und deshalb auf Frauen und Männer gleichermaßen anwendbar sind, tatsächlich jedoch aus Gründen, die auf dem Geschlecht oder der Geschlechtsrolle beruhen, wesentlich mehr Frauen als Männer nachteilig betreffen (BAG 15.10.1992 – 2 AZR 227, 92, NZA 1993, 258). Der Tatbestand einer mittelbaren Benachteiligung ist dadurch gekennzeichnet, dass das Vorliegen bestimmter Elemente, nämlich eine vergleichsweise ungünstigere Behandlung wegen eines geschützten Merkmals durch neutrale Vorschriften oder Maßnahmen, und das Fehlen rechtfertigender Ziele und verhältnismäßiger Mittel zu ihrer Durchsetzung festzustellen ist. Die positiven Tatbestandsmerkmale sind von dem Arbeitnehmer, der sich auf das Benachteiligungsverbot berufen will, darzulegen und nach § 22 AGG zu beweisen. Die Rechtfertigungselemente des § 3 Abs. 2 Hs. 2 AGG sind vom Arbeitgeber darzulegen und zu beweisen (EuGH 16.7.2015 – C- 83/14, NZA 2015, 1247; BAG 19.4.2016 – 8 AZR 477/14, Beck RS 2016, 74826). Klagt eine Frau auf Zahlung eines gleichen Entgelts für gleiche oder gleichwertige Arbeit, begründet der Umstand, dass ihr Entgelt geringer ist, als das vom Arbeitgeber nach §§ 10 ff. EntgTranspG ausgezahlte Vergleichsentgelt (Median-Entgelt der männlichen Vergleichsperson) regelmäßig die Vermutung, dass die Benachteiligung beim Entgelt wegen des Geschlechts erfolgt. Die Vermutung kann der Arbeitgeber im Prozess widerlegen (BAG 21.1.2021 – 8 AZR 488/19, AP EntgTranspG § 3 Nr. 1).

5. Soweit Ansprüche aus einer Benachteiligung aus Gründen von § 1 AGG geltend gemacht werden, ist die Beweislastumkehr des § 22 AGG anzuwenden. Die Beweislastregelung in § 22 AGG lässt es genügen, dass der Beschäftigte Tatsachen (Indizien) vorträgt, die mit überwiegender Wahrscheinlichkeit darauf schließen lassen, dass die Benachteiligung wegen eines Merkmals nach § 1 AGG erfolgt ist. Hinsichtlich dieser Vermutungstatsachen sind die Anforderungen an das Beweismaß abgesenkt. Ausreichend ist es, dass Tatsachen dargelegt und ggf. bewiesen werden, die eine Benachteiligung eines Merkmals nach § 1 AGG vermuten lassen (BAG 15.3.2012 – 8 AZR 37/11, NZA 2012, 910). Neben den genannten Ansprüchen aus §§ 15,16 Abs. 2 AGG gilt die Beweiserleichterung auch für alle anderen Ansprüche wegen der Benachteiligung nach § 7 AGG und damit auch beim Anspruch auf Gewährung gleichen Entgelts oder andere Arbeitsbedingungen. Bei Ansprüchen, bei denen das AGG den inhaltlichen Maßstab bildet (§§ 134 BGB, 280 BGB) ist die Beweislastregel anwendbar (ErfK/*Schlachter* § 22 AGG Rn. 12). Zur Anwendung der Beweislasterleichterung nach § 22 AGG auf Ansprüche nach § 823 Abs. 1 BGB: BAG 15.3.2012 – 8 AZR 37/11, NZA 2012, 910. Danach bleibt es bezogen auf den deliktischen Anspruch wegen Verletzung des allgemeinen Persönlichkeitsrechts bei den allgemeinen Regeln zur Darlegungs- und Beweislast. Dabei ist zu beachten, dass nach § 15 Abs. 4 AGG eine Geltendmachungsfrist von zwei Monaten für Ansprüche aus dem AGG gilt. Zusätzlich ist die Klagefrist nach § 61b ArbGG zu beachten, wonach eine Klage auf Entschädigung nach § 15 AGG innerhalb von drei Monaten nachdem der Anspruch schriftlich geltend gemacht worden ist, erhoben werden muss. Soll der Anspruch auch mit einer Rechtsgrundlage aus dem AGG begründet werden, sind die Fristen des § 15 Abs. 4 AGG und des § 61b ArbGG zu beachten.

Kosten und Gebühren

6. Keine Besonderheiten, → Form. IV.A.1 Anm. 9.

13. Klage des Arbeitnehmers wegen Geschlechtsdiskriminierung bei Einstellung

An das
Arbeitsgericht

Klage

der Frau . . . . .
Klägerin
– Prozessbevollmächtigte/r: RA(in) . . . . . –
gegen
die Firma . . . . . GmbH, vertreten durch den Geschäftsführer, Herrn . . . . .
Beklagte
wegen Diskriminierung
Namens und mit Vollmacht der Klägerin erhebe ich Klage und werde beantragen zu erkennen:

I. Die Beklagte wird verurteilt, ... EUR nebst Zinsen iHv 5 Prozentpunkten über dem Basiszinssatz seit dem . . . . . an die Klägerin zu zahlen.

II. Der Beklagte trägt die Kosten des Rechtsstreits.

Begründung[1, 2]

Die am . . . . . geborene, ledige Klägerin hat ein Hochschulstudium absolviert und das Studium erfolgreich mit dem Examen für . . . . . abgeschlossen. Das Prüfungsergebnis war überdurchschnittlich gut.

Beweis: Examenszeugnis der Hochschule . . . . . vom . . . . . als Anlage K 1

Die Beklagte ist ein Unternehmen . . . . . Sie hat eine Stelle als Laborassistent zu besetzen. Diese Stelle war in der Zeitschrift . . . . . am . . . . . ausgeschrieben.[3]

Beweis: Stellenausschreibung der Beklagten vom . . . . . als Anlage K 2

Die Klägerin hat sich auf die Stellenausschreibung beworben.

Beweis: Bewerbung der Klägerin vom . . . . . als Anlage K 3

Sie wurde zu einem Vorstellungsgespräch eingeladen. Dies führte sie zunächst mit der Personalleiterin Frau . . . . . Sodann wurde ihr der Leiter des Labors, Prof. Dr. . . . ., vorgestellt. In dem Gespräch fragte Prof. Dr. . . . . die Klägerin, ob sie beabsichtige, in absehbarer Zeit zu heiraten. Dies hat sie verneint.

Beweis: Zeugnis der Personalleiterin, Frau . . . . ., zu laden . . . . .

Die Beklagte hat der Klägerin mit Schreiben vom . . . . . mitgeteilt, dass die Stelle inzwischen anderweitig besetzt worden sei.

Beweis: Schreiben der Beklagten vom . . . . . als Anlage K 4

Die Klägerin hat mit Schreiben vom . . . . . die Beklagte darauf hingewiesen, dass sie diskriminiert habe und ihr deshalb Entschädigungsansprüche zustehen. Die Geltendmachung erfolgte fristgerecht nach § 15 Abs. 4 AGG durch Einschreiben/Rückschein.

Beweis: 1. Schreiben der Klägerin vom . . . . . als Anlage K 5
2. Rückschein zum Einschreiben als Anlage K 6.[4]

Die Klägerin ist bei der Einstellung wegen ihres Geschlechtes diskriminiert worden. Die Stelle war nicht geschlechtsneutral ausgeschrieben . . . . . Zudem lässt die Frage von Prof. Dr. . . . . nach der Absicht der Eheschließung nur den Rückschluss zu, dass die Klägerin wegen ihres Geschlechts nicht eingestellt wurde. Die Beklagte hat der Klägerin eine

Entschädigung nach § 15 AGG zu zahlen. Angesichts der Schwere der Diskriminierung wird diese auf drei Monatsverdienste festzusetzen sein. Ein Monatsverdienst soll ausweislich der Stellenausschreibung ..... EUR betragen.

Die Klage ist innerhalb der Klagefrist erhoben (§ 61b Abs. 1 ArbGG).[5]

Rechtsanwalt/Rechtsanwältin[6]

Anmerkungen

1. Der Arbeitgeber darf einen Arbeitnehmer bei einer Vereinbarung oder einer Maßnahme, insb. bei der Begründung des Arbeitsverhältnisses, beim beruflichen Aufstieg, bei einer Weisung oder einer Kündigung ua nicht wegen des Geschlechts benachteiligen (§ 1 AGG). Untersagt ist jede Benachteiligung tatsächlicher oder rechtlicher Art (s. im Allg. Schaub ArbR-HdB/*Ahrendt* § 36). Kommt es zwischen Arbeitgeber und Arbeitnehmer zum Streit, ob eine Benachteiligung wegen des Geschlechtes vorliegt, so enthält § 22 AGG eine besondere Beweisregelung. Der oder die Benachteiligte braucht allein Indizien zu beweisen, die eine Benachteiligung wegen des Geschlechtes vermuten lassen. Danach genügt ein Arbeitnehmer, der sich durch eine Verletzung des Gleichbehandlungsgrundsatzes für beschwert hält, der Darlegungslast bereits dann, wenn er Indizien vorträgt, die mit überwiegender Wahrscheinlichkeit darauf schließen lassen, dass eine Benachteiligung wegen eines in § 1 AGG genannten Grundes erfolgt ist. In diesem Fall trägt der Arbeitgeber die Darlegungs- und Beweislast dafür, dass kein Verstoß gegen das Diskriminierungsverbot gegeben ist und nicht auf das Geschlecht bezogene, sachliche Gründe eine unterschiedliche Behandlung rechtfertigen oder dass das Geschlecht unverzichtbare Voraussetzung für die auszuübende Tätigkeit ist (BAG 11.8.2016 – 8 AZR 406/16, NZA-RR 2017, 132). Hervorgehoben wird von der Rechtsprechung des BAG dabei, dass der den Anspruch geltend machende Arbeitnehmer die Darlegungs- und Beweislast für die haftungsausfüllende Kausalität trägt, da die Verteilung der Darlegungs- und Beweislast hinsichtlich der haftungsausfüllenden Kausalität durch § 22 AGG nicht abgeändert wird. Dies gilt auch, wenn der Arbeitnehmer den Arbeitgeber nach § 15 AGG auf Ersatz eines Vermögensschadens in Form entgangenen Gewinns in Form von entgangenen Arbeitsentgelts in Anspruch nimmt (BAG 26.1.2017 – 8 AZR 736/15, NZA 2017, 854). Eine geschlechtsbezogene Unterscheidung ist nur dann erlaubt, wenn die Differenzierung sich an der auszuübenden Tätigkeit orientiert und eine wesentliche und entscheidende berufliche Anforderung darstellt, sofern der Zweck rechtmäßig und die Anforderung angemessen ist (§ 8 Abs. 1 AGG).

2. Bei einem Verstoß gegen das Diskriminierungsverbot, in dem die Bewerbung eines Arbeitnehmers nicht berücksichtigt worden ist und dies auf einem Diskriminierungsmerkmal beruht, hat der Arbeitnehmer einen Anspruch auf Schadensersatz (§ 15 Abs. 1 AGG) und Entschädigung (§ 15 Abs. 2 AGG). Der Schadensersatzanspruch besteht nach dem Gesetzeswortlaut nicht, wenn der benachteiligende Arbeitgeber die Pflichtverletzung nicht zu vertreten hat. Nach dem Wortlaut muss der Arbeitgeber fehlendes Verschulden beweisen. Die Entstehung eines solchen Schadenersatzanspruches darf nach der Rspr. des EuGH nicht vom Verschulden des Arbeitgebers abhängig gemacht werden (EuGH 8.11.1990 – C-177/88, NZA 1991, 171 – Fall Dekker; EuGH 22.4.1997 – C-180/95, NZA 1997, 645 – Fall Draehmpaehl). Insofern stellt sich die Frage, ob die Regelung in § 15 Abs. 1 AGG europarechtskonform ist. Wegen eines Schadens, der nicht Vermögensschaden ist, kann der Arbeitnehmer eine angemessene Entschädigung in Geld verlangen (§ 15 Abs. 2 AGG). Die Entschädigung darf bei einer Nichteinstellung drei Monatsgehälter nicht übersteigen, wenn der Arbeitnehmer auch bei benachteiligungsfreier Auswahl nicht eingestellt worden wäre (§ 15 Abs. 2 AGG). In anderen Fällen kann die

Entschädigung auch höher sein. Die Höhe der Entschädigung ist im Einzelfall nach der Schwere der diskriminierenden Handlung, dem Grad des Verschuldens des Arbeitgebers und den Auswirkungen beim Bewerber zu bemessen.

3. Nach § 11 AGG dürfen Stellen nicht unter Verstoß gegen § 7 AGG und damit ua nicht nur für Männer oder für Frauen ausgeschrieben werden. Auch eine Ausschreibung unter Missachtung des dritten Geschlechtes dürfte vor dem Hintergrund der Anerkennung des dritten Geschlechtes durch das BVerfG (10.10.2017 – 1 BvR 2019/16, NJW 2017, 3643) gegen § 11 AGG verstoßen (dazu *Körlings* NZA 2018, 282). Ein Verstoß gegen das Gebot geschlechtsneutraler Ausschreibung kann die Vermutung iSv § 22 AGG begründen, dass der/die erfolglose Bewerber/in im Auswahl-/Stellenbesetzungsverfahren wegen eines Grundes iSv § 1 AGG benachteiligt wurde (BAG 11.8.2016 – 8 AZR 406/16, NZA-RR 2017, 132). Ansprüche können unbegründet sein, wenn dem Entschädigungsanspruch der Einwand des Rechtsmissbrauchs entgegensteht. Dies gilt insbesondere im Fall eines sog AGG-Hoppers. Nach neuerer Rechtsprechung kommt es weder auf die objektive Eignung eines Bewerbers noch auf die subjektive Ernsthaftigkeit der Bewerbung an. Wer sich allerdings bewirbt in der Erwartung, abgelehnt zu werden, um Entschädigungsansprüche geltend machen zu können, wird nicht benachteiligt (BAG 11.8.2016 – 8 AZR 406/16, NZA-RR 2017, 132). Der Rechtsmissbrauch muss auf objektiver Tatsachenbasis festgestellt werden (EuGH 28.7.2016 – C 423/15, NZA 2016, 1014; BAG 19.5.2016 – 8 AZR 470/14, NZA 2016, 1394). Ein Rechtsmissbrauch liegt vor, wenn der Bewerber das Arbeitsverhältnis tatsächlich nicht begründen wollte. Die Beweislast hierfür trägt der Arbeitgeber (BAG 19.5.2016 – 8 AZR 470/14, NZA 2016, 1394; 11.8.2016 – 8 AZR 4/15, NZA 2017, 310), wobei sich bereits aus dem Bewerbungsschreiben selbst Indizien eines Rechtsmissbrauchs ergeben können, wenn sich bspw. daraus ergibt, dass der Bewerber die Absage provoziert hat (BAG 25.10.2018 – 8 AZR 562/16, NZA 2019, 527). Die Frage nach dem Familienstand, einer bestehenden oder geplanten Schwangerschaft sowie der Sicherstellung der Betreuung von Kindern ist ein weiteres Indiz für eine unzulässige Ungleichbehandlung, die nicht gerechtfertigt ist.

4. Die Ansprüche nach § 15 Abs. 1 u. 2 AGG müssen innerhalb einer Frist von zwei Monaten schriftlich geltend gemacht werden, wenn tarifvertraglich nichts anderes geregelt ist (§ 15 Abs. 4 AGG). Die fristgerechte Geltendmachung ist in der Klage darzulegen und zu beweisen.

5. Eine Klage auf Entschädigung nach § 15 AGG ist nach § 61b ArbGG innerhalb von drei Monaten, nachdem der Anspruch schriftlich geltend gemacht worden ist, zu erheben (→ Form. IV.A.12 Anm. 5). Nach § 15 Abs. 4 AGG sind die Ansprüche innerhalb einer Frist von 2 Monaten schriftlich geltend zu machen. Es muss demnach eine doppelte Frist beachtet werden; der Anspruch muss also rechtzeitig schriftlich geltend gemacht und dann fristgerecht eingeklagt werden. Nach Ablauf der Fristen erlischt der Anspruch. Denkbar ist, dass dem Erlöschen des Anspruches mit dem Einwand der Arglist begegnet werden kann. Machen mehrere Bewerber wegen Benachteiligung bei der Begründung eines Arbeitsverhältnisses eine Entschädigung gerichtlich geltend, so wird auf Antrag des Arbeitgebers das Arbeitsgericht, bei dem die erste Klage erhoben ist, auch für die übrigen Klagen ausschließlich zuständig. Die Rechtsstreitigkeiten sind von Amts wegen an dieses Arbeitsgericht zu verweisen. Die Prozesse sind zur gleichzeitigen Verhandlung und Entscheidung zu verbinden (§ 61b Abs. 2 ArbGG).

6. Der Gegenstandswert ergibt sich aus dem geltend gemachten Klagebetrag.

14. Ansprüche des Arbeitnehmers aus betrieblicher Übung

An das
Arbeitsgericht

Klage

des/der Herrn/Frau .....
Klägers(in)
– Prozessbevollmächtigte/r: RA(in) ..... –
gegen
die Bundesrepublik Deutschland, gesetzlich vertreten durch .....
Beklagte

Namens und mit Vollmacht des/der Klägers(in) erhebe ich Klage und werde beantragen zu erkennen:

I. Es wird festgestellt, dass die Beklagte verpflichtet ist, dem/der Kläger(in) auch weiterhin für die Arbeit am ..... einen Zuschlag iHv ..... zu zahlen.[1]

II. Die Beklagte trägt die Kosten des Rechtsstreites.

Begründung:

Der/Die ..... Jahre alte Kläger(in) ist seit dem ..... bei der Beklagten beschäftigt. Das Arbeitsverhältnis richtet sich kraft Organisationszugehörigkeit/kraft Verweisung nach den jeweiligen Bestimmungen des Tarifvertrags für den öffentlichen Dienst (TVöD) in der jeweiligen Fassung.[2] Der/Die Kläger(in) ist in die Entgeltgruppe ..... eingereiht.

Beweis: Arbeitsvertrag vom ..... als Anlage K 1

Er/Sie arbeitet als ..... in der Abteilung ..... der .....

Beweis: Versetzungsmitteilung der Beklagten vom ..... als Anlage K 2

Die Beklagte zahlt seit dem ..... für die Arbeitsleistung eine tarifliche Zulage iHv ..... des Stundenlohnes. Die Zahlungen sind auch bei der Tarifänderung vom ..... beibehalten worden.

Beweis: Gehaltsabrechnungen vom ..... als Anlage K 3

Durch diese Verhaltensweise ist für den/die Kläger(in) ein Vertrauenstatbestand erwachsen, so dass er/sie für seine/ihre Arbeitsleistung auch weiterhin eine Zulage erhalten wird.[3]

Mit Wirkung vom ..... hat die Beklagte die Zahlungen eingestellt.[4]

Beweis: Lohnabrechnungen vom ..... als Anlage K 3

Sie beruft sich darauf, dass sie sich tarifgerecht habe verhalten wollen, weil die Voraussetzungen für die Zulage nicht vorliegen. Sie sei mithin berechtigt, die Zahlung einzustellen. Dies ist unzutreffend .....[5]

Die Beklagte handelt arglistig, wenn sie eine Zahlungsverpflichtung leugnet, weil die Zahlung einer Zulage nicht schriftlich vereinbart worden ist. Nach § 2 Abs. 3 TVöD bedürfen Nebenabreden allerdings der Schriftform. Die Berufung der Beklagten auf die Einhaltung der Schriftform ist aber arglistig, weil .....[6]

Rechtsanwalt/Rechtsanwältin

Anmerkungen

1. Ein Leistungsantrag wäre möglich. Gegen öffentliche Arbeitgeber wird aber regelmäßig ein Feststellungsantrag gestellt. Denkbar ist auch ein Leistungsantrag verbunden mit einer Zwischenfeststellungsklage (§ 256 Abs. 2 ZPO). Dabei ist zu beachten, dass Feststellungs- und Leistungsantrag sich nicht auf den gleichen Zeitraum beziehen dürfen. Dem Feststellungsantrag fehlt das Feststellungsinteresse, soweit er sich mit der Leistungsklage überschneidet (BAG 29.6.2017 – 6 AZR 785/15, NZA-RR 2017).

2. Richtet sich das Arbeitsverhältnis nach den Bestimmungen eines Tarifvertrages, sollte dies in jedem Falle vorgetragen werden. Zu unterscheiden sind die Tarifbindung und der tarifliche Geltungsbereich (Schaub ArbR-HdB/*Treber* §§ 204, 205). Die vertragliche Bezugnahme auf tarifvertragliche Regelungen ist nicht an eine Form gebunden. Sie kann sich neben der ausdrücklichen Vereinbarung auch aus einem Tarifvertrag, betrieblicher Übung oder konkludentem Verhalten der Arbeitsvertragsparteien ergeben. Ist der Arbeitgeber tarifgebunden, so ist die Gewährung tariflicher Leistungen im Zweifel so zu verstehen, dass alle einschlägigen tariflichen Bestimmungen, einschließlich der Ausschlussfristen, gelten sollen (BAG AP TVG § 1 Bezugnahme auf Tarifvertrag Nr. 9 = NZA 1999, 879).

3. Eine betriebliche Übung ist ein gewohnheitsrechtlich anerkanntes Institut im Arbeitsrecht. Erbringt der Arbeitgeber bestimmte Leistungen an die bei ihm beschäftigten Arbeitnehmer und sind diese Vorgänge gleichförmig oder wiederholen sie sich, können sie zu einer betrieblichen Übung führen, die den Arbeitgeber rechtlich bindet. Dogmatisch umstritten ist die rechtliche Begründung der Bindungswirkung (vgl. Schaub ArbR-HdB/*Ahrendt* § 110). Das BAG geht in neuer Rechtsprechung davon aus, dass die betriebliche Übung durch eine rechtsgeschäftliche Übereinkunft entsteht. Die gleichförmige und wiederholte Praxis des Arbeitgebers begründet einen Anspruch auf eine Leistung, wenn der Arbeitnehmer daraus schließen darf, ihm würde die Leistung auch zukünftig gewährt (BAG 16.7.1996 – 3 AZR 352/95, NZA 1997, 664).

Zum inneren Tatbestand gehören Handlungswille, Erklärungsbewusstsein und Geschäftswille. Dabei ist das Erklärungsverhalten vom Standpunkt eines Dritten auszulegen, so wie dieser es verstehen durfte. Die betriebliche Übung wird mithin als konkludentes Vertragsangebot aufgefasst. Ob aus einem wiederholten tatsächlichen Verhalten des Arbeitgebers eine betriebliche Übung mit Anspruch auf eine zukünftige Gewährung entsteht oder ob aus dem Verhalten des Arbeitgebers nur eine Vergünstigung für das jeweilige Jahr abzuleiten ist, muss sich im Wege der Auslegung unter Berücksichtigung aller Umstände ergeben (BAG AP BGB § 242 Betriebliche Übung Nr. 43 = NZA 1994, 694). Die Rechtsprechung geht grds. davon aus, dass dieses Angebot vom Arbeitnehmer konkludent angenommen wird. Der Arbeitgeber kann durch sein Verhalten oder seine Erklärungen eine Bindung aus betrieblicher Übung wirksam ausschließen, indem er einen entsprechenden Vorbehalt erklärt. Da die Bewertung von Klauseln in Formularverträgen kritisch ist (BAG 20.5.2008 – 9 AZR 382/07, NZA 2008, 1233), sollte der Arbeitgeber den Vorbehalt explizit bei der Erbringung der Leistung erklären.

4. Hat ein Arbeitnehmer durch betriebliche Übung vertragliche Ansprüche erhalten und sind diese damit Vertragsinhalt, kommt eine Beseitigung durch den Arbeitgeber nur im Wege der individualvertraglichen Gestaltungsmittel in Betracht (Änderungskündigung, Änderungsvereinbarung). Werden die dem Arbeitnehmer durch betriebliche Übung entstandenen Ansprüche durch den Arbeitgeber nicht erfüllt, folgt daraus nicht ohne weiteres die rechtsgeschäftliche Erklärung des Arbeitgebers, er wolle das Arbeitsverhältnis zu geänderten Bedingungen fortsetzen. Ein solches Verhalten muss der Arbeitnehmer daher in der Regel nicht als Vertragsangebot zur Änderung der Arbeitsbedingungen verstehen. Die frühere Rechtsprechung des BAG ging davon aus, dass die betriebliche Übung auch durch eine gegenläufige nachteilige betriebliche Übung aufgehoben werden könnte (BAG 28.5.2008 – 10 AZR 274/07, NZA 2008, 941). Diese Rechtsprechung hat das BAG aufgegeben, weil es mit § 308 Nr. 5 BGB und dem darin enthaltenen Klauselverbot für fingierte Erklärungen nicht zu vereinbaren sei (BAG AP BGB § 242 Betriebliche Übung Nr. 83 = NZA 2009, 601).

5. Das BAG geht bei Arbeitgebern im öffentlichen Dienst von einer Auslegungsregel aus, dass der öffentliche Arbeitgeber sich regelmäßig nur normgemäß verhalten will, dagegen keine weitergehenden, übertariflichen sozialen Leistungen auf Dauer erbringen will. Die Zahlung von Zulagen, deren tarifliche Voraussetzungen irrtümlich angenommen worden ist, kann mithin eingestellt werden (BAG AP BGB § 242 Betriebliche Übung Nr. 16; AP BGB § 242 Betriebliche Übung Nr. 19 = NZA 1986, 604; AP BAT § 4 Nr. 12; AP BGB § 242 Betriebliche Übung Nr. 38 = NZA 1993, 749). Dasselbe gilt, wenn ein Tarifvertrag des öffentlichen Dienstes in Bezug genommen worden ist (BAG AP BGB § 242 Betriebliche Übung Nr. 29 = NZA 1987, 778). Etwas anderes gilt außerhalb des öffentlichen Dienstes, da insoweit nicht davon ausgegangen werden kann, dass der Arbeitgeber nur die tarifliche Vergütung leisten will.

6. Die Entstehung von betrieblicher Übung kommt nicht in Betracht, wenn in einem Tarifvertrag vorgesehen ist, dass Vertragsregelungen der Schriftform bedürfen (BAG AP BetrAVG § 1 Betriebliche Übung Nr. 7 = NZA 1997, 664). Das Berufen auf die Nichtbeachtung der Schriftform kann im Einzelfall arglistig sein. Ist im Arbeitsvertrag ein Schriftformerfordernis vorgesehen, steht dies der betrieblichen Übung entgegen, wenn es konstitutiv ist (Schaub ArbR-HdB/*Ahrendt* § 110). Ein qualifiziertes Schriftformerfordernis kann der Begründung des Anspruchs auf betriebliche Übung entgegenstehen (BAG AP BGB § 307 Nr. 35 = NZA 2008, 1233). Soweit ein Arbeitgeber des öffentlichen Dienstes betroffen ist, stellt sich die Frage, ob der Gegenstand der betrieblichen Übung eine Nebenabrede iSv § 2 Abs. 3 TVöD ist. In diesem Fall liegt ein konstitutives Schriftformerfordernis vor. Handelt es sich um eine Hauptleistungspflicht im weiteren Sinne, fehlt es an dem tariflichen Schriftformerfordernis (BAG AP BetrAVG § 242 Betriebliche Übung Nr. 59). Dementsprechend kommt es hier auf die Abgrenzung zwischen der Vereinbarung von Nebenabreden und Hauptleistungspflichten an.

15. Klage wegen fehlerhafter Ausübung des Direktionsrechtes

An das
Arbeitsgericht

Klage

des/der Herrn/Frau . . . . . .
Klägers(in)
– Prozessbevollmächtigte/r: RA(in) . . . . . . –
gegen
die Firma . . . . . .
Beklagte
wegen fehlerhafter Ausübung des Direktionsrechtes[1]
Namens und mit Vollmacht des/der Klägers(in) erhebe ich Klage und werde beantragen zu erkennen:

I. Es wird festgestellt, dass die Beklagte nicht berechtigt ist, den/die Kläger(in) in die Filiale . . . . . . zu versetzen.[2]

II. Die Beklagte trägt die Kosten des Rechtsstreits.

Begründung:

Der/Die im Jahre . . . . . . geborene Kläger(in), der/die verheiratet und für . . . . . . minderjährige Kinder unterhaltspflichtig ist, trat am . . . . . . als . . . . . . in die Dienste der Beklagten. Das Arbeitsverhältnis richtet sich kraft Organisationszugehörigkeit/vertraglicher Vereinbarung nach dem Tarifvertrag vom . . . . . . und den diesen ergänzenden Tarifverträgen.

Beweis: Arbeitsvertrag vom . . . . . . als Anlage K 1

Der/Die Kläger(in) war in der Filiale . . . . . . eingesetzt.[3]

Beweis: Zeugnis des/der Herrn/Frau . . . . . ., zu laden . . . . . .

Am . . . . . . hat die Beklagte angeordnet, dass der/die Kläger(in) mit sofortiger Wirkung in der Filiale . . . . . . arbeiten solle.

Beweis: Schreiben der Beklagten vom . . . . . . als Anlage K 2

Der/Die Kläger(in) hat dieser Versetzung sofort widersprochen. Der/Die Kläger(in) hat sich auch an den Betriebsrat gewandt; dieser hat erklärt, dass er von der Versetzung überhaupt nichts wisse.[4]

Beweis: 1. Schreiben des/der Klägers(in) vom . . . . . . als Anlage K 3
2. Zeugnis des/der Betriebsratsvorsitzenden, Herrn/Frau . . . . . ., zu laden über die Beklagte

Gleichwohl beharrt die Beklagte darauf, dass der/die Kläger(in) ab sofort in . . . . . . arbeitet.

Die Versetzung ist unwirksam, weil . . . . . .

Rechtsanwalt/Rechtsanwältin[5]

Anmerkungen

1. Art, Ort und Inhalt der vom Arbeitnehmer zu leistenden Arbeit ergeben sich aus dem Arbeitsvertrag, der unter Berücksichtigung kollektivvertraglicher Normen nach Treu und Glauben und der Verkehrssitte sowie einer etwaig bestehenden betrieblichen Übung auszulegen ist. Im Rahmen des Arbeitsverhältnisses kann der Arbeitgeber aufgrund des Direktionsrechts (Weisungsrechtes) gem. § 106 GewO Inhalt, Ort und Zeit der Arbeitsleistung näher bestimmen. Der Arbeitgeber muss dabei die Grenzen, die arbeitsvertraglich vereinbart sind, beachten. Insofern ist der Arbeitsvertrag dahingehend zu überprüfen, ob die Weisung vom Arbeitsvertrag gedeckt ist. Hierbei ist unter Umständen eine Versetzungsklausel zu beachten. Die Vereinbarung von Versetzungsklauseln in Formulararbeitsverträgen unterliegt der AGB-Kontrolle. Darüber hinaus muss die Ausübung des Direktionsrechts gem. § 315 BGB der Billigkeit entsprechen. Unter Berücksichtigung der beiderseitigen Interessen muss die Versetzung dem Arbeitnehmer zumutbar und verhältnismäßig sein. Ist die geplante Versetzung nicht vom Arbeitsvertrag – mit der unter Umständen darin enthaltenen Versetzungsklausel – gedeckt, kann die Versetzung nur mittels Änderungskündigung umgesetzt werden. Nach neuer Rechtsprechung (BAG 18.10.2017 – 10 AZR 330/16, NZA 2017, 1452 unter Aufhebung BAG 22.2.2012 – 5 AZR 249/11, NZA 2012, 858; BAG 28.6.2018 – 2 AZR 436/17, NZA 2018, 1259) ist ein Arbeitnehmer nach §§ 106 S. 1 GewO, 315 BGB nicht an eine Weisung des Arbeitgebers gebunden, die unbillig ist und insoweit die Grenzen billigen Ermessens nicht wahrt.

2. Der Inhalt des Arbeitsverhältnisses kann im Wege der Feststellungsklage nach § 256 ZPO geklärt werden, da es sich insoweit um ein Rechtsverhältnis handelt (§ 256 Abs. 1 ZPO).

3. Nach § 106 GewO ist der Arbeitgeber befugt, den Leistungsort festzulegen. Eine Versetzung an andere Orte ist zulässig (BAG 26.1.2012 – 2 AZR 102, 11, NZA 2012, 856). Im Ergebnis besteht dieses Recht sowohl dann, wenn im Arbeitsvertrag ein bestimmter Arbeitsort festgelegt und zugleich das Recht des Arbeitgebers, einen anderen Arbeitsort zuzuweisen, vorgesehen ist, als auch dann, wenn kein Arbeitsort festgelegt ist. (BAG 18.10.2017 – 10 AZR 330/16, NZA 2017, 1452; Schaub ArbR-HdB/*Linck* § 45 Rn. 23 ff.). Unberührt bleibt das Recht der Umsetzung im Betrieb, auch wenn der Arbeitnehmer langfristig an einem konkreten Arbeitsplatz beschäftigt war. Nach dem Inhalt des Arbeitsvertrages richtet sich auch die Art der zu leistenden Arbeit. Je genauer die Arbeitsleistung im Arbeitsvertrag umschrieben wird, umso mehr ist das Weisungsrecht eingeschränkt. Im öffentlichen Dienst ist im Allgemeinen eine Versetzung im Rahmen der Vergütungsgruppe möglich (BAG AP BAT § 24 Nr. 10; ZTR 2002, 485). Höchstrichterlich ungeklärt ist, ob einem Arbeitnehmer einseitig ein Arbeitsplatz im „Home-Office" zugewiesen werden kann. Soweit kein konkreter Ort im Arbeitsvertrag vereinbart ist, kann dies grundsätzlich im Wege des Direktionsrechts durchgeführt werden. Allerdings ist zu berücksichtigen, dass bei einer erstmaligen Versetzung in das „Home-Office" das Grundrecht des Arbeitnehmers auf Unverletzlichkeit der Wohnung aus Art. 13 Abs. 1 GG verletzt sein dürfte, da der Arbeitgeber nicht über die Privatwohnung der Arbeitnehmer disponieren darf. Folglich dürfte die Zuweisung kraft Direktionsrecht nur dann zulässig sein, wenn bereits alternierende „Home-Office" Tätigkeit ausgeübt wird und lediglich die Frequenz der Tätigkeit von zu Hause erhöht werden soll (vgl. ErfK/*Preis* GewO § 106 Rn. 28a). Das „Home-Office" wird abgegrenzt vom mobilen Arbeiten. Beim mobilen Arbeiten kann der Arbeitnehmer weitestgehend frei entscheiden, wo er seine Arbeitsleistung erbringt. Bei der einseitigen Zuweisung von mobiler Arbeit durch den Arbeitgeber im Wege des Direktionsrechtes kann jedenfalls Art. 13 GG nicht als Schranke angesehen werden, so dass die Zuweisung von mobiler Arbeit eher als zulässig angesehen werden dürfte. Nach der derzeitigen Rechtslage besteht umgekehrt kein allgemeiner Anspruch des Arbeitnehmers darauf, im „Home-Office" oder in mobiler Arbeit beschäftigt zu werden. Dies gilt auch dann, wenn der Arbeitnehmer schon im „Home-Office" bzw. in mobiler Arbeit mit Zustimmung des Arbeitgebers gearbeitet hat. Allein daraus lässt sich nicht ableiten, dass der Arbeitgeber für die Zukunft auf die Ausübung seines Direktionsrechts verzichten wollte.

Bei der Ausgestaltung – nicht aber bei der Einführung – von mobiler Arbeit, die mittels Informations- und Kommunikationstechnik erbracht wird, ist das Mitbestimmungsrecht des Betriebsrates nach § 87 Abs. 1 Nr. 14 BetrVG zu beachten, das zum 18.6.2021 durch das Betriebsrätemodernisierungsgesetz (BGBl. 2021 I, 1762) eingeführt wurde.

In der aktuellen Corona-Pandemie kann die Zuweisung einer Tätigkeit im „Home-Office" oder im mobilen Arbeiten rechtmäßig sein und billigem Ermessen entsprechen. Insoweit ist zu berücksichtigen, dass der Arbeitgeber nach den §§ 3,4 ArbSchG und im Rahmen der Fürsorgepflicht, die insoweit durch § 618 BGB konkretisiert wird, die Gesundheit seiner Arbeitnehmer zu schützen hat. Deshalb muss er alle ihm möglichen und zumutbaren Maßnahmen ergreifen, um die Arbeitsumgebung so auszugestalten, dass der Arbeitnehmer keine Gesundheitsschäden davonträgt. Ist im Arbeitsvertrag kein Arbeitsort festgelegt, stellt sich also die Frage, ob bei einer Zuweisung von einer Tätigkeit im „Home-Office" für die Dauer der Pandemie von einem Zurücktreten von Art. 13 GG gegenüber dem Gesundheitsschutz auszugehen ist. Wird während der Pandemie mobile Arbeit angeordnet, spricht unter Berücksichtigung von Gesundheitsgesichtspunkten alles dafür, dass die Zuweisung billigem Ermessen entspricht, auch wenn der Arbeitnehmer aufgrund der Einschränkungen faktisch von zu Hause arbeiten muss (*Krieger/Rudnik/Povedano Peramato*, NZA 2020 473 (475)). Ist ein Arbeitsort festgelegt, wird eine Erweiterung des arbeitgeberseitigen Direktionsrechts im Rahmen von Ausnahme- und Notsituationen diskutiert, um auch in diesem Fall die Zuweisung des „Home-Offices" als rechtmäßig zu bewerten. Bestand ohnehin auch vor der Pandemie schon das Recht des Arbeitgebers, „Home-Office"-Tätigkeit oder mobile Arbeit zuzuweisen, ist dies erst recht unter Gesundheitsgesichtspunkten zulässig.

Durch die SARS-CoV-2-Arbeitsschutzverordnung (Corona-ArbSchV) vom 21.1.2021 (BAnz AT 22.1.2021 V1) wurde die Verpflichtung des Arbeitgebers festgeschrieben, den Arbeitnehmern insbesondere bei Büroarbeit oder vergleichbaren Tätigkeiten anzubieten, diese Tätigkeiten in deren Wohnung auszuführen, wenn keine zwingenden betriebsbedingten Gründe entgegenstehen. Mit dem Inkrafttreten des Vierten Gesetzes zum Schutz der Bevölkerung bei einer epidemischen Lage von nationaler Tragweite wurden die Regelungen zum Homeoffice in § 28b Abs. 7 IfSG ab dem 23.4.2021 aufgenommen und die bisherigen Regelungen zum Homeoffice aus der SARS-CoV-2-Arbeitsschutzverordnung gestrichen. Für Arbeitgeber war die Regelung inhaltlich gleich. Arbeitnehmer haben seit Aufnahme der Regelung in das Infektionsschutzgesetz die Pflicht, das Angebot anzunehmen, wenn ihrerseits keine Gründe entgegenstehen. Inwieweit diese gesetzlichen Regelungen, die zunächst bis 30.6.2021 gelten, die allgemeinen arbeitsrechtlichen Grundsätze zur Ausübung des Direktionsrechts modifiziert werden, ist nicht geklärt. Bei jeder Versetzung ist individualrechtlich und kollektivrechtlich die Wirksamkeit der Versetzung zu beurteilen. Es bedarf daher zunächst der Prüfung, ob die Ausübung des Direktionsrechts individualvertraglich wirksam ist. Eine dringende ärztliche Empfehlung zum Arbeitsplatzwechsel aus gesundheitlichen Gründen berechtigt den Arbeitgeber regelmäßig, dem Arbeitnehmer einen anderen Arbeitsbereich zuzuweisen (BAG AP BGB § 618 Nr. 27 = NZA 1999, 33). Sie kann durch Gesetz, Tarifvertrag, Betriebsvereinbarung oder Einzelvertrag ausgeschlossen werden. In jedem Fall darf der Arbeitgeber nur iRd §§ 106 GewO, § 315 BGB die Arbeitsleistung des Arbeitnehmers bestimmen. Liegt eine Versetzung iSv § 95 Abs. 3 BetrVG vor, ist vor Durchführung der Maßnahme gem. § 99 BetrVG die Zustimmung des Betriebsrats erforderlich. Dabei ist kollektivrechtlich ohne Belang, ob individualrechtlich die Maßnahme vom Direktionsrecht gedeckt ist oder ob eine Änderungskündigung erforderlich ist. Entscheidend für die Notwendigkeit der Beteiligung des Betriebsrats ist, ob die Tatbestandsmerkmale des § 95 Abs. 3 BetrVG gegeben sind. Dabei ist zu beachten, dass sich der individualvertragliche und der betriebsverfassungsrechtliche Versetzungsbegriff nicht vollständig decken (vgl. Schaub ArbR-HdB/*Linck* § 45 Rn. 13 ff.; Schaub ArbR-HdB/*Koch* § 241 Rn. 20).

4. Eine Versetzung, die ohne Zustimmung des Betriebsrats oder ohne Ersetzung der Zustimmung des Betriebsrats durch das Arbeitsgericht erfolgt, ist dem Arbeitnehmer gegenüber unwirksam (BAG 22.4.2010 – 2 AZR 491/09, NZA 2010, 1235). Einer insoweit unwirksamen Versetzung muss der Arbeitnehmer nicht folgen. Kommt der Arbeitnehmer der Weisung des Arbeitgebers nicht nach, läuft er allerdings Gefahr, dass der Arbeitgeber eine Abmahnung ausspricht oder das Arbeitsverhältnis kündigt. In der Praxis kommt der Arbeitnehmer typischerweise zunächst der Weisung unter dem ausdrücklichen Vorbehalt der gerichtlichen Überprüfung nach und führt dann hinsichtlich der Ausübung des Direktionsrechts eine arbeitsgerichtliche Überprüfung durch. Wird ein Arbeitnehmer auf Dauer in einen anderen Betrieb des Arbeitgebers versetzt, bedarf es neben der Zustimmung des Betriebsrats des aufnehmenden Betriebes wegen der Einstellung auch der Zustimmung des Betriebsrates des abgebenden Betriebes wegen der Versetzung, wenn der Arbeitnehmer mit der Versetzung nicht einverstanden ist (BAG AP BetrVG 1972 § 99 Nr. 84 = NZA 1991, 195).

Kosten und Gebühren

5. Keine Besonderheiten, → Form. IV.A.1 Anm. 9.

B. Klagen des Arbeitnehmers und Klageerwiderungen im Zusammenhang mit der Beendigung des Arbeitsverhältnisses

1. Kündigungsschutzklage des Arbeitnehmers gegen eine AG

An das
Arbeitsgericht

Klage

des/der Herrn/Frau . . . . .
Klägers(in)
– Prozessbevollmächtigte/r: RA(in) . . . . . –
gegen
die . . . . . AG
gesetzlich vertreten durch den Vorstand, diesen vertreten die Vorstandsmitglieder 1. . . . . 2. . . . .,
Beklagte
wegen Kündigungsschutz.

Namens und mit Vollmacht des/der Klägers(in) erhebe ich Klage und werde beantragen zu erkennen:

I. Es wird festgestellt, dass das zwischen den Parteien bestehende Arbeitsverhältnis durch die ordentliche Kündigung der Beklagten [oder außerordentliche fristlose Kündigung der Beklagten] vom . . . . . – zugegangen am . . . . . – nicht beendet wird.[1, 2, 3, 4, 5]

II. Die Beklagte trägt die Kosten des Rechtsstreites.

Begründung:

Der/Die am . . . . . geb., led./verh. Kläger(in), der/die . . . . . Kinder hat, ist seit dem . . . . . bei der Beklagten als . . . . . tätig. Der/Die Kläger(in) erzielt eine Bruttomonatsvergütung iHv . . . . . EUR, zahlbar 13 × jährlich, zzgl. einer Bonuszahlung, die im Jahre . . . . . EUR betragen hat.

Beweis: Arbeitsvertrag vom . . . . . als Anlage K 1

Die Beklagte beschäftigt mehr als zehn Arbeitnehmer.[6, 7, 8]

Beweis: Zeugnis des/der Herrn/Frau . . . . ., zu laden . . . . .

Die Beklagte hat das Arbeitsverhältnis mit Schreiben vom . . . . . – zugegangen am . . . . . – ordentlich/außerordentlich fristlos zum . . . . . gekündigt.

Beweis: Kündigungsschreiben vom . . . . . als Anlage K 2

Kündigungsgründe liegen nicht vor.[9, 10, 11, 12, 13] Die Kündigung ist nach § 1 Abs. 1 S. 2 KSchG nicht sozial gerechtfertigt. Vorsorglich wird bereits die ordnungsgemäße Sozialauswahl gerügt.

Die Beklagte hat die geltende Kündigungsfrist nicht beachtet. Das Arbeitsverhältnis hätte aufgrund seiner Dauer nur mit einer Frist von . . . . . zum . . . . . gekündigt werden können.

Beweis: Arbeitsvertrag b.b. als Anlage K 1

Bei der Beklagten besteht ein Betriebsrat. Die ordnungsgemäße Anhörung des Betriebsrats nach § 102 BetrVG wird mit Nichtwissen bestritten.

Rechtsanwalt/Rechtsanwältin[14, 15]

Anmerkungen

1. Innerhalb der Klagefrist des § 4 KSchG muss die Klage beim Arbeitsgericht erhoben werden. Für die Kündigungsschutzklage gelten die Formvorschriften für bestimmende Schriftsätze. Indes stellt das BAG insoweit keine strengen Anforderungen. Es genügt, dass aus der Klage ersichtlich ist, gegen wen sie sich richtet, wo der Kläger tätig war und dass er seine Kündigung nicht als berechtigt anerkennen will (BAG AP KSchG§ 3 Nr. 8 = NJW 1956, 1772; AP KSchG 1969 § 4 Nr. 7 = NJW 1982, 1174). Die Klagefrist des § 4 KSchG ist auch dann gewahrt, wenn der Arbeitnehmer seinen Wohnort in der Klageschrift nicht angibt, aber gleichwohl seine Identität zweifelsfrei feststeht (BAG 1.10.2020 – 2 AZR 247/20, NZA 2021, 75). Ist die Bezeichnung der Partei nicht eindeutig, so ist die Partei durch Auslegung zu ermitteln. Nicht allein die formale Bezeichnung der Partei ist für die Parteistellung maßgeblich. Vielmehr kommt es darauf an, welcher Sinn der von der klagenden Partei in der Klageschrift gewählte Parteibezeichnung bei objektiver Würdigung des Erklärungsinhalts beizulegen ist. Entscheidend ist die Wahrung der rechtlichen Identität zwischen der ursprünglich bezeichneten und der tatsächlich gemeinten Partei. Verklagt ist dabei diejenige Person, die erkennbar betroffen ist. Hierfür muss eine Auslegung der Erklärungen des Klägers aus Sicht des Arbeitsgerichts und der Beklagten vorgenommen werden. Es ist das tatsächliche Vorbringen des Klägers zu berücksichtigen. Heranzuziehen sind dabei alle erkennbaren Umstände, insb. die der Klagschrift beigefügten Unterlagen (BAG 20.1.2010 – 7 AZR 753/08, NZA 2010, 636), so bspw. das Kündigungsschreiben oder der Arbeitsvertrag. Stimmen die tatsächlich gemeinte Partei und die ursprünglich bezeichnete Partei nicht überein, ist eine Berichtigung des Rubrums möglich.

Innerhalb der Frist des § 4 KSchG ist die fehlende soziale Rechtfertigung vom Kläger geltend zu machen. Gleichermaßen sind nach § 4 S. 1 KSchG auch andere Gründe der Rechtsunwirksamkeit anzuführen. Wird die Frist des § 4 KSchG nicht eingehalten, gilt die Kündigung nach § 7 KSchG als von Anfang an rechtswirksam. Nach § 6 KSchG hat der Arbeitnehmer, der innerhalb von drei Wochen nach Zugang der schriftlichen Kündigung Klage erhoben und die Unwirksamkeit einer Kündigung geltend gemacht hat, die Möglichkeit, bis zum Schluss der mündlichen Verhandlung erster Instanz zur Begründung der Kündigung auch andere Gründe geltend zu machen, die er nicht innerhalb der Klagefrist geltend gemacht hat. Insoweit kann der Sachvortrag im Kündigungsschutzprozess erweitert werden (BAG 18.1.2012 – 6 AZR 407/10, NZA 2012, 817; 24.5.2012 – 2 AZR 206/11, NZA 2013, 137; zu den insoweit erforderlichen Hinweispflichten durch das Arbeitsgericht vgl. BAG 18.1.2012 – 6 AZR 407/10, NZA 2012, 817). Das Arbeitsgericht genügt der Hinweispflicht aus § 6 S. 2 KSchG, wenn es den Arbeitnehmer darauf hinweist, dass er sich bis zum Schluss der mündlichen Verhandlung erster Instanz auch auf nicht innerhalb der Klagefrist geltend gemachte Gründe berufen kann. Hinweise des Gerichts auf konkrete Unwirksamkeitsgründe sind auch dann nicht geboten, wenn im Laufe des erstinstanzlichen Verfahrens deutlich wird, dass Unwirksamkeitsgründe in Betracht kommen, auf die der Arbeitnehmer sich nicht berufen hat. Diese Pflicht kann sich allerdings aus § 139 ZPO ergeben (BAG 18.1.2012 – 6 AZR 407/10, NZA 2012, 817; BAG 20.1.2016 – 6 AZR 601/14, NZA 2016, 490). Die Vorschrift hat vor allem Bedeutung, wenn der zumeist nicht rechtskundige Arbeitnehmer nicht alle Unwirksamkeitsgründe von Anfang an geltend gemacht hat (BAG 8.11.2007 – 2 AZR 314/06, NZA 2008, 936 zum Ausschluss der ordentlichen Kündigung aufgrund vertraglicher oder tariflicher Regelungen). Das BAG bejaht eine entsprechende Anwendung von § 6 KSchG, wenn der Arbeitnehmer aus der Unwirksamkeit der Kündigung weitere Ansprüche geltend macht. Hat der Arbeitnehmer eine unzulässige oder unbegründete Feststellungsklage nach § 256 ZPO erhoben, so erlaubt ihm § 6 KSchG eine Erweiterung des Streitgegenstandes. Eine unzulässige Klage steht der Anwendung des § 6 KSchG nicht entgegen (BAG AP KSchG § 3 Nr. 16). Nach § 4 KSchG läuft die Klagefrist erst ab Zugang der schriftlichen Kündigung (§ 623 BGB). Dasselbe gilt, wenn die Kündigung von der Zustimmung einer Behörde abhängig ist (§ 4 S. 4 KSchG). Eine Kündigungsschutzklage kann auch fristwahrend in einem zwischen den Parteien anhängigen Berufungsverfahren und auch im Wege der Anschlussberufung durch den Arbeitnehmer erhoben werden. Eine Berufungsrücknahme durch den Arbeitgeber hat dann nicht zur Folge, dass die Wirksamkeitsfiktion nach § 7 KSchG trotz fristwahrender Klagerhebung eintritt. Der Arbeitnehmer verwirkt allerdings sein Recht, sich auf die fristwahrende Klageerhebung und damit die Unwirksamkeit der Kündigung zu berufen, wenn er innerhalb von zwei Wochen ab Kenntnis von der Berufungsrücknahme des Arbeitgebers keine neue Kündigungsschutzklage anhängig macht. Insoweit soll aber nicht die Frist des § 4 S. 1 KSchG maßgeblich sein, sondern in analoger Anwendung die des § 5 Abs. 3 S. 1 KSchG (BAG 10.12.2020 – 2 AZR 308/20, NZA 2021, 293).

2. Nach der Rechtsprechung des BAG gilt zu § 4 KSchG die sog punktuelle Streitgegenstandstheorie (BAG AP KSchG 1951 § 3 Nr. 17; AP KSchG 1951 § 3 Nr. 18; AP KSchG 1951 § 3 Nr. 40; AP BetrVG § 66 Nr. 4; AP ZPO § 81 Nr. 2; AP ZPO § 256 Nr. 50; AP KSchG 1969 § 4 Nr. 3; AP KSchG 1969 § 4 Nr. 17; AP KSchG 1969 § 4 Nr. 19; NZA 1994, 860; NZA 1995, 595; 18.12.2014 – 2 AZR 163/14, NZA 2015, 635). Das Gericht prüft, ob ein Arbeitsverhältnis bis zum Zugang der Kündigung bestanden hat und durch die angegriffene Kündigung aufgelöst worden ist (BAG AP KSchG 1969 § 4 Nr. 19; NZA 1988, 65; AP BGB § 611 Treuepflicht Nr. 10 = NZA 1991, 141; AP KSchG 1969 § 4 Nr. 28; NZA 1994, 812; Schaub ArbR-HdB/*Linck* § 138 Rn. 7 ff.). Die Klage ist also unwirksam, wenn das zugrunde liegende Rechtsverhältnis kein Arbeitsverhältnis ist (BAG 20.9.2000 – 5 AZR 271/99, NZA 2001, 210) oder das Arbeitsverhältnis bei Zugang der Kündigung bereits aufgrund eines anderen Beendigungstatbestandes aufgelöst war (BAG 29.1.2015 – 2 AZR 698/12, NZA 2015, 1022). Die Wirksamkeit der Kündigung wird jedoch unter jedem rechtlichen Gesichtspunkt geprüft. Folgerungen: Wendet sich der Kläger gegen eine ihm gegenüber gleichzeitig ausgesprochene außerordentliche und (hilfsweise) ordentliche Kündigung, so muss das Urteil gesondert über den Hauptantrag und unechten Eventualantrag befinden (BAG AP GewO § 133b Nr. 1; AP ZPO § 313 Nr. 9). Dies sollte bereits bei der Antragstellung berücksichtigt werden.

Es wird beantragt, festzustellen, dass das Arbeitsverhältnis durch die Kündigung vom . . . . . weder außerordentlich fristlos, noch ordentlich zum . . . . . beendet worden ist;
oder:
Es wird beantragt festzustellen, dass das Arbeitsverhältnis durch die außerordentlich fristlose Kündigung vom . . . . . nicht am . . . . . aufgelöst wurde, sondern erst mit Ablauf der Kündigungsfrist am . . . . . endet.

Ist zu erwarten, dass der Arbeitgeber im Prozess nicht nur die Auflösung des Arbeitsverhältnisses infolge der ausgesprochenen Kündigung, sondern auch auf Grund anderer Tatbestände (weitere Kündigung, Anfechtung, Auflösungsvertrag usw) behaupten wird, so wird zweckmäßig im Wege der kumulativen Klagehäufung zugleich eine Feststellungsklage nach § 256 ZPO erhoben (→ Anm. 3). Stellt der gekündigte Arbeitnehmer mit der Klageschrift den Antrag nach § 4 KSchG und fügt er – gleichsam prophylaktisch zur vermeintlichen Klarstellung – diesem Antrag den Zusatz bei, festzustellen, dass das Arbeitsverhältnis unverändert fortbestehe, ist zum Zeitpunkt der letzten mündlichen Verhandlung in der Tatsacheninstanz vom Arbeitsgericht zu klären (§ 139 ZPO), was der Arbeitnehmer mit diesem weiteren Antrag bezwecken will (BAG AP KSchG 1969 § 4

Nr. 28 = NZA 1994, 812; AP KSchG 1969 § 4 Nr. 33 = NZA 1996, 334). Bringt der Kläger zum Ausdruck, er wolle nur den Inhalt des Antrags nach § 4 KSchG etwa dahin verdeutlichen, wenn die angegriffene Kündigung unwirksam sei, bestehe das Arbeitsverhältnis eben fort, so ist der Zusatz überflüssig (sog unselbständiges Anhängsel) und hat keine eigene prozessrechtliche Bedeutung (BAG 18.12.2014 – 2 AZR 163/14, NZA 2015, 635). Beruft sich der Kläger dagegen darauf, es handele sich um eine vorsorgliche Feststellungsklage, es könne ja sein, dass irgendwann einmal eine Erklärung des Beklagten abgegeben werde, die eine Kündigung sein könne, ist dieser Antrag als unzulässig abzuweisen, wenn es keine weiteren Kündigungen gibt. Der Antrag ist zulässig, wenn der Arbeitnehmer weitere Beendigungstatbestände darlegen kann (BAG AP KSchG 1969 § 4 Nr. 28 = NZA 1994, 812; AP KSchG 1969 § 4 Nr. 29 = NZA 1994, 860). Spricht der Arbeitgeber mehrere Kündigungen hintereinander aus, so muss zur Meidung der Wirksamkeit der Kündigungen (§ 7 KSchG) grds. jede einzelne Kündigung nach § 4 KSchG angegriffen werden. Es kann aber auch im Wege kumulativer Klagehäufung mit einer Kündigungsschutzklage nach § 4 KSchG gegen die erste Kündigung die Feststellungsklage nach § 256 ZPO erhoben werden (→ Anm. 3). Hat der Arbeitnehmer mit seiner Klage die Unwirksamkeit einer bestimmten Kündigung geltend gemacht und mit einem weiteren Antrag die Feststellung begehrt, dass das Arbeitsverhältnis auch nicht durch andere Beendigungstatbestände endet, wird damit jedenfalls auch eine weitere Kündigung erfasst, – wenn der Kläger ihre Unwirksamkeit noch vor Schluss der mündlichen Verhandlung in der ersten Instanz explizit geltend gemacht und mit einem Antrag nach § 4 S. 1 KSchG erfasst hat (BAG 18.12.2014 – 2 AZR 163/14, NZA 2015, 635). Es sollte allerdings bei Zugang sicherheitshalber die Klage erweitert und die konkrete Kündigung auch mit einem Antrag nach § 4 KSchG angegriffen werden (BAG 26.9.2013 – 2 AZR 682/12, NZA 2014, 443). Streitgegenstand einer Feststellungsklage nach § 256 ZPO ist die Frage, ob ein Arbeitsverhältnis im Zeitpunkt der letzten mündlichen Verhandlung in der Tatsacheninstanz oder über einen bestimmten späteren Zeitpunkt hinaus fortbesteht (BAG AP KSchG 1969 § 4 Nr. 19 = NZA 1988, 651; AP KSchG 1969 § 4 Nr. 28; AP KSchG 1969 § 4 Nr. 29 = NZA 1994, 812; NZA 1994, 860; AP KSchG 1969 § 4 Nr. 33 = NZA 1996, 334). Die Feststellungsklage nach § 256 ZPO setzt im Kündigungsschutzprozess wie jede andere Feststellungsklage ein Rechtsschutzinteresse voraus. Dies besteht nicht schon deshalb, weil eine bestimmt bezeichnete Kündigung ausgesprochen worden und wegen dieser ein Kündigungsrechtsstreit anhängig ist. Es ist vielmehr erforderlich, dass der klagende Arbeitnehmer durch Tatsachenvortrag angeblich weitere Kündigungen oder Beendigungsgründe in den Prozess einführt oder wenigstens glaubhaft macht und damit belegt, warum dieser, die Klage nach § 4 KSchG erweiternder Antrag – noch dazu alsbald – gerechtfertigt sein soll (BAG AP KSchG 1969 § 4 Nr. 28 = NZA 1994, 812; AP KSchG 1969 § 4 Nr. 29 = NZA 1994, 860; AP KSchG 1969 § 4 Nr. 33 = NZA 1996, 334). Von einem neben dem Kündigungsschutzantrag gestellten allgemeinem Feststellungsantrag sind Kündigungen des Arbeitgebers nicht erfasst, die nach dem Schluss der mündlichen Verhandlung vor dem Arbeitsgericht ausgesprochen werden und vom Arbeitnehmer mit einer gesonderten Kündigungsschutzklage angegriffen werden (BAG AP KSchG § 4 Nr. 49 = NJW 2003, 1412 = NZA 2003, 684). Das Feststellungsinteresse fehlt, wenn der Arbeitnehmer jede einzelne Kündigung mit der Kündigungsschutzklage nach § 4 KSchG angegriffen hat (BAG AP BGB § 611 Fürsorgepflicht Nr. 10 = NZA 1991, 141). Unabhängig davon fehlt das Interesse des Arbeitnehmers an der Feststellung der Sozialwidrigkeit einer Kündigung wegen eines gleichzeitig mit Ablauf der Kündigungsfrist wirksam werdenden Beendigungstatbestandes nur dann, wenn die Wirksamkeit dieser anderen Beendigung zwischen den Parteien unstreitig oder rechtskräftig festgestellt ist (BAG AP KSchG 1969 § 4 Nr. 8).

3. Alternative:

Es wird festgestellt, dass das zwischen den Parteien bestehende Arbeitsverhältnis durch die ordentliche/außerordentlich fristlose Kündigung der Beklagten vom ..... – zugegangen am – ..... nicht beendet wird, sondern über den ..... fortbesteht.

→ Anm. 2.

4. Alternative bei Auflösungsantrag:
→ Form. IV.B.8.

Der Auflösungsantrag ist seiner Rechtsnatur nach ein unechter Eventualantrag, der nur für den Fall der Begründetheit des Feststellungsantrages gestellt wird (BAG AP GewO § 133b Nr. 1; AP KSchG § 7 Nr. 20 = NJW 1965, 787). Ob ein Auflösungsantrag vorliegt, ist im Wege der Auslegung zu ermitteln. Dies ist nicht der Fall, wenn der Arbeitgeber einen Auflösungsantrag gestellt hat und der Arbeitnehmer in der 2. Instanz allein eine höhere Abfindung begehrt (BAG AP KSchG § 7 Nr. 8). Dagegen liegt in einem Zahlungsantrag auch denknotwendig der Auflösungsantrag (BAG AP KSchG § 7 Nr. 5). Die Auflösung erfolgt zum Zeitpunkt, zu dem das Arbeitsverhältnis aufgrund der ordentlichen Kündigung geendet hätte (§ 9 Abs. 2 KSchG). Beim Auflösungsantrag des Arbeitnehmers zusätzlich nach einer außerordentlichen Kündigung zum Zeitpunkt, zu dem die außerordentliche Kündigung ausgesprochen wurde (§ 13 Abs. 1 S. 4 KSchG). Die Vorschrift des § 9 Abs. 2 KSchG ist verfassungsgemäß (BAG AP KSchG 1969 § 9 Nr. 12 = NZA 1985, 60). Abfindungsurteile sind vorläufig vollstreckbar (AP ArbGG 1979 § 62 Nr. 4 = NZA 1988, 329).

5. Der Auflösungsantrag kann bis zum Schluss der mündlichen Verhandlung in der 2. Instanz gestellt werden. Ist in der 1. Instanz kein Auflösungsantrag gestellt, so ist bei Obsiegen mangels Beschwer eine Berufung unzulässig, mit der allein die Auflösung des Arbeitsverhältnisses erstrebt wird. Ein Auflösungsantrag kann bis zum Schluss der letzten mündlichen Verhandlung in der Berufungsinstanz zurückgenommen werden (BAG AP KSchG § 7 Nr. 8). Hierbei handelt es sich nicht um eine teilweise Klagerücknahme, so dass eine Einwilligung des Gegners nicht erforderlich ist (BAG AP KSchG 1969 § 9 Nr. 5 = NJW 1980, 1484). Ob in der Rücknahme ein Verzicht enthalten ist, muss durch Auslegung ermittelt werden (BAG AP KSchG § 7 Nr. 8); jedoch kann sich der Beschwerdegegenstand bei Rücknahme in der Berufungsinstanz ändern (BAG AP ArbGG 1979 § 64 Nr. 36). Der vom Arbeitgeber neben dem Antrag auf Abweisung einer Kündigungsschutzklage hilfsweise gestellte Auflösungsantrag nach § 9 Abs. 1 S. 2 KSchG wird dann, wenn der Arbeitnehmer gegen die Abweisung der Kündigungsschutzklage durch das Landesarbeitsgericht Revision einlegt, auch ohne Anschlussrevision des Arbeitgebers in der Revisionsinstanz anhängig, wenn das Revisionsgericht auf die Revision der Kündigungsschutzklage stattgibt oder ein Feststellungsurteil des Arbeitsgerichts bestätigt. Dann ist zugleich über den Auflösungsantrag zu entscheiden (BAG AP BetrVG 1972 § 102 Nr. 22 = NJW 1981, 2316). Haben in einem Kündigungsschutzprozess beide Parteien einen Auflösungsantrag gestellt und löst das Arbeitsgericht das Arbeitsverhältnis auf, so ist der Arbeitnehmer, der die Höhe der festgesetzten Abfindung nicht angreift, durch dieses Urteil nicht beschwert und seine Berufung deshalb unzulässig, auch wenn das Arbeitsgericht das Arbeitsverhältnis auf den Antrag des Arbeitgebers hin auflöst. Der Arbeitnehmer kann in einem derartigen Fall nicht allein mit dem Ziel Berufung einlegen, seinen erstinstanzlich gestellten Antrag zurückzunehmen und eine Fortsetzung des Arbeitsverhältnisses zu erreichen (BAG AP KSchG § 9 Nr. 23 = NZA 1994, 264).

6. Entlassungsentschädigungen/Abfindungen sind Zahlungen, die der Arbeitgeber an den ausscheidenden Arbeitnehmer zahlt. Zwischen der Zahlung und der Beendigung des Arbeitsverhältnisses muss ein Kausalzusammenhang bestehen. Wegen der Beendigung des

Arbeits-/Beschäftigungsverhältnisses wird eine Abfindung dann gezahlt, wenn der Arbeitnehmer ohne Beendigung des Arbeits-/Beschäftigungsverhältnisses diese Leistungen nicht erhalten hätte. Die Bezeichnung der Leistung als Abfindung, Entschädigung usw ist nicht entscheidend. Nicht berücksichtigt werden Leistungen, die nicht wegen, sondern anlässlich der Beendigung des Beschäftigungsverhältnisses gezahlt werden. Dies ist zB bei Leistungen der Fall, die der Arbeitgeber nicht vom Ausscheiden des Arbeitnehmers aus dem Arbeitsverhältnis abhängig macht, sondern die unabhängig von dem Ausscheiden des Arbeitnehmers zu einem bestimmten Zeitpunkt fällig werden. Dies trifft zu für Treueprämien bei Erreichen eines bestimmten Alters und einer bestimmten Betriebszugehörigkeit. Keine Entlassungsentschädigungen sind Erfindervergütungen, rückständiger Arbeitslohn, Urlaubsabgeltung, anteilige einmalige Leistungen als Teil der Vergütung.

7. Ruhen des Arbeitslosengeldes bei Arbeitsentgelt und Urlaubsabgeltung. § 157 SGB III beruht auf dem Grundgedanken, dass Arbeitslosengeld nicht benötigt wird, wenn der Arbeitslose noch Vergütungsansprüche hat. Erhält der Arbeitslose die vorstehenden Leistungen nicht, wird gem. § 157 Abs. 3 SGB III das Arbeitslosengeld auch für den Zeitraum gezahlt, in dem das Arbeitsverhältnis ruht („Gleichwohlgewährung"). Nach § 115 SGB X geht der Anspruch in Höhe der Zahlungen auf die Bundesagentur über.

8. Ruhen des Anspruches auf Arbeitslosengeld bei Abfindung:

a) Der Anspruch auf Arbeitslosengeld ruht bis zum Ende der ordentlichen Kündigungsfrist, wenn der Arbeitslose wegen der Beendigung des Arbeitsverhältnisses eine Abfindung, Entschädigung oder ähnliche Leistung erhalten oder zu beanspruchen hat und das Arbeitsverhältnis ohne Einhaltung einer der ordentlichen Kündigungsfrist des Arbeitgebers entsprechenden Frist beendet worden ist (§ 158 SGB III).
b) Vorzeitige Beendigung des Arbeitsverhältnisses. Abfindungen führen nur zum Ruhen, wenn das Arbeitsverhältnis vorzeitig beendet worden ist, also zu einem Zeitpunkt, zu dem der Arbeitgeber das Arbeitsverhältnis ordentlich nicht beenden konnte. Die vorzeitige Beendigung führt auch dann zum Ruhen, wenn der Arbeitslose das Arbeitslosengeld erst dann beantragt, wenn er ohnehin arbeitslos gewesen wäre (BSG 5.8.1999 – B 7 AL 14/99 R, NZA-RR 2000, 553). Kein Ruhenstatbestand liegt vor bei wirksamer ordentlicher Kündigung, beim Auslaufen durch Befristung oder bei unwirksamer fristloser Kündigung. In diesen Fällen kann die Abfindung keine Entgeltanteile mehr enthalten. Nicht zum Ruhen führen Leistungen, auf die auch bei ordentlicher Kündigung ein Rechtsanspruch bestand, also Überbrückungsgelder, bereits zuvor verdiente Vergütungsbestandteile wie Abfindungen aus Betriebsrenten oder Gewinnanteile, Prämien, vermögenswirksame Leistungen, Mehrarbeitsvergütungen usw. Zweckmäßig wird daher bei Vergleichsformulierungen im Arbeitsrecht zwischen bereits erdienten und den noch nicht erdienten Ansprüchen unterschieden. Dies gilt insb., wenn ein Arbeitsverhältnis rückwirkend zu einem Monatsletzten gelöst wird und die über den Monatsletzten bereits verdienten Vergütungsbestandteile in der Abfindung aufgehen sollen.
c) Ruhenszeitraum. Der Anspruch auf Arbeitslosengeld ruht für die Zeit zwischen der Beendigung des Arbeitsverhältnisses auf Grund nicht fristgerechter Kündigung oder Aufhebungsvertrag und dem Zeitpunkt, zu dem das Arbeitsverhältnis geendet hätte, wenn eine ordentliche Kündigung ausgesprochen worden wäre (§ 158 Abs. 1 SGB III). Es tritt demnach auch dann kein Ruhen ein, wenn der Arbeitnehmer eine ordentliche Kündigung des Arbeitgebers wegen Fehlens eines sie sozial rechtfertigenden Grundes mit der Kündigungsschutzklage (§ 4 KSchG) hätte angreifen können oder wenn auf eine zunächst nicht fristgerecht ausgesprochene Kündigung ein Beendigungszeitpunkt gewählt wird, der auch bei ordentlicher Kündigung eingetreten wäre.

d) Berechnung der Kündigungsfristen. Für die Berechnung der Kündigungsfristen ergeben sich Besonderheiten aus § 158 Abs. 1 S. 3, 4 SGB III. Ist die ordentliche Kündigung des Arbeitsverhältnisses durch den Arbeitgeber ausgeschlossen, so gilt bei zeitlich unbegrenztem Ausschluss (also zB der Unkündbarkeit des Arbeitnehmers) eine Kündigungsfrist von 18 Monaten, bei zeitlich begrenztem Ausschluss oder Vorliegen der Voraussetzungen für eine fristgebundene Kündigung aus wichtigem Grund gilt die Kündigungsfrist, die ohne den Ausschluss der ordentlichen Kündigung maßgebend gewesen wäre. Kann dem Arbeitnehmer nur bei Zahlung einer Entlassungsentschädigung ordentlich gekündigt werden, so gilt eine Kündigungsfrist von einem Jahr (§ 158 Abs. 1 S. 4 SGB III). Hat der Arbeitslose noch Urlaubsabgeltung zu beanspruchen, so verlängert sich der Ruhezeitraum entsprechend (§ 158 Abs. 1 S. 5 SGB III).

e) Berechnung der längsten Ruhensdauer. § 158 Abs. 2 SGB III enthält eine Reihe von Begrenzungen, bis zu welchem Zeitpunkt das Arbeitslosengeld längstens ruht. Nach § 158 Abs. 2 S. 1 SGB III ruht der Anspruch längstens ein Jahr.

1. Nach § 158 Abs. 2 S. 2 Nr. 1 SGB III ruht der Anspruch auf Arbeitslosengeld nicht über den Tag hinaus, bis zu dem der Arbeitslose bei Weiterzahlung des während der letzten Beschäftigungszeit kalendertäglich verdienten Arbeitsentgelts einen Betrag iHv 60 % der nach Abs. 1 zu berücksichtigenden Entlassungsentschädigung als Arbeitsentgelt verdient hätte. Der anzurechnende Anteil vermindert sich nach längerer Beschäftigung und höherem Lebensalter (§ 158 Abs. 2 S. 3 SGB III).
2. Der Anspruch auf Arbeitslosengeld ruht nicht über den Tag hinaus, an dem das Arbeitsverhältnis infolge einer Befristung, die unabhängig von der Vereinbarung über die Beendigung des Arbeitsverhältnisses bestanden hat, geendet hätte (§ 158 Abs. 2 S. 2 Nr. 2 SGB III). Gedacht ist an solche Fälle, bei denen das Arbeitsverhältnis befristet war und dem Arbeitnehmer die Möglichkeit zur Verlängerung des Arbeitsverhältnisses eingeräumt ist, sowie jene Fälle, die sich aus § 78a BetrVG ergeben, soweit während des Laufens der Befristung das Arbeitsverhältnis noch einmal gekündigt oder im Wege der Vereinbarung beendet worden ist. Wird also zB einem Mitglied der Jugendvertretung zu Unrecht fristlos gekündigt, so ruht der Anspruch auf Arbeitslosengeld längstens bis zum Auslaufen des Ausbildungsverhältnisses, wenn er von dem Recht zur Übernahme in ein Dauerarbeitsverhältnis keinen Gebrauch macht.
3. Nach § 158 Abs. 1 S. 2 Nr. 3 SGB III ruht das Arbeitslosengeld nicht über den Tag hinaus, an dem der Arbeitgeber das Arbeitsverhältnis aus wichtigem Grund ohne Einhaltung einer Kündigungsfrist (vor Vergleichsabschluss) hätte kündigen können. War die außerordentliche Kündigung berechtigt, kann die Abfindung Arbeitsentgeltansprüche nicht decken. Der Gesetzgeber geht von der Vorstellung aus, dass ein Arbeitgeber im Falle berechtigter außerordentlicher Kündigung regelmäßig keine Abfindung mehr zahlt; nach seiner Vorstellung findet die Vorschrift allenfalls dann Anwendung, wenn unkündbare Arbeitnehmer, zB auf Grund eines Sozialplanes, eine Abfindung erhalten.

9. Der Kläger ist darlegungs- und beweispflichtig für den Bestand des Arbeitsverhältnisses und den Ablauf der Wartezeit (§ 1 Abs. 1 KSchG) sowie die Zahl der Arbeitnehmer (§ 23 Abs. 1 S. 2 KSchG), die auch in der Klage zur Begründung der Anwendbarkeit des KSchG genannt werden sollten. Bei der Feststellung der Zahl der regelmäßig beschäftigten Arbeitnehmer sind teilzeitbeschäftigte Arbeitnehmer mit einer regelmäßigen wöchentlichen Arbeitszeit von nicht mehr als 20 Stunden mit 0,5 und nicht mehr als 30 Stunden mit 0,75 zu berücksichtigen. Zu beachten ist der unterschiedliche Schwellenwert für die Anwendbarkeit des KSchG, abhängig vom Eintrittsdatum des Arbeitnehmers. Nach § 23 S. 2 KSchG gelten die Vorschriften des Ersten Abschnitts des KSchG nicht, wenn der Arbeitnehmer bis zum 31.12.2003 eingestellt wurde und das Unternehmen bzw. die

Verwaltung in der Regel fünf oder weniger Arbeitnehmer ausschließlich der Auszubildenden beschäftigt. Ist der Arbeitnehmer nach dem 31.12.2003 eingestellt worden, gilt das KSchG nicht für Unternehmen und Verwaltungen, in denen in der Regel zehn oder weniger Arbeitnehmer ausschließlich derer in Berufsausbildung beschäftigt werden. Hieraus folgt, dass Arbeitnehmer in Unternehmen mit mehr als fünf und weniger als zehn Beschäftigten, die am 31.12.2003 Kündigungsschutz besaßen, unter den gesetzlichen Voraussetzungen ihren Kündigungsschutz behalten. Dabei bleiben „Neueinstellungen" unberücksichtigt. Die Erhöhung des Schwellenwertes gilt nur für Neueinstellungen. Nach § 14 Abs. 1 Nr. 1 KSchG gilt der erste Abschnitt des KSchG nicht für Mitglieder des Organs, das zur gesetzlichen Vertretung einer juristischen Person berufen ist. Dies gilt uneingeschränkt solange die Organstellung bei Zugang der Kündigung besteht. Es gilt auch dann, wenn das der Organstellung zugrunde liegende Schuldverhältnis ein Arbeitsverhältnis ist (BAG 21.9.2017 – 2 AZR 865/16, NZA 2018, 358). Die Vorschrift des § 14 Abs. 1 Nr. 1 KSchG ist auf § 23 Abs. 1 S. 2 KSchG nicht anwendbar. Geschäftsführer sind bei der Berechnung des Schwellenwertes zu berücksichtigen, wenn das zugrunde liegende Schuldverhältnis ausnahmsweise ein Arbeitsverhältnis ist, wofür der klagende Arbeitnehmer darlegungs- und beweisbelastet ist (BAG 27.4.2021 – 2 AZR 540/20, BeckRS 2021, 13386).

10. Zu besonderen Fragestellungen – namentlich auch im Hinblick auf den Rechtsweg – kann es kommen, wenn streitig ist, ob ein Rechtsverhältnis ein Arbeitsverhältnis oder ein Dienstverhältnis ist. Es werden drei Fallgestaltungen unterschieden: (1) Sic-non-Fall. Er ist gegeben, wenn die Klage nur dann Erfolg haben kann, wenn der Kläger Arbeitnehmer ist. Die arbeitsgerichtliche Zuständigkeit ist dann gegeben, wenn der Kläger die Rechtsbehauptung aufstellt, er sei Arbeitnehmer, er sich gegen die ordentliche Kündigung des Rechtsverhältnisses wendet, das er für ein Arbeitsverhältnis und der Beklagte für ein Dienstverhältnis hält. Ist der Kläger nicht Arbeitnehmer, ist die Klage als unbegründet abzuweisen. Eine Verweisung kommt nicht in Betracht. (2) Aut-aut-Fall. Ein solcher ist gegeben, wenn ein Anspruch entweder auf eine arbeitsrechtliche oder eine bürgerlichrechtliche Rechtsgrundlage gestützt werden kann, die sich aber wechselseitig ausschließen. (3) Et-et-Fall. Dieser ist gegeben, wenn ein Anspruch widerspruchslos sowohl auf eine arbeitsrechtliche als auch bürgerlich-rechtliche Rechtsgrundlage gestützt werden kann, bspw. im Falle eines Kündigungsschutzantrages hinsichtlich einer außerordentlichen Kündigung nach § 626 BGB, der sowohl für Arbeitsverhältnisse als auch für freie Dienstverhältnisse gilt. Wird mit einem gegen eine außerordentliche Kündigung gerichteten Feststellungsantrag allerdings erkennbar bewusst und gewollt eigenständig die weiter beantragte Feststellung verknüpft, dass es sich bei dem gekündigten Vertragsverhältnis um ein Arbeitsverhältnis gehandelt hat, soll ein sic-non-Fall vorliegen (LAG Düsseldorf 12.11.2019 – 3 Ta 377/19, NZA-RR 2020, 96). Die drei Fallgruppen bestimmen die Anforderungen an das klägerische Vorbringen zur Begründung der Rechtswegzuständigkeit der Arbeitsgerichte in Abgrenzung zu den ordentlichen Gerichten. Im Gegensatz zum sic-non-Fall reicht in aut-aut- bzw. et-et-Fällen die bloße Rechtsbehauptung des Klägers, er stehe in einem Arbeitsverhältnis, zur Begründung der arbeitsgerichtlichen Zuständigkeit nicht aus. Es ist nicht alleine auf den Klägervortrag abzustellen. Bestreitet die beklagte Partei die tatsächlichen Umstände, die für die rechtliche Einordnung des Rechtsverhältnisses von Bedeutung sind, hat das Gericht die zuständigkeitsbegründenden Tatsachen gegebenenfalls im Wege der Beweisaufnahme festzustellen (BAG 3.11.2020 – 9 AZB 47/20, NZA 2020, 1729). Organvertreter juristischer Personen gelten nach § 5 Abs. 1 S. 3 ArbGG, unabhängig von ihrer materiell-rechtlichen Rechtsstellung, nicht als Arbeitnehmer, da sie durch Gesetz, Satzung oder Gesellschaftsvertrag zur Vertretung einer juristischen Person oder Personengesamtheit berufen sind. Die unionsrechtliche Einordnung als Arbeitnehmer ist für die Frage der nationalen Rechtswegeröffnung nicht maßgeblich (BAG 21.1.2019 – 9 AZB 23/18, NZA 2019, 490). Mitglieder eines Vertretungsorgans einer juristischen Person sollen keine Rechtsstreitigkeiten mit der Gesellschaft vor den Arbeitsgerichten führen. Dies gilt auch dann, wenn objektiv feststeht, dass das Anstellungsverhältnis ein Arbeitsverhältnis ist (BAG 4.2.2013 – 10 AZB 78/12, NZA 2013, 397). Damit greift die Fiktion des § 5 Abs. 1 S. 3 ArbGG unabhängig davon ein, ob das der Organstellung zugrunde liegende Rechtsverhältnis materiell-rechtlich als freies Dienstverhältnis oder als Arbeitsverhältnis ausgestaltet ist (BAG 22.10.2014 – 10 AZB 46/14, NZA 2015, 60 (62)). Das der Organstellung zugrunde liegende Rechtsverhältnis soll als Arbeitsverhältnis einzuordnen sein, wenn die Gesellschaft gegenüber dem Geschäftsführer eine – über ihr gesellschaftsrechtliches Weisungsrecht hinausgehende – Weisungsbefugnis auch bezüglich der Umstände hat, unter denen dieser seine Leistung zu erbringen hat, und die konkreten Modalitäten der Leistungserbringung durch arbeitsbegleitende und verfahrensorientierte Weisungen bestimmen kann (BAG 21.1.2019 – 9 AZB 23/18, NZA 2019, 490). Für die eingreifende Fiktionswirkung des § 5 Abs. 1 S. 3 ArbGG kommt es nicht ausschließlich auf die Zustände zum Zeitpunkt der Klageerhebung an. Nachträgliche zuständigkeitsbegründende Umstände sind vielmehr auch dann zu berücksichtigen, wenn ein zum Zeitpunkt der Klageerhebung vor dem Arbeitsgericht noch nicht abberufener Geschäftsführer vor einer rechtskräftigen Entscheidung über die rechtliche Zuständigkeit abberufen wird, da damit die Fiktionswirkung des § 5 Abs. 1 S. 3 ArbGG entfällt (BAG 22.10.2014 – 10 AZB 46/14, NZA 2015, 60 (62); 3.12.2014 – 10 AZB 98/14, NZA 2015, 180 (182)). Liegen die Voraussetzungen des § 5 Abs. 1 S. 3 ArbGG nicht mehr vor, ist der Rechtsweg zu den Arbeitsgerichten auch für solche arbeitsrechtlichen Ansprüche eröffnet, die in einem Zeitraum begründet wurden, als die Voraussetzungen noch vorlagen (BAG 8.9.2015 – 9 AZB 21/15, NZA 2015, 1342). § 5 Abs. 1 S. 3 ArbGG gilt nicht, wenn die Parteien über Ansprüche aus einer neben dem Anstellungsverhältnis bestehenden Rechtsbeziehung streiten (BAG 18.11.2013 – 10 AZB 38/13, GmbHR 2014, 137 (138)). Hierbei kann es sich um ein Rechtsverhältnis handeln, das während der Zeit der Stellung als Organvertreter bestanden hat. Ein ruhendes Arbeitsverhältnis kommt grds. hierfür nicht mehr in Betracht. Die Rechtsprechung des BAG zum ruhenden Arbeitsverhältnis ist aufgegeben. Das bisherige Arbeitsverhältnis wird mit dem Abschluss des Geschäftsführeranstellungsvertrages beendet und lebt nach dessen Beendigung nicht wieder auf (BAG 24.11.2005 – 2 AZR 614/04, NZA 2006, 366). Aufgrund der bei der Beendigung des Arbeitsverhältnisses zu beachtenden Schriftform nach § 623 BGB verlangt dies allerdings, dass die Aufhebungsvereinbarung über das bisherige Arbeitsverhältnis schriftlich abgeschlossen wird (BAG 15.3.2011 – 10 AZB 32/10, NZA 2011, 874). Kündigt ein Arbeitgeber das vereinbarungsgemäß nach der Bestellung eines Arbeitnehmers zum Geschäftsführer ruhende und nach der Abberufung als Geschäftsführer wieder aufgelebte Arbeitsverhältnis, sind die Arbeitsgerichte für die vom Arbeitnehmer erhobene Kündigungsschutzklage nach § 2 Abs. 1 Nr. 3 lit. b) ArbGG ausschließlich zuständig. Erweitert der Arbeitnehmer seine Klage hinsichtlich der aus demselben Grund erklärten Kündigung des Geschäftsführeranstellungsverhältnisses, ist das Arbeitsgericht für diesen Klageantrag nach § 2 Abs. 3 ArbGG aufgrund des unmittelbaren wirtschaftlichen Zusammenhangs zuständig (LAG Köln 28.10.2019 – 9 Ta 158/19, BeckRS 2019, 28437).

Die Vorschrift des § 5 Abs. 1 S. 3 ArbGG spielt auch bei der Geltendmachung von Ansprüchen als freier Mitarbeiter eine Rolle.

Das Arbeitsgericht hat Rechtsstreitigkeiten über Bestehen oder Nichtbestehen eines Arbeitsverhältnisses nach Maßgabe von § 61a ArbGG zu beschleunigen. § 61a verdrängt als speziellere Norm § 56 ArbGG. Von § 61a ArbGG werden alle Rechtsstreitigkeiten über Bestehen oder Nichtbestehen erfasst, also auch der Streit um Kündigungen, Anfechtungserklärungen, Befristungen.

11. Zumeist ist es unzweckmäßig, in der Kündigungsschutzklage die Kündigungsgründe, für die der Arbeitgeber darlegungs- und beweispflichtig ist, in den Prozess einzuführen. Zweckmäßiger ist, die Klageerwiderung (§ 61a ArbGG) abzuwarten und dann Stellung zu nehmen. Ist in einem Kündigungsrechtsstreit entschieden, dass das Arbeitsverhältnis durch eine bestimmte Kündigung nicht aufgelöst worden ist, so kann der Arbeitgeber eine erneute Kündigung nicht auf Kündigungsgründe stützen, die er schon zur Begründung der ersten Kündigung vorgebracht hat und die in dem ersten Kündigungsschutzprozess materiell geprüft worden sind mit dem Ergebnis, dass sie die Kündigungen nicht rechtfertigen können (BAG AP BGB § 626 Nr. 113 = NZA 1994, 70).

12. Auch dann, wenn der Arbeitgeber nach Erhebung der Kündigungsschutzklage die Kündigung zurücknimmt, bleibt das Rechtsschutzinteresse für die Klage bestehen. Die Kündigungsrücknahme nimmt dem Arbeitnehmer auch nicht das Recht, erst danach gem. § 9 KSchG die Auflösung des Arbeitsverhältnisses zu verlangen (BAG AP KSchG 1969 § 9 Nr. 6; AP KSchG 1969 § 9 Nr. 9).

13. Der Arbeitgeber ist für die ordnungsgemäße Anhörung des Betriebsrates darlegungs- und beweispflichtig (BAG AP BetrVG 1972 § 102 Nr. 2; AP BetrVG 1972 § 102 Nr. 5). Diese Verpflichtung besteht bereits dann, wenn der Arbeitnehmer nur vorträgt, dass überhaupt ein Betriebsrat errichtet ist (BAG 23.6.2005 – 2 AZR 193/04, NZA 2005, 1233).

14. Etwaige Schadensersatzansprüche gegenüber dem Arbeitnehmer kann der Arbeitgeber im Wege der Widerklage geltend machen. Dazu zählt bspw. auch der Ersatz von Anwaltskosten für eine interne Ermittlung, wenn ein konkreter Verdacht einer erheblichen Verfehlung des Arbeitnehmers vorliegt und der Arbeitnehmer durch die interne Ermittlung einer schwerwiegenden vorsätzlichen Vertragspflichtverletzung überführt wird. Der Arbeitgeber hat dabei darzulegen, welche konkreten Ermittlungen wann und in welchem zeitlichen Umfang wegen welchen konkreten Verdachts gegen den Arbeitnehmer von der beauftragten Kanzlei durchgeführt wurden (BAG 29.4.2021 – 8 AZR 276/20, BeckRS 2021, 10503).

Kosten und Gebühren

15. Vermögensrechtliche Streitigkeit: § 42 Abs. 2 GKG (Höchstens der Vierteljahresbezug des Arbeitnehmers) (zu Grunde zu legen ist das arbeitsleistungsbezogene Arbeitsentgelt des auf den Beendigungstermin folgenden Vierteljahreszeitraums. Jahres- oder sonstige Leistungen werden unabhängig vom Auszahlungszeitpunkt nur dann berücksichtigt, wenn sie eindeutig Entgeltcharakter haben). Nach der überarbeiteten Fassung des Streitwertkatalogs v. 9.2.2018 soll eine außerordentliche Kündigung, die hilfsweise als ordentliche Kündigung erklärt wird, auch nur mit einem Vierteljahresbezug berücksichtigt werden, und zwar unabhängig davon, ob die Erklärung in einem oder mehreren Schreiben abgegeben ist. Mehrere Kündigungen ohne Veränderung des Beendigungszeitpunkts führen zu keiner Erhöhung. Bei unterschiedlichen Beendigungszeitpunkten wird für die Folgekündigung die Vergütungsdifferenz zur vorausgegangenen Kündigung herangezogen. Hat ein Arbeitnehmer die Klage auf Feststellung des Fortbestehens eines Arbeitsverhältnisses (§ 256 ZPO) mit einer Kündigungsschutzklage nach § 1 KSchG verbunden, so gilt nach der Rspr. des BAG gleichfalls die Höchstgrenze des § 42 Abs. 2 GKG (BAG AP ArbGG 1979 § 12 Nr. 8 = NZA 1985, 296). Berechnung des Beschwerdewertes: §§ 64 Abs. 7 ArbGG, §§ 511, 2 ff. ZPO. Wird ein Antrag nach § 9, 10 KSchG gestellt, wird dieser nicht hinzugerechnet (§ 42 Abs. 2 GKG). Gerichtsgebühren: § 1 GKG Anl. 1 Teil 8. Rechtsanwaltsgebühren: § 32 RVG; bei Veränderung des Streitwertes während der Instanz: § 33 RVG. Zur Beschwerde: § 66 GKG.

2. Kündigungsschutzklage, Klage aus Annahmeverzug und auf Weiterbeschäftigung gegen eingetragene Genossenschaft

An das
Arbeitsgericht

Klage

des/der Herrn/Frau .....
Klägers(in)
– Prozessbevollmächtigte/r: RA(in) ..... –
gegen
die ..... eG,
gesetzlich vertreten durch den Vorstand 1. ..... 2. .....,
Beklagte

Namens und mit Vollmacht des/der Klägers(in) erhebe ich Klage und werde beantragen zu erkennen:

I. Es wird festgestellt, dass das zwischen den Parteien bestehende Arbeitsverhältnis durch die ordentliche Kündigung der Beklagten vom ..... – zugegangen am ..... – nicht beendet wurde.
II. Es wird festgestellt, dass das Arbeitsverhältnis über den ..... fortbesteht.
III. Die Beklagte wird verurteilt, ... EUR nebst Zinsen iHv 5 Prozentpunkten über dem Basiszinssatz seit dem ..... an den/die Kläger(in) zu zahlen.[1, 2, 3]
IV. Die Beklagte wird verurteilt, den/die Kläger(in) über den ..... zu unveränderten Bedingungen auf demselben Arbeitsplatz als ..... weiter zu beschäftigen.[4, 5]
V. Die Beklagte trägt die Kosten des Rechtsstreits.

Begründung:

Der/Die am ..... geb., led./verh. Kläger(in), der/die ..... Kinder im Alter von ..... bis ..... hat, ist seit dem ..... aufgrund des Arbeitsvertrages vom ..... als ..... bei der Beklagten tätig. Die Bruttomonatsvergütung beträgt ..... EUR.

Beweis: Arbeitsvertrag vom ..... als Anlage K 1.

Die Beklagte betreibt ein ..... und beschäftigt mehr als zehn Arbeitnehmer.

Beweis: Zeugnis des/der Herrn/Frau ....., zu laden .....

Mit Schreiben vom ..... – zugegangen am ..... – hat die Beklagte das mit dem/der Kläger(in) bestehende Arbeitsverhältnis ordentlich gekündigt.

Beweis: Kündigungsschreiben vom ..... als Anlage K 2

Der Betriebsrat ist vor Ausspruch der Kündigung gehört worden. Die ordnungsgemäße Beteiligung des Betriebsrats gem. § 102 BetrVG wird mit Nichtwissen bestritten. In jedem Fall hat der Betriebsrat der Kündigung fristgemäß unter Angabe der Widerspruchsgründe widersprochen.[6]

Beweis: Widerspruch des Betriebsrats vom ..... als Anlage K 3

Die Kündigung ist nach § 1 Abs. 2 S. 2 KSchG nicht sozial gerechtfertigt. Es liegen keine Kündigungsgründe vor. Vorsorglich wird bereits die ordnungsgemäße Sozialauswahl gerügt.

Der/die Kläger(in) hat jedenfalls nach § 102 Abs. 5 BetrVG Anspruch auf Weiterbeschäftigung über das Ende der ordentlichen Kündigungsfrist hinaus.

Der/Die Kläger(in) hat seine/ihre Dienste durch Schreiben seines/ihres Prozessbevollmächtigten vom ..... angeboten. Er/Sie wurde gleichwohl nicht beschäftigt. Die Beklagte hat ab dem ..... auch keine Vergütung gezahlt.

Beweis: Schreiben des Prozessbevollmächtigten des/der Klägers(in) vom ..... als Anlage K 4

Die Beklagte befindet sich mithin in Verzug. Sie ist zur Gehaltsfortzahlung verpflichtet.

Rechtsanwalt/Rechtsanwältin[7]

Anmerkungen

1. Vor oder nach Einleitung der Kündigungsschutzklage kann es sinnvoll sein, Kontakt mit der Beklagten aufzunehmen. Ein ausdrückliches Angebot der Arbeitsleistung des Arbeitnehmers ist nicht erforderlich, uU aber sinnvoll. Das BAG geht davon aus, dass der Arbeitgeber in Annahmeverzug gerät, wenn er dem Arbeitnehmer unberechtigt kündigt, ohne dass es eines Arbeitsangebots des Arbeitnehmers bedarf (BAG AP BGB § 615 Nr. 34 = NZA 1985, 119; AP BGB § 615 Nr. 35 = NZA 1985, 778; AP BGB § 297 Nr. 2; dagegen aber BGH 20.1.1988 – IVa ZR 128/86, ZIP 1988, 453; 8.11.1999 – II ZR 7/98, NJW 2000, 1329). Der Arbeitnehmer muss seine Arbeitskraft auch nicht dann anbieten, wenn er zunächst im Zeitpunkt der Kündigung wegen Arbeitsunfähigkeit nicht leistungsfähig war (BAG 19.4.1990 – 2 AZR 591/89, NZA 1991, 228; 29.5.1991 – 4 AZR 539/90, NZA 1992, 40; 24.11.1994 – 2 AZR 179/94, NZA 1995, 263). Das Bundesarbeitsgericht hält aber an der Auffassung fest, dass der Arbeitgeber bei einer von ihm ausgesprochenen Kündigung gehalten ist, wegen § 296 BGB von sich aus den Arbeitnehmer zur Wiederaufnahme der Arbeit aufzufordern, wenn er die Folgen des Annahmeverzuges vermeiden will (BAG AP BGB § 615 Nr. 53 = NZA 1993, 550).

2. Oftmals sind in Tarifverträgen und in Arbeitsverträgen zweistufige Ausschlussklauseln vereinbart, das heißt Vergütungsansprüche müssen innerhalb bestimmter Fristen in Textform geltend gemacht und binnen weiterer Fristen eingeklagt werden. Arbeitsverträge können solche Regelungen in Bezug nehmen oder eigenständige Regelungen treffen. Die Ansprüche müssen unter Beachtung der Ausschlussklauseln fristgerecht geltend gemacht werden. Dies bedeutet, dass die Gegenseite zur Erfüllung eines bestimmten Anspruchs unter Angabe von Grund, Höhe und Zeitraum für den der Anspruch verfolgt wird, aufzufordern ist. Verlangt die Ausschlussfrist eine Geltendmachung nur „dem Grunde nach", ist eine Konkretisierung hinsichtlich der Höhe nicht erforderlich (BAG 13.3.2013 – 5 AZR 954/11, NZA 2013, 680, mit weiteren Hinweisen zur Problematik, wenn dem Arbeitnehmer die Bezifferung des Anspruchs bis zum Ablauf der Ausschlussfristen nicht möglich ist). Die erste Stufe der Ausschlussfrist mit einer Geltendmachung in Textform wird durch die Einreichung der Klage gewahrt. Für die Wahrung einer tariflichen Ausschlussfrist, die vom Gläubiger eines Anspruchs eine Geltendmachung in Textform verlangt, reicht es jedoch nicht aus, wenn eine Klage, in der der Anspruch gerichtlich geltend gemacht wird, zwar vor dem Fristablauf beim Arbeitsgericht eingeht, dem Schuldner jedoch erst nach dem Fristablauf zugestellt wird. § 167 ZPO findet jedenfalls auf die Wahrung einer in einem Tarifvertrag geregelten und durch ein einfaches Schreiben einzuhaltenden Ausschlussfrist keine Anwendung (BAG 16.3.2016 – 4 AZR 421/15, NZA 2016, 1154). Für die Geltendmachung von Ansprüchen in Textform, die vom erfolgreichen Ausgang des Kündigungsschutzverfahrens abhängen, ist es ausreichend, wenn Kündigungsschutzklage erhoben wird (BAG 26.4.2006 – 5 AZR 403/05, NZA 2006, 845). Demgegenüber reichen Klageabweisungsanträge des Arbeitgebers in Bezug auf etwaige Rückforderungsansprüche zur Wahrung der Ausschlussfrist nicht aus (BAG 19.1.1999 – 9 AZR 405/97, NZA 1999, 1040). Die zweite Stufe einer tariflichen Ausschlussklausel verlangt eine fristgebundene Klagerhebung, die typischerweise mit dem Bestreiten des Anspruchs beginnt. Im Hinblick auf die Entscheidung des BVerfG (1.12.2010 – 1 BvR 1682/07, NZA 2011, 354) darf der Zugang zu den Gerichten den Prozessparteien nicht in unzumutbarer, sachlich nicht zu rechtfertigender Weise erschwert werden. Dabei soll auch das Kostenrisiko zu dem mit dem Verfahren angestrebten Erfolg nicht außer Verhältnis stehen. Dementsprechend ist nach dem Kammerbeschluss des BVerfG die zweite Stufe einer Ausschlussfrist, die die Erhebung einer Leistungsklage bereits vor rechtskräftigem Abschluss des Kündigungsschutzprozesses verlangt, dann unzulässig, wenn sich die Leistungsklage gegenüber der Kündigungsschutzklage als streitwerterhöhend auswirkt. Das Bundesarbeitsgericht hat insoweit von seiner früheren Rechtsprechung Abstand genommen, wonach eine Feststellungsklage nur dann fristwahrend für die zweite Stufe einer Ausschlussfrist war, wenn der Anspruch streitgegenständlich war. So hat das BAG (19.3.2008 – 5 AZR 429/07, NZA 2008, 757; 19.5.2010 – 5 AZR 253/09, NZA 2010, 939) entschieden, dass eine Klausel im Formulararbeitsvertrag, wonach von der Gegenseite abgelehnte Ansprüche binnen einer Frist von drei Monaten einzuklagen sind, um deren Verfall zu verhindern, die Erhebung der Kündigungsschutzklage genügt, um das Erlöschen der vom Ausgang des Kündigungsschutzprozesses abhängigen Annahmeverzugsansprüche des Arbeitnehmers zu verhindern. Auch bezogen auf tarifvertragliche Ausschlussfristen genügt nach der aktuellen Rechtsprechung des Bundesarbeitsgerichts die Kündigungsschutzklage, um das Erlöschen der vom Ausgang des Kündigungsrechtsstreits abhängigen Annahmeverzugsansprüche zu verhindern (BAG 19.9.2012 – 5 AZR 627/11, NZA 2013, 101). Unklar ist, welches Schicksal die zweite Stufe der Ausschlussfrist nimmt, wenn die Klage zurückgenommen wird (vgl. ErfK/*Preis* BGB § 218 Rn. 66). Eine Kündigungsschutzklage hemmt nicht die Verjährung (BAG 7.11.1991 – 2 AZR 159/91, NZA 1992, 1025).

3. Für den Zeitraum der Nichtbeschäftigung des Arbeitnehmers nach Ausspruch einer unwirksamen Kündigung hat der Arbeitnehmer einen Anspruch auf Annahmeverzugslohn gegenüber dem Arbeitgeber. Der Arbeitnehmer kann das Arbeitsentgelt verlangen, ohne seine Arbeitspflicht zu erbringen (§ 615 S. 1 BGB). Hierin liegt das eigentliche Kostenrisiko bei Kündigungsschutzprozessen für Arbeitgeber. § 11 KSchG enthält gegenüber § 615 S. 2 BGB eine Sonderregelung zur Anrechnung auf die Annahmeverzugslohnansprüche. Hiernach ist das anzurechnen, was der Arbeitnehmer durch anderweitige Arbeit verdient, weil er die Leistung beim Arbeitgeber nicht erbracht hat (BAG 21.2.2012 – 9 AZR 487/10, NZA 2012, 793). Dabei sind auch solche Einkünfte anzurechnen, die auf Tätigkeiten beruhen, die im Annahmeverzugszeitraum erbracht wurden, die später aber erst erzielt wurden (BAG 16.6.2004 – 5 AZR 508/03, NZA 2004, 1155). Weiter wird angerechnet, was der Arbeitnehmer hätte verdienen können, wenn er es nicht böswillig unterlassen hätte, eine ihm zumutbare Arbeit anzunehmen. Der Arbeitnehmer muss böswillig handeln, was der Fall ist, wenn er während des Annahmeverzugszeitraums trotz Kenntnis aller objektiver Umstände vorsätzlich untätig bleibt oder die Aufnahme einer Tätigkeit verhindert. Eine Schadenzufügungsabsicht ist nicht erforderlich (BAG 17.11.2011 – 5 AZR 564/10, NZA 2012, 260). Der während des Annahmeverzugszeitraums anderweitige Verdienst iSd § 615 S. 2 BGB ist nicht pro rata temporis, sondern auf die Gesamtvergütung für die Dauer des beendeten Annahmeverzugs anzurechnen (BAG 16.5.2012 – 5 AZR 251/11, NZA 2012, 971). Dabei können die Parteien aufgrund der im Zivilprozess geltenden Dispositionsmaxime mit ihren Anträgen und Einwendungen den der Gesamtberechnung zugrunde liegenden Zeitraum bestimmen. Für die Vergleichsberechnung ist einerseits die Vergütung für die infolge des Verzugs nicht geleisteten Dienste festzustellen und andererseits gegenüberzustellen, was der Arbeitnehmer in der betreffenden Zeit anderweitig verdient hat. Um die Frage der Anrechnung beurteilen zu können, hat der Arbeitgeber gegen den Arbeitnehmer einen Auskunftsanspruch aus § 242 BGB über die von der Agentur für Arbeit und dem Jobcenter während des Annahmeverzuges unterbreiteten Vermittlungsvorschläge (BAG 27.5.2020 – 5 AZR 387/19, NZA 2020, 1113).

4. Da ein Vollstreckungstitel ausreichend bestimmt sein muss, muss klar sein, um welche Art der Beschäftigung es dem Arbeitnehmer geht. Die Bezeichnung der Tätigkeit, mit der der Arbeitnehmer weiterbeschäftigt werden soll, muss einerseits so genau sein, dass der Arbeitgeber vor unberechtigten Zwangsvollstreckungsmaßnahmen geschützt wird und andererseits dem Rechnung tragen, dass dem Arbeitnehmer vom Arbeitgeber die Tätigkeiten im Wege des Direktionsrechts zugewiesen werden können. Der Tenor muss deutlich machen, um welche Art von Beschäftigung es geht. Einzelheiten der maßgeblichen Beschäftigungsbedingungen muss der Tenor nicht enthalten (BAG 5.2.2020 – 10 AZB 31/19, NZA 2020, 542). Das Berufsbild des Arbeitnehmers muss sich aus dem Titel insgesamt ergeben, nicht zwingend aus dem Tenor. Der Inhalt des Urteils kann zur Auslegung des Titels herangezogen werden (BAG 15.4.2009 – 3 AZB 93/08, NZA 2009, 917). Die Formulierung „unveränderte Arbeitsbedingungen" genügt dem Bestimmtheitserfordernis nicht. Die Vollstreckung eines Beschäftigungstitels erfolgt nach § 888 ZPO.

5. Gesetzlich ist der Weiterbeschäftigungsanspruch nur in § 102 Abs. 5 BetrVG geregelt. Ein derartiger Weiterbeschäftigungsanspruch kann auch im Wege der einstweiligen Verfügung (§§ 935, 940 ZPO) verfolgt werden. Der Arbeitgeber kann auf seinen Antrag nach § 102 Abs. 5 S. 2 BetrVG durch einstweilige Verfügung im Urteilsverfahren von der Weiterbeschäftigung entbunden werden. Die Entbindung des Arbeitgebers von der Weiterbeschäftigungspflicht durch das Rechtsmittelgericht lässt für die Zeit bis zur Entbindungsentscheidung angefallene Vergütungsansprüche unberührt (BAG AP BetrVG 1972 § 102 Weiterbeschäftigung Nr. 9 = NZA 1996, 930).

Unabhängig von § 102 BetrVG hat der Arbeitnehmer nach der Rechtsprechung des Bundesarbeitsgerichts GS (27.2.1985 – GS 1/84, NJW 1985, 2968) einen allgemeinen Weiterbeschäftigungsanspruch auf vertragsgemäße Beschäftigung über den Ablauf der Kündigungsfrist oder bei einer fristlosen Kündigung über deren Zugang hinaus bis zum rechtskräftigen Abschluss des Kündigungsprozesses, wenn die Kündigung unwirksam ist und überwiegende schutzwerte Interessen des Arbeitgebers einer solchen Beschäftigung nicht entgegenstehen. Außer im Falle einer offensichtlich unwirksamen Kündigung begründet die Ungewissheit über den Ausgang des Kündigungsprozesses ein schutzwertes Interesse des Arbeitgebers an der Nichtbeschäftigung des gekündigten Arbeitnehmers für die Dauer des Kündigungsprozesses. Dieses überwiegt idR das Beschäftigungsinteresse des Arbeitnehmers bis zu dem Zeitpunkt, in dem im Kündigungsprozess ein die Unwirksamkeit der Kündigung feststellendes Urteil ergeht. Solange ein solches Urteil besteht, kann die Ungewissheit des Prozessausgangs für sich allein ein überwiegendes Gegeninteresse des Arbeitgebers nicht mehr begründen. Hinzukommen müssen dann vielmehr zusätzliche Umstände, aus denen sich im Einzelfall ein überwiegendes Interesse des Arbeitgebers ergibt, den Arbeitnehmer nicht zu beschäftigen. Hat ein Gericht für Arbeitssachen festgestellt, dass eine bestimmte Kündigung unwirksam ist und hat es deshalb zur Weiterbeschäftigung verurteilt, so beendet eine danach ausgesprochene weitere Kündigung den Weiterbeschäftigungsanspruch dann, wenn sie zu einer Ungewissheit über den Fortbestand des Arbeitsverhältnisses führt. Dagegen bleibt der Weiterbeschäftigungsanspruch unberührt, wenn die weitere Kündigung offensichtlich unwirksam ist (BAG AP BGB § 611 Beschäftigungspflicht Nr. 17). Der Anspruch kann im Klageverfahren – separat oder in dem Kündigungsschutzprozess – oder im einstweiligen Verfügungsverfahren geltend gemacht werden. Wegen der materiellen Anforderungen würde eine erfolgreiche einstweilige Verfügung nur ausnahmsweise in Betracht kommen. Wird der Arbeitgeber zur Weiterbeschäftigung verurteilt und verliert er den Kündigungsschutzprozess, so besteht das alte Arbeitsverhältnis fort. Der Arbeitnehmer hat mithin alle Vergütungsansprüche und den Beschäftigungsanspruch aus dem Arbeitsverhältnis. Wird dagegen die Kündigungsschutzklage rechtskräftig abgewiesen und ist der Arbeitnehmer – meist zur Abwendung der Zwangsvollstreckung – weiterbeschäftigt worden, so ist die Tätigkeit unverzüglich einzustellen, um kein neues Arbeitsverhältnis zu begründen. Ist die Weiterbeschäftigung im Wege der Vollstreckung erzwungen oder nur zur Abwendung der Vollstreckung hingenommen worden, hat der Arbeitnehmer nur Ansprüche aus ungerechtfertigter Bereicherung (§§ 812 ff. BGB). Diese sollen im Falle der Arbeitsleistung allerdings den Vergütungsansprüchen entsprechen (BAG AP BGB § 611 Weiterbeschäftigung Nr. 1). Wird hingegen im Prozess die Weiterbeschäftigung des Arbeitnehmers nach Ablauf der Kündigungsfrist bis zum rechtskräftigen Abschluss des Kündigungsschutzprozesses vereinbart, so liegt eine auflösende Befristung oder Bedingung vor, die der Schriftform bedarf (§ 14 Abs. 4, § 21 TzBfG). Wird die Schriftform nicht eingehalten, entsteht ein unbefristetes Arbeitsverhältnis (BAG 22.10.2003 – 7 AZR 113/03, NZA 2004, 1275).

6. Für den Widerspruch gelten strenge Formvorschriften (*Fitting* BetrVG § 102 Rn. 71 ff.). Ein wirksamer Widerspruch des Betriebsrats liegt vor, wenn der Betriebsrat innerhalb der Frist des § 102 Abs. 3 BetrVG schriftlich (E-Mail reicht aus) und unter Angabe von Gründen seine Zustimmung verweigert. Eine rein formelhafte, nicht auf den Einzelfall angepasste Begründung oder die bloße Wiederholung des Wortlauts einer der Widerspruchsgründe des § 102 Abs. 3 BetrVG reicht nicht aus. Der Betriebsrat muss eine Begründung verfassen, die es als möglich erscheinen lässt, dass mit der gegebenen Begründung ein gesetzlicher Widerspruchstatbestand geltend gemacht wird.

Kosten und Gebühren

7. → Form. IV.B.1 Anm. 15. Für die kumulative Klagehäufung gilt § 5 ZPO. Umstritten ist, ob beim Zusammentreffen von Bestandsschutzanträgen und Entgeltklagen, deren Erfolg unmittelbar von dem der Bestandsschutzklage abhängt, wirtschaftliche Teilidentität besteht und deshalb die Gegenstandswerte addiert werden oder nicht. Nach Ziffer I 6 des Streitwertkataloges soll dann keine Wertaddition stattfinden, wenn in einer Bestandsstreitigkeit im Wege der Klagehäufung Annahmeverzugsvergütung geltend gemacht, bei der die Vergütung vom streitigen Fortbestand des Arbeitsverhältnisses abhängt. Nach dem Beendigungszeitpunkt soll eine wirtschaftliche Identität zwischen Bestandsstreit und Annahmeverzug bestehen und der höhere Wert maßgeblich sein. Wird der Weiterbeschäftigungsantrag iRd Kündigungsrechtsstreits von dem Arbeitnehmer als sog unechter Hilfsantrag gestellt, ist die Rechtslage ebenfalls nicht eindeutig. Überwiegend bewerten die Arbeitsgerichte den Weiterbeschäftigungsantrag mit einem Bruttomonatsgehalt neben dem Kündigungsschutzantrag (LAG RhPf 11.2.2010 – 1 Ta 13/10, BeckRS 2010, 68997; LAG Bln-Bbg 26.7.2007 – 14 Sa 508/07, BeckRS 2007, 47544; LAG Nürnberg 13.7.2006 – 6 Ta 102/06, BeckRS 2006, 30806342; LAG Hmb 30.6.2005 – 8 Ta 5/05, BeckRS 2005, 42640). Das LAG SchlH gibt dem unechten Hilfsantrag bei der Wertfestsetzung keinen eigenen Gegenstandswert, wenn die Klage mit dem Hauptantrag abgewiesen wird. Gleiches soll gelten, wenn in einem Vergleich keine Regelung über den Hilfsantrag gestellt wurde (LAG SchlH 11.1.2010 – 3 Ta 196/09, BeckRS 2010, 300094). Nach Ziffer I 26 des Streitwertkataloges wird für den Weiterbeschäftigungsantrag ein Bruttomonatsgehalt in Ansatz gebracht.

3. Kündigungsschutzklage und Antrag auf nachträgliche Zulassung

An das
Arbeitsgericht

Klage

In Sachen
des/der . . . . .
(volles Rubrum)
zeige ich an, dass ich den/die Kläger(in) vertrete.
Namens und im Auftrag des/der Klägers(in) wird beantragt,

I. Es wird festgestellt, dass das zwischen den Parteien bestehende Arbeitsverhältnis durch die ordentliche/außerordentliche Kündigung des/der Beklagten vom . . . . . – zugegangen am . . . . . – nicht aufgelöst worden ist, sondern über den . . . . . fortbesteht.[1]

II. Die Kündigungsschutzklage wird gem. § 5 KSchG nachträglich zugelassen.

III. Der/Die Beklagte trägt die Kosten des Rechtsstreits.

Begründung:

Der/Die am . . . . . geb., led./verh. Kläger(in), der/die Kinder im Alter von . . . . . bis . . . . . hat, wurde am . . . . . von der/dem Beklagten als . . . . . aufgrund des Arbeitsvertrages vom . . . . . eingestellt. Der/Die Kläger(in) verdient ein Bruttomonatsgehalt iHv . . . . . EUR.

Beweis: Arbeitsvertrag vom . . . . . als Anlage K 1

Der/die Beklagte betreibt ein Unternehmen für . . . . .; er/sie beschäftigt . . . . . Arbeitnehmer. In dem Betrieb ist ein Betriebsrat errichtet.

Vom . . . . . bis . . . . . befand sich der/die Kläger(in) in Urlaub.

Beweis: Urlaubsbescheinigung vom . . . . . als Anlage K 2

Als er/sie aus dem Urlaub am . . . . . zurückkehrte, fand er/sie im Briefkasten eine ordentliche/außerordentliche Kündigung des Arbeitsverhältnisses durch den/die Beklagte (n) zum . . . . . vor.[2]

Beweis: Kündigungsschreiben vom . . . . . als Anlage K 3

Die Kündigung ist nicht sozial gerechtfertigt. Kündigungsgründe iSd § 1 Abs. 2 KSchG liegen nicht vor, vorsorglich wird die Ordnungsgemäßheit der Sozialauswahl gerügt. Die Anhörung des Betriebsrats wird mit Nichtwissen bestritten.

Vorsorglich wird beantragt, die Kündigungsschutzklage nachträglich zuzulassen.[3, 4] Der Antrag ist zulässig. Der/Die Kläger(in) hat erst mit seiner/ihrer Rückkehr aus dem Urlaub am . . . . . von der Kündigung erfahren und hat damit, nachdem er/sie von der Kündigung nach seiner/ihrer Urlaubsrückkehr von der Kündigung erfahren hat, diesen Antrag gestellt (§ 5 Abs. 3 KSchG).

Glaubhaftmachung: Eidesstattliche Versicherung.[5]

Rechtsanwalt/Rechtsanwältin[6]

Anmerkungen

1. Wegen des Antrages → Form. IV.B.1 Anm. 1, 2.

2. Eine Kündigungsschutzklage ist dann nachträglich zuzulassen, wenn der Arbeitnehmer trotz aller ihm nach Lage der Umstände zuzumutenden Sorgfalt verhindert war, innerhalb von drei Wochen nach Zugang Klage zu erheben. Wird während des Urlaubs ein Kündigungsschreiben an die Heimatanschrift des Arbeitnehmers gerichtet, so geht dies im Allgemeinen zu (BAG AP BGB § 130 Nr. 16 = NZA 1988, 875 (877)). Zu den Gründen für die nachträgliche Zulassung (Schaub ArbR-HdB/*Linck* § 139 Rn. 3 ff.). Ist die Klagefrist bei Rückkehr aus dem Urlaub noch nicht abgelaufen, muss der Arbeitnehmer noch fristgebunden Klage erheben.

3. Der Antrag ist mit der Klageerhebung zu verbinden oder in ihm ist auf die Klage Bezug zu nehmen, wenn diese bereits eingereicht ist. Der Antrag auf nachträgliche Zulassung muss explizit erhoben werden. Der Antrag kann nur innerhalb von zwei Wochen nach Behebung des Hindernisses gestellt werden, aber nicht später als sechs Monate nach Ablauf der dreiwöchigen Klagefrist (§ 5 Abs. 3 KSchG). Innerhalb der Frist müssen dann auch die Tatsachen vorgetragen und glaubhaft gemacht werden, die die nachträgliche Zulassung begründen sollen. Er muss die die nachträgliche Zulassung begründenden Tatsachen und die Mittel für deren Glaubhaftmachung enthalten. Innerhalb der Antragsfrist können Gründe der nachträglichen Zulassung nachgeschoben werden; nach Ablauf der Frist ist dies nicht sicher, so dass alle Gründe in der Frist vorgetragen werden sollten. Die Schuldlosigkeit an der Klagefristversäumung ist nach allen Richtungen schlüssig darzulegen. Das Verschulden des Prozessbevollmächtigten muss sich der Arbeitnehmer zurechnen lassen (BAG 11.12.2008 – 2 AZR 472/08, NZA 2009, 692; 22.3.2012 – 2 AZR 224/11, NZA 2012, 1320). Wird die als Anlage eines Antrages auf Prozesskostenhilfe eingereichte Klageschrift als Entwurf bezeichnet, kann sie auch dann nicht die Klagefrist wahren, wenn sie vom Anwalt unterzeichnet ist. Werden die Unterlagen zu Prozesskostenhilfe über die wirtschaftlichen Verhältnisse erst nach Ablauf der Klagefrist eingereicht, kann auch nicht von einer durch die Bewilligung der Prozesskostenhilfe bedingten rechtzeitigen Klage ausgegangen werden (LAG Köln 11.3.1996 – 10 Ta 22/96, NZA-RR 1996, 453). Das ArbG entscheidet über die Klage und deren nachträgliche Zulassung gem. § 5 Abs. 4 KSchG nun gemeinsam durch Urteil. Das ArbG kann das Verfahren auch zunächst auf die Verhandlung und Entscheidung über den Antrag auf nachträgliche Zulassung beschränken. Dann ergeht ein Zwischenurteil.

4. Gegen die Zurückweisung des Antrages auf nachträgliche Zulassung ist die Berufung gegeben, unabhängig davon, ob durch Endurteil zusammen mit der Kündigungsschutzklage oder durch Zwischenurteil entschieden wird.

5. Eidesstattliche Versicherung.

In Kenntnis der Bedeutung einer – auch fahrlässigen – eidesstattlichen Versicherung und nach Belehrung über die strafrechtlichen Folgen einer unrichtigen eidesstattlichen Versicherung versichere ich, der/die Kläger(in) . . . . ., nachfolgendes an Eides Statt. Ich war vom . . . . . bis . . . . . in . . . . . im Urlaub. Als ich am . . . . . aus dem Urlaub zurückkehrte, fand ich in meinem Briefkasten eine Kündigung meiner Arbeitgeberin vor.

Ein vom Arbeitnehmer selbst verfasster Antrag auf nachträgliche Zulassung kann regelmäßig dahin ausgelegt werden, dass sich der Arbeitnehmer zur Glaubhaftmachung auf die eigene eidesstattliche Versicherung beziehen will, soweit es um das eigene Verhalten und um eigene Wahrnehmungen geht. Dasselbe gilt für einen Rechtsanwalt, wenn es um dessen eigene Wahrnehmungen geht (LAG Hamm AP KSchG 1969 § 5 Nr. 7).

Kosten und Gebühren

6. → Form. IV.B.1 Anm. 14. Der Streitwert entspricht dem der Kündigungsschutzklage. Der Antrag auf nachträgliche Zulassung führt zu keiner Erhöhung des Streitwertes.

4. Klageerwiderung bei Kündigung aus personenbedingten Gründen

In Sachen
. . . . . Ca . . . . . /. . . . .
(volles Rubrum)
zeige ich an, dass ich die Beklagte vertrete.
Namens und im Auftrag der Beklagten wird beantragt,
die Klage abzuweisen.[1]

Begründung:

Der/Die Kläger(in) ist am . . . . . geb.; er/sie ist led./verh. und hat . . . . . Kinder. Er/Sie wurde am . . . . . als . . . . . bei der Beklagten, die . . . . . produziert, eingestellt.[2] Die Beklagte beschäftigt . . . . . Arbeitnehmer. In der Abteilung, in der der/die Kläger(in) arbeitet, werden . . . . . weitere Arbeitnehmer beschäftigt. Im Berufsbild des/der Klägers (in) beschäftigt die Beklagte in dieser Abteilung niemand/. . . .[3]

Beweis: Zeugnis des/der Herrn/Frau . . . . ., zu laden über . . . . .

Die Beklagte hat das Arbeitsverhältnis des/der Klägers(in) am . . . . . zum . . . . . gekündigt.

Sie hat zuvor mit Schreiben vom . . . . . den Betriebsrat angehört.

Beweis: Betriebsratsanhörung vom . . . . . als Anlage B 1

Das Schreiben wurde dem Betriebsratsvorsitzenden, Herrn . . . . . am . . . . . überreicht.

Beweis: Zeugnis des Betriebsratsvorsitzenden Herrn . . . . ., zu laden über die Beklagte

Der Betriebsrat hat im Schreiben vom . . . . . den Beschluss mitgeteilt, dass . . . . ./hat sich bis zum . . . . . nicht geäußert.[4]

Beweis: 1. Schreiben des Betriebsrats vom . . . . . als Anlage B 2
2. Zeugnis des Personalsachbearbeiters, Herrn . . . . ., zu laden über die Beklagte

Die Kündigung ist aus personenbedingten Gründen sozial gerechtfertigt.

Der/Die Kläger(in) war im Durchschnitt der letzten drei Jahre an mehr als . . . . . aller Arbeitstage arbeitsunfähig krank. So hat der/die Kläger(in) gefehlt vom . . . . . bis . . . . .

Beweis: 1. Aufstellung der Fehltage gemäß Zeiterfassung als Anlage B 3.
2. Zeugnis des Personalsachbearbeiters, Herrn . . . . ., b.b.

Dies hat aufgrund der Entgeltfortzahlung zu folgender wirtschaftlicher Belastung der Beklagten, insb. wegen der Kosten der Entgeltfortzahlung iHv . . . . . EUR geführt. In den nachfolgend genannten Zeiten sind nachfolgend genannte Kosten angefallen:

. . . . .

. . . . .

. . . . .

Beweis: 1. Aufstellung der Zeiten und Kosten der Entgeltfortzahlungen als Anlage B 4
2. Zeugnis des Personalsachbearbeiters, Herrn . . . . ., b.b

Es ist auch damit zu rechnen, dass der/die Kläger(in) in Zukunft in demselben Umfang arbeitsunfähig krank sein wird. Der/Die Kläger(in) ist von dem Personalleiter der Beklagten, Herrn . . . . . gehört worden.[5] Er hat bei dieser Gelegenheit erklärt, er/sie leide an . . . . . und es sei nicht damit zu rechnen, dass sich sein/ihr Gesundheitszustand in absehbarer Zeit bessere. Nach der Art der geschilderten Krankheitssymptome ist die Arbeit für den/die Kläger(in) nicht geeignet.

Beweis: 1. Zeugnis des Personalleiters, Herrn . . . . ., zu laden über die Beklagte.
2. Einholung eines Sachverständigengutachtens

Gegenüber dem Betriebsratsvorsitzenden hat der/die Kläger(in) sogar geäußert, er/sie wisse nicht, wann er/sie die Arbeit wieder aufnehmen könne. Er/Sie müsse erst noch eine Kur machen.

Beweis: Zeugnis des Betriebsratsvorsitzenden, Herrn . . . . ., b.b.

Die Beklagte muss den Arbeitsplatz des/der Klägers(in) anderweitig besetzen. Die Interessen der Beklagten an der Beendigung des Arbeitsverhältnisses überwiegen[6] auch unter Beachtung des Grundsatzes der Verhältnismäßigkeit. Die Beklagte beschäftigt in der Fachrichtung des/der Klägers(in) nur . . . . . Mitarbeiter; es kommt daher immer zu betrieblichen Schwierigkeiten, wenn der/die Kläger(in) ausfällt . . . . . [auszuführen] . . . . . Infolge der häufig nur kurzfristigen Erkrankungen, die nicht durch fremde Aushilfskräfte überbrückt werden können, ist die Beklagte genötigt, bei Arbeitskollegen Über- und Mehrarbeitsstunden anzuordnen . . . . ., die zur unzumutbaren Belastung bei den Kollegen des/der Klägers(in) führen. Aushilfskräfte mit der Qualifikation des Klägers sind auf dem Arbeitsmarkt nicht verfügbar [ausführen].

Beweis: Zeugnis des/r Herrn/Frau . . . . ., zu laden über . . . . .

Dagegen kann der/die Kläger(in), dessen/deren Entgeltfortzahlungsansprüche bei der Beklagten ohnehin erschöpft sind, auf dem Arbeitsmarkt leicht eine andere Stelle finden . . . . . Die Beklagte vermag die Kündigung auch nicht durch Versetzung auf einen anderen Arbeitsplatz zu vermeiden.[7] Sie hat sämtliche Versetzungsmöglichkeiten mit dem Betriebsrat geprüft; sie hat aber keinen geeigneten Arbeitsplatz gefunden.

Beweis: Zeugnis des Betriebsratsvorsitzenden, Herrn . . . . ., b.b.

Die Beklagte hat mit dem/der Kläger(in) am . . . . . unter Beteiligung des Betriebsrats ein Gespräch im Rahmen eines betrieblichen Eingliederungsmanagements (BEM) durchgeführt und mit dem/der Kläger(in) die Möglichkeit der anderweitigen Beschäftigung oder sonstige Unterstützungsmaßnahmen für den/die Kläger(in) erörtert. Auch der/die Kläger(in) vermag nicht anzugeben, wo und wie er/sie sich seine/ihre Weiterbeschäftigung denkt.[8, 9]
Rechtsanwalt/Rechtsanwältin

Anmerkungen

1. Personenbedingte Kündigungsgründe sind solche, die auf persönlichen Eigenschaften des Arbeitnehmers beruhen (Schaub ArbR-HdB/*Linck* § 131). Der wichtigste Beispielsfall ist die Erkrankung, also ein regelwidriger Körper- oder Geisteszustand, der in der Behandlung wahrnehmbar zutage tritt (BAG AP LohnFG § 1 Nr. 40). Dem Krankheitsbegriff unterfallen mithin körperliche und psychische Erkrankungen inklusive Suchtkrankheiten, insb. die Alkoholsucht (BAG AP KSchG 1969 § 1 Krankheit Nr. 18).

Zu unterscheiden sind vier Fallgruppen krankheitsbedingter Kündigung: a) die langanhaltende Erkrankung; b) häufige Kurzerkrankungen; c) krankheitsbedingte Minderung der Leistungsfähigkeit; d) dauernde Leistungsunfähigkeit. Beurteilungszeitpunkt für das Vorliegen der Voraussetzungen ist der Zugang der Kündigung (BAG AP KSchG § 1 Krankheit Nr. 1, AP KSchG § 1 Krankheit Nr. 7 = AP KSchG 1969 § 1 Krankheit Nr. 16 = NZA 1985, 357). Maßgeblich ist die objektive Lage. Teil des Kündigungsgrundes ist die Tatsache, dass nach dem Beendigungstermin mit weiteren krankheitsbedingten Störungen zu rechnen ist und der Arbeitnehmer deshalb an der Erbringung der vertraglich vereinbarten Arbeitsleistung gehindert ist. Treten nach Zugang der Kündigungserklärung neue Tatsachen ein, kann die zuvor erstellte Prognose nicht beeinträchtigt werden. Zur Bestätigung der Prognose können allerdings spätere Entwicklungen berücksichtigt werden (BAG 23.1.2014 – 2 AZR 582/13, NZA 2014, 962).

Eine langanhaltende Krankheit berechtigt zur Kündigung, wenn der Arbeitnehmer längere Zeit krank war und bei prognostischer Betrachtung (BAG AP KSchG 1969 § 1 Krankheit Nr. 16 = NZA 1985, 357; AP KSchG 1969 § 1 Krankheit Nr. 30 = NZA 1993, 497; AP KSchG 1969 § 1 Nr. 65 = NZA 2002, 1081; AP KSchG 1969 § 1 Krankheit Nr. 45) die Genesung nicht absehbar ist. Die ordentliche Kündigung des Arbeitsverhältnisses ist aus Anlass einer Langzeiterkrankung erst dann sozial gerechtfertigt (§ 1 Abs. 2 KSchG), wenn ua eine negative Prognose hinsichtlich der voraussichtlichen Dauer der Arbeitsunfähigkeit vorliegt – erste Stufe –, eine darauf beruhende erhebliche Beeinträchtigung betrieblicher Interessen festzustellen ist – zweite Stufe – und eine Interessenabwägung ergibt, dass die betrieblichen Beeinträchtigungen zu einer billigerweise nicht mehr hinzunehmenden Belastung des Arbeitgebers führen – dritte Stufe – (Bestätigung der stRspr des BAG ua NZA 1993, 497 = AP 1 KSchG 1969 § 1 Krankheit Nr. 30; AP KSchG 1969 § 1 Krankheit Nr. 36 = NZA 1999, 978; AP KSchG 1969 § 1 Krankheit Nr. 45). Bei einer Kündigung aus Anlass einer Langzeiterkrankung ist bei krankheitsbedingter Leistungsunfähigkeit in der Regel von einer erheblichen Beeinträchtigung betrieblicher Interessen auszugehen (BAG AP KSchG 1969 § 1 Nr. 65 = NZA 2002, 1081; 30.9.2010 – 2 AZR 88/09, NZA 2011, 39). Dabei steht eine Ungewissheit über die Wiederherstellung der Arbeitsfähigkeit einer krankheitsbedingten dauernden Leistungsunfähigkeit dann gleich, wenn jedenfalls in den nächsten 24 Monaten mit einer Genesung nicht gerechnet werden kann (BAG 20.11.2014 – 2 AZR 664/13, NZA 2015, 931). Einen Zeitraum von bis zu 24 Monaten soll der Arbeitgeber dagegen typischerweise ohne Schwierigkeiten durch Einstellung einer Ersatzkraft überbrücken können (BAG 13.5.2015 – 2 AZR 565/14, NZA 2015, 1249). Die Dauer der zur Kündigung berechtigenden Erkrankung ist unter Berücksichtigung der Umstände des Einzelfalles zu beurteilen. Entscheidungskriterien: Ursache der Erkrankung (zur Beweislast bei betrieblichen Ursachen BAG AP KSchG 1969 § 1 Krankheit Nr. 22 = NZA 1990, 307; zur Teilursache: AP KSchG 1969 § 1 Krankheit Nr. 26 = NZA 1991, 185), Dauer, Art, Häufigkeit, Alter des Arbeitnehmers, Betriebszugehörigkeit, Länge der Kündigungsfrist (BAG AP KSchG 1969 § 1 Krankheit Nr. 6; AP KSchG § 1 Krankheit Nr. 1; AP KSchG 1969 § 1 Krankheit Nr. 7). Der Arbeitgeber muss vor Ausspruch der Kündigung mildere Mittel prüfen, so zB ob er eine Ersatzkraft auf unbestimmte Zeit einstellt (BAG AP KSchG 1969 § 1 Krankheit Nr. 7). Bei einer ordentlichen Kündigung wegen langanhaltender Krankheit trägt zwar der Arbeitnehmer grds. das Risiko einer Fehlprognose des behandelnden Arztes; sprechen jedoch schon im Kündigungszeitpunkt entgegen der Ansicht des behandelnden Arztes objektive Umstände dafür, dass die Wiederherstellung der Arbeitsfähigkeit in absehbarer Zeit sicher oder zumindest möglich ist, ist die Kündigung idR schon mangels negativer Prognose sozial ungerechtfertigt (BAG 21.2.2001 – 2 AZR 558/99, NZA 2001, 1071). Eine mit häufigen (Kurz-)Erkrankungen des Arbeitnehmers begründete Kündigung ist sozial nur gerechtfertigt, wenn im Kündigungszeitpunkt Tatsachen vorliegen, die die Prognose stützen, es werde auch künftig zu Erkrankungen im bisherigen – erheblichen – Umfang kommen – erste Stufe. Die prognostizierten Fehlzeiten müssen außerdem zu einer erheblichen Beeinträchtigung der betrieblichen Interessen führen – zweite Stufe. Diese Beeinträchtigungen können sowohl in Betriebsablaufstörungen als auch in Entgeltfortzahlungskosten liegen, wenn diese für einen Zeitraum von mehr als sechs Wochen jährlich zu erwarten sind. Im Rahmen der gebotenen Interessenabwägung – dritte Stufe – ist schließlich zu prüfen, ob die Beeinträchtigungen vom Arbeitgeber angesichts der

Belange des Arbeitnehmers gleichwohl hingenommen werden müssen (BAG 16.7.2015 – 2 AZR 15/15, NZA 2016, 99 mwN). Der Arbeitgeber ist darlegungspflichtig für Dauer und Häufigkeit der Erkrankung und die negative Zukunftsprognose; der Arbeitnehmer dafür, dass aus den aufgetretenen häufigen Kurzerkrankungen in der Vergangenheit nicht auf die Besorgnis weiterer Kurzerkrankungen geschlossen werden kann. Betriebliche Gründe können Betriebsablaufstörungen und erhebliche Kostenbelastung des Arbeitgebers sein (BAG AP KSchG 1969 § 1 Krankheit Nr. 27 = NZA 1994, 67). Dabei können auch wirtschaftliche Belastungen durch die zu zahlenden Entgeltfortzahlungskosten entstehen (BAG 13.1.2014 – 2 AZR 582/13, NZA 2014, 962).

Die krankheitsbedingte dauernde Unfähigkeit, die vertraglich geschuldete Leistung zu erbringen, berechtigt als personenbedingter Kündigungsgrund den Arbeitgeber nach § 1 KSchG grundsätzlich zur ordentlichen Kündigung des Arbeitsverhältnisses. Steht fest, dass der Arbeitnehmer in Zukunft die geschuldete Arbeitsleistung überhaupt nicht erbringen kann, ist das Verhältnis von Leistung und Gegenleistung auf Dauer erheblich gestört (BAG 10.6.2010 – 2 AZR 1020/08, NZA 2010, 1234). Die Ungewissheit der Wiederherstellung der Arbeitsfähigkeit steht einer krankheitsbedingten dauernden Leistungsunfähigkeit dann gleich, wenn in den nächsten 24 Monaten mit einer anderen Prognose nicht gerechnet werden kann (BAG AP KSchG 1969 § 1 Nr. 36 = NZA 1999, 978). Sie ist dagegen regelmäßig nicht geeignet, einen wichtigen Grund für eine außerordentliche Kündigung abzugeben (BAG AP BGB § 626 Nr. 7 = NZA 1995, 1100).

Ein personenbedingter Kündigungsgrund ist auch bei fehlender Qualifikation des Arbeitnehmers gegeben. Hat der Arbeitnehmer einen Befähigungsnachweis verloren (Pilotenlizenz), muss dem Arbeitnehmer aber vor der Prüfung die Möglichkeit gegeben werden, die Prüfung nachzuholen (BAG AP KSchG 1969 § 1 Personenbedingte Kündigung Nr. 24 = NZA 2001, 607; AP KSchG 1969 § 1 Personenbedingte Kündigung Nr. 23 = NZA 2001, 1304). Entfällt in Folge einer Erkrankung an COVID-19 die Eignung des Arbeitnehmers für die vertraglich geschuldete Tätigkeit (zB als Koch wegen dauerhaften Verlusts des Geruchs- oder Geschmackssinns), kann dies im Einzelfall ebenfalls eine personenbedingte Kündigung rechtfertigen, wenn eine andere geeignete und zumutbare Beschäftigung unternehmensweit nicht vorhanden ist (dazu ErfK/*Preis* KSchG § 1 Rn. 162). Eine ihn an der Erbringung seiner Arbeitsleistung hindernde behördliche Schutzmaßnahme nach §§ 28 Abs. 1 S. 1, 30 Abs. 1 S. 2 IfSG (häusliche Quarantäne) stellt ohne eigene Erkrankung des Arbeitnehmers für sich genommen noch keinen personenbedingten Kündigungsgrund dar.

2. Da es bei der Beurteilung der sozialen Rechtfertigung auf die Abwägung der Interessen des Arbeitnehmers gegen die betrieblichen Interessen ankommt, sind diese genau zu überprüfen. Zu berücksichtigen ist insoweit die Frage, ob der Arbeitgeber Störungen des Betriebsablaufs durch organisatorische Maßnahmen hätte verhindern können. Insoweit ist auch der Einsatz auf einem leidensgerechten Arbeitsplatz zu prüfen (BAG 20.11.2014 – 2 AZR 755/13, NZA 2015, 612). Die Kosten für die Entgeltfortzahlung und damit die Frage, ob das Austauschverhältnis des Arbeitsverhältnisses noch ungestört ist und damit die Gesamtdauer der Fehlzeiten sind auf Arbeitgeberseite ebenfalls zu berücksichtigen. Entscheidend sind die Kosten des konkreten Arbeitsverhältnisses und nicht die Gesamtbelastung des Betriebs mit Entgeltfortzahlungskosten. Auf Seiten des Arbeitnehmers sind Lebensalter, Krankheitsursache, Dauer der Betriebszugehörigkeit, Unterhaltspflichten und eine Schwerbehinderung zu prüfen.

3. Die nähere Arbeitsumgebung sollte namentlich bei Kündigung wegen Krankheit geschildert werden.

4. Im Anhörungsverfahren nach § 102 BetrVG hat der Arbeitgeber dem Betriebsrat bei einer Kündigung aus krankheitsbedingten Gründen die Fehlzeiten, Zukunftsprognose und wirtschaftlichen Belastungen für den Betrieb anzugeben, wozu auch die wirtschaftlichen Belastungen durch die Entgeltfortzahlungskosten, die infolge der Fehlzeiten entstanden sind und mit denen noch gerechnet werden muss, gehören. (BAG AP BetrVG 1972 § 102 Nr. 30 = DB 1984, 1149).

5. BAG AP KSchG 1969 § 1 Nr. 4; AP BetrVG 1972 § 102 Nr. 14. Der Arbeitnehmer ist von sich aus nicht verpflichtet, den Arbeitgeber über Art und Verlauf seiner Krankheit zu informieren. Die fehlende Benachrichtigung des Arbeitgebers durch den Arbeitnehmer hat keine Bedeutung für die Sozialwidrigkeit der Kündigung (BAG AP KSchG 1969 § 1 Krankheit Nr. 7).

6. Betriebliche Interessen: Mangelnde Planungsmöglichkeiten, Auswirkungen auf den Arbeitsablauf, Zusammenarbeit der Arbeitnehmer, Überlastung der übrigen Arbeitnehmer, wirtschaftliche Beeinträchtigungen durch Entgeltfortzahlungskosten (BAG AP KSchG § 1 personenbedingte Kündigung Nr. 29), unverhältnismäßige Lohn- und Lohnnebenkosten (BAG AP KSchG 1969 § 1 Krankheit Nr. 10; AP KSchG 1969 § 1 Krankheit Nr. 14 = NZA 1984, 86; AP KSchG 1969 § 1 Krankheit Nr. 20 = NZA 1989, 923; AP KSchG 1969 § 1 Krankheit Nr. 27 = NZA 1994, 67), Produktionsausfall, Verlust von Kundenaufträgen, nicht beschaffbares Ersatzpersonal. Der Arbeitgeber hat bei Kündigung wegen häufiger krankheitsbedingter Fehlzeiten ebenso wie bei einer Kündigung wegen langanhaltender Erkrankung iE darzulegen, welche unzumutbaren Betriebsbeeinträchtigungen erwachsen. Durch den Hinweis auf eine bestimmte Krankheitsquote genügt der Arbeitgeber nicht der ihm obliegenden Darlegungslast (BAG AP KSchG 1969 § 1 Krankheit Nr. 10; AP KSchG 1969 § 1 Krankheit Nr. 12).

7. Den Arbeitgeber trifft die Last zur Überprüfung der Versetzungsmöglichkeit. Behauptet er, keine Versetzungsmöglichkeit zu haben, muss der Arbeitnehmer nach dem Prinzip der abgestuften Beweislast einen Arbeitsplatz bezeichnen. Alsdann trifft den Arbeitgeber die Beweislast, dass eine Beschäftigung dort nicht möglich ist (BAG AP KSchG 1969 § 1 Krankheit Nr. 1; AP BetrVG 1972 § 102 Nr. 14). Die Möglichkeit einer Weiterbeschäftigung auf einem freien Arbeitsplatz – ggf. zu geänderten Arbeitsbedingungen – schließt nach dem Grundsatz der Verhältnismäßigkeit eine krankheitsbedingte Kündigung aus (BAG AP KSchG 1969 § 1 Krankheit Nr. 43).

8. Ist ein Arbeitnehmer innerhalb eines Jahres länger als sechs Wochen arbeitsunfähig erkrankt, hat der Arbeitgeber gem. § 167 Abs. 2 SGB IX unter Beteiligung der dort genannten Gremien ein betriebliches Eingliederungsmanagement (BEM) durchzuführen, in dem geklärt werden muss, wie die Arbeitsunfähigkeit überbrückt werden kann und wie weitere Arbeitsunfähigkeit vermindert bzw. der Arbeitsplatz erhalten werden kann. Durch das Teilhabestärkungsgesetz ist § 167 Abs. 2 S. 2 SGB IX mit Wirkung ab dem 10.6.2021 neu gefasst worden. Dem Arbeitnehmer ist es nun gestattet, eine Vertrauensperson eigener Wahl zum BEM-Gespräch hinzuzuziehen. Auf diese Möglichkeit muss der Arbeitgeber den Arbeitnehmer ausdrücklich hinweisen. Unterlässt ein Arbeitgeber ein BEM, kann dies nach der Rechtsprechung des Bundesarbeitsgerichts für den Arbeitgeber Folgen für den Kündigungsschutzprozess haben. Das BEM ist eine formelle Voraussetzung für die Wirksamkeit der Kündigung (BAG 20.11.2014 – 2 AZR 664/13, NZA 2015, 931; 13.5.2015 – 2 AZR 565/14, NZA 2015, 1249). Im Rahmen des BEM sollen mildere Mittel als eine Kündigung ermittelt und gegebenenfalls entwickelt werden, um den Arbeitsplatz zu verändern oder den Arbeitnehmer zu geänderten Arbeitsbedingungen auf einem anderen Arbeitsplatz zu beschäftigen. Ist kein BEM durchgeführt worden, führt dies zu einer Veränderung der Darlegungs- und Beweislast im Kündigungsschutzverfahren (zuletzt BAG 21.11.2018 – 7 AZR 394/17, NZA 2019, 309). Dem Arbeitgeber wird der pauschale Einwand abgeschnitten, dass ihm keine anderen Einsatzmöglichkeiten bekannt sind. Um darzutun, dass die Kündigung dem Verhältnismäßigkeitsprinzip genügt und ihm keine milderen Mittel zur Überwindung der krankheitsbedingten Störung des

Arbeitsverhältnisses als die Beendigungskündigung offenstanden, muss der Arbeitgeber die objektive Nutzlosigkeit darlegen. Hierzu hat er umfassend und detailliert vorzutragen, warum – auch nach gegebenenfalls zumutbaren Umorganisationsmaßnahmen – weder ein weiterer Einsatz auf dem bisherigen Arbeitsplatz noch dessen leidensgerechte Anpassung oder Veränderung möglich gewesen wäre und der Arbeitnehmer auch nicht auf einem anderen Arbeitsplatz bei geänderter Tätigkeit hätte eingesetzt werden können, warum also ein BEM in keinem Fall dazu hätte beitragen können, neuerlichen Krankheitszeiten beziehungsweise der Fortdauer der Arbeitsunfähigkeit entgegenzuwirken und das Arbeitsverhältnis zu erhalten.

9. Für die Begründung der Voraussetzungen eines Wiedereinstellungsanspruchs nach einer wirksamen krankheitsbedingten Kündigung genügt es nicht, dass der darlegungs- und beweispflichtige Arbeitnehmer Tatsachen vorträgt, die die negative Gesundheitsprognose erschüttern; vielmehr kommt ein Wiedereinstellungsanspruch allenfalls in Betracht, wenn nach dem Vorbringen des Arbeitnehmers von einer positiven Gesundheitsprognose auszugehen ist (BAG AP KSchG 1969 § 1 Krankheit Nr. 37 = NZA 1999, 1328; AP KSchG 1969 § 1 Wiedereinstellung Nr. 10 = NZA 2001, 1135).

5. Klageerwiderung bei Kündigung aus verhaltensbedingten Gründen

In Sachen
. . . . . Ca . . . . ./. . . . .
(volles Rubrum)
zeige ich an, dass ich die Beklagte vertrete. Namens und im Auftrag der Beklagten wird beantragt,
die Klage abzuweisen.[1]

Begründung:

Der/Die . . . . . jährige Kläger(in) wurde am . . . . . als . . . . . eingestellt. Dem/Der Kläger (in) wurden die Aufgaben eines/r . . . . . übertragen.

Beweis: 1. Arbeitsvertrag vom . . . . . als Anlage B 1
2. Zeugnis des/der Herrn/Frau . . . . ., zu laden über . . . . .

Der/die Kläger(in) ist verheiratet und hat . . . . . unterhaltsberechtigte Kinder. Er/Sie erhielt zuletzt eine Bruttomonatsvergütung von . . . . . EUR. Die Beklagte hat das mit dem/der Kläger(in) bestehende Arbeitsverhältnis zum . . . . . ordentlich gekündigt.

Beweis: Kündigungsschreiben vom . . . . . als Anlage B 2

Die Beklagte hat den Betriebsrat vor Ausspruch der Kündigung am . . . . . durch Schreiben vom . . . . . angehört (§ 102 BetrVG).

Beweis: Betriebsratsanhörung vom . . . . . als Anlage B 3

Das Anhörungsschreiben wurde dem Betriebsratsvorsitzenden am . . . . . überreicht.

Beweis: Zeugnis des Personalsachbearbeiters, Herrn . . . . ., zu laden über die Beklagte

Der Betriebsrat hat sich nicht geäußert/der Kündigung zugestimmt/Einwendungen erhoben/widersprochen.

Beweis: 1. Stellungnahme des Betriebsrats als Anlage B 4
2. Zeugnis des Personalsachbearbeiters, Herrn . . . . ., b.b.

Die Kündigung ist sozial gerechtfertigt; ihr lagen folgende Verfehlungen zu Grunde. 1. . . . . 2. . . . . 3. . . . .[2] Der/Die Kläger(in) ist wiederholt einschlägig schriftlich abgemahnt worden.[3] Mit Schreiben vom . . . . . wurde der/die Kläger(in) zuletzt abgemahnt.

Beweis: 1. Abmahnung vom . . . . . als Anlage B 5
2. Abmahnung vom . . . . . als Anlage B 6
3. Abmahnung vom . . . . . als Anlage B 7

Die Einwendungen des Betriebsrates gegen die Kündigung sind nicht gerechtfertigt . . . . .
[wird ausgeführt]
Rechtsanwalt/Rechtsanwältin

Anmerkungen

1. Verhaltensbedingte Kündigungsgründe sind vor allem Vertragsverletzungen (BAG AP KSchG 1969 § 1 Verhaltensbedingte Kündigung Nr. 49), Umstände aus dem Verhältnis des Gekündigten zu Arbeitskollegen, betrieblichen und überbetrieblichen Einrichtungen, Organisationen und Behörden (Schaub ArbR-HdB/*Linck* § 133 mit zahlr. Beispielen). Ein verhaltensbedingter Kündigungsgrund liegt vor, wenn der Arbeitnehmer mit dem ihm vorgeworfenen Verhalten, also durch Handeln, eine Haupt- oder Nebenpflicht des Arbeitsverhältnisses – regelmäßig schuldhaft – verletzt, das Arbeitsverhältnis dadurch konkret beeinträchtigt wird, eine zumutbare Möglichkeit einer anderen Beschäftigung nicht besteht, die Gefahr zukünftiger Störungen des Arbeitsverhältnisses (negative Prognose) besteht und die Lösung des Arbeitsverhältnisses in Abwägung der Interessen beider Vertragsteile nach den Einzelumständen billigenswert und angemessen erscheint (BAG AP KSchG § 1 Verhaltensbedingte Kündigung Nr. 19). Das BAG unterscheidet zwischen Pflichtwidrigkeiten bei der Hauptleistungspflicht, wenn der Arbeitnehmer also seine Arbeitspflicht nicht ordnungsgemäß erfüllt, und solchen bei Nebenpflichten. Nebenpflichten können sich aus dem Arbeitsvertrag oder Gesetzen ergeben. Als Beispiel für solche Pflichtwidrigkeiten sind Störungen im Leistungsbereich (zB Schlechtleistung), gegen die betriebliche Ordnung (Verstoß gegen Rauchverbot), im personalen Vertrauensbereich (zB Vollmachtsmissbrauch), bei nebenvertraglichen Pflichten (zB Verstoß gegen Verschwiegenheitspflicht), Nichtanzeige von Krankheiten (BAG AP KSchG 1969 § 1 Verhaltensbedingte Kündigung Nr. 23 = NZA 1990, 433; AP KSchG 1969 § 1 Verhaltensbedingte Kündigung Nr. 26; AP KSchG 1969 § 1 Verhaltensbedingte Kündigung Nr. 27 = NZA 1993, 17), bei außerdienstlichem Verhalten, durch das das Arbeitsverhältnis konkret beeinträchtigt wird (BAG AP KSchG 1969 § 1 Verhaltensbedingte Kündigung Nr. 19), wiederholtes unentschuldigtes Fehlen, insb., wenn es zu Störungen im Betriebsablauf kommt (BAG AP KSchG 1969 § 1 Verhaltensbedingte Kündigungen Nr. 25 = NZA 1991, 557), grobe Beleidigungen des Arbeitgebers (BAG AP KSchG 1969 § 1 Verhaltensbedingte Kündigung Nr. 49, AP KSchG 1969 § 1 Verhaltensbedingte Kündigung Nr. 53) zu nennen. Verhaltensbedingter Kündigungsgrund kann auch die falsche Beantwortung von Fragen sein, etwa nach einer Verpflichtungserklärung für die Stasi (BAG AP KSchG 1969 § 1 Nr. 33). Die Erstattung von Strafanzeigen gegen den Arbeitgeber kann auch dann ein Kündigungsgrund sein, wenn der Arbeitnehmer wissentlich oder leichtfertig falsche Angaben macht (BAG AP KSchG 1969 § 1 Verhaltensbedingte Kündigung Nr. 45 = NZA 2004, 427; BAG AP KSchG 1969 § 1 Verhaltensbedingte Kündigung Nr. 55). Pflichtverletzungen durch Minderleistungen sind geeignet, eine verhaltensbedingte Kündigung zu rechtfertigen. Der Arbeitnehmer muss unter angemessener Ausschöpfung seiner persönlichen Leistungsfähigkeit arbeiten (BAG 11.12.2003 – 2 AZR 667/02, NZA 2004, 784). Kennt der Arbeitgeber lediglich die objektiv messbaren Arbeitsergebnisse, so genügt er im Kündigungsschutzprozess seiner Darlegungslast, wenn er Tatsachen vorträgt, aus denen ersichtlich ist, dass die Leistungen des Arbeitnehmers deutlich hinter denen vergleichbarer Arbeitnehmer zurückbleiben, also die Durchschnittsleistung erheblich unterschreiten. Alsdann ist es Sache des Arbeitnehmers, hierauf zu reagieren, zB darzulegen, warum er mit seiner deutlich unterdurchschnittlichen Leistung dennoch seine persönliche Leistungsfähigkeit ausschöpft. Trägt der Arbeitnehmer derartige Umstände nicht vor, gilt das schlüssige Vorbringen des Arbeitgebers als zugestanden (§ 138 Abs. 3 ZPO). Es ist dann davon auszugehen, dass der Arbeitnehmer seine Leistungsfähigkeit nicht ausschöpft (BAG AP KSchG 1969 § 1 Verhaltensbedingte Kündigung Nr. 48). Die negative Prognose verlangt, dass aus der Verletzungshandlung des Arbeitnehmers und der dadurch eingetretenen Störung im Arbeitsverhältnis geschlussfolgert werden kann, dass der Arbeitnehmer auch nach einer Kündigungsandrohung erneut und in gleicher oder ähnlicher Weise seine Pflichten verletzt und dementsprechend auch zukünftig weitere gleichartige Vertragsstörungen auftreten (BAG 18.6.2015 – 2 AZR 256/14, NZA 2016, 287). In Zusammenhang mit der Corona-Pandemie kommen bspw. die Nichtbeachtung von betrieblichen Arbeitsschutzmaßnahmen (insb. das Verweigern des Tragens einer „Mund-Nase-Bedeckung"), Rückkehr in den Betrieb nach Urlaub in einem Risikogebiet, das Arbeiten im Betrieb trotz festgestellter COVID-19 Erkrankung oder angeordneter Quarantäne, Diebstahl von Desinfektionsmittel zu Lasten des Arbeitgebers oder Arbeitsverweigerung wegen Gefahr einer Infektion mit dem Corona-Virus trotz bestehender Schutzmaßnahmen als mögliche Verhaltensweisen des Arbeitnehmers in Betracht, die im Einzelfall geeignet sein können, einen verhaltensbedingten Kündigungsgrund darzustellen.

2. Die verhaltensbedingten Kündigungsgründe und die Rechtswidrigkeit der Vertragsverletzung sind substantiiert unter Beweisantritt vom Arbeitgeber darzulegen (vgl. BAG AP BGB § 626 Nr. 8). Die Darlegungs- und Beweislast ist für Rechtfertigung- oder Entschuldigungsgründe abgestuft. Der Arbeitgeber darf sich zunächst darauf beschränken, den objektiven Tatbestand einer Pflichtverletzung vorzutragen. Er muss nicht jeden erdenklichen Rechtfertigungs- oder Entschuldigungsgrund ausschließen. Vielmehr ist es Sache des Arbeitnehmers, für das Eingreifen solcher Umstände zumindest greifbare Anhaltspunkte aufzuzeigen. Der Arbeitgeber muss erst bei substantiierter Einlassung des Arbeitnehmers beweisen, dass dessen Behauptungen nicht zutreffen. Das gilt erst recht, wenn der Arbeitgeber außerhalb des fraglichen Geschehensablaufs steht, während der Arbeitnehmer auf Grund seiner Sachnähe die wesentlichen Tatsachen kennt. In einem solchen Fall kann schon auf der Ebene des objektiven Kündigungstatbestands eine sekundäre Darlegungslast des Arbeitnehmers eingreifen (BAG 16.7.2015 – 2 AZR 85/15, NZA 2016, 161)

3. Vor allem bei Störungen im Leistungsbereich oder der betrieblichen Ordnung, also regelmäßig bei Vertragsverletzungen, darf der Arbeitgeber erst als ultima ratio von der Kündigung Gebrauch machen. Er muss den Arbeitnehmer grds. zuvor abmahnen (vgl. zB BAG AP BGB § 626 Nr. 57; AP GewO § 124 Nr. 1; AP KSchG § 1 Verhaltensbedingte Kündigung Nr. 9; AP BGB § 626 Nr. 116 = NZA 1994, 656), um die Missbilligung des Verhaltens zum Ausdruck zu bringen und die Kündigung als Rechtsfolge androhen. Eine Abmahnung kann aber auch bei Störungen im Vertrauensbereich notwendig sein, wenn mit der Wiederherstellung des Vertrauens gerechnet werden kann. Die Abmahnung muss dem Arbeitnehmer zugehen, damit er von ihr Kenntnis nehmen kann. Abmahnungsberechtigt sind nicht nur die Kündigungsberechtigten, sondern alle Mitarbeiter, die verbindliche Anweisungen bzgl. des Ortes, der Zeit sowie der Art und Weise der arbeitsvertraglich geschuldeten Arbeitsleistung geben können (BAG AP KSchG § 1 Verhaltensbedingte Kündigung Nr. 3). In Ausnahmefällen kann die Abmahnung entbehrlich sein. Zum einen ist eine Abmahnung entbehrlich, wenn die Änderung des Verhaltens des Arbeitnehmers trotz Abmahnung in Zukunft nicht zu erwarten ist. Zum anderen kann die Abmahnung entbehrlich sein, wenn der Arbeitnehmer nicht damit rechnen kann, der Arbeitgeber werde das Verhalten hinnehmen, weil die Pflichtwidrigkeit so schwer ist, dass dem Arbeitnehmer die Schwere der Pflichtwidrigkeit ohne weiteres erkennbar ist. Das Kündigungsrecht erlischt durch Verzicht, wenn der Kündigungsberechtigte wegen des ihm bekannten Kündigungssachverhalts eine Abmahnung ausspricht und sich der Kündigungssachverhalt nachträglich nicht wesentlich geändert hat (BAG AP BGB § 611 Abmahnung Nr. 30 = NZA 2003, 1388). Zahlreiche Abmahnungen wegen gleichartiger Pflichtverletzungen, denen keine Konsequenzen folgen, machen es notwendig, dass der Arbeitgeber noch eine letzte Abmahnung ausspricht (BAG AP KSchG 1969 § 1 Abmahnung Nr. 4; AP KSchG 1969 § 1 Verhaltensbedingte Kündigung Nr. 50). Die Abmahnung kann nur dann die Funktion erfüllen, den Arbeitnehmer zu warnen, dass ihm bei der nächsten gleichartigen Pflichtverletzung die Kündigung droht, wenn der Arbeitnehmer diese Drohung ernst nehmen muss. Dies kann je nach den Umständen nicht mehr der Fall sein, wenn die Kündigung jahrelang nur angedroht wird (BAG AP KSchG 1969 § 1 Verhaltensbedingte Kündigung Nr. 50; BAG 27.9.2012 – 2 AZR 955/11, NZA 2013, 425). Die Abmahnung ist nicht mitbestimmungspflichtig. Für die Abmahnung gibt es keine Ausschlussfristen, innerhalb derer das Rügerecht ausgeübt werden muss (BAG AP BGB § 611 Fürsorgepflicht Nr. 96). Andererseits kann eine Abmahnung infolge Zeitablaufs unwirksam werden. Dieser muss nach den Umständen des Einzelfalls bemessen werden (BAG AP KSchG § 1 Verhaltensbedingte Kündigung Nr. 17).

Der Arbeitnehmer braucht nicht gegen eine Abmahnung gerichtlich vorzugehen. Unterlässt er es, so sind hieraus für das Kündigungsschutzverfahren keine Folgerungen zu ziehen. Die Abmahnung wird im Kündigungsschutzprozess als Kündigungsvoraussetzung auf ihre Wirksamkeit überprüft. Der Arbeitnehmer kann die Entfernung der Abmahnung aus seinen Personalakten verlangen, wenn sie zu Unrecht erteilt worden oder für die Beurteilung nicht mehr von Bedeutung ist. Auch nach der Entfernung der Abmahnung aus der Personalakte kann der Arbeitnehmer noch einen Anspruch auf Widerruf der in der Abmahnung abgegebenen Erklärungen gerichtlich geltend machen (BAG AP BGB § 611 Abmahnung Nr. 22 = NZA 1999, 1037). Werden in einem Abmahnungsschreiben mehrere Pflichtverletzungen gerügt, von denen nur einige zutreffen, dann muss das ganze Abmahnungsschreiben aus der Personalakte entfernt werden. Auch bei verhaltensbedingten Kündigungen kann aus dem ultima-ratio-Prinzip folgen, dass der Arbeitgeber vor der Beendigungskündigung versuchen muss, seine Interessen durch eine Versetzung (BAG AP KSchG § 1 Verhaltensbedingte Kündigung Nr. 5) oder Änderungskündigung zu wahren. Für eine verhaltensbedingte Kündigung gilt das Prognoseprinzip. Der Zweck ist nicht die Sanktion für eine Vertragspflichtverletzung, sondern die Vermeidung von zukünftigen weiteren Vertragspflichtverletzungen. Die eingetretene Pflichtverletzung muss sich auch noch zukünftig belastend auswirken.

6. Klageerwiderung bei Kündigung aus betriebsbedingten Gründen

In Sachen

. . . . . Ca . . . . ./. . . . .

(volles Rubrum)

zeige ich an, dass ich die Beklagte vertrete.

Namens und im Auftrag der Beklagten wird beantragt,

die Klage abzuweisen.

Begründung:

Der/die am . . . . . geb., led./verh. Kläger(in), der/die . . . . . Kinder hat, wurde am . . . . . als . . . . . aufgrund des Arbeitsvertrages vom . . . . . als . . . . . eingestellt.

Beweis: Arbeitsvertrag vom . . . . . als Anlage B 1

Am . . . . . hat die Beklagte das mit dem/der Kläger(in) bestehende Arbeitsverhältnis aus betriebsbedingten Gründen gekündigt.[1]

Beweis: Kündigungsschreiben vom . . . . . als Anlage B 2

Die Beklagte hat den Betriebsrat vor Ausspruch der Kündigung am . . . . . durch Schreiben vom . . . . . angehört (§ 102 BetrVG).[2, 3]

Beweis: Betriebsratsanhörung vom . . . . . als Anlage B 3

Das Anhörungsschreiben wurde dem Betriebsratsvorsitzenden am . . . . . überreicht.

Beweis: Zeugnis des Personalsachbearbeiters, Herrn . . . . ., zu laden über die Beklagte

Der Betriebsrat hat sich nicht geäußert/der Kündigung zugestimmt/Einwendungen erhoben/widersprochen.

Beweis: 1. Stellungnahme des Betriebsrats, als Anlage B 4
2. Zeugnis des Personalsachbearbeiters, Herrn . . . . ., b.b.

Die Beklagte hat das mit dem/der Kläger/in bestehende Arbeitsverhältnis aus betriebsbedingten Gründen gekündigt, so dass die Kündigung sozial gerechtfertigt ist.

Der Geschäftsführer der Beklagten hat am . . . . . die unternehmerische Entscheidung getroffen, den Betrieb in . . . . ., in dem der/die Kläger/in beschäftigt ist, zum . . . . . zu schließen.

Beweis: Zeugnis des/der Personalleiters/in, Herrn/Frau . . . . ., zu laden über die Beklagte.

Dementsprechend werden seit dem . . . . . keine neuen Aufträge mehr für diesen Betrieb angenommen. Die vorhandenen Aufträge werden bis zum . . . . . abgearbeitet sein. Die Arbeitsverhältnisse sämtlicher Arbeitnehmer des Betriebes sind zum Zeitpunkt der Stilllegung gekündigt. Für den Fall, dass die jeweilige Kündigungsfrist länger ist, sind die Arbeitnehmer ab dem Zeitpunkt der Stilllegung von der Verpflichtung zur Erbringung der Arbeitsleistung freigestellt.

Beweis: Zeugnis des/der Personalleiters/in, Herrn/Frau . . . . ., b. b.

Der Geschäftsführer der Beklagten hat am . . . . . den Mietvertrag über den Standort gegenüber dem Vermieter zum Stilllegungszeitpunkt gekündigt.

Beweis: 1. Kündigungsschreiben der Beklagten an den Vermieter vom . . . . . als Anlage B5
2. Zeugnis des Geschäftsführers der Vermieterin, Herrn . . . . ., zu laden über . . . . .

Die Beklagte hat folgende weitere Verträge gekündigt [wird ausgeführt].

Beweis: . . . . .

Der Geschäftsführer hat die Personalabteilung angewiesen, die erforderlichen Umsetzungsschritte vorzubereiten.

Beweis: Zeugnis des/der Personalleiters/in, Herrn/Frau . . . . ., b. b.

Infolge der unternehmerischen Entscheidung fallen die in dem Betrieb vorhandenen Arbeitsplätze zum . . . . . weg.[4]

Dementsprechend hat die Beklagte dem Kläger am . . . . . zum . . . . . gekündigt. Am gleichen Tage hat sie die Arbeitsverhältnisse der weiteren 14 in diesem Betrieb beschäftigten Arbeitnehmer unter Beachtung der individuellen Kündigungsfrist, frühestens jedoch zum Zeitpunkt der Stilllegung, gekündigt.

Beweis: Zeugnis des/der Personalleiters/in, Herrn/Frau . . . . ., b. b.

Freie Arbeitsplätze im Unternehmen sind nicht vorhanden. Eine Sozialauswahl war nicht erforderlich, da sämtlichen Arbeitnehmern des Betriebes gekündigt wurde.[5]

Beweis: Zeugnis des Herrn/Frau . . . . ., zu laden über . . . . .

Rechtsanwalt/Rechtsanwältin

Anmerkungen

1. Nach § 1 Abs. 2 S. 1 KSchG kann eine Kündigung dann sozial gerechtfertigt sein, wenn dringende betriebliche Erfordernisse einer Weiterbeschäftigung des Arbeitnehmers in diesem Betrieb entgegenstehen. Voraussetzung für eine betriebsbedingte Kündigung ist zunächst der Wegfall des Arbeitsplatzes des gekündigten Arbeitnehmers. Die Rspr. erkennt sog außerbetriebliche als auch innerbetriebliche Gründe an. Bei außerbetrieblichen Gründen ist der typische Fall der Auftragsrückgang. In diesem Fall hat der Arbeitgeber die Einzelheiten zum Auftragsrückgang darzulegen und ggf. zu beweisen. Auch hat er darzulegen und zu beweisen, dass der Auftragsrückgang dauerhaft ist und deshalb dauerhaft der Bedarf für bestimmte Arbeitnehmer entfällt. Der bloße Hinweis auf einen auslaufenden Auftrag reicht nicht aus. Vielmehr muss anhand der Auftrags- und Personalplanung konkret dargestellt werden, dass ein dauerhafter Auftragsrückgang vorliegt und inwieweit dadurch der Beschäftigungsbedarf für Arbeitnehmer dauerhaft gesunken bzw. weggefallen ist (BAG AP AÜG § 9 Nr. 7). Der diesbezügliche Vortrag des Arbeitgebers ist im Kündigungsschutzverfahren vollständig vom Gericht überprüfbar.

Deshalb sollte die betriebsbedingte Kündigung möglichst auf innerbetriebliche Gründe gestützt werden. Denn die Grundlage der innerbetrieblichen Gründe ist eine unternehmerische Entscheidung, die wegen Art. 12, 14 GG von den Arbeitsgerichten nur eingeschränkt überprüft werden kann. Das BAG geht davon aus, dass die unternehmerische Entscheidung dahingehend zu überprüfen ist, ob sie tatsächlich umgesetzt wurde und ob sie nicht offenbar unsachlich, unvernünftig oder willkürlich ist (BAG 23.2.2012 – 2 AZR 548/10, NZA 2012, 852; 24.5.2012 – 2 AZR 124/11, NZA 2012, 1223). Die wirtschaftliche Zweckmäßigkeit der unternehmerischen Entscheidung kann grds. im Kündigungsschutzprozess nicht geprüft werden (BAG AP KSchG § 1 Betriebsbedingte Kündigung Nr. 6, AP KSchG § 1 Betriebsbedingte Kündigung Nr. 22; AP KSchG 1969 § 1 Betriebsbedingte Kündigung Nr. 1; AP KSchG 1969 § 1 Betriebsbedingte Kündigung Nr. 6; AP KSchG 1969 § 1 Betriebsbedingte Kündigung Nr. 8; AP KSchG 1969 § 1 Betriebsbedingte Kündigung Nr. 42 = NZA 1987, 776; AP KSchG 1969 § 2 Nr. 27 = NZA 1990, 734; AP KSchG 1969 § 1 Betriebsbedingte Kündigung Nr. 42 = NZA 1987, 776; BAG 12.4.2002 – 2 AZR 740/00, NZA 2002, 1175);

Betriebliche Erfordernisse können alle wirtschaftlichen, technischen oder organisatorischen Ursachen sein. Unerheblich ist, worauf sie beruhen, zB gesamtwirtschaftlichen Rezessionserscheinungen, branchenspezifischen Strukturveränderungen, Entscheidungen des Arbeitgebers, selbst wenn sie „verschuldet" sind, Entschluss des Arbeitgebers keine neuen Aufträge mehr anzunehmen (BAG AP KSchG 1969 § 1 Betriebsbedingte Kündigung Nr. 136), Sicherung einer ausgewogenen Altersstruktur von Erzieherinnen (BAG AP KSchG 1969 § 1 Betriebsbedingte Kündigung Nr. 114). Der Arbeitgeber kann grds. entscheiden, ob er veränderten Marktdaten durch Vorratswirtschaft, geringere Produktion, gesteigerte Werbung, Haltung einer Personalreserve oder Personalabbau Rechnung tragen will. Im Falle der Betriebsstilllegung muss aber ein ernsthafter und endgültiger Beschluss gefasst sein (BAG AP KSchG 1969 § 1 Betriebsbedingte Kündigung Nr. 41 = NZA 1987, 700; AP KSchG 1969 § 1 Betriebsbedingte Kündigung Nr. 53 = NZA 1991, 891; AP KSchG 1969 § 1 Betriebsbedingte Kündigung Nr. 72 = NZA 1996, 307; OLG Karlsruhe 15.8.1995 – 17 U 251/94, ZIP 1996, 122) und umgesetzt werden.

Der Entschluss zur Betriebsstilllegung rechtfertigt dann eine betriebsbedingte Kündigung, wenn die Umsetzung des Entschlusses zum Zeitpunkt der Kündigung bereits greifbare Formen angenommen hat, also damit zu rechnen ist, dass bis zum Ablauf der einschlägigen Kündigungsfrist die geplante Betriebsstilllegung durchgeführt ist und die Arbeitnehmer somit nicht mehr eingesetzt werden können (BAG 19.6.1991 – 2 AZR 127/91, NZA 1991, 891). Im Hinblick auf die Betriebsstilllegung ist sicherzustellen, dass keine Fortführung durch einen Erwerber stattfindet. Dann wäre die Kündigung unwirksam, da gem. § 613a BGB ein Betriebsübergang vorläge. Gleichermaßen wäre zu prüfen, ob eine Verlagerung der betrieblichen Aktivitäten an einen anderen Standort stattfindet. Dann wäre gegenüber den Arbeitnehmern eine Änderungskündigung anstelle einer Beendigungskündigung auszusprechen, da diese dann das mildere Mittel wäre. Dagegen ist der Entschluss des Arbeitgebers, ab sofort keine neuen Aufträge mehr anzunehmen, allen Arbeitnehmern zum nächstmöglichen Kündigungstermin zu kündigen, zur Abarbeitung der vorhandenen Aufträge eigene Arbeitnehmer nur noch während der jeweiligen Kündigungsfristen, längstens bis zum Zeitpunkt der Schließung, einzusetzen und so den Betrieb schnellstmöglich stillzulegen, als unternehmerische Entscheidung grds. geeignet, die entsprechenden Kündigungen sozial zu rechtfertigen (BAG AP KSchG 1969 § 1 Betriebsbedingte Kündigung Nr. 115 = NZA 2001, 719; AP KSchG 1969 § 1 Betriebsbedingte Kündigung Nr. 132; AP KSchG 1969 § 1 Betriebsbedingte Kündigung Nr. 168).

Zu den dringenden betrieblichen Erfordernissen gehört die Stilllegung des ganzen Betriebs durch den Arbeitgeber. Unter Betriebsstilllegung ist die Auflösung der zwischen Arbeitgeber und Arbeitnehmer bestehenden Betriebs- und Produktionsgemeinschaft zu verstehen, die ihre Veranlassung und zugleich ihren unmittelbaren Ausdruck darin findet, dass der Unternehmer die bisherige wirtschaftliche Tätigkeit in der ernstlichen Absicht einstellt, die Verfolgung der bisherigen Betriebszwecke dauernd oder für eine ihrer Dauer nach unbestimmte, wirtschaftlich nicht unerhebliche Zeitspanne einzustellen. Eine unternehmerische Organisationsentscheidung, die zum Wegfall von Arbeitsplätzen führt, kann in der Vergabe von bisher im Betrieb durchgeführten Arbeiten an ein anderes Unternehmen sein (BAG AP KSchG 1969 § 1 Betriebsbedingte Kündigung Nr. 133). Die Entscheidung des Unternehmers, einen Betriebsteil durch eine noch zu gründende, finanziell, wirtschaftlich und organisatorisch in sein Unternehmen voll eingegliederte Organgesellschaft mit von dieser neu einzustellenden Arbeitnehmern weiter betreiben zu lassen, stellt kein dringendes betriebliches Erfordernis dar, den in diesem Betriebsteil bisher beschäftigten Arbeitnehmern zu kündigen (BAG AP KSchG 1969 § 1 Betriebsbedingte Kündigung Nr. 124). Eine vom Arbeitgeber mit einer Stilllegungsabsicht begründete Kündigung ist sozial gerechtfertigt, wenn im Zeitpunkt des Zugangs der Kündigung die geplante Maßnahme sich objektiv als Betriebsstilllegung und nicht als Betriebsveräußerung darstellt (BAG AP KSchG 1969 § 1 Betriebsbedingte Kündigung Nr. 152).

Je näher die eigentliche Organisationsentscheidung an den Kündigungsentschluss rückt, umso mehr muss der Arbeitgeber durch Tatsachenvortrag verdeutlichen, dass ein Beschäftigungsbedürfnis für den Arbeitnehmer entfallen ist. Sind die Organisationsentscheidung des Arbeitgebers und sein Kündigungsentschluss praktisch deckungsgleich, wie dies bspw. beim Abbau einer Hierarchieebene oder Streichung eines einzelnen Arbeitsplatzes der Fall ist, greift die ansonsten berechtigte Vermutung, dass die Entscheidung aus sachlichen Gründen erfolge, nicht ein. Da die Kündigung nach dem Gesetz an das Vorliegen von Gründen gebunden ist, die außerhalb ihrer selbst liegen, muss der Arbeitgeber in solchen Fällen seine Entscheidung hinsichtlich ihrer organisatorischen Durchführbarkeit und zeitlichen Nachhaltigkeit verdeutlichen. Daran fehlt es, wenn die Kündigung zu einer Überforderung oder Benachteiligung des im Betrieb verbliebenen Personals führen würde oder die zugrunde liegende unternehmerische Entscheidung lediglich Vorwand dafür wäre, bestimmte Arbeitnehmer aus dem Betrieb zu drängen, obwohl Beschäftigungsbedarf besteht und die Beschäftigungsmöglichkeiten objektiv fortbestehen und nur der Inhalt des Arbeitsvertrages als belastend angesehen wird (BAG 23.2.2010 – 2 AZR 548/10, NZA 2012, 852; 24.5.2012 – 2 AZR 124/11, NZA 2012, 1223). In einem solchen Fall muss der Arbeitgeber konkret erläutern, in welchem Umfang und aufgrund welcher Maßnahme die bisher vom gekündigten Arbeitnehmer ausgeübten Tätigkeiten für diesen zukünftig entfallen. Der Arbeitgeber muss die Auswirkungen seiner unternehmerischen Vorgaben und Planungen auf das erwartete Arbeitsvolumen anhand einer schlüssigen Prognose iE darstellen und angeben, wie die anfallenden Arbeiten vom verbleibenden Personal ohne überobligationsmäßige Leistung, dh im Rahmen ihrer vertraglich geschuldeten regelmäßigen wöchentlichen Arbeitszeit, erledigt werden können (BAG 24.5.2012 – 2 AZR 124/11, NZA 2012, 1223).

Die betriebsbedingte Kündigung ist nur als ultima ratio möglich; der Unternehmer hat mithin vor Ausspruch einer Kündigung zu prüfen, ob sie durch zumutbare technische, organisatorische oder wirtschaftliche Maßnahmen vermieden werden kann. Es muss geprüft werden, ob sie sich durch Abbau von Überstunden, Vorverlegung von Werksferien, Versetzung des Arbeitnehmers (BAG AP KSchG 1969 § 1 Betriebsbedingte Kündigung Nr. 21 = NZA 1985, 489) oder eine Änderungskündigung (BAG AP KSchG 1969 § 2 Nr. 8) usw vermeiden lässt. Eine betriebsbedingte Kündigung kommt in Betracht, wenn bei Ausspruch der Kündigung auf Grund einer vernünftigen betriebswirtschaftlichen Prognose davon auszugehen ist, dass zum Zeitpunkt des Kündigungstermins dauerhaft kein Beschäftigungsbedarf mehr besteht. Ob die Einführung von Kurzarbeit als milderes Mittel einer betriebsbedingten Beendigungskündigung in Betracht kommt, hat die Rspr. offen gelassen (BAG 23.2.2012 – 2 AZR 548/10, NZA 2012, 852). Während die Einführung von Kurzarbeit einen nur vorübergehenden Wegfall des Beschäftigungsbedarfs voraussetzt, ist die betriebsbedingte Kündigung nur bei dauerhaftem Wegfall des Beschäftigungsbedarfs möglich.

Voll nachprüfbar ist, ob die für die unternehmerische Entscheidung wesentlichen Umstände auch vorliegen (BAG AP KSchG 1969 § 1 Betriebsbedingte Kündigung Nr. 1). Bei außerbetrieblichen Ursachen (zB Arbeitsmangel, Umsatzrückgang) ist eine betriebsbedingte Kündigung gerechtfertigt, wenn dadurch der Arbeitsanfall so stark zurückgeht, dass der Bedarf zur Weiterbeschäftigung eines oder mehrerer Arbeitnehmer entfällt. Der Arbeitgeber hat mithin die Auswirkungen auf den einzelnen Arbeitsplatz darzustellen (BAG AP KSchG 1969 § 1 Betriebsbedingte Kündigung Nr. 45 = NZA 1990, 65). Interne Ursachen (zB Rückgang von Gewinn, Unrentabilität) begründen nicht unmittelbar betriebliche Erfordernisse, weil sie sich nicht unmittelbar auf die Verringerung der Arbeit auswirken. Sie rechtfertigen dann eine Kündigung, wenn der Arbeitgeber die Ertragslage zum Anlass nimmt, zur Kostenersparnis oder zur Verbesserung des Betriebsergebnisses durch technische oder organisatorische innerbetriebliche Maßnahmen die Zahl der Arbeitsplätze zu verringern; auch insoweit sind die Auswirkungen auf den einzelnen Arbeitsplatz darzulegen (BAG AP KSchG 1969 § 1 Betriebsbedingte Kündigung Nr. 24 = NZA 1990, 607; BAG AP KSchG 1969 § 1 Betriebsbedingte Kündigung Nr. 128).

Eine Kündigung ist nicht betriebsbedingt, wenn der Arbeitnehmer auf einem freien Arbeitsplatz im Unternehmen weiterbeschäftigt werden kann. Dabei sind solche Arbeitsplätze in die Beurteilung einzubeziehen, bei denen im Zeitpunkt der Kündigung bereits feststeht, dass sie in absehbarer Zeit nach Ablauf der Kündigungsfrist frei werden, soweit dem Arbeitgeber die Überbrückung dieses Zeitraumes zumutbar ist. Zumutbar ist ein solcher Zeitraum, den ein anderer Stellenbewerber zur Einarbeitung benötigt (BAG AP KSchG 1969 § 1 Betriebsbedingte Kündigung Nr. 67 = NZA 1995, 521). Die Frage ist nicht lediglich betriebsbezogen zu prüfen. Es gilt der Grundsatz der Verhältnismäßigkeit (BAG AP 2 KSchG 1969 § 2 Nr. 8 = NZA 1985, 455 = NJW 1985, 1797), der eine Interessenabwägung erfordert. Eine betriebsbedingte Kündigung ist nur dann sozial gerechtfertigt, wenn die betrieblichen Gründe bei verständiger Würdigung in Abwägung der Interessen der Vertragsparteien und des Betriebes die Kündigung als billigenswert erscheinen lassen. Insoweit ist zu überprüfen, ob die Möglichkeit der Beschäftigung auf einem anderen Arbeitsplatz in Betracht kommt, ggf. nach Ausspruch einer Änderungskündigung oder zumutbarer Umschulungs- und Fortbildungsmaßnahmen. Der Arbeitgeber muss mithin vor jeder Beendigungskündigung dem Arbeitnehmer eine zumutbare Weiterbeschäftigung auf einem freien Arbeitsplatz anbieten (BAG AP KSchG 1969 § 2 Nr. 8 = NZA 1985, 455); er braucht aber keine Beförderungsstelle anzubieten (BAG AP KSchG 1969 § 1 Betriebsbedingte Kündigung Nr. 50). Bei der Prüfung einer Weiterbeschäftigungsmöglichkeit eines schwerbehinderten Menschen sind die in § 164 Abs. 4 SGB IX vorgesehenen Ansprüche zu berücksichtigen (BAG 16.5.2019 – 6 AZR 329/18, NZA 2019, 1198). Beruft sich der Arbeitnehmer auf eine anderweitige Beschäftigungsmöglichkeit und bestreitet der Arbeitgeber eine solche, so muss der Arbeitnehmer darlegen, wie er sich die Weiterbeschäftigung denkt. Dies hat der Arbeitgeber alsdann zu widerlegen (BAG AP KSchG 1969 § 1 Konzern Nr. 8 = NZA 1994, 653) und vorzutragen, warum eine Beschäftigung auf einem vom Arbeitnehmer benannten Arbeitsplatz nicht in Betracht kommt. Maßgeblich für die Beurteilung ist jeweils der Zeitpunkt des Zugangs der Kündigung (vgl. zu den Einzelheiten Schaub ArbR-HdB/*Linck* § 134). Da der Arbeitgeber die Tatsachen zu beweisen hat, die die Kündigung bedingen, hat er die tatsächlichen Grundlagen für die Berechtigung der Prognose, bis spätestens zum Ablauf der Kündigungsfrist werde ein Beschäftigungsbedarf entfallen sein, von sich aus schlüssig vorzutragen. Zu diesen Tatsachen gehört der schon bei Kündigungszugang getroffene endgültige Entschluss zur Vornahme einer Maßnahme, die zu einem solchen Wegfall führen werde. Wie substanziiert der Vortrag zu erfolgen hat, hängt von der Einlassung des Arbeitnehmers ab. Zunächst genügt es, wenn der Arbeitgeber – zumindest konkludent – behauptet, er habe seine entsprechende Entscheidung schon vor Zugang der Kündigung getroffen. Wenn der Arbeitnehmer dies mit – in der Regel zunächst ausreichendem – Nichtwissen bestreitet, wird der Arbeitgeber nähere tatsächliche Einzelheiten darlegen müssen, aus denen unmittelbar oder mittelbar geschlossen werden kann, er habe die entsprechende Absicht bereits im Kündigungszeitpunkt endgültig gehabt. Geht es dabei um den inneren Zustand einer einzelnen Person, wird sich das Gericht die Überzeugung von der Wahrheit der Behauptung – wie stets – nach § 286 ZPO bilden müssen. Soweit sich die innere Tatsache nach außen manifestiert hat, wird es ggf. Beweis über die Indiztatsachen erheben und diese würdigen müssen. Fehlt es an einer entsprechenden Offenbarung der unternehmerischen Entscheidung, wird es auf die genaue Darlegung des inneren Willensbildungsprozesses der betreffenden Person, die Schlüssigkeit ihrer Angaben und ihre Glaubwürdigkeit ankommen (BAG 20.11.2014 – 2 AZR 512/13, NZA 2015, 679). Es gelten sodann zu den weiteren Voraussetzungen die Grundsätze der abgestuften Darlegungslast: Der Arbeitgeber hat darzulegen, dass und wie die von ihm getroffene Maßnahme durchgeführt werden soll. Dann ist es Sache des Arbeitnehmers, vorzutragen und zu beweisen, warum die getroffene Maßnahme offensichtlich unsachlich, unvernünftig oder willkürlich sein soll. Alsdann hat sich der Arbeitgeber hierauf weiter einzulassen (BAG AP KSchG 1969 § 1 Betriebsbedingte Kündigung Nr. 102 = NZA 1999, 1095; AP KSchG 1969 § 1 Betriebsbedingte Kündigung Nr. 103 = NZA 1999, 1157; AP KSchG 1969 § 1 Betriebsbedingte Kündigung Nr. 138).

Die Einführung von Kurzarbeit schließt eine betriebsbedingte Kündigung nicht per se aus (BAG 23.2.2012 – 2 AZR 548/10, NZA 2012, 852). Die Einführung von Kurzarbeit aufgrund einer unternehmerischen Entscheidung des Arbeitgebers begründet einen nur vorübergehenden Wegfall von Beschäftigungsbedarf, wohingegen ein betriebsbedingter Kündigungsgrund nur dann gegeben ist, wenn der Beschäftigungsbedarf dauerhaft entfallen ist. Um diese Indizwirkung der Kurzarbeit für einen nur vorübergehenden Wegfall von Beschäftigungsbedarf zu widerlegen, bestehen erhöhte Anforderungen an die Darlegungs- und Beweislast des Arbeitgebers. Er muss im Prozess zunächst darlegen und beweisen, dass sich seine ursprüngliche Prognose eines nur vorübergehenden Arbeitsausfalls nicht bewahrheitet hat und er deshalb eine neue unternehmerische Entscheidung getroffen hat und die Kündigung auf dieser neuen Entscheidung beruht. Sodann hat er vorzutragen, warum der Beschäftigungsbedarf entgegen vorheriger Annahmen dauerhaft entfallen ist. Je kürzer das zeitliche Intervall zwischen Einführung von Kurzarbeit und Ausspruch der betriebsbedingten Kündigung, desto höher sind die Anforderungen der Darlegung der geänderten Prognose.

2. Dem Betriebsrat sind alle Voraussetzungen der betriebsbedingten Kündigung darzulegen. Hierzu gehört auch die Mitteilung der Gründe der sozialen Auswahl (BAG AP BetrVG 1972 § 102 Nr. 31 = NJW 1984, 2374).

3. Bei der Betriebsstilllegung ist zu prüfen, ob zunächst mit dem bestehenden Betriebsrat gem. § 111 BetrVG ein Interessenausgleich zu schließen ist. Der Schwellenwert des § 111 BetrVG ist unternehmens- und nicht betriebsbezogen zu prüfen. Liegen die Voraussetzungen einer Betriebsänderung in Form der Stilllegung des ganzen Betriebes (§ 111 S. 3 Nr. 1 BetrVG) vor, ist auch ein Sozialplan abzuschließen. Zusätzlich ist zu prüfen, ob die Voraussetzungen des § 17 KSchG vorliegen und die dortigen Beteiligungsrechte des Betriebsrats zu beachten sind, sowie ob eine Massenentlassungsanzeige bei der Bundesagentur für Arbeit zu erstatten ist. Wenn dies der Fall ist, sind in den Schriftsatz auf Rüge des Arbeitnehmers entsprechende Darlegungen zur ordnungsgemäßen Durchführung der Verfahren aufzunehmen.

4. Bei einer personen- oder verhaltensbedingten Kündigung steht die Berechtigung der Kündigung fest, wenn ihre Tatbestandsmerkmale vorliegen. Bei der betriebsbedingten Kündigung handelt es sich dagegen um einen zweistufigen Tatbestand. In der ersten Stufe ist zunächst festzustellen, ob betriebsbedingte Gründe vorliegen, also ob überhaupt eine Kündigung möglich ist. In der zweiten Stufe wird geprüft, wer von ihr betroffen wird. Nach § 1 Abs. 3 S. 1 KSchG in der Auslegung der Rspr. hat der Arbeitnehmer einen materiell-rechtlichen Anspruch auf die Mitteilung der Gründe, die für die soziale Auswahl maßgebend waren. Der Anspruch ist zweckmäßigerweise spätestens bei Klageerhebung geltend zu machen. Der Arbeitgeber hat im Umfang seiner materiell-rechtlichen Mitteilungspflicht auch im Prozess die Gründe darzulegen, die ihn zu der sozialen Auswahl veranlasst haben. IÜ trägt der Arbeitnehmer die Darlegungs- und Beweislast (BAG AP KSchG 1969 § 1 Betriebsbedingte Kündigung Nr. 12; AP KSchG 1969 § 1 Soziale Auswahl Nr. 4; AP KSchG 1969 § 1 Soziale Auswahl Nr. 17 = NZA 1989, 264).

5. Bei der Betriebsschließung entfällt die Sozialauswahl. Ist eine Sozialauswahl erforderlich, hat der Arbeitgeber die Kriterien der von ihm vorgenommenen Sozialauswahl darzulegen und vorzutragen, welche Arbeitnehmer er einbezogen hat. Die Voraussetzungen für die Herausnahme eines einzelnen Arbeitnehmers aus der Sozialauswahl gem. § 1 Abs. 3 S. 2 KSchG hat der Arbeitgeber ebenso zu beweisen, wie das Vorliegen berechtigter betrieblicher Interessen zum Erhalt der Personalstruktur. → Form. IV.B.7.

7. Replik wegen fehlerhafter sozialer Auswahl

In Sachen
. . . . . Ca . . . . ./. . . . .
(abgekürztes Rubrum)
ist auf die Klageerwiderung der Beklagten vom . . . . . Folgendes vorzutragen.[1]
Selbst wenn die Beklagte gezwungen war, Mitarbeiter zu entlassen, so hat sie keine zutreffende soziale Auswahl durchgeführt. Der/die Kläger(in) hat die Beklagte nach § 1 Abs. 3 S. 1 KSchG aufgefordert, die Gründe zur sozialen Auswahl mitzuteilen.[2] Schon aus dem in der Anlage B . . . . . beigefügten Schreiben ergibt sich, dass die Beklagte sich die Gründe zur sozialen Auswahl nicht hinreichend vergegenwärtigt hat.[3] Die Beklagte hat nicht sämtliche vergleichbaren Arbeitnehmer entlassen. Sie beschäftigt noch . . . . ., deren Arbeit der/die Kläger(in) verrichten könnte. Zu den Arbeitnehmern, die von der Kündigung weniger hart betroffen sind, gehören . . . . .

1. (Name) . . . . . 2. (Name) . . . . .

Die benannten Arbeitnehmer haben eine geringe Betriebszugehörigkeit . . . . . und sind zudem jünger usw.[4]

Beweis: 1. Zeugnis des Betriebsratsvorsitzenden, Herrn . . . . ., zu laden über die Beklagte.
2. Zeugnis des Leiters der Personalabteilung, Herrn . . . . ., zu laden über die Beklagte.

Rechtsanwalt/Rechtsanwältin

Anmerkungen

1. Die soziale Auswahl wird in folgenden Prüfungsschritten vollzogen. (1) Welche Arbeitnehmer sind in die soziale Auswahl einzubeziehen; der Kreis der in die soziale Auswahl einzubeziehenden Arbeitnehmer ist nach den Verhältnissen im Zeitpunkt der Kündigung zu bilden (BAG AP KSchG 1969 § 1 Soziale Auswahl Nr. 74; AP KSchG 1969 § 1 Soziale Auswahl Nr. 81). (2) welche Sozialdaten sind zu berücksichtigen und (3) welche Arbeitnehmer sind aus betriebsbedingten Gründen für den Betrieb notwendig.

Die soziale Auswahl ist auf den Betrieb beschränkt, in dem der zu kündigende Arbeitnehmer beschäftigt ist (BAG AP KSchG 1969 § 1 Soziale Auswahl Nr. 76). Es ist mithin zu prüfen, welche Arbeitsplätze durch dringende betriebliche Erfordernisse ganz oder teilweise weggefallen sind. Alsdann ist festzustellen, ob es vergleichbare Arbeitsplätze im Betrieb gibt. Der Arbeitgeber hat in die Sozialauswahl diejenigen Arbeitnehmer einzubeziehen, die objektiv miteinander vergleichbar sind (BAG 20.6.2013 – 2 AZR 271/12, NZA 2013, 837). Dabei erstreckt sich die Vergleichbarkeit immer nur auf dieselbe Ebene der Betriebshierarchie, um zu verhindern, dass ein „Verdrängungswettbewerb nach unten" entsteht. Vergleichbar sind Arbeitnehmer, die – bezogen auf die Merkmale des Arbeitsplatzes – sowohl auf Grund ihrer Fähigkeiten und Kenntnisse als auch nach dem Inhalt der von ihnen vertraglich geschuldeten Aufgaben austauschbar sind (st Rspr, vgl. nur BAG 20.6.2013 – 2 AZR 271/12, NZA 2013, 837). Besteht zwischen mehreren Arbeitsplätzen nur eine partielle Identität, kommt es darauf an, ob der vom Wegfall des Arbeitsplatzes betroffene Arbeitnehmer auch die Funktionen auf dem partiell identischen Arbeitsplatz wahrnehmen kann. Vergleichbar sind solche Arbeitnehmer, auf deren Arbeitsplatz der vom Arbeitsplatzwegfall betroffene Arbeitnehmer im Rahmen der vertraglichen Vereinbarung, also im Rahmen des Direktionsrechts nach § 106 GewO, versetzt werden kann. An einer Vergleichbarkeit fehlt es, wenn der Arbeitgeber den Arbeitnehmer aus Rechtsgründen nicht einseitig auf den fraglichen anderen Arbeitsplatz um- oder versetzen kann (BAG 20.6.2013 – 2 AZR 271/12, NZA 2013, 837). Kann ein Arbeitnehmer nach dem Arbeitsvertrag also nur innerhalb eines bestimmten Arbeitsbereichs versetzt werden, so ist bei einer wegen Wegfalls dieses Arbeitsbereichs erforderlichen betriebsbedingten Kündigung keine Sozialauswahl unter Einbeziehung der vom Tätigkeitsfeld vergleichbaren Arbeitnehmer anderer Arbeitsbereiche vorzunehmen (s. nur BAG AP KSchG 1969 § 1 Soziale Auswahl Nr. 36 = NZA 1998, 1332; AP KSchG § 1 Soziale Auswahl Nr. 46 = NZA 2000, 822). Ob bei der Kündigung teilzeitbeschäftigter Arbeitnehmer Vollzeitbeschäftigte und bei der Kündigung vollzeitbeschäftigter Arbeitnehmer Teilzeitbeschäftigte in die Sozialauswahl nach § 1 Abs. 3 KSchG einzubeziehen sind, hängt von der betrieblichen Organisation ab (BAG AP KSchG 1969 § 1 Soziale Auswahl Nr. 39 = NZA 1999, 431). Hat der Arbeitgeber eine Organisationsentscheidung getroffen, auf Grund derer für bestimmte Arbeiten Vollzeitkräfte vorgesehen sind, so kann diese Entscheidung als sog freie Unternehmerentscheidung nur darauf überprüft werden, ob sie offenbar unsachlich, unvernünftig oder willkürlich ist. Liegt danach eine bindende Unternehmerentscheidung vor, sind bei der Kündigung einer Teilzeitkraft die Vollzeitkräfte nicht in die Sozialauswahl einzubeziehen (BAG AP KSchG 1969 § 1 Soziale Auswahl Nr. 39 = NZA 1999, 431). Bei einer Sozialauswahl sind teilzeitbeschäftigte mit vollzeitbeschäftigten Arbeitnehmern zu vergleichen, wenn der Arbeitgeber lediglich das Arbeitsvolumen im Betrieb oder in der Verwaltung reduzieren will, ohne dass organisatorische Entscheidungen über die Gestaltung der Arbeitszeiten auf bestimmten Arbeitsplätzen vorliegen. Liegt hingegen ein nachvollziehbares unternehmerisches Konzept zur Arbeitszeitgestaltung vor, nach denen bestimmte Tätigkeiten bestimmten Arbeitszeiten zugeordnet worden sind, ist diese unternehmerische Organisationsentscheidung grds. mit der Folge hinzunehmen, dass die Arbeitnehmer, die auf Grund solcher Organisationsentscheidungen unterschiedliche Arbeitszeiten aufweisen, die nur durch eine Änderungskündigung angepasst werden können, nicht miteinander vergleichbar sind (BAG AP KSchG 1969 § 1 Soziale Auswahl Nr. 88). Bilden mehrere Unternehmen einen gemeinschaftlichen Betrieb, so ist die Sozialauswahl bis zu einer Auflösung des Gemeinschaftsbetriebs auf den ganzen Betrieb zu erstrecken (BAG AP KSchG 1969 § 1 Gemeinschaftsbetrieb Nr. 4). Maßgeblich ist der Betriebsbegriff des § 23 Abs. 1 KSchG und nicht der des § 4 BetrVG. Das Vorliegen einer betriebsverfassungsrechtlichen Organisationseinheit nach § 3 Abs. 5 BetrVG ist für die Betriebsbezogenheit der Sozialauswahl unbeachtlich (BAG 27.6.2019 – 2 AZR 38/19, NZA 2019, 1427).

2. a) Bei der Sozialauswahl zu berücksichtigende Umstände sind die Dauer der Betriebszugehörigkeit, das Lebensalter, die Unterhaltspflichten des Arbeitnehmers und eine etwaige Schwerbehinderung gem. § 1 Abs. 3 S. 1 KSchG. Die Kriterien sind gleichgewichtig (BAG 19.1.2015 – 2 AZR 164/14, NZA 2015, 426). Das Bundesarbeitsgericht geht davon aus, dass keinem der in § 1 Abs. 3 S. 1 KSchG genannten Auswahlkriterien eine Priorität gegenüber den anderen zukommt. Vielmehr seien stets die individuellen Unterschiede zwischen den vergleichbaren Arbeitnehmern und deren Sozialdaten zu berücksichtigen und abzuwägen. Der Arbeitgeber habe bei der Gewichtung der Sozialdaten einen Wertungsspielraum, der dazu führe, dass nur deutlich schutzwürdigere Arbeitnehmer sich mit Erfolg auf einen Auswahlfehler berufen können (BAG 22.3.2012 – 2 AZR 167/11, NZA 2012, 1040; 29.1.2015 – 2 AZR 164/14, NZA 2015, 426). Dabei hat der Arbeitgeber nicht die „bestmögliche" Sozialauswahl vorzunehmen. Auch ist nicht entscheidend, ob das Arbeitsgericht dieselbe Auswahl getroffen hätte, wenn es eigenverantwortlich die sozialen Erwägungen hätte anstellen und die sozialen Grunddaten hätte gewichten müssen.
In die soziale Auswahl sind Arbeitnehmer nicht einzubeziehen, deren Weiterbeschäftigung, insb. wegen ihrer Kenntnisse, Fähigkeiten und Leistungen oder zur Sicherung einer ausgewogenen Personalstruktur des Betriebes, im berechtigten betrieblichen Interesse liegen (§ 1 Abs. 3 S. 2 KSchG). Dem Arbeitgeber ist es möglich, zur Sicherung einer ausgewogenen Personalstruktur für die Sozialauswahl sog Altersgruppen zu bilden und die Arbeitnehmer diesen Gruppen zuzuordnen und dann innerhalb der Altersgruppen Arbeitnehmern zu kündigen (BAG 22.3.2012 – 2 AZR 167/11, NZA 2012, 1040). Ein Arbeitgeber, der sich auf § 1 Abs. 3 S. 2 KSchG berufen will, muss zu den Auswirkungen von Kündigungen auf die Altersstruktur und möglichen Nachteilen konkret vortragen. Jedenfalls dann, wenn die Anzahl der Entlassungen innerhalb einer Gruppe vergleichbarer Arbeitnehmer im Verhältnis zur Anzahl aller Arbeitnehmer des Betriebes die Schwellenwerte des § 17 KSchG erreicht, kommen ihm dabei Erleichterungen zugute; in diesem Fall ist ein berechtigtes betriebliches Interesse an der Beibehaltung der Altersstruktur – widerlegbar – indiziert (BAG 22.3.2012 – 2 AZR 167/11, NZA 2012, 1040). Sind mehrere Gruppen vergleichbarer Arbeitnehmer von den Entlassungen betroffen, muss auch innerhalb der jeweiligen Vergleichs-

gruppe eine proportionale Berücksichtigung der Altersgruppe an den Entlassungen möglich sein. Die betriebsweite Sicherung der bestehenden Altersstruktur muss die Folge der proportionalen Beteiligung der Altersgruppe an den Entlassungen innerhalb der einzelnen Vergleichsgruppen sein (BAG 22.3.2012 – 2 AZR 167/11, NZA 2012, 1040).

Soweit im Fall der Kündigung unter mehreren Arbeitnehmern eine Auswahl zu treffen ist, hat auch der Arbeitgeber im Kleinbetrieb, auf den das Kündigungsschutzgesetz keine Anwendung findet, ein durch Art. 12 GG gebotenes Mindestmaß an sozialer Rücksichtnahme zu wahren (BVerfG 27.1.1998 – 1 BVL 15/87, BVerfGE 97, 169 = NZA 1998, 470). Eine Kündigung, die dieser Anforderung nicht entspricht, verstößt gegen Treu und Glauben (§ 242 BGB) und ist deshalb unwirksam (BAG AP BGB § 242 Kündigung Nr. 12= NZA 2001, 833).

b) In einem Tarifvertrag, einer Betriebsvereinbarung oder in einer entsprechenden Richtlinie nach dem Personalvertretungsrecht können Auswahlrichtlinien festgelegt werden, wie bei der sozialen Auswahl die Auswahlmerkmale zu gewichten sind (§ 1 Abs. 4 KSchG). Liegen derartige Richtlinien vor, so wird die Gewichtung der Sozialkriterien untereinander vom Arbeitsgericht nur auf grobe Fehlerhaftigkeit überprüft.

c) Sind bei einer Kündigung auf Grund einer Betriebsänderung nach § 111 BetrVG die Arbeitnehmer, denen gekündigt werden soll, in einem Interessenausgleich namentlich bezeichnet, so wird vermutet, dass die Kündigung durch ein dringendes betriebliches Erfordernis bedingt ist. Die soziale Auswahl, also sowohl die Bestimmung des Kreises der vergleichbaren Arbeitnehmer als auch die Gewichtung der Sozialkriterien, kann nur auf grobe Fehlerhaftigkeit überprüft werden (§ 1 Abs. 5 KSchG).

d) Insolvenzverfahren. Zahlreiche Besonderheiten können im Insolvenzverfahren erwachsen. → Form. IV.B.14.

3. Der Arbeitgeber hat die Erwägungen mitzuteilen, die für die getroffene soziale Auswahl sprechen (§ 1 Abs. 3 S. 1 KSchG). Sinn des materiell-rechtlichen Auskunftsanspruches ist, dem Arbeitnehmer eine rechtzeitige Abwägung der mit der Kündigungsschutzklage verbundenen Prozessrisiken zu ermöglichen und ihn in den Stand zu versetzen, einen etwaigen Fehler in der sozialen Auswahl zu rügen. Nach seinem Inhalt hat der Arbeitgeber den Kreis der in die soziale Auswahl einzubeziehenden Personen, die auswahlerheblichen Sozialdaten und deren Bewertungsmaßstab anzugeben (BAG AP KSchG 1969 § 1 Soziale Auswahl Nr. 17 = NZA 1989, 264). Verletzt der Arbeitgeber die Mitteilungspflicht, führt dies nicht zur Unwirksamkeit der Kündigung, da auf die objektiven, im Prozess nachschiebbaren Umstände abzustellen ist. Indes können Schadenersatzansprüche erwachsen. Der Arbeitgeber ist darlegungspflichtig, welchen Personenkreis er in die Auswahl einbezogen, welche Sozialdaten er bei der Auswahl berücksichtigt und welchen Bewertungsmaßstab er hierbei angelegt hat. Dagegen trifft den Arbeitnehmer die Darlegungs- und Beweislast dahingehend, dass der Arbeitgeber die Sozialdaten nicht hinreichend oder unrichtig dargestellt habe (BAG AP KSchG 1969 § 1 Betriebsbedingte Kündigung Nr. 12; AP KSchG 1969 § 1 Soziale Auswahl Nr. 4; vgl. vor allem BAG AP KSchG 1969 § 1 Soziale Auswahl Nr. 17 = NZA 1989, 264).

4. Dem betriebsbedingt gekündigten Arbeitnehmer kann ein Wiedereinstellungsanspruch zustehen, wenn sich zwischen dem Ausspruch der Kündigung und dem Ablauf der Kündigungsfrist unvorhergesehen eine Weiterbeschäftigungsmöglichkeit ergibt. Entsteht diese erst nach Ablauf der Kündigungsfrist, besteht grds. kein Wiedereinstellungsanspruch (BAG 6.8.1997 – 7 AZR 557/96, NZA 1998, 254; AP KSchG 1969 § 1 Wiedereinstellungsanspruch Nr. 6 = NZA 2000, 1097). Dem Wiedereinstellungsanspruch können berechtigte Interessen des Arbeitgebers entgegenstehen. Diese können auch darin bestehen, dass der Arbeitgeber den in Betracht kommenden Arbeitsplatz bereits wieder besetzt hat (BAG AP KSchG 1969 § 1 Wiedereinstellung Nr. 6 = NZA 2000, 1097). Ein Abfindungsvergleich kann dem Wiedereinstellungsanspruch entgegenstehen. Der Arbeitgeber kann ihn auch bei der Auswahl des wiedereinzustellenden Arbeitnehmers berücksichtigen (BAG AP KSchG 1969 § 1 Wiedereinstellung Nr. 6 = NZA 2000, 1097).

8. Kündigungsschutzklage mit Antrag auf Auflösung des Arbeitsverhältnisses

An das
Arbeitsgericht

Klage

des/der Herrn/Frau . . . . .
Klägers(in)
– Prozessbevollmächtigte/r: RA(in) . . . . . –
gegen
die Firma . . . . .
Beklagte
wegen Kündigungsschutz.[1]

Namens und mit Vollmacht des/der Kläger(in) erhebe ich Klage und beantrage zu erkennen:

I. Es wird festgestellt, dass das zwischen den Parteien bestehende Arbeitsverhältnis durch die Kündigung der Beklagten vom . . . . – zugegangen am . . . . . – nicht aufgelöst wird.

II. Das Arbeitsverhältnis wird gem. §§ 9, 10 KSchG gegen Zahlung einer Abfindung, dessen Höhe in das Ermessen des Gerichts gestellt wird, aber . . . . . EUR nicht unterschreiten sollte, zum . . . . . aufgelöst.[2]

III. Die Beklagte hat die Kosten des Rechtsstreites zu tragen.

Begründung:

Der/Die im Jahre . . . . . geborene Kläger(in), der/die verheiratet/geschieden/verwitwet/ledig ist und . . . . . unterhaltsberechtigte Kinder hat, trat am . . . . . in die Dienste der Beklagten. Der/Die Kläger(in) ist als . . . . . aufgrund des Arbeitsvertrages vom . . . . . beschäftigt.

Beweis: Arbeitsvertrag vom . . . . . als Anlage K 1

Der/Die Kläger(in) erzielte zuletzt . . . . . EUR als Bruttomonatsvergütung. Die Beklagte beschäftigt . . . . . Arbeitnehmer.

Beweis: Zeugnis des/der Herrn/Frau . . . . ., zu laden über . . . . .

Mit Schreiben vom . . . . . hat die Beklagte das Arbeitsverhältnis gekündigt.

Beweis: Kündigungsschreiben vom . . . . . als Anlage K 2

Diese Kündigung ist dem/der Kläger(in) am . . . . . zugegangen. Die ordnungsgemäße Betriebsratsanhörung wird mit Nichtwissen bestritten.

Der/die Kläger(in) wies den Geschäftsführer der Beklagten bei Übergabe daraufhin, dass er/sie die Kündigung für unwirksam halte und Klage erheben werde. Daraufhin wies der Geschäftsführer der Beklagten daraufhin, dass er/sie ein/e freche/r unverschämte/r Kerl/Göre und undankbar sei.

Beweis: Zeugnis des/der Herrn/Frau . . . . ., zu laden über . . . . .

Dies ist eine schwerwiegende Beleidigung. Es ist nunmehr dem/der Kläger(in) nicht zuzumuten, das Arbeitsverhältnis fortzusetzen.[3] Es bedarf daher der Auflösung des Arbeitsverhältnisses gegen Zahlung einer Abfindung. Die Höhe der Abfindung wird in das Ermessen des Gerichtes gestellt. Sie sollte aber . . . . . EUR nicht unterschreiten.[4]
Rechtsanwalt/Rechtsanwältin[5]

Anmerkungen

1. Der Auflösungsantrag ist begründet, wenn dem Arbeitnehmer die Fortsetzung des Arbeitsverhältnisses nicht mehr zumutbar ist. Die Unzumutbarkeit muss konkret dargelegt werden und kann sich aus Umständen der Kündigung selbst oder aus Umständen nach Ausspruch der Kündigung ergeben. Die Umstände müssen im Zusammenhang mit der Kündigung oder dem Kündigungsschutzprozess stehen, da § 9 KSchG dem Arbeitnehmer keinen eigenständigen Kündigungsgrund mit Abfindungsanspruch gewährt (BAG 11.7.2013 – 241/12, NZA 2013, 1259). Das Verhalten dritter Personen ist als Grund für den Auflösungsantrag des Arbeitgebers nur geeignet, wenn der Arbeitnehmer dieses Verhalten entscheidend veranlasst hat (BAG AP KSchG 1969 § 9 Nr. 18). Das Verhalten des Arbeitgebers im Zusammenhang mit der ausgesprochenen sozialwidrigen Kündigung kann zB der Grund sein, wenn durch unzutreffende ehrverletzende Behauptungen des Arbeitgebers über die Person oder das Verhalten des Arbeitnehmers das Vertrauensverhältnis unheilbar zerrüttet ist und das Kündigungsschutzverfahren über eine offenbar sozialwidrige Kündigung mit einer derartigen Schärfe geführt wird, dass der Arbeitnehmer mit weiteren Schikanen rechnen muss (BAG AP KSchG 1969 § 9 Nr. 48). Ein betriebsverfassungs- oder personalvertretungsrechtliches Verwertungsverbot für nicht mitgeteilte Kündigungsgründe erstreckt sich nicht auf die Verwendung dieser Gründe im Rahmen eines Auflösungsantrags (BAG AP KSchG 1969 § 9 Nr. 45). Auflösungsgründe des Arbeitgebers können aufgrund der zeitlichen Entwicklung gegenstandslos werden (BAG AP KSchG 1969 § 9 Nr. 42 = NZA 2003, 261).

2. Der Arbeitnehmer kann den Auflösungsantrag gem. § 9 Abs. 1 S. 3 KSchG bis zum Schluss der mündlichen Verhandlung zweiter Instanz stellen. Der Antrag des klagenden Arbeitnehmers setzt voraus, dass dem Arbeitnehmer gem. § 9 Abs. 1 S. 1 KSchG die Fortsetzung des Arbeitsverhältnisses nicht zumutbar ist. Für die Bewertung der Erfolgsaussichten des Auflösungsantrages ist der Schluss der mündlichen Verhandlung vor dem Tatsachengericht maßgeblich (BAG 11.7.2013 – 241/12, NZA 2013, 1259). Anders als der Arbeitgeber kann der Arbeitnehmer nach § 13 Abs. 1 S. 3 KSchG auch nach unwirksamer fristloser Arbeitgeberkündigung einen Auflösungsantrag stellen. Der Auflösungsantrag des Arbeitnehmers ist ein unechter Eventualantrag. Dieser Antrag wird nur für den Fall gestellt, dass die Kündigungsschutzklage begründet ist. Haben in einem Kündigungsrechtsstreit beide Parteien einen Auflösungsantrag gestellt, so ist das Arbeitsverhältnis aufzulösen. Hat das Arbeitsgericht das Arbeitsverhältnis auf Antrag des Arbeitgebers aufgelöst, so ist ein Arbeitnehmer, der die Höhe der festgesetzten Abfindung nicht angreift, nicht beschwert, so dass seine Berufung unzulässig ist (BAG AP KSchG 1969 § 9 Nr. 23 = NZA 1994, 264).

3. Nach der Rechtsprechung ist die Auflösung zum Zeitpunkt des Ablaufs der ordentlichen Kündigungsfrist oder im Falle der außerordentlichen Kündigung auf den Zeitpunkt des Zugangs der Kündigung festzusetzen. Kommt die Umdeutung einer fristlosen Kündigung des Arbeitgebers in eine ordentliche Kündigung in Betracht, so hat der Arbeitnehmer die Möglichkeit, die Auflösung auf den Zeitpunkt der fristlosen Kündigung sowie des Ablaufs der Kündigungsfrist zu beantragen (BAG AP BGB § 626 Nr. 113 =

NZA 1994, 70). Die Bemessung der Abfindung unterliegt nur eingeschränkter Nachprüfung durch das Revisionsgericht (BAG 14.1.1993 – 2 AZR 343/92, NZA 1994, 309).

4. Die Höhe der Abfindung berechnet sich nach § 10 KSchG. Nach der allgemeinen Faustregel wird für jedes Beschäftigungsjahr $^1/_2$ Bruttomonatsgehalt als Abfindung zuerkannt und alsdann dieser Grundbetrag je nach den individuellen Verhältnissen erhöht oder vermindert. Die Faustregel ist jedoch in den Gerichtsbezirken verschieden. Bei der Bemessung der Abfindung sind zu berücksichtigen: Lebensalter, Dauer der Betriebszugehörigkeit, Familienstand, wirtschaftliche Lage des Arbeitgebers (nicht dagegen die des Arbeitnehmers), Verlust etwaiger betrieblicher Anwartschaftsrechte, Chancen auf dem Arbeitsmarkt, Maß der Sozialwidrigkeit (vgl. § 10 KSchG, dazu Schaub ArbR-HdB/*Linck* § 141 Rn. 44 ff.). Auf die Abfindung sind die §§ 24, 34 EStG anzuwenden. Zudem ist die Abfindung sozialversicherungsfrei. Vorliegend ist kein bestimmter Betrag der Abfindung beantragt, sondern nur ein Mindestbetrag festgesetzt. Wird kein bezifferter Antrag gestellt und hält dann der Arbeitnehmer den vom Arbeitsgericht erstinstanzlich festgesetzten Betrag für zu niedrig, kann er keine Berufung einlegen. Hat der Arbeitnehmer einen Antrag gestellt, dem das Gericht nicht stattgibt, trägt der Arbeitnehmer die Kosten in Höhe der Abweisung (BAG 26.6.1986 – 2 AZR 522/85, NZA 1987, 139).

Kosten und Gebühren

5. Keine Besonderheiten. → Form. IV.B.1 Anm. 14.

9. Klage bei Änderungskündigung

An das
Arbeitsgericht

Klage

des/der Herrn/Frau . . . . .
Klägers(in)
– Prozessbevollmächtigte/r: RA(in) . . . . . –
gegen
die Firma . . . . .
Beklagte
wegen Änderungskündigung[1, 2]

Namens und mit Vollmacht des/r Klägers(in) erhebe ich Klage und beantrage zu erkennen:

I. Es wird festgestellt, dass die Änderung der Arbeitsbedingungen im Zusammenhang mit der Änderungskündigung vom . . . . . unwirksam ist.[3]

II. Die Beklagte trägt die Kosten des Rechtsstreits.

Begründung

Der/Die im Jahre . . . . . geborene Kläger(in), der/die ledig/verheiratet/verwitwet/ geschieden ist und für Kinder im Alter von . . . . . unterhaltspflichtig ist, trat am . . . . . aufgrund des Arbeitsvertrags vom . . . . . in die Dienste der Beklagten.

Beweis: Arbeitsvertrag vom . . . . . als Anlage K 1

Die Beklagte beschäftigt . . . . . Arbeitnehmer.

Das Arbeitsverhältnis im Übrigen richtet sich nach dem ..... Tarifvertrag für ..... vom ..... und den diesen ergänzenden Tarifverträgen.

Im Arbeitsvertrag hat die Beklagte dem/r Kläger(in) folgende besonderen Leistungen ..... zugesagt.

Beweis: Arbeitsvertrag vom ....., b.b.

Die Beklagte hat mit Schreiben vom ..... das Arbeitsverhältnis des/der Klägers(in) zum ..... gekündigt und diesem/r zugleich mit Wirkung ab dem ..... den Abschluss eines neuen Arbeitsvertrages mit geänderten Bedingungen angeboten.

Beweis: Schreiben der Beklagten vom ..... als Anlage K 2

Die ordnungsgemäße Anhörung des Betriebsrats wird mit Nichtwissen bestritten.[4]

Der/Die Kläger(in) hat mit Schreiben vom ..... den Arbeitsvertrag zu den geänderten Bedingungen unter dem Vorbehalt des § 2 KSchG angenommen.[5]

Beweis: Schreiben des/der Klägers(in) vom ..... Anlage K 3

Die Änderungskündigung ist jedoch sozial ungerechtfertigt.[6] Für sie bestanden weder personen- noch verhaltens- oder betriebsbedingte Gründe.

Die Beklagte ist daher zur Weiterzahlung des Gehaltes nach dem unveränderten Arbeitsvertrag auch über den Ablauf der Kündigungsfrist hinaus verpflichtet.

Rechtsanwalt/Rechtsanwältin[7]

Anmerkungen

1. Der Begriff der Änderungskündigung ergibt sich aus § 2 KSchG. Sie ist die unbedingte Kündigung des Arbeitsverhältnisses zu den bisherigen Bedingungen, verbunden mit einem neuen Vertragsangebot zu geänderten Bedingungen (Schaub ArbR-HdB/*Linck* § 137 Rn. 2 ff.). Zur Erklärung einer Änderungskündigung braucht nicht unbedingt die Bezeichnung Änderungskündigung verwandt werden. Vielfach wird versucht, eine Änderung des Arbeitsverhältnisses durch eine Maßnahme des Direktionsrechtes (→ Form. IV.A.15) zu erzwingen. Vor Erhebung der Klage bedarf es daher der Abgrenzung und Auslegung der getroffenen Maßnahmen (→ Form. IV.A.15 Anm. 1). Es ist auch denkbar, eine Änderung der Arbeitsbedingungen im Wege des Direktionsrechts durchzusetzen und hilfsweise eine Änderungskündigung auszusprechen. Dann sind vom Arbeitnehmer beide Maßnahmen gerichtlich anzugreifen. Auch die Änderungskündigung muss schriftlich erklärt werden (§ 623 BGB).

2. Ihrer Rechtsnatur nach ist die Änderungskündigung eine echte Kündigung. Hieraus folgt, dass der Arbeitgeber die Kündigungsfrist einhalten (§ 622 BGB), den Betriebsrat bzw. Personalrat anhören (§ 102 BetrVG, § 79 BPersVG) und den besonderen Kündigungsschutz (→ Form. IV.B.13) beachten muss. Der Arbeitnehmer muss die Klagefrist einhalten (§ 4 KSchG); bei deren Versäumung gilt die Änderungskündigung als wirksam (§ 7 KSchG).

3. Der „normale" Kündigungsschutzantrag ist zu stellen, wenn der Arbeitnehmer das Angebot nicht unter Vorbehalt (fristgerecht) annimmt oder das Angebot ablehnt. Die Formulierung des Klagantrags bei der Änderungskündigung ist stark umstritten, wenn der Arbeitnehmer die Änderung der Arbeitsbedingungen fristgerecht unter dem Vorbehalt der gerichtlichen Überprüfung angenommen hat. Dann steht die Fortsetzung des Arbeitsverhältnisses nicht in Abrede. Inhaltlich geht es „nur" um die Frage, zu welchen Bedingungen das Arbeitsverhältnis fortgesetzt wird. Nach herrschender Meinung ist die Klage auf die Feststellung der Unwirksamkeit der Änderung der Arbeitsbedingungen gerichtet. Teilweise wird auch angenommen, dass die Klage auf die Feststellung gerichtet werden soll, dass die Änderungskündigung unwirksam ist. Lediglich das unkritische

Übernehmen der Formulierung aus § 2 KSchG könnte problematisch sein. Nach dem Wortlaut erfasst der Klageantrag dann nur Verstöße nach § 2 KSchG, aber nicht andere Unwirksamkeitsgründe, zB die fehlende Zustimmung des Integrationsamts. Hat der Arbeitnehmer das Änderungsangebot des Arbeitgebers unter dem Vorbehalt des § 2 KSchG rechtzeitig angenommen, genügt es zur Vermeidung der Rechtsfolgen des § 7 KSchG, wenn der Arbeitnehmer innerhalb der Klagefrist Kündigungsschutzklage erhebt und den Antrag erst später entsprechend § 4 S. 2 KSchG fasst (BAG 21.5.2019 – 2 AZR 26/19, NZA 2019, 1143).

4. Da die Änderungskündigung eine echte Kündigung ist, müssen auch Betriebs- bzw. Personalrat vor Ausspruch der Kündigung mitwirken (§ 102 BetrVG; § 79 BPersVG). Dem Betriebsrat müssen die Gründe der Kündigung und das Änderungsangebot mitgeteilt werden (BAG AP BetrVG 1972 § 102 Nr. 53 = NZA 1990, 529). Nimmt der Arbeitnehmer die Vertragsänderung unter Vorbehalt an, steht fest, dass das Arbeitsverhältnis nicht enden wird. Es sind dann zusätzlich die Rechte des Betriebsrats nach §§ 99 ff. BetrVG bzw. des Personalrats nach §§ 75 ff. BPersVG zu beachten (BAG AP BetrVG 1972 § 99 Nr. 12; BVerwG AP BPersVG § 70 Versetzung Nr. 2).

5. Wird dem Arbeitnehmer gegenüber eine Änderungskündigung erklärt, so kann er das Vertragsangebot unter dem Vorbehalt annehmen, dass die Änderung der Arbeitsbedingungen nicht sozial ungerechtfertigt ist. Dem Arbeitnehmer soll das Risiko abgenommen werden, dass er ein Vertragsangebot ausschlägt und damit den Arbeitsplatz überhaupt verliert. Die Annahme des Angebots unter Vorbehalt ist die Annahme des Änderungsvertrags unter der rückwirkenden auflösenden Bedingung, dass die Sozialwidrigkeit der Änderung der Arbeitsbedingungen rechtskräftig festgestellt wird. Die Erklärung muss innerhalb der Kündigungsfrist, spätestens innerhalb von drei Wochen nach Zugang erklärt werden (§ 2 S. 2 KSchG). Da die Frist nicht prozessual ist, soll § 46 Abs. 2 ArbGG iVm §§ 495, 167 ZPO nicht gelten (BAG 17.6.1998 – 2 AZR 336/97, NZA 1998, 1225 – zweifelhaft wegen BGH NJW 2009, 765). Um jegliches Risiko auszuschließen, sollte die Angebotsannahme nicht in der Klage erfolgen, sondern separat direkt gegenüber dem Arbeitgeber erklärt werden. Für die vorbehaltlose Annahme des Änderungsangebots gilt nicht die Höchstfrist des § 2 S. 2 KSchG (BAG AP KSchG 1969 § 2 Nr. 71 = NZA 2003, 659). Der Antragende kann aber eine Frist für die Annahme des Angebots bestimmen. In diesem Fall kann grds. die Annahme des Angebots nur innerhalb der bestimmten Frist erfolgen (§ 148 BGB). Die Annahme sollte immer ausdrücklich erklärt werden.

6. Das Änderungsangebot muss den zivilrechtlichen Anforderungen an die Bestimmtheit genügen. Dies gilt insbesondere für die angebotenen neuen Arbeitsbedingungen (BAG 26.1.2017 – 2 AZR 68/16, NZA 2017, 499). Materiellrechtlich ist der Prüfungsmaßstab der Änderungskündigung die Frage, ob die Änderung der Arbeitsbedingungen sozial gerechtfertigt ist. Es kommt nicht darauf an, ob die Beendigung des Arbeitsverhältnisses sozial gerechtfertigt ist. Dieser Prüfungsmaßstab gilt auch dann, wenn der Arbeitnehmer das Änderungsangebot ablehnt (BAG AP BGB § 626 Änderungskündigung Nr. 1; AP KSchG 1969 § 15 Nr. 19 = NZA 1987, 102; AP KSchG 1969 § 2 Nr. 31 = NZA 1993, 1075; AP KSchG 1969 § 15 Nr. 36). Hieraus folgt iE: Im ersten Prüfungsschritt ist zu überprüfen, ob die Kündigung sozial gerechtfertigt ist. Scheitert die Kündigung an einem Kündigungsverbot oder sonstigem Unwirksamkeitsgrund, ist bereits an dieser Stelle die Prüfung beendet (BAG 28.5.1998 – 2 AZR 615/97, NZA 1998, 1167). Im zweiten Prüfungsschritt ist das Änderungsangebot zu überprüfen. Das Angebot muss dem Grundsatz der Verhältnismäßigkeit genügen. Deshalb ist in einem 2. Schritt zu prüfen, ob der Arbeitgeber sich darauf beschränkt hat, nur solche Änderungen anzubieten, die der Arbeitnehmer „billigerweise" hinnehmen muss (BAG 10.9.2009 – 2 AZR 822/07, NZA

2010, 333; 12.8.2010 – 2 AZR 945/08, NZA 2011, 460). Es ist eine am Verhältnismäßigkeitsgrundsatz orientierte Prüfung vorzunehmen (BAG 12.8.2010 – 2 AZR 945/08, NZA 2011, 460; 16.3.2010 – 3 AZR 594/09, NZA-RR 2011, 155; BAG 2.3.2017 – 2 AZR 546/16, NZA 2017, 905). Die geänderten Arbeitsbedingungen müssen im Hinblick auf den Kündigungsgrund geeignet und erforderlich sein und dürfen sich nicht weiter von dem bis dahin geltenden Inhalt des Arbeitsverhältnisses entfernen, als dies zur Erreichung des mit der Änderungskündigung angestrebten Ziels erforderlich ist. Erfüllt eine von mehreren angestrebten Änderungen diese Voraussetzung nicht, ist die Änderungskündigung insgesamt unwirksam (BAG 10.9.2009 – 2 AZR 822/07, NZA 2010, 333).

Kosten und Gebühren

7. Hat der Arbeitnehmer die ihm angetragene Vertragsänderung abgelehnt, so ist der Streitwert nach § 42 Abs. 2 GKG (→ Form. IV.B.1 Anm. 14) zu bestimmen. Hat der Arbeitnehmer die Änderungskündigung unter Vorbehalt angenommen, sieht der Streitwertkatalog idF v. 9.2.2018 nach Ziffer 4.1 vor, dass ein Bruttomonatsgehalt bis zu einem Vierteljahresbezug je nach Grad der Vertragsänderung maßgeblich ist. Führt die Änderungskündigung zu einer Änderung der Vergütung oder zu sonstigen wirtschaftlichen Nachteilen, ist die dreifache Jahresdifferenz, mindestens jedoch ein Bruttomonatsgehalt, höchstens der Vierteljahresbezug gemäß Ziffer 4.2 in Ansatz zu bringen.

10. Klageerwiderung bei außerordentlicher hilfsweise ordentlicher Kündigung mit Auflösungsantrag des Arbeitgebers

An das
Arbeitsgericht
In Sachen
. . . . . Ca . . . . . /. . . . .
[Rubrum]
zeige ich an, dass ich die Beklagte vertrete.
Namens und im Auftrag der Beklagten wird beantragt

I. Die Klage wird abgewiesen;[1]

II. Das Arbeitsverhältnis wird gegen Zahlung einer Abfindung, deren Höhe in das Ermessen des Gerichts gestellt wird, aufgelöst.[2]

Begründung:

Der/Die im Jahre . . . . . geborene Kläger(in), der/die verheiratet ist und . . . . . Kinder hat, wurde auf Grund des schriftlichen Arbeitsvertrages vom . . . . . als . . . . . eingestellt.

Beweis: Arbeitsvertrag vom . . . . . als Anlage B 1

Er/Sie verdiente zuletzt . . . . . EUR brutto monatlich. Die Beklagte hat mit Schreiben vom . . . . . das Arbeitsverhältnis außerordentlich fristlos, hilfsweise ordentlich gekündigt.[3]
Sie hat zuvor den Betriebsrat zur beabsichtigten außerordentlichen fristlosen und hilfsweise ordentlichen Kündigung gehört (§ 102 BetrVG). Das Schreiben wurde dem Betriebsratsvorsitzenden, Herrn . . . . . am . . . . . überreicht.

Beweis: Zeugnis des Personalsachbearbeiters, Herrn . . . . ., zu laden über die Beklagte

Der Betriebsrat hat im Schreiben vom . . . . . den Beschluss mitgeteilt, dass . . . . ./hat sich bis zum . . . . . nicht geäußert.[4]

Beweis: 1. Schreiben des Betriebsrats vom . . . . . als Anlage B 2
2. Zeugnis des Personalsachbearbeiters, Herrn . . . ., b.b.

Die außerordentliche Kündigung ist wirksam. Der/Die Kläger(in) hat am . . . . . folgende Vertragsverletzungen begangen . . . . .

Beweis: Zeugnis des/der Herrn/Frau . . . . ., zu laden über . . . . .

Der/Die Kläger(in) ist bereits mit Schreiben vom . . . . . abgemahnt worden. IE lagen den Abmahnungen folgende Pflichtverletzungen zugrunde: . . . . . [ausführen]

Beweis: Abmahnung vom . . . . . als Anlage B 3

Die Beklagte hat ihm/ihr erklärt, dass sie derartige Vertragsverletzungen nicht dulden könne und im Wiederholungsfalle mit einer Beendigung des Arbeitsverhältnisses zu rechnen sei.

Auch der Betriebsratsvorsitzende hat den/die Kläger(in) ermahnt.

Beweis: Zeugnis des/r Betriebsratsvorsitzenden, Herrn . . . . ., zu laden über die Beklagte

Alle Ermahnungen und Abmahnungen haben jedoch nichts genützt. Am . . . . . hat der/die Kläger(in) die gleiche Vertragsverletzung erneut begangen, so dass die Beklagte das Arbeitsverhältnis nur kündigen konnte.

Beweis: Zeugnis des/der Herrn/Frau . . . . ., zu laden . . . . .

Das Verhalten des/der Klägers(in) stellt einen wichtigen Grund dar, weil . . . . .[5]

Hiervon hat die Beklagte, namentlich der Geschäftsführer, Herr . . . . . von der Personalreferentin, Frau . . . . . am . . . . . erfahren,[6] so dass die Zweiwochenfrist des § 626 Abs. 2 BGB gewahrt ist.

Beweis: Zeugnis der Personalreferentin, Frau . . . . ., zu laden über die Beklagte

Der Beklagten war nicht zumutbar, den/die Kläger(in) bis zum Ablauf der ordentlichen Kündigungsfrist weiterzubeschäftigen.

Die Beklagte hat vorsorglich das Arbeitsverhältnis ordentlich gekündigt.[7] In dem oben geschilderten Verhalten liegt jedenfalls ein verhaltensbedingter Kündigungsgrund. [ausführen]

Sollte – entgegen der Auffassung der Beklagten – die ordentliche Kündigung nicht sozial gerechtfertigt sein, wäre das Arbeitsverhältnis gegen Zahlung einer Abfindung aufzulösen. Eine den Betriebszwecken dienliche Zusammenarbeit ist nicht mehr zu erwarten. Der/Die Kläger(in) hat gegenüber der Personalleiterin bei Übergabe des Kündigungsschreibens erklärt „Der Lügenbaron hat wieder zugeschlagen" und diese Aussage auf den Geschäftsführer der Beklagten bezogen . . . . . [ausführen][8]

Beweis: Zeugnis der Personalleiterin, Frau . . . . ., b.b.

Rechtsanwalt/Rechtsanwältin

Anmerkungen

1. Zur Klage wegen außerordentlicher Kündigung → Form. IV.B.1.

2. Nach §§ 13 Abs. 1, 9 KSchG ist nach einer außerordentlichen Kündigung des Arbeitsverhältnisses durch den Arbeitgeber ein Auflösungsantrag ausgeschlossen. Der Auflösungsantrag kann daher allenfalls Wirkungen entfalten, wenn das Gericht zu der Auffassung kommt, dass die außerordentliche Kündigung unwirksam, die hilfsweise ordentliche Kündigung nicht sozial gerechtfertigt ist und auf die hilfsweise erklärte ordentliche Kündigung das Arbeitsverhältnis aufzulösen ist. Beendigungstermin ist dann der Ablauf der ordentlichen Kündigungsfrist. Eine Auflösung des Arbeitsverhältnisses auf Antrag des Arbeitgebers kommt nur dann in Betracht, wenn die Kündigung ausschließ-

lich wegen der fehlenden sozialen Rechtfertigung unwirksam ist (BAG 31.7.2014 – 2 AZR 434/13, NZA 2015, 358; BAG 22.9.2016 – 2 AZR 700/15, NZA 2017, 304).

3. Die außerordentliche Kündigung ist die „ultima ratio". Im Allgemeinen muss vor ihrem Ausspruch eine Abmahnung des Arbeitnehmers erfolgen (→ Form. IV.B.5 Anm. 3). Im Allgemeinen soll es üblich sein, drei Abmahnungen auszusprechen (BAG AP KSchG 1969 § 1 Verhaltensbedingte Kündigung Nr. 50). Es sollte daher klargestellt werden, dass eine letzte Abmahnung ausgesprochen wird (BAG AP KSchG 1969 § 1 Abmahnung Nr. 4 = NZA 2002, 968). Ein entsprechender Sachverhalt sollte immer zum Anlass für eine außerordentlich fristlose und hilfsweise ordentliche Kündigung genommen werden.

Die zur Begründung der außerordentlichen Kündigung herangezogenen Vertragsverletzungen müssen im gleichen Unrechtsbereich liegen, andernfalls kann es geboten sein, vor Ausspruch der Kündigung erneut abzumahnen. Ist die Pflichtverletzung allerdings so schwerwiegend, dass der Arbeitnehmer davon ausgehen muss, dass der Arbeitgeber die Pflichtverletzung nicht hinnimmt, kann auch ohne Abmahnung außerordentlich fristlos gekündigt werden (→ Form. IV.B.5 Anm. 3).

4. Wird der Betriebsrat mit einem Schreiben sowohl zur außerordentlich fristlosen als auch zur hilfsweise ordentlichen Kündigung angehört, ist dies explizit klarzustellen und zu berücksichtigen, dass dem Betriebsrat für die Anhörung zur fristlosen Kündigung eine Stellungnahmefrist von drei Tagen und im Hinblick auf die hilfsweise ordentliche Kündigung eine Stellungnahmefrist von einer Woche zusteht. Verfasst der Betriebsrat eine schriftliche Stellungnahme, ist sehr genau zu prüfen, zu welcher der beiden Kündigungen er Stellung nimmt. Liegt eine nicht abschließende Stellungnahme des Betriebsrats vor und wird vor Ablauf der Anhörungsfrist die Kündigung ausgesprochen, ist diese unwirksam. Gleiches gilt, wenn der Betriebsrat sich nicht äußert. Auch dann ist zunächst die jeweilige Anhörungsfrist abzuwarten, bevor die jeweilige Kündigung erklärt wird. Die Wahrung der Kündigungserklärungsfrist des § 626 Abs. 2 BGB gehört dabei nicht zu den „Gründen für die Kündigung" iSv § 102 Abs. 1 S. 2 BetrVG, über die der Arbeitgeber den Betriebsrat vor Ausspruch einer außerordentlichen Kündigung unterrichten muss. Eine dadurch mögliche objektive Überprüfung der Wirksamkeit der beabsichtigten Kündigung durch den Betriebsrat ist nicht Sinn und Zweck des Anhörungsverfahrens. Macht der Arbeitgeber aber freiwillig Sachverhaltsangaben zur Einhaltung der Frist, müssen diese richtig sein (BAG 7.5.2020 – 2 AZR 678/19, NZA 2020, 1110).

5. Der Arbeitgeber ist für das Vorliegen eines wichtigen Grundes nach § 626 BGB darlegungs- und beweispflichtig. Ein wichtiger Grund ist nur dann gegeben, wenn Tatsachen vorliegen, auf Grund derer dem Arbeitgeber unter Berücksichtigung aller Umstände des Einzelfalles und unter Abwägung der Interessen beider Vertragsteile nicht zugemutet werden kann, das Arbeitsverhältnis für die Dauer der Kündigungsfrist oder bis zur vereinbarten Beendigung fortzusetzen. Der wichtige Grund enthält mithin zwei Elemente. Es müssen Tatsachen vorliegen, die einer Weiterbeschäftigung entgegenstehen. Hierbei handelt es sich um schwerwiegende Vertragsverletzungen, die aus verschiedenen Bereichen des Arbeitsverhältnisses resultieren können. Bei der Zumutbarkeitsprüfung sind Umstände darzulegen, die es dem Arbeitgeber unmöglich machen, das Arbeitsverhältnis über das Ende der Kündigungsfrist fortzusetzen. Eine außerordentliche Kündigung, dann mit sozialer Auslauffrist, kann auch in Betracht kommen, wenn der Arbeitnehmer ordentlich unkündbar ist (BAG AP BGB § 626 Nr. 181 = NZA 2003, 856). So kommt eine auf betriebliche Gründe gestützte außerordentliche Kündigung in Betracht, wenn die Möglichkeit einer ordentlichen Kündigung ausgeschlossen ist und dies dazu führt, dass der Arbeitgeber den Arbeitnehmer andernfalls trotz Wegfalls der Beschäftigungsmöglichkeit noch für Jahre vergüten müsste, ohne dass dem eine entsprechende Arbeitsleistung gegenüberstünde (BAG 22.11.2012 – 2 AZR 673/11, NZA 2013, 730).

6. Nach § 626 Abs. 2 BGB kann die außerordentliche Kündigung nur innerhalb einer Ausschlussfrist von zwei Wochen ausgesprochen werden; sie muss innerhalb der Frist zugehen (BAG AP BGB § 626 Ausschlussfrist Nr. 12). Für die Einhaltung der Frist ist der Kündigende darlegungs- und beweispflichtig. Die Frist beginnt mit dem Zeitpunkt, in dem der Kündigungsberechtigte von den für die Kündigung maßgebenden Gründen sichere Kenntnis erlangt (Einzelheiten bei Schaub ArbR-HdB/*Linck* § 127 Rn. 22 ff.). Dies ist der Fall, sobald er eine zuverlässige und möglichst vollständige Kenntnis der einschlägigen Tatsachen hat, die ihm die Entscheidung darüber ermöglicht, ob er das Arbeitsverhältnis fortsetzen soll oder nicht. Zu den maßgebenden Tatsachen gehören sowohl die für als auch die gegen eine Kündigung sprechenden Umstände. Der Kündigungsberechtigte, der bislang nur Anhaltspunkte für einen Sachverhalt hat, der zur außerordentlichen Kündigung berechtigen könnte, kann nach pflichtgemäßem Ermessen weitere Ermittlungen anstellen und den Betroffenen anhören, ohne dass die Frist des § 626 Abs. 2 BGB zu laufen beginnt. Dies gilt allerdings nur so lange, wie er aus verständigen Gründen mit der gebotenen Eile Ermittlungen durchführt, die ihm eine umfassende und zuverlässige Kenntnis des Kündigungssachverhalts verschaffen sollen. Unerheblich ist, ob die Ermittlungsmaßnahmen tatsächlich zur Aufklärung des Sachverhalts beigetragen haben oder nicht (BAG 20.3.2014 – 2 AZR 1037/12, NZA 2014, 1015). Bei Dauertatbeständen kommt es darauf an, dass in den letzten zwei Wochen der Tatbestand angehalten hat. Der Beginn der zweiwöchigen Ausschlussfrist ist nur gehemmt, solange der Kündigungsberechtigte die zur Aufklärung des Kündigungssachverhaltes nach pflichtgemäßem Ermessen notwendig erscheinenden Maßnahmen mit der gebotenen Eile auch tatsächlich durchführt.

7. Es ist üblich, bei entsprechender Pflichtverletzung außerordentlich und vorsorglich ordentlich zu kündigen. Eine außerordentliche Kündigung, die rechtsunwirksam ist, kann in eine ordentliche Kündigung zum nächstzulässigen Termin umgedeutet werden (§ 140 BGB). Da die außerordentliche Kündigung regelmäßig den Willen enthält, das Arbeitsverhältnis in jedem Falle zu beenden, ist im Zweifel davon auszugehen, dass eine unberechtigte außerordentliche Kündigung zum nächstzulässigen Termin gewollt ist. Die sich im Wege der Umwandlung ergebende ordentliche Kündigung muss zulässig sein und darf ihrerseits nicht mit Rechtsmängeln behaftet sein. Das Gericht hat die Umdeutung nach § 140 BGB von Amts wegen zu beachten, wenn die hierfür erheblichen Tatsachen vorgetragen wurden (BAG AP BGB § 140 Nr. 13 = AP BGB § 138 Nr. 60). Die Umdeutung einer außerordentlichen fristlosen Kündigung in eine außerordentliche Kündigung mit notwendiger Auslauffrist setzt eine Beteiligung des Betriebs- bzw. Personalrats nach den für eine ordentliche Kündigung geltenden Bestimmungen voraus (BAG AP BGB § 626 Krankheit Nr. 9 = NZA 2001, 219). Hat der Arbeitgeber eine außerordentliche Kündigung ausgesprochen und der Betriebsrat dieser zugestimmt, so ist eine Umdeutung in eine ordentliche Kündigung zulässig, da grds. davon auszugehen ist, dass der Betriebsrat auch einer milderen Maßnahme zugestimmt hätte (BAG AP BetrVG 1972 § 102 Nr. 15). Hat dagegen der Betriebsrat der außerordentlichen Kündigung widersprochen, so ist eine Umdeutung nur möglich, wenn der Arbeitgeber vorsorglich auch zur ordentlichen Kündigung angehört hat.

8. Der Sachverhalt, der den Auflösungsantrag begründet, ist iE darzulegen und zu beweisen. Nach der Rechtsprechung des Bundesarbeitsgerichts lässt das Kündigungsschutzgesetz die Auflösung des Arbeitsverhältnisses bei Sozialwidrigkeit der Kündigung nur ausnahmsweise zu, da es nach seiner Konzeption ein Bestandsschutz- und kein Abfindungsgesetz ist. Deshalb sind an die Auflösungsgründe strenge Anforderungen zu stellen (BAG 29.8.2013 – 2 AZR 419/12, NZA 2014, 660). Auflösungsgründe nach § 9 Abs. 1 S. 2 KSchG können solche Umstände sein, die das persönliche Verhältnis zum Arbeitnehmer, die Wertung seiner Persönlichkeit, seiner Leistung oder seiner Eignung für die ihm gestellten Aufgaben und sein Verhältnis zu den übrigen Mitarbeitern betreffen.

Die Gründe, die eine den Betriebszwecken dienliche weitere Zusammenarbeit zwischen den Vertragspartnern nicht erwarten lassen, müssen nicht im Verhalten, insbesondere nicht im schuldhaften Verhalten des Arbeitnehmers liegen. Entscheidend ist, ob die objektive Lage die Besorgnis rechtfertigt, dass die weitere gedeihliche Zusammenarbeit gefährdet ist (BAG 29.8.2013 – 2 AZR 419/12, NZA 2014, 660) Zu den Anforderungen im Einzelnen vgl. Schaub ArbR-HdB/*Linck* § 141 Rn. 30.

11. Klage bei befristetem Arbeitsverhältnis

An das
Arbeitsgericht

Klage[1]

des/der Herrn/Frau .....
Klägers(in)
– Prozessbevollmächtigte/r: RA(in) ..... –
gegen
die Firma .....
Beklagte

Namens und mit Vollmacht des/der Kläger(in) erhebe ich Klage und beantrage zu erkennen:

I. Es wird festgestellt, dass das zwischen den Parteien bestehende Arbeitsverhältnis nicht auf Grund der Befristungsvereinbarung vom ..... am ..... endet, sondern auf unbestimmte Zeit fortbesteht.[2, 3]

II. Die Beklagte wird verurteilt, den/die Kläger(in) über den Ablauf des ..... weiter zu beschäftigen.

III. Die Beklagte hat die Kosten des Rechtsstreites zu tragen.

Begründung:

Der/Die im Jahre ..... geborene Kläger(in) trat am ..... als ..... in die Dienste der Beklagten. In dem schriftlich abgeschlossenen Arbeitsvertrag vom ..... ist vereinbart, dass das Arbeitsverhältnis am ..... endet, ohne dass es einer Kündigung bedarf.

Beweis: Arbeitsvertrag vom ..... als Anlage K 1

Vor Ablauf der Befristung des vorgenannten Arbeitsvertrages am ..... haben die Parteien schriftlich die Verlängerung des Arbeitsverhältnisses bis zum ..... vereinbart.

Beweis: Vereinbarung vom ..... als Anlage K 2

Am ..... hat die Beklagte dem/der Kläger(in) mitgeteilt, dass das Arbeitsverhältnis nicht verlängert werde.

Beweis: Mitteilung der Beklagten vom ..... als Anlage K 3

Die Befristung ist jedoch unwirksam. Es bestand schon kein sachlicher Grund für die Befristung des ersten Arbeitsverhältnisses und erst Recht nicht für die weitere Befristung. Eine Verlängerung des Arbeitsverhältnisses war nicht möglich[4, 5] denn, [wird ausgeführt]. Die Beklagte hat durch den Abschluss der befristeten Arbeitsverträge gegen § 14 TzBfG verstoßen .....

Rechtsanwalt/Rechtsanwältin

Anmerkungen

1. Befristete Arbeitsverträge können so abgeschlossen werden, dass die Dauer des Arbeitsverhältnisses kalendermäßig bestimmt wird oder dass die Dauer aus der Beschaffenheit oder dem Zweck der Dienste zu entnehmen ist (§ 3 Abs. 1 TzBfG). Ist der Arbeitsvertrag zweckbefristet abgeschlossen, endet er mit Erreichung des Zwecks, frühestens jedoch zwei Wochen seit Zugang der schriftlichen Unterrichtung des Arbeitnehmers durch den Arbeitgeber über den Zeitpunkt der Zweckerreichung. Unterlässt der Arbeitgeber die Mitteilung oder erteilt er sie verspätet, so verlängert sich das Arbeitsverhältnis (§ 15 Abs. 2 TzBfG).

Nach § 14 Abs. 1 TzBfG kommt eine Befristung mit Sachgrund in Betracht. Nach § 14 Abs. 2 TzBfG ist die kalendermäßige Befristung eines Arbeitsvertrages bis zur Dauer von zwei Jahren ohne Vorliegen eines sachlichen Grundes zulässig, wenn zuvor mit demselben Arbeitgeber (Identität der Vertragsparteien; BAG 19.3.2014 – 7 AZR 527/12, NZA 2014, 840) kein Arbeitsverhältnis bestanden hat. Nach früherer Rechtsprechung des BAG lag das gesetzliche Merkmal nicht vor, wenn das Ende des vorangegangenen Arbeitsverhältnisses bei Neubegründung mehr als drei Jahre zurücklag (BAG 6.4.2011 – 7 AZR 716/09, NZA 2011, 905; 21.9.2011 – 7 AZR 375/10, NZA 2012, 255). Diese Auslegung hat das BVerfG (6.6.2018 – 1 BvL 7/14 und 1 BvR 1375/14, NZA 2018, 774) als verfassungswidrige Rechtsfortbildung eingestuft. § 14 Abs. 2 S. 2 TzBfG sei vielmehr dahingehend verfasungskonform auszulegen, dass nur diejenigen früheren Arbeitsverhältnisse mit demselben Arbeitgeber, die entweder sehr lange zurückliegen oder ganz anders geartet oder von sehr kurzer Dauer waren, das Zuvorbeschäftigungsverbot nicht auslösen. Die erneute sachgrundlose Befristung ist daher bei offensichtlich fehlendem Bezug zur Zuvorbeschäftigung zulässig. Entscheidend sind die Umstände des Einzelfalls. Das BAG hat daraufhin angenommen, ein Abstand von fünfeinhalb, acht, neun oder gar 15 Jahren zwischen Ende des früheren Arbeitsverhältnisses und Beginn des erneuten Arbeitsverhältnisses sei nicht „sehr lang" und löse das Zuvorbeschäftigungsverbot des § 14 Abs. 2 S. 2 TzBfG aus (BAG 23.1.2019 – 7 AZR 733/16, NZA 2019, 700; 20.3.2019 – 7 AZR 409/16, NZA 2019, 1274; 17.4.2019 – 7 AZR 323/17, NZA 2019, 1271; 12.6.2019 – 7 AZR 429/17, NZA 2019, 1563). Ein 22 Jahre zurückliegendes Arbeitsverhältnis soll das Zuvorbeschäftigungsverbot hingegen nicht auslösen, wenn keine besonderen Umstände für eine abweichende Wertung sprechen (BAG 21.8.2019 – 7 AZR 452/17, NZA 2020, 40). Vertrauensschutz für die frühere Rechtsprechung des BAG existiert nicht (BAG 23.1.2019 – 7 AZR 733/16, NZA 2019, 700). Sachgrundlos befristete Arbeitsverträge, die später als drei Jahre nach Ende des vorangegangenen Arbeitsverhältnisses geschlossen wurden und nicht die Voraussetzungen der neuen Rspr. erfüllen, haben somit ein unbefristetes Arbeitsverhältnis begründet. Allerdings ist eine Heilung der unwirksamen Befristung nach § 17 TzBfG möglich, wenn nicht rechtzeitig Befristungskontrollklage erhoben wurde. Bis zur Gesamtdauer von zwei Jahren ist auch die höchstens dreimalige Verlängerung eines befristeten Arbeitsvertrages zulässig. Die Verlängerung ist die einvernehmliche Änderung des Endtermins. Sie muss während der Laufzeit des befristeten Vertrages geschlossen sein, sonst ist es ein nach § 14 Abs. 2 S. 2 TzBfG unzulässiger Vertragsabschluss. Änderungen des Arbeitsverhältnisses dürften anlässlich der Verlängerung des befristeten Arbeitsverhältnisses nicht vereinbart werden (BAG 19.10.2005 – 7 AZR 31/05, NZA 2006, 154, stRspr). Die Befristung bedarf keines sachlichen Grundes, wenn der Arbeitnehmer bei Beginn des befristeten Arbeitsverhältnisses das 52. Lebensjahr vollendet hat und unmittelbar vor Beginn des befristeten Arbeitsverhältnisses mindestens vier Monate beschäftigungslos iSd § 138 Abs. 1 Nr. 1 SGB III gewesen ist, Transferkurzarbeitergeld bezogen oder an einer öffentlichen Beschäftigungsförderung nach dem SGB II, III teilgenommen hat. Bis zu einer Gesamtdauer von fünf Jahren ist auch die mehrfache Verlängerung des Arbeitsvertrags zulässig (§ 14 Abs. 3 TzBfG). Die Befristung bedarf der Schriftform (§ 14 Abs. 4 TzBfG).

2. Soll die Unwirksamkeit einer Befristung geltend gemacht werden, so muss der Arbeitnehmer innerhalb von drei Wochen nach dem vereinbarten Ende des befristeten Arbeitsvertrages Klage beim Arbeitsgericht auf Feststellung erheben, dass das Arbeitsverhältnis auf Grund der Befristung nicht beendet ist (§ 17 S. 1 TzBfG). Ob neben dem vorformulierten Antrag noch die Feststellung begehrt werden kann, dass das Arbeitsverhältnis über das Ende der Frist fortbesteht, ist nach den gleichen Grundsätzen wie bei der Kündigungsschutzklage zu beurteilen (→ Form. IV.B.1). Die Rspr. des Großen Senats des Bundesarbeitsgerichts zum vorläufigen Weiterbeschäftigungsanspruch im Kündigungsrechtsstreit wird von der Rspr. entsprechend angewandt (BAG AP BGB § 611 Beschäftigungspflicht Nr. 19).

3. Versäumt der Arbeitnehmer die Klagefrist, so gilt das Verfahren über die nachträgliche Zulassung einer Kündigungsschutzklage gem. § 17 S. 2 TzBfG nach §§ 5–7 KSchG (→ Form. IV.B.3). Wird das Arbeitsverhältnis nach dem vereinbarten Ende fortgesetzt, so beginnt die dreiwöchige Klagefrist mit dem Zugang der schriftlichen Erklärung des Arbeitgebers, dass das Arbeitsverhältnis auf Grund der Befristung beendet sei (§ 17 S. 3 TzBfG). § 17 TzBfG ist nicht anwendbar, wenn der Arbeitnehmer sich mittels Feststellungsklage darauf beruft, dass das Arbeitsverhältnis nach § 15 Abs. 5 TzBfG auf unbestimmte Zeit verlängert ist (BAG 28.9.2016 – 7 AZR 377/14, NZA 2017, 55). Die Vorschrift ist auch unanwendbar, wenn der Arbeitnehmer mittels Feststellungsklage die Vereinbarung einer Zweckbefristung in Abrede stellt (BAG 14.12.2016 – 7 AZR 797/14, NZA 2017, 638). Sofern arbeitsvertraglich keine Befristung vereinbart ist, ist eine Befristungskontrollklage unbegründet. Das Bestehen eines unbefristeten Arbeitsverhältnisses ist in diesem Fall mittels allgemeiner Feststellungsklage geltend zu machen (BAG 19.11.2019 – 7 AZR 582/17, NZA 2020, 374 Rn. 33).

4. Bei Prüfung der Frage, ob eine Befristung rechtswirksam ist, ist zunächst zu prüfen, ob auf Grund von Gesetz, Tarifvertrag oder Betriebsvereinbarung eine Befristung möglich ist. Gesetzliche Regeln bestehen für Auszubildende (§ 14 BBiG), wissenschaftliches Personal (Wissenschaftszeitvertragsgesetz) und im TzBfG. Die Tarifpartner können die Befristung nur in begrenztem Umfang zum Nachteil des Arbeitnehmers regeln (§ 22 TzBfG).

Ein befristetes Arbeitsverhältnis unterliegt nur dann der ordentlichen Kündigung, wenn diese einzelvertraglich oder im anwendbaren Tarifvertrag vereinbart ist (§ 15 Abs. 3 TzBfG). Ist die Befristung unwirksam, so gilt der befristete Arbeitsvertrag als auf unbestimmte Zeit geschlossen; er kann vom Arbeitgeber frühestens zum vereinbarten Ende ordentlich gekündigt werden, sofern nicht nach § 15 Abs. 3 TzBfG die ordentliche Kündigung zu einem früheren Zeitpunkt möglich ist. Ist die Befristung nur wegen des Mangels der Schriftform unwirksam, kann der Arbeitsvertrag auch vor dem vereinbarten Ende gekündigt werden (§ 16 TzBfG). Ist das Arbeitsverhältnis wirksam befristet, kann sich der Arbeitgeber grds. auf die Befristung berufen.

5. Die Darlegungs- und Beweislast für die Vereinbarung einer Befristung (auflösende Bedingung) trägt derjenige, der hieraus für sich eine günstige Rechtsfolge herleitet (BAG 20.8.2014 – 7 AZR 924/12, NZA-RR 2015, 9). Das ist regelmäßig der Arbeitgeber. Hinsichtlich der Wahrung der Schriftform ist derjenige beweisbelastet, der sich auf die Wirksamkeit der Befristung beruft (BAG 20.8.2014 – 7 AZR 924/12, NZA-RR 2015, 9). Beim Streit über die Tatsachen, aus denen sich das Erfordernis eines die Befristung sachlich rechtfertigenden Grundes ergibt, hat der Arbeitnehmer die Darlegungs- und Beweislast. Bezogen auf das Vorliegen der tatsächlichen Grundlage eines Sachgrundes nach § 14 Abs. 1 oder Abs. 3 TzBfG ist dies von der allgemeinen Beweislast für das Vorliegen einer wirksamen Befristung umfasst. Hierzu gehören auch die Voraussetzungen einer nach § 14 Abs. 2 S. 1 TzBfG zulässigen Befristung ohne Sachgrund. Hinsichtlich der tatsächlichen Voraussetzungen des Ausnahmetatbestands in § 14 Abs. 2 S. 2 TzBfG ist derjenige beweisbelastet, der sich auf diese Einwendungen beruft (BAG 19.10.2005 – 7 AZR 31/05, NZA 2006, 154). Beruft der Arbeitnehmer sich zusätzlich auf einen institutionellen Rechtsmissbrauch, der eigenständig neben dem Befristungsgrund zu prüfen ist, trägt er die Darlegungs- und Beweislast. Ist hingegen eine rechtsmissbräuchliche Gestaltung durch die vorangegangene Entwicklung indiziert, hat der Arbeitgeber diese zu widerlegen (BAG 24.6.2015 – 7 AZR 452/13, NZA 2015, 1507; BAG 26.10.2016 – 7 AZR 135/15, NZA 2017, 382).

12. Anrufung des Arbeitsgerichts bei auflösend bedingtem Arbeitsvertrag

An das
Arbeitsgericht

Klage[1]

des/der Herrn/Frau . . . .
– Prozessbevollmächtigte/r: RA(in) . . . . –
Klägers(in)
gegen
die Firma . . . .
Beklagte

Namens und mit Vollmacht des/der Klägers(in) erhebe ich Klage und beantrage zu erkennen:[2]

Es wird festgestellt, dass das Arbeitsverhältnis durch die auflösende Bedingung vom . . . . nicht aufgelöst worden ist.

Begründung:[3]

Der/Die im Jahre . . . . geborene Kläger(in) trat am . . . . in die Dienste der Beklagten. In dem Arbeitsvertrag vom . . . . ist schriftlich[4] vereinbart, dass das Arbeitsverhältnis auflösend bedingt ist.

Beweis: Arbeitsvertrag vom . . . . als Anlage K 1

Auflösende Bedingung sollte die Berechtigung der Beklagten sein, ... Die auflösende Bedingung ist unwirksam, weil . . . .[5]

Anmerkungen

1. Wird ein Arbeitsvertrag unter einer auflösenden Bedingung geschlossen, gelten § 4 Abs. 2 TzBfG (Diskriminierungsverbot), § 5 TzBfG (Benachteiligungsverbot), § 14 Abs. 1 u. 4 TzBfG (Sachlicher Grund, Schriftform), § 15 Abs. 2, 3 u. 5 TzBfG (Ende des bedingten Arbeitsvertrages, Ausschluss ordentlicher Kündigung mangels Vereinbarung) sowie die §§ 16–20 (Rechtsfolgen der Bedingung usw) TzBfG entsprechend (§ 21 TzBfG). Eine auflösende Bedingung ist dann gegeben, wenn das Arbeitsverhältnis bei Eintritt eines zukünftig ungewissen Ereignisses enden soll. Dagegen ist bei der Zweckbefristung der Eintritt gewiss. Im Unterschied zur Befristung findet auf die auflösende Bedingung die Vorschrift des § 162 Abs. 2 BGB Anwendung. Danach gilt der Eintritt einer Bedingung als nicht erfolgt, wenn der Eintritt der Bedingung von der Partei, zu deren Vorteil er gereicht, wider Treu und Glauben herbeigeführt worden ist. Maßgeblich ist das Verhalten eines loyalen Vertragspartners. Dies ist mittels einer umfassenden Würdigung des Verhaltens der den Bedingungseintritt beeinflussenden Vertragspartei nach Anlass, Zweck und Beweggrund unter Berücksichtigung aller Umstände des Einzelfalls, insbesondere des Inhalts des Rechtsgeschäfts, festzustellen (BAG 1.8.2018 – 7 AZR 882/16, NZA 2019, 314).

2. Will der Arbeitnehmer geltend machen, dass die Bedingung unwirksam ist, muss innerhalb einer Frist von drei Wochen Klage erhoben werden. Der Klageantrag ergibt sich aus § 17 S. 1 TzBfG.

3. Mit der Verweisung in § 21 auf § 14 TzBfG ist klargestellt, dass auflösend bedingte Arbeitsverhältnisse zulässig sind, wenn hierfür ein sachlicher Grund besteht. Der Regelung ist die Wertung zu entnehmen, dass grds. alle Befristungsgründe auch die Bedingung rechtfertigen können. § 14 Abs. 2 u. 3 TzBfG sind hingegen nicht anwendbar. Die in § 14 TzBfG aufgezählten Gründe passen nicht alle für bedingte Arbeitsverträge. Denkbar sind Gründe in der Person des Arbeitnehmers (§ 14 Abs. 1 Nr. 6 TzBfG). Von der Rechtsprechung sind folgende Sachgründe als auflösende Bedingung anerkannt: Feststellung der Fluguntauglichkeit (BAG 11.10.1995 – 7 AZR 119/95, NZA 1996, 1212; AP TzBfG § 14 Nr. 53), Entzug der einem Wachmann erteilten Bewachungserlaubnis (BAG 25.8.1999 – 7 AZR 75/98, NZA 2000, 656), Entzug der Einsatzgenehmigung bei US-Streitkräften (BAG AP TzBfG § 21 Nr. 5= NZA-RR 2008, 570), Erwerbsunfähigkeit oder Erwerbsminderung des Arbeitnehmers (BAG 23.7.2014 – 7 AZR 771/12, NZA 2014, 1341), Vereinbarung anlässlich der Bestellung des Arbeitnehmers zum Geschäftsführer einer anderen Gesellschaft, dass das Arbeitsverhältnis ruhend fortbesteht und im Falle einer erneuten Bestellung zum Geschäftsführer einer anderen Gesellschaft für die Dauer von fünf Jahren nicht wieder auflebt, sondern zur Fortführung der betrieblichen Altersversorgung während des Dienstvertrages ruhend fortgesetzt wird und bei Beendigung des Dienstvertrages endet (BAG 12.6.2019 – 7 AZR 428/17, NZA 2019, 1423).

4. Die auflösende Bedingung bedarf zu ihrer Wirksamkeit der Schriftform. Dem Schriftformerfordernis ist nur genügt, wenn die Bedingung, von der die Beendigung des Arbeitsverhältnisses abhängt, hinreichend umschrieben ist.

5. Nach §§ 21, 15 Abs. 2 TzBfG tritt die Beendigung des Arbeitsverhältnisses nur ein, wenn der Arbeitgeber den Arbeitnehmer über den Zeitpunkt des Bedingungseintritts unterrichtet hat. Eine vorzeitige ordentliche Kündigung des Arbeitsverhältnisses ist nur möglich, wenn dies einzelvertraglich oder im anwendbaren Tarifvertrag vereinbart ist.

13. Kündigungsschutzklage bei besonderem Kündigungsschutz

An das
Arbeitsgericht

Klage

des Betriebsratsmitgliedes . . . . .
Kläger/in
– Prozessbevollmächtigte/r: RA(in) . . . . . –
gegen
die Firma . . . . .
Beklagte
Namens und mit Vollmacht des/der Klägers(in) . . . . . erhebe ich Klage und beantrage zu erkennen:

Es wird festgestellt, dass das Arbeitsverhältnis durch die Kündigung vom . . . . . nicht aufgelöst worden ist.

Begründung:

Der/Die . . . . . Jahre alte Kläger(in) steht seit dem . . . . . in den Diensten der Beklagten. Er/Sie ist aufgrund des Arbeitsvertrages vom . . . . . als . . . . . tätig.

Beweis: Arbeitsvertrag vom . . . . . als Anlage K 1

Im Jahre . . . . . wurde er/sie in den Betriebsrat gewählt.

Beweis: Bekanntmachung des Wahlergebnisses der Betriebsratswahl . . . . . als Anlage K 2

Am . . . . . hat die Beklagte das Arbeitsverhältnis außerordentlich gekündigt.

Beweis: Kündigungsschreiben der Beklagten vom . . . . . als Anlage K 3

Der Betriebsrat hat dieser Kündigung nicht zugestimmt.

Beweis: Zeugnis des/der Betriebsratsvorsitzenden, Herrn/Frau . . . . .

Die Kündigung ist daher nichtig.[1]

Rechtsanwalt/Rechtsanwältin[2]

Anmerkungen

1. Sofern ein absoluter Kündigungsschutz besteht, kann die Klage mit wenigen Sätzen erhoben werden. Die fehlende Zustimmung des Betriebsrats zur außerordentlichen Kündigung führt gem. § 15 Abs. 1 KSchG, § 103 Abs. 1 BetrVG zur Unwirksamkeit.

Kosten und Gebühren

2. → Form. IV.B.1 Anm. 14.

14. Klage eines Arbeitnehmers im Insolvenzverfahren

An das
Arbeitsgericht

Klage[1]

des/der Herrn/Frau . . . . .
– Prozessbevollmächtigte/r: RA(in) . . . . . –
Kläger/in
gegen
den Rechtsanwalt, Herrn . . . . ., in seiner Eigenschaft als Insolvenzverwalter über das Vermögen der . . . . .
Beklagter

Namens und mit Vollmacht des/der Klägers/in erhebe ich Klage und beantrage zu erkennen:[2]

Es wird festgestellt, dass das Arbeitsverhältnis durch die Kündigung vom . . . . . nicht aufgelöst worden ist.

Begründung:

Der/Die Kläger(in) nahm am . . . . . aufgrund des Arbeitsvertrages vom . . . . . die Tätigkeit als kaufmännische(r) Angestellte(r) auf. Das Arbeitsverhältnis richtete sich kraft

einzelvertraglicher Verweisung nach den Tarifverträgen für ..... Die tarifliche Kündigungsfrist beträgt mithin .....

Beweis: Arbeitsvertrag vom ..... als Anlage K 1

Die Firma ..... ist in wirtschaftliche Schwierigkeiten geraten. Am ..... ist über ihr Vermögen das Insolvenzverfahren eröffnet worden.

Beweis: Eröffnungsbeschluss über das Insolvenzverfahren vom ..... als Anlage K 2

Zum Insolvenzverwalter ist Rechtsanwalt ..... bestellt worden.

Beweis: Bestellung zum Insolvenzverwalter vom ..... als Anlage K 3

Die Firma ..... hat ..... Arbeitnehmer beschäftigt. Im Betrieb der Firma ..... ist ein Betriebsrat errichtet. Betriebsratsvorsitzender ist .....

Der Insolvenzverwalter hat allen Arbeitnehmern mit Schreiben vom ..... gekündigt. So auch dem/der Kläger(in).

Beweis: Kündigungsschreiben vom ..... als Anlage K 4

Das Schreiben ist dem/der Kläger(in) am ..... zugegangen. Zur Begründung hat der Insolvenzverwalter sich darauf berufen, dass der Betrieb sofort stillgelegt werden müsse. Die Kündigung ist aus mehreren Gründen unwirksam .....[3]

Rechtsanwalt/Rechtsanwältin

Anmerkungen

1. Bei einer Kündigungsschutzklage gegen die Kündigung des Insolvenzverwalters ist dieser in seiner Eigenschaft als Partei kraft Amtes zu verklagen. Wird versehentlich anstatt des Insolvenzverwalters die Schuldnerin verklagt, macht dies den Insolvenzverwalter nicht zur Partei. Eine solche wahrt nicht die Klagefrist nach § 4 KSchG. Ergibt sich aus dem Rubrum, dass anstelle des Insolvenzverwalters die Schuldnerin verklagt ist, so hat das Gericht zu prüfen, ob der Fehler durch eine Berichtigung des Rubrums behoben werden kann (BAG AP InsO § 113 Nr. 14 = NZA 2003, 1391).

2. Nach § 113 InsO kann ein Dienstverhältnis, bei dem der Schuldner der Dienstberechtigte ist, vom Insolvenzverwalter und vom anderen Teil ohne Rücksicht auf eine vereinbarte Vertragsdauer oder einen vereinbarten Ausschluss des Rechts zur ordentlichen Kündigung gekündigt werden. Die Kündigungsfrist beträgt drei Monate zum Monatsende, wenn nicht eine kürzere Kündigungsfrist maßgebend ist. Das BAG geht davon aus, dass eine längere gesetzliche und tarifliche Kündigungsfrist und tarifliche Regelungen zur Unkündbarkeit durch § 113 InsO verdrängt werden (BAG 16.6.2005 – 6 AZR 476/04, NZA 2006, 270; 19.1.2000 – 4 AZR 70/99, NZA 2000, 658). Gibt der Insolvenzverwalter in der Kündigungserklärung keine Frist und keinen Termin an, sondern kündigt er „zum nächstmöglichen Termin“, ist durch Auslegung zu ermitteln, ob er die gesetzliche Frist des § 113 InsO nutzten wollte (BAG 23.1.2014 – 8 AZR 113/13, NZA 2014, 777).

3. Hat der Betrieb keinen Betriebsrat oder kommt aus anderen Gründen innerhalb von drei Wochen nach Verhandlungsbeginn oder schriftlicher Aufforderung zur Aufnahme von Verhandlungen kein Interessenausgleich zustande, obwohl der Insolvenzverwalter den Betriebsrat rechtzeitig und umfassend unterrichtet hat, so kann der Insolvenzverwalter beim Arbeitsgericht beantragen, festzustellen, dass die Kündigung bestimmter im Antrag bezeichneter Arbeitnehmer durch dringende betriebliche Erfordernisse bedingt und sozial gerechtfertigt ist. Die Entscheidung ergeht im Beschlussverfahren. → Form. IV. E.13. Es bedarf einer Koordinierung für das Sammelverfahren nach § 126 InsO und der Individualklagen der Arbeitnehmer. Die soziale Auswahl der Arbeitnehmer kann nur im

Hinblick auf die Dauer der Betriebszugehörigkeit, das Lebensalter und die Unterhaltspflichten nachgeprüft werden. Kündigt der Insolvenzverwalter einem Arbeitnehmer, der in dem Antrag nach § 126 InsO, also im Beschlussverfahren zum Kündigungsschutz bezeichnet ist, und erhebt der Arbeitnehmer Klage auf Feststellung, dass das Arbeitsverhältnis durch die Kündigung nicht aufgelöst oder die Änderung der Arbeitsbedingungen sozial ungerechtfertigt ist, so ist die im Beschlussverfahren zum Kündigungsschutz ergehende Entscheidung bindend. Es gilt der Vorrang des Beschlussverfahrens. Die bindende Wirkung muss nur dann zurücktreten, wenn sich die Sachlage nach Schluss der letzten mündlichen Verhandlung wesentlich geändert hat (§ 127 Abs. 1 InsO). Hat dagegen der Arbeitnehmer schon vor Rechtskraft des Beschlussverfahrens Feststellungsklage erhoben, so ist die Verhandlung über die Klage auf Antrag des Verwalters bis zu diesem Zeitpunkt auszusetzen (§ 127 Abs. 2 InsO). Der Insolvenzverwalter hat eine Wahlmöglichkeit, ob er erst die Klagen abwarten und Aussetzung beantragt oder sofort das Beschlussverfahren einleitet. Dies hängt von prozesstaktischen Erwägungen ab. In jedem Fall muss der Arbeitnehmer klagen. Es gelten besondere Rechtsmittel und Kostenregelungen nach § 126 Abs. 2 u. 3 InsO (Schaub ArbR-HdB/*Linck* § 93 Rn. 16 ff.).

15. Vergleich wegen Beendigung des Arbeitsverhältnisses

Zwischen dem/der . . . . .
nachstehend Arbeitnehmer
und
der Firma . . . . .
nachstehend Arbeitgeber
wird ohne Präjudiz für die Sach- und Rechtslage nachfolgender Vergleich[1] geschlossen:

1. **Die Parteien sind sich darüber einig, dass das zwischen ihnen bestehende Arbeitsverhältnis aufgrund der ordentlichen Kündigung des Arbeitgebers aus . . . . . Gründen[2] vom . . . . . mit dem . . . . . sein Ende finden wird.**
2. **Der Arbeitgeber verpflichtet sich, das Arbeitsverhältnis unter Beachtung der Bruttomonatsvergütung iHv . . . . . ordnungsgemäß abzurechnen und die sich ergebenden Nettobeträge an den Arbeitnehmer auszuzahlen.[3]**
3. **Der Arbeitnehmer wird mit sofortiger Wirkung von der Verpflichtung zur Erbringung der Arbeitsleistung unwiderruflich freigestellt.[4] Er ist berechtigt, das Arbeitsverhältnis vorzeitig mit einer Ankündigungsfrist von zwei Wochen einseitig durch schriftliche Erklärung zu beenden.[5]**
4. **Der Arbeitgeber verzichtet während des Bestandes des Arbeitsverhältnisses auf die Einhaltung des gesetzlichen Wettbewerbsverbotes.[6]**
5. **Die Arbeitsvertragsparteien sind sich darüber einig, dass der dem Arbeitnehmer noch zustehender Urlaub in der Zeit von . . . . . bis . . . . . in Natur gewährt wird.[7] Der Arbeitgeber verpflichtet sich, dem Kläger ein Urlaubsgeld iHv . . . . . EUR zu zahlen.**
6. **Der Arbeitgeber verpflichtet sich, dem Arbeitnehmer eine Abfindung nach §§ 9, 10 KSchG wegen Verlustes des Arbeitsplatzes iHv . . . . . EUR brutto zu zahlen.[8, 9, 10]**
7. **Der Arbeitnehmer hat das Recht, den Personenkraftwagen . . . . . Pol.-Kz. . . . . zu übernehmen. Der Übernahmepreis richtet sich nach dem Gutachten eines Sachverständigen, den der Arbeitgeber bestimmt. Der Arbeitnehmer kann binnen einer Frist von zwei Wochen seit Mitteilung des vom Gutachter ermittelten Preises das Übernahmerecht ausüben. Der Arbeitgeber ist berechtigt, den Übernahmepreis von der Abfindung abzuziehen.**

Der Arbeitgeber trägt die Kosten der Versteuerung und Versicherung des Kraftwagens bis zum . . . . .

8. **Sonstige Bestimmungen.**[11]
9. **Der Arbeitgeber verpflichtet sich, dem Arbeitnehmer ein berufsförderndes Zeugnis mit der Gesamtnote . . . . . zu erteilen, das sich auf Art und Dauer sowie Leistung und Verhalten in dem Arbeitsverhältnis erstreckt und die Schlussformel . . . . . enthält.**[12] **Auf Wunsch erhält der Arbeitnehmer ein entsprechendes Zwischenzeugnis.**
10. **Die Arbeitsvertragsparteien sind sich darüber einig, dass mit Erfüllung dieses Vergleichs sämtliche Ansprüche der Parteien aus und in Verbindung mit dem Arbeitsverhältnis und seiner Beendigung erledigt sind. Von dieser Ausgleichsquittung nicht erfasst werden etwaige Ansprüche aus betrieblicher Altersversorgung.**

Anmerkungen

1. Nach § 278 Abs. 6 ZPO ist der Abschluss eines gerichtlichen Vergleiches in einem schriftlichen Verfahren dadurch möglich, dass die Parteien einen Vergleichsvorschlag des Gerichts durch Schriftsatz gegenüber dem Gericht annehmen. Sie können dem Gericht auch selbst einen Vergleichsvorschlag unterbreiten. Das Gericht hat Zustandekommen und Inhalt eines derartigen Vergleiches durch Beschluss festzustellen. Nach § 128 Abs. 4, § 53 Abs. 1 ArbGG kann die Entscheidung ohne mündliche Verhandlung und damit durch den Vorsitzenden des Arbeitsgerichts ergehen. Der Beschluss kann folgenden Wortlaut haben: „Es wird festgestellt, dass zwischen den Parteien ein Vergleich nachfolgenden Inhalts zustande gekommen ist . . . . ." Ein derartiger Vergleich steht einem protokollierten Vergleich gleich (§ 794 Abs. 1 ZPO). Zu beachten ist, dass der nach § 278 Abs. 6 S. 1 Alt. 1 ZPO zustande gekommene Vergleich kein gerichtlicher Vergleich iSv § 14 Abs. 1 Nr. 8 TzBfG ist. Das BAG geht davon aus, dass ein gem. § 278 Abs. 6 ZPO geschlossener Prozessvergleich nur dann ein Sachgrund iSd § 14 Abs. 1 Nr. 8 TzBfG ist, wenn die Parteien nach § 278 Abs. 6 S. 1 Alt. 2 ZPO einen schriftlichen Vergleichsvorschlag des Gerichts durch Schriftsatz gegenüber dem Gericht annehmen und das Gericht das Zustandekommen und den Inhalt des Vergleichs durch Beschluss feststellt. Durch den Vergleichsvorschlag wirkt das Gericht am Inhalt des Vergleichs verantwortlich mit. Das gilt auch dann, wenn das Gericht sich einen von den Parteien vorgelegten Einigungsentwurf als seinen Vorschlag zu eigen macht und diesen den Parteien unterbreitet (BAG 14.1.2015 – 7 AZR 2/14, NZA 2016, 39; BAG 8.6.2016 – 7 AZR 339/14, NZA 2016, 1485; BAG 21.3.2017 – 7 AZR 369/15, NZA 2017, 706). Haben die Parteien hingegen dem Gericht den Vergleich (§ 278 Abs. 6 S. 1 Alt. 1 ZPO) vorgeschlagen, liegt kein Sachgrund vor (BAG 15.2.2010 – 7 AZR 734/10, NZA 2012, 919). An einem solchen Vergleich wirkt das Gericht nach Auffassung des BAG nicht verantwortlich mit, denn es fehlt in der Regel an der erforderlichen verantwortlichen Mitwirkung des Gerichts. Bei einem solchen Vergleich ist der gerichtliche Beitrag – abgesehen von der Prüfung von Verstößen gegen Strafgesetze und gegen §§ 134, 138 BGB – regelmäßig auf eine Feststellungsfunktion beschränkt (BAG 14.1.2015 – 7 AZR 2/14, NZA 2016, 39; BAG 8.6.2016 – 7 AZR 339/14, NZA 2016, 1485; BAG 21.3.2017 – 7 AZR 369/15, NZA 2017, 706). Zum Vergleichsmehrwert für die Gebührenberechnung: Ziff. 22 des Streitwertkatalogs idF vom 9.2.2018.

2. Gelegentlich wünschen die Arbeitsvertragsparteien, dass im Vergleichstext die Kündigung unerwähnt bleibt. Wegen §§ 24, 34 EStG ist es notwendig, dass die Auflösung des Arbeitsverhältnisses auf Veranlassung des Arbeitgebers erfolgt. Im Hinblick auf den Bezug von Arbeitslosengeld ist es auch durchaus sinnvoll, bei betriebsbedingten Gründen den Kündigungsgrund mit in den Vergleichstext aufzunehmen.

3. Es soll gewährleistet sein, dass der Arbeitgeber bis zu einem in der Zukunft liegenden Termin noch die Monatsvergütung abrechnet und die Nettobeträge auszahlt. Durch die vorgeschlagene Formulierung wird geregelt, dass nur die monatliche Grundvergütung, die der Höhe nach angegeben ist, abgerechnet wird. Hat der Arbeitnehmer noch Ansprüche auf Bonuszahlungen, Tantiemen, Gewinnbeteiligungen, 13. Monatsgehalt etc, ist das Schicksal dieser Zahlungen separat und explizit zu regeln. Findet sich neben der vorgeschlagenen Formulierung kein Hinweis im Vergleich, aber eine Erledigungsklausel kann der Vergleich auch so ausgelegt werden, dass kein Anspruch des Arbeitnehmers auf solche Zahlungen mehr besteht. Die Vereinbarung zur „ordnungsgemäßen Abrechnung" des Arbeitsverhältnisses schließt idR die Anrechnung anderweitigen Verdienstes nach § 615 S. 2 BGB bzw. § 11 Nr. 1 KSchG mit ein. Etwas anderes gilt nur dann, wenn die Auslegung des Vergleichs einen abweichenden Parteiwillen erkennen lässt. Hierfür bedarf es besonderer Anhaltspunkte, die nicht allein darin zu sehen sind, dass das als Basis der Vergütungsberechnung zugrunde zu legende Bruttomonatsgehalt konkret beziffert wird, wenn gleichzeitig vereinbart ist, dass die Abrechnung „ordnungsgemäß" erfolgen soll. Dies gilt auch dann, wenn der als Berechnungsgrundlage heranzuziehende Betrag die Höhe des arbeitsvertraglich vereinbarten Bruttomonatsentgelts erheblich unterschreitet (BAG 27.5.2020 – 5 AZR 101/19, NZA 2020, 1130).

4. Der Arbeitnehmer hat nur in seltenen Ausnahmefällen einen Anspruch auf Freistellung von der Arbeit. Dies kann etwa der Fall sein, wenn einem leitenden Angestellten erhebliche Befugnisse oder Vollmachten entzogen werden. Andererseits ist der Arbeitgeber nicht ohne Weiteres berechtigt, den Arbeitnehmer vom Dienst zu suspendieren (BAG AP BGB § 628 Nr. 7; AP BGB § 611 Beschäftigungspflicht Nr. 4). Einvernehmlich kann die Freistellung vereinbart werden. In der Praxis ist dies auch eher üblich; zur Anrechnung anderweitigen Verdienstes bei der unwiderruflichen Freistellung, wenn diese unter Anrechnung von Urlaubsansprüchen vorgenommen ist und der Urlaubszeitraum nicht festgelegt ist: BAG 23.2.2021 – 5 AZR 314/20, NZA 2021, 778.

5. Das einseitige vorzeitige Lösungsrecht des Arbeitnehmers liegt oft im beiderseitigen Interesse. Der Arbeitnehmer hat so die Möglichkeit, im Falle einer Anschlussbeschäftigung flexibel zu reagieren und vor Ablauf der Kündigungsfrist das Arbeitsverhältnis bei dem neuen Arbeitgeber aufzunehmen. Der Arbeitgeber hat durch das vorzeitige Lösungsrecht in den Fällen, in denen er Wettbewerbshandlungen des Arbeitnehmers nicht fürchtet und deshalb ein solches einseitiges Lösungsrecht vereinbart, die Möglichkeit, die Vergütung für den Zeitraum zwischen der vorzeitigen Beendigung und dem Ablauf der Kündigungsfrist zu sparen. Naturgemäß streiten die Parteien sich bei einer solchen Regelung über die Frage der Kapitalisierung der Restvergütung dieses Zeitraumes. In der Praxis ist hier alles üblich. Wird eine Kapitalisierung der Restvergütung vereinbart, ist klarzustellen, dass hiervon die Arbeitgeberanteile zur Sozialversicherung nicht umfasst werden. Das einseitige vorzeitige Lösungsrecht des Arbeitnehmers stellt dabei nach der Rechtsprechung des BAG nicht nur eine geschäftsähnliche Handlung oder eine Wissenserklärung dar, mit welcher der Vertragspartner über die Beendigung informiert wird. Das Arbeitsverhältnis wird vielmehr erst durch die Gestaltungswirkung dieser Erklärung zu einem konkreten Termin beendet. Deshalb handelte es sich bei der Erklärung um eine Kündigung, welche zwingend nach § 623 BGB der Schriftform bedarf, auch wenn die Parteien die Erklärung als „Anzeige" bezeichneten. Deshalb reicht eine Erklärung per Telefax nicht aus (BAG 17.12.2015 – 6 AZR 709/14, NZA 2016, 361).

6. Vereinbaren die Parteien im Aufhebungsvertrag die Freistellung für die Restlaufzeit der Kündigungsfrist und wird nicht ausdrücklich die Anrechenbarkeit anderweitigen Verdienstes vorgesehen, muss sich der Arbeitnehmer die Vergütung aus einer während der Kündigungsfrist aufgenommenen Wettbewerbstätigkeit nicht auf das fortzuzahlende Entgelt anrechnen lassen (BAG 17.10.2012 – 10 AZR 809/11, NZA 2013, 207).

Alternative:

Der Arbeitnehmer ist bis zum Ablauf der Kündigungsfrist, also bis zum . . . . ., zur Einhaltung des gesetzlichen Wettbewerbsverbotes nach §§ 60, 61 HGB verpflichtet.

Liegt die Beachtung des Wettbewerbsverbots im Interesse des Arbeitsgebers, wird typischerweise kein einseitiges Lösungsrecht des Arbeitnehmers vorgesehen, da dies dann den Interessen des Arbeitgebers entgegenliefe.

7. Wird der Urlaub nicht erteilt, könnte bei Beendigung des Arbeitsverhältnisses noch ein Abgeltungsanspruch erwachsen. Es wird häufig ein Tatsachenvergleich getroffen, dass Urlaub in Natur gewährt und genommen wurde. Ebenso ist es denkbar, dass im Rahmen einer Freistellung der Urlaub und etwaige Plusstunden auf dem Arbeitszeitkonto „aufgebraucht" werden. Dies ist in jedem Fall bei einer unwiderruflichen Freistellung möglich und müsste dann in der Regelung Ziff. 3 ergänzend vereinbart werden.

Der Arbeitnehmer wird mit sofortiger Wirkung unter Anrechnung von Resturlaubsansprüchen für das Kalenderjahr . . . . . und etwaigen Zeitguthaben aus Überstunden unwiderruflich von der Verpflichtung zur Erbringung der Arbeitsleistung freigestellt.

Bei einer solchen Anrechnung ist im Hinblick auf das vorzeitige einseitige Lösungsrecht des Arbeitnehmers darauf zu achten, dass der Zeitraum der Freistellung ausreichend groß ist, um die Urlaubsansprüche und die Zeitguthaben „aufzubrauchen".

8. Eine Abfindung für den Verlust des Arbeitsplatzes ist gem. §§ 24, 34 EStG steuerbegünstigt („Fünftelungsregelung"). Arbeitnehmer sind alle Dienstpflichtigen im lohnsteuerrechtlichen Sinne. Die Auflösung ist vom Arbeitgeber veranlasst, wenn er die entscheidende Ursache für die Auflösung des Dienstverhältnisses gesetzt hat (BFH BStBl. II 1980, 205). Unerheblich ist der formale Auflösungsgrund. Soweit der Arbeitnehmer bei seinem Ausscheiden bereits von ihm erdiente Ansprüche auf Gehalt, Lohn, Tantieme, Urlaubsgeld ausgezahlt erhält, sind sie keine Abfindung, selbst wenn sie als solche bezeichnet oder zusammen mit Abfindungsbeträgen ausgezahlt werden. Dagegen sind alle darüber hinaus gezahlten, bisher also noch nicht verdienten Beträge keine Abgeltung bereits vertraglich erlangter Ansprüche. Sie sind also Abfindung. Für die Beurteilung der Frage, ob die Beträge bereits verdient waren, ist der vom Arbeitgeber und Arbeitnehmer vereinbarte Auflösungszeitpunkt maßgebend. Die Steuerprivilegierung kann nur eingreifen, wenn die Zahlung in einem Veranlagungszeitraum zufließt.

9. Nach § 159 SGB III tritt eine Sperrfrist ein, wenn der Arbeitslose sich versicherungswidrig verhalten hat, ohne dafür einen wichtigen Grund zu haben. Dies ist nach § 159 Abs. 1 Nr. 1 SGB III dann der Fall, wenn er das Beschäftigungsverhältnis gelöst hat oder durch ein arbeitsvertragswidriges Verhalten Anlass für die Lösung des Beschäftigungsverhältnisses gegeben und dadurch vorsätzlich oder grob fahrlässig die Arbeitslosigkeit herbeigeführt hat (Sperrzeit bei Arbeitsaufgabe). Ein Aufhebungs- oder Abwicklungsvertrag kann unter bestimmten Voraussetzungen keine Sperrzeit auslösen.

10. Nach § 158 SGB III ruht der Anspruch auf Arbeitslosengeld, wenn das Arbeitsverhältnis ohne Einhaltung einer der ordentlichen Kündigungsfrist des Arbeitgebers entsprechenden Frist beendet wird. Zum Ruhen des Arbeitslosengeldanspruches kommt es daher nach einer außerordentlichen Kündigung oder bei einer einvernehmlichen Beendigung des Arbeitsverhältnisses ohne Einhaltung einer Kündigungsfrist.

11. Es kann sich empfehlen, noch an folgende Rechtsverhältnisse zu denken: (1) Gewinnbeteiligungen, Tantiemen; (2) Provisionen; (3) Gratifikationen; (4) Werkswohnung; (5) Darlehen; (6) Diensterfindung; (7) nachvertragliches Wettbewerbsverbot; (8) Betriebsgeheimnisse; (9) Firmenunterlagen; (10) sonstiges Firmeneigentum, Firmenausweise; (11) Zurückbehaltungsrechte; (12) Aufrechnungsverbot; (13) Arbeitsbescheigung; (14) Kosten des Vergleichs; (15) salvatorische Klausel bei teilweiser Unwirksamkeit. Werden diese Punkte nicht ausdrücklich geregelt, ist wegen der Erledigungsklausel stets zu prüfen, ob die Ansprüche ausgeschlossen werden.

12. Im Hinblick auf die Entscheidung des BAG, dass Schlussformeln mit besonderem Dank, dem Bedauern und/oder der Wünsche für die Zukunft kein rechtlich notwendiger Bestandteil des Zeugnisses sind (BAG 11.12.2012 – 9 AZR 227/11, NZA 2013, 324), sollte eine Formulierung hierzu aufgenommen werden, wenn dem Arbeitnehmer an einer solchen Formulierung gelegen ist.

16. Klage auf Herausgabe der Arbeitspapiere und Erteilung eines Zeugnisses

An das
Arbeitsgericht

Klage

des/der Herrn/Frau .....
Klägers/in
– Prozessbevollmächtigte/r: RA(in) ..... –
gegen
die Firma .....
Beklagte

Namens und mit Vollmacht des/der Kläger(in) erhebe ich Klage und beantrage zu erkennen:

Die Beklagte sind verurteilt,

I. den Sozialversicherungsausweis des/der Klägers(in) herauszugeben;[1]

II. dem/der Kläger(in) ein Zeugnis zu erteilen, das sich auf Art und Dauer sowie Leistung und Verhalten in dem Arbeitsverhältnis erstreckt;[2]

Begründung:

Der/Die Kläger(in) war vom ..... bis ..... als ..... bei dem/der Beklagten beschäftigt.

Beweis: 1. Arbeitsvertrag vom ..... als Anlage K 1
2. Aufhebungsvertrag vom ..... als Anlage K 2

Nach Beendigung des Arbeitsverhältnisses ist die Beklagte verpflichtet, die Arbeitspapiere, insb. den Sozialversicherungsausweis, herauszugeben. Der Beklagten steht hieran kein Zurückbehaltungsrecht zu. Ferner ist die Beklagte verpflichtet, dem/der Kläger(in) ein Zeugnis zu erteilen, das sich auf Art und Dauer sowie Leistung und Verhalten im Arbeitsverhältnis erstreckt (§ 109 GewO).[3, 4] Diesen Verpflichtungen ist die Beklagte nicht nachgekommen, so dass Klage geboten ist.

Rechtsanwalt/Rechtsanwältin[5]

Anmerkungen

1. Nach § 2 Abs. 1 Nr. 3e ArbGG sind die Arbeitsgerichte zuständig für bürgerliche Rechtsstreitigkeiten über Arbeitspapiere. Die Herausgabe und vollständige Ausfüllung kann daher vor den Arbeitsgerichten geltend gemacht werden. Umstritten ist, ob auch die Berichtigung von Eintragungen verlangt werden kann. Das BAG geht davon aus, dass der

Rechtsweg zu den Gerichten für Arbeitssachen nur für die Herausgabe gilt, nicht aber bei Streit um die Verpflichtung zum Ausfüllen bzw. zur Berichtigung (BAG 7.5.2013 – 10 AZB 8/13, NZA 2013, 862).

2. Die Formulierung des Zeugnisses ist Aufgabe des Arbeitgebers. Gleichwohl wird in der Praxis nicht selten vereinbart, dass der Arbeitnehmer berechtigt ist, einen Entwurf zu fertigen. Wird das Arbeitsverhältnis vor Insolvenzeröffnung beendet, bleibt der Arbeitgeber Schuldner des Anspruches (Einzelheiten: BAG AP BGB § 630 Nr. 29).

3. Alternative für Berichtigungsantrag:[4]

„Die Beklagte wird verurteilt, das dem/der Klägers(in) am ..... ausgehändigte Zeugnis vom ..... in nachfolgenden Punkten zu berichtigen:

1. .....
2. .....“

Im Berichtigungsprozess hat der Arbeitnehmer einen konkreten Antrag zu stellen. Da das Zeugnis ein einheitliches Ganzes ist, kann es uU vom Arbeitnehmer vorformuliert werden.

4. Der fristgerecht entlassene Arbeitnehmer hat spätestens mit Ablauf der Kündigungsfrist oder bei seinem tatsächlichen Ausscheiden Anspruch gem. § 109 GewO auf ein Zeugnis über Führung und Leistung (BAG 27.2.1987 – 5 AZR 710/85, NZA 1987, 628; 19.3.1996 – 2 AZB 36/95, 1996, 671). Das Zeugnis ist auf Firmenpapier zu verfassen (BAG AP BGB § 630 Nr. 20 = NZA 1993, 219). Oberster Grundsatz eines Zeugnisses ist, dass der Inhalt der Wahrheit entspricht (BAG 18.11.2014 – 9 AZR 584/13, NZA 2015, 435). Es soll zwar von einem verständigen Wohlwollen für den Arbeitnehmer getragen werden. Die Rücksichtnahme findet dort ihre Schranke, wo sich die Interessen des künftigen Arbeitgebers an die Zuverlässigkeit des Arbeitnehmers aufdrängen (BAG AP HGB § 73 Nr. 1). Der Arbeitgeber trägt nach dem Prinzip der abgestuften Darlegungs- und Beweislast die Darlegungs- und Beweislast, wenn er dem Arbeitnehmer ein Zeugnis erteilt, das von einer durchschnittlichen Beurteilung nach unten abweicht (BAG AP BGB § 630 Nr. 28). Die Gesamtbeurteilung „zur vollen Zufriedenheit“ bescheinigt eine durchschnittliche Leistung entsprechend einer mittleren Note in der Zufriedenheitsskala (BAG 18.11.2014 – 9 AZR 584/13, NZA 2015, 435). Begehrt der Arbeitnehmer ein besseres als ein durchschnittliches Zeugnis, trägt er die Darlegungs- und Beweislast. Ein vom Arbeitgeber berichtigtes Zeugnis ist auf das ursprüngliche Ausstellungsdatum zurückzudatieren (BAG AP BGB § 630 Nr. 19 = NZA 1993, 698). Die Darlegungs- und Beweislast dafür, dass die Nichterteilung, die verspätete Erteilung oder die Erteilung eines unrichtigen Zeugnisses für einen Schaden des Arbeitnehmers ursächlich gewesen ist, liegt beim Arbeitnehmer (BAG AP HGB § 73 Nr. 6). Dabei können dem Arbeitnehmer Beweiserleichterungen zugutekommen (BAG AP HGB § 73 Nr. 12). Der Anspruch auf Erteilung eines qualifizierten Zeugnisses unterliegt im Allgemeinen einer tariflichen Verfallfrist sowie der Verwirkung. Zur Schlussformel: BAG 11.12.2012 – 9 AZR 227/11, NZA 2013, 324.

Kosten und Gebühren

5. Berechnung des Gebührenstreitwertes: Bei der Streitwertbemessung werden idR für die Herausgabe der Arbeitspapiere pro Arbeitspapiere 1/10 einer Bruttomonatsvergütung (7.1. des Streitwertkatalogs vom 9.2.2018) angesetzt. Selbiges gilt für die Erteilung oder Berichtigung eines einfachen Zeugnisses (29.1 des Streitwertkataloges vom 9.2.2018). Für die Erteilung oder Berichtigung eines qualifizierten Zeugnisses oder die Erteilung eines Zwischenzeugnisses wird eine Monatsvergütung und zwar unabhängig von Art und Inhalt eines Berichtigungsverlangens, auch bei kurzem Arbeitsverhältnis angesetzt (29.2 bzw. 29.3 des Streitwertkatalogs vom 9.2.2018). Wird ein Zwischen- und kumulativ oder hilfsweise ein Endzeugnis verlangt, wird insgesamt eine Monatsvergütung angesetzt (29.3 des Streitwertkatalogs vom 9.2.2018).

C. Anträge und Klagen des Arbeitgebers

1. Klage auf Unterlassung von Wettbewerb vor und nach Beendigung des Arbeitsverhältnisses

An das
Arbeitsgericht

Klage

der . . . . . GmbH, vertr. d. ihre Geschäftsführer . . . . .
Klägerin
– Prozessbevollmächtigte/r: RA(in) . . . . . –
gegen
Herrn/Frau . . . . .
Beklagter/Beklagte
Namens und in Vollmacht der Klägerin beantrage ich:
Der/die Beklagte wird verurteilt,

1. Wettbewerb zum Nachteil der Klägerin, insb. den Vertrieb nachfolgender Gegenstände . . . . . im Bezirk . . . . . zu unterlassen.[1]
2. Die Arbeit bei der Firma . . . . . einzustellen.

Begründung:

Die Klägerin betreibt ein Unternehmen für . . . . . Sie vertreibt nachfolgende Gegenstände . . . . .

Beweis: Zeugnis des Vertriebsleiters der Klägerin, Herrn . . . . ., zu laden über die Klägerin

Die Einzelheiten des Produktions- und Vertriebsprogramms ergeben sich aus der Preisliste.

Beweis: Preisliste der Klägerin als Anlage K 1

Der/Die Beklagte wurde am . . . . . als . . . . . aufgrund des Arbeitsvertrags vom . . . . . als Vertriebsmitarbeiter für die Bezirke . . . . . eingestellt.

Beweis: Arbeitsvertrag vom . . . . . als Anlage K 2

Im Arbeitsvertrag sind unter Ziff. . . . . . die Kündigungsfristen vereinbart. Der/Die Beklagte hat das Arbeitsverhältnis am . . . . . außerordentlich fristlos und hilfsweise ordentlich zum . . . . . gekündigt.

Beweis: Kündigung des/der Beklagten vom . . . . . als Anlage K 3

Gründe für eine außerordentliche Kündigung bestehen nicht. Dementsprechend kann das Arbeitsverhältnis nur ordentlich von dem/der Beklagten beendet werden. Die ordentliche Kündigungsfrist beträgt – entgegen der Auffassung des/der Beklagten – aber . . . . ., so dass eine Beendigung des Arbeitsverhältnisses nur zum . . . . . und nicht zum . . . . . in Betracht kam.

Am . . . . . ist der/die Beklagte in die Dienste der Firma . . . . . getreten.

Beweis: Zeugnis des/der Herrn/Frau . . . . ., zu laden über . . . . .

Die Firma . . . . . steht mit dem/der Kläger(in) im Wettbewerb. Das Produktions- und Vertriebsprogramm der Firma ergibt sich aus anliegender Vertriebspräsentation.

Beweis: Vertriebspräsentation der Firma . . . . . als Anlage K 4

Das Produktions- und Vertriebsprogramm ist im Hinblick auf folgende Gegenstände gleich . . . . .

Da das Arbeitsverhältnis der Parteien durch die ordentliche Kündigung des/der Beklagten erst zum . . . . . endet, besteht derzeit das Arbeitsverhältnis noch. Der/die Beklagte ist zur Unterlassung von Wettbewerb und mithin zur Einstellung der Arbeit verpflichtet.[2]

Im Arbeitsvertrag der Parteien ist aber für die Zeit nach Beendigung des Arbeitsverhältnisses ein nachvertragliches Wettbewerbsverbot für die Dauer . . . . . geschlossen (§ 74 Abs. 1 HGB/§ 110 GewO).[3]

Beweis: Arbeitsvertrag der Parteien vom . . . . ., b.b.

Der/Die Beklagte ist daher auch für die Zeit nach Beendigung des Arbeitsverhältnisses bis zum . . . . . zur Unterlassung von Wettbewerb verpflichtet. Der/die Beklagte hatte zu den Hauptkunden der Klägerin Kontakt. Durch seine/ihre Tätigkeit für einen unmittelbaren Wettbewerber der Klägerin droht die Gefahr, dass der/die Beklagte versuchen wird, die Kunden der Klägerin abzuwerben. Hierdurch würde der Klägerin ein erheblicher wirtschaftlicher Nachteil drohen.[4]

Beweis: Zeugnis der Frau . . . . .

Rechtsanwalt/Rechtsanwältin[5]

Anmerkungen

1. Wird bei einem Wettbewerbsverbot rechtskräftig festgestellt, dass eine Unterlassungspflicht bestand, so ist in dem folgenden Schadensersatzprozess davon auszugehen, dass ein Verstoß gegen die Unterlassungspflicht rechtswidrig war (BAG AP ZPO § 268 Nr. 1; AP HGB § 74 Nr. 22). Läuft während des Rechtsstreits die Verbotsfrist ab, so ist eine Verurteilung zur Unterlassung ausgeschlossen. Indes kann noch in der Revisionsinstanz eine Änderung der Unterlassungsklage in eine Feststellungsklage erfolgen, wenn hieran ein besonderes Feststellungsinteresse besteht (BAG AP GewO §§ 133 f. Nr. 20; AP HGB § 74 Nr. 22). UU ist die Erledigung der Hauptsache eingetreten.

2. Das Wettbewerbsverbot folgt für kaufm. Angestellte aus § 60 HGB, für sonstige Arbeitnehmer aus der Treuepflicht (BAG AP BGB § 611 Treuepflicht Nr. 7; AP BGB § 611 Treuepflicht Nr. 8 bzw. § 60 HGB analog).

3. Das nachvertragliche Wettbewerbsverbot ergibt sich aus §§ 74 ff. HGB bzw. § 110 GewO iVm §§ 74 ff. HGB. Hierüber ist eine Vereinbarung erforderlich, die den gesetzlichen Anforderungen der §§ 74 ff. HGB genügen muss (vgl. Schaub ArbR-HdB/*Vogelsang* § 55 Rn. 17 ff.). Zu beachten ist insb. das Schriftformerfordernis nach § 74 Abs. 1 HGB. Ein unter Verstoß gegen die gesetzliche Schriftform vereinbartes Wettbewerbsverbot ist nach § 125 BGB nichtig. Dem Schriftformerfordernis kommt eine Warnfunktion für den Arbeitnehmer zu. Daher gilt es auch für auf den späteren Abschluss eines nachvertraglichen Wettbewerbsverbots gerichtete Vorverträge. Solche Vorverträge können je nach Ausgestaltung im Einzelfall auch eine unbillige Erschwerung des Fortkommens des Arbeitnehmers iSv § 74a Abs. 1 S. 2 HGB darstellen und deshalb unverbindlich sein. Die Rechtsfolge entspricht derjenigen eines unzulässig bedingten Wettbewerbsverbots (BAG 19.12.2018 – 10 AZR 130/18, NZA 2019, 383). Bei einem nachvertraglichen Wettbewerbsverbot handelt es sich um einen gegenseitigen Vertrag iSd §§ 320 ff. BGB, auf den die Bestimmungen über das gesetzliche Rücktrittsrecht nach §§ 323 ff. BGB Anwendung finden. Der Rücktritt kann formlos und ohne Angabe eines Rücktrittsgrundes erklärt werden, wenn die andere Vertragspartei eine Leistung nicht oder nicht vertragsgemäß erbringt. Er wirkt nur „ex nunc" für die Zukunft (BAG 31.1.2018 – 10 AZR 392/17, NZA 2018, 578).

Nach § 74 Abs. 2 HGB hat der Arbeitnehmer für die Dauer des Wettbewerbsverbots Anspruch auf Zahlung einer sog. Karenzentschädigung. Hierauf muss sich der Arbeitnehmer allerdings nach § 74c Abs. 1 HGB dasjenige anrechnen lassen, was er während des Karenzzeitraums durch anderweite Verwertung seiner Arbeitskraft erwirbt oder zu erwerben böswillig unterlässt. Es gilt das Realisationsprinzip des § 252 Abs. 1 Nr. 4 2. Hs. HGB. Den Arbeitgeber trifft die Beweislast dafür, ob und in welcher Höhe die Bezüge des Arbeitnehmers seinen Anspruch auf Karenzentschädigung mindern. Ihm steht daher nach § 74c Abs. 2 HGB ein entsprechender Auskunftsanspruch zu. Verweigert der Arbeitnehmer die Auskunft, kann der Arbeitgeber die Zahlung der Karenzentschädigung einstellen, bis er die Auskunft erhält. Bei der Erteilung der Auskunft handelt es sich um eine nicht vertretbare Handlung iSd § 888 Abs. 1 S. 1 ZPO (BAG 27.2.2019 – 10 AZR 340/18, NZA 2019, 837).

4. Bei Eilbedürftigkeit – was oft der Fall sein wird – kommt der Antrag auf Erlass einer einstweiligen Verfügung mit dem Ziel des Unterlassens von Wettbewerb in Betracht.

Kosten und Gebühren

5. → Form. IV.A.1 Anm. 9. Der Streitwert für das Unterlassungsbegehren richtet sich nach dem wirtschaftlichen Interesse des Klägers an der Einhaltung des Wettbewerbsverbots.

2. Schadensersatzklage des Arbeitgebers (Verkehrsunfall)

An das
Arbeitsgericht

Klage

der . . . . . GmbH, vertr. d. ihre Geschäftsführer . . . . .
Klägerin
– Prozessbevollmächtigte/r: RA(in) . . . . . –
gegen
Herrn/Frau . . . . .
Beklagter/Beklagte
Namens und in Vollmacht der Klägerin werde ich beantragen zu erkennen:
Der/Die Beklagte wird verurteilt, ... EUR nebst Zinsen iHv 5 Prozentpunkten über dem Basiszinssatz seit dem . . . . . an die Klägerin zu zahlen.[1, 2]

Begründung:

Die Klägerin betreibt ein Speditionsunternehmen. Der/Die Beklagte war bei der Klägerin vom . . . . . bis . . . . . aufgrund des Arbeitsvertrages vom . . . . . als Kraftfahrer(in) beschäftigt.

Beweis: Arbeitsvertrag vom . . . . . als Anlage K 1

Er/Sie erzielte zuletzt eine Bruttomonatsvergütung iHv . . . . . EUR

Beweis: Abrechnung vom . . . . . als Anlage K 2

Am ..... befuhr der/die Beklagte mit dem der Klägerin gehörenden LKW Marke ....., Pol.-KZ ....., die Straße ..... von ..... nach ..... In Höhe von Straßenkilometer ..... kam der/die Beklagte mit dem von ihm/ihr gelenkten LKW von der Straße ab und stürzte die Böschung herunter.

Beweis: 1. Zeugnis des/der Herrn/Frau ....., zu laden über .....
2. Unfallbericht der Polizeidienststelle vom ..... als Anlage K 3

Irgendwelche Gründe außerhalb des Verhaltens des/der Beklagten hierfür sind nicht ersichtlich. Die Straße ist an der Unfallstelle gerade, mit Asphalt belegt; es herrschten gute Sichtverhältnisse. Zur Unfallzeit war es trocken.

Beweis: Unfallbericht, b.b. als Anlage K 3

Der/Die Beklagte hat den Unfall mit schwerem Verschulden herbeigeführt.[3] Dies folgt aus .....

Infolge des Unfalls sind dem/der Kläger(in) nachfolgende Schäden entstanden:

1. Reparaturkosten am LKW: ..... EUR,
2. Abschleppkosten: ..... EUR,
3. Kosten des Sachverständigen: ..... EUR

Beweis: Rechnungen vom ..... als Anlagenkonvolut K 4

Der Zinsanspruch ergibt sich aus dem Gesichtspunkt des Verzuges, da die Klägerin den/die Bekl. mit Schreiben vom ..... bereits zur Zahlung aufgefordert hat, was nicht geschehen ist.

Beweis: Aufforderungsschreiben vom ..... als Anlage K 5

Rechtsanwalt/Rechtsanwältin[4]

Anmerkungen

1. Dem Arbeitgeber steht ein Schadensersatzanspruch zu, wenn der Arbeitnehmer einen Schaden verursacht hat. Es kommt bei Verschulden des Arbeitnehmers ein vertraglicher Anspruch aus positiver Vertragsverletzung (§§ 280 Abs. 1, 619a BGB) oder ein deliktischer Anspruch (§ 823 Abs. 1 und 2 BGB) in Betracht, wenn der Arbeitnehmer ein absolutes Recht vorsätzlich oder fahrlässig verletzt oder gegen ein Schutzgesetz verstößt.

2. Das Haftungsrecht des Arbeitnehmers beruht auf der Rechtsprechung. Die Grundsätze des innerbetrieblichen Schadensausgleichs führen zu einer privilegierten Haftung des Arbeitnehmers. Voraussetzung ist, dass der Schaden bei einer betrieblich veranlassten Tätigkeit eingetreten ist. Dies ist der Fall, wenn die Tätigkeit, die den Schaden verursacht hat, in nahem Zusammenhang mit dem Betrieb und seiner betrieblichen Wirkungsweise steht und betriebsbezogen ist (BAG 28.10.2010 – 8 AZR 418/09, NZA 2011, 345). Sodann findet eine Schadensteilung nach dem Grad des Verschuldens statt. Bei Vorsatz trägt der Arbeitnehmer stets den Schaden. Bei grober Fahrlässigkeit trägt der Arbeitnehmer den Schaden idR allein, es können nur ausnahmsweise Haftungserleichterungen eingreifen (BAG 15.11.2012 – 8 AZR 705/11, NZA 2013, 640). Bei mittlerer Fahrlässigkeit tritt eine Schadensquotelung ua unter Berücksichtigung des Schadensanlasses und der Schadensfolgen ein und bei leichtester Fahrlässigkeit trägt der Arbeitgeber den Schaden (vgl. zu den Einzelheiten ErfK/*Preis* BGB § 619a Rn. 13 ff.). Diese Grundsätze sind einseitig zwingendes Arbeitnehmerschutzrecht. Von ihnen kann weder einzel- noch kollektivrechtlich zu Lasten des Arbeitnehmers abgewichen werden (BAG AP BGB § 611 Haftung des Arbeitnehmers Nr. 126 = NZA 2004, 649).

3. Die Verteilung der Beweislast bei Haftung des Arbeitnehmers im arbeitsgerichtlichen Verfahren richtet sich nach § 619a BGB. Durch die Vorschrift soll die aus § 280 Abs. 1

BGB folgende Beweislastumkehr, wonach der Arbeitnehmer seine fehlende Verantwortlichkeit für die Pflichtwidrigkeit zu beweisen hätte, für den Bereich der Arbeitnehmerhaftung ausgeschlossen werden. Der Arbeitgeber hat die objektiven Voraussetzungen der Pflichtverletzung des Arbeitnehmers bei vertraglichen Ansprüchen nach § 619a BGB und bei deliktischen Ansprüchen nach allgemeinen Grundsätzen darzulegen und ggf. zu beweisen. Der Arbeitgeber ist nach § 619a BGB damit hinsichtlich des Verschuldens des Arbeitnehmers und insb. hinsichtlich des Grads des Verschuldens verpflichtet, die entsprechenden Tatsachen darzulegen und zu beweisen. Der Arbeitnehmer ist im Prozess für den Fall, dass er sich auf die Haftungsprivilegierung berufen will, aufgefordert, darzulegen und zu beweisen, dass der Schaden bei betrieblich veranlasster Tätigkeit entstanden ist. Weiter hat er zu den schadensverursachenden Umständen, die in seiner Sphäre, wie im vorliegenden Fall, entstanden sind, vorzutragen und zu den konkreten Umständen des Schadenfalles vorzutragen.

Kosten und Gebühren

4. → Form. IV.A.1 Anm. 9.

3. Schadensersatzklage des Arbeitgebers wegen Vertragsbruchs des Arbeitnehmers

An das
Arbeitsgericht

Klage

der ..... GmbH, vertr. d. ihre Geschäftsführer .....
Klägerin
– Prozessbevollmächtigte/r: RA(in) ..... –
gegen
Herrn/Frau .....
Beklagter/Beklagte
wegen Schadensersatz bei Vertragsbruch.[1]
Namens und in Vollmacht der Klägerin werde ich beantragen zu erkennen:
Der/Die Beklagte wird verurteilt, ... EUR nebst Zinsen iHv 5 Prozentpunkten über dem Basiszinssatz seit dem ..... an die Klägerin zu zahlen.

Begründung:

Der/Die Beklagte wurde am ..... als ..... aufgrund des Arbeitsvertrags vom ..... eingestellt.

Beweis: Arbeitsvertrag vom ..... als Anlage K 1.

Der/Die Beklagte hat den Arbeitsplatz am ..... verlassen und ist auch am Folgetag nicht erschienen.

Beweis: Zeugnis des/der Herrn/Frau ..... zu laden über .....

Rechtfertigende Gründe für das Verlassen des Arbeitsplatzes standen dem/der Beklagten nicht zu. Am ..... hat die Klägerin den/die Beklagte schriftlich zur Arbeit aufgefordert.

Beweis: Schreiben vom ..... als Anlage K 2

Dieser Aufforderung hat der/die Beklagte nicht Folge geleistet.[2]

Beweis: Zeugnis des/der Herrn/Frau ....., zu laden .....

Infolge dieses Vertragsbruches hat die Klägerin für die Arbeitnehmer . . . . . folgende iE genannten Überstunden anordnen müssen: . . . . . [wird ausgeführt]

Beweis: Zeugnis des/der Herrn/Frau . . . . ., zu laden . . . . .

Durch die Anordnung der Überstunden sind folgende Kosten erwachsen: . . . . .

Beweis: Kostenaufstellung vom . . . . . als Anlage K 3

Dagegen hätte der/die Beklagte in dieser Zeit nur . . . . . EUR verdient.

Beweis: Zeugnis des/der Herrn/Frau . . . . ., b. b.

Diesen Schaden muss der/die Beklagte ersetzen.[3]

Die/der Beklagte hat trotz Zahlungsaufforderung vom . . . . . den Betrag nicht ausgeglichen.

Beweis: Zahlungsaufforderung vom . . . . . als Anlage K 4

Der Zinsanspruch ergibt sich aus dem Verzug des/der Beklagten.

Rechtsanwalt/Rechtsanwältin

Anmerkungen

1. Im Falle der Nichtleistung der Arbeit, also wenn der Arbeitnehmer die Arbeit verspätet aufnimmt, überhaupt nicht beginnt, nach einer berechtigten Unterbrechung verspätet oder überhaupt nicht mehr aufnimmt oder vorzeitig einstellt oder seine Arbeitskraft zurückhält, können für den Arbeitgeber folgende Rechte erwachsen: (1) Erfüllungsansprüche; es ist also auf Arbeitsleistung zu klagen (vgl. aber § 888 ZPO), (2) Zurückbehaltungsrechte und Einreden wegen der Arbeitsvergütung; (3) ordentliche oder außerordentliche Kündigungsrechte; (4) Schadensersatzansprüche; (5) Vertragsstrafenansprüche, wenn Vertragsstrafen vereinbart worden sind. Dabei sind die von der Rspr. im Rahmen von AGB-Kontrollen entwickelten Grundsätze zu beachten.

2. Zur Darlegungs- und Beweislast (→ Form. IV.C.2 Anm. 3).

3. Der Arbeitnehmer ist zum Ersatz des Schadens verpflichtet, der infolge der Vertragsverletzung erwachsen ist. Der Umfang des zu ersetzenden Schadens bestimmt sich nach §§ 249 ff. BGB. Zu ersetzen können also entgangener Gewinn, Mehraufwendungen für den Einsatz anderer Arbeitnehmer, Aufwendungen für die Einrichtung des Arbeitsplatzes, Kosten wegen des Maschinenstillstandes und zu zahlende Vertragsstrafen des Arbeitgebers wegen verspäteter Leistung sein. Ein Ersatzanspruch wegen der Aufgabe von Inseraten wird im Allgemeinen nicht in Betracht kommen. Nach der Rechtsprechung sind nur solche Schäden zu ersetzen, die bei Einhaltung einer ordentlichen Kündigungsfrist vermeidbar gewesen wären. Ersatzpflichtig ist also nur der sog Verfrühungsschaden (BAG AP BGB § 276 Vertragsbruch Nr. 6; AP BGB § 276 Vertragsbruch Nr. 7).

4. Antrag des Arbeitgebers an das Integrationsamt auf Zustimmung zur Kündigung eines schwerbehinderten Menschen/Gleichgestellten

An das

Integrationsamt

Antrag auf Zustimmung zur außerordentlichen fristlosen, hilfsweise ordentlichen Kündigung des schwerbehinderten Menschen/Gleichgestellten . . . . ., geb. am . . . . . wohnhaft in . . . . .

Sehr geehrte Damen und Herren,

hiermit zeigen wir an, dass wir die Firma . . . . . vertreten. Eine auf uns lautende Vollmacht ist beigefügt.

Namens und im Auftrag der Firma . . . . . beantragen wir die Zustimmung zur außerordentlichen fristlosen, hilfsweise ordentlichen Kündigung des Arbeitnehmers Herrn . . . . .

Der schwerbehinderte Mensch/Gleichgestellte ist led./verh./verw./gesch. und für . . . . . Kinder unterhaltspflichtig. Er hat einen Grad der Behinderung von . . . . . vH.

Der Grad der Behinderung ist nachgewiesen durch . . . . .[1]

Anlage 1: Schwerbehindertenausweis vom . . . . .

Der schwerbehinderte Mensch wurde am . . . . . als . . . . . eingestellt und zuletzt zu einem Verdienst von . . . . . EUR beschäftigt.

Anlage 2: Arbeitsvertrag vom . . . . .

Die außerordentlich fristlose, hilfsweise ordentliche Kündigung ist notwendig, weil . . . . .

Die hilfsweise ordentliche Kündigung soll mit einer gesetzlichen/tariflichen/vereinbarten Kündigungsfrist vom . . . . . zum . . . . . erfolgen.[2, 3, 4]

Der/die Antragsteller(in) beschäftigt . . . . . Arbeitnehmer. Es werden . . . . . schwerbehinderte Menschen/Gleichgestellte beschäftigt.

Für weitere Auskünfte steht der Sachbearbeiter . . . . . zur Verfügung.

Der Betriebsrat und die Schwerbehindertenvertretung wurden vor Antragstellung jeweils angehört.

Anlage 3: Anhörungsschreiben an den Betriebsrat vom . . . . .

Anlage 4: Anhörungsschreiben an die Schwerbehindertenvertretung vom . . . . .

Die Stellungnahmen des Betriebsrates und der Schwerbehindertenvertretung sind beigefügt.

Anlage: 5: Stellungnahme des Betriebsrates vom . . . . .

Anlage: 6: Stellungnahme der Schwerbehindertenvertretung vom . . . . .

Unterschrift[5]

Anmerkungen

1. Ein Mensch ist schwerbehindert, wenn bei ihm ein Grad der Behinderung von wenigstens 50 % vorliegt. Um einem schwerbehinderten Menschen Gleichgestellten handelt es sich, wenn der Grad der Behinderung weniger als 50 %, aber wenigstens 30 % beträgt und eine Anerkennung als Gleichgestellter durch die Bundesagentur für Arbeit festgestellt ist (§ 2 Abs. 2, 3 SGB IX). Dann wäre im Antrag zusätzlich auf die Gleichstellung zu verweisen und diese – soweit vorhanden – durch Anlagen zu belegen.

2. Die Kündigung des Arbeitsverhältnisses eines schwerbehinderten Menschen oder Gleichgestellten bedarf der Zustimmung des Integrationsamtes (§ 168 SGB IX), wenn das Anstellungsverhältnis mehr als sechs Monate bestanden hat (innerhalb der ersten sechs Monate gilt der besondere Kündigungsschutz nicht, § 173 Abs. 1 S. 1 SGB IX). Eine Kündigung eines schwerbehinderten Menschen oder Gleichgestellten ohne Zustimmung des Integrationsamtes ist unwirksam. Die Zustimmung des Integrationsamtes ist nur dann erforderlich, wenn der Arbeitnehmer bereits als schwerbehinderter Mensch anerkannt ist, die Schwerbehinderung offenkundig ist, eine Gleichstellung nach § 2 Abs. 3 SGB IX besteht oder der Antrag auf Anerkennung als schwerbehinderter Mensch oder Gleichstellung mindestens drei Wochen vor Zugang der Kündigung beim Versorgungsamt bzw. der Bundesagentur gestellt ist (BAG 1.3.2007 – 2 AZR 217/06, NZA 2008, 302). Der Sonderkündigungsschutz besteht unabhängig von der Kenntnis des Arbeitgebers über die Schwerbehinderung oder Gleichstellung. Macht der Arbeitnehmer jedoch sein Sonderkündigungsschutz nicht innerhalb von drei Wochen nach Zugang der Kündigung geltend, verliert er seinen Schutz. Der Arbeitnehmer kann die Dreiwochenfrist wahren, indem er innerhalb von drei Wochen nach Zugang Kündigungsschutzklage erhebt und sich darin auf seine Schwerbehinderung beruft (BAG 23.2.2010 – 2 AZR 659/08, NZA 2011, 411) oder die Erklärung gegenüber dem Arbeitgeber abgibt (BAG 6.9.2007 – 2 AZR 324/06, NZA 2008, 407).

3. Vor Ausspruch der Kündigung ist der Betriebsrat zu hören (§ 102 BetrVG). Das Anhörungsverfahren kann bereits vor Abschluss des Zustimmungsverfahrens eingeleitet werden (BAG AP SchwbG § 12 Nr. 6; AP SchwbG § 18 Nr. 2; AP BetrVG 1972 § 102 Nr. 23 zu). Die Integrationsämter verlangen im Allgemeinen die Beifügung der Stellungnahme des Betriebsrats. Fehlt diese, wird die Vorlage verlangt bzw. die Stellungnahme eingeholt. Der Arbeitgeber hat darüber hinaus die Schwerbehindertenvertretung in allen Angelegenheiten, die einen schwerbehinderten Menschen berühren, unverzüglich und umfassend zu unterrichten und vor einer Entscheidung anzuhören, die sodann getroffene Entscheidung ist ihr unverzüglich mitzuteilen (§ 178 Abs. 2 S. 1 SGB IX). Nach § 178 Abs. 2 S. 3 SGB IX ist die Kündigung eines schwerbehinderten Menschen, die der Arbeitgeber ohne eine solche Beteiligung der Schwerbehindertenvertretung ausspricht, unwirksam. Für Anhörung und Unterrichtung der Schwerbehindertenvertretung gelten im Wesentlichen die Grundsätze der Unterrichtung des Betriebsrates nach § 102 Abs. 1 BetrVG. Hinsichtlich der Stellungnahmefristen findet § 102 Abs. 2 BetrVG analoge Anwendung. Die Unwirksamkeitsfolge nach § 178 Abs. 2 S. 3 SGB IX tritt nicht ein, wenn der Arbeitgeber allein die Mitteilungspflicht nach § 178 Abs. 2 S. 1 2. Hs. SGB IX verletzt (BAG 13.12.2018 – 2 AZR 378/18, NZA 2019, 305). Eine bestimmte Reihenfolge der Beteiligung von Schwerbehindertenvertretung, Betriebsrat und Integrationsamt ist gesetzlich nicht vorgegeben. Hat ein Arbeitnehmer die Gleichstellung mit einem schwerbehinderten Menschen beantragt und ist über den Gleichstellungsantrag noch nicht endgültig entschieden, ist der Arbeitgeber nicht verpflichtet, die Schwerbehindertenvertretung vorsorglich bei Maßnahmen hinsichtlich dieses Arbeitnehmers zu beteiligen (BAG 22.1.2020 – 7 ABR 18/18, NZA 2020, 783).

4. Der Antrag auf Zustimmung des Integrationsamtes zur außerordentlichen Kündigung kann nur binnen einer Frist von zwei Wochen, gerechnet ab dem Zeitpunkt, in dem der Arbeitgeber von den für die Kündigung maßgeblichen Tatsachen Kenntnis erlangt, gestellt werden (§ 174 Abs. 2 SGB IX, § 626 Abs. 2 BGB). Ist der Antrag fristgerecht beim Integrationsamt gestellt, ist es für die Beachtung der Frist des § 626 Abs. 2 BGB unschädlich, wenn die Kündigung nicht innerhalb dieser ausgesprochen wird. Entscheidend ist, dass gem. § 174 Abs. 5 SGB IX die außerordentlich fristlose Kündigung unverzüglich nach Erteilung der Zustimmung durch das Integrationsamt erklärt wird (BAG 21.4.2005 – 2 AZR 255/04, NZA 2005, 991). Entsprechend der Legaldefinition des § 121 Abs. 1 BGB bedeutet „unverzüglich" auch im Rahmen von § 174 Abs. 5 SGB IX „ohne schuldhaftes Zögern". Wird die Kündigung nicht innerhalb einer Woche nach Zustimmung des Integrationsamtes erklärt, ist ohne das Vorliegen besonderer Umstände grds. keine Unverzüglichkeit mehr gegeben. Entscheidend ist der Zugang der Kündigungserklärung beim Arbeitnehmer (BAG 27.2.2020 – 2 AZR 390/19, NZA 2020, 717). Bei einem Antrag auf Zustimmung zur außerordentlich fristlosen Kündigung ist die Entscheidung des Integrationsamtes fristgebunden. Das Integrationsamt hat binnen einer Frist von zwei Wochen zu entscheiden (§ 174 Abs. 3 SGB IX). Die Zustimmung gilt mit Fristablauf als erteilt, sofern sie nicht vorher abgelehnt wurde. Nach § 174 Abs. 4 SGB IX soll das Integrationsamt die Zustimmung zu einer außerordentlichen Kündigung erteilen, wenn die Kündigungsgründe mit der Behinderung nicht im Zusammenhang stehen.

Die Entscheidung des Integrationsamtes bei der ordentlichen Kündigung ist nicht fristgebunden. In der Praxis hält sich das Integrationsamt in der Regel nicht an die Entscheidungsfrist von einem Monat ab Antragstellung (§ 171 Abs. 1 SGB IX).

Kosten und Gebühren

5. Die Anträge auf Zustimmung zur Kündigung sind gebührenfrei (§ 64 SGB X). Soweit der Widerspruch gegen die Entscheidung erfolgreich ist, hat der Rechtsträger, dessen Behörde den angefochtenen Verwaltungsakt erlassen hat, demjenigen der Widerspruch erhoben hat, die zur zweckentsprechenden Rechtsverfolgung oder Rechtsverteidigung notwendigen Aufwendungen zu erstatten. Einzelheiten: § 63 SGB X.

D. Rechtsbehelfe und Rechtsmittel im Arbeitsgerichtsverfahren

1. Einspruch gegen ein Versäumnisurteil des Arbeitsgerichts

An das
Arbeitsgericht

Einspruch[1]

der Firma X-GmbH, vertr. durch den Geschäftsführer, Herrn . . . . .
Beklagte
– Prozessbevollmächtigte/r: RA(in) . . . . . –
gegen
den/die . . . . .
Kläger(in)
– Prozessbevollmächtigte/r: RA(in) . . . . . –
gegen das Versäumnisurteil des erkennenden Gerichts
Namens und mit Vollmacht der Beklagten[2] lege ich gegen das Urteil des Arbeitsgerichts . . . . . vom . . . . . Ca . . . . ./. . . . . Einspruch ein und beantrage:

I. Das Versäumnisurteil des Arbeitsgerichts . . . . . vom . . . . ., der Beklagten zugestellt am . . . . ., wird aufgehoben.
II. Die Klage wird abgewiesen.[3]
III. Der/die Kläger(in) trägt die Kosten des Rechtsstreits mit Ausnahme der Kosten, die durch die Säumnis entstanden sind.

Begründung:

Das Arbeitsgericht hat durch Versäumnisurteil vom . . . . . der Klage zu Unrecht stattgegeben. Die Klage ist abzuweisen . . . . . [wird ausgeführt] – eine Abschrift des Urteils ist beigefügt.
Rechtsanwalt/Rechtsanwältin

Anmerkungen

1. Der Einspruch wird beim Arbeitsgericht schriftlich oder durch Abgabe einer Erklärung zur Niederschrift der Geschäftsstelle eingelegt (§ 59 S. 2 ArbGG). Er ist ein Rechtsbehelf, der gem. § 59 S. 1 ArbGG binnen einer Notfrist von einer Woche nach Zustellung des Versäumnisurteils einzulegen ist. Hierin liegt eine wesentliche Abweichung vom Zivilverfahren. Die Einspruchsschrift muss enthalten:

a) die Bezeichnung des Urteils, gegen das der Einspruch gerichtet wird, nach Datum und Aktenzeichen; sicherheitshalber sollte eine Kopie des Urteils beigefügt werden, damit bei etwaigen Fehlern bei der Bezeichnung klar wird, gegen welches Urteil der Einspruch eingelegt wird.
b) die Erklärung, dass gegen dieses Urteil Einspruch eingelegt wird (§ 46 ArbGG, § 340 Abs. 2 ZPO). Genügt ein Einspruch nicht diesen Voraussetzungen, ist er unzulässig (BAG AP ZPO § 340 Nr. 2 = NJW 1971, 147).

Enthält der Einspruch dagegen keine Begründung oder wird diese nicht innerhalb der Einspruchsfrist nachgeholt, so ist er zwar zulässig, indes kann die Partei mit weiterem

Vorbringen gem. § 56 ArbGG ausgeschlossen werden (BAG AP ZPO § 340 Nr. 3). Voraussetzung ist die Belehrung über die Zurückweisungsmöglichkeit. Wenngleich nach § 47 Abs. 2 ArbGG regelmäßig keine Aufforderung an den Beklagten ergeht, sich auf die Klage schriftlich zu äußern, ist § 340 Abs. 3 ZPO auch im Arbeitsgerichtsverfahren anzuwenden (arg. §§ 46 Abs. 2, 59 ArbGG, § 330 ZPO). Voraussetzung einer Zurückweisung ist aber immer, dass der Termin, in dem das Versäumnisurteil ergangen ist, ordnungsgemäß angesetzt war. Ist der Einspruch zulässig, wird die Rechtskraft des Versäumnisurteils gehemmt und der Prozess in den Stand zurückversetzt, in dem er sich vor Erlass des Versäumnisurteils befand. Die früheren Prozesshandlungen des Gerichts und der Parteien sind wirksam. Nach § 340 Abs. 3 ZPO ist das Vorbringen in der Einspruchsbegründung zu berücksichtigen. Damit kann eine Verspätung, die im Termin gegeben war, unerheblich werden. Ein Vortrag, der nach §§ 56 Abs. 2, 61 Abs. 5 ArbGG, § 296 Abs. 2 ZPO wegen Verspätung zurückgewiesen wurde, kann zuzulassen sein. Deshalb kann prozesstaktisch auch die „Flucht in die Säumnis" sinnvoll sein (GMP/*Prütting* ArbGG § 59 Rn. 36).

Ist ein Versäumnisurteil ergangen, so hat das Gericht nach § 341 ZPO von Amts wegen zu prüfen, ob der Einspruch an sich statthaft und in der gesetzlichen Form und Frist eingelegt ist. Fehlt es an einem dieser Erfordernisse, ist der Einspruch als unzulässig zu verwerfen (§ 341 Abs. 1 ZPO). Nach § 55 Abs. 1 Nr. 4a ArbGG kann die Entscheidung ohne mündliche Verhandlung und durch den Vorsitzenden allein ergehen. Sind ehrenamtliche Richter in der mündlichen Verhandlung anwesend, entscheiden sie gem. § 55 Abs. 1 Einleitungssatz ArbGG mit. Die Entscheidung ergeht in jedem Fall durch Urteil. Ist der Einspruch statthaft und zulässig, ist der Termin zur mündlichen Verhandlung über den Einspruch und die Hauptsache zu bestimmen und den Prozessparteien bekannt zu machen (§ 341a ZPO). Das Gericht entscheidet sodann durch Urteil. Die durch Säumnis bedingte Verzögerung nimmt das Gesetz in Kauf. Der Einspruchsführer braucht die Säumnis nicht zu entschuldigen. Die Begründung für die Säumnis kann prozesstaktisch geboten sein, wenn die Säumnis nicht vorsätzlich herbeigeführt wurde, um dem Gericht die Begründung für die Nichtwahrnehmung des Termins darzulegen.

2. Bei Versäumnisurteil gegen Kläger:

I. Das Versäumnisurteil des erkennenden Gerichts vom . . . . . wird aufgehoben.
II. Der/Die Beklagte wird verurteilt, ...
III. Der Beklagte trägt die Kosten des Rechtsstreits mit Ausnahme der Kosten, die durch die Säumnis entstanden sind.

Bei Versäumnisurteil für die obsiegende Partei:

Das Versäumnisurteil wird aufrechterhalten.

3. Gegen das Urteil des Arbeitsgerichts ist die Berufung an das LAG gegeben.

2. Anhörungsrüge nach § 78a ArbGG

An das
Arbeitsgericht

Anhörungsrüge

der Firma X-GmbH, vertr. durch den Geschäftsführer Herrn . . . . .
Beklagte
– Prozessbevollmächtigte/r: RA(in) . . . . . –

gegen

Herrn/Frau . . . . .

– Prozessbevollmächtigte/r: RA(in) . . . . . –

Kläger(in)

Namens und mit Vollmacht der Beklagten lege ich Anhörungsrüge nach § 78a ArbGG ein und beantrage:[1, 2, 3, 4, 5]

I. Das Verfahren in Sachen (. . . . . / . . . . ., Aktenzeichen . . . . .) fortzuführen.

II. Die Klage abzuweisen.

Begründung:

Der/Die Kläger(in) trat am . . . . . als . . . . . in die Dienste der Beklagten. Der Arbeitsvertrag war nach § 14 Abs. 2 TzBfG auf einen Monat für die Zeit vom 1.7. bis 31.7. . . . . befristet. Die Bruttomonatsvergütung des/der Klägers(in) betrug 1.500 EUR.

Beweis: Arbeitsvertrag vom . . . . ., b.b. als Anlage B 1

Am 25.7. . . . . verursachte der/die Kläger(in) aus grober Fahrlässigkeit einen schweren Verkehrsunfall. Er/Sie war mit erhöhter Geschwindigkeit bei Rot über die Ampel . . . . . gefahren und ist mit einem PKW, Pol. Kennzeichen . . . . ., kollidiert.

Beweis: Unfallbericht der Polizeidienststelle vom . . . . ., b.b. als Anlage B 2

Die Beklagte hat noch am 25.7. . . . . durch . . . . . Brief außerordentlich gekündigt. Das Schreiben wurde per Boten zugestellt.

Beweis: 1. Kündigungsschreiben der Beklagten vom 25.7. . . . ., b.b. als Anlage B 3
2. Zustellvermerk vom . . . . ., b.b. als Anlage B 4

Der/die Kläger(in) hat behauptet, er/sie habe den Brief nicht erhalten und Entgeltfortzahlung bis zum 31.7. . . . . iHv . . . . . EUR brutto verlangt. Die Beklagte hat mit Schriftsatz vom . . . . . den Zugang der Kündigung zusätzlich unter Zeugenbeweis durch den Boten, Herrn . . . . ., gestellt. Von diesem Beweisantritt hat das ArbG keine Kenntnis genommen. In dem Urteil vom . . . . . heißt es, die Beklagte sei mit ihrer Kündigung beweisfällig geblieben. Hätte das ArbG Beweis erhoben, hätte es der Klage nicht stattgeben dürfen. Der Vortrag nebst Beweisangebot ist also entscheidungserheblich und beruht auf der Verletzung rechtlichen Gehörs. Das Verfahren ist mithin fortzusetzen . . . . .

Das Urteil ist der Beklagten am . . . . . zugestellt. Die Berufung ist nicht zugelassen. Da der Streitwert 600 EUR nicht übersteigt, ist die Berufung ohne Zulassung nicht statthaft. Gegen das Urteil ist nach § 78a Abs. 1 Nr. 1 ArbGG kein Rechtsmittel oder andere Rechtsbehelfe gegeben. Die Rüge ist innerhalb der Frist des § 78a Abs. 2 ArbGG erhoben, da sich diese Begründung erst aus dem Urteil ergibt, das der Beklagten am . . . . . zugestellt wurde. In der Kammerverhandlung wurde dieser Gesichtspunkt nicht erörtert.

Beweis: 1. Protokoll des Kammertermins vom . . . . . als Anlage BK 1
2. Zeugnis des Prozessbevollmächtigten der Beklagten, zu laden über . . . . .

Rechtsanwalt/Rechtsanwältin

Anmerkungen

1. § 78a ArbGG als lex specialis zu § 321a ZPO enthält die Regelungen zur Anhörungsrüge mit gegenüber § 321a ZPO abweichenden Regelungen. Auf das Beschlussverfahren finden § 78a Abs. 1–7 ArbGG entsprechende Anwendung. Die Anhörungsrüge ist wegen des Grundsatzes der Subsidiarität der Verfassungsbeschwerde (§ 90 Abs. 2 S. 2 BVerfGG) zu erheben, bevor eine Verfassungsbeschwerde erhoben wird, da grundsätzlich die geltend gemachte Grundrechtsverletzung schon im fachgerichtlichen

Verfahren zu verhindern bzw. zu beseitigen ist (BVerfG 25.8.2015 – 1 BvR 1528/14, NZA 2016, 122).

2. Auf die Anhörungsrüge der durch die Entscheidung beschwerten Partei ist das Verfahren nach § 78a ArbGG fortzuführen, wenn (1) ein Rechtsmittel oder ein anderer Rechtsbehelf nicht gegeben ist und (2) das Gericht den Anspruch dieser Partei auf rechtliches Gehör in entscheidungserheblicher Weise verletzt hat. Die Anhörungsrüge findet statt gegen nicht rechtsbehelfsfähige Endentscheidungen. Das sind zB Urteile der Arbeitsgerichte in vermögensrechtlichen Streitigkeiten, in denen der Beschwerdewert nicht überschritten ist und die Berufung nicht zugelassen ist. Gegen eine der Endentscheidung vorausgehende Entscheidung, zB Zwischenentscheidung findet eine Anhörungsrüge nicht statt (BAG AP ArbGG § 78a Nr. 4 = NZA 2007, 528). Die Nichtzulassungsbeschwerde nach § 72a ArbGG ist gegenüber der Anhörungsrüge vorrangig (BAG 23.10.2019 – 8 AZN 718/19, NZA 2019, 1659). Die Anhörungsrüge allein ändert an der formellen Rechtskraft der Entscheidung nichts; sie ist lediglich ein Rechtsbehelf zur Durchbrechung der Rechtskraft (§ 705 ZPO). Die Anhörungsrüge ist begründet, wenn das Gericht das rechtliche Gehör verletzt hat. Aus § 139 ZPO ist nicht uneingeschränkt die gerichtliche Verpflichtung abzuleiten, zu unschlüssigem Vortrag einer Partei rechtliche Hinweise zu geben. Gerichtlich wird einer Partei das rechtliche Gehör nur versagt, wenn Anforderungen an einen Sachvortrag gestellt werden oder auf rechtliche Gesichtspunkte abgestellt wird, mit denen auch ein gewissenhaft und kundiger Verfahrensbeteiligter nach dem bisherigen Verfahrensablauf nicht zu rechnen brauchte (BAG AP ArbGG 1979 § 78a Nr. 2).

3. Die Anhörungsrüge ist bei dem Gericht, dem die Gehörsverletzung unterlaufen sein soll, einzulegen. Das ist nicht nur das Gericht, sondern auch der Spruchkörper. Die Anhörungsrüge ist fristgebunden (BAG AP ArbGG 1979 § 78a Nr. 3). Sie ist gem. § 78a Abs. 2 S. 1 ArbGG innerhalb einer Notfrist von zwei Wochen nach Kenntnis von der Verletzung des rechtlichen Gehörs zu erheben (BAG AP ArbGG 1979 § 78a Nr. 3 = NZA 2006, 875). Der Zeitpunkt der Kenntniserlangung ist glaubhaft zu machen. Da eine entscheidungserhebliche Gehörsverletzung nur dargelegt werden kann, wenn die Gründe der beanstandeten Entscheidung bekannt sind, fehlt einer Anhörungsrüge, die vor Bekanntgabe der mit Gründen versehenen Entscheidung erhoben ist, zwangsläufig der ordnungsgemäße Vortrag einer Gehörsverletzung und deren Entscheidungserheblichkeit, so dass sie unzulässig ist (BAG 29.11.2016 – 10 ABR 68/16 (F), NZA 2017, 139). Die schriftliche Gehörsrüge (§ 78a Abs. 2 S. 4 ArbGG) muss enthalten, (1) die Benennung der Entscheidung, die angegriffen wird, (2) Darlegung, dass kein Rechtsmittel oder anderer Rechtsbehelf gegen die Entscheidung gegeben ist und das Gericht den Anspruch auf rechtliches Gehör in entscheidungserheblicher Weise verletzt hat, (3) der Zeitpunkt, zu dem der Rügende Kenntnis von der Verletzung des rechtlichen Gehörs erlangt hat oder hätte erlangen können, sowie die Glaubhaftmachung. Diese Voraussetzungen sind innerhalb der Frist darzulegen. In der Anhörungsrüge ist darzulegen, was der Anhörungsrügenführer vorgetragen hätte, wenn er den von ihm gerügten fehlenden gerichtlichen Hinweis, dass der Klageantrag unbestimmt ist, erhalten hätte (BAG 5.2.2013 – 7 AZR 947/12 (F), NZA 2013, 1376).

4. Die Behandlung der Anhörungsrüge durch das Gericht ist in § 78a Abs. 3–6 ArbGG gesetzlich genau geregelt. Ist die Anhörungsrüge in zulässiger Weise erhoben, so ist, soweit erforderlich, der Gegenpartei gem. § 78a Abs. 3 ArbGG Gelegenheit zur Stellungnahme zu geben. Eine Stellungnahme wird regelmäßig notwendig sein, weil die rügende Partei eine Entscheidung angreifen wird, die sie belastet und die Gegenpartei begünstigt. Das Gericht hat von Amts wegen zu prüfen, ob die Rüge an sich statthaft und ob sie in der gesetzlichen Form und Frist erhoben ist (§ 78a Abs. 4 ArbGG). Ist sie unstatthaft, nicht in der gesetzlichen Form und Frist erhoben oder nicht ausreichend begründet worden, ist sie als unzulässig zu verwerfen. Ist die Anhörungsrüge unbegründet, weist das Gericht sie zurück. Die Entscheidung ergeht durch unanfechtbaren Beschluss. Dieser ist kurz zu begründen. Mit dem Beschluss ist die fachgerichtliche Selbstkontrolle beendet. Danach beginnt die Monatsfrist nach § 93 Abs. 1 BVerfGG für die Einlegung der Verfassungsbeschwerde. Ist die Rüge begründet, so hilft ihr das Gericht ab, indem es das Verfahren fortführt, soweit dies aufgrund der Rüge geboten ist. Das ist nur dann der Fall, wenn die Entscheidungsbegründung mit einem Begründungselement versehen ist, das unter Verletzung des rechtlichen Gehörs zustande gekommen ist. Eine Fortführung kommt nicht in Betracht, wenn sich die Entscheidung aus anderen Gründen als richtig erweist, die mit der Verletzung des rechtlichen Gehörs nichts zu tun haben. Dies kann der Fall sein, wenn die Entscheidung eine Zweitbegründung enthält oder die Verletzung des rechtlichen Gehörs sich nur auf einen Teil des Streitgegenstandes auswirkt. Dagegen kommt es nicht darauf an, dass sich eine Entscheidungsbegründung finden ließe, bei der es auf die Gehörsverletzung nicht ankommt. Im Umfang der Begründetheit hat das Gericht das Verfahren fortzuführen. Das Verfahren wird in die Lage zurückversetzt, in der es sich vor Schluss der mündlichen Verhandlung befand. § 343 ZPO über das Versäumnisverfahren gilt entsprechend. In schriftlichen Verfahren tritt an die Stelle des Schlusses der mündlichen Verhandlung der Zeitpunkt, bis zu dem Schriftsätze eingereicht werden können (§ 78a Abs. 5 ArbGG). Ist das Parteivorbringen als verspätet zurückgewiesen worden, ist es dann zu berücksichtigen, wenn das Verfahren sich nicht verzögert. Die Entscheidungen nach § 78a Abs. 4 und 5 ArbGG erfolgen unter Hinzuziehung der ehrenamtlichen Richter. Diese wirken nicht mit, wenn die Rüge als unzulässig verworfen wird oder sich gegen eine Entscheidung richtet, die ohne Hinzuziehung der ehrenamtlichen Richter erlassen wurde (§ 78a Abs. 6 ArbGG).

5. Nach § 78a Abs. 7 iVm § 707 ZPO ist die Einstellung der Zwangsvollstreckung möglich. Dies gilt im arbeitsgerichtlichen Verfahren nur dann, wenn der Beklagte glaubhaft macht, dass die Zwangsvollstreckung zu einem nicht zu ersetzenden Nachteil führt. Es wird aber als ungeschriebene Voraussetzung auch darauf ankommen, dass die Anhörungsrüge hinreichende Aussicht auf Erfolg verspricht.

3. Rechtsmittel wegen Verwerfung einer Berufung

An das Bundesarbeitsgericht

Revisionsbeschwerde[1, 2]

In Sachen
des Herrn . . . . .
Kläger/Berufungsbeklagter/Revisionsbeschwerdegegner (iF Kläger)
– Prozessbevollmächtigte/r 2. Instanz: RA(in) . . . . . –
gegen
Firma . . . . . X-GmbH, vertr. durch den Geschäftsführer, Herrn . . . . .
Beklagte/Berufungsklägerin/Revisionsbeschwerdeführerin (iF Beklagte)
– Prozessbevollmächtigte/r: RA(in) . . . . . –
Namens und in Vollmacht der Beklagten lege ich Revisionsbeschwerde gegen den Beschluss des Landesarbeitsgerichts . . . . . vom . . . . . – . . . . . Sa . . . . . / . . . . . – der Beklagten zugestellt am . . . . ., ein und beantrage:
Der Beschluss des Landesarbeitsgerichtes . . . . . vom . . . . . – . . . . . Sa . . . . . / . . . . . – wird aufgehoben.

Begründung:[3]

Der Kläger hat von der Beklagten . . . . . verlangt. Das Arbeitsgericht hat die Klage abgewiesen. Das Urteil ist dem Prozessbevollmächtigten der Beklagten am . . . . . zugestellt worden.

Die Beklagte hat mit Schriftsatz vom . . . . . – eingegangen beim Landesarbeitsgericht am . . . . . – Berufung eingelegt und diese mit einem weiteren Schriftsatz vom . . . . . – beim Landesarbeitsgericht eingegangen am . . . . . – begründet. Mit Schriftsatz vom . . . . . hat die Beklagte die Wiedereinsetzung in den vorigen Stand wegen der Versäumung der Berufungsfrist/Berufungsbegründungsfrist beantragt. Das Landesarbeitsgericht hat die Berufung mit Beschl. v. . . . . . . als unzulässig verworfen, weil sie nicht fristgemäß eingelegt/nicht fristgemäß begründet worden sei. In seinem Beschluss hat es die Revisionsbeschwerde zugelassen (§ 77 ArbGG).

Der Beschluss des Landesarbeitsgerichtes ist falsch, weil . . . . .[4]

Der Beschluss des Landesarbeitsgerichts ist beigefügt.

Rechtsanwalt/Rechtsanwältin[5]

Anmerkungen

1. Das LAG kann über die Zulässigkeit der Berufung aufgrund mündlicher Verhandlung durch Urteil oder ohne mündliche Verhandlung durch Beschluss des Vorsitzenden nach § 66 Abs. 2 ArbGG entscheiden. Die Entscheidung durch den Vorsitzenden allein kann auch dann ergehen, wenn materielle Rechtsfragen bei der Prüfung der Zulässigkeit – insbes. die Frage der ausreichenden Begründung – im Vordergrund stehen (LAG Berlin-Brandenburg 30.3.2021 – 4 Sa 210/21). Wird in einem Beschluss die Berufung als unzulässig verworfen, ist dieser anfechtbar, wenn das LAG die Revisionsbeschwerde oder das BAG diese auf die Nichtzulassungsbeschwerde zugelassen hat. Die fehlende Zulassungsentscheidung des LAG kann Gegenstand einer Nichtzulassungsbeschwerde zum BAG sein (BAG 3.12.2019 – 3 AZM 19/19, NZA 2020, 199). Auch in einem solchen Verfahren gilt der Vertretungszwang nach § 11 Abs. 4 ArbGG (BAG 31.7.2019 – 9 AZM 9/19, NZA 2020, 272). Diese Rechtslage wurde mit Wirkung vom 17.11.2016 durch das 6. SGB IV-Änderungsgesetz vom 11.11.2016 (BGBl. I 2500) eingeführt. Zuvor gab es keine Nichtzulassungsbeschwerde zum BAG. Für die Zulässigkeit gilt § 72 Abs. 2 ArbGG gem. § 77 S. 2 ArbGG entsprechend. Die Revisionsbeschwerde ist zulässig gegen einen die Berufung verwerfenden Beschluss sowie gegen einen Beschluss, durch den die Wiedereinsetzung in den vorigen Stand wegen Versäumung der Berufungs- oder der Berufungsbegründungsfrist zurückgewiesen wird (BAG AP ArbGG 1953 § 77 Nr. 6; AP ArbGG 1953 § 77 Nr. 7; AP ArbGG 1953 § 77 Nr. 12; AP ZPO 1977 § 233 Nr. 14 = NZA 1989, 818). Verwirft das LAG unter Zurückweisung eines Antrages auf Wiedereinsetzung in den vorigen Stand wegen Versäumung der Berufungsfrist eine Berufung als unzulässig, so kann in dem nachfolgenden Beschluss, in dem ein Antrag auf Wiedereinsetzung in den vorigen Stand wegen Versäumung der Frist für einen Wiedereinsetzungsantrag, wegen Versäumung der Berufungsfrist und ein erneuter Antrag auf Wiedereinsetzung in den vorigen Stand wegen Versäumung der Berufungsfrist zurückgewiesen wird, die Beschwerde an das BAG zugelassen werden (BAG AP ZPO § 233 Nr. 14 = NZA 1989, 818; AP ArbGG 1979 § 77 Nr. 10 = NZA 2000, 844 = NZA 2000, 844).

2. Auf die Revisionsbeschwerde sind die Vorschriften über die Rechtsbeschwerde anzuwenden (§ 77 S. 4 ArbGG). Die Revisionsbeschwerde ist binnen einer Notfrist von einem Monat nach Zustellung des Beschlusses durch Einreichen einer Beschwerdeschrift einzulegen und auch innerhalb dieser Frist zu begründen, wobei eine Verlängerung der Begründungsfrist in Betracht kommt (§§ 551 ff. ZPO). Die Frist beginnt mit der Zustellung der angefochtenen Entscheidung (§ 575 Abs. 2 S. 2 ZPO). Sie muss enthalten (1) die

Bezeichnung der Entscheidung, gegen die die Rechtsbeschwerde gerichtet ist, (2) die Erklärung, dass gegen die Entscheidung Revisionsbeschwerde eingelegt wird und (3) die Bezeichnung der Parteien, für oder gegen die Beschwerde eingelegt wird.

3. Die Begründung der Revisionsbeschwerde muss enthalten (1) die Erklärung, inwieweit die Entscheidung des Beschwerdegerichts angefochten und deren Aufhebung beantragt wird (Rechtsbeschwerdeanträge), (2) in den Fällen des § 574 Abs. 1 Nr. 1 ZPO eine Darlegung der Zulässigkeitsvoraussetzungen und (3) die Angabe der Rechtsbeschwerdegründe (§ 575 Abs. 3 ZPO). Die allgemeinen Vorschriften über die vorbereitenden Schriftsätze sind auf die Beschwerde und Beschwerdebegründung entsprechend anzuwenden (§ 575 Abs. 4 ZPO).

4. Über die Revisionsbeschwerde entscheidet ein Senat des BAG ohne Hinzuziehung der ehrenamtlichen Richter (§ 77 S. 3 ArbGG). Ist sie erfolgreich, wird der zweitinstanzliche Beschluss aufgehoben. Das LAG hat dann über die Begründetheit der Berufung zu entscheiden, da sie als zulässig anzusehen ist.

Kosten und Gebuehren

5. Berechnung des Gebührenstreitwertes: §§ 34 GKG. Gerichtsgebühren: § 1 Nr. 5 GKG. (Anl. 1 zum GKG Nr. 8220 ff.).

4. Sofortige Beschwerde gegen Beschluss über die Zulässigkeit des Rechtswegs

An das
Landesarbeitsgericht
. . . .

Sofortige Beschwerde[1, 2, 3]

In Sachen
des Herrn . . . . .
– Prozessbevollmächtigte/r: RA(in) . . . . . –
Kläger/Beschwerdeführer
gegen
die X GmbH, vertr. durch den Geschäftsführer
Herrn . . . . .
– Prozessbevollmächtigte/r I. Instanz: RA(in) . . . . . –
Beklagte/Beschwerdegegnerin

Namens und in Vollmacht des Klägers lege ich gegen den Beschluss des Arbeitsgerichts . . . . . vom . . . . . Aktenzeichen . . . . . – . . . . . Ca . . . . ., dem Kläger zugestellt am . . . . ., sofortige Beschwerde[4, 5] **ein.**

Es wird beantragt, den Beschluss des Arbeitsgerichts . . . . . vom . . . . . – . . . . . Ca . . . . . – aufzuheben.[6]

Begründung

Der Kläger war bei der Beklagten seit dem 1.4.2013 mit der Dienstbezeichnung eines Direktionsbeauftragten als Spezialist im Bereich der Lebens- und Unfallversicherung beschäftigt. Grundlage der vertraglichen Beziehung war ein Vertrag vom 1.4.2013, der als Geschäftspartnervertrag bezeichnet wird.

Beweis: Geschäftspartnervertrag vom 1.4.2013 als Anlage K1

In § 1 dieses Vertrags wird der Kläger als selbständiger Handelsvertreter bezeichnet. Nach der Vereinbarung erhielt der Kläger Provisionen für die Lebens- und Unfallversicherungen. Betrug die Provision weniger als 5.000 EUR monatlich, wurde der Unterschiedsbetrag als Vorschuss ausgezahlt. Der Kläger erhielt ua Fahrtkostenerstattung, 30 Werktage Urlaub und 42 Tage Entgeltfortzahlung im Krankheitsfall. Er war über die verrichtete Tätigkeit berichtspflichtig.

Beweis: 1. Abrechnung der Beklagten für die Monate ..... als Anlage K2
2. Zeugnis des Herrn ....., zu laden über die Beklagte

Mit Schreiben vom ..... kündigte die Beklagte das Dienstverhältnis fristlos.

Beweis: Kündigung der Beklagten vom ..... als Anlage K3

Hiergegen hat der Kläger innerhalb der Dreiwochenfrist Kündigungsschutzklage erhoben. Daraufhin hat die Beklagte vorsorglich noch einmal fristgemäß gekündigt. Auch diese Kündigung hat der Kläger fristgemäß mit der Kündigungsschutzklage angegriffen. Das Arbeitsgericht hat beide Verfahren verbunden. Die Beklagte hat die Einwendung fehlender sachlicher Zuständigkeit erhoben. Beide Parteien haben nach § 17a Abs. 3 GVG beantragt, über die Zulässigkeit des Rechtswegs zu den Arbeitsgerichten vorab zu entscheiden.[7]

Das Arbeitsgericht hat in dem angegriffenen Beschluss den Rechtsstreit an das Landgericht in ..... verwiesen. Dies ist falsch. Der Kläger ist Arbeitnehmer, ... denn ..... Für die fristlose Kündigung bestand kein wichtiger Grund ..... Die ordentliche Kündigung ist nicht sozial gerechtfertigt.

Rechtsanwalt/Rechtsanwältin

Anmerkungen

1. Die Abgrenzung der Zuständigkeit der Arbeitsgerichte ist nicht nur gegenüber den Verwaltungs-, Finanz- und Sozialgerichten, sondern auch gegenüber den ordentlichen Gerichten eine Frage der Zulässigkeit des Rechtswegs (BAG AP ArbGG 1979 § 48 Nr. 7 = NZA 1992, 954). § 48 Abs. 1 ArbGG regelt, wie zu verfahren ist, wenn die Zulässigkeit des Rechtswegs nicht gegeben ist. Die Vorschrift ist zwingend. § 48 ArbGG regelt das Verweisungsverfahren in einen anderen Rechtsweg, eine andere Verfahrensart, also vom Urteils- in das Beschlussverfahren und umgekehrt und die örtliche Zuständigkeit. Nicht von § 48 ArbGG erfasst ist die Prüfung der internationalen Zuständigkeit. Die Prüfung des Rechtswegs, der Verfahrensart sowie der sachlichen und örtlichen Zuständigkeit erfolgt ohne Antrag. Sie erfolgt nach dem Streitgegenstand, wie er sich aus dem Sachvortrag des Klägers und seinen Anträgen ergibt. Das Gericht prüft aufgrund seines Vorbringens, ob nach §§ 2, 2a ArbGG der Rechtsweg zu den Gerichten für Arbeitssachen gegeben ist und ob es in der richtigen Verfahrensart tätig ist. Ist streitig, ob Ansprüche aus einem Arbeitsverhältnis oder freien Mitarbeiterverhältnis verfolgt werden, so ist über die Frage des Arbeitsverhältnisses Beweis zu erheben (BAG AP GVG § 17a Nr. 6 = NZA 1994, 141; AP ArbGG 1979 § 2 Nr. 19 = NZA 1994, 234; → Form. IV.B.1). Macht der Kläger geltend, dass er Arbeitnehmer sei und wendet er sich gegen eine Kündigung seines Rechtsverhältnisses und stützt die Unwirksamkeitsgründe allein auf die Arbeitnehmerstellung, so kommt eine Verweisung nicht in Betracht. Erweist sich, dass der Kläger nicht Arbeitnehmer ist, so ist die Klage als unbegründet abzuweisen (BAG AP ArbGG 1979 § 2 Nr. 1 Zuständigkeitsprüfung = NZA 1996, 1005).

2. Bestehen gegen die Zulässigkeit des beschrittenen Rechtswegs Zweifel, so kann das Gericht hierüber durch Beschluss entscheiden (§ 17a Abs. 2–4 GVG). Kommt das Gericht zu dem Ergebnis, dass der beschrittene Rechtsweg und die Verfahrensart zulässig sind, kann es dies vorab durch Beschluss aussprechen. Die Entscheidung ist für die anderen

Gerichte bindend, wenn sie nicht mehr mit Rechtsmitteln angegriffen werden kann (BAG AP ArbGG 1979 § 2 Nr. 25 = NZA 1993, 617). Vor der Entscheidung ist den Parteien rechtliches Gehör zu gewähren; die Entscheidung kann ohne mündliche Verhandlung ergehen. Die Entscheidung über die Zulässigkeit des Rechtswegs, die richtige Verfahrensart und die örtliche Zuständigkeit kann auch zusammen mit der Klageentscheidung erfolgen. Hat das Gericht im Vorabentscheidungsverfahren entschieden, so wird das Hauptsacheverfahren erst nach der Rechtskraft der Entscheidung weiter betrieben (BAG AP ArbGG 1979 § 48 Nr. 7 = NZA 1992, 954).

3. Kommt das Gericht zu dem Ergebnis, dass der beschrittene Rechtsweg nicht gegeben ist, so hat es dies durch Beschluss auszusprechen und in den richtigen Rechtsweg zu verweisen. Den Parteien ist rechtliches Gehör zu gewähren. Sind mehrere Gerichte zuständig, so erfolgt die Verweisung an das vom Kläger ausgewählte Gericht oder, soweit die Wahl unterbleibt, an ein von Amts wegen bestimmtes Gericht. Der Beschluss kann mit und ohne mündliche Verhandlung ergehen (§ 17a Abs. 4 GVG). Er ist zu begründen (§ 17a Abs. 4 S. 2 GVG). Der Beschluss muss mindestens die herangezogene Rechtsnorm bezeichnen und angeben, aus welchen tatsächlichen und rechtlichen Gründen ein Tatbestandsmerkmal der herangezogenen Norm vorliegt bzw. nicht vorliegt (BAG 14.5.2018 – 9 AS 2/18, NZA 2018, 1287). Der Beschluss erfolgt auch außerhalb der mündlichen Verhandlung stets durch die Kammer (§ 48 Abs. 1 Nr. 2 ArbGG), es sei denn, dass er nur die örtliche Zuständigkeit zum Gegenstand hat. Der Beschluss ist für das Gericht, zu dem der Rechtsstreit verwiesen wird, bindend. Bindungswirkung entfalten grundsätzlich auch fehlerhafte Beschlüsse. Dies gilt auch dann, wenn der Verweisungsbeschluss nicht hätte ergehen dürfen. Nur bei krassen Rechtsverletzungen kommt eine Durchbrechung der gesetzlichen Bindungswirkung ausnahmsweise in Betracht (BAG 21.12.2015 – 10 AS 9/15, NZA 2016, 446). Dies ist bspw. bei Missachtung der Begründungspflicht nach § 17a Abs. 4 S. 2 GVG der Fall (BAG 14.5.2018 – 9 AS 2/18, NZA 2018, 1287).

Fristen und Rechtsmittel

4. Gegen Beschlüsse nach § 17a Abs. 2 u. 3 GVG findet die sofortige Beschwerde statt. Beschwerdegericht ist das LAG. Für die Form der Einlegung gelten § 569 Abs. 2 u. 3 Nr. 1 ZPO. Die Beschwerde kann sowohl beim Arbeitsgericht als auch beim LAG eingelegt werden. Nach § 48 Abs. 1 Nr. 1 ArbGG sind Beschlüsse über die örtliche Zuständigkeit unanfechtbar. Die sofortige Beschwerde kann nicht darauf gestützt werden, der Rechtsstreit hätte statt an das Amtsgericht an das Landgericht verwiesen werden müssen (BAG AP GVG § 17a Nr. 23 = NZA 1996, 112). Eine Zurückverweisung des Rechtsstreits vom LAG an das Arbeitsgericht ist unzulässig (BAG AP ArbGG 1979 § 68 Nr. 6 = NZA 2003, 517).

5. Die Frist zur Einlegung der sofortigen Beschwerde beträgt zwei Wochen (§ 569 ZPO). Sie beginnt mit der Zustellung des Verweisungsbeschlusses, spätestens mit dem Ablauf von fünf Monaten nach Verkündung des Beschlusses. Die Fünfmonatsfrist beginnt nach Verkündung oder formloser Mitteilung des Verweisungsbeschlusses (BAG AP ZPO § 36 Nr. 39 = NZA 1992, 1047).

6. Eine weitere sofortige Beschwerde ist nur dann statthaft, wenn das LAG diese wegen grundsätzlicher Bedeutung oder Divergenz zugelassen hat (§ 17a Abs. 4 S. 4, 5 GVG; dazu BAG AP ArbGG 1979 § 5 Nr. 21 = NZA 1995, 823). Eine Nichtzulassungsbeschwerde ist unstatthaft (BAG AP ArbGG 1979 § 78 Nr. 2 = NZA 1995, 1223; AP ArbGG § 72a Nr. 47 = NZA 2003, 287). Über die Beschwerde entscheidet beim LAG der Vorsitzende allein ohne mündliche Verhandlung (BAG AP GVG § 17a Nr. 4 = NZA

1993, 619); beim BAG entscheidet der Senat ohne Hinzuziehung der ehrenamtlichen Richter (BAG AP ArbGG 1979 § 2 Nr. 19 = NZA 1994, 234).

7. Hat das Arbeitsgericht trotz Rüge einer Partei über die Zulässigkeit des beschrittenen Rechtswegs nicht entschieden, so kann die unterlegene Partei nach dem Grundsatz der Meistbegünstigung wahlweise sofortige Beschwerde oder Berufung einlegen (BAG AP ArbGG 1979 § 48 Nr. 7 = NZA 1992, 954).

5. Berufung und Berufungsbegründung

An das
Landesarbeitsgericht
In Sachen
des Herrn . . . . .
Kläger/Berufungskläger
– Prozessbevollmächtigte/r: RA(in) . . . . . –
gegen
die . . . . .
Beklagte/Berufungsbeklagte
Prozessbevollmächtigte/r 1. Instanz: . . . . .
wegen . . . . .
zeige ich an, dass ich den Kläger auch in der 2. Instanz vertrete.
Namens und mit Vollmacht des Klägers lege ich Berufung gegen das Urteil des Arbeitsgerichts . . . . . vom . . . . . – . . . . . Ca . . . . ./. . . . . ein und werde beantragen zu erkennen:[1, 2, 3, 4]
Das Urteil des Arbeitsgerichts . . . . . vom . . . . . – . . . . ., Ca/. . . . . –, dem Kläger zugestellt am . . . . ., wird geändert.[5] **Die Beklagte wird verurteilt, ...**
Eine Abschrift des angefochtenen Urteils ist beigefügt.[6]

Begründung:[7, 8, 9, 10, 11, 12, 13, 14, 15, 16, 17]

I. Die Berufung ist zulässig. [knappe Ausführungen zur Zulässigkeit des Rechtsmittels insb. zur Einhaltung der Frist]

II. Der Kläger war vom . . . . . bis . . . . . bei der Beklagten beschäftigt. Mit der Klage hat der Kläger von der Beklagten . . . . . verlangt. [knappe Darstellung des Gegenstandes des Rechtsstreits]

III. Das Arbeitsgericht hat durch Urteil vom . . . . . die Klage abgewiesen und dies wie folgt begründet: . . . . . [knappe Darstellung der tragenden Gründe der angegriffenen Entscheidung]

IV. Das Urteil des Arbeitsgerichts ist unrichtig, weil . . . . . [Auseinandersetzung mit den Tatsachen, Feststellungen und Rechtsausführungen des Arbeitsgerichts, ggf. mit neuem Sachvortrag und dazu erforderlichem Beweisantritt. Auseinandersetzung mit der Rechtsauffassung des Arbeitsgerichts und Darlegung, warum die Rechtsauffassung des Arbeitsgerichts fehlerhaft ist.]

Rechtsanwalt/Rechtsanwältin[18]

Anmerkungen

1. Wie im Zivilprozess können Berufung und Berufungsbegründung in jeweils gesonderten Schriftsätzen beim LAG eingereicht werden. Die Frist für die Einlegung der Berufung beträgt einen Monat, die Frist für die Begründung der Berufung zwei Monate (§ 66 Abs. 1 S. 1 ArbGG). Beide Fristen beginnen mit der Zustellung des in vollständiger Form abgefassten Urteils, spätestens aber mit Ablauf von fünf Monaten nach der Verkündung (§ 66 Abs. 1 ArbGG). Die Berufung muss innerhalb einer Frist von einem Monat nach Zustellung der Berufungsbegründung beantwortet werden (§ 66 Abs. 1 S. 3 ArbGG). Mit der Zustellung der Berufungsbegründung ist der Berufungsbeklagte auf die Frist für die Berufungsbeantwortung hinzuweisen. Ein Urteil ist in der öffentlichen Sitzung zu verkünden. Dies ist im Protokoll der Sitzung nach § 160 Abs. 3 Nr. 7 ZPO festzustellen. Fehlt die Dokumentation der Verkündung im Protokoll, kann sie nicht bewiesen werden. Ist das Urteil des Arbeitsgerichts nicht ordnungsgemäß verkündet, stellt es rechtlich lediglich einen Urteilsentwurf dar, der jedoch zur Beseitigung des erzeugten Rechtsscheins trotzdem mit der Berufung angegriffen werden kann. Das nicht ordnungsgemäß verkündete Urteil ist aufzuheben und der Rechtsstreit an das Arbeitsgericht zurückzuverweisen. § 68 ArbGG steht dem nicht entgegen (BAG 14.10.2020 – 5 AZR 712/19, NZA 2021, 74).

2. Die Fristen zur Begründung der Berufung und zur Berufungsbeantwortung können vom Vorsitzenden einmal auf Antrag verlängert werden, wenn nach seiner freien Überzeugung der Rechtsstreit durch die Verlängerung nicht verzögert wird oder wenn die Partei erhebliche Gründe darlegt (§ 66 Abs. 1 S. 5 ArbGG). Der Fristverlängerungsantrag muss innerhalb der Berufungsbegründungsfrist eingehen, kann aber noch nach Fristablauf beschieden werden (BAG AP ZPO § 233 Nr. 31). Verlängerungsgründe sind Vergleichsverhandlungen, Urlaub, Krankheit, Arbeitsüberlastung. Die Gründe für die behauptete Belastung und ihre Auswirkungen auf das konkrete Verfahren brauchen grds. nicht besonders dargelegt und glaubhaft gemacht werden. Der Antrag muss von einem postulationsfähigen Vertreter unterschrieben werden. Zur Dauer der Verlängerung macht das Gesetz keine Angaben. Sie wird wegen des Beschleunigungsgrundsatzes grds. nicht länger als einen Monat sein. In besonderen Fällen kommt auch eine längere Frist in Betracht.

3. Der Lauf der Berufungsfrist setzt die Zustellung des in vollständiger Form abgefassten Urteils voraus, das die vollständige Anschrift des LAG enthalten muss. Auch wenn es an der Zustellung eines vollständig abgefassten Urteils eines Arbeitsgerichts fehlt, beginnen die Berufungs- und Berufungsbegründungsfrist spätestens mit Ablauf von fünf Monaten nach Verkündung. In diesem Fall endet die Berufungsfrist sechs Monate und die Berufungsbegründungsfrist sieben Monate nach Begründung (BAG AP ArbGG 1979 § 66 Nr. 29 = NZA 2005, 125; bestätigt: BAG 16.12.2004 – 2 AZR 611/03, NZA 2005, 1133). Bei fehlender Rechtsmittelbelehrung: § 9 Abs. 5 ArbGG.

4. Ist das Urteil verkündet, aber noch nicht zugestellt oder nicht ordnungsgemäß zugestellt, ist die Einlegung der Berufung möglich (BAG 28.2.2008 – 3 AZB 56/07, NZA 2008, 660). Das Risiko des Berufungsklägers liegt darin, dass er die erforderliche Auseinandersetzung mit den Urteilsgründen nicht ordnungsgemäß vornehmen kann und diese später nicht ergänzt. Der Berufungskläger hat nämlich bei der Berufungsbegründung eine der Eigenart des Falles angepasste Begründung zu geben. Dies setzt in der Regel eine Auseinandersetzung mit den Gründen des angefochtenen Urteils voraus. Hat das Arbeitsgericht seine Entscheidung bereits in der Verhandlung mündlich begründet, kann der Berufungsführer sich ohne Kenntnis von den Entscheidungsgründen mit der Begründung hypothetisch auseinandersetzen. Insofern wäre ggf. nach Zustellung des erstinstanzlichen Urteils die Begründung zu ergänzen.

5. (1) Berufung des voll unterlegenen Klägers:

„. . . . . an den Kläger . . . . . EUR brutto nebst Zinsen iHv 5 Prozentpunkten über dem Basiszinssatz seit dem . . . . . zu zahlen."

(2) Berufung des voll unterlegenen Beklagten:

„. . . . . die Klage wird abgewiesen."

(3) Berufung des unterlegenen Klägers, der nur die teilweise Änderung des erstinstanzlichen Urteils anstrebt:

„. . . . . teilweise abgeändert, soweit es die gegen die ordentliche Kündigung vom . . . . . gerichtete Klage abgewiesen hat. Es wird festgestellt, dass das Arbeitsverhältnis des Klägers durch die von dem Beklagten ausgesprochene Kündigung vom . . . . . nicht aufgelöst worden ist."

6. § 519 Abs. 3 ZPO sieht als Sollvorschrift die Beifügung einer Abschrift des angegriffenen Urteils vor. Dies ist in jedem Fall angezeigt, denn bei etwaigen Unrichtigkeiten in der Berufungsschrift hilft die Kopie des Urteils zu bestimmen, gegen welches Urteil das Rechtsmittel eingelegt wird.

7. Die Berufung ist nur statthaft, a) wenn sie in dem Urteil des Arbeitsgerichts zugelassen worden ist; b) wenn der Wert des Beschwerdegegenstandes 600 EUR übersteigt; c) in Rechtsstreitigkeiten über das Bestehen, das Nichtbestehen oder die Kündigung eines Arbeitsverhältnisses oder d) wenn es sich um ein Versäumnisurteil handelt, gegen das der Einspruch an sich nicht statthaft ist, wenn die Berufung oder Anschlussberufung darauf gestützt ist, dass der Fall der schuldhaften Versäumung nicht vorgelegen habe. In § 64 Abs. 2 ArbGG sind enumerativ die Gründe aufgezeigt, in denen die Berufung statthaft ist.

8. Die Berufung ist zulässig, wenn sie vom Arbeitsgericht zugelassen worden ist (§ 64 Abs. 2 lit. a ArbGG). Die Zulassung erfolgt von Amts wegen für den gesamten Rechtsstreit oder einen einzelnen prozessualen Anspruch (BAG AP ArbGG 1979 § 64 Nr. 5). Die Entscheidung, ob die Berufung zugelassen oder nicht zugelassen wird, ist in den Tenor aufzunehmen (§ 64 Abs. 3a ArbGG). Ist die Zulassung unterblieben, kann nach § 64 Abs. 3a ArbGG binnen zwei Wochen nach Verkündung des Urteils beantragt werden, den Tenor des Urteils zu ergänzen

„Es wird beantragt,
der Tenor des Urteils wird ergänzt:
Die Berufung wird zugelassen."

Von Amts wegen kann nach richtiger Auffassung die Zulassung nicht nachträglich erfolgen (ErfK/*Koch* ArbGG § 64 Rn. 6). Die vom Arbeitsgericht ausgesprochene Nichtzulassung der Berufung ist für die Rechtsmittelinstanzen bindend und kann im weiteren Verfahren durch die Rechtsmittelgerichte nicht geändert werden (BAG 23.2.2016 – 3 AZR 230/14, NZA 2016, 1103). Ist die Berufung zugelassen, ist das LAG grds. daran gebunden. Das Arbeitsgericht muss die Berufung zulassen, (1) wenn die Sache grundsätzliche Bedeutung hat. An den Begriff sind geringere Anforderungen zu stellen als bei § 72 Abs. 2 Nr. 1 ArbGG. Ausreichend ist die grundsätzliche Bedeutung im Bezirk des LAG. Die Rechtsfrage, wegen der die Zulassung erfolgt, muss klärungsfähig und -bedürftig sein. (2) die Rechtssache Rechtsstreitigkeiten betrifft (a) zwischen Tarifvertragsparteien aus Tarifverträgen oder über das Bestehen oder Nichtbestehen von Tarifverträgen, (b) über die Auslegung eines Tarifvertrags, dessen Geltungsbereich sich über den Bezirk eines Arbeitsgerichts hinaus erstreckt, oder (c) zwischen tariffähigen Parteien oder zwischen diesen und Dritten aus unerlaubten Handlungen, soweit es sich um Maßnahmen zum Zwecke des Arbeitskampfes oder um Fragen der Vereinigungsfreiheit einschließlich des hiermit im Zusammenhang stehenden Betätigungsrechts der Vereinigungen handelt, oder (3) das Arbeitsgericht in der Auslegung einer Rechtsvorschrift von einem ihm im Verfahren vorgelegten Urteil, das für oder gegen eine Partei des Rechtsstreits ergangen ist, oder von einem Urteil des im Instanzenzug übergeordneten LAG abweicht und die Entscheidung auf dieser Abweichung beruht. Die Zulassung dient der Wahrung der Rechtseinheit im Bezirk des LAG. Weicht die Entscheidung des Arbeitsgerichts von einer Entscheidung des BAG oder eines anderen LAG ab, wird regelmäßig eine grundsätzliche Bedeutung vorliegen.

9. Die Berufung ist statthaft, wenn der Wert des Beschwerdegegenstandes 600 EUR übersteigt (§ 64 Abs. 2 lit. b ArbGG). Voraussetzung der Berufung ist die Beschwer einer Partei. Der Kläger ist durch das Urteil beschwert, wenn es hinter dem in der ersten Instanz gestellten Antrag zurückbleibt (formelle Beschwer). Stellt der Kläger im Wege der Klageänderung in der Berufungsinstanz nur einen bislang nicht geltend gemachten Antrag zur Entscheidung und verfolgt er nicht wenigstens den in der ersten Instanz erhobenen Klageanspruch teilweise weiter, ist die Berufung unstatthaft. Präjudizielle Rechtsverhältnisse nehmen grds. nicht an der Rechtskraftwirkung teil. (BAG 12.9.2019 – 4 AZR 275/18, NZA 2019, 1738). Der Beschwerdewert ist von dem in der nächsten Instanz gestellten Antrag abhängig (BAG AP ArbGG 1979 § 64 Nr. 6; AP ArbGG 1979 § 12 Nr. 9). Der Beklagte ist beschwert (materielle Beschwer), wenn er eine für ihn günstigere Entscheidung begehrt. Die Berufung ist unstatthaft, wenn bei einem teilbaren Streitgegenstand nur einer angegriffen wird, der unterhalb 600 EUR liegt. Bei Haupt- und Hilfsantrag erfolgt eine Addition nur, wenn über alle Anträge entschieden wird. Wird der Hauptantrag abgewiesen und über den Hilfsantrag entschieden, liegt der Beschwerdewert für den Kläger im Wert des Hauptantrags.

10. Die Berufung ist gem. § 64 Abs. 2 lit. c ArbGG in allen Bestandsstreitigkeiten zulässig. Bestandsstreitigkeiten sind alle Rechtsstreitigkeiten über Bestehen oder Nichtbestehen des Arbeitsverhältnisses. Es gehören hierhin Streitigkeiten über Kündigungen, Aufhebungs- und Abwicklungsverträge, Befristungen, Anfechtung usw.

11. Die Berufung ist gegen ein zweites Versäumnisurteil unabhängig von der Wertgrenze statthaft (§ 64 Abs. 2 lit. d ArbGG).

12. Die Form der Berufungseinlegung richtet sich nach § 519 ZPO.

a) Die Berufung wird durch Einreichung der Berufungsschrift bei dem Berufungsgericht eingelegt (§ 519 Abs. 1 ZPO). Die Berufungsschrift muss als bestimmender Schriftsatz von einem beim LAG vertretungsberechtigten Prozessbevollmächtigten zwar nicht selbst verfasst, aber nach eigenverantwortlicher Prüfung genehmigt und eigenhändig unterschrieben sein. Eine Unterschrift setzt einen individuellen Schriftzug voraus, der sich – ohne lesbar sein zu müssen – als Wiedergabe eines Namens darstellt und die Absicht einer vollen Unterschriftsleistung erkennen lässt (BAG 25.2.2015 – 5 AZR 849/13, NZA 2015, 701). Bei Berufungseinlegung durch Telekopie muss die beim LAG eingehende Kopie die Unterschrift des Absenders wiedergeben (BAG 25.2.2015 – 5 AZR 849/13, NZA 2015, 701). Ein Rechtsmittel kann wiederholt eingelegt werden (BAG AP ZPO § 518 Nr. 66 = NZA 1996, 278). Wird ein Rechtsmittel durch Telekopie eingereicht und darin die Übersendung beglaubigter Abschriften angekündigt, so liegt in der Übersendung aber keine neue Rechtsmitteleinlegung (BAG AP ZPO § 518 Nr. 66 = NZA 1996, 278). Scheitert die Übermittlung eines fristgebundenen Schriftsatzes mittels Telekopie, so kann die Wiedereinsetzung nur bewilligt werden, wenn das Fehlen oder die Unzumutbarkeit anderweitiger Übermittlung dargelegt wird (BAG AP ZPO § 233 Nr. 34 = NZA 1995, 138; BSG 31.3.1993 – 13 RJ 9/92, NZA 1993, 1056).

b) Die Berufungseinlegungs- und -begründungsschrift muss von einem bei einem deutschen Gericht zugelassenen Rechtsanwalt oder einem Verbandsvertreter unterzeichnet sein (§ 11 Abs. 4 iVm Abs. 2 Nr. 1 ArbGG). Ausreichend ist, wenn ein anderer Rechtsanwalt als der von der Partei Beauftragte „i. V." unterzeichnet; unzureichend dagegen „i. A." (BAG AP ZPO § 518 Nr. 11 = DB 1967, 1904). Hat ein zum Kreis der Prozessbevollmächtigten gehörender Rechtsanwalt in seiner Eigenschaft als Mitglied der bevollmächtigten Anwaltskanzlei eine von einem anderen Prozessbevollmächtigten abgefasste Rechtsmittel- oder Rechtsmittelbegründungsschrift mit einem auf den sachbearbeitenden Rechtsanwalt hinweisenden Zusatz unterzeichnet, so ist idR davon auszugehen, dass er auch die Verantwortung für den Inhalt dieser fristwahrenden bestimmenden Schriftsätze übernimmt (BAG AP ZPO § 518 Nr. 54). Eine beglaubigte, eigenhändig unterzeichnete Abschrift kann die Urschrift ersetzen (BAG AP ZPO § 518 Nr. 42). Die Unterzeichnung des Beglaubigungsvermerkes unter einer Berufungsbegründungsschrift ist nur dann ausreichend, wenn sie von demselben Rechtsanwalt herrührt, der auch die Berufungsbegründung verfasst hat (BAG AP TVG § 3 Nr. 14). Die Unterschrift braucht nicht lesbar zu sein; sie muss aber charakteristische Schriftzeichen aufweisen (BAG AP ZPO § 518 Nr. 38; AP ZPO § 518 Nr. 46). Unzureichend ist die Unterzeichnung mit einer Paraphe (BAG AP ZPO § 130 Nr. 1).

c) Die Berufungsschrift muss die Erklärung enthalten, dass Berufung eingelegt wird. Die Berufungsschrift muss das angefochtene Urteil bezeichnen (§ 519 Abs. 2 Nr. 1 ZPO). Es muss das Gericht angegeben werden, von dem das Urteil stammt (BAG AP ZPO § 518 Nr. 45). Eine falsche Bezeichnung des Gerichts des ersten Rechtszuges kann unschädlich sein und formlos berichtigt werden, wenn nach Lage des jeweiligen Falles kein vernünftiger Zweifel bestehen kann, welches Gericht mit der unrichtigen Bezeichnung gemeint ist (BGH AP ZPO § 518 Nr. 58). Unschädlich ist, wenn nur das Aktenzeichen falsch angegeben ist (BAG AP ZPO § 518 Nr. 35). Das Verkündungsdatum ist entbehrlich, wenn das Urteil eindeutig zu identifizieren ist und nicht mehrere Urteile zwischen den Parteien ergangen sind (BAG AP ZPO § 518 Nr. 45).

d) Innerhalb der Rechtsmittelfrist muss sich ergeben, für und gegen wen die Berufung eingelegt wird (BAG AP ZPO § 518 Nr. 15; AP ZPO § 518 Nr. 31; AP ZPO § 518 Nr. 41). Ergibt sich die Parteirolle nicht aus der Berufungsschrift, so können nur solche Umstände herangezogen werden, die dem Berufungsgericht innerhalb der Berufungsfrist bekannt geworden sind (BAG AP ZPO § 518 Nr. 14; AP ZPO § 518 Nr. 15; AP ZPO § 518 Nr. 29; AP ZPO § 518 Nr. 30; AP ZPO § 518 Nr. 31; AP ZPO § 518 Nr. 47). Die für eine wirksame Berufungseinlegung erforderliche Angabe, für und gegen wen die Berufung eingelegt wird, unterliegt der Schriftform nach § 518 ZPO. Mündliche oder telefonische Angaben der Parteien zur Ergänzung einer unvollständigen Berufungsschrift dürfen auch dann nicht berücksichtigt werden, wenn sie bei Gericht aktenkundig gemacht werden (BGH NJW 1985; AP ZPO § 518 Nr. 71).

e) Die ladungsfähige Anschrift des Beklagten muss sich aus der Berufung nicht ergeben (BAG GS AP ZPO § 518 Nr. 53 = NZA 1987, 136).

13. Berufungsanträge sind die Erklärung, inwieweit das Urteil angefochten und welche Abänderung des Urteils beantragt wird (§ 520 Abs. 3 Nr. 1 ZPO). Der Berufungsführer soll auf diese Weise deutlich machen, welches Ziel und Umfang der Berufung ist. Das Berufungsgericht sowie der Berufungsbeklagte sollen über den Umfang und Inhalt der Berufungsangriffe möglichst schnell und zuverlässig ins Bild gesetzt werden (BAG 18.2.2016 – 8 AZR 426/14, BeckRS 2016, 70198). Anträge brauchen nicht förmlich gestellt werden; ausreichend ist, wenn die Anträge mit hinreichender Klarheit aus Berufung und Berufungsbegründung entnommen werden können (BAG AP ZPO § 519

Nr. 9; AP TVG § 1 Auslegung Nr. 122; AP BAT § 44 Nr. 5). Enthält die Berufungsbegründung keine, auch nicht durch Auslegung zu ermittelnde, Anträge, ist die Berufung unzulässig. Die Berufungsanträge können nach Ablauf der Berufungsbegründungsfrist gem. § 67 Abs. 4 ArbGG erweitert oder eingeschränkt werden. Den Berufungsanträgen muss zu entnehmen sein, inwieweit das arbeitsgerichtliche Verfahren angegriffen werden soll. Da die Berufungsanträge das Ziel verfolgen, das arbeitsgerichtliche Urteil zu ändern, müssen die Berufungsanträge sich nicht nur damit auseinandersetzen, was das LAG zu entscheiden hat, sondern auch mit den Sachanträgen der ersten Instanz befassen. Der Inhalt und Umfang der mit dem Rechtsmittel angestrebten Änderung des erstinstanzlichen Urteils muss genau angegeben werden. Eine Zustimmung der Gegenseite ist nicht notwendig.

14. Für die Berufungsbegründung gelten im Arbeitsgerichtsverfahren die gleichen Grundsätze wie im Zivilprozess. Die Berufungsbegründung kann entweder mit der Einlegung verbunden werden oder in einem separaten Schriftsatz vorgenommen werden. Die Berufungsbegründung darf sich nicht in allgemeinen Redewendungen erschöpfen. Vielmehr muss ausgeführt werden, warum das Urteil keinen Bestand haben kann. Unzureichend ist die Verweisung auf Vorbringen erster Instanz (BAG AP ZPO § 234 Nr. 4) oder die Angabe einer verletzten Norm (BAG AP ZPO § 519 Nr. 2). § 520 verlangt die Auseinandersetzung mit den Gründen des angefochtenen Urteils. Es muss dargelegt werden, dass das Arbeitsgericht die Rechtslage falsch bewertet hat und was falsch ist.

15. Der Inhalt der Berufungsbegründung ergibt sich aus § 64 Abs. 6 ArbGG iVm § 520 Abs. 3 ZPO. Die Zulässigkeit von neuem Vorbringen richtet sich nach § 67 ArbGG. In der Berufungsbegründung sind die Gründe für die Berufung anzugeben. Die Berufungsbegründung hat sich mit dem arbeitsgerichtlichen Urteil inhaltlich iE auseinanderzusetzen. Der Berufungsführer muss ausführen, warum die Auffassung des Arbeitsgerichts tatsächlich und rechtlich unrichtig ist und begründen, dass das Arbeitsgericht bei der zutreffenden Würdigung zu einer Entscheidung gekommen wäre, die zu einem für den Berufungsführer günstigeren Ergebnis geführt hätte. Zu einer ordnungsgemäßen Berufungsbegründung gehört also eine aus sich heraus verständliche Angabe, welche Punkte der angefochtenen Entscheidung angegriffen werden und welche Argumente geltend gemacht werden sollen (BAG 2.10.2007 – 1 ABR 79/06, NZA 2008, 429). Es ist ein einzelfallbezogener Vortrag auf rechtliche und tatsächliche Umstände erforderlich, aus denen sich die Fehlerhaftigkeit des Urteils ergeben soll (BAG 8.10.2008 – 5 AZR 526/07, NZA 2008, 1429; 24.4.2008 – 8 AZR 268/07, NZA 2008, 1314). Allein allgemeine Floskeln oder Redewendungen sind nicht ausreichend. Hat das Arbeitsgericht seine Begründung auf mehrere voneinander unabhängige, selbständige rechtliche Erwägungen gestützt, so muss sich die Berufungsbegründung mit sämtlichen rechtlichen Begründungen auseinandersetzen. Wird nur eine von mehreren Begründungen angegriffen, ist dies unzureichend, da die Begründung des angefochtenen Urteils nicht insgesamt zur Überprüfung durch das LAG gestellt wurde (BAG 11.3.1998 – 2 AZR 497/97, NZA 1998, 959). Hat das Arbeitsgericht über mehrere Streitgegenstände entschieden, so muss sich die Berufungsbegründung konkret mit jedem einzelnen Streitgegenstand befassen, wenn das Urteil insgesamt angegriffen werden soll (BAG 8.5.2008 – 6 AZR 517/07, NZA 2008, 1148). Werden mehrere selbstständige prozessuale Ansprüche zu- oder aberkannt, muss das Rechtsmittel grds. hinsichtlich jedes Anspruchs begründet werden. Setzt sich die Berufungsbegründung nur mit einem der Streitgegenstände auseinander, ist die Berufung hinsichtlich dieses Streitgegenstands unzulässig. Etwas anderes gilt nur dann, wenn ein Anspruch unmittelbar von einem anderen Anspruch in seinem Bestehen abhängt und mit der Begründung der Berufung über einen Streitgegenstand zugleich dargelegt ist, dass auch die Entscheidung über den anderen unrichtig sein soll (BAG 24.10.2019 – 8 AZR

528/18, NZA 2020, 469). Wird die Berufung nicht ausreichend begründet, ist sie als unzulässig zu verwerfen.

16. In der Berufungsbegründung ist auch ein neuer Tatsachenvortrag mit neuen Angriffs- und Verteidigungsmitteln aufzunehmen (§ 67 Abs. 4 S. 1 ArbGG). Ein neuer Vortrag, der im ersten Rechtszug nicht vorgebracht worden ist, ist nach § 67 Abs. 2 ArbGG nur dann zuzulassen, wenn er nach § 56 Abs. 1 S. 2 Nr. 1 ArbGG oder § 61a Abs. 3 oder 4 ArbGG gesetzter Frist nicht vorgebracht worden ist und der Rechtsstreit nach der freien Überzeugung des LAG die Erledigung des Rechtsstreits nicht verzögert oder wenn die Partei die Verspätung genügend entschuldigt (Abs. 2). Wurden neue Angriffs- und Verteidigungsmittel nach § 282 Abs. 1 u. 2 ZPO nicht rechtzeitig mitgeteilt, sind sie zuzulassen, wenn ihre Zulassung nach der freien Überzeugung des LAG die Erledigung des Rechtsstreits nicht verzögern würde oder wenn die Partei das Vorbringen im ersten Rechtszug nicht aus grober Nachlässigkeit unterlassen hat (Abs. 3). Werden neue Angriffs- und Verteidigungsmittel erst später als in der Berufungsbegründung bzw. beim Berufungsbeklagten in der Berufungsbeantwortung vorgebracht, sind sie nur dann zuzulassen, wenn sie nach der Berufungsbegründung oder der Berufungsbeantwortung entstanden sind oder das verspätete Vorbringen nach der freien Überzeugung des LAG die Erledigung des Rechtsstreits nicht verzögern würde oder nicht auf dem Verschulden einer der Parteien beruht (Abs. 4 S. 2). Eine Präklusion muss aber verfahrensrechtlich begründet werden (BVerfG 26.1.1995 – 1 BvR 1068/93, NJW 1995, 2980). Wurde entsprechender Vortrag vom LAG trotz einer eventuellen Verspätung gemäß § 67 Abs. 4 S. 2 ArbGG zugelassen, ist das Revisionsgericht daran gebunden, da eine einmal eingetretene, aber vom LAG akzeptierte Verzögerung nicht mehr rückgängig gemacht werden kann (BAG 17.12.2015 – 8 AZR 421/14, NZA 2016, 888). Begründet der Berufungskläger seine Berufung ausschließlich mit neuen Angriffs- oder Verteidigungsmitteln, hat er diese zu bezeichnen und grundsätzlich darzulegen, warum sie das angefochtene Urteil im Ergebnis infrage stellen sollen. Die Entscheidungserheblichkeit braucht dann ausnahmsweise nicht gesondert dargetan zu werden, wenn sie sich unmittelbar aus dem angefochtenen Urteil und den Ausführungen in der Berufungsbegründung ergibt (BAG 21.5.2019 – 2 AZR 574/18, NZA 2019, 1446).

17. Wird die Berufung nicht sogleich mit der Berufungseinlegung begründet, ist es auch möglich, die Anträge und Berufungsbegründung in einem weiteren Schriftsatz aufzunehmen. Dann ist bei der Einlegung der Berufung darauf hinzuweisen, dass Anträge und Begründung der Berufung einem gesonderten Schriftsatz vorbehalten bleiben. Die Frist zur Begründung der Berufung kann bei der Einlegung oder vor Ablauf der Berufungsbegründungsfrist in einem weiteren Schriftsatz mittels eines Fristverlängerungsantrages verlängert werden. Zu bedenken ist, dass nach § 66 Abs. 1 S. 5 ArbGG – anders als im Zivilverfahren – die Berufungsbegründungsfrist nur einmal verlängert werden kann. Auch mit Zustimmung des Gegners ist also kein weiterer Verlängerungsantrag möglich.

Kosten und Gebühren

18. Das LAG berechnet den Beschwerdewert nach §§ 64 Abs. 6, 42 GKG, 2 ff. ZPO. Der Gebührenstreitwert folgt aus § 1, § 42 Abs. 2 GKG. Gerichtsgebühren: Anl. 1 8220 ff. GKG Rechtsanwaltsgebühren: Anl. 1 zu VV 3200 ff. RVG.

6. Berufungsbeantwortung

An das
Landesarbeitsgericht
In Sachen
. . . . ./. . . . .
. . . . (abgekürztes Rubrum)
vertrete ich die Beklagte auch im Berufungsverfahren. Namens und im Auftrag der Beklagten lege ich gegen das Urteil des Arbeitsgerichts . . . . . vom . . . . ., Aktenzeichen . . . . . Ca . . . . ./. . . . .

Anschlussberufung

ein und erwidere wie folgt:[1]
Es wird beantragt:[2]
1. Die Berufung des Klägers wird zurückgewiesen.
2. Das Urteil des Arbeitsgerichts . . . . . vom . . . . ., Aktenzeichen . . . . . Ca . . . . ./. . . . ., wird geändert, die Klage wird insgesamt abgewiesen.

Begründung:

1. Stellungnahme zur Berufung[3]
a) Zulässigkeit der Berufung und Form der Berufungsbegründung
b) Begründetheit der Berufung
2. Begründung der Anschlussberufung[4, 5]
Rechtsanwalt/Rechtsanwältin

Anmerkungen

1. Die Berufung muss innerhalb einer Frist von einem Monat nach Zustellung der Berufungsbegründung beantwortet werden (§ 66 Abs. 1 S. 3 ArbGG). Hierüber ist der Berufungsbeklagte zu belehren (§ 66 Abs. 1 S. 4 ArbGG). Die Frist zur Berufungsbeantwortung kann einmal auf Antrag verlängert werden, wenn durch die Verlängerung der Rechtsstreit nicht verzögert wird oder erhebliche Gründe vorgebracht werden (§ 66 Abs. 1 S. 5 ArbGG). Wird die Berufung nicht beantwortet, kann späteres Vorbringen zurückgewiesen werden (§ 67 Abs. 4 S. 2 ArbGG).

2. Es müssen Anträge zur Berufung gestellt werden
(wenn der Beklagte Berufung eingelegt hat, beantragt der Kläger:)

Die Berufung des Beklagten wird zurückgewiesen.

3. Zur Berufung ist in der Berufungsbeantwortung Stellung zu nehmen. Dabei sollte die Stellungnahme wie die Berufungsschrift gegliedert werden.

4. Nach § 64 Abs. 6 ArbGG findet die Vorschrift über die Anschlussberufung (§ 524 ZPO) Anwendung. Die Möglichkeit zur selbständigen Anschlussberufung ist entfallen. Sind beide Parteien beschwert, besteht die Möglichkeit, dass sie beide Berufung einlegen, wenn die Berufungsvoraussetzungen vorliegen. Eine Anschlussberufung ist nur notwendig, wenn mehr als die bloße Zurückweisung der Berufung erreicht werden soll, zB eine Partei zwar nicht vollständig, aber überwiegend obsiegt hat. Die Anschlussberufung verlangt keine Beschwer. Es ist nur erforderlich, dass gegenüber der 1. Instanz etwas Zusätzliches verlangt wird. Die Anschlussberufung kann auch eingelegt werden, wenn die Partei in der 1. Instanz

vollständig obsiegt hat und in der Berufungsinstanz mittels Anschlussberufung eine Klageerweiterung vornehmen will (BAG 19.5.2016 – 3 AZR 766/14, NZA-RR 2016, 550). Die Anschlussberufung ist nur zulässig, wenn die Hauptberufung eingelegt und noch anhängig ist, und sich gegen dasselbe Urteil richtet. Die Anschlussberufung wird durch eine Berufungsanschlussschrift eingereicht (§ 524 Abs. 1 S. 2 ZPO). Die Anschließung ist auch statthaft, wenn die Berufungsbeklagte verzichtet hat oder die Berufungsfrist verstrichen ist (§ 524 Abs. 2 S. 1 ZPO). Form und Inhalt der Berufungsanschlussschrift entsprechen der Berufungsschrift (§ 524 Abs. 3 S. 2 ZPO). Eine bedingte Anschließung ist möglich, wenn die Bedingung ein innerprozessualer Vorgang ist, zB dem Antrag auf Zurückweisung der Berufung wird nicht entsprochen (BGH 10.11.1983 – VII ZR 72/83, NJW 1984, 1240). Die Anschlussberufung ist nur zulässig bis zum Ablauf eines Monats nach der Zustellung der Berufungsbegründungsschrift (§ 524 Abs. 2 S. 2 ZPO). In Fällen einer Verurteilung zu künftig fällig werdenden Leistungen ist die Anschließung gem. § 524 Abs. 2 S. 3 ZPO bis zum Schluss der letzten mündlichen Verhandlung möglich. Entscheidet das LAG jedoch über einen erstmals in der Berufungsinstanz erhobenen Anspruch, kommt es nicht darauf an, ob die Klageerweiterung gem. § 533 ZPO iVm § 64 Abs. 6 S. 1 ArbGG zulässig war (BAG 20.8.2019 – 3 AZR 222/18, NZA 2020, 116). Die Begründung muss in der Anschlussberufungsschrift erfolgen. Für sie gelten dieselben Grundsätze wie zur Berufungsbegründung. Die Anschlussberufung verliert ihre Wirkung, wenn die Berufung zurückgenommen, verworfen oder durch Beschluss zurückgewiesen wird (§ 524 Abs. 4 ZPO). Analog gilt Abs. 4 bei Klagerücknahme, Klageverzicht und Prozessvergleich, weil eine Entscheidung über die Hauptberufung nicht möglich ist. Die Verwerfung der Anschlussberufung ist nötig, wenn sie unzulässig ist (BGH 26.10.1990 – V ZR 122/89, WM 1991, 383) oder wenn der Berufungsbeklagte sie nach wirksamer Rücknahme der Berufung weiterverfolgt (BGH 6.7.2000 – VII ZB 29/99, NJW 2000, 3215).

5. Nach § 64 Abs. 6 ArbGG ist § 533 ZPO anzuwenden. Hiernach sind Klageänderung, Aufrechnungserklärung und Widerklage nur zulässig, wenn der Gegner einwilligt oder das Gericht dies für sachdienlich hält und diese auf Tatsachen gestützt werden können, die das Berufungsgericht seiner Verhandlung und Entscheidung ohnehin nach § 529 ZPO zugrunde zu legen hat. Sachdienlich sind die Verteidigungsmittel dann, wenn sie die Prozesswirtschaftlichkeit fördern und der Streit zwischen den Parteien so schnell ausgeräumt werden kann. Unzulässig sind Klageänderung, Aufrechnungserklärung und Widerklage nach § 533 Nr. 2 ZPO stets, wenn sie nicht auf Tatsachen gestützt werden können, die das Berufungsgericht der Entscheidung über die Berufung nach § 529 ZPO zu Grunde legen darf, also neue Tatschen in den Rechtsstreit angeführt werden müssten.

7. Nichtzulassungsbeschwerde wegen Divergenz

An das
Bundesarbeitsgericht
. . . . . Sa . . . . . / . . . . . (Landesarbeitsgericht . . . . .)
. . . . . Ca . . . . . / . . . . . (Arbeitsgericht . . . . .)
In Sachen
der . . . . .
Nichtzulassungsbeschwerdegegner/Berufungsbeklagter/Kläger (iF Kläger)
– Prozessbevollmächtigte/r 2. Instanz: RA(in) . . . . . –
gegen
. . . . .

Nichtzulassungsbeschwerdeführerin/Berufungsklägerin/Beklagte (iF Beklagte)
– Prozessbevollmächtigte/r: RA(in) . . . . . –
vertrete ich die Beklagte auch in der 3. Instanz.
Namens und mit Vollmacht der Beklagten lege ich wegen der Nichtzulassung der Revision in dem Urteil des Landesarbeitsgerichts . . . . . vom . . . . . – . . . . . Sa . . . . . / . . . . . – der Beklagten zugestellt am . . . . .

Nichtzulassungsbeschwerde[1, 2, 3]

ein und beantrage:
Die Revision gegen das Urteil des Landesarbeitsgerichtes . . . . . vom . . . . . – Sa . . . . . /. . . . . – wird zugelassen.
Eine Kopie des Urteils des Landesarbeitsgerichts . . . . . vom . . . . . – Sa . . . . . /. . . . . – füge ich bei.

Begründung

I. Der Kläger war vom . . . . . bis . . . . . bei der Beklagten beschäftigt. Der Kläger hat von der Beklagten verlangt . . . . . Das Arbeitsgericht hat der Klage mit Urteil vom . . . . ., Aktenzeichen . . . . ., stattgegeben.
Die von der Beklagten gegen dieses Urteil eingelegte Berufung hat das Landesarbeitsgericht zurückgewiesen. In seinem Urteil hat das Landesarbeitsgericht die Revision nicht zugelassen. Hiergegen richtet sich die Nichtzulassungsbeschwerde.

II. Das Landesarbeitsgericht hat der Klage stattgegeben, weil . . . . . [wird ausgeführt]. Das Landesarbeitsgericht hat dabei auf S. . . . . . des Urteils folgenden Rechtsgrundsatz aufgestellt . . . . . [wörtliches Zitat].[4]
Mit diesem Rechtsgrundsatz ist es von der Entscheidung des BAG vom . . . . . – Aktenzeichen . . . . . abgewichen.[5] **In dieser Entscheidung hat das BAG nachfolgenden Rechtsgrundsatz**[6] **aufgestellt . . . . . [wörtliches Zitat] Das Urteil des Landesarbeitsgerichtes beruht auf dem von ihm aufgestellten Rechtsgrundsatz. Hätte das Landesarbeitsgericht den vom BAG aufgestellten Rechtsgrundsatz angewandt, hätte es die Klage abweisen müssen. Denn . . . . .**[7, 8]

Rechtsanwalt/Rechtsanwältin[9]

Anmerkungen

1. Die Nichtzulassungsbeschwerde ist bei dem BAG innerhalb einer Notfrist von einem Monat nach der Zustellung des in vollständiger Form abgefassten Urteils schriftlich einzulegen (§ 72a Abs. 2 ArbGG). Der Beschwerdeschrift soll eine Ausfertigung oder beglaubigte Abschrift des Urteils beigefügt werden, gegen das die Revision eingelegt werden soll (§ 72a Abs. 2 S. 2 ArbGG 1979). Sie ist binnen einer Notfrist von zwei Monaten nach Zustellung des in vollständiger Form abgefassten Urteils zu begründen (§ 72a Abs. 3 S. 1 ArbGG). Die Frist ist nicht verlängerbar. Die Frist zur Begründung der Nichtzulassungsbeschwerde endet auch dann zwei Monate nach Zustellung der anzufechtenden Entscheidung, wenn der Beschwerdeführer die Beschwerdefrist versäumt hat und über seinen Wiedereinsetzungsantrag noch nicht entschieden ist (BAG AP ArbGG 1979 § 72a Nr. 25 = NZA 1989, 150). Werden durch das Urteil eines LAG beide Parteien beschwert, so können sie unabhängig voneinander Nichtzulassungsbeschwerde einlegen. Dies ist jedoch nur insoweit möglich, wie der Beschwerdeführer jeweils beschwert ist (BAG 17.2.2016 – 5 AZN 981/15 – NZA 2016, 574; BAG AP ArbGG 1979 § 72a Nr. 11). Für jede Nichtzulassungsbeschwerde ist alsdann ihre Zulässigkeit und Begründetheit zu überprüfen. Wird mit einem unbeschränkt eingelegten Rechtsmittel eine Entscheidung über mehrere prozessuale Ansprüche angegriffen, so muss die Rechtsmittelbegründung sich auf jeden einzelnen der entschiedenen Ansprüche beziehen. Fehlen Ausführungen zu einem Anspruch, so ist insoweit das Rechtsmittel als unzulässig zu verwerfen. Diese Grundsätze gelten auch im Nichtzulassungsbeschwerdeverfahren (BAG AP ArbGG 1979 § 72a Nr. 32 = NZA 1995, 445). Werden die Notfristen für die Einlegung oder Begründung der Nichtzulassungsbeschwerde versäumt, so ist die Wiedereinsetzung in den vorigen Stand möglich (§§ 233 ff. ZPO). Hat eine Partei die Frist zur Einlegung der Nichtzulassungsbeschwerde schuldlos versäumt, weil sie außerstande war, die Kosten des Prozesses zu bestreiten (§ 114 ZPO), so ist ihr nach Gewährung der Prozesskostenhilfe unter den weiteren Voraussetzungen der §§ 234, 236 ZPO Wiedereinsetzung auch dann zu bewilligen, wenn sie die Frist zur Begründung der Beschwerde (§ 72a Abs. 3 ArbGG) ebenfalls versäumt hat. Der betreffenden Partei steht in diesem Fall zur Begründung der Beschwerde eine Frist von einem Monat zur Verfügung, die mit der Zustellung des die Wiedereinsetzung bewilligenden Beschlusses beginnt (BAG AP ArbGG 1979 § 72a Nr. 18).

2. Das Gesetz enthält keine ausdrücklichen Vorschriften zur Form einer Nichtzulassungsbeschwerde. Sie muss erkennen lassen, wer Beschwerdeführer und wer Beschwerdegegner ist. Hingegen soll die Mitteilung der ladungsfähigen Anschriften von Parteien oder Parteivertretern entbehrlich sein (BAG AP ArbGG 1979 § 72a Nr. 13; AP ZPO § 518 Nr. 53 = NZA 1987, 136). Die Nichtzulassungsbeschwerde muss von einem Prozessbevollmächtigten (§ 11 Abs. 4 ArbGG) eingelegt und begründet werden. Dies sind außer Rechtsanwälten die in § 11 Abs. 2 S. 2 Nr. 4 u. 5 ArbGG bezeichneten Organisationen, wenn sie durch Personen mit Befähigung zum Richteramt handeln.

3. Eine formgültige Nichtzulassungsbeschwerde muss das anzufechtende Berufungsurteil eindeutig bezeichnen. Dazu gehört die Angabe des Berufungsgerichts, das das anzufechtende Urteil erlassen hat (BAG AP ArbGG 1979 § 72a Nr. 12 = NJW 1982, 846). Sicherheitshalber ist eine Kopie des angefochtenen Urteils beizufügen. Die Anforderung zur Begründung der Nichtzulassungsbeschwerde sind in § 72a Abs. 3 ArbGG geregelt. Die Begründung ist davon abhängig, ob eine Divergenzbeschwerde oder die Grundsatzbeschwerde oder Nichtanhörungsbeschwerde vorliegt.

4. Zur ordnungsgemäßen Begründung einer Divergenzbeschwerde ist es erforderlich, dass der Beschwerdeführer einen abstrakten Rechtssatz aus der anzufechtenden Entscheidung des LAG sowie einen hiervon abweichenden abstrakten Rechtssatz aus einer Entscheidung einer der in § 72 Abs. 2 Nr. 2 ArbGG genannten Gerichte anführt und darlegt, dass das anzufechtende Urteil auf dieser Abweichung beruht (stRspr, BAG 17.1.2012 – 5 AZN 1358/11, NZA 2012, 411). Gem. § 72a Abs. 3 S. 2 Nr. 2 ArbGG müssen diese Voraussetzungen in der Begründung der Beschwerde dargelegt und die Entscheidung, von der das Urteil abweicht, bezeichnet werden. Allein die Feststellung, dass das LAG das Recht falsch angewendet hat bzw. aufgrund einer fehlerhaften oder unterlassenen Anwendung der Rechtsprechung des BAG oder eines anderen der im Gesetz genannten Gerichte zu einem fehlerhaften Ergebnis gekommen ist, reicht für die Begründung der Divergenzbeschwerde nicht aus (BAG 23.7.1996 – 1 ABN 18/96, NZA 1997, 281; 17.1.2012 – 5 AZN 1358/11, NZA 2012, 411). Deshalb ist es notwendig, dass zunächst vom Beschwerdeführer genannt wird, welcher abstrakte Rechtssatz vom LAG aufgestellt wurde und von welcher Entscheidung die Entscheidung des LAG abgewichen ist. Hierzu ist es notwendig, dass das Gericht und das Entscheidungsdatum und Aktenzeichen der herangezogenen Entscheidung benannt werden. Abweichen iSv § 72 Abs. 2 Nr. 2 ArbGG kann nur eine spätere Entscheidung von einer früheren (BAG 17.1.2012 – 5 AZN 1358/11, NZA 2012, 411). Sodann ist vom Beschwerdeführer darzulegen, welche abstrakten Rechtssätze in den beiden Entscheidungen voneinander abweichen. Hierzu sind die jeweiligen Rechtssätze konkret zu benennen und wiederzugeben sowie deren Seitenzahl anzugeben. Sodann ist die Abweichung darzulegen. Der Beschwerdeführer hat weiter darzulegen, dass das LAG der angegriffenen Entscheidung eine andere Entscheidung getroffen hätte, wenn es den Rechtssatz, von dem es abgewichen ist, angewendet hätte. Hierfür muss konkret und einzelfallbezogen dargelegt werden, dass die angegriffene Entscheidung des LAG auf der behaupteten Divergenz beruht (BAG 15.9.2004 – 4 AZN 281/04, NZA 2004, 1292) und diese Aussage begründet werden. Es muss also begründet werden, welche Folgen sich ergeben, wenn der Rechtssatz, den das LAG nicht beachtet hat, im vorliegenden Fall angewendet wird und das daraus resultierende Ergebnis dargelegt werden.

Wird die Beschwerde darauf gestützt, dass die anzufechtende und die angezogene Entscheidung in einer Rechtsfrage auf der Grundlage verschiedener Rechtsnormen abweichende Regelungen aufgestellt haben, kann die Beschwerde nur dann zulässig sein, wenn in der Beschwerdebegründung dargelegt wird, dass die angewandten Rechtsnormen im Wortlaut und im Regelungsinhalt übereinstimmen. Der Hinweis der Beschwerde auf die Vergleichbarkeit der Regelung genügt nicht (BAG AP ArbGG 1979 § 72a Divergenz Nr. 28 = NZA 1995, 447).

Ob das LAG einen abstrakten Rechtssatz aufgestellt hat, muss im Wege der Auslegung ermittelt werden. Dies ist dann der Fall, wenn es einen den Fall übergreifenden Rechtsgrundsatz aufgestellt hat, der für eine Vielzahl von Fällen gilt. Keine Divergenzbeschwerde ist möglich, wenn das LAG keinen Rechtsgrundsatz aufgestellt hat, aber uU rechtsfehlerhaft von einer vorangegangenen (BAG AP ArbGG 1979 § 72a Divergenz Nr. 6; AP ArbGG 1979 § 72a Divergenz Nr. 13) Entscheidung eines divergenzfähigen Gerichts abgewichen ist oder wenn keine fallübergreifenden Rechtssätze aufgestellt sind, sondern Rechtssätze des BAG wörtlich übernommen werden (BAG AP ArbGG 1979 § 72a Divergenz Nr. 37 = NZA 1998, 900). Hierdurch kann die Rechtseinheit nicht gefährdet werden (BAG AP ArbGG 1979 § 72a Divergenz Nr. 1; AP ArbGG 1979 § 72a Divergenz Nr. 13; AP ArbGG 1979 § 92a Nr. 2). Enthält das herangezogene Urteil mehrere Begründungen, die jede für sich die Entscheidung tragen, so liegt eine Divergenz schon dann vor, wenn das LAG von einer Begründung abgewichen ist (BAG AP ArbGG 1979 § 72a Divergenz Nr. 2). In diesen Fällen beruht aber die Entscheidung nicht auf der Abweichung, so dass die Voraussetzungen der Zulassung nicht gegeben sind (BAG NZA 1999, 726). Eine Divergenzbeschwerde ist auch dann statthaft, wenn das LAG keinen abstrakten Rechtsgrundsatz aufgestellt hat, sich aber aus seinen Ausführungen unzweifelhaft ergibt, dass es von einem bestimmten abstrakten Rechtssatz ausgegangen sein muss (BAG AP ArbGG 1979 § 72a Divergenz Nr. 9; AP ArbGG 1979 § 72a Divergenz Nr. 46 mit Bestätigung früherer Rspr.; einschränkend war BAG AP ArbGG 1979 § 72a Divergenz Nr. 11; AP ArbGG 1979 § 72a Divergenz Nr. 13; AP ArbGG 1979 § 72a Divergenz Nr. 15; AP ArbGG 1979 § 72a Divergenz Nr. 24). Der Rechtssatz ist dann vom Beschwerdeführer selbst zu formulieren.

5. Die Nichtzulassungsbeschwerde ist darauf zu stützen, dass das angefochtene Berufungsurteil von einer Entscheidung des BVerfG, von einer Entscheidung des Gemeinsamen Senats der Obersten Gerichtshöfe des Bundes, von einer Entscheidung des BAG oder, solange eine Entscheidung des BAG in der Rechtsfrage nicht ergangen ist, von einer Entscheidung einer anderen Kammer desselben LAG (BAG AP ArbGG 1979 § 72a Divergenz Nr. 43) oder eines anderen LAG abweicht und die Entscheidung auf dieser Abweichung beruht. Entscheidungen der LAG sind nicht mehr divergenzfähig, wenn sie vom BAG aufgehoben worden sind (BAG AP ArbGG 1979 § 72a Divergenz Nr. 32 = NZA 1996, 502, BAG 17.1.2012 – 5 AZN 1358/11, NZA 2012, 411) oder wenn die entscheidende Kammer die Rechtsprechung ändert (BAG AP ArbGG 1979 § 72a Divergenz Nr. 43). Die Entscheidungen anderer als der aufgezählten Gerichte wirken nicht divergenzbegründend (BAG AP ArbGG 1979 § 72a Grundsatz Nr. 25; AP ArbGG 1979 § 72a Divergenz Nr. 17 = NZA 1986, 578). Dabei muss der Rechtssatz in dem schriftlich abgefassten Berufungsurteil enthalten sein und kann nicht aus der mündlichen Urteils-

begründung des Vorsitzenden abgeleitet werden (BAG 17.1.2012 – 5 AZN 1358/11, NZA 2012, 411).

6. Eine Divergenz liegt nur dann vor, wenn das Berufungsgericht mit einem tragenden abstrakten Rechtssatz von einem abstrakten Rechtssatz einer angezogenen Entscheidung abweicht (BAG AP ArbGG 1979 § 72a Divergenz Nr. 11). Nach dem Wortlaut von § 72 Abs. 2 Nr. 2 ArbGG ist es erforderlich, dass in jedem Fall dargelegt werden muss, dass die anzufechtende Entscheidung auf dem abstrakten Rechtsgrundsatz beruht (BAG AP ArbGG 1979 § 72a Divergenz Nr. 3). Eine Divergenzbeschwerde ist mithin nicht statthaft, wenn die anzufechtende Entscheidung die Rechtsfrage dahingestellt lässt, einen Rechtssatz aufstellt, der sich auf die Entscheidung nicht auswirkt, eine Tatfrage abweichend beurteilt (BAG AP ArbGG 1979 § 72a Divergenz Nr. 47 = NZA 2004, 1292).

Die Divergenzbeschwerde ist in den Fällen, in denen die angefochtene Entscheidung des LAG nicht nur eine Hauptbegründung, sondern auch eine Hilfsbegründung enthält, nur zulässig, wenn sowohl die Haupt- wie auch die Hilfsbegründung eine Divergenz enthält und diese dargelegt ist (BAG 27.10.1998 – 9 AZN 575/98, NZA 1999, 222). Eine Divergenzbeschwerde ist nicht zulässig, wenn die anzufechtende Entscheidung mehrere Begründungen enthält, die die Entscheidung tragen, von denen aber nur eine abweicht (BAG AP ArbGG 1979 § 72a Divergenz Nr. 3).

7. Gegen den Beschluss, durch den eine Nichtzulassungsbeschwerde verworfen wird, gibt es keine Gegenvorstellung (BAG AP ZPO § 329 Nr. 2) und kein Rechtsmittel (BAG 10.10.2012 – 5 AZN 991/12, NZA 2013, 167). Eine Fortführung des Nichtzulassungsverfahren mit der Möglichkeit der Abhilfe und Durchbrechung der Rechtskraft kommt nur mittels Anhörungsrüge nach § 78a ArbGG oder mittels Verfassungsbeschwerde in Betracht. Ebenso wenig gibt es ein Rechtsmittel gegen einen Beschluss, durch den die Revision oder Rechtsbeschwerde zugelassen worden ist (BAG AP ArbGG 1979 § 72a Nr. 19 = DB 1985, 136). Wird die Revision auf die Nichtzulassungsbeschwerde zugelassen, wird das Nichtzulassungsbeschwerdeverfahren als Revisionsverfahren fortgeführt. In diesem Fall gilt die form- und fristgerechte Einlegung der Nichtzulassungsbeschwerde als Einlegung der Revision. Mit der Zustellung der Entscheidung beginnt die Revisionsbegründungsfrist von vollen zwei Monaten (§ 72a Abs. 6 ArbGG).

8. Im Nichtzulassungsbeschwerdeverfahren setzt die Einstellung der Zwangsvollstreckung voraus, dass für die mit der Beschwerde verfolgte Zulassung der Revision Aussicht auf Erfolg besteht (BAG AP ArbGG 1979 § 72a Nr. 42 = NZA 2000, 1072).

Kosten und Gebühren

9. Der Nichtzulassungsbeschwerdeführer hat die Kosten der Nichtzulassungsbeschwerde zu tragen, wenn sie unzulässig oder unbegründet ist (§ 97 Abs. 1 ZPO). Ist die Beschwerde begründet und wird die Revision zugelassen, sind die Kosten des Verfahrens zur Nichtzulassungsbeschwerde ein Teil der Kosten des Revisionsverfahrens. Ist die Nichtzulassungsbeschwerde nur teilweise begründet, soll über die Kosten des erfolglosen Teils des Rechtsmittels entschieden werden (BAG 23.3.2010 – 9 AZN 979/09, NZA 2010, 725). Wird die Revision zugelassen, entfällt die Gebühr (VV 8612 GNotKG). Rechtsanwaltsgebühren: Anl. 1 zum RVG VV 3500 RVG.

8. Nichtzulassungsbeschwerde wegen grundsätzlicher Bedeutung

An das
Bundesarbeitsgericht
. . . . . Sa . . . . . /. . . . . (Landesarbeitsgericht . . . . .)
. . . . . Ca . . . . . /. . . . . (Arbeitsgericht . . . . .)
In Sachen[1]
der . . . . .
Nichtzulassungsbeschwerdeführerin/Berufungsklägerin/Klägerin
– Prozessbevollmächtigte/r: RA(in) . . . . . –
gegen
. . . . .
Nichtzulassungsbeschwerdegegnerin/Berufungsbeklagte/Beklagte
– Prozessbevollmächtigte/r 2. Instanz: RA(in) . . . . . –
vertrete ich die Klägerin auch in der 3. Instanz.

Namens und mit Vollmacht der Klägerin lege ich wegen der Nichtzulassung der Revision in dem Urteil des Landesarbeitsgerichts . . . . . vom . . . . . – . . . . . Sa . . . . . /. . . . . – der Klägerin zugestellt am . . . . .

Nichtzulassungsbeschwerde

ein und beantrage:
Die Revision gegen das Urteil des Landesarbeitsgerichtes . . . . . vom . . . . . – Sa . . . . ./. . . . . – wird zugelassen.

Eine Kopie des Urteils des Landesarbeitsgerichts . . . . . vom . . . . . – Sa . . . . ./. . . . . – füge ich bei.

Begründung:[2]

I. Die Klägerin ist seit dem . . . . . als . . . . . bei der Beklagten beschäftigt. Auf das Arbeitsverhältnis ist kraft vertraglicher Vereinbarung der Tarifvertrag für . . . . . anzuwenden.
Seit dem . . . . . ist die Klägerin in der Abteilung . . . . . als . . . . . eingesetzt. Für die Zeit vom . . . . . bis . . . . . erhält die Klägerin Vergütung nach Entgeltgruppe . . . . .
Mit der Klage hat die Klägerin von der Beklagten Vergütung nach Entgeltgruppe . . . . . verlangt. Das Arbeitsgericht hat die Klage abgewiesen; das Landesarbeitsgericht hat die Berufung zurückgewiesen. Die Revision hat es nicht zugelassen. Mit der Nichtzulassungsbeschwerde erstrebt die Klägerin die Zulassung der Revision.

II. Das Landesarbeitsgericht hat die Revision zu Unrecht nicht zugelassen. Nach § 72 iVm § 72a Abs. 3 S. 2 Nr. 1 ArbGG ist die Nichtzulassungsbeschwerde an das BAG zulässig, wenn die Rechtssache grundsätzliche Bedeutung hat.[3] Das Landesarbeitsgericht hat verkannt, dass im vorliegenden Fall die Rechtssache grundsätzliche Bedeutung hat.
Das LAG hat im Urteil vom . . . . . entschieden, dass . . . . . Nach dem Sachvortrag der Beklagten ist . . . . .
Die Entscheidung hängt also von der Beantwortung der Frage . . . . . [konkrete Frage formulieren] ab.
Die Rechtsfrage ist klärungsfähig . . . . . Die Rechtsfrage ist auch klärungsbedürftig, denn . . . . .
Die Rechtsfrage ist offen . . . . . Die Entscheidung im angefochtenen Urteil beruht auf dem oben genannten Rechtssatz . . . . .
Die Entscheidung der Rechtsfrage ist auch von allgemeiner Bedeutung . . . . .

Rechtsanwalt/Rechtsanwältin[4]

Anmerkungen

1. Grundsätze/Formalien: → Form. IV.D.7 Anm. 2, 3.

2. Fristen: → Form. IV.D.7 Anm. 1.

3. Eine Grundsatzbeschwerde ist in allen Fällen statthaft, in denen eine entscheidungserhebliche Rechtsfrage grundsätzliche Bedeutung hat. Diese ist gegeben, wenn die Entscheidung des LAG von einer durch das Revisionsgericht klärungsfähigen und klärungsbedürftigen Rechtsfrage abhängt, die von allgemeiner Bedeutung für die Rechtsordnung ist und die Interessen der Allgemeinheit oder eines größeren Teils der Allgemeinheit betroffen sind (BAG 16.9.1997 – 9 AZN 133/97, NZA 1997, 1248). Die Entscheidung des LAG ist nach diesen Voraussetzungen zu überprüfen. Maßgeblich ist, ob das LAG sich mit der Rechtsfrage befasst hat und nicht bloß, dass es sich mit der Rechtsfrage hätte befassen müssen (BAG 13.6.2006 – 9 AZN 226/06, NZA 2006, 1004). Die aufgeworfene Rechtsfrage muss in der Begründung konkret benannt werden (BAG 14.4.2005 – 1 AZN 840/04, NZA 2005, 708). Die Grundsatzbeschwerde kommt nicht in Betracht, wenn es um eine Fragestellung geht, deren Beantwortung von den Umständen des Einzelfalls abhängt (BAG 23.1.2007 – 9 AZN 792/06, NZA 2008, 376). Allein eine unzutreffende Rechtsanwendung des LAG oder die Willkürlichkeit einer zweitinstanzlichen Entscheidung aus der Sicht einer Partei können die Zulassung wegen grundsätzlicher Bedeutung nicht begründen. Vielmehr muss in der Nichtzulassungsbeschwerde die grundsätzliche Bedeutung einer oder mehrerer Rechtsfragen, sowie die Entscheidungserheblichkeit aufgezeigt sein (BAG 7.8.2019 – 3 AZN 720/19 (F), NZA 2020, 130). Es muss dargelegt werden, welche abstrakte Interpretation das LAG bei der Behandlung der Rechtsfrage vorgenommen hat und dass diese fehlerhaft ist (BAG 5.11.2008 – 5 AZN 842/08, NZA 2009, 55). Der Beschwerdeführer hat die von ihm darzulegende entscheidungserhebliche Rechtsfrage von grundsätzlicher Bedeutung regelmäßig so konkret zu formulieren, dass sie mit „Ja“ oder „Nein“ beantwortet werden kann (BAG 23.1.2007 – 9 AZN 792/06, NZA 2008, 376). Es muss nachvollziehbar dargelegt werden, dass die Rechtsfrage für eine größere Zahl von Arbeitnehmern rechtliche Bedeutung hat. Darzulegen ist die allgemeine Bedeutung für die Rechtsordnung oder ihre Auswirkung auf die Interessen jedenfalls eines großen Teils der Allgemeinheit. Maßgeblicher Zeitpunkt für die Frage, ob eine grundsätzliche Bedeutung vorliegt, ist grds. der Zeitpunkt der Verkündung des Urteils des LAG. Die grundsätzliche Bedeutung muss jedoch zum Zeitpunkt der Entscheidung über die Nichtzulassungsbeschwerde noch fortbestehen. Sie entfällt, wenn die Rechtsfrage zur Entscheidung des Beschwerdegerichts entschieden, auf andere Weise gelöst oder bedeutungslos wird (BGH 12.3.2003 – IV ZR 278/02, NJW 2003, 1609). Sodann sind Ausführungen zur Klärungsbedürftigkeit aufzunehmen. Der Beschwerdeführer muss darlegen, dass und warum die Rechtslage nicht eindeutig ist und deshalb unterschiedliche Entscheidungen des LAG zu erwarten sind.

Beruht die Entscheidung des LAG auf einer Doppelbegründung, ist die Revision sowohl im Falle der Divergenz- wie der Grundsatzbeschwerde nur zuzulassen, wenn mit der Nichtzulassungsbeschwerde beide Begründungen des LAG angegriffen werden und die Rügen gegen jede der beiden Begründungen für sich betrachtet begründet sind. Dabei kann die Beschwerde hinsichtlich einer Begründung auf Divergenz, hinsichtlich der anderen auf grundsätzliche Bedeutung der Rechtssache gestützt werden (BAG AP ArbGG 1979 § 72a Divergenz Nr. 33; AP ArbGG 1979 § 72a Grundsatz Nr. 38; AP ArbGG 1979 § 72a Nr. 41 = NZA 1999, 725). Entsprechendes gilt bei Entscheidungen mit mehr als zwei tragenden Begründungen (BAG AP ArbGG 1979 § 72a Nr. 41 = NZA 1999, 726).

Kosten und Gebühren

4. → Form. IV.D.7 Anm. 9.

9. Nichtzulassungsbeschwerde wegen eines absoluten Revisionsgrundes und Verletzung des rechtlichen Gehörs

An das
Bundesarbeitsgericht
. . . . . Sa . . . . ./. . . . . (Landesarbeitsgericht . . . . .)
. . . . . Ca . . . . ./. . . . . (Arbeitsgericht . . . . .)
In Sachen
des . . . . .
Nichtzulassungsbeschwerdeführer/Berufungskläger/Kläger
– Prozessbevollmächtigte/r: RA(in) . . . . . –
gegen
. . . . .
Nichtzulassungsbeschwerdegegner/Berufungsbeklagter/Beklagter
– Prozessbevollmächtigte/r 2. Instanz: RA(in) . . . . . –
vertrete ich den Kläger auch in der 3. Instanz.
Namens und in Vollmacht des Klägers lege ich gegen die Entscheidung des Landesarbeitsgerichts vom . . . . ., ... Sa . . . . ./. . . . ., dem Kläger zugestellt am . . . . .
Nichtzulassungsbeschwerde[1]
ein und beantrage:
Die Revision gegen das Urteil des Landesarbeitsgerichts . . . . . vom . . . . . – . . . . . Sa . . . . ./. . . . . wird zugelassen.
Eine Kopie des Urteils des Landesarbeitsgerichts . . . . . vom . . . . . Sa . . . . ./. . . . . füge ich bei.

Gründe[2, 3, 4]

Der Kläger hat am . . . . . Kündigungsschutzklage erhoben. Das Arbeitsgericht hat die Klage mit Urteil vom . . . . ., Az.: . . . . . Ca . . . . ./. . . . ., abgewiesen. Gegen dieses Urteil hat der Kläger Berufung eingelegt. Das Landesarbeitsgericht hat die Berufung zurückgewiesen und die Revision nicht zugelassen. Das Landesarbeitsgericht hat die Revision zu Unrecht nicht zugelassen. Die Voraussetzungen des § 72a Abs. 3 Nr. 3 ArbGG sind gegeben. Es ist sowohl ein absoluter Revisionsgrund nach § 547 Abs. 1 . . . . . ZPO gegeben als auch der Anspruch auf rechtliches Gehör in entscheidungserheblicher Weise verletzt. Dies hat das Landesarbeitsgericht verkannt . . . . .
Es lag dagegen der absolute Revisionsgrund . . . . . vor, denn . . . . . [wird ausgeführt].
Daneben ist der Anspruch auf rechtliches Gehör gem. Art. 103 GG verletzt. Das Landesarbeitsgericht hatte mit Verfügung vom . . . . . dem Kläger einen richterlichen Hinweis gegeben und den Kläger aufgefordert, bis zum . . . . . ergänzend zu . . . . . vorzutragen. Der Kläger ist dem mit Schriftsatz vom . . . . . nachgekommen und hat auf S. . . . . . ausgeführt . . . . . Diesen Vortrag nebst Beweisangeboten hat das Landesarbeitsgericht bei seiner Entscheidung nicht berücksichtigt, denn es führt im Urteil aus . . . . . [wird ausgeführt]. Hätte das Landesarbeitsgericht diesen Vortrag berücksichtigt, hätte es der Klage stattgeben müssen . . . . . [wird ausgeführt].
Rechtsanwalt/Rechtsanwältin

Anmerkungen

1. Grundsätze/Formalien/Fristen → Form. IV.D.7 Anm. 1–3.

2. Nach § 72a Abs. 3 Nr. 3 ArbGG kommt die Nichtzulassungsbeschwerde beim Vorliegen eines allgemeinen Revisionsgrundes oder der entscheidungserheblichen Verletzung rechtlichen Gehörs in Betracht. Mit der Nichtzulassungsbeschwerde kann nicht die verspätete Absetzung des Urteils gerügt werden (§ 73 ArbGG). Insoweit ist eine Beschwerde wegen verspäteter Urteilsabsetzung in § 72b ArbGG geschaffen.

3. Die Nichtzulassungsbeschwerde muss die Darlegung eines absoluten Revisionsgrundes nach § 547 Nr. 1–5 ZPO und/oder die Verletzung des Anspruchs auf rechtliches Gehör und die Entscheidungserheblichkeit der Verletzung enthalten (§ 72a Abs. 3 S. 2 Nr. 3 ArbGG). Soll die Nichtzulassungsbeschwerde darauf gestützt werden, dass ein absoluter Revisionsgrund vorliegt, reicht es nicht aus, dass lediglich einer der Zulassungsgründe des § 547 Nr. 1–5 ZPO genannt wird. Vielmehr ist es erforderlich, dass der Beschwerdeführer die Tatsachen, aus denen sich der Verfahrensfehler des LAG ergeben soll, substantiiert vorträgt (BAG 5.12.2011 – 5 AZN 1036/11, NZA 2012, 351). Wird die Nichtzulassungsbeschwerde auf die entscheidungserhebliche Verletzung des Grundsatzes auf rechtliches Gehör gestützt, muss konkret dargelegt werden, wodurch der Anspruch des Beschwerdeführers auf rechtliches Gehör durch das LAG verletzt wurde und warum das LAG ohne diese Verletzung des rechtlichen Gehörs auf der Grundlage seiner eigenen Prämisse eine andere Entscheidung getroffen hätte. Es müssen die Voraussetzungen für einen Verstoß gegen das Gebot des rechtlichen Gehörs iE dargelegt werden. Der Vortrag muss das Revisionsgericht befähigen, allein anhand der Beschwerdeschrift und des Berufungsurteils (dh ohne Hinzuziehung der Verfahrensakten) die Frage der Nichtberücksichtigung zu prüfen. Wird die Nichtberücksichtigung von Vorbringen geltend gemacht, ist darzulegen, welche Tatsachen der Beschwerdeführer in der Vorinstanz wo vorgetragen hat, die übergangen wurden. Hierzu sind Schriftsatzdatum und Seite anzugeben (BAG AP ArbGG § 78a Nr. 5 = NZA 2009, 396). Sodann ist vom Beschwerdeführer darzulegen, bei welchen Ausführungen des LAG der von ihm als übergangen gerügten Vortrag hätte berücksichtigt werden müssen und inwiefern das LAG diesen Vortrag unberücksichtigt gelassen hat. Es muss konkret und im Einzelnen dargelegt werden, welches wesentliche und entscheidungserhebliche Vorbringen das LAG bei dem Urteil übergangen haben soll. Übergeht das LAG den Vortrag, auf den es aus seiner Sicht nicht ankommt, verstößt es nicht gegen Art. 103 Abs. 1 GG, denn das LAG braucht in seiner Entscheidung nicht jegliches Vorbringen ausdrücklich zu behandeln (BAG 19.2.2008 – 9 AZN 1085/07, NJW 2008, 2362). Nachfolgend hat der Rechtsbeschwerdeführer dann die Entscheidungserheblichkeit des übergangenen Vorbringens darzulegen, also, dass sich bei Berücksichtigung seines Vortrages unter Berücksichtigung der vom LAG vertretenen Rechtsauffassung eine für den Beschwerdeführer günstigere Entscheidung ergeben hätte (BAG 1.9.2010 – 5 AZN 599/10, NZA 2010, 1196). Es muss auch die Kausalität zwischen Verfahrensmangel und Ergebnis des Berufungsurteils dargelegt werden. Hierbei ist es allerdings auch ausreichend, dass der Schluss gerechtfertigt ist, dass das Berufungsgericht bei richtigem Verfahren möglicherweise anders entschieden hätte (BAG 10.5.2005 – 9 AZN 195/05, NZA 2005, 1205). Die Verletzung der einfachgesetzlichen Hinweispflicht durch das Gericht stellt nicht stets zugleich einen Verstoß gegen Art. 103 Abs. 1 GG dar. Es muss vom Beschwerdeführer dargelegt werden, welcher Teil der Begründung des Urteils auf Gesichtspunkte abstellt, bei denen seiner Ansicht nach die Hinweispflicht und damit der Grundsatz des rechtlichen Gehörs verletzt ist. Dies ist nur anzunehmen, wenn die Entscheidung ohne entsprechenden Hinweis auf einen Gesichtspunkt gestützt wird, mit dem auch ein gewissenhafter und kundiger Prozessbeteiligter unter Berücksichtigung der Vielzahl von vertretbaren Rechtsauffassungen nach dem bisherigen Prozessverlauf nicht zu rechnen brauchte. Erst dann hat das Gericht bei der Auslegung und Anwendung der einfachrechtlichen Vorschriften die Bedeutung und Tragweite des Grundrechts auf rechtliches Gehör verkannt (BAG 31.3.2021 – 5 AZN 926/20, NZA 2021, 742). Der Beschwerdeführer hat anzugeben, welchen Hinweis das LAG hätte erteilen müssen, wie er hierauf reagiert hätte und dass die Ergänzung seines Vortrages zu einer für ihn günstigeren Entscheidung geführt hätte.

4. Bei entscheidungserheblicher Verletzung des rechtlichen Gehörs kann die Sache an das LAG zurückverwiesen werden (§ 72a Abs. 7 ArbGG).

10. Revision

An das
Bundesarbeitsgericht
. . . . . Sa . . . . ./. . . . . (Landesarbeitsgericht . . . . .)
. . . . . Ca . . . . ./. . . . . (Arbeitsgericht . . . . .)

Revision[1]

In Sachen
der . . . . .
Revisionskläger/Berufungskläger/Kläger
– Prozessbevollmächtigte/r: RA(in) . . . . . –
gegen
. . . . .
Revisionsbeklagter/Berufungsbeklagter/Beklagter
– Prozessbevollmächtigte/r 2. Instanz: RA(in) . . . . . –
vertrete ich den Kläger auch in der Revisionsinstanz. Namens und mit Vollmacht des Klägers lege ich gegen das Urteil des Landesarbeitsgerichts . . . . . vom . . . . . – . . . . . Sa . . . . ., dem Kläger zugestellt am . . . . .,

Revision

ein und beantrage:
Auf die Revision des Klägers wird das Urteil des Landesarbeitsgerichtes . . . . . vom . . . . . – . . . . . Sa . . . . ./. . . . . aufgehoben.
Auf die Berufung des Klägers[2] wird das Urteil des Arbeitsgerichts . . . . . vom . . . . . – Ca . . . . ./. . . . . – abgeändert.
Die Beklagte wird verurteilt . . . . .

Begründung:[3]

I. Der Kläger war vom . . . . . bis . . . . . bei dem Beklagten als . . . . . beschäftigt. Seit dem . . . . . war er Prokurist. Mit seinem Ausscheiden ist der Kläger in den Ruhestand getreten. Am . . . . . hatte der Beklagte dem Kläger eine Versorgungszusage erteilt. Der Beklagte hat beim Ausscheiden des Klägers eine monatliche Betriebsrente iHv . . . . . EUR berechnet. Diese Beträge hat der Beklagte seit . . . . . nicht erhöht und sich darauf berufen . . . . . [ausführen][4]
Mit der Klage hat der Kläger die Auszahlung der Differenzbeträge seit dem . . . . . iHv monatlich . . . . . EUR verlangt. Das Arbeitsgericht hat die Klage abgewiesen. Das Landesarbeitsgericht hat die Berufung des Klägers zurückgewiesen. Es hat die Revision zugelassen.

Eine Abschrift des Berufungsurteils des Landesarbeitsgerichts . . . . . vom . . . . . ist beigefügt.

II.

1. **Die Revision ist statthaft. Sie wurde vom Landesarbeitsgericht im Urteil vom . . . . . zugelassen. Die Revision wurde mit Schriftsatz vom . . . . . fristgerecht eingelegt . . . . .**
2. **Die Revision rügt die Verletzung materiellen Rechts. Das Landesarbeitsgericht hat die Verpflichtung der Beklagten zur Erhöhung der Zahlungen der Betriebsrente ebenso wie das Arbeitsgericht verneint und die Rechtsnorm des § 16 BetrAVG verkannt . . . . . [wird ausgeführt]. Bei rechtsfehlerfreier Anwendung des § 16 BetrAVG hätte das Landesarbeitsgericht der Klage stattgeben müssen, so dass das Urteil des Landesarbeitsgerichts aufzuheben ist und das Urteil des Arbeitsgerichts abzuändern ist. IE:[5] [wird ausgeführt]**
3. **Im Übrigen hat das Landesarbeitsgericht den Sachverhalt nicht hinreichend aufgeklärt und nicht die angebotenen Beweise erhoben.**
   a) **Der Kläger hatte im Schriftsatz vom . . . . . auf S. . . . . vorgetragen, dass er zwei Wochen nach Zugang der Mitteilung der Beklagten, dass eine Anpassung nach § 16 Abs. 4 BetrAVG zu Recht unterblieben ist, dieser Aussage schriftlich widersprochen hatte und zudem die Beklagte nicht auf die Rechtsfolge eines nicht fristgemäßen Widerspruchs hingewiesen hatte. Die Beklagte hingegen hatte behauptet, ein entsprechendes Schreiben des Klägers liege nicht vor. Das Landesarbeitsgericht hat in dem Berufungsurteil den Vortrag der Beklagten als unstreitig angesehen und zur Begründung ausgeführt, der Kläger habe den Vortrag nicht substantiiert bestritten. Insoweit hat es die Grundsätze des richterlichen Fragerechts und der Fragepflicht verletzt. Das Landesarbeitsgericht hätte den Kläger auffordern müssen, iE darzulegen, wann er der Beklagten sein Schreiben zugestellt hat. Hätte das Landesarbeitsgericht den Kläger entsprechend aufgefordert, hätte der Kläger vorgetragen, dass . . . . .[wird ausgeführt]. Hierauf beruht die angefochtene Entscheidung. Hätte der Kläger aufgrund einer entsprechenden Aufforderung des Landesarbeitsgerichts den vorgenannten Vortrag nachgereicht, hätte das Landesarbeitsgericht die Entscheidung nicht damit begründen können, dass der Kläger der zu Recht unterbliebenen Anpassung der Beklagten nicht widersprochen hat.[6]**
   b) **Im Übrigen hat das Landesarbeitsgericht auch die angebotenen Beweise nicht ausgeschöpft. Der Kläger hat auf Seite . . . . . des Schriftsatzes vom . . . . . vorgetragen, dass . . . . . Dies hat der Kläger an der angegebenen Fundstelle in das Zeugnis des . . . . ., zu laden bei . . . . . gestellt. Hätte das Landesarbeitsgericht diesen Beweis erhoben . . . . . hätte der Zeuge bekundet . . . . . Dann hätte das Landesarbeitsgericht der Klage stattgegeben.[7]**
   c) **Im Übrigen ist die Beweiswürdigung des Landesarbeitsgerichts unzureichend.[8]**

Rechtsanwalt/Rechtsanwältin[9, 10]

Anmerkungen

1. Die Revision ist nur statthaft, wenn das LAG sie zulässt oder die Revision vom BAG im Verfahren der Nichtzulassungsbeschwerde zugelassen wird. Die Entscheidung erfolgt von Amts wegen, wenn die Voraussetzungen vorliegen. Ein Antrag stellt nur eine Anregung an das Gericht dar. Die Revision ist zuzulassen, wenn (1) die entscheidungserhebliche Rechtsfrage grundsätzliche Bedeutung hat, (2) eine Divergenz zu den Entscheidungen der in § 72 Abs. 2 Nr. 2 ArbGG aufgezählten Gerichten vorliegt; (3) ein absoluter Revisionsgrund nach § 547 Nr. 1–5 ZPO oder (4) die entscheidungserhebliche Verletzung des Anspruches auf rechtliches Gehör geltend gemacht wird. Die Zulassung erfolgt im Tenor der Entscheidung (§ 72 Abs. 1 S. 2 iVm § 64 Abs. 3a ArbGG). Ist dies unterblieben, kann binnen zwei Wochen ab Verkündung des Urteils eine entsprechende Ergänzung beantragt werden. Hat das LAG die Revision zugelassen, ist das BAG daran gebunden (BAG AP ArbGG 1979 § 72 Nr. 35 = NZA 1998, 45). Lässt das LAG die Revision nicht zu und begründet dies in den Entscheidungsgründen, so ist eine gleichwohl erteilte Rechtsmittelbelehrung über die Revisionseinlegung unbeachtlich (BAG AP ArbGG § 72 Nr. 43 = NZA 2001, 52). Auch dann, wenn die Revision auf absolute Revisionsgründe gestützt wird, bedarf es der Revisionszulassung (BAG 20.2.2001 – 4 AZR 677/00, NZA 2001, 912). Die Revision kann zwar nicht auf einzelne Rechtsfragen oder Anspruchselemente beschränkt zugelassen werden, sie kann aber auf einen tatsächlich und rechtlich selbstständigen Teil des Gesamtstreitstoffs beschränkt werden. Voraussetzung ist, dass der Teil in tatsächlicher und rechtlicher Hinsicht unabhängig von dem übrigen Prozessstoff beurteilt werden kann und auch bei einer Zurückverweisung kein Widerspruch zum unanfechtbaren Teil des Streitstoffs begründet (BAG 23.10.2019 – 8 AZN 636/19, NZA 2020, 71). Die Revisionsfrist beträgt einen Monat und die Revisionsbegründungsfrist zwei Monate. Beide Fristen beginnen mit der Zustellung des in vollständiger Form abgefassten Urteils, spätestens aber mit Ablauf von fünf Monaten nach der Verkündung (§ 74 Abs. 1 ArbGG). In der Praxis werden regelmäßig Revision und Revisionsbegründung in getrennten Schriftsätzen eingereicht. Im Falle einer Nichtzulassungsbeschwerde, der das BAG stattgegeben hat, geht das Beschwerdeverfahren in die Revision über (§ 72a Abs. 6 ArbGG). Die Einlegung der Nichtzulassungsbeschwerde gilt als Einlegung der Revision. Mit der Zustellung der Entscheidung beginnt die Revisionsbegründungsfrist. Die Revisionsbegründungsfrist kann einmal bis zu einem weiteren Monat verlängert werden (§ 74 Abs. 1 ArbGG; BAG AP LPVG Rheinland-Pfalz § 112 Nr. 1 = NZA 2004, 1058).

„Es wird beantragt, die am . . . . . ablaufende Revisionsbegründungsfrist um einen Monat bis zum . . . . . zu verlängern.

Gründe:

Vor Begründung der Revision bedarf es noch einer Rücksprache mit dem Kläger. Diese ist jedoch nicht innerhalb der Revisionsbegründungsfrist durchzuführen, weil der Unterzeichner mit Arbeit überlastet ist . . . . .“

Die Verlängerung kann auch noch nach Ablauf der Begründungsfrist gewährt werden, sofern sie bis zum Ablauf des letzten Tages der Frist beantragt worden ist (BGH BGHZ 83, 217; BAG GS AP ArbGG 1979 § 66 Nr. 1; BAG AP ZPO § 233 Nr. 10 = NZA 1986, 107).

2. Es braucht nur ein Sachantrag gestellt werden; dagegen wird von Amts wegen aufgehoben und zurückverwiesen, wenn noch weitere Aufklärungen notwendig sind. Wenn das Berufungsurteil aufgehoben wird, muss über das Schicksal des Urteils des Arbeitsgerichtes entschieden werden. Hier der Antrag des in 1. und 2. Instanz unterlegenen Klägers. Alternative für in 1. und 2. Instanz unterlegene Beklagte:

Auf die Revision der Beklagten wird das Urteil des Landesarbeitsgerichts . . . . . vom . . . . . – . . . . . Sa . . . . . /. . . . . aufgehoben. Auf die Berufung der Beklagten wird das Urteil des Arbeitsgerichtes . . . . . vom . . . . . – . . . . . Ca . . . . . /. . . . . abgeändert. Die Klage wird abgewiesen.

Entsprechende Anpassungen des Antrages sind bei unterschiedlichem Ausgang in 1. und 2. Instanz und bei teilweisem Obsiegen oder Unterliegen erforderlich.

3. Der notwendige Inhalt der Revisionsbegründung ergibt sich aus § 551 Abs. 3 ZPO.

a) Die Revisionsbegründung muss die Revisionsanträge enthalten (§ 551 Abs. 3 Nr. 1 ZPO). Ist weder in der Revisionsschrift noch in der Revisionsbegründungsschrift ein ausdrücklicher Revisionsantrag gestellt, so ist die Revision dann zulässig, wenn die Revisionsbegründung zweifelsfrei erkennen lässt, in welchem Umfang das Berufungsurteil angegriffen wird (BAG AP BGB § 611 Ärzte, Gehaltsansprüche Nr. 24; AP PersVG § 59Nr. 4; AP BMT-G I § 20 Nr. 1).

b) In der Revisionsbegründung müssen die Revisionsgründe angegeben werden (§ 551 Abs. 3 Nr. 2 ZPO). Das kann auch schon vor Zustellung der vollständigen Urteilsgründe geschehen (BAG AP ZPO § 551 Nr. 1 = NZA 2004, 114). Zu unterscheiden sind materiell-rechtliche Rügen und Verfahrensrügen. Bei Rüge einer Verletzung des materiellen Rechtes müssen die Umstände bezeichnet werden, aus denen sich die Rechtsverletzung ergibt (§ 551 Abs. 3 Nr. 2a ZPO). Bei Geltendmachung eines Verfahrensfehlers müssen die Tatsachen bezeichnet werden, aus denen sich der Fehler ergibt (§ 551 Abs. 3 Nr. 2b ZPO). Soweit die Revision wegen mehrerer Ansprüche statthaft ist, müssen die Revisionsgründe für jeden Anspruch angegeben werden, sonst ist die Revision teilweise unzulässig (BAG AP AOG § 32 Tarifordnung Nr. 1; AP KSchG § 1 Verhaltensbedingte Kündigung Nr. 2; AP ArbGG 1979 § 72 Nr. 35 = NZA 1998, 45).
Soweit ein materiell-rechtlicher Fehler gerügt wird, muss die verletzte Rechtsnorm bezeichnet werden. Ausreichend ist, wenn ein allgemeiner Rechtsgrundsatz genannt wird. Unschädlich ist es, wenn versehentlich eine unrichtige Vorschrift angegeben wird (BAG AP ZPO § 161 Nr. 2; AP TVG § 1 Tarifverträge: Bau Nr. 60). Die Revisionsbegründung muss den Rechtsfehler des LAG aufzeigen. Gegenstand und Richtung des Revisionsangriffs müssen erkennbar sein (BAG 20.3.2019 – 4 AZR 595/17, BeckRS 2019, 7982). Die Revisionsbegründung muss zu den in § 551 Abs. 3 Nr. 2a ZPO gerügten Punkten eine Auseinandersetzung mit den tragenden Urteilsgründen des angefochtenen Urteils enthalten. Allein die Darstellung anderer Rechtsansichten ohne jede Auseinandersetzung mit den Gründen des Berufungsurteils genügt den Anforderungen ebenso wenig wie die Wiedergabe des bisherigen Vorbringens oder die Rüge mit formelhaften Wendungen. Damit soll erreicht werden, dass der Prozessbevollmächtigte das Urteil durchdenkt. Außerdem soll durch die Kritik zur richtigen Rechtsfindung beigetragen werden (BAG 30.5.2001 – 4 AZR 272/00, BeckRS 2001, 30791385 nv). Für die Zulässigkeit der Revision ist ausreichend, dass die Revisionsbegründung überhaupt Gründe darlegt, aus denen sich eine Rechtsverletzung und die Fehlerhaftigkeit des Berufungsurteils ergeben sollen (BAG 6.1.2004 – 9 AZR 680/02, NZA 2004, 450). Das Revisionsgericht ist an den geltend gemachten Fehler nicht gebunden. Ist die Revision einmal zulässig, überprüft das Gericht das Urteil insgesamt auf materiell-rechtliche Fehler. Nach ganz hM muss sich der Revisionskläger mit den Gründen der angefochtenen Entscheidung auseinandersetzen (BAG AP ZPO § 554 Nr. 15; AP TVG § 1 Tarifverträge: Bau Nr. 60; BSG AP ZPO § 554 Nr. 16; AP ZPO § 554 Nr. 30 = NZA 1998, 336).
Wird dagegen eine Verfahrensrüge erhoben, so ist (1) die verletzte Rechtsnorm, (2) der Sachverhalt, aus dem sich die Verfahrensverletzung ergibt und (3) der Kausalzusammenhang zwischen Verfahrensfehler und Urteilsinhalt darzulegen. Das Revisionsgericht überprüft grds. nur die gerügten Verfahrensverletzungen. Nach Ablauf der Revisionsbegründungsfrist können weitere Verfahrensrügen durch den Revisionskläger nicht nachgeschoben werden. Nach der Rechtsprechung des BAG ist bei unverschuldeter Versäumung einer Verfahrensrüge die Wiedereinsetzung in den vorherigen Stand nicht möglich (BAG AP ArbGG § 72 Divergenzrevision Nr. 18; AP ArbGG § 72 Divergenzrevision Nr. 20). Verfahrensrügen werden nur dann von Amts wegen berücksichtigt, wenn es sich um die sog Prozessfortsetzungsbedingungen handelt. Der Darlegung des Kausalzusammenhangs zwischen Verfahrensfehler und Urteilsinhalt bedarf es nicht bei den absoluten Revisionsgründen (§ 547 ZPO).

c) Ausnahmsweise kann der Revisionsbeklagte gezwungen sein, eine Verfahrensrüge zu erheben. Dies ist dann der Fall, wenn er beim LAG obsiegt hat und dort ein Verfahrensfehler unterlaufen ist. In diesen Fällen muss er die Möglichkeit haben, zur Meidung des Prozessverlustes noch eine Verfahrensrüge zu erheben, wenn eine Aufhebung des Urteils des LAG ansteht. Die Rüge kann bis zum Schluss der mündlichen Verhandlung vor dem Revisionsgericht erfolgen (BAG AP BGB § 276 Vertragsbruch Nr. 2). Der Revisionsbeklagte kann mithin noch vor dem BAG die verspätete Urteilsabsetzung rügen.

d) Der Schriftsatz mit der Einlegung der Revision und die Revisionsbegründung müssen von einem Prozessbevollmächtigten unterzeichnet sein (§ 11 Abs. 4 ArbGG). Dies sind außer Rechtsanwälten, die in § 11 Abs. 2 S. 2 Nr. 4 und 5 ArbGG bezeichneten Organisationen, wenn sie durch Personen mit Befähigung zum Richteramt handeln.

e) Eine Klageänderung ist in der Revisionsinstanz grds. unzulässig, weil die Entscheidung über den neuen Streitgegenstand die Feststellung neuer Tatsachen erfordert (BAG AP ZPO § 256 Nr. 6; AP BGB § 620 Befristeter Arbeitsvertrag Nr. 27; AP BAT §§ 22, 23 Nr. 46). Eine Ausnahme von diesem Grundsatz gilt dann, wenn bei dem neuen Streitgegenstand ein „Weniger an Tatsachen" als beim bisherigen Streitgegenstand erforderlich ist. Dies ist der Fall beim Übergang von der Leistungs- zur Feststellungsklage (BAG AP BGB § 242 Ruhegehalt Nr. 104; AP GewO § 133 f. Nr. 20; AP BGB § 611 Betriebsgeheimnis Nr. 5 = NZA 1988, 502; AP BAT 1975 §§ 22, 23 Nr. 125). Ausnahmsweise reicht es für eine Revisionsbegründung aus, wenn der Revisionskläger die Revision ausschließlich auf neue Tatsachen stützt, sofern diese nach der mündlichen Verhandlung vor dem Berufungsgericht entstanden sind und auch unter Zugrundelegung der Rechtsauffassung in der angefochtenen Entscheidung zu einer anderen Beurteilung der Klageforderung führen können (BAG AP ZPO § 554 Nr. 21 = NZA 1990, 825).

4. Das Revisionsgericht ist an die Feststellungen des LAG gebunden (§ 559 Abs. 1 ZPO), so dass es fehlerhaft ist, anderen, neuen oder modifizierten Sachverhalt vortragen zu wollen. Es ist daher zu empfehlen, die Struktur des Tatbestandes unter Hervorhebung des Rechtsproblems zusammenzufassen. Neuer Sachverhalt kann in der Revisionsinstanz nur berücksichtigt werden, wenn er zur Begründung einer Verfahrensrüge (§ 551 Abs. 3 Nr. 2b ZPO) dient, in der Revisionsinstanz streitlos (BAG AP BGB § 242 Ruhegehalt Nr. 154) gestellt wird (zB ein Datum usw) oder wenn der Revisionskläger die Revision ausschließlich auf neue Tatsachen stützt, sofern diese nach der letzten mündlichen Verhandlung vor dem Berufungsgericht entstanden sind und unter Zugrundelegung der Rechtsauffassung in der angefochtenen Entscheidung zu einer anderen Beurteilung der Klageforderung führen können (BAG AP ZPO § 554 Nr. 21 = NZA 1990, 825; AP TVG § 2 Tarifzuständigkeit Nr. 7 = NZA 1991, 21). Neu ist ein Vorbringen, wenn es in der Vorinstanz nicht vorgetragen war. Ob das der Fall ist, muss sich gem. §§ 313 Abs. 1, 314 ZPO aus dem Tatbestand des angefochtenen Urteils einschl. der darin in Bezug genommenen Schriftsätze ergeben (BAG AP BGB § 611 Ärzte Nr. 13, Gehaltsansprüche). Neue, im Hinblick auf die materielle Rechtslage relevante Tatsachen, die erst nach Schluss der mündlichen Verhandlung in der Berufungsinstanz eingetreten sind, können berücksichtigt werden, wenn sie unstreitig sind und wenn schützenswerte Belange der Gegenpartei einer Berücksichtigung nicht entgegenstehen (BAG 20.11.2019 – 5 AZR 39/19, NZA 2020, 1045). Hat das LAG Tatsachen fehlerhaft festgestellt, ist nach § 320 ZPO bei dem LAG ein fristgebundener Antrag auf Tatbestandsberichtigung zu stellen, da sonst das Revisionsgericht von dem festgestellten Tatbestand ausgeht (BAG AP KSchG § 7 Nr. 2; AP BGB § 611 Haftung des Arbeitnehmers Nr. 32). Zum Tatbestand im Rechtssinne gehören alle tatsächlichen Feststellungen ohne Rücksicht auf ihre äußere Einordnung in das Urteil, also auch Teile der Entscheidungsgründe (BGH VersR 1974, 1021). Die Bindungswirkung eines zurückverweisenden Revisionsurteils erstreckt sich auf die Rechtsauffassung des Revisionsgerichts, die für die Aufhebung unmittelbar ursächlich war (BAG AP ZPO § 565 Nr. 23 = ZTR 2004, 206).

5. Verfahrensfehler werden in der Revisionsinstanz nur auf eine Verfahrensrüge nach § 551 Abs. 3 Nr. 2b ZPO berücksichtigt. (1) Grds. können Rügen, der Sachverhalt sei unrichtig festgestellt worden, in der Revisionsinstanz nicht berücksichtigt werden, weil dafür die Tatbestandsberichtigung gegeben ist (→ Anm. 4). Gelangt ein vollständig abgesetztes Urteil erst nach Ablauf von fünf Monaten seit seiner Verkündung mit allen richterlichen Unterschriften zur Geschäftsstelle des Gerichts, so ist dies als ein Urteil ohne Entscheidungsgründe anzusehen. Damit liegt der absolute Revisionsgrund des § 547 Nr. 6 ZPO vor. § 72b ArbGG enthält eine sofortige Beschwerde wegen verspäteter Absetzung des Berufungsurteils. Die Rüge ist genau dann begründet, wenn das Endurteil nicht binnen fünf Monaten nach der Verkündung vollständig abgefasst und mit den Unterschriften sämtlicher Mitglieder der Kammer versehen ist und der Geschäftsstelle übergeben wird. § 72b ArbGG ist nach seinem Wortlaut auf alle Entscheidungen der LAG anzuwenden, die nicht innerhalb der in Abs. 1 genannten Frist abgesetzt werden. Unerheblich ist, ob die Revision zugelassen wurde oder nicht. Hat das LAG die Revision zugelassen, kann die Beschwerdepartei nach fünf Monaten wählen, ob sie von der Beschwerde nach § 72b ArbGG Gebrauch macht oder auf die Abfassung des Urteils des LAG wartet und dann ein Revisionsverfahren durchführt. Eine Notwendigkeit gem. § 72b ArbGG die Beschwerde einzulegen, besteht nicht. Nach § 73 Abs. 1 S. 2 ArbGG kann die Revision später dann nicht auf die verspätete Absetzung der Entscheidung des LAG gestützt werden.

Wird die Revision darauf gestützt, dass das LAG eine Rechtsnorm verletzt hat, muss die verletzte Rechtsnorm bezeichnet werden (§ 551 Abs. 1, Abs. 3 S. 1 ZPO). Es ist ein ausdrücklicher Hinweis auf die übersehene Rechtsvorschrift unter Nennung des Paragrafen aufzunehmen. Sind allgemeine Rechtsgrundsätze nicht oder unzutreffend angewendet worden, kann auch hierauf die Rüge gestützt werden. Dann sind die Rechtsgrundsätze genau zu bezeichnen. Der Revisionsführer muss sich dann hinsichtlich der als verletzt angegebenen Rechtsnormen mit den Gründen der angefochtenen Entscheidung auseinandersetzen. Dies ist allerdings nur eine Zulässigkeitsschranke (→ Anm. 3 b).

6. Muster einer Rüge nach § 139 ZPO (Aufklärungsrüge): BAG AP ZPO § 322 Nr. 8; AP ZPO § 233 Nr. 37; AP ZPO § 565 Nr. 10; AP BAT § 22 Nr. 36; AP BAT § 23 Nr. 70; AP ArbGG 1979 § 74 Nr. 11 = NZA 2004, 449. Bei einer Aufklärungsrüge ist mithin vorzutragen, (1) was das Gericht hätte fragen sollen und warum hierzu Veranlassung bestand, (2) was die Partei geantwortet hätte, (3) inwieweit hierdurch die Entscheidung beeinflusst worden wäre. Die Klage oder der Einwand müssen unter Berücksichtigung des Vortrags schlüssig werden.

7. Muster einer Rüge nach § 286 ZPO (Beweisrüge): BAG AP BGB § 620 Befristeter Arbeitsvertrag Nr. 22; AP ZPO § 322 Nr. 8; AP ArbGG 1997 § 74 Nr. 11 = NZA 2004, 449. Die Beweisrüge setzt voraus (1) konkreter Beweisantrag und Beweisthema, (2) Angabe der Fundstellen des Beweisantritts in den Vorprozessakten beim Arbeitsgericht und LAG, (3) Einfluss auf die Entscheidung, dh Ergebnis der Beweisaufnahme und Bedeutung für die Entscheidung.

8. Mit der Revision kann nicht eine andere Würdigung der erhobenen Beweise erreicht werden. Es müssen Widersprüche, Denkverstöße, Auslassungen usw dargelegt werden, und dass die Würdigung des LAG hierauf beruht.

9. Liegen die Voraussetzungen für die Zulassung der Revision nicht vor und hat die Revision nach Überzeugung des BAG keine Aussicht auf Erfolg, kann das BAG die vom

LAG zugelassene Revision durch einstimmigen Beschluss gem. § 552a ZPO zurückweisen, da die Vorschrift über § 72 Abs. 5 ArbGG auch vor den Gerichten für Arbeitssachen gilt (BAG 23.7.2019 – 3 AZR 357/17, NZA 2019, 1374).

Kosten und Gebühren

10. § 42 Abs. 1, 2 GKG iVm Anl. 1 Nr. 8230 ff. Rechtsanwaltsgebühren: Anl. 1 zum RVG VV 3206 ff. RVG.

11. Sofortige Beschwerde wegen verspäteter Absetzung des Berufungsurteils

An das
Bundesarbeitsgericht
In Sachen
. . . . (volles Rubrum)
vertrete ich den Kläger auch in der 3. Instanz. Namens und in Vollmacht des Klägers lege ich gegen das Urteil des Landesarbeitsgerichts . . . . vom . . . ., Aktenzeichen . . . . Sa . . . ./. . . ., dem Kläger zugestellt am . . . .,

sofortige Beschwerde gem. § 72b ArbGG

ein und beantrage:[1, 2]

1. **Das Urteil des Landesarbeitsgerichts . . . . . vom . . . ., Aktenzeichen . . . . . Sa . . . . ./. . . ., wird aufgehoben. Die Sache wird zur neuen Verhandlung und Entscheidung an das Landesarbeitsgericht zurückverwiesen.**
2. **Die Zurückverweisung erfolgt an die . . . . Kammer.**

Gründe[3]

Der Kläger hat am . . . . . Klage auf . . . . . . erhoben. Das Arbeitsgericht hat die Klage abgewiesen. Das Urteil ist dem Kläger am . . . . . zugestellt worden. Gegen das Urteil hat der Kläger am . . . . . Berufung eingelegt. Das Landesarbeitsgericht hat die Berufung nach der mündlichen Verhandlung vom . . . . . ausweislich des Protokolls des Kammertermins zurückgewiesen.

Beweis: Protokoll der Kammerverhandlung vom . . . . .

Das Urteil ist mit Tatbestand und Entscheidungsgründen und der Unterschrift sämtlicher Richter bis heute nicht zur Geschäftsstelle gelangt. Das Landesarbeitsgericht hat damit die Frist des § 72b Abs. 1 S. 1 ArbGG nicht beachtet. Diese sofortige Beschwerde wahrt die Frist des § 72b Abs. 2 S. 1, 2 ArbGG, denn die Frist hat am . . . . (fünf Monate nach Verkündung des Urteils) begonnen.

Die Aufhebung und Zurückverweisung sollte an eine andere Kammer erfolgen, weil . . . .

Rechtsanwalt/Rechtsanwältin

Anmerkungen

1. Das Endurteil eines LAG kann durch sofortige Beschwerde angefochten werden, wenn es nicht binnen fünf Monaten nach der Verkündung vollständig abgefasst und mit den Unterschriften sämtlicher Mitglieder der Kammer versehen der Geschäftsstelle übergeben worden ist (§ 72b ArbGG, zu den Anforderungen an die Unterschrift der mit-

wirkenden Richter BAG 18.9.2019 – 5 AZB 20/19, NZA 2019, 1525). Das Berufungsurteil ist vollständig abgesetzt, wenn es den formalen Anforderungen der §§ 313–313b ZPO, § 69 ArbGG entspricht. Genügen die tatsächlich vorhandenen Entscheidungsgründe nicht den inhaltlichen Mindestanforderungen des § 547 Nr. 6 ZPO, kann dieser Mangel nicht mit der sofortigen Beschwerde nach § 72b ArbGG geltend gemacht werden (BAG AP ArbGG § 72b Nr. 2 = NZA 2007, 226). Die Nichtzulassungsbeschwerde nach § 72b Abs. 2 S. 3 ArbGG findet keine Anwendung (BAG AP ArbGG 1979 § 72b Nr. 1 = NZA 2007, 111). Eine Umdeutung einer nicht statthaften Nichtzulassungsbeschwerde in eine sofortige Beschwerde wegen verspäteter Absetzung des Berufungsurteils scheidet aus, wenn die eingelegte Nichtzulassungsbeschwerde nicht den Anforderungen des § 72b Abs. 3 ArbGG an die Begründung der sofortigen Beschwerde entspricht (BAG 24.2.2015 – 5 AZN 1007/14, NZA 2015, 511). Hat das LAG die Revision nicht zugelassen und soll nur die vorschriftsmäßige Besetzung des Gerichts gerügt werden, kann darauf nicht die sofortige Beschwerde nach § 72b ArbGG gestützt werden, sondern nur die Nichtzulassungsbeschwerde (BAG 18.9.2019 – 5 AZB 20/19, NZA 2019, 1525). Ist die sofortige Beschwerde nicht (fristgerecht) eingelegt worden, kann die Revision nicht mit der verspäteten Absetzung des Urteils begründet werden (§ 73 Abs. 1 S. 2 ArbGG).

2. Die sofortige Beschwerde wegen verspäteter Urteilsabsetzung ist innerhalb eines Monats beim BAG einzulegen und zu begründen. Die Frist beginnt mit dem Ablauf von fünf Monaten nach der Verkündung des Urteils. § 9 Abs. 5 ArbGG findet keine Anwendung; dh die Frist läuft unabhängig von der Rechtsmittelbelehrung (§ 72b Abs. 2 S. 3 ArbGG). Da es sich um eine Notfrist handelt, kann eine Wiedereinsetzung in Betracht kommen, die aber kaum zu begründen sein wird.

3. Die Beschwerdebegründung muss den in § 72b Abs. 3 ArbGG umschriebenen Inhalt haben. Die Beschwerdeschrift muss die Bezeichnung der angefochtenen Entscheidung sowie die Erklärung enthalten, dass Beschwerde gegen diese Entscheidung eingelegt werde. Die Beschwerde kann nur damit begründet werden, dass das Urteil mit Ablauf von fünf Monaten nach der Verkündung noch nicht vollständig abgefasst und mit den Unterschriften sämtlicher Mitglieder der Kammer versehen der Geschäftsstelle übergeben worden ist (§ 72b Abs. 3 S. 3 ArbGG). Über die Beschwerde entscheidet das BAG ohne Hinzuziehung der ehrenamtlichen Richter durch Beschluss, der ohne mündliche Verhandlung ergehen kann (§ 72b Abs. 4 ArbGG). Ist die sofortige Beschwerde zulässig und begründet, ist das Urteil des LAG aufzuheben und zur neuen Verhandlung und Entscheidung zurückzuverweisen. Dies kann auch eine andere Kammer sein, worüber das BAG entscheiden kann. (§ 72b Abs. 5 ArbGG).

E. Betriebsverfassungsrechtliche Anträge

1. Antrag auf Bestellung eines Wahlvorstandes zur Betriebsratswahl

An das
Arbeitsgericht
Antrag im Beschlussverfahren[1]
mit den Beteiligten
1. Arbeitnehmer 1
2. Arbeitnehmer 2
3. Arbeitnehmer 3
Antragsteller/Beteiligter zu 1–3)[2]
– Verfahrensbevollmächtigte/r Beteiligte 1) – 3): RA(in) . . . . . –
4. Firma X-GmbH,
vertr. d. ihren Geschäftsführer, Herrn . . . . .
Antragsgegnerin/Beteiligte zu 4)
wegen Bestellung eines Wahlvorstandes.
Namens und mit Vollmacht der Antragsteller leite ich ein Beschlussverfahren[3] ein und beantrage:
Das Arbeitsgericht bestellt einen aus drei Personen bestehenden Wahlvorstand zur Durchführung der Betriebsratswahl im Betrieb der Antragsgegnerin bestehend aus
1. Frau . . . . .
2. Herrn . . . . .,
3. Frau . . . . . als Beisitzende.

Begründung:

Die Antragsgegnerin beschäftigt in ihrem Betrieb in . . . . . Arbeitnehmer. Sie ist daher gem. § 1 BetrVG betriebsratsfähig. Ein Betriebsrat besteht nicht.

Die Antragsteller, die im Betrieb der Antragsgegnerin beschäftigt sind, haben am . . . . . zu einer Betriebsversammlung eingeladen.

Beweis: Einladung zur Betriebsversammlung vom . . . . . als Anlage ASt 1

Eine Betriebsversammlung hat nicht stattgefunden/hat einen Wahlvorstand nicht gewählt.[4]

Beweis: Zeugnis des Herrn . . . . ., zu laden über . . . . .

Die Antragsgegnerin unterhält weitere Betriebe in . . . . . Es besteht ein Gesamtbetriebsrat. Der Gesamtbetriebsrat hat keinen Wahlvorstand bestellt (§ 17 BetrVG).

Beweis: Zeugnis des Herrn . . . . ., zu laden über . . . . .

Gem. § 17 Abs. 4 BetrVG hat daher das Arbeitsgericht einen Wahlvorstand zu bestellen.[5] Die drei Vorgeschlagenen sind Arbeitnehmer des Betriebs der Antragsgegnerin und zur Übernahme des Amtes bereit.

Beweis: Erklärungen der vorgeschlagenen Personen als Anlage ASt 2

Rechtsanwalt/Rechtsanwältin[6]

Anmerkungen

1. a) Das Beschlussverfahren ist als selbständige Verfahrensart neben dem Urteilsverfahren im ArbGG ausgebildet. Es ist echte Rechtsprechung, bei der das Gericht von Amts wegen den Sachverhalt ermittelt und darauf Rechtsnormen anwendet. Insoweit bestehen wesentliche Unterschiede zu den Regelungsstreitigkeiten vor den betriebsverfassungsrechtlichen Einigungs- und Schlichtungsstellen.

b) Beschluss- und Urteilsverfahren schließen sich wechselseitig aus (BAG AP ArbGG § 46 Nr. 2; AP ArbGG § 80 Nr. 1). Das Beschlussverfahren ist für die in § 2a ArbGG aufgezählten Fälle gegeben. Die Abgrenzung erfolgt nach der eigentlichen Anspruchsgrundlage. Soweit eine im anderen Verfahren zu entscheidende Frage als Vorfrage zu bescheiden ist, kann darüber inzidenter entschieden werden. Die Wahl der Verfahrensart erfolgt durch die Antragsschrift.

c) Die richtige Verfahrensart ist Prozessvoraussetzung, die in jeder Lage des Verfahrens von Amts wegen geprüft wird. Nach § 48 Abs. 1 ArbGG iVm § 17a GVG, der nach § 80 Abs. 3 ArbGG auch im Beschlussverfahren gilt, hat das Gericht von Amts wegen zu entscheiden, in welcher Verfahrensart über den durch Sachantrag bestimmten Streitgegenstand zu entscheiden ist. Dies muss das Gericht, wenn die Parteien über die Verfahrensart streiten.

d) Zu den Verfahrensvoraussetzungen → Form. IV.E.2 Anm. 4.

2. Nach § 16 BetrVG bestellt der Betriebsrat den Wahlvorstand. Durch das BetrVG ist aber auch dem Gesamtbetriebsrat oder Konzernbetriebsrat ein Bestellungsrecht eingeräumt, wenn die Voraussetzungen des § 16 Abs. 3 BetrVG vorliegen oder wenn kein Betriebsrat besteht (§ 17 Abs. 1 BetrVG). Zum vereinfachten Wahlverfahren bei Kleinbetrieben vgl. § 14a BetrVG. Durch das Betriebsrätemodernisierungsgesetz ist der Anwendungsbereich zum 18.6.2021 erweitert worden. Zum Antragsrecht einzelner Arbeitnehmer oder einer im Betrieb vertretenen Gewerkschaft: § 17 Abs. 4 BetrVG. Die Antragsvoraussetzungen für die gerichtliche Bestellung des Wahlvorstandes müssen zum Zeitpunkt der gerichtlichen Entscheidung vorliegen. Die Antragsberechtigung einzelner Arbeitnehmer muss deshalb während des gesamten Verfahrens bis zur letzten Anhörung in der Rechtsbeschwerdeinstanz bestehen. Sie entfällt, wenn ein antragstellender Arbeitnehmer im Verlauf des Verfahrens aus dem Arbeitsverhältnis ausscheidet und dadurch seine Antragsberechtigung verliert (BAG 20.2.2019 – 7 ABR 40/17, NZA 2019, 1147).Zu den vom Arbeitgeber nach § 20 Abs. 3 S. 1 BetrVG zu tragenden Kosten einer Betriebsratswahl gehören auch die erforderlichen außergerichtlichen Kosten einer Gewerkschaft, die ihr durch die Beauftragung eines Rechtsanwalts in einem Beschlussverfahren zur gerichtlichen Bestellung eines Wahlvorstands entstanden sind (BAG AP BetrVG 1972 § 20 Nr. 20 = NZA 2001, 114).

3. Nach § 81 Abs. 1 ArbGG wird ein Beschlussverfahren nur auf Antrag eingeleitet. Hieraus folgt auch, dass im Schriftsatz hierauf besonders hingewiesen werden muss. Über den Antrag entscheidet die voll besetzte Kammer des Arbeitsgerichtes im Beschlussverfahren (§ 2a ArbGG).

4. Das Arbeitsgericht hat nur eine subsidiäre Bestellungsfunktion (§ 17 Abs. 4 BetrVG).

5. Zur Frage der Abgrenzung, ob sich die gerichtliche Bestellung des Wahlvorstands nach § 16 Abs. 2 BetrVG oder § 17 Abs. 4 BetrVG richtet, kommt es auf den Zeitpunkt der Antragstellung an. Wird das auf die Bestellung des Wahlvorstands gerichtete arbeitsgerichtliche Beschlussverfahren erst nach Ablauf der Amtszeit des Betriebsrats eingeleitet, findet § 17 Abs. 4 BetrVG Anwendung. Wird das Verfahren dagegen schon vor Ablauf der Amtszeit des Betriebsrats eingeleitet, richtet sich die Bestellung des Wahlvorstands auch noch nach Ablauf der Amtszeit des Betriebsrats nach § 16 Abs. 2 BetrVG. Allerdings kann eine gerichtliche Bestellung des Wahlvorstands nicht mehr erfolgen, wenn zwischenzeitlich ein Wahlvorstand nach § 17 Abs. Abs. 1 BetrVG durch den Gesamt- oder den Konzernbetriebsrat bestellt oder nach § 17 Abs. 2 BetrVG in einer Betriebsversammlung gewählt worden ist. Mit einer solchen Bestellung oder Wahl des Wahlvorstands entfällt das Rechtsschutzinteresse für den Antrag auf Bestellung des Wahlvorstands durch das Arbeitsgericht (BAG 23.11.2016 – 7 ABR 13/15, NZA 2017, 589).

Kosten und Gebühren

6. In Verfahren nach § 2a ArbGG werden Kosten nicht erhoben. Die Gerichte für Arbeitssachen erlassen daher keine Kostenentscheidung und setzen keinen Streitwert für die Gerichtsgebühren fest. Die Festsetzung des Gegenstandswerts für die Rechtsanwaltsgebühren richtet sich nach § 33 RVG. Es handelt sich um eine nichtvermögensrechtliche Streitigkeit, da die Errichtung des Betriebsrates im Streit ist. Grundlage der Festsetzung ist insoweit § 23 Abs. 3 S. 2 RVG. Der Regelwert liegt aktuell bei 5.000 EUR; streitig ist, inwieweit der wirtschaftliche Wert sowie Schwierigkeit und anwaltlicher Aufwand bei der Festsetzung des Gegenstandswerts berücksichtigt werden. Es wird teilweise auch auf die Anzahl der betroffenen Arbeitnehmer abgestellt und insoweit die Staffel des § 9 BetrVG zugrunde gelegt. Vgl. auch zum Gegenstandswert im Streitwertkatalog vom 9.2.2018 unter Ziffer 2.1.

2. Wahlanfechtung einer Betriebsratswahl

An das
Arbeitsgericht
Antrag im Beschlussverfahren
mit den Beteiligten
1. Arbeitnehmer 1
2. Arbeitnehmer 2
3. Arbeitnehmer 3[1]
Antragsteller (1–3)
– Verfahrensbevollmächtigte/r Beteiligte zu 1–3: RA(in) . . . . . –
4. Betriebsrat der Firma . . . . .,
vertreten durch den Betriebsratsvorsitzenden
Antragsgegner
5. Firma . . . . .
Beteiligte zu 3
wegen Anfechtung der Betriebsratswahl[2]
Namens und mit Vollmacht der Antragsteller leite ich ein Beschlussverfahren ein und beantrage,
die Betriebsratswahl vom . . . . . für unwirksam zu erklären.

Begründung:[3, 4]

Die Antragsteller sind drei im Betrieb der Beteiligten zu 3 beschäftigte Arbeitnehmer. Am . . . . . hat eine Betriebsratswahl stattgefunden. Das Wahlergebnis ist am . . . . . durch den Wahlvorstand bekanntgemacht worden.

Beweis: Bekanntmachung des Wahlvorstands als Anlage ASt 1

Die Wahl hat wesentliche Vorschriften des Wahlrechts, der Wählbarkeit und des Wahlverfahrens nicht beachtet.

Die Wahl wurde unter Verkennung des Betriebsbegriffs durchgeführt . . . . . (wird ausgeführt).

Dementsprechend wurde die Anzahl der zu wählenden Betriebsratsmitglieder falsch ermittelt.

Weiter hat der Wahlvorstand im Wahlausschreiben den Termin für die Einreichung der Wahlvorschläge falsch angegeben. Damit liegen wesentliche Verstöße vor. Wäre es nicht dazu gekommen, hätte dies zu einem anderen Wahlergebnis führen können (wird ausgeführt).

Beweis: . . . . .

Die Anfechtungsfrist des § 19 Abs. 2 BetrVG ist bei der Antragstellung eingehalten.[5]

Rechtsanwalt/Rechtsanwältin[6]

Anmerkungen

1. Antragsberechtigt sind mindestens drei wahlberechtigte Arbeitnehmer, eine im Betrieb vertretene Gewerkschaft oder der Arbeitgeber (§ 19 Abs. 2 BetrVG). Nimmt die Gewerkschaft eine Wahlanfechtung nicht vor, so ist sie nicht Beteiligte eines von anderen angestrengten Beschlussverfahrens (BAG 19.9.1985 – 6 ABR 4/85, NZA 1986, 368; 27.1.1993 – 7 ABR 37/92, NZA 1993, 949). Der Anfechtungsantrag muss bis zum letzten Anhörungstermin von drei Personen gestellt werden. Nicht erforderlich ist, dass alle drei Arbeitnehmer bis dahin wahlberechtigt sind (BAG 15.2.1989 – 7 ABR 9/88, NZA 1990, 115).

2. Antragsgegner ist der neu gewählte Betriebsrat. Der Arbeitgeber ist immer Beteiligter, auch wenn er, wie vorliegend, keinen Antrag stellt.

3. Zur Begründung sind Verstöße gegen wesentliche Vorschriften über das Wahlrecht, die Wählbarkeit oder das Wahlverfahren darzulegen; vgl. *Fitting* BetrVG § 19 Rn. 10 ff. Eine Betriebsratswahl ist ausnahmsweise nichtig, wenn ein grober oder offensichtlicher Verstoß gegen wesentliche gesetzliche Wahlregeln vorliegt (BAG 27.7.2011 – 7 ABR 61/10, NZA 2012, 345; 13.3.2013 – 7 ABR 70/11, NZA 2011, 73). Anfechtbar ist die Wahl bei wesentlichen Verletzungen von Wahlvorschriften, wenn der wesentliche Verstoß zu einem anderen Wahlergebnis geführt hat oder führen konnte, als es ohne den Verstoß festzustellen ist. Es reicht, wenn die Wahl ohne den Verstoß möglicherweise anders ausgefallen wäre (BAG 21.1.2009 – 7 ABR 65/07, NZA-RR 2009, 481). Durch das Betriebsrätemodernisierungsgesetz wurde mit Wirkung zum 18.6.2021 § 19 Abs. 3 BetrVG eingefügt. Demnach ist eine Anfechtung der Wahl durch die Wahlberechtigten ausgeschlossen, soweit sie darauf gestützt wird, dass die Wählerliste unrichtig ist, wenn nicht zuvor aus demselben Grund ordnungsgemäß Einspruch gegen die Richtigkeit der Wählerliste eingelegt wurde. Dies gilt nicht, wenn die anfechtenden Wahlberechtigten an der Einlegung eines Einspruchs gehindert waren. Eine Anfechtung der Wahl durch den Arbeitgeber ist ausgeschlossen, soweit sie auf die Unrichtigkeit der Wählerliste gestützt wird und die Unrichtigkeit auf seinen Angaben beruht.

4. Wegen der Prozessvoraussetzungen gelten die Vorschriften des Urteilsverfahrens vielfach entsprechend.

a) Im Beschlussverfahren wird nicht von Parteien, sondern von Beteiligten gesprochen. Formell Beteiligter des Beschlussverfahrens ist, von und gegenüber wem betriebsverfassungsrechtliche Rechte geltend gemacht werden. Der Begriff der Beteiligungsfähigkeit entspricht dem der Parteifähigkeit. Durch § 10 ArbGG ist die Beteiligungsfähigkeit erweitert.

b) Das ArbGG enthält wegen der Prozessfähigkeit keine Sondervorschriften. Die Prozessfähigkeit richtet sich mithin nach §§ 51 ff. ZPO.

c) Jeder Beteiligte kann sich im Beschlussverfahren vertreten lassen. Der Betriebsrat kann sich durch einen Gewerkschaftsvertreter vertreten lassen, wenn nur ein Betriebsratsmitglied bei der Gewerkschaft Mitglied ist. Welche Gewerkschaftsvertreter mit der Vertretung beauftragt werden, richtet sich nach dem Beschluss des Betriebsrates (§ 33 BetrVG). Es kommt gleichermaßen unter den Voraussetzungen des § 40 BetrVG die Vertretung durch Rechtsanwälte in Betracht.

d) Besonderheiten ergeben sich für die örtliche Zuständigkeit im Beschlussverfahren (§ 82 ArbGG).

e) Im Beschlussverfahren sind Leistungs-, Feststellungs- und Gestaltungsanträge möglich. Der Feststellungsantrag ist wie im Urteilsverfahren dem Leistungsantrag subsidiär.

f) Der Antragsteller muss an der Durchführung des Beschlussverfahrens ein Rechtsschutzinteresse haben. Im betriebsverfassungsrechtlichen Wahlanfechtungsverfahren nach § 19 BetrVG entfällt das Rechtsschutzinteresse für einen Antrag, die Wahl für unwirksam zu erklären, mit Ablauf der Amtszeit des Gremiums, dessen Wahl angefochten wird (BAG AP BetrVG 1972 § 19 Nr. 20 = NZA 1991, 946).

g) Die Beschlüsse des Beschlussverfahrens erwachsen in Rechtskraft. Ist in einem früheren Beschlussverfahren zwischen denselben Beteiligten der Feststellungsantrag des Arbeitgebers, die Mitglieder einer bestimmten Arbeitnehmergruppe seien keine Arbeitnehmer, rechtskräftig abgewiesen worden, so kann, solange sich die tatsächlichen Verhältnisse nicht wesentlich ändern, eine nachfolgende Betriebsratswahl nicht mit derselben Begründung angefochten werden (BAG AP BetrVG 1972 § 19 Nr. 32 = NZA 1996, 1058).

h) Im Wahlanfechtungsverfahren ist jeder beschwerdebefugt, der in seinen Rechten beeinträchtigt ist. Der Betriebsrat ist beschwerdebefugt, wenn das Arbeitsgericht einen von ihm gestellten Antrag abgewiesen oder die Betriebsratswahl für nichtig oder unwirksam erklärt hat (BAG 20.3.1996 – 7 ABR 46/95, BB 1996, 2100).

5. Innerhalb der Frist von 2 Wochen nach Bekanntgabe des Wahlergebnisses (§ 19 Abs. 2 BetrVG) muss der Antrag beim Arbeitsgericht eingereicht und begründet sein. Es muss der Grund so angegeben werden, dass erkennbar ist, warum die Wahl angefochten wird.

Kosten und Gebühren

6. → Form. IV.E.1 Anm. 6; Nichtvermögensrechtliche Streitigkeit.

3. Verfahren zur Zahlung von Vergütung bei Betriebsratsschulung (§ 37 Abs. 6 BetrVG)

An das
Arbeitsgericht

Klage[1]

. . . . ./. . . . . (volles Rubrum)

Namens und Vollmacht des Klägers erhebe ich Klage und beantrage:

I. Die Beklagte wird verurteilt, ... EUR nebst Zinsen iHv 5 Prozentpunkten über dem Basiszinssatz seit dem . . . . . an den Kläger zu zahlen.

II. Die Beklagte trägt die Kosten des Rechtsstreits.

Begründung:

Der Kläger ist seit dem . . . . . bei der Beklagten aufgrund des Arbeitsvertrages vom . . . . . als . . . . . beschäftigt.

Beweis: Arbeitsvertrag vom . . . . . als Anlage K 1

Seit dem . . . . . gehört er dem Betriebsrat an. Im Betriebsrat hat er folgende Funktionen . . . . .

Beweis: Zeugnis des/der Betriebsratsvorsitzenden, Herrn/Frau . . . . .

Die Beklagte ist ein Unternehmen für . . . . . Sie beschäftigt . . . . . Arbeitnehmer. Der Betriebsrat besteht mithin aus . . . . . Mitgliedern.

Am . . . . . hat der Betriebsrat auf seiner Sitzung den Beschluss gefasst, dass der Kläger an einer Bildungsveranstaltung der . . . . . mit dem Thema . . . . . in . . . . . teilnehmen soll.

Beweis: 1. Beschluss des Betriebsrats vom . . . . . als Anlage K 2
2. Auszug aus dem Protokoll der Sitzung des Betriebsrats als Anlage K 3

Der Bildungsveranstaltung liegt folgender Themenkatalog zugrunde . . . . .

Beweis: Tagesordnung der Bildungsveranstaltung vom . . . . . als Anlage K 4

Der Beschluss ist der Beklagten am . . . . . mitgeteilt worden.

Beweis: Mitteilung des Betriebsrats vom . . . . . als Anlage K 5

Die Beklagte hat wegen des Zeitpunktes der Schulungsveranstaltung keine Einwendungen erhoben. Indes leugnet sie die Notwendigkeit der Schulung. Sie hat daher dem Kläger für die Zeit vom . . . . . bis . . . . . keine Arbeitsvergütung gezahlt.

Beweis: Mitteilung der Beklagten vom . . . . . als Anlage K 6

Hätte er an der Schulungsveranstaltung nicht teilgenommen, hätte er bei der Beklagten . . . . . EUR verdient.[2]

Der Rechtsstandpunkt der Beklagten ist rechtsirrig. Nach § 37 Abs. 6 iVm § 37 Abs. 2 BetrVG hat ein Mitglied des Betriebsrats Anspruch auf Fortzahlung der Vergütung, wenn es an Schulungs- und Bildungsveranstaltungen teilnimmt, auf denen Kenntnisse vermittelt werden, die für die Arbeit des Betriebsrats erforderlich sind. Nach der Rspr. des BAG sind die vermittelten Kenntnisse dann erforderlich, wenn sie unter Berücksichtigung der konkreten Situation im Betrieb und im Betriebsrat benötigt werden, damit Betriebsratsmitglieder ihre derzeitigen oder demnächst anfallenden Aufgaben erfüllen können. Für die Schulung muss ein konkreter, betriebsbezogener Anlass vorhanden sein, der eine Vermittlung von Kenntnissen über bestimmte Aufgaben des Betriebsrats notwendig macht. In diesen Fällen hat der Arbeitgeber Vergütungsfortzahlung zu gewähren.

Diese Voraussetzungen sind unter Berücksichtigung des dem Betriebsrat zustehenden Ermessensspielraums gegeben.[3]

Die Schulung vom ..... bezieht sich ausweislich ihres Themenplans auf Aufgaben des Betriebsrats .....

Die Schulungsveranstaltung war nach den Verhältnissen des Betriebes und des Betriebsrats aktuell notwendig .....

Der Kläger war schulungsbedürftig und es war ihm auch nicht zuzumuten, sich bei anderen Betriebsratsmitgliedern oder aus allgemein zugänglichen Quellen zu informieren, denn .....

Der Besuch des Spezialkurses war notwendig, denn ..... Die Auswahl des Schulungsorts ist nicht zu beanstanden, denn .....[4] Die Dauer der Schulungsveranstaltung war unter Berücksichtigung des zu vermittelnden Wissens angemessen .....

Die Beklagte hat also die Vergütung iHv ..... EUR brutto nebst Zinsen aus dem Gesichtspunkt des Verzugs nachzuzahlen.

Rechtsanwalt/Rechtsanwältin[5]

Anmerkungen

1. Verdienstausfall für den Besuch einer Fortbildungsveranstaltung ist im Urteilsverfahren vom betroffenen Betriebsratsmitglied geltend zu machen. Die Übernahme der Schulungskosten und die Freistellung für die Veranstaltung sind dagegen vom Betriebsratsgremium im Beschlussverfahren geltend zu machen.

2. Für den Vergütungsfortzahlungsanspruch gilt das Lohnausfallprinzip. Der Arbeitnehmer hat Anspruch auf die Vergütung, die er erzielt hätte, wenn er gearbeitet hätte. Fortzuzahlen ist das individuelle Arbeitsentgelt inklusive Nebenbezüge gem. § 37 Abs. 6 BetrVG. Es besteht ein Anspruch auf Freizeitausgleich bzw. Abgeltung, wenn die Schulung aus betriebsbedingten Gründen auch außerhalb der Arbeitszeit stattfindet.

3. Ein Betriebsratsmitglied hat Anspruch auf Arbeitsbefreiung und Fortzahlung der Vergütung bei Schulungs- und Bildungsveranstaltungen nach § 37 Abs. 6 BetrVG, wenn dort Kenntnisse vermittelt werden, die für die Betriebsratsarbeit erforderlich sind. Das BAG geht davon aus, dass die Vermittlung von Kenntnissen erforderlich ist, wenn diese unter Berücksichtigung der konkreten Verhältnisse im Betrieb und im Betriebsrat notwendig sind, damit der Betriebsrat seine gegenwärtigen und in naher Zukunft anstehenden Aufgaben sach- und fachgerecht erfüllen kann. Als erforderlich werden Schulungsveranstaltungen angesehen, die allgemeine Grundkenntnisse des Betriebsverfassungsrechts vermitteln. Bei dem Besuch von Schulungsveranstaltungen dieser Art ist der Nachweis des konkreten betriebsbezogenen Anlasses nicht erforderlich, da die Kenntnisse für die Tätigkeit des Betriebsrates unabdingbare Voraussetzung für eine ordnungsgemäße Arbeit sind (BAG 20.8.2014 – 7 ABR 64/12, NZA 2014, 1349; BAG 18.1.2012 – 7 ABR 73/10, NZA 2012, 813). Auch bei Veranstaltungen, die Grundkenntnisse des allgemeinen Arbeitsrechts vermitteln, ist stets eine erforderliche Kenntnisvermittlung zu bejahen (BAG 14.1.2015 – 7 ABR 95/12, NZA 2015, 632). Handelt es sich hingegen um Vertiefungsveranstaltungen bzw. um solche, die spezielles Fachwissen vermitteln, ist es erforderlich, darzulegen, dass diese Kenntnisse für die konkreten Aufgaben des jeweiligen Betriebsrats erforderlich sind (vgl. *Fitting* BetrVG § 37 Rn. 140 ff.). Dabei ist auf die konkreten Verhältnisse des einzelnen Betriebes abzustellen. Es muss eine Aktualität für die Notwendigkeit der Schulung gegeben sein, und zwar dergestalt, dass die Kenntnisse voraussichtlich in absehbarer Zeit benötigt werden (BAG 20.8.2014 – 7 ABR 64/12, NZA 2014, 1349). Dabei kann sich die Aktualität auch aus einer beabsichtigten Initiative des Betriebsrates ergeben (BAG 14.1.2015 – 7 ABR 95/12, NZA 2015, 632). Der Betriebsrat muss im Rahmen der Entscheidung über die Entsendung eines Betriebsratsmitglieds auf eine solche Veranstaltung auch darüber entscheiden, wie viele Mitglieder für die Schulungsveranstaltung entsendet werden. Die Frage, ob auch die Dauer der Schulungsveranstaltung auf ihre Erforderlichkeit hin überprüft werden soll, ist umstritten (vgl. *Fitting* BetrVG § 37 Rn. 171). Der Betriebsrat hat bei der Entscheidung über den Besuch der Schulungsveranstaltung einen Beurteilungsspielraum im Hinblick auf Inhalt der Veranstaltung, Dauer und Teilnehmerzahl.

4. Der Betriebsrat muss auch über den Schulungsort entscheiden, da auch diese Frage im Rahmen der Erforderlichkeit zu prüfen ist (BAG 12.1.2011 – 7 ABR 94/09, NZA 2011, 813).

Kosten und Gebühren

5. Für Anspruch auf Vergütungsfortzahlung im Urteilsverfahren → Form. IV.A.3. Der Gegenstandswert entspricht dem Zahlungsantrag.

4. Antrag auf Freistellung eines Betriebsratsmitgliedes zur Schulungsveranstaltung

An das
Arbeitsgericht
Antrag im Beschlussverfahren
mit den Beteiligten
1. Betriebsrat der Firma . . . . .[1]
vertreten durch den/die Betriebsratsvorsitzende(n)
Antragsteller/Beteiligter zu 1
– Verfahrensbevollmächtigte/r: RA(in) . . . . . –
2. Firma . . . . .
Antragsgegnerin/Beteiligte zu 2
3. Betriebsratsmitglied . . . . .
Beteiligter zu 3
Namens und mit Vollmacht des Antragstellers leite ich ein Beschlussverfahren[2] **ein und beantrage zu beschließen:**
Der Antragsgegnerin wird aufgegeben, den Beteiligten zu 3 für die Teilnahme an der Schulungsveranstaltung . . . . . der . . . . . für die Zeit vom . . . . . bis . . . . . in . . . . . von der Arbeit freizustellen.[3]

Begründung:

Der Antragsteller ist der im Betrieb der Antragsgegnerin in . . . . . errichtete Betriebsrat. Er besteht aus . . . . . Mitgliedern. Der Beteiligte zu 3 ist seit dem . . . . . Betriebsratsmitglied. Ihm obliegen im Betriebsrat folgende Aufgaben . . . . .
Die Antragsgegnerin ist ein Unternehmen . . . . . Sie beschäftigt . . . . . Arbeitnehmer.
Am . . . . . hat der Betriebsrat auf seiner Sitzung den Beschluss gefasst, dass der Beteiligte zu 3 an der Schulung für Betriebsräte der . . . . . zum Thema . . . . . teilnimmt.

Beweis: Auszug aus dem Sitzungsprotokoll vom . . . . . als Anlage ASt 1

Diesen Beschluss hat der Antragsteller der Antragsgegnerin am . . . . . mitgeteilt.[4]

Beweis: Mitteilung des Antragstellers vom . . . . . als Anlage ASt 2

Die Teilnahme an der Schulungsveranstaltung ist erforderlich .....[5] Die Antragsgegnerin hat der Teilnahme zu Unrecht widersprochen und behauptet, sie sei nicht notwendig.

Beweis: Schreiben der Antragsgegnerin vom ..... als Anlage ASt 3

Dies ist nicht nachvollziehbar .....

Auch wegen des Ortes der Schulung und des Zeitpunktes hat der Antragsteller hinreichend die Interessen der Antragsgegnerin gewahrt. Insoweit hat diese auch keine Einwendungen erhoben.

Rechtsanwalt/Rechtsanwältin[6]

Anmerkungen

1. Der Anspruch auf Teilnahme an einer Schulungsveranstaltung steht nach hM dem Betriebsrat zu. Erst aufgrund des Beschlusses des Betriebsrats, welches Betriebsratsmitglied geschult wird, erwächst ein abgeleiteter Individualanspruch. Der Betriebsrat hat bei der Beschlussfassung einen Beurteilungsspielraum sowohl hinsichtlich des Inhalts der Veranstaltung als auch für deren Dauer und die Teilnehmerzahl. Es ist auf den Standpunkt eines vernünftigen Dritten abzustellen und zu prüfen, ob dem Betriebsrat unter Berücksichtigung der konkreten Situation im Betrieb und im Betriebsrat die Schulung nach dem mitgeteilten Schulungsplan geeignet erscheint und Kenntnisse vermittelt, die der Betriebsrat zur ordnungsgemäßen Durchführung der ihm obliegenden Aufgaben benötigt. Maßgeblich ist dabei der Zeitpunkt der Beschlussfassung. Antragsteller ist der Betriebsrat. Ein vorangehender Beschluss über die Teilnahme an einem anderen Seminar genügt nicht. Ein Beschluss des Betriebsrats, der nach dem Besuch der Schulung gefasst wird und in dem die Teilnahme des Betriebsratsmitglieds gebilligt wird, begründet keinen Anspruch des Betriebsrats nach § 40 Abs. 1 BetrVG auf Kostentragung (BAG AP BetrVG 1972 § 40 Nr. 68 = NZA 2000, 838).

2. Die Einleitung des Beschlussverfahrens verlangt einen ordnungsgemäßen Beschluss des Betriebsrats über die Einleitung des Verfahrens und die Mandatierung des Verfahrensbevollmächtigten.

3. Der Arbeitgeber kann der Teilnahme eines Betriebsratsmitgliedes an einer Schulungsveranstaltung widersprechen, weil er sie für nicht notwendig hält oder weil er wegen des Zeitpunktes die betrieblichen Interessen nicht hinreichend gewahrt sieht. Widerspricht der Arbeitgeber, weil die Schulungsveranstaltung nicht notwendig ist, ist für die Entscheidung das Arbeitsgericht zuständig, das notfalls auch im Wege der einstweiligen Verfügung (§ 85 ArbGG) im Beschlussverfahren angerufen werden kann. Widerspricht dagegen der Arbeitgeber, weil die betrieblichen Interessen bei der Festlegung des Zeitpunktes nicht hinreichend gewahrt sind, so kann er die Einigungsstelle anrufen (§ 37 Abs. 6 S. 5 BetrVG). Der Spruch der Einigungsstelle ersetzt die Einigung zwischen Arbeitgeber und Betriebsrat. Er kann alsdann in einem Verfahren nach § 76 Abs. 5 BetrVG überprüft werden.

4. Der Betriebsrat hat dem Arbeitgeber die Teilnahme und die zeitliche Lage sowie den Ort der Schulungsveranstaltung so rechtzeitig mitzuteilen, dass sich dieser auf sie einstellen und die Voraussetzungen der Freistellung noch überprüfen kann (BAG AP BetrVG 1972 § 37 Nr. 27). Bei der Mitteilung sind der Zeitraum, Ort der Veranstaltung und Themenplan bekannt zu geben.

5. Zur Erforderlichkeit → Form. IV.E.3 Anm. 3.

Kosten und Gebühren

6. Nicht vermögensrechtliche Streitigkeit; Gegenstandswert jedoch im Allgemeinen in Höhe der Lohn- und Gehaltskosten während der Freistellung. → Form. IV.E.1 Anm. 6.

5. Antrag auf Übernahme von Kosten für Sachmittel

An das
Arbeitsgericht

Antrag im Beschlussverfahren

mit den Beteiligten
1. Betriebsrat . . . . .,
vertreten durch den/die Betriebsratsvorsitzende(n) . . . . .
Antragsteller
– Verfahrensbevollmächtigte/r: RA(in) . . . . . –
2. Firma . . . . .
Antragsgegnerin
wegen Standardkommentar Betriebsverfassungsrecht.
Namens und mit Vollmacht des Antragstellers leite ich ein Beschlussverfahren ein und beantrage:
Die Antragsgegnerin wird verpflichtet, dem Antragsteller auf ihre Kosten den Standardkommentar . . . . . zum Betriebsverfassungsrecht ab . . . . . zur Verfügung zu stellen.[1]

Begründung:

Der Antragsteller ist der Betriebsrat der Antragsgegnerin. Er ist vor zwei Monaten neu gewählt worden und benötigt zur Durchführung seiner Aufgaben einen Standardkommentar zum Betriebsverfassungsrecht. Er hat sich für den Kommentar . . . . . entschieden. Hierüber hat er auf der Sitzung am . . . . . einen Beschluss gefasst.

Beweis: 1. Zeugnis des/der Betriebsratsvorsitzenden, Herrn/Frau . . . . .
2. Auszug aus dem Sitzungsprotokoll des Betriebsrats vom . . . . . über die Beschlussfassung als Anlage ASt 1

Dies hat der Antragsteller der Antragsgegnerin mit Schreiben vom . . . . . mitgeteilt.

Beweis: Schreiben des Antragsstellers vom . . . . . als Anlage ASt 2

Die Antragsgegnerin weigert sich, dem Antragsteller den Kommentar zur Verfügung zu stellen. Dies hat sie dem Antragsteller mit Schreiben vom . . . . . mitgeteilt.

Beweis: Schreiben der Antragsgegnerin vom . . . . . als Anlage ASt 3

Dies ist ungerechtfertigt. Der Antragsteller, der . . . . . Arbeitnehmer im Betrieb repräsentiert, benötigt zur Klärung verschiedener im Betrieb auftretender Fragen den Kommentar. Zu nennen sind insbes . . . . . Die anfallenden Kosten sind auch nicht unverhältnismäßig.
Dementsprechend ist das vorliegende Verfahren einzuleiten.
Rechtsanwalt/Rechtsanwältin[2]

Anmerkungen

1. Nach § 40 BetrVG hat der Arbeitgeber die durch die Tätigkeit des Betriebsrats entstehenden Kosten zu tragen. Nach § 40 Abs. 2 BetrVG gehören hierzu auch Kosten für sachliche Mittel im erforderlichen Umfang. Die Rspr. hierzu ist umfangreich. Im Hinblick auf Fachliteratur geht die Rspr. davon aus, dass dem Betriebsrat die zur Erfüllung seiner Aufgaben notwendigen Gesetzestexte zur Verfügung zu stellen sind, sowie stets auch ein aktueller Kommentar zum Betriebsverfassungsgesetz (BAG AP BetrVG 1972 § 40 Nr. 43). Bei größeren Betrieben kann es auch erforderlich sein, mehrere Kommentare dem Betriebsrat zur Verfügung zu stellen. Bei der Auswahl des Kommentars hat der Betriebsrat ein Auswahlermessen. Vgl. *Fitting* BetrVG § 40 Rn. 119 ff.

Kosten und Gebühren

2. Vermögensrechtliche Streitigkeit. Gegenstandswert in Höhe des Zahlungsantrages. → Form. IV.E.1 Anm. 6.

6. Antrag auf Ausschluss eines Betriebsratsmitgliedes (oder Auflösung des Betriebsrats)

An das
Arbeitsgericht

Antrag im Beschlussverfahren

mit den Beteiligten
1. Betriebsrat der Firma[1] . . . .,
vertreten durch den/die Betriebsratsvorsitzende(n) . . . . .
Antragsteller/Beteiligter zu 1
-Verfahrensbevollmächtigte: Rechtsanwälte . . . . . .
2. Betriebsratsmitglied . . . . .
Antragsgegner/Beteiligter zu 2
3. Firma . . . . .
Beteiligte zu 3
wegen Ausschluss eines Betriebsratsmitgliedes.
Namens und mit Vollmacht des Antragstellers leite ich ein Beschlussverfahren ein und beantrage:
Der Antragsgegner . . . . . wird aus dem Betriebsrat ausgeschlossen.[2]

Begründung:

Der Antragsteller ist der im Betrieb der Beteiligten zu 3 gebildete Betriebsrat und besteht aus . . . . . Mitgliedern. Der Antragsgegner wurde bei der letzten Betriebsratswahl im Jahre . . . . . in den Betriebsrat gewählt.

Beweis: Bekanntmachung des Wahlvorstandes vom . . . . . als Anlage ASt 1

Der Antragsgegner ist aus dem Betriebsrat auszuschließen, denn er hat seine Pflichten als Betriebsratsmitglied grob verletzt . . . . .[3]
Rechtsanwalt/Rechtsanwältin[4]

Anmerkungen

1. Antragsberechtigt sind bei der Auflösung des Betriebsrats mindestens ein Viertel der wahlberechtigten Arbeitnehmer, der Arbeitgeber, eine im Betrieb vertretene Gewerkschaft und bei dem Antrag auf Ausschluss eines Betriebsratsmitglied zusätzlich der Betriebsrat (§ 23 Abs. 1 BetrVG). Ein Arbeitgeber, der einen Antrag stellt, soll nur dann antragsbefugt sein, wenn die Amtspflichtverletzung, die seinem Antrag zugrunde liegt, das Verhältnis zwischen ihm und dem Betriebsrat bzw. dem Betriebsratsmitglied betrifft. Handelt ein Betriebsratsmitglied bzw. der Betriebsrat pflichtwidrig gegenüber der Belegschaft, dem Betriebsratsgremium oder der Gewerkschaft, soll der Arbeitgeber nicht antragsbefugt sein. Begehrt der Betriebsrat den Ausschluss eines einzelnen Mitglieds aus dem Gremium, ist zunächst im Betriebsrat der Beschluss hierfür und für die Einleitung des Verfahrens zu fassen.

2.

Alternative:

Der im Betrieb . . . . . der Firma . . . . . bestehende Betriebsrat wird aufgelöst,

wenn das ganze Gremium grob gegen betriebsverfassungsrechtliche Pflichten verstoßen hat und der Arbeitgeber die Auflösung des Betriebsrates betreibt. Dann ist der Betriebsrat Antragsgegner. Der Betriebsrat bleibt bis zur Rechtskraft der Entscheidung im Amt. Mit Rechtskraft endet das Amt sofort, ohne dass ein Übergangsmandat entsteht.

3. Zu groben Pflichtverletzungen vgl. *Fitting* BetrVG § 23 Rn. 19; für einzelne Betriebsratsmitglieder, für das Gremium *Fitting* BetrVG § 23 Rn. 37. Eine grobe Verletzung der gesetzlichen Pflichten des Betriebsrats iSv § 23 Abs. 1 BetrVG liegt nur dann vor, wenn die Pflichtverletzung objektiv erheblich und offensichtlich schwerwiegend ist und damit ein solches Gewicht hat, dass das Vertrauen in eine künftig ordnungsgemäße Amtsführung zerstört oder zumindest schwer erschüttert ist (BAG AP BetrVG 1972 § 23 Nr. 22 = NZA 1994, 184). Dazu muss unter Berücksichtigung aller Umstände die weitere Amtsausübung untragbar erscheinen (BAG 17.7.2016 – 7 ABR 14/15, NZA 2017, 136). Im Hinblick auf den unbestimmten Rechtsbegriff der groben Pflichtverletzung hat das BAG im Rechtsbeschwerdeverfahren nur einen eingeschränkt überprüfbaren Beurteilungsspielraum. Es kann nur prüfen, ob das LAG seiner Entscheidung die zutreffenden rechtlichen Voraussetzungen zugrunde gelegt und den Sachverhalt vollständig gewürdigt hat. Auf ein Verschulden kommt es bei der Auflösung des Gremiums, anders als bei dem Ausschluss eines einzelnen Mitglieds, nicht an (BAG AP BetrVG 1972 § 87 Lohngestaltung Nr. 105 zu = NZA 2000, 1066).

Kosten und Gebühren

4. Nicht vermögensrechtliche Streitigkeit, sowohl bei Ausschließungs- wie Auflösungsverfahren. Der Regelstreitwert wird angemessen zu erhöhen sein. Die außergerichtlichen Kosten des von einem Ausschlussverfahren betroffenen Betriebsratsmitgliedes können vom Arbeitgeber zu erstatten sein, wenn sie Kosten der Betriebsratstätigkeit sind (LAG Hamm DB 80, 213; BAG AP BetrVG 1972 § 40 Nr. 16); zum Erstattungsanspruch des Betriebsrats: BAG AP BetrVG 1972 § 40 Nr. 14, AP BetrVG 1972 § 40 Nr. 18 → Form. IV.E.1 Anm. 6.

7. Antrag auf Ersetzung der Zustimmung des Betriebsrates nach §§ 99, 100 BetrVG

An das
Arbeitsgericht
In dem Beschlussverfahren
mit den Beteiligten
1. Firma . . . . . X-GmbH,
vertreten durch den Geschäftsführer, Herrn . . . . .
Antragstellerin
– Verfahrensbevollmächtigte/r: RA(in) . . . . . –
2. Betriebsrat der Firma . . . . .
vertreten durch den/die Betriebsratsvorsitzende(n) . . . . .
Antragsgegner
wegen Einstellung[1, 2]

Namens und mit Vollmacht der Antragstellerin leite ich ein Beschlussverfahren ein und beantrage:

I. Die Zustimmung des Antragsgegners zur Einstellung des Arbeitnehmers . . . . . wird ersetzt.

II. Es wird festgestellt, dass die am . . . . . vorgenommene vorläufige Einstellung des Herrn . . . . . aus sachlichen Gründen dringend erforderlich ist.

Begründung:

Die Antragstellerin hat dem Antragsgegner am . . . . . mit Schreiben vom . . . . . über die beabsichtigte Einstellung des Herrn . . . . . unterrichtet.[3]

Beweis: Schreiben der Antragstellerin vom . . . . . als Anlage ASt 1

Das Schreiben nebst Anlagen wurde dem Vorsitzenden des Antragsgegners am . . . . . übergeben.

Beweis: 1. Zeugnis des . . . . ., zu laden über die Antragstellerin
2. Zeugnis des Vorsitzenden des Antragsgegners, zu laden über die Antragstellerin

Der Antragsgegner hat mit Schreiben vom . . . . . seine Zustimmung zu den personellen Maßnahmen verweigert. Er hat sich darauf berufen, dass . . . .[4]

Beweis: Schreiben des Antragsgegners vom . . . . . als Anlage ASt 2

Der Antragsgegner hat die Zustimmung zu Unrecht verweigert. Widerspruchsgründe liegen nicht vor (wird ausgeführt).[5]

Die Antragstellerin hat Herrn/Frau . . . . . am . . . . . vorläufig eingestellt.[6] Sie hat dies dem Antragsgegner mit Schreiben vom . . . . . unverzüglich mitgeteilt. Das Schreiben wurde dem Vorsitzenden des Antragsgegners am . . . . . überreicht.

Beweis: 1. Schreiben der Antragstellerin vom . . . . . als Anlage ASt 3
2. Zeugnis des Herrn/Frau . . . . ., zu laden über die Antragstellerin

Der Antragsgegner hat mit Schreiben vom . . . . . – zugegangen am . . . . . – bestritten, dass die vorläufige Maßnahme dringend erforderlich war.[7]

Beweis: Schreiben des Antragsgegners vom . . . . . als Anlage ASt 4

Dies ist jedoch nicht zutreffend. Aus folgenden Gründen war die Maßnahme dringend erforderlich . . . . .[8, 9, 10]

Dieses Verfahren ist fristgerecht gem. § 100 Abs. 2 BetrVG eingeleitet.

Rechtsanwalt/Rechtsanwältin[11]

Anmerkungen

1. Im Zustimmungsersetzungsverfahren ist der betroffene Arbeitnehmer nicht Beteiligter.

2. Eine Einstellung, die der Zustimmung des Betriebsrats nach § 99 BetrVG bedarf, ist die tatsächliche Beschäftigung im Betrieb, nicht aber der Abschluss des Arbeitsvertrages (BAG AP BetrVG 1972 § 99 Nr. 98; AP LPVG NW § 72 Nr. 9). Eine Einstellung liegt auch dann vor, wenn Personen in den Betrieb eingegliedert werden, um zusammen mit den dort schon beschäftigten Arbeitnehmern dessen arbeitstechnischen Zweck durch weisungsgebundene Tätigkeit zu verwirklichen. Auf das Rechtsverhältnis, in dem die Personen zum Betriebsinhaber stehen, kommt es nicht an. Eingegliedert ist, wer eine ihrer Art nach weisungsgebundene Tätigkeit verrichtet, die der Arbeitgeber organisiert. Der Beschäftigte muss so in die betriebliche Arbeitsorganisation integriert sein, dass der Arbeitgeber das für ein Arbeitsverhältnis typische Weisungsrecht innehat und die Entscheidung über den Einsatz nach Inhalt, Ort und Zeit trifft. Der Betriebsinhaber muss diese Arbeitgeberfunktion wenigstens im Sinn einer aufgespaltenen Arbeitgeberstellung teilweise ausüben. Es kommt darauf an, ob ihm Weisungsbefugnisse zustehen und er in diesem Sinn eine betriebsverfassungsrechtlich relevante (und sei es partielle) Arbeitgeberstellung einnimmt (BAG 13.12.2016 – 1 ABR 59/14, NZA 2017, 525). Das Verfahren gilt gem. § 99 BetrVG entsprechend bei den weiteren personellen Einzelmaßnahmen, Versetzung, Eingruppierung und Umgruppierung. Eingruppierung ist die Einreihung in ein Vergütungsgruppenschema. Umgruppierung ist jede Änderung der Einreihung in Tarifgruppen oder eine sonstige Entgeltgruppe. Versetzung ist in § 95 Abs. 3 BetrVG legal definiert.

3. Der Betriebsrat ist über die beabsichtigte personelle Maßnahme gem. § 99 Abs. 1 BetrVG zu unterrichten, damit er die erforderlichen Informationen erhält, um eine Stellungnahme abzugeben. Dem Betriebsrat sind die genauen Personalien, dh Name, Zeitpunkt der Maßnahme, persönliche Angaben über die Bewerber auf die Position (bei Versetzung und Einstellung) sowie über andere Bewerber zu geben. Das Schreiben muss auch die Umstände benennen, die zur Auswahl des Arbeitnehmers geführt haben, so dass zur fachlichen und persönlichen Eignung Stellung zu nehmen ist. Die Auswirkungen der geplanten Maßnahme sind darzulegen. Beigefügt werden müssen auch die von den Bewerbern eingereichten Unterlagen sowie bei mündlichen oder telefonischen Bewerbungen die wesentlichen Informationen, zusammengefasst für den Betriebsrat (BAG AP BetrVG 1972 § 99 Nr. 122). Die Auskunft muss erschöpfend und umfassend sein, damit der Betriebsrat sich ein komplettes Bild machen kann. Der Betriebsrat muss in die Lage versetzt werden, zu prüfen, ob einer der in § 99 Abs. 2 BetrVG genannten Zustimmungsverweigerungsgründe vorliegt (BAG 21.2.2017 – 1 ABR 62/12, NZA 2017, 662). Ist die Unterrichtung unvollständig, wahrheitswidrig oder missverständlich, läuft die Anhörungsfrist nicht (BAG AP BetrVG 1972 § 99 Nr. 136; BAG 13.5.2014 – 1 ABR 9/12, NZA-RR 2015, 23). Folge ist, dass nach Ablauf der Wochenfrist die Zustimmung des Betriebsrats gem. § 99 Abs. 3 BetrVG nicht als erteilt gilt und die Zustimmung gerichtlich auch nicht ersetzt werden kann. Das Zustimmungsersuchen sollte aus Beweisgründen schriftlich erfolgen, auch wenn keine gesetzliche Schriftform vorgesehen ist.

4. Der Betriebsrat kann die Zustimmung zur personellen Maßnahme bei Vorliegen von Widerspruchsgründen gem. § 99 Abs. 2 BetrVG verweigern. Der Betriebsrat muss die Verweigerung der Zustimmung unter Angabe konkreter Gründe mitteilen (BAG 13.5.2014 – 1 ABR 9/12, NZA-RR 2015, 23). Er muss innerhalb der Wochenfrist sämtliche Verweigerungsgründe mitteilen. Ein Nachschieben von Verweigerungsgründen nach Ablauf der Wochenfrist oder im gerichtlichen Verfahren ist ausgeschlossen. Der Betriebsrat ist aber befugt, die von ihm benannten Gründe zu konkretisieren (BAG 17.11.2010 – 7 ABR 120/09, NZA-RR 2011, 415). Die Mitteilung muss schriftlich erfolgen. Nach der Rspr. des BAG (AP BetrVG § 99 Nr. 128) ist die Schriftlichkeit auch dann gewahrt, wenn sie nicht die Anforderungen des § 126 BGB erfüllt, dh dem Arbeitgeber ein Schreiben zugestellt wird, das nicht im Original die Namensunterschrift des Betriebsratsvorsitzenden enthält. Nach der Rspr. soll Textform iSv § 126b BGB ausreichen. Die Erklärung muss hierzu in eine Urkunde oder auf andere Weise dauerhaft in Schriftzeichen in geeigneter Weise abgegeben werden, die Person des Erklärenden genannt sein und der Abschluss des Textes durch (ggf. auch getippte) Nennung des Namens des Unterzeichnenden kenntlich gemacht werden. Eine Mitteilung per E-Mail genügt (BAG 10.3.2009 – 1 ABR 93/07, NZA 2009, 622), ebenso per Telefax (BAG AP BetrVG 1972 § 99 Nr. 18).

5. Widerspricht der Betriebsrat der personellen Maßnahme, ist der Arbeitgeber verpflichtet, beim Arbeitsgericht einen Antrag auf Ersetzung der Zustimmung nach § 99 Abs. 4 BetrVG zu stellen. Der Arbeitgeber hat in dem Schriftsatz darzulegen, dass die vom Betriebsrat behaupteten Widerspruchsgründe nicht vorliegen. Der Arbeitgeber muss das Zustimmungsersetzungsverfahren auch dann einleiten, wenn der Betriebsrat widerspricht und nicht völlig ausgeschlossen ist, dass die Zustimmungsverweigerungsgründe vorliegen (BAG AP BetrVG 1972 § 99 Nr. 50 = NZA 1988, 476). Der Arbeitgeber darf die Maßnahme nicht durchführen, wenn die Zustimmung des Betriebsrats nicht vorliegt, es sei denn, er leitet ein Verfahren nach § 100 BetrVG ein. Unter Umständen kann ein Antrag gestellt werden, festzustellen, dass die Zustimmung als erteilt gilt und nur hilfsweise die Ersetzung der Zustimmung beantragt werden.

6. Der Arbeitgeber kann für den Fall, dass eine Stellungnahme des Betriebsrats noch nicht vorliegt, weil die Wochenfrist des § 99 Abs. 3 BetrVG noch nicht abgelaufen ist oder der Betriebsrat die Zustimmung ausdrücklich verweigert, eine personelle Maßnahme nach Maßgabe von § 100 BetrVG vorläufig durchführen. Das Recht zur vorläufigen Durchführung der personellen Maßnahme besteht für den Arbeitgeber dann, wenn diese aus sachlichen Gründen dringend erforderlich ist. In diesem Fall hat der Arbeitgeber den Betriebsrat unverzüglich (§ 121 Abs. 1 BGB) von der vorläufigen personellen Maßnahme zu unterrichten. Dies sollte sinnvollerweise aus Beweisgründen schriftlich erfolgen. Die Maßnahme muss vor der Durchführung bzw. unmittelbar danach dem Betriebsrat mitgeteilt werden. Es sind alle Angaben zu machen, die auch iRd § 99 Abs. 1 S. 1 BetrVG verlangt werden und zusätzlich ist die Dringlichkeit der Maßnahme darzulegen. Die Unterrichtung kann zusammen mit dem Antrag auf Zustimmung nach § 99 Abs. 1 BetrVG erfolgen oder danach, wenn der Betriebsrat widersprochen hat.

7. Der Betriebsrat ist gehalten, seinerseits unverzüglich, zweckmäßigerweise auch schriftlich, dem Arbeitgeber zu antworten, wenn er die sachliche Dringlichkeit der Maßnahme bestreiten will.

8. Bestreitet der Betriebsrat die Dringlichkeit, darf der Arbeitgeber die Maßnahme gem. § 100 Abs. 2 S. 3 BetrVG nur aufrechterhalten, wenn er innerhalb von drei Tagen (Kalendertage) das Arbeitsgericht anruft und einen entsprechenden Antrag einreicht. Widerspricht der Betriebsrat am Freitag der Dringlichkeit, ist am Montag das Gericht anzurufen. Fällt der letzte Tag auf einen Samstag, Sonntag oder gesetzlichen Feiertag, verlängert sich die Frist gem. § 193 BGB auf den nächsten Werktag. Der Arbeitgeber hat den doppelten Antrag zu stellen, wie er im vorliegenden Formular vorgesehen ist, nämlich auf Ersetzung der Zustimmung des Betriebsrats zur personellen Maßnahme und die Feststellung, dass die Maßnahme aus sachlichen Gründen dringend erforderlich war (BAG AP BetrVG § 99 Nr. 46). Auf diese Weise kann der Arbeitgeber die personelle

Maßnahme durchführen, ohne dass der Betriebsrat dies abwenden kann. Zu beachten ist, dass die Dringlichkeit vom Arbeitgeber nicht selbst verschuldet sein darf. Wird das Verfahren dauerhaft missbraucht, um Mitbestimmungsrechte des Betriebsrats zu unterlaufen, kommt ein Verfahren gegen den Arbeitgeber nach § 23 Abs. 3 BetrVG in Betracht.

9. Das Arbeitsgericht hat folgende Entscheidungsmöglichkeiten: a) Kein Grund zur Zustimmungsverweigerung, Maßnahme dringlich: Obsiegen des Arbeitgebers. b) Zustimmungsverweigerung berechtigt, Maßnahme nicht dringlich: Obsiegen des Betriebsrats. c) Zustimmungsverweigerung berechtigt, Maßnahme aber dringlich: Obsiegen des Betriebsrats. Vorläufige Maßnahme muss aufgehoben werden. d) Zustimmungsverweigerung nicht berechtigt, aber Maßnahme auch nicht dringlich: Mit der gerichtlichen Ersetzung der Zustimmung des Betriebsrats erledigt sich der Antrag auf Feststellung der Dringlichkeit (BAG AP BetrVG 1972 § 99 Nr. 41; AP BetrVG 1972 § 99 Nr. 122; BAG 10.11.2016 – 1 ABR 49/14, NZA 2017, 135).

10. Erledigt sich das Ersetzungsverfahren, weil zB der Arbeitnehmer endgültig ausscheidet, so besteht nur ausnahmsweise ein Rechtsschutzinteresse an einer Antragsänderung, festzustellen, dass der Betriebsrat der Einstellung/Eingruppierung berechtigt widersprochen hat (BAG AP ArbGG 1979 § 81 Nr. 3).

Kosten und Gebühren

11. → Form. IV.E.1 Anm. 6. Nicht vermögensrechtliche Streitigkeit, da Streitgegenstand Mitbestimmung des Betriebsrats. Je nach Bedeutung der Sache Erhöhung oder Verminderung des Regelstreitwerts. In dem Streitwertkatalog vom 9.2.2018 sind unter Ziffer 14 Regelungen zum Gegenstandswert bei Verfahren nach § 99 BetrVG enthalten. Bei der Einstellung wird gemäß Ziffer 14.2 der Hilfswert des § 23 Abs. 3 RVG oder § 42 Abs. 2 GKG, dann aber begrenzt auf zwei Bruttomonatsbezüge in Ansatz gebracht. Zusätzlich ist der Wert des Verfahrens nach § 100 BetrVG nach Ziffer 14.5 zu berücksichtigen.

8. Antrag des Betriebsrates auf Aufhebung einer Maßnahme nach § 101 BetrVG

An das
Arbeitsgericht

In dem Beschlussverfahren

mit den Beteiligten[1]
1. Betriebsrat der Firma . . . . .
vertreten durch den/die Betriebsratsvorsitzende(n)
Antragsteller
– Verfahrensbevollmächtigte/r: RA(in) . . . . . –
2. Firma . . . . . X-GmbH, vertr. durch den Geschäftsführer, Herrn . . . . .
Antragsgegnerin
wegen Aufhebung einer personellen Maßnahme.[2]

Namens und mit Vollmacht des Antragstellers leite ich ein Beschlussverfahren ein und beantrage:

1. Der Antragsgegnerin wird aufgegeben, die Einstellung der Frau . . . . . aufzuheben.

2. Für jeden Tag der Zuwiderhandlung gegen die Verpflichtung gemäß Ziff. 1 wird der Antragsgegnerin ein Ordnungsgeld iHv 250 EUR angedroht.[3]

Begründung:

Frau . . . . . wurde am . . . . . von der Antragsgegnerin eingestellt. Der Antragsteller hat mit Beschl. v. . . . . . seine Zustimmung zur Einstellung verweigert. Darauf hat die Antragsgegnerin die Arbeitnehmerin am . . . . . vorläufig eingestellt. Der vorläufigen Einstellung hat der Antragsteller widersprochen. Das Arbeitsgericht hat den Antrag der Antragsgegnerin, die Zustimmung des Antragsstellers zu ersetzen, mit Beschl. v. . . . . . abgewiesen. Der Beschluss ist rechtskräftig.

Beweis: 1. Beschluss des Arbeitsgerichts vom . . . . .
2. Hinzuziehung der Verfahrensakte des Arbeitsgerichts . . . . .

Die Antragstellerin beschäftigt Frau . . . . . gleichwohl mittlerweile drei Wochen nach Rechtskraft des Beschlusses weiter. Ein neues Verfahren nach §§ 99, 100 BetrVG hat die Antragsgegnerin nicht eingeleitet.

Beweis: Zeugnis des/der Herrn/Frau . . . . ., zu laden über . . . . .

Es bedarf des vorliegenden Beschlussverfahrens, um die Antragsgegnerin zu betriebsverfassungsgemäßem Verhalten anzuhalten und ein Zwangsgeld für den Fall der Zuwiderhandlung festzusetzen.
Rechtsanwalt/Rechtsanwältin[4]

Anmerkungen

1. Der von der personellen Einzelmaßnahme betroffene Arbeitnehmer ist nicht beteiligt.

2. Wird der Antrag des Arbeitgebers auf Ersetzung der Zustimmung des Betriebsrates zur personellen Einzelmaßnahme (→ Form. IV.E.7) zurückgewiesen und stellt der Arbeitgeber keinen neuen Antrag (BAG AP BetrVG 1972 § 99 Einstellung Nr. 52) oder beschäftigt der Arbeitgeber den Arbeitnehmer länger als zwei Wochen nach negativer rechtskräftiger Entscheidung des Arbeitsgerichts weiter oder hat der Arbeitgeber von vornherein überhaupt keinen Antrag nach §§ 99, 100 BetrVG gestellt, kann der Betriebsrat seinerseits vom Arbeitgeber Aufhebung der personellen Maßnahme verlangen.

3. Die Möglichkeit zur Festsetzung eines Zwangsgeldes nach § 101 S. 2 BetrVG ist eine Spezialregelung gegenüber § 85 Abs. 1 ArbGG und § 23 Abs. 3 S. 3 BetrVG im Falle der Aufhebung konkreter personeller Maßnahmen. Ein vorbeugender Unterlassungsantrag nach § 23 Abs. 3 BetrVG kommt bei wiederholten groben Verstößen in Betracht. Ein allgemeiner Unterlassungsanspruch im Bereich der personellen Mitbestimmung wird vom BAG abgelehnt (BAG 23.6.2009 – 1 ABR 23/08, NZA 2009, 1430; 9.3.2011 – 7 ABR 137/09, NZA 2011, 871). Der Betriebsrat kann einen Antrag nach § 101 BetrVG auch im Verfahren nach § 99 Abs. 4 BetrVG als Gegenantrag stellen (BAG AP BetrVG 1972 § 23 Nr. 7 = NZA 1987, 786). Zweck ist die Zwangsmaßnahme zur Durchsetzung des Anspruchs nach § 101 BetrVG. Sie kann mithin unabhängig vom Verschulden des Arbeitgebers verhängt werden. Für den Fall, dass der Betriebsrat den Antrag nach § 101 BetrVG bereits widerklagend im Verfahren nach §§ 99, 100 BetrVG gestellt hat, kann der Betriebsrat beim Arbeitsgericht einen Antrag stellen, den Arbeitgeber zur Befolgung der gerichtlichen Anordnung anzuhalten.

„Der Antragsgegnerin wird aufgegeben, den Arbeitnehmer ..... bei Meidung eines Zwangsgelds, dessen Höhe in das Ermessen des Gerichts gestellt wird (in Höhe von EUR 250) aus dem Betrieb zu entlassen".

Eine besondere vorherige gerichtliche Androhung des Zwangsgeldes ist nicht erforderlich. Nach dem Gesetz beträgt das Zwangsgeld maximal 250 EUR.

Kosten und Gebühren

4. Nichtvermögensrechtliche Streitigkeit, → Form. IV.E.7 Anm. 11.

9. Antrag auf Ersetzung der Zustimmung des Betriebsrates zur außerordentlichen Kündigung eines Betriebsratsmitglieds (§ 103 BetrVG)

An das
Arbeitsgericht
Im Beschlussverfahren
mit den Beteiligten
1. Firma ..... X-GmbH
Antragstellerin und Beteiligte zu 1
– Verfahrensbevollmächtigte/r: RA(in) ..... –
2. Betriebsrat der Firma ....., vertr. durch den Vorsitzenden
Antragsgegner und Beteiligter zu 2
3. Betriebsratsmitglied .....
Beteiligter zu 3[1]
wegen Ersetzung der Zustimmung zur Kündigung.[2]

Namens und mit Vollmacht der Antragstellerin leite ich ein Beschlussverfahren ein und beantrage:

Die Zustimmung des Antragsgegners zur Kündigung des Beteiligten zu 3 wird nach § 103 BetrVG ersetzt.[3]

Begründung:

Die Antragstellerin betreibt ein Unternehmen für ..... Sie beschäftigt ..... Arbeitnehmer. Antragsgegner ist der aus ..... Mitgliedern bestehende Betriebsrat, der im Betrieb ..... errichtet ist. Der Beteiligte zu 3 ist seit dem ..... Mitglied des Betriebsrats.

Mit Schreiben vom ..... hat die Antragstellerin den Betriebsrat um Zustimmung zur außerordentlichen Kündigung des Beteiligten zu 3 gebeten.

Beweis: Schreiben der Antragstellerin vom ..... als Anlage ASt 1

Der Antragsgegner hat die Zustimmung verweigert und dies am ..... mitgeteilt.

Beweis: Schreiben des Antragsgegners vom ..... als Anlage ASt 2

Er hat seine Zustimmung zu Unrecht verweigert. Das Arbeitsverhältnis der Antragstellerin mit dem Beteiligten zu 3 ist aus wichtigem Grund zu kündigen,[4] denn ..... Die Zweiwochenfrist des § 626 Abs. 2 BGB ist durch die heutige Antragstellung eingehalten.[5, 6]

Beweis: Zeugnis des/der Herrn/Frau ....., zu laden über .....

Rechtsanwalt/Rechtsanwältin[7]

Anmerkungen

1. Das betroffene Betriebsratsmitglied ist Beteiligter (§ 103 Abs. 2 S. 2 BetrVG) und selbständig beschwerdeberechtigt. Das betroffene Betriebsratsmitglied kann gegen den Ersetzungsbeschluss des Arbeitsgerichts selbst Beschwerde einlegen, wenn der Betriebsrat die gerichtliche Entscheidung hinnimmt (BAG AP ArbGG 1979 § 87 Nr. 4).

2. Der Arbeitgeber muss so rechtzeitig die Zustimmung bei dem Betriebsrat beantragen, dass er bei ihrer Nichterteilung noch innerhalb der Zweiwochenfrist des § 626 Abs. 2 BGB die Ersetzung der Zustimmung beim Arbeitsgericht beantragen kann (BAG AP BetrVG 1972 § 103 Nr. 1; AP BetrVG 1972 § 103 Nr. 2; AP BetrVG 1972 § 103 Nr. 10). Unzulässig ist eine vorsorgliche Einleitung für den Fall, dass der Betriebsrat seine Zustimmung nicht erteilt (BAG AP BetrVG 1972 § 103 Nr. 18). Die Antragstellung ist zulässig, wenn der Betriebsrat die Zustimmung explizit verweigert oder innerhalb von drei Tagen nach Antragstellung keine Erklärung abgibt.

3. Aus rechtlichen und taktischen Gründen kann es sinnvoll sein, gleichzeitig ein Verfahren auf Ausschließung aus dem Betriebsrat anhängig zu machen (§ 23 BetrVG) (→ Form. IV.E.6).

Dies setzt allerdings voraus, dass die Pflichtverletzung im Arbeitsverhältnis, die einen wichtigen Grund für die beabsichtigte außerordentliche Kündigung darstellt, zugleich eine Amtspflichtverletzung als Betriebsratsmitglied ist. Liegt nur eine Amtspflichtverletzung vor, kommt nur der Ausschluss aus dem Betriebsrat in Betracht (BAG 5.11.2008 – 5 AZN 842/08, NZA 2009, 55; 21.6.2012 – 2 AZR 343/11, NZA 2013, 224).

Bei der Versetzung eines Betriebsratsmitglieds ist ebenfalls die Zustimmung des Betriebsrats notwendig (§ 103 Abs. 3 BetrVG), wenn diese zu einem Amtsverlust oder dem Verlust der Wählbarkeit führt.

„Die Zustimmung zur Versetzung des Beteiligten zu 3 wird ersetzt."

4. Der wichtige Grund inklusive der Sachverhaltsdarstellung ist dezidiert darzulegen. Ein wichtiger Grund (§ 626 Abs. 1 BGB) ist dann gegeben, wenn dem Arbeitgeber nicht zugemutet werden kann, das Arbeitsverhältnis bis zum Ablauf der ordentlichen Kündigungsfrist fortzusetzen. Bei der Zumutbarkeitsprüfung ist auf die fiktive Kündigungsfrist abzustellen, die ohne den besonderen Kündigungsschutz bei einer ordentlichen Kündigung gelten würde (BAG AP KSchG 1969 § 15 Nr. 35; 12.5.2010 – 2 AZR 587/08, NZA-RR 2011, 15). Steht das arbeitsvertragswidrige Verhalten des Arbeitnehmers mit seiner Amtstätigkeit in Zusammenhang, ist bei der Prüfung der Wirksamkeit der Kündigung ein besonders strenger Maßstab anzulegen (BAG 12.5.2010 – 2 AZR 587/08, NZA-RR 2011, 15).

Es werden im Ersetzungsverfahren nur solche Gründe behandelt, die dem Betriebsrat mitgeteilt wurden. Hat der Betriebsrat zunächst die Zustimmung verweigert, dann aber während des Ersetzungsverfahrens erteilt und haben Arbeitgeber und Betriebsrat die Hauptsache für erledigt erklärt, während das betroffene Betriebsratsmitglied widerspricht, wird nur geprüft, ob Erledigung eingetreten ist (BAG AP ArbGG 1979 § 83a Nr. 2 = NZA 1993, 1052). Scheidet ein Betriebsratsmitglied während des Zustimmungsersetzungsverfahrens nach § 103 BetrVG aufgrund einer Neuwahl des Betriebsrats aus dem Betriebsrat aus, ist für die außerordentliche Kündigung durch den Arbeitgeber eine erneute Anhörung des Betriebsrats nicht erforderlich (BAG 27.1.2011 – 2 ABR 114/09, NZA-RR 2011, 348). Das ehemalige Betriebsratsmitglied hat nur noch nachwirkenden Kündigungsschutz. Wird das Betriebsratsmitglied in einer neuen Amtsperiode wiedergewählt, wird das bisherige Verfahren fortgesetzt (BAG 12.3.2009 – 2 ABR 24/08, NZA-RR 2010, 180; 27.1.2011 – 2 ABR 114/09, NZA-RR 2011, 348).

5. Hat das Arbeitsgericht die Zustimmung ersetzt, so kann der Arbeitgeber außerordentlich kündigen. Die Zustimmung des Betriebsrats zur außerordentlichen Kündigung eines Betriebsratsmitglieds ist keine Zustimmung nach §§ 182 ff. BGB. Das Betriebsratsmitglied kann die Kündigung nicht zurückweisen, weil der Arbeitgeber die vom Betriebsrat erteilte Zustimmung nicht in schriftlicher Form vorlegt (BAG AP BetrVG 1972 § 103 Nr. 50 = NJW 2004, 2612 = NZA 2004, 717). Nach Ansicht des Bundesarbeitsgerichts muss der Arbeitgeber nach Rechtskraft der die Zustimmung ersetzenden Entscheidung unverzüglich kündigen (BAG AP BetrVG 1972 § 103 Nr. 3; AP BetrVG 1972 § 103 Nr. 10; AP BetrVG 1972 § 103 Nr. 12; AP BetrVG 1972 § 103 Nr. 36 = NZA 1998, 1273). Nach dem Eintritt der formellen Rechtskraft muss sich der Arbeitgeber erkundigen. Eine vor diesem Zeitpunkt erklärte Kündigung ist nicht nur schwebend unwirksam, sondern unheilbar nichtig (BAG AP BetrVG 1972 § 103 Nr. 2).

6. Auch nach Durchführung des Ersetzungsverfahrens hat das Betriebsratsmitglied noch ein Rechtsschutzinteresse an einer Kündigungsschutzklage. Der Ersetzungsbeschluss entfaltet wegen des wichtigen Grundes jedoch Bindungswirkung (BAG AP ArbGG 1979 § 87 Nr. 4; AP BetrVG 1972 § 103 Nr. 48 = NZA 2003, 432).

Kosten und Gebühren

7. Obwohl es sich um eine nichtvermögensrechtliche Streitigkeit handelt, wird der Streitwert in Anlehnung an § 42 Abs. 2 GKG wegen der Bindungswirkung mit dem Vierteljahresbezug bestimmt (Ziff. 19 des Streitwertkatalogs vom 9.2.2018). Das einzelne Betriebsratsmitglied hat im Zustimmungsersetzungsverfahren grds. nur dann einen Anspruch auf Erstattung der Anwaltskosten, wenn der Antrag des Arbeitgebers abgewiesen wird (BAG AP BetrVG 1972 § 40 Nr. 14; AP BetrVG 1972 § 40 Nr. 16; AP BetrVG 1972 § 103 Nr. 28).

10. Antrag des Arbeitgebers auf Entbindung von der Weiterbeschäftigung eines Jugend- und Auszubildendenvertreters

An das
Arbeitsgericht
Antrag im Beschlussverfahren[1, 2]
mit den Beteiligten
1. Firma ..... X-GmbH, vertr. durch den Geschäftsführer, Herrn .....
Antragstellerin/Beteiligte zu 1
– Verfahrensbevollmächtigte/r: RA(in) ..... –
2. Auszubildende(n) .....
gesetzlich vertreten durch .....
Antragsgegner(in)/Beteiligte(r) zu 2
3. Betriebsrat der Firma .....
vertreten durch den/die Betriebsratsvorsitzende(n) .....
Beteiligter zu 3
4. Jugend- und Auszubildendenvertretung der Firma .....,

vertreten durch den Vorsitzenden der Jugend- und Auszubildendenvertretung . . . .
Beteiligter zu 4
wegen Entbindung von der Weiterbeschäftigung eines Jugend- und Auszubildendenvertreters.
Namens und mit Vollmacht der Antragstellerin leite ich ein Beschlussverfahren ein und beantrage:
Es wird festgestellt, dass ein Arbeitsverhältnis zwischen der Antragstellerin und dem/r Antragsgegner(in) nach Ablauf der Ausbildungszeit am . . . . . nicht begründet wird.[3]

Begründung:

Die Antragstellerin betreibt ein Unternehmen für . . . . Sie beschäftigt . . . . Arbeitnehmer, darunter . . . . Auszubildende. Die Antragstellerin hat mit dem/der Antragsgegner (in) einen Ausbildungsvertrag über die Ausbildung zum . . . . geschlossen.

Beweis: Ausbildungsvertrag vom . . . . . als Anlage ASt 1

Im Vertrag ist eine . . . . .-jährige Ausbildung für die Zeit vom . . . . . bis zum . . . . . vorgesehen. Das Ausbildungsverhältnis endet mithin voraussichtlich am . . . . Der Prüfungstermin ist für den . . . . . vorgesehen.

Beweis: Bekanntgabe der Prüfungstermine vom . . . . . als Anlage ASt 2

Der/Die Antragsgegner(in) ist seit dem . . . . . Mitglied der Jugend- und Auszubildendenvertretung im Betrieb . . . . . Die Jugend- und Auszubildendenvertretung besteht aus . . . . . Personen. Die Antragstellerin hat dem/der Antragsgegner(in) bereits am . . . . . mitgeteilt, dass sie nicht beabsichtigt, mit ihm/ihr ein Arbeitsverhältnis einzugehen.

Beweis: Schreiben der Antragstellerin vom . . . . . als Anlage ASt 3

Der/Die Antragsgegner(in) hat mit Schreiben vom . . . . . seine/ihre Weiterbeschäftigung nach § 78a BetrVG verlangt.

Beweis: Schreiben des/der Antragsgegners(in) vom . . . . . als Anlage ASt 4

Der Beteiligte zu 3 ist der Betriebsrat, der im Betrieb der Antragstellerin errichtet ist. Er hat gleichfalls die Weiterbeschäftigung verlangt . . . . .

Beweis: Schreiben des Beteiligten zu 3 vom . . . . . als Anlage ASt 5

Der Antragstellerin kann unter Berücksichtigung aller Umstände die Beschäftigung des/der Antragsgegners(in) nicht zugemutet werden[4, 5] **. . . . .**
Rechtsanwalt/Rechtsanwältin[6]

Anmerkungen

1. Das Berufsausbildungsverhältnis endet mit Ablauf der Ausbildungszeit oder zuvor mit Bestehen der Abschlussprüfung (§ 21 BBiG). Wird ein Auszubildender über die Ausbildungszeit hinaus weiterbeschäftigt, so gilt ein Arbeitsverhältnis als auf unbestimmte Zeit begründet (§ 24 BBiG). Diese Rechtsfolge tritt nicht ein, wenn der Arbeitgeber den Auszubildenden nicht weiterbeschäftigt. Hier setzt der Schutz des § 78a BetrVG ein. Will der Arbeitgeber den Auszubildenden, der ua Mitglied der Jugend- und Auszubildendenvertretung war, nicht weiterbeschäftigen, so hat er dies drei Monate vor Ablauf des Ausbildungsverhältnisses mitzuteilen. Andererseits kann auch der Auszubildende drei Monate vor Beendigung des Ausbildungsverhältnisses schriftlich die Weiterbeschäftigung verlangen. Ein vorher gestelltes Verlangen ist unwirksam (BAG 15.12.2001 – 7 ABR 40/10, NZA-RR 2012, 413; zur Hinweispflicht des Arbeitgebers bei früherer Antragstellung: BAG 5.12.2012 – 7 ABR 38/11, NZA-RR 2013, 241).

2. Nach der Rechtsprechung des BAG ist im Beschlussverfahren und nicht im Urteilsverfahren zu entscheiden (BAG AP BetrVG 1972 § 78a Nr. 13). Ein Weiterbeschäftigungsantrag nach Ende der Ausbildung während der Dauer des Beschlussverfahrens ist im Urteilsverfahren geltend zu machen. Das Bestehen eines Arbeitsverhältnisses ist im Urteilsverfahren geltend zu machen, wenn der Auszubildende die Weiterbeschäftigung verlangt hat und der Arbeitgeber kein Verfahren nach § 78a BetrVG einleitet (BAG AP BetrVG 1972 § 78a Nr. 18).

3. Der Antrag wird gestellt, wenn der Arbeitgeber sich darauf beruft, dass das Verfahren nach § 78a BetrVG nicht einschlägig ist. Sonst sind die Anträge nach § 78a BetrVG zu stellen, dass das Arbeitsverhältnis nicht begründet wird. Dieser Antrag kann nach Beendigung des Berufsausbildungsverhältnisses beibehalten werden und wandelt sich in den Gestaltungsantrag um, dass das bestehende Arbeitsverhältnis aufgelöst wird (BAG 29.11.1989 – 7 ABR 67/88, NZA 1991, 233). Kommt das Arbeitsgericht zu der Entscheidung, dass eine Weiterbeschäftigung des Auszubildenden für den Arbeitgeber unzumutbar ist, so hat es das Arbeitsverhältnis aufzulösen. Mit Rechtskraft des Auflösungsbeschlusses ist das Arbeitsverhältnis beendet (BAG 24.8.2016 – 5 AZR 853/15, NZA-RR 2017, 76). Wird das Beschlussverfahren erst nach Beendigung des Berufsausbildungsverhältnisses eingeleitet, so ist sogleich der Antrag nach § 78a Abs. 4 Nr. 2 BetrVG zu stellen. Dies ist ein rechtsgestaltender Auflösungsbeschluss (BAG AP BetrVG 1972 § 78a Nr. 24 = NZA 1995, 647). Werden die gesetzlichen Voraussetzungen der Weiterbeschäftigung vom Arbeitgeber überhaupt geleugnet, kann auch der Feststellungsantrag und hilfsweise der Auflösungsantrag gestellt werden (BAG AP BetrVG 1972 § 78a Nr. 9 = NJW 1980, 2271).

4. Zur Zumutbarkeit vgl. BAG AP BetrVG § 78a Nr. 5; AP BetrVG § 78a Nr. 9. Die Übernahme eines durch § 78a BetrVG geschützten Auszubildenden ist dem Arbeitgeber nicht deswegen unzumutbar, weil er sich entschlossen hat, einen Teil der in seinem Betrieb anfallenden Arbeitsaufgaben künftig Leiharbeitnehmern zu übertragen (BAG AP BetrVG 1972 § 78a Nr. 50). Allerdings muss dauerhaft ein Arbeitsplatz vorhanden sein (BAG 8.9.2010 – 7 ABR 33/09, NZA 2011, 221). Ist im Zeitpunkt der Beendigung des Ausbildungsverhältnisses ein freier Arbeitsplatz vorhanden, hat bei der Prüfung der Unzumutbarkeit einer Weiterbeschäftigung ein künftiger Wegfall von Arbeitsplätzen unberücksichtigt zu bleiben (BAG AP BetrVG 1972 § 78a Nr. 25= NZA 1996, 493). Hat ein Auszubildender die Weiterbeschäftigung verlangt und ist dem Arbeitgeber nur eine Weiterbeschäftigung in Teilzeitbeschäftigung zumutbar, so muss er das Verfahren nach § 78a BetrVG einleiten (BAG AP BetrVG 1972 § 78a Nr. 18 = NZA 1989, 439). Eine Übernahme in ein Teilzeitarbeitsverhältnis ist nur kraft vertraglicher Vereinbarung möglich (BAG AP BetrVG 1972 § 78a Nr. 23 = NZA 1992, 174; vgl. iÜ *Fitting* BetrVG § 78a Rn. 46 ff.).

5. Der Arbeitgeber hat nicht die Kosten einer anwaltlichen Tätigkeit zu tragen, die einem Mitglied der Jugend- und Auszubildendenvertretung in einem Verfahren nach § 78a Abs. 4 BetrVG entstanden sind (BAG 5.4.2000 – 7 ABR 680/02, NZA 2000, 1178). Die Kosten der Jugend- und Auszubildendenvertretung trägt er auch nicht (BAG 18.1.2012 – 7 ABR 83/10, NZA 2012, 683).

Kosten und Gebühren

6. → Form. IV.E.1 Anm. 6. Der Gegenstandswert wird auf drei Monatsvergütungen festzusetzen sein (§ 42 Abs. 2 GKG entspr.).

11. Klage des Jugend- und Auszubildendenvertreters auf Weiterbeschäftigung nach Beendigung des Ausbildungsverhältnisses

An das
Arbeitsgericht

Klage[1]

des Jugend- und Auszubildendenvertreters, Herrn . . . . .
Kläger
– Prozessbevollmächtigte/r: RA(in) . . . . . –
gegen
die Firma . . . . . X-GmbH, vertr. d. . . . .
Beklagte
wegen Weiterbeschäftigung nach Beendigung des Ausbildungsverhältnisses.
Namens und mit Vollmacht des Klägers erhebe ich Klage und beantrage:
Die Beklagte wird verurteilt, den Kläger über die Beendigung des Ausbildungsverhältnisses am . . . . . im Rahmen eines Arbeitsverhältnisses weiter zu beschäftigen.[2]

Begründung:

Die Parteien haben am . . . . . einen Ausbildungsvertrag über die Ausbildung des Klägers zum . . . . . geschlossen. Die Ausbildung dauert vom . . . . . bis . . . . .

Beweis: Ausbildungsvertrag vom . . . . . als Anlage K 1

Am . . . . . wurde der Kläger in die Jugend- und Auszubildendenvertretung gewählt.

Beweis: Zeugnis des Herrn . . . . ., zu laden über die Beklagte

Die Beklagte hat dem Kläger am . . . . . mitgeteilt, dass er nach Beendigung des Ausbildungsverhältnisses nicht weiterbeschäftigt werde.

Beweis: Schreiben der Beklagten vom . . . . . als Anlage K 2

Der Kläger hat am . . . . . schriftlich seine Weiterbeschäftigung verlangt. Die Geltendmachung liegt zwei Monate vor Beendigung des Ausbildungsverhältnisses.

Beweis: Schreiben des Klägers vom . . . . . als Anlage K 3

Damit ist nach § 78a Abs. 2 S. 1 BetrVG ein Arbeitsverhältnis auf unbestimmte Zeit zustande gekommen. Einen Antrag, sie von der Weiterbeschäftigung zu entbinden, hat die Beklagte nicht gestellt. Gleichwohl kommt die Beklagte ihrer Beschäftigungspflicht nicht nach.

Beweis: Zeugnis des Herrn . . . . ., zu laden über . . . . .

Sie muss daher im Wege der Klage gezwungen werden.
Rechtsanwalt/Rechtsanwältin[3]

Anmerkungen

1. Der Anspruch auf Weiterbeschäftigung im Arbeitsverhältnis ist ein individualvertraglicher Anspruch, der schriftlich und innerhalb der letzten 3 Monate vor Beendigung des Ausbildungsverhältnisses geltend zu machen ist. Eine E-Mail ist nicht ausreichend (BAG 15.12.2011 – 7 ABR 40/10, NZA-RR 2012, 413). Er muss gerichtlich im Wege des Klageverfahrens geltend gemacht werden (BAG AP BetrVG 1972 § 78a Nr. 1; AP BetrVG 1972 § 78a Nr. 11; AP BetrVG 1972 § 78a Nr. 25). Regelmäßig wird jedoch auch eine einstweilige Verfügung nach §§ 935, 940 ZPO in Betracht kommen.

2. Wegen der Einzelheiten → Form. IV.E.10; Schaub ArbR-HdB/*Koch* § 227 Rn. 16 ff.

Kosten und Gebühren

3. Streitwert des Beschäftigungsanspruches im allgemeinen drei Monatsgehälter (§ 42 Abs. 2 GKG entsprechend).

12. Antrag auf gerichtliche Zustimmung zur Durchführung einer Betriebsänderung

An das
Arbeitsgericht
. . . . .
Antrag im Beschlussverfahren[1, 2]
mit den Beteiligten
1. Herr . . . . . in seiner Eigenschaft als Insolvenzverwalter über das Vermögen des/der . . . . .
Antragsteller
– Verfahrensbevollmächtigte/r: RA(in) . . . . . –
2. Betriebsrat der Firma . . . . .
vertreten durch den/die Betriebsratsvorsitzende(n)
Antragsgegner
vertrete ich den Antragsteller im Beschlussverfahren. Namens und mit Vollmacht des Antragstellers beantrage ich zu erkennen:

I. Die Zustimmung des Antragsgegners zur Betriebsänderung . . . . ./Betriebsstilllegung am . . . . . wird ersetzt, ohne dass das Verfahren nach § 112 Abs. 2 BetrVG durchgeführt wird.

II. Es wird angeregt die Rechtsbeschwerde an das Bundesarbeitsgericht zuzulassen.[3]

Begründung

Die Firma . . . . . hat sich mit der Herstellung von . . . . . befasst. Sie hat im Durchschnitt . . . . . Arbeitnehmer beschäftigt. Am . . . . . ist über das Vermögen der Firma unter dem Aktenzeichen . . . . . beim Amtsgericht . . . . . das Insolvenzverfahren eröffnet worden. Zum Insolvenzverwalter ist der Antragsteller bestellt worden.

Beweis: Eröffnungsbeschluss über das Insolvenzverfahren vom . . . . . als Anlage ASt 1

Der Antragsgegner ist der Betriebsrat, der im Betrieb . . . . . errichtet ist. Es ist folgende Betriebsänderung geplant . . . . ./Es ist geplant, den Betrieb stillzulegen, weil . . . . . Der Antragsteller hat den Betriebsrat am . . . . . umfassend unterrichtet.

Beweis: Schreiben des Antragstellers vom . . . . . als Anlage ASt 2

Er hat ihn schriftlich am . . . . . zu Verhandlungen über den Abschluss eines Interessenausgleiches aufgefordert.

Beweis: Schriftliche Aufforderung des Antragstellers an den Arbeitgeber als Anlage ASt 3

Die Verhandlungen wurden am gleichen Tag aufgenommen.

Beweis: Zeugnis des Herrn . . . ., zu laden über die Antragsgegnerin

Ein Interessenausgleich ist innerhalb einer Frist von drei Wochen seit Aufnahme der Verhandlungen nicht zustande gekommen.

Beweis: Zeugnis des Herrn . . . ., zu laden über . . . .

Es bedarf daher der Zustimmung des Arbeitsgerichts zur Durchführung der Betriebsänderung.[4, 5]

Der Antrag auf Zustimmung ist begründet, weil die wirtschaftliche Lage des Unternehmens auch unter Berücksichtigung der sozialen Belange der Arbeitnehmer erfordert, dass die Betriebsänderung ohne vorheriges Verfahren nach § 112 Abs. 2 BetrVG durchgeführt wird . . . .[6]

Rechtsanwalt/Rechtsanwältin

Anmerkungen

1. Nach § 122 Abs. 1 S. 1 InsO ist ein Antrag auf Zustimmung zur Betriebsänderung dann zulässig, wenn der Insolvenzverwalter den Betriebsrat rechtzeitig und umfassend unterrichtet und innerhalb einer Frist von drei Wochen nach Verhandlungsbeginn oder schriftlicher Aufforderung zur Aufnahme von Verhandlungen kein Interessenausgleich zustande kommt. Die gesetzliche Schriftform des § 126 BGB ist zu beachten.

2. Die Entscheidung ergeht im Beschlussverfahren. Beteiligte sind der Insolvenzverwalter und der Betriebsrat, nicht dagegen die zu entlassenen Arbeitnehmer und das Unternehmen (§ 122 Abs. 2 S. 2 InsO). Der Antrag ist nach Maßgabe des § 61a Abs. 3–6 ArbGG vorrangig zu erledigen. Bei Verletzung des Beschleunigungsgrundsatzes sind aber keine prozessrechtlichen Folgen normiert. Der Antrag muss darauf gerichtet sein, die Zustimmung zu einer bestimmten geplanten Betriebsänderung zu erteilen, ohne zuvor ein Einigungsverfahren über einen Interessenausgleich nach § 112 Abs. 2 BetrVG durchzuführen.

3. Im Interesse der Verfahrensbeschleunigung ist der Rechtsmittelzug geändert. Gegen den Beschluss des Arbeitsgerichts findet keine Beschwerde an das LAG statt. Dies gilt unabhängig davon, ob dem Antrag stattgegeben oder er abgewiesen worden ist. Gegen den Beschluss des Arbeitsgerichts findet die Rechtsbeschwerde an das BAG statt, wenn sie in dem Beschluss zugelassen worden ist. Für die Zulassung gelten die Grundsätze von § 72 Abs. 2 u. 3 ArbGG (§ 122 Abs. 3 InsO). Wird die Rechtsbeschwerde nicht zugelassen, ist eine Nichtzulassungsbeschwerde nicht vorgesehen. Die Rechtsbeschwerde ist innerhalb eines Monats nach Zustellung der in vollständiger Form abgefassten Entscheidung des Arbeitsgerichts beim BAG einzulegen und zu begründen (§ 122 Abs. 3 S. 3 InsO).

4. Der dem Antrag des Insolvenzverwalters stattgebende Beschluss gestattet es dem Insolvenzverwalter, die Betriebsänderung durchzuführen, ohne die Einigungsstelle anzurufen. Damit entfällt der Anspruch auf Nachteilsausgleich nach § 113 BetrVG. Andererseits erlangen die Arbeitnehmer einen Anspruch auf Nachteilsausgleich, wenn das Verfahren nicht durchgeführt worden ist. Bei der Bemessung des Nachteilsausgleichs ist die Insolvenzsituation ohne Bedeutung (BAG AP BetrVG 1972 § 113 Nr. 42 = NZA 2004, 93). Vor Ablauf der Dreiwochenfrist darf der Insolvenzverwalter eine Betriebsänderung nur nach Abschluss eines Interessenausgleichs durchführen. Er hat zur Vermeidung des Anspruches auf Nachteilsausgleich das Verfahren nach § 112 BetrVG einzuhalten. Umstritten ist, ob dem Betriebsrat in dieser Frist ein Unterlassungsanspruch zusteht (LAG Nds 27.3.1997 – 16a TaBV 18/97, ZIP 1997, 1201). Die ergehende Entscheidung hat Gestaltungswirkung. Diese wird dann eintreten, wenn der Beschluss rechtskräftig wird.

5. Der Antrag des Insolvenzverwalters ist nur begründet, wenn die wirtschaftliche Lage des Unternehmens auch unter Berücksichtigung der sozialen Belange der Arbeitnehmer erfordert, dass die Betriebsänderung ohne vorheriges Verfahren nach § 112 Abs. 2 BetrVG durchgeführt wird. Insoweit bedarf es eines umfassenden Vortrages. Fehlt es insoweit an einem Vortrag und weist das Arbeitsgericht den Antrag als unbegründet ab, kann es zu erheblichen Verzögerungen kommen. Zweckmäßig wird daher das Verfahren nach § 122 InsO und § 112 BetrVG nebeneinander betrieben.

6. Zweifelhaft ist, ob der Insolvenzverwalter das Verfahren nach § 122 InsO auch im Wege der einstweiligen Verfügung betreiben kann. Im Beschlussverfahren sind zwar einstweilige Verfügungen zulässig (§ 85 Abs. 2 ArbGG). Da die Entscheidung des Arbeitsgerichts aber Gestaltungswirkung hat, würde damit auch eine Befriedigungswirkung eintreten. Eine einstweilige Verfügung auf Befriedigung ist nach allgemeinem Prozessrecht nur in Ausnahmefällen zulässig.

13. Beschlussverfahren zum Kündigungsschutz

An das
Arbeitsgericht
. . . . .
Antrag im Beschlussverfahren[1, 2]
mit den Beteiligten
1. Herrn . . . . . in seiner Eigenschaft als Insolvenzverwalter
über das Vermögen des/der . . . . .
Antragsteller/Beteiligter zu 1
– Verfahrensbevollmächtigte/r: RA(in) . . . . . –
2. Betriebsrat der Firma . . . . .
vertreten durch den/die Betriebsratsvorsitzende(n) . . . . .
Antragsgegner/Beteiligter zu 2
3. Arbeitnehmer 1
Beteiligter zu 3
4. Arbeitnehmer 2
Beteiligter zu 4
5. Arbeitnehmer 3
Beteiligter zu 5
zeige ich an, dass ich den Antragsteller vertrete. Namens und mit Vollmacht des Antragstellers beantrage ich:
Es wird festgestellt, dass die Kündigung des[3]
Beteiligten zu 3
Beteiligten zu 4
Beteiligten zu 5. . . . .
durch dringende betriebliche Erfordernisse bedingt und sozial gerechtfertigt ist.[4, 5]

Begründung:

Die Firma . . . . . hat sich mit dem Vertrieb von . . . . . befasst. Sie beschäftigt . . . . . Arbeitnehmer. Der Antragsgegner ist der im Betrieb der Firma errichtete Betriebsrat.

Am . . . . . ist über das Vermögen der Firma . . . . . unter dem Aktenzeichen . . . . . beim Amtsgericht . . . . . das Insolvenzverfahren eröffnet worden. Zum Insolvenzverwalter ist der Antragsteller bestellt worden.

Beweis: Eröffnungsbeschluss über das Insolvenzverfahren vom . . . . . als Anlage ASt 1

Der Antragsteller plant, die Betriebsabteilung . . . . . stillzulegen. Er hat den Antragsgegner am . . . . . aufgefordert, in Verhandlungen über den Abschluss eines Interessenausgleichs einzutreten. Der Antragsteller hat den Antragsgegner rechtzeitig und umfassend unterrichtet . . . . .

Beweis: Schreiben des Antragstellers vom . . . . . als Anlage ASt 2

Gleichwohl ist kein Interessenausgleich zustande gekommen. Die Zustimmung des Antragsgegners zur Durchführung der Betriebsänderung ist durch das Arbeitsgericht ersetzt.

Beweis: Beschluss des Arbeitsgerichts . . . . . im Verfahren . . . . . als Anlage ASt 3

Es bedarf daher der Einleitung eines Sammelverfahrens zum Kündigungsschutz. Die Arbeitsverhältnisse der im Antrag namentlich bezeichneten Arbeitnehmer sind am . . . . . gekündigt worden.

Beweis: Kündigungsschreiben vom . . . . . als Anlagenkonvolut ASt 4

Die Arbeitnehmer haben Kündigungsschutzklage erhoben.[6, 7]

Beweis: Klagschriften vom . . . . . als Anlagenkonvolut ASt 5

Die Kündigungen sind aus betriebsbedingten Gründen sozial gerechtfertigt . . . . .
Folgende Kündigungsschutzverfahren sind auszusetzen . . . . .
Rechtsanwalt/Rechtsanwältin

Anmerkungen

1. Ist eine Betriebsänderung geplant und kommt zwischen Insolvenzverwalter und Betriebsrat ein Interessenausgleich zustande, in dem die Arbeitnehmer, denen gekündigt werden sollen, namentlich bezeichnet sind, wird vermutet, dass die Kündigung aus dringenden betrieblichen Gründen erfolgt ist. Die soziale Auswahl kann nur begrenzt überprüft werden (§ 125 InsO). Besteht kein Betriebsrat oder kommt aus anderen Gründen innerhalb von drei Wochen seit Verhandlungsbeginn oder schriftlicher Aufforderung zur Aufnahme von Verhandlungen ein Interessenausgleich nach § 125 InsO nicht zustande, obwohl der Insolvenzverwalter den Betriebsrat rechtzeitig und umfassend unterrichtet hat, so kann der Insolvenzverwalter beim Arbeitsgericht beantragen, festzustellen, dass die Kündigung bestimmter, im Antrag bezeichneter Arbeitnehmer durch dringende betriebliche Erfordernisse bedingt ist und sozial gerechtfertigt ist. Das Sammelverfahren zum Kündigungsschutz ist isoliert zulässig, wenn kein Betriebsrat vorhanden ist oder ein Interessenausgleich ohne Namensliste abgeschlossen worden ist.

2. Verfahrensbeteiligte sind der Insolvenzverwalter, der Betriebsrat und die im Antrag bezeichneten Arbeitnehmer.

3. In dem Antrag müssen die betroffenen Arbeitnehmer namentlich bezeichnet werden.

4. Die Entscheidung ergeht im Beschlussverfahren. Der Antrag ist nach Maßgabe des § 61a Abs. 3–6 ArbGG vorrangig zu erledigen (§ 126 Abs. 2 S. 2 InsO).

5. Die Entscheidung ergeht durch Beschluss. Wegen der Sozialauswahl besteht ein eingeschränkter Prüfungsmaßstab (§ 126 Abs. 1 S. 2 InsO). Gegen den Beschluss ist die Beschwerde an das LAG ausgeschlossen (§ 126 Abs. 2 S. 2 iVm § 122 Abs. 3 InsO). Die Rechtsbeschwerde an das BAG findet statt, wenn sie vom Arbeitsgericht zugelassen ist. Für die Zulassung gelten die Grundsätze von § 72 Abs. 2 u. 3 ArbGG. Eine Nichtzulassungsbeschwerde ist nicht vorgesehen (BAG AP ArbGG 1979 § 72a Divergenz Nr. 44). Eine besondere Ausgestaltung hat die Kostenerstattung in § 126 Abs. 3 InsO erfahren. Im ersten Rechtszug besteht kein Anspruch auf Kostenerstattung.

6. Kündigt der Insolvenzverwalter das Arbeitsverhältnis eines namentlich bezeichneten Arbeitnehmers, so ist die Entscheidung im Beschlussverfahren bindend. Dies gilt nicht, wenn sich die Verhältnisse geändert haben (§ 127 Abs. 1 InsO). Die Bindungswirkung führt dazu, dass der Arbeitnehmer nicht damit gehört wird, das Beschlussverfahren sei falsch entschieden. Der Arbeitnehmer verliert die Möglichkeit noch Tatsachen in dem zweiten Verfahren vorzutragen. Hat der Arbeitnehmer schon vor Rechtskraft der Entscheidung im Sammelverfahren Kündigungsschutzklage erhoben, so ist das Verfahren auszusetzen (§ 127 InsO).

7. Die Verfahren nach §§ 125, 126 InsO sind eingeführt worden, um die Abwicklung von Massenentlassungen im Insolvenzverfahren zu beschleunigen und größere Rechtssicherheit herbeizuführen. Gleichwohl sind sie nicht ganz unproblematisch. Sie führen zu einer erheblichen Belastung des Betriebsrates, in größeren Betrieben kann es wegen der Vielzahl der Beteiligten zu unübersichtlichen Verfahren kommen mit entsprechenden Verzögerungen und namentlich im Insolvenzverfahren kommt es zu ständigen Änderungen in der Notwendigkeit, Personalentscheidungen zu treffen.

14. Beschlussverfahren über Umfang und Grenzen des Mitbestimmungsrechtes des Betriebsrates

An das
Arbeitsgericht
In dem Beschlussverfahren[1]
mit den Beteiligten
1. Betriebsrat der Firma . . . . .
vertreten durch den/die Betriebsratsvorsitzende(n) . . . . .
Antragsteller
– Verfahrensbevollmächtigte/r: RA(in) . . . . . –
2. Firma . . . . . X-GmbH, vertr. durch den Geschäftsführer, Herrn . . . . .
Antragsgegnerin
zeige ich an, dass ich den Antragsteller vertrete. Namens und mit Vollmacht des Antragstellers beantrage ich:
Es wird festgestellt, dass dem Betriebsrat bei der Festlegung der Arbeitszeiten von Monteuren im Auslandseinsatz ein Mitbestimmungsrecht zusteht, soweit kein Notfall vorliegt.[2, 3]

Begründung:

Der Antragsteller ist der im Betrieb der Antragsgegnerin errichtete Betriebsrat. Er besteht aus . . . . . Personen und wird durch den/die Betriebsratsvorsitzende(n) . . . . . vertreten. Die Antragsgegnerin ist ein Unternehmen der . . . . . Sie stellt . . . . . her. Sie beschäftigt . . . . . Arbeitnehmer.

Die Antragsgegnerin beschäftigt . . . . . Monteure zur Montage ihrer Anlagen bei den Kunden. Die Monteure arbeiten dabei immer wieder im Ausland. Die bei diesen Einsätzen auftretenden Fragen hinsichtlich des Versicherungsschutzes, der Familienheimfahrten und der Zahlung von Spesen werden einzelvertraglich mit den Monteuren geregelt. Hierbei werden die von der Antragsgegnerin erlassenen Richtlinien für Monteure im Ausland zugrunde gelegt.

Beweis: Richtlinien für Monteure im Ausland vom . . . . . als Anlage Ast 1

Der Antragsteller hat der Antragsgegnerin den Entwurf einer Betriebsvereinbarung zu den Arbeitszeiten der Monteure bei Auslandseinsätzen vorgelegt. Die Betriebsvereinbarung enthält . . . . . Regelungen über die regelmäßige Arbeitszeit, Mehr-, Nacht-, Sonn- und Feiertagsarbeit bei den im Ausland eingesetzten Monteuren.

Beweis: Entwurf einer Betriebsvereinbarung vom . . . . . als Anlage Ast 2

Die Antragsgegnerin meint, es bestehe bei den Einsätzen der Monteure im Ausland diesbezüglich kein Mitbestimmungsrecht und lehnt Verhandlungen über die Betriebsvereinbarung ab. Dieser Streit bedarf der gerichtlichen Klärung.

Rechtsanwalt/Rechtsanwältin[4]

Anmerkungen

1. Über Bestehen, Umfang und Grenzen des Mitbestimmungsrechtes des Betriebsrates kann ein gerichtliches Verfahren durchgeführt werden. Das Verfahren wird als Beschlussverfahren geführt.

2. Wird über das Bestehen eines Mitbestimmungsrechtes gestritten, so bereitet vor allem die Formulierung des Antrages Schwierigkeiten: Soll auf Antrag des Betriebsrates das Mitbestimmungsrecht festgestellt werden, so ist es im Allgemeinen unzureichend, die Feststellung zu beantragen, dass dem Betriebsrat bei Abschluss der Betriebsvereinbarung vom . . . . . ein Mitbestimmungsrecht zusteht. Ein Antrag muss ebenso bestimmt sein wie im Urteilsverfahren. § 253 Abs. 2 Nr. 2 ZPO ist auf das Beschlussverfahren und die in ihm gestellten Anträge entsprechend anwendbar. Der jeweilige Streitgegenstand muss so konkret umschrieben werden, dass der Umfang der Rechtskraftwirkung für die Beteiligten nicht zweifelhaft ist. Der in Anspruch genommene Beteiligte muss bei einer dem Antrag stattgebenden Entscheidung eindeutig erkennen können, was von ihm verlangt wird. Die Prüfung, welche Maßnahmen der Schuldner vorzunehmen oder zu unterlassen hat, darf grundsätzlich nicht in das Vollstreckungsverfahren verlagert werden (BAG 22.5.2012 – 1 ABR 11/11, AP GG Art. 9 Nr. AP GG Art. 149; BAG 9.7.2013 – 1 ABR 17/12, NZA 2013, 1166). Dementsprechend bedarf es iE der Angabe der mitbestimmungspflichtigen Tatbestände: BAG AP BetrVG 1972 § 80 Nr. 19; AP ArbGG 1979 § 81 Nr. 2; AP BetrVG 1972 § 87 Überwachung Nr. 9 = NZA 1985, 28; AP BetrVG 1972 § 95 Nr. 26; AP BetrVG 1972 § 23 Nr. 23 = NZA 1995, 40). Die Formulierung müsste konkreter gewählt werden, zB festzustellen, dass dem Betriebsrat ein Mitbestimmungsrecht zusteht „bei der Anordnung von Überstunden für das Verkaufspersonal anlässlich der Inventur", „bei der Anordnung von Überstunden nach Ausfall von Arbeitszeit für Wochenfeiertage", „bei der Anordnung von Überstunden für Betriebshandwerker zur Beseitigung von Störungsfällen", „bei der Regelung der Arbeitszeit zwischen Weihnachten und Neujahr", „anlässlich der Installation von Arbeitsplatzrechnern in der Abteilung Auftragsabwicklung", „bei der Veranstaltung des Verkaufswettbewerbs . . . . . für die Außendienstmitarbeiter", „bei der Regelung des Zutrittsrechtes zu dem Forschungsbereich . . . . .". (*Matthes* DB 1984, 453). Problematisch sind Globalanträge. Ein Globalantrag liegt vor, wenn eine Vielzahl verschiedener Fallgestaltungen von dem Antrag umfasst wird. Nach der Rechtsprechung des BAG ist ein solcher Antrag zwar zulässig, aber oftmals unbegründet. Ein Antrag ist bereits dann unbegründet, wenn in einem einzelnen Fall kein Mitbestimmungsrecht besteht. Nach der Rechtsprechung des BAG ist der Antrag dann insgesamt abzuweisen. Deshalb sollten Notfälle bei der Antragstellung explizit ausgenommen werden. Bei Notfällen besteht kein Mitbestimmungsrecht des Betriebsrates (*Fitting* § 87 Rn. 25). Umgekehrt kann auch der Arbeitgeber einen Feststellungsantrag stellen, nämlich darauf gerichtet, dass der Betriebsrat bei einer

bestimmten Maßnahme kein Mitbestimmungsrecht hat. Stellt der Arbeitgeber den Antrag, festzustellen, dass der Betriebsrat bei dem Erlass einer von ihm geplanten Dienstreiseordnung für Reisende nicht mitzubestimmen habe, so leugnet er das Bestehen des Mitbestimmungsrechts überhaupt. Die Entscheidung lautet nur auf Bejahung oder Verneinung des Mitbestimmungsrechts. Dagegen ist das Gericht nicht in der Lage, über den Umfang des Mitbestimmungsrechtes zu entscheiden. Es bedarf auch der genauen Konkretisierung, in welchen Fällen ein Mitbestimmungsrecht verneint wird.

3. Ein Feststellungsantrag verlangt ein besonderes rechtliches Interesse daran, dass das Bestehen oder Nichtbestehen eines Rechtsverhältnisses durch eine gerichtliche Entscheidung alsbald festgestellt wird. Es handelt sich um eine – auch noch im Rechtsbeschwerdeverfahren zu prüfende – Prozessvoraussetzung. Sie stellt sicher, dass die Gerichte das Bestehen oder Nichtbestehen eines Rechtsverhältnisses tatsächlich klären können und nicht über bloße Meinungsverschiedenheiten der Betroffenen befinden. Es gehört nicht zu den Aufgaben der Gerichte, einem Beteiligten zu bescheinigen, ob er im Recht war oder nicht, oder eine alle Verfahrensbeteiligten interessierende Rechtsfrage gutachterlich zu klären. Erforderlich ist damit grundsätzlich, dass es sich um ein gegenwärtiges Rechtsverhältnis handelt. Wird der Antrag auf Feststellung eines vergangenen Rechtsverhältnisses gerichtet, so ist er nur dann zulässig, wenn sich aus der Feststellung noch Rechtsfolgen für die Gegenwart oder die Zukunft ergeben (BAG 3.5.2006 – 1 ABR 15/05, NZA 2007, 1245; BAG 20.1.2015 – 1 ABR 1/14, NZA 2015, 765). Für einen Feststellungsantrag, der ursprünglich auf ein gegenwärtiges Rechtsverhältnis gerichtet war, gilt nichts anderes. Wird ein zunächst gegenwärtiges Rechtsverhältnis während des Rechtsstreits durch Zeitablauf oder Änderung tatsächlicher Umstände zu einem vergangenen, bleibt die Feststellungsklage nur zulässig, wenn sich aus der erstrebten Feststellung konkrete gegenwärtige oder zukünftige Rechtsfolgen ableiten lassen (vgl. BAG 21.7.2009 – 9 AZR 279/08, NZA 2010, 415). Ist dies nicht der Fall, ist die Sache für erledigt zu erklären. Handelt es sich dagegen um Fälle, die auch in Zukunft wieder vorkommen können, so kann noch die Feststellung begehrt werden, dass der Betriebsrat wegen der zukünftig zu regelnden Angelegenheiten ein Mitbestimmungsrecht hat (BAG AP ArbGG 1979 § 83 Nr. 5). Es bedarf jedoch der Darlegung, dass die Fälle wieder vorkommen können. Beispiele sind, dass bestimmt zu bezeichnende personelle Maßnahmen als Versetzung der Zustimmung des Betriebsrats bedürfen (BAG AP BetrVG 1972 § 99 Nr. 33 = NZA 1986), ferner die Frage, ob der Betriebsrat die Zustimmung zur Einstellung mit der Begründung verweigern kann, die vorgesehene Befristung sei unzulässig (BAG AP BetrVG 1972 § 99 Nr. 21 = NZA 1986, 163) oder ob bestimmte Personen oder Personengruppen zum Betriebsrat wahlberechtigt sind. Eine Antragsänderung von den vergangenen auf die zukünftigen Fälle ist jedoch in der Rechtsbeschwerdeinstanz nicht mehr zulässig (BAG AP ArbGG 1979 § 81 Nr. 3 = NZA 1984, 353). Das rechtliche Interesse iSv § 256 Abs. 1 ZPO muss auch an der Feststellung des streitigen Rechtsverhältnisses selbst bestehen; ein Interesse an der Klärung streitiger Vorfragen genügt nicht (BAG 28.4.2009 – 1 ABR 7/08, AP BetrVG 1972 § 77 Nr. 99). Einem gegen § 87 Abs. 1 BetrVG verstoßenden Zustand kann der Betriebsrat mit einem allg. Unterlassungsanspruch und einem Beseitigungsanspruch entgegentreten. Der Unterlassungsanspruch zielt auf die Untersagung zukünftigen Verhaltens. Der Beseitigungsanspruch zielt auf die Beendigung des mitbestimmungswidrigen Zustands. Er ist nicht auf die Beseitigung der sich aus der Verletzung ergebenden Folgen gerichtet (BAG 23.3.2021 – 1 ABR 31/19, BeckRS 2021, 15145).

Kosten und Gebühren

4. Nicht vermögensrechtliche Streitigkeit, da das Mitbestimmungsrecht des Betriebsrates Streitgegenstand ist. Regelstreitwert nach § 23 Abs. 3 RVG mit Erhöhung je nach Bedeutung der Angelegenheit.

15. Vorabentscheidungsverfahren über Umfang des Mitbestimmungsrechts

An das
Arbeitsgericht
Antrag im Beschlussverfahren
mit den Beteiligten
1. Firma . . . . . X-GmbH, vertr. d. ihre Geschäftsführer
Antragstellerin
– Verfahrensbevollmächtigte/r: RA(in) . . . . . –
2. Betriebsrat . . . . .
Antragsgegner
über die Zuständigkeit der Einigungsstelle.[1, 2]
Namens und mit Vollmacht der Antragstellerin beantrage ich:
Es wird festgestellt, dass dem Betriebsrat kein Mitbestimmungsrecht bei . . . . . zusteht.[3]

Begründung:

Die Antragstellerin ist ein Unternehmen der . . . . . Sie beschäftigt . . . . . Arbeitnehmer. Der Antragsgegner ist der im Betrieb . . . . . errichtete Betriebsrat. Er besteht aus . . . . . Mitgliedern. Betriebsratsvorsitzende(r) ist . . . . .
Die Antragstellerin leidet unter Auftragsmangel.

Beweis: Aufstellung des Auftragsbestands vom . . . . . als Anlage ASt 1

Sie ist daher aus betriebsbedingten Gründen gezwungen . . . . . Arbeitnehmer zu entlassen. Der Antragsgegner ist der Auffassung, dass dies eine Betriebsänderung iSv § 112a Abs. 1 BetrVG sei. Er hat den Abschluss eines Interessenausgleichs und eines Sozialplanes verlangt.

Beweis: Schreiben des Antragsgegners vom . . . . . als Anlage ASt 2

Die Antragstellerin hat sich geweigert, einen Interessenausgleich und Sozialplan abzuschließen.

Beweis: Schreiben der Antragstellerin vom . . . . . als Anlage ASt 3

Ein Mitbestimmungsrecht des Betriebsrats besteht nicht . . . . . Es liegt keine mitbestimmungspflichtige Betriebsänderung vor. Der Antragsteller meint hingegen, die Einigungsstelle ist einzurichten.[4]
Rechtsanwalt/Rechtsanwältin[5]

Anmerkungen

1. Die Durchführung eines Einigungsstellenverfahrens verursacht erhebliche Kosten. Im Verfahren zur Bestellung des Vorsitzenden einer Einigungsstelle bzw. der Bestimmung der Zahl ihrer Beisitzer wird deren Zuständigkeit grds. nicht überprüft. Wegen fehlender Zuständigkeit wird ein Antrag nur zurückgewiesen, wenn die Einigungsstelle offensichtlich unzuständig ist (§ 100 Abs. 1 S. 2 ArbGG; → Form. IV.E.16 Anm. 4). Vor allem der Arbeitgeber ist daher daran interessiert, in einem Beschlussverfahren die Zuständigkeit vorab klären zu lassen. Grds. ist die Einigungsstelle berechtigt, über ihre Zuständigkeit selbst zu befinden. Der Beschluss im Vorabentscheidungsverfahren entfaltet Bindungswirkung für spätere Verfahren (BAG AP BetrVG 1972 § 113 Nr. 15 = NZA 1988, 287).

2. Die sog Vorabentscheidungsverfahren weisen zwei prozessuale Schwierigkeiten auf: (1) Der Antrag muss hinreichend bestimmt gefasst sein; (2) das Rechtsschutzinteresse muss gegeben sein.

3. Der Antrag muss konkret gefasst sein. Vom Gericht kann kein Rechtsgutachten erwartet werden. Ein Feststellungsantrag über die Zuständigkeit der Einigungsstelle kann allenfalls in Betracht kommen, wenn die Beteiligten darüber streiten, ob die Einigungsstelle oder eine tarifliche Schlichtungsstelle zuständig ist (aber BAG AP BetrVG 1972 § 87 Vorschlagswesen Nr. 2).

4. Das BAG bejaht das Rechtsschutzinteresse für das Vorabentscheidungsverfahren grds. auch dann, wenn parallel ein Verfahren nach § 100 ArbGG betrieben wird. Das Verfahren nach § 100 ArbGG darf dann nicht ausgesetzt werden (BAG AP BetrVG 1972 § 76 Nr. 11; AP BetrVG 1972 § 87 Überwachung Nr. 7; AP BetrVG § 111 Nr. 5 zur Frage des Vorliegens einer Betriebsänderung; BAG 26.8.1997 – 1 ABR 16/97, NZA 1998, 441; zur Bindungswirkung: BAG 10.11.1987 – 1 AZR 360/86, NZA 1988, 287).

Kosten und Gebühren

5. → Form. IV.E.1 Anm. 6. Es handelt sich um eine nicht vermögensrechtliche Streitigkeit, Schätzung entsprechend dem Wert des Interessenausgleichs und des Sozialplans. UU auch nach dem Streitwertkatalog (Ziffer 4).

16. Antrag auf Errichtung einer Einigungsstelle

An das
Arbeitsgericht
In dem Beschlussverfahren[1]
mit den Beteiligten
1. Betriebsrat der Firma . . . . .,
vertreten durch den/die Betriebsratsvorsitzende(n) . . . . .
Antragsteller
– Verfahrensbevollmächtigte/r: RA(in) . . . . . –
2. Firma . . . . .
Antragsgegnerin
Namens und mit Vollmacht des Antragstellers leite ich ein Beschlussverfahren nach § 100 ArbGG vor dem Vorsitzenden der zuständigen Kammer des Arbeitsgerichtes ein[2] und beantrage:

I. Die Vorsitzende Richterin am Landesarbeitsgericht . . . . . wird zur Vorsitzenden einer Einigungsstelle bei der Antragsgegnerin . . . . . über den Abschluss einer Betriebsvereinbarung zu . . . . . bestellt.[3]

II. Die Zahl der von jeder Seite zu benennenden Beisitzer wird auf . . . . . festgesetzt.

Begründung:

I. Die Beteiligten streiten über . . . . . Die Antragsgegnerin ist ein Unternehmen . . . . . Der Antragsteller ist der im Betrieb . . . . . der Antragsgegnerin errichtete Betriebsrat. Die Beteiligten haben am . . . . . Gespräche über den Gegenstand der Einigungsstelle geführt. Die inhaltlichen Vorstellungen divergieren . . . . . Die Antragsgegnerin vertritt die Auffassung, dass die Einigungsstelle nicht zuständig sei.

II. Zur Beilegung der Regelungsstreitigkeit ist die Errichtung einer Einigungsstelle notwendig, da innerbetrieblich der Einigungsversuch gescheitert ist. Die Beteiligten haben sich auf einen Vorsitzenden und die Zahl der von jeder Seite zu benennenden Beisitzer nicht einigen können. Es bedarf daher der Bestimmung durch das Gericht (§ 76 Abs. 2 BetrVG).

III. Entgegen der Auffassung der Antragsgegnerin ist die Einigungsstelle zur Regelung zuständig, weil . . . . . Im Rahmen des Errichtungsverfahrens hat das Arbeitsgericht ohnehin die Zuständigkeit der Einigungsstelle nicht zu prüfen, denn die Einigungsstelle entscheidet über ihre Kompetenz allein. Ein Fall offensichtlicher Unzuständigkeit[4] der Einigungsstelle ist nicht gegeben (§ 100 ArbGG), denn . . . . .

Rechtsanwalt/Rechtsanwältin[5, 6]

Anmerkungen

1. In der Praxis kann die Einigungsstelle durch Vereinbarung zwischen Arbeitgeber und Betriebsrat errichtet werden. Der in Aussicht genommene Vorsitzende wird telefonisch oder schriftlich gebeten, das Amt zu übernehmen. Beamte und Richter bedürfen zur Übernahme des Amtes einer Genehmigung durch die Dienstaufsichtsbehörde. Die Genehmigung wird erteilt, wenn der Richter dienstlich nicht mit der Sache befasst werden kann (§ 40 DRiG). Nach § 100 Abs. 1 S. 5 ArbGG darf ein Richter nur dann zum Vorsitzenden der Einigungsstelle bestellt werden, wenn auf Grund der Geschäftsverteilung ausgeschlossen ist, dass er mit der Überprüfung, der Auslegung oder der Anwendung des Spruchs der Einigungsstelle befasst wird. Durch Tarifvertrag kann bestimmt sein, dass anstelle der vereinbarten Einigungsstelle eine tarifliche Schlichtungsstelle tritt (§ 76 Abs. 8 BetrVG). Die Einlassungs- und Ladungsfristen betragen 48 Stunden (§ 100 Abs. 1 S. 4 ArbGG). Eine Durchführung der Einigungsstelle per Telefon- oder Videokonferenz war nach § 129 Abs. 2 BetrVG zeitlich befristet bis zum 30.6.2021 möglich. Im Zuge des Betriebsrätemodernisierungsgesetzes hat der Gesetzgeber zum 18.6.2021 in den §§ 30 ff. BetrVG die Möglichkeit der Abhaltung von Sitzungen des Betriebsrates mittels Video- oder Telefonkonferenz dauerhaft geregelt. Demnach haben Betriebsratssitzungen nach § 30 Abs. 1 BetrVG grds. als Präsenzsitzung stattzufinden. Eine Teilnahme mittels Video- oder Telefonkonferenz ist nach § 30 Abs. 2 BetrVG möglich, wenn die Voraussetzungen einer solchen Teilnahme in der Geschäftsordnung des Betriebsrates unter Sicherung des Vorrangs der Präsenzsitzung festgelegt sind, nicht mindestens ein Viertel der Mitglieder des Betriebsrates binnen einer von dem Vorsitzenden zu bestimmenden Frist diesem gegenüber widerspricht und sichergestellt ist, dass Dritte vom Inhalt der Sitzung keine Kenntnis nehmen können. Eine Aufzeichnung der Sitzung ist unzulässig. Nach § 34 Abs. 1 BetrVG hat ein Betriebsratsmitglied, das mittels Video- oder Telefonkonferenz an der Sitzung teilnimmt, dem Vorsitzenden seine Teilnahme in Textform zu bestätigen und diese in die Niederschrift aufzunehmen. Es gilt als anwesend iSd § 33 Abs. 1 BetrVG. Anders als die Übergangsvorschrift des § 129 BetrVG gelten die neuen Regelungen in den §§ 30 ff. BetrVG nicht für die Abhaltung der Sitzung der Einigungsstelle, sondern nur noch für die Durchführung der Sitzungen des Betriebsrates. Die Einigungsstellensitzung hat somit mit Inkrafttreten des Betriebsrätemodernisierungsgesetzes wieder in Präsenz stattzufinden.

2. Zuständig ist der geschäftsplanmäßig zuständige Vorsitzende, der ohne Kammer allein entscheidet (§ 100 Abs. 1 ArbGG; zum Verfahren bei Ablehnung eines Einigungsstellenvorsitzenden wegen der Besorgnis der Befangenheit gilt das Verfahren nach § 100 ArbGG nicht analog (BAG 17.10.2010 – 7 ABR 100/09, NZA 2011, 940).

3. Der Regelungsgegenstand der angestrebten Einigungsstelle muss im Antrag sehr genau bezeichnet werden, da dadurch der Gegenstand der Einigungsstelle bestimmt wird.

4. Offensichtlich unzuständig ist die Einigungsstelle, wenn nach fachkundiger Beurteilung des Sachverhalts durch das Arbeitsgericht schon auf den ersten Blick eine Zuständigkeit der Einigungsstelle unter keinerlei denkbaren rechtlichen Gesichtspunkten möglich erscheint (LAG Nds 21.1.2011 – 1 TaBV 68/10, NZA-RR 2011, 247; LAG Hamm 7.7.2003 – 10 TaBV 85/03, NZA-RR 2003, 637). Zur offensichtlichen Unzuständigkeit bei Überschneidung mit einer bereits bestehenden Einigungsstelle: LAG Hamburg 12.1.2015 – 8 TaBV 14/14, BeckRS 2015, 66240.

Kosten und Gebühren

5. Nichtvermögensrechtliche Streitigkeit. Nach Ziffer 4 des Streitwertkatalogs wird bei einem Streit über die offensichtliche Unzuständigkeit der Hilfswert nach § 23 Abs. 3 S. 2 RVG herangezogen. Bei einem Streit über den Vorsitzenden bzw. die Anzahl der Beisitzer wird ¼ des Hilfswerts zugrunde gelegt.

Fristen und Rechtsmittel

6. Gegen die Entscheidung des Vorsitzenden findet die fristgebundene Beschwerde an den zuständigen Vorsitzenden des Landesarbeitsgerichts statt. Die Beschwerde ist binnen einer Frist von zwei Wochen einzulegen und sogleich zu begründen (§ 100 Abs. 2 ArbGG).

17. Feststellung der Unwirksamkeit eines Sozialplans und des Spruches einer Einigungsstelle

An das
Arbeitsgericht
Antrag im Beschlussverfahren
mit den Beteiligten
1. Firma . . . . ., vertreten durch . . . . .
Antragstellerin
– Verfahrensbevollmächtigte/r: RA(in) . . . . . –
2. Betriebsrat der Firma . . . . .,
vertreten durch den/die Betriebsratsvorsitzende(n) . . . . .
Antragsgegner
Namens und mit Vollmacht der Antragstellerin leite ich ein Beschlussverfahren ein und beantrage:
Es wird festgestellt, dass der Spruch der Einigungsstelle vom . . . . . über einen Sozialplan vom . . . . . unwirksam ist.[1]

Begründung:

Die Beteiligten streiten über die Wirksamkeit des Sozialplanes.[2]
Die Antragstellerin . . . . . ist eine Vertriebsgesellschaft für . . . . . Sie beschäftigt . . . . . Arbeitnehmer.
Antragsgegner ist der Betriebsrat. Die Antragstellerin plant, die Betriebsabteilung . . . . . stillzulegen. Sie hat den Antragsgegner am . . . . . rechtzeitig und umfassend unterrichtet . . . . .

Beweis: Schreiben der Antragstellerin vom ..... als Anlage ASt 1

Der Antragsgegner vertritt die Auffassung, es liege eine mitbestimmungspflichtige Betriebsänderung vor, was unzutreffend ist, denn ..... (wird ausgeführt). Der Antragsgegner hat nach § 100 ArbGG die Einrichtung einer Einigungsstelle durchgesetzt, obwohl die Antragstellerin die offensichtliche Unzuständigkeit erfolglos gerügt hat .... (wird ausgeführt). In der Einigungsstelle hat die Antragstellerin erneut erfolglos die Zuständigkeit gerügt ..... In der dritten Einigungsstellensitzung am ..... kam durch Spruch ein Sozialplan zustande. Der Spruch ist wegen der Unzuständigkeit der Einigungsstelle unwirksam. Darüber hinaus hat die Einigungsstelle den ihr zustehenden Ermessungsspielraum überschritten .....[3] Der Spruch, vom Vorsitzenden der Einigungsstelle unterzeichnet, wurde der Antragstellerin am .....[4] zugestellt, so dass die Frist des § 76 Abs. 5 BetrVG bei Einleitung des Verfahrens beachtet wurde.

Rechtsanwalt/Rechtsanwältin[5]

Anmerkungen

1. Da auch ein auf dem Spruch der Einigungsstelle beruhender Sozialplan eine Vereinbarung der Beteiligten ist, wird dieser nicht aufgehoben, sondern bei Rechtsfehlern nur seine Unwirksamkeit festgestellt (BAG AP BetrVG 1972 § 112 Nr. 9; ZIP 2003, 1414). Das Gericht stellt die von vornherein bestehende Unwirksamkeit fest, so dass ein Feststellungsantrag vorliegt. Das Gericht kann dann bei erfolgreichem Antrag nicht anstelle der Einigungsstelle entscheiden, sondern das Einigungsstellenverfahren ist fortzusetzen. Es ist erforderlich, dass die Einigungsstelle das Ermessen überschritten hat.

2. Die Einigungsstelle ist am Beschlussverfahren nicht beteiligt (BAG AP BetrVG 1972 § 87 Lohngestaltung Nr. 3; AP BetrVG 1972 § 87 Vorschlagswesen Nr. 1; AP BetrVG 1972 § 111 Nr. 7).

3. Ein Beschluss der Einigungsstelle kann unwirksam sein, weil er gegen höherrangiges Recht verstoßen hat. Derartige Fehler können zu jeder Zeit geltend gemacht werden. Diese sind ggf. auch als Vorfrage in einem Individualprozess mit einem einzelnen Arbeitnehmer zu prüfen. Nach § 76 Abs. 5 S. 3 BetrVG fasst die Einigungsstelle ihre Beschlüsse unter angemessener Berücksichtigung der Belange des Betriebes und der betroffenen Arbeitnehmer nach billigem Ermessen. Gegenstand der gerichtlichen Kontrolle des von der Einigungsstelle ausgeübten Ermessens ist, ob die Regelung im Verhältnis zwischen den Betriebsparteien untereinander einen billigen Ausgleich der Interessen von Arbeitgeber und Betriebsrat als Sachwalter der Belegschaft darstellt. Die gerichtliche Beurteilung bezieht sich allein auf die getroffene Regelung als solche. Eine Überschreitung der Grenze des Ermessens muss in der Regelung selbst als Ergebnis des Abwägungsvorgangs liegen, nicht in den von der Einigungsstelle angestellten Erwägungen, sofern diese überhaupt bekannt gegeben worden sind. Ein rechtlich erheblicher Fehler liegt nur vor, wenn sich die von der Einigungsstelle getroffene Regelung nicht als angemessener Ausgleich der Belange des Betriebs und Unternehmens auf der einen und der betroffenen Arbeitnehmer auf der anderen Seite erweist. Dagegen ist ohne Bedeutung, ob die von der Einigungsstelle angenommenen tatsächlichen und rechtlichen Umstände zutreffen und ihre weiteren Überlegungen frei von Fehlern sind und eine erschöpfende Würdigung aller Umstände zum Inhalt haben (BAG 14.1.2014 – 1 ABR 49/12, NZA-RR 2014, 356). Die Überschreitung der Grenzen des Ermessens kann durch den Arbeitgeber oder den Betriebsrat nur binnen einer Frist von zwei Wochen, vom Tage der Zuleitung des Beschlusses an gerechnet, beim Arbeitsgericht geltend gemacht werden (§ 76 Abs. 5 S. 4 BetrVG). Bei der Frist von zwei Wochen handelt es sich um eine materiell-rechtliche Ausschlussfrist binnen der der Antrag auch begründet werden muss. Dabei muss innerhalb der Ausschlussfrist vom Antragsteller auch dargestellt werden, aus welchen Gründen der Spruch angefochten wird (BAG AP BetrVG 1972 § 76 Nr. 26 = NZA 1989, 26). Zur Begründung ist die getroffene Regelung darzulegen und zu erläutern, aus welchen Gründen sie billiges Ermessen verletzen soll. Der Antrag, die Unwirksamkeit des Spruches einer Einigungsstelle wegen der Überschreitung der Grenzen des Ermessens festzustellen, ist nicht deswegen unzulässig, weil dieser nicht fristgemäß begründet worden ist. Unentschieden ist, ob er unbegründet ist und ob nach Fristablauf noch andere Tatsachen nachgeschoben werden können (BAG AP BetrVG 1972 § 76 Nr. 16 = NZA 1985, 715). Die Betriebspartner können nicht vereinbaren, dass Meinungsverschiedenheiten zwischen Arbeitgeber und Arbeitnehmern aus der Anwendung des Spruches durch einen verbindlichen Spruch der Einigungsstelle entschieden werden sollen. Dies stellt eine unzulässige Schiedsabrede dar (BAG AP BetrVG 1972 § 76 Nr. 22 = NZA 1988, 207).

4. Der Spruch der Einigungsstelle ist schriftlich niederzulegen und vom Vorsitzenden zu unterschreiben oder in elektronischer Form niederzulegen und vom Vorsitzenden mit seiner qualifizierten elektronischen Signatur zu versehen und dem Arbeitgeber und dem Betriebsrat zuzuleiten (§ 76 Abs. 3 S. 4 BetrVG). Die elektronische Form ist durch das Betriebsrätemodernisierungsgesetz eingeführt worden. Dieses Verfahren dient der Rechtssicherheit. Zu den Anforderungen: BAG 11.12.2012 – 1 ABR 78/11, NZA 2013, 913; 10.12.2013 – 1 ABR 45/12, NZA 2014, 862. Die Zuleitung setzt die Zweiwochenfrist in Gang, innerhalb der das Verfahren beim Arbeitsgericht eingeleitet werden muss, wenn die Ermessensfehlerhaftigkeit gerügt werden soll.

Kosten und Gebühren

5. Zur Festsetzung des Gebührenstreitwerts ist der wirtschaftliche Wert der Angelegenheit, hier des Sozialplans, zu schätzen, → Form. IV.E.1 Anm. 6. Der Streitwertkatalog nimmt unter Ziffer 5 an, dass ausgehend vom Regelwert eine Schätzung von Inhalt und Bedeutung vorgenommen werden muss und der Regelwert entsprechend nach oben oder unten anzupassen ist.

18. Unterlassungsanspruch gegen tarifwidrige Betriebsvereinbarung

An das
Arbeitsgericht
Antrag im Beschlussverfahren[1]
mit den Beteiligten
1. Gewerkschaft . . . . .
Antragstellerin
2. Firma . . . . .
Antragsgegnerin
3. Betriebsrat der Firma . . . . .
Beteiligter zu 3
Namens und mit Vollmacht der Antragstellerin[2] beantrage ich:
Die Antragsgegnerin wird verpflichtet, es zu unterlassen, die in der Betriebsvereinbarung vom . . . . . vereinbarten einzelvertraglichen Regelungen auf die Mitarbeiter . . . . . anzuwenden.

Begründung[3]

Die Antragsgegnerin produziert in ihrem Betrieb mit ..... Mitarbeitern ..... Sie ist Mitglied im Arbeitgeberverband .....

Die Antragstellerin ist die für die Antragsgegnerin zuständige Gewerkschaft. Sie ist im Unternehmen der Antragsgegnerin vertreten, da folgende Mitarbeiter bei ihr Mitglieder sind: .....

Beweis: Mitgliedsausweise der Arbeitnehmer ..... als Anlagenkonvolut ASt 1

Der Beteiligte zu 3 ist der Betriebsrat der Antragsgegnerin. Er besteht aus ..... Mitgliedern.

Der Beteiligte zu 3 hat mit der Antragsgegnerin ein sog Bündnis für Arbeit vereinbart.[4]

Beweis: Betriebsvereinbarung vom ..... als Anlage ASt 2

In der Betriebsvereinbarung wird die Dauer der Arbeitszeit auf 40 Stunden festgelegt. Sie weicht mithin von der tariflichen Arbeitszeit von 37,5 Stunden ab. Ferner ist in der Betriebsvereinbarung ein Anspruch auf Überstundenvergütung für über 37,5 Stunden hinausgehende Arbeitszeit ausgeschlossen.

Die Antragsgegnerin hat sich in der Betriebsvereinbarung verpflichtet, den Betrieb nicht in das Ausland zu verlagern. Außerdem hat sie die Verpflichtung übernommen, für die Dauer von drei Jahren keine betriebsbedingten Kündigungen gegenüber solchen Arbeitnehmern auszusprechen, die einzelvertraglich die Verlängerung der Arbeitszeit und den Verzicht auf die Vergütung der Überstunden vereinbaren. Die wechselseitigen Verpflichtungen sind in einem Musterarbeitsvertrag niedergelegt.[5]

Beweis: Musterarbeitsvertrag als Anlage ASt 3

Die Betriebsvereinbarung ist unwirksam .....

Rechtsanwalt/Rechtsanwältin

Anmerkungen

1. Sog „Betriebliche Bündnisse für Arbeit" sehen typischerweise vor, dass auf Teile der tariflichen Vergütung verzichtet oder der Verlängerung der Arbeitszeit zugestimmt wird. Andererseits verpflichtet sich das Unternehmen, für eine bestimmte Zeit den Arbeitnehmern nicht betriebsbedingt zu kündigen. Derartige Betriebsvereinbarungen sind nach § 77 Abs. 3 BetrVG unwirksam, wenn Tarifbindung besteht. Die Regelungssperre des § 77 Abs. 3 BetrVG betrifft nicht Regelungsabreden und vertragliche Einheitsregelungen, sondern nur Betriebsvereinbarungen. Eine vertragliche Einheitsregelung, die das Ziel verfolgt, normativ geltende Tarifbestimmungen zu verdrängen, ist geeignet, die Tarifvertragsparteien in ihrer kollektiven Koalitionsfreiheit (Art. 9 Abs. 3 GG) zu verletzen. Das liegt insb. dann nahe, wenn ein entsprechendes Regelungsziel zwischen Arbeitgeber und Betriebsrat in Form einer Regelungsabrede vereinbart wird. Zur Abwehr von Eingriffen in die kollektive Koalitionsfreiheit bei Verletzung bestimmter Regelungen in Tarifverträgen steht der betroffenen Gewerkschaft nach der Rspr. des BAG ein Unterlassungsanspruch entsprechend § 1004 BGB zu. Diese kann ggf. auch verlangen, dass der Arbeitgeber die Durchführung einer vertraglichen Einheitsregelung unterlässt. Bei einem Günstigkeitsvergleich von tariflichen und vertraglichen Regelungen nach § 4 Abs. 3 TVG sind nur sachlich zusammenhängende Arbeitsbedingungen vergleichbar und deshalb zu berücksichtigen. § 4 Abs. 3 TVG lässt es nicht zu, dass Tarifbestimmungen über die Höhe des Arbeitsentgelts und über die Dauer der regelmäßigen Arbeitszeit mit einer betrieblichen Arbeitsplatzgarantie verglichen werden (BAG AP GG Art. 9 Nr. 89 = NZA 1999, 887 – Burda-Entscheidung).

2. Über den Unterlassungsanspruch der Gewerkschaft wird im Beschlussverfahren entschieden (BAG AP GG Art. 9 Nr. 89 = NZA 1999, 887; AP ArbGG 1979 § 2a Nr. 17

= NZA 2001, 1037). Nach einer weiteren Entscheidung des BAG muss in dem Klageantrag der Gewerkschaft gegenüber einem Arbeitgeber, dessen Verurteilung erstrebt wird, tarifwidrige Arbeitsbedingungen zu unterlassen, angegeben werden, welche Arbeitnehmer betroffen sind, da der Unterlassungsanspruch nur für organisierte und nicht für nichtorganisierte Arbeitnehmer geltend gemacht werden kann (BAG 19.3.2003 AP ZPO § 243Nr. 41 = NZA 2003, 1221).

3. Voraussetzung des allgemeinen Unterlassungsanspruches (§ 1004 Abs. 1, § 823 Abs. 1 BGB) sind (1) die Koalitionsbetätigungsfreiheit als absolutes Recht, (2) Beeinträchtigung der Koalitionsbetätigungsfreiheit, (3) Tarifgebundenheit der betroffenen Arbeitnehmer, (4) Kollektive Wirkung der Tarifabweichung; das gilt vor allem für Regelungsabreden und vertragliche Einheitsregelungen, (5) Rechtswidrigkeit der Verletzung, (6) Günstigkeitsprinzip und Unzumutbarkeit.

4. Der Abschluss von tarifwidrigen Betriebsvereinbarungen und entsprechenden Regelungsabreden als Grundlage von vertraglichen Einheitsregelungen kann für den Betriebsrat eine grobe Pflichtwidrigkeit iSv § 23 BetrVG sein.

5. Der einzelne Arbeitnehmer kann bei Tarifbindung sein Arbeitsentgelt einklagen. Wird er durch den Kündigungsschutz anderer Arbeitnehmer benachteiligt, kann er dies im Kündigungsschutzprozess geltend machen.

19. Verbot der Einführung von Kurzarbeit (einstweilige Verfügung im Beschlussverfahren)

An das
Arbeitsgericht

Antrag

auf Erlass einer einstweiligen Verfügung im Beschlussverfahren[1]

mit den Beteiligten
1. Betriebsrat der Firma . . . . .,
vertreten durch den/die Betriebsratsvorsitzende(n) . . . . .
Antragsteller
– Verfahrensbevollmächtigte/r: RA(in) . . . . . –
2. Firma . . . . .
Antragsgegnerin
Namens und mit Vollmacht des Antragstellers beantrage ich den Erlass einer einstweiligen Verfügung:
Der Antragsgegnerin wird aufgegeben, es zu unterlassen, ab . . . . . Kurzarbeit im Betrieb in . . . . . für die gesamten Arbeitnehmer, ausgenommen die leitenden Angestellten, einzuführen.

Begründung:

Der Antragsteller ist der aus . . . . . Mitgliedern bestehende Betriebsrat der Antragsgegnerin für deren Betrieb . . . . . in . . . . .
Die Antragsgegnerin betreibt ein Unternehmen für . . . . .
Am . . . . . hat sich die Antragsgegnerin an den Antragsteller mit dem Ersuchen gewandt, eine Betriebsvereinbarung[2] über die Einführung von Kurzarbeit ab . . . . . abzuschließen. Zur Begründung hat sie sich darauf berufen, dass . . . . .

Zur Glaubhaftmachung: Schreiben der Antragsgegnerin vom . . . . . als Anlage ASt 1

Der Antragsteller hat in seiner Sitzung vom . . . . . die Einführung von Kurzarbeit abgelehnt, weil . . . . .

Zur Glaubhaftmachung: Beschluss des Antragstellers vom . . . . . im Auszug aus dem Sitzungsprotokoll vom . . . . . als Anlage ASt 2

Bevor der Antragsteller den Beschluss gefasst hat, haben die Betriebspartner am . . . . . über die Einführung von Kurzarbeit verhandelt.

Zur Glaubhaftmachung: Eidesstattliche Versicherung des Herrn . . . . .

In den Verhandlungen hat die Antragsgegnerin dem Antragsteller jedoch die Notwendigkeit der Kurzarbeit nicht einsichtig gemacht. Die Betriebspartner streiten im Wesentlichen über folgende Punkte: . . . . .

Nach Zuleitung des Beschlusses des Antragstellers vom . . . . . hat die Antragsgegnerin mitgeteilt, dass sie gleichwohl ab . . . . . einseitig Kurzarbeit einführen werde.

Zur Glaubhaftmachung: Schreiben der Antragsgegnerin vom . . . . . als Anlage ASt 3

Die Antragsgegnerin hat dann am . . . . . die Kurzarbeit angeordnet.

Zur Glaubhaftmachung: Eidesstattliche Versicherung des Herrn . . . . .

Die einseitige Durchführung von Kurzarbeit ist unzulässig, denn dem Antragsteller steht nach § 87 Abs. 1 Nr. 3 BetrVG bei der Einführung der Kurzarbeit ein erzwingbares Mitbestimmungsrecht zu.[3] Zur Wahrung der betriebsverfassungsrechtlichen Rechte des Antragstellers und zur Vermeidung von Nachteilen für die Belegschaft bedarf es des Erlasses einer einstweiligen Verfügung.[4]

Der Antragsteller hat auf seiner Sitzung am . . . . . beschlossen, den geltend gemachten Antrag im Beschlussverfahren durchzusetzen und den Verfahrensbevollmächtigten hierzu zu beauftragen.[5]

Zur Glaubhaftmachung: Beschluss des Antragstellers im Sitzungsprotokoll vom . . . . . als Anlage ASt 5

Rechtsanwalt/Rechtsanwältin[6]

Anmerkungen

1. Nach § 85 Abs. 2 ArbGG ist der Erlass einer einstweiligen Verfügung auch im Beschlussverfahren zulässig. Für eine einstweilige Verfügung im Beschlussverfahren bedarf es ebenso wie im Urteilsverfahren der Darlegung eines Verfügungsanspruches, eines Verfügungsgrundes und der Glaubhaftmachung. Im Rahmen der gestellten Anträge und des vorgetragenen Sachverhalts hat das Arbeitsgericht den Sachverhalt von Amts wegen zu ermitteln. Um Verfahrensverzögerungen zu vermeiden, sind aber die Mittel der Glaubhaftmachung anzugeben. Soweit ein Unterlassungsanspruch geltend gemacht wird, ist zu berücksichtigen, dass bei antragsgemäßer Entscheidung nicht nur eine vorläufige, sondern eine endgültige Regelung getroffen wird. Dies trägt dem Gedanken des einstweiligen Rechtsschutzbedürfnisses nicht ausreichend Rechnung (vgl. ErfK/*Koch* ArbGG § 85 Rn. 4). Weiter besteht auch hier die Problematik des Globalantrages → Form. IV. E.14 Anm. 2.

2. Die Einführung von Kurzarbeit unterliegt der erzwingbaren Mitbestimmung des Betriebsrates (BAG AP BetrVG Kurzarbeit § 87 Nr. 1–3). Nach der Rspr. des BAG steht dem Betriebsrat bei Verletzung seiner Mitbestimmungsrechte nach § 87 BetrVG der allgemeine Unterlassungsanspruch zu. Dieser Anspruch setzt keine grobe Pflichtverletzung des Arbeitgebers iSd § 23 Abs. 3 BetrVG voraus (BAG AP BetrVG 1972 § 23 Nr. 23 = NZA 1995, 40).

3. Die einstweilige Verfügung wird durch die Kammer des Arbeitsgerichtes erlassen. Das Arbeitsgericht kann mit und ohne mündliche Verhandlung entscheiden. Die Entscheidung ergeht in jedem Falle durch Beschluss. Hat das Arbeitsgericht ohne mündliche Verhandlung die einstweilige Verfügung erlassen, ist gegen den Beschluss der Widerspruch gegeben. Hat dagegen das Arbeitsgericht aufgrund mündlicher Verhandlung entschieden, ist gegen den Beschluss die Beschwerde an das Landesarbeitsgericht gegeben. Es gelten insoweit die Regeln des Beschlussverfahrens.

4. Wird über eine einstweilige Verfügung im Beschlussverfahren wegen der Dringlichkeit ohne mündliche Anhörung der Beteiligten entschieden, so ergeht die Entscheidung des Arbeitsgerichts nicht durch den Vorsitzenden allein, sondern unter Hinzuziehung der ehrenamtlichen Richter, also durch die vollbesetzte Kammer (BAG AP ArbGG 1979 § 85 Nr. 2 = NZA 1992, 41).

5. Der Beschuss des Betriebsrats über die Einleitung des Verfahrens und Mandatierung des Verfahrensbevollmächtigten sollte beigefügt werden. Hat der Arbeitgeber eine Schutzschrift hinterlegt und die ordnungsgemäße Beschlussfassung zur Einleitung des Verfahrens bestritten, wäre der Antrag sonst abzuweisen.

Kosten und Gebühren

6. Nichtvermögensrechtliche Streitigkeit. Anhaltspunkt für die Schätzung des Gebührenstreitwerts ist hier die eingesparte Lohnsumme.

F. Rechtsmittel im Beschlussverfahren

1. Beschwerde

An das
Landesarbeitsgericht
Aktenzeichen 1. Instanz: . . . . . BV . . . . . (Arbeitsgericht . . . . .)
In Sachen
Betriebsrat der Firma . . . . ., vertr. durch den Vorsitzenden, Herrn . . . .
Antragsteller/Beschwerdeführer
– Verfahrensbevollmächtigte/r: RA(in) . . . . . –
Firma X-GmbH, vertr. durch den Geschäftsführer, Herrn . . . . .
Antragsgegnerin/Beschwerdegegnerin
– Verfahrensbevollmächtigte/r 1. Instanz: RA(in) . . . . . –
vertrete ich den Antragsteller/Beschwerdeführer (iF Antragsteller) auch in der 2. Instanz. Namens und mit Vollmacht des Antragstellers lege ich gegen den Beschluss des Arbeitsgerichts . . . . vom . . . . – . . . . . BV . . . . . /. . . . . – dem Antragsteller zugestellt am . . . .,– Beschwerde[1, 2, 3] ein und beantrage:
Der Beschluss des Arbeitsgerichtes . . . . . vom . . . . – . . . . . BV . . . . . /. . . . . – wird abgeändert. Es wird festgestellt, dass . . . . . die Antragsgegnerin . . . . . verpflichtet ist, ...

Begründung:[4]

I. . . . . . (Gedrängte Darstellung des Sach- und Streitstandes und etwaiger neuer Tatsachen).
II. . . . . . (Rechtliche Auseinandersetzung mit den Gründen des Arbeitsgerichtes).[5, 6]
Eine Kopie des angefochtenen Beschlusses des Arbeitsgerichts füge ich bei.
Rechtsanwalt/Rechtsanwältin[7]

Anmerkungen

1. Gegen die das Verfahren beendenden Beschlüsse der Arbeitsgerichte findet die Beschwerde an das LAG statt (§ 87 ArbGG).

a) Beschluss ist jeder instanzbeendende Beschluss des Arbeitsgerichtes im Beschlussverfahren. Hierzu gehören auch Teil- und Zwischenbeschlüsse. Die Beschwerde ist unabhängig von der Höhe der Beschwer statthaft.

b) Die Beschwerdebefugnis ist umstritten. Beschwerdebefugt sind alle Beteiligten, die durch die Entscheidung in ihrer betriebsverfassungsrechtlichen, personalvertretungsrechtlichen oder mitbestimmungsrechtlichen Rechtsstellung betroffen sind (BAG AP ArbGG 1979 § 83 Nr. 2; AP TVG § 2 Nr. 34 = NZA 1986, 332; AP TVG § 2 Tarifzuständigkeit Nr. 4 = NZA 1986, 480). Darüber hinaus ist jeder beschwerdebefugt, der in der ersten Instanz einen Sachantrag gestellt hat. Soweit es darum geht, ob ein Beteiligter beteiligungsfähig ist, kann er in jedem Fall Beschwerde einlegen, um seine Beteiligungsfähigkeit prüfen zu lassen (BAG AP BetrVG 1972 § 87 Lohngestaltung Nr. 3). Ersetzt das Gericht gem. § 103 BetrVG die vom Betriebsrat verweigerte

Zustimmung zur außerordentlichen Kündigung, so kann das betroffene Betriebsratsmitglied das hiergegen statthafte Rechtsmittel auch dann einlegen, wenn der Betriebsrat die gerichtliche Entscheidung hinnimmt (BAG AP ArbGG 1979 § 87 Nr. 4 = NZA 1993, 501).

c) Die Beschwerde ist nur zulässig, wenn der Beschwerdeführer beschwert ist (BAG AP BetrVG 1972 § 87 Lohngestaltung Nr. 21 = NZA 1986, 531). Hat der Beschwerdeführer in der ersten Instanz einen Antrag gestellt, so ist die Beschwer im Allgemeinen wie bei der Berufung zu bestimmen. Eine Beschwerde ist dann gegeben, wenn der Beschluss des Arbeitsgerichtes hinter dem gestellten Antrag zurückbleibt. Sind dagegen auch die übrigen Beteiligten beschwerdebefugt, so ist die Beschwerde materiell zu bestimmen; sie ist gegeben, wenn die Entscheidung dem Beschwerdeführer ungünstig ist oder er in seiner kollektivrechtlichen Stellung beeinträchtigt ist.

d) Die Beschwerde muss innerhalb einer Beschwerdefrist von einem Monat eingelegt werden (§ 87 Abs. 2 S. 1, § 66 ArbGG). Die Beschwerdefrist beginnt mit der Zustellung des angefochtenen Beschlusses. Bei ihrer Versäumung ist die Beschwerde unzulässig. Die Wiedereinsetzung in den vorigen Stand ist statthaft. Für einen Beteiligten, dem die Beschwerde nicht zugestellt worden ist, läuft die Beschwerdefrist nicht (BAG AP ArbGG § 89 Nr. 8). Der Beschluss muss eine Rechtsmittelbelehrung enthalten. Fehlt diese oder ist sie fehlerhaft, gilt die Frist von einem Jahr (§ 9 Abs. 5 ArbG).

e) Die Beschwerde muss begründet werden. Die Begründungsfrist beträgt zwei Monate seit Zustellung des in vollständiger Form abgefassten Beschlusses (§ 87 Abs. 2 S. 1, § 66 ArbGG). Die Begründungsfrist kann einmal auf Antrag vom Vorsitzenden verlängert werden (§ 87 Abs. 2 S. 1, § 66 Abs. 1 S. 5 ArbGG). Die Beschwerdebegründung kann mithin wie die Berufungsbegründung in einem besonderen Schriftsatz erfolgen.

f) Ausnahme zu d (und e): Im Verfahren zur Bestellung des Vorsitzenden einer Einigungsstelle und zur Bestimmung der Zahl der Beisitzer ist die Beschwerde innerhalb einer Frist von zwei Wochen einzulegen und zu begründen (§ 100 ArbGG).

2. Für das Beschwerdeverfahren gelten die für das Berufungsverfahren maßgebenden Vorschriften über die Einlegung der Berufung und ihrer Begründung entsprechend (§ 87 Abs. 2 S. 1 ArbGG).

a) Für die Prozessfähigkeit gilt nichts anderes als im Verfahren erster Instanz. Dasselbe gilt für die Beteiligungsfähigkeit. Im Beschwerdeverfahren sind mithin auch die Beteiligten zu hören, die in der ersten Instanz zu hören waren.

b) Für die Vertretung der Beteiligten gilt § 11 Abs. 1–3, 5 ArbGG entsprechend (§ 87 Abs. 2 S. 2 ArbGG). Hieraus folgt, die Beteiligten können das Verfahren selbst führen; sie können sich aber auch vertreten lassen. Die Einlegung und Begründung der Beschwerde muss von einem Rechtsanwalt oder einer nach § 11 Abs. 2 S. 2 Nr. 4 und 5 ArbGG zur Vertretung berechtigten Person unterzeichnet sein (§ 89 Abs. 1 ArbGG).

c) Die Ladungsfristen bestimmen sich wegen der fehlenden Verweisung (§ 87 Abs. 2 S. 1, § 64 Abs. 7) auf § 47 ArbGG nach § 217 ZPO. Da kein Vertretungszwang besteht, beträgt die Ladungsfrist mindestens drei Tage. Für die Einlassungsfrist gilt das gleiche wie im Berufungsverfahren. Die Zustellung an die Beteiligten erfolgt von Amts wegen.

d) Die Beschwerdeschrift und die Beschwerdebegründung werden den Beteiligten gem. § 90 ArbGG zur Äußerung zugestellt. Die Beteiligten sind nach § 90 Abs. 1 S. 2 ArbGG zur schriftlichen Äußerung verpflichtet. § 66 Abs. 1 S. 3 ArbGG, wonach die Erwiderung auf die Berufung innerhalb eines Monats nach Zustellung erfolgen muss, ist nicht anwendbar.

3. Für die Formalien gelten dieselben Vorschriften wie für die Berufung (→ Form. IV. D.5 Anm. 1–4). Die Beschwerdeschrift muss denselben Formalien genügen wie die Berufungsschrift.

a) Die Beschwerde wird beim LAG eingelegt. Wird sie beim Arbeitsgericht eingereicht, wird die Beschwerdefrist nur gewahrt, wenn sie rechtzeitig dem LAG zugeht.
b) Die Beschwerde wird durch Schriftsatz, der auch durch Telefax eingehen kann, eingelegt.
c) Innerhalb der Beschwerdefrist muss sich ergeben, für und gegen wen die Beschwerde eingereicht wird.

4. Die Beschwerdebegründung muss angeben, auf welche iE anzuführenden Beschwerdegründe sowie auf welche neuen Tatsachen die Beschwerde gestützt wird (§ 89 Abs. 2 S. 2 ArbGG).
a) Wie die Berufungsbegründung muss die Beschwerdebegründung iE angeben, warum der angefochtene Beschluss abzuändern ist. Bei mehreren verfolgten Ansprüchen muss für jeden eine Begründung gegeben werden (BAG AP ArbGG § 94 Nr. 4). Die Beschwerdebegründung darf sich nicht in formelhaften Redewendungen oder Bezugnahmen erschöpfen. Das Durchlesen des Beschlusses und der Beschwerdebegründung muss ergeben, warum der Beschwerdeführer den Beschluss für unrichtig hält (BAG AP ArbGG § 89 Nr. 7).
b) § 87 Abs. 3 ArbGG enthält für die Zurückweisung von Vorbringen eine eigenständige Regelung. S. 1 entspricht § 67 Abs. 1 ArbGG. In erster Instanz zu Recht zurückgewiesenes Vorbringen bleibt ausgeschlossen. Wurde verspätetes Vorbringen nicht ausgeschlossen, ist es auch in der zweiten Instanz zu berücksichtigen, da die Verzögerung nicht zu vermeiden ist. In der Beschwerdeinstanz wird überprüft, ob das Vorbringen vom Arbeitsgericht zu Recht zurückgewiesen worden ist. Neues Vorbringen, das im ersten Rechtszug entgegen einer hierfür gesetzten Frist nicht vorgetragen worden ist, kann zurückgewiesen werden, wenn seine Zulassung nach der freien Überzeugung des LAG die Erledigung des Beschlussverfahrens verzögern würde und der Beteiligte die Verzögerung nicht hinreichend entschuldigt. Eine Zurückweisung kann nicht erfolgen, wenn sich die Verzögerung durch prozessleitende Verfügungen hätte vermeiden lassen. Soweit neues Vorbringen nach § 87 Abs. 3 S. 2 ArbGG zulässig ist, muss es der Beschwerdeführer in der Beschwerdebegründung, der Beschwerdegegner in der Beschwerdebeantwortung vortragen (§ 87 Abs. 3 S. 3 ArbGG). Wird es später vorgebracht, kann es zurückgewiesen werden, wenn die Möglichkeit es vorzutragen vor der Beschwerdebegründung oder der Beschwerdebeantwortung entstanden ist und das verspätete Vorbringen nach der freien Überzeugung des LAG die Erledigung des Beschlussverfahrens verzögern würde und auf dem Verschulden des Beteiligten beruht.
c) Im ArbGG ist zwar ein besonderer Beschwerdeantrag nicht erwähnt. Nach hM gelten aber insoweit die Grundsätze des Berufungsverfahrens (§§ 520 Abs. 3 S. 1 ZPO), so dass auch ein Antrag zu stellen ist (BAG AP BetrVG 1972 § 99 Nr. 24). Der Antrag braucht zur Vermeidung der Unzulässigkeit zwar nicht ausdrücklich gestellt zu werden. Es muss sich aber deutlich ergeben, inwieweit eine Abänderung des angefochtenen Beschlusses erstrebt wird (BAG AP TVG § 1 Tarifverträge: Bundesbahn Nr. 6 = NZA 1986, 169; AP BetrVG 1972 § 99 Nr. 24). Der Antrag muss hinreichend bestimmt sein (BAG AP ArbGG 1979 § 81 Nr. 50). Werden in einem Beschlussverfahren im Wege objektiver Antragshäufung mehrere Anträge gestellt, so ist hinsichtlich eines jeden Antrages zu prüfen, welche Personen und Stellen Beteiligte am Verfahren über diesen Antrag sind. Beteiligte hinsichtlich eines Antrages sind nicht notwendig Beteiligte auch am Verfahren über einen anderen Antrag (BAG AP ArbGG 1979 § 81 Nr. 12 = NZA 1989, 606). Eine Antragsänderung ist bei Sachdienlichkeit oder Zustimmung aller Beteiligten nach § 87 Abs. 2 S. 3 iVm § 81 Abs. 3 ArbGG auch noch in der Beschwerdeinstanz zulässig. In der 3. Instanz ist eine Antragsänderung unzulässig (BAG AP ArbGG 1979 § 81 Nr. 3).

5. Hat des LAG eine Beschwerde als unzulässig verworfen, so ist gegen diesen Verwerfungsbeschluss die Rechtsbeschwerde auch dann unstatthaft und damit unzulässig, wenn das LAG sie ausdrücklich zugelassen hat (BAG AP ArbGG 1979 § 92 Nr. 6 = NZA 1990, 73).

6. Nach § 88 ArbGG findet § 65 ArbGG entsprechende Anwendung. Das Beschwerdegericht prüft nicht, ob der beschrittene Rechtsweg und die Verfahrensart (BAG AP GG Art. 9 Nr. 89) zulässig ist und bei der Berufung der ehrenamtlichen Richter Verfahrensmängel unterlaufen sind.

Kosten und Gebühren

7. Keine Kostenentscheidung und kein Verfahrensstreitwert (§ 1 Abs. 2 GKG). Gebührenstreitwert für Rechtsanwälte § 23 RVG.

2. Nichtzulassungsbeschwerde (§ 92a ArbGG)

An das
Bundesarbeitsgericht
. . . . . BV . . . . . /. . . . . (Arbeitsgericht . . . . .)
. . . . . TaBV . . . . . /. . . . . (Landesarbeitsgericht . . . . .)
In dem Beschlussverfahren
mit den Beteiligten
1. Betriebsrat der Firma . . . . ., vertr. durch den Vorsitzenden Herrn . . . . .
Antragsteller/Beschwerdeführer/Nichtzulassungsbeschwerdeführer (iF Antragsteller)
– Verfahrensbevollmächtigte/r: RA(in) . . . . . –
2. Firma X-GmbH, vertr. durch den Geschäftsführer Herrn . . . . .
Antragsgegnerin/Beschwerdegegnerin/Nichtzulassungsbeschwerdegegnerin (iF Antragsgegnerin)
– Verfahrensbevollmächtigte/r 2. Instanz: RA(in) . . . . . –
zeige ich an, dass ich den Antragsteller auch in der 3. Instanz vertrete. Namens und mit Vollmacht des Antragstellers lege ich wegen der Nichtzulassung der Rechtsbeschwerde in dem Beschluss des Landesarbeitsgerichts . . . . . vom . . . . . – . . . . ./. . . . . – zugestellt am . . . . .
Nichtzulassungsbeschwerde[1, 2]
ein und beantrage:
Die Rechtsbeschwerde gegen den Beschluss des Landesarbeitsgerichts . . . . . vom . . . . . – TaBV . . . . ./. . . . . – wird zugelassen.
Eine Kopie des angefochtenen Beschlusses des Landesarbeitsgerichts . . . . . füge ich bei.

Begründung:[3]

I. Die Antragsgegnerin gehört zum . . . . . Konzern.
Sie beschäftigt sich mit der Planung und dem Engineering von . . . . . Sie beschäftigt . . . . . Arbeitnehmer; darunter befinden sich . . . . . leitende Angestellte und . . . . . AT-Angestellte.
Der Antragsteller ist der im Betrieb der Antragsgegnerin errichtete Betriebsrat. Bei der Antragsgegnerin werden Leistungen der betrieblichen Altersversorgung aufgrund der Konzernbetriebsvereinbarung vom . . . . . gewährt. Bei den von der Antragsgegnerin

beschäftigten AT-Angestellten handelt es sich zumeist um hochqualifizierte Akademiker, die spät in das Berufsleben eingetreten sind. Die Antragsgegnerin hat diesen über die Konzernrichtlinien hinaus Versorgungszusagen gemacht. Der Antragsteller hat Auskunft verlangt, nach welchen Grundsätzen die Antragsgegnerin besondere Versorgungszusagen erteilt. Dies hat die Antragsgegnerin abgelehnt. Das Arbeitsgericht hat mit Beschl. v. . . . . . den Antrag des Antragstellers abgewiesen. Das Landesarbeitsgericht hat mit Beschl. v. . . . . . die Beschwerde zurückgewiesen. Die Rechtsbeschwerde hat es nicht zugelassen. Hiergegen richtet sich die Nichtzulassungsbeschwerde.

II. Diese ist zulässig und begründet. Das Landesarbeitsgericht hat den Rechtsgrundsatz aufgestellt, ... (wörtliches Zitat). Demgegenüber hat das Bundesarbeitsgericht in seiner Entscheidung vom . . . . . – Az . . . . . – den Grundsatz aufgestellt, dass . . . . . (wörtliches Zitat). Damit ist der Zulassungsgrund der §§ 92a iVm 72a Abs. 3 Nr. 2 ArbGG wegen Divergenz gegeben.

Der Beschluss des Landesarbeitsgerichts beruht auf dem von ihm aufgestellten Rechtsgrundsatz. Wäre das Landesarbeitsgericht von dem vom Bundesarbeitsgericht aufgestellten Rechtsgrundsatz ausgegangen, hätte es dem Antrag stattgeben müssen, denn . . . . .

Rechtsanwalt/Rechtsanwältin

Anmerkungen

1. Die Nichtzulassungsbeschwerde ist binnen Monatsfrist seit Zustellung des in vollständiger Form abgefassten Beschlusses beim BAG schriftlich einzureichen (§§ 92a S. 2, 72a Abs. 2 ArbGG) und binnen zwei Monaten seit Zustellung des Beschlusses zu begründen (§§ 92a S. 2, 72a Abs. 3 ArbGG). Die Beschwerdebegründung muss nach § 92a ArbGG die in § 72a Abs. 3 S. 2 genannten Gründe enthalten. Es gelten dieselben Grundsätze wie im Urteilsverfahren → Form. IV.D.7.

2. Die Nichtzulassungsbeschwerde ist zulässig – wie hier – als Divergenzbeschwerde (§§ 92a S. 1, 72 Abs. 3 Nr. 2 ArbGG), als Grundsatzbeschwerde (§§ 92a S. 1, 72 Abs. 3 Nr. 1 ArbGG) und wegen eines absoluten Revisionsgrundes oder einer entscheidungserheblichen Verletzung des rechtlichen Gehörs (§§ 92a S. 1, 72 Abs. 3 Nr. 3) (→ Form. IV.D.7 bis 9). Eine Divergenz bei der Kostenentscheidung reicht nicht aus, um eine Nichtzulassungsbeschwerde zu rechtfertigen (BAG AP ArbGG 1979 § 72a Divergenz Nr. 34 = NZA 1996, 1231).

3. Wegen der Formalien wird auf die Nichtzulassungsbeschwerde zur Eröffnung des Revisionsverfahrens verwiesen. Die Ausführungen gelten daher sinngemäß. → Form. IV.D.7

3. Rechtsbeschwerde

An das
Bundesarbeitsgericht
. . . . . BV . . . . . /. . . . . (Arbeitsgericht . . . . .)
. . . . . TaBV . . . . . /. . . . . (Landesarbeitsgericht . . . . .)
In dem Beschlussverfahren
mit den Beteiligten
1. Betriebsrat der Firma . . . . ., vertr. durch den Vorsitzenden Herrn . . . . .

Antragsteller/Beschwerdegegner/Rechtsbeschwerdegegner (iF Antragsteller)
– Verfahrensbevollmächtigte/r 2. Instanz: RA(in) . . . . . –
2. Firma X-GmbH, vertr. durch den Geschäftsführer Herrn . . . . .
Antragsgegnerin/Beschwerdeführerin/Rechtsbeschwerdeführerin (iF Antragsgegnerin)
– Verfahrensbevollmächtigte/r: RA(in) . . . . . –
zeige ich an, dass ich die Antragsgegnerin auch in der 3. Instanz vertrete. Namens und mit Vollmacht der Antragsgegnerin lege ich gegen den Beschluss des Landesarbeitsgerichts . . . . . vom . . . . . – . . . . ./. . . . . – zugestellt am . . . . .

Rechtsbeschwerde[1]

ein und beantrage:
Der Beschluss des Landesarbeitsgerichts . . . . . vom . . . . . – . . . . . TaBV . . . . ./. . . . . – wird aufgehoben. Auf die Beschwerde der Antragsgegnerin wird der Beschluss des Arbeitsgerichts . . . . . vom . . . . ., ... BV . . . . ., geändert. Die Anträge des Antragstellers werden zurückgewiesen.[2]
Eine Kopie des angefochtenen Beschlusses des Landesarbeitsgerichts . . . . . vom . . . . . füge ich bei.

Begründung:[3]

. . . . .
Rechtsanwalt/Rechtsanwältin[4]

Anmerkungen

1. Für die Rechtsbeschwerde gelten die für das Revisionsverfahren maßgebenden Vorschriften. Nach § 94 Abs. 2 S. 1 ArbGG muss die Rechtsbeschwerdeschrift den Beschluss bezeichnen, gegen den die Rechtsbeschwerde gerichtet ist, und die Erklärung enthalten, dass gegen diesen Beschluss die Rechtsbeschwerde eingelegt werde. Zum notwendigen Inhalt der Rechtsmittelschrift gehört dabei ebenso wie bei der Revision die eindeutige Bezeichnung des Rechtsmittelführers. Die Bezeichnung des Rechtsmittelführers muss allerdings nicht ausdrücklich erfolgen. Es genügt, wenn sie sich innerhalb der Rechtsmittelfrist aus anderen dem Rechtsmittelgericht vorliegenden Unterlagen zweifelsfrei entnehmen lässt (BAG 23.8.2001 – 7 ABR 15/01, NZA 2001, 1214).

Die Rechtsbeschwerde findet nur gegen verfahrensbeendende Beschlüsse der LAG statt (Ausnahme: Sprungrechtsbeschwerde § 96a ArbGG). Die Rechtsbeschwerde ist statthaft, wenn sie das LAG zugelassen hat oder auf die Nichtzulassungsbeschwerde durch das BAG zugelassen worden ist (§ 92 Abs. 1 ArbGG). In den Fällen des § 85 Abs. 2 ArbGG findet keine Rechtsbeschwerde statt (§ 92 Abs. 1 S. 3 ArbGG). Gleichermaßen ist sie nach § 100 Abs. 2 S. 4 ArbGG nicht statthaft. Ist die Rechtsbeschwerde nicht statthaft, wird sie auch nicht durch Zulassung des LAG statthaft (BAG AP ArbGG § 92 Nr. 4; AP ArbGG § 92 Nr. 5; AP ArbGG § 92 Nr. 11). Das LAG kann eine Rechtsbeschwerdemöglichkeit, die nicht besteht, nicht dadurch eröffnen, dass es die Rechtsbeschwerde zulässt. Das Rechtsbeschwerdegericht ist zwar an die Zulassung gebunden, die Bindung besteht aber nur hinsichtlich der Frage, ob es Zulassungsgründe gibt. Rechtsbeschwerdebefugt ist jeder Beteiligte. Läuft die Amtszeit eines Betriebsrates während des Rechtsbeschwerdeverfahrens ab, ohne dass ein neuer gewählt wird, entfällt die Beteiligtenfähigkeit, sodass das Rechtsmittel unzulässig wird (BAG 19.12.2018 – 7 ABR 79/16, NZA 2019, 940). Für die Rechtsbeschwerde, die Begründung und das Verfahren müssen die Parteien durch einen Anwalt oder eine Person nach § 11 Abs. 4 S. 2 ArbGG vertreten sein. Die Rechtsbeschwerdefrist beträgt einen Monat seit Zustellung des Beschlusses. Die Rechtsbeschwerdebegründungsfrist beträgt zwei Monate seit Zustellung des in vollständiger

Form abgefassten Beschlusses (§§ 92 Abs. 2 S. 1, 74 Abs. 1 S. 1 ArbGG). Sie kann einmal bis zu einen Monat verlängert werden.

2. Antrag für den Fall, dass der Rechtsbeschwerdeführer in 1. und 2. Instanz unterlegen ist. Die Anpassung des Antrags ist für andere Konstellationen erforderlich.

3. Es gelten im Wesentlichen die gleichen Grundsätze wie für die Revisionsbegründung. → Form. IV.D.10. Die Rechtsbeschwerdebegründung muss aber nach § 94 Abs. 2 S. 2 ArbGG angeben, inwieweit die Abänderung des angefochtenen Beschlusses beantragt wird, welche Bestimmungen verletzt sein sollen und worin die Verletzung bestehen soll (BAG AP ArbGG 1979 § 94 Nr. 3). Die Rechtsbeschwerdebegründung muss sich mit den Gründen der angefochtenen Entscheidung auseinandersetzen und darlegen, was der Rechtsbeschwerdeführer daran zu beanstanden hat (BAG AP ArbGG 1979 § 94 Nr. 1; AP BetrVG 1972 § 112 Nr. 41 = NZA 1988, 203). Der Fehler in der Entscheidung ist darzulegen und die verletzte Rechtsnorm ist nach § 94 Abs. 2 S. 2 ArbGG ausdrücklich zu benennen. Weiter ist darzulegen, wie sich dieser Fehler auf die Entscheidung ausgewirkt hat. Ein Widerantrag sowie eine Antragserweiterung oder eine Änderung des Sachantrages sind grds. in der Rechtsbeschwerde nicht mehr möglich, da der Schluss der Anhörung vor dem LAG sowohl hinsichtlich des tatsächlichen Vorbringens als auch bezüglich der Anträge die Entscheidungsgrundlage für das BAG ist (BAG 1.8.2018 – 7 ABR 63/16, NZA 2018, 1640).

Kosten und Gebühren

4. → Form. IV.F.1 Anm. 7.

V. Das Verwaltungsstreitverfahren

A. Außergerichtliche Rechtsbehelfe und sonstige Rechtshandlungen

1. Stellungnahme zum Entwurf eines Bebauungsplanes (Baurecht)

An den Bürgermeister der Stadt ..... (Stadtplanungsamt)

Betrifft: Stellungnahme zu dem in der Zeit vom ..... bis .....[1] ausgelegten Entwurf des Bebauungsplanes Nr. 53/1

Sehr geehrte Damen und Herren,

in dieser Sache haben wir die Vertretung des Landwirtes ..... übernommen. Eine uns legitimierende Vollmacht[2] liegt an.

I. Unser Mandant ist Eigentümer des im Außenbereich der Stadt gelegenen Grundstücks Gemarkung ..... Flur ..... Flurstück ..... mit einer Größe von 50.780 m². Das Flurstück grenzt an seiner Ostseite an den Geltungsbereich des zur Aufstellung beschlossenen Bebauungsplanes Nr. 53/1.

Auf der 6.640 m² großen Hofstelle führt unser Mandant einen landwirtschaftlichen Vollerwerbsbetrieb mit den Produktionsschwerpunkten Rinder- und Schweinemasthaltung.

Nach dem im Entwurf vorliegenden Bebauungsplan soll innerhalb des Planbereiches ein allgemeines Wohngebiet festgesetzt werden, dessen westlicher Rand nur 80 m von der Hofstelle unseres Mandanten entfernt ist.

II. Zu dem Entwurf des Bebauungsplanes geben wir für unseren Mandanten folgende Stellungnahme[3] ab:

Die beabsichtigte Festsetzung[4] eines allgemeinen Wohngebietes in einer Entfernung von nur 80 m von der Hofstelle unseres Mandanten verstößt gegen das Abwägungsgebot, § 1 Abs. 7 BauGB, und den Grundsatz der Konfliktbewältigung.[5]

Landwirtschaftliche Betriebe, die auf Tierhaltung ausgerichtet sind, sind zwangsläufig mit Gerüchen und sonstigen Belästigungen verbunden. Diese Belästigungen werden auch in dem geplanten Wohngebiet auftreten. Der Bebauungsplan schafft mithin einen Konflikt zwischen landwirtschaftlicher Nutzung und Wohnnutzung, der durch den Bebauungsplan selbst nicht gelöst wird und auch bei der Realisierung des Planes nicht gelöst werden kann. Unser Mandant muss deshalb befürchten, dass, wenn die geplante Wohnbebauung entstanden ist, ihm zum Schutze der Bewohner des Wohngebietes Auflagen gemacht werden, die zu einer erheblichen Einschränkung, ggf. sogar zur vollständigen Aufgabe des Betriebes führen können. Damit werden bei der Aufstellung des Bebauungsplanes die nach § 1 Abs. 6 Nr. 8b BauGB auch zu berücksichtigenden Belange der Landwirtschaft in unvertretbarer Weise vernachlässigt (OVG Lüneburg BRS 55 (1993) Nr. 12; OVG Münster BauR 2019, 1274).

Es wird angeregt, auf die Ausweisung des Wohnbaugebietes zu verzichten oder zumindest entsprechend der Empfehlung der Landwirtschaftskammer die westliche Grenze des Planbereiches um mindestens 100 m nach Osten zu verschieben.[6]

Rechtsanwalt

Schrifttum: Battis/Krautzberger/Löhr, Baugesetzbuch, 14. Aufl. 2019; *Berliner* Komm. zum Baugesetzbuch, Stand: August 2020; *Brügelmann*, Baugesetzbuch, Loseblatt, Stand: Januar 2021; *Ernst/Zinkahn/Bielenberg/Krautzberger*, Baugesetzbuch, Loseblatt Stand: August 2020; *Kröninger/Aschke/Jeromin*, Baugesetzbuch, 4. Aufl. 2018; *Fickert/Fieseler*, Baunutzungsverordnung, 13. Aufl. 2018; *Gelzer/Bracher/Reidt/Schiller*, Bauplanungsrecht, 8. Aufl. 2014; *Stüer* in *Hoppenberg/de Witt* (Hrsg.), Handbuch des Öffentlichen Baurechts, Loseblatt, Teil B, Stand: Februar 2018; *Jäde/Dirnberger/Weiß*, BauGB-BauNVO, 9. Aufl. 2018; *Schrödter*, Baugesetzbuch, 9. Aufl. 2018; *Spannowsky/Uechtritz*, Baugesetzbuch, 3. Aufl. 2018; *Bönker/Bischopink*, Baunutzungsverordnung, 2. Aufl. 2018; *Jarass/Kment*, Baugesetzbuch, 2. Aufl. 2017; *König/Roeser/Stock*, Baunutzungsverordnung, 4. Aufl. 2019; *Spannowsky/Hornmann/Kämper*, Baunutzungsverordnung, 2018.

Anmerkungen

1. Nach § 3 Abs. 2 S. 1 BauGB hat die Gemeinde die Entwürfe der Bauleitpläne (Flächennutzungsplan, Bebauungsplan, § 1 Abs. 2 BauGB) für die Dauer eines Monats, mindestens jedoch für die Dauer von 30 Tagen, oder bei Vorliegen eines wichtigen Grundes für die Dauer einer angemessen längeren Frist öffentlich auszulegen. Ort und Dauer der Auslegung sowie Angaben dazu, welche Arten umweltbezogener Informationen verfügbar sind, sind mindestens eine Woche vorher ortsüblich bekanntzumachen mit dem Hinweis darauf, dass Stellungnahmen während der Auslegungsfrist abgegeben werden können und dass nicht fristgerecht abgegebene Stellungnahmen bei der Beschlussfassung über den Bauleitplan unberücksichtigt bleiben können, § 3 Abs. 2 S. 2 BauGB.

2. Die Wirksamkeit einer von einem Bevollmächtigten gegenüber der Behörde abgegebenen Erklärung hängt nicht von der gleichzeitigen Überreichung einer Vollmacht ab. Die Vollmacht ist nur auf Verlangen schriftlich nachzuweisen, § 14 Abs. 1 S. 3 VwVfG. Die Vorlage einer schriftlichen Vollmacht empfiehlt sich aber, weil dann die von der Behörde zu treffende Entscheidung dem Bevollmächtigten zuzustellen ist, § 7 Abs. 1 S. 2 VwZG (OVG Lüneburg NJW 2009, 1834); die Zustellung an den Betroffenen stellt dann keine wirksame Bekanntgabe dar (OVG Magdeburg NJW 2018, 2913 Ls.).

3. Sinn der Stellungnahme zum Entwurf eines Bauleitplanes ist es, dem Rat bei der Ausübung des ihm eingeräumten Planungsermessens eine Entscheidungshilfe zu geben und es ihm zu ermöglichen, alle für die Planung maßgebenden Gesichtspunkte und die von der Planung berührten öffentlichen und privaten Interessen zu erkennen und abzuwägen, § 1 Abs. 6 u. Abs. 7 BauGB. Stellungnahmen zu einem Bauleitplan sind deshalb keine Rechtsbehelfe. Es ist deshalb falsch, wenn, wie dies in der Praxis gelegentlich geschieht, gegen den Entwurf des Bauleitplanes innerhalb der Monatsfrist „Einspruch" (VGH München NVwZ-RR 2019, 857 Ls.) oder „Widerspruch" eingelegt und die „Begründung" dazu nach Ablauf der Frist eingereicht wird.

4. Bei einem Flächennutzungsplan spricht man von „Darstellungen", § 5 BauGB, bei einem Bebauungsplan von „Festsetzungen", § 8 BauGB.

5. Bei dieser Stellungnahme wird schon auf mögliche Rechtsfehler des Bebauungsplanes hingewiesen. Das muss aber nicht sein. Da die Stellungnahme Entscheidungshilfe für den Rat sein soll (→ Anm. 3), kann sich ihr Inhalt auch darin erschöpfen, nur Planungswünsche vorzutragen oder darauf hinzuweisen, dass und warum eine andere als die vorgesehene Planung städtebaulich sinnvoller ist.

6. Folgt der Rat den Einwendungen gegen den Entwurf des Bebauungsplanes oder den Vorschlägen zu seiner Änderung nicht, so ist dagegen ein Rechtsbehelf nicht gegeben. Es muss dann zunächst die ortsübliche Bekanntmachung des Bebauungsplanes nach § 10 Abs. 3 BauGB abgewartet werden. Mit ihr tritt der Bebauungsplan in Kraft und kann dann ggf. mit einem Normenkontrollantrag nach § 47 VwGO (→ Form. V.G.1) angegriffen werden.

2. Geltendmachung von Mängeln eines Bebauungsplanes

An den Bürgermeister der Stadt . . . . . (Stadtplanungsamt)[1]
Betrifft: Bebauungsplan der Stadt Nr. 53/1
Sehr geehrter Herr Bürgermeister!
in der vorbezeichneten Bauplanungsangelegenheit wird der Landwirt . . . . . weiterhin von uns vertreten. Auf unsere mit der Stellungnahme vom . . . . ., zu dem Entwurf des Bebauungsplanes überreichte Vollmacht nehmen wir Bezug.[2]

Der am . . . . . gem. § 10 Abs. 3 BauGB ortsüblich bekannt gemachte Bebauungsplan Nr. 53/1 leidet an verschiedenen formellen und materiellen Mängeln,[3] die hiermit in Wahrung der in § 7 Abs. 6 GO NRW und § 215 BauGB normierten Fristen[4] geltend gemacht werden.[5]

I. An der Sitzung des Rates vom . . . . ., in der über die zu dem Bebauungsplan abgegebenen Stellungnahmen entschieden und der Bebauungsplan als Satzung beschlossen wurde, hat Herr A teilgenommen. Der Bruder von Herrn A ist Eigentümer eines im Planbereich gelegenen Grundstücks. Herr A war deshalb von der Beratung und Entscheidung über den Bebauungsplan ausgeschlossen, §§ 43 Abs. 2, 31 Abs. 1 S. 1 Nr. 2 mit Abs. 5 S. 1 Nr. 3 GO NRW. Seine Mitwirkung war für die Entscheidung des Rates auch ursächlich, § 31 Abs. 6 GO NRW, da der Bebauungsplan nur mit einer Mehrheit von einer Stimme beschlossen worden ist.

II. Der Entwurf des Bebauungsplanes ist in der Zeit vom 3.3. bis 2.4 . . . . . öffentlich ausgelegt worden.[6] Ort und Dauer der Auslegung wurden am 27.2 . . . . . in den beiden Tageszeitungen . . . . ., die nach § . . . . . der Hauptsatzung Bekanntmachungsorgane der Stadt sind, bekannt gemacht. Die Bekanntmachung erfolgte weniger als eine Woche vor Beginn der Auslegung.[7] Damit wurde gegen § 3 Abs. 2 S. 2 Hs. 1 BauGB verstoßen. Nach dieser Vorschrift sind Ort und Dauer der Auslegung mindestens eine Woche vor ihrem Beginn ortsüblich bekannt zu machen. Dieser Verfahrensfehler ist nach § 214 Abs. 1 S. 1 Nr. 2 BauGB beachtlich und führt zur Unwirksamkeit des Bebauungsplanes.[8]

III. Unser Mandant führt einen landwirtschaftlichen Vollerwerbsbetrieb mit den Produktionsschwerpunkten Rinder- und Schweinemasthaltung.
Der Bebauungsplan setzt ein Baugebiet fest, dessen westlicher Rand sich 80 m von der Hofstelle unseres Mandanten entfernt befindet.
In unserer Stellungnahme vom . . . . . haben wir Einwendungen gegen die Festsetzung des als Allgemeines Wohngebiet nach § 4 BauNVO ausgewiesenen Baugebietes erhoben, da unser Mandant befürchten muss, dass die Bewohner des neuen Baugebietes Geruchsbelästigungen, die von der Tierhaltung im Betrieb unseres Mandanten ausgehen, ausgesetzt sein werden und deshalb unser Mandant betriebsbeschränkende Auflagen befürchten muss.
Trotz des Hinweises unseres Mandanten auf die drohende Konfliktsituation hat der Rat keine Feststellungen zur Intensität der von der Viehhaltung ausgehenden Gerü-

che getroffen, sondern diese als ortsüblich und hinnehmbar angesehen. Er hat nicht durch ein Gutachten prüfen lassen, ob die durch den Betrieb unseres Mandanten verursachte Geruchsbelastung nach den einschlägigen Regelwerken (Geruchsimmissions-Richtlinie -GIRL vom 5.11.2009 – MBl. NRW 2009,533) für das geplante Wohngebiet störend ist. Wäre dies gutachterlich geprüft worden, so wäre das Wohngebiet nicht oder jedenfalls mit einem größeren Abstand festgesetzt worden. Damit liegt ein Mangel sowohl im Abwägungsvorgang als auch im Abwägungsergebnis vor.[9]

Rechtsanwalt

Anmerkungen

1. Die Verletzung von Verfahrens- oder Formvorschriften oder Mängeln des Abwägungsvorganges müssen gegenüber der Gemeinde schriftlich gerügt werden, § 215 Abs. 1 BauGB, § 7 Abs. 6 S. 1d GO NRW. Dies kann auch dadurch geschehen, dass der Fehler schriftlich in einem Rechtsbehelfsverfahren, an dem die Gemeinde beteiligt ist (Widerspruchs-, Verwaltungsstreit-, Normenkontrollverfahren) dargelegt wird (VGH Kassel BRS 52 (1991) Nr. 31; OVG Weimar BRS 57 (1995) Nr. 40; OVG Münster BRS 59 (1997) Nr. 47). Wird der Fehler in einem Schriftsatz an das Gericht gerügt, so ist die Frist erst gewahrt, wenn der Schriftsatz vom Gericht der Gemeinde zugeleitet wird. Die Einreichung bei Gericht allein wahrt die Frist also nicht (VGH München NVwZ-RR 2017, 365 Nr. 8 Ls.; VGH Mannheim NVwZ-RR 2009, 146).

2. Zur Vorlage einer Vollmacht → Form. V.A.1 Anm. 2.

3. Ob formelle oder materielle Mängel bestehen, kann oft nur durch eine Einsichtnahme in die Planaufstellungsakte festgestellt werden. Ein Akteneinsichtsrecht ergibt sich nicht aus §29 VwVfG, da das Verfahren zur Aufstellung eines Bebauungsplanes ein Rechtssetzungsverfahren und kein Verwaltungsverfahren iSd § 9 VwVfG ist. Die Gewährung der Akteneinsicht liegt deshalb im Ermessen der Behörde. Sie darf nicht verweigert werden, um die Rüge eines Mangels zu verhindern (BKL/*Battis* BauGB § 215 Rn. 5). IÜ kann sich ein Akteneinsichtsrecht aus dem Bundes- oder Landes-UIG oder -IFG ergeben.

Ein Akteneinsichtsrecht besteht im gerichtlichen Verfahren, §§ 99, 100 VwGO, etwa iR eines Normenkontrollverfahrens gegen den Bebauungsplan (→ Form. V.G.1). Ein solches Verfahren muss notfalls eingeleitet werden, um Einsicht in die Planaufstellungsakte nehmen und Mängel des Verfahrens feststellen zu können.

4. Nach § 215 Abs. 1 S. 1 BauGB müssen eine nach § 214 Abs. 1 S. 1 Nr. 1–3 BauGB beachtliche Verletzung der dort bezeichneten Verfahrens- und Formvorschriften, eine unter Berücksichtigung des § 214 Abs. 2 BauGB beachtliche Verletzung der Vorschriften über das Verhältnis des Bebauungsplans und des Flächennutzungsplans und nach § 214 Abs. 3 S. 2 BauGB beachtliche Mängel des Abwägungsvorganges innerhalb eines Jahres seit Bekanntmachung des Flächennutzungsplans oder des Bebauungsplans gerügt werden; andernfalls ist der Fehler geheilt, § 215 Abs. 1 S. 1 BauGB, § 7 Abs. 6 S. 1d GO NRW. Die Frist beginnt nur, wenn die Gemeinde bei der Bekanntmachung auf die Voraussetzungen für die Geltendmachung der Verletzung von Verfahrens- oder Formvorschriften und die Rechtsfolgen hinweist, § 215 Abs. 2 BauGB; § 7 Abs. 6 S. 2 GO NRW enthält für Verstöße gegen Vorschriften der GO eine ähnliche Regelung.

5. Für den Inhalt der Rüge gilt § 215 Abs. 1 S. 1 BauGB; danach ist der Sachverhalt, der die Verletzung der Verfahrens- oder Formvorschriften oder den Mangel der Abwägung begründen soll, darzulegen. Es genügt also nicht, lediglich die Gesetzesbestimmungen, gegen die verstoßen sein soll, zu nennen, vielmehr muss der diese Verletzung begründende Sachverhalt vorgetragen werden (BVerwG BauR 2013, 55). Unzureichend ist eine pauschale Rüge („Verletzung des Abwägungsgebots“), die keinerlei Erkenntniswert besitzt und die Gemeinde deshalb nicht veranlassen kann, den Fehler zu beheben (OVG Lüneburg NVwZ-RR 2002, 98).

6. Bei der Berechnung der Monatsfrist zählt der erste Tag der Auslegung mit, weil maßgebend nicht das „Auslegen“ als Vorgang („Ereignis“ iSd § 187 Abs. 1 BGB), sondern als Zustand („Ausliegen“) ist (BVerwG BVerwGE 40, 363 = NVwZ 1993, 475).

7. Zur Berechnung der Wochenfrist s. *Johlen* BauR 1994, 561.

8. Die Geltendmachung des Verfahrens- oder Formfehlers oder des Abwägungsmangels führt dazu, dass der Fehler nicht durch Zeitablauf geheilt wird, sondern in Zukunft in jedem Verfahren, in dem es auf die Gültigkeit des Bebauungsplanes ankommt, beachtlich bleibt. Auf den Fehler kann sich jedermann berufen, nicht nur derjenige, der ihn innerhalb der Frist geltend gemacht hat (BVerwG DÖV 1982, 905; BauR 2001, 1888). In der Erklärung der Gemeinde, der gerügte Fehler bestehe nicht, liegt kein Verwaltungsakt, sondern lediglich die Äußerung einer Rechtsauffassung. Rechtsbehelfe gegen eine solche Erklärung sind deshalb weder möglich noch notwendig.

9. Es ist zu unterscheiden zwischen Fehlern im Abwägungsvorgang und im Abwägungsergebnis. Hier liegt ein Fehler beim Ermitteln des Abwägungsmaterials vor, § 214 Abs. 1 S. 1 Nr. 1 BauGB, möglicherweise auch ein nach § 214 Abs. 3 S. 2 BauGB erheblicher Mangel im Abwägungsvorgang, für den die Rügefrist des § 215 Abs. 1 S. 1 Nr. 3 BauGB gilt. Mängel im Abwägungsergebnis können dagegen zeitlich unbegrenzt geltend gemacht werden.

Da die Abgrenzung zwischen beiden Arten von Fehlern im Einzelfall schwierig sein kann, empfiehlt es sich, mögliche Fehler der Abwägung immer innerhalb der Jahresfrist geltend zu machen.

3. Geltendmachung eines Planungsschadens

An die

Stadtverwaltung der Stadt . . . .[1] **. . . . . den 7.12.2021**

Betrifft: Geltendmachung eines Planungsschadens wegen Änderung des Bebauungsplanes Nr. 62 Sb/00

Sehr geehrte Damen und Herren!

in der oa Angelegenheit haben wir die Vertretung des Dachdeckermeisters . . . . . übernommen. Eine uns legitimierende Vollmacht[2] liegt an.

I. Unser Mandant ist Eigentümer des Grundstücks . . . . . Das Grundstück liegt im Geltungsbereich des seit dem 12.3.2010 rechtsverbindlichen Bebauungsplanes Nr. 62 Sb/00 und ist in diesem Plan als Gewerbegebiet ausgewiesen.

Das Grundstück wurde bisher als Betriebsstätte des von unserem Mandanten geführten Dachdeckerbetriebes genutzt. Nachdem unser Mandant seinen Betrieb aus Altersgründen aufgegeben hat, beabsichtigt er die Veräußerung des Grundstückes an die . . . . GmbH, die auf dem Grundstück einen SB-Markt mit einer Verkaufsfläche von 799 qm errichten will.

Die Stadt will die Ansiedlung dieses Marktes offensichtlich verhindern. Sie hat deshalb den Bebauungsplan geändert und mit dieser Änderung ua Einzelhandel

allgemein ausgeschlossen. Die Änderung des Bebauungsplanes ist durch ortsübliche Bekanntmachung nach § 10 Abs. 3 BauGB am 21.9.2018 in Kraft getreten.

II. Für unseren Mandanten machen wir hiermit nach § 42 BauGB einen Anspruch auf Entschädigung geltend. Durch die Änderung des Bebauungsplanes ist nämlich der Wert des Grundstückes unseres Mandanten wesentlich gemindert worden.

Nach der ursprünglichen Fassung des Bebauungsplanes war in dem festgesetzten Gewerbegebiet nicht großflächiger Einzelhandel, also Einzelhandel auf einer Verkaufsfläche bis zu 800 qm (BVerwG BVerwGE 124, 364 = NVwZ 2006, 452) zulässig; denn Einzelhandelsgeschäfte gehören zu den „Gewerbebetriebe(n) aller Art" iSd § 8 Abs. 2 Nr. 1 BauNVO (OVG Münster NVwZ-RR 2006, 592; VGH Mannheim BauR 2008, 633).

Nach der Änderung des Bebauungsplanes kann das Grundstück für Zwecke des Einzelhandels nicht mehr genutzt werden. Damit ist sein Wert erheblich gemindert worden. Grundstücke in einem Gewerbegebiet, auf denen Einzelhandel betrieben werden kann, haben einen erheblich höheren Wert als nur für das produzierende oder verarbeitende Gewerbe nutzbare Grundstücke. Der Wertverlust beträgt vorliegend ausweislich des beigefügten Gutachtens des Sachverständigen . . . . . mindestens . . . . . EUR.

Der Bebauungsplan ist innerhalb von sieben Jahren, nachdem die Einzelhandelsnutzung zulässig geworden war, geändert worden. Der ua auch den Einzelhandel ermöglichende Bebauungsplan trat am 12.3.2010 in Kraft. Die Erschließung des Plangebietes wurde erst später durchgeführt, die das Grundstück unseres Mandanten erschließende Planstraße wurde am 8.10.2013 für den öffentlichen Verkehr gewidmet. Von diesem Zeitpunkt an war die Bebauung iSd § 42 Abs. 2 BauGB zulässig.[3] Innerhalb der mit dem Abschluss der Erschließung begonnenen 7-Jahresfrist wurde der Bebauungsplan zum Nachteil unseres Mandanten geändert.

III. Die Antragsfrist des § 44 Abs. 4 BauGB ist gewahrt.[4]

Anmerkungen

1. Entschädigungsansprüche nach den §§ 39 ff. BauGB sind in einem besonders geregelten Verfahren geltend zu machen; sie können nicht direkt bei Gericht eingeklagt werden (BGH NJW 1976, 1264). Es ist zunächst ein schriftlicher Antrag auf Leistung der Entschädigung bei dem Entschädigungspflichtigen (das ist idR die Gemeinde, § 44 Abs. 1 S. 2 BauGB), zu stellen, § 44 Abs. 3 S. 1 u. S. 2 BauGB. Kommt eine Einigung über die Höhe der Entschädigung nicht zustande, so entscheidet die höhere Verwaltungsbehörde, § 43 Abs. 2 S. 1 BauGB. Deren Entscheidung kann nach § 217 BauGB durch Antrag auf gerichtliche Entscheidung angefochten werden, über den das LG – Kammer für Baulandsachen – entscheidet, §§ 219, 220 BauGB (→ Form. V.B.10).

2. Zur Vorlage einer Vollmacht → Form. V.A.1 Anm. 2.

3. Eine bauliche Nutzung ist nur dann iSd § 42 BauGB zulässig, wenn auf ihre Ausübung oder Verwirklichung nach den bauplanungsrechtlichen Vorschriften der §§ 30, 33, 34 oder 35 BauGB ein Anspruch besteht (BKL/*Battis* BauGB § 42 Rn. 4). Es muss also ua die Erschließung gesichert sein (BGH NJW 1997, 2115 (2117)). Bezieht sich die Aufhebung oder Änderung eines Bebauungsplanes auf Grundstücke, die wegen fehlender Sicherung der Erschließung nicht bebaubar waren, so kann ein Entschädigungsanspruch nach § 42 BauGB nicht entstehen.

4. Nach § 44 Abs. 4 mit Abs. 3 S. 1 u. S. 2 BauGB muss der Entschädigungsanspruch innerhalb von drei Jahren seit Ablauf des Kalenderjahres, in dem er entstanden ist, schriftlich gegenüber dem Entschädigungspflichtigen geltend gemacht werden; andernfalls erlischt er. Vorliegend läuft die Frist, da die Änderung des Bebauungsplanes am 21.9.2018 in Kraft trat, am 31.12.2021 ab. Auf die Dreijahresfrist muss von der Gemeinde in der Bekanntmachung des den Entschädigungsanspruch auslösenden Bebauungsplanes hingewiesen werden, § 44 Abs. 5 BauGB; andernfalls beginnt die Frist nicht zu laufen (BKL/*Battis* BauGB § 44 Rn. 9).

4. Widerspruch gegen einen belastenden Verwaltungsakt

An den Bürgermeister der Stadt . . . . ., Bauaufsichtsamt[1, 2]

Betrifft: Grundstück Gemarkung . . . . . Flur . . . . . Flurstück . . . . . (Az . . . . .)

Sehr geehrte Damen und Herren!

In der vorbezeichneten Angelegenheit vertreten wir Herrn . . . . . Unsere Vollmacht liegt an.[3]

Gegen Ihre Verfügung vom . . . . ., zugestellt am . . . . .,[4] mit der Sie unserem Mandanten aufgegeben haben, das Wochenendhaus auf dem vorgenannten Grundstück bis zum 31.7.2022 abzureißen, legen wir hiermit

Widerspruch

ein. Zur Begründung führen wir aus:[5]

Es ist richtig, dass das Wochenendhaus von dem Voreigentümer des Grundstücks im Jahre 1990 ohne Baugenehmigung errichtet wurde und damit formell baurechtswidrig ist. Ob es auch gegen die Vorschriften des materiellen Baurechts, insb. § 35 BauGB verstößt, kann dahinstehen. Denn jedenfalls ist die angefochtene Ordnungsverfügung ermessensfehlerhaft, weil Sie im Wesentlichen gleichgelagerte Baufälle ohne sachlichen Grund ungleich behandelt haben (OVG Münster BRS 28 (1974) Nr. 166). Sie haben nämlich im Jahre 1991 die Genehmigung erteilt, auf dem unmittelbar angrenzenden Nachbargrundstück . . . . . an ein bestehendes Wochenendhaus einen etwa 8 m × 6 m großen Anbau zu errichten. Dieser Anbau hat etwa die gleiche Größe wie das Wochenendhaus unseres Mandanten und ist planungsrechtlich nicht anders zu beurteilen; er ist insb. nicht von dem Bestandsschutz des bereits bestehenden Gebäudes gedeckt.

Wenn aber das Wochenendhaus unseres Mandanten nach § 35 BauGB nicht errichtet werden durfte, ist auch der von Ihnen auf dem Nachbargrundstück genehmigte Anbau planungsrechtlich unzulässig. Dann aber verstößt es gegen den Gleichheitsgrundsatz und stellt einen Fehlgebrauch des Ihnen eingeräumten Ermessens dar, wenn Sie in einem der beiden gleich zu beurteilenden Fälle eine Beseitigung der baulichen Anlage verlangen und im anderen Falle die Anlage genehmigen.

Der eingelegte Widerspruch hat nach § 80 Abs. 1 VwGO aufschiebende Wirkung, so dass unser Mandant den angeordneten Abbruch zunächst nicht vorzunehmen braucht.[6] Eine Anordnung der sofortigen Vollziehung nach § 80 Abs. 2 Nr. 4 VwGO ist nicht erfolgt; sie ist insb. nicht darin zu sehen, dass zur Vornahme des Abbruchs eine Frist bis zum 31.7.2022 gesetzt wurde (Kopp/Schenke/*W.-R. Schenke* VwGO § 80 Rn. 83).[7]

Schrifttum: Bader/Ronellenfitsch, Verwaltungsverfahrensgesetz, 2. Aufl. 2016; *Fehling/Kastner/Störmer (*Hrsg.), Verwaltungsrecht VwVfG-VwGO, 5. Aufl. 2021; *Huck/Müller,* Verwaltungsverfahrensgesetz, 3. Aufl. 2020; *Knack/Henneke,* Verwaltungsverfahrensgesetz, 11. Aufl. 2019; *Kopp/Ramsauer,* Verwaltungsverfahrensgesetz, 22. Aufl. 2021; *Stelkens/Bonk/Sachs,* Verwaltungsverfahrensgesetz, 9. Aufl. 2018; *Ziekow,* Verwaltungsverfahrensgesetz, 4. Aufl. 2019; *Mann/Sennekamp/Uechtritz* (Hrsg.), Verwaltungsverfahrensgesetz, 2. Aufl. 2019; *Obermayer/Funke-Kaiser*, Verwaltungsverfahrensgesetz, 6. Aufl. 2020; *Pautsch/Hoffmann*, VwVfG, 2. Aufl. 2021; *Terwiesche/Prechtel*, Handbuch Verwaltungsrecht, 4. Aufl. 2020; *Kuhla/Hüttenbrink*, Der Verwaltungsprozess, 3. Aufl. 2002; *Schoch/Schneider*, Verwaltungsrecht, VwVfG, 39. Aufl. 2021; *Fehling/Kastner/Störmer* (Hrsg.) Verwaltungsrecht, VwVfG/VwGO/Nebengesetze, 5. Aufl. 2021.

Anmerkungen

1. Auf der Grundlage des § 68 Abs. 1 S. 2 Hs. 1 VwGO ist durch landesgesetzliche Regelungen das Widerspruchsverfahren in weiten Bereichen abgeschafft worden. Es besteht nun ein komplexes System von Regel- und Ausnahmetatbeständen des Inhaltes, dass in einzelnen Ländern das Vorverfahren grds. ausgeschlossen und der Widerspruch nur in Ausnahmefällen gegeben ist und in anderen Ländern das Vorverfahren grds. stattfindet, sofern nicht in Fachgesetzen als Rechtsbehelf sogleich die Klage vorgesehen ist (s. dazu die Übersicht bei *Kamp* NWVBl. 2008, 41).

Ob der Rechtsbehelf des Widerspruchs oder der Klage gegeben ist, ergibt sich idR aus der Rechtsbehelfsbelehrung, muss aber dann eigenständig geprüft werden, wenn der Verwaltungsakt, der angegriffen werden soll (zB die einem anderen erteilte Baugenehmigung), demjenigen, der sich dagegen wenden möchte, nicht bekannt gegeben bzw. zugestellt wurde; denn der Ausschluss des Vorverfahrens gilt weitgehend auch für drittbelastende Verwaltungsakte (s. dazu *Biermann* DÖV 2008, 395; *Holzner* DÖV 2008, 217; *Kamp* NWVBl. 2008, 41).

2. Der Widerspruch ist grds. bei der Behörde einzulegen, die den Verwaltungsakt erlassen hat, § 70 Abs. 1 S. 1 VwGO. Die Frist wird auch durch Einlegung bei der Behörde, die den Widerspruchsbescheid zu erlassen hat, gewahrt, § 70 Abs. 1 S. 2 VwGO.

3. → Form. V.1 Anm. 2

4. Der Widerspruch ist innerhalb eines Monats seit Bekanntgabe des Verwaltungsakts einzulegen, § 70 VwGO.

5. Für den Widerspruch ist weder ein bestimmter Antrag noch eine Begründung vorgeschrieben (Kopp/Schenke/*W.-R. Schenke* VwGO § 70 Rn. 5).

6. Dieser Hinweis ist zweckmäßig, um zu verhindern, dass die Behörde in Verkennung der Rechtslage Vollziehungsmaßnahmen einleitet.

Kosten und Gebühren

7. Sowohl in der Abhilfeentscheidung (§ 72 VwGO) als auch in dem Widerspruchsbescheid (§ 73 Abs. 3 S. 3 VwGO) ist zu bestimmen, wer die Kosten des Widerspruchsverfahrens trägt (Kostenlastentscheidung). Für den Inhalt der Kostenentscheidung sind sondergesetzliche Bestimmungen des Bundes und der Länder maßgebend, zB § 80 VwVfG. → Form. V.A.5.

Der Rechtsanwalt erhält für die Durchführung des Widerspruchsverfahrens eine Geschäftsgebühr nach VV 2300 RVG in einem Rahmen von 0,5 bis 2,5. Bei Rahmengebühren bestimmt der Rechtsanwalt die Gebühr im Einzelfall unter Berücksichtigung aller Umstände, vor allem des Umfangs und der Schwierigkeit der anwaltlichen Tätigkeit, der Bedeutung der Angelegenheit sowie der Einkommens- und Vermögensverhältnisse des Auftraggebers nach billigem Ermessen, § 14 RVG. Eine Gebühr nach VV 2300 RVG von mehr als 1,3 kann nur gefordert werden, wenn die Tätigkeit umfangreich oder schwierig war.

Ist dem Widerspruchsverfahren ein Verwaltungsverfahren vorausgegangen, erhält der Rechtsanwalt für die Durchführung des Verwaltungsverfahrens eine gesonderte Geschäftsgebühr. Denn nach § 17 Nr. 1a RVG sind verschiedene Angelegenheiten jeweils das Verwaltungsverfahren, das einem gerichtlichen Verfahren vorausgehende und der Nachprüfung des Verwaltungsaktes dienende weitere Verwaltungsverfahren (Vorverfahren, Einspruchsverfahren, Beschwerdeverfahren, Abhilfeverfahren), das Verwaltungsverfahren auf Aussetzung oder Anordnung der sofortigen Vollziehung sowie über einstweilige Maßnahmen zur Sicherung der Rechte Dritter und das gerichtliche Verfahren.

5. Antrag auf Erstattung der Kosten eines isolierten Vorverfahrens

An den
Bürgermeister der Gemeinde .....

Betr.: ..... Az.: .....

Sehr geehrter Herr Bürgermeister!

Nachdem Sie unserem Widerspruch vom ..... abgeholfen und die angefochtene Ordnungsverfügung vom ..... aufgehoben haben,[1] beantragen wir nach § 80 VwVfG:[2]

I. Die Kosten des Widerspruchsverfahrens der Gemeinde aufzuerlegen,[3]
II. unsere Zuziehung im Vorverfahren für notwendig zu erklären[4] und
III. die von der Gemeinde unseren Mandanten zu erstattenden Anwaltsgebühren wie folgt festzusetzen:[5]
Gegenstandswert: 4.750 EUR
1,3 Geschäftsgebühr gem. VV 2300 RVG
erhöht um 0,3 Mehrvertretungsgebühr gem. VV 1008 RVG

= 1,6 Geschäftsgebühr	**534,40 EUR[6]**
Auslagen gem. VV 7002 RVG (pauschal)	**20,00 EUR**
	554,40 EUR
19 % Umsatzsteuer gem. VV 7008 RVG	**105,34 EUR**
	659,74 EUR

Da nicht einfache Rechtsfragen zu behandeln waren, war es notwendig, dass sich die Eheleute ..... bereits im Widerspruchsverfahren anwaltlicher Hilfe bedienten.[7]

Anmerkungen

1. Dieser Antrag kommt in Betracht, wenn der Widerspruch bereits im Vorverfahren Erfolg gehabt hat, weil ihm entweder von der Ausgangsbehörde abgeholfen (§ 72 VwGO) oder von der Widerspruchsbehörde stattgegeben wurde (§ 73 VwGO). Schließt sich dagegen, weil der Widerspruch erfolglos blieb, an das Vorverfahren eine Klage an und hat diese Erfolg, so kann Erstattung der Kosten des Vorverfahrens nach Maßgabe des § 162 Abs. 2 S. 2 VwGO begehrt werden. Zu dem dann zu stellenden Antrag → Form. V. B.1 Anm. 8.

Ein Widerspruch, dem die Widerspruchsbehörde stattgegeben hat, war auch dann iSd § 80 Abs. 1 S. 1 VwVfG „erfolgreich“, wenn er – an sich – unstatthaft oder unzulässig war (BVerwG NVwZ 1983, 544; DVBl. 1996, 1315).

Eine Kostenentscheidung zugunsten des Widerspruchsführers ergeht grds. nicht, wenn sich das Widerspruchsverfahren erledigt, etwa dadurch, dass die Ausgangsbehörde den angefochtenen Bescheid zurücknimmt, statt ihn im Wege der Abhilfe aufzuheben (BVerwG DVBl. 1996, 1315). Einige Bundesländer haben aber das Kostenrecht des isolierten Vorverfahrens dahin ergänzt, dass im Falle der Erledigung des Widerspruchs über die Kosten nach billigem Ermessen zu entscheiden ist (zB § 80 Abs. 1 S. 5 BWLVwVfG; § 80 Abs. 1 S. 6 VwVfG Thüringen).

2. Eine Kostenentscheidung nach § 80 VwVfG kommt nur in Betracht, wenn das VwVfG des Bundes oder des jeweiligen Landes Anwendung findet.

In Kommunalabgabensachen ist die Kostenerstattung im isolierten Vorverfahren in den einzelnen Ländern unterschiedlich geregelt (zu der insgesamt sehr unübersichtlichen Situation s. SBS/*Kallerhoff/Keller* VwVfG § 80 Rn. 13 ff.). Dies hängt damit zusammen, dass das jeweilige VwVfG in Kommunalabgabensachen nicht oder nicht uneingeschränkt anwendbar ist und für die Kostenerstattung – bei Nichtanwendbarkeit des VwVfG mit seinem § 80 – teilweise Sonderregelungen bestehen. Diesen kommt aber eine Bedeutung nicht zu, wenn und soweit in Kommunalabgabensachen das Widerspruchsverfahren nicht mehr stattfindet (→ Form. V.A.4 Anm. 1).

3. Diese Kostenentscheidung („Kostenlastentscheidung") wird von der Behörde, die den angefochtenen Verwaltungsakt erlassen und dem Widerspruch abgeholfen hat (§ 72 VwGO), oder von der Widerspruchsbehörde (§ 73 Abs. 3 S. 3 VwGO) getroffen. Hat die Behörde, wie hier, versehentlich nicht über die Kostenpflicht entschieden, so kann jederzeit Ergänzung der Entscheidung beantragt werden (OVG Münster DÖV 1992, 122). Die Kostenentscheidung kann notfalls mit der Verpflichtungsklage erstritten werden (BVerwG NVwZ 1987, 249; DVBl. 1996, 1315).

Die Kostenentscheidung hat für das Kostenfestsetzungsverfahren konstitutive Bedeutung (*Odenthal* NVwZ 1990, 641). Im Kostenfestsetzungsverfahren über die Höhe der zu erstattenden Aufwendungen kann das Bestehen einer Kostenerstattungspflicht dem Grunde nach nicht mehr verneint werden, wenn eine Kostenentscheidung zugunsten des Widerspruchsführers getroffen und die Hinzuziehung eines Bevollmächtigten für notwendig erklärt wurde und diese Verwaltungsakte rechtsbeständig geworden sind (BVerwG DÖV 1988, 1014).

4. Die Entscheidung darüber, ob die Hinzuziehung eines Rechtsanwalts oder eines sonstigen Bevollmächtigten notwendig war, ist neben (s. dazu BVerwG NVwZ 1987, 489) der Kostenentscheidung (→ Anm. 3) zu treffen, § 80 Abs. 3 S. 2 VwVfG (BVerwG DÖV 1991, 554). Es handelt sich um einen Verwaltungsakt, der notfalls mit der Verpflichtungsklage erstritten werden kann (BVerwG NVwZ 1988, 249).

Der Beschluss über die Notwendigkeit der Zuziehung eines Bevollmächtigten für das Vorverfahren setzt voraus, dass der Rechtsanwalt als Bevollmächtigter beauftragt war und nach außen gegenüber der Behörde aufgetreten ist. Eine nur beratende Tätigkeit genügt nicht (OVG Münster NVwZ-RR 1996, 620; OVG Greifswald NordÖR 2005, 121; OVG Magdeburg JurBüro 2007, 491; OVG Bln-Bbg JurBüro 2015, 148; aA VGH Mannheim VBlBW 2018, 471).

5. Der Betrag der zu erstattenden Kosten wird auf Antrag von der Behörde, die die Kostenentscheidung getroffen hat (→ Anm. 3), festgesetzt, § 80 Abs. 3 S. 1 VwVfG; dabei entscheidet die Behörde inzident über die Höhe des Streitwertes mit; für eine gesonderte Streitwertfestsetzung ist kein Raum (OVG Koblenz DVBl. 1985, 1075).

6. Nach § 2 Abs. 2 S. 2 RVG werden Gebühren auf den nächsten Cent auf- oder abgerundet; 0,5 Cent werden aufgerundet.

7. Die Zuziehung eines Rechtsanwalts ist notwendig, „wenn es der Partei nach ihren persönlichen Verhältnissen nicht zuzumuten war, das Vorverfahren selbst zu führen" (BVerwG DÖV 1991, 554) oder wenn ein verständiger Bürger in der Lage des Klägers mit Blick auf die wirtschaftliche Bedeutung und den Schwierigkeitsgrad der Sache vernünftiger Weise die Zuziehung eines Bevollmächtigten für erforderlich halten darf (OVG Magdeburg NWwZ-RR 2000, 842). Da einschränkende Tendenzen in der Rspr. erkennbar sind (vgl. zB OVG Berlin NVwZ-RR 1997, 264; VG Dessau LKV 2004, 335), empfiehlt sich in möglichen Zweifelsfällen eine etwas eingehendere Begründung.

Im Streitfall ist der Anspruch auf Erstattung von Rechtsanwaltskosten nicht durch allgemeine Leistungsklage, sondern durch eine Verpflichtungsklage geltend zu machen (BVerwG NJW 1988, 87).

6. Antrag auf Wiederaufgreifen eines Verfahrens (Abgabenrecht)

An den Bürgermeister der Stadt . . . . . Tiefbauverwaltungsamt

Betr.: Heranziehung zu einem Erschließungsbeitrag[1] für das Grundstück X-Straße Nr. . . . . .

Az.: . . . . .

Sehr geehrter Herr Bürgermeister!

In dieser Sache vertrete ich Herrn . . . . . Meine Vollmacht liegt an.[2]

Mit Bescheid vom . . . . . haben Sie meinen Mandanten zu einem Erschließungsbeitrag für das oa Grundstück iHv . . . . . herangezogen. Der Bescheid ist bestandskräftig geworden.[3]

Wie sich inzwischen herausgestellt hat, war der Heranziehungsbescheid rechtswidrig. Mein Mandant hat vor zwei Wochen erfahren, dass ein früherer Eigentümer des Grundstücks, der verstorbene Herr . . . . ., mit der früheren Gemeinde . . . . ., die seit dem . . . . . in die Stadt . . . . . eingemeindet ist, eine Ablösungsvereinbarung nach § 133 Abs. 3 S. 5 BauGB getroffen und den Ablösungsbetrag gezahlt hat. Damit konnte eine Beitragspflicht nicht mehr entstehen und war deshalb eine Heranziehung zu einem Erschließungsbeitrag nach endgültiger Herstellung der Straße nicht möglich. Eine Ablichtung der Ablösungsvereinbarung ist beigefügt.

Es wird beantragt, den Heranziehungsbescheid nach § 3 Abs. 1 Nr. 4c SächsKAG mit § 173 Abs. 1 Nr. 2 AO aufzuheben.[4] Mit dem Auffinden der Ablösungsvereinbarung sind nachträglich Tatsachen und Beweismittel bekannt geworden, aus denen sich ergibt, dass eine Erschließungsbeitragspflicht nicht entstanden und der Bescheid daher rechtswidrig ist. Daran, dass die Ablösungsvereinbarung erst jetzt bekannt geworden ist, trifft meinen Mandanten kein Verschulden . . . . . Damit ist nach den oa Bestimmungen ein Rechtsanspruch auf Aufhebung des Bescheides gegeben.[5]

Anmerkungen

1. Im allgemeinen Verwaltungsverfahren ist das Wiederaufgreifen des Verfahrens in § 51 VwVfG geregelt. Diese Bestimmung findet jedoch im kommunalen Abgabenrecht grds. keine Anwendung (zur Anwendung des jeweiligen LVwVfG auf Kommunalabgabensachen → Form. V.A.5 Anm. 2; SBS/*Schmitz* VwVfG § 2 Rn. 59 ff.).

2. Zur Vorlage einer Vollmacht → Form. V.A.1 Anm. 2.

3. Vor Stellung eines Aufhebungsantrages ist vorrangig zu prüfen, ob nicht noch ein Widerspruch gegen den Verwaltungsakt möglich ist, weil zB wegen einer unrichtigen Rechtsbehelfsbelehrung die einmonatige Widerspruchsfrist nicht begonnen hat und des-

halb für den Widerspruch eine Frist von einem Jahr gegeben ist, §§ 70 Abs. 2, 58 Abs. 2 VwGO.

4. § 173 AO wird ferner für anwendbar erklärt in § 3 Abs. 1 Nr. 4c KAGBW (für kommunale Steuern) und kraft der allg. Verweisung auf die AO in § 12 Abs. 1 KAG MV. In NRW ist § 173 AO auch nicht im Wege der Analogie anwendbar (OVG Münster DVBl. 1988, 912).

5. Nicht auf die §§ 172, 173 AO, sondern auf § 130 AO verweisen zB Art. 13 Abs. 1 Nr. 3b BayKAG, § 12 Abs. 1 Nr. 3b BbgKAG, § 4 Abs. 1 Nr. 3b HessKAG, § 12 Abs. 1 Nr. 3b KAG NRW, § 3 Abs. 1 Nr. 3 KAG RhPf, § 12 Abs. 1 Nr. 3b KAG Saarl., § 15 Abs. 1 Nr. 3b ThürKAG, § 13 Abs. 1 Nr. 3b KAG LSA, in diesen Fällen ist die Aufhebung eines nachträglich als rechtswidrig erkannten Abgabenbescheides in das Ermessen der Behörde gestellt, wobei ein Anspruch auf fehlerfreie Ausübung dieses Ermessens besteht. Dabei „hat die Verwaltung im konkreten Fall abzuwägen, ob dem Prinzip der Rechtmäßigkeit der Verwaltung und der Gerechtigkeit im Einzelfall oder dem Interesse der Allgemeinheit am Eintritt von Rechtsfrieden und Rechtssicherheit der Vorzug zu geben ist" (OVG Weimar KStZ 2006, 18; ferner OVG Lüneburg NVwZ 2007, 846; VGH München KStZ 2009, 49; OVG Magdeburg NVwZ-RR 2011, 617). Es empfiehlt sich deshalb auch bei Nichtanwendbarkeit der Vorschriften über das Wiederaufgreifen des Verfahrens (§ 173 Abs. 1 Nr. 2 AO, § 51 VwVfG) einen Aufhebungsantrag zu stellen, wenn nachträglich Tatsachen oder Beweismittel bekannt werden, die die Rechtswidrigkeit des Abgabenbescheides ergeben.

B. Klageverfahren erster Instanz

1. Anfechtungsklage

An das
Verwaltungsgericht

Klage[1]

des .....[2]
(Klägers)
Prozessbevollmächtigter: Rechtsanwalt .....
gegen
die Gemeinde .....,[3] vertreten durch ihren Bürgermeister. ....[4] (Beklagte)
wegen: Heranziehung zu Erschließungsbeiträgen[5]
Streitwert: 6.350 EUR[6]Namens und mit Vollmacht[7], des Klägers erhebe ich Klage[8] mit dem Antrag,[9]

I. den Heranziehungsbescheid der Beklagten vom ..... in der Gestalt des Widerspruchsbescheides vom ..... aufzuheben,
II. der Beklagten die Kosten des Verfahrens aufzuerlegen,[10]
III. die Zuziehung des Prozessbevollmächtigten des Klägers im Vorverfahren für notwendig zu erklären,[11]

Zur Begründung führe ich aus:[12]

I. Der Kläger ist Eigentümer des Grundstücks X-Str. Nr. ..... in ..... Durch Bescheid vom ..... zog die Beklagte den Kläger zu einem Erschließungsbeitrag für die X-Straße iHv 6.350 EUR heran. Gegen den Bescheid legte der Kläger mit Schreiben vom ..... Widerspruch ein, den die Beklagte mit Widerspruchsbescheid vom ..... zurückwies. Der Widerspruchsbescheid wurde dem Kläger am ..... zugestellt.[13]
II. Der Heranziehungsbescheid in der Gestalt des Widerspruchsbescheides ist ausfolgenden Gründen rechtswidrig:
Die Heranziehung ist gestützt auf die Erschließungsbeitragssatzung der Beklagten ..... vom ..... Diese Satzung enthält jedoch keine dem § 132 Nr. 4 BauGB entsprechende Bestimmung der Merkmale der endgültigen Herstellung der Erschließungsanlagen. § 9 Abs. 1 S. 1 der Satzung lässt neben dem „Eigentum der Gemeinde" an den Straßenflächen auch einen „rechtsverbindlichen Übertragungsvertrag zu Gunsten der Gemeinde" als Herstellungsmerkmal ausreichen. Ob ein solcher Vertrag vorliegt, lässt sich von den betroffenen Bürgern nicht anhand erkennbarer objektiver Kriterien hinreichend sicher feststellen. Diese die Rechtslage der Straßenfläche betreffende Unsicherheit führt zur Ungültigkeit der gesamten Herstellungsregelung des § 9 der Satzung (vgl. BVerwG DÖV 1980, 341). Damit ist eine Heranziehung des Klägers zu Erschließungsbeiträgen nicht möglich (OVG Münster BauR 1977, 269).
Ich bitte darum, die Verwaltungsvorgänge, insb. die Straßenbau- und Abrechnungsakte beizuziehen (§ 99 VwGO) und mir die Gelegenheit zur Einsichtnahme zu gewähren (§ 100 VwGO). Anschließend werde ich die Klage ergänzend begründen.

III. Meine Beauftragung im Widerspruchsverfahren war wegen der Schwierigkeit der zu behandelnden erschließungsbeitragsrechtlichen Fragen notwendig iSv § 162 Abs. 2 S. 2 VwGO.[14]

Rechtsanwalt[15]

Schrifttum: *Bader/Funke-Kaiser/Stuhlfauth/Albedyl*, Verwaltungsgerichtsordnung, 7. Aufl. 2018; *Eyermann*, Verwaltungsgerichtsordnung, 15. Aufl. 2019; *Kopp/Schenke*, Verwaltungsgerichtsordnung, 26. Aufl. 2020; *Posser/Wolff*, Verwaltungsgerichtsordnung, 2. Aufl. 2014; *Redeker/von Oertzen*, Verwaltungsgerichtsordnung, 16. Aufl. 2016; *Schoch/Schneider*, Verwaltungsrecht VwGO, 39. Aufl. 2021; *Sodan/Ziekow*, Verwaltungsgerichtsordnung, 5. Aufl. 2018; *Johlen* (Hrsg.), Münchener Prozessformularbuch, Bd. 7, Verwaltungsrecht, 5. Aufl. 2018; *Wysk*, Verwaltungsgerichtsordnung, 3. Aufl. 2020; *Gärditz*, Verwaltungsgerichtsordnung, 2. Aufl. 2018.

Anmerkungen

1. Der notwendige Inhalt der Klageschrift ergibt sich aus § 82 Abs. 1 S. 1 VwGO. Die Klage muss den Kläger, den Beklagten und den Gegenstand des Klagebegehrens bezeichnen.

2. Zwingend erforderlich ist die Angabe der Anschrift des Klägers, unter der er selbst tatsächlich erreichbar ist und unter der notfalls wegen der Verfahrenskosten gegen ihn vollstreckt werden kann (BVerwG NJW 2012, 1527; VGH Kassel NVwZ-RR 1996, 179; OVG Münster NVwZ-RR 1997, 390). Die Angabe eines Postfachs genügt nicht (BVerwG NJW 1999, 2608). Das gilt auch dann, wenn der Kläger anwaltlich vertreten ist (OVG Münster NW VBl. 2021, 121). Fehlt es an einem dieser Erfordernisse, so kann der Vorsitzende oder Berichterstatter dem Kläger für die Ergänzung eine Ausschlussfrist setzen, § 82 Abs. 2 S. 2 VwGO.

3. Die Klage ist grds. gegen die Körperschaft zu richten, § 78 Abs. 1 Nr. 1 VwGO. Dies gilt auch bei Anfechtungs- und Verpflichtungsklagen, wobei hier zur Bezeichnung des Beklagten die Angabe der Behörde genügt, § 78 Abs. 1 Nr. 1 Hs. 2 VwGO. Nach § 78 Abs. 1 Nr. 2 VwGO kann durch Landesrecht bestimmt werden, dass die Anfechtungs- oder Verpflichtungsklage gegen die Behörde selbst zu richten ist; von dieser Ermächtigung, die nur für Landesbehörden gelten kann, haben zB Brandenburg (§ 8 Abs. 2 VwGG), Mecklenburg-Vorpommern (§ 14 Abs. 2 AGGerStrG), das Saarland (§ 19 Abs. 2 AGVwGO), Schleswig-Holstein (§ 6 S. 2 AGVwGO), Sachsen-Anhalt (§ 8 S. 2 AGVwGO) und Niedersachsen (§ 79 Abs. 2 NJG) Gebrauch gemacht.

4. Bei prozessunfähigen Beteiligten, wie hier der Gemeinde, ist nach § 173 VwGO mit § 253 Abs. 2 Nr. 1 ZPO der gesetzliche Vertreter anzugeben, soweit dies für die Zustellung erforderlich ist. Die falsche Bezeichnung des gesetzlichen Vertreters ist unschädlich, wenn die Identität des Beteiligten nicht zweifelhaft ist (OLG Frankfurt aM NVwZ 2018, 95).

5. Der Streitgegenstand ergibt sich idR bereits aus der Angabe des angefochtenen oder begehrten Verwaltungsakts oder aus der Begründung und braucht dann nicht noch einmal besonders genannt zu werden.

6. Nach § 61 GKG ist der Streitwert mit der Klage anzugeben. Die Bestimmung wird im Verwaltungsprozess praktisch nicht angewandt, die Unterlassung der Angabe ist unschädlich (*Redeker/von Oertzen* VwGO § 82 Rn. 15). Zur Höhe des Streitwerts s. § 52 GKG. Hier ergibt sich der Streitwert aus der Höhe des mit dem angefochtenen Bescheid festgesetzten Beitrages, § 52 Abs. 3 GKG. – Zum Streitwert im Verwaltungsstreitverfahren im Allgemeinen s. den Streitwertkatalog 2013, NVwZ 2013, Beil. 2.

7. Der Prozessbevollmächtigte muss eine schriftliche Vollmacht vorlegen, § 67 Abs. 6 S. 1 VwGO. Die für das Vorverfahren erteilte Vollmacht gilt im Zweifel auch für den Verwaltungsprozess (Kopp/Schenke/*W.-R. Schenke* VwGO § 67 Rn. 48; str.). Die Vollmacht kann nachgereicht werden; hierfür kann das Gericht (nicht nur der Spruchkörper, sondern auch der Vorsitzende oder Berichterstatter, BVerwG NJW 1985, 2963) eine Frist setzen, § 67 Abs. 6 S. 1 Hs. 2 VwGO. Diese Frist hat allerdings keine ausschließende Wirkung, sondern nur „eine gesteigerte Warnfunktion in dem Sinne . . . . ., dass nach Ablauf der Frist mit der Entscheidung nicht mehr zugewartet zu werden braucht" (BVerwG NJW 1985, 2963).

Nach § 67 Abs. 6 S. 4 VwGO hat das Gericht den Mangel der Vollmacht von Amts wegen zu berücksichtigen, wenn nicht als Bevollmächtigter ein Rechtsanwalt auftritt. Diese Vorschrift ist in der Weise anzuwenden, „dass bei Auftreten eines Rechtsanwalts als Prozessbevollmächtigtem eine Prüfung der Vollmacht von Amts wegen grds. nicht, wohl aber dann stattfindet, wenn besondere Umstände dazu Anlass geben, die Bevollmächtigung des Anwalts in Zweifel zu ziehen" (BVerwG NJW 1985, 1178 (1179); ebenso BVerwG NJW 1985, 2963).

8. Nach § 81 Abs. 1 S. 1 VwGO ist die Klage bei dem Verwaltungsgericht schriftlich zu erheben. Sie kann auch zu Protokoll des Urkundsbeamten der Geschäftsstelle erhoben werden, § 81 Abs. 1 S. 2 VwGO.

Seit dem 1.1.2018 ist der elektronische Rechtsverkehr mit den Gerichten eröffnet.

Nach § 55 a Abs. 1 VwGO können vorbereitende Schriftsätze mit deren Anlagen, schriftlich einzureichende Anträge und Erklärungen der Beteiligten sowie schriftlich einzureichende Auskünfte, Aussagen, Gutachten, Übersetzungen und Erklärungen Dritter nach Maßgabe der Abs. 2–6 als elektronische Dokumente bei Gericht eingereicht werden. Die Vorschrift gilt über § 173 VwGO iVm § 253 Abs. 4 ZPO für bestimmende Schriftsätze entsprechend. Hierzu zählen insb. Klage, Berufung und Revision (Kopp/Schenke/*R. P.Schenke* VwGO § 55a Rn. 3).

Ab dem 1.1.2022 muss nach § 55d VwGO von dieser Möglichkeit auch von Rechtsanwälten Gebrauch gemacht werden. Für sie ist der elektronische Rechtsverkehr mit Gerichten besonders geregelt. Ihm dient nach § 19 Abs. 1 S. 1 der Rechtsanwaltsverzeichnis- und -postfachverordnung (RAVPV) das elektronische Anwaltspostfach (beA). Es wurde für jeden Anwalt nach § 31a Abs. 1 BRAO von der Bundesrechtsanwaltskammer eingerichtet.

Das elektronische Dokument muss mit einer qualifizierten elektronischen Signatur der verantwortenden Person versehen sein oder von der verantwortenden Person signiert und auf einem sicheren Übermittlungsweg eingereicht werden, § 55a Abs. 3 VwGO. Die sicheren Übermittlungswege sind in § 55a Abs. 4 VwGO aufgeführt. Sofern das elektronische Dokument nicht in der in Abs. 3 vorgesehenen Weise übertragen wurde, ist es im Falle eines Schriftformerfordernisses, also für die Klageerhebung, nicht wirksam eingereicht (*Wysk* VwGO § 55d Rn. 2).

9. Das Fehlen eines Klageantrages macht die Klage nicht unzulässig, da § 82 Abs. 1 S. 2 VwGO nur eine Soll-Vorschrift ist.

10. Dieser Antrag ist üblich, aber nicht notwendig, da das Gericht über die Kosten von Amts wegen entscheidet, § 161 Abs. 1 VwGO. Ebenso kann das Gericht von Amts wegen nach § 167 VwGO das Urteil wegen der Kosten für vorläufig vollstreckbar erklären. Auch das muss nicht beantragt werden.

11. Nach § 162 Abs. 2 S. 2 VwGO sind die durch die Beauftragung eines Bevollmächtigten im Vorverfahren entstandenen Gebühren und Auslagen nur erstattungsfähig, wenn das Gericht auf Antrag die Zuziehung eines Bevollmächtigten für das Vorverfahren für notwendig erklärt hat. Der Ausspruch darüber kann im Tenor des Urteils oder in einem gesonderten Beschluss erfolgen, der keine Urteilsergänzung darstellt und deshalb nicht an die Frist des § 120 Abs. 2 VwGO gebunden ist (BVerwG DÖV 1981, 343).

Ein Beschluss über die Notwendigkeit der Zuziehung eines Bevollmächtigten für das Vorverfahren kann nicht iR eines Verfahrens nach § 80 Abs. 5 VwGO gefasst werden, sondern nur iR eines Klageverfahrens. Nur zu diesem ist das Widerspruchsverfahren Vorverfahren iSv § 162 Abs. 2 S. 2 VwGO (OVG Münster NWVBl. 1993, 312; OVG Schleswig NordÖR 2006, 302).

Dieser Beschluss setzt weiter voraus, dass der Bevollmächtigte nach außen aufgetreten ist. Eine nur interne Beratung reicht nicht aus, da sie nicht den Begriff der Bevollmächtigung erfüllt → Form. V.A.5 Anm. 4.

12. Nach § 18e Abs. 5 AEG, § 17e Abs. 5 FStrG, § 14e Abs. 5 WaStrG, § 29 Abs. 7 PBefG, § 6 UmwRG hat der Kläger innerhalb einer Frist von 10 Wochen die zur Begründung seiner Klage dienenden Tatsachen und Beweismittel vorzutragen. Die Frist beginnt mit Erhebung der Klage. Nach § 43e Abs. 3 EnWG, § 10 Abs. 5 LuftVG ist die Klage innerhalb von 6 Wochen zu begründen. Hier fehlt der Zusatz „ab Klageerhebung", so dass die Begründungsfrist mit Zustellung des Planfeststellungsbeschlusses beginnt (str.). Das ist aber bisher höchstrichterlich nicht geklärt.

Von diesen Sondervorschriften abgesehen gibt es keine gesetzliche Klagebegründungsfrist, da § 82 Abs. 1 S. 3 VwGO nur eine Soll-Vorschrift ist. Allerdings kann nach § 87b Abs. 1 S. 1 VwGO der Vorsitzende oder Berichterstatter dem Kläger eine Frist zur Angabe der Tatsachen setzen, durch deren Berücksichtigung oder Nichtberücksichtigung im Verwaltungsverfahren er sich beschwert fühlt. Nach Ablauf der Frist vorgebrachte Erklärungen und Beweismittel können unter den Voraussetzungen des § 87b Abs. 3 VwGO zurückgewiesen werden.

13. Das Datum der Zustellung des Widerspruchsbescheides ist für die Prüfung der Rechtzeitigkeit der Klageerhebung von Bedeutung; die Klagefrist beträgt einen Monat nach Zustellung des Widerspruchsbescheides, § 74 VwGO.

Für den Ablauf der Klagefrist – und dies gilt auch für andere Fristen – sind unabhängig vom Sitz der Kanzlei des Verfahrensbevollmächtigten die Verhältnisse an dem Ort maßgebend, an dem die Frist zu wahren ist. Dies ist bei Feiertagen, die nicht bundeseinheitlich gelten, zu beachten.

Die Frist beginnt mit der Zustellung auch dann zu laufen, wenn die Zustellung an einem Sonnabend erfolgt (OVG Greifswald NJW 2012, 953). Verschiebungen mit Rücksicht auf Feiertage bzw. Wochenendtage sieht § 57 Abs. 2 VwGO iVm § 222 Abs. 2 ZPO nur vor, wenn das Fristende auf einen entsprechenden Tag fällt (OVG Greifswald NJW 2012, 953).

14. → Form. V.A.5 Anm. 7.

Kosten und Gebühren

15. In Verwaltungsstreitverfahren gelten für die Berechnung der Gerichtskosten die Nrn. 5110 ff. KV. Nach § 188 VwGO werden in bestimmten Verfahren Gerichtskosten nicht erhoben. In allen übrigen Verfahren wird mit der Einreichung der Klage die 3,0-Verfahrensgebühr fällig, § 6 Abs. 1 Nr. 5 GKG, die nach dem vom Gericht durch Beschluss vorläufig festgesetzten Streitwert berechnet wird. Der Fortgang des Verfahrens hängt aber nicht von der Zahlung der Gebühr ab; § 12 GKG gilt nicht.

Für die Berechnung der Rechtsanwaltsgebühren gelten die §§ 2 Abs. 2, 13 RVG iVm VV 3100 ff. RVG. Wegen der Besonderheiten des anwaltlichen Gebührenrechts im Verwaltungsstreitverfahren s. *Beutling*, Anwaltsvergütung.

2. Anfechtungsklage gegen einen Widerspruchsbescheid

An das
Verwaltungsgericht

Klage[1, 2]

der Arbeiterin . . . . .
gegen
die Bezirksregierung . . . . .[3]
beizuladen: Rechtsanwalt . . . . . als Insolvenzverwalter über das Vermögen der Fa . . . . .[4]
wegen: Zulassung der Kündigung eines Arbeitsverhältnisses
Streitwert: 5.000 EUR[5]
Namens der Klägerin erhebe ich Klage mit dem Antrag, den Widerspruchsbescheid der Beklagten vom . . . . . aufzuheben.[6]
Zur Begründung führe ich aus:[7]

I. Die Klägerin ist seit dem . . . . . bei der Fa . . . . . als Arbeiterin tätig. Über das Vermögen der Fa. . . . . wurde das Insolvenzverfahren eröffnet.
Am . . . . . beantragte Rechtsanwalt . . . . . als Insolvenzverwalter beim Gewerbeaufsichtsamt, die Kündigung der schwangeren Klägerin gem. § 17 Abs. 2 S. 1 MuSchG zuzulassen. Diesen Antrag lehnte das Gewerbeaufsichtsamt mit Bescheid vom . . . . . ab. Gegen den Ablehnungsbescheid legte der Insolvenzverwalter Widerspruch ein. Diesem Widerspruch gab die Beklagte als zuständige Widerspruchsbehörde mit Widerspruchsbescheid vom . . . . . statt und ließ unter Aufhebung des ablehnenden Bescheides des Gewerbeaufsichtsamtes vom . . . . . die Kündigung zu.

II. Die Klage ist zulässig, da die Zulassung der Kündigung im Verhältnis zu dem zu kündigenden Arbeitnehmer einen Verwaltungsakt darstellt, für dessen Anfechtung der Verwaltungsrechtsweg gegeben ist (BVerwG BVerwGE 10, 148 (150)).

III. Die Klage ist auch begründet.
Durch die Aufhebung des Ablehnungsbescheides des Gewerbeaufsichtsamtes und die Zulassung der Kündigung im Widerspruchsbescheid wurde die Klägerin als „Dritte" beschwert. Für diesen Fall sieht § 71 VwGO vor, dass der Dritte vor Erlass des Widerspruchsbescheides gehört werden soll. Besondere Gründe, die die Beklagte als Widerspruchsbehörde dazu berechtigten, ausnahmsweise von einer Anhörung abzusehen, liegen hier nicht vor; damit liegt ein Verstoß gegen eine wesentliche Verfahrensvorschrift vor.
Der Widerspruchsbescheid beruht auch auf diesem Verstoß iSd § 79 Abs. 2 S. 2 VwGO. Denn da die Zulassung der Kündigung in das Ermessen der Behörde gestellt ist, ist nicht auszuschließen, dass bei einer Anhörung der Klägerin eine andere Entscheidung in der Sache selbst getroffen worden wäre (vgl. §§ 79 Hs. 2, 46 VwVfG).

Rechtsanwalt

Anmerkungen

1. Es handelt sich um eine „isolierte" Anfechtungsklage gegen einen Widerspruchsbescheid, durch den ein Dritter erstmalig beschwert wird → Form. V.E.8.

2. Zum Inhalt der Klage → Form. V.B.1.

3. Die Klage ist nach § 78 Abs. 2 VwGO gegen die Widerspruchsbehörde bzw. die Körperschaft, zu der die Widerspruchsbehörde gehört, zu richten (→ Form. V.B.1 Anm. 2).

4. Klagt ein Dritter gegen den Widerspruchsbescheid, so ist der Widerspruchsführer nach § 65 Abs. 2 VwGO notwendig beizuladen.

5. Nach § 52 Abs. 1 GKG ist der Streitwert nach der sich aus dem Antrag des Klägers für ihn ergebenden Bedeutung der Sache nach Ermessen zu bestimmen. Beim Streit um die Zustimmung zur Kündigung ist nach Nr. 27.1 des Streitwertkatalogs (NVwZ 2013, Beil. 2) der Auffangwert des § 52 Abs. 2 GKG zugrunde zu legen.

6. Angriffsziel der Klage ist nach § 79 Abs. 1 Nr. 2 VwGO nur der Widerspruchsbescheid, nicht der die Klägerin begünstigende Ausgangsbescheid des Gewerbeaufsichtsamtes. Dieser wird deshalb in dem Klageantrag nicht erwähnt.

Eines weiteren Vorverfahrens bedarf es in den Fällen, in denen ein Dritter durch den Abhilfebescheid oder den Widerspruchsbescheid erstmalig beschwert wird, nicht, § 68 Abs. 1 S. 2 Nr. 2 VwGO.

7. Vgl. OVG Bremen NVwZ 1983, 1869.

3. Verpflichtungsklage

An das
Verwaltungsgericht

Klage[1]

des . . . . .
wegen: Erteilung einer Bebauungsgenehmigung
gegen
den Kreis . . . . ., vertreten durch den Landrat . . . . .

beizuladen: 1. Die Gemeinde . . . . .[2]
2. Die Bezirksregierung in . . . . .[3]

Streitwert: 20.000 EUR[4]
Namens des Klägers erhebe ich Klage mit dem Antrag,

unter Aufhebung des Bescheides des Beklagten vom . . . . . den Beklagten zu verpflichten, dem Kläger den beantragten Vorbescheid für die Errichtung eines Einfamilienwohnhauses auf dem Grundstück . . . . . zu erteilen.

Zur Begründung führe ich aus:

I. Der Kläger ist Eigentümer des Grundstücks . . . . . Dieses liegt inmitten einer aus sieben Wohnhäusern und zwei Nebengebäuden bestehenden Ansiedlung, die 800 m vom Ortsrand von . . . . . entfernt ist.
Unter dem . . . . . beantragte der Kläger, ihm durch einen Vorbescheid die Genehmigung zur Bebauung seines Grundstücks mit einem Einfamilienwohnhaus zu erteilen.
Diesen Antrag lehnte der Beklagte mit Bescheid vom . . . . . ab mit der Begründung, das Grundstück liege im Außenbereich und seine Bebauung beeinträchtige öffentliche Belange, zumal der Flächennutzungsplan den fraglichen Bereich als Fläche für die Landwirtschaft darstelle. Der angefochtene Bescheid ist beigefügt.

II. Die hier allein streitige planungsrechtliche Zulässigkeit des Vorhabens beurteilt sich nach § 35 Abs. 2 u. Abs. 3 BauGB, weil die Ansiedlung wegen der geringen Zahl der Gebäude kein im Zusammenhang bebauter Ortsteil iSv § 34 BauGB ist. Nach § 35 Abs. 2 BauGB ist der geplante Bau eines kleinen Wohnhauses mit einer Grundfläche von höchstens 100 qm und einer Geschossfläche von höchstens 160 qm zulässig, weil es an dem geplanten Standort öffentliche Belange nicht beeinträchtigt. Da das Wohnhaus in einer knapp 30 m breiten Lücke zwischen zwei innerhalb der Ansiedlung liegenden Wohnhäusern gleicher Größe errichtet werden soll, wird bei einer Zulassung der Bebauung die als Splittersiedlung zu charakterisierende Ansiedlung nicht räumlich erweitert. Sie wird zwar verfestigt, diese Verfestigung ist aber städtebaulich nicht unerwünscht und damit nicht iSv § 35 Abs. 3 S. 1 Nr. 7 BauGB zu „befürchten". Eine Beeinträchtigung öffentlicher Belange liegt auch nicht deshalb vor, weil das Vorhaben den Darstellungen des Flächennutzungsplanes der Gemeinde widerspricht, § 35 Abs. 3 S. 1 Nr. 1 BauGB. Denn der Flächennutzungsplan ist insoweit wegen mangelnder Aussagekraft unbeachtlich (OVG Münster BauR 1978, 296). Er stellt die gesamte Ansiedlung als „Fläche für die Landwirtschaft" dar. Mit dieser Darstellung sollte jedoch angesichts des zwangsläufig groben Rasters des Flächennutzungsplans nicht strikt jegliche Bebauung, jedenfalls aber nicht die Schließung eindeutig baulich vorgeprägter Lücken, verhindert werden (BVerwG BRS 39 (1982) Nr. 82) . . . . .

Rechtsanwalt

Anmerkungen

1. Zum Inhalt der Klage → Form. V.B.1.

2. Über die Zulässigkeit eines Bauvorhabens im Außenbereich nach § 35 BauGB wird im Einvernehmen mit der Gemeinde entschieden, § 36 Abs. 1 S. 1 BauGB. Diese ist deshalb nach § 65 Abs. 2 VwGO notwendig beizuladen (BVerwG NJW 1966, 1530).

3. Für die Erteilung einer Genehmigung nach § 35 Abs. 2 BauGB ist die Zustimmung der höheren Verwaltungsbehörde erforderlich, wenn die Landesregierung dies bestimmt, was hier geschehen sein soll, § 36 Abs. 1 S. 4 BauGB. Aus diesem Grunde ist hier auch die Bezirksregierung beizuladen (BVerwG NJW 1975, 550). Die Beiladung braucht von dem Kläger aber nicht beantragt zu werden. Auch ist die Benennung der beizuladenden Personen in der Klageschrift nicht erforderlich.

4. Zum Streitwert in Bausachen s. Nr. 9 des Streitwertkatalogs (NVwZ 2013, Beil. 2). Bei dem hier in Rede stehenden Streit um die Genehmigung eines Einfamilienwohnhauses beträgt der Streitwert 20.000 EUR, Nr. 9.1.1. Bei einer Klage auf Erteilung einer Baugenehmigung für eine Nutzungsänderung ist regelmäßig auf den angestrebten Jahresnutzwert abzustellen (BVerwG NJW 1997, 1985).

4. Untätigkeitsklage (Handwerksrecht)

An das
Verwaltungsgericht

Klage[1]

des . . . . .
gegen

die Bezirksregierung . . . .
beizuladen: Die Handwerkskammer . . . .[2]
wegen: Erteilung einer Ausnahmebewilligung nach § 8 HandwO
Streitwert: 15.000 EUR[3]
Namens des Klägers erhebe ich Klage mit dem Antrag,[4] die Beklagte zu verpflichten, dem Kläger eine Ausnahmebewilligung zur Eintragung in die Handwerksrolle als Beton- und Stahlbetonbauer mit dem Teilgebiet „Herstellung von Stahlbetonstürzen" zu erteilen.[5]
Zur Begründung führe ich aus:

I. Der am 23.1.1982 geborene Kläger ist Maurergeselle. IE gestaltete sich sein beruflicher Lebensweg nach erfolgreichem Abschluss der Hauptschule wie folgt . . . . .
Am 26.2.2021 beantragte der Kläger bei der Beklagten, ihm die Ausnahmebewilligung nach § 8 HandwO zu erteilen, nachdem sich für ihn überraschend die Möglichkeit ergeben hatte, von seinem Arbeitgeber dessen Betrieb, der sich mit der Herstellung von Stahlbetonstürzen befasst, zu übernehmen. Nachdem die Handwerkskammer eine Stellungnahme abgegeben und darin dargelegt hatte, dass im Falle des Klägers ein Ausnahme iSd § 8 Abs. 1 S. 2 HandwO vorliege, unterzog die Beklagte den Kläger im April 2021 zur Feststellung seiner Kenntnisse und Fertigkeiten einer Vergleichsprüfung, die der Kläger bestand. Gleichwohl hat die Beklagte bis heute die Ausnahmebewilligung nicht erteilt.

II. Die Klage ist nach § 75 VwGO auch ohne Erlass des Ablehnungsbescheides zulässig, da seit Herbeiführung der Entscheidungsreife drei Monate vergangen sind und ein zureichender Grund für die Nichtbescheidung des Antrages nicht gegeben ist.[6]

III. Die Klage ist auch begründet, da dem Kläger ein Rechtsanspruch auf Erteilung der Ausnahmebewilligung nach § 8 HandwO zusteht.

1. Der Kläger hat durch das Bestehen der Vergleichsprüfung nachgewiesen, dass er auf dem Teilgebiet „Herstellung von Stahlbetonstürzen" in etwa die gleiche Befähigung, wie sie in der Meisterprüfung nachzuweisen ist einschl. des zu fordernden (OVG Münster NVwZ-RR 2017, 330) fachtheoretischen, betriebswirtschaftlichen, kaufmännischen und rechtlichen Grundwissens., besitzt. Damit sind die Voraussetzungen des § 8 Abs. 1 S. 1 HandwO erfüllt, § 8 Abs. 2 Hs. 2 HandwO (VGH Mannheim NVwZ-RR 2013, 309).

2. Darüber hinaus liegt auch ein Ausnahmefall vor, weil die Ablegung der Meisterprüfung für den Kläger unzumutbar wäre, § 8 Abs. 1 S. 2 HandwO. Die mit ihr verbundene Belastung wäre aus den nachfolgend dargelegten Gründen deutlich höher als in der Vielzahl der Fälle (BVerwG BVerwGE 115, 70 = NVwZ 2002, 341) . . . . . Nach Auffassung des BVerfG (DVBl. 2006, 244) ist von der Möglichkeit einer Ausnahmebewilligung nach § 8 HandwO großzügig Gebrauch zu machen.

Rechtsanwalt

Schrifttum: Detterbeck, Handwerksordnung, 4. Aufl. 2008; *Honig/Knörr/Thiel,* Handwerksordnung, 5. Aufl. 2017; *Schwammecke,* Die deutsche Handwerksordnung, Stand: 2018; *Leisner,* Handwerksordnung, 2016.

Anmerkungen

1. Zur Gestaltung der Klage → Form. V.B.1.

2. Die Notwendigkeit der Beiladung der Handwerkskammer ergibt sich aus § 8 Abs. 4 Hs. 2 HandwO.

3. Nr. 54.3.1 des Streitwertkatalogs (NVwZ 2013, Beil. 2; aA OVG Münster NVwZ-RR 2012, 256: 5.000 EUR).

4. Die Besonderheit der Untätigkeitsklage nach § 75 VwGO besteht lediglich darin, dass es wegen der Untätigkeit der Behörde eines vollständigen Vorverfahrens nach § 68 VwGO nicht bedarf. Um eine besondere Klageart handelt es sich nicht. Die Klage ist nicht auf Bescheidung schlechthin zu richten, sondern wie bei einer normalen Anfechtungs- oder Verpflichtungsklage auf Aufhebung des – mit dem bisher nicht beschiedenen Widerspruch – angefochtenen oder auf Verpflichtung zum Erlass des beantragten Verwaltungsaktes (BVerwG NVwZ 1991, 1180; OVG Koblenz NJW 1967, 2329; VGH Mannheim NJW 1970, 1143; *Postier* LKV 1992, 232).

5. Die Erteilung der Ausnahmebewilligung nach § 8 HandwO ist nicht in das Ermessen der Behörde gestellt. Die Bewilligung muss vielmehr erteilt werden, wenn die in § 8 HandwO genannten Voraussetzungen erfüllt sind (BVerwG NVwZ 2002, 341). Aus diesem Grunde wird hier ein Verpflichtungsantrag und nicht lediglich ein Bescheidungsantrag (→ Form. V.B 5) gestellt.

6. Ergeht, nachdem die Klage gem. § 75 VwGO nach Ablauf der Dreimonatsfrist erhoben wurde, ein Bescheid, mit dem dem Antrag oder Widerspruch des Klägers stattgegeben wird, so ist die Hauptsache für erledigt zu erklären. Die Kosten werden dann nach § 161 Abs. 3 VwGO der beklagten Behörde durch Beschluss auferlegt, und zwar unabhängig davon, ob das Gericht der Behörde gem. § 75 S. 3 VwGO eine Frist gesetzt hatte (*Redeker/von Oertzen* VwGO § 161 Rn. 10).

Ergeht eine negative Entscheidung, wird also der beantragte Verwaltungsakt abgelehnt oder der Widerspruch zurückgewiesen, und will der Kläger, weil die Ablehnungsgründe ihn überzeugen, das Verfahren nicht fortführen, so kann er den Rechtsstreit für in der Hauptsache erledigt erklären. Schließt sich der Beklagte der Erledigungserklärung an, so hat das Gericht nach § 161 Abs. 2 VwGO über die Kosten des Verfahrens zu entscheiden. Dabei sind die Kosten stets der Behörde aufzuerlegen, wenn der Kläger mit seiner Bescheidung vor Klageerhebung rechnen durfte, § 161 Abs. 3 VwGO. Ist dies nicht der Fall, hat der Kläger die Kosten zu tragen, weil er erfolglos geblieben ist und seine Erledigungserklärung einer Klagerücknahme gleichkommt (VGH München BayVBl. 1971, 25 (26)).

Will der Kläger sein Begehren weiter verfolgen, so gilt Folgendes.

Ist ein negativer Widerspruchsbescheid ergangen, so kann der Kläger diesen in das bereits anhängige Klageverfahren einbeziehen (dazu VGH Kassel DVBl. 2020, 1148). Dies kann etwa mit folgender Formulierung geschehen:

„In . . . . . ist inzwischen der in Ablichtung beigefügte Widerspruchsbescheid ergangen. Dieser wird hiermit zum Gegenstand der Klage gemacht. Es wird nunmehr beantragt, unter Aufhebung des Bescheides vom . . . . . in der Gestalt des Widerspruchsbescheides vom . . . . . den Beklagten zu verpflichten, ...“.

Die mit der Zustellung des – mit ordnungsgemäßer Rechtsbehelfsbelehrung versehenen – Widerspruchsbescheides in Gang gesetzte Klagefrist sollte vorsorglich gewahrt werden, indem die Einbeziehung des Widerspruchsbescheides in den Prozess innerhalb dieser Frist erfolgt.

Ist der begehrte Verwaltungsakt abgelehnt worden, so kann grds. die bereits erhobene Untätigkeitsklage unter Einbeziehung des Ablehnungsbescheides fortgeführt werden (VGH Mannheim NVwZ-RR 1997, 396). Ob es ausnahmsweise noch der Durchführung des Widerspruchsverfahrens – sofern dieses in dem betr. Land noch gegeben ist – bedarf, hängt vom Zeitpunkt der Klageerhebung sowie weiteren Umständen ab. Denkbar sind verschiedene, hier iE nicht zu behandelnde Konstellationen (s. dazu die Übersicht bei SS/*Porsch* VwGO § 75 Rn. 22 ff.). Vorsorglich sollte der Kläger in jedem Falle Widerspruch einlegen und das Gericht von dem Erlass des Ablehnungsbescheides und der Einlegung des Widerspruches unterrichten.

5. Bescheidungsklage (Beamtenrecht)

An das
Verwaltungsgericht[1, 2]

Klage[3]

des Kreisoberinspektors . . . . .
gegen
den Kreis . . . . ., vertreten durch den Landrat des Kreises[4]. . . . .
wegen: Beförderung
Streitwert: 10.000 EUR[5]

Namens des Klägers erheben wir Klage vor dem Verwaltungsgericht mit dem Antrag,

den Beklagten unter Aufhebung seines Bescheides vom . . . . . in der Gestalt des Widerspruchsbescheides vom . . . . . zu verpflichten, über die Bewerbung des Klägers um die ausgeschriebene Beförderungsstelle eines Beamten der Besoldungsgruppe A 11 unter Beachtung der Rechtsauffassung des Gerichts erneut zu entscheiden.[6]

Zur Begründung führen wir aus:

I. Der Kläger steht seit dem . . . . . in den Diensten des beklagten Kreises. Unter dem . . . . . bewarb er sich auf die im Klageantrag näher bezeichnete und von dem Beklagten ausgeschriebene Stelle. Der Beklagte teilte ihm darauf mit, dass eine Mitbewerberin ausgewählt worden sei. Diese sei zwar nicht besser qualifiziert als der Kläger und auch deutlich dienst- und lebensjünger als er. Ihr gebühre aber unter dem Gesichtspunkt der Frauenförderung der Vorzug.

Gegen die als Verwaltungsakt zu qualifizierende Mitteilung legte der Kläger Widerspruch ein.[7] Diesen wies der Beklagte aufgrund eines Beschlusses des Kreistages vom . . . . . mit Widerspruchsbescheid vom . . . . ., zugestellt am . . . . ., zurück.

Mit Beschl. v. . . . . . hat das Gericht dem Beklagten die Besetzung der ausgeschriebenen Stelle mit der Mitbewerberin im Wege der einstweiligen Anordnung[8] vorläufig untersagt.

II. Die Ablehnung der Bewerbung des Klägers ist rechtswidrig und verletzt ihn in seinen Rechten, § 113 Abs. 5 S. 1 VwGO. Der Beklagte ist deshalb verpflichtet, über den Antrag des Klägers auf Beförderung unter Beachtung der Rechtsauffassung des Gerichts erneut zu entscheiden, § 113 Abs. 5 S. 2 VwGO.

Nach § 19 Abs. 6 S. 2 Hs. 1 Landesbeamtengesetz (LBG) NRW sind, soweit im Bereich der für die Beförderung zuständigen Behörde im jeweiligen Beförderungsamt der Ämtergruppe eines Einstiegsamtes weniger Frauen als Männer sind, Frauen bei gleicher Eignung, Befähigung und fachlicher Leistung bevorzugt zu befördern, sofern nicht in der Person eines Mitbewerbers liegende Gründe überwiegen.

Die Annahme des Beklagten, die Mitbewerberin sei im Vergleich mit dem Kläger für den in Rede stehenden Beförderungsdienstposten im Wesentlichen gleich geeignet, beruht auf keiner tragfähigen Grundlage. Die bloße Identität der Gesamtnoten in den Anlassbeurteilungen des Klägers und der Mitbewerberin – jeweils fünf Punkte – rechtfertigt den Rückgriff auf das Hilfskriterium der Frauenförderung (noch) nicht . . . . . (vgl. dazu OVG Münster 28.2.2017 – 6 B 1424/10 – juris Rn. 37) . . . . .

Rechtsanwalt

Schrifttum: Battis, Bundesbeamtengesetz, 5. Aufl. 2017; *Schnellenbach/Bodanowitz*, Beamtenrecht in der Praxis, 10. Aufl. 2021; *Schnellenbach/Bodanowitz*, Die dienstliche Beurteilung der Beamten und der Richter, Stand: 2021; *Schütz/Maiwald*, Beamtenrecht des Bundes und der Länder, Stand: Mai 2021; Gesamtkommentar öffentliches Dienstrecht (GKÖD), Loseblatt, Stand: April 2018; *Plog/Wiedow*, Bundesbeamtengesetz, Stand: Dezember 2020; *Reich*, Beamtenstatusgesetz, 3. Aufl. 2018.

Anmerkungen

1. Die Bescheidungsklage ist keine eigene Klageart, sondern eine Unterform der Verpflichtungsklage. Sie ist, anders als die Verpflichtungsklage, nicht auf den Erlass eines Verwaltungsaktes mit bestimmtem Inhalt gerichtet, sondern auf Bescheidung eines Antrages auf Erlass eines Verwaltungsaktes. Der Verwaltungsakt selbst kann nicht begehrt werden, weil noch keine Spruchreife besteht, § 113 Abs. 5 S. 2 VwGO.

2. Die örtliche Zuständigkeit des VG in Beamtensachen ergibt sich aus § 52 Nr. 4 VwGO.

3. Zur Gestaltung der Klage → Form. V.B.1.

4. In NRW, wo der Fall spielen soll, ist die Klage nach § 78 Abs. 1 Nr. 1 VwGO gegen die Körperschaft, deren Behörde den angefochtenen Verwaltungsakt erlassen oder den beantragten Verwaltungsakt unterlassen hat, zu richten, da das Landesrecht etwas anderes, § 78 Abs. 1 Nr. 2 VwGO, nach Inkrafttreten des JustizG NRW am 1.1.2011 nicht (mehr) bestimmt (→ Form. V.B.1 Anm. 2).

5. Nach § 52 Abs. 6 S. 4 mit S. 2 Nr. 2 GKG ist bei Verfahren, die die Verleihung eines anderen Amtes betreffen, Streitwert ein Viertel (die Hälfte von der Hälfte) der für ein Kalenderjahr zu zahlenden Bezüge mit Ausnahme nicht ruhegehaltsfähiger Zulagen. Dieser Betrag wurde hier mit 10.000 EUR überschlägig ermittelt.

6. In Zweifelsfällen – ein solcher liegt hier aber nicht vor – sollte statt eines Bescheidungs- ein Verpflichtungsantrag gestellt werden.

Mit einem solchen Antrag wird kein Risiko eingegangen, weil der – formal wohl richtigere – Bescheidungsantrag als Minus in dem Verpflichtungsantrag enthalten ist. Auch kostenmäßig wirkt sich eine solche Antragstellung nicht ungünstig für den Kläger aus. Denn der Erlass eines Bescheidungsurteils anstelle des beantragten Verpflichtungsurteils bedeutet kein teilweises Unterliegen iSd § 155 Abs. 1 VwGO (*Redeker/von Oertzen* VwGO § 113 Rn. 62, str.; diff. Kopp/Schenke/*W.R. Schenke* VwGO § 155 Rn. 2).

Umgekehrt hat der Verpflichtungsantrag für den Kläger den Vorteil, dass, wenn das Gericht wider Erwarten Spruchreife annehmen und einen Anspruch auf Erlass des begehrten Verwaltungsaktes feststellen sollte, ein Verpflichtungsurteil ergehen kann. Ein solches Urteil ist aber nicht möglich, wenn der Kläger nur einen Bescheidungsantrag stellt und diesen auch auf einen entsprechenden Hinweis des Gerichts, § 86 Abs. 3 VwGO, nicht ändert.

7. Nach § 54 Abs. 2 BeamtStG ist, sofern nicht ein Landesgesetz das Vorverfahren ausdrücklich ausschließt, vor allen Klagen in Beamtensachen ein Vorverfahren durchzuführen. Die gleiche Regelung enthält § 126 Abs. 2 BBG. § 110 Abs. 2 S. 1 Nr. 1 JustizG NRW schließt hier das Vorverfahren nicht aus, da es bundesrechtlich vorgeschrieben ist.

8. Zum vorläufigen Rechtsschutz im sog. Konkurrentenstreit s. BVerfG NVwZ 2007, 691; OVG Münster NWVBl. 2004, 466; NWVBl. 2006, 262; ZBR 2005, 318.

6. Anfechtungsklage mit hilfsweise gestelltem Verpflichtungsantrag (Planfeststellungsrecht – Straßenplanung)

An das
Bundesverwaltungsgericht[1]
Simsonplatz 1
04107 Leipzig

Klage

des . . . . .
(Klägers)
Prozessbevollmächtigte: Rechtsanwälte . . . . .[2]

gegen

das Land . . . . ., vertreten durch die Regierung . . . . .
(Beklagter)
wegen: Planfeststellung für eine Bundesstraße
Streitwert: 75.000 EUR[3]

Namens und Kraft anliegender Vollmacht des Klägers erheben wir Klage vor dem Bundesverwaltungsgericht mit dem Antrag,

1. den Planfeststellungsbeschluss des Beklagten vom . . . . . aufzuheben,
2. hilfsweise den Beklagten zu verpflichten, den Planfeststellungsbeschluss vom . . . . . dahin zu ergänzen, dass der Träger der Straßenbaulast Maßnahmen des aktiven Lärmschutzes durchzuführen hat, die die Lärmbelastung des Wohngebäudes des Klägers auf dem Grundstück . . . . . auf höchstens 59 dB (A) tags und auf höchstens 49 dB (A) nachts mindern.[4]

Zur Begründung führen wir aus:[5]

I. Der Kläger ist Eigentümer von am Ortsrand der Stadt . . . . . gelegenen Grundstücken, auf denen sich auch die frühere Hofstelle seines ehemaligen landwirtschaftlichen Betriebes mit einem zu dieser Hofstelle gehörenden Wohngebäude befindet. Aufgrund Nutzungsänderungsgenehmigung vom . . . . . ist nach Aufgabe des landwirtschaftlichen Betriebes die Nutzung des Gebäudes als normales Wohngebäude gestattet worden.
Mit dem angefochtenen Beschluss stellte die Regierung von . . . . . den Plan für den Bau der Bundesstraße als Ortsumgehung für die Stadt . . . . . fest.
Durch den Bau der Ortsumgehung werden Teile der Grundstücke des Klägers in Anspruch genommen. Der Kläger hat im Anhörungsverfahren geltend gemacht, dass für den Bau der Ortsumgehung ein Bedürfnis nicht bestehe, jedenfalls aber Maßnahmen zum Schutz seines Wohngebäudes getroffen werden müssten. Die Regierung ist diesen Einwendungen nicht gefolgt.
Der Planfeststellungsbeschluss ist dem Kläger am . . . . . zugestellt worden.

II. Die Klage ist mit dem Hauptantrag begründet. Wie der Kläger bereits im Anhörungsverfahren vorgetragen hat, besteht für den Bau der Umgehungsstraße kein Verkehrsbedürfnis mehr, nachdem der Durchgangsverkehr seit Inbetriebnahme der Autobahn . . . . . stark abgenommen hat . . . . .
Auf das Fehlen der sog Planrechtfertigung kann sich der Kläger berufen. Mit dem Planfeststellungsbeschluss wird – vorbehaltlich der Höhe der Entschädigung – abschließend über die Zulässigkeit der Enteignung der Grundstücke des Klägers entschieden, § 19 Abs. 2 FStrG (sog enteignungsrechtliche Vorwirkung). Der Planfest-

stellungsbeschluss ist deshalb an Art. 14 Abs. 3 GG zu messen (BVerfG NVwZ-RR 2008, 780) und nur rechtmäßig, wenn er auf einer gesetzlichen Grundlage erfolgt und das Allgemeinwohl ihn erfordert (BVerfG NVwZ 1987, 969; BVerwG BVerwGE 67, 74 = NJW 1983, 2459; BVerwGE 74, 109 = NJW 1986, 2449; NVwZ 1987, 340). Der Kläger kann deshalb alle Mängel der Planfeststellung geltend machen und damit auch das Fehlen der Planrechtfertigung.[6]

III. Sollte der Planfeststellungsbeschluss Bestand behalten, so ist er jedenfalls nach § 41 BImSchG iVm § 2 der VerkehrslärmschutzVO – 16. BImSchV dahin zu ergänzen, dass durch Maßnahmen des aktiven Lärmschutzes, zB eine Lärmschutzwand oder einen Lärmschutzwall die Lärmbelastung des Wohngebäudes des Klägers auf 59 dB (A) tags und 49 dB (A) nachts vermindert wird. Diese Immissionsgrenzwerte sind nach § 2 Abs. 1 Nr. 2 der 16. BImSchV einzuhalten, da das Wohngebäude des Klägers entgegen der Auffassung des Beklagten nicht im Außenbereich liegt, sondern Teil eines im Zusammenhang bebauten und als allgemeines Wohngebiet zu charakterisierenden Ortsteiles ist. Aus diesem Grunde sind nicht in entsprechender Anwendung des § 2 Abs. 1 Nr. 3 der 16. BImSchV die Immissionsgrenzwerte für ein Mischgebiet einzuhalten (so für Grundstücke im Außenbereich BVerwG DVBl. 1998, 330), sondern die Grenzwerte für allgemeine Wohngebiete, § 2 Abs. 1 Nr. 2 der 16. BImSchV.[7]

Rechtsanwalt

Schrifttum: Kühling/Herrmann, Fachplanungsrecht, 2. Aufl. 2000; *Steinberg/Wickel/Müller*, Fachplanung, 4. Aufl. 2012; *Hoppe/Schlarmann/Buchner/Deutsch*, Rechtsschutz bei der Planung von Verkehrsanlagen und anderen Infrastrukturvorhaben, 4. Aufl. 2011; *Stuer*, Handbuch des Bau- und Fachplanungsrechts, 5. Aufl. 2015; *Sauthoff* in Johlen (Hrsg.), Münchener Prozessformularbuch, Bd. 7, Verwaltungsrecht, 5. Aufl. 2018, Teil J III.; *Johlen* in *Hoppenberg/de Witt* (Hrsg.), Handbuch des öffentlichen Baurechts, Teil L, Stand: Oktober 2015; *Ziekow*, Handbuch des Fachplanungsrechts, 2. Aufl. 2014.

Anmerkungen

1. Die Zuständigkeit des BVerwG ergibt sich hier aus § 50 Abs. 1 Nr. 6 VwGO iVm Anlage 1 zu § 17e FStrG.

2. Zur Vertretung vor dem BVerwG → Form. V.C.6 Anm. 2.

3. Hat, wie hier, der Planfeststellungsbeschluss enteignungsrechtliche Vorwirkungen und liegen keine Besonderheiten vor, so ist regelmäßig ein Gegenstandswert von 30 vH bis 50 vH des Verkehrswertes der zu enteignenden Fläche anzusetzen (BVerfG NVwZ 1999, 1104; BVerwG NVwZ-RR 1993, 331; NVwZ-RR 2000, 138). Da der Hilfsantrag denselben Gegenstand betrifft, erhöht er den Gegenstandswert nicht. Maßgebend ist hier der höhere Wert des Hauptantrages, § 45 Abs. 1 S. 2 u. S. 3 GKG.

4. Gegen den Planfeststellungsbeschluss kann und muss unmittelbar Klage erhoben werden. Ein Vorverfahren findet nicht statt, § 70 VwVfG. Dies gilt entgegen der etwas missverständlichen Formulierung der Bestimmung („Anfechtung der Entscheidung“, „erlassenen Verwaltungsakt“) auch für eine Verpflichtungsklage auf Ergänzung des Verwaltungsaktes, wie sie hier mit dem Hilfsantrag erhoben wird (*Kopp/Ramsauer* VwVfG § 70 Rn. 3).

5. Erfolgt die Klagebegründung nicht schon in der Klageschrift, so ist sie innerhalb von 10 Wochen nach der Klageerhebung nachzureichen, § 17e Abs. 5 FStrG.

6. Nach der Rspr. (BVerwG BVerwGE 127, 95 = NVwZ 2007, 445; OVG Lüneburg NVwZ-RR 2008, 686) ist die Planrechtfertigung auch bei nur mittelbaren Beeinträchtigungen, zB Lärmimmissionen, zu prüfen. Die Rüge beschränkt sich dann aber auf die fachplanerische Zielkonformität.

7. Für den vorläufigen Rechtsschutz gegen Fernstraßenplanungen gelten folgende Besonderheiten (gleiches gilt nach § 18e AEG, § 29 PBefG, § 14e WaStrG, § 10 LuftVG für Klagen gegen andere Verkehrsvorhaben und nach § 43e EnWG gegen die in § 43 EnWG aufgeführten der Energieversorgung dienenden Leitungen).

Eine Klage gegen einen Planfeststellungsbeschluss oder eine Plangenehmigung für den Bau oder die Änderung von Bundesfernstraßen, für die nach dem FernstraßenausbauG vordringlicher Bedarf festgestellt ist, hat nach § 17e Abs. 2 S. 1 FStrG keine aufschiebende Wirkung. In diesem Fall kann der Antrag auf AO der aufschiebenden Wirkung der Klage nach § 17e Abs. 2 S. 2 FStrG nur innerhalb eines Monats nach Zustellung des Planfeststellungsbeschlusses oder der Plangenehmigung gestellt und begründet werden.

Liegt ein solcher Fall nicht vor, so hat die Klage gegen den Planfeststellungsbeschluss oder die Plangenehmigung aufschiebende Wirkung, § 80 Abs. 1 S. 2 mit S. 1 VwGO. Ordnet in diesem Falle die Behörde die sofortige Vollziehung nach § 80 Abs. 2 Nr. 4 VwGO an, so ist der Antrag auf Wiederherstellung der aufschiebenden Wirkung der Klage ebenfalls fristgebunden, wenn für den Bau oder die Änderung der Bundesfernstraße ein unvorhergesehener Verkehrsbedarf iSd § 6 FernstraßenausbauG besteht oder die Straße der Aufnahme in den Bedarfsplan nicht bedarf. In diesem Falle kann der Antrag auf AO der aufschiebenden Wirkung der Klage nach § 17e Abs. 3 S. 1 FStrG nur innerhalb eines Monats nach Zustellung der Entscheidung über die AO der sofortigen Vollziehung gestellt und begründet werden.

7. Feststellungsklage (Wegerecht)

An das
Verwaltungsgericht

Klage[1]

der Eheleute .....
gegen
die Gemeinde ....., vertreten durch den Bürgermeister[2]**.....**
wegen: Feststellung der Nichtöffentlichkeit eines Weges
Streitwert: 7.500 EUR[3]
Namens der Kläger erhebe ich Klage mit dem Antrag,
festzustellen, dass der über das Grundstück der Kläger A-Straße Nr. ..... in ..... (Gemarkung ..... Flur ..... Flurstück .....) verlaufende Fußweg kein öffentlicher Weg ist.
Zur Begründung führe ich aus:

I. Die Kläger erwarben im Jahre 2013 das im Klageantrag bezeichnete, bis dahin unbebaute Grundstück, auf dem sie in den Jahren 2015/2016 ein Einfamilienwohnhaus errichteten.
Bereits zum Zeitpunkt des Kaufes des Grundstücks verlief auf dem westlichen Grundstücksteil entlang der seitlichen Grundstücksgrenze ein etwa 2 m breiter unbefestigter Weg, der allgemein als fußläufige Verbindung zu der an der B-Straße befindlichen Omnibushaltestelle benutzt wird. Bei den Kaufverhandlungen erklärte der Grundstücksverkäufer, der Weg sei nicht öffentlich, die Benutzung des Grund-

stücks durch Dritte könne von den Klägern jederzeit unterbunden werden, vor allem im Falle einer Bebauung des Grundstücks.

Als die Kläger sich nach dem Bau ihres Einfamilienwohnhauses daranmachten, ihr Grundstück insgesamt einzufriedigen und gärtnerisch anzulegen, wurde ihnen von der Beklagten mitgeteilt, es handele sich nach Ansicht der Gemeinde um einen öffentlichen Weg, der von den Klägern deshalb nicht gesperrt werden dürfe. Der Weg werde seit dem Bau der B-Straße und der Anlegung einer Bushaltestelle im Jahre 1964 von der Allgemeinheit benutzt und sei als solcher in einem seit dem Jahre 1986 rechtsverbindlichen Bebauungsplan ausgewiesen.

II. Die erhobene Feststellungsklage ist zulässig. Bei der Öffentlichkeit oder Nichtöffentlichkeit eines Weges handelt es sich um ein Rechtsverhältnis iSv § 43 Abs. 1 VwGO[4] (OVG Hamburg NordÖR 2007, 85; OVG Münster NWVBl. 2015, 67; OVG Magdeburg NVwZ-RR 2016, 443). Die Kläger haben ein berechtigtes Interesse an der begehrten Feststellung,[5] da die Beklagte sich der Öffentlichkeit des Weges berühmt. Die Kläger können auch nicht auf die Möglichkeit verwiesen werden, eine künftige, bei Sperrung des Weges möglicherweise ergehende Ordnungsverfügung anzufechten, § 43 Abs. 2 VwGO.[6] Denn da die Einfriedigung des Grundstücks und die gärtnerische Gestaltung des bisher als Weg benutzten Grundstücksteils mit erheblichen Aufwendungen verbunden sind, die im Falle einer späteren Wiedereröffnung des Weges vergeblich wären, haben die Kläger ein berechtigtes Interesse daran, nicht erst den Erlass einer Ordnungsverfügung abzuwarten, sondern die Nichtöffentlichkeit des Weges bereits jetzt feststellen zu lassen (vgl. dazu BVerwG NJW 1967, 996).[7]

III. Die Feststellungsklage ist auch begründet, da der Weg nicht öffentlich ist.

Seit Inkrafttreten des Landesstraßengesetzes NRW am 1.1.1962 kann ein öffentlicher Weg nur durch das in § 6 Straßen- und Wegegesetz NRW vorgeschriebene förmliche Widmungsverfahren entstehen, das hier nicht stattgefunden hat. Eine tatsächliche Benutzung durch die Öffentlichkeit über einen längeren Zeitraum reicht für die Entstehung eines öffentlichen Weges nicht aus. Der Fall der Entstehung eines öffentlichen Weges nach dem Rechtsinstitut der unvordenklichen Verjährung (s. dazu OLG Hamm NVwZ-RR 1993, 227; VGH München BayVBl. 1998, 563; *Stuchlik* NWVBl. 2004, 409 (415)) ist nicht gegeben.

Eine förmliche Widmung ist auch nicht deshalb entbehrlich, weil die Wegefläche in dem Bebauungsplan als öffentliche Verkehrsfläche ausgewiesen ist. Denn der Bebauungsplan ersetzt die Widmung nicht (BVerwG BRS 28 (1974) Nr. 6; OVG Lüneburg DVBl. 1971, 792) . . . . .

Rechtsanwalt

Schrifttum: Germershausen/Seydel/Marschall, Wegerecht und Wegeverwaltung in der Bundesrepublik Deutschland und deren Ländern, 5. Aufl. 1961; *Kodal*, Straßenrecht, 8. Aufl. 2021; *Sauthoff*, Öffentliche Straßen, 3. Aufl. 2020; *Müller/Schulz*, Bundesfernstraßengesetz, 2. Aufl. 2013; *Sauthoff* in *Johlen* (Hrsg.), Münchener Prozessformularbuch, Bd. 7, Verwaltungsrecht, 5. Aufl. 2018, Teil J. IV.; *Zeitler*, Bayerisches Straßen- und Wegegesetz, 30. Aufl. 2020, *Hengst/Majcherek*, Straßen- und Wegegesetz des Landes Nordrhein-Westfalen, Stand: 2021; *Marschall*, Bundesfernstraßengesetz, 6. Aufl. 2012.

Anmerkungen

1. Zum Inhalt der Klage → Form. V.B.1.

2. Die Klage ist gegen den sachlichen Streitgegner zu richten, hier also gegen die Körperschaft (*Redeker/von Oertzen* VwGO § 43 Rn. 28). § 78 Abs. 1 Nr. 2 VwGO gilt nur für Anfechtungs- und Verpflichtungsklagen und findet deshalb keine Anwendung. Die Gemeinde wird im konkreten Falle, der in NRW spielt, vom Bürgermeister vertreten, § 63 Abs. 1 S. 1 GO NRW.

3. Nach Nr. 43.3 des Streitwertkatalogs (NVwZ 2013, Beil. 2) beträgt in Verfahren um die Widmung oder Einziehung eines öffentlichen Weges der Streitwert mindestens 7.500,– EUR. Das gilt nach Auffassung des OVG Münster (BeckRS 2005, 25358) auch in Fällen, in denen es um die Öffentlichkeit des Weges „kraft unvordenklicher Verjährung" geht.

4. Andere Rechtsverhältnisse, deren Bestehen oder Nichtbestehen festgestellt werden kann, sind:

- die Klärung der handwerksrechtlichen Zulässigkeit einer Tätigkeit (VGH Mannheim NVwZ-RR 2005, 173),
- die Genehmigungsbedürftigkeit bestimmter Tätigkeiten (BVerwG NJW 1988, 1534),
- die Befugnis, ein bestimmtes Gewerbe ohne besondere behördliche Gestattung zu betreiben (BVerwG BVerwGE 39, 247 = NJW 1972, 784; VGH München BayVBl. 1987, 499),
- die Befugnis, einen Betrieb zu führen,
- das Bestehen und der Umfang öffentlich-rechtlicher Pflichten, zB der Umfang der Verpflichtung eines Importeurs, eingeführte Lebensmittel untersuchen zu lassen (BVerwG BVerwGE 77, 207 = NVwZ 1988, 430),
- Statusrechte wie die Staatsangehörigkeit (BVerwG NVwZ 1993, 782) oder die Mitgliedschaft zu einer Körperschaft, Anstalt oder Stiftung des öffentlichen Rechtes,
- die Unwirksamkeit der Kündigung eines öffentlich-rechtlichen Vertrages (VGH Mannheim NVwZ 1993, 903; VGH München BayVBl. 1995, 695),
- Pflichten aus dem Schulverhältnis,
- die Vereinbarkeit einer Bürgschaft mit Gemeinschaftsrecht.

Nicht Gegenstand einer Feststellungsklage können sein:

- die Frage der Gültigkeit von Rechtsnormen (BVerwG BVerwGE 3, 265 = DVBl. 1956, 517; NVwZ 1993, 511). Dieser Fall ist nicht gegeben, wenn die Feststellungsklage zwar ausschließlich mit der Ungültigkeit einer Rechtsnorm begründet wird, unmittelbar aber auf die Feststellung des Bestehens oder Nichtbestehens eines aus dieser Rechtsnorm abgeleiteten Rechtsverhältnisses gerichtet ist (BVerwG BVerwGE 26, 251 (253) = DVBl. 1967, 541; OVG Münster NVwZ-RR 1995, 138; SS/*Pietzcker* VwGO § 43 Rn. 25),
- abstrakte Rechtsfragen (VGH München NVwZ 1988, 83 (84)),
- bloße Elemente von Rechtsverhältnissen, die nicht unmittelbar Rechte oder Pflichten begründen, sondern nur die Voraussetzungen solcher Rechte und Pflichten sind (BGH BGHZ 22, 43), wie die Rechtswidrigkeit (BVerwG BVerwGE 62, 342 (351) = NJW 1981, 2592) oder die Schuldhaftigkeit (vgl. BGH NJW 1984, 1556) einer Handlung,
- die Echtheit einer Urkunde (anders als nach § 256 ZPO),
- die Bebaubarkeit eines Grundstücks (BVerwG BRS 32 (1977) Nr. 149).

5. Das Vorliegen eines „berechtigten Interesses an der baldigen Feststellung" ist eine Prozessvoraussetzung, die im Zeitpunkt der Entscheidung des Gerichts gegeben sein muss (Kopp/Schenke/*W.- R. Schenke* VwGO § 43 Rn. 23). Anders als nach § 256 ZPO ist nicht ein rechtliches, sondern nur ein berechtigtes Interesse zu fordern (BVerwG DÖV 1982, 411; NVwZ 1991, 471). Der Begriff des berechtigten Interesses ist weiter und umfasst neben rechtlichen auch andere anzuerkennende schutzwürdige Interessen zB wirtschaftlicher, ideeller oder auch nur rein persönlicher Art (BVerwG BVerwGE 36, 218 (226) = ZBR 1971, 53; BVerwGE 41, 253 (259) = DVBl. 1973, 573 (575); BVerwGE 74, 1 (4) = RdL 1988, 224). Ein berechtigtes Interesse kann auch bei einer Wiederholungsgefahr

gegeben sein (VGH Mannheim DÖV 1990, 572; NVwZ-RR 1992, 204; DVBl. 1995, 367). Die Absicht, eine Amtshaftungsklage zu erheben, begründet kein berechtigtes Interesse, wenn sich die Amtshandlung schon vor der Erhebung der verwaltungsgerichtlichen Klage erledigt hat (BVerwG Buchholz 310 § 113 VwGO Nr. 202; VGH Mannheim DVBl. 1995, 367 (380)).

6. Die Feststellungsklage ist nicht zulässig, soweit der Kläger seine Rechte mit einer Gestaltungs- (insb. Anfechtungs-), Verpflichtungs- oder einer allgemeinen Leistungsklage verfolgen kann oder hätte verfolgen können, § 43 Abs. 2 S. 1 VwGO. Diese Subsidiarität der Feststellungsklage gilt aber nicht, wenn die Feststellung der Nichtigkeit eines Verwaltungsaktes begehrt wird, § 43 Abs. 2 S. 2 VwGO.

7. Eines Vorverfahrens bedarf es vor Erhebung der Feststellungsklage grds. nicht, da § 68 VwGO ein solches nur für Anfechtungs- und Verpflichtungsklagen vorschreibt.

8. Allgemeine Leistungsklage (Erschließungsvertrag)

An das
Verwaltungsgericht

Klage[1, 2]

der Gemeinde . . . . ., vertreten durch den Bürgermeister[3]**. . . . .**
gegen
die . . . . . Wohnungsbaugesellschaft mbH, vertreten durch ihren Geschäftsführer . . . . .
wegen: Schadensersatz wegen Nichterfüllung eines Erschließungsvertrages
Streitwert: 35.698 EUR

Namens der Klägerin erhebe ich Klage mit dem Antrag,

I. die Beklagte zu verurteilen, an die Klägerin 35.698 EUR nebst Zinsen iHv 9 Prozentpunkten über dem Basiszinssatz seit Klagezustellung zu zahlen,
II. der Beklagten die Kosten des Verfahrens aufzuerlegen,
III. das Urteil für vorläufig vollstreckbar zu erklären,[4]
IV. der Klägerin zu gestatten, zulässige oder erforderliche Sicherheiten auch durch Bürgschaft der Kreissparkasse . . . . . zu erbringen.

Zur Begründung führe ich aus:

I. Die Parteien schlossen am . . . . . einen Erschließungsvertrag nach § 124 BauGB. Darin verpflichtete sich die Beklagte, auf eigene Kosten die zur Erschließung des durch den Bebauungsplan Nr. . . . . der Gemeinde festgesetzten Baugebietes erforderlichen Anlagen herzustellen. Die Einzelheiten ergeben sich aus dem bei den Verwaltungsvorgängen befindlichen Vertrag.
Die Beklagte führte die Erschließungsarbeiten bis auf die Aufbringung der Verschleißdecke auf der Fahrbahn der A-Straße und die Anlegung des Bürgersteiges auf der Nordseite dieser Straße durch. Anschließend stellte sie ihre Erschließungstätigkeit ein. Die Klägerin forderte die Beklagte mehrfach vergeblich zur Fertigstellung der Erschließungsanlagen auf. Zuletzt setzte sie mit Schreiben vom . . . . . eine letzte Frist bis zum . . . . . mit der Androhung, dass sie nach ergebnislosem Ablauf der Frist die restliche Erfüllung des Erschließungsvertrages durch die Beklagte ablehnen und die Restarbeiten auf Kosten der Beklagten durchführen lassen werde. Dies ist dann auch geschehen, nachdem die Beklagte die ihr gesetzte Frist verstreichen ließ. Nach den bei

den Verwaltungsvorgängen befindlichen Rechnungen der Tiefbaufirma .... hat die Fertigstellung der A-Straße 35.698 EUR gekostet.

II. Der Verwaltungsrechtsweg ist nach § 40 Abs. 1 S. 1 VwGO gegeben, da der Erschließungsvertrag ein öffentlich-rechtlicher Vertrag iSv § 54 VwVfG (BGH NVwZ 2003, 1015; NJW-RR 2006, 645; BVerwG NJW 2008, 601; BayObLG NVwZ-RR 2005, 135; OVG Schleswig NJW 2008, 601) und deshalb die Klage auf Erfüllung von Ansprüchen aus diesem Vertrag eine öffentlich-rechtliche Streitigkeit ist. Der ordentliche Rechtsweg ist im vorliegenden Falle nach § 40 Abs. 2 VwGO nicht gegeben, da diese Vorschrift Schadensersatzansprüche aus der Verletzung eines öffentlich-rechtlichen Vertrages von der Verweisung an die ordentlichen Gerichte ausdrücklich ausnimmt.

Das Rechtsschutzinteresse für die erhobene Leistungsklage ist gegeben, da eine Durchsetzung der von der Beklagten übernommenen Pflichten durch Verwaltungsakt nicht möglich ist (BVerwG BVerwGE 50, 171 = NJW 1976, 1516; OVG Münster NJW 1995, 3003). Eine Unterwerfung unter die sofortige Vollstreckung nach § 61 VwVfG ist nicht erfolgt.

III. Der Klageanspruch ist nach den § 62 S. 2 VwVfG, § 281 BGB begründet, da die Beklagte trotz Mahnung, Fristsetzung und Androhung der Erfüllungsablehnung die ihr nach dem Erschließungsvertrag obliegenden Pflichten nicht vollständig erfüllt hat .....

IV. Der geltend gemachte Zinsanspruch ergibt sich aus einer sinngemäßen Anwendung der §§ 291, 288 Abs. 2 BGB (BVerwG BVerwGE 114, 61 = NVwZ 2001, 1057; NJW 2014, 1979).

V. Die Verwaltungsvorgänge sind beigefügt.[5]

Rechtsanwalt

Anmerkungen

1. Die allgemeine Leistungsklage ist in der VwGO nicht ausdrücklich geregelt, sie wird jedoch in den §§ 43 Abs. 2, 111 u. 113 Abs. 4 VwGO erwähnt. Für sie ist, außer in Beamtensachen, § 54 Abs. 2 S. 1 BeamtStG, ein Vorverfahren nach den §§ 68 ff. VwGO nicht erforderlich.

2. Zum Inhalt der Klage → Form. V.B.1.

3. Für die richtige Bezeichnung einer juristischen Person muss das Vertretungsorgan angegeben werden (OLG Frankfurt NVwZ-RR 2018, 95).

4. Die Zulässigkeit der vorläufigen Vollstreckbarkeit ergibt sich aus § 167 Abs. 1 VwGO, §§ 709, 708 Nr. 11 ZPO. Fraglich ist aber, ob nicht § 167 Abs. 2 VwGO der Erklärung vorläufiger Vollstreckbarkeit entgegensteht. Nach einer Auffassung (OVG Lüneburg NVwZ 1990, 275; VGH Mannheim DVBl. 1999, 922; NVwZ-RR 2012, 165) können Urteile auf allgemeine Leistungsklagen, die auf Vornahme oder Unterlassung schlicht hoheitlichen Handelns erkennen, in entsprechender Anwendung des § 167 Abs. 2 VwGO nur wegen der Kosten für vorläufig vollstreckbar erklärt werden. Nach der Gegenmeinung (VGH Kassel NVwZ 1990, 272; VG Berlin NVwZ 2002, 1018) steht bei diesen Urteilen § 167 Abs. 2 VwGO der Erklärung der vorläufigen Vollstreckbarkeit nicht entgegen. Vorläufig vollstreckbar sind aber Urteile, mit denen die Behörde oder – wie hier – ein Privater zu einer Geldleistung verpflichtet wird (VG Braunschweig BeckRS 2007, 27590); denn hier besteht nicht die Gefahr, dass durch eine nur vorläufig zugelassene Vollstreckung in hoheitliches Handeln eingegriffen wird.

5. § 99 VwGO.

9. Antrag auf gerichtliche Entscheidung (Personalvertretungsrecht)

An das
Verwaltungsgericht
Fachkammer für Bundespersonalvertretungssachen

Antrag auf gerichtliche Entscheidung

In Sachen

des Personalrates des Bundesamtes für . . . . ., vertreten durch seinen Vorsitzenden . . . . .[1]

(Antragstellers)

Verfahrensbevollmächtigter: Rechtsanwalt . . . . .

gegen

den Präsidenten des Bundesamtes für . . . . .[2]

(Beteiligter)

wegen: Feststellung des Mitbestimmungsrechts

beantrage ich namens des Antragstellers:

Es wird festgestellt, dass die vorübergehende Aufstockung der Arbeitszeit des Verwaltungsangestellten . . . . . der Mitbestimmung des Antragstellers unterlag und der Beteiligte verpflichtet ist, in künftigen Fallen, in denen die vertraglich vereinbarte Arbeitszeit für die Dauer von mehr als zwei Monaten erheblich verändert werden soll, vor Durchführung der beabsichtigten Maßnahme ein Mitbestimmungsverfahren einzuleiten.[3]

Zur Begründung führe ich aus.

Bei dem Bundesamt für . . . . . ist der Angestellte . . . . . im Rahmen eines Teilzeitbeschäftigungsverhältnisses mit einer Wochenarbeitszeit von 20 Stunden tätig. Der Beteiligte hat nunmehr diese Arbeitszeit für die Dauer von drei Monaten um 12 Stunden aufgestockt. Die Zustimmung des Antragstellers wurde dazu nicht eingeholt. Der Beteiligte ist der Auffassung, die nur vorübergehende und nicht wesentliche Änderung des Teilzeitbeschäftigungsverhältnisses stelle keine „Einstellung" iSd § 75 Abs. 1 S. 1 Nr. 1 BPersVG dar.

Der Auffassung des Beteiligten kann nicht gefolgt werden. Nach der Rspr. des BVerwG wird eine „Einstellung" nicht nur durch den erstmaligen Abschluss eines Arbeitsvertrages und die erstmalige Aufnahme der vorgesehenen Tätigkeit bewirkt. Als „Einstellung" im personalvertretungsrechtlichen Sinne kann vielmehr auch die Verlängerung oder Entfristung eines befristeten Beschäftigungsverhältnisses (BVerwG BVerwGE 57, 280) oder die Umwandlung eines Teilzeitbeschäftigungsverhältnisses in ein Vollzeitbeschäftigungsverhältnis (BVerwG BVerwGE 92, 295 = NVwZ 1994, 1220; PersR 1994, 419) angesehen werden.

Der Antragsteller hat in seiner Sitzung vom . . . . . beschlossen, zur Klärung der zwischen ihm und dem Beteiligten streitigen Rechtsfrage eine gerichtliche Entscheidung nach § 83 Abs. 1 Nr. 3 BPersVG herbeizuführen.[4]

Es wird beantragt, den Wert des Gegenstandes der anwaltlichen Tätigkeit in Anlehnung an § 52 Abs. 2 GKG auf 5.000 EUR festzusetzen.[5]

Rechtsanwalt[6]

Schrifttum: Richardi/Dörner/Weber, Personalvertretungsrecht, 5. Aufl. 2020; *Lorenzen/Gerhold/Schlatmann/Rehak/Faber*, Bundespersonalvertretungsgesetz, Stand: November 2020; *Altvater/Baden/Berg/Kröll/Noll/Seulen*, Bundespersonalvertretungsgesetz, 10.

Aufl. 2019; *Ilbertz/Widmaier/Sommer*, Bundespersonalvertretungsgesetz, 14. Aufl. 2018; *Cecior/Vallendar/Lechtermann/Klein*, Das Personalvertretungsrecht in Nordrhein-Westfalen, Stand: August 2020; *Rooschüz/Bader* (Hrsg.), Landespersonalvertretungsgesetz für Baden-Württemberg, 15. Aufl. 2017; *Laber/Pagenkopf*, Landespersonalvertretungsgesetz Nordrhein-Westfalen, 2017; *Aufhauser/Warga/Schmitz-Moritz*, Bayerisches Personalvertretungsgesetz, 9. Aufl. 2019; *Havers/Giesen*, Landespersonalvertretungsgesetz Nordrhein-Westfalen, 10. Aufl. 2017.

Anmerkungen

1. Zum Vertretungsrecht des Vorsitzenden → Anm. 4.

2. Beteiligter (Antragsgegner) ist der Leiter der Dienststelle, nicht der Dienstherr (BVerwG BVerwGE 56, 330).

3. Für eine Kostenentscheidung und damit einen Kostenantrag ist im personalvertretungsrechtlichen Beschlussverfahren kein Raum (BVerwG NJW 1958, 1649; VGH Mannheim ZBR 1980, 259 Nr. 8 Ls.).

4. Das Führen eines Rechtsstreits gegen den Leiter der Dienststelle ist kein vom Vorstand allein zu besorgendes laufendes Geschäft iSv § 32 Abs. 1 S. 4 BPersVG. Aus diesem Grunde muss dem Antrag auf gerichtliche Entscheidung ein Beschluss des gesamten Personalrates zugrunde liegen. Im Rahmen dieses Beschlusses vertritt der Vorsitzende den Personalrat allein, § 32 Abs. 3 S. 1 BPersVG.

5. Als Gegenstandswert in personalvertretungsrechtlichen Streitigkeiten wird regelmäßig der Auffangwert von 5.000 EUR nach § 52 Abs. 2 GKG festgesetzt (BVerwG BVerwGE 105, 241 = DVBl 1998, 634; OVG Hamburg PersR 2001, 253; OVG Greifswald NVwZ-RR 2004, 159; VGH München NVwZ-RR 2017, 799).

Kosten und Gebühren

6. Das Verfahren ist gerichtskostenfrei, § 83 Abs. 2 BPersVG, §§ 80 Abs. 1, 2a Abs. 1 ArbGG § 2 Abs. 2 GKG.

Der Anwalt erhält im Verfahren erster Instanz die normalen Gebühren.

Die dem Personalrat durch die Prozessführung entstandenen Kosten (insb. Anwaltskosten) sind als durch die Tätigkeit des Personalrates entstandene Kosten von der Dienststelle zu erstatten, § 44 Abs. 1 S. 1 BPersVG (BVerwG NJW 1959, 1746; VGH Kassel NVwZ-RR 2004, 597). Nicht zu ersetzen ist eine über die gesetzlichen Gebühren hinausgehende, aufgrund einer besonderen Vereinbarung zu zahlende Vergütung (BVerwG NVwZ 2011, 1141).

10. Antrag auf gerichtliche Entscheidung (Kammer für Baulandsachen)

An die
Bezirksregierung[1, 2]

In Sachen

des . . . . . (Antragstellers)[3]
Verfahrensbevollmächtigter: Rechtsanwalt . . . .[4]

gegen
die Gemeinde . . . . ., vertreten durch den Bürgermeister . . . . . (Beteiligte)
stelle ich Antrag auf gerichtliche Entscheidung[5] und beantrage,[6]

I. den Enteignungsbeschluss der Bezirksregierung vom . . . . . (Az.: . . . . .)[7] teilweise aufzuheben und die Beteiligte zu verurteilen,[8] an den Antragsteller über die festgestellte Entschädigung hinaus
   1. weitere 24.000 EUR für das enteignete Grundstück
      und
   2. weitere 559,28 EUR Rechtsvertretungskosten
      zu zahlen, und zwar jeweils nebst 2 % Zinsen über dem Basiszinssatz nach § 247 BGB seit dem . . . . .,

II. der Beteiligten die Kosten des Verfahrens aufzuerlegen,[9]

III. das Urteil für vorläufig vollstreckbar zu erklären.[10]

Zur Begründung führe ich aus.[11]

I. Der Antragsteller war Eigentümer des im Gemeindegebiet der Beteiligten gelegenen unbebauten Grundstücks X-Straße Nr. . . . . . Das Grundstück ist 1.200 qm groß. Es grenzt auf seiner Südseite mit einer Frontlänge von 30 m an die X-Straße. Die auf der West- und Ostseite angrenzenden sowie die auf der gegenüberliegenden Straßenseite gelegenen Grundstücke sind mit Einfamilienwohnhäusern bebaut.
   Der seit dem . . . . . rechtsverbindliche Bebauungsplan Nr. . . . . . der Beteiligten setzt für das Grundstück des Antragstellers eine Nutzung als öffentliche Grünfläche fest. Nachdem Verhandlungen über einen freihändigen Erwerb zu keinem Ergebnis geführt hatten, beantragte die Beteiligte die Enteignung des Grundstücks. Mit dem angefochtenen Beschl. v. . . . . ., zugestellt am . . . . .,[12] enteignete die Bezirksregierung das Grundstück und übertrug es der Beteiligten zu Eigentum. Die an den Antragsteller zu zahlende Entschädigung wurde auf 100 EUR/qm, also auf insgesamt 120.000 EUR, festgesetzt. Hinzu kommen die im Enteignungsverfahren entstandenen Rechtsvertretungskosten.

II. Der Antragsteller wendet sich gegen die Höhe der festgesetzten Entschädigung.
   1. Nach § 95 Abs. 1 S. 1 BauGB bemisst sich die Entschädigung nach dem Verkehrswert (§ 194 BauGB) des enteigneten Grundstücks. Dabei ist für die Bestimmung der wertbildenden Faktoren der Zeitpunkt maßgebend, zu dem das Grundstück von einer konjunkturellen Weiterentwicklung ausgeschlossen wurde, also hier der Zeitpunkt des Inkrafttretens des Bebauungsplanes, der das Grundstück als öffentliche Grünfläche ausweist. Bis zu dieser Ausweisung war das Grundstück erschlossenes Bauland; es stellte eine Baulücke innerhalb eines im Zusammenhang bebauten Ortsteils dar und konnte deshalb nach § 34 BauGB bebaut werden. Davon geht auch die Bezirksregierung aus.
      Maßgebend für die Ermittlung des die wertbildenden Faktoren berücksichtigenden Verkehrswertes ist der Zeitpunkt des Enteignungsbeschlusses, § 95 Abs. 1 S. 2 BauGB. Zu dieser Zeit war das Grundstück 120 EUR/qm wert. Entgegen der Ansicht der Bezirksregierung ist der für die Wertermittlung maßgebende Zeitpunkt nicht deshalb gem. § 95 Abs. 2 Nr. 3 BauGB vorzuverlegen und dem Antragsteller nur eine Entschädigung von 100 EUR/qm zu zahlen, weil die Beteiligte dem Antragsteller am . . . . . ein Kaufpreisangebot über 100 EUR/qm gemacht hat und dieses Angebot dem damaligen Verkehrswert entsprach. Denn die Beteiligte ist kurz darauf wieder von diesem Angebot abgerückt und hat dem Antragsteller nur noch 70 EUR/qm angeboten. Damit verlor das Angebot vom . . . . . seine Eignung, gem. § 95 Abs. 2 Nr. 3 BauGB den Stichtag für die Preisverhältnisse auf den Zeitpunkt des Angebotes vorzuverlegen (BGH NJW 1976, 1255).
      Dem Antragsteller steht mithin eine Entschädigung iHv 1.200 qm à 120 EUR =

144.000 EUR zu. Über die festgesetzten 120.000 EUR hinaus sind also noch 24.000 EUR zu zahlen.

2. Zu der Enteignungsentschädigung gehören auch die Kosten der Rechtsvertretung im Enteignungsverfahren, § 121 Abs. 2 BauGB. Diese sind von der Bezirksregierung unter Zugrundelegung eines Gegenstandswertes von 120.000 EUR mit 5.227,08 EUR[13] ermittelt worden. Bei einem Gegenstandswert von 144.000 EUR[14] betragen die Rechtsvertretungskosten gem. anliegend beigefügter Kostenrechnung 5.786,36 EUR.[15] Der Differenzbetrag von 559,28 EUR ist noch zu zahlen.

3. Der Zinsanspruch folgt aus § 99 Abs. 3 S. 1 BauGB.

Rechtsanwalt[16]

2 Durchschriften sind beigefügt.

Schrifttum: Aust/Jacobs/Pasternak, Die Enteignungsentschädigung, 7. Aufl. 2014; *Jeromin/Kirchberg* in *Johlen/Oerder* (Hrsg.), Münchener Anwaltshandbuch Verwaltungsrecht, 4. Aufl. 2017, § 18 Rn. 171 ff.; *Fischer*, Entschädigungsanspruch aus Enteignung und enteignungsgleichem Eingriff, 4. Aufl. 2017.

Anmerkungen

1. Gegenstand eines Verfahrens vor der Kammer für Baulandsachen können nach § 217 Abs. 1 BauGB alle Verwaltungsakte sein, die in einem Umlegungs-, Grenzregelungs-, Enteignungs- oder Härteausgleichsverfahren ergehen, sowie alle im BauGB sonst noch vorgesehenen Verwaltungsakte, die eine Entschädigungsregelung enthalten oder enthalten sollen. Diese Verwaltungsakte werden nicht durch „Klage“, sondern durch „Antrag auf gerichtliche Entscheidung“ angefochten.

2. Der Antrag ist bei der Stelle einzureichen, die den Verwaltungsakt erlassen hat, § 217 Abs. 2 S. 1 BauGB, und zwar auch dann, wenn ein Widerspruchsverfahren (§ 212 BauGB) stattgefunden und eine von der Ausgangsbehörde verschiedene Widerspruchsbehörde entschieden hat (BGH BGHZ 41, 249; BGHZ 54, 364). Nicht fristwahrend ist die Einreichung bei Gericht (BGH NJW 1971, 97). Ein durch den Widerspruchsbescheid erstmalig beschwerter Beteiligter kann den Antrag auf gerichtliche Entscheidung wirksam auch bei der Widerspruchsbehörde einreichen (BGH NJW 1992, 2637).

3. Im Verfahren stehen sich nicht Kläger und Beklagter gegenüber, vielmehr gibt es nur einen (oder mehrere) Antragsteller und sonstige Beteiligte, § 222 Abs. 1 BauGB.

4. Ein Anwaltszwang besteht nur für Beteiligte, die Anträge in der Hauptsache stellen wollen, § 222 Abs. 3 S. 2 BauGB, § 78 ZPO. Dies bedeutet, dass der Antrag auf gerichtliche Entscheidung ohne anwaltliche Vertretung bei der Verwaltungsbehörde eingereicht werden kann (BGH NJW 1964, 1522; NJW-RR 1994, 1021), sich der Antragsteller aber für alle weiteren prozessualen Erklärungen in der Hauptsache einschl. der die Anträge ankündigenden Schriftsätze (OLG München NJW 1968, 2065) der Hilfe eines Anwaltes bedienen muss.

5. Über den Antrag entscheidet die beim LG gebildete Kammer für Baulandsachen in der in § 220 BauGB festgelegten Besetzung. Für das Verfahren gilt grds. die ZPO, § 221 Abs. 1 BauGB, jedoch kann das Gericht auch von sich aus Beweise erheben und nach Anhörung der Beteiligten auch solche Tatsachen berücksichtigen, die von ihnen nicht vorgebracht worden sind, § 221 Abs. 2 BauGB.

6. Ein bestimmter Antrag muss erst in der mündlichen Verhandlung gestellt werden, § 221 Abs. 1 BauGB, § 308 ZPO. Für die Antragsschrift ist ein bestimmter Antrag nicht zwingend vorgeschrieben, da § 217 Abs. 3 S. 2 BauGB nur eine Sollvorschrift ist.

7. Die Bezeichnung des angefochtenen Verwaltungsaktes ist nach § 217 Abs. 3 S. 1 BauGB unentbehrlich.

8. Mit dem Antrag auf gerichtliche Entscheidung kann nicht nur die Aufhebung eines Verwaltungsaktes, sondern auch die Verurteilung zum Erlass eines Verwaltungsaktes oder einer sonstigen Leistung sowie eine Feststellung begehrt werden, § 217 Abs. 1 S. 3 BauGB.

9. Ein Kostenantrag ist üblich, aber nicht notwendig, da das Gericht über die Kosten von Amts wegen zu entscheiden hat, § 221 Abs. 1 BauGB, § 308 Abs. 2 ZPO.

Stellt die Gemeinde als Beteiligte keinen dem Antrag auf gerichtliche Entscheidung widersprechenden Sachantrag und obsiegt der Antragsteller, so sind die Kosten des Verfahrens der Bezirksregierung aufzuerlegen, § 228 Abs. 1 BauGB, § 91 ZPO.

10. Aus den Besonderheiten des Baulandverfahrens ergibt sich, dass nach § 221 Abs. 1 BauGB, §§ 708 ff. ZPO nur Urteile, in denen eine Geldleistung festgesetzt wird, und Kostenentscheidungen für vorläufig vollstreckbar erklärt werden, ggf. gegen Sicherheitsleistung.

11. Die Begründung ist nur ein Sollerfordernis, § 217 Abs. 3 S. 3 BauGB.

12. Die Antragsfrist beträgt einen Monat nach Zustellung, § 217 Abs. 2 S. 1 BauGB, oder 6 Wochen seit ortsüblicher Bekanntmachung, wenn eine solche vorgeschrieben ist, § 217 Abs. 2 S. 2 BauGB. Ob der Lauf der Frist von der in den §§ 211, 113 Abs. 1 S. 2 BauGB vorgeschriebenen Rechtsbehelfsbelehrung abhängt, ist umstritten, da die §§ 217 ff. BauGB eine dem § 58 VwGO entsprechende Regelung nicht enthalten (diff. BGH BGHZ 140, 208 = NJW 1999, 1113).

13. 2,5 Geschäftsgebühr nach VV 2003 RVG (Volle Ausschöpfung der Rahmengebühr wegen des besonderen Umfangs und der besonderen Schwierigkeit des Enteignungsverfahrens vor der Bezirksregierung, § 13 RVG) zzgl. 20 EUR Auslagenpauschale nach VV 7002 RVG und 19 % Umsatzsteuer nach VV 7008 RVG.

14. Die im Enteignungsverfahren entstandenen und nach § 121 Abs. 2 BauGB zu ersetzenden Anwaltsgebühren werden nicht nach dem Streitwert der Entschädigungsforderung des Enteigneten berechnet, sondern nach der Höhe der festgesetzten bzw. nach Ansicht des Gerichts festzusetzenden Entschädigung.

15. → Anm. 13.

Kosten und Gebühren

16. Nach § 221 Abs. 4 BauGB besteht die Verpflichtung zur Zahlung eines Gerichtskosten- und Auslagenvorschusses nach § 12 Abs. 1 S. 1 u. 2 GKG nicht.

11. Klageerwiderung (Erschließungsbeitragsrecht)

An das
Verwaltungsgericht
Az.: . . . . .

In der Verwaltungsstreitsache . . . . .

beantrage ich:

I. Den Kläger mit der Klage abzuweisen,[1]
II. ihm die Kosten des Verfahrens aufzuerlegen,[2]

Zur Begründung führe ich aus:[3]

Es mag dahinstehen, ob § 9 Abs. 1 S. 1 der Erschließungsbeitragssatzung vom . . . . keine dem § 132 Nr. 4 BauGB entsprechende Bestimmung der Herstellungsmerkmale enthielt. Um Zweifel an der Gültigkeit der Satzung auszuräumen, hat der Rat der Beklagten eine neue Erschließungsbeitragssatzung erlassen, deren neu gefasster § 9 auf jeden Fall den Anforderungen der Rspr. genügt. Damit ist die möglicherweise rechtswidrige Heranziehung geheilt worden (BVerwG BVerwGE 64, 218 = NJW 1980, 2209), ohne dass der neuen Satzung Rückwirkung beigelegt werden musste (BVerwG DVBl. 1982, 544; NVwZ 1984, 648; NVwZ 1993, 979).[4]

Weitere Ausführungen werde ich nach Eingang der angekündigten ergänzenden Klagebegründung machen.
Sollte der Kläger mit Rücksicht auf die Heilung des ursprünglich rechtsfehlerhaften Bescheides den Rechtsstreit für in der Hauptsache erledigt erklären, schließt sich die Beklagte schon jetzt dieser Erledigungserklärung an und erklärt sich zur Übernahme der Verfahrenskosten bereit.[5]

Die Verwaltungsvorgänge sind beigefügt.[6]
Unterschrift

Schrifttum: Driehaus/Raden, Erschließungs- und Ausbaubeitragsrecht, 10. Aufl. 2018; *Fischer/Korbmacher* in *Hoppenberg/de Witt* (Hrsg.), Handbuch des Öffentlichen Baurechts, Teil F, Stand: Februar 2014; *Döring* in Johlen (Hrsg.), Münchener Prozessformularbuch, Bd. 7, Verwaltungsrecht, 5. Aufl. 2018.

Anmerkungen

1. Die Klageerwiderung bezieht sich auf die Klage → Form. V.B.1.

2. Zu diesem und anderen möglichen Anträgen → Form. V.B.1 Anm. 10.

3. Mit der Übersendung der Klageschrift bittet das Gericht üblicherweise darum, innerhalb eines bestimmten Zeitraumes zu der Klage Stellung zu nehmen. Damit ist jedoch keine Erklärungsfrist mit der Folge gesetzt, dass nachträgliches Vorbringen ausgeschlossen werden könnte. Nach § 87b Abs. 2 VwGO kann aber der Vorsitzende oder der Berichterstatter einem Beteiligten unter Fristsetzung aufgeben, zu bestimmten Vorgängen Tatsachen anzugeben oder Beweismittel zu bezeichnen sowie Urkunden oder andere bewegliche Sachen vorzulegen, soweit der Beteiligte dazu verpflichtet ist. Nach Ablauf der Frist vorgebrachte Erklärungen und Beweismittel können unter den Voraussetzungen des § 87b Abs. 3 VwGO zurückgewiesen werden.

4. Wird ein ursprünglich rechtsfehlerhafter Bescheid während des Klageverfahrens von der Behörde geheilt und will der Kläger deshalb die Klage nicht fortführen, so kann er den Rechtsstreit für in der Hauptsache erledigt erklären (→ Form. V.B.13). Die Kosten des Verfahrens sind dann der beklagten Behörde aufzuerlegen (BVerwG KStZ 1993, 110; VGH Kassel NVwZ-RR 1994, 125; OVG Münster NWVBl. 1997, 109; VGH Mannheim VBlBW 2005, 281).

5. Es ist sinnvoll, dass nach Erledigung der Hauptsache derjenige Beteiligte, zu dessen Lasten die nach § 161 Abs. 2 VwGO zu treffende Kostenentscheidung voraussichtlich ergehen wird, die Bereitschaft zur Übernahme der Kosten erklärt. Es fällt dann nämlich statt der 3,0 Gerichtsgebühr nur eine 1,0 Gebühr an, Nr. 5111 Nr. 4 KV (→ Form. V. B.13 Anm. 4).

6. § 99 VwGO.

12. Fortsetzungsfeststellungsantrag

An das
Verwaltungsgericht
Az.: . . . . .
In der Verwaltungsstreitsache . . . . .

beantrage ich nunmehr gem. § 113 Abs. 1 S. 4 VwGO festzustellen,[1] dass die Beklagte im Zeitpunkt unmittelbar vor Inkrafttreten der Veränderungssperre am . . . . . verpflichtet war, der Klägerin die beantragte Baugenehmigung zu erteilen.[2]

Zur Begründung führe ich aus:

I. Wie in der Klageschrift vom . . . . . dargelegt wurde, durfte die Beklagte die beantragte Baugenehmigung nicht versagen, da das Bauvorhaben des Klägers nach § 34 BauGB zulässig war. Inzwischen hat jedoch der Rat der Beklagten nach § 2 Abs. 1 BauGB die Aufstellung eines Bebauungsplanes sowie den Erlass einer Veränderungssperre nach § 14 BauGB beschlossen, die am . . . . . in Kraft getreten ist. Da die begehrte Baugenehmigung nunmehr nicht mehr erteilt werden kann,[3] hat sich die Klage in der Hauptsache erledigt.

II. Nach ständiger Rspr. ist § 113 Abs. 1 S. 4 VwGO entsprechend anzuwenden, wenn sich der mit der Verpflichtungsklage verfolgte Anspruch während des Prozesses durch Erlöschen oder anders erledigt (BVerwG NJW 1981, 473). Der Kläger beabsichtigt, wegen der rechtswidrigen Verweigerung der Baugenehmigung Schadensersatzansprüche geltend zu machen. Er hat aus diesem Grunde ein berechtigtes Interesse an der Feststellung, dass der Ablehnungsbescheid bis zum Inkrafttreten der Veränderungssperre rechtswidrig war (BVerwG NJW 1973, 1014; NJW 1981, 2426 (2428); NJW 1986, 1826; NVwZ 1992, 1092).

Rechtsanwalt

Anmerkungen

1. Nach § 113 Abs. 1 S. 4 VwGO spricht das Gericht, wenn sich der Verwaltungsakt vor Erlass des Urteils durch Zurücknahme oder anders erledigt, auf Antrag durch Urteil aus, dass der Verwaltungsakt rechtswidrig gewesen ist, wenn der Kläger ein berechtigtes Interesse an dieser Feststellung hat.

Diese zunächst für Anfechtungsklagen geltende Regelung ist entsprechend anzuwenden, wenn sich der mit einer Verpflichtungsklage verfolgte Anspruch während des Prozesses durch Erlöschen oder anders erledigt (BVerwG NJW 1991, 473; NVwZ 1992, 563; DVBl. 2000, 120; NVwZ-RR 2014, 465).

§ 113 Abs. 1 S. 4 VwGO ist ferner entsprechend anwendbar, wenn sich der Verwaltungsakt vor Erhebung der Klage erledigt (BVerwG NJW 1989, 2486; NJW 1991, 581). In diesem Falle kann von vornherein Klage auf Feststellung der Rechtswidrigkeit des erledigten Verwaltungsakts erhoben werden, wenn ein berechtigtes Interesse an dieser Feststellung besteht. Dieses berechtigte Feststellungsinteresse besteht aber – anders als im Falle der nach Erhebung der Klage eingetretenen Erledigung – nicht, wenn die Fortsetzungsfeststellungsklage nur der Vorbereitung eines Amtshaftungsprozesses dienen soll (BVerwG NJW 1989, 2486; BeckRS 1999, 15517).

2. Die Feststellung, dass die Behörde zum Erlass des Verwaltungsaktes verpflichtet war, muss sich auf den Zeitpunkt unmittelbar vor Eintritt des erledigenden Ereignisses beziehen (BVerwG NVwZ 2015, 986).

3. Das Feststellungsinteresse ist in einem solchen Falle nicht gegeben, wenn der in Aussicht genommene Amtshaftungs- oder Entschädigungsprozess offensichtlich aussichtslos ist (BVerwG NJW 1988, 926; NVwZ 1989, 1156; NVwZ 1999, 404). So kommt idR ein Verschulden der Behörde nicht in Betracht, wenn ein mit mehreren Rechtskundigen besetztes Kollegialgericht das Verhalten der Behörde als rechtmäßig angesehen hat (BVerwG NVwZ 1985, 265; NJW 1985, 876; NVwZ 1989, 1156; NVwZ 1991, 270; NVwZ 1999, 404; NVwZ 2004, 104). Dies ist zu bedenken, wenn sich der Rechtsstreit im Berufungs- oder Revisionsverfahren erledigt und die Klage in der Vorinstanz abgewiesen worden war, weil nach Ansicht des Gerichts der angefochtene Verwaltungsakt rechtmäßig war. In einem solchen Falle wird regelmäßig für einen Fortsetzungsfeststellungsantrag das Feststellungsinteresse fehlen, so dass es sich dann empfiehlt, das Verfahren durch Rücknahme des Rechtsmittels oder durch Erklärung der Erledigung der Hauptsache (→ Form. V.B.13) zu beenden.

Zum Feststellungsinteresse bei Wiederholungsgefahr BVerwG DVBl. 1994, 168.

13. Kostenantrag nach Erledigung der Hauptsache

An das
Verwaltungsgericht

Az.: . . . .

In der Verwaltungsstreitsache . . . .

hat der Beklagte mit Bescheid vom . . . . . den angefochtenen Erschließungsbeitragsbescheid aufgehoben. Damit ist der Rechtsstreit in der Hauptsache erledigt.[1]

Ich beantrage,[2]

die Kosten des Verfahrens gem. § 161 Abs. 2 VwGO dem Beklagten aufzuerlegen.

Es entspricht der Billigkeit, dass der Beklagte die Kosten des Verwaltungsstreitverfahrens trägt, da er sich durch die Aufhebung des Bescheides freiwillig in die Rolle des Unterlegenen begeben hat und außerdem die Klage ohne das erledigende Ereignis Erfolg gehabt hätte.[3]

Rechtsanwalt[4]

Anmerkungen

1. Ein Fall der Erledigung der Hauptsache ist ebenfalls gegeben, wenn die Behörde den angefochtenen Verwaltungsakt während des Klageverfahrens durch Behebung eines Fehlers heilt (→ Form. V.B.11).

2. Ist der Rechtsstreit in der Hauptsache erledigt, so entscheidet das Gericht nach § 161 Abs. 2 VwGO über die Kosten des Verfahrens von Amts wegen durch Beschluss; eines Kostenantrages bedarf es nicht. Der Beschluss ist nach § 158 Abs. 2 VwGO unanfechtbar.

3. Das Gericht trifft seine Entscheidung nach billigem Ermessen unter Berücksichtigung des bisherigen Sach- und Streitstandes. Neben dem Prozessausgang spielt auch eine Rolle, ob einer der Beteiligten durch eigene Willensentschließung die Erledigung herbeigeführt hat. Das ist hier der Fall, da die beklagte Behörde den angefochtenen Bescheid aufgehoben hat.

Kosten und Gebühren

4. Wird das Verfahren durch Erledigungserklärungen nach § 161 Abs. 2 VwGO beendet, so ermäßigt sich die Gerichtsgebühr im Verfahren vor dem VG auf 1,0, Nr. 5111 Nr. 4 KV, im Verfahren vor dem OVG auf 2.0, Nr. 5113 Nr. 4 KV und im Verfahren vor dem BVerwG auf 3,0, Nr. 5115 Nr. 4 KV, „wenn keine Entscheidung über die Kosten ergeht oder die Entscheidung einer zuvor mitgeteilten Einigung der Beteiligten über die Kostentragung oder der Kostenübernahmeerklärung eines Beteiligten folgt". Da hier davon auszugehen ist, dass bei einer streitigen Kostenentscheidung die Kosten dem Beklagten, der den Verwaltungsakt aufgehoben hat, auferlegt werden, sollte er zur Minderung der Gerichtsgebühr die Übernahme der Verfahrenskosten erklären.

Nach VV 1002, 1003 RVG erhält der Rechtsanwalt, der an der Erledigung mitgewirkt hat, eine 1,0-Erledigungsgebühr, da über den Gegenstand ein anderes gerichtliches Verfahren als ein selbständiges Beweisverfahren anhängig ist. Die Erledigungsgebühr entsteht, wenn sich eine Rechtssache ganz oder teilweise nach Aufhebung oder Änderung des mit einem Rechtsbehelf angefochtenen Verwaltungsaktes durch die anwaltliche Mitwirkung erledigt hat. Diese Mitwirkung setzt voraus, dass der Rechtsanwalt besondere Bemühungen mit dem Ziel einer Erledigung der Rechtssache ohne streitige Entscheidung des Gerichts entfaltet, welche über die „normale", durch die Verfahrens- und Terminsgebühr abgegoltene Prozessführung hinausgehen (OVG Münster AnwBl. 2000, 376; DVBl. 2011, 584 (Ls.); OVG Koblenz NVwZ-RR 2007, 564; VGH Mannheim NVwZ-RR 2006, 737; OVG Bautzen SächsVBl. 2014, 287; OVG Lüneburg NdsRpfl. 2018, 305; *Beutling* Anwaltsvergütung Rn. 241).

Die Erledigungsgebühr kann auch anfallen, wenn die Behörde während des gerichtlichen Verfahrens durch eine Satzungsänderung den ursprünglich fehlerhaften Bescheid heilt und der Kläger nach anwaltlicher Beratung seine Bedenken nicht nur gegen die formelle Rechtmäßigkeit der Beitragserhebung, sondern auch gegen deren materiellrechtliche Berechtigung fallen lässt und den Rechtsstreit für in der Hauptsache erledigt erklärt (OVG Lüneburg NVwZ-RR 2020,84).

14. Antrag auf Beiladung (Immissionsschutzrecht)

An das
Verwaltungsgericht
Az.: . . . .
In der Verwaltungsstreitsache . . . . .
beantragen wir mit anliegender Vollmacht,
die Eheleute . . . . . (vollständige Anschrift) beizuladen.
Zur Begründung führen wir aus:
Mit der vorliegenden Klage begehrt die Klägerin die Verpflichtung des Beklagten, ihr gem. § 4 BImSchG die Genehmigung für die Erstellung eines Schotterwerkes und für die Erweiterung eines Steinbruchgeländes zu erteilen. Die beizuladenden Eheleute . . . . . sind Eigentümer eines mit einem Wohnhaus bebauten Grundstücks, welches in einer Entfernung von etwa 300 m von dem vorgesehenen Betriebsgelände der Klägerin liegt. Die Beizuladenden haben im förmlichen Genehmigungsverfahren rechtzeitig Einwendungen gegen das Vorhaben nach § 10 Abs. 3 S. 4 BImSchG erhoben, da von der geplanten Anlage unzumutbare Immissionen ausgehen werden . . . . .
Die beantragte Beiladung ist geboten, weil durch die ergehende gerichtliche Entscheidung rechtliche Interessen unserer Mandanten berührt werden, § 65 Abs. 1 VwGO (VGH Mannheim NJW 1977, 1308) . . . . .
Die Stellung von Anträgen behalten wir uns vor.[1]
Rechtsanwalt

Schrifttum: Feldhaus, Bundesimmissionsschutzrecht, Stand: August 2020; *Jarass*, Bundes-Immissionsschutzgesetz, 13. Aufl. 2020; *Landmann/Rohmer*, Umweltrecht, Stand: September 2019; *Sellner/Reidt/Ohms*, Immissionsschutzrecht und Industrieanlagen, 3. Aufl. 2006; *Führ*, Gemeinschaftskommentar zum Bundes-Immissionsschutzgesetz, 2. Aufl. 2018; *Boisserée/Oels/Hansmann*, Immissionsschutzrecht, Stand: Mai 2020.

Anmerkungen

1. Der einfache Beigeladene, § 65 Abs. 1 VwGO, kann (wirksam) Sachanträge nur iRd Sachanträge der Hauptbeteiligten (Kläger bzw. Beklagter) stellen, der notwendige Beigeladene, § 65 Abs. 2 VwGO, dagegen auch abweichende Sachanträge, § 66 S. 2 VwGO.

Unabhängig davon, ob eine einfache oder notwendige Beiladung vorliegt, kann der Beigeladene selbständig, dh auch gegen den Willen der Hauptbeteiligten, Rechtsmittel einlegen, soweit er durch die Entscheidung in eigenen Rechten verletzt ist (BVerwG NJW 1982, 951).

Ob der Beigeladene einen eigenen Antrag stellt, sollte vor allem wegen des damit verbundenen Kostenrisikos sorgfältig überlegt werden. Nach § 154 Abs. 3 VwGO können dem Beigeladenen Kosten nur auferlegt werden, wenn er Anträge gestellt (oder Rechtsmittel eingelegt) hat, wobei es sich entgegen dem Wortlaut der Bestimmung nicht um eine Ermessensentscheidung handelt, das Gericht vielmehr bei Vorliegen der Voraussetzungen des § 154 Abs. 3 VwGO verpflichtet ist, dem Beigeladenen Kosten aufzuerlegen, wenn und soweit seinem Antrag nicht stattgegeben wurde.

Die Erstattung der dem Beigeladenen selbst entstandenen Kosten richtet sich nach § 162 Abs. 3 VwGO. Danach sind die außergerichtlichen Kosten des Beigeladenen nur erstattungsfähig, wenn sie das Gericht aus Billigkeit der unterliegenden Partei oder der Staatskasse auferlegt. Die Erstattung der außergerichtlichen Kosten des Beigeladenen entspricht im Allgemeinen der Billigkeit, wenn er (erfolgreich) Anträge gestellt und damit nach § 154 Abs. 3 VwGO das Risiko eigener Kostenpflicht übernommen hat (VGH Mannheim DVBl. 2011, 315 (Ls.); Kopp/Schenke/W.-R. *Schenke* VwGO § 162 Rn. 23; *Redeker/von Oertzen* VwGO § 162 Rn. 15). Ist der notwendig Beigeladene materiell der Hauptbeteiligte des Rechtsstreits, so setzt eine Erstattung seiner außergerichtlichen Kosten nicht voraus, dass er einen Antrag gestellt oder das Verfahren wesentlich gefördert hat (VGH München NVwZ-RR 2000, 333; aA VGH Mannheim VBlBW 2011, 279).

Die in einem Urteil versehentlich unterbliebene Entscheidung über die Erstattungsfähigkeit der außergerichtlichen Kosten des Beigeladenen kann nur im Wege der Urteilsergänzung nach § 120 VwGO nachgeholt werden (VGH München DVBl. 1990, 158). Der Antrag ist innerhalb einer Frist von zwei Wochen nach Zustellung des Urteils zu stellen, § 120 Abs. 2 VwGO. Eine Ergänzung des Urteils ohne entsprechenden Antrag von Amts wegen ist nicht möglich (BVerwG DVBl. 1994, 210; OVG Bautzen DÖV 1998, 936 Nr. 150 Ls.).

15. Antrag auf Kostenfestsetzung (§ 164 VwGO)

An das Verwaltungsgericht

In Sachen . . . . . .

Az.: . . . . . .

. . . . . .

beantrage ich namens des Klägers, die von dem Beklagten an den Kläger zu erstattenden Kosten des Verfahrens wie folgt festzusetzen:[1, 2]

Streitwert: 5.000 EUR

I. Widerspruchsverfahren[3]

1,3 Geschäftsgebühr[4] gem. VV 2300 RVG	**434,20 EUR**
Auslagenpauschale gem. VV 7002 RVG	**20,00 EUR**
II. Klageverfahren	
1,3 Verfahrensgebühr gem. VV 3100 RVG abzüglich 0,65 Geschäftsgebühr gem. Vorb. 3(4) VV RVG	**217,10 EUR**
1,2 Terminsgebühr gem. VV 3104 RVG	**400,80 EUR**
Auslagenpauschale gem. VV 7002 RVG	**20,00 EUR**
Kosten der Wahrnehmung des Termins vor dem VG . . . . . . am . . . . . .[5]	
170 km à 0,42 EUR gem. VV 7003 RVG	**71,40 EUR**
Abwesenheitsgeld (5 Std.) gem. VV 7005 RVG	**50,00 EUR**
	1.213,50 EUR
19 % Umsatzsteuer gem. VV 7008 RVG	**230,57 EUR**
	1.444,07 EUR

Der Kläger ist zum Vorsteuerabzug nicht berechtigt.

Vom Kläger gezahlte Gerichtskosten sowie Zinsen iHv 5 % über dem Basiszinssatz ab Eingang dieses Antrags bitte ich hinzuzusetzen.

Rechtsanwalt

Schrifttum: Beutling, Anwaltsvergütung in Verwaltungssachen, 2004; *Gerold/Schmidt*, Rechtsanwaltsvergütungsgesetz, 25. Aufl. 2021; *Toussaint*, Kostenrecht, 51. Aufl. 2021; *Hartung/Schons/Enders*, Rechtsanwaltsvergütungsgesetz, 3. Aufl. 2017; *Mayer/Kroiß*, Rechtsanwaltsvergütungsgesetz, 8. Aufl. 2021; *Riedel/Sußbauer*, Rechtsanwaltsvergütungsgesetz, 10. Aufl. 2015.

Anmerkungen

1. Zum Kostenfestsetzungsantrag im Allgemeinen → Form. I.A.11. Nachfolgend wird nur auf Besonderheiten der Kostenfestsetzung im Verwaltungsprozess eingegangen. Die Gebührentatbestände für die Verfahren vor den VG sind in Teil 3 VV RVG (VV 3100–3518) geregelt.

2. Erstattungsfähig sind die zur zweckentsprechenden Rechtsverfolgung oder Rechtsverteidigung notwendigen Aufwendungen, § 162 Abs. 1 VwGO. Die Gebühren und Auslagen eines Rechtsanwalts oder eines Rechtsbeistandes, in Abgabenangelegenheiten auch einer der in § 67 Abs. 2 S. 2 Nr. 3 VwGO benannten Personen, sind stets erstattungsfähig, § 162 Abs. 2 S. 1 VwGO. Jeder Beteiligte ist in jeder Lage des Verfahrens berechtigt, einen Bevollmächtigten mit seiner Vertretung zu beauftragen. Dies gilt grds. auch für Behörden (OVG Lüneburg NVwZ-RR 2004, 155; OVG Bln-Bbg NVwZ-RR 2013, 782; OVG Weimar NVwZ-RR 2014, 701; VGH München NVwZ-RR 2014, 702).

3. Gem. § 17 Nr. 1a RVG sind das Verwaltungsverfahren und das dem gerichtlichen Verfahren vorausgehende und der Nachprüfung des Verwaltungsaktes dienende weitere Verwaltungsverfahren (Widerspruchsverfahren) kostenrechtlich verschiedene Angelegenheiten.

4. Die im Widerspruchsverfahren entstandenen Anwaltsgebühren können nur dann mit festgesetzt werden, wenn das Gericht zuvor in dem Urteil (→ Form. V.B.1. Anm. 8) oder in einer sonstigen Kostenentscheidung die Zuziehung des Bevollmächtigten nach § 162 Abs. 2 S. 2 VwGO für notwendig erklärt hat.

5. Beauftragt ein Beteiligter einen Rechtsanwalt außerhalb des Gerichtssitzes, aber innerhalb oder in der Nähe seines Wohnsitzes, so sind die durch die Terminswahrnehmung entstehenden Reisekosten regelmäßig erstattungsfähig (BVerwG DÖV 2008, 209; OVG Greifswald NVwZ-RR 1996, 238; OVG Weimar LKV 1996, 167; VGH Mannheim NJW 2009, 1895). Das gilt auch bei der Beauftragung eines nicht in Leipzig ansässigen Rechtsanwalts zur Prozessführung vor dem BVerwG (BVerwG DÖV 2008, 209).

Str. ist die Erstattungsfähigkeit der Reisekosten, wenn ein weder am Gerichtsort noch am Wohnsitz ansässiger Rechtsanwalt beauftragt wird (VGH München NVwZ-RR 1997, 326). Auch in diesem Falle hängt die Erstattungsfähigkeit wiederum davon ab, ob die Beauftragung des Rechtsanwalts zur zweckentsprechenden Rechtsverfolgung oder Rechtsverteidigung notwendig war. Dies ist immer dann der Fall, wenn die Partei aufgrund der Schwierigkeit oder der Besonderheiten des zu entscheidenden Falles davon ausgehen durfte, dass der beauftragte Rechtsanwalt aufgrund seiner Spezialkenntnisse und besonderen Erfahrungen den Fall besser und sachgerechter bearbeiten konnte als ein am Gerichtssitz oder am Wohnsitz des Klägers oder in dessen Nähe residierender Rechtsanwalt (VGH München NJW 2018, 1625). Auch sonstige Gründe (zB Sitz des Rechtsanwalts am Amtssitz der beteiligten Behörde, Tätigkeit bereits im Vorverfahren, Vertretung der Partei im früheren ähnlichen Verfahren) können die Beauftragung als sachgerecht erscheinen lassen (VGH Mannheim NVwZ-RR 1996, 238; OVG Bln-Bbg

NJW 2013, 3388). Ist dies nicht der Fall, so sind erstattungsfähig die Kosten in der Höhe, die bei Beauftragung eines am Gerichtssitz oder in der näheren Umgebung des Wohnsitzes der Partei ansässigen Rechtsanwalts entstanden wären (BVerwG NJW 2017, 3542).

C. Rechtsmittel

1. Berufung (§§ 124 ff. VwGO)

An das
Verwaltungsgericht[1]
In der Verwaltungsstreitsache
des .....
(Klägers)
gegen
den Bürgermeister der Gemeinde .....
(Beklagten)[2]
Prozessbevollmächtigte: Rechtsanwälte .....[3]
wegen: .....
Az. I. Instanz: .....
legen wir hiermit namens des Beklagten gegen das am ..... verkündete und am ..... zugestellte[4] Urteil der ..... Kammer des Verwaltungsgerichts[5]..... die vom Gericht zugelassene[6]

Berufung

ein.
Eine Kopie der beiden ersten Seiten des Urteils mit dem Rubrum und dem Urteilstenor ist beigefügt.[7]
Antrag und Begründung folgen in einem besonderen Schriftsatz.[8]
Rechtsanwalt[9]

Anmerkungen

1. Die vom VG zugelassene Berufung ist beim VG, also nicht beim OVG, einzulegen, § 124a Abs. 2 S. 1 VwGO.

2. Anders als im Zivilprozess ist es im Verwaltungsprozess üblich, das Rubrum unverändert zu lassen, also den Kläger weiterhin an erster Stelle zu nennen und nicht darauf abzustellen, wer Berufungskläger ist.

3. Nach § 67 Abs. 4 S. 1 VwGO müssen sich die Beteiligten vor dem OVG, außer im Prozesskostenhilfeverfahren, durch Prozessbevollmächtigte vertreten lassen. Als Bevollmächtigte sind nur die in § 67 Abs. 2 S. 1 VwGO bezeichneten Personen zugelassen, § 67 Abs. 4 S. 3 VwGO, also Rechtsanwälte oder Rechtslehrer an einer staatlichen oder staatlich anerkannten Hochschule eines Mitgliedsstaates der EU, eines anderen Vertragsstaates des Abkommens über den Europäischen Wirtschaftsraum oder der Schweiz, die die Befähigung zum Richteramt besitzen. Dem Vertretungszwang unterliegt schon die Einleitung des Verfahrens vor dem OVG, § 67 Abs. 4 S. 2 VwGO, also schon die Einlegung der Berufung beim VG.

Für Behörden und juristische Personen des öffentlichen Rechts gilt die Sonderregelung des § 67 Abs. 4 S. 4 VwGO (ua Vertretung durch eigene Beschäftigte mit Befähigung zum Richteramt).

Bestimmte Beteiligte können sich in bestimmten Verfahren auch durch andere Bevollmächtigte als Rechtsanwälte oder Hochschullehrer vertreten lassen, § 67 Abs. 4 S. 7 mit Abs. 2 S. 2 Nr. 3–7 VwGO.

4. Die Berufung ist innerhalb eines Monats nach Zustellung des Urteils einzulegen, § 124a Abs. 2 S. 1 VwGO.

5. Die Berufung muss das angefochtene Urteil bezeichnen, § 124a Abs. 2 S. 2 VwGO; es sind also das Gericht, die Beteiligten, das Az. und das Datum, an dem das Urteil verkündet oder zugestellt wurde, anzugeben.

6. Die Berufung ist nur statthaft, wenn sie vom VG oder vom OVG zugelassen wurde, § 124 Abs. 1 VwGO. Hier soll die Berufung vom VG zugelassen worden sein. Ist dies nicht geschehen, kommt nur ein Antrag auf Zulassung der Berufung (→ Form. V.C.2) in Betracht. Das OVG ist an die Zulassung der Berufung gebunden, § 124a Abs. 1 S. 2 VwGO, auch an die Zulassung durch den Einzelrichter (BVerwG DÖV 2005, 517).

Die Umdeutung eines von einem Rechtsanwalt gestellten Antrages auf Zulassung der Berufung in die vom VG zugelassene Berufung kommt nach Ablauf der Rechtsmittelfrist regelmäßig nicht in Betracht (VGH Kassel DÖV 2012, 820 Nr. 823 Ls.).

7. § 124a VwGO enthält keine dem § 519 Abs. 3 ZPO entsprechende Regelung. Gleichwohl kann es sinnvoll sein, der Berufungsschrift die ersten Seiten des angefochtenen Urteils mit dem Rubrum und dem Entscheidungstenor beizufügen, damit, sollte die Berufungsschrift selbst einen Schreibfehler enthalten, ausreichend bestimmt ist, gegen welches Urteil sich die Berufung richtet.

8. → Form. V.C.4.

Kosten und Gebühren

9. Im Berufungsverfahren fällt für das Verfahren im Allgemeinen eine 4,0-Gerichtsgebühr an, Nr. 5122 KV. Weitere Einzelheiten regeln die Nr. 5123 ff. KV.

Der Rechtsanwalt erhält für die Durchführung der Berufung nach VV 3200 RVG eine 1,6-Verfahrensgebühr und für die Wahrnehmung eines Termins nach VV 3202 RVG eine 1,2-Terminsgebühr.

2. Antrag auf Zulassung der Berufung (§ 124a VwGO)

An das
Verwaltungsgericht[1, 2]
In der Verwaltungsstreitsache
des . . . . .
(Klägers)
gegen
den Bürgermeister der Gemeinde . . . . .
(Beklagten)[3]
Prozessbevollmächtigte: Rechtsanwälte[4]

wegen: . . . . .
Az. I. Instanz: . . . . .
beantragen wir hiermit namens des Beklagten,
die Berufung gegen das am . . . . . verkündete und am . . . . . zugestellte[5] Urteil der . . . . . Kammer des Verwaltungsgerichts[6] . . . . . zuzulassen.[7]
Die Begründung folgt in einem besonderen Schriftsatz.[8]
Rechtsanwalt[9]

Anmerkungen

1. Der Antrag kommt in Betracht, wenn, was in der Praxis meistens der Fall ist, das VG die Berufung nicht zugelassen hat.

2. Der Antrag ist beim VG, nicht beim OVG zu stellen, § 124a Abs. 4 S. 2 VwGO. Wird das Rechtsmittel bei einem unzuständigen Gericht eingereicht, ist dieses nicht verpflichtet, auf seine Unzuständigkeit, zB telefonisch, hinzuweisen (VGH Kassel DVBl. 1996, 1278 Nr. 22 Ls.). Es muss den Schriftsatz aber jedenfalls dann, wenn es bereits mit der Sache befasst war, im ordentlichen Geschäftsgang an das zuständige Gericht weiterleiten (BVerwG NJW 2018, 1272).

3. Zur Formulierung des Rubrums → Form. V.C.1 Anm. 2.

4. Zum Anwaltszwang s. § 67 VwGO und → Form. V.C.1 Anm. 3. Bereits der Antrag auf Zulassung der Berufung muss durch einen Rechtsanwalt gestellt werden, § 67 Abs. 4 S. 2 VwGO, und zwar schriftlich und nicht zur Niederschrift des Urkundsbeamten der Geschäftsstelle (OVG Greifswald NVwZ-RR 2019, 791).

5. Die Antragsfrist beträgt einen Monat, § 124a Abs. 4 S. 1 VwGO.

6. Der Antrag muss das angefochtene Urteil bezeichnen, § 124a Abs. 4 S. 3 VwGO. → Form. V.C.1 Anm. 5.

7. Eine von einem Rechtsanwalt eingelegte „Berufung" kann nicht als Antrag auf Zulassung der Berufung ausgelegt werden (BVerwG NVwZ 1998, 1297; NVwZ 2016, 1187; NWVBl. 2018, 282). Allerdings ist eine Umdeutung möglich, wenn innerhalb der Antragsfrist klargestellt wird, dass ein Zulassungsantrag gewollt sei (BVerwG NJW 2009, 162).

8. → Form. V.C.3. Für den Antragsgegner, hier also den Kläger, besteht idR vor Zustellung der Begründung des Zulassungsantrags nicht die Notwendigkeit, einen Rechtsanwalt mit seiner Vertretung im Zulassungsverfahren zu beauftragen. Geschieht dies doch oder beantragt der bereits in erster Instanz beauftragte Rechtsanwalt schon jetzt die Zurückweisung des Zulassungsantrages und wird dieser Antrag dann zurückgenommen, so sind grds. die dem Antragsgegner entstandenen Anwaltskosten nicht erstattungsfähig (OVG Magdeburg DVBl. 2010, 1456 Nr. 29 Ls.; OVG Weimar LKV 2016, 380; VGH München NVwZ-RR 2018, 826). Die Beauftragung eines Rechtsanwalts ist grds. erst erforderlich, wenn die Antragsbegründung zur Stellungnahme, ggf. auch (nur) „zur Kenntnisnahme" (OVG Magdeburg LKV 2020, 524) übersandt wurde.
Kosten und Gebuehren Anfang

Kosten und Gebühren

9. Im Verfahren über die Zulassung der Berufung fällt nach Nr. 5120 KV eine 1,0 Gerichtsgebühr an, soweit der Antrag abgelehnt wird, eine 0,5-Gerichtsgebühr, soweit der Antrag zurückgenommen oder das Verfahren durch anderweitige Erledigung beendet wird, Nr. 5121 KV. Die Gebühr entsteht nicht, wenn die Berufung zugelassen wird.

Der Rechtsanwalt erhält für die Vertretung im Berufungszulassungsverfahren eine 1,6-Verfahrensgebühr nach VV 3200 RVG mit Vorb. 3.2 Abs. 1.

3. Begründung des Antrages auf Zulassung der Berufung

An das
Oberverwaltungsgericht[1] Münster
15. Senat
Az.: . . . . .[2]
In der Verwaltungsstreitsache . . . . .
führen wir zur Begründung des Antrages, die Berufung gegen das Urteil des Verwaltungsgerichts . . . . . vom . . . . ., zugestellt am . . . . .,[3] zuzulassen, für den Beklagten aus.[4]
Das VG hat den von dem Kläger angefochtenen Bescheid, mit dem der Kläger zu einer Vorausleistung auf den Kanalanschlussbeitrag herangezogen wurde, aufgehoben, weil das veranlagte Grundstück nach § 2 Abs. 1 der Beitrags- und Gebührensatzung nicht der Beitragspflicht unterliege. Das Grundstück sei kein Bauland, weil es nicht im Bereich eines wirksamen Bebauungsplanes liege. Der das klägerische Grundstück erfassende Bebauungsplan Nr. 21 sei nämlich „offensichtlich" unwirksam, weil er nicht über eine ausreichende Begründung verfüge.
Die Berufung ist aus folgenden Gründen zuzulassen:[5]

1. **Mit seiner Feststellung, der Beitragsbescheid sei aufzuheben, weil der Bebauungsplan Nr. 21 unwirksam sei, weicht das VG von der Entscheidung des erkennenden Senats vom 24.10.1995 – 15 A 3408/92 (Gemeindehaushalt 1996, 288) ab. Nach dieser Entscheidung ist für die Beitragserhebung grds. von der Wirksamkeit des Bebauungsplanes auszugehen, solange dieser nicht aufgehoben oder durch eine gerichtliche Entscheidung für unwirksam erklärt worden ist.**
   Die Entscheidung des VG beruht auf dieser Abweichung. Wäre das VG nämlich von der Rechtsgültigkeit des Bebauungsplanes ausgegangen. hätte es die Klage abweisen müssen, da das Grundstück als Bauland der Beitragspflicht unterliegt, der Vorausleistungsbescheid also rechtmäßig war.
   Nach allem liegt der Zulassungsgrund des § 124 Abs. 2 Nr. 4 VwGO vor.
2. **Darüber hinaus ist die Berufung nach § 124 Abs. 2 Nr. 1 VwGO zuzulassen, weil ernstliche Zweifel an der Richtigkeit des Urteils bestehen. Denn der Bebauungsplan Nr. 21 ist nicht „offensichtlich" unwirksam.**
   Entgegen der Annahme des VG verfügt der Bebauungsplan Nr. 21 über eine Begründung, die den Anforderungen des § 9 Abs. 8 BauGB genügt. Diese Begründung ist zwar kurz, beschränkt sich aber keineswegs auf „nichtssagende Floskeln" . . . . .[6]

Rechtsanwalt[7]

Anmerkungen

1. Die Begründung ist beim OVG einzureichen, § 124a Abs. 4 S. 5 VwGO.

2. Anzugeben ist das Az. des OVG.

3. Die Begründung ist innerhalb von zwei Monaten nach Zustellung des Urteils einzureichen, § 124a Abs. 4 S. 4 VwGO. Die Frist kann nicht verlängert werden (OVG Münster NVwZ 2014, 1256; OVG Bremen NJW 2015, 2678; OVG Magdeburg LKV 2020, 3.2.8).

Die Begründungsfrist ist einen Monat länger als die Antragsfrist. Es wäre aber falsch anzunehmen, dass sie immer einen Monat nach der Antragsfrist endet. Das gilt nämlich nicht, wenn die Antragsfrist an einem Wochenende oder einem Feiertag endet. Dann verlängert sich die Begründungsfrist nicht entsprechend.

4. Nach § 124a Abs. 4 S. 4 VwGO sind die Gründe, aus denen die Berufung zuzulassen ist, „darzulegen". Das OVG prüft also nicht von Amts wegen, ob ein Zulassungsgrund gegeben ist. Der Zulassungsgrund muss sich unmittelbar aus der Antragsschrift iVm dem Urteil ergeben, ohne dass das OVG gezwungen wäre, den gesamten Prozessstoff selbst aufzuarbeiten (VGH Mannheim NVwZ 1997, 1230; DÖV 1998, 165; OVG Berlin NVwZ 1998, 200). Eine allgemeine Bezugnahme auf die in erster Instanz eingereichten Schriftsätze reicht nicht aus (VGH Mannheim NVwZ-RR 2002, 472). Kommen mehrere Zulassungsgründe in Betracht, so sollten diese vorsorglich sämtlich vorgetragen werden. Ein „Nachschieben" der Bezeichnung des Zulassungsgrundes nach Ablauf der Frist zur Darlegung der Zulassungsgründe ist nicht möglich (OVG Lüneburg NVwZ-RR 2009, 360).

Die Begründung des Zulassungsantrages muss von dem Rechtsanwalt selbst erarbeitet sein. Dieser Anforderung genügt ein von dem Antragsteller persönlich verfasster und von dem Rechtsanwalt lediglich unterzeichneter Schriftsatz nicht (VGH Mannheim DÖV 2010, 828 Nr. 814 Ls.).

5. § 124 Abs. 2 VwGO nennt fünf Zulassungsgründe:

a) **Ernstliche Zweifel an der Richtigkeit des Urteils, Nr. 1.** Sie sind gegeben, wenn ein einzelner tragender Rechtssatz oder eine erhebliche Tatsachenfeststellung „mit schlüssigen Gegenargumenten in Frage gestellt" werden kann (BVerfG NVwZ 2000, 1163; ferner NVwZ-RR 2020, 905). Sie liegen aber nicht vor, wenn zwar einzelne Rechtssätze oder tatsächliche Feststellungen, welche das Urteil tragen, zu Zweifeln Anlass bieten, das Urteil aber iErg aus anderen Gründen offensichtlich richtig ist (BVerwG NVwZ-RR 2004, 542). In diesem Sinne werden Zweifel dadurch „dargelegt", dass die Unrichtigkeit des Urteils in tatsächlicher und/oder rechtlicher Hinsicht schlüssig dargestellt wird. Insofern unterscheidet sich die Darlegung der „ernstlichen Zweifel" kaum von einer Berufungsbegründung (*Berkemann* DVBl. 1998, 446 (454)).

Sollen ernstliche Zweifel an der Richtigkeit des Urteils durch Tatsachenvortrag belegt werden, so ist zu differenzieren: Es kann zum einen geltend gemacht werden, dass das VG als Folge eines Aufklärungsmangels Tatsachen, die in erster Instanz bereits vorlagen, nicht berücksichtigt hat (VGH Mannheim DVBl. 2001, 318 Nr. 29 Ls.). Diese „alten" Tatsachen können dann neu vorgetragen werden (*Kuhla* DVBl. 2001, 172 (175)). Ihre Nichtberücksichtigung sollte aber vorsorglich auch als ein Verfahrensmangel nach § 124 Abs. 2 Nr. 5 VwGO gerügt werden (s. unten e). Es können auch Tatsachen vorgetragen werden, die dem VG nicht bekannt sein konnten, weil sie sich erst nachträglich ergeben haben (Änderung der Sachlage, „neue Tatsachen") (BVerwG NVwZ 2003, 490; OVG Hamburg NVwZ 1998, 863; NK-VwGO/*Seibert* § 124 Rn. 92 ff.). § 128a VwGO ist im Berufungszulassungsverfahren anwendbar (OVG Greifswald DÖV 2021, 320 Nr. 247 Ls.).

Bei der Beurteilung des Zulassungsgrundes nach § 124 Abs. 2 Nr. 1 VwGO hat das OVG auch solche nach materiellem Recht entscheidungserheblichen und vom Antragsteller innerhalb der Antragsfrist vorgetragenen Tatsachen zu berücksichtigen, die vom VG deshalb im Zeitpunkt seiner Entscheidung außer Betracht gelassen wurden, weil sie von den Beteiligten nicht vorgetragen und mangels entsprechender Anhaltspunkte auch nicht von Amts wegen zu ermitteln waren (BVerwG NVwZ-RR 2002, 894; VGH München DÖV 2018, 40 Nr. 30 Ls.; aA OVG Lüneburg DÖV 2003, 867 Nr. 163 Ls.), oder die erst nach Erlass der verwaltungsgerichtlichen Entscheidung bis zur Entscheidung über den Zulassungsantrag eingetreten sind (BVerwG NVwZ 2004, 744).

Ernstliche Zweifel können sich auch aus einer nachträglichen Änderung der Rechtslage ergeben (OVG Bln-Bbg NordÖR 2014, 245), zB dem Erlass einer den Verwaltungsakt nunmehr stützenden neuen Satzung. Die Rechtsänderung muss innerhalb der Begründungsfrist dargelegt werden (OVG Magdeburg LKV 2019, 328 Ls.)

Beruht das Urteil auf zwei selbständig tragenden Gründen (Mehrfachbegründung), kann die Berufung nur zugelassen werden, wenn hinsichtlich jedes der beiden Gründe ein Zulassungsantrag „dargelegt" wird (VGH München NVwZ-RR 2004, 391; OVG Bautzen NVwZ-RR 2010, 624; OVG Hamburg DÖV 2000, 496 Nr. 379 Ls.).

b) **Besondere tatsächliche oder rechtliche Schwierigkeiten, Nr. 2.** Dieser Begriff findet sich bereits in § 6 Abs. 1 S. 1 Nr. 1 VwGO, der die Übertragung des Rechtsstreites auf den Einzelrichter regelt. Nach der vorgenannten Bestimmung darf die Sache auf den Einzelrichter nur übertragen werden, wenn die Sache keine besonderen Schwierigkeiten tatsächlicher oder rechtlicher Art aufweist. Darüber, dass dies so ist, wird aber mit der Übertragung auf den Einzelrichter nicht mit materieller Rechtskraft für das weitere Verfahren entschieden (OVG Lüneburg NVwZ 1997, 1225; OVG Münster NVwZ 2000, 86), zumal gegen die Übertragungsentscheidung ein Rechtsmittel nicht gegeben ist, § 6 Abs. 4 S. 1 VwGO. Es kann also die Zulassung der Berufung gegen ein Urteil des Einzelrichters auch mit der Begründung beantragt werden, die Sache weise besondere tatsächliche oder rechtliche Schwierigkeiten auf.

Der Zulassungsgrund besonderer tatsächlicher oder rechtlicher Schwierigkeiten liegt nur dann vor, wenn die Rechtssache in tatsächlicher oder rechtlicher Hinsicht signifikant vom Spektrum der in verwaltungsgerichtlichen Verfahren zu entscheidenden Streitfälle abweicht (VGH Mannheim NVwZ 1997, 1230; OVG Magdeburg LKV 2009, 137), was sich oft schon an dem Begründungsaufwand ablesen lässt (BVerfG NVwZ 2000, 1163).

Es ist zu prüfen, ob die Sache besondere Schwierigkeiten in dem Sinne bereitet, dass es zu ihrer Klärung eines Berufungsverfahrens bedarf, oder ob die Rechtssache bereits im Zulassungsverfahren geklärt werden kann. Der Zulassungsgrund der besonderen Schwierigkeit ist also nicht gegeben, wenn das Urteil eindeutig richtig oder eindeutig falsch ist. Im letzteren Falle ist die Berufung dann nach § 124 Abs. 2 Nr. 1 VwGO (ernstliche Zweifel) zuzulassen. Ist dagegen eine Prognose wegen der besonderen rechtlichen oder tatsächlichen Schwierigkeiten nicht möglich, ist die Berufung nach § 124 Abs. 2 Nr. 2 VwGO zuzulassen (*Seibert* DVBl. 1997, 932 (935 f.)).

c) **Grundsätzliche Bedeutung, Nr. 3.** → Form. V.C.9. Eine die Berufungszulassung rechtfertigende grundsätzliche Bedeutung hat eine Rechtssache auch dann, wenn sich die zu klärende Rechtsfrage auf die Auslegung von Landesrecht bezieht (SS/*Rudisile* VwGO § 124 Rn. 31). Denn die Rspr. des OVG dient ja auch der Ermöglichung einer landeseinheitlichen Auslegung und Anwendung des Landesrechtes. Ferner ist die Berufung wegen grundsätzlicher Bedeutung zuzulassen, wenn die aufgeworfene Frage die Auslegung von Gemeinschaftsrecht betrifft und sich für das letztinstanzliche Gericht deswegen voraussichtlich die Notwendigkeit ergeben würde, eine Vorabentscheidung des EuGH nach Art. 267 AEUV einzuholen (BVerfG NVwZ 2009, 519). Eine Rechtsfrage ist nicht grundsätzlich klärungsbedürftig, wenn sie unschwer anhand des Gesetzes oder der bereits vorhandenen Rspr. beantwortet werden kann (OVG Lüneburg DÖV 2020, 1044 Nr. 770 Ls.).

d) **Divergenz, Nr. 4.** Dieser Zulassungsgrund ist gegeben, wenn das Urteil von einer Entscheidung des OVG, des BVerwG, des GemSOGB oder des BVerfG abweicht und auf dieser Abweichung beruht. Zu beachten ist dabei, dass im erstgenannten Falle die Abweichung von einer Entscheidung „des" OVG des betreffenden Landes gegeben sein muss, also nicht von der Entscheidung des OVG eines anderen Landes. Im letzteren Falle kann aber uU der Zulassungsgrund der grundsätzlichen Bedeutung gegeben sein (Hess StGH DVBl. 2017, 1295). Zur Divergenz → Form. V.C.10.

e) **Verfahrensmangel, Nr. 5.** → Form. V.C.11. Wird eine Verletzung des § 86 Abs. 1 VwGO gerügt, so muss dargelegt werden, „welche Beweise angetreten worden sind oder welche Ermittlungen sich dem Tatsachengericht hätten aufdrängen müssen, welche Beweismittel bzw. Aufklärungsmöglichkeiten in Betracht gekommen wären, welches Ergebnis die Beweisaufnahme bzw. weitere Aufklärung voraussichtlich gehabt hätte und inwieweit dieses Ergebnis zu einer dem Rechtsmittelführer günstigeren Entscheidung hätte führen können" (VGH Mannheim DÖV 1997, 965 (966)).

6. Lässt das OVG die Berufung zu, so wird das Antragsverfahren als Berufungsverfahren fortgesetzt; der Einlegung einer Berufung bedarf es nicht, § 124a Abs. 5 S. 5 VwGO. Die Zulassung eröffnet die Berufung in vollem Umfange, also nicht nur hinsichtlich der Gründe, derentwegen sie erfolgte (*Seibert* DVBl. 1997, 932 (940)). Mit der Zustellung des Beschlusses über die Zulassung der Berufung beginnt die einmonatige Begründungsfrist, § 124a Abs. 6 S. 1 VwGO.

7. Zum Vertretungszwang → Form. V.C.1 Anm. 3. Dem Gebot anwaltlicher Vertretung ist nicht genügt, wenn die von dem Antragsteller persönlich verfasste Antragsbegründung lediglich die Unterschrift des Rechtsanwaltes trägt, ohne von diesem selbst erarbeitet zu sein (BVerwG NJW 1997, 1865). Ebenso wenig reicht die Bezugnahme auf Schriftstücke eines nicht postulationsfähigen Dritten aus (VGH Mannheim NVwZ 1999, 429; OVG Lüneburg NVwZ-RR 2002, 468).

4. Berufungsbegründung (§ 124a VwGO)

An das
Oberverwaltungsgericht[1]
Az.: . . . .

In der Verwaltungsstreitsache . . . .

beantrage ich namens des Beklagten, nachdem der Senat die Berufung mit Beschl. v. . . . . ., zugestellt am . . . . ., zugelassen hat,[2]

unter teilweiser Abänderung des angefochtenen Urteils den Kläger in vollem Umfange mit der Klage abzuweisen.[3]

Zur Begründung führe ich aus:

Entgegen der Auffassung des VG ist der von dem Kläger angefochtene Heranziehungsbescheid in vollem Umfange rechtmäßig. Er war deshalb nicht teilweise aufzuheben . . . .[4]

Ergänzend verweise ich auf mein Vorbringen in erster Instanz und im Verfahren auf Zulassung der Berufung.[5]

Rechtsanwalt

Anmerkungen

1. Die Begründung ist bei dem OVG einzureichen, und zwar unabhängig davon, ob das OVG oder das VG die Berufung zugelassen hat, § 124a Abs. 6 S. 2, Abs. 3 S. 2 VwGO.

2. Die Berufung ist, wenn sie vom OVG zugelassen wurde, innerhalb eines Monats nach Zustellung des Zulassungsbeschlusses zu begründen, § 124a Abs. 6 S. 1 VwGO. Erfolgte die Zulassung durch das VG, so beträgt die Begründungsfrist zwei Monate ab Zustellung des Urteils, § 124a Abs. 3 S. 1 VwGO. Über die Frist und den Sitz des Gerichts, bei dem die Berufungsbegründung einzureichen ist, muss belehrt werden; geschieht dies nicht, so läuft die Jahresfrist des § 58 Abs. 2 VwGO (BVerwG NJW 2009, 2322). Die Begründungsfrist kann auf einen vor ihrem Ablauf gestellten (und zu begründenden, § 57 Abs. 2 VwGO, § 224 Abs. 2 ZPO) schriftlichen (BVerfG NVwZ 1994, 781; BVerwG DVBl. 2002, 1043) Antrag von dem Vorsitzenden verlängert werden, § 124a Abs. 3 S. 3, Abs. 6 S. 3 VwGO. Es kommt also nur darauf an, dass der begründete Verlängerungsantrag vor Ablauf der Frist beim OVG gestellt wird; die Verlängerung selbst kann nach Ablauf der Frist verfügt werden (BVerwG BVerwGE 10, 75 = DVBl. 1960, 321; BAG GS NJW 1980, 309). Die Überwachung der Berufungsbegründungsfrist darf nicht dem Büropersonal überlassen bleiben (OVG Münster NVwZ-RR 2004, 221).

3. Die Begründung muss einen bestimmten Antrag enthalten, § 124a Abs. 3 S. 4 Abs. 6 S. 3 VwGO. Allerdings reicht es aus, wenn sich das Ziel der Berufung eindeutig aus der Berufungsbegründung ergibt (BVerwG BVerwGE 114, 155 = NVwZ 2001, 1029; NVwZ-RR 2004, 220; OVG Berlin NJW 2000, 2291). Darauf sollte man sich jedoch nicht verlassen. Soll das in der ersten Instanz verfolgte Begehren in vollem Umfange aufrechterhalten werden, so kann, wie es auch der Praxis entspricht, wie folgt formuliert werden: „Unter Abänderung des angefochtenen Urteils nach den in erster Instanz gestellten Anträgen des Klägers/des Beklagten zu erkennen". Der Antrag, das Urteil ggf. nach § 130 Abs. 2 VwGO aufzuheben und die Sache an das VG zurückzuverweisen, muss nicht gestellt werden. Dieser Antrag ist als ein Minus in dem (Haupt-)Berufungsantrag enthalten. Eine Berufung, die nur auf Aufhebung und Zurückverweisung gerichtet ist, ist unzulässig (VGH Mannheim DÖV 1997, 604 Nr. 127 Ls.).

Der Umfang der Berufung wird erst durch den Berufungsantrag bestimmt. Es stellt deshalb keine teilweise Rücknahme der Berufung dar, wenn in der Begründungsschrift ein eingeschränkter Antrag gestellt wird, nachdem zunächst die Berufung uneingeschränkt eingelegt war (VGH Mannheim NVwZ-RR 2012, 588).

4. Die Berufungsbegründung erfordert eine eigene Prüfung, Sichtung und rechtliche Durchdringung des Streitstoffes. Dafür reicht die offene oder verschleierte Übernahme eines fremden Textes nicht aus (OVG Bautzen LKV 2020, 77; OVG Lüneburg DÖV 2020, 160 Nr. 140 Ls.). In der Berufungsbegründung muss iE dargelegt werden, aus welchen Gründen das Urteil des VG unrichtig ist, § 124a Abs. 3 S. 4, Abs. 6 S. 3 VwGO. Dabei muss beachtet werden, dass „das Berufungsverfahren . . . . . nicht so sehr der rechtlichen Überprüfung des in der ersten Instanz ergangenen Urteils" dient, „sondern vielmehr der Herbeiführung der richtigen – und zwar nach dem Stande der letzten Berufungsverhandlung richtigen – Entscheidung des Rechtsstreits" (BVerwG BVerwGE 23, 135 (137, 138) = NJW 1966, 750). Es ist deshalb nicht zu empfehlen, sich allzu sehr mit den Entscheidungsgründen des angefochtenen Urteils auseinanderzusetzen und/oder sich in einer umfangreichen Kritik am erstinstanzlichen Verfahrensablauf zu verlieren. Wichtig ist vielmehr darzulegen, dass entgegen der Ansicht des VG die Klage begründet bzw. unbegründet ist. Dazu können im gleichen Umfange wie in der ersten Instanz Tatsachen und Rechtsauffassungen vorgetragen werden. § 128 S. 1 VwGO, ohne Einschränkung insb. durch den

Grund der Zulassung der Berufung. Auch neu vorgebrachte Tatsachen und Beweismittel können berücksichtigt werden, § 128 S. 2 VwGO. Neue Erklärungen und Beweismittel, die im ersten Rechtszug entgegen einer hierfür gesetzten Frist (§ 87b Abs. 1 u. Abs. 2 VwGO) nicht vorgebracht worden sind, sind nur zuzulassen, wenn nach der freien Überzeugung des Gerichts ihre Zulassung die Erledigung des Rechtsstreits nicht verzögern würde oder wenn der Beteiligte die Verspätung genügend entschuldigt, § 128a Abs. 1 S. 1 VwGO. Erklärungen und Beweismittel, die das VG zu Recht zurückgewiesen hat, bleiben auch im Berufungsverfahren ausgeschlossen, § 128a Abs. 2 VwGO.

5. Zweifelhaft ist, ob eine Berufungsbegründung auch dann notwendig ist, wenn das zur Begründung Erforderliche schon in dem Antrag auf Zulassung der Berufung ausgeführt wurde. Unverzichtbar ist es jedenfalls, nach der Zulassung der Berufung noch einen Schriftsatz zur Berufungsbegründung einzureichen (BVerwG NVwZ 2003, 868; NVwZ-RR 2004, 541; OVG Münster DVBl. 1999, 997; NVwZ 1999, 208). In diesem kann dann ggf. zur Begründung auf den Zulassungsantrag verwiesen werden, wenn dieser den Anforderungen (auch) einer Berufungsbegründung genügt (BVerwG DVBl. 1999, 95; NVwZ 2000, 67; NVwZ 2001, 1029; OVG Münster NVwZ 1999, 208; DVBl. 1999, 997). Unzureichend ist es aber, wenn zur Begründung der Berufung lediglich auf das Vorbringen im Vorverfahren und im Verfahren erster Instanz verwiesen wird (VGH München NVwZ-RR 2001, 545).

5. Anschlussberufung (§ 127 VwGO)

An das
Oberverwaltungsgericht[1, 2]
Az.: . . . . .
In der Verwaltungsstreitsache . . . . .
schließe ich mich namens des Klägers der vom Senat zugelassenen Berufung[3] des Beklagten[4] an mit dem Antrag,[5] unter teilweiser Abänderung des angefochtenen Urteils den Heranziehungsbescheid des Beklagten vom . . . . . in der Gestalt des Widerspruchsbescheides vom . . . . . in vollem Umfange aufzuheben.
Zur Begründung führe ich aus . . . . .[6]
Die Berufungsbegründung des Beklagten ist mir am . . . . . zugestellt worden.[7]
Rechtsanwalt

Anmerkungen

1. Es ist möglich, dass gegen das Urteil des VG von mehreren Beteiligten ein Antrag auf Zulassung der Berufung gestellt und nach Zulassung der Berufung das Berufungsverfahren durchgeführt wird. In diesem Falle sind die Zulassungs- und Berufungsverfahren voneinander unabhängig. Für ihre verfahrensrechtliche Abwicklung gelten keine Besonderheiten (sog selbständige Anschlussberufung).

Denkbar ist aber auch, dass, wie hier, ein Beteiligter sich der für den Prozessgegner zugelassenen Berufung anschließt, § 127 Abs. 1 S. 1 VwGO. Die Anschließung ist auch statthaft, wenn der Beteiligte auf die Berufung verzichtet hat oder die Frist für die Berufung oder den Antrag auf Zulassung der Berufung verstrichen ist, § 127 Abs. 2 S. 1 VwGO. Eine solche Berufung (sog unselbständige Anschlussberufung) wird unwirksam, wenn die (Haupt-)Berufung zurückgenommen oder als unzulässig verworfen wird, § 127

Abs. 5 VwGO. In diesem Falle sind auch die Kosten der Anschlussberufung dem Kostenpflichtigen der Hauptsache aufzuerlegen, sofern nicht der Anschlussberufungsführer der Rücknahme zugestimmt hat. Ein unselbständiger „Anschlusszulassungsantrag" (Antrag auf Zulassung der Berufung nach Ablauf der eigenen Antragsfrist) ist nicht zulässig (VGH München NVwZ 2000, 213).

Die Anschlussberufung selbst bedarf nicht der Zulassung, § 127 Abs. 4 VwGO.

2. Die Anschlussberufung ist beim OVG einzulegen, § 127 Abs. 1 S. 2 VwGO.

3. Eine Anschlussberufung setzt denknotwendig das Vorliegen einer Berufung voraus. Die Berufung ist aber erst mit ihrer Zulassung eingelegt, § 124a Abs. 5 S. 5 VwGO. Folglich ist eine unselbständige Anschlussberufung erst nach Zulassung der (Haupt-) Berufung möglich.

Nach § 127 VwGO besteht ein unbeschränktes Anschließungsrecht, das eine volle Überprüfung des erstinstanzlichen Streitstoffs ermöglicht. Die Anschlussberufung darf sich deshalb auch auf einen Streitstoff beziehen, der nicht Gegenstand der Berufung ist (OVG Münster KStZ 2009, 12).

4. Die Berufung muss sich gegen den Anschlussberufungskläger richten. Aus Sinn und Zweck der Anschlussberufung folgt, dass ein in erster Instanz unterlegener Beteiligter sich der Berufung eines anderen Beteiligten nur anschließen kann, wenn sich dessen Rechtsmittel (auch) gegen ihn richtet. Ein Beteiligter kann sich nicht durch eine unselbständige Anschlussberufung Zugang zu dem nicht gegen ihn gerichteten Rechtsmittelverfahren beschaffen (BVerwG NVwZ-RR 1998, 457: Wenn von zwei Nachbarn, die als einfache Streitgenossen eine dem beigeladenen Bauherrn erteilte Baugenehmigung anfechten, der eine obsiegt und der andere unterliegt, kann sich der unterlegene Nachbar der Berufung des beigeladenen Bauherrn, die sich gegen den obsiegenden Nachbarn richtet, nicht im Wege der unselbständigen Anschlussberufung anschließen).

Eine Änderung der Klage durch den obsiegenden Kläger kann in der Berufungsinstanz nur im Wege der Anschlussberufung erfolgen (BVerwG NVwZ 1999, 1000).

5. Auch die unselbständige Anschlussberufung muss einen bestimmten Antrag enthalten. Sie setzt keine Beschwer des Anschlussberufungsführers voraus (str. s. dazu BVerwG NVwZ 2013, 880). Entscheidend ist, dass mit der Anschlussberufung mehr erstrebt wird als die bloße Zurückweisung der Berufung (OVG Münster NWVBl. 1998, 110).

6. Die unselbständige Anschlussberufung muss in der Anschlussschrift begründet werden, § 127 Abs. 3 S. 1 VwGO. Die Begründungsfrist kann nicht verlängert werden, was sich daraus ergibt, dass § 127 Abs. 3 S. 2 VwGO § 124a Abs. 3 S. 3 VwGO nicht in Bezug nimmt.

7. Die Anschlussberufung ist innerhalb eines Monats nach Zustellung der Berufungsbegründung einzulegen, § 127 Abs. 2 S. 2 VwGO. Die Begründung kann nachgereicht werden, solange die Anschlussfrist offen ist (VGH Mannheim NVwZ-RR 2021, 94). Auf die Frist muss nicht nach § 58 Abs. 1 VwGO hingewiesen werden (BVerwG BVerwGE 142, 99 = NVwZ 2012, 1045).

6. Revision (§§ 132 ff. VwGO)

An das
Oberverwaltungsgericht[1]
. . . . . Senat
Az.: . . . . .

In der Verwaltungsstreitsache

des . . . . .
(Klägers)
Prozessbevollmächtigter: Rechtsanwalt . . . . .[2]
gegen
die Stadt . . . . .
(Beklagte)
beteiligt: Der Vertreter des öffentlichen Interesses bei dem Oberverwaltungsgericht . . . . .
wegen: . . . . .
lege ich namens des Klägers gegen das Urteil des Senates vom . . . . ., zugestellt am . . . . .,[3] die vom Senat zugelassene

Revision

ein.[4]
Antrag und Begründung folgen in einem besonderen Schriftsatz.[5]
Rechtsanwalt[6]

Anmerkungen

1. Die Revision ist schriftlich bei dem Gericht einzulegen, dessen Urteil angefochten wird (iudex a quo), § 139 Abs. 1 S. 1 VwGO. Das ist normalerweise das OVG, § 132 Abs. 1 VwGO, bei der Sprungrevision (§ 134 VwGO) und beim Ausschluss der Berufung (§ 135 VwGO) das VG. Die Einlegung beim BVerwG wahrt die Frist, § 139 Abs. 1 S. 2 VwGO.

2. Nach § 67 Abs. 4 S. 1 VwGO müssen sich die Beteiligten vor dem BVerwG, außer im Prozesskostenhilfeverfahren, durch Prozessbevollmächtigte vertreten lassen. Als Bevollmächtigte sind nur die in § 67 Abs. 2 S. 1 VwGO bezeichneten Personen zugelassen, § 67 Abs. 4 S. 3 VwGO, also Rechtsanwälte oder Rechtslehrer an einer staatlichen oder staatlich anerkannten Hochschule eines Mitgliedsstaates der EU, eines anderen Vertragsstaates des Abkommens über den Europäischen Wirtschaftsraum oder der Schweiz, die die Befähigung zum Richteramt besitzen. Dem Vertretungszwang unterliegt auch schon die Einleitung des Verfahrens vor dem BVerwG, § 67 Abs. 4 S. 2 VwGO, also schon die Einlegung der Revision.

Für Behörden und juristische Personen des öffentlichen Rechts gilt die Sonderregelung des § 67 Abs. 4 S. 4 VwGO (ua Vertretung durch eigene Beschäftigte mit Befähigung zum Richteramt).

Eine Sonderregelung für bestimmte Verfahrensarten, ua Verfahren nach § 52 Nr. 4 VwGO und Personalvertretungsangelegenheiten, enthält § 67 Abs. 4 S. 5 u. S. 6 VwGO.

3. Die Revisionsfrist beträgt einen Monat; sie beginnt nach § 139 Abs. 1 S. 1 VwGO mit der Zustellung des die Zulassung enthaltenen Urteils, im Falle der Sprungrevision mit Zustellung des die Revision zulassenden Beschlusses des VG, § 134 Abs. 3 S. 2 VwGO.

4. Die Revision gegen ein Urteil oder gegen einen Beschluss des OVG nach § 47 Abs. 5 S. 1 VwGO kann nur eingelegt werden, wenn sie vom OVG zugelassen wird, § 132 Abs. 1 VwGO. Die Nichtzulassung der Revision kann durch Beschwerde angefochten werden, § 133 VwGO (→ Form. V.C.8; → Form. V.C.11). Zur Revision gegen Urteile des VG s. §§ 134, 135 VwGO.

5. Antrag und Begründung der Revision können nachgereicht werden, § 139 Abs. 3 VwGO. Zu der dafür bestehenden Frist → Form. V.C.7 Anm. 1.

Kosten und Gebühren

6. Für das Verfahren im Allgemeinen werden 5,0 Gerichtsgebühren erhoben, Nr. 5130 KV.

Für das Revisionsverfahren erhält der Rechtsanwalt eine 1,6-Verfahrensgebühr nach VV 3206 RVG sowie eine 1,5- Terminsgebühr nach VV 3210 RVG.

7. Revisionsbegründung

An das
Bundesverwaltungsgericht
. . . . . Senat
Simsonplatz 1
04107 Leipzig
Az.: . . . . .

Revisionsbegründung[1, 2]
In der Verwaltungsstreitsache

. . . . .
gegen den Landrat . . . . .
beantrage ich:[3]
Unter Abänderung des angefochtenen Urteils des OVG . . . . . vom . . . . . den Beklagten unter Aufhebung seines Ablehnungsbescheides vom . . . . . in der Gestalt des Widerspruchsbescheides vom . . . . . zu verpflichten, die dem Beigeladenen am . . . . . erteilte Baugenehmigung zur Errichtung eines Einfamilienwohnhauses auf dem Grundstück . . . . . zurückzunehmen.[4]
Zur Begründung führe ich aus:[5]
Entgegen der Ansicht des Berufungsgerichts ist der Beklagte verpflichtet, die dem Beigeladenen erteilte Baugenehmigung zurückzunehmen, weil diese Genehmigung gegen § 34 BauGB verstößt und sie entgegen einer dem Kläger gegebenen Zusage erteilt worden ist (BVerwG NJW 1976, 303).

I. Das Berufungsgericht hat das Schreiben des Beklagten vom . . . . . dahin ausgelegt, dass der Beklagte mit Bindungswillen dem Kläger die Zusage gegeben hat, dem Beigeladenen keine Genehmigung für ein Einfamilienwohnhaus zu erteilen, welches die durch die bereits vorhandene Bebauung gebildete einheitliche rückwärtige Baugrenze überschreitet oder die einheitliche Firsthöhe der benachbarten vier Häuser nicht einhält. An diese Auslegung ist das Revisionsgericht gebunden, § 137 Abs. 2 VwGO. Sie lässt einen Rechtsverstoß nicht erkennen. Das Berufungsgericht hat im Einklang mit der im öffentlichen Recht entsprechenden anwendbaren Vorschrift des § 133 BGB sich nicht allein an dem Wortlaut des Schreibens orientiert, sondern die

gesamten Umstände, unter denen es an den Kläger gerichtet wurde, mitberücksichtigt . . . . .

II. Die dem Kläger erteilte Zusage ist rechtsverbindlich, weil sie den formellen und materiellen Anforderungen des § 38 VwVfG NRW entspricht. Bei dieser Vorschrift handelt es sich nach § 137 Abs. 1 Nr. 2 VwGO um revisibles Recht, da sie ihrem Wortlaut nach mit § 38 VwVfG Bund übereinstimmt.

Entgegen der Ansicht des Berufungsgerichts ist die dem Kläger erteilte Zusage nicht deshalb unwirksam, weil sie ohne Mitwirkung der Gemeinde erfolgt ist. Zwar ist nach § 36 BauGB über die Zulässigkeit eines Vorhabens nach § 34 BauGB von der Baugenehmigungsbehörde im Einvernehmen mit der Gemeinde zu entscheiden. Dieses Einvernehmen ist jedoch nur dann erforderlich, wenn die Behörde die Genehmigung erteilt, nicht dagegen im Falle einer Versagung. Daraus folgt, dass nach § 38 Abs. 1 S. 2 VwVfG NRW nur die Zusage der Erteilung einer Baugenehmigung des Einvernehmens der Gemeinde bedarf, nicht dagegen die Zusage, eine Baugenehmigung (an einen Dritten) nicht zu erteilen (*Dohle* BauR 1976, 395 (399)). Vorliegend ist aber von dem Beklagten nicht die Erteilung (einer dem § 34 BauGB entsprechenden), sondern die Nichterteilung einer (dem § 34 BauGB widersprechenden) Baugenehmigung zugesagt worden.

III. Durch die Erteilung der auch nach Ansicht des Berufungsgerichts rechtswidrigen Baugenehmigung hat sich der Anspruch des Klägers gegen den Beklagten auf Einhaltung der Zusage in einen Anspruch auf Rücknahme der zusagewidrigen Baugenehmigung umgewandelt (BVerwG NJW 1976, 303 (305)). Dieser Rücknahme stehen rechtliche Hindernisse nicht entgegen, insb. nicht Gesichtspunkte des Vertrauensschutzes.

Rechtsanwalt

Anmerkungen

1. Für die Länge und den Lauf der Revisionsbegründungsfrist gilt Folgendes:

Ist in dem Urteil des Berufungsgerichts die Revision zugelassen worden, so ist die Revision innerhalb von zwei Monaten nach Zustellung des vollständigen Urteils zu begründen, § 139 Abs. 3 S. 1 Hs. 1 VwGO. Mit der Zustellung des Urteils beginnen also die einmonatige Revisionsfrist nach § 139 Abs. 1 S. 1 VwGO (→ Form. V.C.6 Anm. 3) und die zweimonatige Revisionsbegründungsfrist nach § 139 Abs. 3 S. 1 Hs. 1 VwGO. Der Lauf der Revisionsbegründungsfrist ist vom Zeitpunkt der Einlegung der Revision und des Ablaufs der Revisionsfrist unabhängig.

Ist vom VG die Sprungrevision nach § 134 VwGO zugelassen worden, so beginnt die Revisionsbegründungsfrist mit der Zustellung des Zulassungsbeschlusses, § 139 Abs. 3 S. 1 Hs. 1 VwGO.

Wird auf eine Revisionsnichtzulassungsbeschwerde hin die Revision zugelassen, so beträgt die Revisionsbegründungsfrist einen Monat; sie beginnt mit der Zustellung des Beschlusses über die Zulassung der Revision, § 139 Abs. 3 S. 1 Hs. 2 VwGO.

Die Begründungsfrist kann auf einen vor ihrem Ablauf gestellten (und zu begründenden, § 57 Abs. 2 VwGO, § 224 Abs. 2 ZPO!) schriftlichen (BVerfG NVwZ 1994, 781) Antrag durch den Vorsitzenden verlängert werden, § 139 Abs. 3 S. 3 VwGO. Es kommt also nur darauf an, dass der begründete Verlängerungsantrag vor Ablauf der Frist beim BVerwG (BVerwG KStZ 1993, 232) gestellt wird; die Verlängerung selbst kann nach Ablauf der Frist verfügt werden (BVerwG BVerwGE 10, 75 = DVBl. 1960, 321; BAG GS NJW 1980, 309).

Zu den Sorgfaltspflichten des Rechtsanwaltes bei der Überprüfung und Kontrolle der Revisionsbegründungsfrist s. BVerwG KStZ 1994, 153 und BSG DÖV 1997, 37.

2. Nach § 139 Abs. 3 S. 2 VwGO ist die Begründung beim BVerwG einzureichen. Die Einreichung beim Berufungsgericht wahrt die Frist nicht.

3. Die Revisionsbegründung muss einen bestimmten Antrag enthalten, § 139 Abs. 3 S. 4 VwGO.

4. Es genügt auch die Bezugnahme auf den in der Vorinstanz gestellten schriftlichen Antrag, wenn dieser hinreichend bestimmt ist (BVerwG BVerwGE 23, 41= ZBR 1966, 131). Üblich ist dann die Formulierung: „Unter Abänderung des angefochtenen Urteils nach den Schlussanträgen des . . . . . im Berufungsverfahren zu erkennen."

Es ist nicht erforderlich, neben dem Hauptantrag hilfsweise zu beantragen, „das angefochtene Urteil aufzuheben und die Sache zur anderweitigen Verhandlung und Entscheidung an das Berufungsgericht zurückzuverweisen", weil dieser Antrag als ein Minus im Hauptantrag enthalten ist.

5. Die Revision kann nur auf die Verletzung einer Rechtsnorm gestützt werden, § 137 Abs. 1 VwGO. An die in dem angefochtenen Urteil getroffenen tatsächlichen Feststellungen ist das BVerwG gebunden, außer wenn in Bezug auf diese Feststellungen zulässige und begründete Revisionsgründe vorgebracht sind, § 137 Abs. 2 VwGO.

Gerügt werden kann grds. nur die Verletzung von Bundesrecht, § 137 Abs. 1 Nr. 1 VwGO. Landesrecht ist nur revisibel, wenn es durch Bundesgesetz für revisibel erklärt ist. Dies ist durch § 137 Abs. 1 Nr. 2 VwGO für Vorschriften des VwVfG eines Landes, die ihrem Wortlaut nach mit Vorschriften des VwVfG Bund übereinstimmen, geschehen.

Kein revisibles Bundesrecht liegt vor, wenn durch Landesrecht eine bundesrechtliche Vorschrift für entsprechend anwendbar erklärt wird (BVerwG BVerwG NVwZ 1984, 101), etwa wenn in einem LandesKAG, zB in § 12 KAG NRW, Vorschriften der AO für entsprechend anwendbar erklärt werden (BVerwG BVerwGE 143, 222 = NVwZ 2012, 1413).

Die Revisionsbegründung muss nach § 139 Abs. 3 S. 4 VwGO die verletzte Rechtsnorm und, soweit Verfahrensmängel gerügt werden, die Tatsachen bezeichnen, die den Mangel ergeben. Der Prozessbevollmächtigte des Revisionsklägers muss – für das Revisionsgericht objektiv erkennbar – eine Sichtung und Durchdringung des Streitstoffes vornehmen. Dieser ist nicht identisch mit dem Streitstoff der Vorinstanzen oder eines vorangegangenen Revisionsbeschwerdeverfahrens. Aus diesem Grund reicht eine Bezugnahme auf früher eingereichte Schriftsätze nicht aus (BVerwG NJW 1985, 1235). Dies gilt auch für die NZB (BVerwG DÖV 1978, 814; DVBl. 1989, 415). Eine „vollinhaltliche" Bezugnahme auf die Beschwerdeschrift lässt das BVerwG nur dann als Revisionsbegründung ausreichen, „wenn die Beschwerdeschrift den Anforderungen (auch) an eine Revisionsbegründung genügt und – bei mehreren im Beschwerdeverfahren geltend gemachten Zulassungsgründen – in der Revisions- bzw. Revisionsbegründungsschrift unmissverständlich klargestellt wird, welche der geltend gemachten Zulassungsgründe – nunmehr als Revisionsgründe – zur Stützung der Revision dienen sollen" (BVerwG NJW 1985, 1235; ferner DVBl. 1989, 265). Wegen der damit verbundenen Unsicherheiten sollte stets von einer Bezugnahme auf andere Schriftsätze abgesehen und eine aus sich selbst heraus verständliche Revisionsbegründung verfasst werden.

8. Beschwerde gegen die Nichtzulassung der Revision (§ 133 VwGO)

An das
Oberverwaltungsgericht[1, 2]
Az.: . . . . .

In der Verwaltungsstreitsache

des . . . . . .
(Klägers)
Prozessbevollmächtigter: Rechtsanwalt[3] . . . . .
gegen
den Oberbürgermeister . . . . . .
(Beklagten)[4]
. . . . . wegen: . . . . . .
lege ich hiermit namens des Klägers gegen die Nichtzulassung der Revision in dem Urteil des Senats vom . . . . ., zugestellt am . . . . .,[5]

Beschwerde[6]

ein mit dem Antrag,
die Entscheidung des Oberverwaltungsgerichts . . . . . . über die Nichtzulassung der Revision gegen sein Urteil vom . . . . . . aufzuheben und die Revision zuzulassen.
Die Begründung reiche ich nach.[7, 8]
Rechtsanwalt[9]

Schrifttum: *Weyreuther*, Revisionszulassung und Nichtzulassungsbeschwerde in der Rechtsprechung der obersten Bundesgerichte, 1971, NJW-Schriften, Heft 14; *Kummer*, Nichtzulassungsbeschwerde, 3. Aufl. 2019; *Nassall*, Nichtzulassungsbeschwerde und Revision, 2018.

Anmerkungen

1. Die Nichtzulassung der Revision in dem Urteil des OVG oder (im Falle des § 135 VwGO) des VG kann durch Beschwerde angefochten werden, § 133 Abs. 1 VwGO. Die Einlegung der Beschwerde hemmt die Rechtskraft des Urteils, § 133 Abs. 4 VwGO. Sie führt dazu, dass das BVerwG Gericht der Hauptsache iSd § 80 Abs. 5 VwGO wird.

2. Die Revisionsnichtzulassungsbeschwerde ist schriftlich bei dem Gericht einzureichen, dessen Entscheidung angefochten wird, also idR beim OVG § 133 Abs. 2 S. 1 VwGO, im Falle des § 135 VwGO beim VG, § 135 S. 3 mit § 133 Abs. 2 S. 1 VwGO. Die Einlegung beim BVerwG wahrt die Frist nicht (BVerwG BVerwGE 32, 357 = NJW 1970, 75).

3. Es besteht im gleichen Umfange Anwaltszwang wie bei der Einlegung der Revision, § 67 Abs. 4 S. 2 VwGO. → Form. V.C.6 Anm. 2.

4. Für den Beschwerdegegner, hier den Beklagten, ist es grds. nicht notwendig, tätig zu werden und durch einen Rechtsanwalt die Zurückweisung der Beschwerde zu beantragen, bevor nicht vom Gericht die Beschwerdebegründung zur Stellungnahme zugeleitet wurde. Wird der Rechtsanwalt des Beschwerdegegners schon vorher tätig und wird dann die Beschwerde zurückgenommen, so sind die dem Beschwerdegegner entstandenen

Anwaltskosten regelmäßig nicht erstattungsfähig (BVerwG Buchholz 310 § 162 VwGO Nr. 29; OVG Lüneburg NordÖR 2007, 138).

5. Die Beschwerdefrist beträgt einen Monat seit Zustellung des Urteils, § 133 Abs. 2 S. 1 VwGO. Die Beschwerde muss das angefochtene Urteil bezeichnen, § 133 Abs. 2 S. 2 VwGO. Sie braucht noch keine Begründung zu enthalten.

6. Die Umdeutung einer von einem Rechtsanwalt eingelegten Revision in eine Beschwerde gegen die Nichtzulassung der Revision ist nicht möglich (BVerwG NVwZ 1998, 1297).

7. → Form. V.C.9, → Form. V.C.11.

8. Wird der Beschwerde gegen die Nichtzulassung der Revision abgeholfen oder lässt das BVerwG die Revision zu, so wird das Beschwerdeverfahren als Revisionsverfahren fortgeführt, wenn nicht das BVerwG das angefochtene Urteil nach § 133 Abs. 6 VwGO aufhebt (→ Form. V.C.11 Anm. 7); der Einlegung einer Revision durch den Beschwerdeführer bedarf es nicht, § 139 Abs. 2 S. 1 VwGO. Mit der Zustellung des Zulassungsbeschlusses beginnt die einmonatige Revisionsbegründungsfrist, § 139 Abs. 3 S. 1 Hs. 2 VwGO.

Kosten und Gebühren

9. Nach Nr. 5500 KV wird eine 2,0 Gerichtsgebühr erhoben, wenn die Beschwerde verworfen oder zurückgewiesen wird.
Der Rechtsanwalt erhält für die Vertretung im Revisionsnichtzulassungsbeschwerdeverfahren eine 1,6-Gebühr nach VV 3506 RVG. Die Gebühr wird auf die Verfahrensgebühr für ein nachfolgendes Revisionsverfahren angerechnet.

9. Begründung der Revisionsnichtzulassungsbeschwerde wegen grundsätzlicher Bedeutung (§ 132 Abs. 2 Nr. 1 VwGO)

An das
Oberverwaltungsgericht[1]
Az.: . . . .

In der Verwaltungsstreitsache . . . . .

führe ich zur Begründung der Beschwerde vom . . . . . gegen die Nichtzulassung der Revision in dem Urteil des Senates vom . . . . ., zugestellt am . . . . .[2] **aus:**[3]

Die Revision ist nach § 133 mit § 132 Abs. 2 Nr. 1 VwGO zuzulassen, weil die Rechtssache grundsätzliche Bedeutung hat.[4]

Das Berufungsgericht hat unter Abänderung der Entscheidung des Verwaltungsgerichts die Klage gegen den Rückforderungsbescheid abgewiesen, obwohl auch nach seiner Auffassung die Rücknahme des Zuwendungsbescheides nicht innerhalb der Jahresfrist des § 48 Abs. 4 VwVfG erfolgt ist. Es ist dabei der Auffassung des OVG Koblenz (DÖV 2011, 617 Nr. 633 Ls = BeckRS 2011, 48070) gefolgt, dass die Klägerin als Gemeinde und damit als öffentliche Rechtsträgerin sich nicht auf den Ablauf der Jahresfrist berufen könne.

Die Frage, ob auch zugunsten öffentlicher Rechtsträger die Jahresfrist des § 48 Abs. 4 VwVfG gilt, hat grundsätzliche Bedeutung,[5, 6] **ihre Klärung dient der einheitlichen Anwendung der bundesrechtlichen Vorschrift des § 48 Abs. 4 VwGO Bund und der**

ihrem Wortlaut entsprechenden landesrechtlichen Regelung, § 137 Abs. 1 Nr. 2 VwGO. Ein Klärungsbedarf besteht, weil nach Ansicht eines anderen Obergerichts, nämlich des OVG Münster (NWVBl. 2008, 34), die Vorschrift des § 48 Abs. 4 VwVfG auch im Verhältnis zwischen Trägern öffentlicher Verwaltungen gilt. Zwar spricht nach Ansicht des BVerwG (BVerwGE 126, 7 (14) = DVBl. 2006, 1306 (1309)) „einiges dafür, dass ..... die Rücknahmefrist des § 48 Abs. 4 VwVfG ..... im Verhältnis zwischen Trägern öffentlicher Verwaltungen keine Anwendung findet"; abschließend geklärt hat das BVerwG die Frage aber nicht.

Die Klärung der Frage ist auch entscheidungserheblich; denn sollte § 48 Abs. 4 VwVfG anzuwenden sein, ist der Klage auf Aufhebung des Rückforderungsbescheides stattzugeben.

Anmerkungen

1. Die Begründung ist bei dem Gericht, gegen dessen Urteil Revision eingelegt werden soll, also idR beim OVG, einzureichen, § 133 Abs. 3 S. 2 VwGO. Die Einreichung beim BVerwG wahrt die Begründungsfrist nicht.

Ist die vorinstanzliche Entscheidung auf mehrere selbständig tragende Gründe gestützt, so kann die Revision nur zugelassen werden, wenn hinsichtlich jeder dieser Begründungen ein Revisionszulassungsgrund aufgezeigt wird und vorliegt (BVerwG BauR 2020, 79).

2. Die Beschwerde ist innerhalb von zwei Monaten nach Zustellung des vollständigen Urteils zu begründen, § 133 Abs. 3 S. 1 VwGO. Die Frist ist mangels gesetzlicher Ermächtigung nicht verlängerbar (BVerwG BayVBl. 1990, 317; NVwZ 2001, 799).

3. In der Begründung muss dargelegt werden, § 133 Abs. 3 S. 3 VwGO, dass und inwieweit eine bestimmte Frage des Bundesrechts im allg. Interesse klärungsbedürftig und warum ihre Klärung in dem beabsichtigten Revisionsverfahren zu erwarten ist (BVerwG UPR 2016, 224).

Die Prüfung, ob die Revision zugelassen werden kann, ist auf die frist- und formgerecht vorgetragenen Zulassungsgründe des § 132 Abs. 2 VwGO beschränkt. Erforderlich ist eine Sichtung und rechtliche Durchdringung des Streitstoffes durch den Prozessbevollmächtigten des Beschwerdeführers und ein sorgfältiges Eingehen auf den jeweiligen Zulassungsgrund. Dieser muss schlüssig, aber nicht notwendig umfangreich dargestellt werden. UU genügen schon „einige wenige Sätze" (BVerwG DÖV 1974, 105 Nr. 33 Ls.). Gerade bei der Begründung einer Revisionsnichtzulassungsbeschwerde, deren Abfassung zu den schwierigsten anwaltlichen Aufgaben gehören kann, vor allem wenn Verfahrensmängel gerügt werden sollen (→ Form. V.C.11), kommt es weniger auf den Umfang als auf die Qualität (Klarheit, Verständlichkeit, Übersichtlichkeit) der Ausführungen an. „Eine umfangreiche Beschwerdebegründung" – im entschiedenen Falle 678 Seiten! – „entspricht jedenfalls dann nicht den formellen Erfordernissen, wenn die Ausführungen zu den Zulassungsgründen in unübersichtlicher, ungegliederter, unklarer, kaum auflösbarer Weise mit Einlassungen zu irrevisiblen oder für das Beschwerdeverfahren sonst unerheblichen Fragen vermengt sind. Es ist nicht Aufgabe des Beschwerdegerichts, aus einem derartigen Gemenge das herauszusuchen, was möglicherweise – bei wohlwollender Auslegung – zur Begründung der Beschwerde geeignet sein könnte" (BVerwG NJW 1996, 1554; ferner KStZ 2002, 75 (76)).

4. Grds. bedeutsam iSd § 132 Abs. 2 Nr. 1 VwGO ist eine Rechtssache dann, „wenn für die angefochtene Entscheidung der Vorinstanz eine konkrete, fallübergreifende und bislang ungeklärte Rechtsfrage des revisiblen Rechts von Bedeutung war, deren Klärung im Revisionsverfahren zu erwarten ist und zur Erhaltung der Einheitlichkeit der Rspr. oder zur Weiterentwicklung des Rechts geboten erscheint" (BVerwG NVwZ 2014, 365). Wesentliche Stichworte zur Begründung einer Grundsatzrevision sind Begriffe wie Rechtssicherheit, Rechtsfortbildung, fehlende höchstrichterliche Klärung, praktische Bedeutung über den Einzelfall hinaus. Die rechtsgrundsätzliche Frage muss revisibles Recht betreffen, also grds. Bundesrecht, § 137 Abs. 1 Nr. 1 VwGO, ausnahmsweise auch Landesrecht, § 137 Abs. 1 Nr. 2 VwGO.

Die Zulassung der Berufung wegen grundsätzlicher Bedeutung zwingt nicht zur Zulassung der Revision (BVerwG BeckRS 2014, 47708).

5. In der Beschwerdebegründung sind die klärungsbedürftige Frage und ihre grundsätzliche Bedeutung sowie ihre Entscheidungserheblichkeit aufzuzeigen. Es ist noch nicht auszuführen, wie die Frage – aus der Sicht des Beschwerdeführers – richtigerweise zu beantworten sein wird. Dies ist Aufgabe der Revisionsbegründung, die nicht vorweggenommen werden sollte. Verfehlt ist es jedenfalls, die NZB ausschließlich mit einer Kritik an der Entscheidung, gegen die Revision eingelegt werden soll, zu begründen.

6. Es reicht nicht aus, dass die Entscheidung nur tatsächlich, dh für eine Vielzahl von gleichgelagerten Fällen bedeutsam ist oder der Rechtsstreit eine erhebliche wirtschaftliche, soziale oder politische Bedeutung hat (BVerwG BVerwGE 13, 90 (91 f.) = NJW 1962, 218).

Rechtsgrundsätzlich ist eine Frage auch dann nicht, wenn sie sich auf der Grundlage der Gesetze mit Hilfe der üblichen Regeln der Gesetzesauslegung ohne weiteres beantworten lässt (BVerwG NVwZ-RR 1994, 9). Ferner ist eine Frage nicht rechtsgrundsätzlich, wenn sie nicht mehr geltendes Recht betrifft, es sei denn, dass ihre Klärung noch für einen nicht überschaubaren Personenkreis in nicht absehbarer Zukunft von Bedeutung ist (BVerwG NVwZ-RR 1996, 712; DVBl. 1997, 1325). Ebensowenig verleiht eine Rechtsfrage, die sich nur auf eine nach der Berufungsentscheidung in Kraft getretene neue Rechtsgrundlage bezieht, der Sache grundsätzliche Bedeutung (BVerwG DÖV 2005, 709).

10. Begründung der Revisionsnichtzulassungsbeschwerde wegen Abweichung (§ 132 Abs. 2 Nr. 2 VwGO)

An das

Oberverwaltungsgericht[1]

Az.: . . . . .

Die Revision ist nach § 133 mit § 132 Abs. 2 Nr. 2 VwGO zuzulassen, weil das OVG bei seinem Urteil von einer Entscheidung des BVerwG[2] **abgewichen ist und sein Urteil auf dieser Abweichung beruht.**[3]

Das OVG hat angenommen, dass die gerade verlaufende Stichstraße wegen ihrer Länge von nur 78 m in jedem Falle als unselbständig zu qualifizieren sei. Damit weicht das OVG von der nach Erlass seines Urteils verkündeten Entscheidung des BVerwG v. 26.9.2001 (KStZ 2002, 98) ab.[4] **Danach kann auch eine nur 75 m lange Stichstraße eine selbständige Erschließungsanlage sein, wenn sie in einem allgemeinen Wohngebiet liegt, auf ihrer überwiegenden Länge zu beiden Seiten in geschlossener Bauweise angebaut ist und sie zusätzlich der Erschließung einer an ihren Wendehammer anschließenden drei- bis viergeschossigen Bebauung dient. Von diesem Rechtssatz weicht das OVG ab, wenn es die Stichstraße unabhängig von der Bebauungsdichte nur wegen ihrer Länge von 78 m als**

unselbständig ansieht.[5] Das Urteil beruht auch auf dieser Abweichung.[6] Denn hätte das OVG nicht nur auf die Länge der Stichstraße, sondern auch auf die Intensität der an ihr vorhandenen Bebauung abgestellt, so wäre es zur Feststellung der Selbständigkeit der Erschließungsanlage gekommen . . . . .

Anmerkungen

1. Zur Begründung der Revisionsnichtzulassungsbeschwerde → Form. V.C.9.

2. Die Divergenzrevision ist gegeben, wenn das Urteil von einer Entscheidung des BVerwG, des GemSOGB oder des BVerfG abweicht und auf dieser Abweichung beruht, § 132 Abs. 2 Nr. 2 VwGO. Ist die Vorinstanz von der Entscheidung eines anderen Obersten Bundesgerichtes abgewichen, so dürfte regelmäßig der Zulassungsgrund der grundsätzlichen Bedeutung gegeben sein (BVerwG Buchholz 310 § 132 VwGO Nr. 124). Entscheidungen des EuGH sind nicht divergenzfähig (BVerwG NVwZ-RR 2013, 774).

3. Eine Divergenz iSd § 132 Abs. 2 Nr. 2 VwGO ist nur gegeben, wenn das vorinstanzliche Gericht bei Anwendung derselben Rechtsvorschrift mit einem seiner Entscheidung tragenden abstrakten Rechtssatz zu einem in der Rspr. der in § 132 Abs. 2 Nr. 2 VwGO genannten Gerichte aufgestellten ebensolchen Rechtssatz in Widerspruch tritt (BVerwG NVwZ 1987, 1086; NVwZ-RR 1996, 712; NVwZ-RR 2000, 260). Eine Abweichung liegt nicht vor, wenn sich die unterschiedlichen Auslegungen auf verschiedene, wenn auch inhaltsgleiche, Vorschriften beziehen (BVerwG NVwZ 2014, 1174). Dann dürfte allerdings der Fall grundsätzlicher Bedeutung (§ 132 Abs. 2 Nr. 1 VwGO) gegeben sein.

4. Der Zulassungsgrund muss in der Beschwerdebegründung durch Angabe der Entscheidung, von der abgewichen sein soll, und durch Darlegungen der miteinander in Widerspruch stehenden entscheidungstragenden Rechtssätze dargestellt werden (BVerwG NVwZ 2014, 1174). Die Entscheidung muss so genau bezeichnet werden, § 133 Abs. 3 S. 3 VwGO, „dass die Identität gesichert und die Heranziehung ohne Schwierigkeiten möglich ist" (*Weyreuther,* Revisionszulassung und Nichtzulassungsbeschwerde, Rn. 219). Es müssen also Datum und Aktenzeichen (das Datum allein reicht nicht, BVerwG MDR 1964, 624) oder die Fundstelle angegeben werden.

Unerheblich ist, ob das Berufungsgericht bewusst von der Entscheidung abgewichen ist; auch eine nach Erlass des Urteils ergangene Entscheidung kann die Zulassung der Revision wegen Divergenz rechtfertigen (BVerwG NJW 1960, 594; Kopp/Schenke/*W.-R. Schenke* VwGO § 132 Rn. 17).

5. Wichtig ist, dass hier eine Divergenz zur Rspr. des BVerwG im rechtlichen Ansatz des Urteils deutlich gemacht wird. Es müssen sich zwei Rechtssätze unterschiedlicher Inhalte gegenüber stehen, also hier der Rechtssatz des OVG „Eine Stichstraße von 78 m Länge ist in jedem Falle unselbständiger Teil der Straße, von der sie abzweigt" und der Rechtssatz des BVerwG „Auch eine nur 75 m lange Straße kann eine selbständige Erschließungsanlage sein". Dagegen rechtfertigt die unrichtige Anwendung eines vom BVerwG, dem GmSOGB oder dem BVerfG entwickelten und vom Berufungsgericht nicht in Frage gestellten Rechtssatzes auf den zu entscheidenden Einzelfall die Zulassung der Revision nicht (BVerwG NJW 1997, 3328; KStZ 2002, 75 (77); DVBl. 2011, 121Ls.; BRS 79 (2012) Nr. 1).

6. Die Divergenz allein reicht nicht aus, sie muss vielmehr auch ursächlich für die Entscheidung sein, § 132 Abs. 2 Nr. 2 VwGO.

11. Begründung der Revisionsnichtzulassungsbeschwerde wegen eines Verfahrensmangels (§ 132 Abs. 2 Nr. 3 VwGO)

An das

Oberverwaltungsgericht[1]

Az.: . . . . . .

Die Revision ist nach § 133 mit § 132 Abs. 2 Nr. 3 VwGO zuzulassen, weil das Berufungsgericht einen Verfahrensfehler begangen hat, auf dem die Entscheidung beruht.[2]

Nach Ansicht des OVG ist die angefochtene Festsetzung des Zwangsmittels der Ersatzvornahme rechtswidrig, wenn die zu vollziehende Abrissverfügung vom . . . . . . 2016 in der Zeit nach ihrer Bestandskraft rechtswidrig geworden ist. Dies könnte der Fall sein, wenn die in der näheren Umgebung des streitbefangenen Wochenendhauses vorhandenen Bauwerke erst nach Bestandskraft der Abrissverfügung entstanden sind. Dieser von ihm als erheblich erkannten Frage ist das OVG nicht ausreichend nachgegangen. Es durfte sich nicht auf seine eigene Einschätzung des Alters der Bauwerke verlassen, sondern musste dem von dem Kläger in der mündlichen Verhandlung vor dem Berufungsgericht gestellten Beweisantrag nach § 86 Abs. 2 VwGO auf Beiziehung der Bauakten der Grundstücke . . . . . . und Vernehmung der Zeugen . . . . . . nachgehen. Das Berufungsgericht hat folglich mit der Ablehnung des Beweisantrages den Verfahrensfehler unvollständiger Aufklärung des Sachverhaltes, § 86 Abs. 1 VwGO, begangen.[3]

Dieser Verfahrensfehler[4] ist für die Entscheidung auch ursächlich.[5] Denn hätte das Berufungsgericht die beantragte Beweisaufnahme durchgeführt, so hätte sich ergeben, dass von den in der Umgebung des streitbefangenen Wochenendhauses vorhandenen Bauwerken vier in den Jahren 2017 und 2018 genehmigt und errichtet worden sind, und zwar . . . . . . Dann aber ist bei Zugrundelegung der Rechtsauffassung des Berufungsgerichtes[6] die Abrissverfügung vom . . . . . . 2016 rechtswidrig geworden und die angefochtene Verfügung über die Festsetzung der Ersatzvornahme aufzuheben.[7]

Anmerkungen

1. Zur Begründung der Revisionsnichtzulassungsbeschwerde → Form. V.C.9.

2. Nach § 132 Abs. 2 Nr. 3 VwGO ist die Revision zuzulassen, wenn ein Verfahrensmangel geltend gemacht wird und vorliegt, auf dem die Entscheidung beruhen kann. In der Beschwerdebegründung muss der Verfahrensmangel „bezeichnet" werden, § 133 Abs. 3 S. 3 VwGO (s. dazu BVerwG NJW 1997, 3328). Es sind also Tatsachen vorzutragen und unter Beweis zu stellen, die den behaupteten Verfahrensmangel belegen. Notfalls hat also iRd Beschwerdeverfahrens eine Beweisaufnahme stattzufinden (BVerwG NJW 1986, 2721 (2723)).

3. Sinn der Revisionszulassung wegen eines Verfahrensmangels ist die Kontrolle des Verfahrensganges, nicht der Rechtsfindung (BVerwG NVwZ-RR 1996, 359). Dies muss bei der Rüge eines Verfahrensfehlers wegen Verletzung der richterlichen Aufklärungspflicht nach § 86 Abs. 1 VwGO beachtet werden. Ein Fehler in der Tatsachenfeststellung, in der Sachverhalts- und Beweiswürdigung ist grds. als Fehler bei der Rechtsfindung anzusehen und deshalb revisionsrechtlich nicht dem Verfahrensrecht, sondern dem sachlichen Recht zuzuordnen. „Mit Angriffen gegen die Sachverhalts- und Beweiswürdigung der Tatsacheninstanzen lässt sich die Zulassung der Revision deshalb jedenfalls in aller Regel nicht erreichen" (BVerwG NVwZ-RR 1996, 359). Aus diesem Grunde wird hier als Verfahrensmangel auch nicht die Tatsachenfeststellung als solche gerügt, sondern das Übergehen eines nach § 86 Abs. 2 VwGO förmlich gestellten Beweisantrages zu einem nicht vollständig aufgeklärten Sachverhalt. Auch bei unterlassenem förmlichen Beweisantrag kann der Verfahrensmangel fehlerhafter Sachverhaltsaufklärung gerügt werden, wenn sich eine weitergehende Sachaufklärung dem Gericht „aufdrängen musste" (BVerwG NJW 1994, 2243; NJW 1997, 3328).

4. Als weitere Verfahrensfehler kommen in Betracht:

- der Erlass einer Überraschungsentscheidung unter Verstoß gegen § 86 Abs. 3 mit § 104 Abs. 1 VwGO,
- die Überschreitung der Zweiwochenfrist des § 116 Abs. 2 VwGO (BVerwG NVwZ 1998, 1176),
- die fehlerhafte Ablehnung eines Wiedereinsetzungsantrages (BVerwG BayVBl. 1993, 30),
- das Vorliegen absoluter Revisionsgründe des § 138 VwGO, zB der Versagung rechtlichen Gehörs, § 138 Nr. 3 VwGO (BVerwG NJW 1997, 3328),
- nicht ordnungsgemäße Besetzung des Gerichts („schlafender Richter", BVerwG NJW 2001, 2898; NJW 2018, 94),
- die Entscheidung ohne mündliche Verhandlung durch Beschluss nach § 130a S. 1 VwGO in einer Rechtssache mit außergewöhnlich großen Schwierigkeiten in rechtlicher und tatsächlicher Hinsicht (BVerwG NWVBl. 2005, 59),
- die Entscheidung, die trotz ausgebliebenen Einverständnisses ohne mündliche Verhandlung ergeht (BVerwG DÖV 2003, 859).

Keinen Verfahrensmangel stellt es dar, wenn

- das Verfahren eine überlange Dauer hat (BVerwG DVBl. 2005, 859 Nr. 19 Ls.),
- ein Berufungsgericht eine europarechtliche Frage nicht dem Europäischen Gerichtshof zur Vorabentscheidung nach Art. 267 AEUV vorlegt und auch nicht die Revision zulässt (BVerwG KStZ 2005, 113).

5. Bei einer auf einen Verfahrensmangel gestützten Zulassungsbeschwerde genügt es nicht, den Verfahrensmangel zu bezeichnen, vielmehr muss auch dargelegt werden, dass das Urteil auf diesem Mangel „beruhen kann", § 132 Abs. 2 Nr. 3 VwGO. Es muss also auch ausgeführt werden, dass, wenn das OVG den Verfahrensmangel nicht begangen, hier also die beantragte Beweisaufnahme durchgeführt hätte, es zu einem für den Rechtsmittelführer sachlich günstigeren Ergebnis hätte gelangen können (BVerwG NJW 1962, 2121; NJW 1976, 1705).

6. Bei der Feststellung, ob ein Verfahrensmangel vorliegt, ist von der Rechtsauffassung des Berufungsgerichtes auszugehen, und zwar auch dann, wenn diese falsch sein sollte (BVerwG NVwZ-RR 1996, 358; NVwZ-RR 2017, 1037).

7. Stellt das BVerwG fest, dass der geltend gemachte Verfahrensmangel besteht und die Entscheidung auf diesem Mangel beruhen kann, so kann es in seinem Beschluss das angefochtene Urteil aufheben und den Rechtsstreit zur anderweitigen Verhandlung und Entscheidung zurückverweisen, § 133 Abs. 6 VwGO. Die Aufhebung und Zurückverweisung müssen in der Revisionsnichtzulassungsbeschwerde nicht ausdrücklich beantragt werden.

12. Antrag auf Zulassung der Sprungrevision (§ 134 VwGO)

An das
Verwaltungsgericht[1]
Az.: . . . . .

In der Verwaltungsstreitsache

des . . . . .
(Klägers)
Prozessbevollmächtigter: Rechtsanwalt . . . . .[2]
gegen
den Landrat des Kreises . . . . .
(Beklagten)
Beigeladene: die Eheleute . . . . .
beantrage ich namens des Klägers:[3]
Die Sprungrevision gegen das Urteil der Kammer vom . . . . .
zugestellt am . . . . .,[4] **zuzulassen.**
Die Zustimmungserklärung des Beklagten[5] **ist beigefügt.**
Die Voraussetzungen für die Zulassung der Revision sind nach § 134 Abs. 2 S. 1 mit § 132 Abs. 2 Nr. 1 VwGO gegeben, weil die Rechtssache grundsätzliche Bedeutung[6] **hat . . . . .**[7]
Rechtsanwalt

Anmerkungen

1. Nach § 134 Abs. 1 S. 1 VwGO kann gegen ein Urteil des VG unter Umgehung der Berufungsinstanz Revision (Sprungrevision) eingelegt werden, wenn der Kläger und der Beklagte schriftlich zustimmen und die Revision vom VG zugelassen wird. Die Zulassung durch das VG erfolgt im Urteil oder nachträglich auf Antrag durch Beschluss. Hier wird davon ausgegangen, dass die Revision im Urteil nicht zugelassen wurde, die Beteiligten eine Revision an das BVerwG wegen der aus den Entscheidungsgründen erkennbaren grundsätzlichen Bedeutung der Sache für sinnvoll und eine weitere Klärung des Sachverhalts und/oder eine Nachprüfung der tatsächlichen Feststellungen des VG durch die Berufungsinstanz nicht für notwendig halten.

Zur Rechtsmittelbelehrung bei der Zulassung der Sprungrevision und den Folgen einer falschen Belehrung BVerwG NVwZ-RR 1994, 361.

2. Für den Antrag auf Zulassung der Revision besteht kein Anwaltszwang.

3. Die Zulassung der Revision kann jeder Beteiligte, auch der Beigeladene und der Vertreter des öffentlichen Interesses, beantragen.

4. Der Antrag auf Zulassung der Revision ist innerhalb eines Monats nach Zustellung des vollständigen Urteils beim VG einzureichen, § 134 Abs. 1 S. 2 VwGO.

5. Nach § 134 Abs. 1 S. 1 VwGO müssen der Kläger und der Beklagte der Einlegung der Revision schriftlich zustimmen. Die Zustimmung kann auch zur Niederschrift des Gerichts erklärt werden (BVerwG DVBl. 2005, 513; BVerwGE 148, 297 = NVwZ-RR 2014, 365). Sie muss sich auf die Einlegung der Revision, nicht nur auf den Antrag auf Zulassung der Revision, beziehen (BVerwG NVwZ 1986, 120; DVBl. 1989, 410; DVBl.

2005, 513). Die Zustimmungserklärung ist dem Antrag auf Zulassung der Revision oder, wenn die Revision im Urteil zugelassen wurde, der Revisionsschrift im Original (BVerwG NVwZ 2006, 599) beizufügen, § 134 Abs. 1 S. 3 VwGO. Im letzteren Falle kann die Zustimmung auch innerhalb der noch offenen Revisionsfrist nachgereicht werden (BVerwG BVerwGE 39, 314 = NVwZ-RR 1993, 219), rechtlich wirksam auch durch Telefax (BVerwG BVerwGE 151, 255 = NVwZ 2015, 1467). Wurde die Zustimmung des Klägers und des Beklagten zu Protokoll erklärt, muss der Revisionsschrift keine beglaubigte Niederschrift beigefügt werden (BVerwG NVwZ 2002, 90). Ein in der mündlichen Verhandlung übereinstimmend gestellter Antrag auf Zulassung der Sprungrevision ersetzt die schriftliche Zustimmung nicht (BVerwG BeckRS 1997, 31227363). Der Zustimmung eines Beigeladenen bedarf es nicht.

6. Nach § 134 Abs. 2 S. 1 VwGO ist die Revision vom VG nur zuzulassen, wenn die Voraussetzungen des § 132 Abs. 2 Nr. 1 (grundsätzliche Bedeutung der Sache) oder des § 132 Abs. 2 Nr. 2 VwGO (Abweichung von einer Entscheidung des BVerwG, des GmSOGB oder des BVerfG) vorliegen. Auf Mängel des Verfahrens kann die Sprungrevision nicht gestützt werden, § 134 Abs. 4 VwGO. Ein Verfahrensmangel liegt aber nicht vor, wenn geltend gemacht wird, das VG habe zu Unrecht die Klagebefugnis (BVerwG NVwZ 1998, 954) oder das Rechtsschutzbedürfnis (BVerwG NVwZ-RR 1999, 472) verneint.

7. Lehnt das VG den Antrag auf Zulassung der Revision durch Beschluss ab, beginnt mit der Zustellung dieser Entscheidung der Lauf der Frist für den Antrag auf Zulassung der Berufung von neuem, sofern der Antrag in der gesetzlichen Frist und Form gestellt und die Zustimmungserklärung beigefügt war, § 134 Abs. 3 S. 1 VwGO.

Lässt das VG die Revision durch Beschluss zu, beginnen mit der Zustellung dieser Entscheidung die einmonatige Revisionsfrist, § 134 Abs. 3 S. 2 VwGO, und die zweimonatige Frist zur Begründung der Revision, § 139 Abs. 3 S. 1 Hs. 1 VwGO.

13. Beschwerde nach der VwGO (§§ 146 ff. VwGO)

An das
Verwaltungsgericht[1, 2]

In der Verwaltungsstreitsache

des . . . .
(Antragsteller)
Verfahrensbevollmächtigter: Rechtsanwalt . . . .[3]
gegen
den Landrat des Kreises . . . . .
(Antragsgegner)
Beigeladene: Eheleute . . . . .
Az.: . . . . .

lege ich hiermit gegen die Ziffer 1 des Beschlusses der Kammer vom . . . . ., zugestellt am . . . . .,[4] mit der der Antrag auf Anordnung der aufschiebenden Wirkung des Widerspruches des Antragstellers gegen die den Beigeladenen erteilte Baugenehmigung vom . . . . . abgelehnt wurde,

Beschwerde

ein.
Antrag und Begründung folgen in einem besonderen Schriftsatz.[5]
Rechtsanwalt[6]

Anmerkungen

1. Nach § 146 Abs. 1 VwGO ist die Beschwerde an das OVG gegeben gegen die Entscheidungen des VG, des Vorsitzenden oder des Berichterstatters, die nicht Urteile oder Gerichtsbescheide sind, soweit nicht die VwGO etwas anderes bestimmt. Die Beschwerde gegen die Festsetzung des Streitwertes richtet sich nach § 68 Abs. 1 GKG; die §§ 146 ff. VwGO sind hier nur für das Verfahren selbst anwendbar (*Redeker/von Oertzen* VwGO § 165 Rn. 18).

Nicht statthaft ist nach geltendem Prozessrecht eine Untätigkeitsbeschwerde (BVerwG NVwZ 2003, 869; VGH Mannheim DVBl. 2004, 68 Nr. 64 Ls.) sowie die außerordentliche Beschwerde gegen sog greifbar gesetzeswidrige Entscheidungen (BVerwG DVBl. 2005, 254; OVG Münster NVwZ-RR 2004, 706).

2. Die Beschwerde ist bei dem Gericht, dessen Entscheidung angefochten wird, schriftlich oder zur Niederschrift des Urkundsbeamten der Geschäftsstelle einzulegen, § 147 Abs. 1 S. 1 VwGO. Die Beschwerde kann fristwahrend auch beim OVG eingelegt werden, § 147 Abs. 2 VwGO.

3. Nach § 67 Abs. 4 S. 1 VwGO müssen sich die Beteiligten in einem Verfahren vor dem OVG, außer in einem Prozesskostenhilfeverfahren, durch Prozessbevollmächtigte vertreten lassen. Das gilt auch für Prozesshandlungen, durch die ein Verfahren vor dem OVG eingeleitet wird, also zB für die Einlegung der Beschwerde, § 67 Abs. 4 S. 2 VwGO. Als Prozessbevollmächtigte kommen in erster Linie Rechtsanwälte in Betracht, § 67 Abs. 4 S. 3 mit Abs. 2 S. 1 VwGO. → Form. V.C.1 Anm. 3.

Die Streitwertbeschwerde (→ Anm. 1) unterliegt keinem Vertretungszwang (OVG Münster NVwZ 2009, 123; OVG Koblenz DVBl. 2010, 734 Nr. 24 Ls.).

4. Die Beschwerde ist innerhalb von zwei Wochen nach Bekanntgabe der Entscheidung einzulegen, § 147 Abs. 1 S. 1 VwGO. Der Lauf der Frist setzt eine ordnungsgemäße Rechtsmittelbelehrung voraus, § 58 Abs. 1 VwGO. Zu dieser gehört aber nicht der Hinweis, dass die Beschwerde nach § 147 Abs. 2 VwGO auch beim OVG eingelegt werden kann (OVG Münster OVGE MüLü 29, 183 = NJW 1974, 879).

5. → Form. V.C.14.

Kosten und Gebühren

6. Nach Nr. 5240 KV wird in Verfahren über Beschwerden gegen Entscheidungen nach § 123 VwGO und §§ 80, 80a VwGO eine 2,0-Gerichtsgebühr erhoben, Vorb. 5.2.4 KV. Nach Nr. 5502 KV fällt in Verfahren über nicht besonders aufgeführte Beschwerden, die nicht nach anderen Vorschriften gebührenfrei sind, eine Gerichtsgebühr von 66 EUR an, soweit die Beschwerde verworfen oder zurückgewiesen wird.

Der Rechtsanwalt erhält nach VV 3206 RVG mit Vorb. 3.2.1 Nr. 3a in Verfahren über Beschwerden gegen Entscheidungen des vorläufigen Rechtsschutzes, zB nach §§ 80, 123 VwGO, eine 1,6 Verfahrensgebühr. In allen anderen Beschwerdeverfahren fällt nach VV 3500 RVG eine 0,5 Verfahrensgebühr an.

14. Begründung der Beschwerde (§ 146 Abs. 4 VwGO)

An das
Oberverwaltungsgericht[1, 2]
Az.: . . . .

In der Verwaltungsstreitsache

. . . .

beantrage ich,[3]

unter Abänderung des Beschlusses des VG . . . . vom . . . ., bekannt gegeben am . . . .,[4] die aufschiebende Wirkung des Widerspruches des Antragstellers gegen die den Beigeladenen von dem Antragsgegner erteilte Baugenehmigung vom . . . . anzuordnen.

Zur Begründung führe ich aus.[5]

Entgegen der Auffassung des VG[6] kommt der Festsetzung in dem Bebauungsplan . . . . eine drittschützende Wirkung zu. Zu dem Personenkreis, dessen Interessen mit der Festsetzung gewahrt werden sollen, gehört auch der Antragsteller . . . .

Rechtsanwalt

Anmerkungen

1. Außer bei Beschwerden gegen Beschlüsse des VG in Verfahren des vorläufigen Rechtsschutzes nach den §§ 80, 80a und 123 VwGO ist eine Begründung der Beschwerde nicht vorgeschrieben, aber in aller Regel zweckmäßig. Auch ein bestimmter Antrag ist nicht erforderlich, wenn sich nur das Begehren, insb. der Umfang der begehrten Überprüfung, aus dem Inhalt der Beschwerdeschrift ergibt (*Redeker/von Oertzen* VwGO § 147 Rn. 3).

Im vorliegenden Falle ist die Beschwerde gegen eine Entscheidung nach § 80a VwGO eingelegt worden, so dass die Sonderregelung des § 146 Abs. 4 VwGO gilt.

2. Die Beschwerdebegründung ist, sofern sie nicht bereits in der Beschwerdeschrift enthalten war, beim OVG einzureichen, § 146 Abs. 4 S. 2 VwGO. Zur Weiterleitung einer fehlerhaft beim VG eingereichten Beschwerdebegründung an das OVG s. BVerwG NJW 2018, 1272; OVG Magdeburg LKV 2009, 144; OVG Bautzen LKV 2017, 319 Ls.).

3. Die Beschwerdebegründung muss einen bestimmten Antrag enthalten, § 146 Abs. 4 S. 3 VwGO, jedenfalls aber das Rechtsschutzziel des Beschwerdeführers erkennen lassen (OVG Weimar KStZ 2004, 57).

4. Die Beschwerde muss innerhalb von einem Monat nach Bekanntgabe der Entscheidung des VG begründet werden, § 146 Abs. 4 S. 1 VwGO. Der Lauf der Frist setzt voraus, dass über sie in der Rechtsmittelbelehrung gesondert belehrt wurde, § 58 Abs. 1 VwGO (OVG Magdeburg NVwZ-RR 2019, 488 Nr. 27 Ls.; aA SS/*Rudisile* VwGO § 146 Rn. 13a).

5. Es sind die Gründe darzulegen, aus denen die Entscheidung abzuändern oder aufzuheben ist, § 146 Abs. 4 S. 3 VwGO. Das OVG prüft nur die dargelegten Gründe, § 146 Abs. 4 S. 6 VwGO. Es müssen alle tragenden Gründe des angefochtenen Beschlusses abgehandelt werden (OVG Münster NVwZ-RR 2004, 706). Neuer Vortrag ist „im Grundsatz" zu berücksichtigen (VGH Mannheim DVBl. 2014, 55). Berücksichtigungsfähig sind auch neue Umstände, die bis zum Ablauf der Begründungsfrist eingetreten und

vom Beschwerdeführer innerhalb der Monatsfrist ordnungsgemäß dargelegt worden sind (VGH Kassel BauR 2020, 1439).

6. Der Rechtsmittelführer muss sich mit den entscheidungstragenden Rechtssätzen und Annahmen in der erstinstanzlichen Entscheidung in sachlich substantiierter Weise auseinandersetzen und sie mit schlüssigen Argumenten in Frage stellen (OVG Saarlouis NVwZ-RR 2016, 528). Es reicht nicht, wenn eine Beschwerdebegründung nur erstinstanzliches Vorbringen wortgleich wiederholt (VGH Kassel NVwZ-RR 2010, 999).

15. Anhörungsrüge (§ 152a VwGO)

An das Oberverwaltungsgericht[1, 2]
. . . . . Senat
Az.: . . . . .

In der Verwaltungsstreitsache . . . . .

erhebe ich namens der von mir vertretenen Beklagten[3] eine

Anhörungsrüge

mit dem Antrag,

dem Beklagten und Rügeführer das bisher vorenthaltene rechtliche Gehör zu gewähren und das durch Urteil des Senates vom . . . . ., zugestellt am . . . . .,[4] beendete Verfahren auf dieser Grundlage fortzuführen.

Zur Begründung führe ich aus:[5]
Das Berufungsurteil verletzt den Anspruch des Beklagten auf rechtliches Gehör.[6]

I.

Der erkennende Senat hat mit seinem Urteil vom . . . . . der Berufung des Klägers stattgegeben und nach § 113 Abs. 1 S. 4 VwGO festgestellt, dass der von dem Beklagten unter dem . . . . . an die Beigeladene nach § 60b GewO für das Pfingstfest erteilte Festsetzungsbescheid, der sich durch Zeitablauf erledigt hatte, rechtswidrig gewesen sei, weil „sonstige erhebliche Störungen der öffentlichen Sicherheit oder Ordnung zu befürchten" seien, § 69a Abs. 1 Nr. 3 GewO. Der Kläger sei nämlich unzumutbaren Lärmbelastungen ausgesetzt gewesen. Selbst bei Berücksichtigung des besonderen Charakters des Volksfestes dürfte innerhalb der Ruhezeiten am Tage (20.00 Uhr bis 22.00 Uhr) und in der Zeit bis 24.00 Uhr ein Beurteilungspegel von 70 dB(A) nicht überschritten werden. Diese Überschreitung sei aber von dem Sachverständigen . . . . . festgestellt worden. Der Sachverständige habe an den drei Veranstaltungstagen in der Zeit von 22.00 Uhr bis 24.00 Uhr Beurteilungspegel von 69 dB(A) bis 73 dB(A) ermittelt.
In meinem Schriftsatz vom . . . . . habe ich dargelegt, dass und aus welchen Gründen der von dem Sachverständigen vorgenommene Zuschlag von 3 dB(A) für die „Informationshaltigkeit" des von dem Volksfest ausgehenden Lärms (A.2.5.2 des Anhanges zur TA Lärm) nicht vorgenommen werden durfte, da von dem Lärm kein „außergewöhnlicher Grad an Störung" ausgehe (dazu BVerwG BVerwGE 129, 209 (217) = BRS 71 (2007) Nr. 103)) und der Lärm auch nicht durch hohe Pegeländerungen oder einen „hohen Informationsgehalt" charakterisiert sei (OVG Berlin OVGE BE 19, 183). Dass möglicherweise Bruchstücke von Lautsprecherdurchsagen hörbar seien, rechtfertige die Annahme einer „Information" nicht (VGH München BeckRS 2005, 16300 zu Gesprächsfetzen aus einem Wirtshausgarten). Der Senat ist diesem Vortrag nicht nachgegangen,

sondern hat darauf verwiesen, dass nach den überzeugenden Feststellungen des Sachverständigen der Grenzwert von 70 dB(A) überschritten worden sei.

II.

Der Senat hat den Anspruch des Beklagten auf Gewährung rechtlichen Gehörs verletzt, weil er den Vortrag, dass wegen des besonderen Charakters des Volksfestes ein Zuschlag wegen „Informationshaltigkeit" nicht gerechtfertigt sei, übergangen hat.[7] Unterstellt man einmal die Rechtsauffassung des Senates, dass ein Wert von 70 dB(A) nicht überschritten werden dürfe, als richtig,[8] so kam es darauf an, ob tatsächlich eine solche Überschreitung vorlag. Das war nicht der Fall, wenn die Voraussetzungen eines Zuschlages für „Informationshaltigkeit" der Geräusche nicht gegeben waren. Der Senat musste deshalb dieser Frage nachgehen. Hätte er dies getan, so wäre festgestellt worden, dass der Grenzwert von 70 dB(A) nicht überschritten wird. Damit kann nicht ausgeschlossen werden, dass der Senat bei Berücksichtigung des Sachvortrages des Beklagten zu einer anderen, für den Beklagten günstigeren Entscheidung gelangt wäre. Damit ist der Anspruch auf Gewährung rechtlichen Gehörs verletzt (BVerfG NJW 2004, 3551).[9]

Rechtsanwalt[10, 11]

Anmerkungen

1. Die Anhörungsrüge ist nach § 152a Abs. 1 S. 1 VwGO statthaft, wenn gegen eine Gerichtsentscheidung kein Rechtsmittel oder kein anderer Rechtsbehelf gegeben ist und das Gericht den Anspruch des Rügeführers auf rechtliches Gehör in entscheidungserheblicher Weise verletzt hat. Es handelt sich nicht um ein Rechtsmittel, sondern um einen außerordentlichen Rechtsbehelf. Der Anhörungsrüge kommt daher weder ein Devolutiveffekt noch ein Suspensiveffekt zu. Sie hindert auch nicht den Eintritt der formellen Rechtskraft. Die Anhörungsrüge ist nur gegen Endentscheidungen statthaft, § 152a Abs. 1 S. 2 VwGO, also zB nicht gegen einen die Berufung zulassenden Beschluss (OVG Lüneburg DVBl 2019, 263).

2. Die Anhörungsrüge ist schriftlich oder zur Niederschrift des Urkundsbeamten der Geschäftsstelle bei dem Gericht zu erheben, dessen Entscheidung angegriffen wird, § 152a Abs. 2 S. 4 VwGO.

3. § 67 Abs. 4 VwGO bleibt unberührt, § 152a Abs. 2 S. 5 VwGO. Die Prozessvollmacht erstreckt sich auch auf die Anhörungsrüge, § 173 VwGO, § 81 ZPO.

4. Die Rüge ist innerhalb von zwei Wochen nach Kenntnis von der Verletzung des rechtlichen Gehörs zu erheben, § 152a Abs. 2 S. 1 VwGO. Der Beginn der Frist ist nicht davon abhängig, dass die angegriffene Entscheidung hätte zugestellt werden müssen (BVerwG NVwZ-RR 2013, 340). Die Rügefrist ist eine materielle Ausschlussfrist; sie ist nur gewahrt, wenn in dem jeweiligen Zeitraum eine den gesetzlichen Anforderungen genügende Rügeschrift beim zuständigen Gericht eingeht. § 58 VwGO findet keine Anwendung (BVerwG Buchholz 310 § 152a VwGO Nr. 15; OVG Hamburg DÖV 2006, 309). Für den Fristbeginn maßgeblich ist die positive Kenntnis aller Umstände, aus denen sich die Berechtigung zur Erhebung der Anhörungsrüge ergibt. Nach § 152a Abs. 2 S. 1 Hs. 2 VwGO hat der Rügeführer den Zeitpunkt der Kenntniserlangung glaubhaft zu machen. Nach Ablauf eines Jahres seit Bekanntgabe der angegriffenen Entscheidung kann die Anhörungsrüge nicht mehr erhoben werden, § 152a Abs. 2 S. 2 VwGO.

5. In der Rügeschrift ist die angegriffene Entscheidung zu bezeichnen, § 152a Abs. 2 S. 6 VwGO, dh mit Aktenzeichen, Datum und Beteiligten anzugeben. Außerdem müssen die in § 152a Abs. 1 S. 1 Nr. 2 VwGO genannten Voraussetzungen dargelegt werden. An die „Darlegung" werden die gleichen Anforderungen gestellt wie bei dem Antrag auf Zulassung der Berufung und der Beschwerde (§§ 124a Abs. 4 S. 4, 146 Abs. 4 S. 3 VwGO) (→ Form. V.C.3 Anm. 4, → Form. V.C.4 Anm. 4; → Form. V.C.14 Anm. 5). Der Rügeführer muss also im Hinblick auf das konkrete Verfahren schildern, warum aus tatsächlichen und/oder rechtlichen Gründen sein Anspruch auf rechtliches Gehör durch das Gericht verletzt worden ist.

6. Die Anhörungsrüge nach § 152a VwGO ist grds. auf Verfahrensstöße gegen Art. 103 Abs. 1 GG beschränkt (OVG Frankfurt (Oder) NVwZ 2005, 1213; OVG Lüneburg NVwZ-RR 2006, 295; VGH Mannheim NVwZ 2006, 1084 Nr. 26 Ls.). Eine Gehörsverletzung ist nur dann entscheidungserheblich, wenn nicht ausgeschlossen werden kann, dass das Gericht ohne sie zu einer anderen Entscheidung gelangt wäre (OVG Lüneburg DÖV 2020, 1044 Nr. 770 Ls.).

Eine analoge Anwendung des § 152a VwGO kommt in Betracht, wenn eine Verletzung von Verfahrensgrundrechten, etwa des Art. 101 Abs. 1 S. 2 GG (gesetzlicher Richter) gerügt wird (BGH NJW 2004, 2389; BVerwG NVwZ-RR 2007, 113; VGH Mannheim NJW 2005, 920; OVG Lüneburg NVwZ-RR 2006, 295). Auf die Verletzung anderer Grundrechte, etwa des Art. 3 GG, kann die Anhörungsrüge nicht gestützt werden (VGH München BeckRS 2008, 27532).

Neben der Anhörungsrüge ist eine „Gegenvorstellung" nicht mehr zulässig (BVerwG NVwZ-RR 2016, 723; OVG Magdeburg NVwZ-RR 2020, 229).

Eine „außerordentliche Beschwerde" wegen vermeintlich greifbaren Gesetzesverstoßes ist durch § 152a VwGO ausgeschlossen (BVerwG NVwZ-RR 2007, 113; OVG Bln-Bbg NVwZ 2006, 614; OVG Hamburg NVwZ 2009, 62; OVG Lüneburg DVBl. 2009, 996 Nr. 44 Ls.).

Ausgeschlossen ist auch die Möglichkeit, im Eilverfahren wegen einer Verletzung des Anspruches auf rechtliches Gehör die Abänderung einer Entscheidung nach § 80 Abs. 7 VwGO zu beantragen (VGH Mannheim NVwZ 2006, 219).

7. Der Anspruch auf rechtliches Gehör kann hauptsächlich dadurch verletzt werden, dass das Gericht entscheidungserheblichen Sachverhalt nicht zur Kenntnis genommen oder in Erwägung gezogen hat (BVerwG BeckRS 2006, 20625; OVG Bautzen SächsVBl. 2008, 194). Ferner ist der Anspruch auf rechtliches Gehör verletzt, wenn das Gericht bei seiner Entscheidung ohne vorherigen Hinweis auf einen rechtlichen Gesichtspunkt abgestellt hat, mit dem auch ein gewissenhafter und kundiger Prozessbeteiligter nach dem bisherigen Prozessverlauf nicht zu rechnen brauchte („Überraschungsentscheidung", BVerwG NJW 2003, 2687; zu den Anforderungen an die Begründung der Anhörungsrüge in diesem Fall BVerwG DÖV 2008, 1004), es vor Ablauf einer gesetzten Äußerungsfrist (BVerwG NJW 1992, 327) oder trotz fehlenden Einverständnisses der Beteiligten im Urteilsverfahren ohne mündliche Verhandlung entscheidet (BVerwG NVwZ 2009, 59).

8. Auf die Unrichtigkeit der Entscheidung kann die Rüge grds. nicht gestützt werden (OVG Bautzen SächsVBl. 2008, 194). Deshalb wird hier die Rechtsauffassung des Gerichtes, ein Grenzwert von 70 dB(A) sei einzuhalten, nicht angegriffen.

9. Ist die Rüge begründet, so hilft das Gericht ihr ab, indem es das Verfahren fortführt, soweit dies aufgrund der Rüge geboten ist, § 152a Abs. 5 S. 1 VwGO. Die Fortführung betrifft nur die Verhandlung solcher Teile des Streitgegenstandes, die von der Verletzung des rechtlichen Gehörs betroffen sind. Eine unbegründete Rüge wird in Form eines unanfechtbaren Beschlusses zurückgewiesen, § 152a Abs. 4 S. 2 u. S. 3 VwGO. In diesem Falle besteht die Möglichkeit einer auf die Verletzung des rechtlichen Gehöres gestützten Verfassungsbeschwerde. Wegen der Subsidiarität der Verfassungsbeschwerde (BVerfG NJW 2005, 3059; VerfG Brandenburg DÖV 2005, 647) beginnt die Monatsfrist für ihre

Erhebung erst mit dem Zugang des der Anhörungsrüge nicht stattgebenden Beschlusses (BVerwG NJW 2002, 3397). Die Einlegung einer für den Beschwerdeführer erkennbar offensichtlich unbegründeten Anhörungsrüge hält die Einlegungs- und Begründungsfrist des § 93 Abs. 1 S. 1 BVerfGG aber nicht offen (BVerfG NJW 2009, 3710; NVwZ 2010, 641).

Kosten und Gebühren

10. Nach Nr. 1700 KV fällt in Verfahren über die Rüge wegen Verletzung des Anspruchs auf rechtliches Gehör eine Gerichtsgebühr von 66 EUR an, soweit die Rüge in vollem Umfang verworfen oder zurückgewiesen wird.

11. Der Rechtsanwalt erhält für die Erhebung einer Anhörungsrüge nach VV 3330 RVG eine Verfahrensgebühr in Höhe der Verfahrensgebühr für das Verfahren, in dem die Rüge erhoben wurde, höchstens 0,5.

D. Vorläufiger Rechtsschutz

Anträge nach § 80 Abs. 5 VwGO

1. Antrag an die Behörde auf Aussetzung der Vollziehung (Abgabenrecht)

An den Bürgermeister der Gemeinde . . . . .

Betrifft: Heranziehung zu Straßenbaubeiträgen für das Grundstück A-Straße Nr. . . . .[1] in . . . . . (Az.: . . . . .)

Sehr geehrter Herr Bürgermeister!

Mit Schreiben vom . . . . . habe ich gegen Ihren Heranziehungsbescheid vom . . . . . namens der Grundstückseigentümer Widerspruch eingelegt und diesen Widerspruch begründet.[2] Ein Widerspruchsbescheid ist noch nicht ergangen. Ergänzend beantrage ich, die Vollziehung des Heranziehungsbescheides bis zum rechtskräftigen Abschluss des Widerspruchsverfahrens und eines eventuell nachfolgenden Klageverfahrens auszusetzen.[3]

Die Aussetzung ist nach § 80 Abs. 4 S. 3 VwGO geboten, weil, wie aus meiner Widerspruchsbegründung hervorgeht, ernstliche Zweifel an der Rechtmäßigkeit des Heranziehungsbescheides bestehen. Darüber hinaus würde die Vollziehung für meine Mandanten eine unbillige, nicht durch überwiegende öffentliche Interessen gebotene Härte zur Folge haben. Denn eine freiwillige oder erzwungene Zahlung würde zur Vernichtung der wirtschaftlichen Existenz meiner Mandanten führen und ihnen damit einen Schaden zufügen, der über die mit der Zahlung verbundenen Nachteile weit hinausgeht und deshalb auch durch eine künftige Rückerstattung nicht wieder gutzumachen ist (BFH NJW 1967, 1440; OVG Münster NVwZ-RR 1994, 617) . . . . .[4]

Ich bitte darum, über diesen Aussetzungsantrag bis zum . . . . . zu entscheiden.[5] Nach ergebnislosem Ablauf dieser Frist oder bei einer Ablehnung des Aussetzungsantrages werden meine Mandanten verwaltungsgerichtlichen Rechtsschutz in Anspruch nehmen.[6]

Unterschrift[7]

Schrifttum: Finkelnburg/Dombert/Külpmann, Vorläufiger Rechtsschutz im Verwaltungsstreitverfahren, 7. Aufl. 2017.

Anmerkungen

1. Zum vorläufigen Rechtsschutz bei Verwaltungsakten mit Doppelwirkung → Form. V.E.3; Form. V.E.5.

2. In diesem Fall soll der Widerspruch nach Landesrecht nicht ausgeschlossen sein. → Form. V.A.4 Anm. 1.

3. Eine AdV durch die Behörde setzt nicht voraus, dass gegen den Verwaltungsakt bereits Widerspruch eingelegt wurde (VGH Mannheim VBlBW 1991, 297; Kopp/Schenke/W.-R. *Schenke* VwGO § 80 Rn. 108; SSB/*Schoch* VwGO § 80 Rn. 315; str.). Sie kommt nicht mehr in Betracht, wenn der Verwaltungsakt bestandskräftig geworden ist (BFH NJW 1976, 1864; OVG Koblenz NJW 1976, 908).

4. Dies ist durch entsprechenden Tatsachenvortrag substantiiert darzulegen. „Routinemäßige Floskeln" genügen dazu nicht (BFH NJW 1976, 1440). Entscheidend ist der unverhältnismäßig hohe durch die Vollziehung entstehende Schaden. An der Ursächlichkeit der Vollziehung für die Härtelage fehlt es, wenn die wirtschaftliche Lage des Schuldners bereits auf Grund anderer Umstände so ungünstig ist, dass er die Abgabe nicht zahlen kann. Zahlungsunfähigkeit allein erfüllt also nicht den Tatbestand einer unbilligen Härte (VG Gera LKV 2011, 144).

5. Der Behörde sollte für die Entscheidung über den Aussetzungsantrag eine Frist gesetzt werden. Denn der Abgabenpflichtige muss an einer baldigen Entscheidung über den Aussetzungsantrag interessiert sein, weil er Gefahr läuft, im Falle einer Ablehnung der Aussetzung für die Zeit nach der Fälligkeit der Abgabe Säumniszuschläge iHv 1 vH je Monat zahlen zu müssen, § 240 AO. Die Säumniszuschläge sind selbst dann zu entrichten, wenn der Abgabenbescheid im Hauptverfahren aufgehoben wird, § 240 Abs. 1 S. 4 AO.

6. Gibt die Behörde dem Aussetzungsantrag nicht statt, so kommt als weiteres Mittel des Rechtsschutzes kein Widerspruch, sondern nur ein beim VG zu stellender Antrag auf AO der aufschiebenden Wirkung nach § 80 Abs. 5 VwGO (→ Form. V.D.2) in Betracht (VGH München NVwZ-RR 1997, 136; OVG Koblenz DÖV 1991, 1030; Kopp/Schenke/*W.-R. Schenke* VwGO § 80 Rn. 119; SS/*Schoch* VwGO § 80 Rn. 324).

Kosten und Gebühren

7. Für den bei der Behörde gestellten Aussetzungsantrag erhält der Rechtsanwalt eine 0,5–2,5-Geschäftsgebühr nach VV 2300 RVG. Bei dem behördlichen Aussetzungsverfahren und dem Widerspruchsverfahren handelt es sich um verschiedene Angelegenheiten, § 17 Nr. 1, 4c RVG. Zum Streitwert → Form. V.D.2 Anm. 1.

2. Antrag auf Anordnung der aufschiebenden Wirkung der Anfechtungsklage (Abgabenrecht)

An das
Verwaltungsgericht

In Sachen

des . . . . .
wegen: Heranziehung zu Erschließungsbeiträgen
Streitwert: 1.587,50 EUR[1]
beantrage ich namens des Antragstellers und unter Hinweis auf meine im Klageverfahren überreichte Prozessvollmacht,[2]

I. die aufschiebende Wirkung der gleichzeitig erhobenen Klage gegen den Heranziehungsbescheid der Antragsgegnerin vom . . . . . in der Gestalt des Widerspruchsbescheides vom . . . . . anzuordnen,[3]
II. die Kosten des Aussetzungsverfahrens der Antragsgegnerin aufzuerlegen.[4]

Zur Begründung führe ich aus:
Die Anordnung der aufschiebenden Wirkung der Klage ist nach § 80 Abs. 5 mit Abs. 4 S. 3 VwGO geboten, da ernstliche Zweifel an der Rechtmäßigkeit des mit der Klage

angefochtenen Heranziehungsbescheides bestehen. Diese sind immer dann gegeben, wenn auf Grund summarischer Prüfung der Sach- und Rechtslage ein Erfolg des Rechtsbehelfs im Hauptsacheverfahren wahrscheinlicher als ein Misserfolg ist (OVG Koblenz DVBl. 1984, 1134; NVwZ 1993, 286; OVG Münster NVwZ 1989, 588; DVBl. 1990, 720; NVwZ-RR 1993, 269; OVG Saarlouis NVwZ 1992, 699 (700); OVG Bautzen LKV 2004, 30). Dies ist hier der Fall. Hierzu verweise ich auf den Inhalt der gleichzeitig eingereichten Klageschrift . . . . .[5]

Der Antrag ist nach § 80 Abs. 6 VwGO statthaft. Der Antragsteller hat am . . . . . bei der Antragsgegnerin die Aussetzung der Vollziehung des Beitragsbescheides beantragt. Diesen Antrag hat die Antragsgegnerin mit Schreiben vom . . . . . abgelehnt.[6]

Rechtsanwalt[7]

Anmerkungen

1. Nach den §§ 53 Abs. 2 Nr. 2, 52 Abs. 1 GKG ist der Wert des Streitgegenstandes für das Aussetzungsverfahren des § 80 Abs. 5 VwGO nach der sich aus dem Antrag des Antragstellers für ihn ergebenden Bedeutung der AdV nach dem Ermessen des Gerichts zu bestimmen. Dabei wird im Allgemeinen wegen der Vorläufigkeit der Maßnahme das Interesse geringer zu bewerten sein als das im Hauptverfahren verfolgte Interesse an der endgültigen Aufhebung des Verwaltungsaktes. Für Aussetzungsverfahren, die Verwaltungsakte über öffentliche Abgaben oder Kosten betreffen, werden als Streitwert überwiegend 25 vH des streitigen Abgabenbetrages zugrunde gelegt (VGH Mannheim NVwZ 1983, 42; VGH Kassel NVwZ 1983, 54; OVG Koblenz NVwZ-RR 1992, 110; OVG Münster NVwZ-RR 1992, 386).

2. Nach § 173 VwGO, § 82 ZPO umfasst die im Klageverfahren überreichte Prozessvollmacht auch das Aussetzungsverfahren.

3. Bis zur Entscheidung über den Aussetzungsantrag vergeht naturgemäß eine gewisse Zeitspanne. Im Allgemeinen legen die Gerichte der Verwaltung unförmlich nahe, bis zur Entscheidung im Aussetzungsverfahren von einer Vollziehung abzusehen. Dieses Absehen von einer Vollziehung ist nicht mit einer AdV gleichzusetzen, die ja als Voraussetzung des bei Gericht gestellten Antrages (→ Anm. 6) bereits abgelehnt war. Dies bedeutet, dass, wenn die Aussetzung abgelehnt wird, Säumniszuschläge zu zahlen sind, und zwar selbst dann, wenn der Bescheid im Hauptverfahren aufgehoben wird, § 240 Abs. 1 S. 4 AO. Auf dieses Risiko sollte der Abgabenpflichtige hingewiesen werden.

4. Im Aussetzungsverfahren nach § 80 Abs. 5 VwGO hat das Gericht eine eigene Kostenentscheidung zu treffen, die nach § 161 Abs. 1 VwGO von Amts wegen erfolgt und deren Inhalt sich nach den §§ 154 ff. VwGO richtet.

5. → Form. V.B.1.

6. Nach § 80 Abs. 6 S. 1 VwGO ist bei der Heranziehung zu öffentlichen Abgaben und Kosten ein Antrag nach § 80 Abs. 5 VwGO nur zulässig, wenn die Behörde einen Antrag auf AdV ganz oder zum Teil abgelehnt hat (zu einem solchen Antrag → Form. V.D.1). Dies gilt nicht, wenn die Behörde über den Antrag ohne Mitteilung eines zureichenden Grundes in angemessener Frist sachlich nicht entschieden hat oder eine Vollstreckung droht, § 80 Abs. 6 S. 2 VwGO.

Eine Vollstreckung droht (noch) nicht, wenn die Zahlung der Abgabe angemahnt (VGH München NVwZ-RR 2009, 135) oder in dem Abgabenbescheid darauf hingewiesen wird, dass Widerspruch und Klage keine aufschiebende Wirkung haben, also von der Zahlungspflicht nicht entbinden (VGH Mannheim VBlBW 1992, 374). Auch in diesen

Fällen kann auf einen Antrag, die Vollziehung des Bescheides auszusetzen, als Voraussetzung der Inanspruchnahme gerichtlichen Rechtsschutzes nicht verzichtet werden (OVG Münster KStZ 2021, 32).

Die Ablehnung des bei der Behörde zu stellenden Aussetzungsantrages muss im Zeitpunkt der Antragstellung bei Gericht vorliegen. Der unterbliebene Aussetzungsantrag kann nicht während des gerichtlichen Verfahrens nachgeholt oder durch Einlassung der Behörde als entbehrlich angesehen werden (OVG Koblenz DÖV 1992, 976; OVG Hamburg KStZ 1993, 232; VGH Kassel DVBl. 1994, 805; aA VGH München NVwZ-RR 2009, 135). Der bei Gericht gestellte Antrag wird auch nicht dadurch zulässig, dass die Behörde während des gerichtlichen Verfahrens den Aussetzungsantrag ablehnt (OVG Münster NVwZ-RR 2012, 748).

Kosten und Gebühren

7. Nach Nr. 5210 KV entsteht im Verfahren nach § 80 Abs. 5 VwGO eine 1,5 Gerichtsgebühr.

Der Rechtsanwalt erhält Gebühren nach VV 3100 ff. RVG.

3. Antrag auf Wiederherstellung der aufschiebenden Wirkung des Widerspruchs (Gewerbeuntersagung)

An das
Verwaltungsgericht[1]

In Sachen

des . . . . .
wegen: Gewerbeuntersagung
Streitwert: 15.000 EUR[2]
beantrage ich,

I. Die aufschiebende Wirkung des Widerspruches des Antragstellers gegen die Gewerbeuntersagungsverfügung der Antragsgegnerin vom . . . . wiederherzustellen.

II. Die Kosten des Verfahrens der Antragsgegnerin aufzuerlegen.[3]

Zur Begründung führe ich aus:

I. Der Antragsteller ist als Metallbauer selbständig tätig.

Mit Verfügung vom . . . . . untersagte die Antragsgegnerin dem Antragsteller die weitere Ausübung des Gewerbes. Die Verfügung wurde auf § 35 GewO gestützt und damit begründet, dass sich der Antragsteller wegen erheblicher Steuerrückstände als unzuverlässig erwiesen habe. Die sofortige Vollziehung der Untersagungsverfügung wurde angeordnet.[4]

Gegen die Verfügung habe ich mit Schreiben vom . . . . Widerspruch eingelegt.

II. Die aufschiebende Wirkung des Widerspruches des Antragstellers gegen die Untersagungsverfügung der Antragsgegnerin ist wiederherzustellen, weil ein das private Aufschubinteresse des Antragstellers überwiegendes öffentliches Interesse daran, dass der Antragsteller seine gewerbliche Tätigkeit sofort einstellt und nicht bis zum Abschluss des Verfahrens zur Hauptsache fortführt, nicht besteht.[5]

Ein besonderes öffentliches Interesse an der sofortigen Vollziehung einer Gewerbeuntersagungsverfügung liegt vor, wenn die begründete Besorgnis besteht, dass der unzuverlässige Gewerbetreibende die berechtigten Belange der Allgemeinheit, zu denen

auch die des Steuerfiskus gehören, dadurch erheblich gefährdet, dass sich sein Fehlverhalten im Anschluss an die Untersagung und ggf. auch während eines sich anschließenden gerichtlichen Verfahrens fortsetzen wird (OVG Magdeburg LKV 2012, 136). Zu einer solchen Besorgnis besteht jedoch kein Anlass. Der Antragsteller hat seine Steuerschulden inzwischen vollständig beglichen, wie aus dem als Anlage beigefügten Schreiben des Finanzamtes vom . . . . . hervorgeht. Dieser Umstand wird bei Erlass der noch ausstehenden Entscheidung über den Widerspruch zu berücksichtigen sein, da für die verwaltungsgerichtliche Beurteilung einer Gewerbeuntersagungsverfügung die Sachlage im Zeitpunkt der letzten Verwaltungsentscheidung, also hier des Widerspruchsbescheides maßgebend ist (BVerwG BVerwGE 65, 1 = GewA 1995, 200). Die Veränderungen im Schuldenstand des Antragstellers sind also noch zu berücksichtigen.

Aus welchem Grunde in der Vergangenheit Steuerschulden entstanden sind und dass daraus nicht auf eine Unzuverlässigkeit des Antragsstellers geschlossen werden kann, habe ich in meiner Widerspruchsbegründung, die als Anlage beigefügt ist, iE dargelegt. Ich habe auch vorgetragen, dass und aus welchen Gründen für die Zukunft eine in jeder Hinsicht gesetzmäßiges Verhalten des Antragstellers prognostiziert werden kann.[6]

Der Ausgang des Verfahrens zur Hauptsache ist damit zumindest offen. Die dann vorzunehmende Interessenabwägung führt hier dazu, dass, weil das Entstehen neuer Schulden während des Widerspruchs- und eines sich möglicherweise anschließenden Klageverfahrens nicht zu besorgen ist, die Untersagungsverfügung zunächst nicht vollzogen darf.

Rechtsanwalt[7]

Schriftum: Landmann/Rohmer, Gewerbeordnung, Stand: 2020; *Pielow*, Gewerbeordnung, 2. Aufl. 2016; *Ennuschat/Wank*, Gewerbeordnung, 9. Aufl. 2020.

Anmerkungen

1. In diesem Falle soll nach Landesrecht der Widerspruch nicht ausgeschlossen, also gegen den Verwaltungsakt gegeben sein → Form. V.A.4 Anm. 1.

2. Zum Streitwert im Aussetzungsverfahren → Form. V.D.2 Anm. 1. Sofern es sich nicht um ein Aussetzungsverfahren betreffend öffentliche Abgaben oder Kosten handelt, beträgt der Streitwert des Aussetzungsverfahrens idR $^1/_2$ des Wertes der Hauptsache (Nr. 1.5 des Streitwertkatalogs NVwZ 2013, Beil. 2). Im Allgemeinen wird bei Klagen gegen die Gewerbeuntersagung als Streitwert der Jahresbetrag des erzielten oder erwarteten Gewinns, mindestens 15.000 EUR festgesetzt (Nr. 54.2.1 des Streitwertkatalogs).

3. Zu den Kosten → Form. V.D.2 Anm. 4.

4. Umstritten ist, welche Rechtfolgen es hat, wenn bei der AO der sofortigen Vollziehung durch die Behörde das besondere Interesse an der sofortigen Vollziehung des Verwaltungsakts, § 80 Abs. 2 S. 1 Nr. 4 VwGO, nicht in einer dem § 80 Abs. 3 S. 1 VwGO entsprechender Weise dargestellt ist (s. dazu *Terwiesche* NWVBl. 1996, 461).

a) Nach einer Auffassung (OVG Münster NWVBl. 1994, 424; VGH München BayVBl. 1996, 633; OVG Schleswig NVwZ-RR 1996, 148) ist in diesem Falle die AO der sofortigen Vollziehung aufzuheben, was nach § 80 Abs. 1 VwGO automatisch die aufschiebende Wirkung des Widerspruchs/der Klage zur Folge hat (VGH Mannheim DÖV 1996, 839).
b) Nach aA (OVG Schleswig NVwZ 1992, 688 (690); OVG Magdeburg DVBl. 1994, 808; VGH München BayVBl. 1999, 466; SS/*Schoch* VwGO § 80 Rn. 442; Kopp/

Schenke/*W.-R. Schenke* VwGO § 80 Rn. 148) ist die aufschiebende Wirkung des Widerspruchs/der Klage wiederherzustellen.

c) Ebenso umstritten ist, ob das Nachschieben einer ausreichenden Begründung im gerichtlichen Aussetzungsverfahren unbegrenzt (OVG Greifswald NVwZ-RR 1999, 409; NVwZ-RR 2007, 21 (23); FDK/*Külpmann* Vorl. Rechtsschutz Rn. 750), bis zur Stellung des Eilantrages (VGH München BayVBl. 1989, 117; NVwZ-RR 1998, 271; OVG Saarlouis AS 18, 187) oder nicht möglich (VGH Mannheim NVwZ-RR 2002, 646; VGH München BayVBl. 1999, 465) ist.

d) Hat das Gericht die aufschiebende Wirkung wiederhergestellt, so ist die Behörde nicht gehindert, die AO der sofortigen Vollziehung mit ausreichender Begründung zu wiederholen (VGH Mannheim DÖV 1996, 839; VGH München BayVBl. 1999, 466). Einer Abänderungsentscheidung des VG nach § 80 Abs. 7 VwGO (→ Form. V.D.5) bedarf es nicht (VGH Mannheim DÖV 1996, 839).

5. Bei einer Entscheidung nach § 80 Abs. 5 VwGO ist grds. eine Abwägung zwischen dem öffentlichen Interesse an der sofortigen Vollziehung des Bescheides und dem privaten Interesse des Adressaten, den Bescheid bis zum Abschluss des gegen ihn gerichteten Rechtsbehelfsverfahrens nicht befolgen zu müssen, vorzunehmen (BVerfG BVerfGE 51, 286; BVerwG DÖV 1993, 432; NVwZ-RR 1999, 556; OVG Bremen NJW 1993, 3343). Dabei spielen auch die Erfolgsaussichten des Rechtsbehelfs eine Rolle.

a) Ist der Verwaltungsakt nach der im Aussetzungsverfahren möglichen summarischen Prüfung offensichtlich rechtswidrig, so überwiegt das private Interesse an seiner Außervollzugsetzung (OVG Lüneburg NVwZ 1997, 407; VGH München BayVBl. 1997, 373; OVG Greifswald NVwZ-RR 1999, 591; OVG Bremen NJW 2000, 2438; VG Braunschweig NZV 2000, 101).

b) Ist der Verwaltungsakt nach summarischer Prüfung rechtmäßig, so ist damit ein überwiegendes öffentliches Interesse an seiner sofortigen Vollziehung noch nicht dargetan. Es muss vielmehr zusätzlich ein besonderes Vollzugsinteresse iSd § 80 Abs. 2 S. 1 Nr. 4 VwGO bestehen und nach § 80 Abs. 3 S. 1 VwGO dargelegt sein (VGH Mannheim VWBlBW 1997, 390; DVBl. 2011, 58 Ls.; VG Chemnitz NVwZ 1999, 1374; Kopp/Schenke/*W.-R. Schenke* VwGO § 80 Rn. 159; FDK/*Külpmann* Vorl. Rechtsschutz Rn. 975; aA OVG Lüneburg NVwZ 1997, 1225; OVG Bautzen SächsVBl. 1998, 35). Je nach Fallgestaltung können die Gründe für die sofortige Vollziehung mit den Gründen für den Erlass des Verwaltungsaktes identisch sein; dann muss die Behörde darauf aber in geeigneter Form in der Begründung ihrer Vollziehungsanordnung hinweisen (OVG Münster NWVBl. 1994, 224; vgl. auch FDK/*Külpmann* Vorl. Rechtsschutz Rn. 759).

c) Erweist sich der Verwaltungsakt als weder offensichtlich rechtmäßig noch als offensichtlich rechtswidrig, so bedarf es einer wertenden Abwägung, welchem der gegenläufigen Interessen für die voraussichtliche Dauer des Hauptsacheverfahrens der Vorrang zukommt (BVerwG NVwZ 1999, 159; VGH Mannheim NVwZ-RR 1995, 17 (20)). Dabei sind die Nachteile einer verspäteten Verwirklichung des Verwaltungsaktes, sofern sich dieser als rechtmäßig erweist, mit den Nachteilen zu vergleichen, die dem Betroffenen durch die sofortige Vollziehung des Verwaltungsaktes bei unterstellter Rechtswidrigkeit entstehen.

6. Zur Bedeutung einer solchen Prognose bei der Gewerbeuntersagung s. BVerwG GewA 1999, 72; OVG Münster BB 1978, 584; NVwZ-RR 2000, 779; OVG Lüneburg GewA 2011, 440. Maßgeblicher Zeitpunkt für die gerichtliche Prüfung der Richtigkeit der behördlichen Prognoseentscheidung ist – anders als grds. im Gewerbeuntersagungsverfahren – nicht der Zeitpunkt der letzten behördlichen Entscheidung, sondern der der letzten gerichtlichen Tatsachenentscheidung (OVG Lüneburg NVwZ-RR 2008, 464).

Kosten und Gebühren

7. → Form. V.D.2.

4. Antrag auf Wiederherstellung der aufschiebenden Wirkung der Klage und Aufhebung der Vollziehung (Bauordnungsrecht)

An das
Verwaltungsgericht

In Sachen

des . . . . .
wegen: Stilllegung von Bauarbeiten
Streitwert: 2.000 EUR
beantrage ich,

I. die aufschiebende Wirkung der Klage des Antragstellers gegen die Stilllegungsverfügung des Antragsgegners vom . . . . . wiederherzustellen,[1, 2]

II. anzuordnen, dass der Antragsgegner sämtliche von ihm angebrachten Siegel am und im Hause . . . . . zu entfernen hat.[3]

Zur Begründung führe ich aus:

I. Der Antragsteller ist Eigentümer des Grundstücks . . . . ., auf dem sich ein im Jahre 1936 errichtetes zweigeschossiges Wohnhaus befindet. Der Antragsteller beabsichtigt, dieses Haus, aus dem die bisherigen Mieter ausgezogen sind, zu modernisieren und umzubauen. Nachdem er mit den Bauarbeiten begonnen hatte, ordnete der Antragsgegner mit sofortiger Vollziehung die Einstellung der Bauarbeiten an und versiegelte die Baustelle.

II. Der Antrag auf Wiederherstellung der aufschiebenden Wirkung ist nach § 80 Abs. 5 S. 1 VwGO begründet; denn ein überwiegendes öffentliches Interesse an der sofortigen Vollziehung der Stilllegungsverfügung besteht schon deshalb nicht, weil diese offensichtlich rechtswidrig ist.[4] Die Verfügung wird ausschließlich damit begründet, dass der Antragsteller ohne Baugenehmigung genehmigungspflichtige Bauarbeiten durchführe. Dies ist jedoch nicht der Fall. Das von dem Antragsteller begonnene Versetzen nicht tragender Wände im Innern des Hauses ist nach § 62 Abs. 1 Nr. 11a Hs. 1 BauO NRW nicht genehmigungspflichtig. Entgegen der Annahme des Antragsgegners handelt es sich nicht um Wände von notwendigen Fluren als Rettungswege, deren Veränderung nach § 62 Abs. 1 Nr. 11a Hs. 2 BauO NRW genehmigungspflichtig wäre. Dies habe ich in meiner gleichzeitig erhobenen Klage iE dargelegt. Darauf sei zur ergänzenden Begründung verwiesen.

III. Als Folge der Wiederherstellung der aufschiebenden Wirkung der Klage ist nach § 80 Abs. 5 S. 3 VwGO die Aufhebung der Vollziehung der Stilllegungsverfügung anzuordnen. Da die Verfügung durch Anbringung von Siegeln am und im Haus vollzogen wurde, sind diese Siegel von dem Antragsgegner wieder zu entfernen.

Rechtsanwalt[5]

Schrifttum zum Bauordnungsrecht einzelner Bundesländer:

Baden-Württemberg: *Sauter*, Landesbauordnung Baden-Württemberg, Stand: Februar 2021; *Spannowsky/Uechtritz*, Bauordnungsrecht Baden-Württemberg, Stand 2020;

Bayern: *Simon/Busse*, Bayerische Bauordnung, 140. Aufl. 2021; *Jäde/Dirnberger/Bauer/Weiß*, Die neue Bayerische Bauordnung, Stand: 2019; *Molodowsky/Famers/Waldmann*, Bayerische Bauordnung, Stand: 2020; *Spannowsky/Manssen*, Bauordnungsrecht Bayern, 2020; *Schwarzer/König*, Bayerische Bauordnung, 5. Aufl. 2021;

Brandenburg: *Jäde/Dirnberger/Förster*, Bauordnungsrecht Brandenburg, Stand: 2019;

Hessen: *Rasch/Schaetzel*, Hessische Bauordnung, Stand: 2019; *Hornmann*, Hessische Bauordnung, 3. Aufl. 2018; *Allgeier/Rickenberg*, Die Bauordnung für Hessen, 10. Aufl. 2020;

Niedersachsen: *Große-Suchsdorf*, Niedersächsische Bauordnung, 10. Aufl. 2020;

Nordrhein-Westfalen: *Gädtke/Johlen/Wenzel/Hanne/Kaiser/Koch/Plum*, BauO NRW, 13. Aufl. 2019; *Hahn/Schulte/Radeisen/Schulte/van Schewick*, Bauordnung für das Land Nordrhein-Westfalen, Stand: Oktober 2020; *Buntenbroich/Voß/Moelle/Rabeneck/Schalk*, BauO NRW, Stand: November 2018; *Schönenbroicher/Kamp*, Bauordnung Nordrhein-Westfalen, 2. Aufl. 2021; *Kremer/Gehrken/Krupp/Zeissler/Züll*, Bauordnung Nordrhein-Westfalen, Loseblatt, Stand: Juni 2021.

Rheinland-Pfalz: *Jeromin* (Hrsg.), Landesbauordnung Rheinland-Pfalz, 4. Aufl. 2016;

Sachsen: *Jäde/Dirnberger/Bauer*, Bauordnungsrecht Sachsen, Stand: 2019;

Sachsen-Anhalt: *Jäde/Dirnberger*, Bauordnungsrecht Sachsen-Anhalt, Stand: 2019;

Schleswig-Holstein: *Domning/Müller/Suttkus*, Bauordnungsrecht Schleswig-Holstein, Stand: 2019;

Thüringen: *Jäde/Dirnberger/Michel*, Bauordnungsrecht Thüringen, Stand: 2020.

Anmerkungen

1. In diesem Falle soll nach Landesrecht der Widerspruch ausgeschlossen, also gegen den Verwaltungsakt sogleich der Klageweg eröffnet sein. → Form. V.A.4 Anm. 1.

2. Zum Inhalt des Aussetzungsantrages → Form. V.D.2, → Form. V.D.3.

3. Zur Notwendigkeit, bei einem bereits vollzogenen Verwaltungsakt sowohl die Wiederherstellung der aufschiebenden Wirkung (§ 80 Abs. 5 S. 1 VwGO) als auch die Aufhebung der Vollziehung (§ 80 Abs. 5 S. 3 VwGO) zu beantragen s. VGH Mannheim NJW 1971, 1764.

4. → Form. V.D.3 Anm. 5.

Kosten und Gebühren

5. → Form. V.D.2.

5. Antrag auf Aufhebung der Anordnung der aufschiebenden Wirkung (§ 80 Abs. 7 S. 2 VwGO – Abgabenrecht)

Anträge nach § 123 VwGO

An das
Verwaltungsgericht
Az.: . . . . .

In der Verwaltungsstreitsache[1]

des Herrn . . . . .

(Antragsgegner des Abänderungsverfahrens)[2]
gegen
die Gemeinde . . . . .
(Antragstellerin des Abänderungsverfahrens)
Verfahrensbevollmächtigter: Rechtsanwalt . . . . .
beantrage ich namens der Antragstellerin nach § 80 Abs. 7 S. 2 VwGO,

1. den Beschluss des OVG . . . . . vom . . . . . aufzuheben und den Antrag auf Anordnung der aufschiebenden Wirkung abzulehnen,[3]

2. dem Antragsgegner die Kosten des Verfahrens aufzuerlegen.[4]

Zur Begründung führe ich aus:

I. Das OVG hat als Beschwerdeinstanz die aufschiebende Wirkung des Widerspruchs gegen den Erschließungsbeitragsbescheid vom . . . . . angeordnet. Anschließend hat die Antragstellerin den Widerspruch zurückgewiesen. Gegen den Widerspruchsbescheid hat der Antragsgegner Klage erhoben, die bei der Kammer unter dem Az.: . . . . . anhängig ist. Das VG ist damit Gericht der Hauptsache und als solches im Abänderungsverfahren nach § 80 Abs. 7 VwGO zuständig, obwohl die Aussetzungsentscheidung nach § 80 Abs. 5 VwGO vom OVG getroffen wurde (OVG Koblenz DVBl. 1991, 1324).

II. Der Aufhebungsantrag ist begründet, da ernstliche Zweifel an der Rechtmäßigkeit des Heranziehungsbescheides nicht mehr bestehen. Das OVG hat diese Bedenken daraus abgeleitet, dass der Verteilungsmaßstab in der Erschließungsbeitragssatzung der Gemeinde . . . . . vom . . . . . nicht der Vorschrift des § 131 Abs. 2 BauGB entspreche. Inzwischen hat die Antragstellerin eine neue Erschließungsbeitragssatzung erlassen, deren Verteilungsmaßstab den Anforderungen der Rspr. genügt. Diese Satzung hat den Heranziehungsbescheid, sollte er rechtswidrig gewesen sein, geheilt (BVerwG NJW 1980, 2209; DVBl. 1982, 544).[5]

Rechtsanwalt[6]

Anmerkungen

1. Nach § 80 Abs. 7 S. 1 VwGO kann das Gericht Beschlüsse nach § 80 Abs. 5 VwGO jederzeit ändern oder aufheben. Nach § 80 Abs. 7 S. 2 VwGO kann jeder Beteiligte die Änderung oder Aufhebung wegen veränderter oder im ursprünglichen Verfahren ohne Verschulden nicht geltend gemachter Umstände beantragen.

a) Aus dem Vergleich der beiden Sätze des § 80 Abs. 7 VwGO folgt, dass die Abänderung durch das Gericht nach § 80 Abs. 7 S. 1 VwGO eine Änderung der Sach- und Rechtslage nicht erfordert. Welche Anforderungen sonst zu stellen sind, ist umstritten. Es wird vertreten, dass die Aufhebung oder Abänderung
- im pflichtgemäßen, von keiner weiteren Voraussetzung abhängigen Ermessen des Gerichts steht (VGH Mannheim NVwZ-RR 1996, 603),
- oder nur möglich ist, „wenn gewichtige Gründe dafür sprechen, den Belangen der materiellen Einzelfallgerechtigkeit und inhaltlichen Richtigkeit den Vorrang vor Rechtssicherheit und Vertrauensschutz einzuräumen" (OVG Münster NVwZ 1999, 894 (895)).
- oder die Interessenabwägung nachträglich korrekturbedürftig erscheint (VGH Mannheim DVBl. 1996, 1320; VGH Kassel NVwZ-RR 1997, 446).

b) Veränderte Umstände iSd § 80 Abs. 7 S. 2 VwGO liegen vor, wenn sich die Sach- oder Rechtslage geändert hat. Eine Änderung der Sachlage kann auf dem Eintreten oder Bekanntwerden neuer Tatumstände oder dem Ergebnis einer Beweisaufnahme im Hauptsacheverfahren beruhen. Eine Änderung der Rechtslage kann zB durch eine

Gesetzesänderung oder durch die Änderung einer Satzung, auf die der angefochtene Bescheid gestützt ist, bewirkt werden. Ferner kommt in Betracht eine Änderung der höchstrichterlichen Rspr. oder die Klärung einer umstrittenen Rechtsfrage, nicht aber die bloße Änderung der Rechtsauffassung des Gerichts (SS/*Schoch* VwGO § 80 Rn. 586) oder die Abweisung der Klage (VGH München NVwZ-RR 2015, 198) wobei diese aber nach § 80b Abs. 1 VwGO für die Dauer der aufschiebenden Wirkung von Bedeutung ist.

2. Wird ein Beschluss nach § 80 Abs. 5 VwGO von Amts wegen nach § 80 Abs. 7 S. 1 VwGO geändert, so behalten die Beteiligten ihre Bezeichnung aus dem vorangegangenen Verfahren (VGH Mannheim NVwZ-RR 1996, 663). Soll dagegen ein Beschluss auf Antrag eines Beteiligten nach § 80 Abs. 7 S. 2 VwGO abgeändert werden, so ist derjenige, der die Abänderung betreibt, auch dann als Antragsteller zu bezeichnen, wenn er im Ausgangsverfahren Antragsgegner oder Beigeladener war (BVerwG NVwZ-RR 2016, 357; aA VGH Mannheim UPR 2020, 316). Das soll hier mit dem Zusatz „des Abänderungsverfahrens" klargestellt werden (OVG Koblenz DÖV 2016, 880 Nr. 619 Ls.).

3. Soll ein Beschluss im Verfahren nach § 80 Abs. 7 VwGO geändert oder aufgehoben werden, bedarf es zusätzlich einer Entscheidung über den ursprünglich gestellten Antrag auf Gewährung vorläufigen Rechtsschutzes (VGH Mannheim NVwZ-RR 1996, 714; OVG Magdeburg LKV 2010, 179).

4. Im Abänderungsverfahren nach § 80 Abs. 7 VwGO ergeht eine eigene Kostenentscheidung. Mit dieser wird aber nur über die Kosten des Abänderungsverfahrens entschieden, nicht die Kostenentscheidung des abzuändernden Beschlusses geändert. „Das folgt aus der Eigenart des Abänderungsverfahrens, dessen Gegenstand gerade nicht die Überprüfung der Richtigkeit der ursprünglichen Regelung, des Suspensiveffekts, sondern die Entscheidung über die Fortdauer dieser Regelung für die Zukunft ist" (VGH Mannheim DVBl. 1996, 111 (112)).

5. Die Behörde ist nach Heilung des Mangels darauf angewiesen, beim VG die Aufhebung des Aussetzungsbeschlusses zu beantragen; sie kann nicht etwa selbst die sofortige Vollziehbarkeit des nunmehr rechtmäßig gewordenen Bescheides feststellen bzw. anordnen (OVG Saarlouis NVwZ 1985, 920).

Kosten und Gebühren

6. Das KV sieht in Vorb. 5.2 (2) S. 2 für das Verfahren nach § 80 Abs. 7 VwGO keine Gerichtsgebühr vor.

Der Rechtsanwalt erhält für die Vertretung im Verfahren nach § 80 Abs. 7 VwGO keine weitere Gebühr, weil das Abänderungsverfahren nach § 16 Nr. 5 RVG „dieselbe Angelegenheit" iSd § 15 Abs. 2 RVG ist (OVG Münster NJW 2001, 843; OVG Bautzen DVBl. 2019, 641). Er erhält jedoch Gebühren, wenn er im Ausgangsverfahren noch nicht tätig war (VGH Mannheim NVwZ-RR 2012, 88).

Anträge nach § 123 VwGO

6. Antrag auf Erlass einer Sicherungsanordnung (§ 123 Abs. 1 S. 1 VwGO)

An das
Verwaltungsgericht[1, 2]

In Sachen

des .....

gegen

die Stadt ....., vertreten durch den Oberbürgermeister .....[3]

wegen: Stilllegung von Bauarbeiten

Streitwert: 2.500 EUR[4]

beantrage ich unter Hinweis auf meine im Klageverfahren überreichte Prozessvollmacht:[5]

I. der Antragsgegnerin im Wege einer einstweiligen Anordnung nach § 123 VwGO aufzugeben, es bei Vermeidung eines Ordnungsgeldes bis zu 250.000 EUR zu unterlassen, die Arbeiten zur Errichtung eines Bauhofes auf dem Grundstück X-Straße 5 in ..... fortzusetzen,[6]

II. bis zur Entscheidung der Kammer über diesen Antrag eine Vorsitzenden-Entscheidung nach §§ 123 Abs. 2 S. 3, 80 Abs. 8 VwGO zu treffen,

III. der Antragsgegnerin die Kosten des Verfahrens aufzuerlegen.[7]

Zur Begründung führe ich aus:[8]

I. Der Antragsteller ist Eigentümer des mit einem Wohnhaus bebauten Grundstücks X-Straße 3. Eigentümerin des Nachbargrundstücks X-Straße 5 ist die Antragsgegnerin. Das Grundstück ist unbebaut. Auf ihm sollte früher ein Kinderspielplatz errichtet werden. Diesen Plan hat die Antragsgegnerin jedoch aufgegeben und beabsichtigt nunmehr, das Grundstück als Bauhof für ihre Straßenbaukolonne zu nutzen. Sie hat gestern damit begonnen, das Grundstück mit einem Maschendraht einzufrieden und zu befestigen.

II. Die einstweilige Anordnung ist nach § 123 Abs. 1 S. 1 VwGO zur Sicherung des dem Antragsteller gegen die Errichtung des Bauhofes zustehenden Unterlassungsanspruchs[9] geboten (Kopp/Schenke/*W.-R. Schenke* VwGO § 123 Rn. 7).

1. Der Antragsteller macht einen Abwehranspruch gegenüber Anlagen der Antragsgegnerin geltend, die diese in Ausübung schlichthoheitlicher Verwaltungstätigkeit betreiben will (BVerwG DVBl. 1989, 463; OVG Münster DÖV 1983, 1020; VGH München NVwZ 1987, 986; NVwZ 1989, 269; OLG Koblenz NVwZ 1987, 1921). Wie in dem Klageverfahren[10] iE bereits vorgetragen wurde, ergibt sich der öffentlich-rechtliche Abwehranspruch des Antragstellers unmittelbar aus Art. 14, Art. 2 GG. Der Betrieb des Bauhofes ist baurechtlich nicht genehmigt und nach § 34 BauGB auch nicht genehmigungsfähig. Er führt zu Beeinträchtigungen, die der Antragsteller nach der entsprechend anzuwendenden Vorschrift des § 906 BGB nicht hinnehmen muss (OVG Münster DÖV 1983, 1020) .....
2. Der Erlass der einstweiligen Anordnung ist geboten, weil mit einer kurzfristigen Fertigstellung und Inbetriebnahme des Bauhofes zu rechnen ist.[11] Es ist dem Antragsteller nicht zuzumuten, während der gesamten Dauer des Klageverfahrens die von dem Bauhof ausgehenden Beeinträchtigungen hinzunehmen. Damit würde nämlich der Unterlassungsanspruch des Antragstellers in nicht reparabler Weise verletzt werden .....[12, 13, 14]

Rechtsanwalt[15]

Anmerkungen

1. Die Sicherungs-AO nach § 123 Abs. 1 S. 1 VwGO kann ergehen, „wenn die Gefahr besteht, dass durch eine Veränderung des bestehenden Zustandes die Verwirklichung eines Rechts des Antragstellers vereitelt oder wesentlich erschwert werden könnte."

Nach § 123 Abs. 5 VwGO ist die einstweilige AO nicht in den von den §§ 80 und 80a VwGO erfassten Fällen möglich. Da die §§ 80 und 80a VwGO vorläufigen Rechtsschutz bei Anfechtungsklagen gegen belastende Verwaltungsakte gewähren, ist die einstweilige AO nach § 123 Abs. 1 VwGO ein Mittel des vorläufigen Rechtsschutzes in allen Fällen, in denen als Klage im Hauptverfahren eine Verpflichtungsklage, eine allgemeine Leistungsklage einschl. der vorbeugenden Unterlassungsklage oder eine Feststellungsklage in Betracht kommt.

2. Zuständig ist nach § 123 Abs. 2 VwGO das Gericht der Hauptsache. Das ist das Gericht des ersten Rechtszuges oder das Berufungsgericht, bei dem die Hauptsache oder das Verfahren auf Zulassung der Berufung (OVG Lüneburg NVwZ-RR 2010, 863) anhängig ist, § 123 Abs. 2 S. 2 VwGO. Da das Revisionsverfahren nicht erwähnt wird, kann das BVerwG eine einstweilige AO nicht als Revisionsgericht, wohl dagegen als erstinstanzliches Gericht nach § 50 VwGO erlassen. Ist die Sache noch nicht anhängig, so ist der Antrag an das Gericht zu richten, das für die Hauptsache zuständig wäre.

3. Antragsgegner ist, wer im Hauptverfahren Beklagter ist oder wäre. Zum Beklagten im Hauptsacheverfahren → Form. V.B.1 Anm. 2.

4. Hälfte des Auffangstreitwertes nach § 52 Abs. 2 GKG. Die Gerichte setzen im Verfahren auf Gewährung vorläufigen Rechtsschutzes nach § 123 Abs. 1 S. 1 VwGO im Allgemeinen $^1/_2$ des Wertes der Hauptsache als Streitwert an (vgl. Nr. 1. 5 des Streitwertkataloges NVwZ 2013, Beil. 2).

5. Ist bereits ein Klageverfahren anhängig, so umfasst die dort überreichte Prozessvollmacht auch das einstweilige Verfahren, § 173 VwGO, § 82 ZPO.

6. Das Gericht ist an die Fassung des Antrages nicht gebunden. Nach § 123 Abs. 3 VwGO mit § 938 Abs. 1 ZPO bestimmt das Gericht nach freiem Ermessen, welche AO zur Erreichung des mit dem Antrag verfolgten Zwecks erforderlich sind.

7. Im Verfahren nach § 123 VwGO hat eine eigene Kostenentscheidung zu ergehen, § 161 Abs. 1 VwGO, deren Inhalt sich nach den §§ 154 ff. VwGO richtet.

8. Nach § 123 Abs. 3 VwGO mit § 920 Abs. 1 u. 2 ZPO sind Anordnungsanspruch und -grund glaubhaft zu machen. Angesichts des Amtsermittlungsgrundsatzes (§ 86 Abs. 1 S. 1 VwGO) gilt diese Regelung im Verwaltungsprozess jedoch nur eingeschränkt (vgl. FDK/*Dombert* Vorl. Rechtsschutz Rn. 316 ff.). Es ist deshalb nicht erforderlich, den in der Antragsschrift geschilderten Sachverhalt durch eine eidesstattliche Versicherung glaubhaft zu machen. Eine solche Glaubhaftmachung ist nur dann notwendig, wenn eine rechtserhebliche Tatsachenbehauptung vom Antragsgegner bestritten wird und die Durchführung einer Beweisaufnahme kurzfristig nicht möglich ist. Zu einer Beweisaufnahme ist das Gericht auf Grund des Amtsermittlungsverfahrens auch im Verfahren des vorläufigen Rechtsschutzes nach § 123 Abs. 1 VwGO befugt (SS/*Schoch* VwGO § 123 Rn. 96).

9. Das ist der Anordnungsanspruch.

10. Es ist nicht erforderlich, dass die Klage zur Hauptsache schon anhängig ist, § 123 Abs. 1 S. 1 VwGO.

11. Das ist der Anordnungsgrund.

12. Wichtig ist die Verweisung des § 123 Abs. 3 VwGO auf § 945 ZPO. Nach dieser Bestimmung ist der Antragsteller verpflichtet, dem Antragsgegner den aus der Vollziehung der einstweiligen AO oder ihrer Abwendung entstandenen Schaden zu ersetzen, wenn sich die einstweilige AO als von Anfang an ungerechtfertigt erweist oder sie nach § 926 Abs. 2 ZPO aufgehoben wird. Auf dieses Risiko sollte der Antragsteller stets hingewiesen werden.

Die unter Androhung von Ordnungsmitteln auf Unterlassung gerichtete einstweilige AO ist „selbst vollziehend" (VGH Mannheim NVwZ 2000, 691), so dass § 945 ZPO auch ohne weitere Vollziehungsmaßnahmen anwendbar ist.

Hat der Antragsgegner eine auf Unterlassung gerichtete einstweilige Verfügung, die nicht mit einer Strafandrohung versehen war, freiwillig erfüllt, kommt ein Anspruch aus § 945 ZPO (nach Aufhebung der einstweiligen Verfügung) auf Schadensersatz nicht in Betracht. Dies gilt auch für eine einstweilige AO nach § 123 VwGO (BGH BGHZ 120, 73 = NJW 1993, 1076). Aus diesem Grunde und weil Behörden gerichtlichen AOen nachzukommen pflegen, könnte es sich empfehlen, in dem Antrag auf die Strafandrohung („bei Vermeidung eines Ordnungsgeldes bis 250.000 EUR") zu verzichten.

13. Gegen den Erlass oder die Ablehnung einer einstweiligen AO kann Beschwerde nach § 146 VwGO eingelegt werden (→ Form. V.C.13, → Form. V.C.14).

14. Zur Vollziehung einer einstweiligen AO → Form. V.D.7 Anm. 8.

Hier ist die beantragte einstweilige AO auf ein Unterlassen gerichtet und deshalb nach § 167 Abs. 1 VwGO iVm § 890 ZPO und nicht nach § 172 VwGO (BGH BGHZ 120, 73 = NJW 1993, 1076; OVG Münster NWVBl. 2019, 40) zu vollziehen.

Zu beachten ist auch hier die Monatsfrist des § 123 Abs. 3 VwGO iVm § 929 Abs. 2 ZPO (OVG Magdeburg NVwZ 2009, 855), innerhalb der die AO zu vollziehen ist.

Enthält bereits die einstweilige AO eine Strafandrohung nach § 890 Abs. 2 ZPO, so vollzieht sich die AO selbst (BGH BGHZ 120, 73 unter Hinweis auf RG RGZ 40, 383). Ist dies nicht der Fall, so muss in Wahrung der Monatsfrist des § 929 Abs. 2 ZPO die Strafandrohung nachgeholt werden. Der Antrag setzt nicht voraus, dass bereits gegen die Unterlassungspflicht verstoßen wurde (OVG Weimar ThürVBl. 2010, 230; VGH Mannheim NVwZ-RR 2013, 737).

Wichtig ist auch die Verweisung des § 123 Abs. 3 VwGO auf § 945 ZPO. Nach dieser Vorschrift ist der Antragsteller dem Antragsgegner zum Ersatz des durch die Vollziehung der einstweiligen AO entstandenen Schadens verpflichtet, wenn sich die einstweilige AO als von Anfang an ungerechtfertigt erweist oder sie nach § 926 Abs. 2 ZPO aufgehoben wird. Auf dieses Risiko sollte der Antragsteller hingewiesen werden.

Hat der Antragsgegner eine auf Unterlassung gerichtete einstweilige AO freiwillig erfüllt, ohne dass eine Strafandrohung ergangen war, kommt ein Schadensersatzanspruch nach § 945 ZPO (nach Aufhebung der AO) nicht in Betracht (BGH BGHZ 120, 73). Deshalb empfiehlt es sich, die einstweilige AO ohne Strafandrohung zu beantragen und nach Erlass der AO zunächst abzuwarten, ob der Antragsgegner die ihm untersagte Maßnahme aufgibt. Die Monatsfrist bleibt aber zu beachten.

Kosten und Gebühren

15. Nach Nr. 5210 KV entsteht im Verfahren nach § 123 VwGO eine 1,5 Gerichtsgebühr.

Der Rechtsanwalt erhält Gebühren nach den VV 3100 ff. RVG.

7. Antrag auf Erlass einer Regelungsanordnung mit Befriedigungstendenz (§ 123 Abs. 1 S. 2 VwGO)

An das
Verwaltungsgericht[1]

In Sachen

des Schaustellers . . . . .

gegen

die Stadt . . . . ., vertreten durch den Bürgermeister
wegen: Zuweisung eines Standplatzes auf dem Weihnachtsmarkt
Streitwert: 6.900 EUR[2]
beantrage ich namens und mit Vollmacht des Antragstellers,
der Antragsgegnerin im Wege einer einstweiligen Anordnung nach § 123 Abs. 1 S. 2 VwGO aufzugeben, dem Antragsteller für den am 27.11.2021 beginnenden Weihnachtsmarkt entsprechend seinem Antrag vom . . . . . einen Standplatz für den Verkauf von Süßwaren zuzuweisen.[3]
Zur Begründung führe ich aus:

I. Der Antragsteller betreibt als Schausteller ein Süßwarengeschäft. Im September 2021 bewarb er sich bei der Antragsgegnerin um einen Standplatz auf dem von der Antragsgegnerin nach §§ 68 Abs. 1, 69 GewO festgesetzten, am 27.11.2021 beginnenden und am 22.12.2021 endenden Weihnachtsmarkt. Die Antragsgegnerin lehnte diesen Antrag mit Bescheid v. 5.10.2021 ab, da die Zahl der für Süßwarenstände bereitgestellten Standplätze überschritten sei und anderen Bewerbern nach der aufgrund der Benutzungsordnung erlassenen Zulassungsrichtlinie der Vorzug habe gegeben werden müssen. Mit diesen Bewerbern seien auch schon Mietverträge abgeschlossen worden, so dass sie auch tatsächlich nicht mehr in der Lage sei, den Antragsteller zu berücksichtigen.
Gegen den Ablehnungsbescheid hat der Antragsteller bei dem erkennenden Gericht gleichzeitig Klage erhoben.[4]

II. Dem Antragsteller steht nach § 70 Abs. 1 GewO ein Rechtsanspruch auf Zuweisung eines Standplatzes zu.[5] Der Ausschluss des Antragstellers von der Teilnahme an dem Weihnachtsmarkt nach § 70 Abs. 3 GewO ist nicht gerechtfertigt.
Bei Anwendung der Zulassungsrichtlinie, die das der Antragsgegnerin eingeräumte Auswahlermessen bindet, hätte dem Antragsteller ein Standplatz zugeteilt werden müssen. Ihm hätte der Bewerber . . . . . unter dem Gesichtspunkt der langjährigen Bewährung schon deshalb nicht vorgezogen werden dürfen, weil das Kriterium der Bewährung an die Person gebunden ist und nicht an einen anderen Bewerber weitergegeben werden kann (VG Stuttgart GewA 2001, 122), was hier geschehen ist . . . . .
Darauf, dass inzwischen alle Standplätze für Süßwarenstände vergeben sind, kann sich die Antragsgegnerin nicht berufen. Sowohl das öffentliche Recht wie das Privatrecht halten mit Widerruf und Rücknahme oder der Möglichkeit der (außerordentlichen) Kündigung, ggf. gegen Schadensersatz für den rechtswidrig bevorzugten Marktbeschicker, Vorkehrungen für den Fall bereit, dass die öffentliche Hand eine zunächst gewährte Rechtsposition entziehen muss (BVerfG NJW 2002, 3691).
Ergänzend verweise ich auf die Begründung meiner gleichzeitig erhobenen Klage.

III. Die begehrte Anordnung ist zur Regelung der Rechtsbeziehung zwischen dem Antragsteller und die Antragsgegnerin nach § 123 Abs. 1 S. 2 VwGO ungeachtet des

Umstandes geboten,[6] dass mit ihr die Hauptsache vorweggenommen wird.[7] Ein Verfahren zur Hauptsache kann nämlich dem Antragsteller wirksamen Rechtsschutz zur Erfüllung seines Anspruches auf Überlassung eines Standplatzes nicht gewähren, Art. 19 Abs. 4 GG. Über die auf Erteilung eines Zulassungsbescheides erhobene Verpflichtungsklage wird rechtskräftig erst nach Ende des Weihnachtsmarktes entschieden sein. Ohne die begehrte einstweilige Anordnung würde also der Antragsteller Nachteile erleiden, die bei einem Obsiegen in der Hauptsache nicht mehr ausgeglichen werden könnten und die hinzunehmen ihm deshalb nicht zuzumuten ist (VGH Kassel NVwZ-RR 1996, 325).[8,]

Rechtsanwalt

Schrifttum: Zum Gewerberecht → Form. V.D.3.; ferner *Braun,* Zulassung auf Märkten und Veranstaltungen, NVwZ 2009, 747.

Anmerkungen

1. Zum Antrag auf Erlass einer einstweiligen AO → Form. V.D.6

2. In Verfahren auf Gewährung vorläufigen Rechtsschutzes nach § 123 VwGO setzen die Gerichte im Allgemeinen $^1/_2$ des Wertes der Hauptsache als Streitwert an. Soll aber, wie hier, die Entscheidung in der Sache ganz oder teilweise vorweggenommen werden, kann der Streitwert bis zu Höhe des für das Hauptsacheverfahren anzunehmenden Streitwertes angehoben werden (Nr. 1.5 des Streitwertkataloges NVwZ 2013, Beil. 2; VGH Mannheim NVwZ-RR 2010, 335). Bei einem Streit um die Zulassung zu einem Markt wird als Streitwert der erwartete Gewinn, mindestens 300 EUR/Tag angenommen (Nr. 54.5 des Streitwertkataloges), hier bei 26 Tagen also 7.800 EUR.

3. Die Überlassung eines Standplatzes soll hier, wie üblich, zweistufig ausgestaltet sein: Es erfolgt zunächst nach öffentlichem Recht aufgrund einer Marktordnung oder Benutzungsordnung die Zulassung zu dem nach § 69 GewO festgesetzten Markt unter gleichzeitiger Zuweisung eines Standplatzes. Aufgrund der Zulassung wird dann ein privatrechtlicher Mietvertrag mit dem Veranstalter – das ist hier auch die Stadt – geschlossen. Denkbar ist auch eine ausschließlich privatrechtliche Ausgestaltung des Benutzungsverhältnisses (OLG Frankfurt a. M. GewA 2007, 87; VG Neustadt GewA 2008, 361).

4. In diesem Fall soll nach Landesrecht der Widerspruch ausgeschlossen, also gegen den Verwaltungsakt sogleich der Klageweg eröffnet sein. → Form. V.A.4 Anm. 1.

5. Hier wird zunächst der grds. nur zu sichernde, im gegebenen Ausnahmefall vorläufig zu erfüllende **Anordnungsanspruch** dargelegt.

6. Neben dem Anordnungsanspruch ist der **Anordnungsgrund** glaubhaft zu machen (zur Glaubhaftmachung → Form. V.D.6 Anm. 8).

7. Mit einer einstweiligen AO darf grds. nicht die Entscheidung in der Hauptsache vorweggenommen werden (BVerwG DÖV 1967, 831; OVG Koblenz NVwZ-RR 1990, 98; VGH München NJW 1994, 2308; VGH Mannheim DVBl. 1995, 160; OVG Münster DVBl. 1995, 934; VGH Kassel NVwZ 2001, 826; NVwZ-RR 2003, 814; FDK/*Dombert* Vorl. Rechtsschutz Rn. 175 ff.). Es also zB nicht möglich, mit Hilfe einer einstweiligen AO

- eine Baugenehmigung oder einen verbindlichen Vorbescheid (OVG Lüneburg NVwZ 1994, 80; OVG Bautzen NVwZ 1994, 81; VGH Kassel NVwZ-RR 2003, 814; OVG Münster BauR 2004, 313 für eine Werbeanlage),
- eine endgültige Hochschulzulassung,
- die Auszahlung eines Geldbetrages, der voraussichtlich nicht mehr zurückgezahlt werden kann,
- die Aushändigung einer Ernennungsurkunde,
- die Verleihung der Staatsbürgerschaft
- die Einstellung in das Beamtenverhältnis auf Widerruf (OVG Münster ZBR 2008, 282 Ls.)

zu erreichen. Anders ist die Situation nur dann, wenn der Erfolg der Hauptsache überwiegend wahrscheinlich ist und das Abwarten in der Hauptsache für den Antragsteller schwere und unzumutbare, nachträglich nicht mehr zu beseitigende Nachteile zur Folge hätte (BVerwG BVerwGE 109, 258 = NJW 2000, 160; OVG Münster NJW 2017, 3458; OVG Bautzen DÖV 2020, 635). Diese Voraussetzungen wurden als erfüllt angesehen, wenn

- die Zahlung einer Geldleistung (zB Sozialhilfe) existenznotwendig ist,
- die berufliche oder wirtschaftliche Existenz des Antragstellers gefährdet ist (VGH Kassel NVwZ-RR 1996, 325),
- der Antragsteller gegenüber Mitbewerbern, Mitschülern, anderen Prüflingen usw in einen uneinholbaren Rückstand geraten würde.

In Ausnahmefällen erreicht wurde ferner mit Hilfe einer einstweiligen AO

- die vorläufige Erteilung einer Gaststättenkonzession (VGH Kassel NVwZ 1988, 1149; NVwZ-RR 1996, 325),
- die vorläufige Zulassung des Betriebes einer Spielhalle nach § 33i GewO (OVG Bremen NVwZ 1990, 780),
- die vorläufige Einstellung in den Vorbereitungsdienst (OVG Hamburg DVBl. 1987, 316)
- die vorläufige Zulassung zum Studium (OVG Berlin NJW 1978, 1871; OVG Lüneburg NVwZ-RR 2006, 256; VGH München VGHE By 58, 91; OVG Bautzen NVwZ-RR 2002, 752; VGH Kassel NVwZ-RR 2003, 756),
- die vorläufige Zulassung zur Prüfung (BVerfG NVwZ 1997, 480; OVG Saarlouis NVwZ 2001, 952; VGH Kassel NVwZ-RR 2005, 330),
- die vorläufige Aufnahme in eine Schule (OVG Magdeburg JMBl. LSA 2008, 51),
- die vorläufige Versetzung in eine höhere Klasse (OVG Lüneburg NVwZ-RR 2001, 241; OVG Münster NWVBl. 2006, 302).
- die vorläufige Zulassung eines Bürgerbegehrens (VGH München DVBl. 2011, 308; s. dazu auch OVG Münster NWVBl. 2014, 480),
- die Vergabe eines Standplatzes für ein Volksfest (VG Dresden 11.11.2004 – 1 K 2373/04; VG Gelsenkirchen BeckRS 2007, 24985),
- die Erteilung einer Sondernutzungserlaubnis für das Aufstellen von Wahlplakaten (VGH Kassel NVwZ-RR 2014, 86),
- die Ernennung zum und Einführung als Bürgermeister (VGH Kassel DVBl. 2015, 715).

8. Die Vollstreckung aus einer einen Verpflichtungsausspruch beinhaltenden einstweiligen Anordnung richtet sich nach § 172 VwGO.

Wird die einstweilige Anordnung erlassen, so muss sie innerhalb der Monatsfrist des § 929 Abs. 2 ZPO vollzogen werden. Andernfalls ist sie aufzuheben (OVG Magdeburg NVwZ-RR 2014, 372; OVG Münster NVwZ-RR 2020, 1095).

Die Frist beginnt mit der Zustellung der einstweiligen AO an den Gläubiger (VGH Mannheim NVwZ-RR 2013, 541). Wird gegen die einstweilige AO Beschwerde eingelegt, so beginnt die Monatsfrist mit der Beschwerdeentscheidung erneut (OVG Koblenz NVwZ-RR 2014, 283).

Zur Wahrung der Frist ist eine Maßnahme des Gläubigers erforderlich, durch die er für den Schuldner erkennbar seinen Willen bekundet, von dem Titel Gebrauch zu machen (OVG Magdeburg NVwT-RR 2014, 372). Die von Amts wegen, § 56 Abs. 2 VwGO, erfolgte Zustellung genügt nicht (VGH München NVwZ-RR 2014, 737). Erforderlich ist, dass der Gläubiger beim zuständigen Vollstreckungsorgan eine bestimmte Vollstreckungsmaßnahme beantragt, zB die Androhung eines Zwangsgeldes nach § 172 VwGO.

Zur Schadensersatzpflicht nach § 123 Abs. 3 VwGO, § 945 ZPO → Form. V.D.6 Anm. 14.

E. Anträge und Rechtsbehelfe bei Verwaltungsakten mit Doppelwirkung (Baurecht)

Rechtsschutz des Dritten

1. Widerspruch gegen eine Baugenehmigung

An den Bürgermeister der Stadt ....., Bauaufsichtsamt .....

Betrifft: Errichtung eines fünfgeschossigen Wohn- und Geschäftshauses auf dem Grundstück A-Straße Nr. 3[1, 2]
hier: Ihre Baugenehmigung vom ..... (Az.: .....)

Sehr geehrte Damen und Herren!
In der vorbezeichneten Sache vertrete ich die Eigentümer des Grundstücks A-Straße Nr. 5, die Eheleute ..... Meine Vollmacht liegt an. Gegen Ihre Baugenehmigung vom ....., meinen Mandanten zugestellt am[3]. ...., lege ich hiermit Widerspruch ein.[4] Zur Begründung führe ich aus:
Mit dem angefochtenen Bescheid haben Sie dem Bauherrn unter Befreiung von den Festsetzungen des rechtsverbindlichen Bebauungsplanes Nr. .... gestattet, auf dem Grundstück A-Straße Nr. 3 statt der nach dem Bebauungsplan höchstzulässigen drei Vollgeschosse fünf Vollgeschosse zu errichten. Diese Befreiung ist rechtswidrig, da für sie die Voraussetzungen des § 31 Abs. 2 BauGB nicht erfüllt sind ..... Durch die rechtswidrige Befreiung sind meine Mandanten in eigenen Rechten bzw. rechtlich geschützten Interessen verletzt. Die Beschränkung der Zahl der Vollgeschosse in dem Bebauungsplan ist nämlich nach der diesem Plan beigegebenen Begründung zum Schutze der bereits vorhandenen Gebäude erfolgt, hat also nachbarschützenden Charakter (BVerwG BVerwGE 94, 151 = NJW 1994, 1546; BVerwGE 162, 363 = NVwZ 2018, 1808).
Meine Mandanten werden darüber hinaus auch tatsächlich in ihrem Eigentum an dem Grundstück A-Straße Nr. 5 beeinträchtigt. Denn durch die zusätzlich auf dem Grundstück A-Straße Nr. 3 errichteten zwei Vollgeschosse wird die Belichtung und Besonnung des auf dem Grundstück meiner Mandanten stehenden dreigeschossigen Wohnhauses erheblich eingeschränkt .....[5]
Unterschrift[6]

Schrifttum: S. Schrifttum zum Bauplanungsrecht → Form. V.A.1 und zum Bauordnungsrecht → Form. V.D.4; ferner *Hoppenberg/Paar/Schäfer* in Hoppenberg/de Witt (Hrsg.), Handbuch des öffentlichen Baurechts, Teil A, Stand: November 2019.

Anmerkungen

1. Ein Verwaltungsakt mit Doppelwirkung begünstigt den Adressaten und belastet einen Dritten (dies ist der Regelfall) oder belastet den Adressaten und begünstigt einen Dritten (§ 80a Abs. 1 u. 2 VwGO).

2. In diesem Fall soll der Widerspruch nach Landesrecht nicht ausgeschlossen sein → Form. V.A.4 Anm. 1.

3. Enthält das Schreiben, mit dem dem Dritten der ihn belastende Verwaltungsakt mit Doppelwirkung bekanntgegeben wird, eine für den Dritten bestimmte (eigene) Rechtsbehelfsbelehrung, so setzt diese die Rechtsbehelfsfrist in jedem Falle in Gang. Fehlt eine solche für den Dritten bestimmte Belehrung, so hängt es von den Gesamtumständen ab, ob der Dritte die dem Verwaltungsakt beigefügte Rechtsbehelfsbelehrung auf sich beziehen kann (BVerwG NVwZ 2009, 191). Im Zweifel ist dies der Fall (BVerwG BauR 2011, 1738). Es sollte also nach der Bekanntgabe eines Verwaltungsaktes mit Doppelwirkung von dem Drittbetroffenen in jedem Falle die einmonatige Rechtsbehelfsfrist unter Kontrolle genommen werden.

4. Zur Verpflichtung der Behörde, den Bauherrn über den eingelegten Widerspruch zu unterrichten s. BGH NVwZ 2004, 638.

5. Da der Widerspruch nach § 212a Abs. 1 BauGB keine aufschiebende Wirkung hat, der Bauherr also trotz des eingelegten Widerspruchs weiterbauen kann, empfiehlt es sich, zusätzlich bei der Behörde (→ Form. V.E.3) oder beim VG (→ Form. V.E.4) einen Antrag auf Außervollzugsetzung der Baugenehmigung zu stellen.

Kosten und Gebühren

6. → Form. V.A.4. Ob die Baugenehmigungsbehörde für die Bearbeitung des Widerspruchs Gebühren erheben kann, richtet sich nach Landesrecht.

2. Anfechtungsklage gegen eine Baugenehmigung

An das
Verwaltungsgericht

Klage[1]

des Schreinermeisters . . . . . X-Straße Nr. 3, ...
(Klägers)
Prozessbevollmächtigter: Rechtsanwalt . . . . .
gegen
die Stadt . . . . .
(Beklagte)[2]
beizuladen: Die B-GmbH . . . . .[3]
wegen: Anfechtung einer Baugenehmigung
Streitwert: 15.000 EUR[4]

Namens des Klägers erhebe ich Klage und werde beantragen,

die der B-GmbH erteilte Baugenehmigung zur Errichtung von fünf Einfamilienreihenhäusern auf dem Grundstück X-Straße Nr. 5 in . . . . . aufzuheben.[5]

Zur Begründung führe ich aus:

I. Der Kläger ist Eigentümer des Grundstücks X-Straße Nr. 3 in . . . . . Auf diesem Grundstück betreibt er seit dem Jahre 1990 eine Schreinerei, für die alle erforderlichen behördlichen Genehmigungen vorliegen. Zuletzt wurde ein Erweiterungsbau im Jahre 2008 genehmigt. Ein Bebauungsplan besteht für das Gebiet nicht.

Das auf der Westseite des klägerischen Grundstücks liegende Grundstück X-Straße

Nr. 5 war bisher unbebaut. Unter dem . . . . . erteilte die Beklagte der B-GmbH die Genehmigung zur Errichtung von fünf Einfamilienreihenhäusern auf diesem Grundstück. Mit den Bauarbeiten ist bisher noch nicht begonnen worden.[6]

II. Die Klage ist begründet, da die angefochtene Baugenehmigung rechtswidrig ist, sie gegen eine auch dem Nachbarschutz dienende Vorschrift verstößt und der Kläger durch die Ausführung und Benutzung des genehmigten Vorhabens tatsächlich in seinem Eigentum beeinträchtigt wird (s. dazu OVG Münster NWVBl. 1999, 338).

Ein Bebauungsplan besteht nicht. Die Eigenart der näheren Umgebung des Grundstücks X-Straße Nr. 5 entspricht keinem der in der BauNVO beschriebenen Baugebiete, so dass sich die Zulässigkeit des Vorhabens nach seiner Art nicht nach § 34 Abs. 2, sondern nach § 34 Abs. 1 BauGB beurteilt. Nach dieser Vorschrift müssen sich die Wohnhäuser ua nach der Art der baulichen Nutzung in die Eigenart der näheren Umgebung einfügen. Dies ist nicht der Fall. Zwar grenzt das zu bebauende Grundstück an ein Wohngebiet an. Es liegt jedoch gleichzeitig im Einwirkungsbereich des Gewerbebetriebes des Klägers, der wegen der auf das Grundstück der Bauherrin einwirkenden Immissionen den Grundstückscharakter mitprägt und es einer wohnbaulichen Nutzung entzieht. Damit fügt sich das genehmigte Vorhaben nicht in die Umgebungsbebauung ein.

Auf die Verletzung des § 34 Abs. 1 BauGB kann sich der Kläger berufen. § 34 BauGB stellt sich ua als eine Ausprägung des baurechtlichen Gebotes der Rücksichtnahme dar (BVerwG NJW 1990, 1192; NVwZ 1992, 977; NVwZ 1999, 879). Diesem (objektivrechtlichen) Gebot kommt insoweit drittschützende Wirkung zu, als in qualifizierter und zugleich individualisierter Weise auf schutzwürdige Interessen eines erkennbar abgegrenzten Kreises Dritter Rücksicht zu nehmen ist (BVerwG NJW 1978, 62; NJW 1986, 1703). Dies ist bei dem Kläger der Fall. Er betreibt seit Jahren mit behördlicher Genehmigung eine lärmintensive Schreinerei und muss befürchten, dass ihm zum Schutze der künftigen Bewohner der Reihenhäuser gegen Lärmimmissionen Schutzauflagen erteilt werden, die zu unzumutbaren Einschränkungen seines eingerichteten und ausgeübten Gewerbebetriebes führen . . . . (BVerwG NVwZ 1986, 469; OVG Bautzen SächsVBl. 1998, 292; VGH München BauR 2002, 435; VGH Mannheim VBlBW 2011, 186; OVG Münster BauR 2012, 476).

Rechtsanwalt[7]

Anmerkungen

1. Zum Inhalt der Klage im Allgemeinen → Form. V.B.1. In diesem Fall, der in NRW spielen soll, ist der Widerspruch eines Dritten gegen eine ihn belastende Baugenehmigung nach § 110 Abs. 3 S. 2 Nr. 7 JustG NRW ausgeschlossen. Es bedarf deshalb nach § 68 Abs. 1 S. 2 Hs. 1 VwGO keines Vorverfahrens.

2. Die baurechtliche Nachbarklage richtet sich nicht gegen den Bauherrn, sondern gegen die Baugenehmigungsbehörde, die die Baugenehmigung erteilt hat.

3. Der Bauherr ist nach § 65 Abs. 2 VwGO notwendig beizuladen. Aus diesem Grunde ist es zweckmäßig (nicht notwendig), seinen Namen und seine Anschrift in der Klageschrift anzugeben. Zur Erstattungsfähigkeit der dem Beigeladenen entstandenen Kosten → Form. V.B.14 Anm. 1 (VGH München DVBl. 2000, 433; VGH Mannheim DVBl. 2011, 315 Ls. = BeckRS 2011, 46315).

4. Der Streitwert richtet sich nach dem Rechtsschutzbegehren des Klägers, § 52 Abs. 1 GKG, also dem Maß der von ihm behaupteten Beeinträchtigungen seines Eigentums, nicht nach der wirtschaftlichen Bedeutung, die das Vorhaben für den Bauherrn hat

(BVerwG NVwZ 1999, 879). Es empfiehlt sich, zum Maße der Betroffenheit des Klägers nähere Angaben zu machen, die dem Gericht die Festsetzung eines angemessenen Streitwertes ermöglichen. Nach Nr. 9.7.1 des Streitwertkataloges (NVwZ 2013, Beil. 2) beträgt der Streitwert bei der Klage eines drittbetroffenen Nachbarn 7.500 bis 15.000 EUR, soweit nicht ein höherer wirtschaftlicher Schaden feststellbar ist. Der VGH Mannheim (ZfBR 2014, 704) legt bei einer Klage gegen eine Baugenehmigung für ein Einfamilienhaus oder ein kleineres Mehrfamilienhaus einen „mittleren Streitwert" von 10.000 EUR zugrunde. Vorliegend soll dem Kläger ein erheblicher wirtschaftlicher Schaden drohen, so dass ein Streitwert von 15.000 EUR anzusetzen ist.

5. Richtet sich die Klage gegen eine bereits erteilte Baugenehmigung (einen Bauvorbescheid, eine Befreiung, eine Bodenverkehrsgenehmigung), so handelt es sich um eine Anfechtungsklage auf Aufhebung der angefochtenen Baugenehmigung (so die hM seit BVerwG BVerwGE 22, 129 = DVBl. 1966, 269).

6. In diesem Falle wäre zusätzlich vorläufiger Rechtsschutz zu beantragen: → Form. V. E.3, → Form. V.E.4.

Kosten und Gebühren

7. → Form. V.B.1.

3. Antrag an die Behörde auf Außervollzugsetzung einer Baugenehmigung und Stilllegung der Baustelle

An den
Bürgermeister der Stadt . . . . . ., Bauaufsichtsamt . . . . . .[1]

Betrifft: **Errichtung eines fünfgeschossigen Wohn- und Geschäftshauses auf dem Grundstück A-Straße Nr. 3**
Hier: **Ihre Baugenehmigung vom . . . . . . (Az.: . . . . . .)**

Sehr geehrte Damen und Herren!
In dieser Sache habe ich namens der von mir vertretenen Eheleute . . . . . . gegen die der Fa . . . . . . erteilte Baugenehmigung zur Errichtung eines fünfgeschossigen Wohn- und Geschäftshauses auf dem Grundstück A-Straße Nr. 3 Widerspruch eingelegt[2] und diesen Widerspruch iE begründet.
In Ergänzung meines Widerspruchsschreibens beantrage ich hiermit gem. § 80a Abs. 1 Nr. 2 VwGO,
die Vollziehung der der Fa . . . . . . erteilten Baugenehmigung[3] auszusetzen, der Fa . . . . . . mit einem für sofort vollziehbar erklärten Bescheid aufzugeben, die Bauarbeiten zur Errichtung eines fünfgeschossigen Wohn- und Geschäftshauses auf dem Grundstück A-Straße Nr. 3 sofort einzustellen, und die Baustelle stillzulegen.
Zur Begründung führe ich aus.
Der Antrag ist zur Wahrung der Rechte meiner Mandanten geboten, da inzwischen mit den Bauarbeiten begonnen wurde, der Widerspruch gegen die der Fa. . . . . . erteilte Baugenehmigung nach § 212a Abs. 1 BauGB keine aufschiebende Wirkung hat, in der Sache selbst aber zum Erfolg führen wird.[4] Zur Ermöglichung eines effektiven Rechtschutzes muss deshalb die Schaffung vollendeter Tatsachen, die bei dem zu erwartenden

Erfolg des Widerspruches nur mit sehr erheblichem Aufwand rückgängig gemacht werden können, vermieden werden.

Der Widerspruch wird Erfolg haben, weil die der Fa ...... erteilte Baugenehmigung, wie ich in meinem Widerspruchsschreiben bereits dargelegt habe, gegen Festsetzungen des Bebauungsplanes verstößt, die (zumindest auch) den Interessen meiner Mandanten als Nachbarn zu dienen bestimmt sind ......[5]

Unterschrift[6]

Anmerkungen

1. Dieses Form. knüpft an das → Form. V.E.1 an.

Legt ein Dritter gegen einen Verwaltungsakt mit Doppelwirkung einen Rechtsbehelf (Widerspruch, Klage) ein und hat dieser keine aufschiebende Wirkung, so kann die Behörde die Vollziehung des Verwaltungsaktes aussetzen und einstweilige Maßnahmen zur Sicherung der Rechte des Dritten treffen, § 80a Abs. 1 Nr. 2 mit § 80 Abs. 4 S. 1 VwGO (BVerwG NVwZ-RR 2002, 153; OVG Bautzen NVwZ-RR 2000, 582; OVG Münster NVwZ-RR 2001, 291).

2. Nach dem eindeutigen Wortlaut des § 80a Abs. 1 VwGO setzt die AdV voraus, dass der Dritte einen Rechtsbehelf (Widerspruch, Klage) eingelegt hat (OVG Münster NVwZ-RR 1996, 184; VG Frankfurt a. M. NVwZ 2000, 1324). Dies ist also anders als sonst bei der AdV nach § 80 Abs. 4 VwGO (→ Form. V.D.1 Anm. 3).

3. Für einen Antrag nach § 80a VwGO gegen einen für sofort vollziehbar erklärten Bauvorbescheid besteht kein Rechtsschutzbedürfnis, weil ein solcher Bescheid keine gestaltende Wirkung hat und daher nicht zur Ausführung des Vorhabens berechtigt (OVG Koblenz NVwZ-RR 2020, 999 zu einem immissionsrechtlichen Vorbescheid).

4. Entscheidungskriterien sind nicht die Rechtmäßigkeit des mit dem Widerspruch des Dritten angefochtenen Verwaltungsaktes, sondern die Erfolgsaussichten des Widerspruchs (OVG Münster DVBl. 2009, 671 Nr. 36 Ls.). Es kommt also darauf an, ob der Verwaltungsakt mit Doppelwirkung, hier die Baugenehmigung, rechtswidrig ist, weil er gegen eine (zumindest auch) die rechtlichen Interessen des Dritten schützende Rechtsvorschrift verstößt.

5. Wird der Antrag abgelehnt, so kann der Widerspruchsführer beim VG einen Antrag auf AdV bzw. AO der aufschiebenden Wirkung seines Widerspruches stellen, § 80a Abs. 3 S. 1 mit Abs. 1 Nr. 2 VwGO, § 80a Abs. 3 S. 2 mit § 80 Abs. 5 VwGO (→ Form. V.E.4).

Gibt die Behörde dem Antrag statt, so kann der durch die AdV betroffene Adressat des begünstigenden Verwaltungsaktes beim VG einen Antrag auf Aufhebung der Aussetzung stellen, § 80a Abs. 3 S. 1 VwGO. Ein Widerspruch gegen die Aussetzungs-AO ist nicht zulässig (OVG Koblenz BauR 1996, 692).

Kosten und Gebühren

6. Für den bei der Behörde gestellten Aussetzungsantrag erhält der Rechtsanwalt eine 0.5–2,5-Geschäftsgebühr gem. VV 2300 RVG. Bei dem behördlichen Aussetzungsverfahren und dem Widerspruchsverfahren handelt es sich um verschiedene Angelegenheiten, § 17 Nr. 1, 4c) RVG.

4. Antrag an das Verwaltungsgericht auf Anordnung der aufschiebenden Wirkung des Widerspruchs und Stilllegung der Baustelle

An das
Verwaltungsgericht[1]

In Sachen

der Eheleute . . . . . .
(Antragsteller)
Verfahrensbevollmächtigter: Rechtsanwalt . . . . . .
gegen
die Stadt . . . . . ., Bauaufsichtsamt . . . . . .
(Antragsgegnerin)[2]
beizuladen: Fa . . . . . .[3]
Streitwert: 7.500 EUR[4]
beantrage ich namens und in Vollmacht der Antragsteller,

1. Die aufschiebende Wirkung des Widerspruches der Antragsteller gegen die der beizuladenden Fa . . . . . . erteilte Baugenehmigung vom . . . . . . anzuordnen (alternativ: die Vollziehung der der beizuladenden Fa . . . . . . erteilten Baugenehmigung vom . . . . . . auszusetzen),[5]
2. der Antragsgegnerin aufzugeben, die Baustelle auf dem Grundstück A-Straße Nr. 3 stillzulegen.[6]

Zur Begründung führe ich aus:

I. Unter dem . . . . . . erteilte die Antragsgegnerin der Fa . . . . . . die Baugenehmigung zur Errichtung eines fünfgeschossigen Wohn- und Geschäftshauses auf dem Grundstück A-Straße Nr. 3. Gegen diese Genehmigung legte ich mit Schreiben vom . . . . . . Widerspruch ein[7] **und beantragte mit einem weiteren Schreiben vom . . . . . . die Aussetzung der Vollziehung der Genehmigung und die vorläufige Einstellung der Bauarbeiten.**[8] **Diesen Antrag lehnte die Antragsgegnerin mit Bescheid vom . . . . . . ab. Über den Widerspruch gegen die Baugenehmigung ist noch nicht entschieden.**

II. Der Antrag ist begründet, da die der Fa . . . . . . erteilte Baugenehmigung gegen Festsetzungen des Bebauungsplanes Nr. . . . . . . verstößt, die auch dem Schutze der Antragsteller als Eigentümer des Nachbargrundstückes A-Straße Nr. 5 zu dienen bestimmt sind. Da die Fa . . . . . . mit der Verwirklichung des genehmigten Vorhabens begonnen hat, ist zur Wahrung der Rechte der Antragsteller, insb. zur Verhinderung vollendeter Tatsachen, die Einstellung der Bauarbeiten dringend geboten.[9]

Rechtsanwalt[10]

Anmerkungen

1. Dieses Form. knüpft an → Form. V.E.1, → Form. V.E.3 an.

2. Antragsgegner ist diejenige Körperschaft oder Behörde, die den angefochtenen Verwaltungsakt erlassen hat und gegen die deshalb auch die Anfechtungsklage zu richten wäre.

3. Zur Beiladung in diesem Falle → Form. V.E.2 Anm. 3.

4. Nach Nr. 9.7.1 des Streitwertkatalogs (NVwZ 2013, Beil. 2) beträgt bei der Klage eines Drittbetroffenen gegen eine Baugenehmigung der Streitwert 7.500–15.000 EUR (→ Form. V.E.2 Anm. 4). Hier ist wegen der Größe der behaupteten von dem genehmigten Vorhaben ausgehenden Beeinträchtigung ein Streitwert von 15.000 EUR anzusetzen, der nach Nr. 1.5 des Streitwertkatalogs in Verfahren des vorläufigen Rechtsschutzes zu halbieren ist (VGH Kassel NVwZ-RR 2015, 920).

5. Die hier angebotene Alternativlösung bei der Formulierung des Antrages beruht auf der unklaren Fassung des § 80a Abs. 3 VwGO (s. dazu SS/*Schoch* VwGO § 80a Rn. 49 ff.).

Hat ein Rechtsbehelf (Widerspruch, Klage) keine aufschiebende Wirkung, so kann nach § 80a Abs. 3 S. 1 mit Abs. 1 Nr. 2 VwGO das Gericht die Vollziehung nach § 80 Abs. 4 VwGO aussetzen und einstweilige Maßnahmen zur Sicherung der Rechte des Dritten treffen. Daneben lässt aber § 80a Abs. 3 S. 2 mit § 80 Abs. 5 S. 1 Hs. 1 VwGO die AO der aufschiebenden Wirkung durch das Gericht zu. Welcher Weg des vorläufigen Rechtsschutzes der richtige ist, ist unklar. Entsprechend unterschiedlich ist die Gerichtspraxis. Ein Teil der Gerichte setzt die Vollziehung des Verwaltungsaktes aus (VGH München BayVBl. 1991, 720; NVwZ-RR 1995, 430; VGH Mannheim BauR 2019, 1298), ein Teil ordnet die aufschiebende Wirkung an (BVerwG NVwZ 2020, 1051; OVG Schleswig NVwZ 1992, 587; OVG Koblenz DVBl. 1996, 930; OVG Lüneburg NordÖR 2017, 48; OVG Münster UPR 2018, 73; VGH München NVwZ-RR 2019, 981). Für diese zweite Möglichkeit hat sich der Gesetzgeber entschieden. So kann nach § 17e Abs. 2 FStrG zur Erlangung vorläufigen Rechtsschutzes ein Antrag auf AO und nach § 17e Abs. 3 FStrG auf Wiederherstellung der aufschiebenden Wirkung der Klage nach § 80 Abs. 5 VwGO, ggf. iVm Abs. 2 Nr. 4 VwGO gestellt werden. Entsprechende Regelungen enthalten die anderen Fachgesetze. → Form. V.B.1 Anm. 1.

Unzweifelhaft dürfte aber sein, dass, wenn man den Weg über § 80a Abs. 3 S. 1 mit Abs. 1 Nr. 2 VwGO geht, das Gericht die Vollziehung selbst aussetzen kann. Das ergibt der eindeutige Gesetzeswortlaut („. . . . . . solche Maßnahmen treffen . . . . . .“). Entsprechend sollte der Antrag formuliert und nicht lediglich darauf gerichtet werden, die Behörde durch das Gericht zur Aussetzung zu verpflichten (s. dazu Kopp/Schenke/*W.-R. Schenke* VwGO § 80a Rn. 17; *Redeker/von Oertzen* VwGO § 80a Rn. 9).

6. Nach § 80a Abs. 3 S. 1 mit Abs. 1 Nr. 2 VwGO kann das Gericht neben der AdV auch „einstweilige Maßnahmen zur Sicherung der Rechte des Dritten treffen“. Als eine solche Maßnahme kommt vor allem die vorläufige Einstellung von Arbeiten zur Verwirklichung des genehmigten Vorhabens in Betracht.

7. → Form. V.E.1.

8. → Form. V.E.3. Da § 80a Abs. 3 S. 2 auch auf § 80 Abs. 6 VwGO verweist, könnte angenommen werden, dass ein Antrag an das Gericht auf AO der aufschiebenden Wirkung nach § 80 Abs. 5 VwGO nur zulässig ist, wenn zuvor vergeblich ein Aussetzungsantrag bei der Behörde gestellt wurde.

a) Einen solchen Antrag verlangen OVG Lüneburg NVwZ-RR 2005, 69; NVwZ-RR 2010, 552; OVG Weimar ThürVBl. 1995, 64).
b) Dagegen halten die Verweisung auf § 80 Abs. 6 VwGO für ein Redaktionsversehen und ein erfolgloses behördliches Vorverfahren deshalb nicht für erforderlich OVG Bremen BauR 1992, 608; NVwZ 1993, 592; VGH Kassel NVwZ 1993, 491; VGH Mannheim NVwZ 1995, 292; NVwZ 1995, 1004; OVG Saarlouis BRS 57 (1995) Nr. 138; OVG Koblenz BauR 2004, 59.

9. Dem Antragsteller droht keine Schadensersatzverpflichtung, wenn durch den beantragten Beschluss die Bauarbeiten vorläufig unterbunden, der Beschluss jedoch in einem

Beschwerdeverfahren aufgehoben wird. § 123 Abs. 3 VwGO mit der Verweisung auf § 945 ZPO gilt nach § 123 Abs. 5 VwGO nicht für die Fälle der §§ 80 und 80a. Darüber hinaus würde auch eine Anwendung des § 945 ZPO bei der hier behandelten Fallkonstellation nicht zu einer Ersatzpflicht führen. Denn Schadensersatz kann nur der „Antragsgegner" verlangen. Antragsgegner ist hier die Behörde, die aber idR durch die vorläufige Nichtausnutzung des begünstigenden Verwaltungsaktes keinen Schaden erleidet. Den Schaden hat der Adressat des Verwaltungsaktes; dieser ist aber als (nur) Beigeladener kein „Antragsgegner" (BGH NJW 1981, 349).

Kosten und Gebühren

10. In dem Verfahren nach § 80a Abs. 3 und § 80 Abs. 5 VwGO entsteht nach Nr. 5210 KV eine 1,5 Gerichtsgebühr.

Der Rechtsanwalt erhält Gebühren nach VV 3100 ff. RVG.

Anträge und Rechtsbehelfe des Begünstigten

5. Antrag an die Behörde auf Anordnung der sofortigen Vollziehung (Immissionsschutzrecht)

An das
Landratsamt . . . . .[1, 2]

Betrifft: Genehmigung von drei Windkraftanlagen auf dem Grundstück . . . . . Az.: . . . . .

Sehr geehrte Damen und Herren!

In dieser Sache habe ich die Vertretung der Fa . . . . . übernommen. Meine Vollmacht liegt an.

I. Mit Bescheid vom . . . . . haben Sie meiner Mandantin die immissionsschutzrechtliche Genehmigung zur Errichtung und zum Betrieb von drei Windkraftanlagen erteilt. Gegen diese Genehmigung haben die Eheleute . . . . . Klage[3] erhoben. Da diese Klage nach § 80 Abs. 1 S. 2 mit S. 1 VwGO aufschiebende Wirkung hat (OVG Magdeburg NVwZ-RR 2010, 915 Nr. 8 Ls.),[4] kann meine Mandantin von der Genehmigung bis zum Abschluss des Klageverfahrens keinen Gebrauch machen.

II. Namens meiner Mandantin beantrage ich,[5]
die sofortige Vollziehung der erteilten Genehmigung nach den §§ 80a Abs. 1 Nr. 1, 80 Abs. 2 Nr. 4 VwGO anzuordnen.

Zur Begründung führe ich aus:[6]

Die Anordnung der sofortigen Vollziehung ist im überwiegenden Interesse meiner Mandantin als einem „Beteiligten" iSd § 80 Abs. 2 Nr. 4 VwGO geboten. Das besondere Interesse meiner Mandantin daran, von der erteilten Genehmigung schon vor Abschluss des Klageverfahrens Gebrauch machen zu können, ergibt sich bereits daraus, dass die von den Eheleuten . . . . . erhobene Klage offensichtlich unbegründet ist.[7, 8] Mit ihrer Klage machen die Kläger, die Eigentümer eines im Außenbereich gelegenen Wochenendhauses sind, geltend, dass die Errichtung der Windkraftanlagen gegen Vorschriften des besonderen Artenschutzes verstieße und deshalb rechtswidrig sei. Der Betrieb der Windkraftanlagen gehe nämlich mit einem signifikant erhöhten Tötungsrisiko für Rotmilane einher, die in der Nähe der künftigen Anlagenstandorte brüten würden. Deshalb seien Errichtung und Betrieb der Anlagen nach § 44 Abs. 1 Nr. 1 BNatSchG unzulässig.

Auf den behaupteten Verstoß gegen das Tötungsverbot können sich die Kläger nicht berufen. Der Vorschrift des § 44 Abs. 1 Nr. 1 BNatSchG kommt keine drittschützende Wirkung zu, weil „sie das allgemeine ökologische Schutzziel des Erhalts der Artenvielfalt

betrifft und sich aus den Tatbestandsmerkmalen der Norm kein von der Allgemeinheit unterschiedener Personenkreis bestimmen lässt" (VGH München NVwZ-RR 2017, 554 (557)). Die von den Klägern erhobene Anfechtungsklage gegen die Genehmigung ist deshalb, weil den Klägern die Klagebefugnis nach § 42 Abs. 2 VwGO fehlt, unzulässig.

Darüber hinaus ist – ohne dass es darauf entscheidend ankäme – die Genehmigung auch objektiv rechtmäßig; denn das von den Klägern behauptete Tötungsrisiko für die Rotmilane besteht nicht, wie die im Genehmigungsverfahren eingeholte Artenschutzprüfung (ASP) ergeben hat .....[9]

Rechtsanwalt[10]

Anmerkungen

1. Nach § 80a Abs. 1 Nr. 1 VwGO kann, wenn ein Dritter einen Rechtsbehelf (Widerspruch, Klage) gegen den an einen anderen gerichteten, diesen begünstigenden Verwaltungsakt einlegt und dieser aufschiebende Wirkung hat, die Behörde auf Antrag des Begünstigten nach § 80 Abs. 2 Nr. 4 VwGO die sofortige Vollziehung anordnen.

Zu der Frage, ob zunächst bei der Behörde die AO der sofortigen Vollziehung zu beantragen ist oder sogleich beim VG ein solcher Antrag gestellt werden kann, → Form. V.E.6 Anm. 5.

2. Die sofortige Vollziehung des Verwaltungsaktes kann nach § 80 Abs. 2 Nr. 4 VwGO sowohl von der Ausgangsbehörde als auch von der Widerspruchsbehörde angeordnet werden.

3. In diesem Fall soll nach Landesrecht der Widerspruch ausgeschlossen, also gegen den Verwaltungsakt sogleich der Klageweg eröffnet sein → Form. V.A.4 Anm. 1.

4. Die aufschiebende Wirkung – sofern sie nicht gesetzlich ausgeschlossen ist – tritt unabhängig davon ein, ob der Rechtsbehelf zulässig und begründet ist. Keine aufschiebende Wirkung haben nur Rechtsbehelfe, die offensichtlich unzulässig sind, weil zB die Rechtsbehelfsfrist eindeutig versäumt wurde oder der Widerspruchsführer bzw. Kläger unter keinem denkbaren Gesichtspunkt iSd § 42 Abs. 2 VwGO in seinen Rechten verletzt sein kann (s. zum Meinungsstand *Redeker/von Oertzen* VwGO § 80 Rn. 11).

5. Nach § 80a Abs. 1 Nr. 1 VwGO erfolgt die AO der sofortigen Vollziehung nicht von Amts wegen, sondern nur auf Antrag des Begünstigten (OVG Hamburg NVwZ 2002, 356; VG Frankfurt a. M. NVwZ-RR 2000, 844). Lehnt die Behörde den Antrag ab, so ist dagegen nicht Widerspruch einzulegen oder eine Klage zu erheben, sondern beim VG ein Antrag auf AO der sofortigen Vollziehung zu stellen (→ Form. V.E.6).

6. Nach § 80 Abs. 3 S. 1 VwGO ist bei einer AO der sofortigen Vollziehung das besondere Interesse an der sofortigen Vollziehung von der Behörde schriftlich zu begründen (→ Form. V.D.3; VGH München BayVBl. 2000, 692; *Kaltenborn* DVBl. 1999, 828 (831)). Entsprechende Anforderungen sind dann auch an den Antrag auf AO der sofortigen Vollziehung zu stellen.

7. Auf diese Erfolgsaussichten des Rechtsbehelfs, hier der Klage, und nicht auf die offensichtliche Rechtmäßigkeit oder Rechtswidrigkeit der angegriffenen Genehmigung ist im Verfahren nach den §§ 80a Abs. 1 Nr. 1, 80 Abs. 2 Nr. 4 VwGO wesentlich abzustellen (OVG Münster NWVBl. 1994, 332; OVG Berlin NVwZ-RR 2001, 611). Bei offenen Erfolgsaussichten findet eine allgemeine, von den Erfolgsaussichten unabhängige Abwägung der für und gegen den Sofortvollzug sprechenden Interessen statt (BVerG NVwZ 2020, 1051; VGH Mannheim BayVBl. 2020, 444).

8. Umstritten ist, ob im Falle des § 80a Abs. 1 Nr. 1 VwGO der Dritte, der den Rechtsbehelf eingelegt hat, vor AO der sofortigen Vollziehung nach § 28 VwVfG zu hören ist. Die Notwendigkeit einer Anhörung bejahen OVG Bremen DÖV 1980, 180 (181); *Redeker/von Oertzen* VwGO § 80 Rn. 27; *Müller* NVwZ 1988, 702; diff. Kopp/Schenke/*W.-R. Schenke* VwGO § 80 Rn. 82. Keine Anhörung halten für erforderlich OVG Koblenz NVwZ 1988, 748; OVG Schleswig NVwZ-RR 1993, 587; VGH Mannheim DVBl. 1994, 354 Nr. 17 Ls.; OVG Münster BauR 1995, 69; *Kaltenborn* DVBl. 1999, 828 (830).

9. Es empfiehlt sich, den Antrag nicht allein damit zu begründen, dass die verletzte Norm nicht drittschützend sei, sondern daneben auch geltend zu machen, dass die erteilte Genehmigung rechtmäßig ist. Denn andernfalls könnte sich die Behörde veranlasst sehen, aus Anlass des Rechtsbehelfs des Dritten und unabhängig von der Zulässigkeit und Begründetheit dieses Rechtsbehelfs die Genehmigung wegen ihrer objektiven Rechtswidrigkeit nach § 48 VwVfG zurückzunehmen.

Kosten und Gebühren

10. Für den Antrag erhält der Rechtsanwalt nach § 17 Nr. 4c) RVG eine gesonderte Gebühr nach VV 2300 RVG.

6. Antrag an das Verwaltungsgericht auf Anordnung der sofortigen Vollziehung (Immissionsschutzrecht)

An das
Verwaltungsgericht[1]

In Sachen

der Firma .....
gegen
das Staatliche Umweltamt .....
beizuladen: die Eheleute .....[2]
beantrage ich namens der Antragstellerin,
die sofortige Vollziehung der der Antragstellerin von dem Antragsgegner erteilten immissionsschutzrechtlichen Genehmigung vom ..... anzuordnen.[3]
Zur Begründung führe ich aus:

I. Der Antragsgegner erteilte der Antragstellerin unter dem ..... die Genehmigung zur Errichtung und zum Betrieb eines Kompostierwerkes. Gegen diese Genehmigung haben die Eheleute ..... Klage erhoben, die bei dem erkennenden Gericht unter dem Az ..... anhängig ist und über die noch nicht entschieden wurde.
Unter dem ..... beantragte die Antragstellerin bei dem Antragsgegner, die sofortige Vollziehung der Genehmigung anzuordnen.[4] **Diesen Antrag lehnte der Antragsgegner mit Bescheid vom ..... ab.**[5] **Die erwähnten Schriftstücke sind in Ablichtung beigefügt.**

II. Der Antrag ist begründet, da das Interesse der Antragstellerin, von der ihr erteilten Genehmigung Gebrauch machen zu können, das Interesse der Kläger an der Erhaltung der aufschiebenden Wirkung ihrer Klage überwiegt, § 80 Abs. 2 Nr. 4 VwGO. Dabei kommt es nicht in erster Linie darauf an, ob die der Antragstellerin erteilte Genehmigung objektiv rechtmäßig ist, sondern ob die Klage voraussichtlich Erfolg haben wird (OVG Münster NWVBl. 1994, 332; DVBl. 2009, 671 Nr. 36 Ls.). Wie im Genehmi-

gungsverfahren nachgewiesen wurde, wird am Wochenendhaus der Kläger der für Wohn-/Mischgebiete geltende Immissionswert, der nach dem in der Geruchsimmissions-Richtlinie – GIRL – festgelegten Verfahren ermittelt wurde, nicht überschritten. Damit steht fest, dass von der genehmigten Kompostieranlage keine für die Kläger unzumutbaren Geruchsbelästigungen ausgehen (OVG Münster NVwZ 2004, 1259; OVG Magdeburg UPR 2016, 39 Ls). Die Klage kann deshalb keinen Erfolg haben.

Rechtsanwalt[6]

Anmerkungen

1. Legt ein Dritter einen Rechtsbehelf gegen den an einen anderen gerichteten, diesen begünstigenden Verwaltungsakt ein und hat dieser Rechtsbehelf aufschiebende Wirkung, so kann das VG auf entsprechenden Antrag hin die sofortige Vollziehung des Verwaltungsaktes anordnen, § 80a Abs. 3 S. 1 mit Abs. 1 Nr. 1 und § 80 Abs. 2 Nr. 4 VwGO.

2. Zur Beiladung → Form. V.E.2 Anm. 3.

3. Nach § 80a Abs. 3 VwGO ist das Gericht zur AO der sofortigen Vollziehung befugt und nicht darauf beschränkt, lediglich die Verpflichtung des Antragsgegners zur AO der sofortigen Vollziehung auszusprechen.

4. → Form. V.E.5.

5. Es ist umstritten, ob der Antrag auf AO der sofortigen Vollziehung bei Gericht erst gestellt werden kann, wenn die Behörde zuvor einen solchen Antrag abgelehnt hat. Die Notwendigkeit eines behördlichen Vorverfahrens bejahen VGH München DÖV 1982, 162; BayVBl. 1991, 723; OVG Lüneburg NVwZ 1993, 592; OVG Koblenz BauR 1993, 718. Den Antrag an die Behörde nicht für erforderlich halten VGH Mannheim NVwZ 1995, 1004; VGH Kassel DVBl. 2018, 1448. Nach Auffassung des OVG Hamburg (NVwZ-RR 2017, 906 Nr. 4 Ls.) verlangt zwar § 80a Abs. 3 VwGO einen solchen Antrag nicht, jedoch fehlt idR ein Rechtsschutzbedürfnis für einen unmittelbar an das VG gerichteten Antrag auf AO des Sofortvollzugs. Wenn nicht sicher ist, dass nach der Rspr. des erkennenden Gerichts ein zunächst bei der Behörde zu stellender Antrag nicht verlangt wird, sollte dieser Antrag vorsorglich gestellt werden.

Kosten und Gebühren

6. Im Verfahren nach § 80a Abs. 3 VwGO entsteht nach Nr. 5210 KV eine 1,5 Gerichtsgebühr.

Der Rechtsanwalt erhält Gebühren nach VV 3100 ff. RVG.

7. Antrag auf Abänderung einer Stilllegungsverfügung (§ 80 Abs. 7 S. 2 VwGO – Baurecht)

An das
Verwaltungsgericht[1, 2]
Az.: . . . .

In der Verwaltungsstreitsache

der Eheleute . . . . .

(Antragsgegner zu 1) des Abänderungsverfahrens)[3]
gegen
die Stadt .....
(Antragsgegnerin zu 2) des Abänderungsverfahrens)
Beigeladene: Firma ..... (Antragstellerin des Abänderungsverfahrens)
Verfahrensbevollmächtigter: Rechtsanwalt .....
wegen: Baunachbarstreit
beantrage ich namens der Antragstellerin,

1. **den Beschluss der Kammer vom ..... abzuändern und den Antrag der Antragsgegner zu 1) auf Anordnung der aufschiebenden Wirkung ihrer Klage[4] gegen die Baugenehmigung der Antragsgegnerin zu 2) vom ..... sowie auf Stilllegung der Baustelle abzulehnen,[5]**
2. **der Antragsgegnerin zu 2) aufzugeben, die Bauarbeiten zur Errichtung eines Wohnhauses auf dem Grundstück der Antragstellerin freizugeben und das angebrachte Siegel zu entfernen,**
3. **die Kosten des Abänderungsverfahrens der Antragsgegnerin zu 2) aufzuerlegen.**

Zur Begründung führe ich aus:
Das Verwaltungsgericht hat mit Beschl. v. ...... die aufschiebende Wirkung der Klage der Antragsgegner zu 1) Az ..... gegen die der Antragstellerin erteilte Baugenehmigung vom ..... angeordnet und die Antragsgegnerin zu 2) zur Stilllegung der Baustelle verpflichtet, da das genehmigte Vorhaben gegen die Abstandsvorschrift des § 6 BauO NRW verstoße. Dieser Verstoß ist inzwischen durch die von der Antragsgegnerin zu 2) der Antragstellerin erteilte, in Kopie beigefügte geänderte Baugenehmigung beseitigt worden. Die Dachaufbauten sind nunmehr als nicht unter § 6 Abs. 4 S. 7 Nr. 2 BauO NRW fallende Dachgauben zu bewerten und fließen nicht in die Berechnung der Wandhöhe ein. Die zum Gegenstand der Baugenehmigung gemachte Abstandsflächenberechnung ist daher korrekt.
Sollte die Kammer der Auffassung sein, dass es zur Fortsetzung der Bauarbeiten nach Erteilung der geänderten Baugenehmigung keines Abänderungsantrags nach § 80 Abs. 7 VwGO bedarf, wird um einen entsprechenden Hinweis gebeten.[6]
Rechtsanwalt[7]

Anmerkungen

1. Zu dem Antrag nach § 80 Abs. 7 VwGO → Form. V.D.5.

2. Zuständig für eine Abänderungsentscheidung nach § 80 Abs. 7 VwGO ist das Gericht der Hauptsache, also das Gericht, bei dem die Klage anhängig ist oder anhängig zu machen wäre. Das ist also nicht notwendig das Gericht, das den aufzuhebenden oder abzuändernden Beschluss erlassen hat (VGH Kassel NJW 1997, 211). Ist zB die Klage beim VG anhängig und hat das OVG als Beschwerdegericht den Beschluss nach § 80 Abs. 5 VwGO erlassen, so ist für die Abänderung des Beschlusses nach § 80 Abs. 7 VwGO das VG zuständig (OVG Koblenz DVBl. 1991, 1324).

Umstritten ist, ob ein Antrag nach § 80 Abs. 7 VwGO erst nach rechtskräftigem Abschluss des Verfahrens nach § 80 Abs. 5 VwGO, also wenn eine Beschwerde nicht mehr eingelegt werden kann, zulässig ist (so VG Schleswig LKV 2018, 527 mwN).

3. Zur Bezeichnung der Beteiligten → Form. V.D.5 Anm. 2.

4. In NRW, wo dieser Fall spielen soll, ist der Widerspruch eines Dritten gegen Entscheidungen der Bauaufsichts- und Baugenehmigungsbehörden ausgeschlossen, also sogleich der Klageweg eröffnet, § 110 Abs. 3 S. 2 Nr. 7 JustizG NRW. Zum Ausschluss des Widerspruchsverfahrens → Form. V.A.4 Anm. 1.

5. Zu diesem Antrag → Form. V.D.5 Anm. 3.

6. Es ist umstritten, ob es nach Erteilung einer neuen oder geänderten Baugenehmigung, mit der die in dem Ursprungsbeschluss des Gerichts festgestellten Verstöße beseitigt wurden, einer Abänderungsentscheidung nach § 80 Abs. 7 VwGO bedarf (so OVG Saarlouis BeckRS 1995, 13111; OVG Münster 7. Senat BauR 1999, 1012; OVG Bautzen NVwZ-RR 2000, 582; VGH München BRS 71 (2007) Nr. 154 u. 155) oder von der neuen oder geänderten Baugenehmigung ohne eine solche Entscheidung Gebrauch gemacht werden kann und gegen sie ggf. erneut ein Rechtmittelverfahren eingeleitet werden muss (so OVG Münster 11. Senat NVwZ-RR 1997, 447; 10. Senat NVwZ-RR 2001, 297).

Kosten und Gebühren

7. → Form. V.D.5.

8. Klage gegen einen die Genehmigung aufhebenden Widerspruchsbescheid

An das
Verwaltungsgericht

Klage[1, 2]

des . . . . .
(Klägers)
Prozessbevollmächtigte: Rechtsanwälte . . . . .
gegen
die Bezirksregierung . . . . .[3]
(Beklagte)
beizuladen: Die Eheleute . . . . .[4]
wegen: Anfechtung einer Ausnahmegenehmigung nach der BaumschutzVO
Streitwert: . . . . . EUR[5]
Namens des Klägers erheben wir Klage mit dem Antrag,
den Widerspruchsbescheid der Beklagten vom . . . . . aufzuheben.[6]
Zur Begründung führen wir aus:

I. Der Kläger ist Eigentümer des Grundstücks . . . . . Eigentümer des Nachbargrundstücks . . . . . sind die beizuladenden Eheleute . . . . .
Das Grundstück des Klägers ist mit einem Einfamilienwohnhaus bebaut. Der Kläger beabsichtigt, an der bisherigen Hinterfront des Gebäudes in einem Abstand von 12 m zu dem Grundstück der Eheleute . . . . . einen sechs Meter tiefen Anbau mit einer sich daran anschließenden drei Meter tiefen Terrasse zu errichten. Zu diesem Zwecke müssen vier Bäume gefällt werden. Die Stadt X erteilte hierzu die nach § 3 Abs. 1b Baumschutzsatzung der Stadt X erforderliche Ausnahmeerlaubnis. Gegen diese Erlaubnis legten die Eheleute . . . . . Widerspruch ein. Diesem Widerspruch gab die Beklagte mit dem in einer Ablichtung beigefügten Widerspruchsbescheid vom . . . . .

statt, weil die Voraussetzungen für die Erteilung der Ausnahmeerlaubnis nicht gegeben seien.

II. Der angefochtene Widerspruchsbescheid beschwert den Kläger erstmalig und kann von diesem deshalb nach den §§ 79 Abs. 1 Nr. 2, 68 Abs. 1 S. 2 Nr. 2, 78 Abs. 2 VwGO unmittelbar mit der Klage angefochten werden.

III. Entgegen der Ansicht der Beklagten ist die Ausnahmeerlaubnis rechtmäßig, weil das Verbot der Beseitigung der Bäume zu einer offenbar nicht beabsichtigten Härte führen würde und die Ausnahmeerlaubnis mit den öffentlichen Belangen iSd Baumschutzsatzung vereinbar ist, § 3 Abs. 1b Baumschutzsatzung.
Dies braucht jedoch nicht vertieft dargestellt zu werden, weil die Beklagte dem Widerspruch der Eheleute ..... schon deshalb nicht stattgeben durfte, weil die Ausnahmeerlaubnis die Eheleute ..... nicht in eigenen Rechten verletzen konnte. Denn die auf der Grundlage von § ..... des ..... Naturschutzgesetzes erlassene Baumschutzsatzung dient als natur- und landschaftsschutzrechtliche Bestimmung ausschließlich öffentlichen Zwecken (OVG Lüneburg NJW 1996, 3225; OVG Saarlouis NVwZ-RR 2017, 914; VGH Kassel DVBl. 2017, 572). War aber der Widerspruch der Eheleute ..... unzulässig, so durfte der Beklagte die erteilte Ausnahmeerlaubnis selbst dann nicht aufheben, wenn sie objektivrechtlich rechtswidrig war (BVerwG BauR 1980, 451; DÖV 1984, 173).

Rechtsanwalt

Anmerkungen

1. Zur „isolierten“ Klage gegen einen Widerspruchsbescheid → Form. V.B.2. In diesem Fall soll der Widerspruch nach Landesrecht nicht ausgeschlossen sein → Form. V.A.4 Anm. 1.

2. Zum Inhalt der Klage → Form. V.B.1.

3. Die Klage ist nach § 78 Abs. 2 VwGO gegen die Widerspruchsbehörde bzw. die Körperschaft, zu der die Widerspruchsbehörde gehört, zu richten.

4. Der Widerspruchsführer ist nach § 65 Abs. 2 VwGO notwendig beizuladen. Nicht beizuladen ist die Ausgangsbehörde, deren Verwaltungsakt aufgehoben wurde.

5. Der Streitwert richtet sich nach dem Rechtsschutzbegehren des Klägers, § 52 Abs. 1 GKG, also im Falle der Aufhebung eines drittbelastenden Verwaltungsaktes durch die Widerspruchsbehörde nicht nach dem Maß der Beeinträchtigung des Widerspruchsführers (→ Form. V.E.2 Anm. 4), sondern nach dem Interesse des begünstigten Adressaten an der Erhaltung des Verwaltungsaktes.

6. Angriffsziel der Klage ist nach § 79 Abs. 1 Nr. 2 VwGO nur der Widerspruchsbescheid, nicht der den Kläger begünstigende Ausgangsbescheid. Dieser wird deshalb in dem Klageantrag nicht erwähnt.

F. Anträge im Vollstreckungsverfahren

1. Antrag auf Vollstreckung zugunsten der öffentlichen Hand (§ 169 VwGO)

An den
Herrn Vorsitzenden[1] der . . . . . Kammer des Verwaltungsgerichts . . . . .
In der Vollstreckungssache[2, 3]
der Gemeinde . . . . .
(Gläubigerin)
Verfahrensbevollmächtigte: Rechtsanwälte . . . . .[4]
gegen
den . . . . .
(Schuldner)
beantragen wir,
die Vollstreckung aus dem Kostenfestsetzungsbeschluss[5] des Urkundsbeamten der Geschäftsstelle der Kammer vom . . . . . (Az.: . . . . .) zu verfügen und einen Gerichtsvollzieher zu beauftragen, wegen eines Betrages von 530 EUR und der nachfolgend berechneten Kosten des Vollstreckungsverfahrens die Vollstreckung in das bewegliche Vermögen des Schuldners zu betreiben.[6]
Durch den oa Kostenfestsetzungsbeschluss sind die von dem Schuldner an die Gläubigerin zu erstattenden Kosten des Verfahrens . . . . . auf 530 EUR festgesetzt worden. Der festgesetzte Betrag ist von dem Schuldner trotz Mahnung und Fristsetzung nicht gezahlt worden. Damit ist die Vollstreckung geboten. Sie wurde von dem Bürgermeister der Gläubigerin nach § 3 Abs. 1 VwVG angeordnet.[7]
Die nach § 167 Abs. 1 S. 1 VwGO, § 788 Abs. 1 ZPO ohne besondere Titulierung mit beizutreibenden Kosten der Vollstreckung (VGH München NVwZ 1985, 342) betragen:
Streitwert: 530 EUR

0,3-Vollstreckungsgebühr gem. VV 3309 RVG	**26,40EUR**
Auslagen gem. VV 7002 RVG (pauschal)	**5,28EUR**
	31,68EUR
19 % Umsatzsteuer gem. VV 7008 RVG	**6,02EUR**
	37,70EUR

Die Gläubigerin ist zum Vorsteuerabzug nicht berechtigt.
Rechtsanwalt[8]

Anmerkungen

1. Vollstreckungsbehörde iSd VwVG ist der Vorsitzende des Gerichts des ersten Rechtszuges, § 169 Abs. 1 S. 2 Hs. 1 VwGO. Seine Zuständigkeit kann nicht auf den Einzelrichter übertragen werden (OVG Münster NVwZ-RR 1994, 619; OVG Weimar NVwZ-RR 1995, 480). Der Einzelrichter ist aber Vollstreckungsbehörde, wenn der zu

vollstreckende Titel aus einem Verfahren stammt, das dem Einzelrichter zur Entscheidung übertragen war (OVG Weimar DVBl. 2010, 1110; VG Darmstadt NVwZ-RR 2000, 734; aA Kopp/Schenke/*W.-R. Schenke* VwGO § 169 Rn. 2).

2. Die Vollstreckung aus verwaltungsgerichtlichen Urteilen sowie aus den anderen in § 168 VwGO aufgeführten Vollstreckungstiteln ist in den §§ 167–172 VwGO geregelt. Sie ist nicht zu verwechseln mit der Vollstreckung von Verwaltungstiteln, etwa Verwaltungsakten oder öffentlich-rechtlichen Verträgen (VG Braunschweig NVwZ-RR 2001, 626), § 61 VwVfG. Wird also eine Klage gegen einen belastenden Verwaltungsakt rechtskräftig abgewiesen, so ist Vollstreckungstitel der bestandskräftige Verwaltungsakt, nicht das klageabweisende Urteil. Der Verwaltungsakt wird nach den Vorschriften des VwVG des Bundes oder des jeweiligen Landes vollstreckt (VGH Mannheim NVwZ-RR 1997, 765; VGH München BayVBl. 2001, 474). Für die Vollstreckung des im Beispielsfalle ergangenen Kostenfestsetzungsbeschlusses gelten dagegen die §§ 167 ff. VwGO, ggf. iVm dem VwVG (VG Bremen NJW 1998, 2378).

Nach § 167 Abs. 1 S. 1 VwGO gilt, sofern sich aus der VwGO nichts anderes ergibt, für die Vollstreckung das Achte Buch der ZPO entsprechend. Vollstreckungsgericht ist das Gericht des ersten Rechtszuges, § 167 Abs. 1 S. 2 VwGO.

3. Die Vollstreckung zugunsten der öffentlichen Hand aus Vollstreckungstiteln nach § 168 VwGO richtet sich in Abweichung von § 167 VwGO nicht nach den Vorschriften der ZPO, sondern nach dem VwVG des Bundes, § 169 Abs. 1 S. 1 VwGO. Da hier wegen einer Geldforderung vollstreckt werden soll, finden die §§ 1 ff. VwVG Anwendung. Für die Zwangsvollstreckung zur Erzwingung von Handlungen, Duldungen oder Unterlassungen gelten die §§ 6 ff. VwVG.

4. Die Prozessvollmacht für das Verwaltungsstreitverfahren erstreckt sich auch auf das Vollstreckungsverfahren, § 173 VwGO, § 81 ZPO.

5. Der Kostenfestsetzungsbeschluss gehört nach § 168 Abs. 1 Nr. 4 VwGO zu denjenigen Vollstreckungstiteln, aus denen nach den §§ 167 ff. VwGO, also in einem relativ komplizierten Verfahren, vollstreckt wird. Dabei ist zwischen folgenden Konstellationen einer Vollstreckung aus einem Kostenfestsetzungsbeschluss zu unterscheiden:
- Vollstreckung eines öffentlichen Rechtsträgers gegen einen Privaten nach § 169 VwGO,
- Vollstreckung eines Privaten oder eines öffentlichen Rechtsträgers gegen einen öffentlichen Rechtsträger nach § 170 VwGO,
- Vollstreckung eines Privaten gegen einen Privaten (zB eines Beigeladenen gegen den Kläger oder umgekehrt) nach § 167 Abs. 1 S. 1 VwGO, §§ 704 ff. ZPO.

6. Die Vollstreckungsgläubigerin muss zur ausreichenden Bestimmtheit ihres Vollstreckungsantrages angeben, in welche Vollstreckungsobjekte (bewegliche Sachen, Forderungen, Grundstücke) vollstreckt werden soll (VGH Mannheim NVwZ 1993, 73; VGH München NVwZ-RR 2014, 252).

Der Vorsitzende kann die Durchführung einzelner Vollstreckungshandlungen einer anderen Vollstreckungsbehörde oder einem Gerichtsvollzieher übertragen, § 169 Abs. 1 S. 2 Hs. 2 VwGO. Die Vollstreckungsgläubigerin selbst darf für die Ausführung der Vollstreckung nicht in Anspruch genommen werden (OVG Bln-Bbg NVwZ-RR 2017, 223; VG Gelsenkirchen NVwZ-RR 2012, 457).

7. Ob es bei einer Vollstreckung aus einem gerichtlichen Titel noch einer abstrakten Vollstreckungs-AO nach § 3 VwVG bedarf, ist umstritten (bejahend OVG Münster NVwZ 1984, 111; verneinend VGH München NVwZ 1985, 352; OVG Bln-Bbg NVwZ-RR 2017, 172). Zuständig für den Erlass einer solchen AO ist jedenfalls nicht der Vorsitzende des Gerichtes, sondern die Behörde, die den zu vollstreckenden Anspruch geltend macht (OVG Münster NVwZ 1984, 111; VGH München NVwZ 1985, 352;

OVG Koblenz NJW 1986, 1191; VGH Mannheim NVwZ 1993, 73). Die Vollstreckungs-AO der Behörde kann, falls sie erforderlich ist, jedenfalls in dem Antrag an das Gericht auf Zulassung der Vollstreckung gesehen werden (OVG Koblenz NJW 1986, 1191; VGH Mannheim NVwZ 1993, 73; OVG Weimar NVwZ-RR 1995, 480).

Die Vollstreckungs-AO muss durch die Behörde selbst erfolgen. Sie kann nicht auf den Prozessbevollmächtigten übertragen werden (VGH Mannheim NVwZ-RR 2020, 1112; SS/*Pietzner/Müller* VwGO § 169 Rn. 36).

Eine Vollstreckungsklausel ist bei einer Vollstreckung zugunsten der öffentlichen Hand nicht erforderlich, §§ 171, 169 VwGO. Voraussetzung der Vollstreckung ist lediglich die von Amts wegen erfolgende (§ 56 Abs. 2 VwGO) Zustellung des Kostenfestsetzungsbeschlusses an den Schuldner, § 167 Abs. 1 S. 1 VwGO, §§ 795, 794 Abs. 1 Nr. 2, § 750 ZPO.

Kosten und Gebühren

8. Die Kosten der Vollstreckung trägt der Schuldner. Für die Erhebung der Kosten verweist § 19 VwVG auf die Vorschriften der AO.

Nach Nr. 2111 KV, die auf die Zwangsvollstreckung nach §§ 169, 170 VwGO entsprechend anzuwenden sein dürfte, fällt im Verfahren über Anträge auf gerichtliche Handlungen der Zwangsvollstreckung gem. §§ 169, 170 VwGO eine Gebühr iHv 22 EUR an.

Für den Antrag auf Durchführung der Vollstreckung erhält der Rechtsanwalt eine 0,3-Gebühr, VV 3309 RVG, mindestens 15 EUR, § 13 Abs. 3 RVG.

2. Antrag auf Vollstreckung gegen die öffentliche Hand wegen einer Geldforderung (§ 170 VwGO)

An das
Verwaltungsgericht . . . . . Kammer[1, 2]

In der Vollstreckungssache

des Herrn . . . . .
(Gläubigers)
Verfahrensbevollmächtigte: Rechtsanwälte . . . . .
gegen
die Stadt . . . . .
(Schuldnerin)
beantragen wir,
die Vollstreckung aus dem Urteil der Kammer vom . . . . . (Az.: . . . . .) gegen die Schuldnerin zu verfügen.[3]

Durch das vorstehend aufgeführte vorläufig vollstreckbare[4] Urteil ist die Schuldnerin verurteilt worden, an den Gläubiger 5.000 EUR zu zahlen. Das Urteil wurde der Schuldnerin am . . . . . zugestellt.[5] Der Urteilsbetrag ist trotz Mahnung und Fristsetzung nicht gezahlt worden. Aus diesem Grunde ist die Vollstreckung aus dem Urteil nach den §§ 168 Abs. 1 Nr. 1, 170 VwGO durchzuführen. Die nach dem Urteil zu erbringende Sicherheit iHv 6.000 EUR ist durch eine Bankbürgschaft geleistet worden.[6]
Rechtsanwalt

Anmerkungen

1. Zur Vollstreckung → Form. V.F.1.

§ 170 VwGO regelt die Vollstreckung gegen die öffentliche Hand aus Titeln gem. § 168 VwGO wegen einer Geldforderung. In Betracht kommen vor allem Urteile auf Grund von allgemeinen Leistungsklagen, einstweiligen AOen nach § 123 VwGO, die Geldleistungen anordnen und Kostenfestsetzungsbeschlüsse (→ Form. V.F.1). Für Verpflichtungsurteile gilt die Sondervorschrift des § 172 VwGO (→ Form. V.F.3).

§ 170 Abs. 1–3 VwGO gilt entsprechend, wenn sich ein öffentlicher Rechtsträger in einem öffentlich-rechtlichen Vertrag gem. § 61 VwVfG wegen einer Geldforderung der sofortigen Vollstreckung unterworfen hat, § 61 Abs. 2 S. 2 VwVfG.

2. Zuständig ist, anders als bei § 169 VwGO, nicht der Vorsitzende, sondern das Gericht des ersten Rechtszuges als Spruchkörper.

3. Der Antrag ist in dieser Form ausreichend, da das Gericht Art und Weise der Vollstreckung nach seinem Ermessen bestimmt, § 170 Abs. 1 S. 2 VwGO (Kopp/Schenke/W.-R. *Schenke* VwGO § 170 Rn. 3).

4. Zur vorläufigen Vollsteckbarkeit eines Leistungsurteils → Form. V.B.8 Anm. 3.

5. Einer Vollstreckungsklausel bedarf es nicht, § 171 VwGO. Voraussetzung der Vollstreckung ist lediglich die von Amts wegen erfolgende (§ 116 Abs. 1 S. 2 VwGO) Zustellung einer einfachen Ausfertigung des Urteils an den Schuldner, § 167 Abs. 1 S. 1 VwGO, § 750 ZPO.

6. § 167 Abs. 1 VwGO, §§ 108, 751 Abs. 2 ZPO.

3. Antrag auf Vollstreckung gegen eine Behörde aus einem Verpflichtungsurteil (§ 172 VwGO)

An das
Verwaltungsgericht[1, 2] . . . . . Kammer[3]

In der Vollstreckungssache

des . . . . .
(Gläubigers)
Verfahrensbevollmächtigte: Rechtsanwälte . . . . .
gegen
den Landrat des Kreises . . . . .
(Schuldner)
beantragen wir namens des Gläubigers,
dem Schuldner zur Erteilung einer Bebauungsgenehmigung gem. dem Urteil des OVG[4] . . . . . vom . . . . . (Az.: . . . . .) eine Frist von zwei Wochen zu setzen und für den Fall, dass die Genehmigung innerhalb der Frist nicht erteilt wird, die Festsetzung eines Zwangsgeldes[5] iHv 1.000 EUR anzudrohen.
Durch das oa rechtskräftige[6] Urteil ist der Schuldner verpflichtet worden, dem Gläubiger im Wege eines Vorbescheides die Genehmigung zur Bebauung des Grundstücks . . . . . mit einem zweigeschossigen Wohnhaus zu erteilen. Der Schuldner hat, obwohl seit Rechtskraft des Urteils mehr als ein Monat verstrichen ist und er von dem Gläubiger unter

Fristsetzung gemahnt wurde, die Bebauungsgenehmigung nicht erteilt.[7] Aus diesem Grunde ist die Einleitung des Vollstreckungsverfahrens nach den §§ 168 Abs. 1 Nr. 1, 172 VwGO erforderlich. Eine Ausfertigung des Urteils mit Vollstreckungsklausel[8] ist dem Schuldner am ..... zugestellt worden.,[9]

Rechtsanwalt[10]

Anmerkungen

1. Zur Vollstreckung → Form. V.F.1.

§ 172 VwGO regelt die Vollstreckung gegen die öffentliche Hand aus Urteilen oder einstweiligen AOen nach § 123 VwGO, die nicht unmittelbar auf Geldleistungen (in diesem Falle gilt § 170 VwGO) gerichtet sind. Die Vorschrift gilt unmittelbar oder entsprechend für die Vollstreckung aus

a) einem Urteil, das die Behörde
- zum Erlass eines Verwaltungsaktes
- zur Neubescheidung (BVerwG NVwZ-RR 2002, 314; BRS 71 (2007) Nr. 156; OVG Münster NWVBl. 2011, 191; OVG Lüneburg Nord-ÖR 2014, 462; OVG Bln-Bbg NVwZ-RR 2016, 358)
- zur Folgenbeseitigung im Zusammenhang mit der Aufhebung eines Verwaltungsaktes gem. § 113 Abs. 1 S. 2 VwGO (VGH München NVwZ 2001, 822; VGH Mannheim NVwZ-RR 2004, 459

verpflichtet,

b) einer einstweiligen AO nach § 123 VwGO,

c) einer gerichtlichen AO nach § 80a Abs. 1 Nr. 2, Abs. 3 VwGO (VGH Kassel NVwZ-RR 1999, 158; OVG Lüneburg NVwZ-RR 2000, 63; VGH Mannheim NVwZ-RR 2003, 319); Voraussetzung ist aber, dass ein nicht nur rechtsgestaltender, sondern (auch) vollstreckbare Sicherungsmaßnahmen anordnender Beschluss vorliegt.

Umstritten ist, ob nach § 172 VwGO aus einem Urteil oder einer einstweiligen AO zur Erzwingung einer Amtshandlung, die nicht in dem Erlass eines Verwaltungsaktes besteht, vollstreckt werden kann. Dies wird angenommen, wenn für die Handlung eine spezifisch hoheitliche Regelungs- oder Handlungsbefugnis in Anspruch genommen wird (OVG Lüneburg NVwZ-RR 2007, 139; VG Münster NVwZ 2005, 476). Nach der Gegenmeinung (VGH München NVwZ 2001, 822; BayVBl. 2003, 375; OVG Berlin NVwZ-RR 2001, 99; VGH Mannheim NVwZ-RR 2013, 541) erfolgt die Vollstreckung nach § 167 VwGO iVm § 888 ZPO. Bei einer auf behördliches Unterlassen gerichteten einstweiligen AO richtet sich die Vollstreckung nach § 167 VwGO iVm § 890 ZPO → Form. V.D.6 Anm. 14.

2. Bei der Vollstreckung aus einer einstweiligen AO ist die Vollziehungsfrist von einem Monat nach § 123 Abs. 2 VwGO iVm § 929 Abs. 2 ZPO zu beachten. → Form. V.D.6 Anm. 14.

3. Zuständig ist, anders als im Falle der Vollstreckung nach § 169 VwGO zugunsten der öffentlichen Hand, nicht der Vorsitzende, sondern das Gericht des ersten Rechtszuges als Spruchkörper. Das kann auch das OVG (§§ 47, 48 VwGO) oder das BVerwG (§ 50 VwGO) als erstinstanzliches Gericht sein.

4. Das erstinstanzliche Gericht ist auch dann zuständig, wenn das zu vollstreckende Urteil, wie hier, von einer höheren Instanz erlassen wurde.

5. Die Möglichkeit der Androhung von Zwangshaft sieht das Gesetz nicht vor (VGH Mannheim NVwZ-RR 1995, 619).

6. Ein Verpflichtungsurteil kann nach § 167 Abs. 2 VwGO nur wegen der Kosten für vorläufig vollstreckbar erklärt werden. Eine Vollstreckung wegen der Hauptsache ist erst nach der Rechtskraft der Entscheidung möglich, § 168 Abs. 1 Nr. 1 VwGO.

§ 894 ZPO ist im Verwaltungsprozess bei der Verurteilung zum Erlass eines Verwaltungsaktes nicht anwendbar. Aus diesem Grunde gilt die Bebauungsgenehmigung, zu der die Behörde hier verurteilt wurde, nicht mit Rechtskraft als erteilt, vielmehr muss die Behörde zu ihrer Erteilung im Weigerungsfalle mit den Mitteln der Vollstreckung nach § 172 VwGO gezwungen werden.

7. Dieser Hinweis ist erforderlich, weil die Androhung des Zwangsgeldes erst zulässig ist, wenn seit Rechtskraft des Urteils eine angemessene Frist verstrichen ist, innerhalb deren es der Behörde billigerweise zugemutet werden konnte, ihre Verpflichtung aus dem Urteil zu erfüllen (BVerwG NJW 1969, 476; VGH Mannheim NVwZ-RR 1993, 447; VG Weimar VIZ 2002, 105).

8. Entgegen dem eindeutigen Wortlaut des § 171 VwGO, der § 172 VwGO nicht erwähnt, ist nach hM (OVG Münster NVwZ-RR 2007, 140; NWVBl. 2011, 131; OVG Saarlouis NVwZ 2011, 698 Nr. 6 Ls.; OVG Hamburg NVwZ-RR 2018, 502; OVG Bln-Bdg LKV 2018, 419) eine Vollstreckungsklausel nicht erforderlich (aA VGH Mannheim NVwZ-RR 1995, 619; VGH Kassel 14.2.2020 – 1 E 1016/19, BeckRS 2020, 3246).

Einstweilige AOen bedürfen der Vollstreckungsklausel nur, wenn die Vollstreckung für oder gegen andere als die in dem Titel Genannten erfolgen soll, § 123 Abs. 3 VwGO mit § 929 Abs. 1 ZPO (VGH Mannheim VBlBW 2015, 210).

9. Weitere Voraussetzung der Vollstreckung ist die Zustellung einer einfachen Ausfertigung des Urteils an den Schuldner, § 167 Abs. 1 S. 1 VwGO, § 750 ZPO. Diese Zustellung erfolgt von Amts wegen, § 116 Abs. 1 S. 2 VwGO.

Kosten und Gebühren

10. Vollstreckungsmaßnahmen nach § 172 VwGO stellen gegenüber dem Verfahren, in dem der Vollstreckungstitel geschaffen wurde, eine selbständige und damit besonders zu vergütende Angelegenheit iSd § 18 Abs. 1 RVG dar (OVG Magdeburg NVwZ-RR 2018, 831). Für jede Vollstreckungsmaßnahme erhält der Rechtsanwalt eine Vollstreckungsgebühr nach VV 3309 RVG → Form. V.F.1 Anm. 3.

4. Antrag auf Vollstreckung aus einem verwaltungsgerichtlichen Vergleich (§ 168 Abs. 1 Nr. 3 VwGO)

An das
Verwaltungsgericht[1]
. . . . . . Kammer[2]

In der Vollstreckungssache

der Eheleute
(Gläubiger)
Verfahrensbevollmächtigte: Rechtsanwälte . . . . . .

gegen

Herrn . . . . . .
(Schuldner)

beantragen wir namens der Gläubiger,

1. die Gläubiger zu ermächtigen, auf Kosten des Schuldners das an der Grenze zum Grundstück der Gläubiger auf dem Grundstück des Schuldners Gemarkung . . . . . . Flur . . . . . . Flurstück . . . . . . stehende Gartenhaus abreißen und den anfallenden Bauschutt zu einer geeigneten Deponie abfahren zu lassen,[3]

2. den Schuldner zu einer Vorauszahlung iHv . . . . . . EUR auf die voraussichtlich entstehenden Kosten zu verpflichten.

Zur Begründung führen wir aus:

In dem vor der erkennenden Kammer unter dem Az . . . . . . geführten Verfahren der Gläubiger (als damalige Kläger) gegen den Bürgermeister der Stadt . . . . . (als damaligen Beklagten) hat sich der Schuldner (als damaliger Beigeladener) verpflichtet, das streitbefangene an der Nachbargrenze errichtete Gartenhaus bis zum . . . . . . abzureißen. Dieser Verpflichtung ist der Schuldner trotz Mahnung und weiterer Fristsetzung nicht nachgekommen. Der gestellte Vollstreckungsantrag ist deshalb nach § 167 Abs. 1 S. 1 VwGO, § 887 ZPO geboten. Eine mit Vollstreckungsklausel versehene Ausfertigung des Vergleiches ist dem Schuldner am . . . . . . zugestellt worden.[4]

Ausweislich des beigefügten Kostenvoranschlages der Firma . . . . . . werden der Abbruch des Gartenhauses und die Entsorgung des anfallenden Bauschuttes voraussichtlich . . . . . . EUR kosten. Darauf hat der Schuldner nach § 887 Abs. 2 ZPO eine Vorauszahlung iHv . . . . . . EUR zu leisten.

Rechtsanwalt

Anmerkungen

1. Zur Vollstreckung → Form. V.F.1. – Nach § 168 Abs. 1 Nr. 3 VwGO ist eine Vollstreckung auch aus einem gerichtlichen Vergleich möglich. In Betracht kommen sowohl der protokollierte Vergleich als auch der Vergleich, der nach § 106 S. 2 VwGO durch Annahme des vom Gericht durch Beschluss gemachten Vorschlages zustande gekommen ist. Hier hat sich in einem gerichtlichen Vergleich der Beigeladene gegenüber dem Kläger zu einer Leistung verpflichtet. Vollstreckungsgläubiger und -schuldner sind jeweils Privatpersonen, so dass hier die §§ 169, 170 u. 172 VwGO nicht gelten (offen gelassen von OVG Münster NVwZ-RR 1994, 619). Die Vollstreckung findet deshalb nach § 167 Abs. 1 S. 1 VwGO iVm den §§ 704 ff. ZPO statt (BVerwG NJW 1992, 191; VGH München NVwZ 1982, 563; NVwZ 1987, 308; Kopp/Schenke/W.-R. *Schenke* VwGO § 172 Rn. 2).

Das Vollstreckungsverfahren richtet sich grds. nach der Herkunft des Titels und nicht nach dem materiell-rechtlichen Charakter der titulierten Forderung.

2. Zuständig ist nach § 887 ZPO das VG als Prozessgericht.

3. Die Gestaltung des Vollstreckungsverfahrens hängt davon ab, wer Vollstreckungsgläubiger bzw. -schuldner ist und auf welche Leistung sich die Vollstreckung richtet. Außer der hier vorliegenden Vollstreckung aus einem Vergleich zwischen Privatpersonen sind folgende Konstellationen denkbar:

a) *Vollstreckung zugunsten der öffentlichen Hand.* Zugunsten der öffentlichen Hand wird aus einem Vergleich nach § 169 VwGO nach dem VwVG vollstreckt. Würde der Vergleich vor dem Einzelrichter geschlossen, so ist dieser Vollstreckungsbehörde (→ Form. V.F.1 Anm. 1 Anm. 1).

b) *Vollstreckung gegen die öffentliche Hand.* Soll aus einem Vergleich gegen die öffentliche Hand vollstreckt werden, so ist zu unterscheiden:

aa) Die Vollstreckung wegen einer Geldforderung richtet sich nach § 170 VwGO und wird durch das Gericht des ersten Rechtszuges veranlasst.

bb) Hat sich die Behörde zu einem Verwaltungshandeln verpflichtet, das nicht in einer Geldzahlung besteht, zB zum Erlass eines Verwaltungsakts oder einem schlicht hoheitlichen Handeln (VGH Mannheim NVwZ-RR 2019, 83), so ist umstritten, auf welcher rechtlichen Grundlage eine Vollstreckung gegen sie möglich ist. Nach einer Ansicht ist in diesem Falle § 172 VwGO entspr. anzuwenden (OVG Münster 10. Senat NVwZ 1998, 534; 8. Senat NVwZ-RR 2007, 140; 16. Senat DÖV 2014, 47 Nr. 32 Ls.; OVG Bln-Bbg BauR 2007, 528; OVG Hamburg NVwZ-RR 2018, 502), so dass zB gegen die Behörde nur ein Zwangsgeld bis zur Höhe von 10.000 EUR festgesetzt werden kann. Nach aA richtet sich die Zwangsvollstreckung in diesen Fällen nach § 167 VwGO iVm §§ 887, 888 u. 890 ZPO (VGH München BayVBl. 1977, 668; OVG Lüneburg NJW 1980, 414; OVG Münster 13. Senat NVwZ 1992, 897; OVG Koblenz MedR 2002, 427), so dass zB die Vornahme einer nicht vertretbaren Handlung nach § 888 ZPO durch die Androhung und Festsetzung eines Zwangsgeldes bis zu 25.000 EUR und von Zwangshaft durchgesetzt werden kann.

4. Nach § 167 VwGO mit den §§ 795 S. 1, 794, 724, 725 ZPO setzt die Zwangsvollstreckung die Erteilung einer mit einer Vollstreckungsklausel versehenen Ausfertigung des Titels, hier des Vergleichs, voraus. Die Ausnahmevorschrift des § 171 VwGO greift aber nach Auffassung des OVG Münster (NVwZ-RR 2007, 140) ein und es bedarf deshalb keiner Vollstreckungsklausel, wenn die Vollstreckung auf der Grundlage des § 172 VwGO erfolgt (→ Anm. 3 b) bb). Ferner muss der Titel bereits zugestellt sein oder gleichzeitig zugestellt werden, § 750 ZPO (VGH Mannheim NVwZ-RR 1990, 447; OVG Greifswald NJW 2012, 3801).

5. Vollstreckungsabwehrklage und Antrag auf einstweilige Einstellung (Baurecht)

An das Verwaltungsgericht[1]

Klage

der Stadt . . . . . vertreten durch den Bürgermeister . . . . .
(Klägerin)[2]
Prozessbevollmächtigter: Rechtsanwalt . . . . .
gegen
die Eheleute . . . . .
(Beklagte)
Prozessbevollmächtigter: Rechtsanwalt . . . . .[3]
wegen: Unzulässigkeit der Vollstreckung
Streitwert: 20.000 EUR[4]

Namens und mit Vollmacht[5] der Klägerin erhebe ich Klage und werde beantragen,

I. die Vollstreckung aus dem Urteil des VG . . . . . vom . . . . . iVm dem Urteil des OVG . . . . . vom . . . . . für unzulässig zu erklären,[6]

II. das Urteil für vorläufig vollstreckbar zu erklären,[7]

III. die Vollstreckung aus dem Urteil des VG . . . . . vom . . . . . iVm dem Urteil des OVG . . . . . vom . . . . . bis zum Erlass eines vollstreckbaren Urteils in dieser Sache einstweilen einzustellen.

Begründung:

I. Die Beklagten sind Eigentümer des unbebauten Grundstücks in . . . . . Sie beantragten, ihnen im Wege eines Bauvorbescheides eine Bebauungsgenehmigung zur Errichtung eines Einfamilienwohnhauses auf dem Grundstück zu erteilen. Diesen Antrag lehnte die Klägerin ab. Nach erfolglosem Widerspruchsverfahren erhoben die Beklagten Klage vor dem erkennenden Gericht (Az . . . . .). Diese Klage hatte Erfolg. Mit Urteil vom . . . . . verpflichtete das VG die Klägerin zur Erteilung der Bebauungsgenehmigung, da es den Bebauungsplan wegen eines Formfehlers als nichtig und damit das Bauvorhaben als nach § 34 BauGB planungsrechtlich zulässig ansah. Die gegen das Urteil eingelegte Berufung wies das OVG . . . . . durch Urteil vom . . . . . zurück. Das Urteil ist rechtskräftig.
Bereits während des Berufungsverfahrens beschloss der Rat der Klägerin erneut die Aufstellung des Bebauungsplanes und führte das Planaufstellungsverfahren durch. Unmittelbar nach Zustellung des Urteils des OVG wurde der Bebauungsplan durch ortsübliche Bekanntmachung nach § 10 Abs. 3 S. 1 BauGB rechtsverbindlich. Der Bebauungsplan weist das Grundstück der Beklagten wiederum als öffentliche Grünfläche aus.

II. Die Vollstreckungsabwehrklage ist nach §§ 167 Abs. 1, 168 Abs. 1 Nr. 1 VwGO, § 767 ZPO zulässig. Nach § 167 Abs. 1 S. 1 VwGO gilt für die Vollstreckung das Achte Buch der ZPO entsprechend, soweit sich aus der VwGO nichts anderes ergibt. Der VwGO lässt sich nicht entnehmen, dass § 767 ZPO nicht anzuwenden wäre. Deshalb kann der Kläger Einwendungen, die den durch das Verpflichtungsurteil des VG iVm dem Urteil des OVG festgestellten Anspruch der Beklagten betreffen, im Wege der Vollstreckungsabwehrklage geltend machen (BVerwG BVerwGE 118, 174 = NVwZ 2004, 113; OVG Münster NVwZ-RR 2010, 750).[8]

III. Die Klage ist begründet, weil der Anspruch auf Erteilung der Bebauungsgenehmigung durch den nach Abschluss des Berufungsverfahrens in Kraft getretenen Bebauungsplan erloschen ist. Denn das Vorhaben der Beklagten widerspricht den Festsetzungen dieses Bebauungsplanes und ist deshalb nach § 30 BauGB nicht mehr planungsrechtlich zulässig. Dieser Umstand kann dem gerichtlich festgestellten Anspruch als „Einwendung" iSd § 767 ZPO entgegengesetzt werden. Zwar kann sich ein Bauvorbescheid, der die planungsrechtliche Zulässigkeit eines Bauvorhabens feststellt, gegenüber nachträglichen Rechtsänderungen durch Inkrafttreten eines Bebauungsplanes durchsetzen (BVerwG BauR 1984, 384). Den Beklagten ist aber noch keine Bebauungsgenehmigung erteilt worden. Der rechtskräftig titulierte Anspruch auf Erteilung einer solchen Genehmigung steht der bereits erlassenen Genehmigung nicht gleich.[9] Er ist weniger als diese gegen nachträgliche Rechtsänderungen abgesichert (BVerwG NVwZ 1985, 563; OVG Münster NJW 1980, 2427; OVG Lüneburg NVwZ-RR 2000, 573).

IV. Da die Beklagten inzwischen einen Antrag auf Vollstreckung gegen den Kläger nach § 172 VwGO gestellt haben,[10] ist der Erlass einer einstweiligen Anordnung nach § 167 Abs. 1 VwGO, § 769 ZPO geboten.[11]

V. Die Bauakte sowie die Planaufstellungsakte betreffend den Bebauungsplan Nr. . . . . . sind beigefügt.[12]

Anmerkungen

1. Die Vollstreckungsabwehrklage ist nach § 167 Abs. 1 VwGO, § 767 Abs. 1 ZPO bei dem Prozessgericht des ersten Rechtszuges zu erheben, und zwar auch dann, wenn, wie hier, der Vorprozess in der Berufungsinstanz anhängig war.

2. Die Parteirollen sind gegenüber dem Vorprozess vertauscht.

3. Die dem Prozessbevollmächtigten im Vorprozess erteilte Prozessvollmacht ermächtigt auch zur Vertretung bei einer Vollstreckungsabwehrklage, § 173 VwGO, § 81 ZPO; denn es handelt sich um Prozesshandlungen, die durch die Vollstreckung veranlasst werden.

Aus diesem Grunde ist an den Anwalt, der die Beklagten im Vorprozess vertreten hat, zuzustellen, § 67 Abs. 6 S. 5 VwGO.

4. Da die Vollstreckbarkeit insgesamt beseitigt werden soll, dürfte der Streitwert dem des Vorprozesses (→ Form. V.B.3 Anm. 4) entsprechen (VGH Mannheim NVwZ-RR 2001, 72 für Vollstreckungsverfahren nach § 172 VwGO); bei einer Zwangsgeldandrohung im selbständigen Vollstreckungsverfahren ist Streitwert die Hälfte des angedrohten Betrages (VGH Mannheim NVwZ-RR 1998, 692).

5. → Anm. 3.

6. Diese Formulierung ergibt sich aus § 167 Abs. 1 VwGO, § 775 Nr. 1 ZPO.

7. Die Unzulässigkeit der Vollstreckung gilt erst vom Eintritt der Rechtskraft oder von der vorläufigen Vollstreckbarkeit des Urteils an, § 167 Abs. 1 VwGO, § 775 Nr. 1 ZPO. Nach § 167 Abs. 2 VwGO können Urteile auf Anfechtungs- und Verpflichtungsklagen nur wegen der Kosten für vorläufig vollstreckbar erklärt werden. Die Vollstreckungsabwehrklage ist eine prozessuale Gestaltungsklage, keine auf die Aufhebung bzw. den Erlass eines Verwaltungsaktes gerichtete Anfechtungs- bzw. Verpflichtungsklage. Deshalb dürfte es zulässig sein, ein ergehendes Urteil für vorläufig vollstreckbar zu erklären. Ein darauf gerichteter Antrag ist zweckmäßig (→ Form. V.B.1 Anm. 9).

8. Die Vollstreckungsabwehrklage ist auch gegen die anderen in § 168 Abs. 1 VwGO aufgeführten Vollstreckungstitel zulässig, zB gegen einen Vergleich (OVG Bln-Bbg BeckRS 2011, 54146; OVG Hamburg NVwZ-RR 2018, 504) oder gegen einen Kostenfestsetzungsbeschluss (BVerwG NJW 2005, 1962). Gegen den Vollzug unanfechtbarer Verwaltungsakte ist eine Vollstreckungsabwehrklage nicht zulässig (Kopp/Schenke/*W.-R. Schenke* VwGO § 167 Rn. 14 f.).

9. § 894 ZPO ist auf Urteile, die zum Erlass eines Verwaltungsaktes verpflichten, nicht anwendbar (→ Form. V.F.3 Anm. 6).

10. → Form. V.F.3.

11. Eine solche einstweilige AO ist bei einer Vollstreckungsabwehrklage gegen ein verwaltungsgerichtliches Urteil zulässig (VGH Kassel NJW 1995, 1107; OVG Lüneburg NVwZ-RR 2000, 573). Sie ist auch geboten, weil die Erhebung der Vollstreckungsabwehrklage allein nicht zur Unzulässigkeit der Vollstreckung aus einem rechtskräftigen Urteil führt. Unzulässig wird die Vollstreckung vielmehr erst dann, wenn das Prozessgericht der Klage stattgegeben hat und die Entscheidung rechtskräftig oder vorläufig vollstreckbar ist (BVerwG NVwZ 2003, 214; VGH Mannheim NVwZ-RR 1993, 447).

12. § 99 VwGO.

G. Normenkontrollverfahren nach § 47 VwGO

1. Antrag auf Normenkontrolle

An das
Oberverwaltungsgericht Nordrhein-Westfalen[1, 2]
Antrag
der Eheleute .....
(Antragsteller)[3]
Verfahrensbevollmächtigter: Rechtsanwalt .....[4]
gegen
die Stadt[5].....
(Antragsgegnerin)
wegen: Gültigkeit eines Bebauungsplanes
beizuladen: Fa ..... GmbH[6]
Streitwert: 10.000 EUR[7]
Namens und in Vollmacht der Antragsteller beantrage ich, für Recht zu erkennen:
Der Bebauungsplan Nr. ....[8] der Antragsgegnerin vom .....[9] ist unwirksam.[10] Die Antragsgegnerin trägt die Kosten des Verfahrens.
Zur Begründung führe ich aus.[11]

I. Die Antragsteller sind Eigentümer eines mit einem Einfamilienwohnhaus bebauten Grundstücks im Stadtgebiet der Antragsgegnerin. Das Grundstück grenzt mit seiner Vorderseite an die in Ost-West-Richtung verlaufende A-Straße. Von dieser Straße zweigt in nördlicher Richtung ein ca. 5 m breiter Wirtschaftsweg ab, der entlang der östlichen Grenze des Grundstücks der Antragsteller verläuft. Dieser Weg dient dem Zugang zu den nördlich des Grundstücks der Antragsteller gelegenen Acker- und Weideflächen, die im Eigentum der beizuladenden ..... GmbH stehen.
Die Antragsgegnerin plant, die bisher unbebauten Flächen auf der Nordseite des Grundstücks der Antragsteller einer umfangreichen Wohnbebauung zuzuführen. Das neue Baugebiet soll an das bestehende öffentliche Verkehrsnetz über eine Straße angebunden werden, die in der Trasse des bisher bestehenden Wirtschaftsweges unmittelbar an der östlichen Grenze des Grundstücks der Antragsteller vorbeiführt. Dieser Weg soll um 3 m unter Inanspruchnahme des Grundstücks der Antragsteller verbreitert werden. Gegen die geplante Straßentrasse haben die Antragsteller fristgerecht Einwendungen erhoben und gefordert, das neue Baugebiet an einer anderen Stelle an die A-Straße anzubinden. Diesen Einwendungen ist der Rat jedoch nicht gefolgt. Er hat den Bebauungsplan am ..... als Satzung beschlossen. Der Bebauungsplan ist mit der ortsüblichen Bekanntmachung nach § 10 Abs. 3 S. 1 BauGB in Kraft getreten.

II. Der Antrag ist zulässig. Die Antragsteller werden durch die Verwirklichung des Bebauungsplanes schon deshalb in ihren Rechten iSd § 47 Abs. 2 S. 1 VwGO verletzt,[12] weil der Bebauungsplan eine Inanspruchnahme ihres Grundstücks, also einen Eingriff in ihr durch Art. 14 GG geschütztes Grundeigentum, vorsieht.

III. Der Antrag ist auch begründet; denn der Bebauungsplan ist aus formellen und materiellen Gründen unwirksam.

1. Der Plan leidet an mindestens zwei Verfahrensfehlern.
   a) An der Sitzung des Rates vom . . . . ., in der über die zu dem Bebauungsplan abgegebenen Stellungnahmen entschieden und der Bebauungsplan als Satzung beschlossen wurde, hat Herr A teilgenommen. Der Bruder von Herrn A ist Eigentümer desjenigen Grundstücks, über das nach den von den Antragstellern in ihrer Stellungnahme zu dem Planentwurf geäußerten Vorstellung der Zufahrtsweg zu dem neuen Baugebiet hätte angelegt werden müssen. Da durch die Entscheidung des Rates, diesem Vorschlag nicht zu folgen, der Bruder von Herrn A einen unmittelbaren Vorteil erlangt hat, war A von der Beratung und Entscheidung über den Bebauungsplan ausgeschlossen, §§ 43 Abs. 2, 31 Abs. 1 S. 1 Nr. 2, Abs. 5 Nr. 3 GO NRW. Seine Mitwirkung war auch für das Zustandekommen des Satzungsbeschlusses ursächlich, §§ 43 Abs. 2, 31 Abs. 6 GO NRW, weil dieser Beschluss mit nur einer Stimme Mehrheit zustande gekommen ist.
   b) Der Entwurf des Bebauungsplanes ist in der Zeit vom 3.3.–2.4. . . . . . öffentlich ausgelegt worden. Art und Dauer der Auslegung wurden am 27.2. . . . . . in den beiden Tageszeitungen, die nach § . . . . . der Hauptsatzung Bekanntmachungsorgane der Antragsgegnerin sind, bekannt gemacht. Die Bekanntmachung erfolgte weniger als eine Woche vor Beginn der Auslegung. Damit wurde gegen § 3 Abs. 2 S. 2 BauGB verstoßen, wonach Ort und Dauer der Auslegung mindestens eine Woche vor ihrem Beginn ortsüblich bekannt zu machen sind. Dieser Verfahrensfehler ist nach § 214 Abs. 1 S. 1 Nr. 2 BauGB beachtlich und führt zur Unwirksamkeit des Bebauungsplanes.
   c) Beide Verfahrensfehler sind rechtzeitig, dh innerhalb der Jahresfrist des § 7 Abs. 6 S. 1 GO NRW und des § 215 Abs. 1 S. 1 Nr. 1 iVm § 214 Abs. 1 S. 1 Nr. 2 BauGB gegenüber der Antragsgegnerin geltend gemacht worden.[13]
2. Der Bebauungsplan verstößt darüber hinaus gegen das Abwägungsgebot des § 1 Abs. 6 u. Abs. 7 BauGB.
   a) Der Rat der Antragsgegnerin hat ausweislich der Begründung des Bebauungsplanes die Zufahrtsstraße zu dem neuen Baugebiet ausschließlich deshalb entlang der Ostgrenze des Grundstücks der Antragsteller festgesetzt, weil hier bereits ein Wirtschaftsweg verläuft. Aus diesem Grunde hat er andere, sich ohne weiteres anbietende und von den Antragstellern auch aufgezeigte Alternativen sachwidrig nicht geprüft. Dieser Mangel im Abwägungsvorgang war offensichtlich und auf das Abwägungsergebnis von Einfluss, also beachtlich, § 214 Abs. 3 S. 2 BauGB. Er wird hiermit gegenüber der Stadt fristwahrend geltend gemacht.[14]
   b) Der Rat hat das Abwägungsgebot darüber hinaus auch aus einem anderen Grunde verletzt.
      In der Nähe des Plangebietes wurde früher eine Zinkhütte betrieben, die ihre Produktion 1931 eingestellt hat. Aus diesem Grunde ist der Planbereich ausweislich des in der Planaufstellungsakte befindlichen Gutachtens . . . . . mit Schwermetallen belastet, die bei oraler Aufnahme zu Gesundheitsgefährdungen führen können, also insb. für Kinder. Der Rat hat dies auch erkannt und deshalb beschlossen, die im Planbereich festgesetzten öffentlichen Grünflächen, darunter einen Kinderspielplatz, zu sanieren. Die festgestellte Gesundheitsgefährdung besteht aber zumindest in gleicher Weise auch im Bereich der privaten Hausgärten, für die irgendwelche Sanierungs- oder Schutzmaßnahmen nicht vorgesehen sind. Der Bebauungsplan berücksichtigt damit nicht in ausreichendem Maße die allgemeinen Anforderungen an gesunde Wohnverhältnisse und verstößt damit gegen § 1 Abs. 6 Nr. 1 BauGB (OVG Münster NVwZ 1994, 301).[15, 16]

Rechtsanwalt[17]

Anmerkungen

1. Nach § 47 Abs. 1 VwGO entscheidet das OVG (der VGH) iR seiner Gerichtsbarkeit auf Antrag über die Gültigkeit von Satzungen, die nach den Vorschriften des BauGB erlassen worden sind, sowie von RechtsVOen auf Grund des § 246 Abs. 2 BauGB und von anderen im Rang unter dem Landesgesetz stehenden Rechtsvorschriften, sofern das Landesrecht dies bestimmt.

a) Folgende Länder haben die Normenkontrolle für unter dem Landesgesetz stehende Rechtsvorschriften eingeführt: Baden-Württemberg (§ 4 AG VwGO), Bayern (mit Einschränkungen, Art. 5 AG VwGO), Brandenburg (§ 4 Abs. 1 VwGG), Bremen (Art. 7 AG VwGO), Hessen (§ 15 Abs. 1 AG VwGO), Mecklenburg-Vorpommern (§ 13 AGGerStrG), Niedersachsen (§ 7 AG VwGO), Nordrhein-Westfalen (§ 109a JustG), Saarland (§ 18 AG VwGO), Sachsen (§ 24 JustizG), Sachsen-Anhalt (§ 10 AG VwGO), Schleswig-Holstein (§ 5 AG VwGO), und Thüringen (§ 4 AG VwGO). Nach § 4 AG VwGO Rheinland-Pfalz entscheidet das OVG ebenfalls über die Gültigkeit einer im Range unter dem Landesgesetz stehenden Rechtsvorschrift; dies gilt aber nicht für RechtsVO, die Handlungen eines Verfassungsorgans iSd Art. 130 Abs. 1 der Landesverfassung sind.

b) Kein Normenkontrollverfahren nach § 47 Abs. 1 Nr. 2 VwGO kennen Berlin und Hamburg. Hier kann nur gegen die in § 47 Abs. 1 Nr. 1 VwGO aufgeführten Rechtsnormen ein Normenkontrollantrag gestellt werden.

2. Der Antrag ist an das OVG zu richten.

3. Da es sich um ein Antragsverfahren und nicht um ein Klageverfahren handelt, sind die Beteiligten als „Antragsteller" und „Antragsgegner" zu bezeichnen.

4. Zur Vertretung vor dem OVG → Form. V.C.1 Anm. 3. Zu den notwendigen Aufwendungen iSd § 162 Abs. 1 VwGO können auch die Aufwendungen für Informationsreisen gehören, die der RA zu der von ihm im Normenkontrollverfahren vertretenen Gemeinde unternimmt. Voraussetzung dafür ist aber, dass die notwendigen Informationen nicht in Wort, Schrift und Bild oder durch Lagepläne übermittelt werden können (OVG Lüneburg NVwZ-RR 2001, 414).

5. Nach § 47 Abs. 2 S. 2 VwGO ist der Normenkontrollantrag gegen die Gemeinde zu richten, die den Bebauungsplan erlassen hat.

6. Nach § 47 Abs. 2 S. 4 mit § 65 Abs. 1 VwGO kann das Gericht von Amts wegen oder auf Antrag andere, deren rechtliche Interessen durch die Entscheidung berührt werden, beiladen. Hier werden die Interessen der Fa . . . . . GmbH als Eigentümerin der durch den Bebauungsplan als Baugebiet festgesetzten Flächen berührt.

7. Auch im Normenkontrollverfahren richtet sich der Streitwert gem. § 52 Abs. 1 GKG nach dem Interesse des Klägers (Antragstellers) an der beantragten Entscheidung. Im Allgemeinen setzen die Gerichte in Normenkontrollverfahren von Privatpersonen einen Streitwert zwischen 7.500 EUR und 60.000 EUR fest (Nr. 9.8 des Streitwertkatalogs NVwZ 2013, Beil. 2).

8. Der Bebauungsplan muss rechtsverbindlich sein. Gegen Entwürfe eines Bebauungsplanes ist die Normenkontrolle auch bei Erreichen der Planreife nach § 33 BauGB nicht gegeben (BVerwG NVwZ-RR 2002, 256; VGH München UPR 1999, 398; OVG Lüneburg BauR 2008, 1867). Etwas anderes kommt allenfalls in Betracht, wenn der Antragsteller durch Nachbarklagen gegen auf der Grundlage des § 33 BauGB erteilte

Baugenehmigungen keinen hinreichenden Rechtsschutz erlangen kann (BVerwG NVwZ-RR 2002, 256).

9. Der Antrag auf Normenkontrolle ist innerhalb eines Jahres nach Bekanntmachung der Rechtsvorschrift zu stellen, § 47 Abs. 2 S. 1 VwGO. Es handelt sich um eine Ausschlussfrist, gegen deren Versäumung Wiedereinsetzung in den vorigen Stand nicht möglich ist (OVG Münster NVwZ-RR 2005, 290; VGH München UPR 2010, 453; OVG Bln-Bbg NVwZ-RR 2013, 294). Mit Ablauf dieser Frist ist aber nur die Normenkontrolle ausgeschlossen, nicht die Überprüfung der Gültigkeit der Norm im Rahmen einer sog Inzidentkontrolle. Der Fristablauf führt also nicht zu einer Heilung der Norm.

10. Die Feststellung der Unwirksamkeit der Norm ist allgemeinverbindlich; die Entscheidung ist von dem Antragsgegner ebenso zu veröffentlichen wie die Rechtsvorschrift bekannt zu machen wäre, § 47 Abs. 5 S. 2 Hs. 2 VwGO. Für die Wirkung der Entscheidung gilt iÜ § 183 VwGO entsprechend, § 47 Abs. 5 S. 3 VwGO.

Wird der Normenkontrollantrag abgelehnt, so wirkt diese Entscheidung nur zwischen den Beteiligten, § 121 Nr. 1 VwGO (BVerwG BVerwGE 68, 306 = NJW 1984, 2903). Es ist also nicht mit Allgemeinverbindlichkeit die Rechtswirksamkeit der Norm festgestellt. Ein Dritter ist nicht gehindert, gegen dieselbe Norm erneut einen Normenkontrollantrag zu stellen.

11. Der Normenkontrollantrag kann zunächst auch ohne Begründung eingereicht werden. Diese Verfahrensweise empfiehlt sich, wenn zur Vorbereitung der Antragsbegründung zunächst die Planaufstellungsakte vom Gericht beigezogen, § 99 VwGO, und in sie Einsicht genommen werden soll, § 100 VwGO. Außerhalb eines Normenkontrollverfahrens wird die Einsichtnahme von den Gemeinden häufig mit der Begründung verweigert, bei dem Planaufstellungsverfahren handele es sich um ein Rechtssetzungsverfahren, nicht um ein Verwaltungsverfahren, so dass ein Akteneinsichtsrecht nach § 29 VwVfG nicht bestehe (→ Form. V.A.2 Anm. 3).

§ 6 UmwRG, der eine Begründungsfrist von 10 Wochen vorsieht, gilt nicht für Normenkontrollanträge gegen Bebauungspläne (BVerwG NVwZ 2021, 331).

12. Nach § 47 Abs. 2 S. 1 VwGO ist der Normenkontrollantrag nur zulässig, wenn der Antragsteller geltend macht, durch die Rechtsvorschrift oder deren Anwendung in seinen Rechten verletzt zu sein oder in absehbarer Zeit verletzt zu werden. Der Antragsteller muss hinreichend substantiiert Tatsachen vortragen, die es zumindest als möglich erscheinen lassen, dass er durch die Festsetzungen des Bebauungsplanes in einem subjektiven Recht verletzt wird (BVerwG BauR 2011, 1641; NVwZ 2020, 1533). Die Geltendmachung bloßer Nachteile genügt nicht. Antragsbefugt ist in jedem Falle derjenige, für dessen Grundstück der Bebauungsplan Festsetzungen trifft (BVerwG NVwZ 1998, 732). Darüber hinaus hat das in § 1 Abs. 6 und Abs. 7 BauGB enthaltene Abwägungsgebot drittschützenden Charakter hinsichtlich solcher privater Belange, die für die Abwägung erheblich sind (BVerwG BVerwGE 107, 215 = NJW 1999, 592; NVwZ 1999, 987). Aus diesem Grunde kann antragsbefugt auch der Eigentümer eines außerhalb des Planbereiches gelegenen Grundstücks sein, der eine Verletzung abwägungsbeachtlicher privater Belange geltend macht (BVerwG NVwZ 2001, 431).

Ist die Hürde des § 47 Abs. 2 S. 1 VwGO überwunden, kann der Antragsteller also geltend machen, durch die Rechtsvorschrift oder ihre Anwendung in seinen Rechten betroffen zu sein, ist die gesamte Norm zulässiger Gegenstand des Normenkontrollverfahrens mit Ausnahme der Bestimmungen, die unter Heranziehung des Rechtsgedankens aus § 139 BGB wegen ihres eigenständigen Regelungsgehalts vom Normgefüge abtrennbar sind (BVerwG DVBl. 2005, 719 Nr. 12 Ls.). Die Rechtsnorm, im Beispielsfalle der Bebauungsplan, kann also auch wegen eines Fehlers für unwirksam erklärt werden, durch den Interessen des Antragstellers nicht berührt werden (→ Anm. 14).

Daneben muss das allgemeine Rechtsschutzbedürfnis für den Antrag gegeben sein. Dies ist nicht der Fall, wenn die Feststellung der Unwirksamkeit der Norm nicht geeignet ist, die Rechtsposition des Antragstellers zu verbessern (BVerwG BauR 2008, 2031), etwa weil auf der Grundlage der Norm bereits bestandskräftige Verwaltungsakte erlassen worden sind (BVerwG BVerwGE 78, 85 = NJW 1988, 839; DVBl. 1989, 660; VGH Kassel BauR 1980, 536; OVG Berlin BauR 1980, 539; ZfBR 1986, 152; OVG Münster NWVBl. 2004, 98).

13. → Form. V.A.2.

14. Der Mangel muss gegenüber der Gemeinde gerügt werden. Die Rüge ist also fristwahrend erst erfolgt, wenn der bei Gericht eingereichte Schriftsatz der Gemeinde zugegangen ist.

15. Ein Bebauungsplan ist eine Satzung, § 10 Abs. 1 BauGB, also eine Rechtsnorm. Als solcher ist der Bebauungsplan entweder wirksam (rechtsgültig) oder unwirksam. Dies bedeutet, dass Abwägungsfehler, die beachtlich sind, zur Unwirksamkeit des Planes im Verhältnis zu jedermann führen, und zwar unabhängig davon, ob das Abwägungsgebot gerade gegenüber demjenigen, der die Unwirksamkeit des Planes rügt, verletzt wurde. Aus diesem Grunde kann hier mit Aussicht auf Erfolg ein Abwägungsfehler gerügt werden, der an sich die Interessen der Antragsteller nicht berührt.

16. Gegen die Entscheidung des OVG kann Revision oder Revisionsnichtzulassungsbeschwerde eingelegt werden, §§ 132, 133 VwGO.

Kosten und Gebühren

17. Nach Nr. 5112 KV fällt für das Verfahren im Allgemeinen eine 4,0-Gerichtsgebühr an. Diese ermäßigt sich in den unter Nr. 5113 aufgeführten Fällen der Beendigung des gesamten Verfahrens auf eine 2,0-Gebühr.

Der Rechtsanwalt erhält für die Vertretung im erstinstanzlichen Verfahren vor dem OVG eine 1,6-Verfahrensgebühr nach VV 3300 Nr. 2 RVG und eine 1,2-Terminsgebühr nach VV 3104 RVG.

2. Antrag auf Erlass einer einstweiligen Anordnung (§ 47 Abs. 6 VwGO)

An das
Oberverwaltungsgericht[1, 2]
. . . . . Senat

In Sachen

der Eheleute . . . . .
(Antragsteller)
Verfahrensbevollmächtigter: Rechtsanwalt . . . . .
gegen die Gemeinde . . . . .
(Antragsgegnerin)[3]
beantrage ich unter Hinweis auf meine in dem Normenkontrollverfahren Az . . . . . überreichte Vollmacht,[4]
durch den Erlass einer einstweiligen Anordnung nach § 47 Abs. 6 VwGO für Recht zu erkennen:

Der am . . . . . in Kraft getretene Bebauungsplan[5]. . . . . wird bis zur Entscheidung über den Normenkontrollantrag der Antragsteller vom . . . . . (Az.: . . . . .)[6] außer Vollzug gesetzt.

Die Antragsgegnerin trägt die Kosten des Verfahrens.

Zur Begründung führe ich aus:

I. Die Antragsteller sind Eigentümer des an der A-Straße in . . . . . gelegenen, mit einem mehrgeschossigen Wohnhaus bebauten Grundstücks. Zur Beseitigung der höhengleichen Kreuzung der A-Straße mit der Bahnlinie S-P, die als Hochgeschwindigkeitsstrecke ausgebaut werden soll, plant die Antragsgegnerin eine Neutrassierung der A-Straße mit einer Bahnüberführung. Eine entsprechende Festsetzung enthält der am . . . . . in Kraft getretene Bebauungsplan . . . . . Dieser setzt ferner beidseitig der A-Straße ein Allgemeines Wohngebiet fest. Für die vorhandene und für die geplante Wohnbebauung werden in dem Bebauungsplan teilweise Lärmschutzmaßnahmen vorgesehen.
Gegen den Bebauungsplan haben die Antragsteller bei dem erkennenden Senat unter dem Az . . . . . einen Normenkontrollantrag gestellt.

II. Der Antrag auf Erlass einer einstweiligen Anordnung nach § 47 Abs. 6 VwGO ist zulässig. Die Antragsteller sind für den bereits gestellten Normenkontrollantrag nach § 47 Abs. 2 S. 1 VwGO antragsbefugt,[7] weil sie durch die Verwirklichung des Bebauungsplanes in ihren Rechten verletzt werden. Der Bebauungsplan sieht nämlich die Inanspruchnahme einer ca. 250 qm großen Teilfläche des Grundstücks der Antragsteller für die neue Führung der A-Straße vor. Die Antragsgegnerin beabsichtigt, diese Teilfläche auf der Grundlage des Bebauungsplanes zu enteignen und die vorläufige Besitzeinweisung zu beantragen.

III. Der Antrag ist auch begründet; denn die begehrte einstweilige Anordnung ist zur Abwehr schwerer Nachteile für die Antragsteller dringend geboten.

1. Der Vollzug des Bebauungsplanes, insb. die Inanspruchnahme einer ca. 250 qm großen Teilfläche des Grundstücks der Antragsteller für die Zwecke des Straßenbaus, wird zu einem schwerwiegenden Eingriff in das Grundeigentum der Antragsteller führen Dieser Eingriff ist im Falle eines Erfolges des Normenkontrollantrages nicht oder nur mit unverhältnismäßigem Aufwand rückgängig zu machen, da die Grundstücksinanspruchnahme Teil eines größeren, die Neutrassierung der Straße und den Bau der Bahnüberführung umfassenden Projektes ist, das praktisch nicht rückabgewickelt werden kann . . . . .[8]
2. Der Vollzug des Bebauungsplanes vor der Entscheidung im Normenkontrollverfahren ist für die Antragsteller auch deshalb nicht hinzunehmen, weil der Bebauungsplan sich schon aus folgendem Grunde als offensichtlich rechtsfehlerhaft erweist:[9]
Die Festsetzung „Lärmschutz (vegetativ) Höhe = 3 m über Gradiente" an der Neubautrasse der A-Straße zum Schutze des angrenzenden Wohngebietes ist nicht hinreichend konkret und wegen mangelnder inhaltlicher Bestimmtheit unwirksam; sie wird damit den Anforderungen des § 9 Abs. 1 Nr. 24 BauGB nicht gerecht. Was unter einem 3 m hohen vegetativen = pflanzlichen Lärmschutz zu verstehen ist, lässt sich auch durch Auslegung nicht ermitteln (OVG Münster NWVBl. 1994, 224) . . . . . Die Unwirksamkeit der Festsetzung der Lärmschutzeinrichtung erfasst den gesamten Plan, da mit dieser Maßnahme der Konflikt zwischen Wohnbebauung und Verkehrslärm gelöst werden sollte. Es kann nicht davon ausgegangen werden, dass der Rat den Plan auch ohne eine Lärmschutzmaßnahme beschlossen, insb. angrenzend an die A-Straße ein Allgemeines Wohngebiet festgesetzt hätte (OVG Münster NWVBl. 1994, 224).[10, 11]

Rechtsanwalt[12]

Anmerkungen

1. Nach § 47 Abs. 6 VwGO kann das Gericht auf Antrag eine einstweilige AO erlassen, „wenn dies zur Abwehr schwerer Nachteile oder aus anderen wichtigen Gründen dringend geboten ist."

2. → Form. V.G.1 Anm. 1. Zuständig ist das Gericht der Hauptsache.

3. Antragsgegner im Verfahren nach § 47 Abs. 6 VwGO ist stets die Körperschaft, Anstalt oder Stiftung des öffentlichen Rechts, die die Rechtsvorschrift erlassen hat, § 47 Abs. 2 S. 2 VwGO. Ein Hoheitsträger, der die Norm anzuwenden hat, kann nicht daneben in das Verfahren einbezogen werden (VGH Kassel BRS 50 (1990) Nr. 54; str.).

4. → Form. V.D.2 Anm. 2.

5. Gegen einen beschlossenen, aber noch nicht bekannt gegebenen Bebauungsplan kann eine einstweilige AO nach § 47 Abs. 6 VwGO nicht beantragt werden (OVG Greifswald NordÖR 2000, 37; VGH München NVwZ-RR 2000, 469). Ein späteres Inkrafttreten des Bebauungsplanes heilt den Mangel der Unzulässigkeit nicht (OVG Bautzen NVwZ 1998, 527).

6. Ein Antrag nach § 47 Abs. 6 VwGO kann auch schon vor Anhängigkeit des Normenkontrollverfahrens gestellt werden (OVG Münster BRS 50 (1990) Nr. 55). Eine erlassene einstweilige AO ist aber entsprechend ihrer Funktion, die Entscheidung in der Hauptsache effektiv offen zu halten, vom Fortbestand des Hauptsacheverfahrens abhängig. Sie verliert also mit der Beendigung dieses Verfahrens ihre Wirkung (VGH München BRS 52 (1991) Nr. 41).

7. Zu den Voraussetzungen → Form. V.G.1.

8. Die Antragsteller können die Unwirksamkeit des Bebauungsplanes auch im Enteignungsverfahren und im Verfahren der vorläufigen Besitzeinweisung geltend machen. In diesem Falle hat die Enteignungsbehörde oder das mit der Überprüfung eines Enteignungsbeschlusses und/oder einer vorläufigen Besitzeinweisung befasste Gericht die Gültigkeit des Bebauungsplanes „inzidenter" zu überprüfen. Diese Inzidentprüfung ist aber erfahrungsgemäß nicht so gründlich wie die Überprüfung in einem Normenkontrollverfahren. Aus diesem Grunde drohen den Antragsstellern schon jetzt schwere Nachteile, obwohl auf der Grundlage des Bebauungsplanes allein eine Inanspruchnahme ihres Grundstückes nicht möglich ist.

9. Für den Erlass einer einstweiligen AO nach § 47 Abs. 6 VwGO sind neben anderem die Erfolgsaussichten des Normenkontrollantrages von Bedeutung, soweit sich diese bei der gebotenen summarischen Prüfung absehen lassen.

a) Erweist sich der Normenkontrollantrag als voraussichtlich unzulässig oder unbegründet, so ist der Erlass einer einstweiligen AO nicht „dringend geboten" (BVerwG BRS 83 (2015) Nr. 58; OVG Greifswald LKV 1998, 508).

b) Ist der Normenkontrollantrag zulässig und voraussichtlich begründet, so reicht dies zum Erlass einer einstweiligen AO nicht aus (VGH Kassel NVwZ-RR 2000, 655). Es muss hinzukommen, dass der (weitere) Vollzug „vor einer Entscheidung im Hauptsacheverfahren Nachteile befürchten lässt, die . . . . . so gewichtig sind, dass eine vorläufige Regelung mit Blick auf die Wirksamkeit und Umsetzbarkeit einer für den Antragsteller günstigen Hauptsacheentscheidung unaufschiebbar ist" (BVerwG BauR 2015, 968; ferner OVG Münster BRS 71 (2007) Nr. 50; OVG Lüneburg BRS 81 (2013) Nr. 82; VGH München NVwZ-RR 2013, 392; OVG Bln-Bbg LKV 2016, 270).

c) Lassen sich die Erfolgsaussichten des Normenkontrollverfahrens nicht abschätzen, ist eine Folgenabwägung vorzunehmen; „gegenüber zu stellen sind die Folgen, die eintreten würden, wenn eine einstweilige Anordnung nicht erginge, der Normenkontrollantrag aber Erfolg hätte, und die Nachteile, die entstünden, wenn die begehrte einstweilige Anordnung erlassen würde, der Antrag nach § 47 Abs. 1 Nr. 1 VwGO aber erfolglos bliebe" (BVerwG BauR 2015, 968 (969); ferner VGH Mannheim NVwZ 2001, 827).

10. Ein Haftungsrisiko besteht für den Antragsteller in dem Falle, dass der Antrag auf Erlass einer einstweiligen AO Erfolg hat, der Normenkontrollantrag jedoch abgelehnt wird, nicht. § 945 ZPO findet keine Anwendung; es fehlt eine dem § 123 Abs. 3 VwGO entsprechende Regelung.

11. Entscheidungen nach § 47 Abs. 6 VwGO können in entsprechender Anwendung des § 80 Abs. 7 VwGO mit Wirkung für die Zukunft geändert werden (BVerwG ZfBR 2015, 381; OVG Münster NVwZ-RR 1999, 473; OVG Lüneburg DÖV 2021, 138 Rn. 98).

Kosten und Gebühren

12. Nach Nr. 5220 KV fällt eine 2,0-Gerichtsgebühr an.

Nach § 17 Nr. 4b RVG sind das Verfahren in der Hauptsache und das Verfahren über einen Antrag auf Erlass einer einstweiligen AO verschiedene Angelegenheiten. Str. ist, ob der Rechtsanwalt für den Antrag auf Erlass einer einstweiligen AO eine 1,6-Verfahrensgebühr nach VV 3300 Nr. 2 RVG oder eine 1,3-Verfahrensgebühr nach VV 3100 RVG erhält. Richtiger dürfte der Ansatz einer 1,6-Verfahrensgebühr sein, weil das OVG als erstinstanzliches Gericht und nicht als Berufungsgericht tätig wird (so schon zum früheren Recht OVG Münster NVwZ-RR 1990, 667; VGH München NVwZ-RR 1997, 672; OVG Lüneburg NVwZ-RR 2003, 76; *Beutling* Anwaltsvergütung Rn. 459; aA zum früheren Recht VGH Mannheim AnwBl. 1997, 668; OVG Hamburg NVwZ-RR 1996, 546).

VI. Verfassungsrecht

1. Verfassungsbeschwerde gegen Zivilgerichtsurteil (Art. 5 Abs. 1 GG)

An das
Bundesverfassungsgericht
Verfassungsbeschwerde
des Herrn . . . . .
– Beschwerdeführer –
Verfahrensbevollmächtigter:[1] Rechtsanwalt . . . . .
wegen:[2] Urteil des Landgerichts H. vom . . . . . Az. . . . . . (Fotokopie Anlage 1).[3]
Ich zeige an, dass mir der Beschwerdeführer Vollmacht erteilt (Anlage 2)[4] und mich mit der Wahrnehmung seiner Interessen beauftragt hat.
Namens und im Auftrag des Beschwerdeführers erhebe ich

Verfassungsbeschwerde

gegen die Entscheidung[5]

des Landgerichts H. vom . . . . . Az. . . . . .

Gerügt wird die Verletzung des Art. 5 Abs. 1 GG.[6]

Begründung[7]

I. Sachverhalt[8]

Der Beschwerdeführer, Leiter der Pressestelle der Stadt H., hatte zum Boykott des Veit-Harlan-Films „Jud Süß" aufgerufen. Das Landgericht H. untersagte ihm entsprechende Äußerungen.

II. Rechtsausführungen

§ 1 Zulässigkeit

(1) Fristberechnung[9]
a) Die Frist zur Erhebung einer Verfassungsbeschwerde beginnt bei Urteilen im Zivilprozess mit der Zustellung der vollständigen Entscheidung (§ 93 Abs. 1 S. 2 BVerfGG).
b) Die Verfassungsbeschwerde ist deshalb fristgerecht eingelegt worden . . . . .
(2) Erschöpfung des Rechtswegs
a) Grds. ist die Verfassungsbeschwerde subsidiär: der Rechtsweg muss erschöpft sein, § 90 Abs. 2 BVerfGG.
b) Im vorliegenden Fall liegen die beiden Ausnahmefälle des § 90 Abs. 2 S. 2 BVerfGG vor: die Verfassungsbeschwerde ist von allgemeiner Bedeutung, weil sie grundsätzliche verfassungsrechtliche Fragen aufwirft. Außerdem entstünde dem Beschwerdeführer ein schwerer und unabwendbarer Nachteil, wenn er zunächst auf den Rechtsweg verwiesen würde.[10]
(3) Zum Prüfungsumfang bei Gerichtsentscheidungen
a) „Das Bundesverfassungsgericht ist nicht befugt, seine eigene Wertung des Einzelfalls nach Art eines Rechtsmittelgerichts an die Stelle derjenigen des zuständigen Richters zu setzen. Es kann vielmehr in derartigen Fällen eine Verletzung des Grundrechts der

unterlegenen Partei (abgesehen vom Willkürverbot, BVerfGE 85, 248 [257 f.]) nur feststellen, wenn der zuständige Richter entweder nicht erkannt hat, dass es sich um eine Abwägung widerstreitender Grundrechtsbereiche handelt, oder wenn seine Entscheidung auf einer grds. unrichtigen Anschauung von der Bedeutung des einen oder anderen der Grundrechte, insb. vom Umfang ihrer Schutzbereiche (zum „Schutzbereich" BVerfG, NJW 2002, 663; *Spranger* NJW 2002, 2074), beruht", BVerfGE 30, 173 (197). Das ist der Fall, wenn die von den Fachgerichten vorgenommene Auslegung der Norm die Tragweite des Grundrechts nicht hinreichend berücksichtigt oder ein Ergebnis zu einer unverhältnismäßigen Beschränkung der grundrechtlichen Freiheit führt, BVerfG (K), NJW 2002, 2090.

b) „Wie die richtige Lösung einer bürgerlich-rechtlichen Streitigkeit konkret auszusehen hat, ist im Grundgesetz nicht vorgeschrieben ..... Die Grenzen der Eingriffsmöglichkeiten des Gerichts hängen von der Intensität der Grundrechtsbeeinträchtigung ab. Je nachhaltiger ..... ein zivilgerichtliches Urteil iErg die Grundrechtssphäre des Unterlegenen betrifft, desto strengere Anforderungen sind an die Begründung dieses Eingriffs zu stellen und desto weiterreichend sind folglich die Nachprüfungsmöglichkeiten des Bundesverfassungsgerichts; in Fällen höchster Eingriffsintensität .... ist es durchaus befugt, die von den Zivilgerichten vorgenommene Wertung durch seine eigene zu ersetzen", BVerfGE 42, 147 ff.

c) Diese Voraussetzungen sind im vorliegenden Fall gegeben ....

§ 2 Begründetheit

(1)

a) Grundsatz

„Das Grundrecht auf freie Meinungsäußerung ist als unmittelbarster Ausdruck der menschlichen Persönlichkeit in der Gesellschaft eines der vornehmsten Menschenrechte überhaupt ..... Für eine freiheitlich-demokratische Staatsordnung ist es schlechthin konstituierend, denn es ermöglicht erst die ständige geistige Auseinandersetzung, den Kampf der Meinungen, der ihr Lebenselement ist", BVerfGE 7, 198 (208); s. dazu auch BVerfGE 76, 196 (208 f.).

b) „Schaukeltheorie"

„Die gegenseitige Beziehung zwischen Grundrecht und ‚allgemeinem Gesetz' ist also nicht als einseitige Beschränkung der Geltungskraft des Grundrechts durch die ‚allgemeinen Gesetze' aufzufassen; es findet vielmehr eine Wechselwirkung in dem Sinne statt, dass die ‚allgemeinen Gesetze' zwar dem Wortlaut nach dem Grundrecht Schranken setzen, ihrerseits aber aus der Erkenntnis der wertsetzenden Bedeutung dieses Grundrechts im freiheitlichen-demokratischen Staat ausgelegt und so in ihrer das Grundrecht begrenzender Wirkung selbst wieder eingeschränkt werden müssen", BVerfGE 7, 198 (208 f.)

c) Begriff des „allgemeinen Gesetzes"

„Allgemeine Gesetze" sind solche, „die nicht eine Meinung als solche verbieten ....., die vielmehr dem Schutze eines schlechthin, ohne Rücksicht auf eine bestimmte Meinung, zu schützenden Rechtsgutes dienen", BVerfGE 7, 198 (209).

d) Güterabwägung

„Es wird deshalb eine ‚Güterabwägung' erforderlich: das Recht zur Meinungsäußerung muss zurücktreten, wenn schutzwürdige Interessen eines anderen von höherem Rang durch die Betätigung der Meinungsfreiheit verletzt würden", BVerfGE 7, 198 (210).

(2) Eine Meinungsäußerung, die eine Aufforderung zum Boykott enthält, verstößt nicht notwendig gegen die guten Sitten iSd § 826 BGB; sie kann bei Abwägung aller Umstände des Falls durch die Freiheit der Meinungsäußerung verfassungsrechtlich gerechtfertigt sein. So liegt es hier ....§ 3 Annahmevoraussetzungen[11]

Die Voraussetzungen für die Annahme der Verfassungsbeschwerde zur Entscheidung sind gegeben (§ 93a BVerfGG).[12]

(3) Der Verfassungsbeschwerde kommt grundsätzliche Bedeutung zu (§ 93a Abs. 2a BVerfGG). Diese ist nur gegeben, wenn die Verfassungsbeschwerde eine verfassungsrechtliche Frage aufwirft, die sich nicht ohne weiteres aus dem Grundgesetz beantworten lässt und noch nicht durch die verfassungsgerichtliche Rspr. gelöst oder die durch die veränderten Verhältnisse erneut klärungsbedürftig geworden ist (BVerfG NJW 1994, 993).[13]
So liegt es hier . . . . .[14]
(4) Unabhängig davon[15] ist aber die Annahme der Verfassungsbeschwerde zur Durchsetzung des hier als verletzten Grundrechts angezeigt (§ 93a Abs. 2b BVerfGG). Das ist der Fall, wenn die geltend gemachte Verletzung von Grundrechten oder grundrechtsgleichen Rechten besonderes Gewicht hat oder den Beschwerdeführer in existentieller Weise betrifft. Besonders gewichtig ist eine Grundrechtsverletzung, die auf eine generelle Vernachlässigung von Grundrechten hindeutet oder wegen ihrer Wirkung geeignet ist, von der Ausübung von Grundrechten abzuhalten. Eine geltend gemachte Verletzung hat ferner dann besonderes Gewicht, wenn sie auf einer groben Verkennung des durch ein Grundrecht gewährten Schutzes oder einem geradezu leichtfertigen Umgang mit grundrechtlich geschützten Positionen beruht oder rechtsstaatliche Grundsätze krass verletzt. Eine existenzielle Betroffenheit des Beschwerdeführers kann sich vor allem aus dem Gegenstand der angegriffenen Entscheidung oder seiner aus ihr folgenden Belastung ergeben, BVerfG NJW 1994, 993.[16]
So liegt es hier . . . . .
Unterschrift[17, 18]

Schrifttum: Barczak, Mitarbeiterkommentar zum BVerfGG, 2018, Anm. zu §§ 90 ff.; *Hillgruber/Goos,* Verfassungsprozessrecht, 5. Aufl. 2020; *Kleine-Cosack,* Verfassungsbeschwerden und Menschenrechtsbeschwerden, 3. Aufl. 2014; *Lechner/Zuck,* BVerfGG, 8. Aufl. 2019, Anm. zu §§ 90 ff.; *Lenz/Hansel,* BVerfGG, 3. Aufl. 2020, Anm. zu §§ 90 ff.; *Maunz/Schmidt-Bleibtreu/Klein/Bethge,* BVerfGG, Anm. zu §§ 90 ff.; *Sachs,* Verfassungsprozessrecht, 4. Aufl. 2016; *Schlaich/Korioth,* Das Bundesverfassungsgericht, 11. Aufl. 2018; *Burkiczak/Dollinger/Schorkopf,* BVerfGG, 2015, Anm. zu §§ 90 ff.; *Zuck,* Das Recht der Verfassungsbeschwerde, 5. Aufl. 2017.

Anmerkungen

1. Es herrscht kein Anwaltszwang, § 22 BVerfGG.

2. Es gibt im Verfassungsbeschwerdeverfahren keine Gegner, sondern nur Beteiligte.

3. Es ist unbedingt erforderlich, die angegriffenen Entscheidungen sowie die sonstigen entscheidungserheblichen Unterlagen (in Fotokopie) beizufügen. Geschieht das nicht innerhalb der Begründungsfrist, ist die Verfassungsbeschwerde unzulässig. Das BVerfG zieht in der Regel selbst zunächst einmal keine Akten bei! Der Verfassungsbeschwerdeschriftsatz muss dem Gericht nur 1fach vorgelegt werden. Der Vorsitzende oder der Berichterstatter entscheiden zu gegebener Zeit, wie viele weitere Abschriften vorzulegen sind, § 23 Abs. 3 BVerfGG.

4. Zur (Spezial-)Vollmacht nach § 22 Abs. 2 BVerfGG → Form. VI.15.

5. Die Verfassungsbeschwerde richtet sich gegen alle die Entscheidungen, die den Beschwerdeführer belasten. Es genügt deshalb häufig nicht, nur die Endentscheidung anzugreifen, s. § 92 BVerfGG.

6. § 92 BVerfGG schreibt die förmliche Grundrechtsrüge vor. Das BVerfG kann auch nicht gerügte Grundrechte in seine Überlegungen miteinbeziehen, ist dazu aber nicht verpflichtet. Dagegen ist es im Regelfall überflüssig (aber auch unschädlich), einen Antrag auszuformulieren. Das gilt auch für die Anordnung der Auslagenerstattung nach § 34a Abs. 2 BVerfGG.

7. §§ 23, 92 BVerfGG schreiben eine Begründung vor. Wichtig ist, dass diese Begründung innerhalb der Fristen des § 93 BVerfGG vorzulegen ist. Das schließt nicht aus, „die Begründung der Verfassungsbeschwerde nachträglich in tatsächlicher und rechtlicher Hinsicht zu ergänzen. Dies darf jedoch nicht dazu führen, dass nach Fristablauf ein neuer Sachverhalt ..... zum Gegenstand der Verfassungsbeschwerde gemacht wird", BVerfGE 18, 85 (89).

8. Vgl. dazu BVerfGE 7, 198 ff.

9. Wiedereinsetzung in den vorigen Stand gibt es auch im Verfassungsbeschwerdeverfahren, vgl. § 93 Abs. 2 BVerfGG. Dies betrifft aber nur den Sachverhalt des Abs. 1, nicht den des Abs. 3.

10. BVerfGE 9, 120 (121). Aber Achtung: Das BVerfG hat bislang nur in wenigen Fällen das Vorliegen der Ausnahmen des §90 Abs. 2 S. 2 BVerfGG bejaht. Verfassungsbeschwerden gegen Zwischenentscheidungen sind in der Regel unzulässig: vgl. *Zuck* AnwBl 2009, 332 ff.

11. Über die Annahme der Verfassungsbeschwerde zur Entscheidung entscheidet die zuständige Kammer, vgl. §§ 15a, 93b BVerfGG. Zu diesem Zweck muss sich die Kammer mit der Zulässigkeit und Begründetheit der Verfassungsbeschwerde schon beschäftigt haben. Die Klärung der Annahmevoraussetzungen ist deshalb gegenüber der Erörterung der Zulässigkeit (§ 1) und der Begründetheit (§ 2) nachrangig.

12. Die Annahmevoraussetzungen des § 93a Abs. 2 BVerfGG sind alternativ.

13. Über die Beantwortung der verfassungsrechtlichen Frage müssen also ernsthafte Zweifel bestehen. Anhaltspunkt für eine grundsätzliche Bedeutung in diesem Sinne kann sein, dass die Frage in der Fachliteratur kontrovers diskutiert oder in der Rspr. der Fachgerichte unterschiedlich beantwortet wird. An ihrer Klärung muss zudem ein über den Einzelfall hinausgehendes Interesse bestehen. Das kann etwa dann der Fall sein, wenn sie für eine nicht unerhebliche Anzahl von Streitigkeiten bedeutsam ist oder ein Problem von einigem Gewicht betrifft, das in künftigen Fällen erneut Bedeutung erlangen kann. Bei der Prüfung der Annahme muss bereits absehbar sein, dass sich das BVerfG bei seiner Entscheidung über die Verfassungsbeschwerde mit der Grundsatzfrage befassen muss. Kommt es auf sie hingegen nicht entscheidungserheblich an, so ist eine Annahme nach § 93a Abs. 2a BVerfGG nicht geboten, BVerfG NJW 1994, 993. Die damit verbundenen Fragen sind bis heute noch nicht abschließend geklärt, vgl. *Klein* NJW 1993, 2073; *Zuck* NJW 1993, 2641. Die grundsätzliche Bedeutung fehlt, wenn es sich um ausgelaufenes Recht handelt, BVerfG (K) NJW 2002, 2091.

14. Die Behauptung trifft nur auf den Zeitpunkt der Entscheidung BVerfGE 7, 198, der der Fall nachgebildet ist, zu. Heute ist die verfassungsrechtliche Frage durch BVerfGE 7, 198 geklärt. Für einen vergleichbaren Fall fehlte es an der grundsätzlichen Bedeutung. Angesichts einer mehr als 40 jährigen Rspr. wird deshalb eine Verfassungsbeschwerde von grundsätzlicher Bedeutung selten sein. Das wird – beispielhaft – deutlich in BVerfG NJW 1994, 2347 f.

15. → Anm. 12.

16. Ein besonders schwerer Nachteil ist jedoch dann nicht anzunehmen, wenn die Verfassungsbeschwerde keine hinreichende Aussicht auf Erfolg hat oder wenn deutlich abzusehen ist, dass der Beschwerdeführer auch im Falle einer Zurückverweisung an das Ausgangsgericht iErg keinen Erfolg haben würde, BVerfG NJW 1994, 993. → Anm. 13.

Kosten und Gebühren

17. Das Verfahren ist grds. kostenfrei, § 34 Abs. 1 BVerfGG; → Form. VI.17, → Form. VI.18. Das Risiko der Missbrauchsgebühr ist zu beachten (§ 34 Abs. 2 BVerfGG). Achtung: Die Missbrauchsgebühr (bis zu 2.600 EUR) fällt nicht nur an, wenn die Formalien der Verfassungsbeschwerde grob missachtet werden und bei sinnlosem Rechtsvortrag, sondern auch bei leichtfertig unrichtigem Tatsachenvortrag, BVerfG (K) NJW 2002, 955.

Fristen und Rechtsmittel

18. Die Verfassungsbeschwerde ist binnen eines Monats zu erheben, wenn sie sich gegen ein Gesetz richtet, binnen eines Jahres, § 93 BVerfGG. Die Verfassungsbeschwerde hat keine aufschiebende Wirkung. Rechtsmittel gibt es gegen die Endentscheidungen des BVerfG im Verfassungsbeschwerdeverfahren nicht. Gegen die Entscheidung des BVerfG über den Erlass einer einstweiligen Anordnung im Verfassungsbeschwerdeverfahren gibt es ebenfalls kein Rechtsmittel (§ 32 Abs. 3 S. 2 BVerfGG).

2. Verfassungsbeschwerde gegen Strafgerichtsurteil (Art. 19 Abs. 4, 101 Abs. 1, 103 Abs. 1 GG)

An das
Bundesverfassungsgericht
Verfassungsbeschwerde[1]
des Herrn .....
– Beschwerdeführer –
Verfahrensbevollmächtigter: Rechtsanwalt .....
wegen:
1. Urteil des Amtsgerichts S. vom ..... Az. ....
(Fotokopie Anlage 1)
2. Urteil des Landgerichts S. vom ..... Az. ....
(Fotokopie Anlage 2)

Ich zeige an, dass mir der Beschwerdeführer Vollmacht erteilt (Anlage 3) und mich mit der Wahrnehmung seiner Interessen beauftragt hat.

Namens und im Auftrag des Beschwerdeführers erhebe ich

Verfassungsbeschwerde

gegen
1. Urteil des Amtsgerichts S. vom ..... Az. ....
2. Urteil des Landgerichts S. vom ..... Az. ....

Gerügt wird die Verletzung der Grundrechte des Beschwerdeführers aus Art. 19 Abs. 4, 101 Abs. 1, 103 Abs. 1 GG.

Begründung

I. Sachverhalt

L. war vom Amtsgericht wegen eines Verkehrsverstoßes durch Strafbefehl zu einer Geldstrafe verurteilt worden. Das Landgericht gab der Berufung nicht statt. Der Einspruch gegen den Strafbefehl sei verspätet eingegangen. Die 4-tägige Post-Laufzeit müsse sich L. zurechnen lassen. L. hat Anhörungsrüge erhoben, über die noch nicht entschieden ist.[2] Der Vorsitzende der Berufungskammer war von Gesetzes wegen vom Verfahren ausgeschlossen. Er nahm aber intensiv Einfluss auf die Terminsanberaumung durch den nunmehr zuständigen Richter.

II. Rechtsausführungen

§ 1 Zulässigkeit[3]

(1) . . . . .

(2) . . . . .

(3) Die Anhörungsrüge gem. § 33a StPO wurde am . . . . . eingelegt. Die Verfassungsbeschwerde ist damit auch im Hinblick auf die Rüge der Verletzung von Art. 103 Abs. 1 GG zulässig.[2]

(4) Zum Prüfungsumfang bei Gerichtsentscheidungen

a) **Strafgerichtliche Urteile können nur darauf überprüft werden, ob bei der Anwendung einfachen Gesetzesrechts Grundrechte des Verurteilten verletzt worden sind, BVerfGE 12, 113 (124).**
   Dabei ist die Intensität der Grundrechtsbeeinträchtigung von Bedeutung, BVerfGE 43, 130 (135 f.)

b) **Die Auslegung der StPO ist grds. Sache der ordentlichen Gerichte, BVerfGE 9, 89 (102). Allerdings fordert der Grundsatz der Verhältnismäßigkeit, dass die Maßnahme unerlässlich ist, dass sie in angemessenem Verhältnis zur Schwere der Tat steht und dass die Stärke des bestehenden Tatverdachts sie rechtfertigt. Insofern steht die Verfahrensgestaltung unter dem Gebot des Grundrechtsschutzes, BVerfGE 17, 108 (117 f.)**

§ 2 Begründetheit

(1) Art. 19 Abs. 4 und Art. 103 Abs. 1 GG gebieten, § 44 StPO dahin auszulegen, dass dem Bürger bei der schriftlichen Einlegung des Einspruchs gegen einen Strafbefehl Verzögerungen der Briefbeförderung oder der Briefzustellung durch die Deutsche Bundespost, die er nicht zu vertreten hat, nicht zugerechnet werden, BVerfGE 41, 23 (25).

Mit einer viertägigen Post-Laufzeit musste der Beschwerdeführer nicht rechnen.

(2) Art. 101 Abs. 1 S. 2 GG ist auch dann verletzt, wenn ein ausgeschlossener Kammervorsitzender durch seine Autorität die Terminsanberaumung eines anderen Richters maßgeblich beeinflusst, BVerfGE 4, 412 (422).[4]

. . . . .

§ 3 Annahmevoraussetzungen[5]

. . . . .

Unterschrift[6]

Schrifttum: → Form. VI.1; außerdem *Jahn/Krehl/Löffelmann/Güntge,* Die Verfassungsbeschwerde in Strafsachen, 2. Aufl. 2017; *Zuck* in Beck'sches Handbuch für den Strafverteidiger, 6. Aufl. 2018.

Anmerkungen

1. Zum Rubrum → Form. VI.1 Anm. 1–7. **Achtung:** Die Monatsfrist zur Einlegung einer Verfassungsbeschwerde gegen ein Strafgerichtsurteil beginnt (schon) mit der formlosen Zusendung der Entscheidung an den Verteidiger, BVerfG NJW 1991, 2623. Ist der Revisionsführer bei der Verkündung der Entscheidung selbst anwesend und unterbleibt ein Antrag nach § 35 Abs. 1 StPO, dann beginnt die Frist mit der Verkündung des Revisionsurteils. Es ist dann geboten, nach § 93 Abs. 1 S. 3 Hs. 2 BVerfGG zu verfahren.

2. S. dazu §§ 33a, 311a, 356a StPO und generell zum AnhörungsrügenG (BGBl. 2004 I 3220) *Zuck* NJW 2005, 1226 ff. **Achtung:** Für die **Anhörungsrüge** nach § 356a StPO ist eine Wochenfrist zu wahren. Der Beschwerdeführer ist in seiner Rüge zu Art. 103 Abs. 1 GG auf die Angriffe beschränkt, die Gegenstand seiner Anhörungsrüge sind. Wegen anderer Grundrechtsrügen sollte binnen Monatsfrist isoliert Verfassungsbeschwerde eingelegt werden. Diese kann bis zur Entscheidung über die Anhörungsrüge ins Allgemeine Register gestellt werden. Gegen den Ablehnungsbeschluss sollte eine gesonderte Verfassungsbeschwerde eingelegt werden. Diese kann dann mit der ersten, in das Allgemeine Register gestellten Verfassungsbeschwerde verbunden werden.

Auch im Bereich des Strafprozessrechts dürfte gelten, dass eine Sekundärrüge (die Verletzung des rechtlichen Gehörs wurde bereits im Instanzenzug vor den Fachgerichten geltend gemacht) vor dem BVerfG unzulässig ist. Ob die Anhörungsrüge statthaft und zulässig war, entscheidet – ohne Bindung an die nachfolgende Fachgerichtsentscheidung – das BVerfG in eigener Zuständigkeit (BVerfG NJW-RR 2008, 75 f.). In Bezug auf die fristgerechte Einlegung der Verfassungsbeschwerde besteht somit ein in jederlei Hinsicht **hohes Risiko!**

§ 33a StPO ist auch im **berufsgerichtlichen Verfahren vor dem AnwG** zu beachten (BVerfG BrakMitt. 2009, 73 ff.).

3. → Form. VI.1 und dort Text II. § 1.

4. Art. 101 Abs. 1 S. 2 GG schützt nur vor Willkür, nicht vor Irrtum; s. BVerfGE 3, 359 (364 f.), vgl. etwa BVerfGE 86, 133 (143); BVerfG (K) NJW 2002, 814. Zu überbesetzten gerichtlichen Spruchkörpern vgl. Plenumsbeschluss des BVerfGE 95, 320.

5. → Form. VI.1 und dort Text II. § 3.

Kosten und Gebühren

6. Das Verfahren ist grds. kostenfrei, § 34 Abs. 1 BVerfGG; → Form. VI.1 Anm. 17. Das Risiko der Missbrauchsgebühr ist zu beachten (§ 34 Abs. 2 BVerfGG).

3. Verfassungsbeschwerde gegen Verwaltungsgerichtsurteil (Wesentlichkeitstheorie/Art. 14 Abs. 1 GG)

An das
Bundesverfassungsgericht
Verfassungsbeschwerde[1]
des Herrn . . . . .
– Beschwerdeführer –
Verfahrensbevollmächtigter: Rechtsanwalt . . . . .

wegen: Urteil des Bundesverwaltungsgerichts vom .....
Az. .... (Fotokopie Anlage 1).

Ich zeige an, dass mir der Beschwerdeführer Vollmacht erteilt (Anlage 2) und mich mit der Wahrnehmung seiner Interessen beauftragt hat.
Namens und im Auftrag des Beschwerdeführers erhebe ich

Verfassungsbeschwerde

gegen die Entscheidung

des Bundesverwaltungsgerichts vom ..... Az. ....[2]

Gerügt wird die Verletzung der Grundrechte des Beschwerdeführers aus Art. 2 Abs. 1 GG (Art. 20 Abs. 1 GG), Art. 14 Abs. 1 GG.

Begründung

I. Sachverhalt

Der Beschwerdeführer wird vom geplanten Ausbau des Verkehrsflughafens F. betroffen. Er wehrt sich gegen die Entscheidung des Bundesverwaltungsgerichts, weil das Gericht nach seiner Meinung in individuelle Rechtspositionen eingegriffen und materielle Planungsgrundsätze durch Richterrecht geschaffen hat.

II. Rechtsausführungen

§ 1 Zulässigkeit[3]

(1) .. ..

(2) .. ..

(3) a) „Das Bundesverfassungsgericht ist ..... nicht die letzte verwaltungsgerichtliche Instanz, die etwaige Ermessensfehler ebenso umfassend zu prüfen hätte wie die Verwaltungsgerichte vor ihm. Ist eine gerichtliche Nachprüfung behördlichen Ermessensgebrauchs voraufgegangen, so beschränkt sich die Zuständigkeit des Bundesverfassungsgerichts ..... auf die Prüfung, ob die Gerichtsentscheidung selbst" Verfassungsrechtsnormen verkennt, BVerfGE 9, 338 (354).

b) .....

§ 2 Begründetheit

(1) Vorbehalt des Gesetzes – Wesentlichkeitstheorie

a) Aus Rechtsstaats- und Demokratieprinzip folgt grds., dass der Gesetzgeber verpflichtet ist, „alle wesentlichen Entscheidungen selbst zu treffen ..... In welchen Bereichen danach staatliches Handeln einer Rechtsgrundlage im förmlichen Gesetz bedarf, lässt sich nur im Blick auf den jeweiligen Sachbereich und die Intensität der geplanten oder getroffenen Regelung ermitteln. Die verfassungsrechtlichen Wertungskriterien sind deshalb in erster Linie den tragenden Prinzipien des Grundgesetzes, insb. den vom Grundgesetz anerkannten und verbürgten Grundrechten zu entnehmen", BVerfGE 49, 89 (126 f.)

b) Im vorliegenden Fall handelt es sich um eine solche wesentliche Entscheidung. Von einer Flughafenerweiterung werden ganze Landstriche, letzten Endes hunderttausende von Menschen betroffen. Welche Präferenzen zwischen Verkehr/Umweltschutz/Individualrechten zu setzen sind, darf nicht von einem Gericht, sondern muss vom parlamentarischen Gesetzgeber entschieden werden. Der Verstoß gegen den Grundsatz des Vorbehalts des Gesetzes kann iÜ über Art. 2 Abs. 1 GG gerügt werden, BVerfGE 46, 202 (203).

(2) Verstoß gegen Art. 14 Abs. 1 GG

Das Bundesverwaltungsgericht hat in seiner Entscheidung ausgeführt, dass die Anordnung von Lärmschutzmaßnahmen iRd § 9 Abs. 2 LuftVG nachgeholt werden kann. Konsequenzen für die Planung als solche ergäben sich daraus nicht. Gegebenenfalls müsse durch eine Enteignungsmaßnahme nach § 28 LuftVG die Voraussetzung für eine Entschädigung geschaffen werden.

Darin liegt ein Verstoß gegen Art. 14 Abs. 1 GG.

a) Grundsatz

„Das verfassungsrechtlich geschützte Eigentum ist ..... gekennzeichnet durch Privatnützigkeit ..... und ..... grundsätzliche Verfügungsbefugnis über den Eigentumsgegenstand", BVerfGE 50, 290 (339). Der Eigentumsgarantie kommt die Aufgabe zu, dem Grundrechtsträger einen Freiheitsraum im vermögensrechtlichen Bereich zu sichern und ihm dadurch eine eigenverantwortliche Gestaltung seines Lebens zu ermöglichen, BVerfGE 102, 1 (15).

b) Inhalt und Schranken

„Die konkrete Reichweite des Schutzes durch die Eigentumsgarantie ergibt sich erst aus der Bestimmung von Inhalt und Schranken des Eigentums", BVerfGE 50, 290 (339 f.) ..... Das maßstabsbildende Wohl der Allgemeinheit ist sowohl Grund als auch Grenze für die Beschränkung des Eigentümers, BVerfGE 100, 226 (241); 102, 1 (17).

„Soweit es um die Funktion des Eigentums als Element der Sicherung der persönlichen Freiheit des einzelnen geht, genießt dieses einen besonders ausgeprägten Schutz ..... Dagegen ist die Befugnis des Gesetzgebers ..... umso weiter, je mehr das Eigentumsobjekt in einem sozialen Bezug und einer sozialen Funktion steht ....." Immer muss der Gesetzgeber die schutzwürdigen Interessen der Beteiligten in einen gerechten Ausgleich und ein ausgewogenes Verhältnis bringen, BVerfGE 102, 1 (17).

Insbes. ist der Gesetzgeber an den verfassungsrechtlichen Grundsatz der Verhältnismäßigkeit und an den Gleichheitssatz des Art. 3 Abs. 1 GG gebunden, BVerfGE 102, 1 (17).

c) Das ist hier verkannt worden .....

§ 3 Annahmevoraussetzungen[4]

Unterschrift[5]

Anmerkungen

1. Zum Rubrum → Form. VI.1 Anm. 1–7.

2. Zum Problem Verfassungsbeschwerde gegen die Entscheidung eines OVG (VGH)/ NZB vgl. BVerfGE 16, 1 (2); BVerfGE 55, 154 (157). Zur Problematik bei der arbeitsgerichtlichen NZB s. BVerfGE 92, 140 (149); (K) NJW 1996, 45.

3. → Form. VI.1 und dort Text II. § 1.

4. → Form. VI.1 und dort Text II. § 3.

Kosten und Gebühren

5. Das Verfahren ist grds. kostenfrei, § 34 Abs. 1 BVerfGG; → Form. VI.1 aE. Das Risiko der Missbrauchsgebühr ist zu beachten (§ 34 Abs. 2 BVerfGG).

4. Verfassungsbeschwerde gegen Sozialgerichtsurteil (Sozialstaatsprinzip/Art. 3 Abs. 1 GG)

An das
Bundesverfassungsgericht
Verfassungsbeschwerde[1]
des Herrn .....
– Beschwerdeführer –
Verfahrensbevollmächtigter: Rechtsanwalt .....
wegen:
Urteil des Landessozialgerichts Nordrhein-Westfalen vom ..... Az. .....
(Fotokopie Anlage 1)
Ich zeige an, dass mir der Beschwerdeführer Vollmacht erteilt (Anlage 2) und mich mit der Wahrnehmung seiner Interessen beauftragt hat.
Namens und in seinem Auftrag erhebe ich

Verfassungsbeschwerde

gegen das
Urteil des Landessozialgerichts Nordrhein-Westfalen vom ..... Az. ....[2]
Gerügt wird eine Verletzung des Sozialstaatsprinzips iVm Art. 3 Abs. 1 GG.
Begründung[3]

I. Sachverhalt

In der knappschaftlichen Rentenversicherung erhält der Versicherte ebenso wie in den Rentenversicherungen der Arbeiter und Angestellten für jedes Kind einen Kinderzuschuss zur Rente. Als Kinder gelten auch Enkel, die der Versicherte vor Eintritt des Versicherungsfalls überwiegend unterhält. Die Verfassungsbeschwerde wehrt sich gegen die Versagung eines Kinderzuschusses für ein nach Eintritt des Versicherungsfalls geborenes Enkelkind.

II. Rechtsausführungen

§ 1 Zulässigkeit[4]

.....

§ 2 Begründetheit

(1)

a) Grundsatz
Das Sozialstaatsprinzip[5] verpflichtet den Staat, für eine gerechte Sozialordnung zu sorgen. Die Ausgestaltung des Prinzips obliegt aber dem Gesetzgeber, BVerfGE 36, 73 (84 ; BVerfGE 102, 294 (298). Infolgedessen gibt es auch keine Garantie des bestehenden Systems der Sozialversicherung, BVerfGE 39, 302 (314 f.)

b) Grundsätze der Sozialversicherung
Die deutsche Sozialversicherung beruht seit alters her nicht allein auf dem Versicherungsprinzip, sondern auch auf den „versicherungsfremden" Prinzipien der Fürsorge und des sozialen Ausgleichs, BVerfGE 39, 316 (330). Das Sozialstaatsprinzip verlangt auch, dass die staatliche Gemeinschaft Lasten mitträgt, die aus einem von der Gesamtheit zu tragenden Schicksal entstanden sind, BVerfGE 102, 254 (298).

c) Sozialstaatsprinzip und Gleichheitssatz
„Eine gesetzliche Regelung kann zwar typisieren, sie darf aber nicht einen atypischen

Fall als Leitbild wählen", BVerfGE 27, 142 (150). Insgesamt begrenzt der Gleichheitssatz die Gestaltungsfreiheit des Gesetzgebers, BVerfGE 103, 271 (288).
(2) So liegt es hier .....

§ 3 Annahmevoraussetzungen[6]

Unterschrift[7]

Schrifttum: → Form. VI.1; außerdem *Waschull* in *Berchtold/Richter (Hrsg.),* Prozesse in Sozialsachen, 2. Aufl. 2016.

Anmerkungen

1. Zum Rubrum → Form. VI.1 Anm. 1–7.

2. Zum Problem Verfassungsbeschwerde gegen eine Entscheidung des LSG/NZB, vgl. BVerfGE 16, 1 (2); BVerfGE 55, 154 (157); → Form. VI.3 Anm. 2.

3. Zum Fall s. BVerfGE 39, 316 ff.

4. → Form. VI.1 und dort Text II. § 1 (1).

5. → Form. VI.6 und dort Text II. § 2 (2).

6. → Form. VI.1 und dort Text II. § 3.

Kosten und Gebühren

7. Das Verfahren ist grds. kostenfrei, § 34 Abs. 1 BVerfGG; → Form. VI.1 Anm. 17. Das Risiko der Missbrauchsgebühr ist zu beachten (§ 34 Abs. 2 BVerfGG).

5. Verfassungsbeschwerde gegen Finanzgerichtsurteil (Art. 6 Abs. 1 GG)

An da
Bundesverfassungsgericht
Verfassungsbeschwerde[1]
des Herrn .....
– Beschwerdeführer –
Verfahrensbevollmächtigter: Rechtsanwalt .....
wegen:
Urteil des Bundesfinanzhofs vom ..... Az. ....
(Fotokopie Anlage 1)
Ich zeige an, dass mir der Beschwerdeführer Vollmacht erteilt (Anlage 2) und mich mit der Wahrnehmung seiner Interessen beauftragt hat. Namens und in seinem Auftrag erhebe ich

Verfassungsbeschwerde

gegen das

Urteil des Bundesfinanzhofs vom ..... Az. ....[2]

Gerügt wird die Verletzung des Art. 6 Abs. 1 GG.

Begründung[3]

I. Sachverhalt

Der Beschwerdeführer wehrt sich gegen die Nichtanerkennung eines Arbeitsvertrages zwischen einer Personengesellschaft und den Ehefrauen der Gesellschafter bei der einheitlichen und gesonderten Gewinnfeststellung.

II. Rechtsausführungen

§ 1 Zulässigkeit[4]

(1) . . . . .

(2) . . . . .

(3) Umfang der gerichtlichen Nachprüfung

Die Kontrolle der Instanzgerichte auf die Berücksichtigung des Einflusses der Grundrechte ist gerade für die Finanzgerichtsbarkeit . . . . . von besonderer Bedeutung, da sie nicht über Rechtsstreitigkeiten der Bürger untereinander oder über Maßnahmen der gewährenden Verwaltung, sondern über Akte aus der wichtigsten staatlichen Eingriffsverwaltung entscheidet, also zur Wahrung der Grundrechte, die in erster Linie Abwehrrechte des Bürgers gegen den Staat sind, im besonderen Maße berufen ist, BVerfGE 13, 318 (325 f.)

§ 2 Begründetheit

(1)

a) Grundsatz
„Art. 6 Abs. 1 GG ist nicht nur ein klassisches Grundrecht zum Schutze der spezifischen Privatsphäre von Ehe und Familie sowie Institutsgarantie, sondern darüber hinaus zugleich eine Grundsatznorm, dh. eine verbindliche Wertentscheidung für den gesamten Bereich des Ehe und Familie betreffenden privaten und öffentlichen Rechts", BVerfGE 6, 55.

b) Bedeutung
Als Institutsgarantie gewährleistet Art. 6 Abs. 1 GG einen Normkern des Ehe- und Familienrechts verfassungsrechtlich, BVerfGE 6, 55 (72).
Als wertentscheidende Grundsatznorm liefert Art. 6 Abs. 1 GG die rechtlichen Grenzen für die Freiheit des gesetzgeberischen Ermessens, BVerfGE 6, 55 (78).
Als Grundrecht gibt Art. 6 Abs. 1 GG dem Einzelnen ein Abwehrrecht gegen störende und schädigende Eingriffe des Staates in seine Familie und seine Ehe, BVerfGE 6, 386 (388). Insoweit wird die Ehe als eine Lebensgemeinschaft gleichberechtigter Partner geschützt, in der die Ehegatten ihre persönliche und wirtschaftliche Lebensführung in gemeinsamer Verantwortung bestimmen, BVerfG NJW 2002, 1185.

c) Art. 6 Abs. 1, 3 Abs. 1 GG
Meist sind bei der Kontrolle von Vorschriften des Steuerrechts durch Ehepartner sowohl Art. 6 Abs. 1 GG als auch Art. 3 Abs. 1 GG im Spiel. Es ist dann zu prüfen, welches Grundrecht die stärkere sachliche Beziehung zu dem zu prüfenden Sachverhalt hat und sich so als der adäquatere Maßstab erweist. Bei Objektsteuern ist das in der Regel Art. 3 Abs. 1 GG, vgl. BVerfGE 13, 290 (298), bei der personalen Einkommensteuer dagegen Art. 6 Abs. 1 GG.

(2) Im vorliegenden Fall gibt es keinen rechtfertigenden Grund für die steuerliche Benachteiligung der Ehegatten . . . . .

§ 3 Annahmevoraussetzungen[5]

Unterschrift[6]

Anmerkungen

1. Zum Rubrum → Form. VI.1 Anm. 1–7.

2. Zum Problem Verfassungsbeschwerde gegen eine Entscheidung des FG/NZB vgl. BVerfGE 16, 1 (2); BVerfGE 55, 154 (157); → Form. VI.3 Anm. 2.

3. Zum Fall vgl. BVerfGE 13, 318 ff.

4. → Form. IV.1 und dort Text II. § 1 (1).

5. → Form. VI.1 und dort Text II. § 3.

Kosten und Gebühren

6. Das Verfahren ist grds. kostenfrei, § 34 Abs. 1 BVerfGG; → Form. VI.1 Anm. 17. Das Risiko der Missbrauchsgebühr ist zu beachten (§ 34 Abs. 2 BVerfGG).

6. Verfassungsbeschwerde gegen Arbeitsgerichtsurteil (Art. 2 Abs. 1, 20 Abs. 3 GG – richterliche Rechtsfortbildung)

**An das
Bundesverfassungsgericht
Verfassungsbeschwerde[1]
des Herrn . . . . .
als Konkursverwalter über das Vermögen des . . . . .[2]
– Beschwerdeführer –
Verfahrensbevollmächtigter: RA . . . . .
wegen:
1. Urteil des ArbG . . . . . vom . . . . . Az. . . . . (Fotokopie Anlage 1)
2. Urteil des LArbG . . . . . vom . . . . . Az. . . . . (Fotokopie Anlage 2)
3. Urteil des BAG . . . . . vom . . . . . Az. . . . . (Fotokopie Anlage 3)
4. Beschluss des Großen Senats des BAG vom . . . . . Az. . . . .
Ich zeige an, dass mir der Beschwerdeführer Vollmacht erteilt (Anlage 4) und mich mit der Wahrnehmung seiner Interessen beauftragt hat.
Namens und im Auftrag des Beschwerdeführers erhebe ich**

Verfassungsbeschwerde

**gegen die Entscheidungen
1. Urteil des ArbG . . . . . vom . . . . . Az. . . . .
2. Urteil des LArbG . . . . . vom . . . . . Az. . . . .
3. Urteil des BAG . . . . . vom . . . . . Az. . . . .
mittelbar gegen den Beschluss des Großen Senats des BAG vom . . . . . Az. . . . .
Gerügt wird die Verletzung der Rechte des Beschwerdeführers aus Art. 2 Abs. 1 GG iVm Art. 20 Abs. 3 GG.**

Begründung

I. Sachverhalt[3]

Der Beschwerdeführer ist Konkursverwalter. Der Betrieb des Gemeinschuldners wurde stillgelegt. Verhandlungen über einen Sozialplan blieben erfolglos. Die betriebliche Einigungsstelle beschloss einen Sozialplan, der für die Arbeitnehmer Abfindungen für den Verlust ihrer Arbeitsplätze vorsah.

Die Kläger des Ausgangsverfahrens waren Arbeitnehmer des Gemeinschuldners. Sie vertraten die Ansicht, ihre Abfindungsansprüche seien Masseschulden gem. § 59 Abs. 1 Nr. 1 KO. Da der Beschwerdeführer den geltend gemachten Ansprüchen nur den Rang einfacher Konkursforderungen nach § 61 Abs. 1 Nr. 6 KO einräumen wollte, klagten die Arbeitnehmer vor dem Arbeitsgericht und dem Landesarbeitsgericht mit Erfolg. Im Revisionsverfahren rief das Bundesarbeitsgericht den Großen Senat mit der Frage an, ob überhaupt im Konkurs ein Sozialplan aufzustellen sei und bejahendenfalls, ob Abfindungsansprüche aus dem Sozialplan Masseschulden oder bevorrechtigte Konkursforderungen nach § 61 Abs. 1 Nr. 1 KO seien. Der Große Senat bejahte das Erfordernis des Sozialplans auch für den Konkurs und räumte den Abfindungsansprüchen einen Rang vor Nr. 1 des § 61 Abs. 1 KO ein (Nr. 0). Das Bundesarbeitsgericht stellte daraufhin die Abfindungsansprüche der Kläger als Konkursforderungen mit dem Vorrecht Nr. 0 fest.

II. Rechtsausführungen

§ 1 Zulässigkeit

(1) Fristberechnung

Die Entscheidung des Bundesarbeitsgerichts ist dem Beschwerdeführer am . . . . . zugestellt worden. Von diesem Tag an läuft deshalb die Monatsfrist des § 93 BVerfGG, vgl. § 72 Abs. 6, § 50 ArbGG.

(2) Erschöpfung des Rechtswegs

Gegen die Entscheidung des Bundesarbeitsgerichts ist kein Rechtsmittel mehr gegeben. Der Rechtsweg ist deshalb erschöpft. Der Beschwerdeführer war auch nicht gehalten, die Entscheidung des Großen Senats mit der Verfassungsbeschwerde anzugreifen.[4]

(3) . . . . .[5]

§ 2 Begründetheit

(1) Der Beschwerdeführer stützt sich darauf, dass das Bundesarbeitsgericht die Grenzen zulässiger richterlicher Rechtsfortbildung überschritten hat. Darin liegt ein Verstoß gegen Art. 20 Abs. 3 GG. Ein solcher Verstoß kann über Art. 2 Abs. 1 GG gerügt werden.[6]

(2) Zwar ist die Aufgabe und Befugnis der Gerichte zu richterlicher Rechtsfortbildung stets anerkannt gewesen.[7] Im vorliegenden Fall hat das Bundesarbeitsgericht aber die ihm durch den Grundsatz der Rechts- und Gesetzesbindung (Art. 20 Abs. 3 GG) gezogenen Grenzen eindeutig überschritten. Die gesetzliche Ordnung des Konkursrechts bietet keinen Anhaltspunkt, zu dem vom Bundesarbeitsgericht gefundenen Ergebnis zu gelangen, weil es sich um eine abschließende Regelung zwingenden Charakters handelt, und sich auch aus dem Betriebsverfassungsrecht nichts anderes ergibt. Auch aus höherrangigem Recht folgt nichts anderes. Das Sozialstaatsprinzip enthält infolge seiner Weite und Unbestimmtheit keine Handlungsanweisungen, die durch die Gerichte ohne gesetzliche Grundlage in einfaches Recht umgesetzt werden könnten. Insoweit ist es richterlicher Inhaltsbestimmung weniger zugänglich als die Grundrechte . . . . .[8] IÜ geht es weder um den Schutz von Rechten, die im Mittelpunkt des Wertsystems der Grundrechte stehen, noch wird die rechtsfortbildende Entscheidung des Bundesarbeitsgerichts von einer allgemeinen Rechtsüberzeugung gestützt.[9]

§ 3 Annahmevoraussetzungen[10]

. . . . .
Unterschrift[11]

Anmerkungen

1. Zum Rubrum → Form. VI.1 Anm. 1–3.

2. Hinsichtlich des „Konkursverwalters/KO" handelt es sich um einen historischen Fall, vgl. → Anm. 3. Jetzt müsste vom Insolvenzverwalter und der InsO die Rede sein. An der verfassungsrechtlichen Beurteilung ändert sich nichts. Der Konkursverwalter handelt im Ausgangsverfahren als Partei kraft Amtes aus eigenem Recht. Er ist infolgedessen befugt, Verstöße gegen Grundrechte in diesem Verfahren eigenständig geltend zu machen, BVerfGE 21, 139 (143); BVerfGE 27, 326 (333); BVerfGE 51, 405 (409); BVerfGE 65, 182 (190). Ein Gemeinschuldner kann dagegen nicht Verfassungsbeschwerde erheben, BVerfG EuGRZ 1979, 479.

3. Zum Fall vgl. BVerfGE 65, 182; *Picker* JZ 1984, 153; *Bauer/Moench* NJW 1984, 468; *Müller* BB 1984, 1073.

4. BVerfGE 31, 55.

5. → Form. VI.1 und dort Text II. § 1 (3).

6. BVerfGE 38, 386 (396); 46, 202 (203); 65, 182 (190).

7. BVerfGE 34, 269 (286 ff.); 49, 304. S. dazu *J. Ipsen,* Richterrecht und Verfassung, 1975; *Krey* JZ 1978, 361; *Weitnauer* FS 25 Jahre BAG, 1979, 617; *Zeuner* FS 25 Jahre BAG, 1979, 727. Prägnant formuliert das BVerfG die dafür maßgeblichen Grundsätze: „1. Der Richter darf das Recht fortentwickeln. 2. Er darf sich dabei nicht von Sinn und Zweck des Gesetzes entfernen. 3. Die Aufgabe des Richters beschränkt sich infolgedessen darauf, Sinn und Zweck des Gesetzes „unter gewandelten Bedingungen möglichst zuverlässig zur Geltung zu bringen", BVerfGE 96, 375 (394).

8. BVerfGE 65, 182 (193); → Form. VI.4 und dort Text § 2 (1) A.

9. BVerfGE 34, 269 (290); BVerfGE 65, 182 (195).

10. → Form. VI.1 und dort Text II. § 3.

Kosten und Gebühren

11. Das Verfahren ist grds. kostenfrei, § 34 Abs. 1 BVerfGG; → Form. VI.1 Anm. 17. Das Risiko der Missbrauchsgebühr ist zu beachten (§ 34 Abs. 2 BVerfGG).

7. Verfassungsbeschwerde wegen Verstoß gegen den Grundsatz rechtlichen Gehörs (Art. 103 Abs. 1 GG)

An das
Bundesverfassungsgericht
Verfassungsbeschwerde[1]
des Herrn . . . . .

– Beschwerdeführer –
Verfahrensbevollmächtigter: RA .....

wegen: Urteil des Amtsgerichts ..... vom ..... Az. ....
(Fotokopie Anlage 1)

Ich zeige an, dass mir der Beschwerdeführer Vollmacht erteilt (Anlage) und mich mit der Wahrnehmung seiner Interessen beauftragt hat.
Namens und im Auftrag des Beschwerdeführers erhebe ich

Verfassungsbeschwerde

gegen das
Urteil des Amtsgerichts ..... vom ..... Az. ....
Gerügt wird eine Verletzung der Rechte des Beschwerdeführers aus Art. 103 Abs. 1 GG.

Begründung

1. Sachverhalt[2]

Der Kläger des Ausgangsverfahrens macht gegen den Beklagten aus einem Kfz-Unfall einen Anspruch iHv 500 EUR geltend. Das Amtsgericht bestimmte frühen ersten Termin. In der Ladung setzte es dem Beklagten eine Frist zur Klageerwiderung von drei Wochen. Am Ende des Form. heißt es weiter: „Einlassungsfrist zwei Wochen". Der Beklagte erwiderte nach vier Wochen, die Prozessparteien hätten sich noch am Unfallort durch eine Zahlung von 500 EUR geeinigt. Im Verhandlungstermin bot der Beklagte für Zahlung und Einigung Zeugenbeweis an mit dem Versprechen, ladungsfähige Anschrift nachzubringen. Das Amtsgericht bestimmte Verkündungstermin. Es gab der Klage statt. Die Berufung hat es nicht zugelassen (§ 511 Abs. 2 Nr. 2 ZPO). Der Vortrag des Beklagten sei verspätet, der angebotene Zeugenbeweis ohnehin, mangels Anschrift, nicht zu berücksichtigen gewesen. Gegen das Urteil erhob der Beklagte Anhörungsrüge,[3] über die noch nicht entschieden ist, und Verfassungsbeschwerde.

2. Rechtsausführungen

§ 1 Zulässigkeit

(1) Erschöpfung des Rechtswegs
Der Rechtsweg ist erschöpft, weil ein Rechtsmittel gegen die Entscheidung des Amtsgerichts nicht gegeben ist (§ 511 Abs. 2 Nr. 1 ZPO).
(2) Erhebung der Anhörungsrüge
Der Beschwerdeführer hat am ..... und damit innerhalb der 2-Wochen-Frist nach § 321a Abs. 2 ZPO Anhörungsrüge nach § 321a Abs. 1 S. 1 ZPO erhoben.[3]

§ 2 Begründetheit

(1) Art. 103 Abs. 1 GG gibt den Prozessbeteiligten ein Recht darauf, sich zu dem der gerichtlichen Entscheidung zugrunde liegenden Sachverhalt vor Erlass der Entscheidung zu äußern. Dem entspricht die Pflicht des Gerichts, Anträge und Ausführungen der Prozessbeteiligten zur Kenntnis zu nehmen und in Erwägung zu ziehen.[4] Die Ausgestaltung des Grundsatzes des rechtlichen Gehörs iE ist jedoch der jeweils maßgeblichen Verfahrensordnung überlassen.[5] Art. 103 Abs. 1 GG schützt deshalb nicht dagegen, dass das Gericht das Vorbringen der Prozessbeteiligten aus Gründen des formellen oder materiellen Rechts ganz oder teilweise unberücksichtigt lässt.[6]
(2) Im vorliegenden Fall ist das Amtsgericht diesen Grundsätzen nicht gerecht geworden.

a) Es hat zunächst das rechtliche Gehör des Beschwerdeführers durch falsche Anwendung der Präklusionsvorschriften des Prozessrechts unzulässig eingeschränkt.[7] Die Vorschriften der §§ 275, 277, 296 ZPO schränken zwar das rechtliche Gehör in verfassungsrechtlich zulässiger Weise ein. Präklusionsvorschriften haben jedoch strengen Ausnahmecharakter, weil sie zu einschneidenden Folgen für die säumige Partei führen. Die Anwendung dieser Vorschriften bedarf deshalb in besonderem Maße der Rechtsklarheit.[8] Deshalb können den Parteien und ihren Prozessbevollmächtigten die schweren Folgen der Versäumung richterlicher Erklärungsfristen nur dann zugemutet werden, wenn über Beginn und Ende der jeweiligen Frist schon zu Beginn der Frist Gewissheit besteht.[9] Hier war die Fristsetzung widersprüchlich. § 296 Abs. 1 ZPO hätte deshalb nicht angewendet werden dürfen.[10]

b) Auch die zweite Erwägung des Amtsgerichts trägt verfassungsrechtlich nicht. Art. 103 Abs. 1 GG iVm den Grundsätzen der ZPO gebietet nämlich die Berücksichtigung erheblicher Beweisanträge.[11] Der Beweisantritt des Beschwerdeführers wurde nämlich nicht dadurch unbeachtlich, dass es an einer ladungsfähigen Anschrift fehlte. Das Gericht hätte dem Beschwerdeführer zunächst eine Frist zur Beibringung der Anschrift setzen müssen.[12] Erst nach derem fruchtlosem Ablauf hätte es, wenn es iÜ nach seiner freien Überzeugung zu einer Verzögerung des Prozesses gekommen wäre, die Beweiserhebung ablehnen können (§ 356 ZPO).

(3) Wäre der Beschwerdeführer richtig belehrt worden, und wäre ihm eine Frist zur Beibringung der Zeugenanschrift gesetzt worden, dann hätte er fristgerecht vorgetragen.[13]

(4) Das angefochtene Urteil beruht auf dem Verstoß gegen Art. 103 Abs. 1 GG. Es ist nicht ausgeschlossen, dass nach Vernehmung des Zeugen[14] die Klage abgewiesen worden wäre.[15]

§ 3 Annahmevoraussetzungen[16]

. . . . .

Unterschrift[17]

Anmerkungen

1. Zum Rubrum → Form. VI.1 Anm. 1–3.

2. Zu ähnlichen Fällen vgl. BVerfGE 60, 1; 65, 305.

3. S. dazu §§ 321a ZPO nF und generell zum Anhörungsrügengesetz (BGBl. 2004 I 3220) im Zivilprozess *Zuck* NJW 2005, 1226 ff.; Zöller, ZPO, 32. Aufl. 2018, ZPO § 321a. Für die Anhörungsrüge nach § 321a ZPO ist eine Notfrist von zwei Wochen zu wahren (§ 321a Abs. 2 ZPO).

Achtung: Der Beschwerdeführer ist in seiner Rüge zu Art. 103 Abs. 1 GG auf die Angriffe beschränkt, welche Gegenstand seiner Anhörungsrüge sind. Wegen anderer Grundrechtsrügen sollte binnen Monatsfrist isoliert Verfassungsbeschwerde eingelegt werden. Diese kann bis zur Entscheidung über die Anhörungsrüge ins Allgemeine Register gestellt werden. Gegen den Zurückweisungsbeschluss nach § 321a Abs. 4 S. 3 ZPO muss dann eine gesonderte Verfassungsbeschwerde eingelegt werden (Grundsatz des sichersten Wegs). Diese kann dann mit der ersten, in das Allgemeine Register gestellte Verfassungsbeschwerde verbunden werden.

Eine Sekundärrüge (die Verletzung des rechtlichen Gehörs wurde bereits im Instanzenzug vor den Fachgerichten geltend gemacht) vor dem BVerfG ist unzulässig. Ob die Anhörungsrüge statthaft und zulässig war, entscheidet – ohne Bindung an die nachfolgende Fachgerichtsentscheidung – das BVerfG in eigener Zuständigkeit (BVerfG NJW-

RR 2008, 75 f.). In Bezug auf die fristgerechte Einlegung der Verfassungsbeschwerde besteht somit ein in jederlei Hinsicht **hohes Risiko!**

4. BVerfGE 11, 218 (220); BVerfGE 14, 320 (323); BVerfGE 22, 267 (273); BVerfGE 58, 353 (356); BVerfGE 60, 1 (5); BVerfGE 65, 305 (307), stRspr.

5. BVerfGE 9, 89 (95 f.); BVerfGE 60, 1 (5).

6. BVerfGE 21, 191 (194); BVerfGE 22, 267 (273); BVerfGE 51, 188 (191); BVerfGE 55, 72 (93 ff.); BVerfGE 60, 1 (5).

7. Der Beschwerdeführer muss die Rüge, ihm sei nicht in genügendem Maße rechtliches Gehör gewährt worden, substanziiert erheben. Er muss also dartun, um welches Vorbringen und um welche gerichtlichen Maßnahmen es geht (Substantiierungspflicht), BVerfGE 24, 203 (213); BVerfGE 28, 17 (19, 20); BVerfGE 29, 183 (197); → Anm. 14.

8. BVerfGE 59, 330 (334 f.); BVerfGE 60, 1 (6).

9. BGHZ 76, 236 (239 f.); BVerfGE 60, 1 (6).

10. BVerfGE 60, 1 (7); sa OLG Oldenburg NJW 1980, 295; OLG Düsseldorf NJW 1978, 2203.

11. BVerfGE 60, 247 (249); BVerfGE 60, 250 (252); BVerfGE 65, 305 (307).

12. BGH NJW 1974, 188; BVerfGE 65, 305 (307).

13. Der Beschwerdeführer muss im Zusammenhang mit der Substantiierungspflicht auch vortragen, was er, wenn er rechtliches Gehör gehabt hätte, vorgetragen hätte, vgl. die Nachw. in → Anm. 9.

14. Sind mehrere Zeugen benannt, so steht es dem Gericht nicht zu, unter ihnen ohne Gründe des formellen oder materiellen Rechts eine Auswahl zu treffen, BVerfGE 50, 32 (35); BVerfGE 60, 250 (252).

15. Sog Kausalitätsprüfung. Nach dem Vorbringen des Beschwerdeführers darf es nicht ausgeschlossen sein, dass eine ihm günstigere Entscheidung ergeht, wenn der bislang übergangene Vortrag beachtet wird, BVerfGE 13, 132 (145); BVerfGE 53, 219 (233); BVerfGE 60, 247 (249), stRspr

16. → Form. VI.1 und dort Text II. § 3.

Kosten und Gebühren

17. Das Verfahren ist grds. kostenfrei, § 34 Abs. 1 BVerfGG; → Form. VI.1 Anm. 17. Das Risiko der Missbrauchsgebühr ist zu beachten (§ 34 Abs. 2 BVerfGG).

8. Verfassungsbeschwerde gegen Zwischenentscheidung (Art. 103 Abs. 3 GG)

An das
Bundesverfassungsgericht
Verfassungsbeschwerde[1]
des Herrn . . . . .

– Beschwerdeführer –
Verfahrensbevollmächtigter: Rechtsanwalt . . . . .
wegen: Beschluss des OLG Sch. vom . . . . . Az. . . . . .
(Fotokopie Anlage 1).

Ich zeige an, dass mir der Beschwerdeführer Vollmacht erteilt (Anlage 2) und mich mit der Wahrnehmung seiner Interessen beauftragt hat.
Namens und im Auftrag des Beschwerdeführers erhebe ich

Verfassungsbeschwerde

gegen die Entscheidung

des OLG Sch. vom . . . . . Az. . . . . .

Gerügt wird die Verletzung des Art. 103 Abs. 3 GG.

Begründung

I. Sachverhalt

Der Beschwerdeführer ist wegen Judendeportationen in Belgien von einem belgischen Gericht zu 20 Jahren Zwangsarbeit verurteilt worden. Von einer Schuld am Tod der Juden wurde er freigesprochen. Die belgische Strafe hat er verbüßt. In der Bundesrepublik Deutschland wird er wegen derselben Tat wegen Beihilfe zur grausamen und heimtückischen Tötung verfolgt. Das Landgericht F. hat die Eröffnung des Hauptverfahrens abgelehnt. Auf die sofortige Beschwerde der Staatsanwaltschaft hat das OLG Sch. das Hauptverfahren gegen den Beschwerdeführer eröffnet.

II. Rechtsausführungen

§ 1 Zulässigkeit

(1) Fristberechnung
§ 35 Abs. 2 StPO gilt auch für Beschlüsse. Also läuft die Monatsfrist des § 93 BVerfGG erst ab Zustellung des Beschlusses in vollständiger Form. . . . .
(2) Erschöpfung des Rechtswegs
Der Rechtsweg ist erschöpft, da § 210 Abs. 1 StPO ausdrücklich bestimmt: „Der Beschluss, durch den das Hauptverfahren eröffnet worden ist, kann von dem Angeklagten nicht angefochten werden."
(3) Zwischenentscheidung
Die Entscheidung über die Eröffnung des Hauptverfahrens ist eine Zwischenentscheidung. Solche Zwischenentscheidungen sind dann mit der Verfassungsbeschwerde nicht selbständig anfechtbar, wenn Verfassungsverstöße noch mit der Anfechtung der Endentscheidung gerügt werden können, BVerfGE 21, 139 (143). Verfassungsbeschwerden gegen erstinstanzliche Eröffnungsbeschlüsse sind deshalb grds. unzulässig, BVerfGE 25, 336 (343). Dagegen hat das BVerfG die Verfassungsbeschwerde stets gegen Eröffnungsbeschlüsse zugelassen, die im Beschwerdeverfahren ergangen sind, BVerfGE 17, 262 (264).
(4) Zum Prüfungsumfang bei Gerichtsentscheidungen[2]
. . . . .

§ 2 Begründetheit

Die erneute Strafverfolgung verstößt gegen das Verbot der Doppelbestrafung (Art. 103 Abs. 3 GG). Zwar hat der BGH angenommen, der Grundsatz „ne bis in idem" gelte nur bei inländischen Verurteilungen.[3] Dem kann nicht gefolgt werden. Art. 103 Abs. 3 GG folgt aus der grundgesetzlich anerkannten Freiheit und Würde des Menschen. Dieser

Grundsatz wird verletzt, wenn nach Aburteilung in einem rechtsstaatlichen Verfahren – wie in Belgien – die erneute Verwicklung in ein Strafverfahren möglich ist.

§ 3 Annahmevoraussetzungen[4]

. . . . .
Unterschrift[5]

Anmerkungen

1. Zum Rubrum → Form. VI.1 Anm. 1–7.
2. → Form. VI.2 und dort Text II. § 1.
3. BGHSt 24, 54 (57); NJW 1969, 1542; GA 1977, 111; JZ 1979, 650.
4. → Form. VI.1 und dort Text II. § 3.

Kosten und Gebühren

5. Das Verfahren ist grds. kostenfrei, § 34 Abs. 1 BVerfGG; → Form. VI.1 Anm. 17. Das Risiko der Missbrauchsgebühr ist zu beachten (§ 34 Abs. 2 BVerfGG).

9. Verfassungsbeschwerde gegen Gesetz (Unterlassen des Gesetzgebers/ Art. 33 Abs. 5 GG)

An das
Bundesverfassungsgericht
Verfassungsbeschwerde[1]
des Herrn . . . . .
– Beschwerdeführer –
Verfahrensbevollmächtigter: . . . . .
wegen: Siebentes Gesetz zur Änderung beamtenrechtlicher und besoldungsrechtlicher Vorschriften v. 20.12.1974 (BGBl. I 3716).

Ich zeige an, dass mir der Beschwerdeführer Vollmacht (Anlage) und mich mit der Wahrnehmung seiner Interessen beauftragt hat. Namens und in seinem Auftrag erhebe ich

Verfassungsbeschwerde

gegen

Art. 1 Nr. 2, Nr. 5, Nr. 11 u. 12 des 7. BBÄndG, § 12 Abs. 1 S. 1 und Anlage II BBesG idF durch Art. I Nr. 5 u. 13 (Anlage) des 7. BBÄndG.

Ich stelle folgenden Antrag:[2]

1. **Der Gesetzgeber hat dadurch den Beschwerdeführer in seinem Recht auf amtsangemessene Alimentierung verletzt, dass er es unterlassen hat, bei der Besoldungsneuregelung der Zahl der Kinder ausreichend Rechnung zu tragen.[3]**
2. **Die Bundesrepublik Deutschland hat dem Beschwerdeführer die notwendigen Auslagen zu erstatten.[4]**

Gerügt wird die Verletzung des Art. 33 Abs. 5 GG.

Begründung

I. Sachverhalt

Der Beschwerdeführer ist Professor. Er wehrt sich gegen die Streichung des Kinderzuschlags und eine unzureichende Änderung des kinderbezogenen Teils des Ortszuschlags als Folge des Übergangs von der Steuerermäßigung auf eine Kinderentlastung durch Kindergeld. Nach seiner Ansicht wird ihm dadurch der amtsangemessene Kinderunterhalt vorenthalten.

II. Rechtsausführungen

§ 1 Zulässigkeit

(1) Voraussetzungen für die Gesetzesverfassungsbeschwerde

a) Der Beschwerdeführer muss selbst betroffen sein.
„Dass der Beschwerdeführer selbst in einem seiner Grundrechte ..... verletzt sein muss, unterscheidet die Verfassungsbeschwerde des Grundgesetzes von der Popularklage“, BVerfGE 1, 97 (101).
.....

b) Der Beschwerdeführer muss gegenwärtig betroffen sein.
„Ob eine gegenwärtige (‚aktuelle‘) Verletzung des Beschwerdeführers vorliegt, kann nur von Fall zu Fall entschieden werden. Jedenfalls ..... ist die ..... Praxis des schweizerischen Bundesgerichts ..... nicht übertragbar. Nach dieser ..... Praxis braucht der Beschwerdeführer nur zu behaupten, dass er irgendwann einmal in der Zukunft (‚virtuell‘) von der gerügten Gesetzesbestimmung betroffen werden könnte. Da ein ‚virtuelles‘ Betroffenwerden des Staatsbürgers stets zu bejahen wäre, würde die Übernahme dieser Praxis die Verfassungsbeschwerde ..... im Ergebnis doch zu einer Popularklage ausweiten“, BVerfGE 1, 97 (102).
.....

c) Der Beschwerdeführer muss unmittelbar betroffen sein. „Setzt das Gesetz ..... zu seiner Durchführung rechtsnotwendig oder auch nur nach der tatsächlichen Verwaltungspraxis einen besonderen, vom Willen der vollziehenden Gewalt beeinflussten Vollzugsakt voraus (zB. in Gestalt einer Steuerveranlagung oder aus sonstigem Verwaltungsakt), so kann sich die Verfassungsbeschwerde nur gegen diesen Vollziehungsakt als dem unmittelbaren Eingriff in die Rechte des Einzelnen richten, und der Beschwerdeführer hat einen gegen den Vollziehungsakt etwa gegebenen Rechtsweg zu erschöpfen, bevor er die Verfassungsbeschwerde erhebt“, BVerfGE 1, 97 (102 f.)

(2) Unterlassen des Gesetzgebers

a) Grundsätze
Ein iSd § 90 BVerfGG relevantes Unterlassen des Gesetzgebers liegt nur vor, wenn das Grundgesetz den Gesetzgeber zum Erlass einer bestimmten Regelung verpflichtet hat, aus der der Einzelne einen Anspruch auf ein Handeln des Gesetzgebers herleiten kann, BVerfGE 12, 139 (142).

b) Ein solcher Auftrag – hier: bezogen auf Besoldungs- und Versorgungsansprüche – folgt aus Art. 33 Abs. 5 GG, BVerfGE 44, 249 (281).

§ 2 Begründetheit

(1)

a) Grundsatz
Der Anspruch des Beamten auf Dienstbezüge und Versorgung ist in seinem Kernbestand durch Art. 33 Abs. 5 GG geschützt. Die Ausgestaltung iE obliegt dem Gesetzgeber.

b) Grenzen

Die Grenzen der dem Gesetzgeber dadurch aufgetragenen Gestaltung sind jedoch überschritten, wenn die Dienstbezüge von Beamten mit mehr als zwei Kindern ihnen nicht mehr ein auch nur annähernd gleiches Lebensniveau wie ihren nicht durch die Kosten des Unterhalts und der Schul- und Berufsausbildung der Kinder belasteten Kollegen in vergleichbaren Ämtern gewährleisten.

(2) . . . . .

§ 3 Annahmevoraussetzungen[5]

. . . . .

Unterschrift[6]

Anmerkungen

1. Zum Rubrum → Form. VI.1 Anm. 1–7.

2. Anders als im Regelfall (→ Form. VI.1 Anm. 6) ist es bei Unterlassen des Gesetzgebers zweckmäßig, durch den Antrag klarzustellen, wo und in welchem Umfang das Unterlassen vorliegt.

3. Zum Fall vgl. BVerfGE 44, 249 ff. Der jetzt erreichte Stand der Rspr. findet sich bei BVerfG (K) NJW 2002, 357 unter Hinweis auf die Substantiierungspflicht des Beschwerdeführers (s. dazu auch BVerfGE 79, 1 (15)).

4. Wenn schon – ausnahmsweise – überhaupt ein Antrag gestellt wird (→ Anm. 2), kann auch ein Kostenantrag gestellt werden. Erforderlich ist er nicht.

5. — Form. VI.1 und dort Text II. § 3.

Kosten und Gebühren

6. Das Verfahren ist grds. kostenfrei, § 34 Abs. 1 BVerfGG; → Form. VI.1 Anm. 17. Das Risiko der Missbrauchsgebühr ist zu beachten (§ 34 Abs. 2 BVerfGG).

10. Verfassungsbeschwerde gegen Gesetz (Art. 12 Abs. 1 GG)

An das
Bundesverfassungsgericht
Verfassungsbeschwerde[1]
der Firma . . . . .
– Beschwerdeführerin –
Verfahrensbevollmächtigter: Rechtsanwalt . . . . .
wegen Gesetz über Mindestvorräte an Erdölerzeugnissen v. 9.9.1965 (BGBl. I 1217)

Ich zeige an, dass mir der Beschwerdeführer Vollmacht erteilt (Anlage) und mich mit der Wahrnehmung seiner Interessen beauftragt hat. Namens und im Auftrag des Beschwerdeführers erhebe ich hiermit

Verfassungsbeschwerde

gegen:

Gesetz über Mindestvorräte an Erdölerzeugnissen v. 9.9.1965 (BGBl. I 1217).

Ich stelle folgenden Antrag:[2]

1. **Das Gesetz über Mindestvorräte an Erdölerzeugnissen v. 9.9.1965 (BGBl. I 1217) ist mit Art. 12 Abs. 1 GG unvereinbar, soweit es keine Möglichkeit vorsieht, bei Unternehmen, deren Vorratspflicht ausschließlich auf der Einfuhr von Erdölerzeugnissen beruht, und die weder unter dem beherrschenden Einfluss anderer vorratspflichtiger Unternehmen stehen noch auf sie einen solchen Einfluss auszuüben vermögen, eine sich aus der wirtschaftlichen Struktur des Unternehmens ergebende, seine Wettbewerbsfähigkeit wesentlich verschlechternde Belastung durch die Vorratspflicht angemessen zu berücksichtigen.[3]**
2. **Die Bundesrepublik Deutschland hat der Beschwerdeführerin die notwendigen Auslagen zu erstatten.**

Begründung

I. Sachverhalt

Die Beschwerdeführerin wehrt sich gegen die durch das Gesetz eingeführte Bevorratungspflicht für die einstufig tätigen, konzernunabhängigen mittelständischen Mineralölimporteure, die sich ausschließlich oder überwiegend mit der Einfuhr von Erdölerzeugnissen befassen. Diese Unternehmen werden zur ständigen Vorratshaltung verpflichtet, ohne Entlastung von den damit verbundenen Kosten. Dadurch wird ihre wirtschaftliche Existenz in Frage gestellt.

II. Rechtsausführungen

§ 1 Zulässigkeit[4]

.....

§ 2 Begründetheit

(1)

a) Grundsatz
„Die Freiheit der Berufswahl darf nur eingeschränkt werden, soweit der Schutz besonders wichtiger Gemeinschaftsgüter es zwingend erfordert ..... Die Freiheit der Berufsausübung kann beschränkt werden, soweit vernünftige Erwägungen des Gemeinwohls es zweckmäßig erscheinen lassen“, BVerfGE 7, 377 (405 ff.)
Hier liegt ein Eingriff in die Freiheit der Berufsausübung vor .....

b) Voraussetzungen
„Der Gesetzgeber darf die freie Berufsausübung nur im Interesse des Gemeinwohls und nur zur Lösung solcher Sachaufgaben beschränken, die ein Tätigwerden des Gesetzgebers überhaupt zu rechtfertigen vermögen und der Wertordnung des Grundgesetzes nicht widersprechen. Er muss den Eingriff in das Grundrecht mit sachgerechten und vernünftigen Erwägungen des Gemeinwohls begründen können und darf seine Rechtsetzungsmacht nicht zu sachfremden Zwecken missbrauchen“, BVerfGE 30, 292 (316 f.)

c) Prinzip der Verhältnismäßigkeit
„Das vom Gesetzgeber eingesetzte Mittel muss geeignet und erforderlich sein ..... Die Grenze der Zumutbarkeit (muss) gewahrt sein“, BVerfGE 30, 292 (316 f.)

(2) Im vorliegenden Fall tritt die verfassungswidrige Wirkung des Gesetzes dadurch ein, dass die Beschwerdeführerin als unabhängiger Importeur ohne sachlichen Grund wesentlich stärker belastet wird als andere Gruppen .....

§ 3 Annahmevoraussetzungen[5]

.....

Unterschrift[6]

Anmerkungen

1. Zum Rubrum → Form. VI.1 Anm. 1–7.

2. Anders als im Regelfall (→ Form. VI.1 Anm. 6) ist ein Antrag dann zweckmäßig, wenn der Beschwerdeführer klarstellen will, in welchem Umfang er eine gesetzliche Regelung für verfassungswidrig hält. Wenn schon ein solcher Antrag gestellt wird, kann er auch durch einen Kostenantrag ergänzt werden.

3. Zum Fall s. BVerfGE 30, 292 ff. Zum jetzt erreichten Stand der Rspr. zu Art. 12 Abs. 1 GG vgl. BVerfG NJW 2002, 666 (667).

4. → Form. VI.9 und dort Text II. § 1 (1).

5. → Form. VI.1 und dort Text II. § 3.

Kosten und Gebühren

6. Das Verfahren ist grds. kostenfrei, § 34 Abs. 1 BVerfGG; → Form. VI.1 Anm. 17. Das Risiko der Missbrauchsgebühr ist zu beachten (§ 34 Abs. 2 BVerfGG).

11. Verfassungsbeschwerde gegen Gesetz (Art. 3 Abs. 1 GG)

An das
Bundesverfassungsgericht
Verfassungsbeschwerde[1]
der Firma . . . . . GmbH
– Beschwerdeführerin –
Verfahrensbevollmächtigter: Professor . . . . .[2]

wegen: § 4 Nr. 14 S. 2 UStG 1973 idF v. 16.11.1973 (BGBl. I 1682)

Ich zeige an, dass mir der Beschwerdeführer Vollmacht erteilt (Anlage) und mich mit der Wahrnehmung seiner Interessen beauftragt hat.
Namens und im Auftrag des Beschwerdeführers erhebe ich

Verfassungsbeschwerde

gegen

§ 4 Nr. 14 S. 2 UStG 1973.

Ich stelle folgenden Antrag:[3]

1. **§ 4 Nr. 14 S. 2 UStG 1973 . . . . . ist insofern mit Art. 3 Abs. 1 GG unvereinbar, als einerseits allen dort bezeichneten Gemeinschaften Steuerfreiheit für Leistungen an ihre ärztlichen Mitglieder gewährt wird, andererseits entsprechende Leistungen gewerblicher Analyseunternehmen an Ärzte der Steuerpflicht unterliegen.**
2. **Die Bundesrepublik Deutschland hat der Beschwerdeführerin die notwendigen Auslagen zu erstatten.[4]**

Gerügt wird ein Verstoß gegen Art. 3 Abs. 1 GG.[5]

Begründung:

I. Sachverhalt

Die Beschwerdeführerin ist ein umsatzsteuerpflichtiges gewerbliches Analyseunternehmen. Sie wehrt sich gegen die Bevorzugung ärztlicher Laborgemeinschaften; für deren Leistungen sieht das angegriffene Gesetz Umsatzsteuerfreiheit vor.

II. Rechtsausführungen

§ 1 Zulässigkeit[6]

. . . . .

§ 2 Begründetheit[7]

1. a) Grundsatz

„Der Gleichheitssatz ist verletzt, wenn sich ein vernünftiger, sich aus der Natur der Sache ergebender oder sonstwie sachlicher einleuchtender Grund für die gesetzliche Differenzierung oder Gleichbehandlung nicht finden lässt, kurzum, wenn die Bestimmung als willkürlich bezeichnet werden muss", BVerfGE 1, 14 (52[8]) (klassische Formel, heute noch 2. Senat). Der 1. Senat wendet den Gleichheitssatz in stRspr seit BVerfGE 55, 72 (88) wie folgt an: „Der allgemeine Gleichheitssatz ist verletzt, wenn der Staat eine Gruppe von Normadressaten im Vergleich zu anderen Normadressaten anders behandelt, obwohl zwischen beiden Gruppen keine Unterschiede von solcher Art und solchem Gewicht bestehen, dass sie die ungleiche Behandlung rechtfertigen könnten", BVerfGE 82, 60 (86).

b) Gestaltungsfreiheit

Dem Gesetzgeber ist weitgehende Gestaltungsfreiheit zuzuerkennen. Nur die Einhaltung der äußersten Grenzen der gesetzgeberischen Freiheit ist vom Gericht nachzuprüfen. Die Unsachlichkeit der getroffenen Regelung muss evident sein, BVerfGE 18, 121 (124). Ist die Regelung noch mit Art. 3 Abs. 1 GG vereinbar, so kommt es nicht darauf an, ob eine andere gerechter oder vernünftiger gewesen wäre oder dem Gleichheitssatz noch besser entsprochen hätte, BVerfGE 13, 162 (182).

c) Prüfvorgang

„Wenn fraglich ist, ob eine gesetzliche Vorschrift den Gleichheitssatz verletzt, muss Klarheit darüber bestehen, welche Aufgabe dem Gesetz gestellt war und welcher rechtlichen Mittel es sich bei ihrer Lösung bedient hat; nur so lässt sich beurteilen, ob die Merkmale erkannt und ‚richtig', dh unter Beachtung der Forderungen der Gerechtigkeit bewertet sind, die bestimmte Sachverhalte als ‚gleich' oder ‚ungleich' im Sinne dieser konkreten rechtlichen Regelung erscheinen lassen, und ob danach diese Sachverhalte zu Recht oder zu Unrecht in die gesetzlichen Tatbestände einbezogen oder aus ihnen ausgeschieden sind", BVerfGE 9, 291 (294).

2. Im vorliegenden Fall lässt sich ein rechtfertigender Grund für die Differenzierung nicht finden . . . . .

§ 3 Annahmevoraussetzungen[9]

. . . . .

Unterschrift[10]

Anmerkungen

1. Zum Rubrum → Form. VI.1 Anm. 1–7.

2. Vgl. § 22 Abs. 1 BVerfGG.

3. → Form. VI.9 Anm. 3.

4. → Form. VI.9 Anm. 5.

5. Eine auf Art. 3 GG gestützte Verfassungsbeschwerde, mit der die Ausdehnung einer begünstigenden Regelung verlangt wird, kann ihrer Natur nach im Regelfall nur zur Feststellung der Verletzung des Art. 3 GG führen, BVerfGE 6, 257 (265). Auf eine Ausdehnung auf die ausgeschlossene Personengruppe kann nur erkannt werden, wenn es entweder verfassungsrechtlich geboten ist, den Verstoß gegen den allgemeinen Gleichheitssatz gerade auf diese Weise zu beseitigen, BVerfGE 15, 46 (76) oder mit Sicherheit angenommen werden kann, dass der Gesetzgeber, hätte er den Verstoß gegen den Gleichheitssatz erkannt, ihm dadurch begegnet wäre, dass er die ausgeschlossene Gruppe in die begünstigende Regelung einbezogen hätte, BVerfGE 18, 288 (301 f.)

6. → Form. VI.9 und dort Text II. § 1 (1).

7. Zum Fall s. BVerfGE 43, 58 ff. Aus der jüngsten Rspr. vgl. BVerfGE 103, 225 (235); BVerfGE 103, 242 (258); BVerfGE 103, 392 (397).

8. Zum Wandel im Verständnis des Gleichheitssatzes vgl. *Wendt* NVwZ 1988, 778.

9. → Form. VI.1 und dort Text II. § 3.

Kosten und Gebühren

10. Das Verfahren ist grds. kostenfrei, § 34 Abs. 1 BVerfGG; → Form. VI.1 Anm. 17. Das Risiko der Missbrauchsgebühr ist zu beachten (§ 34 Abs. 2 BVerfGG).

12. Verfassungsbeschwerde gegen Gesetz (Art. 2 Abs. 1, 20 GG – Rückwirkungsverbot)

An das
Bundesverfassungsgericht
Verfassungsbeschwerde[1]
des Herrn . . . .
– Beschwerdeführer –
Verfahrensbevollmächtigter: . . . . .
wegen Wohnungsbau-Prämiengesetz 1975 v. 28.8.1974 (BGBl. I 2105)
Ich zeige an, dass mir der Beschwerdeführer Vollmacht erteilt (Anlage) und mich mit der Wahrnehmung seiner Interessen beauftragt hat.
Namens und seinem Auftrag erhebe ich

Verfassungsbeschwerde

gegen
§ 2a und § 3 iVm § 10 Abs. 1 des Wohnungsbau-Prämiengesetzes 1975 (WoPG) . . . . .
Gerügt wird ein Verstoß gegen Art. 2 Abs. 1, 20 GG.
Begründung[2]
I. Sachverhalt
Der Beschwerdeführer wehrt sich dagegen, dass das WoPG 1975 rückwirkend in seinen unter der Geltung des WoPG 1969 abgeschlossenen Bausparvertrag eingreift. Nach altem

Recht konnte er 1.600 DM jährlich prämienbegünstigt anlegen, jetzt nur noch 800 DM. Außerdem entfällt die Prämie, weil er jetzt die Einkommensgrenze überschreitet.

II. Rechtsausführungen

§ 1 Zulässigkeit[3]

. . . . .

§ 2 Begründetheit

1. a) Grundsatz

Es ist zwischen echter und unechter Rückwirkung zu unterscheiden.

Echte Rückwirkung eines Gesetzes liegt nur vor, wenn das Gesetz nachträglich in abgewickelte, der Vergangenheit angehörende Tatbestände eingreift, BVerfGE 11, 139 (145 f.)

Unechte Rückwirkung entfaltet eine Norm dann, wenn sie zwar nicht auf vergangene, aber auch nicht nur auf zukünftige, sondern auf gegenwärtige, noch nicht abgeschlossene Sachverhalte und Rechtsbeziehungen für die Zukunft einwirkt und damit zugleich die betroffene Rechtsposition nachträglich im Ganzen entwertet, BVerfGE 30, 392 (402 f.)

Hier liegt ein Fall der unechten Rückwirkung vor . . . . .

b) Zulässigkeit der unechten Rückwirkung

Grenze der unechten Rückwirkung ist das geschützte Vertrauen des einzelnen. Es ist nicht schutzwürdig, wenn der Bürger mit der Regelung rechnen musste, wenn das geltende Recht unklar und verworren war. Unabhängig davon kann sich der Bürger nicht auf den von einer ungültigen Norm erzeugten Rechtsschein verlassen. Außerdem gehen zwingende Gründe des Gemeinwohls vor, BVerfGE 13, 261 (272).

2. Im vorliegenden Fall hat das Vertrauen des betroffenen Bürgers am Fortbestand der ihm günstigen Regelung Vorrang.[4]

§ 3 Annahmevoraussetzungen[5]

. . . . .

Unterschrift[6]

Anmerkungen

1. Zum Rubrum → Form. VI.1 Anm. 1–7.

2. Zum Fall s. BVerfGE 48, 403. Es handelt sich um die Wiedergabe eines Altfalls. Deshalb ist weiterhin von DM die Rede. Aus der jüngeren Rspr. vgl. BVerfGE 97, 378 (389); BVerfGE 101, 239 (263); BVerfGE 103, 392 (403 f.).

3. → Form. VI.9 und dort Text II. § 1 (1).

4. AA BVerfGE 48, 403 (416). Zur jüngsten Entwicklung in der Rspr. vgl. BVerfGE 62, 117; BVerfGE 63, 152; BVerfGE 63, 312; BVerfGE 63, 343; BVerfGE 67, 1; BVerfGE 68, 193; BVerfGE 68, 287; *Pieroth* JZ 1984, 971; *H. Bauer* NVwZ 1984, 220; *H. Bauer* JuS 1984, 241. Zum strafrechtlichen Rückwirkungsverbot des Art. 103 Abs. 2 GG s. BVerfGE 95, 96.

5. → Form. VI.1 und dort Text II. § 3.

Kosten und Gebühren

6. Das Verfahren ist grds. kostenfrei, § 34 Abs. 1 BVerfGG; → Form. VI.1 Anm. 17. Das Risiko der Missbrauchsgebühr ist zu beachten (§ 34 Abs. 2 BVerfGG).

13. Antrag auf Erlass einer einstweiligen Anordnung

An das
Bundesverfassungsgericht
Antrag auf Erlass einer einstweiligen Anordnung des Herrn .....
– Antragsteller[1] –
Verfahrensbevollmächtigter: Rechtsanwalt .....[2]
Ich zeige an, dass mir der Antragsteller Vollmacht erteilt (Anlage[3]) und mich mit der Wahrnehmung seiner Interessen beauftragt hat. Namens und in seinem Auftrag beantrage[4] ich, folgende einstweilige Anordnung[5] zu erlassen:

1. **Die Vollziehung der Beschlüsse des Sozialgerichts K. vom ..... Az. .... und des Landessozialgerichts Baden-Württemberg vom ..... Az. ..... wird bis zur Entscheidung[6] über die Verfassungsbeschwerde[7] des Antragstellers ausgesetzt.**
2. **Das Land Baden-Württemberg[8] hat die notwendigen Auslagen des Antragstellers ganz zu erstatten.**

Begründung
I. Sachverhalt
Der Antragsteller ist Arzt. Er betrieb eine Kassenpraxis. Der Zulassungsausschuss hatte ihm die GKV-Kassenzulassung entzogen. Außerdem war der Beteiligungswiderruf am Arzt/Ersatzkassenvertrag angeordnet worden. Die sofortige Vollziehung dieser Entscheidungen war angeordnet worden. Die Gerichte haben das gebilligt. In der Hauptsache liegt noch keine Entscheidung vor.
II. Rechtsausführungen

§ 1 Strenger Maßstab

Nach stRspr des BVerfG ist bei Prüfung der Voraussetzungen des § 32 BVerfGG ein strenger Maßstab anzulegen, BVerfGE 46, 1 (11).

§ 2 Unbeachtlichkeit der Hauptsache

Würdigt das BVerfG die Umstände, die für oder gegen den Erlass einer einstweiligen Anordnung sprechen, so haben die Gründe, die für die Verfassungswidrigkeit des beanstandeten Hoheitsaktes angeführt werden, grds. außer Betracht zu bleiben, es sei denn, die Verfassungsbeschwerde erweise sich von vornherein als unzulässig oder offensichtlich unbegründet, BVerfGE 46, 1 (11).
Im vorliegenden Fall liegt nach Ansicht des Antragstellers keiner der beiden Ausnahmefälle vor.

§ 3 Folgenabwägung

(1) Dann sind nach stRspr des Gerichts „grundsätzlich allein die Folgen abzuwägen, die eintreten würden, wenn eine einstweilige Anordnung nicht erginge, der Antrag in der Hauptsache aber Erfolg hätte, gegenüber den Nachteilen, die entstünden, wenn die

begehrte einstweilige Anordnung erlassen würde, dem Antrag in der Hauptsache aber der Erfolg zu versagen würde", BVerfGE 46, 1 (11).

(2) Eine Abwägung nach den genannten Grundsätzen ergibt hier Folgendes:[9]

a) Ergeht die einstweilige Anordnung nicht, so wird der Praxis des Antragstellers die wirtschaftliche Grundlage entzogen. Dies erwiese sich auch als irreparabel: eine Rückgewinnung der Patienten wäre nach der Lebenserfahrung schon deshalb nicht möglich, weil der Antragsteller die dafür erforderliche Zeit wirtschaftlich nicht überbrücken kann. Außerdem würden Unbeteiligte betroffen (Entlassung von 12 Arzthelferinnen).

b) Ergeht die einstweilige Anordnung, bleibt aber später der Verfassungsbeschwerde der Erfolg versagt, so ist der Antragsteller in der Zwischenzeit an der kassenärztlichen Versorgung weiterhin beteiligt und kann seine Leistungen abrechnen. Da die Tätigkeit des Antragstellers nicht mehr zu beanstanden ist, die Fortführung der Praxis also keine Patienten gefährdet, kann in diesem Fall lediglich die kassenärztliche Vereinigung N. dadurch besonders belastet werden, dass sie den Abrechnungen des Antragstellers erhöhte Aufmerksamkeit widmen muss. Das erscheint vertretbar.
Auch unter Anlegung strenger Maßstäbe ist die beantragte einstweilige Anordnung deshalb zu erlassen.

Unterschrift[10]

Anmerkungen

1. Im Verfahren über den Erlass einer einstweiligen Anordnung gibt es keinen Antragsgegner, nur Verfahrensbeteiligte, in der Regel die Bundesrepublik Deutschland oder eines ihrer Länder; vgl. dazu auch *Zuck* NStZ 1985, 241.

2. Es besteht kein Anwaltszwang, § 22 BVerfGG.

3. → Form. VI.15.

4. Die einstweilige Anordnung kann ohne Antrag erlassen werden. Im Rahmen eines Verfassungsbeschwerdeverfahrens ist es aber üblich und angebracht, einen solchen Antrag zu stellen.

5. Da der Erlass einer einstweiligen Anordnung nicht von einem Antrag abhängt, ist das BVerfG auch nicht an den Inhalt des Antrags gebunden. Maßgebend ist vielmehr § 32 Abs. 1 BVerfGG.

6. Die Entscheidung in der Hauptsache darf nicht vorweggenommen werden, BVerfGE 3, 41 (43).

7. Zwar muss die Verfassungsbeschwerde noch nicht erhoben sein; sie muss aber (noch) erhoben werden können. Ohne anhängiges Verfassungsbeschwerdeverfahren gibt es keine Entscheidung über den Erlass einer einstweiligen Anordnung. Üblich und angebracht ist es, beide Anträge (Verfassungsbeschwerde/einstweilige Anordnung) gleichzeitig zu stellen und zu begründen. Mit der negativen Entscheidung über die Hauptsache erledigt sich der Antrag auf Erlass einer einstweiligen Anordnung. Die Entscheidung kann auch die Kammer im Rahmen des § 93d BVerfGG treffen, es sei denn, die einstweilige Anordnung betreffe die Aussetzung der Anwendung eines Gesetzes, § 93d Abs. 2 S. 2 BVerfGG. Gegen die ablehnende Entscheidung gibt es kein Rechtsmittel.

8. Erstattungspflichtig ist derjenige Träger der öffentlichen Gewalt, dem die vom Antragsteller erfolgreich gerügte Grundrechtsverletzung zuzurechnen ist. Der Erstattungsanspruch richtet sich nach § 34a Abs. 3 BVerfGG.

9. Zu einem ähnlichen Fall vgl. BVerfGE 40, 179. Ausnahmsweise kommt es auf die Erfolgsaussichten der Hauptsache an, BVerfGE 63, 254; BVerfGE 67, 152. Aus der neueren Rspr. vgl. BVerfG (K) NJW 2002, 53; NJW 2002, 1863.

Kosten und Gebühren

10. Das Verfahren ist grds. kostenfrei, § 34 Abs. 1 BVerfGG. Für die Auslagenerstattung, die § 34a Abs. 3 BVerfGG folgt, ist das Verfahren über den Erlass einer einstweiligen Anordnung gebührenrechtlich selbständig, BVerfGE 41, 228 (230). Auch hier gilt § 37 Abs. 2 RVG, → Form. VI.1 Anm. 17. Wird in der Entscheidung über eine Verfassungsbeschwerde die Erstattung notwendiger Auslagen angeordnet, so erfasst dieser Anspruch regelmäßig nicht die Auslagen, die durch einen Antrag auf Erlass einer einstweiligen Anordnung entstanden sind, BVerfGE 89, 91.

14. Antrag auf Durchführung eines konkreten Normenkontrollverfahrens nach Art. 100 GG

An das

Amtsgericht

Im Ordnungswidrigkeitenverfahren

gegen Dr. A.

stelle ich den Antrag,[1]

das Verfahren auszusetzen[2] und eine Entscheidung des BVerfG darüber einzuholen, ob § 8 Abs. 2 S. 1 Tierschutzgesetz v. 24.7.1972 insoweit mit dem Grundgesetz vereinbar ist, als nur Personen mit abgeschlossener Hochschulbildung der Biologie und den erforderlichen Fachkenntnissen an Hochschulen oder staatlichen wissenschaftlichen Einrichtungen, nicht aber an anderen wissenschaftlichen Einrichtungen Tierversuche mit operativen Eingriffen durchführen dürfen.

Begründung[3]

I. Sachverhalt

Dr. A. ist als Pharmakologe bei einem Arzneimittelhersteller der Privatindustrie tätig. Er muss Tierversuche mit operativen Eingriffen durchführen, um die therapeutische Wirkung von Substanzen zu prüfen. Nach § 8 Abs. 2 S. 1 TierSchG ist eine solche Tätigkeit nur an staatlichen wissenschaftlichen Einrichtungen erlaubt. Die Stadtverwaltung L. hat Dr. A. deshalb mit einem Bußgeldbescheid von 50 EUR belegt. Dr. A. hat Einspruch eingelegt.[4]

II. Rechtsausführungen

(1) Eine Vorlage an das BVerfG ist nur zulässig, wenn die Endentscheidung des vorliegenden Gerichts von der Gültigkeit des für verfassungswidrig gehaltenen Gesetzes abhängt, BVerfGE 50, 108 (113). Das setzt voraus, dass das Gericht sich klar darüber ausspricht, dass und wann es bei Gültigkeit der Norm anders entscheiden würde als bei ihrer Ungültigkeit; denn nur dann kommt es bei der Entscheidung auf die Gültigkeit der Norm an, BVerfGE 11, 330 (334 f.). Das BVerfG wird dabei grds. von der Rechtsansicht

des vorlegenden Gerichts ausgehen, sofern dessen Auffassung nicht offensichtlich unvertretbar ist, BVerfGE 50, 108 (112).
(2) Im vorliegenden Fall liegt auf der Hand, dass das Amtsgericht bei Bejahung der Vorlagefrage eine Geldbuße gegen Dr. A. festsetzen (§ 72 Abs. 2 OWiG), ihn bei Verneinung aber freisprechen muss. Also ist die Vorlagefrage entscheidungserheblich.§ 2 Prüfungsmaßstab
Die beanstandete Regelung verstößt gegen Art. 12 Abs. 1 GG iVm Art. 3 Abs. 1 GG. Dass Biologen an nicht staatlichen wissenschaftlichen Einrichtungen die Befugnis zur selbständigen Durchführung von operativen Eingriffen bei Tierversuchen versagt ist, bedeutet für diesen Personenkreis eine erhebliche Einschränkung seiner Berufsausübung, die durch keinen sachlichen Grund gerechtfertigt ist.[5]
Unterschrift[6]

Anmerkungen

1. Da das BVerfG das Monopol für die Verwerfungskompetenz für formelle, nachkonstitutionelle Gesetze hat, ist die Instanzgerichtsbarkeit verpflichtet, wenn sie die Verfassungsmäßigkeit eines formellen, nachkonstitutionellen Gesetzes verneint, die Entscheidung des BVerfG einzuholen, BVerfGE 1, 184. Streng genommen handelt es sich bei dem „Antrag" des Betroffenen nur um eine Anregung an das Gericht; s. § 80 Abs. 3 BVerfGG.

2. Art. 100 Abs. 1 S. 1 GG. Der Aussetzungsbeschluss ist je nach den prozessualen Vorschriften des Ausgangsverfahrens zu verkünden, den Beteiligten zuzustellen oder formlos mitzuteilen.

3. Die Begründung des vorlegenden Gerichts muss angeben, inwiefern von der Gültigkeit der Rechtsvorschrift die Entscheidung des Gerichts abhängig ist und mit welchen übergeordneten Rechtsnormen sie unvereinbar ist (§ 80 Abs. 2 BVerfGG). Infolgedessen empfiehlt sich auch für den Antragsteller im Ausgangsverfahren, auf diese Fragen einzugehen.

4. Zu den Einzelheiten des Sachverhalts vgl. BVerfGE 48, 376; aus der neueren Rspr. vgl. BVerfGE 102, 99 (112 f.); BVerfGE 102, 147 (161).

5. Zu den Einzelheiten der rechtlichen Begründung vgl. BVerfGE 48, 376 (389 ff.)

Kosten und Gebühren

6. Ergeht ein Vorlagebeschluss, so gibt § 82 Abs. 3 BVerfGG ua den Beteiligten des Ausgangsverfahrens das Recht, sich im Verfahren vor dem BVerfG zu äußern (Äußerungsbeteiligte). Sie werden nicht Beteiligte des Normenkontrollverfahrens. Dennoch setzt das BVerfG den Gegenstandswert für das Normenkontrollverfahren fest (aA früher BVerfGE 7, 87 (88)).

Die Höhe der Gebühren richtet sich nach § 37 Abs. 2 RVG. Eine Kostenerstattung findet nur im Rahmen der Vorschriften des einfachen Rechts, nicht nach § 34a BVerfGG statt, BVerfGE 36, 101.

15. Vollmacht

Hiermit erteile ich Herrn . . . . .

Vollmacht,[1] mich vor dem BVerfG zur Durchführung eines Verfassungsbeschwerdeverfahrens[2, 3] wegen

1. Urteil des Amtsgerichts – Familiengericht –, K. vom . . . . ., Az. . . . .

2. Urteil des Oberlandesgerichts K. vom . . . . ., Az. . . . .[4]

zu vertreten und alle zur Durchführung dieses Verfahrens erforderlichen Handlungen vorzunehmen.

K., den . . . . . **. . . . .**

(Unterschrift)

Anmerkungen

1. Die Vollmacht ist schriftlich zu erteilen, § 22 Abs. 2 S. 1 BVerfGG. Sie ist Wirksamkeitsvoraussetzung für alle Prozesshandlungen. Die Vollmacht darf nicht nur außerhalb der Ausschlussfrist des § 93 BVerfGG nachgereicht werden (BVerfG BVerfGE 1, 433). Es ist auch zulässig, sie erst nach Ablauf dieser Frist auszustellen (BVerfG BVerfGE 50, 381 (383). Es ist aber zu beachten, dass das BVerfG neuerdings eine Frist zur Vorlage der Vollmacht setzt. Diese Frist ist strikt einzuhalten.

2. Die Vollmacht muss sich ausdrücklich auf das Verfahren beziehen, § 22 Abs. 2 S. 2 BVerfGG. Die allgemeine Anwaltsvollmacht genügt deshalb nicht.

3. Oder: Antrag auf Erlass einer einstweiligen Anordnung wegen . . . . .

4. Oder: Verfassungswidrigkeit des § . . . . . Abs. . . . . . S. . . . . . des Gesetzes . . . . . vom . . . . . (BGBl. I . . . . .).

16. Ablehnungsgesuch

An das
Bundesverfassungsgericht
Im Verfahren über die Verfassungsbeschwerde des Herrn G.
wird Bundesverfassungsrichter X.[1]
wegen Besorgnis der Befangenheit abgelehnt.[2]
Begründung[3]

Der Beschwerdeführer hat soeben erfahren, dass Bundesverfassungsrichter X. für den Beklagten des Ausgangsverfahrens ein Privatgutachten erstattet hat. In diesem Gutachten hat er sich auch – für den Beschwerdeführer negativ – zu den im Verfassungsbeschwerdeverfahren zu behandelnden verfassungsrechtlichen Fragen geäußert.

Zwar ist in verfassungsgerichtlichen Verfahren in die „vernünftige Würdigung aller Umstände" die besondere Eigenart miteinzubeziehen, dass kein neuer Richter an die Stelle des (erfolgreich) Abgelehnten tritt und schon wenige erfolgreiche Ablehnungen zur Beschlussunfähigkeit des zuständigen Senats führen können (BVerfGE 32, 288 (290);

BVerfGE 35, 171 (173); BVerfGE 43, 126 (128)). Es ist deshalb auch ein strenger Maßstab anzulegen (BVerfGE 47, 105 (108)).[4] Auch unter diesen einschränkenden Bedingungen[5] ist die Besorgnis der Befangenheit jedoch berechtigt. Bundesverfassungsrichter X. hat nicht allgemein seine wissenschaftliche Meinung zu einer verfahrensrelevanten Rechtsfrage geäußert. Er war vielmehr für einen Beteiligten jenes Verfahrens tätig, dessen Endentscheidung mit der Verfassungsbeschwerde angegriffen worden ist.

Anmerkungen

1. Eine pauschale Ablehnung namentlich nicht genannter Richter, insb. eines ganzen Senats oder des BVerfG überhaupt, ist unzulässig, BVerfGE 11, 1; BVerfGE 46, 200.

2. Abgesehen vom Fall der Selbstablehnung, § 19 Abs. 3 BVerfGG – Beispiel: BVerfGE 95, 189 – setzt die Ablehnung einen Antrag voraus. Die Prüfung der Frage von Amts wegen, ob ein Richter Anlass zur Besorgnis der Befangenheit gegeben hat, ist unstatthaft, BVerfGE 46, 34 (35).

3. Die Ablehnung ist zu begründen, § 19 Abs. 2 S. 1 BVerfGG.

4. Weder die Abstammung, die Zugehörigkeit zu einer politischen Partei oder ein ähnlicher allgemeiner Gesichtspunkt (vgl. § 18 Abs. 2 BVerfGG) noch die frühere Mitwirkung im Gesetzgebungsverfahren oder die Äußerung einer wissenschaftlichen Meinung zu einer für das Verfahren bedeutsamen Rechtsfrage rechtfertigen deshalb die Ablehnung, BVerfGE 43, 126 (128).

5. Es gibt nur wenig erfolgreiche Ablehnungsgesuche, vgl. BVerfGE 20, 1 ff.; BVerfGE 20, 9 ff.; BVerfGE 35, 246 f. Zum ausgeschlossenen Richter vgl. BVerfGE 79, 127 (140 f.)

17. Antrag auf Festsetzung des Gegenstandswerts

An das
Bundesverfassungsgericht
Im Verfahren über die Verfassungsbeschwerde des Herrn G. beantrage ich,
den Gegenstandswert auf 500.000 EUR festzusetzen.[1]
Begründung[2]
I. Sachverhalt
Es handelt sich um eine Verfassungsbeschwerde, mit der das gesetzliche System des sog Familienlastenausgleichs angegriffen worden war.[3]
II. Rechtsausführungen

§ 1 Bedeutung der Angelegenheit

Die subjektive Beschwer hat im vorliegenden Fall nur 100 EUR betragen. Das ist die Höhe der jährlichen Steuerersparnis. Es ist jedoch anerkannt, dass auch die objektive Bedeutung des Verfahrens zu berücksichtigen ist.[4] Vom Familienlastenausgleich sind rund 1 Mio. Personen betroffen. Unterstellt man auch hier eine persönliche Belastung von 100 EUR je Person, so ist von objektiven Auswirkungen des Verfahrens iHv 100 Mio. EUR auszugehen.

§ 2 Umfang und Schwierigkeit anwaltlicher Tätigkeit

IÜ ist darauf hinzuweisen, dass der Sachverhalt außerordentlich komplex ist; dasselbe gilt für die – umfangreiche – Darstellung des einfachen Rechts. Dies zeigt auch der Umfang der Verfassungsbeschwerde mit 250 Seiten; außerdem waren zeitraubende Ermittlungen erforderlich.

§ 3 Vermögens- und Einkommensverhältnisse

Der Beschwerdeführer ist ein wohlhabender Geschäftsmann mit gesichertem, überdurchschnittlichem Einkommen.

§ 4 Nach billigem Ermessen

ist es deshalb angebracht, den Gegenstandswert auf 500.000 EUR festzusetzen.

Anmerkungen

1. Das Gericht wird nur auf Antrag tätig. Der Antrag ist schriftlich einzureichen. Im Allgemeinen setzt das BVerfG den Gegenstandswert restriktiv an. Gem. § 37 Abs. 2 S. 2 Hs. 2 RVG beträgt er mindestens 4.000 EUR.

2. Maßgebend sind § 34a Abs. 2, 3 BVerfGG, § 37 Abs. 2 S. 2 RVG. Die Begründungspflicht ergibt sich aus § 23 BVerfGG.

3. Zum Sachverhalt iE vgl. BVerfGE 45, 104. Das BVerfG hatte in dieser Sache bei einem Antrag auf 1 Mio. DM den Gegenstandswert auf 800.000 DM festgesetzt.

4. Zum Verhältnis der subjektiven und objektiven Funktionen der Verfassungsbeschwerde bei der Festsetzung des Gegenstandswerts sowie der praktischen Bewertung der einzelnen Faktoren vgl. die beiden Grundsatzentscheidungen BVerfG NJW 1989, 2047 (2048).

18. Antrag auf Kostenfestsetzung

An das
Bundesverfassungsgericht
Im Verfahren über die Verfassungsbeschwerde des Herrn G.
stelle ich den Antrag,[1] die Kosten des Beschwerdeführers wie folgt festzusetzen:
Gegenstandswert: 100.000 EUR

1,6 Verfahrensgebühr gem. §§ 2, 37 Abs. 2 RVG, VV 3206 RVG[2]	**2.648,00 EUR**
Pauschale für Entgelte für Post- und Telekommunikationsdienstleistungen gem. § 2 RVG. VV 7002 RVG	**20,00 EUR**
Pauschale für die Herstellung und Überlassung von Dokumenten (50 Fotokopien à 0,50 EUR, 100 Fotokopien à 0,15 EUR, vgl. Anlagen 1–14 zur Verfassungsbeschwerdeschrift) gem. § 2 RVG, VV 7000 1. a RVG)[3]	**40,00 EUR**
Fahrtkosten für eine Geschäftsreise bei Benutzung eines eigenen Kraftfahrzeugs (Informationsreise Stuttgart/München hin und zurück; 395 km à 0,42 EUR am 2.3.2021)	

gem. § 2 RVG, VV 7003 RVG	**169,90 EUR**
Tage- und Abwesenheitsgeld bei einer Geschäftsreise von mehr als acht Stunden (Informationsreise am 2.3.2021) gem. § 2 RVG, VV 7005 Nr. 3 RVG	**80,00 EUR**
Zwischensumme	**2.953,90 EUR**
19 % Umsatzsteuer auf die Vergütung gem. § 2 RVG, VV 7008 RVG	**561,24 EUR**
	3.515,14 EUR

Der Beschwerdeführer kann den Umsatzsteuerbetrag *nicht* als Vorsteuer abziehen.
Ich beantrage, die festgesetzten Kosten vom Eingang des Festsetzungsantrags ab mit 5 Prozentpunkten über dem Basiszinssatz nach § 247 BGB zu verzinsen.[4]

Anmerkungen

1. Hat das BVerfG im Verfassungsbeschwerdeverfahren eine Entscheidung nach § 34a Abs. 2, 3 BVerfGG getroffen, so setzt der Rechtspfleger beim BVerfG (§ 21 Abs. 1 RPflG) auf Antrag (§ 23 BVerfGG) in entsprechender Anwendung der §§ 103, 104 ZPO die Kosten fest. Erstattungsfähig sind auch die Kosten des Rechtsanwalts, der sich selbst vertritt, BVerfGE 81, 387 (389).

2. Im Allgemeinen fällt nur die Verfahrensgebühr gem. VV 3206 RVG an. Bei einem Regelgegenstandswert von 4.000 EUR (vgl. § 37 Abs. 2 S. 2 Hs. 2 RVG) beträgt die 1,6 Verfahrensgebühr 392 EUR. Der Abschluss einer Vergütungsvereinbarung nach § 4 RVG ist deshalb zu empfehlen. Ob auch vereinbarte Gebühren erstattungsfähig sind, ist umstritten.

3. Zu beachten ist, dass wegen § 23 Abs. 3 BVerfGG Fotokopien in erheblichem Umfang anfallen können. Insoweit, also für die sog Überstücke der Verfassungsbeschwerde und weitere Schriftsätze, ist die Erstattung zweifelsfrei, vgl. BVerfGE 65, 72. Kosten für Anlagen zu Schriftsätzen gehören zu den Auslagen, die durch die Prozessgebühr abgegolten sind, vgl. BVerfGE 61, 208 (209), BVerfGE 65, 72, 74. Sind die Auslagen aber sehr zahl- oder umfangreich, was im Verfassungsbeschwerdeverfahren nicht selten ist, so sind auch die insoweit anfallenden Fotokopiekosten erstattungsfähig. Pauschale Angaben genügen nicht. Erstattungsfähige Auslagen können nur auf Grund genauer Angaben des Antragstellers festgesetzt werden, BVerfGE 65, 72 (74).

4. § 104 Abs. 1 ZPO. Gegen die Entscheidung des Rechtspflegers ist gem. § 11 Abs. 1 RPflG, § 104 Abs. 3 ZPO die sofortige Beschwerde zulässig, wenn der Wert des Beschwerdegegenstands 200 EUR übersteigt (§ 567 Abs. 2 ZPO). Sie ist innerhalb einer Notfrist von zwei Wochen einzulegen (§ 569 Abs. 1 ZPO). Über diese entscheidet in der Regel ein Mitglied des Senats, bei dem die Hauptsache anhängig war (§ 568 S. 1 ZPO). Das Beschwerdeverfahren ist ebenfalls kostenfrei.

VII. Der Finanzgerichtsprozess

Einspruch

1. Einspruch gegen einen Einkommensteuerbescheid mit Festsetzung von Vorauszahlungen, verbunden mit einem Antrag auf Aussetzung der Vollziehung und einstweiliger Stundung

An das Finanzamt . . . . (Ort), ... (Datum)

in . . . . .

Betrifft: Steuernummer und Identifikationsnummer.[4]. . . . . (und Name des Steuerpflichtigen)

Bezug: Einkommensteuerbescheid für 20 . . . . . vom . . . . . (Datum des Steuerbescheides); zugegangen[1] am . . . . . (Datum des Eingangs des Bescheides)

Sehr geehrte Damen, sehr geehrte Herren!

I. Namens und in Vollmacht[2] des . . . . . lege ich gegen den oben bezeichneten Einkommensteuerbescheid Einspruch[3, 4, 5] ein. Ich beantrage, die Einkommensteuer auf . . . . . EUR herabzusetzen.

Begründung:[6, 7]

Der Steuerpflichtige ist Eigentümer eines Mehrfamilienhausgrundstücks, das er vollständig fremd vermietet hat. Die Mieten werden von den Mietern vertragsgemäß auf ein Bankkonto des Steuerpflichtigen gezahlt. Diese Mieteinnahmen verwendet er für seinen privaten Lebensbedarf. Sofern er für die Unterhaltung des Hauses Aufwendungen zu tätigen hat, finanziert er diese über ein gesondertes Schuldkonto bei der Bank. Das FA hat den Abzug der diesbezüglichen Schuldzinsen unter Hinweis auf § 4 Abs. 4a EStG nicht zugelassen. Der Steuerpflichtige ist demgegenüber der Auffassung, dass § 4 Abs. 4a EStG für Überschusseinkünfte iSd § 21 EStG nicht gilt.

II. Es wird beantragt,[8] die Vollziehung des angefochtenen Einkommensteuerbescheids auszusetzen,[9] soweit die Einkommensteuer höher als . . . . . EUR festgesetzt ist. Bis zur Entscheidung über den Aussetzungsantrag wird um stillschweigende Stundung gebeten.[10]

Begründung:

In Höhe der sich durch den Abzug der Zinsen als Werbungskosten ergebenden Minderung der Einkommensteuer bestehen an der Rechtmäßigkeit des angefochtenen Bescheids ernstliche Zweifel; denn das der Einkünfteerzielung dienende Grundstück muss wirtschaftlich als mit der Kreditverpflichtung belastet angesehen werden. Die gegenteilige Auffassung des FA, es fehle am Veranlassungszusammenhang zwischen Schuldentstehung und Einkünfteerzielung, ist deshalb zumindest ernstlich zweifelhaft.

III. Es wird ferner beantragt,[8] die Vorauszahlungen zur Einkommensteuer rückwirkend ab . . . . . um . . . . . EUR niedriger festzusetzen.[11]

Begründung:

Da die Zinsen, die als Werbungskosten abzugsfähig sind, bis zur Tilgung des Darlehens in voraussichtlich . . . . . Jahren die Einkünfte aus VuV mindern werden, ergibt sich auf diese Zeit eine entsprechende Minderung der voraussichtlich geschuldeten Einkommensteuer.

Mit freundlichen Grüßen

Unterschrift[12–18]

Schrifttum: Enders, RVG für Anfänger, 19. Aufl. 2019; *Gräber,* Finanzgerichtsordnung, Kommentar, 9. Aufl. 2019; *Hartung/Römermann,* RVG, Kommentar, 2004; *Hübschmann/Hepp/Spitaler,* Kommentar zur Abgabenordnung und Finanzgerichtsordnung; 261. Lfg. 2/2021; *DWI,* Handbuch zur Abgabenordnung/Finanzgerichtsordnung, 2021; *Kühn/v. Wedelstädt,* Abgabenordnung, Finanzgerichtsordnung, Kommentar, 22. Aufl. 2018; *König,* AO, Kommentar, 4. Aufl. 2021; *Tipke/Kruse,* Abgabenordnung, Finanzgerichtsordnung, Kommentar; 165. Lfg, 4/2021.

Anmerkungen

1. Vgl. § 122 Abs. 1, 2 u. 2a AO; im Besteuerungsverfahren ergehende Bescheide können auf Anordnung des FA zugestellt werden (§ 122 Abs. 5 AO). Zur Bekanntgabe von Steuerbescheiden s. iE AEAO zu § 122 (s. AO-Handbuch 2021); zur Bekanntgabe zB an Liquidationsgesellschaften s. AEAO in AO-Handbuch 2021 zu § 122 Rn. 2.7 und an eine vollbeendete KG s. BFH BStBl. II 1993, 82; BeckRS 2008, 25014646; AEAO in AO-Handbuch 2021 zu § 122 Rn. 2.7.4. Die **Bekanntgabe von Steuerbescheiden** und Einspruchsentscheidungen kann auch im Ausland durch einfachen Brief durch die Post erfolgen, sofern der ausländische Staat dies zulässt. Dazu gehören alle EU-Staaten, nicht aber die Schweiz.

2. Wegen der Befugnis, sich gegenüber den Finanzverwaltungsbehörden vertreten zu lassen, s. § 80 AO. Eine **Vollmacht** ermächtigt den Bevollmächtigten nicht zur Unterzeichnung von Steuererklärungen; Ausnahme: § 150 Abs. 3 AO. Uneingeschränkt zur Hilfeleistung – und damit zur Vertretung im Besteuerungsverfahren – sind die in § 3 Steuerberatungsgesetz aufgeführten Personen befugt (Rechtsanwälte, Steuerberater, Wirtschaftsprüfer, auch in Form von Gesellschaften). Bei Vertretung des Steuerpflichtigen kann der Steuerbescheid dem Steuerpflichtigen selbst nur in Ausnahmefällen bekannt gegeben werden (§ 122 Abs. 1 S. 3 AO; BFH BStBl. II 2001, 86; BeckRS 2014, 96540 Rn. 5). Eine Verpflichtung zur Bekanntgabe an den Bevollmächtigten besteht, wenn dieser vom Vertretenen ausdrücklich als Empfangsbevollmächtigter benannt worden ist oder eine schriftliche Vollmacht, ggf. auch in elektronischer Form (vgl. dazu § 87a AO) vorliegt AEAO in AO-Handbuch 2021 zu § 122 Rn. 3.3; sa § 7 Abs. 1 S. 2 VwZG.

3. a) Die in der Regel schriftlich zu erteilenden Steuerbescheide (§§ 155, 157 AO) können, sofern ihnen die vorgeschriebene (§ 157 Abs. 1 S. 3 AO) Rechtsbehelfsbelehrung (§ 356 Abs. 1 AO) nicht fehlt oder unrichtig erteilt worden ist, nur binnen einer **Frist von einem Monat** nach Bekanntgabe mit dem Einspruch (§§ 355, 347 AO) – oder mit Zustimmung des FA mit der Sprungklage (§ 45 Abs. 1 u. 2 FGO) – angefochten werden; auch bei Bekanntgabe im Ausland gilt die Monatsfrist (§ 122 Abs. 2 Nr. 2 AO). Eine Anleitung zur Berechnung der Rechtsbehelfsfrist braucht die Rechtsbehelfsbelehrung nicht zu enthalten, auch keinen Hinweis auf die Möglichkeit von Fristverlängerungen für die Begründung (BFH BFH/NV 2002, 794; BeckRS 2002, 25000369). Wird eine schriftliche Rechtsbehelfsbelehrung nicht zusammen mit dem Steuerbescheid erteilt, kann der Bescheid grds. binnen eines Jahres nach der Bekanntgabe angefochten werden (§ 356 Abs. 2 AO).

b) Die **Frist**, binnen derer ein Steuerbescheid angefochten werden kann, beginnt im Fall der **Bekanntgabe** nach § 122 Abs. 2 Nr. 1 AO (→ Anm. 1) am Tag nach dem Zugang des Steuerbescheids (§ 187 Abs. 1 BGB, § 108 Abs. 1 AO), frühestens jedoch am vierten Tag nach Aufgabe des Bescheids zur Post (§ 122 Abs. 2 Nr. 1 AO) Auch für die Zugangsvermutung des § 122 Abs. 2 AO gilt § 108 Abs. 3 AO, dh der Bescheid gilt zB in den Fällen des § 122 Abs. 2 Nr. 1 AO, wenn dieser Tag ein Sonnabend, Sonntag oder Feiertag ist, erst an dem folgenden Werktag als zugegangen (BFH BStBl. II 2003, 875; BFH/NV 2008, 738; krit. Tipke/Kruse/*Seer* AO § 122 Rn. 56). Wird der Steuerbescheid nach § 122 Abs. 5 AO durch **Zustellung** bekannt gegeben, beginnt die Frist für seine Anfechtung an dem auf die Zustellung folgenden Tag (§ 187 Abs. 1 BGB). Sie endet grds. mit Ablauf desjenigen Tages des folgenden Monats, der durch seine Zahl dem Tag des vorangegangenen Monats entspricht, an dem der Bescheid zugegangen ist oder nach § 122 Abs. 2 AO als bekannt gegeben gilt (§ 188 Abs. 2 Alt. 1 BGB, § 108 Abs. 1 AO). Läuft die Jahresfrist (§ 356 Abs. 2 AO), so gilt entsprechendes. Fehlt der für den Ablauf der Frist maßgebende Tag (zB der „31."), so endet die Frist mit dem Ablauf des letzten Tags dieses Monats (§ 188 Abs. 3 BGB). Fällt das Ende der Frist auf einen **Sonnabend, Sonntag** oder einen **gesetzlichen Feiertag**, so endet die Frist mit dem Ablauf des nächstfolgenden Werktags (§ 108 Abs. 3 AO).

Wird die Frist zur Einlegung des Einspruchs versäumt, kann unter den Voraussetzungen des § 110 AO **Wiedereinsetzung** in den vorigen Stand gewährt werden.

4. Bei Anträgen und Rechtsbehelfen ist neben der bisherigen **Steuernummer** (§ 8 Buchungsordnung, BStBl. I 1996, 386) auch die (Wirtschafts-)**Identifikationsnummer** (§§ 139a–139c AO) anzugeben. Der Einspruch ist **schriftlich, telegrafisch** (§ 357 Abs. 1 S. 3 AO), **mit Telefax** (BGH HFR 1990, 584) oder zur Niederschrift beim FA einzulegen (§ 357 AO). Dem Schriftlichkeitserfordernis genügt mE auch Einlegung durch Telekopie; vgl. § 174 Abs. 2 ZPO nF. Einlegung per **E-Mail** ist (s. anschließend) statthaft. Einer elektronischen Signatur bedarf es hier nicht (BFH BStBl II 2015, 790; Tipke/Kruse/*Seer* AO § 357 Rn. 8); zu den Einzelheiten des elektronischen Rechtsverkehrs vgl. *im Internet* unter **egvp.de.** Bei schriftlicher Einlegung (auf Papier) ist Unterzeichnung nicht vorgeschrieben (vgl. § 357 Abs. 1 S. 2 AO; AEAO in AO-Handbuch 2021 zu § 357 Nr. 1 AO), aber ratsam; denn es muss erkennbar sein, wer Einspruch erhebt. Aus demselben Grunde ist es zu **Beweiszwecken** auch erforderlich, bei Einlegung des Einspruchs per **Telefax** das Original mit der Unterschrift des Verfassers per Post nachzureichen. Telefonische Einlegung ist unwirksam, auch wenn der zuständige Beamte beim FA darüber eine „Niederschrift" fertigt (so auch Tipke/Kruse/*Seer* AO § 357 Rn. 9).

5. Seit dem Inkrafttreten der AO ist der Einspruch kostenfrei; s. unten Kosten und Gebühren. Einem Beteiligten im außergerichtlichen Vorverfahren entstandene Kosten (zB für einen Bevollmächtigten) können aber weiterhin nach § 139 FGO erstattet werden, wenn dem Einspruchsverfahren ein Rechtsstreit vor dem FG gefolgt ist.

Bei der Entscheidung über den Einspruch kann der angefochtene Verwaltungsakt auch zu Lasten des Rechtsbehelfsführers geändert („verbösert") werden (§ 367 Abs. 2 S. 2 AO). Auf eine beabsichtigte „**Verböserung**" muss das FA den Betroffenen hinweisen und ihm Gelegenheit zur Stellungnahme, und also auch zur Zurücknahme des Einspruchs (§ 362 AO) geben werden. Nimmt er den Einspruch zurück, kann der Verwaltungsakt nur dann noch (zu Lasten des Betroffenen) geändert werden, wenn die allgemeinen Voraussetzungen dafür (zB § 173 Abs. 1 Nr. 1 AO) erfüllt sind.

6. Der Einspruch muss nicht begründet werden (§ 357 Abs. 3 AO). Eine Begründung ist aber ratsam, da die Verpflichtung des FA zur Aufklärung des Sachverhalts nicht grenzenlos ist (§ 88 AO) und in erheblichem Umfang vom Vorbringen des Steuerpflichtigen beeinflusst wird (Koenig/*Hahlweg*, 4. Aufl. 2021, AO § 88 Rn. 31; Kühn/v. Wedelstädt/*Wagner* AO § 88 Rn. 3). Werden für die Beurteilung eines Streitfalles erhebliche Tatsachen erst im anschließenden gerichtlichen Verfahren vorgetragen, obwohl der Steuerpflichtige sie bereits im Besteuerungsverfahren – zu dem das Einspruchsverfahren gehört – hätte vortragen können, so können ihm insoweit – auch bei Erfolg in der Sache selbst – die Kosten des gerichtlichen Verfahrens auferlegt werden (§§ 137, 138 Abs. 2 S. 2 FGO).

7. Zur materiell-rechtlichen Beurteilung des Streitfalles vgl. Schmidt/*Krüger*, EStG, 40. Aufl. 2021, EStG § 9 Rn. 141 aE mwN.

8. Es empfiehlt sich, dem FA so viele Ausfertigungen des Schriftsatzes zu übersenden wie Anträge gestellt werden, weil häufig verschiedene Stellen innerhalb des FA oder Zentralfinanzämter mit der Bearbeitung bestimmter Aufgaben (zB Veranlagung, Rechtsbehelfe, Vollstreckung, Erlass) betraut sind.

9. a) Die Einlegung des **Einspruchs** beseitigt nicht die **Vollziehbarkeit** des angefochtenen Steuerbescheids (§ 361 Abs. 1 S. 1 AO). Hält der Steuerpflichtige den Bescheid für (ganz oder teilweise) unrichtig (rechtswidrig), und will er die Steuer, soweit sie zu hoch festgesetzt ist, bei Fälligkeit nicht entrichten, so muss er, um die Verwirkung von Säumniszuschlägen zu vermeiden (§ 240 AO), einen Antrag auf Aussetzung der Vollziehung stellen und bis zur Entscheidung darüber Stundung beantragen.

b) Steuerzahlungs- und Steuererstattungsansprüche sind nach Maßgabe des § 233a AO zu verzinsen (→ Anm. 12–14). Für Stundung und Aussetzung der Vollziehung sind Zinsen in gleicher Höhe (0,5 % je Monat) zu entrichten. Zu berücksichtigen ist allerdings, dass der BFH aufgrund des anhaltenden Niedrigzinsniveaus inzwischen erhebliche verfassungsrechtliche Zweifel an der zutreffenden gesetzlichen Bemessung des Zinssatzes ab 2012 geäußert hat (BFH BFH/NV 2018, 1279; BFH/NV 2019, 1060). Das BVerfG hat mit Beschluss vom 8.7.2021, 1 BvR 2237/14, 1 BvR 2422/17, aber nur den Zinssatz von 0,5 % pro Monat ab dem 1.1.2014 für verfassungswidrig erklärt. Das bisherige Recht ist für VZ bis einschließlich 2018 weiterhin anwendbar. Bis zum 31.7.2022 muss der Gesetzgeber für Zeiträume ab 2019 eine Neuregelung treffen.

c) Aussetzung der Vollziehung (AdV) kann als vorläufiger Rechtsschutz gegenüber Steuerbescheiden (§§ 155, 157 AO) beantragt werden (§ 361 AO). Der Antrag ist regelmäßig an die Behörde zu richten, die den Bescheid erlassen hat (vgl. § 69 Abs. 4 FGO). Erst wenn dies keinen Erfolg hat, kann statthafterweise Aussetzung der Vollziehung beim FG beantragt zu werden. Das Erfordernis vorheriger Antragstellung bei der Behörde, also regelmäßig beim FA, gilt für jeden Verfahrensabschnitt, dh für Einspruchs- und Klageverfahren gesondert. Das gilt aber nur, wenn AdV auch tatsächlich vollständig bewilligt wird. Ist demgegenüber der AdV-Antrag in einem Verfahrensabschnitt ganz oder teilweise abgelehnt worden, braucht zu keinem weiteren Zeitpunkt erneut AdV beantragt werden; eine einmalige Ablehnung wirkt fort (*Gosch* FGO § 69 Rn. 278.1; Gräber/*Stapperfend* FGO § 69 Rn. 147).

Wird der an die erlassende Behörde gerichtete Antrag nicht binnen angemessener Frist beschieden, wird er abgelehnt oder droht eine Vollstreckung (dazu: BFH BStBl. II 1986, 236; BFH/NV 2002, 940; BFH BeckRS 2008, 25014354), so kann AdV unmittelbar beim FG beantragt werden (§ 69 Abs. 4 FGO). Das gilt auch, wenn die Finanzbehörde schon vor der Antragstellung zu erkennen gegeben hat (s. *Beermann* DStR 1986, 252 (257 f.), vgl. auch Gräber/*Koch* FGO, § 69 Rn. 75), dass sie die Vollziehung nicht aussetzen werde oder wenn es im Einzelfall dem Betroffenen nicht zumutbar ist, zunächst einen Antrag bei der Behörde zu stellen.

Hat das FA einen Antrag auf AdV abgelehnt, so kann das Gericht nur nach § 69 Abs. 3 und Abs. 5 S. 3 FGO angerufen werden (§ 361 Abs. 5 AO; § 69 Abs. 7 FGO). Eine auf AdV gerichtete Beschwerde an die OFD sowie eine an das Beschwerdeverfahren anschließende Klage ist nicht (mehr) statthaft (§ 361 Abs. 5 AO).

Ein Antrag auf AdV ist nur zulässig, wenn der auszusetzende Bescheid noch nicht bestandskräftig geworden ist (vgl. § 361 Abs. 2 S. 1 AO; BFH BStBl. II 1982, 133). Er muss daher grds. spätestens bei Stellung des Aussetzungsantrags angefochten werden, wenn nicht wegen des Laufs der Einspruchsfrist eine frühere Anfechtung erforderlich ist.

AdV soll auf Antrag gewährt werden, wenn **ernstliche Zweifel an der Rechtmäßigkeit** des angefochtenen Verwaltungsaktes (Steuerbescheides) bestehen (§ 361 Abs. 2 AO). AdV kann nicht in weiterem Umfang gewährt werden, als das Anfechtungsbegehren reicht. Ist der Einspruch gegen einen Steuerbescheid bei Stellung des Aussetzungsantrags noch nicht begründet, so müssen die ernstlichen Zweifel an der Rechtmäßigkeit zur Begründung des Aussetzungsbegehrens dargelegt werden. Abweichend vom *Beispielsfall* ist dann der Aussetzungsantrag in einem selbständigen Schriftsatz zu stellen. Das schließt eine spätere abweichende, auch weitergehende Begründung des Einspruchs nicht aus. Wird der Einspruch sogleich bei seiner Einlegung begründet, empfiehlt es sich, den Aussetzungsantrag damit (*wie vorgeschlagen*) zu verbinden. Einer besonderen Darlegung der die ernstlichen Zweifel an der Rechtmäßigkeit des angefochtenen Bescheides begründenden Umstände bedarf es dann nicht (BFH BStBl. III 1967, 531; BFH/NV 1997, 510; BeckRS 2010, 25016662).

10. Werden durch Steuerbescheid festgesetzte Steuerbeträge bei Fälligkeit, die im Bescheid angegeben wird, nicht entrichtet, so sind für jeden angefangenen Monat der Säumnis 1 vH des rückständigen (abgerundeten) Steuerbetrages als **Säumniszuschläge** zu entrichten (§ 240 AO). Wird einem Aussetzungsantrag entsprochen, so entstehen Säumniszuschläge nicht mehr. Bis zu der Entscheidung über den Antrag fallen aber noch Säumniszuschläge an (BFH BFH/NV 1994, 4 (6); BeckRS 2012, 96153 Rn. 22). Um dem zu entgehen, ist es angezeigt, (stillschweigende) Stundung bis zur Entscheidung über den Aussetzungsantrag zu beantragen, da auch Stundung die Verwirkung von Säumniszuschlägen ausschließt. Daneben kommt auch „rückwirkende" **Aufhebung der Vollziehung** in Betracht (BFH BStBl. II 1977, 645; vgl. zur Aufhebung eines **dinglichen Arrests** BFH BStBl. II 2013, 983).

Für die Dauer einer gewährten Stundung werden grds. Zinsen von 0,5 vH je vollem Monat erhoben (§§ 234, 238 AO). Bleibt die Anfechtung eines Steuerbescheides (durch Einspruch oder Anfechtungsklage) endgültig erfolglos, so sind durch den angefochtenen Bescheid festgesetzte Steuerbeträge, hinsichtlich derer AdV gewährt worden war, ebenfalls zu verzinsen (§§ 237, 238 AO; → Anm. 9 b).

11. Der Antrag auf **Herabsetzung der Vorauszahlungen** ist verfahrensrechtlich vollkommen selbständig gegenüber den Verfahren zur Gewährung vorläufigen Rechtsschutzes (hier: AdV) oder endgültigen Rechtsschutzes (Einspruch, Klage). Aus praktischen Gründen kann er aber gleichzeitig gestellt werden, wenn die Gründe, die gegen die Rechtmäßigkeit des angefochtenen Steuerbescheids sprechen, zugleich die Herabsetzung der festgesetzten Vorauszahlungen rechtfertigen.

Statt eines Antrags auf Herabsetzung kann die Festsetzung von Vorauszahlungen (§ 37 Abs. 3 EStG) auch selbständig angefochten werden, und zwar mit dem Einspruch (§ 347 Abs. 1 Nr. 1, § 348 Abs. 1 AO). Anfechtung statt eines Herabsetzungsantrags kann angezeigt sein, wenn etwa der Erfolg eines gegen die Einkommensteuerfestsetzung (den Einkommensteuerbescheid) erhobenen Rechtsbehelfs von langwierigen Ermittlungen abhängt (zB Auskünften anderer Stellen) oder wenn Einwendungen erhoben werden, die nur für künftige Veranlagungszeiträume zu einer niedrigeren Steuer (und entsprechend niedrigeren Vorauszahlungen) führen können.

Kosten und Gebühren

12. Das Verfahren über einen vom Steuerpflichtigen eingelegten **Einspruch** (→ Anm. 18, → Anm. 4–6) ist grds. kostenfrei, weil das Gesetz keine Erstattungsregelung enthält (vgl. Gosch/*Bartone* AO § 367 Rn. 81). Eine **Ausnahme** bildet § 77 EStG: In **Kindergeldsachen** sind bei einem erfolgreichen Einspruch die Kosten der zweckentsprechenden Rechtsverfolgung erstattungsfähig. Die Kosten des Einspruchsverfahrens sind aber erstattungsfähig, wenn ein an das Einspruchsverfahren anschließendes Klageverfahren für den Steuerpflichtigen erfolgreich abgeschlossen wird (→ Form. VII.10 Anm. 10, 12, 14a).

13. Hat der Steuerpflichtige sich im **Einspruchsverfahren** von einer zur Hilfe in Steuersachen befugten Person (§§ 2–4 StBerG), also etwa von einem Rechtsanwalt, Steuerberater oder Wirtschaftsprüfer vertreten lassen, schuldet er diesem – unbeschadet des Fehlens eines Erstattungsanspruchs gegenüber der Finanzbehörde – die gesetzliche oder vereinbarte Vergütung. **Honorarvereinbarungen** sind grds. (§§ 3a–4a RVG, vgl. *Gerold/Schmidt* RVG, 25. Aufl. 2021) zulässig.

14. Da es für das **Einspruchsverfahren** grds. **keine Kostenerstattungspflicht** gibt, kann der Steuerpflichtige uU wegen der ihm erwachsenen Kosten der zweckentsprechenden Rechtsverfolgung einen **Amtshaftungsanspruch** gegen die Behörde bzw. den Staat haben (s. dazu auch LG Hannover NdsRpfl. 1991, 225; LG Duisburg Stbg 1993, Nr. 1; LG Oldenburg 19.1.1993 – 7 O 2998/92; OLG Koblenz Stbg 2004, 41: Haftung wegen Unkenntnis neuer Rspr. des BFH; OLG Düsseldorf NJW 1993, 1210: Haftung wegen mangelnder Aktenkenntnis; Schätzungsbefugnis fehlerhaft ausgeübt: OLG Düsseldorf NVwZ 95, 200 (201); BGHZ 189, 365: Amtshaftungsanspruch eines „erfolglosen Unternehmers" wegen Versagung des Vorsteuerabzugs) einen auf Ersatz der Kosten gerichteten Amtshaftungsanspruch, und zwar sowohl nach deutschem Recht (§ 389 BGB iVm Art. 34 GG) als auch nach Unionsrecht, wenn europarechtliche Rechtspflichten gegenüber dem Steuerpflichtigen verletzt worden sind, zB wenn das FA die Steuer zunächst unter Verletzung seiner Amtsermittlungspflicht unrichtig festgesetzt hat (eingehend zu den einzelnen Fällen jurisPK-BGB/*Zimmerling/Wingler*, 9. Aufl., § 839 Rn. 379 ff.). Ein solcher Anspruch ist freilich nicht gegeben, wenn eine Rechtsmittelfrist versäumt worden ist.

15. Die **gesetzlichen Gebühren für das Einspruchsverfahren** bei Vertretung durch einen **Rechtsanwalt** ergeben sich aus § 2 RVG (Gegenstandswert) iVm dem dem RVG als Anl. 1 beigefügten Vergütungsverzeichnis (VV), und zwar aus Teil 2, Abschn. 3 Nr. 2300–2302 VV. Bei Vertretung im Einspruchsverfahren durch einen **Steuerberater** ergeben sich die Gebühren aus § 40 StBGebV iVm Tabelle E (Anl. 5). Bei Vertretung durch einen **Wirtschaftsprüfer**, der nicht zugleich Rechtsanwalt oder Steuerberater ist, ist mE die Regelung für Rechtsanwälte nach dem RVG entsprechend anzuwenden; das lässt sich aus § 139 Abs. 3 S. 2 FGO folgern.

16. Schließt sich an ein (außergerichtliches) Rechtsbehelfsverfahren (**Einspruch**) ein gerichtliches Verfahren (**Klage**) an, so können auf Antrag nach dessen erfolgreichem Abschluss stets auch die Kosten des außergerichtlichen Rechtsbehelfsverfahrens, soweit es Vorverfahren war, also soweit das ursprüngliche Begehren im gerichtlichen Verfahren weiter verfolgt wurde, als Kosten des Vorverfahrens (§ 139 Abs. 3 S. 3 FGO) erstattet werden; → Form. VII.10 Anm. 10, 15 dort unter a).

17. Gem. §§ 233a, 238 AO sind Erstattungsansprüche des Steuerpflichtigen und Nachzahlungsforderungen des Fiskus betreffend die Einkommen-, Körperschaft-, Umsatz- oder Gewerbesteuer mit 0,5 % je Monat zu verzinsen (sog **Vollverzinsung**; zur Verfassungswidrigkeit → Anm. 9). Der Zinslauf beginnt grds. 15 Monate (bei Überwiegen der Einkünfte aus Land- und Forstwirtschaft (§ 2 Abs. 1 Nr. 1 EStG: 21 Monate) nach Ablauf des Jahres, in dem der Steueranspruch entstanden ist (vgl. § 36 Abs. 1 EStG; § 30 KStG; § 18 GewStG; § 13 UStG). Diese sog Karenzzeit soll gewährleisten, dass keine Zinsen entstehen, bevor – bei normalem Ablauf (fristgerechte Steuererklärung, alsbaldige Veranlagung) – die Steuer fällig ist. Der Zinslauf endet mit der Fälligkeit der Steuerforderung, spätestens aber vier Jahre nach seinem Beginn. Wird **Stundung** oder **AdV** gewährt, ist eine Nachzahlungsforderung in gleicher Höhe zu verzinsen (§§ 234, 237, 238 AO). Wird eine Steuerforderung nicht bei Fälligkeit beglichen, entstehen für jeden Monat der Säumnis (§ 240 AO) **Säumniszuschläge** iHv 1 % des offenen Steuerbetrages. Ob die Verfassungswidrigkeit des Zinssatzes (→ Anm. 9 b) aufgrund des Zinsanteils in den Säumniszuschlägen auch auf diese durchschlagen, ist derzeit Gegenstand eines Verfahrens vor dem BFH (Az. VII R 55/20). Bei **Prozesszinsen** auf Erstattungsforderungen beginnt der Zinslauf mit der Rechtshängigkeit (vgl. § 236 AO). Zinsen nach § 233a AO werden auf Prozesszinsen angerechnet (§ 236 Abs. 4 AO). Die Berechnung der Zinsen kann, namentlich wenn Bescheide wiederholt geändert werden, komplizierte Berechnungen erfordern.

Zinsen, die gezahlt oder erstattet werden sollen, werden durch Bescheid, der grds. mit dem Bescheid über die Steuerfestsetzung verbunden wird, festgesetzt (§ 239 AO). Gegen den Zinsbescheid ist der Einspruch gegeben (§ 347 Abs. 1 Nr. 1 AO 1); ist der Zinsbescheid von einer Gemeindebehörde erlassen worden, ist der Widerspruch gegeben (§ 68 VwGO) und der weitere Rechtsweg zu den Verwaltungsgerichten eröffnet.

Fristen und Rechtsmittel

18. Der Einspruch ist nach § 347 Abs. 1 S. 1 Nr. 1 AO gegen alle mit der Verwaltung von Steuern zusammenhängenden Verwaltungsakte gegeben. Dies sind Verwaltungsakte, die Steuern, Steuervergütungen, Steuererstattungen Einfuhr – und Ausfuhrabgaben und Zölle betreffen, soweit sie durch Bundesrecht oder EU-Recht geregelt sind und der Verwaltung durch Bundes- oder Landesfinanzbehörden unterliegen, ferner für Steuervergütungen Zulagen und Prämien (zB Kindergeld § 31 S. 3 EStG) soweit das Verfahrensrecht der AO für entsprechend anwendbar erklärt ist. Dazu gehören vor allen Dingen die Veranlagungssteuern (Einkommensteuer, Körperschaftsteuer, Gewerbesteuer, Umsatzsteuer und das Kindergeld). → Anm. 2–7, → Anm. 9.

Bleibt der Einspruch ganz oder teilweise erfolglos, kann gegen die Einspruchsentscheidung binnen eines Monats seit ihrer Bekanntgabe Klage zu dem örtlich zuständigen FG erhoben werden (§ 47 Abs. 1 FGO); → Form. VII.10 ff). Fehlt der schriftlichen Einspruchsentscheidung die vorgeschriebene Rechtsmittelbelehrung (§ 55 Abs. 1 FGO), verlängert sich die Frist zur Erhebung der Klage auf ein Jahr ab Bekanntgabe oder Zustellung der Einspruchsentscheidung.

2. Einspruch gegen einen Bescheid über gesonderte und einheitliche Feststellung von Einkünften einer (gewerblich tätigen) Mitunternehmerschaft verbunden mit einem Antrag auf Aussetzung der Vollziehung unter Ausschluss von Sicherheitsleistung

An das Finanzamt . . . . (Ort), ... (Datum)

in . . . . .

Betriff: Steuernummer und Identifikationsnummer.[1] . . . . (und Firma bzw. die Namen der Mitunternehmer)

Bezug: Feststellungsbescheid für 20 . . . . . vom (Datum des Bescheids); zugegangen[2] am . . . . . (Datum des Eingangs des Bescheids)

Sehr geehrte Damen, sehr geehrte Herren!

I. Namens und in Vollmacht[3] der A-KG, vertreten durch ihren persönlich haftenden Gesellschafter A,[4] lege ich gegen den oben bezeichneten Feststellungsbescheid[5] Einspruch[6, 7] ein. Ich beantrage, den Gewinn um . . . . . EUR niedriger festzustellen.

Begründung:[8]

Die A-KG ist Eigentümerin eines Grundstücks in . . . . . Sie beabsichtigte auf dem Grundstück ein Lagerhaus nach den Plänen des Architekten M zu errichten. Als die Planung nahezu abgeschlossen war, ergab sich die Notwendigkeit, die ursprüngliche Planung aufzugeben. Es wurde nach gänzlich anderen Plänen des Architekten N ein Kühlhaus errichtet. Die Kosten der ursprünglichen Planung sind demzufolge als sofort abzugsfähige Aufwendungen zu behandeln. Das FA hat diese Besonderheit verkannt und die Kosten der Planung des Lagerhauses als Teil der Herstellungskosten des Kühlhauses angesehen. Der Gewinn ist infolgedessen zu hoch festgestellt worden. Die Gewinnminderung ergibt sich nach Ausgleich mit der AfA-Ermäßigung von . . . . . EUR mit . . . . . EUR.

II. Es wird ferner beantragt, die Vollziehung des angefochtenen Feststellungsbescheids 20 . . . . . insoweit auszusetzen,[9] als der Gewinn höher als . . . . . EUR festgestellt worden ist, und die Aussetzung der Folgebescheide nicht von Sicherheitsleistungen abhängig zu machen.[10]

Begründung:

Ernstliche Zweifel an der Rechtmäßigkeit des angefochtenen Feststellungsbescheids 20 . . . . . bestehen insoweit, als der Gewinn wegen der Behandlung der Kosten der Fehlplanung des Lagerhauses als Teil der Herstellungskosten des Kühlhauses zu hoch angesetzt worden ist.

Mit freundlichen Grüßen

Unterschrift[11, 12]

Anmerkungen

1. → Form. VII.1 Anm. 4.

2. → Form. VII.1 Anm. 1. Wegen der Bekanntgabe von Feststellungsbescheiden, die die Mitglieder einer Personengesellschaft betreffen, s. insb. BMF BStBl. I 1991, 398 unter 2.5; vgl. auch DWS AO-HdB 2021, AEAO § 122 Rn. 20 unter 2.5.

3. → Form. VII.1 Anm. 2.

4. Nach § 352 Abs. 1 AO (§ 48 Abs. 1 FGO) darf einen einheitlichen (§ 179 Abs. 2 AO 1977) **Feststellungsbescheid** über Einkünfte aus Gewerbebetrieb (grds.) nur der (die) zur Geschäftsführung befugte(n) Mitunternehmer (mit Einspruch und/oder Klage) anfechten, sofern nicht darum gestritten wird, wer an den festgestellten Einkünften beteiligt ist und wie diese sich auf die einzelnen Mitunternehmer verteilen, oder der Streit über Fragen geführt wird, die einen Mitunternehmer persönlich angehen (zB Sondervergütungen für im Interesse der Mitunternehmerschaft ausgeführte Tätigkeiten, § 15 Abs. 1 Nr. 2 EStG). Einzelheiten sind streitig (vgl. Kühn/v. Wedelstädt/*Bartone* FGO § 48 Rn. 2; Tipke/Kruse/*Brandis* FGO § 48 Rn. 10–17). Ausgeschiedene Gesellschafter sind für den Zeitraum, in dem sie beteiligt waren, daneben persönlich klagebefugt (BFH BStBl. II 1981, 33; BStBl. II 2004, 359); das gilt auch, wenn die Gesellschaft wegen Vermögenslosigkeit im Handelsregister gelöscht worden ist (BFH BeckRS 1988, 22008751; BFH BeckRS 2005, 25009272).

5. Bescheide über gesonderte Feststellung von Einkünften (§ 2 EStG) sind **Grundlagenbescheide** (§ 171 Abs. 10 AO). Die – eine Ausnahme vom Grundsatz des § 157 Abs. 2 AO bildende – gesonderte Feststellung ist in den §§ 179 ff. AO geregelt. Ihre wesentliche Bedeutung besteht darin, als bindende Grundlage für Folgebescheide (zB über Einkommensteuer) zu dienen (§ 182 AO). Bei der gesonderten und einheitlichen Feststellung wird über die Art der Einkünfte entschieden, ihre Abgrenzung (zB Sonderbetriebsausgaben, laufender Gewinn oder Veräußerungsgewinn), die Höhe der Einkünfte und darüber, wer an den Einkünften beteiligt ist (= sie bezogen hat) und wie sie auf die Beteiligten zu verteilen sind. Auch die Verluste, an denen mehrere Personen beteiligt sind oder solche, die nicht im Entstehungsjahr ausgeglichen werden können, sind gesondert festzustellen (§ 10d Abs. 4 S. 1 EStG; § 180 Abs. 1 Nr. 2a u. 2b AO; vgl. Koenig, 4. Aufl. 2021, AO § 180 Rn. 13).

6. Nach § 181 Abs. 1 S. 1 AO sind auf die gesonderte Feststellung von Besteuerungsgrundlagen die Vorschriften über die Steuerfestsetzung entsprechend anwendbar. **Feststellungsbescheide** ergehen daher ebenfalls grds. schriftlich (§ 157 Abs. 1 AO). Auch die sonstigen für das Besteuerungsverfahren geltenden **Verfahrensvorschriften** der AO, insb. bzgl. der Anfechtung, sind im Feststellungsverfahren anwendbar (→ Form. VII.1 Anm. 2–6). Nach § 357 Abs. 2 S. 2 AO kann der Einspruch gegen einen Bescheid, mit dem Besteuerungsgrundlagen festgestellt oder ein Messbetrag festgesetzt wird, auch bei dem für den Erlass des Steuerbescheids (Folgebescheids) zuständigen FA eingelegt werden.

7. Werden Einkünfte gesondert festgestellt, so kann die darauf beruhende Steuerfestsetzung, dh der Folgebescheid, nicht mit der Begründung angefochten werden, die gesonderte Feststellung sei unrichtig. Will der an den gesondert festgestellten Einkünften Beteiligte das geltend machen, kann dies nur durch Anfechtung des Feststellungsbescheids (**Grundlagenbescheids**) geschehen (§ 351 Abs. 2 AO; vgl. § 42 FGO); Koenig/*Cöster*, 4. Aufl. 2021, AO § 351 Rn. 33; Kühn/v. Wedelstädt/*Hardtke* AO § 351 Rn. 2, 12 ff.).

Der Einspruch gegen einen Einkünftefeststellungsbescheid bewirkt nicht, dass Folgebescheide nicht erlassen werden dürften (§ 361 Abs. 1 S. 2 AO). Ergangene Folgebescheide sind auch vollziehbar (→ Anm. 9); der Einspruch hat also grds. keinen Suspensiveffekt, ausgenommen in den Fällen des § 361 Abs. 4 AO.

8. Wegen der materiell-rechtlichen Beurteilung des Beispielsfalles vgl. BFH BStBl. I 1976, 614; s. ferner Beschluss des Großen Senats des BFH BStBl. II 1978, 620; BStBl. II 1984, 303 (306); Schmidt/*Krüger*, EStG, 40. Aufl. 2021, EStG § 9 Rn. 46–48; Schmidt/*Kulosa*, EStG, 40. Aufl. 2021, EStG § 6 Rn. 208, 211–217).

9. Wird die **AdV eines Grundlagenbescheides** (zB eines „Gewinnfeststellungsbescheides“) ausgesprochen, so sind auf diesem beruhende Folgebescheide (zB Einkommensteuerbescheid eines Mitunternehmers) auszusetzen, ohne dass dazu ein weiterer Antrag des

Steuerpflichtigen erforderlich wäre (§ 361 Abs. 3 S. 1 AO). Ein Antrag auf AdV des Folgebescheids trägt aber uU zur Beschleunigung bei; zur Begründung genügt der Hinweis auf § 361 Abs. 3 S. 1 AO und auf die AdV des Grundlagenbescheids. Soweit also Einkünfte gesondert festgestellt werden, kann AdV der darauf zu entrichtenden Steuern grds. nur durch AdV der jeweiligen Grundlagenbescheide erreicht werden. Nach § 357 Abs. 2 S. 2 AO kann AdV hinsichtlich des Grundlagenbescheids auch bei dem für den Erlass des Steuerbescheids zuständigen FA gestellt werden kann (→ Anm. 5). Wegen der Rechtsbehelfe bei Ablehnung eines Aussetzungsantrags → Form. VII.1 Anm. 10.

Ein Antrag auf Stundung (→ Form. VII.1 Anm. 10) der durch einen Folgebescheid festgesetzten Steuer ist nicht an das FA zu richten, das den Feststellungsbescheid erlassen hat, sondern an das Veranlagungsfinanzamt. Der Stundungsantrag kann daher nicht wie in → Form. VII.1 mit dem Einspruch und dem Aussetzungsantrag verbunden werden.

10. Beruht ein Steuerbescheid auf einem Grundlagenbescheid (→ Anm. 4), so hat die AdV des Grundlagenbescheides zur Folge, dass auch die Vollziehung des Folgebescheids ausgesetzt werden muss (→ Anm. 8). Die Entscheidung über Sicherheitsleistung trifft allein die für den Erlass der Folgebescheide zuständige Behörde, wenn nicht bei der Entscheidung über die Aussetzung der Vollziehung des Grundlagenbescheids Sicherheitsleistung im Rahmen der Aussetzung der Vollziehung des Folgebescheids ausgeschlossen worden ist (vgl. § 361 Abs. 3 S. 3 AO; BFH BStBl. II 1979, 666; BFH DStR 2000, 1600; Koenig/*Cöster*, 4. Aufl. 2021, AO § 361 Rn. 142). Wird Aussetzung der Vollziehung gegen Sicherheitsleistung gewährt, liegt darin eine **aufschiebende Bedingung**, so dass die Aussetzung der Vollziehung erst wirksam wird, wenn die Sicherheit geleistet worden ist. Die Entscheidung über die Erforderlichkeit einer Sicherheitsleistung kann zusammen mit der Entscheidung über die Aussetzung der Vollziehung mit dem Einspruch angefochten werden. Ferner kann ein **Antrag auf AdV** an das Gericht der Hauptsache, also das örtlich zuständige FG oder ggf. an den BFH, gem. § 69 Abs. 3 oder 5 FGO gerichtet werden (→ Form. VII.11).

Kosten und Gebühren

11. → Form. VII.1. Anm. 12–17. Zinsfolgen löst die Feststellung von Einkünften nicht aus. Diese ergeben sich für den/die Steuerpflichtigen allein nach Maßgabe der von ihnen nachzuzahlenden bzw. ihnen zu erstattenden Steuer gem. § 233a AO. Entsprechendes gilt auch bei AdV des Grundlagenbescheids.

Fristen und Rechtsmittel

12. Bescheide über die gesonderte Feststellung von Einkünften sind Grundlagenbescheide (§ 171 Abs. 10 AO). Auf sie finden die Vorschriften über Steuerbescheide entsprechende Anwendung (§ 181 Abs. 1 AO; → Anm. 4). Wegen Voraussetzungen, unter denen Feststellungsbescheide angefochten werden können, gelten daher die Ausführungen zu → Form. VII.1 Anm. 2–6, 9 entsprechend. Wegen der subjektiven Anfechtungsberechtigung und zum Verhältnis zu Folgebescheiden → Anm. 3–6.

Bleibt der Einspruch ganz oder teilweise erfolglos, kann Klage erhoben werden; → Form. VII.1 Anm. 18.

3. Einspruch gegen einen Bescheid über gesonderte und einheitliche Feststellung von Einkünften einer freiberuflichen Mitunternehmerschaft

An das Finanzamt . . . . (Ort), ... (Datum)

in . . . . .

Betrifft: Steuernummer und Identifikationsnummer.[1]. . . . . (und Namen der freiberuflichen Mitunternehmer)

Bezug: Feststellungsbescheid für 20 . . . . . vom . . . . . (Datum des Bescheids); zugegangen[2] am . . . . . (Datum des Eingangs des Bescheids)

Sehr geehrte Damen, sehr geehrte Herren!

I. Namens und in Vollmacht[3] des Prüfingenieurs für Baustatik P lege ich gegen den oben bezeichneten Feststellungsbescheid[4] Einspruch[5, 6] ein. Ich beantrage, den Gesamtgewinn der Sozietät und den Gewinnanteil des Herrn P um . . . . . EUR niedriger festzustellen.

Begründung:[7]

P ist im Verlaufe des Jahres, für den der Feststellungsbescheid ergangen ist, in die Sozietät der Prüfingenieure eingetreten. Wegen des Eintritts in die Sozietät musste er seinen Wohnsitz von A-stadt nach B-stadt, dem Niederlassungsort der Sozietät, verlegen. Die ihm dadurch entstandenen Umzugskosten von . . . . . EUR sind in der Buchführung des Betriebes nicht erfasst und dadurch versehentlich nicht als Betriebsausgaben geltend gemacht worden.

II. Es wird ferner beantragt, die Vollziehung des angefochtenen Bescheides auszusetzen,[8] soweit darin ein zu hoher Gesamtgewinn und ein zu hoher Gewinnanteil des Herrn P festgestellt ist.

Begründung:

Gegen die Rechtmäßigkeit des angefochtenen Bescheides bestehen insoweit ernstliche Zweifel, als unter Feststellung eines zu hohen Gesamtgewinns ein zu hoher Gewinnanteil für Herrn P festgestellt worden ist.

Mit freundlichen Grüßen

Unterschrift[9, 10]

Anmerkungen

1. → Form. VII.1 Anm. 4 S. 1.

2. → Form. VII.1 Anm. 1.

3. → Form. VII.1 Anm. 2.

4. → Form. VII.2 Anm. 5.

5. → Form. VII.2 Anm. 4. § 352 AO bzw. § 48 FGO sehen grds. eine Beschränkung der Einspruchs- bzw. Klagebefugnis auf vertretungsbefugte zur Geschäftsführung berufene Personen vor. Erheben sie als solche Einspruch oder Klage, geschieht dies für die Gesellschaft oder Gemeinschaft (vgl. Koenig/*Cöster,* 4. Aufl. 2021, AO § 9 Rn. 16 ff.). Im Beispielsfall ergibt sich die Anfechtungsbefugnis des (freiberuflichen) Mitunternehmers aus § 352 Abs. 1 Nr. 5 AO bzw. § 48 Abs. 1 Nr. 5 FGO.

Nach § 357 Abs. 2 S. 2 AO kann der Einspruch gegen einen Bescheid, mit dem Besteuerungsgrundlagen festgestellt oder ein Messbetrag festgesetzt wird, auch bei dem für den Erlass des Steuerbescheids (Folgebescheids) zuständigen (Veranlagungs-)Finanzamt eingelegt werden (→ Form. VII.2 Anm. 6).

6. → Form. VII.2 Anm. 6, 7.

7. Zur materiell-rechtlichen Beurteilung des Beispielsfalles vgl. die BFH-Urteile BStBl. II 1975, 327; BStBl. II 1992, 494; FG München BeckRS 2015, 95446.

8. → Form. VII.2 Anm. 9.

Kosten und Gebühren

9. → Form. VII.1 Anm. 12–17; → Form. VII.2 Anm. 11.

Fristen und Rechtsmittel

10. → Form. VII.1 Anm. 18; → Form. VII.2 Anm. 12. Bescheide zur gesonderten Feststellung freiberuflicher Einkünfte sind nach dem für die Anfechtung von Steuerbescheiden geltenden Vorschriften anfechtbar (→ Form. VII.2 Anm. 4–7). Jedoch ist jeder an den Einkünften Beteiligte anfechtungsberechtigt (→ Anm. 5).

Bleibt der Einspruch ganz oder teilweise erfolglos, kann gegen die Einspruchsentscheidung binnen eines Monats seit ihrer Bekanntgabe (§ 47 Abs. 1 FGO) Klage zu dem örtlich zuständigen FG erhoben werden; → Form. VII.10 ff.

4. Einspruch gegen einen Grunderwerbsteuerbescheid

An das Finanzamt . . . . (Ort), ... (Datum)

in . . . . .

Betrifft Grunderwerbsteuerliste Nr. . . . . .

Bezug: Grunderwerbsteuerbescheid vom . . . . . . (Datum des Bescheids); zugegangen[1] am . . . . . . (Datum des Eingangs des Bescheids)

Sehr geehrte Damen, sehr geehrte Herren!

Namens und in Vollmacht[2] des . . . . . lege ich gegen den oben bezeichneten Bescheid Einspruch[3] ein. Ich beantrage, die Grunderwerbsteuerfestsetzung aufzuheben.[4]

Begründung:[5]

Der Kläger blieb im Versteigerungstermin vom . . . . . . mit einem Bargebot von 1.185.000 EUR Meistbietender bei der Zwangsversteigerung des Grundstücks in . . . . . . Grundbuch von . . . . . . Band . . . . . . Blatt . . . . . . Ihm wurde durch Beschluss des Versteigerungsgerichts vom . . . . . . der Zuschlag erteilt; Rechte blieben nicht bestehen. Das Finanzamt setzte mit dem angefochtenen Bescheid gegen den Kläger aus seinem Meistgebot 3,5 %[6] Grunderwerbsteuer zum Betrag von 41.475 EUR fest. Dagegen richtet sich der Einspruch.

Das Zwangsversteigerungsverfahren war auf Antrag der in Abteilung III Nr. 1 des Grundbuchs eingetragenen Grundpfandgläubigerin, für die eine Grundschuld von 1 Million EUR eingetragen war, durch Beschl. v. . . . . . . angeordnet worden. Der Verkehrswert des Grundstücks war auf 1.780.000 EUR festgestellt. Der Kläger war nicht in der Lage, das Bargebot nebst Zinsen zu erbringen (vgl. § 49 Zwangsversteigerungsgesetz), da ihm gegebene Kreditzusagen nicht eingehalten wurden. Deshalb hat die betreibende

Gläubigerin nach zwei Monaten die Wiederversteigerung beantragt (§ 118 Abs. 2 Zwangsversteigerungsgesetz). Das Versteigerungsgericht ist dem Antrag gefolgt. Ein Dritter hat das Grundstück inzwischen ersteigert und ist nunmehr dessen Eigentümer.

Im Hinblick auf die Wiederversteigerung hat zwar der frühere Eigentümer das Eigentum an dem Grundstück nicht wiedererlangt, aber durch die Abgabe des Meistgebotes bei der rechtzeitig beantragten Wiederversteigerung ist der Erwerb des Klägers rückgängig gemacht worden. Nur diese Auslegung entspricht dem Sinn und Zweck des § 16 Abs. 2 Nr. 3 GrEStG.

Mit freundlichen Grüßen

Unterschrift[7, 8]

Anmerkungen

1. → Form. VII.1 Anm. 1.

2. Wegen der Möglichkeiten zur Vertretung im Einspruchsverfahren → Form. VII.1 Anm. 2.

3. Wegen der bei der Einlegung des Einspruchs zu beachtenden Besonderheiten → Form. VII.1 Anm. 2–6, 8, 9.

4. Daneben kann AdV beantragt werden. Dies kann, wie unter → Form. VII.1. (→ Form. VII.1 Anm. 9 c) vorgeschlagen, zusammen mit dem Einspruch geschehen. Zur Begründung kann auf die Ausführungen zur Begründung des Einspruchs Bezug genommen werden.

5. Zur materiell-rechtlichen Beurteilung des Beispielfalles vgl. BFH BStBl. II 1989, 150; Boruttau/*Loose,* 19. Aufl. 2018, GrEStG § 16 Rn. 178.

6. Die Bundesländer haben ab 1.9.2006 die Befugnis zur Bestimmung des Steuersatzes (Art. 105 Abs. 2a GG; Gesetz v. 28.6.2006, BGBl. I 2034). Seither sind die Steuersätze der Grunderwerbsteuer erheblich gestiegen und uneinheitlich.

Kosten und Gebühren

7. → Form. VII.1 Anm. 12–17.

Fristen und Rechtsmittel

8. → Anm. 3.; → Form. VII.1 Anm. 18, Bleibt der Einspruch ganz oder teilweise erfolglos, kann gegen die Einspruchsentscheidung binnen eines Monats seit ihrer Bekanntgabe (§ 47 Abs. 1 FGO) Klage zu dem örtlich zuständigen FG erhoben werden (→ Form. VII.10 ff.).

5. Einspruch gegen einen Erbschaftsteuerbescheid

An das Finanzamt . . . . (Ort), ... (Datum)

in . . . . .

Betrifft: Steuernummer . . . . .; . . . . . (Name, Todestag und letzter Wohnsitz des Erblassers); Frau A (Name und Anschrift des Erben bzw. sonstigen Zuwendungsempfängers)

Bezug: Erbschaftsteuerbescheid vom . . . . . (Datum des Bescheids); zugegangen[1] am . . . . . (Datum des Eingangs des Bescheids)

Sehr geehrte Damen, sehr geehrte Herren!
Namens und in Vollmacht[2] der Frau A lege ich gegen den oben bezeichneten Erbschaftsteuerbescheid Einspruch[3] ein. Ich beantrage, die Erbschaftsteuer auf . . . . EUR herabzusetzen.[4]

Begründung:[5]

Die Einspruchsführerin, Frau A, ist Nacherbin ihres am . . . . . verstorbenen Vaters; Vorerbin ist ihre Mutter. Noch innerhalb der Ausschlagungsfrist vereinbarten Frau A und ihre Mutter in einem notariell beurkundeten Vertrag vom . . . . ., dass Frau A ihr Nacherbenanwartschaftsrecht auf ihre Mutter überträgt. Dafür hatte die Mutter an Frau A . . . . . EUR aus dem Nachlass zu zahlen.
Das FA hat Frau A wegen des in der Zahlung liegenden Erwerbs gem. § 1 Abs. 1 Nr. 1, § 3 Abs. 2 Nr. 6 ErbStG zur Erbschaftsteuer herangezogen. Dagegen werden dem Grunde nach Einwendungen nicht erhoben. Das FA hat aber nicht berücksichtigt, dass die Steuer sich nach § 27 Abs. 1 ErbStG ermäßigte. Nach § 3 Abs. 2 Nr. 6 ErbStG gilt als vom Erblasser zugewendet auch, was als Entgelt für die Übertragung des Nacherbenanwartschaftsrechts gewährt wird. Diese gesetzliche Fiktion ist auch bei der Anwendung des § 27 Abs. 1 ErbStG zu beachten. Die gegen Frau A festgesetzte Erbschaftsteuer ist daher herabzusetzen. Die weiteren Voraussetzungen des § 27 ErbStG liegen vor.
Mit freundlichen Grüßen
Unterschrift[6, 7]

Anmerkungen

1. → Form. VII.1 Anm. 1.

2. Wegen der Möglichkeit zur Vertretung im Einspruchsverfahren → Form. VII.1 Anm. 2.

3. Wegen der bei der Einlegung des Einspruchs zu beachtenden Besonderheiten → Form. VII.1 Anm. 2–6, 8, 9.

4. Daneben kann AdV beantragt werden. Dies kann, → Form. VII.1 unter II. vorgeschlagen, zusammen mit dem Einspruch geschehen, so dass es wegen der Möglichkeit, auf die Begründung des Einspruchs Bezug zu nehmen, keiner selbständigen Begründung des Aussetzungsantrags bedarf; → Form. VII.1 Anm. 9a).

5. Zur materiell-rechtlichen Beurteilung des Beispielsfalles vgl. BFH BStBl. II 1980, 46.

Kosten und Gebühren

6. → Form. VII.1 Anm. 12–17.
Die Regelung über die Vollverzinsung entstandener Steuerforderungen nach § 233a AO gilt nicht für die Erbschaftsteuer (§ 233a Abs. 1 S. 1 AO).

Fristen und Rechtsmittel

7. → Form. VII.1 Anm. 18. Bleibt der Einspruch ganz oder teilweise erfolglos, kann gegen die Einspruchsentscheidung binnen eines Monats seit ihrer Bekanntgabe (§ 47 Abs. 1 FGO) Klage zu dem örtlich zuständigen FG erhoben werden (→ Form. VII.10 ff.).

6. Einspruch gegen Abhilfebescheid

An das Finanzamt . . . . (Ort), ... (Datum)
in . . . . .

Betrifft: Steuernummer und Identifikationsnummer[1]. . . . .; . . . . . (Name des Steuerpflichtigen)
Bezug: Änderungsbescheid vom . . . . . (Datum des Bescheids); zugegangen[2] am . . . . . (Datum des Eingangs des Bescheids)

Sehr geehrte Damen, sehr geehrte Herren!
Namens und in Vollmacht[3] des . . . . . lege ich gegen den oben bezeichneten Einkommensteuerbescheid in Gestalt des oa Änderungsbescheides[4] Einspruch[5] ein. Ich beantrage, die Einkommensteuer auf . . . . . EUR herabzusetzen.

Begründung:[6]

Der Einspruch richtet sich gegen den Änderungsbescheid, mit dem dem ursprünglichen Einspruch in vollem Umfang stattgegeben worden ist. Dies steht dem neuerlichen Einspruch gegen den Änderungsbescheid nicht entgegen, weil das ursprüngliche Einspruchsverfahren nicht mit einer Einspruchsentscheidung beendet worden ist (§ 367 Abs. 2 S. 3, § 348 Nr. 1 AO).
Bei einem Beratungsgespräch mit dem Steuerpflichtigen hat sich nachträglich herausgestellt, dass dieser im Jahre 2019 den Garten seines Geschäftshauses[5] von einem selbstständigen Gärtner hat pflegen lassen. Für diese Arbeiten hat der Steuerpflichtige 10.000 EUR bezahlt; die Quittungen des Empfängers sind beigefügt.[7] Es wird beantragt, die festgesetzte Einkommensteuer um 1.200 EUR herabzusetzen.
Um diese Herabsetzung verfahrensrechtlich zu ermöglichen, war der neuerliche Einspruch erforderlich und ist nicht mutwillig; eine unmittelbare Klage wäre insoweit unzulässig, weil es dann an dem erforderlichen Vorverfahren fehlen würde (§ 44 Abs. 1 FGO).
Mit freundlichen Grüßen
Unterschrift[8, 9]

Anmerkungen

1. → Form. VII.1 Anm. 4 S. 1.

2. → Form. VII.1 Anm. 1.

3. → Form. VII.1 Anm. 2.

4. → Form. VII.1 Anm. 5.

5. → Form. VII.1 Anm. 3–6, 8–10.

6. Die Begründung für den **Einspruch** entspricht dem Urteil des BFH BStBl. II 2007, 736, BeckRS 2007, 24002958. Der neuerliche Einspruch wäre nur dann nicht zulässig gewesen, wenn der ursprüngliche Einspruch ausdrücklich auf bestimmte Streitpunkte beschränkt gewesen wäre.

Nicht neuerlicher Einspruch, sondern **Klage** wäre geboten, wenn das FA dem Einspruchsbegehren durch eine Einspruchsentscheidung entsprochen hätte, wie es nach § 367 Abs. 2 S. 3 AO möglich gewesen wäre.

7. Zur Abzugsfähigkeit der geltend gemachten Kosten s. § 4 Abs. 4 EStG. Bei privaten Hausgärten können lediglich die Handwerkerkosten (Arbeitszeitvergütungen) nach Maßgabe des § 35a Abs. 2 EStG abgezogen werden.

Kosten und Gebühren

8. → Form. VII.1 Anm. 12–17.

Fristen und Rechtsmittel

9. → Form. VII.1 Anm. 3–6, 9, 18. Bleibt der Einspruch ganz oder teilweise erfolglos, kann gegen die Einspruchsentscheidung binnen eines Monats seit ihrer Bekanntgabe (§ 47 Abs. 1 FGO) Klage zu dem örtlich zuständigen FG erhoben werden (→ Form. VII.10 ff.).

7. Einspruch gegen Haftungsbescheid („Betriebsübernahme")

An das Finanzamt . . . . (Ort), ... (Datum)

in . . . . .

Betrifft: Steuernummer und Identifikationsnummer.[1] . . . . ; . . . . . (Name des Inanspruchgenommenen)

Bezug: Haftungsbescheid vom . . . . . (Datum des Bescheids); zugegangen[2] am . . . . . (Datum des Eingangs des Bescheids)

Sehr geehrte Damen, sehr geehrte Herren!
Namens und in Vollmacht[3] des . . . . . lege ich gegen den oben bezeichneten Haftungsbescheid[4] Einspruch[5] ein. Ich beantrage, den Haftungsbescheid aufzuheben.

Begründung:[6]

Die Gesellschafter der A GmbH & Co KG haben ihre Anteile auf Grund Vertrages vom . . . . . 20 . . . . . gegen Entgelt übertragen, und zwar die GmbH an B und die Kommanditisten an C und D. Die neuen Gesellschafter führen das Unternehmen unter der bisherigen Firma fort. Zu Unrecht hat das FA in der entgeltlichen Übertragung aller Anteile an der Gesellschaft eine Übereignung des Unternehmens im Ganzen iSd § 75 Abs. 1 S. 1 AO erblickt und die Anteilserwerber wegen rückständiger Betriebssteuern aus der Zeit vor der Anteilsübertragung in Haftung genommen. Die Übertragung aller Anteile an einer Personenhandelsgesellschaft lässt die Identität des Unternehmensinhabers, der Gesellschaft, unberührt; deshalb liegt kein Erwerb des Unternehmens im Ganzen vor.

Mit freundlichen Grüßen

Unterschrift[7, 8]

Anmerkungen

1. → Form. VII.1 Anm. 4 S. 1.

2. → Form. VII.1 Anm. 1.

3. Wegen der Möglichkeiten zur Vertretung im Einspruchsverfahren → Form. VII.1 Anm. 2.

4. Die steuerrechtlichen Haftungstatbestände sind in den §§ 69–77 AO nicht abschließend geregelt; sie sind zum Teil auch in den Einzelsteuergesetzen enthalten. Das zuständige FA erlässt, wenn es die Voraussetzungen einer Haftung für fremde Steuerschuld für gegeben erachtet, einen Haftungsbescheid (§ 191 Abs. 1, 3 AO). Das gilt auch, wenn die Haftung auf außersteuerrechtlichen Normen beruht (§ 191 Abs. 4 AO), zB auf § 25 HGB (vgl. zu den zivilrechtlichen Haftungstatbeständen Tipke/Kruse/*Loose* AO Vor § 69 Rn. 22 ff.). Wenn die Haftung vertraglich übernommen wurde, darf das FA keinen Haftungsbescheid erlassen (§ 192 AO); in solchen Fällen ist, wenn der Haftende die Leistung verweigert, das FA darauf verwiesen, Klage vor einem Zivilgericht zu erheben.

Für Erlass und Änderung von Haftungsbescheiden gelten nicht die für den Erlass und die Abänderung von Steuerbescheiden geltenden Vorschriften, sondern die des Dritten Teils der AO, insb. §§ 130, 131 ff. AO (Gosch/*Jatzke* AO § 191 Rn. 50; Tipke/Kruse/*Loose* AO § 191 Rn. 122).

5. Die schriftlich zu erteilenden Haftungsbescheide (§ 191 Abs. 1 S. 2 AO) werden mit dem Einspruch angefochten (§ 348 Abs. 1 Nr. 4 AO), so dass wegen der bei ihrer Anfechtung zu beachtenden Besonderheiten auf → Form. VII.1 Anm. 3–6, 8, 9 Bezug genommen werden kann.

6. Zur materiell-rechtlichen Beurteilung des Beispielsfalles vgl. BGHZ 44, 229; Urteil des NdsFG EFG 1977, 452; BFH BStBl. II 1977, 654; BStBl. II 1980, 329; DStR 1993, 317 unter 3d.

Kosten und Gebühren

7. → Form. VII.1 Anm. 12–17.

Die Regelung über die Vorfälligkeitsverzinsung gem. § 233a AO gilt nicht für Haftungsansprüche (§ 233a Abs. 1 S. 1 AO). Auch entstehen keine Prozesszinsen gem. § 236 AO (Tipke/Kruse/*Loose* AO § 236 Rn. 4) und keine Aussetzungszinsen gem. § 237 AO

(Tipke/Kruse/*Loose* AO § 237 Rn. 3), wohl aber Säumniszuschläge gem. § 240 AO (Tipke/Kruse/*Loose* AO § 240 Rn. 10).

Fristen und Rechtsmittel

8. → Anm. 5, → Form. VII.1 Anm. 18. Bleibt der Einspruch ganz oder teilweise erfolglos, kann gegen die Einspruchsentscheidung binnen eines Monats seit ihrer Bekanntgabe (§ 47 Abs. 1 FGO) Klage zu dem örtlich zuständigen FG erhoben werden (→ Form. VII.10 ff.).

8. Einspruch gegen die Ablehnung eines Erlassantrags

An das Finanzamt.[1] . . . . (Ort), ... (Datum)

in . . . .
Betrifft: Steuernummer und Identifikationsnummer.[2] . . . . .; A (Name des Steuerpflichtigen)

Bezug: Bescheid vom . . . . . (Datum des Bescheids) über die Ablehnung des Erlassantrags vom . . . . .; zugegangen[3] am . . . . . (Datum des Eingangs des Bescheids)

Sehr geehrte Damen, sehr geehrte Herren!
Namens und in Vollmacht[4] des A lege ich gegen die Ablehnung des Erlassantrags vom . . . . . durch den oben bezeichneten Bescheid Einspruch[5] ein. Ich beantrage, dem Erlassantrag zu entsprechen.

Begründung:[6]

A hatte gegen den Einkommensteuerbescheid für 20 . . . . . Einspruch eingelegt und beim FA Aussetzung der Vollziehung in Höhe der erstrebten Steuerherabsetzung beantragt. Das FA lehnte den Aussetzungsantrag ab; der sodann an das FG gerichtete Antrag hatte (ab Antragstellung) Erfolg. Der BFH hat auf die vom Finanzgericht wegen grundsätzlicher Bedeutung zugelassene Beschwerde des FA die Aussetzungsentscheidung des FG aufgehoben. Das FA verlangt die Entrichtung von Säumniszuschlägen ab Fälligkeit. Den oben bezeichneten Antrag auf Erlass der Säumniszuschläge hat es abgelehnt. Dagegen richtet sich der Einspruch.
Die Ablehnung des Erlasses der Säumniszuschläge war ermessensfehlerhaft, da A, solange der Aussetzungsbeschluss des FG bestand (und noch nicht aufgehoben worden war), nicht verpflichtet war, die festgesetzte Steuer auch insoweit zu entrichten, als er die Aussetzung der Vollziehung des angefochtenen Einkommensteuerbescheides beantragt hatte. Zwar wurde der Aussetzungsbeschluss des FG mit Wirkung für die Vergangenheit aufgehoben. Das beseitigte aber nicht die Wirkungen, die er während der Dauer seines Bestehens erzeugt hat.
Mit freundlichen Grüßen
Unterschrift[7, 8]

Anmerkungen

1. Der Einspruch ist an die Finanzbehörde zu richten, deren Entscheidung (Verwaltungsakt, § 118 AO) angefochten werden soll.

2. → Form. VII.1 Anm. 4 S. 1.

3. Schriftlich ergehende Verwaltungsakte werden nach § 122 AO bekannt (→ Form. VII.1 Anm. 1).

4. Wegen der Möglichkeit zur Vertretung im Einspruchsverfahren vgl. § 80 AO, §§ 3 ff. Steuerberatungsgesetz (→ Form. VII.1 Anm. 2).

5. → Form. VII.1 Anm. 3–6, 8. Gegen die Ablehnung des Erlassantrags ist der Einspruch gegeben (§ 347 Abs. 1 Nr. 1 AO). Einspruch ist auch gegeben, wenn über einen Antrag, einen Verwaltungsakt zu erlassen, binnen angemessener Frist nicht entschieden worden ist (§ 347 Abs. 1 S. 2 AO). Wird über einen Einspruch binnen angemessener Frist nicht sachlich entschieden, kann Klage erhoben werden (§ 46 Abs. 1 FGO); erneuter Einspruch ist nicht statthaft (§ 348 Nr. 2 AO).

Für die Einlegung des Einspruchs und das Einspruchsverfahren gelten die allgemeinen Vorschriften (vgl. §§ 347 ff., 355 ff. AO).

6. Zur materiell-rechtlichen Beurteilung des Beispielfalles vgl. BFH BStBl. II 1979, 58; zur Abgrenzung vgl. BFH BFH/NV 1992, 431, BeckRS 1978, 22004605.

Kosten und Gebühren

7. → Form. VII.1 Anm. 12–17.

Fristen und Rechtsmittel

8. → Anm. 5, → Form. VII.1 Anm. 18. Bleibt der Einspruch ganz oder teilweise erfolglos, kann gegen die Einspruchsentscheidung binnen eines Monats seit ihrer Bekanntgabe (§ 47 Abs. 1 FGO) Klage zu dem örtlich zuständigen FG erhoben werden → (→ Form. VII.10 ff.). Die Klage ist eine **Verpflichtungsklage**, auch wenn das Finanzgericht die angefochtene Ablehnung des Erlassantrags nur unter Beachtung der sich aus § 102 FGO ergebenden Einschränkungen überprüfen darf. Kommt eine Verpflichtung des FA zum Erlass mangels der dafür erforderlichen Ermessensreduzierung nicht in Betracht, stellt es aber einen Ermessensfehler fest, ergeht ein sog **Bescheidungsurteil** (§ 101 S. 2 FGO). Eines ausdrücklichen (Hilfs-)Antrags auf Erlass eines Bescheidungsurteils bedarf es nicht, da das Bescheidungsurteil eine teilweise Abweisung der Verpflichtungsklage ist und deshalb eine dahingehende Entscheidung von dem Klagantrag auf Erlass umfasst wird (vgl. § 96 Abs. 1 S. 2 FGO).

9. Untätigkeitseinspruch

An das Finanzamt.[1] . . . . . **. . . . . (Ort), ... (Datum)**

in . . . . .
Betrifft: Steuernummer und Identifikationsnummer.[2]. . . . .; A (Name des Steuerpflichtigen)
Bezug: Erlassantrag vom . . . . . (Datum des Erlassantrags)
Sehr geehrte Damen, sehr geehrte Herren!

Namens und in Vollmacht[3] des Herrn A erhebe ich Einspruch[4] dagegen, dass der oben bezeichnete Antrag noch nicht beschieden worden ist. Ich beantrage, unverzüglich eine rechtsbehelfsfähige Entscheidung zu erlassen.

Begründung:

Herr A hat gegen die nach einer Außenprüfung ergangenen Änderungsbescheide über Einkommen- und Gewerbesteuer für die Veranlagungszeiträume 2016–2018 Einspruch erhoben und zugleich mit dem oben bezeichneten Schreiben den Antrag auf Erlass der festgesetzten Mehrsteuern gestellt. Die Einsprüche hatten keinen Erfolg. Herr A hat gegen die Änderungsbescheide daher Klagen erhoben, über die noch nicht entschieden ist. Über den Erlassantrag hat das FA noch nicht befunden. Vielmehr hat der zuständige Sachgebietsleiter telefonisch erklärt, eine Entscheidung in der Erlasssache könne erst nach rechtskräftigem Abschluss des Klageverfahrens ergehen. Dagegen richtet sich der Einspruch. Das Erlassverfahren und das gerichtliche Verfahren, in dem auf die Anfechtungsklage des Herrn A die Rechtmäßigkeit der Steuerfestsetzungen überprüft wird, sind voneinander unabhängig.[5] Es liegt deshalb kein zureichender Grund iSd § 347 Abs. 1 S. 2 AO dafür vor, dass über den Erlassantrag noch nicht entschieden worden ist.

Mit freundlichen Grüßen

Unterschrift[6, 7]

Anmerkungen

1. Der Einspruch wegen **Untätigkeit** (Unterlassen einer Entscheidung trotz Entscheidungsreife) ist gegen die Behörde zu richten, deren Entscheidung ausgeblieben ist (§ 347 Abs. 1 S. 2 AO); → Form. VII.8 Anm. 1.

2. → Form. VII.1 Anm. 4 S. 1.

3. → Form. VII.1 Anm. 2.

4. Der sog **Untätigkeitseinspruch** nach § 347 Abs. 1 S. 2 AO richtet sich nicht gegen eine dem Antragsteller ungünstige Entscheidung über einen von ihm gestellten Antrag (→ Form. VII.8), sondern dagegen, dass über einen gestellten Antrag nicht binnen angemessener Frist ohne Mitteilung eines zureichenden Grundes für das Ausbleiben der Entscheidung befunden worden ist. Wann die angemessene Entscheidungsfrist überschritten ist, lässt sich nur nach den Umständen des Einzelfalles bestimmen. Einen Anhaltspunkt bietet die in § 46 Abs. 1 FGO genannte Frist von sechs Monaten (umstr.; BeckOK AO/*Birnbaum* § 347 Rn. 122; Gosch/*Bartone* AO § 347 Rn. 75, Klein/*Rätke* AO, 15. Aufl. 2020, § 347 Rn. 14 und Hübschmann/Hepp/Spitaler/*Tappe* AO § 347 Rn. 210 für eine Anlehnung an die Sechsmonatsfrist; gegen eine Übertragbarkeit Tipke/Kruse/*Seer* AO § 347 Rn. 27).

Kein Untätigkeitseinspruch (§ 347 Abs. 1 S. 2 AO), sondern **Untätigkeitsklage** nach § 46 Abs. 1 FGO ist gegeben, wenn über einen außergerichtlichen Rechtsbehelf (Einspruch) – also nicht lediglich über einen Antrag – nicht binnen angemessener Frist ohne Mitteilung eines zureichenden Grundes für die Verzögerung nicht entschieden worden ist; Einspruch wegen Nichtentscheidung über einen bereits eingelegten Einspruch ist nicht statthaft (§ 348 Nr. 2 AO). Die Untätigkeitsklage ist aber nicht auf die Herbeiführung einer Einspruchs- bzw. Beschwerdeentscheidung (§ 367 AO), sondern auf eine Sachentscheidung über das Rechtsbehelfsbegehren des Rechtsbehelfsführers – wegen der Verzögerung – unter Verzicht auf einen förmlichen Abschluss des außergerichtlichen Rechtsbehelfsverfahrens gerichtet (vgl. Tipke/Kruse/*Krumm* FGO § 46 Rn. 2).

5. Zur Frage der Verknüpfung bzw. Trennung von Rechtmäßigkeitskontrolle und Erlassverfahren vgl. Kühn/v. Wedelstädt/*Bartone* § AO § 227 Rn. 9, 10; Tipke/Kruse/*Loose* AO § 227 Rn. 45–47, 143.

Kosten und Gebühren

6. → Form. VII.1 Anm. 12–17.

Fristen und Rechtsmittel

7. → Anm. 4. Ergeht auf den Untätigkeitseinspruch eine dem gestellten Sach-Antrag (zu seinem steuerlichen Anliegen) nicht stattgebende Entscheidung des FA, kann diese mit Einspruch und – bei Erfolglosigkeit des außergerichtlichen Rechtsbehelfs (also nach Einspruchsentscheidung) – mit der Klage (→ Form. VII.10 ff.) angefochten werden. Die Hauptsache des Verfahrens über den Untätigkeitseinspruch ist dann erledigt. Ergeht auch auf den Untätigkeitseinspruch ohne Mitteilung eines zureichenden Grundes in angemessener Frist keine Sachentscheidung über den Untätigkeitseinspruch oder über den Sachantrag, ist zur Durchsetzung des Letzteren die Untätigkeitsklage an das örtlich zuständige FG gegeben (§ 46 Abs. 2 FGO; → Anm. 4). In den Fällen dieser sog. doppelten Untätigkeit ist allerdings zu beachten, dass sich sowohl das Einspruchs- wie auch das Klageverfahren durch eine Entscheidung des FA erledigt. Es ist unerheblich, ob dem Antrag des Stpfl. entsprochen oder ob dieser abgelehnt wird (BFH BFH/NV 2006, 19; BFH BFH/NV 2007, 2238). Im Fall der Ablehnung muss der Stpfl. daher vor einer Klage, in der er eine ihm günstige Sachentscheidung beantragen kann, zunächst erfolglos das Einspruchsverfahren durchlaufen. Vgl. iÜ → Form. VII.1 Anm. 18.

Klage

10. Klage gegen einen Einkommensteuerbescheid

An das Finanzgericht.[2] . . . . . **. . . . . (Ort), ... (Datum)**

in . . . . .
Klage[1] des . . . . .
Klägers,
Prozessbevollmächtigter:.[3]. . . . .
gegen
Finanzamt.[4]. . . . .
in . . . . .
Beklagten,
wegen Einkommensteuer 20 . . . . .
Steuernummer und Identifikationsnummer:.[5]. . . . .
Namens und in Vollmacht des Klägers erhebe ich Klage.[6] Ich beantrage,

I. die mit Bescheid vom . . . . . festgesetzte Einkommensteuer 20 . . unter Aufhebung der Einspruchsentscheidung vom . . . . . auf . . . . . EUR herabzusetzen,[7]
II. das Urteil hinsichtlich der Kostenentscheidung für vorläufig vollstreckbar zu erklären,[8, 9]
III. die Zuziehung eines Bevollmächtigten im Vorverfahren für notwendig zu erklären.[10]

Begründung:[11]

Der Kläger hat von seinem Vater ein bebaubares Grundstück in der Größe von 20.000 m² mit einem Verkehrswert von 2 Mio. EUR geerbt. Er beschloss dieses Grundstück mit drei Gewerbehallen und einem Bürogebäude zu bebauen. Die Baukosten veranschlagte er auf 10 Mio. EUR. Er beauftragte den Architekten A. mit der Erstellung entsprechender Pläne und vereinbarte mit seiner Bank die Finanzierung der zu errichtenden Bauten – einschließlich der Außenanlagen – mit kurzfristigen Krediten, die täglich kündbar waren. Als Sicherheiten dienten die ererbten Grundflächen und das Wertpapierdepot des Klägers mit einem damaligen Kurswert von 5 Mio. EUR. Noch vor Baubeginn vermietete er die zu errichtenden Gebäude an drei Unternehmen auf zehn Jahre. Insbes. bei der Errichtung des Bürogebäudes wurde den Wünschen der künftigen Mieter nach Gestaltung des Eingangsbereichs und der Besprechungsräume Rechnung getragen. Noch vor Abschluss der Bauarbeiten trat die H.-Versicherung an den Kläger mit der Frage heran, ob und ggf. zu welchem Preis sie das Grundstück nebst den im Bau befindlichen Gebäuden erwerben könnte. Zur gleichen Zeit befand sich der Kläger in Verhandlungen mit seiner Bank über eine langfristige Finanzierung des Vorhabens. Er hatte ursprünglich mit der Errichtung der Gebäude die Einschätzung verbunden, durch deren langfristige Vermietung seine Altersversorgung weiter zu verbessern. Da die Versicherung ihm im Verlaufe der Verhandlungen ein Angebot machte, bei dessen Annahme er einen den Grundstückswert und die Baukosten um 20 % übersteigenden Erlös erzielen konnte, entschloss er sich zum Verkauf.

Das FA ging demgegenüber wegen des Beginns der Verkaufsverhandlungen vor Bauabschluss und wegen der kurzfristigen Finanzierung von einer nachhaltigen, auf Gewinnerzielung am Grundstücksmarkt gerichteten Tätigkeit aus. Die bekundete ursprüngliche Absicht der Verbesserung der Altersversorgung sah das FA als nicht glaubhaft an, weil sie zuvor nicht dokumentiert worden sei und weil der Kläger erst 55 Jahre alt sei. Das FA hat hiervon ausgehend eine gewerbliche Tätigkeit des Klägers angenommen und demgemäß auf den Veräußerungsgewinn Einkommensteuer und Gewerbesteuer erhoben. Dagegen richtet sich die Klage.

Der Kläger ist der Auffassung, dass ihm keine Gewinnerzielungsabsicht unter Teilnahme am wirtschaftlichen Verkehr in Gestalt der Erzielung eines Veräußerungsgewinns nachgewiesen werden kann; denn er war dabei, die Finanzierung als langfristig umzugestalten und das Angebot zum Verkauf von Grundstück und Gebäuden ist an ihn erst während der Bauphase herangetragen worden. Auch hat er sich um Verkaufsangebote nicht bemüht. Schließlich müsse von einem Objekt ausgegangen werden; denn dafür sei die sachenrechtliche Lage des Grundstücks maßgebend.

Unterschrift[12–16]

Anmerkungen

1. Die FGO erklärt in verschiedenen Bestimmungen Vorschriften der ZPO (zB betr. die Ablehnung wegen Befangenheit in § 51 FGO, für das Beweisverfahren in § 82 FGO und für Zustellungen in § 53 Abs. 2 FGO) und des Gerichtsverfassungsgesetzes für entsprechend anwendbar. § 155 FGO bestimmt ergänzend, dass, soweit die FGO keine Vorschriften über das Verfahren enthält, das Gerichtsverfassungsgesetz und, soweit die grundsätzlichen Unterschiede der beiden Verfahrensarten es nicht ausschließen, die Zivilprozessordnung sinngemäß anzuwenden ist. Vgl. wegen der auf Grund ausdrücklicher Bezugnahme und nach § 155 FGO entsprechend anwendbaren Vorschriften s. Tipke/Kruse/*Brandis* FGO § 155 Rn. 2; Gräber/*Stapperfend* FGO § 155 Rn. 3–12.

2. Die Klage ist bei dem FG **schriftlich** zu erheben; sie kann auch zur Niederschrift des Urkundsbeamten der Geschäftsstelle erklärt werden (§ 64 Abs. 1 FGO). Erhebung der Klage beim FA ist möglich und hat fristwahrende Wirkung (§ 47 Abs. 2 FGO), ist aber wegen häufiger Auslegungsprobleme nicht zu empfehlen. Zur **Schriftform** s. §§ 126, 126a BGB, §§ 64, 121, 52a FGO, § 87a AO. Dem Schriftlichkeitserfordernis genügt auch das **Telegramm.** Bei einer Klageerhebung durch **Telefax** ist die Schriftform nicht schon mit der elektronischen Speicherung im Empfangsgerät, sondern erst mit dem Ausdruck des gespeicherten Dokuments erfüllt (Gosch/*Paetsch* FGO § 64 Rn. 17, 31 ff.). Auch eine Klageerhebung mittels **Computerfax** ist möglich. Die Schriftform wird hier dadurch gewahrt, dass die Unterschrift des Verfassers eingescannt oder der Hinweis angebracht wird, dass der benannte Urheber wegen der gewählten Besonderheiten der Übermittlung nicht unterzeichnen kann (Gosch/*Paetsch* FGO § 64 Rn. 38.1). Seit dem 1.1.2018 ist eine Klageerhebung per E-Mail nicht möglich, da diese nicht die Formvorschriften des § 52a Abs. 3 FGO erfüllt; zuvor war die Zulässigkeit von der Ausgestaltung landesrechtlicher Rechtsverordnungen abhängig (Gosch/*Paetsch* FGO § 64 Rn. 41). Zu den Einzelheiten des elektronischen Rechtsverkehrs s. im *Internet* unter **egvp.de**; Zum Einspruch → Form. VII.1 Anm. 4.

3. Vor dem **FG** kann sich der Kläger durch einen Rechtsanwalt, Steuerberater oder Wirtschaftsprüfer oder eine von solchen Berufsträgern gebildete Gesellschaft vertreten lassen (§ 62 FGO; §§ 3, 4 StBerG), sofern diese im Rahmen ihrer Befugnis zur Hilfeleistung in Steuersachen tätig werden. Von anderen Personen (zB Angehörigen oder Freunden) nur dann, wenn diese bei der Vertretung nicht geschäftsmäßig tätig werden. Vor dem **BFH** muss sich jeder Beteiligte, wenn er Anträge stellen will, durch einen Rechtsanwalt, Steuerberater oder Wirtschaftsprüfer oder eine aus solchen Personen bestehende Gesellschaft vertreten lassen (§ 62 Abs. 4 FGO; Tipke/Kruse/*Loose* FGO § 62 Rn. 44); andere Personen sind zur Vertretung vor dem BFH nicht zugelassen. Im Falle der Prozessvertretung hat der Vertreter die Bevollmächtigung – auf Verlangen des Gerichts – durch schriftliche, im Original (BFH BFH/NV 1999, 211; Tipke/Kruse/*Loose* FGO § 62 Rn. 56–60) vorzulegende **Prozessvollmacht** nachzuweisen (§ 62 Abs. 3 FGO; §§ 81–84 ZPO). Die Bevollmächtigung ist im finanzgerichtlichen Verfahren – auch bei Vertretung durch Anwälte oder Steuerberater – grds. von Amts wegen zu prüfen (§ 62 Abs. 3 S. 2 FGO; BFH BStBl. II 1981, 678). Tritt als Bevollmächtigter eine zur Beratung in Steuersachen befugte Person (§ 3 Nr. 1–3 StBerG), also zB ein Rechtsanwalt oder Steuerberater auf, braucht das FG den Mangel der Vollmacht nicht von Amts wegen zu berücksichtigen (§ 62 Abs. 6 S. 4 FGO); der Mangel der Vollmacht kann aber in jeder Lage des Verfahrens vom FA gerügt werden (§ 62 Abs. 6 S. 3 FGO; § 155 FGO, § 88 Abs. 1 ZPO). Eine ergehende gerichtliche Entscheidung wirkt gegenüber dem Vertretenen (§ 89 Abs. 2 ZPO, § 155 FGO). Der Vertretene braucht daher nicht zu einem Termin zur mündlichen Verhandlung geladen zu werden. Das **Recht auf Gehör** wird durch seinen Bevollmächtigten wahrgenommen. Dem Vertretenen sind daher auch die Kosten des Verfahrens aufzuerlegen (BFH BStBl. II 1980, 229). Wird die Vollmacht nicht beigebracht, ist die Entscheidung auch dem vollmachtslos Vertretenen zuzustellen (BFH BStBl. II 1982, 128). Die Kostenlast trifft bei Nichtvorlage der Vollmacht den vollmachtlosen Vertreter.

4. Die Klage ist gegen die Behörde zu richten, die den ursprünglichen Verwaltungsakt (§ 118 AO) erlassen hat (Anfechtungsklage) oder die es abgelehnt hat, den beantragten Verwaltungsakt zu erlassen (Verpflichtungsklage); vgl. § 63 Abs. 1 Nr. 1 und 2 FGO. Wegen der Besonderheiten bei Wechsel der Zuständigkeit s. § 63 Abs. 2 und 3 FGO.

5. → Form. VII.1 Anm. 4.

6. a) Die Klage auf Herabsetzung einer Steuerschuld ist eine **Anfechtungsklage.** Sie ist nur zulässig, wenn der Kläger zuvor erfolglos Einspruch eingelegt hat (§ 44 Abs. 1 FGO), also regelmäßig dann, wenn der Einspruch vom FA durch Einspruchsentscheidung zurückgewiesen worden ist (Ausnahme: § 46 Abs. 1 FGO; s. unten). Die Klage ist gegen den Steuerbescheid in Gestalt der Einspruchsentscheidung zu richten; eine lediglich gegen die Einspruchsentscheidung gerichtete Klage ist regelmäßig unzulässig (vgl. *Pump/Krüger* DStR 2013, 891). Die Klage ist binnen eines Monats seit Zustellung der schriftlich zu erteilenden Einspruchsentscheidung, die mit einer Rechtsbehelfsbelehrung versehen sein muss (§ 366 AO), zu erheben (§ 47 Abs. 1 FGO). Die Monatsfrist läuft nur, wenn die Rechtsbehelfsbelehrung ordnungsgemäß erteilt worden ist (§ 55 Abs. 1 FGO); eine Anleitung zur Berechnung der Klagefrist braucht die Rechtsbehelfsbelehrung allerdings nicht zu enthalten, auch keinen Hinweis auf die Möglichkeit von Fristverlängerungen für die Vorlage der Begründung (BFH BStBl. II 1981, 70; BFH/NV 2002, 794). Fehlt die ordnungsmäßige Rechtsbehelfsbelehrung, kann die Klage grds. noch binnen einer Frist von einem Jahr seit der Bekanntgabe der Einspruchsentscheidung (§ 124, § 366 S. 1 AO, § 55 Abs. 2 FGO) erhoben werden. Wird die Frist zur Erhebung der Klage versäumt, kann unter den Voraussetzungen des § 56 FGO Wiedereinsetzung in den vorigen Stand erreicht werden.

b) **Die Frist,** innerhalb der die Klage nur wirksam erhoben werden kann, beginnt im Falle der **Bekanntgabe** der Einspruchsentscheidung nach § 122 Abs. 2 Nr. 1 AO (→ Anm. 1) am Tag nach dem Zugang des Steuerbescheids (§ 187 Abs. 1 BGB, § 108 Abs. 1 AO), frühestens jedoch am vierten Tag nach **Aufgabe des Bescheids zur Post** (§ 122 Abs. 2 Nr. 1 AO); bei Bekanntgabe im Ausland gilt eine Monatsfrist (§ 122 Abs. 2 Nr. 2 AO). Auch für die Zugangsvermutung des § 122 Abs. 2 AO gilt § 108 Abs. 3 AO, dh der Bescheid gilt zB in den Fällen des § 122 Abs. 2 Nr. 1 AO, wenn dieser Tag ein Sonnabend, Sonntag oder Feiertag ist, erst an dem folgenden Werktag als zugegangen (BFH BStBl. II 2003, 875; BFH/NV 2008, 738). Bei **Zustellung** der Einspruchsentscheidung (§ 122 Abs. 5 AO; § 3 VwZG) beginnt die Klagefrist mit dem Beginn des auf den Tag der Zustellung der Einspruchsentscheidung (wegen des Beginns des Fristablaufs im Fall der Sprungklage → Form. VII.1 Anm. 3) folgenden Tags zu laufen (§ 54 Abs. 2 FGO, § 222 Abs. 1 ZPO, § 187 Abs. 1 BGB). Die Klagefrist endet mit Ablauf des Tages, der dem Tag der Zustellung seiner Zahl nach im folgenden Monat entspricht (§ 188 Abs. 2 BGB). Fehlt in dem Monat, in dem die Frist endet, ein Tag, der seiner Zahl nach dem Tag der Zustellung im Vormonat entspricht (zB der „31."), so endet die Frist mit dem Ablauf des letzten Tags des Monats (§ 188 Abs. 3 BGB). Ist der Tag, mit dessen Ablauf die Frist danach enden würde, ein Sonnabend, ein Sonntag oder ein allgemeiner gesetzlicher Feiertag, so endet die Frist mit dem Ablauf des nächsten Werktages (§ 222 Abs. 2 ZPO). Da eine Verlängerung der in § 47 Abs. 1, § 55 Abs. 2 FGO bestimmten Fristen gesetzlich nicht vorgesehen ist, sind § 224 Abs. 3, § 225, § 226 ZPO für die Berechnung der Klagefrist ohne Bedeutung (§ 224 Abs. 2 ZPO). Wird die Frist zur Einlegung des Einspruchs versäumt, kann unter den Voraussetzungen des § 110 AO **Wiedereinsetzung** in den vorigen Stand gewährt werden.

c) Der Grundsatz, dass die Anfechtungsklage nur nach erfolglosem Abschluss des außergerichtlichen Vorverfahrens zulässigerweise erhoben werden kann, ist durch zwei Ausnahmen eingeschränkt. Hat das FA über den Einspruch binnen angemessener Frist, die grds. wenigstens sechs Monate beträgt (§ 46 Abs. 1 S. 2 FGO), nicht entschieden, so kann auch ohne Abschluss des Vorverfahrens Klage (sog **Untätigkeitsklage**) erhoben werden (§ 46 Abs. 1 S. 1 FGO). Mit Zustimmung des FA kann ferner unmittelbar (dh ohne außergerichtliches Vorverfahren) Klage (sog **Sprungklage**) erhoben werden, wenn ein Verwaltungsakt der in § 348 AO bezeichneten Art angefochten werden soll (§ 45 Abs. 1 FGO). Das FG kann jedoch in einem solchen Fall die Sache an das FA unter den

Voraussetzungen des § 45 Abs. 2 FGO abgeben; die unmittelbar erhobene Klage gilt dann als Einspruch.

7. a) Der Kläger muss geltend machen, durch den angefochtenen Verwaltungsakt in seinen Rechten verletzt worden zu sein (§ 40 Abs. 2 FGO), dh er muss, soll die Klage zulässig sein, eigene Interessen verfolgen; eine Klageerhebung zugunsten Dritter oder der Allgemeinheit (sog **Popularklage**) ist nicht zulässig. Die Klage muss den Kläger (Name und Anschrift), den Beklagten (beklagtes FA), bei Anfechtungsklagen den angefochtenen Verwaltungsakt (Datum, Steuernummer, Identifikationsnummer → Form. VII.1 Anm. 4 S. 1, Steuerart) und die Einspruchsentscheidung bezeichnen, ferner insb. auch den Gegenstand des **Klagebegehrens** (§ 65 Abs. 1 FGO). Das erfordert eine Darlegung darüber, in welchem Punkt und mit welcher betragsmäßigen Auswirkung (zB hinsichtlich welcher **Abzugsbeträge**) der angefochtene Verwaltungsakt rechtsfehlerhaft ist (BFH GrS 1/78 BStBl. II 1980, 99; BFH DRS 2017, 128817 Rn. 9–11); der Umfang des Klagebegehrens muss erkennbar sein (§ 96 Abs. 1 S. 2 FGO; Tipke/Kruse/*Brandis* FGO § 65 Rn. 15, 18; Kühn/v. Wedelstädt/*Bartone* FGO § 65 Rn. 4, 5). Der Kläger braucht dazu den Betrag der erstrebten Steuerermäßigung nicht zu berechnen. Seine Ausführungen müssen aber so konkret sein, dass das Gericht diese Berechnung vornehmen und damit zugleich den **Wert des Streitgegenstandes** bestimmen kann. Entspricht die Klage nicht den in § 65 Abs. 1 S. 1 FGO genannten Voraussetzungen hat der Vorsitzende oder der Berichterstatter den Kläger bzw. seinen Prozessbevollmächtigten zu der erforderlichen Ergänzung aufzufordern. Dafür kann dem Kläger bzw. seinem Prozessbevollmächtigen eine **Frist mit ausschließender Wirkung** gesetzt werden (§ 65 Abs. 2 S. 2 FGO). Verstreicht diese Frist, ohne dass die geforderte Ergänzung bei dem FG eingegangen ist, wird die Klage unzulässig und ist abzuweisen. Allerdings kann dem Kläger wegen Versäumung dieser Frist unter den Voraussetzungen des § 56 FGO Wiedereinsetzung in den vorigen Stand gewährt werden (§ 65 Abs. 2 S. 3 FGO).

b) **Klageerweiterung** einer zulässigen Klage, deren Klagebegehren ausreichend bezeichnet ist, ist auch noch nach Ablauf der Klagefrist (§ 47 Abs. 1 FGO) und der nach § 65 Abs. 2 S. 2 FGO gesetzten Ausschlussfrist möglich (BFH BStBl. II 1996, 19; BFH GrS BStBl. II 1990, 327). **Verspätetes Vorbringen** kann das FG, wenn es dafür eine bestimmte angemessene Frist gesetzt hatte, übergehen („zurückweisen“), wenn es den Beteiligten (§ 57 FGO) bei Setzung der Frist auf diese Möglichkeit hingewiesen hatte (§ 79b FGO). Eine wirksame Fristsetzung zur Bezeichnung von Beweismitteln erfordert die Bezugnahme auf bestimmte aufklärungsbedürftige Tatsachen (BFH BStBl. II 1981, 443).

c) Um der Gefahr nicht ausreichender **Bezeichnung des Streitgegenstandes** bzw. des Gegenstands des Klagebegehrens und mangelnder Begründung des Klagebegehrens zu begegnen, ist es angezeigt, einen **bestimmten Antrag** – unter Berechnung der begehrten Steuerherabsetzung oder der *Bemessungsgrundlage für die Steuerfestsetzung* (z.B. Abzugsbeträge) – zu stellen (s. § 65 Abs. 1 S. 1 FGO) und die den Antrag rechtfertigenden Umstände und Tatsachen unter Angabe der Beweismittel (Zeugen, Buchführungsunterlagen, Rechnungen) genau darzulegen.

8. Ein Kostenantrag ist überflüssig, da über die Kostenlast stets von Amts wegen zu befinden ist (§ 143 Abs. 1 FGO); enthält das Urteil keine Entscheidung in diesem Punkt, kann gem. § 109 FGO innerhalb von zwei Wochen nach Zustellung des Urteils dessen Ergänzung beantragt werden (→ Form. VII.26).

9. Urteile des FG auf Anfechtungs- und Verpflichtungsklagen sind wegen der Kostenentscheidung von Amts wegen ohne Sicherheitsleistung für vorläufig vollstreckbar zu erklären; dabei ist gleichzeitig gem. § 711 ZPO, § 151 FGO auszusprechen, dass der Kostenschuldner die Vollstreckung durch Hinterlegung oder Sicherheitsleistung abwenden darf, wenn nicht der Gläubiger vor der Vollstreckung Sicherheit leistet (BFH BStBl. II 1981, 402; BFH/NV 1994, 556).

10. Vgl. § 139 Abs. 3 S. 3 FGO. Diese Vorschrift hat auch nach der Beseitigung der Kostenpflicht im außergerichtlichen Vorverfahren (→ Form. VII.1 Anm. 12) ihre Bedeutung nicht verloren. Der Antrag betrifft das Kostenfestsetzungsverfahren nach § 149 FGO. Da über die Notwendigkeit der Zuziehung jedoch das Gericht entscheidet, ist es zweckmäßig, den Antrag schon bei Klageerhebung zu stellen. Die FG befinden darüber häufig im Rahmen der Kostenentscheidung. Dadurch ergibt sich eine Verfahrensvereinfachung. Wird der Antrag nach § 139 Abs. 3 S. 3 FGO abgelehnt, ist keine Beschwerde gegeben (§ 128 Abs. 4 S. 1 FGO; BFH BStBl. II 1977, 628).

Kosten, die für die Zuziehung eines Bevollmächtigten im außergerichtlichen Vorverfahren entstanden sind, sind nur dann erstattungsfähig, wenn das FG die Zuziehung für notwendig erklärt hat. Das wird auf Antrag regelmäßig geschehen, da das Steuerrecht wegen seiner Kompliziertheit stets die Zuziehung eines sachkundigen Vertreters rechtfertigt (Tipke/Kruse/*Brandis* FGO § 139 Rn. 37, 123). Wird im Einspruchsverfahren einem Begehren bereits teilweise abgeholfen und betrifft die Klage mithin diesen Teil des Einspruchsverfahrens nicht, so ist das Einspruchsverfahren insoweit nicht außergerichtliches Vorverfahren; es kann dafür insoweit keine Kostenerstattung verlangt werden (→ Form. VII.1 Anm. 16).

11. Vgl. zur materiell-rechtlichen Beurteilung BFH DStR 2009, 963; Schmidt/*Wacker*, 40. Aufl. 2021, EStG § 15 Rn. 50 ff., 62 mwN; Schmidt/*Weber-Grellet*, 40. Aufl. 2021, EStG § 23 Rn. 40.

Kosten und Gebühren

12. Für die Höhe der Gerichtsgebühren ist der **Streitwert** maßgebend (§ 3 Abs. 1, § 34 GKG). Nach § 52 Abs. 2 GKG beträgt der Auffangstreitwert 5.000 EUR. Nach § 52 Abs. 4 GKG gilt ein Mindeststreitwert von 1.500 EUR für finanzgerichtliche Verfahren. Für das Verfahren vor den FG wird nach Teil 6 Nr. 6110 des Kostenverzeichnisses (§ 3 Abs. 2 GKG) ferner eine pauschale Gebühr von 4,0 und vor dem BFH von 5,0 erhoben; diese entsteht unabhängig davon, ob es zu einer mündlichen Verhandlung oder zu einer Beweisaufnahme kommt. Bei Erhebung von Klagen und Einlegung von anderen Rechtsbehelfen wird die Verfahrensgebühr fällig (§ 6 Abs. 1 Nr. 5 GKG); es besteht also insoweit **Vorschusspflicht**; dabei wird regelmäßig der **Mindeststreitwert** (§ 52 Abs. 4 GKG) von 1.500 EUR der Vorschussbemessung bei Klageerhebung bis zur Streitwertfestsetzung zugrunde gelegt. Bei **Klagerücknahme** (vor Schluss der mündlichen Verhandlung oder im schriftlichen Verfahren – nach § 90 Abs. 2 FGO – vor Übermittlung der Entscheidung an die Senatsgeschäftsstelle) oder falls nach Erledigung der Hauptsache eine Kostenentscheidung gem. § 138 FGO ergeht, ermäßigt sich die Gebühr auf 2,0 für die erste Instanz und für das Verfahren vor dem BFH auf 3,0 (vgl. VV 6111, 6122 GKG). Wird die **Rücknahme** der Klage oder der Revision erklärt, bevor die Revisionsbegründungsschrift beim BFH eingegangen ist, ermäßigt sich die Gebühr auf 1,0 (VV 6121 GKG).

Klageerhebung vor dem FG ist also stets nach GKG mit einem **Kostenrisiko** verbunden, weil die Rücknahme der Klage in keinem Falle zu einem vollständigen Wegfall der Gerichtsgebühren führt.

13. Seit dem 1.7.2004 gilt das **RVG** (Rechtsanwaltsvergütungsgesetz). Es gilt in den Verfahren vor den Gerichten der Finanzgerichtsbarkeit auch für **Steuerberater** (§ 54 StBGebV). Auch nach dem RVG bemessen sich die Vergütungen nach dem **Streitwert** (§ 2 RVG iVm Anl. 1 zum RVG). Die Gebühren für die jeweiligen Streitwerte ergeben sich aus § 13 RVG bzw. der Anl. 2 zum RVG. Bei Gewährung von **Prozesskostenhilfe** ermäßigen sich die gegenüber der Staatskasse festzusetzenden Gebühren gem. § 49 RVG. Für das **Vorverfahren** entstehen Gebühren gem. VV 2300/2301 RVG. Im **Klageverfahren** entstehen die Verfahrensgebühr und Terminsgebühr gem. VV Vorb. 3.2.1. VV RVG wie im Berufungsverfahren anderer Gerichtsbarkeiten, also gem. VV 3200 RVG mit 1,6. Für das **Nichtzulassungsbeschwerdeverfahren** ist eine Verfahrensgebühr vorgesehen (VV 3506 RVG: 1,6; Anrechnungspflicht gem. VV 3506 S. 2 RVG). Im **Revisionsverfahren** entstehen wiederum Verfahrens- und Terminsgebühr (VV 3206 RVG und VV 3210 RVG: 1,6 bzw. 1,5). Die Gebühr des Nichtzulassungsbeschwerdeverfahrens wird ggf. auf die spätere Verfahrensgebühr im Revisionsverfahren angerechnet. Daneben kommen Erledigungs- bzw. Einigungsgebühren in Betracht. Bei Zurückverweisung und erneuter Revision entstehen die Gebühren des Prozessbevollmächtigten jeweils neu (Gerold/Schmidt/*Mayer* RVG § 15 Rn. 95 ff.; zur Entstehung „doppelter" Gebühren beim Wechsel in der Prozessvertretung → Form. VII.39.

14. Es entstehen Gebühren (= Gebührenfaktoren):

1. Klageverfahren
   a) Gerichtsgebühren:
   4,0 nach KV 6110 GKG (erstinstanzliches Klageverfahren vor dem FG).
   b) Prozessbevollmächtigter
   (Rechtsanwalt: § 1 RVG, Steuerberater: § 45 StBGebV; Wirtschaftsprüfer: § 139 Abs. 3 S. 2 FGO):
   aa) Vorverfahren:
   Geschäftsgebühr: 0,5–2,5 nach VV 2300 RVG; ggf. Kürzung gem. Nr. 2301 VV RVG; zu beachten auch § 35 RVG.
   Einigungsgebühr: 1,5 gem. VV 1000 oder VV 1002 RV.
   bb) Erstinstanzliches Verfahren vor dem FG:
   Verfahrensgebühr: 1,6 gem. VV 3200 RVG;
   Terminsgebühr: 1,2 gem. VV 3202 RVG, und zwar auch, wenn ohne mündliche Verhandlung entschieden wird (Anmerkung 2 zu VV 3202 RVG).
   War der Rechtsanwalt oder Steuerberater bereits im Verwaltungsverfahren und im Vorverfahren tätig, wird nur die zuletzt entstandene Geschäftsgebühr (teilweise) auf die im finanzgerichtlichen Verfahren entstehende Verfahrensgebühr angerechnet (VV Vorb. 3.1 Abs. 4 des RVG).
   Einigungsgebühr: 1,3 gem. 1004 RVG; streitig; Alternative 1,0 gem. VV 1004 RVG wegen dort eingefügter Anmerkung Abs. 1. ME war mit Einfügung der Anmerkung keine Änderung zu Lasten der Gebühren im finanzgerichtlichen Verfahren beabsichtigt. Es ist also eine Gesetzeslücke entstanden.
2. Revisionsverfahren
   a) Gerichtsgebühren: 5,0 nach KV 6120 GKG (Revision vor dem BFH).
   b) Prozessbevollmächtigter
   Verfahrensgebühr 1, 6 gem. VV 3206 RVG;
   Terminsgebühr 1, 5 gem. VV 3210 RVG;
3. Einigungsgebühr oder Erledigungsgebühr (1,5 oder 1,0) nach VV 1000, 1002 RVG bzw. VV 1003 RVG kann neben den Verfahrensgebühren entstehen (VV Vorb. 1 zu 1000 RVG).
   Die Einigungsgebühr im Revisionsverfahren folgt aus VV 1004 RVG mit 1.3.
4. Auslagenersatz kann nach Teil 7 VV RVG verlangt werden.
5. Festsetzung der Vergütung findet gem. § 11 RVG für vom Mandanten zu zahlende Gebühren und den Auslagenersatz durch das FG statt. Festsetzung der zu erstattenden Kosten gegenüber dem Prozessgegner erfolgt nach § 149 FGO auf Antrag.
6. Umsatzsteuer wird gem. VV 7008 RVG ggf. mit festgesetzt.

15. a) **Obsiegt** der Kläger, hat er Anspruch auf Erstattung der ihm entstandenen zur zweckentsprechenden Rechtsverfolgung notwendigen Kosten, einschließlich derjenigen des außergerichtlichen Vorverfahrens, dh soweit sich an das Einspruchs- oder Beschwerdeverfahren ein gerichtliches Verfahren angeschlossen hat (→ Anm. 10). Erstattungsfähig sind nicht nur die eigenen Aufwendungen des Klägers, sondern auch die dem von ihm beauftragten Prozessbevollmächtigten geschuldete Vergütung, jedoch nur bis zur Höhe der gesetzlichen Gebühren und Auslagen der Rechtsanwälte. Wurde auch für das Vorverfahren ein Bevollmächtigter bestellt (→ Form. VII.1 Anm. 2), hängt die Erstattungsfähigkeit von der Entscheidung des Gerichts nach § 139 Abs. 3 S. 3 FGO ab (→ Anm. 10).

b) **Unterliegt** der Kläger, hat er die Gerichtskosten und die Kosten für die Beauftragung eines Prozessbevollmächtigten selbst zu tragen. Wird die Kostenlast **verhältnismäßig geteilt**, so sind Kläger und Beklagter gleichzeitig Kostenschuldner und Kostengläubiger. Aufrechnung ist möglich.

c) Auch im finanzgerichtlichen Verfahren kann auf Antrag Prozesskostenhilfe bewilligt werden (§ 142 FGO); → Form. VII.34.

d) Wegen Verzinsung der Nachzahlungs- bzw. Erstattungsforderungen → Form. VII.1 Anm. 17.

Fristen und Rechtsmittel

16. Die Klage zum FG kann zulässigerweise nur binnen eines Monats nach Zustellung der Entscheidung über den Einspruch erhoben werden (§ 47 Abs. 1 FGO); Näheres, auch zur **Berechnung der Frist,** → Anm. 6b).

Bleibt die Klage ganz oder teilweise erfolglos, ist dagegen die **Revision** nur gegeben, wenn sie ausdrücklich zugelassen worden ist (§ 115 Abs. 1 FGO). Die Revision ist binnen eines Monats nach Zustellung des vollständigen Urteils schriftlich einzulegen (§ 120 Abs. 1 S. 1 FGO). Wird die Revision in dem Urteil des FG nicht ausdrücklich zugelassen, gilt sie als nicht zugelassen. Gegen die Nichtzulassung der Revision kann binnen eines Monats nach Zustellung des Urteils des FG Beschwerde beim BFH eingelegt werden (§ 116 Abs. 1 FGO). Die **Nichtzulassungsbeschwerde (NZB)** ist innerhalb von zwei Monaten seit der Zustellung des Urteils des FG gegenüber dem BFH zu begründen (§ 116 Abs. 3 S. 1 u. 2 FGO). Die **Begründungsfrist** kann auf einen *vor ihrem Ablauf* gestellten Antrag um einen weiteren Monat verlängert werden (§ 116 Abs. 3 S. 4 FGO; ähnlich → Form. VII.30). Hat die NZB Erfolg, wird das Verfahren beim BFH als Revisionsverfahren fortgesetzt; einer Einlegung der Revision bedarf es dann nicht (§ 116 Abs. 7 FGO). Die **Frist zur Begründung der Revision** beträgt dann einen Monat ab Zustellung der Zulassungsentscheidung des BFH (§ 120 Abs. 2 S. 1, Hs. 2 FGO); sie kann auf einen *vor ihrem Ablauf* gestellten Antrag verlängert werden (§ 120 Abs. 2 S. 3 FGO; → Form. VII.30). Für die Einlegung einer Revision oder die Erhebung der NZB beim BFH besteht sog **Vertretungszwang,** dh Revision bzw. NZB können wirksam nur von einem postulationsfähigen Prozessbevollmächtigten vorgenommen werden; → Form. VII.31 Anm. 2; → Anm. 3.

11. Antrag auf Aussetzung der Vollziehung neben einer Klage gegen einen Einkommensteuerbescheid (zu → Form. VII.10)

An das Finanzgericht[1]. . . . . **. . . . . (Ort), ... (Datum)**

in . . . . .
Antrag des . . . . .
Antragstellers und Klägers,
Prozessbevollmächtigter:.[2]. . . . .
gegen
Finanzamt.[3]. . . . .
in . . . . .
Antragsgegner und Beklagten,
wegen Aussetzung der Vollziehung (Einkommensteuer 20 . .).
Steuernummer und Identifikationsnummer:.[4]. . . . .
Namens und in Vollmacht des Antragstellers beantrage ich,

I. die Vollziehung[5] des Einkommensteuerbescheids für 20 . . . . . vom . . . . . (Steuernummer . . . . .) auszusetzen, soweit die Steuer höher als . . . . . EUR festgesetzt ist,

II. soweit Aussetzung der Vollziehung gewährt wird, die Verwirkung von Säumniszuschlägen bis zum Ergehen der gerichtlichen Entscheidung über den Aussetzungsantrag aufzuheben.[6, 7]

Begründung:

Der Antragsteller beantragte beim FA AdV des oben bezeichneten Einkommensteuerbescheids. Das FA lehnte den Antrag ab. Zugleich wies es den Einspruch des Klägers als unbegründet zurück. Der Kläger hat mit Schriftsatz vom . . . . . Klage erhoben, mit der er Herabsetzung der festgesetzten Einkommensteuer um . . . . . EUR begehrt. In demselben Umfang wird auch AdV begehrt. Zur Begründung der ernstlichen Zweifel an der Rechtmäßigkeit des angefochtenen Steuerbescheids wird auf die vorliegende Klagebegründung verwiesen.[8]

Da die Entscheidung über die Aussetzung der Vollziehung keine rückwirkende Kraft entfaltet, wird auch die Aufhebung der Säumniszuschläge begehrt, die seit dem Aussetzungsantrag an das FA entstanden sind; denn die die AdV rechtfertigenden ernstlichen Zweifel an der Rechtmäßigkeit des angefochtenen Bescheids haben von Anfang an bestanden.

Unterschrift[8, 9]

Anmerkungen

1. Der Antrag auf AdV ist schriftlich bei dem Gericht der Hauptsache zu stellen; zum Schriftlichkeitserfordernis → Form. VII.1 Anm. 4. Beim FG kann er auch zur Niederschrift des Urkundsbeamten der Geschäftsstelle erklärt werden. § 64 FGO ist für die Antragstellung entsprechend anwendbar. Bis zur Erhebung der Revision oder Einlegung einer NZB ist das FG für die Entscheidung zuständig (§ 69 Abs. 3 S. 1 FGO; BFH BStBl. II 1970, 786; BFH/NV 1989, 448; Gräber/*Stapperfend* FGO § 69 Rn. 211, 212). Wird Revision eingelegt, so wird der BFH **Gericht der Hauptsache.** Das gilt auch bei Erhebung der NZB; da die Beschwerde direkt beim BFH eingelegt wird, entfällt die Abhilfeentscheidung des FG (Gräber/*Stapperfend* FGO § 69 Rn. 211).

2. → Form. VII.10 Anm. 3.

3. **Antragsgegner** ist grds. die Behörde (FA), die den angefochtenen Verwaltungsakt erlassen hat (vgl. § 63 FGO).

4. → Form. VII.1 Anm. 4 Satz 1.

5. Durch die Erhebung der Klage wird die **Vollziehung** des angefochtenen (vollziehbaren) Verwaltungsakts nicht gehemmt (§ 69 Abs. 1 FGO). AdV eines angefochtenen Verwaltungsakts setzt voraus, dass entweder **ernstliche Zweifel** an dessen Rechtmäßigkeit bestehen oder dass die sofortige Vollziehung eine unbillige und durch überwiegende öffentliche Interessen nicht gebotene Härte zur Folge haben würde (vgl. § 69 Abs. 2 S. 2, Abs. 3 S. 1 FGO). Insoweit decken sich die Voraussetzungen, unter denen sowohl die zuständige Finanzbehörde als auch das Gericht die Vollziehung aussetzen können (§ 361 Abs. 1 u. 2 AO 1977, → Form. VII.1 Anm. 9a), 9c)). AdV kann nicht in weiterem Umfang begehrt werden, als das Klagebegehren reicht. Der Antrag auf AdV ist regelmäßig **zunächst an die Behörde** zu richten, die den (angefochtenen) Bescheid erlassen hat (§ 69 Abs. 4 FGO). Hat die Behörde den Antrag abgelehnt oder anderweitig zu erkennen gegeben, dass sie zu einer AdV nicht bereit ist (s. dazu *Beermann* DStR 1986, 252 (257 f.); eine besondere Form ist nicht vorgeschrieben: BFH/NV 2003, 187), wird dadurch der Antrag an das Gericht der Hauptsache statthaft. Gibt das FA auf einen unmittelbar bei dem Gericht gestellten Aussetzungsantrag zu erkennen, dass seiner Ansicht nach der Antrag unbegründet sei, wird der unmittelbare Antrag dadurch nicht zulässig (BFH BStBl. II 1980, 49; BFH/NV 2004, 650; 2012, 769).

Der an das Gericht gerichtete Antrag ist kein Rechtsbehelf gegen die Ablehnung der AdV durch die Behörde. Es beginnt vielmehr mit dem Antrag ein selbständiges gerichtliches Verfahren. Dieses ist auch unabhängig vom Hauptverfahren, wenn ein solches schon bei dem Gericht schwebt. Wird allerdings das Hauptverfahren beendet (durch rechtskräftige Entscheidung oder durch Klagerücknahme oder Hauptsacheerledigung), ist eine Entscheidung über das Aussetzungsbegehren nicht mehr möglich; das folgt aus dem Erfordernis, dass (lediglich) die Vollziehung „angefochtener" Verwaltungsakte ausgesetzt werden kann. → Form. VII.1 Anm. 9 c).

6. Entscheidungen über die AdV wird nach hM keine rückwirkende Kraft beigelegt (→ Form. VII.1 Anm. 10; BFH BStBl. II 1977, 645; BFH X S 19/12 BeckRS 2012, 96153 zu rückwirkenden Entscheidungen = Aufhebung der Vollziehung). Da somit bis zur Entscheidung über einen Aussetzungsantrag (ab Fälligkeit) Säumniszuschläge verwirkt werden, kann das Gericht (mit Wirkung für die Vergangenheit) diese Folge aus der Vollziehbarkeit des angefochtenen Verwaltungsakts gem. § 69 Abs. 3 S. 4 FGO beseitigen (BFH BStBl. II 1987, 389; BFH/NV 2005, 625; BFH/NV 2012, 2008). Dazu bedarf es eines gesonderten Antrags.

Bleibt der Steuerpflichtige mit seiner Anfechtungsklage gegen den Steuerbescheid im Hauptverfahren ohne Erfolg, leben die Säumniszuschläge nicht wieder auf. Vielmehr sind Aussetzungszinsen auch für die Zeit zu entrichten, für die die Verwirkung von Säumniszuschlägen nach § 69 Abs. 3 S. 4 FGO beseitigt worden ist, da auch insoweit eine AdV iSd § 237 Abs. 2 S. 2 AO vorliegt.

7. Eine solche Bezugnahme wird für zulässig erachtet (BFH BStBl. III 1967, 531; BFH/NV 2011, 274), obwohl die Rechtsschutzziele von Klage und AdV verschieden sind.

Kosten und Gebühren

8. a) → Form. VII.10. Der **Streitwert** beträgt in der Regel 10 % der im Hauptverfahren streitigen Steuer (Gräber/*Ratschow* FGO Vor § 135 Rn. 160 Aussetzung der Vollziehung (§ 69)).

b) **Gerichtsgebühren:** § 34 Abs. 1 GKG; § 3 Abs. 2 GKG, Anlage 1: 2,0 für das Verfahren nach KV 6210 GKG; bei Rücknahme oder Hauptsacheerledigung: Ermäßigung auf 0,75 nach KV 6211 GKG.

c) **Prozessbevollmächtigter:** § 1 RVG; § 45 StBGebV; § 13, § 17 Nr. 1 RVG; Nr. 3200, VV 3202 RVG: Verfahrensgebühr 1,6; Terminsgebühr 1,2

d) Ein beim FA gestellter Antrag auf AdV, der nach Maßgabe von § 69 Abs. 4 S. 1 FGO Zulässigkeitsvoraussetzung für einen an das FG gerichteten Aussetzungsantrag ist, ist nach § 17 Nr. 1 RVG eine selbständige Angelegenheit, so dass für ihn Kostenerstattung in Betracht kommt.

e) Wird AdV gewährt, entstehen Aussetzungszinsen. Ab Fälligkeit der Steuerforderung bis zur AdV entstehen Säumniszuschläge. → Anm. 6, → Form. VII.1 Anm. 10, 17.

Fristen und Rechtsmittel

9. Gegen einen Beschluss, durch den das FG einen Antrag auf AdV der Vollziehung ganz oder teilweise ablehnt, ist die Beschwerde an den BFH nur gegeben, wenn die Beschwerde vom FG zugelassen worden ist (§ 128 Abs. 3 FGO). Für die Zulassung der Beschwerde gilt § 115 Abs. 2 FGO entsprechend (§ 128 Abs. 3 S. 2 FGO). Eine Beschwerde gegen die Nichtzulassung der Beschwerde sieht das Gesetz nicht vor.

12. Klage gegen einen Umsatzsteuerbescheid

An das Finanzgericht[1] ..... (Ort), ... (Datum)

in .....
Klage
des .....
Klägers,
Prozessbevollmächtigter:.[2].....
gegen
Finanzamt.[3].....
in .....
Beklagten,
wegen Umsatzsteuer 20. .
Steuernummer und Identifikationsnummer:.[4].....
Namens und in Vollmacht des Klägers erhebe ich Klage.[5, 6] Ich beantrage,

I. den mit Bescheid vom ..... festgesetzten Auszahlungsbetrag von ..... EUR unter Aufhebung der Einspruchsentscheidung vom ..... auf ..... EUR zu erhöhen,[7]

II. das Urteil hinsichtlich der Kostenentscheidung für vorläufig vollstreckbar zu erklären,[8]

III. die Zuziehung eines Bevollmächtigten im Vorverfahren für notwendig zu erklären.[9]

Begründung:

Der Kläger ist Unternehmer. Er hat im Jahre 20 ..... mit der Errichtung eines Geschäftshauses begonnen, das Büros, Läden und andere gewerblich zu nutzende Räumlichkeiten enthalten sollte. Bei Baubeginn erklärte der Kläger dem FA gegenüber, dass er

auf die Steuerfreiheit in vollem Umfang verzichte, um die Vorsteuerabzugsberechtigung zu erlangen. Der Kläger, der zunächst beabsichtigte, das zu errichtende Gebäude durch Vermietung an andere Unternehmer zu nutzen, hat das Gebäude im Rohbau wegen eingetretener finanzieller Schwierigkeiten veräußert.

Zu Unrecht hat das FA die Weiterveräußerung als steuerfreien Vorgang behandelt und dem Kläger den Vorsteuerabzug für die bezogenen Bauleistungen versagt; denn im Gegensatz zu dem vom BFH mit Urteil v. 25.1.1979 – V R 53/72, BStBl. II 1979, 394, entschiedenen Fall hat der Kläger nicht nur auf die Steuerfreiheit nach § 4 Nr. 12 UStG, sondern auch auf die Steuerfreiheit nach § 4 Nr. 9a UStG verzichtet.

Unterschrift[10, 11]

Anmerkungen

1. → Form. VII.10 Anm. 2.

2. → Form. VII.10 Anm. 3.

3. → Form. VII.10 Anm. 4.

4. → Form. VII.1 Anm. 4 S. 1.

5. Der BFH hat entschieden (BFH BStBl. II 1977, 227; BStBl. II 2005, 415), dass die Klage auf Festsetzung oder Erhöhung der Festsetzung einer Umsatzsteuervergütung (= eines „Rotbetrages") auf die Festsetzung einer **negativen Steuerschuld** (vgl. § 18 Abs. 1 UStG) gerichtet und, da Steuerschuld (§ 16 Abs. 1 UStG) und Vorsteuerabzugsansprüche (§ 16 Abs. 2 UStG) unselbständige Besteuerungsgrundlagen (§ 157 Abs. 2 AO) sind, als Anfechtungsklage (Änderungsklage) zu qualifizieren ist (s. *Weiß* UR 1977, 38). Bescheide, die die Festsetzung von Erstattungsbeträgen (zB Umsatzsteuerüberhängen) verweigern, sind nicht vollziehbar, so dass vorläufiger Rechtschutz nicht durch AdV gewährt werden kann (BFH BStBl. II 1975, 240, BeckRS 1974, 22002952; AO-Handbuch 2021 § 361 2.3.1./2.3.2.). **Vorläufiger Rechtschutz** zur Auszahlung negativer Steuerbeträge, insb. von Vorsteuerüberhängen, ist deshalb grundsätzlich durch einstweilige Anordnung zu gewähren (vgl. Tipke/Kruse/*Seer* FGO § 69 Rn. 33; zu Schwierigkeiten s. → Form. VII.13 Anm. 6).

6. Wegen des Erfordernisses eines erfolglos gebliebenen Vorverfahrens, der Klagefrist und ihrer Berechnung, sowie der Möglichkeiten zur unmittelbaren Klageerhebung → Form. VII.10 Anm. 6.

7. → Form. VII.10 Anm. 7.

8. → Form. VII.10 Anm. 8, 9.

9. → Form. VII.10 Anm. 10.

Kosten und Gebühren

10. → Form. VII.11 Anm. 8.

Fristen und Rechtsmittel

11. → Form. VII.10 Anm. 15.

13. Antrag auf Aussetzung der Vollziehung eines Umsatzsteuerbescheids (mit Abweichung von → Form. VII.12)

An das Finanzgericht.[1] . . . . (Ort), ... (Datum)

in . . . . .
Antrag
des . . . . .
Antragstellers und Klägers,
Prozessbevollmächtigter:.[2] . . . . .
gegen
Finanzamt.[3] . . . . .
in . . . . .
Antragsgegner und Beklagten,
wegen Aussetzung der Vollziehung (Umsatzsteuer 20. .)
Steuernummer und Identifikationsnummer:.[4] . . . . .
Namens und in Vollmacht des Antragstellers beantrage ich,
die Vollziehung[5] des Umsatzsteuerbescheids für 20 . . . . . vom . . . . . auszusetzen, soweit der Auszahlungsbetrag niedriger[6] als . . . . . EUR festgesetzt worden ist.

Begründung:

Der Antragsteller hat beim FA AdV des oben bezeichneten Umsatzsteuerbescheids beantragt. Das FA lehnte den Antrag ab. Zugleich wies es den Einspruch des Antragstellers als unbegründet zurück. Der Antragsteller hat mit Schriftsatz vom . . . . . Klage erhoben, mit der er eine Erhöhung der an ihn auszuzahlenden negativen Umsatzsteuer um . . . . . EUR begehrt, da die abziehbaren Vorsteuerbeträge iSd § 16 Abs. 2 UStG vom FA zu niedrig angesetzt worden sind. In demselben Umfang wird auch AdV begehrt. Ernstliche Zweifel an der Rechtmäßigkeit des angefochtenen Umsatzsteuerbescheids bestehen, weil das Umsatzsteuergesetz gestattet, sowohl auf die Steuerfreiheit für Umsätze, die unter das Grunderwerbsteuergesetz und solche, die sich aus der Nutzungsüberlassung von Grundstücken ergeben, zu verzichten und weil ein solcher Verzicht auch tatsächlich erklärt worden ist, so dass der Kläger trotz der Nichterzielung von Vermietungsumsätzen einen steuerpflichtigen Umsatz durch die Grundstücksveräußerung bewirkt hat. Deshalb hätte der Vorsteuerabzug nicht versagt werden dürfen.[7]
Ergänzend zu der im Hauptverfahren[8] vorgetragenen Klagebegründung ist darauf hinzuweisen, dass das FA im Voranmeldungsverfahren die geltend gemachten Vorsteuerabzugsansprüche angesetzt und entsprechende Beträge ausgezahlt hatte, so dass der nunmehrige Ansatz niedrigerer Vorsteuerabzugsbeträge zu einer Nachentrichtungspflicht in Höhe der streitigen negativen Steuerzahlungsschuld geführt hat. Da sich somit das Leistungsgebot des FA auf Nachentrichtung, also Zahlung, des mit der Klage begehrten zusätzlichen negativen Steuerbetrages bezieht, ist AdV des angefochtenen Steuerbescheids statthaft.
Unterschrift[9, 10]

Anmerkungen

1. → Form. VII.11 Anm. 1.

2. → Form. VII.10 Anm. 3.

3. Antragsgegner ist das FA. → Form. VII.11 Anm. 1, → Form. VII.10 Anm. 4.

4. → Form. VII.1 Anm. 4 Satz 1.

5. S § 18 Abs. 4 S. 3 UStG; → Form. VII.1 Anm. 9, → Form. VII.11 Anm. 5.

6. Für sich betrachtet begründet der angefochtene Umsatzsteuerbescheid im Beispielsfall → Form. VII.13 keine Leistungspflicht (→ Form. VII.12 Anm. 5). Da dem Steuerpflichtigen aber im Rahmen des Voranmeldungsverfahrens bereits Umsatzsteuervergütungsbeträge („Rotbeträge") ausgezahlt worden waren, hat er nunmehr eine Zahlungsverpflichtung (§ 18 Abs. 4 S. 3 UStG). Deshalb ist AdV statthaft (BFH BStBl. II 1975, 239, BeckRS 1974, 22002953). Wird die „erstmalige" Festsetzung einer (höheren) negativen Steuer begehrt, so ist mangels Zahlungsverpflichtung auf Grund des angefochtenen Steuerbescheids AdV nicht möglich (nicht statthaft), (BFH BStBl. II 1975, 240, BeckRS 1974, 22002952; ferner → Form. VII.12 Anm. 5; sowie *Weiß* UR 1976, 96). Vorläufiger Rechtsschutz wird in solchen Fällen grundsätzlich durch einstweilige Anordnung gewährt (BFH BFH/NV 1987, 42; vgl. Tipke/Kruse/*Seer* FGO § 69 Rn. 33). Es kann aber mit der einstweiligen Anordnung nicht Auszahlung erreicht werden, weil dadurch der Entscheidung in der Hauptsache vorgegriffen würde (BFH BeckRS 1982, 22006099); es kann aber Stundung anderer Steuern erreicht werden (FG München EFG 1981, 610). Sofern AdV für statthaft erachtet wird, ist Erstattung nur jenseits der Einschränkungen von § 69 Abs. 2 S. 8 FGO möglich (Tipke/Kruse/*Seer* FGO § 69 Rn. 33; Gräber/*Stapperfend* FGO § 69 Rn. 109).

Die Rechtslage bei der AdV von Umsatzsteuerbescheiden, die mit dem Begehren auf Festsetzung höherer Negativbeträge angefochten werden, ist deshalb nicht mit derjenigen bei AdV von sog Verlustfeststellungsbescheiden mit dem Ziel höherer Verlustberücksichtigung zu vergleichen (BFH BStBl. II 1979, 567, GrS BStBl. II 1987, 637, → Form. VII.14), da die AdV der Folgebescheide (Einkommensteuerbescheide) allenfalls zu einer Herabsetzung der Steuer auf 0 EUR, aber nicht zu einer (vorläufigen) Auszahlung festgesetzter Einkommensteuer führen kann.

7. Das gilt, weil der Verzicht auf die Steuerfreiheit wegen Umsatzsteuer ist sowohl nach § 4 Nr 12 UStG, als auch nach § 4 Nr. 9a UStG ausgesprochen worden. Vgl. BFH BStBl. II 1979, 394; BFH/NV 2002, 1265 mAnm *Martin*.

8. Die Bezugnahme auf die Begründung im Hauptsacheverfahren ist zulässig; → Form. VII.11 Anm. 7, → Form. VII.10 Anm. 7.

Kosten und Gebühren

9. → Form. VII.11 Anm. 8.

Fristen und Rechtsmittel

10. → Form. VII.11 Anm. 9.

14. Klage gegen einen Bescheid über einheitliche und gesonderte Feststellung von Einkünften aus Gewerbebetrieb („Verlustfeststellungsbescheid“)

An das Finanzgericht.[1] .... (Ort), ... (Datum)

in ....
Klage
der ....
Klägerin,
Prozessbevollmächtigter:.[2] .....
gegen
Finanzamt.[3] .....
in ....
Beklagten,
wegen einheitlicher und gesonderter Gewinnfeststellung 2018 .....
Steuernummer und Identifikationsnummer:.[4] .....

I. Namens und in Vollmacht der Klägerin erhebe ich Klage.[5] Ich beantrage, den mit Bescheid vom ..... festgestellten Verlust unter Aufhebung der Einspruchsentscheidung vom ..... auf ..... EUR zu erhöhen,[6]

II. das Urteil hinsichtlich der Kostenentscheidung für vorläufig vollstreckbar zu erklären,[7]

III. die Zuziehung eines Bevollmächtigten im Vorverfahren für notwendig zu erklären.[8]

Begründung:

Die Klägerin ist eine Personenhandelsgesellschaft in Gestalt einer GmbH & Co KG. Komplementärin ist die A-GmbH, alleiniger Kommanditist ist Herr A. Dieser ist zugleich alleiniger Gesellschafts-Geschäftsführer der Komplementärin. Ihren Gewinn ermittelt die Klägerin nach §§ 5, 4 Abs. 1 EStG. Im Jahre 2018 nahm die Klägerin einen Investitionsabzugsbetrag gem. § 7g Abs. 1 S. 1 EStG in Höhe von 60.000 EUR in Anspruch, weil sie 2019 einen BMW 750i als Dienstfahrzeug für Herrn A für 120.000 EUR anschaffen wollte. 2019 erwarb die Klägerin tatsächlich das Fahrzeug für 120.000 EUR; es steht dem A zur ausschließlichen Nutzung zur Verfügung. Ein Fahrtenbuch wird nicht geführt. Der Schluss der FinVerw. in der gesonderten und einheitlichen Gewinnfeststellung, der Investitionsabzugsbetrag könne 2018 nicht in Anspruch genommen werden, weil mangels Fahrtenbuchs die fast ausschließliche betriebliche Nutzung nicht nachgewiesen sei, ist gleichwohl nicht berechtigt. Eine Privatnutzung des BMW 750i scheidet aus. Den Eheleuten A steht ein weiterer Pkw, ein Porsche Cayenne, jederzeit zur Privatnutzung zur Verfügung. Es kann daher nicht davon ausgegangen werden, der BMW werde auch privat genutzt. Das ist tatsächlich auch nicht der Fall.[9]
Unterschrift[10, 11]

Anmerkungen

1. → Form. VII.10 Anm. 2.

2. → Form. VII.10 Anm. 3.

3. Die Klage ist gem. § 63 Abs. 1 FGO gegen das FA zu richten; → Form. VII.10 Anm. 4; desgleichen ist beim Antrag auf AdV das FA der Antragsgegner. Es kommt nicht darauf an, ob die Klage auf Feststellung eines höheren Verlustes eine Anfechtungs- oder eine Verpflichtungsklage ist.

4. → Form. VII.1 Anm. 4.

5. Der BFH hat ausgesprochen, dass die Klage auf Feststellung eines höheren Verlustes eine **Anfechtungsklage** sei (BFH BStBl. II 1979, 567; BFH BeckRS 2005, 25009299); die frühere gegenteilige Rspr. (BFH BStBl. II 1978, 584) ist damit überholt (vgl. *Beermann* DStR 1986, 252 (253 f.).

Bedeutung hat die geänderte Rspr. im Klageverfahren vor allem für den vorläufigen Rechtsschutz. Nachdem der Große Senat des BFH (BStBl. II 1987, 637) entschieden hat, dass vorläufiger Rechtsschutz gegen sog negative Gewinnfeststellungsbescheide, dh solche, mit denen das Vorliegen einer Mitunternehmerschaft überhaupt verneint und deshalb eine vertragsgemäße Verlustzurechnung abgelehnt wird, ebenfalls durch AdV zu gewähren ist, ist AdV stets statthaft, wenn vorläufiger Rechtsschutz gegen Steuer- oder Feststellungsbescheide (zur Feststellung von Besteuerungsgrundlagen) begehrt wird. Damit hat der BFH die aus der Trennung des Besteuerungsverfahrens in ein Feststellungsverfahren und ein Steuerfestsetzungsverfahren (§§ 179 ff. AO) sich beim vorläufigen Rechtsschutz ergebenden Schwierigkeiten, für die AO (vgl. § 361 Abs. 3 S. 1 u. 2 AO) und FGO (§ 69 Abs. 2 S. 4 u. 5 FGO) keine Regelungen vorsehen, im Wege der Rechtsfortbildung behoben.

6. Wegen des Erfordernisses eines **erfolglos gebliebenen Vorverfahrens**, der Klagefrist und ihrer Berechnung sowie der Möglichkeit zur unmittelbaren Klageerhebung → Form. VII.10 Anm. 6.

Wegen der Notwendigkeit eine **(eigene) Beschwer** durch den angefochtenen Verwaltungsakt (Feststellungsbescheid) geltend machen zu müssen und das Klagebegehren in ausreichendem Umfang zu konkretisieren → Form. VII.10 Anm. 7.

7. → Form. VII.10 Anm. 8, 9.

8. → Form. VII.10 Anm. 10.

9. Zur **materiell-rechtlichen Behandlung** des Falls s. Schmidt/*Kulosa*, EStG, 40. Aufl. 2021, § 7g Rn. 22.

Kosten und Gebühren

10. → Form. VII.10 Anm. 12–14. Zur Streitwertermittlung: Der nach dem finanziellen Interesse des Klägers am Ausgang des Rechtsstreits zu bemessende Streitwert wird bei der gesonderten Gewinnfeststellung, wenn um die Höhe des Gewinns oder Verlustes gestritten wird, ausgehend von den steuerrechtlichen Auswirkungen bemessen. Ist das nicht möglich, sind 10 % anzusetzen (Hübschmann/Hepp/Spitaler/*Schwarz* FGO § 139 Rn. 331 „Verbleibender Verlustabzug").

Fristen und Rechtsmittel

11. → Anm. 6, → Form. VII.10 Anm. 15.

15. Antrag auf Aussetzung der Vollziehung neben einer Klage gegen einen Verlustfeststellungsbescheid (zu → Form. VII.14)

An das Finanzgericht.[1] . . . . . ** **. . . . . (Ort), ... (Datum)

in . . . . .
Antrag
der . . . . .
Antragstellerin und Klägerin,
Prozessbevollmächtigter:.[2]. . . . .
gegen
Finanzamt.[3]. . . . .
in . . . . .
Antragsgegner und Beklagten,
wegen Aussetzung der Vollziehung (gesonderte und einheitliche Gewinnfeststellung 2019).
Steuernummer und Identifikationsnummer:.[4]. . . . .
Namens und in Vollmacht der Antragstellerin beantrage ich, die Vollziehung[5] des Gewinnfeststellungsbescheids für . . . . . 2019 vom . . . . . auszusetzen, soweit der Verlust niedriger[6] als . . . . . EUR festgestellt worden ist.[7]

Begründung:

Die Antragstellerin hat beim FA AdV des oben bezeichneten Gewinnfeststellungsbescheids beantragt. Das FA hat den Antrag abgelehnt. Zugleich wies es den Einspruch der Antragstellerin als unbegründet zurück. Die Antragstellerin hat mit Schriftsatz vom . . . . . Klage erhoben, mit der sie eine Erhöhung des festgestellten Verlustes begehrt. In demselben Umfang wird auch AdV begehrt.
Da die Klage auf Feststellung eines höheren Verlustes eine Anfechtungsklage ist, ist vorläufiger Rechtsschutz im Wege der AdV zu gewähren (BFH BStBl. II 1979, 567 BeckRS 1979, 220004955).[8]
Ernstliche Zweifel an der Rechtmäßigkeit des angefochtenen Gewinnfeststellungsbescheids bestehen, weil die der Auffassung des FA zugrunde liegende Auslegung des § 7g Abs. 1 S. 1 EStG offenkundig rechtswidrig ist.[9]
Unterschrift[10, 11]

Anmerkungen

1. → Form. VII.11 Anm. 1.

2. → Form. VII.10 Anm. 3.

3. → Form. VII.11 Anm. 3.

4. → Form. VII.1 Anm. 4.

5. → Form. VII.1 Anm. 9, → Form. VII.11 Anm. 5, → Form. VII.14 Anm. 5.

6. → Form. VII.11 Anm. 5, → Form. VII.14 Anm. 5.

7. → Form. VII.11 Anm. 7.

8. Vgl. *Beermann* DStR 1986, 252; → Form. VII.14 Anm. 5.

9. Auch eine Bezugnahme auf eine (vorliegende oder gleichzeitig eingereichte) Klagebegründung wird für zulässig erachtet; → Form. VII.11 Anm. 7, → Form. VII.1 Anm. 9.

Kosten und Gebühren

10. → Form. VII.11 Anm. 8. Der Streitwert bemisst sich auf 10 % des Streitwertes des Hauptverfahrens (→ Form. VII.14 Anm. 9).

Fristen und Rechtsmittel

11. → Form. VII.11 Anm. 9 und → Anm. 5.

16. Klage auf Feststellung eines ermäßigt zu besteuernden Gewinns und auf Aufhebung eines Gewerbesteuermessbetrags

An das Finanzgericht[1] . . . . (Ort), ... (Datum)

in . . . .
Klage
der . . . . .
Klägerin,
Prozessbevollmächtigter:[2] . . . . .
gegen
Finanzamt[3] . . . . .
in . . . . .
Beklagten,
wegen einheitlicher und gesonderter Gewinnfeststellung 20. und Gewerbesteuermessbetragsfestsetzung[4]
Steuernummer und Identifikationsnummer:[5] . . . . . und in Vollmacht der Klägerin erhebe ich Klage.[6]
Ich beantrage,

I. den für das Jahr . . . . . festgestellten Gewinn als begünstigungsfähig gem. §§ 16, 34 EStG unter Aufhebung der Einspruchsentscheidung festzustellen,[7]

II. den Gewerbesteuermessbescheid ersatzlos aufzuheben,[8]

III. das Urteil hinsichtlich der Kostenentscheidung für vorläufig vollstreckbar zu erklären,[9]

IV. die Zuziehung eines Bevollmächtigten im Vorverfahren für notwendig zu erklären.[10]

Begründung.[11]

Die Klägerin, eine GmbH & Co. KG (KG) wurde im Jahre 2001 gegründet. Gegenstand ihres Unternehmens war der Erwerb und Betrieb von Seeschiffen. Alleinige Komplementärin war die Y-GmbH, die zugleich auch ohne Einlage und ohne Vermögensbeteiligung an der KG beteiligt war; ihr oblag lediglich die Geschäftsführung. Die KG kaufte im Januar 2001 – kurz nach ihrer Gründung – von einer anderen in Deutschland ansässigen Gesellschaft einen Schiffsbauvertrag betreffend ein Containerschiff in der Größe von

5500 TEU zum Preis von 55.000.000 USD; das Schiff sollte nach dem Bauvertrag mit der Werft Ende Oktober 2001 abgeliefert werden. Die Finanzierung des Kaufpreises bei der H-Bank umfasste 61.000.000 USD. Davon entfielen 55.000.000 USD auf die Baukosten, der Rest auf Bauzeitzinse, Erstausrüstung und Bauaufsicht. Im Februar 2001 schloss die KG mit der E-Ltd., einer Gesellschaft englischen Rechts, einen Chartervertrag mit einer Laufzeit von 12 Jahren. Die KG stellte im April 2001 einen Antrag auf Tonnagebesteuerung gem. § 5a EStG ab Indienststellung des Schiffes.

Gesellschafter der KG waren neben der Y GmbH (s. oben) Herr A zu 99 % und der (künftige) Kapitän K mit 1 % der Kommanditanteile. A erkrankte überraschend an Krebs und wollte sich daraufhin aus dem Geschäftsleben zurückziehen. Er beschloss, den Schiffsbauvertrag zu veräußern; K war damit einverstanden.

Die KG verkaufte am 1.8.2001 das „bestellte Schiff" zu einem Preis von 62.000.000 USD an die B-KG. Der Charterer stimmte der Fortführung des Chartervertrages mit dem Erwerber des Schiffes in einer Ergänzung des Chartervertrages am 10.8.2001 zu. Am 25.10.2001wurde das Schiff fertig gestellt und an die Klägerin abgeliefert. Die B-KG zahlte den Kaufpreis am 30.10.2001 an die Klägerin; die Klägerin übergab am selben Tag das Schiff an die B-KG. Nach dem Kaufvertrag sollten alle Rechte und Pflichten aus dem Schiffsbauvertrag mit der Zahlung auf die Käuferin, die B-KG, übergehen.

Das FA war – nach einer Außenprüfung – der Auffassung, dass ein Gewerbebetrieb der Klägerin vorgelegen habe. Die Voraussetzungen für eine Besteuerung nach § 5a EStG seien allerdings nicht erfüllt, weil kein Seeschiff im internationalen Verkehr betrieben worden sei. Die Voraussetzungen für eine ermäßigte Besteuerung nach §§ 16, 34 EStG sah das FA ebenfalls als nicht erfüllt an, weil die Klägerin noch keine Gelegenheit gehabt habe im Rahmen einer Geschäftstätigkeit stille Reserven zu bilden.

Das FA erließ einen Bescheid über die gesonderte Feststellung von Gewinn aus Gewerbebetrieb für 2001 über . . . . . EUR und einen Bescheid über Gewerbesteuermessbetragsfestsetzung über . . . . . EUR. Das FA behandelte den festgestellten Gewinn aus Gewerbebetrieb als nicht nach § 16 EStG begünstigt. Die gegen die Bescheide gerichteten Einsprüche der Klägerin wies das FA als unbegründet zurück.

Mit der Klage wendet sich die Klägerin, die KG, gegen die Versagung der ermäßigten Besteuerung nach §§ 16, 34 EStG und gegen die Festsetzung eines Gewerbesteuermessbetrags. Sie räumt ein, dass die Voraussetzungen des § 5a Abs. 1 EStG nicht erfüllt sind, da das Schiff nicht im internationalen Verkehr eingesetzt worden sei.[12] Entgegen der Auffassung des FA sind die Voraussetzungen einer ermäßigten Besteuerung nach §§ 16, 34 EStG aber erfüllt, da die Klägerin im Zeitpunkt der Betriebsveräußerung, aber jedenfalls bei Eigentumsübertragung am 30.10.2001 Inhaberin eines wirtschaftsfähigen Betriebsvermögens war.[13] Gleichwohl durfte ein Gewerbesteuermessbetrag für 2001 nicht festgesetzt werden, da die Klägerin ihre werbende Tätigkeit bei Abschluss des Verkaufsvertrages noch nicht aufgenommen hatte.[14]

Unterschrift[15, 16, 17]

Anmerkungen

1. → Form. VII.10 Anm. 2.

2. → Form. VII.10 Anm. 3.

3. → Form. VII.10 Anm. 4; es kommt nicht darauf an, ob die Klage eine Anfechtungs- oder Verpflichtungsklage ist.

4. Die Feststellung des Gewinns und die Festsetzung des Gewerbesteuermessbetrags erfolgen regelmäßig in zwei Bescheiden. Sie können aber durch eine Klage angefochten werden; sog objektive Klagehäufung (§ 43 FGO).

5. → Form. VII.10 Anm. 3.

6. Die Klage auf Herabsetzung des Gewinnbetrags und die Klage auf Aufhebung der Gewerbesteuermessbetragsfestsetzung sind Anfechtungsklagen; → Form. VII.14 Anm. 5.

7. → Form. VII.14 Anm. 6.

8. Über das Vorliegen eines Veräußerungsgewinns ist im Gewinnfeststellungsverfahren zu entscheiden; BFH DStR 2015, 407 Rn. 12, 13 = BeckRS 2015, 94297. Ob der Freibetrag nach § 16 EStG und eine Tarifermäßigung nach § 34 EStG zu gewähren ist, wird im Rahmen der Einkommensteuer-Veranlagung entschieden; BFH BStBl. II 1995, 893.

9. Da die Klägerin nicht lediglich Herabsetzung des Gewerbesteuermessbetrags anstrebt, sondern den Veräußerungsgewinn als nicht der Gewerbesteuer unterliegend (= nicht gewerbesteuerbar) ansieht, kommt kein Abänderungsantrag, sondern lediglich ein Antrag auf ersatzlose Aufhebung des Gewerbesteuermessbescheids in Betracht.

10. → Form. VII.10 Anm. 8, 9.

11. → Form. VII.10 Anm. 10.

12. Zur materiellen Beurteilung des Beispielsfalles BFH BStBl. II 2014, 1000 = DStR 2014, 8.

13. Vgl. BFH BStBl. II 2014, 253.

14. Vgl. BFH BStBl. II 2014, 1000 Rn. 51–54 = DStR 2014, 8.

15. Vgl. BFH BStBl. II 2014, 1000 = DStR 2014, 8 Rn. 62.

Kosten und Gebühren

16. → Form. VII.10 Anm. 12–14. Zur Streitwertermittlung: Der Streitwert bemisst sich nach dem finanziellen Interesse des Klägers am Ausgang des Rechtsstreits. Wird bei gesonderter Gewinnfeststellung um die Höhe des Gewinns oder Verlustes gestritten werden regelmäßig 25 % des streitigen Betrages, bei höheren Beträgen bis zu 50 % als Streitwert zugrundegelegt. Ist die Tarifbegünstigung eines Gewinnbetrags streitig, sind regelmäßig 15 % des fraglichen Betrags als Streitwert zu Grunde zu legen; vgl. Tipke/Kruse/*Brandis* FGO Vor § 135 Rn. 198 ff., Rn. 204.

Fristen und Rechtsmittel

17. → Form. VII.10 Anm. 16.

17. Klage auf Erlass eines „Verlustfeststellungsbescheids" (Verpflichtungsklage)

An das Finanzgericht.[1] . . . . (Ort), ... (Datum)

in . . . . .
Klage
des A . . . . .
Klägers zu 1,
und des B . . . . .
Klägers zu 2,
Prozessbevollmächtigter:.[2]. . . . .
gegen
Finanzamt.[3]. . . . .
in . . . . .
Beklagten,
wegen gesonderter Feststellung der Einkünfte aus Gewerbebetrieb für 20. .
Steuernummer und Identifikationsnummer:.[4]. . . . .
Namens und in Vollmacht der Kläger erhebe ich Klage.[5] Ich beantrage,

I. den Bescheid[6] vom . . . . ., mit dem das FA die Durchführung einer gesonderten Feststellung der Einkünfte aus dem gemeinschaftlichen Gewerbebetrieb der Kläger abgelehnt hat, in Gestalt der Einspruchsentscheidung vom . . . . . aufzuheben und das FA zum Erlass eines Bescheids zu verpflichten, durch den für 20 . . . . . ein Verlust von . . . . . EUR, der den Klägern je zur Hälfte zuzurechnen ist, gesondert und einheitlich festgestellt wird,[7]

II. das Urteil hinsichtlich der Kosten für vorläufig vollstreckbar zu erklären,[8]

III. die Zuziehung eines Bevollmächtigten im Vorverfahren für notwendig zu erklären.[9]

Begründung:[10]

Die Kläger haben im Streitjahr auf einem gepachteten landwirtschaftlichen Anwesen, zu dem größere Weideflächen gehören, den Betrieb eines Reiterhofes eröffnet. Es sollen eigene Pferde gehalten und fremde Pferde in Pension genommen werden. Ferner soll durch angestellte Reitlehrer Reitunterricht erteilt werden. Das FA hat die im Streitjahr entstandenen Verluste nicht als Anlaufverluste eines Gewerbebetriebes, sondern die Tätigkeit vor allem wegen der eigenen Pferdehaltung als Liebhabereibetrieb beurteilt. Deshalb hat es die Durchführung einer gesonderten Gewinnfeststellung abgelehnt. Nach den inzwischen vorliegenden Pensionsverträgen und den Voranmeldungen für Reitkurse ist aber nachhaltig mit einem Gewinn aus dem Betrieb zu rechnen, der insgesamt die Anlaufverluste übersteigt,[11] so dass auch die Verluste des Jahres der Betriebseröffnung als Verluste aus Gewerbebetrieb aufzufassen und ihre gesonderte Feststellung nach Maßgabe der abgegebenen Feststellungserklärungen geboten ist.
Unterschrift[12, 13]

Anmerkungen

1. → Form. VII.10 Anm. 1, 2.

2. → Form. VII.10 Anm. 3.

3. → Form. VII.10 Anm. 4.

4. → Form. VII.1 Anm. 4 S. 1.

5. Die Klage auf Vornahme einer gesonderten und einheitlichen Feststellung von Einkünften (§§ 179, 180 AO 1977), dh die Klage gegen die Ablehnung einer Gewinn-/Verlustfeststellung – also gegen einen negativen Gewinnfeststellungsbescheid- ist eine **Verpflichtungsklage** (BFH BStBl. II 1977, 510, BeckRS 1977, 22003864; BStBl. II 1986, 293, BeckRS 22007500); daran hat auch BFH GrS BStBl. II 1987, 637 nichts geändert; lediglich *vorläufiger* Rechtschutz gegen negative Gewinnfeststellungsbescheide wird seither durch Aussetzung der Vollziehung gewährt (vgl. auch Tipke/Kruse/*Seer* FGO § 69 Rn. 17–19).

Die Verfügung, mit der der Erlass des beantragten Feststellungsbescheids abgelehnt wird, ist ein Verwaltungsakt iSd § 118 AO. Die Verpflichtungsklage schließt die Anfechtung dieses Verwaltungsakts mit ein. Die somit auch vorliegende Anfechtungsklage wird aber, da das Rechtsschutzbegehren über die bloße Kassation des ergangenen Verwaltungsakts hinausgeht und der sachliche Schwerpunkt der Klage in dem Verpflichtungsantrag liegt, von der Verpflichtungsklage absorbiert.

Die Verpflichtungsklage auf Erlass eines abgelehnten Verwaltungsakts (Ablehnungsklage) kann auch als Sprungklage nach § 45 FGO erhoben werden (GrS BFH BStBl. II 1985, 303, BeckRS 1985, 22007134).

Zur Klageerhebung und zur Klagefrist → Form. VII.10 Anm. 6.

6. Der Kläger muss geltend machen, durch die Ablehnung des beantragten Verwaltungsakts in seinen Rechten verletzt zu sein (§ 40 Abs. 2 FGO). Dies muss er zur Bezeichnung des Streitgegenstandes bzw. des Gegenstandes des Klagebegehrens (§ 65 Abs. 1 FGO) in ausreichendem Umfang darlegen. Insoweit gelten für die Verpflichtungsklage und die Anfechtungsklage übereinstimmende Grundsätze (→ Form. VII.10 Anm. 7).

7. Vgl. § 101 FGO. Steht die Höhe der festzustellenden Verluste noch nicht fest, kann auch ein bloßer Bescheidungsantrag gestellt werden (vgl. Tipke/Kruse/*Brandis* FGO § 101 Rn. 6).

8. → Form. VII.10 Anm. 8, 9.

9.→ Form. VII.10 Anm. 10.

10. Zur materiell-rechtlichen Beurteilung des Beispielfalles vgl. BFH BStBl. II 1979, 246; BFH BStBl. II 2009, 453.

11. Zum Erfordernis der Erzielung eines sog Totalgewinns s. BFH GrS BStBl. II 1984, 751; Schmidt/*Weber-Grellet*, 40. Aufl. 2021, EStG § 2 Rn. 23; Schmidt/*Kulosa*, 40. Aufl. 2021, EStG § 13 Rn. 61 ff., 63, 65.

Kosten und Gebühren

12. → Form. VII.10 Anm. 12–14 Der Streitwert bestimmt sich wie bei → Form. VII.14 Anm. 9; jedoch ist bei sog Abschreibungsgesellschaften der Streitwert stets auf 50 % des streitigen Verlustbetrages zu bemessen (BFH BStBl. II 1980, 520).

Fristen und Rechtsmittel

13. → Form. VII.10 Anm. 15.

18. Antrag auf vorläufige Verlustfeststellung im Wege der Aussetzung der Vollziehung (→ Form. VII.17)

An das Finanzgericht.[1] . . . . (Ort), ... (Datum)

in . . . . .

Antrag

des A und B . . . . .

Antragsteller,

Prozessbevollmächtigter:.[2]. . . . .

gegen

Finanzamt.[3]. . . . .

in . . . . .

Antragsgegner,

wegen Aussetzung der Vollziehung (gesonderte Feststellung von Verlust aus Gewerbebetrieb für 20.)

Steuernummer und Identifikationsnummer:.[4]. . . . .

Namens und in Vollmacht der Antragsteller beantrage ich,

die Vollziehung des die Verlustfeststellung ablehnenden Bescheids mit der Maßgabe auszusetzen,[5] dass vorläufig bis zur rechtskräftigen Entscheidung im Hauptverfahren von einem Verlust gemäß der dem FA eingereichten Feststellungserklärung für . . . . . ausgegangen wird,[6] der sich auf A und B nach Maßgabe der Feststellungserklärung verteilt.[7]

Begründung:

Die Antragsteller haben im Jahre 20. . . . . einen gemeinschaftlich betriebenen Reiterhof eröffnet. Das FA hat die Durchführung eines Verfahrens zur Feststellung der Anlaufverluste abgelehnt, da es sich um einen Liebhabereibetrieb handele. Demgegenüber haben die Antragsteller geltend gemacht, dass sich auf Grund der nunmehr vorliegenden Voranmeldungen für Reitkurse und aus den seit der Betriebseröffnung bereits abgeschlossenen Pensionsverträgen in den folgenden Jahren Gewinne ergeben werden. Dazu werden Aufstellungen der zu erwartenden jährlichen Aufwendungen und Erträge vorgelegt. Daraus ergibt sich – wie in der Klagebegründung näher dargelegt –, dass kein Liebhabereibetrieb, sondern ein Gewerbebetrieb vorliegt. Deshalb bestehen ernstliche Zweifel an der Rechtmäßigkeit der Ablehnung der Feststellung und Aufteilung der erklärten Verluste.[8]

Unterschrift[9, 10]

Anmerkungen

1. → Form. VII.11 Anm. 1.

2. → Form. VII.10 Anm. 3.

3. → Form. VII.11 Anm. 3.

4. → Form. VII.1 Anm. 4.

5. → Form. VII.11 Anm. 5.

6. Bis zur Entscheidung des Großen Senats (BFH BStBl. II 1987, 637 = BeckRS 1987, 22008064) konnte vorläufiger Rechtsschutz gegen sog. negative Verlustfeststellungsbescheide, also zB bei Ablehnung der Verlustfeststellung wegen Verneinung einer Mit-

unternehmerschaft oder Verneinung eines auf Gewinnerzielung gerichteten Betriebs („Liebhaberei"), nur im Wege einstweiliger Anordnung erlangt werden. Dies war wegen des Erfordernisses eines Anordnungsgrundes nur – im Verhältnis zur AdV, für die ein solches Erfordernis nicht gilt – unter erschwerten Voraussetzungen möglich. Durch die Entscheidung des Großen Senats ist die Rechtslage vereinfacht und für die Steuerpflichtigen auch verbessert worden. → Form. VII.14 Anm. 5, → Form. VII.16 Anm. 5.

7. Wegen der Fassung des Antrags, der dem Tenor der begehrten Entscheidung entsprechen muss s. BFH BStBl. II 1987, 637 Ls. 2.

8. Es empfiehlt sich, die ernstlichen Zweifel an der Rechtmäßigkeit des angefochtenen Ablehnungsbescheids darzulegen, da das Rechtsschutzziel von AdV und Klage (→ Form. VII.16) verschieden ist. Gleichwohl wird von der hM Verweisung auf die Klagebegründung, falls diese bereits vorliegt, für zulässig erachtet (→ Form. VII.11 Anm. 7, → Form. VII.1 Anm. 9).

Kosten und Gebühren

9. → Form. VII.11 Anm. 8, → Form. VII.15 Anm. 10.

Fristen und Rechtsmittel

10. → Form. VII.11 Anm. 11.

19. Klage auf Zusammenveranlagung (Verpflichtungsklage)

An das Finanzgericht.[1] . . . . (Ort), ... (Datum)
in . . . . .
Klage
des . . . . .
Klägers,
Prozessbevollmächtigter:.[2] . . . . .
gegen
Finanzamt.[3] . . . . .
in . . . . .
Beklagten,
wegen Einkommensteuer 20 . . . . .
Steuernummer und Identifikationsnummer:.[4] . . . . .
Namens und in Vollmacht des Klägers erhebe ich Klage.[5] Ich beantrage,

I. die mit Bescheid vom . . . . . festgesetzte Einkommensteuer 20 . . . . . unter Aufhebung der Einspruchsentscheidung vom . . . . . auf . . . . . EUR herabzusetzen,[6]

II. das Urteil hinsichtlich der Kostenentscheidung für vorläufig vollstreckbar zu erklären,[7, 8]

III. die Zuziehung eines Bevollmächtigten im Vorverfahren für notwendig zu erklären.[9]

Begründung:[10]

Der Kläger ist Arbeitnehmer und erhielt im Jahre 2020 eine Gehaltsnachzahlung für die Jahre 2017 bis 2020 von 8.000 EUR. Er beantragt, die Nachzahlung mit einem ermäßigten Steuersatz gem. § 34 Abs. 1 und Abs. 2 Nr. 4 EStG zu besteuern.

Der Kläger hat am 31.12.2018 geheiratet und wurde am 8.12.2020 schon wieder geschieden. Anfang des Jahres 2020 lagen die Voraussetzungen der Zusammenveranlagung noch vor. Seine Ehefrau hat für 2020 ursprünglich getrennte Veranlagung beantragt; ihre Veranlagung ist bestandskräftig. Im Rahmen der Scheidungsfolgevereinbarungen über nachehelichen Unterhalt und Versorgungsausgleich hat die Ehefrau sich verpflichtet, der Zusammenveranlagung für 2020 zuzustimmen. Die entsprechende von ihr unterschriebene Erklärung ist beigefügt.

Das FA hat den Antrag auf Zusammenveranlagung mit Bescheid vom . . . . . abgelehnt; auch der Einspruch ist erfolglos geblieben. Die Ablehnung durch das FA beruht darauf, dass die Ehefrau seinerzeit die Zustimmung zur Zusammenveranlagung lediglich mündlich dem Kläger gegenüber erklärt hatte. Das FA schenkte seiner diesbezüglichen Erläuterung aber keinen Glauben, sondern verlangte vielmehr eine schriftliche Erklärung der Ehefrau. Weil der Kläger diese nicht in der ihm gesetzten Frist beibringen konnte, wies das FA den Einspruch zurück.

Darüber hinaus hat das FA Bedenken, die Gehaltsnachzahlungen für 2017 und 2018 in die Veranlagung für 2020 einzubeziehen, weil die Nachzahlungsbeträge für diese Jahre in Zeiten erwirtschaftet worden sind, in denen der Kläger noch nicht verheiratet war.

Nach Auffassung des Klägers kommt es aber allein auf den Zeitpunkt des Zuflusses an. Dieser lag im Jahre 2020. Die (materiell-rechtlichen) Voraussetzungen für die Zusammenveranlagung lagen vor, weil die Ehegatten Anfang des Jahres 2020 noch nicht dauernd getrennt lebten.

Unterschrift[11, 12]

Anmerkungen

1. → Form. VII.10 Anm. 1, 2.

2. → Form. VII.10 Anm. 3.

3. → Form. VII.10 Anm. 4.

4. → Form. VII.1 Anm. 4.

5. → Form. VII.17 Anm. 5 zur Verpflichtungsklage; zur Anfechtungsklage → Form. VII.10 Anm. 6. Auch die Klage auf Zusammenveranlagung ist eine Verpflichtungsklage (BFH BStBl. II 1978, 215; BStBl. II 2004, 980), die nur zulässig ist, wenn ein Vorverfahren durchgeführt worden ist. Zur Wahlrechtsausübung für Verstorbene s. Schmidt/*Seeger,* 40. Aufl. 2021, EStG § 26 Rn. 16.

6. Der Kläger muss die Verletzung eigener Rechte durch den angefochtenen Bescheid (hier: durch die Ablehnung der Zusammenveranlagung und die dazu gehörende Einspruchsentscheidung) dartun. → Form. VII.10 Anm. 7, → Form. VII.17 Anm. 6.

7. Ein Kostenantrag ist nicht erforderlich; → Form. VII.10 Anm. 8.

8. Zur Vollstreckbarkeitserklärung → Form. VII.10 Anm. 9.

9. → Form. VII.10 Anm. 10.

10. Zur Anwendbarkeit des § 34 Abs. 1 iVm § 34 Abs. 2 Nr. 4 EStG vgl. Schmidt/*Wacker*, 40. Aufl. 2021, EStG § 34 Rn. 37, 42, 44. Zur Zusammenveranlagung vgl. Schmidt/*Seeger*, 40. Aufl. 2021, EStG § 26 Rn. 17, 23.

Kosten und Gebühren

11. → Form. VII.10 Anm. 12–15.

Fristen und Rechtsmittel

12. → Form. VII.17 Anm. 5, → Form. VII.10 Anm. 15.

20. Klage auf Gewährung von Kindergeld

An das Finanzgericht.[2] . . . . (Ort), ... (Datum)
in . . . . .
Klage
des . . . . .
Klägers,
Prozessbevollmächtigter:.[3] . . . . .
gegen
Agentur für Arbeit – Familienkasse–.[4] . . . . .,
in . . . . .
Beklagten,
wegen Kindergeld.[1]
Namens und in Vollmacht des Klägers erhebe ich Klage.[5] Ich beantrage,

I. den Ablehnungsbescheid vom . . . . . in Gestalt des Einspruchsbescheids vom . . . . . aufzuheben und den Beklagten zu verpflichten, ihm Kindergeld ab . . . . . bis . . . . . zu gewähren,[6]
II. das Urteil hinsichtlich der Kosten für vorläufig vollstreckbar zu erklären,[7]
III. die Zuziehung eines Bevollmächtigten für das Vorverfahren für notwendig zu erklären.[8]

Begründung:[9]

Der Kläger ist norwegischer Staatsangehöriger. Er ist alleinerziehender Vater eines minderjährigen Kindes. Er hat seinen Wohnsitz im Inland und arbeitet hier. Dazu ist er auf Grund einer Aufenthaltsberechtigung befugt. Diese Aufenthaltsberechtigung hat die zuständige Behörde zwar widerrufen; jedoch hat der Kläger den Widerruf mit Widerspruch angefochten. Jedenfalls bis zum Ende des Widerspruchsverfahrens ist der Kläger, da die übrigen Voraussetzungen für die Gewährung von Kindergeld fraglos vorliegen und auch vom Beklagten nicht bezweifelt werden, wegen des Suspensiveffektes seines Rechtsmittels berechtigt, Kindergeld zu beziehen.
Unterschrift[10, 11]

Anmerkungen

1. Das Kindergeld wird zwar nicht von Finanzämtern gezahlt, sondern von den Familienkassen oder den Arbeitgebern. Da aber § 31 S. 3 EStG das Kindergeld als Steuervergütung fingiert und da es durch das Bundeszentralamt für Steuern verwaltet wird und die Familienkassen (= die früheren Kindergeldkassen der Bundesanstalt für Arbeit/Bundesagentur für Arbeit) als Bundesfinanzbehörden gelten (§ 5 Abs. 1 Nr. 11 Finanzverwaltungsgesetz – FVG –), ist für Klagen auf Gewährung von Kindergeld gem. § 33 Abs. 1 Nr. 1 FGO der Finanzrechtsweg eröffnet (Tipke/Kruse/*Krumm* FGO § 33 Rn. 45; BFH BFH/NV 2004, 320). Vgl. zu den das Kindergeld betreffenden Regelungen Schmidt/*Loschelder*, 40. Aufl. 2021, EstG § 31 und Schmidt/*Weber-Grellet*, 40. Aufl. 2021, EStG §§ 62 ff.

2. → Form. VII.10 Anm. 1, 2. Zur örtlichen Zuständigkeit beachte § 38 Abs. 2a FGO (hierzu Gosch/*von Beckerath* FGO § 38 Rn. 16 ff.).

3. → Form. VII.10 Anm. 3.

4. Die Bundesagentur für Arbeit, vertreten durch **die örtliche Familienkasse** hat den Familienleistungsausgleich durchzuführen (§ 5 Abs. 1 Nr. 11 FVG) und ist deshalb die Beklagte. Dies geschieht im Wege der Organleihe für das Bundeszentralamt für Steuern (§ 5 Abs. 1 Nr. 11 FVG; Schmidt/*Weber-Grellet,* 40. Aufl. 2021, EStG § 62 Rn. 4). *Insoweit* **gelten** diese Dienststellen **als Bundesfinanzbehörden** (§ 5 Abs. 1 Nr. 11 S. 4 FVG). Die Bundesagentur für Arbeit hat ihren **Gerichtsstand** iSv § 17 Abs. 3 ZPO am Ort der Regionaldienststellen; deren Anschrift ergibt sich aus den Rechtsmittelbelehrungen der Bescheide, die angefochten werden sollen (→ Anm. 5).

5. Die Klage ist auf die Gewährung einer staatlichen Leistung gerichtet. Sie ist aber keine Zahlungsklage, also keine Leistungsklage, sondern eine **Verpflichtungsklage** (§ 40 Abs. 1 FGO; → Form. VII.17, → Form. VII.19), mit der die Verpflichtung der beklagten Behörde zur Erbringung der begehrten Leistung verbindlich gerichtlich **festgestellt** werden soll (vgl. § 70 Abs. 1 EStG).

Die Klage ist als Verpflichtungsklage nur zulässig, wenn der Kläger gegen die Ablehnung seines Antrags auf Gewährung von Kindergeld Einspruch (§§ 347 ff. AO) eingelegt hat, und dieses Vorverfahren erfolglos geblieben ist und folglich ein Einspruchsbescheid ergangen ist (§ 44 Abs. 1 FGO). Die Frist beginnt mit der Bekanntgabe bzw. der Zustellung Einspruchsentscheidung. Wegen der Fristberechnung → Form. VII.10 Anm. 6, 2. Absatz.

6. Der Kläger muss mit der Verpflichtungsklage (nicht anders als bei der Anfechtungsklage) geltend machen, in seinen Rechten verletzt zu sein, und zwar durch die **Ablehnung des beantragten Verwaltungsaktes** (§ 40 Abs. 2 FGO). Die Klage muss den Kläger (Name und Anschrift), den Beklagten (das Arbeitsamt bzw. eine der in § 72 Abs. 1 EStG genannten juristischen Personen) sowie den Verwaltungsakt mit dem der Antrag auf Gewährung von Kindergeld abgelehnt worden ist sowie Einspruchsentscheidung jeweils mit Datum und Aktenzeichen angeben (§ 65 Abs. 1 FGO). Zu bezeichnen ist ferner der Gegenstand des Klagebegehrens (§ 65 Abs. 1 FGO). Das erfordert eine Darlegung darüber, in welchem Punkt die Ablehnung der begehrten Kindergeldfestsetzung rechtswidrig ist. Entspricht die Klage nicht diesen – sich aus § 65 Abs. 1 S. 1 FGO ergebenden – Anforderungen, hat der Vorsitzende oder der Berichterstatter den Kläger bzw. seinen Prozessbevollmächtigten zu den erforderlichen Ergänzungen aufzufordern. Für diese Ergänzung kann dem Kläger/dem Prozessbevollmächtigten eine Frist mit ausschließender Wirkung gesetzt werden (§ 65 Abs. 2 S. 2 FGO). Verstreicht diese Frist, ohne dass die geforderte Ergänzung der Klage bei dem FG eingegangen ist, wird die Klage endgültig unzulässig und ist abzuweisen. Allerdings kann dem Kläger wegen Versäumung der Frist unter den Voraussetzungen des § 56 FGO Wiedereinsetzung in den vorigen Stand gewährt werden (§ 65 Abs. 2 S. 3 FGO).

Der Vorsitzende bzw. der Berichterstatter kann den Kläger darüber hinaus auch nach § 79b FGO zur Ergänzung seines Klagevorbringens auffordern und dafür eine sog Präklusionsfrist, also eine Frist mit ausschließender Wirkung setzen. Erforderlich ist, dass das Gericht dabei die seiner Meinung nach aufklärungsbedürftigen Tatsachen oder Vorgänge bezeichnet, damit der Kläger erkennen kann, wozu er sich äußern soll (BFH BStBl. II 1981, 443).

7. → Form. VII.10 Anm. 8, 9.

8. → Form. VII.10 Anm. 10.

9. Vgl. zur materiell-rechtlichen Beurteilung des Beispielsfalles LBP/*Pust,* 111. EL 2015, EStG § 62 Rn. 160 ff. Zu berücksichtigen ist, dass ein zulässiger Antrag nur bis zum Monat der Bekanntgabe der Einspruchsentscheidung gestellt werden kann (BFH BStBl. II 2015, 286; BFH/NV 2018, 546). Soweit daher die Widerspruchsbehörde erst nachfolgend ggf. positiv über den Rechtsbehelf des Klägers entscheidet, können diese Monate nicht zulässigerweise in die Klage einbezogen werden.

Kosten und Gebühren

10. → Form. VII.10 Anm. 12–14.

Fristen und Rechtsmittel

11. → Form. VII.10 Anm. 15.

21. Nichtigkeitsklage

An das Finanzgericht.[1] . . . . (Ort), ... (Datum)

in . . . . .

Klage

der . . . . .

Kläger

Prozessbevollmächtigter:.[2] . . . . .

gegen

Finanzamt.[3] . . . . .

in . . . . .

Beklagten,

wegen Einkommensteuer 20 . . . . .

Steuernummer und Identifikationsnummer:.[4] . . . . .

Namens und in Vollmacht der Kläger erhebe ich Klage.[5] Ich beantrage,

I. den Einkommensteuerbescheid ..... vom und den Bescheid über die Feststellung des verbleibendenden Verlustvortrages ..... vom unter Aufhebung der Einspruchsentscheidung vom ..... für nichtig zu erklären,[6]

II. das Urteil hinsichtlich der Kostenentscheidung für vorläufig vollstreckbar zu erklären,[7, 8]

III. die Zuziehung eines Bevollmächtigten im Vorverfahren für notwendig zu erklären.[9]

Begründung:[10]

Die Kläger sind Ehegatten, die zusammen zur Einkommensteuer veranlagt werden. Nachdem sie ihre Einkommensteuererklärung 2004 nach Fristverlängerung und Erinnerung nicht abgegeben hatten, schätzte das FA die Besteuerungsgrundlagen und setzte die Einkommensteuer 2004 mit Bescheid vom 29.1.2009 auf 0 EUR fest. Geschätzt wurden Einkünfte aus selbständiger Arbeit des Ehemannes iHv ..... EUR, Einkünfte aus nichtselbständiger Arbeit des Ehemannes iHv ..... EUR und der Ehefrau iHv ..... EUR, Einkünfte aus Kapitalvermögen des Ehemannes iHv ..... EUR und der Ehefrau iHv ..... EUR sowie Einkünfte des Ehemannes aus Vermietung und Verpachtung iHv 0 EUR.

In den Vorjahren hatte das FA erhebliche negative Einkünfte aus Vermietung und Verpachtung berücksichtigt, 2003 insgesamt iHv ..... EUR, die im Wesentlichen auf den Kläger entfallen waren. Von dem für 2004 insgesamt geschätzten (positiven) Gesamtbetrag der Einkünfte iHv ..... EUR wurde ein Verlustvortrag in gleicher Höhe abgezogen. Ebenfalls unter dem 29.1.2009 erging gegen die Kläger der Bescheid über die gesonderte Feststellung des verbleibenden Verlustvortrages zur Einkommensteuer zum 31.12.2004 unter Berücksichtigung des Verlustabzuges im Einkommensteuerbescheid 2004. Ein Verlustbetrag für die Einkünfte aus Vermietung und Verpachtung für das Jahr 2004 wurde nicht geschätzt, und zwar weder im Rahmen der Einkommensteuerfestsetzung noch bei der Verlustfeststellung. Die Bescheide über Einkommensteuer 2004 und über die gesonderte Feststellung des verbleibenden Verlustvortrages zum 31.12.2004 ergingen jeweils ohne Vorbehalt der Nachprüfung.

Die Kläger versäumten auf Grund eines Büroversehens die Einspruchsfristen. Sie reichten am 2.4.2009 nunmehr ihre Einkommensteuererklärung 2004 ein, mit der sie insgesamt negative Einkünfte aus Vermietung und Verpachtung iHv ..... EUR geltend machten, die im Wesentlichen auf den Ehemann entfielen. Mit Schreiben v. 17.4.2009 lehnte der Beklagte die Änderung des Einkommensteuerbescheides 2004 ab.

Unter dem 31.7.2009 beantragten die Kläger, die Einkommensteuer 2004 entsprechend der eingereichten Steuererklärung festzusetzen, da der Schätzungsbescheid v. 29.1.2009 nichtig sei. Mit Bescheid v. 25.8.2009 lehnte der Beklagte die Aufhebung des Einkommensteuerbescheides 2004 wegen Nichtigkeit ab.

Am 27.9.2009 legten die Kläger Einspruch gegen die Ablehnung ihres Antrags auf Feststellung der Nichtigkeit des Einkommensteuerbescheides 2004 ein. Zur Begründung führten sie aus: Die Schätzung von Einkünften aus Vermietung und Verpachtung iHv 0 EUR sei offensichtlich unzutreffend sowie bewusst und willkürlich zum Nachteil der Kläger erfolgt. Das ergebe sich wie folgt: Ab 2003 beruhten die erheblichen Verluste aus der Vermietung zweier Immobilien durch die Kläger insb. auf der Vornahme von Restwertabschreibungen gem. § 4 Abs. 3 Fördergebietsgesetz – FördG –. Nach dieser Vorschrift sei der Restwert in gleichen Jahresbeträgen abzusetzen, ohne dass insoweit ein Wahlrecht bestehe und ausgeübt werden müsse. Die Restwertabschreibungen betrügen bis einschließlich 2005 jeweils 82.268 EUR für jedes Jahr. Diese Beträge hätten sich aus den vom FA zu führenden Überwachungsbögen ergeben müssen. Die Einnahmen sowie die übrigen Werbungskosten bei den Einkünften aus Vermietung und Verpachtung hätten anhand der Vorjahreserkenntnisse geschätzt werden können.

Mit Einspruchsentscheidung v. 8.12.2009 wies der Beklagte den Einspruch als unbegründet zurück. Die Schätzung orientiere sich an den Vorjahren. Bei den Einkünften aus Vermietung und Verpachtung hätten die Kläger aus den beiden Grundstücken erhebliche Mieteinnahmen erzielt, sodass nicht zwangsläufig von einem Verlust hätte ausgegangen werden müssen. Verlasse eine Schätzung den an Wahrscheinlichkeitsmaßstäben orientierten Schätzungsrahmen, führe das zur Rechtswidrigkeit, nicht aber zur Nichtigkeit des Schätzungsbescheides. Selbst grobe Schätzungsfehler, die auf einer Verkennung der tatsächlichen Gegebenheiten oder der wirtschaftlichen Zusammenhänge beruhten, hätten nicht die Nichtigkeit zur Folge. Im Streitfall sei die Schätzung anhand der Besteuerungsgrundlagen des Vorjahres erfolgt. Dabei seien Sicherheitszu- bzw. -abschläge berücksichtigt worden. Die Schätzung erscheine trotz der Schätzungsfehler wirklichkeitsnah. Ein willkürliches Verhalten sei nicht festzustellen. Unter Berücksichtigung der eingereichten Einkommensteuererklärungen 2004 könne sogar festgestellt werden, dass die Einkünfte zum Teil zu gering geschätzt worden seien. So habe der Ehemann tatsächlich etwas höhere Einkünfte aus nichtselbständiger Arbeit erzielt als geschätzt. . . . . Bei den Einkünften aus Vermietung und Verpachtung habe das FA nicht beachtet, dass die Restwertabschreibung iHv 82.268 EUR unabhängig von der Ausübung eines Wahlrechtes zu gewähren gewesen sei. Hierin liege lediglich ein Schätzungsfehler. Das FA habe die Maßstäbe des § 162 Abs. 1 S. 2 Abgabenordnung – AO – nicht willkürlich missachtet. Es liege auch keine sog Strafschätzung vor. Näher liege die Möglichkeit, dass der Schätzungsfehler aus Nachlässigkeit oder Verkennung der Aspekte des Einzelfalles entstanden sei. Die Kläger hätten weder gegen den Einkommensteuerbescheid 2004 noch gegen die gesonderte Feststellung des verbleibenden Verlustvortrages zum 31.12.2004 fristgerecht Einspruch eingelegt. Dies könne nunmehr nicht mehr über die Erklärung der Nichtigkeit des Einkommensteuerbescheides 2004 nachgeholt werden.

Die Kläger sind demgegenüber der Auffassung, das FA hätte die jährlichen Abschreibungsbeträge bei den Einkünften aus Vermietung und Verpachtung im Rahmen der Schätzung berücksichtigen müssen. Dies sei bewusst unterblieben, um eine Steuererstattung zu vermeiden. Deshalb seien die Bescheide nichtig.

Die Kläger stellten den Beweisantrag[11] den Bediensteten des beklagten Finanzamtes als Zeugen zu vernehmen, der die Besteuerungsgrundlagen der Kläger geschätzt hat. Es sei davon auszugehen, dass die Schätzung bewusst zur Vermeidung von Erstattungen und zur Aufrechterhaltung des Drucks zur Abgabe der Steuererklärung erfolgt sei.

Die Kläger sind der Auffassung, dass die angefochtenen Bescheide nichtig seien, wenn sich bestätigen sollte, dass die Schätzung lediglich zur Vermeidung von Erstattungen und zur Aufrechterhaltung des Schätzungsdrucks in Abweichung von den sich aus den Akten ergebenden Schätzungsgrundlagen vorgenommen worden sei. Weil dann nicht wie in § 162 AO vorgeschrieben eine möglichst zutreffende Schätzung, sondern eine bewusst unrichtige Schätzung vorliege.

Unterschrift

Anmerkungen

1. → Form. VII.10 Anm. 1, 2.

2. → Form. VII.10 Anm. 3.

3. → Form. VII.10 Anm. 4.

4. → Form. VII.1 Anm. 4.

5. Die Klage mit der die Feststellung der Nichtigkeit (= praktische Unbeachtlichkeit) eines Steuerbescheids, also eines Verwaltungsaktes erreicht werden soll, ist eine Fest-

stellungsklage (§ 41 FGO). Die wirksame Erhebung einer Nichtigkeitsfeststellungsklage setzt unter anderem voraus, dass anderweitige Klagemöglichkeiten nicht bestehen, sog **Subsidiarität** der Feststellungsklage (§ 41 Abs. 2; FGO; Gräber/*Teller* FGO § 41 Rn. 9).

6. Feststellungsklagen sind **nicht fristgebunden**, anders als Anfechtungsklagen (vgl. § 47 Abs. 1 S. 1 FGO) und Verpflichtungsklagen in den Fällen des § 47 Abs. 1 S. 2 FGO. Der Kläger muss auch bei der Feststellungsklage dartun, dass er an der Feststellung der Nichtigkeit des Verwaltungsakts ein berechtigtes Interesse hat (§ 41 Abs. 1 FGO). Dies ähnelt den Anforderungen des § 40 Abs. 2 FGO, die die Geltendmachung der Verletzung seiner subjektiven Rechte voraussetzen (vgl. Tipke/Kruse/*Krumm* FGO § 41 Rn. 13).

7. → Form. VII.10 Anm. 8.

8. → Form. VII.10 Anm. 9; § 143 FGO.

9. Auch in Verfahren über Feststellungsklagen hat von Amtswegen eine Kostenentscheidung zu ergehen (§ 139 Abs. 1 FGO); → Form. VII.10 Anm. 10.

10. Zur Beurteilung des **Beispielsfalles** s. Urteil FG Sachsen DStZ 2010, 911 m Anm *Seeger* und BFH/NV, Haufe-Index 2516514.

11. Beweisanträge sind grds. zulässig, uU auch geboten → Form. VII.33 Anm. 4. Zwar hat das Gericht den (entscheidungserheblichen) Sachverhalt von Amts wegen aufzuklären (§ 76 FGO). Die Beteiligten sind dabei aber heranzuziehen (§ 76 Abs. 1 S. 2 FGO). Das FA hat im Beispielsfall aber von seiner Wahrheitspflicht nur ökonomischen Gebrauch gemacht, wie sein Vorbringen im Einspruchs- und Klageverfahren zeigt. Der Beweisantrag der Kläger beruhte auf langjähriger Erfahrung des Prozessbevollmächtigten in Schätzungsfällen und war daher kein Ausforschungsbeweisantrag (vgl. Gräber/*Herbert* FGO § 76 Rn. 32).

22. Klageänderung gem. § 68 FGO nach Änderung des angefochtenen Verwaltungsaktes

An das Finanzgericht.[1] . . . . (Ort), ... (Datum)

in . . . . .
– Aktenzeichen: . . . . . (des FG) –
In dem Rechtsstreit[2]
. . . . . (Name und Anschrift des Klägers)
Klägers,
Prozessbevollmächtigter:.[3] . . . . .
gegen
Finanzamt.[4] . . . . .
in . . . . .
Beklagten,
wegen . . . . . (Steuerart und Streitjahr)[5]
Steuernummer: . . . . .
Nachdem der ursprünglich angefochtene Steuerbescheid durch den Änderungsbescheid[6] vom . . . . . geändert worden ist, stelle ich nunmehr folgenden Antrag.[7] . . . . .
Unterschrift[8, 9]

Anmerkungen

1. Auch wenn die Änderung des **angefochtenen Verwaltungsaktes** während des Revisionsverfahrens erfolgt, tritt die Klageänderung (Tipke/Kruse/*Krumm* FGO § 68 Rn. 3) durch Auswechslung des Verfahrensgegenstandes kraft Gesetzes gem. § 68 FGO ein. § 68 FGO ist analog auch für **Verpflichtungsklagen** anwendbar (Tipke/Kruse/*Krumm* FGO § 68 Rn. 5). Die gesetzlich angeordnete Auswechslung des Verfahrensgegenstandes gilt nach der Rspr. des BFH nicht für **teilbare Verwaltungsakte**, wenn die Änderung nur den nichtangefochtenen Teil des Verwaltungsaktes betrifft (BFH BFH/NV 2011, 1361; BFH/NV 2014, 558).

2. Der Erlass des Änderungsbescheids führt nur dann zur Auswechslung des Verfahrensgegenstandes gem. § 68 FGO, wenn die ursprünglich erhobene Klage zulässig war (Gräber/*Herbert* FGO § 68 Rn. 60). Sind die Wirkungen des § 68 FGO eingetreten, bleibt der Prozess dennoch mit dem ursprünglichen Verfahren identisch; es entstehen keine „doppelten" Gebühren (vgl. § 68 Abs. 1 S. 2 FGO). Es können sich aber **höhere Gebühren** ergeben, wenn der Kläger seinen Antrag nach der Änderung erweitert. Die kraft Gesetzes eintretende Klageänderung gem. § 68 FGO schließt es aus, stattdessen – wie dies nach den früheren Fassungen des § 68 FGO möglich war – Einspruch gegen den Änderungsbescheid einzulegen (§ 68 Abs. 1 S. 2 FGO).

3. Die Änderung nach § 68 FGO vollzieht sich ohne Antragstellung des Klägers.

4. Erlässt infolge Wechsels der örtlichen Zuständigkeit ein anderes als das beklagte FA den Änderungsbescheid, so wird dieses durch den Erlass des Änderungsbescheids Beklagter.

5. Der ursprünglich angefochtene Verwaltungsakt und der Änderungsbescheid müssen (mit der → Anm. 4 erwähnten Ausnahme) dieselben Beteiligten und denselben Regelungsgegenstand (Besteuerungsgegenstand, zB dieselbe Steuerart und dasselbe Jahr) betreffen. Ist das nicht der Fall, treten die Änderungswirkungen des § 68 FGO nicht in Kraft, weil der „Änderungsbescheid" nicht den bisherigen Verfahrensgegenstand betrifft.

6. Der Änderungsbescheid kann die **Steuer höher oder niedriger** festsetzen als der ursprüngliche Bescheid. Wird dem Klagebegehren durch niedrigere Steuerfestsetzung teilweise entsprochen, so muss der Kläger zur Vermeidung der Kostenlast (insoweit) seinen **Klageantrag einschränken** (vgl. aber § 137 FGO, der auch dann zur Auferlegung der anteiligen Kosten führen kann). Wird die Steuer höher festgesetzt, kann der Kläger sein Rechtsschutzbegehren auch darauf erstrecken, indem er den **Klageantrag entsprechend erweitert**. Die erfolglose Durchführung eines **Vorverfahrens** (§ 44 Abs. 1 FGO) ist dafür nicht Voraussetzung. Ergibt sich die Änderung nach § 68 FGO im Revisionsverfahren, kann dies zur Zurückverweisung der Sache an das FG (§ 127 FGO; → Anm. 1) führen; das ist regelmäßig der Fall, wenn sich der Kläger gegen den die Steuer höher als der ursprüngliche Steuerbescheid festsetzenden Änderungsbescheid auch hinsichtlich des Erhöhungsbetrags wendet; zur Antragstellung → Anm. 7.

7. Ist der Kläger der Auffassung, der Änderungsbescheid hätte aus verfahrensrechtlichen Gründen nicht ergehen dürfen, so kann er auch dies im gerichtlichen Verfahren geltend machen. Hat er damit Erfolg, ist über sein ursprüngliches Klagebegehren zu befinden, dh er kann die **Aufhebung des Änderungsbescheids** und die **Abänderung des ursprünglichen Bescheids** in demselben gerichtlichen Verfahren beantragen und erreichen.

Hat der Änderungsbescheid dem Klagebegehren in vollem Umfang abgeholfen, muss der Kläger, wenn er zwecks anderweitiger Anfechtung des Änderungsbescheids einen

Antrag nicht stellen will, die **Hauptsache für erledigt erklären**; andernfalls wird die Klage mit der Kostenfolge des § 135 Abs. 1 FGO als unzulässig abgewiesen.

Will der Kläger, was **bei verbösernden Änderungsbescheiden** erforderlich erscheinen kann, sein Klage- bzw. Revisionsbegehren (→ Anm. 1) erweitern, bedarf es dazu eines an das Gericht gerichteten **Antrags.** Dieser kann vor dem BFH (→ Anm. 1) nur **durch einen postulationsfähigen Prozessbevollmächtigten** gestellt werden (§ 62a FGO; → Form. VII.10 Anm. 3).

Kosten und Gebühren

8. Es fallen **keine besonderen Kosten** an. Ist die Hauptsache durch den geänderten Bescheid erledigt (→ Anm. 7), ergeht eine Kostenentscheidung gem. § 138 FGO durch das Gericht. Ist dem Klagebegehren nur teilweise abgeholfen oder ist sogar eine verbösernde Änderung eingetreten, und stellt der Kläger durch seinen Prozessbevollmächtigten einen entsprechenden Antrag (→ Anm. 7), und es ergeht eine abschließende Entscheidung des Gerichts. Jeweils ergeben sich die für ein gerichtliches Verfahren üblichen Kosten. → Form. VII.10 Anm. 12–14.

Fristen und Rechtsmittel

9. Da die Rechtswirkung des § 68 FGO sowohl im Verfahren vor FG wie vor dem BFH ohne weiteres kraft Gesetzes eintritt, sind Fristen für die Beteiligten nicht zu beachten. Rechtsmittel sind nicht gegeben. Es kann lediglich (im Verfahren) geltend gemacht werden, dass der Änderungsbescheid den (ursprünglich) angefochtenen Bescheid nicht geändert hat, zB weil er unwirksam ist oder weil der Änderungsbescheid einen anderen Regelungsgegenstand (zB einen anderen Veranlagungszeitraum) betrifft; → Anm. 7.

23. Erklärung zur Erledigung der Hauptsache und Kostenantrag

An das Finanzgericht.[1] . . . . (Ort), ... (Datum)

in . . . . .
– Aktenzeichen: . . . . . (des FG) –
In dem Rechtsstreit
. . . . . (Name und Anschrift des Klägers)
Klägers,
Prozessbevollmächtigter: . . . . .
gegen
Finanzamt . . . . .
in . . . . .
Beklagten,
wegen . . . . . (Steuerart und Streitjahr)
Steuernummer: . . . . .
Das FA hat dem Klagebegehren durch den Änderungsbescheid vom . . . . . abgeholfen.[1]
Daher erkläre ich den Rechtsstreit in der Hauptsache für erledigt.[2] Ich beantrage, dem FA die Kosten aufzuerlegen.[3]
Unterschrift[4, 5]

Anmerkungen

1. Die Erledigungserklärung ist gegenüber dem FG abzugeben (Gräber/*Ratschow* FGO § 138 Rn. 7).

2. Hat das FA dem Klagebegehren in dem Änderungsbescheid nur teilweise abgeholfen und erklärt der Kläger gleichwohl den Rechtsstreit in vollem Umfang für in der Hauptsache erledigt, so liegt darin eine Einschränkung des Klagebegehrens (soweit dem Begehren nicht entsprochen worden ist). Die Kostenentscheidung ergeht auch in diesem Fall nach § 138 FGO.

Ob eine wirksame Erledigungserklärung die **Zulässigkeit der Klage** bzw. der **NZB** oder **Revision** voraussetzt, ist umstritten (BFH BStBl. II 80, 588; BFH BStBl. II 1991, 846; Gräber/*Ratschow* FGO § 138 Rn. 9). Beruht die Hauptsacheerledigung auf einer Gesetzesänderung (BFH I B 158/12, BeckRS 2013, 96027), hat mE das FA die Kosten zu tragen, wenn die Klage bzw. das Rechtsmittel (Revision, NZB) zulässig erhoben waren.

Geben Kläger und Beklagter **übereinstimmend Erledigungserklärungen** ab, prüft das Gericht nicht, ob die Hauptsache tatsächlich erledigt ist, sondern trifft nur noch die Kostenentscheidung nach § 138 FGO. Bei nur **einseitiger Erledigungserklärung** entscheidet das Gericht, ob ein erledigendes Ereignis eingetreten ist. Schweigt das FA, kann gem. § 138 Abs. 3 FGO von Erledigung ausgegangen werden (Erledigungsfiktion). Ergibt die Prüfung des Gerichts, dass Hauptsacherledigung eingetreten ist, weist das Gericht, wenn der Kläger (ohne die Hauptsache für erledigt zu erklären) an seinem Klagebegehren festgehalten hat, die Klage als unzulässig ab (BStBl. II 1979, 378; BStBl. II 1979, 375; BStBl. II 1979, 709; BStBl. II 1979, 779). Ist die Hauptsache entgegen der Erklärung des Klägers nicht erledigt, so trifft ihn die Kostenlast, wenn er nicht hilfsweise seinen Antrag auf Erlass einer Entscheidung in der Hauptsache aufrechterhält BFH Beschl. v. 22.2.2013 – V B 72/12, BeckRS 2013, 94753; s. Tipke/Kruse/*Brandis* FGO § 138 Rn. 45). Mit dem Kostenantrag bei Abgabe der Erledigungserklärung kann auch der Antrag verbunden werden, die Zuziehung eines Bevollmächtigten im Vorverfahren für notwendig zu erklären (§ 139 Abs. 3 S. 3 FGO; → Form. VII.10 Anm. 10).

3. Der an sich nicht notwendige Kostenantrag (§ 143 Abs. 1 FGO) wird in der Regel begründet. Dabei ist insb. darzulegen, warum bis zum erledigenden Ereignis die Klage zulässig und begründet war. Das Gericht trifft seine Entscheidung allerdings nach summarischer Prüfung; Beweise werden nicht mehr erhoben.

Kosten und Gebühren

4. Der **Streitwert** bestimmt sich nach den bis zur Erledigung der Hauptsache entstandenen Gebührenansprüchen (→ Form. VII.10 Anm. 12). Wegen der Gerichtskosten und der Vergütungsansprüche des Prozessbevollmächtigten → Form. VII.10 Anm. 13–14. Die Gerichtsgebühren ermäßigen sich in der ersten Instanz gem. KV 6111 GKG auf 2,0 und im Revisionsverfahren gem. KV 6121 GKG auf 3,0, wenn kein Urteil oder Gerichtsbescheid in Hauptsache ergangen ist.

Fristen und Rechtsmittel

5. Die Erklärung zur Erledigung der Hauptsache ist nicht fristgebunden. Ergeht auf die Erledigungserklärung ein Beschluss gem. § 138 FGO, kann dieser nicht mit der Beschwerde angefochten werden (§ 128 Abs. 4 FGO).

24. Antrag auf Berichtigung eines Urteils wegen offenbarer Unrichtigkeit

An das Finanzgericht.[1] . . . . (Ort), ... (Datum)

in . . . . .
– Aktenzeichen: . . . . . (des FG) –
In dem Rechtsstreit[2]
. . . . . (Name und Anschrift des Klägers)
Klägers,
Prozessbevollmächtigter:.[3] . . . . .
gegen
Finanzamt . . . . .
in . . . . .
Beklagten,
wegen . . . . . (Steuerart und Jahr)
Steuernummer und Identifikationsnummer:.[4] . . . . .
Namens und in Vollmacht des Klägers beantrage[5] ich, die Entscheidungsformel des Urteils vom . . . . . (Datum und Aktenzeichen) . . . . . wie folgt zu berichtigen:
Unter Abänderung des Steuerbescheids vom . . . . . und der Einspruchsentscheidung vom . . . . . wird die . . . . .steuer für 20 . . . . . auf . . . . . EUR herabgesetzt. Im Übrigen wird die Klage abgewiesen. Die Kosten des Verfahrens hat der Kläger zu . . . . . vH, der Beklagte zu . . . . . vH zu tragen.

Begründung:[6]

Der Kläger hatte im Streitjahr außergewöhnliche Belastungen von . . . . . EUR zu tragen. Diese waren schon vom FA bei der Einkommensteuerveranlagung berücksichtigt worden und auch im finanzgerichtlichen Verfahren nicht streitig. In der Berechnung der Steuer in dem finanzgerichtlichen Urteil ist der Betrag der abzugsfähigen außergewöhnlichen Belastung jedoch nicht von dem zu versteuernden Einkommensbetrag mindernd abgesetzt. Das kann nur auf einer einem Schreib- oder Rechenfehler ähnlichen offenbaren Unrichtigkeit beruhen. Der festgesetzte Steuerbetrag ist daher antragsgemäß herabzusetzen.
Unterschrift[7, 8]

Anmerkungen

1. Anträge auf Urteilsberichtigung (§ 107 FGO) sind bei dem Gericht zu stellen, das das Urteil erlassen hat, ggf. also auch beim BFH.

2. Der Antrag ist unter demselben Rubrum (Streitsachenbezeichnung) zu stellen, unter dem das Urteil ergangen ist.

3. War für den Rechtsstreit ein Prozessbevollmächtigter bestellt, so kann dieser den Antrag noch kraft der Prozessvollmacht stellen (§§ 81, 83 ZPO, § 155 FGO).

4. → Form. VII.1 Anm. 4.

5. Eine Urteilsberichtigung nach § 107 FGO ist nicht von der Stellung eines Antrags abhängig. Die Berichtigung ist auch nicht an eine Frist gebunden.

Eine offenbare Unrichtigkeit liegt vor, wenn eine (richtige oder falsche) Überlegung falsch ausgedrückt worden ist und diese Unrichtigkeit des Ausdrucks auf der Hand liegt. Naheliegende Fehler der Überlegung sind keine offenbaren Unrichtigkeiten iSd § 107 FGO (vgl. auch § 129 AO). Eine offenbare Unrichtigkeit liegt auch vor, wenn etwas offenbar Gewolltes übersehen wird, so dass auch Auslassungen offenbare Unrichtigkeiten sein können. Maßstab ist jeweils der im Gesetz genannte Schreib- oder Rechenfehler.

Im Beispielsfall ist auch die Kostenentscheidung zu berichtigen, wenn infolge der mangelnden Berücksichtigung der abzugsfähigen außergewöhnlichen Belastung die Kostenverteilung in dem zu berichtigenden Urteil unrichtig war.

Die Berichtigung einer offenbaren Unrichtigkeit hat grds. keinen Einfluss auf den Lauf der Rechtsmittelfrist; zu Einzelheiten s. Gräber/*Ratschow* FGO § 120 Rn. 24.

6. Zur Beurteilung des Beispielsfalles vgl. BFH-Beschluss BStBl. II 1972, 954; zur Abgrenzung vgl. BFH BFH/NV 2005, 1336; BeckRS 2011, 97074.

Kosten und Gebühren

7. Die Entscheidung ergeht gerichtskostenfrei. Zusätzliche Gebühren für den Prozessbevollmächtigten entstehen nicht (§ 19 Abs. 1 S. 1 RVG).

Fristen und Rechtsmittel

8. Die Berichtigung ist nicht antrags- oder fristgebunden; sie kann auch noch im Revisionsverfahren und nach Eintritt der Rechtskraft durchgeführt werden. Gegen den Beschluss, mit dem einem Berichtigungsantrag entsprochen oder dieser abgelehnt wird, ist die binnen zwei Wochen (§ 129 Abs. 1 FGO) einzulegende **Beschwerde** nach § 128 Abs. 1 FGO gegeben.

Die Frist zur Erhebung der **NZB** oder der **Revision** (→ Form. VII.10 Anm. 15) wird durch einen Berichtigungsantrag weder gehemmt noch unterbrochen; vgl. Einzelheiten bei Gräber/*Ratschow* FGO § 120 Rn. 24.

25. Antrag auf Berichtigung eines Urteilstatbestands

An das Finanzgericht.[1] . . . . . **. . . . . (Ort), ... (Datum)**

in . . . . .
– Aktenzeichen: . . . . . (des FG) –
In dem Rechtsstreit[2]
. . . . . (Name und Anschrift des Klägers)
Klägers,
Prozessbevollmächtigter:.[3] . . . . .
gegen

Finanzamt . . . . .
in . . . . .
Beklagten,
wegen . . . . . (Steuerart und Jahr)
Steuernummer und Identifikationsnummer:.[4]. . . . .
Namens und in Vollmacht des Klägers beantrage[5] ich, den Tatbestand des Urteils vom . . . . . (Datum und Aktenzeichen) in der Weise zu berichtigen, dass am Ende der Darstellung des Vorbringens des Klägers eingefügt wird:
„Der Kläger hat sich für die Richtigkeit der Behauptung, die Mehleinkäufe seien vollständig aus den vorliegenden Einkaufsrechnungen ersichtlich, auf das Zeugnis seines Gesellen A bezogen."

Begründung:

Der Kläger ist Bäcker. Das FA hat seine Buchführung nach einer Außenprüfung als nicht ordnungsmäßig angesehen und den Gewinn geschätzt. Dabei ist es davon ausgegangen, die in dem Betrieb verbackenen Mengen an Mehl seien wegen starker Schwankungen im Mehlverbrauch größer als vom Kläger angegeben, da er die Mehleinkäufe nicht fortlaufend aufgezeichnet, sondern nur die Einkaufsrechnungen, und zwar unvollständig, aufbewahrt habe. In dem Termin zur Beweisaufnahme, in dem auch der Kläger gehört worden ist, hat er nicht nur seine Behauptung wiederholt, die Einkaufsrechnungen und die Belege über den sonstigen Zugang von Mehl lägen vollständig vor, sondern er hat sich für die Richtigkeit seines Vorbringens auch auf das Zeugnis seines Gesellen A bezogen. Das hatte der Kläger bis dahin nicht getan, um A aus dem Prozess herauszuhalten. Die Erklärung des Klägers ist infolge der erregten Diskussion in dem Termin nicht protokolliert worden. Da das Gericht sein Urteil noch am selben Tag verkündet hat, konnte der Beweisantritt nicht mehr schriftsätzlich wiederholt werden.
Der Kläger kann, da sein Beweisantrag weder in dem Urteilstatbestand noch im Protokoll enthalten ist, nur im Wege der Tatbestandsberichtigung nachweisen, dass das FG einen Beweisantrag übergangen und somit den Sachverhalt nicht im erforderlichen Maße aufgeklärt hat.
Unterschrift[6, 7]

Anmerkungen

1. Anträge auf Tatbestandsberichtigung (§ 108 FGO) kommen nur beim FG in Betracht, da die Revisionsurteile in tatsächlicher Hinsicht auf dem Urteil der Tatsacheninstanz, also des FG beruhen (§ 118 Abs. 2 FGO).

2. → Form. VII.23 Anm. 2.

3. → Form. VII.23 Anm. 3.

4. → Form. VII.1 Anm. 4.

5. Eine Tatbestandsberichtigung ist nach § 108 FGO nur auf Antrag möglich, der binnen **zwei Wochen** nach Zustellung des Urteils gestellt sein muss. Allerdings kann bei unverschuldeter Fristversäumnis Wiedereinsetzung in den vorigen Stand nach § 56 FGO gewährt werden. Die Tatbestandsberichtigung kann auch Tatsachenfeststellungen betreffen, die nicht nur im „Tatbestand" des Urteils, sondern auch in den Entscheidungsgründen oder den sog. Nebenentscheidungen über Kosten, Vollstreckbarkeit oder Zuziehung eines Bevollmächtigten enthalten sind bzw. fehlen. Der Antrag auf Tatbestandsberichtigung kann dazu benutzt werden, die Anfechtung eines finanzgerichtlichen Urteils mit der NZB bzw. der Revision (→ Form. VII.10 Anm. 15) vorzubereiten (vgl. dazu die insoweit anders liegenden Beispielsfälle → Form. VII.29, → Form. VII.33). Das Vorbringen, der Tatbestand des Urteils sei unvollständig/unrichtig ist als solches kein Grund für Zulassung der Revision (BFH BeckRS 2011, 96547; BFH BeckRS 2008, 25013773.

Weder der Berichtigungsantrag noch die (positive oder negative) Entscheidung über den Antrag hemmt den Lauf der Revisionsfrist (BFH BStBl. II 1977, 291; Gräber/*Ratschow* FGO § 120 Rn. 24). Anders ist die Lage, wenn es (zugleich) zu einer Urteilsergänzung nach § 109 FGO (→ Form. VII.26). Ein Rechtsmittel (NZB oder ggf. Revision, → Form. VII.10 Anm. 15) ist also, wenn das finanzgerichtliche Urteil angegriffen werden soll, stets innerhalb der dafür vorgeschriebenen Frist (§ 116 Abs. 2, § 120 Abs. 1 FGO; → Form. VII.28, → Form. VII.31) einzulegen. Steht die Entscheidung über den Antrag bei Ablauf der Frist zur Begründung der NZB (§ 116 Abs. 3 FGO) oder der Revision (§ 120 Abs. 2 FGO) noch aus, so ist *vor* deren Ablauf ggf. eine Verlängerung herbeizuführen (§ 116 Abs. 3 S. 4, § 120 Abs. 2 S. 3 FGO) oder, falls das nicht mehr möglich ist, die Begründung unter Einbeziehung des Berichtigungsantrags vorzunehmen.

Die Tatbestandsberichtigung setzt ein rechtliches Interesse des Antragstellers an der Berichtigung voraus. Ein solches Rechtschutzinteresse an der Tatbestandsberichtigung ist dann gegeben, wenn andernfalls im Verfahren nach § 116 FGO und im Revisionsverfahren wegen der Beweiskraft von Urteilstatbestand (§ 105 FGO, § 314 S. 1 ZPO iVm § 155 FGO) und Sitzungsprotokoll (§ 94 FGO, § 314 S. 2, § 165, § 160 Abs. 3 ZPO) von einem unrichtigen (unvollständigen) Sachverhalt auszugehen wäre (vgl. § 118 Abs. 2 FGO), dh im Beispielsfall der Kläger nicht mit Aussicht auf Erfolg mangelnde Sachaufklärung rügen könnte (→ Form. VII.29, → Form. VII.33).

Kosten und Gebühren

6. Der Beschluss ergeht gerichtskostenfrei. Zusätzliche Gebühren für den Prozessbevollmächtigten entstehen nicht (§ 19 Abs. 1 S. 1 RVG).

Fristen und Rechtsmittel

7. Der Antrag nach § 108 Abs. 1 FGO kann wirksam nur binnen **zwei Wochen** ab Zustellung des Urteils gestellt werden. Der Beschluss über die Tatbestandsberichtigung ist unanfechtbar (§ 108 Abs. 2 S. 2 FGO).

26. Antrag auf Ergänzung eines Urteils

An das Finanzgericht.[1] . . . . (Ort), ... (Datum)

in . . . . .
– Aktenzeichen: . . . . . (des FG) –
In dem Rechtsstreit[2]
. . . . . (Name und Anschrift des Klägers)
Klägers,
Prozessbevollmächtigter:.[3] . . . . .
gegen
Finanzamt . . . . .

in . . . . .
Beklagten,
wegen . . . . . (Steuerart und Jahr)
Steuernummer und Identifikationsnummer:.[4] . . . . .
Namens und in Vollmacht des Klägers beantrage[5] ich, das Urteil vom . . . . . (Datum und Aktenzeichen) durch eine Entscheidung über den unter dem 20 . . . . . gestellten Klageantrag zu ergänzen.

Begründung:

Der Kläger hat die . . . . . steuerfestsetzungen für die Jahre 2001 bis 2004 angefochten. Streitig war für 2003 bis 2004 die Höhe der Gewinne aus Gewerbebetrieb. Im Rahmen der Veranlagung für 2001 hat der Kläger geltend gemacht, vorbereitende Betriebsausgaben für seinen 2002 eröffneten Betrieb gehabt zu haben. Darüber hat das FG dem Tenor seiner Entscheidung nach nicht entschieden. Das ist in dem Ergänzungsurteil nachzuholen.
Unterschrift[6, 7]

Anmerkungen

1. Anträge auf Urteilsergänzung (dh auf Erlass eines Ergänzungsurteils, § 109 FGO) sind bei dem Gericht zu stellen, das das ergänzungsbedürftige Urteil erlassen hat; ggf. also beim BFH.

2. → Form. VII.23 Anm. 2.

3. → Form. VII.23 Anm. 3.

4. → Form. VII.1 Anm. 4.

5. Der Erlass eines Ergänzungsurteils ist nach § 109 Abs. 1 FGO nur auf Antrag möglich, der binnen **zwei Wochen** nach Zustellung des Urteils gestellt sein muss. Allerdings kann bei unverschuldeter Fristversäumnis Wiedereinsetzung in den vorigen Stand nach § 56 FGO gewährt werden.

Die praktisch häufigsten Fälle der Urteilsergänzung ergeben sich bei der objektiven Klagehäufung, wenn (wie im Beispielsfall) über ein Streitjahr versehentlich keine Entscheidung ergeht. Ist die Klage (ohne Einschränkung) abgewiesen worden, so ist zweifelhaft, ob über einen vom Kläger gestellten Hilfsantrag, mit dem der Ansatz niedrigerer Einkünfte begehrt wurde, durch Ergänzungsurteil entschieden werden kann; vielmehr kommt NZB gem. § 115 Abs. 2 Nr. 3 iVm § 116 Abs. 6 und § 119 Nr. 6 FGO in Betracht (vgl. Kühn/v. Wedelstädt/*Wagner* FGO § 109 Rn. 1, 2).

Da Urteilsergänzung nur dann in Betracht kommt, wenn Anträge „nach dem Tatbestand" gestellt worden sind (§ 109 Abs. 1 FGO), kann es erforderlich sein, falls ein gestellter Antrag nicht aus dem Urteil hervorgeht, zugleich Tatbestandsberichtigung nach § 108 FGO zu beantragen (→ Form. VII.25).

Ergeht antragsgemäß das Ergänzungsurteil, kann es selbständig angefochten werden (Gräber/*Ratschow* FGO § 109 Rn. 9), soweit dies nicht, wenn die Ergänzung nur im Kostenpunkt erfolgt, nach § 145 Abs. 1 FGO ausgeschlossen ist. Die Unrichtigkeit der in einem Ergänzungsurteil getroffenen Kostenentscheidung kann nur im Rahmen einer gegen das „ursprüngliche" Urteil erhobenen Revision geltend gemacht werden. Ergeht das Ergänzungsurteil noch innerhalb der Revisionsfrist (§ 120 Abs. 1 S. 1 FGO), so ist nach hM § 517 S. 1 ZPO iVm § 155 FGO entsprechend anwendbar, dh es beginnt mit der Zustellung der nachträglichen Entscheidung der Lauf der Revisionsfrist gegen das zuerst ergangene Urteil von Neuem (Gräber/*Ratschow* FGO § 109 Rn. 9).

Das Ergänzungsurteil enthält, sofern es nicht zur Nachholung der Kostenentscheidung ergeht, eine Kostenentscheidung.

Kosten und Gebühren

6. Das Ergänzungsurteil enthält eine Kostenentscheidung (Gräber/*Ratschow* FGO § 109 Rn. 8). Zusätzliche Gerichtsgebühren (Gräber/*Ratschow* FGO § 109 Rn. 8) oder Gebühren für den Prozessbevollmächtigten entstehen nicht (§ 19 Abs. 1 S. 1 RVG).

Fristen und Rechtsmittel

7. Ergeht ein Ergänzungsurteil, kann es selbständig mit NZB, ggf. Revision (§ 115 FGO) angefochten werden (Gräber/*Ratschow* FGO § 109 Rn. 9) Gegen einen den Ergänzungsantrag ablehnenden Beschluss ist Beschwerde gegeben (BFH BFH/NV 2009, 200). Die Beschwerde geht einer Nichtzulassungsbeschwerde vor (BFH BeckRS 2013, 95852, Rn. 13).

Beschwerde im finanzgerichtlichen Verfahren

27. Beschwerde gegen die Feststellung der Zulässigkeit des Finanzrechtswegs

An das Finanzgericht.[1] . . . . . **. . . . . (Ort), ... (Datum)**

in . . . . .
– Aktenzeichen: . . . . . (des FG) –
In dem Rechtsstreit[2]
. . . . . (Name und Anschrift des Klägers)
Klägers und Beschwerdeführers,
Prozessbevollmächtigter:.[3] . . . . .
gegen
Finanzamt . . . . .
in . . . . .
Beklagten und Beschwerdegegner,
wegen . . . . (Benennung eines Denunzianten)
Steuernummer und Identifikationsnummer:.[4] . . . . .
Namens und in Vollmacht des Klägers erhebe ich Beschwerde[5] gegen den Beschluss des Finanzgerichts vom . . . . . (Datum und Aktenzeichen) und beantrage,[6]
unter Abänderung des Beschlusses des FG . . . . den Finanzrechtsweg nicht für eröffnet zu erachten und die Sache an das örtlich zuständige Amtsgericht zu verweisen.[7]

Begründung:

Der Kläger ist von einer ihm unbekannten Person dem FA gegenüber bezichtigt worden, Steuerhinterziehung durch überhöhte bzw. vorgetäuschte Betriebsausgaben begangen zu haben. Dem Kläger sind zur Abwehr der daraufhin vom FA eingeleiteten Prüfungsmaßnahmen und der anschließenden Rechtsmittelverfahren erhebliche Beratungskosten entstanden. Zwar hat er die Verdächtigungen entkräften können und die Rechtsmittelverfahren gewonnen. Die Gebührenforderungen seines Rechtsanwalts gehen aber über die erstattungsfähigen Kosten erheblich hinaus. Ferner hat er wegen der Inanspruchnahme mit den gegen ihn erhobenen Vorwürfen erhebliche Anstrengungen unternehmen müssen.

Dies hat ihn von seiner beruflichen Erwerbstätigkeit abgehalten. Den ihm durch die Beratungskosten und den eigenen Gewinnausfall entstandenen Schaden möchte er von dem Denunzianten einklagen.
Der Kläger hat deshalb das FA aufgefordert, ihm den Namen des sog Informanten zu benennen. Das FA hat dies durch schriftlichen Bescheid abgelehnt. Nach der beigefügten Rechtsbehelfsbelehrung soll der Finanzrechtsweg eröffnet sein. Der Kläger hat deshalb zur Wahrung seiner Rechte, dh um den Bescheid nicht bestandskräftig werden zu lassen, Klage zum FG erhoben. Der Kläger hält allerdings den Zivilrechtsweg für gegeben und hat den Verweisungsantrag gestellt, die Sache an das örtlich und sachlich zuständige Zivilgericht zu verweisen. Dies ist nach Auffassung des Klägers das Amtsgericht in .....
Das FG hat – unter Zulassung der Beschwerde gem. § 17a Abs. 4 S. 4 GVG – nach § 17a Abs. 3 GVG ausgesprochen, dass der zu ihm beschrittene Rechtsweg zulässig sei. Hiergegen richtet sich gem. § 17a Abs. 4 GVG, § 155 FGO die Beschwerde.
Unterschrift[8, 9]

Anmerkungen

1. Die Beschwerde, über die der BFH zu entscheiden hat (§ 132 FGO), ist binnen zweier Wochen beim FG einzulegen (§ 129 Abs. 1 FGO), das ihr abhelfen kann (§ 130 Abs. 1 FGO). Die unmittelbare Einlegung beim BFH hat fristwahrende Wirkung (§ 129 Abs. 2 FGO; → Anm. 5).

2. Die Beschwerde ist unter demselben Rubrum (Streitsachenbezeichnung) einzulegen, unter dem der Rechtsstreit geführt wird.

3. → Form. VII.10 Anm. 3, → Form. VII.24 Anm. 3. Für die Einlegung der Beschwerde besteht Vertretungszwang, dh nur ein Rechtsanwalt, Steuerberater oder Wirtschaftsprüfer kann die Beschwerde wirksam einlegen (§ 62 Abs. 4 FGO; → Form. VII.10 Anm. 3; → Form. VII.31 Anm. 2). Dies gilt auch für verfahrensbeendende Erklärungen, wie die Erledigungserklärung oder eine Rücknahme (BFH BFH/NV 2017, 1060; s. eingehend Tipke/Kruse/*Loose* FGO § 62 Rn. 45).

4. → Form. VII.1 Anm. 4.

5. Andere Entscheidungen des FG als Urteile oder Gerichtsbescheide können, soweit das Gesetz dies nicht wie in § 128 Abs. 2 FGO für prozessleitende Maßnahmen ausschließt oder von der Zulassung der Beschwerde durch das FG – wie zB in Fällen der AdV – abhängig macht (§ 128 Abs. 3 FGO), mit der Beschwerde angefochten werden (§ 128 Abs. 1 FGO). Die Beschwerde in Kostensachen ist ausgeschlossen (§ 128 Abs. 4 FGO).

Grundsätzlich ist auch der Beschluss hinsichtlich des Rechtswegs für das Gericht, an das verwiesen worden ist, gem. § 17a Abs. 2 S. 3 GVG bindend. Gleichwohl ist nach § 17a Abs. 3 S. 3 GVG die sofortige Beschwerde gegen den Beschluss statthaft. Das gilt indes nicht, wenn der Beschluss von einem oberen Landesgericht, wie insbesondere einem FG, stammt (§ 17a Abs. 3 S. 4 GVG). Eine Beschwerde ist hier ausnahmsweise statthaft, wenn sie das FG aufgrund der grundsätzlichen Bedeutung oder einer Divergenz zugelassen hat (§ 17a Abs. 3 S. 5 GVG). Dem steht § 70 S. 2 FGO nicht entgegen (BFH BFH/NV 2012, 1820). Nur in Bezug auf die Entscheidungen über die örtliche und sachliche Zuständigkeit der FG schließt § 70 S. 2 FGO die Anfechtbarkeit der Beschlüsse der FG aus (BFH BStBl II 1997, 543). § 70 S. 2 FGO gilt nur hinsichtlich der Bestimmung der örtlichen, sachlichen und instanziellen Zuständigkeit *im finanzgerichtlichen Verfahren* (Hübschmann/Hepp/Spitaler/*Schallmoser* FGO § 70 Rn. 11).

Soweit eine **Beschwerde** statthaft („gegeben") ist, kann sie zulässigerweise nur binnen **zwei Wochen** seit Bekanntgabe der Entscheidung erhoben werden (§ 129 Abs. 1 FGO).

Das gilt nicht für die NZB (§ 116 Abs. 2 S. 1 FGO: Frist ein Monat). Die Beschwerdefrist ist gem. § 54 FGO zu berechnen (→ Form. VII.10 Anm. 6a).

6. Das FG ist befugt, der Beschwerde abzuhelfen (§ 130 FGO). Hilft es nicht ab, hat es die Sache dem BFH vorzulegen, der durch Beschluss entscheidet (§ 132 FGO).

7. Nach § 70 S. 2 FGO sind Beschlüsse nach § 17a Abs. 2 u. 3 GVG bindend. S. hierzu aber bereits → Form. VII.27 Anm. 5.

Kosten und Gebühren

8. Der Streitwert beträgt 10 % des Streitwertes der Hauptsache (BFH BStBl. II 1976, 691). In Betracht kommt auch der Wert nach § 52 Abs. 2 GKG.

Gerichtsgebühren: Gem. KV 6220 GKG: 2,0.

Zusätzliche Gebühren für den Prozessbevollmächtigten entstehen nicht (§ 19 RVG).

Fristen und Rechtsmittel

9. → Anm. 1, 5, 6.

28. Beschwerde gegen die Nichtzulassung der Revision (Zulassung wegen grundsätzlicher Bedeutung)

An den Bundesfinanzhof[1] . . . . . (Ort), ... (Datum)
in München
– Aktenzeichen, ...(des FG) –
In dem Rechtsstreit[2]
. . . . . (Name und Anschrift des Klägers)
Klägers und Beschwerdeführers,
Prozessbevollmächtigter:.[3] . . . . .
gegen
Finanzamt . . . . .
in . . . . .
Beklagten und Beschwerdegegner,
wegen . . . . . (Steuerart und Jahr)
Steuernummer und Identifikationsnummer:.[4] . . . . .
Namens und in Vollmacht des Klägers erhebe ich Beschwerde[5] gegen die Nichtzulassung[6] der Revision gegen das Urteil des Finanzgerichts . . . . . vom . . . . . Aktenzeichen . . . . .

Begründung:

Das FG hat die Klage als unzulässig, weil verspätet erhoben, abgewiesen. Die Klagefrist lief bis zum 24.2.2020 . . . . . Am Abend des 24.2.2020 . . . . . – vor 24 Uhr – hat der Prozessbevollmächtigte des Klägers die Klageschrift in einem an das FA adressierten Briefumschlag in den Hausbriefkasten des FA eingeworfen. Die Klageschrift ist mit dem Eingangsstempel des FA vom 25.2.2020 . . . . . versehen worden, obwohl sie noch vor 24 Uhr am 24.2.2020 . . . . . in den Briefkasten gelangt ist. Das FG hat den Eingangsstempel des FA als öffentliche Urkunde angesehen, die vollen Beweis für die darin bezeugten Tatsachen erbringe (§ 418 Abs. 1 ZPO). Es hat den nach § 418 Abs. 2 ZPO

möglichen Gegenbeweis durch die die Sachdarstellung des Klägers bestätigende eidesstattliche Versicherung des Prozessbevollmächtigten des Klägers als nicht geführt angesehen.

Hätte das FG über den Zeitpunkt der Einlegung der Klageschrift in den Hausbriefkasten des FA Beweis erhoben, wozu es nach § 76 FGO berechtigt ist und nach den Umständen des Falles auch Anlass hatte, und hätte es die Beweise ohne Bindung an die Beweisregel des § 418 Abs. 1 ZPO gewürdigt, wäre es zu der Überzeugung gelangt, dass die Klageschrift noch rechtzeitig beim FA angebracht worden ist.

Der Kläger ist der Auffassung, dass § 418 ZPO im finanzgerichtlichen Verfahren nicht (entsprechend) anwendbar ist, da die Vorschrift in § 82 FGO nicht ausdrücklich für anwendbar erklärt ist und da sich die Bindung an Beweisregeln, wie sie § 418 ZPO enthält, nicht mit dem den Finanzprozess beherrschenden Untersuchungsgrundsatz vereinbaren lässt, so dass die entsprechende Anwendung auch nicht über § 155 FGO zu rechtfertigen ist. Diese Frage ist höchstrichterlich noch nicht abschließend geklärt; sie hat grundsätzliche Bedeutung, da Finanzämter und Gerichte durchweg Eingangsstempel verwenden; die Frage nach dem Umfang der Beweiskraft dieser Stempel ist daher für eine Vielzahl von Fällen bedeutsam.

Im BFH-Urteil v. 17.10.1972 – VIII 36–37/69, BStBl. II 1973, 271, ist die Anwendbarkeit des § 418 ZPO bejaht worden. In den Urteilen v. 7.5.1969 – I R 68/67, BStBl. II 1969, 444; v. 7.7.1976 – I R 66/75, BStBl. II 1976, 680; v. 8.12.1976 – I R 240/74, BStBl. II 1977, 321, ist teils ausdrücklich, teils in der Sache der gegenteilige Standpunkt eingenommen worden. Unterschiedlich werden auch die Anforderungen an den Gegenbeweis nach § 418 Abs. 2 ZPO beurteilt; vgl. dazu die einander widersprechenden Entscheidungen: BVerwG HFR 1979, 161; BFH BStBl. II 1978, 156.

Sollte trotz der uneinheitlichen höchstrichterlichen Rspr. die grundsätzliche Bedeutung der Rechtssache verneint werden, so wird hilfsweise Abweichung des finanzgerichtlichen Urteils von dem BFH-Urteil v. 7.5.1969 – I R 68/67, BStBl. II 1969, 444; und von dem BFH-Urteil v. 7.7.1998 – VIII R 83/96, DStRE 1999, 445 geltend gemacht. BFH I R 68/67 und VIII R 83/96 beruhen auf dem Rechtssatz, dass §§ 415–444 ZPO im finanzgerichtlichen Verfahren nicht gelten. Die angefochtene Entscheidung beruht auf der gegenteiligen Rechtsauffassung und weicht deshalb von diesen Entscheidungen ab.

Unterschrift[7, 8]

Anmerkungen

1. Die **NZB** ist beim **BFH** einzulegen (§ 116 Abs. 2 FGO).

2. Die Beschwerde ist unter demselben Rubrum (Streitsachenbezeichnung) einzulegen, unter dem der Rechtsstreit geführt wird.

3. Für die Einlegung der Beschwerde besteht **Vertretungszwang**, dh nur ein Rechtsanwalt, Steuerberater oder Wirtschaftsprüfer kann die Beschwerde wirksam einlegen (§ 62 Abs. 4 S. 2 FGO; → Form. VII.10 Anm. 3; → Form. VII.31 Anm. 2), obwohl die Beschwerde beim FG einzulegen ist. Gleiches gilt für die Rücknahme einer NZB (Tipke/Kruse/*Loose* AO/FGO § 62 Rn. 45). Zur **Schriftform** → Form. VII.10 Anm. 2.

4. → Form. VII.1 Anm. 4.

5. a) Die zulassungsfreie Revision ist abgeschafft (§ 116 FGO aF). Die Verfahrensmängel, die früher die Revision zulassungsfrei eröffneten, müssen jetzt mit NZB nach § 116 FGO gerügt werden. Nach § 116 Abs. 6 FGO kann der BFH das angefochtene Urteil auf die NZB hin aufheben, wenn **Verfahrensfehler** geltend gemacht werden und vorliegen (vgl. § 120 Abs. 3 Nr. 2 Buchst. b FGO).

b) Die Frist zur Erhebung der NZB beträgt einen Monat (§ 116 Abs. 2 S. 1 FGO), bei Fehlen der Rechtsmittelbelehrung ein Jahr (§ 105 Abs. 2 Nr. 6, § 55 Abs. 2, § 121 FGO) seit Zustellung des vollständigen Urteils an den Beschwerdeführer (§ 116 Abs. 2 S. 1 FGO). Bei Versäumung der Frist ist Wiedereinsetzung in den vorigen Stand nach § 56 FGO möglich. Die Frist ist nach § 54 FGO (→ Form. VII.10 Anm. 6, → Form. VII.31 Anm. 3). Die NZB ist nach § 116 Abs. 3 S. 1 FGO innerhalb von zwei Monaten nach der Zustellung des vollständigen Urteils auch zu begründen, dh die Begründungsfrist schließt sich nicht an die Einlegungsfrist an, sondern beginnt wie diese mit der Zustellung des anzufechtenden Finanzgerichtsurteils (Gräber/*Ratschow* FGO § 120 Rn. 23). Die Frist zur Begründung der **NZB** kann **um einen** Monat vom Vorsitzenden des zuständigen BFH-Senats verlängert werden (§ 116 Abs. 3 S. 4 FGO), wenn der Antrag **vor Ablauf** der ursprünglichen Begründungsfrist beim BFH eingegangen ist. Wird die Revision nicht vom FG, sondern auf NZB vom BFH zugelassen, beträgt die **Revisionsbegründungfrist** einen Monat ab Zustellung der Zulassungsentscheidung (§ 120 Abs. 2 S. 1 Hs. 2 FGO). Diese Frist kann vom Vorsitzenden des zuständigen BFHJ-Senats auf einen **vor ihrem Ablauf gestellten Antrag** (= eingegangenen Antrag) um (auch mehr als einen Monat) verlängert werden (§ 120 Abs. 2 S. 3 FGO). Eine nicht fristgerecht begründete NZB ist, wenn sie nicht zurückgenommen wird, als unzulässig zu verwerfen.

c) Erachtet der BFH die NZB für begründet, so wird das Beschwerdeverfahren **als Revisionsverfahren** fortgesetzt (§ 116 Abs. 7 FGO), sofern der BFH das angefochtene Urteil nicht wegen Verfahrensmangels nach § 116 Abs. 6 FGO aufhebt.

d) Hat die NZB Erfolg, so enthält der die Revision zulassende Beschluss keine **Kostenentscheidung**, da das Zulassungsverfahren ein Zwischenverfahren ist, über dessen Kosten mit der das Revisionsverfahren abschließenden Entscheidung zu befinden ist (BFH BStBl. II 1976, 684). Hat die NZB keinen Erfolg, ergeht eine Kostenentscheidung zu Lasten des Beschwerdeführers. Mit dem erfolglosen Abschluss des Zulassungsverfahrens wird das zunächst infolge der Erhebung der NZB noch nicht rechtskräftige Urteil des FG (§ 116 Abs. 4 FGO) rechtskräftig (§ 116 Abs. 5 S. 3 FGO).

6. a) Zur Begründung der NZB muss die **grundsätzliche Bedeutung** der Rechtssache (§ 115 Abs. 2 Nr. 1 FGO), dh der Rechtsfrage, von deren Beantwortung die Entscheidung des Rechtsstreits (mit-)abhängt, dargelegt oder, soweit **Verfahrensfehler** (§ 115 Abs. 2 Nr. 3 FGO) gerügt werden, müssen die Tatsachen angegeben werden, die den Verfahrensmangel ergeben (vgl. auch § 120 Abs. 3 Nr. 2 Buchst. b FGO). § 115 Abs. 2 Nr. 2 FGO erfasst die sog. Divergenzrevision, gestattet dem BFH aber auch, die Revision zuzulassen, wenn dies die **Rechtsfortbildung** oder die **Einheitlichkeit der Rspr.** erfordert. Bei lediglich unrichtiger Rechtsanwendung liegt keine Divergenz vor, wenn das FG die Gültigkeit der geklärten anerkannten Rechtsgrundsätze nicht in Frage stellt oder gar einen neuen Rechtssatz bildet (Tipke/Kruse/*Seer* FGO § 115 Rn. 72). Zur Darlegung der Divergenz BFH BStBl. II 1983, 479, zur Bezeichnung von Verfahrensmängeln BFH BStBl. II 1969, 84, s. iE Tipke/Kruse/*Seer* AO § 116 Rn. 32 ff.

b) **Grundsätzliche Bedeutung** hat eine Rechtssache, wenn die oder eine für die Entscheidung des Rechtsstreits maßgebliche Rechtsfrage noch nicht höchstrichterlich entschieden ist, wenn unterschiedliche höchstrichterliche Entscheidungen dazu vorliegen (auch anderer oberster Bundesgerichte), wenn die Praxis nicht (einheitlich) nach der Rspr. des BFH verfährt oder wenn neue gewichtige Gesichtspunkte vorgetragen werden, die gegen die Aufrechterhaltung der bisherigen Rspr. oder Verwaltungspraxis sprechen (vgl. zum Ganzen Gräber/*Ruban* FGO § 115 Rn. 100 ff.). Die Rechtsfrage muss von allgemeinem Interesse sein, dh ihre Beantwortung in dem (künftigen) Revisionsverfahren muss geeignet sein, die einheitliche Entwicklung und Handhabung des Rechts zu fördern (BFH-Beschluss BStBl. II 1969, 663).

c) Das Urteil des FG **beruht** auf einer Abweichung von einer Entscheidung des BFH, wenn es eine Rechtsfrage, die der BFH in einem anderen Streitfall entschieden hat, anders als der BFH beantwortet und die Rechtsfrage sowohl für die frühere Entscheidung des BFH als für die Entscheidung des FG wesentlich war, dh wenn die jeweilige Entscheidung anders ausgefallen wäre, wenn die Rechtsfrage anders (als geschehen) beantwortet worden wäre. Es muss sich also um eine Rechtsfrage handeln, auf deren Beantwortung die Entscheidung des jeweiligen Streitfalles beruhte. Weicht das Urteil des FG von einer Entscheidung eines anderen obersten Bundesgerichts ab, so konnte deshalb früher die Zulassung der Revision nicht wegen Divergenz, sondern allein wegen grundsätzlicher Bedeutung begehrt werden. Nunmehr (→ Anm. 1) kommt auch Zulassung nach § 115 Abs. Nr. 2 FGO in Betracht (s. o. unter a). Liegt eine Abweichung von einer Entscheidung des Gemeinsamen Senats der obersten Gerichtshöfe des Bundes vor, kann die Zulassung wegen Divergenz mit der NZB herbeigeführt werden (§ 115 Abs. 2 Nr. 2 FGO).

d) Ein **Verfahrensmangel,** auf dem das Urteil des FG „beruhen kann" (§ 115 Abs. 2 Nr. 3 FGO), ist ein Fehler, den das FG (nicht die Verwaltungsbehörde im Vorverfahren) bei der Anwendung von Verfahrensvorschriften (insb. der FGO) auf dem Weg zum Urteil begeht (vgl. Tipke/Kruse/*Seer* FGO § 115 Rn. 87 ff.). Die praktisch bedeutsamsten Verfahrensfehler sind die Verletzung des **rechtlichen Gehörs** und **mangelnde Sachaufklärung.** Zu den Verfahrensfehlern, derentwegen die Zulassung der Revision mit der NZB erstrebt werden kann, gehören die früher in § 116 Abs. 1 FGO aF aufgezählten „wesentlichen Mängel des Verfahrens". Liegt ein solcher Verfahrensfehler vor, kann der BFH mit der Entscheidung über eine auf Verfahrensmängel gestützte NZB das angefochtene Urteil sogleich aufheben und den Rechtsstreit an das FG zurückverweisen (§ 116 Abs. 6 FGO). Soll die Revision wegen Verfahrensmangels zugelassen werden, so sind die Tatsachen zu bezeichnen, aus denen sich der Verfahrensfehler ergeben soll. Die Beschwerde ist nur dann begründet, wenn der Verfahrensverstoß tatsächlich vorliegt (Gräber/*Ratschow* FGO § 115 Rn. 300).

e) Die Zulassungsgründe des § 115 Abs. 2 FGO müssen vom Beschwerdeführer, der berechtigt sein muss, im Falle der Zulassung die Revision zu erheben, aufgezeigt werden. Wird die Zulassung wegen **grundsätzlicher Bedeutung** begehrt, so ist darzulegen, auf Grund welcher rechtlicher oder tatsächlicher Zusammenhänge sich eine (und welche) Rechtsfrage stellt, inwiefern diese für den Ausgang des Rechtsstreits von Bedeutung ist und warum diese entscheidungserhebliche Rechtsfrage von allgemeiner, über den vorliegenden Streitfall hinausgehender Bedeutung ist (Gräber/*Ratschow* FGO § 115 Rn. 125 ff.). Wird Zulassung der Revision wegen **Divergenz** (§ 115 Abs. 2 Nr. 2 FGO; vgl. oben unter a) erstrebt, so ist nicht nur die Entscheidung des BFH, von der das finanzgerichtliche Urteil abweicht, nach Datum, Aktenzeichen und Fundstelle genau zu bezeichnen, sondern es ist auch darzulegen, in Bezug auf welche **konkrete Rechtsfrage** die Abweichung vorliegt. Dazu ist es erforderlich, die voneinander abweichenden (abstrakten) Rechtssätze der BFH-Entscheidung und des angefochtenen Urteils gegenüberzustellen (BFH BStBl. II 1983, 479).

Kosten und Gebühren

7. Der Streitwert deckt sich mit dem des (angestrebten) Revisionsverfahrens (→ Form. VII.31). **Gerichtsgebühren:** → Form. VII.10 Anm. 12. Bei Stattgabe, dh Zulassung der Revision: keine Kostenentscheidung. Wird die Beschwerde verworfen oder zurückgewiesen: 2,0 gem. KV 6500 GKG; ermäßigt bei Rücknahme vor Entscheidung gem. KV 6501 GKG auf 1,0.

Prozessbevollmächtigter: Verfahrensgebühr von 1,6 gem. VV 3506 RVG. Die Gebühr wird bei Zulassung der Revision auf die Gebühr für das Revisionsverfahren angerechnet (s. Nr. 3504 VV RVG).

Fristen und Rechtsmittel

8. → Anm. 1, 5.

29. Beschwerde gegen die Nichtzulassung der Revision (Zulassung wegen mangelnder Sachaufklärung)

An den Bundesfinanzhof[1] ..... (Ort), ... (Datum)

in München
– Aktenzeichen: ..... (des FG) –
In dem Rechtsstreit[2]
..... (Name und Anschrift des Klägers)
Klägers und Beschwerdeführers,
Prozessbevollmächtigter:.[3] .....
gegen
Finanzamt .....
in .....
Beklagten und Beschwerdegegner,
wegen ..... (Steuerart und Jahr)
Steuernummer und Identifikationsnummer:.[4] .....
Namens und in Vollmacht des Klägers erhebe ich Beschwerde[5] gegen die Nichtzulassung[6] der Revision gegen das Urteil des Finanzgerichts ..... vom ..... Aktenzeichen .....

Begründung:

Der Kläger ist selbständiger Bäckermeister. Das FA hat seine Buchführung nach einer Außenprüfung als nicht ordnungsmäßig angesehen und den Gewinn geschätzt. Dabei ist es davon ausgegangen, die in dem Betrieb verbackenen Mengen an Mehl seien wegen starker Schwankungen im Mehlverbrauch größer, als vom Kläger angegeben, da er die Mehleinkäufe nicht fortlaufend aufgezeichnet, sondern nur die Einkaufsrechnungen, und zwar (angeblich) unvollständig, aufbewahrt habe. Daraus hat das FA auf einen Umsatz und Gewinn geschlossen, der höher ist als erklärt. Der Kläger hat die Annahme des FA bestritten, die vorgelegten Einkaufsrechnungen seien unvollständig; er hat ferner behauptet, auch nicht anderweitig – ohne Rechnung – von Kunden gegen Lieferung von Backwaren Mehl bezogen zu haben. Dafür hat er im Schriftsatz vom ..... Seite ..... Beweis angetreten, indem er seinen ehemaligen Gesellen G als Zeugen benannt hat. Wie im Schriftsatz vom ..... dargelegt ist, war G mit dem Mehleinkauf betraut und hätte daher bei einer Vernehmung als Zeuge die Sachdarstellung des Klägers bestätigt. Das FG hat G aber trotz des Beweisantritts G nicht als Zeugen vernommen und dadurch den entscheidungserheblichen Sachverhalt entgegen der aus § 76 Abs. 2 FGO sich ergebenden Aufklärungspflicht nicht vollständig festgestellt. Hätte das FG G als Zeugen vernommen, hätte es bei seiner Entscheidung nicht von höheren als den vom Kläger erklärten Einkaufsmengen ausgehen können. Somit beruht das Urteil des FG auf dem Verfahrensfehler mangelnder Sachaufklärung.
Unterschrift[7, 8]

Anmerkungen

1. → Form. VII.28 Anm. 1.

2. → Form. VII.27 Anm. 2.

3. → Form. VII.27 Anm. 3; → Form. VII.28 Anm. 3.

4. → Form. VII.1 Anm. 4.

5. → Form. VII.28 Anm. 5.

6. → Form. VII.28 Anm. 6. Zur Begründung der NZB ist nicht nur darzutun, dass ein Verfahrensfehler des FG vorliegt, sondern es muss ferner konkret ausgeführt werden, inwiefern das FG-Urteil voraussichtlich anders ausgefallen wäre, wenn es zu dem Verfahrensfehler nicht gekommen wäre. Dazu ist bei der Rüge **mangelnder Sachaufklärung** erforderlich, dass dargetan wird, warum (auf Grund welcher Tatsachen) das FG Anlass zu weiterer Sachaufklärung gehabt hätte (BFH BStBl. II 1974, 219; BStBl. II 1989, 291 (293)). Im Beispielsfall war dies der Beweisantritt und die schriftsätzliche Mitteilung darüber, welche Tatsachen der Zeuge hätte bekunden können.

Es genügt auch zur Bezeichnung des Verfahrensfehlers, wenn dieser anhand des Protokolls über eine Beweisaufnahme oder die mündliche Verhandlung dargelegt werden kann. Ist ein mündlicher Beweisantritt nicht protokolliert worden, so muss mit der NZB zugleich auch Tatbestandsberichtigung (§ 108 FGO; Frist: zwei Wochen ab Urteilszustellung; → Form. VII.25) beantragt werden, da andernfalls weder die Darlegung noch der Nachweis des Verfahrensfehlers möglich ist. Der Antrag auf Tatbestandsberichtigung und die Entscheidung über diesen Antrag hemmt **nicht** die Frist für die Einlegung der NZB oder Revision (→ Form. VII.25 Anm. 5).

Kosten und Gebühren

7. → Form. VII.28 Anm. 7.

Fristen und Rechtsmittel

8. → Form. VII.28 Anm. 1, 5.

30. Beschwerde gegen die Nichtzulassung der Revision (Zulassung wegen Verletzung des rechtlichen Gehörs)

An den Bundesfinanzhof[1] ..... (Ort), ... (Datum)

in München
– Aktenzeichen: ..... (des FG) –
In dem Rechtsstreit[2]
..... (Name und Anschrift des Klägers)
Klägers und Beschwerdeführers,
Prozessbevollmächtigter:.[3]**.....**
gegen

Finanzamt .....
in .....
Beklagten und Beschwerdegegner,
wegen ..... (Steuerart und Jahr)
Steuernummer und Identifikationsnummer:.[4].....
Namens und in Vollmacht des Klägers erhebe ich Beschwerde[5, 6] gegen die Nichtzulassung[7] der Revision gegen das Urteil des Finanzgerichts ..... vom ..... Aktenzeichen .....

Begründung:[8]

Der Kläger begehrt Herabsetzung der ..... steuer wegen ..... Das FA beharrt auf seinem gegenteiligen, schon bei der Steuerfestsetzung vertretenen Standpunkt. Beide Seiten haben ihre Auffassungen im finanzgerichtlichen Verfahren mehrfach schriftsätzlich vorgetragen. Das FG hat Termin zur mündlichen Verhandlung auf den 25.3.2020 ..... anberaumt. Am 20.3.2020 ..... ließ der frühere Eigentümer eines Grundstücks, das jetzt dem Kläger gehört, die Türen des Hauses aushängen und mit anderen Schlössern versehen. Dadurch wurde der Besitz des Klägers gestört. Der Kläger hat bei dem zuständigen Amtsgericht eine einstweilige Verfügung zur Beseitigung der Besitzstörung beantragt. Das Amtsgericht hat kurzfristig Termin zur mündlichen Verhandlung ebenfalls auf den 25.3.2020 ..... anberaumt. Es war dem Kläger nicht zuzumuten, den Termin vor dem Amtsgericht verlegen zu lassen, da dadurch die Besitzstörung verlängert und der Erfolg seines Verfügungsbegehrens gefährdet worden wäre. Er hat deshalb und unter Darlegung dieser Umstände mit Schriftsatz vom 24.3.2020 ....., der am 25.3. noch vor Beginn der mündlichen Verhandlung dem Vorsitzenden vorgelegt worden ist, Verlegung des Termins beim FG beantragt. Das FG hat indes die mündliche Verhandlung in Abwesenheit des Klägers durchgeführt und ein klagabweisendes Urteil erlassen. Es hat u. a. ausgeführt, dem Verlegungsantrag sei nicht zu entsprechen gewesen, da der Kläger sich in der mündlichen Verhandlung vor dem FG durch seinen Prozessbevollmächtigten oder dessen Partner hätte vertreten lassen können.
Der Kläger ist der Ansicht, dass das FG durch seine Entscheidung auf Grund der mündlichen Verhandlung vom 25.3.2020 ..... den Anspruch des Klägers auf Gewährung rechtlichen Gehörs verletzt hat (§ 96 Abs. 2 FGO, Art. 103 Abs. 1 GG). Es hätte ihm Gelegenheit geben müssen, seinen Rechtsstandpunkt in der mündlichen Verhandlung darzulegen. Der Kläger konnte sich nicht durch seinen Prozessbevollmächtigten dabei vertreten lassen, da dieser als Rechtsanwalt ihn auch in der einstweiligen Verfügungssache vertrat und deshalb ebenso wie der Kläger den Termin vor dem Amtsgericht wahrnehmen musste. Keiner der Partner seines Prozessbevollmächtigten war mit dem Fall vertraut, so dass eine Vertretung insoweit nicht sachgerecht gewesen wäre. Auch dies war dem FG im Schriftsatz v. 24.3.2020 ..... mitgeteilt worden.
Unterschrift[9, 10]

Anmerkungen

1. → Form. VII.28 Anm. 1.

2. → Form. VII.28 Anm. 2.

3. → Form. VII.24 Anm. 3; → Form. VII.10 Anm. 3.

4. → Form. VII.1 Anm. 4.

5. → Form. VII.28 Anm. 5.

6. → Form. VII.28 Anm. 6.

7. → Form. VII.28 Anm. 6, → Form. VII.32 Anm. 4, → Form. VII.33 Anm. 4. Grundsätzlich muss dargelegt werden, (a) wodurch die Verletzung eingetreten ist, (b) was bei Gewährung des **Gehörs** vorgetragen worden wäre und (c) dass dann eine andere Entscheidung hätte ergehen *können*. Der Anspruch auf Gewährung rechtlichen Gehörs umfasst auch die Möglichkeit, in der mündlichen Verhandlung Rechtsausführungen machen zu dürfen und auf Rechtsausführungen anderer Prozessbeteiligter zu erwidern (BFH BStBl. II 1976, 431; zum Inhalt des Rechts auf Gehör Gräber/*Ratschow* FGO § 119 Rn. 13–18). Wird das rechtliche Gehör in Bezug auf einzelne Tatsachen nicht gewährt, so ist zur Begründung der NZB darzulegen, dass die Entscheidung des FG auf der Verwertung dieser Tatsachen beruht (§ 96 FGO; BFH BStBl. II 1968, 208; BStBl. II 1998, 676). Es ist erforderlich darzulegen, inwiefern bei Gewährung rechtlichen Gehörs die angefochtene Entscheidung hätte anders ausfallen können (BFH BStBl. II 1989, 741); insoweit wird § 119 Nr. 3 FGO von der höchstrichterlichen Rspr. restriktiv ausgelegt. Wird das gesamte Vorbringen eines Beteiligten übergangen, bedarf es nicht der Darlegung, was bei Gewährung des Gehörs vorgetragen worden wäre (BFH BStBl. II 1988, 836). Besonderer Darlegungen über den unterbliebenen Sachvortrag bedarf es allerdings dann nicht, wenn der Kläger an der mündlichen Verhandlung nicht teilgenommen hat, weil er entweder zum Termin nicht geladen worden ist oder ihm das Erscheinen nicht möglich bzw. nicht zumutbar war (BFH BStBl. II 2001, 802, BeckRS 2001, 24001478).

8. Wegen der Beurteilung des Beispielsfalles vgl. BFH BStBl. III 1967, 25; BStBl. II 1980, 208, BeckRS 1979, 22005124.

Kosten und Gebühren

9. → Form. VII.28 Anm. 7.

Fristen und Rechtsmittel

10. → Form. VII.28 Anm. 1, 5, 6.

31. Einlegung der Revision – Antrag auf Verlängerung der Revisionsbegründungsfrist

An den Bundesfinanzhof[1] ..... (Ort), ... (Datum)

in München
– Aktenzeichen: ..... (des FG) –
In dem Rechtsstreit
..... (Name und Anschrift des Klägers)
Klägers und Revisionsklägers,
Prozessbevollmächtigter:.[2]**.....**
gegen
Finanzamt .....
in .....
Beklagten und Revisionsbeklagten,
wegen ..... (Steuerart und Jahr)

Steuernummer und Identifikationsnummer:.[3] . . . .
Namens und in Vollmacht des Klägers lege[4] ich gegen das am . . . . . verkündete Urteil des FG . . . . . Aktenzeichen . . . . ., das mir am . . . . . zugestellt worden ist, Revision ein.
Die Frist zur Begründung[5] der Revision bitte ich bis zum . . . . . zu verlängern, da ich wegen meines bevorstehenden Jahresurlaubs nicht in der Lage sein werde, die Revision bis zu einem früheren Zeitpunkt zu begründen.
Unterschrift[6, 7]

Anmerkungen

1. Nach § 120 Abs. 1 S. 1 FGO ist die **Revision** beim BFH einzulegen; zur Schriftform bzw. elektronischen Einlegung → Form. VII.10 Anm. 2. Die Einlegung *beim FG* hat *keine* fristwahrende Wirkung (Gräber/*Ratschow* FGO § 120 Rn. 3). Auch § 47 Abs. 2 FGO ist nicht anwendbar. Wird die Revision bereits in dem angefochtenen Urteil zugelassen, ist – form- und fristgerechte – Einlegung der Revision erforderlich (vgl. § 120 Abs. 1 FGO). Wird die Revision vom BFH auf NZB zugelassen, ist die Einlegung der Revision entbehrlich, weil das **Nichtzulassungsverfahren** als Revisionsverfahren fortgesetzt wird (§ 116 Abs. 7 FGO).

Wird die Revision in einem gesonderten Schriftsatz nach Einlegung der Revision begründet, so ist auch dieser beim BFH einzureichen (§ 120 Abs. 2 S. 2 FGO).

2. Wer ein Verfahren beim BFH anhängig machen will, muss sich dazu eines postulationsfähigen Prozessbevollmächtigten bedienen (§ 62 Abs. 4 FGO), also eines Rechtsanwalts, Steuerberaters oder Wirtschaftsprüfers oder einer Gesellschaft, die von solchen Berufsträgern gebildet wird. Für Behörden kann ein Bediensteter mit Befähigung zum Richteramt auftreten, also die Behörde „vertreten". Der Sprachgebrauch des Gesetzes in § 62 Abs. 4 S. 4 FGO („vertreten") ist ungenau, weil die gesetzliche Vertretung der Behörden nach Bundes- bzw. Landesrecht aus Satzungen (zB Bundesagentur für Arbeit) oder Gesetzen (zB § 5 Abs. 1 Nr. 11 FVG) iVm Organisationsakten (zB Bestellung zum Vorsteher eines FA) ergibt und nicht aus vom Behördenleiter ausgestellten Prozessvollmachten.

War im Verfahren vor dem FG ein Prozessbevollmächtigter iSd § 62 Abs. 4 FGO bestellt, so bedarf es für die Einlegung der Revision durch ihn grds. keiner erneuten Bevollmächtigung (§ 155 FGO, §§ 81, 83 ZPO).

3. → Form. VII.1 Anm. 4 S. 1.

4. a) Die **Frist zur Erhebung der Revision** beträgt, auch wenn es verkündet wird und in dem Urteil des FG die Zulassung der Revision ausgesprochen ist und das Urteil des FG eine ordnungsmäßige Rechtsmittelbelehrung enthält (§ 55 Abs. 1 S. 2 FGO), einen Monat ab Zustellung des **vollständigen, mit Gründen versehenen** (§ 105 FGO) Urteils (§ 120 Abs. 1 S. 1 FGO). Fehlt die Belehrung oder ist sie unrichtig, beträgt die Revisionsfrist ein Jahr; geht die Belehrung dahin, dass kein Rechtsbehelf gegeben sei oder ist die Einlegung des Rechtsmittels infolge höherer Gewalt unmöglich, so kann auch noch nach Ablauf eines Jahres Revision eingelegt werden (§ 55 Abs. 2 FGO). Wird die Revision auf NZB durch den BFH zugelassen, bedarf es der Einlegung der Revision nicht, da das Zulassungsverfahren als Revisionsverfahren fortgeführt wird (§ 116 Abs. 7 FGO).

b) Zur **Fristberechnung** → Form. VII.10 Anm. 6. Der Fristlauf beginnt mit dem auf den Tag der Zustellung des anzufechtenden Urteils bzw. des Zulassungsbeschlusses folgenden Tag (§ 54 Abs. 2 FGO, § 222 Abs. 1 ZPO, § 187 Abs. 1 BGB). Die Frist endet mit Ablauf des Tages, der dem Tag der Zustellung seiner Zahl nach im folgenden Monat entspricht

(§ 188 Abs. 2 BGB). Fehlt in dem Monat, in dem die Frist endet, ein Tag, der seiner Zahl nach dem Tag der Zustellung im Vormonat entspricht (zB der „31."), so endet die Frist mit dem Ablauf des letzten Tages des Monats (§ 188 Abs. 3 BGB). Ist der Tag, mit dessen Ablauf die Frist danach enden würde, ein Sonnabend, ein Sonntag oder ein allgemeiner Feiertag, so endet die Frist mit dem Ablauf des nächsten Werktages (§ 222 Abs. 2 ZPO). Wird die Frist zur Einlegung der Revision versäumt, kann unter den Voraussetzungen des § 56 FGO Wiedereinsetzung in den vorigen Stand gewährt werden.

c) Ergeht ein Gerichtsbescheid (§ 90a FGO), in dem die Revision zugelassen worden ist, kann sowohl mündliche Verhandlung beantragt als auch die Revision eingelegt werden (§ 90a Abs. 2 Nr. 1 FGO). Wird von beiden Rechtsbehelfen Gebrauch gemacht, findet mündliche Verhandlung statt (§ 90a Abs. 2 S. 3 FGO). Die Revision ist **schriftlich** zu erheben. Die Revisionsschrift muss von dem postulationsfähigen Prozessbevollmächtigten (s. oben) „eigenhändig" unterschrieben werden; allerdings ist auch Revisionseinlegung mit **Fax** oder Telegramm durch den Prozessbevollmächtigten möglich (s. dazu iE → Form. VII.10 Anm. 2, → Form. VII.23 Anm. 3); das unterschriebene Original der Revisionsschrift muss dem Gericht zwecks „Echtheitbeweises" nachgereicht werden.

d) In der Revisionsschrift ist das Urteil, das angefochten wird, genau durch Angabe des FG, das das Urteil erlassen hat, sowie des Datums und des Aktenzeichens zu bezeichnen; ferner sind die Prozessbeteiligten aufzuführen (§ 120 Abs. 1 S. 2 FGO).

e) Prozesshandlungen, die ein gerichtliches Verfahren oder eine Instanz eröffnen (Klage, Beschwerde, Revision), können wirksam *nicht* unter einer Bedingung (vgl. § 158 BGB) vorgenommen werden. Ist ein Verfahren bei einem Gericht bereits anhängig, können innerhalb der jeweiligen Instanz Prozesshandlungen auch von Bedingungen (dh künftigen ungewissen Ereignissen) abhängig gemacht werden, die *innerhalb* des Verfahrens eintreten (zB Hilfsanträge können für den Fall der Erfolglosigkeit des Hauptantrags gestellt werden; hilfsweise kann, für den Fall, dass das Rechtsmittel des Prozessgegners Erfolg hat, ein Anschlussrechtsmittel – das gilt jedoch nicht für die NZB – eingelegt werden, zB die (unselbständige) Anschlussrevision (vgl. Tipke/Kruse/*Seer* FGO § 115 Rn. 133 ff.).

5. Die **Frist** zur Begründung der Revision beträgt zwei Monate ab Zustellung des vollständigen Urteils bzw. einen Monat ab Zustellung der Zulassungsentscheidung des BFH (§ 120 Abs. 2 S. 1 FGO; → Anm. 4). Die **Revisionsbegründungsfrist** kann (mehrfach) auf einen ***vor*** ihrem Ablauf gestellten (dh beim BFH eingegangenen) Antrag durch den Vorsitzenden des zuständigen Senats verlängert werden (§ 120 Abs. 2 S. 3 FGO; Gräber/*Ratschow* FGO § 120 Rn. 52). Der Antrag bedarf der Begründung. Erstmaligen Verlängerungsanträgen wird im Allgemeinen entsprochen. Da jedenfalls bei Anträgen auf wiederholte Verlängerung auch mit deren Ablehnung gerechnet werden muss, ist der Verlängerungsantrag so rechtzeitig zu stellen, dass auch im Fall seiner Ablehnung noch die Möglichkeit besteht, die Revision zu begründen; denn wird eine Begründung nicht oder nach Ablauf der gesetzlichen oder richterlichen Begründungsfrist eingereicht, ist die Revision unzulässig und wird verworfen (§ 126 Abs. 1 FGO). Unter den Voraussetzungen des § 56 FGO kann zwar Wiedereinsetzung in den vorigen Stand gewährt werden (§ 56 FGO); jedoch ist Vertrauen darauf, die Frist werde verlängert werden, kein Wiedereinsetzungsgrund.

Kosten und Gebühren

6. Der Streitwert bestimmt sich im Revisionsverfahren nach den Anträgen des Revisionsklägers (§ 47 GKG). Die Gerichtsgebühren ergeben sich aus der Anl. 2 zum GKG (§ 3 GKG), die für den Prozessbevollmächtigten aus § 13 RVG iVm der Gebührentabelle in Anl. 2 zum RVG. Der Vervielfacher zur Ermittlung der Gebührenhöhe im Einzelfall ergibt sich für die Gerichtsgebühren aus dem Kostenverzeichnis (KV GKG) und für die Gebühren des Prozessbevollmächtigten aus dem Vergütungsverzeichnis in Anl. 1 zum RVG (§ 2 Abs. 2 RVG); zur Berechnung → Form. VII.10 Anm. 12–14.

a) **Gerichtsgebühren:** → Form. VII.10 Anm. 12. Verfahrensgebühr: 5,0 gem. Nr. 6120 KV GKG. Ermäßigung bei Rücknahme der Revision vor Eingang der Revisionsbegründung auf 1,0 gem. Nr. 6121 KV GKG; **Ermäßigung bei Rücknahme** vor Schluss der mündlichen Verhandlung oder bei **Hauptsacheerledigung** vor Ergehen eines Urteils oder Gerichtsbescheids auf 3,0 gem. Nr. 6122 KV GKG. Ist der Revision ein Zulassungsverfahren vorausgegangen, werden dessen Kosten durch die Gebühren für das Revisionsverfahren abgegolten.

Kommt es zu einer **Zurückverweisung,** entstehen vor dem FG nicht erneut Gerichtsgebühren (§ 37 GKG). Kommt die Sache im zweiten Rechtsgang erneut an den BFH, entstehen aber die Gerichtsgebühren in vollem Umfang erneut.

b) **Prozessbevollmächtigter:** → Form. VII.10 Anm. 13.Verfahrensgebühr: 1,6 gem. Nr. 3206 VV RVG; Terminsgebühr: 1,5 gem. Nr. 3210 VV RVG. Ist ein Zulassungsverfahren vorangegangen, werden die Gebühren dafür gem. Nr. 3506 VV RVG auf die im Revisionsverfahren entstehenden Gebühren angerechnet. Die Gebühren für den Prozessbevollmächtigten entstehen im Falle einer **Zurückverweisung** erneut.

c) Zur Höhe der Gebühren → Form. VII.10 Anm. 12, 13, → Form. VII.36.

Fristen und Rechtsmittel

7. Wegen der bei Einlegung und Begründung der Revision zu beachtenden Fristen sowie Form- und Vertretungsvorschriften → Anm. 4, 5.

Gegen die Entscheidung über die Revision ist kein ordentliches Rechtsmittel mehr gegeben. Unter den gesetzlichen Voraussetzungen kann die Restitutions- oder die Nichtigkeitsklage (§ 134 FGO, §§ 578 ff. ZPO) oder Verfassungsbeschwerde (→ Form. VI.1– → Form. VI.11) erhoben werden.

32. Begründung der Revision – Rüge der Verletzung materiellen Rechts

An den **. . . . . (Ort), ... (Datum)**

Bundesfinanzhof[1]
– Aktenzeichen: . . . . . –
In dem Rechtsstreit
. . . . . (Name und Anschrift des Revisionsklägers)
Klägers und Revisionsklägers,
Prozessbevollmächtigter:.[2] . . . . .
gegen
Finanzamt . . . . .
in . . . . .
Beklagten und Revisionsbeklagten,
wegen . . . . . (Steuerart und Jahr)
Steuernummer und Identifikationsnummer:.[3] . . . . .

Namens und in Vollmacht des Klägers beantrage[4] ich, das Urteil des FG ..... vom ..... Aktenzeichen ..... und die Einspruchsentscheidung vom ..... aufzuheben und die .....-steuer unter Abänderung des Bescheids vom ..... auf ..... EUR herabzusetzen.

Begründung:[5]

Der Kläger und seine Ehefrau sind Schauspieler. Sie haben im Jahre 20 ..... geheiratet. Im Jahr der Eheschließung war der Kläger am Theater in A, seine Ehefrau am Theater in B engagiert. Der Ehefrau gehört in B ein Einfamilienhaus, in dem sie auch schon vor der Eheschließung wohnte. Der Kläger meldete sich nach der Eheschließung in B als seinem ersten Wohnsitz an, er zog in das Haus seiner Ehefrau ein, indem er ihm gehörende Möbel, Bilder und Bücher dorthin brachte. Seither hat der Kläger die Kosten der Unterhaltung des Einfamilienhauses in B und des gemeinsamen Hausstandes mitgetragen. In A bewohnte der Kläger weiterhin eine Ein-Zimmer-Wohnung, die er gemietet hatte. An spielfreien Tagen begab er sich nach B zu seiner Ehefrau. Erst nach zwei Jahren gelang es dem Kläger, am Theater in B ein Engagement zu erhalten. Der Kläger ist der Auffassung, die ihm entstandenen Kosten der doppelten Haushaltsführung seien beruflich veranlasst. Das FA hat lediglich die Kosten für Familienheimfahrten als Werbungskosten zum Abzug zugelassen.

Die Klage hatte keinen Erfolg. Das FG hat in seiner Entscheidung ausgeführt, da die Ehegatten – wie vor ihrer Eheschließung – weiter getrennt gelebt hätten, seien ihnen über die Kosten der Familienheimfahrten hinaus keine beruflich veranlassten Mehraufwendungen nach der Eheschließung entstanden.

Dieser Auffassung des FG liegt eine Auslegung des § 9 Abs. 1 Nr. 5 EStG zugrunde, der der Kläger nicht zu folgen vermag. Die Vorschrift setzt nämlich nicht voraus, dass der Arbeitnehmer, der einen doppelten Haushalt führt, zunächst einen gemeinsamen Hausstand mit seinem Ehegatten hat und erst infolge Verlegung seiner beruflichen Tätigkeit an einen anderen Ort gezwungen ist, auch am Beschäftigungsort zu wohnen. Vielmehr kann ein doppelter Haushalt auch dadurch entstehen, dass an verschiedenen Orten wohnende und arbeitende Personen heiraten. Die dem Gesetz für diesen Fall zu entnehmende Voraussetzung, dass eine der Wohnungen Familienwohnung wird, ist im Streitfall erfüllt. Mithin liegen als Werbungskosten abzugsfähige Aufwendungen doppelter Haushaltsführung auch in Gestalt der Unterbringungskosten in A und der Verpflegungsmehraufwendungen vor.

Unterschrift[6, 7]

Anmerkungen

1. Die Revisionsbegründungsschrift ist beim BFH einzureichen (§ 120 Abs. 2 S. 1 FGO).

2. Da für beim BFH anhängige Verfahren Vertretungszwang besteht (§ 62 Abs. 4 FGO), muss auch die Revisionsbegründungsschrift von einem postulationsfähigen Prozessbevollmächtigten unterschrieben sein (→ Form. VII.28 Anm. 3, → Form. VII.10 Anm. 2, 3).

3. → Form. VII.1 Anm. 4.

4. a) Die **Revision** ist schriftlich binnen zweier Monate nach Zustellung des vollständigen Urteils des FG bzw. binnen eines Monats nach Zustellung der Zulassungsentscheidung des BFH (§ 120 Abs. 2 S. 1 FGO), ggf. innerhalb einer vom Vorsitzenden des zuständigen Senats des BFH gewährten Fristverlängerung (§ 120 Abs. 2 S. 3 FGO), zu begründen (§ 120 Abs. 1 FGO; → Form. VII.30 Anm. 4, 5). Die Revisionsbegründungsfrist fängt mit dem Beginn des Tages zu laufen an, der auf den Tag des Ablaufs der

Revisionsfrist folgt (§ 54 Abs. 2 FGO, § 222 ZPO, § 187 Abs. 2 BGB). Wegen des Zeitpunkts des Ablaufs der Revisions- und der Revisionsbegründungsfrist → Form. VII.30 Anm. 4 a) und b).

b) In der **Revisionsschrift** oder der **Revisionsbegründungsschrift** ist ein bestimmter Antrag zu stellen (§ 120 Abs. 3 Nr. 1 FGO). Ein mit der Revision (nach – teilweiser – Klageabweisung) weiter verfolgtes Klagebegehren kann nur Erfolg haben, wenn die Sachurteilsvoraussetzungen erfüllt sind, die für das Klageverfahren vor dem FG gelten, insb. – sachlich – erfolgloses außergerichtliches Vorverfahren, fristgerechte Klageerhebung und Klagebegründung mit ausreichender Bezeichnung des Streitgegenstandes bzw. des Gegenstands des Klagebegehrens (vgl. § 65 Abs. 1 FGO) und Geltendmachung einer Verletzung der subjektiven Rechte des Klägers; → Form. VII.10 Anm. 6, 7). Darüber hinaus muss der Revisionskläger sich in der Revisionsbegründung mit dem angefochtenen Urteil auseinandersetzen und darlegen, warum er diesem nicht zuzustimmen vermag. Dabei muss er die seiner Meinung nach verletzte, dh unrichtig angewendete Rechtsnorm bezeichnen. Auf Tatsachen, die das FG in seinem Urteil nicht festgestellt hat, kann er sich dabei nicht stützen, da der BFH an die tatsächlichen Feststellungen des FG gebunden und zu eigenen tatsächlichen Feststellungen insoweit nicht befugt ist (§ 118 Abs. 2 FGO; BFH BStBl. II 1980, 449), als es sich nicht um Prozessvoraussetzungen handelt. Will der Revisionskläger über die falsche Anwendung materiellen Rechts hinaus geltend machen, das FG habe seiner Entscheidung einen unrichtigen oder unvollständig ermittelten Sachverhalt zugrunde gelegt, so kann dies nur mit einer Verfahrensrüge mangelnder Sachaufklärung geschehen, deren Geltendmachung aber nur Erfolg versprechend ist, wenn das FG auf Grund von Anträgen der Prozessbeteiligten oder nach Lage des Streitfalles gehalten war, weitere Ermittlungen anzustellen (→ Form. VII.21 Anm. 11; → Form. VII.33).

5. Wegen der materiell-rechtlichen Beurteilung des Beispielsfalles vgl. BFH BStBl. II 1976, 554, ferner Schmidt/*Krüger*, EStG, 40. Aufl. 2021, EStG § 9 Rn. 220–233 mwN.

Kosten und Gebühren

6. Keine Gerichtsgebühren. Keine zusätzlichen Gebühren für den Prozessbevollmächtigten (§ 15 RVG). → Form. VII.31 Anm. 6.

Fristen und Rechtsmittel

7. → Form. VII.31 Anm. 4, 5, 7.

33. Begründung der Revision – Rüge mangelnder Sachaufklärung

An den **. . . . . (Ort), ... (Datum)**

Bundesfinanzhof[1]
– Aktenzeichen: . . . . . –
In dem Rechtsstreit
. . . . . (Name und Anschrift des Revisionsklägers)
Klägers und Revisionsklägers,
Prozessbevollmächtigter:[2] **. . . . .**

gegen
Finanzamt . . . . .
in . . . . .
Beklagten und Revisionsbeklagten,
wegen . . . . . (Steuerart und Jahr)
Steuernummer und Identifikationsnummer:.[3] . . . . .
Namens und in Vollmacht des Klägers beantrage ich, das Urteil des FG . . . . . vom . . . . . Aktenzeichen . . . . . aufzuheben und die Sache zur anderweitigen Verhandlung und Entscheidung zurückzuverweisen.[4]

Begründung:[5]

Der Kläger ist selbständiger Bäckermeister. Das FA hat seine Buchführung bei einer Außenprüfung als nicht ordnungsgemäß angesehen und den Gewinn geschätzt. Dabei ist es davon ausgegangen, dass die Backausbeute bei der Mischbrotherstellung 132 kg je 100 kg Mehleinsatz betrage. Das FA hat dazu im finanzgerichtlichen Verfahren vorgetragen, dieser Wert habe sich als Erfahrungssatz auf Grund zahlreicher Prüfungen von Bäckereien ergeben. Der Kläger hält demgegenüber einen Ausbeutewert von 144 kg für zutreffend. Er hat dem FG eine Bescheinigung der Bundesforschungsanstalt für Getreideverarbeitung vorgelegt, die seine Auffassung bestätigt. Das FG ist in seiner Entscheidung dem vom FA genannten Ausbeutesatz ohne weitere Erhebungen gefolgt. Das bedeutet, dass das FG den für die Entscheidung des Streitfalles erheblichen Erfahrungssatz über die Backausbeute bei der Mischbrotherstellung unter Verletzung der ihm nach § 76 Abs. 1 S. 1 FGO obliegenden Verpflichtung zur Ermittlung des Sachverhalts nicht festgestellt hat. Es hätte weitere Angaben vom FA darüber anfordern müssen, worauf die angebliche Backausbeute von 132 kg beruht, insb. auf welche Getreide- bzw. Mehlsorten sich die vom FA getroffenen Feststellungen beziehen und ob diese auch im Betrieb des Klägers verwendet worden sind. Angesichts des von der Bundesforschungsanstalt für Getreideverarbeitung genannten abweichenden Ausbeutewerts musste sich dem FG die Notwendigkeit weiterer Sachaufklärung aufdrängen. Die Entscheidung beruht auch auf dem Verfahrensfehler; denn bei Ansatz des vom Kläger für zutreffend erachteten Ausbeutesatzes von 132 kg würde sich keine Gewinnerhöhung gegenüber der Bilanz des Klägers ergeben.
Unterschrift[6, 7]

Anmerkungen

1. → Form. VII.32 Anm. 1.

2. → Form. VII.32 Anm. 2.

3. → Form. VII.1 Anm. 4.

4. → Form. VII.32 Anm. 4. An die in dem angefochtenen Urteil getroffenen tatsächlichen Feststellungen ist der BFH dann nicht gebunden, wenn dagegen begründete Revisionsrügen erhoben werden (§ 118 Abs. 2 FGO). Die Pflicht zur Sachverhaltsermittlung durch das FG erstreckt sich auch auf die Feststellung von (allgemeinen oder speziellen) Erfahrungssätzen. Wird wie im Beispielsfall substantiiert geltend gemacht, ein **Erfahrungssatz** habe einen anderen Inhalt als vom FA angenommen, müssen darüber weitere Feststellungen von Amts wegen getroffen werden (Tipke/Kruse/*Seer* FGO § 96 Rn. 19–25). Eines Beweisantrags bedarf es dazu im finanzgerichtlichen Verfahren nicht (§ 76 Abs. 1 S. 4 FGO), ein solcher ist aber regelmäßig empfehlenswert. Lag nach dem Vortrag der Beteiligten die Notwendigkeit weiterer Sachaufklärung auf der Hand, dh musste sie sich dem FG aufdrängen, kann mangelnde Sachaufklärung als Verfahrensrüge

ohne weiteres geltend gemacht werden. Andernfalls, dh wenn das FG den Sachverhalt für hinreichend geklärt ansehen durfte, aber ein Beteiligter aus seiner genaueren Kenntnis der tatsächlichen Umstände die Notwendigkeit weiterer Ermittlungen kannte, muss er im Rahmen seiner Mitwirkungspflicht (vgl. § 76 Abs. 1 S. 2 FGO) darauf hinweisen, zweckmäßigerweise durch einen entsprechenden Beweisantrag. Unterlässt er den gebotenen Hinweis (vgl. die ähnlichen, aber in der Aufklärungsfrage abweichenden Beispielsfälle → Form. VII.25, → Form. VII.29), kann er die Rüge mangelnder Sachaufklärung im Revisionsverfahren nicht mehr erheben. Dasselbe gilt, wenn ein Beteiligter seiner Mitwirkungspflicht bei der Sachaufklärung nicht nachkommt (BFH BStBl. II 1989, 462 auch zum Verhältnis der Mitwirkungspflicht zur Schätzungsbefugnis).

5. Wegen möglicher anderer Verfahrenslagen, auf Grund deren mangelnde Sachaufklärung gerügt werden kann, → Form. VII.25, → Form. VII.29.

Zur Erfassung des Sachverhalts bei Schätzung anhand von Vergleichsfällen s. BFH BStBl. II 1986, 226; FG München BeckRS 2017, 139978.

Kosten und Gebühren

6. → Form. VII.31 Anm. 6, → Form. VII.32 Anm. 6.

Fristen und Rechtsmittel

7. → Form. VII.31 Anm. 4, 5, 7.

34. Begründung der Revision – Rüge der Verletzung des Rechts auf Gehör

An den ..... (Ort), ... (Datum)

Bundesfinanzhof[1]
– Aktenzeichen: ..... –
In dem Rechtsstreit
..... Name und Anschrift des Revisionsklägers)
Klägers und Revisionsklägers,
Prozessbevollmächtigter:.[2] .....
gegen
Finanzamt .....
in .....
Beklagten und Revisionsbeklagten,
wegen .... (Steuerart und Jahr)
Steuernummer und Identifikationsnummer:.[3] ....
Namens und in Vollmacht des Klägers beantrage ich, das Urteil des FG ..... vom ..... Aktenzeichen ..... aufzuheben und die Sache zur anderweitigen Verhandlung und Entscheidung zurückzuverweisen.[4]

Begründung:

Bei einer morgendlichen Fahrt von seiner Wohnung zur Arbeitsstätte erlitt der Kläger, der als Arbeitnehmer in .... tätig ist, mit seinem PKW einen Unfall. Er hatte beim

Überholen eines anderen PKW die an der Unfallstrecke zulässige Höchstgeschwindigkeit von 80 km/h (bewusst) überschritten, weil sich nach der Eigentümlichkeit der Strecke sonst keine Gelegenheit mehr zur Überholung des vor dem Kläger verhältnismäßig langsam herfahrenden anderen PKW ergeben hätte. Zu dem Unfall kam es dadurch, dass der andere Fahrer während des Überholvorgangs plötzlich nach links abbog. Das FA hat die Abzugsfähigkeit der geltend gemachten Unfallkosten mit der Begründung verneint; der Kläger habe sich mit dem überholten Fahrzeug ein Wettrennen geliefert. Erst dem mit Einverständnis der Beteiligten ohne mündliche Verhandlung ergangenen Urteil des FG hat der Kläger entnommen, dass das FG die Akten über das – eingestellte – staatsanwaltschaftliche Ermittlungsverfahren, das gegen den Kläger geschwebt hat, beigezogen und die darin enthaltenen Feststellungen der Verkehrspolizei bei seiner klagabweisenden Entscheidung verwertet hat. Hätte das FG dem Kläger die Beiziehung der Akten mitgeteilt, hätte er diese vor Ergehen des angefochtenen Urteils einsehen und zu ihrem Inhalt Stellung nehmen können. Er hätte dann darauf hingewiesen, dass in dem nach Abschluss des Ermittlungsverfahrens durchgeführten Zivilprozess zwischen ihm und dem Fahrer des anderen Fahrzeugs bzw. zwischen beider Haftpflichtversicherer auf Grund von Zeugenaussagen letztlich die Sachdarstellung des Klägers Bestätigung gefunden hat.

Somit beruht die angefochtene Entscheidung auf einer Verletzung des Rechts auf Gehör (§ 96 Abs. 2 FGO, Art. 103 Abs. 1 GG).

Unterschrift[5, 6]

Anmerkungen

1. → Form. VII.32 Anm. 1.

2. → Form. VII.32 Anm. 2.

3. → Form. VII.1 Anm. 4.

4. → Form. VII.30 Anm. 7, → Form. VII.32 Anm. 4. Das Recht auf Gehör im (finanz-) gerichtlichen Verfahren soll jedem Verfahrensbeteiligten (§ 57 FGO) ermöglichen, durch Sachvortrag, Beweisantritt (§ 96 Abs. 2, § 76 Abs. 1 S. 2 u. 3 FGO) und rechtliche Argumentation (§ 93 Abs. 1 FGO) die Bildung der rechtlichen Überzeugung des Gerichts in Bezug auf den Streitfall zu beeinflussen (BFH BStBl. II 1976, 431), um einen ihm günstigen Ausgang des Rechtsstreits zu erreichen. Das Recht auf Gehör ist nicht verletzt, wenn der Beteiligte eine ihm gebotene Gelegenheit sich zu äußern nicht wahrnimmt.

Wird rechtliches Gehör nicht in ausreichendem Umfang gewährt, liegt ein Verfahrensfehler vor, der – nach Zulassung der Revision (→ Form. VII.28 Anm. 5 Abs. 1 u. 2; → Form. VII.30) – gerügt werden muss, damit das Revisionsgericht den Fehler erkennen und ggf. dann die erstinstanzliche Entscheidung aufheben kann. Nach § 119 FGO wird, wenn einer der in der Vorschrift aufgeführten Verfahrensfehler tatsächlich vorliegt, bereits die Kausalität des Fehlers für den dem Revisionskläger ungünstigen Inhalt des angefochtenen Urteils vermutet, dh er braucht nicht darzutun, dass das FG anders entschieden hätte, wenn der Verfahrensfehler nicht begangen worden wäre. Das gilt uneingeschränkt nur dann, wenn das FG die **gesamte Urteilsgrundlage** unter Verletzung des rechtlichen Gehörs des Revisionsklägers gewonnen hat, zB bei Erlass eines Urteils ohne mündliche Verhandlung, wenn die Beteiligten auf diese nicht nach § 90 Abs. 2 FGO verzichtet haben, oder bei Ablehnung eines begründeten Antrags auf Verlegung des Verhandlungstermins (→ Form. VII.28 Anm. 6, → Form. VII.32 Anm. 4). Hat das FG dem Beteiligten (lediglich) nicht Gelegenheit gegeben, sich zu **einzelnen Tatsachen** zu äußern, so ist die Rüge der Versagung des rechtlichen Gehörs nur dann begründet, wenn das FG diese Tatsachen seiner Entscheidung zugrunde gelegt hat und wenn sich bei Außerachtlassung der fraglichen Tatsachen eine andere rechtliche Beurteilung und ein anderer Ausgang des Rechtsstreits ergibt; denn Tatsachen, auf die es für die Entscheidung (nach Auffassung des Revisionsgerichts) unter keinem denkbaren rechtlichen Gesichtspunkt ankommt, sind kein Teil der Urteilsgrundlage (§ 96 Abs. 1 S. 1 FGO), in Bezug auf die nach § 96 Abs. 2 FGO rechtliches Gehör zu gewähren ist (BVerwGE 15, 24; BFH BStBl. III 1967, 25; BStBl. II 1968, 208; BStBl. II 1998, 676, BFH BeckRS 1998, 23000496).

Zur ordnungsmäßigen Rüge der Verletzung des Rechts auf Gehör ist sonach erforderlich, dass der Revisionskläger darlegt, auf Grund welchen Vorgehens des FG er – auch bei Ausschöpfung der ihm offen stehenden prozessualen Möglichkeiten, sich Gehör zu verschaffen (zB Nachreichen eines Schriftsatzes mit neuem tatsächlichen Vorbringen nach Schluss der mündlichen Verhandlung, aber vor Ergehen des finanzgerichtlichen Urteils; vgl. aber die Möglichkeiten mit Vorbringen ausgeschlossen zu werden, § 79b FGO) –, gehindert war, sich zu entscheidungserheblichen Fragen zu äußern und was er vorgetragen hätte (BVerfGE 28, 17; BVerwG HFR 1977, 202). Dabei empfiehlt sich auch darzulegen, inwiefern – nach Auffassung des Revisionsklägers – sich bei Berücksichtigung seiner durch den Verfahrensfehler unterbundenen Ausführungen eine andere rechtliche Beurteilung hätte ergeben können; vgl. dazu BFH BStBl. II 1989, 741; BStBl. II 1988, 836.

Kosten und Gebühren

5. → Form. VII.31 Anm. 6, → Form. VII.32 Anm. 6.

Fristen und Rechtsmittel

6. → Form. VII.31 Anm. 4, 5, 7.

35. Begründung der Revision – Rüge, dass die Entscheidung nicht mit Gründen versehen ist

An den . . . . . (Ort), ... (Datum)

Bundesfinanzhof[1]
– Aktenzeichen: . . . . . –
In dem Rechtsstreit
. . . . . (Name und Anschrift des Revisionsklägers)
Klägers und Revisionsklägers,
Prozessbevollmächtigter:[2] **. . . . .**
gegen
Finanzamt . . . . .
in . . . . .
Beklagten und Revisionsbeklagten,
wegen . . . . . (Steuerart und Jahr)
Steuernummer und Identifikationsnummer:[3] **. . . . .**

Namens und in Vollmacht des Klägers beantrage ich, das Urteil des FG . . . . . vom . . . . . Aktenzeichen . . . . . aufzuheben und die Sache zur anderweitigen Verhandlung und Entscheidung zurückzuverweisen.[4]

Begründung:

Das FA hat den Gewinn, den der Kläger bei der Veräußerung einer Reihe von Eigentumswohnungen, die sich in einem von ihm errichteten Gebäude befinden, als im Rahmen eines Gewerbebetriebes erzielt und daher steuerpflichtig angesehen. Ursprünglich beabsichtigte der Kläger, der als Architekt freiberuflich tätig ist, das Gebäude durch Vermietung zu nutzen. Erst auf Grund von Kostensteigerungen und dadurch eingetretener Finanzierungsschwierigkeiten sah sich der Kläger genötigt, Wohnungseigentum zu bilden und den überwiegenden Teil der Wohnungen zu verkaufen. Der Kläger hat deshalb geltend gemacht, dass ein Teil der durch die Baumaßnahmen geschaffenen Wertsteigerung noch in seine Privatsphäre gefallen sei und nicht als Teil des gewerblichen Gewinns behandelt werden dürfe. Er hat ferner gerügt, dass das FA die Herstellungskosten zu niedrig angesetzt habe. In seinem klagabweisenden Urteil hat das FG nur zu der Frage Ausführungen gemacht, ob der Gewinn aus der Veräußerung der Eigentumswohnungen steuerpflichtig sei. Zur Höhe des Gewinns hat es sich nicht geäußert. Das Urteil ist deshalb iSd § 119 Nr. 6 FGO nicht mit Gründen versehen.

Unterschrift[5, 6]

Anmerkungen

1. → Form. VII.30 Anm. 1.

2. → Form. VII.30 Anm. 2.

3. → Form. VII.1 Anm. 4.

4. → Form. VII.32 Anm. 4. Ein Urteil ist (auch dann) nicht mit Gründen versehen (§ 119 Nr. 6 FGO), wenn es zu wesentlichen Streitpunkten keine Begründung für die getroffene Entscheidung enthält. Das ist insb. der Fall, wenn es nur zum Grund, nicht aber (wie im Beispielsfall) zur Höhe des Steueranspruchs eine rechtliche Begründung gibt (BFH BStBl. II 1969, 492). Allerdings ist das FG nicht gehalten, in den Entscheidungsgründen auf jegliches Vorbringen der Beteiligten einzugehen. Der Entscheidung muss sich nur entnehmen lassen, von welcher rechtlichen Erwägung das FG ausgegangen ist und inwiefern es diese für die Streitentscheidung des konkreten Falles für erheblich erachtet hat. Soweit das FG gem. § 105 Abs. 5 FGO befugt war, auf die Rechtsausführungen in der Entscheidung über den außergerichtlichen Rechtsbehelf Bezug zu nehmen und von dieser Möglichkeit Gebrauch gemacht hat, liegt kein Verstoß gegen § 119 Nr. 6 FGO vor.

Enthält der Tatbestand des finanzgerichtlichen Urteils keine Wiedergabe des bei der rechtlichen Würdigung übergangenen Sachverhalts, muss zunächst **Tatbestandsberichtigung** innerhalb der Zweiwochenfrist des § 108 Abs. 1 FGO (→ Form. VII.25), ggf. kommt auch Protokollberichtigung nach § 94 FGO iVm § 164 ZPO in Betracht (vgl. § 314 S. 2 ZPO). Da weder der Berichtigungsantrag noch ein diesem stattgebender Beschluss des FG Einfluss auf den Lauf der Nichtzulassungsbeschwerdefrist bzw. der Revisionsfrist hat (BFH BStBl. II 1977, 291; BeckRS 1992, 07172; BeckRS 2000, 25004610; BeckRS 2009, 25014953), muss der Kläger binnen der Frist des § 116 Abs. 2 S. 1 (→ Form. VII.28) bzw. des § 120 Abs. 1 S. 1 FGO (→ Form. VII.31) NZB oder Revision einlegen und Verlängerung der Begründungsfrist gem. § 116 Abs. 3 S. 4 FGO bzw. § 120 Abs. 2 S. 3 FGO (→ Form. VII.31 Anm. 6; → Form. VII.25 Anm. 5).

Ist nach dem Tenor des finanzgerichtlichen Urteils über einen Teil des Streitgegenstandes (zB über den Antrag auf Herabsetzung der Steuer für eines von mehreren Streitjahren) nicht entschieden worden, liegt kein Fall des § 119 Nr. 6 FGO vor; vielmehr ist nach § 109 FGO **Urteilsergänzung**, dh Nachholung der (teilweise) unterlassenen Entscheidung, (→ Form. VII.26). Auch ein Antrag auf Urteilsergänzung hat grds. keinen Einfluss auf den Lauf der Revisionsfrist (→ Form. VII.26 Anm. 5).

Erlässt das FG ein Urteil, in dem es die **Berechnung der Steuer** dem FA gem. § 100 Abs. 2 S. 2 FGO überträgt, liegt keine Verletzung des § 119 Nr. 6 FGO vor. Führt das FA die Steuerberechnung vor Eintritt der Bindung an das Urteil (§ 110 Abs. 1 FGO) durch, ergeben sich gleichwohl keine durchgreifenden Bedenken gegen die Zulässigkeit einer vom FA gegen das Urteil des FG erhobenen Revision (vgl. *Wassermeyer* DStR 1985, 76 gegen BFH BStBl. II 1983, 776; s. dazu auch § 100 Abs. 2 S. 3 Hs. 2 FGO). § 100 Abs. 2 S. 3 Hs. 2 FGO beruht auf der Auffassung, dass die „formlos" mitzuteilende Nachberechnung kein Verwaltungsakt sei, so dass danach § 68 FGO nicht eingreift (BFH BStBl. II 1990, 747; BStBl. II 2005, 217). Da der (geänderte) Verwaltungsakt zufolge § 100 Abs. 2 S. 3 Hs. 2 FGO erneut bekannt zu geben ist, kann dagegen dann ggf. Einspruch eingelegt werden, mit dem geltend gemacht werden kann, die Berechnung entspreche nicht dem Urteil.

Kosten und Gebühren

5. → Form. VII.31 Anm. 6, → Form. VII.32 Anm. 6.

Fristen und Rechtsmittel

6. → Form. VII.31 Anm. 7, → Form. VII.32 Anm. 7.

Kostenfestsetzung und Prozesskostenhilfe

36. Antrag auf Kostenfestsetzung für Klage- und Revisionsverfahren

An den **. . . . . (Ort), ... (Datum)**

Urkundsbeamten des Finanzgerichts.[1] . . . . .
Aktenzeichen: . . . . .
In dem Rechtsstreit
. . . . . (Name und Anschrift des Klägers)
Klägers,
Prozessbevollmächtigter:.[2] . . . . .
gegen
Finanzamt . . . . .
in . . . . .
Beklagten,
wegen . . . . . (Steuerart und Jahr).
Namens und in Vollmacht[3] des Klägers beantrage ich die Festsetzung[4] der dem Kläger[5] nach dem Urteil[6] des BFH vom . . . . . zu erstattenden Aufwendungen.[7] Ferner beantrage ich, die Verzinsung der festgesetzten Kosten mit 5 Prozentpunkten über dem jeweiligen Basiszinssatz nach § 247 BGB seit dem Eingang des Gesuchs auszusprechen.[8] Hinsichtlich der Kosten des außergerichtlichen Vorverfahrens wird die Entscheidung des Gerichts[9] beantragt, dass die Zuziehung eines Bevollmächtigten zum Vorverfahren notwendig war [10]

Dem Kläger sind folgende Kosten entstanden:[11]
Vorverfahren:[12]

Gegenstandswert:[13]	**. . . . . EUR**
Geschäftsgebühr VV 2400 RVG: 1,3	**. . . . . EUR**
Postgebühr VV 7001/2 RVG:	**20 EUR**
Reisekosten VV 7003/4 RVG:	**. . . . . EUR**
Tage- und Abwesenheitsgeld gem. VV 7005 RVG:	**. . . . . EUR**
Klageverfahren:[13]	
Verfahrensgebühr VV 3200 RVG: 1,6	**. . . . . EUR**
Terminsgebühr VV 3202 RVG: 1,2	**. . . . . EUR**
Postgebühr VV 7001/2 RVG:	**20 EUR**
Reisekosten VV 7003/4 RVG:	**. . . . . EUR**
Tage- und Abwesenheitsgeld gem. VV 7005 RVG:	**. . . . . EUR**
Revisionsverfahren:[13]	**. . . . . EUR**
Verfahrensgebühr VV 3206 RVG: 1,6	**. . . . . EUR**
Terminsgebühr VV 3210 RVG: 1,5	**. . . . . EUR**
Postgebühr VV 7001/2 RVG:	**20 EUR**
Reisekosten VV 7003/4 RVG:	**. . . . . EUR**
Tage- und Abwesenheitsgeld gem. VV 7005 RVG:	**. . . . . EUR**
Umsatzsteuer gem. VV 7008 RVG	**. . . . . EUR**

Davon gemäß Kostenentscheidung . . . . . vH
Die seitens des Klägers vorgelegten Gerichtskosten bitte ich hinzuzusetzen.
Die zu erstattenden Kosten bitte ich auf das . . . . . Konto des Klägers zu überweisen.
Unterschrift[14, 15]

Anmerkungen

1. Der Antrag auf Kostenfestsetzung ist an den Urkundsbeamten des Gerichts des ersten Rechtszugs zu richten (§ 149 Abs. 1 FGO), also in der Regel an den Urkundsbeamten des FG. Der Urkundsbeamte des BFH ist in folgenden Fällen zuständig (Tipke/Kruse/*Brandis* FGO § 149 Rn. 6):
a) bei Anträgen auf Aussetzung der Vollziehung, die gem. § 69 Abs. 3 S. 1 FGO beim BFH gestellt werden
b) bei Anträgen auf Erlass einer einstweiligen Anordnung gem. § 114 FGO, sofern diese beim BFH gestellt werden.

Der Urkundsbeamte ist bei seiner Entscheidung unabhängig. Er kann gem. § 51 FGO abgelehnt werden oder ausgeschlossen sein. Die Entscheidung des Urkundsbeamten ist nach der FGO grds. nur mit Erinnerung an das Gericht anfechtbar (§ 145 FGO).

2. Der Kläger (oder ein anderer Beteiligter) kann den Antrag auch selbst ohne Einschaltung seines Prozessbevollmächtigten stellen. Das gilt auch, wenn der Antrag an den Urkundsbeamten des BFH gerichtet ist, da § 62a FGO nur für das gerichtliche Verfahren gilt.

3. Die Prozessvollmacht erstreckt sich auch auf das Kostenfestsetzungsverfahren.

4. Zu erstattende Aufwendungen werden nur festgesetzt, wenn ein (vorläufig) vollstreckbarer Titel vorliegt (zB Kostenentscheidung in einem Urteil, Kostenbeschluss nach § 138 FGO). Der Kostenfestsetzungsbeschluss legt die Höhe der zu erstattenden Aufwendungen fest. Er kann binnen einer Frist von zwei Wochen mit der Erinnerung angefochten werden (§ 149 Abs. 2 FGO). Über die Erinnerung entscheidet das Gericht (§ 149 Abs. 4 FGO). Gem. § 128 Abs. 4 S. 1 FGO ist die Beschwerde nicht gegeben.

5. Umstritten ist, ob die Abtretung des Erstattungsanspruchs an den Prozessbevollmächtigten diesen berechtigt, den Antrag im eigenen Namen zu stellen. Nach Auffassung des BFH und der hM in der Literatur scheidet das aus (BFH BFH/NV 2009, 1821; Gräber/*Stapperfend* FGO § 149 Rn. 8).

6. Maßgeblich für den Umfang der zu erstattenden Kosten ist die Kostenentscheidung der letzten gerichtlichen Entscheidung. Wird die Revision auf NZB zugelassen, sind Kosten des Zulassungsverfahrens nach dem Ergebnis des Revisionsverfahrens (ggf. der Kostenquote) zu erstatten (BFH BStBl. II 1991, 367).

7. Zu erstatten sind nur die zur zweckentsprechenden Rechtsverfolgung oder Rechtsverteidigung notwendigen Aufwendungen eines Beteiligten einschließlich der Kosten des Vorverfahrens (§ 139 Abs. 1 FGO). Die Aufwendungen der Finanzbehörden sind nicht zu erstatten (§ 139 Abs. 2 FGO). Wird ein Beteiligter durch einen Prozessbevollmächtigten im gerichtlichen Verfahren vertreten, sind die Kostenansprüche des Prozessbevollmächtigten gegen seinen Mandanten bereits entstanden. In Höhe der gesetzlich vorgesehenen Gebühren und Auslagen eines Bevollmächtigten sind diese Kosten stets erstattungsfähig (§ 139 Abs. 3 S. 1 FGO), auch wenn der Beteiligte sie noch nicht an seinen Prozessbevollmächtigten entrichtet hat. Zum Umfang der erstattungsfähigen Aufwendungen → Anm. 10.

Der Prozessbevollmächtigte kann die ihm gegen seinen Mandanten zustehende gesetzliche Vergütung durch den Urkundsbeamten der Geschäftsstelle des Gerichts des ersten Rechtszugs festsetzen lassen (§ 11 RVG, ggf. iVm § 45 StBGebV). Diese Kostenfestsetzung betrifft aber nicht den Erstattungsanspruch des Beteiligten gegen den Prozessgegner, sondern nur das Rechtsverhältnis zwischen dem Prozessbevollmächtigten und seinem Auftraggeber.

8. § 155 FGO, § 104 Abs. 1 S. 2 ZPO.

9. Die Kosten des außergerichtlichen Vorverfahrens sind nur dann erstattungsfähig, wenn das Gericht ausspricht, dass die Zuziehung eines Bevollmächtigten zum Vorverfahren notwendig war. Die Entscheidung ist nach § 139 Abs. 3 S. 3 FGO zu treffen. Sie ist kein Teil der Kostenentscheidung, und zwar auch dann nicht, wenn sie zusammen mit dem Urteil ergeht; die Entscheidung über die Erstattungsfähigkeit der Kosten des Vorverfahrens ist vielmehr Teil des Kostenfestsetzungsverfahrens (BFH BStBl. II 1968, 56).

10. Angesichts der Schwierigkeiten des Steuerrechts wird die Zuziehung eines Bevollmächtigten zum Vorverfahren regelmäßig für notwendig erklärt. Anders mag dies aber bspw. in Kindergeldverfahren sein, in denen die Familienkasse im Festsetzungsverfahren und/oder anschließenden Rechtsbehelfsverfahren lediglich die Vorlage bestimmter Nachweise verlangt hat. Es bedarf hierfür in aller Regel keines Bevollmächtigten. Wird ein Angehöriger eines steuerberatenden Berufs in eigener Sache im Vorverfahren tätig, ergibt sich keine Erstattungspflicht (BFH BStBl. II 1973, 535).

11. Stets erstattungsfähig sind die zur zweckentsprechenden Rechtsverfolgung oder Rechtsverteidigung notwendigen Aufwendungen eines Beteiligten in Höhe der gesetzlich vorgesehenen Gebühren und Auslagen eines Bevollmächtigten oder Beistandes (§ 139

Abs. 1, Abs. 3 S. 1 FGO). Zur Höhe der erstattungsfähigen Kosten → Anm. 14. Anders als bei der Wahrnehmung einer eigenen Sache im Vorverfahren sind auch die Gebühren und Auslagen zu erstatten, die ein zur Rechtsberatung in Steuersachen Befugter (zB Steuerberater, Wirtschaftsprüfer, Rechtsanwalt) als Gebühren und Auslagen eines bevollmächtigten Rechtsanwalts erstattet verlangen könnte. Dies ergibt sich aus der entsprechenden Anwendung des § 91 Abs. 2 S. 4 ZPO iVm § 155 FGO (BFH BStBl. II 1972, 94). Wegen der Höhe der Gebühren → Anm. 13, 14.

12. Für das außergerichtliche Vorverfahren bestimmt sich der Gegenstandswert danach, in welchem Umfang der außergerichtliche Rechtsbehelf erfolglos geblieben ist und inwieweit das Begehren aus dem außergerichtlichen Vorverfahren im Klageverfahren weiterverfolgt worden ist. Diese Einschränkung ergibt sich aus § 139 Abs. 3 S. 3 FGO.

13. Der **Streitwert** bemisst sich im finanzgerichtlichen Verfahren gem. §§ 1, 3 GKG nach der beantragten Steuerherabsetzung, dh der Differenz zwischen Steuerfestsetzung laut Steuerbescheid bzw. Einspruchsentscheidung und beantragter Steuerfestsetzung.

Sowohl bei der Ermittlung der Gerichtsgebühren nach dem GKG wie auch der Vergütung des Prozessbevollmächtigten nach dem RVG ergibt sich die konkrete Gebühr aus der Multiplikation des Gebührenwertes (§ 13 RVG bzw. § 34 GKG) mit dem gesetzlichen Gebührensatz des Kostenverzeichnisses (KV) des GKG (§ 3 Abs. 2 GKG bzw. Anl. 1 zum GKG) bzw. des Vergütungsverzeichnisses (VV) des RVG (§ 2 Abs. 2 RVG bzw. Anl. 1 zum RVG). Es entstehen folgende Gebühren:

a) **Klageverfahren**

aa) **Gerichtsgebühren:** 4,0 gem. KV 6110 GKG für das **erstinstanzliche Verfahren** vor dem FG; 5, 0 gem. KV 6120 GKG für das **Revisionsverfahren** vor dem BFH. Vgl. § 3 GKG; Anl. 1 zum GKG; die einzelnen Gebührenwerte für den jeweiligen Streitwertbetrag sind aus der Gebührentabelle (Anl. 2 GKG) ersichtlich.

bb) **Prozessbevollmächtigter**

Vorverfahren: Geschäftsgebühr VV 2400 RVG; ggf. Kürzung gem. 2401 VV RVG (→ Form. VII.1 Anm. 13)

Erstinstanzliches Verfahren (vor dem FG):

Verfahrensgebühr: 1,6 gem. VV 3200 RVG;

Terminsgebühr: 1,2 gem. VV 3202 RVG, und zwar auch, wenn **ohne mündliche** Verhandlung entschieden wird (→ Anm. 2 zu VV 3202 RVG);

War der Rechtsanwalt oder Steuerberater bereits im Verwaltungsverfahren und im Vorverfahren tätig, wird nur die zuletzt entstandene Geschäftsgebühr (teilweise) auf die im finanzgerichtlichen Verfahren entstehende Verfahrensgebühr angerechnet (VV Vorb. 3.1 Abs. 4 RVG).

Revisionsverfahren

Verfahrensgebühr 1,6 gem. VV 3206 RVG;

Terminsgebühr 1,5 gem. VV 3210 RVG;

b) **Einigungsgebühr** oder **Erledigungsgebühr** (1,5 oder 1,0) nach VV 1002 RVG oder nach VV 1000 RVG kann neben den Verfahrensgebühren entstehen (Absatz 4 der Vorb. zu VV 1000 RVG. Auslagenersatz kann nach Teil 7 VV verlangt werden.

c) **Festsetzung der Vergütung** findet gem. § 11 RVG für vom Mandanten zu zahlende Gebühren und den Auslagenersatz durch das FG statt. Festsetzung der zu erstattenden Kosten gegenüber dem Prozessgegner und gegenüber der Staatskasse erfolgt nach § 149 FGO auf Antrag. Umsatzsteuer wird gem. VV 7008 mit festgesetzt.

Kosten und Gebühren

14. Für das Verfahren über die Kostenfestsetzung und eine etwaige Erinnerung werden Gerichtskosten nicht erhoben (Tipke/Kruse/*Brandis* FGO § 149 Rn. 9). Die außergerichtlichen Kosten des obsiegenden Erinnerungsführers sind erstattungsfähig (Tipke/Kruse/*Brandis* FGO § 149 Rn. 23).

Fristen und Rechtsmittel

15. → Anm. 4. Eine Beschwerde ist nicht gegeben (§ 128 Abs. 4 S. 1 FGO).

37. Antrag auf Prozesskostenhilfe

An das ..... (Ort), ... (Datum)

Finanzgericht/den Bundesfinanzhof.[1] .....
Antrag auf Bewilligung von Prozesskostenhilfe in der Sache ..... (Name und Anschrift des Antragstellers)
Antragsteller,
Prozessbevollmächtigter:.[2] .....
gegen Finanzamt .....
in .....
Antragsgegner,
wegen ..... (Steuerart und Streitjahr).
Namens und in Vollmacht[3] des Antragstellers beantrage ich

1. **dem Antragsteller für das Verfahren vor dem Finanzgericht/Bundesfinanzhof Prozesskostenhilfe zu bewilligen,[4]**
2. **dem Antragsteller den Unterzeichnenden als Prozessbevollmächtigten beizuordnen.[5]**

Wegen der persönlichen Einkommens- und Vermögensverhältnisse ist der amtlich vorgeschriebene Vordruck beigefügt.[6]
Wegen der Darlegung der hinreichenden Erfolgsaussicht ist ein Entwurf der Rechtsmittelschrift beigefügt.[7] Das Verfahren soll nur durchgeführt werden, wenn die Prozesskostenhilfe bewilligt wird.
Unterschrift
Rechtsanwalt/Steuerberater[8, 9, 10]

Anmerkungen

1. Die Vorschriften der ZPO über die PKH gelten in den Verfahren nach der FGO sinngemäß (§ 142 Abs. 1 FGO). Der Antrag ist demgemäß für jedes selbständige Verfahren und jede Instanz getrennt zu stellen (§§ 119, 127 ZPO), also für Anträge und Klagen beim FG, an den BFH für Beschwerden, Revisionen und bei Anträgen auf Aussetzung der Vollziehung, die an den BFH gerichtet werden. Das Gericht kann vom Antragsteller Glaubhaftmachung seiner Angaben verlangen, und zwar auch durch eidesstattliche Versicherung und Vorlage von Urkunden (§ 118 Abs. 2 ZPO).

2. PKH können erhalten natürliche Personen, Parteien kraft Amtes – insb. Insolvenzverwalter (§§ 56, 80 InsO), Zwangsverwalter (§ 152 ZVG), Nachlassverwalter (§ 1985 BGB), Testamentsvollstrecker (§§ 2212 f. BGB) –, inländische juristische Personen und parteifähige Personenvereinigungen, sofern sie nach § 57 FGO in der Lage sind, Beteiligter eines finanzgerichtlichen Verfahrens zu sein (zB OHG, KG). Bei den juristischen Personen und Personenvereinigungen bestehen allerdings für eine PKH-Bewilligung besondere Voraussetzungen (§ 116 S. 1 Nr. 2 ZPO), die in der Praxis nur selten erfüllt werden.

3. Den Antrag kann der Antragsteller auch selbst stellen. Etwas anderes gilt indes für einen Antrag auf PKH vor dem BFH (vgl. § 62 Abs. 4 FGO; Tipke/Kruse/*Brandis* FGO § 62 Rn. 44; Gräber/*Koch* FGO § 62a Rn. 15). Bedient sich der Antragsteller eines Bevollmächtigten, muss dieser eine schriftliche Vollmacht für dieses Verfahren vorlegen (§ 62 Abs. 6 FGO).

4. Das Prozesskostenhilfeverfahren soll dem Beteiligten die Durchführung des Rechtsschutzverfahrens ermöglichen oder erleichtern.

a) Ist das Rechtsschutzverfahren noch nicht in Gang gesetzt worden, hat die Bewilligung der PKH die sich aus § 122 ZPO ergebenden Wirkungen. Insbes. können Gerichtskosten und die auf die Staatskasse übergegangenen Ansprüche des beigeordneten Prozessbevollmächtigten gegen den Beteiligten nur nach Maßgabe des Gesetzes geltend gemacht werden.

b) Wird PKH dagegen erst nach Ingangsetzung des Rechtsschutzverfahrens beantragt, hat die Bewilligung der PKH keinen Einfluss mehr auf die bis zur Antragstellung bereits entstandenen Gerichts- und Bevollmächtigtenkosten. Da Rechtsbehelfs- und Rechtsmittelfristen (zB Klage-, Revisions- oder Beschwerdefristen) laufen und diese durch den Antrag auf PKH weder gehemmt noch unterbrochen werden, kann dem Antragsteller wegen Versäumung dieser gesetzlichen Fristen infolge der Dauer des Prozesskostenhilfeverfahrens grds. **Wiedereinsetzung in den vorigen Stand** gewährt werden (§ 56 FGO). Voraussetzung ist allerdings, dass der Antrag auf PKH innerhalb der Klage-, Revisions- oder Beschwerdefrist schriftlich oder zur Niederschrift der Geschäftsstelle (§ 117 Abs. 1 ZPO) und unter Darstellung der persönlichen und wirtschaftlichen Verhältnisse des Antragstellers auf dem amtlichen Vordruck (§ 117 Abs. 2–4 ZPO) gestellt ist und dass zugleich die hinreichende Aussicht auf Erfolg für das Hauptverfahren (§ 114 S. 1 ZPO) – durch Beifügung des Entwurfs einer Klage- bzw. Rechtsmittelschrift oder in anderer Weise – dargelegt wird und die Rechtsverfolgung nicht mutwillig erscheint (§ 114 Abs. 1 u. 2 ZPO). Nur wenn die formellen und sachlichen Voraussetzungen für die Gewährung der PKH vor dem Ende der Klage- bzw. Rechtsmittelfrist dem Prozessgericht gegenüber dargetan sind, ist die Versäumung dieser Frist durch die Verzögerung der Entscheidung über die PKH durch den Antragsteller nicht verschuldet und ihm daher Wiedereinsetzung in den vorigen Stand zu gewähren (BFH BStBl. II 1982, 737).

c) Eine wesentliche Änderung der wirtschaftlichen Verhältnisse ist von dem Empfänger von PKH unverzüglich dem Prozessgericht mitzuteilen (**§ 120a Abs. 2 u. 3 ZPO**; eingefügt mit Wirkung ab 1.1.2014 durch Gesetz v. 31.8.2013, BGBl. I 3533). Wesentliche Veränderungen sind insb. (a) Erhöhung des monatlichen Brutto-Einkommens um wenigstens 100 EUR, (b) Wegfall eines bislang zu bedienenden Kredits, (c) Wegfall oder Reduzierung einer Unterhaltsverpflichtung, (d) Verbesserung der Vermögenslage durch Erbschaft, Schenkung, Lottogewinn oder aus anderen Gründen.

5. Beigeordnet werden kann ein Rechtsanwalt, Steuerberater, Steuerbevollmächtigter, Wirtschaftsprüfer oder vereidigter Buchprüfer (§ 142 Abs. 2 FGO). Nach hier vertretener Auffassung können auch Rechtsanwalts-GmbH und Sozietäten beigeordnet werden (so auch Gosch/*Schoenfeld* FGO § 142 Rn. 218 mwN, str). In Verfahren vor dem BFH besteht, außer für den Antrag auf PKH, Vertretungszwang § 62 Abs. 4 FGO). Es ist deshalb stets gem. § 121 Abs. 1 ZPO, § 121 FGO eine postulationsfähige Person (vgl. § 62 Abs. 2 u. 4 FGO), zB ein Rechtsanwalt oder Steuerberater beizuordnen.

6. Für die Erklärung des Beteiligten über seine persönlichen und wirtschaftlichen Verhältnisse ist der amtlich vorgeschriebene Vordruck zu verwenden (§ 117 ZPO, §§ 142 FGO). Wegen der dazu erforderlichen Erklärungen über die Einkommens- und Vermögensverhältnisse die Erläuterungswerke zu § 142 FGO und §§ 115, 117 ZPO.

7. Die Gewährung von PKH ist davon abhängig, dass die beabsichtigte Rechtsverfolgung oder Rechtsverteidigung hinreichende Aussicht auf Erfolg bietet und nicht mutwillig erscheint (§ 114 ZPO, § 142 FGO). Zur Darlegung der hinreichenden Erfolgsaussicht dient die Beifügung des Entwurfs einer Klage- bzw. Rechtsmittelschrift. Die Durchführung von Klagen bzw. Rechtsmitteln mit hinreichender Erfolgsaussicht ist im finanzgerichtlichen Verfahren im Allgemeinen nicht mutwillig; anders nur, wenn die Finanzbehörde bereits die Erteilung eines Abhilfe- oder Erlassbescheides zugesagt hat. Die Erklärung, dass das Verfahren nur durchgeführt werden soll, wenn die PKH bewilligt wird, dient der Klarstellung, dass die Einreichung der Klage- bzw. Rechtsmittelschrift nicht bereits die Erhebung der Klage bzw. des Rechtsmittels darstellt.

8. Über den Antrag auf PKH entscheidet hinsichtlich der wirtschaftlichen Verhältnisse regelmäßig der Urkundsbeamte der Geschäftsstelle des FG (§ 142 Abs. 3 u. 4 FGO); iÜ, also hinsichtlich der Erfolgsaussichten, der Vorsitzende bzw. der Berichterstatter. Der Beschluss des Prozessgerichts ist zu begründen, wenn der Antrag abgelehnt wird und deshalb mit der Beschwerde anfechtbar ist (§ 127 Abs. 2 ZPO, § 113 Abs. 2 FGO). Die Entscheidung über den Antrag auf PKH ist keine Entscheidung über Streitigkeiten betr. Kosten, Gebühren und Auslagen iSv § 128 Abs. 3 FGO. Die Beschwerde an den BFH ist aber nur statthaft, wenn das zugehörige Hauptverfahren an den BFH gelangen könnte (BFH BStBl. II 1982, 600).

Kosten und Gebühren

9. Für das Verfahren wegen Gewährung von PKH entstehen keine Gerichtsgebühren; Kostenerstattung findet nicht statt. Auslagen des Gerichts sind den Gerichtskosten des Hauptsacheverfahrens hinzuzurechnen und teilen das Schicksal der Kosten in der Hauptsache. Die Gebühr des Bevollmächtigten im Verfahren über die PKH ergeben sich aus VV 3335 RVG, § 45 StBGebV. Der Wert bestimmt sich nach dem Streitwert der Hauptsache.

Fristen und Rechtsmittel

10. → Anm. 8, → Anm. 4.

38. Antrag auf Festsetzung der Vergütung des beigeordneten Rechtsanwalts/Steuerberaters für das Klageverfahren

An den **. . . . (Ort), ... (Datum)**

Urkundsbeamten der Geschäftsstelle
des Finanzgerichts/Bundesfinanzhofs[1]
Aktenzeichen: . . . . .

In dem Rechtsstreit
. . . . . (Name und Anschrift des Klägers)
Klägers,
Prozessbevollmächtigter: . . . . .
gegen
Finanzamt . . . . .
in . . . . .
Beklagten,
wegen . . . . . (Steuerart und Jahr).
Ich beantrage die Festsetzung meiner Vergütung[2] als im Verfahren der Prozesskostenhilfe beigeordneter Rechtsanwalt/Steuerberater.[3] Soweit die Zahlungen des von mir vertretenen Beteiligten die Ansprüche der Staatskasse übersteigen, beantrage ich die Festsetzung einer weiteren Vergütung nach § 50 RVG.
I. Vergütung aus der Staatskasse (§ 45 Abs. 1 RVG) unter Berücksichtigung der Gebührenbeschränkung nach § 49 RVG.[4]

Streitwert des Klageverfahrens/Revision:	**. . . . . EUR**
Verfahrensgebühr FG . . . . VV 3200 RVG: 1,6	**. . . . . EUR**
. . . . .BFH VV 3206 RVG: 1,6	
Terminsgebühr FG . . . . . VV 3202 RVG: 1,2	**. . . . . EUR**
. . . . .BFH . . . . . VV 3210 RVG: 1,5	
Postgebühr VV 7001/2 RVG:	**20 EUR**
Reisekosten VV 7003/4 RVG:	**. . . . . EUR**
Tage- und Abwesenheitsgeld gem. VV 7005 RVG:	**. . . . . EUR**
Umsatzsteuer gem. VV 7008 RVG:	**. . . . . EUR**
Festzusetzende Vergütung:	**. . . . . EUR**

II. Weitere Vergütung ohne Beschränkung nach § 49 RVG.[5]
Der festzusetzende Betrag soll auf Konto . . . . . bei . . . . . überwiesen werden.
Unterschrift[6]

Anmerkungen

1. Der Antrag auf Festsetzung der Vergütung ist an den Urkundsbeamten der Geschäftsstelle des Gerichts der jeweiligen Instanz (FG bzw. BFH) zu richten. Die Vergütung wird nicht von Amts wegen festgesetzt. Eine Verzinsung der Vergütung entsprechend § 104 Abs. 1 S. 2 ZPO findet nicht statt.

Gegen die Festsetzungen des Urkundsbeamten ist gem. § 56 RVG die Erinnerung gegeben. Über die Erinnerung entscheidet das jeweilige Prozessgericht, soweit der Urkundsbeamte nicht abgeholfen hat. Gegen die Entscheidung des Gerichts findet die Beschwerde an den BFH nicht statt (§ 128 Abs. 4 S. 2 iVm §§ 56, 33 Abs. 4 S. 3 RVG).

2. § 45 RVG. Der beigeordnete Rechtsanwalt/Steuerberater kann keine Vergütungsansprüche gegen den von ihm vertretenen Beteiligten geltend machen. Er erhält seine Vergütung aus der Staatskasse bzw. unmittelbar von dem in die Kosten verurteilten Gegner. Macht er den Anspruch auf seine Vergütung an die Staatskasse geltend, ergibt sich von einem Gegenstandswert von mehr als 3.500 EUR bis 30.000 EUR ein niedrigerer Gebührensatz als nach § 13 RVG. Lässt der beigeordnete Bevollmächtigte die ihm zustehenden Gebühren nach § 126 Abs. 1 ZPO im eigenen Namen zwecks Beitreibung vom Prozessgegner festsetzen (→ Form. VII.36), ergibt sich die Gebührenbeschränkung aus § 49 RVG nicht. Eine Erhöhung der Gebührensätze nach § 49 RVG kann auch eintreten, wenn der vertretene Beteiligte die durch das Gericht festgesetzten Zahlungen geleistet hat und deren Summe die Gerichtskosten und die für den Steuerberater bereits geleisteten niedrigeren Zahlungen aus der Staatskasse übersteigt (§ 50 RVG)

3. § 121 ZPO, § 142 Abs. 2 FGO.

4. → Anm. 2.

5. Soweit die Gebührenbeschränkung des § 49 RVG nicht eingreift, ergeben sich die gesetzlichen Gebühren wie unter I. dargestellt.

Fristen und Rechtsmittel

6. → Anm. 1.

39. Antrag auf Festsetzung der Vergütung des beigeordneten Rechtsanwalts/Steuerberaters für das Klageverfahren gegenüber dem unterlegenen Gegner

An den **. . . . . (Ort), ... (Datum)**

Urkundsbeamten des Finanzgerichts[1]
Aktenzeichen: . . . . .
In dem Rechtsstreit
. . . . . (Name und Anschrift des Klägers)
Klägers
Prozessbevollmächtigter: . . . . .
gegen
Finanzamt . . . . .
in . . . . .
Beklagten
wegen . . . . . (Steuerart und Jahr).
Ich beantrage im eigenen Namen[2] die Festsetzung der mir als Vergütung zustehenden[3] gesetzlichen Gebühren.[4]

Streitwert des Klageverfahrens:	**. . . . . EUR**
Verfahrensgebühr VV 3200 RVG: 1,6	**. . . . . EUR**
Terminsgebühr VV 3202 RVG: 1,2	**. . . . . EUR**
Postgebühr VV 7001 RVG:	**. . . . . EUR**
Reisekosten VV 7003 RVG:	**. . . . . EUR**
Tage- und Abwesenheitsgeld gem. VV 7005 RVG:	**. . . . . EUR**
Umsatzsteuer gem. VV 7008 RVG:	**. . . . . EUR**
Festzusetzende Vergütung:	**. . . . . EUR**

Unterschrift[5]

Anmerkungen

1. Wegen der Zuständigkeit s. § 149 Abs. 1 FGO: Urkundsbeamter des FG.

2. Das Beitreibungsrecht gegenüber dem unterlegenen Gegner (in der Regel = FA) ist ein dem beigeordneten Prozessbevollmächtigten zustehendes Recht (§§ 125, 126 ZPO; § 155 FGO).

3. Wegen des Umfangs der erstattungsfähigen Gebühren und Auslagen → Form. VII.38.

4. Nach Beendigung des Rechtsstreits entfällt das sich aus § 122 Abs. 1 Nr. 3 ZPO ergebende Verbot der Geltendmachung, so dass auch die sog Differenzkosten festzusetzen sind (vgl. § 125 ZPO).

Fristen und Rechtsmittel

5. Wird der Antrag abgelehnt oder wird ihm nur teilweise entsprochen, steht dem Prozessbevollmächtigten die im eigenen Namen zu erhebende Erinnerung zu; Frist: zwei Wochen (§ 149 FGO; → Form. VII.35 Anm. 4). Über die Erinnerung entscheidet das Gericht.

40. Gehörsrüge auf Änderung des Kostenfestsetzungsbeschlusses nach § 133a FGO bzw. als Gegenvorstellung

An das **. . . . . (Ort), ... (Datum)**

Finanzgericht[1]
Aktenzeichen: . . . . .
In dem Rechtsstreit[2]
. . . . . (Name und Anschrift des Klägers)
Klägers,
Prozessbevollmächtigter:[3] . . . . .
gegen
Finanzamt . . . . .
in . . . . .
Beklagten,
wegen . . . . . (Steuerart und Jahr).
Namens des Klägers erhebe ich Anhörungsrüge[4,5,6] gem. § 133a FGO, hilfsweise Gegenvorstellung (iSd BFH BFH/NV 2005, 898) und beantrage, den die Erinnerung zurückweisenden Beschluss des Finanzgerichts vom . . . . . abzuändern und die Kosten[7] antragsgemäß festzusetzen.

Begründung:[8]

Ursprünglich hat Rechtsanwalt A als Prozessbevollmächtigten den Kläger vertreten. Rechtsanwalt A ist während des Revisionsverfahrens – vor der mündlichen Verhandlung – aufgrund eines Autounfalls überraschend verstorben. Die Abwicklung der Praxis von Rechtsanwalt A wurde dem jungen Rechtsanwalt C übertragen, der über keine nennenswerten steuerrechtlichen Vorkenntnisse verfügt. Deshalb hat der Kläger Rechts-

anwalt B, den Unterzeichnenden, mit seiner weiteren Vertretung in dem Rechtsstreit gegen das Finanzamt beauftragt.

Mit dem Kostenfestsetzungsantrag war ua beantragt worden, für das Revisionsverfahren sowohl für Rechtsanwalt A als auch für Rechtsanwalt B je eine Verfahrensgebühr von 1,6 nach VV 3206 RVG iVm § 13 RVG und eine Terminsgebühr von 1,5 nach VV 3210 RVG gemäß dem Streitwert für Rechtsanwalt B festzusetzen.

Diesem Antrag ist der Kostenbeamte nicht gefolgt. Er hat den Standpunkt eingenommen, im Revisionsverfahren seien die Gebühren nach VV 3206 und 3210 RVG je nur einmal entstanden. Der Wechsel in der Vertretung habe keine weiteren Gebühren für das Revisionsverfahren ausgelöst; denn der Rechtsstreit sei so weit fortgeschritten und die Revision ausreichend begründet gewesen, so dass ein Vertretungswechsel nicht erforderlich gewesen sei. Deshalb seien für den neuen Bevollmächtigten im Revisionsverfahren keine Gebühren mehr entstanden. Dieser Rechtsauffassung hat sich im Erinnerungsverfahren auch der zuständige Senat des FG angeschlossen.

Der Senat hat im Erinnerungsverfahren die Ablehnung der Festsetzung der (zusätzlichen) Gebühren für das Revisionsverfahren auch damit begründet, dass Rechtsanwalt A bzw. der mit der Abwicklung der Kanzlei beauftragte Rechtsanwalt C habe an den Mandanten noch keine Rechnung gestellt. Auch deshalb seien die Kosten nicht festzusetzen; denn fiktive Kosten würden nicht erstattet.

Beide Begründungen gehen in rechtlicher wie in tatsächlicher Hinsicht fehl.

In materiell-rechtlicher Hinsicht hat der Kostenbeamte verkannt, dass ein Anwaltswechsel, sofern er nicht mutwillig erfolgt, sondern der angemessenen Rechtsvertretung vor Gericht dient, auch zu einer mehrfachen Entstehung von Gebühren in einer Instanz führen kann. Der Tod eines Anwaltes und damit der Verlust seines Know-how ist ein hinreichender sachgerechter Grund für einen Anwaltswechsel. Hinsichtlich der Vertretung im Revisionsverfahren durch Rechtsanwalt B ist hier in Betracht zu ziehen, dass Rechtsanwalt B sich vor der mündlichen Verhandlung vor dem BFH in den Sachverhalt und in die sich stellenden Rechtsfragen einarbeiten musste. Er hat deshalb die Verfahrensgebühr (VV 3206 RVG) und die Terminsgebühr (VV 3210 RVG) verdient. Zumindest die Verfahrensgebühr war auch für Rechtsanwalt A entstanden, da er die Revision eingelegt und begründet hat. Es kommt dabei nicht darauf an, ob die Gebührenforderung durch Rechnungsstellung schon geltend gemacht worden ist, sondern allein darauf, ob sie nach dem Gesetz entstanden ist, was fraglos hier der Fall ist.

In verfahrensrechtlicher Hinsicht wird Verletzung des Rechts auf Gehör gerügt, so dass der Antrag nach § 133a FGO statthaft und zulässig ist. Der Senat des FG ist ohne weiteres davon ausgegangen, dass Rechtsanwalt A bzw. Rechtsanwalt C noch keine Rechnung an den Kläger gestellt hätten und in rechtlicher Hinsicht – entgegen der Rspr. des BGH (NJW-RR 2007, 422; OLG München MDR 2007, 1346) angenommen, das Fehlen einer solchen Rechnung schließe die Geltendmachung der entstandenen Gebühren aus. Hätte das Gericht vor seiner Entscheidung darauf hingewiesen, dass es diesen Gesichtspunkt als rechtlich relevant ansehen könnte, hätte der Kläger Anlass und Gelegenheit gehabt vorzutragen, dass Rechtsanwalt C eine dahingehende Rechnung an den Kläger gerichtet hat. Deshalb ist der Antrag auf Abänderung der Kostenfestsetzungsentscheidung gem. § 133a FGO zulässig und wegen Verletzung des Anspruchs auf Gehör auch begründet. Ein Verstoß gegen das Gebot der Gewährung rechtlichen Gehörs liegt ferner darin, dass das Gericht ohne entsprechenden Hinweis von der in der Lit. unbezweifelten Rspr. des BGH abgewichen ist, nämlich von der oa BGH-Entscheidung IV ZR 18/06.

Hinsichtlich dieses Rechtsfehlers ist der Antrag zumindest als Gegenvorstellung statthaft und begründet. Da es kein ordentliches Rechtsmittel gegen eine materiell-rechtliche fehlerhafte Entscheidung durch den Senat eines Finanzgerichts gibt, käme nur ein

Anspruch auf Schadenersatz nach § 839 BGB in Betracht, um dem Kläger zu der ihm zustehenden Kostenerstattung zu verhelfen. Nach der Rspr. des BGH ist eine Amtspflichtverletzung gegeben, wenn in Kostensachen von einer Rechtspraxis abgewichen wird, die der hM entspricht und im rechtswissenschaftlichen Schrifttum gebilligt wird (BGHZ 36, 144). Aus Gründen der Prozessökonomie ist deshalb auch nach der Schaffung des § 133a FGO daran festzuhalten, dass in Fällen unanfechtbarer Entscheidungen bei offenkundigen Fehlern die Gegenvorstellung statthaft ist. Die Gegenvorstellung ist auch begründet, weil es – wie dargelegt – unter den Umständen des Streitfalles „zulässig" war und mit der Entstehung entsprechender Gebühren verbunden, einen neuen Prozessbevollmächtigten zu bestellen, nachdem der ursprüngliche Prozessbevollmächtigte infolge seines Unfalltodes nicht mehr tätig sein konnte.
Unterschrift

Anmerkungen

1. Der Antrag ist an das FG zu richten, das für die Kostenfestsetzung zuständig ist (§ 149 FGO; vgl. Tipke/Kruse/*Seer* FGO § 133a Rn. 6). Die Einhaltung der Frist von zwei Wochen ist Zulässigkeitsvoraussetzung (Tipke/Kruse/*Seer* FGO § 133a Rn. 7); innerhalb dieser Frist ist die Rüge auch zu begründen.

2. Der Antrag ist unter dem bisherigen Rubrum (Streitsachenbezeichnung) zu stellen.

3. Der Antrag ist durch die ursprüngliche Prozessvollmacht gedeckt. Ein Prozessbevollmächtigter, der vom Gericht im Rahmen der Gewährung von PKH beigeordnet worden ist, ist befugt die Kostenfestsetzung im eigenen Namen zu beantragen (§ 126 ZPO iVm § 155 FGO; → Form. VII.38) und mE auch im eigenen Namen Erinnerung einzulegen und die Anhörungsrüge nach § 133a FGO zu erheben.

4. Die Rspr. entwickelte vor der Einfügung des § 133a FGO (und ähnlicher Vorschriften der anderen Prozessordnungen) bei Ergehen unanfechtbarer, aber erkennbar unrichtiger Entscheidungen praeter legem die **Gegenvorstellung** an den iudex a quo, die sich also an das Gericht richtete, das die (beanstandete) Entscheidung erlassen hatte, und die **außerordentliche Beschwerde**, die sich an den iudex ad quem richtete, also an das Gericht der nachfolgenden Instanz. **§ 133a FGO** wurde aufgrund des Plenarbeschlusses des BVerfG v. 30.4.2003, BVerfGE 107, 395 = DB 2003, 1570; → Form. IV.C.2) als Teil des sog. Anhörungsrügengesetzes (BGBl. 2004 I 3220) geschaffen und ist seit 1.1.2005 anwendbar. § 133a FGO bietet Rechtsschutz nur gegen **Verletzung des Anspruchs auf Gehör** vor Gericht (Art. 103 GG). Gegen andere Verfahrensverstöße, die das Gericht nicht beseitigt oder selbst durch seine abschließende und (mit ordentlichen Rechtsmitteln) nicht mehr anfechtbare Entscheidung begeht, kann Abhilfe durch die Anhörungsrüge nicht erlangt werden (Tipke/Kruse/*Seer* FGO § 133a Rn. 3; Gräber/*Ratschow* FGO § 133a Rn. 3). In solchen Fällen zB bei Verstoß gegen das **Willkürverbot** oder Entscheidung durch eine andere Person als den **gesetzlichen Richter** ist bei unanfechtbaren Endentscheidungen nur **Verfassungsbeschwerde** eröffnet (vgl. Tipke/Kruse/*Seer* FGO § 133a Rn. 3). Soll *neben* anderen Grundrechtsverletzungen auch Verletzung des Art. 103 GG mittels Verfassungsbeschwerde gerügt werden, ist nach Auffassung des BVerfG die zulässige, aber erfolglose Anhörungsrüge Zulässigkeitsvoraussetzung der (aller) Verfassungsbeschwerden (BVerfG NJW 2005, 3059; vgl. dazu Tipke/Kruse/*Seer* FGO § 133a Rn. 19).

5. Die **Anhörungsrüge** ist auch gegeben (statthaft), wenn im Rahmen eines Verfahrens zur **Aussetzung der Vollziehung** (§ 69 FGO) die Beschwerde vom Finanzgericht nicht zugelassen wurde (Gosch/*Rüsken* FGO § 133a Rn. 24.3).

6. Die **außerordentliche Beschwerde** (→ Anm. 4) wird in der Rspr. des BFH als nicht (mehr) statthaft angesehen (BFH BFH/NV 2013, 1611; hierzu Tipke/Kruse/*Seer* FGO § 133a Rn. 3).

7. Wegen des Umfangs der erstattungsfähigen Gebühren und Auslagen → Form. VII.10 Anm. 12–14; → Form. VII.31 Anm. 6; → Form. VII.36.

8. Vgl. zum Beispielsfall FG Berlin-Brandenburg 12.7.2016 – 15 K 1236/13; *Esskandari/Bick* AO-StB 2016, 315.

VIII. Der Sozialgerichtsprozess

Vorverfahren (§§ 77 ff. SGG)

1. Widerspruch (gegen Feststellung einer Sperrzeit)

An die
Agentur für Arbeit[2]

Widerspruch[1, 3]

des technischen Zeichners .....,
Verfahrensbevollmächtigter: RA .....[4]
gegen den Bescheid der Agentur für Arbeit ..... vom ..... – Az.: ...... – wegen Verhängung einer Sperrzeit.
Gegen den oben genannten Bescheid – zugestellt am .....[5] – erhebe ich namens und in Vollmacht des Widerspruchsführers Widerspruch und beantrage,[6]
1. den Bescheid vom ..... aufzuheben,
2. dem Widerspruchsführer auch für die Zeit vom ..... bis ..... Arbeitslosengeld zu zahlen.

Begründung:[7]

Die Arbeitsagentur A. hat gegenüber dem Widerspruchsführer eine Sperrzeit[8] von 12 Wochen mit der Begründung festgestellt, dieser habe sein Arbeitsverhältnis ohne wichtigen Grund gelöst. Es trifft zwar zu, dass der Widerspruchsführer freiwillig und ohne Aussicht auf ein Anschlussarbeitsverhältnis gekündigt hat. Er hatte dafür aber einen wichtigen Grund iSd § 159 Abs. 1 S. 1 SGB III. Nachdem seine Partnerin ....., mit der er seit mehreren Jahren zusammenlebt, in A. ein Beschäftigungsverhältnis begründet hatte, bezogen beide in A. eine neue gemeinsame Wohnung. Wegen der erheblichen Entfernung der bisherigen Wohnung zum neuen Arbeitsplatz seiner Partnerin hätte der Widerspruchsführer diese nur am Wochenende aufsuchen können. Außerdem können der Widerspruchsführer und seine Partnerin aus finanziellen Gründen nicht zwei Wohnungen unterhalten. Schließlich hat sich der Widerspruchsführer schon vor der Kündigung des Beschäftigungsverhältnisses bei der Arbeitsagentur A. arbeitsuchend gemeldet und sich intensiv um eine andere Arbeit in der Nähe des neuen Wohnorts bemüht.
Rechtsanwalt[9–12]

Anmerkungen

1. Vor Erhebung einer Anfechtungs- oder Verpflichtungsklage ist grds. ein Vorverfahren durchzuführen, in dem Recht- und Zweckmäßigkeit des Verwaltungsakts (zum Begriff des Verwaltungsakts § 31 SGB X) nachzuprüfen sind (§ 78 SGG) – inkl. einer erneuten, abweichenden Ermessensausübung. Das gilt auch, wenn die Anfechtungsklage mit anderen Klagearten (→ Form. VIII.6 → Form. VIII.9) verbunden ist. Das Widerspruchsverfahren ist *obligatorisch.* § 78 Abs. 1 S. 2 Nr. 1–3 SGG regelt seltene *Ausnahmen von der Vorverfahrenspflicht,* zB für bestimmte Konstellationen des Vertragsarztrechts (§ 78 Abs. 1 S. 2 Nr. 1 SGG). Weitere Ausnahmen hat die Rspr. anerkannt;

praktisch besonders bedeutsam: für ersetzende oder abändernde Folgebescheide, die nach § 96 SGG Gegenstand des Klage- und Berufungsverfahrens werden (BSGE 47, 28 (30)) und bei Verurteilung eines Beigeladenen nach § 75 Abs. 5 SGG.

Fehlt das vorgeschriebene Vorverfahren, muss das Gericht das Verfahren analog § 114 Abs. 2 SGG aussetzen und der Behörde Gelegenheit geben, das Vorverfahren nachzuholen. In der Klageerwiderung im anhängigen Rechtsstreit liegt kein Widerspruchsbescheid (MKLS/*Schmidt* SGG § 78 Rn. 3c mwN). Wird die Möglichkeit, das Vorverfahren nachzuholen, nicht eröffnet, so liegt darin ein Verfahrensmangel (zB BSG 29.11.2019 – B 1 KR 72/18 B; BSGE 25, 66; SozR 1500 § 78 Nr. 8; näher dazu MKLS/*Schmidt* SGG § 78 Rn. 3a). Im Revisionsverfahren ist die Nachholung des Vorverfahrens nicht mehr möglich – vgl. dazu auch *Herold-Tews/Merkel* Sozialgerichtsprozess Teil B, Das Widerspruchsverfahren, Rn. 40 ff.

Nach § 86a Abs. 1 SGG haben *Widerspruch* und *Anfechtungsklage* (→ Form. VIII.2) grds. *aufschiebende Wirkung* (zur Systematik des einstweiligen Rechtsschutzes → Form. VIII.27 Anm. 1, 2). Dieser Grundsatz wird durch die in § 86a Abs. 2 Nr. 1–5 und Abs. 4 SGG normierten Ausnahmen weitgehend *durchbrochen;* die aufschiebende Wirkung entfällt:

- Bei der Entscheidung über Versicherungs-, Beitrags- und Umlagepflichten und der Anforderung von Beiträgen, Umlagen und sonstigen öffentlichen Abgaben, um die Funktionsfähigkeit der Leistungsträger zu sichern (Nr. 1).
- Bei Verwaltungsakten, die eine laufende Leistung entziehen oder herabsetzen (Nr. 2 u. 3) ist zu unterscheiden: In Angelegenheiten der Sozialversicherung behält der *Widerspruch* seine aufschiebende Wirkung, *nicht* aber in Angelegenheiten des sozialen Entschädigungsrechts und der Bundesagentur für Arbeit; für die *Anfechtungsklage* entfällt die aufschiebende Wirkung schlechthin.
- In anderen durch Bundesgesetz vorgeschriebenen Fällen (Nr. 4), so insb. im Bereich der Arbeitsförderung (§ 336a SGB III, näher hierzu *Kallert* in Gagel SGB III § 336a) sowie der Grundsicherung für Arbeitsuchende (§ 39 SGB II – näher hierzu *Kallert* in Gagel SGB II § 39) und im Vertragsarztrecht (zB § 87b Abs. 2 S. 6 SGB V; die weitgehende Durchbrechung des Grundsatzes der aufschiebenden Wirkung wird auch daran deutlich, dass allein im SGB V an 52 Stellen deren Wegfall angeordnet wird; MKLS/*Keller* SGG § 86a Rn. 16 ff.).
- Wenn die Stelle, die den Verwaltungsakt erlassen oder über den Widerspruch zu entscheiden hat, im Einzelfall die sofortige Vollziehung im öffentlichen Interesse oder im überwiegenden Interesse eines Beteiligten anordnet (Nr. 5).
- Bei Änderung, Aufhebung oder Ablehnung der Verlängerung einer Erlaubnis nach Art. 1 § 1 AÜG (Abs. 4).

§ 86a Abs. 3 SGG regelt die *Wiederherstellung der aufschiebenden Wirkung. Praktisch wichtig:* Wenn es um Versicherungs-, Beitrags- und Umlagepflichten geht (§ 86a Abs. 2 Nr. 1 SGG), *soll* die Vollziehung ausgesetzt werden, wenn ernstliche Zweifel an der Rechtmäßigkeit des angegriffenen Verwaltungsakts bestehen *oder* wenn die Vollziehung für den Betroffenen eine unbillige, nicht durch überwiegende öffentliche Interessen gebotene Härte zur Folge hätte.

Wird der Widerspruch für begründet erachtet, so ist ihm *abzuhelfen* (§ 85 Abs. 1 SGG).

2. Der Widerspruch ist bei der Stelle einzureichen, die den Verwaltungsakt erlassen hat (§ 84 Abs. 1 SGG). Zur Fristwahrung (→ Anm. 5) genügt jedoch auch der Eingang des Widerspruchs bei anderen Behörden einschl. einem Versicherungsträger (vgl. iE § 84 Abs. 2 SGG).

3. *Schriftlich* (Unterschrift nicht unbedingt erforderlich, BayLSG 19.5.2010 – L 19 R 577/07, BeckRS 2010, 73625 Rn. 22; BVerwGE 30, 274; näher dazu MKLS/*Schmidt* SGG § 84 Rn. 3) oder zur Niederschrift der Stelle, die den Widerspruch erlassen hat (§ 84 Abs. 1 SGG), im letzteren Falle muss der Widerspruchsführer persönlich anwesend sein.

Eine elektronische Übermittlung ist bei Vorliegen ihrer Voraussetzungen (§ 36a SGB I) möglich (eine Hinweispflicht hierauf in der Rechtsmittelbelehrung soll erforderlich sein, s. etwa SG Berlin 8.12.2020 – S 179 AS 10734/19, BeckRS 2020, 36471, ansonsten Jahresfrist des § 66 Abs. 2 SGG); eine einfache E-Mail genügt aber nicht (BayLSG 9.12.202 – L 12 KA 77/19, BeckRS 2020, 42250 → Form. VIII.10 Anm. 2).

4. Beteiligte können sich im Verwaltungsverfahren durch Bevollmächtigte vertreten lassen (§ 13 SGB X). Auch wenn die Vollmacht nicht in schriftlicher Form erteilt werden muss, ist dieses zu empfehlen. Bei Zweifeln an der Vertretungsbefugnis ist auf Verlangen die Vollmacht schriftlich nachzuweisen. Die Einreichung per Telefax genügt idR. Die Aufforderung zum Nachweis der Vollmacht ist zu beachten, denn der Widerspruch kann nach Fristsetzung und Androhung als unzulässig verworfen werden (dezidiert *Bühs* NZS 2017, 169). Selbst bei analoger Anwendung der Vermutungsregel des § 73 Abs. 6 S. 3 SGG im Verwaltungsverfahren ist ein Vollmachtsverlangen nicht ausgeschlossen, BSG 28.9.2018 – B 9 V 22/18 B, BeckRS 2018, 26199 Rn. 9.

5. Die *Widerspruchsfrist* beträgt nach § 84 Abs. 1 SGG einen Monat und bei Bekanntgabe des Verwaltungsakts im Ausland drei Monate (§ 37 Abs. 1 SGB X). Bei unterbliebener oder unrichtiger Rechtsbehelfsbelehrung beträgt die Widerspruchsfrist ein Jahr (§ 66 Abs. 2 SGG).

Wiedereinsetzung in den vorigen Stand ist möglich (§ 84 Abs. 2 S. 3 SGG iVm § 67 SGG), ggf. im sozialgerichtlichen Verfahren (BSGE 43, 19). Wird trotz Fristversäumnis sachlich entschieden, wird Fristverletzung geheilt (BSGE 49, 85; str.; dies gilt nicht bei Drittbegünstigung – näher MKLS/*Schmidt* SGG § 84 Rn. 7 f.).

6. Der Widerspruch braucht nicht begründet zu werden und auch keinen Antrag zu enthalten. Beides ist allerdings zweckmäßig, um der Behörde die Grundlage für eine Überprüfung und eventuelle Abhilfe zu verschaffen. Wird nicht abgeholfen, ist der Widerspruch der für die Entscheidung zuständigen Stelle vorzulegen (vgl. § 85 Abs. 2 SGG).

7. Nachdem das BSG seine frühere Rspr. aufgegeben hat, kann allein der Zuzug zum Partner zur Fortsetzung einer bereits bestehenden *nichtehelichen Lebensgemeinschaft* einen wichtigen Grund iSd Sperrzeittatbestandes (→ Anm. 8) darstellen (BSGE 90, 90 = SozR 3–4100 § 119 Nr. 26; sa SozR 3-4100 § 119 Nr. 15; SozR 3-4100 § 119 Nr. 16; zur nichtehelichen Lebensgemeinschaft als wichtiger Grund iSd § 140 Abs. 4 S. 7 SGB III, der einem Umzug zur Aufnahme einer Beschäftigung entgegensteht, *Urmersbach* NZS 2004, 414; zur Kasuistik betr. Gründe im persönlichen Bereich insgesamt Gagel/*Winkler* SGB III § 159 Rn. 186 ff.). Ein Ortswechsel zur Begründung einer (zuvor nicht bestehenden) nichtehelichen Lebensgemeinschaft stellt demgegenüber ohne Weiteres keinen wichtigen Grund dar (BSG 17.10.2007 – B 11a/7a AL 52/06 R, SozR 4-4300 § 144 Nr. 6; abw. LSG Nds-Brem 12.12.2017 – L 7 AL 36/16, info also 2018, 60 mAnm *Bienert* aaO, 51). Zu den Begriffsmerkmalen einer nichtehelichen Lebensgemeinschaft s. iE BSGE 90, 90. Kennzeichnend ist der wechselseitige Wille, Verantwortung füreinander zu tragen und füreinander einzustehen (Verantwortungs- u. Einstehensgemeinschaft BVerfGE 87, 237). Im Bereich der Grundsicherung für Arbeitsuchende hat der Gesetzgeber Sachverhalte normiert, bei deren Vorliegen dieser Wille vermutet wird (§ 7 Abs. 3a SGB II). Entsprechendes gilt im Falle des Zuzugs zur erstmaligen Herstellung einer Erziehungsgemeinschaft mit einem Minderjährigen zum Partner (BSG SozR 4-4300 § 144 Nr. 16).

8. Die Feststellung von *Sperrzeiten* ist seit dem 1.4.2012 (Art. 2 des Gesetzes zur Verbesserung der Eingliederungschancen am Arbeitsmarkt v. 20.12.2011 – BGBl. I 2854) in § 159 SGB III geregelt (zu den Sperrzeitbeständen *Hümmerich* NJW 2007, 1025; *Schulz* SGb 2005, 89; *Voelzke* NZS 2005, 281; *Klöcker* SGb 2003, 442). Sie ist insb.

vorgesehen, wenn der Arbeitslose a) ohne wichtigen Grund sein Arbeitsverhältnis gelöst (zu den Rechtsfolgen ausf. *Boecken* SGb 2020, 713) oder durch sein vertragswidriges Verhalten Anlass für die Kündigung des Arbeitgebers gegeben und er dadurch vorsätzlich oder grob fahrlässig die Arbeitslosigkeit herbeigeführt hat *oder* b) wenn er trotz Belehrung über die Rechtsfolgen eine ihm von der Arbeitsagentur angebotene Arbeit nicht angenommen oder nicht angetreten hat, ohne für sein Verhalten einen wichtigen Grund zu haben. Für die Auslegung des Begriffs „wichtiger Grund" iSd § 159 Abs. 1 SGB III sind die Grundrechte von Bedeutung (BSG SozR 4100 § 119 Nr. 13; SozR 4100 § 119 Nr. 17; SozR 4100 § 119 Nr. 30; SozR 4100 § 119 Nr. 34; BVerfG SozR 4100 § 119 Nr. 22; zu den verfassungsrechtlichen Grenzen Hauck/Noftz/*Valgolio* SGB III § 159 Rn. 28 ff.). Überdies sind – wie im Beispielsfall – die Interessen der Versichertengemeinschaft mit den Interessen des Arbeitslosen abzuwägen (BSG SozR 3-4100 § 119 Nr. 15; SozR 3-4100 § 119 Nr. 16).

Die *Beweislast* dafür, dass der Arbeitslose eine Sperrzeit verwirkt hat, trifft die Arbeitsagentur grds. auch hinsichtlich der Frage, ob das versicherungswidrige Verhalten ohne wichtigen Grund erfolgt ist, es sei denn, dass die für die Beurteilung eines wichtigen Grundes maßgebenden Tatsachen in der Sphäre oder dem Verantwortungsbereich des Arbeitslosen lagen (§ 159 Abs. 1 S. 3 SGB III; sa BSGE 71, 256 = SozR 3-4100 § 119 Nr. 7; Hauck/Noftz/*Valgolio* SGB III § 159 Rn. 508 ff.).

Kosten und Gebühren

9. Das Widerspruchsverfahren ist *kostenfrei,* dh die Behörden erheben keine Gebühren. Für das Widerspruchsverfahren, dem kein Klageverfahren folgt, das sog *isolierte Widerspruchsverfahren,* ist die Kostenerstattung in § 63 SGB X geregelt. Schließt sich an ein Vorverfahren ein gerichtliches Verfahren an, erledigt sich die Kostengrundentscheidung des angefochtenen Widerspruchsbescheides (BSG 19.10.2016 – B 14 AS 50/15 R, NZS 2017, 360 mAnm *Schmidt*). Die Kosten des Widerspruchsverfahrens gehören zu den außergerichtlichen Kosten, über die das Gericht nach § 193 SGG zu entscheiden hat (→ Form. VIII.31 Anm. 7); sie werden aber nicht von der Prozesskostenhilfe umfasst.

Soweit der Widerspruch erfolgreich ist, hat der Rechtsträger, dessen Behörde den angefochtenen Verwaltungsakt erlassen hat, dem Widerspruchsführer die zur zweckentsprechenden Rechtsverfolgung oder Rechtsverteidigung notwendigen Aufwendungen zu erstatten (vgl. § 63 Abs. 1 SGB X; zur grds. erforderlichen Kausalität zwischen Widerspruch und begünstigender Entscheidung BSG SozR 4-1300 § 63 Nr. 13). Nur die Stattgabe eines Widerspruchs löst den Kostenerstattungsanspruch aus; eine erweiternde Auslegung des § 63 Abs. 1 S. 1 SGB X unter Billigkeitsgesichtspunkten wie bei der gerichtlichen Kostenentscheidung nach § 193 SGG (→ Form. VIII.30 Anm. 4) kommt nicht in Betracht (BSG SozR 4-1500 § 193 Nr. 6). Die Kostenquote ist abhängig vom Umfang des tatsächlichen Erfolges (BSG SozR 4-1300 § 63 Nr. 20). Die *Kostenentscheidung* der Behörde bestimmt auch, ob die *Zuziehung eines RA* oder eines sonstigen Bevollmächtigten notwendig war (vgl. § 63 Abs. 3 S. 2 und Abs. 2 SGB X). Die Heranziehung eines RA ist idR notwendig (vgl. § 162 Abs. 2 S. 2 VwGO; MKLS/*Schmidt* SGG § 193 Rn. 5b). Die Kostenentscheidung ist ein Verwaltungsakt, der mit der Klage angefochten werden kann. Ist sie als Ausspruch im Widerspruchsbescheid enthalten, so muss sie direkt mit der Klage angefochten werden; ein gesondertes Widerspruchsverfahren findet nicht statt (BSG NJOZ 2012, 1229). Klagegegenstand ist sodann der auf die Kostenentscheidung beschränkte Widerspruchsbescheid (Schütze/*Roos/Blüggel* SGB X § 63 Rn. 37; zur Trennung von Sach- u. Kostenentscheidung BSG SozR 4-1300 § 63 Nr. 5).

Die Behörde, die die Kostenentscheidung getroffen hat, setzt auf Antrag den Betrag der zu erstattenden Aufwendungen fest (§ 63 Abs. 3 S. 1 SGB X). Auch diese Kostenfestsetzung der Höhe nach ist selbstständig anfechtbar, allerdings nicht sogleich mit der Klage, sondern mit dem hier vorrangigen Widerspruch (Schütze/*Ross/Blüggel* SGB X Rn. 50), der auch insoweit dann eine diesbezüglich neue eigene Kostenentscheidung gem. § 63 SGB X enthalten muss (zu den Kosten- und Vollstreckungsfolgen nach einer isolierten Kostenentscheidung gem. § 63 SGB X ausf. SG Fulda 10.7.2012 – S 4 KR 37/11 E).

Sofern *im Widerspruchsbescheid eine Kostenentscheidung fehlt,* kann diese nachträglich beantragt und mit dem *Antrag auf Kostenfestsetzung* verbunden werden (s. das Schriftsatzmuster Nr. 3 bei *Herold-Tews/Merkel* Sozialgerichtsprozess S. 263, → Form. V.A.5).

Der Kostenerstattungsanspruch ist bei einem isolierten Vorverfahren nicht zu verzinsen (BSG SozR 1300 § 63 Nr. 9; 24.7.1986 – 7 RAr 86/84).

Weiterführend zu praxisrelevanten Fragestellungen insges. *Wettlaufer* NZS 2018, 129.

10. Der RA erhält im Widerspruchsverfahren eine *Geschäftsgebühr,* die die gesamte außergerichtliche Tätigkeit abgilt, und zwar sowohl in den Verfahren, in denen Betragsrahmengebühren entstehen, als auch in den Verfahren, in denen die Gebühren nach dem Gegenstandswert berechnet werden (§ 3 Abs. 2 iVm Abs. 1 RVG – dazu näher → Form. VIII.2 Anm. 14).

Seit dem 2. KostRMoG v. 23.7.2013 (BGBl. I 2586) ist ab dem 1.8.2013 die gesonderte gebührenrechtliche Regelung der Vertretung in sozialrechtlichen Angelegenheiten aufgegeben worden. Der RA erhält jetzt sowohl im Verwaltungsverfahren als auch im Widerspruchsverfahren jeweils eine Geschäftsgebühr. Dabei sind Anrechnungsvorschriften eingefügt worden. Abs. 4 der Vorb. 2.3 VV RVG bestimmt eine hälftige Anrechnung der Gebühr für das Verwaltungsverfahren auf die Gebühr für das Widerspruchsverfahren. Die Anrechnung wird begrenzt bei Betragsrahmengebühren auf (nunmehr) 207 EUR sowie bei Wertgebühren auf den Faktor 0,75 und erhöht sich auch bei mehreren Auftraggebern nicht (zur Anrechnung bei gleichzeitiger PKH-Gewährung instruktiv HessLSG ASR 2019, 167)

Mit Art. 7 des KostRÄG 2021 sind die Gebührenbeträge zum 1.1.2021 (besonders) angehoben worden. Die Vergütung der außergerichtlichen Tätigkeit in Teil 2 VV RVG stellt sich wie folgt dar:

- In Angelegenheiten, für die der RA im sozialgerichtlichen Verfahren nach § 3 Abs. 1 S. 1 RVG Anspruch auf *Betragsrahmengebühren* hat, erhält er im Widerspruchsverfahren ebenfalls eine Rahmengebühr. Der Gebührenrahmen beträgt 60–768 EUR (Nr. 2302 VV). Die für Durchschnittsfälle an sich maßgebende Mittelgebühr (→ Form. VIII.31 Anm. 8) wird nach der amtl. Anm. zu VV 2302 RVG auf 359 EUR gekappt (sog Schwellengebühr). Eine höhere Gebühr kann nur gefordert werden, wenn die Tätigkeit umfangreich oder schwierig war (zu diesen Kriterien BSGE 104, 30; → Form. VIII.31 Anm. 8). Die Erhöhung des Gebührenrahmens bei mehreren Auftraggebern nach VV 1008 RVG – entsprechend der Anzahl der Auftraggeber um jeweils 30 vH bis maximal zum Doppelten des Ausgangsbetrages – erfasst auch die Schwellengebühr (klargestellt in Abs. 4 der Anm. zu VV 1008 RVG, so schon BSG SozR 4-1300 § 63 Nr. 11 = NJW 2010, 3533). In Angelegenheiten der Grundsicherung für Arbeitsuchende ist eine Erhöhung der Geschäftsgebühr bei mehreren Auftraggebern auch dann möglich, wenn ein RA nur von einem Mitglied der Bedarfsgemeinschaft (§ 7 Abs. 3 SGB II) beauftragt wird (BSG SozR 4-1935 § 7 Nr. 1 = NJW 2012, 877 = SGb 2012, 737 mAnm *Curkovic*). Der RA kann die Gebühr in derselben Angelegenheit aber nur einmal fordern (§ 15 Abs. 2 RVG, BSG SozR 4-1935 § 15 Nr. 1). Neben der Gebühr nach VV 2302 RVG entsteht bei Einigung oder Erledigung eine Gebühr nach VV 1005 RVG in Höhe der Geschäftsgebühr; zu den Anforderungen an die Entstehung dieser Gebühr BSG NZS 2007, 612; NZS 2014, 239; BeckRS 2011, 70166 mwN; sa

Köhler, Die Kostenentscheidung nach Erledigung der Hauptsache im sozialrechtlichen Widerspruchsverfahren, ZFSH/SGB 2009, 67.

- Sind Gebühren des RA gem. § 3 Abs. 1 S. 2 RVG nach dem *Gegenstandswert* zu berechnen, gilt für das Widerspruchsverfahren ein Rahmen von 0,5–2,5 der *Wertgebühr* nach § 13 RVG (VV 2300 RVG). Für Durchschnittsfälle liegt die Gebühr bei 1,3. Neben der Gebühr nach VV 2300 RVG kann eine Einigungsgebühr (VV 1000 RVG) oder eine Erledigungsgebühr (VV 1002 RVG) entstehen, die jeweils einem Wert von 1,5 der Gebühr nach § 13 RVG entspricht.

S. zu den wichtigsten Änderungen des RVG durch das KostRÄG 2021 *Mayer* NJW 2021, 345, *Förster/Fast* ZAP 2021, 305, und zu den Auswirkungen auf das sozialgerichtliche Verfahren *Hinne* ASR 2020, 201. Weiterführend zur Erstattung der anwaltlichen Vergütung für eine Tätigkeit im außergerichtlichen Verfahren durch Dritte *Straßfeld* SGb 2013, 326 ff., 379 ff.

11. Das dem *Widerspruchsverfahren vorangegangene Verwaltungsverfahren* ist gebührenrechtlich eine eigene Angelegenheit (§ 17 Nr. 1a RVG). Kosten des dem Widerspruchsverfahren vorangegangenen Verwaltungsverfahrens sind nicht erstattungsfähig (BSG SozR 3-1300 § 63 Nr. 1; BSGE 55, 92; Schütze/*Roos/Blüggel* SGB X § 63 Rn. 6 mwN). Allerdings ist in dieser Konstellation bei erfolgreichem Widerspruchsverfahren nunmehr die volle Geschäftsgebühr zu erstatten. Auf eine Anrechnung kann sich die Behörde nach § 15a Abs. 2 RVG nicht berufen. Da der RA nach § 15a Abs. 1 RVG nur den um den Anrechnungsbetrag verminderten Gesamtbetrag fordern kann, hat der Mandant iErg somit weniger als eine Gebühr zu tragen. Schließlich bestimmt die Vorb. 2.3 Abs. 4 S. 3 VV, dass bei der Bemessung der weiteren Geschäftsgebühr ein aus der Vorbefassung resultierender Synergieeffekt nicht zu berücksichtigen ist. Dieser wird bereits durch die Anrechnungslösung aufgefangen.

Fristen und Rechtsmittel

12. → Anm. 5 (Fristen). Gegen den Widerspruchsbescheid: Klage gem. §§ 87 ff. SGG. Die Klagefrist beginnt mit Zustellung des Widerspruchsbescheides (§ 87 Abs. 2 SGG) und beträgt einen Monat bzw. bei Zustellung außerhalb des Geltungsbereichs des SGG drei Monate (§ 87 Abs. 1 S. 2 SGG). Sind im sog Massenwiderspruchsverfahren (§ 85 Abs. 4 SGG) die Widerspruchsbescheide öffentlich bekannt gemacht worden (näher hierzu *Tabbara* SGb 2009, 211), so beträgt die Klagefrist ein Jahr (§ 87 Abs. 1 S. 3 u. 4 SGG). Die Anfechtung der Kostenentscheidung im Widerspruchsbescheid gem. § 63 Abs. 1 SGB X erfolgt unmittelbar mit der Klage; die der darauf aufbauenden Kostenfestsetzung der Höhe nach (§ 63 Abs. 3 SGB X) zunächst durch Widerspruch (→ Anm. 9).

Klage (Klagearten)

2. Isolierte Anfechtungsklage – § 54 Abs. 1 SGG – (Klage gegen Entziehung einer Verletztenrente) mit Stichworten zu Grundsätzen und Besonderheiten des sozialgerichtlichen Verfahrens

An das
Sozialgericht[1, 2, 3]

Klage[4, 5, 6]

des Auszubildenden . . . . .,
Klägers,
Prozessbevollmächtigter: RA . . . . .[7]
gegen
den Gemeinde-Unfallversicherungsverband . . . . .,
Beklagten,
vertreten durch den Geschäftsführer,
wegen Rentenentziehung.
Namens und in Vollmacht des Klägers erhebe ich Klage und beantrage,[8]
den Bescheid des Beklagten vom . . . . . in der Gestalt des Widerspruchsbescheides vom . . . . .[9] **aufzuheben.**

Begründung:[10]

Der Beklagte hatte dem Kläger mit Bescheid vom . . . . . wegen des Unfalls, den dieser am . . . . . beim Schulsport erlitten hat (§ 2 Abs. 1 Nr. 8 Buchst. b SGB VII), Verletztenrente auf unbestimmte Zeit iHv 25 vH der Vollrente bewilligt und war davon ausgegangen, dass die Minderung der Erwerbsfähigkeit – MdE – neurologischerseits 15 vH und chirurgiescherseits 15 vH betrage. Er hat diese Rente durch den angefochtenen Bescheid nach § 48 SGB X mit der Begründung entzogen, die Drehbeweglichkeit des linken Unterarms habe sich weitestgehend normalisiert.

Der Beklagte hat dem Kläger vor der Rentenentziehung zwar Gelegenheit zur Äußerung gegeben und ihm eine Kopie des Gutachtens des Prof. Dr. P. übersandt.[11] **Er hat aber das Vorbringen des Klägers nicht hinreichend berücksichtigt. Danach fehlen die materiellrechtlichen Voraussetzungen für eine Rentenentziehung. Denn die Unfallfolgen haben sich, wie der Vergleich des Bewilligungszeitpunkts mit dem Zeitpunkt der Entziehung ergibt, nicht wesentlich gebessert. Auch der Beklagte geht davon aus, dass die Restfolgen des Schädelhirntraumas unverändert geblieben sind. Entgegen seiner Auffassung haben sich aber auch die unfallbedingten Gesundheitsstörungen auf chirurgischem Gebiet nicht wesentlich geändert. Denn aus dem Gutachten des Prof. Dr. P. und den darin mitgeteilten Bewegungsmaßen geht hervor, dass sich die unfallbedingte Bewegungseinschränkung des linken Unterarmes nur geringfügig gebessert hat. Außerdem schwillt der linke Arm bei Belastung an der Frakturstelle nach wie vor an. Eine zur Rentenentziehung berechtigende Senkung der unfallbedingten MdE ist demgemäß nicht eingetreten.**[12]

Rechtsanwalt[13–16]

Anmerkungen

1. Übersicht zu den Grundsätzen und Besonderheiten des sozialgerichtlichen Verfahrens in Stichworten:

- *Akteneinsicht* (§§ 120, 84a SGG für Widerspruchsverfahren)
- *Amtsbetrieb*, insb.: Zustellungen sind Aufgabe des Gerichts, § 63 SGG

- *Amtsermittlungsgrundsatz,* §§ 103, 106 Abs. 3 SGG; → Form. VIII.2 Anm. 8, → Form. VIII.21 Anm. 1
- *Arzt des Vertrauens,* Gutachten nach § 109 SGG, → Form. VIII.22
- *Aufschiebende Wirkung* von Widerspruch und Klage, → Form. VIII.1 Anm. 1
- *Betragsrahmengebühren,* sind im sozialgerichtlichen Verfahren die Regel, → Anm. 15–16
- *Bindungswirkung* (Bestandskraft, § 77 SGG) und *Rechtskraft* (§ 141 SGG) durch § 44 SGB X weitgehend durchbrochen; → Form. VIII.7, → Form. VIII.18
- *Dispositionsmaxime,* vgl. dazu §§ 101, 102 SGG
- *Einstweiliger Rechtsschutz,* §§ 86a u. 86b SGG, in Anlehnung an das verwaltungsgerichtliche Verfahren, → Form. VIII.27–29
- *Elektronische Kommunikation,* § 65a SGG, → Anm. 4
- *Ergänzungsurteil,* § 140 SGG
- *Folgebescheid,* s. unter neuer Bescheid
- *Gerichtsbescheid,* § 105 SGG, Ausnahme vom Grundsatz der mündlichen Verhandlung in einfachen Sachen, → Form. VIII.20
- *Gerichtskostenfreiheit* → Anm. 13–15
- *Grundurteil* (Regelfall), erledigt den Rechtsstreit bei der Anfechtungs- und Leistungsklage, → Form. VIII.6 Anm. 3
- *Hinweispflicht des Vorsitzenden,* § 106 Abs. 1 SGG; insb.: Hinwirken auf sachdienliche Anträge, → Anm. 6
- *Klagerücknahme* (§ 102 SGG) mit der Besonderheit der Rücknahmefiktion aufgrund dreimonatigen Nichtbetreibens (näher dazu § 102 Abs. 2 SGG, → Anm. 6), zur Rücknahmefiktion einer Berufung s. § 156 Abs. 2 SGG → Form. VIII.10 Anm. 6
- *Konzentrationsmaxime,* möglichst nur eine mündliche Verhandlung, § 106 Abs. 2 SGG
- *Mahnverfahren* hinsichtlich der Beitragsansprüche von Unternehmen der privaten Pflegeversicherung (§ 182a SGG) als Alternative bzw. vorgeschaltet zur Klage beim SG; hier können ausnahmsweise insoweit Gerichtskosten auch für kostenprivilegierte Kläger anfallen (vgl. § 193 Abs. 1 S. 2 SGG)
- *Mündlichkeit,* Grundsatz der mündlichen Verhandlung, § 124 Abs. 1 SGG; Verzicht auf mündliche Verhandlung möglich, § 124 Abs. 2 SGG, → Form. VIII.26
- *Mutwillenskosten,* § 192 SGG → Anm. 13
- *Neuer Bescheid,* ändernder oder ersetzender Folgebescheid wird Gegenstand des Verfahrens, § 96 SGG; s. für das Widerspruchsverfahren § 86 Abs. 1 SGG
- *Normenkontrollverfahren,* § 55a SGG, begrenzt auf die Überprüfung von Satzungen nach § 22a Abs. 1 SGB II
- *Obergutachten,* nicht im sozialgerichtlichen Verfahren (→ Form. VIII.21 Anm. 4)
- *Parteivernehmung,* nicht im sozialgerichtlichen Verfahren, aber *Anordnung* des *persönlichen Erscheinens* zur Aufklärung des Sachverhalts zulässig, § 111 SGG
- *Präklusion,* grds. keine im sozialgerichtlichen Verfahren; Ausnahmen: § 106a SGG, → FormAnm 8, → Form. VIII.10 Anm. 6; § 157a SGG, → Form. VIII.10 Anm. 6; Fristsetzung für Gutachten nach § 109 SGG, → Form. VIII.22 Anm. 1
- *Protokoll,* Geltung der ZPO-Vorschriften (§ 122 SGG)
- *Prozessvollmacht,* § 73 Abs. 6 SGG, muss schriftlich bis zur Verkündung der Entscheidung vorliegen → Anm. 5
- *Rechtliches Gehör,* § 62 SGG, → Form. VIII.15 Anm. 5
- *Vergleich* ist auch im schriftlichen Verfahren möglich, § 101 Abs. 1 S. 2 SGG; er führt infolge des KostRÄG 2021 generell zum Anfall auch einer fiktiven Terminsgebühr zusätzlich zur Einigungsgebühr → Anm. 15
- *Versäumnisurteil,* nicht im sozialgerichtlichen Verfahren
- *Verschuldenskosten,* für Behörden bei unzureichender vorprozessualer Amtsermittlung (§ 192 Abs. 4 SGG), s.a. unter Mutwillenskosten

- *Vertretungszwang,* nur vor dem BSG, § 166 SGG → Form. VIII.12 Anm. 5
- *Vollstreckungstitel,* § 199 SGG
- *Vorverfahrenspflicht,* § 78 SGG → Form. VIII.1 Anm. 1
- *Zurückverweisung an die Verwaltung,* § 131 Abs. 5 SGG → Form. VIII.21 Anm. 1
- *Zustellung,* § 63 SGG, sa §§ 133 u. 135 SGG.

Die *Klagearten* des Sozialgerichtsprozesses entsprechen denen des allgemeinen Verwaltungs- und des Zivilprozesses. Geregelt sind in § 54 Abs. 1 SGG die Anfechtungsklage (als besondere Ausprägung der Gestaltungsklage – Textbeispiel –) und die Verpflichtungsklage (als Sonderfall der Leistungsklage – → Form. VIII.4 –). Des Weiteren erwähnt § 54 SGG in Abs. 5 die (reine) Leistungsklage (→ Form. VIII.3) und in Abs. 4 die praktisch besonders bedeutsame kombinierte Anfechtungs- und Leistungsklage.(→ Form. VIII.6, → Form. VIII.7). Die Feststellungsklage ist in § 55 SGG geregelt (→ Form. VIII.8). Die Aufzählung der Klagearten ist abschließend. Ein Normenkontrollverfahren wie im allgemeinen Verwaltungsprozess (§ 47 VwGO, → Form. V.G.1) kennt das SGG nur zur Überprüfung von Satzungen nach § 22a SGB II (§ 55a SGG einschl. einstweiliger Anordnung). Da Gegenstand der Klage im Sozialgerichtsprozess regelmäßig eine Verwaltungsentscheidung ist, sind Leistungs-, Verpflichtungs- und Feststellungsklage grds. mit einer Anfechtungsklage kombiniert. Bei der in § 88 SGG geregelten Untätigkeitsklage handelt es sich um keine besondere Klageart (Unterfall der Verpflichtungsklage), sie soll einer Untätigkeit der Verwaltung entgegenwirken (→ Form. VIII.5).

2. Die *isolierte* (reine) *Anfechtungsklage* (Textbeispiel) hat im sozialgerichtlichen Verfahren eine nicht unerhebliche, jedoch eine geringere Bedeutung als im verwaltungsgerichtlichen Verfahren, da idR Klageziel nicht nur die Aufhebung eines belastenden Verwaltungsakts, sondern auch die Verurteilung zur Erbringung einer bestimmten Sozialleistung ist. In den Fällen der reinen Anfechtungsklage erreicht der Kläger sein Klageziel – die Aufrechterhaltung der für ihn günstigen Rechtslage – schon durch die Aufhebung des belastenden Bescheides. Folglich ist nur die Aufhebung des belastenden Verwaltungsakts zu beantragen. Der gelegentlich zusätzlich gestellte Antrag, eine entzogene oder herabgesetzte Leistung über den Entziehungs- oder Herabsetzungszeitpunkt hinaus weiter zu erbringen, ist überflüssig und unzulässig.

Gegenstände der reinen Anfechtungsklage:

- Aufhebung eines Verwaltungsaktes mit Dauerwirkung bei wesentlicher Änderung der tatsächlichen oder rechtlichen Verhältnisse (§ 48 SGB X, im Wesentlichen: Entziehung, Umwandlung und Herabsetzung von Renten)
- Rücknahme eines rechtswidrigen begünstigenden Verwaltungsakts (§ 45 SGB X) und Erstattung (Rückforderung) zu Unrecht erbrachter Leistungen (§ 50 SGB X)
- Aufrechnung (§ 51 SGB I)
- Verrechnung (§ 52 SGB I)
- Auszahlung bei Verletzung der Unterhaltspflicht (§ 48 SGB I)
- Versagung von Leistungen wegen fehlender Mitwirkung (§ 66 SGB I)
- Entziehung der vertragsärztlichen Zulassung (§ 95 Abs. 6 SGB V)
- Feststellung des Ruhens des Leistungsanspruchs (s. dazu BSGE 61, 62)
- Überleitung von Ansprüchen gegen Dritte (etwa § 332 SGB III, § 141 SGB IX, § 93 SGB XII).

Neben der Aufhebung von Verwaltungsakten mit Dauerwirkung bei wesentlicher Änderung der Verhältnisse (§ 48 SGB X, Textbeispiel) ist insb. die *Rücknahme rechtswidriger begünstigender Verwaltungsakte* einschließlich der *Rückforderung* zu Unrecht erbrachter Leistungen (§§ 45, 50 SGB X) Gegenstand der Anfechtungsklage.

IdR steht der *Vertrauensschutz* einer Rücknahme für die Vergangenheit entgegen (§ 45 Abs. 2 S. 1 u. 2 SGB X). Er entfällt, wenn die Voraussetzungen des § 45 Abs. 2 S. 3 und Abs. 3 S. 2 SGB X vorliegen (§ 45 Abs. 4 S. 1 SGB X). Allerdings kann von den

Regelungen des SGB X in den anderen Büchern des SGB abgewichen werden (s. den Vorbehalt abweichender Regelungen in § 37 SGB I). Von erheblicher praktischer Bedeutung sind insoweit die Regelungen über die erleichterte Aufhebung von Bewilligungsbescheiden im Arbeitsförderungsrecht sowie der Grundsicherung für Arbeitsuchende (§ 330 SGB III, § 40 Abs. 2 SGB II; näher hierzu *Kallert* in Gagel SGB III § 330). Zu beachten sind ferner die *Fristen* für die Rücknahme (§ 45 Abs. 3 u. 4 S. 2 SGB X). Sind diese verstrichen, kann die Leistung nur noch „eingefroren" werden (§ 48 Abs. 3 SGB X). S. dazu iE Schütze/*Schütze* SGB X §§ 45, 48.

Die Anfechtungsklage ist zulässig, wenn der Kläger behauptet, durch einen Verwaltungsakt beschwert zu sein, weil dieser objektiv rechtswidrig sei und subjektiv in seine rechtlich geschützten Interessen eingreife (vgl. § 54 Abs. 1 u. 2 SGG).

Maßgebend ist bei der Anfechtungsklage grds. die *Sach- und Rechtslage zum Zeitpunkt bei Erlass der letzten behördlichen Entscheidung* (BSGE 68, 228 (231) mwN; BSG SozR 3-3870 § 3 Nr. 7 – S. 14; SozR 4-4200 § 38 Nr. 2 Rn. 48; eine erst nachträglich eingetretene Änderung der Sach- und Rechtslage heilt nicht, s. BSG SozR 3-1500 § 54 Nr. 18 = NZS 1994, 46 für den eine Verletztenrente entziehenden Bescheid). Insoweit ist für die medizinische Beurteilung nach der Rspr. des BSG der ursprünglich vorhandene Kenntnisstand entscheidend; neue Erkenntnisse zB über Kausalzusammenhänge dürfen nicht herangezogen werden (BSG SozR 3-1300 § 48 Nr. 67 = NZS 2000, 199). Zu Ausnahmen von diesem Grundsatz MKLS/*Keller* SGG § 54 Rn. 33a u. b.

3. Die Klage ist bei dem zuständigen SG *schriftlich* oder zur Niederschrift des Urkundsbeamten der Geschäftsstelle zu erheben (§ 90 SGG); → Anm. 4. Anfechtungs- und Verpflichtungsklagen sind *binnen eines Monats* (bei Zustellung außerhalb des Geltungsbereichs des SGG dreier Monate) nach Bekanntgabe des Widerspruchsbescheides oder, wenn ein Vorverfahren (ausnahmsweise) nicht erforderlich war (§ 78 Abs. 1 SGG), nach Bekanntgabe des Verwaltungsakts zu erheben (§ 87 SGG). Der Begriff der Bekanntgabe erfasst auch eine Zustellung (§ 2 Abs. 1 VwZG, BSGE 115, 288 = NZS 2014, 676). Zur Fristwahrung genügt auch der Eingang bei einer anderen Behörde oder gar einem Seemannsamt (s. § 91 SGG). Bei fehlender oder unrichtiger Rechtsmittelbelehrung (hierzu *Rieker* NZS 2012, 814) gilt die Jahresfrist, außer wenn die Einlegung vor Ablauf der Jahresfrist infolge höherer Gewalt unmöglich war oder eine Belehrung dahin erfolgte, dass ein Rechtsbehelf nicht gegeben sei (§ 66 Abs. 2 SGG). Letzteres ist auch dann der Fall, wenn die Belehrung über ein nicht statthaftes Rechtsmittel (zB Berufung anstelle NZB) erfolgte. Dann läuft überhaupt keine Frist (Nachw. bei MKLS/*Keller* SGG § 66 Rn. 13c). Bei höherer Gewalt ist die Einlegung des Rechtsbehelfs binnen eines Monats nach Wegfall des Hindernisses nachzuholen (§ 66 Abs. 2 S. 2 iVm § 67 Abs. 2 SGG, näher MKLS/*Keller* SGG § 66 Rn. 13c).

Ist die Klagefrist ohne Verschulden versäumt, ist auf Antrag *Wiedereinsetzung in den vorigen Stand* zu gewähren (§ 67 SGG; ausf. dazu *Herold-Tews/Merkel* Sozialgerichtsprozess Rn. 165 ff.; *Krasney/Udsching* SGVerf-HdB Kap. VII Rn. 15 ff.), zB nach einem ordnungsgemäß gestellten isolierten PKH-Antrag (BSG 25.3.2021 – B 1 KR 51/20 B, BeckRS 2021, 7435; näher dazu Sächsisches LSG *Breithaupt* 1997, 913, → Form. VIII. 12 Anm. 3, → Form. VIII.25 Anm. 1). Nach einem Jahr seit dem Ende der versäumten Frist ist der Antrag unzulässig, außer wenn der Antrag vor Ablauf der Jahresfrist infolge höherer Gewalt unmöglich war (§ 67 Abs. 3 SGG). Des Weiteren kann nach Ablauf der Jahresfrist Wiedereinsetzung in Betracht kommen, wenn das Gericht innerhalb der Jahresfrist Handlungen vorgenommen hat, die aus Sicht der Beteiligten auf eine sachlich-rechtliche Behandlung des Rechtsbehelfs hindeuten (BSG SozR 4-1500 § 67 Nr. 9). Die Gewährung der Wiedereinsetzung in den vorigen Stand bedarf einer eindeutigen gerichtlichen Entscheidung; sie kann nicht stillschweigend erfolgen (BSG SozR 4-1500 § 67 Nr. 4).

Wird die Feststellung der Nichtigkeit eines Verwaltungsakts oder die Feststellung des zuständigen Versicherungsträgers oder die Vornahme eines unterlassenen Verwaltungsakts (→ Form. VIII.5) begehrt, läuft keine Klagefrist (§ 89 SGG), ebenso wenig bei einer echten (isolierten) Leistungsklage (→ Form. VIII.3). S. dazu aber → Form. VIII.8 Anm. 4.

4. § 92 SGG ist mWv 1.4.2008 an § 82 VwGO und § 65 FGG angeglichen worden: Abs. 1 normiert hinsichtlich der Beteiligten und des Klagegegenstandes Mussvorschriften und – wie bisher – zusätzliche Sollvorschriften. Danach *muss* die Klage den Kläger (mit vollständigem Namen und ladungsfähiger Anschrift), den Beklagten (Behördenangabe genügt) und den Gegenstand des Klagebegehrens bezeichnen (Abs. 1 S. 1).

Die Klage *soll* einen bestimmten Antrag enthalten (→ Anm. 8) und von dem Kläger oder einer zu seiner Vertretung bestimmten Person mit Orts- und Zeitangabe unterzeichnet sein (Abs. 1 S. 3). Trotz fehlender Unterschrift ist die Klage also wirksam, sofern sie deutlich macht, von wem sie stammt. Insofern sind die Anforderungen an die Klageschrift geringer als an die Berufungs- und Revisionsschrift; → Form. VIII.10 Anm. 2. Einzelheiten zur Schriftform bei MKLS/*Schmidt* SGG § 90 Rn. 5 ff.

Außerdem *sollen* die zur Begr. dienenden Tatsachen und Beweismittel angegeben (→ Anm. 10) und die angefochtene Verfügung sowie der Widerspruchsbescheid in Ur- und Abschrift beigefügt werden (Abs. 1 S. 4).

Entspricht die Klage nicht den Anforderungen des § 92 Abs. 1 SGG, *muss* der Vorsitzende zu der erforderlichen Ergänzung innerhalb einer bestimmten Frist auffordern (näher dazu § 92 Abs. 2 SGG). *Achtung:* Für die nach § 92 Abs. 1 S. 1 SGG zwingend erforderlichen Angaben *kann* der Vorsitzende für die Ergänzung eine *Ausschlussfrist* setzen (Abs. 2 S. 2). Nach ergebnislosem Fristablauf ist die Klage als unzulässig abzuweisen.

Gem. § 65a SGG (iVm der ERVV des Bundes) können Dokumente auch elektronisch bei Gericht eingereicht werden (zu den technischen Dateianforderungen s. § 2 ERVV). Hierzu ist aber zwingend *entweder* eine qualifizierte elektronische Signatur bei Übersendung an das Elektronische Gerichtspostfach erforderlich *oder* das Dokument muss (einfach) signiert sein und über einen „sicheren Übermittlungsweg" (absenderauthentifizierte De-Mail, beA oder beBPo) eingereicht werden (§ 65 Abs. 2, 3 SGG). Besondere Anforderungen ergeben sich im Detail an die Signierung der zu übermittelnden Dokumente, die eine gleichzeitige Signatur mehrerer Dokumente (Containersignatur) ausschließt (BSG SozR 4-1500 § 65a Nr. 5). Aktuelle Informationen finden sich laufend aktualisiert unter ervjustiz.de.

5. Der Klageschrift, den sonstigen Schriftsätzen und nach Möglichkeit den Unterlagen sind *Abschriften* für die Beteiligten beizufügen (näher dazu die Sollvorschrift des § 93 SGG). Das gilt naturgemäß nicht bei elektronischer Kommunikation (§ 65a Abs. 2 S. 2 SGG).

6. Die Klage gilt als zurückgenommen, wenn der Kläger das Verfahren trotz Aufforderung des Gerichts länger als drei Monate nicht betreibt (§ 102 Abs. 2 SGG). Die Rücknahmefiktion tritt nur dann ein, wenn zum Zeitpunkt der Betreibensaufforderung Anhaltspunkte für einen Wegfall des Rechtsschutzinteresses vorliegen (vgl. BSG 8.12.2020 – B 4 AS 280/20 B, BeckRS 2020, 40282; 4.4.2017 – B 4 AS 2/16 R, BeckRS 2017, 118787; LSG NRW 20.11.2020 – L 21 R 322/20, BeckRS 2020, 38656; SächsLSG 17.3.2021 – L 7 AS 1150/17 NZB, BeckRS 2021, 5734; s. dazu die ausf. Ges.begr., BT-Drs. 16/7716 zu Art. 1 Nr. 17; MKLS/*Schmidt* SGG § 102 Rn. 8a; *Neumair* jurisPR-SozR 3/2019 Anm. 5 – zu den verfassungsrechtlichen Anforderungen BVerfG NJW 2013, 678). Wegen der einschneidenden Rechtsfolge einer (erfolglosen) Betreibensaufforderung muss diese von dem zuständigen Richter mit vollem Namen unterzeichnet sein und muss die gem. § 63 Abs. 1 S. 1 SGG zuzustellende Ausfertigung/beglaubigte Abschrift den vollen Namen des Richters wiedergeben (BSGE 106, 254 = NJW 2011, 1992, jeweils Rn. 49).

7. Vor dem SG und dem LSG besteht *kein Vertretungszwang,* jeder Beteiligte kann seinen Prozess selbst führen. Die Beteiligten können sich jedoch in jeder Lage des Verfahrens durch prozessfähige Bevollmächtigte vertreten lassen (s. iE § 73 SGG, *Köhler,* Die Neuregelung der Vertretungsbefugnis im sozialgerichtlichen Verfahren, SGb 2009, 131 sowie *Steinbach/Tabbara* NZS 2008, 575). Die *Vollmacht* ist schriftlich zu den Gerichtsakten zu reichen (§ 73 Abs. 6 S. 1 SGG); die Einreichung per Telefax reicht aus. Die Vollmacht kann nachgereicht werden; hierfür kann das Gericht eine Frist bestimmen (§ 73 Abs. 6 S. 2 SGG). Das Gericht hat den Mangel der Vollmacht *von Amts wegen* zu berücksichtigen, wenn nicht als Bevollmächtigter ein RA auftritt (so der § 88 Abs. 2 ZPO entsprechende § 73 Abs. 6 S. 5 SGG). Macht der Gegner den Mangel geltend (§ 73 Abs. 6 S. 4 SGG), muss das Gericht den Prozessbevollmächtigten unter Fristsetzung zur Nachreichung auffordern (MKLS/*Schmidt* SGG § 73 Rn. 67). Liegt die Vollmacht – trotz Fristsetzung – bis zur Entscheidung nicht vor, so ist die Klage als unzulässig abzuweisen bzw. das Rechtsmittel als unzulässig zu verwerfen (vgl. dazu GemSOGB SozR 1500 § 73 Nr. 4; BSG SozR 1500 § 73 Nr. 5; anders MKLS/*Schmidt* SGG § 73 Rn. 66, „kann").

Eine Vollmacht, die für das Verwaltungsverfahren erteilt worden ist (vgl. § 13 SGB X; →Form. VIII. 1 Anm. 4), reicht für das Klageverfahren nicht aus (BSG SozR 3-1500 § 73 Nr. 2).

8. An die Fassung der Anträge ist das Gericht nicht gebunden (§ 123 SGG). Der Vorsitzende hat im Rahmen seiner Aufklärungspflicht darauf hinzuwirken, dass unklare Anträge erläutert und sachdienliche Anträge gestellt werden (§ 106 Abs. 1, § 112 Abs. 2 S. 2 SGG; instruktiv BSGE 83, 254 (264)). Der Umfang der Hinweispflicht richtet sich nach dem Einzelfall und ist bei einer Vertretung durch rechtskundige Personen weniger ausgeprägt (BSG SozR Nr. 16 zu § 106 SGG). Zum Umfang der Hinweispflicht *Krasney/Udsching* SGVerf-HdB Kap. VII Rn. 112 ff. Durch die Hinweispflicht (gerichtliche Fürsorgepflicht) und den Amtsermittlungsgrundsatz (→ Anm. 10) wird die Tätigkeit des RA im Sozialgerichtsprozess nachhaltig unterstützt. In jedem Fall obliegt es jedoch dem Kläger, das Prozessziel deutlich zu machen (BSG SozR 1500 § 54 Nr. 12).

9. Hat ein Vorverfahren stattgefunden (Regelfall), so ist nach § 95 SGG *Gegenstand der Klage* der ursprüngliche Verwaltungsakt in der Gestalt, die er durch den Widerspruchsbescheid gefunden hat (Klagegegenstand im Unterschied zum Streitgegenstand, vgl. MKLS/*Schmidt* SGG § 95 Rn. 1, 4 ff.). Ausnahme: Im Bereich der vertragsärztlichen (kassenärztlichen) Zulassung und Wirtschaftlichkeitsprüfung ist Gegenstand der Klage allein der Bescheid des Beschwerdeausschusses (BSG SozR 3-2500 § 116 Nr. 6 S. 39; BSGE 74, 59).

Nach der für das sozialgerichtliche Verfahren geltenden *Sondervorschrift* des § 96 SGG wird ein neuer Verwaltungsakt im Wege der gesetzlichen Klageänderung (Prozessökonomie) Gegenstand des Klageverfahrens, wenn er *nach* Erlass des Widerspruchsbescheides ergangen ist und den angefochtenen Verwaltungsakt abändert oder ersetzt; s. instruktiv BSG SozR 4-4200 § 9 Nr. 17; *Stotz* jurisPR-SozR 5/2021 Anm. 1. Die Möglichkeit, Folgebescheide durch Klageänderung (§ 99 SGG) in den Rechtsstreit einzubeziehen, bleibt unberührt.

10. Nach § 92 Abs. 1 S. 4 SGG *sollen* die zur Begr. dienenden Tatsachen und Beweismittel angegeben werden (keine „Darlegungs- und Beweisführungspflicht", BSG SozR 1500 § 103 Nr. 27 S. 22 mwN; → Form. VIII.15). Eine *Begr. der Klage* ist also *nicht* zwingend *vorgeschrieben.* Sie liegt aber im Interesse des Klägers. In diesem Zusammenhang ist von Bedeutung, dass das Gericht bei der *Erforschung des Sachverhalts,* die *von Amts wegen* erfolgt (Untersuchungsmaxime, Amtsermittlungsgrundsatz), die Beteiligten heranzuziehen hat; es ist an das Vorbringen und die Beweisanträge der Beteiligten nicht gebunden (§ 103 SGG). Wichtige *Ausnahme:* Der Beweisantrag iSd § 160 Abs. 2 Nr. 3 SGG; → Form. VIII. 15, → Form. VIII.21 Anm. 1, 4. Die Beteiligten haben die Folgen fehlender oder unzureichender Mitwirkung zu tragen, vgl. dazu MKLS/*Schmidt* SGG § 103 Rn. 13 ff. Eine fehlende Mitwirkung kann Anlass für eine Betreibensaufforderung sein und zur Klagerücknahmefiktion führen (§ 102 Abs. 2 SGG, → Anm. 6). Die Gerichte sind nicht verpflichtet, „ins Blaue hinein" zu ermitteln (BSGE 106, 254 = NJW 2011, 1992, jeweils Rn. 47).

In diesem Zusammenhang ist die seit dem 1.4.2008 geltende fakultative *Präklusionsregelung* des § 106a SGG – sie entspricht im Wesentlichen § 87b VwGO, § 79b FGO – von Bedeutung (dazu näher *Leopold* ZFSH/SGB 2008, 332; *Roller* SGb 2008, 394). Sie dient der Verfahrensbeschleunigung. Danach *kann* der Vorsitzende dem Kläger eine Frist für die in § 106a Abs. 1 u. 2 SGG normierten Mitwirkungshandlungen setzen und das Gericht kann Erklärungen und Beweismittel, die erst nach der gesetzten Frist vorgebracht werden, zurückweisen. Voraussetzung ist – wie bei der Rücknahmefiktion (→ Anm. 6) –, dass die Verfügung mit Fristsetzung vom zuständigen Richter unterschrieben ist und zugestellt wird (BSG 8.9.2015 – B 1 KR 16/15 R, BSGE 119, 298 (302 Rn. 23)). Die danach ausgeschlossenen Tatsachen sind jedoch im Rahmen des § 44 SGB X (Rücknahme eines unanfechtbar gewordenen Ablehnungsbescheides, → Form. VIII.7) zu berücksichtigen.

Weiter zur Bedeutung von Klage- und Antragsbegründung im sozialgerichtlichen Verfahren *Burkiczak* NZS 2011, 326.

11. Bevor ein Verwaltungsakt erlassen wird, der – wie im Textbeispiel der Entziehungsbescheid – in Rechte eines Beteiligten eingreift, ist diesem Gelegenheit zu geben, sich zu den für die Entscheidung erheblichen Tatsachen (s. dazu BSGE 69, 247) zu äußern (Grundsatz der Gewährung rechtlichen Gehörs, der auch für das Vorverfahren gilt, § 24 SGB X; BSG SozR 3-1300 § 24 Nr. 13). Das setzt eine hinreichende Information durch die Verwaltung, jedenfalls die Mitteilung der Ermittlungsergebnisse voraus (BSG SozR 3-1300 § 24 Nr. 15). Begehren Beteiligte zur Information Einsicht in Befundberichte und Gutachten, so sind diese zu übermitteln (BSG SozR 1200 § 34 Nr. 2; SozR 1200 § 34 Nr. 4 S. 7; SozR 1300 § 24 Nr. 2). Ein unter Verletzung der Anhörungspflicht ergangener Verwaltungsakt ist rechtswidrig (§ 42 S. 2 SGB X). Ausf. zur Anhörung mit umfangreichen Nachw. der Rspr. des BSG KassKomm/*Mutschler,* Kommentierung des § 24 SGB X.

Die Anhörung kann nach dem die „Heilungsmöglichkeiten" der Verwaltung erweiternden § 41 Abs. 2 SGB X bis zur letzten Tatsacheninstanz eines sozialgerichtlichen Verfahrens, dh bis zum Abschluss des LSG-Verfahrens nachgeholt werden; und zwar nach BSG NZS 2009, 347 (= SGb 2009, 156 mAnm v. *Dörr*) auch dann, wenn die Anhörung bewusst unterblieb. Die Nachholung der fehlenden Anhörung während des Gerichtsverfahrens setzt voraus, dass die beklagte Behörde dem Kläger in angemessener Weise Gelegenheit zur Äußerung einräumt und danach zu erkennen gibt, ob sie nach Prüfung dieser Tatsachen am bisher erlassenen Verwaltungsakt festhält (BSG SozR 4-1300 § 41 Nr. 2 = NJW 2011, 1996). Zur Heilung von Verfahrens- und Formfehlern kann das Gericht auf Antrag die Verhandlung aussetzen (§ 114 Abs. 2 S. 2 SGG). Voraussetzung ist, dass die Aussetzung im Sinne der Verfahrenskonzentration sachdienlich ist. Dadurch soll ein weiteres, unnötiges Verfahren vermieden werden. Daran fehlt es im Fall der Anfechtung der Rücknahme eines rechtswidrigen begünstigenden Verwaltungsakts, wenn die für die Rücknahme geltende Jahresfrist verstrichen ist (BSG 26.7.2016 – B 4 AS 47/15 R, SozR 4-1500 § 114 Nr. 2).

12. Zu begründen ist, weshalb keine *wesentliche Änderung* (Besserung) iSd § 48 SGB X eingetreten ist. Insbes. in der gesetzlichen Unfallversicherung sind Bescheide, mit denen

Verletztenrente wegen einer wesentlichen Besserung der Unfallfolgen entzogen oder herabgesetzt wird (§ 73 SGB VII), häufig Gegenstand sozialgerichtlicher Verfahren (vgl. *Jung* SGb 2002, 1). Eine wesentliche Änderung der Verhältnisse („Verschlimmerung") mit dem Ziel der Leistungserhöhung ist hingegen durch Anfechtungs- und Leistungsklage geltend zu machen (→ Form. VIII.6). Nach der speziellen unfallversicherungsrechtlichen Vorschrift des § 73 Abs. 3 SGB VII ist wesentlich nur eine Änderung der MdE um mehr als 5 vH; bei Renten auf unbestimmte Zeit muss sie länger als drei Monate andauern (näher dazu KassKomm/*Ricke* SGB VII § 73 Rn. 11 ff.). Zu vergleichen ist der Zustand, auf dem die letzte verbindliche Leistungsfeststellung beruhte, mit dem Zustand im Zeitpunkt der Neufeststellung (Schütze/*Schütze* SGB X § 48 Rn. 4).

Kosten und Gebühren

13. Seit dem 6. SGG-ÄndG ist die umfassende Kostenfreiheit des sozialgerichtlichen Verfahrens eingeschränkt. Grds. *gerichtskostenfrei* ist es für Versicherte, Leistungsempfänger, Behinderte oder deren Sonderrechtsnachfolger (§ 56 SGB I, zu den Grenzen der gerichtskostenrechtlichen Privilegierung als Sonderrechtsnachfolger *Berchtold/Tresoret* NZS 2014, 241) geblieben (§ 183 SGG). Die Kostenprivilegierung greift auch bei einem Streit um den Versichertenstatus als solchen (BSGE 97, 153, nicht aber, wenn der potenzielle Arbeitgeber als solcher klagt; s. zu weiteren Fallgestaltungen MKLS/*Schmidt* SGG § 183 Rn. 5). Die nicht zu dem genannten privilegierten Personenkreis gehörenden Kläger und Beklagten (im Wesentlichen: Körperschaften und Anstalten des öffentlichen Rechts) haben eine Gebühr (Pauschgebühr) zu entrichten (§§ 184 ff. SGG), dh: im „Normalfall" ist das sozialgerichtliche Verfahren für den Kläger gerichtskostenfrei und für den beklagten Leistungsträger entsteht die Pauschgebühr.

Gehören ausnahmsweise weder Kläger noch Beklagter zu den in § 183 SGG genannten kostenrechtlich privilegierten Personen (im Wesentlichen Streitigkeiten von Sozialleistungsträgern untereinander → Form. VIII.3, Streitigkeiten zwischen Sozialleistungsträgern und Leistungserbringern – insb. Krankenhausträgern –, Arbeitgebern, Vertragsarztverfahren) oder handelt es sich um ein Verfahren wegen eines überlangen Gerichtsverfahrens (§ 202 S. 2 SGG iVm §§ 198 ff. GVG, → Form. VIII.5 Anm. 3), werden Kosten nach den Vorschriften des GKG erhoben (§ 197a Abs. 1 S. 1 SGG). Die Verfahrensgebühr wird sofort fällig (§ 6 Abs. 1 Nr. 5 GKG). Ihre Höhe ergibt sich aus § 34 GKG iVm Teil 7 KV 7110 ff. GKG. Zur Bestimmung des Streitwerts s. § 52 GKG und die Hinweise → Form. VIII.27 Anm. 6. Bei „unstreitiger" Erledigung eines Verfahrens ermäßigt sich die Gebühr um zwei Drittel. In Verfahren wegen eines überlangen Gerichtsverfahrens ist die Zustellung der Klage – wie im Zivilprozessverfahren (→ Form. I.D.1 Anm. 25) – von der Einzahlung der Gerichtskosten abhängig (§ 197a Abs. 1 S. 1 SGG iVm §§ 12a, 12 Abs. 1 GKG). Allerdings ist sie – anders als nach § 253 Abs. 1 ZPO – nicht Erfordernis der Klageerhebung, durch die die Streitsache rechtshängig wird (§ 94 SGG).

Weitere Ausnahmen vom Grundsatz der Gerichtskostenfreiheit: (1) Kosten wegen schuldhafter Verzögerung des Verfahrens oder wegen Missbräuchlichkeit der Rechtsverfolgung/-verteidigung eines Beteiligten, dem dessen Vertreter oder Bevollmächtigter gleichsteht (Verschuldenskosten, § 192 SGG; dazu krit. *Spellbrink* Sozialrecht aktuell 2016, 7 und *Plagemann* NZS 2005, 290). (2) Kosten für die Anfertigung von nicht beigefügten Abschriften (§ 93 S. 3 SGG) und im Zusammenhang mit Akteneinsicht (§ 120 Abs. 2 S 1 SGG). (3) Kosten der Anhörung eines Arztes nach § 109 SGG (→ Form. VIII.22), die auch nicht von einer PKH-Bewilligung umfasst sind, die aber auf die Staatskasse übergeleitet werden können (§ 109 Abs. 2 SGG).

14. Die Erstattung der *außergerichtlichen Kosten* der Beteiligten untereinander ist in § 193 SGG geregelt (→ Form. VIII.30). Gehören (anders als im „Normalfall") weder Kläger noch Beklagter zu den in § 183 SGG genannten Personen oder handelt es sich um ein Verfahren wegen eines überlangen Gerichtsverfahrens (→ Anm. 12), richtet sich die Kostenerstattung nach §§ 154–162 VwGO (§ 197a Abs. 1 S. 1 SGG). Hier ist zu beachten, dass eine einseitige Erledigungserklärung – anders als von den Sozialgerichten in kostenprivilegierten Verfahren regelmäßig praktiziert – nicht als Klagerücknahme ausgelegt werden darf, weil diese zwingend zur Kostentragung führt (§ 155 Abs. 2 VwGO); die Regelung in § 161 Abs. 2 VwGO, die eine Billigkeitsentscheidung über die Kostentragung ermöglicht, findet gem. § 197a Abs. 1 S. 2 SGG in diesem Fall keine Anwendung (vgl. MKLS/*Schmidt* SGG § 197a Rn. 25d). Kosten sind die zur zweckentsprechenden Rechtsverfolgung oder Rechtsverteidigung notwendigen Aufwendungen der Beteiligten, insb. die gesetzlichen Gebühren und notwendigen Auslagen eines RA (§ 193 Abs. 2 u. 3 SGG). Dazu gehören auch die Kosten eines Widerspruchsverfahrens, wenn es dem gerichtlichen Verfahren vorangegangen ist (*Herold-Tews/Merkel* Sozialgerichtsprozess Rn. 622a; MKLS/*Schmidt* SGG § 193 Rn. 5a). Zu den Kosten des *isolierten Vorverfahrens* → Form. VIII.1 Anm. 9.

Ein *Kostenantrag* ist grds. *nicht erforderlich*, da das Gericht von Amts wegen im Urteil zu entscheiden hat, ob und in welchem Umfang die Beteiligten einander Kosten zu erstatten haben (*Kostengrundentscheidung*; § 193 Abs. 1 S. 1 SGG, § 197a Abs. 1 S. 1 SGG iVm § 161 Abs. 1 VwGO). Wird der Rechtsstreit jedoch auf andere Weise beendet als durch eine gerichtliche Entscheidung mit der Folge, dass eine Kostenentscheidung nicht getroffen wird (zB bei Klage- und Rechtsmittelrücknahme oder angenommenem Anerkenntnis), ist nach § 193 Abs. 1 S. 3 SGG ein besonderer *Antrag* erforderlich, über den durch Beschluss zu entscheiden ist; → Form. VIII.30. Demgegenüber erfolgt in gerichtskostenpflichtigen Verfahren (Ausnahmefall) die Kostenentscheidung grds. von Amts wegen (§ 197a Abs. 1 S. 1 SGG iVm § 161 Abs. 1 VwGO); Ausnahme: Abschluss des Verfahrens durch gerichtlichen Vergleich. Haben die Beteiligten keine Bestimmung über die Kosten getroffen, so fallen die Gerichtskosten jedem Teil zur Hälfte zur Last. Die außergerichtlichen Kosten trägt jeder Beteiligte selbst (s. § 197a Abs. 1 S. 1 SGG iVm § 160 VwGO; MKLS/*Schmidt* SGG § 197a Rn. 24a). Von der Kostengrundentscheidung zu unterscheiden ist die *Kostenfestsetzung*, die die Kostengrundentscheidung hinsichtlich der Höhe ausfüllt; → Form. VIII.31.

Aufwendungen der nach § 184 Abs. 1 SGG Gebührenpflichtigen (s. oben) sind bei Kostengrundentscheidungen nach dem SGG nicht erstattungsfähig (§ 193 Abs. 4 SGG).

15. *Rechtsanwaltsgebühren:* Wegen der regelmäßig in den sozialgerichtlichen Verfahren anfallenden Betragsrahmengebühren ist die Höhe der Gebühr nach wie vor umstritten; → Form. VIII.31 Anm. 8.

Mit dem KostRÄG 2021 v. 21.12.2020 (BGBl. I 3320) ist die RA-Vergütung mit Recht überdurchschnittlich angehoben worden, die Anrechnung entsprechend der Regelung der Vergütung im Widerspruchsverfahren(→ Form. VIII.1 Anm. 9) wurde beibehalten.

Die für anwaltliche Tätigkeiten in bürgerlichen Rechtsstreitigkeiten geltenden Vorschriften finden unter Berücksichtigung der Besonderheiten des sozialgerichtlichen Verfahrens Anwendung:

- Die bekannten Regelgebühren *Verfahrens-* und *Terminsgebühr* entstehen auch in sozialgerichtlichen Verfahren, und zwar auch dann, wenn – wie im Regelfall – Betragsrahmengebühren (s. unten) gelten. Die Terminsgebühr wird nach der amtl. Anm. zu VV 3104 u. 3106 RVG auch dann fällig, wenn in einem Verfahren, für das mündliche Verhandlung vorgeschrieben ist, im Einverständnis mit den Beteiligten ohne mündliche Verhandlung entschieden (→ Form. VIII.26) oder ein schriftlicher Vergleich geschlossen (§ 101 Abs. 1 S. 2 SGG; s. dazu MKLS/*Schmidt* SGG § 101 Rn. 9) wird. Die zuvor umstrittene Frage, ob die fiktive Terminsgebühr bei jeglichem Vergleich anfällt oder nur solchen nach § 278 Abs. 6 ZPO bzw. § 101 Abs. 1 S. 2 SGG, ist durch das KostRÄG 2021 zugunsten der Anwälte geklärt: Nach der Anm. S. 1 Nr. 1 zu Nr. 3106 VV RVG kommt es auf eine Mitwirkung des Gerichts nicht mehr an; dies führt faktisch zu einer Vergleichsgebühr iHv 2,3 bzw. der 1,9-fachen Verfahrensgebühr (s. Nr. 3104, 1003 VV RVG bzw. Anm. S. 2 zu Nr. 3106, 1006). Sie fällt auch an, wenn nach § 105 Abs. 1 SGG ohne mündliche Verhandlung durch Gerichtsbescheid entschieden wird und eine mündliche Verhandlung beantragt werden kann oder wenn ein Verfahren, für das mündliche Verhandlung vorgeschrieben ist, nach angenommenem Anerkenntnis ohne mündliche Verhandlung endet (ein Teilanerkenntnis mit nachfolgender Erledigungserklärung oder Klagerücknahme im Übrigen genügt regelmäßig nicht, LSG NRW 20.3.2020 – L 11 SF 118/18 E, BeckRS 2020, 15712; zu beachten ist aber, dass infolge des KostRÄG 2021 auch im Falle einer Erledigung iSd Nr. 1002, 1006 VV die fiktive Terminsgebühr anfällt; hierzu ist allerdings eine qualifizierte erledigungsgerichtete Mitwirkung des Rechtsanwalts erforderlich, die über das Maß desjenigen hinausgeht, das schon durch den allgemeinen Gebührentatbestand (Geschäftsgebühr, Verfahrensgebühr) abgegolten wird (BSG SozR 4-1300 § 63 Nr 19). In Verfahren, in denen Betragsrahmengebühren entstehen, beträgt die fiktive Terminsgebühr 90 % der zustehenden Verfahrensgebühr ohne eine etwaige Erhöhung nach VV 1008 RVG.

- Es entstehen grds. *Betragsrahmengebühren* nach § 3 RVG. Die Verfahrensgebühr beträgt vor dem SG 60–660 EUR (VV 3102 RVG – Mittelgebühr: 360 EUR) und erhöht sich bei mehreren Auftraggebern, näher → Form. VIII.1 Anm. 9. Die für eine Tätigkeit bereits im Vorverfahren entstandene Gebühr wird wie bei der entsprechenden Konstellation im Verwaltungsverfahren (→ Form. VIII.1 Anm. 9) angerechnet (Vorb. 3 Abs. 4 VV). Die Verfahrensgebühr beträgt vor dem LSG 72–816 EUR (VV 3204 RVG – Mittelgebühr: 444 EUR) und vor dem BSG 96–1.056 EUR (VV 3212 RVG – Mittelgebühr: 576 EUR). Die Terminsgebühr beträgt vor dem SG sowie dem LSG jeweils 60–610 EUR (VV 3106 und 3205 RVG – Mittelgebühr: 335 EUR) und vor dem BSG 96–990 EUR (VV 3213 RVG – Mittelgebühr: 543 EUR). Neben Verfahrens- und Terminsgebühr entsteht bei Einigung oder Erledigung (zu deren Voraussetzung s. ThürLSG 5.5.2020 – L 1 SF 179/20 B, BeckRS 2020, 8772) eine Gebühr nach VV 1006 RVG in Höhe der Verfahrensgebühr ohne Berücksichtigung einer etwaigen Erhöhung nach VV 1008 RVG.

  Auch für die Prüfung der Erfolgsaussicht eines Rechtsmittels sind Gebühren vorgesehen: Die Gebühr für die Prüfung der Erfolgsaussicht eines Rechtsmittels (VV 2102 RVG – Rahmen: 36–384 EUR, Mittelgebühr: 210 EUR) wirkt sich bei Einlegung des Rechtsmittels praktisch nicht aus, da sie nach der amtl. Anm. auf jede im Rechtsmittelverfahren entstehende Gebühr anzurechnen ist. Das gilt nicht für die Gebühr VV 2103 RVG (Rahmen: 60–660 EUR, Mittelgebühr: 360 EUR). Sie entsteht, wenn die Prüfung der Erfolgsaussicht eines Rechtsmittels mit der Ausarbeitung eines schriftlichen Gutachtens verbunden ist.
- Ist nach § 197a SGG das GKG anwendbar und gehört der Auftraggeber nicht zu den in § 183 SGG genannten kostenrechtlich privilegierten Personen, werden die Gebühren nach dem *Gegenstandswert* berechnet (§ 3 Abs. 1 S. 2 RVG). Es handelt sich um Angelegenheiten, in denen soziale Aspekte kostenrechtlich unerheblich sind, und zwar im Wesentlichen um Angelegenheiten aus dem Bereich des Vertragsarztrechts und um Streitigkeiten zwischen juristischen Personen des öffentlichen Rechts sowie zwischen Leistungserbringern und juristischen Personen des öffentlichen Rechts (näher dazu MKLS/*Schmidt* SGG § 197 Rn. 7d ff.; *Herold-Tews* Sozialgerichtsprozess Rn. 616 ff.). Neben Verfahrens- und Terminsgebühr kann eine Einigungsgebühr (VV 1000 RVG) oder eine Erledigungsgebühr (VV 1002 RVG) entstehen, die vor dem SG 1,0 (VV 1003 RVG) und vor dem LSG sowie dem BSG 1,3 (VV 1004 RVG) der Gebühr

nach § 13 RVG beträgt. Die Rspr. der Gerichte der Sozialgerichtsbarkeit wird lfd. zusammengestellt vom LSG RhPf im Streitwertkatalog (5. Aufl. 2017: lsgrp.justiz.rlp. de/de/themen/streitwertkatalog; BeckOK KostR/*Toussaint* GKG § 52 Rn. 26.1; abgedr. bei Gerold/Schmidt Anh. VIII C)

- Eine *Vergütungsvereinbarung* ist auch im sozialgerichtlichen Verfahren zulässig (§ 4 RVG).

Weiterführende Lit. zum Kosten- und Gebührenrecht im sozialgerichtlichen Verfahren: *Herold-Tews/Merkel* Sozialgerichtsprozess Teil J; *Krasney/Udsching* SGVerf-HdB Kap. XII; *Gerold/Schmidt* u. *Hartmann; Schneider* NJW 2013, 153; *Straßfeld* SGb 2013, 562; *Becker/Spellbrink* NZS 2012, 288; *Guhl* NZS 2005, 193; *Hartung* NJW 2004, 1409; *Klier* NZS 2004, 469; *Lange/Prodan* NZS 2020, 784; *Straßfeld* NZS 2010, 253; *Straßfeld* SGb 2008, 635 ff. (705 ff.); *Straßfeld* SGb 2005, 154

Fristen und Rechtsmittel

16. → Anm. 2 (Klagefrist). Gegen das Urteil bzw. den Gerichtsbescheid des SG idR Berufung – § 143 SGG – (→ Form. VIII.10), ausnahmsweise NZB – § 145 SGG – (→ Form. VIII.11) oder Antrag auf mündliche Verhandlung bei nicht berufungsfähigem Gerichtsbescheid – § 105 Abs. 2 S. 2 SGG (→ Form. VIII.20). Die Berufung ist ausgeschlossen, wenn es sich um die Kosten des Verfahrens handelt (§ 144 Abs. 4 SGG).

3. Isolierte Leistungsklage – § 54 Abs. 5 SGG – (Vergütungsforderung zwischen Leistungserbringer und Krankenversicherung)

An das
Sozialgericht[1]

Klage

der Klinik-Träger GmbH . . . . .,
vertreten durch den Geschäftsführer,
Klägerin,
Prozessbevollmächtigter: RA . . . . .
gegen
die A-Krankenversicherung . . . . .,
vertreten durch den Vorstand,
Beklagte,
wegen Krankenhausvergütung[2]

Namens und in Vollmacht der Klägerin beantrage ich, die Beklagte zu verurteilen, an die Klägerin . . . . . EUR nebst Zinsen in Höhe von fünf Prozentpunkten über dem jeweiligen Basiszinssatz seit dem . . . . . zu zahlen.[4]

Begründung:[3,]

Die Klägerin ist Trägerin eines gem. § 108 SGB V zugelassenen Krankenhauses, in dem die bei der Beklagten krankenversicherte Frau . . . . . in der Zeit vom . . . . . bis . . . . . stationär behandelt worden ist. Hierfür stellte die Klägerin der Beklagten auf der Basis der Fallpauschale (DRG) unter dem . . . . . einen Gesamtbetrag von . . . . . in Rechnung. Diesen Betrag glich die Beklagte zunächst aus, verrechnete sodann aber einen Teilbetrag mit einer anderweitigen Vergütungsforderung der Klägerin und zwar für die Behandlung des Versicherten Herrn . . . . ., die die Klägerin mit Rechnung vom . . . . . geltend gemacht

hatte. Dies beruhte darauf, dass die Beklagte den Medizinischen Dienst (MD) mit einer Prüfung der Abrechnung beauftragt hatte. Dieser gelangte zu dem Ergebnis, dass der Krankenhausaufenthalt nicht in voller Länge gem. § 39 SGB V medizinisch notwendig gewesen sei; zudem habe die Klägerin die Nebendiagnosen . . . . . zu Unrecht kodiert, weil sie insoweit die Deutschen Kodierrichtlinien (DKR) sowie die Vorgaben der ICD-10-GM missachtet habe. Beides ist unzutreffend. Eine frühere Entlassung der Versicherten war ausgeschlossen, denn auch über den . . . . . hinaus bedurfte es der besonderen Mittel eines Krankenhauses. Die Versicherte wurde ausweislich der beizuziehenden Behandlungsdokumentation in Form von . . . . . der hier ausschließlich stationär möglichen medizinischen Behandlung unterzogen. Die Krankenakte wird auch ausweisen, dass die Voraussetzungen der Kodierung der in Abrede gestellten Nebendiagnosen gegeben waren. Dezidierte Einwendungen gegen die Vergütungsrechnung lassen sich dem vorprozessualen Formulargutachten des MD nicht entnehmen. Ungeachtet noch nachfolgender Einwendungen ist die Klage daher begründet, da die Aufrechnung mangels begründeter Gegenforderung ins Leere ging.

Sofern seitens des Gerichts Zweifel an den tatsächlichen Voraussetzungen des geltend gemachten Anspruchs bestehen, wird nach Beiziehung der Patientenakte die Einholung eines Sachverständigengutachtens beantragt. Hierbei wird die Benennung eines einschlägigen Facharztes zu den medizinischen Voraussetzungen der Behandlungsdauer und der Kodierungsvoraussetzungen anstelle eines Medizincontrollers angeregt.

Rechtsanwalt[5, 6]

Anmerkungen

1. Die „echte" (isolierte) Leistungsklage (§ 54 Abs. 5 SGG) ist im Verhältnis „Bürger – Sozialleistungsträger" *selten.* Sie setzt voraus, dass auf die begehrte Leistung ihrer Art nach ein Rechtsanspruch besteht (Gegensatz: Ermessensleistungen, → Form. VIII.4) und dass ein Verwaltungsakt nicht ergangen ist und nicht zu ergehen hat. Mit ihr können Geld- und Sachleistungen erzwungen werden, aber auch Amtshandlungen, die keine Verwaltungsakte sind. Beispiele: Unterlassungsklage wegen Verletzung des Sozialgeheimnisses (BSG SozR 1200 § 35 Nr. 1); Ansprüche aus der privaten Pflegeversicherung (§ 51 Abs. 1 Nr. 2 SGG); Vergütungsansprüche der nichtärztlichen Leistungserbringer (BSGE 66, 159) und der Krankenhäuser. Die Leistungsklage ist auch zulässig, um einen Vollstreckungstitel (§ 199 Abs. 1 SGG) zu erlangen, wenn der Sozialleistungsträger die (weitere) Erbringung von bewilligten Leistungen einstellt, ohne einen entsprechenden Verwaltungsakt zu erlassen (BSGE 50, 82 (83)); weitere Beispiele für isolierte Leistungsklagen bei *Krasney/Udsching* SGVerf-HdB Kap. IV Rn. 62 ff., → Anm. 2.

2. *Hauptanwendungsgebiet* der isolierten (echten) Leistungsklage sind neben *Erstattungsstreitigkeiten zwischen Leistungsträgern* (§§ 102 ff. SGB X) Klagen auf Vergütung von Krankenhausbehandlungen (Textbeispiel).

Erstattungsansprüche wegen zu Unrecht erbrachter Sozialleistungen werden *gegenüber dem Leistungsempfänger* hingegen nicht durch die Leistungsklage verfolgt, sondern es wird die zu erstattende Leistung durch Verwaltungsakt festgesetzt (vgl. § 50 SGB X iVm §§ 45, 48 SGB X). Gegen den Erstattungsbescheid bzw. den damit verbundenen Aufhebungsbescheid (vgl. § 50 Abs. 3 SGB X) ist die Anfechtungsklage gegeben (→ Form. VIII.2). Die *Aufrechnung durch einen Leistungsträger* (s. § 51 SGB I) ist kein VA, so dass die Leistung, gegen die aufgerechnet worden ist, ihrerseits unmittelbar mit der Leistungsklage geltend gemacht werden muss (BSG NJW 2020, 3677 = NZS 2020, 809).

3. Da seit dem Jahr 2016 der 1. Senat des BSG die alleinige Zuständigkeit für Streitigkeiten der Krankenhausvergütung besitzt (nicht mehr auch der 3. Senat), wird die

Rechtspraxis zentral durch diesen 1. Senat bestimmt. Verschiedene teils überraschende Entscheidungen haben zu zahlreichen Streitigkeiten zwischen Krankenhäusern und Krankenkassen geführt, die erst langsam durch die Sozialgerichtsbarkeit abgebaut werden (s. *Schütz* GuP 2019, 81) und die den Gesetzgeber immer wieder zu Korrekturen veranlasst haben. Das Streitpotential erwächst aus den komplexen Fragen des Fallpauschalensystems („DRG-System"), mit dem die Krankenhausvergütung durch Algorithmen zertifizierter Programme („Grouper"; s. dazu den webgrouber der Universität Münster, www.drg.uni-muenster.de) bestimmt werden. Deren Ergebnis wird vorherbestimmt durch die Kodierung („Verschlüsselung") von Diagnosen und Prozeduren eines stationären Aufenthalts (s. dazu BSG 16.7.2020 – B 1 KR 22/19 R, BeckRS 2020, 27096), über die vielfach Streit entsteht. In zweiter Linie ist auch die Frage der Dauer eines stationären Aufenthalts vergütungsrelevant, wenn die so genannte untere oder obere „Grenzverweildauer" überschritten wird.

Nicht selten ziehen die Gerichte (fachfremde) Medizincontroller als Sachverständige hinzu. Demgegenüber ist die Begutachtung durch Ärzte des jeweiligen Fachgebietes zu den medizinischen Voraussetzungen der Behandlungsdauer oder der jeweiligen Diagnosen vorzugswürdig. Die Anwendung und Auslegung der Kodierrichtlinien und des OPS sowie der ICD-10-GM ist Aufgabe der Gerichte (vgl. BSG 10.3.2016 – B 1 KR 97/15 R).

4. Regelmäßig wird ein beziffertér Antrag gestellt, weil der geltend gemachte (Vergütungs-)Anspruch der Höhe nach feststeht. Ein Grundurteil (§ 130 SGG) ist jedoch möglich. Anders als bei der Anfechtungs- und Leistungsklage (→ Form. VIII.6) ist dieses ein selbstständig anfechtbares Zwischenurteil (MKLS/*Keller* § 130 Rn. 11), so dass der Rechtsstreit bis zur Durchführung des Nachverfahrens über die Höhe der Leistung anhängig bleibt (BSG BSGE 29, 69; BSGE 61, 217 (228)).

Die Verzinsungspflicht wie auch die Höhe des Zinsanspruchs folgen grundsätzlich den BGB-Vorschriften (durch Verweis in § 69 Abs. 1 S. 3 SGB V), sind aber regelmäßig landesspezifisch vertraglich geregelt (s. § 112 Abs. 1 Nr. 1 SGB V; für Hessen etwa im Vertrag mit Wirkung seit dem 1.6.2002 in Höhe wie im Textbeispiel beantragt; anders etwa in NRW, wo nur zwei Prozentpunkte über dem Basiszinssatz vereinbart sind, § 15 des Vertrages). Werden Prozesszinsen geltend gemacht, beginnt der Zinslauf ab dem Tag nach Klageeingang bei Gericht als Eintritt der Rechtshängigkeit (BSGE 128, 65 (78)).

Kosten und Gebühren

5. Das Textbeispiel betrifft den Versicherten als behandelten Patienten selbst nicht, sondern nur das Krankenhaus und Krankenkasse; der Krankenhausträger erwirbt nach stRspr des BSG mit der Aufnahme des Versicherten den Vergütungsanspruch. Der Versicherte ist auch nicht beizuladen. Demgemäß findet, da – anders als im „Normalfall" – weder die Klägerin noch die Beklagte zu den nach § 183 SGG kostenrechtlich privilegierten Personen gehören, das GKG Anwendung, und es sind für die Kostenentscheidung die §§ 154–162 der VwGO entsprechend anzuwenden (§ 197a Abs. 1 SGG, → Form. VIII.2 Anm. 13, 14).

Zum Gebührenanspruch des RA → Form. VIII.2 Anm. 15.

Fristen und Rechtsmittel

6. Keine Klagefrist. Zu beachten ist aber die Verjährungsfrist, die auch im Vergütungsrecht die üblichen sozialrechtlichen vier Jahre beträgt (s. § 45 Abs. 1 SGB I; BSGE 121, 101). Der Ansatz des SG Mainz (KrV 2014, 171), das mit beachtlichen Gründen wegen des BGB-Verweises in § 69 Abs. 1 S. 3 SGB V für eine dreijährige Verjährungsfrist plädierte, fand nicht die Zustimmung des BSG. Zusätzlich hat das BSG für Nachforderungen eines Krankenhauses aus Treu und Glauben eine Verwirkung hergeleitet, wenn zwischen erster Rechnungsstellung und der Geltendmachung der Nachforderung ein vollständiges Kalenderjahr vergangen ist (NZS 2016, 903; SozR 4-2500 § 109 Nr. 6); das muss auch „umgekehrt" für Rückforderungen seitens der Krankenkassen gelten (SG Fulda 3.11.2020 – S 4 KR 413/18; andeutungsweise anders BSG SozR 4-2500 § 275 Nr. 32).

Hinsichtlich der Rechtsmittel → Form. VIII.2 Anm. 16.

4. Verpflichtungsklage – § 54 Abs. 1 SGG – (Klage auf Rehabilitationsleistungen des Rentenversicherungsträgers)

An das
Sozialgericht[1]

Klage

der Fotosetzerin . . . . .,
Klägerin,
Prozessbevollmächtigter: RA . . . . .
gegen
die Deutsche Rentenversicherung . . . . .,
vertreten durch die Geschäftsführung,
Beklagte,
wegen Bewilligung eines Heilverfahrens.[2]

Namens und in Vollmacht der Klägerin erhebe ich Klage und beantrage,

1. **den Bescheid der Beklagten vom . . . . . in der Gestalt des Widerspruchsbescheides vom . . . . . aufzuheben,[3]**
2. **die Beklagte zu verurteilen, der Klägerin einen neuen Bescheid unter Beachtung der Rechtsauffassung des Gerichts zu erteilen.[4]**

Begründung:

Die Klägerin ist als Hilfskraft in der Fotosetzerei ihres Ehemannes beschäftigt. Sie leidet an einer degenerativen Wirbelsäulenerkrankung mit häufigen Ischialgien. Am . . . . . beantragte sie als medizinische Leistung zur Rehabilitation (§§ 9 ff. SGB VI) ein Heilverfahren, möglichst für die Dauer von sechs Wochen in der für die Therapie ihrer Erkrankung besonders geeigneten . . . . .-Klinik in Bad B. Die Beklagte lehnte diesen Antrag mit der Begründung ab, die Erwerbsfähigkeit der Klägerin sei weder erheblich gefährdet noch gemindert und eine medizinische Begründung für eine ausschließlich durch ein stationäres Heilverfahren erzielbare Besserung des Leistungsvermögens liege nicht vor. Diese Auffassung trifft nicht zu. Denn aus der beigefügten ausführlichen Stellungnahme des behandelnden Arztes für Orthopädie Dr. B. ergibt sich, dass eine wesentliche Besserung der Beschwerden und der Leistungsfähigkeit nur durch ein stationäres Heilverfahren zu erzielen ist.

Rechtsanwalt[5, 6]

Anmerkungen

1. Die Verpflichtungsklage (§ 54 Abs. 1 SGG) ist eine Leistungsklage besonderer Art. Die begehrte Leistung besteht – wie im Textbeispiel – im Erlass eines abgelehnten

Verwaltungsakts (Vornahmeklage) oder im Erlass eines unterlassenen Verwaltungsakts (Untätigkeitsklage, → Form. VIII.5). Ziel der Verpflichtungsklage ist ein Verpflichtungsurteil (§ 131 Abs. 2 u. 3 SGG). Da auf Sozialleistungen idR ein Rechtsanspruch besteht (§ 38 SGB I) und insoweit die Anfechtungs- und Leistungsklage nach § 54 Abs. 4 SGG gegeben ist (→ Form. VIII.6), ist die Verpflichtungsklage in der sozialgerichtlichen Praxis verhältnismäßig selten.

Verpflichtungsklage ist insb. zu erheben, wenn Leistungen abgelehnt worden sind, auf die kein Rechtsanspruch besteht – *Ermessensleistungen* (§ 39 SGB I, → Anm. 2; vgl. zB BSG SozR 2200 § 1236 Nr. 50 mwN; → Form. VIII.3 Anm. 1). Solche Leistungen sind im Sozialrecht die Ausnahme. Weitere Beispiele für die Verpflichtungsklage: Zulassung der Nachentrichtung von Pflichtbeiträgen (BSGE 41, 38), Vormerkung rentenrechtlicher Zeiten (BSGE 65, 8 (13); BSGE 68, 171 (172); SozR 2200 § 1251 Nr. 24; SozR 3-2600 § 58 Nr. 2) und Vormerkung, dass ein Nachversicherungsverhältnis entstanden ist (sog Zulassung zur Nachentrichtung; BSG SozR 3-2940 § 9 Nr. 1 mwN); die Rückgängigmachung des Austritts aus der freiwilligen Krankenversicherung auf Grund des sozialrechtlichen Herstellungsanspruchs (BSGE 50, 12).

Praktisch besonders bedeutsam sind die im Wege der Anfechtungs- und Verpflichtungsklage zu verfolgenden *Feststellungen nach dem Schwerbehindertenrecht* (§ 152 SGB IX, → Form. VIII.8 Anm. 3) und Änderungen von Entscheidungen der Prüfungsgremien über die Unwirtschaftlichkeit der vertragsärztlichen Behandlungsweise (vgl. § 106 SGB V, BSG SozR 3-2500 § 106 Nr. 11; dezidiert zum Rechtsschutz Hauck/Noftz/*Engelhard* SGB V § 106 Rn. 621).

2. Zu den *Ermessensleistungen* gehören insb. die Leistungen der gesetzlichen Rentenversicherung zur medizinischen und beruflichen Rehabilitation (§§ 9 ff. SGB VI; Textbeispiel). Mit der Änderung des § 9 Abs. 2 SGB VI durch das Ges. zur Flexibilisierung des Übergangs vom Erwerbsleben in den Ruhestand und zur Stärkung von Prävention u. Rehabilitation im Erwerbsleben (Flexirentengesetz) v. 8.12.2016 (BGBl. I 2838) hat der Gesetzgeber klargestellt, dass die Träger der gesetzlichen Rentenversicherung die Leistungen zur Teilhabe als Pflichtleistung erbringen müssen, wenn die hierfür erforderlichen persönlichen u. wirtschaftlichen Voraussetzungen erfüllt sind. Bereits nach der Rspr. war das Ermessen hier auf das „Wie" der Leistungserbringung beschränkt (BSGE 66, 84 (87); BSGE 85, 298), das die Träger der gesetzlichen Rentenversicherung weiterhin nach § 13 Abs. 1 SGB VI pflichtgemäß auszuüben haben (KassKomm/*Kater* SGB VI § 9 Rn. 11, SGB VI § 13 Rn. 4 ff. mwN).

3. Der Aufhebungsantrag ist in der Praxis üblich. Er dient der Klarstellung, wenngleich ihm nach hM keine selbständige Bedeutung zukommt (MKLS/*Keller* SGG § 54 Rn. 43).

4. Der Antrag ist auf Bescheidung unter Beachtung der Rechtsauffassung des Gerichts gerichtet. Hält das Gericht die Verurteilung zum Erlass eines abgelehnten Verwaltungsakts für begründet und diese Frage in jeder Beziehung für spruchreif, so spricht es im Urteil die Verpflichtung aus, den beantragten Verwaltungsakt zu erlassen (§ 131 Abs. 2 SGG, näher dazu MKLS/*Keller* SGG § 131 Rn. 12a ff.). Bei Ermessensentscheidungen ist das ausnahmsweise der Fall, wenn das Ermessen nur noch in einem bestimmten Sinn ausgeübt werden kann, sog „Ermessensreduzierung auf Null" (BSGE 9, 232 (239); SozR 1200 § 48 Nr. 12 S. 63: Anfechtungs- und Leistungsklage, anders BSG SozR 3-1200 § 39 Nr. 1 S. 2; SozR 3-5765 § 10 Nr. 3 S. 14 – Verpflichtungsklage). Auch wenn das Ermessen nach Auffassung des Klägers „auf Null reduziert" ist, sollte der Antrag auf Bescheidung unter Beachtung der Rechtsauffassung des Gerichts unbedingt zumindest hilfsweise gestellt werden (vgl. in diesem Zusammenhang BSG SozR 2200 § 1236 Nr. 50 S. 109, 111).

Kosten und Gebühren

5. Vgl. Hinweis → Form. VIII.2 Anm. 13–15.

Fristen und Rechtsmittel

6. Vgl. Hinweis → Form. VIII.2 Anm. 16.

5. Untätigkeitsklage – § 88 SGG – mit Hinweisen zur Verzögerungsrüge

An das
Sozialgericht[1, 3]

Klage

des Industriemechanikers . . . . .,
Klägers,
Prozessbevollmächtigter: RA . . . . .
gegen
die Deutsche Rentenversicherung . . . . .,
vertreten durch die Geschäftsführung,
Beklagte,
wegen Erteilung eines Rentenbescheides.
Namens und in Vollmacht des Klägers erhebe ich Klage und beantrage,

die Beklagte zu verurteilen, den Rentenantrag des Klägers vom . . . . . unter Beachtung der Rechtsauffassung des Gerichts zu bescheiden.[2, 3]

Begründung:

Über den im September 2020 gestellten Antrag des Klägers auf vorzeitiges Altersruhegeld, dem alle erforderlichen Unterlagen beigefügt waren, hat die Beklagte bis jetzt – im Mai 2021 – noch nicht entschieden. Die beiden Sachstandsanfragen des Klägers vom . . . . . und vom . . . . . sind unbeantwortet geblieben.
Rechtsanwalt[4, 5]

Schrifttum: Herold-Tews/Merkel Sozialgerichtsprozess Rn. 116 ff.; *Dahm,* Die Untätigkeitsklage gem. § 88 SGG, Die Berufsgenossenschaft – BG – 1994, 459; *Rieker,* RVGreport 2019, 2.

Anmerkungen

1. Die Untätigkeitsklage (§ 88 SGG) soll gewährleisten, dass die Verwaltung den Betroffenen nicht durch Untätigkeit in seinen Rechten beeinträchtigt. Sie ist nach allgM im sozialgerichtlichen Verfahren nicht auf einen Bescheid bestimmten Inhalts gerichtet, sondern auf Bescheidung schlechthin (BSGE 19, 164; BSGE 72, 118 (120); BSGE 73, 244 (247); MKLS/*Schmidt* SGG § 88 Rn. 9 ff.). Das ist auch verfassungsrechtlich nicht zu beanstanden (BVerfG BeckRS 2011, 50121). Hat die Behörde über einen Widerspruch gegen einen Bescheid, mit dem eine bindende Leistungsbewilligung aufgehoben worden ist, nicht in angemessener Frist durch Widerspruchsbescheid entschieden, ist der Kläger

nach BSGE 75, 262 (268) nicht auf die „formelle Bescheidungsklage" beschränkt, sondern kann Anfechtungsklage erheben (ablehnend MKLS/*Schmidt* SGG § 88 Rn. 9b mwN).

Die Untätigkeitsklage nach § 88 SGG ist in *zwei Fällen* zulässig: a) Es ist ein Antrag auf Vornahme eines Verwaltungsakts innerhalb einer Frist von *sechs Monaten* sachlich nicht beschieden worden (§ 88 Abs. 1 SGG). b) Es ist über einen Widerspruch innerhalb einer Frist von *drei Monaten* nicht entschieden worden (§ 88 Abs. 2 SGG). Abgesehen von diesen Fristen keine Klagefrist (§ 89 SGG). Es reicht aus, dass die Wartefristen nach Klageerhebung verstrichen sind (BSG SozR 3-1500 § 88 Nr. 2). Vor Ablauf der Fristen ist eine Untätigkeitsklage grds. unzulässig. Der Mangel wird aber geheilt, wenn die Frist während des laufenden Verfahrens abläuft. Allerdings muss ihr Ablauf nicht abgewartet werden, wenn die Behörde eine Entscheidung eindeutig ablehnt; denn die Wartefrist soll ihr lediglich eine angemessene Frist für die Entscheidung einräumen. Bei einer Weigerung, eine Entscheidung zu treffen, macht ein Zuwarten keinen Sinn (BSGE 72, 118 = NZS 1994, 43).

Bei Vorliegen eines *zureichenden Grundes* dafür, dass der beantragte Verwaltungsakt oder der Widerspruch noch nicht erlassen ist, setzt das Gericht das Verfahren bis zum Ablauf einer bestimmten Frist aus. Diese Frist kann verlängert werden (§ 88 Abs. 1 S. 2 SGG). Die Verwaltung hat den zureichenden Grund darzulegen (BSG SozR 3-1500 § 88 Nr. 1 S. 10). Die fehlende Begr. des Widerspruchs allein stellt keinen zureichenden Grund für die Nichtbescheidung dar, es sei denn, dass der Widerspruchsführer eine Begr. angekündigt hat (LSG RhPf Breithaupt 1995, 975). Auch die Verletzung von Mitwirkungspflichten (§§ 60 ff. SGB I) ist kein zureichender Grund, einen Antrag nicht zu bescheiden (BSG SozR 3-1500 § 88 Nr. 2 = SGb 1995, 263 mAnm *Dörr)*.

Wird dem Antrag bzw. dem Widerspruch stattgegeben, ist die Hauptsache für erledigt zu erklären (§ 88 Abs. 1 S. 3 SGG), da kein Rechtsschutzbedürfnis mehr besteht. IÜ ist das Klageziel der Untätigkeitsklage auch mit dem Erlass eines ablehnenden Bescheides oder zurückweisenden Widerspruchsbescheides grds. erreicht und der Rechtsstreit für erledigt zu erklären oder die Klage zurückzunehmen. Es kommt jedoch eine Klageänderung (Umstellung auf die kombinierte Anfechtungs- und Leistungsklage) in Betracht (näher dazu MKLS/*Schmidt* SGG § 88 Rn. 12a; *Herold-Tews/Merkel* Sozialgerichtsprozess Rn. 123) und ausnahmsweise auch eine Fortsetzungsfeststellungsklage mit dem Ziel festzustellen, dass ohne zureichenden Grund in angemessener Zeit kein Bescheid bzw. Widerspruchsbescheid erteilt worden ist (BSG SozR 3-1500 § 88 Nr. 1).

2. Der Antrag ist darauf gerichtet, den Kläger unter Beachtung der Rechtsauffassung des Gerichts zu bescheiden (§ 131 Abs. 3 SGG).

3. Ein effektiver Rechtsschutz gegen *überlange Gerichtsverfahren* fehlte bis gegen Ende des Jahres 2011. Einen Rechtsbehelf, insb. eine Untätigkeitsbeschwerde gab es nicht (BSG SozR 4-1500 § 160a Nr. 17 = NZS 2008, 278), auch wenn eine nicht förmliche Feststellung einer Verletzung des Rechts auf Entscheidung innerhalb angemessener Frist nach Art. 6 Abs. 1 Europäische Menschenrechtskonvention – EMRK – möglich war (BSG SozR 4-3100 § 60 Nr. 4) und eine Verletzung des Anspruchs auf effektiven Rechtsschutz (Art. 2 Abs. 1 iVm Art. 19 Abs. 4, 20 Abs. 3 GG) mit der Verfassungsbeschwerde geltend gemacht werden konnte (BVerfG NJW-RR 2010, 207).

Mit dem Gesetz über den Rechtsschutz bei überlangen Gerichtsverfahren und strafrechtlichen Ermittlungsverfahren v. 24.11.2011 (BGBl. I 2302) kam der Gesetzgeber einer langjährigen Forderung des EGMR (NJW 2006, 2389; NJW 2010, 3355 mAnm *Meyer-Ladewig*) nach. Entschieden hat er sich für eine Entschädigungsregelung (→ Form. I.D.14; sa MKLS/*Schmidt* SGG § 202 Rn. 20 ff.), die mit der *Verzögerungsrüge* präventiv überlangen Gerichtsverfahren entgegenwirken soll. Dem GVG ist ein Siebzehnter Titel, dessen Vorschriften im sozialgerichtlichen Verfahren entsprechend anzuwenden sind

(§ 202 S. 2 SGG), angefügt worden. Danach kann Entschädigung wegen der Folgen einer unangemessenen Dauer eines Gerichtsverfahrens (für Rechtsanwälte auch bezogen auf die Streitwertfestsetzung, BSG SozR 4-1720 § 198 Nr. 18) nur verlangen, wer zuvor – erfolglos – bei dem mit der Sache befassten Gericht die Dauer des Verfahrens gerügt hat (§ 198 Abs. 3 GVG). Die Verzögerungsrüge (→ Form. I.L.9; sa MKLS/*Schmidt* SGG § 202 Rn. 28 f.), mit der die für eine Verfahrensbeschleunigung sprechenden Umstände, insb. etwaige drohende Nachteile dargelegt werden sollten, stellt keinen eigenständigen Rechtsbehelf, sondern eine Obliegenheit als Voraussetzung für einen Entschädigungsanspruch dar (zu deren Auslegung und Bestimmtheit BSG NZS 2020, 546). Sie kann erst erhoben werden, wenn Anlass zur Besorgnis besteht, dass das Verfahren nicht in angemessener Zeit abgeschlossen wird (s. BSG 27.3.2020 – B 10 ÜG 17/19 B). Eine vor diesem Zeitpunkt, etwa bereits mit der Klageerhebung vorsorglich erhobene Verzögerungsrüge ist zur Begründung eines Entschädigungsanspruchs nicht geeignet und geht somit ins Leere. Mit der Erhebung der Rüge hat der Verfahrensbeteiligte seiner Obliegenheit genügt. Eine mehrfache Erhebung ist nicht erforderlich und idR vor Ablauf von sechs Monaten ausgeschlossen.

Die Angemessenheit der Dauer eines Verfahrens richtet sich nach den besonderen Umständen des Einzelfalles (§ 198 Abs. 1 S. 2 GVG; hierzu näher MKLS/*Schmidt* SGG § 202 Rn. 24 ff.), allgemeingültige Zeitvorgaben gibt es nicht (zB BVerfG NJW-RR 2010, 207). Das sozialgerichtliche Verfahren ist schon aufgrund des Amtsermittlungsgrundsatzes (§§ 103, 106 Abs. 3 SGG) und der nicht selten erforderlichen medizinischen Ermittlungen strukturell zeitintensiv. Eine gerichtliche Vorbereitungs- und Bedenkzeit auch ohne konkrete Schritte der Verfahrensförderung bis zu zwölf Monaten je Instanz sieht das BSG (3.9.2014 – B 10 ÜG 2/13 R, SozR 4-1720 § 198 Nr. 3 und B 10 ÜG 12/13 R, SozR 4-1720 § 198 Nr. 4) idR als angemessen an. Die Voraussetzungen der Erhebung einer Verzögerungsrüge sollten deshalb sorgfältig geprüft werden, eine vorherige Sachstandsanfrage beim Gericht ist zweckmäßig. In der Rspr. des BVerfG beanstandet wurden zB die fast vierjährige Dauer eines Rechtsstreits um das Bestehen eines Versicherungsverhältnisses in der gesetzlichen Krankenversicherung (NZS 2011, 384) und die mehr als vierjährige Dauer eines Rechtsstreits um Leistungen der Grundsicherung für Arbeitsuchende (BeckRS 2014, 45903). In die Beurteilung der Angemessenheit der Dauer eines Berufungsverfahrens fließt auch die erstinstanzliche Verfahrensdauer ein (SozR 4-1100 Art. 19 Nr. 10).

Weiterführende Lit.: → Form. I.D.14; → Form. I.L.9; *Merold* ZFSH/SGB 2017, 311; Wiegand Wege zur Sozialversicherung – WzS – 2016, 67; *Roller* Vierteljahresschrift für Sozialrecht – VSSR – 2015, 65; *Roller* DRiZ 2015, 66; *Steinbeiß-Winkelmann/Sporrer* NJW 2014, 177 (180 f.); *Loytved* SGb 2014, 293; *Söhngen* NZS 2012, 493; *Scholz* SGb 2012, 19; *Wenner* SozSich 2012, 32.

Kosten und Gebühren

4. Hat sich die Untätigkeitsklage ohne Urteil erledigt, Entscheidung über die außergerichtlichen Kosten auf Antrag durch Beschl. gem. § 193 Abs. 1 S. 3 SGG (→ Form. VIII.30). Hat die Verwaltung den Kläger vor Klageerhebung über den zureichenden Grund für die Bescheidverzögerung informiert oder war dem Kläger der zureichende Grund anderweitig bekannt, wird angenommen, dass sie nicht zur Kostenerstattung verpflichtet ist (LSG Brem Breithaupt 1987, 523; HessLSG Breithaupt 1993, 606; LSG RhPf Breithaupt 1993, 439; weiter einschränkend LSG Nds Breithaupt 1992, 432: Sachstandsanfrage zumutbar, vgl. auch *Herold-Tews/Merkel* Sozialgerichtsprozess Rn. 124; *Jaschinski* SGb 1993, 406 (412); dezidiert zugunsten des Rechtssuchenden SG Augsburg ASR 2020, 224, mAnm *Ulmer* jurisPR 7/2021 Anm. 3). Um eine negative

Kostenentscheidung zu vermeiden, sollte ohne vorherige Sachstandsanfrage Untätigkeitsklage nicht erhoben werden.

Bei einer Untätigkeitsklage kommt idR nur eine Gebühr unterhalb der Mittelgebühr in Betracht (näher LSG NRW Breithaupt 2008, 919; „deutlich unterhalb" LSG BW 4.8.2020 – L 10 SF 466/20 E-B, ASR 2020, 573). Sofern die Gebühren nach dem Gegenstandswert (§ 3 Abs. 1 S. 2 RVG) berechnet werden, ist auf die Höhe des Wertes des erstrebten VA abzustellen, BSG 10.10.2017 – B 12 KR 3/16 R, SozR 4-1500 § 144 Nr. 7).

Zu beachten ist, dass der schlichte Erlass des mit der Klage begehrten VA nach Klageerhebung kein Anerkenntnis im Rechtssinne darstellt und daher auch nicht die fiktive Terminsgebühr gemäß Anm 3 zu Nr. 3106 VV RVG auslöst (s. unter durch das BSG 10.10.2017 – B 12 KR 3/16 R, SozR 4-1500 § 144 Nr. 7 induzierter Aufgabe der früheren Rspr. ausf. HessLSG 8.8.2019 – L 2 AS 328/18 B, BeckRS 2019, 19888; *Lange* NZS 2017, 893).

Vgl. iÜ Hinweis → Form. VIII.2 Anm. 13–15.

Fristen und Rechtsmittel

5. → Anm. 1 und Hinweis → Form. VIII.2 Anm. 16.

6. Anfechtungs- und Leistungsklage – § 54 Abs. 4 SGG – mit Übersicht über die Sozialleistungsansprüche (Beispiel 1: Klage auf Rente wegen Erwerbsminderung)

An das
Sozialgericht

Klage[1]

des Maurers . . . . .,
Klägers,
Prozessbevollmächtigter: RA . . . . .
gegen
die Deutsche Rentenversicherung . . . . .,[2]
Beklagte,
vertreten durch die Geschäftsführung,
wegen Zahlung einer Rente wegen Erwerbsminderung. Namens und in Vollmacht des Klägers erhebe ich Klage und beantrage,

1. den Bescheid der Beklagten vom . . . . . in der Gestalt des Widerspruchsbescheides vom . . . . . aufzuheben,
2. die Beklagte zu verurteilen, dem Kläger vom . . . . . an[3] Rente wegen Erwerbsminderung zu zahlen.[4, 5]

Begründung:

Der 51 Jahre alte arbeitslose Kläger beantragte Rente wegen Erwerbsminderung.[6] Die Beklagte stützte die Ablehnung des Rentenantrags auf das Gutachten des ihrem Sozialmedizinischen Dienst angehörenden Arztes für innere Krankheiten Dr. I. vom . . . . . Dr. I. vertrat die Ansicht, dem Kläger seien zumindest noch leichte körperliche Arbeiten mindestens sechs Stunden täglich (§ 43 Abs. 3 SGB VI) zuzumuten. Die ärztliche Leistungsbeurteilung im Rentenverfahren ist unrichtig. Der Kläger hat Anspruch auf

Rente wegen voller Erwerbsminderung. Er erfüllt die versicherungsrechtlichen Voraussetzungen (§ 43 Abs. 2 S. 1 Nr. 2 u. 3 SGB VI) und ist voll erwerbsgemindert (§ 43 Abs. 2 S. 1 Nr. 1 SGB VI). Seit der Operation, der er sich nach Klageerhebung unterziehen musste,[7] leidet er an einem „Dumping Syndrom" mit Abgeschlagenheit, Kopfschmerzen und Müdigkeit. Der behandelnde Arzt bezweifelt, dass der Kläger einem täglichen Arbeitseinsatz von mindestens drei Stunden gewachsen ist. Außerdem macht er darauf aufmerksam, dass der Kläger Gelegenheit haben müsse, während der Arbeit mehrere kleine Mahlzeiten einzunehmen. Eine Bescheinigung dieses Arztes vom . . . . . ist beigefügt.

Damit ist der Kläger voll erwerbsgemindert, weil er auf nicht absehbare Zeit nicht mehr in der Lage ist, unter den üblichen Bedingungen des allgemeinen Arbeitsmarktes mindestens drei Stunden täglich erwerbstätig zu sein (§ 43 Abs. 2 S. 2 SGB VI). Sollte eine weitere Beweisaufnahme jedoch wider Erwarten ergeben, dass ihm körperlich leichte Arbeiten sogar noch mindestens sechs Stunden täglich zumutbar sind, ist er gleichwohl voll erwerbsgemindert. Denn er kann wegen der Notwendigkeit, während der Arbeitszeit zusätzliche Pausen einzulegen, nicht mehr unter betriebsüblichen Bedingungen arbeiten.

Rechtsanwalt[8, 9, 10]

Anmerkungen

1. Häufigste Klage in der Sozialgerichtsbarkeit. Die kombinierte Anfechtungs- und Leistungsklage setzt voraus, dass eine Leistung durch Verwaltungsakt abgelehnt worden ist. Es muss sich im Unterschied zu Ermessenleistungen (→ Form. VIII.4 Anm. 1) um Leistungen handeln, auf die ihrer Art nach ein Rechtsanspruch besteht (§ 38 SGB I). *Sozialleistungen, auf die ein Anspruch besteht* (Pflichtleistungen), sind die Regel, *Ermessensleistungen* die Ausnahme. Es werden Dienst-, Sach- und Geldleistungen unterschieden („Dreiteilung" der Leistungsarten, § 11 SGB I). Die einzelnen Sozialleistungen der zuständigen Leistungsträger sind in §§ 18 ff. SGB I genannt und in den Besonderen Teilen des SGB geregelt (§§ 2, 68 SGB I). Die meisten Sozialleistungen setzen einen *Antrag* (§ 16 SGB I) voraus.

Aus § 51 SGG (Rechtsweg → Form. VIII.24 Anm. 3) ergibt sich, über welche Angelegenheiten und damit auch, über welche Sozialleistungsansprüche die Gerichte der Sozialgerichtsbarkeit entscheiden (zur Zuständigkeit der SG für Angelegenheiten nach dem SGB sa *Waibel* SGb 2005, 215).

Mit dem 7. SGG-ÄndG v. 9.12.2004 (BGBl. I 3302) sind die SGe für die mit dem Vierten Gesetz für moderne Dienstleistungen am Arbeitsmarkt v. 24.12.2003 (BGBl. I 2954, „Hartz IV") aus Arbeitslosenhilfe und Sozialhilfe zusammengeführte Leistung *Arbeitslosengeld II* zuständig geworden (§ 51 Abs. 1 Nr. 4a SGG). Diese stellt eine Grundsicherung für erwerbsfähige Hilfebedürftige ab dem 15. Lebensjahre bis zum Erreichen der Altersgrenze nach § 7a SGB II dar, die mindestens 3 Stunden täglich erwerbstätig sein können (→ Form. VIII.29). Des Weiteren ist die Zuständigkeit für das in das SGB als Zwölftes Buch (XII) eingeordnete *Sozialhilferecht* (BGBl. 2003 I 3022) und *das Asylbewerberleistungs*gesetz von der Verwaltungs- auf die Sozialgerichtsbarkeit übertragen worden (§ 51 Abs. 1 Nr. 6a SGG).

Die folgende Übersicht mit Literaturauswahl (übergreifend *Knickrehm/Kreikebohm/Waltermann*, Komm. zum Sozialrecht, 6. Aufl. 2019; *Plagemann*, Münchener Anwalts-Handbuch Sozialrecht, 5. Aufl. 2018) ist als Orientierungshilfe über die Zuständigkeit der SG für Sozialleistungen und als „Einstieg" in die materiell-rechtlichen Fragen gedacht:

- *Gesetzliche Rentenversicherung* (SGB VI) einschließlich der *Alterssicherung der Landwirte* (ALG); praktisch besonders bedeutsam: Renten wegen verminderter Erwerbsfähigkeit, §§ 33 ff. SGB VI; → Form. VIII.6, → Form. VIII.10
  Lit.: KassKomm, SGB VI (Loseblattausgabe); *Kreikebohm,* SGB VI, Komm., 5. Aufl. 2017; *Reinhardt/Silber,* SGB VI, Lehr- und Praxiskomm., 4. Aufl. 2018; Alterssicherung der Landwirte, Komm., hrsg. von der Sozialversicherung für Landwirtschaft, Forsten und Gartenbau (Loseblattausgabe)
- *Gesetzliche Krankenversicherung* (SGB V, praktisch besonders bedeutsam: Krankenbehandlung und Versorgung mit Arznei-, Heil- und Hilfsmitteln, §§ 27 ff. SGB V; → Form. VIII.11)
  Lit.: *KassKomm,* SGB V (Loseblattausgabe); *Krauskopf,* Soziale Krankenversicherung, Pflegeversicherung (Loseblattausgabe); *Becker/Kingreen,* SGB V, Komm., 7. Aufl. 2020
- *Soziale Pflegeversicherung und private Pflegeversicherung* (SGB XI, praktisch besonders bedeutsam: Pflegegeld, § 37 SGB XI iVm §§ 14, 15 SGB XI; zum *Mahnverfahren* hinsichtlich der Beitragsansprüche von Unternehmen der privaten Pflegeversicherung s. § 182a SGG)
  Lit.: *KassKomm,* SGB XI (Loseblattausgabe); *Udsching/Schütze,* SGB XI, Soziale Pflegeversicherung, Komm., 5. Aufl. 2018; *Krahmer/Plantholz,* Soziale Pflegeversicherung, Lehr- und Praxiskomm., 5. Aufl. 2018
- *Gesetzliche Unfallversicherung* (SGB VII, praktisch besonders bedeutsam: Verletztenrente, §§ 56 ff. SGB VII; → Form. VIII.2, → Form. VIII.9)
  Lit.: *KassKomm,* SGB VII (Loseblattausgabe); *Bereiter-Hahn/Mehrtens,* Gesetzliche Unfallversicherung, Komm. (Loseblattausgabe); *Becker/Franke/Molkentin,* SGB VII, Lehr- und Praxiskomm., 5. Aufl. 2018; *Schönberger/Mehrtens/Valentin,* Arbeitsunfall und Berufskrankheit, 9. Aufl. 2017 (Standardwerk zu den unfallmedizinischen Grundlagen); *Mehrtens/Brandenburg,* Die Berufskrankheitenverordnung (BKV), Komm. (Loseblattausgabe)
- *Arbeitsförderung* (SGB III; praktisch besonders bedeutsam: Arbeitslosengeld, §§ 136 ff. SGB III; → Form. VIII.1)
  Lit.: *Brand,* Sozialgesetzbuch, Arbeitsförderung SGB III, 9. Aufl. 2021; *Gagel,* SGB II/SGB III, Komm. (Loseblattausgabe); *Heinz/Schmidt-De Caluwe/Scholz,* SGB III, Komm., 7. Aufl. 2021
- *Grundsicherung für Arbeitsuchende* (SGB II; praktisch besonders bedeutsam: Arbeitslosengeld II und Sozialgeld, §§ 19 ff. SGB II)
  Lit.: *Eicher/Luik,* SGB II, Komm., 4. Aufl. 2017; *Kruse/Reinhard/Winkler,* SGB II Grundsicherung für Arbeitsuchende, Komm., 3. Aufl. 2021; *Megler/Zink,* Handbuch der Grundsicherung und Sozialhilfe (Loseblattausgabe); *Münder/Geiger,* SGB II Grundsicherung für Arbeitsuchende, Lehr- und Praxiskomm., 7. Aufl. 2021; informativ die Internetseite www.tacheles-sozialhilfe.de
- *Soziales Entschädigungsrecht* (BVG und andere Gesetze, soweit sie die entsprechende Anwendung der Leistungsvorschriften des BVG vorsehen, s. insb. § 80 SVG, § 47 Abs. 1 Zivildienstgesetz, § 1 Abs. 1 OEG, § 60 Abs. 1 Infektionsschutzgesetz, § 4 Abs. 1 Häftlingshilfegesetz; bis zum Inkrafttreten des SGB XIV am 1.1.2024 → Form. VIII.13)
  Lit.: *Knickrehm,* Gesamtes soziales Entschädigungsrecht, Handkomm., 2. Aufl. 2021; *Gelhausen/Weiner,* SGB XIV/OEG/VersMedVO, Komm., 7. Aufl. 2021
- *Sozialhilfe* (SGB XII) und *Leistungen für Asylbewerber* (Asylbewerberleistungsgesetz)
  Lit.: *Bieritz-Harder/Conradis/Thie,* SGB XII, Lehr- und Praxiskomm., 12. Aufl. 2020; *Grube/Wahrendorf/Flint,* SGB XII, Komm., 7. Aufl. 2020; *Oestreicher,* SGB II/XII Grundsicherung für Arbeitsuchende und Sozialhilfe mit Asylbewerberleistungsrecht, Erstattungsrecht des SGB X, Komm. (Loseblattausgabe); informativ die Internetseite www.tacheles-sozialhilfe.de

• *Elterngeld* (§ 2 Bundeselterngeld- und Elternzeitgesetz)
  Lit.: *Brose/Weth/Volk,* Mutterschutzgesetz und Bundeselterngeld- und Elternzeitgesetz, 9. Aufl. 2020; *Rancke,* Mutterschutz, Betreuungsgeld, Elterngeld, Elternzeit, Komm., 6. Aufl. 2021
• *Feststellungen im Schwerbehindertenrecht* (§ 152 SGB IX, sa § 51 Abs. 1 Nr. 7 SGG) sind keine Sozialleistungen iSd § 11 SGB I (BSG 16.12.2014 – B 9 SB 3/13 R, SozR 4-1200 § 66 Nr. 7); sie sind Gegenstand der Verpflichtungsklage, → Form. VIII.8 Anm. 3

Unabhängig von dem vorstehenden Katalog kann der gesetzlich nicht geregelte, von Rspr. und Schrifttum entwickelte sog *sozialrechtliche Herstellungsanspruch* im Rahmen einer Anfechtungs- und Leistungsklage von Bedeutung sein (vgl. zB BSGE 32, 60 (70): Fiktion der Einhaltung einer gesetzlichen Frist für einen Rentenantrag), aber auch im Rahmen einer Verpflichtungsklage (s. zB BSGE 50, 12). Er wird durch ein rechtswidriges Verhalten des Sozialleistungsträgers (Verletzung von Betreuungs- und Beratungspflichten, sa §§ 14, 15 SGB I) ausgelöst (zu den dogmatischen Grundlagen des sozialrechtlichen Herstellungsanspruchs KassKomm/*Seewald* SGB I Vor §§ 38–47 Rn. 120 ff.; *Bieback* SGb 1990, 517; *Jung* BG 1994, 503; *Gagel* SGb 2000, 517; *Dörr* Bescheidkorrektur/Rückforderung/Sozialrechtliche Herstellung, 6. Aufl. 2019; zum Verhältnis des Haftungsinstituts der Amtshaftung s. *Voelzke* jM 2019, 236; *Felix* SGb 2014, 469). Der sozialrechtliche Herstellungsanspruch ist neben der gesetzlichen Wiedereinsetzungsregelung in § 27 SGB X anwendbar (BSGE 96, 44). Kann aufgrund dieses Anspruchs eine Leistung rückwirkend verlangt werden, gilt in entsprechender Anwendung des § 44 Abs. 4 SGB X eine Ausschlussfrist von vier Jahren (BSGE 98, 162 = SGb 2007, 679 mAnm *Mrozynski*), die im Leistungsrecht der Grundsicherung für Arbeitsuchende (SGB II) und der Sozialhilfe (SGB XII) auf ein Jahr verkürzt worden ist (→ Form. VIII.7 Anm. 1 aE).

Im Krankenversicherungsrecht sind die dort geregelten Kostenerstattungsansprüche (§ 13 Abs. 3, Abs. 3a SGB V, § 15 Abs. 1 SGB IX) abschließend; für einen sozialrechtlichen Herstellungsanspruch ist daneben kein Raum (BSGE 99, 180). Zur Anwendbarkeit des sozialrechtlichen Herstellungsanspruchs im Sozialhilferecht – SGB XII – s. *Heinz* ZfF 2009, 12; *Schmitz* ZFSH/SGB 2006, 393.

2. Mit dem Gesetz zur Organisationsreform in der gesetzlichen Rentenversicherung v. 9.12.2004 (BGBl. I 3242) ist die Unterscheidung zwischen Arbeiter- und Angestelltenversicherung aufgegeben worden; beide sind ab 1.1.2005 zur allg. Rentenversicherung zusammengefasst. Ab 1.10.2005 gilt einheitlich die Bezeichnung Deutsche Rentenversicherung, ergänzt um den Zusatz für die jeweilige regionale Zuständigkeit. Des Weiteren sind zu diesem Zeitpunkt die Bundesversicherungsanstalt für Angestellte und der Verband Deutscher Rentenversicherungsträger – VDR – zur Deutschen Rentenversicherung Bund zusammengefasst. Diese ist zuständig für Grundsatz- und Querschnittsaufgaben mit verbindlicher Entscheidungskompetenz gegenüber den übrigen Rentenversicherungsträgern. Daneben gibt es durch die Fusion von Bundesknappschaft, Bahnversicherungsanstalt und Seekasse nur noch einen weiteren Bundesträger. Einen Überblick über die Reform geben *Greve* SozSich 2015, 456; *Ruland/Dünn* NZS 2005, 113; *Göbel* DAngVers 2005, 61; näher zur Organisationsreform Heft 1/2005 der Deutschen Rentenversicherung – DRV –, hrsg. von VDR, und zu Zuständigkeiten *Schmidt* DAngVers 2005, 113. Auswirkungen auf das Leistungsrecht (zB auf die Höhe der Rentenzahlungen) hat die Organisationsreform nicht.

3. Rente aus der gesetzlichen Rentenversicherung wird auf *Antrag* gezahlt (§ 115 SGB VI) Der Antrag ist grds. auch für den *Rentenbeginn* maßgebend (§ 99 SGB VI). Für Renten aus eigener Versicherung gilt danach: Bei rechtzeitiger Antragstellung – dh innerhalb von drei Kalendermonaten nach Ablauf des Monats, in dem die Anspruchsvoraussetzungen erfüllt sind – beginnt die Rente mit dem Kalendermonat, zu dessen Beginn die Anspruchsvoraussetzungen erfüllt sind; bei späterer Antragstellung wird die

Rente erst vom Antragsmonat an geleistet. Dieser Grundsatz wird für befristete Renten wegen verminderter Erwerbsfähigkeit durch § 101 Abs. 1 SGB VI modifiziert (Rentenbeginn nicht vor Beginn des siebten Kalendermonats nach dem Eintritt der Minderung der Erwerbsfähigkeit, → Anm. 6). Zum Leistungsbeginn für die wesentlichen Sozialleistungen *Krasney/Udsching* SGVerf-HdB Kap. IV Rn. 74.

4. Eine Bezifferung des Klageantrags ist nicht erforderlich und nicht üblich, da bei einer *auf Geld gerichteten* Leistungsklage zur Leistung nur dem Grunde nach verurteilt werden kann (§ 130 SGG) und von dieser Möglichkeit regelmäßig Gebrauch gemacht wird (vgl. iE die Komm. des § 130 SGG bei MKLS/*Keller* SGG § 130). Da ein *Grundurteil* nur ergehen kann, wenn die Voraussetzungen des geltend gemachten Anspruchs vorliegen, empfiehlt es sich – unabhängig von einer entsprechenden Anregung des Vorsitzenden (§ 106 Abs. 1 SGG) –, den (die) geltend gemachten Anspruch (Ansprüche) nach Beginn, Leistungsart und Dauer im Klageantrag zu bezeichnen (BSG SozR 1500 § 130 Nr. 2; SozR 1500 § 54 Nr. 12: Substantiierung der einzelnen Ansprüche aus dem Sozialversicherungsverhältnis erforderlich, → Form. VIII.2 Anm. 8). Das Grundurteil erledigt den Rechtsstreit in vollem Umfang. Nach der Verurteilung zur Leistung dem Grunde nach ist der Sozialleistungsträger verpflichtet, einen *Ausführungsbescheid* zu erteilen, mit dem die Höhe der Leistung festgesetzt wird (zur aufschiebenden Wirkung der Berufung eines verurteilten Versicherungsträgers oder in der Kriegsopferversorgung eines Landes s. § 154 Abs. 2 SGG); wird das Urteil später aufgehoben, besteht idR die Verpflichtung zur Rückzahlung der sog Urteilsrente (näher dazu MKLS/*Keller* SGG § 154 Rn. 4; zu praktischen und dogmatischen Problemen der Urteilsrente *Köhler* SGb 2012, 522).

Nach BSG SozR 3-1500 § 201 Nr. 1 ist ein Grundurteil mit vollstreckbarem Inhalt, das auf eine kombinierte Anfechtungs- und Leistungsklage ergeht, nach § 201 SGG zu vollstrecken (Zwangsgeld, mit dem die Verpflichtung des verurteilten Leistungsträgers durchgesetzt wird, einen Ausführungsbescheid zu erteilen; sa BSG SozR 3-1300 § 45 Nr. 24 S. 76: keine Vollstreckung nach § 198 Abs. 1 SGG iVm § 882a ZPO). Die Vorschriften des SGG über die *Vollstreckung* (§§ 198–201) haben kaum praktische Bedeutung, weil rechtskräftig verurteilte Sozialleistungsträger idR von sich aus ihrer Verpflichtung nachkommen. Ausf. zur Vollstreckung *Krasney/Udsching* SGVerf-HdB Kap. XIII; sa *Schneider* info also 2012, 243.

5. Ansprüche auf Geldleistungen sind nach Ablauf eines Kalendermonats nach dem Eintritt der Fälligkeit bis zum Ablauf des Kalendermonats vor der Zahlung mit vier vH zu *verzinsen.* Die Verzinsung beginnt frühestens nach Ablauf von sechs Monaten nach Eingang des vollständigen Leistungsantrags, beim Fehlen eines Antrags nach Ablauf eines Kalendermonats nach der Bekanntgabe der Entscheidung über die Leistung (§ 44 SGB I). Auch bei Leistungen der gesetzlichen Unfallversicherung, in der die Leistungen von Amts wegen festzustellen sind, ist der ggf. gestellte vollständige Leistungsantrag für den Beginn der Verzinsung maßgebend (BSG SozR 1200 § 44 Nr. 3; SozR 3-1200 § 44 Nr. 4).

In der Praxis ist der *Antrag auf Verurteilung zur Zinszahlung nicht erforderlich* und nicht üblich. Denn die Leistungsträger, die zur Leistung auch für zurückliegende Zeit verurteilt sind, haben auf Grund ihrer gesetzlichen Pflicht (§ 44 SGB I) die Zinsen von Amts wegen zu ermitteln.

6. In der sozialgerichtlichen Praxis haben die auf *Renten wegen verminderter Erwerbsfähigkeit* gerichteten Klagen große Bedeutung. Mit dem am 1.1.2001 in Kraft getretenen Gesetz zur Reform der Renten wegen verminderter Erwerbsfähigkeit v. 20.12.2000 (BGBl. I 1827) ist dieser Kernbereich der gesetzlichen Rentenversicherung – als Teil einer Gesamtreform des Rentenversicherungsrechts (s. *Ruland* NZS 2001, 393) – neu geordnet worden mit dem Ziel, das Arbeitsmarktrisiko zwischen Renten- und Arbeitslosenversicherung sachgerecht zu verteilen. An die Stelle der bisherigen Rente wegen Erwerbsunfähigkeit ist die *zweistufige Erwerbsminderungsrente* getreten (s. unter a). Renten wegen verminderter Erwerbsfähigkeit werden grds. als *Zeitrenten* (befristet längstens für drei Jahre nach Rentenbeginn mit Wiederholungsmöglichkeit) und nicht vor Beginn des 7. Kalendermonats nach dem Eintritt der Minderung der Erwerbsfähigkeit geleistet (§ 101 Abs. 1, § 102 Abs. 2 SGB VI). *Ausnahme:* Renten, auf die ein Anspruch unabhängig von der jeweiligen Arbeitsmarktlage besteht, werden unbefristet geleistet, wenn unwahrscheinlich ist, dass die Minderung der Erwerbsfähigkeit behoben werden kann; hiervon ist nach einer Gesamtdauer der Befristung von neun Jahren auszugehen (ausf. zur Befristung DRV Heft 2–3, 2000, 172 ff.).

Der die Rente wegen Berufsunfähigkeit regelnde § 43 SGB VI wurde gestrichen; der Berufsschutz ist jedoch für eine lange Übergangszeit von bis zu 25 Jahren beibehalten worden und damit hat die *Rente wegen Berufsunfähigkeit* weiterhin Bedeutung (s. unter b).

Zur Reform der Erwerbsminderungsrenten: *Stichnoth/Wiechmann* DAngVers 2001, 53; *Rademacker* SozSich 2001, 74; *Wollschläger* DRV 2001, 276; *Joussen* NZS 2002, 294. Ausf., praxisnah und umf. mit Darstellung der BSG-Rspr. informiert Heft 2–3/2002 der DRV; außerdem *Marschang,* Verminderte Erwerbsfähigkeit – Ein Ratgeber zu den renten- und sozialrechtlichen Fragen –, 2002. Sa *Lambert* SGb 2007, 394. Schematisch dargestellt ergibt sich im Wesentlichen folgende differenzierte Rechtslage:

a) Die Rente wegen Erwerbsminderung wird als *Rente wegen teilweiser Erwerbsminderung* oder als *Rente wegen voller Erwerbsminderung* geleistet. Teilweise erwerbsgemindert sind Versicherte, die wegen Krankheit oder Behinderung auf nicht absehbare Zeit, dh für länger als sechs Monate (vgl. § 101 Abs. 1 SGB VI), außerstande sind, unter den üblichen Bedingungen des Arbeitsmarktes mindestens sechs Stunden täglich erwerbstätig zu sein (§ 43 Abs. 1 S. 2 SGB VI). Der Rentenartfaktor beträgt 0,5. Erst wenn das Leistungsvermögen auf unter drei Stunden täglich sinkt, liegt volle Erwerbsminderung vor (§ 43 Abs. 2 S. 2 SGB VI). Der Rentenartfaktor beträgt 1,0.

Wegen der die üblichen Bedingungen des Arbeitsmarktes berücksichtigenden sog *konkreten Betrachtungsweise* (richterliche Rechtsfortbildung) sind im Hinblick auf die Rspr. des BSG auch nach der Reform der Renten wegen verminderter Erwerbsfähigkeit (BSGE 109, 189 = NZS 2012, 302 mwN zur Rspr. = SGb 2012, 554 mAnm *Mey/Haustein*) folgende Besonderheiten zu beachten: Versicherte mit einem Leistungsvermögen von mindestens drei bis unter sechs Stunden, die keinen entsprechenden Teilzeitarbeitsplatz haben oder finden können oder selbständig tätig sind, haben Anspruch auf Rente wegen voller Erwerbsminderung (s. zur Verschlossenheit des Teilzeitarbeitsmarktes BSGE 30, 167; BSGE 43, 75; SozR 3-4750 Art. 2 § 6 Nr. 6 = SGb 1994, 185 mAnm *Dörr).* Somit führen bei arbeitslosen Versicherten bereits Einschränkungen des zeitlichen Leistungsvermögens auf weniger als sechs Stunden zum Leistungsfall der vollen Erwerbsminderungsrente. Ein noch mindestens sechs Stunden täglich einsatzfähiger Versicherter ist dagegen grds. unabhängig von seinen Vermittlungschancen (Risiko der Arbeitslosenversicherung) nicht erwerbsgemindert (§ 43 Abs. 3 SGB VI). Insoweit brauchen die Rentenversicherungsträger und die SG bei der Prüfung, ob eine Erwerbsminderung vorliegt keine konkreten Verweisungstätigkeiten zu benennen. Das gilt jedoch ausnahmsweise dann nicht, wenn die erhebliche Gefahr einer Verschlossenheit des Arbeitsmarktes besteht, nämlich bei einer Summierung ungewöhnlicher Leistungseinschränkungen oder einer schweren spezifischen Leistungsbehinderung (sog atypische Leistungseinschränkungen, zB Einschränkung der Arm- und Handbeweglichkeit, zusätzliche Arbeitspausen). S. zu diesen sog „Katalogfällen“ BSG (GS) 19.12.1996 – 1 GS 2/95; BSGE 80, 24; SozR 2200 § 1246 Nr. 137 S. 440, bestätigt in BSG SozR 4-2600 § 43 Nr. 18. Auch das Risiko einer häufigen Arbeitsunfähigkeit kann trotz vollschichtigen Leistungsvermögens zu einer Erwerbsminderung führen (BSG SozR 4-2600 § 43 Nr. 19).

Zur Erwerbsfähigkeit gehört darüber hinaus die Fähigkeit, eine Arbeitsstelle zu erreichen, die sog *Wegefähigkeit,* dh vier Mal am Tag Wegstrecken von mehr als 500 m mit zumutbarem Zeitaufwand (in jeweils weniger als 20 Minuten) zu Fuß bewältigen und zwei Mal täglich während der Hauptverkehrszeit mit öffentlichen Verkehrsmitteln fahren zu können (BSG BeckRS 9999, 00604; SozR 3-2200 § 1247 Nr. 10; SozR 3-2600 § 44 Nr. 10, jeweils mwN). Fehlt diese Fähigkeit, ist der Arbeitsmarkt als verschlossen anzusehen. Etwas anderes gilt ausnahmsweise dann, wenn der Versicherte einen Arbeitsplatz innehat, der in zumutbarer Entfernung liegt oder mit einem vorhandenen Kfz erreichbar ist, oder wenn dem Versicherten ein entsprechender Arbeitsplatz angeboten wird. Des Weiteren ist trotz Wegeunfähigkeit der Arbeitsmarkt nicht als verschlossen anzusehen, wenn Versicherte einen Führerschein sowie ein Kfz besitzen und ihnen eine Erwerbstätigkeit auch an einem über 500m entfernten Arbeitsplatz zumutbar ist. Die zum Rentenanspruch führende Wegeunfähigkeit wird indes nicht dadurch behoben, dass der Rentenversicherungsträger für den Fall der Arbeitsaufnahme einen Zuschuss nach der Kfz-Hilfe-VO für den Erwerb einer Fahrerlaubnis oder eines Kfz oder mögliche Beförderungsdienste in Aussicht stellt (BSG 21.3.2006 – B 5 RJ 51/04 R, SozR 4-2600 § 43 Nr. 8). Nur wenn bewilligte oder zugesicherte (§ 34 SGB X) Teilhabeleistungen Versicherte in die Lage versetzen, die derjenigen von Versicherten gleicht, die einen Führerschein und ein Kfz besitzen, wird ein Mobilitätsdefizit beseitigt (BSG 12.12.2011 – B 13 R 79/11 R, BSGE 101, 1 = SozR 4-2600 § 43 Nr. 17).

Dementsprechend haben die Tatsachengerichte in medizinischer und berufskundlicher Hinsicht von Amts wegen die „Standardfragen" zu klären, ob und inwieweit das Leistungsvermögen des Klägers aus gesundheitlichen Gründen qualitativ und/oder quantitativ (zeitlich) eingeschränkt ist und ob dieser noch Zugang zum allgemeinen Arbeitsmarkt hat (zur Verpflichtung des Gerichts, die Beteiligten über die für die Entscheidung maßgebenden berufskundlichen Tatsachen zu unterrichten BSG SozR 3-1500 § 62 Nr. 12; → Form. VIII.15 Anm. 5; zur fachübergreifenden zusammenfassenden Einschätzung der Leistungsfähigkeit bei gesundheitlichen Einschränkungen auf verschiedenen medizinischen Fachgebieten s. BSG SozR 4-1500 § 128 Nr. 3 = SGb 2004, 780m. krit. Anm. *Wilde*).

Konkret geht es um folgende Merkmale:

- Körperliche und geistige Belastbarkeit
- Zusätzliche Leistungseinschränkungen
- Wegefähigkeit
- Tägliche Arbeitszeit

S. dazu umfassend die vorerwähnte Darstellung in DRV Heft 2–3/2001; *Marschang,* Verminderte Erwerbsfähigkeit – Ein Ratgeber zu den renten- und sozialrechtlichen Fragen, 2002; sowie *Apidopoulos* SGb 2006, 720; *Mey* SGb 2007, 217.

b) *Rente wegen teilweiser Erwerbsminderung bei Berufsunfähigkeit* (Vertrauensschutzregelung für Versicherte, die vor dem 2.1.1961 geboren sind). Versicherte, die am 1.1.2001 bereits das 40. Lebensjahr vollendet haben, erhalten eine Rente wegen teilweiser Erwerbsminderung auch dann, wenn sie zwar auf dem allgemeinen Arbeitsmarkt vollschichtig, aber in ihrem *bisherigen Beruf* nicht mehr sechs Stunden täglich arbeiten können (§ 240 SGB VI). Der *Berufsschutz* wird damit für eine lange Übergangszeit in das neue System der zweistufigen Erwerbsminderungsrenten integriert. Damit ist weiterhin die Konkretisierung des Begriffs der Berufsunfähigkeit durch die Rspr. des BSG maßgebend; näher → Form. VIII.10. Der Rentenartfaktor für diese Rente beträgt nur 0,5 gegenüber 0,6667 bei der alten Berufsunfähigkeitsrente; die Rente ist also vergleichsweise 25 % niedriger, sodass diese Rentenart an Attraktivität verloren hat.

c) Von der vorstehend skizzierten Neuregelung sind Versicherte, die am 31.12.2000 bereits einen Anspruch auf Rente wegen Berufsunfähigkeit oder Erwerbsunfähigkeit hatten, nicht betroffen; der jeweilige Anspruch besteht bis zum Erreichen der Regelaltersgrenze weiter (vgl. § 302b Abs. 1 SGB VI).

7. Bei der Anfechtungs- und Leistungsklage ist die *Sach- und Rechtslage zum Zeitpunkt der letzten mündlichen Verhandlung* zu Grunde zu legen (allgM MKLS/*Keller* SGG § 54 Rn. 34; *Krasney/Udsching* SGVerf-HdB Kap. VII. Rn. 96 ff.; ausf. und kritisch dazu *Hasenpusch* SGb 1994, 319). Deshalb ist im Beispielsfall das Vorbringen, der Gesundheitszustand des Klägers habe sich nach Klageerhebung verschlechtert, erheblich und kann Ermittlungen von Amts wegen erforderlich machen.

8. Auch die Notwendigkeit zusätzlicher Arbeitspausen verpflichtet zur Benennung konkreter Verweisungstätigkeiten (BSG SozR 2200 § 1247 Nr. 42; SozR 2200 § 1246 Nr. 136; ausf. DRV Heft 2–3/2002, 134 f.). Gelingt der Nachweis nicht oder sind entsprechende Arbeitsplätze so selten, dass faktisch keine (auch keine schlechte) Chance mehr besteht, einen solchen Arbeitsplatz zu erhalten, ist der Versicherte auch bei einem mindestens sechsstündigen Leistungsvermögen voll erwerbsgemindert.

Kosten und Gebühren

9. Vgl. Hinweis → Form. VIII.2 Anm. 13–15.

Fristen und Rechtsmittel

10. Vgl. Hinweis → Form. VIII.2 Anm. 16.

7. Anfechtungs- und Leistungsklage – § 54 Abs. 4 SGG – (Beispiel 2: Klage auf Verletztenrente nach bindendem Ablehnungsbescheid)

An das
Sozialgericht

Klage

des Monteurs . . . . .,
Klägers,
Prozessbevollmächtigter: RA . . . . .
gegen
die Berufsgenossenschaft Holz und Metall . . . . .,
vertreten durch die Geschäftsführung,
Beklagte,
wegen Rücknahme eines unanfechtbaren rechtswidrigen Bescheides[1] und Zahlung einer Verletztenrente.

Namens und in Vollmacht des Klägers erhebe ich Klage und beantrage,

1. **den Bescheid der Beklagten vom . . . . . in der Gestalt des Widerspruchsbescheides vom . . . . . (Daten des nach § 44 SGB X erlassenen, eine Rücknahme ablehnenden Bescheides und des Widerspruchsbescheides) sowie den Bescheid vom . . . . . in der Gestalt des Widerspruchsbescheides vom . . . . . (Daten des ursprünglichen, unanfechtbaren Bescheides und des Widerspruchsbescheides) aufzuheben,**
2. **die Beklagte zu verurteilen, dem Kläger vom . . . . . an Verletztenrente iHv mindestens 20 vH der Vollrente zu zahlen.[2]**

Begründung:

Der Kläger war als Monteur beschäftigt und befand sich auf einer Dienstreise, um auf einer auswärtigen Baustelle zu arbeiten. Nach der Arbeit fuhr er von der Baustelle zum Hotel und parkte seinen PKW einige Meter davor. Auf dem Fußweg zum Hotel bemerkte er, dass er seine Herrenhandtasche mit Personalausweis, Reisepass, Kraftfahrzeug- und Führerschein im Wagen vergessen hatte. Er kehrte deshalb um und wollte die Tasche holen. Auf dem Weg dorthin erlitt er einen Unfall. Er wurde von einem PKW angefahren und zog sich eine Verletzung zu, die zum fast völligen Verlust des Sehvermögens des rechten Auges führte. Die Beklagte holte zwar das augenärztliche Gutachten des Prof. Dr. G. ein – dieser schätzte die unfallbedingte MdE auf 20 vH –, lehnte aber eine Entschädigung ab, weil der Kläger bei einer „eigenwirtschaftlichen" Tätigkeit verunglückt sei (Bescheid vom . . . . . und Widerspruchsbescheid vom . . . . .). Die dagegen gerichtete Klage war wegen Versäumung der Klagefrist erfolglos (rechtskräftiges Urteil des SG . . . . . vom . . . . .).

Am . . . . . beantragte der Kläger die Rücknahme des unanfechtbaren ablehnenden Bescheides. Die Beklagte lehnte diesen Antrag unter Hinweis auf ihre schon zuvor vertretene Auffassung ab (Bescheid vom . . . . . und Widerspruchsbescheid vom . . . . .).

Die Auffassung der Beklagten ist unzutreffend. Die Voraussetzungen des § 44 Abs. 1 S. 1 SGB X liegen vor. Die Beklagte hat bei der Ablehnung der Verletztenrente das Recht unrichtig angewandt. Denn der Kläger hat einen Arbeitsunfall (§ 8 SGB VII) erlitten. Die Tätigkeit, bei der sich der Unfall ereignete, stand nach den von der Rspr. des BSG für Dienstreisen entwickelten Wertungsmaßstäben im inneren Zusammenhang mit dem Beschäftigungsverhältnis. Danach handelt derjenige, der – wie der Kläger – während einer Dienstreise auf einem mit der beruflichen Tätigkeit zusammenhängenden Weg Ausweis, Kraftfahrzeugschein und Führerschein im abgestellten PKW vergisst und noch vor Beendigung des Weges dorthin zurückkehrt, um diese Papiere zu holen, rechtlich wesentlich auch im betrieblichen Interesse. Zur weiteren Begründung wird auf das einen gleichliegenden Sachverhalt betreffende Urteil des BSG 12.6.1990 – 2 RU 57/89 (SozR 3-2200 § 548 Nr. 3) Bezug genommen.

Rechtsanwalt[3, 4]

Anmerkungen

1. Das Form. betrifft den praktisch wichtigen Fall, dass bereits durch einen bindenden Verwaltungsakt ablehnend entschieden ist und geltend gemacht wird, dass diese Entscheidung anfänglich unrichtig ist. Die *Bindungswirkung* und damit sogar die Rechtskraft sozialgerichtlicher Urteile (§ 141 SGG) kann unter erleichterten Voraussetzungen beseitigt werden: Nach § 44 Abs. 1 SGB X ist ein Verwaltungsakt, auch nachdem er unanfechtbar geworden ist, mit Wirkung für die Vergangenheit zurückzunehmen, wenn sich im Einzelfall ergibt, dass bei Erlass des Verwaltungsakts das Recht unrichtig angewandt worden (erste Alternative) oder von einem Sachverhalt ausgegangen worden ist, der sich als unrichtig erweist (zweite Alternative), und soweit deshalb *Sozialleistungen* (s. zum Begriff der Sozialleistungen § 11 SGB I, zu den einzelnen Sozialleistungen §§ 18 ff. SGB I, → Form. VIII.6) zu Unrecht nicht erbracht oder *Beiträge* zu Unrecht erhoben worden sind. § 44 Abs. 1 SGB X findet auf Bescheide über die *Rückforderung* von Sozialleistungen (§ 50 SGB X) entsprechende Anwendung (BSG SozR 3-1300 § 44 Nr. 19). Die Vorschrift durchbricht die materielle Bestandskraft (Bindungswirkung, vgl. § 77 SGG und die Kommentierung dieser Vorschrift durch MKLS/*Schmidt* SGG § 77). Erforderlich ist ein hinreichend konkretisierter Antrag. IdR ist die einzelne Entscheidung, die zurückgenommen werden soll, zu benennen. Demgegenüber löst ein undifferenziertes Begehren auf Überprüfung des Verwaltungshandelns („Überprüfung sämtlicher bestandskräftiger Bescheide auf ihre Rechtmäßigkeit"), das im gerichtlichen Verfahren grds. nicht mehr nachgebessert werden kann, keine inhaltliche Prüfverpflichtung des Sozialleistungsträgers aus (BSG SozR 4-1300 § 44 Nr. 31 mwN). Ausnahmsweise kann eine Konkretisierung im Rahmen des Klageverfahrens über den sozialrechtlichen Herstellungsanspruch (→ Form. VIII.6 Anm. 1) erfolgen, wenn im Rahmen des Vorverfahrens zu Unrecht Akteneinsicht verweigert wurde (LSG Sachsen-Anhalt 23.6.2016 – L 5 AS 20/15, BeckRS 2016, 72639 = NZS 2017, 120 mAnm *Kainz*).

Voraussetzung für die Aufhebung des ursprünglichen Bescheides ist „einfache Rechtswidrigkeit" (BSG SozR 2200 § 1251 Nr. 102). Wenn der Antragsteller keine neuen tatsächlichen oder rechtlichen Argumente vorbringt, wird sich die Verwaltung allerdings idR ohne nähere Prüfung des Anspruchs auf die Bindungswirkung des ursprünglichen Bescheides berufen (näher dazu BSGE 63, 33; BSGE 79, 297 (299); LSG Nds-Brem 23.11.2017 – L 14 U 111/13, BeckRS 2017, 150147; sa *Jung* SGb 2002, 1 (2 ff.)). Lehnt die Verwaltung einen Antrag nach § 44 SGB X nach erneuter Prüfung ab, ist die Klage gegen den neuen Bescheid indessen nicht schon deshalb unbegründet, weil keine neuen Gesichtspunkte geltend gemacht worden sind und die Verwaltung die ablehnende Begründung des früheren bindenden Bescheides wiederholt hat; fehlende neue tatsächliche Argumente des Klägers spielen keine Rolle, wenn das Gericht die Rechtswidrigkeit des bindenden Bescheides erkennt (BSGE 97, 54 (57 f.); SozR 3-2600 § 243 Nr. 8; NZS 2004, 660 mAnm *Friedrich*; näher zum Überprüfungsverfahren nach § 44 SGB X: *Geiger* info also 2014, 147; *Voelzke/Hahn* SGb 2012, 685).

Eine unrichtige Rechtsanwendung iSd § 44 Abs. 1 SGB X liegt auch vor, wenn sich die höchstrichterliche Rspr. geändert hat und die Änderung auf der Erkenntnis der Unrichtigkeit der bisherigen Rspr. beruht (s. aber auch § 48 Abs. 2 SGB X; vgl. zur Abgrenzung der Normbereiche des § 44 SGB X und des § 48 Abs. 2 SGB X BSGE 55, 87 (89); BSGE 57, 209; BSGE 58, 27; Schütze/*Schütze* SGB X § 48 Rn. 13 ff.). Zum Verhältnis von § 44 Abs. 1 SGB X zu § 79 Abs. 2 BVerfGG, dh zur Bestandskraft von Verwaltungsakten, die auf einer vom BVerfG für nichtig bzw. für mit dem GG unvereinbar erklärten Norm beruhen *Spellbrink/Hellmich* SGb 2001, 605. In diesem Zusammenhang sind die Sonderregelungen für die Aufhebung von Verwaltungsakten in der Arbeitsförderung (§ 330 Abs. 1 SGB III) und in der Grundsicherung für Arbeitsuchende (§ 40 Abs. 3 SGB II) von Bedeutung. Sie beschränken die Fehlerkorrektur auf die Zukunft (s. iE *Kallert* in Gagel SGB III § 330 Rn. 35 ff.).

Auch die Erledigung eines Anspruchs durch *Vergleich* schließt nach BSG SozR 2200 § 1251 Nr. 115 einen Anspruch auf Neufeststellung nach § 44 SGB X nicht aus, soweit der Vergleich keinen Verzicht auf das materielle Recht iSd § 46 SGB I enthält (str., s. *Heilemann* SGb 1995, 240 (242 f.)).

Eine erneute Sachentscheidung wegen eines unrichtigen Sachverhalts (zweite Alternative) setzt die Benennung neuer Tatsachen und Beweismittel voraus, die für die Unrichtigkeit der Vorentscheidung sprechen. Sonst darf sich die Verwaltung ohne jede Sachprüfung auf die Bindungswirkung berufen (BayLSG 8.4.2014 – L 15 VK 2/11, BeckRS 2014, 69325).

Für Bescheide, die weder über eine Leistungsberechtigung noch über eine Beitragsverpflichtung befinden („Nichtleistungsbescheide"), enthält § 44 Abs. 2 SGB X eine besondere Regelung (Rücknahmepflicht für die Zukunft, Ermessen für die Vergangenheit).

Zu beachten ist, dass nach Aufhebung des rechtswidrigen Verwaltungsakts Sozialleistungen längstens für einen Zeitraum bis zu vier Jahren vor der Rücknahme erbracht werden (näher dazu § 44 Abs. 4 SGB X), und zwar auch dann, wenn den Sozialleistungsträger an der Rechtswidrigkeit des zurückgenommenen Bescheides ein Verschulden getroffen hat (BSG SozR 1300 § 44 Nr. 17). Betrifft die zurückzunehmende Entscheidung ausschließlich Leistungen, die von der „Verfallklausel" des § 44 Abs. 4 SGB X erfasst werden, ist schon eine Rücknahmeentscheidung nach § 44 Abs. 1 SGB X nicht zu treffen

(BSG NZS 2013, 518; BSGE 68, 180; SozR 3-6610 Art. 5 Nr. 1). In der Grundsicherung für Arbeitsuchende und in der Sozialhilfe ist der Zeitraum auf ein Jahr verkürzt (§ 40 Abs. 1 S. 2 Nr. 2 SGB II, § 116a Nr. 2 SGB XII). Im Asylbewerberleistungsrecht ist die Regelung entsprechend anzuwenden (BSGE 114, 20). Darüber hinaus können Besonderheiten des Sozialhilferechts der Gewährung von Leistungen für die Vergangenheit insb. bei zwischenzeitlichem Wegfall des Bedarfs entgegenstehen (BSGE 104, 213; sa *Hochheim* NZS 2010, 302). In der Grundsicherung für Arbeitsuchende setzt demgegenüber der Anspruch auf Rücknahme eines rechtswidrigen nicht begünstigenden Verwaltungsakts und der Anspruch auf eine sich daraus ergebende Leistungsnachzahlung keine bis zum Abschluss des Überprüfungsverfahrens durchgehend bestehende Hilfebedürftigkeit voraus (BSG 4.4.2017 – B 4 AS 6/16 R, SozR 4-4200 § 40 Nr. 12 = NJW 2018, 105).

Auf die Überprüfung bestandskräftiger Aufhebungsbescheide ist § 44 Abs. 4 SGB X nicht entsprechend anwendbar. Der Sozialleistungsträger kann der Auszahlung rechtswidrig erlangter Erstattungsbeträge die „Verfallklausel" nicht entgegenhalten (BSG 12.12.1996 – 11 RAr 31/96, SozR 3-1300 § 44 Nr. 19). In der Grundsicherung für Arbeitsuchende und in der Sozialhilfe ist die Rücknahme seit der Änderung durch das Neunte Gesetz zur Änderung des Zweiten Buches Sozialgesetzbuch – Rechtsvereinfachung – sowie zur vorübergehenden Aussetzung der Insolvenzantragspflicht vom 26.7.2016 (BGBl. I 1824) auf einen Zeitraum von vier Jahren nach Ablauf des Jahres, in dem der Verwaltungsakt bekanntgegeben wurde, beschränkt; ausreichend ist, wenn die Rücknahme innerhalb dieses Zeitraums beantragt wird (§ 40 Abs. 1 S. 2 Nr. 1 SGB II, § 116a Nr. 1 SGB XII; zur Relevanz dieser Fristen gegenüber der vorrangigen „Verfallsklausel" jurisPK-SGB II/*Aubel* § 40 Rn. 48 ff.).

2. Ob es sich bei der auf § 44 Abs. 1 SGB X gestützten Klage um eine *kombinierte Anfechtungs- und Leistungsklage* iSd § 54 Abs. 4 SGG handelt oder ob diese mit einer Verpflichtungsklage auf Rücknahme des bestandskräftigen Verwaltungsakts verbunden werden muss, ist str. Wie hier: „Durchverurteilung" zur Leistung BSGE 55, 87 (89); BSGE 97, 54 Rn. 9; sowie *Krasney/Udsching* SGVerf-HdB Kap. IV Rn. 76; s. aber auch MKLS/*Keller* SGG § 54 Rn. 20c mwN, *Herold-Tews/Merkel* Sozialgerichtsprozess Rn. 100: kombinierte Anfechtungs- und Verpflichtungsklage, die mit einer Leistungsklage verbunden ist.

Kosten und Gebühren

3. Vgl. Hinweis → Form. VIII.2 Anm. 13–15.

Fristen und Rechtsmittel

4. Vgl. Hinweis → Form. VIII.2 Anm. 16.

8. Feststellungsklage – § 55 SGG – (Klage auf Feststellung der Versicherungspflicht)

An das
Sozialgericht[1, 2, 3, 4]

Klage

der Volkshochschuldozentin . . . . .,
Klägerin,

Prozessbevollmächtigter: RA . . . . .
gegen
die Allgemeinen Ortskrankenkasse . . . . .,
vertreten durch den Vorstand,
Beklagte,
wegen Feststellung der Versicherungspflicht.
Namens und in Vollmacht der Klägerin erhebe ich Klage und beantrage,

1. **den Bescheid der Beklagten vom . . . . . in der Gestalt des Widerspruchsbescheides vom . . . . . aufzuheben,**
2. **festzustellen, dass die Klägerin der Versicherungspflicht in der Kranken-, Pflege-, Renten- und Arbeitslosenversicherung unterliegt.[5]**

Begründung:[6]

Die Klägerin ist ausgebildete Berufsschullehrerin und seit . . . . . als Dozentin in der Volkhochschule (VHS) der Stadt . . . . . beschäftigt. Sie unterrichtet idR wenigstens 14 Unterrichtsstunden Deutsch und Mathematik in Kursen des zweiten Bildungsweges, die auf die Realschulprüfung vorbereiten. Die Klägerin wird auch als Prüferin eingesetzt. Die Klägerin war zuletzt freiwilliges Mitglied der beklagten Krankenkasse und zahlte Beiträge aus ihrem „Arbeitseinkommen als selbständig tätige Lehrerin". Am . . . . . wandte sie sich an die Beklagte, schilderte ihre Tätigkeit bei der VHS und bat um Überprüfung ihres versicherungsrechtlichen Status. Nach Anhörung von Klägerin und VHS stellte die Beklagte mit Bescheid vom . . . . . fest, dass die Klägerin in der Kranken-, Pflege-, Renten- und Arbeitslosenversicherung nicht als Beschäftigte versicherungspflichtig ist.[7, 8] Zur Begründung führte sie aus: Zwischen der Klägerin und der VHS bestehe kein „klassischer" Arbeitsvertrag. Die Beschäftigung erfolge auf der Grundlage von Lehraufträgen, in denen bestimmt sei, dass ein Arbeitsverhältnis nicht begründet werden solle, sondern ein Dienstleistungsverhältnis nach dem BGB bestehe. Im Rahmen des Lehrauftrages sei die Klägerin in der Gestaltung des Unterrichts frei und werde außerhalb der vertraglich geschuldeten Unterrichtszeiten nicht beansprucht. Der Widerspruch wurde mit Widerspruchsbescheid vom . . . . . zurückgewiesen.

Die Auffassung der Beklagten ist unrichtig. Maßgeblich dafür, ob eine abhängige Beschäftigung oder eine selbständige Tätigkeit vorliegt, sind die tatsächlichen Umstände insb. der Arbeitsleistung. Demgegenüber ist die vertragliche Vereinbarung von VHS und Klägerin nicht entscheidend. Tatsächlich ist die Klägerin wie Lehrkräfte an öffentlichen Schulen in den Kursbetrieb der VHS eingebunden, die nach der Rspr. von BAG und BSG Arbeitnehmer sind: Die Klägerin bietet nicht iRd Programms der VHS einzelne Kurse an, die sie nach eigenem Interessenschwerpunkt und Neigung thematisch und inhaltlich bestimmt. Vielmehr sind Inhalte und Anforderungsniveau der auf die Realschulprüfung vorbereitenden Kurse durch Rahmenrichtlinien und Prüfungsordnungen festgelegt. Die Klägerin kann auch nicht frei über ihre Arbeitszeit bestimmen und diese frei einteilen, zumal sie Vertretungsstunden übernehmen muss. Schließlich ist ihre Tätigkeit mit Nebenarbeiten verbunden, die für Lehrkräfte an öffentlichen Schulen typisch sind. Sie hat Klassenbücher zu führen, Klassenarbeiten schreiben zu lassen, zu korrigieren und Zensuren zu geben. Auch die Prüfungstätigkeit ist Bestandteil der Unterrichtstätigkeit.[9]
Rechtsanwalt[10, 11]

Anmerkungen

1. Mit der *Feststellungsklage* (§ 55 SGG) kann begehrt werden: 1. die Feststellung des Bestehens oder Nichtbestehens eines Rechtsverhältnisses, 2. die Feststellung, welcher Versicherungsträger der Sozialversicherung zuständig ist, 3. die Feststellung, ob eine

Gesundheitsstörung oder der Tod die Folge eines Arbeitsunfalls, einer Berufskrankheit (nicht aber, wenn es um Leistungsansprüche von Hinterbliebenen geht, BSG NJW 2021, 1485) oder einer Schädigung iSd BVG (ab dem 1.1.2024 iSd SGB XIV) ist, 4. die Feststellung der Nichtigkeit eines Verwaltungsakts, wenn der Kläger ein berechtigtes Interesse an der baldigen Feststellung hat. – Von erheblicher praktischer Bedeutung ist für die gesetzliche Unfallversicherung und das soziale Entschädigungsrecht die Feststellung des ursächlichen Zusammenhanges (Kausalität) nach § 55 Abs. 1 Nr. 3 SGG; → Form. VIII.9 Anm. 3.

Die sog *„Elementenfeststellungsklage"* ist ausnahmsweise zulässig, wenn durch sie der Rechtsstreit im Ganzen bereinigt wird (BSGE 31, 235; BSGE 48, 238 (240)). Auch kann ein Rechtsschutzinteresse daran bestehen, zunächst nur eine einzelne Voraussetzung eines Leistungsanspruchs zu klären. Bsp.: Die Erwerbsunfähigkeit als Voraussetzung der Rente wegen Erwerbsminderung bereits vor der Abgabe des landwirtschaftlichen Unternehmens, die ebenfalls Anspruchsvoraussetzung ist (vgl. § 13 Abs. 1 Gesetz über die Alterssicherung der Landwirte). In einem solchen Fall ist eine auf Erteilung der Zusicherung, nach Erfüllung der Voraussetzungen die begehrte Leistung zu gewähren (§ 34 SGB X), gerichtete Anfechtungs- und Verpflichtungsklage (§ 54 Abs. 1 SGG – → Form. VIII.4 Anm. 1) die richtige Klageart (BSG BeckRS 2006, 45125). Die Frage der Erwerbsminderung wäre vor der Abgabe der Zusicherung zu klären, so dass auf diesem Weg die angestrebte Gewissheit über diese Voraussetzung für weitere Dispositionen erlangt werden kann.

Zur *Fortsetzungsfeststellungsklage* → Anm. 2.

2. Hat sich der angefochtene Verwaltungsakt während des Rechtsstreites erledigt, wird die Klage idR zurückgenommen oder der Rechtsstreit in der Hauptsache für erledigt erklärt. Der Klageantrag kann jedoch ausnahmsweise in einen Feststellungsantrag umgewandelt werden, wenn der Kläger ein berechtigtes Interesse an der Feststellung der Rechtswidrigkeit des Verwaltungsakts hat – sog *Fortsetzungsfeststellungsklage* – (§ 131 Abs. 1 S. 3 SGG).

Das Feststellungsinteresse kann rechtlicher, wirtschaftlicher oder ideeller Natur sein und kommt in vier Richtungen in Betracht: als Schadensinteresse, Rehabilitationsinteresse, wegen der Gefahr der Wiederholung (BSG SozR 4100 § 19 Nr. 5 S. 22 mwN; SozR 3-1500 § 88 Nr. 1 S. 3) oder wegen der Unzumutbarkeit, eine Verwaltungsentscheidung abzuwarten (BSG 15.12.2020 – B 2 U 142/20 B, BeckRS 2020, 39626; zur Besonderheit des Feststellungsinteresses zwischen Trägern der Grundsicherung s. BSG 26.11.2020 – B 14 AS 47/18 R, BeckRS 2020, 44094). Hat sich der Verwaltungsakt bei einer *Anfechtungsklage* erledigt, so ist der Antrag darauf zu richten, dass der Verwaltungsakt (Bescheid in der Gestalt des Widerspruchsbescheides) rechtswidrig war. Die Fortsetzungsfeststellungsklage kommt auch in Betracht, wenn sich das *Verpflichtungsbegehren* erledigt hat (BSG SozR 3-1500 § 88 Nr. 1 S. 3; BSGE 42, 212 (216)). In diesem Fall ist – entsprechend der anfänglichen Verpflichtungsklage – die Feststellung zu beantragen, dass die Behörde verpflichtet war, den abgelehnten Verwaltungsakt zu erlassen. Auch eine *Untätigkeitsklage* kann unter den Voraussetzungen des § 131 Abs. 1 S. 3 SGG auf die Fortsetzungsfeststellungsklage umgestellt werden (→ Form. VIII.5 Anm. 1).

3. *Feststellungen nach dem Schwerbehindertenrecht* gem. § 152 SGB IX sind nicht mit der Feststellungs-, sondern mit der *Verpflichtungsklage* (→ Form. VIII.4) zu verfolgen (BSG 11.8.2015 – B 9 SB 2/14 R, SozR 4-3250 § 69 Nr. 19; BSG 12.4.2000 – B 9 SB 3/99 R, SozR 3-3870 § 3 Nr. 9). Die Verpflichtung der Versorgungsbehörde besteht darin, durch feststellenden Verwaltungsakt eine Statusfeststellung zu treffen, die die Grundlage für die Ausstellung des Schwerbehindertenausweises bildet (vgl. § 152 Abs. 5 SGB IX) und Voraussetzung für bestimmte öffentlich-rechtliche Leistungen und arbeitsrechtliche Vorteile ist (BSG SozR 3-1300 § 44 Nr. 3 mwN; s. aber auch BSG SozR 1500 § 78 Nr. 7

= SGb 1978, 68mAnm *Freitag:* Statusfeststellung als Leistung iSd § 54 Abs. 4 SGG). Näher zu diesen Vergünstigungen *Greß*, Schwerbehindert, Ratgeber, 3. Aufl. 2018. Wird ein GdB von wenigstens 50 festgestellt, erhält der Antragsteller einen Schwerbehindertenausweis. Hilfreich ist die Internetseite des BMAS, die Antragsformulare der Länder bereithält: www.einfach-teilhaben.de (Schwerbehinderung).

Die Versorgungsverwaltung hat (entgegen früherer Übung) im Verfügungssatz des Bescheides nur das Vorliegen einer (unbenannten) Behinderung mit einem bestimmten GdB (§ 152 Abs. 1 SGB IX) und ggf. weitere gesundheitliche Merkmale als Voraussetzung für die Inanspruchnahme von Nachteilsausgleichen (§ 152 Abs. 4 SGB IX) festzustellen. Die isolierte Feststellung von Gesundheitsstörungen und Funktionsbeeinträchtigungen als (weitere) Behinderungen ist wegen fehlenden Rechtsschutzinteresses unzulässig (BSG SozR 3-3870 § 4 Nr. 24).

Eine Feststellung ist nur zu treffen, wenn ein GdB von wenigstens 20 vorliegt (§ 152 Abs. 1 S. 6 SGB IX); der Anspruch auf Feststellung des maßgeblichen, nach Zehnergraden gestuften GdB (§ 152 Abs. 1 S. 5 SGB IX) besteht unabhängig davon, ob die rechtliche und/oder wirtschaftliche Situation dadurch unmittelbar verbessert wird (BSG SozR 4-3250 § 69 Nr. 8). Die Feststellung erfolgt grds. für die Zeit ab der Antragstellung. Mit der Regelung der Feststellung der Behinderung in § 152 SGB IX durch das Ges. zur Stärkung der Teilhabe und Selbstbestimmung von Menschen mit Behinderungen (Bundesteilhabegesetz) vom 23.12.2016 (BGBl. I 3234) ist in Satz 2 die Rspr. aufgegriffen worden, dass bei Glaubhaftmachung eines besonderen Interesses (zB die beabsichtigte Inanspruchnahme von Steuervorteilen, BSG SozR 4-3250 § 69 Nr. 15) das Vorliegen der Behinderung bereits zu einem früheren Zeitpunkt festgestellt werden kann; eine solche rückwirkende Feststellung ist nicht auf offensichtliche Fälle beschränkt (BSG SozR 4-3250 § 69 Nr. 13) – näher hierzu *Langel/Mußmann* SGb 2013, 257.

Ein Klageantrag nach § 69 Abs. 1 u. 4 SGB IX könnte demgemäß zB lauten:

1. den Bescheid des . . . . . vom . . . . . in der Gestalt des Widerspruchsbescheides des . . . . . vom . . . . . zu ändern, 2. den Beklagten zu verurteilen, ab dem . . . . . a) eine Behinderung mit einem GdB von 70 und b) die gesundheitlichen Merkmale des Nachteilsausgleichs „G“ festzustellen.

Das BSG sieht in stRspr die GdB-Feststellung überdies als Verwaltungsakt mit Dauerwirkung an, die nur unter den Voraussetzungen der §§ 44 ff. SGB X, insb. nach § 48 SGB X (→ Form. VIII.2 Anm. 2) geändert werden kann (BSG SozR 4-1300 § 48 Nr. 26 mwN).

Grundlage für die Feststellung des GdB sind die „Versorgungsmedizinischen Grundsätze“ in der Anlage zur Versorgungsmedizin-VO, die zum 1.1.2009 in Kraft getreten sind (BGBl. 2008 I 2412) und die die „Anhaltspunkte für die ärztliche Gutachtertätigkeit im sozialen Entschädigungsrecht und nach dem Schwerbehindertenrecht“ – AHP – abgelöst haben (www.bmas.de/DE/Themen/Soziale-Sicherung/Versorgungsmedizin/inhalt.html). Das BSG hatte den AHP – im Gegensatz zu den MdE-Erfahrungssätzen in der gesetzlichen Unfallversicherung (→ Form. VIII.9 Anm. 6) – eine rechtsnormähnliche Qualität beigemessen (BSGE 91, 205 Rn. 14 mwN). Allerdings hatte die Rspr. die fehlende Rechtsgrundlage beanstandet, die daraufhin in den Jahren 2007 und 2008 geschaffen worden ist (vgl. § 30 Abs. 16 BVG (ab 1.1.2024, § 5 Abs. 2 SGB XIV), § 69 Abs. 1 S. 5 SGB IX). Eine inhaltliche Änderung der in den AHP niedergelegten Grundsätze und Kriterien ist damit nicht verbunden. Weiterführende Hinweise bei *Knickrehm* SGb 2008, 220; *Benz* SGb 2011, 625. Zum Streitgegenstand und zu den Beweisfragen im Schwerbehindertenrecht *Krasney/Udsching* SGVerf-HdB Kap. III Rn. 150 ff. Allg. Literaturhinweise zum Schwerbehindertenrecht: *Dau/Düwell/Joussen,* SGB IX, Lehr- und Praxiskomm., 5. Aufl. 2017; *Kossens/von der Heide/Maaß,* SGB IX, Komm., 4. Aufl. 2015; *Neumann/Pahlen/Winkler/Jabben,* SGB IX, Komm., 13. Aufl. 2018.

4. Nach § 89 SGG ist die Klage an keine Frist gebunden, wenn die Feststellung der Nichtigkeit eines Verwaltungsakts oder die Feststellung des zuständigen Versicherungsträgers begehrt wird. Darüber hinaus gilt allgemein, dass die isolierte Feststellungsklage an keine Frist gebunden ist. Ist dagegen – wie im Regelfall – der Feststellungsklage ein Verwaltungsakt vorausgegangen, der den Gegenstand der Feststellungsklage betrifft (→ Anm. 5), so gilt die Klagefrist des § 87 SGG (vgl. MKLS/*Schmidt* SGG § 87 Rn. 2; SGG § 89 Rn. 4).

In den Verfahren über die Frage des Bestehens von Versicherungspflicht – Textbeispiel – sind der Arbeitgeber und die anderen Sozialversicherungsträger (Rentenversicherungsträger und Bundesagentur für Arbeit) notwendig beizuladen (§ 75 Abs. 2 SGG, → Form. VIII.23; BSGE 84, 136).

5. Im Textbeispiel ist die Feststellungs- mit der Anfechtungsklage verbunden. Nach BSGE 57, 184; BSGE 58, 150 (152) ist die Feststellungsklage idR ohne vorangegangenes Verwaltungsverfahren unzulässig, weil ein streitig gewordenes öffentlich-rechtliches Verhältnis zunächst in einem Verwaltungsverfahren durch Verwaltungsakt zu regeln ist (Ausnahme aber bei Unzumutbarkeit, eine Verwaltungsentscheidung abzuwarten, BSG 15.12.2020 – B 2 U 142/20 B, BeckRS 2020, 39626). Der Anwendungsbereich der „reinen" Feststellungsklage ist somit im Sozialrecht gering.

6. Das Textbeispiel betrifft die Feststellung eines Beschäftigungsverhältnisses (→ Anm. 7) und damit die Feststellung des Bestehens eines Rechtsverhältnisses (§ 55 Abs. 1 Nr. 1 SGG).

7. Das *Beschäftigungsverhältnis* ist die Grundlage der Sozialversicherungspflicht. Essenzielles Merkmal (Hauptmerkmal) der Beschäftigung ist die Arbeit in persönlicher Abhängigkeit von einem Dritten. § 7 Abs. 1 S. 2 SGB IV charakterisiert dieses Merkmal näher wie folgt: „Anhaltspunkte für eine Beschäftigung sind eine Tätigkeit nach Weisungen und eine Eingliederung in die Arbeitsorganisation des Weisungsgebers". Maßgebend ist insoweit stets das Gesamtbild der jeweiligen Arbeitsleistung unter Berücksichtigung der Verkehrsanschauung. Entsprechend der Legaldefinition des § 7 Abs. 1 SGB IV sieht das BSG als maßgebendes Kriterium des abhängigen Beschäftigungsverhältnisses die betriebliche Eingliederung und Unterordnung unter ein Zeit, Dauer, Ort und Art der Arbeitsausführung umfassendes Weisungsrecht des Arbeitgebers an (BSGE 38, 53 (57); BSGE 45, 199; BSGE 83, 246; zur Selbständigkeit u. Arbeitnehmereigenschaft im Sozialrecht sa *Diepenbrock,* NZS 2016, 12).

Abgrenzungsprobleme betreffen insb. die sog *freien Mitarbeiter* (s. dazu den Berufsgruppenkatalog in der Anl. 5 der Verlautbarung der Spitzenverbände v. 13.4.2010: sa *Schmidt* NZS 2000, 57; *Sommer* NZS 2003, 169; *Wilde* NWB 2003, 525; zu sozial- und steuerrechtlichen Auswirkungen *Seel* NZS 2011, 532).

Weitere „Problemgruppen" sind *Angehörige des Arbeitgebers* (dazu *Matern* DAngVers 2005, 16) und *geschäftsführende Gesellschafter einer GmbH.* Bei einem Geschäftsführer einer GmbH fehlt die persönliche Abhängigkeit, wenn er Einzelweisungen jederzeit verhindern kann. Eine derartige Rechtsmacht liegt idR dann vor, wenn er mindestens die Hälfte des Stammkapitals innehat oder über eine sog Sperrminorität verfügt, mit der alle ihm nicht genehmen Entscheidungen verhindert werden können (BSG SozR 3-2400 § 7 Nr. 4). Deshalb wird bei Fremdgeschäftsführern, dh nicht am Gesellschaftskapital beteiligten Geschäftsführern, eine abhängige Beschäftigung angenommen (BSG SozR 3-2400 § 7 Nr. 20), sofern im Einzelfall nicht besondere Umstände (zB „Kopf und Seele" der Gesellschaft – BSG SozR 2100 § 7 Nr. 7 – s. dazu aber sogleich) eine Weisungsgebundenheit gegenüber den Gesellschaftern aufheben. Aber auch bei Geschäftsführern, die zwar Gesellschafter sind, jedoch weder über die Mehrheit der Gesellschaftsanteile noch über eine sog Sperrminorität verfügen, liegt idR eine abhängige Beschäftigung vor

(BSG SozR 4-2400 § 7 Nr. 1). Das gilt auch für mitarbeitende Gesellschafter, da sie idR dem Weisungsrecht der Geschäftsführer unterliegen. Allerdings kann eine rechtlich bestehende Abhängigkeit durch die tatsächlichen Verhältnisse so überlagert sein, dass eine abhängige Beschäftigung ausscheidet (näher BSG SozR 3-2400 § 7 Nr. 17).

Die für das Leistungsrecht der Arbeitsförderung und das Recht der Unfallversicherung von den dafür zuständigen Senaten entwickelte sog. „Kopf u. Seele“-Rspr. zieht der für das Beitragsrecht zuständige 12. Senat des BSG nicht mehr heran (BSG 23.2.2021 – B 12 R 18/18 R, BeckRS 2021, 11802; 8.7.2020 – B 12 R 26/18 R, BeckRS 2020, 37859; 29.7.2015 – B 12 KR 23/13 R, BSGE 119, 216 = SozR 4-2400 § 7 Nr. 24 Rn. 28 ff.; sa BSG 11.11.2015 – B 12 R 2/14 R, SozR 4-2400 § 7 Nr. 27 Rn. 42). Danach sind für die Beurteilung einer selbstständigen Tätigkeit oder einer (abhängigen) Beschäftigung die Vertragsverhältnisse maßgebend. Entscheidender Gesichtspunkt für die Annahme einer selbstständigen Tätigkeit ist die rechtliche Möglichkeit, unliebsame Weisungen abzuwenden (ausf. dazu *Legde* SGb 2017, 25).

Eine „Fundgrube“ zur Abgrenzungsproblematik ist die mit vielen Rechtsprechungshinweisen versehene Übersicht bei KassKomm/*Zieglmeier* SGB IV § 7 Rn. 75 ff., insb. Rn. 133; sa die Anlagen zur versicherungsrechtlichen Beurteilung in der oben angeführten Verlautbarung der Spitzenverbände v. 13.4.2010 und dazu *Grimm* DB 2012, 175. Zu weiteren und aktuellen Problemfeldern *Wenner* SozSich 2014, 245.

Trotz Selbständigkeit ist der von § 2 SGB VI erfasste Personenkreis wegen seiner vom Gesetzgeber typisierend angenommenen Schutzbedürftigkeit rentenversicherungspflichtig (zur Rentenversicherungspflicht von Alleingesellschafter/-geschäftsführern in einer „Ein-Mann-GmbH“ BSGE 95, 275 = NJW 2006, 1162 = NZA 2006, 369 mAnm *Gach/Kock;* NJW 2006, 189; *Schrader/Straube* NZA 2006, 358; zur Rentenversicherungspflicht selbständiger Lehrer BSG SozR 4-2600 § 2 Nr. 9; s. ferner *Plagemann/Plagemann* zum Sozialschutz des Unternehmers in der Unternehmergesellschaft – haftungsbeschränkt – nach § 5a GmbHG, DStR 2009, 1809), zur Befreiung von der Versicherungspflicht s. § 6 SGB VI.

8. Die *Einzugsstelle* (Krankenkasse) entscheidet grds. über Versicherungspflicht und Beitragshöhe in Kranken-, Pflege und Rentenversicherung sowie über Beitragspflicht und -höhe nach dem Recht der Arbeitsförderung; sie erlässt auch den Widerspruchsbescheid (§ 28h Abs. 2 S. 1 SGB IV). Nach Auffassung des BSG entfaltet eine Entscheidung der Einzugsstelle keine Bindung für das Leistungsrecht der Arbeitslosenversicherung, da dieses nicht an eine Beitragsentrichtung gekoppelt sei (BSGE 70, 81 (84 ff.) – dazu krit. *Rolfs,* Das Versicherungsprinzip im Sozialversicherungsrecht, 2000, 321 ff.). Dadurch ist es insb. bei mitarbeitenden Familienangehörigen und Gesellschafter-Geschäftsführern einer GmbH immer wieder vorgekommen, dass trotz Zahlung des Gesamtsozialversicherungsbeitrages (§ 28d ff. SGB IV) kein Anspruch auf Arbeitslosengeld besteht, weil tatsächlich keine abhängige Beschäftigung ausgeübt wurde. Um diese unbefriedigende Rechtslage zu verbessern, hat der Gesetzgeber für diese Personengruppen mit § 7a Abs. 1 S. 2 SGB IV ein *obligatorisches,* dh von Amts wegen durchzuführendes Statusfeststellungsverfahren bei der Deutschen Rentenversicherung (DRV) Bund („Clearingstelle“) eingeführt; s. näher zur Neuregelung des § 7a SGB IV zum 1.1.2005 durch das Vierte Gesetz für moderne Dienstleistungen am Arbeitsmarkt („Hartz IV“) v. 24.12.2003 (BGBl. I 2954) *Geisler* DAngVers 2004, 553; *Menthe* DAngVers 2005, 125; sowie die Verlautbarung der Spitzenverbände v. 13.4.2010 (→ Anm. 7). An die Feststellung der DRV Bund ist die Bundesagentur für Arbeit gebunden (§ 336 SGB III). Die Beteiligten, dh die Vertragspartner der zu bewertenden Tätigkeit, *können* das Statusfeststellungsverfahren – idR mit Aufnahme der Tätigkeit – beantragen, um Klarheit über eine abhängige Beschäftigung oder eine selbständige Tätigkeit zu erlangen, sofern nicht die Einigungsstelle oder ein anderer Versicherungsträger im Zeitpunkt der Antragstellung bereits ein

Verfahren zur Feststellung einer Beschäftigung eingeleitet hatte (§ 7a Abs. 1 S. 1 SGB IV). Näher zum Regelungsgehalt des § 7a SGB IV BSGE 103, 17; s. iÜ zu den Rechtsauslegungsunsicherheiten des § 7a SGB IV die Kommentierung v. *Marschner* in *Kreikebohm*, SGB IV, Komm., 2. Aufl. 2014, und zu den verfahrensrechtlichen Problemen *Berchtold* NZS 2014, 885.

9. Zum Textbeispiel der abhängigen Beschäftigung von Dozenten der VHS s. BSG BeckRS 2004, 40610; BAG AP Nr. 152 zu § 611 BGB; LAG Nds MDR 2003, 1239 jeweils mwN; differenzierend LSG Nds-Brem BeckRS 2013, 68304.

Kosten und Gebühren

10. Vgl. Hinweis → Form. VIII.2 Anm. 13–15. In den Verfahren betr. Streit über die Versicherungspflicht, in denen gem. § 197a SGG das GKG anwendbar ist, wird differenziert: Während das BSG in Statusfeststellungsverfahren gem. § 7a SGB IV den Auffangstreitwert von 5.000 EUR zugrunde legt (§ 52 Abs. 2 GKG; BSG 123, 50; krit. mit beachtlichen Argumenten LSG Nds-Brem 1.4.2019 – L 2 BA 18/18, NZS 2020, 917), ist in Verfahren nach Betriebsprüfungen gem. § 28p SGB IV die Höhe der streitigen Beiträge maßgebend (BSGE 125, 105).

Fristen und Rechtsmittel

11. → Anm. 4 und Hinweis → Form. VIII.2 Anm. 16.

9. Anfechtungs-, Feststellungs- und Leistungsklage – §§ 54 Abs. 4, 55 Abs. 1 Nr. 3 SGG – Klage auf Feststellung von Unfallfolgen und Verletztenrente

An das
Sozialgericht[1]

Klage

des Kraftfahrers . . . . .,
Klägers,
Prozessbevollmächtigter: RA . . . . .
gegen
die Verwaltungs-Berufsgenossenschaft . . . . .,
vertreten durch die Geschäftsführung,
Beklagte,
wegen Feststellung von Unfallfolgen und Zahlung von Verletztenrente
Namens und in Vollmacht des Klägers erhebe ich Klage und beantrage,

1. **den Bescheid der Beklagten vom . . . . . in der Gestalt des Widerspruchsbescheides vom . . . . . aufzuheben,**
2. **festzustellen, dass die Gesundheitsstörung „Gonarthrose rechts mit Einschränkung der Beweglichkeit des rechten Kniegelenks" Folge des Arbeitsunfalls[2] vom . . . . . ist,[3, 4]**
3. **die Beklagte zu verurteilen, dem Kläger vom . . . . . an Verletztenrente iHv mindestens 20 vH der Vollrente zu zahlen.[5, 6, 7]**

Begründung:

Der Kläger hatte sich am . . . . . . 2009 auf dem Weg zur Arbeit das rechte Kniegelenk verrenkt und den inneren Meniskus verletzt. Die Beklagte hatte den „Zustand nach Knieverletzung rechts und anschließender Meniskusoperation" als Folge dieses Arbeitsunfalls anerkannt und ihm für die Zeit vom . . . . . . bis . . . . . . 2010 Verletztenrente iHv 20 vH der Vollrente gezahlt (Bescheide vom . . . . . .). Wegen einer schmerzhaften Gonarthrose rechts, die ihm seit 2016 Beschwerden bereitete, unterzog sich der Kläger am . . . . . . 2017 einer erneuten Knieoperation. Gestützt auf das Gutachten des Dr. K. vom . . . . . . lehnte die Beklagte den nach dieser Operation gestellten Antrag des Klägers auf Verletztenrente vom . . . . . . ab, weil wegen des langen Zeitraums bis zum Auftreten der ersten Beschwerden und des auch am linken, vom Unfall nicht betroffenen Knie festgestellten Gelenkverschleißes der ursächliche Zusammenhang der Gonarthrose rechts mit dem Arbeitsunfall nicht wahrscheinlich sei (Bescheid vom . . . . . . und Widerspruchsbescheid vom . . . . . .). Mit dieser Entscheidung ist der Kläger nicht einverstanden. Wie sich aus dem beigefügten Bericht des ihn behandelnden Arztes für Orthopädie Prof. Dr. P. vom . . . . . . ergibt, spricht mehr für als gegen einen solchen ursächlichen Zusammenhang. Danach ist nicht nur zu berücksichtigen, dass die Arthrose des Kniegelenks rechts weit stärker als links ausgeprägt ist, sondern auch, dass eine Meniskektomie, wie sie hier erstmals 2006 erfolgt ist, die Entstehung und den Verlauf einer Arthrose begünstigt.

Die Arthrose bedingt auf Grund der schmerzhaften Bewegungseinschränkung des rechten Kniegelenks auch eine MdE zumindest in rentenberechtigendem Grad von 20 vH (vgl. iE den oa Bericht des Prof. Dr. P.).

Rechtsanwalt[8, 9]

Anmerkungen

1. Diese Klagekombination – dh die um die Feststellungsklage erweiterte Anfechtungs- und Leistungsklage – hat insb. für die gesetzliche Unfallversicherung praktische Bedeutung (ausf. zur Leistungsklage in diesem Rechtsbereich *Aubel* NZS 2021, 376).

2. Versicherungsfälle der gesetzlichen Unfallversicherung sind Arbeitsunfälle und Berufskrankheiten (§ 7 Abs. 1 SGB VII). *Arbeitsunfall* ist ein körperlich schädigendes, zeitlich (auf eine Arbeitsschicht) begrenztes Ereignis, das in einem *rechtlich wesentlichen ursächlichen Zusammenhang* mit einer versicherten Tätigkeit steht (vgl. auch die Legaldefinition des § 8 Abs. 1 SGB VII, dazu *Spellbrink* MedSach 2020, 114; einen Überblick über Auslegung und Anwendung dieses Begriffs in der neueren Rspr. des BSG gibt *Spellbrink* SGb 2017, 1; sa *Becker* BG 2011, 403; SGb 2007, 721). Ein Arbeitsunfall ist hiernach zB zu verneinen, wenn eine *innere Ursache* (epileptischer Anfall oÄ) und nach der Rspr. des BSG auch, wenn *Trunkenheit,* insb. alkoholbedingte Verkehrsuntüchtigkeit, oder *nicht betriebsbedingte Übermüdung* die allein wesentliche Unfallursache ist. In der Praxis der Unfallversicherung wird außerdem häufig darüber gestritten, ob der Unfall nach der im Sozialrecht maßgebenden Theorie der wesentlichen Bedingung im Hinblick auf eine unfallfremde Vorschädigung nur die Bedeutung einer rechtlich unwesentlichen Teilursache (sog *Gelegenheitsursache*, näher dazu *Köhler* VSSR 2013, 57) hat, zB bei Verletzung vorgeschädigter Menisken, Bandscheiben oder bei Herzinfarkten.

Arbeitsunfall ist auch ein sog *Wegeunfall* (§ 8 Abs. 2 iVm § 8 Abs. 1 SGB VII, hierzu *Schur/Spellbrink* SGb 2014, 589).

Berufskrankheiten sind nur diejenigen durch eine versicherte Tätigkeit verursachten Erkrankungen, die die Bundesregierung auf Grund der in § 9 Abs. 1 SGB VII enthaltenen gesetzlichen Ermächtigung in der Berufskrankheitenverordnung – BKV – bezeichnet

(Enumerations- oder Listenprinzip; vgl. aber auch § 9 Abs. 2 SGB VII: Entschädigung „wie" eine Berufskrankheit).

Näher zu Arbeitsunfall und Berufskrankheit: KassKomm/*Ricke* SGB VII §§ 8, 9; sowie *Schönberger/Mehrtens/Valentin,* Arbeitsunfall und Berufskrankheit, Rechtliche und medizinische Grundlagen für Gutachter, Sozialverwaltung, Berater und Gerichte, 9. Aufl. 2017. Sa *Becker* MedSach 2010, 145; sowie *Köhler* SGb 2014, 69. Einen Überblick über aktuelle Entwicklungen im Recht der gesetzlichen Unfallversicherung geben regelmäßig *Plagemann/Radtke-Schwenzer* NJW 2021, 1437; 2020, 1337; 2019, 1344; 2018, 1365.

3. Nach § 55 Abs. 1 Nr. 3 SGG kann die Feststellung begehrt werden, ob eine Gesundheitsstörung oder der Tod Folge eines Arbeitsunfalls, einer Berufskrankheit oder einer Schädigung iSd BVG (ab 1.1.2024: iSd SGB XIV; sa § 1 Abs. 3 BVG: „Anerkennung einer Gesundheitsstörung als Folge einer Schädigung", s. ab 1.1.2024 § 4 Abs. 4 SGB XIV) ist. Diese Formulierung beruht auf der herkömmlichen, dem zivilen Schadensersatzrecht entlehnten Unterscheidung von *haftungsbegründender und haftungsausfüllender* Kausalität (vgl. zB BSGE 6, 120; BSGE 7, 180). Unter haftungsbegründender Kausalität wird der ursächliche Zusammenhang zwischen versicherter Tätigkeit bzw. Wehrdienst und schädigendem Ereignis (Unfall) sowie – nach verbreiteter Auffassung und neuerer Rspr. (BSGE 96, 196 (198)) – Gesundheitserstschaden oder Tod des Versicherten verstanden. Der in der neueren Rspr. als „Unfallkausalität" bezeichnete Zusammenhang zwischen versicherter Tätigkeit und schädigendem Ereignis (BSG NZS 2012, 390 Rn. 11; dazu krit. KassKomm/*Ricke* SGB VII § 8 Rn. 7a) ändert sachlich nichts. Gegenstand der haftungsausfüllenden Kausalität ist der ursächliche Zusammenhang zwischen dem Erst- oder Primärschaden einerseits und dem Folge- oder Sekundärschaden andererseits. Diese Unterscheidung wird allerdings als verwirrend und für das Sozialrecht überflüssig kritisiert (instruktiv *Ricke* BG 1996, 770). Feststellungsfähig sind demnach nicht nur „Erstschäden", sondern auch „Folgeschäden", die sich – wie die Arthrose im Textbeispiel – aus dem Erstschaden – im Textbeispiel die Meniskusverletzung – entwickeln oder mittelbar infolge neuer Schädigungsvorgänge aufgrund des Erstschadens verursacht werden, wie das bspw. bei einem durch die Folgen eines Arbeitsunfalls verursachten weiteren Unfall der Fall ist. In § 11 SGB VII ist für bestimmte Fallgruppen ihre Geltung als mittelbare Folge eines Versicherungsfalls gesetzlich klargestellt (BSGE 108, 274).

Die Feststellungsklage nach § 55 Abs. 1 Nr. 3 SGG umfasst den gesamten Kausalzusammenhang zwischen versicherter Tätigkeit bzw. militärischem Dienst und einer Gesundheitsstörung. Sie kann auch dann sinnvoll und prozessökonomisch sein, wenn lediglich darüber gestritten wird, ob die zum Unfall führende Tätigkeit unter Versicherungsschutz stand (BSG SozR 3-3200 § 81 Nr. 1; SozR 2200 § 548 Nr. 53; SozR 2200 § 548 Nr. 72; SozR 3-2200 § 550 Nr. 5; *Krasney/Udsching* SGVerf-HdB Kap. IV Rn. 87 ff.); dh es sind die zweifelsfrei gegebenen Gesundheits(erst)störungen als Folgen des Arbeitsunfalls zu bezeichnen (vgl. dazu zB den dem Urt. des BSG NJW 1992, 1982 = SozR 3-2200 § 550 Nr. 5 entnommenen Klageantrag in → Form. VIII.17). Auch ein allein auf die Feststellung eines Arbeitsunfalls gerichteter Klageantrag („. . . . . . festzustellen, dass es sich bei dem Unfall des Klägers am . . . . . . um einen Arbeitsunfall gehandelt hat") ist bei einem Streit um Versicherungsschutz zulässig (BSG SozR 4-2700 § 8 Nr. 28 mwN).

Bei *Berufskrankheiten* ist die Feststellung nach dem Wortlaut des § 55 Abs. 1 Nr. 3 SGG darauf zu richten, dass eine bestimmte Gesundheitsstörung Folge einer Berufskrankheit ist (zB Feststellung einer Arthrose als Folge einer Berufskrankheit nach Nr. 2102 der Anl. 1 zur BKV: „Meniskusschäden nach mehrjährigen andauernden oder häufig wiederkehrenden, die Kniegelenke überdurchschnittlich belastenden Tätigkeiten"). Stimmt die geltend gemachte Gesundheitsstörung mit der Definition der Listenerkrankung überein, sollte die Feststellung beantragt werden, dass diese Gesundheitsstörung eine Berufskrankheit ist (vgl.

für die Lärmschwerhörigkeit – Berufskrankheit Nr. 2301 der Anl. 1 zur BKV – BSG SozR 2200 § 551 Nr. 35, das insoweit auf § 55 Abs. 1 Nr. 1 SGG zurückgreift).

4. Das erforderliche *Rechtsschutzbedürfnis* für eine *isolierte* Feststellung von Unfallfolgen ist im Hinblick darauf, dass die Feststellung der unfallbedingten Schädigung Grundlage jeder späteren Regelung ist, regelmäßig gegeben (BSG SozSich 1983, 297; *Dahm* Kompass 1994, 536; für *Wehrdienstbeschädigungen* s. BSGE 21, 167 (168 f.); SozR 3-1500 § 55 Nr. 18). Dass die unfallbedingten Gesundheitsstörungen abgeklungen sind, steht dem nicht entgegen; denn gerade in Fällen, in denen geringfügige Schädigungen im Zeitpunkt der Entscheidung nicht geeignet sind, Leistungsansprüche auszulösen, gesundheitliche *Spätfolgen* des Unfalls jedoch *nicht auszuschließen* sind (BSG BeckRS 1990, 31039493), ist die in § 55 Abs. 1 Nr. 3 SGG vorgesehene Feststellungsklage geboten (BSG 22.3.1983, 2 RU 64/81; für *Wehrdienstbeschädigungen* s. BSG SozR 3-3200 § 81 Nr. 1; SozR 3-1500 § 55 Nr. 18).

Dementsprechend kann auch eine Berufskrankheit bereits vor Eintritt des Leistungsfalles festgestellt werden (BSG SozR 2200 § 551 Nr. 35 für eine Lärmschwerhörigkeit).

5. Zu unterscheiden sind in der gesetzlichen Unfallversicherung *Rente als vorläufige Entschädigung* und *Rente auf unbestimmte Zeit* (§ 62 SGB VII). Spätestens nach Ablauf von drei Jahren nach dem Unfall ist die Rente auf unbestimmte Zeit (Dauerrente) festzustellen. Diese Feststellung setzt eine Änderung der Verhältnisse (§ 48 SGB X → Form. VIII.2 Anm. 12) nicht voraus (zu den Fallgestaltungen, in denen § 48 SGB X Anwendung findet: BSGE 106, 43 = SGb 2010, 669 jeweils Rn. 19 mAnm *Ulrich*); der Versicherungsträger ist an die zuvor getroffene Feststellung der MdE nicht gebunden, wohl aber an die übrigen Feststellungen, insb. von Unfallfolgen (BSGE 18, 84 (87)) und Jahresarbeitsverdienst (BT-Drs. 13/2204, 91). – Zum Anspruch auf *Verletztengeld* s. §§ 45 ff. SGB VII.

6. Eine MdE in rentenberechtigendem Grad liegt in der Unfallversicherung erst bei einer MdE um 20 vH vor (§ 56 Abs. 1 SGB VII; bei landwirtschaftlichen Unternehmern und deren Ehegatten und Familienmitgliedern erst bei 30 vH, § 80a Abs. 1 SGB VII). Wichtige Ausnahme: die sog Stützrente, § 56 Abs. 1 S. 2 SGB VII (10 vH). In der gesetzlichen Unfallversicherung gilt – anders als im zivilrechtlichen Schadensersatzrecht – der *Grundsatz der abstrakten Schadensbemessung*. Maßgebend ist danach nicht der unfallbedingte tatsächliche Minderverdienst, sondern der im Einzelfall (individuell) auf Grund der *allgemein anerkannten unfallmedizinischen Erfahrenswerte* („MdE-Tabellen"; „MdE-Empfehlungen") festzustellende *Grad der MdE* (detaillierte Übersicht über die MdE-Erfahrungswerte: KassKomm/*Ricke* SGB VII § 56 Rn. 40 ff.; *Bereiter-Hahn/Mehrtens*, Komm. zur gesetzlichen Unfallversicherung, Anh. Nr. 12; *Schönberger/Mehrtens/Valentin*, Arbeitsunfall und Berufskrankheit, 9. Aufl. 2017, bei den jeweiligen Unfall-/Krankheitsfolgen). Die unfallmedizinischen Erfahrungswerte haben keine Normqualität und sind nach der Rspr. des BSG antizipierte Sachverständigengutachten. Ihre Änderungen stellen keine Änderungen der rechtlichen Verhältnisse iSd § 48 SGB X (→ Form. VIII.2 Anm. 11) dar (BSGE 82, 212 = SozR 3-2200 § 581 Nr. 5).

Die *abstrakte Schadensbemessung* berücksichtigt im Allgemeinen die unfallbedingten beruflichen Nachteile hinreichend. Eine höhere Bewertung der MdE kann sehr ausnahmsweise auf Grund des § 56 Abs. 2 S. 3 SGB VII (besondere berufliche Betroffenheit) im Einzelfall zur Vermeidung unbilliger Härten gerechtfertigt sein (vgl. zB BSGE 70, 47 mwN). Maßgebend für die Berechnung und damit die Höhe der Verletztenrente ist außerdem der *Jahresarbeitsverdienst* (vgl. iE §§ 81 ff. SGB VII und § 56 Abs. 3 SGB VII).

Ein bestimmter Grad der MdE braucht im Klageantrag nicht angegeben zu werden. Beantragt der Kläger – wie im Textbeispiel – den „Mindestwert" der MdE (dh MdE in rentenberechtigendem Grad), so vermeidet er ein Kostenrisiko, das sich sonst verwirklichen würde, wenn nämlich das Gericht einen geringeren als den beantragten MdE-Wert annimmt und die weitergehende Klage abweist. Sofern das Gericht den beantragten „Mindestwert" der MdE festsetzt, ist der Kläger allerdings ebenso wenig beschwert wie im Zivilrecht ein Kläger, dem die in seinem Antrag geforderte Mindestsumme an Schmerzensgeld zugesprochen wird (BSG SozR 3-1930 § 116 Nr. 7 S. 24, mit Hinweis auf BGH VersR 1970, 83; VersR 1977, 861).

Es kann auch beantragt werden, die Beklagte *dem Grunde nach* zu verurteilen, Verletztenrente zu zahlen. Dieser Antrag ist sinnvoll, wenn zwar der rentenberechtigende Grad der MdE erreicht ist, eine weitergehende Schätzung der MdE wegen insoweit fehlender Ermittlungen jedoch noch nicht möglich ist.

7. Der Verletzte erhält eine Rente, wenn die zu entschädigende MdE über die 26. Woche nach dem Arbeitsunfall hinaus andauert (§ 56 Abs. 1 S. 1 SGB VII). Die Rente beginnt idR mit dem Tag nach dem Wegfall des Anspruchs auf Verletztengeld oder mit dem Tag nach Eintritt des Versicherungsfalles, wenn kein Anspruch auf Verletztengeld entstanden ist (§ 72 Abs. 1 SGB VII; Ausnahmen: § 72 Abs. 2 u. 3 SGB VII, für Fälle der Landwirtschaft § 80a Abs. 2 SGB VII).

Kosten und Gebühren

8. Vgl. Hinweis → Form. VIII.2 Anm. 13–15.

Fristen und Rechtsmittel

9. Vgl. Hinweis → Form. VIII.2 Anm. 16.

Berufung (§§ 143 ff. SGG)

10. Berufung (Klage auf Rente wegen teilweiser Erwerbsminderung bei Berufsunfähigkeit)

An das
Landessozialgericht[1, 2, 3, 4, 5]

In dem Rechtsstreit

des Maurers . . . . .,
Klägers und Berufungsklägers,
Prozessbevollmächtigter: RA . . . . .[6]
gegen
die Deutsche Rentenversicherung . . . . .,
vertreten durch die Geschäftsführung,
Beklagte und Berufungsbeklagte,
wird gegen das Urteil des Sozialgerichts . . . . . vom . . . . . – Az.: . . . . . – zugestellt am . . . . . – Berufung eingelegt.
Namens und in Vollmacht des Klägers beantrage ich,

1. **das Urteil des Sozialgerichts . . . . . vom . . . . . und den Bescheid der Beklagten vom . . . . . in der Gestalt des Widerspruchsbescheides vom . . . . . aufzuheben,**
2. **die Beklagte zu verurteilen, dem Kläger vom . . . . . an Rente wegen teilweiser Erwerbsminderung bei Berufsunfähigkeit zu zahlen.[7]**

Begründung:[8, 9]

Das SG hat die auf Rente wegen Erwerbsminderung gerichtete Klage abgewiesen. Der Kläger räumt zwar nunmehr ein, dass er nicht voll erwerbsgemindert ist, da er trotz erheblicher Verschleißerscheinungen der Wirbelsäule noch in der Lage ist, vollschichtig leichte und gelegentlich mittelschwere Arbeiten in wechselnder Körperhaltung zu verrichten. Im Berufungsverfahren wird daher nur noch Rente wegen teilweiser Erwerbsminderung bei Berufsunfähigkeit (§ 240 SGB VI) begehrt. Die Voraussetzungen des Anspruchs sind erfüllt. Denn der Kläger kann aus gesundheitlichen Gründen weder seinen bisherigen Facharbeiterberuf noch eine iSd § 240 Abs. 2 S. 2 SGB VI sozial zumutbare Verweisungstätigkeit verrichten. Das SG hat ihn zu Unrecht nicht als Facharbeiter angesehen und ihn nur der Stufe der Angelernten zugeordnet. Es hat deshalb unzutreffend angenommen, er könne noch gesundheitlich und sozial zumutbar auf die ungelernten Tätigkeiten als Montierer und „Pförtner an der Nebenpforte" verwiesen werden. Es trifft zwar zu, dass der Kläger keinen auf Grund einer deutschen Berufsordnung erworbenen Ausbildungsabschluss als Facharbeiter besitzt. Er hat aber von ..... bis ..... den Beruf des Maurers voll wettbewerbsfähig ausgeübt. Nach der Rspr. des BSG gehört der Kläger somit zur Gruppe der Facharbeiter mit der Folge, dass ihm nur solche Tätigkeiten sozial zuzumuten sind, die angelernten Tätigkeiten zumindest gleichstehen. Solche Tätigkeiten gibt es für den Kläger nicht.[10]

Rechtsanwalt[11, 12]

Anmerkungen

1. Seit dem 1.3.1993 ist gegen die *Urteile der SG* die *Berufung generell gegeben* (§ 143 SGG; näher dazu *Meyer-Ladewig* NZS 1993, 137). § 144 Abs. 1 S. 1 SGG normiert die Ausnahmen, bei denen die Berufung beschränkt ist. MWv 1.4.2008 ist der Anwendungsbereich dieser Norm durch die Anhebung der Wertgrenzen und die Einbeziehung der Dienstleistungen erweitert worden. Nunmehr bedarf die Berufung der Zulassung, wenn der Wert des Beschwerdegegenstandes 1. bei einer Klage, die eine Geld-, Dienst- oder Sachleistung (zu diesen Begriffen § 11 SGB I; MKLS/*Keller* SGG § 144 Rn. 9 ff.) oder einen hierauf gerichteten Verwaltungsakt betrifft, 750 EUR oder 2. bei einer Erstattungsstreitigkeit zwischen juristischen Personen des öffentlichen Rechts oder Behörden 10.000 EUR nicht übersteigt. Das gilt nicht, wenn die Berufung wiederkehrende oder laufende Leistungen für mehr als ein Jahr betrifft (§ 144 Abs. 1 S. 2 SGG); von dieser Beschränkung werden indes Erstattungsstreitigkeiten nicht erfasst (s. MKLS/*Keller* SGG § 144 Rn. 21). Der Beschwerdewert richtet sich ausschließlich nach dem Geldbetrag, um den gestritten wird; sonstige denkbare Folgewirkungen bleiben außer Ansatz (BSG SozR 4-1500 § 144 Nr. 3; SozR 3-1500 § 144 Nr. 11; zur Bestimmung des Beschwerdewertes bei Grundurteilen BSG SozR 3-1500 § 158 Nr. 1; SozR 3-1500 § 158 Nr. 3; *Roos* NZS 1999, 182). Der Wert mehrerer selbständiger Ansprüche ist zusammenzurechnen (BSG SozR 3-4100 § 65 Nr. 3 = NZS 1998, 580). Liegen mehrere Streitgegenstände vor, ist hinsichtlich der Zulässigkeit der Berufung danach zu differenzieren, ob die einzelnen Streitgegenstände vom Berufungsausschluss erfasst werden oder nicht (BSG 18.4.2016 – B 14 AS 150/15 BH, SozR 4-1500 § 144 Nr. 9). Von der Berufungsbeschränkung des § 144 Abs. 1 S. 1 Nr. 1 Alt. 2 SGG werden auch Untätigkeitsklagen (→ Form. VIII.5) erfasst, die auf den Erlass eines Verwaltungsakts gerichtet sind, der Geld-, Dienst- oder Sachleistungen betrifft, die einen Wert von 750 EUR nicht übersteigen (BSG SozR 4-1500 § 144 Nr. 7).

Die Berufung ist auch gegen *Gerichtsbescheide* (§ 105 SGG) gegeben. Stellt der Gegner einen zulässigen Antrag auf mündliche Verhandlung beim SG (§ 105 Abs. 2 S. 2 u. 3 SGG, → Form. VIII.20), wird eine ursprünglich statthafte Berufung unzulässig (BSG SozR 4-1500 § 105 Nr. 3).

Gegen die Nichtzulassung der Berufung ist gem. § 145 SGG die NZB gegeben (→ Form. VIII.11).

Nach § 154 Abs. 1 SGG haben Berufung und NZB *aufschiebende Wirkung*, soweit die Klage nach § 86a SGG Aufschub bewirkt (→ Form. VIII.27 Anm. 1). Die Berufung oder NZB eines Versicherungsträgers oder in der Kriegsopferversorgung eines Landes bewirken nur Aufschub, soweit es sich um Beträge handelt, die für die Zeit vor Erlass des angefochtenen Urteils nachgezahlt werden sollen (§ 154 Abs. 2 SGG). Diese Vorschrift findet nach hM auch Anwendung auf Rechtsmittel in Angelegenheiten des sonstigen sozialen Entschädigungsrechts (MKLS/*Keller* SGG § 154 Rn. 3), sie gilt aber nicht für die Träger der Sozialhilfe und der Grundsicherung für Arbeitsuchende (BSG SozR 4-1500 § 154 Nr. 1). Somit haben die zur Leistung verurteilten Sozialleistungsträger für die Zeit ab Erlass des angefochtenen Urteils und die Träger der Sozialhilfe sowie der Grundsicherung für Arbeitsuchende auch für davor liegende Zeiträume zu leisten (sog *Urteilsrente*, → Form. VIII.6 Anm. 4). Der Vorsitzende des Rechtsmittelgerichts kann gem. § 199 Abs. 2 SGG die *Vollstreckung* durch – jederzeit aufhebbare – einstweilige Anordnung *aussetzen* (Alleinentscheidungsbefugnis des Vorsitzenden). Die Entscheidung steht in seinem Ermessen und erfordert eine umfassende Interessenabwägung, die auch die Erfolgsaussichten des Rechtsmittels zu berücksichtigen hat (MKLS/*Schmidt* SGG § 199 Rn. 8 mwN). Nach BSG SozR 4-1500 § 154 Nr. 1 (= SGb 2011, 57 mAnm *Groß*) kommt eine Aussetzung nur in Ausnahmefällen in Betracht, wenn das Rechtsmittel offensichtlich Aussicht auf Erfolg hat. In dem Aussetzungsverfahren ist eine Kostenentscheidung zu treffen (MKLS/*Schmidt* SGG § 199 Rn. 7c); in Verfahren, in denen Betragsrahmengebühren entstehen (→ Form. VIII.2 Anm. 15), ist die Verfahrensgebühr VV3102 RVG einschlägig (Schleswig-Holsteinisches LSG Breith 2014, 597).

Die Berufung eröffnet eine *zweite Tatsacheninstanz* (s. §§ 153, 157 SGG). In der Praxis bedeutsam ist die Möglichkeit des LSG, die Berufung nach § 153 Abs. 4 SGG *durch Beschluss* (ohne ehrenamtliche Richter) *zurückzuweisen*, wenn es die Berufung einstimmig für unbegründet und eine mündliche Verhandlung nicht für erforderlich hält (näher hierzu *Bienert* NZS 2012, 885); das ist nicht möglich, wenn das SG durch Gerichtsbescheid (§ 105 SGG) entschieden hat (§ 153 Abs. 4 S. 1 SGG). Auch wenn ein im Berufungsverfahren neu ergehender Bescheid Verfahrensgegenstand wird (§ 96 SGG → Form. VIII.2 Anm. 9), ist eine mündliche Verhandlung durchzuführen, wenn die Beteiligten nicht darauf verzichten (BSG SozR 4-1500 § 153 Nr. 15). Bei seiner Ermessensentscheidung hat das LSG die Schwierigkeit des Falles und die Bedeutung der Tatsachenfragen zu berücksichtigen (BSG SozR 3-1500 § 153 Nr. 1; SozR 3-1500 § 153 Nr. 13). Die nach § 153 Abs. 4 S. 2 SGG erforderliche *Anhörung* kann durch den Berichterstatter erfolgen (BSG SozR 3-1500 § 153 Nr. 8; SozR 3-1500 § 153 Nr. 14). Eine unzureichende Anhörung verletzt den Grundsatz des rechtlichen Gehörs (§ 62 SGG, Art. 103 Abs. 1 GG), eröffnet die Revisionsinstanz aber nur, wenn die Entscheidung darauf beruhen kann (BSG NJW-RR 2010, 282; → Form. VIII.15 Anm. 5). Die Anhörungsmitteilung muss rechtzeitig zugegangen sein (BSG NJOZ 2001, 128; SozR 4-1500 § 154 Nr. 1: Anhörungsfrist von regelmäßig zwei Wochen und von regelmäßig vier Wochen, wenn keine Frist gesetzt worden ist). Wird nach der Anhörung noch ein Beweisantrag (→ Form. VIII.21) gestellt, so ist idR eine erneute Anhörung erforderlich (BSG SozR 4-1500 § 153 Nr. 1 = SGb 2004, 445 mAnm *Littmann;* BSG SozR 3-1500 § 153 Nr. 8; BeckRS 2000, 40687 = SGb 2000, 257; zu neuem Sachvortrag BSG SozR 4-1500 § 153 Nr. 1). Auch wenn das LSG nach einer Stellungnahme des Klägers zu einer beabsichtigten Entscheidung über die Berufung durch Beschluss darauf hinweist, dass es „bei den bisherigen Hinweisen verbleibt", muss es eine ausreichende Frist für eine erneute Stellungnahme einräumen (BSG SozR 4-1500 § 153 Nr. 10). Ändert sich nach einer Anhörungsmitteilung die Prozesssituation entscheidungserheblich, ist eine erneute Anhörung erforderlich. Die Prozesssituation ändert sich auch dann entscheidungserheblich, wenn das LSG nach vorausgegangener Anhörungsmitteilung seine gegenüber den Beteiligten in einem entscheidungserheblichen Punkt geäußerte Rechtsauffassung ändert (BSG SozR 4-1500 § 153 Nr. 11). Das Gericht muss Vorbringen der Beteiligten auch dann beachten, wenn es nach Ablauf einer gesetzten Erklärungsfrist oder nach Fertigung, aber vor Herausgabe der Entscheidung eingeht (BSG SozR 4-1500 § 153 Nr. 5 = SGb 2007, 508 mAnm *Frehse*). Erhebt das Gericht nach der Anhörung Beweis, so kann es ohne erneute Anhörung nach § 153 Abs. 4 SGG entscheiden, wenn das Ergebnis der Beweisaufnahme für den Kläger eindeutig negativ ist (BSG SozR 4-1500 § 153 Nr. 2).

Sofern das SG durch Gerichtsbescheid entschieden hat (§ 105 SGG), *kann* der Senat ferner die Entscheidung über die Berufung durch einen schriftlichen und den Beteiligten zuzustellenden (BSG SozR 4-1500 § 153 Nr. 8 = NJW 2011, 107) Beschluss dem Berichterstatter übertragen, der mit den ehrenamtlichen Richtern aufgrund mündlicher Verhandlung entscheidet (§ 153 Abs. 5 SGG, „kleiner Senat"). Mit dieser ab 1.4.2008 geltenden Neuregelung wird vermieden, dass der Senat auch in einfachen Fällen in voller Besetzung aufgrund mündlicher Verhandlung entscheiden muss. Damit ist das Recht der Beteiligten auf eine mündliche Verhandlung gewahrt. Vor der Übertragung sind die Beteiligten anzuhören; nähere inhaltliche Anforderungen für die Übertragung auf den Einzelrichter enthält das Gesetz nicht (BSG 21.9.2017 – B 8 SO 3/16 R, SozR 4-1500 § 153 Nr. 6). Die Entscheidung über die Berufung kann durch Beschluss des Senats auf diesen zurückübertragen werden, wenn sich erst nach der Übertragung auf den Berichterstatter wegen einer wesentlichen Änderung der Prozesslage erweist, dass die Sache besondere tatsächliche o. rechtliche Schwierigkeiten aufweist oder grds. Bedeutung hat (§ 202 S. 1 SGG iVm § 526 Abs. 2 S. 1 Nr 2 ZPO).

2. Die Berufung ist beim LSG *innerhalb eines Monats* nach Zustellung des Urteils einzulegen (§ 151 Abs. 1 SGG). Die Berufungsfrist beträgt bei Zustellung im Ausland analog § 87 Abs. 1 S. 2 SGG drei Monate, es sei denn, dass das Urteil einem Prozessbevollmächtigten oder Zustellungsbevollmächtigten im Inland zugestellt worden ist (BSG SozR 1500 § 151 Nr. 4). Die Frist wird durch Berufungseinlegung beim SG gewahrt (§ 151 Abs. 2 SGG). Einlegung bei anderen Behörden wahrt die Frist nicht, da § 91 SGG für das Berufungsverfahren nicht gilt (§ 153 Abs. 1 SGG). In diesem Zusammenhang ist von Bedeutung, dass ein ordnungsgemäß gestellter *isolierter PKH-Antrag* nach Ablauf der Berufungsfrist zur Wiedereinsetzung in den vorigen Stand führt (näher → Form. VIII.25 Anm. 1, → Form. VIII.12 Anm. 3).

Die Berufung ist *schriftlich* oder zur Niederschrift des Urkundsbeamten einzulegen (§ 151 Abs. 1 SGG). Anders als die Klageschrift (→ Form. VIII.2 Anm. 4) muss die Berufungsschrift vom Berufungsführer oder dessen Prozessbevollmächtigten grds. eigenhändig unterschrieben sein (BSG SozR 1500 § 151 Nr. 3: abgekürztes Namenszeichen reicht nicht aus). Einlegung durch Telegramm oder Telefax ist zulässig, auch mittels elektronischer Übertragung einer Textdatei mit eingescannter Unterschrift auf ein Telefax-Empfangsgerät des Gerichts (Computerfax, vgl. MKLS/*Keller* SGG § 151 Rn. 3b ff.). Die Übermittlung durch Telefax macht die Unterschrift grds. nicht entbehrlich (BSG SozR 1500 § 160a Nr. 3; SozR 3-4100 § 91 Nr. 1 S. 3; s. aber auch unten). Die Rspr. erkennt Ausnahmen vom Erfordernis der Unterschrift an, wenn sich aus der Berufungsschrift allein oder iVm den Begleitumständen die Urheberschaft und der Wille ergeben, das Schreiben in den Verkehr zu bringen (vgl. MKLS/*Keller* SGG § 151 Rn. 5 f.). So hat das BSG zB bei einer mittels PC-Modem als Datei an das Telefax-Empfangsgerät des LSG übermittelten Berufung auf das Erfordernis der eigenhändigen Unterschrift verzichtet (BSG SozR 3-1500 § 1500 § 151 Nr. 2, bestätigt durch GemS-OGB NJW 2000, 2340; s. dazu auch *Krasney/Udsching* SGVerf-HdB Kap. VIII Rn. 61).

Auch wegen fehlender Wahrung der Schriftform kommt Wiedereinsetzung (§ 67 SGG, → Form. VIII.2 Anm. 3) in Betracht, insb. wenn bei einem rechtzeitigen gerichtlichen

Hinweis die fristgerechte Nachholung des Formerfordernisses noch möglich gewesen wäre (BSG SozR 3-1500 § 67 Nr. 21 = NZS 2003, 106).

3. Die maßgeblichen Vorschriften zum elektronischen Rechtsverkehr in §§ 65a und 65b SGG, die im Wesentlichen §§ 130a und 174 ZPO entsprechen, sind zum 1.1.2018 durch das Ges. zur Förderung des elektronischen Rechtsverkehrs mit den Gerichten v. 10.10.2013 (BGBl. I 3786) grundlegend geändert worden (dazu ausführlich *Müller* NZS 2018, 207; sa MKLS/*Keller* SGG § 65a Rn. 18, § 65b Rn. 10). Nach § 65a Abs. 1 SGG können vorbereitende Schriftsätze u. deren Anlagen (s. zu diesen seit 2019 speziell § 65 Abs. 1 Abs. 3 S. 2 SGG), schriftlich einzureichende Anträge u. Erklärungen der Beteiligten sowie schriftlich einzureichende Auskünfte, Aussagen, Gutachten und Erklärungen Dritter nach Maßgabe der Absätze 2 bis 6 als elektronischen Dokument bei Gericht eingereicht werden. Das elektronische Dokument muss für die Bearbeitung durch das Gericht geeignet sein (§ 65a Abs. 2 S. 1). Die für die Übermittlung u. Bearbeitung geeigneten technischen Rahmenbedingungen sind durch Verordnung bestimmt (Elektronischer-Rechtsverkehr-Verordnung – ERVV – v. 24.11.2017 – BGBl. I 3803). Diese regelt insbesondere, dass das elektronische Dokument in druckbarer, kopierbarer u. möglichst durchsuchbarer Form im Dateiformat PDF zu übermitteln ist (§ 2 Abs. 1 ERVV). Nach § 65a Abs. 3 SGG sind elektronische Dokumente mit qualifizierter elektronischer Signatur oder mit einfacher Signatur, dh mit Namenskennung der zu verantwortenden Person und auf einem der in Abs. 4 aufgeführten sicheren Übermittlungswege (insbesondere das besondere elektronische Anwaltspostfach (beA), absenderauthentifizierte DE-mail) einzureichen. Einzelheiten bestimmen §§ 4 u. 5 ERVV; aktuelle Entwicklungen stets auf www.ervjustiz.de; umfassend *Müller*, eJustice-Praxishandbuch, 5. Aufl. 2020; *Müller*, Aktuelle Rechtsfragen zum elektronischen Rechtsverkehr, 31. Sozialrechtliche Jahresarbeitstagung, 2019, S. 133 – Schriftenreihe des Deutschen Anwaltsinstituts.

Eine einfache E-Mail genügt nicht. Die Vorgaben in § 65a SGG u. der ERVV sind zwingend zu beachten (vgl. BSG 30.1.2017 – B 1 KR 14/16 R, NZS 2017, 265; 12.10.2016 – B 4 AS 1/16 R, NJW 2017, 1197 = SGb 2017, 357 mAnm *Müller* SGb 2017, 319; 13.9.2016 – B 5 RS 30/16 B, SozR 4-1500 § 65a Nr. 2).

Ist ein elektronisches Dokument für das Gericht zur Bearbeitung nicht geeignet, hat das Gericht den Absender auf die Unwirksamkeit des Eingangs und die geltenden technischen Rahmenbedingungen hinzuweisen (§ 65a Abs. 6 S. 1 SGG). Gleiches gilt auch hinsichtlich der qualifizierten Signatur (BSG 9.5.2018 – B 12 KR 26/18 R bei der Verwendung einer unzulässigen sog. Container-Signatur, NJW 2018, 222, mAnm *Plum*). Erfüllt das Gericht diese Mitteilungspflicht nicht, kommt zwar eine Wiedereinsetzung (§ 67 SGG, → Form. VIII.2 Anm. 3) in Betracht. Die Gerichte sind aber nicht verpflichtet, außerordentliche Maßnahmen zugunsten der Betroffenen zu ergreifen (BSG 12.10.2016, aaO). Zudem kann eine unverschuldete Fristversäumnis fraglich sein, wenn sich der Absender über die Anforderungen an die Einreichung elektronischer Dokumente nicht informiert (MKLS/*Keller* SGG § 65a Rn. 13). Eine Sorgfalt bei der Übermittlung elektronischer Dokumente ist somit unerlässlich. Hilfreich ist auch insoweit der Blog zum elektronischen Rechtsverkehr: www.ervjustiz.de. Allgemein zum elektronischen Rechtsverkehr → Form I.D.1 Anm. 1.

4. Eine unzulässige Berufung ist zu verwerfen (§ 158 S. 1 SGG). Diese Entscheidung kann nach Anhörung der Beteiligten (BSG SozR 4-1500 § 158 Nr. 3) durch Beschluss ergehen (§ 158 S. 2 SGG). Richtet sich die Berufung gegen einen Gerichtsbescheid, scheidet eine Entscheidung ohne mündliche Verhandlung durch Beschluss grds. aus (BSG SozR 4-1500 § 158 Nr. 2). Ausnahmen sind anerkannt: bei nicht statthafter Berufung nur gegen die Kostenentscheidung (BSG SozR 4-1500 § 158 Nr. 7), wenn mit dem Antrag auf mündliche Verhandlung gegen einen Gerichtsbescheid (→ Form. VIII.20) durch einen Beteiligten feststeht, dass in der Sache noch eine mündliche Verhandlung vor dem SG stattfinden wird (BSG SozR 4-1500 § 105 Nr. 3, → Anm. 1) oder wenn trotz Hinweises die Durchführung einer mündlichen Verhandlung nicht beantragt wird (LSG Sachsen-Anhalt BeckRS 2011, 70155).

5. Eine (unselbständige) *Anschlussberufung* ist im sozialgerichtlichen Verfahren nur zulässig (§ 202 SGG iVm § 524 ZPO), soweit sie sich auf denselben Streitgegenstand wie die Hauptberufung bezieht (BSG 106, 110 = NZS 2011, 592). Die sich auf die Begr. der Anschlussberufung beziehenden Regelungen und die daran anknüpfende Monatsfrist in § 524 Abs. 2 S. 2, Abs. 3 ZPO finden keine Anwendung (näher dazu MKLS/*Keller* SGG § 143 Rn. 5 ff.).

6. Vor dem LSG besteht kein Vertretungszwang.

7. Die Berufungsschrift soll das angefochtene Urteil bezeichnen und einen bestimmten Antrag enthalten (§ 151 Abs. 3 SGG). Es handelt sich um eine Sollvorschrift, deren Verletzung keine Folgen hat. Die Berufung muss aber erkennen lassen, wer Berufungskläger ist (BSG SozR 1500 § 151 Nr. 11).

8. Die Berufung soll auch die zur Begr. dienenden Tatsachen und Beweismittel angeben (§ 151 Abs. 3 SGG). Die Verletzung der Sollvorschrift hat keine Folgen. Insbes. braucht die Berufung nicht begründet zu werden (BSG SozR Nr. 2 zu § 151 SGG). Eine sorgfältige Begr. liegt jedoch im Interesse des Berufungsklägers.

Zu beachten ist die ab 1.4.2008 geltende *Präklusionsregelung* des § 157a SGG:

1. Das LSG kann Erklärungen und Beweismittel, die im ersten Rechtszug entgegen der hierfür gesetzten Frist nicht vorgebracht worden sind, unter den Voraussetzungen des § 106a Abs. 3 SGG zurückweisen (§ 157a Abs. 1 SGG, → Form. VIII.2 Anm. 10).
2. Erklärungen und Beweismittel, die das SG zu Recht zurückgewiesen hat, bleiben im Berufungsverfahren ausgeschlossen (§ 157a Abs. 2 SGG). Ein Neuantrag gem. § 44 SGB X ist jedoch möglich (→ Form. VIII.7). Darüber hinaus gilt die Präklusionsregelung des § 106a SGG auch im Berufungsverfahren (§ 153 Abs. 1 SGG).

Des Weiteren ist durch Art. 6a des Vierten Gesetz zur Änderung des SGB IV und anderer Gesetze v. 22.12.2011 (BGBl. I 3057) mWv 1.1.2012 die Regelung über die Rücknahmefiktion der Klage (→ Form. VIII.2 Anm. 6) für das Berufungsverfahren in § 156 Abs. 2 SGG übernommen worden. Für die Berufungsrücknahmefiktion gelten dieselben Voraussetzungen wie für die Klagerücknahmefiktion (BSG 19.10.2016 – B 14 AS 105/16 B, SozR 4-1500 § 156 Nr. 1).

9. In der sozialgerichtlichen Praxis haben die *Renten wegen Erwerbsminderung* erhebliche Bedeutung. Mit dem zum 1.1.2001 in Kraft getretenen Gesetze zur Reform der Renten wegen verminderter Erwerbsfähigkeit v. 20.12.2000 (BGBl. I 1827) ist dieser Kernbereich der gesetzlichen Rentenversicherung neu geordnet worden (→ Form. VIII.6. Anm. 6). Das Form. betrifft *Rente wegen teilweiser Erwerbsminderung bei Berufsunfähigkeit* die im Rahmen der noch lange geltenden Übergangsregelung an die Stelle der bisherigen Rente wegen Berufsunfähigkeit getreten ist (§ 240 SGB VI). Damit ist die Konkretisierung der ins neue Recht übernommenen Legaldefinition der Berufsunfähigkeit einschließlich der Umschreibung der sozial zumutbaren Verweisungstätigkeiten (§ 240 Abs. 2 SGB VI) durch die Rspr. des BSG weiterhin maßgebend (zur Verpflichtung des Gerichts, die Beteiligten über die entscheidungserheblichen berufskundlichen Tatsachen zu unterrichten BSG SozR 3-1500 § 62 Nr. 12).

Ausgangspunkt ist danach der *bisherige Beruf* des Versicherten. Kann der Versicherte ihn nicht mehr verrichten, ist zu prüfen, ob es gesundheitlich und sozial zumutbare Verweisungstätigkeiten gibt. Die Zumutbarkeit einer Verweisungstätigkeit beurteilt sich nach der Wertigkeit des bisherigen Berufs. „Zur Erleichterung dieser Beurteilung" hat das BSG ein *Mehrstufenschema* entwickelt und die *Arbeiterberufe* in vier Gruppen eingeteilt (s. BSG SozR 4-2600 § 43 Nr. 1 = NZS 2005, 103): 1. Vorarbeiter mit Vorgesetztenfunktion oder besonders hoch qualifizierter Facharbeiter, 2. Facharbeiter (anerkannter Ausbildungsberuf mit einer Ausbildungszeit von mehr als zwei Jahren), 3. angelernter Arbeiter (sonstiger Ausbildungsberuf mit einer Regelausbildungszeit von drei Monaten bis zu zwei Jahren) mit der „Untergruppe" des angelernten Arbeiters des „oberen Bereichs" (Ausbildungszeit von mehr als einem Jahr, BSG SozR 3-2200 § 1246 Nr. 45 mwN; BeckRS 2001, 40864) und 4. ungelernter Arbeiter. Die Einordnung eines bestimmten Berufs in das Mehrstufenschema erfolgt nicht ausschließlich nach der Dauer der absolvierten förmlichen Berufsausbildung. Ausschlaggebend ist vielmehr die Qualität der verrichteten Arbeit, dh der aus einer Mehrzahl von Faktoren zu ermittelnde Wert der Arbeit für den Betrieb. In diesem Zusammenhang kommt insb. der *tarifvertraglichen Einstufung* des Versicherten eine wesentliche Bedeutung zu. Grds. darf der Versicherte im Vergleich zu seinem bisherigen Beruf sozial zumutbar auf die nächstniedrigere Gruppe verwiesen werden. Bei ungelernten und angelernten Arbeitern des unteren Bereichs hat das BSG eine *konkrete Benennung von Verweisungstätigkeiten* nicht für erforderlich gehalten, weil eine Verweisung auf den allgemeinen Arbeitsmarkt zumutbar sei (BSG (GS) SozR 3-2600 § 44 Nr. 8; → Form. VIII.6 Anm. 6).

Das BSG hat das *Mehrstufenschema* auf die *Angestelltenberufe* ausgedehnt mit Unterscheidung von sechs Stufen (s. iE BSG 29.7.2004 – B 4 RA 5/04 R, BeckRS 2004, 41474; 27.8.2009 – B 13 R 85/09 B, BeckRS 2009, 73577).

S. zur Berufsunfähigkeit iE die in SozR zu § 1246 RVO und § 43 SGB VI veröffentlichte Rspr. des BSG; KassKomm/*Gürtner* SGB VI § 240 Rn. 9 ff. mwN; *Gürtner* DRV 1993, 493, Heft 8/9.

Die „Standardfrage" nach der Berufsunfähigkeit kann dementsprechend umfangreiche Ermittlungen von Amts wegen erforderlich machen, da der bisherige Beruf und dessen Qualität festzustellen sind und das noch vorhandene fachliche und gesundheitliche Leistungsvermögen einschließlich der erforderlichen Anpassungsfähigkeit mit dem Anforderungs- und Belastungsprofil einer Verweisungstätigkeit in medizinischer und berufskundlicher Hinsicht abzugleichen ist (zB BSG SozR 3-2200 § 1246 Nr. 29; sowie SozR 3-2600 § 43 Nr. 1; SozR 3-2600 § 43 Nr. 25 mwN).

10. Zum Textbeispiel s. BSG BeckRS 1993, 31032522.

Kosten und Gebühren

11. Vgl. Hinweis → Form. VIII.2 Anm. 13–15.

Fristen und Rechtsmittel

12. → Anm. 1. Gegen das Urteil des LSG ist NZB (→ Form. VIII.12) oder – im Falle ihrer Zulassung – Revision (→ Form. VIII.16) gegeben.

11. Nichtzulassungsbeschwerde zum LSG (Erstattung der Kosten für ein Hilfsmittel der gesetzlichen Krankenversicherung)

An das
Landessozialgericht[1, 2]

In dem Rechtsstreit

des Buchhalters . . . . ,

Klägers und Beschwerdeführers,
Prozessbevollmächtigter: RA . . . . .
gegen
die Betriebskrankenkasse . . . . .,
vertreten durch den Vorstand,
Beklagte und Beschwerdegegnerin,
lege ich namens und in Vollmacht des Klägers gegen das Urteil des Sozialgerichts vom . . . . . – Az.: . . . . . – zugestellt am . . . . . –[3] Nichtzulassungsbeschwerde ein und beantrage, die Berufung zuzulassen.

Begründung:[4, 5]

Der Kläger begehrt die Verurteilung der Beklagten zur Kostenerstattung. Der bei der Beklagten familienversicherte Kläger leidet an einer schweren Hauterkrankung und einem Bronchialasthma. Gestützt auf eine ärztliche Verordnung des Prof. Dr. P. beantragte er, die Kosten für antiallergene Matratzen- und Kissenbezüge zu übernehmen. Die Beklagte lehnte dies mit der Begründung ab, es handle sich um Gebrauchsgegenstände des täglichen Lebens und damit nicht um Hilfsmittel iSd § 33 SGB V. Daraufhin beschaffte sich der Kläger die antiallergene Matratzen- und Kissenbezüge selbst und wandte hierfür 450 EUR auf. Das SG hat die auf Kostenerstattung gerichtete Klage durch Urteil vom . . . . . abgewiesen und die Berufung nicht zugelassen.
Die Berufung bedarf der Zulassung, weil der Beschwerdewert 750 EUR nicht übersteigt (§ 144 Abs. 1 Nr. 1 SGG). Die Nichtzulassungsbeschwerde ist begründet, da ein Verfahrensmangel (Verletzung der Amtsermittlungspflicht)[6] und damit ein Zulassungsgrund iSd § 144 Abs. 2 Nr. 3 SGG vorliegt: Das SG hat im Anschluss an die Rspr. des BSG (vgl. SozR 3–2500 § 33 Nr. 15) zwar zutreffend angenommen, dass die gesetzlichen Krankenkassen einen Kostenanteil zu übernehmen haben, wenn die durch die Beifügung der therapeutischen Wirkung bedingten Herstellungskosten überwiegen, weil dann die Bedeutung als Gebrauchsgegenstand zurücktritt. Es ist auf Grund der Mitteilung des Sanitätshauses K. aber fälschlich davon ausgegangen, dass weniger als die Hälfte der Herstellungskosten auf die therapeutische Wirkung der Matratzen- und Kissenbezüge entfällt. Aufgrund der im Schriftsatz des Klägers vom . . . . . substantiiert dargelegten Zweifel an der Richtigkeit der erwähnten Mitteilung hätte sich das SG nach seiner materiell-rechtlichen Auffassung gedrängt fühlen müssen, noch eine Auskunft des Herstellers der antiallergenen Matratzen- und Kissenbezüge einzuholen. Es hat somit gegen seine Pflicht verstoßen, den Sachverhalt von Amts wegen zu erforschen (§ 103 SGG). Die Herstellerauskunft hätte ergeben, dass die Erzeugung der antiallergene Wirkung der Matratzen- und Kissenbezüge mehr als die Hälfte der Herstellungskosten verursacht. Demgemäß hätte das SG die Beklagte verurteilen müssen, dem Kläger den auf die Beigabe der therapeutischen Wirkung entfallenden Anteil des Ladenpreises von 450 EUR zu erstatten.
Rechtsanwalt[7, 8]

Schrifttum: Herold-Tews/Merkel Teil E: Die Nichtzulassungsbeschwerde zum LSG, Rn. 432 ff.; *Bienert,* Zum Wert des Beschwerdegegenstandes nach § 144 Abs. 1 S. 1 Nr. 1 SGG, NZS 2017, 727; *ders.*, Die Beschwerde gegen die Nichtzulassung der Berufung nach § 145 des Sozialgerichtsgesetzes, info also 2014, 198; *Krasney,* Die Beschwerde gegen die Nichtzulassung der Berufung und der Revision im sozialgerichtlichen Verfahren in: Brennpunkte des Sozialrechts 1998, 187 (Schriftenreihe des Deutschen Anwaltsinstituts); *Kummer,* Die Nichtzulassungsbeschwerde, 2. Aufl. 2010; *Kummer,* Der Zugang zur Berufungsinstanz nach neuem Recht – Berufungsbeschränkung und Nichtzulassungsbeschwerde – NZS 1993, 285, NZS 1993, 337; *May,* Die Zulassung der Berufung, SGb 1993, 249; *May,* Die Entscheidung über die Zulassung der Berufung, SGb 1994, 53.

Anmerkungen

1. Die NZB (§ 145 SGG) ist gegeben (statthaft), wenn die Berufung nach § 144 SGG der Zulassung bedarf (→ Form. VIII.10) und das SG die Berufung nicht zugelassen hat. Nach einem Gerichtsbescheid kann in diesem Fall wahlweise auch mündliche Verhandlung beantragt werden (§ 105 Abs. 2 S. 2 SGG, → Form. VIII.20).

Zur *aufschiebenden Wirkung* der NZB → Form. VIII.10 Anm. 1.

2. Die NZB ist innerhalb eines Monats nach Zustellung des vollständigen Urteils beim LSG schriftlich (s. zur Schriftform → Form. VIII.10 Anm. 2) oder zur Niederschrift des Urkundsbeamten der Geschäftsstelle einzulegen (§ 145 Abs. 1 S. 2 SGG).

Das SG kann der Beschwerde nicht abhelfen.

Bei einer zulässigen NZB lässt das LSG die Berufung zu, wenn ein Zulassungsgrund nach § 144 Abs. 2 SGG vorliegt. Die Zulassungsgründe sind im Wesentlichen so formuliert wie in § 160 Abs. 2 SGG; → Form. VIII.13, → Form. VIII.14, → Form. VIII.15. (ausführlich zu den Zulassungsgründen – grundsätzliche Bedeutung, Divergenz und Verfahrensmangel – MKLS/*Keller* SGG § 144 Rn. 26–37). Bei Zulassung wird das Beschwerdeverfahren als Berufungsverfahren fortgesetzt; der Einlegung einer Berufung bedarf es nicht (§ 145 Abs. 5 S. 1 SGG). Eine unzulässige NZB wird verworfen; eine unbegründete NZB wird zurückgewiesen („Ablehnung" als Oberbegriff, vgl. § 145 Abs. 4 S. 4 SGG). Außerhalb des Verfahrens über die NZB ist das LSG nicht befugt, über die Zulassung der Berufung zu befinden; die Umdeutung der Berufung eines rechtskundig vertretenen Beteiligten in eine NZB ist unzulässig (BSG SozR 3-1500 § 158 Nr. 1; SozR 3-1500 § 158 Nr. 3; sa *Roos* NZS 1999, 182).

3. Die NZB soll das angefochtene Urteil bzw. den angefochtenen Gerichtsbescheid bezeichnen (§ 145 Abs. 2 SGG). Die Verletzung der Sollvorschrift hat keine Folgen.

4. Die NZB soll außerdem die zur Begr. dienenden Tatsachen und Beweismittel angeben (§ 145 Abs. 2 SGG). Die Begr. ist hiernach hinsichtlich der Zulassungsgründe der grundsätzlichen Bedeutung und der Divergenz nicht zwingend vorgeschrieben (keine Mindesterfordernisse an den Inhalt der Beschwerdeschrift). Damit trägt das Gesetz dem Umstand Rechnung, dass auch in der Berufungsinstanz kein Vertretungszwang besteht. Eine Begr. der NZB liegt jedoch selbstverständlich im Interesse des Beschwerdeführers. Darüber hinaus ist aus § 144 Abs. 2 Nr. 3 SGG herzuleiten, dass der Zulassungsgrund *Verfahrensmangel* ausdrücklich geltend gemacht werden muss (*May* SGb 1994, 53 (56), → Anm. 6). An die Rüge des Verfahrensmangels sind weniger strenge Anforderungen als an die Verfahrensrüge im Revisionsverfahren zu stellen (→ Anm. 6). Der gerügte Verfahrensmangel, auf dem die angefochtene Entscheidung beruhen kann, muss tatsächlich vorliegen (§ 144 Abs. 2 Nr. 3 SGG).

5. Das Textbeispiel betrifft die Ablehnung einer Geldleistung, deren Wert 750 EUR nicht übersteigt (§ 144 Abs. 1 S. 1 Nr. 1 SGG). Hat eine Krankenkasse eine Leistung zu Unrecht abgelehnt (hier: ein Hilfsmittel, vgl. §§ 27 Abs. 1 S. 2 Nr. 3, 33 SGB V) und sind dadurch dem Versicherten für die selbstbeschaffte Leistung Kosten entstanden, so sind diese von der Krankenkasse in der entstandenen Höhe zu erstatten, soweit die Leistung notwendig war (§ 13 Abs. 3 SGB V). Der Sachleistungsanspruch verwandelt sich dann in einen Kostenerstattungsanspruch und damit in einen Anspruch auf eine Geldleistung iSd § 144 Abs. 1 S. 1 Nr. 1 SGG. Nach BSGE 83, 254 (263) ist dieser Kostenerstattungsanspruch zu beziffern und in der Klageschrift darzulegen, wie sich der Betrag iE zusammensetzt. Im Falle der eingetretenen Genehmigungsfiktion gem. § 13 Abs. 3a SGB V entsteht ebenfalls nur ein Kostenerstattungs-, kein Sachleistungsanspruch (BSG NJW

2020, 3267, unter Aufgabe der bis dahin stRspr. des 1. Senats seit BSGE 121, 40; dem folgend auch der 3. Senat NZS 2021, 219).

Die Leistungspflicht der Krankenkassen im Hilfsmittelbereich ist nicht selten Gegenstand sozialgerichtlicher Verfahren (Übersicht über die von den Spitzenverbänden und der Rspr. anerkannten Hilfsmittel bei *Krauskopf* KrankenV SGB V § 33 Rn. 31; s. außerdem die Hilfsmittel-Richtlinien des GBA (www.g-ba.de)).

Ein Anspruch auf Versorgung mit Hilfsmitteln ist ausgeschlossen, wenn es sich um allgemeine Gebrauchsgegenstände des täglichen Lebens handelt (§ 33 Abs. 1 S. 1 SGB V). Nach BSGE 84, 266 ergibt sich die Eigenschaft als allgemeiner Gebrauchsgegenstand des täglichen Lebens ohne Rücksicht auf die Verbreitung aus der Zweckbestimmung. Bei Gegenständen mit „Doppelfunktion", also solchen, die Gebrauchsgegenstände und Hilfsmittel sind, ist nach der Rspr. der zuständigen Senate des BSG eine Aufschlüsselung der auf die beiden Funktionen entfallenden Kosten erforderlich. Das Textbeispiel orientiert sich an BSG SozR 3-2500 § 33 Nr. 15; s. aber auch BSG SozR 3-2500 § 33 Nr. 28 – Therapie-Tandemfahrrad: Der Versicherte hat einen Eigenanteil zu tragen, der dem Anschaffungspreis des allgemeinen Gegenstandes entspricht, der durch das Hilfsmittel ersetzt wird. Das letztgenannte Urteil enthält eine instruktive Darstellung der Prüfung der Anspruchsvoraussetzungen. Zu den anders gearteten sog Encasings (allergendichte Matratzenkomplettumhüllungen) BSG SozR 4-2500 § 33 Nr. 38 = NZS 2012, 740.

6. Da vor dem LSG kein Vertretungszwang besteht, sind an die Rüge des Verfahrensmangels zwecks Zulassung der Berufung weniger strenge Anforderungen zu stellen als an die Verfahrensrüge zwecks Zulassung der Revision (→ Form. VIII.15 Anm. 5–7). Es muss sich aus dem Vorbringen jedoch schlüssig ergeben, welcher Verfahrensmangel gemeint ist und worin er besteht; die unsubstantiierte Behauptung, es liege ein Verfahrensmangel vor, reicht ebenso wenig aus wie der Vortrag, das Urteil des SG sei materiell-rechtlich unrichtig (*Herold-Tews/Merkel* Sozialgerichtsprozess Rn. 468 ff.).

Kosten und Gebühren

7. Lässt das LSG die Berufung zu, bleibt die Kostenentscheidung der Hauptsache vorbehalten. Diese Entscheidung umfasst dann die Kosten des Beschwerdeverfahrens (BSG SozR 1500 § 193 Nr. 7). Der RA erhält für das Verfahren über die NZB eine Verfahrensgebühr, die auf die Verfahrensgebühr für ein nachfolgendes Berufungsverfahren angerechnet wird. Wenn Betragsrahmengebühren entstehen (§ 3 Abs. 1 S. 1 RVG → Form. VIII.2 Anm. 15), beträgt die Gebühr 72–816 EUR (VV 3511 RVG – Mittelgebühr: 444 EUR). Der Rahmen bei einer anfallenden Terminsgebühr (VV 3517 RVG) liegt bei 60–610 EUR (Mittelgebühr: 335 EUR).

Fristen und Rechtsmittel

8. → Anm. 2. Sofern die NZB verworfen oder zurückgewiesen wird, kein Rechtsmittel; das Urteil des SG wird rechtskräftig (§ 145 Abs. 4 S. 4 SGG).

Revision (§§ 160 ff. SGG)

12. Nichtzulassungsbeschwerde zum BSG – Einlegung zur Fristwahrung

An das
Bundessozialgericht[1, 2, 3, 4]

In dem Rechtsstreit

des Elektromeisters . . . . ,
Prozessbevollmächtigter: RA . . . .[5]
Klägers und Beschwerdeführers,
gegen
die Deutsche Rentenversicherung . . . .,
vertreten durch die Geschäftsführung,
Beklagte und Beschwerdegegnerin,
lege ich namens und in Vollmacht des Klägers gegen das Urteil des Landessozialgerichts . . . . vom . . . . – Az.: . . . . . – zugestellt am . . . .[6] – Nichtzulassungsbeschwerde ein und beantrage, die Revision gegen das oben bezeichnete Urteil zuzulassen. Eine beglaubigte Abschrift des Urteils ist beigefügt.
Vorsorglich stelle ich den Antrag, die Begründungsfrist[7] nach § 160a Abs. 2 S. 2 SGG um einen Monat zu verlängern, da mir der Kläger erst gestern das Mandat erteilt hat und eine Einsichtnahme in die umfangreichen Akten erforderlich ist. Außerdem ist der Prozessstoff rechtlich außergewöhnlich schwierig.[8]
Rechtsanwalt[9, 10]

Schrifttum: Herold-Tews/Merkel Teil G: Die Nichtzulassungsbeschwerde zum BSG, Rn. 508 ff.; *Krasney/Udsching* SGVerf-HdB Kap. IX Rn. 45 ff. mit Einzelbeispielen; *Kummer,* Die Nichtzulassungsbeschwerde, 2. Aufl. 2010; *Becker,* Die Nichtzulassungsbeschwerde zum BSG, SGb 2007, 261 ff., 328 ff.; *Behn,* Unzulässigkeit oder Unbegründetheit der Nichtzulassungsbeschwerde, SozSich 1994, 382; *Fichte,* Die Verlängerung der Frist zur Begründung der Nichtzulassungsbeschwerde nach § 160a Abs. 2 S. 2 SGG, SGb 1999, 653; *Hauck,* Update Nichtzulassungsbeschwerde und Revision – ab jetzt mit Erfolg, 30 Sozialrechtliche Jahresarbeitstagung (Schriftenreihe des Deutschen Anwaltsvereins), 2018, S. 1; *Krasney,* Die Beschwerde gegen die Nichtzulassung der Berufung und der Revision im sozialgerichtlichen Verfahren in Brennpunkte des Sozialrechts 1998, 187 (Schriftenreihe des Deutschen Anwaltsvereins).

Anmerkungen

1. Die Nichtzulassung der Revision kann selbständig mit der Beschwerde angefochten werden (§ 160a Abs. 1 S. 1 SGG). Hat also das LSG die Revision in einem Urteil oder einem Beschluss nach §§ 153 Abs. 4, 158 SGG nicht zugelassen (Regelfall), so haben die Beteiligten die Möglichkeit, durch NZB die Zulassung der Revision durch das BSG zu erreichen. Ein Zwischenurteil nach § 130 Abs. 2 SGG kann nicht selbständig, sondern nur mit dem Endurteil angefochten werden (BSG SozR 4-1500 § 130 Nr. 2). Das Rechtsmittel muss eindeutig *als NZB gekennzeichnet* sein.

Im Verfahren über die NZB geht es *ausschließlich* um die Frage, ob zumindest einer der drei Gründe für die Zulassung der Revision (§ 160 Abs. 2 Nr. 1–3 SGG) vorliegt.

2. Die NZB kann nur *schriftlich* (grds. eigenhändige Unterschrift) eingelegt werden. Einlegung durch Telegramm oder Telefax oder durch Einreichung eines elektronischen Dokuments zulässig. Näher zur Schriftform → Form. VIII.10 Anm. 2.

3. Die Beschwerde ist innerhalb eines Monats nach Zustellung des Urteils einzulegen (§ 160a Abs. 1 S. 2 SGG), bei Zustellung außerhalb des SGG innerhalb von drei Monaten (analog § 87 Abs. 1 S. 2 SGG; BSGE 40, 40 = SozR 1500 § 160a Nr. 4). Die *Beschwerdefrist* kann *nicht verlängert* werden.

- Gegen die Versäumung der Frist ist unter den Voraussetzungen des § 67 SGG Wiedereinsetzung in den vorigen Stand zu gewähren. Praktisch bedeutsam – auch aus Kostengründen – ist in diesem Zusammenhang, dass *innerhalb der Beschwerdefrist* ein *isolierter Antrag auf PKH* (kein Vertretungszwang) unter Beifügung der vorschriftsmäßig ausgefüllten Erklärung über die persönlichen und wirtschaftlichen Verhältnisse gestellt werden kann. Der isolierte PKH-Antrag erfordert keine Begr. (→ Form. VIII.25 Anm. 6). Das BSG prüft die Erfolgsaussicht von Amts wegen. Ist die Frist für die NZB versäumt worden, weil zunächst nur der isolierte PKH-Antrag gestellt wurde, ist Wiedereinsetzung in den vorigen Stand zu gewähren, und zwar auch bei fehlender Erfolgsaussicht, wenn der Beschwerdeführer sich als „arm" iSd § 114 ZPO ansehen durfte (BSG SozR 1500 § 67 Nr. 15; SozR 3-1500 § 67 Nr. 11).
- Der beim BSG zugelassene Prozessbevollmächtigte kann seine Tätigkeit auch auf die Einlegung der NZB *und* den Antrag auf PKH beschränken. Die dahingehende Beschränkung seiner Tätigkeit muss jedoch in der Beschwerdeschrift oder in einem innerhalb der Begründungsfrist nachgereichten Schriftsatz oder durch Niederlegung des Mandats *eindeutig* zum Ausdruck kommen; andernfalls muss die NZB auch fristgerecht begründet werden (BSG 7.12.2016 – B 14 AS 321/16 B, BeckRS 2016, 110377 = NZS 2017, 159 mAnm *Schmidt*; BSGE 40, 111 = SozR 1500 § 160a Nr. 8).
- Wird nach Ablauf der Begr.-Frist über den PKH-Antrag entschieden, so beginnt mit der Zustellung der Entscheidung über die Wiedereinsetzung in den vorigen Stand der Lauf der Monatsfrist für die Beschwerdebegr. (nicht zwei Monate gem. § 160a Abs. 2 S. 1 SGG, BSG SozR 1500 § 164 Nr. 9).

Näher zur Beschwerdefrist *Herold-Tews/Merkel* Sozialgerichtsprozess Rn. 575 ff.; *Krasney/Udsching* SGVerf-HdB Kap. IX Rn. 148 ff.; MKLS/*Leitherer* SGG § 160a Rn. 7.

4. Die NZB ist *beim* BSG einzulegen (§ 160a Abs. 1 S. 2 SGG). Keine Fristwahrung durch Einlegung beim LSG. Geht jedoch die NZB infolge pflichtwidrigen Verhaltens der unzuständigen Stelle erst nach Fristablauf ein, kommt Wiedereinsetzung in den vorherigen Stand in Betracht (BSGE 38, 248 = SozR 1500 § 67 Nr. 1).

5. Vor dem BSG müssen sich die Beteiligten, soweit es sich nicht um Behörden sowie Körperschaften oder Anstalten des öffentlichen Rechts handelt, durch Prozessbevollmächtigte vertreten lassen – *Vertretungszwang* – (§ 73 Abs. 4 SGG). Von dem Vertretungszwang ausgenommen sind auch Krankenversicherungsunternehmen in Angelegenheiten der privaten Pflegeversicherung (BSG SozR 4-1500 § 166 Nr. 1). Der Vertretungszwang gilt grds. für alle verfahrensrechtlich erheblichen Prozesshandlungen. Hiervon gibt es jedoch Ausnahmen (Antrag auf PKH → Anm. 3, Einverständnis mit einer Entscheidung ohne mündliche Verhandlung → Form. VIII.26; näher dazu *Krasney/Udsching* SGVerf-HdB Kap. IX Rn. 237). Nicht dem Vertretungszwang unterliegt die Zustimmung zur Einlegung der Sprungrevision (→ Form. VIII.16 Anm. 2), weil sie nicht eine Prozesserklärung gegenüber dem BSG, sondern gegenüber dem Revisionskläger zur Eröffnung des Revisionsverfahrens ist. Als Prozessbevollmächtigte sind außer den bei einem deutschen Gericht zugelassenen *Rechtsanwälten* (zu ausländischen Rechtsanwälten s. das EuRAG) sowie den *Rechtslehrern* an EU-/EWR-/Schweizerischen Hochschulen mit Befähigung zum Richteramt die in § 73 Abs. 2 S. 2 Nr. 5–9 SGG bezeichneten Organisationen zugelassen (s. iE § 73 Abs. 4 SGG).

6. Der NZB soll eine Ausfertigung oder beglaubigte Abschrift des Urteils beigefügt werden, gegen das Revision eingelegt werden soll (§ 160a Abs. 1 S. 3 SGG). Verstoß hiergegen macht NZB nicht unzulässig; die NZB muss jedoch durch Angabe des Gerichts, des Urteildatums und des Aktenzeichens klar erkennen lassen, gegen welches Urteil sie sich richtet (BSG SozR 1500 § 160a Nr. 16). Empfehlung: Deckblatt des Urteils beifügen (*Becker* SGb 2007, 262).

Außerdem müssen Beschwerdeführer und Beschwerdegegner bezeichnet sein (BSG SozR 1500 § 164 Nr. 16; SozR 1500 § 164 Nr. 29).

7. Die NZB ist, sofern die Begr. nicht in der Beschwerdeschrift enthalten ist, innerhalb von zwei Monaten nach Zustellung des Urteils, bei Zustellung außerhalb des Geltungsbereichs des SGG innerhalb von vier Monaten nach Zustellung des Urteil (BSGE 40, 40 = SozR 1500 § 160a Nr. 4), zu *begründen* (§ 160a Abs. 2 S. 1 SGG). Ist die Begründungsfrist wegen eines isoliert gestellten PKH-Antrags versäumt worden, ist zu beachten, dass die NZB bereits einen Monat nach Zustellung des Beschlusses über den PKH-Antrag auch begründet werden muss (→ Anm. 3). Ebenso wie die Einlegung (→ Anm. 2) muss die Begr. *schriftlich* erfolgen (zur Schriftform → Form. VIII.10 Anm. 2).

8. Die Begründungsfrist *kann* auf einen vor ihrem Ablauf gestellten *Antrag* von dem Vorsitzenden *einmal bis zu einem Monat verlängert* werden (§ 160a Abs. 2 S. 2 SGG). Der Antrag ist schon deshalb *substantiiert* und nicht nur mit floskelhaften und stereotypen Formulierungen zu begründen, weil der Vorsitzende bei seiner Entscheidung nach seinem freien Ermessen die beiderseitigen Belange abzuwägen hat (ausf. *Fichte* SGb 1999, 653 mit Hinweisen auf die unterschiedliche Praxis beim BSG; s. aber auch *Krasney/Udsching* SGVerf-HdB Kap. IX Rn. 167 ff.). Die Entscheidung des Vorsitzenden ist unanfechtbar (vgl. § 172 Abs. 2 SGG).

Kosten und Gebühren

9. Der Beschluss über die NZB enthält eine Kostenentscheidung, wenn die Revision nicht zugelassen wird. Bei einer auf eine NZB zugelassenen Revision enthält die Entscheidung über die Kosten des Revisionsverfahrens auch die Kostenentscheidung für das Beschwerdeverfahren (BSG SozR 1500 § 193 Nr. 7). Die Verfahrensgebühr ist auf die Verfahrensgebühr für ein nachfolgendes Revisionsverfahren anzurechnen. Wenn Betragsrahmengebühren entstehen (§ 3 Abs. 1 S. 1 RVG → Form. VIII.2 Anm. 15), beträgt die Gebühr 96–1.056 EUR (VV 3512 RVG – Mittelgebühr: 576 EUR). Der Rahmen bei einer anfallenden Terminsgebühr (VV 3518 RVG) liegt bei 72–792 EUR (Mittelgebühr: 432 EUR).

Fristen und Rechtsmittel

10. → Anm. 3, 7.

13. Begründung der Nichtzulassungsbeschwerde (allgemeine Hinweise) – grundsätzliche Bedeutung –

An das
Bundessozialgericht[1, 2, 3]

In dem Rechtsstreit

des Geldboten . . . . . .,

Klägers und Beschwerdeführers,
Prozessbevollmächtigter: RA . . . . .
gegen
das Land . . . . .,
vertreten durch . . . . .,
Beklagten und Beschwerdegegner,
begründe ich die mit Schriftsatz vom . . . . . gegen das Urteil des Landessozialgerichts . . . . . vom . . . . . – Az.: . . . . . – eingelegte Nichtzulassungsbeschwerde wie folgt:[4]

Das LSG hat zu Unrecht die Revision nicht zugelassen. Die Rechtssache hat grundsätzliche Bedeutung iSv § 160 Abs. 2 Nr. 1 SGG.

Der angefochtenen Entscheidung liegt folgender Sachverhalt zu Grunde: Der Kläger war Geldbote eines gewerblichen Geldbewachungs- und Transportunternehmens. Bei seiner Tätigkeit wurde er am . . . . . in einem Kaufhaus überfallen und durch Schüsse aus der Maschinenpistole eines Geldräubers schwer verletzt, als er diesem die Geldbeute sogleich wieder entreißen wollte. Der Kläger beantragte daraufhin beim Versorgungsamt . . . . . Versorgung nach § 1 OEG.[4] Der Antrag wurde mit Bescheid vom . . . . . in der Gestalt des Widerspruchsbescheides vom . . . . . mit folgender Begründung abgelehnt: Die Schädigung iSd § 1 Opferentschädigungsgesetzes – OEG – sei zwar durch einen vorsätzlichen rechtswidrigen Angriff verursacht worden. Eine Entschädigung sei aber „unbillig" iSd § 2 Abs. 1 OEG, weil der Kläger einem durch eine private Versicherung zu deckenden erhöhten und spezifischen Berufsrisiko erlegen sei. Nach erfolglosem Klageverfahren hat das LSG die angefochtene Entscheidung mit derselben Begründung bestätigt.

a) Die Entscheidung des LSG beruht somit auf der *Rechtsfrage,* ob Zivilpersonen, die – wie Geldboten eines gewerblichen Geldbewachungs- und Transportunternehmens – einem erhöhten berufsspezifischen Risiko gegenüber Gewalttaten ausgesetzt sind, nach § 2 Abs. 1 OEG von einer Entschädigung nach § 1 OEG ausgeschlossen sind.

b) Die Rechtsfrage ist *klärungsbedürftig.* Sie ist weder vom BSG noch von den Tatsachengerichten der Sozialgerichtsbarkeit entschieden. Die Antwort auf die Rechtsfrage ergibt sich auch nicht zweifelsfrei aus dem Gesetz. Vielmehr wirft der unbestimmte Rechtsbegriff der Unbilligkeit hinsichtlich der Angehörigen besonders gefährdeter Berufe Auslegungszweifel auf. Denn es fragt sich, ob eine Entschädigung für eine Personengruppe unbillig und deshalb ausgeschlossen ist, weil die Gefahr, die sich verwirklicht hat, einem erhöhten spezifischen Berufsrisiko zuzurechnen ist. Die Auslegungszweifel werden auch nicht durch die nur programmatischen Äußerungen in den Gesetzesmaterialien ausgeräumt . . . . . . Das Gleiche gilt im Hinblick auf das Schrifttum zu § 2 OEG, das sich unterschiedlich äußert . . . . .

c) Die Rechtsfrage hat eine über den Einzelfall hinausgehende *grundsätzliche Bedeutung,* da sie einen größeren Personenkreis betrifft, der dem Risiko tätlicher Angriffe in besonderem Maße ausgesetzt ist, und damit einen Personenkreis, der durch ein allgemeines typisierendes Merkmal gekennzeichnet ist. Von einer Entscheidung des BSG hierzu kann erwartet werden, sie werde in einer die Interessen der Allgemeinheit berührenden Weise das Recht oder die Rechtsanwendung fortentwickeln.

d) Die Rechtsfrage ist in einem anschließenden Revisionsverfahren auch *klärungsfähig.* Denn das BSG ist in der Lage, über die Rechtsfrage sachlich zu entscheiden, da diese im konkreten Rechtsstreit *entscheidungserheblich* ist. Verneint man nämlich entgegen der Auffassung des LSG eine Unbilligkeit und damit einen Versagungsgrund nach § 2 Abs. 1 OEG, so hat der Kläger Anspruch auf Versorgung nach § 1 OEG. Wer – wie er – infolge eines vorsätzlichen, rechtswidrigen tätlichen Angriffs eine gesundheitliche Schädigung erlitten hat, erhält nach § 1 OEG Versorgung in entsprechender Anwendung der Vorschriften des BVG.[5]

Rechtsanwalt[6]

Anmerkungen

1. Zu Form und Frist der Begr. → Form. VIII.12 Anm. 7.

2. Die Begr. der NZB kann nach § 160 Abs. 2 Nr. 1–3 SGG nur darauf gestützt werden, dass die Rechtssache grundsätzliche Bedeutung hat – *Grundsatzrevision* – (Textbeispiel) oder das Urteil von einer Entscheidung des BSG, des GemSOGB oder des BVerfG abweicht und auf dieser Abweichung beruht – *Divergenzrevision* – (→ Form. VIII.14) oder ein Verfahrensmangel geltend gemacht wird, auf dem die angefochtene Entscheidung beruhen kann; der geltend gemachte Verfahrensmangel kann nicht auf eine Verletzung der §§ 109 u. 128 Abs. 1 S. 1 SGG und auf die Verletzung des § 103 SGG nur gestützt werden, wenn er sich auf einen Beweisantrag bezieht, dem das LSG ohne hinreichende Begr. nicht gefolgt ist – *Verfahrensrevision* – (→ Form. VIII.15). In der Begr. muss die grundsätzliche Bedeutung der Rechtssache dargelegt oder die Entscheidung, von der das Urteil des LSG abweicht, oder der Verfahrensmangel bezeichnet werden (§ 160a Abs. 2 S. 3 SGG).

Kommen mehrere Zulassungsgründe in Betracht, sollte die NZB nicht auf nur einen Zulassungsgrund beschränkt werden (*Becker* SGb 2007, 261 (264)).

Auf die Begr. der NZB ist große Sorgfalt zu verwenden, da das BSG insoweit hohe Anforderungen stellt. Das BSG sieht diese als Zulässigkeitsvoraussetzung der NZB an (näher dazu *Krasney/Udsching* SGVerf-HdB Kap. IX Rn. 177; sa BVerfG SozR 3-1500 § 160 Nr. 7). Die damit verbundene Formstrenge, die der Entlastung des Revisionsgerichts („Filterfunktion") dient, ist nicht verfassungswidrig (BVerfG SozR 1500 § 160a Nr. 44; SozR 1500 § 160a Nr. 45; SozR 1500 § 160a Nr. 48; zur Darlegungslast im Falle einer NZS-bezogenen Verfassungsbeschwerde BVerfG NVwZ-RR 2017, 353; sa NZI 2020, 1060). Die meisten NZB scheitern an der „Begründungslast". Danach muss zumindest ein Zulassungsgrund *substantiiert* und *schlüssig* dargetan werden. Davon ist die Auseinandersetzung mit der Sachentscheidung streng zu unterscheiden. Sie ist Gegenstand der Revisionsbegr. (BSG SozR 1500 § 160a Nr. 7). In der Praxis fällt allerdings auf, dass das BSG die Zulässigkeitsvoraussetzungen dann nicht näher problematisiert, wenn es eine Rechtsfrage entscheiden *will.*

Allg. ist danach *zu beachten:*

- Die Begr. der NZB muss aus sich heraus verständlich sein. Sie muss insb. *übersichtlich und gegliedert* sein; Textbausteine sind gefährlich (BSG BeckRS 1999 30059393 = *Breithaupt* 1999, 1095). Der Prozessbevollmächtigte muss – ebenso wie bei der Revisionsbegr. (→ Form. VIII.17) – mit seiner Unterschrift die Verantwortung aufgrund eigener rechtlicher Durcharbeitung übernehmen. Übernimmt er Entwürfe Dritter, so muss er deshalb die Beschwerdebegründung selbst durcharbeiten und dafür ersichtlich die Verantwortung übernehmen (BSG SozR 3-1500 § 160a Nr. 12). Allg. gilt: Bezugnahmen auf Schriftsätze im Verfahren vor dem SG oder dem LSG genügen nicht.
- *Wichtig:* Die Senate des BSG verlangen (mit unterschiedlicher Strenge) eine *Schilderung des Sachverhalts,* der der angefochtenen Entscheidung zugrunde liegt, um dem BSG zu ermöglichen, sich ohne Studium der Gerichts- und Verwaltungsakten allein aufgrund des Vortrags des Klägers ein Bild vom Streitgegenstand zu machen. Das ist insbesondere für die Entscheidungserheblichkeit (→ Anm. 3) von Bedeutung (MKLS/*Leitherer* SGG § 160a Rn. 13e, Anhaltspunkt: Die „Tatbestände" in den Entscheidungssammlungen BSGE und SozR).
- Ist das angefochtene Urteil *auf mehrere selbständige Begr.* gestützt worden, so ist für jede Begr. ein Zulassungsgrund geltend zu machen (BSG SozR 3-1500 § 164 Nr. 12 = NZS 2003, 111 mwN). Bei *naheliegender rechtlicher Gestaltung* ist schlüssig darzule-

gen, dass eine angefochtene Entscheidung nicht mit einer anderen als der vom LSG angeführten Begründung bestätigt werden kann (BSG SozR 1500 § 160a Nr. 54; krit. dazu *Krasney/Udsching* SGVerf-HdB Kap. IX Rn. 188, 199). Bei *mehreren Streitgegenständen* oder *teilbarem Streitgegenstand* ist die NZB für jeden Streitgegenstand bzw. jeden selbständigen Teil des Streitgegenstandes zu begründen; insoweit kann die NZB auch beschränkt werden (*Krasney/Udsching* SGVerf-HdB Kap. IX Rn. 10, 145 mwN).

- In Zweifelsfällen empfiehlt sich der Rückgriff auf die in → Form. VIII.12 genannte weiterführende Lit. zur NZB. Auch sollte überlegt werden, ob angesichts der äußerst geringen Erfolgsquote der NZB ein Antrag auf Erteilung eines Bescheides nach § 44 SGB X (→ Form. VIII.7) eine größere Erfolgschance bietet (vgl. *Herold-Tews/Merkel* Sozialgerichtsprozess Rn. 508).

3. Die Begr. der NZB wegen *grundsätzlicher Bedeutung* (§ 160a Abs. 2 S. 3 SGG) erfordert, dass der Beschwerdeführer eine Rechtsfrage klar formuliert und ihre (abstrakte) Klärungsbedürftigkeit, ihre (konkrete) Klärungsfähigkeit, dh im Wesentlichen: ihre Entscheidungserheblichkeit, sowie die über den Einzelfall hinausgehende Bedeutung der von ihm angestrebten Entscheidung (sog Breitenwirkung) darlegt; letzteres jedoch nur, soweit sich nicht bereits aus der Darlegung der Klärungsbedürftigkeit die behauptete Breitenwirkung ergibt (BSG SozR 3-1500 § 160a Nr. 34).

Im Einzelnen:

- *Bezeichnung der Rechtsfrage* (s. zB BSG SozR 1500 § 160a Nr. 11). Erforderlich ist die klare Formulierung einer sich auf eine revisible Rechtsnorm beziehenden Rechtsfrage, gleichgültig, welchem Rechtsgebiet (materielles Recht oder Verfahrensrecht) sie entstammt. Demgegenüber können Fragen tatsächlicher Art auch dann nicht zur Zulassung der Revision wegen grundsätzlicher Bedeutung führen, wenn die Klärungsbedürftigkeit sog allg. (genereller) Tatsachen von nicht normativer Qualität geltend gemacht wird (BSG SozR 4-1500 § 160a Nr. 9: Frage nach Therapiemöglichkeiten für ein einzelnes Leiden und dem darauf bezogenen krankenversicherungsrechtlichen Behandlungsanspruch ist regelmäßig keine Rechtsfrage von „grundsätzlicher Bedeutung“; s. aber auch BSG SozR 4-3250 § 69 Nr. 9 zur Beurteilung des GdB bei Diabetes mellitus nach den AHP, die rechtsnormähnliche Qualität hatten – → Form. VIII.8 Anm. 3 – und BSG 96, 291 (296 f.) zur Bewertung wissenschaftlicher Erkenntnisse über Möglichkeiten der Krankheitsverursachung durch schädliche Einwirkungen am Arbeitsplatz; zur Unterscheidung zwischen Tatfrage und Rechtsfrage s. *Krasney/Udsching* SGVerf-HdB Kap. IX Rn. 286).
- Auch die Frage der Verfassungswidrigkeit einer Rechtsnorm kann die Zulassung wegen grundsätzlicher Bedeutung rechtfertigen. Allerdings genügt die bloße Behauptung nicht (BSGE 40, 158; SozR 1500 § 160a Nr. 17; BVerfG SozR 1500 § 160a Nr. 45); für die Darlegung verfassungsrechtlicher Bedenken gegen die Regelungen, auf die das Berufungsgericht seine Entscheidung gestützt hat, muss unter Einbeziehung der einschlägigen Lit. und Rspr. – insb. des BVerfG, aber auch des BSG – iE aufgezeigt werden, in welchem Umfang, von welcher Seite und aus welchen Gründen die Verfassungsmäßigkeit umstritten ist (BSG SozR 4-1500 § 192 Nr. 1 = NZS 2011, 760).
- *Über den Einzelfall hinausgehende Bedeutung* („Breitenwirkung“). Es muss von der Entscheidung des BSG erwartet werden, sie werde im Allgemeininteresse in einer bisher nicht geschehenen Weise das Recht fortentwickeln oder vereinheitlichen (s. zB BSG SozR 1500 § 160a Nr. 11; SozR 1500 § 160a Nr. 39; SozR 1500 § 160a Nr. 65). Der Hinweis darauf, dass der Inhalt einer abstrakt-generellen Norm zu klären und eine Vielzahl problematischer Fälle betroffen ist („statistische Häufigkeit“), reicht nicht immer aus (BSG SozR 1500 § 160a Nr. 39). So ist bei unbestimmten Rechtsbegriffen, die auf die Umstände des Einzelfalles verweisen (zB grobe Fahrlässigkeit, Zumutbarkeit, unbillige Härte), darzulegen, dass die Rechtsfrage über den zu entscheidenden

Einzelfall hinaus für eine durch typisierende Merkmale gekennzeichnete Fallgruppe bedeutsam ist (s. das Textbeispiel).

- *Klärungsbedürftigkeit* (s. zB BSG SozR 1500 § 160 Nr. 17; SozR 1500 § 160a Nr. 4; SozR 1500 § 160a Nr. 13, SozR 1500 § 160a Nr. 19; SozR 1500 § 160a Nr. 59; SozR 1500 § 160a Nr. 65; SozR 3-1500 § 160a Nr. 34). Die Klärungsbedürftigkeit setzt ernste Zweifel an der Rechtslage voraus. Sie ist zu verneinen, wenn die Rechtsfrage bereits höchstrichterlich beantwortet oder die Antwort unmittelbar aus dem Gesetz zu ersehen ist, wenn sie so gut wie unbestritten ist, wenn sie praktisch außer Zweifel steht oder wenn sich für die Antwort in anderen Entscheidungen des BSG schon ausreichende Anhaltspunkte ergeben (BSG SozR 4-1500 § 160 Nr. 22; BeckRS 1999, 30780156 mwN). Hingegen ist die Klärungsbedürftigkeit zu bejahen, wenn der Rspr. des BSG in nicht geringfügigem Umfang widersprochen wird und gegen sie nicht von vornherein abwegige Einwendungen vorgebracht werden (BSG SozR 1500 § 160a Nr. 13). Demgemäß ist darzustellen, inwiefern nach dem Stand von Rspr. und Schrifttum Klärungsbedürftigkeit besteht.
- *Klärungsfähigkeit.* Klärungsfähig ist eine klärungsbedürftige Rechtsfrage, wenn das BSG in der Lage ist, diese Rechtsfrage *sachlich zu entscheiden* (BSG SozR 4-2600 § 118 Nr. 3 = NZS 2008, 223). Danach schließt die Klärungsfähigkeit die *Entscheidungserheblichkeit ein* (BSG SozR 4-1500 § 160a Nr. 5 = NZS 2005, 222). Im Schrifttum werden „Klärungsfähigkeit" und „Entscheidungserheblichkeit" indessen überwiegend als eigenständige Punkte angesehen (s. zB *Becker* SGb 2007, 261 (264) – Schaubild; SGb 2007, 261 (267)). Die Darlegung der Entscheidungserheblichkeit einer Rechtsfrage erfordert Ausführungen zu allen Voraussetzungen des geltend gemachten Anspruchs (BSG SozR 4-1500 § 160a Nr. 5 = NZS 2005, 222). Hinsichtlich kumulativer Begr. der angefochtenen Entscheidung, mehrerer Streitgegenstände und „naheliegender rechtlicher Gestaltung" → Anm. 2. Ferner fehlt die Klärungsfähigkeit, wenn das BSG aus prozessualen Gründen gehindert ist, über die klärungsbedürftige Rechtsfrage zu entscheiden, oder wenn die Rechtsfrage auf nicht revisiblen Rechtsnormen beruht (BSG SozR 4-1500 § 160 Nr. 22; SozR 1500 § 160 Nr. 10, → Form. VIII.17 Anm. 2). Insoweit sind Ausführungen nur erforderlich, wenn diese Punkte zweifelhaft sind (HK-SGG/*Berchtold/Lüdtke* § 160a Rn. 20).

4. S. zum Textbeispiel BSG 52, 281 („Geldbotenfall").

5. Der Anspruch nach dem OEG wird nicht dadurch ausgeschlossen, dass auch ein Anspruch auf Leistungen der gesetzlichen Unfallversicherung (SGB VII) gegeben ist. Er ruht jedoch gem. § 65 BVG in Höhe der Bezüge aus der gesetzlichen Unfallversicherung. Zu beachten ist, dass das OEG (wie auch das BVG und weitere Gesetze) mit Wirkung vom 1.1.2024 außer Kraft treten (s. Art. 58 Nr. 2, 15 des Gesetzes zur Regelung des Sozialen Entschädigungsrechts v. 12.12.2019, BGBl. I 2652; die Vorschriften werden durch das SGB XIV ersetzt, hier insb. §§ 13 ff.; zur zeitliche Übergangsregelung s. § 138 SGB XIV).

Kosten und Gebühren

6. Vgl. Hinweis → Form. VIII.12 Anm. 9.

14. Begründung der Nichtzulassungsbeschwerde – Divergenz

An das
Bundessozialgericht[1, 2, 3]

In dem Rechtsstreit

des Heizungsingenieurs . . . . ,
Klägers und Beschwerdeführers,
Prozessbevollmächtigter: RA . . . .
gegen
die Berufsgenossenschaft der Bauwirtschaft . . . . ,
vertreten durch die Geschäftsführung,
Beklagte und Beschwerdegegnerin,
begründe ich die mit Schriftsatz vom . . . . gegen das Urteil des Landessozialgerichts . . . . vom . . . . – Az.: . . . . – eingelegte Nichtzulassungsbeschwerde wie folgt:

Das LSG hat zu Unrecht die Revision nicht zugelassen. Es hätte sie nach § 160 Abs. 2 Nr. 2 SGG zulassen müssen, weil es von einer Entscheidung des BSG abweicht.

Dem Rechtsstreit liegt folgender Sachverhalt zu Grunde: Der Kläger erlitt bei seiner Tätigkeit als Heizungsmonteur 2012 eine Radiusköpfchenfraktur des rechten Handgelenks. Die Unfallfolgen bedingten zunächst keine MdE in rentenberechtigendem Grad (vgl. den ablehnenden Bescheid vom . . . .). Seit 2014 ist der Kläger infolge unfallfremder Erkrankungen – cerebraler Durchblutungsstörungen mit massiven psychischen Ausfällen – völlig erwerbsunfähig. Zugleich steht fest, dass die unfallbedingten Beschwerden und Funktionsstörungen aufgrund einer Ellenbogengelenksarthrose (Unfallfolge) zugenommen haben, so dass – ungeachtet der völligen Erwerbsunfähigkeit – seit August 2015 eine MdE in rentenberechtigendem Grad (20 vH) erreicht wird. Der Kläger beantragte deshalb erneut Verletztenrente. Die Beklagte lehnte auch diesen Antrag mit Bescheid vom . . . . in der Gestalt des Widerspruchsbescheides vom . . . . ab. Nach erfolglosem Klageverfahren hat das LSG diese Entscheidung mit grundsätzlichen Erwägungen bestätigt: Rechtserheblich sei, dass bei Eintritt der rentenberechtigenden MdE bereits völlige Erwerbsunfähigkeit vorgelegen habe. Die Auffassung, dass es auf die Verhältnisse zum Zeitpunkt des Arbeitsunfalls ankomme, widerspreche den Kausalitätsgrundsätzen der gesetzlichen Unfallversicherung. Denn die Verschlimmerung der Unfallfolgen habe keinen Schaden in Gestalt einer anspruchsbegründenden Einschränkung der Erwerbsfähigkeit (§ 56 Abs. 1 SGB VII) verursachen können. Für den Kläger habe es bei Eintritt der unfallversicherungsrechtlich relevanten MdE wegen völliger Erwerbsunfähigkeit und nicht wegen der Unfallfolgen keine beruflichen Einsatzmöglichkeiten mehr gegeben.

Die *Entscheidung des LSG beruht* somit auf folgendem *Rechtssatz:* Erreicht die unfallbedingte MdE erst zu einem nach dem Unfall liegenden Zeitpunkt einen rentenberechtigenden Grad, so besteht kein Anspruch auf Verletztenrente, wenn der Verletzte zu diesem Zeitpunkt aus unfallunabhängigen Gründen völlig erwerbsunfähig ist.

Diese Rechtsauffassung ist mit dem das Urteil des BSG v. 17.3.1992 – 2 RU 20/91 (SozR 3-2200 § 581 Nr. 2) *tragenden Rechtssatz* unvereinbar, dass der Eintritt völliger Erwerbsunfähigkeit aus unfallfremden Gründen nach dem Arbeitsunfall dem Anspruch auf Verletztenrente nicht entgegensteht, wenn der rentenberechtigende Grad der unfallbedingten MdE erst nach dem Arbeitsunfall erreicht wird.

Auf dieser Abweichung beruht das angefochtene Urteil des LSG. Denn unter Zugrundelegung der Rechtsauffassung des BSG hat der Kläger entgegen dem angefochtenen Urteil des LSG seit August 2015 Anspruch auf Verletztenrente iHv 20 vH der Vollrente.

Rechtsanwalt[4]

Anmerkungen

1. Zu Form und Frist der Begr. → Form. VIII.12 Anm. 7.

2. Allg. zur Begr. der NZB → Form. VIII.13 Anm. 2.

3. Grds. ist zu bedenken, dass die Abweichung (Divergenz) iSd § 160 Abs. 2 Nr. 2 SGG einen Sonderfall der grundsätzlichen Bedeutung darstellt. Deshalb ist nicht jeder Rechtsirrtum, der auf Oberflächlichkeit oder Missverständnis beruht, als Abweichung zu werten, insb. nicht das Übersehen der Rechtsfrage. Abweichung bedeutet demgemäß *Widerspruch im abstrakten Rechtssatz* (BSG 8.12.2020 – B 1 KR 58/19, BeckRS 2020, 43596; 3.4.2020 – B 9 SB 71/19 B, BeckRS 2020, 8454; SozR 1500 § 160a Nr. 67). Das LSG muss also einen abstrakten Rechtssatz aufgestellt haben, der von einem abstrakten Rechtssatz einer Entscheidung des BSG, des GemSOGB oder des BVerfG abweicht. Eine Abweichung liegt danach nicht schon dann vor, wenn das LSG die vom BSG aufgestellten rechtlichen Kriterien im konkreten Fall unrichtig anwendet, sondern erst, wenn es diesen Kriterien widersprochen, also einen anderen Maßstab entwickelt hat („Nichtübereinstimmung im Grundsätzlichen"). Eine bewusste Abweichung ist nicht erforderlich, es genügt eine *objektive* Abweichung; das LSG braucht also die maßgebliche Entscheidung des BSG nicht gekannt zu haben (*Krasney/Udsching* SGVerf-HdB Kap. IX Rn. 81; sa SSB/*Pietzner/Buchheister* VwGO § 132 Rn. 74 mwN).

Die Begr. der NZB wegen Divergenz erfordert iE die Darlegung folgender Punkte (vgl. dazu zB BSG SozR 1500 § 160a Nr. 14; SozR 1500 § 160a Nr. 21; SozR 1500 § 160a Nr. 29):

- Rechtssatz des angefochtenen Urteils.
- Rechtssatz der Entscheidung des BSG oder des GemSOGB oder des BVerfG, von der das LSG angeblich abgewichen ist. Es muss sich um einen entscheidungserheblichen abstrakten Rechtssatz (kein „obiter dictum") einer solchen Entscheidung handeln.
- Genaue Bezeichnung der anderen Entscheidung des BSG oder des GemSOGB oder des BVerfG nach Aktenzeichen und Datum (zumindest nach Aktenzeichen, Datum genügt nicht) oder der Fundstelle (MKLS/*Leitherer* SGG § 160a Rn. 15a).
- Unvereinbarkeit der in den gegenübergestellten Entscheidungen enthaltenen Rechtssätze. Es kommt für die Unvereinbarkeit auf dieselbe rechtliche Aussage an. Die maßgebende (abweichend beantwortete) Rechtsfrage kann deshalb in einer inhaltsgleichen Vorschrift eines anderen Ges. geregelt sein (*Krasney/Udsching* SGVerf-HdB Kap. IX Rn. 79). Es darf sich jedoch nicht um eine überholte höchstrichterliche Entscheidung handeln. Sofern eine frühere Rspr. auch für die Rechtslage nach der Rechtsänderung Bedeutung hat, ist dies schlüssig darzulegen (BSG SozR 1500 § 160 Nr. 58). Unerheblich ist, ob die Abweichung das materielle Recht einschließlich des Verfassungsrechts oder das Verfahrensrecht betrifft. Die Abweichung kann auch geltend gemacht werden, wenn die Entscheidung des BSG erst nach der Entscheidung des LSG ergangen ist, wenn sie dem LSG bei seinem Urteil also unbekannt war.
- Beruhen der angefochtenen Entscheidung auf der Abweichung. Damit wird die Entscheidungserheblichkeit der Divergenz gekennzeichnet (→ Form. VIII.13 Anm. 2). Hinsichtlich kumulativer Begründung der angefochtenen Entscheidung, mehrerer Streitgegenstände und „naheliegender rechtlicher Gestaltung" → Form. VIII.13 Anm. 2. Zusätzliche Ausführungen zur Klärungsfähigkeit können erforderlich sein, wenn aus anderen Gründen zweifelhaft ist, ob das BSG in der Lage ist, über die grundsätzliche Rechtsfrage zu entscheiden (→ Form. VIII.13 Anm. 3 zur Klärungsfähigkeit).

Kosten und Gebühren

4. Vgl. Hinweis → Form. VIII.12 Anm. 9.

15. Begründung der Nichtzulassungsbeschwerde – Verfahrensmangel – (Rüge der Verletzung des rechtlichen Gehörs und der Amtsermittlungspflicht)

An das
Bundessozialgericht[1, 2, 3, 4]

In dem Rechtsstreit

des Maurerpoliers . . . . .,
Klägers und Beschwerdeführers,
Prozessbevollmächtigter: RA . . . . .
gegen
die Deutsche Rentenversicherung . . . . .,
vertreten durch die Geschäftsführung,
Beklagte und Beschwerdegegnerin,
begründe ich die mit Schriftsatz vom . . . . . gegen das Urteil des Landessozialgerichts . . . . . vom . . . . . – Az.: . . . . . – eingelegte Nichtzulassungsbeschwerde wie folgt: Es werden zwei Verfahrensmängel iSd § 160 Abs. 2 Nr. 3 SGG geltend gemacht (s. unter 1. und 2.).

Dem Rechtsstreit liegt folgender Sachverhalt zu Grunde: Der jetzt 51 Jahre alte arbeitslose Kläger, der unter Herz-Kreislaufbeschwerden und einer bandscheibenbedingten Erkrankung der Lendenwirbelsäule leidet, beantragte am . . . . . Rente wegen Erwerbsminderung. Gestützt auf ein orthopädisches und ein internistisches Gutachten ihres Sozialmedizinischen Dienstes lehnte die Beklagte den Rentenantrag mit Bescheid vom . . . . . in der Gestalt des Widerspruchsbescheides vom . . . . . ab. Nach erfolglosem Klageverfahren hat das LSG diese Entscheidung mit der Begründung bestätigt, der Kläger sei nicht erwerbsgemindert iSd § 43 SGB VI, da er noch mindestens sechs Stunden täglich leichte Berufstätigkeiten verrichten könne.

1. Gerügt wird die Verletzung des rechtlichen Gehörs (§ 62 SGG).[5] Der Kläger, dessen persönliches Erscheinen zur mündlichen Verhandlung angeordnet war, musste dem Termin wegen eines Krankenhausaufenthalts fernbleiben. Das hatte seine Ehefrau, wie sich aus dem Vermerk des Senatsvorsitzenden vom . . . . (Gerichtsakten Bl. . . . . .) ergibt, am Tag vor der mündlichen Verhandlung mitgeteilt und das Fernbleiben entschuldigen lassen. Das LSG hat daraufhin auf Grund einseitiger mündlicher Verhandlung entschieden. Unbeachtlich ist, dass der Kläger keinen ausdrücklichen Antrag auf Terminsaufhebung gestellt hat. Nach der Rspr. des BSG kommt es auf einen solchen Antrag nicht an, wenn der Beteiligte, dessen persönliches Erscheinen angeordnet war, sich zum Termin begründet entschuldigt hat. Er darf dann darauf vertrauen, dass er noch Gelegenheit zur persönlichen Äußerung erhält (BSGE 47, 35 (37); BSG BeckRS 1993, 31037661; BeckRS 1993, 30747352). Der Kläger hatte bei diesem Verfahrensablauf keine Möglichkeit, die Verletzung des rechtlichen Gehörs bereits vor dem LSG geltend zu machen.

Das angefochtene Urteil *beruht* auch auf dieser Verletzung des rechtlichen Gehörs: Der Kläger hätte in der mündlichen Verhandlung die wesentliche Verschlimmerung seiner Herz-Kreislauferkrankung geschildert und diese durch einen aktuellen Bericht der Kardiologischen Abteilung des Krankenhauses . . . . . belegt. Wäre das LSG danach von einer wesentlichen Verschlimmerung der Herz-Kreislauferkrankung ausgegangen, so bestand die Möglichkeit, dass es zu einem für den Kläger günstigeren sachlichen Ergebnis gekommen wäre. Denn der geltend gemachte Anspruch auf Rente

wegen Erwerbsminderung hängt – davon geht das LSG in materiell-rechtlicher Hinsicht zutreffend aus – davon ab, in welchem Ausmaß die Erwerbsfähigkeit des Klägers aus gesundheitlichen Gründen herabgesunken ist. Hätte also das LSG den Kläger angehört, so hätte sich – ggf. auf Grund weiterer Ermittlungen – ergeben, dass dieser wegen der Gesundheitsstörungen auf internistischem und orthopädischem Gebiet auf nicht absehbare Zeit außerstande ist, unter den üblichen Bedingungen des allgemeinen Arbeitsmarktes mindestens drei Stunden täglich erwerbstätig zu sein. Damit ist er voll erwerbsgemindert (§ 43 Abs. 3 SGB VI) und hat, da die versicherungsrechtlichen Voraussetzungen erfüllt sind, Anspruch auf Rente wegen Erwerbsminderung.

2. Außerdem wird die *Verletzung der Amtsermittlungspflicht* (§ 160 Abs. 2 Nr. 3 SGG iVm § 103 SGG) gerügt.[6] Denn das LSG ist einem Beweisantrag des Klägers ohne hinreichende Begründung nicht gefolgt. Der Kläger hat in seinem Schriftsatz vom ..... (Gerichtsakten Bl. .....) beantragt, im Hinblick auf die von ihm geltend gemachte Verschlimmerung seiner Herz-Kreislauferkrankung von Amts wegen ein internistisches Gutachten zur Frage einzuholen, in welchem Ausmaß sein gesundheitliches Leistungsvermögen quantitativ (zeitlich) und qualitativ eingeschränkt ist. Zu diesem Beweisantrag hat das LSG ausgeführt, der Kläger habe keine die behauptete Verschlimmerung bestätigenden Befundunterlagen vorgelegt. Diese Begründung ist nicht stichhaltig. Denn das LSG hat damit in unzulässiger Weise eine „Beweisführungspflicht" des Klägers angenommen (BSG SozR 1500 § 103 Nr. 27 S. 22). Auch auf diesem Mangel *beruht* das angefochtene Urteil: Das LSG ist, wie schon ausgeführt, materiell-rechtlich zutreffend davon ausgegangen, dass der geltend gemachte Anspruch vom Umfang des gesundheitlichen Leistungsvermögens abhängt. Es hätte sich daher gedrängt fühlen müssen, ein internistisches Gutachten einzuholen. Dieses hätte ein – entscheidungserhebliches – weiteres Herabsinken der Leistungsfähigkeit des Klägers ergeben. Es gelten insoweit die Ausführungen zu 1. (aE) sinngemäß.

Rechtsanwalt[7]

Anmerkungen

1. Zu Form und Frist der Begr. → Form. VIII.12 Anm. 7.

2. Allg. zur Begr. der NZB → Form. VIII.13 Anm. 2.

3. Die *Rüge von Verfahrensfehlern* ist *für die NZB* durch § 160 Abs. 2 Nr. 3 Hs. 2 SGG *erheblich eingeschränkt:* Sie kann auf eine Verletzung des § 109 SGG (→ Form. VIII.22) nicht gestützt werden (BVerfG SozR 1500 § 160 Nr. 69); ebenso wenig auf eine Verletzung des § 128 Abs. 1 S. 1 SGG, so dass nicht mit Erfolg geltend gemacht werden kann, die Beweiswürdigung des LSG verstoße gegen Denkgesetze oder Erfahrungssätze (BSG SozR 1500 § 160 Nr. 26; SozR 1500 § 160 Nr. 35; SozR 1500 § 160 Nr. 41). Zur praktisch bedeutsamen, jedoch erheblich eingeschränkten Rüge der Verletzung des § 103 SGG (Amtsermittlungspflicht) → Anm. 6.

Ausführliche Übersicht über Verfahrensmängel bei *Krasney/Udsching* SGVerf-HdB Kap. IX Rn. 91 ff.; *Becker* SGb 2007, 333 ff.

4. Die Rüge eines Verfahrensmangels erfordert:

- Die *Bezeichnung eines Verfahrensmangels* des LSG unter *substantiierter* Angabe der Tatsachen, die den Verfahrensmangel ergeben. Es sollte auch die verletzte Rechtsnorm genannt werden (BSG SozR 4-1500 § 160a Nr. 4).
- Die *schlüssige Darlegung,* dass die *angefochtene Entscheidung* auf dem *tatsächlich vorliegenden Verfahrensmangel beruhen kann.* Dies ist der Fall, wenn das LSG unter Zugrundelegung seiner Rechtsauffassung ohne den Verfahrensmangel zu einem sach-

lich günstigeren Ergebnis hätte kommen können (BSG SozR 1500 § 160a Nr. 14). Bei absoluten Revisionsgründen (§ 202 S. 1 SGG iVm § 547 ZPO) wird unwiderlegbar vermutet, dass das angefochtene Urteil auf der Gesetzesverletzung beruht (vgl. *Krasney/Udsching* SGVerf-HdB Kap. IX Rn. 137). Bei verzichtbaren Verfahrensmängeln (§ 202 S. 1 SGG iVm § 295 ZPO) ist darzulegen, dass kein Verlust des Rügerechts eingetreten ist (→ Anm. 5).

Diese Erfordernisse gelten auch für Verfahrensmängel, die im Revisionsverfahren von Amts wegen zu berücksichtigen sind (MKLS/*Leitherer* SGG § 160a Rn. 16 mwN, → Form. VIII.17 Anm. 3).

5. Die Rüge der *Verletzung des rechtlichen Gehörs* (durch Art. 103 Abs. 1 GG garantiert und in § 62 SGG konkretisiert) ist in der Praxis nicht selten. Sie ist nur dann ein zur Zulassung der Revision führender Verfahrensmangel, wenn die angefochtene Entscheidung darauf beruhen kann (BSG SozR 1500 § 160 Nr. 31). Demgemäß ist substantiiert anzugeben, welches Vorbringen verhindert worden ist und weshalb die angefochtene Entscheidung darauf beruhen kann. Außerdem ist darzulegen, dass *kein Rügeverzicht* (§ 295 ZPO) eingetreten ist, dass also der Verstoß gegen das Recht auf Gehör vor dem LSG erfolglos gerügt worden ist oder dass und weshalb eine solche Rüge nicht möglich war. Bei verzichtbaren Verfahrens- und Formvorschriften tritt ein Verlust des Rügerechts ein, wenn die zuvor schriftsätzlich erhobene Rüge eines rechtskundig vertretenen Beteiligten nicht in der nächsten mündlichen Verhandlung wiederholt wird (BSG SozR 4-1750 § 295 Nr. 1 = NZS 2006, 549). S. zur Verletzung des rechtlichen Gehörs und damit des Grundsatzes des fairen Verfahrens im Zusammenhang mit Vertagungs- und Verlegungsanträgen sowie mit Äußerungsfristen BSG SozR 3-1750 § 227 Nr. 1; SozR 3-1500 § 158 Nr. 2; sowie BeckRS 9999, 01321; besonders ausf. BSG SozR 3-1500 § 160 Nr. 33 (sa das Textbeispiel). Macht ein anwaltlich vertretener Beteiligter erst am Vortag eines Termins Verhandlungsunfähigkeit geltend, so müssen sich aus einer ärztlichen Bescheinigung Art, Schwere und voraussichtliche Dauer der Erkrankung ergeben, um dem Gericht ohne Nachforschungen eine eigene Beurteilung zu ermöglichen (BSG SozR 4-1500 § 110 Nr. 1). Zur angemessenen Wartefrist bei angekündigtem Erscheinen eines Beteiligten BSG SozR 4-1500 § 112 Nr. 2 = NZS 2005, 109 (nicht unter 30 Minuten).

Außerdem von praktischer Bedeutung: Das LSG ist verpflichtet, die Beteiligten über die für seine Entscheidung erheblichen Tatsachen zu unterrichten und ihnen dazu Gelegenheit zur Äußerung zu geben, sofern es sich nicht um allgemeinkundige Tatsachen handelt (BSG SozR 3-1500 § 62 Nr. 12 = NZS 1997, 33: berufskundliches Sammelwerk; BSG BeckRS 1996, 31034401: medizinische Erkenntnisse; BSG SozR 4-1500 § 118 Nr. 1 = NZS 2005, 221: Verwertung einer nicht in den Prozess eingeführten Urkunde).

6. Die Rüge der *Verletzung der Amtsermittlungspflicht* (§ 103 SGG) ist nur eingeschränkt möglich: Es muss geltend gemacht werden, dass das LSG einem *Beweisantrag* – → Form. VIII.21 – ohne hinreichende Begründung nicht gefolgt ist. Durch § 160 Abs. 2 Nr. 3 Hs. 2 SGG soll die Revision nur dann eröffnet sein, wenn das Tatsachengericht vor seiner Entscheidung durch einen Beweisantrag ausdrücklich auf die noch nicht erfüllte Aufklärungspflicht hingewiesen worden ist (BSG 3.4.2020 – B 9 SB 71/19 B, BeckRS 2020, 8454).

Wichtig: Ein Antrag nach § 109 SGG (→ Form. VIII.22) reicht nicht (→ Form. VIII.21 Anm. 4). Die Zulassung der Revision kann auch nicht mit dem Argument beansprucht werden, die Nichtbefolgung eines Beweisantrags nach § 109 SGG werfe Rechtsfragen von grundsätzlicher Bedeutung auf (BSG SozR 4-1500 § 160 Nr. 9 = NZS 2006, 611).

Das BSG stellt an einen ordnungsgemäßen Beweisantrag iSd § 160 Abs. 2 Nr. 3 SGG erhebliche Anforderungen. Es muss sich um einen Beweisantrag iSd ZPO handeln (BSG SozR 1500 § 160 Nr. 56; SozR 3-1500 § 160 Nr. 9). Außerdem ist unbedingt darauf zu achten, dass er in der mündlichen Verhandlung aufrechterhalten wird (BSG 3.4.2020 – B 9 SB 71/19 B, BeckRS 2020, 8454; ausf. dazu → Form. VIII.21 Anm. 4).

Die in → Anm. 2 allgemein gekennzeichneten Rügevoraussetzungen erfordern nach stRspr (so BSG 25.3.2021 – B 13 R 40/20 B, BeckRS 2021, 7462) hier die Darlegung folgender Punkte:

- *Genaue Bezeichnung des Beweisantrags* (Schriftsatz und Datum). Hat eine mündliche Verhandlung stattgefunden, so ist die Sitzungsniederschrift als Fundstelle anzuführen (BVerfG SozR 3-1500 § 160 Nr. 6: verfassungsmäßiges Erfordernis). Ein in der mündlichen Verhandlung gestellter Beweisantrag muss protokolliert oder im Urteilstatbestand aufgeführt sein (BSG SozR 1500 § 160 Nr. 64); ist ohne mündliche Verhandlung entschieden worden, muss ein im Urteilstatbestand enthaltener Beweisantrag bezeichnet werden (s. dazu BSG SozR 3-1500 § 160 Nr. 9).
- *Darstellung, dass das LSG nach seiner materiell-rechtlichen Auffassung die beantragte Beweiserhebung hätte vornehmen müssen* (s. zB BSG SozR 1500 § 160 Nr. 5; SozR 1500 § 160a Nr. 34). Insoweit prüft das BSG ungeachtet des Grundsatzes der freien Beweiswürdigung selbst, ob das LSG nach seiner rechtlichen Beurteilung dem Beweisantrag hätte nachkommen müssen (BSG SozR 1500 § 160 Nr. 49, *Becker* SGb 2007, 328 (332)).
- *Darstellung des möglichen Ergebnisses der unterbliebenen Beweiserhebung* (s. zB BSG SozR 1500 § 160a Nr. 24: Angabe dessen, was ein entgegen dem Beweisantrag nicht vernommener Zeuge hätte bekunden können).
- *Darlegung, zu welchem möglicherweise günstigeren Ergebnis das LSG bei Durchführung der beantragten Beweiserhebung gekommen wäre.*

Kosten und Gebühren

7. Vgl. Hinweis → Form. VIII.12 Anm. 9.

16. Revisionsschrift

An das
Bundessozialgericht[1, 2, 3]

In dem Rechtsstreit

des Industriemechanikers . . . . ,
Klägers und Revisionsklägers,
Prozessbevollmächtigter: RA . . . .[4]
gegen
die Berufsgenossenschaft Holz und Metall . . . . ,
vertreten durch die Geschäftsführung,
Beklagte und Revisionsbeklagte,
lege ich namens und in Vollmacht des Klägers gegen das Urteil des Landessozialgerichts . . . . vom . . . . – Az.: . . . . – zugestellt am . . . .[5, 6] – Revision ein.[7]

Zugleich beantrage ich, die Frist für die Revisionsbegründung um einen Monat zu verlängern, da noch eine Rücksprache mit dem Kläger erforderlich ist, der sich zurzeit auf einer längeren Dienstreise befindet.[8]

Rechtsanwalt[9, 10]

Schrifttum: Becker, Die Sprungrevision zum BSG, ASR 2019, 55; *Hauck*, Update Nichtzulassungsbeschwerde und Revision – ab jetzt mit Erfolg, 30. Sozialrechtliche Jahresarbeitstagung (Schriftenreihe des Deutschen Anwaltsvereins), 2018, S. 1; *Herold-Tews/Merkel*, Teil F: Das Revisionsverfahren; *Krasney/Udsching* SGVerf-HdB Kap. IX Rn. 231 ff.; *May*, Die Revision in den zivil- und verwaltungsgerichtlichen Verfahren (ZPO, ArbGG, VwGO, SGG, FGO) – Eine systematische Darstellung unter besonderer Berücksichtigung der höchstrichterlichen Rechtsprechung –, 1995.

Anmerkungen

1. Die Revision ist nur statthaft, wenn sie im Urteil des LSG oder auf NZB (→ Form. VIII.12) durch Beschluss des BSG zugelassen ist (§ 160 Abs. 1 SGG); eine vom LSG nicht in dem Urteil, sondern nachträglich in einem Beschluss zugelassene Revision ist unzulässig (BSG SozR 4-1500 § 160 Nr. 17). Die Zulassungsgründe ergeben sich abschließend aus § 160 Abs. 2 SGG, → Form. VIII.12–15.

Zur Möglichkeit der sog *Sprungrevision* → Anm. 2.

2. Die *Sprungrevision* ermöglicht den Beteiligten die Revision unter Übergehung der Berufungsinstanz. Danach ist ein Urteil des SG unter den Voraussetzungen des § 161 Abs. 1 SGG mit der Revision anfechtbar: a) *Schriftliche Zustimmung des Gegners* zur Einlegung der Revision und b) *Zulassung* im Urteil des SG oder auf den innerhalb eines Monats nach Zustellung des Urteils schriftlich zu stellenden Antrag durch Beschluss des SG.

Die Zustimmung muss dem Antrag auf Zulassung der Revision oder, wenn die Revision im Urteil des SG zugelassen war, der Revisionsschrift beigefügt werden (§ 161 Abs. 1 S. 3 SGG). Die fristgerechte Zuleitung der Zustimmungserklärung des Gegners an das SG oder, wenn die Revision im Urteil des SG zugelassen war, an das BSG per *Telefax* genügt der Schriftform (BSG SozR 3-1500 § 161 Nr. 10; SozR 3-1500 § 161 Nr. 12; SozR 3-1500 § 161 Nr. 13). Das Formerfordernis ist auch gewahrt bei Übermittlung durch ein den Anforderungen des § 65a SGG (→ Form. VIII.10 Anm. 2) genügendes elektronische Dokument (BSG SozR 4-4200 § 38 Nr. 2). Näher zur Schriftform MKLS/*Leitherer* SGG § 161 Rn. 4a.

Wird die Sprungrevision zugelassen, steht den Beteiligten ein *Wahlrecht* zu, ob sie Berufung oder Revision einlegen wollen. Die Einlegung der Revision und die Zustimmung des Gegners gelten als Verzicht auf die Berufung, wenn das SG die Revision zugelassen hat (§ 161 Abs. 5 SGG). Das BSG ist an die Zulassung gebunden (§ 161 Abs. 2 S. 2 SGG). Die Ablehnung der Zulassung ist unanfechtbar (§ 161 Abs. 2 S. 3 SGG).

Die Sprungrevision ermöglicht es den Beteiligten, auf die zweite Tatsacheninstanz zu verzichten und sofort das Revisionsgericht anzurufen, um möglichst schnell die Entscheidung einer Rechtsfrage zu erreichen. Da sie auf Mängel des Verfahrens nicht gestützt werden kann (§ 161 Abs. 4 SGG), sollte sie *im Zweifel nicht eingelegt* werden.

Ausf. zur Sprungrevision: *Krasney/Udsching* SGVerf-HdB Kap. IX Rn. 23 ff. mwN; MKLS/*Leitherer* SGG § 161; sa *Meyer* NZS 1995, 356.

3. Die Revision ist beim BSG einzulegen (§ 164 Abs. 1 S. 1 SGG). Keine Fristwahrung durch Einlegung beim LSG oder bei Behörden. → Form. VIII.12.

4. Wegen des Vertretungszwangs vor dem BSG → Form. VIII.12 Anm. 5.

5. Die Revision ist innerhalb eines Monats nach Zustellung des Urteils oder des Beschlusses über die Zulassung der Revision *schriftlich* (zur Schriftform → Form. VIII.10 Anm. 2) einzulegen (§ 164 Abs. 1 S. 1 SGG). Bei Zustellung außerhalb des Geltungsbereichs des SGG beträgt die Frist in entsprechender Anwendung des § 87 Abs. 1 S. 2

SGG drei Monate (BSG BSGE 40, 40 = SozR 1500 § 160a Nr. 4 – zur NZB). Die Revisionsfrist kann – anders als die Begründungsfrist – nicht verlängert werden.

6. Das *angefochtene Urteil* muss genau – nach Gericht, Datum und Aktenzeichen – *angegeben* werden (vgl. § 164 Abs. 1 S. 2 Hs. 1 SGG). Außerdem muss aus der Revisionsschrift hervorgehen, wer *Revisionskläger* und wer *Revisionsbeklagter* (BSGE 50, 59 (60); SozR 1500 § 164 Nr. 29) ist (*Krasney/Udsching* SGVerf-HdB Kap. IX Rn. 264). Eine Ausfertigung oder beglaubigte Abschrift des angefochtenen Urteils soll beigefügt werden, sofern das nicht schon bei Einlegung der NZB geschehen ist (§ 164 Abs. 1 S. 2 Hs. 2 SGG).

7. Die Revisionsschrift hat lediglich deutlich zu machen, dass Revision eingelegt werden soll. Der *Antrag* gehört bereits zur Begr. (→ Form. VIII.17 Anm. 2), kann jedoch schon in der Revisionsschrift gestellt werden (BSG SozR 1500 § 164 Nr. 2).

8. Der Antrag auf Verlängerung der Begründungsfrist (→ Form. VIII.17 Anm. 1) kann bereits vorsorglich in der Revisionsschrift gestellt werden.

Kosten und Gebühren

9. Vgl. Hinweis bei → Form. VIII.2 Anm. 13–15.

Fristen und Rechtsmittel

10. → Anm. 3, 5.

17. Revisionsbegründung

An das
Bundessozialgericht[1, 2, 3, 4, 5]

In dem Rechtsstreit

des Industriemechanikers . . . . . ,
Klägers und Revisionsklägers,
Prozessbevollmächtigter: RA . . . . . .
gegen
die Berufsgenossenschaft Holz und Metall . . . . . ,
vertreten durch die Geschäftsführung,
Beklagte und Revisionsbeklagte,
begründe ich die mit Schriftsatz vom . . . . . . gegen das Urteil des Landessozialgerichts . . . . . . vom . . . . . . – Az.: . . . . . . – eingelegte Revision wie folgt:
Der Kläger rügt die Verletzung des § 8 Abs. 2 Nr. 1 SGB VII. Denn der Unfall am . . . . . , bei dem der Kläger erhebliche Verletzungen erlitt, stellt nach dieser Vorschrift einen Arbeitsunfall (Wegeunfall) dar. Nach den tatsächlichen Feststellungen des LSG sind nur zwei Alternativen möglich: Entweder sollte der Zeuge E. den Kläger unmittelbar nach

dem Ende der Arbeitsschicht zu dessen Wohnsitz in . . . . . oder zu einer mehrstündigen Preisskatveranstaltung in . . . . . . bringen. Das LSG hat für diese Konstellation den Unfallversicherungsschutz verneint: Dieser sei nicht für die mögliche Alternative gegeben, dass der Kläger sich zu einer mehrstündigen Freizeitaktivität habe begeben wollen. In einem solchen Fall werde die Wahl des anderen Zielpunktes als der Wohnung allein durch persönliche (eigenwirtschaftliche) Gründe bestimmt. Die Rechtsauffassung des LSG ist unrichtig. In jedem Fall hätte die zum Unfall führende Fahrt unter Versicherungsschutz gestanden, so dass der Klageanspruch im Wege der *Wahlfeststellung* (BSG SozR 2200 § 548 Nr. 80) begründet ist. Für die erste Alternative (Weg zur eigenen Wohnung) ist dies zweifelsfrei und unter den Beteiligten unumstritten. Aber auch wenn man von der zweiten Alternative eines Weges zu einer mehrstündigen Preisskatveranstaltung ausgeht, gilt nichts anderes. Der Unfallversicherungsschutz bei einer Fahrt zum sog „dritten Ort" setzt entgegen der Auffassung des LSG zweierlei voraus: Die Dauer des Aufenthalts muss so erheblich sein, dass dort der Versicherte in den privaten Bereich überwechselt. Außerdem muss die Entfernung zum „dritten Ort" in einem angemessenen Verhältnis zur Wegstrecke zur eigenen Wohnung stehen. Beide Voraussetzungen sind nach den tatsächlichen Feststellungen des LSG im vorliegenden Fall erfüllt . . . . .[6]

Ich beantrage,[7]

1. das Urteil des Landessozialgerichts vom . . . . . und das Urteil des Sozialgerichts vom . . . . . . sowie den Bescheid der Beklagten vom . . . . . . in der Gestalt des Widerspruchsbescheides vom . . . . . . aufzuheben,

2. festzustellen, dass eine Fraktur des rechten Oberschenkels und eine Fraktur der linken Kniescheibe Folgen des Arbeitsunfalls vom . . . . . . sind,
hilfsweise, das Urteil des Landessozialgerichts vom . . . . . . aufzuheben und die Sache zur erneuten Verhandlung und Entscheidung an das Berufungsgericht zurückzuverweisen.

Rechtsanwalt[8, 9]

Anmerkungen

1. Die Revisionsbegr. (§ 164 Abs. 2 SGG) ist eine Zulässigkeitsvoraussetzung der Revision. Sie muss, sofern sie nicht schon in der Revisionsschrift enthalten ist, innerhalb von zwei Monaten nach Zustellung des Urteils oder des Zulassungsbeschlusses, bei Zustellung außerhalb des Geltungsbereichs des SGG innerhalb von vier Monaten (BSG BSGE 40, 40 = SozR 1500 § 160a Nr. 4) erfolgen (§ 164 Abs. 2 S. 1 SGG). Es ist *Schriftform* erforderlich (BSG SozR 1500 § 164 Nr. 14); s. zur Schriftform → Form. VIII.10 Anm. 2. Verlängerung der Begründungsfrist ist auf rechtzeitigen Antrag – auch mehrfach – möglich (§ 164 Abs. 2 S. 2 SGG); sie ist – anders als die Fristverlängerung bei der NZB (→ Form. VIII.12 Anm. 8) – nicht auf einen Monat beschränkt. Der Antrag auf Fristverlängerung kann bereits vorsorglich in der Revisionsschrift gestellt werden. Die Entscheidung über die Fristverlängerung liegt im Ermessen des Vorsitzenden (näher dazu *Krasney/Udsching* SGVerf-HdB Kap. IX Rn. 282).

2. Die *Revisionsbegr.* muss gem. § 164 Abs. 2 S. 3 SGG enthalten: a) Einen *bestimmten Antrag*. Auch wenn das BSG an dessen Bestimmtheit keine strengen Anforderungen stellt, sollte der Antrag möglichst eindeutig und als solcher erkennbar formuliert werden (ausf. dazu *Krasney/Udsching* SGVerf-HdB Kap. IX Rn. 311 ff.; *Herold-Tews/Merkel* Sozialgerichtsprozess Rn. 503). b) *Bezeichnung der verletzten Rechtsnorm.* Die verletzte Rechtsnorm braucht nicht unbedingt genau nach Gesetz und Paragraphennummer bezeichnet zu werden, sie muss sich jedoch deutlich aus dem Inhalt der Revisionsbegr. ergeben (s. zB BSG SozR 1500 § 164 Nr. 12; näher dazu *Krasney/*

Udsching SGVerf-HdB Kap. IX Rn. 319). Dabei ist zu beachten, dass die Revision nur auf eine Verletzung einer nach § 162 SGG *revisiblen Rechtsnorm* (Vorschrift des Bundesrechts oder einer sonstigen im Bezirk des Berufungsgerichts geltenden Vorschrift, deren Geltungsbereich sich über den Bezirk des Berufungsgerichts hinaus erstreckt) gestützt werden kann (ausf. *Krasney/Udsching* SGVerf-HdB Kap. IX Rn. 288 ff.; diff. zu den WBO für Ärzte Soz-R 4-2500 § 135 Nr. 30 = MedR 2021, 174). Das Revisionsgericht darf prüfen, ob das Berufungsgericht bei der Anwendung irrevisibler Normen höherrangiges Bundesrecht verletzt hat (BSG NZS 2020, 753 (754); BSGE 62, 131 (135); BVerwGE 51, 104 (110)).

3. § 164 Abs. 2 S. 3 SGG umschreibt den Inhalt der formgerechten Revisionsbegr. nicht erschöpfend, sondern stellt nur bestimmte Erfordernisse auf, zu denen weitere kommen, die sich aus Sinn und Zweck der nur durch einen Prozessbevollmächtigten vornehmbaren Revisionsbegr. ergeben (BSG SozR 1500 § 164 Nr. 20; SozR 1500 § 164 Nr. 25). Diese Erfordernisse sind sorgfältig zu beachten, da nach der Rspr. des BSG eine Revision (allzu oft) an einer unzulänglichen Begr. scheitern kann (instruktiv BSG SozR 3-1500 § 164 Nr. 11). Danach ist *zusätzlich* im Wesentlichen zu beachten:

- Die Revisionsbegr. muss bei *materiell-rechtlichen Rügen* darlegen, dass und warum eine revisible Rechtsvorschrift auf den vom Tatsachengericht festgestellten Sachverhalt nicht oder nicht richtig angewandt worden ist (BSG 25.10.2017 – B 14 AS 11/17 R, BeckRS 2017, 131419 = NZS 2018, 77 mAnm *Becker*; SozR 1500 § 164 Nr. 5; SozR 1500 § 164 Nr. 12; SozR 1500 § 164 Nr. 20; SozR 1500 § 164 Nr. 28). Es ist daher unter *Bezeichnung der verletzten Rechtsnorm* zumindest eine kurze Auseinandersetzung mit den das angefochtene Urteil tragenden Gründen erforderlich, aus der deutlich wird, dass und warum die als verletzt gerügte Vorschrift des materiellen Rechts nicht oder nicht richtig angewandt worden ist (BSG stRspr zB 2.7.2018 – B10 ÜG 2/17 R mwN; ausf. *Krasney/Udsching* SGVerf-HdB Kap. IX Rn. 320 f.). Darüber hinausgehend verlangten Senate des BSG in unterschiedlichen Varianten, dass die Revisionsbegr. den maßgeblichen Lebenssachverhalt angibt (s. dazu die Darstellung im Vorlagebeschluss des 1. Senats an den Großen Senat v. 26.9.2017 – B 1 KR 3/17 R, BeckRS 2017, 126078 = NZS 2018, 102 mAnm *Schmidt*). Der Große Senat des BSG hat entschieden, dass es der Bezeichnung von Tatsachen nur bedarf, soweit dies zum Verständnis der gerügten Rechtsverletzung unerlässlich ist (Beschl. v. 13.6.2018 – GS 1/17, BSGE 127, 133 = NZS 2019, 264; dazu Anm *Udsching*, jurisPR-SozR 25/2018 Anm. 1).
- Soweit *Verfahrensmängel* gerügt werden, sind die *verletzte Rechtsnorm* und die *Tatsachen zu bezeichnen, die den Mangel ergeben* und zwar so, dass das BSG sich ein Urteil darüber bilden kann, ob die angegriffene Entscheidung auf einem Verfahrensmangel beruht (BSGE 129, 87; BSG SozR 4-2500 § 13 Rn. 54; 1500 § 164 Nr. 31; NJW 1995, 2510). Es ist demgemäß – außer bei absoluten Revisionsgründen – auch darzulegen, dass die angefochtene Entscheidung auf dem gerügten Verfahrensfehler beruhen kann (s. zB für die Rüge mangelnder Sachaufklärung BSG SozR Nr. 24 zu § 167 SGG; SozR Nr. 28 zu § 164 SGG). Von Amts wegen berücksichtigt das BSG eine Verletzung tragender verfahrensrechtlicher Grundsätze *(unverzichtbare Verfahrensmängel)* wie den Verstoß gegen den Grundsatz des gesetzlichen Richters (BSGE 99, 189 = NZS 2008, 446; s. weiter MKLS/*Leitherer* SGG § 170 Rn. 4a). Des Weiteren sind §§ 556, 295 ZPO zu beachten, die im sozialgerichtlichen Verfahren gem. § 202 S. 1 SGG entsprechend gelten. Danach sind bei *verzichtbaren Verfahrensmängeln* Ausführungen darüber erforderlich, dass das Rügerecht nicht verlorengegangen ist (BSG SozR 1500 § 160a Nr. 61). Anders als bei der NZB kann die Begr. der zugelassenen Revision auf alle wesentlichen Verfahrensmängel gestützt werden (*Krasney/Udsching* SGVerf-HdB Kap. IX Rn. 327 ff. mit Beispielen von Verfahrensmängeln).

Insbes. kann die Verletzung der Grenzen der freien Beweiswürdigung (§ 128 Abs. 1 S. 1 SGG) und des § 109 SGG gerügt werden.

- Ist das angefochtene Urteil nebeneinander auf *mehrere selbständige Begründungen* gestützt worden, so müssen für jede Begr. die erforderlichen Rechtsausführungen gemacht werden (BSG SozR 3-1500 § 164 Nr. 12 = NZS 2003, 111; MKLS/*Leitherer* SGG § 164 Rn. 9e). Hat das angefochtene Urteil über *mehrere Streitgegenstände* entschieden, muss die Begründung für jeden Streitgegenstand gegeben werden, für den Abänderung begehrt wird (BSG SozR 4-3100 § 1 Nr. 3; SozR 1500 § 164 Nr. 22; BSGE 65, 8 (11); BSGE 73, 56 (57); MKLS/*Leitherer* SGG § 164 Rn. 9d).
- Der Prozessbevollmächtigte muss – ebenso wie bei der NZB – durch seine Unterschrift die Verantwortung für die Revisionsbegr. übernehmen, dh es muss deutlich erkennbar sein, dass er die Revision *eigenverantwortlich* auf Grund seiner Prüfung, Sichtung und Durchdringung des Prozessstoffs begründet hat (BSG SozR Nr. 3 zu § 166 SGG; Nr. 49 zu § 164 SGG; SozR 1500 § 164 Nr. 22; sa BVerfG SozR 3-1500 § 160a Nr. 12). So reicht es insb. nicht aus, dass er nur einen vom Vertretenen gefertigten und unterschriebenen Schriftsatz einreicht oder den Schriftsatz nur schlicht unterzeichnet, ohne den Streitstoff selbst geprüft, gesichtet und durchgearbeitet zu haben (BSG BeckRS 2005, 40465; SozR 3-1500 § 166 Nr. 4).

4. Für *Bezugnahmen* in der Revisionsbegr. gilt nach der Rspr. des BSG im Wesentlichen: Soweit die *Verletzung sachlichen Rechts* gerügt wird, kann zwar grds. auf die Begr. der NZB Bezug genommen werden (BSG SozR 1500 § 164 Nr. 3; SozR 1500 § 164 Nr. 4; SozR 1500 § 164 Nr. 27). Das setzt aber voraus, dass sich der Revisionskläger schon dort mit den materiell-rechtlichen Fragen auseinandergesetzt hat, sich diese Fragen auch im Revisionsverfahren stellen und eine erneute Begr. auf eine Wiederholung des Vorgetragenen hinauslaufen würde (BSG SozR 4-3250 § 145 Nr. 4 mwN). Nach BSG SozR 1500 § 164 Nr. 3 soll hingegen bei der Rüge eines *Verfahrensmangels* eine Bezugnahme auf die Begr. der NZB nicht ausreichen; dagegen ist eine Bezugnahme auf die Begr. des Beschl. zulässig, mit dem das BSG die Revision wegen des gerügten Verfahrensmangels zugelassen hat (BSG SozR 1500 § 164 Nr. 18; SozR 3-5428 § 4 Nr. 5 S. 20; krit. zu dieser Rspr. *Krasney/Udsching* SGVerf-HdB Kap. IX Rn. 340 f.). Die bloße Bezugnahme auf einen Revisionsbegründungsschriftsatz in einem anderen Revisionsverfahren genügt nicht den Anforderungen an eine ordnungsgemäße Begr. der Revision, wenn dieses Verfahren einen anderen Leistungsberechtigten und eine andere Rechtsgrundlage betrifft (BSG SozR 4-1500 § 164 Nr. 3 = NZS 2008, 389).

Die Vorlage eines Schriftsatzes mit unveränderter Wiederholung der sowohl auf grundsätzliche Bedeutung und Divergenz als auch auf einen Verfahrensmangel gestützten Begr. der NZB genügt demgemäß nicht den Anforderungen einer Revisionsbegr., zumal die grundsätzliche Bedeutung der Rechtssache und die Divergenz zwar Zulassungsgründe iSd § 160 Abs. 2 SGG, aber keine Revisionsgründe sind (BSG SozR 3-1500 § 164 Nr. 9). Auch eine Bezugnahme auf das Vorbringen in den Vorinstanzen reicht nicht aus (BSG SozR 1500 § 164 Nr. 28).

Empfehlung: Im Hinblick auf die vorstehende Rspr. des BSG sollte von Bezugnahmen im Zweifel abgesehen werden, und es sollten entsprechende Ausführungen nach erneuter Prüfung wiederholt werden (sa *Krasney/Udsching* SGVerf-HdB Kap. IX Rn. 322 ff., 340 f.; MKLS/*Leitherer* SGG § 164 Rn. 9g–9i).

5. Das BSG überprüft bei zugelassener und zulässiger Revision das angefochtene Urteil in materiell-rechtlicher Hinsicht umfassend. Es ist dabei *an die tatsächlichen Feststellungen im angefochtenen Urteil gebunden,* außer wenn in Bezug auf diese zulässige und begründete Revisionsgründe vorgebracht sind (§ 163 SGG; näher dazu die Kommentierung durch MKLS/*Leitherer* SGG § 163). Das BSG überprüft das angefochtene Urteil auf Verfahrensmängel nur, wenn zulässige Verfahrensrügen erhoben sind oder (ausnahmsweise)

Verfahrensmängel von Amts wegen zu prüfen sind. *Wichtig:* Der Revisionsbeklagte kann Verfahrensmängel bis zum Schluss der mündlichen Verhandlung im Wege der sog *Gegenrüge* geltend machen (MKLS/*Leitherer* SGG § 170 Rn. 4b ff.; *Krasney/Udsching* SGVerf-HdB Kap. IX Rn. 342). Das ist von praktischer Bedeutung, wenn er durch das Urteil des LSG nicht beschwert ist, aber trotzdem für ihn ungünstige tatsächliche Feststellungen getroffen sind, die sich erst im Revisionsverfahren nachteilig auswirken.

Ist die Revision begründet, so hat das BSG in der Sache selbst zu entscheiden (§ 170 Abs. 2 S. 1 SGG). Ist eine abschließende Entscheidung nicht möglich, so hebt es bei begründeter Revision das angefochtene Urteil auf und verweist die Sache zur erneuten Verhandlung und Entscheidung zurück (§ 170 Abs. 2 S. 2 SGG; zu dieser sprachlich nicht geglückten Vorschrift näher *Krasney/Udsching* SGVerf-HdB Kap. IX Rn. 387 f.). Das BSG ist nicht befugt, die Sache durch eigene Ermittlungen und Feststellungen spruchreif zu machen. Für generelle Tatsachen nimmt die Rspr. allerdings eine Befugnis zu eigenen Ermittlungen und Feststellungen an (BSGE 37, 282 (283); BSGE 84, 90 (97); HK-SGG/*Berchtold/Lüdtke* § 163 Rn. 11; → Form. VIII.13 Anm. 3). Das Gericht, an das die Sache zur erneuten Verhandlung und Entscheidung zurückverwiesen ist, hat die rechtliche Beurteilung des BSG zugrunde zu legen (§ 170 Abs. 5 SGG).

6. Zum Beispielsfall s. BSG NJW 1992, 1982 = SozR 3-2200 § 550 Nr. 5. Zum Versicherungsschutz bei Wegeunfällen, insb. auf Wegen zum und vom sog „dritten Ort“, BSG NJW 2021, 1485 (1487).

7. Zum Antrag → Anm. 2. Es empfiehlt sich ein äußerlich abgehobener Antrag, aus dem sich der Umfang und das Ziel der Anfechtung ergeben.

Kosten und Gebühren

8. Vgl. Hinweis bei → Form. VIII.2 Anm. 13–15. Bei Zurückverweisung bleibt die Kostenentscheidung dem Gericht vorbehalten, an das verwiesen wird. Das weitere Verfahren vor diesem Gericht ist ein neuer Rechtszug (§ 21 Abs. 1 RVG), in dem der RA die Gebühren erneut fordern kann. Dabei ist die vor diesem Gericht bereits entstandene Verfahrensgebühr auf die Verfahrensgebühr für das erneute Verfahren anzurechnen (Vorb. 3 Abs. 6 VV).

Fristen und Rechtsmittel

9. → Anm. 1.

Wiederaufnahme des Verfahrens (§§ 179 ff. SGG)

18. Wiederaufnahmeklage

An das
Landessozialgericht[2]

Wiederaufnahmeklage[1]

der Schneiderin . . . . .,
Prozessbevollmächtigter: RA . . . . .
gegen das Urteil des Landessozialgerichts vom . . . . .

Ich beantrage namens und in Vollmacht der Klägerin, das durch Urteil des Landessozialgerichts vom . . . . . – Az.: . . . . . – rechtskräftig abgeschlossene Verfahren wieder aufzunehmen und die Beklagte zu verurteilen, die Zeit vom . . . . . bis . . . . . als nachgewiesene Versicherungszeit bei der Rentenberechnung zusätzlich zu berücksichtigen.

Begründung:[4]

Durch das oa rechtskräftige Urteil des Landessozialgerichts ist zu Unrecht entschieden worden, dass die Zeit vom . . . . . bis . . . . . nicht als Beitragszeit rentensteigernd berücksichtigt werden kann. Der frühere Ehemann der Klägerin hat jetzt in seinen Unterlagen zufällig ein Zeugnis[3] der ehemaligen – inzwischen verstorbenen – Arbeitgeberin vom . . . . . gefunden. Eine Fotokopie dieses Zeugnisses ist beigefügt. Daraus ergibt sich, dass die Klägerin während der streitigen Zeit als Hausgehilfin gearbeitet hat und dass für sie Sozialversicherungsbeiträge entrichtet worden sind. Diese Urkunde konnte nur deshalb im Vorprozess nicht benutzt werden, weil sie verborgen geblieben war.

Rechtsanwalt[5]

Anmerkungen

1. Ein rechtskräftiges Verfahren kann entsprechend den Vorschriften des 4. Buches der ZPO (§§ 578 ff.) wieder aufgenommen werden (§ 179 Abs. 1 SGG), so dass auf die → Form. I.P.1, → Form. I.P.2 (Nichtigkeits- und Restitutionsklage) verwiesen wird. Es gelten folgende Besonderheiten:

a) der sich mit § 580 Nr. 4 ZPO überschneidende zusätzliche Wiederaufnahmegrund des § 179 Abs. 2 SGG (strafgerichtliche Verurteilung eines Beteiligten, weil er entscheidungserhebliche Tatsachen wissentlich falsch behauptet oder vorsätzlich verschwiegen hat; sa § 581 Abs. 1 ZPO);

b) Wiederaufnahme auch dann, wenn einander widersprechende rechtskräftige Entscheidungen verschiedener Leistungsträger ergangen sind (s. iE § 180 SGG und ferner §§ 181 u. 182 SGG, die diesen Konfliktfall verhindern sollen);

c) gerichtliche Anordnung der Rückerstattung der gewährten Leistungen auf Antrag (§ 179 Abs. 3 SGG).

Die Wiederaufnahmegründe sind in § 179 SGG iVm § 578 ff. ZPO abschließend geregelt (HessLSG 15.1.2020 – L 3 U 76/17 WA, BeckRS 2020, 12172; BayLSG 16.3.2021 – L 7 U 166/19, BeckRS 2021, 6698). Die Wiederaufnahmeklage hat in der Praxis kaum Bedeutung, → Anm. 3.

2. Grds. ist das Gericht zuständig, das im 1. Rechtszug entschieden hat; ausnahmsweise das LSG oder das BSG (vgl. § 584 ZPO; näher dazu MKLS/*Schmidt* SGG § 179 Rn. 8 f.; SG Frankfurt/Main 21.4.2017 – S 23 U 36/17, BeckRS 2017, 160287). Das LSG kann über eine unzulässige Wiederaufnahmeklage wie über eine unzulässige Berufung (§ 158 SGG) durch Beschluss entscheiden (BSG SozR 4-1500 § 158 Nr. 6).

3. Praktisch wichtigster Wiederaufnahmegrund dürfte das Auffinden einer Urkunde iSd § 580 Nr. 7 Buchst. b ZPO sein. Existenz und Verbleib der Urkunde müssen bislang unbekannt gewesen sein (BSGE 38, 207 (209)). Allgemein ist *wichtig,* dass § 44 Abs. 1 SGB X die Leistungsträger (auch bei Vorliegen eines rechtskräftigen Urt.; BSGE 51, 139 (141)) verpflichtet, einen rechtswidrigen Verwaltungsakt zurückzunehmen, soweit Sozialleistungen zu Unrecht nicht erbracht oder Beiträge zu Unrecht erhoben worden sind. Es wird – anstelle einer Wiederaufnahme des Verfahrens – das Wiederaufgreifen des Verwaltungsverfahrens nach dieser Vorschrift regelmäßig der zweckmäßige Weg sein, um die Überprüfung eines unanfechtbaren Verwaltungsakts zu erreichen, → Form. VIII.7.

Für den Sozialleistungsträger kommt die Wiederaufnahme des Verfahrens in Betracht, wenn er auf Grund rechtskräftiger Verurteilung einen begünstigenden Verwaltungsakt erlassen hat, da in diesem Fall § 45 SGB X (Rücknahme begünstigender Verwaltungsakte) nicht anwendbar ist (BSGE 60, 251 (253 f.)). Auch braucht der Sozialleistungsträger die sittenwidrig herbeigeführte oder ausgenutzte Rechtskraft eines Urteils nicht zu beachten (BSGE 60, 251).

4. Bereits die Zulässigkeit der Klage erfordert, dass der Wiederaufnahme- bzw. Restitutionsgrund schlüssig vorgetragen wird (BayLSG 16.3.2021 – L 7 U 166/19, BeckRS 2021, 6698).

Kosten und Gebühren

5. Vgl. Hinweis → Form. VIII.2 Anm. 13–15.

Beschwerde (§§ 172 ff. SGG)

19. Beschwerde (Beschwerde gegen Verhängung eines Ordnungsgeldes) – mit Hinweisen zur Anhörungsrüge –

An das
Sozialgericht[1, 2, 5]

In dem Rechtsstreit

des Industriemechanikers . . . . ,
Klägers und Beschwerdeführers,
Prozessbevollmächtigter: RA . . . . .
gegen
die Deutsche Rentenversicherung . . . . ,
vertreten durch die Geschäftsführung,
Beklagte,
wird gegen die Anordnung des Sozialgerichts vom . . . . . – Az.: . . . . . – Beschwerde eingelegt.

Begründung:[3]

Das SG hat gegen den Kläger durch die oa Anordnung ein Ordnungsgeld von 100 EUR festgesetzt, weil er der mündlichen Verhandlung ferngeblieben ist, obwohl sein persönliches Erscheinen angeordnet war.[4] **Diese Anordnung ist aufzuheben, da der Kläger der mündlichen Verhandlung vom . . . . . ohne Verschulden ferngeblieben ist. Aus der beigefügten Bescheinigung des Arztes für Allgemeinmedizin Dr. A. vom . . . . . ergibt sich, dass er kurz vor der mündlichen Verhandlung einen schweren Asthmaanfall erlitt und deshalb seine Wohnung nicht verlassen konnte. Der Kläger lebt allein und konnte dem Gericht den Grund seiner Verhinderung nicht rechtzeitig vorher mitteilen.**

Rechtsanwalt[6, 7]

Anmerkungen

1. Beschwerdefähig sind mit Ausnahme der Urteile und Gerichtsbescheide die Entscheidungen der SG und die Entscheidungen der Vorsitzenden dieser Gerichte, soweit im SGG nichts anderes bestimmt ist (vgl. § 172 Abs. 1 SGG). Nicht beschwerdefähig sind die in

§ 172 Abs. 2 SGG genannten Maßnahmen (prozessleitende Verfügungen usw), näher dazu MKLS/*Schmidt* SGG § 172 Rn. 6 ff. Darüber hinaus normiert Abs. 3 des § 172 SGG vier weitere *Beschwerdeausschlüsse:*

- in Verfahren des einstweiligen Rechtsschutzes, wenn in der Hauptsache die Berufung der Zulassung bedürfte,
- gegen die Ablehnung von PKH, wenn a) das Gericht ausschließlich die persönlichen oder wirtschaftlichen Voraussetzungen für die PKH verneint, b) in der Hauptsache die Berufung der Zulassung bedürfte oder c) das Gericht in der Sache durch Beschluss entscheidet, gegen den die Beschwerde ausgeschlossen ist,
- gegen Kostengrundentscheidungen nach § 193 SGG,
- gegen Entscheidungen nach § 192 Abs. 4 SGG, wenn in der Hauptsache kein Rechtsmittel gegeben ist und der Wert des Beschwerdegegenstandes 200 EUR nicht übersteigt. Ausführlich zu den Beschwerdeausschlüssen MKLS/*Schmidt* SGG § 172 Rn. 6f–k.

Zur *Verzögerungsrüge* bei Untätigkeit des Gerichts → Form. VIII.5 Anm. 3, zur *Anhörungsrüge* gegen unanfechtbare Endentscheidungen *bei Verletzung des Anspruchs auf rechtliches Gehör* → Anm. 5.

In der Praxis betrifft die Beschwerde meist die *Ablehnung der Übernahme von Kosten eines Gutachtens nach § 109 SGG auf die Staatskasse* (→ Form. VIII.22), die *Ablehnung von PKH* wegen mangelnder Erfolgsaussicht (→ Form. VIII.25) und einstweiligen Rechtsschutz (→ Form. VIII.27–29).

2. Die Beschwerde ist binnen eines Monats nach Bekanntgabe der Entscheidung beim SG schriftlich oder zur Niederschrift des Urkundsbeamten der Geschäftsstelle einzulegen (§ 173 S. 1 SGG). Die Frage, ob die Monatsfrist auch bei Bekanntgabe außerhalb des Geltungsbereichs des SGG gilt, ist umstr. (verneinend LSG Nds Breithaupt 1992, 159: analog § 87 Abs. 1 S. 2 SGG drei Monate; für die NZB bejahend BSG SozR-4-1500 § 73 Nr. 7). Die Beschwerdefrist ist auch gewahrt, wenn die Beschwerde innerhalb der Frist beim LSG eingelegt wird (§ 173 S. 2 SGG). Das SG hat kein Abhilferecht. Die Beschwerde hat in den in § 175 S. 1 u. 2 SGG genannten Fällen aufschiebende Wirkung, so auch im Textbeispiel (Ordnungsgeld). Außerdem kann das Gericht oder der Vorsitzende, dessen Entscheidung angefochten wird, den Vollzug der angefochtenen Entscheidung aussetzen (§ 175 S. 3 SGG). Ferner kann der Vorsitzende des Berufungsgerichts die Vollstreckung nach § 199 Abs. 2 SGG aussetzen (→ Form. VIII.10 Anm. 1). Das LSG entscheidet über die Beschwerde durch unanfechtbaren Beschluss (§§ 176, 177 SGG).

3. Begr. ist nicht vorgeschrieben, aber zweckmäßig.

4. Von der *Anordnung des persönlichen Erscheinens* eines Beteiligten (§ 111 Abs. 1 S. 1 SGG) wird im sozialgerichtlichen Verfahren häufig Gebrauch gemacht, um den Sachverhalt aufzuklären. Die Anhörung des Beteiligten ist jedoch, da dem SGG die Parteivernehmung unbekannt ist (BSG SozR 3-1500 § 160a Nr. 2), keine Beweisaufnahme im eigentlichen Sinne (→ Form. VIII.21; dazu krit. *Gutzler,* Die persönliche Parteianhörung – verkanntes Beweismittel im sozialgerichtlichen Prozess? SGb 2009, 73). Auf die Folgen des Ausbleibens ist hinzuweisen (§ 111 Abs. 1 S. 2 SGG). Nichterscheinen kann mit Ordnungsgeld belegt werden (§ 202 S. 1 SGG iVm §§ 141 Abs. 3, 380 f. ZPO; s. hierzu *Frehse* SGb 2010, 388 ff. (458 ff.); zur Gebotenheit des persönlichen Erscheinens LSG Nds-Brem 23.7.2014 – L 13 SF 7/14 B (AS), BeckRS 2014, 71555)

Das Textbeispiel geht davon aus, dass die Beschwerde unabhängig von der Möglichkeit gegeben ist, die Aufhebung des Ordnungsgeldbeschlusses durch nachträgliche Entschuldigung (§ 202 S. 1 SGG iVm § 141 Abs. 3 S. 1, § 381 Abs. 1 S. 3 ZPO) beim SG zu erreichen (zB HK-SGG/*Roller* § 111 Rn. 12).

5. Mit dem Gesetz über die Rechtsbehelfe bei Verletzung des Anspruchs auf *rechtliches Gehör* v. 9.12.2004 (BGBl. I 3220) ist die Forderung des BVerfG, bei entscheidungserheblicher Verletzung des Anspruchs auf rechtliches Gehör eine fachgerichtliche Abhilfemöglichkeit zu schaffen (BVerfGE 107, 395), umgesetzt worden. Regelungsbedarf bestand, soweit Rechtsmittel ausgeschlossen sind, und für letztinstanzliche Entscheidungen. Die *Anhörungsrüge* ist nunmehr ein außerordentlicher Rechtsbehelf gegen unanfechtbare Endentscheidungen (Urt. und Beschl., § 178a Abs. 1 S. 1 SGG), gegen eine der Endentscheidung vorausgehende Entscheidung (Zwischenentscheidung) kann sie nicht erhoben werden (§ 178a Abs. 1 S. 2 SGG, näher hierzu MKLS/*Schmidt* SGG § 178a Rn. 3b ff.). Sie ist innerhalb von zwei Wochen nach Kenntnis von der Verletzung des rechtlichen Gehörs bei dem Gericht zu erheben, das die gerügte Entscheidung erlassen hat; der Zeitpunkt der Kenntniserlangung ist glaubhaft zu machen (§ 178a Abs. 2 S. 1 SGG; s. iE BSG SozR 4-1500 § 178a Nr. 10). Innerhalb der Zweiwochenfrist muss die Rüge auch begründet werden; eine eigene Begründungsfrist sieht § 178a SGG nicht vor (BSG SozR 4-1500 § 178a Nr. 8 = NJW 2010, 1694). Nach Ablauf eines Jahres seit Bekanntgabe der angegriffenen Entscheidung kann die Rüge nicht mehr erhoben werden (§ 178a Abs. 2 S. 2 SGG; zu weiteren Einzelheiten s. § 178a Abs. 2 S. 3–5 SGG). Der Rügeführer hat die entscheidungserhebliche Verletzung des Anspruchs auf rechtliches Gehör schlüssig darzulegen und aufzuzeigen, was bei Gewährung des Gehörs vorgetragen oder beantragt worden wäre. Dazu gehört insb. das Aufzeigen der Umstände, aus denen sich die Verletzung des rechtlichen Gehörs ergibt (BSG SozR 4-1500 § 178a Nr. 2). Die Anhörungsrüge hindert den Eintritt der Rechtskraft nicht; der Vollzug der angefochtenen Entscheidung kann jedoch einstweilen ausgesetzt werden (§ 178a Abs. 6 iVm § 175 S. 3 SGG). Bei erfolgreicher Rüge ist das Verfahren in der Lage fortzusetzen, in der es sich vor dem Schluss der mündlichen Verhandlung befand (§ 178a Abs. 5 S. 2 SGG). In schriftlichen Verfahren tritt an die Stelle des Schlusses der mündlichen Verhandlung der Zeitpunkt, bis zu dem Schriftsätze eingereicht werden können (§ 178a Abs. 5 S. 3 SGG). Gegen eine ablehnende Entscheidung ist kein Rechtsbehelf gegeben (näher zur Anhörungsrüge MKLS/*Schmidt* SGG § 178a; *Berchtold* NZS 2006, 9; *Frehse* SGb 2005, 265; *Treber* NJW 2005, 97), auch eine Anhörungsrüge gegen diese Entscheidung ist unzulässig (BSG SozR 4-1500 § 178a Nr. 7). Das Rügeverfahren ist vor Erhebung einer Verfassungsbeschwerde durchzuführen, sofern vor dem BVerfG (zumindest der Sache nach auch) die Verletzung von Art. 103 Abs. 1 GG gerügt wird (BVerfG NJW 2020, 2391; 2005, 3059; Ausnahme nur bei offensichtlicher Aussichtslosigkeit der Anhörungsrüge, s. BVerfG 10.10.2019 – 2 BvR 914/16, BeckRS 2019, 24673); bei insoweit unberechtigt unterlassener Anhörungsrüge sind auch sonstige verfassungsrechtliche Rügen ausgeschlossen, BVerfG-K 5, 337). Es gehört zu dem im SGG vorgesehenen Rechtsweg, der vor Einlegung einer Verfassungsbeschwerde auszuschöpfen ist (§ 90 Abs. 2 S. 1 BVerfGG; BVerfG NJW 2014, 2635 f. mit Literaturhinweisen zum Verhältnis von Anhörungsrüge und Verfassungsbeschwerde; näher dazu auch MKLS/*Schmidt* SGG § 178a Rn. 2a).

Nach Einführung der Anhörungsrüge ist die Rspr. zur Statthaftigkeit der *Gegenvorstellung* (→ Form. I.O.7) als außerordentlicher Rechtsbehelf wegen anderer Verfahrensgrundrechte oder Verfahrensmängeln uneinheitlich (s. MKLS/*Schmidt* SGG § 178a Rn. 12 mwN). Nach BSG SozR 4-1500 § 178a Nr. 3 (= NJW 2006, 860) ist sie zulässig vor allem, wenn die getroffene Entscheidung in offensichtlichem Widerspruch zum Gesetz steht und insb. unter Verletzung von Grundrechten ergangen ist, so dass sie sonst nur im Wege der Verfassungsbeschwerde angegriffen werden könnte. Eine Gegenvorstellung ist innerhalb der für eine Verfassungsbeschwerde maßgebenden Frist von einem Monat seit Zustellung der getroffenen Entscheidung (§ 93 Abs. 1 BVerfGG) zu erheben (BSG BeckRS 1992, 08000). Sie ist indes nicht Voraussetzung einer Verfassungsbeschwerde und setzt die Monatsfrist – anders als die Anhörungsrüge – zur Einlegung und Begründung einer Verfassungsbeschwerde nicht neu in Gang (BVerfG NJW 2009, 829).

Kosten und Gebühren

6. Jedes *Beschwerdeverfahren* ist eine besondere Angelegenheit (§ 18 Abs. 1 Nr. 3 RVG). Nach der Vereinheitlichung des Gebührenrechts durch das RVG (→ Form. VIII.2 Anm. 15) fällt auch in Verfahren, in denen Betragsrahmengebühren entstehen (§ 3 Abs. 1 S. 1 RVG), eine Verfahrensgebühr (VV 3501 RVG) und ggf. eine Terminsgebühr (VV 3515 RVG) iHv jeweils 24–250 EUR (Mittelgebühr: 137 EUR) an. Eine Kostenentscheidung ist demgemäß regelmäßig erforderlich (näher hierzu MKLS/*Schmidt* SGG § 176 Rn. 5a). Sie ist auch zu treffen in den Fällen, in denen die Beschwerde von einer Person eingelegt worden ist, die nicht Beteiligter ist (Zeuge, Sachverständiger; vgl. MKLS/*Schmidt* SGG § 176 Rn. 5, MüKoZPO/*Damrau* § 380 Rn. 13, str.). Der RA erhält für die Tätigkeit als Beistand für diese Personen die gleichen Gebühren wie ein Verfahrensbevollmächtigter in diesem Verfahren (Vorb. 3 Abs. 1 VV).

Für die *Anhörungsrüge* (→ Anm. 5) gilt Folgendes: In gerichtskostenpflichtigen Verfahren (→ Form. VIII.2) entsteht eine Gebühr von 66 EUR, wenn die Rüge in vollem Umfang verworfen oder zurückgewiesen wird (KV 7400 GKG). Der RA erhält grds. keine gesonderte Gebühr; die Anhörungsrüge gehört zum Rechtszug und ist mit den Gebühren nach VV 3100 ff. RVG abgegolten (§ 19 Abs. 1 S. 2 Nr. 5 Buchst. b RVG). Wird der RA ausschließlich im Verfahren der Anhörungsrüge tätig, entstehen eine Verfahrens- und Terminsgebühr, höchstens 0,5, bei Betragsrahmengebühren (→ Form. VIII.2 Anm. 15) höchstens 260 EUR (VV 3330 u. 3331 RVG).

Fristen und Rechtsmittel

7. Der Beschluss des LSG ist unanfechtbar (vgl. § 177 SGG).

Sonstige Anträge

20. Antrag auf mündliche Verhandlung nach Gerichtsbescheid – § 105 Abs. 2 S. 2 SGG –

An das Sozialgericht

In dem Rechtsstreit

der Frau . . . . .,

Klägerin,

Prozessbevollmächtigter: RA . . . . .

gegen

der Allgemeinen Ortskrankenkasse . . . . .,

vertreten durch den Vorstand,

Beklagte,

hat das Sozialgericht die auf Erstattung der Kosten für das Medikament „Th . . . . . .“ iHv 450 EUR gerichtete Klage durch Gerichtsbescheid[1] vom . . . . . abgewiesen.

Ich beantrage namens und in Vollmacht der Klägerin gem. § 105 Abs. 2 SGG, eine mündliche Verhandlung anzuberaumen.[2, 3]

Rechtsanwalt[4, 5]

Schrifttum: Bienert, Der Gerichtsbescheid nach § 105 SGG, SGb 2014, 365

Anmerkungen

1. Die mWv 1.3.1993 für das Verfahren vor dem SG eingeführte Regelung über den *Gerichtsbescheid* (§ 105 SGG) bezweckt die Beschleunigung des Verfahrens und hat große praktische Bedeutung. Im Berufungsverfahren gibt es keinen Gerichtsbescheid, jedoch die Möglichkeit, durch *Beschluss* zu entscheiden, wenn das LSG die Berufung einstimmig für unbegründet und eine mündliche Verhandlung nicht für erforderlich hält; die Berufung darf dann jedoch nicht gegen einen Gerichtsbescheid gerichtet sein (§ 153 Abs. 4 SGG; → Form. VIII.10 Anm. 1); eine *unzulässige Berufung* kann das LSG durch *Beschluss* verwerfen (§ 158 SGG; → Form. VIII.10 Anm. 2).

Das SG kann ohne mündliche Verhandlung durch Gerichtsbescheid entscheiden, wenn die Sache keine besonderen Schwierigkeiten tatsächlicher oder rechtlicher Art aufweist (s. dazu BSG SozR 4-1500 § 105 Nr. 1 = NZS 2007, 51 – Unzulässigkeit des Gerichtsbescheides bei grundsätzlicher Bedeutung der Rechtssache; sa BSG 7.8.2014 – B 13 R 37/13 R, BeckRS 2015, 65642) und der Sachverhalt geklärt ist; die Beteiligten sind *vorher zu hören* (§ 105 Abs. 1 SGG). Sofern sie mit der Entscheidung durch Gerichtsbescheid nicht einverstanden sind, sollten sie die Gründe für die Anberaumung einer mündlichen Verhandlung nennen und ggf. Beweisanträge stellen.

2. Der Antrag auf mündliche Verhandlung *nach* Gerichtsbescheid kann *nur ausnahmsweise* gestellt werden, nämlich dann, wenn die Berufung nicht gegeben ist (§ 105 Abs. 2 S. 2 SGG; → Anm. 3). Der Antrag ist innerhalb eines Monats seit Zustellung des Gerichtsbescheides zu stellen (ergibt sich aus dem Regelungszusammenhang, vgl. MKLS/*Schmidt* SGG § 105 Rn. 20). Wird rechtzeitig mündliche Verhandlung beantragt, gilt der Gerichtsbescheid als nicht ergangen (§ 105 Abs. 3 SGG).

Wird sowohl ein Rechtsmittel gegen den Gerichtsbescheid eingelegt als auch mündliche Verhandlung beantragt, findet eine mündliche Verhandlung statt (§ 105 Abs. 2 S. 3 SGG).

3. Im Textbeispiel ist die Berufung nach § 144 Abs. 1 S. 1 Nr. 1 SGG nicht gegeben, weil der Wert des Beschwerdegegenstandes 750 EUR nicht übersteigt.

Kosten und Gebühren

4. Wird (bei einer nicht statthaften Berufung, → Anm. 2) rechtzeitig Antrag auf mündliche Verhandlung gestellt, wird auch die Kostenentscheidung des Gerichtsbescheides hinfällig. Kein gesonderter Gebührenanspruch für den Antrag auf mündliche Verhandlung. Eine fiktive Terminsgebühr entsteht nur, wenn mündliche Verhandlung beantragt werden kann (→ Anm. 2), s VV 3104 Anm. 1 Nr. 2, VV 3106 Nr. 2 RVG.

Fristen und Rechtsmittel

5. → Anm. 2.

21. Beweisantrag – §§ 103, 160 Abs. 2 Nr. 3 SGG – Grundsätzliche Hinweise zum Beweisrecht im sozialgerichtlichen Verfahren

An das
Landessozialgericht[1, 2, 3]

In dem Rechtsstreit

des Gastwirts . . . . .,
Prozessbevollmächtigter: RA . . . . .
Klägers und Berufungsklägers,
gegen
die Berufungsgenossenschaft Nahrungsmittel und Gastgewerbe . . . . .,
vertreten durch den Geschäftsführer,
Beklagte und Berufungsbeklagte,
– Az.: . . . . –
beantrage ich,[4]

1. **den Maler (Name, Anschrift) als Zeugen zu vernehmen, ob der PKW des Klägers in der Nacht vom . . . . . zum . . . . . gegen 3.00 Uhr auf dem Parkplatz vor der Gaststätte des Klägers („L'Auberge“) gestanden hat und**
2. **den Buchdrucker (Name, Anschrift) als Zeugen zu der Frage zu vernehmen, ob der Kläger kurz vorher gesagt hat, er müsse noch einmal seine Gaststätte aufsuchen, um den Kühlschrank einzuschalten.**

Begründung:[5]

Nach dem bisherigen Ergebnis des Verfahrens steht fest, dass der Kläger, der als Unternehmer bei der Beklagten freiwillig gegen Arbeitsunfall versichert ist (§ 6 SGB VII iVm der Satzung der Beklagten), seine Gaststätte kurz vor Mitternacht geschlossen, anschließend in der 3 km entfernten Gaststätte „Tenne“ mit den vorgenannten Zeugen bis gegen 3.00 Uhr Karten gespielt hat und gegen 3.30 Uhr auf dem Weg zu seiner Wohnung mit dem Pkw verunglückt ist. Obwohl sein Heimweg auf Grund des Kartenspiels somit längere Zeit unterbrochen war, stand er bei seinem Unfall gem. § 8 Abs. 2 Nr. 1 SGB VII (Wegeunfall) unter dem Schutz der gesetzlichen Unfallversicherung. Denn der Kläger suchte unmittelbar nach Beendigung des Kartenspiels noch einmal seine Gaststätte auf, schaltete den – zuvor abgetauten – Kühlschrank wieder ein und füllte ihn mit Getränken. Er trat also seine Heimfahrt unmittelbar im Anschluss an eine versicherte Tätigkeit an. Durch die Aussagen der Zeugen wird bewiesen[6, 7] **werden, dass die von der Beklagten bezweifelten Angaben des Klägers zutreffen.**
Rechtsanwalt[8]

Schrifttum: Francke/Gagel/Bieresborn, Der Sachverständigenbeweis im Sozialrecht, 2. Aufl. 2017; *Fichte,* Der Beweisantrag im Rentenrechtsstreit wegen Erwerbsminderung, SGb 2000, 653; *Kater,* Das ärztliche Gutachten im sozialgerichtlichen Verfahren, 2. Aufl. 2011, *Kühl,* Die Ablehnung von Sachverständigen wegen Besorgnis der Befangenheit im Sozialgerichtsprozess, NZS 2003, 579.; *Steinert*, Grundlagen des Sachverständigenbeweises im sozialgerichtlichen Verfahren, WzS 2016, 271.Schrifttum Ende

Anmerkungen

1. Im sozialgerichtlichen Verfahren muss das Gericht unter Heranziehung der Beteiligten den Sachverhalt *von Amts wegen* erforschen. Unter den Voraussetzungen des § 131 Abs. 5 SGG kann das Gericht die Sache ausnahmsweise zur Durchführung der erforderlichen Ermittlungen an die Verwaltung zurückverweisen (dazu krit. *Mey* SGb 2010, 68).

An das Vorbringen und die Beweisanträge der Beteiligten ist das Gericht grds. nicht gebunden (§ 103 SGG; Ausnahme: Antrag nach § 109 SGG, → Form. VIII.22). Trotz dieses Grundsatzes kommt im Berufungsverfahren dem *Beweisantrag* eine eigenständige Bedeutung zu, da eine NZB auf die Verletzung des § 103 SGG nur gestützt werden kann, wenn das LSG einem Beweisantrag ohne hinreichende Begr. nicht gefolgt ist, → Form. VIII.15. Vor allem den Beweisanträgen, den Sachverhalt *in medizinischer Hinsicht* von Amts wegen durch Einholung von – idR schriftlichen – *ärztlichen Gutachten* weiter aufzuklären (§§ 103, 106 Abs. 3 Nr. 5 SGG), kommt erhebliche praktische Bedeutung zu.

Grds. sind auch im Verwaltungsverfahren eingeholte ärztliche Gutachten (vgl. § 21 Abs. 1 S. 2 Nr. 2 und Abs. 3 SGB X) im gerichtlichen Verfahren – im Wege des Urkundenbeweises – zu verwerten (BSG SozR Nr. 66 zu § 128 SGG; BeckRS 1988, 06355; SozR 3-3300 § 15 Nr. 11 S. 34 f.). Werden sie erst im Verlaufe des Rechtsstreits in das Verfahren eingeführt, sind sie als qualifiziertes (von Sachkunde getragenes) Beteiligtenvorbringen zu würdigen (BSG BeckRS 1988, 06355). Auch die Tatsache, dass ein vom Gericht beauftragter Sachverständiger für Sozialversicherungsträger tätig ist, lässt zumindest nicht per se an seiner Objektivität zweifeln (BSG BeckRS 1998 30409310). Dabei haben die Unfallversicherungsträger zu beachten, dass ihre Verpflichtung nach § 200 Abs. 2 SGB VII, vor Erteilung eines Gutachtenauftrages dem Versicherten mehrere Gutachter zur Auswahl zu benennen und auf das Widerspruchsrecht gegen die Übermittlung von Sozialdaten nach § 76 Abs. 2 Nr. 1 SGB X hinzuweisen, auch im sozialgerichtlichen Verfahren gilt (BSG SozR 4-2700 § 200 Nr. 1 = NZS 2009, 99 = SGb 2009, 40 mAnm *Bieresborn*). Ein unter Verstoß gegen diese Hinweispflicht eingeholtes Gutachten unterliegt nach Rüge (iE zu dieser Obliegenheit BSG SozR 4-2700 § 200 Nr. 2 = NZS 2011, 473) einem Beweisverwertungsverbot (zum Verlust des Rügerechts → Form. VIII.15 Anm. 5), das sich auf auf diesem Gutachten aufbauende Gutachten erstrecken kann (dazu krit. *Behrens/Froede* NZS 2009, 128). Allerdings können sich Unfallversicherungsträger zur Abgabe einer Stellungnahme zulässig sog Beratungsärzte bedienen, soweit die vom BSG (SozR 4-2700 § 200 Nr. 1 = NZS 2009, 99) aufgezeigte Abgrenzung zu einem Gutachten eingehalten wird.

Hilfreich mit vielen weiterführenden Hinweisen: *Plagemann/Hontschik,* Medizinische Begutachtung im Sozialrecht, Schriftenreihe der Arbeitsgemeinschaften des Deutschen Anwaltsvereins/Arbeitsgemeinschaft Sozialrecht, 3. Aufl. 1996; sa aus der Vielzahl der Veröffentlichungen *Udsching,* Besonderheiten des Sachverständigenbeweises im sozialgerichtlichen Verfahren, NZS 1992, 50. Die *typischen beweisbedürftigen Tatsachen* und die zugehörigen *sozialrechtlichen Fragestellungen* sind bei *Krasney/Udsching* SGVerf-HdB Kap. III Rn. 114 ff. anschaulich und praxisnah zusammengestellt.

2. Das SGG verweist wegen der *Beweisaufnahme* weitgehend auf die ZPO (vgl. § 118 Abs. 1 SGG).

Danach kann das Gericht auch das *Erscheinen des Sachverständigen zum Verhandlungstermin* anordnen, damit er sein (schriftliches) Gutachten erläutere (§ 118 Abs. 1 S. 1 SGG iVm § 411 Abs. 3 ZPO). Die Beteiligten haben ein *Fragerecht,* dh sie können dem Sachverständigen (oder Zeugen) im Verhandlungstermin sachdienliche Fragen vorlegen lassen oder unmittelbar stellen (§ 116 S. 2 SGG, § 118 Abs. 1 S. 1 SGG iVm § 397 ZPO; MKLS/*Keller* SGG § 116 Rn. 4 ff.). Darüber hinaus leitet das BSG ebenso wie die anderen obersten Bundesgerichte und die hM aus dem Anspruch auf rechtliches Gehör (Art. 103 Abs. 1 GG, § 62 SGG) die Pflicht des Gerichts ab, *auf Antrag* eines Beteiligten das Erscheinen des Sachverständigen zur Erläuterung seines (schriftlichen) Gutachtens und zur mündlichen Befragung im Verhandlungstermin anzuordnen (s. zB BSG 17.4.2012 – B 13 R 355/11 B, BeckRS 2012, 70057; SozR 3-1750 § 411 Nr. 1; SozR 1750 § 411 Nr. 2; zus.fassend BVerfG NJW 1998, 2273 mwN). Es sind dann dem Gericht innerhalb eines angemessenen Zeitraums bzw. der vom Gericht gesetzten Frist die rechtserheblichen Einwendungen gegen das Gutachten und (oder) objektiv sachdienliche Fragen mitzuteilen (§ 411 Abs. 4 ZPO, s. dazu BSG SozR Nr. 160 zu § 162 SGG; SozR 1750 § 411 Nr. 2; *Schur* SGb 1985, 529). Unerheblich ist in diesem Zusammenhang, ob es sich um ein von Amts wegen oder um ein gem. § 109 SGG (→ Form. VIII.22) eingeholtes Gutachten handelt (BSG NVwZ-RR 2001, 111; 17.4.2012 – B 13 R 355/11 B, BeckRS 2012, 70057). Allein mit dem Hinweis, dass einander widersprechende Gutachten vorliegen, ist der Antrag nicht zu begründen (vgl. in diesem Zusammenhang BSG 30.8.2001 – B 2 U 168/01 B). Die mündliche Anhörung ist – auch im Hinblick auf den Amtsermittlungsgrundsatz (→ Anm. 1) – nicht die einzig mögliche Behandlung des Antrags auf mündliche Erläuterung von Sachverständigengutachten (BVerfG NJW 1998, 2274; FamRZ 2001, 1285 (1286); und BeckRS 2013, 53053). IdR wird das Gericht den Sachverständigen auffordern, zu sachdienlichen Fragen ergänzend schriftlich Stellung zu nehmen (BSG SozR Nr. 160 zu § 162 SGG; SozR 3-1750 § 411 Nr. 1 S. 6; *Udsching* NZS 1992, 50 (53)).

Der Antrag auf Ladung eines Sachverständigen ist rechtzeitig nach Vorlage des Gutachtens zu stellen. Ein erst vor dem LSG gestellter Antrag auf Anhörung eines in der ersten Instanz beauftragten Sachverständigen ist verspätet (BSG SozR 1750 § 411 Nr. 2). Hat das erstinstanzliche Gericht einem Antrag auf mündliche Anhörung des Sachverständigen verfahrensfehlerhaft nicht entsprochen, so muss dem in zweiter Instanz wiederholten Antrag stattgegeben werden (BSG 11.12.2019 – B 13 R 164/18 B, BeckRS 2019, 35683, dazu Anm. *Francke* jurisPR-MedizinR 9/2020 Anm. 2; SozR 4-1500 § 160 Nr. 24). Sofern der Antrag schriftsätzlich vor dem SG erfolglos gestellt wurde, ist er im Berufungsverfahren nicht deshalb unzulässig, weil er in der mündlichen Verhandlung vor dem SG nicht wiederholt worden war. Die vom BSG zur Rüge eines Aufklärungsmangels nach § 160 Abs. 2 Nr. 3 SGG im Verfahren zur NZB entwickelten Grundsätze (→ Anm. 4) sind nach BSG SozR 4-1500 § 62 Nr. 4 (= NZS 2005, 670) nicht auf das Verfahren vor dem SG zu übertragen, weil die Berufung eine volle zweite Tatsacheninstanz eröffnet (§ 157 SGG).

Der Umfang, in dem ein vom Gericht bestellter Sachverständiger sich der Mitarbeiter anderer Personen bedienen darf (§ 407a Abs. 2 S. 2 ZPO), wird unterschiedlich beurteilt (s. hierzu näher BSG SozR 4-1750 § 407a Nr. 1 ff.).

IÜ gilt der Grundsatz der *Unmittelbarkeit der Beweisaufnahme* (§ 117 SGG; BSG SozR 1500 § 117 Nr. 3; SozR 3-1500 § 117 Nr. 1). Das LSG hat einen bereits vom SG vernommenen Zeugen nochmals zu hören (s. § 118 Abs. 1 SGG iVm § 398 Abs. 1 ZPO), wenn es eine vom SG abweichende Würdigung der Zeugenaussage in Betracht zieht (Reduzierung des richterlichen Ermessens „auf Null", BSG SozR 3-1500 § 128 Nr. 12 mwN). Das gilt entsprechend, wenn das LSG von der auf dem persönlichen Eindruck (§§ 106 Abs. 3 Nr. 7, 111 Abs. 1 S. 1 SGG) beruhenden Glaubwürdigkeitsbeurteilung eines Klägers durch das SG abweichen will (BSG SozR 4-1500 § 128 Nr. 7 = SGb 2008, 744 mAnm *Kunze*). Die Beurteilung der Glaubwürdigkeit setzt grds. voraus, dass sich alle die Entscheidung treffenden Richter einen persönlichen Eindruck von der zu beurteilenden Person machen (BSG SozR 4-1500 § 117 Nr. 1). Hat ein Gericht Akten beigezogen und will es darin enthaltene Unterlagen zur Feststellung von Tatsachen verwerten, muss es die Beteiligten zuvor darauf hinweisen (BSG SozR 4-1500 § 118 Nr. 1 = NZS

2005, 221). Auch das Ergebnis einer Inaugenscheinnahme ist den Beteiligten mitzuteilen (BSG 31.8.2017 – B 2 U 74/17 B, SozR 4-1500 § 62 Nr. 19 = NZS 2018, 188).

3. Überdies ist auch im sozialgerichtlichen Verfahren das *Beweissicherungsverfahren* (mögliche Beweismittel: Augenschein, Zeugen, Sachverständige) zulässig (§ 76 SGG). Es ist zB zur Ermittlung der Schadstoffexposition am Arbeitsplatz, die für die Verursachung einer Berufskrankheit in Betracht kommt, zu erwägen, da eine spätere Rekonstruktion der Arbeitsbedingungen oft unmöglich ist (BSG SozR 3-1500 § 103 Nr. 9). Auch zur Feststellung der Arbeitsunfähigkeit im Hinblick auf einen Krankengeldanspruch (§ 44 ff. SGB V) bietet es sich deutlich mehr an, als es aktuell in praxi genutzt wird. S. zum Beweissicherungsverfahren mit Beispielen *Herold-Tews/Merkel* Sozialgerichtsprozess Rn. 293 f. und *Krasney/Udsching* SGVerf-HdB Kap. III Rn. 169 ff. Es ist das Gesuch eines Beteiligten erforderlich. Für das Verfahren gelten die Vorschriften der ZPO über das Beweissicherungsverfahren entsprechend (§ 76 Abs. 3 SGG), vgl. insoweit → Form. I. H.10. Die Kosten des Beweissicherungsverfahrens gehören zu den Kosten des Rechtsstreits. Außergerichtliche Kosten trägt jeder Beteiligte zunächst selbst; über ihre Erstattung wird im Hauptsacheverfahren entschieden (MKLS/*Schmidt* SGG § 76 Rn. 5).

4. Der *Beweisantrag* hat, da das Gericht den Sachverhalt von Amts wegen erforscht (§ 103 SGG), grds. nur die Bedeutung einer Beweisanregung. Eine *wichtige Ausnahme* gilt im Hinblick auf die Zulassung der Revision wegen eines Verfahrensmangels (→ Form. VIII.15). Hier hat der Beweisantrag eine eigenständige Bedeutung, weil die Verletzung des § 103 SGG nur gerügt werden kann, wenn der Verfahrensmangel sich auf einen Beweisantrag bezieht, dem das LSG ohne hinreichende Begründung nicht gefolgt ist (§ 160 Abs. 2 Nr. 3 SGG).

In einem Antrag nach § 109 SGG (→ Form. VIII.22) ist nicht zugleich ein Beweisantrag nach § 103 SGG enthalten. Deshalb muss ggf. klargestellt werden, dass die Begutachtung nach § 109 SGG nur hilfsweise für den Fall beantragt wird, dass das Gericht eine weitere Sachaufklärung von Amts wegen nicht für erforderlich hält (BSG SozR 4-1500 § 160 Nr. 4; SozR 1500 § 160 Nr. 67).

Ein Beweisantrag iSd § 160 Abs. 2 Nr. 3 SGG kann in der mündlichen Verhandlung, in einem vorbereitenden Schriftsatz (BSG SozR 1500 § 160 Nr. 12) oder zur Niederschrift der Geschäftsstelle gestellt werden. *Wichtig:* Er liegt jedoch dann nicht (mehr) vor, wenn sich aus den näheren Umständen ergibt, dass er in der letzten mündlichen Verhandlung nicht mehr aufrechterhalten wurde. Das wird nach der Rspr. des BSG bei rechtskundig vertretenen Beteiligten regelmäßig angenommen, wenn in der letzten mündlichen Verhandlung nur noch ein Sachantrag gestellt wird (vgl. zB BSG 3.3.1997 – B 2 U 19/97 B; 23.9.1997 – B 2 U 31/97 B; BVerfG SozR 3-1500 § 160 Nr. 6; näher dazu *Krasney/Udsching* SGVerf-HdB Kap. IX Rn. 130 ff.). Der Beweisantrag muss deshalb in der letzten mündlichen Verhandlung vor dem LSG unbedingt zu Protokoll gegeben werden; eine protokollierte Kritik an einem gerichtlich eingeholten Sachverständigengutachten reicht insoweit nicht aus (BSG SozR 4-1500 § 160 Nr. 13). Die ausdrückliche (genau bezeichnete) zu protokollierende Bezugnahme auf einen vorher schriftsätzlich gestellten Antrag ist zulässig, aber auch erforderlich (BSG 16.10.2017 – B 12 R 25/17 B, NZS 2018, 229 mAnm *Rieker*). Außerdem ist zu beachten: Nach der Rspr. des BSG hält ein Beteiligter einen zuvor schriftsätzlich gestellten Beweisantrag nicht mehr aufrecht, wenn er sich, ohne diesen zu wiederholen, gem. § 124 Abs. 2 SGG mit einer Entscheidung ohne mündliche Verhandlung durch Urteil einverstanden erklärt – → Form. VIII.26 – (BSG 25.11.2013 – B 13 R 339/13 B, BeckRS 2013, 74935; SozR 3-1500 § 124 Nr. 3, wobei das BSG offen lässt, ob man wirksam auf eine mündliche Verhandlung verzichten und gleichzeitig den Beweisantrag aufrechterhalten kann). Soll dieses Ergebnis vermieden werden, muss der Beteiligte die Zustimmung zu einer Entscheidung ohne mündliche Verhandlung verweigern und auf der beantragten Beweisaufnahme beharren. Nach einer

Anhörungsmitteilung des LSG gem. § 153 Abs. 4 S. 2 SGG ist gleichermaßen der Beweisantrag zu wiederholen, sonst wird er als erledigt angesehen (BSG SozR 3-1500 § 160 Nr. 31).

Eine Beweisanregung reicht nicht. Der Beweisantrag muss erkennen lassen, dass eine weitere Sachaufklärung von Amts wegen für erforderlich gehalten wird (BSG SozR 1500 § 160 Nr. 67; SozR 3-1500 § 160 Nr. 9). Es muss außer dem *Beweismittel* das *Beweisthema* bezeichnet sein, und zwar nach BSG SozR 1500 § 160 Nr. 45 iSd einschlägigen Vorschriften der ZPO über den Beweisantritt (s. zur Unterscheidung von Beweisantrag und Beweisantritt aber auch BSG SozR 3-1500 § 160 Nr. 9). Das gilt auch und gerade für Rechtsstreitigkeiten, in denen bereits ein oder mehrere Gutachten mit uU abweichenden Beurteilungen eingeholt wurden. Eine Konkretisierung des Beweisthemas ist unabdingbar, um deutlich zu machen, ob und inwiefern noch Aufklärungsbedarf gesehen wird. Es genügt nicht, lediglich die bisher gestellten Beweisfragen zu wiederholen oder zu beantragen, ein „Obergutachten" einzuholen, zumal das sozialgerichtliche Verfahren kein „Obergutachten" kennt (BSG 16.2.2017 – B 9 V 48/16 B, BeckRS 2017, 103488; BSG 23.5.2006 – B 13 RJ 272/05 B). Es müssen die Tatsachen, über welche die Vernehmung der Zeugen (§ 373 ZPO) stattfinden soll, und beim Sachverständigen die von diesem zu begutachtenden Punkte (§ 403 ZPO) bezeichnet sein (*Krasney/Udsching* SGVerf-HdB Kap. IX Rn. 128).

So könnte ein Beweisantrag für den Sachverständigenbeweis im Rechtsstreit um Rente wegen Erwerbsminderung (→ Form. VIII.6) zB lauten:

„Es wird beantragt, von Amts wegen ein ärztliches Gutachten des internistischen Fachgebiets zur Frage einzuholen, ob das in dem Bericht des behandelnden Arztes Dr. A. beschriebene „Dumping-Syndrom" noch einen dauerhaften Arbeitseinsatz des Klägers zulässt und – falls dies bejaht wird – welche körperlichen Arbeiten der Kläger noch leisten und in welchem zeitlichen Ausmaß und mit welchen Einschränkungen (wie zusätzlichen Arbeitspausen) er noch tätig sein kann."

Zu beachten ist, dass neue entscheidungserhebliche Tatsachen unter Beweis gestellt werden müssen. Zielt der Beweisantrag im Rechtsstreit wegen Erwerbsminderungsrente nur auf eine andere Diagnosestellung oder eine andere Beurteilung der Auswirkungen von bereits festgestellten gesundheitlichen Einschränkungen, genügt das den Anforderungen nach BSG SozR 4-1500 § 160a Nr. 3 nicht. Ausf. zum Beweisantrag im Rechtsstreit um Rente wegen Erwerbsminderung *Fichte* SGb 2000, 653.

Das LSG braucht auf Beweisanträge nicht hinzuwirken (BSG SozR 1500 § 160 Nr. 13).

5. Im Textbeispiel ist der Beweisantrag in einem vorbereitenden Schriftsatz gestellt. Auf ihn kann in der mündlichen Verhandlung Bezug genommen werden (→ Anm. 4). Eine Begr. des Beweisantrags ist zwar nicht vorgeschrieben, aber sachdienlich. Denn aus ihr ergibt sich die Rechtserheblichkeit der Beweisfragen, und es wird deutlich, weshalb die Zeugen etwas bekunden können und kein unzulässiger sog *Ausforschungsbeweis* (BSGE 78, 207 (213) = SozR 3-2600 § 43 Nr. 13) vorliegt.

6. Auch im sozialgerichtlichen Verfahren gilt grds. der die volle Überzeugung des Gerichts begründende Beweismaßstab des *Vollbeweises,* dh es ist ein so hoher Grad an Wahrscheinlichkeit erforderlich, dass kein vernünftiger, die Lebensverhältnisse klar überschauender Mensch noch zweifelt (BSGE 6, 142 (144); BSGE 7, 103 (106); BSGE 19, 52 (53); BSGE 32, 203 (207); vgl. auch BGHZ 53, 245 (256)). Dabei kann, obwohl das sozialgerichtliche Verfahren keine Parteivernehmung kennt (BSG SozR 3-1500 § 160a Nr. 2), die richterliche Überzeugung auch auf den Sachvortrag des Klägers gestützt werden (BSG SozR Nr. 56 zu § 128 SGG).

Für die *Feststellung des ursächlichen Zusammenhanges* in der gesetzlichen Unfallversicherung und im sozialen Entschädigungsrecht reicht *hinreichende Wahrscheinlichkeit* aus (BSGE 45, 285 (286); BSGE 58, 80 (82); BSGE 60, 58; SozR 3850 § 52 Nr. 1;

SozR 3-3200 § 81 Nr. 16; zu den im sozialen Entschädigungsrecht geltenden Beweismaßstäben BSG SozR 3-3900 § 15 Nr. 4). Wahrscheinlichkeit liegt vor, wenn bei vernünftiger Abwägung aller Umstände die für den ursächlichen Zusammenhang sprechenden Umstände so stark überwiegen, dass darauf die richterliche Überzeugung gegründet werden kann, während die bloße Möglichkeit nicht genügt. In einigen gesetzlich besonders geregelten Fällen (vgl. zB §§ 286a, 286b SGB VI, § 4 Abs. 1 Fremdrentengesetz – FRG) genügt die *Glaubhaftmachung* – § 23 Abs. 1 S. 2 SGB X – (*Krasney/Udsching* SGVerf-HdB Kap. III Rn. 157 f.).

Im Fall des sog *Beweisnotstandes* verringert sich zwar der Beweismaßstab nicht. An den Beweis der Tatsachen, auf die sich der Beweisnotstand bezieht, können bei der Beweiswürdigung aber geringere Anforderungen gestellt werden, dh dass sich das Gericht schon auf Grund weniger Anhaltspunkte die Überzeugung von einem bestimmten Geschehensablauf bilden kann (s. zB BSG SozR 3-1500 § 128 Nr. 11 im Hinblick auf eine vom Unfallversicherungsträger nicht veranlasste, aber ersichtlich erforderliche Obduktion; BSG 12.6.1990 – 2 RU 58/89, unfallbedingte Erinnerungslücke).

Nach dem im sozialgerichtlichen Verfahren geltenden *Grundsatz der objektiven Beweislast* hat derjenige die Folgen der Beweislosigkeit zu tragen, der aus der nicht bewiesenen Tatsache eine ihm günstige Rechtsfolge herleiten will; es gibt also keinen Beweisgrundsatz „Im Zweifel für den Sozialleistungsberechtigten" (vgl. dazu zB BSGE 30, 121 (123); SozR 1500 § 128 Nr. 35; SozR 3-4100 § 119 Nr. 7 S. 32; näher dazu MKLS/*Schmidt* SGG § 103 Rn. 19a ff.; *Krasney/Udsching* SGVerf-HdB Kap. III Rn. 27, 29, 159 ff.).

7. Die tatsächlichen Grundlagen der versicherten Tätigkeit (Textbeispiel) müssen voll bewiesen sein (BSGE 58, 80 (82 f.); BSGE 61, 121 (182)).

Weiterführende Lit. zu Beweismaßstab und Beweislast: *Anders/Anders* SGb 2000, 454; *Keller* SGb 1995, 474; *Köhler* ZFSH/SGB 2009, 643; *Köhler* VSSR 2002, 1.

Kosten und Gebühren

8. Keine zusätzliche Gebühr für den RA.

22. Antrag auf Anhörung eines bestimmten Arztes – § 109 SGG

An das
Landessozialgericht[1]

In dem Rechtsstreit

der Buchhalterin . . . . .,
Klägerin,
Prozessbevollmächtigter: RA . . . . .
gegen
die Deutsche Rentenversicherung . . . . .,
vertreten durch die Geschäftsführung,
Beklagte,
– Az.: . . . . . –
wird beantragt,

den Arzt für Neurologie und Psychiatrie Prof. Dr. F., Direktor der Psychiatrischen Klinik der Medizinischen Hochschule H., G-Straße . . . . .,[2] nach § 109 SGG gutachtlich zu hören[3] und die Kosten der Anhörung auf die Staatskasse zu übernehmen.[4]

Begründung:[5]

Der prozessleitenden Verfügung des Vorsitzenden vom . . . . . ist zu entnehmen, dass das Landessozialgericht den Sachverhalt in medizinischer Hinsicht für geklärt hält und dem Beweisantrag der Klägerin, von Amts wegen ein psychiatrisches Gutachten einzuholen, nicht folgen will. Die vorliegenden, andere Fachgebiete betreffenden Gutachten enthalten indessen deutliche Hinweise darauf, dass die Klägerin auf Grund einer Neurose gehindert sein könnte, ihre einer Arbeitsaufnahme entgegenstehenden Hemmungen zu überwinden. Es sollte in das Ermessen des ärztlichen Sachverständigen gestellt werden, ob das Gutachten zu dieser Frage nach ambulanter oder einer bis zu 3tägigen stationären Untersuchung zu erstatten ist.

Rechtsanwalt[6, 7]

Schrifttum: Herold-Tews/Merkel Sozialgerichtsprozess Rn. 254 ff.; *Krasney/Udsching* SGVerf-HdB Kap. III Rn. 74 ff.; *Schweigler,* Das Recht auf Anhörung eines bestimmten Arztes (§ 109 SGG), 2013; *Behn,* Der Verbrauch des Antragsrechts nach § 109 SGG, Die Sozialversicherung – SozVers – 1990, 1 ff., 29 ff.; *Kolmetz,* § 109 SGG in der sozialgerichtlichen Praxis, SGb 2004, 83; *Schmidt/Schnitzler*, Das medizinische Sachverständigengutachten im sozialgerichtlichen Verfahren, MedR 2020, 902; *Stoll,* Das Recht auf Anhörung eines bestimmten Arztes nach § 109 SGG, NZA 1988, 272; *Udsching,* Besonderheiten des Sachverständigenbeweises im sozialgerichtlichen Verfahren, NZS 1992, 50.

Anmerkungen

1. Der Antrag des Versicherten, des Versorgungsberechtigten oder Hinterbliebenen, nach § 109 SGG einen bestimmten Arzt zu hören, ist ein Beweisantrag. Er stellt eine wichtige Besonderheit des sozialgerichtlichen Verfahrens dar. Ihm muss das Gericht grds. entsprechen, wenn die in das Fachwissen des Arztes gestellte Beweisfrage *entscheidungserheblich* ist (BSG SozR 1500 § 109 Nr. 1). Angehörige anderer Heilberufe sind von § 109 SGG nicht erfasst (s. aber BSG SozR Nr. 41 zu § 109 SGG, Bakteriologe). Der Antrag nach § 109 SGG, der auch im Berufungs-, nicht aber im Revisionsverfahren gestellt werden darf, ist immer dann zu erwägen, wenn das Gericht von Amts wegen nicht weiter ermitteln will, dem Antragsberechtigten der Sachverhalt aber in medizinischer Hinsicht noch klärungsbedürftig erscheint. Er ist auch als Hilfsantrag zulässig (BSG SozR Nr. 17 zu § 109 SGG).

Eine Pflicht des Gerichts, auf § 109 SGG hinzuweisen, besteht nach hM grds. nicht (MKLS/*Keller* SGG § 109 Rn. 9 f. mwN).

Der Kläger sollte vorab klären, ob der Arzt zur Übernahme des Gutachtenauftrags bereit ist. Vor allem empfiehlt es sich, im Hinblick auf den Beweiswert des Gutachtens einen Arzt zu benennen, der spezielle Sachkunde auf dem entscheidungserheblichen medizinischen Fachgebiet hat und mit der Abfassung von Gutachten vertraut ist.

Das Gesetz sieht für den Antrag keine Frist vor. Das Gericht kann den Antrag aber gem. § 109 Abs. 2 SGG ablehnen, wenn durch die Zulassung des Antrags die Erledigung des Rechtsstreits verzögert würde und der Antrag in der Absicht, das Verfahren zu verschleppen, oder aus grober Nachlässigkeit nicht früher gestellt worden ist (BSG SozR Nr. 24 u. 40 zu § 109 SGG; deutlich zu weitgehend SG Karlsruhe 8.8.2018 – S 1 U 3722/17, BeckRS 2018, 19019). Deshalb sind die vom Gericht für den Antrag nach § 109 SGG ggf. gesetzten Fristen unbedingt zu beachten. Insoweit handelt es sich um eine Ausnahme von dem Grundsatz, dass im sozialgerichtlichen Verfahren verspätetes Vorbringen nicht zurückgewiesen werden kann. Im Berufungsverfahren darf ein Antrag nach § 109 SGG jedoch nicht deshalb als verspätet zurückgewiesen werden, weil er vom SG mit dieser Begr. hätte zurückgewiesen werden können (BSG SozR 3-1500 § 109 Nr. 1).

Das Antragsrecht ist nach Erstattung des Gutachtens grds. „verbraucht". Das gilt nicht, wenn mehrere medizinische Fachrichtungen betroffen sind, und nicht bei veränderter Sach-, Rechts- oder Beweislage, insb. wenn das Gericht noch ein weiteres Gutachten von Amts wegen eingeholt hat und sich daraus wesentlich neue Gesichtspunkte ergeben.

2. Da der Antrag auf Anhörung eines *bestimmten* Arztes gerichtet ist, empfiehlt es sich, den Arzt nach Namen und Anschrift zu bezeichnen; Bestimmbarkeit genügt jedoch. Auch auf § 109 SGG sollte ausdrücklich Bezug genommen werden. Ein im Ausland wohnhafter Arzt ist nur anzuhören, wenn besondere Gründe das Verlangen rechtfertigen (BSGE 106, 81; BSG SozR Nr. 38 zu § 109 SGG).

3. Das Gericht formuliert den Beweisbeschluss selbständig in seinen Einzelheiten. Der Antragsteller kann daher die Art der Gutachtenerstattung (mündlich oder schriftlich; nach Untersuchung oder nach Aktenlage) nur anregen, hat aber keine Gestaltungsrechte (str.). Das Beweisthema ergibt sich regelmäßig aus den Umständen und der Sachlage des Verfahrens. Es ist deshalb nicht erforderlich, allerdings zweckmäßig, das Beweisthema – wie im Textbeispiel in der Begr. – zu umreißen.

4. Es entspricht der sozialgerichtlichen Praxis, die Anhörung nach § 109 Abs. 1 S. 2 SGG davon abhängig zu machen, dass der Antragsteller die Kosten vorschießt und vorbehaltlich einer anderen Entscheidung des Gerichts endgültig trägt (Ermessensentscheidung; s. dazu LSG LSA ASR 2018, 168, m.Anm *Reyels* jurisPR-SozR 7/2019 Anm. 5). Das Gericht kann auch für die Einzahlung des Kostenvorschusses eine Frist setzen und die Einholung des Gutachtens nach Fristablauf in gleicher Weise nach § 109 Abs. 2 SGG ablehnen wie bei einer verspäteten Antragstellung (BSG SozR Nr. 32 zu § 109 SGG). Auch bei finanziellem Unvermögen kann das Gericht die Anhörung eines bestimmten Arztes von einem Kostenvorschuss abhängig machen (BSG SozR Nr. 21 zu § 109 SGG). Die Kosten eines Gutachtens nach § 109 SGG können nicht im Rahmen der PKH übernommen werden (§ 73a Abs. 3 SGG iVm § 109 Abs. 1 S. 2 SGG) und auch nicht aus Mitteln der Sozialhilfe (BSG BeckRS 1998, 30775981). Die Vergütung des Sachverständigen regelt das JVEG. Hat das Gutachten nach § 109 SGG zur *Sachaufklärung beigetragen* (maßgebliches Kriterium), so wird das Gericht *auf Antrag* oder von Amts wegen durch Beschluss entscheiden, dass die Kosten ganz oder teilweise auf die Staatskasse übernommen werden. Üblicherweise wird der – nicht befristete (LSG Bl-Bbg 9.1.2017 – L 16 R 345/16 B, BeckRS 2017, 100753) – Antrag auf Kostenübernahme erst nach Erstattung des Gutachtens gestellt; es sollte begründet werden, weshalb das Gutachten nach Auffassung des Klägers zur Sachaufklärung beigetragen hat. Kosten, die der Beteiligte nach § 109 SGG endgültig tragen muss, sind nicht nach § 193 Abs. 2 SGG erstattungsfähig.

Der Anspruch auf Kostenübernahme nach § 109 SGG kann verwirkt werden (LSG LSA ASR 2018, 168; aber nicht per se nach fünf Jahren, LSG NRW 6.7.2016 – L 10 U 82/16 B, BeckRS 2016, 70801).

5. Eine Begr. ist nicht erforderlich, aber zweckmäßig, → Anm. 3.

Kosten und Gebühren

6. Kein zusätzlicher Gebührenanspruch für den RA.

Fristen und Rechtsmittel

7. Die Ablehnung des Antrags nach § 109 SGG kann nur mit dem Rechtsmittel gegen die Entscheidung in der Hauptsache angefochten werden; dabei kann eine NZB im Revisionsverfahren auf eine Verletzung des § 109 SGG nicht gestützt werden (→ Form. VIII.15 Anm. 3).

Gegen den Beschluss des SG über die endgültige Kostentragung kann der Antragsteller Beschwerde (→ Form. VIII.19) einlegen. Eine für den Kläger positive Entscheidung des SG über die Kostentragung kann nach hM von der Staatskasse nicht angefochten werden (MKLS/*Keller* SGG § 109 Rn. 22 mwN).

23. Beiladungsantrag – § 75 SGG

An das
Sozialgericht[1]

In dem Rechtsstreit[2]

der Lokführerin . . . . ,
Klägerin,
Prozessbevollmächtigter: RA . . . . .
gegen
den Gemeinde-Unfallversicherungsverband H . . . . ,
vertreten durch den Geschäftsführer,
Beklagten,
– Az.: . . . . . –
wird beantragt,[3]
die Sozialversicherung für Landwirtschaft, Forsten und Gartenbau . . . . , beizuladen.[4]

Begründung:[5]

Die Klägerin stürzte beim Entästen eines Obstbaumes auf dem Grundstück seines Nachbarn N. und zog sich eine Querschnittslähmung zu. Der Beklagte lehnte eine Entschädigung ab, weil der Kläger nicht wie ein Beschäftigter (§ 2 Abs. 2 SGB VII iVm § 2 Abs. 1 Nr. 1 SGB VII) unter dem Schutz der gesetzlichen Unfallversicherung gestanden habe, sondern unternehmerähnlich tätig geworden sei. Dieser Auffassung ist die Klägerin bereits mit Schriftsatz vom . . . . . entgegengetreten. Nach § 75 Abs. 2 SGG ist indessen die Sozialversicherung für Landwirtschaft, Forsten und Gartenbau beizuladen, weil sie als leistungspflichtig in Betracht kommt. Arbeitsunfälle der nach § 2 Abs. 2 SGB VII Versicherten hat der für das Unternehmen, dem die Tätigkeit diente, zuständige Versicherungsträger zu entschädigen. Im vorliegenden Fall ist zweifelhaft, ob es sich bei dem Garten des N. noch um einen Hausgarten oder sonstigen Kleingarten iSd § 123 Abs. 2 Nr. 1 u. 2 SGB VII handelt, der nicht als Unternehmen der Gartenpflege gilt und daher dem Haushalt des N. zuzurechnen ist. Es spricht nach den von der Rspr. des BSG entwickelten Kriterien viel dafür, dass der ca. 2.000 m^2 große Garten im Hinblick auf den Arbeitsaufwand, der mit der Bewirtschaftung von 40 tragenden Obstbäumen verbunden ist, bereits ein Unternehmen des Gartenbaus iSd § 123 Abs. 1 Nr. 1 SGB VII darstellt.

Rechtsanwalt[6, 7]

Schrifttum: Herold-Tews/Merkel Sozialgerichtsprozess Rn. 126 ff.; *Krasney/Udsching* SGVerf-HdB Kap. VI Rn. 5 ff.; *Benkel,* Gedanken zu den rechtsdogmatischen Grundlagen der Beiladung, NZS 1997, 254; *Burkiczak*, Aktuelle Fragen des sozialgerichtlichen Verfahrens, ZFSH/SGB 2020, 319; *Dahm,* Die notwendige Beiladung gem. § 75 Abs. 2 SGG zu Streitsachen aus dem Bereich der gesetzlichen Unfallversicherung, Die Berufsgenossenschaft – BG – 1995, 262; *May,* Die Beiladung im Revisionsverfahren, SGb 1991, 426.

Anmerkungen

1. Die Beiladung hat für das sozialgerichtliche Verfahren erhebliche Bedeutung. Sie dient dem Interesse des Beigel. und der Prozessökonomie, weil das rechtskräftige Urteil den Beigel. als Beteiligten (§ 69 Nr. 3 SGG) bindet, soweit über den Streitgegenstand entschieden worden ist (§ 141 Abs. 1 SGG) und die Beiladung auch zur umfassenden Aufklärung des Sachverhalts beitragen kann (zur Vernehmung des Beigel. als Zeuge BSG SozR 1500 § 117 Nr. 3). Außerdem können ein Versicherungsträger, ein Träger der Grundsicherung für Arbeitsuchende sowie der Sozialhilfe und in Angelegenheiten des sozialen Entschädigungsrechts ein Land nach Beiladung verurteilt werden (§ 75 Abs. 5 SGG; vgl. dazu BSGE 57, 1 = SozR 2200 § 1237a Nr. 25), es sei denn, dass der Beigel. bereits einen – den Streitgegenstand betreffenden – bindend gewordenen ablehnenden Bescheid erteilt hat (BSGE 113, 40; BSG SozR 1500 § 75 Nr. 38; BeckRS 1988, 06394; eine anderweitige Anhängigkeit schadet jedoch nicht, BSGE 112, 241 (243)).

2. Die Beiladung setzt einen anhängigen Rechtsstreit voraus. Sie ist in den Tatsacheninstanzen bis zur Erledigung des Rechtsstreits – durch rechtskräftige Entscheidung oder auf sonstige Weise – möglich. Im Revisionsverfahren ist eine Beiladung nur in den in § 168 S. 2 SGG geregelten Ausnahmefällen zulässig: Beiladung der Bundesrepublik Deutschland in Angelegenheiten des sozialen Entschädigungsrechts – § 75 Abs. 1 S. 2 SGG – und Beiladung nach § 75 Abs. 2 SGG, wenn der Beizuladende zustimmt.

3. Der Antrag hat nur die Bedeutung einer Anregung. *Ausnahme:* Nach § 75 Abs. 1 S. 2 SGG muss die Bundesrepublik Deutschland in Angelegenheiten des sozialen Entschädigungsrechts auf Antrag beigeladen werden.

4. Es sind zu unterscheiden die *einfache Beiladung* und die *notwendige Beiladung.* Die einfache Beiladung setzt voraus, dass die berechtigten Interessen anderer durch die gerichtliche Entscheidung berührt werden (§ 75 Abs. 1 S. 1 SGG). Darunter fallen nicht nur rechtliche, sondern auch wirtschaftliche, soziale und ideelle Interessen. Die einfache Beiladung steht im Ermessen des Gerichts.

Notwendig ist die Beiladung: 1. Wenn *die Entscheidung* auch *Dritten gegenüber nur einheitlich* ergehen kann (§ 75 Abs. 2 Alt. 1 SGG), sie sich also unmittelbar auf die Rechtssphäre eines Dritten auswirkt wie bei Verwaltungsakten mit Doppelwirkung (zB Streit um Hinterbliebenenrente bei mehreren Berechtigten). Hier ist die Rechtskrafterstreckung zur Vermeidung divergierender Entscheidungen (neben der Gewährung rechtlichen Gehörs für Drittbetroffene) der prozessuale Grund für eine Beiladung (BSGE 83, 246: Keine notwendige Beiladung der einzelnen Sozialversicherungsträger zur Feststellung der Künstlersozialversicherungspflicht nach dem Künstlersozialversicherungsgesetz; → Form. VIII.3 Anm. 3). Zahlreiche Nachw. der Rspr. bei MKLS/*Schmidt* SGG § 75 Rn. 10a. 2. Wenn bei Ablehnung des Anspruchs ein *anderer Leistungspflichtiger* als der beklagte Träger oder – in Angelegenheiten des sozialen Entschädigungsrechts – das beklagte Land in Betracht kommt (§ 75 Abs. 2 Alt. 2 SGG, Textbeispiel). Das ist ausnahmsweise dann nicht der Fall, wenn von vornherein feststeht, dass die Klage in jedem Fall abgewiesen werden muss (BSG BeckRS 1987, 06387; SozR 1500 § 75 Nr. 7; BVerwGE 80, 228 (230); in diesen Ausnahmefällen erfolgt bei unterbliebener Beiladung keine Aufhebung und Zurückverweisung durch das Revisionsgericht wegen Verfahrensfehlers, BSGE 66, 144 (146); 67, 251 (253)).

Die Beiladung erfolgt durch Beschluss, der allen Beteiligten zuzustellen ist und Sachstand sowie Grund der Beiladung angeben soll (§ 75 Abs. 3 S. 1 u. 2 SGG).

Der Beigel. braucht keinen Sachantrag zu stellen. Er kann als Beteiligter selbständig Angriffs- und Verteidigungsmittel geltend machen und alle Verfahrenshandlungen wirksam vornehmen; abweichende Sachanträge kann jedoch nur der nach § 75 Abs. 2 SGG Beigel. stellen (§ 75 Abs. 4 S. 2 SGG). Alle Beigel. können Rechtsmittel einlegen, falls sie durch das Urteil beschwert sind (BSG SozR 3-1500 § 75 Nr. 31). Der Beigel. kann aber nicht verhindern, dass die Hauptbeteiligten den Rechtsstreit ohne seine Zustimmung durch Klagerücknahme, Vergleich, Anerkenntnis oder Erledigungserklärung beenden.

Das Fehlen einer notwendigen Beiladung nach § 75 Abs. 2 Alt. 1 SGG ist ein Verfahrensmangel, der im Revisionsverfahren (bei zugelassener Revision) von Amts wegen zu beachten ist (BSGE 43, 256; BSG SozR 1500 § 75 Nr. 60 u. 82).

5. S. zum Textbeispiel BSGE 64, 252 = SozR 2200 § 778 Nr. 2; SozR 2200 § 778 Nr. 1.

Kosten und Gebühren

6. Das Textbeispiel betrifft den „Normalfall", dass eine nach § 183 SGG kostenrechtlich privilegierte Person als Kläger oder Beklagter beteiligt ist (→ Form. VIII.2 Anm. 13). Dann entscheidet das Gericht nach § 193 SGG (→ Form. VIII.30) auch über die Verfahrenskosten eines Beigel., da dieser Beteiligter ist (§ 69 Nr. 3 SGG; → Form. VIII.2 Anm. 14). Somit kann ein Beigel. sowohl Kostenschuldner als auch Kostengläubiger sein. Allerdings besteht regelmäßig keine Erstattungspflicht kostenrechtlich privilegierter Beteiligter gegenüber beigeladenen Trägern öffentlicher Verwaltung, auch wenn § 193 Abs. 4 SGG nur die in § 184 Abs. 1 SGG genannten gebührenpflichtigen Kläger und Beklagten erfasst (BSGE 107, 287 (315)). Im Rahmen der Billigkeitsentscheidung des Gerichts (→ Form. VIII. 30 Anm. 4) ist auch zu berücksichtigen, ob der Beigel. Anträge gestellt und sich geäußert hat (BSGE 90, 127 (136), weitere Nachw. bei MKLS/*Schmidt* SGG § 193 Rn. 11a).

Gehört – abweichend vom „Normalfall" – weder der Kläger noch der Beklagte zu den nach § 183 SGG kostenrechtlich privilegierten Personen, richtet sich die Kostenentscheidung auch hinsichtlich eines kostenrechtlich privilegierten Beigel. nach § 197a SGG (→ Form. VIII.3 Anm. 6), dem nach dessen Abs. 2 S. 2 aber Kosten nur unter den Voraussetzungen des § 192 SGG auferlegt werden können. Dem gem. § 75 Abs. 5 SGG verurteilten nicht privilegierten Beigeladenen sind auch die Kosten aufzuerlegen (s. § 197a Abs. 2 SGG, Ausnahme: § 154 Abs. 3 VwGO).

Keine zusätzliche Gebühr für den Beiladungsantrag. Allgemein zum Gebührenanspruch des RA → Form. VIII.2 Anm. 15.

Fristen und Rechtsmittel

7. Der Beiladungsbeschluss ist unanfechtbar (§ 75 Abs. 3 S. 3 SGG). Ein ablehnender oder die Beiladung aufhebender Beschluss des SG kann mit der Beschwerde (→ Form. VIII.19) angefochten werden.

24. „Antrag" auf Verweisung – § 98 SGG

An das
Sozialgericht

In dem Rechtsstreit

des Industriemechanikers . . . . .,
Klägers,
Prozessbevollmächtigter: RA . . . . .
gegen
die Deutsche Rentenversicherung . . . . .,
vertreten durch die Geschäftsführung,
Beklagte,
– Az.: . . . . . –
wird beantragt,

den Rechtsstreit an das zuständige Sozialgericht zu verweisen.[1]

Begründung:

In der Rechtsmittelbelehrung des Widerspruchsbescheides vom . . . . . wird das befasste Sozialgericht . . . . . als örtlich zuständiges Gericht bezeichnet. Dieser Hinweis der Beklagten ist unzutreffend. Der Kläger hatte zurzeit der Klageerhebung seinen Wohnsitz[2] in E. Dieser Ort gehört nicht zum Sozialgerichtsbezirk . . . . . Da der Beschäftigungsort des Klägers ebenfalls nicht zum Zuständigkeitsbereich des angerufenen Sozialgerichts gehört, ist der Rechtsstreit an das örtlich zuständige Sozialgericht zu verweisen.[3, 4]
Rechtsanwalt[5, 6]

Anmerkungen

1. § 98 SGG regelt die Verweisung bei örtlicher und sachlicher Unzuständigkeit (zur Zurechnung der instanziellen Zuständigkeit zur sachlichen Zuständigkeit – → Anm. 2 – s. MKLS/*Schmidt* SGG § 98 Rn. 2). Danach gelten für die sachliche und örtliche Zuständigkeit §§ 17, 17a und § 17b Abs. 1, Abs. 2 S. 1 GVG, also die Vorschriften über die Zulässigkeit des beschrittenen Rechtsweges (zum Rechtsweg zu den Gerichten der Sozialgerichtsbarkeit → Anm. 3), entsprechend. Die Verweisung an das zuständige Gericht setzt keinen Antrag voraus, sondern erfolgt *von Amts wegen* (*Kopp* NJW 1991, 521 (524, 527)). Der „Antrag" auf Verweisung hat daher nur den Charakter einer Anregung. Er ist außerdem als Rüge iSd § 17a Abs. 3 S. 2 GVG aufzufassen (näher dazu MKLS/*Schmidt* SGG § 98 Rn. 4). Rügt ein Beteiligter die örtliche oder sachliche Unzuständigkeit, muss das Gericht darüber vorab durch Beschluss entscheiden.

Sind mehrere Gerichte zuständig (zB Wohnsitz und Beschäftigungsort liegen in verschiedenen Gerichtsbezirken), wird an das vom Kläger auszuwählende Gericht verwiesen oder, wenn die Wahl unterbleibt, an das vom Gericht bestimmte (§ 98 SGG iVm § 17a Abs. 2 S. 2 GVG).

2. § 57 SGG regelt die *örtliche Zuständigkeit*. Diese richtet sich danach, wo der Kläger zurzeit der Klageerhebung seinen Sitz oder Wohnsitz oder in Ermangelung dessen seinen Aufenthaltsort hat (§ 57 Abs. 1 S. 1 Hs. 1 SGG). Unabhängig von Wohnsitz und Aufenthaltsort kann der Kläger, der in einem Beschäftigungsverhältnis steht, auch vor dem SG klagen, in dessen Bezirk sein Beschäftigungsort liegt (§ 57 Abs. 1 S. 1 Hs. 2 SGG). Hat der Kläger seinen Sitz oder Wohnsitz oder Aufenthaltsort außerhalb des Geltungsbereichs des

SGG, so ist das SG zuständig, in dessen Bezirk der Beklagte seinen Sitz, Wohnsitz oder in Ermangelung dessen seinen Aufenthaltsort hat (§ 57 Abs. 3 SGG). Eine Sonderregelung der örtlichen Zuständigkeit bei erstmaliger Bewilligung der Hinterbliebenenrente enthält § 57 Abs. 2 SGG. Eine weitere Sondervorschrift der örtlichen Zuständigkeit enthält § 57a SGG für Vertragsarztangelegenheiten; durch das SGGArbGGÄndG v. 26.3.2008 (BGBl. I 444) ist klargestellt, dass dessen Abs. 3 und 4 auch nicht-vertragsärztliche Angelegenheiten betreffen (s. *Becker* SGb 2008, 267 (270 f.)). S. ferner § 57 Abs. 4 SGG (Festsetzung von Festbeträgen nach dem SGB V).

In § 8 SGG ist die grds. umfassende *sachliche Zuständigkeit* der SG geregelt (sa § 39 Abs. 2 SGG). Sie entscheiden, soweit durch das Gesetz nichts anderes bestimmt ist, im ersten Rechtszug über alle Streitigkeiten, für die der Rechtsweg vor den Gerichten der SGb (§ 51 SGG, → Anm. 3) offensteht. Die LSG entscheiden grds. als zweite und letzte Tatsacheninstanz über die Berufung gegen Urteile und Beschwerden gegen andere Entscheidungen der SG (§ 29 Abs. 1 SGG). In den abschließend in § 29 Abs. 2 SGG genannten Ausnahmefällen ist die erstinstanzliche Zuständigkeit der LSG gegeben (insbesondere für die Normenkontrolle gem. § 55a SGG gegen Satzungen iSd § 22 SGB II), nach § 29 Abs. 3 u. 4 SGG in weiteren Ausnahmefällen die erstinstanzliche Zuständigkeit des LSG NRW sowie des LSG Bln-Bbg.

3. Der *Rechtsweg zu den Gerichten der SGb* ist in § 51 SGG geregelt (ausf. *Krasney/Udsching* SGVerf-HdB Kap. II Rn. 9 ff.; MKLS/*Keller* SGG § 51). Die Vorschrift ist durch das 6. Gesetz zur Änderung des SGG v. 17.8.2001 (BGBl. I 2144) neu und übersichtlicher gefasst und, soweit erforderlich, ergänzt worden; s. zur Zuständigkeit der SGb für das Sozialleistungsrecht → Form. VIII.6 Anm. 1; MKLS/*Keller* SGG § 51 Rn. 39 – Kasuistik.

Hält das Gericht der SGb den zu ihm beschrittenen Rechtsweg nicht für gegeben, so verweist es den Rechtsstreit *von Amts wegen* an das zuständige Gericht des zulässigen Rechtsweges, wo es (erst) mit Rechtskraft des Verweisungsbeschlusses anhängig wird und wohin auch erst dann die Akten abzugeben sind (näher dazu §§ 17a, 17b GVG; sa → Anm. 6). Die mit der Entscheidung in der Hauptsache – ausdrücklich oder stillschweigend – bejahte Zulässigkeit des Rechtswegs ist von den höheren Instanzen nicht zu überprüfen (§ 17a Abs. 5 GVG, BSG SozR 4-1720 § 17a Nr. 1).

4. Der Verweisungsbeschluss ist für das im Beschluss bezeichnete Gericht bindend (§ 98 S. 1 SGG iVm § 17a Abs. 2 S. 3 GVG).

Nur in extremen Ausnahmefällen (Willkür oder Missachtung elementarer Verfahrensgrundsätze) ist die Bindungswirkung zu verneinen (BSG SozR 3-1720 § 17a Nr. 11 S. 21 f. mwN; SozR 3-1500 § 57 Nr. 1). Nach Einführung der Anhörungsrüge (§ 178a SGG, → Form. VIII.19 Anm. 5) steht die Verletzung des Anspruchs auf rechtliches Gehör (§ 62 SGG) der Bindungswirkung eines Verweisungsbeschluss nur dann entgegen, wenn dieser Verfahrensmangel innerhalb der für die Anhörungsrüge geltend gemachten Frist von dem von der Gehörsverletzung Betroffenen geltend gemacht worden ist (BSG SozR 4-1500 § 98 Nr. 2). § 58 SGG regelt abschließend für die gesetzlich aufgeführten Fälle die Bestimmung des zuständigen Gerichts innerhalb der SGb durch das gemeinsame nächsthöhere Gericht. Bei einem sog negativen Kompetenzkonflikt ist ein Antrag auf Bestimmung des zuständigen Gerichts unabhängig davon zulässig, ob die Sache an eines der über die Zuständigkeit streitenden Gerichts bindend verwiesen ist (BSG SozR 3-1720 § 17a Nr. 11). *Zuständigkeitsvereinbarungen* sind nicht zulässig (§ 59 SGG).

Der Rechtsstreit wird mit Eingang der Akten bei dem im Beschluss bezeichneten Gericht anhängig (§ 98 S. 1 SGG iVm § 17b Abs. 1 S. 1 GVG).

Kosten und Gebühren

5. Das Gericht, an das verwiesen worden ist, entscheidet insgesamt über die Kosten (§ 98 S. 1 SGG iVm § 17b Abs. 2 S. 1 GVG). Kein zusätzlicher Gebührenanspruch, da Verweisung „auf derselben Ebene" (vgl. § 20 S. 1 RVG).

Fristen und Rechtsmittel

6. Kein Rechtsmittel gegen Beschluss über Zuständigkeit und Verweisung (§ 98 S. 2 SGG; MKLS/*Schmidt* SGG § 98 Rn. 7 ff.). Gegen Beschluss über Zulässigkeit oder Unzulässigkeit des Rechtsweges ist hingegen Beschwerde gegeben (vgl. § 17a Abs. 4 S. 3–5 GVG; MKLS/*Keller* SGG § 51 Rn. 55 ff.).

25. Antrag auf Prozesskostenhilfe – § 73a SGG

An das
Sozialgericht[1, 2]

In dem Rechtsstreit

des Auszubildenden . . . . .,
Klägers,
Prozessbevollmächtigter: RA . . . . .
gegen
die Berufsgenossenschaft Holz und Metall . . . . .,
vertreten durch die Geschäftsführung,
Beklagte,
– Az.: . . . . . –
überreiche ich eine Erklärung des Klägers über seine persönlichen und wirtschaftlichen Verhältnisse vom . . . . .[9]
und beantrage namens und in Vollmacht des Klägers,
1. dem Kläger für das Verfahren vor dem Sozialgericht Prozesskostenhilfe zu bewilligen,[3]
2. ihm den Unterzeichnenden als Prozessbevollmächtigten beizuordnen.[4]
Die beabsichtigte Rechtsverfolgung hat hinreichende Aussicht auf Erfolg und ist auch nicht mutwillig.[5, 8] Hierzu wird auf die Klagebegründung Bezug genommen.[6] Aus der Klagebegründung ergibt sich auch, dass die Sach- und Rechtslage schwierig und die Beiordnung eines RA daher geboten ist.[7]
Rechtsanwalt[10, 11]

Schrifttum: → Form. I.C.1; *Straßfeld,* Änderungen im Recht der Prozesskostenhilfe, SGb 2014, 176 ff., 236 ff.

Anmerkungen

1. Die Vorschriften der ZPO über die PKH (§§ 114 ff. ZPO) gelten entsprechend (§ 73a Abs. 1 S. 1 SGG), → Form. I.C.1. Auch in Angelegenheiten des Sozialrechts kann außerhalb eines gerichtlichen Verfahrens Beratungshilfe gewährt werden (→ Anm. 8). Im sozialgerichtlichen Verfahren erschöpft sich die PKH wegen der weitgehenden Kostenfreiheit des sozialgerichtlichen Verfahrens in der Beiordnung eines RA. Sie erstreckt sich nicht auf die Kosten eines Gutachtens nach § 109 SGG (§ 73a Abs. 3 SGG; → Form. VIII.22 Anm. 4).

Der Antrag auf PKH wahrt die Rechtsmittelfrist nicht, jedoch ist bei vorschriftsmäßigem *isolierten* PKH-Antrag Wiedereinsetzung in den vorigen Stand zu gewähren (BSG SozR 3-1500 § 67 Nr. 5, 11). Von praktischer Bedeutung ist dies vor allem für den Antrag auf PKH im NZB-Verfahren vor dem BSG, für den kein Vertretungszwang (§ 166 SGG) besteht (→ Form. VIII.12 Anm. 3). Der Antrag auf PKH kann aber auch sonst aus Kostengründen sinnvoll sein, weil die RA-Verfahrensgebühren für das isolierte PKH-Verfahren (Nr. 3335 VV) niedriger sind als für die Einlegung des Rechtsmittels selbst.

2. Der Antrag auf PKH ist für jede Instanz gesondert zu stellen (§ 119 Abs. 1 S. 1 ZPO). Er sollte möglichst früh – mit Klageerhebung bzw. Berufungseinlegung – gestellt werden, weil die Erfolgsaussicht nach Durchführung der Ermittlungen von Amts wegen gemindert oder ausgeschlossen sein kann.

3. Über den Antrag entscheidet das Gericht unverzüglich auf Grund einer summarischen Prüfung (BSG SozR 3-1750 § 115 Nr. 1 S. 4) durch Beschluss. Eine verzögerte Entscheidung darf sich bei rechtzeitig gestelltem Antrag für den Kläger nicht nachteilig auswirken (näher *Krasney/Udsching* SGVerf-HdB Kap. VI Rn. 71; HessLSG SGb 1986, 562).

4. Es kann jeder RA beigeordnet werden, die Beiordnung einer Anwaltssozietät oder Anwalts-GmbH ist zulässig (LSG NRW NZS 2014, 280; HessLSG ASR 2013, 271; BGH NJW 2009, 237). Seit 1.1.2014 kann nach § 73a Abs. 1 S. 3 SGG ausnahmsweise auch ein Steuerberater, Steuerbevollmächtigter, Wirtschaftsprüfer, vereidigter Buchprüfer oder Rentenberater beigeordnet werden. Die Erweiterung entspricht der Änderung in § 3 Abs. 1 BerHG und soll eine personelle Kontinuität zwischen vorgerichtlicher Beratung und gerichtlicher Vertretung gewährleisten. Die Beiordnung ist beschränkt auf die für die außergerichtliche Beratung geltenden Befugnisse (näher MKLS/*Schmidt* SGG § 73a Rn. 9; SGG § 73 Rn. 20, 22) und vor dem BSG ist sie nicht möglich (vgl. § 73 Abs. 4 SGG). Die Vergütung dieser Bevollmächtigten richtet sich nach den für einen beigeordneten RA geltenden Vorschriften des RVG (§ 73 Abs. 1 S. 4 SGG).

Macht der Beteiligte, dem PKH bewilligt ist, von seinem Recht, einen RA zu wählen, nicht Gebrauch, wird auf seinen Antrag der beizuordnende RA vom Gericht ausgewählt (§ 73a Abs. 1 S. 2 SGG). Zwar ist § 121 Abs. 3 ZPO im sozialgerichtlichen Verfahren nicht anwendbar, weil Anwälte nicht zu bestimmten SG zugelassen sind. Es ist aber der das gesamte Kostenrecht bestimmende Grundsatz zu beachten, dass die Kosten eines RA so gering wie möglich zu halten sind. Etwaige Mehrkosten durch die Beiordnung eines nicht ortsansässigen RA (zum Vorrang des ortsansässigen RA LSG NRW 12.10.2021 – L 9 SO 261/12 B, BeckRS 2012, 74870) bedürfen deshalb im Einzelfall einer Rechtfertigung (diff. LSG Bln-Bbg 8.3.2019 – L 1 KR 77/19 B PKH, BeckRS 2019, 4622; *Krasney/Udsching* SGVerf-HdB Kap. VI. Rn. 67a; sa *Keller* NZS 2003, 521). Ist ein RA zum *besonderen Vertreter* (§ 72 SGG) bestellt worden, kann PKH bewilligt werden (BSG SozR 1500 § 72 SGG Nr. 2). PKH kann nicht bewilligt werden, wenn der Kläger durch einen Bevollmächtigten iSd § 73 Abs. 2 S. 2 Nr. 5–9 SGG (Gewerkschafts- und Verbandsvertreter) vertreten ist (§ 73a Abs. 2 SGG). Es reicht aus, dass er sich als Mitglied einer Gewerkschaft oder eines Verbandes durch einen Angestellten seiner Organisation vertreten lassen kann (BSG SozR 3-1500 § 73a Nr. 4). Die Kündigung der Mitgliedschaft zur Erlangung von PKH ist unbeachtlich (LSG Nds-Brem NdsRpfl. 2005, 262). Der Verweis auf gewerkschaftlichen Rechtsschutz kann unzumutbar sein, wenn das Vertrauensverhältnis zwischen der Gewerkschaft und ihrem Mitglied erheblich gestört ist (BAG NJW

2013, 493). Die Vertretungsbefugnis der in § 73 Abs. 2 S. 2 Nr. 5–9 genannten Organisationen erstreckt sich nur auf die Mitglieder. Die Einräumung unentgeltlichen Rechtsschutzes auch für Ehegatten steht einem Anspruch dieser Personen auf Bewilligung von PKH somit nicht entgegen (HessLSG NZS 2011, 640). Besteht eine Rechtsschutzversicherung mit Selbstbeteiligung und kann der Kläger diese aus eigenen Mitteln nicht aufbringen, kommt nach BSG SozR 4-1500 § 73a Nr. 4 (= NZS 2006, 612) PKH bis zur Höhe der Selbstbeteiligung in Betracht.

5. Die Bewilligung von PKH setzt neben Bedürftigkeit hinreichende Erfolgsaussicht und fehlende Mutwilligkeit der Rechtsverfolgung voraus. *Hinreichende Erfolgsaussicht* besteht schon dann, wenn das bisherige Verfahren einen Teilerfolg des Klägers als „durchaus möglich" erscheinen lässt. Das ist anzunehmen, wenn der Rechtsstandpunkt des Antragstellers vertretbar ist und die rechtserheblichen Tatsachen als beweisbar erscheinen. Erfolgsaussicht ist idR anzunehmen, wenn noch eine Beweisaufnahme durchzuführen ist, vor allem, wenn noch ein medizinisches Gutachten von Amts wegen eingeholt werden muss (näher dazu MKLS/*Schmidt* SGG § 73a Rn. 7a–e). Die Erfolgsaussicht wird in einem höheren Rechtszug nicht geprüft, wenn der Gegner das Rechtsmittel eingelegt hat (§ 119 Abs. 1 S. 2 ZPO).

6. Nach § 117 Abs. 1 S. 2 ZPO ist das Streitverhältnis darzustellen. Im erstinstanzlichen Verfahren ergibt sich der Streitstand regelmäßig aus der Klagebegründung, aber auch schon aus dem in der Klageschrift bezeichneten angefochtenen Verwaltungsakt in der Gestalt des Widerspruchsbescheides. Im Verfahren der Rechtsmittelinstanzen ist eine Darstellung des Streitverhältnisses nicht mehr erforderlich, da dieses bereits im erstinstanzlichen Verfahren klargestellt ist (BSG SozR Nr. 4 zu § 167 SGG; vgl. auch MKLS/*Schmidt* SGG § 73a Rn. 5a).

7. Anspruch auf Beiordnung besteht, wenn es sich um ein Verfahren vor dem BSG handelt (§ 121 Abs. 1 ZPO iVm § 73 Abs. 4 SGG), in Verfahren der Tatsacheninstanzen (SG, LSG), wenn Vertretung durch einen RA *erforderlich* ist (§ 121 Abs. 2 ZPO). Dem Antragsteller darf nicht entgegengehalten werden, der Amtsermittlungsgrundsatz (→ Form. VIII.2 Anm. 8, 9) gleiche seine ungünstigere prozessuale Position aus; es ist vielmehr zu fragen, ob ein Bemittelter in der Lage des Unbemittelten vernünftigerweise einen RA mit der Wahrung seiner Interessen beauftragt hätte (BVerfG NJW 1997, 2103). Eine ausschließlich auf einer Beurteilung des Verhältnisses von Streitwert und Kostenrisiko beruhende Entscheidung ist unzulässig (BVerfG NJW 2011, 2039; sa *Geiger* info also 2011, 171). Jedenfalls bei schwieriger Rechts- oder Sachlage ist danach die Vertretung durch einen RA erforderlich, aber auch, wenn der Kläger mangels hinreichender geistiger Gewandtheit nicht in der Lage ist, den Prozess sachgerecht zu führen. Eine anwaltliche Vertretung ist danach auch und gerade in medizinisch schwierigen Fällen erforderlich (LSG Hamburg Breithaupt 1983, 369; str.). Sie ist dagegen nicht erforderlich, wenn die Sach- und Rechtslage einfach und für den Kläger klar überschaubar ist (LSG Hamburg Breithaupt 1983, 369; LSG RhPf Breithaupt 1982, 74 (79, 81); LSG NRW AnwBl 1986, 456; *Herold-Tews/Merkel* Sozialgerichtsprozess Rn. 151). Nach § 121 Abs. 2 ZPO ist entsprechend dem Gedanken der „Waffengleichheit" die Erforderlichkeit nicht zu prüfen, wenn auch der Prozessgegner durch einen RA vertreten ist; rechts- und sachkundige Vertreter der Sozialleistungsträger stehen Rechtsanwälten jedoch insoweit nicht gleich. Näher zur „Erforderlichkeit" *Krasney/Udsching* SGVerf-HdB Kap. VI Rn. 63 ff.; MKLS/*Schmidt* SGG § 73a Rn. 9b mwN.

8. Auch in Angelegenheiten des Sozialrechts kann für die – nicht mutwillige – Wahrnehmung von Rechten außerhalb gerichtlicher Verfahren *Beratungshilfe* gewährt werden (§ 2 Abs. 2 S. 1 BerHG), → Form. I.A.16. Allerdings sind zumutbare Selbsthilfemöglichkeiten zu berücksichtigen (BVerfG NJW 2011, 2711; SozR 4-1500 § 73a Nr. 7 = NZS

2011, 462). Eine pauschale Verweisung auf die Beratungspflicht der Sozialleistungsträger genügt aber nicht (BVerfG 7.10.2015 – 1 BvR 1962/11, BeckRS 2015, 54773). Die im Rahmen der Beratungshilfe entstandene Geschäftsgebühr wird zur Hälfte auf die Gebühren für ein anschließendes gerichtliches oder behördliches Verfahren angerechnet (VV 2503 Abs. 2 S. 1RVG).

Weiterführende Hinweise bei: *Zuck* NJW 2012, 2170, NZS 2012, 441; *Köhler* ZFSH/SGB 2010, 645; *Straßfeld* SGb 2010, 263.

9. Seit dem 1.1.2014 erfolgt durch den Verweis in § 73a Abs. 5 SGG auf §§ 120a, 124 ZPO bis zu vier Jahre nach PKH-Bewilligung eine Überprüfung der PKH-Bewilligung durch den Urkundsbeamten (s. allg. zum Überprüfungsverfahren *Dürbeck/Gottschalk* PKH/VKH, 9. Aufl. 2020, Rn. 957). Hierzu besteht regelmäßig die Vollmacht des RA aus dem Verfahren fort, so dass er auch im PKH-Überprüfungsverfahren Bevollmächtigter bleibt; nach LAG Köln (NZA-RR 2019, 499) darf ein RA, der in seiner Vollmacht die Vertretung im PKH-Nachprüfungsverfahren ausschließt, nicht beigeordnet werden. Für das PKH-Überprüfungsverfahren entsteht keine neue Gebühr, es sei denn, die Überprüfung erfolgt mehr als zwei Jahre nach vorheriger Erledigung der Sache (s. § 15 Abs. 5 RVG; vgl. aber weitgehend LSG BW 17.2.2020 – L 10 SF 3437/19 E-B, ASR 2020, 218, das von einer Erledigung in diesem Sinne erst nach Ende des PKH-Überprüfungsverfahrens ausgeht und nicht schon bei Erledigung der Hauptsache). Zu beachten ist insbesondere, dass eine vollständige Aufhebung der PKH-Bewilligung erfolgt, wenn im Überprüfungsverfahren keine ausreichende Mitwirkung des PKH-Begünstigten vorliegt (§§ 124 Abs. 1 Nr. 2, 120a Abs. 1 S. 3 ZPO iVm § 73a Abs. 5 SGG). Hier ist also im Sinne des Begünstigten aktive Mitwirkung im Überprüfungsverfahren anzuraten; allerdings können die Unterlagen im Erinnerungsverfahren (§ 73a Abs. 8 SGG) nachgereicht werden.

Kosten und Gebühren

10. Das PKH-Verfahren und das Verfahren, für das PKH beantragt wird, sind einschließlich des PKH-Überprüfungsverfahrens (→ Anm. 9) eine Angelegenheit (§ 16 Nr. 2 RVG). Die Verfahrensgebühr für das PKH-Verfahren (VV 3335 RVG) entsteht deshalb nur, wenn die Hauptsache nicht durchgeführt wird. In Verfahren, in denen Betragsrahmengebühren entstehen (s. Hinweis → Form. VIII.2 Anm. 15), liegt die Höhe der Verfahrensgebühr, die mit der Einreichung des Antrags auf PKH anfällt, bei höchstens 500 EUR.

Der im Wege der PKH beigeordnete RA erhält in Verfahren, in denen Betragsrahmengebühren entstehen (s. Hinweis → Form. VIII.2 Anm. 15), dieselbe Vergütung wie ein Wahlanwalt (§ 45 Abs. 1 RVG). Bei der Ausfüllung des Rahmens ist § 14 Abs. 1 RVG (Bestimmung nach billigem Ermessen) zu beachten (MKLS/*Schmidt* SGG § 73a Rn. 13 f.). Die geringere Vergütung bei der Berechnung nach Wertgebühren (§ 49 RVG) ist in sozialrechtlichen Streitigkeiten nicht von praktischer Relevanz, da der insoweit kostenpflichtige Personenkreis (→ Form. VIII.2 Anm. 13) idR nicht mittellos ist. Auch der im sozialgerichtlichen Verfahren nach den Vorschriften der PKH beigeordnete RA hat Anspruch auf einen angemessenen Vorschuss (§ 47 Abs. 1 S. 1 RVG).

Die Festsetzung der Gebühren erfolgt auf Antrag des RA durch den Urkundsbeamten des Gerichts als weisungsgebundenem Kostenbeamten (s. *Gierke* SGb 2020, 736 (737 f.)) des jeweiligen Rechtszugs (§ 55 Abs. 2 RVG), nach Beendigung des Verfahrens durch den Urkundsbeamten des Gerichts des ersten Rechtszugs (§ 55 Abs. 1 S. 1 RVG). Gegen seine Entscheidung ist Erinnerung möglich. Hilft er nicht ab, entscheidet das Gericht (§ 56 Abs. 1 S. 1 RVG). Gegen den Beschluss des SG ist die Beschwerde statthaft, wenn der Wert des Beschwerdegegenstandes 200 EUR überschreitet oder wenn das SG die Beschwerde wegen grundsätzlicher Bedeutung zugelassen hat (§ 56 Abs. 2 S. 1 Hs. 2 iVm § 33 Abs. 3 RVG). Mit dem 2. KostRMoG v. 23.7.2013 (BGBl. I 2586) hat der Gesetzgeber in § 1 Abs. 3 RVG klargestellt, dass die Vorschriften über die Erinnerung und die Beschwerde den Regelungen der für das zugrunde liegende Verfahren geltenden Verfahrensvorschriften vorgehen. Damit hat er den zuvor bestehenden Meinungsstreit entschieden, ob der Beschwerdeausschluss der §§ 178, 197 SGG (→ Form. VIII.31 Anm. 10) greift (SächsLSG BeckRS 2013, 68665; Thüringer LSG SGb 2008, 620 mAnm *Löffler*). Das Verfahren über Erinnerung und Beschwerde ist gebührenfrei, Kosten werden nicht erstattet (§ 56 Abs. 2 S. 2 u. 3 RVG).

Fristen und Rechtsmittel

11. Die Bewilligung der PKH ist unanfechtbar (§ 127 Abs. 2 S. 1 ZPO). Ein Beschwerderecht der Staatskasse (Bezirksrevisor) besteht allein gegen die Bewilligung von PKH ohne Festsetzung von Monatsraten oder Zahlungen aus dem Vermögen gem. § 127 Abs. 3 ZPO (MKLS/*Schmidt* SGG § 73a Rn. 12d).

Seit der Anfügung der Abs. 4–9 in § 73a SGG durch das Gesetz zur Änderung des Prozesskosten- und Beratungshilferechts v. 31.8.2013 (BGBl. I 3533) kann bei der Prüfung der persönlichen und wirtschaftlichen Verhältnisse der Urkundsbeamte des jeweiligen Rechtszuges mitwirken (s. hierzu iE MKLS/*Schmidt* SGG § 73a Rn. 6i ff.). Gegen seine ablehnende Entscheidung kann das Gericht angerufen werden, das endgültig entscheidet (§ 73a Abs. 8 SGG, weiter MKLS/*Schmidt* SGG § 73a Rn. 12b).

Die Statthaftigkeit der Beschwerde gegen die Ablehnung der Bewilligung von PKH (§ 172 Abs. 1 SGG) ist durch das Gesetz zur Neuorganisation der bundesunmittelbaren Unfallkassen, zur Änderung des SGG und zur Änderung anderer Gesetze (BUK-NOG) v. 19.10.2013 (BGBl. I 3836) weiter eingeschränkt und neu geregelt worden. § 172 Abs. 3 Nr. 2 normiert nunmehr einen Ausschluss der Beschwerde gegen die Ablehnung von PKH, wenn a) das Gericht ausschließlich die persönlichen oder wirtschaftlichen Voraussetzungen für die PKH verneint, b) in der Hauptsache die Berufung der Zulassung bedürfte (§ 144 Abs. 1 SGG, → Form. VIII.10 Anm. 1, oder c) das Gericht in der Sache durch Beschluss entscheidet, gegen den die Beschwerde ausgeschlossen ist. Letzteres betrifft insb. Verfahren des vorläufigen Rechtsschutzes (→ Form. VIII.27, → Form. VIII.28, → Form. VIII.29), in denen die Beschwerde wegen Nichterreichens der Berufungssumme ausgeschlossen ist (§ 172 Abs. 3 Nr. 1 SGG, → Form. VIII.27 Anm. 8). Der Beschwerdeausschluss unter a) erfasst auch die Fälle, in denen der PKH-Antrag abgelehnt worden ist, weil der erforderliche Vordruck nach § 117 Abs. 4 ZPO (→ Form. I.C.1 Anm. 12) nicht vorgelegt worden ist (SächsLSG BeckRS 2009, 53751; BeckRS 2009, 53102). Zulässig bleibt die Vorlage des Vordrucks im Rahmen eines neuen PKH-Antrags (Zöller/*Geimer* ZPO § 117 Rn. 6, 17). Auch die Beschwerde gegen die Festsetzung von Monatsraten im Rahmen der Bewilligung von PKH (§ 120 Abs. 1 S. 1 ZPO) ist nicht statthaft (LSG Berlin-Brandenburg BeckRS 2009, 50157 mwN). Dagegen ist die Beschwerde zulässig, wenn das Gericht PKH mangels Erfolgsaussicht oder wegen Mutwilligkeit abgelehnt oder die Beiordnung eines RA abgelehnt oder beschränkt hat, sofern nicht die Ausschlussgründe unter b) u. c) greifen. Näher zum Beschwerdeausschluss: MKLS/*Schmidt* SGG § 172 Rn. 6g ff.; *Straßfeld* SGb 2014, 236 (238 f.)

Gegen die Aufhebung oder Änderung der PKH-Bewilligung (→ Anm. 9) ist die Erinnerung gegeben, über die der Richter des Gerichts unanfechtbar entscheidet (§ 73a Abs. 8 SGG; LSG LSA 29.6.2020 – L 7 SB 71/19 B, BeckRS 2020, 26352; BayLSG 28.3.2018 – L 11 AS 273/18 B, BeckRS 2018, 7086; LSG NZS 2018, 632).

Ob mit der Erinnerung und Beschwerde eine (nur) Teilanfechtung der PKH-Vergütungsfestsetzung (entsprechend auch ein Teilanerkenntnis der Staatskasse) möglich ist und damit eine nur partielle Überprüfung durch das Gericht stattfindet, ist umstritten (gegen eine Teilanfechtung ThürLSG NZS 2021, 316 mAnm *Fiebig*; anders etwa BayLSG ASR 2017, 121, dazu Anm. *Schütz* jurisPR-SozR 4/2017 Anm. 6).

Eine Kostenerstattung im Beschwerdeverfahren findet nach der ausdrücklichen Regelung in § 127 Abs. 4 ZPO nicht statt (LSG RhPf BeckRS 2009, 55125 mwN; → Form. I. C.8 Anm. 7; aA LSG RhPf NZS 2007, 672). Auch kommt eine Bewilligung von PKH für das Beschwerdeverfahren nach hM nicht in Betracht (vgl. *Dürbeck/Gottschalk* PKH/VKH, 9. Aufl. 2020, Rn. 1098; → Form. I.C.8 Anm. 5; aA LSG Nds-Brem BeckRS 2012, 68580).

26. Zustimmung zur Entscheidung ohne mündliche Verhandlung – § 124 Abs. 2 SGG

An das
Sozialgericht[1, 2]

In dem Rechtsstreit

des Kraftfahrers . . . . .,

Klägers,

Prozessbevollmächtigter: RA . . . . .

gegen

die Deutsche Rentenversicherung . . . . .,

vertreten durch die Geschäftsführung,

Beklagte,

– Az.: . . . . . –

erkläre ich namens und in Vollmacht des Klägers das Einverständnis mit einer Entscheidung ohne mündliche Verhandlung durch Urteil.

Rechtsanwalt[3]

Anmerkungen

1. Mit Einverständnis der Beteiligten *kann* das Gericht *ohne mündliche Verhandlung* durch Urteil entscheiden (§ 124 Abs. 2 SGG), anders als bei Gerichtsbescheiden unter Beteiligung der ehrenamtlichen Richter (der bereits mehrfach wiederholte Bundesratsvorschlag des konsentierten Einzelrichters lässt sich politisch nicht durchsetzen, vgl. *Schütz* ZRP 2018, 142 f.). Von dieser Möglichkeit wird in der Praxis nicht selten Gebrauch gemacht. Widerruf der Einverständniserklärung nach hM bis zum Eingang der Verzichtserklärung der übrigen Beteiligten möglich. Die Erklärung steht unter dem Vorbehalt der im Wesentlichen unveränderten Sach-, Beweis- und Rechtslage; ändert sich die Prozesslage wesentlich, so ist sie verbraucht und muss neu eingeholt werden, wenn das Gericht weiterhin ohne mündliche Verhandlung entscheiden will. Eine wesentliche Änderung in dem vorgenannten Sinne hat die Rspr. insb. bejaht, wenn durch spätere Maßnahmen des Gerichts die Tatsachengrundlage der Entscheidung verändert wurde, so etwa durch die Vernehmung von Zeugen, die Einholung von Behördenauskünften oder die Beiziehung von Akten (zusf. BSG NZS 2004, 660 mwN). Zu den für den Verzicht auf mündliche Verhandlung bedeutsamen Umständen kann auch das Vertrauen in die Maßgeblichkeit einer vom Gericht den Beteiligten gegenüber vorgenommenen rechtlichen Bewertung des Prozessstoffs gehören (BSG SozR 4-1500 § 124 Nr. 1 = NZS 2006, 223).

Zur Wiederholung eines zuvor schriftlich gestellten Beweisantrags → Form. VIII.21 Anm. 4.

2. Ferner kann das Gericht gem. § 126 SGG *nach Aktenlage* entscheiden, wenn in einem Termin keiner der Beteiligten erscheint oder beim Ausbleiben von Beteiligten die erschienen Beteiligten es beantragen. Ein *Versäumnisurteil* kennt das sozialgerichtliche Verfahren nicht.

Kosten und Gebühren

3. Auch bei einer Entscheidung ohne mündliche Verhandlung entsteht eine (fiktive) Terminsgebühr, in kostenprivilegierten Verfahren in Höhe von 90 % der Verfahrensgebühr (s. Hinweise → Form. VIII.2 Anm. 15).

Vorläufiger Rechtsschutz

27. Antrag auf Aussetzung der Vollziehung – § 86b Abs. 1 SGG (Anfechtungssache)

An das
Sozialgericht[1, 2, 3, 4]

In dem Rechtsstreit

des Arztes für Allgemeinmedizin Dr. . . . . .,
Klägers,
Prozessbevollmächtigter: RA . . . . .
gegen
den Berufungsausschuss . . . . .,
vertreten durch seinen Vorsitzenden,
Beklagten,
wegen Entziehung der vertragsärztlichen Zulassung
– Az. . . . . . –
beantrage ich namens und in Vollmacht des Klägers, die mit Entscheidung des Berufungsausschusses vom . . . . . angeordnete sofortige Vollziehung der Entziehung der vertragsärztlichen Zulassung auszusetzen.

Begründung:

Der Kläger räumt ein, dass es bei der Abrechnung in seiner Praxis über einen langen Zeitraum hinweg zu Unregelmäßigkeiten gekommen ist. Trotzdem liegt die sofortige Vollziehung der Entziehung der vertragsärztlichen Zulassung nicht im öffentlichen Interesse. Wegen des betroffenen Grundrechts (Art. 12 Abs. 1 GG, Berufsfreiheit) muss der Sofortvollzug die Ausnahme bleiben (s. zB BVerfGE 35, 382 (402)). Das öffentliche Interesse iSd § 97 Abs. 4 SGB V muss gerade auch darin bestehen, dass der Betroffene nicht bis zum Abschluss des Hauptsacheverfahrens weiterhin von seiner Rechtsposition Gebrauch macht. Hierfür sind konkret Gefahren für wichtige Gemeinschaftsgüter in der Vollzugsanordnung darzulegen.

Nach diesem Beurteilungsmaßstab fehlt im vorliegenden Fall ein öffentliches Vollzugsinteresse: Die finanziellen Belange der Krankenkassen können auch durch verstärkte Abrechnungskontrollen hinreichend geschützt werden (vgl. KassKomm/*Hess*

SGB V § 97 Rn. 5). Auch hatte der Kläger schon vor der Zulassungsentziehung eine mit der Abrechnung besonders vertraute Arzthelferin eingestellt, um künftige Abrechnungsfehler zu vermeiden. Außerdem ist ihm durch das Entziehungsverfahren die Bedeutung einer gewissenhaften Abrechnung nachdrücklich klargeworden, so dass an einer korrekten Abrechnung für die Zukunft kein Zweifel besteht. Schließlich wären mit der Vollziehung der angefochtenen Entscheidung nicht wiedergutzumachende wirtschaftliche Folgen verbunden . . . .[5]
Rechtsanwalt[6, 7, 8]

Schrifttum: Herold-Tews/Merkel Teil K: Vorläufiger Rechtsschutz; *Krasney/Udsching* SGVerf-HdB Kap. V (mit Schriftsatzmustern); *Diekmann,* Europarecht als vorrangiger Prüfungsmaßstab im einstweiligen Rechtsschutzverfahren, NZS 2003, 518; *Krodel,* Sozialgerichtlicher Eilrechtsschutz – hier: Anwendungsbereiche der Anordnung und Feststellung der aufschiebenden Wirkung, NZS 2015, 244; *ders.,* Eilrechtsschutz in der sozialgerichtlichen und anwaltlichen Praxis – hier: Anfechtungssachen, NZS 2014, 681; *ders.,* Die sozialgerichtliche Eilentscheidung zwischen Subsumtion und Abwägung, NZS 2009, 18; *ders./Feldbaum,* Sozialgerichtlicher Eilrechtsschutz bei behördlich angeordneter Sofortvollziehbarkeit, NZS 2017, 59; *Kummer,* Das Sechste Gesetz zur Änderung des SGG, SGb 2001, 714; *Seewald,* Beitragsnachforderungen und vorläufiger Rechtsschutz, SGb 2012, 193 ff., 253 ff.; *Wenner,* Neues zum Kostenrecht und beim einstweiligen Rechtsschutz, SozSich 2001, 422; allg. umfassende Darstellung durch *Finkelnburg/Dombert/Külpmann,* Vorläufiger Rechtsschutz im Verwaltungsstreitverfahren, 7. Aufl. 2017; *Krodel/Feldbaum,* Das sozialgerichtliche Eilverfahren, 4. Aufl. 2017.

Anmerkungen

1. Nachdem das BVerfG im Jahr 1977 im Hinblick auf Vornahmesachen (→ Form. VIII.28 Anm. 1) die Lückenhaftigkeit der bisherigen Regelung des einstweiligen Rechtsschutzes im sozialgerichtlichen Verfahren herausgestellt und eine verfassungskonforme Auslegung für geboten erachtet hatte (BVerfGE 46, 166), ist der *einstweilige Rechtsschutz* zum 2.1.2002 auf Grund des 6. SGG-ÄndG v. 17.8.2001 (BGBl. I 2144) durch §§ 86a u. 86b *umfassend neu geregelt* worden. Die Neuregelung beseitigt die unübersichtlichen und lückenhaften früheren Vorschriften und orientiert sich im Wesentlichen an den Grundsätzen der VwGO. §§ 86a u. 86b SGG betreffen den einstweiligen Rechtsschutz *außerhalb gerichtlicher Entscheidungen und* durch *die Gerichte.* Zu unterscheiden ist dabei der einstweilige Rechtsschutz in *Anfechtungssachen* (Textbeispiel, → Anm. 2) und in *Vornahmesachen* (→ Form. VIII.28).

Zur *aufschiebenden Wirkung von Berufung* und *Revision* s. §§ 154 Abs. 1, 165 SGG.

2. In sog *Anfechtungssachen* (Klagetyp: Anfechtungsklage, → Form. VIII.2) bietet grds. die aufschiebende Wirkung von Widerspruch und Klage (§ 86a Abs. 1 SGG) vorläufigen Rechtsschutz. Zu beachten ist jedoch, dass die aufschiebende Wirkung durch Ausnahmen weitgehend durchbrochen ist (→ Form. VIII.1 Anm. 1), darunter auch für die in der sozialgerichtlichen Praxis bedeutsamen Verwaltungsakte, die eine laufende Leistung entziehen oder herabsetzen (§ 86a Abs. 2 Nr. 3 SGG). Im Einzelnen:

- *§ 86a Abs. 3 SGG* regelt die Wiederherstellung der aufschiebenden Wirkung *außerhalb gerichtlicher Entscheidungen* durch die Verwaltungsbehörden. Danach *kann* die Stelle, die den Verwaltungsakt erlassen oder über den Widerspruch entschieden hat, die sofortige Vollziehung ganz oder teilweise aussetzen (Abs. 3 S. 1). In Streitigkeiten über Versicherungs-, Beitrags- und Umlagepflichten (§ 86a Abs. 2 Nr. 1) *soll* die Aussetzung der Vollziehung erfolgen, wenn ernstliche Zweifel an der Rechtmäßigkeit des angegriffenen Verwaltungsakts bestehen oder wenn die Vollziehung eine unbillige, nicht durch überwiegende öffentliche Interessen gebotene Härte zur Folge hätte (Abs. 3 S. 2). Die Entscheidung kann mit Auflagen versehen oder befristet sowie jederzeit geändert oder aufgehoben werden (Abs. 3 S. 4 u. 5).

- Nach *§ 86b Abs. 1 SGG* kann das *Gericht* in den Fällen, in denen Widerspruch oder Anfechtungsklage keine aufschiebende Wirkung haben (§ 86a Abs. 2 SGG), *auf Antrag* die aufschiebende Wirkung ganz oder teilweise anordnen (Abs. 1 S. 1 Nr. 2 – Textbeispiel, → Anm. 5 sowie → Form. VIII.29) und in den Fällen des § 86a Abs. 3 SGG die sofortige Vollziehung ganz oder teilweise wiederherstellen (Abs. 1 S. 1 Nr. 3). Ist der Verwaltungsakt im Zeitpunkt der Entscheidung schon vollzogen oder befolgt worden, kann die Aufhebung der Vollziehung angeordnet werden (Abs. 1 S. 2).

Umgekehrt kann das Gericht nach Abs. 1 S. 1 Nr. 1 in den Fällen, in denen Widerspruch oder Anfechtungsklage aufschiebende Wirkung haben, auf Antrag die sofortige Vollziehung ganz oder teilweise anordnen.

Die vorgenannten Maßnahmen können mit *Auflagen* (zB Bankbürgschaft) versehen oder befristet sowie jederzeit geändert oder aufgehoben werden (Abs. 1 S. 3 u. 4). Die Auflagen sind ein Mittel, einen Ausgleich zwischen den Interessen des Antragstellers an einem effektiven Rechtsschutz und dem staatlichen Vollzugsinteresse herbeizuführen (näher dazu FDK Vorl. Rechtsschutz Rn. 1002 ff.; *Krodel/Feldbaum* Sozialgerichtliches Eilverfahren Rn. 266 ff.).

Werden aufgrund der Anordnung der aufschiebenden Wirkung eines Widerspruchs oder einer Klage Leistungen (weiter) erbracht, sind diese bei einem Unterliegen in der Hauptsache zu erstatten (→ Form. VIII.29 Anm. 2).

3. Allgemein gilt: Wegen der Eilbedürftigkeit entscheiden die Gerichte grds. aufgrund einer *summarischen Prüfung* der Sach- und Rechtslage. § 86b SGG normiert – ebenso wie § 80 Abs. 5 VwGO – *nicht* die materiell-rechtlichen Voraussetzungen, unter denen die Gerichte einstweiligen Rechtsschutz in Anfechtungssachen gewähren. Eine Ausnahme gilt jedoch für den Bereich der Versicherungs-, Beitrags- und Umlagepflichten (§ 86a Abs. 2 Nr. 1 iVm Abs. 3 S. 2 SGG). Die Kriterien des § 86a Abs. 3 S. 2 SGG (→ Anm. 2), nach denen hier die Verwaltung die Vollziehung aussetzen soll, sind auch im gerichtlichen Verfahren maßgebend. Darüber hinaus kann diese Regelung allgemein der Orientierung dienen; sie lässt jedenfalls den Schluss zu, dass die *Erfolgsaussichten* der Klage der wesentliche Anknüpfungspunkt für die Aussetzungsentscheidung sind (iE str. – s. zB SSB/*Schoch* VwGO § 80 Rn. 302 ff.; *Krodel/Feldbaum* Sozialgerichtliches Eilverfahren Rn. 186 ff.; *Kopp/Schenke* VwGO § 80 Rn. 116).

Bei einem offensichtlich rechtswidrigen Verwaltungsakt ist die Anordnung der aufschiebenden Wirkung gem. Art. 19 Abs. 4 GG geboten, bei offensichtlich rechtmäßigem Verwaltungsakt wird der Antrag idR abzulehnen sein (FDK Vorl. Rechtsschutz Rn. 967 ff., auch zu Fallgestaltungen, bei denen trotz prognostizierter Rechtmäßigkeit des Verwaltungsakts die Anordnung der aufschiebenden Wirkung geboten sein kann). Bei offenem Ausgang des Hauptsacheverfahrens sind das individuelle *Interesse des Antragstellers* und das *öffentliche Interesse* an der Vollziehung des Verwaltungsakts zu beurteilen, und es ist eine *Interessenabwägung* erforderlich (FDK Vorl. Rechtsschutz Rn. 983 ff.). Im Hinblick auf Art. 19 Abs. 4 GG gilt: Der Rechtsschutzanspruch des Betroffenen ist umso stärker, je gewichtiger die ihm auferlegte Belastung ist und je mehr der Vollzug des Verwaltungsakts Unabänderliches bewirkt (BVerfGE 35, 382 (402); BVerfGE 69, 220 (228); NVwZ 1987, 403). Dabei ist, wenn im Einzelfall schwere und unzumutbare Nachteile drohen, eine *vertiefende* Prüfung der Sach- und Rechtslage unter Einbeziehung des Grundrechtsschutzes geboten (BVerfGE 79, 69 (74 f.); NVwZ 1997, 479 im Zusammenhang mit einer einstweiligen Anordnung nach § 123 VwGO, → Form. VIII.28 Anm. 2).

Ausf. zu den von Rspr. und Lit. entwickelten (nicht einheitlich beurteilten) Entscheidungsgrundsätzen SSB/*Schoch* VwGO § 80 Rn. 369 ff.; FDK Vorl. Rechtsschutz Rn. 961 ff.; speziell zum sozialgerichtlichen Eilverfahren *Krodel/Feldbaum* Sozialgerichtliches Eilverfahren Rn. 185 ff., jeweils mwN.

4. Das Gericht der Hauptsache (§ 86b Abs. 1 SGG) entscheidet durch Beschluss (§ 86b Abs. 4 SGG), dh im Regelfall ohne Beteiligung der ehrenamtlichen Richter.

5. Das Formular betrifft den speziellen im Vertragsarztrecht geregelten Fall, dass der Berufungsausschuss gem. § 97 Abs. 4 SGB V die sofortige Vollziehung seiner Entscheidung in Zulassungssachen im *öffentlichen Interesse* angeordnet hat (§ 86a Abs. 2 Nr. 4 SGG) und die gerichtliche Anordnung der Wiederherstellung der aufschiebenden Wirkung beantragt wird (§ 86b Abs. 1 Nr. 2 SGG). Hier wird sich der Antragsteller darauf konzentrieren, das öffentliche Vollzugsinteresse zu widerlegen – vgl. dazu *Spellbrink,* Einstweiliger Rechtsschutz vor den Sozialgerichten in Zulassungssachen gem. § 96 Abs. 4 SGB V, MedR 1999, 304 (305) mwN; *Schlarmann/Buchner,* Auswirkungen des 6. SGG-ÄndG auf vertragsärztliche, krankenhausrechtliche und sonstige Streitigkeiten aus dem SGB V, NJW 2002, 644; s. aber auch LSG BW Breithaupt 1994, 996. Das gilt erst recht, nachdem das BSG seine Rspr. geändert hat und die Rechtmäßigkeit der Entziehung der Zulassung zur vertragsärztlichen Versorgung ausnahmslos nach der Sachlage zum Zeitpunkt der letzten Verwaltungsentscheidung zu beurteilen ist. Änderungen, die – anders als im Textbeispiel – nach diesem Zeitpunkt liegen, sind in einem Verfahren auf Wiederzulassung zu prüfen (BSGE 112, 90).

Weiterführend zum Vertragsarztrecht: *Schnapp/Wigge,* Handbuch des Vertragsarztrechts, 3. Aufl. 2017; *Wenner,* Vertragsarztrecht nach der Gesundheitsreform, 2008; *Maaß,* fortlaufende NZS-Jahresrevue zum Vertragsarztrecht: NZS 2021 48ff, 89 ff.; 2020, 50 ff., 90 ff.; 2019, 46 ff., 88 ff.; 2018, 41 ff., 86 ff.

Kosten und Gebühren

6. *Gerichtskosten:* Da im Textbeispiel die Beteiligten nicht zu dem kostenrechtlich privilegierten Personenkreis des § 183 SGG gehören, findet das GKG Anwendung (→ Form. VIII.2 Anm. 13). Mit Einreichung der Antragsschrift wird die Verfahrensgebühr fällig (§ 6 Abs. 1 Nr. 5 GKG). Sie richtet sich nach dem Wert des Streitgegenstandes (Streitwert – § 3 Abs. 1 GKG). In Verfahren vor den Gerichten der Sozialgerichtsbarkeit ist der Streitwert nach der sich aus dem Antrag des Klägers für ihn ergebenden Bedeutung der Sache nach Ermessen zu bestimmen (§ 53 Abs. 2 Nr. 4 iVm § 52 Abs. 1 GKG); er darf nicht über 2,5 Mio. EUR angenommen werden (§ 52 Abs. 4 Nr. 2 GKG; krit. hierzu *Wolff* NZS 2003, 633 (634)). Bietet der Sach- und Streitstand für die Bestimmung des Streitwerts keine genügenden Anhaltspunkte, ist ein Streitwert von 5.000 EUR anzunehmen (§ 53 Abs. 2 Nr. 4 iVm § 52 Abs. 2 GKG). Wenn Gegenstand des Verfahrens – wie im Textbeispiel – nicht eine bestimmte Geldsumme in EUR ist oder gesetzlich kein fester Wert bestimmt ist, setzt das Gericht sogleich ohne Anhörung der Beteiligten den Streitwert durch Beschluss vorläufig fest (§ 63 Abs. 1 S. 1 GKG). Einwendungen hiergegen können nicht erhoben werden. Anfechtbar ist erst die endgültige Wertfestsetzung, die von Amts wegen durch das Prozessgericht erfolgt, sobald eine Entscheidung über den gesamten Streitgegenstand ergeht oder sich das Verfahren anderweitig erledigt (§ 63 Abs. 2 S. 1 GKG). Der endgültige Streitwert kann auch im Urteil festgesetzt werden (Toussaint/*Toussaint* GKG § 63 Rn. 47). Zur Änderung der Festsetzung durch Instanz- und Rechtsmittelgericht s. § 63 Abs. 3 GKG.

Gegen den Beschluss, durch den der Streitwert endgültig festgesetzt wird, ist die Beschwerde gegeben, wenn der Wert des Beschwerdegegenstandes 200 EUR übersteigt oder die Beschwerde wegen grundsätzlicher Bedeutung im Beschluss zugelassen worden ist (§ 68 Abs. 1 S. 1 u. 2 GKG). Die Beschwerde ist nur innerhalb von sechs Monaten, nachdem die Entscheidung in der Hauptsache Rechtskraft erlangt hat oder sich das Verfahren anderweitig erledigt hat, zulässig. Ist der Streitwert später als einen Monat vor Ablauf dieser Frist festgesetzt worden, kann sie noch innerhalb eines Monats nach Zustellung oder formloser Mitteilung des Festsetzungsbeschlusses eingelegt werden (§ 68 Abs. 1 S. 3 GKG).

Kommt dem vorläufigen Verfahren nicht die Bedeutung des Hauptsacheverfahrens zu, ist der Streitwert mit einem Anteil des Wertes der Hauptsache zu bemessen (Toussaint/*Elzer* GKG § 53 Rn. 17). Ausf. zur Wertberechnung in vertragsärztlichen Zulassungssachen (Textbeispiel) BSG SozR 4-1920 § 52 Nr. 1 f.; sa *Wenner/Bernard* NZS 2006, 1 (4): maßgeblich Höhe der Einnahmen während einer Verfahrensdauer im einstweiligen Rechtsschutz von generell einem Jahr.

7.*Rechtsanwaltsgebühren:* Die Verfahren nach § 86b Abs. 1 (Anfechtungssachen – Textbeispiel) und Abs. 2 (Vornahmesachen → Form. VIII.28) SGG sind gebührenrechtlich selbständig (§ 17 Nr. 4 RVG). Besondere Gebührenbestimmungen gibt es insoweit nicht; der RA verdient die in → Form. VIII.2Anm. 15 dargestellten Gebühren. Maßgeblich ist die gerichtliche Streitwertfestsetzung (§ 32 Abs. 1 RVG). Der RA hat ein eigenes Antrags- und Beschwerderecht (§ 32 Abs. 2 RVG).

Zum Gegenstandswert der anwaltlichen Tätigkeit in vertragsärztlichen Streitigkeiten *Wenner/Bernard* NZS 2006, 1; *Knittel* in *Hennig,* SGG, § 197a Rn. 33 ff.; zum Kostenrisiko klagender Vertragsärzte *Engelhard* NZS 2004, 299 – s. hierzu a. MKLS/*Schmidt* § 197a Rn. 30.

Fristen und Rechtsmittel

8. Gibt die Behörde einem Aussetzungsantrag (§ 86a Abs. 3 SGG) nicht statt, kann ein entsprechender Antrag beim SG gestellt werden. Er ist jedoch (anders als nach § 80 Abs. 6 VwGO) nicht von einer vorherigen negativen Entscheidung der Behörde abhängig und bereits vor Klageerhebung zulässig (§ 86b Abs. 3 SGG). Es sollte aber das Kostenrisiko minimiert werden, so dass es zweckmäßig ist, zunächst eine Verwaltungsentscheidung herbeizuführen.

Gegen die Entscheidung des SG ist grds. die Beschwerde (§ 172 Abs. 1 SGG, → Form. VIII.19) gegeben. Mit dem Gesetz zur Neuorganisation der bundesunmittelbaren Unfallkassen, zur Änderung des SGG und zur Änderung anderer Gesetz (BUK-NOG) v. 19.10.2013 (BGBl. I 3836) hat der Gesetzgeber in § 172 Abs. 3 Nr. 1 SGG klargestellt, dass sie jedoch ausgeschlossen ist, wenn in der Hauptsache die Berufung der Zulassung bedürfte. Der für die Statthaftigkeit der Beschwerde maßgebende Berufungsbeschwerwert von mehr als 750 EUR (§ 172 Abs. 3 Nr. 1 iVm § 144 Abs. 1 S. 1 Nr. 1 SGG, → Form. VIII.10 Anm. 1) bestimmt sich nach der angefochtenen Entscheidung und kann nicht weitergehen als der Streitgegenstand im Hauptsacheverfahren (BayLSG NZS 2015, 117).

Die Beschwerde hat keine aufschiebende Wirkung (vgl. § 175 SGG); der Vorsitzende des Ausgangsgerichts (§ 175 S. 3 SGG) oder derjenige des LSG als Beschwerdegericht (§ 199 Abs. 2 SGG) kann den Vollzug jedoch einstweilen aussetzen (zur Konkurrenz der Vorschriften s. *Karl* jurisPK-SGG § 175 Rn. 21).

28. Antrag auf Erlass einer einstweiligen Anordnung – § 86b Abs. 2 SGG (Vornahmesache)

An das
Sozialgericht[1, 2, 3, 4]

In Sachen

des .....,
Antragstellers,
Verfahrensbevollmächtigter: RA .....
gegen
die Betriebskrankenkasse .....,
vertreten durch den Vorstand,
Antragsgegnerin,
beantrage[5] ich namens und in Vollmacht des Antragstellers, die Antragsgegnerin im Wege der einstweiligen Anordnung zu verpflichten, dem Antragsteller das Arzneimittel ..... für die weitere Durchführung einer Inhalationstherapie zur Verfügung zu stellen, soweit die behandelnden Ärzte des Antragstellers diese Behandlung verordnen.

Begründung:

Der Antragsteller leidet an Nierenkrebs; der Tumor streut Metastasen in die Lunge. Seit Januar 2017 wird der Antragsteller im Universitätsklinikum ..... ambulant behandelt. Ihm wurde eine Inhalationstherapie mit ..... verordnet, die er gut verträgt und die seinen Gesundheitszustand stabilisiert hat. Ein anderes Arzneimittel steht nicht zur Verfügung. Zur Vermeidung weiterer Metastasierung und der damit verbundenen Verschlechterung des Gesundheitszustandes ist er deshalb auf diese Therapie angewiesen. Daraus ergibt sich ohne Weiteres die Eilbedürftigkeit der begehrten einstweiligen Anordnung, mithin der *Anordnungsgrund*. Die Antragsgegnerin lehnte die Übernahme der Therapiekosten mit Bescheid vom ..... ab, weil das Arzneimittel nicht für die inhalative Anwendung zugelassen sei.

Entgegen der Auffassung der Antragsgegnerin ist auch der erforderliche *Anordnungsanspruch* gegeben, da diese verpflichtet ist, die vorgenannte Therapie zu finanzieren.[6] Das Arzneimittel ..... ist zur Behandlung des metastasierenden Nierenzellkarzinoms zugelassen.[7] Die Beschränkung der Zulassung auf die intravenöse und subkutane Anwendung steht der Verordnung zu Lasten der gesetzlichen Krankenversicherung nicht entgegen: Da nämlich die Voraussetzungen für einen sog Off-Label-Gebrauch[8, 9] erfüllt sind, darf das Arzneimittel auch in der Applikation der Inhalationstherapie zu Lasten der gesetzlichen Krankenversicherung verordnet werden. Ausweislich der anliegenden Stellungnahme des Oberarztes ..... gibt es für die schwere Erkrankung des Antragstellers keine andere Therapie, und es besteht die begründete Aussicht auf einen Behandlungserfolg .....[10]

Rechtsanwalt[11, 12]

Schrifttum: → Form. VIII.27; *Krodel,* Eilrechtsschutz in der sozialgerichtlichen und anwaltlichen Praxis – hier: Regelungsanordnung, NZS 2014, 653; *ders.,* Die neue Regelung des sozialgerichtlichen einstweiligen Rechtsschutzes in Vornahmesachen, NZS 2002, 180; *ders.,* Die Begründetheit des Antrags auf Erlass einer einstweiligen Anordnung, NZS 2002, 234; *Zuck,* Einstweiliger Rechtsschutz bei lebensbedrohlichen seltenen Leiden, SGb 2009, 212.

Anmerkungen

1. Das Form. betrifft eine *Vornahmesache* (Klagetyp: Verpflichtungs- sowie kombinierte Anfechtungs- und Leistungsklage, → Form. VIII.4, → Form. VIII.6, → Form. VIII.7). Für diesen Bereich fehlte früher eine gesetzliche Regelung des vorläufigen Rechtsschutzes völlig (BVerfGE 46, 166; → Form. VIII.27 Anm. 1). Mit der Einführung des § 86b Abs. 2 SGG durch das 6. SGG-ÄndG v. 17.8.2001 (BGBl. I 2144) hat der Gesetzgeber diese Lücke geschlossen. Die Regelung orientiert sich an § 123 VwGO. Danach kann das Gericht der Hauptsache auf Antrag eine einstweilige Anordnung treffen

- in Bezug auf den Streitgegenstand, wenn die Gefahr besteht, dass durch eine Veränderung des bestehenden Zustandes die Verwirklichung eines Rechts des Antragstellers vereitelt oder wesentlich erschwert werden könnte (*Sicherungsanordnung* nach § 86b Abs. 2 S. 1 SGG) und
- zur Regelung eines vorläufigen Zustandes in Bezug auf ein streitiges Rechtsverhältnis, wenn eine solche Regelung zur Abwendung wesentlicher Nachteile nötig erscheint (*Regelungsanordnung* nach § 86b Abs. 2 S. 2 SGG).

Die Sicherungsanordnung ist auf die Abwehr belastender Eingriffe, dh auf *zustandserhaltende* Maßnahmen gerichtet. Ihre Bedeutung tritt im sozialgerichtlichen Verfahren zurück, weil dieser Zweck weitgehend durch die Wiederherstellung der aufschiebenden Wirkung eines Rechtsbehelfs (→ Form. VIII.27) erreicht wird (zu ihrem Anwendungsbereich *Krodel* NZS 2002, 180 (184 f.)). Praktische Bedeutung hat hingegen die auf *zustandsverbessernde* Maßnahmen gerichtete Regelungsanordnung, die der Durchsetzung von Verpflichtungs- und Leistungsbegehren dient.

Bei einem Unterliegen in der Hauptsache sind die im vorläufigen Rechtsschutz erhaltenen Leistungen zu erstatten (→ Form. VIII.29 Anm. 2).

2. *Anordnungsgrund,* dh die Eilbedürftigkeit der begehrten vorläufigen Regelung, und *Anordnungsanspruch,* dh die Rechtsposition, deren Durchsetzung im Hauptsacheverfahren begehrt wird, sind geltend und die zur Begründung erforderlichen Tatsachen sind glaubhaft zu machen (§§ 86b Abs. 2 S. 4 SGG iVm § 920 Abs. 2 ZPO; ausf. FDK Vorl. Rechtsschutz Rn. 116 ff.). Die Anforderungen an die Glaubhaftmachung hängen vom verfolgten Rechtsschutzziel ab (BVerfG 6.8.2014 – 1 BvR 1453/12, BeckRS 2014, 57431). Das Gericht entscheidet grds. aufgrund einer *summarischen Prüfung* (→ Form. VIII.27 Anm. 3).

Nach überwiegender Auffassung sind die Anforderungen an Anordnungsgrund und Anordnungsanspruch unabhängig voneinander zu prüfen, eine bloße Interessenabwägung genügt für den Erlass einer einstweiligen Anordnung nicht. Grds. ist für eine Interessenabwägung nur iRd Anordnungsgrundes Raum (krit. zu einer allgemeinen Interessenabwägung SSB/*Schoch* VwGO § 123 Rn. 65 f., 83; FDK Vorl. Rechtsschutz Rn. 136). Bei grundrechtsrelevantem Anordnungsanspruch wird idR ohne weitere Prüfung auch ein Anordnungsgrund zu bejahen sein, so dass er in diesen Fällen faktisch seine eigenständige Bedeutung verliert (FDK Vorl. Rechtsschutz Rn. 135 mwN). Allerdings wird bei einem Streit um existenzsichernde Leistungen (→ Form. VIII.29) in geringer Höhe (weniger als 10 vH der Regelsätze) teilweise (zB LSG Hamburg BeckRS 2009, 57119) ein Anordnungsgrund nicht gesehen. Des Weiteren kann eine Interessenabwägung bei zeitaufwändiger Prüfung des Anordnungsanspruchs aus Gründen des effektiven Rechtsschutzes insb. unter verfassungsrechtlichen Gesichtspunkten (*Krodel* NZS 2002, 234 (237 f.)) geboten sein (dazu näher FDK Vorl. Rechtsschutz Rn. 137 ff.).

In diesem Zusammenhang ist die Rspr. des BVerfG zu Art. 19 Abs. 4 GG zu beachten. Sie läuft im Ergebnis darauf hinaus, dass der Anordnungsgrund nicht stets losgelöst vom Anordnungsanspruch zu beurteilen ist (BVerfGE 79, 69 (74); NVwZ 1997, 479 (480) mwN; BVerfGE 93, 1 (15)). Danach darf das Interesse an einer vorläufigen Regelung umso weniger zurückgestellt werden, je schwerer die sich daraus ergebenden Belastungen sind und je geringer die Wahrscheinlichkeit ist, dass sie im Fall des Obsiegens in der Hauptsache wieder rückgängig gemacht werden können. Der Rspr. des BVerfG ist auch der Hinweis an die Fachgerichte zu entnehmen, vorläufigen Rechtsschutz jedenfalls dann aufgrund einer *vertiefenden Prüfung* der Sach- und Rechtslage zu gewähren, wenn schwere und unzumutbare Nachteile drohen und es um Fragen des Grundrechtsschutzes geht. Dabei ist zu berücksichtigen, dass auch im einstweiligen Rechtsschutzverfahren der Amtsermittlungsgrundsatz (§§ 103, 106 Abs. 3 SGG), der die Möglichkeit einer Beweiserhebung einschließt (BVerfG NZS 2009, 674), gilt. Drohen jedoch ohne die Gewährung vorläufigen Rechtsschutzes schwere und unzumutbare Nachteile, die durch das Hauptsacheverfahren nicht mehr zu beseitigen wären, und ist eine abschließende Prüfung der Sach- und Rechtslage im Eilverfahren nicht möglich, so ist aufgrund einer Folgenabwägung zu entscheiden (BVerfG NVwZ 2005, 927 = info also 2005, 166; NJW 2004, 3100 = NZS 2004, 527; NJW 2003, 1236 = NZS 2003, 253; NVwZ 1997, 479 (480); *Zuck* SGb 2009, 121 (124); sa BVerfG 14.9.2016 – 1 BvR 1335/13, BeckRS 2016, 53085 = NVwZ 2017, 149 = NZS 2017, 75 Anm. *Burkiczak*).

Zur Frage der Zulässigkeit der Verweisung auf Leistungen zur Existenzsicherung → Form. VIII.29 Anm. 1.

3. Die hM hält eine *Vorwegnahme der Hauptsache* in allen ihren Formen (s. dazu FDK Vorl. Rechtsschutz Rn. 175 ff.) durch die vorläufige Regelung grds. für unzulässig, lässt aber zahlreiche Ausnahmen von diesem Grundsatz zu (abl. zum „Vorwegnahmeverbot" mit plausibler Argumentation SSB/*Schoch* VwGO § 123 Rn. 146 ff.; *Krodel/Feldbaum* Sozialgerichtliches Eilverfahren Rn. 371 ff.; ihnen folgend LSG Nds-Brem NZS 2007, 557: Herbeiführung für die Zukunft irreversibler Zustände als Grenze richterlicher Gestaltungsbefugnis im vorläufigen Rechtsschutz, die nur überschritten werden darf und dann zu überschreiten ist, wenn es verfassungsrechtlich geboten ist – sa *Lode* SGb 2009, 211; *Hannes* SozSich 2010, 35). In der SGb ist eine endgültige Vorwegnahme selten; von ihr kann nur gesprochen werden, wenn die Maßnahme rechtlich nachträglich nicht mehr für die Vergangenheit korrigierbar ist (BVerfG NZS 2009, 674; sa MKLS/*Keller* SGG § 86b Rn. 31). Das ist bei der Verpflichtung zur vorläufigen Finanzierung des Arzneimittels im Textbeispiel nicht der Fall, da eine Rückforderung grds. möglich ist. Zulässig und erforderlich ist eine Vorwegnahme, wenn dem drohenden Rechtsverlust durch das Hauptsacheverfahren nicht mehr begegnet werden könnte (MKLS/*Keller* SGG § 86b Rn. 31). Allerdings ist es verfassungsrechtlich zulässig, Leistungen mit einem Abschlag zuzusprechen (BVerfG NVwZ 2005, 927 (928)), davon wird indes überwiegend abgesehen (MKLS/*Keller* SGG § 86b Rn. 35d). Ausf. zur Vorwegnahme der Hauptsache FDK Vorl. Rechtsschutz Rn. 174 ff.

4. Zuständig ist das Gericht der Hauptsache (§ 86b Abs. 2 S. 3 SGG), dh das Gericht, bei dem das Hauptsacheverfahren bereits anhängig ist oder das, wenn ein solches noch nicht anhängig ist, dafür zuständig wäre. Der Antrag ist schriftlich oder zur Niederschrift des Urkundsbeamten der Geschäftsstelle zu stellen. Er wahrt nicht die Widerspruchs- und Klagefrist.

5. Das Gericht entscheidet auf Antrag durch Beschluss (§ 86b Abs. 4 SGG), dh im Regelfall ohne Beteiligung ehrenamtlicher Richter.

6. Versicherte haben Anspruch auf Versorgung mit apothekenpflichtigen Arzneimitteln (grds. als Sachleistungsanspruch, ausnahmsweise als Kostenerstattungsanspruch, s. → Form. VIII.11 Anm. 5), soweit die Arzneimittel nicht nach § 34 SGB V oder durch die Richtlinien des Gemeinsamen Bundesausschusses (§ 91 SGB V) nach § 92 Abs. 1 S. 2

Nr. 6 SGB V ausgeschlossen sind. Danach ergibt sich folgendes nicht besonders übersichtliches Bild:

- Die gesetzlichen Ausschlüsse nach § 34 Abs. 1 SGB V betreffen a) nicht verschreibungspflichtige Arzneimittel (mit Ausnahmen), b) verschreibungspflichtige Bagatellarzneimittel sowie c) Arzneimittel, bei deren Anwendung die Erhöhung der Lebensqualität im Vordergrund steht („Lifestyle-Präparate").
- Die aufgrund des § 34 Abs. 3 SGB V – neu gefasst durch Ges. v. 22.12.2010 (BGBl. I 2262) – erlassene VO über unwirtschaftliche Arzneimittel v. 21.2.1990 (BGBl. I 301), zuletzt geändert durch VO v. 9.12.2002 (BGBl. I 4554), – die sog. *Negativliste* – schließt weitere Arzneimittel, die bestimmte Wirkstoffe enthalten, von der Verordnung zu Lasten der gesetzlichen Krankenversicherung aus. Diese Arzneimittel sind zur Erleichterung der Praxis in einer Präparateliste (vgl. § 93 SGB V) zusammengestellt (BAnz-Beilage Nr. 170 v. 11.9.2002; BAnz-Beilage Nr. 195a v. 18.10.2003; s. dazu *Knispel* NJW 2002, 871).
- Darüber hinaus hat der *Gemeinsame Bundesausschuss (G-BA) Arzneimittelrichtlinien* (§ 92 Abs. 1 S. 2 Nr. 6 SGB V) erlassen, die die Verordnungsfähigkeit von Arzneimitteln zu Lasten der gesetzlichen Krankenversicherung einschränken oder ausschließen, wenn nach dem allgemeinen Stand der medizinischen Erkenntnisse der diagnostische oder therapeutische Nutzen, die medizinische Notwendigkeit oder die Wirtschaftlichkeit nicht nachgewiesen sind. Zum G-BA aus der Perspektive des Verfassungsrechts: Aufgaben, Funktionen und Legitimation *Kluth,* 2015. Zur gerichtlichen Kontrolle von Richtlinien des GBA, insb. zur Kontrolldichte *Münkler,* Beiträge zum Recht der sozialen Dienste und Einrichtungen, 2013, 42. Allg. zur weitreichenden Richtlinienkompetenz des G-BA instruktiv *Gassner* NZS 2016, 121; *Holzner* SGb 2815, 247; *Hauck* NZS 2010, 600; *Neumann* NZS 2010, 593; *Schimmelpfeng-Schütte* ZRP 2004, 253; NZS 2006, 567; *Merten* NZS 2006, 336.
- Außerdem wird der Versorgungsanspruch durch die *Zuzahlungen* (§§ 61 f. SGB V) eingeschränkt.

7. Ein Arzneimittel ist grds. nur dann verordnungsfähig, wenn eine gültige deutsche oder europaweit geltende Arzneimittelzulassung vorliegt (zB BSGE 72, 252 = NZS 1993, 398; BSGE 82, 233 = NZS 1999, 245; BSGE 93, 1 = NZS 2005, 308).

8. Ein zugelassenes Arzneimittel darf zu Lasten der gesetzlichen Krankenversicherung nur in einem Anwendungsgebiet (Indikation) verordnet werden, auf das sich die Zulassung erstreckt. Das BSG lässt eine Ausnahme von diesem Grundsatz unter engen Voraussetzungen zu (Off-Label-Use): a) Behandlung einer lebensbedrohlichen oder die Lebensqualität auf Dauer nachhaltig beeinträchtigenden Erkrankung, b) keine andere verfügbare Therapie, c) begründete Aussicht, dass mit dem betreffenden Präparat ein Behandlungserfolg (kurativ oder palliativ) erzielt werden kann (näher dazu BSGE 89, 184 = NZS 2002, 646; BSGE 97, 112 = NZS 2007, 489; *Goecke* NZS 2006, 291). Die Aussicht auf einen Behandlungserfolg muss sich aus der Datenlage zum Behandlungszeitpunkt ergeben. Sie erfordert Forschungsergebnisse, die eine Zulassung des Arzneimittels für die relevante Indikation erwarten lassen (BSG 13.12.2016 – B 1 KR 10/16 R, SGb 2017, 710 (712) mAnm *Zuck*).

Diese von der Rspr. entwickelten sehr strengen Grundsätze werden von § 35c SGB V, der die zulassungsüberschreitende Anwendung von Arzneimitteln aufgrund von Empfehlungen des G-BA regelt, nicht berührt (ebd.).

9. BVerfG und ihm folgend das BSG erkennen über den Off-Label-Use hinausgehende Lockerungen der durch das Wirtschaftlichkeitsprinzip geprägten leistungsrechtlichen Grundsätze (s. § 2 Abs. 1, § 12 Abs. 1 SGB V) bei „lebensbedrohlichen oder regelmäßig tödlich verlaufenden Krankheiten" ohne konventionelle Behandlungsmöglichkeit an. Bei diesen Krankheiten reicht für die Leistungspflicht der Krankenkassen ein Behandlungserfolg mit unkonventionellen Methoden aus, wenn im konkreten Fall „ernsthafte Hinweise auf einen nicht ganz entfernt liegenden Erfolg der Heilung oder auch nur auf eine spürbare positive Einwirkung auf den Krankheitsverlauf" vorliegen (BVerfG NJW 2013, 1664 = NZS 2013, 500: kombinierte Immuntherapie eines metastasierenden Ovarialkarzinoms; BVerfGE 115, 25 = NZS 2006, 84: Duchenne'sche Muskeldystrophie („Nikolausbeschluss", s. dazu Rechtsprechungsübersicht und -analyse www.nikolaus-beschluss.de); einschränkend BVerfGE 140, 229 = NZS 2016, 20; BSGE 96, 170 = NZS 2007, 144; BSGE 97, 190 = NZS 2007, 534 = SGb 2008, 43 mAnm *Knispel*; BSG SozR 4-2500 § 27 Nr. 10). Das BSG hat in diesem Zusammenhang dem Tod den kurz bevorstehenden Verlust eines wichtigen Sinnesorgans oder einer herausragenden Körperfunktion gleichgestellt (zB BSG SozR 4-2500 § 31 Nr. 8). Ferner hat es erweiterte Leistungspflichten der Krankenkassen bei singulären, praktisch nicht systematisch erforschbaren Krankheiten angenommen (BSGE 93, 236 = NZS 2005, 589).

Der Gesetzgeber hat diese Rspr. mit dem Ges. zur Verbesserung der Versorgungsstrukturen in der gesetzlichen Krankenversicherung – GKV-Versorgungsstrukturges. – zum 1.1.2012 durch die Einfügung des Abs. 1a in § 2 SGB V umgesetzt (BGBl. I 2011 2983); näher hierzu *Joussen* SGb 2012, 625. Ausf. die Bestandsaufnahme zu dieser Rspr. von *Bockholdt* NZS 2017, 569 und zu Leistungsansprüchen bei Behandlung schwerster u. seltener Erkrankungen *Kretschmer* MedSach 2009, 54; *Langhals* NZS 2007, 76; *Padé* NZS 2007, 352; *von Wulffen* Gesundheitsrecht, 2006, 385; *Wenner* SozSich 2007, 75.

Auch wenn im einstweiligen Rechtsschutz vorläufig Leistungen zugesprochen wurden, sind die Krankenkassen nicht gehindert, die Kosten zurückzufordern (BSG 13.12.2016 – B 1 KR 10/16 R, SGb 2017, 710; sa BVerfG 11.4.2017 – 1 BvR 452/17, SozR 4-2500 § 137c Nr. 8 = NJW 2017, 2096 = NZS 2017, 582). Somit besteht, insbesondere bei einem Leistungszuspruch aufgrund einer Folgenabwägung, ein – uU beträchtliches – Kostenrisiko, das sorgfältig abzuwägen ist.

10. S. zum Textbeispiel LSG Nds-Brem NZS 2003, 262 und Schleswig-Holsteinisches LSG 17.7.2017 – L 5 KR 74/17 ER; weitere Beispiele gerichtlicher Entscheidungen über Anträge auf einstweilige Anordnung in den einzelnen Rechtsgebieten bei MKLS/*Keller* SGG § 86b Rn. 33ff f.

Kosten und Gebühren

11. Anders als in → Form. VIII.27 fallen hier, da der Antragsteller zum kostenrechtlich privilegierten Personenkreis gehört, keine Gerichtskosten an (→ Form. VIII.2 Anm. 13).

Das Verfahren auf Erlass einer einstweiligen Anordnung ist gebührenrechtlich selbstständig (§ 17 Nr. 4 RVG). Besondere Gebührenbestimmungen gibt es insoweit nicht; der RA verdient die in → Form. VIII.2 Anm. 15 dargestellten Betragsrahmengebühren. Für eine Reduzierung entsprechend der Minderung des Streitwerts in gerichtskostenpflichtigen Verfahren (→ Form. VIII.27 Anm. 6, 7) gibt es keine gesetzliche Grundlage (Thüringer LSG BeckRS 2009, 55145). Die Gebühren bestimmen sich nach den in → Form. VIII.31 Anm. 8 dargestellten allg. Kriterien. Entgegen verbreiteter Praxis ist eine pauschale Kürzung der Verfahrensgebühr nicht zulässig, BayLSG 15.11.2018 – L 12 SF 124/14 E.

Fristen und Rechtsmittel

12. Der Antrag auf einstweilige Anordnung ist an keine Frist gebunden; es ist jedoch Verwirkung möglich (HessVGH NVwZ 1994, 398).

Gegen Beschluss des SG über eine einstweilige Anordnung – sowohl ablehnende wie stattgebende – ist grds. die Beschwerde (§ 172 Abs. 1 SGG) gegeben (dazu und zum Beschwerdeausschluss nach § 172 Abs. 3 Nr. 1 SGG näher → Form. VIII.27 Anm. 8).

Die Beschwerde hat keine aufschiebende Wirkung (vgl. § 175 SGG). Der Kammervorsitzende kann bestimmen, dass der Vollzug der angefochtenen Entscheidung einstweilen auszusetzen ist (§ 175 S. 3 SGG). Der Vorsitzende des Rechtsmittelgerichts kann die Vollstreckung durch einstweilige Anordnung aussetzen (§ 199 Abs. 2 SGG, → Form. VIII.10 Anm. 1).

29. Einstweiliger Rechtsschutz gegen eine Absenkung des Arbeitslosengeldes II – § 86b Abs. 1 und 2 SGG (Anfechtungs- und Vornahmesache)

An das

Sozialgericht[1, 2]

In Sachen

des . . . . ,
Antragstellers,
Verfahrensbevollmächtigter: RA . . . .
gegen
das Jobcenter[3] . . . . ,
vertreten durch den Geschäftsführer,
Antragsgegner,
beantrage ich namens und in Vollmacht des Antragstellers,

1. **die aufschiebende Wirkung des Widerspruchs des Antragstellers v. 25.11.2020 gegen den Bescheid des Antragsgegners v. 10.11.2020 (Absenkungsbescheid) anzuordnen sowie diesem aufzugeben, den einbehaltenen Betrag von . . . . . EUR auszuzahlen,**
2. **den Antragsgegner im Wege der einstweiligen Anordnung zu verpflichten, dem Antragsteller auch für die Monate Januar und Februar 2018 Arbeitslosengeld II ungekürzt iHv . . . . . EUR zu zahlen.**

Begründung:

Der 1962 geborene Antragsteller bezieht seit 1.1.2017 von dem Antragsgegner Leistungen zur Sicherung des Lebensunterhalts nach dem SGB II. Zuletzt sind ihm Leistungen für die Zeit v. 1.3. bis 31.12.2020 iHv . . . . . EUR bewilligt worden.

Der Antragsteller leidet unter einer Herzkranzgefäßverengung mit Durchblutungsstörungen des Herzens, eine Gefäßausdehnung und die Einbringung einer Gefäßbrücke waren erforderlich. Der Vertragsarzt der Agentur für Arbeit Dr. . . . . . hat den Antragsteller nur noch als leistungsfähig angesehen für bis zu mittelschwere körperliche Arbeiten, überwiegend stehend oder gehend oder sitzend oder auch in wechselnder Arbeitshaltung unter Vermeidung von vermehrtem Zeitdruck, Nässe, Kälte, Zugluft, Temperaturschwankungen und häufigem Heben und Tragen von Lasten ohne mechanische Hilfsmittel. Gleichwohl unterbreitete der Antragsgegner einen Vermittlungsvorschlag für eine Arbeitsgelegenheit mit Mehraufwandsentschädigung als Hausmeister. In dem Vermittlungsvorschlag vom . . . . . wird die Tätigkeit, die in einem zeitlichen Umfang von 20 Stunden wöchentlich bei flexibler Verteilung ausgeübt werden solle, wie folgt beschrieben:

„Hausmeistergehilfe in einer Kita bzw. sozialen Einrichtung, handwerkliche Arbeiten, Kleinstreparaturen, Reinigungsarbeiten, ggf. Winterdienst". Der Antragsteller lehnte das Angebot wegen seines Gesundheitszustandes ab und wies darauf hin, dass der Arbeitseinsatz in den Wintermonaten sehr unregelmäßig sei. Wegen seiner Herzerkrankung sei er indes auf feste Ernährungszeiten und feste Zeiten für Medikamenteneinnahme angewiesen.

Mit Bescheid vom 10.11.2020 hat der Antragsgegner das Arbeitslosengeld II für die Zeit vom 1.12.2017 bis 28.2.2018 monatlich um 30 vH der maßgebenden Regelleistung abgesenkt, weil sich der Antragsteller trotz Belehrung über die Rechtsfolgen ohne wichtigen Grund geweigert habe, die angebotene Arbeitsgelegenheit aufzunehmen.[4] Die ursprüngliche Bewilligungsentscheidung ist insoweit gem. § 48 Abs. 1 SGB X aufgehoben worden. Gegen den Bescheid v. 10.11.2020 hat der Antragsteller am 25.11.2017 Widerspruch eingelegt. Der Antragsgegner hat es abgelehnt, den sofortigen Vollzug der Absenkung auszusetzen und die für den Monat Dezember 2020 bewilligte Leistung gekürzt. Über den Antrag auf Weiterbewilligung der Leistungen ab 1.1.2021 hat er noch nicht entschieden.

Der Absenkungsbescheid v. 10.11.2020 ist rechtswidrig. Denn das Arbeitsangebot muss, um eine Sanktion nach sich ziehen zu können, hinreichend bestimmt sein, damit der Hilfebedürftige prüfen kann, ob die angebotene Tätigkeit zumutbar ist. Daran fehlt es hier. Denn Ort, Art und zeitliche Ausgestaltung der Tätigkeit sind nicht eindeutig, sondern nur ungefähr bestimmt. Des Weiteren muss die Arbeitsgelegenheit zumutbar sein. Mit dem von Dr. . . . . . festgestellten Leistungsvermögen ist die beschriebene Tätigkeit jedoch nicht zu bewältigen. Deshalb ist die aufschiebende Wirkung des Widerspruchs anzuordnen. Da der Antragsgegner die bereits bewilligten Leistungen für den Monat Dezember 2020 nur um den geminderten Betrag ausgezahlt hat, ist er auch zu verpflichten, die einbehaltenen . . . . . EUR auszuzahlen.

Darüber hinaus ist der Antragsteller zu verpflichten, die Leistung auch ab 1.1.2021 ungekürzt zu zahlen. Der insoweit für die vorläufige Leistungsverpflichtung für die Monate Januar und Februar 2021 erforderliche Anordnungsgrund liegt bei existenzsichernden Leistungen regelmäßig vor.[5]

Rechtsanwalt[6, 7]

Schrifttum: → Form. VIII.27, → Form. VIII.28; *Berlit,* Neuere Rechtsprechung zum Sanktionenrecht des SGB II – vor dem Sanktionenurteil des Bundesverfassungsgerichts, info also 2020, 19; *Conradis/Klerks,* Probleme der vorläufigen Entscheidung bei existenssichernden Leistungen, info also 2018, 147; *Geiger,* Der vorläufige Verwaltungsakt nach § 41a SGB II – Wie ist Einkommen vorläufig und endgültig anzurechnen?, SGb 2017, 139; *Groth,* Einstweiliger Rechtsschutz in Streitigkeiten der Grundsicherung für Arbeitsuchende, NJW 2007, 2294; *Hölzer,* Der einstweilige gerichtliche Rechtsschutz bei Streitigkeiten nach dem SGB II – Bilanz und Perspektiven der sozialgerichtlichen Rechtsprechung, info also 2010, 99; *Janda,* Das „Sanktionenurteil" des Bundesverfassungsgerichts und die Leistungseinschränkungen im AsylbLG – welche Grenzen setzt das Recht auf Existenzsicherung?, info also 2020, 103; *Kirchhoff,* Vorläufige Entscheidung über die Grundsicherung im Alter und bei Erwerbsminderung, SGb 2018, 517; *Klerks,* Vorläufiger gerichtlicher Rechtsschutz bei Streitigkeiten über Unterkunftskosten, info also 2014, 195; *Krodel,* Maßstab der Eilentscheidung und Existenzsicherung, NZS 2006, 637; *Wenner,* Bedürftigkeit ist schon im einstweiligen Rechtsschutz sorgfältig zu prüfen, SozSich 2005, 216; *Wündrich,* Vorläufiger Rechtsschutz im sozialgerichtlichen Verfahren im Bereich des SGB II, SGb 2009, 206 ff., 267 ff.

Anmerkungen

1. Mit der Neuregelung des Sozialhilferechts durch das 4. Gesetz für moderne Dienstleistungen am Arbeitsmarkt („Hartz IV", → Form. VIII.6 Anm. 1), insb. mit der Zusammenlegung von Arbeitslosen- und Sozialhilfe zum Alg. II hat der vorläufige Rechtsschutz im sozialgerichtlichen Verfahren erheblich an Bedeutung gewonnen.

Die Vorschriften des SGB II bilden eine abschließende Regelung der Grundsicherung für hilfebedürftige Erwerbsfähige und schließen einen Anspruch auf Hilfe zum Lebensunterhalt nach dem SGB XII – Sozialhilfe – aus (§ 5 Abs. 2 S. 1 SGB II). Entscheidendes Kriterium der Abgrenzung der Leistungssysteme voneinander ist der Begriff der Erwerbsfähigkeit in § 8 Abs. 1 SGB II. Erwerbsfähig ist danach, wer nicht wegen Krankheit oder Behinderung auf absehbare Zeit außerstande ist, unter den üblichen Bedingungen des allg. Arbeitsmarktes mindestens drei Stunden täglich erwerbstätig zu sein. Diese Definition lehnt sich zwar eng an die rentenrechtliche Definition der vollen Erwerbsminderung in § 43 Abs. 2 S. 2 SGB VI (→ Form. VIII.6 Anm. 6 dort a) an, sie ist jedoch mit ihr nicht deckungsgleich. So ist die Verschlossenheit des Arbeitsmarktes für die Beurteilung der Erwerbsfähigkeit ohne Bedeutung. Entscheidend ist allein der zeitliche Umfang, in dem eine Tätigkeit noch ausgeübt werden kann (BSGE 105, 201). Bei ungeklärter Erwerbsfähigkeit hat sich der Hilfebedürftige zunächst an den Träger der Grundsicherung für Arbeitsuchende (→ Anm. 3) zu wenden, dem die Feststellung der Erwerbsfähigkeit obliegt. Bis zu ihrer Klärung erhält er vorläufige Leistungen nach dem SGB II (§ 44a SGB II). S. näher zur Prüfung der Erwerbsfähigkeit im SGB II und SGB XII und zur Kooperation zwischen den Sozialleistungsträgern *Blüggel* SGb 2011, 9.

Soweit der einstweilige Rechtsschutz Leistungen aus der Sozialversicherung betrifft, ist nach den Neuregelungen der Existenzsicherung und der Normierung des einstweiligen Rechtsschutzes im SGG eine Verweisung auf die subsidiären Leistungen der (steuerfinanzierten) Existenzsicherung (Grundsicherung für Arbeitsuchende und Sozialhilfe; vgl. § 5 Abs. 1, § 9 Abs. 1 SGB II und § 2 SGB XII) ohne nähere Prüfung des sozialversicherungsrechtlichen Anspruchs nicht mehr möglich (vgl. MKLS/*Keller* SGG § 86b Rn. 29e, 29 f; *Herold-Tews/Merkel* Sozialgerichtsprozess Rn. 656; diff. *Meßling* in Hennig SGG, 30. Lfg., Stand: Dezember 2014, § 86b Rn. 171 f.). Der einstweilige Rechtsschutz im SGG geht seit der Normierung zum 2.1.2002 über eine verfassungsrechtlich garantierte Mindestsicherung zur Vermeidung „schwerer und unzumutbarer" Nachteile (BVerfGE 46, 166) hinaus (LSG NRW NZS 2002, 498; MKLS/*Keller* SGG § 86b Rn. 28; *Krodel* NZS 2002, 180 (182)), so dass die vorherige Rspr. zur Verweisbarkeit auf das Auffangnetz der Sozialhilfe nicht mehr herangezogen werden kann (BayLSG 11.8.2011 – L 5 KR 217/11 B ER zur nicht sachgerechten Verweisung auf Leistungen nach dem SGB II bei einem Streit um einen Krankengeldanspruch). Davon unberührt bleibt im Rahmen einer erforderlichen Interessenabwägung bei fehlender Klärungsmöglichkeit des Anordnungsanspruchs im Eilverfahren (→ Form. VIII.28 Anm. 2) die Berücksichtigung eines tatsächlichen Bezugs dieser Leistungen (vgl. MKLS/*Keller* SGG § 86b Rn. 29f).

2. Im Textbeispiel ist der Antrag auf Anordnung der aufschiebenden Wirkung des Widerspruchs (Anfechtungssache, → Form. VIII.27) verbunden mit dem Antrag auf Erlass einer einstweiligen Anordnung (Vornahmesache, → Form. VIII.28). Diese Fallgestaltung kommt im vorläufigen Rechtsschutz der Grundsicherung für Arbeitsuchende nicht selten vor.

Gegen einen Sanktionsbescheid nach §§ 31 ff. SGB II (zu deren partieller Verfassungswidrigkeit s. BVerfGE 152, 68), mit dem eine bewilligte Leistung abgesenkt oder entzogen wird, wird vorläufiger Rechtsschutz mit dem Antrag auf Anordnung der aufschiebenden Wirkung des Widerspruchs oder der Klage (§ 86b Abs. 1 S. 1 Nr. 2

SGG) gewährleistet. Schon mit der Anordnung der aufschiebenden Wirkung lebt die ursprüngliche Leistungsbewilligung wieder auf, des Erlasses einer einstweiligen Anordnung bedarf es insoweit nicht (s. zB Sächsisches LSG 28.4.2008 – L 3 AS 110/08 AS-ER). Sofern im Zeitpunkt der gerichtlichen Entscheidung der Verwaltungsakt – wie im Textbeispiel – schon vollzogen ist, kann das Gericht die Aufhebung der Vollziehung, dh hier: die Verpflichtung, den einbehaltenen Betrag auszuzahlen, anordnen (§ 86b Abs. 1 S. 2 SGG; LSG BW Breithaupt 2008, 1004 mwN); eines Anordnungsgrundes iSd § 86b Abs. 2 S. 4 SGG iVm § 920 Abs. 2 ZPO (→ Form. VIII.28 Anm. 2) bedarf es dazu nicht (LSG Hamburg Breithaupt 2009, 251). Der Antrag auf Auszahlung sollte grds. gestellt werden, es sei denn, es ist sicher, dass der Träger der Grundsicherung von sich aus seiner gesetzlichen Verpflichtung nachkommt. Der Antrag kann auch noch nach der Anordnung der aufschiebenden Wirkung gestellt werden.

Neben dem Antrag auf Anordnung der aufschiebenden Wirkung ist der Antrag auf Erlass einer einstweiligen Anordnung (§ 86b Abs. 2 SGG) jedenfalls dann erforderlich, wenn die Sanktion – wie im Textbeispiel – in einen Zeitraum hineinragt, für den noch keine Leistungen bewilligt worden sind; zuvor muss für den neuen Zeitraum beim Jobcenter allerdings ein Weiterbewilligungsantrag gestellt worden sein (LSG Nds-Brem ZFSH SGB 2011, 345).

Ein Leistungszuspruch im Eilverfahren erfolgt grds. ab gerichtlicher Antragstellung. Denn erst zu diesem Zeitpunkt ist ein Anordnungsgrund regelmäßig nachgewiesen. Leistungen für die Zeit vor der Antragstellung kommen nur in Betracht, wenn die Auswirkungen der Leistungsversagung in der Vergangenheit in die Gegenwart fortwirken und damit zu einer auch gegenwärtigen Notlage führen („Nachholbedarf", zB LSG Nds-Brem info also 2009, 272; weitere Beispiele bei MKLS/*Keller* SGG § 86b Rn. 35a). Ein Zuspruch erfolgt idR nicht für die gesamte Zeit bis zum Abschluss des Hauptsacheverfahrens. Aufgrund seines vorläufigen Charakters wird orientierend an der Leistungsfrist des § 41 Abs. 3 SGB II ein kürzerer Zeitraum von idR sechs Monaten gewählt (MKLS/*Keller* SGG § 86b Rn. 35b).

Zu den Anforderungen an den Antrag auf Anordnung der aufschiebenden Wirkung und an den Antrag auf Erlass einer einstweiligen Anordnung iE → Form. VIII.27 Anm. 1–5, → Form. VIII.28 Anm. 1–5; sa die Zusammenfassung der Anforderungen an die Glaubhaftmachung im Beschl. des BVerfG v. 6.8.2014 – 1 BvR 1453/12, SGb 2015, 175 m. Entscheidungsbesprechung *Burkiczak* SGb 2015, 151).

Bei einem Unterliegen in der Hauptsache sind die im vorläufigen Rechtsschutz erhaltenen Leistungen zu erstatten. Die Rechtsnatur des Erstattungsanspruchs ist umstritten. Von der Erstattung sozialversicherungsrechtlicher Leistungen dürfte ein Betrag in Höhe eines ansonsten gegebenen Anspruchs auf existenzsichernde Leistungen ausgenommen sein. Näher zur Erstattungsproblematik: *Krasney/Udsching* SGVerf-HdB Kap. V Rn. 51; *Krodel/Feldbaum* Sozialgerichtliches Eilverfahren Rn. 276 ff.; MKLS/*Keller* SGG § 86b Rn. 22; Schütze/*Schütze* SGB X § 50 Rn. 21.

3. Träger der Grundsicherung für Arbeitsuchende sind die Bundesagentur für Arbeit einerseits und die kreisfreien Städte sowie Kreise andererseits (§ 6 SGB II). Sie errichten zur einheitlichen Wahrnehmung ihrer Aufgaben gemeinsame Einrichtungen (§ 44b SGB II).

§ 6a SGB II regelt die Zulassung kommunaler Träger als alleinige Träger der Grundsicherung für Arbeitsuchende.

Die gemeinsamen Einrichtungen nach § 44b SGB II und die zugelassenen kommunalen Träger nach § 6a SGB II führen die Bezeichnung Jobcenter (§ 6d SGB II).

4. Mit dem Gesetz zur Ermittlung von Regelbedarfen und zur Änderung des SGB II u. XII v. 24.3.2011 (BGBl. I 453) waren die Sanktionsregelungen in §§ 31 ff. SGB II als zentraler Bestandteil des Konzepts des Forderns (§ 2 SGB II) zum 1.4.2011 neu gefasst worden. Dieses Sanktionenregime hat das BVerfG im Urteil vom 5.11.2019 (BVerfGE 152, 68) für weithin verfassungswidrig erklärt und (zunächst) lediglich die 30 %-Sanktion weitergelten lassen sowie gleichzeitig strenge Verhältnismäßigkeitsanforderungen formuliert; insbesondere sind Sanktionenautomatismen ohne Berücksichtigung etwaiger besonderer Härten unzulässig. Eine Neuregelung durch den Gesetzgeber steht noch aus, bis dahin gelten folgende vom Gericht angeordnete Übergangsregelungen:

a) § 31a Abs. 1 S. 1 SGB II ist in den Fällen des § 31 Abs. 1 SGB II mit der Maßgabe anzuwenden, dass die Leistungsminderung wegen einer Pflichtverletzung nach § 31 Abs. 1 SGB II nicht erfolgen muss, wenn dies im konkreten Einzelfall unter Berücksichtigung aller Umstände zu einer außergewöhnlichen Härte führen würde. Insbesondere kann von einer Minderung abgesehen werden, wenn nach Einschätzung der Behörde die Zwecke des Gesetzes nur erreicht werden können, indem eine Sanktion unterbleibt.

b) § 31a Abs. 1 S. 2 und 3 SGB II sind in den Fällen des § 31 Abs. 1 SGB II mit der Maßgabe anwendbar, dass wegen wiederholter Pflichtverletzungen eine Minderung der Regelbedarfsleistungen nicht über 30 Prozent des maßgebenden Regelbedarfs hinausgehen darf. Von einer Leistungsminderung kann abgesehen werden, wenn dies im konkreten Einzelfall unter Berücksichtigung aller Umstände zu einer außergewöhnlichen Härte führen würde. Insbesondere kann von einer Minderung abgesehen werden, wenn nach Einschätzung der Behörde die Zwecke des Gesetzes nur erreicht werden können, indem eine Sanktion unterbleibt.

c) § 31b Abs. 1 S. 3 SGB II ist in den Fällen des § 31 Abs. 1 SGB II mit folgender Maßgabe anzuwenden: Wird die Mitwirkungspflicht erfüllt oder erklären sich Leistungsberechtigte nachträglich ernsthaft und nachhaltig bereit, ihren Pflichten nachzukommen, kann die zuständige Behörde unter Berücksichtigung aller Umstände des Einzelfalls ab diesem Zeitpunkt die Leistung wieder in vollem Umfang erbringen. Die Minderung darf ab diesem Zeitpunkt nicht länger als einen Monat andauern.

Absenkung und Wegfall des Alg. II treten – anders als Sperrzeiten nach dem SGB III (§ 159 Abs. 2 SGB III – BSGE 84, 225 (232)) – nicht kraft Gesetzes, sondern mit Feststellung durch Verwaltungsakt ein (Ausnahme: Eintritt einer Sperrzeit, § 31 Abs. 2 Nr. 3 SGB II – vgl. § 31b Abs. 1 S. 2 SGB II), und zwar mit Wirkung des Kalendermonats, der auf das Wirksamwerden des Verwaltungsakts (§§ 39, 37 SGB X), der die Absenkung oder den Wegfall der Leistung feststellt, folgt (§ 31b Abs. 1 S. 1 SGB II); sie dauern drei Monate (§ 31b Abs. 1 S. 3 SGB II), bei erwerbsfähigen Hilfebedürftigen unter 25 Jahren kann der Leistungsträger sie auf sechs Wochen verkürzen (§ 31b Abs. 1 S. 4 SGB II). Die Feststellung ist nur innerhalb von sechs Monaten ab dem Zeitpunkt der Pflichtverletzung zulässig (§ 31b Abs. 1 S. 5 SGB II).

Während der Absenkung oder des Wegfalls der Leistung besteht kein Anspruch auf ergänzende Hilfe zum Lebensunterhalt nach dem SGB XII (§ 31b Abs. 2 SGB II).

Zum Sanktionssystem des § 31 SGB II iE s. *Berlit* ZFSH/SGB 2008, 3; sowie die Kommentierungen in *Eicher/Luik* SGB II 4. Aufl. 2017 und *Münder* SGB II LPK 6. Aufl. 2017.

5. Das Textbeispiel ist angelehnt an LSG Berlin-Brandenburg info also 2008, 217 mAnm *Spindler*.

Kosten und Gebühren

6. Vgl. Hinweis → Form. VIII.28 Anm. 11.

Fristen und Rechtsmittel

7. Vgl. Hinweis → Form. VIII.27 Anm. 8, → Form. VIII.28 Anm. 12.

Kostenanträge

30. Antrag auf Kostengrundentscheidung durch Beschluss – § 193 Abs. 1 S. 3 SGG

An das
Sozialgericht[1]

In dem Rechtsstreit

des Schlossers . . . . ,
Kläger,
Prozessbevollmächtigter: RA . . . .
gegen
das Land . . . . ,
vertreten durch . . . . ,
Beklagten,
– Az.: . . . . . –
ist der Rechtsstreit durch das Anerkenntnis des Beklagten vom . . . . , das der Kläger mit Schriftsatz vom . . . . . angenommen hat,[2] in der Hauptsache erledigt.
Ich beantrage,[3]

dem Beklagten die dem Kläger entstandenen außergerichtlichen Kosten aufzuerlegen.[4]

Rechtsanwalt[5, 6]

Schrifttum: Herold-Tews/Merkel Sozialgerichtsprozess Rn. 602 ff.; *Krasney/Udsching* SGVerf-HdB Kap. XII: Kosten, hier: Rn. 55 ff.; *Legde,* Die Kostenentscheidung im sozialgerichtlichen Verfahren, SGb 1996, 468.

Anmerkungen

1. Das Gericht hat im Urteil *von Amts wegen* dem Grunde nach zu entscheiden, ob und in welchem Umfang die Beteiligten einander Kosten zu erstatten haben (§ 193 Abs. 1 S. 1 u. 2 SGG). Die Aufwendungen der in § 184 SGG genannten Gebührenpflichtigen (im Wesentlichen: Körperschaften und Anstalten des öffentlichen Rechts, aber auch private Pflegeversicherungsunternehmen, s. BSG SozR 3-1500 § 164 Nr. 13) sind nicht erstattungsfähig (§ 193 Abs. 4 SGG; allg. zu Kosten und Gebühren → Form. VIII.2 Anm. 14). Dem Urteil stehen insoweit gleich: Gerichtsbescheid (§ 105 SGG), Beschluss, der anstelle eines Urteils ergeht (§§ 153 Abs. 4, 158, 160a Abs. 4, 169 SGG), sowie ein Beschluss im Verfahren des einstweiligen Rechtsschutzes (→ Form. VIII.27–29). Wenn die gerichtliche Kostenentscheidung fehlt, wird das Urteil auf Antrag nachträglich ergänzt; die Entscheidung muss binnen eines Monats nach Zustellung des Urteils beantragt werden (§ 140 SGG).

Nur wenn das Verfahren *anders beendet* wird (zB durch *Rücknahme der Klage* – § 102 SGG, angenommenes *Anerkenntnis* – § 101 Abs. 2 SGG, *Erledigung der Hauptsache;* zur Kostenfolge bei übereinstimmender Erledigungserklärung sa *Roller* NZS 2003, 357), wird über die Kosten *auf Antrag durch Beschluss* entschieden (§ 193 Abs. 1 S. 3 SGG), sofern kein Kostenanerkenntnis abgegeben wird. In gerichtskostenpflichtigen Verfahren, in denen weder Kläger noch Beklagter zu den in § 183 SGG genannten kostenrechtlich privilegierten Personen gehören (→ Form. VIII.2 Anm. 13), bedarf es demgegenüber keines Antrags. Die Kostenentscheidung erfolgt auch insoweit grds. von Amts wegen (§ 197a Abs. 1 S. 1 SGG iVm § 161 Abs. 1 VwGO → Form. VIII.2 Anm. 14).

Wichtig: Wird der Rechtsstreit durch *gerichtlichen Vergleich* (§ 101 Abs. 1 SGG) erledigt und haben die Beteiligten keine Bestimmung über die Kosten getroffen, so trägt jeder Beteiligte seine Kosten (§ 195 SGG). Nach hM ist eine vergleichsweise Kostenregelung auch in der Weise möglich ist, dass die Beteiligten eine Kostenentscheidung des Gerichts nach § 193 Abs. 1 S. 3 SGG beantragen (vgl. MKLS/*Schmidt* SGG § 195 Rn. 3a). Die Sonderregelung des § 195 SGG findet auf den außergerichtlichen Vergleich keine Anwendung, so dass das Gericht auf Antrag nach § 193 Abs. 1 S. 3 SGG über die Kosten zu entscheiden hat, wenn der Vergleich keine Kostenregelung enthält (BSG SozR 3-1500 § 193 Nr. 10 = NZS 1999, 264).

War das *persönliche Erscheinen* eines Beteiligten angeordnet (§ 111 SGG), gilt für die *Auslagenvergütung* die Sonderregelung des § 191 SGG (zum umstr. Verhältnis zwischen §§ 191 und 193 SGG s. MKLS/*Schmidt* § 191 Rn. 21).

2. Nur das angenommene *Anerkenntnis* (Textbeispiel) erledigt den Rechtsstreit in der Hauptsache (§ 101 Abs. 2 SGG). Die Annahme kann bei schriftlichem Anerkenntnis – das ist der Regelfall – schriftsätzlich erklärt werden (BSG SozR 1500 § 101 Nr. 6). Bei Nichtannahme des Anerkenntnisses ergeht ein Urteil unter Beachtung der materiellrechtlichen Bindung des Beklagten an das Anerkenntnis (BSG SozR 1750 § 307 Nr. 1; SozR 1750 § 307 Nr. 2; SozR 6580 Art. 5 Nr. 4).

3. Der Antrag ist nicht fristgebunden, sollte aber alsbald gestellt werden.

4. Das Gericht hat die Kostenentscheidung nach sachgemäßem Ermessen zu treffen. Die Kostenentscheidung ist im Sozialgerichtsprozess nicht streng an den Ausgang des Verfahrens gebunden, vielmehr erlaubt § 193 SGG eine Billigkeitsentscheidung (BSGE 3, 95 (105 f.); 65, 198 (203); SozR 3-4100 § 117 Nr. 10; BSGE 17, 124 (128): die obsiegende Behörde hat durch unrichtige Begründung Anlass zur Klage gegeben; zusammenfassend s. HessLSG Breithaupt 2003, 470; zur Kostenentscheidung bei der Untätigkeitsklage → Form. VIII.5 Anm. 4). Diese Besonderheit ist in der Praxis allerdings von geringer Bedeutung. Danach richtet sich die Kostenentscheidung auch im sozialgerichtlichen Verfahren regelmäßig nach dem Ergebnis des Verfahrens (näher dazu MKLS/*Schmidt* § 193 Rn. 12 ff.). Die Vorschriften der VwGO zur Kostengrundentscheidung, die anzuwenden sind, wenn weder Kläger noch Beklagte zu den in § 183 SGG genannten kostenrechtlich privilegierten Personen gehören (→ Form. VIII.2 Anm. 13), knüpfen überwiegend streng an den Ausgang der Hauptsache an.

Endet das Verfahren anders als durch Urteil und entscheidet das Gericht durch Kostenbeschluss (§ 193 Abs. 1 S. 3 SGG, → Anm. 1), so ist der summarisch zu beurteilende vermeintliche Verfahrensausgang auf Grund des Sach- und Streitstandes zum Zeitpunkt der Erledigung des Verfahrens maßgebend (vgl. auch § 91a ZPO; BSG SozR Nr. 4 zu § 193 SGG; SozR 1500 § 193 Nr. 8; MKLS/*Schmidt* § 193 Rn. 13; *Krasney/Udsching* SGVerf-HdB Kap. XII Rn. 74; *Herold-Tews/Merkel* Sozialgerichtsprozess Rn. 610). Nicht selten ist der Fall, dass sich nach Erlass des angefochtenen Bescheides die *Sachlage* ändert, dies zB auf Grund einer Beweisaufnahme im sozialgerichtlichen Verfahren deutlich wird und der beklagte Sozialleistungsträger dem unverzüglich durch ein Anerkenntnis (Teilanerkenntnis) Rechnung trägt; nach hM soll er dann nach dem Veranlassungsprinzip (vgl. § 93 ZPO/ § 156 VwGO) keine Kosten tragen (vgl. zB LSG Hamburg Breithaupt 1979, 936; LSG NRW Breithaupt 1991, 173; Breithaupt 1996, 674; MKLS/*Schmidt* SGG § 193 Rn. 12c, d;

Roos SGb 1995, 333; aA mit beachtlichen Gründen LSG Nds Breithaupt 1984, 634; sa *Knickrehm* SGb 1996, 650; *Krasney/Udsching* SGVerf-HdB Kap. VII Rn. 180, anders Kap. XII Rn. 61). Erledigt sich die Hauptsache infolge einer *Rechtsänderung* zu Gunsten des Klägers, ist bei der Kostenentscheidung zu berücksichtigen, ob die Klage ohne die Rechtsänderung ohne Erfolg geblieben wäre (BSG SozR 3-1500 § 193 Nr. 2).

Kosten und Gebühren

5. Kein zusätzlicher Gebührenanspruch des RA.

Fristen und Rechtsmittel

6. Die Kostenentscheidung *im Urteil des SG* ist nicht gesondert anfechtbar, weder durch Berufung noch durch Beschwerde (§ 144 Abs. 4 SGG). Auf Rechtsmittel in der Hauptsache wird aber auch die Kostenentscheidung überprüft.

Gegen die *isolierte* Kostengrundentscheidung *durch Beschluss des SG* (→ Anm. 1) ist seit dem 1.4.2008 (SGGArbGGÄndG v. 26.3.2008, BGBl. I 444) die Beschwerde nicht mehr gegeben. Hat das SG einem Beteiligten durch Beschluss nach § 192 Abs. 1 SGG Verschuldenskosten (Mutwillenskosten) auferlegt, so ist die Beschwerde ohne Rücksicht darauf zulässig, ob in der Hauptsache die Berufung zulässig wäre. Verschuldenskosten, die das SG gem. § 192 Abs. 4 SGG der Behörde auferlegt hat, sind eingeschränkt beschwerdefähig (→ Form. VIII.19 Anm. 1).

31. Antrag auf Kostenfestsetzung – § 197 SGG

An den
Urkundsbeamten der Geschäftsstelle des
Sozialgerichts . . . . . [1, 2, 3]

In dem Rechtsstreit

der Witwe . . . . .,
Klägerin,
Prozessbevollmächtigter: RA . . . . .
gegen
die Berufsgenossenschaft der Bauwirtschaft . . . . .,
vertreten durch die Geschäftsführung,
Beklagte,
– Az.: . . . . . –
beantrage ich, [4]
die zu erstattenden Kosten auf . . . . . EUR festzusetzen[5] **und den Betrag ab Antragstellung mit 5 vH über dem Basiszinssatz zu verzinsen.**[6]

Begründung:

Der Rechtsstreit ist durch rechtskräftiges Urteil des Landessozialgerichts vom . . . . . beendet, und die Beklagte ist verurteilt worden, der Klägerin die ihr entstandenen außergerichtlichen Kosten zu erstatten. Folgende Gebühren und Auslagen waren zu einer zweckentsprechenden Rechtsverfolgung notwendig:

Vorverfahren:[7]

1. Geschäftsgebühr, Nr. 2302 VV	**. . . . . EUR**
2. Dokumentenpauschale, Nr. 7000 VV	**. . . . . EUR**
3. Pauschale für Post und Telekommunikation, Nr. 7002 VV	**. . . . . EUR**
4. Umsatzsteuer, Nr. 7008 VV	**. . . . . EUR**
	. . . . . EUR

I. Instanz:

1.1 Verfahrensgebühr, Nr. 3102 VV	**. . . . . EUR**
1.2 abzgl. hälftige Geschäftsgebühr (Vorverfahren Nr. 2302 VV)[7]	**- . . . . . EUR**
2. Terminsgebühr, Nr. 3106 VV	**. . . . . EUR**
3. Dokumentenpauschale, Nr. 7000 VV	**. . . . . EUR**
4. Pauschale für Post und Telekommunikationsdienstleistungen, Nr. 7002 VV	**. . . . . EUR**
5. Fahrtkosten, Nr. 7003 VV	**. . . . . EUR**
6. Tage- und Abwesenheitsgeld, Nr. 7005 VV	**. . . . . EUR**
7. Umsatzsteuer, Nr. 7008 VV	**. . . . . EUR**
	. . . . . EUR

II. Instanz:

1. Verfahrensgebühr, Nr. 3204 VV	**. . . . . EUR**
2. Terminsgebühr, Nr. 3205 VV	**. . . . . EUR**
3. Dokumentenpauschale, Nr. 7000 VV	**. . . . . EUR**
4. Pauschale für Post und Telekommunikationsdienstleistungen, Nr. 7002 VV	**. . . . . EUR**
5. Fahrtkosten, Nr. 7003 VV	**. . . . . EUR**
6. Tage- und Abwesenheitsgeld, Nr. 7005 VV	**. . . . . EUR**
7. Umsatzsteuer, Nr. 7008 VV	**. . . . . EUR**
	. . . . . EUR
Insgesamt	**. . . . . EUR**

Die Überschreitung der Mittelgebühr ist wegen des Umfangs und der Schwierigkeit der Sache gerechtfertigt[8]**. . . . . Es handelt sich zudem um einen Rechtsstreit von überdurchschnittlicher Bedeutung für die Klägerin, da die Gewährung einer Hinterbliebenenrente erhebliche Auswirkungen auf ihre wirtschaftlichen Verhältnisse hat. Damit ist auch ein besonderes Haftungsrisiko verbunden gewesen.**
Rechtsanwalt[9, 10]

Schrifttum: Enders, RVG für Anfänger, 20. Aufl. 2021; *Dahn/Schmidt*, Anwaltsgebühren im Sozialrecht, 2. Aufl. 2018; *Witte*, BRAK-Mitt. 2021, 6

Anmerkungen

1. Die *Kostenfestsetzung* (§ 197 SGG) füllt die Kostengrundentscheidung des Gerichts hinsichtlich der *Höhe* aus. Sie betrifft lediglich das Verhältnis zwischen Kostengläubiger und Kostenschuldner. Haben sich die Beteiligten über die Höhe der Kosten (insb. im Vergleich) geeinigt, bedarf es keiner Kostenfestsetzung. Zur Höhe der Gebühren → Form. VIII.2 Anm. 15.

Der *Kostenfestsetzungsbeschluss* ist ein *Vollstreckungstitel* (§ 199 Abs. 1 Nr. 4 SGG).

2. Von der Kostenfestsetzung zu unterscheiden ist die *gerichtliche Wertfestsetzung für die Gerichtsgebühren* (§ 63 Abs. 2 S. 1 GKG). Sie ist von Bedeutung, wenn nicht – wie im Regelfall – Betragsrahmengebühren gelten (→ Anm. 8), sondern sich die Gebühren ausnahmsweise nach dem Gegenstandswert richten (→ Form. VIII.2 Anm. 15). Dieser ergibt sich im sozialgerichtlichen Verfahren regelmäßig aus der Streitwertfestsetzung für die Gerichtsgebühren (§ 32 Abs. 1 RVG, → Form. VIII.27 Anm. 7). Fehlt es ausnahmsweise an einem solchen Wert, erfolgt die Wertfestsetzung nach § 33 RVG (BSG SozR 4-1935 § 33 Nr. 1 = NZS 2005, 557). Der Urkundsbeamte ist an den vom Gericht festgestellten Gegenstandswert gebunden und berechnet auf dieser Grundlage die zu erstattenden Kosten.

3. Zuständig ist der Urkundsbeamte des Gerichts des *ersten* Rechtszuges, dh des SG, unabhängig davon, welche Instanz (LSG, BSG) die Kostenentscheidung getroffen hat (§ 197 Abs. 1 SGG). Zur Kostenfestsetzung im Prozesskostenhilfeverfahren → Form. VIII.25 Anm. 9.

4. Der Urkundsbeamte wird nur *auf Antrag* der Beteiligten oder ihrer Bevollmächtigten tätig. Der Antrag kann schriftlich oder zur Niederschrift von jedem Beteiligten gestellt werden, der an der Festsetzung ein Interesse hat. Er ist an keine Frist gebunden, es ist aber Verwirkung möglich.

5. Die Festsetzung erfolgt durch Beschluss. Erstattungsfähig sind die zur zweckentsprechenden Rechtsverfolgung oder Rechtsverteidigung notwendigen Aufwendungen der Beteiligten (dazu näher MKLS/*Schmidt* SGG § 193 Rn. 7 ff.), wobei die gesetzlichen Gebühren und die notwendigen Auslagen eines RA stets erstattungsfähig sind (§ 193 Abs. 2 u. 3 SGG, → Form. VIII.2 Anm. 15). In gerichtskostenpflichtigen Verfahren (→ Form. VIII.2 Anm. 13) kommen die Gerichtskosten (Gebühren und Auslagen) hinzu (§ 197a Abs. 1 S. 1 SGG iVm § 162 Abs. 1 VwGO).

6. Der festgesetzte Betrag ist gem. § 197 Abs. 1 S. 2 SGG iVm § 104 Abs. 1 S. 2 ZPO ab Antragstellung mit fünf Prozentpunkten über dem Basiszinssatz (§ 247 BGB) zu verzinsen.

7. Die Kosten des *Widerspruchsverfahrens* (Vorverfahrens), das dem gerichtlichen Verfahren vorangegangen ist, gehören zu den Kosten nach § 193 Abs. 2 SGG (werden aber im Gegensatz dazu nicht von der PKH erfasst). Zur Höhe der Gebühren des RA → Form. VIII.1 Anm. 9. Fehlt – wie idR – eine Entscheidung des Gerichts über die Notwendigkeit der Zuziehung eines Bevollmächtigten iSd § 63 Abs. 2 SGB X, nimmt sie der Urkundsbeamte im Rahmen der Kostenfestsetzung vor. Richtet sich die Kostengrundentscheidung gem. § 197a Abs. 1 S. 1 Hs. 3 SGG nach der VwGO (→ Form. VIII.2 Anm. 13–15), sind Gebühren und Auslagen eines RA erstattungsfähig, wenn das Gericht die Zuziehung eines Bevollmächtigten für das Vorverfahren für notwendig erklärt hat (§ 197a Abs. 1 S. 1 SGG iVm § 162 Abs. 2 S. 2 VwGO).

Zu beachten ist die seit dem 2. KostRMG ab dem 1.8.2013 vorzunehmende Teilanrechnung der Geschäftsgebühr aus der Tätigkeit im Vorverfahren (Vorbem. 3 Abs. 4 VV; zu den Rechtsfolgen s. dezidiert HessLSG ASR 2019, 167; BayLSG 24.2.2021 – L 12 SF 161/20, NJW-Spezial 2021, 221; SchlHLSG 14.4.2021 – L 5 SF 1/18 B E, BeckRS 2021, 9752).

8. Bei *Rahmengebühren* bestimmt der RA die Gebühr gem. § 14 Abs. 1 S. 1 RVG im Einzelfall unter Berücksichtigung aller Umstände, insb. der Bedeutung der Angelegenheit, des Umfangs und der Schwierigkeit der anwaltlichen Tätigkeit sowie der Vermögens- und Einkommensverhältnisse des Auftraggebers, nach billigem Ermessen. Ein im Einzelfall *besonderes* Haftungsrisiko kann bei der Bemessung herangezogen werden (§ 14 Abs. 1 S. 2 RVG); bei Betragsrahmengebühren (→ Form. VIII.2 Anm. 12) ist es zu berück-

sichtigen (§ 14 Abs. 1 S. 3 RVG). Da ein besonderes Haftungsrisiko im Einzelfall vorausgesetzt wird (Begr. zum KostRMoG BT-Drs. 15/1971, 189), kommt eine schematische Erhöhung der Betragsrahmengebühren nicht in Betracht (so aber *Klier* NZS 2004, 469 (470)). Unklar sind die Kriterien zur Bestimmung eines besonderen Haftungsrisikos, da es regelmäßig eng mit den vorgenannten Beurteilungskriterien, die schon bei der Bestimmung der Rahmengebühr zu berücksichtigen sind, verbunden sein wird. Außerdem ist im Hinblick auf das Haftungsrisiko die Möglichkeit der Korrektur unanfechtbarer rechtswidriger Verwaltungsakte unter den erleichterten Voraussetzungen des § 44 SGB X (→ Form. VIII.7) zu bedenken.

Der Urkundsbeamte prüft, ob die Gebühr *unbillig* ist. Nach dem Beschluss des BSG BeckRS 1992, 30740407 – ist für Durchschnittsfälle die *Mittelgebühr* (Hälfte der Summe aus Mindest- und Höchstgebühr) maßgebend. Dabei ist dem RA ein „Toleranzrahmen" (Überschreitung der für „objektiv" angemessen gehaltenen Gebühr bis zu 20 %) zuzubilligen (auch wenn damit die Höchstgebühr erreicht wird, SG Fulda 6.10.2020 – S 4 SF 19/20 E, AGS 2020, 571). Sofern eine höhere Gebühr als die Mittelgebühr gefordert wird, empfiehlt es sich, auf die besonderen Gesichtspunkte (s. zB BSG SozR 3-1930 § 116 Nr. 4: schwierige ausländer- und verfassungsrechtliche Probleme, große wirtschaftliche Bedeutung), aber auch die Verfahrensdauer, eine Mehrzahl an zu prüfenden SV-Gutachten oder auch schwierige oder aufwändige Kommunikation mit dem Mandanten hinzuweisen, die eine Überschreitung der Mittelgebühr rechtfertigen.

Näher zu § 14 RVG die Kommentierungen bei *Hartmann* und *Gerold/Schmidt*.

Kosten und Gebühren

9. Kein zusätzlicher Gebührenanspruch des RA; die Kostenfestsetzung gehört zu dem Rechtszug und ist mit der Gebühr der Hauptsache abgegolten (§ 19 Abs. 1 S. 2 Nr. 14 RVG) (zum Erinnerungsverfahren → Anm. 10).

Fristen und Rechtsmittel

10. Rechtsbehelf gegen die Entscheidung des Urkundsbeamten der Geschäftsstelle ist die Erinnerung, die binnen eines Monats nach Bekanntgabe eingelegt werden muss (MKLS/*Schmidt* SGG § 197 Rn. 10). Es entscheidet der Richter des Gerichts, dem der Urkundsbeamte angehört, durch Beschl. endgültig (§ 197 Abs. 2 SGG), also unanfechtbar.

Ob eine Teilanfechtung der Kostenfestsetzung beschränkt auf bestimmte Gebührenpositionen mit der Folge des Eintritts einer Teilrechtskraft möglich ist, bleibt umstritten (s. zum Streitstand SG Fulda 10.6.2016 – S 4 SF 50/15 E, BeckRS 2016, 69909).

Das Erinnerungsverfahren gegen eine Kostenfestsetzung des Urkundsbeamten des SG stellt eine besondere Angelegenheit, die eine zusätzliche Gebühr auslöst, dar (§ 18 Nr. 3 RVG), auch wenn es Rechtspfleger iSd RPflG an den SG nicht gibt (BVerwG NVwZ-RR 2007, 717; deshalb ist eine Kostenentscheidung im Beschluss über die Erinnerung zu treffen (SG Fulda NZS 2011, 199; MKLS/*Schmidt* § 197 Rn. 10).

IX. Rechtsschutz vor den Gerichten der Europäischen Union

1. Anregung an das Gericht, einen Rechtsstreit auszusetzen und dem Gerichtshof gem. Art. 267 AEUV zur Vorabentscheidung vorzulegen

Landgericht

.....

In dem Rechtsstreit

..... gegen Bundesrepublik Deutschland

rege ich an, das Verfahren auszusetzen[1, 3] und dem EuGH gem. Art. 267 AEUV[4] folgende Fragen zur Vorabentscheidung vorzulegen:[2, 5]

1. Gilt der Grundsatz des Unionsrechts, dass die Mitgliedstaaten zum Ersatz der Schäden verpflichtet sind, die dem Einzelnen durch Verstöße gegen das Unionsrecht entstehen, die diesen Staaten zuzurechnen sind, auch dann, wenn ein solcher Verstoß darin besteht, dass ein formelles innerstaatliches Parlamentsgesetz nicht an die höherrangigen Normen des Unionsrechts angepasst wird?
2. Kann durch die nationale Rechtsordnung bestimmt werden, dass ein etwaiger Entschädigungsanspruch den gleichen Beschränkungen unterliegt wie bei einem Verstoß eines innerstaatlichen Gesetzes gegen höherrangiges innerstaatliches Recht, bspw. einem Verstoß eines einfachen deutschen Bundesgesetzes gegen das Grundgesetz für die Bundesrepublik Deutschland?
3. Kann die nationale Rechtsordnung einen Entschädigungsanspruch davon abhängig machen, dass die für die Nichtanpassung verantwortlichen staatlichen Amtsträger ein Verschulden trifft?[6, 7]

Begründung:

Mit der anhängig gemachten Klage begehrt die Klägerin, eine französische Brauerei mit Sitz im Elsass, Ersatz des Schadens, der ihr durch ein unionsrechtswidriges Importverbot der Beklagten in den Jahren ..... entstanden ist. Die Klägerin, die in der Vergangenheit Bier in die Bundesrepublik Deutschland ausgeführt hatte, musste diese Ausfuhren ..... unterbrechen, weil ihr Bier von den deutschen Behörden mit der Begründung beanstandet wurde, es entspreche nicht dem Reinheitsgebot der §§ 9 u. 10 des Biersteuergesetzes.[8] In einem von der Kommission gem. Art. 258 AEUV gegen die Beklagte angestrengten Vertragsverletzungsverfahren entschied der EuGH am ..... (Rs .....), dass das Verbot des Inverkehrbringens von aus anderen Mitgliedstaaten eingeführtem Bier, das nicht den Anforderungen der §§ 9 u. 10 BierStG genügt, gegen Art. 34 AEUV verstößt.

Obwohl der EuGH in seiner grundlegenden Entscheidung in der Rechtssache *Francovich* (EuGH C-6/90 u. C-9/90, Slg. 1991, I-5357)[9] den Grundsatz aufgestellt hat, dass der Mitgliedstaat für diejenigen Schäden haftet, die Einzelnen durch Verstöße gegen das Unionsrecht entstehen, die diesem Staat zuzurechnen sind, lehnte die Beklagte den Ersatz des der Klägerin in den Jahren ..... aufgrund des unionsrechtswidrigen Importverbots entstandenen Schadens ab. Die Beklagte argumentierte zum einen, dass der im Urteil *Francovich* statuierte Schadensersatzanspruch nur bei einem Verstoß gegen nicht unmittelbar anwendbare Vorschriften bestehe, da der EuGH nur die in diesem Fall bestehende

Lücke im System des unionsrechtlichen Rechtsschutzes für den Einzelnen habe schließen wollen. Soweit dem Einzelnen im nationalen Recht ein Klagerecht für die Geltendmachung der Ansprüche zuerkannt sei, die er aus einer unmittelbar anwendbaren unionsrechtlichen Vorschrift wie der des Art. 34 AEUV herleite, bestehe keinerlei Notwendigkeit eines Entschädigungsanspruchs. Zum anderen sei ein Entschädigungsanspruch, selbst wenn er dem Grundsatz nach auch in diesem Fall angenommen werden müsse, nach den Ausführungen im *Francovich*-Urteil von den formellen und materiellen Voraussetzungen des jeweiligen mitgliedstaatlichen Rechts abhängig. Da das deutsche Staatshaftungsrecht Ersatzansprüche wegen legislativen Unrechts aber nicht gewähre (BGHZ 100, 136 (145 f.)), sei auch ein Ausgleich von Nachteilen, die ihre Ursache in der Anwendung einer unionsrechtswidrigen Norm hätten, nicht möglich. Darüber hinaus setze ein Ersatzanspruch nach den Grundsätzen des deutschen Staatshaftungsrechts stets ein schuldhaftes Verhalten (Vorsatz oder Fahrlässigkeit) des jeweiligen Amtsträgers voraus, für das keinerlei Anhaltspunkte vorlägen.

Da der Rechtsstreit wesentlich von der Auslegung der im *Francovich*-Urteil niedergelegten Grundsätze zur mitgliedstaatlichen Haftung für die Verletzung von Unionsrecht abhängt, sollten dem EuGH die entscheidungserheblichen Fragen zur Vorabentscheidung vorgelegt werden. Dabei bedarf vor allem der Klärung, ob ein Schadensersatzanspruch kraft Unionsrechts auch im Fall der Nichtanpassung unionsrechtswidrigen mitgliedstaatlichen Rechts gegeben ist. Darüber hinaus ist entscheidungserheblich, ob die Schadensersatzpflicht auch in den Fällen legislativen Unrechts besteht, obwohl das deutsche Recht eine derartige Ersatzpflicht nicht kennt, und ob das im deutschen Recht erforderliche Verschulden unabdingbare Voraussetzung für den unionsrechtlichen Ersatzanspruch ist.

Die Klägerin verkennt nicht, dass keine Verpflichtung zur Aussetzung und zur Vorlage der eingangs formulierten Fragen an den EuGH besteht, da das Landgericht nicht letztinstanzlich entscheidet. Aus prozessökonomischen Gründen sollte jedoch jetzt eine Vorlage erfolgen, damit so bald wie möglich verbindlich Klarheit über die Rechtsfragen besteht, von denen der Ausgang dieses Rechtsstreits abhängt.

Unterschrift[10, 11]

Schrifttum: Anderson/Demetriou, References to the European Court, 2. Aufl. 2002; *Barnard/Sharpston*, The changing face of Article 177 references, CMLRev. 1997, 1113; *de Búrca/Weiler*, The European Court of Justice, 2001; *Berrisch*, Die neue Verfahrensordnung des EuGH – Verfahrensbeschleunigung auf Kosten des Anhörungsrechts, EuZW 2012, 881; *Broberg/Fenger*, Das Vorabentscheidungsverfahren vor dem Gerichtshof der Europäischen Union, 2014; *Britz*, Verfassungsrechtliche Effektuierung des Vorabentscheidungsverfahrens, NJW 2012, 1313; *Clausnitzer*, Die Vorlagepflicht an den EuGH – Zum (mangelnden) Rechtsschutz gegen Verstöße letztinstanzlicher Gerichte, NJW 1989, 641; *Dauses*, Das Vorabentscheidungsverfahren nach Art. 177 EG-Vertrag, 2. Aufl. 1995; *Dauses/Henkel*, Verfahrenskonkurrenzen bei gleichzeitiger Anhängigkeit verwandter Rechtssachen vor dem EuGH und dem EuG, EuZW 1999, 325; *Dittert*, Die neue Verfahrensordnung des EuGH, EuZW 2013, 726; *Düsterhaus*, Es geht auch ohne Karlsruhe: Für eine rechtsschutzorientierte Bestimmung der zeitlichen Wirkungen von Urteilen im Verfahren nach Art. 234 EG, EuZW 2006, 393; *Ehricke*, Art. 267 AEUV in *Streinz* EUV/AEUV, 3. Aufl. 2018; *Everling*, Das Vorabentscheidungsverfahren vor dem Gerichtshof der Europäischen Gemeinschaften, 1986; *Fastenrath*, Der Europäische Gerichtshof als gesetzlicher Richter, FS Ress, 2005, 461; *Fastenrath*, BVerfG verweigert willkürlich die Kooperation mit dem EuGH, NJW 2009, 272; *Foerster*, Vorabentscheidungsersuchen nach Art. 267 AEUV und Anhängigkeit derselben Rechtsfrage am EuGH, EuZW 2011, 901; *Frenz*, Verfahrensmöglichkeiten vor dem Gerichtshof der Union im Überblick, VR 2011, 165; *Gaitanides*, Art. 234 EG, in *von der Groeben/Schwarze/Hatje*,

Europäisches Unionsrecht, 7. Aufl. 2015; *Gerken/Rieble/Roth/Stein/Streinz*, „Mangold" als ausbrechender Rechtsakt, 2009; *Glaesner*, Die Vorlagepflicht unterinstanzlicher Gerichte im Vorabentscheidungsverfahren, EuR 1990, 143; *Groh*, Auslegung des Gemeinschaftsrechts und Vorlagepflicht nach Art. 234 EG – Plädoyer für eine zielorientierte Konzeption, EuZW 2002, 460; *Haltern*, Europarecht, 3. Aufl. 2017; *Hepting*, Art. 177 EWG-Vertrag und die private Schiedsgerichtsbarkeit, EuR 1982, 315; *Hofstötter*, Neues zu vorlageberechtigten und -verpflichteten Gerichten, E. L. Rev. 2002, 249; *Holoubek*, Vorlageberechtigung und Vorlageverpflichtung, in: *Holoubek/Lang*, Das EuGH-Verfahren in Steuersachen, 2000; *Jann*, Das Vorabentscheidungsverfahren: Grundfragen, Verfahrensablauf und aktuelle Entwicklungen, in *Holoubek/Lang*, Das EuGH-Verfahren in Steuersachen, 2000; *Kadelbach*, Die Wirkung vom im Vorabentscheidungsverfahren ergangenen Urteilen, in *Holoubek/Lang*, Das EuGH-Verfahren in Steuersachen, 2000; *Karpenstein*, Art. 267 in *Grabitz/Hilf/Nettesheim*, Das Recht der Europäischen Union, 71. EL August 2020; *Kaufmann*, P.II. Vorabentscheidungsverfahren, in *Dauses/Ludwigs*, Handbuch des EU-Wirtschaftsrechts, 51. EL Oktober 2020; *Koenig/Engelmann*, Vorwirkungen des EG-Rechtsschutzes durch ein anhängiges Vorabentscheidungsverfahren, EWS 2002, 353; *Kokott/Henze/Sobotta*, Die Pflicht zur Vorlage an den Europäischen Gerichtshof und die Folgen ihrer Verletzung, JZ 2006, 633; *Komninos*, Article 234 EC and National Competition Authorities in the Era of Decentralisation, E. L. Rev. 2004, 106; *Lenz*, Firnis oder Rechtsgemeinschaft – Einschränkung der Vorlagepflicht nach Art. 177 EWGV auf letztinstanzliche Gerichte, NJW 1993, 2664; *Lenz*, Zum Vorlageverfahren beim EuGH, AnwBl. 1993, 477; *Michael*, Grenzen einer verschärften Vorlagenkontrolle des Art. 267 Abs. 3 AEUV durch das BVerfG, JZ 2012, 870; *Middeke*, in *Rengeling/Middeke/Gellermann*, Handbuch des Rechtsschutzes in der Europäischen Union, 3. Aufl. 2014, § 10; *Müller-Eiselt*, Trendwende beim Vorabentscheidungsverfahren (Art. 234 EG), ZfZ 1997, 414; *Nowak*, Nichterfüllung der Vorlagepflicht aus Art. 234 III EG als Verstoß gegen Art. 101 I 2 GG, NVwZ 2002, 688; *Pache*, Keine Vorlage ohne Anfechtung, EuZW 1994, 615; *Pache/Knauf*, Wider die Beschränkung der Vorlagebefugnis unterinstanzlicher Gerichte im Vorabentscheidungsverfahren – zugleich ein Beitrag zu Art. 68 Abs. 1 EG, NVwZ 2004, 16; *Pechstein*, EU-Prozessrecht, 4. Aufl. 2011, 9. Kap.; *Ress*, Die Entscheidungserheblichkeit im Vorlageverfahren nach Art. 177 EWG-Vertrag im Vergleich zu Vorlageverfahren nach Art. 100 Abs. 1 GG, FS Jahr, 1993, 339; *Schiller*, Unterlassene Vorlagepflicht nach Artikel 177 Abs. 3 EWGV an den EuGH als Verletzung des Anspruchs auf den gesetzlichen Richter, NJW 1983, 2736; *Schima*, Das Vorabentscheidungsverfahren vor dem EuGH, 3. Aufl. 2015; *Schlemmer-Schulte*, Gemeinschaftsrechtlicher vorläufiger Rechtsschutz und Vorlagepflicht, EuZW 1991, 307; *Schütze*, Die Vorlageberechtigung von Schiedsgerichten an den EuGH, SchiedsVZ 2007, 12; *Sedemund/Heinemann*, Rechtsschutzdefizite in der EG, DB 1995, 1161; *Steindorff*, Vorlagepflicht nach Art. 177 Abs. 3 EWGV und Europäisches Gesellschaftsrecht, ZHR 1992, 1; *Snell*, European courts and intellectual property: a tale of Hercules, Zeus, and Cyclops, E. L. Rev. 2004, 178; *Stöbener de Mora*, Das Achmea-Urteil zum Intra-EU-Investitionsschutz, EuZW 2018, 363; *Streil*, Das Vorabentscheidungsverfahren als Bindeglied zwischen europäischer und nationaler Rechtsprechung, in *Schwarze*, Der Europäische Gerichtshof als Verfassungsgericht und Rechtsschutzinstanz, 1983, 69; *Streinz/Herrmann*, Vorabentscheidungsverfahren und Vorlagepflicht im europäischen Markenrecht, GRURInt 2004, 459; *Tridimas*, Knocking on Heaven's Door: Fragmentation, Efficiency and Defiance in the Preliminary Reference Procedure, CML Rev. 2003, 9; *v. Danwitz*, Die Garantie effektiven Rechtsschutzes im Recht der Europäischen Gemeinschaft, NJW 1993, 1108; *Voßkuhle*, Zur Verletzung des Rechts auf den gesetzlichen Richter bei Nichtvorlage an den EuGH, JZ 2001, 924; *Wägenbaur*, EuGH VerfO, 2. Aufl. 2017; *Wagner*, Funktion und praktische Auswirkungen der richterlichen Vorlagen an den Gerichtshof der Europäischen Gemeinschaften, 2001; *Wegener*, Art. 267 AEUV in *Calliess/Ruffert*,

EUV/AEUV, 5. Aufl. 2016; *Wendenburg*, Das Vorabentscheidungsverfahren: Dialog mit dem EuGH, DRiZ 2013, 404; *Wiedmann*, Zeitlos wie ungeklärt: Die Beschränkung der zeitlichen Wirkung von Urteilen des EuGH im Vorabentscheidungsverfahren nach Art. 234 EG, EuZW 2007, 692; *Zimmermann*, Durchsetzung der Vorlagepflicht nach Art. 177 Abs. 3 EWG-Vertrag mittels deutschen Verfassungsrechts, FS Doehring, 1989, 1033

Anmerkungen

1. Ein weiteres Beispiel für den Vorlageantrag findet sich in → Form. II.P.12. Rechtsgrundlage des sog. Vorabentscheidungsverfahrens ist Art. 267 AEUV.

Im Gegensatz zu den direkten Klagen ist das Vorabentscheidungsverfahren kein selbstständiges Streitverfahren, sondern ein Zwischenverfahren in dem vor einem einzelstaatlichen Gericht anhängigen Rechtsstreit. Es dient in erster Linie der Wahrung der Rechtseinheit in der EU und ergänzt die Kontrolle, die durch die Kommission und die Mitgliedstaaten gem. Art. 258 u. 259 AEUV ausgeübt wird (EuGH 26/62, Slg. 1963, 1 (26) – Van Gend & Loos/niederländische Finanzverwaltung). Durch die Rspr. des EuGH soll gewährleistet werden, dass das Unionsrecht in allen Mitgliedstaaten einheitlich ausgelegt und angewandt wird (EuGH C-297/88 u. C-179/89, Slg. 1990, I-3763 Rn. 37 – Dzodzi/Belgien). Die wesentliche Bedeutung, die der EuGH Art. 267 AEUV bei der einheitlichen Auslegung des Unionsrechts zumisst, wird in seinem Gutachten zum Beitritt der Union zur EMRK deutlich (EuGH C-2/13, BeckRS 2015, 80256; vgl. auch EuGH C-284/16, EuZW 2018, 239 – Slowakische Republik/Achmea). In diesem führt der EuGH aus (Rn. 174, 176): „Um sicherzustellen, dass die besonderen Merkmale und die Autonomie der Rechtsordnung der Union erhalten bleiben, haben die Verträge ein Gerichtssystem geschaffen, das zur Gewährleistung der Kohärenz und der Einheitlichkeit bei der Auslegung des Unionsrechts dient. [. . . . .] Insbesondere besteht das Schlüsselelement des so gestalteten Gerichtssystems in dem in Art. 267 AEUV vorgesehenen Vorabentscheidungsverfahren, das durch die Einführung eines Dialogs von Gericht zu Gericht gerade zwischen dem Gerichtshof und den Gerichten der Mitgliedstaaten die einheitliche Auslegung des Unionsrechts gewährleisten soll [. . . . .] und damit die Sicherstellung seiner Kohärenz, seiner vollen Geltung und seiner Autonomie sowie letztlich des eigenen Charakters des durch die Verträge geschaffenen Rechts ermöglicht [. . . . .].“ Das Vorlageverfahren ist praktisch von höchster Relevanz. So entfielen 2019 zwei Drittel aller Verfahren vor dem EuGH auf Vorabentscheidungsersuchen, wobei Deutschland mit 114 Einreichungen europäischer „Spitzenreiter“ bleibt (EuGH Jahresbericht 2019 Rechtsprechungstätigkeit, S. 163 f.).

Das Vorabentscheidungsverfahren liegt grds. in der Zuständigkeit des EuGH. Diese allgemeine Zuständigkeit wird ihm durch Art. 19 Abs. 3 lit. b EUV und Art. 267 AEUV eingeräumt. Gem. Art. 256 Abs. 3 AEUV kann es in besonderen in der Verfahrenssatzung festgelegten Sachgebieten neben der Zuständigkeit des EuGH auch eine Zuständigkeit des Gerichts geben. Bislang sieht die EuGH-Verfahrenssatzung eine solche Zuständigkeit jedoch nicht vor.

2. Der EuGH entscheidet nach Art. 267 AEUV im Wege der Vorabentscheidung (a) über die Auslegung der Verträge und (b) über die Gültigkeit und Auslegung von Handlungen der Organe, Einrichtungen oder sonstigen Stellen der Union. In seiner Empfehlung an die nationalen Gerichte bezüglich der Vorlage von Vorabentscheidungsersuchen (ABl. 2009 C 257, 1) stellt der EuGH der Praxis eine umfassende Handreichung zu Funktion und Anforderungen an das Vorabentscheidungsverfahren zur Verfügung; → Form. IX.19. Die Auslegung der Verträge umfasst sämtliche Vertragsbestimmungen einschließlich der Anhänge sowie der beigefügten Protokolle (vgl. Art. 51 EUV), sowie alle Änderungs- und Ergänzungsverträge. Gegenstand des Vorabentscheidungsverfahrens ist mithin vorrangig das gesamte primäre Unionsrecht. Dazu zählen nach stRspr. auch die ungeschriebenen allgemeinen Rechtsgrundsätze des Unionsrechts (EuGH 29/69, Slg. 1969, 419 Rn. 7 – Stauder/Stadt Ulm; EuGH 11/70, Slg. 1970, 1125 Rn. 20 – Internationale Handelsgesellschaft/Einfuhr- & Vorratsstelle für Getreide & Futtermittel; EuGH 4/79, Slg. 1979, 3727 Rn. 14–16 – Hauer/Land Rheinland-Pfalz). Im Vorabentscheidungsersuchen über die Gültigkeit und Auslegung von Handlungen der Unionsorgane kann auch das gesamte sekundäre Unionsrecht Verfahrensgegenstand sein. Dazu gehören nicht nur die in Art. 288 AEUV genannten Rechtsakte (Verordnungen, Richtlinien, Beschlüsse, Empfehlungen und Stellungnahmen), sondern alle weiteren Akte, die einem Unionsorgan zuzurechnen und geeignet sind, Rechtswirkungen zu erzeugen (zB Entschließungen des Rates; vgl. EuGH 9/73, Slg. 1973, 1135 Rn. 38 ff. – Schlüter/Hauptzollamt Lörrach), selbst wenn es um unionsrechtliche Handlungen geht, die nicht bindenden Charakter haben (EuGH 113/75, Slg. 1976, 983 Rn. 8/9 – Frecassetti/Staatliche Finanzverwaltung; EuGH C-188/91, Slg. 1993, I-363 Rn. 18 – Deutsche Shell/Hauptzollamt Hamburg-Harburg). Erfasst werden auch die völkerrechtlichen Verträge, die von der Union mit Drittstaaten oder internationalen Organisationen abgeschlossen wurden (EuGH 12/86, Slg. 1987, 3719 Rn. 12 – Demirel/Stadt Schwäbisch Gmünd; EuGH C-188/91, Slg. 1993, I-363 Rn. 19 – Deutsche Shell/Hauptzollamt Hamburg-Harburg). In jüngerer Zeit hat der EuGH bspw. entschieden, dass innereuropäische Investor-Staat-Schiedsverfahren nicht mit dem EU Recht vereinbar sind (EuGH C-284/16, EuZW 2018, 239 – Slowakische Republik/Achmea; siehe dazu *Stöbener de Mora*, EuZW 2018, 363). Der Zuständigkeit des EuGH unterliegen nach Art. 275 Abs. 1 AEUV nicht die Bestimmungen hinsichtlich der GASP und die auf deren Grundlage erlassenen Rechtsakte. Ein darauf gerichtetes Vorlageverfahren ist mithin unzulässig (vgl. *Wegener*, in Calliess/Ruffert, Art. 275 AEUV Rn. 4). Nach Art. 276 AEUV dürfen zudem Maßnahmen der Polizei oder anderer Strafverfolgungsbehörden eines Mitgliedstaats nicht auf ihre Gültigkeit oder Verhältnismäßigkeit hin überprüft werden.

Art. 267 AEUV beschränkt den Anwendungsbereich des Vorabentscheidungsverfahrens strikt auf Normen des Unionsrechts. Nationales Recht kann vom EuGH weder ausgelegt noch auf seine Gültigkeit bzw. Anwendbarkeit überprüft werden (EuGH 54/72, Slg. 1973, 193 Rn. 8 – Fonderie Officine Riunite/Vereinigte Kammgarn-Spinnereien; EuGH 77/72, Slg. 1973, 611 Rn. 8 – Capolongo/Azienda Agricola Maya). Ebenso wenig kann die Vereinbarkeit nationalen Rechts mit dem vorrangigen Unionsrecht zum Gegenstand eines Vorabentscheidungsverfahrens gemacht werden (EuGH 228/87, Slg. 1988, 5099 Rn. 6 – Strafverfahren/X). Geht es um derartige Rechtsfragen, so ist die Vorlagefrage deshalb ggf. so zu formulieren, dass nach der Auslegung der unionsrechtlichen Norm und ihrer Reichweite gefragt wird. Aus der Antwort auf diese Frage lässt sich dann schließen, ob die in Rede stehende Vorschrift des nationalen Rechts mit der vom EuGH ausgelegten Norm kollidiert (EuGH 228/87, Slg. 1988, 5099 Rn. 9 – Strafverfahren/X: „Er (der EuGH) kann aber aus der Fassung der Fragen des vorlegenden Gerichts unter Berücksichtigung des von diesem mitgeteilten Sachverhalts das herausschälen, was die Auslegung des Gemeinschaftsrechts betrifft, um diesem Gericht die Lösung der ihm vorliegenden Rechtsfrage zu ermöglichen.“; → Anm. 7). Die Zuständigkeit des EuGH zur Auslegung des Unionsrechts ist nicht auf die Situationen beschränkt, für die das Unionsrecht unmittelbar oder – etwa im Falle von Richtlinien – mittelbar Geltung beansprucht. Sie besteht auch in den Fällen, in denen der nationale Gesetzgeber anlässlich der Umsetzung einer Richtlinie entschieden hat, rein nationale Sachverhalte ebenso zu behandeln wie Sachverhalte, die von der Richtlinie geregelt werden, und seine nationale Gesetzgebung auf das Unionsrecht hin ausgerichtet hat (EuGH C-28/95, Slg. 1997, I-4161, Ls. 1 – Leur-Bloem/Inspecteur der Belastingdienst/Ondernemingen Amsterdam 2). Erklärt das nationale Recht eines Mitgliedstaates Unionsrecht für anwendbar, beschränkt sich die Zuständigkeit des EuGH auf die Prüfung der Bestimmungen des Unionsrechts. Der Umfang der Verweisung und damit inwieweit das Unionsrecht Anwendung findet, ist jedoch eine Frage des nationalen Rechts, für dessen Auslegung der EuGH nicht zuständig ist (EuGH C-620/19, ECLI:EU:C:2020:101 = BeckRS 2020, 34340 – J & S Service).

3. Die Aussetzung erfolgt in entsprechender Anwendung von § 148 ZPO im Zivilprozess (OLG Düsseldorf NJW 1993, 1661), § 94 VwGO im verwaltungsgerichtlichen Verfahren und § 74 FGO im finanzgerichtlichen Verfahren.

4. Art. 267 Abs. 2 AEUV statuiert ein Vorlagerecht, dessen Ausübung im Ermessen des jeweiligen Gerichts steht. Danach kann jedes mitgliedstaatliche Gericht den EuGH ersuchen, eine Norm des primären oder sekundären Unionsrechts auszulegen, wenn es dies zur Entscheidung eines bei ihm anhängigen Rechtsstreits für erforderlich hält.

Was unter einem Gericht iSv Art. 267 AEUV zu verstehen ist, hat der EuGH näher umschrieben (vgl. EuGH 61/65, Slg. 1966, 584 (602) – Vaassen-Göbbels/Beamtenfonds; bestätigt in EuGH C-54/96, Slg. 1997, I-4961 Rn. 23 – Dorsch Consult Ingenieurgesellschaft/Bundesbaugesellschaft Berlin). Erforderlich ist danach:

- eine gesetzliche Grundlage für die gerichtliche Tätigkeit;
- ein rechtlich festgelegtes Verfahren;
- eine Entscheidung nach Rechtsnormen;
- eine Bindungswirkung der Entscheidung, die auch durchsetzbar sein muss, sowie
- eine Verpflichtung der Parteien, sich im Fall von Rechtsstreitigkeiten an das Gericht zu wenden (obligatorische Gerichtsbarkeit).

Stellen, die nur Stellungnahmen in Verwaltungsverfahren abgeben oder schiedsrichterlich tätig werden und *ex aequo et bono* entscheiden, sind deshalb nicht als Gerichte iSv Art. 267 AEUV anzusehen (EuGH 318/85, Slg. 1986, 955 Rn. 4 – Strafverfahren/Greis Unterweger; EuGH 102/81, Slg. 1982, 1095 Rn. 10–13 – Nordsee Deutsche Hochseefischerei; aber s. EuGH 109/88, Slg. 1989, 3199 Rn. 7–9 – Danfoss zum Gerichtscharakter von tarifvertraglichen Schiedsgerichten). Vor allem die Ablehnung der Vorlageberechtigung privater Schiedsgerichte (EuGH C-102/81, Slg. 1982, 1095 Rn. 10–13 – Nordsee Deutsche Hochseefischerei; EuGH C-126/97, Slg. 1999, 565 – Eco Swiss; vgl. *Schütze*, SchiedsVZ 2007, 12) wird in der Literatur kritisch gesehen, da der EuGH gleichzeitig in der Entscheidung *Eco Swiss* festgestellt hat, dass das EU-Kartellrecht zum *ordre public* gehört. Damit kann jede Entscheidung eines Schiedsgerichts nach § 1059 ZPO mit dem Argument angegriffen werden, das Schiedsgericht hätte das EU-Kartellrecht nicht richtig angewendet. Dieser Einwand wird besonders bei Kartellschadensersatzklagen virulent. Dann aber erscheint es prozessökonomisch sinnvoll, dem Schiedsgericht die Möglichkeit einer Vorlage zum EuGH zu eröffnen. Als Gerichte iSd Vorschrift wurden hingegen anerkannt: Vergabekammern (EuGH C-549/13, EuZW 2014, 942 Rn. 23 – Bundesdruckerei/Stadt Dortmund), obligatorische Schiedsgerichte in Patentsachen (EuGH C-555/13, EuZW 2014, 301 Rn. 25 – Merck Canada/Accord Healthcare) und Anwaltsgerichte (EuGH C-58/13 u. 59/13, EuZW 2014, 782 Rn. 30 – Torresi/Consiglio dell'Ordine degli Avoccati della Macerata).

Die dem EuGH vorgelegten Fragen müssen nach Auffassung des vorlegenden Gerichts entscheidungserheblich sein und dürfen nicht lediglich allgemeine oder hypothetische Fragen sein (EuGH 244/80, Slg. 1981, 3045 Rn. 15 – Foglia/Novello). Zwar sieht der EuGH die Entscheidungserheblichkeit grundsätzlich weit und hält auch eine Einigkeit der Parteien des Ausgangsrechtsstreit über die vorgelegte Rechtsfrage für unerheblich (EuGH C-144/04, Slg. 2005, I-9981 Rn. 38 – Werner Mangold/Rüdiger Helm), sind die Ausführungen des vorlegenden Gerichts nicht hinreichend genau und klar, um die Erforderlichkeit und Sachdienlichkeit der Vorabentscheidung darzulegen, lehnt der EuGH die Beantwortung jedoch ab (EuGH C-444/18, ECLI:EU:C:2019:1 = BeckRS 2019, 909 – Fluctus Fluentum).

Eine Pflicht zur Vorlage besteht im Fall des Art. 267 Abs. 3 AEUV: Kann die Entscheidung des Gerichts nicht mehr mit Rechtsmitteln des innerstaatlichen Rechts angefochten werden, muss das betreffende Gericht die entscheidungserheblichen Fragen dem EuGH vorlegen. Nach Auffassung des EuGH ist ein Gericht zur Vorlage verpflichtet, wenn es bei konkreter Betrachtung als letztinstanzliches Gericht anzusehen ist (EuGH C-99/00, Slg. 2002, I-4839 Rn. 14 ff. – Strafverfahren/Kenny Roland Lyckeskog). Demnach sind nicht nur die hierarchisch obersten Gerichte des jeweiligen Mitgliedstaates (einer abstrakten Betrachtungsweise folgend) vorlagepflichtig. Der „konkreten Betrachtungsweise" folgt auch das BVerwG. Es hat ebenfalls entschieden, dass die Beschwerde gegen die Nichtzulassung der Revision ein Rechtsmittel iSd Art. 267 Abs. 3 AEUV ist, dem stattgegeben werden muss, wenn das Instanzgericht es unterlassen hat, dem EuGH eine entscheidungserhebliche Frage des Unionsrechts zur Vorabentscheidung vorzulegen (BVerwG NJW 1988, 664; BVerwG EuZW 1993, 263).

Über den Wortlaut des Art. 267 Abs. 3 AEUV hinaus besteht auch für nationale Gerichte, deren Entscheidungen noch mit Rechtsmitteln angefochten werden können, eine Vorlagepflicht, wenn sie einen EU-Rechtsakt für ungültig halten. Die Befugnis zur Feststellung der Ungültigkeit sekundären Unionsrechts ist dem EuGH vorbehalten (EuGH 314/85, Slg. 1987, 4199 Rn. 20 – Foto-Frost/HZA Lübeck-Ost).

Von der Vorlageverpflichtung nach Art. 267 Abs. 3 AEUV hat der EuGH nur in wenigen Fällen Ausnahmen zugelassen: Im einstweiligen Rechtsschutz kann eine Vorlage unterbleiben, wenn den Parteien weiterhin die Möglichkeit offensteht den Rechtsstreit im Hauptsacheverfahren zu betreiben und in dessen Rahmen eine Vorlage zu erreichen. Die Vorlagepflicht entfällt weiterhin, wenn die Fragen sich auf einen sog. „acte éclairé" beziehen, die betreffende Frage also schon geklärt ist. Das ist etwa der Fall, wenn sich der EuGH bereits in einem früheren Verfahren zu der gleichen Frage geäußert hat, und neue Umstände, die Veranlassung zu einer neuen Auslegung geben könnten, nicht ersichtlich sind (stRspr, vgl. EuGH 28–30/62, Slg. 1963, 60 (81) – Da Costa & Schaake/niederländische Finanzverwaltung). Zum anderen braucht von einem grds. vorlagepflichtigen Gericht dann nicht vorgelegt zu werden, wenn ein sog. „acte claire" vorliegt, dh die richtige Anwendung des Unionsrechts offenkundig ist und keinerlei Raum für einen vernünftigen Zweifel an der gestellten Frage bleibt (EuGH 283/81, Slg. 1982, 3415 Rn. 16 – C. I. L. F. I. T./Ministero della Sanità). Von einer solchen Offenkundigkeit darf das nationale Gericht jedoch nur dann ausgehen, wenn es überzeugt ist, dass auch für Gerichte der anderen Mitgliedstaaten und den EuGH dieselbe Gewissheit bestünde.

Einen Ausschluss des Vorlageverfahrens bei Versäumung der Klagefrist des Art. 263 Abs. 6 AEUV hat der EuGH zunächst in stRspr in Beihilfesachen angenommen (EuGH 156/77, Slg. 1978, 1881 Rn. 25 – Kommission/Belgien; EuGH C-188/92, Slg. 1994, I-833 Rn. 15 – Textilwerke Deggendorf/Bundesrepublik Deutschland; EuGH C-135/16, ECLI:EU:C:2018:582 = NVwZ 2018, 1288 mAnm *Ehrmann* – Georgsmarienhütte ua); s. dazu *Sedemund/Heinemann* DB 1995, 1161 (1164); *Pache* EuZW 1994, 615). Das gilt nunmehr allgemein in allen Fällen, in denen eine Entscheidung der Kommission nicht nach Art. 263 AEUV angefochten wird (EuGH C-178/95, EuZW 1997, 316 Rn. 22–24 – Wiljo/Belgien), soweit es offenkundig ist, dass eine Klage nach Art. 263 AEUV zulässig gewesen wäre (EuGH C-241/95, Slg. 1996, I-6699 Rn. 15 – The Queen/Interventionboard for Agricultural Produce, ex parte: Accrington Beef Co. Ltd.; EuGH C-408/95, Slg. 1997, I-6315 Rn. 29 – Eurotunnel und SeaFrance). Diese Ausnahmen gelten nicht, wenn die Vorlagepflicht besteht, weil das entscheidende Gericht eine Unionshandlung für ungültig erklären will (EuGH C-461/03, Slg. 2005, I-10513 Rn. 15 ff. – Gaston Schul Douane-expediteur/Minister van Landbouw, Natuur en Voedselkwaliteit).

Im einstweiligen Rechtsschutzverfahren muss ein Gericht entgegen dem Wortlaut des Art. 267 Abs. 2 AEUV selbst in den Fällen, in denen seine Entscheidungen noch mit einem Rechtsmittel angefochten werden können, immer dann den EuGH anrufen, wenn es die Vollziehung abgeleiteten Unionsrechts aussetzen will, da es seine Gültigkeit in Frage stellt (EuGH C-143/88 u. C-92/89, Slg. 1991, I-415 Rn. 18–20 – Zuckerfabrik Süderdithmarschen/Hauptzollamt Itzehoe und Zuckerfabrik Soest/Hauptzollamt Paderborn unter Berufung auf bzw. unter Ableitung aus EuGH 314/85, Slg. 1987, 4199 Rn. 15 ff. – Foto-Frost/Hauptzollamt Lübeck-Ost; EuGH C-213/89, Slg. 1990, I-2433 Rn. 22 – The Queen/Secretary of State for Transport, ex parte: Factortame Ltd. ua). Zwar kann das Gericht die innerstaatliche Maßnahme, die auf dem fraglichen Unionsrechtsakt beruht, vorläufig aussetzen oder insoweit sonstige einstweilige Maßnahmen treffen. Im sog. „Bananenstreit" hat der EuGH jedoch im Zusammenhang mit der Gewährung zusätzlicher Einfuhrlizenzen für Bananenimporteure unter Durchbrechung einer EG-Verordnung entschieden, dass ein nationales Gericht eine einstweilige Anordnung in Bezug auf einen zur Durchführung einer Unionsverordnung erlassenen nationalen Verwaltungsakt nur erlassen darf,

- wenn es erhebliche Zweifel an der Gültigkeit der Handlung der Union hat und diese Gültigkeitsfrage, sofern der EuGH noch nicht mit ihr befasst ist, diesem selbst vorlegt;
- wenn die Entscheidung dringlich in dem Sinne ist, dass die einstweiligen Anordnungen erforderlich sind, um zu vermeiden, dass die sie beantragende Partei einen schweren und nicht wieder gutzumachenden Schaden erleidet;
- wenn es das Interesse der Union angemessen berücksichtigt und
- wenn es bei der Prüfung aller dieser Voraussetzungen die Entscheidungen des EuGH oder des EuG über die Rechtmäßigkeit der Unionsmaßnahme oder einen Beschluss im Verfahren des einstweiligen Rechtsschutzes betreffend gleichartige einstweilige Anordnungen auf Unionsebene beachtet
  (EuGH C-465/93, Slg. 1995, I-3761 Rn. 51 – Atlanta Fruchthandelsgesellschaft/Bundesamt für Ernährung und Forstwirtschaft; bestätigt durch EuGH C-334/95, Slg. 1997, I-4538 Rn. 47 – Krüger/HZA Hamburg-Jonas).

Wird die Verpflichtung zur Vorlage nach Art. 267 AEUV verletzt, stellt dies eine Vertragsverletzung dar, die – wenngleich die Kommission aus Zweckmäßigkeitsgründen davon bisher abgesehen hat – im Wege des Vertragsverletzungsverfahrens (Art. 258, 259 AEUV) gegen den Mitgliedstaat des vorlagepflichtigen Gerichtes sanktioniert werden kann.

Darüber hinaus hat das BVerfG in seinem „Solange-II"-Beschluss den EuGH ausdrücklich als gesetzlichen Richter iSd Art. 101 Abs. 1 S. 2 GG anerkannt (BVerfGE 73, 339 (366)), so dass das Unterlassen der Vorlage von den Parteien mit der Verfassungsbeschwerde angegriffen werden kann (vgl. *Karpenstein*, in Grabitz/Hilf/Nettesheim, Art. 267 Rn. 68 ff.). Voraussetzung ist jedoch, dass die Nichtvorlage willkürlich erfolgt, dh „in offensichtlich unhaltbarer Weise gehandhabt worden ist" (vgl. nur BVerfG NJW 2010, 3422). Hierzu hat das BVerfG in seiner Rspr. **drei Fallgruppen** entwickelt (BVerfGE 82, 159 (195); BVerfGE 78, 223 (245); BVerfGE 126, 286). Danach liegt eine „offensichtlich unhaltbare" Verletzung der Vorlagepflicht vor:

- Erstens, wenn das nationale Gericht eine Vorlage trotz der – seiner Auffassung nach bestehenden – Entscheidungserheblichkeit der unionsrechtlichen Frage überhaupt nicht in Erwägung zieht, obwohl es selbst Zweifel hinsichtlich der richtigen Beantwortung der Frage hegt (**grundsätzliche Verkennung der Vorlagepflicht**).
- Zweitens, wenn das nationale Gericht in seiner Entscheidung bewusst von der Rechtsprechung des EuGH zu entscheidungserheblichen Fragen abweicht und gleichwohl nicht oder nicht neuerlich vorlegt (**bewusstes Abweichen ohne Vorlagebereitschaft**).
- Drittens, wenn zu einer entscheidungserheblichen Frage des Unionsrechts einschlägige Rechtsprechung des EuGH noch nicht vorliegt oder die vorliegende Rechtsprechung die entscheidungserhebliche Frage möglicherweise noch nicht erschöpfend beantwortet hat oder eine Fortentwicklung der Rechtsprechung des EuGH möglich erscheint und das

nationale Gericht den ihm in diesen Fällen notwendig zukommenden Beurteilungsrahmen in unvertretbarer Weise überschritten hat (**Unvollständigkeit der Rechtsprechung**). Eine verfassungsrechtliche Pflicht zur Vorlage kann sich auch aus dem Gebot effektiven Rechtsschutzes (Art. 19 Abs. 4 GG) ergeben. Sind zwingende europarechtliche Vorgaben, ohne Umsetzungsspielraum für die Mitgliedstaaten, Verfahrensgegenstand, sind die nationalen Gerichte verpflichtet, dieses zwingende Unionsrecht an den Unionsgrundrechten zu messen und ggf. ein Vorabentscheidungsverfahren nach Art. 267 AEUV durchzuführen, da nach dem „Solange-II"-Beschluss des BVerfG eine Überprüfung an den Grundrechten des GG durch deutsche Gerichte in einem solchen Fall nicht möglich ist (BVerfGE 118, 79 (97)). Im Falle eines im Rahmen der Auslegung oder Sachverhalts- und Beweiswürdigung begangenen – im Sinne der Rspr. des EuGH zur Haftung – offenkundigen Verstoßes eines letztinstanzlichen Gerichts gegen Unionsrecht, darf das nationale Recht die Haftung nicht ausschließen (EuGH C-173/03, Slg. 2006, I-5177 – Traghetti del Mediterraneo/Italienische Republik).

5. Die Vorlagefragen und der dem Formular zugrunde liegende Sachverhalt sind in inhaltlich verkürzter Fassung der Entscheidung des EuGH in den Rechtssachen Brasserie du pêcheur und Factortame nachgebildet (EuGH C-46/93 u. C-48/93, Slg. 1996, I-1029 – Brasserie du pêcheur/Bundesrepublik Deutschland und The Queen/Secretary of State for Transport, ex parte: Factortame Ltd. ua).

6. Die Formulierung der Vorlagefragen durch die Partei ist nur eine Anregung ohne Bindungswirkung. Letztlich ist es unabhängig vom nationalen Verfahrensrecht allein Sache des vorlegenden Gerichts die Vorlagefrage zu formulieren (EuGH C-136/12, EuZW 2013, 782 Rn. 36 – Consiglio nazionale dei geologi/Autoritá garanta della concorrenza e del marcato). Gleichwohl sollte auf die Formulierung einige Mühe verwandt werden, da das Gericht die Fragen häufig aufgreift, wenn es sie für zutreffend erachtet.

7. Die Vorlagefragen sind abstrakt zu formulieren. Der EuGH vermeidet jedoch, fehlerhafte Auslegungsfragen als unzulässig abzuweisen. Stattdessen legt er sie aus und deutet sie dergestalt um, dass die darauf zu gebende Antwort dem vorlegenden Gericht eindeutige Folgerungen für die Anwendbarkeit des nationalen Rechts erlaubt (EuGH 10/71, Slg. 1971, 723 Rn. 7 – Staatsanwaltschaft Luxemburg/Muller; EuGH 135/85, Slg. 1986, 1207 Rn. 9 – Procureur de la République/Tissier). Bei der Auslegung von Vorlagefrage agiert der EuGH frei, um möglichst umfassende und zweckdienliche Antworten an das vorlegende Gericht zu geben. Welche Aspekte des Unionsrechts einer Auslegung bedürfen, bestimmt der EuGH dabei auf Grundlage des Vorabersuchens des Gerichts inkl. ergänzender Unterlagen und uU unabhängig von der Fragenformulierung durch das vorlegende Gericht (EuGH C-222/18, ECLI:EU:C:2019:751 Rn. 50 – VIPA). Die EuGH-Verfahrensordnung, stellt in Art. 93 ff. weitere Voraussetzungen für das Vorabentscheidungsersuchen auf; insb. muss das Ersuchen gem. Art. 94 EuGH-Verfahrensordnung Folgendes enthalten: (a) eine kurze Darstellung des Streitgegenstandes und des Sachverhaltes; (b) den Wortlaut der möglicherweise maßgeblichen nationalen Vorschriften und ggf. die einschlägige nationale Rspr.; (c) eine Begründung des Ersuchens.

8. BierStG; Gesetz v. 14.3.1952, BGBl. I 149, idF v. 14.12.1976, BGBl. I 3341 (3357).

9. Vgl. dazu *Prieß* NVwZ 1993, 118; *Haltern*, Europarecht, § 9 Rn. 911 ff. Der EuGH hat im Jahre 2003 entschieden, dass der Betroffene von dem betreffenden Mitgliedstaat nach den Grundsätzen der Staatshaftung Schadensersatz auch dann verlangen kann, wenn der fragliche Verstoß in einer Entscheidung eines letztinstanzlichen nationalen Gerichts besteht,

- sofern die verletzte Unionsrechtsnorm bezweckt, dem Einzelnen Rechte zu verleihen,
- der Verstoß hinreichend qualifiziert, dh offenkundig ist und

- zwischen diesem Verstoß und dem dem Einzelnen entstandenen Schaden ein unmittelbarer Kausalzusammenhang besteht (EuGH C-224/01, Slg. 2003, I-10239 Rn. 59 – Gerhard Köbler/Republik Österreich).

Kosten und Gebühren

10. Das Vorabentscheidungsverfahren vor dem EuGH ist gerichtskostenfrei. Ausgenommen sind gem. Art. 143 EuGH-Verfahrensordnung die Kosten, die vermeidbar gewesen wären, sowie die Kosten für gewisse Schreib- und Übersetzungsarbeiten, die vom EuGH auf Antrag der Parteien durchgeführt werden. Von dieser Ausnahmebestimmung ist im Vorabentscheidungsverfahren jedoch bisher – soweit ersichtlich – noch kein Gebrauch gemacht worden (vgl. *Wägenbaur* EuGH-VerfO Art. 143 Rn. 2). Hinsichtlich der Auslagen der Verfahrensbeteiligten ergeht im Vorabentscheidungsverfahren – im Gegensatz zu den streitigen Verfahren – keine gesonderte Entscheidung. Gem. Art. 102 EuGH-Verfahrensordnung befindet darüber das vorlegende nationale Gericht. Üblicherweise erfolgt die Entscheidung über die im Zwischenurteil entstandenen Kosten im Endurteil. Art. 115 ff. EuGH-Verfahrensordnung eröffnet dem EuGH in besonderen Fällen die Möglichkeit, im Rahmen der Prozesskostenhilfe eine Beihilfe zu bewilligen, um es einer Partei zu erleichtern, sich vertreten zu lassen oder persönlich zu erscheinen, Art. 147 f. EuG-Verfahrensordnung bzw. Art. 115 ff. EuGH-Verfahrensordnung. Vorrangig ist jedoch Prozesskostenhilfe bei dem Gericht des Ausgangsrechtsstreits zu beantragen (Praktische Anweisung für die Parteien in den Rechtssachen vor dem Gerichtshof, ABl. 2020 L 42 I, 1 Rn. 5; s. auch Praktische Durchführungsbestimmungen zur Verfahrensordnung des Gerichts, ABl. 2015 L 152, 1, zuletzt geändert durch ABl. 2018 L 294, 23, berichtigt durch ABl. 2018 L 296, 40 Rn. 198 ff.).

Gebührenrechtlich ist das Verfahren nach Art. 267 AEUV in § 38 RVG geregelt. Gem. § 38 Abs. 1 RVG gelten die Vorschriften des Teil 3 Abschn. 2 des Vergütungsverzeichnisses, die insb. Bürgerliche Rechtstreitigkeiten betreffen, entsprechend. Wenn in einem Verfahren, in dem sich die Gebühren nach Teil 4 (Strafsachen), 5 (Bußgeldsachen) oder 6 (Sonstige Verfahren) des Vergütungsverzeichnisses richten, vorgelegt wird, sind gem. § 38 Abs. 2 RVG in dem Vorabentscheidungsverfahren die Nummern VV 4130 RVG (Verfahrensgebühr für das Revisionsverfahren) und VV 4132 RVG des Vergütungsverzeichnisses (Terminsgebühr je Hauptverhandlungstag im Revisionsverfahren) entsprechend anzuwenden. Wird keine im Verfahrensrecht vorgesehene schriftliche Stellungnahme abgegeben, wird die Verfahrensgebühr des Verfahrens, in dem vorgelegt wurde, gem. § 38 Abs. 3 RVG auf die Verfahrensgebühr vor dem EuGH angerechnet.

Fristen und Rechtsmittel

11. Die Anfechtbarkeit der Entscheidung des vorlegenden Gerichts über die Vorlage an den EuGH richtet sich nach der für den Ausgangsrechtsstreit maßgeblichen Prozess- oder Verfahrensordnung. Nach der Rspr. des EuGH bestehen keine Bedenken dagegen, dass die Vorlageentscheidung eines Instanzgerichts vom zuständigen Rechtsmittelgericht aufgehoben wird (EuGH 146/73, Slg. 1974, 139 Rn. 3 – Rheinmühlen/Einfuhr- und Vorratsstelle für Getreide und Futtermittel; vgl. auch GA Roemer, 31/68, Slg. 1970, 403 (408) – Chanel/Cepeha). Das gilt auch für die Vorlageentscheidungen im Rahmen der Gewährung vorläufigen Rechtsschutzes gegen Unionsrechtsakte (EuGH C-334/95, Slg. 1997, I-4517 Rn. 52 – Krüger/HZA Hamburg-Jonas).

2. Nichtigkeitsklage gegen einen Rechtsakt der Europäischen Union gem. Art. 263 Abs. 4 AEUV

. . . . .stadt, den . . . . .[2]

Per e-Curia[16, 4]
An das
Gericht der Europäischen Union
(bzw. An den Gerichtshof der Europäischen Union)[3]
– Kanzlei –
Rue du Fort Niedergrünewald
L-2925 Luxemburg
LUXEMBURG

Klage[1, 4]

der . . . . ., handelnd unter der Firma . . . . .,[5] . . . . . str. . . . . ., ...stadt,[6] vertreten durch . . . . .
– Klägerin –
Prozessbevollmächtigter:[7] Rechtsanwalt . . . . .
gegen
. . . . .[8]
– Beklagte –
wegen: Anfechtung einer . . . . . (Art. 263 Abs. 4 AEUV).[9]
Namens und im Auftrag der Klägerin erheben wir hiermit gem. Art. 263 Abs. 4 AEUV Klage und beantragen,[10]

1. **den Beschluss der Kommission . . . . . vom . . . . . für nichtig zu erklären;[11]**
2. **die Kosten des Verfahrens der Beklagten aufzuerlegen.[12]**

Die Vollmacht[13] und die Zulassungsbescheinigung[14] werden durch separates Schreiben an die Kanzlei des EuG eingereicht.[15]
[Gem. Art. 48 Abs. 2 der EuGH-Verfahrensordnung erklären wir uns als Prozessbevollmächtigte damit einverstanden, dass Zustellungen an uns mittels Telefax oder sonstiger technischer Kommunikationsmittel erfolgen. Zustellungen können bewirkt werden an Herrn Rechtsanwalt . . . . ., Telefax-Nr.: . . . . ., bzw. an die E-Mail-Anschrift: . . . . .][16]

Begründung:[17]

Abschnitt A: Klageziel und Sachverhalt

I. Klageziel[18]

Die Klägerin wendet sich gegen den Beschluss Nr. . . . . . der Kommission vom . . . . . über die Nichtaufnahme von Triclosan in das in der Richtlinie 2002/72 enthaltene Verzeichnis von Additiven, die bei der Herstellung von Materialien und Gegenständen aus Kunststoff, die dazu bestimmt sind, mit Lebensmitteln in Berührung zu kommen, verwendet werden dürfen (ABl . . . . .) mit dem Antrag, diesen für nichtig zu erklären. Beim Erlass des Beschlusses ist es zu einem Verstoß gegen das nach der Verordnung Nr. 1935/2004 und der Richtlinie 2002/72 vorgesehene Verfahren gekommen. Überdies verstößt der Beschluss gegen den Grundsatz des Vertrauensschutzes und gegen die Grundsätze der ordnungsgemäßen Verwaltung, der Transparenz und der Rechtssicherheit.

II. Sachverhalt[19]

Die Klägerin ist in der Herstellung und im Verkauf antimikrobieller und antibakterieller Additive tätig, die einer breiten Palette von Produkten einen antimikrobiellen und antibakteriellen Schutz verleihen sollen. Sie stellt diese Additive her und vermarktet sie weltweit, auch in der Europäischen Union. Zu den von der Klägerin vermarkteten Additiven gehört auch 2,4,4'-Trichloro-2'-hydroxydiphenylether (Triclosan). Das Additiv Triclosan wurde zunächst in das vorläufige Verzeichnis der Additive, die bei der Herstellung von Materialien und Gegenständen aus Kunststoff, die dazu bestimmt sind mit Lebensmitteln in Berührung zu kommen, aufgenommen. Nach dem Beschluss Nr. . . . . der Kommission wurde Triclosan jedoch nicht in das endgültige Verzeichnis der Richtlinie 2002/72 aufgenommen und darf zukünftig in der EU nicht mehr vermarktet werden.

Abschnitt B: Rechtliche Würdigung

Die Klage ist zulässig und begründet.

I. Zulässigkeit der Klage[20]

1. Klagebefugnis

Die Klage ist zulässig. Die Klägerin wird durch den Beschluss Nr. . . . . vom . . . . über die Nichtaufnahme von Triclosan in das Verzeichnis der Richtlinie 2002/72 unmittelbar betroffen. Bei dem Beschluss der Kommission handelt es sich um einen „Rechtsakt mit Verordnungscharakter" iSd Art. 263 Abs. 4 Alt. 3 AEUV, sodass die Geltendmachung einer individuellen Beschwer darüber hinaus nicht notwendig ist. Rechtsakte mit Verordnungscharakter sind nach der Rspr. alle Rechtsakte der Union mit allgemeiner Geltung mit Ausnahme von Gesetzgebungsakten (EuGH C-583/11, EuZW 2014, 22 Rn. 61 – Inuit Tapiriit Kanatami ua/Parlament und Rat). Der Beschluss der Kommission hat allgemeine Geltung, da er für objektiv bestimmte Situationen gilt und Rechtswirkungen gegenüber einer allgemein und abstrakt umschriebenen Personengruppe erzeugt. Er bewirkt, dass Triclosan in der Europäischen Union von sämtlichen juristischen Personen nicht mehr in den Verkehr gebracht und vermarktet werden darf. Der angefochtene Beschluss wurde zudem von der Kommission in Ausübung einer Durchführungsbefugnis und nicht in Ausübung einer Rechtssetzungsbefugnis erlassen. Es handelt sich somit nicht um einen Gesetzgebungsakt.

Die Klägerin ist durch den Beschluss der Kommission unmittelbar beschwert, da er sich auf ihre Rechtsstellung als Herstellerin und Verkäuferin von Triclosan unmittelbar auswirkt. Die Auswirkung ergibt sich direkt aus dem angefochtenen Beschluss ohne Anwendung anderer Durchführungsvorschriften. Ein Ermessensspielraum der Mitgliedstaaten bei der Umsetzung des Beschlusses ist nicht vorgesehen (EuGH C-386/96, Slg. 1998, I-2309 Rn. 43 – Dreyfus/Kommission; EuGH C-445/07, Slg. 2009, I-7993 Rn. 45 – Kommission/Ente per le Ville vesuviane und Ente per le Ville vesuviane/Kommission).

2. Klagefrist[21]

Die Klagefrist gem. Art. 263 Abs. 6 AEUV ist gewahrt, denn die Klage ist innerhalb von zwei Monaten nach Bekanntgabe der streitigen Verordnung erhoben worden.

II. Begründetheit[22, 23]

Die Klage ist auch begründet, denn der angefochtene Beschluss Nr. . . . . vom . . . . verstößt gegen höherrangiges Unionsrecht, insb. die Voraussetzungen der Richtlinie 2002/72 zum Verfahren, sowie dem Grundsatz des Vertrauensschutzes und die Grundsätze der ordnungsgemäßen Verwaltung, der Transparenz und der Rechtssicherheit, da . . . .

Unterschrift[24, 27, 28]

Verzeichnis der Anlagen[25]

Zusammenfassung der Klagegründe[26]

Schrifttum: Annacker, Die Inexistenz als Angriffs- und Verteidigungsmittel vor dem EuGH, EuZW 1995, 755; *Arnull*, Private Applicants and the Action for Annulment since Codorniu, CML Rev. 2001, 7; *Baumeister*, Effektiver Individualrechtsschutz im Gemeinschaftsrecht, EuR 2005, 1; *Dörr*, Art. 263, in *Grabitz/Hilf/Nettesheim*, Das Recht der Europäischen Union, 71. EL August 2020; *Borowski*, Die Nichtigkeitsklage gem. Art. 230 Abs. 4 EGV, EuR 2004, 879; *Dervisopoulos*, § 7 in *Rengeling/Middeke/Gellermann*, Handbuch des Rechtsschutzes in der Europäischen Union, 3. Aufl. 2014; *Cremer*, Nichtigkeitsklagen einzelner gegen Rechtsakte der Gemeinschaft: Klagegegenstand und Klagebefugnis nach Art. 173 EGV, EWS 1999, 48; *Cremer*, Art. 263 AEUV, in *Calliess/Ruffert*, EUV/AEUV, 5. Aufl. 2016; *Ehricke*, Art. 263 AEUV, in *Streinz*, EUV/AEUV, 3. Aufl. 2018; *Everling*, Zur richterlichen Kontrolle der Tatsachenfeststellungen und der Beweiswürdigung durch die Kommission in Wettbewerbssachen, WuW 1989, 877; *Everling*, Klagerecht Privater gegen Rechtsakte der EU mit allgemeiner Geltung, EuZW 2012, 376; *Fickentscher*, Der Schutz der Mitgliedstaaten und juristischer Personen des öffentlichen Rechts durch die Unionsgrundrechte, EuR 2021, 78; *Friedrich/Inghelram*, Die Klagemöglichkeiten des Europäischen Rechnungshofs vor dem Europäischen Gerichtshof, DÖV 1999, 669; *Gabriel*, Justizfreie Hoheitsakte und die Unabhängigkeit des EuGH, EuZW 2020, 971; *Gaitanides*, Art. 263 AEUV, in *von der Groeben/Schwarze/Hatje*, Europäisches Unionsrecht, 7. Aufl. 2015; *Görlitz/Kubicki*, Rechtsakte „mit schwierigem Charakter“, EuZW 2011, 248; *Gundel*, Die Rechtsprechung zur Individualklagebefugnis des Art. 263 Abs. 4 AEUV nach dem Vertrag von Lissabon – Eine Bestandsaufnahme zu den Folgen der Neuregelung, EWS 2014, 22; *Haltern*, Europarecht, 3. Aufl. 2017, § 7; *Happe*, Lauf und Berechnung der Fristen bei Anfechtungen vor dem EuGH, EuZW 1992, 297; *Herrmann*, Individualrechtsschutz gegen Rechtsakte der EU „mit Verordnungscharakter“ nach dem Vertrag von Lissabon, NVwZ 2011, 1352; *Kirschner/Klüpfel*, Das Gericht erster Instanz der Europäischen Gemeinschaften, 2. Aufl. 1998; *Klüpfel*, Zur Anfechtbarkeit von Richtlinien durch nicht-privilegierte Kläger, EuZW 1996, 393; *Köngeter*, Erweiterte Klageberechtigung bei Individualnichtigkeitsklagen gegen EG-Verordnungen, NJW 2002, 2216; *Koenig*, Institutionelle Überlegungen zum Aufgabenzuwachs beim Europäischen Gerichtshof in der Währungsunion, EuZW 1993, 661; *Körber*, Konkurrentenklagen in der europäischen Fusionskontrolle, EuZW 1996, 267; *Lenaerts/Vanhamme*, Procedural Rights of Private Parties in the Community Administrative Process, CML Rev. 1997, 531; *Lenz/Staeglich*, Kein Rechtschutz gegen EG-Verordnungen? – Europäische Rechtsschutzdefizite und ihr Ausgleich durch die Feststellungsklage nach § 43 I VwGO, NVwZ 2004, 1421; *Lindner*, Zur Klagebefugnis natürlicher und juristischer Personen für Nichtigkeitsklagen gem. Art. 230 IV gegen EG-Verordnungen, NVwZ 2003, 569; *Lindner*, Individualrechtsschutz im europäischen Gemeinschaftsrecht – Ein systematischer Überblick, JuS 2008, 1; *Mächtle*, Individualrechtsschutz in der Europäischen Union, JuS 2015, 28; *C. Mayer*, Individualrechtsschutz im Europäischen Verfassungsrecht, DVBl 2004, 606; *Neuwahl*, Article 173 Paragraph 4 EC: Past, Present and Possible Future, E. L. Rev. 1996, 17; *Pechstein*, Die Justitiabilität des Unionsrechts, EuR 1999, 1; *Pechstein*, EU-Prozessrecht, 4. Aufl. 2011, 6. Kap.; *Plender*, European Courts Practice and Precedents, 1997; *Polley*, Die Konkurrentenklage im Europäischen Beihilferecht, EuZW 1996, 300; *Ragolle*, Access to justice for private applicants in the Community legal order: recent (r)evolutions, E. L. Rev. 2003, 90; *Reiling*, Streitgegenstand und Einrede der „*res iudicata*“ in Direktklageverfahren vor den Gemeinschaftsgerichten, EuZW 2002, 136; *Rosenfeldt*, Das Erfordernis fehlender Durchführungsmaßnahmen, EuZW 2015, 174; *Sachs*, Die Ex-officio-Prüfung durch die Gemeinschaftsgerichte, 2008; *Sauer*, Rechtsschutz gegen völkerrechtsdeterminiertes Gemeinschaftsrecht? – Die Terroristenliste vor dem EuGH, NJW 2008, 3685; *Schermers/Waelbroeck*, Judicial Protection in the European Communities, 6. Aufl. 2001; *Sinnaeve*, Der Konkurrent im Beihilfeverfahren nach der neuesten EuGH-Rechtsprechung, EuZW

1995, 172; *Stotz*, P.I.2. Nichtigkeitsklage in *Dauses/Ludwigs*, Handbuch des EU-Wirtschaftsrechts, 51. EL Oktober 2020; *Streinz*, Nichtigkeitsklage von Individuen gegen Rechtsakte mit Verordnungscharakter, JuS 2012, 472; *Thalmann*, Zur Auslegung von Art. 263 Abs. 4 AEUV durch Rechtsprechung und Lehre, EuR 2012, 452; *Usher*, Direct and individual concern – an effective remedy or a conventional solution? E. L. Rev. 2003, 575; *Wägenbaur*, EuGH VerfO, 2. Aufl. 2017.

Anmerkungen

Im Folgenden wird zur Übersicht jeweils sowohl auf die Verfahrensordnung des EuG als auch die des EuGH verwiesen. Selbstredend ist in Verfahren vor einem der Gerichte aber nur die Verfahrensordnung des jeweils zuständigen Gerichts einschlägig und entsprechend zu zitieren.

1. Die praktisch wichtigste Klageart für natürliche und juristische Personen iRd Unionsrechts ist die Nichtigkeitsklage gem. Art. 263 AEUV, die die Überprüfung von Gesetzgebungsakten sowie von Handlungen der Organe, Einrichtungen und sonstigen Stellen der Union zum Gegenstand hat. Durch den Vertrag von Lissabon wurde der für Klagen von natürlichen und juristischen Personen relevante Art. 263 Abs. 4 AEUV geändert und die Klagebefugnis iRd Individualrechtsschutzes für Klagen gegen allgemeingültige Rechtsakte erweitert. Für solche allgemeingültigen Rechtsakte mit Verordnungscharakter muss keine individuelle Beschwer mehr geltend gemacht werden. Gem. Art. 256 Abs. 1 AEUV ist das EuG im ersten Rechtszug unter Berücksichtigung der dort und in Art. 51 EuGH-Satzung genannten Einschränkungen (vgl. *Wägenbaur*, Art. 51 EuGH-Satzung Rn. 5) für Entscheidungen nach Art. 263 AEUV zuständig.

2. Gem. Art. 72 Abs. 2 S. 1 EuG-Verfahrensordnung bzw. Art. 57 Abs. 6 S. 1 EuGH-Verfahrensordnung ist jeder Schriftsatz mit Datum zu versehen. Für die Berechnung von Fristen ist in jedem Fall der Eingang bei dem Gericht maßgeblich (Art. 72 Abs. 2 S. 2 EuG-Verfahrensordnung bzw. Art. 57 Abs. 6 S. 2 EuGH-Verfahrensordnung).

Beide Verfahrensordnungen stellen einen für alle Verfahrensarten geltenden allgemeinen Teil voran (Art. 50 ff. EuG-Verfahrensordnung bzw. Art. 43 ff. EuGH-Verfahrensordnung). Im Hinblick auf die Nichtigkeitsklage enthält die EuGH-Verfahrensordnung in ihren Art. 119 ff. zusätzliche Regelungen.

3. Das EuG ist gem. Art. 263 Abs. 4 iVm Art. 256 Abs. 1 AEUV im ersten Rechtszug zuständig für alle Nichtigkeitsklagen von natürlichen und juristischen Personen. Der EuGH ist dagegen für alle anderen Nichtigkeitsklagen zuständig, insb. solche, die durch die Mitgliedstaaten oder Organe der Union gem. Art. 263 Abs. 2 AEUV erhoben werden (vgl. zu Einzelheiten und Rückausnahmen Art. 51 EuGH-Satzung).

4. Die Anforderungen an die Klageschrift, deren Begründung und an die weiteren Schriftsätze ergeben sich aus Art. 21 Abs. 1 (ggf. iVm Art. 53 Abs. 1) EuGH-Satzung, aus Art. 72 ff. EuG-Verfahrensordnung sowie aus Art. 57 Abs. 1 und Art. 120 EuGH-Verfahrensordnung (→ Anm. 17). Nach Art. 76 Buchst. d EuG-Verfahrensordnung sowie Art. 120 EuGH-Verfahrensordnung muss die Klageschrift den Streitgegenstand und eine kurze Darstellung der Klagegründe enthalten. Die betreffenden Angaben müssen so klar und genau sein, dass der Beklagte seine Verteidigung vorbereiten und das Gericht, ggf. auch ohne weitere Informationen, über die Klage entscheiden kann (EuG T-387/94, Slg. 1996, II-961 Rn. 106 – Asia Motor France ua/Kommission; EuG T-113/96, Slg. 1998, II-125 Rn. 29 – Dubois et Fils/Rat und Kommission; EuG T-177/07, Slg. 2010, II-02341 Rn. 83 – Mediaset/Europäische Kommission). Für die Zulässigkeit eines Arguments ist es erforderlich, dass sich die wesentlichen tatsächlichen und rechtlichen Umstände, auf denen das Argument beruht, aus dem Wortlaut der Klageschrift selbst ergeben (EuGH C-178/00, Slg. 2003, I-303 Rn. 6 – Italien/Kommission; EuG T-110/98, Slg. 2000, II-2971 Rn. 23 – RJB Mining/Kommission; EuG T-195/00, Slg. 2003, II-1677 Rn. 26 – Travelex Global and Financial Services und Interpayment Services/Kommission). Im Hinblick auf Schadensersatzklagen hat der EuGH festgestellt, dass sich sowohl die Erfüllung des haftungsbegründenden Tatbestands als auch des haftungsausfüllenden Tatbestands aus der Klageschrift ergeben müsse (EuGH C-322/91, Slg. 1992, I-6374 Rn. 13 – TOA/AFI/Kommission). Die Argumente dürfen sich nicht erst aus den Anlagen ergeben (→ Anm. 25).

Nähere Ausführungen zu der Form, der Struktur und dem Inhalt der Klageschrift und den weiteren Schriftsätzen finden sich in den Praktischen Durchführungsbestimmungen zur Verfahrensordnung des Gerichts (ABl. 2015 L 152, 1 zuletzt geändert mit ABl. 2018 L 294, 23, berichtigt durch ABl. 2018 L 296, 40), den Praktischen Anweisungen für die Parteien in Verfahren vor dem Gerichtshof (ABl. 2020 L 42 I, 1) und dem Benutzerhandbuch für e-Curia (abrufbar auf der Internetseite www.curia.europa.eu); → Form. IX.19. Die praktischen Durchführungsbestimmungen des EuG beinhalten in Rn. 105, die Praktischen Anweisungen des EuGH in Rn. 13 insb. auch eine Seitenzahlbegrenzung. Weiterhin haben Schriftsätze den Formatvorgaben der Rn. 80 ff. der praktischen Durchführungsbestimmungen des EuG bzw. der Rn. 39 ff. der Praktischen Anweisungen des EuGH zu entsprechen. Diese Vorschriften, die sich auf diverse Formalien inklusive der Einreichung der Anlagen und der Ausfertigung des Anlagenverzeichnisses beziehen, werden von beiden Unionsgerichtsbarkeiten auf ihre Einhaltung kontrolliert. Es ist zuweilen möglich, zu Einzelfragen mit den Kanzleien der Gerichte eine telefonische informelle Abstimmung zu erreichen. Verstöße gegen die Praktischen Anweisungen können zu Kostenfolgen führen (Art. 139 Buchst. c EuG-Verfahrensordnung). Außerdem können die Gerichte die Neueinreichung von Schriftsätzen unter Beachtung vor allem der Seitenzahlbegrenzung von den Parteien verlangen. Zusätzlich zu den oben zitierten verfahrensrechtlichen Hilfestellungen hat das Gericht auch eine Merkliste für die Einreichung der Klageschrift veröffentlicht, ebenso auch für die Vorbereitung und Wahrnehmung der mündlichen Verhandlung, → Form. IX.19. Beim EuG ist seit dem 1.12.2018 die Einreichung der Klageschrift, aller weiteren Schriftsätze und aller darin erwähnten Anlagen über das elektronische Portal e-Curia die Regel (Beschluss des Gerichts v. 11.7.2018, ABl. 2018 L 240, 72 Art. 72 EuG-Verfahrensordnung). Die Notwendigkeit, mehrere (beglaubigte) Abschriften einzureichen, entfällt bei der elektronischen Verfahrensführung. Sollte ein Schriftstück seiner Art nach nicht mittels e-Curia eingereicht werden können, sieht Art. 72 Abs. 4 EuG-Verfahrensordnung eine Übermittlung über den Postweg vor; in diesem Fall ist für das Gericht und die beteiligten Parteien je ein Exemplar einzureichen. Ausnahmen von der Pflicht Verfahrensschriftstücke über e-Curia einzureichen, bestehen nach Art. 72 Abs. 1 EuG-Verfahrensordnung, wenn die Sicherheitsinteressen eines Mitgliedstaates oder der EU betroffen sind (Art. 105 Abs. 1 und 2 EuG-Verfahrensordnung) oder ein Antrag auf Prozesskostenhilfe ohne anwaltliche Vertretung gestellt werden soll (Art. 147 Abs. 6 EuG-Verfahrensordnung).

Vor dem Gerichtshof besteht für die klagende Partei praktisch ein Wahlrecht, ob sie eine elektronische oder analoge Verfahrensführung anstößt (→ Anm. 16); die elektronische Verfahrensführung wird empfohlen (Praktische Anweisungen Rn. 47; rechtstechnisch ermöglicht durch Beschluss des Gerichtshofs v. 16.10.2018, ABl. 2018 L 293, 63 iVm Art. 57 Abs. 8 EuGH-Verfahrensordnung). Soweit eine analoge Einreichung der Klageschrift, Schriftsätze und Anlagen erfolgt, ist diese urschriftlich mit fünf Abschriften für den Gerichtshof und je einer Abschrift für jede andere am Rechtsstreit beteiligte Partei einzureichen (Art. 57 Abs. 2 EuGH-Verfahrensordnung). Die Abschriften sind zu beglaubigen.

Über die Internetseite des Gerichtshofs der Europäischen Union (www.curia.europa.eu) können Prozessvertreter die Eröffnung eines Kontos beantragen, welches Zugang zu allen

Funktionen von e-Curia gewährt; Anweisungen für die Nutzung von e-Curia sind in Form des Benutzerhandbuchs verfügbar (→ Form. IX.19). Schriftstücke, die nicht mittels e-Curia eingereicht werden, sind nunmehr gem. Rn. 40 der Praktischen Anweisungen des EuGH so einzureichen, dass sie elektronisch verwaltet werden können. Insbes. muss der Text auf DIN A4 Papier eingereicht werden und Unterlagen sind ggf. so miteinander zu verbinden, dass diese Verbindung leicht gelöst werden kann.

Der Klagebegründung sollte nach den Praktischen Durchführungsbestimmungen und Praktischen Anweisungen eine Gliederung vorangestellt werden. Neben der Einhaltung einer klaren Gliederung mit Zwischenüberschriften ist es insb. erforderlich, die Absätze fortlaufend zu nummerieren. Aufgrund der in der Regel notwendigen Übersetzung der Schriftsätze in mehrere Sprachen wird dadurch die Bearbeitung der Stellungnahmen durch das Gericht und die Parteien erleichtert. Bei umfangreichen Schriftsätzen empfiehlt es sich, jedem Kapitel eine kurze Zusammenfassung seines Inhalts voranzustellen und dem Schriftsatz ein Inhaltsverzeichnis beizufügen (ausführlich Anweisungen in den Praktischen Durchführungsbestimmungen Rn. 80 ff. und in den Praktische Anweisungen Rn. 39 ff.).

Entspricht die Klageschrift in formeller Hinsicht nicht den Anforderungen des Art. 78 EuG-Verfahrensordnung bzw. Art. 122 EuGH-Verfahrensordnung (Vorlage einer Zulassungsbescheinigung, Vorlage des angefochtenen Rechtsakts gem. Art. 21 Abs. 2 EuGH-Satzung, Vorlage der Satzung und eine Bescheinigung über die Rechtspersönlichkeit bei juristischen Personen des Privatrechts nebst Nachweis über die ordnungsgemäße Ausstellung der Vollmacht), so setzt der Kanzler dem Kläger eine angemessene Frist zur Behebung des Mangels bzw. zur Beibringung der vorgeschriebenen Unterlagen. Nach Fristablauf entscheidet das Gericht darüber, ob die Nichtbeachtung der Formvorschriften die Unzulässigkeit der Klage zur Folge hat (Art. 78 Abs. 6 EuG-Verfahrensordnung bzw. Art. 122 Abs. 3 EuGH-Verfahrensordnung).

Im Hinblick auf die Form und die Abfassung der Klageschrift sowie sämtlicher Schriftsätze im schriftlichen Verfahren hat der EuGH die oben erwähnten und nachfolgend auszugsweise wiedergegebenen Praktischen Anweisungen herausgegeben. Zum Zweck des schriftlichen Verfahrens betont der Gerichtshof hier in Rn. 10: „Das schriftliche Verfahren spielt eine wesentliche Rolle bei der Befassung des Gerichtshofs mit der Rechtssache. Dieser Verfahrensabschnitt muss es ihm ermöglichen, sich durch die eingereichten Schriftsätze oder Erklärungen eine genaue Vorstellung vom Gegenstand der bei ihm anhängigen Rechtssachen und deren Bedeutung zu machen. Auch wenn dies für alle beim Gerichtshof anhängigen Rechtssachen gilt, sind Ablauf und Konturen des schriftlichen Verfahrens bei den verschiedenen Verfahrensarten jedoch unterschiedlich."

Das schriftliche Verfahren ist grds. beschränkt auf Klageschrift, Klageerwiderung sowie Erwiderung des Klägers und Gegenerwiderung (Art. 83 Abs. 1 EuG-Verfahrensordnung bzw. Art. 126 Abs. 1 EuGH-Verfahrensordnung).

Die Fristen werden durch den Präsidenten des Gerichts festgesetzt (Art. 83 Abs. 3 EuG-Verfahrensordnung bzw. Art. 126 Abs. 2 EuGH-Verfahrensordnung).

5. Klagebefugt sind grds. der Rat, die Kommission, das Europäische Parlament die Mitgliedstaaten sowie der Rechnungshof, die Europäische Zentralbank, der Ausschuss der Regionen und natürliche und juristische Personen. Insoweit ist zwischen privilegierten, teilprivilegierten und nicht-privilegierten Klägern zu unterscheiden:

Privilegierte Kläger sind die Mitgliedstaaten, das Europäische Parlament, der Rat und die Kommission. Ihre Klagebefugnis ist gem. Art. 263 Abs. 2 AEUV ohne weiteres gegeben, denn das Interesse an der Wahrung des Rechts im Hinblick auf den Erlass von Rechtsakten der Unionsorgane wird unwiderleglich vermutet. Der Rechnungshof, die EZB und der Ausschuss der Regionen sind als Teilprivilegierte dann klagebefugt, wenn sie die Verletzung eigener vertraglicher Kompetenzen geltend machen (Art. 263 Abs. 3 AEUV; vgl. auch EuGH C-70/88, Slg. 1990, I-2067 Rn. 27 – Europäisches Parlament/Rat).

Nicht-privilegierte Kläger sind natürliche oder juristische Personen. Auch juristische Personen des öffentlichen Rechts sind klagebefugt, wobei auch rechtsfähige Untergliederungen eines Mitgliedstaates (zB Länder, Regionen, Gemeinden, EuGH 222/83, Slg. 1984, 2889 Rn. 9 – Gemeinde Differdange ua/Kommission; EuGH 62/87 u. 72/87, Slg. 1988, 1589 Rn. 8 – Exécutif régional wallon ua/Kommission; EuG T-132 u. 143/96, Slg. 1999, II-3663 Rn. 81 ff. – Freistaat Sachsen und Volkswagen/Kommission), jede andere Körperschaft öffentlichen Rechts sowie Drittstaaten erfasst werden. Ob auch ausländische juristische Personen des öffentlichen Rechts vor den Unionsgerichten klagebefugt sein können, ist noch nicht abschließend entschieden. Während das EuG die Klage eines Drittstaates wegen Unzulässigkeit ablehnte, spricht sich der Schlussantrag des zuständigen Generalanwaltes für die Klagebefugnis und damit Zulässigkeit aus. Die Entscheidung in der Sache durch den EuGH steht noch aus (SchlA GA *Hogan* 20.1.2021 – C-872/19 P, BeckRS 2021, 331 – Venezuela/Rat; EuG T-65/18, ECLI:EU:T:2019:649 – Venezuela/Rat). Nicht-privilegierte Kläger sind in den drei in Art. 263 Abs. 4 AEUV genannten Fällen klagebefugt. Zunächst kann sich nach Art. 263 Abs. 4 Alt. 1 AEUV die Klagebefugnis daraus ergeben, dass eine Handlung (jeder abgeleitete Rechtsakt der Union) an die natürliche oder juristische Person adressiert ist. Gegen Handlungen, die an einen anderen adressiert sind, oder keinen Adressaten haben, können natürliche und juristische Personen Klage nach Art. 263 Abs. 4 Alt. 2 AEUV erheben, wenn sie durch die Handlung unmittelbar und individuell betroffen sind. Rechtsakte mit Verordnungscharakter können schließlich nach Art. 263 Abs. 4 Alt. 3 AEUV angegriffen werden, wenn sie den nicht-privilegierten Kläger unmittelbar betreffen und keine Durchführungsvorschrift nach sich ziehen.

Besonders problematisch bleibt auch nach der Einführung der dritten Alternative des Art. 263 Abs. 4 AEUV durch den Vertrag von Lissabon der Individualrechtsschutz gegen Rechtsakte der EU mit allgemeiner Geltung (vgl. *Görlitz/Kubicki* EuZW 2011, 248). Für „Rechtsakte mit Verordnungscharakter“ wurde das Bedürfnis einer individuellen Betroffenheit durch den Vertrag von Lissabon gestrichen. Diese Rechtsakte können also, sofern sie keine Durchführungsvorschriften nach sich ziehen, erleichtert vor den Unionsgerichten angegriffen werden. Hintergrund der Problematik ist eine Lücke im Rechtsschutzsystem der Union. Nach diesem können Rechtsakte der Union zum einen über die Nichtigkeitsklage nach Art. 263 AEUV direkt vor dem EuGH angegriffen werden oder zum anderen im Wege des Vorabentscheidungsverfahrens nach Art. 267 AEUV indirekt über die nationalen Gerichte. Mangels individueller Betroffenheit scheiterte vor dem Vertrag von Lissabon der Rechtschutz, wenn eine Verordnung iSd Art. 288 Abs. 2 AEUV keiner Durchführung mehr bedurfte (*self-executing*). Mit Art. 263 Abs. 4 Alt. 3 AEUV sollte dieses Problem gelöst werden. Entscheidend ist demnach, was unter „Rechtsakten mit Verordnungscharakter“ zu verstehen ist (vgl. *Dörr* in Grabitz/Hilf/Nettesheim AEUV Art. 263). Hierzu hat der EuGH, entgegen verbreiteter Stimmen aus der Lit., entschieden, dass Rechtsakte mit Gesetzgebungscharakter iSd Art. 289 AEUV nicht unter diesen Begriff fallen (EuGH C-583/11, EuZW 2014, 22 Rn. 61 – Inuit Tapiriit Kanatami ua/Parlament und Rat). Ein mit der Nichtigkeitsklage angreifbarer Rechtsakt mit Verordnungscharakter muss selbst dann nicht vorliegen, wenn die Kommission feststellt, dass durch Mitgliedstaaten gewährte Direktzuschüsse und Steuerbefreiungen als Beihilfen zu qualifizieren sind (EuG T-34/10, ECLI:EU:T:2021:13 = BeckRS 2021, 683 – Datenlotsen Informationssysteme/Kommission). Nur diejenigen Rechtsakte mit allgemeiner Geltung, die nicht Gesetzgebungsakte sind (delegierte Rechtsakte oder Durchführungsrechtsakte, zB Beschlüsse der Kommission, EuG T-262/10, Slg. 2011, II-7697 – Microban International und Microban (Europe)/Europäische Kommission) können demnach erleichtert nach Art. 263 Abs. 4 Alt. 3 AEUV angegriffen werden. Gegen Verordnungen, die nach Durchlaufen eines ordentlichen Gesetzgebungsverfahrens (vgl. Art. 294 AEUV) als Gesetzgebungsakte iSd Art. 289 Abs. 3 AEUV erlassen worden sind, bleibt nach der Entscheidung des EuGH nur die Möglichkeit der Nichtigkeitsklage nach Art. 263 Abs. 4 Alt. 2 AEUV, wobei neben der unmittelbaren auch eine individuelle Betroffenheit (*locus standi*) nachgewiesen werden muss. Für die Auslegung dieser Begriffe ist auch weiterhin die vor Inkrafttreten des AEUV ergangene Rspr. maßgeblich. Damit können Einzelne idR weiterhin nicht direkt gegen allgemein geltende Rechtsakte der EU vor dem EuGH klagen.

Die individuelle Betroffenheit iSd Art. 263 Abs. 4 Alt. 2 AEUV ist nach der sog. Plaumann-Formel (vgl. dazu *Haltern*, Europarecht, § 7 Rn. 473 ff.) zu bejahen, wenn die angegriffene Verordnung dem den Einzelnen „wegen bestimmter persönlicher Eigenschaften oder besonderer, ihn aus dem Kreis aller übrigen Personen heraushebender Umstände berührt und ihn daher in ähnlicher Weise individualisiert wie den Adressaten" (EuGH 25/62, Slg. 1963, 217 (238 f.) – Firma Plaumann & Co./Kommission; vgl. *Pechstein*, EU-Prozessrecht, 6. Kap. Rn. 453). Dazu genügt jedoch nicht, dass die Verordnung nach ihren objektiven Tatbestandsmerkmalen nur auf eine bestimmte Zahl von Personen anzuwenden ist (EuGH 307/81, Slg. 1982, 3463 Rn. 11 – Alusuisse Italia/Rat und Kommission; EuGH 26/86, Slg. 1987, 949 Rn. 8 – Deutz und Geldermann/Rat). Eine individuelle Betroffenheit durch eine Verordnung ist demnach wohl anzunehmen, wenn die von der Verordnung betroffenen Personen bereits bei Erlass der Verordnung abschließend bestimmbar sind, weil der in der Verordnung geregelte Tatbestand zum Zeitpunkt des Erlasses bereits abgeschlossen ist. Kann der in der Verordnung geregelte Tatbestand dagegen auch nach dem Erlass der Verordnung durch andere Personen erfüllt werden und beansprucht die Regelung allgemeine Geltung, so liegt keine individuelle Betroffenheit durch die Verordnung vor (EuGH 87/95, Slg. 1996, I-2003 Rn. 33–36 – CNPAAP/Rat). Die individuelle Betroffenheit wird dagegen dann bejaht, wenn der Kläger auf irgendeine Weise am vorangegangenen Verwaltungsverfahren beteiligt war und durch die angefochtenen Maßnahmen in seiner wirtschaftlichen Tätigkeit erheblich beeinträchtigt wird (vgl. zur Handelspolitik: EuGH C-451/98, Slg. 2001, I-8949 Rn. 46–67 – Antillean Rice Mills/Rat; zum Europäischen Kartellrecht: EuGH 26/76, Slg. 1977, 1877 Rn. 13 – Metro/Kommission; EuGH 210/81, Slg. 1983, 3045 Rn. 14–15 – Oswald Schmidt/Kommission; EuGH C-68/94 u. C-30/95, Slg. 1998, I-1375 Rn. 53–58 – Frankreich ua/Kommission; zur Anfechtung von Fusionskontrollentscheidungen nach der Verordnung (EWG) Nr. 4064/89: EuG T-12/93, Slg. 1993, II-450 Rn. 22–25 – CCE de Vittel ua/Kommission; EuG T-96/92, Slg. 1995, II-1213 Rn. 25–37 – CEE de la Société Générale des Grandes Sources ua/Kommission; EuG T-12/93, Slg. 1995, II-1247 Rn. 35–42 – Comité Central d'Entreprise de la Société anonyme Vittel ua/Kommission; zum Antisubventionsrecht: EuGH 191/82, Slg. 1983, 2913 Rn. 27–30 – FEDIOL/Kommission; zum Beihilferecht: EuGH 169/84, Slg. 1986, 408 Rn. 28–30 – Cofaz ua/Kommission; EuGH C-198/91, Slg. 1993, I-2487 Rn. 20–26 – Cook/Kommission; EuGH C-225/91, Slg. 1993, I-3203 Rn. 14–19 – Matra/Kommission; EuGH C-367/95 P, Slg. 1998, I-1719 Rn. 47–48 – Kommission/Sytraval u. Brink's France; zum Antidumpingrecht: EuGH 239/82 u. 275/82, Slg. 1984, 1005 Rn. 10–15 – Allied Corporation/Kommission; EuGH 53/83, Slg. 1985, 1640 Rn. 4 – Allied Corporation ua/Rat; EuGH C-358/89, Slg. 1991, I-2501 Rn. 13 – Extramet/Rat; EuG T-161/94, Slg. 1996, II-695 Rn. 49 – Sinochem Heilongjiang/Rat; EuGH C-76/01, Slg. 2003, I-10.091 Rn. 67 – Comité des industries du coton et de fibres connexes de l'Union européenne (Eurocoton)/Rat der Europäischen Union; zum Agrarrecht: EuGH C-309/89, Slg. 1994, I-1879 Rn. 19–22 – Codorniu/Rat). Zwischenzeitlich war das EuG in einem Urteil v. 3.5.2002 (EuG T-177/01, EuZW 2002, 412 ff. – Jégo-Quéré et Cie/Kommission mAnm *Lübbig*) von der bisherigen restriktiven Rspr. des EuGH abgewichen und hatte den Begriff der individuellen Betroffenheit erweiternd ausgelegt. Der EuGH hat sich dem jedoch nicht angeschlossen, sondern seine bisherige Rspr. in der Entscheidung Unión de Pequeños Agricultores (EuGH C-50/00 P, Slg. 2002, I-6677) unter Hinweis darauf bestätigt, dass es allein Sache der Mitgliedstaaten sei, das System der Rechtmäßigkeitskontrolle zu reformieren. Im Jahre 2004 hat der EuGH sodann das EuG-Urteil idS Jégo-Quéré er Cie Sa gegen Kommission auf Antrag der Kommission aufgehoben und die Klage der Jégo-Quére et Cie Sa für unzulässig erklärt (EuGH C-263/02 P, Slg. 2004, I-3425 Rn. 46 – Kommission/Jégo-Quéré et Cie Sa).

Der Kläger muss iRd Alt. 2 u. 3 des Art. 263 Abs. 4 AEUV auch unmittelbar von der fraglichen Maßnahme betroffen sein, dh die Handlung muss die Interessen des Klägers beeinträchtigen (EuGH C-461/18 P, ECLI:EU:C:2020:979 = BeckRS 2020, 33425 Rn. 58 – Changmao Biochemical Engineering/Distillerie Bonollo ua). Dazu reicht es nicht aus, dass die Maßnahme zB in Wettbewerbssachen allgemein geeignet ist, die Wettbewerbsverhältnisse für den Kläger nachteilig zu beeinflussen (EuGH 10/68 u. 18/68, Slg. 1969, 459 Rn. 7/8 – Società „Eridania" Zuccherifici Nazionali ua/Kommission). Im Falle der Klage eines Wettbewerbers eines Beihilfeempfängers muss Ersterer in stichhaltiger Weise darlegen, aus welchen Gründen die Handlung der Kommission durch eine erhebliche Beeinträchtigung ihrer Stellung auf dem betreffenden Markt ihre berechtigten Interessen verletzen kann (EuG T-36/99, Slg. 2004, II-3597 Rn. 80 – Lenzing/Kommission). Bei der Geltendmachung der Verletzung von Verfahrensrechten muss sich der Kläger insb. darauf berufen, dass ein verfahrensrechtlich korrektes Verwaltungshandeln zu einem anderen Ergebnis geführt hätte (vgl. zu der Geltendmachung der Verletzung von Verteidigungsrechten im Kartellbußgeldverfahren nach der früheren Verordnung (EWG) Nr. 17/62 EuG T-30/91, Slg. 1995, II-1779 Rn. 52-53 – Solvay/Kommission). Eine mögliche Beeinträchtigung bei Hinzutreten weiterer Umstände reicht demgemäß nicht für eine unmittelbare Betroffenheit aus. Der Kläger ist im Regelfall daher nicht unmittelbar betroffen, wenn die Entscheidung an einen Mitgliedstaat gerichtet ist, es sei denn, den Behörden des Mitgliedstaats steht bei der Ausführung der Entscheidung des Unionsorgans gegenüber dem Kläger kein Ermessen zu (EuGH 222/83, Slg. 1984, 2889 Rn. 12 – Gemeinde Differdange ua/Kommission; EuGH 11/82, Slg. 1985, 227 Rn. 10 ff. – Patraiki ua/Kommission; EuGH C-135/16, ECLI:EU:C:2018:582 = NVwZ 2018, 1288 Rn. 27 ff. mAnm *Ehrmann*– Georgsmarienhütte ua).

Rechtsschutzbedürfnis: Privilegierte und teilprivilegierte Kläger brauchen aufgrund ihrer institutionellen Verantwortung für das Unionsrecht kein besonderes Rechtsschutzbedürfnis darzulegen. Bei nicht-privilegierten Klägern ergibt sich das allgemeine Rechtsschutzbedürfnis in der Regel aus der individuellen und unmittelbaren Betroffenheit. Problematisch ist das Rechtsschutzinteresse allenfalls dann, wenn der geltend gemachte Rechtsmangel durch das beklagte Organ bereits behoben ist. Ein Rechtsschutzinteresse kann in einem solchen Fall gegeben sein, wenn Wiederholungsgefahr besteht (EuGH 92/78, Slg. 1979, 777 Rn. 31–34 – Simmenthal/Kommission) oder sich Haftungsansprüche an die Nichtigkeitsklage anschließen (EuGH 76/79, Slg. 1980, 665 Rn. 9 – Karl Könecke Fleischwarenfabrik/Kommission).

6. Die Klageschrift muss gem. Art. 76 Buchst. a EuG-Verfahrensordnung bzw. Art. 120 Buchst. a EuGH-Verfahrensordnung den Namen und Wohnsitz des Klägers enthalten.

7. Andere Parteien als die Mitgliedstaaten, die Unionsorgane oder die Vertragsstaaten des EWR-Abkommens, die nicht Mitgliedstaaten sind, müssen gem. Art. 19 Abs. 3 (für die Verfahren vor dem EuG iVm Art. 53 Abs. 1) EuGH-Satzung, Art. 119 EuGH-Verfahrensordnung vor dem Gerichtshof durch einen unabhängigen Anwalt vertreten sein (zu den Anforderungen an die Unabhängigkeit ausführlich EuGH C-515/17 P, C.516/17 P, ECLI:EU:C:2020:73 = NJW 2020, 1277 Rn. 61 ff. – Uniwersytet Wrocławski/REA), während die Mitgliedstaaten, die Unionsorgane sowie die Vertragsstaaten des EWR-Abkommens durch einen Bevollmächtigten vertreten werden; sie können sich der Hilfe eines Beistands oder eines Anwaltes bedienen.

Nur ein Anwalt, der berechtigt ist, vor einem Gericht eines Mitgliedstaates oder eines anderen Vertragsstaates des EWR-Abkommens aufzutreten, kann gem. Art. 19 Abs. 4 (ggf. iVm Art. 53 Abs. 1) EuGH-Satzung vor dem EuGH bzw. dem EuG als Vertreter oder Beistand einer Partei auftreten.

8. Die Nichtigkeitsklage kann sich gem. Art. 263 Abs. 1 AEUV neben Gesetzgebungsakten gegen Handlungen der Kommission, des Europäischen Parlaments und des Europäischen Rates richten. Klagegegenstand können ebenfalls Handlungen der Einrichtungen oder sonstigen Stellen der Union mit Rechtswirkung gegenüber Dritten sein. Auch gegen die Handlungen der EZB (Art. 172, 282 AEUV), bei denen es sich nicht um Empfehlungen oder Stellungnahmen handelt, kann nach Art. 263 Abs. 1 AEUV Nichtigkeitsklage erhoben werden. Die Nichtigkeitsklage gegen Handlungen der EZB kann zum einen „Beschlüsse" und „Verordnungen" (vgl. Art. 129 Abs. 2 AEUV iVm Art. 34.1. u. 34.2. ESZB/EZB-Satzung, ABl. 2012, C 326, S. 230; ausführlich *Griller* in Grabitz/Hilf/Nettesheim AEUV Art. 127) der EZB gegenüber den nationalen Zentralbanken betreffen, die diese „unmittelbar und individuell betreffen". Zum anderen können Handlungen der EZB auch von Privaten angefochten werden, wobei in der Praxis die Gewährung subjektiven Rechtsschutzes auf Klagen der Geschäftsbanken gegen die Festlegung der Mindestreserven durch die EZB nach Art. 19.1. ESZB/EZB-Satzung beschränkt bleiben wird. Klagen natürlicher Personen sind hingegen mangels individueller und unmittelbarer Betroffenheit häufig unzulässig (EuG T-492/12, EuZW 2014, 156 Rn. 52 – Sven A. von Storch/Europäische Zentralbank mAnm *Steinbach*; EuG T-224/12, BeckRS 2014, 81415 Rn. 90 – Alessandro Accorinti/Europäische Zentralbank). Im Rahmen der Eurorettungspolitik wurde daher versucht, im Wege der Verfassungsbeschwerde gegen die Programme der EZB vorzugehen mit dem Argument, diese verstießen gegen die Verfassungsidentität nach Art. 79 Abs. 3 GG (sog. Identitätskontrolle) und seien als ausbrechender Rechtsakt und damit als Verletzung des Individualrechts auf Teilhabe an der demokratischen Legitimation nach Art. 38 Abs. 1 GG zu qualifizieren (sog. *ultra-vires*-Kontrolle). Das BVerfG hatte dem EuGH die Sache im Wege des Vorabentscheidungsverfahrens gem. Art. 267 AEUV vorgelegt (BVerfGE 134, 366), der die Programme der EZB als zulässig angesehen hat (EuGH C-62/14, EuZW 2015, 599 – Peter Gauweiler ua/Deutscher Bundestag). Dem hat sich das BVerfG angeschlossen (BVerfGE 142, 123). Damit steht neben der Nichtigkeitsklage nach Art. 263 AEUV im Einzelfall auch der Weg über Art. 267 AEUV offen. Handlungen des Europäischen Parlaments müssen Rechtswirkung gegenüber Dritten entfalten, um nach Art. 263 Abs. 1 AEUV angegriffen werden zu können. Diese Außenrechtswirkung muss über den Rahmen der rein internen Organisation der Arbeit des Parlaments hinausgehen (EuG T-17/00, Slg. 2002, II-579 Rn. 54 – Willi Rothley ua/Europäisches Parlament, bestätigt durch: EuGH C-167/02, Slg. 2004, I-3149 Rn. 24–25 – Willi Rothley ua/Europäisches Parlament . Nicht anfechtbar ist daher zB die ein Petitionsverfahren abschließende Entscheidung (EuG T-186/11, EuZW 2013, 358 – Peter Schönberger/Europäisches Parlament mAnm *Gundel*). Klagegegner ist stets das Organ der Union, dem die jeweilige Handlung zuzurechnen ist. Zurechenbar sind Handlungen einzelner Mitglieder des Organs oder von Dienststellen (Beamten) der Union, wenn diesen Vertretungsmacht, Ermächtigung oder Delegation der Handlungsbefugnis nicht offensichtlich fehlt.

Das beklagte Organ muss nach Art. 76 Buchst. c EuG-Verfahrensordnung bzw. Art. 120 Buchst. b EuGH-Verfahrensordnung in der Klageschrift ausdrücklich benannt sein.

9. Gegenstand der Nichtigkeitsklage können zudem alle Rechtsakte mit bindender Außenwirkung sein. Das sind insb., aber nicht ausschließlich, die in Art. 288 AEUV vorgesehenen Verordnungen, Richtlinien und Beschlüsse. Daneben sind auch sog. atypische Rechtsakte, wie zB das ERASMUS-Programm erfasst (EuGH 242/87, Slg. 1989, 1425 – Kommission der Europäischen Gemeinschaft/Rat der Europäischen Gemeinschaft

wegen Nichtigerklärung des ERASMUS-Beschlusses) oder die Eintragung eines Unternehmens in das Frühwarnsystem (EuGH C-314/11 P, BeckRS 2012, 82699 – Europäische Kommission/Planet). Empfehlungen und Stellungnahmen sind hingegen mangels bindender Wirkung ausdrücklich ausgeschlossen. Es kommt nicht auf die Bezeichnung des Rechtsakts, sondern auf die tatsächlichen Rechtswirkungen der Handlung eines Organs an. Zwischenentscheidungen im Rahmen eines Verwaltungsverfahrens der Kommission sind nur dann selbständig anfechtbar, wenn sich ihre Bedeutung nicht in der Vorbereitung eines bindenden Rechtsakts gegenüber den Betroffenen erschöpft (EuGH 60/81, Slg. 1981, 2639 Rn. 10 – International Business Machines Corporation/Kommission; EuGH C-312/90, Slg. 1992, I-4136 Rn. 21 ff. – Spanien/Kommission). Zulässig ist deshalb zB auch die Anfechtung der Verweigerung der Akteneinsicht durch die Kommission (EuGH 53/85, Slg. 1986, 1985 Rn. 16–21 – AKZO Chemie ua/Kommission; EuG T-30/91, Slg. 1995, II-1779 Rn. 54 – Solvay/Kommission); unzulässig sein kann im Einzelfall hingegen die Anfechtung des Eröffnungsbeschlusses in Beihilfesachen (EuG T-129/13, EuZW 2015, 150 – Alpiq RomIndustries ua/Europäische Kommission mAnm *Berrisch*; anders dagegen, EuGH C-77/12 P, BeckEuRS 2013, 745478 – Deutsche Post/Europäische Kommission). Bloße Ankündigungen von Rechtsakten, wenn das handelnde Organ sich nicht bereits hierdurch bindet, sowie nachfolgende, einen bereits ergangenen Rechtsakt lediglich bestätigende Handlungen (wiederholende Verfügung), entfalten keine eigene Rechtswirkung (EuGH 166/86 u. 220/86, Slg. 1988, 6498 Rn. 13 – Irish Cement/Kommission; EuG T-331/94, Slg. 1997, II-1665 Rn. 24 – IPK München/Kommission) – anders als eine erneute Sachbescheidung durch sog. Zweitbescheid (EuGH 54/77, Slg. 1978, 585 Rn. 11/15 – Herpels/Kommission; vgl. dazu auch EuGH 41/59 u. 50/59, Slg. 1960, 1027 (1050) – Hamborner Bergbau/Hohe Behörde; EuGH 43/64, Slg. 1965, 519 (536) – Müller/Räte der EWG, EAG und EGKS). Dagegen liegt in der Ablehnung eines Antrags auf Tätigwerden eine bindende Entscheidung, wenn das handelnde Organ zu einem Tätigwerden befugt wäre (EuGH 246/81, Slg. 1982, 2277 Rn. 15 f. – Nicholas William, Lord Bethell/Kommission). Bloßes Schweigen kann grds. nicht mit einer stillschweigenden Ablehnung gleichgesetzt werden, außer wenn diese Folge im Unionsrecht ausdrücklich vorgesehen ist (EuGH C-123/03 P, Slg. 2004, I-11647 Rn. 45 – Kommission/Greencore Group). Schließlich ist auch der Abschluss eines völkerrechtlichen Vertrages durch ein Unionsorgan ein anfechtbarer Rechtsakt, wobei sich die Klage nur gegen die innerunionsrechtliche Wirkung des Vertrages richten kann.

10. Die Anträge sind nach Art. 76 Buchst. e EuG-Verfahrensordnung bzw. Art. 120 Buchst. d EuGH-Verfahrensordnung in der Klageschrift ausdrücklich aufzuführen. Die Anträge sind so abzufassen, wie der Tenor des Urteils, dessen Erlass beantragt wird, lauten würde.

11. Der Hauptantrag der Nichtigkeitsklage muss sich auf die Nichtigerklärung einer anfechtbaren Handlung iSd Art. 263 AEUV richten (→ Anm. 9). Das Unionsrecht kennt keine Verpflichtungsklage auf Erlass eines Rechtsakts. Entfaltet jedoch die Ablehnung eines beantragten Rechtsakts durch Unionsorgane bindende Wirkung (→ Anm. 9), so kann diese Entscheidung mit der Nichtigkeitsklage angegriffen werden. Insoweit kann durch eine erfolgreiche Nichtigkeitsklage aufgrund der in Art. 266 AEUV statuierten Pflicht, die sich aus dem Nichtigkeitsurteil ergebenden Maßnahmen zu ergreifen, auch eine Verpflichtungswirkung für Unionsorgane entstehen.

12. Gem. Art. 134 Abs. 1 EuG-Verfahrensordnung bzw. Art. 138 Abs. 1 EuGH-Verfahrensordnung ist die unterliegende Partei auf einen entsprechenden Antrag hin zur Kostentragung zu verurteilen. Dabei legt der EuGH Wert auf den Wortlaut des Antrags. Es muss ausdrücklich beantragt werden, der Beklagten die Kosten des Verfahrens aufzuerlegen (in diesem Sinne zum Rechtsmittelverfahren: EuGH C-255/90 P, Slg. 1992, I-2253 Rn. 26 – Burban/Europäisches Parlament; → Anm. 27).

13. → Anm. 7. Für die Vollmacht gelten keine besonderen Vorschriften. Juristische Personen des Privatrechts haben allerdings den Nachweis vorzulegen, dass die Prozessvollmacht ihres Anwalts von einem hierzu Berechtigten ordnungsgemäß ausgestellt ist (Art. 51 Abs. 3 EuG-Verfahrensordnung bzw. Art. 44 Abs. 1 Buchst. b EuGH-Verfahrensordnung).

14. → Anm. 7. Der Anwalt hat eine Bescheinigung zu hinterlegen, aus der hervorgeht, dass er berechtigt ist, vor einem Gericht eines Mitgliedstaates oder eines anderen Vertragsstaates des EWR-Abkommens aufzutreten (Art. 51 Abs. 2 EuG-Verfahrensordnung bzw. Art. 44 Abs. 1 Buchst. b EuGH-Verfahrensordnung). Die Bescheinigung wird in Deutschland von dem Gericht ausgestellt, bei dem der Bevollmächtigte zugelassen ist. In der Praxis empfiehlt es sich, die Bescheinigung nicht als Anlage zur Klageschrift, sondern von dieser getrennt einzureichen. Es kann auch auf die im Rahmen eines anderen Verfahrens bereits hinterlegte Bescheinigung verwiesen werden (Praktische Durchführungsbestimmungen Rn. 117, → Anm. 4).

15. Juristische Personen des Privatrechts haben zudem gem. Art. 78 Abs. 4 EuG-Verfahrensordnung mit der Klageschrift ihre Satzung, einen neueren Auszug aus dem Handelsregister oder einen anderen Nachweis ihrer Rechtspersönlichkeit einzureichen. Eine solche Vorschrift findet sich in der EuGH-Verfahrensordnung nicht. In der Praxis empfiehlt es sich diese Unterlagen der Klageschrift nicht als Anlagen, sondern von diesen getrennt beizufügen, auch wenn die Praktischen Anweisungen dies nicht mehr ausdrücklich vorgeben (anders noch Rn. 25 der Praktischen Anweisungen für die Parteien vor dem EuG (ABl. 2012 L 68, 23 zuletzt geändert mit ABl. 2016 L 217, 78).

16. Eine Anschrift am Ort des Gerichtssitzes ist nicht mehr notwendig. Die Zustellung iRd Verfahren vor dem Gericht erfolgt seit dem 1.12.2018 grds durch das elektronische Portal e-Curia (Art. 80 Abs. 1 EuG-Verfahrensordnung). Bei Verfahren vor dem EuGH erfolgt die Zustellung von Urteilen, Beschlüssen und sonstigen Verfahrensschriftstücken, soweit die Vertreter der Parteien Inhaber eines e-Curia Benutzerkontos sind, via e-Curia. Bei der elektronischen Verfahrensführung mittels e-Curia ist für den Zeitpunkt der Zustellung die elektronische Validierung durch e-Curia maßgeblich; es gilt die Ortszeit des Herzogtums Luxemburg. Zusätzlich zu einer Zustellung über e-Curia werden die Empfänger per E-Mail über die Zustellung benachrichtigt (zu Detailfragen des elektronischen Zustellungsverfahrens s. Beschluss des Gerichtshofs v. 18.10.2018 „über die Einreichung und die Zustellung von Verfahrensschriftstücken im Wege der Anwendung e-Curia", ABl. 2018 L 293, 36, insb. Art. 6 u. 7; → Anm. 4; → Form. IX.19). Für Verfahren vor dem EuGH sieht Art. 48 EuGH-Verfahrensordnung parallel noch die analoge Zustellung von Verfahrensschriftstücken vor. Der Prozessbevollmächtigte kann sich in diesem Fall in der Klageschrift damit einverstanden erklären, dass Zustellungen an ihn mittels Telefax oder sonstiger technischer Kommunikationsmittel erfolgen (Art. 48 Abs. 2 EuGH-Verfahrensordnung). Besitzt der Prozessvertreter weder ein e-Curia-Nutzerkonto, noch wird eine Zustellungsanschrift angegeben, noch das Einverständnis mit der Zustellung mittels moderner Kommunikationsmittel erklärt, so erfolgen die Zustellungen an die betreffende Partei auf dem Postweg durch Einschreiben an den Bevollmächtigten oder Anwalt der Partei, wobei in diesem Falle die Zustellung mit der Aufgabe des Einschreibens zur Post am Ort des Gerichtssitzes (also Luxemburg) als bewirkt gilt, Art. 48 Abs. 3 EuGH-Verfahrensordnung). Das Risiko der Postlaufzeit trägt in diesem Fall der Kläger.

17. Die Anforderungen an die Begründung der Klage ergeben sich aus Art. 21 Abs. 1 (ggf. iVm Art. 53 Abs. 1) EuGH-Satzung iVm Art. 76 Buchst. d EuG-Verfahrensordnung

bzw. Art. 120 Buchst. c EuGH-Verfahrensordnung. Nach diesen Bestimmungen muss die Klageschrift als „Mindestanforderung" (EuG T-468/93, Slg. 1994, II-33 Rn. 30 – Frinil/ Kommission) ua den Streitgegenstand angeben und eine kurze Darstellung der Klagegründe enthalten. Voraussetzung für die Zulässigkeit einer Nichtigkeitsklage ist deshalb, dass in der Klage zumindest einer der in Art. 263 Abs. 2 AEUV genannten Klagegründe, nämlich Unzuständigkeit, Formfehler, Vertragsverletzung oder Ermessensmissbrauch, geltend gemacht wird. Es reicht aus, wenn sich diese Klagegründe dem Vorbringen hinreichend deutlich entnehmen lassen. Eine ausdrückliche Benennung ist nicht erforderlich (EuGH 19/60, 21/60, 2/61 u. 3/61, Slg. 1961, 617 (644) – Société Fives Lille Cail ua/Hohe Behörde der Europäischen Gemeinschaft für Kohle und Stahl; EuGH 42/84, Slg. 1985, 2566 Rn. 16 – Remia ua/Kommission) → Anm. 4.

18. Das Klageziel sollte eine kurze Zusammenfassung der Klagegründe und der wesentlichen Argumente der Klage enthalten. Insbes. ist auf die in Art. 263 Abs. 2 AEUV genannten Klagegründe (Unzuständigkeit, Formfehler, Vertragsverletzung oder Ermessensmissbrauch, → Anm. 22) einzugehen. Gliederung und Zusammenfassung der Klagegründe dienen neben der besseren Übersicht auch der Abfassung der in Art. 79 EuG-Verfahrensordnung bzw. Art. 21 Abs. 4 EuGH-Verfahrensordnung vorgesehenen Mitteilung und sollen gewährleisten, dass der Streitgegenstand sowie die Klagegründe und wesentlichen Argumente genau bezeichnet werden. Ein Muster für die Zusammenfassung der Klagegründe und wesentlichen Argumente ist der Seite www.curia.europa.eu zu entnehmen, → Anm. 26.

19. Der Sachverhalt soll die Darstellung der erheblichen Tatsachen mit den sie tragenden Schriftstücken und Beweisangeboten enthalten. Das Vorbringen neuer Angriffs- und Verteidigungsmittel im Laufe des Verfahrens ist nur unter bestimmten engen Voraussetzungen zulässig (vgl. Art. 84 Abs. 1 EuG-Verfahrensordnung bzw. Art. 127 Abs. 1 EuGH-Verfahrensordnung). Schon in der Klageschrift ist deshalb die gesamte tatsächliche und rechtliche Argumentation möglichst vollständig darzulegen (hierzu *Sachs* Ex-officio-Prüfung S. 8 ff.).

Zum Beweis behaupteter strittiger Tatsachen nennt Art. 91 EuG-Verfahrensordnung bzw. Art. 64 Abs. 2 EuGH-Verfahrensordnung die Parteivernehmung, die Einholung von Auskünften, die Vorlage von Urkunden, die Vernehmung von Zeugen und Sachverständigen sowie die Einnahme des Augenscheins. Die Möglichkeit der Anwendung weiterer, nicht genannter Beweismittel (zB Filme, Fotografien, Tonbänder, Datenträger, Beibringung von Gutachten) wird in der Lit. zum Teil bejaht (vgl. *Everling* WuW 1989, 877). Neben der Anforderung von Urkunden sind die übrigen Beweismittel allerdings von äußerst geringer praktischer Relevanz (EuG T-4/89, Slg. 1991, II-1527 (1544 ff.) – BASF/Kommission).

20. Die Nichtigkeitsklage ist zulässig, wenn die allgemeinen Verfahrensvoraussetzungen erfüllt sind. Im Rahmen der Zulässigkeit ist deshalb – soweit problematisch und erforderlich – auf die sachliche Zuständigkeit des EuG bzw. des EuGH (→ Anm. 3), die Klageberechtigung (→ Anm. 5), den Klagegegner (→ Anm. 8), den Klagegegenstand (→ Anm. 9), die Klagebefugnis (→ Anm. 5), die Klagefrist (→ Anm. 28) sowie das Rechtsschutzbedürfnis (→ Anm. 5) einzugehen. Weitere allgemeine Voraussetzung ist, dass die Streitsache nicht bereits entschieden (EuGH 57/70, Slg. 1971, 613 Rn. 6 – August Josef van Eick/Kommission) oder rechtshängig sein darf (EuGH 358/85 u. 51/ 86, Slg. 1988, 4846 Rn. 7–12 – Frankreich/Europäisches Parlament).

21. Zur Klagefrist → Anm. 28 zur Fristberechnung s. Art. 58 der EuG-Verfahrensordnung bzw. Art. 49 der EuGH-Verfahrensordnung und → Anm. 2.

22 Die Klage ist begründet, wenn einer der in Art. 263 Abs. 2 AEUV genannten Gründe vorliegt. Die Klagebegründung hat deshalb auf mindestens eine der Verfahrens- oder Sachrügen einzugehen: Verfahrensfehler (Unzuständigkeit, Verletzung von Formvorschriften) oder materiell-rechtliche Fehler des angegriffenen Rechtsakts (Verletzung des Unionsrechts, Ermessensmissbrauch).

Verfahrensfehler: Die Rüge der Unzuständigkeit kann sich gegen die Verbandskompetenz der Union, die Organ- oder Handlungskompetenz wenden. Die Verletzung wesentlicher Formvorschriften betrifft alle Verfahrensvorschriften, die bei dem Zustandekommen des Rechtsaktes maßgeblich waren. Entscheidend ist in jedem Einzelfall, dass die Verfahrensvorschrift geeignet war, den Inhalt der angefochtenen Handlung zu beeinflussen („wesentliche Formverletzung", EuGH 117/81, Slg. 1983, 2191 Rn. 7 – Jean-Jacques Geist/Kommission; EuG T-30/91, Slg. 1995, II-1779 Rn. 98 – Solvay/Kommission). Wesentliche Formvorschriften sind insb. Anhörungsrechte (EuGH 138/79, Slg. 1980, 3333 Rn. 33 – Roquette Frères; EuGH 84/82, Slg. 1984, 1451 Rn. 19 – Deutschland/Kommission; EuGH 165/87, Slg. 1988, 5545 Rn. 20 – Kommission/Rat), Bestimmungen über die Beschlussfassung (EuGH 68/86, Slg. 1988, 855 Rn. 47–49 – Vereinigtes Königreich/Rat; EuG T-79/89, T-84/89, T-85/89, T-86/89, T-89/89, T-91/89, T-92/89, T-94/89, T-96/89, T-98/89, T-102/89 u. T-104/89, Slg. 1992, II-315 Rn. 49 f. – BASF ua/Kommission; EuG T-141/94, Slg. 1999, II-347, Leitsatz 5 – Thyssen Stahl/Kommission) und insb. die Begründung eines Rechtsakts (Art. 296 AEUV; s. dazu EuGH 36/81, 37/81 u. 218/81, Slg. 1983, 1789 Rn. 46–49 – Seton/Kommission; EuGH 338/82, Slg. 1984, 2123 Rn. 46 – Albertini und Montagnani/Kommission; EuGH 158/80, Slg. 1981, 1805 Rn. 25–27 – Rewe/HZA Kiel; EuGH 45/86, Slg. 1987, 1493 Rn. 5–9 – Kommission/Rat; EuGH 131/86, Slg. 1988, 905 Rn. 36–39 – Vereinigtes Königreich/Rat). Die Verletzung wesentlicher Formvorschriften ist iÜ von Amts wegen zu prüfen (EuGH C-367/95 P, Slg. 1998, I-1752 – Kommission/Sytraval).

Materielle Rügen: Die Sachrüge der Vertragsverletzung erfasst sämtliche Verstöße gegen geschriebenes, ungeschriebenes, primäres oder sekundäres Unionsrecht sowie allgemeine Rechtsgrundsätze. Von praktischer Bedeutung sind insb. die Versagung des rechtlichen Gehörs (EuGH C-269/90, Slg. 1991, I-5469 Rn. 25 – HZA München-Mitte/Technische Universität München; EuGH C-48/90 u. C-66/90, Slg. 1992, I-565 Rn. 50 ff. – Niederlande ua/Kommission) und Verstöße gegen Verteidigungsrechte, wie zB die Pflicht, den von einer Untersuchung Betroffenen alle Informationen zur Verfügung zu stellen, die ihnen eine sachgerechte Wahrung ihrer Interessen ermöglichen (EuGH C-49/88, Slg. 1991, I-3187 Rn. 17 – Al-Jubail Fertilizer/Rat). Sekundäres Unionsrecht ist jedoch nur dann Prüfungsmaßstab, wenn es dem angegriffenen Rechtsakt vorgeht. Der Klagegrund der Verletzung des Unionsrechts ist ein Auffangtatbestand, da auch die Verletzung von Verfahrensrechten Vertragsverletzung in diesem Sinne ist. Prüfungsmaßstab können auch völkerrechtliche Verträge der Union mit Drittstaaten sein (vgl. *Kirschner/Klüpfel* EuG Rn. 52). Sachrügen darf der Unionsrichter nur prüfen, wenn sich der Kläger darauf beruft (EuGH C-367/95 P, Slg. 1998, I-1752 – Kommission/Sytraval, vgl. hierzu grdl. *Sachs* Ex-officio-Prüfung). Der EuGH hat die Überprüfung der Entscheidungen der Kommission in den im jeweiligen Verfahren maßgeblichen Wirtschaftsfragen intensiviert, obgleich er einen der Kommission zustehenden Beurteilungsspielraum anerkennt (EuG T-342/99, Slg. 2002, II-2585 Rn. 44 – Airtours/Kommission; EuG T-310/01, Slg. 2002, II-4071 Rn. 239–243, 255–257, 262 – Schneider Electric/Kommission; EuGH C-12/03 P, Slg. 2005, I-987 Rn. 39 – Kommission/Tetra Laval). Hierbei sind insb. die wirtschaftlichen Bewertungen der Kommission in den dortigen Fusionsverfahren in Frage gestellt worden. Ein Ermessensmissbrauch liegt dann vor, wenn für den angegriffenen Rechtsakt ein Ermessensspielraum besteht und die streitige Handlung zu einem anderen als dem im Rechtsakt angegebenen Zweck oder zur Umgehung eines bindenden Verfahrens vorgenommen wurde (EuGH 18/65 u. 35/65, Slg. 1966, 154 (176) – Max

Gutmann/Kommission der EAG; EuGH C-48/96 P, Slg. 1998, I-2873 Rn. 52 – Windpark Groothusen/Kommission; EuG T-141/94, Slg. 1999, II-347 Rn. 569 – Thyssen Stahl/Kommission).

23. Gem. Art. 84 Abs. 1 EuG-Verfahrensordnung bzw. Art. 127 Abs. 1 EuGH-Verfahrensordnung sind alle Angriffs- und Verteidigungsmittel im ersten Schriftsatz (Klageschrift/Klagebeantwortung) vorzutragen. Es gilt also eine strenge Präklusion, von der nur die Angriffs- und Verteidigungsmittel ausgeschlossen sind, die auf Gründe gestützt werden, die erst im Laufe des Verfahrens zutage getreten sind.

24. Im Rahmen der elektronischen Verfahrensführung ist die Unterzeichnung von Schriftstücken nicht erforderlich; Unterschriften auf den via e-Curia eingereichten Schriftstücken sind aber grds. unschädlich. Rechtlich maßgeblich und die Unterschrift insoweit ersetzend ist bei der elektronischen Verfahrensführung die Einreichung über das ordnungsgemäß eingerichtete e-Curia Benutzerkonto – konkret durch Verwendung von persönlicher Nutzerkennung und Passwort (Art. 3 Beschluss des Gerichtshofs v. 16.10.2018, ABl. 2018 L 293, 63); → Anm. 4. Sollte bei Verfahren vor dem EuGH die analoge Verfahrensführung gewählt werden, ist die Urschrift jedes Schriftsatzes durch den Anwalt der Partei zu unterzeichnen (Art. 57 Abs. 1 EuGH-Verfahrensordnung). Die fünffachen Abschriften für den Gerichtshof sind zu beglaubigen (Art. 57 Abs. 2 S. 2 EuGH-Verfahrensordnung). Jeweils eine beglaubigte Abschrift ist für jeden weiteren Beteiligten beizufügen, → Anm. 4.

25. Gem. Art. 72 Abs. 3 EuG-Verfahrensordnung bzw. Art. 57 Abs. 4 EuGH-Verfahrensordnung sind die Anlagen zur Klage und zu weiteren Schriftsätzen in einem Anlagenverzeichnis aufzuführen. In den Praktischen Anweisungen (→ Anm. 4) heißt es dazu in Rn. 44: „Gemäß Art. 57 Abs. 4 der Verfahrensordnung werden Anlagen nur entgegengenommen, wenn sie mit einem Anlagenverzeichnis eingereicht werden. Dieses Verzeichnis muss für jedes beigefügte Schriftstück folgende Angaben enthalten: die Nummer der Anlage, eine kurze Angabe ihrer Art sowie die Angabe, auf welcher Seite oder in welchem Absatz des Schriftsatzes oder der Erklärung das Schriftstück angeführt wird, wodurch seine Einreichung gerechtfertigt ist.“ Ähnliche Ausführungen finden sich in den Praktischen Durchführungsbestimmungen des EuG (Rn. 97 ff. → Anm. 4). Die Schriftsätze sollen die Schriftstücke, auf die in ihnen Bezug genommen wird, eindeutig bezeichnen. Die bloße Bezugnahme auf eine Anlage reicht nicht aus, um die Darstellung des Sachverhalts, der Angriffs- und Verteidigungsmittel und der Argumente im Schriftsatz oder sonstigen Verfahrensvorgang selbst zu ersetzen. Die Anlagen dürfen nicht dazu dienen, einen in der Klageschrift nur gedrängt dargestellten Klagegrund unter Nennung von nicht in der Klageschrift aufgeführten Argumenten näher auszuführen. Vielmehr dürfen die Anlagen nur eine Beweis- und Hilfsfunktion haben (EuG T-84/96, Slg. 1997, II-2081 Rn. 34 – Cipeke/Kommission; EuG T-177/07, Slg. 2010, II-02341 Rn. 24 – Mediaset/Europäische Kommission). Gem. Art. 72 Abs. 5 EuG-Verfahrensordnung muss die Urkunde der Kanzlei vollständig zur Verfügung gestellt werden, wenn nur Auszüge einer Urkunde eingereicht werden. Auch einem über e-Curia eingereichten Schriftstück sind die darin erwähnten Anlagen einschließlich des Anlagenverzeichnisses beizufügen (vgl. Art. 4 Beschluss des Gerichtshofs v. 16.10.2018, ABl. 2018 L 293, 63). Anlagen zu einem Verfahrensstück, die ihrem Wesen nach nicht über e-Curia eingereicht werden können, können nach Art. 72 Abs. 4 EuG-Verfahrensordnung gesondert übermittelt werden. Sie sind dennoch im Anlagenverzeichnis des über e-Curia eingereichten Schriftstücks aufzuführen (vgl. Praktische Durchführungsbestimmungen Rn. 97 ff. → Anm. 4).

26. Der Klageschrift ist eine Zusammenfassung der Klagegründe und wesentlichen Argumente beizufügen (Praktische Anweisungen Rn. 14 und Praktische Durchführungsbestimmungen Rn. 130 ff. → Anm. 4), die die Veröffentlichung im Amtsblatt der Europäischen Union nach Art. 79 EuG-Verfahrensordnung bzw. Art. 21 Abs. 4 EuGH-Verfahrensordnung erleichtern soll. Hierzu befindet sich auf der Seite www.curia.europa.eu ein Muster → Form. IX.19.

Kosten und Gebühren

27 Gem. Art. 139 EuG-Verfahrensordnung bzw. Art. 143 EuGH-Verfahrensordnung sind die Verfahren vor dem Gerichtshof und dem Gericht grds. gebührenfrei, jedoch gelten Ausnahmen für vermeidbare Kosten und außergewöhnliche Schreib- und Übersetzungsarbeiten (Art. 139 Buchst. a u. b EuG-Verfahrensordnung bzw. Art. 143 Buchst. a u. b EuGH-Verfahrensordnung) sowie für Leistungen an Zeugen und Sachverständige (Art. 140 Buchst. a EuG-Verfahrensordnung bzw. Art. 144 Buchst. a EuGH-Verfahrensordnung).

Die außergerichtlichen Kosten der Parteien und Streithelfer sind gem. Art. 140 Buchst. b EuG-Verfahrensordnung bzw. Art. 144 Buchst. b EuGH-Verfahrensordnung erstattungsfähig. Die unterliegende Partei wird auf Antrag zur Tragung der Kosten verurteilt (Art. 134 Abs. 1 EuG-Verfahrensordnung bzw. Art. 138 EuGH-Verfahrensordnung). Bei Klagen gegen Entscheidungen der Beschwerdekammern des Harmonisierungsamtes für den Binnenmarkt kann das Gericht jedoch beschließen, dass das Amt nur seine eigenen Kosten trägt (Art. 190 Abs. 1 EuG-Verfahrensordnung). Fehlt es an einem Kostenantrag (→ Anm. 12), so trägt jede Partei ihre Kosten selbst. Bei teilweisem Obsiegen oder außergewöhnlichen Gründen können die Kosten geteilt werden (Art. 134 Abs. 3 EuG-Verfahrensordnung bzw. Art. 138 Abs. 3 EuGH-Verfahrensordnung). Ein außergewöhnlicher Grund liegt zB vor, wenn das beklagte Organ zur Entstehung des Rechtsstreits beigetragen hat (EuG T-64/89, Slg. 1990, II-367 Rn. 80 – Automec/Kommission; EuG T-1/92, Slg. 1993, II-107 Rn. 76 – Santo Tallarico/Europäisches Parlament). Treten Mitgliedstaaten oder Unionsorgane als Streithelfer dem Rechtsstreit bei, tragen sie ihre eigenen Kosten (Art. 138 Abs. 1 EuG-Verfahrensordnung bzw. Art. 140 Abs. 1 EuGH-Verfahrensordnung). Anderen Streithelfern können deren eigene Kosten auferlegt werden (Art. 138 Abs. 3 EuG-Verfahrensordnung bzw. Art. 140 Abs. 3 EuGH-Verfahrensordnung). Wird die Klage zurückgenommen, trägt grds. der Kläger die Kosten (Art. 136 Abs. 1 EuG-Verfahrensordnung bzw. Art. 141 Abs. 1 EuGH-Verfahrensordnung), sofern der Gegenpartei dies beantragt. Wenn der EuGH oder das EuG die Hauptsache für erledigt erklären, liegt die Kostenentscheidung im Ermessen des Gerichts (Art. 137 EuG-Verfahrensordnung bzw. Art. 142 EuGH-Verfahrensordnung; vgl. *Kirschner/Klüpfel* EuG Rn. 138).

Streiten die Parteien über die Höhe der erstattungsfähigen Kosten, entscheiden auf Antrag der Gerichtshof oder das Gericht nach Anhörung der Gegenpartei durch unanfechtbaren Beschluss (Art. 170 Abs. 1 EuG-Verfahrensordnung bzw. Art. 145 EuGH-Verfahrensordnung). Die Richter wenden dabei kein nationales Kostenrecht an, sondern setzen die Kostenhöhe in Ermangelung einer unionsrechtlichen Gebührenordnung unter Gesamtwürdigung des Einzelfalls fest.

Für ein Muster eines Antrags auf Kostenfestsetzung → Form. IX.18.

Fristen und Rechtsmittel

28. Nach Art. 263 Abs. 6 AEUV ist die Nichtigkeitsklage binnen zwei Monaten zu erheben. Mit Rücksicht auf die räumliche Entfernung verlängern sich die Fristen unabhängig vom Wohnsitz der jeweiligen Partei gem. Art. 60 EuG-Verfahrensordnung bzw. Art. 51 EuGH-Verfahrensordnung zusätzlich um eine einheitliche pauschale Entfernungsfrist von 10 Tagen (s. auch Praktische Durchführungsbestimmungen Rn. 66 → Anm. 4). Der Fristlauf beginnt entweder mit der Bekanntgabe der angefochtenen Handlung, ihrer Mitteilung an den Kläger oder in Ermangelung dessen zu dem Zeitpunkt, in dem der

Kläger Kenntnis erlangt (Art. 59 EuG-Verfahrensordnung bzw. Art. 50 EuGH-Verfahrensordnung). Die Spruchpraxis des EuGH, dass die Frist ab dem vierzehnten Tag nach Veröffentlichung im Amtsblatt der EU zu berechnen ist (EuGH C-406/01, EuZW 2002, 404 Rn. 15 – Bundesrepublik Deutschland/Europäisches Parlament und Rat mAnm *Wägenbaur*; zur Frage der Fristberechnung und des Fristlaufs unter Einschluss der zusätzlichen Frist vgl. auch EuG T-85/97, Slg. 1997, II-2113 Rn. 25 f. – Horeca-Wallonie/Kommission), ist inzwischen in Art. 59 EuG-Verfahrensordnung bzw. Art. 50 EuGH-Verfahrensordnung kodifiziert.

Innerhalb der Klagefrist muss die Klage bei der Kanzlei des EuG bzw. EuGH eingehen (EuGH 220/78 u. 221/78, Slg. 1979, 1693 Rn. 7–10 – ALA und ALFER/Kommission). Fristen, deren Ende auf ein Wochenende oder auf einen gesetzlichen Feiertag in Luxemburg fällt, enden erst an dem darauffolgenden Werktag (Art. 49 Abs. 2 EuGH-Verfahrensordnung bzw. Art. 58 Abs. 1 EuG-Verfahrensordnung). Die Klageerhebung per Telefax zur Fristwahrung ist nicht möglich (Begründung: Widerspruch zu den Entfernungsfristen, EuGH C-122/90 Rn. 11 – Emsland-Stärke/Kommission; vgl. *Happe* EuZW 1992, 297 (300)). Bei Einreichung der Klage mittels e-Curia (→ Anm. 4) gilt diese als zu dem Zeitpunkt zugegangen, an dem die Einreichung durch den Prozessvertreter auf seiner e-Curia Seite validiert wird.

Bei Versäumung der Klagefrist kann der Kläger Wiedereinsetzung beantragen, wenn er nachweist, dass Zufall oder höhere Gewalt die Einhaltung der Frist verhindert haben (vgl. Art. 45 Abs. 2 EuGH-Satzung) oder ein entschuldbarer Irrtum vorlag (EuGH C-195/91 P, Slg. 1994, I-5619 Rn. 26 – Bayer/Europäische Kommission).

Gem. Art. 256 Abs. 2 AEUV iVm Art. 56–62 EuGH-Satzung und Art. 167 ff. EuGH-Verfahrensordnung kann gegen Entscheidungen des EuG durch die unterlegene Partei oder einen Streithelfer der unterlegenen Partei (vgl. Art. 56 Abs. 2 EuGH-Satzung) Rechtsmittel beim EuGH eingelegt werden (→ Form. IX.12).

3. Klage wegen Untätigkeit gem. Art. 265 AEUV

. . . . .stadt, den . . . . .[2]

Per e-Curia[14]
An das
Gericht der Europäischen Union
(bzw. An den Gerichtshof der Europäischen Union)[3]
– Kanzlei –
Rue du Fort Niedergrünewald
L-2925 Luxemburg
LUXEMBURG

Klage[1, 4]

der . . . . . GmbH,[5] . . . . . str. . . . . ., ...stadt, vertreten durch den Geschäftsführer, Herrn . . . . ., ebenda
– Klägerin –
Prozessbevollmächtigter:[6] Rechtsanwalt . . . . .
gegen
die Europäische Kommission,[7] Rue de la Loi 200, B-1049 Brüssel, BELGIEN
– Beklagte –
wegen Untätigkeit[8]
Namens und im Auftrag der Klägerin erheben wir hiermit Klage und beantragen,

1. festzustellen,[9] dass die Beklagte gegen Art. 6 Verordnung Nr. 99/63/EWG verstoßen hat, indem sie es unterlassen hat, auf das Schreiben der Klägerin vom . . . . . hin die in der genannten Vorschrift vorgesehene vorläufige Mitteilung an die Klägerin zu richten;

2. der Beklagten die Kosten des Verfahrens aufzuerlegen.[10]

Die Vollmacht,[11] die Zulassungsbescheinigung des Prozessbevollmächtigten[12] und ein Handelsregisterauszug[13] werden durch separates Schreiben an die Kanzlei des Gerichts eingereicht.

[Gem. Art. 48 Abs. 2 der EuGH-Verfahrensordnung erklären wir uns als Prozessbevollmächtigte damit einverstanden, dass Zustellungen an uns mittels Telefax oder sonstiger technischer Kommunikationsmittel erfolgen. Zustellungen können bewirkt werden an Herrn Rechtsanwalt . . . . ., Telefax-Nr.: . . . . ., bzw. an die E-Mail-Anschrift: . . . . .][14]

Begründung:[15]

A. Sachverhalt[16]

Die Klägerin betreibt einen Importhandel mit Pkw japanischer Marken, die in anderen Mitgliedstaaten der Union zum Verkehr zugelassen worden sind. Unter dem . . . . . sandte sie an die Kommission eine Beschwerde

Anlage 1,

mit der sie sich gegen bestimmte Praktiken der Importeure japanischer Autos wandte und die Verletzung von Art. 101 AEUV rügte. Da die Kommission auf diese Beschwerde hin schwieg, hat die Klägerin am . . . . . ein weiteres Schreiben an die Kommission gesandt

Anlage 2,[17]

in dem sie die Kommission unter Hinweis auf Art. 265 AEUV aufforderte, zu der Beschwerde Stellung zu nehmen. Die Kommission hat innerhalb der zweimonatigen Frist des Art. 265 Abs. 2 AEUV keine Stellung genommen, so dass Klage geboten ist.

B. Rechtliche Würdigung

Die Klage ist zulässig und begründet.

I. Zulässigkeit

Die Klage ist zulässig, denn die Kommission hat trotz entsprechender ausdrücklicher Aufforderung bislang keine Mitteilung nach Art. 6 Verordnung Nr. 99/63/EWG[18] an die Klägerin gesandt.[19] Die Aufforderung zum Tätigwerden,[20] die die Klägerin der Kommission übersandt hat, enthielt eine ausdrückliche Bezugnahme auf Art. 265 AEUV und das Begehren, die Kommission möge die von der Klägerin gerügten Verstöße gegen Art. 101 AEUV abstellen. Die ausstehende Mitteilung nach Art. 6 hat einen anderen Charakter als den einer Stellungnahme oder Empfehlung,[21] und die Klägerin hat angesichts der zwischen der Einreichung der Beschwerde und ihrem Aufforderungsschreiben vergangenen Zeit nach den Vorschriften des Unionsrechts einen Anspruch auf ihren Erlass.

Die Klagefrist[22] ist gewahrt, denn das Aufforderungsschreiben ist vor drei Monaten an die Kommission gesandt worden.

II. Begründetheit

Die Klage ist auch begründet . . . . .

Unterschrift[23, 25, 26]

Verzeichnis der Anlagen[24]

Schrifttum: *Dörr*, Art. 265 AEUV in *Grabitz/Hilf/Nettesheim*, Das Recht der Europäischen Union (Loseblattsammlung, 71. EL August 2020); *Borchardt*, Art. 232, in: *Bor-*

chardt, Der Europäische Gerichtshof, 1. Aufl. 2000; *Dervisopoulos*, § 8 in *Rengeling/Middeke/Gellermann*, Handbuch des Rechtsschutzes in der Europäischen Union, 3. Aufl. 2014; *Cremer*, Art. 265 AEUV, in *Calliess/Ruffert*, EUV/AEUV, 5. Aufl. 2016; *Daig*, Nichtigkeits- und Untätigkeitsklagen im Recht der Europäischen Gemeinschaften, 1985; *Ehricke*, Art. 265 AEUV in *Streinz*, EUV/AEUV, 3. Aufl. 2018; *Gaitanides*, Art. 265 AEUV, in *von der Groeben/Schwarze/Hatje*, Europäisches Unionsrecht, 7. Aufl. 2015; *Giesberts*, Rechtliche Grundlage einer Verletzung subjektiv-öffentlicher Rechte beim EG-Staatshaftungsanspruch im Bereich des harmonisierten Sekundärrechts, EuZW 2005, 231; *Krämer*, Individualrechtsschutz gegen die Versagung der Vornahme nicht-klägergerichteter Hoheitsakte im System des Gemeinschaftsprozessrechts, EuR 2008, 104; *Pechstein*, EU-Prozessrecht, 4. Aufl. 2011, 7. Kap.; *Wägenbaur*, EuGH VerfO, 2. Aufl. 2017.

Anmerkungen

1. Die Untätigkeitsklage gem. Art. 265 AEUV kommt in Betracht, wenn einem Unionsorgan ein pflichtwidriges Unterlassen vorzuwerfen ist. Im Verhältnis zur Nichtigkeitsklage ist die Untätigkeitsklage subsidiär (vgl. *Gaitanides*, Art. 265 AEUV in *von der Groeben/Schwarze/Hatje* Rn. 2).

2. Gem. Art. 57 Abs. 6 S. 1 EuGH-Verfahrensordnung bzw. Art. 72 Abs. 2 EuG-Verfahrensordnung ist jeder Schriftsatz mit Datum zu versehen, → Form. IX.2 Anm. 2.

3. Gem. Art. 256 Abs. 1 AEUV ist für die Erhebung von Klagen nach Art. 265 Abs. 3 AEUV grds. das EuG zuständig. Für Klagen, die von den Mitgliedstaaten oder den Unionsorganen, erhoben werden, ist gem. Art. 51 EuGH-Satzung der EuGH zuständig.

4. Vgl. zu den allgemeinen Anforderungen an die Klageschrift, deren Begründung und an die weiteren Schriftsätze Art. 21 Abs. 1 iVm 53 Abs. 1 EuGH-Satzung, Art. 76 ff. EuG-Verfahrensordnung, Praktische Durchführungsbestimmungen zur Verfahrensordnung des Gerichts (ABl. 2015 L 152, 1, zuletzt geändert mit ABl. 2018 L 294, 23, berichtigt durch ABl. 2018 L 296, 40), Praktische Anweisungen für die Parteien in Verfahren vor dem Gerichtshof (ABl. 2020 L 42 I, 1) und das Benutzerhandbuch für e-Curia (abrufbar auf der Internetseite www.curia.europa.eu) sowie → Form. IX.2 Anm. 4, → Form. IX.19.

5. Aktiv legitimiert sind neben den Mitgliedstaaten und den anderen Organen der Union (Art. 265 Abs. 1 AEUV) gem. Art. 265 Abs. 3 AEUV auch natürliche und juristische Personen. Diese können Beschwerde darüber führen, dass ein Unionsorgan es unterlassen hat, einen anderen Akt als eine Empfehlung oder Stellungnahme an sie zu richten, vgl. zur Klagebefugnis → Anm. 19.

6. Natürliche und juristische Personen, mit Ausnahme der EU-Mitgliedstaaten, müssen gem. Art. 19 Abs. 3 (ggf. iVm Art. 53 Abs. 1) EuGH Satzung vor den Gerichten durch einen Anwalt vertreten sein. Als Vertreter oder Beistand kann nur ein Anwalt bestellt werden, der in einem Mitgliedstaat oder in einem anderen Vertragsstaat des EWR-Abkommens zugelassen ist, vgl. Art. 19 Abs. 4 iVm Art. 53 Abs. 1 EuGH-Satzung, Art. 51 Abs. 1 EuG-Verfahrensordnung, → Form. IX.2 Anm. 7, 13, 14.

7. Passiv legitimiert sind gem. Art. 265 Abs. 1 S. 1 AEUV das Europäische Parlament, der Europäische Rat, der Rat, die Kommission und die EZB. Zudem sind nach Art. 265 Abs. 1 S. 2 AEUV die Einrichtungen und sonstigen Stellen der Union passiv parteifähig.

8. Die Untätigkeitsklage gem. Art. 265 AEUV vervollständigt die unionsrechtlichen Rechtsschutzmöglichkeiten bei einem pflichtwidrigen Unterlassen eines der in Art. 265 AEUV genannten Organe. Bislang ist die Untätigkeitsklage in der Praxis des Gerichtshofes und des Gerichts ohne große Bedeutung geblieben, wie sich an der geringen Zahl veröffentlichter Entscheidungen ablesen lässt, die auf die genannten Vorschriften gestützt worden sind. Allerdings mag das nicht zuletzt darauf zurückzuführen sein, dass die Kommission nach der Erhebung der Klage oft dem Begehren des Klägers Rechnung trägt und die gewünschte Entscheidung erlässt (vgl. zB EuG T-212/99, Slg. 2002, II-1445 Rn. 59 – Intervet International/Kommission; EuG T-103/99, Slg. 2000, II-4165 Rn. 41 – Associazione delle cantine sociali venete/den Europäischen Bürgerbeauftragten; EuGH C-15/91 u. C-108/91, Slg. 1992, I-6061 Rn. 15 – Buckl & Söhne ua/Kommission), was dann zur Erledigung der Hauptsache führt (EuGH C-15/91 u. C-108/91, Slg. 1992, I-6061, Rn. 18 – Buckl & Söhne ua/Kommission). Die Untätigkeitsklage ist jedoch unzulässig, wenn das beklagte Organ nur einen anderen als den gewünschten Akt erlassen hat. Denn Untätigkeit iSd Art. 265 AEUV ist allein als Untätigkeit durch Nichtbescheidung oder Nichtstellungnahme zu verstehen (EuGH C-15/91 u. C-108/91, Slg. 1992, I-6061 Rn. 17 – Buckl & Söhne ua/Kommission; EuG T-107/96, Slg. 1998, II-311 Rn. 30 – Pantochim/Kommission).

9. Nach der Rspr. des EuGH ermöglicht die Untätigkeitsklage dem Kläger nur, die Feststellung zu erwirken, dass die gerügte Unterlassung – soweit das Organ sie nicht abgestellt hat – gegen die Verträge verstößt (EuGH 383/87, Slg. 1988, 4051 Rn. 9 – Kommission/Rat; EuGH 377/87, Slg. 1988, 4017 Rn. 9 – Parlament/Rat; EuGH C-15/91 u. C-108/91, Slg. 1992, I-6061 Rn. 14 – Buckl & Söhne/Kommission). Diese Feststellung hat nach Art. 266 AEUV zur Folge, dass das beklagte Organ die sich aus dem Urteil des EuGH ergebenden Maßnahmen zu treffen hat; daneben kann sie zu Klagen aus außervertraglicher Haftung Anlass geben.

10. Es ist ein ausdrücklicher Kostenantrag erforderlich, Art. 134 Abs. 1 EuG-Verfahrensordnung, → Form. IX.2 Anm. 12.

11. S. für die Anforderungen an die Vollmacht Art. 51 Abs. 3 EuG-Verfahrensordnung, → Form. IX.2 Anm. 14.

12. Der Anwalt hat gem. Art. 51 Abs. 2 EuG-Verfahrensordnung eine Bescheinigung zu hinterlegen, aus der hervorgeht, dass er berechtigt ist, vor dem Gericht eines Mitgliedstaates oder eines Vertragsstaates des EWR-Abkommens aufzutreten, → Form. IX.2 Anm. 14.

13. Eine juristische Person des Privatrechts hat gem. Art. 78 Abs. 4 EuG-Verfahrensordnung einen Nachweis ihrer Rechtspersönlichkeit vorzulegen, → Form. IX.2 Anm. 15.

14. Im Regelfall der elektronischen Verfahrensführung mittels e-Curia erfolgt auch die Zustellung über diese Plattform (Art. 6 Beschluss des Gerichtshofs v. 18.10.2018 „über die Einreichung und die Zustellung von Verfahrensschriftstücken im Wege der Anwendung e-Curia", ABl. 2018 L 293, 36). Andernfalls kann sich der Prozessbevollmächtigte in der Klageschrift auch damit einverstanden erklären, dass Zustellungen an ihn mittels Telefax oder sonstiger technischer Kommunikationsmittel erfolgen → Form. IX.2 Anm. 16, 4.

15. Zu den Anforderungen an die Klagebegründung vgl. Art. 76 Buchst. d der EuG-Verfahrensordnung → Anm. 4; → Form. IX.2 Anm. 4, 17.

16. Das Formular lehnt sich an den Sachverhalt an, der dem Urteil des EuG T-28/90, Slg. 1992, II-2288 – Asia Motors France ua/Kommission zugrunde liegt; vgl. auch das Urteil des Gerichtshofes in der Rs. 125/78, Slg. 1979, 3173 – GEMA/Kommission.

17. Diese Aufforderung ist der Klageschrift gem. Art. 21 Abs. 2 iVm Art. 53 Abs. 1 der EuGH-Satzung beizufügen.

18. ABl. 1963 127, 2268.

19. Die Untätigkeitsklage setzt für die Klagebefugnis des Klägers voraus, dass das beklagte Organ es unterlassen hat, einen verbindlichen Akt zu erlassen, der an den Kläger zu richten gewesen wäre. Die Frage, ob eine Klage gem. Art. 265 AEUV auch dann erhoben werden kann, wenn es sich um einen Akt handelt, der an einen Dritten zu richten wäre, wird von dem EuGH parallel zu Art. 263 Abs. 4 AEUV in dem Fall bejaht, in dem die Untätigkeit den Dritten individuell und unmittelbar betrifft (EuGH C-68/95, Slg. 1996, I-6065 Rn. 59 – T. Port/Bundesanstalt für Landwirtschaft und Ernährung; EuG T-344/10, BeckRS 2012, 81733 Rn. 34 ff. – UPS Europe/Kommission), → Form. IX.2 Anm. 5. Im Hinblick auf Rechtsakte der Kommission, die im Rahmen eines Verfahrens nach Art. 258 AEUV an einen Mitgliedstaat zu richten wären, wird die Klagebefugnis von den Unionsgerichten regelmäßig verneint (EuGH C-371/89, Slg. 1990, I-1555 Rn. 5, 6 – Emrich/Kommission; EuGH C-72/90, Slg. 1990, I-2181 Rn. 10, 11 – Asia Motor France/Kommission; EuG T-13/94, Slg. 1994, II-431 Rn. 13 – Century Oils Hellas/ Kommission; EuG T-191/00, Slg. 2001, II-1961 Rn. 20 – Edlinger/Kommission). Zum einen wird angeführt, dass die Einleitung eines Vertragsverletzungsverfahrens nach Art. 258 AEUV im Ermessen der Kommission stehe (EuGH 247/87, Slg. 1989, 291 Rn. 11 – Star Fruit/Kommission; EuG T-126/95, Slg. 1995, II-2863 Rn. 44 – Dumez/ Kommission). Zum anderen stellen die Unionsgerichte darauf ab, dass die Untätigkeitsklage hier auf den Erlass einer Maßnahme abzielt, die den Kläger nicht unmittelbar und individuell iSd Art. 263 Abs. 4 AEUV betreffen würde (EuGH 247/87, Slg. 1989, 291 Rn. 13 – Star Fruit/Kommission; EuG T-13/94, Slg. 1994, II-431 Rn. 14 – Century Oils Hellas/Kommission; EuG T-479/93 u. T-559/93, Slg. 1994, II-1115 Rn. 31 – Bernardi/ Kommission; EuG T-201/96, Slg. 1997, II-1083 – Smanor ua/Kommission). Zudem scheiden Verordnungen und Richtlinien als Klagegegenstand aus, da sie nicht – wie von Art. 265 AEUV gefordert – an eine bestimmte Person zu richten sind (EuGH 90/78, Slg. 1997, I-1081 Rn. 14 – Granaria/Rat und Kommission; EuGH 60/79, Slg. 1997, I-2429 (2433) – Fédération Nationale des Producteurs de Vins de Table/Kommission). IRd Beihilferechts muss der Kläger, soweit er die Untätigkeit der Kommission hinsichtlich des Erlasses einer nicht an ihn adressierten Entscheidung rügt, iRd Kriteriums der individuellen Betroffenheit nachweisen, dass seine Marktposition durch die Gewährung der Beihilfe substantiell beeinflusst würde (EuG T-344/10, BeckEuRS 2012, 389440 Rn. 43 ff. – UPS Europe/Kommission).

20. Die vorprozessuale Aufforderung zum Tätigwerden ist in Art. 265 Abs. 2 AEUV ausdrücklich als Zulässigkeitserfordernis der Untätigkeitsklage genannt. Sie muss so klar und deutlich formuliert sein, dass das betroffene Organ konkret vom Inhalt der beantragten Entscheidung Kenntnis erlangen kann (EuGH C-249/99 P, Slg. 1999, I-8333 – Pescados Congelados Jogamar/Kommission). Wegen Art. 21 Abs. 2 iVm Art. 53 EuGH-Satzung (→ Anm. 17) empfiehlt es sich, die Aufforderung an die Kommission schriftlich vorzunehmen, denn der Untätigkeitsklage ist ein Nachweis über den Zeitpunkt der Aufforderung beizufügen. Die Klageschrift reicht nicht als Aufforderung zum Tätigwerden aus (EuGH C-396/03 P, Slg. 2005, I-4967 Rn. 16 – Magnus Killinger/Bundesrepublik Deutschland ua). Jedoch ist es keine Zulässigkeitsvoraussetzung, ein „Formblatt" der Europäischen Kommission zur Aufforderung zum Tätigwerden zu verwenden, eine klar und deutlich formulierte Aufforderung auch in anderer Form ist ausreichend (EuG T442/07 u. T-423/07, Slg. 2011, II-333 – Ryanair/Kommission).

21. Der Gerichtshof und das Gericht haben in stRspr entschieden, dass die Untätigkeitsklage unzulässig ist, wenn der vom Kläger erstrebte Akt nur eine Empfehlung oder Stellungnahme ist (EuG T-28/90, Slg. 1992, II-2285 Rn. 30 aE – Asia Motor France ua/

Kommission; EuGH C-257/90, Slg. 1993, I-9 Rn. 30 – Italsolar/Kommission). Dies ist nunmehr in Art. 265 Abs. 3 AEUV auch ausdrücklich klargestellt.

22. Art. 265 Abs. 2 AEUV sieht vor, dass die Klage zulässig ist, wenn das in Rede stehende Unionsorgan nicht binnen zwei Monaten nach der Aufforderung Stellung genommen hat und danach die Klage innerhalb einer weiteren Frist von zwei Monaten erhoben wird. Die Fristberechnung erfolgt gem. Art. 58 EuG-Verfahrensordnung, → Form. IX.2 Anm. 28.

23. Im Rahmen der elektronischen Verfahrensführung wird die Unterzeichnung von Schriftstücken durch die Einreichung über das ordnungsgemäß eingerichtete e-Curia Benutzerkonto ersetzt – konkret durch Verwendung von persönlicher Nutzerkennung und Passwort (Art. 3 Beschluss des Gerichtshofs v. 16.10.2018, ABl. 2018 L 293, 63); → Form. IX.2 Anm. 24.

24. Der Klageschrift ist ein Anlagenverzeichnis beizufügen. Vgl. zu dem Erfordernis eines Anlagenverzeichnisses Art. 72 Abs. 3 EuG-Verfahrensordnung und die Praktischen Durchführungsbestimmungen des EuG (Rn. 82 ff., → Anm. 4); → Form. IX.2 Anm. 25. Weiterhin ist eine Zusammenfassung der Klagegründe und wesentlichen Argumente beizufügen, → Form. IX.2 Anm. 26.

Kosten und Gebühren

25. → Form. IX.2 Anm. 27 sowie → Form. IX.18.

Fristen und Rechtsmittel

26. Vgl. zu den Fristen → Anm. 22. S. zu den Rechtsmitteln → Form. IX.2 Anm. 28; → Form. IX.12.

4. Anspruchsschreiben an die Europäische Kommission (Haftung für legislatives Unrecht)

. . . . .stadt, den . . . . .

Einschreiben gegen Rückschein

An die

Europäische Kommission

Rue de la Loi 200

B – 1049 Brüssel

BELGIEN

Schadensersatzforderung[1, 2]

Sehr geehrte Damen und Herren,

namens und im Auftrag unseres Mandanten, Herrn . . . ., nehmen wir Sie hiermit auf Schadensersatz gem. Art. 340 Abs. 2 AEUV[3] in Anspruch und fordern den Ersatz der Schäden, die unserem Mandanten durch die rechtswidrige Anwendung der Verordnung (EU) Nr. . . . . (ABl . . . . .), entstanden sind. Die Schadenssumme beläuft sich auf insgesamt . . . . . EUR.

Begründung:

A. Sachverhalt[4]

Herr . . . . . (Antragsteller) ist Landwirt und hatte aufgrund einer Nichtvermarktungsverpflichtung gegen Zahlung einer Prämie für einen Zeitraum von fünf Jahren in seinem Betrieb weder Milch noch Milcherzeugnisse erzeugt. In diesen Zeitraum fiel das für die zusätzliche Abgabe auf Milch gewählte Referenzjahr für die Zuteilung einer Milchreferenzmenge. Nach Ablauf des Nichtvermarktungszeitraums beantragte der Antragsteller die Zuteilung einer Referenzmenge. Dieser Antrag wurde unter Berufung auf die Verordnung (EU) Nr. . . . . abgelehnt, weil der Antragsteller während des Referenzjahres keine Milch und Milcherzeugnisse abgeliefert hatte. Die entsprechenden Regelungen der Verordnung (EU) Nr. . . . . hat der EuGH wegen Verletzung des Grundsatzes des Vertrauensschutzes insoweit für ungültig erklärt, als sie keine Zuteilung einer Referenzmenge an Nichtvermarkter vorsahen.

B. Rechtliche Würdigung

Die Voraussetzungen der Haftung der EU nach Art. 340 Abs. 2 AEUV sind erfüllt, denn ein rechtswidriges Handeln der Unionsorgane hat adäquat kausal zu den mit diesem Schreiben geltend gemachten Schäden unseres Mandanten geführt.

1. **Handelnde Unionsorgane[5] beim Erlass der Verordnung (EU) Nr. . . . . waren sowohl das Europäische Parlament als auch der Rat und die Kommission, denn es geht um rechtswidriges Legislativhandeln, an dem die Kommission durch ihren Verordnungsvorschlag und das Europäische Parlament und der Rat durch die Übernahme dieses Vorschlags und den Erlass der Verordnung beteiligt waren.**
   Der Anspruch richtet sich gegen die Europäische Union, deren Passivlegitimation sich aus dem Wortlaut des Art. 340 Abs. 2 AEUV ergibt. Ein gleichlautendes Anspruchsschreiben richten wir mit getrennter Post an den Rat und das Europäische Parlament.[6]
2. **Die Rechtswidrigkeit des den Schaden verursachenden Organhandelns steht außer Frage, nachdem der EuGH durch Urteil vom . . . . . in der Rs. C-. . . . . in einem Vorabentscheidungsverfahren gem. Art. 267 AEUV[7] die Verordnung (EU) Nr. . . . . insoweit für ungültig erklärt hat, als sie die Zuteilung einer Referenzmenge an Nichtvermarkter ausschloss. Sie beruht auf der hinreichend qualifizierten Verletzung einer höherrangigen, den einzelnen schützenden Rechtsnorm,[8] nämlich des Grundsatzes des Vertrauensschutzes.[9]**
   Darüber hinaus handelt es sich auch um eine offenkundige und erhebliche Überschreitung der Befugnisse der Unionsorgane.[10] Denn diese haben, ohne sich auf ein höheres öffentliches Interesse zu berufen, die besondere Lage einer klar abgegrenzten Gruppe von Wirtschaftsteilnehmern[11] völlig unberücksichtigt gelassen, der Nichtvermarkter nämlich, die während des Referenzjahres keine Milch und Milcherzeugnisse geliefert hatten. Für diese Gruppe war es nicht vorhersehbar, dass sie auf Grund der Nichtvermarktung im Referenzjahr dauernd und über den Nichtvermarktungszeitraum hinaus daran gehindert sein würde, die Milcherzeugung wieder aufzunehmen. Ein derartiger vollständiger Ausschluss übersteigt damit die Grenzen des normalen wirtschaftlichen Risikos,[12] das mit der Tätigkeit als Milcherzeuger verbunden ist.
3. **Der Schaden, berechnet auf der Grundlage des Vergleichs des tatsächlich bestehenden Zustands mit dem Zustand der bestünde, wenn das schadenstiftende Ereignis nicht eingetreten wäre,[13] beläuft sich auf . . . . . EUR[14] Dieser Schaden ist adäquat kausal[15] durch die Verordnung (EU) Nr. . . . . verursacht worden, denn sie verbot den nationalen Stellen die Gewährung von Referenzmengen für die Milcherzeuger, die während des Referenzjahres Nichtvermarkter waren.**

4. Angesichts der Sach- und Rechtslage gehen wir davon aus, dass der Schadensersatzanspruch unseres Mandanten dem Grunde und der Höhe nach vollständig anerkannt werden wird. Wir bitten Sie daher, den geforderten Betrag iHv ..... EUR bis zum ..... auf unser Konto Nr. .... bei der .....-Bank zu überweisen. Eine entsprechende Vollmacht liegt bei. Für den Fall einer nicht oder nicht vollständig erfolgenden Zahlung sind wir angewiesen, Klage vor dem EuGH zu erheben.[16]

Mit freundlichen Grüßen

Unterschrift[17]

Schrifttum: Aalto, Public liability in EU law, 2011; *Arend*, EC Liability in the Absence of Unlawfulness – the FIAMM Case, Göttingen Journal of International Law, 2009, 199; *Armbrüster/Kämmerer*, Verjährung von Staatshaftungsansprüchen wegen fehlerhafter Richtlinienumsetzung, NJW 2009, 3601; *Augsberg*, Art. 340 AEUV in *von der Groeben/Schwarze/Hatje*, Europäisches Unionsrecht, 7. Aufl. 2015; *Beljin*, Staatshaftung im Europarecht, 2000; *von Bogdandy*, Europa 1992 – Die außervertragliche Haftung der Europäischen Gemeinschaften, JuS 1990, 872; *Brömmelmeyer*, Kap. 42 in *Geigel*, Haftpflichtprozess, 28. Aufl. 2020; *Capelli/Nehls*, Die außervertragliche Haftung der Europäischen Gemeinschaft und Rechtsbehelfe zur Erlangung von Schadensersatz gem. Art. 215 EGV – Wertung, Kritik und Reformvorschlag, EuR 1997, 132; *Ehlers*, Die Schadensersatzklage des Europäischen Gemeinschaftsrechts, Jura 2009, 188; *Endler*, Kap. L., in *Kuhla/Hüttenbrink*, Verwaltungsprozess, 3. Aufl. 2002; *Gellermann*, Art. 340 AEUV in *Streinz*, EUV/AEUV, 3. Aufl. 2018; *Gilsdorf*, Die Haftung der Gemeinschaft aus normativem Handeln, EuR 1975, 73; *Haack*, Grundsätzliche Anerkennung der außervertraglichen Haftung der EG für rechtmäßiges Verhalten nach Art. 288 Abs. 2 EGV, EuR 2006, 696; *Haack*, Luxemburg locuta, causa finita: Außervertragliche Haftung der EG für rechtmäßiges Verhalten nach Art. 288 Abs. 2 EGV ade?, EuR 2009, 667; *Heukels/McDonnell*, The Action for Damages in a Community Law Perspective, 1997; *Jacob/Kottmann*, Art. 340 AEUV in *Grabitz/Hilf/Nettesheim*, Das Recht der Europäischen Union, 71. EL August 2020; *Koenig*, Haftung der Europäischen Gemeinschaft gem. Art. 288 Abs. 2 EG wegen rechtswidriger Kommissionsentscheidungen in Beihilfesachen EuZW 2005, 202; *Gellermann*, § 9 in *Rengeling/Middeke/Gellermann*, Handbuch des Rechtsschutzes in der Europäischen Union, 3. Aufl. 2014; *Pechstein*, EU-Prozessrecht, 4. Aufl. 2011, 8. Kap.; *Pechstein*, Die Intergouvernementalität der GASP nach Lissabon, JZ 2010, 431; *Ruffert*, Art. 340 AEUV in *Calliess/Ruffert*, EUV/AEUV, 5. Aufl 2016; *Sack*, Die Folgenbeseitigung im Gemeinschaftsrecht, EuR 1986, 241; *Seitz*, Ökonomische Analyse und Risikoverteilung – Konkretisierung der Voraussetzungen von Schadensersatzansprüchen bei rechtswidriger Zusammenschlussuntersagung, EuZW 2008, 719; *Steinle/Schwarz*, Schadensersatz wegen Fehlern im Fusionskontrollverfahren: das Urteil Schneider III, BB 2007, 1741; *Borchardt*, P.I.4. Schadensersatzklagen in *Dauses/Ludwigs*, Handbuch des EU-Wirtschaftsrechts, 51. EL Oktober 2020; *Wägenbaur*, EuGH VerfO, 2. Aufl. 2017; *Wegener*, Staatshaftung für die Verletzung von Gemeinschaftsrecht durch nationale Gerichte?, EuR 2003, 785; *Winkler/Trölitzsch*, Wende in der EuGH-Rechtsprechung zur Haftung der EG für fehlerhafte Rechtsetzungsakte und prozessuale Bewältigung der Prozessflut, EuZW 1992, 663.

Anmerkungen

1. Für die Erhebung einer Schadensersatzklage nach Art. 340 Abs. 2 AEUV ist die vorherige Geltendmachung des Schadensersatzanspruchs keine Prozessvoraussetzung. Vernünftigerweise sollte den Unionsorganen aber Gelegenheit gegeben werden, den

Anspruch ohne Prozess zu erfüllen. Aus diesem Grunde ist es sinnvoll, vor der Erhebung der Klage zunächst ein Anspruchsschreiben an das Organ zu richten, dem das haftungsbegründende Verhalten zuzurechnen ist (EuGH 63/72 u. 69/72, Slg. 1973, 1229 Rn. 7 – Werhahn ua/Rat). Da es im Rahmen der außervertraglichen Haftung regelmäßig um legislatives Unrecht geht und am Rechtsetzungsprozess in der Union häufig sowohl der Rat als auch die Kommission und das Europäische Parlament beteiligt sind, ist es angezeigt, den Schadensersatzanspruch wegen außervertraglicher Haftung gegenüber der Europäischen Kommission, dem Europäischen Parlament und dem Rat geltend zu machen, sofern der Vorwurf ein legislatives Unrecht betrifft. Ist der in Rede stehende Rechtsakt dagegen allein von einem Organ erlassen worden, ist das Schreiben nur an dieses Organ zu richten. Gem. Art. 46 EuGH-Satzung unterbricht die Geltendmachung des Anspruchs die fünfjährige Verjährungsfrist. Wird auf das Anspruchsschreiben hin die Ersatzleistung abgelehnt, so ist nur zum Zwecke der Unterbrechung der Verjährung die Klage innerhalb der Frist des Art. 263 AEUV bzw. bei Nichtbescheidung innerhalb der Frist des Art. 265 Abs. 2 AEUV zu erheben. Eine spätere Klageerhebung ist in jedem Falle zulässig, solange die Verjährungsfrist des Art. 46 EuGH-Satzung noch nicht abgelaufen ist (EuGH 11/72, Slg. 1973, 417 Rn. 6 – Giordano/Kommission; EuG T-167/94, Slg. 1995, II-2589 Rn. 30 – Nölle/Rat und Kommission). Ein von den Unionsorganen ausgesprochener zeitlich begrenzter Verzicht auf die Einrede der Verjährung führt bei Fehlen konkreter Anhaltspunkte nicht dazu, dass nach Ablauf dieser Zeitspanne eine neue Verjährungsfrist zu laufen beginnt (EuGH C-164/01 P, Slg. 2004, I-10.225 Rn. 99, 100 – G. van den Berg/Rat und Kommission).

2. Die vom EuGH geforderten Voraussetzungen für eine außervertragliche Haftung der Union unterscheiden sich danach, ob der geltend gemachte Schaden auf administrative oder normative Handlungen zurückzuführen ist. Bei Einzelakten wird entsprechend dem Wortlaut des Art. 340 Abs. 2 AEUV nur verlangt, dass eine Handlung vorliegt, die rechtswidrig eine Schutznorm verletzt, die nicht lediglich im allgemeinen Interesse bestehen darf. Auf ein etwaiges Verschulden kommt es grds. nicht an. Jedoch hat das EuG entschieden, dass auch im Falle einer Einzelsanktion die reine Rechtswidrigkeit nicht zwingend den Ersatz des entstandenen Schadens zur Folge hat. Auch hier kann die Komplexität des Sachverhalts zu höheren Anforderungen führen (EuG T-341/07, Slg. 2011, II-7915 – Jose Maria Sison/Rat der Europäischen Union für Individualsanktionen im Rahmen der GASP). Praktische Relevanz hatte dies in jüngster Vergangenheit vor allem in Schadensersatzklagen wegen Verfahrensverzögerung in Klageverfahren gegen Bußgeldentscheidungen der Kommission wegen Verstößen gegen das EU-Kartellrecht (vgl. EuG T-577/14, EuZW 2017, 280 – Gascogne Sack/Europäische Union; ausführlich GA *Wahl* C-138/17 P u. C-146/17 P – Gascogne Sack/Europäische Union). Demgegenüber wird bei der Haftung für normatives Verhalten (sog. legislatives Unrecht) in einem Bereich, in dem der Erlass der Rechtsvorschriften wirtschaftspolitische Entscheidungen voraussetzt – wie etwa beim Erlass von Antidumpingmaßnahmen (EuG T-167/94, Slg. 1995, II-2589 Rn. 51 – Nölle/Rat und Kommission) – eine „hinreichend qualifizierte Verletzung einer höherrangigen, dem Schutz des Einzelnen dienenden Rechtsnorm" gefordert (EuGH 5/71, Slg. 1971, 975 Rn. 11 – Schöppenstedt/Rat; EuGH C-119/88, Slg. 1990, I-2189 Rn. 19 – AERPO/Kommission; EuGH C-104/89 u. C-37/90, Slg. 1992, I-3061 Rn. 12 – Mulder ua/Rat und Kommission; EuG T-472/93, Slg. 1995, II-421 Rn. 42 – Campo Ebro Industrial ua/Rat). Der Ersatz eines durch jedwede Rechtswidrigkeit verursachten Schadens ist also im Haftungssystem der Union nicht vorgesehen (EuG T-429/05, Slg. 2010, II-491 Rn. 51 – Artegodan/Kommission). Ist das Rechtsetzungsgebiet darüber hinaus dadurch gekennzeichnet, dass die Unionsorgane ein weites Ermessen haben – wie im Bereich der gemeinsamen Agrarpolitik –, so ist weiter erforderlich, dass das handelnde Organ seine Befugnisse „offenkundig und erheblich" überschreitet

(EuG T-167/94, Slg. 1995, II-2589 Rn. 85 – Nölle/Rat und Kommission; EuG T-155/99, Slg. 2001, II-3143 Rn. 56 – Dieckmann & Hansen/Kommission; EuGH C-352/98 P, Slg. 2000, I-5291 Rn. 43 – Bergaderm und Goupil/Kommission; EuG T-341/07, Slg. 2009, II-3625 Rn. 235 – Sison/Rat). Selbst eine solche Überschreitung des Ermessens muss jedoch nicht zwingend zur Annahme eines hinreichend qualifizierten Verstoßes führen. Vielmehr berücksichtigen die Europäischen Gerichte die Komplexität der zu regelnden Sachverhalte (EuGH C-282/05 P, Slg. 2007, I-2941 Rn. 51 – Holcim Deutschland/Kommission). Eine zwischenzeitlich in Betracht gezogene Haftung der Union auch für rechtmäßiges Verhalten ihrer Organe bei außergewöhnlichen und besonderen Schäden hat der EuGH zuletzt mit der Begründung abgelehnt, dass eine vergleichbare Haftung auf nationaler Ebene als Ausdruck der gemeinsamen Rechtstradition der Mitgliedstaaten bislang nicht besteht (EuGH C-120/06 u. 121/06, Slg. 2006, I-6513 – Fabbrica italiana accumultatori Montecchio (FIAMM) ua/Rat und Kommission und Giorgio Fedon & Figli ua/Rat und Kommission).

Was den Schaden betrifft, so muss er über die Grenzen der wirtschaftlichen Risiken hinausgehen, die eine Betätigung in dem betreffenden Wirtschaftszweig normalerweise mit sich bringt (EuGH 238/78, Slg. 1979, 2955 Rn. 11 – Ireks-Arkady/Rat und Kommission; EuGH C-104/89 u. C-37/90, Slg. 1992, I-3061 Rn. 13 – Mulder ua/Rat und Kommission).

Schließlich muss zwischen dem Verhalten der Unionsorgane und dem Schaden ein ursächlicher Zusammenhang bestehen (EuG T-184/95, Slg. 1998, II-667 Rn. 59 – Dorsch Consult Ingenieurgesellschaft/Rat und Kommission; EuG T-220/96, Slg. 2002, II-2265 Rn. 39 – Elliniki Viomichania Oplon AE (EVO)/Rat und Kommission). Die Beweislast für den bestimmten und unmittelbaren ursächlichen Zusammenhang zwischen rechtswidriger Handlung und Schaden obliegt demjenigen, der den Anspruch geltend macht (EuGH 253/84, Slg. 1987, 123 Rn. 20 – GAEC de la Ségaude/Rat und Kommission; EuGH C-363/88 u. C-364/88, Slg. 1992, I-359 Rn. 25 – Finsider ua/Kommission; EuG T-452/05, Slg. 2010, II-01373 Rn. 163 – Belgian Sewing Thread/Europäische Kommission). Es muss mit Sicherheit feststehen, dass der Schaden aus der Rechtswidrigkeit des Unionshandelns folgt (EuG T-461/08, Slg. 2011, II-6367 – Evropaiki Dynamiki/Europäische Investitionsbank). → Anm. 13, 15.

3. Vorschriften über die außervertragliche Haftung gibt es nicht nur im AEUV, sondern auch in Art. 188 Abs. 2 EAGV (Euratom-Vertrag). Den Grundsätzen, die für die außervertragliche Haftung der Union gelten, entsprechen im Wesentlichen die Regeln, die für die Haftung der Mitgliedstaaten bei Verstoß gegen das Unionsrecht Anwendung finden (vgl. dazu *Prieß* NVwZ 1993, 118 sowie EuGH C-46/93 u. C-48/93, Slg. 1996, I-1029 – Brasserie du pêcheur/Bundesrepublik Deutschland und The Queen/Secretary of State for Transport, ex parte: Factortame Ltd. ua; EuGH C-178/94, C-179/94, C-188/94, C-189/94 u. C-190/94, NJW 1996, 3141 – Dillenkofer ua/Bundesrepublik Deutschland).

4. Der Sachverhalt lehnt sich an die Entscheidung in der Rechtssache Mulder ua/Rat und Kommission an (EuGH C-104/89 u. C-37/90, Slg. 1992, I-3061 – Mulder ua/Rat und Kommission; s. dazu *Winkler/Trölitzsch* EuZW 1992, 663).

5. Der Organbegriff des Art. 340 AEUV ist weiter, als die in Art. 13 EUV genannten Organe und umfasst alle Einrichtungen, die im Namen und für Rechnung der Union handeln, darunter zB auch die Europäische Investitionsbank (EuGH C-370/89, Slg. 1992, I-6211 Rn. 13–16 – Société Générale d'Entreprises Electromécaniques/Europäische Investitionsbank). Art. 340 Abs. 3 AEUV bezieht nunmehr zudem ausdrücklich die EZB in die Haftung ein.

6. → Anm. 1.

7. Schadensersatzforderungen auf der Grundlage des Art. 340 Abs. 2 AEUV beruhen vielfach auf Entscheidungen des Gerichtshofes in Vorabentscheidungsverfahren, in denen sich die Kläger gegen die Inanspruchnahme durch nationale Behörden (Eingriffsfall) oder die Ablehnung von Anträgen (Leistungsfall) wenden. Beruht das Handeln der nationalen Behörden auf unionsrechtlichen Regelungen oder auf nationalem Recht, durch das unionsrechtliche Vorschriften umgesetzt werden, dann stellt sich häufig die Frage, ob die letztlich maßgebende Regelung des Unionsrechts mit höherrangigem Unionsrecht oder Rechtsgrundsätzen vereinbar ist. Diese Frage ist im Vorabentscheidungsverfahren zu klären. Kommt der Gerichtshof zu dem Ergebnis, dass die im Einzelfall angewendete Regelung ungültig ist, so stellt sich im Anschluss stets die Frage nach einem Schadensersatzanspruch gem. Art. 340 Abs. 2 AEUV.

8. Das Erfordernis der „hinreichend qualifizierten Verletzung einer höherrangigen, den Einzelnen schützenden Rechtsnorm" ist in stRspr vom EuGH entwickelt und bestätigt worden (→ Anm. 2). Diese Voraussetzung wurde bislang nur in seltenen Einzelfällen als gegeben angesehen.

9. Zur Haftung der Union bei Verletzung des Grundsatzes des Vertrauensschutzes EuGH 74/74, Slg. 1975, 533 Rn. 44 – CNTA/Kommission; EuGH C-104/89 u. 37/90, Slg. 1992, I-3061 Rn. 15 – Mulder ua/Rat und Kommission; EuGH C-164/01 P, Slg. 2004, I-10.225 Rn. 66, 69 – G. van den Berg/Rat und Kommission. Zu den Schutznormen, deren Verletzung nach Art. 340 Abs. 2 AEUV sanktioniert wird, gehören zunächst primärrechtliche Regelungen wie die Freiheit des Warenverkehrs (EuGH 5/66, 7/66 u. 13–24/66, Slg. 1967, 331 (354 f.) – Kampffmeyer ua/Kommission) sowie sekundärrechtliche Regelungen. Darüber hinaus sind auch die Individualgrundrechte des Unionsrechts (zB der Grundsatz der Wahrung der Verteidigungsrechte sowie das Diskriminierungsverbot, EuGH 241/78, Slg. 1979, 2955 Rn. 11 – Ireks-Arkady ua/Rat und Kommission) und neben dem Grundsatz des Vertrauensschutzes weitere allgemeine Rechtsgrundsätze wie der Verhältnismäßigkeitsgrundsatz und das Sorgfaltsprinzip als höherrangige Regeln anerkannt, die dem Schutz des Einzelnen zu dienen bestimmt sind (zur Schutzwirkung des Verhältnismäßigkeitsprinzips s. EuGH 281/84, Slg. 1987, 49 Rn. 35 f. – Zuckerfabrik Bedburg/Europäische Wirtschaftsgemeinschaft; zum Sorgfaltsprinzip EuG T-167/94, Slg. 1995, II-2589 Rn. 76 – Nölle/Rat und Kommission). Problematisch ist die Schutzwirkung von Form- und Verfahrensvorschriften. Die Verletzung der Begründungspflicht des Art. 296 AEUV etwa ist nach der Rspr. des EuGH nicht ausreichend, um eine außervertragliche Haftung zu begründen (EuGH 106/81, Slg. 1982, 2885 Rn. 14 – Kind/Europäische Wirtschaftsgemeinschaft; EuG T-167/94, Slg. 1995, II-2589 Rn. 57 – Nölle/Rat und Kommission).

10. Nach der Rspr. des EuGH bedarf es für die Haftung wegen normativen Unrechts einer offenkundigen und erheblichen Verletzung der Befugnisse, die den Unionsorganen zustehen (→ Anm. 2).

11. Nach der Rspr. des EuGH wird Schadensersatz wegen normativen Unrechts nur geleistet, wenn die betroffene Gruppe von Wirtschaftsteilnehmern begrenzt und klar umrissen ist. Dabei kommt es nicht so sehr auf die Zahl der in Rede stehenden Wirtschaftsteilnehmer an, sondern vielmehr auf die im Zeitpunkt des Schadensereignisses abstrakte Bestimmbarkeit derjenigen, die von dem rechtswidrigen normativen Handeln der Unionsorgane betroffen sind.

12. → Anm. 2. In der Sache geht es bei diesem Erfordernis um die Vorhersehbarkeit des Schadens bzw. des rechtswidrigen Verhaltens der Unionsorgane und seiner Berücksichtigung bei der Unternehmensplanung des geschädigten Wirtschaftsteilnehmers (EuGH C-220/91, Slg. 1993, I-2393 Rn. 58 – Stahlwerke Peine-Salzgitter/Kommission).

13. Die Schadensberechnung richtet sich wie im nationalen Recht nach der Differenzhypothese. Es wird also abgestellt auf einen Vergleich des tatsächlich bestehenden Zustands mit dem Zustand, der bestehen würde, wenn das schadenstiftende Ereignis nicht eingetreten wäre (EuGH C-220/91 P, Slg. 1993 I-2393 Rn. 57 – Stahlwerke Peine-Salzgitter/Kommission). Dabei ist davon auszugehen, dass die Höhe der von der Union geschuldeten Entschädigung dem von der Union verursachten Schaden zu entsprechen hat (EuGH C-104/89 u. C-37/90, Slg. 1992, I-3061 Rn. 34 – Mulder ua/Rat und Kommission). Zu den Schadenspositionen die nach diesen Grundsätzen zu ersetzen sind, gehören ua der entgangene Gewinn, aber auch Kosten und in Ausnahmefällen auch immaterielle Schäden. Nicht ersetzt werden jedoch Prozesskosten, die über die nach nationalem Prozessrecht zu erstattenden Kosten hinausgehen (so unter Berufung auf Art. 101 Abs. 1 EuGH-Verfahrensordnung EuG T-167/94, Slg. 1995, II-2589 Rn. 35 ff. – Nölle/Rat und Kommission). Bei der Bestimmung des entgangenen Gewinns kann der Schaden häufig nicht exakt beziffert werden. In solchen Fällen erkennen die Europäischen Gerichte Schätzungen auf Grundlage statistischer Durchschnittswerte als Beweis für die Schadenshöhe an (EuGH C-104/89 u. C-37/90, Slg. 2000, I-203 Rn. 63–65 – Mulder ua/Rat und Kommission). Das entbindet den Anspruchsteller jedoch nicht von der Pflicht den geltend gemachten Schaden, wenn auch nicht der exakten Höhe nach, zu beweisen (EuG T-452/65, Slg. 2010, II-01373 Rn. 168 – Belgian Sewing Thread/Europäische Kommission). Es ist Sache des Klägers, schlüssige Beweise sowohl für das Vorliegen als auch für den Umfang des von ihm geltend gemachten Schadens zu erbringen (EuGH C-346/17 P, ECLI:EU:C:2018:679 = MRP 2019, 59 mAnm *Kemmer/Thole* – Klein/Kommission).

14. Der Schadensersatzanspruch umfasst regelmäßig auch einen Zinsanspruch. Der Gerichtshof hat in der Vergangenheit Zinsen erst ab Urteilsverkündung zugesprochen (EuGH C-104/89 u. C-37/90, Slg. 1992, I-3161 Rn. 35 – Mulder ua/Rat und Kommission), so dass sich die Geltendmachung eines Zinsanspruchs in dem Anspruchsschreiben erübrigte. Die jüngere Rspr. des EuG lässt jedoch erkennen, dass das Gericht einen Zinsanspruch ab dem Zeitpunkt des Zugangs des Aufforderungsschreibens anerkennen will (EuG T-215/01, T-220/01 u. T-221/01, Slg. 2004, II-587 Rn. 163 – Calberson GE/Kommission). Diese Rechtsentwicklung sollte bei einer Geltendmachung Berücksichtigung finden.

15. Der EuGH hat klargestellt, dass eine Handlung der Unionsorgane nur dann kausal für einen Schaden sei, wenn der erlittene Schaden unmittelbar auf diese Handlung zurückgeführt werden könne (EuGH C-164/01 P, Slg. 2004, I-10225 Rn. 57 – G. van den Berg/Rat und Kommission). Der erforderliche Kausalzusammenhang sei hingegen nicht gegeben, wenn der Schaden auch ohne die fragliche Handlung der Unionsorgane eingetreten wäre, oder wenn das Unionsorgan rechtmäßig eine Maßnahme gleicher Wirkung hätte treffen können. Die Beweislast für das Fehlen eines solchen rechtmäßigen Alternativverhaltens trägt wiederum der Antragsteller (EuG T-252/07, T-271/07, T-272/07, T-252/07, T-271/07 u. T-272/07, Slg. 2010, II-55–88 – Sungro, Eurosemillas und Surcotton/Rat der Europäischen Union und Europäische Kommission).

16. Die eindeutige Kundgabe der Klageabsicht für den Fall, dass die Unionsorgane der Zahlungsaufforderung keine Folge leisten, ist für die Unterbrechung der Verjährung gem. Art. 46 EuGH-Satzung erforderlich.

Fristen und Rechtsmittel

17. Der Anspruch aus außervertraglicher Haftung ist innerhalb der fünfjährigen Verjährungsfrist des Art. 46 EuGH-Satzung geltend zu machen. Für die Berechnung der fünfjährigen Verjährungsfrist gilt, dass einem Antragsteller die Verjährung nicht entgegengehalten werden kann, wenn er von dem schadenstiftenden Ereignis erst zu einem späteren Zeitpunkt Kenntnis erlangt und deshalb nicht über einen angemessenen Zeitraum verfügt, um vor Ablauf der Verjährungsfrist Klage zu erheben oder den Anspruch geltend zu machen (EuGH 145/83, Slg. 1985, 3539 Rn. 50 – Adams/Kommission). Entscheidend ist für den Verjährungsbeginn auf die Kenntnis des Geschädigten abzustellen (Calliess/Ruffert/*Ruffert* AEUV Art. 340 Rn. 33).

Eine vorprozessuale Geltendmachung gegenüber dem betreffenden Unionsorgan ist nicht zwingend erforderlich, aber sinnvoll (→ Anm. 1).

Nach Art. 46 EuGH-Satzung ist die Klage innerhalb von zwei Monaten nach Zugang der Ablehnung durch den Rat und die Kommission zu erheben, wenn die Unterbrechung der Verjährung nach dieser Vorschrift herbeigeführt werden soll. Eine spätere Klageerhebung vor Ablauf der Verjährungsfrist ist jedoch in jedem Fall zulässig (→ Anm. 1).

5. Anspruchsschreiben an die Europäische Kommission (Haftung für administratives Unrecht)

. . . . .stadt, den . . . . .

Einschreiben gegen Rückschein
An die
Europäische Kommission
Rue de la Loi 200
B – 1049 Brüssel
BELGIEN

Schadensersatzforderung[1]

Sehr geehrte Damen und Herren,

namens und im Auftrag unserer Mandantin, der . . . . ., handelnd unter der Firma . . . . ., nehmen wir Sie hiermit auf Schadensersatz gem. Art. Art. 340 Abs. 2 AEUV in Anspruch und fordern den Ersatz der Schäden, die unserer Mandantin dadurch entstanden sind, dass die Europäische Kommission unter Verletzung des Art. 339 AEUV vertrauliche Informationen weitergegeben hat. Die Schadenssumme beläuft sich auf insgesamt

. . . . . EUR

Begründung:

A. Sachverhalt[2]

Die . . . . ., handelnd unter der Firma . . . . ., (Antragstellerin) stellt in ihrem Betrieb in . . . . . X-Produkte her, deren Zusammensetzung und Herstellungsverfahren Geschäftsgeheimnisse iSd Art. 339 AEUV darstellen. Aus Anlass eines Streits mit den deutschen Zollbehörden über die zolltarifliche Einreihung der X-Produkte sind diese Unterlagen im Rahmen einer Besprechung auch der Generaldirektion XXI der Kommission zugänglich gemacht worden. Dabei ist ausdrücklich auf den geheimen Charakter der Dokumente hingewiesen und um vertrauliche Behandlung gebeten worden. Durch ein Versehen des zuständigen Beamten sind die Unterlagen sodann zusammen mit anderen Unterlagen zur Stellungnahme an den Europäischen Dachverband der Hersteller von X-Produkten gesandt worden und dadurch den Konkurrenzunternehmen der Antragstellerin bekannt geworden. Inzwischen werden die X-Produkte auch von diesen Konkurrenzunternehmen hergestellt, wodurch der Absatz der Produkte der Antragstellerin erheblich zurückgegangen ist.

B. Rechtliche Würdigung

Die Voraussetzungen der Haftung der EU nach Art. 340 Abs. 2 AEUV sind erfüllt, denn ein rechtswidriges Handeln der Kommission hat adäquat kausal zu den mit diesem Schreiben geltend gemachten Schäden der Antragstellerin geführt.

1. **Handelndes Unionsorgan[3] war die Kommission. Der Anspruch richtet sich nach dem Wortlaut des Art. 340 Abs. 2 AEUV daher gegen die Europäische Union, die insoweit durch die Kommission vertreten wird.[4]**
2. **Die Rechtswidrigkeit des Verhaltens der Kommission, die sich die Amtstätigkeit (das Versehen) des betreffenden Beamten zurechnen lassen muss, ergibt sich aus dem Verstoß gegen Art. 339 AEUV.[5] Nach dieser Vorschrift sind die Unionsorgane verpflichtet, Auskünfte, die ihrem Wesen nach unter das Berufsgeheimnis fallen, nicht preiszugeben. Das gilt insb. für Auskünfte über Unternehmen sowie deren Geschäftsbeziehungen oder Kostenelemente. Dass unter den Schutz des Art. 339 AEUV damit auch Angaben über Produktionsverfahren und die Zusammensetzung von Produkten fallen, liegt auf der Hand. Art. 339 AEUV ist auch eine Norm, die dem Schutz des einzelnen Unternehmens zu dienen bestimmt ist und nicht lediglich im allgemeinen Interesse besteht.**
   Unerheblich ist in diesem Zusammenhang, dass die betreffenden Unterlagen nicht ausdrücklich als „vertraulich" bzw. als „Geschäftsgeheimnisse" gekennzeichnet waren. Denn in der Besprechung vom . . . . ., in der sie der Kommission übergeben worden sind, hatte der Vertreter der Antragstellerin ausdrücklich auf den streng vertraulichen Charakter der Schriftstücke hingewiesen und gebeten, die Unterlagen keinesfalls an Dritte weiter zu geben. Der Charakter der Unterlagen und die Notwendigkeit einer streng vertraulichen Behandlung ergab sich iÜ ohne weiteres aus ihrem Inhalt.
3. **Die Höhe des der Antragstellerin entstandenen Schadens[6] ergibt sich aus folgender Berechnung: . . . . . Dieser Schaden ist adäquat kausal durch die Weitergabe der vertraulichen Unterlagen der Antragstellerin verursacht worden. Denn ohne diese Weitergabe wären die Konkurrenzunternehmen nicht in der Lage gewesen, X-Produkte herzustellen, die denen der Antragstellerin entsprechen. Das Auftauchen der Konkurrenzprodukte auf dem Markt führte zu einem gravierenden Umsatzrückgang bei der Antragstellerin, der bis heute nicht ausgeglichen werden konnte.**
   Ein Mitverschulden der Antragstellerin[7] an dem entstandenen Schaden besteht nicht. Insbes. kann nicht darauf verwiesen werden, dass die Unterlagen nicht ausdrücklich als „vertraulich" gekennzeichnet waren, da in der Besprechung vom . . . . . ausdrücklich gebeten worden war, die Schriftstücke nicht an Dritte gelangen zu lassen.
4. **Angesichts der Sach- und Rechtslage gehen wir davon aus, dass der Schadensersatzanspruch unserer Mandantin dem Grunde und der Höhe nach vollständig erfüllt werden wird. Wir bitten Sie daher, den geforderten Betrag iHv . . . . . EUR bis zum . . . . . auf unser Konto Nr. . . . . . bei der . . . . .-Bank zu überweisen. Eine entsprechende Vollmacht liegt bei. Für den Fall einer nicht oder nicht vollständig erfolgten Zahlung sind wir angewiesen, Klage vor dem EuGH zu erheben.[8]**

Mit freundlichen Grüßen

Unterschrift

Schrifttum: Aalto, Public liability in EU law, 2011; *Augsberg*, Art. 340 AEUV, in *von der Groeben/Schwarze/Hatje*, Europäisches Unionsrecht, 7. Aufl. 2015; *Beljin*, Staatshaftung im Europarecht, 2000; *Gellermann*, Art. 340 AEUV in Streinz, EUV/AEUV, 3. Aufl. 2018; *Jacob/Kottmann*, Art. 340 AEUV in *Grabitz/Hilf/Nettesheim*, Das Recht der Europäischen Union, 71. EL August 2020; *Koenig*, Haftung der Europäischen Gemeinschaft gem. Art. 288 Abs. 2 EG wegen rechtswidriger Kommissionsentscheidungen in Beihilfesachen, EuZW 2005, 202; *Gellermann*, § 9 in *Rengeling/Middeke/Gellermann*, Handbuch des Rechtsschutzes in der Europäischen Union, 3. Aufl. 2014; *Pechstein*, EU-Prozessrecht,

4. Aufl. 2011, 8. Kap.; *Ruffert*, Art. 340 AEUV in *Calliess/Ruffert*, EUV/AEUV, 5. Aufl. 2016; *Borchardt*, P.I.4. Schadensersatzklagen in *Dauses/Ludwigs*, Handbuch des EU-Wirtschaftsrechts, 51. EL Oktober 2020; *Wägenbaur*, EuGH VerfO, 2. Aufl. 2017.

Anmerkungen

1. Zur Abgrenzung der Anforderungen für einen außervertraglichen Schadensersatzanspruch wegen administrativen und legislativen Unrechts → Form. IX.4 Anm. 2.

2. Der Sachverhalt lehnt sich an die Entscheidung in der Rechtssache Adams/Kommission an (EuGH 145/83, Slg. 1985, 3539 – Adams/Kommission).

3. Vgl. Art. 13 EUV, Art. 340 Abs. 2 AEUV, → Form. IX.4 Anm. 5.

4. Der Wortlaut des Art. 340 Abs. 2 AEUV spricht zwar davon, dass „die Union" den von ihren Organen verursachten Schaden zu ersetzen hat. Wer die Union insoweit vertritt, ist hier aber nicht gesagt. Der Gerichtshof hat entschieden, dass die Union durch dasjenige Organ vertreten werden solle, dem das die Haftung begründende Verhalten zuzurechnen sei (EuGH 63–69/72, Slg. 1973, 1229 Rn. 8 – Werhahn ua/Rat). Aus diesem Grunde bedarf es hier – anders als bei dem → Form. IX.4 – keiner Aufforderung an den Rat. Denn der geltend gemachte Schaden kann nur durch das der Kommission zuzurechnende Verhalten ihres Beamten verursacht worden sein.

5. Zu Art. 339 AEUV gibt es eine Vielzahl von Spezialregelungen für Einzelgebiete des Unionsrechts, so für das Kartellrecht den Art. 28 Verordnung (EG) Nr. 1/2003 (ABl. 2003 L 1, 1 zuletzt geändert durch Anhang I ÄndVO (EG) 487/2009 (ABl. 2009 L 148, 1)) und für das Antidumpingrecht Art. 19 VO (EU) 2016/1036 (ABl. 2016 L 176, 21, berichtigt durch ABl. 2016 L 249, 58, zuletzt geändert durch VO (EU) 2020/1173, ABl. 2020 L 259, 1).

6. Zur Schadensberechnung → Form. IX.4 Anm. 13.

7. Zur Frage eines Mitverschuldens EuGH 145/83, Slg. 1985, 3539 Rn. 53–55 – Adams/Kommission.

8. → Form. IX.4 Anm. 16.

6. Klageschrift (Haftung für legislatives Unrecht) gem. Art. 268 iVm Art. 340 AEUV

. . . . .stadt, den . . . . .[2]

Per e-Curia[13]
An das
Gericht der Europäischen Union[3]
– Kanzlei –
Rue du Fort Niedergrünewald
L-2925 Luxemburg
LUXEMBURG

Klage[1, 4]

des Herrn . . . . .,[5]**. . . . .str., ...stadt**

– Klägers –

Prozessbevollmächtigter:[6] Rechtsanwalt . . . . .

gegen

die Europäische Union,[7] vertreten

1. durch den Rat der Europäischen Union, Rue de la Loi 170, 1048 Brüssel

2. durch die Europäische Kommission, Rue de la Loi 200, 1049 Brüssel

– Beklagte –

wegen: Schadensersatz gem. Art. 340 Abs. 2 AEUV

Namens und im Auftrag des Klägers erheben wir hiermit Klage und beantragen,[8]

1. Die Beklagte zu verurteilen, an den Kläger . . . . . EUR zzgl. Zinsen iHv 2 Prozentpunkten über dem jeweiligen Zinssatz, der von der Europäischen Zentralbank für die wesentlichen Hauptrefinanzierungsgeschäfte festgesetzt worden ist, ab dem . . . . .[9] zu zahlen,

2. der Beklagten die Kosten des Verfahrens aufzuerlegen.[10]

Die Vollmacht[11] und die Zulassungsbescheinigung des Prozessbevollmächtigten[12] werden durch separates Schreiben an die Kanzlei des EuG eingereicht.

Begründung:[14]

A. Sachverhalt[15]

. . . . .

B. Rechtliche Würdigung[16]

. . . . .

Unterschrift[17, 19, 20]

Verzeichnis der Anlagen[18]

Schrifttum: Aalto, Public liability in EU law, 2011; *Augsberg*, Art. 340 AEUV, in *von der Groeben/Schwarze/Hatje*, Europäisches Unionsrecht, 7. Aufl. 2015; *Ehlers*, Die Schadensersatzklage des Europäischen Gemeinschaftsrechts, Jura 2009, 188; *Gellermann*, Art. 340 AEUV in Streinz, EUV/AEUV, 3. Aufl. 2018; *Jacob/Kottmann*, Art. 340 AEUV in *Grabitz/Hilf/Nettesheim*, Das Recht der Europäischen Union, 71. EL August 2020; *Koenig*, Haftung der Europäischen Gemeinschaft gem. Art. 288 Abs. 2 EG wegen rechtswidriger Kommissionsentscheidungen in Beihilfesachen, EuZW 2005, 202; *Gellermann*, § 9 in *Rengeling/Middeke/Gellermann*, Handbuch des Rechtsschutzes in der Europäischen Union, 3. Aufl. 2014; *Pechstein*, EU-Prozessrecht, 4. Aufl. 2011, 8. Kap.; *Ruffert*, Art. 340 AEUV in *Calliess/Ruffert*, EUV/AEUV, 5. Aufl. 2016; *Borchardt*, P.I.4. Schadensersatzklagen in *Dauses/Ludwigs*, Handbuch des EU-Wirtschaftsrechts, 51. EL Oktober 2020; *Wägenbaur*, EuGH VerfO, 2. Aufl. 2017.

Anmerkungen

1. Nach der Rspr. des EuGH handelt es sich bei der Schadensersatzklage gem. Art. 268 iVm Art. 340 Abs. 2 AEUV iVm Art. 188 EAGV (Euratom-Vertrag) um einen selbständigen Rechtsbehelf mit eigener Funktion (EuGH 5/71, Slg. 1971, 975 Rn. 3 – Zuckerfabrik Schöppenstedt/Rat; EuGH 261/78 u. 262/78, Slg. 1979, 3045 Rn. 7 – Interquell/Rat und Kommission; EuGH 175/84, Slg. 1986, 753 Rn. 32 – Krohn/Kommission; EuGH C-87/89, Slg. 1990, I-1981 Rn. 14 – Sonito/Kommission; EuG

T-514/93, Slg. 1995, II-621 Rn. 58 – Cobrecaf ua/Kommission). Aus diesem Grund setzt die Zulässigkeit der Schadensersatzklage nicht voraus, dass der den Schaden verursachende (Rechts-)Akt zunächst mit der Nichtigkeitsklage gem. Art. 263 AEUV angefochten worden ist. Allerdings ist zu beachten, dass die Schadensersatzklage wegen Verfahrensmissbrauchs als unzulässig abgewiesen wird, wenn mit ihr in Wirklichkeit die Aufhebung einer Einzelfallentscheidung begehrt wird (EuGH 175/84, Slg. 1986, 753 Rn. 30 – Krohn/Kommission; EuGH 543/79, Slg. 1981, 2669 Rn. 28 – Anton Birke/Kommission und Rat; EuGH 114–117/79, Slg. 1980, 1529 (1531) – Suzanne Mazière ua/Kommission). Zu berücksichtigen ist iÜ, dass der EuGH bei einem Mitverschulden bei der Schadensentstehung den von der Union zu leistenden Ersatz zu kürzen pflegt (EuGH 145/83, Slg. 1985, 3539 Rn. 54 – Adams/Kommission). Aus diesem Grunde wird es sich stets empfehlen, gegen den (Rechts-)Akt gesondert vorzugehen, durch den der Schaden verursacht worden ist. Dazu ist entweder die Nichtigkeitsklage gem. Art. 263 AEUV (→ Form. IX.2) oder bei der Anwendung des Unionsrechts oder des in nationales Recht umgesetzten Unionsrechts durch nationale Behörden Anfechtungs- oder Verpflichtungsklage vor den Verwaltungs- oder Finanzgerichten zu erheben. Mit einer Nichtigkeitsklage gem. Art. 263 AEUV kann die Schadensersatzklage nach Art. 268 iVm Art. 340 Abs. 2 AEUV auch verbunden werden.

Im Verhältnis zu nationalen Rechtsbehelfen betrachtet der EuGH die Schadensersatzklage als einen subsidiären Rechtsbehelf (EuGH C-72/90, Slg. 1990, I-2181 Rn. 14 – Asia Motor France/Kommission; EuGH C-118/88, Slg. 1990, I-2189 Rn. 12 – AERPO/Kommission). Die Unionsgerichte sind nur zuständig, wenn die schadensverursachende Handlung durch ein Organ oder eine Einrichtung der Union getätigt wurde. Das betrifft nicht die Fälle, in denen der geltend gemachte Schaden durch eine Handlung eines nationalen Gerichts – etwa wegen Verletzung der Vorlagepflicht nach Art. 267 Abs. 3 AEUV – verursacht wurde (EuG T-472/11, BeckRS 2011, 81621 – Die Marketing Agentur (DMA)/Österreich; EuG T-547/11, BeckRS 2012, 80294 – FS Schmidt Vermögensverwaltung und Verlag KG/Niederlande).

2. Gem. Art. 72 Abs. 2 EuG-Verfahrensordnung ist jeder Schriftsatz mit Datum zu versehen, → Form. IX.2 Anm. 2.

3. Zuständig für Schadensersatzklagen nach Art. 268 iVm Art. 340 Abs. 2 AEUV ist gem. Art. 256 Abs. 1 AEUV das EuG.

4. Vgl. zu den allgemeinen Anforderungen an die Klageschrift, deren Begründung sowie an die weiteren Schriftsätze Art. 21 Abs. 1 iVm 53 Abs. 1 EuGH-Satzung, Art. 76 ff. EuG-Verfahrensordnung, die Praktischen Durchführungsbestimmungen zur Verfahrensordnung des Gerichts (ABl. 2015 L 152, 1 zuletzt geändert mit ABl. 2018 L 294, 23, berichtigt durch ABl. 2018 L 296, 40) und das Benutzerhandbuch für e-Curia (abrufbar auf der Internetseite www.curia.europa.eu) sowie → Form. IX.2 Anm. 4, → Form. IX.19. Nach Art. 76 Buchst. d EuG-Verfahrensordnung muss die Klageschrift den Streitgegenstand angeben und eine kurze Darstellung der Klagegründe enthalten. Eine Schadensersatzklage nach Art. 268 iVm Art. 340 AEUV genügt diesen Anforderungen nur, wenn die Klageschrift die Tatsachen anführt, aus denen das vorgeworfene Verhalten folgt; zudem müssen die Gründe für den Kausalzusammenhang zwischen Verhalten und Schaden sowie Art und Umfang des Schadens klar und genau angegeben werden (EuG T-42/06, Slg. 2010, II-01135 Rn. 77 – Bruno Gollnisch/Europäisches Parlament).

5. Juristische Personen des Privatrechts haben mit der Klageschrift einen Nachweis ihrer Rechtspersönlichkeit einzureichen, Art. 78 Abs. 4 EuG-Verfahrensordnung, → Form. IX.2 Anm. 15.

6. Als Vertreter oder Beistand kann nur ein Anwalt bestellt werden, der in einem Mitgliedstaat oder in einem Vertragsstaat des EWR-Abkommens zugelassen ist, vgl. Art. 19 Abs. 4 iVm Art. 53 Abs. 1 EuGH-Satzung, Art. 51 Abs. 2 EuG-Verfahrensordnung und → Form. IX.2 Anm. 7.

7. Zur Passivlegitimation bei der Schadensersatzklage nach Art. 340 Abs. 2 AEUV und zur Vertretung → Form. IX.4 Anm. 1. Die Bezeichnung des Beklagten fordert Art. 76 Buchst. c EuG-Verfahrensordnung.

8. Nach Art. 76 Buchst. e EuG-Verfahrensordnung sind die Anträge aufzuführen, → Form. IX.2 Anm. 10.

9. Das EuG hat im Jahre 2004 Verzugszinsen iHv 2 Prozentpunkten über dem von der Europäischen Zentralbank für die wesentlichen Hauptrefinanzierungsgeschäfte festgesetzten Zinssatz ab dem Zeitpunkt, zu dem die Klägerin von der Beklagten die Zahlung des geschuldeten Betrages verlangt hat, zugesprochen (EuG T-215/01, T-220/01 u. T-221/01, Slg. 2004, II-587 Rn. 163 – Calberson GE/Kommission). Die Rspr. des EuGH zur Zinshöhe ist bislang uneinheitlich. Der EuGH hat jedoch wiederholt Zinsen iHv 8 % bei entsprechendem Antrag zugesprochen. Wird ein niedrigerer Zinssatz beantragt, so entspricht der EuGH regelmäßig dem Antrag (EuGH C-104/89 u. C-37/90, Slg. 1992, I-3061 Rn. 35–36 – Mulder ua/Rat und Kommission); → Form. IX.4 Anm. 14.

10. Es bedarf eines ausdrücklichen Kostenantrages, vgl. Art. 134 Abs. 1 EuG-Verfahrensordnung und → Form. IX.2 Anm. 12.

11. S. für die Anforderungen an die Vollmacht Art. 51 Abs. 3 EuG-Verfahrensordnung, → Form. IX.2 Anm. 13.

12. Der Anwalt hat gem. Art. 51 Abs. 2 EuG-Verfahrensordnung eine Bescheinigung zu hinterlegen, aus der hervorgeht, dass er berechtigt ist, vor einem Gericht eines Mitgliedstaates oder eines Vertragsstaates des EWR-Abkommens aufzutreten, → Form. IX.2 Anm. 14.

13. Im Regelfall der elektronischen Verfahrensführung mittels e-Curia erfolgt auch die Zustellung über diese Plattform (Art. 6 Beschluss des Gerichtshofs v. 18.10.2018 „über die Einreichung und die Zustellung von Verfahrensschriftstücken im Wege der Anwendung e-Curia“, ABl. 2018 L 293, 36; → Form. IX.2 Anm. 16, 4).

14. Zu den Anforderungen an die Klagebegründung → Anm. 4 und → Form. IX.2 Anm. 4, 17.

15. → Form. IX.4.

16. → Form. IX.4 Anm. 1, 5, → Form. IX.4 Anm. 7–15.

17. Im Rahmen der elektronischen Verfahrensführung wird die Unterzeichnung von Schriftstücken durch die Einreichung über das ordnungsgemäß eingerichtete e-Curia Benutzerkonto ersetzt – konkret durch Verwendung von persönlicher Nutzerkennung und Passwort (Art. 3 Beschluss des Gerichtshofs v. 16.10.2018, ABl. 2018 L 293, 63); → Form. IX.2 Anm. 24.

18. Der Klageschrift ist ein Anlagenverzeichnis beizufügen, Art. 72 Abs. 3 EuG-Verfahrensordnung. Weiterhin ist eine Zusammenfassung der Klagegründe und wesentlichen Argumente einzureichen. Vgl. zu den Anforderungen an das Anlagenverzeichnis und die Zusammenfassung die Praktischen Durchführungsbestimmungen (Rn. 82 ff., → Anm. 4), → Form. IX.2 Anm. 25, 26.

Kosten und Gebühren

19. Zu Kosten und Gebühren → Form. IX.2 Anm. 27, → Form. IX.18.

Fristen und Rechtsmittel

20. Zu den prozessualen Fristen und zur Verjährungsfrist s. → Form. IX.4 Anm. 1, 17. Zum Rechtsmittel gegen Urteile des Gerichts → Form. IX.2 Anm. 28 sowie → Form. IX.12.

7. Beschwerde gem. Art. 90 Abs. 2 Beamtenstatut (BSt)

. . . . .stadt, den . . . . .

Einschreiben gegen Rückschein

An[1, 2]

. . . . .

. . . . .

. . . . ./. . . . .

Sehr geehrter Herr . . . . .,

hiermit zeigen wir an, dass wir die rechtliche Vertretung von Frau . . . . ., wohnhaft in . . . . ., übernommen haben.[3] Eine entsprechende Vollmacht ist als

Anlage 1

beigefügt. Namens und im Auftrag von Frau . . . . . legen wir gem. Art. 90 Abs. 2 Beamtenstatut

Beschwerde[4]

gegen Ihre Entscheidung vom . . . . . ein, mit der Sie den Antrag von Frau . . . . . auf Überprüfung ihres Dienstalters gem. Art. 32 Abs. 3 BSt zurückgewiesen haben.[5]

Die Entscheidung vom . . . . . (Az . . . . .) wurde unserer Mandantin am . . . . . zugestellt.[6]

Wir beantragen,[7] dass Sie

1. die Entscheidung vom . . . . . (Az . . . . .) aufheben und

2. das Dienstalter von Frau . . . . . zum 1.9.1981 festsetzen.

Begründung:[8]

A. Sachverhalt

Frau . . . . . trat am 1.9.1981 als Bedienstete auf Zeit in den Dienst des Rechnungshofs (Besoldungsgruppe A4, Dienstaltersstufe 1). Sie wurde auf der Grundlage eines neuen Vertrags als Bedienstete auf Zeit mit einem Besoldungsdienstalter mit Wirkung ab 18.10.1983 eingestellt. Nach erfolgreicher Teilnahme an einem Auswahlverfahren für Verwaltungsräte wurde sie zur Beamtin ernannt, wobei das Besoldungsdienstalter mit Wirkung ab 18.10.1984 festgesetzt wurde. Auf der Grundlage von Art. 32 Abs. 2 BSt wurde sie in die Dienstaltersstufe 3 eingestuft.

Mit Wirkung ab 1.1.1993 wurde durch Artikel 8 der Verordnung Nr. 3947/92 des Rates vom 21.12.1992 in Art. 32 des BSt als Abs. 3 eine Regelung aufgenommen, wonach ein Beamter sein als Bediensteter auf Zeit erworbenes Dienstalter dann beibehält, wenn er

unmittelbar nach seiner Beschäftigung auf Zeit zum Beamten ernannt wird. Den Antrag von Frau . . . . . vom . . . . . auf Berichtigung ihres Dienstalters mit Wirkung ab 1.1.1993 entsprechend der neuen Regelung lehnten Sie am . . . . . ohne weitere Begründung ab.

B. Rechtliche Würdigung

Die Entscheidung vom . . . . . ist formell und materiell rechtswidrig.

I. Formelle Rechtswidrigkeit

Die Entscheidung verletzt wesentliche Formvorschriften, weil sie keine ausreichende Begründung dafür enthält, dass eine Neufestsetzung des Dienstalters von Frau . . . . . unterbleibt. Gem. Art. 25 Abs. 1 S. 2 BSt ist jede beschwerende Verfügung mit Gründen zu versehen, die aufgrund des Statuts ergeht. Die Entscheidung vom . . . . . stellt eine beschwerende Maßnahme für Frau . . . . . dar, da sie Nachteile bei späteren Beförderungen bewirkt . . . .

II. Materielle Rechtswidrigkeit

Ihre Entscheidung ist zunächst rechtswidrig, weil sie gegen den Grundsatz der Gleichbehandlung verstößt. Nach stRspr stellt der Grundsatz der Gleichbehandlung einen höherrangigen Rechtsgrundsatz dar (vgl. EuGH 147/79, Slg. 1980, 3005 Rn. 7 – Hochstrass/Gerichtshof). Kodifiziert ist dieser Grundsatz nunmehr auch in Art. 10 AEUV und Art. 21 GRCh iVm Art. 6 Abs. 3 EUV und Art. 51 Abs. 1 GRCh. Die von Ihnen vertretene Auslegung von Art. 32 Abs. 3 BSt und die entsprechende Anwendung der Vorschrift führten dazu, dass die nach Inkrafttreten der Verordnung ernannten Beamten besser eingestuft werden als die vorher ernannten. Art. 32 Abs. 3 BSt ist deshalb so auszulegen, dass die Regelung auch auf am 1.1.1993 bereits ernannte Beamten Anwendung findet.

Darüber hinaus verstößt Ihre Entscheidung gegen das Prinzip der allgemeinen Fürsorgepflicht. Es gebietet der Verwaltung bei der Entscheidung über die Stellung eines Beamten, nicht nur das dienstliche, sondern auch das Interesse des Beamten zu berücksichtigen (EuGH 33/79 u. 75/79, Slg. 1980, 1677 Rn. 22 – Kuhner/Kommission). Ihre Weigerung, Art. 32 Abs. 3 BSt nach seinem Sinn und Zweck auszulegen, zeigt, dass eine Interessenabwägung nicht stattgefunden hat.

III. Ergebnis

Die Entscheidung vom . . . . . ist deshalb sowohl aus formellen als auch aus materiellen Gründen rechtswidrig und muss aufgehoben werden. Sie haben die rechtlichen Verpflichtungen der Anstellungsbehörde verkannt und rechtswidrig in die Rechte von Frau . . . . . eingegriffen. Frau . . . . . hat deshalb gem. Art. 32 Abs. 3 BSt einen Anspruch auf Neufestsetzung des Dienstalters.

[Nachdem Sie auf die Bemühungen von Frau . . . . . um eine einverständliche Regelung des Falles nicht eingegangen sind, sehen wir uns gezwungen, im Anschluss an die Einreichung dieser Beschwerde Klage einzureichen und um einstweiligen Rechtsschutz nachzusuchen, um die Rechte unserer Mandantin zu wahren.][9]

Mit vorzüglicher Hochachtung

Rechtsanwalt[10, 11]

Schrifttum: Eggers/Linder, Art. 270 AEUV in *Grabitz/Hilf/Nettesheim*, Das Recht der Europäischen Union, 71. EL August 2020; *Ehricke*, Art. 270 AEUV in *Streinz*, EUV/AEUV, 3. Aufl. 2018; *Reithmann*, Art. 270 AEUV in *von der Groeben/Schwarze/Hatje*, Europäisches Unionsrecht, 7. Aufl. 2015; *Schermers/Waelbroeck*, Judicial Protection in the European Communities, 6. Aufl. 2001, §§ 244–246; *Wegener*, Art. 270 AEUV in *Calliess/Ruffert*, EUV/AEUV, 5. Aufl. 2016.

Anmerkungen

1. Die Verwaltungsbeschwerde unterliegt nach stRspr keinen Formerfordernissen (EuG T-139/89, Slg. 1990, II-535 – Virgili-Schettini/Parlament), etwa im Hinblick auf die Hinzuziehung eines Anwalts, Unterschrift oder Vollmacht. Es ist jedoch in jedem Fall ratsam, die Beschwerde schriftlich einzulegen. Maßgeblich für die Einstufung eines Schreibens als Beschwerde ist, dass es klar den Willen des Beamten zum Ausdruck bringt, die Entscheidung der Anstellungsbehörde anzugreifen (EuGH 23/87 u. 24/87, Slg. 1988, 4395 Rn. 12 – Aldinger u. Virgili/Parlament).

2. Die Beschwerde ist gegen die Anstellungsbehörde als Beschwerdegegner zu richten, Art. 90 Abs. 2 S. 1 BSt (Statut der Beamten der Europäischen Gemeinschaften, ABl. 1962, 1385, zuletzt geändert durch VO (EU) 2016/1611, ABl. 2016 L 242, 1). Sie ist auf dem Dienstweg einzureichen. Nur wenn sie sich gegen den unmittelbaren Vorgesetzten richtet, kann sie unmittelbar bei dem nächsthöheren Vorgesetzten erhoben werden.

3. → Anm. 1.

4. Gem. Art. 91 Abs. 2 BSt können Beamte der EU bzw. sonstige Bedienstete (Art. 46, 73 Beschäftigungsbedingungen für die sonstigen Bediensteten (ABl. 1968 L 56, 1, zuletzt geändert durch VO (EU) 423/2014 (ABl. 2014 L 129, 12) eine dienstrechtliche Klage nach Art. 270 AEUV erst nach Durchführung eines Beschwerdeverfahrens erheben, dessen Durchführung sich nach Art. 90 Abs. 2 BSt richtet. Das Vorverfahren soll eine einverständliche Beilegung des entstandenen Streits vergleichbar dem deutschen Widerspruchsverfahren ermöglichen. Die Beschwerde dient daher der verwaltungsinternen Überprüfung beschwerender Maßnahmen, die die Anstellungsbehörde gegen den Beamten oder sonstigen Bediensteten erlassen hat. Als beschwerende Maßnahme gilt auch das Unterlassen einer Maßnahme, auf deren Erlass ein Anspruch besteht.

Sofern ein Beamter oder sonstiger Bediensteter den Erlass einer ihn betreffenden Maßnahme begehrt, hat er nach Art. 90 Abs. 1 BSt einen entsprechenden Antrag an die Anstellungsbehörde zu richten, über den diese innerhalb von vier Monaten zu entscheiden hat. Entscheidet die Behörde nicht innerhalb dieser Frist, gilt das als stillschweigende Ablehnung des Antrags. Gegen eine Ablehnung des Antrags ist dann Beschwerde gem. Art. 90 Abs. 2 BSt zu erheben.

5. Der Sachverhalt lehnt sich an die Entscheidung in der Rechtssache Becker/Rechnungshof an (EuG T-93/94, Slg. 1996, II-141 – Becker/Rechnungshof).

6. Die Beschwerde muss nach Art. 90 Abs. 2 S. 2 BSt innerhalb einer Frist von drei Monaten eingelegt werden. Die Frist beginnt im Falle allgemeiner Maßnahmen mit dem Tag der Bekanntmachung der Maßnahme, im Falle einer Einzelmaßnahme mit dem Tag der Mitteilung der Entscheidung an den Empfänger, spätestens jedoch mit dem Tag der Kenntnisnahme, Art. 90 Abs. 2 S. 3 BSt. Ein nach Ablauf der Frist gestellter Antrag vermag den Fristablauf nicht zu hemmen (EuGöD F-56/12, BeckRS 2013, 81360 – Buschak/Europäische Kommission).

7. Der Antrag ist immer auf die Aufhebung einer den Beamten oder sonstigen Bediensteten beschwerenden Maßnahme der Anstellungsbehörde zu richten, die auch im Nichttreffen einer nach dem Statut vorgeschriebenen Maßnahme bestehen kann, Art. 90 Abs. 2 S. 1 BSt. Begehrt der Beamte oder sonstige Bedienstete den Erlass ihn betreffender Maßnahmen, ist zunächst ein Antrag gem. Art. 90 Abs. 1 BSt zu stellen, → Anm. 1.

8. Die Beschwerde ist so zu begründen, dass die Behörde die Möglichkeit hat, sich mit allen ihr zum Vorwurf gemachten Rügen auseinanderzusetzen (EuG T-7/90, Slg. 1990, II-

721 Rn. 34 – Kobor/Kommission). Doch ist es ausreichend, dass die Behörde mit der ihren Bediensteten geschuldeten Sorgfalt den Inhalt der Beschwerde im Wege der Auslegung ermitteln kann (EuG T-139/89, Slg. 1990, II-535, Leitsatz 1 – Virgili/Parlament). Es ist jedoch erforderlich, bereits in der Beschwerde die wesentlichen Gründe darzulegen und Anträge zu stellen, da sie den Rahmen einer späteren dienstrechtlichen Klage abstecken. Nach stRspr müssen spätere Klageanträge denselben Gegenstand haben wie die in der Beschwerde enthaltenen Anträge, und es können in der Klage nur Rügen erhoben werden, die auf demselben Grund beruhen wie die in der Beschwerde genannten Rügen; diese Rügen können im Stadium der Klage ausnahmsweise durch neue Gründe und Argumente weiterentwickelt werden, die nicht notwendigerweise in der Beschwerde enthalten sind, sich aber eng an diese anlehnen (EuGH 23/87 u. 24/87, Slg. 1988, 4395 Rn. 15 – Aldinger u. Virgili/Parlament; EuG T-19/90, Slg. 1991, II-615 Rn. 33 – von Hoessle/Rechnungshof).

9. Das Beschwerdeverfahren ist abgeschlossen, sobald die Anstellungsbehörde dem Betreffenden eine begründete Beschwerdeentscheidung mitgeteilt hat. Für den Erlass der Entscheidung steht der Behörde eine Frist von vier Monaten ab dem Tag der Einreichung der Beschwerde zur Verfügung, Art. 90 Abs. 2 S. 4 BSt. Ergeht innerhalb dieser Frist keine Entscheidung, so gilt die Beschwerde als stillschweigend abgelehnt. Gegen diese stillschweigende Entscheidung ist die Klage nach Art. 91 BSt, Art. 270 AEUV zulässig, Art. 90 Abs. 2 S. 5 BSt.

Ein Abwarten der Entscheidung der Behörde ist in Eilfällen nicht erforderlich. Gem. Art. 91 Abs. 4 BSt kann nach Einreichung der Beschwerde unverzüglich Klage erhoben werden, wenn zugleich ein Antrag auf einstweiligen Rechtsschutz gestellt wird (→ Form. IX.12).

Kosten und Gebühren

10. Das Beschwerdeverfahren ist gebührenfrei.

Fristen und Rechtsmittel

11. Zu Fristen → Anm. 6; zu Rechtsmitteln gegen die Beschwerdeentscheidung → Form. IX.8.

8. Dienstrechtliche Klage gem. Art. 270 AEUV

. . . . .stadt, den . . . . .[2]

Per e-Curia[14]
An das
Gericht der Europäischen Union[3]
– Kanzlei –
Rue du Fort Niedergrünewald
L-2925 Luxemburg
LUXEMBURG

Klage[1, 4, 5]

des Herrn . . . . ., ...str., ...staat[6]
– Kläger –

Prozessbevollmächtigter:[7] Rechtsanwalt . . . . .
gegen
den Europäischen Rechnungshof, Rue Alcide de Gasperi 12, L-1615 Luxemburg[8]
– Beklagte –
wegen: Nichtigerklärung der Entscheidung des Rechnungshofs vom . . . . . (Az . . . . .)
Namens und im Auftrag des Klägers erheben wir hiermit gem. Art. 270 AEUV, Art. 91 Abs. 1 BSt

Klage

und beantragen,[9]

1. **den Bescheid des Rechnungshofs vom . . . . . (Az . . . . .) aufzuheben;[10]**
2. **der Beklagten die Kosten des Verfahrens aufzuerlegen.[11]**

Die Vollmacht[12] ist als

Anlage 1,

die Zulassungsbescheinigung[13] als

Anlage 2

beigefügt.

Begründung:

A. Klageziel

Der Kläger erstrebt mit der Klage die Aufhebung der Entscheidung des Beklagten, mit der dieser seinen Antrag auf Neubewertung seines Besoldungsdienstalters ablehnte. Der Kläger macht zum einen einen Verstoß der Entscheidung der Beklagten gegen den Grundsatz der Gleichbehandlung und zum anderen einen Verstoß gegen das Prinzip der allgemeinen Fürsorgepflicht geltend.

B. Sachverhalt

Der Kläger trat am 1.9.1981 als Bediensteter auf Zeit in den Dienst des Rechnungshofs (Besoldungsgruppe A4, Dienstaltersstufe 1). Er wurde auf der Grundlage eines neuen Vertrags als Bediensteter auf Zeit mit einem Besoldungsdienstalter mit Wirkung ab 18.10.1983 eingestellt. Nach erfolgreicher Teilnahme an einem Auswahlverfahren für Verwaltungsräte wurde er zum Beamten ernannt, wobei das Besoldungsdienstalter mit Wirkung ab 18.10.1984 festgesetzt wurde. Auf der Grundlage von Art. 32 Abs. 2 BSt wurde er in die Dienstaltersstufe 3 eingestuft.

Mit Wirkung ab 1.1.1993 wurde durch Artikel 8 der Verordnung Nr. 3947/92 des Rates v. 21.12.1992 in Art. 32 des BSt als Abs. 3 eine Regelung aufgenommen, wonach ein Beamter sein als Bediensteter auf Zeit erworbenes Dienstalter dann beibehält, wenn er unmittelbar nach seiner Beschäftigung auf Zeit zum Beamten ernannt wird. Den Antrag des Klägers vom . . . . . auf Berichtigung seines Dienstalters mit Wirkung ab 1.1.1993 entsprechend der neuen Regelung lehnte der Beklagte am . . . . . ab. Hiergegen legte der Kläger am . . . . . Beschwerde gem. Art. 90 Abs. 2 BSt ein,

Anlage 3,

die der Beklagte am . . . . . mit der Begründung ablehnte, Art. 32 Abs. 3 BSt finde keine Anwendung auf Einstellungen vor dem 1.1.1993

Anlage 4.

C. Rechtliche Würdigung

I. Zulässigkeit[15]

Der Kläger hat das gem. Art. 91 Abs. 2 BSt erforderliche Beschwerdeverfahren ordnungsgemäß durchgeführt. Er hat am . . . . . einen Antrag auf Neufestsetzung seines Dienstalters gestellt, den der Beklagte mit Schreiben vom . . . . . ablehnte. Die Beschwerde des Klägers vom . . . . . wies der Beklagte mit Schreiben vom . . . . . zurück.

Die Entscheidung beschwert den Kläger unmittelbar, da er bei einer Neufestsetzung seines Dienstalters bessere Aussichten haben würde, befördert zu werden . . . . .

[ggf.:[16] Die Zulässigkeit der sofortigen Klageerhebung ergibt sich im vorliegenden Fall aus Art. 91 Abs. 4 BSt. Danach kann in Abweichung von Art. 91 Abs. 2 BSt nach Einreichung einer Beschwerde gem. Art. 90 Abs. 2 BSt unverzüglich Klage bei dem Gerichtshof erhoben werden, wenn zeitgleich mit der Klage ein Antrag auf Aussetzung des angefochtenen Verwaltungsakts oder auf Erlass vorläufiger Maßnahmen gestellt wird. Mit Antrag vom . . . . . hat der Kläger die Aussetzung der Entscheidung vom . . . . . beantragt.]

II. Begründetheit[17]

Die Entscheidung des Beklagten ist rechtswidrig, weil sie gegen den Grundsatz der Gleichbehandlung verstößt. Nach stRspr stellt der Grundsatz der Gleichbehandlung einen höherrangigen Rechtsgrundsatz dar (EuGH 147/79, Slg. 1980, 3005 Rn. 7 – Hochstrass/Gerichtshof). Kodifiziert ist dieser Grundsatz nunmehr auch in Art. 10 AEUV und Art. 21 GrCH. Die von der Beklagten vertretene Auslegung von Art. 32 Abs. 3 BSt führt dazu, dass die nach Inkrafttreten der Verordnung ernannten Beamten besser eingestuft werden als die vorher ernannten. Art. 32 Abs. 3 BSt ist deshalb so auszulegen, dass die Regelung auch auf am 1.1.1993 bereits ernannte Beamten Anwendung findet.

Darüber hinaus verstößt die Entscheidung gegen das Prinzip der allgemeinen Fürsorgepflicht. Diese gebietet es, dass die Verwaltung, wenn sie über die Stellung eines Beamten entscheidet, nicht nur das dienstliche Interesse, sondern auch das Interesse des Beamten berücksichtigt (verb. Rs. 33 und 75/79, Slg. 1980, 1677 Rn. 22 – Kuhner/Kommission). Die Weigerung der Beklagten, Art. 32 Abs. 3 BSt nach seinem Sinn und Zweck auszulegen, zeigt, dass eine Interessenabwägung nicht stattgefunden hat.

. . . . .

Unterschrift[18, 20, 21]

Verzeichnis der Anlagen[19]

Schrifttum: Eggers/Linder, Art. 270 AEUV, in *Grabitz/Hilf/Nettesheim*, Das Recht der Europäischen Union, 71. EL August 2020; *Ehricke*, Art. 270 AEUV, in Streinz, EUV/AEUV, 3. Aufl. 2018; *Hakenberg*, Das Gericht für den öffentlichen Dienst der EU – eine neue Ära in der Gemeinschaftsgerichtsbarkeit, EuZW 2006, 391; *Hatje*, Der Rechtsschutz der Stellenbewerber im Europäischen Beamtenrecht, 1988; *Henrich*, Die Rechtsprechung des Europäischen Gerichtshofs in Personalsachen, EuR 1980, 134; EuR 1982, 231; EuR 1985, 171; EuR 1988, 302; *Hoffmann*, Der Gerichtshof der Europäischen Union – re-organisiert, EuR 2016, 197; *Lindemann*, Allgemeine Rechtsgrundsätze und europäischer öffentlicher Dienst, 1986; *Reithmann*, Art. 270 AEUV, in *von der Groeben/Schwarze/Hatje*, Europäisches Unionsrecht, 7. Aufl. 2015; *Reithmann*, Die Rechtsprechung des Gerichts für den öffentlichen Dienst der Europäischen Union 2006 und in der ersten Jahreshälfte 2007, EuR 2008, 270; *Reithmann*, Die Rechtsprechung des Gerichts für den öffentlichen Dienst der Europäischen Union 2007/2008, EuR 2009, 801; *Reithmann*, Die Rechtsprechung des Gerichts für den öffentlichen Dienst der Europäischen Union 2008/2009, EuR 2011, 121; *Reithmann*, Die Rechtsprechung des Gerichts für den öffentlichen Dienst der Europäischen Union 2009/2010, EuR 2011, 871; *Reithmann*, Die Rechtsprechung des Gerichts für den öffentlichen Dienst der Europäischen Union 2010/2011, EuR 2012, 696; *Reithmann*, Die Rechtsprechung des Gerichts für den öffentlichen Dienst der Europäischen Union 2011/2012, EuR 2014, 100; *Reithmann*, Die Rechtsprechung des Gerichts für den öffentlichen Dienst der Europäischen Union 2012/2013, EuR 2014, 730; *Reithmann*, Die Rechtsprechung des Gerichts für den öffentlichen Dienst der Europäischen Union 2013/2014, EuR 2015, 763; *Reithmann*, Die Rechtsprechung des Gerichts für den öffentlichen Dienst der Europäischen Union 2014/2015, EuR 2017, 264; *Reithmann*, Die Rechtsprechung des Gerichts für den öffentlichen Dienst der Europäischen Union 2015/2016, EuR 2018, 191; *Rogalla*, Dienstrecht der Europäischen Gemeinschaften, 2. Aufl. 1992; *Thiele*, Das Rechtsschutzsystem nach dem Vertrag von Lissabon – (K)ein Schritt nach vorn?, EuR 2010, 30; *Wägenbaur*, EuGH VerfO, 2. Aufl. 2017; *Wägenbaur*, Neue Richter am EuG – aus eins mach zwei, EuZW 2015, 889; *Wegener*, Art. 270 AEUV, in *Calliess/Ruffert*, EUV/AEUV, 5. Auflage 2016.

Anmerkungen

1. Das Gericht für den öffentlichen Dienst (EuGöD) war neben dem EuGH und dem EuG, das dritte in Luxemburg angesiedelte Gericht der EU und Bestandteil des im AEUV ausgestalteten Rechtsschutzsystems, → Anm. 3. Entsprechend handelt sich bei Art. 270 AEUV um keine eigene Klageart. Vielmehr wird nur eine Entscheidungskompetenz für dienstrechtliche Streitigkeiten begründet, die auf die bestehenden Rechtsbehelfe zurückgreift. Entsprechend dem Klagebegehren können im dienstrechtlichen Streitverfahren sowohl Gestaltungs- als auch Feststellungsklagen erhoben werden. Im Einzelfall kann es sich dabei um eine Nichtigkeits-, Leistungs-, Schadensersatz- oder Untätigkeitsklage handeln, ggf. verbunden im Wege der objektiven Klagehäufung. Der dienstrechtlichen Klage ist ein Beschwerdeverfahren zwingend vorgeschaltet, Art. 91 Abs. 2 BSt → Form. IX.7.

2. Gem. Art. 72 Abs. 2 EuG-Verfahrensordnung (ABl. 2015 L 105, 1, zuletzt geändert durch ABl. 2018 L 240, 68) ist jeder Schriftsatz mit Datum zu versehen, → Form. IX.2 Anm. 2.

3. Zuständig für die Entscheidung über dienstrechtliche Streitigkeiten ist gem. Art. 270 AEUV das EuG. Bis zu seiner Auflösung am 1.9.2016 bestand für die dienstrechtlichen Streitigkeiten gem. Art. 270 AEUV iVm Anh. I Art. 1 EuGH-Satzung aF v. 1.9.2012 die Zuständigkeit des EuGöD. Dieses war gemäß dem „Beschluss des Rates zur Errichtung des Gerichts für den öffentlichen Dienst der Europäischen Union" v. 2.11.2004, ABl. 2004 L 333, 7 als gerichtliche Kammer dem Gericht beigeordnet worden. Im Rahmen der Reform des Rechtsschutzsystems der EU wurde das EuGöD in das EuG reintegriert und die Zuständigkeit für Beamtenstreitsachen auf das EuG rückübertragen, wobei die Zahl der Richter am EuG deutlich erhöht wurde (vgl. Pressemitteilung des EuGH Nr. 38/16 v. 12.4.2016).

4. Gem. Art. 270 AEUV iVm Art. 91 Abs. 1 BSt (Statut der Beamten der Europäischen Gemeinschaften, ABl. 1962, 1385, zuletzt geändert durch VO (EU) 2016/1611, ABl. 2016 L 242, 1; bzw. Art. 46, 73 BSB – Beschäftigungsbedingungen für die sonstigen Bediensteten der Gemeinschaft, ABl. 1968 L 56, 1, zuletzt geändert durch VO (EU) 423/2014, ABl. 2014 L 129, 12) iVm Art. 256 Abs. 1 AEUV entscheidet das EuG über alle Streitsachen zwischen der Union und ihren Bediensteten (Beamte und sonstige Bedienstete) innerhalb der Grenzen und nach Maßgabe der Bedingungen, die im Statut der Beamten (BSt) festgelegt sind oder die sich aus den Beschäftigungsbedingungen der Bediensteten (BSB) ergeben. Die Rechtsschutzmöglichkeiten der Art. 90, 91 BSt gelten nicht nur für die aktiven Beamten, sondern auch für die Bewerber um ein Amt oder ein allgemeines Auswahlverfahren (EuG T-107/99, Slg. 1999, II-1939 – Retortillo/Rat).

5. Vgl. zu den allgemeinen Anforderungen an die Klageschrift, die Klagebegründung und an die weiteren Schriftsätze Art. 76 EuG-Verfahrensordnung, die Praktischen Durchführungsbestimmungen zur Verfahrensordnung des Gerichts (ABl. 2015 L 152, 1 zuletzt geändert mit ABl. 2018 L 294, 23, berichtigt durch ABl. 2018 L 296, 40) und das Benutzerhandbuch für e-Curia (abrufbar auf der Internetseite www.curia.europa.eu) sowie → Form. IX.2 Anm. 4, → Form. IX.19.

6. Die Klageschrift muss gem. Art. 76 Buchst. a EuG-Verfahrensordnung den Namen und den Wohnsitz des Klägers enthalten.

7. Nur ein Anwalt, der berechtigt ist, vor einem Gericht eines Mitgliedstaates oder eines anderen Vertragsstaates des EWR-Abkommens aufzutreten, kann gem. Art. 19 Abs. 4 EuGH-Satzung vor dem EuG als Vertreter oder Beistand einer Partei auftreten → Form. IX.2 Anm. 14.

8. Dienstrechtliche Klagen sind nicht gegen die Union zu richten, sondern gegen das Unionsorgan, in dessen Dienst der Kläger im Zeitpunkt der beanstandeten Maßnahme bzw. seines Ausscheidens stand (EuG T-162/89, Slg. 1990, II-679 Rn. 18 – Mommer/Parlament). Das sind nicht nur die in Art. 13 AEUV aufgeführten Organe, sondern auch andere Unionseinrichtungen, die mit Rechtspersönlichkeit ausgestattet sind (zB der Wirtschafts- und Sozialausschuss (WSA), das Zentrum für die Förderung der Berufsbildung (CEDEFOP), das Europäische Währungsinstitut (EWI), die Europäische Investitionsbank (EIB) etc).

9. Die Anträge sind nach Art. 76 Buchst. e EuG-Verfahrensordnung in der Klageschrift aufzuführen. Sie richten sich in dem Verfahren nach Art. 270 AEUV nach dem jeweiligen Klagebegehren in der dienstrechtlichen Streitigkeit, → Anm. 1.

Nach stRspr müssen die Klageanträge im Rahmen von Art. 270 AEUV denselben Gegenstand haben wie die in der vorgeschalteten Beschwerde (→ Form. IX.7 Anm. 8) enthaltenen Anträge und können in der Klage nur solche Rügen erhoben werden, die auf demselben Grund beruhen wie die in der Beschwerde genannten Rügen; diese Rügen können im Stadium der Klage jedoch durch neue Gründe und Argumente weiterentwickelt werden, die nicht notwendigerweise in der Beschwerde enthalten sind, sich aber eng an diese anlehnen (EuGH 23 und 24/87, Slg. 1988, 4395 Rn. 15 – Aldinger u. Virgili/Parlament; EuG T-19/90, Slg. 1991, II-615 Rn. 33 – von Hoessle/Rechnungshof).

10. Der Sachverhalt ist angelehnt an die Entscheidung EuG T-93/94, Slg. 1996, ÖD II-301 – Becker/Rechnungshof.

11. Gem. Art. 134 Abs. 1 EuG-Verfahrensordnung ist die unterliegende Partei auf Antrag zur Tragung der Kosten zu verurteilen, → Form. IX.2 Anm. 12

12. Vgl. zu den Anforderungen an die Vollmacht → Form. IX.2 Anm. 13.

13. Der Anwalt hat gem. Art. 51 Abs. 2 EuG-Verfahrensordnung eine Bescheinigung zu hinterlegen, aus der hervorgeht, dass er berechtigt ist, vor einem Gericht eines Mitgliedstaates oder eines Vertragsstaates des EWR-Abkommens aufzutreten, → Form. IX.2 Anm. 14.

14. Im Regelfall der elektronischen Verfahrensführung mittels e-Curia erfolgt auch die Zustellung über diese Plattform (Art. 6 Beschluss des Gerichtshofs v. 18.10.2018 „über die Einreichung und die Zustellung von Verfahrensschriftstücken im Wege der Anwendung e-Curia", ABl. 2018 L 293, 36); → Form. IX.2 Anm. 16, 4.

15. Neben den allgemeinen Zulässigkeitsvoraussetzungen der jeweiligen Klageart sind bei jeder dienstrechtlichen Klage folgende besondere Zulässigkeitsvoraussetzungen zu beachten, die sich aus dem Beamtenstatut ergeben:

Gem. Art. 91 Abs. 2 BSt ist die Erhebung einer dienstrechtlichen Klage nur zulässig, wenn zuvor bei der Anstellungsbehörde eine Beschwerde (Art. 90 Abs. 2 BSt) fristgerecht eingereicht und die Beschwerde ausdrücklich oder stillschweigend zurückgewiesen worden ist (→ Form. IX.7). Es handelt sich bei dem Vorverfahren um eine zwingende Klagevoraussetzung. Das Gericht prüft insb. die Einhaltung der Fristen für das vorprozessuale Verfahren von Amts wegen, weil sie zur Gewährleistung der Rechtssicherheit zwingenden Charakter haben (EuGH 232/85, Slg. 1986, 3401 Rn. 8 – Becker/Kommission; EuG T-552/93, Slg. 1995, ÖD II-125 Rn. 23 – Grassi/Kommission). Entbehrlich ist das Vorverfahren nur dann, wenn es seinen Zweck von vornherein nicht erfüllen kann, weil die Anstellungsbehörde nicht die Befugnis hat, die angegriffene Entscheidung zu ändern. Dies ist etwa der Fall bei Entscheidungen von unabhängigen Prüfungsausschüssen in Auswahlverfahren (EuG T-133/89, Slg. 1990, II-245 Rn. 17 – Burban/Parlament) oder bei Beurteilungen der Bediensteten gem. Art. 43 BSt (EuGH verb. Rs. 6 und 97/79, Slg. 1980, 2141 Rn. 15 – Grassi/Rat; EuG T-29/89, Slg. 1990, II-787 Rn. 15 – Moritz/Kommission).

In besonders dringenden Fällen eröffnet Art. 91 Abs. 4 BSt dem Betroffenen jedoch die Möglichkeit, schon vor Beendigung des Vorverfahrens eine dienstrechtliche Klage zu erheben, wenn diese mit einem Antrag auf einstweiligen Rechtsschutz (Aussetzung des Vollzugs der beschwerenden Maßnahme, sonstige vorläufige Maßnahmen) verbunden ist, → Form. IX.11. In diesem Fall wird über den Antrag auf einstweiligen Rechtsschutz sofort entschieden, während das Hauptsacheverfahren bis zur Ablehnung der Beschwerde ausgesetzt wird. Diese Konstruktion ist deshalb erforderlich, weil der Antrag auf einstweiligen Rechtsschutz nur gestellt werden kann, wenn spätestens gleichzeitig eine Hauptsache anhängig gemacht wird.

Art. 91 Abs. 3 BSt sieht für dienstrechtliche Klage eine Klagefrist von drei Monaten vor. Die Frist beginnt am Tag der Mitteilung der auf die Beschwerde hin ergangenen Entscheidung, bzw., im Falle der stillschweigenden Ablehnung der Beschwerde, mit dem Tag, an dem die Beantwortungsfrist der Beschwerde abläuft.

16. Gegenstand einer dienstrechtlichen Klage kann gem. Art. 91 Abs. 1 BSt jede den Beamten beschwerende Maßnahme sein. Der Begriff der „Maßnahme" umfasst dabei auch unterlassene Maßnahmen der Anstellungsbehörde, vgl. Art. 90 Abs. 2 BSt. Die angegriffene Maßnahme muss den Beamten beschweren und individuell und unmittelbar betreffen (EuGH verb. Rs. 87 und 130/77, Slg. 1985, 2523 Rn. 30 – Salerno ua/Kommission; vgl. dazu Art. 263 AEUV, → Form. IX.2 Anm. 5). Ausreichend dafür ist, dass die Maßnahme unmittelbar auf eine dem Beschäftigten nach dem Statut eingeräumte Rechtsposition schädigend einwirkt (EuGH 124/78, Slg. 1979, 2499 Rn. 5 – List/Kommission; EuGH verb. Rs. 66–68, 136–140/83, Slg. 1985, 2459 Rn. 22 – Hattet ua/Kommission). Diese Voraussetzungen liegen auch bei Maßnahmen vor, die die materiellen Interessen und den Rang des Beschäftigten nicht berühren, aber seine immateriellen Interessen oder Zukunftsaussichten beeinträchtigen (EuGH 35/72, Slg. 1973, 679 Rn. 4/6 – Kley/Kommission; EuG T-36/93, Slg. 1995 ÖD, II-497 Rn. 42 – Ojha/Kommission). Umfasst werden davon zB Disziplinarmaßnahmen (zB EuGH verb. Rs. 18 u. 35/65, Slg. 1966, 153 (177) – Gutmann/Kommission; EuG T-549/93, Slg. 1995 ÖD, II-43 – D./Kommission), Versetzungen (EuGH 61/76, Slg. 1977, 1419 Rn. 21/22 – Geist/Kommission; EuGH 23 und 24/87, Slg. 1988, 4395 Rn. 17 – Aldinger u. Virgili/Parlament), neue Aufgabenzuweisungen (EuGH 161 und 162/70, Slg. 1981, 543 Rn. 14 – Carbognani u. Zabetta/Kommission), dienstliche Beurteilungen (EuGH 29/70, Slg. 1971, 243 Rn. 1 – Marcato/Kommission; EuGH 122/75, Slg. 1976, 1685 Rn. 15 – Küster/Parlament), Stellenausschreibungen (EuGH 25/77, Slg. 1978, 1081 Rn. 7/8 – de Roubaix/Kommission) und Aufnahmen von Auflösungsklauseln in einen Arbeitsvertrag (EuGöD BeckRS 2011, 81388 – Yannick Munch/Harmonisierungsamt für den Binnenmarkt); als nicht beschwerend wurden hingegen die einem Beamten gesetzten Zielvorgaben erachtet (EuGöD BeckRS 2013, 82353 – Sesma Merino/HABM).

Rein interne Organisationsmaßnahmen, die von den Anstellungsbehörden im Rahmen ihrer Organisationsgewalt entsprechend den dienstlichen Erfordernissen zur Regelung des internen Dienstbetriebs erlassen werden, können dagegen nicht angegriffen werden, weil sie die dienstrechtliche Stellung des Beschäftigten nicht berühren (EuGH 124/78, Slg. 1979, 2499 Rn. 4 – List/Kommission; EuGH 23/68, Slg. 1969, 505 Rn. 3-5 – Grasselli/Kommission; EuG T-36/93, Slg. 1995, ÖD II-497 Rn. 41 – Ojha/Kommission). Ebenso sind vorbereitende Maßnahmen mangels Rechtswirkung nicht selbständig angreifbar (EuGH 123/80, Slg. 1980, 1789 Rn. 2 – B./Parlament).

17. Das Gericht übt im Rahmen der dienstrechtlichen Streitigkeiten grds. eine Kontrolle der Rechtmäßigkeit der beschwerenden Maßnahme aus. Sie beschränkt sich auf die Feststellung von Verfahrensfehlern und sonstigen Rechtsverletzungen sowie eines offensichtlichen Ermessensmissbrauchs. Nur in vermögensrechtlichen Streitigkeiten eröffnet Art. 91 Abs. 1 S. 2 BSt die Möglichkeit einer unbeschränkten Ermessensnachprüfung.

Materiell erfolgt die Prüfung der Rechtswidrigkeit anhand des Beamtenstatuts und der Beschäftigungsbedingungen sowie ggf. ergänzender Rechtsvorschriften. Darüber hinaus wendet die Rspr. allgemeine Rechtsgrundsätze wie den Gleichbehandlungsgrundsatz, das Vertrauensschutzprinzip bzw. das Prinzip der Wahrung wohlerworbener Rechte und die allgemeine Fürsorgepflicht an (dazu iE *Lindemann,* Allgemeine Rechtsgrundsätze und europäischer öffentlicher Dienst, 1986; GHN/*Eggers/Linder* Art. 270 AEUV).

Der allgemeine Grundsatz der Gleichbehandlung gehört zu den Grundprinzipien des europäischen Dienstrechts (vgl. Art. 10 AEUV, Art. 27 Abs. 2 BSt). Art. 21 GrCH enthält nunmehr auch ein kodifiziertes subjektives Recht auf Nichtdiskriminierung. Jedoch besteht kein „absolutes" Diskriminierungsverbot, vielmehr kann jede Ungleichbehandlung durch objektive Kriterien gerechtfertigt werden (EuG T-48/89, Slg. 1990, II-493 Rn. 34 – Beltrantena/Rat; EuGH 147/79, Slg. 1980, 3005 Rn. 7 – Hochstrass/Gerichtshof). Für die Frage der Begründetheit ist es folglich von maßgeblicher Bedeutung, ob Umstände vorliegen, die eine Ungleichbehandlung von Beschäftigten objektiv rechtfertigen.

Aus dem Rechtssicherheitsprinzip leitet die Rspr. den allgemeinen Rechtsgrundsatz des Vertrauensschutzes ab (EuGH 289/81, Slg. 1983, 1731 Rn. 21 – Mavridis/Parlament). Seine besondere Ausprägung erhält dieser Grundsatz in dem Prinzip der Wahrung wohlerworbener Rechte. Solche wohlerworbene Rechte stehen einem Beschäftigten zu, wenn die anspruchsbegründende Tatsache unter der Geltung eines bestimmten Statuts eingetreten ist und zeitlich vor der von dem Unionsorgan beschlossenen Änderung liegt (EuGH 28/74, Slg. 1975, 463 Rn. 4/5 – Gillet/Kommission).

Bei dem Rechtsgrundsatz der Fürsorgepflicht handelt es sich um einen spezifisch dienstrechtlichen Grundsatz (EuGH 33 und 75/79, Slg. 1980, 1677 Rn. 18 – Kuhner/Kommission), der aus der in Art. 24 BSt geregelten Beistandspflicht der Union abgeleitet wird. Danach sind die Anstellungsbehörden verpflichtet, sich schützend vor ihre Beamten und Bediensteten bei von außerhalb oder innerhalb der Union herrührenden Angriffen zu stellen (EuGH 18/78, Slg. 1979, 2093 Rn. 15 – Frau V./Kommission).

18. Im Rahmen der elektronischen Verfahrensführung wird die Unterzeichnung von Schriftstücken durch die Einreichung über das ordnungsgemäß eingerichtete e-Curia Benutzerkonto ersetzt – konkret durch Verwendung von persönlicher Nutzerkennung und Passwort (Art. 3 Beschluss des Gerichtshofs v. 16.10.2018, ABl. 2018 L 293, 63); → Form. IX.2 Anm. 24.

19. Vgl. zu dem Erfordernis eines Anlagenverzeichnisses Art. 72 Abs. 3 EuG-Verfahrensordnung, die Praktischen Durchführungsbestimmungen (Rn. 82 ff., → Anm. 5) sowie → Form. IX.2 Anm. 25. Weiterhin ist eine Zusammenfassung der Klagegründe und wesentlichen Argumente beizufügen, → Form. IX.2 Anm. 26.

Kosten und Gebühren

20. Im Hinblick auf die Kostentragungspflicht → Anm. 11. Das Verfahren ist unter den Voraussetzungen des Art. 139 EuG-Verfahrensordnung gebührenfrei.

Fristen und Rechtsmittel

21. Gegen die Entscheidung des EuG kann innerhalb von zwei Monaten ab Zustellung der angefochtenen Entscheidung ein Rechtsmittel beim Gericht eingelegt werden, Anh. I Art. 9 EuGH-Satzung. S. zu den Rechtsmitteln gegen Urteile des Gerichts → Form. IX.2 Anm. 27, → Form. IX.12.

9. Klage auf Grund einer Schiedsklausel gem. Art. 272 AEUV

. . . . .stadt, den . . . . .[2]

Per e-Curia
An das
Gericht der Europäischen Union
[bzw. An den Gerichtshof der Europäischen Union][3]
– Kanzlei –
Rue du Fort Niedergrünewald
L-2925 Luxemburg
LUXEMBURG

Klage[1, 4]

der . . . . . GmbH, ...str., ...stadt, vertreten durch den Geschäftsführer, Herrn . . . . ., ebenda
– Klägerin –
Prozessbevollmächtigter:[5] **Rechtsanwalt . . . . .**
gegen
die Europäische Kommission,[6] **Rue de la Loi 200, B-1049 Brüssel, BELGIEN**
– Beklagte –
wegen: Werklohn

Namens und im Auftrag der Klägerin erheben wir hiermit Klage und beantragen,[7]

1. **die Beklagte zu verurteilen, die Software . . . . . als vertragsgemäß abzunehmen und an die Klägerin . . . . . EUR nebst Zinsen iHv 9 Prozentpunkten über dem Basiszinssatz der Europäischen Zentralbank seit dem . . . . . zu zahlen;**[8]
2. **der Beklagten die Kosten des Verfahrens aufzuerlegen.**[9]

Die Vollmacht,[10] **die Zulassungsbescheinigung**[11] **des Prozessbevollmächtigten und ein Handelsregisterauszug**[12] **werden durch separates Schreiben an die Kanzlei des Gerichts eingereicht.**

[Gem. Art. 48 Abs. 2 der EuGH-Verfahrensordnung erklären wir uns als Prozessbevollmächtigte damit einverstanden, dass Zustellungen an uns mittels Telefax oder sonstiger technischer Kommunikationsmittel erfolgen. Zustellungen können bewirkt werden an Herrn Rechtsanwalt . . . . ., Telefax-Nr.: . . . . ., bzw. an die E-Mail-Anschrift: . . . . .][13]

Begründung:

A. Sachverhalt[14]

Die Klägerin und die Beklagte schlossen am . . . . . einen Werkvertrag über die Erstellung einer im Anhang zu dem Vertrag spezifizierten, speziellen Software (Independent Intelligent Information and Services Network Interface, im Folgenden: „die Software")

Anlage 1.[15]

Gem. Art. 2 des Vertrages war die Software innerhalb von 30 Monaten zu erstellen, gem. Art. 3 sollten alle sechs Monate Berichte[16] über den Fortgang der Arbeiten vorgelegt werden . . . . .

In Art. 16 des Vertrages (Anlage 4) heißt es:

„Für die Entscheidung von Streitigkeiten aus diesem Vertrag ist ausschließlich der Gerichtshof der Europäischen Union zuständig. Es ist deutsches Recht anzuwenden."[17]

. . . . .

Am . . . . . und damit innerhalb der Frist des Art. 2 des Vertrages hat die Klägerin die Software fertiggestellt und der Beklagten übermittelt. Auch die vorgeschriebenen Berichte hat die Klägerin stets fristgemäß vorgelegt. Zu diesen Berichten hat die Beklagte niemals Stellung genommen oder in anderer Weise ihrer Unzufriedenheit mit dem Vorgehen der Klägerin Ausdruck gegeben. Zu ihrer Überraschung wurde der Klägerin jedoch bei einer Besprechung nach Abschluss der Arbeiten an dem Projekt von der Beklagten mitgeteilt, dass die Software nicht den vertraglichen Spezifikationen entspreche . . . . .

Da die unterschiedlichen Auffassungen nicht zu überbrücken waren, hat die Klägerin die Beklagten durch Schreiben vom . . . . .

Anlage . . . . .

eine Frist zur Abnahme der Software und zur Zahlung gesetzt, die fruchtlos verstrichen ist.

B. Rechtliche Würdigung

I. Die Klage ist aufgrund der Schiedsklausel in Art. 16 des Vertrages vom . . . . . iVm Art. 272 AEUV zulässig.

II. Die Klage ist auch begründet. Denn . . . . .[18]

Unterschrift[19]

Verzeichnis der Anlagen

Zusammenfassung der Klagegründe und wesentlichen Argumente[20]

Schrifttum: Bleckmann, Die öffentlich-rechtlichen Verträge der EWG, NJW 1978, 464; *Classen*, Der EuGH und die Schiedsgerichtsbarkeit in Investitionsschutzabkommen, EuR 2012, 611; *Cremer*, Art. 272 AEUV in *Calliess/Ruffert*, EUV/AEUV, 5. Aufl. 2016; *Ehricke*, Art. 272 AEUV in *Streinz*, EUV/AEUV, 3. Aufl. 2018; *Gaitanides*, Art. 272 AEUV in *von der Groeben/Schwarze/Hatje*, Europäisches Unionsrecht, 7. Aufl. 2015; *Grunwald*, Die nicht-völkerrechtlichen Verträge der Europäischen Gemeinschaften, EuR 1984, 277; *Karpenstein*, Art. 272 AEUV in *Grabitz/Hilf/Nettesheim*, Das Recht der Europäischen Union, 71. EL August 2020; *Pechstein*, EU-Prozessrecht, 4. Aufl. 2011,

11. Kap.; *Priess*, Contracting with the European Communities – Legal aspects of E. C. procurement and subsidies, Public Procurement Law Review 1996, 7; *Schwarz*, § 14 in *Rengeling/Middeke/Gellermann*, Handbuch des Rechtsschutzes in der Europäischen Union, 3. Aufl. 2014;*Wägenbaur*, EuGH VerfO, 2. Aufl. 2017; *Wohlfahrt*, P.I.5. Sonstige streitige Verfahren in *Dauses/Ludwigs*, Handbuch des EU-Wirtschaftsrechts, 51. EL Oktober 2020.

Anmerkungen

1. Eine sog. Schiedsklausel begründet in den Sonderfällen die Zuständigkeit der Unionsgerichte, in denen die Organe der Union in privatrechtlichen (oder völkerrechtlichen) Verträgen eine entsprechende Klausel aufnehmen. Sie hat iVm Art. 272 AEUV die Unzuständigkeit der nationalen Gerichte zur Folge, die normalerweise zur Entscheidung von Streitigkeiten zuständig wären, die aufgrund des Vertrages entstehen. Da die Zuständigkeit der Unionsgerichte aufgrund einer Schiedsklausel eine Abweichung vom allgemeinen Recht darstellt, ist sie eng auszulegen (EuGH 426/85, Slg. 1986, 4057 Rn. 11 – Kommission/Zoubek). Die Wirksamkeit der Schiedsklausel beurteilt sich allein nach Unionsrecht und nicht nach nationalem Recht. Deshalb kann etwa einer von einem Unionsorgan erhobenen Klage aufgrund einer Schiedsklausel nicht entgegengehalten werden, dass der Beklagte nicht Kaufmann sei und deshalb vor Entstehung des Streits keine wirksame Gerichtsstandsvereinbarung treffen könne (vgl. GA Lenz, C-209/90, Slg. 1992, I-2613 Rn. 17 f. – Kommission/Feilhauer) oder dass die Schiedsklausel wegen Verstoßes gegen innerstaatliche Rechtsvorschriften nichtig sei (vgl. EuGH C-299/93, Slg. 1995, I-839 Rn. 11 – Bauer/Kommission). IÜ beurteilen sich die Streitigkeiten aufgrund einer Schiedsklausel auf der Grundlage der vertraglichen Vereinbarung, wobei die materiell-rechtliche Prüfung der Rechtsordnung, die nach dem Willen der Parteien auf den geschlossenen Vertrag anwendbar sein soll, maßgeblich ist (EuGH 318/81, Slg. 1985, 3693 Rn. 21 – Kommission/CO. DE.MI; EuG T-428/07 u. T-455/07, Slg. 2010, II-02431 Rn. 60 – CEVA/Kommission). Ist ein Wille der Parteien nicht erkennbar, sind die Grundsätze des Internationalen Privatrechts anwendbar (Grabitz/Hilf/Nettesheim/*Karpenstein* AEUV Art. 272 Rn. 26). Im Rahmen von fortgesetzten Vertragsverhältnissen (bspw. aufeinander folgenden Arbeitsverträgen) sollen, zumindest soweit die letzten Verträge eine Schiedsklausel enthalten, die Unionsgerichte nicht gehindert sein, die Gesamtheit der Verträge zu würdigen, auch solche, die (noch) keine Schiedsklausel enthalten (EuGH C-43/17 P, ECLI:EU:C:2018:531 = BeckRS 2018, 14033 Rn. 44 ff. – Jenkinson/Rat ua).

Es bestehen keine besonderen Formerfordernisse, doch da Art. 78 Abs. 2 EuG-Verfahrensordnung bzw. eine Ausfertigung der Schiedsklausel verlangt, wird sie jedenfalls schriftlich vereinbart werden müssen. Ausgeschlossen ist die Vereinbarung einer Schiedsklausel, wenn die Zuständigkeit des Gerichts oder des Gerichtshofes bereits aufgrund anderer Vorschriften begründet ist. Denn sonst könnte die Schiedsklausel zur Umgehung der speziellen Voraussetzungen dieser anderen Vorschriften führen.

Die Praxis der Unionsorgane bei der Vertragsgestaltung ist uneinheitlich. Während zum Teil Schiedsklauseln iSv Art. 272 AEUV vereinbart werden, bleibt es häufig auch bei der Zuständigkeit der belgischen Gerichte. Selbst in diesen Fällen wird in Vertragsverhältnissen zum Teil einseitig hoheitlich entschieden, so zB über die Auszahlung oder die Verweigerung der Auszahlung vertraglich geschuldeter Beträge. In diesen Fällen besteht dann auch die Möglichkeit, den entsprechenden Rechtsakt mit der Nichtigkeitsklage gem. Art. 263 AEUV (→ Form. IX.2) anzufechten (EuG T-331/94, Slg. 1997, II-1665 – IPK-München/Kommission). Wird der angegriffene Akt vom Gerichtshof für nichtig erklärt, so hat das Organ, dem das entsprechende Handeln zur Last fällt, die sich aus dem Urteil ergebenden Maßnahmen zu ergreifen (Art. 266 AEUV), dh etwa Zahlung zu leisten.

2. Gem. Art. 72 Abs. 2 EuG-Verfahrensordnung ist jeder Schriftsatz mit Datum zu versehen, → Form. IX.2 Anm. 2.

3. Die Zuständigkeit des EuG ergibt sich für die Klagen natürlicher und juristischer Personen aus Art. 272, 256 Abs. 1 AEUV. Für die Klagen der Mitgliedstaaten, der Unionsorgane und der EZB ist der EuGH zuständig, Art. 51 Abs. 2 EuGH-Satzung.

4. Vgl. zu den Anforderungen an die Klageschrift, die Begründung der Klage und an die weiteren Schriftsätze Art. 21 Abs. 1 iVm 53 Abs. 1 EuGH-Satzung, 76 ff. EuG-Verfahrensordnung, die Praktischen Durchführungsbestimmungen zur Verfahrensordnung des Gerichts (ABl. 2015 L 152, 1 zuletzt geändert mit ABl. 2018 L 294, 23, berichtigt durch ABl. 2018 L 296, 40) sowie → Form. IX.2 Anm. 4, 17.

5. Als Vertreter oder Beistand kann nur ein Anwalt bestellt werden, der in einem Mitgliedstaat oder in einem Vertragsstaats des EWR-Abkommens zugelassen ist, vgl. Art. 19 Abs. 4 iVm Art. 53 Abs. 1 EuGH-Satzung, Art. 51 Abs. 2 EuG-Verfahrensordnung und → Form. IX.2 Anm. 7.

6. Die Klage aufgrund von Art. 272 AEUV ist gegen die Union oder gegen das Organ zu richten, das Vertragspartner ist. Die Organe der Union sind in Art. 13 EUV aufgeführt (Europäisches Parlament, Europäischer Rat, Rat, Kommission, Gerichtshof der Europäischen Union, Europäische Zentralbank und Rechnungshof). Aufgrund der Rspr. des EuG (EuGH 85/86, Slg. 1988, 1281 Rn. 11 – Kommission/Europäische Investitionsbank) ist jedoch anzunehmen, dass auch die Europäische Investitionsbank Verträge schließen kann, die eine Schiedsklausel gem. Art. 272 AEUV enthalten und damit zur Zuständigkeit des EuGH für die Entscheidung von Vertragsstreitigkeiten führen.

7. Zu den Anforderungen an den Antrag in EuG-Verfahren → Form. IX.2 Anm. 10.

8. Der Zinsanspruch und dessen Höhe richten sich nach dem jeweils anwendbaren Recht des Vertrages (EuG T-68/99, Slg. 2001, II-1443 Rn. 12, 103 – Toditec/Kommission). Sofern die Anwendbarkeit des deutschen Zivilrechts vereinbart wurde, ist daher grds. § 288 Abs. 2 BGB anzuwenden, da ein Verbraucher an dem Rechtsgeschäft nicht beteiligt ist. Häufiger wird jedoch die Anwendbarkeit des belgischen Rechts vereinbart sein.

9. Es ist ein ausdrücklicher Kostenantrag erforderlich, vgl. Art. 134 Abs. 1 EuG-Verfahrensordnung und → Form. IX.2 Anm. 12.

10. S. für die Anforderungen an die Vollmacht Art. 51 Abs. 3 EuG-Verfahrensordnung, → Form. IX.2 Anm. 13.

11. Der Anwalt hat gem. Art. 51 Abs. 2 EuG-Verfahrensordnung eine Bescheinigung zu hinterlegen, aus der hervorgeht, dass er berechtigt ist, vor einem Gericht eines Mitgliedstaates oder eines Vertragsstaates des EWR-Abkommens aufzutreten, → Form. IX.2 Anm. 14.

12. Eine juristische Person des Privatrechts hat gem. Art. 78 Abs. 3 EuG-Verfahrensordnung einen Nachweis ihrer Rechtspersönlichkeit vorzulegen, → Form. IX.2 Anm. 15.

13. Im Regelfall der elektronischen Verfahrensführung mittels e-Curia erfolgt auch die Zustellung über diese Plattform (Art. 6 Beschluss des Gerichtshofs v. 18.10.2018 „über die Einreichung und die Zustellung von Verfahrensschriftstücken im Wege der Anwendung e-Curia", ABl. 2018 L 293, 36). Andernfalls kann sich der Prozessbevollmächtigte in der Klageschrift auch damit einverstanden erklären, dass Zustellungen an ihn mittels Telefax oder sonstiger technischer Kommunikationsmittel erfolgen → Form. IX.2 Anm. 16, 4.

14. Der Sachverhalt lehnt sich an die Entscheidung in der Rechtssache Intelligente Systemen, Database toepassingen, Elektronische diensten/Kommission an (EuGH C-114/94, Slg. 1997, I-847 – Intelligente Systemen, Database toepassingen, Elektronische diensten/Kommission).

15. Gem. Art. 78 Abs. 4 EuG-Verfahrensordnung ist der Klageschrift eine Ausfertigung des Vertrages beizufügen, welcher die Schiedsklausel enthält.

16. Es ist gängige Praxis der Kommission, von ihren Vertragspartnern die regelmäßige Vorlage von Berichten zu verlangen. Für die betroffene Vertragspartei ist es außerordentlich wichtig, dieser Berichtspflicht sorgfältig nachzukommen. Denn werden ordnungsgemäße Berichte vorgelegt, die die Kommission (oder ein anderes Organ) nicht beanstandet, so ist die Kommission später unter Umständen unter dem Gesichtspunkt des „estoppel" (Verwirkung) gehindert, geltend zu machen, dass der Vertrag nicht ordnungsgemäß abgewickelt und erfüllt worden sei (EuGH 43, 45 u. 48/59, Slg. 1960, 965 (989) – Lachmüller ua/Kommission; GA Warner, 63/79 u. 64/79, Slg. 1980, 2992 (3002) – Boizard ua/Kommission; s. dazu auch *Priess*, Public Procurement Law Review, 1996, 7 (18)).

17. Der EuGH wendet im Rahmen der Begründetheit das auf den die Schiedsklausel enthaltenden Vertrag anwendbare Recht an, so dass auch eine Entscheidung nach Maßgabe deutschen Rechts denkbar ist, → Anm. 1, 8.

18. → Anm. 14.

19. Im Rahmen der elektronischen Verfahrensführung wird die Unterzeichnung von Schriftstücken durch die Einreichung über das ordnungsgemäß eingerichtete e-Curia Benutzerkonto ersetzt – konkret durch Verwendung von persönlicher Nutzerkennung und Passwort (Art. 3 Beschluss des Gerichtshofs v. 16.10.2018, ABl. 2018 L 293, 63); → Form. IX.2 Anm. 24.

20. Der Klageschrift ist ein Anlagenverzeichnis beizufügen, vgl. Art. 72 Abs. 3 EuG-Verfahrensordnung, die Praktischen Durchführungsbestimmungen des EuG (Rn. 97 ff., → Anm. 4), sowie → Form. IX.2 Anm. 25. Weiterhin ist eine Zusammenfassung der Klagegründe und wesentlichen Argumente einzureichen, → Form. IX.2 Anm. 26.

10. Klagebeantwortung auf eine Schiedsklage der Europäischen Kommission

. . . . .stadt, den . . . . .[2]

Per e-Curia[12]
An den
Gerichtshof der Europäischen Union[1, 3]
– Kanzlei –
Rue du Fort Niedergrünewald
L-2925 Luxemburg
LUXEMBURG

Klagebeantwortung[4]

In der Rechtssache C-. . . . .
Europäische Kommission
gegen

. . . . . GmbH, ...str., ...stadt, vertreten durch den Geschäftsführer, ebenda
wegen: vertraglicher Haftung (Rückzahlung eines Vorschusses)
zeigen wir an, dass wir die Beklagte vertreten.
Die Vollmacht[5] die Zulassungsbescheinigung,[6] und ein Handelsregisterauszug[7] sind in separatem Schreiben beigefügt.
Wir beantragen

1. Die Klage abzuweisen;
2. die Klägerin im Wege der Widerklage[8] zu verurteilen, die Software . . . . . als vertragsgemäß abzunehmen und an die Beklagte . . . . . EUR nebst Zinsen iHv 9 Prozentpunkten über dem Basiszinssatz der Europäischen Zentralbank seit dem . . . . . zu zahlen;[9]
3. der Klägerin die Kosten des Verfahrens aufzuerlegen.[10]

Begründung:

A. Sachverhalt

. . . . .

B. Rechtliche Würdigung

I. Die Klage ist zwar aufgrund der Schiedsklausel des Art. . . . . des Vertrages vom . . . . . zulässig, aber unbegründet und deshalb abzuweisen . . . . .

II. Die Widerklage ist zulässig und begründet. Die Zulässigkeit folgt daraus, dass die von der Beklagten geltend gemachten Ansprüche sich aus dem Vertrag ergeben, aus dem die Klägerin den mit der Klage vom . . . . . geltend gemachten Anspruch auf Rückzahlung der von ihr geleisteten Anzahlung herleitet und der die Schiedsklausel enthält, auf die sich die Klägerin zur Begründung der Zuständigkeit des Gerichts beruft. Nach der Rspr. des Gerichtshofes ist eine Widerklage dann zulässig, wenn sie sich auf denselben Vertrag oder Sachverhalt stützt wie die Klage selbst.[11] Diese Voraussetzung ist hier ohne weiteres erfüllt. Die Widerklage ist auch begründet, denn die Beklagte hat den Vertrag vom . . . . . ordnungsgemäß erfüllt . . . . .
Unterschrift[13,]
Verzeichnis der Anlagen[14,]

Schrifttum: Cremer, Art. 272 AEUV, in *Calliess/Ruffert*, EUV/AEUV, 5. Auflage 2016; *Ehricke*, Art. 272 AEUV, in *Streinz*, EUV/AEUV, 3. Aufl. 2018; *Gaitanides*, Art. 272 AEUV, in *von der Groeben/Schwarze/Hatje*, Europäisches Unionsrecht, 7. Aufl. 2015; *Karpenstein*, Art. 272 AEUV, in *Grabitz/Hilf/Nettesheim*, Das Recht der Europäischen Union, 71. EL August 2020; *Schmitthoff*, Arbitration and EEC Law, CML Rev. 1987, 143; *Schwarz*, in *Rengeling/Middeke/Gellermann*, Handbuch des Rechtsschutzes der Europäischen Union, 3. Aufl. 2014, § 14; *Wägenbaur*, EuGH VerfO, 2. Aufl. 2017.

Anmerkungen

* Im Folgenden wird zur Übersicht jeweils sowohl auf die Verfahrensordnung des Gerichts als auch die des Gerichtshofs verwiesen. Selbstredend ist in Verfahren vor einem der Gerichte aber nur die Verfahrensordnung des jeweils zuständigen Gerichts einschlägig und entsprechend zu zitieren.

1. Zur Möglichkeit der gerichtlichen Überprüfung einer Schiedsklausel vor dem Gerichtshof → Form. IX.9 Anm. 1.

2. Gem. Art. 72 Abs. 2 S. 1 EuG-Verfahrensordnung bzw. Art. 57 Abs. 6 S. 1 EuGH-Verfahrensordnung ist jeder Schriftsatz mit Datum zu versehen, → Form. IX.2 Anm. 2.

3. Gem. Art. 272 AEUV ist der Gerichtshof für die Entscheidung über Klagen, die aufgrund einer Schiedsklausel von einem Organ erhoben werden, ausschließlich zuständig (EuGH C-29/03, Slg. 2003, I-12.205 Rn. 17 – Kommission/ITEC). Für Klagen natürlicher und juristischer Personen des Privatrechts ist das EuG gem. Art. 272, 256 Abs. 1 AEUV zuständig, → Form. IX.9 Anm. 3.

4. Nach Art. 81 Abs. 1 S. 2 EuG-Verfahrensordnung bzw. Art. 124 Abs. 1 S. 2 EuGH-Verfahrensordnung hat die Klagebeantwortung zu enthalten:
- Namen und Wohnsitz des Beklagten,
- die tatsächliche und rechtliche Begründung,
- die Anträge des Beklagten und
- ggf. die Beweise und Beweisangebote.

Die Frist für die Einreichung beträgt gem. Art. 81 Abs. 1 S. 1 EuG-Verfahrensordnung bzw. Art. 124 ABs. 1 S. 1 EuGH-Verfahrensordnung zwei Monate, sie kann jedoch auf Antrag, der zu begründen ist, nach Art. 81 Abs. 3 EuG-Verfahrensordnung bzw. Art. 124 Abs. 3 EuGH-Verfahrensordnung verlängert werden. Vor dem EuG ist dies indes nur möglich, wenn „außergewöhnliche Umstände" vorliegen, wobei das Gericht einen weiten Einschätzungsspielraum hat (EuG T-94/13 P, ECLI:EU:T:2016:4 Rn. 37 f. – Ntouvas/ECDC).

5. Eine Vollmacht ist auch im Falle einer Klagebeantwortung vorzulegen, vgl. Art. 119 Abs. 2 EuGH-Verfahrensordnung, bzw. Art. 81 Abs. 2 iVm Art. 78 Abs. 5 EuG-Verfahrensordnung → Form. IX.2 Anm. 13.

6. Der Anwalt hat eine Bescheinigung zu hinterlegen, aus der hervorgeht, dass er berechtigt ist, vor einem Gericht eines Mitgliedstaates oder eines Vertragsstaates des EWR-Abkommens aufzutreten, Art. Art. 81 Abs. 2 iVm Art. 51 Abs. 2 EuG-Verfahrensordnung bzw. Art. 44 Abs. 1 Buchst. b EuGH-Verfahrensordnung; → Form. IX.2 Anm. 14.

7. Gem. Art. 81 Abs. 2 iVm Art. 78 Abs. 4 EuG-Verfahrensordnung hat eine juristische Person des Privatrechts einen Nachweis ihrer Rechtspersönlichkeit vorzulegen, → Form. IX.2 Anm. 15. Eine solche Vorschrift findet sich in der EuGH-Verfahrensordnung nicht.

8. Widerklagen können in den Rechtsstreitigkeiten vor den Unionsgerichten nur ausnahmsweise erhoben werden, insb. kommen sie jedoch in vertraglichen Streitigkeiten oder über die Anwendung des Art. 101 AEUV in Betracht (EuG T-68/99, Slg. 2001, II-1443 Rn. 103 – Toditec NV/Kommission; EuG T-25/05, Slg. 2010, II-91 – KME Germany ua/Kommission; vgl. auch RMG Rechtsschutz-HdB/*Maderbach* § 23 Rn. 31). Problematisch ist in diesen Fällen jedoch die Zuständigkeit des jeweiligen Gerichts (→ Anm. 3), insb. wenn die Klage abgewiesen wird. Vgl. zu den Voraussetzungen der Zulässigkeit der Widerklage EuGH 426/85, Slg. 1986, 4057 Rn. 11–12 – Kommission/Zoubek; EuGH C-114/94, Slg. 1997, I-847 Rn. 82 – Intelligente systemen, Database toepassingen, Elektronische diensten BV/Kommission.

9. Auch der Zinsanspruch und dessen Höhe richten sich nach dem für den Vertrag anwendbaren Recht. Für den Fall, dass die Anwendbarkeit des deutschen Rechts vereinbart ist, richtet sich auch die Zinshöhe nach den nationalen Vorschriften (§ 288 BGB). Häufiger wird jedoch belgisches Recht vereinbart sein, → Form. IX.9 Anm. 8.

10. Es ist ein ausdrücklicher Kostenantrag erforderlich, vgl. Art. 134 Abs. 1 EuG-Verfahrensordnung und → Form. IX.2 Anm. 12.

11. Vgl. EuGH 426/85, Slg. 1986, 4057 Rn. 11 – Kommission/Jan Zoubek sowie Art. 8 Nr. 3 der Verordnung (EU) 1215/2012 des Europäischen Parlaments und des Rates vom 12. Dezember 2012 über die gerichtliche Zuständigkeit und die Anerkennung und Vollstreckung von Entscheidungen in Zivil- und Handelssachen (ABl. 2012 L 351, 1).

12. Im Regelfall der elektronischen Verfahrensführung mittels e-Curia erfolgt auch die Zustellung über diese Plattform (Art. 6 Beschluss des Gerichtshofs v. 18.10.2018 „über die Einreichung und die Zustellung von Verfahrensschriftstücken im Wege der Anwendung e-Curia", ABl. 2018 L 293, 36; → Form. IX.2 Anm. 16, 4). Andernfalls kann sich der Prozessbevollmächtigte in der Klageschrift auch damit einverstanden erklären, dass Zustellungen an ihn mittels Telefax oder sonstiger technischer Kommunikationsmittel erfolgen.

13. Im Rahmen der elektronischen Verfahrensführung wird die Unterzeichnung von Schriftstücken durch die Einreichung über das ordnungsgemäß eingerichtete e-Curia Benutzerkonto – konkret durch Verwendung von persönlicher Nutzerkennung und Passwort – ersetzt (Art. 3 Beschluss des Gerichtshofs v. 16.10.2018, ABl. 2018 L 293, 63); → Form. IX.2 Anm. 24, 16.

14. Vgl. zu dem Erfordernis eines Anlagenverzeichnisses Art. 72 Abs. 3 EuG-Verfahrensordnung bzw. Art. 57 Abs. 4 EuGH-Verfahrensordnung sowie → Form. IX.2 Anm. 26.

11. Antragsschrift (Aussetzung des Vollzugs/Erlass einstweiliger Anordnung) gem. Art. 278, 279 AEUV

. . . . .stadt, den . . . . .[2]

Per e-Curia[8]

An den
Präsidenten des
Gerichts der Europäischen Union
[bzw. des Gerichtshofs der Europäischen Union][3]
Rue du Fort Niedergrünewald
L-2925 Luxemburg
LUXEMBURG

Antrag[4] auf Aussetzung des Vollzugs[1]

der . . . . .
– Antragstellerin –
Prozessbevollmächtigter: Rechtsanwalt . . . . .[5]
gegen
Europäische Kommission
– Antragsgegnerin –
wegen: Aussetzung des Vollzugs/Erlass einstweiliger Anordnung

Namens und im Auftrag der Antragstellerin beantragen[6] wir hiermit gem. Art. 278 S. 2 AEUV [bzw. Art. 279 AEUV],

1. den Vollzug des Art. 2 der Entscheidung der Kommission vom . . . . . (Az . . . . .) auszusetzen,

2. sonstige zum Schutz des Status quo erforderliche einstweilige Anordnungen zu treffen,
3. dem Antrag ohne Stellungnahme des Antragsgegners gem. Art. 157 Abs. 2 S. 1 EuG-Verfahrensordnung [bzw. Art. 160 Abs. 7 S. 1 EuGH-Verfahrensordnung] stattzugeben,[7]
4. die Entscheidung über die Verfahrenskosten der Hauptsache vorzubehalten.

[Gem. Art. 48 Abs. 2 EuGH-Verfahrensordnung erklären wir uns als Prozessbevollmächtigte damit einverstanden, dass Zustellungen an uns mittels Telefax oder sonstiger technischer Kommunikationsmittel erfolgen. Zustellungen können bewirkt werden an Herrn Rechtsanwalt . . . . ., Telefax-Nr.: . . . . ., bzw. an die E-Mail-Anschrift: . . . . .][8]

Begründung:

A. Antragsziel

Mit ihrem Antrag verfolgt die Antragstellerin das Ziel, eine Aussetzung der Entscheidung der Antragsgegnerin vom . . . . . zu erreichen, mit der diese einen Verstoß der Antragstellerin gegen Art. 101 Abs. 1 AEUV feststellte und ihr eine sofortige Änderung ihrer Vertriebspolitik auferlegte. Die Antragstellerin macht geltend, dass die von ihr betriebene Anfechtung dieser Entscheidung in der Hauptsache jedenfalls nicht offensichtlich unbegründet ist und dass die von ihr verlangte sofortige Änderung der Vertriebspolitik ihr einen schweren und nicht wiedergutzumachenden Schaden verursachen könnte. Das Interesse der Antragstellerin überwiegt zudem das Interesse der Antragsgegnerin an einer sofortigen Vollziehung der Entscheidung.

B. Sachverhalt[9]

Die Antragstellerin ist ein internationaler Chemiekonzern, der ua das Arzneimittel „XYZ" herstellt und vertreibt. Wegen der erheblichen Unterschiede zwischen den Abgabepreisen für XYZ in Großbritannien einerseits sowie Frankreich und Spanien andererseits begannen in den letztgenannten Ländern ansässige Großhändler, XYZ nach Großbritannien auszuführen. Die spanische und französische Vertriebsgesellschaft der Antragstellerin erfüllte daraufhin die Bestellungen von Großhändlern in diesen Ländern nicht mehr in vollem Umfang, um die Parallelexporte nach Großbritannien einzudämmen. Die Tochtergesellschaften begründeten dies gegenüber den Großhändlern mit zu geringen Lagervorräten . . . . .

Die Antragsgegnerin erließ am . . . . . eine Entscheidung, mit der sie in Artikel 1 einen der Antragstellerin zuzurechnenden Verstoß ihrer französischen und spanischen Tochtergesellschaften gegen Art. 101 Abs. 1 AEUV feststellte, weil diese mit ihren Großhändlern im Rahmen fortlaufender Geschäftsbeziehungen ein Verbot der Ausfuhr von XYZ in andere Mitgliedstaaten vereinbart hätten. In Artikel 2 der Entscheidung wird der Antragstellerin auferlegt, den Verstoß abzustellen und binnen zweier Monate an ihre Großhändler in Spanien und Frankreich ein Rundschreiben des Inhalts zu schicken, dass Ausfuhren nach anderen Mitgliedstaaten gestattet seien und keinerlei Sanktionen nach sich zögen und diese Klarstellung in die allgemeinen Verkaufsbedingungen zu übernehmen . . . . .

Die Antragstellerin hat mit Klageschrift vom . . . . ., bei Gericht eingegangen am . . . . ., Nichtigkeitsklage gegen die Entscheidung gem. Art. 263 AEUV erhoben. Die Rechtssachennummer der Klage ist T- . . . . ..

C. Rechtliche Würdigung

I. Zulässigkeit des Antrags

1. Anhängigkeit einer Hauptsache[10]
Der Antrag auf Aussetzung des Vollzugs ist zulässig, weil zuvor eine Nichtigkeitsklage gegen die Entscheidung anhängig gemacht wurde .....

2. Zulässigkeit der Klage in der Hauptsache[11]
.....

II. Begründetheit des Antrags auf einstweiligen Rechtsschutz[12]

1. Notwendigkeit der beantragten Anordnungen[13]
Hinsichtlich des *fumus boni iuris*[14] wird auf die Klagegründe in der Hauptsache Bezug genommen ..... [Es folgt eine zusammenfassungsartige, aber aus sich heraus verständliche Darstellung der Klagegründe. Es ist ein Mittelweg zu finden zwischen dem prozessual unzulässigen pauschalen Verweis auf die Klageschrift oder auf andere Anlagen und einer ebenfalls nicht vorschriftsmäßigen bloßen Wiederholung der Ausführungen der Klageschrift zur Begründetheit.] Im Wesentlichen macht die Antragstellerin einen Verstoß der Entscheidung gegen Art. 101 Abs. 1 AEUV geltend, weil es sich bei dem Verhalten der spanischen und französischen Tochtergesellschaften um einseitige Lieferverweigerungen handelte, die nicht als Vereinbarungen qualifiziert werden können ..... Dieser Einwand wirft schwierige Rechtsfragen auf und bedarf einer eingehenden Prüfung im Rahmen des Hauptsacheverfahrens. IE betrifft dieser Einwand folgende Gesichtspunkte: [auszuführen] Das Vorbringen der Antragstellerin ist damit jedenfalls auf den ersten Blick nicht offensichtlich unbegründet .....

2. Dringlichkeit (*periculum in mora*) der beantragten Anordnungen[15]

a) Schwerer und nicht wiedergutzumachender Schaden
Der Antragstellerin droht bei sofortiger Anwendung der Bestimmung ein schwerer und nicht wiedergutzumachender Schaden. Wird der Antragstellerin die Möglichkeit eines einseitigen Lieferverbots genommen, könnte die unter Umständen bestehende Notwendigkeit, die Preise von XYZ in Großbritannien zu senken, um eine spürbare Zunahme der Parallelimporte zu verhindern, zu erheblichen, unersetzlichen Gewinneinbußen ihrer dortigen Tochtergesellschaft führen ..... Darüber hinaus könnte eine sofortige Vollziehung der Entscheidung auch den Pharmabereich der englischen Tochtergesellschaft seiner wirtschaftlichen Grundlage berauben und die Entlassung zahlreicher Mitarbeiter zur Folge haben, denn mit XYZ werden über 50 % des Gesamtumsatzes dieser Tochtergesellschaft erzielt ..... [Zur Glaubhaftmachung beigefügt sind eidesstattliche Versicherungen, Schriftwechsel mit der Niederlassung in Großbritannien etc]

b) Interessenabwägung
Die der Antragstellerin drohende Gefahr überwiegt das Interesse der Großhändler in Spanien und Frankreich, den Umfang ihrer Ausfuhren in das Vereinigte Königreich zu steigern, und das der englischen Verbraucher an einer Verringerung der Preise von XYZ ..... Der der Antragstellerin drohende Schaden steht außer Verhältnis zu dem Interesse der Großhändler, die bereits jetzt in erheblichem Umfang auf dem englischen Markt aktiv sind ..... Folglich kann die vorläufige Beibehaltung der jetzigen Sachlage bis zur Entscheidung in der Hauptsache nicht als untragbare Beeinträchtigung der Integration des Marktes und des freien Wettbewerbs angesehen werden.

c) Vorläufigkeit der beantragten Anordnungen[16]
.....

[3. Antrag gem. Art. 157 Abs. 2 EuG-Verfahrensordnung[17]]

D. Ergebnis

Die Voraussetzungen für eine Aussetzung des Vollzugs von Artikel 2 der Entscheidung sind erfüllt . . . . . Dem Antrag der Antragstellerin ist folglich stattzugeben.
Unterschrift[18, 20, 21]

Verzeichnis der Anlagen[19]

Schrifttum: Borchardt, Art. 242, 243 EGV, in *Borchardt*, Der Europäische Gerichtshof, 1. Aufl. 2000; *Ehricke*, Art. 278, 279 AEUV, in *Streinz*, EUV/AEUV, 3. Aufl. 2018; *Fuhrmann*, Sofortvollzug und einstweiliger Rechtsschutz im Arzneimittelrecht, PharmR 2012, 1; *Gabriel*, Justizfreie Hoheitsakte und die Unabhängigkeit des EuGH: Die Rechtssachen „Sharpston", EuZW 2020, 971; *Gaitanides*, Art. 278, 279 AEUV, in *von der Groeben/Schwarze/Hatje*, Europäisches Unionsrecht, 7. Aufl. 2015; *Jaeger*, Eilverfahren vor dem Gericht der Europäischen Union, EuR 2013, 3; *Kaessner*, Der einstweilige Rechtsschutz im Europarecht, 1996; *Oliver*, Interim Measures: Some Recent Developments, CML Rev., 1992, 7; *Pechstein*, EU-Prozessrecht, 4. Aufl. 2011, Kap. 10; *Potacs*, Vorläufiger Rechtsschutz, in *Holoubek/Lang*, Das EuGH-Verfahren in Steuersachen, 2000; *Richter*, Der Maßstab der Dringlichkeit im Verfahren einstweiligen Rechtsschutzes – gerechtfertigte Strenge?, EuZW 2014, 416; *Schlemmer-Schulte*, Gemeinschaftsrechtlicher vorläufiger Rechtsschutz und Vorlagepflicht, EuZW 1991, 307; *Sharpston*, Interim and Substantive Relief in Claims under Community Law, 1993; *Sladic*, Anmerkungen zum beschleunigten Verfahren im EG-Prozessrecht, EuZW 2005, 712; *Stoll/Rigod*, Art. 278, 279 AEUV, in *Grabitz/Hilf/Nettesheim*, Das Recht der Europäischen Union, 71. EL August 2020; *Thiele*, Europäisches Prozessrecht, 2. Aufl. 2014, § 11; *Wägenbaur*, Die jüngere Rechtsprechung der Gemeinschaftsgerichte im Bereich des vorläufigen Rechtsschutzes, EuZW 1996, 327; *Wegener*, in *Rengeling/Middeke/Gellermann*, Handbuch des Rechtsschutzes in der Europäischen Union, 3. Aufl. 2014, §§ 19, 20; *Wegener*, Art. 278, 279 AEUV, in *Calliess/Ruffert*, EUV/AEUV 5. Aufl. 2016; *Wiehe*, Effektiver vorläufiger Rechtsschutz beim Vollzug von Gemeinschaftsrecht, 2000.

Anmerkungen

* Im Folgenden wird zur Übersicht jeweils sowohl auf die Verfahrensordnung des Gerichts als auch die des Gerichtshofs verwiesen. Selbstredend ist in Verfahren vor einem der Gerichte aber nur die Verfahrensordnung des jeweils zuständigen Gerichts einschlägig und entsprechend zu zitieren.

1. Gem. Art. 278 S. 1 AEUV haben Klagen beim Gerichtshof keine aufschiebende Wirkung (Suspensiveffekt). Praktische Bedeutung hat dieser Grundsatz für Klagen gegen belastende und vollziehbare Maßnahmen der Union. Denn nur in diesem Fall besteht ein Bedürfnis nach einer aufschiebenden Wirkung. Das betrifft vor allem Nichtigkeitsklagen gegen Rechtsakte von Unionsorganen (gem. Art. 263 AEUV), insb. Kommissionsentscheidungen, und Beamtennichtigkeitsklagen (gem. Art. 270 AEUV), kann aber auch die vorläufige Aussetzung der Wirksamkeit einer Verordnung betreffen (EuGH C-21/14 P-R, BeckRS 2015, 80624 – Europäische Kommission/Rusal Armenal). Um den fehlenden Suspensiveffekt auszugleichen, ermöglicht Art. 278 S. 2 AEUV (iVm Art. 69 ff. EuG-Verfahrensordnung bzw. Art. 160 ff. EuGH-Verfahrensordnung) die Aussetzung des Vollzugs der angegriffenen Maßnahme durch den Gerichtshof. Eine entsprechende Parallelnorm findet sich in Art. 157 EAGV.

Für andere Klagen fehlt es regelmäßig an einer „angefochtenen Handlung" iSv Art. 278 S. 2 AEUV, so dass lediglich der Erlass einstweiliger Maßnahmen gem. Art. 279

AEUV in Betracht kommt. Der Anwendungsbereich der einstweiligen Anordnungen gem. Art. 279 AEUV erfasst alle Fälle einstweiligen Rechtsschutzes, in denen die bloße Aussetzung des Vollzugs einer Maßnahme der Unionsorgane keinen ausreichenden Schutz für den Antragsteller bietet. Ein Antrag gem. Art. 279 AEUV kommt auch zugleich mit einem Vollzugsaussetzungsantrag gem. Art. 279 S. 2 AEUV in Betracht.

Obgleich die Zahl der Verfahren des einstweiligen Rechtsschutzes in jüngerer Zeit wächst, sind die Erfolgsaussichten nach wie vor sehr gering (vgl. bspw. EuGH C-791/19 R, ECLI:EU:C:2020:277 = BeckRS 2020, 5366 – Kommission/Polen (Unabhängigkeit der Izba Dyscyplinarna (Disziplinarkammer) des Sąd Najwyższy (Oberstes Gericht, Polen)); EuG T-550/08 R, Slg. 2009, II-00092 – Tudapetrol/Kommission; T-326/07 R, Slg. 2009, II-02685 – Cheminova/Kommission). Der einstweilige Rechtsschutz spielt daher auf Unionsebene nach wie vor eine nur untergeordnete Rolle.

Neben dem einstweiligen Rechtsschutz besteht in Eilfällen die Möglichkeit gem. Art. 67 Abs. 2 EuG-VerfO anzuregen, dass der Kammerpräsident eine Rechtssache vorrangig terminiert. Darüber hinaus kann auf Antrag einer Partei gem. Art. 152 EuG-VerfO ein beschleunigtes Verfahren durchgeführt werden. Denkbar ist – unter anderem in Fällen der öffentlichen Auftragsvergabe – auch die Kombination von einstweiligem Rechtsschutz und einem Antrag auf ein beschleunigtes Verfahren (vgl. *Jaeger*, Eilverfahren vor dem Gericht der Europäischen Union, EuR 2013, 3 (26 ff.)). Das Verhältnis von einstweiligem Rechtsschutz und beschleunigtem Verfahren hat der EuGH jüngst konkretisiert und klargestellt, dass sensible oder sehr komplexe Sachverhalte grds. der Zielsetzung des auf eine Verfahrensabkürzung gerichteten beschleunigten Verfahrens widersprechen. Aus den verschiedenen Ausrichtungen der Verfahren folgt auch, dass ihre Zulässigkeit selbstständig und unabhängig vom jeweils anderen Verfahren zu prüfen ist, insbesondere besteht kein Zusammenhang zwischen der Frage, ob das beschleunigte Verfahren statthaft ist und dem Kriterium der Dringlichkeit iRd einstweiligen Rechtsschutzes (C-791/19 R, ECLI:EU:C:2020:277 = BeckRS 2020, 5366 – Kommission/Polen (Unabhängigkeit der Izba Dyscyplinarna (Disziplinarkammer) des Sąd Najwyższy (Oberstes Gericht, Polen)).

2. Gem. Art. 72 Abs. 2 S. 1 EuG-Verfahrensordnung bzw. Art. 57 Abs. 6 S. 1 EuGH-Verfahrensordnung ist jeder Schriftsatz mit Datum zu versehen, → Form. IX.2 Anm. 2.

3. Die Zuständigkeit für ein Verfahren im einstweiligen Rechtsschutz richtet sich nach dem Hauptsacheverfahren. Folglich entscheidet der Präsident des EuG, wenn dieses auch über die in der Hauptsache erhobene Klage entscheidet (vgl. Art. 158 EuG-Verfahrensordnung); der Präsident des EuGH ist für den Aussetzungsantrag zuständig, wenn er auch in der Hauptsache zuständig ist (vgl. Art. 161 EuGH-Verfahrensordnung). Bei beiden Gerichten ist es im Regelfall allein der Präsident, der über den Antrag auf einstweiligen Rechtsschutz entscheidet; nur im Ausnahmefall entscheidet eine Kammer oder das Plenum, Art. 157 Abs. 4 EuG-Verfahrensordnung bzw. Art. 161 Abs. 2 u. 3 EuGH-Verfahrensordnung.

4. Die formalen Anforderungen an den Schriftsatz im einstweiligen Rechtsschutz bestimmen sich nach den Grundsätzen für Klageschriftsätze, Art. 156 Abs. 4 iVm Art. 76 ff. EuG-Verfahrensordnung bzw. Art. 160 Abs. 3 u. 4 iVm Art. 120–122 und Art. 57 EuGH-Verfahrensordnung. Weitere Vorschriften finden sich für das Gericht in den Praktischen Durchführungsbestimmungen zur Verfahrensordnung des Gerichts (ABl. 2015 L 152, 1 zuletzt geändert mit ABl. 2018 L 294, 23, berichtigt durch ABl. 2018 L 296, 40).

Obwohl ein Antrag auf Aussetzung des Vollzugs nur gestellt werden kann, wenn der Antragsteller die auszusetzende Maßnahme zuvor oder gleichzeitig durch Klage angefochten hat, muss der Antrag in einem gesonderten Schriftsatz gestellt werden, Art. 156 Abs. 5 EuG-Verfahrensordnung bzw. Art. 160 Abs. 4 EuGH-Verfahrensordnung.

Auf die Beachtung der formellen Anforderungen ist besondere Sorgfalt zu legen. Denn eine nachträgliche Heilung fehlerhafter Eilanträge ist ausgeschlossen (EuGH C-113/09 P [R], Slg. 2010, I-50 Rn. 14 – Ziegler/Kommission; EuG T-591/10 R, Slg. 2010, II-47 Rn. 20 – Castiglioni/Kommission).

5. Als Prozessbevollmächtigter ist ein Anwalt zu benennen, der in einem Mitgliedstaat oder in einem Vertragsstaat des EWR-Abkommens zugelassen ist, Art. 51 Abs. 2 EuG-Verfahrensordnung bzw. Art. 44 Abs. 1 Buchst. b EuGH-Verfahrensordnung, → Form. IX.2 Anm. 7, → Form. IX.2 Anm. 13, 14. Zu beachten ist, dass kein Selbstvertretungsrecht eines Anwalts vor den Unionsgerichten vorgesehen ist. Eine juristische Person kann daher nicht von einem Anwalt vertreten werden, der gleichzeitig eine Leitungsfunktion in der juristischen Person bekleidet (EuGH C-464/16 P – PITEE/Kommission).

6. Antragsziel iRd Art. 278 S. 2 AEUV ist in der Regel die Aussetzung des Vollzugs der in der Hauptsache angegriffenen Maßnahme eines Unionsorgans. Bei diesen Maßnahmen muss es sich um belastende Maßnahmen der Unionsorgane handeln, die geeignet sind, Rechtswirkungen zu erzeugen und die vollziehbar sind. Darüber hinaus ist es möglich, gleichzeitig die Anordnung sonstiger einstweiliger Maßnahmen gem. Art. 279 AEUV zu beantragen. Der Antrag im Bereich sonstiger einstweiliger Anordnungen kann auf alle Anordnungen gerichtet sein, die zu einer vorläufigen Regelung streitiger Rechtsverhältnisse geeignet und erforderlich sind. Der Antrag muss sich allerdings auf eine anhängige Hauptsache beziehen (Art. 156 Abs. 1 EuG-Verfahrensordnung bzw. Art. 160 Abs. 1 u. 2 EuGH-Verfahrensordnung) und darf nicht über das Klagebegehren in der Hauptsache hinausgehen (EuGH C-313/90 R, Slg. 1991, I-2557 Rn. 24 – CIRFS/Kommission). Der Antragsgegenstand wird weiter eingeschränkt durch die grundsätzliche Weigerung der europäischen Gerichte, einstweilige Anordnungen zu erlassen, die einer Entscheidung gleichkommen, die von der Verwaltung zu treffen wäre (EuG T-216/01 R, Slg. 2001, II-3481 Rn. 52 – Reisebank/Kommission; EuG T-543/93 R, Slg. 1993, II-1409 Rn. 24 – Telecinco/Kommission; EuGH 792/79 R, Slg. 1980, 119 Rn. 24 – Camera Care/Kommission). Unzulässig ist auch ein Antrag, der auf eine auslegende Feststellung gerichtet ist (EuG T-228/95 R, Slg. 1996, II-111 (112) Leitsatz 1 – S. Lehrfreund/Rat und Kommission). Auch ein Antrag auf Gewährung von Akteneinsicht durch die Kommission liegt außerhalb des Rahmens möglicher einstweiliger Anordnungen, da dies die Vorwegnahme der Hauptsache beinhaltet (EuG T-18/96 R, Slg. 1996, II-407 Rn. 41 – Kraanverhuurbedrijf/Kommission).

Über die Kosten wird regelmäßig erst in der Hauptsacheentscheidung entschieden (vgl. unten „Kosten und Gebühren").

7. In besonders eiligen Fällen (*inaudita altera parte*) besteht die Möglichkeit, eine vorläufige Entscheidung des Gerichts ohne Anhörung der Gegenseite zu erhalten (EuGH C-53/96, Slg. 1998 I-03603 Rn. 40 – Hermès International/FHT Marketing Choice). Wenn es das für erforderlich hält, entscheidet das Gericht schon, bevor die Stellungnahme des Antragsgegners eingeht, Art. 157 Abs. 2 S. 1 EuG-Verfahrensordnung bzw. Art. 160 Abs. 7 EuGH-Verfahrensordnung. Diese Entscheidung wird dann durch die endgültige Entscheidung des Gerichts im einstweiligen Rechtsschutz ersetzt. Hält das Gericht eine vorläufige Regelung nicht für erforderlich, wird der Antrag auf Erlass einer vorläufigen Entscheidung regelmäßig erst in der endgültigen Entscheidung über die Gewährung oder Versagung einstweiligen Rechtsschutzes abgelehnt.

8. Im Regelfall der elektronischen Verfahrensführung mittels e-Curia erfolgt auch die Zustellung über diese Plattform (Art. 6 Beschluss des Gerichtshofs v. 18.10.2018 „über die Einreichung und die Zustellung von Verfahrensschriftstücken im Wege der Anwendung e-Curia", ABl. 2018 L 293, 36; → Form. IX.2 Anm. 16, 4). Andernfalls kann sich der Prozessbevollmächtigte in der Antragsschrift auch damit einverstanden erklären, dass

Zustellungen an ihn mittels Telefax oder sonstiger technischer Kommunikationsmittel erfolgen, → Form. IX.2 Anm. 16.

9. Der Sachverhalt ist angelehnt an den Beschluss des Präsidenten des Gerichts erster Instanz v. 3.6.1996 – T-41/96 R, Slg. 1996, II-381 – Bayer/Kommission.

10. Ein Antrag auf Aussetzung des Vollzugs einer Maßnahme der Unionsorgane ist nur zulässig, wenn die Hauptsacheklage anhängig ist, Art. 156 Abs. 1 EuG-Verfahrensordnung bzw. Art. 160 Abs. 1 EuGH-Verfahrensordnung. Es ist ausreichend, wenn der Antrag auf einstweiligen Rechtsschutz zeitgleich mit der Hauptsacheklage anhängig gemacht wird. Im Regelfall wird es sich bei der Klage in der Hauptsache um eine Nichtigkeitsklage gem. Art. 263 Abs. 4 AEUV (→ Form. IX.2) – oder eine dienstrechtliche Klage gem. Art. 270 AEUV (→ Form. IX.8) – handeln, mit der die auszusetzende Maßnahme angefochten wurde.

Auch ein Antrag auf Erlass einstweiliger Anordnungen gem. Art. 279 AEUV ist nur zulässig, wenn zumindest gleichzeitig eine Hauptsache anhängig gemacht worden ist, Art. 156 Abs. 2 EuG-Verfahrensordnung bzw. Art. 160 Abs. 2 EuGH-Verfahrensordnung.

Die Antragsbefugnis im einstweiligen Rechtsschutz richtet sich nach der Klagebefugnis im Hauptsacheverfahren.

Für die Zulässigkeit eines Antrags im einstweiligen Rechtsschutz ist es erforderlich, dass sich die wesentlichen tatsächlichen und rechtlichen Zusammenhänge, auf die sich der Antrag stützt, bereits verständlich unmittelbar aus der Antragsschrift ergeben (vgl. EuG T-236/00 R, Slg. 2001, II-15 Rn. 34 – Gabriele Stauner ua/Europäisches Parlament und Kommission). Ein bloßer Verweis auf die Anlagen ist daher nicht ausreichend (*Jaeger*, Eilverfahren vor dem Gericht der Europäischen Union, EuR 2013, 3 (7 f.)).

Bei Verfahren vor dem EuG darf der Antrag, um eine beschleunigte Bearbeitung zu ermöglichen, nach den Praktischen Durchführungsbestimmungen (Rn. 227, → Anm. 4) eine Obergrenze von 25 Seiten grds. nicht überschreiten. In den Praktischen Anweisungen des EuGH ist für den einstweiligen Rechtsschutz keine gesonderte Seitenzahl bestimmt, es gilt die allgemeine Obergrenze von 30 Seiten (Praktische Anweisungen für die Parteien in Verfahren vor dem Gerichtshof, ABl. 2020 L 42 I, 1 Rn. 13).

11. Die Zulässigkeit eines Antrags im einstweiligen Rechtsschutz setzt voraus, dass die in der Hauptsache erhobene Klage nicht offensichtlich unzulässig ist. Die Rspr. betont zwar, dass Fragen der Zulässigkeit der Hauptsache grds. nicht im Verfahren des einstweiligen Rechtsschutzes zu prüfen seien, damit der Entscheidung in der Hauptsache nicht vorgegriffen wird. Wird jedoch die offensichtliche Unzulässigkeit der Klage geltend gemacht, prüfen die Gerichte, ob die Klage auf den ersten Blick Merkmale aufweist, die mit einer gewissen Wahrscheinlichkeit den Schluss zulassen, dass sie zulässig ist (EuG T-326/07 R, Slg. 2007, II-04877 Rn. 43 – Cheminova/Kommission; EuG T-236/00 R, Slg. 2001, II-1532 Rn. 42 – Gabriele Stauner ua/Europäisches Parlament und Kommission; T-353/00 R, Slg. 2001, II-125 Rn. 58 – Jean Marie Le Pen/Kommission; EuGH C-117/91 R, Slg. 1991, I-3353 Rn. 7 – Bosman/Kommission; 160/88 R, Slg. 1988, 4121 Rn. 22 – Fedesa/Rat). Allein der Umstand einer vertieften Zulässigkeitsprüfung führt nicht automatisch dazu, dass es an der „Offensichtlichkeit" fehlt (EuG T-475/07 R, Slg. 2008, II-92 Rn. 31 – Dow AgroSciences ua/Kommission).

12. Der Antrag auf Aussetzung der angegriffenen Maßnahme ist begründet, wenn er notwendig und dringlich iSv Art. 156 Abs. 4 EuG-Verfahrensordnung bzw. Art. 160 Abs. 3 EuGH-Verfahrensordnung ist und die Entscheidung in der Hauptsache nicht vorwegnimmt (EuG T-350/00 R, Slg. 2001, II-493 Rn. 32 – Free Trade Foods/Kommission; T-41/96 R, Slg. 1996, II-381 Rn. 13 – Bayer/Kommission). Inhaltlich bestehen keine Unterschiede hinsichtlich der Voraussetzungen eines Antrags auf Vollzugsaussetzung und auf Erlass sonstiger einstweiliger Anordnungen soweit Fragen der Zulässigkeit der

Hauptsache und der Begründetheit des Antrags (Notwendigkeit, Dringlichkeit, Vorläufigkeit) betroffen sind.

13. Die Notwendigkeit der einstweiligen Anordnung in tatsächlicher und rechtlicher Hinsicht, Art. 156 Abs. 4 EuG-Verfahrensordnung bzw. Art. Art. 160 Abs. 3 EuGH-Verfahrensordnung, besteht, wenn das Vorbringen des Antragsstellers zumindest hinsichtlich eines einzigen Klagegrundes auf den ersten Blick erheblich und jedenfalls nicht ohne Grundlage erscheint, bzw. wenn dieses Vorbringen nicht ohne eingehende Prüfung zurückgewiesen werden kann (EuGH C-149/95 P[R], Slg. 1995, I-2165 Rn. 22 – Kommission/Atlantic Container Line ua; EuGH C-268/96 P[R], Slg. 1996, I-4971 Rn. 30 – SCK und FCK/Kommission). Nach einer anderen von der Rspr. verwandten Formulierung reicht es aus, wenn zwischen den Verfahrensbeteiligten eine bedeutsame rechtliche Kontroverse besteht, deren Lösung sich nicht sogleich aufdrängt, so dass die Klage in der Hauptsache jedenfalls nicht grundlos erscheint (EuGH C-39/03 P-R, Slg. 2003, I-I-4485 Rn. 40 – Kommission/Artegodan ua). Die Gerichte verwenden dafür den Begriff des *fumus boni iuris* (EuG T-411/07 R, Slg. 2008, II-00411 Rn. 56 – Aer lingus/Kommission). Die materiell-rechtlichen Ausführungen zur Rechtswidrigkeit der angegriffenen Maßnahme müssen in der Antragsschrift selbständig, wenn auch in einer im Vergleich zur Klageschrift verkürzten Form, so dargestellt werden, dass sie aus sich heraus verständlich sind; der Wortlaut der Klageschrift soll nicht vollständig wiederholt werden.

14. → Anm. 13.

15. Die Dringlichkeit (*periculum in mora*) der beantragten einstweiligen Anordnungen gem. Art. 156 Abs. 4 EuG-Verfahrensordnung bzw. Art. 160 Abs. 3 EuGH-Verfahrensordnung ergibt sich aus deren Erforderlichkeit, um einen schweren und nicht wiedergutzumachenden Schaden des Antragstellers (im Falle des Nichterlasses der Maßnahmen) zu verhindern (EuG T-550/08 R, Slg. 2009, II-00092 Rn. 35–36 – Tudapetrol/Kommission; EuG T-241/00 R, Slg. 2001, II-37 Rn. 32–34 – Azienda Agricola Le Canne Srl/Kommission; EuGH C-278/00 R, Slg. 2000, I-8787 Rn. 14 – Griechenland/Kommission; EuG T-395/94 R, Slg. 1995, II-595 Rn. 50 – Atlantic Container Line/Kommission; EuG T-41/96 R, Slg. 1996, II-381 Rn. 53 – Bayer/Kommission). Das setzt voraus, dass nur die Aussetzung des Vollzugs der Maßnahme den Eintritt irreparabler Schäden beim Antragsteller verhindern kann. Wartet der Antragsteller die Hauptsacheentscheidung ab, so müssen ihm folglich nicht wiedergutzumachende Schäden drohen, die durch die Nichtigerklärung der Maßnahme im Hauptsacheverfahren nicht mehr abgewendet werden können. Die Anforderung an den „irreparablen Schaden" sind hoch (vgl. EuGH C 474/00 P[R], Slg. 2001, I-2909 Rn. 106 ff. – Kommission/Bruno Farmaceutici ua). Ein rein finanzieller Schaden genügt in der Regel nicht, da er Gegenstand eines späteren Ausgleiches sein kann (EuG T-342/00 R, Slg. 2001, II-67 Rn. 46 – Petrolessence ua/Kommission); eine andere Bewertung kann gerechtfertigt sein, wenn entweder die finanzielle Lebensfähigkeit eines Unternehmens bedroht ist oder eine erhebliche Verschiebung der Marktanteile droht (EuG T-549/19 R, ECLI:EU:T:2020:444 = BeckRS 2019, 22776 – Medac Gesellschaft für klinische Spezialpräparate/Kommission). Die Kriterien der Notwendigkeit (→ Anm. 13) und Dringlichkeit sind nicht zu vermischen, insb. reicht die (behauptete) offensichtliche Rechtswidrigkeit iSd fumu boni iuris allein idR nicht aus, um die Dringlichkeit nachzuweisen (EuG T-579/20 R, ECLI:EU:T:2020:602 = BeckRS 2020, 36604 Rn. 38 – Genekam Biotechnology/Kommission). Der Antragsteller hat nachzuweisen, dass die Entstehung eines schweren und nicht wiedergutzumachenden Schadens „mit einem hinreichenden Grad von Wahrscheinlichkeit vorhersehbar ist" – nicht allerdings, dass der Eintritt absolut sicher ist (EuG C-791/19 R, ECLI:EU:C:2020:277 = BeckRS 2020, 5366 Rn. 82 – Kommission/Polen (Unabhängigkeit der Izba Dyscyplinarna (Disziplinarkammer) des Sąd Najwyższy (Oberstes Gericht, Polen)); rein hypothetische Schadensereignisse sind jedenfalls nicht hinreichend in diesem Sinne (EuG T-808/19, ECLI:EU:T:2020:16 = BeckRS 2020, 420 Rn. 82 – Silgan International und Silgan Closures/Kommission).

Droht dem Antragsteller ein irreparabler Schaden im Falle der Nichtaussetzung der angegriffenen Maßnahmen, so ist in einem zweiten Schritt das Interesse des Antragsgegners an der sofortigen Durchführung der angegriffenen Maßnahme zu prüfen, um festzustellen, ob ihm andernfalls ein schwerer und irreparabler Schaden droht (EuG T-7 u. 9/93 R, Slg. 1993, II-131 Rn. 40 f. – Langnese u. Schöller/Kommission; EuGH C-195/90 R, Slg. 1990, I-3351 Rn. 41 ff. – Kommission/Deutschland). In diesem Fall kann die Interessenabwägung zur Versagung der einstweiligen Maßnahme führen.

Die Dringlichkeitskriterien sind nach der Rspr. auf Grund einer pragmatischen Gesamtwürdigung der besonderen Umstände des jeweiligen Einzelfalls zu prüfen (EuG T-95/09, Slg. 2009, II-47 Rn. 67 ff. – United Phosphorus/Kommission).

16. Die beantragte einstweilige Anordnung muss vorläufig iSv Art. 158 Abs. 4 EuG-Verfahrensordnung bzw. Art. 162 Abs. 4 EuGH-Verfahrensordnung sein, dh sie darf die Hauptsacheentscheidung nicht vorwegnehmen (EuG T-302/00 R, Slg. 2001, II-1127 Rn. 24, 25 – Anthony Goldstein/Kommission; EuG T-395/94 R, Slg. 1995, II-595 Rn. 27 – Atlantic Container Line/Kommission). Das ist der Fall, wenn mit der beantragten Maßnahme weder über im Hauptsacheverfahren umstrittene Rechts- oder Sachfragen entschieden wird noch der zu treffenden Hauptsacheentscheidung von vornherein jede Wirkung durch Schaffung unwiderruflicher Tatsachen genommen wird. Gegebenenfalls kommt eine befristete Anordnung in Betracht, die unter dem Vorbehalt einer weiteren Entscheidung im Eilverfahren steht (EuGH C-320/03 R, Slg. 2003 I-11.665 Rn. 104 – Kommission/Österreich).

17. Gegebenenfalls ist eine vorläufige Entscheidung zu beantragen (→ Anm. 7), wenn ein Abwarten der Stellungnahme des Antragsgegners nicht möglich ist, weil die Sache besonders eilbedürftig ist. Das ist der Fall, wenn dem Antragsteller bereits bei Abwarten der Stellungnahme des Antragsgegners ein schwerer und nicht wiedergutzumachender Schaden droht, so dass es angezeigt ist, den Status quo durch eine vorläufige Aussetzung bis zur endgültigen Entscheidung des Gerichts im einstweiligen Rechtsschutz zu sichern.

18. Im Rahmen der elektronischen Verfahrensführung wird die Unterzeichnung von Schriftstücken durch die Einreichung über das ordnungsgemäß eingerichtete e-Curia Benutzerkonto ersetzt – konkret durch Verwendung von persönlicher Nutzerkennung und Passwort (Art. 3 Beschluss des Gerichtshofs v. 16.10.2018, ABl. 2018 L 293, 63); → Form. IX.2 Anm. 24.

19. Art. 156 Abs. 5 iVm 72 Abs. 3 EuG-Verfahrensordnung bzw. Art. 57 Abs. 4 EuGH-Verfahrensordnung fordert die Vorlage eines Anlagenverzeichnisses, vgl. zu den Anforderungen an das Anlagenverzeichnis → Form. IX.2 Anm. 25. Vgl. zu den Anforderungen an die Zusammenfassung der Klagegründe und wesentlichen Argumente → Form. IX.2 Anm. 26.

Kosten und Gebühren

20. Die Kostentragung im einstweiligen Rechtsschutzverfahren richtet sich mangels spezieller Regelungen nach den allgemeinen Vorschriften, Art. 133 ff. EuG-Verfahrensordnung bzw. Art. 137 ff. EuGH-Verfahrensordnung. Regelmäßig bleibt die Kostenentscheidung dem Endurteil vorbehalten, so dass dies – da grds. ein ausdrücklicher Kostenantrag erforderlich ist, → Form. IX.2 Anm. 12 – ausdrücklich beantragt werden sollte. In dem Endurteil wird gemäß dem Verhältnis des Obsiegens oder Unterliegens der Parteien über die Kosten entschieden, so dass grds. die in der Hauptsache unterlegene Partei die Kosten des Verfahrens im einstweiligen Rechtsschutz trägt, und zwar unabhängig vom Ausgang dieses Verfahrens. → Form. IX.2 Anm. 27, → Form. IX.18.

Fristen und Rechtsmittel

21. Gem. Art. 162 Abs. 1 EuGH-Verfahrensordnung sind gegen Beschlüsse des EuGH im einstweiligen Rechtsschutz keine Rechtsmittel gegeben. Wegen veränderter Umstände kann der Beschluss aber jederzeit abgeändert werden (Art. 163 EuGH-Verfahrensordnung); ein auf neue Tatsachen gestützter Antrag ist möglich (Art. 164 EuGH-Verfahrensordnung).

Gegen Beschlüsse des EuG eröffnet Art. 56 Abs. 1 der EuGH-Satzung ein Rechtsmittel zum Gerichtshof. Die Rechtsmittelfrist beträgt zwei Monate. Inhaltlich ist das Rechtsmittel unter Ausschluss jeder Tatsachenbewertung auf Rechtsfragen beschränkt, Art. 256 Abs. 2 AEUV, Art. 58 der EuGH-Satzung (→ Form. IX.12). Wegen veränderter Umstände kann überdies auch ein EuG-Beschluss abgeändert werden (Art. 159 EuG-Verfahrensordnung); auch ein auf neue Tatsachen gestützter Antrag ist möglich (Art. 160 EuG-Verfahrensordnung).

12. Rechtsmittel gegen Entscheidungen des Gerichts gem. Art. 256 AEUV zum EuGH

. . . . . stadt, den . . . . .[2]

Per e-Curia[12]
An den
Gerichtshof der Europäischen Union[3]
– Kanzlei –
Rue du Fort Niedergrünewald
L-2925 Luxemburg
LUXEMBURG

Rechtsmittelschrift[1, 4]

der . . . . . GmbH,[5] . . . . . str., ... stadt, Bundesrepublik Deutschland, vertreten durch den Geschäftsführer, Herrn . . . . ., ebenda
– Rechtsmittelführerin –
Verfahrensbevollmächtigter:[6] Rechtsanwalt . . . . .
gegen
die Europäische Kommission, vor dem Gericht vertreten durch . . . . . als Bevollmächtigte (n), Rue de la Loi 200, B-1049 Brüssel, Belgien,[7]
– Rechtsmittelgegnerin –
Zustellungsbevollmächtigter erster Instanz: . . . . .
Namens und im Auftrag der Rechtsmittelführerin legen wir hiermit Rechtsmittel gegen das Urteil des Gerichts (. . . . . Kammer) vom . . . . . in der Rechtssache T-. . . . ./. . . . . ein und beantragen,[8]

1. **das Urteil des Gerichts vom . . . . . in der Rechtssache T-. . . . . / . . . . . aufzuheben und die der Rechtsmittelführerin am . . . . . zugestellte Entscheidung der Rechtsmittelgegnerin vom . . . . . (Az . . . . .), veröffentlicht im Amtsblatt der Europäischen Union Nr. L . . . . . vom . . . . . (S . . . . . ff.) für nichtig zu erklären;**

2. hilfsweise,
das in Ziff. 1 bezeichnete Urteil des Gerichts insoweit aufzuheben und die in Ziff. 1 bezeichnete Entscheidung der Rechtsmittelgegnerin insoweit für nichtig zu erklären, als
a) die Entscheidung der Rechtsmittelgegnerin aufrechterhalten worden ist,
b) die Geldbuße auf EUR . . . . . festgesetzt worden ist,
c) die Rechtsmittelführerin zur Kostentragung verurteilt worden ist.
und nach den in erster Instanz gestellten Anträgen der Klägerin zu erkennen;
3. äußerst hilfsweise,
das in Ziff. 1 bezeichnete Urteil des Gerichts aufzuheben und die Sache an das Gericht zurückzuverweisen,
4. die Kosten des Verfahrens der Rechtsmittelgegnerin aufzuerlegen.

Eine Vollmacht und ein Handelsregisterauszug sind der Klageschrift vom . . . . . in separatem Schreiben beigefügt,[9, 10]
eine Zulassungsbescheinigung wird als

Anlage 1 . . . . .

überreicht.[11]

Gem. Art. 48 Abs. 2 der EuGH-Verfahrensordnung erklären wir uns als Prozessbevollmächtigte damit einverstanden, dass Zustellungen an uns mittels Telefax oder sonstiger technischer Kommunikationsmittel erfolgen. Zustellungen können bewirkt werden an Herrn Rechtsanwalt . . . . ., Telefax-Nr.: . . . . ., bzw. an die E-Mail-Anschrift: . . . . .[12]

Begründung:[13]

A. Zulässigkeit des Rechtsmittels

Das Rechtsmittel richtet sich gegen das als

Anlage 2

beigefügte Urteil des Gerichts vom . . . . . in der Rechtssache T-. . . . . / . . . . ., das dem Zustellungsbevollmächtigten der Rechtsmittelführerin (nachfolgend: Klägerin) am . . . . . zugestellt worden ist.[14]

B. Rügen der Klägerin[15]

Mit dem Rechtsmittel erhebt die Klägerin folgende Rügen, die Verstöße des angefochtenen Urteils gegen verfahrens- und materiell-rechtliche Bestimmungen des Unionsrechts zum Inhalt haben:

I. Unzuständigkeit[16]
. . . . .

II. Verfahrensrügen[17]
Die Art und Weise, in der das Gericht die im Schriftsatz der Klägerin vom . . . . . erhobenen Rügen verfahrensrechtlich behandelt hat und insb. den dort gestellten Antrag auf Wiedereröffnung der mündlichen Verhandlung zum Zwecke der Beweisaufnahme abgewiesen hat, verstößt gegen Art. 113 Abs. 2 der EuG-Verfahrensordnung sowie Art. 21 Abs. 4 der EuGH-Satzung iVm Art. 89 Abs. 3 EuG-Verfahrensordnung.

1. Verstoß gegen Art. 113 Abs. 2 EuG-Verfahrensordnung
Nach Art. 113 Abs. 2 EuG-Verfahrensordnung kann das Gericht nach Anhörung des Generalanwalts die Wiedereröffnung der mündlichen Verhandlung anordnen. Dies bedeutet jedoch nicht, dass dem Gericht ein (unbeschränktes) Ermessen in

der Weise zusteht, dass es den Beschluss über die Wiedereröffnung ohne Bindung an rechtliche oder tatsächliche Schranken treffen dürfte. Aus der Rspr. des Gerichtshofs zur mit Art. 113 Abs. 2 EuG-Verfahrensordnung wortgleichen Vorschrift des Art. 83 EuGH-Verfahrensordnung ergibt sich, dass eine Verpflichtung zur Wiedereröffnung der mündlichen Verhandlung besteht, wenn

- der Antrag auf bislang unbekannten neuen Tatsachen beruht, die die betroffene Partei nicht vor dem Ende der mündlichen Verhandlung hat vortragen können (EuGH verb. Rs. 2 und 3/62, Slg. 1962, 914 – Kommission/Luxemburg und Belgien; 195/80, Slg. 1981, 2861 (2871) – Michel/Europäisches Parlament), und
- die Partei darlegt, dass die neu vorzutragenden Tatsachen für den Ausgang des Rechtsstreits in der Weise rechtliche Bedeutung haben, dass sie geeignet sind, ihn zu Gunsten der Partei zu beeinflussen (EuGH 45/75, Slg. 1976, 181 (198) – Rewe/Hauptzollamt Landau; 26/77, Slg. 1977, 2031 (2046) – Balkan/Hauptzollamt Berlin-Packhof; 195/80, Slg. 1981, 2961 (2971) – Michel/Europäisches Parlament).

Beide Voraussetzungen waren in dem zur Entscheidung durch das Gericht stehenden Fall erfüllt.

. . . . .

2. Verstoß gegen Art. 89 Abs. 3 EuG-Verfahrensordnung
Das Gericht und der Gerichtshof sind nicht darauf beschränkt, die Aufklärung des Sachverhalts in den bei ihnen rechtshängigen Verfahren allein nach den (Beweis-) Anträgen der Parteien zu führen und allein aufgrund der von ihnen angebotenen Beweismittel zu entscheiden. Art. 21 EuGH-Satzung, der gem. Art. 46 Abs. 1 der EuGH-Satzung auch für das Gericht gilt, macht vielmehr deutlich, dass die Gerichte aus denen sich der Gerichtshof der Europäischen Union zusammensetzt und damit auch das Gericht eine Pflicht zur Aufklärung des Sachverhalts haben und aus eigener Initiative nicht nur tätig werden können, sondern auch müssen, wenn dies erforderlich ist. Eine Pflicht zum Tätigwerden ist nach der Rspr. des Gerichtshofes dann anzunehmen, wenn
. . . . .
Im vorliegenden Fall waren alle genannten Voraussetzungen erfüllt . . . . .
Somit wäre das Gericht verpflichtet gewesen, die dem Schriftsatz der Klägerin vom . . . . . zugrundeliegenden Tatsachen aufzuklären und die Beklagte durch Erlass einer Verfügung zur Vorlage der maßgeblichen Dokumente und Unterlagen aufzufordern. Da dies nicht geschehen ist, hat das Gericht gegen Art. 21 EuGH-Satzung und gegen Art. 89 Abs. 3 EuG-Verfahrensordnung verstoßen.
3. Schützende Wirkung von Art. 113 Abs. 2 EuG-Verfahrensordnung, Art. 21 EuGH-Satzung und Art. 89 Abs. 3 EuG-Verfahrensordnung
Nach Art. 58 Abs. 1 EuGH-Satzung muss die verletzte Verfahrensvorschrift zumindest auch die Interessen der Rechtsmittelführerin zu schützen geeignet sein, also den Charakter einer Schutznorm haben. Das ist ua dann anzunehmen, wenn die entsprechende Vorschrift sich unmittelbar auf den Entscheidungsfindungsprozess bezieht . . . . .
4. Erheblichkeit der verletzten Vorschriften
Die Verfahrensfehler müssen sich schließlich auf das Urteil des Gerichts ausgewirkt haben. Dies ist hier anzunehmen, weil . . . . .

III. Verstöße gegen materielles Unionsrecht[18]
Das Urteil des Gerichts vom . . . . . ist auch deshalb aufzuheben, weil es das materielle Unionsrecht verletzt, indem das Gericht die Grundsätze über den inexistenten

Rechtsakt (1.) und über die Reichweite der „Vermutung der Rechtmäßigkeit eines Rechtsakts" sowie der „Anscheinstheorie" (2.) verkennt.

1. Verkennung der Grundsätze über den inexistenten Rechtsakt im Unionsrecht

Das Unionsrecht kennt als Folge besonders schwerer und offenkundiger Fehler von Rechtsakten der Verwaltung das Institut des absolut nichtigen, dh inexistenten Rechtsakts (EuGH verb. Rs. 7/56 und 3 bis 7/57, Slg. 1957, 83 (126) – Algera ua/Gemeinsame Versammlung). Voraussetzung für die Qualifizierung als inexistent ist, dass ..... Das Gericht hat diese Grundsätze in seinem Urteil vom ..... verkannt .....

2 .....

IV. Keine Zurückverweisung

Nach Auffassung der Klägerin ist es weder aus verfahrensrechtlichen noch aus prozessökonomischen Gründen erforderlich, das Verfahren an das Gericht zurückzuverweisen. Der Gerichtshof kann durch die erbetenen und beantragten Auflagen selbst feststellen, ob es auch im vorliegenden Verfahren zu Verfahrensfehlern der Beklagten gekommen ist, und er kann daraus die mit diesem Rechtsmittel beantragten rechtlichen Konsequenzen ziehen.

Unterschrift[19, 21, 22]

Verzeichnis der Anlagen[20]

Schrifttum: Bender, Ein neues Rechtsmittel: Die Anschlussbeschwerde im Gemeinschaftsmarkenverfahren, GRUR 2006, 990; *Bölhoff*, Das Rechtsmittelverfahren vor dem Gerichtshof der Europäischen Gemeinschaften, 2001; *Borchardt*, Der Europäische Gerichtshof, 2000; *Dittert*, Art. 256 AEUV, in *von der Groeben/Schwarze/Hatje*, Europäisches Unionsrecht, 7. Aufl. 2015; *Geppert*, in *Rengeling/Middeke/Gellermann*, Handbuch des Rechtsschutzes in der Europäischen Union, 3. Aufl. 2014, § 28; *Hakenberg*, Das Gericht für den öffentlichen Dienst der EU – Eine neue Ära in der Gemeinschaftsgerichtsbarkeit, EuZW 2006, 391, *Huber*, Art. 256 AEUV, in *Streinz*, EUV/AEUV, 3. Aufl. 2018; *Karpenstein/Dingemann*, Art. 256 AEUV, in *Grabitz/Hilf/Nettesheim*, Das Recht der Europäischen Union, 71. EL August 2020; *Karpenstein/Eckart*, Neue Verfahrensordnung vor dem EuGH: Änderungen für die anwaltliche Praxis, AnwBl 2013, 249; *Lenaerts*, The Rule of Law and the Coherence of the Judicial System of the European Union, CML Rev. 2007, 1625; *Pechstein*, EU-Prozessrecht, 4. Aufl. 2011, Kap. 4 II.; *Pernice*, Die Zukunft der Unionsgerichtsbarkeit, EuR 2011, 151; *Thiele*, Das Rechtsschutzsystem nach dem Vertrag von Lissabon – (K)ein Schritt nach vorn?, EuR 2010, 30; *Rapp*, Das neue Zulassungsverfahren für Rechtsmittel am EuGH, EuZW 2019, 587; *Thiele*, Europäisches Prozessrecht, 2. Aufl. 2014, § 12; *Wägenbaur*, Die Prüfungskompetenz des EuGH im Rechtsmittelverfahren, EuZW 1995, 199; *Wägenbaur*, Neuere Entwicklungen im Bereich des Rechtsmittelverfahrens, EuZW 2003, 517; *Wägenbaur*, EuGH VerfO, 2. Aufl. 2017; *Wegener*, Art. 256 AEUV, in *Calliess/Ruffert*, EUV/AEUV, 5. Auflage 2016

Anmerkungen

1. Das Rechtsmittel gem. Art. 256 Abs. 2 AEUV ermöglicht eine auf Rechtsfragen beschränkte Überprüfung der Entscheidungen des Gerichts. Seine Einzelheiten regeln Art. 56–61 EuGH-Satzung und Art. 167–190a EuGH-Verfahrensordnung. Das Rechtsmittel hängt nicht von der Erreichung eines bestimmten Streitwertes oder einer Zulassung ab. Es ist gegen Entscheidungen des Gerichts unabhängig davon statthaft, ob das Gericht in Form eines Urteils oder eines Beschlusses entschieden hat. Das Rechtsmittel hat, seiner

Bezeichnung zum Trotz, auch keine aufschiebende Wirkung (Art. 60 Abs. 1 EuGH-Satzung).

Gegenstand des Rechtsmittels können gem. Art. 56 EuGH-Satzung Entscheidungen des Gerichts und Entscheidungen des Gerichts über einen Teil des Streitgegenstandes oder Entscheidungen sein, die einen Zwischenstreit beenden, der eine Einrede der Unzuständigkeit oder Unzulässigkeit zum Gegenstand hat.

Nach Art. 57 EuGH-Satzung kann das Rechtsmittel außerdem gegen Entscheidungen über Aussetzungsanträge nach Art. 278 AEUV, gegen Entscheidungen im einstweiligen Rechtsschutzverfahren nach Art. 279 AEUV, gegen Entscheidungen über Anträge auf Aussetzung der Zwangsvollstreckung nach Art. 299 Abs. 4 AEUV sowie gegen die Ablehnung eines Antrags auf Zulassung als Streithelfer vom Antragsteller eingelegt werden. Über diese Rechtsmittel wird gem. Art. 57 Abs. 3 EuGH-Satzung im summarischen Verfahren gem. Art. 39 EuGH-Satzung entschieden. In diesen Rechtsmittelverfahren befasst sich der Gerichtshof nur mit den Rechtsfragen, die die Gewährung oder Versagung einstweiligen Rechtsschutzes, die Aussetzung der Zwangsvollstreckung oder die Ablehnung der Zulassung als Streithelfer betreffen. Rechtsfragen, die das beim Gericht anhängige Hauptsacheverfahren betreffen, können nicht Gegenstand des Rechtsmittels sein (EuGH C-370/90 P, C-372/90 P-R und C-22/91 P, Slg. 1991, I-2043 Rn. 11 – SEP/Kommission).

Kostenentscheidungen und Kostenfestsetzungen sind nach Art. 58 Abs. 2 EuGH-Satzung nicht isoliert rechtsmittelfähig.

Verfahrenssprache ist gem. Art. 37 Abs. 2 Buchst. a EuGH-Verfahrensordnung grds. diejenige Sprache, in der die angefochtene Entscheidung des Gerichts ergangen ist. Allerdings ist es nach Art. 56 Abs. 3 der EuGH-Satzung möglich, dass ein Mitgliedstaat, der an dem erstinstanzlichen Verfahren nicht beteiligt war, selbständig ein Rechtsmittel gegen das Urteil des EuG einlegt. Dies ändert nichts an der Verfahrenssprache. Der Mitgliedstaat kann jedoch seinen Schriftsatz dann in einer anderen Sprache einreichen. Den anderen Parteien würde dieser jedoch dann nebst einer Übersetzung in die Verfahrenssprache zugestellt.

Das Verfahren gliedert sich in einen schriftlichen und einen mündlichen Teil. Der Gerichtshof kann jedoch gem. Art. 76 Abs. 2 EuGH-Verfahrensordnung auf Vorschlag des Berichterstatters und nach Anhörung des Generalanwalts und der Parteien beschließen, ohne mündliche Verhandlung zu entscheiden, es sei denn, dass ein mit Gründen versehener Antrag auf mündliche Verhandlung von einem in Art. 23 EuGH-Satzung bezeichneten Beteiligten, der nicht am schriftlichen Verfahren teilgenommen hat, gestellt worden ist (Art. 76 Abs. 3 EuGH-Verfahrensordnung).

Rechtsmittelverfahren vor dem EuGH haben statistisch eine geringe Erfolgsquote; zumindest teilweise erfolgreich waren im Jahr 2018 16,4 % der Rechtsmittelverfahren (vgl. weitergehende Analyse bei *Rapp* EuZW 2019, 587).

2. Gem. Art. 57 Abs. 6 EuGH-Verfahrensordnung ist jeder Schriftsatz mit Datum zu versehen, → Form. IX.2 Anm. 2.

3. Zuständig für Rechtsmittel gegen Entscheidungen des Gerichts ist gem. Art. 256 Abs. 2 AEUV iVm 56 ff. EuGH-Satzung der Gerichtshof (→ Anm. 1). Nach Art. 167 Abs. 1 EuGH-Verfahrensordnung kann das Rechtsmittel fristwahrend beim Gerichtshof *(iudex ad quem)* oder beim Gericht *(iudex a quo)* durch Einreichung eines Schriftsatzes eingelegt werden. Die Einlegung des Rechtsmittels wirkt devolutiv aber nicht suspensiv (vgl. Art. 60 Abs. 1 EuGH-Satzung).

4. Die elektronische Verfahrensführung mittels e-Curia wird empfohlen (Praktische Anweisungen für die Parteien, ABl. 2020 L 42 I, 1 Rn. 47), → Form. IX.2 Anm. 4. Andernfalls gilt Art. 57 EuGH-Verfahrensordnung auch für Rechtsmittel. Danach sind die Rechtsmittelschrift und alle weiteren Schriftsätze samt Anlagen urschriftlich mit 5 Abschriften für den Gerichtshof und je einer weiteren Abschrift für jede andere Partei einzureichen. Die Abschriften sind zu beglaubigen; → Form. IX.2 Anm. 4. Weitere Anforderungen an die Förmlichkeit des Rechtsmittels enthalten die vom Gerichtshof veröffentlichten Praktischen Anweisungen (Rn. 39 ff, zu den Rechtsmitteln Rn. 20 ff.; → Anm. 2).

Die Parteien können gem. Art. 172 EuGH-Verfahrensordnung binnen zwei Monaten nach Zustellung der Rechtsmittelschrift eine Rechtsmittelbeantwortung ggf. mit Anschlussrechtsmittel einreichen. Vorschriften über die Anschlussrechtsmittel finden sich in den Art. 176 ff. EuGH-Verfahrensverordnung. Art. 178 EuGH-Verfahrensordnung regelt die Anträge der Rechtsmittelbeantwortung. Diese können nicht nur auf die Zurückweisung des Rechtsmittels oder die Aufhebung der Entscheidung des Gerichtes lauten, sondern auch auf die vollständige oder teilweise Aufrechterhaltung der im ersten Rechtszug gestellten Anträge. Eine Verlängerung der Frist ist nicht möglich. Erwiderung und Gegenerwiderung oder sonstige ergänzende Schriftsätze sind nur nach Genehmigung eines entsprechenden Antrags durch den Präsidenten des Gerichtshofs, der binnen sieben Tagen nach Zustellung der Rechtsmittelbeantwortung oder der Erwiderung zu stellen und gebührend zu begründen ist, zulässig, Art. 175 Abs. 1 EuGH-Verfahrensordnung. Der Gerichtshof bestimmt ggf. die Fristen für die Einreichung dieser Schriftsätze, Art. 175 Abs. 2 EuGH-Verfahrensordnung. Eine Erwiderung ohne vorhergehenden Antrag ist nicht vorgesehen.

5. Die Rechtsmittelschrift muss nach Art. 168 Abs. 1 Buchst. a EuGH-Verfahrensordnung den Namen und Wohnsitz des Rechtsmittelführers enthalten. Rechtsmittelführer kann nach Art. 56 Abs. 2 EuGH-Satzung nur eine Partei sein, die mit ihren Anträgen ganz oder teilweise im erstinstanzlichen Verfahren unterlegen ist (formelle Beschwer, vgl. EuGH C-35/92 P, Slg. 1993, I-991 Rn. 31 – Parlament/Frederiksen; EuGH C-244/91 P, Slg. 1993, I-6965 Rn. 25 – Pincherle/Kommission; EuGH C-326/91 P, Slg. 1994, I-2091 Rn. 94 – de Compte/Parlament). Andere Streithelfer als Mitgliedstaaten und Unionsorgane können Rechtsmittel nur einlegen, wenn die Entscheidung des Gerichts sie unmittelbar berührt (materielle Beschwer). Sie müssen also betroffene eigene Rechte wahrnehmen. Ein berechtigtes Interesse am Ausgang des Rechtsstreits genügt nicht. Mitgliedstaaten und Unionsorgane können jedoch, es sei denn, es handelt sich um Streitigkeiten zwischen der Union und ihren Bediensteten, Rechtsmittel selbst dann einlegen, wenn sie dem Rechtsstreit in erster Instanz nicht beigetreten sind, sie also weder formell noch materiell beschwert sind (autonome Rechtsmittelbefugnis), Art. 56 Abs. 3 EuGH-Satzung. Im Ergebnis sind also auch im Rechtsmittelverfahren, wie bei Nichtigkeitsklagen (→ Form. IX.2 Anm. 5), privilegierte und nicht privilegierte Rechtsmittelführer zu unterscheiden.

6. Auch im Rechtsmittelverfahren müssen sich natürliche und juristische Personen, mit Ausnahme der EU-Mitgliedstaaten, gem. Art. 19 Abs. 3 EuGH-Satzung von einem Anwalt vertreten lassen. Als Vertreter oder Beistand kann nur ein Anwalt bestellt werden, der in einem Mitgliedstaat eines anderen Vertragsstaates des EWR-Abkommens zugelassen ist, vgl. Art. 19 Abs. 4 EuGH-Satzung und → Form. IX.2 Anm. 7.

7. Nach Art. 168 Abs. 1 Buchst. c EuGH-Verfahrensordnung hat die Rechtsmittelschrift auch die anderen Parteien des Verfahrens vor dem Gericht zu bezeichnen.

8. In der Rechtsmittelschrift müssen nach Art. 168 Abs. 1 Buchst. e EuGH-Verfahrensordnung Anträge gestellt werden. Der Gerichtshof hat gem. Art. 61 EuGH-Satzung zwei Möglichkeiten der Entscheidung, wenn das Rechtsmittel zulässig und begründet ist. Ist die Sache spruchreif, kann er die erstinstanzliche Entscheidung aufheben und selbst letztinstanzlich entscheiden (vgl. EuGH C-137/92 P, Slg. 1994, I-2555 – Kommission/

BASF ua; EuGH C-395/95 P, Slg. 1997, I-2271 – Geotronics/Kommission). Im Übrigen verweist er die Sache zur weiteren Aufklärung oder Erörterung zurück (vgl. EuGH C-334/07 P, Slg. 2009, I-9465 – Kommission/Freistaat Sachsen). Hinsichtlich der zu stellenden Anträge bestimmt Art. 169 Abs. 1 EuGH-Verfahrensordnung daher, dass sie die vollständige oder teilweise Aufhebung der Entscheidung des Gerichts zum Gegenstand haben. Neue Anträge dürfen nicht gestellt werden, Art. 170 Abs. 1 S. 1 Hs. 2 EuGH-Verfahrensordnung. Dies entspricht dem begrenzten Umfang des Rechtsmittels, das auf die Überprüfung des Urteils des Gerichts auf Rechtsfehler beschränkt ist. Entsprechendes gilt gem. Art. 174 EuGH-Verfahrensordnung für die Rechtsmittelbeantwortung.

9. Da dem Gerichtshof die erstinstanzlichen Akten nach Art. 167 Abs. 2 EuGH-Verfahrensordnung vom Gericht vorgelegt werden, ist eine erneute Vorlage der Vollmacht entbehrlich (EuGH C-222/11 P, Slg. 2011, I-189 – Longevity Health Products Inc./ Harmonisierungsamt für den Binnenmarkt). Vgl. für das erstinstanzliche Verfahren vor dem EuGH Art. 44 Abs. 1 Buchst. b der EuGH-Verfahrensordnung → Form. IX.2 Anm. 13.

10. Auch die Vorlage des Nachweises der Rechtspersönlichkeit juristischer Personen ist im Rechtsmittelverfahren entbehrlich (→ Anm. 9). Vgl. für das erstinstanzliche Verfahren vor dem EuG Art. 78 Abs. 4 der EuG-Verfahrensordnung → Form. IX.2 Anm. 15.

11. Nach Art. 44 Abs. 1 EuGH-Verfahrensordnung hat der Anwalt der Partei bei der Kanzlei des Gerichtshofs regelmäßig eine Bescheinigung zu hinterlegen, aus der hervorgeht, dass er berechtigt ist, vor einem Gericht eines Mitgliedstaates oder eines Vertragsstaates des EWR-Abkommens aufzutreten → Form. IX.2 Anm. 14.

12. Im Regelfall der elektronischen Verfahrensführung mittels e-Curia erfolgt auch die Zustellung über diese Plattform (Art. 6 Beschluss des Gerichtshofs v. 18.10.2018 „über die Einreichung und die Zustellung von Verfahrensschriftstücken im Wege der Anwendung e-Curia", ABl. 2018 L 293, 36). Andernfalls kann sich der Prozessbevollmächtigte in der Klageanschrift Korrektur zu „Klageschrift"? auch damit einverstanden erklären, dass Zustellungen an ihn mittels Telefax oder sonstiger technischer Kommunikationsmittel erfolgen, → Form. IX.2 Anm. 16, 4.

13. Die Anforderungen an eine Rechtsmittelschrift ergeben sich aus Art. 21 Abs. 1 EuGH-Satzung und Art. 168 EuGH-Verfahrensordnung (Art. 173 für die Rechtsmittelbeantwortung). Danach muss die Rechtsmittelschrift (wie auch die Rechtsmittelbeantwortung) neben den Anträgen insb. den Streitgegenstand bezeichnen und eine Darstellung der Rechtsmittelgründe (der rechtlichen Gründe) enthalten. Nach Art. 176 Abs. 2 EuGH-Verfahrensordnung bedarf ein Anschlussrechtsmittel stets eines eigenen Schriftsatzes und kann nicht mit der Rechtsmittelerwiderung verbunden werden (EuGH C-422/ 12 P, GRUR-Prax 2014, 77 – Industrias Alen SA de CV/HABM).

Neben der Beschränkung der Rechtsmittelgründe nach Art. 58 EuGH-Satzung ist die Beschränkung des Sachvortrags gem. Art. 170 Abs. 1 EuGH-Verfahrensordnung zu beachten (Entsprechendes gilt für die Rechtsmittelbeantwortung gem. Art. 174 EuGH-Verfahrensordnung). Der Streitgegenstand darf im Rechtsmittelverfahren nicht verändert werden, dh Argumente, die im erstinstanzlichen Verfahren nicht vorgebracht worden sind oder auch ein zurückgenommener erstinstanzlicher Vortrag sind genauso unzulässig, wie ein Vortrag, der als unzulässig verworfen wurde (EuGH C-321/99 P, Slg. 2002, I-4287 Rn. 48 – Associação dos Refinadores de Açúcar Portugueses ua/Kommission). Etwas anderes gilt, wenn die Entscheidung über die Nichtzulassung des Vortrags als Verfahrensrüge angegriffen wird (EuGH C-18/91 P, Slg. 1992, I-3997 Rn. 21 – V/Parlament; EuGH C-136/92 P, Slg. 1994, I-1981 Rn. 59 – Kommission/Lualdi ua; EuGH C-354/92 P, Slg. 1993, I-7027 Rn. 13 – Eppe/Kommission).

Bei der Darstellung der Rechtsmittelgründe ist es nicht ausreichend, den erstinstanzlichen Vortrag lediglich zu wiederholen (EuGH C-202/07 P, Slg. 2009, I-02369 Rn. 69 – France Télécom/Kommission) ohne die vom Gericht vorgenommene rechtliche Würdigung argumentativ anzugreifen (EuGH C-222/11 P, Slg. 2011, I-189 – Longevity Health Products Inc./Harmonisierungsamt für den Binnenmarkt). Genauso wenig ausreichend ist der bloße Vortrag, das Gericht habe die bisherige Rspr. anders interpretieren müssen (EuGH C-338/93 P, Slg. 1994, I-819 Rn. 26 – de Hoe/Kommission) oder die bloß abstrakte Aufzählung der Rechtsmittelgründe bzw. Wiederholung der Klagegründe ohne spezifische Geltendmachung einer Rechtsverletzung durch das Gericht (EuGH C-435/13 P, GRUR Int. 2014, 974 – Erich Kastenholz/HABM).

Vielmehr muss die Rechtsmittelschrift die rechtlichen Argumente, auf die sich das Rechtsmittel stützt und die angegriffenen Punkte der Entscheidung, klar und deutlich in der gebotenen Ausführlichkeit darstellen (EuGH C-608/12 P, BeckRS 2014, 80899 – Greinwald GmbH/HABM). Dies ist erforderlich, da der Vortrag in der Rechtsmittelschrift den Prüfungsumfang des Gerichtshofs im Rechtsmittelverfahren sachlich begrenzt. Der Gerichtshof prüft ausschließlich die gerügten Rechtsverletzungen, auch wenn er selbst darüber hinaus mögliche Rechtsverletzungen erkennt (EuGH C-136/92 P, Slg. 1994, I-1981 Rn. 52 – Kommission/Lualdi ua).

Entspricht die Rechtsmittelschrift in formeller Hinsicht den Anforderungen des Art. 168 EuGH-Verfahrensordnung nicht (Vorlage der angefochtenen Entscheidung, Angabe des Zustellungsdatums, Vorlage einer Zulassungsbescheinigung), setzt der Kanzler der Rechtsmittelführerin eine angemessene Frist zur Behebung des Mangels. Nach Fristablauf entscheidet der Gerichtshof nach Anhörung des Berichterstatters und des Generalanwalts darüber, ob die Nichtbeachtung der Formvorschriften die Unzulässigkeit des Rechtsmittels zur Folge hat, Art. 168 Abs. 4 EuGH-Verfahrensordnung.

14. Gem. Art. Art. 168 Abs. 1 Buchst. b und Abs. 3 EuGH-Verfahrensordnung ist die mit dem Rechtsmittel angefochtene Entscheidung zu bezeichnen und anzugeben, an welchem Tag sie dem Rechtsmittelführer zugestellt worden ist.

Neu eingeführt wurde das Erfordernis eines Zulassungsbeschlusses durch den EuGH für Rechtsmittel gegen Entscheidungen des EuG zu Sachverhalten, die zuvor bereits ein Verfahren vor einer unabhängigen Beschwerdekammer der EU durchlaufen haben, Art. 58a EuGH-Satzung (vgl. Art. 1 Nr. 2 VO (EU) 2019/629, ABl. 2019 L 111, 1; zu rechtspolitischem Hintergrund und Einzelheiten des Verfahrens *Rapp* EuZW 2019, 587). Relevanz entfaltet dieses vorgeschaltete Zulassungsverfahren für Maßnahmen des Amtes der Europäischen Union für geistiges Eigentum (EUIPO), des Gemeinschaftlichen Sortenamtes (CPVO), der Europäischen Chemikalienagentur (ECHA) oder der Agentur der Europäischen Union für Flugsicherheit (EASA), hier sind jeweils unabhängige Beschwerdekammern eingerichtet. Das Zulassungsverfahren wurde mit Wirkung zum 25.5.2019 eingeführt und findet zudem auf alle Verfahren Anwendung, die nach dem 1.5.2019 zur Entscheidung durch eine unabhängige Beschwerdekammer eingereicht wurden.

15. Wie sich schon aus Art. 256 Abs. 2 AEUV ergibt, sind die Rechtsmittelgründe auf Rechtsfragen beschränkt (EuGH C-362/95 P, Slg. 1997, I-4775 Rn. 28, 29 – Blackspur DIY ua/Rat und Kommission; C-62/01 P, Slg. 2002, I-3793 Rn. 24 – Campogrande/Kommission). Art. 58 EuGH-Satzung konkretisiert den Begriff der Rechtsfragen iSd Art. 256 Abs. 2 AEUV in der Weise, dass das Rechtsmittel nur (i) auf die Unzuständigkeit des Gerichts, (ii) auf einen Verfahrensfehler, durch den die Interessen des Rechtsmittelführers beeinträchtigt werden, sowie (iii) auf eine Verletzung des Unionsrechts durch das Gericht gestützt werden kann.

16. Die Rüge der Unzuständigkeit kann sich neben der Unzuständigkeit des Gerichts auch auf die Unzuständigkeit der unionsrechtlichen Gerichtsbarkeit insgesamt beziehen.

Dieser Rechtsmittelgrund hat jedoch kaum noch Bedeutung, da das EuG heute für alle Nichtigkeitsklagen von natürlichen und juristischen Personen zuständig ist, Art. 256 Abs. 1 AEUV. Der Gerichtshof ist dagegen für alle anderen Nichtigkeitsklagen zuständig, insb. solche, die durch die Mitgliedstaaten oder Organe der Union gem. Art. 263 Abs. 2 AEUV erhoben werden. Auch werden in der Praxis Klagen, die unter offensichtlicher Verkennung der Zuständigkeit beim Gerichtshof eingereicht wurden, ohne formelles Verfahren an das EuG weitergeleitet und umgekehrt.

17. Verfahrensrügen sind nur unter zwei Voraussetzungen erfolgreich. Erstens muss es sich bei der Verfahrensvorschrift, deren Verletzung gerügt wird, um eine rechtsmittelfähige Vorschrift handeln. Das ist der Fall, wenn die Vorschrift gerade dem Schutz des Rechtsmittelführers dient und nicht ausgeschlossen ist, dass ihre Verletzung sich nachteilig auf die Rechtsposition des Rechtsmittelführers ausgewirkt hat. Diese Voraussetzung ist bspw. bei Vorschriften erfüllt, die das rechtliche Gehör, die Beweisaufnahme und die Begründungspflicht betreffen (EuGH C-68/91 P, Slg. 1992, I-6849 Rn. 21 ff. – Moritz/Kommission; EuGH C-62/01 P, Slg. 2002, I-3793 Rn. 24 – Campogrande/Kommission). Zweitens muss die gerügte Verletzung der Verfahrensvorschrift rechtsmittelwirksam sein. Rechtsmittelwirksam ist eine Verletzung rechtsmittelfähiger Verfahrensvorschriften nur, wenn sie sich auch tatsächlich auf den Inhalt der angefochtenen Entscheidung ausgewirkt hat.

18. Zur Rüge der Verletzung von Unionsrecht → Form. IX.2 Anm. 22. Zu beachten ist im Rechtsmittelverfahren, dass grds. nur die unrichtige Rechtsanwendung rechtsmittelrelevant ist.

Tatsachenrügen sind unzulässig. Da die Sachverhaltsfeststellung dem Gericht als Tatsacheninstanz vorbehalten ist, kann auch die fehlerhafte Rechtsanwendung aufgrund fehlerhafter Tatsachenfeststellung durch das Gericht grds. nicht gerügt werden. Die Würdigung von Tatsachen und Beweismitteln ist keine Rechtsfrage, die der Kontrolle durch den EuGH unterliegt (EuGH C-202/08 und C-208/08, Slg. 2009, I-6933 Rn. 53 – American Clothing Associates/Harmonisierungsamt für den Binnenmarkt und Harmonisierungsamt für den Binnenmarkt/American Clothing Associates). Etwas anderes gilt dann, wenn sich aus den Prozessakten ergibt, dass die Feststellungen des EuG falsch sind (EuGH C-136/92 P, Slg. 1994, I-1981 Rn. 49 – Kommission/Lualdi ua; zu einer solchen Konstellation vgl. auch die Schlussanträge der Generalanwältin Trstenjak, verb. Rs. C-501/06 P ua, Slg. 2009, I-09291 Rn. 229 ff. – GlaxoSmithKline/Kommission). Damit stellt sich die Frage nach der Abgrenzung zwischen Rechtsfragen (*quaestio iuris*) einerseits und Tatsachenfragen (*quaestio facti*) andererseits (siehe dazu *Wägenbaur* Art. 58 EuGH-Satzung Rn. 3 ff.). Zu beachten ist dabei, dass der EuGH nicht die Rolle des erstinstanzlichen Gerichts einnimmt. Er ermittelt keine neuen Tatsachen und lässt keinen neuen Tatsachenvortrag zu. Kontrollmaßstab ist, ob es zu „Verfälschungen von Tatsachen und Beweismitteln" gekommen ist (instruktiv EuGH C-139/17, ECLI:EU:C:2018:608 = BeckRS 2018, 16224 Rn. 33 ff. – QuaMa Quality Management/EUIPO; EuGH C-264/11 P, ECLI:EU:C:2012:498 = BeckRS 2012, 81479 Rn. 13 ff. – Kaimer ua/Kommission; EuGH C-53/92 P, Slg. 1994, I-667 Rn. 42, 43 – Hilti/Kommission; EuGH C-234/92, Slg. 1999, I-4501 Rn. 60 – Shell/Kommission), dh ob das EuG ein Beweismittel offensichtlich verkannt hat. Weiter kann der Gerichtshof untersuchen, ob das EuG die Prüfung bestimmter Beweismittel „unterlassen" hat (EuGH C-244/91 P, Slg. 1993, I-6965 Rn. 32, 33 – Pincherle/Kommission; EuGH C-497/99 P, Slg. 2001, I-5333 Rn. 39, 59 – Irish Sugar/Kommission; EuGH C-500/99 P, Rn. 59, Slg. 2002, I-867 – Conserve Italia/Kommission). Schließlich prüft der EuGH, ob die Beweise in der ersten Instanz „ordnungsgemäß erbracht und die allgemeinen Regeln und Rechtsgrundsätze zur Beweislast und die Vorschriften über das Beweisverfahren eingehalten worden sind" (EuGH C-294/91 P, Slg. 1992, I-4997 Rn. 13 – Sebastiani/Parlament; EuGH C-136/92 P, Slg. 1994,

I-1981 Rn. 66 – Kommission/Lualdi ua; EuGH C-53/92 P, Slg. 1994, I-667 Rn. 40 ff. – Hilti/Kommission). Eine erstinstanzliche Tatsachenbeurteilung des EuG wird durch den EuGH nicht überprüft, da es sich um eine Tatfrage handele (EuGH C-326/91 P, Slg. 1994, I-2091 Rn. 41 – de Compte/Parlament; EuGH C-53/92 P, Slg. 1994, I-667 Rn. 11 – Hilti/Kommission). Ein Tatsachenvortrag ist in der zweiten Instanz grds. unzulässig (EuGH C-18/91 P, Slg. 1992, I-3997 Rn. 44 – V./Parlament). Die Unterscheidung von Rechts- und Tatsachenrügen ist auch im Unionsrecht nicht immer einfach. Die verhältnismäßig umfangreiche Rspr. zu dieser Frage zeigt, dass der Gerichtshof den Begriff der Rechtsrüge bisher eher restriktiv ausgelegt hat (vgl. dazu nur EuGH C-283/90 P, Slg. 1991, I-4339 Rn. 11 ff. – Vidrányi/Kommission; EuGH C-136/92 P, Slg. 1994, I-1981 Rn. 49 – Kommission/Lualdi ua; EuGH C-220/91 P, Slg. 1993, I-2393 Rn. 39 – Kommission/Stahlwerke Peine-Salzgitter; EuGH C-53/92 P, Slg. 1994, I-667 Rn. 19 und 40 ff. – Hilti/Kommission; exemplarisch zu diesem Fragenkomplex sind die Schlussanträge des GA Tesauro C-362/95 P, Slg. 1997, I-4777 – Blackspur/Rat und Kommission; vgl. auch *Wägenbaur* EuZW 1995, 199 (200 ff.)).

Verletzungen materiellen Unionsrechts sind nur dann rechtsmittelwirksam in dem Sinne, dass sie das Rechtsmittel begründen, wenn keine anderen rechtlichen Erwägungen den Tenor des Urteils zu tragen vermögen (EuGH C-320/92 P, Slg. 1994, I-5697 Rn. 37 – Finsider/Kommission, vgl. auch EuGH C-36/92 P, Slg. 1994, I-1911 Rn. 32 f. – SEP/Kommission). Nicht rechtsmittelwirksam ist eine festgestellte Rechtsverletzung also, wenn eine andere, rechtsfehlerfreie Argumentation des Gerichts den Tenor der Entscheidung trägt. Nicht ausreichend dafür ist allerdings, dass dem Gericht eine solche Argumentation möglich gewesen wäre (EuGH C-35/92 P, Slg. 1993, I-991 Rn. 31 – Parlament/Frederiksen; EuGH C-326/91 P, Slg. 1994, I-2091 Rn. 94 – de Compte/Parlament).

19. Im Rahmen der elektronischen Verfahrensführung wird die Unterzeichnung von Schriftstücken durch die Einreichung über das ordnungsgemäß eingerichtete e-Curia Benutzerkonto ersetzt – konkret durch Verwendung von persönlicher Nutzerkennung und Passwort (Art. 3 Beschluss des Gerichtshofs v. 16.10.2018, ABl. 2018 L 293, 63); → Form. IX.2 Anm. 24.

20. Vgl. zu dem Erfordernis eines Anlagenverzeichnisses Art. 57 Abs. 4 EuGH-Verfahrensordnung sowie die Praktischen Anweisungen (Rn. 44, → Anm. 2); → Form. IX.2 Anm. 25.

Kosten und Gebühren

21. Wird das Rechtsmittel vom EuGH zugelassen, die Rechtssache aber an das EuG zur erneuten Entscheidung zurückverwiesen, bleibt die Kostenentscheidung der Endentscheidung vorbehalten (EuGH C-319/07 P, Slg. 2009, I-5963 – F/Kommission). Das Gericht entscheidet dann gem. Art. 219 EuG-Verfahrensordnung über die Kosten des Rechtsstreits insgesamt, also auch über die Kosten des Rechtsmittelverfahrens vor dem EuGH. Entscheidet der EuGH hingegen selbst über das Rechtsmittel, urteilt er gleichzeitig über die Kosten, Art. 184 Abs. 2 EuGH-Verfahrensordnung. Verwirft der Gerichtshof ein Rechtsmittel als unzulässig oder weist er es als unbegründet ab, bleibt die Kostenentscheidung des Gerichts bestehen. Der Gerichtshof entscheidet in diesem Fall nur über die Kosten des Rechtsmittelverfahrens (EuGH C-195/91 P, Slg. 1994, I-5619 Rn. 36 – Bayer/Kommission). Hat das Rechtsmittel Erfolg und ändert der Gerichtshof selbst das erstinstanzliche Urteil, entscheidet er sowohl über die Kosten in der ersten als auch die in der zweiten Instanz (EuGH 137/92 P, Slg. 1994, I-2555 Rn. 80 – Kommission/BASF).

Den rechtlichen Maßstab für die Kostenentscheidung bilden – durch die Verweisung in Art. 184 Abs. 1 EuGH-Verfahrensordnung – die allgemeinen Vorschriften der Art. 137–146 EuGH-Verfahrensordnung als *leges speciales*. Vgl. zu den allgemeinen Vorschriften → Form. IX.2 „Kosten und Gebühren". Gem. Art. 184 Abs. 3 EuGH-Verfahrensordnung kann der Gerichtshof die Kosten teilen, wenn ein Unionsorgan oder ein Mitgliedstaat eine Entscheidung des EuG angefochten hat, ohne dem Rechtsstreit beizutreten.

Zum Kostenfestsetzungsverfahren → Form. IX.17.

Fristen

22. Die Rechtsmittelfristen sind Ausschlussfristen. Eine zweigeteilte Einlegungs- und Begründungsfrist existiert nicht.

Die Rechtsmittelfrist beträgt grds. zwei Monate nach Zustellung der erstinstanzlichen Entscheidung, Art. 56 Abs. 1 und Art. 57 Abs. 2 EuGH-Satzung. Grds. erfolgt die Zustellung mittels e-Curia (→ Anm. 12). Nach Art. 7 des Beschlusses vom 16.10.2018 „über die Einreichung und die Zustellung von Verfahrensschriftstücken im Wege der Anwendung e-Curia" (ABl. 2018 L 293, 36) gilt das Schriftstück in dem Zeitpunkt als zugestellt, an dem der Empfänger darauf zugreift. Unterbleibt der Zugriff, gilt die Zustellung als mit Ablauf des siebten Tages nach Übersendung der die Zustellung bestätigenden E-Mail als erfolgt (→ Form. IX.2 Anm. 16). Eine Sonderregelung gilt für das Rechtsmittel gegen die Ablehnung eines Antrags auf Zulassung als Streithelfer. Es ist gem. Art. 57 Abs. 1 EuGH-Satzung bereits innerhalb von zwei Wochen nach der Zustellung der ablehnenden Entscheidung einzulegen.

Gem. Art. 51 EuGH-Verfahrensordnung verlängern sich die Verfahrensfristen um eine pauschale Entfernungsfrist von 10 Tagen, → Form. IX.2 Anm. 28.

13. Antragsschrift Streithilfe nach Art. 143 ff. EuG-Verfahrensordnung bzw. Art. 129 ff. EuGH-Verfahrensordnung

. . . . .stadt, den . . . . .[2]

Per e-Curia[7]
An das
Gericht der Europäischen Union
[bzw. An den Gerichtshof der Europäischen Union][3]
– Kanzlei –
Rue du Fort Niedergrünewald
L-2925 Luxemburg
LUXEMBURG

Antrag auf Zulassung als Streithelfer[1, 4]

In der Rechtssache T-. . . . . [bzw. C-. . . . .]
der . . . . .
– Klägerin –
gegen
die Europäische Kommission
– Beklagte –

beantragt das

Land Berlin, vertreten durch den Regierenden Bürgermeister, ..., Anschrift,

Prozessbevollmächtigter:[5] Rechtsanwalt . . . . . .

die Zulassung als Streithelfer zur Unterstützung der Klägerin.

Gem. Art. 21 Abs. 4 der EuG-Verfahrensordnung [bzw. Art. 79der EuGH-Verfahrensordnung] ist im ABl. C . . . . . . vom . . . . . . eine Mitteilung über die Erhebung der Klage in der Rechtssache . . . . . . veröffentlicht worden. In diesem Verfahren hat die Klägerin beantragt:

1. die Entscheidung der Kommission vom . . . . . . über Beihilfen Deutschlands zugunsten der . . . . . ., Berlin, für nichtig zu erklären;

2. der Kommission die Kosten des Verfahrens aufzuerlegen.

Das Land Berlin beabsichtigt, die vorgenannten Anträge der Klägerin im Wege der Streithilfe vor dem Gericht zu unterstützen. Aus diesem Grunde beantragen wir namens und in Vollmacht des Landes Berlin:

1. die Zulassung als Streithelfer zur Unterstützung der Klägerin nach Art. 40 Abs. 2 EuGH-Satzung;

2. die Gestattung sich gem. Art. 45 Abs. 1 Buchst. c EuG-Verfahrensordnung [bzw. Art. 36 Abs. 1 Buchst. c EuGH-Verfahrensordnung] in der mündlichen Verhandlung der deutschen Sprache zu bedienen.[6]

Eine auf unseren Namen lautende Vollmacht der Berliner Landesregierung fügen wir in separatem Schreiben diesem Schriftsatz bei.

[Gem. Art. 48 Abs. 2 der EuGH-Verfahrensordnung erklären wir uns als Prozessbevollmächtigte damit einverstanden, dass Zustellungen an uns mittels Telefax oder sonstiger technischer Kommunikationsmittel erfolgen. Zustellungen können bewirkt werden an Herrn Rechtsanwalt . . . . . ., Telefax-Nr.: . . . . . ., bzw. an die E-Mail-Anschrift: . . . . . .][7]

Begründung:

I. Verfahrensgegenstand[8]

Die von der Klägerin angefochtene Entscheidung der Kommission erklärt von der Berliner Wirtschaftsverwaltung gewährte Investitionszuschüsse iHv . . . . . . für unvereinbar mit Art. 107 AEUV. Aufgrund der Rückforderungsanordnung in Art. 2 der von der Klägerin angefochtenen Entscheidung sind die Behörden des Landes Berlin verpflichtet, die von der Kommission mit dem Gemeinsamen Markt für unvereinbar erklärten Beihilfen von der Klägerin zurückzufordern. Nach Auffassung der Klägerin beruht die Kommissionsentscheidung auf einer fehlerhaften Auslegung des AEUV. Das Land Berlin teilt diese Auffassung und unterstützt daher die von der Klägerin eingebrachte Nichtigkeitsklage.

II. Zulässigkeit des Streithilfeantrags[9]

1. Rechtlicher Status des Landes Berlin[10]

Das Land Berlin ist gem. Art. 40 Abs. 2 der EuGH-Satzung als „andere Person, die ein berechtigtes Interesse am Ausgang" des bei dem Gericht anhängigen Rechtssache T-. . . . . . hat, befugt, dem Rechtsstreit auf Seiten der Klägerin beizutreten. Nach Art. 1 Abs. 2 der Verfassung des Landes Berlin ist das Land Berlin ein Land der Bundesrepublik Deutschland. In der Rechtsordnung der Bundesrepublik Deutschland kommt den Ländern Staatsqualität zu. Nach der Rspr. des BVerfG sind

> **„die Länder als Glieder des Bundes Staaten mit eigener – wenn auch gegenständlich beschränkter – nicht vom Bund abgeleiteter, sondern von ihm anerkannter staatlicher Hoheitsmacht" (BVerfGE, 1, 14 (34))**

Als Land der Bundesrepublik Deutschland genießt das Land Berlin dieselbe staatsrechtliche Qualität wie die deutschen Länder Nordrhein-Westfalen, Baden-Württemberg, Niedersachsen, Hessen, Rheinland-Pfalz und Bayern, die von dem EuGH in den verb. Rs. 3/58 ua (Slg. 1960, 373 – Barbara Erzbergbau AG ua/Hohe Behörde) als Streithelfer zugelassen worden sind.

2. Sachverhalt

Die Klägerin unterhält ihren Sitz im Hoheitsgebiet des Mitgliedstaates Frankreich. Die von der Kommission beanstandete Förderung der Klägerin beruht auf folgenden Vorgängen: Die streitgegenständliche Investitionszulage erhielt die Klägerin aufgrund des Zuwendungsbescheides der Berliner Senatsverwaltung für Wirtschaft, einer staatlichen Einrichtung des Landes Berlin, vom ..... Die Fördermaßnahme beruht auf unabhängigen Entscheidungen von Verwaltungseinrichtungen Berlins. Nach dem Gesetz ..... sind für die Gewährung von Investitionszuschüssen ausschließlich die Behörden der Länder zuständig.

3. Berechtigtes Interesse[11]

Aus den vorstehenden Ausführungen ergibt sich, dass die von der Kommission beanstandete wirtschaftliche Förderung der Klägerin ausschließlich auf unabhängigen Entscheidungen des Landes Berlin und dessen Verwaltungseinrichtungen beruht. Art. 2 der von der Klägerin angefochtenen Entscheidung verpflichtet diese Verwaltungseinrichtungen des Landes Berlin, die in Art. 1 der angefochtenen Entscheidung benannte Beihilfe von der Klägerin zurückzufordern (direkte rechtliche Betroffenheit des Landes Berlin). Das Land Berlin ist von der angefochtenen Entscheidung überdies auch wirtschaftlich betroffen, denn die von der Kommission angeordnete Rückforderung dieser Beihilfe führt zu einer schweren Gefährdung des betrieblichen Fortbestands der Klägerin am Standort Berlin und damit zu einem schweren Eingriff in die Wirtschaftspolitik des Landes Berlin. Die Klägerin hat nach Art. 45 Abs. 1 EuG-Verfahrensordnung bzw. Art. 36 Abs. 1 EuGH-Verfahrensordnung die französische Sprache als Verfahrenssprache gewählt. Die Sprache des streitgegenständlichen Verwaltungsverfahrens und der Unterlagen zur Investitionszulage ist hingegen deutsch. Daher existieren zahlreiche Dokumente, die den Schriftsätzen beizufügen sind, nur in deutscher Sprache. Müsste sich die Antragstellerin während der mündlichen Verhandlung der französischen Sprache bedienen, wäre sie in ihrer effektiven Verteidigung eingeschränkt.

III. Antrag[12]

Das Land Berlin ersucht den Präsidenten des Gerichts daher, es zur Unterstützung der Klägerin als Streithelfer in dieser Rechtssache zuzulassen und die deutsche Sprache zur mündlichen Verhandlung zuzulassen.

Unterschrift[13, 15, 16]

Verzeichnis der Anlagen[14]

Schrifttum: Allkemper, Grenzen der Streithilfe vor dem Europäischen Gerichtshof, EWS 1995, 336; *Dauses/Henkel*, Streithilfe durch natürliche oder juristische Personen in Verfahren vor dem EuGH und EuG, EuZW 2000, 581; *Dittert*, Die neue Verfahrensordnung des EuGH, EuZW 2013, 726; *Dittert*, Art. 40 EuGH-Satzung, in *von der Groeben/Schwarze/Hatje*, Europäisches Unionsrecht, 7. Aufl. 2015; *Ehle/Schiller*, Das Streithilfeverfahren vor dem Europäischen Gerichtshof, EuR 1982, 48; *Laut*, in *Rengeling/Middeke/Gellermann*, Handbuch des Rechtsschutzes in der Europäischen Union, 3. Aufl. 2014, § 22 VI; *Hasselbach*, Der Schutz von Verbandsinteressen vor dem EuGH, ZZP 109 (1996), 195; *Pechstein*, EU-Prozessrecht, 4. Aufl. 2011; *Wägenbaur*, EuGH VerfO, 2. Aufl. 2017; *Wohlfahrt*, P.IV.d in *Dauses/Ludwigs*, Handbuch des EU-Wirtschaftsrechts, 51. EL Oktober 2020.

Anmerkungen

* Im Folgenden wird zur Übersicht jeweils sowohl auf die Verfahrensordnung des Gerichts als auch die des Gerichtshofs verwiesen. Selbstredend ist in Verfahren vor einem

der Gerichte aber nur die Verfahrensordnung des jeweils zuständigen Gerichts einschlägig und entsprechend zu zitieren.

1. Im Hinblick auf die Verfahren vor den Unionsgerichten ist der Beitritt zu einem anhängigen Rechtsstreit in Art. 40 EuGH-Satzung vorgesehen (siehe zur Rechtsstellung des Streithelfers RMG/*Laut* § 22 Rn. 36 ff.). Demzufolge ist der Beitritt nur in Form der sog freiwilligen Nebenintervention in Art. 40 EuGH-Satzung möglich und damit vom *amicus curiae* im Rahmen des Vorabentscheidungsverfahrens nach Art. 267 AEUV zu unterscheiden (vgl. Art. 96 EuGH-Verfahrensordnung). Beitreten können danach die Mitgliedstaaten und die Unionsorgane sowie grds. alle anderen Personen, die ein berechtigtes Interesse am Ausgang des anhängigen Rechtsstreits geltend machen. Der Beitritt erfolgt gem. Art. 142 Abs. 3 EuG-Verfahrensordnung bzw. Art. 129 Abs. 3 EuGH-Verfahrensordnung *ex nunc*. Die nähere Ausgestaltung der Möglichkeiten der Streithilfe finden sich in Art. 142 ff. EuG-Verfahrensordnung bzw. Art. 129 ff. EuGH-Verfahrensordnung.

2. Die formalen Anforderungen an den Streithilfeantrag bestimmen sich vor dem EuG nach den Grundsätzen für Klageschriftsätze, Art. 143 EuG-Verfahrensordnung und sind für das Verfahren vor dem EuGH in Art. 130 und 57 EuGH-Verfahrensordnung geregelt. Gem. Art. 72 Abs. 2 EuG-Verfahrensordnung bzw. Art. 57 Abs. 6 EuGH-Verfahrensordnung muss der Schriftsatz datiert sein, → Form. IX.2 Anm. 2. Die Praktischen Durchführungsbestimmungen zur Verfahrensordnung des Gerichts (ABl. 2015 L 152, 1 zuletzt geändert mit ABl. 2018 L 294, 23, berichtigt durch ABl. 2018 L 296, 40) enthalten keine speziellen Vorschriften für die Streithilfe, allerdings in Rn. 80 Buchst. b den Hinweis, dass der Antragsschriftsatz als „Antrag auf Zulassung zur Streithilfe" zu bezeichnen ist, der eigentlich materiell-rechtliche Schriftsatz sodann als „Streithilfeschriftsatz". Für den Streithilfeschriftsatz selbst ist eine Seitenzahlbegrenzung von 20 Seiten vorgegeben (Rn. 105). Wichtig ist die Beachtung der Sprachenregelung. Nach Art. 45 Abs. 1 EuG-Verfahrensordnung wird die Verfahrenssprache durch den Kläger bestimmt. Vorbehaltlich eines anderweitigen Antrages muss der Streithelfer seinen Antrag auf Zulassung daher in der Verfahrenssprache einreichen. Wenn also etwa eine schwedische Gesellschaft eine Klage in schwedischer Sprache gegen eine Kommissionsentscheidung eingebracht hat, die ein deutsches Unternehmen betrifft, so ist der Streithilfeantrag in Schwedisch einzureichen. Zwar stellt ein nicht in der Verfahrenssprache eingereichter Antrag einen Verfahrensmangel dar, wird eine Übersetzung innerhalb der vom Kanzler gesetzten Frist jedoch nachgereicht, gilt das Datum der Ersteinreichung in der anderen Sprache als Datum der Einreichung des Verfahrensschriftstücks; dies gilt nicht, wenn der Antragsteller ein Mitgliedstaat ist (Praktische Durchführungsbestimmungen Rn. 100). Zum Teil wird ein Antrag auf Zulassung einer anderen Sprache als der Verfahrenssprache so beschieden, dass die Verfahrenssprache im schriftlichen Verfahren beachtet werden muss, in der mündlichen Verhandlung jedoch eine andere Sprache zugelassen wird (EuG T-290/94, Slg. 1995 II-2249 – Kaysersberg/Kommission).

3. Das zuständige Gericht ist bei dem Antrag auf Streithilfe naturgemäß durch das Gericht der beigetretenen Rechtssache vorbestimmt. Nach Art. 144 Abs. 4 und Abs. 5 EuG-Verfahrensordnung bzw. Art. 131 Abs. 2-4 EuGH-Verfahrensordnung entscheidet idR der Präsident über den Antrag. In der Praxis wird ein Antrag auf Streithilfe eher bei Verfahren vor dem Gericht eine Rolle spielen.

4. In Art. 143 Abs. 2 EuG-Verfahrensordnung bzw. Art. 130 Abs. 2 EuGH-Verfahrensordnung ist niedergelegt, welche Mindestanforderungen der Antrag auf Streithilfe erfüllen muss. Erforderlich sind danach:

- die Bezeichnung der Rechtssache;
- die Bezeichnung der Parteien;
- Namen und Wohnsitz des Antragstellers;

- die Anträge, die der Antragsteller unterstützen will;
- ggf. die Bezeichnung der Beweismittel.

5. Natürliche und juristische Personen, mit Ausnahme der EU-Mitgliedstaaten, müssen gem. Art. 19 Abs. 3 (ggf. iVm Art. 53 Abs. 1) EuGH-Satzung in den Verfahren vor den Unionsgerichten durch einen Anwalt vertreten sein, der in einem Mitgliedstaat oder in einem anderen Vertragsstaat des EWG-Abkommens zugelassen ist, → Form. IX.2 Anm. 7, 13. Die Mitgliedstaaten sowie die Unionsorgane können sich eines Beistands oder Rechtsanwalts bedienen (EuG T-278/07 P-DEP – Luigi Marcuccio/Europäische Kommission).

6. Aufgrund der *ex nunc* Wirkung des Beitritts, ist zum Zeitpunkt des Beitritts häufig bereits eine Verfahrenssprache gem. Art. 45 Abs. 1 EuG-Verfahrensordnung bzw. Art. 37 Abs. 1 EuGH-Verfahrensordnung gewählt worden. Im Einzelfall kann es daher ratsam sein, einen Antrag gem. Art. 45 Abs. 1 Buchst. c EuG-Verfahrensordnung bzw. Art. 37 Abs. 1 Buchst. c EuGH-Verfahrensordnung zu stellen, sich in der mündlichen Verhandlung einer anderen Sprache bedienen zu dürfen.

7. Im Regelfall der elektronischen Verfahrensführung mittels e-Curia erfolgt auch die Zustellung über diese Plattform (Art. 6 Beschluss des Gerichtshofs v. 18.10.2018 „über die Einreichung und die Zustellung von Verfahrensschriftstücken im Wege der Anwendung e-Curia“, ABl. 2018 L 293, 36). Andernfalls kann sich der Prozessbevollmächtigte in der Antragsschrift auch damit einverstanden erklären, dass Zustellungen an ihn mittels Telefax oder sonstiger technischer Kommunikationsmittel erfolgen, → Form. IX.2 Anm. 16, 4.

8. Der Sachverhalt ist angelehnt an die EuG. T-6/99, Slg. 2001, II-1523 – ESF Elbe-Stahlwerke Feralpi/Kommission, in dem der Freistaat Sachsen als Streithelfer der Klägerin zugelassen worden ist.

9. Bei Prüfung der Zulässigkeit eines Streithilfeantrags wird ausschließlich das berechtigte Interesse des Antragstellers am Ausgang des Rechtsstreits geprüft, → Anm. 11. IRd Beschlusses, mit dem über die Zulässigkeit des Streithilfeantrags entschieden wird, äußert sich das Gericht hingegen nicht zur Zulässigkeit der Klage selbst (EuG T-191/96 R, Slg. 1997, II-211 – CAS Succhi di Frutta/Kommission).

10. Auch Gebietskörperschaften können als Streithelfer zugelassen werden (EuG T-20/03, BeckRS 2008, 70978 – Kahla/Thüringen/Kommission; EuG T-138/98, Slg. 1999, II-1797 Rn. 15 – ACAV ua/Rat; EuG T-54/00 R, Slg. 2000, II-2875 Rn. 16 f. – Federacion de Pescadores/Rat).

11. Die Mitgliedstaaten und die Organe der Union (privilegierte Antragsteller) können einem Rechtsstreit nach Art. 40 Abs. 1 EuGH-Satzung stets beitreten. Andere Personen (nicht privilegierte Antragsteller) müssen hierfür ein unmittelbares gegenwärtiges Interesse am Ausgang des Rechtsstreits glaubhaft machen (EuG T-18/97, Slg. 1998, II-589 Rn. 10 – Atlantic Container Line AB ua/Kommission; EuG T-54/00 R, Slg. 2000, II-2875 Rn. 15 – Federacion de Pescadores ua/Rat). Bei der Prüfung des berechtigten Interesses eines Streithelfers, ist auf den Gegenstand des betreffenden Rechtsstreites selbst abzustellen (EuG T-138/98, Slg. 1999, II-1797 Rn. 14 – AVAC ua/Rat; EuG T-5/00 R, Slg. 2000, II-4121 Rn. 25 – Nederlandse Federatieve Vereinigung/Kommission). Das Interesse des Streithelfers am Ausgang des Rechtsstreites ist nach dem Gegenstand des Rechtsstreits selbst zu bestimmen und als ein unmittelbares und gegenwärtiges Interesse daran zu verstehen, wie die Klageanträge selbst beschieden werden, nicht dagegen als ein generelles oder lediglich mittelbares Interesse an den geltend gemachten Angriffs- und Verteidigungsmitteln oder Argumenten (EuGH C-130/06 P (I), BeckEuRS 2006, 441119 Rn. 8 – AnPost/Kommission; EuG T-583/18, ECLI:EU:T:2020:466 = EuZW 2021, 84 – GVN/

Kommission; EuGH verb. Rs. C-151/97 P(I) und C-157/97 P(I), Slg. 1997, I-3491 Rn. 53 – National Power plc und PowerGen plc; EuG T-191/96, Slg. 1998, II-573 Rn. 28 – CAS Succhi di Frutta SpA/Kommission; EuG T-18/97, Slg. 1998, II-589 Rn. 10 – Atlantic Container Line AB ua/Kommission). Der Antragsteller hat in seinem Antrag auf Zulassung zur Streithilfe die tatsächlichen Umstände glaubhaft zu machen, die auf ein berechtigtes Interesse am Ausgang des Rechtsstreits schließen lassen (EuG T-89/96, Slg. 1997, II-835 Rn. 20 – British Steel plc/Kommission; EuG T-135/96, Slg. 1997, II-373 Rn. 9 – UEAPME/Kommission). Ein lediglich mittelbares und damit unzureichendes Interesse am Ausgang des Rechtsstreits liegt dann vor, wenn sich die Rechtsposition des Antragstellers durch die Bescheidung des Verfahrens nicht unmittelbar verändert (EuG T-123/17, ECLI:EU:T:2018:568 = BeckRS 2018, 22267 Rn. 26 f. – Exaa Abwicklungsstelle für Energieprodukte/ACER; EuGH C-783/18 P, ECLI:EU:C:2019:1073 = BeckRS 2019, 17322 Rn. 9 ff. – EUIPO/Wajos). In der Praxis haben sich Fallgruppen entwickelt, in denen ein berechtigtes Interesse angenommen wurde (vgl. dazu *Wägenbaur* Art. 40 EuGH-Satzung Rn. 10 ff.).

12. Nach Art. 143 Abs. 2 Buchst. e EuG-Verfahrensordnung bzw. Art. 130 Abs. 2 Buchst. d EuGH-Verfahrensordnung muss der Antrag auf Zulassung zur Streithilfe die Anträge enthalten, die unterstützt werden sollen. Wird dem Antrag auf Zulassung zur Streithilfe stattgegeben, setzt der Präsident dem Streithelfer nach Art. 145 Abs. 1 EuG-Verfahrensordnung bzw. Art. 132 Abs. 1 EuGH-Verfahrensordnung eine Frist, innerhalb derer ein Streithilfeschriftsatz eingereicht werden kann. Dieser Streithilfeschriftsatz muss enthalten:
– die Anträge des Streithelfers, die der vollständigen oder teilweisen Unterstützung oder Bekämpfung der Anträge einer Partei zu dienen bestimmt sind;
– die Angriffs- und Verteidigungsmittel sowie die Argumente des Streithelfers;
– ggf. die Bezeichnung der Beweismittel.

Nach Art. 145 Abs. 3 EuG-Verfahrensordnung bzw. Art. 132 Abs. 3 EuGH-Verfahrensordnung setzt der Präsident den Parteien nach Einreichung eines Streithilfeschriftsatzes ggf. eine Frist, innerhalb derer sie sich zu diesem Schriftsatz äußern können. Wichtig ist, dass im Streithilfeschriftsatz explizit beantragt wird, dass die Gegenpartei auch zur Tragung der Kosten des Streithelfers verurteilt wird. Schließt sich der Streithelfer nur allgemein den Anträgen der von ihm unterstützten Partei an, so wird dies im Kostentenor nicht automatisch ausgesprochen (EuG T-48/04, Slg. 2009, II-2029 Rn. 184 – Qualcomm/Kommission).

13. Im Rahmen der elektronischen Verfahrensführung wird die Unterzeichnung von Schriftstücken durch die Einreichung über das ordnungsgemäß eingerichtete e-Curia Benutzerkonto ersetzt – konkret durch Verwendung von persönlicher Nutzerkennung und Passwort (Art. 3 Beschluss des Gerichtshofs v. 16.10.2018, ABl. 2018 L 293, 63); → Form. IX.2 Anm. 24.

14. Es empfiehlt sich, ein Anlagenverzeichnis iSd Art. 72 Abs. 3 EuG-Verfahrensordnung bzw. Art. 57 Abs. 4 EuGH-Verfahrensordnung einzureichen. Vgl. auch die Praktischen Durchführungsbestimmungen zur Verfahrensordnung des Gerichts (ABl. 2015 L 152, 1 zuletzt geändert mit ABl. 2018 L 294, 23, berichtigt durch ABl. 2018 L 296, 40 Rn. 82 ff.), die Praktischen Anweisungen (Rn. 44, → Anm. 2) sowie → Form. IX.2 Anm. 25.

Kosten und Gebühren

15. → Anm. 12, → Form. IX.2 Anm. 27, → Form. IX.18.

Fristen und Rechtsmittel

16. Der Antrag auf Zulassung als Streithelfer kann gem. Art. 143 Abs. 1 EuG-Verfahrensordnung bzw. Art. 130 Abs. 1 EuGH-Verfahrensordnung nur innerhalb von sechs Wochen nach der in Art. 79 EuG-Verfahrensordnung bzw. Art. 21 Abs. 4 EuGH-Verfahrensordnung bezeichneten Veröffentlichung gestellt werden. Die pauschale Entfernungsfrist nach Art. 60 EuG-Verfahrensordnung bzw. Art. 57 EuGH-Verfahrensordnung von 10 Tagen ist auch bei Anträgen auf Streithilfe aufzuschlagen (EuG T-218/18, BeckRS 2019, 1470 Rn. 12 – Deutsche Lufthansa/Kommission). Zu beachten ist die vom Kläger gewählte Verfahrenssprache, die auch für den Streithelfer verbindlich ist (vorbehaltlich eines Antrages auf Zulassung einer anderen Sprache). Die Frist gilt sowohl für privilegierte als auch für nicht privilegierte Antragsteller (vgl. Art. 40 Abs. 1, 2 EuGH-Satzung) und ist durch das Gericht von Amts wegen zu prüfen (EuG T-194/95 intv II., Slg. 1996, II-343 – Area Cova ua/Rat).

Anträge auf Zulassung als Streithelfer in einem Rechtsmittelverfahren sind nach Art. 190 Abs. 2 EuGH-Verfahrensordnung binnen eines Monats nach der in Art. 21 Abs. 4 EuGH-Verfahrensordnung bezeichneten Veröffentlichung zu stellen.

Lehnt das EuG den Antrag auf Zulassung als Streithelfer ab, kann hiergegen innerhalb von zwei Wochen bei dem EuGH gem. Art. 57 Abs. 1 EuGH-Satzung ein Rechtsmittel eingelegt werden. Die Entscheidung über dieses Rechtsmittel ergeht gem. Art. 57 Abs. 3 EuGH-Satzung nach Art. 39 der EuGH-Satzung (abgekürztes Verfahren).

14. Drittwiderspruchsklage gem. Art. 42 EuGH-Satzung iVm Art. 167 EuG-Verfahrensordnung bzw. Art. 157 EuGH-Verfahrensordnung

. . . . .stadt, den . . . . .[2]

Per e-Curia[13]
An das
Gericht der Europäischen Union
[bzw. An den Gerichtshof der Europäischen Union][3]
– Kanzlei –
Rue du Fort Niedergrünewald
L-2925 Luxemburg
LUXEMBURG

Klage[4] **im Wege des Drittwiderspruchs**[1]

der . . . .[5]
– Drittwiderspruchskläger –
Prozessbevollmächtigter:[6] **Rechtsanwalt . . . . .**
gegen
. . . .,[7]
– Drittwiderspruchsbeklagte –
wegen Abänderung des vom . . . . . am . . . . . in der Rechtssache . . . . . gefällten Urteils.[8]
Namens und im Auftrag der Klägerin erheben wir hiermit gem. Art. 42 EuGH-Satzung iVm Art. 167 EuG-Verfahrensordnung [bzw. Art. 157 EuGH-Verfahrensordnung]

Drittwiderspruchsklage

und beantragen,[9]

1. Ziffer ..... des Tenors und Randnummer ..... der Entscheidungsgründe des Urteils des ..... vom ..... in der Rechtssache ..... dahingehend abzuändern, dass .....
2. der Gegenpartei die Kosten des Verfahrens aufzuerlegen,
3. die Urschrift des auf den Drittwiderspruch ergehenden Urteils mit der Urschrift des angefochtenen Urteils zu verbinden und einen Hinweis am Rand der Urschrift des angefochtenen Urteils auf das im Drittwiderspruchsverfahren ergangene Urteil anzubringen.

Die Vollmacht[10] und die Zulassungsbescheinigung[11] werden durch separates Schreiben an die Kanzlei des Gerichts eingereicht.[12]

[Gem. Art. 48 Abs. 2 EuGH-Verfahrensordnung erklären wir uns als Prozessbevollmächtigte damit einverstanden, dass Zustellungen an uns mittels Telefax oder sonstiger technischer Kommunikationsmittel erfolgen. Zustellungen können bewirkt werden an Herrn Rechtsanwalt ....., Telefax-Nr.: ....., bzw. an die E-Mail-Anschrift: .....][13]

Begründung:

Gliederung

Abschnitt A: Klageziel und Sachverhalt

I. Klageziel

Mit ihrer Klage verfolgt die Klägerin das Ziel, eine Abänderung des Urteils des ..... vom ..... in der Rechtssache ..... zu erreichen. Darin hatte der Gerichtshof/das Gericht entschieden, dass ..... Die Klägerin macht geltend, dass .....

II. Sachverhalt und Verfahren

Der dem Rechtsstreit zugrundeliegende Sachverhalt lässt sich wie folgt zusammenfassen:

.....

In seinem Urteil vom ..... in der Rechtssache ....., ... gegen ..... hat der Gerichtshof/das Gericht entschieden, dass ..... Der Gerichtshof/das Gericht ist in dem Urteil von folgendem Sachverhalt ausgegangen: .....

Abschnitt B: Rechtliche Würdigung

I. Zulässigkeit der Klage[14]

Die in Art. 36 EuGH-Satzung und Art. 167 EuG-Verfahrensordnung [bzw. Art. 157 EuGH-Verfahrensordnung] vorgesehenen Zulässigkeitsvoraussetzungen sind erfüllt. Die Klägerin wäre zwar berechtigt gewesen, dem Rechtsstreit in der Rechtssache ..... als Streithelferin beizutreten ..... Sie hat dem Hauptprozess jedoch nicht beitreten können, weil ..... Die Frist für die Erhebung der Drittwiderspruchsklage wurde eingehalten .....

II. Begründetheit der Klage[15]

Das Urteil des ..... vom ..... in der Rechtssache ..... ist fehlerhaft und verletzt die Drittwiderspruchsklägerin in ihren Rechten. Der Gerichtshof/das Gericht ist in seiner Entscheidung bereits von einem unzutreffenden Sachverhalt ausgegangen. Bei Zugrundelegung des oben dargelegten Sachverhaltes, hätte der Gerichtshof/das Gericht richtigerweise entscheiden müssen, dass .....

Das Urteil ist also dahingehend abzuändern, dass .....

Unterschrift[16, 18, 19]

Verzeichnis der Anlagen[17]

Schrifttum: Dittert, Art. 42 EuGH-Satzung, in *von der Groeben/Schwarze/Hatje*, Europäisches Unionsrecht, 7. Aufl. 2015; *Kirschner/Klüpfel*, Das Gericht erster Instanz der Europäischen Gemeinschaften, 2. Aufl. 1998 Rn. 179 ff.; *Lasok*, The European Court of Justice Practice and Procedure, 2. Aufl. 1994, S. 507 ff.; *Geppert*, in *Rengeling/Middeke/Gellermann*, Handbuch des Rechtsschutzes in der Europäischen Union, 3. Aufl. 2014, § 28 Rn. 68 ff.; *Pechstein*, EU-Prozessrecht, 4. Aufl. 2011; *Wägenbaur*, EuGH VerfO, 2. Aufl. 2017.

Anmerkungen

* Im Folgenden wird zur Übersicht jeweils sowohl auf die Verfahrensordnung des Gerichts als auch die des Gerichtshofs verwiesen. Selbstredend ist in Verfahren vor einem der Gerichte aber nur die Verfahrensordnung des jeweils zuständigen Gerichts einschlägig und entsprechend zu zitieren.

1. Die Drittwiderspruchsklage ist in Art. 42 EuGH-Satzung vorgesehen, der gem. Art. 53 Abs. 1 EuGH-Satzung auch für das EuG gilt. Ergänzende Vorschriften finden sich in Art. 167 EuG-Verfahrensordnung bzw. Art. 157 EuGH-Verfahrensordnung. Bei der Drittwiderspruchsklage handelt es sich um einen sog. außerordentlichen Rechtsbehelf, der die Durchbrechung der Rechtskraft von Entscheidungen des EuGH oder des EuG möglich macht. Der Wortlaut von Art. 42 EuGH-Satzung spricht zwar von „Urteil", gemeint sind nach hM indes alle Entscheidungen, dh sowohl Urteile als auch Beschlüsse (vgl. GSH/*Dittert* Art. 42 EuGH-Satzung Rn. 2; *Wägenbaur* Art. 42 EuGH-Satzung Rn. 1; *Lasok*, European Court of Justice, S. 493 ff.).

2. Gem. Art. 57 Abs. 6 S. 1 EuGH-Verfahrensordnung bzw. Art. 72 Abs. 2 EuG-Verfahrensordnung ist jeder Schriftsatz mit Datum zu versehen, → Form. IX.2 Anm. 2.

3. Zuständig für die Drittwiderspruchsklage ist das Gericht, das die anzufechtende Entscheidung erlassen hat, somit das EuG oder der EuGH.

4. Die formalen und inhaltlichen Anforderungen an die Klageschrift bestimmen sich nach Art. 167 Abs. 1 iVm Art. 76 u. 78 EuG-Verfahrensordnung bzw. Art. 157 Abs. 1 iVm Art. 120-122 und Art. 57 EuGH-Verfahrensordnung, vgl. auch die „Praktischen Durchführungsbestimmungen zur Verfahrensordnung des Gerichts" (ABl. 2015 L 152, 1 zuletzt geändert mit ABl. 2018 L 294, 23, berichtigt durch ABl. 2018 L 296, 40), die „Praktischen Anweisungen" (ABl. 2020 L 42 I, 1), die Hinweise zu den Voraussetzungen für die Nutzung der Anwendung e-Curia (www.curia.europa.eu) sowie → Form. IX.2 Anm. 4, 17.

5. Antragsbefugt sind gem. Art. 42 EuGH-Satzung die Mitgliedstaaten, die Organe, Einrichtungen oder sonstige Stellen der Union und natürliche oder juristische Personen.

Antragsbefugt ist jedoch nur, wer geltend machen kann, von dem Urteil in seinen Rechten beeinträchtigt zu werden und wer weder als Partei noch als Streithelfer an dem Ausgangsverfahren beteiligt war, das zu dem streitgegenständlichen Urteil geführt hat, vgl. Art. 42 EuGH-Satzung iVm Art. 167 Abs. 1 Buchst. b u. c EuG-Verfahrensordnung bzw. Art. 157 Abs. 1 Buchst. b u. c EuGH-Verfahrensordnung. Die Antragsbefugnis hat damit sowohl eine formelle als auch eine materielle Komponente: Die Drittwiderspruchsklage soll eine Verletzung des rechtlichen Gehörs ausgleichen und eine Verletzung eines Dritten durch ein materiell unrichtiges Urteil beseitigen. Die Klage kann daher nur von Personen eingelegt werden, die an dem Prozess beteiligt gewesen sein könnten (aber aus rechtlichen oder tatsächlichen Gründen keine Möglichkeit hatten, am Hauptverfahren teilzunehmen). Der Begriff der Beteiligung wird dabei materiell mit der Streithilfe gleichgesetzt. Zur Erhebung der Drittwiderspruchsklage ist deshalb nur berufen, wer dem Ausgangsrechtsstreit als Streithelfer hätte beitreten können. Damit ist eine Drittwiderspruchsklage juristischer oder natürlicher Personen ausgeschlossen, die sich gegen ein Urteil des Gerichtshofes richten würde, das über eine Klage auf Feststellung einer Vertragsverletzung entscheidet, da lediglich Mitgliedstaaten und Organe der Union, nicht jedoch andere Personen gem. Art. 258, 259 AEUV ein Vertragsverletzungsverfahren einleiten können und anderen Personen auch eine Beteiligung an diesen Verfahren versagt ist (EuGH C-147/86 TO 1, Slg. 1989, 4103 Rn. 12 ff. – POIFXG/Griechenland und Kommission; EuGH C-147/86 TO 2, Slg. 1989, II-4111 Rn. 12 ff. – PALSO/Griechenland und Kommission; EuGH C-147/86 TO 3, Slg. 1989, II-4119 Rn. 11 ff. – PSIITENSM/Griechenland und Kommission).

Da die Drittwiderspruchsklage die Möglichkeit der Durchbrechung der Rechtskraft eines Urteils eröffnet, ist der Maßstab für die Beurteilung, ob die Möglichkeit bestand, dem Ausgangsrechtsstreit als Streithelfer beizutreten, streng. Maßgebend ist, ob der Drittwiderspruchsführer aufgrund der Veröffentlichung von Klagegegenstand und -anträgen des Ausgangsrechtsstreits im Amtsblatt die Möglichkeit zur Kenntnisnahme von den vor den Unionsgerichten anhängigen Prozessen hat. Wenn sich aus der Veröffentlichung klar ergibt, dass Klagegegenstand und -anträge das Interesse des Drittwiderspruchsführers an einem Beitritt erkennen ließen, muss dieser beweisen, dass er aus stichhaltigen Gründen daran gehindert war, seine Zulassung als Streithelfer zu beantragen. Eine subjektive Beurteilung des Ausgangs des Rechtsstreits reicht dazu nicht aus (EuG T-35/89 TO I, Slg. 1992, II-1599 – Zubizarreta ua/Albani ua und Kommission).

6. Gem. Art. 19 Abs. 3 (ggf. iVm Art. 53 Abs. 1) EuGH-Satzung müssen natürliche und juristische Personen, mit Ausnahme der Mitgliedstaaten, vor den Unionsgerichten durch einen Anwalt vertreten sein, → Form. IX.2 Anm. 7, 13.

7. Nach Art. 157 Abs. 2 EuGH-Verfahrensordnung ist der Antrag gegen sämtliche Parteien des Hauptverfahrens zu richten.

8. Die Drittwiderspruchsklage muss sich gegen ein Urteil des EuGH oder EuG richten, Art. 42 EuGH-Satzung. Ihrem Zweck nach, eine Verletzung des rechtlichen Gehörs und die Verletzung in einem eigenen Recht zu korrigieren, ist die Drittwiderspruchsklage jedoch auf Sachurteile begrenzt, die ein echtes Parteiverfahren abgeschlossen haben. Ausgeschlossen von der Drittwiderspruchsklage sind daher Prozessurteile, Urteile im Wiederaufnahmeverfahren oder Urteile aus Vorabentscheidungsverfahren. Ebenso wenig können Urteile angegriffen werden, die auf eine Nichtigkeitsklage hin die Rechtmäßigkeit des angegriffenen Unionsrechtsaktes bestätigen oder eine begünstigende Verordnung aufheben. Andernfalls würde Individualklägern eine unmittelbare Rechtsschutzmöglichkeit eröffnet, die ihnen über Art. 263 AEUV verwehrt ist. Auf andere Arten gerichtlicher Entscheidungen kann eine Anwendung der Drittwiderspruchsklage im Wege der Analogie erwogen werden.

9. Ihrer Art nach handelt es sich bei der Drittwiderspruchsklage um eine Gestaltungsklage. Der Klageantrag muss auf die Änderung des mit der Drittwiderspruchsklage angegriffenen Urteils gerichtet sein (Art. 167 Abs. 6 EuG-Verfahrensordnung bzw. Art. 157 Abs. 5 EuGH-Verfahrensordnung). Wird dem Drittwiderspruch stattgegeben, so wird die Urschrift des auf den Drittwiderspruch ergangenen Urteils mit der Urschrift des angefochtenen Urteils verbunden. Ein Hinweis auf das Urteil ist am Rande der Urschrift des angefochtenen Urteils anzubringen (Art. 167 Abs. 7 EuG-Verfahrensordnung bzw. Art. 157 Abs. 6 EuGH-Verfahrensordnung).

10. S. für die Anforderungen an die Vollmacht Art. 167 Abs. 1 iVm Art. 51 Abs. 3 EuG-Verfahrensordnung bzw. Art. 44 Abs. 1 Buchst. b EuGH-Verfahrensordnung und → Form. IX.2 Anm. 13.

11. Der Anwalt hat gem. Art. 167 Abs. 1 iVm Art. 51 EuG-Verfahrensordnung bzw. Art. 44 Abs. 1 Buchst. b EuGH-Verfahrensordnung eine Bescheinigung seiner Zulassung zu hinterlegen, → Form. IX.2 Anm. 14.

12. Eine juristische Person des Privatrechts hat gem. Art. 167 Abs. 1 iVm Art. 78 Abs. 4 EuG-Verfahrensordnung zudem einen Nachweis ihrer Rechtspersönlichkeit einzureichen → Form. IX.2 Anm. 15. Eine solche Vorschrift enthält die EuGH-Verfahrensordnung nicht mehr.

13. Im Regelfall der elektronischen Verfahrensführung mittels e-Curia erfolgt auch die Zustellung über diese Plattform (Art. 6 Beschluss des Gerichtshofs v. 18.10.2018 „über die Einreichung und die Zustellung von Verfahrensschriftstücken im Wege der Anwendung e-Curia“, ABl. 2018 L 293, 36). Andernfalls kann sich der Prozessbevollmächtigte in der Klageschrift auch damit einverstanden erklären, dass Zustellungen an ihn mittels Telefax oder sonstiger technischer Kommunikationsmittel erfolgen, → Form. IX.2 Anm. 16, 4.

14. Für die Zulässigkeit gelten die allgemeinen Verfahrensvoraussetzungen. Darlegungen sind – soweit problematisch – erforderlich in Bezug auf die sachliche Zuständigkeit des Gerichts bzw. des Gerichtshofes und die Klagebefugnis. Ferner ist das angefochtene Urteil zu bezeichnen und anzugeben, in welchen Punkten dieses Urteil die Rechte des Dritten beeinträchtigt und aus welchen Gründen der Dritte nicht in der Lage war, sich am Hauptverfahren zu beteiligen, → Anm. 5.

15. Zur Begründetheit ist darzulegen, dass das Urteil mit einem Fehler behaftet ist, der den Kläger in seinen Rechten oder in seinen rechtlich geschützten Interessen verletzt.

16. Im Rahmen der elektronischen Verfahrensführung wird die Unterzeichnung von Schriftstücken durch die Einreichung über das ordnungsgemäß eingerichtete e-Curia Benutzerkonto ersetzt – konkret durch Verwendung von persönlicher Nutzerkennung und Passwort (Art. 3 Beschluss des Gerichtshofs v. 16.10.2018, ABl. 2018 L 293, 63); → Form. IX.2 Anm. 24.

17. Vgl. zu dem Erfordernis eines Anlagenverzeichnisses Art. 167 Abs. 1 iVm Art. 72 Abs. 3 EuG-Verfahrensordnung bzw. Art. 57 Abs. 4 EuGH-Verfahrensordnung sowie → Form. IX.2 Anm. 25.

Kosten und Gebühren

18. → Form. IX.2 Anm. 27, → Form. IX.18.

Fristen

19. Die Drittwiderspruchsklage ist innerhalb von zwei Monaten ab dem Zeitpunkt zu erheben, an dem das streitgegenständliche Urteil im Amtsblatt der EU veröffentlicht wurde, Art. 167 Abs. 2 EuG-Verfahrensordnung bzw. Art. 157 Abs. 3 EuGH-Verfahrensordnung. Wird der Erlass des Urteils im Amtsblatt der EU nicht publik gemacht, so beginnt der Lauf der Klagefrist erst mit der tatsächlichen Kenntniserlangung von dem Urteil. Da auch Urteile, die noch nicht rechtskräftig sind, die Rechte Dritter beeinträchtigen können, und zwar auch nach Einlegung des Rechtsmittels, ist die Drittwiderspruchsklage bereits vor Eintritt der Rechtskraft zulässig.

15. Antrag auf Urteilsberichtigung gem. Art. 164 EuG-Verfahrensordnung bzw. Art. 154 EuGH-Verfahrensordnung

. . . . .stadt, den . . . . .[2]

Per e-Curia[9]

An das
Gericht der Europäischen Union
[bzw. An den Gerichtshof der Europäischen Union][3]
– Kanzlei –
Rue du Fort Niedergrünewald
L-2925 Luxemburg
LUXEMBURG

Antrag[4] auf Urteilsberichtigung[1]

der . . . . . GmbH,[5] . . . . .str., ...stadt, vertreten durch . . . . ., ebenda
– Antragstellerin –
Prozessbevollmächtigter:[6] Rechtsanwalt . . . . .
gegen
. . . . .
– Antragsgegnerin –
wegen Berichtigung des Urteils des . . . . . vom . . . . . in der Rechtssache T- . . . . . [bzw. C- . . . . .]

Namens und im Auftrag der Antragstellerin beantragen wir hiermit gem. Art. 164 EuG-Verfahrensordnung [bzw. Art. 154 EuGH-Verfahrensordnung]:

1. **Randnummer . . . . . der Entscheidungsgründe und Nummer . . . . . des Tenors des Urteils[7] vom . . . . . in der Rechtssache . . . . . werden durch folgenden Text ersetzt: . . . . .**
2. **Die Urschrift dieses Beschlusses wird mit der Urschrift des berichtigten Urteils verbunden; es wird ein Hinweis darauf am Rand der Urschrift des Urteils angebracht.[8]**

[Gem. Art. 48 Abs. 2 EuGH-Verfahrensordnung erklären wir uns als Prozessbevollmächtigte damit einverstanden, dass Zustellungen an uns mittels Telefax oder sonstiger technischer Kommunikationsmittel erfolgen. Zustellungen können bewirkt werden an Herrn Rechtsanwalt . . . . ., Telefax-Nr.: . . . . ., bzw. an die E-Mail-Anschrift: . . . . .][9]

Begründung:

Am . . . . . hat der Gerichtshof/das Gericht ein Urteil in der Rechtssache . . . . . (A-GmbH/ . . . . ., Slg . . . . ., ...) erlassen.

Randnummer . . . . . der Gründe lautet:

„. . . . ."

Nummer . . . . . des Tenors lautet:

„. . . . ."

Darin ist eine offensichtliche Unrichtigkeit[10] enthalten. Denn in Randnummer . . . . . der Gründe führt der Gerichtshof/das Gericht wörtlich aus, ... Daraus geht eindeutig

hervor, dass . . . . . Deshalb ist ohne jeden Zweifel erkennbar, dass die in Randnummer . . . . . der Gründe und Nummer . . . . . des Tenors gewählten Formulierungen nicht das zum Ausdruck bringen, was der Gerichtshof/das Gericht tatsächlich hat ausdrücken wollen und dass dies auf einem Versehen beruht. Es ist daher angezeigt, dass der Gerichtshof/das Gericht von seiner Befugnis nach Art. 154 der EuGH-Verfahrensordnung [bzw. Art. 164 Abs. 1 der EuG-Verfahrensordnung] Gebrauch macht und die offensichtlich unrichtigen Ausführungen in . . . . . dahingehend berichtigt, dass . . . . .

Unterschrift[11, 13, 14]

Verzeichnis der Anlagen[12]

Schrifttum: Laut, in *Rengeling/Middeke/Gellermann*, Handbuch des Rechtsschutzes in der Europäischen Union, 3. Aufl. 2014, § 27; *Klinke*, Der Gerichtshof der Europäischen Gemeinschaften, 1989, Rn. 203 ff.; *Kirschner/Klüpfel*, Das Gericht erster Instanz der Europäischen Gemeinschaften, 2. Aufl. 1998, Rn. 131; *Pechstein*, EU-Prozessrecht, 4. Aufl. 2011; *Wägenbaur*, EuGH VerfO, 2. Aufl. 2017.

Anmerkungen

* Im Folgenden wird zur Übersicht jeweils sowohl auf die Verfahrensordnung des Gerichts als auch die des Gerichtshofs verwiesen. Selbstredend ist in Verfahren vor einem der Gerichte aber nur die Verfahrensordnung des jeweils zuständigen Gerichts einschlägig und entsprechend zu zitieren.

1. Art. 164 Abs. 1 EuG-Verfahrensordnung bzw. Art. 154 Abs. 1 EuGH-Verfahrensordnung ermächtigt das EuG bzw. den EuGH unbeschadet der Bestimmungen über die Auslegung von Urteilen, Schreib- und Rechenfehler sowie offenbare Unrichtigkeiten von Amts wegen oder auf Antrag einer Partei zu berichtigen. Der Sache nach geht es häufig um Darstellungsfehler im Zusammenhang mit der Schilderung des Sachverhaltes (EuG verb. Rs. T-259/02 ua, Slg. 2006, II-5169 – Raiffeisenzentralbank/Kommission).

2. Gem. Art. 72 Abs. 2 EuG-Verfahrensordnung bzw. Art. 57 Abs. 6 EuGH-Verfahrensordnung ist jeder Schriftsatz mit Datum zu versehen.

3. Der Antrag ist bei dem Gericht zu stellen, das die zu berichtigende Entscheidung erlassen hat.

4. Für die formalen Voraussetzungen des Antrags gilt Art. 72 EuG-Verfahrensordnung bzw. Art. 57 EuGH-Verfahrensordnung, → Form. IX.2 Anm. 2, 4, 6, 13, 17.

5. Antragsberechtigt sind die Parteien sowie die Streithelfer, die sie unterstützen. Kein Antragsrecht haben die Beteiligten eines Vorlageverfahrens. In diesem Fall kann durch den Antrag jedoch eine Berichtigung von Amts wegen angeregt werden (so in EuGH C-234/94, Slg. 1996, I-3133 – Tomberger/Gebrüder von der Wettern).

6. Natürliche und juristische Personen, mit Ausnahme der EU-Mitgliedstaaten, müssen gem. Art. 19 Abs. 3 (ggf. iVm Art. 53 Abs. 1) EuGH-Satzung vor den Unionsgerichten durch einen Anwalt vertreten sein, → Form. IX.2 Anm. 7, 13, 14.

7. Berichtigt werden nur Fehler in der Urschrift der Urteilsfassung.

8. Nach Art. 164 Abs. 5 EuG-Verfahrensordnung bzw. Art. 154 Abs. 4 EuGH-Verfahrensordnung wird die Urschrift des Beschlusses, der die Berichtigung ausspricht, mit der Urschrift des berichtigten Urteils verbunden. Ein Hinweis auf den Beschluss ist am

Rand der Urschrift des berichtigten Urteils anzubringen. Eine gesonderte Veröffentlichung des Berichtigungsbeschlusses erfolgt nicht.

9. Im Regelfall der elektronischen Verfahrensführung mittels e-Curia erfolgt auch die Zustellung über diese Plattform (Art. 6 Beschluss des Gerichtshofs v. 18.10.2018 „über die Einreichung und die Zustellung von Verfahrensschriftstücken im Wege der Anwendung e-Curia“, ABl. 2018 L 293, 36). Andernfalls kann sich der Prozessbevollmächtigte in der Klageschrift auch damit einverstanden erklären, dass Zustellungen an ihn mittels Telefax oder sonstiger technischer Kommunikationsmittel erfolgen, → Form. IX.2 Anm. 16, 4.

10. Als berichtigungsfähige Fehler werden von den Verfahrensordnungen Schreib- und Rechenfehler sowie offenbare Unrichtigkeiten genannt (Art. 164 Abs. 1 EuG-Verfahrensordnung bzw. Art. 154 Abs. 1 EuGH-Verfahrensordnung). Schreibfehler sind orthographische Unrichtigkeiten, wie die unkorrekte Schreibweise einzelner Namen oder sog. Abschreibfehler bei der Fertigung von Reinschriften und beglaubigten Urteilsausfertigungen. Unrichtigkeiten liegen dagegen vor, wenn das schriftlich Dargestellte von dem tatsächlich Gewollten abweicht, sei es, dass einzelne Bezeichnungen gewählt werden, die das Gewollte nicht treffend wiedergeben (EuGH verb. Rs. 4–13/59, Slg. 1960, 249 (345, 349 f.) – Mannesmann ua/Hohe Behörde), oder dass Ausführungen einen Sinn ergeben, der von dem tatsächlich gewollten Sinn abweicht (EuGH C-19/93 P, Slg. 1995, I-3319 Rn. 15 – Rendo ua/Kommission, berichtigt durch Beschluss, Slg. 1996, I-1997 (2000); verb. Rs. C-89/85, C-104/85, C-114/85, C-116 u. 117/85, C-125–129/85, Slg. 1994, I-99 Rn. 6–8 – Ahlström Osakeyhtiö ua/Kommission). Offenkundig sind die Fehler, wenn das wirklich Gewollte eindeutig aus dem Gesamtzusammenhang erkennbar ist und für jeden Leser ohne alle Zweifel ersichtlich ist, dass die gewählte Formulierung auf einem Versehen beruht (EuGH verb. Rs. 4–13/59, Slg. 1960, 249 (345, 349 f.) – Mannesmann ua/Hohe Behörde; EuGH C-19/93 P, Slg. 1995, I-3319 Rn. 15 – Rendo ua/Kommission, berichtigt durch Beschluss, Slg. 1996, I-1997 (2000); verb. Rs. C-89/85, C-104/85, C-114/85, C-116 u. 117/85, C-125–129/85, Slg. 1994, I-99 Rn. 6–8 – Ahlström Osakeyhtiö ua/Kommission). Fehler bei der Übersetzung aus der Verfahrenssprache in die verschiedenen Amtssprachen werden – sofern offensichtlich – formlos im Zuge der Veröffentlichung des Urteils korrigiert. Für die Berichtigung ist gleichgültig, ob sie den Tenor oder die ihn tragenden Entscheidungsgründe betrifft. Zu beachten ist jedoch, dass der Antrag auf Urteilsberichtigung kein Rechtsmittel ist und nicht dazu dienen kann, die frühere Entscheidung in einzelnen Punkten oder insgesamt abzuändern (EuGH verb. Rs. 19, 21 (60); 2, 3 (61), Slg. 1961, 687 (691) – Société Fives Lille Cail ua/Hohe Behörde; EuG T-827/14, ECLI:EU:T:2018:930 = BeckRS 2019, 20241 – Deutsche Telekom/Kommission). Ebenso darf mit einem Berichtigungsantrag nicht in Wirklichkeit eine Auslegung der Entscheidungsgründe bezweckt werden (EuGH verb. Rs. 4–13/59, Slg. 1960, 249 (345, 349) – Mannesmann ua/Hohe Behörde). Beides führt zur Unzulässigkeit des Antrags. Die Klarstellung einer mehrdeutigen Entscheidung durch Interpretation unklarer Textstellen durch den EuGH kann indes mit einem Antrag auf Urteilsauslegung erreicht werden, Art. 168 Abs. 1 EuG-Verfahrensordnung bzw. Art. 158 EuGH-Verfahrensordnung sowie → Form. IX.16).

11. Im Rahmen der elektronischen Verfahrensführung wird die Unterzeichnung von Schriftstücken durch die Einreichung über das ordnungsgemäß eingerichtete e-Curia Benutzerkonto ersetzt – konkret durch Verwendung von persönlicher Nutzerkennung und Passwort (Art. 3 EuG Beschl. v. 16.10.2018, ABl. 2018 L 293, 63); → Form. IX.2 Anm. 24.

12. Vgl. zu dem Erfordernis eines Anlagenverzeichnisses Art. 72 Abs. 3 EuG-Verfahrensordnung bzw. Art. 57 Abs. 4 EuGH-Verfahrensordnung sowie → Form. IX.2 Anm. 25.

Kosten und Gebühren

13. Eine gesonderte Kostenentscheidung erfolgt bei einem erfolgreichen Antrag nicht, da es keinen Unterlegenen gibt. Anders ist dies, wenn ein Berichtigungsantrag in vollem Umfang abgewiesen wird. Dann werden dem Antragsteller die Kosten des Verfahrens auferlegt (EuGH verb. Rs. 19, 21 (60); 2, 3 (61), Slg. 1961, 687 (691) – Société Fives Lille Cail). Hat ein Antrag nur teilweise Erfolg, werden die Kosten entsprechend geteilt.

Fristen und Rechtsmittel

14. Der Antrag ist fristgebunden und muss innerhalb von zwei Wochen nach dem Tag der Urteilsverkündung beim *iudex a quo* eingehen, Art. 164 Abs. 2 EuG-Verfahrensordnung bzw. Art. 154 Abs. 1 EuGH-Verfahrensordnung. Für die Berechnung der Fristen und die Wahrung der Form → Form. IX.2 Anm. 2. Demgegenüber ist die Berichtigung von Amts wegen unbefristet möglich (EuGH C-19/93 P, Slg. 1996, I-1997 ff. – Rendo NV ua/Kommission). Jedoch werden nur Fehler in der Urschrift der verfahrenssprachlichen Fassung des Urteils förmlich von Amts wegen berichtigt.

16. Antrag auf Auslegung eines Urteils gem. Art. 43 EuGH-Satzung iVm Art. 168 EuG-Verfahrensordnung bzw. Art. 158 EuGH-Verfahrensordnung

. . . . .stadt, den . . . . .[2]

Per e-Curia[10]
An das
Gericht der Europäischen Union
[bzw. An den Gerichtshof der Europäischen Union][3]
– Kanzlei –
Rue du Fort Niedergrünewald
L-2925 Luxemburg
LUXEMBURG

Antrag[4] auf Auslegung eines Urteils[1]

der . . . . .[5]
– Antragstellerin –
Prozessbevollmächtigter:[6] Rechtsanwalt . . . . .
gegen
. . . . .,[7]
– Antragsgegnerin –
wegen Auslegung des Urteils des . . . . . vom . . . . . in der Rechtssache T-. . . . . [bzw. C-. . . . .]
Namens und im Auftrag der Klägerin beantragen[8] wir gem. Art. 168 EuG-Verfahrensordnung [bzw. Art. 158 EuGH-Verfahrensordnung],

1. Randnummer ..... der Entscheidungsgründe und Ziffer ..... des Tenors des Urteils des ..... vom ..... in der Rechtssache ...../..... dahin auszulegen, dass .....;

2. die Urschrift des auslegenden Urteils mit der Urschrift des ausgelegten Urteils zu verbinden[9] sowie einen Hinweis auf das auslegende Urteil am Rand der Urschrift des ausgelegten Urteils anzubringen;

3. der Antragsgegnerin die Kosten des Verfahrens aufzuerlegen.

[Gem. Art. 48 Abs. 2 EuGH-Verfahrensordnung erklären wir uns als Prozessbevollmächtigte damit einverstanden, dass Zustellungen an uns mittels Telefax oder sonstiger technischer Kommunikationsmittel erfolgen. Zustellungen können bewirkt werden an Herrn Rechtsanwalt ....., Telefax-Nr.: ....., bzw. an die E-Mail-Anschrift: .....][10]

Begründung:

A. Zulässigkeit

Das vom ..... am ..... erlassene Urteil in der Rechtssache ..... bestimmt, dass ..... In Randnummer ..... der Entscheidungsgründe und Ziffer ..... des Tenors wird erkannt, ...[11]

Nach Erlass dieses Urteils verhandelten die Parteien über die sich aus dem Tenor ergebenden Rechtsfolgen. Die Antragsgegnerin hat aufgrund ihrer Deutung des Urteils gegenüber der Antragstellerin eine Entscheidung mit Datum vom ..... erlassen, in der der Antragstellerin auferlegt wird, ... Zur Begründung verweist die Antragsgegnerin auf Ziffer ..... des Tenors und Randnummer ..... der Entscheidungsgründe des Urteils des ..... vom ..... in der Rechtssache ..... Die betreffenden Stellen des Urteils seien dahingehend auszulegen, dass .....

Die Antragstellerin ist dagegen der Auffassung, dass die Deutung des Urteils in diesem Sinne unzutreffend ist. Es bestehen damit zwischen den Parteien Meinungsverschiedenheiten über die Auslegung des Urteils.[12] Da die Entscheidung der Antragsgegnerin auf der fehlerhaften Auslegung des Urteils beruht und die Antragstellerin beschwert, hat die Antragstellerin ein berechtigtes Interesse an der Auslegung des Urteils.[13]

B. Begründetheit

Die Antragstellerin ist der Auffassung, dass die genannten Urteilspassagen dahingehend auszulegen sind, dass ..... Diese Auslegung hält sie für zutreffend, weil .....

Unterschrift[14, 16, 17]

Verzeichnis der Anlagen[15]

Schrifttum: Degenhardt, Urteilsberichtigung und Urteilsauslegung vor dem europäischen Gerichtshof, 1969; *Dittert*, Art. 43 EuGH-Satzung, in *von der Groeben/Schwarze/Hatje*, Europäisches Unionsrecht, 7. Aufl. 2015; *Kirschner/Klüpfel*, Das Gericht erster Instanz der Europäischen Gemeinschaften, 2. Aufl. 1998; *Lasok*, The European Court of Justice Practice an Procedure, 2. Aufl. 1994, S. 526–534; *Laut*, in *Rengeling/Middeke/Gellermann*, Handbuch des Rechtsschutzes in der Europäischen Union, 3. Aufl. 2014, § 27; *Pechstein*, EU-Prozessrecht, 4. Aufl. 2011, Kap. 11.II.3; *Wägenbaur*, EuGH VerfO, 2. Aufl. 2017.

Anmerkungen

* Im Folgenden wird zur Übersicht jeweils sowohl auf die Verfahrensordnung des Gerichts als auch die des Gerichtshofs verwiesen. Selbstredend ist in Verfahren vor einem

der Gerichte aber nur die Verfahrensordnung des jeweils zuständigen Gerichts einschlägig und entsprechend zu zitieren.

1. Gem. Art. 43 EuGH-Satzung, der gem. Art. 53 Abs. 1 EuGH-Satzung auch für das EuG gilt, kann eine Partei oder ein Unionsorgan bei Zweifeln über Sinn und Tragweite eines Urteils beantragen, dass das Unionsgericht dieses Urteil auslegt. Hierzu muss der Antragsteller ein besonderes Interesse geltend machen. Es handelt sich um einen außerordentlichen Rechtsbehelf, der nicht kassatorischer Natur ist, sondern konstruktiv, dh auf Klarstellung gerichtet ist (vgl. EuGH C-412/92, Slg. 1994, I-3757, Rn. 35 – Parlament/Meskens). Art. 168 EuG-Verfahrensordnung und Art. 158 EuGH-Verfahrensordnung ergänzen diese Vorschrift im Hinblick auf die verfahrensrechtlichen Vorgaben.

2. Gem. Art. 168 Abs. 3 iVm Art. 72 Abs. 2 EuG-Verfahrensordnung bzw. Art. 57 Abs. 6 EuGH-Verfahrensordnung ist jeder Schriftsatz mit Datum zu versehen, → Form. IX.2 Anm. 2.

3. Aus Art. 168 EuG-Verfahrensordnung bzw. Art. 158 EuGH-Verfahrensordnung folgt, dass für die Auslegung eines Urteils das Gericht zuständig ist, das das Urteil erlassen hat.

4. Der EuGH und das EuG werden nur auf Antrag tätig. Die formalen Voraussetzungen richten sich nach Art. 168 Abs. 3 iVm Art. 76 u. 78 EuG-Verfahrensordnung bzw. Art. 158 Abs. 3 iVm Art. 120-122 EuGH-Verfahrensordnung. → Form. IX.2 Anm. 2, 4, 6, 13, 17.

5. Berechtigt, einen Antrag auf Urteilsauslegung zu stellen, sind nach der EuGH-Satzung die Parteien und die Organe der Union. Auch Rechtsnachfolger (EuGH verb. Rs. 41, 43 u. 44/73, Slg. 1977, 445 Rn. 1 ff. – Société anonyme Générale sucrière ua/ Kommission ua) und Streithelfer einer Partei, selbst wenn die unterstützte Partei keinen Antrag gestellt hat (EuGH verb. Rs. 146 u. 431/85, Slg. 1988, 2003 Rn. 1–4 – Maindiaux/WSA und Dietzler; EuGH C-245/95, Slg. 1999, I-1 Rn. 15 – NSK Ltd./Kommission ua), sind antragsberechtigt. Partei in diesem Sinne kann jedoch nur sein, auf wen sich das interpretationsbedürftige Urteil bezieht. Das Verfahren der Urteilsauslegung hat keinen Vorrang gegenüber der Klage nach Art. 260 Abs. 2 AEUV. Nach Art. 168 EuG-Verfahrensordnung bzw. Art. 158 EuGH-Verfahrensordnung setzt die Zulässigkeit eines Antrags auf Auslegung eines Urteils voraus, dass er den Tenor des betreffenden Urteils iVm den wesentlichen Entscheidungsgründen zum Gegenstand hat und die Beseitigung einer Unklarheit oder Mehrdeutigkeit bezweckt, die möglicherweise Sinn und Tragweite des Urteils selbst berührt, soweit mit diesem über den dem Gerichtshof vorgelegten Fall entschieden werden sollte. Nach der Rspr. ist ein Antrag auf Auslegung eines Urteils daher unzulässig, wenn er Fragen betrifft, die in dem Urteil nicht entschieden worden sind, oder wenn durch ihn eine Stellungnahme des angerufenen Gerichts zur Anwendung und Durchführung oder zu den Folgen des von diesem Gericht erlassenen Urteils erlangt werden soll (Schlussanträge der Generalanwältin Trstenjak C-503/04, Slg. 2007, I-06153 Rn. 37, 38 – Kommission/Deutschland). Ist der Wortlaut des Urteils eindeutig, ist der Antrag ebenfalls unzulässig (EuGH C-496/09, EuZW 2012, 112 – Italien/Kommission).

Ausreichend ist ein einseitiger Parteiantrag. Die Auslegung muss somit nicht von allen an dem Rechtsstreit beteiligten Parteien beantragt werden. Kein Antragsrecht – da ohne Parteistellung – haben die von einer Vorabentscheidung des Gerichtshofs nach Art. 267 AEUV betroffenen Parteien des Ausgangsverfahrens (EuGH 40/70, Slg. 1979, 3169 (3171) – Sirena/Eda). Hier kommt ein Auslegungsantrag durch das streitentscheidende nationale Gericht (EuGH 40/70, Slg. 1979, 3169 (3171) – Sirena/Eda) oder die Einleitung eines erneuten Vorabentscheidungsverfahrens in Betracht (EuGH 13/67, Slg. 1968, 281 (297) – Becher). Ein Urteil des Gerichtshofs kann dabei jedoch nicht Gegenstand des erneuten Vorabentscheidungsverfahrens sein (EuGH 69/85, Slg. 1986, 947 Rn. 16 – Wünsche/Bundesrepublik Deutschland).

6. Natürliche und juristische Personen, mit Ausnahme der EU-Mitgliedstaaten, müssen gem. Art. 19 Abs. 3 (ggf. iVm Art. 53 Abs. 1) EuGH-Satzung vor den Unionsgerichten durch einen Anwalt vertreten sein, → Form. IX.2 Anm. 7, 13, 14.

7. Der Antrag ist vor dem Gerichtshof gegen sämtliche an dem ursprünglichen Rechtsstreit beteiligten Parteien zu richten (Art. 158 Abs. 4 EuGH-Verfahrensordnung).

8. Antragsziel ist iRd Art. 168 EuG-Verfahrensordnung bzw. Art. 158 EuGH-Verfahrensordnung die Auslegung eines Urteils des EuG oder des EuGH (zur Abgrenzung Antrag auf Urteilsauslegung gem. Art. 43 EuGH-Satzung und Anfechtungsklage vgl. EuGH 135/87, Slg. 1988, I-2901 Rn. 13 f. – Vlachou/Rechnungshof). Gegenstand des Auslegungsverfahrens sind nach dem Wortlaut zunächst nur Urteile. Das können End-, Zwischen- oder Versäumnisurteile sein. Des Weiteren können – wie bei der Berichtigung – auch Beschlüsse Auslegungsgegenstand sein, jedoch nur dann, wenn sie unanfechtbar sind und damit ebenso unabänderlich wirken wie Urteile. Hierzu zählen Beschlüsse in Kostenstreitsachen, Prozesskostenhilfebeschlüsse sowie Beschlüsse im einstweiligen Rechtsschutz- oder Vollstreckungsverfahren. Die Auslegung kann sich sowohl auf den Urteilstenor als auch auf die die Entscheidungsformel tragenden Gründe (*ratio decidendi*) beziehen (EuGH 5/55, Slg. 1954/55, 275 (291) – ASSIDER; 70/63 a, Slg. 1965, 373 (379 f.) – Kommission/Collotti). Nicht auslegungsfähig sind daher nur ergänzende oder erläuternde Feststellungen sowie lediglich geäußerte Rechtsansichten (*obiter dictum*).

9. Vgl. Art. 168 Abs. 6 EuG-Verfahrensordnung bzw. Art. 158 Abs. 6 EuGH-Verfahrensordnung.

10. Im Regelfall der elektronischen Verfahrensführung mittels e-Curia erfolgt auch die Zustellung über diese Plattform (Art. 6 Beschluss des Gerichtshofs v. 18.10.2018 „über die Einreichung und die Zustellung von Verfahrensschriftstücken im Wege der Anwendung e-Curia", ABl. 2018 L 293, 36; → Form. IX.2 Anm. 16, 4). Andernfalls kann sich der Prozessbevollmächtigte in der Klageschrift auch damit einverstanden erklären, dass Zustellungen an ihn mittels Telefax oder sonstiger technischer Kommunikationsmittel erfolgen; → Form. IX.2 Anm. 16.

11. Gem. Art. 168 Abs. 3 Buchst. b EuG-Verfahrensordnung bzw. Art. 158 Abs. 3 Buchst. b EuGH-Verfahrensordnung muss der Antrag die auszulegenden Passagen des Urteils mit den dazugehörigen Zweifeln genau umschreiben, also etwa auf Klarstellung des Sinns eines bestimmten Punktes des Tenors abzielen (EuGH C-245/95 P, Slg. 1999, I-1 Rn. 15 – NSK Ltd./Kommission ua). Weiter muss er angeben, welcher Sinn dem Urteil nach Auffassung des Antragstellers beizulegen ist. Der Antrag darf nur auf Auslegung gerichtet sein, nicht auf Ergänzung oder Berichtigung.

12. Der Antrag ist nur dann zulässig, wenn zwischen den Parteien Verständnisschwierigkeiten hinsichtlich des Inhalts der auszulegenden Entscheidung bestehen (EuGH 110/63 a, Slg. 1966, 619 Rn. 2 – Willame). Ist eine streng am Wortlaut orientierte Auslegung des Urteils eindeutig, ist der Antrag unzulässig (EuGH C-496/09 – Italien/Kommission).

Das Auslegungsverfahren ist nicht notwendig kontradiktorisch. Sofern die betreffende Entscheidung Anlass für Missverständnisse bietet, genügt es, wenn eine Partei den Antrag stellt und der betreffende Punkt zwischen den Verfahrensbeteiligten nicht außerhalb einer unterschiedlichen Bewertung steht.

13. Der Antragsteller muss glaubhaft machen, dass er durch die verschiedenen Auslegungsmöglichkeiten in seinem rechtlich geschützten Interesse betroffen wird (Auslegungsinteresse). Ein solches Interesse besteht jedenfalls dann, wenn die durch das Urteil verpflichtete Partei dem geltend gemachten Anspruch der anderen Partei aufgrund von Zweifeln über Sinn und Tragweite des Urteils nicht nachkommt.

14. Im Rahmen der elektronischen Verfahrensführung wird die Unterzeichnung von Schriftstücken durch die Einreichung über das ordnungsgemäß eingerichtete e-Curia Benutzerkonto ersetzt – konkret durch Verwendung von persönlicher Nutzerkennung und Passwort (Art. 3 EuG Beschl. v. 16.10.2018, ABl. 2018 L 293, 63); → Form. IX.2 Anm. 24.

15. Vgl. zu dem Erfordernis eines Anlagenverzeichnisses Art. 72 Abs. 3 EuG-Verfahrensordnung bzw. Art. 57 Abs. 4 EuGH-Verfahrensordnung sowie → Form. IX.2 Anm. 25.

Kosten und Gebühren

16. Die Kostenbestimmungen finden auf das Auslegungsverfahren nur entsprechende Anwendung, da es sich nicht um ein kontradiktorisches Verfahren handelt. Danach hat diejenige Partei die Kosten des Verfahrens zu tragen, die mit ihrer unrichtigen Auffassung Anlass für die richterliche Auslegung gegeben hat (EuGH 5/55, Slg. 1954/55, 275 (293) – ASSIDER; 70/63 a, Slg. 1965, 373 (380 f.) – Kommission/Collotti; 110/63 a, Slg. 1966, 619 (628) – Willame). Entspricht keine der Parteiauffassungen dem wirklichen Sinn des Urteils, so wie er vom Gerichtshof letztlich gedeutet wurde, werden die Kosten gegeneinander aufgehoben.

Fristen

17. Der Antrag ist innerhalb von zwei Jahren nach dem Tag der Verkündung des Urteils oder der Zustellung des Beschlusses zu stellen, Art. 168 Abs. 2 EuG-Verfahrensordnung bzw. Art. 158 Abs. 2 EuGH-Verfahrensordnung.

17. Antrag auf Wiederaufnahme des Verfahrens gem. Art. 44 EuGH-Satzung iVm Art. 169 EuG-Verfahrensordnung bzw. Art. 159 EuGH-Verfahrensordnung

. . . . .stadt, den . . . . .[2]

Per e-Curia[13]
An das
Gericht der Europäischen Union
[bzw. An den Gerichtshof der Europäischen Union][3]
– Kanzlei –
Rue du Fort Niedergrünewald
L-2925 Luxemburg
LUXEMBURG

Antrag[4] auf Wiederaufnahme des Verfahrens[1]

der . . . . .,[5] vertreten durch . . . . .
– Antragstellerin –

Verfahrensbevollmächtigter:[6] Rechtsanwalt .....
gegen
.....[7]
– Antragsgegnerin –
wegen: Wiederaufnahme des Verfahrens in der Rechtssache T-..... [bzw. C-.....][8]
Namens und im Auftrag der Antragstellerin beantragen wir hiermit,

1. **das Verfahren in der Rechtssache ..... gem. Art. 169 EuG-Verfahrensordnung [bzw. Art. 159 EuGH-Verfahrensordnung] wieder aufzunehmen,[9]**
2. **das am ..... ergangene Urteil des ..... in der Rechtssache ..... dahingehend abzuändern, dass[10] .....[9]**
   a) **.....,**
   b) **die Kosten des Verfahrens der Beklagten auferlegt werden;**
3. **der Antragsgegnerin die Kosten des Wiederaufnahmeverfahrens aufzuerlegen.[11]**

Die Vollmacht, die Zustellungsbescheinigung sowie ein Handelsregisterauszug wurden mit der Klageschrift [bzw. der Klagebeantwortung] vom ..... durch separates Schreiben eingereicht.[12]

[Gem. Art. 48 Abs. 2 EuGH-Verfahrensordnung erklären wir uns als Prozessbevollmächtigte damit einverstanden, dass Zustellungen an uns mittels Telefax oder sonstiger technischer Kommunikationsmittel erfolgen. Zustellungen können bewirkt werden an Herrn Rechtsanwalt ....., Telefax-Nr.: ....., bzw. an die E-Mail-Anschrift: .....][13]

Begründung:[14]

Gliederung

Abschnitt A: Antragsziel und Sachverhalt

I. Antragsziel

Mit dem Antrag begehrt die Antragstellerin die Wiederaufnahme des Verfahrens in der Rechtssache ....., in der der Gerichtshof/das Gericht am ..... ein Urteil erlassen hat. Nach Ergehen des Urteils hat die Antragstellerin davon Kenntnis erlangt, dass ..... Diese Tatsachen rechtfertigen eine Abänderung des Urteils zugunsten der Antragstellerin.

II. Sachverhalt

Die Antragstellerin ist Klägerin in der Rechtssache ....., in der der Gerichtshof/das Gericht am ..... durch Urteil entschieden hat, dass ..... Dabei legte der Gerichtshof/das Gericht folgenden Sachverhalt zugrunde: .....

Abschnitt B: Rechtliche Würdigung

I. Zulässigkeit des Antrags[15]

Der Antrag ist zulässig. Die Antragstellerin ist Klägerin in der Rechtssache ..... Nach Erlass des Urteils am ..... hat sie davon Kenntnis erlangt, dass ..... Diese Tatsache und die Kenntniserlangung am ..... werden unter Beweis gestellt durch ..... Die Tatsache ist geeignet, das genannte Urteil zugunsten der Antragstellerin zu beeinflussen, denn ..... Die Geltendmachung dieser Tatsache unterblieb schuldlos, weil .....

II. Begründetheit[16]

Unter Zugrundelegung der neuen Tatsache, ist eine Abänderung des genannten Urteils dahingehend vorzunehmen, dass ....., denn .....

Unterschrift[17, 19, 20]

Verzeichnis der Anlagen[18]

Schrifttum: Geppert, § 28, in *Rengeling/Middeke/Gellermann*, Handbuch des Rechtsschutzes in der Europäischen Union, 3. Aufl. 2014; *Dittert*, Art. 44 EuGH Satzung, in *von der Groeben/Schwarze/Hatje*, Europäisches Unionsrecht, 7. Aufl. 2015; *Pechstein*, Kap. 11.II.2, EU-Prozessrecht, 4. Aufl. 2011; *Wägenbaur*, EuGH VerfO, 2. Aufl. 2017.

Anmerkungen

* Im Folgenden wird zur Übersicht jeweils sowohl auf die Verfahrensordnung des Gerichts als auch die des Gerichtshofs verwiesen. Selbstredend ist in Verfahren vor einem der Gerichte aber nur die Verfahrensordnung des jeweils zuständigen Gerichts einschlägig und entsprechend zu zitieren.

1. Art. 44 EuGH-Satzung, der gem. Art. 53 Abs. 1 EuGH-Satzung auch für die Verfahren vor dem EuG gilt, sieht das Wiederaufnahmeverfahren für den Fall vor, dass eine Tatsache von entscheidender Bedeutung bekannt wird, die vor Verkündung des Urteils dem Gerichtshof und der die Wiederaufnahme beantragenden Partei unbekannt war.

Ergänzende Vorschriften finden sich in den Art. 169 EuG-Verfahrensordnung bzw. Art. 159 EuGH-Verfahrensordnung. Bei der Wiederaufnahme des Verfahrens handelt es sich um einen außerordentlichen Rechtsbehelf, der die Durchbrechung der Rechtskraft von Entscheidungen des EuGH oder des EuG möglich macht (RMG Rechtsschutz-HdB/ *Geppert* § 28 Rn. 68).

2. Gem. Art. 72 Abs. 2 EuG-Verfahrensordnung bzw. Art. 57 Abs. 6 EuGH-Verfahrensordnung ist jeder Schriftsatz mit Datum zu versehen, → Form. IX.2 Anm. 2.

3. Für das Wiederaufnahmeverfahren sind EuGH oder EuG zuständig, je nachdem, welches Gericht das betreffende Urteil erlassen hat.

4. Die formalen und inhaltlichen Anforderungen an die Antragsschrift bestimmen sich nach Art. 169 Abs. 3 iVm Art. 76 u. 78 EuG-Verfahrensordnung bzw. Art. 159 Abs. 3 iVm Art. 120-122, vgl. auch Praktische Durchführungsbestimmungen zur Verfahrensordnung des Gerichts (ABl. 2015 L 152, 1 zuletzt geändert mit ABl. 2018 L 294, 23, berichtigt durch ABl. 2018 L 296, 40), Praktische Anweisungen für die Parteien in Verfahren vor dem Gerichtshof (ABl. 2020 L 42 I, 1) und das Benutzerhandbuch für e-Curia (abrufbar auf der Internetseite www.curia.europa.eu) sowie → Form. IX.2 Anm. 4, 17.

5. Der Antrag steht nach Art. 44 Abs. 1 EuGH-Satzung jeder Partei des abgeschlossenen Verfahrens offen, der nach Erlass des Urteils eine Tatsache bekannt wird, die eine Abänderung des Urteils zu ihren Gunsten rechtfertigt. Eine Antragsberechtigung des Streithelfers wird in Art. 44 EuGH-Satzung nicht erwähnt. Da Streithelfern in Art. 56 Abs. 2 S. 2 EuGH-Satzung ausdrücklich die Berechtigung zur Einlegung eines Rechtsmittels eingeräumt wird, kann aus dem Schweigen des Gesetzes geschlossen werden, dass dem Streithelfer erst recht die Befugnis zur Beantragung der Wiederaufnahme eingeräumt ist.

6. Gem. Art. 19 Abs. 3 (ggf. iVm Art. 53 Abs. 1) EuGH-Satzung müssen natürliche und juristische Personen, mit Ausnahme der EU-Mitgliedstaaten, vor den Unionsgerichten durch einen Anwalt vertreten sein. Der Anwalt hat, sollte dies in dem wieder aufzunehmenden Rechtsstreit noch nicht geschehen sein, eine Vollmacht sowie gem. Art. 51 Abs. 2 EuG-Verfahrensordnung bzw. Art. 44 EuGH-Verfahrensordnung eine Bescheinigung seiner Zulassung zu hinterlegen, → Form. IX.2 Anm. 7, 13, 14.

7. Der Antrag ist gegen sämtliche Parteien des Rechtsstreits zu richten, in dem das angefochtene Urteil ergangen ist, Art. 159 Abs. 4 EuGH-Verfahrensordnung.

8. Nach der Rspr. ist die Wiederaufnahme des Verfahrens kein Rechtsmittel im technischen Sinne, sondern ein außerordentlicher Rechtsbehelf, der es erlaubt, die Rechtskraft eines verfahrensabschließenden Urteils aufgrund der tatsächlichen Feststellungen, auf die sich das Gericht gestützt hat, in Frage zu stellen (EuG T-14/89 REV, Slg. 1992 II-2409, Rn. 10 – Montecatini/Kommission). Die Wiederaufnahme setzt voraus, dass vor dem Erlass des Urteils liegende Umstände tatsächlicher Art entdeckt werden, die dem Gericht, das dieses Urteil erlassen hat, und der die Wiederaufnahme beantragenden Partei bis dahin unbekannt waren und die das Gericht, wenn es sie hätte berücksichtigen können, zu einer anderen Entscheidung des Rechtsstreits hätten veranlassen können (EuG T-393/04 Rev., BeckRS 2008, 70188 Rn. 11 – Klaas/Europäisches Parlament). Die Wiederaufnahme des Verfahrens betrifft Rechtsstreitigkeiten, die bereits durch ein rechtskräftiges Urteil abgeschlossen sind. Ebenso kann für ein durch einen Beschluss abgeschlossenes Verfahren ein Wiederaufnahmeantrag gestellt werden, wenn der Beschluss ähnliche Wirkungen wie ein Urteil hat (EuGH verb. Rs. C-199/94 P und C-200/94 P REV, Slg. 1998, I-831 Rn. 16 – Compañía Internacional de Pesca y Derivados SA (Inpesca)/Kommission). Grds. kann die Wiederaufnahme bei allen Direktklagen in Betracht kommen. Dagegen kommt eine Wiederaufnahme in Rechtssachen, die Gutachten oder Vorabentscheidungen des Gerichtshofs betreffen, nicht in Betracht.

9. Die Anträge sind nach Art. 169 Abs. 3 iVm Art. 76 Buchst. e EuG-Verfahrensordnung bzw. Art. 159 Abs. 3 iVm Art. 120 Buchst. d EuGH-Verfahrensordnung in der Antragsschrift ausdrücklich aufzuführen. Sie sind so abzufassen, wie der Tenor des Urteils, dessen Erlass beantragt wird, lauten würde. Hierbei ist zu beachten, dass das Wiederaufnahmeverfahren zweistufig angelegt ist. Zunächst entscheidet der Gerichtshof in nichtöffentlicher Sitzung durch Urteil über die Zulässigkeit des Antrags, ohne der Entscheidung in der Hauptsache vorzugreifen. Ein offensichtlich unzulässiger Antrag kann bereits gem. Art. 126 EuG-Verfahrensordnung bzw. Art. 159 Abs. 5 EuGH-Verfahrensordnung durch Beschluss zurückgewiesen werden (EuG T-4/89 REV, Slg. 1992, II-1591 Rn. 17 – BASF/Kommission). Durch die Entscheidung, mit der das Unionsgericht das Vorliegen der neuen Tatsache ausdrücklich feststellt, ihr die für die Eröffnung des Wiederaufnahmeverfahrens erforderlichen Merkmale zuerkennt und deshalb den Antrag für zulässig erklärt, wird das Wiederaufnahmeverfahren eröffnet, vgl. Art. 44 Abs. 2 (ggf. iVm Art. 53 Abs. 1) EuGH-Satzung iVm Art. 169 Abs. 5, 6 EuG-Verfahrensordnung bzw. Art. 159 Abs. 5, 6 EuGH-Verfahrensordnung. Der erste Antrag ist also auf die Wiederaufnahme des Verfahrens gerichtet.

10. Gibt das Gericht dem Antrag auf Wiederaufnahme statt, so tritt es gem. Art. 169 Abs. 6 EuG-Verfahrensordnung bzw. Art. 159 Abs. 6 EuGH-Verfahrensordnung erneut in die Prüfung der Hauptsache ein und entscheidet durch Urteil gem. den Bestimmungen der Verfahrensordnung. Der zweite Antrag betrifft also die Änderung des angegriffenen Urteils einschließlich der Kostenentscheidung.

11. Es sollte ein ausdrücklicher Kostenantrag gestellt werden, vgl. Art. 134 Abs. 1 EuG-Verfahrensordnung bzw. Art. 137 EuGH-Verfahrensordnung.

12. Gem. Art. 169 Abs. 3 iVm Art. 51 Abs. 3 und Art. 78 Abs. 4 EuG-Verfahrensordnung bzw. Art. 44 EuGH-Verfahrensordnung ist grds. eine Vollmacht, eine Zulassungsbescheinigung (→ Anm. 6) sowie bei juristischen Personen des Privatrechts eine Bescheinigung der Rechtspersönlichkeit einzureichen, → Form. IX.2 Anm. 7, 13, 14, 15. Letzteres ist für Verfahren vor dem Gerichtshof nicht mehr notwendig. Da die Akten des Ausgangsverfahrens dem Gericht in dem Wiederaufnahmeverfahren vorgelegt werden, ist sofern eine Vorlage bereits geschehen ist, eine erneute Vorlage der Unterlagen entbehrlich.

13. Im Regelfall der elektronischen Verfahrensführung mittels e-Curia erfolgt auch die Zustellung über diese Plattform (Art. 6 Beschluss des Gerichtshofs v. 18.10.2018 „über die Einreichung und die Zustellung von Verfahrensschriftstücken im Wege der Anwendung e-Curia", ABl. 2018 L 293, 36; → Form. IX.2 Anm. 16, 4). Andernfalls kann sich der Prozessbevollmächtigte in der Klageschrift auch damit einverstanden erklären, dass Zustellungen an ihn mittels Telefax oder sonstiger technischer Kommunikationsmittel erfolgen.

14. Für den Wiederaufnahmeantrag bestimmt Art. 169 Abs. 3 EuG-Verfahrensordnung bzw. Art. 159 Abs. 3 EuGH-Verfahrensordnung, dass der Antrag das angefochtene Urteil bezeichnen und die Punkte angeben muss, in denen das Urteil angefochten wird. Weiter müssen die Tatsachen bezeichnet werden, die dem Antrag zugrunde liegen. Auch sind die Beweismittel für das Vorliegen von Tatsachen zu benennen, die die Wiederaufnahme rechtfertigen. Schließlich müssen die Tatsachen vorgetragen werden, aus denen folgt, dass die in Art. 169 Abs. 2 EuG-Verfahrensordnung bzw. Art. 159 Abs. 2 EuGH-Verfahrensordnung genannte Frist gewahrt wurde.

15. Im Rahmen der Zulässigkeit ist auf die sachliche Zuständigkeit des EuG bzw. EuGH (→ Anm. 3), den Antragsgegenstand (→ Anm. 8), die Antragsberechtigung (→ Anm. 5), den Wiederaufnahmegrund, das Rechtsschutzbedürfnis sowie die Fristen (siehe „Fristen") einzugehen. Der Antrag ist begründet, wenn ein Wiederaufnahmegrund vorliegt: Es müssen nach Verkündung des Urteils Tatsachen bekannt werden, die schon vor Urteilsverkündung existiert haben. Die Unionsgerichte haben mehrfach betont, dass die Wiederaufnahme des Verfahrens kein Rechtsmittel, sondern ein außerordentlicher Rechtsbehelf ist, der es erlaubt, die Wirkungen eines verfahrensabschließenden Urteils aufgrund der tatsächlichen Feststellungen, auf die sich das Gericht gestützt hat, in Frage zu stellen (EuG T-14/89 REV, Slg. 1992 II-2409, Rn. 10 – Montecatini/Kommission). Die Wiederaufnahme setze voraus, dass vor dem Erlass des Urteils liegende tatsächliche Elemente entdeckt wurden, die dem Gericht, das dieses Urteil erlassen hat, und der die Wiederaufnahme beantragenden Partei bisher unbekannt waren und die das Gericht, wenn es sie hätte berücksichtigen können, zu einer anderen Entscheidung des Rechtsstreits als der getroffenen hätten veranlassen können (EuGH 107/79 REV, Slg. 1983, 3805 Rn. 1 ff. – Schuerer/Kommission; EuGH C-185/90 P-REV, Slg. 1992, I-993 Rn. 11 – Gill/Kommission; EuG T-4/89 REV, Slg. 1992, II-1591 Rn. 9 – BASF/Kommission; EuGH verb. Rs. C-199/94 P und C-200/94 P REV, Slg. 1998, I-831 Rn. 16 – Compañía Internacional de Pesca y Derivados SA (Inpesca)/Kommission; C-5/93 P, Slg. 1999, I-4695 Rn. 42, 43 – DSM NV/Kommission). Der Begriff der Tatsache wird in einem weiten Sinn verstanden. Er erfasst nicht nur vergangene Verhältnisse, Zustände oder Geschehnisse, die dem Beweis zugänglich sind, sondern auch rechtliche Vorgänge wie unerkannt gebliebene Rechtsverhältnisse oder Rechtsakte (von der GSH/*Dittert* Art. 44 EuGH-Satzung Rn. 4). Nicht als neue Tatsache sind dagegen Entscheidungen des Gerichtshofes einzustufen.

Die neuen Tatsachen müssen „von entscheidender Bedeutung" sein, dh sie müssen sich so auf das Urteil auswirken, dass sich die Entscheidung in der Sache zugunsten des Antragstellers ändert. Bloße Auswirkungen für die Zukunft sind nicht ausreichend (EuGH 28/64 REV, Slg. 1967, 187 (192 f.) – Müller/Rat der EWG und Rat der EA). Der Nachweis bildet die eigentliche Zulässigkeitshürde eines jeden Wiederaufnahmeverfahrens (*Wägenbaur* Art. 159 EuGH-Verfahrensordnung Rn. 7).

Ein Rechtsschutzbedürfnis für den Antrag besteht nur, wenn die Einführung der neu bekannt gewordenen Tatsache von den Parteien in dem seinerzeitigen Prozess schuldlos unterblieben ist (Umkehrschluss aus Art. 84 Abs. 1 EuG-Verfahrensordnung und Art. 127 Abs. 1 EuGH-Verfahrensordnung, die bestimmen, dass die Beteiligten nach Abschluss des schriftlichen Verfahrens mit neuen Angriffs- und Verteidigungsmitteln präkludiert sind).

Der antragstellenden Partei obliegt die Beweispflicht für die schuldlose Unkenntnis der relevanten Tatsache im Zeitpunkt der Urteilsverkündung.

16. Der Antrag ist begründet, wenn die nach Ergehen des Urteils bekannt gewordene Tatsache die Abänderung des ergangenen Urteils erforderlich macht. Die Klagebegründung hat deshalb darzulegen, in welcher Hinsicht die neue Tatsache eine Abänderung des Urteils erfordert.

17. Im Rahmen der elektronischen Verfahrensführung wird die Unterzeichnung von Schriftstücken durch die Einreichung über das ordnungsgemäß eingerichtete e-Curia Benutzerkonto ersetzt – konkret durch Verwendung von persönlicher Nutzerkennung und Passwort (Art. 3 Beschluss des Gerichtshofs v. 16.10.2018, ABl. 2018 L 293, 63); → Form. IX.2 Anm. 24.

18. Vgl. zu dem Erfordernis eines Anlagenverzeichnisses Art. 72 Abs. 3 EuG-Verfahrensordnung bzw. 57 Abs. 4 EuGH-Verfahrensordnung sowie → Form. IX.2 Anm. 25.

Kosten und Gebühren

19. Zu Kosten und Gebühren → Form. IX.2 Anm. 27, → Form. IX.18.

Fristen

20. Für den Wiederaufnahmeantrag sind zwei Fristen zu beachten: zum einen die Antragsfrist und zum anderen die Ausschlussfrist. Der Antrag muss binnen drei Monaten nach dem Tag gestellt werden, an dem der Antragsteller Kenntnis von der entscheidungserheblichen Tatsache erhalten hat (Antragsfrist), Art. 169 Abs. 2 EuG-Verfahrensordnung bzw. Art. 159 Abs. 2 EuGH-Verfahrensordnung. Diese Frist kann nicht verlängert werden. Ein verspätet eingehender Antrag wird als unzulässig zurückgewiesen (EuG T-4/89 REV, Slg. 1992, II-1591 (1598)), selbst wenn neue Tatsachen geltend gemacht werden (EuGH C-403/85 REV, Slg. 1991, I-1215 Rn. 12 – Ferrandi/Kommission). Darüber hinaus kann die Rechtskraft der Entscheidung gem. Art. 44 Abs. 3 EuGH-Satzung nur innerhalb von zehn Jahren seit Erlass des Urteils durchbrochen werden (Ausschlussfrist). Eine Wiederaufnahme in der Sache ist dann selbst bei Bekanntwerden entsprechender Tatsachen nicht mehr möglich. In diesen Fällen werden Anträge auf Wiederaufnahme von vornherein als unzulässig abgewiesen. Zur Fristberechnung → Form. IX.2 Anm. 2.

18. Antrag auf Kostenfestsetzung gem. Art. 170 EuG-Verfahrensordnung bzw. Art. 145 EuGH-Verfahrensordnung

. . . .stadt, den . . . .[2]

Per e-Curia[10]
An das
Gericht der Europäischen Union
[bzw. An den Gerichtshof der Europäischen Union][3]
– Kanzlei –
Rue du Fort Niedergrünewald
L-2925 Luxemburg

LUXEMBURG

Antrag[4] auf Kostenfestsetzung[1]

in der Rechtssache T-. . . . . [bzw. C-. . . . .]

. . . . .[5]

– Antragstellerin –

Verfahrensbevollmächtigter:[6] Rechtsanwalt . . . . .

gegen

. . . . .[7]

– Antragsgegnerin –

Namens und in Vollmacht der Antragstellerin beantragen wir gem. Art. 170 Abs. 1 EuG-Verfahrensordnung [bzw. Art. 145 Abs. 1 EuGH-Verfahrensordnung],

1. **die der Klägerin zu erstattenden Kosten auf . . . . . EUR zzgl . . . . . EUR für die Kosten des Kostenfestsetzungsverfahrens festzusetzen,[8]**
2. **der Klägerin eine Ausfertigung des Beschlusses zu erteilen.[9]**

[Gem. Art. 48 Abs. 2 EuGH-Verfahrensordnung erklären wir uns als Prozessbevollmächtigte damit einverstanden, dass Zustellungen an uns mittels Fernkopierer oder sonstiger technischer Kommunikationsmittel erfolgen. Zustellungen können bewirkt werden an Herrn Rechtsanwalt . . . . ., Telefax-Nr.: . . . . ., bzw. an die E-Mail-Anschrift: . . . . .][10]

A. Sachverhalt und Verfahren

Mit Urteil vom . . . . . hat der Gerichtshof/das Gericht entschieden, dass . . . . .

Ferner verurteilte der Gerichtshof/das Gericht die Antragsgegnerin zur Tragung ihrer eigenen Kosten sowie

„der gesamten den Rechtsmittelgegnerinnen im Verfahren vor dem Gerichtshof/dem Gericht entstandenen Kosten."

Die Antragstellerin machte daraufhin die ihr entstandenen Kosten in einer Gesamthöhe von . . . . . EUR mit Schreiben vom . . . . . gegenüber der Antragsgegnerin geltend (Anlage 1). Die Antragsgegnerin antwortete mit Schreiben vom . . . . . (Anlage 2). Darin bot sie insgesamt einen Betrag von EUR . . . . . an, der nur etwa die Hälfte des von der Antragstellerin geltend gemachten Betrages abdeckt. Da sich die Parteien in der Folgezeit nicht über die Höhe der der Antragstellerin zu erstattenden Kosten einigen konnten, ist die Einleitung eines Kostenfestsetzungsverfahrens geboten.[11]

B. Zu den der Antragstellerin zu erstattenden Kosten

Die Antragstellerin macht mit diesem Antrag Kosten iHv insgesamt . . . . . EUR[12] geltend. Die der Klägerin entstandenen Kosten setzen sich zusammen aus . . . . .[13] Sie ergeben sich iE aus den nachstehend aufgeführten Rechnungen, die diesem Antrag in der Anlage 1 in Kopie beigefügt sind. Uneinigkeit besteht über die Kostenpunkte x, y und z. Ferner anerkennt die Antragsgegnerin nicht die Höhe der zu erstattenden Anwaltskosten.

I. Erstattungsfähigkeit dem Grunde nach

Sämtliche von der Klägerin geltend gemachten Kosten sind dem Grunde nach erstattungsfähig iSd Art. 170 Abs. 1 EuG-Verfahrensordnung [bzw. Art. 138 EuGH-Verfahrensordnung] . . . . .

II. Erstattungsfähigkeit der Höhe nach

. . . . .

Unterschrift[14, 16, 17]

Anlagenverzeichnis[15]

Schrifttum: Bischof, Rechtsanwaltsgebühren und Kostenerstattung im Verfahren vor dem EuGH und EuG (Vorabentscheidungsverfahren und Direktklagen), AGS 1998, 49; *Fiebig*, The Indemnification of Costs in Proceedings before the European Courts, CML Rev. 1997, 89; *Geppert*, § 29, in *Rengeling/Middeke/Gellermann*, Handbuch des Rechtsschutzes in der Europäischen Union, 3. Aufl. 2013; *Kennedy*, Paying the Piper: Legal Aid in Proceedings before the Court of Justice, CML Rev. 1988, 559; *Kirschner/Klüpfel*, Das Gericht erster Instanz der Europäischen Gemeinschaften, 2. Aufl. 1998, Rn. 139; *Klinke*, Der Gerichtshof der Europäischen Gemeinschaften, 1989, Rn. 353; *Lasok*, The European Court of Justice Practice and Procedure, 2. Aufl. 1994, S. 439; *Wägenbaur*, Das Kostenfestsetzungsverfahren vor den Gemeinschaftsgerichten – Wer klagt gewinnt?, EuZW 1997, 197; *Wägenbaur*, EuGH VerfO, 2. Aufl. 2017; *Wolf*, Kostenrecht und Kostenpraxis des Gerichtshofs der Europäischen Gemeinschaften, EuR 1976, 7.

Anmerkungen

* Im Folgenden wird zur Übersicht jeweils sowohl auf die Verfahrensordnung des Gerichts als auch die des Gerichtshofs verwiesen. Selbstredend ist in Verfahren vor einem der Gerichte aber nur die Verfahrensordnung des jeweils zuständigen Gerichts einschlägig und entsprechend zu zitieren.

1. Die Kostenentscheidungen des EuGH bestimmen regelmäßig nur die grundsätzliche Kostentragungspflicht im Verhältnis der Parteien zueinander und setzen die auszugleichenden Beträge nicht der Höhe nach fest. Da eine europäische Gebührenordnung mit Gebührentabellen nicht existiert, müssen sich die Parteien also über die Höhe der Kosten einigen. Entstehen über die Höhe der erstattungsfähigen Kosten Streitigkeiten, kann eine Partei die Entscheidung des EuG nach Art. 170 EuG-Verfahrensordnung bzw. des EuGH nach Art. 145 EuGH-Verfahrensordnung einholen.

2. Gem. Art. 72 Abs. 2 EuG-Verfahrensordnung bzw. Art. 57 Abs. 6 EuGH-Verfahrensordnung ist jeder Schriftsatz mit Datum zu versehen, → Form. IX.2 Anm. 2.

3. Zuständig für die Kostenfestsetzungsentscheidung ist gem. Art. 145 Abs. 1 EuGH-Verfahrensordnung der mit dem ursprünglichen Rechtsstreit befasste Spruchkörper. Deshalb kann ein Antrag auf Kostenfestsetzung bzgl. eines Verfahrens vor dem EuGH nicht vor dem EuG geltend gemacht werden, *et vice versa* (vgl. EuG T-530/10 DEP, Rn. 10 – Reber/HABM). Ein Kostenerstattungsanspruch aus einem Prozess vor einem nationalen Gericht, der ua die Rechtmäßigkeit einer Verordnung zum Gegenstand hatte, die danach im Verfahren gem. Art. 267 AEUV vor dem EuGH für nichtig erklärt wurde, ist ausschließlich vor den nationalen Gerichten nach nationalem Recht geltend zu machen. Eine Schadensersatzklage vor dem EuG, mit der von der Union Prozesskosten eingefordert werden, die dem Kläger im Rahmen des nationalen Verfahrens nicht erstattet wurden, ist unzulässig (EuG T-167/94, Slg. 1995, II-2589 Rn. 35 ff. – Nölle/Rat und Kommission).

4. Die formalen und inhaltlichen Anforderungen an den Kostenfestsetzungsantrag bestimmen sich nach den allgemeinen Verfahrensvorschriften der Art. 72 ff. EuG-Verfahrensordnung bzw. Art. 57 EuGH-Verfahrensordnung analog, vgl. auch Praktische Durchführungsbestimmungen zur Verfahrensordnung des Gerichts (ABl. 2015 L 152, 1 zuletzt geändert mit ABl. 2018 L 294, 23, berichtigt durch ABl. 2018 L 296, 40), Praktische Anweisungen für die Parteien in Verfahren vor dem Gerichtshof (ABl. 2020 L 42 I, 1) und das Benutzerhandbuch für e-Curia (abrufbar auf der Internetseite www.curia.europa.eu) sowie → Form. IX.2 Anm. 4, 17.

5. Die Verfahrensordnungen regeln nicht die Frage, ob der Antragsteller auf die Stellungnahme des Antragsgegners erwidern oder der Antragsgegner eine Gegenerwiderung einreichen darf. Für die Zulässigkeit dieses Vorgehens spricht, dass Art. 170 EuG-Verfahrensordnung bzw. Art. 145 EuGH-Verfahrensordnung als offene Vorschrift formuliert ist und keine ausdrückliche Begrenzung der Stellungnahmen der Partei vorsieht wie Art. 175 Abs. 1 EuGH-Verfahrensordnung. Zudem erscheint die Zulässigkeit weiterer Schriftsätze durch den Grundsatz rechtlichen Gehörs (so auch *Wägenbaur* EuZW 1997, 197 (204)) und das Erfordernis einer flexiblen Gestaltung des Kostenfestsetzungsverfahrens geboten.

6. Antragsberechtigt ist jeder Verfahrensbeteiligte, dh auch der Streithelfer (EuG T-225/01 DEP, Rn. 21 – Gobierno Foral de Navarra/Kommission).

7. Soweit in der ursprünglichen Rechtssache Anwaltszwang besteht, gilt er auch für das Kostenfestsetzungsverfahren.

8. Im Kostenfestsetzungsbeschluss wird der erstattungsfähige Betrag pauschal in Euro festgesetzt, Art. 141 Abs. 1 EuG-Verfahrensordnung bzw. Art. 146 Abs. 1 EuGH-Verfahrensordnung. Es wird eine Gesamtsumme gebildet, die nicht notwendig die gesamte Forderung abdeckt, die dem Anwalt seiner eigenen Partei gegenüber nach nationalem Recht zusteht; es wird vielmehr als angemessen erachtet, dass der Rechtssuchende einen Teil der durch das Verfahren hervorgerufenen Kosten selbst trägt.

Die Verfahrensvorschriften unterscheiden zwischen außergerichtlichen Kosten bzw. Leistungen an Zeugen und Sachverständige sowie Gerichtskosten. Da die Inanspruchnahme der Gemeinschaftsgerichte grds. kostenfrei ist, sind Gerichtskosten für das Kostenfestsetzungsverfahren ohne Bedeutung. Das Interesse der Parteien gilt den Aufwendungen, „die für das Verfahren notwendig waren“, Art. 140 Buchst. b EuG-Verfahrensordnung bzw. Art. 144 Buchst. b EuGH-Verfahrensordnung; dazu zählen insb. Reise- und Aufenthaltskosten sowie die Vergütung der Bevollmächtigten, Beistände und Anwälte. Die Unionsgerichte setzen nicht die von den Parteien ihren Anwälten geschuldeten Vergütungen fest, sondern bestimmen den Betrag, bis zu dem die Erstattung dieser Vergütungen von der zur Tragung der Kosten verurteilten Partei verlangt werden kann (EuGH C-294/90 DEP, Slg. 1994, I-5423 Rn. 10 – British Aerospace/Kommission). Der Antrag muss auf die Bestimmung der erstattungsfähigen Kosten gerichtet sein. Die Unionsgerichte berücksichtigen bei der Festsetzung der erstattungsfähigen Kosten alle Umstände der Rechtssache bis zum Zeitpunkt dieser Festsetzung. Dazu gehören auch die durch das Kostenfestsetzungsverfahren entstehenden Kosten (EuGH 318/82, Slg. 1985, 3727 Rn. 5 – Leeuwarder Papierwarenfabriek/Kommission; C-294/90 DEP, Slg. 1994, I-5423 Rn. 14 – British Aerospace/Kommission). Wegen der Berücksichtigung aller Umstände bis zum Kostenfestsetzungsbeschluss billigen die Unionsgerichte nicht gesondert Zinsen vom Zeitpunkt der Stellung des Kostenfestsetzungsantrags zu (EuGH 238/78, Slg. 1981, 1723 Rn. 6 – Ireks-Arkady GmbH/EWG; EuGH verb. Rs. 241, 242, 246–249/78, Slg. 1981, 1731 Rn. 6 – DVG/EWG).

9. Von dem Kostenfestsetzungsbeschluss kann die interessierte Partei zum Zwecke der Vollstreckung eine Ausfertigung beantragen, Art. 170 Abs. 4 EuG-Verfahrensordnung bzw. Art. 145 Abs. 3 EuGH-Verfahrensordnung.

10. Im Regelfall der elektronischen Verfahrensführung mittels e-Curia erfolgt auch die Zustellung über diese Plattform (Art. 6 Beschluss des Gerichtshofs v. 18.10.2018 „über die Einreichung und die Zustellung von Verfahrensschriftstücken im Wege der Anwendung e-Curia“, ABl. 2018 L 293, 36; → Form. IX.2 Anm. 16, 4). Andernfalls kann sich der Prozessbevollmächtigte in der Klageschrift auch damit einverstanden erklären, dass

Zustellungen an ihn mittels Telefax oder sonstiger technischer Kommunikationsmittel erfolgen.

11. Art. 170 Abs. 1 EuG-Verfahrensordnung bzw. Art. 145 Abs. 1 EuGH-Verfahrensordnung setzt voraus, dass zwischen den Parteien eine „Streitigkeit über die erstattungsfähigen Kosten" besteht. Grds. ist auch ein konkludentes Bestreiten möglich (EuG T-271/94, Slg. 1998, II-3761, Rn. 12 – Eugénio Branco/Kommission). Ein Kostenfestsetzungsantrag, der in Wirklichkeit gegen die grundsätzliche Entscheidung der Unionsgerichte in einem vorhergehenden Urteil über die Kostenpflicht gerichtet ist (EuGH 14/84 REV, Slg. 1985, 1381 Rn. 11 – Hansen-Meyer/WSA) oder auf eine Anfechtung des Kostentenors hinausläuft, dh auf eine Änderung der Kostenverteilung statt auf eine Kostenfestsetzung (EuG verb. Rs. T-33/89 und T-74/89 DEP, Slg. 1993, II-837 Rn. 5 – Blackman/Europäisches Parlament), ist nicht statthaft. Eine „Streitigkeit" über die Kosten liegt noch nicht vor, wenn es sich eine Institution zur Praxis gemacht hat, die Kosten erst bei Vorliegen eines Kostenfestsetzungsbeschlusses zu begleichen (vgl. EuGH 25/65, Slg. 1967, 149 (151) – SIMET/Hohe Behörde; vgl. zum Begriff der Streitigkeit auch EuGH verb. Rs. 9 u. 58/65, Slg. 1968, 387 (389) – Acciaierie San Michele/Hohe Behörde).

12. Die Kostenarten (Honorare, Reisekosten usw) müssen iE aufgeführt werden, denn die Aufwendungen werden nicht von Amts wegen erstattet (EuGH verb. Rs. 64 u. 113/76, 167 u. 239/78, 27, 28 u. 45/79, Slg. 1982, 1748 Rn. 4 – Dumortier Frères ua/Rat).

Eine Gebührenordnung mit einer Gebührentabelle für Rechtsstreitigkeiten vor den Unionsgerichten gibt es nicht. Die Unionsgerichte sind auch nicht an die nationalen Gebührenordnungen oder Gebührenvereinbarungen gebunden (EuG T-182/00 DEP, Rn. 29 – Marco Pannella/Europäisches Parlament; EuG T-78/89 DEP, Slg. 1993, II-573 Rn. 36 – PPG Industries Glass/Kommission). Die Unionsgerichte bestimmen die „notwendigen Ausgaben" und deren Höhe daher in freier Würdigung. Als Kriterien werden hierbei „der Gegenstand des Rechtsstreits, seine Bedeutung aus unionsrechtlicher Sicht sowie sein Schwierigkeitsgrad, der Zeitaufwand der tätig gewordenen Bevollmächtigten oder Beistände im Zusammenhang mit dem Verfahren und das wirtschaftliche Interesse herangezogen, das die Parteien am Ausgang des Rechtsstreits haben" (EuGH 294/90 DEP, Slg. 1994, I-5425 Rn. 13 – British Aerospace/Kommission; verb. Rs. 241, 242 und 246 bis 249/78, Slg. 1981, 1731 Rn. 3 – DVG/EWG; 318/82, Slg. 1985, 3727 Rn. 3 – Leeuwarder Papierwarenfabriek/Kommission; EuG T-108/15 DEP, ECLI:EU:T:2020:346 = BeckRS 2020, 26077 Rn. 31 – Bundesverband Glasindustrie ua/Kommission). In der Praxis ist zu beobachten, dass das Gericht bei der Prüfung von Stundenhonoraren selbst eine Angemessenheitskontrolle in der Weise vornimmt, dass es als zu hoch empfundenen Zeitaufwand selbständig korrigiert. Auch über die Angemessenheit der Stundensätze selbst macht sich das Gericht ein eigenes Bild und legt unter Umständen einen eigenen Stundensatz fest. In der Entscheidungspraxis wurden Stundensätze in der Größenordnung von 250–300 EUR für Anwälte mit entsprechender fachlicher Expertise für zulässig gehalten (EuG T-324/00 DEP, BeckRS 2008, 71121 Rn. 100 – CDA Datenträger Albrechts/Kommission; EuG T-287/07 DEP, ECLI:EU:T:2007:307 – Marcuccio/Kommission; EuG T-321/19 DEP, ECLI:EU:T:2021:151 = BeckRS 2021, 5377 Rn. 40 – Maternus/EUIPO – adp Gauselmann (Jokers WILD Casino); EuG T-766/17 DEP, ECLI:EU:T:2021:84 = GRUR-RS 2021, 2202 – Eglo Leuchten/EUIPO – Di-Ka (Lampe)). Soweit Berufsträger aufgrund „besonderer Berufserfahrung" zu einer sehr effizienten und schnellen Arbeit imstande sind, wurde durch das Gericht im Einzelfall sogar ein Stundenhonorar von 400 EUR für angemessen erachtet (EuG T-108/15 DEP, ECLI:EU:T:2020:346 = BeckRS 2020, 26077 Rn. 56 – Bundesverband Glasindustrie ua/Kommission). Für entsprechend leistungsfähige Referendare wurde ein Stundensatz von 100 EUR für angemessen erachtet (EuG T-108/15 DEP, ECLI:EU:T:2020:346 = BeckRS 2020, 26077 Rn. 56 – Bundesverband Glasindustrie ua/Kommission). Als unangemessen wurde hingegen eine Differenz von 50 EUR für das schriftliche und für das mündliche Verfahren bewertet (EuG T-339/07 DEP, BeckRS 2013, 81112 – Juwel Aquarium/HABM).

Die Reise, Übernachtung und Bewirtung (EuGH 126/76, Slg. 1979, 2131 Rn. 8 – Dietz/Kommission) der Bevollmächtigten, Beistände bzw. Rechtsanwälte zwecks Teilnahme an einer mündlichen Verhandlung sind in der Regel erstattungsfähig. Pro Rechtssache ist jedoch nur *eine* Reise erstattungsfähig. Grds. sind nur die Reise- und Aufenthaltskosten *eines* Prozessbevollmächtigten, Beistands bzw. Rechtsanwalts erstattungsfähig (EuG T-78/89, Slg. 1993, II-573 Rn. 39 – Dépens, PPG Industries Glass/Kommission). Anderes gilt, wenn es um mehrere verbundene Rechtssachen von besonderer Bedeutung geht, mit einer entsprechenden Anzahl an Klägern (EuGH verb. Rs. 241, 242 u. 246 bis 249/78, Slg. 1981, 1731 Rn. 5 – DVG/EWG). Auch im Falle eines „besonderen Schwierigkeitsgrades“ können ausnahmsweise mehrere Rechtsanwälte notwendig sein (EuGH 318/82, Slg. 1985, 3727 Rn. 4 – Leeuwarder Papierwarenfabrik). Ist ein Verhandlungstermin auf den frühen Vormittag terminiert, ist auch eine Übernachtung vor dem sowie eine Übernachtung am Prozesstag selbst erstattungsfähig (EuG T-339/07 DEP, BeckRS 2013, 81112 – Juwel Aquarium/HABM). Auch die Beurteilung von Reise- und Übernachtungskosten erfolgt durch eine allgemeine Angemessenheitskontrolle; erachtet das Gericht die Kosten als zu hoch, können diese anteilig oder auf eine für angemessen befundene Pauschale herabgesetzt werden (bspw. Herabsetzung von „Economy Class“ übersteigende Flugreisekosten, EuG T-276/16 DEP, ECLI:EU:T:2018:620 = BeckRS 2018, 23642 Rn. 34 – Viridis Pharmaceutical/EUIPO – Hecht-Pharma (Boswelan); Reisekostenpauschale für Strecke Berlin/Luxemburg iHv 200 EUR, EuG T-326/16 DEP, ECLI:EU:T:2018:747 = BeckRS 2018, 38254 Rn. 30 – Bundesverband Deutsche Tafel/EUIPO – Tiertafel Deutschland).

Die Unionsorgane und Mitgliedstaaten können die Prozessvertretung neben ihrem Prozessbevollmächtigten auch einem Beistand, dh einem Rechtsanwalt, übertragen (Art. 19 Abs. 1 EuGH-Satzung (EG und EAG); sowie EuGH 126/76, Slg. 1979, 2131 Rn. 5 – Dietz/Kommission; EuG T-287/07 DEP – Marcuccio/Kommission). Dessen Honorare sind nach denselben Regeln erstattungsfähig, soweit sie für das Verfahren notwendig waren. Als „notwendig“ in diesem Sinne können Honorare von externen Anwälten jedoch nur dann geltend gemacht werden, wenn der interne juristische Dienst aus vorübergehenden Gründen die gerichtliche Vertretung nicht übernehmen kann, nicht jedoch, wenn aus Haushalts- oder organisatorischen Gründen auf einen externen Anwalt zurückgegriffen wird. Solche Aufwendungen können nicht auf den Prozessgegner abgewälzt werden (EuGöD F-55/08 DEP, BeckEuRS 2011, 628673 Rn. 39)

Die für das Verfahren notwendigen Porto-, Fernsprech-, Fernschreib-, und Vervielfältigungskosten eines Rechtsanwaltes sind ebenfalls erstattungsfähig (EuGH verb. Rs. 241, 242 u. 246–249/78, Slg. 1981, 1727 Rn. 5 – DVG/EWG; EuGH 238/78, Slg. 1981, 1723 Rn. 5 – Ireks-Arkady/EWG) ebenso wie die auf die Rechtsanwaltshonorare bzw. Unkosten ggf. entfallende Mehrwertsteuer (EuGH 318/82, Slg. 1985, 3727 Rn. 4 – Leeuwarder Papierwarenfabriek/Kommission). Die Reise- und Aufenthaltskosten einer Partei zur mündlichen Verhandlung sind nur dann erstattungsfähig, wenn das Gericht die persönliche Anwesenheit anordnet, Zeugen zu Vorgängen hört, an denen die Partei beteiligt war oder die Ereignisse, in die die Partei verwickelt war, sehr kompliziert sind und den Kern der mündlichen Verhandlung darstellen (EuGH 24/79, Slg. 1981, 2229 Rn. 2 f. – Oberthür/Kommission).

13. Der Antragsteller muss eine Kostenaufstellung sowie Kopien der Honorarrechnungen seiner Anwälte unter Angabe der Kriterien für die Berechnung und den Betrag der Kosten vorlegen (EuG T-78/89, Slg. 1993, II-573 Rn. 22 – PPG Industries Glass/Kommission). Dabei werden offenbar vertrauliche Unterlagen von den Unionsgerichten unberücksichtigt gelassen (EuGH C-222/92, Slg. 1994, I-5431 Rn. 9 – SFEI ua/Kommission). Eine sorgfältige Kostenaufstellung mit entsprechenden Nachweisen ist zu empfehlen, da bei nicht weiter begründeten Pauschbeträgen (bspw. „Abwesenheitspauschale" oder „Auslagenpauschale") eine Ablehnung der Kostenerstattung droht (EuG T-276/16 DEP, ECLI:EU:T:2018:620 = BeckRS 2018, 23642 Rn. 36 ff. – Viridis Pharmaceutical/EUIPO – Hecht-Pharma (Boswelan)). Zu berücksichtigen ist ferner, dass eine Prozess-Nachbereitung durch den Prozessvertreter (bspw. in Form eines schriftlichen Berichts oder zusammenfassenden Gesprächs) nach der Rechtsprechung grds. nicht zu den erstattungsfähigen Prozesskosten zählt (EuG T13/15 DEP, ECLI:EU:T:2018:990 = BeckRS 2018, 34234 Rn. 28 – Deutsche Post/EUIPO – Media Logistik (PostModern); EuG T-321/19 DEP, ECLI:EU:T:2021:151 = BeckRS 2021, 5377 Rn. 40 – Maternus/EUIPO – adp Gauselmann (Jokers WILD Casino)).

14. Im Rahmen der elektronischen Verfahrensführung wird die Unterzeichnung von Schriftstücken durch die Einreichung über das ordnungsgemäß eingerichtete e-Curia Benutzerkonto ersetzt – konkret durch Verwendung von persönlicher Nutzerkennung und Passwort (Art. 3 Beschluss des Gerichtshofs v. 16.10.2018, ABl. 2018 L 293, 63); → Form. IX.2 Anm. 24.

15. Vgl. zu dem Erfordernis eines Anlagenverzeichnisses Art. 72 Abs. 3 EuG-Verfahrensordnung bzw. Art. 57 Abs. 4 EuGH-Verfahrensordnung sowie → Form. IX.2 Anm. 25.

Kosten und Gebühren

16. Die Unionsgerichte berücksichtigen bei der Festsetzung der erstattungsfähigen Kosten alle Umstände der Rechtssache bis zum Zeitpunkt dieser Festsetzung. Dazu gehören auch die durch das Kostenfestsetzungsverfahren entstehenden Kosten (EuGH 318/82, Slg. 1985, 3727 Rn. 5 – Leeuwarder Papierwarenfabriek/Kommission; EuGH C-294/90 DEP, Slg. 1994, I-5423 Rn. 14 – British Aerospace/Kommission). Eine eigene Kostenentscheidung enthält der Kostenfestsetzungsbeschluss selbst dann nicht, wenn der Antrag zurückgewiesen wird.

Fristen

17. Der Antrag ist nicht fristgebunden (EuGH 126/76, Slg. 1979, 2131 (2133 ff.) – Dietz/Kommission), muss jedoch innerhalb eines „angemessenen" Zeitraums gestellt werden, der keinerlei Anlass zu der Annahme bietet, dass der Kostengläubiger auf seine Rechte verzichtet (EuGH 126/76, Slg. 1979, 2131 Rn. 1 – Dietz/Kommission). In der Praxis ist es indes üblich (vgl. EuG T-315/02 DEP Rn. 21 – Svend Klitgaard/Kommission), dass der Kostengläubiger den Ablauf der Rechtsmittelfrist abwartet, bevor er den Anspruch gegenüber dem Kostenschuldner geltend macht. Hierbei sind Zeiträume zwischen 8 Monaten (EuG T-78/89 DEPE, Slg. 1993, II-573 Rn. 17, 21 – PPG Industries Glass/Kommission) und 1 Jahr (EuG T-2/93 DEPE, Slg. 1996, II-235 Rn. 12 – British Airways/Air France) keine Seltenheit (vgl. *Wägenbaur* Art. 170 EuG-Verfahrensordnung Rn. 10). Ein Zeitraum von 20 Monaten kommt hingegen nur unter besonderen Umständen in Betracht (vgl. EuG T-413/06 P-DEP Rn. 29 – Gualtieri/Kommission).

Die Entscheidung ergeht durch unanfechtbaren Beschluss, Art. 170 Abs. 1 EuG-Verfahrensordnung bzw. Art. 145 Abs. 1 EuGH-Verfahrensordnung. Rechtsmittelfristen gibt es deshalb nicht.

19. Hinweise für die Prozessvertreter

Hinweis

Auf der Homepage des Gerichtshofs der Europäischen Union (http://www.curia.europa.eu) sind sowohl die aktuellen rechtlichen Grundlagen, Beschlüsse des Gerichtshofs der Europäischen Union, Satzungen etc, als auch vielzählige praktische Handreichungen bereitgestellt. Zudem kann hier die Historie der Rechtsänderungen mit den entsprechenden Geltungszeiträumen sowie die Entwicklung und Geltung der praktischen Handreichungen nachverfolgt werden. Anzusteuern ist jeweils die Überschrift „Gerichtshof" bzw. „Gericht", dort findet sich eine weitere Rubrik unter der Überschrift „Verfahren", bei der all diese Dokumente online verfügbar sind.

Bei der Verwendung älterer Kommentierungen oder Entscheidungspraxis ist darauf zu achten, dass die Verfahrensordnung des EuG im Jahr 2016 in erheblichem Maße neu gefasst worden ist. Viele der Vorschriften der Verfahrensordnung des EuG weichen in einzelnen Punkten von der Verfahrensordnung des EuGH ab. Die Verfahrensordnung des EuG (ABl. 2015 L 105, 1, zuletzt geändert mit ABl. 2018 L 240, 68) enthält auch detaillierte, zum Teil von den allgemeinen Vorschriften abweichende Regeln über das Klageverfahren gegen Entscheidungen der Beschwerdekammern des Harmonisierungsamtes für den Binnenmarkt (Marken, Muster und Modelle) sowie des gemeinschaftlichen Sortenamtes. Auch der EuGH hat 2016 seine Verfahrensordnung aktualisiert (ABl. 2012 L 265, 1, zuletzt geändert mit ABl. 2019 L 316, 103).

Die wohl relevantesten Handreichungen sind - zum einen - die Praktischen Durchführungsbestimmungen zur Verfahrensordnung des Gerichts (ABl. 2015 L 152, 1, zuletzt geändert mit ABl. 2018 L 294, 23, berichtigt durch ABl. 2018 L 296, 40), welche sowohl die Praktischen Anweisungen für die Parteien in Verfahren vor dem Gericht (ABl. 2012 L 68, 23) als auch die Dienstanweisungen für den Kanzler des Gerichts erster Instanz der Europäischen Gemeinschaften (ABl. 2007 L 232, 1, zuletzt geändert durch ABl. 2012 L 68, 20) aufgehoben und ersetzt haben sowie - zum anderen - die Praktischen Anweisungen für die Parteien in Verfahren vor dem Gerichtshof (ABl. 2020 L 42 I, 1).

Daneben gibt es zu einzelnen Fragestellungen und Verfahren zusätzliche Information, darunter:

- Bericht über die Anwendung des Eilvorlageverfahrens durch den Gerichtshof;
- Gewährung der Anonymität in den gerichtlichen Verfahren vor dem Gericht der Europäischen Union;
- Hinweise für den Vortrag in der mündlichen Verhandlung;
- Hinweise zu den Voraussetzungen für die Nutzung der Anwendung e-Curia;
- Merkliste Klageschrift;
- Merkliste Mündliche Verhandlung;
- Muster der Zusammenfassung der in der Klageschrift/Rechtsmittelschrift geltend gemachten Klagegründe/Rechtsmittelgründe und wesentliche Argumente sowie die Merkliste Klageschrift.

Ebenfalls von besonderem Interesse für die Praxis ist der Beschluss des Gerichtshofs vom 16. Oktober 2019 „über die Einreichung und Zustellung von Verfahrensschriftstücken im Wege der Anwendung von e-Curia" (ABl. 2018 L 293, 36). Dieser regelt Einzelheiten zur elektronischen Verfahrensführung, ua Zugang und Einrichtung eines e-Curia-Benutzerkontos (Art. 2 u. 8), Einreichung von Verfahrensschriftstücken (Art. 3), Datum und Uhrzeit der mittels e-Curia eingereichten Verfahrensschriftstücke (Art. 5), Zustellung (Art. 6), Datum und Uhrzeit der Zustellung (Art. 7).

Zu beachten ist ferner, dass es kein Selbstvertretungsrecht eines Rechtsanwaltes vor den Unionsgerichten gibt, der Rechtsanwalt also nicht zugleich Partei sein darf (EuGH C-464/16 P, EuZW 2017, 783 – PITTEE/Kommission).

X. Rechtsschutz vor dem Europäischen Gerichtshof für Menschenrechte

1. Individualbeschwerde

EUROPEAN COURT OF HUMAN RIGHTS
COUR EUROPÉENNE DES DROITS DE L'HOMME

① GER - 2021/1
Beschwerdeformular

Zu diesem Beschwerdeformular

Dieses Beschwerdeformular ist ein rechtliches Dokument, das Auswirkungen auf Ihre Rechte und Pflichten hat. Bitte folgen Sie der Anleitung im „Merkblatt zum Ausfüllen des Beschwerdeformulars". Füllen Sie alle Felder aus, die sich auf Ihren Fall beziehen, und legen Sie sämtliche relevanten Unterlagen in Kopie vor.

Achtung: Wenn Ihre Beschwerde unvollständig ist, wird sie nicht angenommen (siehe Artikel 47 der Verfahrensordnung des Gerichtshofs). Beachten Sie bitte insbesondere Artikel 47 Absatz 2 a), der vorsieht, dass eine kurz gehaltene Darlegung des Sachverhalts, der geltend gemachten Verletzungen und der Einhaltung der Zulässigkeitsvoraussetzungen in den dafür vorgesehenen Abschnitten des Beschwerdeformulars selbst angegeben werden MUSS. Das ausgefüllte Beschwerdeformular muss den Gerichtshof in die Lage versetzen, die Art und den Umfang der Beschwerde ohne Rückgriff auf andere Dokumente zu bestimmen.

Strichcode-Aufkleber

Falls Sie bereits Strichcode-Aufkleber vom Europäischen Gerichtshof für Menschenrechte erhalten haben, kleben Sie bitte einen davon in dieses Feld.

Betreff Nr.

Wenn Ihnen zu dieser Beschwerde bereits eine Nummer vom Gerichtshof mitgeteilt wurde, geben Sie diese bitte hier an.

A. Der Beschwerdeführer ② ③

A.1. Einzelperson

Dieser Teil richtet sich ausschließlich an natürliche Personen. Wenn der Beschwerdeführer eine Organisation ist, füllen Sie nur Abschnitt A.2 aus.

1. Familienname

2. Vorname(n)

3. Geburtsdatum z. B. 31/12/1960
T T M M J J J J

4. Geburtsort

5. Staatsangehörigkeit

6. Anschrift

7. Telefon (mit internationaler Vorwahl)

8. E-Mail (falls vorhanden)

9. Geschlecht ○ männlich ○ weiblich

A.2. Organisation

Dieser Teil ist nur dann auszufüllen, wenn der Beschwerdeführer eine Firma, Nichtregierungsorganisation, Vereinigung oder sonstige juristische Person ist. In diesem Fall füllen Sie auch Abschnitt D.1 aus.

10. Bezeichnung

11. Identifikationsnummer (falls vorhanden)

12. Tag der Registrierung oder Eintragung (falls vorhanden) z. B. 27/09/2012
T T M M J J J J

13. Zweck/Aktivität

14. Eingetragene Anschrift

15. Telefon (mit internationaler Vorwahl)

16. E-Mail

B. Staat(en) gegen den/die sich die Beschwerde richtet ④

17. Kreuzen Sie den/die Namen des Staates/der Staaten an, gegen den/die sich die Beschwerde richtet.

- ☐ ALB - Albanien
- ☐ AND - Andorra
- ☐ ARM - Armenien
- ☐ AUT - Österreich
- ☐ AZE - Aserbaidschan
- ☐ BEL - Belgien
- ☐ BGR - Bulgarien
- ☐ BIH - Bosnien und Herzegovina
- ☐ CHE - Schweiz
- ☐ CYP - Zypern
- ☐ CZE - Tschechische Republik
- ☐ DEU - Deutschland
- ☐ DNK - Dänemark
- ☐ ESP - Spanien
- ☐ EST - Estland
- ☐ FIN - Finnland
- ☐ FRA - Frankreich
- ☐ GBR - Vereinigtes Königreich
- ☐ GEO - Georgien
- ☐ GRC - Griechenland
- ☐ HRV - Kroatien
- ☐ HUN - Ungarn
- ☐ IRL - Irland
- ☐ ISL - Island
- ☐ ITA - Italien
- ☐ LIE - Liechtenstein
- ☐ LTU - Litauen
- ☐ LUX - Luxemburg
- ☐ LVA - Lettland
- ☐ MCO - Monaco
- ☐ MDA - Republik Moldau
- ☐ MKD - Nordmazedonien
- ☐ MLT - Malta
- ☐ MNE - Montenegro
- ☐ NLD - Niederlande
- ☐ NOR - Norwegen
- ☐ POL - Poland
- ☐ PRT - Portugal
- ☐ ROU - Rumänien
- ☐ RUS - Russische Föderation
- ☐ SMR - San Marino
- ☐ SRB - Serbien
- ☐ SVK - Slovakische Republik
- ☐ SVN - Slovenien
- ☐ SWE - Schweden
- ☐ TUR - Türkei
- ☐ UKR - Ukraine

Europäischer Gerichtshof für Menschenrechte - Beschwerdeformular 3 / 13

C. Bevollmächtigter des Beschwerdeführers (Einzelperson) (5)

Als Einzelperson müssen Sie sich im jetzigen Verfahrensstadium nicht vertreten lassen. Wenn Sie sich nicht vertreten lassen, gehen Sie zu Abschnitt E.

Wird die Beschwerde für eine Einzelperson von einem nichtanwaltlichen Vertreter erhoben (z. B. Verwandter, Freund oder Betreuer), muss der Vertreter Abschnitt C.1 ausfüllen; wird die Beschwerde von einem Rechtsanwalt erhoben, muss dieser Abschnitt C.2 ausfüllen. In beiden Fällen ist Abschnitt C.3 auszufüllen.

C.1. Nicht-rechtsanwaltlicher Vertreter

18. Eigenschaft/Beziehung/Funktion

19. Familienname

20. Vorname(n)

21. Staatsangehörigkeit

22. Anschrift

23. Telefon (mit internationaler Vorwahl)

24. Fax

25. E-Mail

C.2. Rechtsanwalt

26. Familienname

27. Vorname(n)

28. Staatsangehörigkeit

29. Anschrift

30. Telefon (mit internationaler Vorwahl)

31. Fax

32. E-Mail

C.3. Vollmacht

Der Beschwerdeführer muss seinen Vertreter durch seine Unterschrift im ersten der beiden nachfolgenden Felder ermächtigen, in seinem Namen zu handeln; der Bevollmächtigte muss mit seiner Unterschrift im zweiten Feld bestätigen, dass er die Vertretung übernimmt.

Hiermit bevollmächtige ich die oben genannte Person, mich in der nach Artikel 34 der Menschenrechtskonvention erhobenen Beschwerde im Verfahren vor dem Europäischen Gerichtshof für Menschenrechte zu vertreten.

33. Unterschrift des Beschwerdeführers

34. Datum

T	T	M	M	J	J	J	J

z. B. 27/09/2015

Hiermit stimme ich zu, den Beschwerdeführer in der nach Artikel 34 der Menschenrechtskonvention erhobenen Beschwerde im Verfahren vor dem Europäischen Gerichtshof für Menschenrechte zu vertreten.

35. Unterschrift des Bevollmächtigten

36. Datum

T	T	M	M	J	J	J	J

z. B. 27/09/2015

Elektronischer Schriftwechsel eComms zwischen Bevollmächtigtem und Gerichtshof

37. E-Mail für den eComms-Kontakt (wenn der Bevollmächtigte bereits eComms nutzt, geben Sie die bereits existierende E-Mail-Adresse für eComms an)

Mit Ihrer Unterschrift in diesem Feld stimmen Sie der Nutzung des eComms-Systems zu.

D. Bevollmächtigter des Beschwerdeführers (Organisation) (5)

Eine Organisation, die als Beschwerdeführer auftritt, muss vor dem Gerichtshof durch eine natürliche Person vertreten werden, die bevollmächtigt ist, in ihrem Namen zu handeln (z. B. ein Geschäftsführer oder ein vertretungsbefugter Repräsentant). Die Angaben zu diesem Vertreter müssen in Abschnitt D.1 gemacht werden.

Beauftragt dieser Vertreter einen Rechtsanwalt mit der Vertretung der Organisation, sind zusätzlich die Abschnitte D.2 und D.3 auszufüllen.

D.1. Vertreter der Organisation

38. Eigenschaft/Beziehung/Funktion (bitte Nachweis vorlegen)

39. Familienname

40. Vorname(n)

41. Staatsangehörigkeit

42. Anschrift

43. Telefon (mit internationaler Vorwahl)

44. Fax

45. E-Mail

D.2. Rechtsanwalt

46. Familienname

47. Vorname(n)

48. Staatsangehörigkeit

49. Anschrift

50. Telefon (mit internationaler Vorwahl)

51. Fax

52. E-Mail

D.3. Vollmacht

Der Vertreter der Organisation muss den sie vertretenden Rechtsanwalt durch seine Unterschrift im ersten der beiden nachfolgenden Felder ermächtigen, in seinem Namen zu handeln; der Rechtsanwalt muss mit seiner Unterschrift im zweiten Feld bestätigen, dass er die Vertretung übernimmt.

Hiermit bevollmächtige ich die in Abschnitt D.2 genannte Person, die Organisation in der nach Artikel 34 der Menschenrechtskonvention erhobenen Beschwerde im Verfahren vor dem Europäischen Gerichtshof für Menschenrechte zu vertreten.

53. Unterschrift des Vertreters der Organisation

54. Datum

T T M M J J J J — z. B. 27/09/2015

Hiermit stimme ich zu, die Organisation in der nach Artikel 34 der Menschenrechtskonvention erhobenen Beschwerde im Verfahren vor dem Europäischen Gerichtshof für Menschenrechte zu vertreten.

55. Unterschrift des Rechtsanwalts

56. Datum

T T M M J J J J — z. B. 27/09/2015

Elektronischer Schriftwechsel eComms zwischen Bevollmächtigtem und Gerichtshof

57. E-Mail für den eComms-Kontakt (wenn der Bevollmächtigte bereits eComms nutzt, geben Sie die bereits existierende E-Mail-Adresse für eComms an)

Mit Ihrer Unterschrift in diesem Feld stimmen Sie der Nutzung des eComms-Systems zu.

Beschwerdegegenstand ⑥

Sämtliche Angaben zum Sachverhalt, zu den Beschwerdepunkten und zur Frage der Erschöpfung des innerstaatlichen Rechtswegs sowie der Einhaltung der Sechs-Monats-Frist nach Artikel 35 Absatz 1 der Konvention müssen in diesem Teil des Beschwerdeformulars dargelegt werden (Abschnitt E, F und G). Es ist nicht möglich, diese Abschnitte leer zu lassen oder lediglich auf beigefügte Blätter zu verweisen. Siehe dazu Artikel 47 Absatz 2 der Verfahrensordnung und die Praktische Anordnung zur Einleitung des Verfahrens (nur in Englisch und Französisch verfügbar) sowie das „Merkblatt zum Ausfüllen des Beschwerdeformulars".

E. Darlegung des Sachverhalts ⑦

58.

Darlegung des Sachverhalts (Fortsetzung)

59.

Darlegung des Sachverhalts (Fortsetzung)

60.

– Beschränken Sie Ihre Angaben auf den für diesen Abschnitt vorgesehenen Platz –

F. Angabe der geltend gemachten Verletzung(en) der Konvention und/oder Protokolle und Begründung der Beschwerde (8)

61. Geltend gemachter Artikel	Erläuterung

Angabe der geltend gemachten Verletzung(en) der Konvention und/oder Protokolle und Begründung der Beschwerde (Fortsetzung)

62. Geltend gemachter Artikel	Erläuterung

– Beschränken Sie Ihre Angaben auf den für diesen Abschnitt vorgesehenen Platz –

G. Einhaltung der Zulässigkeitsvoraussetzungen gemäß Artikel 35 Absatz 1 der Konvention ⑨ ⑩

Bestätigen Sie für jeden Beschwerdepunkt, dass Sie die im betroffenen Land verfügbaren Rechtsbehelfe einschließlich aller Rechtsmittel eingelegt haben, und geben Sie zum Nachweis der Einhaltung der Sechs-Monats-Frist auch das Datum an, an dem die letzte innerstaatliche Entscheidung erging und Ihnen zugestellt wurde.

63. Beschwerdepunkt	Angabe der eingelegten Rechtsmittel und Datum der letzten Entscheidung

– Beschränken Sie Ihre Angaben auf den für diesen Abschnitt vorgesehenen Platz –

64. Gibt es oder gab es einen Rechtsbehelf, der nicht eingelegt wurde?⑪

○ Ja

○ Nein

65. Wenn ja, welcher Rechtsbehelf wurde nicht eingelegt? Warum?

H. Angaben zu anderen internationalen Instanzen (sofern angerufen)⑫

66. Haben Sie einen dieser Beschwerdepunkte einem anderen internationalen Untersuchungs- oder Schlichtungsorgan vorgelegt?⑬

○ Ja

○ Nein

67. Wenn ja, fassen Sie das Verfahren kurz und präzise zusammen (vorgetragene Beschwerdepunkte, Name der internationalen Instanz und Datum und Art der ergangenen Entscheidungen)

68. Haben Sie (der Beschwerdeführer) derzeit oder hatten Sie in der Vergangenheit andere Beschwerden vor dem Gerichtshof anhängig?⑭

○ Ja

○ Nein

69. Wenn ja, geben Sie im nachfolgenden Feld bitte die Beschwerdenummer(n) an

I. Liste der beigefügten Unterlagen ⑮

Sie sollten vollständige und lesbare *Kopien* sämtlicher Unterlagen beifügen. Unterlagen werden nicht an Sie zurückgeschickt. Es liegt daher in Ihrem eigenen Interesse, Kopien und keine Originale einzureichen. Sie MÜSSEN:

- **Unterlagen nach Datum und Art des Verfahrens sortieren;**
- **alle Seiten fortlaufend nummerieren; und**
- **Unterlagen NICHT heften, klammern oder kleben.**

70. Bitte führen Sie hier Ihre Unterlagen in chronologischer Reihenfolge mit knapper und präziser Beschreibung auf. Geben Sie für jedes Dokument die Seitennummer an, auf der es sich befindet

1. S.
2. S.
3. S.
4. S.
5. S.
6. S.
7. S.
8. S.
9. S.
10. S.
11. S.
12. S.
13. S.
14. S.
15. S.
16. S.
17. S.
18. S.
19. S.
20. S.
21. S.
22. S.
23. S.
24. S.
25. S.

Sonstige Anmerkungen ⑯

Haben Sie weitere Anmerkungen zu Ihrer Beschwerde?

71. Anmerkungen

Erklärung und Unterschrift ⑰

Ich erkläre nach bestem Wissen und Gewissen, dass die von mir im vorliegenden Beschwerdeformular gemachten Angaben richtig sind.

72. Datum

T	T	M	M	J	J	J	J

z. B. 27/09/2015

Der/die Beschwerdeführer oder der/die Bevollmächtigte(n) müssen in diesem Feld unterschreiben.

73. Unterschrift(en) ◯ Beschwerdeführer ◯ Bevollmächtigte(r) - bitte Zutreffendes ankreuzen

Bestätigung der Kontaktperson ⑱ ⑲ff.

Bei mehreren Beschwerdeführern oder Bevollmächtigten geben Sie bitte Name und Anschrift derjenigen Person an, mit der der Schriftwechsel des Gerichtshofs erfolgen soll. Wenn der Beschwerdeführer vertreten wird, erfolgt der Schriftwechsel des Gerichtshofs nur mit diesem Vertreter (Rechtsanwalt oder nicht anwaltlicher Vertreter).

74. Name und Anschrift ◯ des Beschwerdeführers ◯ des Bevollmächtigten - bitte Zutreffendes ankreuzen

Unterschreiben Sie das vollständig ausgefüllte Beschwerdeformular und senden Sie es an:

The Registrar
European Court of Human Rights
Council of Europe
67075 STRASBOURG CEDEX
FRANCE

893669e1-66ca-4653-b9e0-1de2561a694b

EUROPEAN COURT OF HUMAN RIGHTS
COUR EUROPÉENNE DES DROITS DE L'HOMME

GER – 2021/1

Merkblatt zum Ausfüllen des Beschwerdeformulars

I. Was Sie wissen sollten, bevor Sie das Beschwerdeformular ausfüllen

Mit welchen Fällen kann sich der Gerichtshof befassen?

Der Europäische Gerichtshof für Menschenrechte ist ein internationaler Gerichtshof, der nur Beschwerden von Personen, nichtstaatlichen Organisationen oder Personengruppen prüfen kann, die geltend machen, dass ihre Rechte aus der Europäischen Menschenrechtskonvention verletzt worden sind. Die Konvention ist ein internationaler Vertrag, in dem eine große Zahl europäischer Staaten übereingekommen ist, bestimmte Grundrechte zu sichern. Die garantierten Rechte sind in der Konvention selbst und daneben in den nur von einigen dieser Staaten angenommenen Zusatzprotokollen Nr. 1, 4, 6, 7, 12 und 13 aufgeführt. Lesen Sie bitte diese als Anlage beigefügten Texte.

Der Gerichtshof kann sich nicht mit allen Arten von Beschwerden befassen. Die in der Konvention aufgeführten Zulässigkeitsvoraussetzungen legen seine Befugnisse fest und bestimmen, wer sich wann über was beschweren kann. Mehr als 90 % der vom Gerichtshof untersuchten Beschwerden werden für unzulässig erklärt. Sie sollten daher prüfen, ob Ihre Beschwerde die folgenden Zulässigkeitsvoraussetzungen erfüllt.

Der Gerichtshof kann sich nur mit Ihrer Beschwerde befassen, wenn

- die Beschwerde **die Verletzung eines oder mehrerer Rechte** aus der Konvention oder einem der Protokolle betrifft;
- die Beschwerde sich **gegen einen Staat** richtet, der die Konvention oder das betreffende Protokoll **ratifiziert hat** (*nicht alle Staaten haben jedes Protokoll ratifiziert; prüfen Sie daher die Liste der Ratifizierungen auf der Internetseite des Gerichtshofs www.echr.coe.int/applicants*);
- die Beschwerde sich auf Akte einer Behörde bezieht (gesetzgebende Körperschaft, Verwaltungsorgan, Gericht usw.); der Gerichtshof kann sich nicht mit Beschwerden befassen, die gegen Einzelpersonen oder private Organisationen gerichtet sind;
- die Beschwerde **Handlungen oder Ereignisse** betrifft, die **nach dem Datum der Ratifizierung** der Konvention oder des betreffenden Protokolls durch den Staat **eingetreten sind** (*die Daten für jeden Staat sind der Liste der Ratifizierungen zu entnehmen, die Sie auf der Internetseite des Gerichtshofs finden www.echr.coe.int/applicants*);
- Sie **persönlich und unmittelbar** von der Verletzung eines Grundrechts **betroffen sind** (Sie sind „Opfer");
- Sie dem Vertragsstaat Gelegenheit gegeben haben, die Verletzung Ihrer Rechte zu beheben („Erschöpfung des innerstaatlichen Rechtswegs"); dies bedeutet im Allgemeinen, dass Sie die hier vorgetragenen Beschwerdepunkte bereits **vor den nationalen Gerichten geltend gemacht haben**, einschließlich dem höchsten Gericht, und zwar unter Beachtung der nationalen Verfahrensvorschriften, einschließlich der Fristen. Unwirksame oder in freiem Ermessen stehende Rechtsbehelfe müssen Sie allerdings nicht ergreifen.

COUNCIL OF EUROPE
CONSEIL DE L'EUROPE

- Sie Ihre vollständige Beschwerde **innerhalb von sechs Monaten nach der letzten innerstaatlichen Entscheidung** beim Gerichtshof eingelegt haben. Die **Sechs**-Monats-Frist beginnt normalerweise mit dem Tag, an dem die Entscheidung des höchsten zuständigen nationalen Gerichts oder der Behörde erging oder Ihnen oder Ihrem Rechtsanwalt zugestellt wurde. In Fällen, in denen es kein effektives Rechtsmittel gibt, beginnt die **Sechs**-Monats-Frist mit dem Tag der Handlung, des Ereignisses oder der Entscheidung, über die Sie sich beschweren. Die **Sechs**-Monats-Frist wird erst unterbrochen, wenn Sie dem Gerichtshof eine vollständige Beschwerde zusenden, die den Anforderungen von Artikel 47 der Verfahrensordnung des Gerichtshofs entspricht (siehe den Wortlaut in den Unterlagen zum Einreichen einer Beschwerde). Die Frist endet am letzten Tag des **sechsten** Monats, auch wenn dieser ein Sonn- oder Feiertag ist. Kurz gesagt: das Beschwerdeformular sowie sämtliche notwendigen Informationen und Unterlagen müssen vor oder spätestens am letzten Tag der **Sechs**-Monats-Frist abgeschickt werden. Stellen Sie also sicher, die genannten Dokumente rechtzeitig zur Post zu bringen. Bitte beachten Sie in diesem Zusammenhang, dass eine Zusendung per Fax dieser Unterlagen die **Sechs**-Monats-Frist nicht unterbricht;
- Ihre Beschwerde auf belastbaren Beweisen basiert. **Sie müssen Ihre Behauptungen begründen**, indem Sie klar schildern, was Ihnen widerfahren ist, und dies mit Dokumenten, Entscheidungen, ärztlichen Bescheinigungen, Zeugenaussagen und anderem belegen;
- Sie in der Lage sind aufzuzeigen, dass die Vorgänge, über die Sie sich beschweren, ungerechtfertigterweise in ein Grundrecht eingegriffen haben. Sie können sich nicht lediglich darüber beschweren, dass eine Gerichtsentscheidung ungerecht oder falsch ist. Der Gerichtshof ist kein Berufungsgericht für Entscheidungen der nationalen Gerichte und er kann deren Entscheidungen weder aufheben noch ändern;
- die Beschwerde noch nicht vom Gerichtshof oder einem anderen internationalen Organ untersucht wurde.

Sie sollten sich bewusst sein, dass der Gerichtshof jedes Jahr zehntausende Beschwerden erhält. Er verfügt nicht über die Mittel, um banale oder wiederholte Beschwerden zu bearbeiten, die keinerlei Substanz aufweisen und die nicht zu der Art von Fällen gehören, derer sich eine internationale Kontrollinstanz annehmen sollte. Solche Beschwerden können als missbräuchlich zurückgewiesen werden, was auch der Fall sein kann, wenn sich Beschwerdeführer anstößiger oder beleidigender Sprache bedienen.

Wenn der Beschwerdegegenstand dem Beschwerdeführer keinen wirklichen Schaden oder bedeutsamen Nachteil zugefügt hat, keine neuen Menschenrechtsfragen aufwirft, die auf internationaler Ebene erörtert werden müssten, und bereits von einem nationalen Gericht behandelt worden ist, kann der Fall ebenfalls zurückgewiesen werden.

Für weitere Informationen zu diesen Voraussetzungen ziehen Sie einen Anwalt zurate oder besuchen Sie die Internetseite des Gerichtshofs, auf der Sie Informationen zu den Zulässigkeitskriterien und Antworten auf häufig gestellte Fragen finden.

II. Anleitung zum Ausfüllen des Beschwerdeformulars

Die Voraussetzungen für ein gültiges Beschwerdeformular werden in Artikel 47 der Verfahrensordnung des Gerichtshofs genannt (den Unterlagen zum Einreichen einer Beschwerde beigefügt); Sie finden außerdem Informationen in der Praktischen Anordnung zur Einleitung des Verfahrens im Anhang der Verfahrensordnung (nur in Englisch und Französisch verfügbar) sowie auf der Internetseite des Gerichtshofs (www.echr.coe.int/applicants). Nachfolgend erhalten Sie eine Anleitung und Hinweise zum Ausfüllen des Beschwerdeformulars. Bitte lesen Sie sich diese durch, bevor Sie das Beschwerdeformular ausfüllen. Damit vermeiden Sie Fehler, wegen derer Ihre Beschwerde als unvollständig abgewiesen wird.

- SCHREIBEN SIE LESERLICH. Geben Sie einer maschinengeschriebenen Version den Vorrang.
- FÜLLEN SIE ALLE IHREN FALL BETREFFENDEN FELDER AUS. Das Beschwerdeformular ist sonst unvollständig und wird nicht angenommen.
- Benutzen Sie keine Symbole oder Abkürzungen: beschreiben Sie Ihr Anliegen in klaren Worten.
- SEIEN SIE KNAPP UND PRÄZISE.

Bitte laden Sie das Beschwerdeformular von der Internetseite des Gerichtshofs herunter und füllen es, wenn möglich, am Computer aus. Ihre Beschwerde kann dadurch schneller bearbeitet werden.

Sprache

Die **Amtssprachen** des Gerichtshofs sind Englisch und Französisch. Sollte es einfacher für Sie sein, können Sie aber auch in einer der offiziellen Sprachen der Mitgliedstaaten der Konvention an die Kanzlei des Gerichtshofs schreiben. Zu Beginn des Verfahrens wird der Gerichtshof Ihnen in der Regel auch in dieser Sprache antworten. Jedoch sollten Sie beachten, dass zu einem späteren Zeitpunkt, nämlich für den Fall, dass der Gerichtshof die Regierung auffordert, zu den von Ihnen erhobenen Beschwerdepunkten Stellung zu nehmen, der Schriftverkehr mit Ihnen ausschließlich auf Englisch oder Französisch geführt wird. In diesem Fall sind Sie bzw. Ihr Bevollmächtigter grundsätzlich gehalten, weitere Schriftsätze auf Englisch oder Französisch einzureichen.

Anmerkungen zu den Feldern des Beschwerdeformulars

Damit Ihre Beschwerde vom Gerichtshof zugelassen wird, müssen alle auf Sie zutreffenden Felder in der vorgeschriebenen Weise ausgefüllt und alle gemäß Artikel 47 der Verfahrensordnung notwendigen Unterlagen beigelegt werden. Bitte beachten Sie dies beim Ausfüllen des Beschwerdeformulars und bei der Zusammenstellung der ergänzenden Unterlagen. **Anderenfalls wird der Gerichtshof Ihre Beschwerde nicht prüfen. Er wird keine Beschwerdeakte eröffnen und die zugesandten Unterlagen nicht aufbewahren.**

Das Beschwerdeformular – Abschnitt für Abschnitt

Bitte beachten Sie, dass die im Beschwerdeformular und im Merkblatt verwendeten Begriffe dem Text der Konvention entnommen sind. Das Fehlen von weiblichen Formen der Begriffe bedeutet in keiner Weise, dass irgendjemand ausgeschlossen ist.

Das Feld für den Strichcode-Aufkleber

Wenn Sie bereits in der gleichen Sache Schriftverkehr mit dem Gerichtshof geführt haben und Ihnen Strichcode-Aufkleber zugesendet wurden, kleben Sie bitte einen Strichcode-Aufkleber in das dafür vorgesehene Feld im oberen linken Teil der ersten Seite des Beschwerdeformulars.

A. Der Beschwerdeführer

A.1. Einzelperson

Dieser Abschnitt ist für natürliche Personen im Gegensatz zu juristischen Personen, wie Firmen und

Vereinigungen (Abschnitt A.2), bestimmt.

1-9. Im Fall von mehreren beschwerdeführenden natürlichen Personen müssen diese Angaben für jeden weiteren Beschwerdeführer auf einem gesonderten Blatt gemacht werden. Bitte nummerieren Sie die einzelnen Beschwerdeführer. Siehe auch den unten stehenden Abschnitt „Gruppenbeschwerden und Mehrzahl von Beschwerdeführern".

6. Anschrift: neben der Anschrift des Bevollmächtigten muss der Beschwerdeführer eine eigene postalische Anschrift angeben, damit der Gerichtshof bei Bedarf Kontakt mit ihm aufnehmen kann. Ein Beschwerdeführer ohne festen Wohnsitz kann ein Postfach oder die Anschrift eines Bekannten angeben, muss aber eine Erklärung beifügen.

A.2. Organisation

Dieser Teil betrifft Beschwerdeführer, die juristische Personen sind, wie Firmen, Nichtregierungsorganisationen oder Vereinigungen usw. Wenn dieser Abschnitt ausgefüllt wird, ist auch Abschnitt D.1 auszufüllen.

10-16. Angaben zur Identität der beschwerdeführenden Organisation sowie Kontaktinformationen müssen gemacht werden. Im Fall von mehreren Beschwerdeführern müssen diese Angaben für jeden zusätzlichen Beschwerdeführer auf einem gesonderten Blatt gemacht werden. Bitte nummerieren Sie die Beschwerdeführer.

11. Identifikationsnummer: Bitte geben Sie die amtliche Identifikationsnummer oder die der Organisation oder sonstigen juristischen Person in den amtlichen Registern zugeordnete Nummer an, falls vorhanden.

12. Das Datum der Registrierung, Gründung oder Eintragung sollte aus Gründen der Vereinfachung der Identifizierung ebenfalls angegeben werden, soweit ein solches Verfahren stattgefunden hat.

Gruppenbeschwerden und Mehrzahl von Beschwerdeführern

Soweit ein Beschwerdeführer oder Bevollmächtigter Beschwerden im Namen von zwei oder mehr Beschwerdeführern erhebt und diese Beschwerden unterschiedliche Sachverhalte betreffen, muss ein separates Beschwerdeformular für jeden Einzelnen eingereicht werden, in dem alle erforderlichen Angaben gemacht werden. Die betreffenden Dokumente müssen ebenfalls dem Beschwerdeformular des jeweiligen Beschwerdeführers beigefügt werden.

In Fällen, in denen mehr als zehn Beschwerdeführer auftreten, muss der Bevollmächtigte neben den Beschwerdeformularen und Unterlagen zusätzlich eine Tabelle erstellen, in welcher die Angaben zur Identifizierung jedes einzelnen Beschwerdeführers enthalten sind; diese Tabelle können Sie von der Internetseite des Gerichtshofs herunterladen (siehe www.echr.coe.int/applicants). Bei einer Vertretung durch einen Rechtsanwalt muss diese Tabelle auch in elektronischer Form eingereicht werden (auf CD-ROM oder Memorystick).

Im Fall einer großen Gruppe von Beschwerdeführern oder Beschwerden können die Beschwerdeführer oder Bevollmächtigten von der Kanzlei des Gerichtshofs angewiesen werden, den Text Ihrer Eingaben oder Dokumente in elektronischer oder anderer Form zur Verfügung zu stellen. Die Kanzlei kann weitere Anweisungen geben, die eine effektive und schnelle Bearbeitung der Beschwerden ermöglichen.

Bei Nichtbefolgung der Vorgaben der Kanzlei in Bezug auf Form sowie auf die Art und Weise der Einlegung von Gruppenbeschwerden oder Beschwerden von einer Mehrzahl von Beschwerdeführern werden die Beschwerden gegebenenfalls nicht vom Gerichtshof untersucht (siehe Artikel 47 Absatz 5.1 und 5.2 der Verfahrensordnung).

B. Staat(en), gegen den/die sich die Beschwerde richtet

17. Kreuzen Sie das Kästchen des Staates/der Staaten an, gegen den/die die Beschwerde gerichtet ist.

Dieser Abschnitt betrifft den/die Mitgliedsstaat(en), der/die Ihrer Auffassung nach für die Vorgänge, über die Sie sich beschweren, verantwortlich ist/sind. Bitte beachten Sie, dass vor dem Gerichtshof nur Beschwerden gegen die aufgelisteten Staaten eingelegt werden können, da nur sie der Konvention beigetreten sind.

C. Bevollmächtigter des Beschwerdeführers (Einzelperson)

Diejenige Person, die in diesem Abschnitt als Vertreter eingetragen ist, muss in Feld Nr. 35 unterschreiben; der Beschwerdeführer muss in Feld Nr. 33 unterschreiben.

C.1. Nicht rechtsanwaltlicher Vertreter

18-25. Aus gesundheitlichen Gründen oder wegen Geschäftsunfähigkeit wollen oder können manche Beschwerdeführer nicht selbst am Verfahren teilnehmen. Sie können von einer Person ohne juristische Ausbildung vertreten werden, zum Beispiel Kinder von ihren Eltern. Außerdem kann ein Vormund oder ein Familienangehöriger oder Partner jemanden vertreten, wenn faktische oder gesundheitliche Umstände es dieser Person erschweren, am Verfahren teilzunehmen (zum Beispiel falls sich ein Beschwerdeführer im Krankenhaus oder Gefängnis befindet). Der Vertreter muss neben den Angaben zu seiner Identität und seinen Kontaktdaten angeben, in welcher Eigenschaft er den Beschwerdeführer vertritt oder in welcher Beziehung er zu ihm steht. Wenn Sie Abschnitt C.1 ausgefüllt haben, sollten Sie **im Falle** der Beauftragung eines Rechtsanwalts ebenfalls Abschnitt C.2 ausfüllen (siehe Abschnitt C.2)

C.2. Rechtsanwalt

26-32. Informationen zur Identität des Rechtsanwalts einschließlich ausführlicher Kontaktdaten sind anzugeben, soweit er im Namen des Beschwerdeführers vor dem Gerichtshof tätig wird. Der Beschwerdeführer ist in der Phase der Einlegung einer Beschwerde nicht verpflichtet, einen Rechtsanwalt zu beauftragen. Sobald das Verfahren ein Stadium erreicht hat, in der die Vertretung durch einen Rechtsanwalt verpflichtend ist, wird der Beschwerdeführer hierüber informiert. Zu diesem Zeitpunkt – nach einer Entscheidung des Gerichtshofs, die Regierung des Mitgliedsstaates über die Beschwerde zu informieren, damit diese hierzu Stellung nehmen kann – besteht die Möglichkeit, Verfahrenshilfe zu beantragen, wenn die finanzielle Situation des Beschwerdeführers es ihm nicht erlaubt, einen Anwalt zu bezahlen, und solch eine Hilfe für den ordnungsgemäßen Fortgang des Verfahrens notwendig erscheint. Informationen hierzu werden dem Beschwerdeführer zu gegebener Zeit zugesandt.

C.3. Vollmacht

Dieser Abschnitt muss die Originalunterschriften enthalten.

33. Der Beschwerdeführer muss das Vollmachtsformular unterschreiben, das den Vertreter ermächtigt, in seinem Namen zu handeln, es sei denn, bei dem Beschwerdeführer handelt es sich zum Beispiel um ein Kind oder eine geschäftsunfähige Person, die nicht in der Lage ist, dies selbst zu tun. Sollte ein Vertreter, der kein Anwalt ist, im Namen des Beschwerdeführers einen Rechtsanwalt beauftragt haben, muss dieser Vertreter die Vollmacht im Namen des Beschwerdeführers unterschreiben.

34 und 36. Das Datum, an dem der Beschwerdeführer (Einzelperson) und sein Vertreter unterschrieben haben, ist anzugeben.

35. Der vom Beschwerdeführer mit dem Einlegen der Beschwerde beauftragte Rechtsanwalt oder nicht anwaltliche Vertreter muss die Vollmacht unterschreiben, um zu bestätigen, dass er oder sie die Vertretung übernimmt. Die Kanzlei des Gerichtshofs kann beim Fehlen der Unterschrift den Schriftwechsel nur mit dem Beschwerdeführer weiterführen, da nicht nachgewiesen wurde, dass der Vertreter tatsächlich mit der Sache beauftragt wurde.

Senden Sie keine getrennte Vollmacht: sämtliche vom Gerichtshof benötigten Angaben zur Identität und den Kontaktdaten der betreffenden Personen müssen im Beschwerdeformular angegeben werden. Sowohl der Beschwerdeführer als auch sein Vertreter müssen beim Vorbereiten der Beschwerde im Abschnitt „Vollmacht" in den Feldern Nr. 33 und 35 unterschreiben: Rechtsanwälte dürfen keine vom Beschwerdeformular getrennte Vollmacht einreichen, es sei denn, dass dies aus praktischen Gründen nicht anders möglich ist. Eine separate Vollmacht wird nur in solchen Fällen angenommen, in denen ein Beschwerdeführer den Rechtsanwalt wechselt oder zu einem späteren Zeitpunkt beauftragt. Beschwerdeführer müssen dann das auf der Internetseite des Gerichtshofs separat abrufbare Vollmachtsformular benutzen, in dem die nötigen Angaben gemacht werden können. Wird eine separate Vollmacht ohne überzeugende Begründung für deren Notwendigkeit vorgelegt, wird die Beschwerde wegen Nichtbeachtung von Artikel 47 der Verfahrensordnung zurückgewiesen.

Elektronischer Schriftwechsel *eComms* zwischen Bevollmächtigtem und Gerichtshof

eComms ist ein Dienst, der vom Gerichtshof mit dem Ziel eingerichtet wurde, den Schriftverkehr mit dem Bevollmächtigten eines Beschwerdeführers elektronisch abzuwickeln. **Der Dienst wird nur dann aktiviert, wenn eine Beschwerde der Regierung des beklagten Staates zugestellt wird.**

37. Mithilfe der von Ihnen angegebenen E-Mail-Adresse wird ein eComms-Konto eröffnet. Es wird empfohlen, dass Bevollmächtigte, die in einer Anwaltskanzlei arbeiten, eine allgemein genutzte E-Mail-Anschrift angeben, damit das eComms-Konto von mehreren Mitarbeitern dieser Kanzlei genutzt werden kann.

Bitte teilen Sie dem Gerichtshof jede Änderung Ihrer eComms E-Mail-Adresse mit.

Weitere Informationen finden Sie in den Allgemeinen Nutzungsbedingungen auf der eComms Webseite (**https://ecomms.echr.coe.int**) sowie in der Praktischen Anweisung für Beschwerdeführer zum elektronischen Einbringen von Beschwerden (**www.echr.coe.int/practicedirections**) (nur in Englisch und Französisch verfügbar).

D. Bevollmächtigter des Beschwerdeführers (Organisation)

D.1. Vertreter der Organisation

38-45. Eine Organisation, die als Beschwerdeführer auftritt, muss durch eine natürliche Person handeln, mit der der Gerichtshof korrespondieren kann, etwa ein vertretungsbefugter Repräsentant eines Unternehmens, ein Vorstand oder ein Geschäftsführer. Diese Person muss Nachweise zu ihrer Berechtigung vorlegen, den Fall im Namen der Organisation vor den Gerichtshof zu bringen. Dies können je nach Praxis des betreffenden Landes Kopien eines Auszugs aus dem Firmen- oder Handelsregister, einer notariell beglaubigten Vollmacht oder von Protokollen der Geschäftsleitung sein. Sollte ein solcher Nachweis nicht möglich sein, müssen die Gründe dafür dargelegt werden.

In diesem Abschnitt müssen der vollständige Name sowie die Kontaktdaten der Person angegeben werden, die satzungsmäßig oder rechtlich befugt ist, die Organisation zu vertreten.

Wenn der offizielle Vertreter der Organisation gleichzeitig deren Rechtsanwalt ist, muss dies deutlich gemacht werden, indem dieser Abschnitt und Abschnitt D.2 ausgefüllt werden.

D.2. Rechtsanwalt

46-52. Der vollständige Name sowie die Kontaktdaten des Rechtsanwalts, der die Organisation im Verfahren vor dem Gerichtshof vertritt, sind hier anzugeben. Zum Zeitpunkt des Einlegens der Beschwerde ist eine Vertretung nicht erforderlich. Wenn eine Beschwerde ein Stadium erreicht, in welchem eine Vertretung durch einen Rechtsanwalt notwendig ist, wird der Gerichtshof dem Beschwerdeführer dies mitteilen.
Die als rechtsanwaltlicher Vertreter eingetragene Person muss in Feld Nr. 55 unterschreiben; der Vertreter der Organisation muss in Feld Nr. 53 unterschreiben.

D.3. Vollmacht

Dieser Abschnitt muss die Originalunterschriften enthalten.

53. Der Vertreter der beschwerdeführenden Organisation muss hier unterschreiben, um einen Rechtsanwalt zu ermächtigen, im Namen der Organisation tätig zu werden.

54 und 56. Das Datum, an dem der Vertreter der Organisation und der Rechtsanwalt unterschrieben haben, ist anzugeben.

55. Der vom Vertreter der Organisation mit dem Einlegen der Beschwerde beauftragte Rechtsanwalt muss die Vollmacht unterschreiben, um zu bestätigen, dass er oder sie die Vertretung übernimmt. Die Kanzlei des Gerichtshofs kann beim Fehlen der Unterschrift den Schriftwechsel nur mit dem Vertreter der Organisation weiterführen, da nicht nachgewiesen wurde, dass der angegebene Vertreter tatsächlich mit der Sache beauftragt wurde.

Senden Sie keine getrennte Vollmacht: sämtliche benötigten Angaben zur Identität und den Kontaktdaten der betreffenden Personen müssen im Beschwerdeformular angegeben werden. Sowohl der Vertreter der beschwerdeführenden Organisation als auch der Rechtsanwalt müssen beim Vorbereiten der Beschwerde im Abschnitt „Vollmacht" in den Feldern 53 und 55 unterschreiben: der Rechtsanwalt darf keine vom Beschwerdeformular getrennte Vollmacht einreichen, es sei denn, dass dies aus praktischen Gründen nicht anders möglich ist. Eine separate Vollmacht wird nur in solchen Fällen angenommen, in denen ein Beschwerdeführer den Rechtsanwalt wechselt oder zu einem späteren Zeitpunkt beauftragt. Beschwerdeführer müssen dann das auf der Internetseite des Gerichtshofs separat abrufbare Vollmachtsformular benutzen, in dem die nötigen Angaben gemacht werden können. Wird eine separate Vollmacht ohne überzeugende Begründung für deren Notwendigkeit vorgelegt, wird die Beschwerde wegen Nichtbeachtung von Artikel 47 der Verfahrensordnung zurückgewiesen.

Elektronischer Schriftwechsel *eComms* zwischen Bevollmächtigtem und Gerichtshof

eComms ist ein Dienst, der vom Gerichtshof mit dem Ziel eingerichtet wurde, den Schriftverkehr mit dem Bevollmächtigten einer beschwerdeführenden Organisation elektronisch abzuwickeln. **Der Dienst wird nur dann aktiviert, wenn eine Beschwerde der Regierung des beklagten Staates zugestellt wird.**

57. Mithilfe der von Ihnen angegebenen E-Mail-Adresse wird ein eComms-Konto eröffnet. Es wird empfohlen, dass Bevollmächtigte, die in einer Anwaltskanzlei arbeiten, eine allgemein genutzte E-Mail-Anschrift angeben, damit das eComms-Konto von mehreren Mitarbeitern dieser Kanzlei genutzt werden kann.

Bitte teilen Sie dem Gerichtshof jede Änderung Ihrer eComms E-Mail-Adresse mit.

Weitere Informationen finden Sie in den Allgemeinen Nutzungsbedingungen auf der eComms

Webseite (https://ecomms.echr.coe.int) sowie in der Praktischen Anweisung für Beschwerdeführer zum elektronischen Einbringen von Beschwerden (www.echr.coe.int/practicedirections) (nur in Englisch und Französisch verfügbar).

E, F und G: Beschwerdegegenstand

58-65. Seien Sie knapp und präzise. Machen Sie die wesentlichen Angaben zu Ihrem Fall: Nennen Sie die wichtigsten Fakten und Entscheidungen, und teilen Sie mit, inwieweit Ihre Rechte verletzt wurden. Verzichten Sie dabei auf unnötige Hintergrundinformationen. Vermeiden Sie längere Zitate und verweisen Sie nötigenfalls auf ein beigefügtes Dokument. Der Sachverhalt und Ihre Beschwerdepunkte müssen in den eigens dafür im Beschwerdeformular vorgesehenen Feldern dargestellt werden, damit der Gerichtshof in die Lage versetzt wird, die Art und den Gegenstand der Beschwerde zu erfassen, ohne auf andere Unterlagen zurückgreifen zu müssen. Die gemachten Angaben sind für die effiziente und schnelle Bearbeitung Ihrer Beschwerde unerlässlich. Daher müssen Sie Ihre Angaben im Beschwerdeformular und nicht auf zusätzlichen Blättern machen. Die Darstellung des Sachverhalts, der geltend gemachten Verletzungen und der Einhaltung der Zulässigkeitsvoraussetzungen sollte klar, präzise und leicht lesbar sein. Versuchen Sie nicht, durch kleinere Schrift hier mehr Informationen unterzubringen. Sie dürfen diese Seiten auch nicht frei lassen und auf beigefügte Blätter verweisen. Sie müssen die maßgeblichen Angaben auf dem im Beschwerdeformular zur Verfügung gestellten Raum machen, ansonsten wird der Gerichtshof Ihre Beschwerde nicht prüfen.

Falls erforderlich, können Sie zusätzliche Angaben auf gesonderten Seiten machen, die Sie dem Beschwerdeformular beilegen und deren Umfang 20 Seiten nicht überschreiten darf (ausgenommen sind die dazugehörigen Entscheidungen und Unterlagen). Dies bedeutet nicht, dass Sie mit Ihren Angaben im Beschwerdeformular beginnen und auf beigefügten Seiten fortführen, bis Seite 20 erreicht ist. Die 20 Zusatzseiten dienen lediglich dazu, die Darstellung des Sachverhalts, der geltend gemachten Verletzungen und der Einhaltung der Zulässigkeitsvoraussetzungen, die Sie im Beschwerdeformular gemacht haben, zu ergänzen. Es dürfen keine neuen Beschwerdepunkte in dieser Anlage gemacht werden. Die Anlage dient lediglich dem Zweck, die bereits im Beschwerdeformular behaupteten Verletzungen näher zu erläutern.

Sofern eine Beschwerde der Regierung des beklagten Staates zur Stellungnahme zugestellt wird, erhält der Beschwerdeführer Gelegenheit, mit detaillierten Argumenten darauf zu antworten.

Alle Angaben müssen **gut lesbar sein**. Falls Sie zusätzlich zur Darstellung des Sachverhalts, der geltend gemachten Verletzungen und der Einhaltung der Zulässigkeitsvoraussetzungen im Beschwerdeformular noch weitere Angaben auf Zusatzblättern machen, müssen

- diese in maschinengeschriebener Form eine Mindestschriftgröße von 12 pt im Text und 10 pt in den Fußnoten einhalten;
- diese, wenn es sich um Anlagen handelt, auf DIN-A-4 Papier mit einem Seitenabstand von mindestens 3,5 cm kopiert werden;
- alle Seiten fortlaufend nummeriert sein; und
- mithilfe nummerierter Absätze gegliedert sein.

Generell sind sämtliche Informationen, die im Beschwerdeformular und den bei der Kanzlei eingereichten Unterlagen enthalten sind, einschließlich der Angaben zum Beschwerdeführer oder Drittpersonen, **öffentlich zugänglich**. Darüber hinaus können solche Informationen im Internet in der Datenbank HUDOC des Gerichtshofs enthalten sein, und zwar in einer Zusammenfassung des Sachverhalts der Beschwerde bei Zustellung an die Regierung, einer Entscheidung über die Zulässigkeit oder die Streichung einer Beschwerde von der Liste der anhängigen Beschwerden sowie in Urteilen. Aus diesem Grund sollten Sie nur solche Angaben hinsichtlich Ihres oder des Privatlebens

Dritter machen, die für das Verständnis des Sachverhalts unerlässlich sind.

Wenn Sie nicht möchten, dass Ihre Identität öffentlich gemacht wird, müssen Sie dies ausdrücklich beantragen und Gründe für das Abweichen von der sonst üblichen Praxis angeben. Soweit ausreichende Gründe hierfür vorliegen, kann der Gerichtshof ausnahmsweise die **Anonymisierung** der Beschwerde zulassen.

E. Darlegung des Sachverhalts

58-60. Machen Sie klare und präzise Angaben. Geben Sie die genauen Daten an.

Gehen Sie chronologisch vor und teilen Sie Ereignisse in der Reihenfolge mit, in der diese eingetreten sind.

Wenn sich Ihre Beschwerdepunkte auf mehrere unterschiedliche Sachverhalte beziehen (z. B. unterschiedliche Gerichtsverfahren), behandeln Sie bitte jeden Sachverhalt separat.

Es sind Unterlagen beizufügen, die Ihre Beschwerde stützen, insbesondere Kopien der einschlägigen Entscheidungen oder schriftliche Nachweise aller Maßnahmen, die Gegenstand der Beschwerde sind: zum Beispiel ein Räumungsbefehl oder eine Abschiebungsandrohung. Es sind außerdem schriftliche Beweise vorzulegen, die Ihre Beschwerdepunkte belegen, etwa ärztliche Atteste, Zeugenaussagen, Protokolle, Nachweise über Eigentumstitel oder Belege zu Haftzeiten. Sollten Sie nicht in der Lage sein, Kopien von bestimmten Unterlagen zu erhalten, sollten Sie darlegen, warum dies nicht möglich ist.

F. Angabe der geltend gemachten Verletzung(en) der Konvention und/oder Protokolle und Begründung der Beschwerde

61-62. Für jeden Beschwerdepunkt müssen Sie den betreffenden Artikel der Konvention oder eines der Protokolle angeben und kurz darstellen, inwieweit eine Verletzung erfolgte.

Erklären Sie so präzise wie möglich, über was Sie sich beschweren möchten. Geben Sie an, welche Rechte aus der Konvention verletzt wurden und inwieweit Ihre Angaben zum Sachverhalt diese Verletzung begründen. Machen Sie diese Angaben zu jedem einzelnen Beschwerdepunkt.

Beispiel:

> *Artikel 6 Absatz 1: Das Zivilverfahren betreffend meines Anspruchs auf Schadensersatz wegen einer Körperverletzung war unangemessen lang, da es über 10 Jahre andauerte, und zwar vom 10. Januar 2002 bis zum 25. April 2012.*

G. Einhaltung der Zulässigkeitsvoraussetzungen gemäß Artikel 35 Absatz 1 der Konvention (Angaben zur Erschöpfung der innerstaatlichen Rechtsmittel und Sechs-Monats-Frist)

63. In diesem Abschnitt müssen Sie darlegen, dass Sie versucht haben, dem beklagten Staat Gelegenheit zu geben, der geltend gemachten Verletzung abzuhelfen, bevor Sie die internationale Gerichtsbarkeit des Gerichtshofs in Anspruch genommen haben. Sie müssen daher darlegen, dass Sie jeden vorhandenen und grundsätzlich wirksamen Rechtsbehelf in dem Mitgliedsstaat eingelegt haben.

Für jeden Beschwerdepunkt zur Verletzung der Konvention oder Ihrer Zusatzprotokolle geben Sie bitte folgendes an:

- das genaue Datum der letzten Entscheidung, den Namen des Gerichts und die Art der Entscheidung;

- die Daten der Entscheidung der unteren Gerichtsinstanzen, die der letzten Entscheidung vorausgegangen sind; und
- die Aktenzeichen der innerstaatlichen Verfahren.

Bitte denken Sie daran, Kopien aller Entscheidungen beizulegen, die Gerichte oder andere entscheidungsbefugte Organe getroffen haben, von der untersten Instanz bis zur höchsten; es sind außerdem Kopien Ihrer Klage- oder Beschwerdeschriften vor den Gerichten und Berufungs-/Revisionsschriften (einschließlich der Verfassungsbeschwerde) beizufügen, um belegen zu können, dass Sie Ihre Beschwerdepunkte der Sache nach in jeder Instanz erhoben haben.

Sie müssen außerdem darlegen, dass Sie jeden Beschwerdepunkt innerhalb von sechs Monaten nach der letzten innerstaatlichen Entscheidung zu diesem Beschwerdepunkt beim Gerichtshof vorgetragen haben. Es ist daher entscheidend, das Datum der letzten Entscheidung anzugeben. Dieses muss nachgewiesen werden, und zwar durch eine Kopie der Entscheidung, die das Datum beinhaltet, oder, falls Sie keine Ausfertigung der letzten Entscheidung am Tag der Verkündung oder Veröffentlichung erhalten haben, einen anderen Nachweis, zum Beispiel eine Empfangsbestätigung oder eine Kopie des eingeschriebenen Briefs oder Umschlags. Standen keine geeigneten Rechtsbehelfe zur Verfügung, ist nachzuweisen, dass die Beschwerde innerhalb von sechs Monaten nach der ursprünglichen Handlung, Maßnahme oder Entscheidung eingelegt wurde, gegen die sie gerichtet ist. Außerdem ist ein schriftlicher Nachweis im Hinblick auf das Datum dieser Handlung, Maßnahme oder Entscheidung vorzulegen.

64-65. Hier sollten Sie angeben, ob ein Rechtsbehelf zur Verfügung stand, von dem Sie keinen Gebrauch gemacht haben. Sollte dies der Fall sein, sollten Sie Gründe angeben, warum Sie ihn nicht eingelegt haben.

Sie finden weitere nützliche Informationen zur Erschöpfung des innerstaatlichen Rechtswegs sowie zur Einhaltung der Sechs-Monats-Frist im Leitfaden zu den Zulässigkeitsvoraussetzungen auf der Internetseite des Gerichtshofs (www.echr.coe.int/applicants).

H. Angaben zu anderen internationalen Instanzen (sofern angerufen)

66-67. Geben Sie an, ob Sie Ihre Beschwerdepunkte einem anderen internationalen Untersuchungs- oder Schlichtungsorgan vorgelegt haben, z. B. einem Organ der Vereinten Nationen wie der Internationalen Arbeitsorganisation oder dem Menschenrechtsausschuss, oder einem internationalen Schiedsgericht. Machen Sie gegebenenfalls detaillierte Angaben zum Namen des Organs, dem Sie Ihre Beschwerdepunkte vorgetragen haben, zum Datum und zu den durchgeführten Verfahren sowie zu den ergangenen Entscheidungen. Legen Sie Kopien der Entscheidungen und sonstiger Dokumente vor.

68-69. Frühere oder noch vor dem Gerichtshof anhängige Beschwerden: Sie sollten auch mitteilen, ob Sie als Beschwerdeführer weitere Beschwerden vor dem Gerichtshof anhängig haben oder hatten, und gegebenenfalls die Beschwerdenummer(n) angeben. Diese Angaben benötigt der Gerichtshof, um Ihre Beschwerden einordnen, auffinden und bearbeiten zu können.

I. Liste der beigefügten Unterlagen

70. Sie müssen eine nummerierte und chronologische Liste sämtlicher Urteile und Entscheidungen, auf die Sie in den Abschnitten E, F, G und H des Beschwerdeformulars Bezug nehmen, beifügen. Dies gilt auch für andere Unterlagen, die Sie dem Gerichtshof als Beweis für die Verletzung Ihrer Rechte aus der Konvention vorlegen (Protokolle, Zeugenaussagen, medizinische Gutachten usw.). Geben Sie in der Liste der beigefügten Unterlagen für jedes Dokument die Seitennummer an, auf der es sich befindet, um dem Gerichtshof das Auffinden zu erleichtern. Sollte der dafür vorgesehene Platz im

Beschwerdeformular nicht ausreichen, können Sie ein Zusatzblatt verwenden.

Sie sollten vollständige und lesbare *Kopien* sämtlicher in der Liste genannten Unterlagen beifügen.

Unterlagen werden nicht an Sie zurückgeschickt. Es liegt daher in Ihrem eigenen Interesse, Kopien und keine Originale einzureichen.

Sie MÜSSEN:

- Unterlagen nach Datum und Art des Verfahrens sortieren;
- alle Seiten fortlaufend nummerieren; und
- Unterlagen NICHT heften, klammern oder kleben.

ZUR ERINNERUNG: Es obliegt dem Beschwerdeführer, frühzeitig sämtliche Informationen und Unterlagen zu beschaffen, die für eine vollständige Beschwerde nötig sind. Wenn Sie ein oder mehrere notwendige Dokumente nicht einreichen, gilt Ihre Beschwerde als unvollständig und der Gerichtshof wird sich nicht mit ihr befassen, es sei denn, Sie haben hinreichend dargelegt, warum Sie das fehlende Dokument nicht beschaffen konnten.

Sie werden darauf hingewiesen, dass Beschwerden, die verdächtige Gegenstände enthalten, aus Sicherheitsgründen vernichtet werden.

Erklärung und Unterschrift

Dieser Abschnitt muss die Originalunterschriften enthalten.

72-73. Jeder Beschwerdeführer oder sein bevollmächtigter Vertreter müssen die Vollmacht unterschreiben. Niemand sonst darf unterschreiben.

Bestätigung der Kontaktperson

74. Die Kanzlei des Gerichtshofs wird den Schriftverkehr nur mit einem Beschwerdeführer oder einem Vertreter führen. In Fällen, in denen es mehrere Beschwerdeführer gibt und kein Vertreter bevollmächtigt wurde, sollte einer der Beschwerdeführer als diejenige Person bestimmt werden, mit welcher die Kanzlei den Schriftverkehr führt. In Fällen, in denen ein Beschwerdeführer sich vertreten lässt, wird die Kanzlei den Schriftverkehr nur mit einem einzigen Bevollmächtigten führen. Ein Beschwerdeführer, der sich beispielsweise von mehreren Rechtsanwälten vertreten lässt, muss denjenigen Rechtsanwalt benennen, der den Schriftverkehr mit dem Gerichtshof führt.

III. Informationen zum Einbringen der Beschwerde und deren Bearbeitung

A. Ablauf des Einbringens der Beschwerde ㉘ ㉙ ㉚

Beschwerden können beim Gerichtshof nur schriftlich eingebracht werden (und nicht am Telefon). Der Versand der Papierversion des Beschwerdeformulars samt Originalunterschrift des/der Beschwerdeführer(s) und/oder autorisierten Bevollmächtigten muss auf dem Postweg erfolgen. Der Gerichtshof benötigt das Original des unterschriebenen Beschwerdeformulars, und daher ist eine per Fax eingebrachte Beschwerde keine vollständige Beschwerde. **Es hat keinen Zweck, persönlich nach Straßburg zu kommen, um Ihre Beschwerde mündlich darzulegen.**

Das Beschwerdeformular kann von der Internetseite des Gerichtshofs unter www.echr.coe.int/applicants heruntergeladen werden.

Senden Sie das Beschwerdeformular an:

The Registrar
European Court of Human Rights
Council of Europe
67075 STRASBOURG CEDEX
FRANCE

B. Bearbeitung der Beschwerde

Nur in Fällen, in denen ein vollständig ausgefülltes Beschwerdeformular mit den erforderlichen Unterlagen eingegangen ist, wird der Gerichtshof eine Akte eröffnen, die Ihre Korrespondenz und die eingereichten Unterlagen enthält.

Nach Empfang des Beschwerdeformulars wird die Kanzlei des Gerichtshofs prüfen, ob alle nötigen Informationen und Dokumente vorliegen. Wenn die Unterlagen nicht vollständig sind, erhalten Sie als Antwort die Mitteilung, dass Artikel 47 der Verfahrensordnung nicht beachtet wurde, keine Akte eröffnet und die Dokumente nicht aufbewahrt wurden. Sie haben dann die Möglichkeit, eine neue Beschwerde einzulegen: Sie müssen dann erneut das vollständig ausgefüllte Beschwerdeformular sowie sämtliche relevanten Unterlagen und Entscheidungen einreichen, auch wenn Sie bereits vorher Unterlagen gesendet haben. Der Gerichtshof nimmt keine unvollständigen Eingaben an.

Die Kanzlei kann Ihnen weder Informationen über die Rechtslage in dem Staat geben, über den Sie sich beschweren, noch Hinweise zur Anwendung und Auslegung des innerstaatlichen Rechts erteilen.

Bevor Sie Ihre Beschwerde abschicken, sollten Sie eine Kopie des ausgefüllten Beschwerdeformulars für Ihre Unterlagen anfertigen und bei Ihren Originalunterlagen aufbewahren. Im Falle einer Mitteilung der Kanzlei, dass Ihre Beschwerde unvollständig ist, können Sie so mühelos und ohne Zeitverlust eine neue und vollständige Beschwerde einbringen, sofern Sie dies möchten. Es ist nicht gewährleistet, dass Ihnen im Falle der Zurückweisung einer unvollständigen Beschwerde vor Ablauf der Sechs-Monats-Frist genügend Zeit bleibt, eine neue Beschwerde zu erheben. Daher sollten Sie dafür sorgen, das vollständig ausgefüllte Beschwerdeformular mit allen nötigen ergänzenden Unterlagen frühzeitig einzureichen.

Wenn das eingereichte Beschwerdeformular vollständig ist, kann Ihnen die Kanzlei mitteilen, dass **eine Beschwerde (deren Nummer in jeder weiteren Korrespondenz in dieser Sache anzugeben ist) unter Ihrem Namen eröffnet wurde**, und Ihnen Strichcode-Aufkleber senden, die Sie für zukünftige Schreiben verwenden sollten.

Die Kanzlei kann Sie auch um weitere Informationen oder Klarstellungen bitten. Bitte antworten Sie in Ihrem eigenen Interesse ohne Verzögerung auf Schreiben der Kanzlei, da neu eröffnete Akten, die nicht betrieben werden, nach sechs Monaten vernichtet werden. Bitte beachten Sie, dass die Verspätung oder das Ausbleiben einer Antwort sowie der Zusendung weiterer Informationen oder Unterlagen in den zur Prüfung durch den Gerichtshof anstehenden Beschwerden als Anzeichen dahingehend gedeutet werden kann, dass Sie Ihre Beschwerde nicht mehr weiterverfolgen möchten. Dies kann dazu führen, dass der Gerichtshof die Beschwerde nicht prüft, sie für unzulässig erklärt oder von der Liste der anhängigen Fälle streicht.

C. Keine Gerichtskosten ⑲⑳㉑

Die Bearbeitung Ihrer Beschwerde beim Gerichtshof ist **kostenfrei**. Jede Entscheidung des Gerichtshofs wird Ihnen unaufgefordert mitgeteilt.

Schrifttum: Council of Europe/European Court of Human Rights, Practical guide on admissibility criteria, 2021; *Cremer* in Dörr/Grote/Marauhn (Hrsg.), EMRK/GG. Konkordanzkommentar zum europäischen und deutschen Grundrechtsschutz, 2. Aufl. 2013, Kap. 32: Entscheidung und Entscheidungswirkung; *Grabenwarter*, European Convention on Human Rights, Commentary, 2014; *Grabenwarter/Pabel*, Europäische Menschenrechtskonvention, 7. Aufl. 2021; *Hähnel*, Einstweiliger Rechtsschutz gegen Abschiebungen und Auslieferungen vor dem Europäischen Gerichtshof für Menschenrechte, in Barwig/Beichel-Benedetti/Brinkmann (Hrsg.), Hohenheimer Tage zum Ausländerrecht 2011, 2012, 105; *Harris/O'Boyle/Warbrick*, Law of the European Convention on Human Rights, 4. Aufl. 2018; *Henke*, Gewusst wie – zulässige Individualbeschwerde vor dem EGMR, AnwBl 2015, 53; *Jacob*, Der Europäische Gerichtshof für Menschenrechte – Eine aktuelle Bestandsaufnahme von Organisation, Arbeitsweise und Entscheidungsfindung, DVBl 2015, 61; *Kadelbach*, Rechtsschutz durch den Europäischen Gerichtshof für Menschenrechte, in Ehlers/Schoch (Hrsg.), Rechtsschutz im Öffentlichen Recht, 2009, § 5; *Kadelbach* in Dörr/Grote/Marauhn (Hrsg.), EMRK/GG. Konkordanzkommentar zum europäischen und deutschen Grundrechtsschutz, 2. Aufl. 2013, Kap. 30: Internationale Durchsetzung; *Karpenstein/Mayer* (Hrsg.), EMRK, Kommentar, 2. Aufl. 2015; *Keller/Schmidtmadel*, Art. 29 EMRK, in Pabel/Schmahl (Hrsg.), Internationaler Kommentar zur Europäischen Menschenrechtskonvention (IntKommEMRK), Loseblatt, Stand: Dez. 2014; *Leach*, Taking a Case to the European Court of Human Rights, 4. Aufl. 2017; *Meyer-Ladewig/Nettesheim/von Raumer*, Europäische Menschenrechtskonvention, Handkommentar, 4. Aufl. 2017; *Meyer-Ladewig/Petzold*, Trivialbeschwerden in der Rechtsprechung des EGMR: de minimis non curat praetor, NJW 2011, 3126; *Müller-Elschner*, L'irrecevabilité devant la Cour, La situation pour les requêtes dirigées contre l'Allemagne, in Dourneau-Josette/Lambert Abdelgawad (Hrsg.), Quel filtrage des requêtes par la Cour européenne des droits de l'homme?, 2011, 295; *Myjer/Mol/Kempees/van Steijn/Bockwinkel/Uerpmann*, EGMR-Verfahren – Die häufigsten Irrtümer bei Einreichen einer Beschwerde, MDR 2007, 505; *Peters/Altwicker*, Europäische Menschenrechtskonvention, 2. Aufl. 2012; *Reid*, A Practitioner's Guide to the European Convention on Human Rights, 6. Aufl. 2019; *Rudolf/von Raumer*, Die Beschwerde vor dem Europäischen Gerichtshof für Menschenrechte, AnwBl 2009, 313; *Schmaltz*, Die Große Kammer des Europäischen Gerichtshofs für Menschenrechte – eine Annäherung an Abgabe- und Verweisungspraxis, EuGRZ 2012, 606; *Schmaltz*, Die überlange Dauer von Gerichtsverfahren im Spiegel der Rechtsprechung des BVerfG und des EGMR, in Becker/Lange (Hrsg.), Linien der Rechtsprechung des Bundesverfassungsgerichts, Bd. 3, 2014, 583; *Villiger*, Das Urteil des Europäischen Gerichtshofs für Menschenrechte – Zustandekommen, Bedeutung und Wirkungen, ZSR 2008, 453;

Anmerkungen

1. Seit Inkrafttreten der Neufassung von Art. 47 VerfOEGMR am 1.1.2014 (näher hierzu Karpenstein/Mayer/*Schäfer* EMRK Art. 34 Rn. 2a ff.) ist zur Einlegung einer Individualbeschwerde gem. Art. 34 EMRK **zwingend** stets das aktuelle auf der Internetseite des Gerichtshofs abrufbare **Original Beschwerdeformular** zu verwenden. Andere (auch inhaltsgleiche) Vordrucke dürfen nicht mehr verwendet werden. Die Anforderungen an Inhalt und Form der Individualbeschwerde sind iE in Art. 45 u. 47 VerfOEGMR niedergelegt. Eingaben, die diesen Erfordernissen nicht vollständig entsprechen, haben keine fristwahrende Wirkung. Sie werden vom Gerichtshof als unwirksam angesehen und erst gar nicht bearbeitet, sondern auf dem Verwaltungswege erledigt, dh vernichtet (Art. 47 Abs. 5.1 VerfOEGMR). Es besteht somit nicht nur das Risiko, die Beschwerdefrist (→ Anm. 10) zu versäumen, sondern ggf. auch die Beschwerde mit sämtlichen Dokumenten komplett neu einlegen zu müssen. Über die Zurückweisung nach Art. 47

VerfOEGMR und deren Grund wird der Bf. in einem knappen Schreiben des Gerichtshofs informiert; daher empfiehlt es sich, die Beschwerde nicht erst kurz vor Fristende einzulegen. Auch mit Blick auf die äußerst strenge Anwendung von Art. 47 VerfOEGMR und die ohnehin geringen Erfolgschancen einer Individualbeschwerde sollte beim Ausfüllen des Beschwerdeformulars größte Sorgfalt angewendet werden (2020 wurden 569 (2017: 586) der gegen Deutschland eingereichten Beschwerden einem Entscheidungsorgan zugewiesen (→ Anm. 28); es wurden 559 (2017: 621) Verfahren gegen Deutschland für unzulässig erklärt oder aus dem Register gestrichen; es ergingen acht Urteile, wobei in nur vier davon eine oder mehrere Verletzungen festgestellt wurden; s. EGMR, Analysis of Statistics 2020, 31 und 2017, 30; EGMR, Annual Report 2020, 612 und 2017, 172). Die in dem oben abgedruckten Merkblatt zum Ausfüllen des Beschwerdeformulars enthaltenen Anweisungen sind strikt zu befolgen (zu häufigen formalen Fehlern s. https://www.echr.coe.int/Documents/Applicant_common_mistakes_ENG.pdf). Die nachfolgenden Anmerkungen geben lediglich ergänzende Hinweise. Die hier abgedruckten Dokumente sowie weitere hilfreiche Informationen zur Beschwerdeeinlegung sind in der jeweils aktuellen Fassung auf der Internetseite des EGMR in deutscher Sprache abrufbar (http://www.echr.coe.int/Pages/home.aspx?p=applicants/ger&c=).

2. Die in Abschn. A. des Beschwerdeformulars erforderlichen Angaben betreffen den Bf. selbst, also die natürliche (A.1.) oder juristische Person oder Vereinigung (A.2.), die behauptet, Opfer einer Konventionsverletzung geworden zu sein (zur Partei- und Prozessfähigkeit iE Karpenstein/Mayer/*Schäfer* EMRK Art. 34 Rn. 31 ff.). Welche Informationen hier zwingend anzugeben sind, ergibt sich auch aus Art. 47 Abs. 1 lit. a VerfOEGMR. Besteht ein Interesse des Bf. an der Geheimhaltung seiner Identität, kann die Beschwerde auf begründeten Antrag oder von Amts wegen anonymisiert werden (Art. 47 Abs. 4 VerfOEGMR; s. hierzu die im Anschluss an die VerfOEGMR abgedruckten Praktischen Anleitungen („Practice Directions"): „Institution of Proceedings", Rn. 12 und „Requests for Anonymity"; sa Karpenstein/Mayer/*Schäfer* EMRK Art. 34 Rn. 7; → Anm. 16); ein solches Interesse entbindet jedoch nicht von der Verpflichtung zur Angabe der in diesen Abschnitten geforderten persönlichen Daten.

3. Für Sammelklagen bzw. denselben Sachverhalt betreffende Beschwerden von mehr als zehn Bf. → Form. X.2.

4. Eine Beschwerde, die sich nicht gegen einen oder mehrere der in Abschn. B. aufgeführten Staaten richtet, ist *ratione personae* unvereinbar mit der Konvention iSv Art. 35 Abs. 3 lit. a EMRK und damit unzulässig. Dasselbe gilt, wenn der beklagte Staat das geltend gemachte Zusatzprotokoll nicht ratifiziert hat (vgl. zum Ratifikationsstand: http://conventions.coe.int). Rechtsakte Dritter können den Vertragsstaaten allerdings ausnahmsweise konventionsrechtlich zurechenbar sein und zwar sowohl, wenn es sich um Rechtsakte von staatlicher Seite als auch, wenn es sich um Handlungen von Privatpersonen handelt (iE Karpenstein/Mayer/*Johann* EMRK Art. 1 Rn. 11; Karpenstein/Mayer/*Schäfer* EMRK Art. 35 Rn. 97). Im Hinblick auf Rechtsakte von Organen internationaler Organisationen hat der Gerichtshof eine zumindest grds. bestehende konventionsrechtliche Verantwortlichkeit der Mitgliedstaaten bislang nur insoweit bejaht, als diesen ein mitgliedstaatlicher Umsetzungsakt als Anknüpfungspunkt der Zurechnung nachgeschaltet ist (so etwa in Fällen des indirekten Vollzugs von EU-Recht, vgl. EGMR 30.6.2005 (GK) – 45036/98, NJW 2006, 197 Rn. 151 ff. – Bosphorus Hava Yolları Turizm; iE Karpenstein/Mayer/*Mayer* EMRK Einl. Rn. 145 ff.; Karpenstein/Mayer/*Johann* EMRK Art. 1 Rn. 12 ff.; Karpenstein/Mayer/*Schäfer* EMRK Art. 35 Rn. 98).

5. Im Fall der Prozessvertretung bereits bei Beschwerdeerhebung ist insb. darauf zu achten, dass die im unteren Teil von S. 3 bzw. 4 des Beschwerdeformulars abgedruckte Vollmacht (C.3. bzw. D.3.) ausgefüllt und sowohl vom Bf. (im Falle einer juristischen

Person von deren Vertreter → Anm. 15, 17) als auch von dessen Prozessvertreter persönlich unterschrieben ist (Art. 47 Abs. 1 lit. c VerfOEGMR). Anderenfalls wird der Gerichtshof von einem nur unvollständig ausgefüllten Beschwerdeformular ausgehen und die Beschwerde vernichten (→ Anm. 1). Eine gesondert eingereichte Vollmacht ist nicht ausreichend. Im Fall der Prozessvertretung zu einem späteren Zeitpunkt des Beschwerdeverfahrens oder bei einem Wechsel des Prozessvertreters ist die Vollmacht umgehend nachzureichen. In diesen Fällen ist zwingend der auf der Internetseite des Gerichtshofs hierfür zur Verfügung stehende Vollmachtsvordruck („authority form") zu verwenden (http://www.echr.coe.int/Documents/Authority_Form_DEU.pdf). Er entspricht inhaltlich den Seiten 1, 3 und 4 des Beschwerdeformulars. Ein Anwaltszwang besteht erst ab Zustellung (→ Anm. 30) der Beschwerde an die Regierung des beklagten Staates (Art. 36 Abs. 2 VerfOEGMR). In diesem Verfahrensabschnitt muss der Bf. durch einen Rechtsanwalt mit Sitz in einem der Vertragsstaaten vertreten sein, sofern nicht der Kammerpräsident eine Ausnahme zulässt (Art. 36 Abs. 2 u. 4 VerfOEGMR).

6. Abschn. E., F. u. G. des Beschwerdeformulars betreffen den Beschwerdegegenstand. Bleibt eines dieser Felder leer, ist die Beschwerde unwirksam (→ Anm. 1). Der Gegenstand der Individualbeschwerde ergibt sich aus dem vorgetragenen Sachverhalt und den seitens des Bf. diesbezüglich erhobenen Rügen oder Beschwerdepunkten („complaints"/ „griefs"). Die Prüfungskompetenz des Gerichtshofs in Bezug auf den der Beschwerde zugrunde liegenden Sachverhalt wird grds. durch die vom Bf. erhobenen Rügen begrenzt; nur in diesem Rahmen befasst sich der Gerichtshof mit den sich im Verfahren ergebenden Rechtsfragen (vgl. bspw. EGMR 20.1.2011 – 21980/06 ua, FamRZ 2011, 533 Rn. 95 – Kuhlen-Rafsandjani). Nimmt der Bf. eine zunächst erhobene Rüge ausdrücklich wieder zurück, ist diese nicht mehr vom Beschwerdegegenstand umfasst und der Gerichtshof daher nicht mehr berechtigt, die Beschwerde unter diesem Aspekt zu prüfen (EGMR EGMR-E 4, 186 Rn. 46 – Brogan ua; EGMR 20.1.2011 – 21980/06 ua, FamRZ 2011, 533 Rn. 95 – Kuhlen-Rafsandjani). Dasselbe gilt, wenn der Bf. bestimmte Beschwerdepunkte in seiner Stellungnahme nach Zustellung der Beschwerde gem. Art. 54 VerfOEGMR (→ Anm. 30) nicht aufrecht erhält (EGMR 27.11.2012 – 17892/03 Rn. 137 – Savičs; EGMR 24.7.2014 – 32504/11 Rn. 56 f. – Kaplan ua).

Zu beachten ist insb., dass sich Art und Umfang bzw. Gegenstand der Beschwerde – ohne Rückgriff auf zusätzliche Unterlagen oder Ausführungen – aus einer „kurzen und lesbaren Darstellung" (Art. 47 Abs. 1 lit. e–g VerfOEGMR) des Sachverhalts, der behaupteten Konventionsverletzungen und der Erfüllung der Zulässigkeitsvoraussetzungen des Art. 35 Abs. 1 EMRK (dh Erschöpfung des innerstaatlichen Rechtswegs sowie Einhaltung der Beschwerdefrist) ergeben müssen (Art. 47 Abs. 2 lit. a VerfOEGMR). Zusätzliche Ausführungen, die gem. Art. 47 Abs. 2 lit. b VerfOEGMR grds. auf max. 20 Seiten beschränkt sind, dürfen die Darstellung daher nicht fortsetzen, sondern nur ergänzen. Der Kern der Beschwerde muss sich insb. in Bezug auf die genannten drei Punkte aus der zusammenfassenden Darstellung auf dem Beschwerdeformular ergeben. Das Beschwerdeformular muss in Bezug auf die Beschwerde allein aus sich heraus verständlich sein.

Die Darlegungs- und Beweislast liegt in diesem Stadium des Verfahrens beim Bf., der sämtliche Informationen und Unterlagen beizubringen hat, die belegen, dass die in Art. 35 Abs. 1 EMRK geregelten Zulässigkeitskriterien (dh Rechtswegerschöpfung und Beschwerdefrist) erfüllt sind (Art. 47 Abs. 1 lit. g, Abs. 2 lit. a und Abs. 3.1 lit. b VerfOEGMR; iE Karpenstein/Mayer/*Schäfer* EMRK Art. 35 Rn. 5 f.; Karpenstein/Mayer/*Wenzel* EMRK Art. 38 Rn. 9 ff.). Auch im Hinblick auf die übrigen Zulässigkeitsvoraussetzungen sollten die Ausführungen den Gerichtshof in die Lage versetzen, festzustellen, dass diese zumindest *prima facie* erfüllt sind.

Das Beschwerdeformular kann in jeder der Amtssprachen einer der 47 Vertragsparteien ausgefüllt werden (Art. 34 Abs. 2 VerfOEGMR). Im Hinblick auf die häufig spezielle juristische Terminologie empfiehlt es sich, der Verständlichkeit und Klarheit wegen, die Beschwerde in der Amtssprache des beklagten Staates einzulegen (sa *Henke* AnwBl 2015, 53 f.). Ab Zustellung einer Beschwerde an die Regierung des beklagten Staates gem. Art. 54 Abs. 2 lit. b VerfOEGMR (→ Anm. 30) ist die Korrespondenz mit der Gerichtskanzlei grds. in einer der Amtssprachen des Gerichtshofs zu führen (Englisch und Französisch – Art. 34 Abs. 1 VerfOEGMR).

7. Der der Beschwerde zugrunde liegende Sachverhalt ist in Abschn. E. klar, präzise und chronologisch darzulegen (unterschiedliche Gerichtsverfahren sind getrennt zu behandeln). Die Zusammenfassung ist auf die vorgegebenen drei Seiten, Ergänzungen sind auf maximal 20 Seiten beschränkt (→ Anm. 6). Als Orientierungshilfe für Darstellung und Formulierung können die Zusammenfassungen des Sachverhalts in den auch über die Entscheidungsdatenbank des EGMR (http://hudoc.echr.coe.int/) abrufbaren, nichtamtlichen deutschen Übersetzungen der Urteile der Ausschüsse („Committee") des Gerichtshofs dienen, da diese idR wesentlich knapper als Urteile der Kammern gehalten sind (s. bspw. EGMR 6.7.2017 – 79457/13 Rn. 4–22 – Becht). Die Darstellung ist auf die für die behauptete(n) Konventionsverletzung(en) relevanten Fakten zu beschränken. Für Einzelheiten sollte auf die beigefügten Unterlagen verwiesen werden (→ Anm. 15). Bei langwierigen bzw. komplizierten innerstaatlichen Verfahren, insb. bei Beschwerden über die Länge des Verfahrens, bietet es sich an, zusätzlich einen sog. Verfahrenskalender beizufügen, in dem der genaue Ablauf des Verfahrens dargestellt und insb. sämtliche in dem Verfahren ergangenen Entscheidungen chronologisch aufgelistet sind.

Der Bf. hat alle Informationen und Dokumente beizubringen, die erforderlich sind, um die Beschwerde einer ersten Prüfung zu unterziehen. Hierzu gehören Kopien aller relevanten Entscheidungen der innerstaatlichen Behörden und Gerichte, aber auch aller relevanten Eingaben bei diesen (wie bspw. der Verfassungsbeschwerde, der Revisionsbegründung und der Stellungnahme des Generalbundesanwalt), wenn der Gerichtshof nur so ersehen kann, ob ein bestimmter Punkt gerügt wurde (→ Anm. 9). Die Kanzlei fordert einen Bf. nur in Ausnahmefällen zur Einreichung bestimmter Informationen oder Dokumente auf. Auch zieht der Gerichtshof grds. keine Akten nationaler Behörden und Gerichte bei. Können bestimmte Informationen bzw. ein bestimmtes Dokument nicht vorgelegt werden, ist darzulegen, dass dies ohne Verschulden und trotz Anwendung der erforderlichen Sorgfalt nicht möglich ist (vgl. Art. 47 Abs. 5.1 VerfOEGMR; näher Karpenstein/Mayer/*Schäfer* EMRK Art. 34 Rn. 5 f.).

8. In Abschn. F. sind die behaupteten Konventionsverletzungen unter Angabe des jeweiligen Artikels und mit einer kurzen Begründung aufzuführen (Bsp. s. Merkblatt zum Ausfüllen des Beschwerdeformulars, S. 9). Eine bestimmte Antragsformel ist nicht erforderlich. Nach der früheren Rspr. des EGMR war es ausreichend, die behauptete Konventionsverletzung der Sache nach („in substance"/„en substance") zu rügen – eine präzise rechtliche Einordnung oder auch nur Nennung des Konventionsartikels waren nicht erforderlich (EGMR NJW 1984, 544 Rn. 61 – Guzzardi; EGMR 10.12.2009 – 4785/02 Rn. 43 – Mironenko und Martenko). Mit Inkrafttreten der Neufassung von Art. 47 VerfOEGMR hat sich diese Rspr. erledigt, da in dem neuen Beschwerdeformular der geltend gemachte Konventionsartikel und die behauptete Verletzung so präzise wie möglich benannt werden müssen.

Die bloße Nennung eines Konventionsartikels oder eines in der Konvention garantierten Rechts ist nicht als Rüge aller unter diesem Recht denkbaren Verletzungen anzusehen (EGMR 28.8.2001 – 48539/99 Rn. 2, BeckRS 2003, 05512 – Allan; EGMR NVwZ-RR 2018, 855 Rn. 96 – Fábián). So beinhaltet bspw. die Rüge der Verletzung des Rechts auf ein faires Verfahren iSv Art. 6 EMRK noch nicht die Rüge einer überlangen Verfahrensdauer (EGMR 1.9.2005 – 290/03 Rn. 3, BeckRS 2008, 6615 – Adam ua; EGMR 10.3.2009 – 781/06 Rn. 1 – Eule).

Der Gerichtshof ist nicht an die vom Bf. vorgenommene konventionsrechtliche Einordnung seiner erhobenen Rügen gebunden. Nach dem Grundsatz *iura novit curia* prüft er die der Sache nach erhobenen Beschwerdepunkte im Lichte des Konventionsrechts und kann den auf der Grundlage des vorliegenden Beweismaterials ermittelten Sachverhalt rechtlich anders qualifizieren (EGMR NJW 2001, 3035 Rn. 111 – Streletz, Kessler und Krenz; EGMR NLMR 2018, 161 Rn. 126 – Radomilja ua).

Häufige Fehler sind das bloße Wiederholen der vor den innerstaatlichen Gerichten (insb. dem BVerfG) vorgebrachten Anträge und Argumente oder die Berufung auf Artikel des GG. Soweit rechtliche Ausführungen gemacht werden, sollten diese auf das Recht der Konvention bezogen sein und sich mit der Rspr. des EGMR auseinandersetzen. Weitere typische Fehlerquellen sind die Geltendmachung auf den vorgetragenen Sachverhalt nicht anwendbarer Konventionsrechte (insb. im Falle von Art. 6 oder dem lediglich akzessorischen Diskriminierungsverbot des Art. 14 EMRK), die Einlegung von Beschwerden über Sachverhalte, die vom Gerichtshof in Parallelfällen bereits negativ beschieden wurden, ohne einen erhöhten Begründungsaufwand zu betreiben bzw. sich mit der entsprechenden Rspr. auseinanderzusetzen, oder etwa die Rüge der fehlerhaften Anwendung innerstaatlichen Rechts (sog. „Vierte Instanz"-Beschwerden), die für sich genommen grds. noch keine Verletzung der Konvention begründet (näher zu den einzelnen Fehlerquellen Karpenstein/Mayer/*Schäfer* EMRK Art. 35 Rn. 107 ff., 112, 121 f., 127 ff.; *Henke* AnwBl 2015, 55 f.).

9. Der zentrale Gedanke hinter dem Erfordernis der Rechtswegerschöpfung ist die Subsidiarität des konventionsrechtlichen Rechtsschutzsystems: Zunächst müssen die nationalen Gerichte Gelegenheit erhalten, innerstaatliches Recht und dessen Anwendung auf ihre Vereinbarkeit mit der Konvention zu überprüfen. Die Hauptverantwortung für die Um- und Durchsetzung der Konventionsrechte liegt bei den nationalen Behörden (EGMR NJW 2013, 1791 Rn. 102 – Kronfeldner). Deren Sichtweise ist in einem späteren Beschwerdeverfahren auch für den Gerichtshof hilfreich (EGMR NJW-RR 2009, 1606 Rn. 42 – Burden). Vor allem aber muss einem Staat, bevor sich dieser konventionsrechtlich zu verantworten hat, die Möglichkeit gegeben worden sein, die behauptete Konventionsverletzung zu verhindern, selbst aus der Welt zu schaffen oder Wiedergutmachung zu leisten. Dem Erschöpfungserfordernis liegt somit die Vermutung zugrunde, dass das innerstaatliche Recht, entsprechend der in Art. 13 EMRK zum Ausdruck kommenden Verpflichtung, einen in Bezug auf die geltend gemachte Verletzung effektiven Rechtsbehelf bereithält (EGMR NJW 2001, 56 Rn. 74 – Selmouni; EGMR NVwZ 2013, 47 Rn. 34 – Taron; sa → Anm. 11).

Der Bf. muss den innerstaatlichen Rechtsweg sowohl in vertikaler als auch in horizontaler Hinsicht erschöpft haben, dh er muss grds. alle effektiven Rechtsmittel ergriffen, jeweils den gesamten Instanzenzug durchlaufen und eine Verfassungsbeschwerde beim BVerfG eingelegt (→ Anm. 11), sowie die geltend gemachte Konventionsverletzung der Sache nach und in Übereinstimmung mit den innerstaatlichen Verfahrens- und Formvorschriften vor den innerstaatlichen Gerichten geltend gemacht haben (bspw. EGMR NJW 2010, 3145 Rn. 142 – Gäfgen; iE Karpenstein/Mayer/*Schäfer* EMRK Art. 35 Rn. 7 ff.). Die zum Beleg hierfür erforderlichen Informationen und Dokumente sind vom Bf. beizubringen (zur Beweislast → Anm. 6). Die vertikale Erschöpfung wird durch die Entscheidungen der jeweiligen Behörden und Gerichte belegt, die Erschöpfung in horizontaler Hinsicht durch Kopien sämtlicher Antrags-, Klage-, Berufungs-, Revisions- oder Beschwerdeschriften.

Maßgeblicher Zeitpunkt für die Frage, ob der innerstaatliche Rechtsweg erschöpft wurde, ist grds. das Datum der Beschwerdeeinlegung (EGMR 1.3.2010 (GK) – 46113/99 ua Rn. 87 – Demopoulos ua; iZm den deutschen Sicherungsverwahrungsfällen EGMR NJW 2013, 2095 Rn. 61–64 – Rangelov). In der Praxis kann der Gerichtshof die

Erschöpfung des innerstaatlichen Rechtswegs jedoch auch noch berücksichtigen, wenn diese nach Einlegung der Beschwerde, aber noch vor der Entscheidung über die Zulässigkeit eintritt (vgl. EGMR EGMR-E 1, 143 Rn. 91 – Ringeisen; EGMR NVwZ 2020, 535 Rn. 66 – A.M.).

10. Der Beginn der Beschwerdefrist (Art. 35 Abs. 1 EMRK, sa → Anm. 22) bestimmt sich grds. nach der am Ende des zu erschöpfenden innerstaatlichen Rechtswegs getroffenen Entscheidung (bspw. EGMR NVwZ-RR 2011, 251 Rn. 157 – Varnava ua). Sieht das innerstaatliche Recht eine Zustellung dieser Entscheidung vor, beginnt die Frist mit der Zustellung an den Bf. oder dessen Prozessvertreter zu laufen; dies gilt unabhängig davon, ob die Entscheidung bzw. der Urteilstenor bereits zuvor öffentlich verkündet wurden (EGMR MR 1997, 295 Rn. 32 f. – Worm; sa EGMR 12.9.2006 – 25694/03 ua – Andorka und Vavra). Soweit erheblich, ist das Datum der Zustellung nachzuweisen (bspw. Kopie des Briefumschlags). Der Eingangsstempel des Rechtsanwalts ist zur Glaubhaftmachung grds. ausreichend (vgl. EGMR NVwZ 2011, 1503 Rn. 39 – Wasmuth). Die Ergreifung nicht effektiver Rechtsbehelfe hat keine Auswirkungen auf den Fristbeginn, da dieser ansonsten beliebig herausgezögert werden könnte. Ergreift der Bf. einen nur vermeintlich effektiven Rechtsbehelf, beginnt die Frist mit dem Zeitpunkt, an dem er von den Umständen Kenntnis hatte bzw. haben musste, die die Ineffektivität des Rechtsbehelfs begründen (EGMR NVwZ-RR 2011, 251 Rn. 157 – Varnava ua; EGMR NJOZ 2016, 1383 Rn. 260 – Mocanu ua; vgl. auch EGMR FamRZ 2011, 533 Rn. 71, 76 – Kuhlen-Rafsandjani). Im Zweifel empfiehlt sich in derartigen Fällen eine verfrühte hilfsweise Beschwerdeeinlegung unter Hinweis auf die Zweifelhaftigkeit der Effektivität des ergriffenen Rechtsbehelfs (vgl. Rudolf/von Raumer AnwBl 2009, 313 (316); → Anm. 11, 16).

Gem. Art. 35 Abs. 1 EMRK, in der noch bis einschließlich 31.1.2022 geltenden aF., ist die Individualbeschwerde „innerhalb einer Frist von sechs Monaten nach der endgültigen innerstaatlichen Entscheidung“ zu erheben. Nach der ab dem 1.2.2022 geltenden nF. von Art. 35 Abs. 1 EMRK beläuft sich die Beschwerdefrist auf vier Monate, wenn die „endgültige innerstaatliche Entscheidung“ iSv Art. 35 Abs. 1 EMRK nach Inkrafttreten der nF. ergangen ist (15. Zusatzprotokoll v. 24.6.2013, BGBl. 2014 II 1034). Die Frist endet mit dem Ablauf desjenigen Tages des letzten Monats, welcher durch seine Zahl dem Tag entspricht, in den das für den Fristbeginn entscheidende Ereignis fällt (EGMR 26.9.2006 – 35349/05 Rn. 31 – Fleri Soler und Camilleri; EGMR NJW 2012, 2943 – Otto). Die EMRK kennt keine § 193 BGB entsprechende Feiertagsregelung. Endet die Frist an einem Feiertag oder Wochenende, verschiebt sich das Fristende nicht auf den darauffolgenden Werktag (EGMR NJW 2012, 2943 Rn. 43–59, 61 – Sabri Günes, mAnm *Meyer-Ladewig/Petzold*; sa *Meyer-Ladewig* NJW 2011, 1559).

Des Weiteren ist zu beachten, dass nach der Neufassung von Art. 47 VerfOEGMR die Beschwerdefrist ausschließlich durch eine iS dieser Vorschrift wirksame Einbringung einer Individualbeschwerde unterbrochen wird (sa → Anm. 1). Als Einbringungsdatum der Beschwerde gilt das Datum, an dem das den Anforderungen von Art. 47 VerfOEGMR entsprechende Original des Beschwerdeformulars (einschließlich aller erforderlichen Unterlagen → Anm. 15) per Post an den Gerichtshof abgesendet wurde. Es gilt das Datum des Poststempels bzw. der Aufgabe bei der Post (Art. 47 Abs. 6 lit. a VerfOEGMR), das daher erkennbar sein sollte. Die Übersendung per Fax (oder einer Kopie des Originals) hat weder fristwahrende Wirkung noch genügt sie den Anforderungen an eine wirksame Beschwerdeeinlegung gem. Art. 47 VerfOEGMR.

11. Es obliegt dem Bf. darzulegen, aus welchen Gründen ein bestimmter Rechtsbehelf nicht ergriffen wurde bzw. nach seiner Auffassung nicht zu ergreifen war (sa → Anm. 6). Bloße Zweifel an der Effektivität oder den Erfolgsaussichten eines nicht offensichtlich aussichtslosen Rechtsbehelfs begründen keine Befreiung vom Erfordernis der Rechtswegerschöpfung (EGMR 1.3.2006 (GK) – 56581/00 Rn. 45 – Sejdovic; EGMR NVwZ 2013, 1535 – Weyhe; EGMR 13.6.2017 – 32745/17 Rn. 24 f., BeckRS 2017, 161803 – Perelman). Dasselbe gilt für persönliche Gründe wie Rechtsunkenntnis, falsche Beratung, eine unerwünschte innerstaatliche Publizität oder die Möglichkeit der Verhängung einer Missbrauchsgebühr (Karpenstein/Mayer/*Schäfer* EMRK Art. 35 Rn. 15a mwN). Legt ein Bf. einen Rechtsbehelf nicht ein, weil er ihn für aussichtslos hält, bestehen erhöhte Anforderungen an den Beschwerdevortrag. Allein die Behauptung mangelnder Erfolgsaussicht ist nicht ausreichend. Der Bf. muss die Aussichtslosigkeit des Rechtsbehelfs im konkreten Einzelfall sowie ggf. die einschlägige Rspr. in hinreichendem Maße darlegen (EGMR 6.5.2003 (GK) – 39343/98 ua Rn. 156 – Kleyn ua; EGMR 11.1.2007 – 71665/01 Rn. 42 – Augusto; EGMR 19.1.2010 – 22448/07 – Marchitan; vgl. auch EGMR NVwZ 2019, 1663 Rn. 21 f. – Alternative für Deutschland (AFD)).

Gegen andere Mitgliedstaaten hat der Gerichtshof bereits vom Erfordernis der Erschöpfung eines Rechtsbehelfs abgesehen, soweit dieser aufgrund einer aktuellen und gefestigten Rspr. in einer Vielzahl nahezu identischer Parallelfälle keine realistischen Erfolgsaussichten hatte (EGMR 31.8.2010 – 25951/07 – Gas und Dubois; EGMR 18.7.2013 (GK) – 2312/08 ua Rn. 59 f., FD-StrafR 2013, 348728 – Maktouf und Damjanović; sa HOW ECHR S. 55 f. mwN). Gleichwohl ist es auch in einer solchen Konstellation ratsam, von dem Rechtsbehelf Gebrauch zu machen und hilfsweise unter Hinweis auf die Zweifelhaftigkeit der Effektivität des ergriffenen Rechtsbehelfs Beschwerde einzulegen (→ Anm. 10, 16).

Zur Erschöpfung des innerstaatlichen Rechtswegs iSv Art. 35 Abs. 1 EMRK ist grds. Verfassungsbeschwerde beim BVerfG einzulegen. Seit Inkrafttreten des Gesetzes über den Rechtsschutz bei überlangen Gerichtsverfahren und strafrechtlichen Ermittlungsverfahren gibt es im deutschen Recht keine Konstellation mehr, bei der die Verfassungsbeschwerde regelmäßig kein effektiver Rechtsbehelf wäre. Stellt die Verfassungsbeschwerde ausnahmsweise keinen effektiven und daher keinen zu erschöpfenden Rechtsbehelf dar, so beginnt die Beschwerdefrist mit der das instanzgerichtliche Verfahren beendenden Entscheidung (bspw. EGMR FamRZ 2011, 533 Rn. 76 – Kuhlen-Rafsandjani) oder der Entscheidung des LVerfG (vgl. EGMR NVwZ 2017, 945 Rn. 14 – Partei Die Friesen).

12. Die Angaben in Abschn. H. sind erforderlich, da gem. Art. 35 Abs. 2 lit. b EMRK Beschwerden unzulässig sind, wenn sie entweder mit einer bereits vom Gerichtshof geprüften (Alt. 1) oder einer anderen internationalen Untersuchungs- oder Vergleichsinstanz unterbreiteten Beschwerde (Alt. 2) im Wesentlichen übereinstimmen und keine neuen Tatsachen enthalten. Eine Übereinstimmung in diesem Sinne ist gegeben, soweit die Beschwerden dieselben Parteien, dieselben Beschwerdepunkte und denselben Sachverhalt betreffen (EGMR NJW 2010, 3699 Rn. 63 – Verein gegen Tierfabriken Schweiz (VgT) (Nr. 2); EGMR NVwZ-RR 2011, 251 Rn. 118 – Varnava ua; EGMR NJOZ 2016, 395 Rn. 34 – Bochan (Nr. 2); EGMR 11.7.2017 (GK) – 19867/12 Rn. 47 ff., NLMR 2017, 332, BeckRS 2017, 161538 – Moreira Ferreira (Nr. 2)).

13. Art. 35 Abs. 2 lit. b (Alt. 2) EMRK greift sowohl, wenn die Sache einer anderen internationalen Instanz „unterbreitet worden" und dort noch anhängig ist als auch, wenn diese bereits entschieden wurde (EGMR 15.11.2005 – 41183/02, BeckRS 2005, 156933 – Jeličić; Darstellung der Rspr. in EGMR NJW 2005, 123 Rn. 29–31). Eine informelle Anrufung ist nicht genügend, es bedarf eines ausdrücklichen oder zumindest konkludenten Antrags des Bf. (EGMR 6.3.2008 – 27244/03 – Malsagova ua). Ausschlaggebend ist die Sachlage zum Zeitpunkt der Entscheidung über die Zulässigkeit der Beschwerde (EGMR 7.4.2009 – 2096/05 – Peraldi). Folgende Institutionen wurden bislang als „internationale Untersuchungs- oder Vergleichsinstanz" iSv Art. 35 Abs. 2 lit. b EMRK angesehen:

- der UN-Menschenrechtsausschuss als Kontrollorgan des IPBPR, wenn der beklagte Staat das erste Fakultativprotokoll ratifiziert und damit das Individualbeschwerderecht anerkannt hat (EKMR 9.10.1991 – 17230/90 – C. W.; EKMR 6.7.1992 – 17512/90, FHOeffR 48 Nr. 485 – Calcerrada Fornieles und Cabeza Mato; EKMR 9.1.1995 – 24872/94 – Pauger; fehlende Ratifikation: EGMR 13.2.2001 – 29590/96 – Yağmurdereli; für Deutschland s. BGBl. 1994 II 311; für Österreich s. BGBl. 1988);
- der ILO-Ausschuss für Vereinigungsfreiheit (EKMR 12.10.1992 – 16358/90, FHOeffR 48 Nr. 486 – Cereceda Martin ua; EGMR 21.5.2013 – 59253/11 Rn. 28, BeckRS 2013, 203267 – POA ua);
- die UN-Arbeitsgruppe für willkürliche Inhaftierungen (EGMR 10.12.2019 – 28749/18 Rn. 92, NLMR 2019, 491, BeckRS 2019, 36540 – Kavala).

Verfahren vor der Gerichtsbarkeit der EU oder der Europäischen Kommission wurden bislang nicht als Verfahren iSv Art. 35 Abs. 2 lit. b EMRK angesehen (EGMR 1.2.2011 – 23205/08 Rn. 76, BeckRS 2011, 145442 – Karoussiotis; *Grabenwarter/Pabel* EMRK § 13 Rn. 50; sa Karpenstein/Mayer/*Schäfer* EMRK Art. 35 Rn. 86 ff. mwN).

14. Wenn und soweit die dem Gerichtshof unterbreitete (neue) Beschwerde bereits Gegenstand einer rechtskräftigen Entscheidung des Gerichtshofs oder der Kommission ist, greift Art. 35 Abs. 2 lit. b (Alt. 1) EMRK (EGMR 29.4.2004 – 75529/01 – Sürmeli). Mit einer endgültig entschiedenen Beschwerde kann sich der Gerichtshof nur aufgrund eines Wiederaufnahmeantrags nach Art. 80 VerfOEGMR erneut befassen (→ Anm. 24). Art. 35 Abs. 2 lit. b (Alt. 1) EMRK ist nicht anwendbar, wenn der Gerichtshof die vorherige Beschwerde nach Art. 37 Abs. 1 EMRK aus dem Register gestrichen hat (vgl. EGMR 4.12.2012 – 47017/09 Rn. 51 – Butt; s. aber EGMR 5.10.2004 – 58058/00 Rn. 2 – Kezer ua). Dasselbe gilt für Beschwerden, die lediglich auf dem Verwaltungswege erledigt, dh ohne weitere Prüfung vernichtet wurden (vgl. Art. 47 Abs. 5.1 VerfOEGMR), und dementsprechend jederzeit wieder neu eingereicht werden können (wenngleich sich hier regelmäßig die Frage der Einhaltung der Beschwerdefrist stellen wird, → Anm. 10).

15. Mit dem Beschwerdeformular sind sämtliche in Art. 47 Abs. 3.1 VerfOEGMR aufgeführten Unterlagen einzureichen. Insbes. sind Kopien aller in der Sache ergangenen Entscheidungen der innerstaatlichen Gerichte und Behörden beizufügen (Abs. 3.1 lit. a). Auch wenn es sich hierbei nicht um Entscheidungen in diesem Sinne handelt (EGMR 19.3.2013 – 48057/10 Rn. 37, 62 – Klouten), sollten Kopien sämtlicher Schreiben des Allgemeinen Registers (vormals Präsidialrat) des BVerfG beigelegt werden. Weiterhin sind Kopien sonstiger Unterlagen beizufügen, die erforderlich sind um festzustellen, dass der innerstaatliche Rechtsweg erschöpft (→ Anm. 9) und die Beschwerdefrist gewahrt wurden (→ Anm. 10) (Abs. 3.1 lit. b). Kopien der Unterlagen, die Verfahren in derselben Sache vor anderen internationalen Untersuchungs- und Schlichtungsorganen betreffen (Abs. 3.1 lit. c), sind im Hinblick auf Art. 35 Abs. 2 lit. b EMRK relevant (→ Anm. 13). Wird die Beschwerde von einer juristischen Person eingelegt, so muss deren Vertreter einen Nachweis über seine Vertretungsbefugnis bzw. Bevollmächtigung beifügen (bspw. Handelsregisterauszug, Beschluss der Gesellschafterversammlung; Art. 47 Abs. 3.1 lit. d VerfOEGMR) (→ Anm. 5). Sämtliche Unterlagen sind chronologisch geordnet, fortlaufend nummeriert und deutlich gekennzeichnet beizufügen (Art. 47 Abs. 3.2 VerfOEGMR). Ungeordnete Aktenkonvolute führen zur Zurückweisung und Erledigung der Beschwerde insgesamt auf dem Verwaltungsweg (→ Anm. 1).

16. In diesem Feld ist Raum für sonstige Anmerkungen, wie bspw. einen Antrag auf Anonymisierung der Beschwerde (→ Anm. 2) oder einen Hinweis auf die wegen der Zweifelhaftigkeit der Effektivität eines noch anhängigen Rechtsbehelfs verfrühte, hilfsweise Einlegung der Beschwerde (→ Anm. 10, 11). Die Geltendmachung von Ansprüchen auf gerechte Entschädigung iSv Art. 41 EMRK ist zum Zeitpunkt der Erhebung der

Beschwerde weder erforderlich noch ausreichend. Derartige Ansprüche sind zwingend innerhalb der vom Gerichtshof gem. Art. 60 Abs. 2 VerfOEGMR hierfür gesetzten Stellungnahmefrist geltend zu machen (→ Anm. 30).

17. Das Beschwerdeformular selbst muss vom Bf. oder dessen Prozessvertreter unterschrieben sein (Art. 45 Abs. 1, Art. 47 Abs. 3.1 VerfOEGMR; → Anm. 5). Wird die Beschwerde von einer juristischen Person oder sonstigen Vereinigung oder Personengruppe eingereicht, so ist sie von der zur Vertretung dieser Organisation oder Gruppe berechtigten Person oder dem Prozessvertreter zu unterzeichnen (Art. 45 Abs. 2 VerfOEGMR; → Form. X.2 Anm. 1). Fehlt die Unterschrift, ist die Beschwerde unwirksam und wird auf dem Verwaltungswege erledigt (→ Anm. 1).

18. Die Beschwerde ist per Post einzusenden. Eine Übersendung per Fax hat weder fristwahrende Wirkung noch genügt sie den Anforderungen an eine wirksame Beschwerdeeinlegung gem. Art. 47 VerfOEGMR (→ Anm. 10).

Kosten und Gebühren

19. Das Verfahren vor dem Gerichtshof ist gerichtskostenfrei (näher *Grabenwarter/Pabel* EMRK § 15 Rn. 10; Karpenstein/Mayer/*Thienel* EMRK Art. 50 Rn. 3 f.).

20. Prozesskostenhilfe für die Verfolgung der Individualbeschwerde kann der Bf. erst ab deren Zustellung an die Regierung gem. Art. 54 Abs. 2 lit. b VerfOEGMR (→ Anm. 30) beim Gerichtshof beantragen; vor diesem Zeitpunkt wird diese nicht gewährt (Art. 105 ff. VerfOEGMR). Voraussetzung für die Gewährung von Prozesskostenhilfe ist, dass der Bf. keine ausreichenden Mittel besitzt, um einen Rechtsanwalt zu beauftragen, und dass dies für die ordnungsgemäße Prüfung der Rechtssache erforderlich ist (Art. 106 VerfOEGMR). Prozesskostenhilfe wird daher grds. nur in Fällen gewährt, die komplexe tatsächliche und rechtliche Fragen aufwerfen. Für das Verfahren vor den Ausschüssen nach Art. 28 Abs. 1 lit. b EMRK wird keine Prozesskostenhilfe gewährt. Das Bestehen hinreichender Erfolgsaussichten der Beschwerde ergibt sich idR bereits aus deren Zustellung und ist keine zusätzliche Voraussetzung. Die durch den Gerichtshof gewährte Verfahrenshilfe besteht aus einer Pauschale (derzeit 850 EUR für das gesamte schriftliche Verfahren nach Zustellung), die als Beitrag zu den Kosten der Prozessvertretung zu verstehen ist (bspw. EGMR 16.7.2015 – 7997/08 Rn. 54 ff., NLMR 2015, 316, BeckRS 2015, 130293 – Kuttner). Ausführliche Informationen zum Verfahren der Bewilligung erhält der Bf. auf den nach Zustellung der Beschwerde zu stellenden Prozesskostenhilfeantrag. Die gewährte Prozesskostenhilfe wird im Rahmen einer ggf. nach Art. 41 EMRK zugesprochenen Entschädigung bei den tatsächlich entstandenen Kosten wieder in Abzug gebracht (vgl. EGMR 31.7.2008 – 42239/02 Rn. 94 – Starokadomskiy; sa EGMR 18.6.2009 – 35989/02 Rn. 63 – Novikov; EGMR 1.4.2010 – 42371/02 Rn. 130 – Pavlenko; → Anm. 21).

21. Führt die Beschwerde zur Feststellung einer Konventionsverletzung, so kann der Bf. sowohl die im Verfahren vor dem Gerichtshof als auch die im Verfahren vor den innerstaatlichen Gerichten entstandenen Kosten und Auslagen im Rahmen der nach Art. 41 EMRK zu gewährenden gerechten Entschädigung erstattet bekommen. Bei einer Streichung der Beschwerde aus dem Register gem. Art. 37 EMRK kann der Gerichtshof ausnahmsweise eine Erstattung der Kosten auch ohne Feststellung einer Konventionsverletzung anordnen (Art. 43 Abs. 4 VerfOEGMR; bspw. EGMR NJOZ 2013, 918 – Atmaca). Voraussetzung für die Erstattung ist, dass die Kosten tatsächlich und notwendigerweise angefallen sowie in ihrer Höhe angemessen sind, im Zusammenhang mit der Konventionsverletzung stehen (EGMR NJW 2010, 3145 Rn. 196 – Gäfgen), und dass der

Bf. diese iE durch geeignete Belege nachgewiesen hat (EGMR 16.12.2010 – 39778/07 ua Rn. 108 – Dudek; iE Karpenstein/Mayer/*Wenzel* EMRK Art. 41 Rn. 47 ff.; bzgl. Rechtsanwaltsgebühren nach dem RVG vgl. Karpenstein/Mayer/*Thienel* EMRK Art. 50 Rn. 5 ff.). Die Belege müssen erkennen lassen, worauf (insb. auf welches innerstaatliche Verfahren) sich die Kosten beziehen. Des Weiteren ist ein substantiierter Antrag des Bf. auf Erstattung seiner Kosten und Auslagen erforderlich (→ Anm. 30).

Fristen und Rechtsmittel

22. Gem. Art. 35 Abs. 1 EMRK, in der noch bis einschließlich 31.1.2022 geltenden aF., ist die Individualbeschwerde „innerhalb einer Frist von sechs Monaten nach der endgültigen innerstaatlichen Entscheidung" zu erheben. Nach der ab dem 1.2.2022 geltenden nF. von Art. 35 Abs. 1 EMRK beläuft sich die Beschwerdefrist auf vier Monate, wenn die „endgültige innerstaatliche Entscheidung" iSv Art. 35 Abs. 1 EMRK nach Inkrafttreten der nF. ergangen ist. Die Frist wird ausschließlich durch eine den Anforderungen von Art. 47 VerfOEGMR entsprechend eingebrachte Individualbeschwerde unterbrochen (iE → Anm. 10).

23. Ein Rechtsmittel steht lediglich gegen Urteile einer Kammer des Gerichtshofs zur Verfügung. Gem. Art. 43 EMRK können die Parteien innerhalb von drei Monaten nach dem Datum des Urteils eine Verweisung der Rechtssache an die Große Kammer des Gerichtshofs beantragen. Hier hat auch ein Antrag per Fax fristwahrende Wirkung, wenn er dem Gerichtshof bei Fristende vorliegt. Über den Antrag entscheidet ein Ausschuss von fünf Richtern der Großen Kammer (näher *Schmaltz* EuGRZ 2012, 606). Im Übrigen stehen keine Rechtsmittel zur Verfügung. Unzulässigkeitsentscheidungen der Kammern ebenso wie Entscheidungen und Urteile der übrigen Spruchkörper des Gerichtshofs werden sofort rechtskräftig und können nicht angefochten werden (Art. 27 Abs. 2; Art. 28 Abs. 2; Art. 29 Abs. 1 iVm Art. 43 Abs. 1; Art. 44 Abs. 1 EMRK).

24. Nach Art. 80 VerfOEGMR können die Parteien bei nachträglichem Bekanntwerden einer Tatsache, die geeignet gewesen wäre, maßgeblichen Einfluss auf den Ausgang einer entschiedenen Rechtssache auszuüben, innerhalb von sechs Monaten nach Kenntnis beim Gerichtshof die Wiederaufnahme des Verfahrens beantragen. Wenngleich diese Möglichkeit nach Art. 80 VerfOEGMR ausdrücklich auf Urteile beschränkt ist (sa *Cremer* in Dörr/Grote/Marauhn EMRK Kap. 32 Rn. 51), kann der Gerichtshof bei Vorliegen außergewöhnlicher Umstände oder im Falle offensichtlicher Fehler bei der Ermittlung bzw. Subsumtion des entscheidungsrelevanten Sachverhalts eine fälschlicherweise für unzulässig erklärte Beschwerde wiedereröffnen und den jeweiligen Fehler korrigieren (EGMR 26.10.2004 – 61603/00, BeckRS 2004, 155463 – Storck; EGMR NJW-RR 2006, 308 Rn. 67 – Storck; EGMR 5.7.2005 – 39464/98, BeckRS 2005, 157697 – Ölmez und Ölmez mwN; EGMR 14.6.2018 – 31913/07 – E.B. ua; sa *Cremer* EuGRZ 2008, 562 (564 ff.)).

Einstweiliger Rechtsschutz

25. Die Einlegung einer Individualbeschwerde gem. Art. 34 EMRK hat keine aufschiebende Wirkung im innerstaatlichen Bereich (vgl. EGMR 12.4.2005 – 36378/02 Rn. 472 – Shamayev ua). Allerdings kann der Gerichtshof gem. Art. 39 VerfOEGMR einstweilige Maßnahmen („interim measures"/„mesures provisoires") erlassen. Dies kann gem. Art. 39 Abs. 1 VerfOEGMR auf Antrag einer der Parteien sowie jeder anderen betroffenen Person oder von Amts wegen geschehen. Angeordnet wird die Maßnahme von der zuständigen Kammer, dem Sektionspräsidenten oder dem hierfür nach Art. 39 Abs. 4

VerfOEGMR ernannten Richter. Einstweilige Maßnahmen nach Art. 39 VerfOEGMR sind auf dringende Ausnahmefälle beschränkt. Art. 39 VerfOEGMR findet in der Praxis nur Anwendung, wenn die unmittelbare Gefahr eines irreparablen Schadens besteht. Die Konvention bestimmt nicht, auf welche Fälle Art. 39 VerfOEGMR anwendbar ist, allerdings betreffen einstweilige Maßnahmen idR das Recht auf Leben (Art. 2 EMRK), das Verbot der Folter (Art. 3 EMRK) oder, in Ausnahmefällen, das Recht auf Achtung des Privat- und Familienlebens (Art. 8 EMRK). Die überwiegende Mehrheit der Fälle betrifft Abschiebungs- und Auslieferungsverfahren (EGMR EuGRZ 2005, 357 Rn. 104 – Mamatkulov und Askarov; EGMR 10.3.2009 (GK) – 39806/05 Rn. 86 – Paladi). Sinn und Zweck einstweiliger Maßnahmen nach Art. 39 VerfOEGMR ist es, den Eintritt eines irreversiblen Schadens bzw. die Schaffung vollendeter Tatsachen zu verhindern, um so die ordnungsgemäße Prüfung der Beschwerde durch den Gerichtshof zu sichern und dem Bf. eine praktisch wirksame Wahrnehmung seiner Rechte zu ermöglichen (EGMR EuGRZ 2005, 357 Rn. 125 – Mamatkulov und Askarov).

26. Mit Blick auf Art. 2 und 3 EMRK hat der Gerichtshof Art. 39 VerfOEGMR in Abschiebungs- oder Auslieferungsfällen bspw. bei folgenden im Zielstaat drohenden Risiken bzw. Fallkonstellationen angewandt:

- unmenschliche Haftbedingungen und sog. „Todeszellensyndrom" (EGMR EuGRZ 1989, 314 Rn. 4 – Soering; EGMR ÖJZ 2003, 34 – Einhorn; EGMR NVwZ 2013, 925 – Babar Ahmad ua);
- Verfolgung durch nichtstaatliche Gruppierungen (EGMR NVwZ 1997, 1100 Rn. 5 – Ahmed);
- drohende Genitalverstümmelung (EGMR 1.7.2003 – 33692/02 – Abraham Lunguli);
- Abschiebung eines Aidskranken im Endstadium (EGMR NVwZ 1998, 161 Rn. 3 – D.; sa EGMR NVwZ 2008, 1334 – N.);
- unmenschliche Bestrafung (EGMR InfAuslR 2001, 57 Rn. 6 – Jabari);
- drohende Folter eines Terrorverdächtigen (EGMR NVwZ 2008, 1330 Rn. 41 – Saadi);
- unmenschliche Behandlung, Misshandlung und politische Verfolgung (EGMR 24.4.2008 – 2947/06 Rn. 3, 118 – Ismoilov ua; EGMR 20.1.2009 – 32621/06 Rn. 3 f., 106 f. – F.H.; EGMR 19.11.2009 – 41015/04 Rn. 3 ff. – Kaboulov; EGMR NVwZ 2011, 413 Rn. 31 ff., 33 ff. – M.S.S.; EGMR NVwZ 2012, 686 – Izevbekhai; EGMR NVwZ 2013, 487 Rn. 3 f., 285 und insb. Rn. 291 – Othman (Abu Qatada)).

In Bezug auf Art. 8 EMRK wendet der Gerichtshof Art. 39 VerfOEGMR nur in absoluten Ausnahmefällen an (bspw. EGMR NJW 2008, 2013 – Evans: drohende Zerstörung in-vitro erzeugter Embryonen; EGMR 17.7.2008 – 11223/04 – X.: Freigabe der Kinder der Bf. zur Adoption ohne deren Wissen). Bei möglicherweise gegen Art. 8 EMRK verstoßender Auslieferung oder Abschiebung findet Art. 39 VerfOEGMR grds. keine Anwendung, da mit dem Vollzug idR keine vollendeten Tatsachen geschaffen werden (IntKommEMRK/*Rogge* Art. 34 Rn. 337). In Ausnahmefällen hat der Gerichtshof allerdings auch in das Privat- und Familienleben betreffenden Fällen die Gefahr irreparabler Schäden anerkannt (EGMR InfAuslR 2004, 180 – Amrollahi; EGMR 11.4.2006 – 61292/00 – Useinov; EGMR 16.12.2008 – 34583/08 – Hossein Kheel; EGMR 19.1.2010 – 20283/09 – Halilova ua; EGMR 6.7.2010 – 41615/07 Rn. 5, 10, NLMR 2010, 211, BeckRS 2013, 3966 – Neulinger und Shuruk; EGMR 15.3.2011 – 8655/10, BeckRS 2011, 145096 – F.I. ua; EGMR 4.6.2013 – 38844/12 Rn. 37–42, BeckRS 2013, 203176 – K.A.S.).

27. Anträge auf Erlass einstweiliger Maßnahmen sind gesondert und deutlich gekennzeichnet über eine speziell hierfür eingerichtete Faxnummer (und ggf. zusätzlich per Post) beim Gerichtshof einzureichen. Der Antrag sollte zusammen mit einem vollständig ausgefüllten Beschwerdeformular eingereicht werden bzw., falls dies aufgrund der Eilbedürftigkeit nicht möglich ist, sollte dieses zügig nachgereicht werden (vgl. Sinn und

Zweck → Anm. 25). Ist die Beschwerde bereits anhängig, so ist die Beschwerdenummer anzugeben. Der Antrag ist hinreichend zu begründen und der Vortrag durch Vorlage der relevanten innerstaatlichen Entscheidungen und sonstiger Dokumente (bspw. ärztliche Atteste) zu belegen. Insbes. sind die Gründe für die behauptete bevorstehende Rechtsverletzung darzulegen und die geltend gemachten Konventionsrechte zu benennen. Der Bf. muss zumindest im innerstaatlichen Recht zur Verfügung stehende effektive Rechtsbehelfe mit aufschiebender Wirkung zuvor ergriffen haben. In Abschiebungs- oder Auslieferungsfällen sind insb. Datum und Uhrzeit der bevorstehenden Maßnahme sowie die Adresse des Bf. bzw. der Haftanstalt und das entsprechende innerstaatliche Aktenzeichen anzugeben. Weiterhin sollte der Antrag so rechtzeitig gestellt werden, dass die jeweils zuständigen Behörden ggf. noch rechtzeitig erreicht werden können (mind. einen Arbeitstag vor Abschiebungstermin). Ausführliche Informationen über das ansonsten formlose Antragsverfahren finden sich in einer „Praktischen Anleitung" („Practice Direction") im Anhang der VerfOEGMR sowie auf der Internetseite des Gerichtshofs (→ Anm. 1).

Verfahrensgang und Erwiderung auf Stellungnahme der Regierung

28. Nach Eingang der vollständigen, den Anforderungen von Art. 47 VerfOEGMR entsprechenden Beschwerde (→ Anm. 1) erhält diese eine endgültige Beschwerdenummer, die in jeder weiteren Korrespondenz anzugeben ist. Aufgrund der strengen Anforderungen des neugefassten Art. 47 VerfOEGMR werden die für eine erste Prüfung erforderlichen Informationen und Unterlagen zu diesem Zeitpunkt in aller Regel vorliegen und die Beschwerde wird gem. Art. 49 VerfOEGMR einem Entscheidungsorgan zugewiesen. Lediglich in Ausnahmefällen fordert die Gerichtskanzlei noch zusätzliche Informationen oder Dokumente beim Bf. an (Art. 47 Abs. 5.2 VerfOEGMR; → Anm. 7). Im Zweifel ist dann die gesamte Beschwerde (einschließlich der angeforderten Informationen oder Dokumente) erneut einzureichen.

Die Beschwerde wird dem Einzelrichter zugewiesen, wenn sich allein aus den vom Bf. vorgelegten Unterlagen ergibt, dass diese „ohne weitere Prüfung" (Art. 27 Abs. 1 EMRK) gem. Art. 35 Abs. 4 EMRK für unzulässig erklärt oder gem. Art. 37 EMRK aus dem Register gestrichen werden kann und keine besonderen Gründe für eine Prüfung der Beschwerde durch einen anderen Spruchkörper vorliegen (Art. 49 Abs. 1 VerfOEGMR). Die Beschwerde wird einem Ausschuss zugewiesen, wenn sie *prima facie* nicht unzulässig ist und die der Rechtssache zugrunde liegenden konventionsrechtlichen Fragestellungen bereits Gegenstand einer gefestigten Rspr. des Gerichtshofs sind, bspw. bei Beschwerden über die Verfahrenslänge (Art. 53 Abs. 2 VerfOEGMR iVm Art. 28 Abs. 1 lit. b EMRK). In allen anderen Fällen wird die Beschwerde einer Kammer zugewiesen (Art. 29 Abs. 1 EMRK iVm Art. 54 VerfOEGMR).

29. Eine Beschwerde, die gem. Art. 28 Abs. 1 lit. b EMRK von einem Ausschuss für zulässig erklärt und durch Urteil entschieden werden soll, wird der beklagten Regierung in einem vereinfachten und beschleunigten Verfahren gem. Art. 54 Abs. 2 lit. b VerfOEGMR mit dem Hinweis zugestellt, dass die aufgeworfenen Rechtsfragen bereits Gegenstand einer gefestigten Rspr. („well-established case-law") des Gerichtshofs sind (vgl. Erl. Bericht zu Prot. Nr. 14, BT-Drs. 16/42, 32 f., Rn. 68 f.). In einfach gelagerten Fällen kann der Hinweis ergehen, dass eine Stellungnahme der Regierung nicht erforderlich ist; es steht der Regierung allerdings frei, dennoch eine Stellungnahme einzureichen. Entscheidet sich die Regierung für die Abgabe einer Stellungnahme, entspricht das Verfahren hierfür im Wesentlichen dem bei Kammersachen üblichen Verfahren (→ Anm. 30). Seit dem 1.1.2019 beinhaltet die Zustellung idR (dh es sei denn, der Fall ist hierfür ungeeignet) auch die Aufforderung an die Parteien, Vergleichsverhandlungen aufzunehmen und innerhalb einer vom Gerichtshof bestimmten Frist eine gütliche Einigung zu erreichen (s. Presseerklärung ECHR 437 (2018) vom 18.12.2018).

30. Soweit die einer Kammer zugewiesene Beschwerde nicht lediglich für unzulässig erklärt oder aus dem Register gestrichen werden soll (Art. 54 Abs. 1 VerfOEGMR), erfolgt eine Zustellung der Beschwerde gem. Art. 54 Abs. 2 lit. b VerfOEGMR an die beklagte Regierung. Ab diesem Zeitpunkt ist die Vertretung durch einen Rechtsanwalt vorgeschrieben (→ Anm. 5). In der Praxis erfolgt die Zustellung aus Effektivitätsgründen in der Regel durch den Sektionspräsidenten (näher IntKommEMRK/*Keller*/*Schmidtmadel* Art. 29 Rn. 3). Einzelne offensichtlich unzulässige Beschwerdepunkte können bereits in diesem Stadium durch Entscheidung des Sektionspräsidenten als Einzelrichter (Art. 27A Abs. 2a VerfOEGMR) für unzulässig erklärt werden.

Ab Zustellung findet das Verfahren grds. in einer der Amtssprachen des Gerichtshofs statt (→ Anm. 6). Auf Antrag kann der Kammerpräsident dem Bf. den weiteren Gebrauch einer der Amtssprachen der Vertragsparteien erlauben (iE Art. 34 Abs. 3 VerfOEGMR). Dies gilt grds. für das gesamte Verfahren, bis einschließlich eines Antrags auf Verweisung an die Große Kammer (vgl. Art. 34 Abs. 3 lit. d VerfOEGMR). Die Schreiben der Gerichtskanzlei ergehen weiterhin in einer der Amtssprachen des Gerichtshofs. Bei Zustellungen im Verfahren gem. Art. 28 Abs. 1 lit. b EMRK vor den Ausschüssen des Gerichtshofs wird dem Bf. der weitere Vortrag in der Amtssprache des beklagten Staates standardmäßig von Amts wegen gewährt. Der Vortrag in einer ihrer Amtssprachen kann auch der beklagten Regierung gewährt werden, die dann jedoch innerhalb einer bestimmten Frist (idR vier Wochen) eine Übersetzung ihrer Schriftsätze nachzureichen hat (Art. 34 Abs. 4 VerfOEGMR). Letzteres kann auch vom Bf. verlangt werden.

Auch hier wird die Regierung in der Zustellung nunmehr idR zunächst aufgefordert Vergleichsverhandlungen aufzunehmen und innerhalb einer vom Gerichtshof bestimmten Frist (idR 12 Wochen) eine gütliche Einigung zu erreichen. Kommt es nicht zu einer gütlichen Einigung, wird die Regierung aufgefordert, binnen weiterer 12 Wochen eine schriftliche Stellungnahme zur Zulässigkeit und Begründetheit der Beschwerde abzugeben. Hier stellt der Gerichtshof der Regierung in aller Regel konkrete Fragen zu Zulässigkeit und/oder Begründetheit der Beschwerde. Auf die Stellungnahme der Regierung erhält der Bf. Gelegenheit, seinerseits binnen einer Frist von sechs Wochen Stellung zu beziehen und seine Schadensersatzforderungen iSv Art. 41 EMRK geltend zu machen. Der Bf. sollte in seiner Stellungnahme nicht lediglich auf seine Ausführungen im Beschwerdeformular verweisen, sondern im Lichte der Ausführungen der Regierung nochmals umfassend auf die vom Gerichtshof gestellten Fragen eingehen. Auch wenn dem Bf. der Vortrag in seiner Landessprache gestattet wurde, empfiehlt es sich, eine Übersetzung in einer der Amtssprachen einzureichen. In Bezug auf Schadensersatzforderungen ist Art. 60 VerfOEGMR zu beachten. Eine Entschädigung wird grds. nur auf Antrag gewährt. Dieser muss beziffert sein, alle Schadens- und Kostenpositionen iE aufführen, die entsprechenden Nachweise enthalten und fristgerecht eingereicht werden (iE Karpenstein/Mayer/*Wenzel* EMRK Art. 41 Rn. 20; detaillierte Hinweise zur Geltendmachung der gerechten Entschädigung finden sich auch in einer „Praktischen Anleitung" („Practice Direction") im Anhang der VerfOEGMR, die auf der Internetseite des Gerichtshofs in deutscher Sprache abrufbar ist, → Anm. 1). Versäumt es der Bf., eine fristgerechte Stellungnahme einzureichen, kann dies zur Streichung der Beschwerde aus dem Register gem. Art. 37 Abs. 1 EMRK führen (Karpenstein/Mayer/*Wenzel* EMRK Art. 37 Rn. 3). Nach Eingang der Stellungnahme des Bf. erhält wiederum die Regierung Gelegenheit, insb. zu den Schadensersatzforderungen des Bf., innerhalb einer Frist von vier Wochen abschließend Stellung zu nehmen. In dringenden Fällen kann der Gerichtshof auch kürzere Fristen setzen.

Nach Abschluss dieses Verfahrens bereitet der berichterstattende Richter in Zusammenarbeit mit der Kanzlei und unter Berücksichtigung der Stellungnahmen der Parteien einen Urteils- oder ggf. Entscheidungsentwurf vor. Dieser Entwurf wird der Kammer zur Beratung und Entscheidung vorgelegt (näher IntKommEMRK/*Keller*/*Schmidtmadel* Art. 29 Rn. 3; *Villiger* ZSR 2008, 456 ff.). Jede Entscheidung des Gerichtshofs wird dem Bf. unaufgefordert mitgeteilt.

2. Gruppenbeschwerden und Mehrzahl von Beschwerdeführern

Gruppenbeschwerden und Mehrzahl von Beschwerdeführern

EUROPEAN COURT OF HUMAN RIGHTS
COUR EUROPÉENNE DES DROITS DE L'HOMME

① Soweit ein Beschwerdeführer oder Bevollmächtigter Beschwerden im Namen von zwei oder mehr Beschwerdeführern erhebt und diese Beschwerden unterschiedliche Sachverhalte betreffen, sollte ein separates Beschwerdeformular für jeden Einzelnen eingereicht werden, in dem alle erforderlichen Angaben gemacht werden.Die betreffenden Dokumente sollten ebenfalls dem Beschwerdeformular des jeweiligen Beschwerdeführers beigefügt werden.

In Fällen, in denen mehr als 10 Beschwerdeführer auftreten, sollte der Bevollmächtigte neben Beschwerdeformular und Unterlagen zusätzlich eine Tabelle erstellen, in welcher die Angaben zur Identifizierung jedes einzelnen Beschwerdeführers enthalten sind.

- Table Excel ②

Im Fall einer Vertretung durch einen Rechtsanwalt sollte diese Tabelle auch in elektronischer Form eingereicht werden (auf CD-ROM oder Memorystick).

Im Fall einer großen Gruppe von Beschwerdeführern oder Beschwerden können die Beschwerdeführer oder Bevollmächtigten von der Kanzlei des Gerichtshofs angewiesen werden, den Text Ihrer Eingaben oder Dokumente in elektronischer oder anderer Form zur Verfügung zu stellen. Die Kanzlei kann weitere Anweisungen geben, die eine effektive und schnelle Bearbeitung der Beschwerden ermöglichen.

Bei Nichtbefolgung der Vorgaben der Kanzlei in Bezug auf Form sowie auf die Art und Weise der Einlegung von Gruppenbeschwerden oder Beschwerden von einer Mehrzahl von Beschwerdeführern werden die Beschwerden gegebenfalls nicht vom Gerichtshof untersucht (siehe Artikel 47 Absatz 5.2 der Verfahrensordnung des Gerichtshofs).

Anmerkungen

1. Für Sammelklagen bzw. denselben Sachverhalt betreffende Beschwerden von mehreren Bf. ist zunächst zu beachten, dass für jedes einzelne Mitglied einer solchen „Personengruppe“ iSv Art. 34 S. 1 EMRK (vgl. Karpenstein/Mayer/*Schäfer* EMRK Art. 34 Rn. 48) sämtliche Zulässigkeitsvoraussetzungen gelten und jeder der Bf. sich auf eigene Rechte berufen können muss. Alle diesbezüglich relevanten Informationen müssen daher aus der Beschwerde hervorgehen, für die iÜ die obigen Ausführungen gelten (→ Form. X.1). Betreffen die Beschwerden unterschiedliche Sachverhalte, so muss ein separates vollständig ausgefülltes Beschwerdeformular mit allen relevanten Dokumenten für jeden Einzelnen eingereicht werden. Ansonsten ist die Beschwerde bzw. ein Vollmachtsformular (→ Form. X.1 Anm. 5) ggf. auf einem gesonderten Blatt mit den erforderlichen Angaben von sämtlichen Bf. zu unterzeichnen. Als Vollmachtsformular ist ab dem zweiten Bf. der auf der Internetseite des Gerichtshofs zur Verfügung stehende Vollmachtsvordruck zu verwenden (→ Form. X.1 Anm. 5; http://www.echr.coe.int/Documents/Authority_Form_DEU.pdf).

2. Ab zehn Bf. ist darüber hinaus ist eine Excel-Tabelle mit den erforderlichen Angaben zur Person jedes einzelnen Bf. einzureichen (bei anwaltlicher Vertretung auch in elektronischer Form). Die Vorlage hierfür kann über den link „Table“ in dem oben abgedruckten Formular auf der Internetseite des EGMR abgerufen werden (https://www.echr.coe.int/Documents/Applicants_Table_DEU.pdf).

Sachregister

Die fett gesetzten römischen Ziffern, Großbuchstaben und arabischen Ziffern beziehen sich auf die Systematik des Formularbuches, die nachfolgenden mageren Ziffern und Buchstaben kennzeichnen die betreffende Anmerkung.